Münchener Kommentar
zum Bürgerlichen Gesetzbuch

Herausgegeben von

Dr. Dr. Dr. h. c. Franz Jürgen Säcker
Professor an der Freien Universität Berlin

Dr. Roland Rixecker
Präsident des Saarländischen Oberlandesgerichts
Honorarprofessor an der Universität des Saarlandes

Band 8
Familienrecht II

§§ 1589–1921
SGB VIII

Die einzelnen Bände des Münchener Kommentars zum BGB

Band 1: Einleitung und Allgemeiner Teil
§§ 1–240 · ProstG · AGG
Redakteur: Prof. Dr. Dr. Dr. h. c. Franz Jürgen Säcker

Band 2: Schuldrecht · Allgemeiner Teil
§§ 241–432
Redakteur: Vors. Richter am BGH Prof. Dr. Wolfgang Krüger

Band 3: Schuldrecht · Besonderer Teil I
§§ 433–610 · Finanzierungsleasing
HeizkostenV · BetriebskostenV · CISG
Redakteure: Prof. Dr. Wolfgang Krüger/Prof. Dr. Dres. h. c. Harm Peter Westermann

Band 4: Schuldrecht · Besonderer Teil II
§§ 611–704 · EFZG · TzBfG · KSchG
Redakteur: Prof. Dr. Martin Henssler

Band 5: Schuldrecht · Besonderer Teil III
§§ 705–853 · PartGG · ProdHaftG
Redakteur: Prof. Dr. Mathias Habersack

Band 6: Sachenrecht
§§ 854–1296 · WEG · ErbbauRG
Redakteur: Richter des BVerfG Dr. Reinhard Gaier

Band 7: Familienrecht I
§§ 1297–1588 · GewSchG · VersAusglG · LPartG
Redakteurin: Prof. Dr. Elisabeth Koch

Band 8: Familienrecht II
§§ 1589–1921 · SGB VIII
Redakteur: Prof. Dr. Dr. h. c. Dieter Schwab

Band 9: Erbrecht
§§ 1922–2385 · §§ 27–35 BeurkG
Redakteurin: Richterin am BGH Dr. Sibylle Kessal-Wulf

Band 10: Rom I-VO · Rom II-VO · Art. 1–24 EGBGB · IPR
Redakteur: Prof. Dr. Jan v. Hein

Band 11: IPR · Internationales Wirtschaftsrecht · Art. 25–248 EGBGB
Redakteur: Prof. Dr. Jan v. Hein

Münchener Kommentar zum Bürgerlichen Gesetzbuch

Band 8
Familienrecht II
§§ 1589–1921 · SGB VIII

Redakteur:

Dr. Dr. h. c. Dieter Schwab

em. Ordinarius an der Universität Regensburg

6. Auflage

Verlag C. H. Beck München 2012

Zitiervorschlag:
MüKoBGB/*Bearbeiter* § ... Rn ...

www.beck.de

ISBN 978 3 406 61468 2

© 2012 Verlag C. H. Beck oHG
Wilhelmstraße 9, 80801 München
Druck: Druckerei C. H. Beck, Nördlingen
(Adresse wie Verlag)

Satz: Meta Systems, Wustermark

Gedruckt auf säurefreiem, alterungsbeständigem Papier
(hergestellt aus chlorfrei gebleichtem Zellstoff)

Die Bearbeiter des 8. Bandes

Dr. Winfried Born
Rechtsanwalt in Dortmund
Lehrbeauftragter der Universität Bochum

Dr. Tobias Fröschle
Professor an der Universität Siegen

Heike Hennemann
Richterin am Kammergericht, Berlin

Dr. Peter Huber
Professor an der Universität Mainz

Dr. Hans-Ulrich Maurer
Vorsitzender Richter am Oberlandesgericht Stuttgart

Dr. Dirk Olzen
Professor an der Universität Düsseldorf

Dr. Karl August v. Sachsen Gessaphe
Professor an der Fernuniversität in Hagen

Dr. Dr. h. c. Dieter Schwab
em. Ordinarius an der Universität Regensburg

Dr. Kerstin Tillmanns
Professorin an der Fernuniversität in Hagen

Dr. Thomas Wagenitz
Richter am Bundesgerichtshof a. D.
Honorarprofessor an der Universität Halle

Dr. Marina Wellenhofer
Professorin an der Universität Frankfurt am Main

Im Einzelnen haben bearbeitet:

§§ 1589–1600d .... Dr. Marina Wellenhofer
§§ 1601–1615o .... Dr. Winfried Born
§§ 1616–1625 .... Dr. Karl August v. Sachsen Gessaphe
§§ 1626–1665 .... Dr. Peter Huber
Anh. § 1631. Gesetz über religiöse Kindererziehung .. Dr. Peter Huber
§§ 1666–1667 .... Dr. Dirk Olzen
§§ 1668–1670 .... *aufgehoben*
§§ 1671–1692 .... Heike Hennemann
§§ 1693–1698b .... Dr. Dirk Olzen
§§ 1699–1711 .... *aufgehoben*
§§ 1712–1717 .... Dr. Karl August v. Sachsen Gessaphe
§§ 1718–1740g .... *aufgehoben*
§§ 1741–1772 .... Dr. Hans-Ulrich Maurer
Anh. § 1744. Adoptionsvermittlungsgesetz .... Dr. Hans-Ulrich Maurer
Anh. § 1752. Adoptionswirkungsgesetz .... Dr. Hans-Ulrich Maurer
Anh. § 1772. Überleitungsvorschriften zum
         Adoptionsrecht .... Dr. Hans-Ulrich Maurer
§§ 1773–1895 .... Dr. Thomas Wagenitz
Anh. § 1836e. VBVG §§ 1–3 .... Dr. Thomas Wagenitz
         §§ 4–11 .... Dr. Tobias Fröschle
§§ 1896–1921 .... Dr. Dr. h. c. Dieter Schwab
SGB VIII .... Dr. Kerstin Tillmanns
Sachverzeichnis .... Manuela Höglmeier

Vorwort

Seit dem letzten Erscheinen dieses Bandes im Jahre 2008 ist das deutsche Familienrecht erneut zum Gegenstand grundlegender Reformen geworden. Die für den Band 8 wichtigsten Änderungen erfolgten durch das Gesetz über das Verfahren in Familiensachen und in den Angelegenheiten der freiwilligen Gerichtsbarkeit (FamFG), das als Teil des FGG-Reformgesetzes vom 17. 12. 2008 (BGBl. I S. 2586) zum 1. 9. 2009 in Kraft getreten ist. Die Neugestaltung des Familienverfahrensrechts betraf alle Teile der vorliegenden Kommentierung. Die für die Praxis wichtigen verfahrensrechtlichen Bezüge mussten folglich völlig neu erläutert werden. Zu berücksichtigen war auch das Gesetz zur Reform des Personenstandsrechts (Personenstandsrechtsreformgesetz – PStRG) vom 29. 2. 2007 (BGBl. I S. 122), das zum 1. 1. 2009 in Kraft getreten ist.

Das Vormundschaftsrecht erfuhr Modifikationen durch das Gesetz zur Änderung des Zugewinnausgleichs- und Vormundschaftsrechts vom 6. 7. 2009 (BGBl. I S. 1696) sowie durch das Gesetz zur Änderung des Vormundschafts- und Betreuungsrechts vom 29. 6. 2011 (BGBl. I S. 1306). Die letztgenannte Reform tangiert auch das Betreuungsrecht, das zudem einen entscheidenden Ausbau durch das Dritte Gesetz zur Änderung des Betreuungsrechts vom 29. 7. 2009 (BGBl. I S. 2286) erhalten hat, diese Reform bringt eine gesetzliche Regelung der Patientenverfügung im Rahmen des Betreuungsrechts und verändert generell die Rechtslage bei medizinischer Behandlung betreuter Personen; es inkorporiert somit einen Teil des Medizinrechts in das 4. Buch des BGB.

Abgesehen von neuen Gesetzen war in die Kommentierung eine Fülle von Rechtsprechung einzuarbeiten, um das Erläuterungswerk auf aktuellem Stand zu halten. Von besonderer Bedeutung ist, dass im Jahre 2008 mehrere Reformgesetzen in Kraft getreten waren, die in der Vorauflage zwar schon berücksichtigt wurden, nun aber durch die Rechtsprechung eine konkretere Kontur erhalten (Gesetz zur Änderung des Unterhaltsrechts vom 21. 12. 2007, BGBl. I S. 3189; Gesetz zur Ergänzung des Rechts zur Anfechtung der Vaterschaft vom 13. 3. 2008, BGBl. I S. 313; Gesetz zur Klärung der Vaterschaft unabhängig vom Anfechtungsverfahren vom 26. 3. 2008, BGBl. I S. 441). Das Gesetz zur Erleichterung familiengerichtlicher Maßnahmen bei Gefährdung des Kindeswohls vom 4. 7. 2008 (BGBl. I S. 1188) war schon in einem besonderen Nachtragsband zur fünften Auflage (2010) erläutert; die Kommentierung ist nun im vorliegenden Band aktualisiert.

Erneut erhält das Familienrecht Anstöße zur Weiterentwicklung durch Erkenntnisse des Europäischen Gerichtshofs für Menschenrechte und des Bundesverfassungsgerichts. Von besonderer Bedeutung sind in diesem Zusammenhang die Entscheidungen des EGMR vom 3. 12. 2009 (NJW 2010, 501) und des BVerfG vom 21. 7. 2010 (BGBl. I S. 1173) zum Sorgerecht der Eltern eines nichtehelichen Kindes. Die nach diesen Entscheidungen fällige Gesetzesreform ist allerdings bis zum Redaktionsschluss dieses Bandes nicht verwirklicht worden, sodass den einschlägig befassten Autoren die schwierige Aufgabe gestellt war, eine Übergangsphase zu kommentieren und zugleich schon den Blick auf eine mögliche künftige Reform zu werfen.

Im Autorenteam haben sich nur wenige Änderungen ergeben. Die **allgemeinen Vorschriften über die Verwandtschaft** und **das Abstammungsrecht** (§§ 1589–1600d) sind nun vollständig von Prof. Dr. Marina Wellenhofer, Universität Frankfurt, erläutert. Frau Wellenhofer hat somit auch diejenigen Teile übernommen, die in der Vorauflage von Direktor des Amtsgerichts Klaus Seidel kommentiert waren.

Das **Recht des Kindesunterhalts** und des **Unterhalts zwischen den Eltern nichtehelicher Kinder** (§§ 1601–1615o) ist wiederum von Rechtsanwalt Dr. Winfried Born kommentiert.

Die **allgemeinen Vorschriften über das Rechtsverhältnis zwischen Eltern und Kindern** (§§ 1616–1625) und das **Recht der Beistandschaft** (§§ 1712–1717) hat erneut Prof. Dr. Karl August v. Sachsen Gessaphe, Universität Hagen, erläutert.

In die Kommentierung des **Rechts der elterlichen Sorge** teilen sich mehrere Autoren: Prof. Dr. Peter Huber, Mainz (§§ 1626–1664), Prof. Dr. Dirk Olzen, Düsseldorf (§§ 1666–

Vorwort

1667; 1693–1698b), ferner Richterin am KG Heike Hennemann, welche die bisher von Herrn Rechtsanwalt PD Dr. Peter Finger erläuterten §§ 1671–1692 übernommen hat. Herrn Dr. Finger sei für seine bisher für den Kommentar geleistete Arbeit herzlich gedankt. Die Erläuterung des **Adptionsrechts** (§§ 1741–1772) lag wiederum in der Händen von Vors. Richter am OLG Dr. Hans-Ulrich Maurer.

Das **Vormundschaftsrecht** (§§ 1773 bis 1895) wurde wie in der Vorauflage von Herrn Richter am BGH a.D. Prof. Dr. Thomas Wagenitz kommentiert. In die Erläuterung des Gesetzes über die Vergütung von Vormündern und Betreuern teilten sich Prof. Dr. Wagenitz (§§ 1–3) und Prof. Dr. Tobias Fröschle (§§ 4 bis 11). Die Aufgabe, das **Betreuungs- und das Pflegschaftsrecht** (§§ 1896 bis 1921) zu bearbeiten, verblieb – wie in den Vorauflagen – dem Bandredakteur. Die Vorschriften des **SGB VIII (KJHG)** sind wie in den Vorauflagen von Prof. Dr. Kerstin Tillmanns, Hagen, erläutert.

Der vorliegende Band will dem Ziel des Münchener Kommentars treu bleiben, die aktuelle Orientierung der Praxis mit wissenschaftlicher Vertiefung zu verbinden. Verlag, Herausgeber und Bandredakteur danken den Autorinnen und Autoren herzlich für die große Arbeit, die sie unter reformbedingtem Zeitdruck geleistet haben. Wir hoffen, dass der Band den guten Ruf des Münchener Kommentars in der Fachwelt weiter festigen wird und den zu Recht hohen Erwartungen von Praxis und Wissenschaft entspricht.

München, im Dezember 2011 *Herausgeber, Bandredakteur und Verlag*

Inhaltsverzeichnis

Abkürzungsverzeichnis XI

**Bürgerliches Gesetzbuch
Buch 4. Familienrecht**

	§§	Seite
Abschnitt 2. Verwandtschaft	1589–1722	3
Titel 1. Allgemeine Vorschriften	1589, 1590	3
Titel 2. Abstammung	1591–1600e	13
Titel 3. Unterhaltspflicht	1601–1615o	213
Untertitel 1. Allgemeine Vorschriften	1601–1615	219
Untertitel 2. Besondere Vorschriften für das Kind und seine nicht miteinander verheirateten Eltern	1615a–1615o	479
Titel 4. Rechtsverhältnis zwischen den Eltern und dem Kind im Allgemeinen	1616–1625	499
Titel 5. Elterliche Sorge	1626–1698b	610
• § 1631 Anh.: Gesetz über die religiöse Kindererziehung		720
Titel 6. Beistandschaft	1712–1718	1020
Titel 7. Annahme als Kind	1741–1772	1044
Untertitel 1. Annahme Minderjähriger	1741–1766	1072
• § 1744 Anh.: Gesetz über die Vermittlung der Annahme als Kind und über das Verbot der Vermittlung von Ersatzmüttern (Adoptionsvermittlungsgesetz – AdVermiG) (§§ 1–16)		1102
• § 1752 Anh.: Gesetz über die Wirkungen der Annahme als Kind nach ausländischem Recht (Adoptionswirkungsgestz – AdWirkG) (§§ 1–5)		1214
Untertitel 2. Annahme Volljähriger	1767–1772	1312
• § 1772 Anh.: Übergangsregelungen		1344
Abschnitt 3. Vormundschaft, Rechtliche Betreuung, Pflegschaft	1773–1921	1352
Titel 1. Vormundschaft	1773–1895	1357
Untertitel 1. Begründung der Vormundschaft	1773–1792	1357
Untertitel 2. Führung der Vormundschaft	1793–1836e	1414
• § 1836e Anh.: Gesetz über die Vergütung von Vormündern und Betreuern (Vormünder- und Betreuervergütungsgesetz – VBVG) (§§ 1–11)		1639
Untertitel 3. Fürsorge und Aufsicht des Vormundschaftsgerichts	1837–1847	1683
Untertitel 4. Mitwirkung des Jugendamts	1851	1703
Untertitel 5. Befreite Vormundschaft	1852–1857a	1703
Untertitel 6. Beendigung der Vormundschaft	1882–1895	1710
Titel 2. Rechtliche Betreuung	1896–1908k	1732
Titel 3. Pflegschaft	1909–1921	2029
SGB VIII. Kinder- und Jugendhilfe		2087

Sachverzeichnis 2255

Verzeichnis der Abkürzungen und der abgekürzt zitierten Literatur

aA	anderer Ansicht
aaO	am angegebenen Ort
AAÜG	Gesetz zur Überführung der Ansprüche und Anwartschaften aus Zusatz- und Sonderversorgungssystemen des Beitrittsgebiets (Anspruchs- und Anwartschaftsüberführungsgesetz – AAÜG), Art. 3 des RÜG v. 25. 7. 1991 (BGBl. I S. 1606, 1677)
Abg.	Abgeordneter
ABGB	Allgemeines Bürgerliches Gesetzbuch v. 1. 6. 1811 (Österreich)
AbgG	Gesetz über die Rechtsverhältnisse der Mitglieder des Deutschen Bundestags (Abgeordnetengesetz) idF der Bek. v. 21. 2. 1996 (BGBl. I S. 326)
Abh.	Abhandlung(en)
Abk.	Abkommen
ABl.	Amtsblatt
abl.	ablehnend
ABl. EG	Amtsblatt der Europäischen Gemeinschaften
Abs.	Absatz
Abschn.	Abschnitt
Abt.	Abteilung
abw.	abweichend
AcP	Archiv für die civilistische Praxis (Zeitschrift; zitiert nach Bd. und Seite; in Klammer Erscheinungsjahr des jeweiligen Bandes)
AdoptG	Adoptionsgesetz v. 2. 7. 1976 (BGBl. I S. 1749)
AdoptRÄndG	Gesetz zur Änderung von Vorschriften des Adoptionsrechts v. 14. 8. 1973 (BGBl. I S. 1013)
AdVermiG	Gesetz über die Vermittlung der Annahme als Kind idF v. 27. 11. 1989 (BGBl. I S. 2016)
aE	am Ende
AFG	Arbeitsförderungsgesetz v. 25. 6. 1969 (BGBl. I S. 582) (jetzt SGB III)
Ärztl. Lab.	Das Ärztliche Laboratorium (Zeitschrift)
aF	alte(r) Fassung
AfP	Archiv für Presserecht (Zeitschrift)
AG	Aktiengesellschaft; Die Aktiengesellschaft (Zeitschrift); Amtsgericht (mit Ortsnamen)
AGB	Allgemeine Geschäftsbedingungen
AGBG	Gesetz zur Regelung des Rechts der Allgemeinen Geschäftsbedingungen idF der Bek. v. 29. 6. 2000 (BGBl. I S. 946), aufgehoben
AGBGB	Ausführungsgesetz zum BGB (Landesrecht)
AGG	Allgemeines Gleichbehandlungsgesetz v. 14. 8. 2006 (BGBl. I S. 1897)
AGJ	Arbeitsgemeinschaft für Jugendhilfe
AGJJ	Arbeitsgemeinschaft für Jugendpflege und Jugendfürsorge
AgrarR	Agrarrecht, Zeitschrift für das gesamte Recht der Landwirtschaft, der Agrarmärkte und des ländlichen Raumes
AgV	Arbeitsgemeinschaft für Verbraucher
AHB	Allgemeine Versicherungsbedingungen für die Haftpflichtversicherung
AHG	Gesetz über Altschuldenhilfen für kommunale Wohnungsunternehmen, Wohnungsgenossenschaften und private Vermieter in dem in Artikel 3 des Einigungsvertrages genannten Gebiet (Altschuldenhilfe-Gesetz) v. 23. 6. 1993 (BGBl. I S. 986)
AHGB	Allgemeines Handelsgesetzbuch
AHK	Alliierte Hohe Kommission
AHKBl.	Amtsblatt der Alliierten Hohen Kommission in Deutschland
AHKGes.	Gesetz der Alliierten Hohen Kommission

Abkürzungsverzeichnis

AiB	Arbeitsrecht im Betrieb (Zeitschrift)
AJP	Aktuelle Juristische Praxis (Zeitschrift)
AK	Alliierte Kommandantur
AK-BGB/ Bearbeiter	Alternativkommentar zum Bürgerlichen Gesetzbuch, hrsg. v. *Wassermann*, 1979 ff.
AkDR	Akademie für Deutsches Recht
AktG	Aktiengesetz v. 6. 9. 1965 (BGBl. I S. 1089)
allgM	allgemeine Meinung
ALR	Allgemeines Landrecht für die Preußischen Staaten von 1794 (zitiert nach §, Teil und Titel)
allg.	allgemein
Alt.	Alternative
aM	anderer Meinung
AMG	Arzneimittelgesetz idF der Bek. v. 12. 12. 2005 (BGBl. I S. 3394)
Amtl. Begr.	Amtliche Begründung
ANBA	Amtliche Nachrichten der Bundesanstalt für Arbeit
ÄndG	Gesetz zur Änderung
Anh.	Anhang
Anm.	Anmerkung
AnwBl.	Anwaltsblatt (Zeitschrift)
AnwK-BGB/ Bearbeiter	siehe NK-BGB/*Bearbeiter*
AO	Abgabenordnung idF der Bek. v. 1. 10. 2002 (BGBl. I S. 3866)
AöR	Archiv des öffentlichen Rechts (Zeitschrift)
AP	Arbeitsrechtliche Praxis, Nachschlagewerk des Bundesarbeitsgerichts (Nr. ohne Gesetzesstelle bezieht sich auf den gerade kommentierten Paragraphen)
AppG	Appellationsgericht
ArbG	Arbeitsgericht (mit Ortsnamen)
ArbGeb.	Der Arbeitgeber (Zeitschrift)
ArbGG	Arbeitsgerichtsgesetz idF der Bek. v. 2. 7. 1979 (BGBl. I S. 853, ber. S. 1036)
ArbnErfG	Gesetz über Arbeitnehmererfindungen v. 25. 7. 1957 (BGBl. I S. 756)
ArbPlSchG	Gesetz über den Schutz des Arbeitsplatzes bei Einberufung zum Wehrdienst (Arbeitsplatzschutzgesetz) idF der Bek. v. 14. 2. 2001 (BGBl. I S. 253)
ArbRGeg.	Das Arbeitsrecht der Gegenwart (Jahrbuch)
ArbRspr.	Die Rechtsprechung in Arbeitssachen (Entscheidungssammlung)
ArbSG	Arbeitssicherstellungsgesetz v. 9. 7. 1968 (BGBl. I S. 787)
ArbuR	Arbeit und Recht (Zeitschrift)
ArbZG	Arbeitszeitgesetz v. 6. 6. 1994 (BGBl. I S. 1170)
Arch.	Archiv
ArchBürgR	Archiv für Bürgerliches Recht (Zeitschrift)
ArchRWPhil.	Archiv für Rechts- und Wirtschaftsphilosophie (Zeitschrift)
ArchSozG	Archiv für soziale Gesetzgebung und Statistik (Zeitschrift)
ArchSozWiss.	Archiv für Sozialwissenschaft und Sozialpolitik (Zeitschrift)
ArchVR	Archiv für Völkerrecht (Zeitschrift)
arg.	argumentum
ARS	Arbeitsrechts-Sammlung, Entscheidungen des Reichsarbeitsgerichts und der Landesarbeitsgerichte (1928–1944)
ARSP	Archiv für Rechts- und Sozialphilosophie (Zeitschrift; zitiert nach Bd. und Seite)
ARSt.	Arbeitsrecht in Stichworten (Entscheidungssammlung)
Art.	Artikel
AS	Sammlung der eidgenössischen Gesetze
ASp.	Arbeit und Sozialpolitik (Zeitschrift)
AsylVfG	Asylverfahrensgesetz idF der Bek. v. 27. 7. 1993 (BGBl. I S. 1361)
AT	Allgemeiner Teil
AuA	Arbeit und Arbeitsrecht (Zeitschrift)
AUB	Allgemeine Unfallversicherungs-Bedingungen
Aufl.	Auflage

Abkürzungsverzeichnis

AÜG	Arbeitnehmerüberlassungsgesetz idF der Bek. v. 3. 2. 1995 (BGBl. I S. 159)
AUG	Gesetz zur Geltendmachung von Unterhaltsansprüchen im Verkehr mit ausländischen Staaten (Auslandsunterhaltsgesetz) v. 19. 2. 1986 (BGBl. I S. 2563)
AuR	Arbeit und Recht, Zeitschrift für die Arbeitsrechtspraxis
ausf.	ausführlich
AusfG	Ausführungsgesetz
AusfVO	Ausführungsverordnung
AuslG	Ausländergesetz v. 9. 7. 1990 (BGBl. I S. 1354)
AVB	Allgemeine Versicherungsbedingungen; Allgemeine Vertragsbestimmungen
AVO	Ausführungsverordnung
AVG	Angestelltenversicherungsgesetz idF v. 28. 5. 1924 (RGBl. S. 563)
AVV	Allgemeine Verwaltungsvorschrift
AWD	Außenwirtschaftsdienst des Betriebsberaters (Zeitschrift, 4. 1958–20. 1974; vorher und anschließend RIW)
AWG	Außenwirtschaftsgesetz idF v. 22. 11. 1993 (BGBl. I S. 1934)
AWV	Außenwirtschaftsverordnung idF der Bek. v. 22. 11. 1993 (BGBl. I S. 1934)
Az.	Aktenzeichen
B	Bundes-
BABl.	Bundesarbeitsblatt (Zeitschrift)
BadNotZ	Badische Notar-Zeitschrift
BadRpr.	Badische Rechtspraxis
Bad.-Württ.; bad.-württ.	Baden-Württemberg; baden-württembergisch
BÄO	Bundesärzteordnung idF der Bek. v. 16. 4. 1987 (BGBl. I S. 1218)
BAFin	Bundesanstalt für Finanzdienstleistungsaufsicht
BAföG	Bundesgesetz über individuelle Förderung der Ausbildung (Bundesausbildungsförderungsgesetz) idF der Bek. v. 6. 6. 1983 (BGBl. I S. 645)
BAG	Bundesarbeitsgericht
BAGE	Entscheidungen des Bundesarbeitsgerichts
Bamberger/Roth/ Bearbeiter	*Bamberger/Roth*, Bürgerliches Gesetzbuch, Kommentar, Bd. 1 (§§ 1–610) 2. Aufl. 2007; Bd. 2 (§§ 611–1296) 2. Aufl. 2008; Bd. 3 (§§ 1297–2385, EGBGB) 2. Aufl. 2008
BankA	Bank-Archiv (Zeitschrift, 1. 1901–43. 1943; aufgegangen in Bankwirtschaft [1943–1945])
BankR-HdB/ Bearbeiter	*Schimansky/Bunte/Lwowski* (Hrsg.), Bankrechts-Handbuch, 2 Bände, 4. Aufl. 2011
bank und markt	bank und markt (Zeitschrift)
BAnz.	Bundesanzeiger
BarwÄndV	Verordnung zur Änderung der BarwertV v. 22. 5. 1984 (BGBl. I S. 692)
BarwertV	Verordnung zur Ermittlung des Barwerts einer auszugleichenden Versorgung nach § 1587 a Abs. 3 Nr. 2, Abs. 4 des Bürgerlichen Gesetzbuchs (Barwert-Verordnung) v. 24. 6. 1977 (BGBl. I S. 1014)
Bassenge/Roth	*Bassenge/Roth*, FamFG/RPflG, Kommentar, 12. Aufl. 2009
Bauer/v. Oefele/ Bearbeiter	*Bauer/v. Oefele*, GBO, Kommentar, 2. Aufl. 2006
BauGB	Baugesetzbuch idF der Bek. v. 23. 9. 2004 (BGBl. I S. 2414)
Baumbach/ Bearbeiter	*Baumbach/Lauterbach/Albers/Hartmann*, Zivilprozessordnung, Kommentar, 70. Aufl. 2012
Baumbach/ Hefermehl/ Casper	*Baumbach/Hefermehl/Casper*, Wechselgesetz und Scheckgesetz, Recht der kartengestützten Zahlungen, Kommentar, 23. Aufl. 2008
Baumbach/Hopt	*Baumbach/Hopt*, Handelsgesetzbuch, Kommentar, 34. Aufl. 2010
Baumbach/Hueck/ Bearbeiter	*Baumbach/Hueck*, GmbHG, Kommentar, 19. Aufl. 2010

Abkürzungsverzeichnis

Baumgärtel/ Laumen/ Prütting	Handbuch der Beweislastpraxis im Privatrecht, begründet von *Baumgärtel*, fortgeführt von *Laumen*, Bd. 2: 3. Aufl. 2007
BauSpkG	Gesetz über Bausparkassen idF v. 15. 2. 1991 (BGBl. I S. 454)
Baur/Stürner	*Baur/Stürner*, Lehrbuch des Sachenrechts, 18. Aufl. 2009
BauR	Baurecht (Zeitschrift 1. 1970 ff.)
BaWüGVBl.	Gesetz- und Verordnungsblatt für Baden-Württemberg
Bay.; bay.	Bayern; bayerisch
BayAGBGB	Bayerisches Ausführungsgesetz zum BGB
BayBS	Bereinigte Sammlung des bayerischen Landesrechts
BayJMBl.	Bayerisches Justizministerialblatt
BayNotZ	Bayerische Notariats-Zeitung und Zeitschrift für die freiwillige Rechtspflege der Gerichte in Bayern
BayObLG	Bayerisches Oberstes Landesgericht
BayObLGZ	Amtliche Sammlung von Entscheidungen des Bayerischen Obersten Landesgerichts in Zivilsachen
BayObLGSt.	Amtliche Sammlung von Entscheidungen des Bayerischen Obersten Landesgerichts in Strafsachen
BayStAZ	Bayerisches Standesamt (Zeitschrift; jetzt verbunden mit StAZ)
BayVBl.	Bayerische Verwaltungsblätter (Zeitschrift)
BayVerfG	Bayerischer Verfassungsgerichtshof
BayVerfGE	Sammlung von Entscheidungen des Bayerischen Verfassungsgerichtshofes
BayZ	Zeitschrift für Rechtspflege in Bayern
BB	Betriebs-Berater (Zeitschrift)
BBankG	Gesetz über die Deutsche Bundesbank idF der Bek. v. 22. 10. 1992 (BGBl. I S. 1782)
BBauBl.	Bundesbaublatt (Zeitschrift)
BBesG	Bundesbesoldungsgesetz idF der Bek. v. 6. 8. 2002 (BGBl. I S. 3020)
BBG	Bundesbeamtengesetz idF der Bek. v. 31. 3. 1999 (BGBl. I S. 675)
BBiG	Berufsbildungsgesetz v. 14. 8. 1969 (BGBl. I S. 1112)
Bd. (Bde.)	Band (Bände)
BDA	Bundesvereinigung der Deutschen Arbeitgeberverbände
BDSG	Bundesdatenschutzgesetz idF der Bek. v. 14. 1. 2003 (BGBl. I S. 66)
BeamtVG	Gesetz über die Versorgung der Beamten und Richter in Bund und Ländern (Beamtenversorgungsgesetz) idF der Bek. v. 16. 3. 1999 (BGBl. I S. 322)
Bearb., bearb.	Bearbeitung/Bearbeiter; bearbeitet
Beck-FormB/ *Bearbeiter*	Beck'sches Formularbuch zum Bürgerlichen, Handels- und Wirtschaftsrecht, hrsg. v. *Hoffmann-Becking/Rawert*, 10. Aufl. 2010
Beck-FormB FamR/*Bearbeiter*	Beck'sches Formularbuch Familienrecht, 3. Aufl. 2011
BeckRS	Rechtsprechungssammlung in Beck-Online (Jahr, Entscheidungsnummer)
BEG	Bundesgesetz zur Entschädigung für Opfer der nationalsozialistischen Verfolgung (Bundesentschädigungsgesetz) idF der Bek. v. 29. 6. 1956 (BGBl. I S. 559, 562)
Begr.	Begründung
Beih.	Beiheft
Beil.	Beilage
Bek.	Bekanntmachung
Belchaus	*Belchaus*, Elterliches Sorgerecht, Kommentar zum Gesetz zur Neuregelung der elterlichen Sorge, 1980
Bem.	Bemerkung
ber.	berichtigt
BerGesVR	Berichte der Deutschen Gesellschaft für Völkerrecht
Bergmann/Ferid	*Bergmann/Ferid*, Internationales Ehe- und Kindschaftsrecht (Loseblattausgabe), 7 Bde.
BErzGG	Gesetz zum Erziehungsgeld und zur Elternzeit (Bundeserziehungsgeldgesetz) idF der Bek. v. 9. 2. 2004 (BGBl. I S. 206)
bes.	besonders

Abkürzungsverzeichnis

bespr.	besprochen
bestr.	bestritten
1./2. BesVNG	Erstes/Zweites Gesetz zur Vereinheitlichung und Neuregelung des Besoldungsrechts in Bund und Ländern v. 18. 3. 1971 (BGBl. I S. 208)/v. 23. 5. 1975 (BGBl. I S. 1173)
betr.	betreffend; betreffs
BetrAV	Mitteilungsblatt der Arbeitsgemeinschaft für betriebliche Altersversorgung
BetrAVG	Gesetz zur Verbesserung der betrieblichen Altersversorgung v. 19. 12. 1974 (BGBl. I S. 3610)
BetrVG	Betriebsverfassungsgesetz idF der Bek. v. 25. 9. 2001 (BGBl. I S. 2518)
BeurkG	Beurkundungsgesetz v. 28. 8. 1969 (BGBl. I S. 1513)
BewG	Bewertungsgesetz idF der Bek. v. 1. 2. 1991 (BGBl. I S. 230)
bez.	bezüglich
BezG	Bezirksgericht
BFH	Bundesfinanzhof
BFHE	Sammlung der Entscheidungen und Gutachten des Bundesfinanzhofs
BG	Bundesgericht (Schweiz)
BGB	Bürgerliches Gesetzbuch v. 18. 8. 1896 (RGBl. S. 195), idF der Bek. v. 2. 1. 2002 (BGBl. I S. 42, berichtigt S. 2909 und BGBl. 2003 I S. 738)
BGB-InfoV ...	Verordnung über Informations- und Nachweispflichten nach bürgerlichem Recht (BGB-Informationspflichtenverordnung) idF der Bek. v. 5. 8. 2002 (BGBl. I S. 3002)
BGBl. I, II, III	Bundesgesetzblatt Teil I, Teil II, Teil III
BGE	Entscheidungen des Schweizerischen Bundesgerichts
BGH	Bundesgerichtshof
BGHR	Rechtsprechung des Bundesgerichtshofs (Bd. und Seite)
BGHSt.	Entscheidungen des Bundesgerichtshofs in Strafsachen
BGHWarn. ...	Rechtsprechung des Bundesgerichtshofs in Zivilsachen – in der Amtlichen Sammlung nicht enthaltene Entscheidungen (als Fortsetzung von WarnR)
BGHZ	Entscheidungen des Bundesgerichtshofs in Zivilsachen
Bienwald/Bearbeiter	*Bienwald/Sonnenfeld/Hoffmann,* Betreuungsrecht, 5. Aufl. 2011
BKGG	Bundeskindergeldgesetz idF der Bek. v. 2. 1. 2002 (BGBl. I S. 6)
BKR	Zeitschrift für Bank- und Kapitalmarktrecht
Bl.	Blatt
BLG	Bundesleistungsgesetz idF der Bek. v. 27. 9. 1961 (BGBl. I S. 1769)
BlGBW	Blätter für Grundstücks-, Bau- und Wohnungsrecht
BlGenW	Blätter für Genossenschaftswesen
BlStSozArbR .	Blätter für Steuerrecht, Sozialversicherung und Arbeitsrecht
BMA	Bundesminister(ium) für Arbeit und Sozialordnung
BMBau	Bundesminister(ium) für Raumordnung, Bauwesen und Städtebau
BMFJG	Bundesministerium für Jugend, Familie und Gesundheit (1973–1986)
BMFSFJ	Bundesministerium für Familie, Senioren, Frauen und Jugend (ab 1994)
BMI	Bundesminister(ium) des Innern
BMJ	Bundesminister(ium) der Justiz
BMJErl.	Das erste Gesetz zur Reform des Ehe- und Familienrechts vom 14. Juni 1976, Gesetzestext, Auszug aus den Materialien und ergänzende Erläuterungen, herausgegeben vom BMJ
BMJFFG	Bundesminister(ium) für Jugend, Familie, Frauen und Gesundheit
BNotO	Bundesnotarordnung idF der Bek. v. 24. 2. 1961 (BGBl. I S. 98, ber. 1999 I S. 194)
Böhmer/Finger/Bearbeiter	*Böhmer/Finger,* (Hrsg.) Das gesamte Familienrecht, Loseblatt, 1982 ff.
BöhmsZ	Zeitschrift für internationales Privat- und Strafrecht (ab 12. 1903: für internationales Privat- und Öffentliches Recht), begr. v. *Böhm*
BolzeRG	Die Praxis des Reichsgerichts in Zivilsachen bearb. v. *A. Bolze*
BonnKomm/Bearbeiter	Kommentar zum Bonner Grundgesetz, begr. v. *Mangoldt,* hrsg. v. *Starck,* 3 Bände, 6. Aufl. 2010
BörsG	Börsengesetz idF der Bek. v. 21. 6. 2002 (BGBl. I S. 2010)

Abkürzungsverzeichnis

Bork/Jacoby/ Schwab/ Bearbeiter	*Bork/Jacoby/Schwab*, FamFG, Kommentar, 2009
Borth	*Borth*, Bedarfs- und Einkommensermittlung im Unterhaltsrecht, 1987
BPatA	Bundespatentamt
BPatG	Bundespatentgericht
BPersVG	Bundespersonalvertretungsgesetz v. 15. 3. 1974 (BGBl. I S. 693)
BPolBG	Bundespolizeibeamtengesetz idF v. 3. 6. 1976 (BGBl. I S. 1357)
Brambring ...	*Brambring*, Ehevertrag und Vermögenszuordnung unter Ehegatten, 6. Aufl. 2008
BR	Bundesrat
BR-Drucks. ..	Drucksache des Deutschen Bundesrates
BRAO	Bundesrechtsanwaltsordnung v. 1. 8. 1959 (BGBl. I S. 565)
BRatE	Entwurf des Deutschen Bundesrates
BReg.	Bundesregierung
Breithaupt	*Breithaupt*, Sammlung von Entscheidungen aus dem Sozialrecht
Brem.; brem. .	Bremen; bremisch
BR-Prot.	Protokoll des Deutschen Bundesrates
Brox/Walter ..	*Brox/Walter*, Erbrecht, 24. Aufl. 2010
Brox/Walker AT	*Brox/Walker*, Allgemeiner Teil des Bürgerlichen Gesetzbuchs, 35. Aufl. 2011
Brox/Walker SchR I/II	*Brox/Walker*, Allgemeines Schuldrecht (SchR I), 35. Aufl. 2011; Besonderes Schuldrecht (SchR II), 35. Aufl. 2011
BRRG	Beamtenrechtsrahmengesetz idF v. 31. 3. 1999 (BGBl. I S. 654)
BrZ	Britische Zone
BSG	Bundessozialgericht
BSGE	Entscheidungen des Bundessozialgerichts
BSHG	Bundessozialhilfegesetz idF v. 23. 3. 1994 (BGBl. I S. 646) (aufgehoben)
BSpkG	Gesetz über Bausparkassen v. 15. 2. 1991 (BGBl. I S. 454)
BStBl.	Bundessteuerblatt
bspw.	beispielsweise
BT	Besonderer Teil
BTag	Bundestag
BtÄndG	Betreuungsrechtsänderungsgesetz idF v. 25. 6. 1998 (BGBl. I S. 1580)
BtBG	Gesetz über die Wahrnehmung behördlicher Aufgaben bei der Betreuung Volljähriger (Betreuungsbehördengesetz-BtBG) (Art. 8. BtG) v. 12. 9. 1990 (BGBl. I S. 2025)
BT-Drucks. ...	Drucksache des Deutschen Bundestages
BtG	Gesetz zur Reform des Rechts der Vormundschaft und Pflegschaft für Volljährige (Betreuungsgesetz – BtG) v. 12. 9. 1990 (BGBl. I S. 2002)
BtPrax	Betreuungsrechtliche Praxis (Zeitschrift)
BT-Prot.	Protokoll des Deutschen Bundestages
BuB	Bankrecht und Bankpraxis, Loseblattwerk, 3 Bde., 1979 ff.
Büro	Das Büro (Zeitschrift)
Büttner/Niepmann/ Schwamb	*Büttner/Niepmann/Schwamb*, Die Rechtsprechung zur Höhe des Unterhalts, begr. v. *Kalthoener*, 11. Aufl. 2010
Bumiller/Harders	*Bumiller/Harders*, Freiwillige Gerichtsbarkeit. FamFG, Kommentar, 10. Aufl. 2011
Bunte	*Bunte*, Entscheidungssammlung zum AGB-Gesetz
Bunte HdB ...	*Bunte*, Handbuch der Allgemeinen Geschäftsbedingungen, 1982
BUrlG	Mindesturlaubsgesetz für Arbeitnehmer (Bundesurlaubsgesetz) idF der Bek. v. 27. 7. 1969 (BGBl. I S. 2)
II. BV	Verordnung über wohnungswirtschaftliche Berechnungen (Zweite Berechnungsverordnung) idF der Bek. v. 12. 10. 1990 (BGBl. I 2178)
BVerfG	Bundesverfassungsgericht
BVerfGE	Entscheidungen des Bundesverfassungsgerichts
BVerfGG	Gesetz über das Bundesverfassungsgericht (Bundesverfassungsgerichtsgesetz) idF der Bek. v. 11. 8. 1993 (BGBl. I S. 1473)
BVerwG	Bundesverwaltungsgericht

Abkürzungsverzeichnis

BVerwGE	Entscheidungen des Bundesverwaltungsgerichts
BVFG	Gesetz über die Angelegenheiten der Vertriebenen und Flüchtlinge (Bundesvertriebenengesetz) idF der Bek. v. 2. 6. 1993 (BGBl. I S. 829)
BVG	Gesetz über die Versorgung der Opfer des Krieges (Bundesversorgungsgesetz) idF der Bek. v. 22. 1. 1982 (BGBl. I S. 21)
BWG	Bundeswahlgesetz idF der Bek. v. 23. 7. 1993 (BGBl. I S. 1288, 1594)
BWNotZ	Mitteilungen aus der Praxis, Zeitschrift für das Notariat in Baden-Württemberg (früher WürttNotV)
bzgl.	bezüglich
BZRG	Bundeszentralregistergesetz idF v. 21. 9. 1984 (BGBl. I S. 1229)
bzw.	beziehungsweise
ca.	circa
Canaris, Schuldrechtsmodernisierung 2002	*Canaris*, Schuldrechtsmodernisierung 2002: Beck'sche Gesetzesdokumentation, 2002
CIC	Codex Iuris Canonici
c. i. c.	culpa in contrahendo
c. i. f.	cost, insurance, freight
Clunet	Clunet, Journal du droit international
Cod.	Codex
Cosack/Mitteis	*Cosack/Mitteis*, Lehrbuch des Bürgerlichen Rechts, 8. Aufl. 1927
DA	Dienstanweisung für die Standesbeamten und ihre Aufsichtsbehörden idF v. 23. 11. 1987 (BAnz. Nr. 227 a), zuletzt geändert am 17. 8. 2000 (BAnz. Nr. 154 a)
DAngVers.	Die Angestelltenversicherung (Zeitschrift)
Das neue Schuldrecht/*Bearbeiter*	*Haas/Medicus/Rolland/Schäfer/Wendtland*, Das neue Schuldrecht, 2002
Damrau/Zimmermann ..	*Damrau/Zimmermann*, Betreuungsrecht, 4. Aufl. 2010
DAngVers.	Die Angestelltenversicherung (Zeitschrift)
Danzig	*Danzig*, Kindschaftsrecht, Die familienrechtlichen Beziehungen in ihrer Bedeutung für Sozialarbeit und Sozialpädagogik, 1974
Dauer-Lieb/Heidel/Lepa/Ring	*Dauer-Lieb/Heidel/Lepa/Ring*, Das neue Schuldrecht in der anwaltlichen Praxis, 2002
Dauner-Lieb/Konzen/Schmidt	*Dauner-Lieb/Konzen/K. Schmidt* (Hrsg.), Das neue Schuldrecht in der Praxis, 2003
DAVorm.	Der Amtsvormund, Rundbrief des Deutschen Instituts für Vormundschaftswesen (Zeitschrift, zitiert nach Jahrgang und Spalte)
DB	Der Betrieb (Zeitschrift)
DDR	Deutsche Demokratische Republik
Demharter ...	*Demharter*, Grundbuchordnung, 27. Aufl. 2010
Denkschr.	Denkschrift des Reichsjustizamts zum Entwurf eines Bürgerlichen Gesetzbuchs, 1896
DepG	Gesetz über die Verwahrung und Anschaffung von Wertpapieren (Depotgesetz) idF der Bek. v. 11. 1. 1995 (BGBl. S. 34)
ders.	derselbe
Dethloff	*Dethloff* Familienrecht, 29. Aufl. 2010
DFG	Deutsche Freiwillige Gerichtsbarkeit (Zeitschrift, 1. 1936–9. 1944)
DFGT	Deutscher Familiengerichtstag
DGB	Deutscher Gewerkschaftsbund
dgl.	desgleichen; dergleichen
DGVZ	Deutsche Gerichtsvollzieher-Zeitung
dh.	das heißt
Die Bank	Die Bank (Zeitschrift)
dies.	dieselbe(n)

XVII

Abkürzungsverzeichnis

DIJuF	Deutsches Institut für Jugendhilfe und Familienrecht
DiskE	Diskussionsentwurf
Diss.	Dissertation (Universitätsort)
Dittmann/Reimann/Bengel	siehe Reimann/Bengel/Mayer
DIV	Deutsches Institut für Vormundschaftswesen
DJ	Deutsche Justiz (Zeitschrift)
DJT	Deutscher Juristentag
DJZ	Deutsche Juristenzeitung (Zeitschrift)
DNotV	Zeitschrift des Deutschen Notarvereins (1. 1901–33. 1933), dann DNotZ
DNotZ	Deutsche Notar-Zeitung (Zeitschrift)
DÖD	Der öffentliche Dienst (Zeitschrift)
Dölle	Dölle, Darstellung des deutschen Familienrechts mit rechtsvergleichenden Hinweisen Bd. I 1964, Bd. II 1965
DogmJ	Jahrbücher für die Dogmatik des heutigen römischen und deutschen Privatrechts
Dok.	Dokument
DONot.	Dienstordnung für Notare – Bundeseinheitliche Verwaltungsvorschrift der Landesjustizverwaltungen; für Bayern: idF der Bek. v. 25. 1. 2001 (BayJMBl. S. 32)
DÖV	Die öffentliche Verwaltung (Zeitschrift)
DR	Deutsches Recht (Zeitschrift)
DRdA	Das Recht der Arbeit (österreichische Zeitschrift)
DRiG	Deutsches Richtergesetz idF der Bek. v. 19. 4. 1972 (BGBl. I S. 713)
DRiZ	Deutsche Richterzeitung (Zeitschrift)
DRspr.	Deutsche Rechtsprechung, Entscheidungssammlung und Aufsatzhinweise
DRV	Deutsche Rentenversicherung (Zeitschrift); Deutscher Reisebüro-Verband e. V.
DRWiss.	Deutsche Rechtswissenschaft (Zeitschrift, 1. 1936–8. 1943)
DRZ	Deutsche Rechts-Zeitschrift
DSb.	Der Sozialberater (Zeitschrift)
DStR	Deutsches Steuerrecht (Zeitschrift)
DStZ/A	Deutsche Steuerzeitung Ausgabe A
Dt.; dt.	deutsch
DtZ	Deutsch-Deutsche Rechts-Zeitschrift
DuR	Demokratie und Recht (Zeitschrift)
DVBl.	Deutsches Verwaltungsblatt
DVO	Durchführungsverordnung
DWW	Deutsche Wohnungswirtschaft (hrsg. v. Zentralverband der deutschen Haus-, Wohnungs- und Grundeigentümer; Zeitschrift)
DZWiR	Deutsche Zeitschrift für Wirtschafts- und Insolvenzrecht (Zeitschrift)
E	Entwurf
ebd.	ebenda
Ebenroth/Boujong/Joost/Strohn/Bearbeiter	Ebenroth/Boujong/Joost/Strohn, Handelsgesetzbuch, Kommentar, Bd. 1: §§ 1–342 e, 2. Aufl. 2008, Bd. 2: §§ 343–475 h, 2. Aufl. 2009
Ec. J	The Economic Journal (seit 1891)
ecolex	(österr.) Fachzeitschrift für Wirtschaftsrecht
ECRL	Richtlinie 2000/31/EG des Europäischen Parlaments und des Rates über bestimmte rechtliche Aspekte der Dienste der Informationsgesellschaft, insbesondere des elektronischen Geschäftsverkehrs, im Binnenmarkt (E-Commerce-Richtlinie) v. 8. 6. 2000 (ABl. EG Nr. L 178 S. 1)
ECU	European Currency Unit
EFG	Entscheidungen der Finanzgerichte
EFZG	Gesetz über die Zahlung des Arbeitsentgelts an Feiertagen und im Krankheitsfalle (Entgeltfortzahlungsgesetz) v. 26. 5. 1994 (BGBl. I S. 1014, 1065)
EG	Einführungsgesetz; Europäische Gemeinschaft

Abkürzungsverzeichnis

EGBGB	Einführungsgesetz zum Bürgerlichen Gesetzbuche idF der Bek. v. 21. 9. 1994 (BGBl. S. 2494)
EGFGB	Einführungsgesetz zum Familiengesetzbuch der Deutschen Demokratischen Republik vom 20. 12. 1965 (GBl. 1966 I S. 19)
EGMR	Europäischer Gerichtshof für Menschenrechte
EG-Vertrag	Vertrag zur Gründung der Europäischen Gemeinschaften idF der Bek. des Vertrages von Amsterdam v. 2. 10. 1997 (ABl. EG Nr. C 340 S. 1)
EheG	Ehegesetz v. 20. 2. 1946 (= KRG Nr. 16; ABlKR S. 77)
1. EheRG	1. Gesetz zur Reform des Ehe- und Familienrechts vom 14. 6. 1976 (BGBl. I S. 1421)
EheschlRG	Gesetz zur Neuregelung des Eheschließungsrechts v. 4. 5. 1998 (BGBl. I S. 833)
Ehmann/Sutschet	*Ehmann/Sutschet*, Modernisiertes Schuldrecht: Lehrbuch der Grundsätze des neuen Rechts und seiner Besonderheiten, 2002
Eicher/Haase/ Rauschenbach	Die Rentenversicherung der Arbeiter und Angestellten, 7. Aufl. 1983 ff.
Einf.	Einführung
einhM	einhellige Meinung
Einl.	Einleitung
EJF	Entscheidungen aus dem Jugend- und Familienrecht (Abschnitt und Nr.)
EKMR	Europäische Kommission für Menschenrechte
Endemann	*Endemann*, Lehrbuch des Bürgerlichen Rechts, 5 Bde., 1903–1920
endg.	endgültig
Enneccerus	*Enneccerus/Kipp/Wolff*, Lehrbuch des Bürgerlichen Rechts
Enneccerus/Kipp	IV. Bd. Familienrecht (Teil II und III), 7. Aufl. 1931
Enneccerus/ Lehmann	II. Bd. Recht der Schuldverhältnisse, 15. Aufl. 1958
Enneccerus/ Nipperdey	I. Bd. AT des Bürgerlichen Rechts, 1. Halbbd. 15. Aufl. 1959; 2. Halbbd. 15. Aufl. 1960
Enneccerus/Wolff FamR	IV. Bd. Familienrecht (Teil 1), 7. Aufl. 1931
Enneccerus/Wolff/ Raiser	III. Bd. Sachenrecht, 10. Aufl. 1957
entspr.	entsprechend
ErbbauRG	Gesetz über das Erbbaurecht v. 15. 1. 1919 (RGBl. S. 72, ber. S. 122)
ErbGleichG	Gesetz zur erbrechtlichen Gleichstellung nichteheliche Kinder v. 16. 12. 1997 (BGBl. I S. 2968)
ErbStG	Erbschaftsteuer- und Schenkungsteuergesetz idF der Bek. v. 27. 2. 1997 (BGBl. I S. 378)
ErfK/*Bearbeiter*	Erfurter Kommentar zum Arbeitsrecht, hrsg. v. *Müller-Glöge/Preis/Schmidt*, 12. Aufl. 2012
Erg.	Ergänzung
Erl.	Erlass; Erläuterung
Erman/Bearbeiter	*Erman*, Handkommentar zum Bürgerlichen Gesetzbuch, hrsg. v. *Westermann*, 13. Aufl. 2011
Ernst/ Zimmermann	*Ernst/Zimmermann*, Zivilrechtswissenschaft und Schuldrechtsreform, Tagungsband, 2001
Erstbearb.	Erstbearbeitung (Verweis aus dem Loseblatt-Ergänzungsband auf die genannte Fundstelle im Hauptwerk)
ESchG	Gesetz zum Schutz von Embryonen (Embryonenschutzgesetz) v. 13. 12. 1990 (BGBl. I S. 2746)
Esser/Schmidt AT/1 bzw. AT/2	*Esser/Schmidt*, Schuldrecht, Bd. I: Allgemeiner Teil, Teilband 1, 8. Aufl. 1995; Teilband 2, 8. Aufl. 2000
Esser/Weyers BT/1 bzw. BT/2	*Esser/Weyers*, Schuldrecht, Bd. II: Besonderer Teil, Teilband 1, 8. Aufl. 1998; Teilband 2, 8. Aufl. 2000

Abkürzungsverzeichnis

EStG 2002	Einkommensteuergesetz 2002 idF der Bek. v. 19. 10. 2002 (BGBl. I S. 4210, ber. S. 179)
etc.	et cetera
EU	Europäische Union
EuG	Europäisches Gericht Erster Instanz
EuGH	Gerichtshof der Europäischen Gemeinschaften
EuGHE	Entscheidungen des Gerichtshofes der Europäischen Gemeinschaften
EuGHMR	Europäischer Gerichtshof für Menschenrechte
EuGVÜ	Europäisches Übereinkommen über die gerichtliche Zuständigkeit und die Vollstreckung gerichtlicher Entscheidungen in Zivil- und Handelssachen v. 27. 9. 1968 (BGBl. 1972 II S. 773; 1986 II S. 1020)
EuGVO	Verordnung Nr. 44/2001/EG des Rates über die gerichtliche Zuständigkeit und die Anerkennung und Vollstreckung von Entscheidungen in Zivil- und Handelssachen v. 22. 12. 2000 (ABl. EG Nr. L 12 S. 1, ber. Nr. L 307 S. 28)
EuR	Europarecht (Zeitschrift)
EurEntfÜ	Europäisches Übereinkommen vom 20. 5. 1980 über die Anerkennung und Vollstreckung von Entscheidungen über das Sorgerecht für Kinder und die Wiederherstellung des Sorgeverhältnisses (BGBl. 1990 II S. 220)
EuroEG	Gesetz zur Einführung des Euro v. 9. 6. 1998 (BGBl. I S. 1242)
EuroVO 1997	Verordnung über bestimmte Vorschriften im Zusammenhang mit der Einführung des Euro (EG-VO 1103/97) v. 19. 6. 1997 (ABl. EG Nr. L 162, S. 1)
EuroVO 1998	Verordnung über die Einführung des Euro v. 7. 7. 1997 (abgedruckt in ABl. EG Nr. C 236 v. 2. 8. 1997, BT-Drucks. 13/7727)
EuZW	Europäische Zeitschrift für Wirtschaftsrecht
EV	Eigentumsvorbehalt
e. V.	eingetragener Verein
EVertr.	Vertrag zwischen der Bundesrepublik Deutschland und der Deutschen Demokratischen Republik über die Herstellung der Einheit Deutschlands (Einigungsvertrag v. 31. 8. 1990 (BGBl. II S. 889)
evtl.	eventuell
EVÜ	(Europäisches) Übereinkommen über das auf vertragliche Schuldverhältnisse anzuwendende Recht v. 19. 6. 1980 (BGBl. 1986 II S. 809; 1991 II S. 871)
EWGV	Vertrag zur Gründung der Europäischen Wirtschaftsgemeinschaft v. 25. 3. 1957 (BGBl. II S. 766)
EWiR	Entscheidungen zum Wirtschaftsrecht (Zeitschrift)
EWIV	Europäische wirtschaftliche Interessenvereinigung
EWS	Europäisches Währungssystem
EzA	Entscheidungen zum Arbeitsrecht, hrsg. v. *Stahlhacke* (Nr. ohne Gesetzesstelle bezieht sich auf den gerade kommentierten Paragraphen)
EZB	Europäische Zentralbank
EzFamR	Entscheidungen zum Familienrecht
f., ff.	folgend(e)
FamFG	Gesetz über das Verfahren in Familiensachen und in den Angelegenheiten der freiwilligen Gerichtsbarkeit
FamFR	Familienrecht und Familienverfahrensrecht (Zeitschrift)
FamG	Familiengericht
FamGB	Familiengesetzbuch der DDR v. 20. 12. 1965 (GBl. DDR 1966 S. 1)
FamGb/Bearbeiter	*Baumeister/Fehmel/Griesche/Hochgräber/Kayser/Wick*, Familiengerichtsbarkeit, 1992
FamNamRG	Gesetz zur Neuordnung des Familiennamenrechts v. 16. 12. 1993 (BGBl. I S. 2054)
FamR	Familienrecht
FamRÄndG	Familienrechtsänderungsgesetz v. 11. 8. 1961 (BGBl. I S. 1221)
FamRB	Der Familien-Rechts-Berater
FamRefK	*Bäumel/Bienwald/Häußermann*, Familienrechtsreformkommentar, 1998
FamRZ	Ehe und Familie im privaten und öffentlichen Recht, Zeitschrift für das gesamte Familienrecht

Abkürzungsverzeichnis

FD-RVG	Fachdienst Vergütungs- und Kostenrecht (Online-Zeitschrift)
FernUSG	Gesetz zum Schutz der Teilnehmer am Fernunterricht (Fernunterrichtsschutzgesetz) idF der Bek. v. 4. 12. 2000 (BGBl. I S. 1670)
FEVG	Gesetz über das gerichtliche Verfahren bei Freiheitsentziehungen v. 29. 6. 1956 (BGBl. I S. 599)
FEVS	Fürsorgerechtliche Entscheidungen der Verwaltungs- und der Sozialgerichte
FF	Forum Familien- und Erbrecht (Zeitschrift)
FG	Festgabe
FGB	siehe FamGB
FGG	Gesetz über die Angelegenheit der freiwilligen Gerichtsbarkeit idF der Bek. v. 20. 5. 1898 (RGBl. S. 369, 771)
FGG-ReformG	Gesetz zur Reform des Verfahrens in Familiensachen und in Angelegenheiten der freiwilligen Gerichtsbarkeit v. 17. 12. 2008 (BGBl. I S. 2586)
FGO	Finanzgerichtsordnung idF der Bek. v. 28. 3. 2001 (BGBl. I S. 442)
FGPrax	Praxis der Freiwilligen Gerichtsbarkeit (Zeitschrift)
FidKomAuflG	Gesetz zur Vereinheitlichung der Fideikommißauflösung v. 26. 6. 1935 (RGBl. I S. 785)
Fieseler/ Bearbeiter	*Fieseler/Schleicher/Busch* (Hrsg.), Kinder- und Jugendhilfe, Gemeinschaftskommentar zum SGB VIII, Loseblatt, Stand 2008
Fikentscher/ Heinemann	*Fikentscher/Heinemann,* Schuldrecht, 10. Aufl. 2006
FinG	Finanzgericht
Firsching/Schmid FamR	*Firsching/Schmid,* Familienrecht, 1. Halbband: Familiensachen, 7. Aufl. 2010
Firsching/Graf	*Firsching/Graf,* Nachlaßrecht, 9. Aufl. 2008
Firsching/ v. Hoffmann	*Firsching/v. Hoffmann,* Internationales Privatrecht, 9. Aufl. 2007
Firsching/Dodegge FamR	*Firsching/Dodegge,* Familienrecht, 2. Halbband: Betreuungsrecht sowie andere Rechtsgebiete der freiwilligen Gerichtsbarkeit, 7. Aufl. 2010
Fischer	*Fischer* StGB, 58. Aufl. 2011
FLF	Finanzierung-Leasing-Factoring (Zeitschrift)
Flume	*Flume,* Allgemeiner Teil des Bürgerlichen Rechts, 1. Bd., 1. Teil: Die Personengesellschaft, 1977, 1. Bd. 2. Teil: Die juristische Person, 1983, 2. Bd.: Das Rechtsgeschäft, 4. Aufl. 1992
Fn.	Fußnote
FNA	Fundstellennachweis A, Beilage zum Bundesgesetzblatt Teil I
FNB	Fundstellennachweis B, Beilage zum Bundesgesetzblatt Teil II
FoSiG	Gesetz zur Sicherung von Werkunternehmeransprüchen und zur verbesserten Durchsetzung von Forderungen v. 23. 10. 2008 (BGBl. I S. 2022)
FPR	Familie Partnerschaft Recht (Zeitschrift)
FR	Finanz-Rundschau (Zeitschrift)
FrankfRdsch.	Rundschau. Sammlung von Entscheidungen in Rechts- und Verwaltungssachen aus dem Bezirke des OLG Frankfurt am Main (ab 1914: Frankfurter Rundschau)
franz.	französisch
FRES	Entscheidungssammlung zum gesamten Bereich von Ehe und Familie
FRG	Fremdrentengesetz v. 25. 2. 1960 (BGBl. I S. 93)
Friederici	*Friederici,* Aktuelles Unterhaltsrecht, 2. Aufl. 1991
FrzZ	Französische Besatzungszone
FS	Festschrift
Fuchs FamR	Kommentar zum Bürgerlichen Recht 4. Band, Familienrecht. 1. Abschnitt: *Schmidt,* Bürgerliche Ehe, 1907; 3. Abschnitt: *Fuchs,* Vormundschaft, 1909
FuR	Familie und Recht (Zeitschrift)
FVE	Sammlung fremdenverkehrsrechtlicher Entscheidungen
FWW	Die freie Wohnungswirtschaft (Informationsdienst des Verbandes Freier Wohnungsunternehmen; Zeitschrift)
FZR	Freiwillige Zusatzrentenversicherung der Sozialversicherung

Abkürzungsverzeichnis

G	Gesetz
GA	Goltdammer's Archiv für Strafrecht (1953 ff.; vorher: Dt. Strafrecht)
Gaaz/Bornhofen	Gaaz/Bornhofen, Personenstandsgesetz, 2. Aufl. 2010
GBBerG	Grundbuchbereinigungsgesetz vom 20. 12. 1993 (BGBl. I S. 2182)
GBl.	Gesetzblatt
GBl. DDR	Gesetzblatt Deutsche Demokratische Republik
GBO	Grundbuchordnung idF der Bek. v. 26. 5. 1994 (BGBl. I S. 1114)
GbR	Gesellschaft bürgerlichen Rechts
GBVfg.	Grundbuchverfügung idF vom 24. 1. 1995 (BGBl. I S. 114)
GE	Gemeinsame Erklärung; Das Grundeigentum (Zeitschrift)
GebrMG	Gebrauchsmustergesetz idF der Bek. v. 28. 8. 1986 (BGBl. I S. 1455)
Geigel/Bearbeiter	Geigel, Der Haftpflichtprozess, hrsg. v. *Schlegelmilch,* 26. Aufl. 2011
gem.	gemäß
GemSOBG	Gemeinsamer Senat der obersten Bundesgerichte
GenG	Gesetz betreffend die Erwerbs- und Wirtschaftsgenossenschaften (Genossenschaftsgesetz) idF der Bek. v. 16. 10. 2006 (BGBl. S. 2230)
Gernhuber Erfüllung	*Gernhuber,* Die Erfüllung und ihre Surrogate, Handbuch des Schuldrechts, Bd. 3, 2. Aufl. 1994
Gernhuber Schuldverhältnis	*Gernhuber,* Das Schuldverhältnis, Handbuch des Schuldrechts, Bd. 8, 1989
Gernhuber/Coester-Waltjen	*Gernhuber/Coester-Waltjen,* Familienrecht, Lehrbuch des Familienrechts, 6. Aufl. 2010
Gerold	*Gerold,* Ehegesetz, Kommentar, 1950
Gerold/Schmidt/Bearbeiter	*Gerold/Schmidt,* Rechtsanwaltsvergütungsgesetz, Kommentar, 19. Aufl. 2010
GeschmMG	Gesetz betreffend das Urheberrecht an Mustern und Modellen (Geschmacksmustergesetz) v. 11. 1. 1876 (RGBl. S. 11)
Ges.; ges.	Gesetz; gesetzlich
gesetzl. GV	gesetzliches Gewaltverhältnis
GesO	Gesamtvollstreckungsordnung idF der Bek. v. 23. 5. 1991 (BGBl. I S. 1185), aufgehoben
GesRZ	Der Gesellschafter (Zeitschrift, 1. 1972 ff.)
GewA	Gewerbe-Archiv (Zeitschrift)
GewO	Gewerbeordnung idF der Bek. v. 22. 2. 1999 (BGBl. I S. 202)
gewöhnl.	gewöhnlich
gewöhnl. A.	gewöhnlicher Aufenthalt
GewStG	Gewerbesteuergesetz idF der Bek. v. 15. 10. 2002 (BGBl. I S. 4167)
GG	Grundgesetz für die Bundesrepublik Deutschland v. 23. 5. 1949 (BGBl. S. 1)
ggf.	gegebenenfalls
Gierke	*O. v. Gierke,* Deutsches Privatrecht, Bd. I 1895, Bd. II 1905, Bd. III 1917
Gierke SachR	*J. v. Gierke,* Bürgerliches Recht, Sachenrecht, 3. Aufl. 1948
Gierke/Sandrock	*J. v. Gierke/Sandrock,* Handels- und Wirtschaftsrecht, 9. Aufl. Bd. I 1975
Giesen	*Giesen,* BGB Allgemeiner Teil, Rechtsgeschäftslehre, 2. Aufl. 1995
GK-SGB VI-Bearbeiter	*Lueg, von Maydell, Ruland,* Gemeinschaftskommentar zum Sozialgesetzbuch, gesetzliche Rentenversicherung 1991
GK-SGB X 3	*von Maydell, Schellhorn,* Gemeinschaftskommentar zum Sozialgesetzbuch, Zusammenarbeit der Leistungsträger und ihre Beziehung zu Dritten, 1984
GKG	Gerichtskostengesetz idF der Bek. v. 5. 5. 2004 (BGBl. I S. 718)
gl. Ans.	gleiche Ansicht
GleichberG	Gesetz über die Gleichberechtigung von Mann und Frau auf dem Gebiete des bürgerlichen Rechts (Gleichberechtigungsgesetz) v. 18. 6. 1957 (BGBl. I S. 609)
GmbH	Gesellschaft mit beschränkter Haftung
GmbH & Co. (KG)	Gesellschaft mit beschränkter Haftung und Compagnie (Kommanditgesellschaft)

Abkürzungsverzeichnis

GmbHG	Gesetz betreffend die Gesellschaften mit beschränkter Haftung idF der Bek. v. 20. 5. 1898 (RGBl. S. 369, 846)
GmbHR	GmbH-Rundschau (Zeitschrift)
GMBl.	Gemeinsames Ministerialblatt
GmS-OGB	Gemeinsamer Senat der obersten Gerichte des Bundes
GO	Gemeindeordnung
GOÄ	Gebührenordnung für Ärzte idF der Bek. v. 9. 2. 1996 (BGBl. I S. 210)
GOA	Gebührenordnung für Architekten (ersetzt durch HOAI)
GoA	Geschäftsführung ohne Auftrag
v. Godin	K. u. H. v. Godin/Tölke, Ehegesetz, Kommentar, 2. Aufl. 1950
Göppinger/ Börger	Göppinger/Börger, Vereinbarungen anlässlich der Ehescheidung, 9. Aufl. 2010
Göppinger/Wax/ Bearbeiter	Göppinger/Wax, Unterhaltsrecht, 9. Aufl. 2008
Golsong/Karl/ Bearbeiter EMRK	Golsong/Karl, Internationaler Kommentar zur Europäischen Menschenrechtskonvention, Loseblatt
Grabitz/Hilf/ Bearbeiter	Grabitz/Hilf, Das Recht der Europäischen Union, Loseblatt-Ausgabe
grdlg.	grundlegend
grds.	grundsätzlich
Grdst-VerkVO	Grundstücksverkehrsverordnung idF der Bek. v. 20. 12. 1993 (BGBl. I S. 2221)
GrdstVG	Gesetz über Maßnahmen zur Verbesserung der Agrarstruktur und zur Sicherung land- und forstwirtschaftlicher Betriebe (Grundstücksverkehrsgesetz) v. 28. 7. 1961 (BGBl. I S. 1091)
GrEStG 1983	Grunderwerbsteuergesetz idF der Bek. v. 26. 2. 1997 (BGBl. I S. 418, 1804)
griech.	griechisch
GrS	Großer Senat
GruchB	siehe Gruchot
Gruchot	Beiträge zur Erläuterung des (bis 15. 1871: Preußischen) Deutschen Rechts, begr. von Gruchot (1. 1857–73. 1933)
GrundE	Das Grundeigentum (Zeitschrift)
Grunewald BR	Grunewald, Bürgerliches Recht, begr. v. Gernhuber, 8. Aufl. 2009
GrünhutsZ	Zeitschrift für das Privat- und öffentliche Recht der Gegenwart, begr. v. Grünhut
GRUR	Gewerblicher Rechtsschutz und Urheberrecht (Zeitschrift)
GRUR Int.	Gewerblicher Rechtsschutz und Urheberrecht, Internationaler Teil (Zeitschrift, 1970 ff.)
GRUR-RR	GRUR-Rechtsprechungs-Report (Zeitschrift)
Grziwotz	Grziwotz, Nichteheliche Lebensgemeinschaft, 4. Aufl. 2006
GS	Gedenkschrift; Gedächtnisschrift
GSZ	Großer Senat in Zivilsachen
GüKG	Güterkraftverkehrsgesetz idF der Bek. v. 22. 6. 1998 (BGBl. I S. 1485)
GuT	Gewerbemiete und Teileigentum (Zeitschrift)
GV	Gewaltverhältnis
GVBl.	Gesetz- und Verordnungsblatt
GVG	Gerichtsverfassungsgesetz idF der Bek. v. 9. 5. 1975 (BGBl. I S. 1077)
GvKostG	Gesetz über Kosten der Gerichtsvollzieher (Gerichtsvollzieherkostengesetz) v. 19. 4. 2001 (BGBl. I S. 623)
GVO	Grundstücksverkehrsordnung idF der Bek. v. 20. 12. 1993 (BGBl. I S. 2182)
GVÜ	siehe EuGVÜ
GW	siehe GIW
GWB	Gesetz gegen Wettbewerbsbeschränkungen idF der Bek. v. 26. 8. 1998 (BGBl. I S. 2546)
GWW	Gemeinnütziges Wohnungswesen (hrsg. v. Gesamtverband Gemeinnütziger Wohnungsunternehmen; Zeitschrift)
HaagAbk.	Haager Abkommen
Habilschr.	Habilitationsschrift

Abkürzungsverzeichnis

Habscheid FG	*Habscheid*, Freiwillige Gerichtsbarkeit, 7. Aufl. 1983
Hachenburg/ Bearbeiter	*Hachenburg*, Kommentar zum GmbHG, 8. Aufl. 1992 ff.
Haegele/Winkler	siehe *Winkler*
HAG	Heimarbeitsgesetz v. 14. 3. 1951 (BGBl. I S. 191)
Hahn	*Hahn*, Kindheits-, Jugend- und Erziehungsrecht, 2004
Halbbd.	Halbband
Halbs.	Halbsatz
Hamb.; hamb.	Hamburg; hamburgisch
HansGZ	Hanseatische Gerichtszeitung
HansOLG	Hanseatisches Oberlandesgericht
HansRGZ	Hanseatische Rechts- und Gerichtszeitschrift
Hauck/Noftz/ Bearbeiter	*Hauck/Noftz* (Hrsg.), Sozialgesetzbuch SGB VIII. Kinder- und Jugendhilfe, Kommentar, Stand 2011
HAuslG	Gesetz über die Rechtsstellung heimatloser Ausländer im Bundesgebiet v. 25. 4. 1951 (BGBl. I S. 269)
HausratsV	Verordnung über die Behandlung der Ehewohnung und des Hausrats (Sechste Durchführungsverordnung zum Ehegesetz) v. 21. 10. 1944 (RGBl. I S. 256)
HaustürWG	Gesetz über den Widerruf von Haustürgeschäften und ähnlichen Geschäften idF der Bek. v. 29. 6. 2000 (BGBl. I S. 955), aufgehoben
HaustürW-RL	Richtlinie 85/577/EWG betreffend den Verbraucherschutz im Falle von außerhalb von Geschäftsräumen geschlossenen Verträgen v. 20. 12. 1985 (ABl. EG Nr. L 372 S. 31)
HdB	Handbuch
HdWW	Handwörterbuch der Wirtschaftswissenschaften, Bd. 1–10, 1977 ff.
Heck SchuldR	*Heck*, Grundriß des Schuldrechts, Nachdruck der Ausgabe von 1929, 1974
Heck SachenR	*Heck*, Grundriß des Sachenrechts, Nachdruck der Ausgabe von 1930, 1960
Hefermehl/Köhler/ Bornkamm	s. *Köhler/Bornkamm*
HeimG	Heimgesetz idF der Bek. v. 5. 11. 2001 (BGBl. I S. 2970)
Heinsius/Horn/ Than DepG	*Heinsius/Horn/Than*, Depotgesetz, Kommentar, 1975
Heiß/Born	*Heiß/Born*, Unterhaltsrecht, Loseblatt
HeizkostenV	Verordnung über die verbrauchsabhängige Abrechnung der Heiz- und Warmwasserkosten idF der Bek. v. 20. 1. 1989 (BGBl. I S. 115)
Henrich	*Henrich*, Familienrecht, 5. Aufl. 1995
Henrich/Wagenitz/ Bornhofen	*Henrich/Wagenitz/Bornhofen*, Deutsches Namensrecht, Loseblatt-Kommentar
Henssler	*Henssler*, Partnerschaftsgesellschaftsgesetz, 2. Aufl. 2008
HEntfÜ	Haager Übereinkommen vom 25. 10. 1980 über die zivilrechtlichen Aspekte internationaler Kindesentführung (BGBl. 1990 II S. 207)
Hepting	*Hepting*, Deutsches und Internationales Familienrecht im Personenstandsrecht, 2010
Hess.; hess.	Hessen; hessisch
HessRspr.	Hessische Rechtsprechung
Heymann/ Bearbeiter	*Heymann*, Handelsgesetzbuch, 2. Aufl. 1995 ff.
HEZ	Höchstrichterliche Entscheidungen (Entscheidungssammlung)
HEZG	Gesetz zur Neuordnung der Hinterbliebenenrenten sowie zur Anerkennung von Kindererziehungszeiten in der gesetzlichen Rentenversicherung (Hinterbliebenenrenten- und Erziehungszeiten-Gesetz) v. 11. 7. 1985 (BGBl. I S. 1450)
HFR	Höchstrichterliche Finanzrechtsprechung
HGB	Handelsgesetzbuch v. 10. 5. 1897 (RGBl. S. 219)
hins.	hinsichtlich
HintO	Hinterlegungsordnung v. 10. 3. 1937 (RGBl. S. 285)
Hk-BGB/ Bearbeiter	*Schulze/Dörner/Ebert/Hoeren/Kemper/Saenger/Schreiber/Schulte-Nölke/Staudinger*, Bürgerliches Gesetzbuch (BGB), Handkommentar, 7. Aufl. 2011

Abkürzungsverzeichnis

HK-BUR/ Autor	Bauer/Klie/Rink, Heidelberger Kommentar zum Betreuungs- und Unterbringungsrecht, Loseblatt
HKK/Bearbeiter	Historisch-kritischer Kommentar zum BGB, hrsg. von Schmoeckel/Rückert/Zimmermann, Band 1: Allgemeiner Teil, 2003, Band 2; Schuldrecht AT in 2 Teilbänden, 2007
hL	herrschende Lehre
hM	herrschende Meinung
HOAI	Verordnung über die Honorare für Leistungen der Architekten und der Ingenieure (Honorarordnung für Architekten und Ingenieure) idF der Bek. v. 4. 3. 1991 (BGBl. I S. 533)
HöfeO	Höfeordnung idF der Bek. v. 26. 7. 1976 (BGBl. I S. 1933)
Hoffmann/ Stephan	Hoffmann/Stephan, Ehegesetz, Kommentar, 2. Aufl. 1968
v. Hoffmann IPR	v. Hoffmann, Internationales Privatrecht, 9. Aufl. 2007
HPflG	Haftpflichtgesetz idF der Bek. v. 4. 1. 1978 (BGBl. I S. 145)
HRG	Hochschulrahmengesetz idF der Bek. v. 19. 1. 1999 (BGBl. I S. 18)
HRR	Höchstrichterliche Rechtsprechung (Zeitschrift)
Hrsg.; hrsg.	Herausgeber; herausgegeben
HS	Halbsatz
U. Huber, Leistungsstörungen I bzw. II	U. Huber, Leistungsstörungen Bd. I bzw. Bd. II, Handbuch des Schuldrechts in Einzeldarstellungen, Bd. 9 I und II, 1999
Huber/Faust	P. Huber/Faust, Schuldrechtsmodernisierung, Einführung in das neue Recht, 2002
Hübner AT	Hübner, Allgemeiner Teil des Bürgerlichen Gesetzbuches, 2. Aufl. 1996
Hueck/ Windbichler	siehe Windbichler
Hueck/Canaris	Hueck/Canaris, Das Recht der Wertpapiere, Kommentar, 12. Aufl. 1986
Hueck OHG	A. Hueck, Das Recht der offenen Handelsgesellschaft, 4. Aufl. 1971
Hüffer	Hüffer, Aktiengesetz, 9. Aufl. 2010
HuW	Haus und Wohnung (Zeitschrift)
HWB	Handwörterbuch
HWBdSozW	Handwörterbuch der Sozialwissenschaften (1956 ff.)
HWBRWiss.	Handwörterbuch der Rechtswissenschaft, hrsg. v. Stier-Somlo und Elster (Bd. u. Seite)
HWG	Gesetz über die Werbung auf dem Gebiete des Heilwesens idF der Bek. v. 19. 10. 1994 (BGBl. I S. 3068)
HwO	Gesetz zur Ordnung des Handwerks (Handwerksordnung) idF der Bek. v. 24. 9. 1998 (BGBl. I S. 3074)
idF der Bek.	in der Fassung der Bekanntmachung
idR	in der Regel
idS	in diesem Sinne
iE	im Einzelnen; im Ergebnis
I. E. C. L.	International Encyclopedia of Comparative Law, hrsg. v. David u. a., ab 1974
ieS	im engeren Sinne
IfSG	Gesetz zur Verhütung und Bekämpfung von Infektionskrankheiten beim Menschen (Infektionsschutzgesetz) v. 20. 7. 2000 (BGBl. I S. 1045)
IHK	Industrie- und Handelskammer
ILO	International Labour Organization
IMF	International Monetary Fund
INF	Information über Steuer und Wirtschaft (Zeitschrift)
InfAuslR	Informationsbrief Ausländerrecht
insbes.	insbesondere
InsO	Insolvenzordnung v. 5. 10. 1994 (BGBl. I S. 2866)
IntHK	Internationale Handelskammer
IntRDipl.	Internationales Recht und Diplomatie (Zeitschrift)
InvG	Investmentgesetz v. 15. 12. 2003 (BGBl. I S. 2676)

Abkürzungsverzeichnis

InVo	Insolvenz und Vollstreckung (Zeitschrift)
IPG	Gutachten zum internationalen und ausländischen Privatrecht
IPR	Internationales Privatrecht
IPRG	Gesetz zur Neuregelung des Internationalen Privat- und Verfahrensrechts v. 25. 7. 1986 (BGBl. I S. 1142)
IPRax	Praxis des internationalen Privat- und Verfahrensrechts (Zeitschrift, 1. 1981 ff.)
IPRspr.	Makarov, Gamillscheg, Müller, Dierk, Kropholler, Die deutsche Rechtsprechung auf dem Gebiet des internationalen Privatrechts, 1952 ff.
iran.	iranisch
iS	im Sinne
iSv.	im Sinne von
ital.	italienisch
iÜ	im Übrigen
iVm.	in Verbindung mit
iwS	im weiteren Sinne
IZPR	Internationales Zivilprozessrecht
iZw.	im Zweifel
JA	Juristische Arbeitsblätter (Zeitschrift)
Jaeger/Henckel InsO	Jaeger/Henckel, Insolvenzordnung, Band 1 (§§ 1-55), 2004, hrsg. v. Henckel/Gerhardt, begr. von Jaeger
Jansen/Bearbeiter FGG	Jansen FGG, Großkommentar in 3 Bänden, 3. Aufl. 2006
Jans/Happe/Saurbier/Maas	Jans/Happe/Saurbier/Maas, Kinder- und Jugendhilferecht, Kommentar, Stand 2011
Jansen/Knöpfle	Jansen/Knöpfle, Das neue Unehelichengesetz, 1967
JAmt	Das Jugendamt (bis 2000: DAVorm)
japan.	japanisch
JArbSchG	Gesetz zum Schutze der arbeitenden Jugend (Jugendarbeitsschutzgesetz) v. 12. 4. 1976 (BGBl. I S. 965)
Jauernig/Bearbeiter	Jauernig, Bürgerliches Gesetzbuch, Kommentar, 14. Aufl. 2012
Jb.	Jahrbuch
JbIntR	Jahrbuch des internationalen Rechts
JbJZivRWiss.	Jahrbuch Junger Zivilrechtswissenschaftler
JBl.	Juristische Blätter (österreichische Zeitschrift)
JBlSaar	Justizblatt des Saarlandes
JbPraxSchG	Jahrbuch für die Praxis der Schiedsgerichtsbarkeit
JFG	Jahrbuch für Entscheidungen in Angelegenheiten der freiwilligen Gerichtsbarkeit und des Grundbuchrechts, begründet von Ring (1. 1924–23. 1943)
Jg.	Jahrgang
JGG	Jugendgerichtsgesetz idF v. 11. 12. 1974 (BGBl. I S. 3427)
Jh.	Jahrhundert
JherJb.	Jherings Jahrbuch für die Dogmatik des bürgerlichen Rechts (Zeitschrift, Bd. u. Seite)
JM	Justizministerium
JMBl.	Justizministerialblatt
JöR	Jahrbuch des öffentlichen Rechts der Gegenwart
Johannsen/Henrich/Bearbeiter	Johannsen/Hennrich, Eherecht, 5. Aufl. 2010
JR	Juristische Rundschau (Zeitschrift)
JRfPrV	Juristische Rundschau für die Privatversicherung (Zeitschrift)
Jürgens	Jürgens, Betreuungsrecht, 4. Aufl. 2010
Jürgens/Lesting/Marschner/Winterstein	Jürgens/Lesting/Marschner/Winterstein, Betreuungsrecht kompakt, 7. Aufl. 2011
JuMiG	Justizmitteilungsgesetz v. 18. 6. 1997 (BGBl. I S. 1430)

Abkürzungsverzeichnis

Jung/Bearbeiter	Jung (Hrsg.), SGB VIII, Kinder – und Jugendhilfe, Kommentar zum SGB VIII mit Schriftsatz und Vertragsmustern, 2. Aufl. 2008
Jura	Juristische Ausbildung (Zeitschrift)
JurA	Juristische Analysen (Zeitschrift)
JurBüro	Das juristische Büro (Zeitschrift)
jurisPK/ *Bearbeiter*	juris Praxiskommentar BGB, hrsg. v. *Herberger/Martinek/Rüßmann*, 6 Bände, 4. Aufl. 2009; 5. Aufl. 2011 ff.
JurJb.	Juristen-Jahrbuch
JuS	Juristische Schulung (Zeitschrift)
Justiz	Die Justiz (Zeitschrift)
JVBl.	Justizverwaltungsblatt (Zeitschrift)
JW	Juristische Wochenschrift (Zeitschrift)
JWohl	Jugendwohl, Zeitschrift für die Kinder- und Jugendhilfe
JZ	Juristenzeitung (Zeitschrift)
JZ-GD	Juristenzeitung Gesetzgebungsdienst (monatliche Beilage der Juristenzeitung über die Bundesgesetzgebung)
K&R	Kommunikation und Recht (Zeitschrift)
Kalthoener/Büttner/ Niepmann	siehe *Büttner/Niepmann/Schwamb*
Kant.G	Kantonsgericht
Kap.	Kapital; Kapitel
Kegel/Schurig IPR	*Kegel/Schurig*, Internationales Privatrecht, 9. Aufl. 2004
KEHE/ *Bearbeiter*	*Kuntze/Ertl/Herrmann/Eickmann*, Grundbuchrecht, Kommentar, 6. Aufl. 2006
Keidel/Bearbeiter FamFG	*Keidel*, FamFG, 17. Aufl. 2011
Kfz.	Kraftfahrzeug
KG	Kammergericht (Berlin); Kommanditgesellschaft
KGaA	Kommanditgesellschaft auf Aktien
KGBl.	Blätter für Rechtspflege im Bereich des Kammergerichts in Sachen der freiwilligen Gerichtsbarkeit in Kosten-, Stempel- und Strafsachen (Zeitschrift)
KGJ	Jahrbuch für Entscheidungen des Kammergerichts in Sachen der freiwilligen Gerichtsbarkeit, in Kosten-, Stempel- und Strafsachen (bis 19. 1899: in Sachen der nichtstreitigen Gerichtsbarkeit), 1. 1881–53. 1922
Kilger/ K. Schmidt	*Kilger/K. Schmidt*, Insolvenzgesetze, 17. Aufl. 1997
Kind-Prax	Kindschaftsrechtliche Praxis (Zeitschrift)
KindRG	Kindschaftsrechtsreformgesetz v. 16. 12. 1997 (BGBl. I S. 2942)
KindRVerbG	Gesetz zur weiteren Verbesserung von Kinderrechten v. 9. 4. 2002 (BGBl. I S. 1239
KindUG	Gesetz zur Vereinheitlichung des Unterhaltsrechts minderjähriger Kinder v. 6. 4. 1998 (BGBl. I S. 666)
Kipp/Coing	siehe *Enneccerus/Coing*
Kipp/Coing	*Kipp/Coing*, Erbrecht, 14. Aufl. 1990
Kissel	*Kissel*, Ehe- und Ehescheidung, 1977
Kissel/Mayer	*Kissel/Mayer*, Gerichtsverfassungsgesetz, Kommentar, 6. Aufl. 2010
KiStG	Kirchensteuergesetz
KJHG	Gesetz zur Neuordnung des Kinder- und Jugendhilferechts idF v. 15. 3. 1996 (BGBl. I S. 478); siehe SGB VIII
KK-OWiG/ *Bearbeiter*	Karlsruher Kommentar zum OWiG, 3. Aufl. 2006
KLG	Gesetz über Leistungen der gesetzlichen Rentenversicherung für Kindererziehung an Mütter der Geburtsjahrgänge vor 1921 (Kindererziehungsleistungsgesetz) v. 12. 7. 1987 (BGBl. I S. 1585)
Klin. Lab.	Klinisches Labor (Zeitschrift)
Knittel	*Knittel*, Betreuungsgesetz, Kommentar, Loseblatt, Stand 2011

Abkürzungsverzeichnis

KnVNG	Gesetz zur Neuregelung der knappschaftlichen Rentenversicherung (Knappschaftsrentenversicherungs-Neuregelungsgesetz) v. 21. 5. 1957 (BGBl. I S. 533), außer Kraft am 31. 12. 1991
KO	Konkursordnung idF der Bek. v. 20. 5. 1898 (RGBl. S. 369, 612), aufgehoben
Koch	Koch, Handbuch des Unterhaltsrechts, 12. Aufl. 2012
Köhler	Köhler, BGB Allgemeiner Teil, 35. Aufl. 2011
Köhler/ Bornkamm	Köhler/Bornkamm, Gesetz gegen den unlauteren Wettbewerb, UWG, Kommentar, 29. Aufl. 2011
Kölner KommAktG/ Bearbeiter	Kölner Kommentar zum Aktiengesetz, hrsg. v. *Zöllner,* 3. Aufl. 2004 ff.
KölnZfSoz. ...	Kölner Zeitschrift für Soziologie und Sozialpsychologie
Koller/Roth/ Morck	Koller/Roth/Morck, Handelsgesetzbuch, Kommentar, 7. Aufl. 2011
Kom.endg. ...	Kommission, endgültig
Komm.	Kommentar
KommBer. ...	Reichstagskommission über den Entwurf eines Bürgerlichen Gesetzbuchs und Einführungsgesetzes
KonsG	Gesetz über die Konsularbeamten, ihre Aufgaben und Befugnisse (Konsulargesetz) v. 11. 9. 1974 (BGBl. I S. 2317)
Konv.	Konvention
Korintenberg/ Lappe/Bengel/ Reimann	Korintenberg/Lappe/Bengel/Reimann, Kostenordnung, Kommentar, 18. Aufl. 2010
KostO	Gesetz über die Kosten in Angelegenheiten der freiwilligen Gerichtsbarkeit (Kostenordnung) idF der Bek. v. 26. 7. 1957 (BGBl. I S. 861, 960)
Koziol/Bydlinski/ Bollenberger/ Bearbeiter	Koziol/Bydlinski/Bollenberger, Kurzkommentar zum ABGB, 3. Aufl. 2010
KR	Kontrollrat
KreisG/KrG ..	Kreisgericht
Kress	Kress, Lehrbuch des Allgemeinen Schuldrechts, unveränderter Neudruck der Ausgabe München 1929; mit einer Einführung versehen und herausgegeben von *Weitnauer* und *Ehmann,* 1974
KRG	Kontrollratsgesetz
krit.	kritisch
KritJ	Kritische Justiz (Zeitschrift)
Kropholler	Kropholler, Internationales Privatrecht, 6. Aufl. 2006
Krüger/Breetzke/ Nowack	Krüger/Breetzke/Nowack, Gleichberechtigungsgesetz, 1958
Krug	Krug, Gesetz für Jugendwohlfahrt, Loseblatt-Kommentar
Krug/Dalichau	Krug/Dalichau, Kinder- und Jugendhilfe, Sozialgesetzbuch (SGB), Achtes Buch (VIII), Kommentar, Stand 2010
KrVjschr.	Kritische Vierteljahresschrift für Gesetzgebung und Rechtswissenschaft
KSchG	Kündigungsschutzgesetz idF der Bek. v. 25. 8. 1969 (BGBl. I S. 1317)
KStG	Körperschaftssteuergesetz idF der Bek. v. 15. 10. 2002 (BGBl. I S. 4144)
KTS	Zeitschrift für Konkurs-, Treuhand- und Schiedsgerichtswesen
KSÜ	Haager Übereinkommen v. 19. 10. 1996 über die Zuständigkeit, das anwendbare Recht, die Anerkennung, Vollstreckung und Zusammenarbeit auf dem Gebiet der elterlichen Verantwortung und der Maßnahmen zum Schutze von Kindern (RabelsZ 1998, 502)
KUG	Gesetz betreffend das Urheberrecht an Werken der bildenden Künste und der Photographie v. 9. 1. 1907 (RGBl. 7), aufgehoben durch § 141 Nr. 5 des Urheberrechtsgesetzes v. 9. 9. 1965 (BGBl. I S. 1273), soweit es nicht den Schutz von Bildnissen betrifft
Kübler/Prütting/ Bork InsO	Kübler/Prütting/Bork, Insolvenzordnung, Loseblatt-Kommentar, Stand 2011

Abkürzungsverzeichnis

Kunkel/Bearbeiter, LPK-SGB VIII	*Kunkel* (Hrsg.), Lehr- und Praxiskommentar SGB VIII, 4. Aufl. 2011
L	Landes-
LAG	Landesarbeitsgericht (mit Ortsnamen); Gesetz über den Lastenausgleich (Lastenausgleichsgesetz) idF der Bek. v. 2. 6. 1993 (BGBl. I S. 845); Landwirtschaftsanpassungsgesetz v. 3. 7. 1991 (BGBl. I S. 1418)
Lange/Kuchinke	*Lange/Kuchinke,* Lehrbuch des Erbrechts, 5. Aufl. 2001
Langenfeld	*Langenfeld,* Handbuch der Eheverträge und Scheidungsvereinbarungen, 6. Aufl. 2011
Larenz I	*Larenz,* Lehrbuch des Schuldrechts, Bd. I Allgemeiner. Teil, 14. Aufl. 1987
Larenz II 1	*Larenz,* Lehrbuch des Schuldrechts, Bd. II 1 Besonderer Teil/1. Halbband, 13. Aufl. 1986
Larenz/Canaris II 2	*Larenz/Canaris,* Lehrbuch des Schuldrechts, Bd. II 2 Besonderer Teil/2. Halbband, 13. Aufl. 1994
Larenz Methodenlehre	*Larenz,* Methodenlehre der Rechtswissenschaft, 6. Aufl. 1991
Larenz/Wolf AT	*Larenz/M. Wolf,* Allgemeiner Teil des Bürgerlichen Rechts, 9. Aufl. 2004
Laufs/Kern	*Laufs/Kern,* Handbuch des Arztrechts, 4. Aufl. 2010
LBG	Landesbeamtengesetz
Lehmann/ Henrich	*Lehmann/Henrich,* Deutsches Familienrecht, 4. Aufl. 2000
Leipold	*Leipold,* Erbrecht, 18. Aufl. 2010
LeistungsVO	Verordnung über die Leistungssätze des Unterhaltsgeldes, des Kurzarbeitergeldes, des Schlechtwettergeldes, des Arbeitslosengeldes und der Arbeitslosenhilfe für das Jahr
Lewald	*Lewald,* Das deutsche internationale Privatrecht, 1931
LG	Landgericht (mit Ortsnamen)
LGZ	(österreichisches) Landgericht für Zivilrechtssachen
Lipp	*Lipp,* Freiheit und Fürsorge: Der Mensch als Rechtsperson, 2000
Lipp/Wagenitz	*Lipp/Wagenitz,* Das neue Kindschaftsrecht, 1999
Lit.	Literatur
lit.	litera
LKV	Landes- und Kommunalverwaltung (Zeitschrift)
LM	*Lindenmaier/Möhring,* Nachschlagewerk des Bundesgerichtshofs (Nr. ohne Gesetzesstelle bezieht sich auf den gerade kommentierten Paragraphen)
LMK	Kommentierte BGH-Rechtsprechung *Lindenmaier/Möhring*
Looschelders SchR AT	*Looschelders,* Schuldrecht Allgemeiner Teil, 9. Aufl. 2011
Looschelders IPR	*Looschelders,* Internationales Privatrecht – Art. 3 – 46 EGBGB, 2004
Lorenz/Riehm	*Lorenz/Riehm,* Lehrbuch zum neuen Schuldrecht, 2002
LPachtVG	Gesetz über die Anzeige und Beanstandung von Landpachtverträgen (Landpachtverkehrsgesetz) v. 8. 11. 1985 (BGBl. I S. 2075)
LPartG	Gesetz zur Beendigung der Diskriminierung gleichgeschlechtlicher Gemeinschaften: Lebenspartnerschaften v. 16. 2. 2001 (BGBl. I S. 266)
LPersVG	Landespersonalvertretungsgesetz
L.Q.R.	Law Quaterly Review (Zeitschrift)
LS	Leitsatz
LSG	Landessozialgericht (mit Ortsnamen)
LuftfzRG	Gesetz über Rechte an Luftfahrzeugen (LuftRG) v. 26. 2. 1959 (BGBl. I S. 57, 223)
LuftVG	Luftverkehrsgesetz idF der Bek. v. 27. 3. 1999 (BGBl. I S. 550)
LugÜ	Lugano Übereinkommen v. 16. 9. 1988 über die gerichtliche Zuständigkeit und die Vollstreckung gerichtlicher Entscheidungen in Zivil- und Handelssachen (BGBl. 1994 II S. 2660)
v. Lübtow	*v. Lübtow,* Erbrecht, Band I und II, 1971
Lüderitz/ Dethloff	siehe *Dethloff*

Abkürzungsverzeichnis

Luthin/ Bearbeiter	siehe *Koch*
lux.	luxemburgisch
LVA	Landesversicherungsanstalt
LwG	Landwirtschaftsgericht
LwVG	Gesetz über das gerichtliche Verfahren in Landwirtschaftssachen v. 21. 7. 1953 (BGBl. I S. 667)
LZ	Leipziger Zeitschrift für Deutsches Recht
m. Änd.	mit Änderung(en)
MA	Der Markenartikel (Zeitschrift, 1. 1934 – 11. 1944; 12. 1950 ff.)
m. abl. Anm.	mit ablehnender Anmerkung
MaBV	Verordnung über die Pflichten der Makler, Darlehens- und Anlagenvermittler, Bauträger und Baubetreuer (Makler- und Bauträgerverordnung) idF der Bek. v. 7. 11. 1990 (BGBl. I S. 2479)
MAH-FamR/ Bearbeiter	Münchener Anwaltshandbuch Familienrecht, 2. Aufl. 2008
MarkenG	Gesetz über den Schutz von Marken und sonstigen Kennzeichen (Markengesetz) v. 25. 10. 1994 (BGBl. I S. 3082)
Marschner/ Volckart	Marschner/Volckart, Freiheitsentziehung und Unterbringung, 5. Aufl. 2010
Maunz/Dürig/ Bearbeiter	*Maunz/Dürig*, Grundgesetz, Loseblatt-Kommentar
maW	mit anderen Worten
MBl.	Ministerialblatt
MDR	Monatsschrift für Deutsches Recht (Zeitschrift)
mE	meines Erachtens
MecklZ	Mecklenburgische Zeitschrift für Rechtspflege, Rechtswissenschaft, Verwaltung (Band u. Seite)
Medicus/Petersen BR	*Medicus/Petersen*, Bürgerliches Recht, 23. Aufl. 2011
Medicus AT	*Medicus*, Allgemeiner Teil des BGB, 10. Aufl. 2010
Medicus/Lorenz SchR I	*Medicus/Lorenz*, Schuldrecht I, Allgemeiner Teil, 19. Aufl. 2010
Medicus/Lorenz SchR II	*Medicus/Lorenz*, Schuldrecht II, Besonderer Teil, 15. Aufl. 2010
MedR	Medizinrecht (Zeitschrift 1. 1983 ff.)
Meikel/Bearbeiter	*Meikel*, Grundbuchrecht, Kommentar zur Grundbuchordnung, 10. Aufl. 2008
Meilicke/Graf von Westphalen/Hoffmann/Lenz	*Meilicke/Graf von Westphalen/Hoffmann/Lenz/Wolff*, Partnerschaftsgesellschaftsgesetz, 2. Aufl. 2006
Melchior	*Melchior*, Die Grundlagen des deutschen internationalen Privatrechts, 1932
Meyer-Ladewig	*Meyer-Ladewig*, Europäische Menschenrechtskonvention, Handbuch, 3. Aufl. 2011
MHbeG	Gesetz zur Beschränkung der Haftung Minderjähriger – Minderjährigenhaftungsbeschränkungsgesetz v. 25. 8. 1998 (BGBl. I S. 2487)
MinNamÄndG	Minderheiten-Namensänderungsgesetz, Art. 2 des Zustimmungsgesetzes zum Rahmenübereinkommen des Europarates zum Schutz nationaler Minderheiten v. 1. 2. 1995 (BGBl. 1997 II S. 1408)
Mio.	Million(en)
MitbestG	Gesetz über die Mitbestimmung der Arbeitnehmer (Mitbestimmungsgesetz) v. 4. 5. 1976 (BGBl. I S. 1153)
Mitt.	Mitteilung(en)
Mitt. AGJ	Mitteilungen der Arbeitsgemeinschaft für Jugendhilfe (Zeitschrift)
Mitt. AGJJ	Mitteilungen der Arbeitsgemeinschaft für Jugendpflege und Jugendfürsorge (Zeitschrift)
MittBayNot.	Mitteilungen des Bayerischen Notarvereins (Zeitschrift)
MittBlBLJA	Mitteilungsblatt des Bayerischen Landesjugendamtes

Abkürzungsverzeichnis

MittBl. Königsteiner Kreis	Mitteilungsblatt des Königsteiner Kreises
m. krit. Anm.	mit kritischer Anmerkung
MittPat.	Mitteilungen der deutschen Patentanwälte (Zeitschrift)
MittRhNotK	Mitteilungen der Rheinischen Notarkammer (Zeitschrift)
MiZi	Allgemeine Verfügung über Mitteilungen in Zivilsachen v. 1. 10. 1967 (BAnz. Nr. 218)
Mj., Mje., Mjen.	Minderjähriger, e, en
mj.	Minderjährig
MKSchG	Gesetz über den Mutter- und Kindesschutz und die Rechte der Frau (DDR) v. 27. 9. 1950 (GBl. I S. 1037)
MKSchVO	Verordnung über den Mutter- und Kindesschutz und die Rechte der Frau (Ost-Berlin)
MMR	Multi-Media und Recht (Zeitschrift)
mN	mit Nachweisen
Möhring	*Möhring/v. Selzam,* Vermögensverwaltung in Vormundschafts- und Nachlaßsachen, 8. Aufl. 1999
Möller/Nix-Bearbeiter	*Möller/Nix* (Hrsg.), Kurzkommentar zu SGB VIII – Kinder- und Jugendhilfe, 2006.
MoMiG	Gesetz zur Modernisierung des GmbH-Rechts und zur Bekämpfung von Missbräuchen v. 23. 10. 2008 (BGBl. I S. 2026)
Mot. I–V	Motive zu dem Entwurf eines Bürgerlichen Gesetzbuches für das Deutsche Reich (Bd. I Allgemeiner Teil; Bd. II Recht der Schuldverhältnisse; Bd. III Sachenrecht; Bd. IV Familienrecht; Bd. V Erbrecht)
MRK	Konvention zum Schutze der Menschenrechte und Grundfreiheiten v. 4. 11. 1950 (Gesetz v. 7. 8. 1952, BGBl. II S. 685)
Mrozynski	*Mrozynski,* Kinder- und Jugendhilfe SGB VIII, 5. Aufl. 2009
MSA	Übereinkommen über die Zuständigkeit und das anzuwendende Recht auf dem Gebiet des Schutzes von Minderjährigen (Haager Minderjährigenschutzabkommen) v. 5. 10. 1961 (BGBl. 1971 II S. 217)
MRS	Mietrechtssammlung, Rechtsprechung des BVerfG, des BGH, des BayObLG, des Kammergerichts und der OLGe zum Mietrecht, hrsg. v. *Otto,* 1980 ff.
MuA	Mensch und Arbeit (Zeitschrift)
MünchArbR/ *Bearbeiter*	Münchener Handbuch zum Arbeitsrecht, hrsg. v. *Wißmann/Oetker,* 3. Aufl. 2009
MünchHdbGesR I (bzw. II–V)/ *Bearbeiter*	Münchener Handbuch des Gesellschaftsrecht, Bd. 1 hrsg. v. *Gummert/Weipert,* 3. Aufl. 2009; Bd. 2 hrsg. v. *Gummert/Weipert, 3. Aufl.* 2009; Bd. 3 hrsg. v. *Priester/Mayer,* 3. Aufl. 2009; Bd. 4 hrsg. v. *Hoffmann-Becking,* 3. Aufl. 2007; Bd. 5 hrsg. v. *Beuthien/Gummert,* 3. Aufl. 2009
MünchKomm-AktG/ *Bearbeiter*	Münchener Kommentar zum Aktiengesetz, hrsg. v. *Goette/Habersack,* 3. Aufl. 2008 ff.
MünchKomm-HGB/*Bearbeiter*	Münchener Kommentar zum Handelsgesetzbuch, hrsg. v. *K. Schmidt,* 2. Aufl. 2006-2009; 3. Aufl. 2010 ff.
MünchKomm-InsO/*Bearbeiter*	Münchener Kommentar zur Insolvenzordnung, hrsg. v. *Kirchhof/Lwowski/Stürner,* 2. Aufl. 2007/2008
MünchKomm-ZPO/*Bearbeiter*	Münchener Kommentar zur Zivilprozessordnung, hrsg. v. *Rauscher/Wax/Wenzel,* 3. Aufl. 2007-2009
Münder/ Bearbeiter	*Münder/Meysen/Trenczek,* Frankfurter Kommentar zum SGB VIII, Kinder- und Jugendhilfe, 6. Aufl. 2009

Abkürzungsverzeichnis

Mugdan	Die gesamten Materialien zum Bürgerlichen Gesetzbuch für das deutsche Reich, hrsg. v. *Mugdan,* Bd. I–V, 1899
Muscheler FamR	*Muscheler,* Familienrecht, 2006
MuSchG	Gesetz zum Schutz der erwerbstätigen Mutter (Mutterschutzgesetz) idF der Bek. v. 20. 6. 2002 (BGBl. I S. 2318)
Musielak/ Bearbeiter	*Musielak,* Zivilprozessordnung, Kommentar, 8. Aufl. 2011
Musielak/Borth	*Musielak/Borth,* Familiengerichtliches Verfahren, 2. Aufl. 2011
Musielak BGB	*Musielak,* Grundkurs BGB, 12. Aufl. 2011
Musielak ZPO	*Musielak,* Grundkurs ZPO, 10. Aufl. 2010
MuW	Markenschutz und Wettbewerb (Zeitschrift)
m. weit. Bsp.	mit weiteren Beispielen
mwN	mit weiteren Nachweisen
mzN	mit zahlreichen Nachweisen
m. zust. Anm.	mit zustimmender Anmerkung
nachf.	nachfolgend
NachhBG	Gesetz zur zeitlichen Begrenzung der Nachhaftung von Gesellschaften (Nachhaftungsbegrenzungsgesetz) v. 18. 3. 1994 (BGBl. I S. 560)
Nachw.	Nachweis
NamensÄndG	Gesetz über die Änderung von Familiennamen und Vornamen v. 5. 1. 1938 (RGBl. I S. 9)
Nbl.	Nachrichtenblatt
NblLVABa	Nachrichtenblatt, Zeitschrift der Landesversicherungsanstalt Baden
NDBZ	Neue Deutsche Beamtenzeitung (Zeitschrift)
Nds., nds.	Niedersachsen, niedersächsisch
NdsRpfl.	Niedersächsische Rechtspflege (Zeitschrift)
NDV-RD	Rechtsprechungsdienst, Beilage zum Nachrichtendienst des Deutschen Vereins für öffentliche und private Fürsorge
ne.	nichtehelich
NEhelG	Gesetz über die rechtliche Stellung der nichtehelichen Kinder v. 19. 8. 1969 (BGBl. I S. 1243)
Nerlich/ Römermann/ Bearbeiter	*Nerlich/Römermann,* Insolvenzordnung, Kommentar, Loseblatt
Neuhaus	*Neuhaus,* Die Grundbegriffe des internationalen Privatrechts, 2. Aufl. 1976
NF	Neue Folge
nF	neue Fassung
NiemeyersZ	Niemeyers Zeitschrift für internationales Recht (25. 1915–52. 1937/38; vorher s. BöhmsZ)
NJ	Neue Justiz (Zeitschrift)
NJOZ	Neue Juristische Online Zeitschrift
NJW	Neue Juristische Wochenschrift (Zeitschrift)
NJW-FER	NJW-Entscheidungsdienst Familien- und Erbrecht (Zeitschrift, vereinigt mit FPR ab 2002)
NJW-MietR	NJW-Entscheidungsdienst Miet- und Wohnungsrecht (Zeitschrift)
NJW-RR	NJW-Rechtsprechungs-Report, Zivilrecht (Zeitschrift)
NJW-VHR	NJW-Entscheidungsdienst Versicherungs- und Haftungsrecht (Zeitschrift)
NJW-WettbR	NJW-Entscheidungsdienst Wettbewerbsrecht (Zeitschrift)
NK-BGB/ *Bearbeiter*	Nomos-Kommentar zum BGB, hrsg. von *Dauner-Lieb/Heidel/Ring,* 5 Bände, 2. Aufl. 2008 ff.
NMV	Verordnung über die Ermittlung der zulässigen Miete für preisgebundene Wohnungen (Neubaumietenverordnung 1970) idF der Bek. v. 12. 10. 1990 (BGBl. I S. 2203)
NotBZ	Zeitschrift für die notarielle Beratungs- und Beurkundungspraxis
norddt.	norddeutsch
Nov.	Novelle
Nr.	Nummer(n)
NRW	Nordrhein-Westfalen

Abkürzungsverzeichnis

NStZ	Neue Zeitschrift für Strafrecht
NStZ-RR	NStZ-Rechtsprechungs-Report Strafrecht (Zeitschrift)
NuR	Natur und Recht (Zeitschrift)
Nußbaum	*Nußbaum*, Deutsches IPR, 1932
NVersZ	Neue Zeitschrift für Versicherung und Recht
NVwZ	Neue Zeitschrift für Verwaltungsrecht
NVwZ-RR	Rechtsprechungs-Report Verwaltungsrecht (Zeitschrift)
NWB	Neue Wirtschaftsbriefe (Loseblatt-Sammlung)
NWVBl.	Zeitschrift für öffentliches Recht und öffentliche Verwaltung
NZA	Neue Zeitschrift für Arbeits- und Sozialrecht
NZA-RR	NZA-Rechtsprechungs-Report Arbeitsrecht
NZBau	Neue Zeitschrift für Baurecht und Vergaberecht
NZG	Neue Zeitschrift für Gesellschaftsrecht
NZI	Neue Zeitschrift für Insolvenz und Sanierung
NZM	Neue Zeitschrift für Mietrecht
NZS	Neue Zeitschrift für Sozialrecht
NZV	Neue Zeitschrift für Verkehrsrecht
o.	oben
o. a.	oben angegeben
o. Ä.	oder Ähnliches
ObG	Obergericht
ÖBA	(österr.) Bank-Archiv (Zeitschrift)
ObG	Obergericht
Odersky	*Odersky*, Nichtehelichengesetz, Kommentar, 4. Aufl. 1978
OECD	Organization of Economic Cooperation and Development
Oertmann	*Oertmann*, Kommentar zum Bürgerlichen Gesetzbuch und seinen Nebengesetzen, Bd. I Allgemeiner Teil, 3. Aufl. 1927, Bd. II Recht der Schuldverhältnisse, 5. Aufl. 1928/29, Bd. III Sachenrecht, 3. Aufl. 1914, Bd. IV Familienrecht, 1906, Bd. V Erbrecht, 2. Aufl. 1912
OG	Oberstes Gericht (der ehem. DDR)
OGH	Oberster Gerichtshof (Österreich)
OGH-BrZ	Oberster Gerichtshof für die Britische Zone
OGHSt.	Entscheidungen des Obersten Gerichtshofes für die Britische Zone in Strafsachen (Bd. u. Seite)
OGHZ	Entscheidungen des Obersten Gerichtshofes für die Britische Zone in Zivilsachen (Bd. u. Seite)
OHG	offene Handelsgesellschaft
oJ	ohne Jahrgang
ÖJZ	Österreichische Juristenzeitung (Zeitschrift)
OLG	Oberlandesgericht
OLGE	siehe OLGRspr.
OLG-NL	OLG-Rechtsprechung Neue Länder (Zeitschrift)
OLGR	OLG-Report (Zeitschrift)
OLGRspr.	Die Rechtsprechung der Oberlandesgerichte auf dem Gebiete des Zivilrechts, hrsg. v. *Mugdan* und *Falkmann* (1. 1900–46. 1928; aufgegangen in HRR)
OLGZ	Rechtsprechung der Oberlandesgerichte in Zivilsachen, Amtliche Entscheidungssammlung
ÖNotZ	Österreichische Notariats-Zeitung
OR	Schweizerisches Obligationsrecht
öRdW	(österr.) Recht der Wirtschaft (Zeitschrift)
ORDO	ORDO, Jahrbuch für die Ordnung von Wirtschaft und Gesellschaft
österr.	österreichisch
oV	ohne Verfasser
OVG	Oberverwaltungsgericht
OV spezial	Offene Vermögensfragen spezial Informationsdienst zum Vermögens- und Entschädigungsrecht in den neuen Bundesländern
OWiG	Gesetz über Ordnungswidrigkeiten idF der Bek. v. 19. 2. 1987 (BGBl. I S. 602)
ÖZöffR	Österreichische Zeitschrift für öffentliches Recht (zitiert nach Bd. und Seite)

Abkürzungsverzeichnis

PAngV	Preisangabenverordnung idF der Bek. v. 18. 10. 2002 (BGBl. I S. 4197)
Palandt/ Bearbeiter	*Palandt*, Bürgerliches Gesetzbuch, Kommentar, 70. Aufl. 2011
PaPkG	Preisangaben- und Preisklauselgesetz v. 3. 12. 1984 (BGBl. I S. 1429)
ParteiG	Gesetz über die politischen Parteien (Parteiengesetz) idF der Bek. v. 31. 1. 1994 (BGBl. I S. 150)
PartGG	Gesetz über Partnerschaftsgesellschaften Angehöriger Freier Berufe (Partnerschaftsgesellschaftsgesetz) v. 25. 7. 1994 (BGBl. I S. 1744)
PatG	Patentgesetz idF der Bek. v. 16. 12. 1980 (BGBl. 1981 I S. 1)
PBefG	Personenbeförderungsgesetz idF der Bek. v. 8. 8. 1990 (BGBl. I S. 1690)
PersV	Die Personalvertretung (Zeitschrift)
PfandBG	Pfandbriefgesetz v. 22. 5. 2005 (BGBl. I S. 1373)
PflegeVG	Gesetz zur sozialen Absicherung des Risikos der Pflegebedürftigkeit (Pflege-Versicherungsgesetz) v. 26. 5. 1994 (BGBl. I S. 1014)
PflVersG	Gesetz über die Pflichtversicherung für Kraftfahrzeughalter (Pflichtversicherungsgesetz) idF der Bek. v. 5. 4. 1965 (BGBl. I S. 213)
Picone/Wengler	*Picone/Wengler*, Internationales Privatrecht, 1974
Pikart/Henn	*Pikart/Henn*, Lehrbuch der freiwilligen Gerichtsbarkeit, 1963
Planck/Bearbeiter	*Plancks* Kommentar zum BGB nebst Einführungsgesetz, 5 Bde., Bd. 4/2, 6: 3. Aufl. 1905/06; Bd. 1, 2, 4/1, 5: 4. Aufl. 1913–30; Bd. 3: 5. Aufl. 1933–38
port.	portugiesisch
Potrykus	*Potrykus*, Jugendwohlfahrtsgesetz, Kommentar, 2. Aufl. 1972 (Nachtrag 1974)
PostG	Postgesetz idF der Bek. v. 22. 12. 1997 (BGBl. I S. 3294)
Pr.; pr.	Preußen; preußisch
Praxis	Die Praxis des Bundesgerichts (Zeitschrift)
PresseG	Pressegesetz (Landesrecht)
ProdHaftG	Gesetz über die Haftung für fehlerhafte Produkte (Produkthaftungsgesetz) v. 15. 12. 1989 (BGBl. I S. 2198)
Prölss/Martin	*Prölss/Martin*, VVG, Kommentar, 28. Aufl. 2010
ProstG	Gesetz zur Regelung der Rechtsverhältnisse der Prostituierten (Prostitutionsgesetz) v. 20. 12. 2001 (BGBl. I S. 3983)
Prot. I–VI	Protokolle der Kommission für die zweite Lesung des Entwurfs des BGB (Bd. I und IV 1897; Bd. II 1898; Bd. III, V und VI 1899)
ProtRA	Protokolle des Rechtsausschusses
PrOVG	Preußisches Oberverwaltungsgericht
Prütting/Helms/ Bearbeiter	*Prütting/Helms*, FamFG, Kommentar, 2. Aufl. 2011
PStG	Personenstandsgesetz idF der Bek. v. 8. 8. 1957 (BGBl. I S. 1125)
PStG-VwV	Allgemeine Verwaltungsvorschrift zum Personenstandsgesetz
PStV	Verordnung zur Ausführung des Personenstandsgesetzes v. 22. 11. 2008 (BGBl. I S. 2263)
PSVaG	Pensionssicherungsverein auf Gegenseitigkeit
PucheltsZ	Zeitschrift für französisches Zivilrecht
pVV	positive Vertragsverletzung
PWW/ Bearbeiter	*Prütting/Wegen/Weinreich*, Bürgerliches Gesetzbuch, Kommentar, 6. Aufl. 2011
RA	Rechtsausschuss
Raape	*Raape*, Internationales Privatrecht, 5. Aufl. 1961
Raape/Sturm	*Raape/Sturm*, Internationales Privatrecht Band I, 6. Aufl. 1977
Rabel	*Rabel*, The Conflict of Laws, I 2. Aufl. 1958, II 2. Aufl. 1960, III 2. Aufl. 1964, IV 1. Aufl. 1958
RabelsZ	Zeitschrift für ausländisches und internationales Privatrecht (Bd. u. Seite)
RAG	Reichsarbeitsgericht, zugleich amtliche Sammlung der Entscheidungen (Bd. u. Seite)
RAnz.	Deutscher Reichs-Anzeiger
Rauscher FamR	*Rauscher*, Familienrecht, 2. Aufl. 2008
RAV	Rentenanpassungsverordnung
RBerG	Rechtsberatungsgesetz v. 13. 12. 1935 (RGBl. S. 1478)
RbfDJugArch.	Rundbrief des Deutschen Jugendarchivs

Abkürzungsverzeichnis

RdA	Recht der Arbeit (Zeitschrift)
RdErl.	Runderlass
RdJ	Recht der Jugend (Zeitschrift)
RdJB	Recht der Jugend und des Bildungswesens (Zeitschrift)
RdK	Das Recht des Kraftfahrers (Zeitschrift, ab 1952: Deutsches Autorecht)
RdL	Recht der Landwirtschaft (Zeitschrift)
RdNr.	Randnummer(n)
RE	Rechtsentscheid
Recht	Das Recht (Zeitschrift)
Rechtstheorie	Rechtstheorie (Zeitschrift)
rechtsw.	rechtswidrig
RefE	Referentenentwurf
Reg.	Regierung
RegBez.	Regierungsbezirk
RegBl.	Regierungsblatt
RegE	Regierungsentwurf
RegUnterhV	Regelunterhalt-Verordnung v. 27. 6. 1970 (BGBl. I S. 1010)
RegVBG	Gesetz zur Vereinfachung und Beschleunigung registerrechtlicher und anderer Verfahren (Registerverfahrensbeschleunigungsgesetz) v. 20. 12. 1993 (BGBl. I S. 2182)
Reimann/Bengel/ Mayer	*Reimann/Bengel/Mayer*, Testament und Erbvertrag, 5. Aufl. 2006
Reithmann/ Martiny/ Bearbeiter	*Reithmann/Martiny*, Internationales Vertragsrecht, 7. Aufl. 2010
RelKErzG	Gesetz über die religiöse Kindererziehung v. 15. 7. 1921 (RGBl. 939)
REMiet.	Rechtsentscheide Mietrecht *(Thieler, Frantzioch, Uetzmann)*
RES	Sammlung der Rechtsentscheide in Wohnraummietsachen, hrsg. v. *Landfermann, Herde*, Bd. I Entscheidungen 1980/1981, Bd. II Entscheidungen 1982, Bd. III Entscheidungen 1983, Bd. IV Entscheidungen 1984, Bd. V Entscheidungen 1985, Bd. VI Entscheidungen 1986/1987
RFH	Reichsfinanzhof, zugleich amtliche Sammlung der Entscheidungen (Bd. u. Seite)
RG	Reichsgericht
RGBl.	Reichsgesetzblatt
RG-Praxis	Die Reichsgerichtspraxis im deutschen Rechtsleben
RGRK/ Bearbeiter	Das Bürgerliche Gesetzbuch mit besonderer Berücksichtigung der Rechtsprechung des Bundesgerichtshofs, Kommentar, hrsg. v. Mitgliedern des Bundesgerichtshofs, 12. Aufl. 1974 ff.
RGSt.	Amtliche Sammlung von Entscheidungen des Reichsgerichts in Strafsachen
RGZ	Amtliche Sammlung von Entscheidungen des Reichsgerichts in Zivilsachen
RheinZ	Rheinische Zeitschrift für Zivil- und Prozeßrecht
Rh.-Pf.; rh.-pf.	Rheinland-Pfalz; rheinland-pfälzisch
RiA	Recht im Amt (Zeitschrift); s. auch AW/RiA
Riezler	*Riezler*, Internationales Zivilprozeßrecht und prozessuales Fremdenrecht, 1949
RiM	Rechtsentscheide im Mietrecht *(Müller, Oske, Becker, Blümmel)*
Ring	*Ring*, Fernabsatzgesetz, Kommentar, 2000
Riv. di diritto civile	Rivista di diritto civile (Zeitschrift)
RIW	Recht der internationalen Wirtschaft (Zeitschrift, 1. 1954/55–3. 1957 u. 21. 1975 ff.; früher AWD)
RJA	Entscheidungen in Angelegenheiten der freiwilligen Gerichtsbarkeit und des Grundbuchrechts, zusammengestellt im Reichsjustizamt (1. 1900–17. 1922)
RJM	Reichsminister der Justiz
RJWG	Reichsjugendwohlfahrtsgesetz
RL	Richtlinie
RLA	Rundschau für den Lastenausgleich (1. 1952 ff.)
RMBl.	Reichsministerialblatt
ROHG	Reichsoberhandelsgericht, auch Entscheidungssammlung (Bd. und Seite)

Abkürzungsverzeichnis

Rosenberg/Schwab/ Gottwald Zivilprozessrecht	*Rosenberg/Schwab/Gottwald*, Zivilprozessrecht, 16. Aufl. 2004
Rolland	*Rolland*, Kommentar zum 1. Eherechtsreformgesetz, 2. Aufl. 1982, mit Nachtrag 1983
Rolland HRG .	*Rolland*, Gesetz zur Regelung von Härten im Versorgungsausgleich (HRG), Kommentar, 1983
Roth	*Roth*, Handels- und Gesellschaftsrecht, 6. Aufl. 2001
Roth/Altmeppen	*Roth/Altmeppen*, GmbHG, 5. Aufl. 2005
ROW	Recht in Ost und West (Zeitschrift)
Rpfleger	Der Deutsche Rechtspfleger (Zeitschrift)
RPflG	Rechtspflegergesetz v. 5. 11. 1969 (BGBl. I S. 2065)
RPflJb.	Rechtspflegerjahrbuch
RRa	Reiserecht aktuell
RRG 1992 ...	Gesetz zur Reform der gesetzlichen Rentenversicherung (Rentenreformgesetz 1992 – RRG 1992) v. 18. 12. 1989 (BGBl. I S. 2261)
RRG 1999 ...	Gesetz zur Reform der gesetzlichen Rentenversicherung (Rentenreformgesetz 1999) v. 16. 12. 1997 (BGBl. I S. 2998)
Rs.	Rechtssache
RSiedlG	Reichssiedlungsgesetz v. 11. 8. 1919 (RGBl. S. 1429)
Rspr.	Rechtsprechung
RT	Reichstag
RuG	Recht und Gesellschaft (Zeitschrift)
Ruland	*Ruland*, Versorgungsausgleich, 3. Aufl. 2011
r+s	Recht und Schaden (Zeitschrift)
RÜG	Gesetz zur Herstellung der Rechtseinheit in der gesetzlichen Renten- und Unfallversicherung (Renten-Überleitungsgesetz – RÜG) v. 25. 7. 1991 (BGBl. I S. 1606)
RuStAG	siehe StAG
RuW	Recht und Wirtschaft (Zeitschrift)
RV	Die Rentenversicherung (Zeitschrift)
RVÄndG	Zweites Rentenversicherungs-Änderungsgesetz v. 23. 12. 1966 (BGBl. I S. 745)
RVG	Gesetz über die Vergütung der Rechtsanwältinnen und Rechtsanwälte (Rechtsanwaltsvergütungsgesetz) v. 5. 5. 2004 (BGBl. I S. 718)
RvglHWB ...	Rechtsvergleichendes Handwörterbuch für das Zivil- und Handelsrecht des In- und Auslandes (Bd. u. Seite)
RVO	Reichsversicherungsordnung v. 15. 12. 1924 (RGBl. S. 779)
RWP	Rechts- und Wirtschaftspraxis (Loseblatt-Ausgabe)
RzW	Rechtsprechung zum Wiedergutmachungsrecht (Zeitschrift)
S.	Seite; Satz; Recueil Sirey
s.	siehe; section
s. a.	siehe auch
Saage/Göppinger	siehe *Marschner/Volckart*
v. Sachsen Gessaphe	*Prinz v. Sachsen Gessaphe*, Der Betreuer als gesetzlicher Vertreter für eingeschränkt Selbstbestimmungsfähige, 1999
Saarl.	Saarland
SaBl.	Sammelblatt für Rechtsvorschriften des Bundes und der Länder
SaBremR	Sammlung des bremischen Rechts
Sachgeb.	Sachgebiet
SAE	Sammlung arbeitsrechtlicher Entscheidungen (Zeitschrift)
SächsAnn.	Annalen des Sächsischen Oberlandesgerichts zu Dresden
SächsArch. ...	Sächsisches Archiv für Rechtspflege (Zeitschrift)
Savigny	*Savigny*, System des heutigen römischen Rechts, Bd. I–VIII, 1814–49, 2. Neudruck 1981
Schaub/ Bearbeiter	*Schaub*, Arbeitsrechts-Handbuch, 14. Aufl. 2011
ScheckG	Scheckgesetz v. 14. 8. 1933 (RGBl. I S. 597)

Abkürzungsverzeichnis

Schellhorn u. a., SGB VIII/ KJHG	Schellhorn/Fischer/Mann (Hrsg.), SGB VIII/KJHG, Kommentar, 3. Aufl. 2007
SchiffsRegO ..	Schiffsregisterordnung idF der Bek. v. 26. 5. 1951 (BGBl. I S. 359)
SchiffsRG	Gesetz über Rechte an eingetragenen Schiffen und Schiffsbauwerken (Schiffsrechtegesetz) v. 15. 11. 1940 (RGBl. I S. 1499)
Schlechtriem SchuldR BT ..	Schlechtriem, Schuldrecht Besonderer Teil, 6. Aufl. 2005
Schlegelberger/ Bearbeiter	Schlegelberger, Handelsgesetzbuch, Kommentar von Geßler, Hefermehl, Hildebrand, Schröder, Martens und K. Schmidt, 5. Aufl. 1973 ff.
SchlH	Schleswig-Holstein
SchlHA	Schleswig-Holsteinische Anzeigen (NF 1. 1837 ff. Zeitschrift)
K. Schmidt HandelsR	K. Schmidt, Handelsrecht, 5. Aufl. 1999
K. Schmidt GesR	K. Schmidt, Gesellschaftsrecht, 4. Aufl. 2002
Schöner/Stöber .	Schöner/Stöber, Grundbuchrecht, begr. v. Haegele, 14. Aufl. 2008
Schönke/Schröder/ Bearbeiter	Schönke/Schröder, StGB. Kommentar, 28. Aufl. 2010
Scholz/Bearbeiter	Scholz, Kommentar zum GmbHG, Bd. 1: 10. Aufl. 2006, Bd. 2: 10. Aufl. 2007, Bd. 3: 10. Aufl. 2010
Scholz/Kleffmann/ Motzer	Scholz/Kleffmann/Motzer, Praxishandbuch Familienrecht, Loseblatt
Schubert Vorentwürfe	Die Vorlagen der Redaktoren für die erste Kommission zur Ausarbeitung des Entwurfs eines Bürgerlichen Gesetzbuches, hrsg. v. W. Schubert, 1980 ff.
Schulte-Bunert/ Weinreich	Schulte-Bunert/Weinreich, FamFG, Kommentar, 3. Aufl. 2011
Schwab/ Bearbeiter	Schwab, Handbuch des Scheidungsrechts, 6. Aufl. 2010
Schwab FamR .	Schwab, Familienrecht, 19. Aufl. 2011
SchwbG	Gesetz zur Sicherung der Eingliederung Schwerbehinderter in Arbeit, Beruf und Gesellschaft (Schwerbehindertengesetz) idF d. Bek. v. 26. 8. 1986 (BGBl. I S. 1422)
schweiz.	schweizerisch
SchweizAG ...	Schweizerische Aktiengesellschaft, Société anonyme suisse (Zeitschrift)
SE	Societas Europaea, Europäische Gesellschaft
SeemannsG ...	Seemannsgesetz v. 26. 7. 1957 (BGBl. II S. 713)
SeeRÄndG ...	Gesetz zur Änderung des Handelsgesetzbuchs und anderer Gesetze (Seerechtsänderungsgesetz) v. 21. 6. 1972 (BGBl. I S. 966, 1300) iVm. Bek. v. 21. 3. 1973 (BGBl. I S. 266)
SeeRVerteilO .	Gesetz über das Verfahren bei der Errichtung und Verteilung eines Fonds zur Beschränkung der Haftung für Seeforderungen (Seerechtliche Verteilungsordnung) idF der Bek. v. 23. 3. 1999 (BGBl. I S. 530)
Sem. Jud.	La Semaine Judiciaire (Zeitschrift)
SeuffA	Seufferts Archiv für Entscheidungen der obersten Gerichte in den deutschen Staaten (Zeitschrift, zitiert nach Bd. u. Nr.; 1. 1847–98. 1944)
SeuffBl.	Seufferts Blätter für Rechtsanwendung (Zeitschrift, zitiert nach Bd. u. Seite)
SG	Sozialgericht
SGB	Sozialgesetzbuch – SGB I: (1. Buch) Allgemeiner Teil v. 11. 12. 1975 (BGBl. I S. 3015); SGB II: (2. Buch) Grundsicherung für Arbeitsuchende v. 24. 12. 2003 (BGBl. I S. 2954); SGB III: (3. Buch) Arbeitsförderung v. 24. 3. 1997 (BGBl. I S. 594); SGB IV: (4. Buch) Gemeinsame Vorschriften für die Sozialversicherung v. 23. 12. 1976 (BGBl. I S. 3845); SGB V: (5. Buch) Gesetzliche Krankenversicherung v. 20. 12. 1988 (BGBl. I S. 2477); SGB VI: (6. Buch) Gesetzliche Rentenversicherung v. 19. 2. 2002 (BGBl. I S. 754); SGB VII: (7. Buch) Gesetzliche Unfallversicherung v. 7. 8. 1996 (BGBl. I S. 1254); SGB VIII: (8. Buch) Kinder- und Jugendhilfe idF der Bek. v. 14. 12. 2006 (BGBl. I S. 3134); SGB IX: (9. Buch) Rehabilitation und Teilhabe behinderter

Abkürzungsverzeichnis

	Menschen v. 19. 6. 2001 (BGBl. I S. 1046); SGB X: (10. Buch) Sozialverwaltungsverfahren und Sozialdatenschutz v. 18. 1. 2001 (BGBl. I S. 130); SGB XI: (11. Buch) Soziale Pflegeversicherung v. 26. 5. 1994 (BGBl. I S. 1014); SGB XII: (12. Buch) Sozialhilfe v. 27. 12. 2003 (BGBl. I S. 3022)
SGb	Die Sozialgerichtsbarkeit (Zeitschrift)
SGG	Sozialgerichtsgesetz idF der Bek. v. 23. 9. 1975 (BGBl. I S. 2535)
SigG	Gesetz über Rahmenbedingungen für elektronische Signaturen (Signaturgesetz) v. 16. 5. 2001 (BGBl. I S. 876)
Simader	*Simader*, Dienstanweisung für die Standesbeamten und ihre Aufsichtsbehörden, Loseblatt-Kommentar
SJZ	Süddeutsche Juristenzeitung (Zeitschrift)
SM; SMen	Schutzmaßnahme(n)
SMG	Gesetz zur Modernisierung des Schuldrechts v. 26. 11. 2001 (BGBl. I S. 3138)
s. o.	siehe oben
SoldG	Gesetz über die Rechtsstellung der Soldaten (Soldatengesetz – SG) idF der Bek. v. 14. 2. 2001 (BGBl. I S. 232)
Soergel/Bearbeiter	Bürgerliches Gesetzbuch mit Einführungsgesetz und Nebengesetzen, begr. v. *Soergel*, 13. Aufl. 1999 ff.
SoergRspr.	*Soergel(s)* Rechtsprechung zum gesamten Zivil-, Handels- und Prozeßrecht (Jahr, Paragraph und Nr.)
sog.	so genannt
Sonnenfeld	*Sonnenfeld*, Betreuungs- und Pflegschaftsrecht, 2. Aufl. 2001
SorgeRG	Gesetz zur Neuregelung des Rechts der elterlichen Sorge v. 18. 7. 1979 (BGBl. I S. 1061)
SorgeRÜbkAG	Gesetz zur Ausführung von Sorgerechtsübereinkommen und zur Änderung des Gesetzes über die Angelegenheiten der freiwilligen Gerichtsbarkeit sowie anderer Gesetze vom 5. 4. 1990 (BGBl. I S. 701)
Sozialer Fortschritt	Sozialer Fortschritt (Zeitschrift)
SozR	Sozialrecht, Rechtsprechung und Schrifttum, bearbeitet von den Richtern des Bundessozialgerichts
SozVers.	Die Sozialversicherung (Zeitschrift)
SozW	Sozialwissenschaft(en)
SP	Schaden-Praxis (Zeitschrift)
Sp.	Spalte
SpuRt	Zeitschrift für Sport und Recht (Zeitschrift)
st.	ständig
Staat	Der Staat. Zeitschrift für Staatslehre, öffentliches Recht und Verfassungsgeschichte (Bd. u. Seite)
StabG	Gesetz zur Förderung der Stabilität und des Wachstums der Wirtschaft v. 8. 6. 1967 (BGBl. I S. 582)
StAG	Staatsangehörigkeitsgesetz idF der Bek. v. 15. 7. 1999 (BGBl. 1618), bis 31. 12. 1999 amtliche Überschrift: Reichs- und Staatsangehörigkeitsgesetz
StARegG	Gesetz zur Regelung von Fragen der Staatsangehörigkeit v. 22. 2. 1955 (BGBl. I S. 65) und 2. v. 17. 5. 1956 (BGBl. I S. 431)
Staub/Bearbeiter	*Staub*, Handelsgesetzbuch, Großkommentar, 4. Aufl. 1982 ff.; 5. Aufl. 2008 ff. (soweit erschienen)
Staudinger/Bearbeiter	v. *Staudinger*, Kommentar zum Bürgerlichen Gesetzbuch, 13. Aufl. 1993 ff., weitere Bände zitiert mit Angabe der Jahreszahl in Klammern
StAZ	Das Standesamt (Zeitschrift)
StB	Der Steuerberater (Zeitschrift)
StBerG	Steuerberatungsgesetz idF der Bek. v. 4. 11. 1975 (BGBl. I S. 2735)
StBG	Gesetz vom 20. 2. 1967 über die Staatsbürgerschaft der Deutschen Demokratischen Republik
StBp.	Die steuerliche Betriebsprüfung (Zeitschrift)
Stein/Jonas/Bearbeiter	*Stein/Jonas*, Zivilprozessordnung, Kommentar, 22. Aufl. 2002 ff.
Sten. Prot.	Stenographisches Protokoll

Abkürzungsverzeichnis

Sternel MietR aktuell	*Sternel,* Mietrecht aktuell, 4. Aufl. 2009
StGB	Strafgesetzbuch idF der Bek. v. 13. 11. 1998 (BGBl. I S. 3322)
StGH	Staatsgerichtshof
StiftG	Stiftungsgesetz
StPO	Strafprozessordnung idF der Bek. v. 7. 4. 1987 (BGBl. I S. 1074, 1319)
str.	streitig
StrEG	Gesetz über die Entschädigung von Strafverfolgungsmaßnahmen v. 8. 3. 1971 (BGBl. I S. 157)
Streit	Streit, Feministische Rechtszeitschrift
Strohal	*Strohal,* Das deutsche Erbrecht, 3. Aufl., Band 1 (1903), Band 2 (1904)
stRspr.	ständige Rechtsprechung
StudK/*Bearbeiter*	*Kropholler,* Studienkommentar zum BGB, 13. Aufl. 2011
StuR	Staat und Recht (DDR-Zeitschrift)
StuW	Steuer und Wirtschaft (Zeitschrift)
StVG	Straßenverkehrsgesetz v. 19. 12. 1952 (BGBl. I S. 837)
StVO	Straßenverkehrs-Ordnung idF der Bek. v. 16. 11. 1970 (BGBl. I S. 1565; 1971 I S. 38)
StVollzG	Strafvollzugsgesetz v. 16. 3. 1976 (BGBl. I S. 581)
StVZO	Straßenverkehrs-Zulassungs-Ordnung idF der Bek. v. 28. 9. 1988 (BGBl. I S. 1793)
s. u.	siehe unten
SV-Abk.	Sozialversicherungsabkommen
SVG	Gesetz über die Versorgung für die ehemaligen Soldaten der Bundeswehr und ihre Hinterbliebenen (Soldatenversorgungsgesetz) idF d. Bek. v. 6. 5. 1999 (BGBl. I S. 882, 1491)
SVO	Verordnung zur Sozialpflichtversicherung der Arbeiter und Angestellten (DDR)
SZS	Schweizerische Zeitschrift für Sozialversicherung und berufliche Vorsorge
TDG	Gesetz über die Nutzung von Telediensten (Teledienstegesetz) v. 22. 7. 1997 (BGBl. I S. 1870), aufgehoben
TestG	Gesetz ü. d. Errichtung v. Testamenten und Erbverträgen (Testamentsgesetz) v. 31. 7. 1938 (RGBl. I S. 973)
Thomas/Putzo	*Thomas/Putzo/Reichold/Hüßtege,* Zivilprozessordnung, Kommentar, 32. Aufl. 2011
TierSchG	Tierschutzgesetz idF der Bek. v. 15. 5. 2006 (BGBl. I S. 1206, ber. S. 1313)
Timesharing-RL	Richtlinie 94/47/EG des Europäischen Parlaments und des Rates v. 26. 10. 1994 zum Schutz der Erwerber im Hinblick auf bestimmte Aspekte von Verträgen über den Erwerb von Teilzeitnutzungsrechten an Immobilien (ABl. EG Nr. L 280 S. 83)
TKG	Telekommunikationsgesetz idF der Bek. v. 22. 6. 2004 (BGBl. I S. 1190)
TOA	Täter-Opfer-Ausgleich
TPG	Gesetz über die Spende, Entnahme und Übertragung von Organen (Transplantationsgesetz) v. 5. 11. 1997 (BGBl. I S. 2631)
TranspR	Transport- und Speditionsrecht (Zeitschrift)
Tröndle/Fischer	siehe *Fischer*
TSG	Gesetz über die Änderung der Vornamen und die Feststellung der Geschlechtszugehörigkeit in besonderen Fällen (Transsexuellengesetz) v. 10. 9. 1980 (BGBl. I S. 1654)
türk.	türkisch
v. Tuhr	*v. Tuhr,* Der Allgemeine Teil des Deutschen Bürgerlichen Rechts, Bd. I 1910, Bd. II 1. Halbbd. 1914, 2. Halbbd. 1918
TVG	Tarifvertragsgesetz idF der Bek. v. 25. 8. 1969 (BGBl. I S. 1323)
TzBfG	Gesetz über Teilzeitarbeit und befristete Arbeitsverträge (Teilzeit- und Befristungsgesetz) v. 21. 12. 2000 (BGBl. I S. 1966)
TzWrG	Gesetz über die Veräußerung von Teilnutzungsrechten an Wohngebäuden (Teilzeit-Wohnrechtegesetz) idF der Bek. v. 29. 6. 2000 (BGBl. I S. 957), aufgehoben
Tz.	Textziffer

Abkürzungsverzeichnis

u.	und; unten; unter
u. a.	unter anderem; und andere
u. a. m.	und andere(s) mehr
u. Ä.	und Ähnliche(s)
u. Ä. m.	und Ähnliches mehr
überwM	überwiegende Meinung
Übk.	Übereinkommen
ÜG	Überweisungsgesetz v. 21. 7. 1999 (BGBl. I S. 1642)
UFITA	Archiv für Urheber-, Film-, Funk- und Theaterrecht (Zeitschrift, zitiert nach Bd. und Seite)
Uhlenbruck/ Bearbeiter	Uhlenbruck, Insolvenzordnung, Kommentar, 13. Aufl. 2010
UJ	Unsere Jugend (Zeitschrift)
UKlaG	Gesetz über Unterlassungsklagen bei Verbraucherrechts- und anderen Verstößen (Unterlassungsklagengesetz) idF der Bek. v. 27. 8. 2002 (BGBl. I S. 3422)
Ulmer/Brandner/ Hensen	Ulmer/Brandner/Hensen, AGB-Recht, Kommentar, 11. Aufl. 2011
Ulmer/Habersack/ Winter	Ulmer/Habersack/Winter, GmbHG, Kommentar, Bd. I 2005, Bd. II 2006, Bd. III 2008
UmweltHG	Umwelthaftungsgesetz v. 10. 12. 1990 (BGBl. I S. 2634)
UmwG	Umwandlungsgesetz v. 28. 10. 1994 (BGBl. I S. 3210)
UNCTAD	United Nations Congress of Trade and Development
UNIDROIT	Institut International pour l'Unification du Droit Privé
Unilex	Datenbank Unilex www.unilex.info
UN-KaufR	(Wiener) Übereinkommen der Vereinten Nationen über Verträge über den internationalen Warenkauf v. 11. 4. 1980 (BGBl. 1989 II S. 586; 1990 II S. 1477), siehe auch CISG
UNO	United Nations Organization
unstr.	unstreitig
UnterhRÄndG	Gesetz zur Änderung des Unterhaltsrechts v. 21. 12. 2007 (BGBl. I S. 3189)
UPR	Umwelt- und Planungsrecht (Zeitschrift)
UrhG	Gesetz über Urheberrecht und verwandte Schutzrechte (Urheberrechtsgesetz) v. 9. 9. 1965 (BGBl. I S. 1273)
USt	Umsatzsteuer
UStA	Haager Übereinkommen über das auf Unterhaltspflichten anzuwendende Recht (Unterhaltsstatutabkommen von 1973) v. 2. 10. 1973 (BGBl. 1986 II S. 825, 837; 1987 II S. 225)
UStAK	Haager Übereinkommen über das auf Unterhaltsverpflichtungen gegenüber Kindern anwendbare Recht (Unterhaltsstatutabkommen für Kinder von 1956) v. 24. 10. 1956 (BGBl. 1961 II S. 1013)
UStG	Umsatzsteuergesetz idF der Bek. v. 21. 2. 2005 (BGBl. I S. 386)
usw.	und so weiter
uU	unter Umständen
UVG	Unterhaltsvorschussgesetz
UWG	Gesetz gegen den unlauteren Wettbewerb idF der Bek. v. 3. 7. 2004 (BGBl. I S. 1414)
v.	vom; von
VA	Vermittlungsausschuß
VAE	Verkehrsrechtliche Abhandlungen und Entscheidungen (Zeitschrift)
VAG	Gesetz über die Beaufsichtigung der Versicherungsunternehmen (Versicherungsaufsichtsgesetz) idF der Bek. v. 17. 12. 1992 (BGBl. 1993 I S. 3)
VAHRG	Gesetz zur Regelung von Härten im Versorgungsausgleich v. 21. 2. 1983 (BGBl. I S. 105)
Var.	Variante
VAStrRefG	Gesetz zur Strukturreform des Versorgungsausgleichs v. 3. 4. 2009 (BGBl. I S. 700)
VAÜG	Gesetz zur Überleitung des Versorgungsausgleichs auf das Beitrittsgebiet (Versorgungsausgleichs-Überleitungsgesetz – VAÜG), Art. 31 des RÜG v. 25. 7. 1991 (BGBl. I S. 1606, 1702)

Abkürzungsverzeichnis

VAWMG	Gesetz über weitere Maßnahmen auf dem Gebiet des Versorgungsausgleichs v. 8. 12. 1986 (BGBl. I S. 2317)
VBL	Versorgungsanstalt des Bundes und der Länder
VBlBW	Verwaltungsblätter für Baden-Württemberg
VerBAV	Veröffentlichungen des Bundesaufsichtsamtes f. das Versicherungs- und Bausparwesen (Zeitschrift)
Verb. Komm.	Verbandskommentar, Kommentar zur Reichsversicherungsordnung (4. und 5. Buch), hrsg. v. Verband Deutscher Rentenversicherungsträger
Verb. Komm. SGB VI	Kommentar zum Recht der gesetzlichen Rentenversicherung. Sozialgesetzbuch, Sechstes Buch – Gesetzliche Rentenversicherung, hrsg. vom Verband Deutscher Rentenversicherungsträger
VereinsG	Vereinsgesetz idF der Bek. v. 5. 8. 1964 (BGBl. I S. 593)
Verf.	Verfassung
VerglO	Vergleichsordnung v. 26. 2. 1935 (RGBl. I S. 321)
Verh.	Verhandlung(en)
Verh. DJT	Verhandlungen des Deutschen Juristentages
VerkBl.	Verkehrsblatt, Amtsblatt des Bundesministers für Verkehr
VerkMitt.	Verkehrsrechtliche Mitteilungen (Zeitschrift)
VerkRdsch.	Verkehrsrechtliche Rundschau (Zeitschrift)
VerlG	Gesetz über das Verlagsrecht v. 19. 6. 1901 (RGBl. S. 217)
VermG	Gesetz zur Regelung offener Vermögensfragen (Vermögensgesetz) idF der Bek. v. 21. 12. 1998 (BGBl. I S. 4026)
Veröff.	Veröffentlichung
VersArch.	Versicherungswissenschaftliches Archiv (Zeitschrift)
VersAusglG	Gesetz über den Versorgungsausgleich v. 3. 4. 2009 (BGBl. I S. 700)
VerschG	Verschollenheitsgesetz idF der Bek. v. 15. 1. 1951 (BGBl. I S. 63)
VersR	Versicherungsrecht, Juristische Rundschau für die Individualversicherung (Zeitschrift)
VersRdSch.	Versicherungsrundschau (österreichische Zeitschrift)
VersR-HdB	Handbuch Versicherungsrecht, hrsg. v. *van Bühren*, 4. Aufl. 2009
VersW	Versicherungswirtschaft (Zeitschrift)
Verw.	Verwaltung
VerwA	Verwaltungsarchiv (Zeitschrift)
VerwG	Verwaltungsgericht
VerwGH	Verwaltungsgerichtshof
VerwRspr.	Verwaltungsrechtsprechung in Deutschland (Bd. u. Seite)
Vfg.	Verfügung
VFGüterstandsG	Gesetz über den ehelichen Güterstand von Vertriebenen und Flüchtlingen v. 4. 8. 1969 (BGBl. I S. 1067)
VG	Verwaltungsgericht
VGH	Verfassungsgerichtshof
vgl.	vergleiche
vH	von (vom) Hundert
VHB	Allgemeine Hausratversicherungsbedingungen
VIZ	Zeitschrift für Vermögens- und Investitionsrecht
VMBl.	Ministerialblatt des Bundesministers für (ab 1962: der) Verteidigung
VO	Verordnung
VOBl.	Verordnungsblatt
VolljG	Gesetz zur Neuregelung des Volljährigkeitsalters v. 31. 7. 1974 (BGBl. I S. 1713)
Voraufl.	Vorauflage
VormG	Vormundschaftsgericht
Vorb.	Vorbemerkung
VPB	Verwaltungspraxis der Bundesbehörden (früher VEB)
VR	Verkehrs-Rundschau
VRG	Gesetz zur Förderung v. Vorruhestandsleistungen (Vorruhestandsgesetz) v. 13. 4. 1984 (BGBl. I S. 601)
VRÜ	Verfassung und Recht in Übersee (Zeitschrift, 1. 1968 ff.)

Abkürzungsverzeichnis

VSSR	Vierteljahresschrift für Sozialrecht
VStG	Vermögensteuergesetz idF v. 14. 11. 1990 (BGBl. I S. 2468)
VuR	Verbraucher und Recht (Zeitschrift)
VVaG	Versicherungsverein auf Gegenseitigkeit
VVDStRL	Veröffentlichungen der Vereinigung Deutscher Staatsrechtslehrer
VVG	Gesetz über den Versicherungsvertrag v. 30. 5. 1908 (RGBl. S. 263)
VwGO	Verwaltungsgerichtsordnung idF der Bek. v. 19. 3. 1991 (BGBl. I S. 686)
VwKostG	Verwaltungskostengesetz v. 23. 6. 1970 (BGBl. I S. 821)
VwV	Verwaltungsverordnung; Verwaltungsvorschrift
VwVfG	Verwaltungsverfahrensgesetz idF der Bek. v. 21. 9. 1998 (BGBl. I S. VZS Vereinigte Zivilsenate)
VwZG	Verwaltungszustellungsgesetz v. 3. 7. 1952 (BGBl. I S. 379)
Wagenitz/ Bornhofen	*Wagenitz/Bornhofen*, Familiennamensrechtsgesetz, 1994
WarnR	Rechtsprechung des Reichsgerichts, herausgegeben von *Warneyer* (Bd. u. Nr.), ab 1961: Rechtsprechung des Bundesgerichtshofs in Zivilsachen
WE	Wohnungseigentum
WEG	Gesetz über das Wohnungseigentum und das Dauerwohnrecht (Wohnungseigentumsgesetz) v. 15. 3. 1951 (BGBl. I S. 175)
WehrPflG	Wehrpflichtgesetz idF d. Bek. v. 21. 12. 1995 (BGBl. I S. 1756)
Wendl/Staudigl	*Wendl/Staudigl*, Das Unterhaltsrecht in der familienrichterlichen Praxis, 7. Aufl. 2008
WertV	Verordnung über die Grundsätze für die Ermittlung der Verkehrswerte von Grundstücken (Wertermittlungsverordnung – WertV) v. 6. 12. 1988 (BGBl. I S. 2209)
Westermann, Schuldrecht 2002	*Westermann*, Das Schuldrecht 2002, Systematische Darstellung der Schuldrechtsreform, 2002
Graf v. Westphalen/ Bearbeiter	*Graf v. Westphalen*, Vertragsrecht und AGB-Klauselwerke, Loseblatt-Ausgabe
WG	Wechselgesetz v. 21. 6. 1933 (RGBl. I S. 399)
WGO	Die wichtigsten Gesetzgebungsakte in den Ländern Ost-, Südosteuropas und in den asiatischen Volksdemokratien (Zeitschrift)
WHG	Gesetz zur Ordnung des Wasserhaushalts (Wasserhaushaltsgesetz) idF der Bek. v. 19. 8. 2002 (BGBl. I S. 3245)
Wiedemann GesR I bzw. II	*Wiedemann*, Gesellschaftsrecht, Bd. I: Grundlagen, 1980; Bd. II: Recht der Personengesellschaften, 2004
Wiesner/ Bearbeiter	*Wiesner/Fegert/Mörsberger/Oberloskamp/Struck*, SGB VIII, Kinder- und Jugendhilfe, Kommentar, 4. Aufl. 2011
WiGBl.	Gesetzblatt der Verwaltung des Vereinigten Wirtschaftsgebiets
Windbichler GesR	*Windbichler*, Gesellschaftsrecht, 22. Aufl. 2010
Windscheid I, II, III	*Windscheid*, Lehrbuch des Pandektenrechts, Bd. I–III, 9. Aufl. 1906, bearbeitet v. *Kipp*
Winkler	*Winkler*, Der Testamentsvollstrecker nach bürgerlichem, Handels- und Steuerrecht, 20. Aufl. 2010
WiR	Wirtschaftsrecht
WiRO	Wirtschaft und Recht in Osteuropa (Zeitschrift)
WiSta	Wirtschaft und Statistik (hrsg. v. Statistischen Bundesamt; Zeitschrift)
WiStG	Gesetz zur weiteren Vereinfachung des Wirtschaftsstrafrechts (Wirtschaftsstrafgesetz) idF der Bek. v. 3. 6. 1975 (BGBl. I S. 1313)
WM	Wertpapiermitteilungen, Zeitschrift für Wirtschaft und Bankrecht (Zeitschrift)
WoGG	Wohngeldgesetz idF der Bek. v. 23. 1. 2002 (BGBl. I S. 474)
Wolf AT	*E. Wolf*, Allgemeiner Teil des bürgerlichen Rechts, 3. Aufl. 1982
Wolf SaR	*E. Wolf*, Lehrbuch des Sachenrechts, 2. Aufl. 1979

Abkürzungsverzeichnis

Wolf SchR	*E. Wolf,* Lehrbuch des Schuldrechts, 1978
Wolf/Lindacher/ Pfeiffer	*M. Wolf/Lindacher/Pfeiffer,* AGB-Recht, Kommentar, 5. Aufl. 2009
WoM	Wohnungswirtschaft und Mietrecht (Informationsdienst des Deutschen Mieterbundes; Zeitschrift)
WoVermG	Gesetz zur Regelung der Wohnungsvermittlung v. 4. 11. 1971 (BGBl. I S. 1745, 1747)
WP	Wahlperiode
WPflG	Wehrpflichtgesetz idF der Bek. v. 20. 2. 2002 (BGBl. I S. 954)
WPg.	Die Wirtschaftsprüfung (Zeitschrift)
WpHG	Gesetz über den Wertpapierhandel (Wertpapierhandelsgesetz) idF der Bek. v. 9. 9. 1998 (BGBl. I S. 2708)
WPO	Gesetz über die Berufsordnung der Wirtschaftsprüfer (Wirtschaftsprüferordnung) v. 5. 11. 1975 (BGBl. I S. 2833)
WRP	Wettbewerb in Recht und Praxis (Zeitschrift)
WRV	Weimarer Reichsverfassung v. 11. 8. 1919 (RGBl. S. 1383)
WStG	Wehrstrafgesetz v. 24. 5. 1974 (BGBl. I S. 1213)
WuB	Wirtschafts- und Bankrecht (Zeitschrift)
WÜK	Gesetz zu dem Wiener Übereinkommen vom 24. April 1963 über konsularische Beziehungen v. 26. 8. 1969 (BGBl. II S. 1585)
WürttNV	Mitteilungen aus der Praxis, hrsg. v. Württembergischen Notarverein (bis 20. 1954), dann BWNotZ
WürttRpflZ	Württembergische Zeitschrift für Rechtspflege und Verwaltung
WürttZ	Zeitschrift für die freiwillige Gerichtsbarkeit und Gemeindeverwaltung in Württemberg
WuR	Die Wirtschaft und das Recht (Zeitschrift)
WuM	Wohnungswirtschaft und Mietrecht (Zeitschrift, 1. 1948 ff.)
WuW	Wirtschaft und Wettbewerb (Zeitschrift)
WuW/E	Wirtschaft und Wettbewerb – Entscheidungssammlung
WzS	Wege zur Sozialversicherung
ZAkDR	Zeitschrift der Akademie für Deutsches Recht
ZaöRV	Zeitschrift für ausländisches öffentliches Recht und Völkerrecht (zitiert nach Bd. u. Seite)
ZAP	Zeitschrift für die Anwaltspraxis
ZAS	Zeitschrift für Arbeits- und Sozialrecht (Österreich)
ZAR	Zeitschrift für Ausländerrecht und Ausländerpolitik
zB	zum Beispiel
ZBB	Zeitschrift für Bankrecht und Bankwirtschaft
ZBergR	Zeitschrift für Bergrecht
ZBernJV	Zeitschrift des Bernischen Juristenvereins
ZBlFG	Zentralblatt für freiwillige Gerichtsbarkeit und Notariat (ab 12. 1911/12: für freiwillige Gerichtsbarkeit, Notariat und Zwangsversteigerung), 1. 1900/01–22. 1921/22
ZBlHR	Zentralblatt für Handelsrecht
ZBlJugR	Zentralblatt für Jugendrecht und Jugendwohlfahrt
ZblSozVers.	Zentralblatt für Sozialversicherung, Sozialhilfe und -versorgung
ZBR	Zeitschrift für Beamtenrecht
ZDJ	Zeitschrift des Bundes Deutscher Justizamtmänner
ZERB (ZErb)	Zeitschrift für Steuer- und Erbrechtspraxis
ZEuP	Zeitschrift für Europäisches Privatrecht (Zeitschrift)
ZEV	Zeitschrift für Erbrecht und Vermögensnachfolge (Zeitschrift)
ZevKR	Zeitschrift für evangelisches Kirchenrecht
ZfA	Zeitschrift für Arbeitsrecht
ZfbF	(Schmalenbachs) Zeitschrift für betriebswirtschaftliche Forschung
ZfBR	Zeitschrift für deutsches und internationales Baurecht (1. 1978 ff.)
ZFE	Zeitschrift für Familien- und Erbrecht
ZfF	Zeitschrift für das Fürsorgewesen (Zeitschrift)
ZfgK	Zeitschrift für das gesamte Kreditwesen (Zeitschrift)
ZfIR	Zeitschrift für Immobilienrecht (Zeitschrift)

Abkürzungsverzeichnis

ZfJ	Zeitschrift für Jugendrecht (Zeitschrift)
ZfKiJugPsychiatrie	Zeitschrift für Kinder- und Jugendpsychiatrie
ZfRV	Zeitschrift für Rechtsvergleichung (Österreich)
ZfS	Zeitschrift für Schadensrecht (1. 1980 ff.)
ZfSH	Zeitschrift für Sozialhilfe (1. 1962 ff.)
ZfSoz	Zeitschrift für Soziologie
ZfSozReform	Zeitschrift für Sozialreform
ZfSozW	Zeitschrift für Sozialwissenschaft
ZfVersWesen	Zeitschrift für Versicherungswesen
ZfZ	Zeitschrift für Zölle und Verbrauchssteuern
ZGB	Schweizerisches Zivilgesetzbuch
ZGB DDR	Zivilgesetzbuch der Deutschen Demokratischen Republik v. 19. 6. 1975 (GBl. DDR I S. 465)
ZgesGenW	Zeitschrift für das gesamte Genossenschaftswesen
ZgesStaatsW	Zeitschrift für die gesamte Staatswissenschaft
ZgesStrafW	(siehe ZStrW)
ZGR	Zeitschrift für Unternehmens- und Gesellschaftsrecht
ZGS	Zeitschrift für das gesamte Schuldrecht
ZHR	Zeitschrift für das gesamte Handelsrecht und Wirtschaftsrecht (früher Zeitschrift für das gesamte Handelsrecht und Konkursrecht)
Ziff.	Ziffer(n)
ZImmunForsch	Zeitschrift für Immunitätsforschung, Allergie und klinische Immunologie
ZInsO	Zeitschrift für das gesamte Insolvenzrecht (Zeitschrift)
ZIP	Zeitschrift für Wirtschaftsrecht (bis 1982: Zeitschrift für Wirtschaftsrecht und Insolvenzpraxis)
ZIR	Zeitschrift für internationales Recht (früher NiemeyersZ)
zit.	zitiert
ZivG	Zivilgericht
ZKredW	Zeitschrift für das gesamte Kreditwesen
ZLR	Zeitschrift für Luftrecht
ZLW	Zeitschrift für Luftrecht und Weltraumrechtsfragen
ZMR	Zeitschrift für Miet- und Raumrecht
ZöffR	Zeitschrift für öffentliches Recht
Zöller/Bearbeiter	*Zöller*, Zivilprozessordnung, Kommentar, 29. Aufl. 2011
Zöllner Wertpapierrecht	*Zöllner*, Wertpapierrecht, begr. v. *Rehfeldt*, 14. Aufl. 1987
ZOV	Zeitschrift für offene Vermögensfragen
ZPO	Zivilprozessordnung idF der Bek. v. 5. 12. 2005 (BGBl. I S. 3202, berichtigt 2006 S. 431)
ZRechtsmed.	Zeitschrift für Rechtsmedizin
ZRG	Zeitschrift der Savigny-Stiftung für Rechtsgeschichte (germ. Abt. = germanistische Abteilung; rom. Abt. = romanistische Abteilung, kanon. Abt. = kanonistische Abteilung)
ZRP	Zeitschrift für Rechtspolitik
ZRvgl.	Zeitschrift für Rechtsvergleichung
ZS	Zivilsenat
ZSR	Zeitschrift für Sozialreform
ZStrW	Zeitschrift für die gesamte Strafrechtswissenschaft (Bd. u. Seite)
zT	zum Teil
ZTR	Zeitschrift für Tarifrecht
ZUM	Zeitschrift für Verkehr- und Medienrecht
Zur Sache	Zur Sache 2/76, Reform des Ehe- und Familienrechts – Versorgungsausgleich –, hrsg. v. Presse- und Informationszentrum des Deutschen Bundestages
zust.	zuständig; zustimmend
ZustErgG	Gesetz zur Ergänzung von Zuständigkeiten auf den Gebieten des Bürgerlichen Rechts, des Handelsrechts und des Strafrechts (Zuständigkeitsergänzungsgesetz) v. 7. 8. 1952 (BGBl. I S. 407)
ZustG	Zustimmungsgesetz

Abkürzungsverzeichnis

ZustG/MSA	(deutsches) Gesetz vom 30. 4. 1971 zu dem Haager Übereinkommen über die Zuständigkeit der Behörden und das anzuwendende Recht auf dem Gebiet des Schutzes von Minderjährigen v. 5. 10. 1961 (BGBl. 1971 II S. 217, 1150)
zutr.	zutreffend
ZVerkR	Zeitschrift für Verkehrsrecht (Österreich)
ZVersWes.	Zeitschrift für Versicherungswesen
ZVersWiss.	Zeitschrift für die gesamte Versicherungswissenschaft (1. 1901–43. 1943; 49. 1960 ff.)
ZVG	Gesetz über die Zwangsversteigerung und Zwangsverwaltung idF der Bek. v. 20. 5. 1898 (RGBl. S. 369, 713)
ZVglRWiss.	Zeitschrift für vergleichende Rechtswissenschaft (Bd., Jahr u. Seite)
ZVOBl.	Zentralverordnungsblatt
ZVölkR	Zeitschrift für Völkerrecht
ZVP	Zeitschrift für Verbraucherpolitik
ZWE	Zeitschrift für das Wohnungseigentum
ZZP	Zeitschrift für Zivilprozeß (Bd., Jahr u. Seite)
zZt	zur Zeit

Bürgerliches Gesetzbuch

in der Fassung der Bekanntmachung vom 2. Januar 2002
(BGBl. I S. 42, ber. S. 2909 und BGBl. 2003 I S. 738)
zuletzt geändert durch Gesetz vom 27. Juli 2011 (BGBl. I S. 1600)

**Buch 4
Familienrecht**

**Abschnitte 2 und 3
(§§ 1589–1921)**

Abschnitt 2. Verwandtschaft

Titel 1. Allgemeine Vorschriften

§ 1589 Verwandtschaft

(1) ¹Personen, deren eine von der anderen abstammt, sind in gerader Linie verwandt. ²Personen, die nicht in gerader Linie verwandt sind, aber von derselben dritten Person abstammen, sind in der Seitenlinie verwandt. ³Der Grad der Verwandtschaft bestimmt sich nach der Zahl der sie vermittelnden Geburten.

(2) *(weggefallen)*

Schrifttum: Zum Recht der Kindschaftsrechtsreform: *Badenberg,* Das Recht des Kindes auf Kenntnis der eigenen Abstammung, 2006; *Böhm,* Die Neuregelung des Erbrechts nichtehelicher Kinder, NJW 1998, 1043; *Bornhofen,* Die Reform des Kindschaftsrechts und die Neuordnung des Eheschließungsrechts in der standesamtlichen Praxis, StAZ 1997, 362; *Brückner,* Die Vollstreckbarkeit des Auskunftsanspruchs des Kindes gegen seine Mutter auf Nennung des leiblichen Vaters, 2003; *ders.,* Väterrechte vor dem Europäischen Gerichtshof für Menschenrechte, FPR 2005, 200; *Büttner,* Änderungen des Familienverfahrensrechts durch das KindRG, FamRZ 1998, 585; *Carl,* Über die Freiheit des Gesetzgebers bei der Ausgestaltung des Sorgerechts nicht miteinander verheirateter Eltern, FPR 2005, 165; *Coester,* Nichteheliche Elternschaft und Sorgerecht, FamRZ 2007, 1137; *Deinert,* Die Entwicklung des Kindschaftsrechts, eine unendliche Geschichte, DAVorm. 1998, 197 ff., 257 ff. und 337 ff.; *Diederichsen,* Die Reform des Kindschafts- und Beistandsrechts, NJW 1998, 1977; *Di Fabio,* Der Schutz von Ehe und Familie: Verfassungsentscheidung für die vitale Gesellschaft, NJW 2003, 993; *Edenfeld,* Das neue Abstammungsrecht der Bundesrepublik Deutschland im nationalen und intern. Vergleich, FuR 1996, 190; *Frank,* Die Neuregelung des Adoptionsrechts, FamRZ 1998, 393; *Friederici,* Veränderte Verfahrensvorschriften in Familiensachen, NJ 1998, 299; *Gaaz,* Ausgewählte Probleme des neuen Eheschließungs- und Kindschaftsrechts, StAZ 1998, 241; *Gaul,* Die Neuregelung des Abstammungsrechts durch das Kindschaftsrechtsreformgesetz, FamRZ 1997, 1441; *ders.,* Ausgewählte Probleme des materiellen Rechts und des Verfahrensrechts im neuen Abstammungsrecht, FamRZ 2000, 1461; *Helms,* Reform des deutschen Abstammungsrechts, FuR 1996, 178; *Henrich,* Änderungen des internationalprivatrechtlichen Vorschriften im Regierungsentwurf zur Reform des Kindschaftsrechts, StAZ 1996, 353; *ders.,* FamRZ 1998, 1401; StAZ 1998, 1; *Muscheler/Beisenherz,* Das neue Abstammungsrecht, JR 1999, 356 ff. und 407 ff.; *Niepmann,* Die Reform des Kindschaftsrechts, MDR 1998, 565; *Ramm,* Kindschaftsreform?, JZ 1996, 987; *Salgo,* Die Pflegekindschaft in der Kindschaftsreform vor dem Hintergrund verfassungs- und jugendhilferechtlicher Entwicklungen, FamRZ 1999, 337; *Schumann,* Erfüllt das neue Kindschaftsrecht die verfassungsrechtlichen Anforderungen an die Ausgestaltung des nichtehelichen Vater-Kind-Verhältnisses?, FamRZ 2000, 389; *Walter,* Das Kindschaftsrechtsreformgesetz, FamRZ 1995, 1538; *Wolf,* Die Abstammung von durch medizinische Fortpflanzung gezeugten Kindern nach dem Kindschaftsrechtsreformgesetz, FuR 1998, 392.

Sonstiges: *Balloff,* Die Bedeutung des Vaters für die Entwicklung des Kindes, FPR 2005, 210; *Bausch,* Der Begriff des „Abkömmlings" in Gesetz und rechtsgeschäftlicher Praxis, FamRZ 1980, 413; *Beinkinstadt,* „Vater werden ist nicht schwer" – Entwurf eines G. zur Ergänzung des Rechts zur Anfechtung der Vaterschaft, JAmt 2007, 342; *Borth,* Das Verfahren zum Entwurf eines G. zur Klärung der Abstammung unabhängig vom Anfechtungsverfahren gemäß § 1598a BGB-E und dessen Verhältnis zum Abstammungsverfahren nach dem FamFG, FPR 2007, 381; *E. Büttner,* Kindschaftsrechtsreform in England, FamRZ 1997, 464; *Coester-Waltjen,* Zum Recht des Kindes auf Kenntnis der eigenen Abstammung, Jura 1989, 520; *Coester,* Elternrecht des ne. Vaters und Adoption, FamRZ 1995, 1245; *Conen,* Veränderte Lebenswirklichkeit von Kindern und Familien, FuR 1996, 171; *Deichfuß,* Recht des Kindes auf Kenntnis seiner blutsmäßigen (genetischen) Abstammung?, NJW 1988, 113; *Dethloff,* Reform des Kindschaftsrechts, NJW 1992, 2200; *Eckebrecht,* Neuere Gesetze zur Stärkung der Vaterrechte, FPR 2005, 205; *Eidenmüller,* Der Auskunftsanspruch d. Kindes gegen seine Mutter auf Bennung des leiblichen Vaters, JuS 1998, 789; *Enders,* Das Recht auf Kenntnis der eigenen Abstammung, NJW 1989, 881; *Eser,* Erwiderung auf Karl Lenzen: „Hat das ungeborene Kind nur einen moralischen Status?", MDR 1991, 212; *Frank,* Recht auf Kenntnis der genetischen Abstammung?, FamRZ 1988, 113; *ders.,* Die unterschiedliche Bedeutung der Blutsverwandtschaft im deutschen und französischen Familienrecht, FamRZ 1992, 1365; *Frank/Helms,* Der Anspruch des ne. Kindes gegen seine Mutter auf Nennung des leiblichen Vaters, FamRZ 1997, 1258; *dies.,* Kritische Bemerkungen zum Regierungsentwurf eines „Gesetzes zur Klärung der Vaterschaft unabhängig vom Anfechtungsverfahren", FamRZ 2007, 1277; *Furkel,* Die Franz. Ges. über die Bioethik vom 29. 7. 1994 und ihr Einfluß auf das Kindschaftsrecht, FamRZ 1996, 772; *Gaaz,* Das neue Personenstandsgesetz, FamRZ 2007, 1057; *Gottwald,* Recht auf Kenntnis der biologischen Abstammung?, FS Hubmann, 1985, S. 111; *Groß,* Fristen und Anfangsverdacht im Abstammungsrecht, FPR 2007, 392; *Hassenstein,* Der Wert der Kenntnis der eigenen genetischen Abstammung, FamRZ 1988, 120; *Hegnauer,* Kindesrecht in Deutschland u. in der Schweiz, FamRZ 1996, 914; *Heilmann,* Zur rechtlichen Lage schwuler Väter und ihrer Familien, FPR 2005, 193; *Hepting,* „Babyklappe" und „anonyme Geburt", FamRZ 2001, 1573; *Herzog*, Förderpflicht und Staatsferne, FamRZ 2007, 241; *Höfelmann*, Das neue G. zur Änderung der Vorschriften über die Anfechtung der Vaterschaft und das Umgangsrecht von Bezugspersonen des Kindes, FamRZ 2004, 745; *Huber*, Unterhaltsverpflichtung des nichtehelichen Vaters gegenüber Kind und Mutter, FPR 2005, 189; *Katzenmeier*, Rechtsfragen der „Babyklappe" und der medizinisch assistierten „anonymen Geburt", FamRZ 2005, 1134; *Kleineke*, Das Recht auf Kenntnis der eigenen Abstammung, Diss. Göttingen 1976; *Klosinski*, Ist der Anspruch auf Abstammungsklärung und anschließender Vaterschaftsanfechtung dem Familienwohl förderlich?, FPR 2007, 385; *Knöpfel*, Faktische Elternschaft, Bedeutung und Grenzen, FamRZ 1983, 317; *ders.*, Erforderliche Änderungen im Nichtehelichenrecht, ZRP 1990, 234; *Koch*, Der Anspruch der Deszendenten auf Klärung der genetischen Abstammung – ein Paradigmawechsel im Abstammungsrecht, FamRZ 1990, 569; *Kopper-Reifenberg*, Kindschaftsrechtsreform und Art. 8 EMRK, 2001; *Kropholler*, Kritische Bestandsaufnahme im Nichtehelichenrecht, AcP 185 (1985), 244; *Lenzen*, Hat das ungeborene Kind nur einen moralischen Status? MDR 1990, 969; *ders.* Schlußwort, MDR 1991, 213; *Lorenz*, Auskunftsansprüche im Bürgerlichen Recht, JuS 1995, 569; *Mansees*, Fremdmutterschaft und Adoptionsrecht, ZBlJugR 1986, 496; *ders.*, Einige Gedanken zum gesetzlichen Erbrecht des auf nicht natürlichem Wege erzeugten Kindes, FamRZ 1986, 756; *Mittenzwei*, Die Rechtsstellung des Vaters zum ungeborenen Kind, AcP 187 (1987), 248; *Moritz*, Auskunftsanspruch des nichtehelichen Kindes gegen seine Mutter auf Nennung des Namens seines leiblichen Vaters, Jura 1990, 134; *Müller*, Zeugnispflicht bei heterologer Fertilisation, FamRZ 1986, 635; *Muscheler/Bloch*, Das Recht auf Kenntnis der genetischen Abstammung und der Anspruch des Kindes gegen die Mutter auf Nennung des leiblichen Vaters, FPR 2002, 339; *Muscheler*, Die Zukunft des heimlichen Vaterschaftstests, FPR 2007, 389; *Mutschler*, Emanzipation und Verantwortung, FamRZ 1994, 65; *ders.*, Interessenausgleich im Abstammungsrecht, FamRZ 1996, 1381; *Naumann*, Vereitelung des Rechts auf Kenntnis der eigenen Abstammung bei künstlicher Insemination, ZRP 1999, 142; *Niemeyer*, Anspruch des ne. Kindes gegen seine Mutter auf Auskunft über seinen Vater, FuR 1998, 41; *Oberloskamp*, Recht auf Kenntnis der eigenen Abstammung, FuR 1991, 263; *Rixen*, Namensbeurkundung bei totgeborenen Kindern, FamRZ 1999, 265; *Salgo*, Zur Stellung des Vaters bei der Adoption seines nichtehelichen Kindes durch die Mutter und deren Ehemann, NJW 1995, 2129; *Schmidt-Didczuhn*, (Verfassungs)Recht auf Kenntnis der eigenen Abstammung?, JR 1989, 228; *G. Schultz*, Rechte nichtehelicher Väter, MDR 1981, 544; *Schumann*, Das Nichtehelichenrecht: Gesetzeslage und Reformbestrebungen, JuS 1996, 506; *dies.*, Die ne. Familie, 1998; *Schwab*, Familie und Staat, FamRZ 2007, 1; *ders.*, Abstammungsklärung – leicht gemacht, FamRZ 2008, 23; *Schwenzer*, Empfiehlt es sich, das Kindschaftsrecht neu zu regeln? Gutachten zum 59. Deutschen Juristentag, 1992; *dies.*, Die Rechtsstellung des ne. Kindes, FamRZ 1992, 121; *Seibert*, Verfassung und Kindschaftsrecht – Neue Entwicklungen und offene Fragen, FamRZ 1995, 1457; *Smid*, Recht auf Kenntnis der eigenen blutsmäßigen Abstammung?, JR 1990, 221; *R. Weber*, Der Auskunftsanspruch des Kindes und/oder des Scheinvaters auf namentliche Benennung des leiblichen Vaters gegen die Kindesmutter, FamRZ 1996, 1254. **Weitere Hinweise** bei § 1590 und Vor § 1591.

Übersicht

	Rn.		Rn.
I. Normzweck und Begriffsbestimmungen	1–5	2. Rechtliche Verwandtschaft ohne genetische Abstammung	7–9
1. Verwandtschaft im engeren und weiteren Sinne	1–3	**III. Rechtsnatur und Beginn der Verwandtschaftsverhältnisse**	10, 11
2. Angehörige	4	**IV. Verwandtschaftsbezeichnungen**	12–15
3. Familie	5	1. Linien	12
II. Rechtliche und genetische Verwandtschaft	6–9	2. Verwandtschaftsgrade	13
1. Übereinstimmung von rechtlicher und genetischer Abstammung	6	3. Sonstige Bezeichnungen	14
		4. Klage wegen Verwandtschaft	15
		V. Rechtsfolgen der Verwandtschaft	16–18

I. Normzweck und Begriffsbestimmungen

1 **1. Verwandtschaft im engeren und weiteren Sinne.** Die Vorschrift erklärt zunächst die durch **Abstammung** begründete (Bluts-)**Verwandtschaft zum Rechtsverhältnis,**[1] beläßt es aber bei einer Definition. Die konkreten **Folgen** des so definierten Rechtsverhältnisses ergeben sich erst aus anderen Normen (s. Rn. 16 f.). Verwandtschaft bezeichnet regelmäßig zwar die durch genetische Abstammung begründete Beziehung zweier oder mehrerer Personen (natürliche oder **leibliche Verwandtschaft, Blutsverwandtschaft**). Der Begriff wird aber rechtlich noch in einem weiteren Sinne gebraucht; Verwandtschaft im Rechtssinne erfasst unter der Überschrift des 2. Abschnitts neben der Blutsverwandtschaft auch die Schwägerschaft (§ 1590) und die Adoption (§§ 1741 bis

---

[1] So *Staudinger/Rauscher* Rn. 2; *Soergel/Gaul* Rn. 1; *Bamberger/Roth/Hahn* Rn. 1; *Diederichsen* NJW 1998,1977, 1979; *Gressmann*, Neues Kindschaftsrecht 1998, Rn. 57; anders *RGRK/Böckermann* Rn. 1.

1772).² Der Verwandtschaftsbegriff des § 1589 gilt **einheitlich für das ganze BGB,** gleichviel, ob sich aus dem Wortlaut (zB in § 1764 Abs. 3) oder aus dem Zweck der jeweiligen Vorschrift ergibt, dass leibliche Verwandtschaft gemeint ist. Nach Art. 51 EGBGB bedeuten auch in einigen Verfahrensgesetzen (GVG, ZPO, InsO) die Worte Verwandtschaft und Schwägerschaft dasselbe wie in §§ 1589, 1590, 1754. Die durch Volladoption (§ 1755) **erloschene** Blutsverwandtschaft oder Schwägerschaft bleibt strafrechtlich relevant. § 173 StGB betrifft dabei ausdrücklich nur leibliche Verwandte, während § 174 Abs. 1 Nr. 3 StGB leibliche und angenommene Kinder schützt.³ In älteren Gesetzen kann die Bezeichnung Verwandtschaft von Fall zu Fall verschieden auszulegen sein, ebenso bei rechtsgeschäftlichen **Willenserklärungen,** wobei etwaige besondere Auslegungsregeln zu beachten sind (für letztwillige Verfügungen vgl. §§ 2066, 2067, 2279).

Seit der Kindschaftsrechtsreform von 1998 wird nicht mehr **begrifflich** zwischen der Abstammung durch **eheliche** und **nichteheliche**⁴ Geburt unterschieden. Die Vorschrift des § 1589 Abs. 2 aF, die dem ne. Kind eine Verwandtschaft mit seinem Vater im Rechtssinne absprach,⁵ war bereits 1969 durch Art. 1 Nr. 3 NEhelG gestrichen worden. Das ne. Kind und seine Abkömmlinge sind seitdem als Verwandte des Vaters des Kindes und seiner Vorfahren rechtlich vollwertig anerkannt. Die frühere Sonderstellung im Erbrecht (Erbersatzanspruch nach §§ 1934a ff.) wirkt nur noch für wenige Altfälle fort (Art. 227 Abs. 1 EGBGB).

Bestimmte heute medizintechnisch mögliche Fälle der Abstammung **allein durch Geburt,** also ohne genetische, blutsmäßige Abstammung, waren und sind in § 1589 an sich nicht vorgesehen. Da das Gesetz jetzt andererseits in § 1591 aber eindeutig diese Rechtsbeziehung als Abstammung festlegt, wirft ihre systematische Einordnung Probleme auf, vgl. dazu § 1591 Rn. 26. Davon abgesehen ist aber auch jede ges. Anordnung einer Rechtsfolge der Verwandtschaft daraufhin zu untersuchen, ob sie auch für diese Art der ges. Abstammung gedacht ist. So gilt für das **Eheverbot** der Verwandtschaft in gerader Linie des **§ 1307,** dass Personen als verwandt zu behandeln sind, die nach gesetzlicher Definition des § 1591 gerade nicht verwandt wären, nämlich das von einer Leihmutter geborene Kind und seine genetische Wunschmutter.

2. Angehörige. Der Personenkreis der „nahen Angehörigen" (§ 530), der „Familienangehörigen" (§§ 563 Abs. 2 S. 3, 573 Abs. 2 Nr. 2, 575 Abs. 1 Nr. 1, 1969, auch § 11 Abs. 1 LPartG) oder **„Angehörigen"** (s. insbes. Art. 104 Abs. 4 GG) ist im BGB und in vielen anderen Gesetzen nicht scharf umgrenzt; anders liegt es im Strafrecht (§ 11 Abs. 1 Nr. 1 StGB). Ehegatten, eingetragene Lebenspartner, Verlobte, Pflegeeltern, Stiefeltern, die alle nach dem Sprachgebrauch des BGB keine Verwandten ieS sind, werden dabei meist als Angehörige zu behandeln sein,⁶ wenn die betr. Vorschrift sie nicht ausdrücklich ausschließt. In **„häuslicher Gemeinschaft"** lebende Personen (§§ 617 Abs. 1 S. 1, 618 Abs. 2, 2028 Abs. 1) brauchen weder miteinander verwandt zu sein noch zueinander im Verhältnis von Angehörigen zu stehen. Fraglich ist, ob Partner einer **nichtehelichen Lebensgemeinschaft** als Angehörige zu behandeln sind. Eine Antwort hierauf lässt sich wohl nur mit Blick auf den jeweiligen Regelungszusammenhang geben (zu den verschiedenen Bereichen s. Nach § 1302 Rn. 11 ff.).

3. Familie. Umfassender und vieldeutiger als der Rechtsbegriff der Verwandtschaft ist derjenige der Familie. Durch diesen wird die **verfassungsrechtliche Zuordnung** der Verwandtschaftsverhältnisse möglich. Ehe und Familie stehen unter dem besonderen Schutz der staatlichen Ordnung (Art. 6 Abs. 1 GG). Dieser Schutz erstreckt sich auf sämtliche Erscheinungsformen der modernen Kleinfamilie. Er wird **nicht nur** den durch Ehe und Verwandtschaft verbundenen Angehörigen **vollständiger Familien** zuteil, sondern auch Ehepaaren ohne Kinder, ferner den allein auf verwandtschaftliche Beziehungen gegründeten, aus einem Elternteil und einem oder mehreren Kindern bestehenden unvollständigen Familien, mag es sich dabei um eheliche, ne. oder angenommene Kinder handeln.⁷ All diese **in dauerndem Zusammenleben sich bewährenden** verwandtschaftlichen **Bindungen**

---

² *Staudinger/Rauscher* Einl. zu § 1589 Rn. 1; NK-BGB/*Gutzeit* Rn. 4; *Soergel/Gaul* Vor § 1589 Rn. 6; aA RGRK/*Böckermann* Vor § 1589 Rn. 5; *Gernhuber/Coester-Waltjen* § 4 Rn. 21 f. Als „künstliche" Verwandtschaft bezeichnet *Oberloskamp* FuR 1991, 263 die durch Adoption geschaffene Verwandtschaft.
³ *Schönke/Schröder/Lenckner* § 173 StGB Rn. 4, § 174 StGB Rn. 11; BGHSt 29, 387 = FamRZ 1984, 436 m. krit. Anm. *Bosch,* der den fehlenden strafrechtlichen Schutz des nach §§ 1591, 1593 aF nur „scheinehelichen" Kindes bemängelt.
⁴ Terminus erst eingeführt durch das NEhelG vom 19. 8. 1969, zuvor „unehelich".
⁵ „Ein uneheliches Kind und dessen Vater gelten als nicht verwandt".
⁶ *Erman/Hammermann* Vor § 1589 Rn. 7. Einschränkend *Staudinger/Rauscher* Einl. zu § 1589 Rn. 19, der im Einzelfall auf die persönliche Nähe abstellen will. Zweifelnd, ob der Stiefvater Angehöriger iSv. § 2 Abs. 1 BSHG war, BVerwGE 23, 255. Zum Stiefkind s. auch EuGH NJW 2005, 736.
⁷ BVerfG FamRZ 2003, 285, 287; *Staudinger/Rauscher* Einl. zu § 1589 Rn. 27; *Gernhuber/Coester-Waltjen* § 5 Rn. 8 f.

genießen den vollen Grundrechtsschutz des Art. 6 Abs. 1 GG, sogar länger dauernde **Pflegeverhältnisse**.[8] Im Übrigen wird durch Art. 6 Abs. 2 GG auch die Beziehung der ne. Mutter zu ihrem Kind geschützt,[9] ebenso der ne. Vater.[10] Zutr. Ansicht nach stehen auch **nichteheliche Lebensgemeinschaften**, soweit in ihnen Eltern und Kinder zusammenleben, unter dem Schutz von Art. 6 Abs. 2 GG,[11] weil sie ebenfalls eine Familie darstellen.[12]

II. Rechtliche und genetische Verwandtschaft

6   **1. Übereinstimmung von rechtlicher und genetischer Abstammung.** Von Generation zu Generation geben die leiblichen Eltern ihre Erbanlagen den Kindern weiter. So ist die Blutsverwandtschaft das natürliche Bindeglied in der Generationenfolge,[13] der Abstammungsgedanke tragfähig, soweit er von rassistischen[14] und eugenischen[15] Verirrungen frei bleibt. Dem Abstammungsbegriff des § 1589 liegt insoweit die Blutsverwandtschaft zugrunde.[16] Das BVerfG sieht in der **Abstammung einen der „konstitutiven Faktoren"** der menschlichen Individualität.[17] In ihr wurzelt auch das „natürliche" Pflege- und Erziehungsrecht der Eltern (Art. 6 Abs. 2 GG), das die Entwicklung des Kindes zur seelisch-geistigen Eigenständigkeit und zu selbstverantwortlichem Handeln in der Gesellschaft fördern soll (vgl. § 1626 Abs. 2 S. 1). In der Praxis bildet das Zusammenfallen von rechtlicher Verwandtschaft und genetischer Abstammung innerhalb der Familie auch nach wie vor den Normalfall. Daneben gibt es aber auch die rechtliche Verwandtschaft ohne genetische Abstammung.

7   **2. Rechtliche Verwandtschaft ohne genetische Abstammung.** Das betrifft zum einen die Fälle der Adoption. Durch die **Annahme als Kind (Adoption)** wird ein Verwandtschaftsverhältnis im Rechtssinne hergestellt (gesetzliche Verwandtschaft[18]), eine „Wahlkindschaft". Der Angenommene wird Kind des Annehmenden mit allen Rechten und Pflichten gegenüber dem Annehmenden und seiner Familie (Volladoption, § 1754). Zugleich enden die Rechte und Pflichten des Angenommenen gegenüber seinen leiblichen Verwandten (§ 1755 Abs. 1 S. 1). Weniger weit gehen regelmäßig die Wirkungen der Annahme eines Volljährigen (§ 1770); zu beachten ist aber die Ausnahmemöglichkeit in § 1772.

8   Rechtliche Verwandtschaft ohne genetische Abstammung entsteht zudem infolge der Zeugung von Kindern durch künstliche Befruchtung mit Spendersamen oder mit Hilfe einer gespendeten Eizelle. Sämtliche **heterologe Praktiken** moderner Fortpflanzungstechnik führen zum Auseinanderfallen von rechtlicher und genetischer Elternschaft. Man spricht auch von gespaltener Vater- und Mutterschaft. Ob und welche Gefahren hieraus für das Wohl des künstlich gezeugten Kindes entstehen können, ist noch nicht ausreichend erforscht.[19] Umso schwerer wiegt die Verantwortung aller an solchen Maßnahmen Beteiligten, nicht zuletzt der Ärzte.[20] Aber auch der Gesetzgeber ist gefordert.[21] Zu diesbezügl. Fragen der Mutterschaft § 1591 Rn. 9 ff.; zur Befruchtung der Frau mit Spendersamen s. § 1600 Rn. 29 ff.

9   Abgesehen davon ist an die nicht wenigen Fälle zu denken, in denen die Vaterschaftsvermutungen von § 1592 Nr. 1 (Geburt während der Ehe der Mutter) oder Nr. 2 (Vaterschaft kraft Anerkennung) erkannt oder unerkannt nicht mit der genetischen Abstammung übereinstimmen. Auch in Bezug darauf wird zum Teil von der **sozialen Familie** gesprochen, also von der auf tatsächlichen sozialen Bindungen beruhenden Familie. Zugleich findet dieser Begriff aber auch Anwendung im Hinblick

---

[8] BVerfG FamRZ 2000, 1489 und NJW 1994, 1645, 1646 = FamRZ 1993, 1420; *Salgo* FamRZ 1999, 337; *Staudinger/Rauscher* Einl. zu § 1589 Rn. 37. Zur Stellung der Pflegeperson s. §§ 1630 Abs. 3, 1632 Abs. 4, 1688.
[9] BVerfG FamRZ 2003, 285, 287; *Seibert* FamRZ 1995, 1457, 1459.
[10] BVerfGE 108, 82 = NJW 2003, 2151 = FamRZ 2003, 816; *Staudinger/Rauscher* Einl. zu § 1589 Rn. 29.
[11] BVerfGE 84, 168, 179; *Kropholler* AcP 185 (1985), 244, 252; *Gernhuber/Coester-Waltjen* § 5 Rn. 7, 8; einschränkend *Staudinger/Rauscher* Einl. zu § 1589 Rn. 22.
[12] OLG Brandenburg NJW 2002, 1581, 1582.
[13] Dazu rechtsvergleichend *Kropholler* AcP 185 (1985), 244, 262 bei Fn. 82.
[14] S. *Ramm* JZ 1983, 861, 871; *Koch* FamRZ 1990, 569, 570.
[15] Etwa bei der Auswahl eines Samenspenders (s. BMFT, Bericht In-vitro-Fertilisation, S. 13).
[16] Vgl. nur *Diederichsen* NJW 1998, 1977, 1979.
[17] BVerfGE 79, 256 = NJW 1989, 891; s. auch Rn. 31 ff.
[18] NK-BGB/*Gutzeit* Rn. 9; *Palandt/Brudermüller* Einf vor § 1589 Rn. 1.
[19] Vgl. etwa *Keller*, FS Tröndle, 1989, S. 705; *Laufs* JZ 1986, 769, 773; *Petersen*, Retortenbefruchtung und Verantwortung, 1988, S. 69 ff.; aber auch *Bernat* MedR 1986, 245, 249 f.; *Fechner* JZ 1986, 654, 662 f.; s. dagegen *Mansees* ZBlJugR 1986, 496, 497 bei Fn. 8.
[20] Zur Präimplantationsdiagnostik als Folgeerscheinung s. etwa *Herzog* ZRP 2001, 393.
[21] Denkbare biologische Techniken und rechtliche Lösungsansätze erörtert *Wohn*, Medizinische Reproduktionstechniken und das neue Abstammungsrecht, Bielefeld 2001, mit Bespr. von *Seidel* FamRZ 2002, 304.

auf die bestehenden Bindungen eines Kindes zu seinem genetischen Elternteil, der nicht zugleich rechtlicher Elternteil ist. Das betrifft etwa den leiblichen Vater des Kindes, dessen rechtliche Vaterschaft (noch) nicht durch Anerkennung oder Feststellung gegeben ist. Insofern ist es auch Aufgabe des Abstammungsrechts, die Interessenkonflikte infolge des Auseinanderfallens von genetischer und rechtlicher Verwandtschaft bzw. Elternschaft angemessen zu lösen.

III. Rechtsnatur und Beginn der Verwandtschaftsverhältnisse

Verwandtschaftsverhältnisse sind **Dauerrechtsverhältnisse**.[22] Die Verwandtschaft selbst kann nicht verwirkt werden (vgl. aber §§ 1611, 2333). Mängel der verwandtschaftlichen Beziehung (fehlende Blutsverwandtschaft, Willensmängel bei der rechtsgeschäftlichen Begründung) sind grundsätzlich unbeachtlich, können aber ein Recht zur Beseitigung durch **gerichtliche Anfechtung** (§§ 1599 Abs. 1, 1598) **oder Aufhebung des Verwandtschaftsverhältnisses** (§ 1759) begründen. Dabei ist der Bestandsschutz für Adoptionsverhältnisse stark ausgeprägt (s. insbes. §§ 1759, 1760, 1763, 1771). Eine **Geschlechtsumwandlung** und deren gerichtliche Feststellung lässt das Rechtsverhältnis zwischen der betreffenden Person und ihren Eltern, ebenso zwischen ihr und ihren Kindern und deren Abkömmlingen, unberührt (§ 11 TranssexuellenG[23]). Eine spätere **Auflösung der Ehe** der Eltern durch gerichtliche Verfahren (vor allem Scheidung) ändern an dem aus der Geburt in der Ehe entstandenen Status und der darauf gegründeten Verwandtschaft nichts. 10

Natürliche **Verwandtschaft entsteht** – wie die volle Rechtsfähigkeit des Menschen (§ 1) – erst **mit der Geburt**. Die werdende Verwandtschaft der Leibesfrucht wird berücksichtigt in §§ 1594 Abs. 4, 1923 Abs. 2, 2108 Abs. 1, 2178 (vgl. § 1 Rn. 25 ff.). Verbreiteter Ansicht nach ist der **menschliche Embryo** von der Keimverschmelzung an Träger der durch Art. 1 Abs. 1 S. 1 GG geschützten Menschenwürde, da mit der Befruchtung, wie immer sie herbeigeführt wird, menschliches Leben beginnt.[24] Er genießt jedenfalls von Anfang an den grundrechtlichen Schutz von Leben und Gesundheit (Art. 2 Abs. 2 S. 1 GG). Schädigungshandlungen, die in dieses früheste Entwicklungsstadium fallen, auch solche, die der Einbettung in die Gebärmutterschleimhaut der das Kind austragenden Frau (Nidation) vorausgehen, können deliktische Schadensersatzansprüche des Kindes begründen (s. näher bei § 1 zur Rechtsstellung des nasciturus). Zweifelhaft ist, ob auf durch **In-vitro-Fertilisation erzeugte Embryonen** die Vorschriften der §§ 1912, 1913 über die Anordnung einer Pflegschaft entspr. anzuwenden sind. Dies dürfte im Interesse eines umfassenden Schutzes der Embryonen zu bejahen sein. Dagegen gibt § 1628 mangels Verwandtschaft vor der Geburt einem Ehemann nicht das Recht, gegen seine Frau eine einstweilige Verfügung **auf Unterlassung** des (rechtswidrigen) Schwangerschaftsabbruchs zu erwirken,[25] eine wegen der fehlenden Abwägungsmöglichkeiten unbefriedigende Rechtssituation, weil auch § 1912 nicht eingreift. Wenn es zu einer **Tot- oder Fehlgeburt** kommt (näher s. § 1593 Rn. 12), entsteht noch keine Verwandtschaft im Rechtssinne, gleichwohl aber der besondere gesetzliche Anspruch gem. § 1615 n. Die rechtliche Verwandtschaft aufgrund Adoption entsteht erst durch den Adoptionsbeschluss gem. § 1752 Abs. 1. 11

IV. Verwandtschaftsbezeichnungen

1. Linien. Für die Zwecke der konkreten Anwendung in verschiedenen Normen macht die unterschiedliche soziale Relevanz der Nähe der jeweiligen verwandtschaftlichen Beziehung eine **Unterteilung in Linien und Grade** erforderlich. Gem. S. 1 in **gerader Linie** miteinander verwandt sind die Vorfahren („Eltern" und „Voreltern", vgl. §§ 685 Abs. 2, 1929 Abs. 1) mit den Nachkommen („Abkömmlinge", §§ 685 Abs. 2, 1483 ff., 1606, 1609, 1924 ff.). Die gerade Linie wird als absteigend von den Ahnen zu den Nachfahren (Deszendenten) gedacht, umgekehrt von diesen aufsteigend zu den „Aszendenten". Im Erbrecht wird für ersteres der Begriff des **Stammes** benutzt (§ 1924 Abs. 3).[26] „Kinder" und „Eltern" sind gewöhnlich nur die nächsten in gerader Linie Verwandten. Hiervon gibt es jedoch Ausnahmen entsprechend dem Sinn und Zweck der jeweiligen gesetzlichen Regelung. So umfasst etwa nach der Auslegungsregel des § 2068 der Begriff der Kinder gegebenenfalls die gesamte absteigende Linie;[27] für die Erbeinsetzung schaffen weitere ähnliche Auslegungsregeln auch für „Verwandte" und „Abkömmlinge" Klarheit (§§ 2067, 2069 und 12

---

[22] Gernhuber/Coester-Waltjen § 3 Rn. 6; NK-BGB/Gutzeit Rn. 6; Soergel/Gaul Vor § 1589 Rn. 17.
[23] Ebenso Staudinger/Rauscher § 1589 Rn. 6. Zur Vaterschaftsanerkennung durch eine frühere Frau s. DIV-Gutachten (Krömer) StAZ 2002, 50; OLG Köln FamRZ 2010, 741.
[24] Laufs JZ 1986, 769, 774; einschränkend Graf Vitzthum, FS Dürig, 1990, S. 185, 196 f.
[25] Palandt/Diederichsen § 1626 Rn. 25; anders AG Köln FamRZ 1985, 519.
[26] Vgl. etwa BGH FamRZ 2007, 280 zum Erbrecht nach der HöfeO.
[27] Zur Bedeutung der Worte „Kinder" oder „Enkel" in einem Testament s. RG Warn. 1915, 121.

2070).²⁸ Ferner wird außerhalb des BGB der Kindes- und Elternbegriff abweichend definiert (etwa in § 56 Abs. 2 SGB I, §§ 32 Abs. 1, 63 Abs. 1 EStG).²⁹ **In der Seitenlinie** sind gem. § 1589 S. 2 diejenigen miteinander verwandt, zwischen denen keine geradlinige Verwandtschaft besteht, die aber von derselben dritten Person abstammen, zB Geschwister, Onkel und Neffe, Cousins und Cousinen.

13 **2. Verwandtschaftsgrade.** Unter dem Grad der Verwandtschaft wird **deren Nähe verstanden.** Der Grad der Verwandtschaft wird daher durch die Zahl der sie **vermittelnden Geburten** bestimmt (S. 3). Die Geburt der die Verwandtschaft jeweils herstellenden Person wird nicht mitgezählt. Bei in der Seitenlinie Verwandten muss über die Eltern oder einen gemeinsamen Stammelternteil (Mann oder Frau) hinweg gezählt werden. Es sind also die Eltern mit den Kindern im ersten, die Großeltern mit den Enkeln im zweiten Grad in gerader Linie verwandt, Geschwister im zweiten Grad in der Seitenlinie, Onkel und Neffe im dritten Grad in der Seitenlinie, Cousinen im vierten Grad. Wie das gemeine Recht und seit 1983 das Kanonische Recht³⁰ folgt das BGB damit der römischen Zählweise. Der Personenkreis der Verwandten ist nach geltendem Recht **nicht auf eine bestimmte Zahl** von Verwandtschaftsgraden beschränkt;³¹ dies ist wichtig für die gesetzliche Erbfolge (§ 1929).³²

Verwandtschaft

Grad	Seitenlinie	Gerade Linie ▲ aufsteigend/absteigend ▼	Grad
IV.	Cousine, Cousin (Base, Vetter)	Großeltern	II.
III.			I.
	Onkel, Tante	Eltern	
II.	Geschwister, Halbgeschwister	**Person**	
III.	Nichte, Neffe	Kinder	I.
IV.	Großnichte, Großneffe	Enkel	II.

14 **3. Sonstige Bezeichnungen.** Die Unterscheidung zwischen **vollbürtigen** und **halbbürtigen** Verwandten, die sich etwa noch in dem verbliebenen Eheverbot des § 1307 und in § 138 Abs. 1 Nr. 2 InsO zur Klarstellung findet, führt nicht zu unterschiedlichen Rechtsfolgen. Zur erbrechtlichen Behandlung mehrfacher Verwandtschaft, die ebenfalls sowohl vollbürtig als auch halbbürtig sein kann, s. § 1927. Vollbürtige Verwandte sind solche, die vom selben Vorelternpaar abstammen, halbbürtige solche, die nur den Vater, Großvater usw. oder die Mutter, Großmutter usw. gemeinsam haben. Die Unterscheidung des römischen Rechts zwischen der Vermittlung der Verwandtschaft durch Männer oder Elternpaare (**agnatische** gegenüber **kognatischer** Verwandtschaft) hat heute für die verwandtschaftliche Zuordnung als solche keine Bedeutung.

15 **4. Klage wegen Verwandtschaft.** Zulässig aber selten ist die Klage auf Feststellung einer (sonstigen) **Verwandtschaftsbeziehung,** die nicht Eltern-Kind-Beziehung ist, wenn die klagende Partei an dessen alsbaldiger Feststellung durch richterliche Entscheidung ein rechtliches Interesse hat (§ 256 ZPO).³³ Fraglich ist dabei, ob die behauptete Blutsverwandtschaft allein insoweit für die

---

²⁸ Ausführlich *Bausch* FamRZ 1980, 413 ff.
²⁹ Zum Elternbegriff *Schmidt-Bleibtreu/Hofmann* GG, 12. Aufl. 2011, Art. 6 Rn. 40; ferner *Staudinger/Rauscher* Einl. zu § 1589 Rn. 28.
³⁰ CIC Canon 108 § 3.
³¹ Mot. I S. 65.
³² Für eine Reform dieser Vorschrift plädierte *Jung* FamRZ 1976, 134, 137.
³³ RGRK/*Böckermann* Rn. 13; *Staudinger/Rauscher* Einl. zu § 1589 Rn. 102-104; BGHZ 53, 245 = NJW 1970, 947.

Annahme eines Feststellungsinteresses ausreicht.[34] In diesem Feststellungsprozess, der nicht Kindschafts- oder Abstammungssache ist, gelten die allgemeinen Regeln des Zivilprozesses.

V. Rechtsfolgen der Verwandtschaft

Verwandtschaftliche Rechtsfolgen treten auf vielen Rechtsgebieten des **Zivilrechts** ein und betreffen im BGB insbes. Unterhaltspflichten (§§ 1601 ff.), die Rechtsverhältnisse zwischen Eltern und Kindern (§§ 1616 ff.), das Erbrecht (§§ 1924 ff.), das Pflichtteilsrecht (§§ 2303 ff.), die Sonderstellung im Vormundschaftsrecht (§§ 1779 Abs. 2, 1847, 1852, 1855, 1915), den Ausschluss der Vertretungsmacht des ges. Vertreters bei Rechtsgeschäften des Kindes oder Mündels mit seinen Verwandten (§§ 1629 Abs. 2 S. 1, 1795) oder das Eheverbot (§ 1307). Zur Rechtslage nach Adoption s. §§ 1754 bis 1756. 16

Strafrechtliche Sonderregelungen für Verwandte finden sich in §§ 35 Abs. 1, 68 b Abs. 2, 77 Abs. 2, 139 Abs. 3, 157 Abs. 1, 170, 173[35], 174 Abs. 1, 184 Abs. 2, 194 Abs. 1 und 2, 205 Abs. 2, 213, 221 Abs. 2, 230 Abs. 1, 236, 247, 258 Abs. 6, 263 Abs. 4, 265 a Abs. 3, 266 Abs. 2, 294 StGB. Verträge mit Verwandten führen eventuell zur Anfechtbarkeit von Verträgen bei Gläubigerbenachteiligung gem. §§ 129 ff., 138 Abs. 1 Nr. 2 **InsO** und 3 Abs. 2, 15 Abs. 2 Nr. 2 **AnfG**. Die verfassungsrechtliche Grundentscheidung des Art. 6 GG ist auf allen Rechtsgebieten zu beachten; auch die **Verwaltungsbehörden** haben verwandtschaftliche Verbindungen insoweit unmittelbar zu berücksichtigen.[36] 17

In den **Verfahrensordnungen** wirkt sich Verwandtschaft aus bei der **Ausschließung** von der Mitwirkung als Richter (§§ 41 Nr. 3, 42 ZPO, § 22 Nr. 3 StPO, § 18 Abs. 1 Nr. 1 BVerfGG; §§ 51 Abs. 1 FGO, 60 Abs. 1 SGG, 54 Abs. 1 VwGO), als Notar (§§ 3 Abs. 1 Nr. 3, 6 Abs. 1 Nr. 3, 7 Nr. 3 BeurkG), als Urkundsbeamter (§ 49 ZPO, § 31 StPO; §§ 51 Abs. 1 FGO, 60 Abs. 1 SGG, 54 Abs. 1 VwGO), als Rechtspfleger (§ 10 S. 1 RPflG), als Gerichtsvollzieher (§ 155 I. Nr. 3, II. Nr. 3 GVG), als Schöffe (§ 31 StPO) und als Dolmetscher (§ 191 S. 1 GVG, 16 Abs. 3 S. 2 BeurkG; 52 Abs. 1 FGO, 61 Abs. 1 SGG, 55 VwGO); weiter bei der Ablehnung als Sachverständiger (§§ 406, 41 Nr. 3 ZPO, 74, 22 Nr. 3 StPO, 51 Abs. 1 FGO, 60 Abs. 1 SGG, 54 Abs. 1 VwGO); beim **Antrags- und Beschwerderecht** in Vormundschafts-, Betreuungs- und Unterbringungssachen (§§ 303 Abs. 2 Nr. 1, 335 Abs. 1 Nr. 1 FamFG); beim Antragsrecht im strafprozessualen Wiederaufnahmeverfahren (§ 361 Abs. 2 StPO); bei der Pflicht zur **Anhörung durch das Gericht** (zB § 160 FamFG) und schließlich bei **Zeugnis- und Eidesverweigerungsrechten** (§§ 383 Abs. 1 Nr. 3, 384 Nr. 1, 2, 385 Abs. 1, 408 Abs. 1 S. 1 ZPO, 52 Abs. 1 Nr. 3, 55, 61, 63, 76 Abs. 1 S. 1, 95 Abs. 2 S. 2, 97 Abs. 1 StPO; 82 FGO, 118 SGG, 98 VwGO). Auf Pflegekinder und Pflegeeltern sollte dieses Recht nicht ausgedehnt werden, hier liegt nur eine temporäre Interessenkollision vor. 18

§ 1590 Schwägerschaft

(1) ¹Die Verwandten eines Ehegatten sind mit dem anderen Ehegatten verschwägert. ²Die Linie und der Grad der Schwägerschaft bestimmen sich nach der Linie und dem Grade der sie vermittelnden Verwandtschaft.

(2) Die Schwägerschaft dauert fort, auch wenn die Ehe, durch die sie begründet wurde, aufgelöst ist.

Schrifttum: *Conradi,* Zivilrechtliche Regelung des Stiefkindverhältnisses – Alternative zur Adoption des Stiefkindes?, FamRZ 1980, 103; *Dethloff,* Reform des Kindschaftsrechts, NJW 1992, 2200; *Enders,* Stiefkindadoption, FPR 2004, 60; *Engler,* Das neue Adoptionsrecht, FamRZ 1976, 589; *Frank,* Grenzen der Adoption, 1978; *Gernhuber,* Die Schwägerschaft als Quelle ges. Unterhaltspflichten, FamRZ 1955, 193; *Hegnauer,* Unterhalt des Stiefkindes nach schweizerischem Recht, FS Müller-Freienfels, 1986, S. 271; *Hepting,* Ehevereinbarungen, 1984, S. 170; *Janzen,* Das Kinderrechteverbesserungsgesetz, FamRZ 2002, 785; *Knittel,* Kinderrechteverbesserungsgesetz verabschiedet, JAmt 2002, 50; *Lüderitz,* Problemfelder des Adoptionsrechts, FamRZ 1981, 524; *Lüdtke,* Haftung des Ehemannes für den Unterhalt seiner Stiefkinder und seiner Schwiegereltern?, MDR 1955, 210; *Peschel-Gutzeit,* Das Kinderrechteverbesserungsgesetz – KindRVerbG –, FPR 2002, 285; *Pieper,* Namensänderung von Stiefkindern und Scheidungshalbwaisen, FuR 2003, 394; *Schomburg,* Das Gesetz zur weiteren Verbesserung von Kinder-

---

[34] Abl. *Frank* FamRZ 1988, 113, 118 bei Fn. 40; *Staudinger/Rauscher* Einl. zu § 1589 Rn. 103; aA *Neumann-Duesberg* NJW 1955, 578.

[35] Zum Beischlaf zwischen Verwandten BVerfG NJW 2008, 1137.

[36] BVerfG 76, 1, 49 ff.; zur Abschiebung BVerfG FamRZ 2006, 925. Zu Finanzbehörden s. BFH NJW 2006, 1695.

rechten, Kind-Prax 2002, 75; *Rakete-Dombek,* Das Umgangsrecht des Stiefelternteils zu seinem Stiefkind gem. § 1685 II BGB, FPR 2004, 73; *Schwab,* Eingetragene Lebenspartnerschaft – Ein Überblick –, FamRZ 2001, 385; *Veit,* Kleines Sorgerecht für Stiefeltern gem. § 1687b BGB, FPR 2004, 67; *v. Puttkamer/Radziwill,* Das Stiefeltern-Kind-Verhältnis. Überlegungen zu einer rechtlichen Neuregelung, Kind-Prax 2000, 19; *v. d. Weiden,* Vorschläge zur Neuregelung der Rechtsstellung des Stiefkindes im Familienrecht, FuR 1991, 249.

I. Normzweck

1   Neben der Verwandtschaft ist die Schwägerschaft eine mit geringeren Wirkungen ausgestattete familienrechtliche Verbindung, sie stellt gewissermaßen eine Flankierung von Verwandtschaft und Ehe dar. Die soziale Nähe rechtfertigt in mancher Hinsicht eine Sonderstellung nicht nur für die Verwandten untereinander, sondern auch für die zu ihnen durch die Ehe hervorgerufene Beziehung. Die Vorschrift regelt aber nur Voraussetzungen, Unterschiede und Dauer, dagegen nicht die Wirkungen der rechtlichen Beziehung, die in diversen Gesetzen zu finden sind.

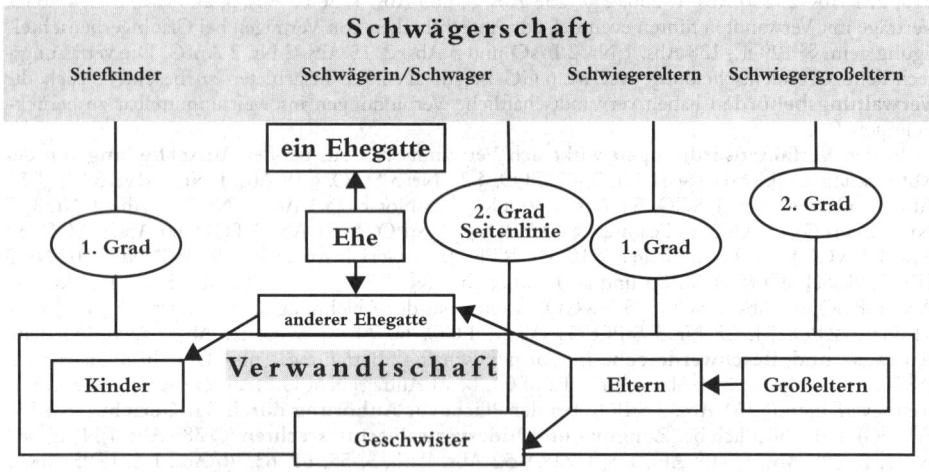

II. Begriff

2   **1. Abgrenzung.** Ein Ehegatte ist mit den **Verwandten des anderen Ehegatten** verschwägert, **Abs. 1 S. 1**, etwa der Schwiegersohn mit den Schwiegereltern, der Ehemann mit den Geschwistern seiner Frau (Schwager, Schwägerin). Die Schwägerschaft umfasst auch einen Teil der sog. **Stiefverwandtschaft:** Der Stiefvater (der Ehemann der Mutter, der nicht Vater des Kindes ist) ist mit dem Stiefkind verschwägert. Die Stiefmutter ist aber auch mit dem ne. Kind des Ehemanns und dessen Verwandten (also Mutter oder Geschwistern) verschwägert. Rechtlich **nicht verschwägert** sind entgegen dem allg. Sprachgebrauch („Schwippschwägerschaft") die Verwandten des einen Gatten mit den Verwandten des anderen Ehegatten; so besteht keine Schwägerschaft zwischen dem Kind und den Verwandten der Ehefrau seines Vaters. Dasselbe gilt für Stiefgeschwister; diese sind entweder verwandt, wenn sie einen Elternteil gemeinsam haben (Halbbruder, Halbschwester), oder weder verwandt noch verschwägert, wenn sie von verschiedenen Elternpaaren abstammen („zusammengebrachte" Kinder). Ferner sind die Ehegatten selbst weder miteinander verwandt noch verschwägert. Bei der Volljährigenadoption wird der Ehegatte oder Lebenspartner des Annehmenden nicht mit dem Angenommenen und dessen Ehegatten oder Lebenspartner wird nicht mit dem Annehmenden verschwägert (§ 1770 Abs. 1). Gerichtliche Bestimmung zur sog. Volladoption ist jedoch gem. § 1772 möglich. Die Verwandten eines Lebenspartners iSd. LPartG gelten als mit dem anderen Lebenspartner verschwägert, § 11 Abs. 2 S. 1 LPartG.

3   **2. Voraussetzung.** Das Schwägerschaftsverhältnis setzt eine **rechtswirksame Ehe** voraus. Nicht ausreichend ist ein Verlöbnis oder eine Nichtehe.[1] Bei einer vor Aufhebung des EheG[2] fehlerhaft geschlossenen vernichtbaren Ehe existierte die Schwägerschaft bis zu der rechtskräftigen

---
[1] Zum Begriff s. 3. Aufl. § 11 EheG Rn. 16 ff.; s. heute § 1310 BGB, dazu *Hepting* FamRZ 1998, 713, 725; *Bosch* NJW 1998, 2004, 2010.
[2] Durch Art. 14 des Eheschließungsrechtsgesetzes vom 4. 5. 1998, BGBl. I S. 833.

Nichtigerklärung (§ 23 EheG), welche dann auch die Schwägerschaft rückwirkend beseitigte.[3] Das ist nach geltendem Recht anders geregelt: es gibt keine Nichtigerklärung und keine Rückwirkung ex tunc mehr, sondern nur die gerichtliche Aufhebungsentscheidung gem. § 1313 S. 1.[4] Folglich entsteht die Schwägerschaft durch die Ehe ganz normal und fällt auch nicht nachträglich weg.

3. Linie und Grad der Schwägerschaft (Abs. 1 S. 2). Zu den beiden Begriffen vgl. § 1589 Rn. 12, 13. Linie und Grad der Verwandtschaft einer Person zu dem einen Ehegatten entsprechen der Linie und dem Grad der Schwägerschaft dieser Person zum anderen Gatten. Ein Ehemann ist also etwa mit der Mutter seiner Frau in (aufsteigender) gerader Linie im 1. Grad verschwägert, mit dem Bruder seiner Frau im 2. Grad der Seitenlinie.

4. Dauer der Schwägerschaft (Abs. 2). Nach Auflösung (durch Tod, Scheidung, Aufhebung gem. §§ 1313 ff. sowie Wiederverheiratung nach Todeserklärung gem. § 1319) der Ehe, auf der die Schwägerschaft beruht, dauert das Schwägerschaftsverhältnis fort (vgl. auch § 11 Abs. 1 Nr. 1a StGB). Die einmal aufgelöste Ehe kann aber ein weiteres Schwägerschaftsverhältnis nicht mehr begründen (str.).[5] Die geschiedene Ehefrau ist demnach zwar mit den Kindern ihres früheren Ehemannes aus dessen früherer erster Ehe verschwägert, nicht aber mit denen aus seiner weiteren dritten Ehe. Wegen der Wirkung einer Annahme eines Minderjährigen als Kind mit der Fortdauer der Schwägerschaft im Gegensatz zur Verwandtschaft s. § 1756 Abs. 1.

III. Rechtswirkungen

1. Angehörigenstatus, aber kein Ehehindernis. Zwischen Verschwägerten gerader Linie bestand früher ein Ehehindernis,[6] von dem, auch nachträglich, Befreiung erteilt werden konnte (§§ 4, 21 EheG). Dieses Eheverbot gibt es nach geltendem Recht[7] gem. § 1307 S. 1 übergangslos nicht mehr.[8] Verschwägerte gerader Linie sind aber „Angehörige" iSv. § 11 Abs. 1 Nr. 1 StGB. Bestimmten Verschwägerten steht ein Zeugnis- und Eidesverweigerungsrecht zu. Ferner sind sie von der Mitwirkung als Richter, Notar, Urkundsbeamter, Rechtspfleger, Gerichtsvollzieher, Schöffe, Dolmetscher oder Sachverständiger ausgeschlossen (vgl. dazu die in § 1589 Rn. 18 angegebenen Vorschriften). Erwähnenswert sind auch die Befugnisse, die sich für Verschwägerte im Vormundschaftsrecht aus den Bestimmungen der §§ 1779 Abs. 2 und Abs. 3, 1847 ergeben.

2. Rechtliche Schwächen; unterhaltsrechtliche Stellung. Die Schwäche der Schwägerschaft als Rechtsbeziehung zeigt sich im **Fehlen wechselseitiger ges. Unterhaltsansprüche** und eines **ges. Erbrechts.** Insbes. haben **Stiefkinder** keinen ges. Unterhaltsanspruch gegen Stiefvater oder Stiefmutter.[9] Ein Anspruch besteht weder unmittelbar gem. §§ 1601 ff. oder nach Billigkeit,[10] noch mittelbar über §§ 1360, 1360 a, da in der letztgenannten Vorschrift nur die unterhaltsberechtigten gemeinsamen Kinder erwähnt sind und der Aufwand für den Unterhalt einseitig in die Ehe mitgebrachter Kinder weder die persönlichen Bedürfnisse ihres leiblichen Elternteils erhöht, noch den Haushaltskosten zuzurechnen ist.[11] Lediglich im Vertragsgüterstand der Gütergemeinschaft sehen §§ 1437, 1459, 1604 die (akzessorische und einseitige) Unterhaltspflicht eines Ehegatten gegenüber unterhaltsberechtigten Verwandten des anderen Ehegatten vor, die aber nur bis zur Beendigung des Güterstandes andauert. Auch der **Ausbildungsanspruch** der Stiefkinder und ihrer Abkömmlinge gegen den überlebenden Stiefelternteil (§ 1371 Abs. 4) schließt diese Lücke nur unvollständig.[12] Stiefkinder genießen allerdings den Schutz der **Waisenversorgung** gem. § 45 BVG, anders als die Kinder eines nur eheähnlich zusammenlebenden Partners (faktische Stiefkinder).[13]

3. Stellung von Stiefkindern. Die unterhaltsrechtliche Stellung, die das geltende Recht den Stiefkindern[14] zuweist, ist angesichts ihrer wachsenden Zahl **unbefriedigend**. Sie ist nur durch

---

[3] *Staudinger/Rauscher* Rn. 5.
[4] Kritik dazu bei *Bosch* NJW 1998, 2004, 2010.
[5] NK-BGB/*Gutzeit* Rn. 6. AA *Staudinger/Rauscher* Rn. 7.
[6] Näher, auch zur Verfassungsmäßigkeit, s. 3. Aufl. Rn. 10 zu § 4 EheG.
[7] Gem. Eheschließungsrechtsgesetz vom 4. 5. 1998, BGBl. I S. 833, seit dem 1. 7. 1998.
[8] Kritisch dazu *Bosch* NJW 1998, 2004, 2010; *Muscheler* JZ 1997, 1142, 1144.
[9] BGH NJW 1969, 2007 = FamRZ 1969, 599; ebenso BVerfG NJW 2005, 1417, 1418 und die fast allgM im Schrifttum (Nachweise bei *Staudinger/Rauscher* Rn. 15); *Dethloff* NJW 1992, 2200, 2204.
[10] So aber *Bosch* FamRZ 1958, 83; 1966, 69 (Möglichkeit der Rechtsfindung praeter legem).
[11] *Gernhuber* FamRZ 1955, 193, 195 gegen *Boehmer* FamRZ 1955, 125, 127; zur unterhaltsrechtlichen Stellung Verschwägerter vgl. auch *Wacke* FamRZ 1977, 505, 527; ferner BGH FamRZ 1986, 668.
[12] S. dazu *Mayer* FPR 2004, 83.
[13] BVerfG NJW 2005, 1417.
[14] Zur Stieffamile *Muscheler* FamRZ 2004, 913; *Wernitzing* FPR 2004, 91.

Adoption zu überwinden, die aber immer weniger Zuspruch findet. Zwar kann darin, dass ein Stiefkind in den ehelichen Haushalt seines leiblichen Elternteils und des Stiefelternteils aufgenommen wird – wozu dieser Ehegatte gegenüber dem anderen uU nach § 1353 verpflichtet ist –, von Fall zu Fall eine (stillschweigende) rechtsgeschäftliche Mitübernahme der persönlichen Betreuung des Kindes und der finanziellen Unterhaltslast für das Kind durch die Stiefmutter oder den Stiefvater liegen. Die Voraussetzungen, der Inhalt und der Umfang dieser rechtsgeschäftlichen Verpflichtung im Einzelnen sind jedoch sehr str.[15] Bedenken bestehen dagegen, aufgrund der Zustimmung zur Aufnahme des Kindes in den ehelichen Haushalt stets den Willen des Stiefelternteils zur Unterhaltsgewährung an das Stiefkind zu vermuten. Wenn das zunehmend im Sozialhilferecht geschieht, wird die bürgerlich-rechtliche Unterhaltspflicht dadurch nicht erweitert,[16] entscheidend bleibt nur die tatsächliche Vermutung der Unterhaltsgewährung an in Haushaltsgemeinschaft lebende Verschwägerte aus **sittlicher** Verpflichtung. Einen entsprechenden Grund hat auch die Regelung der Sonderrechtsnachfolge bei Sozialleistungen in § 56 Abs. 2 Nr. 3, Abs. 3 Nr. 3 SGB I sowie die steuerrechtliche Vorschrift des § 63 Abs. 1 S. 1 Nr. 2 EStG.

9   **4. Gesetzliche Neuordnung.** Eine einst in Angriff genommene ges. Neuordnung des Unterhaltsrechts der Schwägerschaft ist gescheitert.[17] Auch die Neuregelung des Kindesunterhaltsrechts[18] hat hier keine neuen Ansätze gebracht. Dabei haben fiskalische Gesichtspunkte der Einsparung von Sozialhilfeleistungen ganz hinter die familienpolitischen Erfordernisse zurückzutreten,[19] spielen sie doch auch bei Bestrebungen zur Verkürzung der Reichweite verwandtschaftlicher Unterhaltspflichten (Enkel pp.) kaum eine Rolle. Zu weit gespannte und zu strenge Unterhaltspflichten allerdings könnten sich auf das Zusammenleben in der Kleinfamilie störend auswirken, uU auch die Heiratsaussichten von Einzelpersonen mit Kindern in unerwünschter Weise beeinträchtigen (Art. 6 Abs. 1 GG). Von einer regelmäßigen Einbeziehung der Schwiegereltern und Schwiegerkinder in den Kreis der wechselseitig Unterhaltspflichtigen – im deutschen Recht ohne geschichtliches Vorbild[20] – sollte daher nach wie vor abgesehen werden. Diskutiert wird aber, ob man einen subsidiären **Unterhaltsanspruchs des Stiefkindes** gegen den Stiefvater oder die Stiefmutter schaffen sollte.[21] Gedacht wird insofern an einen Unterhaltsanspruch, der nur zum Zug käme, wenn und soweit die unterhaltspflichtigen Verwandten des Stiefkindes ausfallen, und der zudem nach § 1603 Abs. 1 zu beschränken wäre. Im Gegenzug könnte dann auch das volljährige Stiefkind seinerseits dem Stiefelternteil (subsidiär) unterhaltspflichtig sein, wenn der Stiefelternteil das Kind während dessen Minderjährigkeit in den ehelichen Haushalt aufgenommen und wesentlich zu seinem Unterhalt beigetragen hatte (Verschärfung des § 1611 Abs. 1) und wenn die Ehe bis zur Bedürftigkeit des Stiefelternteils Bestand hatte. Auch das überzeugt aber nicht. Ist eine Verrechtlichung der Beziehung zum Stiefkind gewünscht, ist eine Stiefkindadoption zu erwägen. Im Übrigen sollte es bei freiwilligen Unterhaltsleistungen bleiben, die bei entsprechender Leistungsfähigkeit faktisch ohnehin erfolgen werden.

---

[15] OLG Nürnberg FamRZ 1965, 217; OLG Celle NdsRpfl. 1967, 127; Einzelheiten bei *Soergel/Gaul* Rn. 7; s. ferner *Gernhuber/Coester-Waltjen* § 4 Rn. 37 ff.; *Göppinger/Wax/Bäumel* Rn. 889 f.
[16] BVerwGE 23, 255; 52, 214; BGH FamRZ 1980, 40.
[17] § 1360c des Reg.-Entw. II zum GleichberG vom 29. 1. 1954 sah eine unmittelbare, aber nachrangige Unterhaltsverpflichtung gegenüber unterhaltsberechtigten Kindern *und* Eltern des anderen Ehegatten vor, wurde aber gestrichen (BT-Drucks. II/224 S. 84, 95; II/3409 S. 38); zur Kritik *Boehmer* FamRZ 1955, 125, und *Gernhuber* FamRZ 1955, 193, 198 ff.
[18] Durch das Kindesunterhaltsgesetz vom 6. 4. 1998, BGBl. I S. 666.
[19] *Gernhuber* FamRZ 1955, 193, 198.
[20] *Böhmer* FamRZ 1955, 125, 126 mit rechtsvergleichenden Hinweisen. Zum Unterhalt des Stiefkindes nach schweizerischem Recht *Hegnauer*, FS Müller-Freienfels, 1986, S. 271.
[21] Dafür MünchKommBGB/*Seidel*, 5. Aufl. 2008, § 1590 Rn. 9. Dagegen RGRK/*Böckermann* § 1590 Rn. 9; *Staudinger/Rauscher* Rn. 21 f.; *Gernhuber/Coester-Waltjen* § 4 Rn. 39 ff.

Titel 2. Abstammung

Vorbemerkungen

Schrifttum: *Aebi-Müller/Jaggi,* Streit um die Abstammung – Länderbericht Schweiz, in *Spickhoff/Schwab/Henrich/Gottwald,* Der Streit um die Abstammung – ein europäischer Vergleich, 2007, S. 343; *Arendt-Rojahn,* Anfechtungsmöglichkeiten der „zuständigen Behörde" bei „Scheinvaterschaften", FPR 2007, 395; *Balthasar,* Zur Verwertbarkeit heimlicher Vaterschaftstests im Rahmen von Vaterschaftsanfechtungsklagen, JZ 2007, 635; *Beitzke,* Reform der Ehelichkeitsanfechtung, FS Müller-Freienfels, 1986, S. 31 ff.; *Bentert,* Der Vater, aber nicht der Vater, FamRZ 1996, 1386; *Bohnert,* Zur Zulässigkeit privater Vaterschaftstests, FPR 2002, 383; *Braun,* Die Regelungen des Gendiagnostikgesetzes zu „heimlichen Vaterschaftstests", MDR 2010, 482; *Breemhaar,* Streit um die Abstammung im niederländischen Recht, in *Spickhoff/Schwab/Henrich/Gottwald,* Der Streit um die Abstammung – ein europäischer Vergleich, 2007, S. 149; *Brosius-Gersdorf,* Das Kuckucksei im Familiennest – Erforderlichkeit einer Neuregelung der Vaterschaftsuntersuchung, NJW 2007, 806; *dies.,* Vaterschaftsfeststellung und Vaterschaftsanfechtung – Grundrechtliche Konfliktlagen in der Familie, FPR 2007, 398; *dies.,* Vaterschaftsanfechtung und Europäische Menschenrechtskonvention, EuGRZ 2006, 123; *Büchler,* Das Abstammungsrecht aus rechtsvergleichender Sicht, FamPra.ch 2005, 437; *Caspary,* Der Anspruch auf Prozeßkostenvorschuß, NJW 2005, 2577; *Coester-Waltjen,* Besonderheiten im Abstammungsverfahren, JA 2009, 427; *Deinert,* Ein ständig wachsendes Problem: die „scheinehelichen" Kinder, DAVorm. 1989, 989; *Diederichsen,* Die Reform des Kindschafts- und Beistandschaftsrechts, NJW 1998, 1977; *Dietrich,* Mutterschaft für Dritte, 1989; *Dötsch,* Feststellung und Anfechtung der Vaterschaft, NJW Special 2006, 391; *Eberbach,* Rechtliche Probleme der „Leihmutterschaft," MedR 1986, 253; *Eckebrecht,* Schlüssigkeits- und Substantiierungsanforderungen bei der Vaterschaftsanfechtung, MDR 1999, 71; *Eichberger,* Aktuelle Probleme der Feststellung der Abstammung (§ 372a ZPO), Diss. Regensburg 1988; *Ferrand,* Streit um die Abstammung in Frankreich, in *Spickhoff/Schwab/Henrich/Gottwald,* Der Streit um die Abstammung – ein europäischer Vergleich, 2007, S. 93; *Ferrari,* Streit um die Abstammung – die Rechtslage in Österreich, in *Spickhoff/Schwab/Henrich/Gottwald,* Der Streit um die Abstammung – ein europäischer Vergleich, 2007, S. 183; *Ferrer i Riba,* Die Abstammung in den spanischen Rechtsordnungen, in *Spickhoff/Schwab/Henrich/Gottwald,* Der Streit um die Abstammung – ein europäischer Vergleich, 2007, S. 293; *Finger,* Die Anfechtung der Ehelichkeit eines Kindes durch seine Mutter, NJW 1984, 846; *Frank,* Gedanken zu einer isolierten Abstammungsfeststellungsklage, Gedächtnisschrift für P. Arens, 1993, S. 65; *ders.,* Grundzüge und Einzelprobleme des Abstammungsrechts, StAZ 2003, 129; *ders.,* Missbräuchliche Vaterschaftsanerkennungen zur Erlangung von Aufenthaltstiteln, StAZ 2006, 281; *ders.,* Rechtsvergleichende Betrachtungen zur Entwicklung des Familienrechts, FamRZ 2004, 841; *Frank/Helms,* Der Anspruch des nichtehelichen Kindes gegen seine Mutter auf Nennung des leiblichen Vaters, FamRZ 1997, 1258; *Friederici,* Veränderte Verfahrensvorschriften in Familiensachen, NJ 1998, 299; *Fritsche,* Neue Entwicklungen im Abstammungsverfahren, NJ 2007, 294; *ders.,* Die Novellierung des Abstammungsrechts, NJ 2008, 193; *Gaul,* Die Pater-est-Regel der §§ 1591, 1592 BGB in ihrer herkömmlichen Bedeutung und in der Reformdiskussion, FS Gernhuber, 1993, S. 619; *Grün,* Vaterschaftsfeststellung und -anfechtung für die gerichtliche, anwaltliche und behördliche Praxis, 2. Aufl. 2010; *ders.,* Zum Gesetzentwurf gegen mißbräuchliche Vaterschaftsanerkennungen FuR 2006, 497 und FuR 2007, 12; *Habscheid/Habscheid,* Die statusrechtlichen Feststellungsklagen nach neuem Familienrecht, FamRZ 1999, 480; *Heiderhoff,* Kann ein Kind mehrere Väter haben?, FamRZ 2008, 1901; *dies.,* Die Vaterschaftsklärung und ihre Folgen – von der Vaterschaftsanfechtung zur Vaterschaftsbeendigung?, FamRZ 2010, 8; *Heiter,* Das Verfahren in Abstammungssachen im Entwurf eines FamFG, FPR 2006, 417; *Helms,* Reform des deutschen Abstammungsrechts, FuR 1996, 178; *ders.,* Vaterschaftsanfechtung durch den Erzeuger des Kindes?, FamRZ 1997, 913; *ders.,* Die missbräuchliche Anerkennung der Vaterschaft, StAZ 2007, 69; *ders.,* Die Stellung des potenziellen biologischen Vaters im Abstammungsrecht, FamRZ 2010, 1; *ders.,* Materielles Recht, in *Helms, Kieninger/Rittner,* Abstammungsrecht in der Praxis, 2010; *Helms/Balzer,* Das neue Verfahren in Abstammungssachen, ZKJ 2009, 348; *Helms/Kieninger/Rittner,* Abstammungsrecht in der Praxis, 2010; *Henrich,* Zum Entwurf eines Gesetzes zur Ergänzung des Rechts zur Anfechtung der Vaterschaft, FamRZ 2006, 977; *ders.,* Streit um die Abstammung – Europäische Perspektiven, in *Spickhoff/Schwab/Henrich/Gottwald,* Der Streit um die Abstammung – ein europäischer Vergleich, 2007, S. 395; *Heukamp,* Tod des Vaters während des Vaterschaftsanfechtungsverfahren; FamRZ 2007, 606; *Hrušáková,* Streit um die Abstammung im tschechischen Recht, in *Spickhoff/Schwab/Henrich/Gottwald,* Der Streit um die Abstammung – ein europäischer Vergleich, 2007, S. 169; *Huber,* Wem gehören die Gene des Kindes? – Sorgerechtsbefugnisse beim Vaterschaftstest, FamRZ 2006, 1425; *Kemper,* Pränatale Vaterschaftsanerkennung und Geburtsname des Kindes, DAVorm. 1999, 87; *ders.,* Pränatale Vaterschaftsanerkennung eines Dritten während bestehender Ehe der Mutter nach § 1599 II BGB?, DAVorm. 1999, 191; *Kieninger,* Verfahrensrecht, in *Helms/Kieninger/Rittner,* Abstammungsrecht in der Praxis, 2010, S. 81; *Kirchmeier,* Die abstammungsrechtlichen Übergangsvorschriften des Kindschaftsrechtsreformgesetzes, Kind-Prax 1998, 144; *ders.,* Einführung in das neue Abstammungsrecht, FF 1999, 14; *ders.,* Einführung in das Vaterschaftsfeststellungsverfahren, FPR 2002, 370; *Klinkhammer,* Der Scheinvater und sein Kind – Das Urteil des BVerfG vom 13. 2. 2007 und seine gesetzlichen Folgen, FF 2007, 128; *Knittel,* Willensvorrang minderjähriger Mütter bei Zustimmung zur Vaterschaftsanerkennung durch den Amtsvormund?, JAmt 2002, 330; *ders.,* Neues Gesetz zur Klärung der Vaterschaft verabschiedet, JAmt 2008, 117; *Koutsouradis,* Zum aktuellen Stand des griechischen Abstammungsrechts, in *Spickhoff/Schwab/Henrich/Gottwald,* Der Streit um die Abstammung – ein europäischer Vergleich, 2007, S. 205; *Krause,* Das Verfahren in Abstammungssachen nach dem FamFG, FamRB 2009, 180; *Krüger,* Anfechtung der

Vor § 1591

Ehelichkeit von scheinehelichen Kindern nach türkischem Recht, FamRZ 1997, 1059; *Küppers,* Zum Regreß des sogenannten „Scheinvaters", NJW 1993, 2918; *Lakkis,* Die Exhumierung zur postmortalen Vaterschaftsfeststellung und -anfechtung, FamRZ 2006, 454; *Lange,* Kritisches zur Anfechtung der Ehelichkeit, NJW 1962, 1667; *Leineweber,* Die rechtlichen Beziehungen des nichtehelichen Kindes zu seinem Erzeuger in der Geschichte des Privatrechts, 1978; *Löhnig,* Probleme des neuen Verfahrens in Abstammungssachen nach §§ 169 ff. FamFG, FamRZ 2009, 1798; *Lowe,* Issues of Descent – The Position in English Law, in *Spickhoff/Schwab/Henrich/Gottwald,* Der Streit um die Abstammung – ein europäischer Vergleich, 2007, S. 319; *Lüke,* Zur Klage auf Feststellung von Rechtsverhältnissen mit oder zwischen Dritten, FS W. Henckel, 1995, S. 563 ff.; *Luh,* Die Prinzipien des Abstammungsrechts, 2008; *Muscheler,* Vaterschaft durch Anerkennung und Feststellung, FPR 2005, 177; *ders.,* Das Recht des Vaters auf Kenntnis seiner Vaterschaft, FPR 2005, 185; *ders.,* Die Klärung der Vaterschaft, FPR 2008, 257; *ders.,* Die Zukunft der heimlichen Vaterschaftstests, FPR 2007, 389; *Mutschler,* Emanzipation und Verantwortung, FamRZ 1994, 65; *ders,* Interessenausgleich im Abstammungsrecht – Teilaspekte der Kindschaftsrechtsreform, FamRZ 1996, 1381; *ders,* Unerlaubte DNA-Gutachten als Einfallstor für die gerichtliche Vaterschaftsanfechtung? – Bemerkungen zu Rittner/Rittner, NJW 2002, 1745 ff. –, FamRZ 2003, 74; *Niepmann,* Die Reform des Kindschaftsrechts, MDR 1998, 565; *Novak,* Das Abstammungsrecht in Slowenien, in *Spickhoff/Schwab/Henrich/Gottwald,* Der Streit um die Abstammung – ein europäischer Vergleich, 2007, S. 259; *Ollmann,* Meinungsverschiedenheit zwischen minderjähriger Mutter und Vormund, JAmt 2003, 572; *Ostermann,* Das Klärungsverfahren gemäß § 1598a BGB, 2009; *Patti,* Wahrheit und Beweis im italienischen Abstammungsrecht, in *Spickhoff/Schwab/Henrich/Gottwald,* Der Streit um die Abstammung – ein europäischer Vergleich, 2007, S. 279; *Peschel-Gutzeit,* Die geschichtliche Entwicklung der Vaterstellung im deutschen Recht seit 1900, FPR 2005, 167; *dies.,* Rechte und Funktionen des Vaters im Spiegel des modernen deutschen Rechts, FS Groß, 2004 S. 175; *dies.,* Durchbrechung der Rechtsausübungssperre des § 1600d Abs. 4 BGB allein aus finanziellen Gründen?, JR 2009, 133; *Pieper,* NEU: Anfechtungs- und Umgangsrecht des biologischen Vaters, FuR 2004, 385; *Pintens,* Die Abstammung im belgischen Recht, in *Spickhoff/Schwab/Henrich/Gottwald,* Der Streit um die Abstammung – ein europäischer Vergleich, 2007, S. 119; *Quantius,* Die Elternschaftsanfechtung durch das künstlich gezeugte Kind, FamRZ 1998, 1145; *Rauscher,* Vaterschaft auf Grund Ehe mit der Mutter, FPR 2002, 352; *ders.,* Vaterschaft auf Grund Anerkennung, FPR 2002, 359; *Rittner,* Contra zu heimlichen Vaterschaftstests, FPR 2005, 187; *Rittner/Rittner,* Unerlaubte DNA-Gutachten zur Feststellung der Abstammung – Eine rechtliche Grauzone, NJW 2002, 1745; *dies.,* Rechtsdogma und Rechtswirklichkeit am Beispiel so genannter heimlicher Vaterschaftstests, NJW 2005, 945; *Roth,* Vaterschaftsanfechtung durch den biologischen Vater, NJW 2003, 3153; *Schwab/Wagenitz,* Einführung in das neue Kindschaftsrecht, FamRZ 1997, 1377; *Schwenzer,* Ehelichkeitsvermutung und Ehelichkeitsanfechtung, FamRZ 1985, 1; *dies.,* Vom Status zur Realbeziehung, 1987, S. 225 ff.; *Schwonberg,* Scheinvaterregress und Rechtsausübungssperre, FamRZ 2008, 449; *Seidel,* Was gilt, wenn der rechtliche Vater nicht der biologische Vater ist?, FPR 2005, 181; *Spickhoff,* Der Streit um die Abstammung – Brennpunkte der Diskussion, in *Spickhoff/Schwab/Henrich/Gottwald,* Streit um die Abstammung – ein europäischer Vergleich –, 2007, S. 13; *Stößer,* Das neue Verfahren in Abstammungssachen nach dem FamFG, FamRZ 2009, 923; *Stylianidis,* Rechtsfolgen privater Vaterschaftsbegutachtung, 2005; *Veit,* Verwandtschaftliche Elternstellung und elterliche Sorge bei Scheidungskindern, FamRZ 1999, 902; *Wagner,* Unterhaltsrechtliche Folgen des unterhaltsakzessorischen Statuswechsels nach dem Kindschaftsrechtsreformgesetz, FamRZ 1999, 7; *Wanitzek,* Rechtliche Elternschaft bei medizinisch unterstützter Fortpflanzung, 2002; *dies.,* Vaterschaftsanfechtung, FPR 2002, 390; *Weber,* Der Auskunftsanspruch des Kindes und des Scheinvaters auf namentliche Benennung des leiblichen Vaters gegen die Kindesmutter, FamRZ 1996, 1254; *Wellenhofer,* Das Vaterschaftsanfechtungsrecht des leiblichen Vaters – Vorschlag zur Änderung von § 1600 BGB, FamRZ 2003, 1889; *dies.,* Die prozessuale Verwertbarkeit privater Abstammungsgutachten, FamRZ 2005, 665; *Wieser,* Zur Feststellung der ne. Vaterschaft nach neuem Recht, NJW 1998, 2023; *dies.,* Die negative Feststellung der ne. Vaterschaft nach neuem Recht, FuR 1998, 337; *dies.,* Zur Anfechtung der Vaterschaft nach neuem Recht, FamRZ 1998, 1004; *ders.,* Zur Anfechtung der Vaterschaft durch den leiblichen Vater, FamRZ 2004, 1773; *ders.,* Das neue Verfahren der Vaterschaftsanfechtung, MDR 2009, 61; *Will,* Wer ist Vater im Sinne des Gesetzes?, FPR 2005, 172; *Willutzki,* Heimliche Vaterschaftstests – Anstoß für den Gesetzgeber?, ZRP 2007, 180; *Wolf,* Biologische Abstammung und rechtliche Zuordnung, NJW 2005, 2417; *ders.,* Mißbräuchliche Vaterschaftsanerkennungen zur Erlangung von Aufenthaltstiteln, StAZ 2006, 281; *M. Zimmermann,* Der Unterhaltsregress des Scheinvaters bei inzidenter Vaterschaftsfeststellung, FPR 2008, 327; *S. Zimmermann,* Das neue Kindschaftsrecht, DNotZ 1998, 404; *Zuck,* Die Entscheidung des BVerfG zum heimlichen Vaterschaftstest, FPR 2007, 379. **Weitere Hinweise** bei § 1589, § 1590, § 1591, § 1598a und § 1600.

Speziell zu Rechtsfragen medizinisch unterstützter Fortpflanzung: *Balz,* Heterologe künstliche Samenübertragung beim Menschen, 1980; *Benda,* Humangenetik und Recht – eine Zwischenbilanz, NJW 1985, 1730; *Benecke,* Die heterologe künstliche Insemination im geltenden dt. Zivilrecht, 1986; *Bernat,* Rechtsfragen medizinisch assistierter Zeugung, Recht und Medizin Bd. 17, 1989; *ders.,* Statusrechtliche Probleme im Gefolge medizinisch assistierter Zeugung, MedR 1986, 245; *Bilsdorfer,* Rechtliche Probleme der In-vitro-Fertilisation und des Embryo-Transfers, MedR 1984, 803; Bundesminister für Forschung und Technologie und Bundesminister der Justiz, In-vitro-Fertilisation, Genomanalyse und Gentherapie, 1985, zit.: BMFT, Bericht In-vitro-Fertilisation; Bundesnotarkammer, Rundschreiben Nr. 40/97: Vereinbarungen über heterologe Insemination, DNotZ 1998, 241; *Classen,* Gentechnologie, Reproduktionsmedizin und Völkerrecht unter besonderer Berücksichtigung des internationalen Menschenrechtsschutzes, MedR 1988, 275; *Coester,* Ersatzmutterschaft in Europa, FS Jayme, 2004, S. 1243; *Coester-Waltjen,* Die künstliche Befruchtung beim Menschen – Zulässigkeit und zivilrechtliche Folgen/ Zivilrechtliche Probleme, Gutachten B zum 56. DJT, 1986; *dies* Rechtliche Probleme der für andere angenommenen Mutterschaft, NJW 1982, 2528; *dies.,* Die Vaterschaft für ein durch künstliche Insemination gezeugtes Kind,

Vorbemerkung

NJW 1983, 2059; *dies.,* Befruchtungs- und Gentechnologie beim Menschen – rechtliche Probleme von morgen?, FamRZ 1984, 230; *dies.,* Zivilrechtliche Probleme künstlicher Befruchtungen, Jura 1987, 629; *dies.,* Ersatzmutterschaft auf amerikanisch, FamRZ 1988, 573; *dies.,* Künstliche Fortpflanzung und Zivilrecht, FamRZ 1992, 369; *Deutsch,* Artifizielle Wege menschlicher Reproduktion, MDR 1985, 177; *ders.,* Des Menschen Vater und Mutter, NJW 1986, 1971; *ders.,* Embryonenschutz in Deutschland, NJW 1991, 721; *Dölle,* Die künstliche Samenübertragung, FS Rabel, 1954 I, S. 187 ff.; *Eberbach,* Rechtliche Probleme der „Leihmutterschaft," MedR 1986, 253; *Eckersberger,* Auswirkungen des Kinderrechteverbesserungsgesetzes auf Vereinbarungen über eine heterologe Insemination, MittBayNot 2002, 261; *Erdsiek,* Zivilrechtliche Aspekte der künstlichen Insemination, NJW 1960, 23; *Fabricius,* Die humangenetische Abstammungsbegutachtung, FPR 2002, 376; *Fechner,* Menschenwürde und generative Forschung und Technik, JZ 1986, 653; *Franzki,* Die künstliche Befruchtung beim Menschen – Zulässigkeit und zivilrechtliche Folgen (Bericht über die Zivilrechtliche Abteilung des 56. DJT), MedR 1987, 36; *Graf Vitzthum,* Gentechnik und Grundgesetz, FS Dürig, 1990, S. 185; *Giesen,* Die künstliche Insemination als ethisches und rechtliches Problem, 1962; *ders.,* Heterologe Insemination – Ein neues legislatorisches Problem?, FamRZ 1981, 413; *ders.,* Genetische Abstammung und Recht, JZ 1989, 366; JZ 1985, 652; JZ 1989, 364; *ders.,* Moderne Fortpflanzungstechnik im Licht des deutschen Familienrechts, FS Hegnauer, 1986, S. 55; *ders.,* Recht und medizinischer Fortschritt, JR 1984, 221; *ders.,* Probleme künstlicher Befruchtungsmethoden beim Menschen, JZ 1985, 652; *Hager,* Die Stellung des Kindes nach heterologer Insemination, 1997; *Harder,* Wer sind Vater und Mutter? – Familienrechtliche Probleme der Fortpflanzungsmedizin, JuS 1986, 505; *Helms,* Die künstliche Befruchtung aus familienrechtlicher Sicht: Probleme und Perspektiven, in *Röthel/Löhnig/Helms,* Ehe, Familie, Abstammung – Blicke in die Zukunft, 2010, S. 49; *Hohloch,* „Kinder mit drei Eltern" – Medizintechnologie und Personenstandsrecht, StAZ 1986, 153; *Holzhauer,* Gentechnik und künstliche Fortpflanzung – Zu den für den 56. DJT erstatteten Gutachten, FamRZ 1986, 1162; *Jung,* Ges. zum Schutz von Embryonen, JuS 1991, 431; *Keller,* Die Fortpflanzungstechnologie – eine neue Dimension ärztlicher Verantwortlichkeit, FS H. Narr, 1988, S. 1; *ders.,* Fortpflanzungstechnologie: Ein Gesamtkonzept staatlichen Regelungsbedarfs. Zum Zwischenbericht der Bund/Länder-Arbeitsgruppe „Fortpflanzungsmedizin", MedR 1988, 59; *ders.,* „Baby M.": Ein spektakulärer Fall der Mietmutterschaft, JR 1987, 441; *Kirchmeier,* Zivilrechtliche Fragen der homologen und heterologen Insemination de lege lata et ferenda, FamRZ 1998, 1281; *Kienle,* Künstliche Befruchtung und artifizielles Recht, ZRP 1995, 201; *Kiriakaki,* Die neuen Gesetzes Griechenlands zur Anwendung der Methoden der Reproduktionsmedizin und ihre familienrechtliche Relevanz, MedR 2005, 143; *Kollhosser,* Rechtsprobleme bei medizinischen Zeugungshilfen, JA 1985, 553; *Kühl/Meyer,* Rechtliche Probleme einer sog. Kaufmutterschaft, ZBlJugR 1982, 763; *Lauff/Arnold,* Der Gesetzgeber und das „Retortenbaby", ZRP 1984, 279; *Laufs,* Die künstliche Befruchtung beim Menschen – Zulässigkeit und zivilrechtliche Folgen, JZ 1986, 769; *ders.,* Fortpflanzungsmedizin und Menschenwürde, NJW 2000, 2716; *Lehmann,* Die In-vitro-Fertilisation und ihre Folgen, 2007; *Lurger,* Das Abstammungsrecht bei medizinisch assistierter Zeugung nach der deutschen Kindschaftsrechtsreform im Vergleich mit dem österreichischen Recht, DEuFamR 1999, 210; *Meier,* Verstoßen die sog. „Leihmutterverträge" gegen die guten Sitten (§ 138 Abs. 1 BGB)?, ZBlJugR 1985, 270; *Müller,* Zeugnispflicht bei heterologer Fertilisation, FamRZ 1986, 635; *Ostendorf,* Juristische Aspekte der extrakorporalen Befruchtung und des Embryotransfers beim Menschen, in In-vitro-Fertilisation und Embryotransfer, hrsg. v. *Jüdes* 1983, S. 177; *ders.,* Experimente mit dem „Retortenbaby" auf dem rechtlichen Prüfstand, JZ 1984, 595; *Pahl,* Die zivilrechtliche Haftung des Arztes bei Retortenzeugung und Embryotransfer, ZBlJugR 1986, 5; *Petersen,* Retortenbefruchtung und Verantwortung, mit Beiträgen von *Benda* und *Seidler,* 1985/1988; *Püttner/Brühl,* Verfassungsrechtliche Probleme von Fortpflanzungsmedizin und Gentechnologie, JA 1987, 289; *Quantius,* Die Elternschaftsanfechtung durch das künstlich gezeugte Kind, FamRZ 1998, 1145; *Ramm,* Die Fortpflanzung – ein Freiheitsrecht?, JZ 1989, 861; *ders.,* Ehelichkeitsanfechtung und BVerfG, NJW 1989, 1594; *ders.,* Kindschaftsreform?, JZ 1996, 987; *Roth,* Die Zustimmung eines Mannes zur heterologen Insemination bei seiner Ehefrau, FamRZ 1996, 769; *ders.,* Der Ausschluss der Vaterschaftsanfechtung nach Einwilligung in die heterologe Insemination (§ 1600 Abs. 2 BGB), DNotZ 2003, 805; *Rüsken,* Künstliche Befruchtung als Heilbehandlung, NJW 1998, 1745; *Schlegel,* Zur Wirksamkeit von Ersatzmutterschaftsverträgen und deren Rechtsfolgen für das Kind, FuR 1996, 116; *ders.,* Die Auswirkungen des Kindschaftsrechtsreformgesetzes auf den Bereich der künstlichen Fortpflanzung, FuR 1996, 284; *Schumacher,* Fortpflanzungsmedizin und Zivilrecht, FamRZ 1987, 313; *Schwenzer,* Ehelichkeitsvermutung und Ehelichkeitsanfechtung, FamRZ 1985, 1; *Seidl,* Anfechtung bei der homologen und heterologen Insemination, FPR 2002, 402; *Selb,* Rechtsordnung und künstliche Reproduktion des Menschen, 1987; *Sina,* Recht auf Elternschaft?, FamRZ 1997, 862 (Frage der Zulässigkeit der Fortsetzung einer In-vitro-Fertilisation bei entgegenstehendem Willen des Ehepartners); *Spickhoff,* Vaterschaft und konsentierte Fremdinsemination, AcP 197 (1997), 389; *Taupitz/Schlüter,* Heterologe künstliche Befruchtung: Die Absicherung des Samenspenders gegen unterhalts- und erbrechtliche Ansprüche des Kindes, AcP 205 (2005), 591; *Voß,* Leih- und Ersatzmutterschaftsverträge im amerikanischen Recht, FamRZ 2000, 1552; *Wanitzek,* Rechtliche Elternschaft bei medizinisch unterstützter Fortpflanzung, 2002; *Wehrstedt,* Notarielle Vereinbarungen anlässlich einer künstlichen Befruchtung, RNotZ 2005, 109; *Wohn,* Medizinische Reproduktionstechniken und das neue Abstammungsrecht, Bielefeld 2001 mit Besprechung *Seidel* FamRZ 2002, 304; *Wolf,* Die Abstammung von durch medizinische Fortpflanzung gezeugten Kindern nach dem Kindschaftsrechtsreformgesetz, FuR 1998, 392; *Wollenschläger,* Das Verbot der heterologen In-vitro-Fertilisation und der Eizellspende auf dem Prüfstand der EMRK, MedR 2011, 21; *Zierl,* Gentechnologie und künstliche Befruchtung in ihrer Anwendung beim Menschen, DRiZ 1985, 337; *Zimmermann,* Die heterologe künstliche Insemination und das geltende Zivilrecht, FamRZ 1981, 929.

Weitere Schrifttumshinweise bei § 1591, § 1598a und § 1600.

Übersicht

	Rn.		Rn.
I. Zur Entwicklung des Abstammungsrechts	1–17	**IV. Auskunftsansprüche in Bezug auf die Abstammung**	26–43
1. Frühere Entwicklung	1–4	1. Auskunft über Abstammungstatsachen	26
2. Die Kindschaftsrechtsreform von 1998	5–7	2. Der Auskunftsanspruch des (nichtehelichen) Kindes über den Putativvater gegen die Mutter	27–30
3. Jüngere Reformgesetze	8–11	3. Der Auskunftsanspruch des Kindes gegen die Mutter bei bestehender Vaterschaft	31
4. Übergangsrecht	12–17		
a) Ältere Übergangsregelungen	12	4. Der Auskunftsanspruch des Kindes bei künstlichen Befruchtungsmethoden	32–35
b) Die Übergangsvorschriften des KindRG	13–16	a) Anspruch gegen die rechtlichen Eltern	32
c) Sonstiges	17	b) Ansprüche gegen Dritte	33–35
II. Hinweise zum Verfahrensrecht	18	5. Gerichtliche Geltendmachung des Auskunftsanspruchs und Verfahren	36
III. Systematik des Abstammungsrechts	19–25	6. Vollstreckung von Auskunftsansprüchen	37
1. Begriff der Abstammung	19, 20	7. Der Auskunftsanspruch des ges. Vaters (Scheinvaters)	38–40
2. Das Prinzip der Abstammungsfestlegung	21, 22	8. Das Auskunftsrecht des leiblichen Vaters	41, 42
3. Anfechtung als Korrektur der Festlegung	23	9. Sonstiges	43
4. Systembrüche und Kritik	24, 25		

I. Zur Entwicklung des Abstammungsrechts

1 **1. Frühere Entwicklung.** Die Verwandtschaft steht heute noch mehr im Mittelpunkt der familienrechtlichen Beziehungen als die Ehe.[1] Anders als die Ehe ist die Verwandtschaft im Prinzip weiterhin auf Dauerhaftigkeit und Bestand angelegt. Umso auffälliger ist die Vielzahl der Änderungsgesetze seit Inkrafttreten des BGB am 1. 1. 1900. Im Nationalsozialismus gerieten abstammungsrechtliche Zusammenhänge im Hinblick auf die arische Herkunft in das Blickfeld. Die wichtigsten Änderungsgesetze waren das Ges. gegen Missbräuche bei der Eheschließung und der Annahme an Kindes statt v. 23. 11. 1933 (RGBl. I S. 979), das FamilienrechtsÄndG v. 12. 4. 1938 (RGBl. I S. 380) mit Neuerungen zur Anfechtung der Ehelichkeit und zur Aufhebung der Adoption, sowie die AngleichungsVO v. 6. 2. 1943 (RGBl. I S. 80) mit erneuten Änderungen von Vorschriften betr. die Ehelichkeitsanfechtung. Diese drei Gesetze wurden durch Art. 9 Abs. 1 des FamRÄndG v. 11. 8. 1961 aufgehoben.

2 Unter der Geltung des GG begann die Neugestaltung zögernd. Das GleichberG v. 18. 6. 1957 (BGBl. I S. 609) hat nur das Verhältnis der Eltern zu in der Ehe geborenen Kindern ansatzweise umgestaltet. Durch das **FamRÄndG** v. 11. 8. **1961** (BGBl. I S. 1221) wurde ua. die Ehelichkeitsanfechtung nun im Interesse der Persönlichkeit des Kindes[2] weitgehend neu geregelt. So entfiel das Anfechtungsrecht des Staatsanwalts gem. § 1595a aF, das Kind erhielt gem. § 1596 aF ein eigenes Anfechtungsrecht. Das damals ebenfalls gem. § 1595a aF eröffnete Anfechtungsrecht der Eltern des Mannes ist inzwischen wieder gestrichen worden.

3 Erst rund zwanzig Jahre später wurde schließlich durch eine grundlegende Neuordnung der Rechtsstellung der nichtehelichen (ne.) Kinder der in Art. 6 Abs. 5 GG vorgegebene Verfassungsauftrag erfüllt,[3] wonach ne. Kindern die gleichen Bedingungen für ihre leibliche und seelische Entwicklung und ihre Stellung in der Gesellschaft zu schaffen sind wie den ehelichen Kindern. Den verbesserten medizintechnischen Möglichkeiten folgend sollte dabei auch möglichst der genetische Vater festgestellt werden, weshalb die Mehrverkehrseinrede des § 1717 aF entfiel. Das **NEhelG** v. 19. 8. 1969[4] brachte dabei eine neue Systematik, die auf der im Grundsatz rechtlichen Gleichstellung ehelicher und ne. Kinder beruht. Jedoch verstand der Gesetzgeber das Verfassungsgebot damals

---

[1] Dazu *Schwab* FamRZ 2007, 1, 3; zur Geschichte des Abstammungsrechts *Luh* S. 11 ff.
[2] Zur Entwicklung der Frage der Vaterschaftsklärung *Peschel-Gutzeit* FPR 2005, 167 und *Koch* FamRZ 1990, 569 ff.
[3] So mit Recht der Reformentwurf BT-Drucks. 13/4899 S. 39; zustimmend *Ramm* JZ 1996, 987, 988; *Gaul* FamRZ 1997, 1441, 1442.
[4] BGBl. I S. 1243; dazu *Deinert* DAVorm. 1998, 197 ff., 257 ff., 337 ff.

noch dahingehend, dass es wegen der tatsächlichen sozialen Ausgangslage der ne. Kinder erforderlich sei, deren Rechtsverhältnisse dort abweichend zu gestalten, wo ihre wirkliche Gleichstellung durch rein formale Gleichbehandlung nicht erreichbar gewesen wäre. So wurden Sondervorschriften für das ne. Kind geschaffen, die sich jeweils an die entsprechende Regelung für eheliche Kinder anschlossen.[5] Eine **noch immer wirksame Übergangsregelung** enthält Art. 12 § 3 NEhelG, wo eine unbefristete Anfechtbarkeit bestimmter fiktiver Statustitel vorgesehen ist.

Zu erwähnen bleibt außerdem das Sorgerechtsgesetz vom 18. 7. 1979 (BGBl. I S. 1061), das durch Art. 9 § 2 die Bezeichnung „uneheliche Kinder" endlich durchgehend in „nichteheliche Kinder" abänderte,[6] und auch die Stellung des ne. Vaters stärkte. Wesentliche Änderungen brachte das **AdoptG** v. 2. 7. 1976 (BGBl. I S. 1749) mit der völligen Trennung von der Ursprungsfamilie, später ergänzt durch das Ges. über die Vermittlung der Annahme als Kind und über das Verbot der Vermittlung von Ersatzmüttern (Adoptionsvermittlungsges. – **AdVermiG**) vom 27. 11. 1989 (BGBl. I S. 2016). **4**

2. Die Kindschaftsrechtsreform von 1998. Ausgelöst durch die Entscheidung des BVerfG, **5** die 1989 das Recht des (erwachsenen) Kindes auf Feststellung seiner Abstammung[7] postulierte, war seit dem 59. Deutschen Juristentag 1992 in Hannover eine intensive Diskussion um eine grundlegende Gleichbehandlung der ne. Kinder geführt worden. Gegenstand der Diskussion war dabei das Abstammungsrecht in seiner Gesamtheit,[8] zumal 1991 der ungleiche Instanzenzug im Unterhaltsprozess,[9] 1994 dann noch einmal das Anfechtungsrecht[10] und 1995 das Adoptionsrecht[11] die verfassungsgerichtlichen Prüfungen nicht bestanden.

Durch das **Gesetz zur Reform des Kindschaftsrechts** (KindRG) vom 16. 12. 1997 (BGBl. I **6** S. 2942) und das Gesetz zur Abschaffung der gesetzlichen Amtspflegschaft und Neuordnung des Rechts der Beistandschaft vom 4. 12. 1997 (BGBl. I S. 2846) wurde die begriffliche Unterscheidung von ehelicher und ne.[12] Kindschaft gänzlich aufgegeben,[13] auch wenn die tatsächlichen und rechtlichen Gegebenheiten weiterhin in einem gewissen Umfang eine **Unterscheidung** erfordern.[14] War mit dem NEhelG 1969 (BGBl. I S. 1243) durch Streichung des § 1589 Abs. 2 aF die Verwandtschaft des ne. Kindes klargestellt, so ist durch das KindRG terminologisch die Verwandtschaft und **Abstammung eines Kindes vereinheitlicht** worden. Das Gesetz differenziert seitdem nicht mehr unmittelbar nach der Geburt in einer Ehe der Eltern. Die das frühere Nichtehelichenrecht betreffenden Vorschriften konnten aber – anders als im Erbrecht[15] – nicht einfach aufgehoben werden, sondern mussten im Hinblick auf die fortbestehenden Unterschiede zwischen den Kindern verheirateter und nicht verheirateter Eltern entsprechend neu formuliert werden. Das führte zu einer völligen Neufassung des Abstammungsrechts.[16]

Über die im KindRG enthaltenen Änderungen zur Abstammung, zum Namensrecht[17] sowie **7** zum Sorge- und Vormundschaftsrecht[18] hinaus sind auch die unterhaltsrechtlichen Änderungen[19]

---

[5] Näheres zur Systematik des NEhelG bei *Bosch* FamRZ 1969, 505, 510; *Lange* NJW 1970, 297.
[6] Derartige in den letzten Jahrzehnten häufige symbolische Rechtsetzung bezeichnet als „demokratisches Schamanentum" *Volkmann* in der FAZ vom 16. 3. 2007.
[7] BVerfGE 79, 256 = NJW 1989, 891.
[8] Vgl. etwa *Schwenzer* FamRZ 1992, 121; *Dethloff* NJW 1992, 2200, 2207; *Mutschler* FamRZ 1994, 65; *ders.* FamRZ 1996, 1381; *Seibert* FamRZ 1995, 1495; *Walter* FamRZ 1995, 1538; *Edenfeld* FuR 1996, 190; *Hegnauer* FamRZ 1996, 914 (rechtsvergleichend mit der Schweiz); *Helms* FuR 1996, 178; *Ramm* JZ 1996, 987; *Büttner* FamRZ 1997, 464 (rechtsvergleichend mit England). Vgl. auch *Gaul* FamRZ 1997, 1442.
[9] BVerfGE 85, 80 = FamRZ 1992, 157.
[10] BVerfGE 90, 263 = NJW 1994, 2475 = FamRZ 1994, 881.
[11] Das betraf § 1747 aF; vgl. BVerfGE 92, 158 = NJW 1995, 2155 = FamRZ 1995, 789; s. auch EuGHMR NJW 1995, 2153; *Salgo* FamRZ 1995, 2129.
[12] Zur sprachlichen Vereinfachung bleibt der Terminus gängig, s. schon *Niepmann* MDR 1998, 565 Fn. 2, und *Helms* FuR 1996, 178, Fn. 22. Zur Begriffsbildung der Reformgesetze vgl. drastisch *Diederichsen* NJW 1998, 1977 ff. in Fn. 1 und Fn. 101. Die nichteheliche Mutter beschreibt *Büttner* FamRZ 2000, 781.
[13] Das Verfassungsrecht (Art. 6 Abs. 5 GG) forderte das nach richtiger Ansicht nicht mehr; ebenso *Gaul* FamRZ 1997, 1441, 1442 mwN.
[14] Ebenso *Wieser* NJW 1998, 2023.
[15] Erbrechtsgleichstellungsgesetz vom 16. 12. 1997, BGBl. I S. 2968. Dazu *Böhm* NJW 1998, 1043; *Schlüter/Fegeler* FamRZ 1998, 1337; *Bestelmeyer* FamRZ 1999, 970; auch *Herlan* DAVorm. 1998, 563.
[16] Zur verwirrenden Zerstückelung der Materie in verschiedene Gesetzespakete vgl. kritisch *Schwab* FamRZ 1997, 406; *Schwab/Wagenitz* FamRZ 1977, 1377; *Diederichsen* NJW 1998, 1977 unter Fn. 127.
[17] Dazu *Diederichsen* NJW 1998, 1977, 1981; *Schwab/Wagenitz* FamRZ 1997, 1377, 1382; ferner *Kemper* DAVorm. 1999, 87.
[18] *Peschel-Gutzeit* FPR 2005, 167, 171 zu BVerfG NJW 2003, 955 = FamRZ 2003, 285; Überblick bei *Lipp* FamRZ 1998, 65; *Schwab* FamRZ 1998, 457; *Coester* FamRZ 2007, 1137.
[19] Kindesunterhaltsgesetz vom 6. 4. 1998, BGBl. I S. 666. Dazu *Blaese* MDR 1998, 1002; *Gerhardt* FuR 1998, 97; *Grandke* NJ 1998, 295; *Knittel* DAVorm. 1998, 177; *Schumacher/Grün* FamRZ 1998, 778; *Strauß* FamRZ 1998, 993; *Weber* NJW 1998, 1992.

zur Gleichstellung in Kraft gesetzt worden. Beachtlich ist zudem, dass 1998 erstmals die **Mutterschaft** im BGB (§ 1591) ausdrücklich geregelt wurde. Da der Nichtehelichenstatus entfallen war, bedurfte es im Übrigen nicht mehr besonderer Regelungen, um die Stellung des ne. Kindes durch Adoption oder **Legitimation** zu verbessern. Dabei musste auch die bei der Freigabe zur Adoption eines ne. Kindes durch die Mutter nach früherem Recht bestehende Benachteiligung des Vaters durch Änderung von § 1747 beseitigt werden, so dass ohne seine **Zustimmung** die Adoption regelmäßig nicht mehr möglich ist.

8 **3. Jüngere Reformgesetze.** Bei der Kindschaftsrechtsreform blieb die Problematik der Anfechtbarkeit der Vaterschaft nach bewusst herbeigeführter nichtgenetischer Elternschaft durch heterologe Insemination (dazu § 1600 Rn. 30 ff.) noch ausgespart.[20] Das **Gesetz zur** weiteren **Verbesserung von Kinderrechten** vom 4. 2. 2002[21] hat dann Klarheit gebracht und das Anfechtungsrecht von Vater und Mutter für diesen Fall ausgeschlossen (heute § 1600 Abs. 5).[22] Mit dem Themenkreis sind aber nach wie vor viele weitere Rechtsfragen verbunden, die bislang nicht durch den Gesetzgeber gelöst sind (s. § 1600 Rn. 32, 39).[23] Außerdem wurde durch das Kindesrechteverbesserungsgesetz ein Redaktionsversehen in § 1596 Abs. 1 beseitigt (dazu § 1596 Rn. 6).

9 Die Rechtsstellung des nichtehelichen, nur leiblichen (aber nicht rechtlichen) Vaters gehört zu den seit Jahren besonders intensiv diskutierten Problemen des Kindschaftsrechts. In abstammungsrechtlicher Sicht hat hier das „**Gesetz zur Änderung der Vorschriften über die Anfechtung der Vaterschaft** und das Umgangsrecht von Bezugspersonen des Kindes" vom 23. 4. 2004[24] einen wesentlichen Fortschritt gebracht. Damit hat der Gesetzgeber auch dem leiblichen Vater des Kindes ein eigenes Anfechtungsrecht eingeräumt.[25] Auslöser der gesetzlichen Regelung war der Beschluss des **BVerfG** vom 9. 4. 2003,[26] der den ausnahmslosen Ausschluss des leiblichen Vaters vom Anfechtungsrecht wegen der Verletzung des Elternrechts aus Art. 6 Abs. 2 GG für verfassungswidrig[27] erklärt und eine Gesetzesänderung bis zum 30. 4. 2004 gefordert hatte (dazu Vor § 1599 Rn. 10). Der Ausschluss des leiblichen Vaters vom Anfechtungsrecht[28] war im Schrifttum teilweise befürwortet,[29] von vielen aber auch heftig kritisiert worden.[30] Die Begründung für den früheren Ausschluss des Anfechtungsrechts, nämlich der Schutz der sozialen Familie von Mutter, Ehemann und Kind vor Eingriffen von außen,[31] war eben nur für den Fall tragbar, dass eine solche überhaupt existierte. Für den Fall des Bestehens einer sozial-familiäre Verantwortungsgemeinschaft zwischen Kind und rechtlichem Vater blieb das Anfechtungsrecht des leiblichen Vaters demgemäß zwar weiter ausgeschlossen, für die anderen Fälle wurde das Anfechtungsrecht jedoch zugelassen (s. jetzt § 1600 Abs. 1 Nr. 2, Abs. 2 und 4). Damit lassen sich indes noch nicht alle Fälle zufriedenstellend lösen (s. § 1600 Rn. 6 ff.). Nach der Entscheidung des EuGHMR vom 15. 9. 2011 (Schneider v. Deutschland) dürfte freilich auch weiterer Reformdarf bestehen.

---

[20] Dazu etwa *Gaul* FamRZ 1997, 1465.
[21] BGBl. I S. 1239. Dazu *Knittel* JAmt 2002, 50; *Schomburg* Kind-Prax 2002, 75; *Peschel-Gutzeit* FPR 2002, 285; *Wanitzek* FamRZ 2003, 730. Zur Änderung von § 1600 Abs. 2 (jetzt Abs. 5) ausführlich *Roth* DNotZ 2003, 805.
[22] Vgl. dazu den Fall OLG Celle FamRZ 2001, 700.
[23] Zur verfassungsrechtlichen Problematik *Gernhuber/Coester-Waltjen* § 53 Rn. 16; *Staudinger/Rauscher* § 1592 Anh. Rn. 5.
[24] BGBl. I S. 598; zum Verfahren *Höfelmann* FamRZ 2004, 745, 747.
[25] Rechtsvergleichender Überblick bei *Frank*, FS Schwab, 2005, S. 1127; zum österreichischen Recht, das lediglich ein „durchbrechende Vaterschaftsanerkenntnis" kennt: *Ferrari*, FS Schwab, 2005, S. 1333, 1337, 1340 f.
[26] BVerfGE 108, 82 = NJW 2003, 2151 = FamRZ 2003, 816 m. Anm. *Huber*; krit. hins. des Ausgangspunkts des BVerfG *Büttner*, FS Schwab, 2005, S. 735, 740.
[27] AA zuvor noch BGH NJW 1999, 1632, 1633; zum Problemkreis auch EuGHMR FamRZ 2003, 813.
[28] Mangels Erwähnung des leiblichen Vaters in § 1600 war einhellige Meinung, dass er vom Kreis der Anfechtungsberechtigten ausgeschlossen ist, vgl. BGH NJW 1999, 1632; OLG Frankfurt/M. FamRZ 1997, 1356; *Gaul* FamRZ 1997, 1441, 1461; *Weber* NJW 1998, 3083, 3084; *Niepmann* MDR 1998, 565, 568; *Muscheler/Beisenherz* JR 1999, 407, 409; FamRefK/*Wax* § 1600 Rn. 7. Auch entspr. Feststellungsklagen ließ man nicht zu, vgl. BGHZ 80, 218 = NJW 1981, 1372; OLG Frankfurt/M. FamRZ 1997, 1356.
[29] *Mutschler* FamRZ 1994, 65, 69; *Gaul* FamRZ 1997, 1441, 1461; *Schwenzer* FamRZ 1992, 121, 124; *Zimmermann* DNotZ 1998, 404, 415; *Beitzke*, FS Müller-Freienfels, 1986, S. 31, 51 (mit Differenzierungen).
[30] Ausführlich *Helms* FamRZ 1997, 913 ff. mit Hinweisen zu ausländischen Rechtsordnungen; *Wanitzek* FPR 2002, 390, 394; *W. Roth* NJW 2003, 3153 ff.; außerdem: *Böhm* ZRP 1992, 334, 336; *Coester* JZ 1992, 809, 811; *Frank*, Abstammung und Status, S. 71, 80; *Schumann* FamRZ 2000, 389, 391; *dies.*, Die nichteheliche Familie, S. 278 ff.; *J. Hager*, FS Schwab, 2005, S. 773, 774; *Wanitzek* S. 89 f.
[31] RegE BT-Drucks. 13/4899 S. 57 f.; BT-Drucks. V/2370 S. 32; BGHZ 80, 218, 221; BGH NJW 1981, 1372; *Mutschler* FamRZ 1994, 65, 69; *Finger* NJW 1984, 846, 849; differenzierend: *Beitzke*, FS Müller-Freienfels, 1986, S. 31, 52; *Schwenzer* Gutachten S. 38.

Eine weitere Anfechtungsberechtigung führte das **Gesetz zur Ergänzung des Rechts zur** 10 **Anfechtung der Vaterschaft** vom 13. 3. 2008[32] zum 1. 6. 2008 zu Gunsten von Behörden ein. Ziel ist insoweit, **missbräuchliche Vaterschaftsanerkennungen**[33] mit ausländerrechtlichem Hintergrund von Amts wegen beseitigen zu können.[34] Parallel dazu wurden die Standesbeamten ermächtigt, die Beurkundung von Vaterschaftsanerkennungen abzulehnen, wenn offenkundig ist, dass die Anerkennung der Vaterschaft von der Behörde anfechtbar wäre[35] (§ 44 Abs. 1 S. 3 PStG). Näheres § 1600 Rn. 17 ff.

Im Zusammenhang mit der Problematik heimlicher Vaterschaftstests (dazu § 1599 Rn. 22) und 11 dem dadurch verletzten Recht des Kindes auf informationelle Selbstbestimmung stellte sich auf Seiten des Vaters die spiegelbildliche Frage nach seinem Recht auf Kenntnis der Abstammungsverhältnisse. In der Sache wurde damit auch angeknüpft an die bereits lange geführte Diskussion[36] über die Notwendigkeit einer isolierten Abstammungsfeststellungsklage,[37] die vom BVerfG schon in den Entscheidungen zur Anfechtung von 1989 und 1994[38] ins Spiel gebracht worden war. Insoweit wurde nun eine ges. Neuregelung gefordert, um insbesondere zu einem angemessenen Ausgleich der Rechte von Vater und Kind zu gelangen.[39] Das Kind sollte vor heimlichen Eingriffen in sein Persönlichkeitsrecht geschützt werden, gleichwohl sollte es dem (Schein)Vater aber in legaler Weise möglich sein, Kenntnis über die genetischen Abstammungsverhältnisse zu erlangen, und zwar ohne zugleich den rechtlichen Status des Kindes anzugreifen. Dem war die frühere Gesetzeslage vor 2008 nicht gerecht geworden. In seiner Entscheidung vom 13. 2. 2007[40] (s. Vor § 1599 Rn. 9) hat das BVerfG klargestellt, dass die bisherige Gesetzeslage nicht mit dem (beiderseitigen) Recht auf Kenntnis der Abstammung aus Art. 1 Abs. 1 und Art. 2 Abs. 1 GG vereinbar war. Demgemäß war der Gesetzgeber verpflichtet worden, zur Verwirklichung des Rechts des rechtlichen Vaters auf Kenntnis der Abstammung seines Kindes von ihm ein geeignetes Verfahren allein zur Feststellung der Vaterschaft bis zum 31. 3. 2008 bereitzustellen. Das geschah dann durch Einführung von § 1598a, der durch das „**Gesetz zur Klärung der Vaterschaft unabhängig vom Anfechtungsverfahren**"[41] geschaffen wurde.[42] Die Regelung trat zum 1. 4. 2008 in Kraft.[43] Mit der Neuregelung gibt es nun zwei voneinander unabhängige Verfahren: ein grundsätzlich außergerichtliches Verfahren nur zur Klärung der Abstammung (§ 1598a) und das Vaterschaftsanfechtungsverfahren (§§ 1599 ff.). Die Betroffenen können entscheiden, ob sie nur die Abstammungsklärung vornehmen oder ob sie nacheinander beide Verfahren durchführen wollen. Die Problematik der heimlichen Vaterschaftsgutachten wurde damit freilich nur formal beseitigt. Demgemäß wurde auch im Schrifttum prophezeit, dass heimliche Gutachten allenfalls eingedämmt, aber durch die Neuregelung nicht verschwinden würden.[44] Schließlich bleibt durch § 1598a auch das Klärungsinteresse des potenziellen leiblichen Vaters ungeschützt, da ihm kein Klärungsanspruch eingeräumt worden ist (s. dazu § 1598a Rn. 10). Relevanz hat in diesem Zusammenhang indes das am 31. 7. 2009 in Kraft getretene **Gendiagnostikgesetz** (BGBl. 2009 I S. 2529, 3672), das nun Untersuchungen zur Klärung der Abstammung von vorheriger Aufklärung und Einwilligung (des ges. Vertreters) abhängig macht, § 17 GenDG. Heimliche Tests werden danach als Ordnungswidrigkeit eingestuft, § 26 Abs. 1 Nr. 7 GenDG.

4. Übergangsrecht. a) Ältere Übergangsregelungen. Art. 203, 207 bis 209 EGBGB ent- 12 hielten für die Abstammungsverhältnisse der **vor dem 1. 1. 1900 geborenen** Kinder eine differen-

---

[32] BGBl. I 2008 S. 313; s. dazu Gesetzentwurf der Bundesregierung vom 1. 9. 2006 BT-Drucks. 16/3291; Basis war der Referentenentwurf vom 3. 4. 2006, FamRZ 2006, 990; Stellungnahme des Bundesrates BR-Drucks. 624/06; Beschlussempfehlung und Bericht des Rechtsausschusses BT-Drucks. 16/7506; Zustimmung des Bundesrates BR-Drucks. 64/08. Zum Gesetzentwurf: *Henrich* FamRZ 2006, 977, auch mit rechtsvergleichenden Hinweisen; *Wolf* StAZ 2006, 281; *Finger* JR 2007, 50, 56 f. und FuR 2007, 341; *Helms* StAZ 2007, 69; *Grün* FuR 2006, 497 und 2007, 12; *Arendt-Rojahn* FPR 2007, 395; *Genenger* FPR 2007, 155. Zu einem Vorentwurf *Frank* StAZ 2006, 281; *Siegfried* InfAuslR 2006, 121.
[33] Zur Frage, warum Kinder als Scheinehen ausgenommen werden, *Helms* StAZ 2007, 69, 70 f.
[34] Vgl. BR-Drucks. 624/06 S. 15; zur entspr. Regelung in der Schweiz *Schwenzer* FamPRA.ch 2000, 24, 37.
[35] Nach geltendem Recht ist dies nicht möglich, vgl. KG StAZ 2002, 241.
[36] Dazu *Frank* FamRZ 1988, 113, 117 und in Gedächtnisschrift für Arens, 1993, S. 65.
[37] Abl. de lege lata zuletzt BGH FamRZ 2007, 538, 542; OLG Hamm FamRZ 1999, 1365.
[38] BVerfGE 79, 256 = NJW 1989, 891 und BVerfGE 90, 263 = NJW 1994, 2475; s. auch *Dethloff* NJW 1992, 2200, 2208.
[39] Dazu *Zuck* ZRP 2005, 117; *Rotax* ZFE 2007, 124.
[40] BVerfG NJW 2007, 753 = FamRZ 2007, 441 m. krit. Anm. *Balthasar*.
[41] Beschlussempfehlung und Bericht des Rechtsausschusses BT-Drucks. 16/8219.
[42] Zum Gesetzentwurf *Borth* FPR 2007, 381 ff.; *Brosius-Gersdorf* FPR 2007, 398 ff.; *Frank/Helms* FamRZ 2007, 1277 ff.
[43] BGBl. 2008 I S. 441; kritisch im Hinblick auf die Wirkung für das Kindeswohl *Klosinski* FPR 2007, 385.
[44] So auch *Muscheler* FPR 2007, 389; kritisch auch *Frank/Helms* FamRZ 2007, 1277, 1279.

zierende Regelung der Fortgeltung früheren Rechts über das Inkrafttreten des BGB hinaus; s. dazu die Erl. dieser Vorschriften. Das **GleichberG** war am 1. 7. 1958 in Kraft getreten. Von diesem Tage an galt für die Rechtsverhältnisse der früher geborenen ehelichen Kinder nach Art. 8 Abs. 1 Nr. 8 das neue Recht. Das **FamRÄndG** v. 1961, das am 1. 1. 1962 in Kraft trat, enthielt eine entsprechende Bestimmung hinsichtlich der neuen Vorschriften über die Ehelichkeitsanfechtung (Art. 9 Abs. 2 Nr. 1). Nach der Übergangsvorschrift des Art. 12 § 1 **NEhelG** bestimmt sich die rechtliche Stellung eines vor dem Inkrafttreten dieses Gesetzes (1. 7. 1970) geborenen Kindes und seiner Verwandten für die Zeit nach dem Inkrafttreten des Gesetzes nach dessen Vorschriften, soweit sich nicht aus einer der zahlreichen Ausnahmevorschriften gem. Art. 12 §§ 2 bis 23 NEhelG ein anderes ergibt. Für das Adoptionsrecht sei auf **Art. 12 AdoptG** hingewiesen. Wegen der **Überleitungsvorschriften des Einigungsvertrages** (Art. 234 EGBGB § 1, §§ 7 bis 13 idF des Einigungsvertragsgesetzes v. 23. 9. 1990, BGBl. II S. 885, 946) s. näher dort, insoweit traten durch das KindUG Änderungen ein.[45]

13   **b) Die Übergangsvorschriften des KindRG.** Das KindRG trat am 1. 7. 1998 in Kraft.[46] Die diesbezüglichen Übergangsvorschriften[47] sind hinsichtlich der materiellen Anwendung der damaligen Neuregelungen in Art. 224 EGBGB enthalten,[48] und zwar für die Abstammung in § 1. Art. 224 § 1 EGBGB regelt neben der zeitlichen Abgrenzung im materiellen Recht zugleich die zeitliche Geltung des neuen IPR. Denn nach Art. 224 § 1 Abs. 1 richtet sich die „Vaterschaft" für vor dem 1. 7. 1998 geborene Kinder „nach den bisherigen Vorschriften".[49] Für ein nach dem Inkrafttreten geborenes Kind gilt hinsichtlich der Abstammung uneingeschränkt neues Recht. Umgekehrt bleibt jede bereits irgendwie wirksame (festgestellte oder anerkannte) Vaterschaft bestehen, auch die bisher durch die Ehelichkeitsvermutung (§§ 1591, 1592, 1593 aF) bestehende Vaterschaftszuordnung zum Ehemann oder früheren Ehemann der Mutter, also etwa auch bei Geburt innerhalb von 302 Tagen nach Eheauflösung, wirkt weiter. Soll sie beseitigt werden, muss die Anfechtung erfolgen.

14   Fraglich ist die Einordnung der vor dem Stichtag geborenen Kinder, bei denen der Status noch nicht feststeht. Praxisrelevant wird das nur noch nach jetzt erfolgender Vaterschaftsanfechtung. Richtigerweise bleibt für die Voraussetzungen der Vaterschaft (und nur dafür, vgl. § 1591 Rn. 31) vor dem 1. 7. 1998 geborener Kinder **altes Recht anwendbar** (vgl. Art. 224 § 1 Rn. 5). Die verfahrensrechtliche Antragsberechtigung ist aber zu beachten.[50]

15   Jede Art von **Anfechtung ist dagegen** gem. Art. 224 § 1 Abs. 2 EGBGB auch bei vor dem Stichtag geborenen Kindern **nur noch nach neuem Recht** möglich,[51] es wird also einerseits im Antrag und Entscheidungstenor nicht mehr die Ehelichkeitsanfechtung von der Anfechtung der Anerkennung unterschieden.

16   Das Anfechtungsrecht des Kindes nach § 1600b erstreckt Art. 224 § 1 Abs. 4 EGBGB **auch auf „Altfälle"**.[52] Dabei wird einerseits der Fristablauf überwunden bei solchen Fällen, wo früher das Kind mangels Anfechtungstatbestands (§ 1596 BGB aF) nicht hätte anfechten können, andererseits läuft eine neue Frist, wo die Fristen des § 1596 aF oder des § 1598 aF schon abgelaufen waren und erst danach Kenntnis vom Anfechtungsgrund aufkam.[53] Auch frühere Klageabweisung hindert insoweit nach der Übergangsregelung nicht.

17   **c) Sonstiges.** Art. 229 § 10 EGBGB brachte die Übergangsregelung für das neu geschaffene **Anfechtungsrecht des leiblichen Vaters** gem. § 1600 Abs. 1 Nr. 2 für die (inzwischen erledigten) Altfälle. Art. 229 § 16 EGBGB enthält die Übergangsnorm für die Anfechtungsfrist bei Anfechtung durch die Behörde (§ 1600 Abs. 1 Nr. 5, dazu § 1600 Rn. 17 ff.). Für den Ausschluss des Anfechtungsrechts nach heterologer Insemination (§ 1600 Abs. 5) hat der Gesetzgeber auf Übergangsbestimmungen verzichtet (s. § 1600 Rn. 37).

---

[45] Art. 234 § 8 und § 9 EGBGB sind aufgehoben worden.
[46] Art. 17 § 1 KindRG, BGBl. 1997 I S. 2942.
[47] Wegen der Überleitung des Erbrechts ne. Kinder s. Art. 227 EGBGB; die Überleitung des Unterhaltsrechts ist in Art. 5 des KindUG geregelt.
[48] Vgl. Art. 12 KindRG.
[49] OLG Hamm FamRZ 2005, 291; OLG Stuttgart FamRZ 2001, 246; *Kirchmeier* FPR 2002, 370; *Krömer* StAZ 2003, 147; *Linke* FamRZ 2004, 899; *Palandt/Thorn* Art. 19 EGBGB Rn. 3.
[50] *Palandt/Brudermüller* Art. 224 § 1 Rn. 2.
[51] OLG Hamm FamRZ 2005, 291. Zur Geltung der neuen Frist des § 1600b Abs. 1 BGH NJW 1999, 1862.
[52] Im Hinblick auf die Bedenken des Verfassungsgerichts: BVerfGE 79, 256 = NJW 1989, 891 und BVerfGE 90, 263 = NJW 1994, 2475 = FamRZ 1994, 881.
[53] Näher Art. 224 § 1 EGBGB Rn. 8 ff.; eingehend *Kirchmeier* Kind-Prax 1998, 147.

II. Hinweise zum Verfahrensrecht

Kindschaftssachen waren bereits seit dem 1. 7. 1998 durchweg **Familiensachen**[54] (vgl. § 23b **18** Abs. 1 Nr. 12 GVG aF, § 621 Abs. 1 ZPO aF). Mit Erlass des FamFG hat sich daran in der Sache nichts geändert; allerdings wurde nun der Begriff der **Abstammungssachen** (§§ 111 Nr. 3, 169 FamFG) eingeführt. Die **örtliche Zuständigkeit** für Abstammungssachen ist in **§ 170 FamFG** einheitlich festgelegt; ausschließlich zuständig ist das Gericht, in dessen Bezirk das Kind seinen gewöhnlichen Aufenthalt hat, § 170 Abs. 1 FamFG. Ergibt sich danach keine Zuständigkeit eines deutschen Gerichts, so ist der gewöhnliche Aufenthalt der Mutter, ansonsten der des Vaters maßgeblich, § 170 Abs. 2 FamFG. Das Verfahren wird stets durch einen **Antrag** eingeleitet, § 171 Abs. 1 FamFG. Vorbehaltlich der Regelung des § 177 FamFG gilt grundsätzlich der Amtsermittlungsgrundsatz, § 26 FamFG. Die Endentscheidung ergeht durch Beschluss, §§ 182 f. FamFG. Näheres zum Anfechtungsverfahren bei § 1599 Rn. 23 ff.; zum Feststellungsverfahren s. § 1600d Rn. 12 ff.; zum Abstammungsklärungsverfahren s. § 1598a Rn. 5 ff.

III. Systematik des Abstammungsrechts

1. Begriff der Abstammung. Die Abstammung als **Grundlage der Verwandtschaft** **19** (§ 1589) wird grundsätzlich durch die **genetisch-biologische Abkunft**[55] von den Eltern, also von Mutter und Vater, begründet und bestimmt. Hierauf baut auch die Generationenabfolge auf. Die Geburt vermittelt dem Kind durch die Abstammung von bestimmten Eltern einen bestimmten **Status** als **Personenstand**, also die feste Zuordnung zu Familie und Verwandtschaft, dokumentiert in öffentlichen Büchern gem. dem PStG.[56] Daraus fließen keine unmittelbar definierten Rechte und Pflichten, sondern zunächst nur verwandtschaftliche Beziehungen. Allerdings bestimmen weitere Normen wiederum diverse Rechtsfolgen, zB im Unterhaltsrecht, § 1601.

Bei der Bestimmung des Personenstandes besteht für das Gesetz die Schwierigkeit, dass die geneti- **20** sche Abstammung nicht sofort erkennbar ist, mag sie heute auch so gut wie immer aufklärbar sein. Die gesetzlichen Regeln können also nicht direkt an die genetische Abstammung anknüpfen, sondern müssen sich an anderen offensichtlichen Hilfskriterien orientieren. Folge ist, dass die Abstammung im Rechtssinne oftmals nur eine **vermutete** oder teilweise sogar bloß **fingierte**[57] **Abstammung** ist, denn eine biologische Klärung wird meist (zB bei der Vaterschaft kraft Verheiratung mit der Mutter und bei der Vaterschaftsanerkennung[58]) unterbleiben bzw. muss sogar unterbleiben (so laut Gesetzgeber bei der Mutterschaft; dazu § 1591 Rn. 1, 14). Die Vaterschaftsvermutungen von § 1592 Nr. 1 und 2 sind allerdings widerlegbar; die Zuordnung lässt sich durch Anfechtung (§§ 1599 ff.) korrigieren. Im gerichtlichen Feststellungsverfahren (§§ 1592 Nr. 3, 1600d Abs. 1) wird hingegen Übereinstimmung mit der genetischen Abstammung herbeigeführt. Deshalb ist auch nur die Zuordnung eines Kindes zum Vater durch **gerichtliche Feststellung** – vorbehaltlich der Möglichkeit eines Wiederaufnahmeverfahrens (§ 185 FamFG) – endgültig.

2. Das Prinzip der Abstammungsfestlegung. Die Rechtspraxis verlangt nach griffigen, **21** einfach feststellbaren Regelungsgrundlagen für die Zuordnung eines Kindes[59] zu einem Elternteil (Status). Diese Zuordnung darf auch nicht nach der Geburt lange in der Schwebe bleiben.[60] Eine umfassende Prüfung der biologischen Grundlagen für jeden Geburtsfall scheidet damit aus. Vielmehr muss an evidente, leicht feststellbare Tatbestandsmerkmale angeknüpft werden[61] (Publizitätswirkung für die **Statusklarheit**); andererseits muss aber eine stabile, also möglichst mit der Abkunft übereinstimmende und daher akzeptierte Festlegung erreicht werden **(Statussicherheit)**. Deshalb müssen die Vermutungen oder Fiktionen so gewählt sein, dass gerade möglichst diejenige Konstellation zur Vermutung der Abstammung erhoben wird, bei der biologisch die Abstammung am wahrscheinlichsten ist.[62] Bei zusammenlebenden Eheleuten ist es am wahrscheinlichsten, dass

---

[54] Womit Bedenken von BVerfGE 85, 80 = FamRZ 1992, 137 Rechnung getragen wurde.
[55] Ebenso *Quantius* FamRZ 1998, 1145, 1146 („darüber bestand niemals Uneinigkeit").
[56] Dazu *Oberloskamp* FuR 1991, 263, 264; *Gaaz* FamRZ 2007, 1057, 1059.
[57] Ebenso *Schwab/Wagenitz* FamRZ 1997, 1377, 1378; s. auch *Wagner* FamRZ 1999, 7, 9 zur Statusfestlegung.
[58] Die Anerkennung ist wirksam auch bei Kenntnis der Unrichtigkeit, BGH FamRZ 1985, 271; OLG Köln NJW 2002, 901, auch zur Frage des Rechtsmissbrauchs; KG StAZ 2002, 241 zur Frage der Anweisung des Standesbeamten. Näher § 1594 Rn. 1 ff.
[59] Das war schon immer der Fall, weshalb die damaligen Erkenntnismöglichkeiten sich in den Zuordnungsregeln spiegeln: „mater semper certa est" ebenso wie „pater est, quem nuptiae demonstrant".
[60] Vgl. *Mutschler* FamRZ 1994, 65, 66.
[61] *Coester-Waltjen* Jura 1987, 629, 633.
[62] Vgl. dazu *Wagner* FamRZ 1999, 7, 9.

ein in diese Ehe hineingeborenes Kind ein gemeinsames Kind ist, bei in Scheidung lebenden Eheleuten dagegen ist dies weniger wahrscheinlich, wenn die Mutter inzwischen mit einem anderen Mann zusammenlebt.

22 Das Gesetz kennt insoweit im Prinzip **vier verschiedene Anknüpfungen**. Für die Mutterschaft wird an den regelmäßig offenkundigen Akt der Geburt angeknüpft (§ 1591). Beim **Vater** ist die **Geburt in der Ehe** mit der Mutter ein **leicht und sicher durch Standesamtsurkunden** festzustellender Einordnungspunkt, der auch eine hohe Wahrscheinlichkeit für die Richtigkeit der Abstammung besitzt. Bei **Scheidungsfällen** hingegen kommt oft ein neuer Partner als Vater in Betracht; daher will die Regelung des § 1599 Abs. 2 auch Geburten kurz vor Auflösung der Ehe durch Scheidung von der Anknüpfung an die Ehe möglichst ausschließen. Die Wahrscheinlichkeit der Abstammung vom Ehemann besteht aber bei der kurzfristig folgenden Geburt dann, wenn die Ehe nicht durch Scheidung sondern durch Tod aufgelöst wird, §§ 1592 Nr. 1, 1593 S. 1. Außerhalb der Fälle der Geburt in der Ehe stellt die förmliche **Erklärung der Anerkennung**[63] durch den tatsächlichen oder scheinbaren Erzeuger eine einfache und klare, aber normalerweise auch stabile und akzeptierte Zuordnungsgrundlage dar. Alle weniger klaren Fälle **behaupteter Zeugung**[64] können ansonsten nur auf Initiative eines Berechtigten durch gerichtliche **Vaterschaftsfeststellung** geklärt werden, § 1592 Nr. 3, § 1600d Abs. 1.

23 **3. Anfechtung als Korrektur der Festlegung.** Bestehen an der Vaterschaft kraft Ehe oder Anerkennung Zweifel oder besteht gar Kenntnis von der fehlenden Abstammung vom ges. Vater, so kann die Vaterschaft durch gerichtliche Anfechtung beseitigt werden. Aus Gründen der Statussicherheit und des Familienfriedens hatte das frühere Recht allerdings massive Einschränkungen der Anfechtungsmöglichkeit vorgesehen, § 1596 aF. Weil für das Kind die Anfechtung nach dem früher geltenden Recht die einzige Möglichkeit war, sein **Recht auf Kenntnis der eigenen Abstammung** (vgl. unten bei Rn. 27 ff.) durchzusetzen,[65] waren hier vom BVerfG Änderungen verlangt worden.[66] Die jetzige Rechtslage gibt die Anfechtung für die Beteiligten im Grunde frei; Einschränkungen bestehen lediglich für die Anfechtung durch den leiblichen Vater. Die ges. Mutterschaft hingegen soll nach dem Willen des Gesetzgebers nicht veränderbar sein, auch wenn im Ausnahmefall nach künstlicher Befruchtung eine gespaltene Mutterschaft vorliegt (vgl. § 1591 Rn. 1, 14). Wollen Vater, Mutter und Kind keine Statuskorrektur, sondern nur sichere Kenntnis über die genetische Abstammung, so steht ihnen im Übrigen das Klärungsverfahren nach § 1598a zur Verfügung.

24 **4. Systembrüche und Kritik.** Trotz der bestehenden Fiktionen ging das frühere Recht durchgehend von der prinzipiellen Deckung, jedenfalls aber der **Deckungsfähigkeit der genetischen** Abstammung **mit der rechtlichen Abstammung** aus. Die Mutter war durch die Geburt stets genetische und rechtliche Mutter; festgestellte genetische väterliche Abstammung war stets auch juristische, nur im übrigen Verwandtschaftsbereich wurde unterschieden (Adoption). Ziel der gesetzlichen Regelung des NEhelG war zudem, zumal die technischen Möglichkeiten das schon damals weitgehend zuließen, möglichst stets den genetischen Vater als rechtlichen Vater zu haben.[67] Die Feststellbarkeit wurde nur eingeschränkt, soweit das Kindeswohl oder der Familienfriede als seine Voraussetzung als damit nicht vereinbar und entgegenstehend gesehen wurde. Für diese Abstammungskonzeption spricht auch die hohe Akzeptanzfähigkeit einer abstammungsgebundenen Verwandtschaft in Problemsituationen.

25 Diese Konzeption ist **durch das KindRG** wieder durchbrochen worden, sie gilt für die mütterliche Abstammung nicht mehr. Einerseits bleibt für die väterliche Abstammung die genetische Herkunft uneingeschränkt Richtschnur; sie wurde mit Rücksicht auf Verfassungsfragen sogar noch verstärkt durchgesetzt durch eine deutliche Ausweitung der Anfechtungsmöglichkeiten gem. §§ 1600 Abs. 1 Nr. 2, 1600 b, welche Fiktionswirkungen beseitigen soll, die nach altem Recht im Interesse der sozialen Familie geschaffen waren.[68] Andererseits verbietet § 1591 aber für die mütterliche

---

[63] Zum Begriff der Anerkennung und der Anerkennungserklärung s. § 1594 Rn. 1 und *Gaul* FamRZ 1997, 1441, 1449.
[64] Die Zeugung selbst als kausaler Akt für die Abstammung fehlt im geltenden Recht (allenfalls mit Mühe herzuleiten aus § 1600d Abs. 2 S. 1), ohne dass am Gehalt des früheren § 1600o Abs. 1 etwas geändert werden sollte (vgl. dazu den Entwurf BT-Drucks. 13/4899 S. 88).
[65] Die Auskunftsklage selbst bringt auch keine Sicherheit über die Richtigkeit der Auskunft, vgl. dazu unten Rn. 36.
[66] Vgl. BVerfGE 79, 256 = NJW 1989, 891 und BVerfGE 90, 263 = NJW 1994, 881.
[67] Eine internationale Tendenz zur Aufwertung der biologischen Vaterschaft beobachtete *Kropholler* AcP 185 (1985), 262 m. Nachw.
[68] Zum Beispiel § 1596 aF.

Abstammung die Feststellung der **genetischen Abstammung,** obwohl dies heute infolge medizintechnisch möglichem Auseinanderfallen von Geburt und Abstammung gerade von Bedeutung wäre (s. § 1591 Rn. 9 ff.). Zwar kann auch für die Fiktion des § 1591 die Wahrscheinlichkeit angeführt werden. Im Regelfall wird nämlich die Gebärende auch die genetische Mutter sein. Im Unterschied zu den Fiktionen väterlicher Zeugung ist aber die Möglichkeit der Korrektur mit dem Ziel der Deckungsgleichheit bei der Mutterschaft gerade nicht vorgesehen.[69] Die ges. Regelung ist im Gegenteil gerade für den **Ausnahmefall** gespaltener Mutterschaft geschaffen worden,[70] um dort die **genetische Abstammung nie rechtlich wirksam** werden zu lassen. Auch beim offenkundigen Fehlen genetischer Abkunft wird damit Abstammungswirkung fiktiv hergestellt und ihre gerichtliche Klärung grundsätzlich verweigert, womit das System der **Abstammung nicht mehr einheitlich** ist.

IV. Auskunftsansprüche in Bezug auf die Abstammung

1. Auskunft über Abstammungstatsachen. Eine Auskunftspflicht zwischen Verwandten in gerader Linie kennt das Unterhaltsrecht in § 1605 bezogen auf die Einkunfts- und Vermögensverhältnisse. Daneben gibt es auch die Auskunftspflicht zwischen Eltern über die persönlichen Verhältnisse des Kindes gem. § 1686 S. 1. Ungeregelt ist demgegenüber die Frage, ob und in welchen Fällen **Umstände, die für die Feststellung des** (nicht vermögensrechtlichen) **Verwandtschaftsverhältnisses selbst erheblich** sind, Gegenstand eines Auskunftsanspruchs sein können. Diese Frage dürfte zunehmend bei Formen der künstlichen Befruchtung bedeutsam werden, während sie bisher vor allem diskutiert wurde, wenn die (unverheiratete) Kindesmutter dem Kind gegenüber die Angabe des möglichen Vaters verweigerte.[71] Relevant ist dieser Auskunftsanspruch heute auch deswegen, weil mit Wegfall der Amtspflegschaft eine Vaterschaftsfeststellung von Amts wegen nicht mehr stattfindet[72] und es weitgehend im Belieben der Mutter steht, ob sie als Inhaberin der elterlichen Sorge (§ 1626a Abs. 2) die Vaterschaftsfeststellung betreibt.

2. Der Auskunftsanspruch des (nichtehelichen) Kindes über den Putativvater gegen die Mutter. Fehlt ein Vater im Rechtssinne, wird insbesondere das volljährige Kind daran interessiert sein zu erfahren, wer sein Vater ist. Will die Mutter hier keine Auskunft geben,[73] stellt sich die Frage nach einem Auskunftsanspruch des Kindes. Die diesbezügliche Diskussion entwickelte sich[74] im Anschluss an das Urteil des LG Passau,[75] welches einen **Anspruch des volljährigen ne. Kindes** gegen seine Mutter **auf Benennung** von Name und Anschrift **des leiblichen Vaters auf Grundlage von § 1618a** bejahte. Mit Beschluss v. 18. 1. 1988 hat die 1. Kammer des Ersten Senats des BVerfG[76] die dagegen erhobene Verfassungsbeschwerde nicht zur Entscheidung angenommen. Das Recht des ne. Kindes auf Kenntnis des leiblichen Vaters sei der Wertentscheidung des Art. 6 Abs. 5 GG zu entnehmen: Nur wenn das Kind seinen Vater kenne, könne es in eine persönliche Beziehung zu ihm treten oder unterhaltsrechtliche und erbrechtliche Ansprüche durchsetzen. Sein Recht auf Kenntnis seines Vaters sei zudem im Rahmen des allgemeinen Persönlichkeitsrechts gem. Art. 2 Abs. 1 GG geschützt.[77] Zwar berühre die Verurteilung der Mutter zur Auskunft über den Vater durch den Eingriff in die geschützte Intimsphäre auch ihr Persönlichkeitsrecht nach Art. 2 Abs. 1 GG. Eine Abwägung der grundgesetzlich geschützten Rechte der Mutter und des Kindes ergebe aber einen **grundsätzlichen Vorrang des Kindesinteresses,** der die Verurteilung auch hier trage.

Die Bedeutung des Rechts auf Kenntnis der eigenen Abstammung wurde vom BVerfG dann in der Entscheidung v. 31. 1. 1989[78] präzisiert; die Abstammung des Menschen lege nicht nur seine genetische Ausstattung fest und präge so seine Persönlichkeit mit, sondern nehme auch im Bewusstsein des Einzelnen eine **Schlüsselstellung für Individualitätsfindung** und Selbst-

---
[69] Der Entwurf BT-Drucks. 13/4899 S. 82 sieht die Zuordnung als „von vornherein unverrückbar".
[70] Entwurf BT-Drucks. 13/4899 S. 51 und S. 82.
[71] Zum Bedeutungswandel des Auskunftsanspruchs vgl. *Eidenmüller* JuS 1998, 789, 793.
[72] Bedenken insoweit bei *Schumann,* Die ne. Familie, 1998, S. 287 ff.
[73] Zu ihren Gründen *Frank/Helms* FamRZ 1997, 1258, 1259.
[74] Eingehend *Weber* FamRZ 1996, 1254; *Koch* FamRZ 1990, 569 (auch zur Rechtsentwicklung); *Coester-Waltjen* FamRZ 1992, 369; LG Duisburg DAVorm. 1984, 277.
[75] NJW 1988, 144.
[76] NJW 1988, 3010 = FamRZ 1989, 147.
[77] So auch BVerfG FamRZ 2003, 816, 820.
[78] BVerfGE 79, 256 = NJW 1989, 891 = FamRZ 1989, 255 = JZ 1989, 335. Ebenso BVerfG NJW 2007, 753.

verständnis ein. Das **Persönlichkeitsrecht** umfasse daher zwar auch die Kenntnis der eigenen Abstammung. Art. 2 Abs. 1 iVm. Art. 1 Abs. 1 GG könne **allerdings nur vor der Vorenthaltung erlangbarer Informationen** über die eigene Abstammung schützen.[79] Der Widerspruch zwischen beiden Entscheidungen führte zur Senatsentscheidung des BVerfG vom 6. 5. 1997.[80] Darin wird auf der Basis des Persönlichkeitsrechts des Kindes die Herleitung eines Auskunftsanspruchs aus § 1618a[81] nicht beanstandet. Den Gerichten wird auch die Aufgabe zugesprochen, „mangels einer Entscheidung des Gesetzgebers im Wege der Rechtsfortbildung" die Schutzpflicht gegenüber dem Kind in Bezug auf dessen allgemeines Persönlichkeitsrecht wahrzunehmen. Allerdings sei auch auf Seiten der Mutter deren Persönlichkeitsrecht zu beachten bzw. ihr Anspruch auf Schutz ihrer Intimsphäre.[82] Daraus folge für die Gerichte eine **Pflicht zur Abwägung**[83] zwischen den Grundrechten des Kindes auf Kenntnis über seine Abstammung und den Rechten der Mutter und ggf. weiterer Betroffener.[84] Im Einzelfall stehe den Gerichten dabei ein besonderer Abwägungsspielraum zu. Ein bestimmtes Ergebnis sei nicht vorgegeben.[85] Dem Recht des Kindes kommt also nicht automatisch der Vorrang zu, wohl aber dann, wenn die Kenntnis des Erzeugers etwa für den Einsatz von Heilmethoden erforderlich ist.[86] Die besondere Schutzwürdigkeit des **ne. Kindes** ergibt sich ansonsten daraus, dass ihm Tatsachen vorenthalten werden, ohne deren Kenntnis es nicht in der Lage ist, zum anderen Elternteil ein **Statusverhältnis zu begründen.**[87] Zu berücksichtigen ist dabei auch, dass das Kind in diese Situation gebracht wurde, ohne irgendeinen Einfluss darauf gehabt zu haben.[88] Unklar ist, ob das Alter des Kindes eine Rolle spielt. Zum Teil wird geltend gemacht, dass es nicht unbedingt geboten sei, das Kind **möglichst früh** über seinen Erzeuger aufzuklären.[89] Eine grundsätzliche Unterscheidung zwischen minderjährigem und volljährigem Kind hinsichtlich des Auskunftsrechts ist den verfassungsgerichtlichen Entscheidungen jedoch nicht zu entnehmen.[90] Es ist vielmehr auf die Konstellationen im Einzelfall abzustellen.[91] Indes werden die Interessen der Mutter an der Geheimhaltung ihrer Sexualpartner immer weniger Bedeutung haben, je weiter der Zeugungszeitpunkt zurückliegt.[92]

29 Bedenkt man die Bedeutung der geforderten Abwägung ohne gesetzliche Grundlage, dann wird deutlich, **wie wichtig eine gesetzliche Regelung wäre.**[93] Der Gesetzgeber sah sich aber nicht zu einer speziellen Regelung veranlasst, weil man sich auf eine „gefestigte, verfassungsgerichtlich

---

[79] Abl. zu diesem Urt. *Ramm* NJW 1989, 1594; *Koch* FamRZ 1990, 569; s. auch *Enders* NJW 1989, 881 (für einschränkende Interpretation); *Giesen* JZ 1989, 366 (krit. zur Begründung); *Starck* JZ 1989, 338 (gegen Auskunftsanspruch des Kindes); *Hohloch* Jura 1989, 570; *Coester-Waltjen* Jura 1989, 520; aus der Zeit kurz vor dem Urt. *Deichfuß* NJW 1989, 113; *Mansees* NJW 1988, 2984; *Schmidt-Didczuhn* JR 1989, 228; s. auch *Kinkel* DAVorm. 1992, 97.

[80] BVerfGE 96, 56 = NJW 1997, 1769 = FamRZ 1997, 869 = JZ 1997, 777 mit Anm. *Starck*; dazu *Frank/Helms* FamRZ 1997, 1258; *Eidenmüller* JuS 1998, 789; *Wiese* RPG 2002, 81; *Klein* FuR 1997, 278; *Niemeyer* FuR 1998, 41.

[81] So LG Passau NJW 1988, 144; LG Münster FamRZ 1990, 1031; LG Bremen NJW 1999, 729; *Eidenmüller* JuS 1998, 789, 790; *Knöpfel* FamRZ 1985, 554, 563; *Enders* NJW 1989, 881, 883; *Gernhuber/Coester-Waltjen* § 52 Rn. 18; *Dethloff* FamR § 10 Rn. 39; *Rauscher* FamR Rn. 757; *Staudinger/Rauscher* Einl. zu § 1589 Rn. 119; *Erman/Hammermann* § 1589 Rn. 5; abl. *Gernhuber*, FS Müller-Freienfels, 1986, S. 159, 191; *Frank/Helms* FamRZ 1997, 1258, 1263; *Weber* FamRZ 1996, 1254 f.; für § 242 als Anspruchsgrundlage AG Rastatt FamRZ 1996, 1299.

[82] Zu den verschiedenen Beweggründen der schweigenden Mutter *Muscheler/Bloch* FPR 2002, 339, 346.

[83] Dazu LG Bremen NJW 1999, 729; AG Rastatt FamRZ 1996, 1299; *Staudinger/Rauscher* Einl. zu §§ 1589 ff. Rn. 122 ff.; krit. unter dem Aspekt der Einzelfalljustiz *Starck* JZ 1997, 777, 779.

[84] Zu den Rechten des Vaters, der unbekannt bleiben will, LG Bremen NJW 1999, 729.

[85] Für einen Vorrang der Intimsphäre der Mutter aber *Ramm* JZ 1996, 987, 994; für den Vorrang der Kindesrechte LG Münster FamRZ 1990, 1031; *Rauscher* FamR Rn. 757.

[86] *Dethloff* FamR § 10 Rn. 40.

[87] LG Bremen NJW 1999, 729. Anders die früher hM; s. BGH NJW 1982, 381; *Bernat* MedR 1986, 245, 249; *Hilger* FamRZ 1988, 764 Fn. 1; *Kleineke*, Das Recht auf Kenntnis der eigenen Abstammung, Diss. Göttingen, S. 147 ff.

[88] BVerfG NJW 1988, 3010 hebt gerade auch darauf ab; ebenso *Weber* FamRZ 1996, 1254, 1257; *Wolf* FuR 1998, 392, 396.

[89] Ebenso differenziert *Eidenmüller* JuS 1998, 793 mwN; aA *Ramm* NJW 1989, 1594, 1596.

[90] Gegen eine Auskunftsklage des minderjährigen ne. Kindes, vertreten durch das Jugendamt: OLG Zweibrücken NJW 1990, 719; ähnlich OLG Hamm FamRZ 1991, 1229; LG Lindau DAVorm. 1989, 634 und DIV-Gutachten DAVorm. 1990, 1075; dafür mit Einschränkungen *Moritz* Jura 1990, 134, 139.

[91] *Staudinger/Coester* § 1618a Rn. 47 ff.

[92] *Gernhuber/Coester-Waltjen* § 52 Rn. 18.

[93] Mit Recht wird das BVerfG hier als Auslöser, aber nicht als Löser des Problems angesehen von *Frank/Helms* FamRZ 1997, 1258, 1260; ähnlich auch *Starck* JZ 1997, 779, 780 und *Diederichsen* NJW 1998, 1977, 1991.

nicht beanstandete Rechtsprechung" stützen könne.[94] Insofern bejaht die heute hM[95] auf Grundlage von § 1618a bzw. direkt aus dem allgemeinen Persönlichkeitsrecht heraus – vorbehaltlich der Abwägung im Einzelfall – einen grundsätzlichen Auskunftsanspruch des nichtehelichen Kindes gegen seine Mutter. Der Anspruch richtet sich auf die Angaben, die für die Feststellung der Vaterschaft erforderlich sind und bezieht sich somit auf die Person des mutmaßlichen Erzeugers (s. Rn. 36). Gegen sonstige Verwandte hingegen besteht dieser Anspruch nicht[96], soweit nicht ausnahmsweise ein besonderes Feststellungsinteresse zu erkennen sein sollte.[97]

Der Anspruch ist **höchstpersönlicher Natur**; dem Jugendamt steht der Anspruch weder als Pfleger, Vertreter noch als Beistand zu.[98] Der Auskunftsanspruch des Kindes ist auch unvererblich[99] und kann deshalb nicht von Nachkommen zur Erzielung materieller Vorteile geltend gemacht werden. Wollte man das anders sehen, würde jedenfalls die Abwägung der verfassungsrechtlich geschützten Rechte im Zweifel für die Mutter ausgehen. **30**

3. Der Auskunftsanspruch des Kindes gegen die Mutter bei bestehender Vaterschaft. Ein Auskunftsinteresse kann auch bei einem (ggf. schon volljährigen) Kind bestehen, dem rechtlich bereits ein Vater zugeordnet ist, das nun aber Kenntnis von Umständen erlangt, die gegen die bestehende Vaterschaft sprechen. Die Auskunft mag hier erforderlich sein, weil das Wissen um die Feststellbarkeit einer anderweitigen Vaterschaft für das Kind durchaus Bedingung für die Durchführung eines vorangehenden Vaterschaftsanfechtungsverfahrens sein kann. Nicht zuletzt mag es auch von der konkreten Person abhängen, ob das Kind den Statuswechsel überhaupt anstrebt oder nicht. Rechtlich problematisch ist in solchen Fällen zwar, dass hier zunächst noch eine andere Vaterschaft besteht, so dass die Geltendmachung des Auskunftsanspruchs der in § 1599 Abs. 1 verankerten **Schutz- und Sperrwirkung** des bestehenden Status (dazu § 1599 Rn. 1 ff.) zuwiderlaufen könnte. Manche wollen daher Auskunftsansprüche verneinen.[100] Diese Auffassung ist jedoch abzulehnen;[101] schließlich stellt weder das Auskunftsverlangen noch die Auskunft den Status als solchen schon in Frage. Wenn die Auskunft der **Vorbereitung der Vaterschaftsanfechtung** dienen soll, so liegt es nicht anders als etwa beim Verlangen des Kindes auf einen Verfahrenskostenvorschuss für das Anfechtungsverfahren; und insoweit ist anerkannt, dass Maßnahmen der Anfechtung selbst wie auch ihrer Vorbereitung[102] zulässig sein müssen (s. § 1599 Rn. 4, 7). Bei der Abwägung mit den Interessen der Mutter (insbes. Geheimhaltungsinteresse) gilt es hier freilich auch den gebotenen Schutz des **Ehe- und Familienfriedens**[103] zu berücksichtigen. **31**

4. Der Auskunftsanspruch des Kindes bei künstlichen Befruchtungsmethoden. a) Anspruch gegen die rechtlichen Eltern. Die Frage nach dem Auskunftsanspruch stellt sich ähnlich, wenn das Kind weiß oder vermutet, infolge Samen- oder Eispende (oder ähnlicher heterologer Methoden) nicht von dem einen oder dem anderen rechtlichen Elternteil abzustammen. Dabei erscheint die Pflicht zur Auskunft hier sogar noch eher geboten als in den anderen Fällen. Allerdings ist hier ebenfalls die Abwägung der Interessen unter Beachtung verfassungsmäßiger Rechte erforderlich, wobei anders als beim Ehebruch oder dem einfachen Verschweigen des Sexualpartners kein intimes Lebensschicksal offenbart werden müsste. Daher wird das Informationsinteresse des Kindes regelmäßig überwiegen. Die rechtlichen Eltern, von denen Auskunft (über die Person des beteiligten Arztes, des Samenspenders usw.) verlangt wird, haben kein Recht, nachträglich einen Zeugungsvorgang zu verschleiern, den sie selbst durch Einbeziehung fremder Personen seines intimen Charakters entkleidet und technisiert haben.[104] **32**

---

[94] BT-Drucks. 13/4899 S. 166. Zur Entwicklung *Weber* FamRZ 1996, 1254 und *Frank/Helms* FamRZ 1997, 1258. Aus der Rechtsprechung: LG Essen FamRZ 1994, 1347; LG Bremen NJW 1999, 729; LG Münster NJW 1999, 726.
[95] Bedenken aber bei: *Giesen* JZ 1989, 366, 376; *Hilger* FamRZ 1988, 765 (unter Fn. 12, 13); *Ramm* JZ 1996, 988, 994; *Frank* FamRZ 1988, 113; auch rechtsvergleichend: *Frank/Helms* FamRZ 1997, 1258, 1262; *Hassenstein* FamRZ 1988, 120 ff.
[96] *Ramm* NJW 1989, 1594, 1596.
[97] *Staudinger/Coester* § 1618a Rn. 47 ff.; *Staudinger/Rauscher* Einl. zu § 1589 Rn. 128.
[98] OLG Hamm FamRZ 1991, 1229; OLG Zweibrücken NJW 1990, 719; *Gernhuber/Coester-Waltjen* § 52 Rn. 19.
[99] Ebenso *Eidenmüller* JuS 1998, 789, 795; *Bamberger/Hahn* § 1591 Rn. 18 mwN.
[100] *Eidenmüller* JuS 1998, 789, 793; aA *Mansees* NJW 1988, 2986.
[101] So auch *Staudinger/Rauscher* Einl. zu §§ 1589 ff. Rn. 125 f.; *Rauscher* FamR Rn. 770; *Erman/Hammermann* § 1589 Rn. 5, 13; *Gernhuber/Coester-Waltjen* § 52 Rn. 9.
[102] S. bez. Pflegerbestellung BGH NJW 1975, 345; *Soergel/Gaul* § 1593 Rn. 22.
[103] *Bamberger/Roth/Hahn* § 1591 Rn. 17, 19; aA *Staudinger/Rauscher* Einl. zu § 1589 Rn. 125.
[104] *Wolf* FuR 1998, 396; *Bernat* MedR 1986, 245, 249; ähnlich *Koch* FamRZ 1990, 569, 574 („quasi öffentlicher Vorgang"); *Zimmermann* FamRZ 1981, 929, 933; *Erman/Hammermann* § 1589 Rn. 7; aM *Müller* FamRZ

33 **b) Ansprüche gegen Dritte.** Vielfach wird mit der Auskunft allenfalls der Hinweis auf einen Arzt zu erhalten sein, nicht auf den Ei- bzw. Samenspender direkt. Dann stellt sich die Frage der **Auskunftsklage gegen den Arzt.**[105] Problematisch ist dabei einmal die **Anspruchsgrundlage**, wobei § 810 (Einsicht in Urkunden) in Betracht gezogen wird, aber auch das Persönlichkeitsrecht unmittelbar.[106] Die **Schweigepflicht** des Arztes ist ein weiteres Problem. Soweit es dabei um die Schweigepflicht gegenüber dem anonym bleibenden Spender geht, wird zu Recht angenommen, dass dem Auskunft fordernden Kind gegenüber die Offenbarung rechtmäßig erfolgt, also jedenfalls nicht unbefugt im Sinne von § 203 StGB, weil das Persönlichkeitsrecht des Kindes gegenüber dem Anonymitätsinteresse des Spenders höherrangig ist.[107] Allerdings kann die Schweigepflicht auch gegenüber der Mutter bestehen. Dann wird im Auskunftsprozess eine Abwägung der Kindesinteressen gegenüber dem Persönlichkeitsrecht der Mutter nicht zwangsläufig zu Gunsten des Kindes ausgehen. Eine Nebenpflicht auf Auskunftserteilung aus dem Arztvertrag mit der Mutter[108] kann nur angenommen werden, wenn nicht gerade die Wahrung der Anonymität vereinbart war. Hier muss eventuell direkt aus dem Persönlichkeitsrecht des Kindes heraus auf Erklärung einer Befreiung des Arztes von der Schweigepflicht gem. § 383 Abs. 2 ZPO geklagt werden, vollstreckbar nach § 894 Abs. 1 ZPO.

34 Forderungen[109] nach **Anonymität des Samenspenders** bei der heterologen Insemination **und der Eispenderin** bei doppelter Mutterschaft missachten die Rspr. des BVerfG (Rn. 28) zum allgemeinen Persönlichkeitsrecht des Kindes,[110] ohne dass demgegenüber wirklich schützenswerte Rechte anderer bestehen. Das Interesse kinderloser Ehepaare an Samenspendern reicht dafür nicht aus. Gegen den Arzt, der die Samenspende anonym verwendet hat, hat das Kind einen Ersatzanspruch aus § 826;[111] falls der Spender dennoch feststellbar ist, haftet der Arzt ihm aus culpa in contrahendo wegen der Anonymitätszusage auf den Unterhaltsschaden[112] (s. auch § 1600 Rn. 42).

35 **De lege ferenda** ist an eine gesetzlich geregelte Dokumentationspflicht der eine künstliche Befruchtung durchführenden Ärzte zu denken, wobei stets festzuhalten wäre, von welcher Person die verwendeten Keimzellen herstammen.[113] Anonymitätszusicherungen an Keimzellenspender sollten verboten werden.[114] Jeder genetische Elternteil, der als solcher bekannt ist und nicht zugleich zu dem Kind in einem gesetzlichen Verwandtschaftsverhältnis steht, sollte in einem öffentlich nicht zugänglichen Vermerk zum Geburtseintrag verzeichnet werden, in welchen dem Kind ab dem 16. Lebensjahr auf Wunsch Einsicht zu gewähren ist (entspr. der Regelung für adoptierte Kinder).[115]

36 **5. Gerichtliche Geltendmachung des Auskunftsanspruchs und Verfahren.** Auskunftsklagen des Kindes gegen einen Elternteil wurden bisher nicht als Kindschaftssachen eingeordnet, sondern waren im allgemeinen Zivilprozess geltend zu machen.[116] Mit Einführung des FamFG

1986, 635; *Kollhosser* JA 1985, 557 m. Nachw.; ihm folgt *Harder* JuS 1986, 505, 507 f. Diese bejahen nur einen Auskunftsanspruch gegen den beteiligten Arzt. Aber von wem soll das Kind erfahren, wer dieser Arzt ist, wenn nicht von den ges. Eltern?

[105] Den Auskunftsanspruch des Kindes gegen den Arzt bejahen: *Zimmermann* FamRZ 1981, 929, 931; *Müller* FamRZ 1986, 635, 636; *Kollhosser* JA 1985, 553, 557; *Erman/Hammermann* § 1589 Rn. 7; w. Nachw. bei *Gottwald*, FS Hubmann, 1985, S. 121 unter Fn. 61.

[106] Vgl. *Zimmermann* FamRZ 1981, 929, 932; *Müller* FamRZ 1986, 635, 636; aA *Lauff/Arnold* ZRP 1984, 279, 282.

[107] S. *Wolf* FuR 1998, 392, 396; ferner *Zimmermann* FamRZ 1981, 929, 931; *Laufs* JZ 1986, 769, 772.

[108] So *Coester-Waltjen*, Gutachten für den 56. DJT, B 59.

[109] Vgl. dazu etwa *Deutsch* MDR 1985, 177, 181; *Müller* FamRZ 1986, 635, 636; *Frank* FamRZ 1988, 113, 118.

[110] Wie hier *Müller* FamRZ 1986, 635, 636; *Giesen* JZ 1989, 364, 368; *Schmidt-Didczuhn* JR 1989, 228, 231 m. rechtsvergl. Hinw.; *Starck* JZ 1989, 338, 339; BMFT, Bericht In-vitro-Fertilisation, 1985, S. 14 unten; aA *Deutsch* MDR 1985, 180; DIV-Gutachten ZBlJugR 1988, 272; *Enders* NJW 1989, 881, 884; *Frank* FamRZ 1988, 113, 118; *Gottwald*, FS Hubmann, 1985, S. 111, 123.

[111] So zu Recht *Deutsch* NJW 1986, 1971, 1974 und MDR 1985, 177, 181, der das allerdings geändert haben möchte; ähnlich *Zimmermann* FamRZ 1981, 929, 934.

[112] Ebenso *Zimmermann* FamRZ 1981, 929, 933; *Staudinger/Rauscher* § 1592 Anh. Rn. 16.

[113] *Staudinger/Rauscher* § 1592 Anh. Rn. 15 bejaht die Pflicht auch de lege lata.

[114] Ebenso *Starck* JZ 1989 339 und *Staudinger/Rauscher* § 1592 Anh. Rn. 22, die das verfassungsrechtlich für geboten ansehen.

[115] *Bernat* MedR 1986, 245, 250; *Giesen* JZ 1989, 366, 376; *Mansees* NJW 1988, 2984, 2987; *Schmidt-Didczuhn* JR 1989, 228, 231; Beschluss III 7 c des 56. DJT, S. K 236; *Coester-Waltjen* FamRZ 1992, 369, 373; ähnlich *Frank* FamRZ 1988, 113, 119; *Deutsch* NJW 1986, 1971, 1974.

[116] OLG Hamm FamRZ 2000, 38 mwN; *Staudinger/Rauscher* Einl. zu § 1589 Rn. 129; anders *Hilger* FamRZ 1988, 764, 765; *Moritz* Jura 1990, 134, 138.

ist jedoch das FamG zuständig geworden.[117] Str. ist allerdings die genauere Einordnung. Zum Teil wird von einer sonstigen Familiensache gem. §§ 112 Nr. 3, 266 Abs. 1 Nr. 4 FamFG ausgegangen,[118] zum Teil von einer Abstammungssache gem. § 169 Nr. 1 FamFG.[119] Der Auskunftsantrag ist den Besonderheiten des jeweiligen Falles anzupassen. Oft wird es genügen, die Benennung eines bestimmten Mannes als Vater zu verlangen. Kommen mehrere Männer in Betracht, so hat die Mutter Auskunft über ihren Umgang mit sämtlichen als Vater in Betracht kommenden Männern zu erteilen,[120] falls und soweit dies für die Feststellung des genetischen Vaters erforderlich ist. Geht man davon aus, dass in vielen Fällen die Mutter behaupten wird, sie könne den Vater nicht benennen[121] – wobei die Gründe für dieses Unvermögen manchmal mehr, manchmal weniger glaubhaft sein können –, so erweist sich auch die Auskunftsklage freilich oft als untaugliches Mittel, die Kindesinteressen durchzusetzen. Dann kann noch versucht werden, auf direktem Wege zu klären, ob und welche Tatsachen der Mutter bekannt sind, die eine Ermittlung des Vaters gestatten. Kennt die Mutter ausnahmsweise solche Umstände nicht oder bleibt das offen, ist der Auskunftsantrag abzuweisen. Die Darlegungs- und Beweislast für das Gegenteil trägt der Auskunftsbegehrende.[122]

6. Vollstreckung von Auskunftsansprüchen. Soweit ein Auskunftsanspruch des Kindes oder des Scheinvaters gegen die Mutter bejaht wird, der die zur Identifikation von Putativvätern erforderlichen Tatsachen zum Gegenstand hat (Rn. 29), so ist dieser titulierte Anspruch in der Regel auch vollstreckbar, also zwangsweise durchsetzbar.[123] Zwar berührt auch die Vollstreckung das Persönlichkeitsrecht der Mutter aus Art. 2 Abs. 1 iVm. Art. 1 Abs. 1 GG; indes wird der Eingriff in die Grundrechte der Mutter durch die Vollstreckung nicht über das Maß hinaus vertieft, in dem ihre grundrechtlich geschützten Interessen bereits durch die Verurteilung berührt sind.[124] Demgemäß wird die grundsätzliche Vollstreckbarkeit im Schrifttum auch zu Recht überwiegend bejaht.[125] Die Vollstreckung titulierter Auskunftsansprüche richtet sich nach § 120 Abs. 1 FamFG iVm. § 888 Abs. 1 ZPO.[126] Anders liegt es nur dann, wenn im Einzelfall besondere Belange des Auskunftsschuldners das Vollstreckungsinteresse des Gläubigers deutlich überwiegen und daher ausnahmsweise eine entspr. Anwendung von § 120 Abs. 3 FamFG (früher § 888 Abs. 3 ZPO) erfordern.[127] Das Vorliegen eines Versäumnisurteils bzw. -beschlusses genügt dafür in der Regel nicht.[128] Die Gegenauffassung, die eine Vollstreckbarkeit ablehnt,[129] überzeugt nicht. Schließlich sind auch vollstreckungsbezogene Aspekte bereits umfassend im Rahmen der genannten Billigkeitsabwägung (s. Rn. 27 f.) zu beachten. Wird die besondere Situation der Mutter bei der Abwägung nach § 1618a berücksichtigt,[130] dann wird auch die Vollstreckung zulässig sein. Anders kann es allerdings liegen, wenn nach Titulierung neue Umstände hinzutreten, die nun gerade die zwangsweise Durchsetzung als unverhältnismäßig erscheinen lassen.

7. Der Auskunftsanspruch des ges. Vaters (Scheinvaters). Da das Kind in der Regel erst mit Volljährigkeit aktiv werden kann, wird zuvor bei einem Verdacht der ges. Vater Auskunft haben wollen. Demgemäß werden oft **heimliche Vaterschaftstests** durchgeführt, die verfassungs-

---

[117] So auch *Palandt/Brudermüller* Einf v § 1591 Rn. 2; *Staudinger/Rauscher* Einl. zu § 1589 Rn. 130.
[118] *Stößer* FamRZ 2009, 923, 924; *Schulte-Bunert/Weinreich/Schwonberg* § 169 FamFG Rn. 20.
[119] *Baumbach/Lauterbach/Albers/Hartmann* § 169 FamFG Rn. 4; s. auch schon *Hilger* FamRZ 1988, 764.
[120] LG Münster NJW 1999, 226; *Eidenmüller* JuS 1998, 789; *Palandt/Brudermüller* Einf v § 1591 Rn. 2.
[121] Vgl. OLG Hamm OLGZ 1984, 20 = FamRZ 1984, 99.
[122] OLG Köln FamRZ 1994, 1196, 1197; *Eidenmüller* JuS 1998, 789, 792; *Palandt/Brudermüller* Einf v § 1591 Rn. 2.
[123] BGH NJW 2008, 2919 zu Auskunftsanspruch des Scheinvaters.
[124] Vgl. OLG Bremen NJW 2000, 963; OLG Hamm NJW 2001, 1870; *Walker* JZ 2000, 316 f.
[125] *v. Sethe*, Die Durchsetzbarkeit des Rechts auf Kenntnis der eigenen Abstammung aus der Sicht des Kindes, 1995, S. 130; *Brückner*, Die Vollstreckbarkeit des Auskunftsanspruchs, S. 129; *Erman/Hammermann* Rn. 11; *Eidenmüller* JuS 1998, 789, 792. S. auch § 1618a Rn. 14.
[126] *Palandt/Brudermüller* Einf v § 1591 Rn. 2; s. auch schon OLG Bremen NJW 2000, 963 m. Anm. *Walker* JZ 2000, 316; OLG Stuttgart DAVorm. 1999, 721; LG Passau NJW 1988, 144; *Eidenmüller* JuS 1998, 789, 792; *Erman/Hammermann* Rn. 11; *Muscheler/Bloch* FPR 2002, 339, 350; aA *Frank/Helms* FamRZ 1997, 1258, 1261 mwN.
[127] S. OLG Bremen NJW 2000, 963 = JZ 2000, 314 (mit zust. Anm. *Walker*), das keine Vollstreckungshindernisse sieht, einerseits und LG Münster NJW 1999, 3787 andererseits.
[128] BGH NJW 2008, 2919.
[129] Gegen Vollstreckbarkeit LG Landau DAVorm. 1989, 634; AG Schwetzingen DAVorm. 1992, 88; *Gaul* FamRZ 2000, 1461, 1475; *Koch* FamRZ 1990, 569, 573; *Frank* FamRZ 1988, 113, 116; *Frank/Helms* FamRZ 1997, 1258, 1262; ferner OLG Köln FamRZ 1994, 1197.
[130] Darauf verweist *Staudinger/Coester* § 1618a Rn. 51; ebenso *Muscheler/Bloch* FPR 2002, 339, 350.

rechtlich indes unzulässig sind[131] (s. näher § 1599 Rn. 34 ff.).[132] Im Übrigen besteht familienintern der Klärungsanspruch aus § 1598a. Damit lässt sich aber nur negativ die fehlende Abstammung des Kindes klären, nicht positiv auch der Name des potenziellen leiblichen Vaters ermitteln. Ob der frühere ges. Vater (sog. Scheinvater) dann Auskunft von der Kindesmutter verlangen kann, nachdem die Vaterschaft **erfolgreich angefochten ist,** ist in Rspr. und Literatur umstritten.[133] Anders als beim Auskunftsanspruch des Kindes gegen die Mutter geht es für den früheren ges. Vater nicht mehr um das Recht auf Kenntnis der Abstammung,[134] sondern lediglich um materielle Ersatzansprüche, die bei der Abwägung gegenüber dem Recht der Mutter auf Schutz ihrer Intimsphäre[135] weniger ins Gewicht fallen könnten. Indes ist zu beachten, dass infolge der erfolgreichen Vaterschaftsanfechtung der anderweitige Geschlechtsverkehr der Mutter zwischen den Beteiligten bereits eine offenkundige Tatsache ist, so dass sich der **Intimschutz der Mutter** nur noch auf die Geheimhaltung der konkreten Person reduziert. Von zweifelhafter Bedeutung dürfte dabei das Interesse der Mutter sein, den leiblichen Vater vor einem Eingriff in sein Familienleben zu schützen, da dieser Aspekt nicht überprüfbar ist, solange die Person des Vaters nicht bekannt ist. Schutzwürdige eigene Interessen der Mutter könnten indes berührt sein, wenn sie selbst den Vater nicht sicher benennen kann, weil insoweit mehrere Personen in Betracht kommen und mit der Benennung der in Betracht kommenden Männer ein weitergehender Eingriff in die Intimsphäre verbunden wäre.

39 Unabhängig von der Interessenabwägung stellt sich zudem die Frage nach der **Anspruchsgrundlage** des Auskunftsersuchens des Scheinvaters. Insoweit kommt § 826 in Betracht, sofern die Mutter den Scheinvater arglistig geschädigt hat,[136] wozu einfaches Verschweigen allerdings nicht genügt. Ansonsten wird für einen Anspruch aus § 242 eine zwischen den Beteiligten bestehende Rechtsbeziehung zu fordern sein.[137] Bei Ehegatten kann eine solche Rechtsbeziehung jedenfalls auf Grundlage von § 1353 Abs. 1 bejaht werden.[138] Bei Unverheirateten bestand immerhin für die Dauer der rechtlichen Vaterschaft des Scheinvaters zwischen dem Mann und der Kindesmutter ein Rechtsverhältnis iSv. § 1615l BGB; insofern kann sich die Mutter zumindest dann, wenn sie selbst Unterhaltsleistungen empfangen hatte, nicht auf einen rechtsfreien Raum berufen.[139] Hinzu kommt, dass die Mutter zuvor der Vaterschaftsanerkennung bewusst zugestimmt hatte. Ferner bleibt zu beachten, dass dem Scheinvater die Auskunft über den leiblichen Vater auch nutzen kann, obwohl er selbst kein Antragsrecht im Hinblick auf dessen Vaterschaftsfeststellung hat; denn der BGH lässt den Regressanspruch des Scheinvaters uU auch entgegen der Rechtsausübungssperre des § 1600d Abs. 4 zu (s. § 1600d Rn. 120 f.). Indes wird als Voraussetzung des Auskunftsanspruchs zu fordern sein, dass der Scheinvater seine Vaterschaft bereits erfolgreich angefochten hat.[140] Der Auskunftsanspruch ist ebenfalls **vor dem FamG** geltend zu machen, weil es inhaltlich um unterhaltsrechtliche Regressansprüche geht.[141]

40 Der gesetzliche Vater kann sich nicht von dem Kind dessen Auskunftsanspruch abtreten lassen,[142] weil dem die höchstpersönliche Natur des Anspruchs entgegensteht; er kann von dem Kind ja auch nicht die Anfechtung verlangen.[143] Der Anspruch des Kindes geht auf den Scheinvater als Nebenrecht gem. § 401 mit dem Unterhaltsanspruch des Kindes auf den Scheinvater über (§ 1607 Abs. 3).[144] Der Scheinvater kann allerdings vom Kind aus dem übergegangenen Unterhaltsanspruch Auskunft verlangen gem. § 402, ob ein anderer Mann als ges. Vater gefunden wurde.[145]

41 **8. Das Auskunftsrecht des leiblichen Vaters.** Weil der genetische Vater ein Recht hat, die Feststellung seiner Vaterschaft (§ 1600d Abs. 1) zu betreiben, wird auch sein Recht auf Aus-

---

[131] BVerfG NJW 2007, 753 = FamRZ 2007, 441 m. krit. Anm. *Balthasar*. Dazu *Brosius-Gersdorf* NJW 2007, 806 und FPR 2007, 398.
[132] Es entsteht aber kein Schmerzensgeldanspruch: AG Wetter (Ruhr) FamRZ 2006, 552.
[133] Bejahend LG Bonn MDR 1993, 655; *Wolf* NJW 2005, 2417, 2418; *Frank* FamRZ 1988, 113, 115; *Staudinger/Rauscher* § 1599 Rn. 50; ablehnend LG Heilbronn FamRZ 2005, 474; eingehend zur fraglichen Anspruchsgrundlage *Weber* FamRZ 1996, 1254, 1258.
[134] Dazu BVerfGE 108, 82 = NJW 2003, 2151 und BVerG NJW 2007, 753, 754.
[135] LG Ansbach NJW-RR 1993, *Weber* FamRZ 1996, 1254, 1259.
[136] OLG Bamberg FamRZ 2004, 562; OLG Oldenburg FamRZ 1994, 651; LG Heilbronn FamRZ 2005, 474; *Palandt/Brudermüller* Einf. v. § 1591 Rn. 3.
[137] OLG Schleswig FamRZ 2009, 1924; s. auch OLG Jena NJW-RR 2011, 294; OLG Saarbrücken FamRZ 2011, 648; *Weber* FamRZ 1996, 1254, 1258.
[138] *Staudinger/Rauscher* § 1599 Rn.50; *Staudinger/Voppel* § 1353 Rn. 97.
[139] OLG Schleswig FamRZ 2009, 1924; bestätigt vom BGH Urt. vom 9. 11. 2011 – XII ZR 136/09..
[140] OLG Jena NJW-RR 2011, 294; OLG Saarbrücken FamRZ 2011, 648.
[141] OLG Frankfurt FamRZ 2003, 1301; *Helms* in *Helms/Kieninger/Rittner* Rn. 181.
[142] *Weber* FamRZ 1996, 1262; *Eidenmüller* JuS 1998, 789, 795; *Staudinger/Rauscher* § 1599 Rn. 50.
[143] AG Duisburg-Hamborn FamRZ 2005, 291.
[144] LG Heilbronn FamRZ 2005, 474; *Weber* FamRZ 1996, 1254, 1261.
[145] OLG Köln FamRZ 2002, 1214; *Staudinger/Rauscher* § 1599 Rn. 50.

kunft über Namen und Geburtsdatum des Kindes gegen die Mutter bejaht.[146] Als Grundlage kann hier unmittelbar das Persönlichkeitsrecht des Mannes dienen, da eine direkte Anwendung von § 1686 ausscheidet, solange der Mann nicht rechtlicher Vater des Kindes ist. Schließlich schützt Art. 2 Abs. 1 iVm. Art. 1 Abs. 1 GG als Ausformung des allgemeinen Persönlichkeitsrechts das Interesse eines Mannes, Kenntnis davon zu erlangen, ob ein Kind von ihm abstammt. Zu diesem Recht gehört auch die Möglichkeit eröffnet zu bekommen, in einem rechtsförmigen Verfahren die Abstammung klären zu lassen.[147] Eben dazu gehören notwendiger Weise aber auch die Daten des Kindes. Zudem muss es ihm möglich sein, die verfassungsrechtlich geschützte Vaterstellung gem. § 6 Abs. 2 GG einzunehmen. Der Zugang dazu würde ihm aber durch Verweigerung der Auskunft versperrt. Kollidierende Grundrechte der Mutter werden hier eher selten eine Rolle spielen; verhält sich dies anders, müsste im Einzelfall eine Abwägung der beiderseitigen geschützten Interessen stattfinden.

42 Ähnlich liegt es, wenn der leibliche Vater von der Mutter die Daten desjenigen Mannes verlangt, der mit ihrer Zustimmung die Vaterschaft für das Kind (ggf. bewusst falsch) anerkannt hat. Diese Daten sind erforderlich, um die Vaterschaftsanfechtung aus § 1600 Abs. 1 Nr. 2 betreiben zu können. Zum Teil wird der Anspruch hier auf § 242 gestützt, schließlich bringen es die Rechtsbeziehungen der Parteien mit sich, dass der leibliche Vater in entschuldbarer Weise über das Bestehen oder Nichtbestehen seines Rechts im Ungewissen ist und die Kindesmutter die zur Beseitigung der Ungewissheit erforderliche Auskunft unschwer geben kann.[148] Indes liegt wohl auch hier näher, den Anspruch unmittelbar auf das Persönlichkeitsrecht zu stützen. Schützenswerte Geheimhaltungsinteressen der Mutter sind auch insoweit kaum ersichtlich, könnten im Einzelfall aber vorgetragen werden.

43 **9. Sonstiges.** Bei Vermittlung anonymer sexueller Kontakte über ein **Internetportal** stehen der Frau nach Eintritt einer Schwangerschaft Ansprüche gegen den Plattformbetreiber auf Auskunft über die für die Vaterschaft in Betracht kommenden Männer zumindest dann zu, wenn die Nutzungsbedingungen des Plattformbetreibers das bei Nachweis eines berechtigten Interesses vorsehen.[149] In ähnlicher Weise kann ein nichteheliches Kind einen Auskunftsanspruch gegen ein Mobilfunkunternehmen haben, wenn vom Vater nur die Mobilfunknummer bekannt ist und das Unternehmen dessen Namen und Anschrift kennt.[150]

§ 1591 Mutterschaft

Mutter eines Kindes ist die Frau, die es geboren hat.

Schrifttum: *Benda,* Die „anonyme Geburt", JZ 2003, 533; *Coester,* Ersatzmutterschaft in Europa, FS Jayme, 2004, S. 1243; *Bokelmann/Bokelmann,* Zur Lage der für andere übernommenen Mutterschaft in Deutschland, 2003; *Diefenbach,* Leihmutterschaft – Rechtliche Probleme der für andere übernommenen Mutterschaft, 1990; *Dietrich,* Mutterschaft für Dritte, 1989; *Ebel,* Anonyme Geburten und Babyklappen, KritV 2007, 293; *Edenfeld,* Das neue Abstammungsrecht der Bundesrepublik Deutschland im nationalen und internationalen Vergleich, FuR 1996, 190; *Ferrand/Francoz-Terminal,* Neueste Entwicklungen im französischen Familienrecht 2008-2009, FamRZ 2009, 1542; *Frank/Helms,* Rechtliche Aspekte der anonymen Kindesabgabe in Deutschland und Frankreich, FamRZ 2001, 1340; *Gaul,* Die Neuregelung des Abstammungsrechts durch das Kindschaftsrechtsreformgesetz, FamRZ 1997, 1441; *Harder,* Wer sind Vater und Mutter? – Familienrechtliche Probleme der Fortpflanzungsmedizin, JuS 1986, 505; *Helms,* Reform des deutschen Abstammungsrechts, FuR 1996, 178; *ders.,* Die künstliche Befruchtung aus familienrechtlicher Sicht: Probleme und Perspektiven, in *Röthel/Löhnig/Helms,* Ehe, Familie, Abstammung – Blicke in die Zukunft, 2010, S. 49; *Hepting,* „Babyklappe" und „anonyme Geburt", FamRZ 2001, 1573; *Katzenmeier,* Rechtsfragen der Babyklappe und der medizinisch assistierten „anonymen Geburt", FamRZ 2005, 1134; *Koutsouradis,* Die gerichtliche Erlaubnis zur unterstützten Fortpflanzung durch eine Leihmutter in Griechenland, FamRZ 2004, 1426; *Kuhn,* Babyklappen und anonyme Geburt, 2005; *Lee,* Unterhaltsverpflichtung bei Leihmutterschaft, 1996; *Liermann,* Der Begriff „Ersatzmutter" im Embryonenschutzgesetz, FamRZ 1991, 1403; *Mielitz,* Anonyme Kindesabgabe, 2006; *Müller-Magdeburg,* Recht auf Leben – Die anonyome Geburt, FPR 2003, 109; *Mutschler,* Abstammungsrecht und Kindschaftsrechtsreform, FamRZ 1996, 1381; *Paulitz,* Babyklappe und anonyme Geburt, ZKJ 2010, 360; *Quantius,* Die Elternschaftsanfechtung durch das künstlich gezeugte Kind, FamRZ 1998, 1145; *Ramm,* Kindschaftsrechtsreform?, JZ 1996, 987; *Rixen,* Namensbeurkundung bei totgeborenen Kindern, FamRZ 1999, 265; *Scheiwe,* Babyklappe und anonyme Geburt – wohin mit Mütterrech-

---

[146] LG Gera FamRZ 2006, 1221; *Rotax* ZFE 2008, 291, 293.
[147] BVerfG NJW 2009, 423; BVerfGE 117, 202, 226.
[148] OLG Oldenburg FamRZ 2010, 1819.
[149] LG Stuttgart NJW 2008, 2048.
[150] AG Düsseldorf NJW 2005, 1519 = NJW-RR 2005, 554.

§ 1591 1   Abschnitt 2. Titel 2. Abstammung

ten, Väterrechten, Kinderrechten?, ZRP 2001, 368; *Schlegel,* Zur Wirksamkeit von Ersatzmutterschaftsverträgen und deren Rechtsfolgen für das Kind, FuR 1996, 116; *Schwarz,* Rechtliche Aspekte von „Babyklappe" und „anonymer Geburt", StAZ 2003, 33; *Taufkirch,* Babyklappen und anonyme Geburt, 2004; *Voß,* Leih- und Ersatzmutterschaftsverträge im amerikanischen Recht, FamRZ 2000, 1552; *Wittinger,* Anonyme Geburt – endlich Klarheit?, NJW 2003, 2138; *A. Wolf,* Babyklappe und anonyme Geburt – Fragen zu einer neuen Entwicklung, FPR 2001, 345; *ders.,* Über Konsequenzen aus den gescheiterten Versuchen, Babyklappen und „anonyme" Geburten durch Gesetz zu legalisieren, FPR 2003, 112.

Siehe auch Schrifttumshinweise bei den Vorbemerkungen vor § 1591.

Übersicht

	Rn.		Rn.
I. Normzweck	1, 2	b) Bruch mit der Systematik des Abstammungsrechts	26
II. Anknüpfung an die Geburt	3–8	c) Ungerechtfertigte Ungleichbehandlung von Vaterschaft und Mutterschaft, Art. 3 Abs. 2 GG	27, 28
1. Rechtslage bis 1998	3		
2. Inhalt von § 1591	4		
3. Fälle mit Auslandsbezug	5	d) Ungleichbehandlung von Ei- bzw. Embryonenspende und Leihmutterschaft	29
4. Ausnahmen von der Regel	6		
5. Sonderfälle; Kindesverwechslung u. ä. ..	7	e) Das Recht des Kindes auf Kenntnis der eigenen Abstammung	30, 31
6. Adoption	8		
III. Das Auseinanderfallen von rechtlicher und genetischer Mutterschaft infolge künstlicher Befruchtungsmethoden	9–32	f) Recht auf ein genetisch eigenes Kind?	32
		IV. Überlegungen zur Statuskorrektur	33–38
1. Künstliche Befruchtungsmethoden	9	1. Keine Anfechtung der Mutterschaft durch die ges. Mutter	33, 34
2. Folgeprobleme	10–13	2. Anfechtung und Feststellung durch die genetische Mutter	35, 36
a) Künstliche Befruchtung der Wunschmutter	10	a) Anfechtung durch die genetische Wunschmutter bei Leihmutterschaft	35
b) Leihmutterschaft	11		
c) Ersatzmutterschaft	12	b) Keine Anfechtung durch die Eispenderin	36
d) Rechtsstellung des Vaters	13		
3. Keine Lösung durch den Gesetzgeber ..	14–16	3. Anfechtung und Feststellung der Mutterschaft durch das Kind	37
4. Rechtsvergleich	17–23		
a) Überblick	17–19	4. Anfechtung der Mutterschaft durch den Vater	38
b) Länder mit Legalisierung der Leihmutterschaft	20–23		
5. Kritische Würdigung der geltenden Rechtslage	24–32	**V. Totgeburt, Fehlgeburt**	39
		VI. Babyklappe und anonyme Geburt	40, 41
a) Stellenwert ethischer Bedenken	25	**VII. Übergangsrecht**	42

I. Normzweck

1   Die Vorschrift dient der Klarstellung des **Personenstands** des Kindes. Geklärt werden die Verwandtschaft des Kindes zur ges. Mutter sowie seine verwandtschaftliche Zuordnung **zu deren Verwandten.** Waren bei Schaffung des BGB noch Abstammung von einer Mutter und Geburt durch eine Frau untrennbar und ein und **derselbe Gedanke,** was zur dementsprechenden Regelung des § 1589 S. 1 geführt hat, so ist das heute durch die Entwicklung der modernen Fortpflanzungsmedizin zum ungelösten Problem geworden. Das hat den Gesetzgeber der Kindschaftsrechtsreform von 1998[1] veranlasst ausdrücklich zu klären, wer beim **Auseinanderfallen von genetischer Abstammung und Geburt** als **Mutter** anzusehen ist. Dieses Auseinanderfallen kann durch Ei- oder Embryonenspende[2] entstehen (näher Rn. 9 ff.), mag diese auch in Deutschland nach § 1 Embryonenschutzgesetz[3] bislang verboten sein. Für diese Fälle, die trotz strafrechtlicher Normen im Inland jedenfalls durch „Fortpflanzungstourismus" entstehen, soll die Norm zu einer **klaren Lösung** für die Frage der Abstammung führen (vgl. Rn. 14).[4] Ausschließlich die Frau, die das Kind geboren

---
[1] Entwurf des KindRG BT-Drucks. 13/4899 S. 82.
[2] Dazu *Wohn,* Reproduktionstechniken und das neue Abstammungsrecht, S. 21 ff.; *Laufs* JZ 1986, 769, 775; *Deutsch* MDR 1985, 177, 181; *ders.* NJW 1986, 1971.
[3] Vom 13. 12. 1990, BGBl. I S. 2746; eingehend *Coester-Waltjen* FamRZ 1992, 369 ff.
[4] Zur Rechtslage in der Schweiz *Hegnauer* FamRZ 1996, 914, 915; in Frankreich *Furkel* FamRZ 1996, 772, 775.

hat, soll die ges. Mutter sein und bleiben, mag sie auch nicht zugleich die **genetische** Mutter sein. Im Grundsatz rechtfertigt sich diese Zuordnung freilich dadurch, dass derjenigen Frau die Verantwortung übertragen wird, die das Kind in Übernahme der Mutterrolle austrägt (s. Rn. 4).[5] Fraglich bleibt indes, ob es richtig ist, keine Ausnahmen von diesem Grundsatz zuzulassen. Eine Korrekturmöglichkeit, also eine **Klärung der Abstammung** durch Anfechtung, **sieht das Gesetz** für die Fälle der Ersatz- oder Leihmutterschaft nämlich bewusst **nicht vor**.[6] Für den Fall der Samenspende gibt es diese Einschränkung demgegenüber nicht, wie nicht zuletzt die einseitige Anfechtungssperre des § 1600 Abs. 5 zeigt.

Begrifflich empfiehlt sich in Problemfällen, von der (nur) genetischen Mutter einerseits und der rechtlichen Mutter andererseits zu sprechen. Begriffe wie „leibliche" oder „biologische" Mutter hingegen bleiben mehrdeutig, da die Verbindung von Mutter und Kind durch Schwangerschaft und Geburt durchaus auch eine biologische[7] ist.

II. Anknüpfung an die Geburt

1. Rechtslage bis 1998. Anknüpfend an den alten römisch-rechtlichen Rechtssatz „mater semper certa est"[8] ging das frühere Abstammungsrecht des BGB stillschweigend davon aus, dass bei der Geburt nie ungewiss ist, wer die leibliche und damit gesetzliche Mutter eines Kindes ist. Die Mutterschaft ergab sich aus der Geburt, eine ges. Mutterschaftsfestlegung war damit entbehrlich. Da dieser Erfahrungssatz im Zuge des medizinischen Fortschritts seine Allgemeingültigkeit verloren hat, stellte sich die Frage nach einer ges. Regelung, die der Gesetzgeber dann im Rahmen Kindschaftsrechtsreform von 1998 im Sinne der heutigen Regelung beantwortete. Zuvor war umstritten, wie das Phänomen der gespaltenen Mutterschaft, des Auseinanderfallens von gebärender und genetischer Mutter, angesichts der diesbezüglichen **Gesetzeslücke** rechtlich einzuordnen war. Ausgangspunkt war dabei freilich die Erfahrung, dass die gebärende Frau in der Lebenswirklichkeit in der Regel auch die genetische Mutter ist und die Übereinstimmung von rechtlicher und genetischer Mutterschaft weitaus häufiger der Realität entspricht als die Übereinstimmung von rechtlicher und genetischer Vaterschaft. Demgemäß sprach auch zum damaligen Zeitpunkt alles für die Grundregel der gebärenden Frau als rechtlicher Mutter. Schließlich ist und war der Gedanke einer Anerkennung der Mutterschaft unserem Recht fremd.[9] Die überwiegende Meinung ging dabei zugleich von einem unveränderlichen Status aus;[10] schließlich dürfe das Kind keinesfalls mutterlos gestellt werden. Zum anderen sollten entspr. medizinische Praktiken und Leihmuttervereinbarungen nicht auf diesem Wege legitimiert werden.[11] Andere hingegen nahmen eine – ggf. nur für das Kind[12] – durch Anfechtung widerlegbare **Mutterschaftsvermutung** an[13] oder bejahten zumindest die Möglichkeit einer Klage auf Feststellung des Nichtbestehens eines Mutter-Kind-Verhältnisses gem. § 640 Abs. 2 Nr. 1 ZPO aF.[14]

2. Inhalt von § 1591. Das geltende Recht bestimmt nun ausschließlich die gebärende Frau zur Mutter des Kindes. Die Zuordnung gilt kraft Gesetzes, auf eine Willenserklärung der Mutter oder die Übernahme der Mutterrolle kommt es nicht an. Eine spätere Geschlechtsumwandlung lässt die Zuordnung unberührt.[15] Als Grundsatz hat die Regelung des § 1591 hohe Überzeugungskraft. Die **Geburt als Publizitätsmerkmal der Mutterschaft** ist allgemein anerkannt. Das rechtfertigt es,

---

[5] Die Rechtssicherheit betont auch *Büttner* FamRZ 1997, 464, 466 mit Vergleich zum andersartigen englischen Kindschaftsrecht.
[6] Entwurf BT-Drucks. 13/4899 S. 82; BR-Drucks. 180/96 S. 61 und 92.
[7] Vgl. *Quantius* FamRZ 1998, 1145, 1150.
[8] Paulus Dig. 2.4.5.
[9] AllgM; *Gernhuber/Coester-Waltjen* § 51 Rn. 4; RGRK/*Böckermann* Vor § 1600a Rn. 2.
[10] So *Deutsch* NJW 1986, 1971, 1974; *Soergel/Gaul* § 1591 aF Rn. 39. Bzgl. Anfechtungsrecht der Frau: *Deutsch* MDR 1985, 177, 182; *Bernat* MedR 1986, 245, 252; *Harder* JuS 1986, 505, 510; *Mutschler* FamRZ 1994, 65, 69; *Lee* S. 122, 144; *Staudinger/Rauscher* § 1591 Rn. 9, 20 f.; *Soergel/Gaul* § 1591 aF Rn. 43.
[11] *Diederichsen* NJW 1998, 1977, 1979; *Mutschler* FamRZ 1994, 65, 69; *Greßmann* Rn. 58; *Staudinger/Rauscher* § 1591 Rn. 14.
[12] *Mutschler* FamRZ 1994, 65, 69.
[13] *Coester-Waltjen* FamRZ 1984, 230, 232 und FamRZ 1991, 369, 371; *Kollhosser* JA 1985, 553, 556 für den Fall der Leihmutterschaft; de lege ferenda für eine Anfechtbarkeit der Mutterschaft analog den Vaterschaftsregeln: Beschlüsse des 59. DJT NJW 1992, 3016, 3017; MünchKommBGB/*Mutschler*, 3. Aufl. 1992, § 1591 Rn. 53.
[14] So *Coester-Waltjen*, Gutachten für den 56. DJT, B 112 f.; *Gaul* FamRZ 1997, 1441, 1463; *Soergel/Gaul* § 1591 aF Rn. 39; aA *Staudinger/Rauscher* § 1591 Rn. 21.
[15] OLG Schleswig FamRZ 1990, 433, 434.

jedes Kind **der gebärenden Frau** als seiner ges. Mutter **zuzuordnen**.[16] Außerdem ist das Neugeborene auf die Hilfe der Frau, die es auf die Welt bringt, sofort und dringend angewiesen, selbst wenn die Fürsorge Dritter zur Stelle ist. Das erfordert im Interesse des Kindes eine sofortige volle Verantwortung der Gebärenden für das Kind. Die nur genetische Mutter hingegen wird während der Geburtszeit eher nicht in der Nähe des Kindes sein. Die aus Schwangerschaft und Geburt entstandenen engen und durchaus auch biologischen Bindungen lassen zudem am ehesten vermuten, dass die erwartete Verantwortung getragen und die für das Kind nötige Hilfe geleistet wird. Die austragende Frau steht der Verantwortung für das Neugeborene eben am nächsten. Insoweit kann auch nicht außer Acht bleiben, dass Schwangerschaft und Geburt Mutter und Kind körperlich wie seelisch zumindest im Anfangsstadium enger aneinander binden als das Blutsband.[17] Ein weiterer tragender Gesichtspunkt besteht darin, dass derjenigen Frau Mutterpflichten auferlegt werden sollten, die die tatsächliche Verantwortung für die Existenz des Kindes auch faktisch übernommen hat. Hierin liegt zudem ein Bindeglied zwischen der notwendigen Publizität (Statusklarheit) und der Statussicherheit.[18] Die geltende ges. Regelung der **Anknüpfung des Status** an die Geburt ist daher als richtige Lösung zu begrüßen.[19] Sie beseitigt Unsicherheiten, die gerade bei der Geburt nicht tragbar[20] wären. Fraglich ist nur die Ausschließlichkeit der Regelung bzw. die (fehlende) Korrigierbarkeit des Status (insbesondere durch Anfechtung der Mutterschaft), deren Berechtigung davon unabhängig zu beurteilen bleibt[21] (vgl. Rn. 24 ff.).

5 **3. Fälle mit Auslandsbezug.** Soweit nach Art. 19 Abs. 1 EGBGB im Hinblick auf die Abstammung des Kindes ausländisches Recht Anwendung findet,[22] kann die Frage der Anerkennung der Mutterschaft[23] anders als nach deutschem Recht zu beurteilen sein (vgl. Art. 19 EGBGB Rn. 9). Damit korrespondiert die Regelung im PStG: Die Anerkennung der Mutterschaft zu einem Kinde wird auf mündlichen oder schriftlichen Antrag der Mutter oder des Kindes beim Geburtseintrag beurkundet, wenn geltend gemacht wird, dass die Mutter oder der Mann, dessen Vaterschaft anerkannt oder rechtskräftig festgestellt ist oder von dem das Kind nach Angabe der Mutter stammt, eine fremde Staatsangehörigkeit besitzt und das Heimatrecht dieses Elternteils eine Anerkennung der Mutterschaft vorsieht, § 27 Abs. 2 PStG.

6 **4. Ausnahmen von der Regel.** Die **genetische Mutterschaft** ist in den Fällen gespaltener Mutterschaft trotz und entgegen § 1591 dann erheblich, wenn es im rechtlichen Mutter-Kind-Verhältnis wegen des Regelungszwecks **allein** auf die **Blutsverwandtschaft ankommt.** Das ist insbes. der (seltene) Fall, wenn ein **Ehehindernis** nach § 1307 besteht oder auszuräumen ist.[24] Zum Beispiel darf ein durch heterologe Fertilisation erzeugter Mann die Ei-Spenderin nicht heiraten.[25] Dagegen sollte der Sohn seine Leihmutter heiraten können, die die von einer anderen Frau stammende Eizelle ausgetragen hat, obwohl er gesetzlich mit ihr verwandt ist.[26] Für die Frage **der Strafbarkeit des Inzestes** gem. § 173 Abs. 1 StGB kann ebenfalls nicht an die bloße Geburt angeknüpft werden,[27] hier bleibt nach dem Regelungssinn die Blutsverwandtschaft entscheidend. Beim entschuldigenden Notstand nach § 35 StGB wird neben der ges. auch die genetische Mutter

---

[16] Ebenso *Bernat* MedR 1986, 245, 251; *Coester-Waltjen,* Gutachten für den 56. DJT, 4. Teil, B II 1, B 111; *dies.* FamRZ 1984, 230, 232 und FamRZ 1992, 369, 371 mit umfassender Zusammenstellung; BMFT, Bericht In-vitro-Fertilisation, S. 19; *Eberbach* MedR 1986, 253, 254; *Harder* JuS 1986, 504, 510; *Hohloch* StAZ 1986, 153, 157; *Holzhauer* FamRZ 1986, 1162, 1166; *Kollhosser* JA 1985, 553, 555; *Knöpfel* FamRZ 1983, 317, 322; *Helms* FuR 1996, 178, 180; *Quantius* FamRZ 1998, 1145, 1150; aA *Soergel/Gaul* § 1591 Rn. 38; unklar, aber wohl aA *Bilsdorfer* MDR 1984, 803, 805, 806; s. auch *Ramm* JZ 1989, 861, 871 und *Schumacher* FamRZ 1987, 313, 321.
[17] *Edenfeld* FuR 1996, 190, 191; *Erman/Hammermann* § 1591 Rn. 2; *Mutschler* FamRZ 1994, 65, 66 u. 69; *Gaul* FamRZ 1997, 1441, 1464.
[18] *Coester-Waltjen* Jura 1987, 629, 633; *Quantius* FamRZ 1998, 1145, 1150.
[19] *Gaul* FamRZ 1997, 1441, 1463 spricht von der einzig praktikablen Entscheidung; ähnlich auch *Coester-Waltjen* FamRZ 1992, 369, 371, die die Norm für entbehrlich hält.
[20] Vgl. BMFT, Bericht In-vitro-Fertilisation, S. 24, unter Hinweis auf BVerfGE 56, 363, 389.
[21] So auch *Ramm* JZ 1996, 987, 993; wohl auch *Edenfeld* FuR 1996, 192.
[22] Wobei mangels Übergangsvorschrift (Rn. 42) für die Mutterschaft stets die jetzige Fassung des Art. 19 Anwendung findet, während bezüglich der Grundlagen der Vaterschaft gem. Art. 224 § 1 Abs. 1 EGBGB für die bis zum 30. 6. 1998 geborenen Kinder altes IPR gilt.
[23] Vgl. etwa DAVorm. 1983, 914 und ZBlJugR 1987, 26: Vater Italiener, Mutter Deutsche.
[24] *Gaul* FamRZ 1997, 1441, 1464.
[25] Vgl. *Hohloch* StAZ 1986, 153, 159; *Palandt/Brudermüller* § 1307 Rn. 3. Die Eispenderin ist allerdings die Schwägerin des Mannes, falls dieser auch aus einer Samenspende ihres (früheren) Ehemannes stammt, wie das bei Wuscheltern der Fall sein kann.
[26] AA *Palandt/Brudermüller* § 1307 Rn. 5.
[27] Ebenso *Diederichsen* NJW 1998, 1977, 1979; *Muscheler* FamR Rn. 528; NK-BGB/*Gutzeit* Rn. 4; vgl. auch Entwurf BT-Drucks. 13/4899 S. 83.

gemeint sein können, wenn sie bekannt ist. Beim sexuellen Missbrauch von Schutzbefohlenen stellt § 174 Abs. 1 Nr. 3 StGB auf den Missbrauch des minderjährigen, leiblichen Kindes ab. Hier wiederum liegt es nahe, dass sich sowohl die genetische als auch die gesetzliche Mutter strafbar machen können.

5. Sonderfälle; Kindesverwechslung u. ä. Ist die Geburt eines Kindes durch eine bestimmte Frau nicht offenkundig, etwa beim Findelkind (vgl. § 24 PStG) oder bei Kindesvertauschung, kann die Mutterschaft im Abstammungsverfahren nach § 169 Nr. 1 FamFG festgestellt werden.[28] Der Umstand der Kindesvertauschung oder -verwechslung ändert dabei nichts an der Mutterschaft der Gebärenden. In Fällen, in denen der Geburtsvorgang selbst nicht ermittelbar ist, wird man die Abstammung über ein med. Abstammungsgutachten zu klären haben. Auf diese Weise ist die genetische Abstammung eindeutig ermittelbar. Im Zweifel ist dann die genetische Mutter auch als Mutter iSv. § 1591 anzusehen, mag auch der Tatbestand der Geburt dieses Kindes iSv. § 1591 ggf. offen bleiben. Hier muss schließlich der Erfahrungssatz greifen, dass diejenige, die genetisch die Mutter ist, in aller Regel das Kind auch geboren hat. Gegen die Mutterschaft einer bestimmten Frau sprechende Tatsachen (**Kindesvertauschung,**[29] **Kindesunterschiebung;** Kindesraub, absichtliche Falschbeurkundung,[30] Naturkatastrophen und dgl.) können im Übrigen mit allen geeigneten Beweismitteln im Abstammungsverfahren bewiesen werden.[31] Die Geburtsurkunde als öffentliche Urkunde spielt dabei allerdings als Beweismittel eine wichtige Rolle (§§ 54, 59 PStG, §§ 415, 418 ZPO).[32] Bis zum Beweis der Unrichtigkeit der Eintragung im Geburtenregister ist von der beurkundeten Rechtslage auszugehen. Möglich ist auch ein Berichtigungsverfahren gem. § 47 PStG vor dem Amtsgericht.[33] Wird demgemäß eine andere Frau als ges. Mutter festgestellt, bleibt zu Gunsten der „bisherigen" Mutter zumindest ein Umgangsrecht mit dem Kind gem. § 1685 Abs. 2 BGB.[34]

6. Adoption. Eine rechtliche Mutterschaft kann außer durch Geburt infolge Adoption begründet werden, §§ 1741 ff., 1754. Durch die Stiefkindadoption können bei eingetragenen Lebenspartnerinnen zwei Frauen Mutter des Kindes sein, § 9 Abs. 7 LPartG. Die Stiefkindadoption ist sogar der Regelfall, wenn ein Kind infolge künstlicher Befruchtung einer Lebenspartnerin in die Lebenspartnerschaft hineingeboren wird. Die annehmende Mutter wird in diesen Fällen aber nicht als zweite Mutter im Geburtenregister oder in die Geburtsurkunde des Kindes eingetragen.[35]

III. Das Auseinanderfallen von rechtlicher und genetischer Mutterschaft infolge künstlicher Befruchtungsmethoden

1. Künstliche Befruchtungsmethoden.[36] Wird eine Frau mit Spendersamen, sei es des Ehemannes (homolog) oder eines Dritten (heterolog), künstlich befruchtet,[37] so bringt sie gleichwohl ihr genetisch eigenes Kind zur Welt. Gebärende und genetische Mutter sind hier identisch. Das Gleiche gilt, wenn zwar die Befruchtung einer Eizelle mit dem Samen in vitro (im Reagenzglas) erfolgt, diese Eizelle aber von der Frau stammt, der sie nachher wieder implantiert wird. Anders liegt es jedoch, wenn der Frau eine fremde Eizelle übertragen wird. Das kann im Wege des **Gameten-Transfers erfolgen,** bei dem Spermien und (fremde) Eizelle in den Uterus oder den Eileiter künstlich eingebracht werden, um zu einer intrakorporalen Befruchtung zu gelangen. Bei der extrakorporalen **In-vitro-Fertilisation**[38] wird die fremde Eizelle (Eispende) zunächst im Labor befruch-

---

[28] *Veit/Hinz* FamRZ 2010, 505, 508; *Baumbach/Lauterbach/Albers/Hartmann* § 169 FamFG Rn. 4; *Schulte-Bunert/Weinreich/Schwonberg* § 169 FamFG Rn. 6; *Erman/Hammermann* Rn. 6 f.; aA *Bamberger/Hahn* § 1591 Rn. 25: im Verfahren nach dem PStG.
[29] Dazu *Veit/Hinz* FamRZ 2010, 505 ff.
[30] OLG Koblenz FamRZ 2010, 481.
[31] *Gernhuber/Coester-Waltjen* § 51 Rn. 6.
[32] Näher BGHZ 53, 245 = NJW 1970, 946 (Fall Anastasia); BGH NJW 1971, 53; NJW 1973, 51 = FamRZ 1973, 26 = ZZP 86, 312 m. Anm. *Wieser*; *Veit/Hinz* FamRZ 2010, 505, 506.
[33] BayObLGZ 1977, 274 = StAZ 1978, 37 = DAVorm. 1979, 50; dazu auch *Veit/Hinz* FamRZ 2010, 505, 508.
[34] *Veit/Hinz* FamRZ 2010, 505, 509; *Gernhuber/Coester-Waltjen* § 51 Rn. 6.
[35] Das ist verfassungsgemäß, vgl. BVerfG FamRZ 2010, 1622; s. auch OLG Celle StAZ 2011, 150.
[36] Ausführlich *Wohn,* Reproduktionstechniken und das neue Abstammungsrecht, S. 21 ff.; *Luh* S. 73 ff.; zum Themenkreis auch *Giesen* JZ 1985, 652 ff.; *Bernat* MedR 1986, 245, 251; *Schlegel* FuR 1996, 116; *Staudinger/Rauscher* § 1591 Rn. 2 ff.
[37] Kurze Darstellungen mit medizinischer Zusammenhänge bei *Zimmermann* FamRZ 1981, 929; *Laufs* JZ 1986, 769; *Deutsch* MDR 1985, 177 und NJW 1986, 1971; *Quantius* FamRZ 1998, 1145. Vgl. zur Vereinbarung der heterologen Insemination auch das Rundschreiben der Bundesnotarkammer in DNotZ 1998, 241.
[38] Ausführlich dazu *Lehmann* S. 3 ff.

tet, um erst danach implantiert zu werden. Folge ist dann, dass die Frau ein genetisch fremdes Kind austrägt. Ähnlich liegt es beim **Embryotransfer.** Hier wird zunächst eine andere Frau mit Samen des Ehemannes künstlich befruchtet; der so entstandene Embryo wird dann ausgespült und in die – hormonell vorbereitete – Gebärmutter der Ehefrau eingepflanzt, die das Kind zur Welt bringt. Nach **§ 1 Abs. 1 Nr. 1, 2, 6 ESchG** sind zwar sowohl die Übertragung einer fremden unbefruchteten Eizelle auf eine Frau als auch die Entnahme einer Eizelle zu diesem Zweck sowie die Entnahme eines Embryos aus einer Frau zum Zweck des Transfers auf andere Frau verboten.[39] Doch nicht jeder Befruchtungsarzt hält sich an diese Verbote. Außerdem sind ausländische Rechtsordnungen hier zum Teil liberaler, so dass entsprechende Behandlungen im Ausland vorgenommen werden. Wenn bei der Befruchtung zudem noch Samen eines Samenspenders verwendet wird, kann es überdies im Hinblick auf den Vater zu einem Auseinanderfallen von genetischer und rechtlicher Abstammung kommen. Das Kind stammt dann genetisch von keinem der ges. Elternteile ab. Ferner ist eine gespaltene Mutterschaft denkbar nach Eierstocktransplantation. Und nicht zuletzt ist an den (nicht von § 1 ESchG erfassten) Fall der „**Embryo-Adoption**" zu denken, also der Transfer eines im Rahmen der Fruchtbarkeitsbehandlung seiner genetischen Mutter „übrig gebliebenen" Embryos.[40]

10   **2. Folgeprobleme. a) Künstliche Befruchtung der Wunschmutter.** Erfolgt die Befruchtungsbehandlung bei einer Frau, die selbst Mutter werden will (Wunschmutter), und bringt sie sodann nach erfolgreicher Behandlung das genetisch fremde Kind zur Welt, wird es meist nicht zu rechtlichen Problemen kommen, da die rechtliche Mutterschaft kraft Geburt hier gerade gewünscht ist. Die Eispenderin hingegen wird – wie der Samenspender – kein Interesse an dem Kind haben. Anders könnte es aber liegen, wenn die Gebärende stirbt oder wenn sie das Kind zur Adoption frei gibt und die Eispenderin unter diesen Umständen doch die Verantwortung für das Kind übernehmen möchte. Weiterhin mag das Kind selbst später an der Klärung seiner genetischen Abstammung interessiert sein.

11   **b) Leihmutterschaft.**[41] Davon zu unterscheiden sind Fälle der Leihmutterschaft, bei denen eine Eizelle oder ein Embryo einer anderen Frau (auch: Tragemutter) eingepflanzt wird, die dann das Kind **für die Wunschmutter austragen** soll.[42] Dabei kann das Kind mit der Eizelle der Wunschmutter oder auch mit der Eizelle einer dritten Frau (Eizellenspenderin) gezeugt worden sein. Jedenfalls ist die gebärende Frau hier nicht zugleich die genetische Mutter. Die rechtliche Zuordnung des Kindes zur genetischen Mutter kann dann nach der Vorstellung des Gesetzgebers nur im Wege der Adoption erfolgen.[43] Probleme können sich dabei ergeben, wenn es sich die Leihmutter als rechtliche Mutter iSv. § 1591 anders überlegt und das Kind doch nicht an die Wunscheltern herausgibt[44] bzw. das Kind nicht zur Adoption durch diese freigibt. Da entsprechende Vereinbarungen mit der Leihmutter als verboten bzw. sittenwidrig gelten und somit nach hM nichtig (§§ 134, 138) sind,[45] hat die genetische Mutter keinen Anspruch auf Herausgabe des Kindes und auch nicht auf Schadensersatz. Im Übrigen besteht auch bei Freigabe des Kindes zur **Adoption** keine Garantie für die Wunscheltern, dass gerade sie das Kind annehmen können, vgl. § 1741 Abs. 1 S. 2.[46] Anders mag es allerdings liegen, wenn sie nach Herausgabe des Kindes durch die Leihmutter mit dem Kind schon länger zusammen leben und das Kind zu den Wunscheltern eine gute soziale Bindung aufgebaut hat.[47] Bei Adoptionen mit Auslandsbezug stellen sich zahlreiche weitere Probleme.[48] Angesichts dieser unsicheren Situation mag im Einzelfall durchaus ein schutzwürdiges Interesse der genetischen Mutter bestehen, ihre Mutterschaft festzustellen zu lassen bzw. die Mutterschaft der Leihmutter anzufechten. Im Übrigen kann auch hier wieder das denkbare Interesse des Kindes,

---

[39] Dazu *Coester-Waltjen* FamRZ 1992, 369; auch wegen des Arztrechts *Deutsch* MDR 1985, 177, 181; *Laufs* JZ 1986, 769, 773 sowie NJW 2000, 2716. Verfassungsrechtliche Bedenken haben insoweit zu Recht: *Lurger* DEuFamR 1999, 210, 218; *Coester*, FS Jayme, 2004, S. 1243, 1258

[40] Zu diesem Problemkreis *Lehmann* S. 152 ff.

[41] Zu den Begriffen auch *Coester*, FS Jayme, 2004, S. 1243 f.; *Soergel/Gaul* § 1591 aF Rn. 40.

[42] Das ist der Fall der Ersatzmutter im Sinne von § 13a Nr. 2 AdoptionsvermittlungsG; die Vermittlung ist strafbar, § 14b des Ges.

[43] *Quantius* FamRZ 1998, 1145, 1151; *Coester-Waltjen* Jura 1987, 629, 623; *Harder* JuS 1986, 505, 511; *Gernhuber/Coester-Waltjen* § 53 Rn. 4-6.

[44] S. dazu *Schumacher* FamRZ 1987, 313, 322 f.

[45] Vgl. OLG Hamm NJW 1986, 781; LG Freiburg NJW 1987, 1486; *Palandt/Brudermüller* Einf v § 1591 Rn. 22; NK-BGB/*Gutzeit* Vor §§ 1591-1600d Rn. 12; *Schumacher* FamRZ 1987, 313, 323; *Coester-Waltjen* FamRZ 1992, 371; *Harder* JuS 1986, 510; *Kollhosser* JA 1985, 553, 556; *Laufs* JZ 1986, 769, 775; *Lehmann* S. 180.

[46] Zu den diesbez. Erwägungen des Gerichts *Coester*, FS Jayme, 2004, S. 1243, 1249.

[47] Vgl. BT-Drucks. 13/8511 S. 75; AG Gütersloh FamRZ 1986, 718, 719; *Palandt/Diederichsen* § 1741 Rn. 5.

[48] S. zB AG Nürnberg FamRZ 2010, 1579, Vaterschaftsanerkennung bei Kind von russischer Ersatzmutter.

genetische und rechtliche Abstammung in Einklang zu bringen, beachtlich sein, zumindest aber das Interesse an der Kenntnis der betreffenden Personen. Ähnlich problematisch ist der umgekehrte Fall, dass die „Bestelleltern" nach der Geburt des Kindes nicht mehr bereit sind, dieses zu übernehmen. Abgesehen von der Möglichkeit, das Kind anderweitig zur Adoption freizugeben, stellt sich dann die Frage, ob zumindest das Kind die Mutterschaft der Gebärenden anfechten kann mit dem Ziel, die genetische Mutter als Mutter und Unterhaltsverpflichtete feststellen zu lassen.

c) Ersatzmutterschaft.[49] Für die Abstammung unerheblich ist dagegen der Fall der Ersatzmutterschaft[50], bei der eine Frau für eine andere Frau ein Kind austrägt, das aus ihrer eigenen, fremdbefruchteten Eizelle stammt. In diesem Fall decken sich genetische und rechtliche Mutterschaft. Es liegt dann, wenn sich die Ersatzmutter an ihre Zusage hält, das Kind nach der Geburt an die Wunscheltern herauszugeben, wie auch sonst bei einer Adoption. **12**

d) Rechtsstellung des Vaters. Ob der Wunschvater, falls er genetischer Vater ist, die Feststellung seiner Vaterschaft erreichen kann, hängt maßgeblich davon ab, ob bereits eine andere Vaterschaft besteht (zB zu Gunsten des Ehemanns der Leihmutter bzw. Ersatzmutter nach § 1592 Nr. 1), denn diese Vaterschaft müsste zunächst angefochten werden. Im Fall der künstlicher Befruchtung der Leihmutter wird der Wunschvater als leiblicher Vater allerdings bei eigener Anfechtung am Erfordernis der eidesstattlichen Versicherung der Beiwohnung (vgl. § 1600 Abs. 1 Nr. 2) scheitern. In diesem Fall bleibt er auf die Vaterschaftsanfechtung durch die Leihmutter/Ersatzmutter oder den rechtlichen Vater angewiesen. Zu beachten bleibt, dass die Eispenderin, falls ihr Ehemann rechtlicher Vater ist, wenigstens mit dem Kind verschwägert ist, § 1590. Ein kleines Mitsorgerecht iSv. § 1687b wird die Eispenderin nur erlangen können, wenn ihr Ehemann rechtlicher Vater und zudem allein sorgeberechtigt ist und das Kind im gemeinsamen Haushalt der Ehegatten lebt. **13**

3. Keine Lösung durch den Gesetzgeber. Mit der rigorosen Regelung in § 1591 verdrängt der Gesetzgeber die vorgenannten Problemkreise. Die Gesetzesbegründung führt aus, dass die Norm eingeführt wurde um klarzustellen, dass für Kinder, die im Wege künstlicher Befruchtung durch Ei- oder Embryonenspende gezeugt wurden, allein und „unverrückbar" die Gebärende die Mutter ist.[51] Eine Mutterschaftsanfechtung ist nach dem Willen des Gesetzgebers für alle Beteiligten ausgeschlossen.[52] Eine anderweitige Regelung wurde im Gesetzgebungsverfahren ausdrücklich abgelehnt.[53] Von der hM im **Schrifttum** wird daher heute erst recht keine Grundlage mehr für eine Anfechtung der Mutterschaft gesehen.[54] Eine gespaltene Mutterschaft soll es im Interesse des Kindes nicht geben. Auf diese Weise sollen insbesondere Leihmutterschaften verhindert werden. Die Regelung entspreche insoweit dem ges. Verbot von Ei- und Embryonenspenden. Die Klarstellung im BGB schien dem Gesetzgeber gleichwohl geboten, weil es infolge von entsprechenden Behandlungen im Ausland oder auch verbotenen Behandlungen im Inland durchaus zu Konfliktfällen kommen kann. Insoweit müsse verhindert werden, dass das Zivilrecht eine öffentlich-rechtlich verbotene Maßnahme der künstlichen Befruchtung billige oder gar praktikabel mache.[55] Im Schrifttum wurde diese Linie vielfach begrüßt; das Zivilrecht dürfe schließlich nicht dazu dienen, das **Verbot** der Ersatzmuttervereinbarungen und der damit häufig verbundenen heterologen Praktiken iSv. § 1 Abs. 1 Nr. 1, 2, 6 und § 7 ESchG zu umgehen.[56] Ließe man nämlich eine Anfech- **14**

---

[49] Die Begriffe werden uneinheitlich verwendet; wie hier *Schlegel* FuR 1996, 116; *Harder* JuS 1986, 504; abweichend § 13a AdoptionsvermittlungsG, wonach Ersatzmutter eine Frau ist, die auf Grund einer Vereinbarung bereit ist, (1.) sich einer künstlichen oder natürlichen Befruchtung zu unterziehen oder (2.) einen nicht von ihr stammenden Embryo auf sich übertragen zu lassen oder sonst auszutragen und das Kind nach der Geburt Dritten zur Annahme als Kind oder zur sonstigen Aufnahme auf Dauer zu überlassen. Diese weite Definition erfasst auch die Leihmutter.

[50] Gesetzentwurf BT-Drucks. 13/4899 S. 82.

[51] Entwurf BT-Drucks. 13/4899 S. 82; BR-Drucks. 180/96 S. 61 und 92; zustimmend *Quantius* FamRZ 1998, 1145, 1150.

[52] Das bestätigen etwa: *Quantius* FamRZ 1998, 1145, 1151; *Edenfeld* FuR 1996, 190, 191; *Gaul* FamRZ 1997, 1441, 1463.

[53] S. BT-Drucks. 13/8511 S. 69.

[54] *Diederichsen* NJW 1998, 1977, 1979; *Gaul* FamRZ 1997, 1441, 1464; *ders.* FamRZ 2000, 1461, 1473; *Quantius* FamRZ 1998, 1145, 1146; *Schlegel* FuR 1996, 284, 288; *Pieper* FuR 1998, 33, 35; *A. Wolf* FuR 1998, 392, 395; *Schwab/Wagenitz* FamRZ 1997, 1377; *Bernat* MedR 1986, 245, 252; *Deutsch* MDR 1985, 177, 182; *Eberbach* MedR 1986, 253, 255; *Harder* JuS 1986, 505, 510; *Gernhuber/Coester-Waltjen* § 51 Rn. 7 f.; Palandt/*Brudermüller* § 1591 Rn. 2; Staudinger/*Rauscher* § 1591 Rn. 16, 20; Erman/*Hammermann* § 1591 Rn. 4; FamRefK/*Wax* § 1591 Rn. 3; *Lipp/Wagenitz* § 1591 Rn. 3; *Schwab* FamR Rn. 519, 561; *Grün* Rn. 15 f.; *Ebeling/Zimmermann* DEuFamR 1999, 25, 32; aA *Muscheler/Beisenherz* JR 1999, 407, 411.

[55] BT-Drucks. 13/4899 S. 82; BR-Drucks. 180/96 S. 93.

[56] *Helms* FuR 1996, 178, 188.

tung der Mutterschaft durch die verheiratete Leihmutter zu[57] oder gäbe man ihr das Recht, gegen das Kind auf negative Feststellung hinsichtlich ihrer Mutterschaft zu klagen,[58] so könnte nach Rechtskraft einer solchen Entscheidung die genetische Mutter durch positive Feststellungsklage ein ges. Mutterschaftsverhältnis zu dem Kind herstellen und so weitgehend das erreichen, was mit der verbotenen Vereinbarung angestrebt wurde, nämlich die Zuordnung des Kindes zu ihr. Eben das solle aber ausschließlich im Wege eines **Adoptionsverfahrens** (etwa mit dem Ziel der Annahme des Kindes durch die Bestelleltern) erfolgen.[59]

15   Was das Recht des Kindes auf **Kenntnis der eigenen Abstammung** betrifft, schloss die Gesetzesbegründung[60] zwar ein gerichtliches Verfahren auf Feststellung eines Eltern-Kind-Verhältnisses iSv. § 640 Abs. 2 Nr. 1 ZPO aF (jetzt § 169 Nr. 1 FamFG) aus, hielt eine „**Feststellungsklage nach § 256 ZPO**" jedoch ausdrücklich für möglich.[61] Denn nach „die genetische Abstammung begründet ein Rechtsverhältnis zwischen der genetischen Mutter und dem Kind im Sinne dieser Vorschrift".[62] Der Norm des § 1591 komme insoweit primär nur familienrechtliche Wirkung zu, im Strafrecht etwa könnte sich nach dem Normzweck eine andere Betrachtung ergeben.[63] Im Übrigen akzeptiere das geltende Recht eine isolierte Abstammungsfeststellung ohnehin bereits dann, wenn ein adoptiertes Kind betroffen ist.[64] Gegen diese Auffassung wurde indes zu Recht eingewandt, dass die bloße Klärung des Bestehens oder Nichtbestehens einer genetischen Verwandtschaft kein Rechtsverhältnis iSv. § 256 ZPO darstelle; denn wenn im Rechtssinne nach der Vorstellung des Gesetzgebers allein die Verwandtschaft iSv. § 1591 zählt, so ist die nur genetische Verwandtschaft eine bloße Tatsache und gerade kein *Rechts*verhältnis.[65] Auch der Anspruch auf Kenntnis der eigenen Abstammung oder die theoretische Bedeutung der §§ 1307 BGB, 173 StGB reichen insoweit nicht aus, um die Umstände zu einem Rechtsverhältnis zu verdichten. Insoweit muss vielmehr eine inzidente Abstammungsklärung erfolgen. Demgemäß wird auch ein Antrag nach § 169 Nr. 1 FamFG auf Feststellung des Bestehens eines Eltern-Kind-Verhältnisses in Bezug auf die Mutterschaft für unzulässig gehalten.[66]

16   Unabhängig davon wie man – auch im Lichte einer zu vermeidenden Ungleichbehandlung von Vater- und Mutterschaft – zu dem Meinungsstreit um die allgemeine Feststellungsklage steht, ist indes festzustellen, dass auch mit der Anwendbarkeit von § 256 ZPO nicht viel gewonnen bzw. weitere Zweifelsfragen verbunden wären. Zum einen ist nämlich davon auszugehen, dass die verklagte Frau gegen ihren Willen nicht zur Mitwirkung an einer Abstammungsuntersuchung gezwungen werden könnte.[67] § 372a ZPO bezieht sich insoweit nur auf die „Feststellung der Abstammung" und um diese ginge es bei einer Klage nach § 256 ZPO wohl aus den genannten Gründen nicht.[68] Weiterhin wäre problematisch, dass sich ein solches Verfahren nach dem Prozessrecht der ZPO richten würde und nicht nach den Vorschriften der FamFG-Abstammungssachen. Insbesondere würde keine Rechtskraftwirkung inter omnes erzeugt. Daher erscheint auch der Weg über § 256 ZPO nicht geeignet, die bestehenden Rechtsfragen zu lösen.

---

[57] *Coester-Waltjen,* Gutachten für den 56. DJT, 4. Teil, B II 2, B 114 und FamRZ 1992, 369, 371.
[58] So *Soergel/Gaul* Vor § 1589 Rn. 22.
[59] Vgl. *Edenfeld* FuR 1996, 190, 191; *Helms* FuR 1996, 178, 188; *Mutschler* FamRZ 1994, 65, 69.
[60] Entwurf BT-Drucks. 13/4899 S. 56 und 83.
[61] Dem folgen: *Muscheler/Bloch* FPR 2002, 339, 346; *Muscheler* FamR Rn. 532; *Staudinger/Rauscher* § 1591 Rn. 20 ff.; *Edenfeld* FuR 1996, 190, 195; *Palandt/Brudermüller* § 1591 Rn. 3; *Wolf* FuR 1998, 392; *Seidl* FPR 2002, 402, 403; *Diederichsen* NJW 1998, 1977, 1979; *Quantius* FamRZ 1998, 1145, 1150; **aA** aber: OLG Hamm FamRZ 1999, 1365; *Gaul* FamRZ 1997, 1441, 1443; *ders.* FamRZ 2000, 1461, 1471; *FamRefK/Wax* § 1591 Rn. 5; *Luh* S. 88 f.; *Büttner* FamRZ 1998, 585; *Frank* FamRZ 1995, 975, 980; *v. Sethe* S. 350 F.; *Coester* DEuFamR 1999, 3, 5; *Schwab/Wagenitz* FamRZ 1997, 1377; wohl auch *Lurger* DEuFamR 1999, 210, 219.
[62] So auch *Edenfeld* FuR 1996, 190, 192; *Lee* S. 107; *Staudinger/Rauscher* Einl. zu §§ 1589 ff. Rn. 77; krit. *Diederichsen* NJW 1998, 1977, 1979; *Pieper* FuR 1998, 33, 35; **aA**: *Wanitzek* S. 391; *Keller* NJ 1998, 233, 234; *Muscheler/Beisenherz* JR 1999, 407, 412; *Muscheler* FamR Rn. 532; *FamRefK/Wax* § 1591 Rn. 6; *Staudinger/Rauscher* § 1591 Rn. 23; *Lipp/Wagenitz* § 1591 Rn. 5; *Schlüter* FamR Rn. 268. Allg. zur isolierten Abstammungsfeststellung *Wanitzek* S. 380 ff.
[63] BT-Drucks. 13/4899 S. 83 und BR-Drucks. 180/96 S. 93; zustimmend *Edenfeld* FuR 1996, 190, 192; *Quantius* FamRZ 1998, 1145, 1150.
[64] Vgl. *Mutschler* FamRZ 1994, 65, 70; *Edenfeld* FuR 1996, 190, 195; krit. gegenüber diesem Argument *Staudinger/Rauscher* Einl. zu §§ 1589 ff. Rn. 106.
[65] *Gaul* FamRZ 1997, 1441, 1464; *ders.* FamRZ 2000, 1461, 1474; *Rauscher* FamR Rn. 756; *Staudinger/Rauscher* Rn. 23; *Erman/Hammermann* Rn. 5; *Keller* NJ 1998, 234; *Grün* Rn. 18.
[66] *Löhnig* in *Schwab/Bork/Jacoby* FamFG § 169 Rn. 4; *Schwonberg* in *Schulte-Bunert/Weinreich* FamFG § 169 Rn. 6.
[67] Vgl. *Helms* FuR 1996, 178, 188 f. Bedenken auch bei *Gaul* FamRZ 1997, 1464; *Staudinger/Rauscher* Rn. 24.
[68] Offen gelassen von *Gaul* FamRZ 2000, 1441, 1464.

4. Rechtsvergleich. a) Überblick. Wie in Deutschland wird in den meisten **europäischen** 17 **Ländern** das Verwandtschaftsverhältnis des Kindes zur Mutter durch die Geburt begründet.[69] Medizinische Methoden, die zu einer Spaltung der Mutterschaft führen, sind vielfach verboten.[70] Und auch im Falle des (erlaubten oder unerlaubten) faktischen Herbeiführens einer gespaltenen Mutterschaft entscheidet die Geburt über die Kindeszuordnung entsprechend dem Grundsatz *mater semper certa est*. So gilt in **Österreich** (§ 137b AGBG), der **Schweiz**[71] (Art. 252 Abs. 1 ZGB) und **Norwegen** (§ 2 bl),[72] die alle Eizell- und Embryonenspenden ebenso wie die Leihmutterschaft verbieten, als Mutter eines Kindes die Frau, die es geboren hat. In **Dänemark**, das zumindest die Spende unbefruchteter Eizellen erlaubt (§ 3 KUBL), ist ausdrücklich festgelegt, dass diejenige Frau, die ein Kind zur Welt bringt, als dessen Mutter anzusehen ist (§ 30 bl), und zwar unabhängig von seiner genetischen Abstammung. Die Frau, die das Ei einer anderen Frau austrägt, ist nicht verpflichtet, das Kind an die genetische Mutter herauszugeben (§ 31 bl).[73] Ähnliches hat **Spanien** durch Art. 10 Abs. 2 des Gesetzes über die Techniken der künstlichen Reproduktion vom 26. 5. 2006 festgelegt, der bestimmt, dass auch die Abstammung der Kinder, die aus einer (verbotenen) Leihmutterschaft entstanden sind, durch die Entbindung bestimmt wird. Erlaubt sind in Spanien aber künstliche Befruchtungen mit genetischem Fremdmaterial einschließlich der Eispende.[74]

Ausnahmen von der grundsätzlichen Begründung des Verwandtschaftsverhältnisses zwischen 18 Mutter und Kind durch die Geburt bestehen dagegen im romanischen Rechtskreis.[75] In **Frankreich** kann das Verwandtschaftsverhältnis des Kindes zur Mutter kraft Gesetzes (durch Eintragung in der Geburtsurkunde), durch freiwillige Anerkennung, durch Statusbesitz (Art. 310 Cc) oder durch gerichtliche Klage hergestellt werden (Art. 325 Cc).[76] Diese Formen der Abstammung erklären sich daraus, dass Frauen in Frankreich auch die Möglichkeit der anonymen Geburt offen steht (Art. 326 Cc, *accouchement sous X*).[77] Wird das Kindesverhältnis zur Mutter durch keine dieser Möglichkeiten begründet, ist das Kind mutterlos und kann grundsätzlich nach Ablauf von zwei Monaten nach der Geburt zur Adoption freigegeben werden (Art. 351 Cc). Mutterschaft und Vaterschaft sind in vergleichbarer Weise anfechtbar. Allerdings sind auch in Frankreich Leihmutterschaften durch das Bioethikgesetz Nr. 94-653 v. 29. 7. 1994 verboten.[78] Etwaige Bestrebungen verheirateter Paare, ein von einer Leihmutter anonym geborenes Kind zu adoptieren, wurden daher bislang seitens der Gerichte unter Berufung auf allgemeine Grundsätze zur *ordre public (indisponibilité du corps humaine; indisponibilité de l'état des personnes)* und das in Art. 16-7 Cc eingeführte Verbot der Leihmutterschaft

---

[69] Bzw. deren Eintragung in der Geburtsurkunde. Österreich: § 137b AGBG; Belgien: Art. 312 Code civil; Kroatien: Art. 52 Obiteljski zakon (OZ); Spanien: Art. 120 Codigo civil; Frankreich: Art. 311-25 Code civil; Griechenland: Art. 1463 § 2 Astikos Kodix (AK); Luxemburg: Art. 57 Code civil; Niederlande: Art. 198 Burgerlijk Wetboek (BW); Norwegen: § 2 barne lova (bl); Dänemark: § 30 BL; Polen: Art. 40 Ustawa prawo o aktach stanu cywilnego (PASC); Portugal: Art. 1804 Código civil; England & Wales: 1987 Regulations & Children Act 1989; Schottland: 1997 Regulations & Children (Scotland) Act. 1995, S. 3; Schweiz: Art. 252 Abs. 1 ZGB; Türkei: Art. 282 Türk Medeni Kanunu.

[70] Belgien: Gesetz für die medizinisch unterstützte Zeugung und für die Bestimmung der überzähligen Embryos und Gameten v. 15. 3. 2007; Frankreich: Bioethikgesetz Nr. 94-653 v. 29. 7. 1994, relative au corps humain; Italien: Gesetz Nr. 40 v. 19. 2. 2004, Norme in materia di procreazione medicalmente assistita; Österreich: Fortpflanzungsmedizingesetz v. 14. 5. 1992; Spanien: Gesetz 14/2006 v. 26. 5. 2006, sobre técnicas de reproducción humana asistida; Norwegen: Gesetz Nr. 100 v. 5. 12. 2003, Lov om humanmedisinsk bruk av bioteknologi m.m.; Schweiz: Fortpflanzungsmedizingesetz v. 18. 12. 1998; Türkei: Gesetz nr. 24359 v. 31. 3. 2001, Uremeye yardimci tedavi merkezleri yönetmeligi.

[71] Zum schweizerischen Recht *Aebi-Müller/Jaggi* in *Spickhoff/Schwab/Henrich/Gottwald* S. 343, 345 f.

[72] Das norwegische Recht hat allerdings das Institut der Mitmutterschaft eingeführt. § 3 Abs. 2 bl definiert als *medmor* diejenige, die mit der Mutter zum Zeitpunkt der Geburt verheiratet ist, soweit das Kind aus einer künstlichen Befruchtung stammt, die mit ihrer Zustimmung von einer anerkannten Gesundheitsstelle durchgeführt wurde. Für die Anerkennung der Mitmutter gelten dabei grundsätzlich die gleichen Regeln wie für die Vaterschaftsanerkennung; vgl. hierzu *Rieck/Fritze* AuslFamR Norwegen Rn. 25 f.

[73] *Rieck/Reinel* AuslFamR Dänemark Rn. 37.

[74] Näher *Ferrer i Riba* in *Spickhoff/Schwab/Henrich/Gottwald* S. 293, 296.

[75] So erlauben Frankreich (Art. 57 Code civil), Italien (Art. 29 und 30 Decreto Presidente della Repubblica, 3. 11. 2000, Nr. 396) und Luxemburg (Art. 57 al 1 und 9 Code civil, jedoch nur für unverheiratete Mütter) die anonyme Geburt.

[76] *Rieck/Eber* AuslFamR Frankreich Rn. 41; *Ferrand* in *Spickhoff/Schwab/Henrich/Gottwald* S. 93, 112 f.

[77] Allerdings wurde durch das Gesetz Nr. 2009-61 v. 16. 1. 2009 die Klage auf Herstellung des Mutterschaftsverhältnisses dahin geändert, dass die auf dem Antrag der Mutter auf Anonymität der Entbindung beruhende Einrede gestrichen wird. Damit ist die Mutterschaftsfeststellungsklage auch dann immer statthaft, wenn sie gegen die Frau gerichtet wird, die die Anonymität der Entbindung beantragt hatte, wodurch letztlich die Anonymität der Entbindung in Frage gestellt wird. Vgl. hierzu *Ferrand/Francoz-Terminal* FamRZ 2009, 1542.

[78] Zur neuesten Entwicklung *Ferrand/Francoz-Terminal* FamRZ 2010, 1489, 1491.

abgelehnt.[79] Ob die für 2011 geplante Reform des Bioethikgesetzes, wie seitens des Sénat vorgeschlagen,[80] zu einer Legalisierung der Leihmutterschaft in Frankreich führen wird, bleibt abzuwarten. Eine Embryonenspende ist in Frankreich aber erlaubt, wenn nach einer Fruchtbarkeitsbehandlung überzählige Embryonen vorhanden sind und die Eltern ihre Einwilligung in die Spende erteilt haben.

19   Das **belgische Recht** weist verschiedene Parallelen zum französischen Recht auf. Die Mutterschaft wird vorrangig dadurch bestimmt, welche Frau das Kind geboren hat (Art. 312 Cc/BW), und zwar auch im Falle der Leihmutterschaft; daneben gibt es aber ebenfalls die Anerkennung der Mutterschaft und die Mutterschaftsklage.[81] Da Leihmutterverträge gem. Art. 1128 Cc/BW nichtig sind, können die genetischen Eltern das Kind nicht gegen den Willen der Leihmutter herausverlangen. Sie können es lediglich mit Zustimmung der Leihmutter adoptieren.[82] In **Slowenien** findet sich keine ges. Regelung zur Mutterschaft. Im Streitfall finden die Vorschriften über die Vaterschaft entsprechende Anwendung.[83]

20   **b) Länder mit Legalisierung der Leihmutterschaft.** In **Griechenland** wird die Mutterschaft zwar regelmäßig ebenfalls durch Geburt begründet (Art. 1463 griech. ZGB). Eine Ausnahmeregelung gibt es jedoch für den Fall der seit 2002 erlaubten Leihmutterschaft.[84] Ist die Leihmutterschaft zuvor gerichtlich genehmigt worden, so wird die Abstammung von der genetischen Mutter widerleglich vermutet (Art. 1464 Abs. 1 iVm. Art. 1458 griech. ZGB). Voraussetzung ist, dass die austragende Mutter und deren Ehemann ihr Einverständnis ohne Gegenleistung erklärt haben, die genetische Mutter zur Austragung nicht imstande ist und eine gerichtliche Genehmigung für die Maßnahme vorliegt (Art. 1458 griech. ZGB).[85] Die vermutete Mutterschaft der genetischen Mutter kann von der gebärenden Mutter angefochten werden, Art. 1464 Abs. 2 griech. ZGB.

21   In **Großbritannien**, das neben der Eispende auch die Leihmutterschaft zulässt,[86] wird zwar auch für mit Hilfe fortpflanzungsmedizinischer Maßnahmen gezeugte Kinder nicht von der Geburt als Anknüpfungspunkt für die mütterliche Abstammung abgewichen (Sec. 33 Human Fertilization and Embryology Act 2008). Für Leihmutterschaften ist durch Sec. 54 Human Fertilization and Embryology Act 2008 jedoch die Möglichkeit vorgesehen, die Mutter- und Vaterschaft bei Vorliegen weiterer Voraussetzungen innerhalb von sechs Monaten nach der Geburt des Kindes mit Zustimmung der Leihmutter vor Gericht zu beantragen (*parental order*).[87]

22   Ähnlich verhält sich die Rechtslage in **Israel**. Hier gilt gleichfalls trotz der Legalisierung der Leihmutterschaft[88] grundsätzlich die gebärende Frau als die Kindesmutter.[89] Bei kraft hoheitlicher Genehmigung zulässig vereinbarten Leihmutterschaften[90] muss die Elternschaft der Wunscheltern nach der Geburt gerichtlich angeordnet werden. Die Wunscheltern müssen hierzu die Elternschaft innerhalb von sieben Tagen nach der Geburt des Kindes bei dem zuständigen Gericht beantragen, andernfalls wird die Leihmutter in das Bevölkerungsregister eingetragen. Die Herausgabe des Kindes sowie die Überwachung der Vertragsabwicklung unterliegen dabei hoheitlicher Kontrolle.[91]

23   In den **USA**[92] ist die Begründung der Mutterschaft zunächst durch die Geburt als ges. Vermutung bundeseinheitlich festgelegt (§ 3 Nr. 1 Uniform Parentage Act 2000). Der Uniform Status of Children of Assisted Conception Act überlässt den Bundesstaaten allerdings die Wahl zwischen Ablehnung und Anerkennung der Leihmutterschaft. Demgemäß finden sich im Hinblick auf fortpflanzungsmedizinische Maßnahmen in den einzelnen Bundesstaaten unterschiedliche Regelungen. Die Bandbreite reicht hier vom ges. Verbot jeglicher Maßnahmen bis hin zum geregelten oder jedenfalls praktizieren Einsatz der Leihmutterschaft. Eine einheitliche Regelung der sich in diesem

---

[79]   Nachw. bei *Ferrand/Francoz-Terminal* FamRZ 2008, 1692, 1694 Fn. 15.
[80]   Vgl. *Ferrand/Francoz-Terminal* FamRZ 2008, 1692, 1694.
[81]   Näher *Pintens* in *Spickhoff/Schwab/Henrich/Gottwald* S. 119, 123 f.
[82]   *Rieck/Markus* AuslFamR Belgien Rn. 30, 33.
[83]   Näher *Novak* in *Spickhoff/Schwab/Henrich/Gottwald* S. 259 ff.
[84]   In Griechenland sind Leihmutterschaften durch das Gesetz 3089/2002 über die medizinisch unterstützte menschliche Zeugung zugelassen worden; s. zum griech. Recht *Koutsouradis* in *Spickhoff/Schwab/Henrich/Gottwald* S. 205, 244 f.
[85]   *Rieck/vonHuebner/Vlacholoulos* AuslFamR Griechenland Rn. 28; *Koutsouradis* FamRZ 2004, 1426 f.
[86]   Surrogacy Arrangements Act 1985 und Human Fertilisation and Embryology Act 1990 und 2008; dazu *Scherpe* FamRZ 2010, 1513; ferner *Lowe* in *Spickhoff/Schwab/Henrich/Gottwald* S. 319, 328 ff.
[87]   *Scherpe* FamRZ 2010, 1513, 1515; *Rieck/Voigt* AuslFamR Schottland Rn. 34.
[88]   Gesetz über Leihmutterschaftsverträge (5756/1996).
[89]   *Rieck/Knoch* AuslFamR Israel Rn. 31.
[90]   Vgl. i. E. *Rieck/Knoch* AuslFamR Israel Rn. 34.
[91]   *Rieck/Knoch* AuslFamR Israel Rn. 34.
[92]   Rechtsvergleichend zum amerikanischen Recht *Voß* FamRZ 2000, 1552.

Zusammenhang ergebenden Abstammungsfolgen existiert daher gleichfalls nicht.[93] Als Beispiel für die ges. Regelung der Abstammung bei Einsatz heterologer fortpflanzungsmedizinischer Methoden kann der von **Texas** ratifizierte und mit Teilen des Uniform Status of Children of assisted conception Act kombinierte Uniform parentage Act genannt werden. Danach erfolgt die Feststellung der Mutterschaft als ges. Vermutung durch die Tatsache der Geburt, durch richterliche Entscheidung oder durch Adoption (§ 160.201 Abs. a).[94] Der Spender genetischen Materials wird grundsätzlich nicht Elternteil des Kindes (§ 160.702).[95] Bei einer Leihmutterschaft entsteht das Verwandtschaftsverhältnis nicht zwischen der Leihmutter und dem Kind, sondern zwischen dem Kind und der Frau und dem Mann, die Parteien des Leihmuttervertrages sind (§ 160.753). Voraussetzung ist die Gültigkeit des Leihmuttervertrages.[96] Insoweit bedarf es vor der Befruchtung einer gerichtlichen Genehmigung. Das Gericht bestätigt dann nach Meldung der Geburt die Elternschaft der Vertragseltern, fordert die Leihmutter zur Herausgabe des Kindes an die Vertragseltern auf und ordnet die Beurkundung der Geburt an (§ 160.760).[97]

5. Kritische Würdigung der geltenden Rechtslage. Die geltende Regelung, die die eigentlichen Probleme ignoriert, kann nicht überzeugen.[98] Auch der (freilich seltene) Fall, dass die Eispende bzw. der Gametentransfer oder der Embryotransfer gegen oder ohne den Willen der ges. Mutter vorgenommen wurde oder Embryos verwechselt werden, bleibt auf diese Weise ungeregelt.[99]

a) Stellenwert ethischer Bedenken. Ethische Bedenken allein können die gegenwärtige rigide Alles-oder-Nichts-Lösung nicht rechtfertigen. Die **ethische Beurteilung** des medizinisch Machbaren ist klar zu trennen von der abstammungsrechtlichen Regelung.[100] Insoweit muss es auch für Problemfälle eine interessengerechte und verfassungsgemäße Lösung geben. Das betrifft insbesondere die Fälle einer im Ausland nach dortigem Recht zulässiger Weise vorgenommenen medizinischen Behandlung oder Leihmuttervereinbarung. Vor allem die Rechte des Kindes, das keinerlei Einfluss auf den Verlauf der Dinge nehmen konnte, müssen angemessen berücksichtigt werden. Im Übrigen bleibt festzuhalten, dass sich die Verbote des EmbryonenschutzG nur an die Ärzte richten, nicht aber an die Kindeseltern selbst.

b) Bruch mit der Systematik des Abstammungsrechts. Die strikte Regelung des § 1591 entspricht nicht der Systematik des Abstammungsrechts, wonach Verwandtschaft grundsätzlich auf der genetischen Abstammung beruht, vgl. § 1589 S. 1.[101] Zwar fallen genetische und rechtliche Mutterschaft in den allermeisten Fällen zusammen, so dass die Erstzuordnung zur Mutter auch zweifellos die richtige Lösung für den Normalfall darstellt. Diese Zuordnung passt jedoch nicht immer und in diesen Fällen begründet § 1591 mit der fiktiven Zuordnung der rechtlichen aber nicht genetischen Mutter zu dem Kind eine weitere Ausnahme vom Grundsatz der genetischen Verwandtschaft, ohne dass dies in die begriffliche Gesetzessystematik eingearbeitet worden wäre.[102] Auch wenn man als Begründung die Überlagerung des Prinzips der genetischen Abstammung durch die Grundsätze der Statusklarheit und Statussicherheit anführen kann,[103] wertet das Gesetz gegenüber der väterlichen Abstammung das doch deutlich anders, und zwar auch bei der parallel liegenden Frage der Anfechtungsmöglichkeit bei der **heterologen Insemination** (Samenspende).[104] Denn das *Kind* kann seinen Vater immer, seine Mutter aber nie feststellen lassen; darin liegt ein klarer Wertungswiderspruch.

---

[93] *Rieck/Rieck* AuslFamR USA Rn. 34 f., 38.
[94] *Rieck/Rieck* AuslFamR Texas Rn. 36, 39, 41.
[95] *Rieck/Rieck* AuslFamR Texas Rn. 42.
[96] Vgl. i. E. *Rieck/Rieck* AuslFamR Texas Rn. 43.
[97] *Rieck/Rieck* AuslFamR Texas Rn. 43; *Krömer* StAZ 2000, 310.
[98] Sehr krit. *Lurger* DEuFamR 1999, 210, 218 f.; *Muscheler* FamR Rn. 530; ferner *Gernhuber/Coester-Waltjen* § 51 Rn. 7 f.
[99] Für eine Anfechtungsmöglichkeit in diesem Fall *Mutschler* FamRZ 1994, 65, 69.
[100] Mit Recht verweist *Quantius* FamRZ 1998, 1146 auf die Fragwürdigkeit der alten Formel, dass nicht sein kann, was nicht sein darf.
[101] *Gaul* FamRZ 1997, 1441, 1463; *ders.* FamRZ 2000, 1461; *Gernhuber/Coester-Waltjen* § 51 Rn. 2; *Dethloff* FamR § 10 Rn. 92; *Rauscher* FamR Rn. 764; *Palandt/Brudermüller* Rn. 1; *Staudinger/Rauscher* Rn. 11.
[102] Es sei denn, man geht davon aus, dass es neben der (Bluts-)Verwandtschaft auch die allein durch Geburt vermittelte Verwandtschaft gibt (s. auch § 1589 S. 3, wonach der Grad der Verwandtschaft durch die sie vermittelnden Geburten bestimmt wird).
[103] So rechtfertigt *Quantius* FamRZ 1998, 1145, 1146 die geltende Regelung.
[104] Dazu § 1592 Rn. 19.

27 **c) Ungerechtfertigte Ungleichbehandlung von Vaterschaft und Mutterschaft, Art. 3 Abs. 2 GG.** Die geltende Gesetzeslage ist durch eine ungerechtfertigte Ungleichbehandlung von Mutterschaft und Vaterschaft gekennzeichnet.[105] Die Vaterschaftszuordnung nach § 1592 Nr. 1 und 2 ist widerlegbar ausgestaltet, die der Mutterschaft nicht. Es gibt eine Vaterschaftsanfechtung, aber keine Mutterschaftsanfechtung. Das Kind kann bei Zeugung mit Samenspende eines Dritten anfechten (vgl. § 1600 Rn. 38), bei Zeugung infolge eines Ei- oder Embryonentransfers jedoch nicht.[106] Der genetische Vater kann als rechtlicher Vater festgestellt werden, die genetische Mutter nicht. Das ist im Hinblick auf Art. 3 Abs. 1 sowie Abs. 2 S. 1 GG nicht zu rechtfertigen. Mutterschaft und Vaterschaft sind rechtlich gleichwertig und für die Entwicklung des Kindes von gleichrangiger Bedeutung. Ein hinreichender sachlicher Differenzierungsgrund ist letztlich nicht ersichtlich. Zwar ist die Situation des Scheinvaters nicht unmittelbar mit derjenigen der (nur) gebärenden Mutter vergleichbar; denn der nur rechtliche Vater kann – von einer etwaigen sozialen Beziehung zum Kind abgesehen – keine **biologische Verbundenheit** mit dem Kind vorweisen, während die Mutter, die das Kind geboren hat, durch Schwangerschaft und Geburt mit dem Kind verbunden ist und demgemäß – etwa in Form von Mutterschutz – auch den Grundrechtsschutz aus Art. 6 Abs. 4 GG genießt. Insofern kann auch durchaus von der biologischen Mutter gesprochen werden bzw. von einer Art doppelter Mutterschaft.[107] Wegen der Seltenheit der gespaltenen Mutterschaft mag sie für das Kind auch schwieriger zu verarbeiten sein als die häufig vorkommende gespaltene Vaterschaft. Die Bewältigung des Phänomens der gespaltenen Mutterschaft wirft daher etwas komplexere Fragen auf als die der Scheinvaterschaft. Das allein kann es jedoch nicht rechtfertigen, allen Beteiligten in sämtlichen Problemkonstellationen jegliche Rechte auf Abstammungsfeststellung oder -anfechtung zu versagen.[108]

28 Eine **Ungleichbehandlung von künstlicher Befruchtung** mit Hilfe einer **Samenspende** (Vaterschaft) einerseits und einer **Eispende** (Mutterschaft) andererseits ist auch nach Auffassung der 1. Sektion des **EuGHMR**[109] nicht rechtmäßig. Im Hinblick auf das österreichische MedizinfortpflanzungsG, das die Samenspende (immerhin in vivo) erlaubt, die Eispende jedoch generell verbietet, wurde insoweit der Tatbestand der Diskriminierung (Art. 14 EMRK) bejaht. Legitim sei eine Ungleichbehandlung nur, wenn es objektive und vernünftige Gründe gebe, Mittel und Ziel verhältnismäßig seien und der nationale Gesetzgeber dabei den ihm eingeräumten Beurteilungsspielraum[110] nicht überschreite. Ein hinreichender Differenzierungsgrund sei insoweit aber nicht ersichtlich. Auch etwaiger Missbrauch (etwa hinsichtlich der Ausbeutung von Frauen in Bezug auf die Gewinnung von Eispenden) könne nicht Grund für ein generelles Verbot sein; hier bedürfe es eben entsprechender ges. Regelungen. Demgemäß wurde von der 1. Sektion kein entscheidender Unterschied zwischen Mutterschaft und Vaterschaft gesehen, der generell völlig abweichende Regelungen rechtfertigen könnte. Die Entscheidung der 1. Sektion wurde zwar von der angerufenen Großen Kammer des EuGHMR nicht bestätigt[111], es gilt gleichwohl zu überdenken, ob die geltende Gesetzeslage gem. § 1 Abs. 1 Nr. 2, Abs. 2 ESchG (Verbot der ärztlichen Übertragung einer fremden Eizelle auf eine andere Frau) mit der EMRK vereinbar ist[112] und ob die Eispende weiterhin gesetzlich verboten werden soll.[113] Zu beachten bleibt insofern freilich, dass die gesundheitlichen Risiken für die Eispenderin wie auch die austragende Mutter (zB Schwangerschaftshochdruck) nicht unerheblich sind und insoweit ein gewisser Unterschied zur Samenspende und heterologen Insemination besteht.[114]

29 **d) Ungleichbehandlung von Ei- bzw. Embryonenspende und Leihmutterschaft.** Eine Ungleichbehandlung zeigt sich aber nicht nur im Vergleich zur Vaterschaft, sondern auch in Bezug auf die verschiedenen Methoden, wie die Wunschmutter zu ihrem Kind kommen kann. Die Frau, die ein Kind zwar nicht zeugen, aber immerhin austragen kann, wird von der Regelung des § 1591 recht zufällig begünstigt, weil ihr das durch Ei- oder Embryospende (etwa im Ausland) übertragene Kind als rechtliches Kind infolge der Geburt zugeordnet wird. Die Frau hingegen, die

---

[105] In diesem Sinne auch *Helms* FuR 1996, 178, 180.
[106] Daher gegen ein Anfechtungsrecht in beiden Fällen *Helms* in *Helms/Kieninger/Rittner* S. 1, 4.
[107] Ähnlich *Lehmann* S. 190; *v. Sethe* S. 164; *Coester-Waltjen* FamRZ 2010, 957, 958.
[108] Vgl. auch *Muscheler* FamR Rn. 530; *Ramm* JZ 1996, 990, 993; *Gaul* FamRZ 2000, 1461, 1473; grundverschiedene Sachverhalte sieht jedoch *Mutschler* FamRZ 1994, 65, 69.
[109] EuGHMR 1. Sektion, Urt. v. 1. 4. 2010 – Beschwerde Nr. 57813/00, S.H. u.a. ./. Österreich (nicht endgültig), ÖJZ 2010, 684; näher dazu *Wollenschläger* MedR 2011, 21 ff.
[110] Dazu schon EuGHMR NJW 2008, 2013.
[111] Entscheidung vom 3. 11. 2011 – Az. 57813/00.
[112] Verneinend *Wollenschläger* MedR 2011, 21, 27.
[113] Für Zulassung der Eispende *Harder* JuS 1986, 504, 512.
[114] Das betont *Helms* in *Röthel/Löhnig/Helms* S. 49, 66.

zwar Eizellen erzeugen, selbst aber nicht schwanger werden kann und daher auf eine Leihmutter angewiesen ist, wird durch die Regel des § 1591 benachteiligt. Für diese unterschiedliche rechtliche Einordnung gibt es keinen rechtfertigenden Grund. Medizinisch handelt es sich um den gleichen Vorgang; hier wird jeweils einer Frau eine Eizelle entnommen und (regelmäßig nach Befruchtung) einer anderen Frau eingepflanzt. Aus Sicht des Kindes wiederum erscheint die Leihmutterschaft sogar unproblematischer, weil es bei seinen genetischen Eltern aufwächst und der Tatbestand der Geburt durch eine andere Frau insofern völlig in den Hintergrund rückt. Die durch Schwangerschaft und Geburt entstandene Bindung erlangt nur dann besondere Bedeutung für das Kind, wenn sie nach der Geburt fortgesetzt wird. Bei einer Eizellspende hingegen liegt es ähnlich wie bei einer Adoption und das Kind muss mit dem Auseinanderfallen von sozialer bzw. rechtlicher Mutterschaft und genetischer Mutterschaft leben. Eine besondere Kindeswohlgefährdung durch die Leihmutterschaft ist insofern nicht ersichtlich. Etwaigen Konflikten zwischen Leihmutter und Wunschmutter wiederum könnte durch sorgfältige Auswahl der Leihmutter und entsprechenden ges. Vorschriften vorgebeugt werden.

e) Das Recht des Kindes auf Kenntnis der eigenen Abstammung. Die strikte Regelung in § 1591 überrascht auch deshalb, weil ein wesentlicher Auslöser der Reform des gesamten Abstammungsrechts einst die Kritik des BVerfG an der fehlenden Berücksichtigung des Rechts auf Kenntnis der eigenen Abstammung (vgl. Vor § 1599 Rn. 6 ff.) war. Diesem Recht hat die Kindschaftsrechtsreform durch deutliche Ausweitung der Anfechtung der Vaterschaft zwar Rechnung getragen, will sie aber gegenüber der Mutter aus ordnungspolitischen Gründen versagen.[115] Auf diese Weise wird mit der geltenden Gesetzeslage das verfassungsrechtlich geschützte Recht des Kindes auf Kenntnis seiner mütterlichen Abstammung missachtet.[116] Aus Sicht des Kindes spielt die mütterliche Abstammung aber eine genauso große Rolle wie die väterliche Abstammung. Insoweit dürfte es auch einhelliger Meinung entsprechen, dass sich das Recht auf Kenntnis der eigenen Abstammung[117] in gleicher Weise auf die Mutterschaft bezieht.[118] Insbes. spielen Fragen der blutsmäßigen Abstammung (vgl. zB §§ 1307 BGB, 173 StGB; Klärung von Erbkrankheiten etc.) hier wie dort eine Rolle. Auf Grundlage von § 1618a (vgl. Vor § 1591 Rn. 27) kann das Kind somit von seinen rechtlichen Eltern **Auskunft** über seine genetische Herkunft väterlicher- wie mütterlicherseits verlangen. Auf diesem Weg mag es dem Kind im Einzelfall gelingen, immerhin Kenntnis über den Tatbestand einer abweichenden genetischen Mutterschaft und ggf. sogar über die Identität der genetischen Mutter zu erlangen. Der Auskunftsanspruch wird aber nicht immer weiterhelfen,[119] da die Einklagbarkeit des Anspruchs einzelfallabhängig zu beurteilen ist; und auch Vollstreckungsmaßnahmen werden nicht zwangsläufig zum gewünschten Erfolg führen (s. Vor § 1591 Rn. 36 f.). Zudem gibt es keine Gewähr für die Richtigkeit der Auskunft.

Eine stumpfe Waffe bleibt nicht zuletzt der **Klärungsanspruch aus § 1598a**. Zwar fordert eben das Recht des Kindes **auf Kenntnis** der eigenen Abstammung[120] die Bejahung dieser Klärungsmöglichkeit auch in Bezug auf die Mutterschaft. Der Wortlaut des § 1598a bleibt nämlich neutral genug, um darunter auch die Klärung der Abstammung von der Mutter zu subsumieren.[121] Das Argument, dass die Mutterschaft keinesfalls anfechtbar sei, steht hier jedenfalls nicht im Wege. Schließlich ging es dem Gesetzgeber gerade darum, eine vom Anfechtungsverfahren unabhängige Abstammungsfeststellung zu ermöglichen.[122] Im Ergebnis entspricht dies auch der Auffassung, die schon vor Einführung des § 1598a ein Klärungsrecht des Kindes auf Grundlage einer allgemeinen (rechtsfolgenlosen) Abstammungsfeststellungsklage gem. § 256 ZPO bejaht hat (s. oben Rn. 15).[123] Bedenken, die insoweit noch wegen des fehlenden Untersuchungsgrundsatzes geltend gemacht worden waren, haben sich nunmehr auf Grundlage von § 1598a iVm. § 169 Nr. 2 FamFG erledigt. Das Problem bei

---

[115] S. *Büttner* FamRZ 1997, 467 zur Regelung im englischen Recht, wo nur die künstliche Zeugung offenbart werden muss, nicht die Identität des Spenders.
[116] *Muscheler* FamR Rn. 530; aA *Gaul* FamRZ 2000, 1461, 1474; *Staudinger/Rauscher* Einl. zu §§ 1589 ff. Rn. 105 für Vaterschaftsfeststellung.
[117] Vgl. dazu BVerfGE 79, 256 = NJW 1989, 519 = FamRZ 1989, 31.
[118] Vgl. *Dethloff* FamR § 10 Rn. 95; *Rauscher* FamR Rn. 765; *Wolf* FuR 1998, 392, 396; *Wellenhofer* NJW 2008, 1185, 1189; *Spickhoff* in *Spickhoff/Schwab/Henrich/Gottwald* S. 13, 27.
[119] Ebenso skeptisch *Gernhuber/Coester-Waltjen* § 51 Rn. 7.
[120] BVerfGE 79, 256 = NJW 1989, 891.
[121] So auch *Borth* FPR 2007, 381, 382; *Helms* FamRZ 2008, 1033; *Palandt/Brudermüller* § 1598a Rn. 6; NK-BGB/*Gutzeit* § 1591 Rn. 5; *Erman/Hammermann* Rn. 5; *Gernhuber/Coester-Waltjen* § 51 Rn. 7 f.; *Sonnenfeld* Rpfleger 2010, 57, 58; aA wohl *Grün* Rn. 17.
[122] So auch *Schwab* FamRZ 2008, 23, 24; *Borth* FPR 2007, 381, 382.
[123] *Seidl* FPR 2002, 402, 463; *Wolf* FuR 1998, 397 mit Darstellung des Streitstands; aA *Gaul* FamRZ 2000, 1441, 1464.

§ 1598a liegt aber darin, dass sich damit allenfalls die fehlende genetische Abstammung von der rechtlichen Mutter ermitteln lässt, nicht jedoch positiv die Abstammung von der genetischen Mutter. Klärungsberechtigt und -verpflichtet sind insoweit nur die gesetzliche Mutter und der gesetzliche Vater.

32 **f) Recht auf ein genetisch eigenes Kind?** Soweit die Problematik der Leihmutterschaft betroffen ist (zum Begriff Rn. 11), muss überdies darüber nachgedacht werden, ob aus Art. 1 Abs. 1, 2 Abs. 1, 6 Abs. 1, 2 GG nicht auch ein Recht auf genetisch eigenen Nachwuchs hergeleitet werden kann. Es erscheint unverhältnismäßig, wenn der Staat dem Bürger die Inanspruchnahme moderner Fortpflanzungsmethoden untersagt, wenn die Gründung einer (genetisch) eigenen Familie nur auf diesem Wege möglich ist. Zwar muss der Staat die noch nicht vorhandene Familie nicht bereits fördern; er darf ihrer Entstehung jedoch auch keine **unverhältnismäßigen Hindernisse** in den Weg legen. Hinzu kommt, dass es sich ohnehin nicht um ein Massenphänomen handelt und auch nie handeln wird. Aus Sicht des Kindes und seiner Entwicklung erscheint die Leihmutterschaft, die in der Regel dazu führt, dass das Kind bei seinen genetischen Eltern aufwächst, sogar problemloser als die Adoption oder Eizellspende. Nicht zuletzt ist auch das unbedingte „Gewollt-sein" des Kindes zu beachten. Zu berücksichtigen bleibt ferner, dass der EuGHMR in der Verweigerung einer künstlichen Befruchtung für einen lebenslang Verurteilten und seine Frau einen Verstoß gegen Art. 8 EMRK (Recht auf Achtung des Privat- und Familienlebens) gesehen hat. Die Norm schließe insoweit auch das Recht der Betroffenen ein, Eltern eines von ihnen abstammenden Kindes zu werden.[124]

IV. Überlegungen zur Statuskorrektur

33 **1. Keine Anfechtung der Mutterschaft durch die ges. Mutter.** Angesichts der genannten Unstimmigkeiten sollte die absolute Regelung des § 1591 gelockert werden. Eine Mutterschaftsanfechtungs- oder Feststellungsberechtigung der ges. (aber nicht genetischen) Mutter wäre indes grundsätzlich abzulehnen.[125] Die Situation des sog. Scheinvaters als Ehemann einer Mutter oder als Anerkennender ist insoweit nicht mit der Situation der Gebärenden als ges. Mutter vergleichbar. Die Übernahme der Mühen und Gefahren der Schwangerschaft lässt in aller Regel eine Art „Schicksalsgemeinschaft"[126] zwischen Mutter und Kind entstehen, die eine Parallele mit der Situation des Scheinvaters verbietet. Aus dieser biologischen Gemeinschaft von Mutter und Kind resultiert eine Verantwortung der Gebärenden für das Kind, zumal sie in dieser Situation die Person ist, die dem Kind am nächsten steht, es stillen kann etc. Insofern gebietet es auch das Interesse des Kindes, dass sich die Gebärende nicht durch eine Mutterschaftsanfechtung aus ihren Pflichten zurückziehen kann.[127] Im Fall eines Eizell- oder Embryotransfers auf die Wunschmutter ergibt sich dies nicht zuletzt auch aus **entsprechender Anwendung von § 1600 Abs. 5**.[128] Der Rechtsgedanke dieser Norm ist in gleicher Weise auf die Wunschmutter wie ihren Ehemann übertragen. Er muss hier sogar angesichts der hinzu kommenden biologischen Verbundenheit erst recht gelten. Die Interessen der rechtlichen Mutter werden auf diese Weise nicht verletzt. Ihr bleibt schließlich die Möglichkeit, das Kind zur Adoption frei zu geben. Im Fall entsprechender Absprachen mit der Wunschmutter mag dieser Weg bei der Leihmutterschaft ohnehin geplant sein. Aber auch wenn die „Bestellmutter" das Kind wider Erwarten nicht übernimmt, etwa weil es behindert ist oder Mehrlinge geboren wurden, ist es der Leihmutter angesichts des bewusst eingegangenen Risikos zumutbar, den Weg der Freigabe zur Adoption zu beschreiten. Ansonsten bleiben in Bezug auf die Ablehnung einer Anfechtungsmöglichkeit allenfalls Bedenken im Hinblick darauf, dass die rechtliche Bindung des Kindes an die gebärende Mutter mittelbar auch deren Verwandte betrifft, die genetisch keinerlei Beziehung zu dem Kind haben. Indes können sich Verwandte ohnehin weder gegen Adoptionen noch gegen bestehende, aber genetisch unzutreffende Vaterschaften wehren.

34 Ein **Bedürfnis** für eine **Korrektur der eigenen Mutterschaft** durch die gebärende Frau besteht aber **ausnahmsweise** dann, wenn eine Eispende, ein Embryotransfer oder ein Gametentransfer **gegen oder ohne ihren Willen** vorgenommen wurde, also ihr – zB aus Versehen – eine fremde Eizelle oder ein nicht von ihr abstammender Embryo übertragen worden ist.[129] Es wäre – auch mit Blick auf die Interessen des Kindes – nicht tragbar, sie dann trotz der fehlenden Mitwirkung an der

---

[124] EuGHMR NJW 2009, 971.
[125] So auch *Muscheler* FamR Rn. 530; *Harder* JuS 1986, 504, 509; großzügiger wohl *Luh* S. 158.
[126] *Mutschler* FamRZ 1994, 69.
[127] So auch *Helms* FuR 1996, 178, 188.
[128] Ähnlich *Luh* S. 159.
[129] Vgl. *Coester-Waltjen*, Gutachten für den 56. DJT, B 113.

Verwechslung am Tatbestand der Geburt festhalten zu wollen. Hier ist – wohl schon nach geltendem Recht – auf Grundlage von § 169 Nr. 1 FamFG ein Antrag der Gebärenden auf Feststellung des Nichtbestehens eines Eltern-Kind-Verhältnisses zuzulassen[130], wenn, wie in den geschilderten Problemlagen, ein Rechtsschutzinteresse besteht. Die Rechtsgrundlage bildet insoweit das allgemeine Persönlichkeitsrecht der Mutter aus Art. 2 Abs. 1 iVm. Art. 1 Abs. 1 GG.

2. Anfechtung und Feststellung durch die genetische Mutter. a) Anfechtung durch die genetische Wunschmutter bei Leihmutterschaft. Vor Einführung des Anfechtungsrechts des leiblichen Vaters galt der Grundsatz, dass Personen, die außerhalb des jeweiligen Statusverhältnisses stehen, im Regelfall nicht anfechtungsberechtigt sind.[131] Daran anknüpfend wurde auch ein Anfechtungsrecht der genetischen Mutter früher verneint.[132] Die genannte Regel ist inzwischen aber in § 1600 mehrfach durchbrochen worden, insbesondere eben für den ähnlich liegenden Fall des leiblichen Vaters, wenn auch unter engen Voraussetzungen. An diese Grundsätze anknüpfend wäre auch ein Anfechtungsrecht der (nur) genetischen Wunschmutter zu beurteilen. Demgemäß müsste ein Anfechtungsrecht regelmäßig ausscheiden, wenn zwischen dem Kind und der Mutter iSv. § 1591 (zB der Leihmutter) eine sozial-familiäre Beziehung besteht. Ist dies jedoch zu verneinen, so muss es der genetischen Mutter die Möglichkeit eröffnet werden, die rechtliche Mutterposition zu erlangen.[133] Im Fall der erfolgreichen Anfechtung wäre analog § 182 Abs. 1 S. 1 FamFG im Beschluss zugleich die Mutterschaft der Anfechtenden festzustellen. Die gegenwärtige Rechtslage, die insoweit ausnahmslos kein Anfechtungsrecht vorsieht, erscheint aus den genannten Gründen mit Blick auf Art. 3 Abs. 1 und Abs. 2 S. 1 sowie Art. 6 Abs. 2 GG verfassungswidrig. Hier ist der Gesetzgeber gefordert, eine entsprechende Regelung zu treffen. Dabei würde bei Einverständnis aller Beteiligten (rechtliche Mutter, genetische Mutter, Vater) eine Regelung nach dem Vorbild von § 1599 Abs. 2 nahe liegen;[134] eine gerichtliche Anfechtung würde auf diese Weise hinfällig und zugleich sicher gestellt, dass das Kind zu keinem Zeitpunkt mutterlos ist.

b) Keine Anfechtung durch die Eispenderin. Sofern die (nur) genetische Mutter nicht Wunschmutter sondern lediglich Eispenderin war, bleibt allerdings zu beachten, dass sie aus Gleichbehandlungsgründen nicht besser oder anders als ein Samenspender zu behandeln sein kann. Zu berücksichtigen ist insofern, dass dem Samenspender, da er der Mutter nicht beigewohnt hat, grundsätzlich kein Anfechtungsrecht zukommt (vgl. § 1600 Rn. 7) Tatsächlich erfolgen Ei- und Samenspenden ganz überwiegend auch aus finanziellen oder altruistischen Gründen und gerade nicht in der Absicht, selbst die Mutter- oder Vaterrolle einzunehmen. Von daher besteht kein Anlass, diesen Personen einen Recht auf Statuskorrektur einzuräumen. Davon unberührt müssen aber etwaige Rechte des Kindes bleiben.

3. Anfechtung und Feststellung der Mutterschaft durch das Kind.[135] Beim Kind geht es einerseits um den Wunsch nach Kenntnis der eigenen Abstammung, aber daneben ggf. auch um das Bedürfnis, rechtliche und genetische Abstammung in Einklang zu bringen. Wenn Ansprüche auf Auskunft oder aus § 1598a (s. Rn. 31) insoweit nicht weiterhelfen, muss die Lösung (bereits nach geltendem Recht) über einen Feststellungsantrag analog § 169 Nr. 1 FamFG bzw. eine Anfechtung analog § 169 Nr. 4 FamFG[136] gefunden werden. Solange man daran festhält, dass das Kind im Fall einer Samenspende das Vaterschaftsanfechtungsrecht zusteht, muss es im Fall eines Eizell- bzw. Embryotransfers auch ein Mutterschaftsanfechtungsrecht haben. Aus Sicht des Kindes kann hier kein Unterschied zwischen Vaterschaft und Mutterschaft gemacht werden. Es gibt keinen Grund, warum sich ein (erwachsenes) Kind von der genetisch unzutreffenden rechtlichen Vaterschaft soll trennen können, von der genetisch unzutreffenden Mutterschaft (etwa der Leihmutter) jedoch nicht. Es ist dem Kind insbesondere nicht zumutbar, den umständlichen Weg über die Volljährigenadoption zu beschreiten. Vorzugswürdig wäre in den Fällen der künstlichen Befruchtung vielmehr – und zwar sowohl in Bezug auf die Vater- als auch die Mutterschaft – der Weg über die privatautonome Statuszuordnung (s. schon Rn. 35). Bei nachgewiesener Zeugung durch Samenspende oder Eizell-

---

[130] Ähnlich *Palandt/Brudermüller* § 1591 Rn. 1, § 1598a Rn. 6; *Löhnig* in *Bork/Jacoby/Schwab* FamFG § 169 FamFG Rn. 4; *Seidl* FPR 2002, 403; *Helms* FamRZ 2008, 1033; *Muscheler* FPR 2008, 257, 259; aA *Gernhuber/Coester-Waltjen* § 51 Rn. 7.
[131] *Coester-Waltjen*, Gutachten für den 56. DJT, 4. Teil, auch 2. Teil D VI, B 67.
[132] AA *Kollhosser* JA 1985, 554, 556 (für die Ersatzmutter nach früherer Rechtslage).
[133] Vgl. entsprechend BVerfG NJW 2003, 2151, 2152 für die Situation des leiblichen Vaters.
[134] So der sinnvolle Vorschlag von *Dethloff* FamR § 10 Rn. 94; aA *Luh* S. 152.
[135] S. dazu Vorschlag im Beschluss des 56. DJT unter III 11, K 237.
[136] Abl. *Muscheler* FamR § 31 Rn. 531; grundsätzlich dafür *Luh* S. 163; *Staudinger/Rauscher* § 1591 Rn. 25a, § 1598a Rn. 29 ff.

bzw. Embryotransfer und eindeutig geklärten genetischen Abstammungsverhältnissen sollte die rechtliche Zuordnung des Kindes zum genetischen Elternteil möglich sein, wenn alle Beteiligten (beide „Väter" bzw. beide „Mütter" und das Kind, bei Minderjährigkeit vertreten durch einen Pfleger) dem zustimmen.

4. Anfechtung der Mutterschaft durch den Vater. Die Frage, ob in den genannten Fällen auch dem Vater ein Mutterschaftsanfechtungsrecht einzuräumen wäre, stellt sich nur, wenn der betreffende Mann überhaupt rechtlicher Vater des Kindes ist. Das wird regelmäßig nur zutreffen, wenn er Ehemann der Leihmutter ist oder Ehemann der Frau, auf die eine fremde Eizelle übertragen worden ist. Im letzteren Fall ist sein Anfechtungsrecht indes entsprechend der Wertung des § 1600 Abs. 5 ebenfalls ausgeschlossen (s. bereits Rn. 34). Beim Ehemann der Leihmutter wiederum wird es regelmäßig so liegen, dass der Mann zwar rechtlicher, nicht aber genetischer Vater des Kindes ist. Ficht er dann seine Vaterschaft an, verliert er ohnehin die Vaterstellung, die zugleich Grundlage für ein etwaiges Mutterschaftsanfechtungsrecht wäre. Solange nicht angefochten ist, dürfte die Anfechtbarkeit der Vaterschaft der Ausübung eines etwaigen Mutterschaftsanfechtungsrechts nach Treu und Glauben (§ 242) entgegen stehen. Im Übrigen kommt auch dem ges. Vater der Klärungsanspruch aus § 1598a zu, der sich nach hier vertretener Auffassung ebenfalls auf die Mutterschaft bezieht (s. § 1598a Rn. 22).

V. Totgeburt, Fehlgeburt

Auf Totgeburten (zum Begriff § 1593 Rn. 12), also auf tot geborene oder in der Geburt verstorbene Kinder, und auf Fehlgeburten findet **§ 1591 keine Anwendung,** da nur das lebend geborene Kind Rechtsfähigkeit und einen Familienstand erlangt (s. auch § 1 Rn. 16).[137] Für Ansprüche aus § 1615n kommt wegen des Erfordernisses der Schwangerschaft bzw. Geburt in §§ 1615l und 1615 m nur die Gebärende als Anspruchsberechtigte in Betracht, die Frage doppelter Mutterschaft stellt sich hier nicht. Zur personenstandsrechtlichen Behandlung des tot geborenen Kindes s. § 21 Abs. 2 PStG.[138]

VI. Babyklappe und anonyme Geburt

Babyklappen werden insbesondere von Klinikträgern eingerichtet und bieten Frauen, die sich aufgrund der Schwangerschaft in einer psychischen Notlage befinden, die Möglichkeit, ihr Kind dort nach der Geburt abzulegen und es in Obhut der Klinik zu geben.[139] Die Zahl der jährlich in Deutschland[140] in Babyklappen gelegten Kinder ist gering,[141] so dass den damit verbundenen Rechtsfragen keine große praktische Bedeutung zukommt.[142] Auch ist davon auszugehen, dass man die völlig verzweifelten Mütter, die ihr Kind töten oder aussetzen wollen, tatsächlich gar nicht erreicht; denn die Zahl der ausgesetzten oder getöteten Kinder ist auch nach Einführung der Babyklappen nicht zurückgegangen. Unabhängig davon gilt es zu betonen, dass diese Praktiken das Recht des Kindes auf Kenntnis seiner eigenen Abstammung verletzen; denn melden sich die Eltern nicht mehr, wird das Kind wohl nie seine genetischen Wurzeln ermitteln können.[143] Auch deshalb haben verschiedene Gesetzesinitiativen[144] bislang noch nicht zu einem Ergebnis geführt.[145] Entsprechendes gilt für die sog. anonyme Geburt, bei der die Schwangere ohne Offenlegung ihrer Identität in der Klinik entbindet und das Kind sogleich zur Adoption frei gibt.[146] Hier besteht aber immerhin noch die Möglichkeit, die Frau zu überzeugen,[147] ihre Daten in einem Brief zu hinterlassen, der

---

[137] *Staudinger/Rauscher* § 1592 Rn. 31; *Erman/Hammermann* § 1592 Rn. 20; *RGRK/Böckermann* §§ 1591, 1592 Rn. 5.
[138] Dazu *Rixen* FamRZ 1999, 265.
[139] Näher *Katzenmeier* FamRZ 2005, 1134; *Paulitz* ZKJ 2010, 360; *Frank/Helms* FamRZ 2001, 1340, 1341; *Gernhuber/Coester-Waltjen* § 51 Rn. 10 ff.; *Schwarz* StAZ 2003, 33; *Ebel* KritV 2007, 293.
[140] Die Zahl der Babyklappen in Deutschland wird auf 90 geschätzt, vgl. *Dethloff* FamR § 10 Rn. 98.
[141] *Swientek* FPR 2001, 353, 354 spricht von 20 bis 40 Kindern jährlich; s. auch *Frank/Helms* FamRZ 2001, 1340, 1341.
[142] Anders liegt es in Frankreich, vgl. *Frank/Helms* FamRZ 2001, 1340, 1343 f.
[143] Vgl. *Katzenmeier* FamRZ 2005, 1134, 1137.
[144] Vgl. BR-Drucks. 682/04; BR-Drucks. 506/02; BT-Drucks. 14/4425 und 8856; BT-Drucks. 16/7220; Überblick bei *A. Wolf* FPR 2003, 112, 114 ff.
[145] Zu den Möglichkeiten einer ges. Regelung *Katzenmeier* FamRZ 2005, 1134, 1138.
[146] Zur ges. Regelung im tschechischen Recht *Hrušáková* in *Spickhoff/Schwab/Henrich/Gottwald* S. 169, 180.
[147] Skeptisch zur Beratungsregelung vor der anonymen Geburt *Gernhuber/Coester-Waltjen* § 51 Rn. 14.

dem Kind später übergeben werden kann. Die Eltern können im Rahmen der anonymen Geburt Bestimmungen zur religiösen Erziehung des Kindes treffen.[148]

Statusrechtlich bleibt zu beachten, dass die Mutterschaft nicht durch privatautonomen Akt beseitigt werden kann. Die Gebärende kann sich der Mutterschaft also nicht durch Abgabe des Kindes in eine **Babyklappe** oder durch anonyme Geburt unter der Verschleierung der Personenstandsangaben entledigen.[149] Sie bleibt auch dann rechtlich die Mutter, wenn sie vorerst unbekannt ist. Aufgabe des Vormunds ist es dann auch, im Interesse des Rechts des Kindes auf Kenntnis der Abstammung nach der Mutter zu forschen.[150] Die Eintragung des Kindes in das Geburtenregister erfolgt wie beim Findelkind nach § 24 PStG.[151]

VII. Übergangsrecht

Die Vorschrift **gilt** seit dem Inkrafttreten des KindRG am 1. 7. 1998 **übergangslos** für alle Rechtsverhältnisse zwischen Kindern und Müttern. Auch bei den seltenen Fällen doppelter Mutterschaft sind stets, also **auch bei vorher erfolgten Geburten,** allein die Frauen als ges. Mütter zu behandeln, die das Kind geboren haben. Anders als für die Vaterschaft enthält die Übergangsvorschrift des Art. 224 § 1 Abs. 1 EGBGB nämlich keinen Vorbehalt für zuvor schon bestehende Rechtsverhältnisse. Das ist gerechtfertigt, weil auch nach früherer Rechtsansicht als Mutter stets die gebärende Frau anzusehen war (oben Rn. 3). Sollte im Einzelfall bereits eine Mutterschaftsanfechtung oder eine Feststellungsklage rechtskräftig geworden sein, wird die Rechtskraft dieser gerichtlichen Entscheidung durch das Ges. nicht berührt. Auch hinsichtlich des **IPR,** das durch das KindRG ebenfalls erneut geändert wurde,[152] gilt übergangslos nur das neue Recht,[153] welches die Rechtsanwendung bei Auslandsberührung in aller Regel erleichtert, weil in erster Linie an den gewöhnlichen Aufenthaltsort des Kindes angeknüpft werden kann.

§ 1592 Vaterschaft

Vater eines Kindes ist der Mann,
1. **der zum Zeitpunkt der Geburt mit der Mutter des Kindes verheiratet ist,**
2. **der die Vaterschaft anerkannt hat oder**
3. **dessen Vaterschaft nach § 1600d oder § 182 Abs. 1 des Gesetzes über das Verfahren in Familiensachen und in den Angelegenheiten der Freiwilligen Gerichtsbarkeit gerichtlich festgestellt ist.**

Übersicht

	Rn.		Rn.
I. Überblick und Normzweck	1, 2	IV. Vaterschaft kraft Anerkennung, Nr. 2	14, 15
II. Entwicklung der Gesetzgebung	3–5	V. Vaterschaft kraft gerichtlicher Feststellung, Nr. 3	16, 17
1. Das KindRG	3, 4	VI. Vaterschaftszuordnung bei künstlicher Zeugung	18–20
2. Das Übergangsrecht des KindRG	5	1. Homologe Insemination	18
III. Abstammung vom Ehemann nach Nr. 1	6–13	2. Heterologe Insemination	19
1. Wirksame Ehe	6	3. Samenübertragung nach Tod des Ehemanns	20
2. Geburt nach der Eheschließung	7, 8	VII. Vaterschaftstatbestand und Rechtsausübungssperre	21
3. Geburt vor dem Ende der Ehe	9–12		
4. Unerheblichkeit einer Beiwohnungsfeststellung	13		

---

[148] AG Kerpen JAmt 2004, 382.
[149] *Katzenmeier* FamRZ 2005, 1134, 1136; *Wolf* FPR 2003, 112, 116; *Gernhuber/Coester-Waltjen* § 51 Rn. 12; aA *Hepting* FamRZ 2001, 1573, 1574.
[150] *Willutzki,* FS Groß, 2004, S. 249, 250; *Wolf* FPR 2003, 112, 118.
[151] AG Bochum StAZ 2005, 206 zu § 26 PStG aF. Näher zu personenstandsrechtlichen Fragen *Frank/Helms* FamRZ 2001, 1340, 1341 f.
[152] Art. 12 KindRG enthält nicht nur die Übergangsvorschrift des Art. 224, sondern auch Neufassungen von Art. 19 (Abstammung), Art. 20 (Anfechtung) und Art. 21 (Wirkungen) sowie die Änderung von Art. 23 hinsichtlich der Legitimation.
[153] OLG Hamm FamRZ 2005, 291.

I. Überblick und Normzweck

1 § 1592, der durch das KindRG neu gefasst worden war, dient ebenso wie § 1591 der **Klarstellung des Personenstandes** von Kindern. Die Vorschrift enthält die Legaldefinition der Vaterschaft[1] und erweist sich als **zwingendes Recht**. Zusammen mit § 1593 regelt § 1592 **gegenüber dem Vater** die Voraussetzungen der Vaterschaftszuweisung. Die Vorschriften des § 1593 S. 1 und 2 bilden dabei Erweiterungen zu Nr. 1; die Vorschrift des § 1599 Abs. 2 ergänzt Nr. 2 in Abgrenzung zu Nr. 1. Der Vater iSv. § 1592 ist in das Geburtenregister (§ 21 PStG) einzutragen. § 1592 stellt die drei möglichen Vaterschaftszuordnungen, die sich alle weiterhin und verstärkt an der Abstammung gem. § 1589 S. 1 orientieren,[2] **abschließend und gleichwertig nebeneinander**.[3] Die Rechtswirkungen der Vaterschaft sind insoweit jeweils dieselben; im Hinblick auf die Richtigkeitsgewähr ist allerdings zu beachten, dass nur der gerichtlichen Feststellung nach §§ 1592 Nr. 3, 1600d Abs. 1 die Einholung eines medizinischen Abstammungsgutachtens vorausgeht. Ansonsten ergeben sich Unterschiede im Hinblick auf die Korrekturmöglichkeit. Nur die Vaterschaftstatbestände von § 1592 Nr. 1 und 2 lassen sich durch gerichtliche Anfechtung nach den §§ 1599 ff. beseitigen. Nach einer rechtskräftigen gerichtlichen Feststellung hingegen bleibt allenfalls die Möglichkeit eines Wiederaufnahmeverfahrens, vgl. § 185 FamFG.

2 Die drei Vaterschaftstatbestände schließen sich im Sinne logischer Ausschließlichkeit gegenseitig aus.[4] Die Aufzählung in § 1592 ist negativ gemeint in dem Sinne, dass nur der Vater sein kann, der eine der drei Voraussetzungen erfüllt,[5] aber auch insofern positiv, dass derjenige Vater bleibt, auf den die Voraussetzungen zutreffen, selbst wenn ein weiterer Mann in Frage kommt. **Eine weitere Vaterschaft** aus einem der anderen denkbaren Zuordnungsgründe kann also **nicht zugleich** bestehen, eine doppelte ges. Vaterschaft gibt es nicht.

II. Entwicklung der Gesetzgebung

3 **1. Das KindRG.** Die von der Kindschaftsrechtsreform beabsichtigte Vereinheitlichung auch des Abstammungsrechts[6] ließ die begriffliche Unterscheidung zwischen dem **Status des ehelichen und des ne. Kindes entfallen** und führte zu einer einheitlichen Regelung der Vaterschaft. Zu Unrecht ist dabei in der Reformdiskussion geltend gemacht worden, die Anknüpfung an die Ehe in § 1592 Nr. 1 verfestige überholtes Statusdenken.[7] Der Dualismus ist, was die Rechtsstellung der ne. Kinder anlangt, aus rechtspolitischer und aus rechtsvergleichender Sicht zwar mit guten Argumenten bemängelt worden. Indessen erscheint die Anknüpfung an die Ehe im Sinne einer raschen, kostenfreien und realitätsnahen Festlegung der Vaterschaft unverändert sinnvoll.[8] Auch in den meisten ausländischen Rechtsordnungen wird an die Ehe der Eltern angeknüpft. Nach wie vor ist die **Geburt in der Ehe der Eltern** nämlich in der sozialen Wirklichkeit ein recht verlässliches Indiz dafür, dass ein Kind auch von dem Ehemann der Mutter abstammt, weshalb (selbst die Fiktion[9] und jedenfalls) die widerlegliche Vermutung der Abstammung aus dieser Ehe gerechtfertigt ist. Im Rahmen der Kindschaftsrechtsreform **nicht Gesetz geworden** waren Vorschläge, die darauf zielten, die Ehe im Interesse einer völlig einheitlichen Vaterschaftszuordnung als Anknüpfungspunkt zu beseitigen[10] und in jedem Fall die Anerkennung (auch durch den Ehemann) vorzusehen.[11] Auch die Ersetzung der Ehe durch das bloße Zusammenleben der Eltern kam nicht ernsthaft in Betracht. Die Geburt in der **nichtehelichen Lebensgemeinschaft** oder eheähnlichen Gemeinschaft reicht nach wie vor als Statusbegründung eines Kindschaftsverhältnisses zum Vater nicht aus. Das ist wegen der fehlenden klaren Anknüpfung durch beweissichere Umstände wie bei der Ehe (Heiratsurkunde einerseits, Scheidungsurteil andererseits) auch sinnvoll.[12]

---

[1] Zur geschichtlichen Entwicklung der Vaterstellung *Peschel-Gutzeit* FPR 2005, 167 ff.
[2] *Rauscher* FPR 2002, 352, 353.
[3] *Rauscher* FPR 2002, 352.
[4] *Gaul* FamRZ 1997, 1441, 1446; *Rauscher* FPR 2002, 352; s. aber auch die Überlegungen bei *Heiderhoff* FamRZ 2008, 1901, 1903 ff.
[5] Entwurf BT-Drucks. 13/4899 S. 83.
[6] Entwurf BT-Drucks. 13/4899 S. 53 zu 3. Vgl. Vor § 1591 Rn. 5 ff.
[7] *Schwenzer*, Vom Status zur Realbeziehung, 1987, S. 234. Dagegen auch *Gaul* FamRZ 1997, 1446.
[8] Vgl. *Kropholler* AcP 185 (1985), 244, 260; *Dethloff* NJW 1992, 2200, 2207; *Gernhuber/Coester-Waltjen* § 52 Rn. 27. Statistik bei *Mutscheler* FPR 2005, 177.
[9] S. *Schwab/Wagenitz* FamRZ 1997, 1377, 1378.
[10] Weil das voraussehbar unpraktikabel gewesen wäre: Der Entwurf BT-Drucks. 13/8511 S. 81 spricht davon, dass die unterschiedlichen Vaterschaftsvoraussetzungen „unvermeidbar" seien.
[11] Entwurf BT-Drucks. 13/4899 S. 52; s. auch *Kropholler* AcP 185 (1985), 260; *Gaul* FamRZ 1997, 1446.
[12] *Gernhuber/Coester-Waltjen* § 52 Rn. 27.

Durch die unterschiedliche Zuordnung wird freilich mittelbar die Unterscheidung zwischen ehelicher und ne. Geburt notwendig, mag sie auch so im Gesetz nicht mehr genannt werden. An die Stelle der früheren Ehelichkeitsvermutung der §§ 1591 bis 1593 aF ließ der Gesetzgeber eine **allgemeine Vaterschaftsvermutung** für den Ehemann in § 1600c Abs. 1 treten, die aber nur im Anfechtungsfalle als reine Vermutung gedacht ist, während § 1592 Nr. 1 fiktionsartig unabhängig von einer Vermutung verbindlich für alle Fallgestaltungen formuliert ist. Der Wortlaut lehnt sich an die „pater est"-Regel des römischen Rechts an[13] und gewinnt dadurch an Prägnanz. 4

2. Das Übergangsrecht des KindRG. Das KindRG trat am **1. 7. 1998 in Kraft** und wirkt auch für alle bereits bestehenden Kindschaftsverhältnisse. Allerdings sollen im Interesse bruchloser Kontinuität der Familienbande für die am Stichtag bereits bestehenden Abstammungsbeziehungen zwischen **Kind und Vater** gem. Art. 224 § 1 Abs. 1 EGBGB als Ausnahme **die bisher geltenden Vorschriften** bestimmend bleiben. Für vor dem 1. 7. 1998 geborene Kinder ist also sowohl die Frage der Vaterschaft nach der Ehelichkeitsvermutung als auch die Frage der Wirksamkeit einer Anerkennungserklärung nach altem Recht zu beurteilen. Hinsichtlich der Feststellung der Vaterschaft durch gerichtliche Entscheidung wirkt sich diese Anknüpfung, weil das neue Recht keinen über Formulierungsänderungen hinausgehenden neuen Inhalt hat, nur bei der neuen Antragsbefugnis der Mutter aus. Auch gerichtliche Entscheidungen der DDR-Gerichte bleiben wirksam. Unter die bisher geltenden Vorschriften fallen auch die des **IPR**; näher dazu Art. 224 § 1 sowie Art. 234 § 7 EGBGB. Änderungen durch **Anfechtung** können gem. **Art. 224 § 1 Abs. 2 EGBGB** seit dem 1. 7. 1998 aber nur noch nach **neuem Recht** vorgenommen werden.[14] 5

III. Abstammung vom Ehemann nach Nr. 1

1. Wirksame Ehe. Die Grundregel der Nr. 1 nimmt den römisch-rechtlichen Grundsatz „pater vero est, quem nuptiae demonstrant"[15] auf. Die Vaterschaftszuordnung nach Nr. 1 setzt voraus, dass der fragliche Mann mit der Mutter im Zeitpunkt der Geburt des Kindes verheiratet ist. Jedes Kind, das **zwischen dem Beginn** und dem **Ende der Ehe** des Mannes mit der Mutter **geboren** wird, hat diesen Ehemann zum Vater. Die drei danach maßgebenden Zeitpunkte sind alle leicht und in der Regel durch Urkunden beweissicher festzulegen. Darin liegt der besondere Vorteil dieser Anknüpfung, mag der Anteil der ehelich geborenen Kinder auch zurückgehen und die Ehe ihre institutionelle Funktion immer mehr verlieren.[16] Die keiner Nichtigerklärung bedürftige **Nichtehe**[17] hingegen begründet die eheliche Abstammung nicht,[18] auch nicht im Falle ihrer Scheidung,[19] hier muss der Status nach Feststellung des Mangels noch begründet werden. Die Aufhebbarkeit der Ehe nach den §§ 1313 ff. hat auf die Anwendbarkeit von § 1592 Nr. 1 keinen Einfluss. Im Übrigen bleibt klarzustellen, dass die **nachträgliche gerichtliche Auflösung der Ehe** durch Scheidung oder Eheaufhebung auf die einmal eingetretene Vaterschaftswirkung ohne Rechtsfolgen bleibt. Zu **Tot- und Fehlgeburten** in der Ehe und der auch nicht erforderlichen Anfechtung im Falle außerehelicher Zeugung vgl. § 1591 Rn. 39, § 1593 Rn. 12; zur **Verschollenheit** des Ehemannes § 1593 Rn. 10. 6

2. Geburt nach der Eheschließung. Nach früherem Recht galt, dass vor der Eheschließung der Eltern geborene Kinder[20] gem. § 1591 Abs. 1 S. 1 aF „nichtehelich" waren, aber dadurch zu ehelichen Kindern wurden, dass Vater und Mutter heirateten (Legitimation). Mit der Kindschaftsrechtsreform ist die Möglichkeit der Legitimation entfallen, die nachfolgende Verheiratung der Eltern hat keine Auswirkung mehr auf den Status des Kindes. Es bedarf der Anerkennung oder gerichtlichen Feststellung des Vaters. Das gemeinsame Sorgerecht wird dann allerdings mit Verheiratung kraft Gesetzes begründet, § 1626a Abs. 1 Nr. 2. Eine vor Verheiratung der Mutter abgegebene Vaterschaftsanerkennungserklärung eines anderen Mannes bleibt wirkungslos, weil die Vaterschaft des Ehemanns nach Nr. 1 insoweit Vorrang genießt (s. § 1594 Rn. 42). 7

Ob das Kind während oder vor der Ehe **gezeugt wurde,** ist unerheblich; der Ehemann der Mutter jedes nach der Eheschließung **geborenen** Kindes wird ohne Weiteres dessen Vater. Dadurch 8

---

[13] Dazu *Gaul* FamRZ 1997, 1441, 1446.
[14] BGH NJW 1999, 1862.
[15] Paulus, Dig. 2, 4, 5; dazu *Gaul*, FS Gernhuber, 1993, S. 619, 629.
[16] Vgl. *Schwab* FamRZ 2007, 1, 3.
[17] RGZ 120, 37; näher § 1310 Rn. 22.
[18] Vgl. BayObLG FamRZ 1966, 639 m. Anm. *Grunsky.* Ebenso NK-BGB/*Gutzeit* Rn. 6.
[19] So richtig *Rauscher* FPR 2002, 352, 352.
[20] Dazu AG Tübingen NJW-RR 1989, 261.

sollen nach dem Willen des Gesetzgebers des BGB Eheschließungen gefördert, die Zahl der ne. Kinder vermindert und das Ansehen der Eltern und Kinder geschützt werden.[21]

9   **3. Geburt vor dem Ende der Ehe.** Die Geburt des Kindes muss noch vor Auflösung der Ehe erfolgen, also vor Eintritt der Rechtskraft der jeweiligen gerichtlichen Entscheidung (über Scheidung oder Eheaufhebung). Jede Geburt nach dem Ablauf der Rechtsmittelfrist[22] oder nach dem Verzicht auf Rechtsmittel fällt nicht mehr unter die Zuordnung durch Ehe. Dieser öffentlich und urkundlich festgelegte Akt ermöglicht eine klare Statusbestimmung, während die ebenfalls diskutierte Beendigung der Vermutungswirkung mit der Trennung der Ehegatten bei Bildung einer eheähnlichen Gemeinschaft mit einem anderen Mann zu Recht abgelehnt worden ist.[23] Für die Ermittlung des Geburtszeitpunkts entscheidend ist der Tag der Vollendung der Geburt, also des vollständigen Austritts des Kindes aus dem Mutterleib, ohne dass bereits die Verbindung durch die Nabelschnur unterbrochen sein müsste.[24] Eine ungewöhnlich lange Dauer des Geburtsvorganges bleibt außer Betracht (dazu auch bei § 1593 Rn. 7). Bei Zwillings- und Mehrlingsgeburten kommt es auf die Geburt des ersten Kindes an.[25]

10   Unerheblich ist der Nachweis, dass das Kind während der Ehezeit gezeugt worden ist. Die abweichende frühere Regelung, die **auch eine** Ehelichkeitsvermutung für das **in der Ehe empfangene Kind** vorsah (§§ 1591 Abs. 1 S. 1, 1593 aF), ist mit dem KindRG gestrichen worden. Auf Empfängniszeiten kommt es demgemäß nicht mehr an. Das entspricht, angesichts der Trennungszeiten, die der Scheidung vorauszugehen haben (vgl. § 1566), der geringen Wahrscheinlichkeit der Abstammung vom geschiedenen Ehemann. Ist der frühere Ehemann gleichwohl der Vater des Kindes, so kann seine Vaterschaft im Rechtssinne nur durch Anerkennung (Nr. 2) oder gerichtliche Feststellung (Nr. 3) hergestellt werden.

11   Für das noch in der Ehe, aber **nach Anhängigkeit eines Scheidungsantrags geborene Kind** bleibt zu beachten, dass der Ehemann hier zwar nach Nr. 1 als Vater anzusehen ist. Indes bedarf es zur Beseitigung dieser Vaterschaft nicht zwangsläufig der gerichtlichen Anfechtung nach den §§ 1599 ff., sofern die Voraussetzungen der Ausnahmeregelung von § 1599 Abs. 2 vorliegen (siehe § 1599 Rn. 55 ff.). Das Anfechtungsverfahren kann gleichwohl aus Sicht des rechtlichen Vaters vorzuziehen sein, wenn die Dauer des Scheidungsverfahrens nicht absehbar ist.

12   Wird die Ehe nicht durch gerichtliche Entscheidung, sondern **durch den Tod des Ehemannes beendet**, so sind die **Sonderregeln des § 1593** zu beachten. Sie sehen wegen der höheren Wahrscheinlichkeit der tatsächlichen Zeugung durch den Ehemann eine beschränkte zeitliche Nachwirkung der Ehe vor (näher s. dort bei Rn. 2 ff.). Insoweit ist auch noch auf Empfängniszeiten abzustellen. **Bei einer Auflösung der Ehe durch Tod der Mutter** kurz vor der Geburt ist § 1592 Nr. 1 entsprechend anzuwenden; auch in diesem Fall ist der überlebende Ehemann ges. Vater des Kindes (näher § 1593 Rn. 5).

13   **4. Unerheblichkeit einer Beiwohnungsfeststellung.** Jedes in der Ehe geborene Kind ist ohne Weiteres das Kind des Ehemanns. Für den Eintritt der Rechtswirkung der Nr. 1 ist es unerheblich, ob das Kind tatsächlich in oder vor der Ehe vom Ehemann empfangen worden ist. Auch wenn es offensichtlich unmöglich ist, dass das Kind von dem Ehemann abstammt, zB weil dieser zeugungsunfähig ist, seit Jahren im Koma liegt oder schon vor langer Zeit ausgewandert ist, gilt der Ehemann kraft Gesetzes als Vater.[26] Eine Änderung des Status ist allein im Wege der Anfechtung nach den §§ 1599 ff. möglich. Dabei muss im Verfahren die Vermutung für die Vaterschaft des Ehemanns (vgl. § 1600c Abs. 1) widerlegt werden. Durch Einholung eines medizinischen Abstammungsgutachtens ist das aber in der Regel einfach zu bewältigen.

IV. Vaterschaft kraft Anerkennung, Nr. 2

14   Bei allen Kindern, die nicht aus einer Ehe mit der Mutter entstammen oder eine zuvor bestehende Vaterschaft durch Anfechtung verloren haben, kann die Vaterschaft durch Anerkennung (Nr. 2) oder durch gerichtliche Feststellung (Nr. 3) festgelegt werden. Den häufigeren Fall bildet die Anerkennung nach den §§ 1594 ff. (zu den Einzelheiten der Anerkennungserklärung § 1594 Rn. 4 ff.). Das Gesetz folgt dabei der aus der Lebenswirklichkeit begründeten Erfahrung, dass ein Kind von dem Mann, der eine **Anerkennung erklärt** hat, mit hoher Wahrscheinlichkeit auch

---

[21] Mot. IV S. 647.
[22] Also wegen § 188 Abs. 2 BGB mit Ablauf des letzten Tages der Frist.
[23] Vgl. die Begründung des Entwurfs BT-Drucks. 13/4899 S. 52.
[24] S. auch § 1 Rn. 15 und Mot. I S. 28.
[25] *Staudinger/Rauscher* § 1593 Rn. 14 mwN; s. auch *Peters* StAZ 1972, 322.
[26] Vgl. *Palandt/Brudermüller* § 1592 Rn. 3.

abstammt. Das gilt nach Ansicht des Gesetzgebers jedenfalls dann, wenn die Mutter ihre Zustimmung erklärt hat (§ 1595). Eine Kontrolle der genetischen Abstammung findet dabei nicht statt; verfassungsrechtliche Bedenken dagegen bestehen indes nicht.[27] Auch die (bewusst „falsche") Anerkennung für ein erkannt fremdes Kind ist zulässig und zeitigt dieselben Rechtswirkungen (s. § 1594 Rn. 4). Mit der Anerkennung iSd. Nr. 2 ist dabei nicht die (isolierte) Erklärung des Mannes[28] gemeint, der sich als Vater bekennt, sondern der nach Vorliegen aller Voraussetzungen (insbesondere Zustimmung der Mutter) wirksam gewordene Tatbestand der Vaterschaftsanerkennung. Wie die Vaterschaft kraft Verheiratung mit der Mutter nach Nr. 1 kann auch die Vaterschaft kraft Anerkennung nur im Wege der gerichtlichen Anfechtung nach den §§ 1599 ff. wieder beseitigt werden.

Die Anerkennung kann nicht neben der Vaterschaft aus der Ehe (Nr. 1) oder neben einer gerichtlich festgestellten Vaterschaft (Nr. 3) Bestand haben. Daher enthält § 1594 in Abs. 1 und 2 Abgrenzungsregeln, die das **Ausschließlichkeitsverhältnis** der drei möglichen **Vaterschaftszuordnungen** des § 1592 sichern. Nach § 1594 Abs. 2 kann eine Anerkennung nicht wirksam werden,[29] falls noch eine andere Vaterschaftszuordnung aus § 1592 besteht, sei es aus der Ehe, aus einer anderen Anerkennung oder aus einer gerichtlichen Feststellung. Die gleichwohl erklärte Anerkennung ist allerdings nicht unwirksam, sondern nur **„solange"** nicht wirksam bis das Hindernis beseitigt ist; sie ist also nur schwebend unwirksam.[30] Die Rechtswirkungen der Vaterschaft kraft Anerkennung treten dann aber erst mit Wegfall der anderen Vaterschaft ein. 15

V. Vaterschaft kraft gerichtlicher Feststellung, Nr. 3

Die verbleibenden Fälle, in denen weder Ehe noch Anerkennung zur Zuordnung führen, sind entspr. **Nr. 3** nach der Vorstellung des Gesetzgebers durch **gerichtliche Feststellung gem. § 1600d** zu lösen. Das betrifft überwiegend Kinder lediger Mütter, zum Teil aber auch die Fälle infolge Vaterschaftsanfechtung durch den Ehemann. Von Bedeutung sind überdies Fälle, in denen eine Anerkennung durch den Vater an der fehlenden Zustimmung der Mutter und/oder des Kindes scheitert. Den Antrag auf Feststellung der Vaterschaft (§ 169 Nr. 1 FamFG) können die Beteiligten, also der potenzielle leibliche Vater, Mutter und Kind stellen (näher § 1600d Rn. 14). Ist das Kind minderjährig, wird in der Regel die Mutter aktiv werden, nötigenfalls mit Hilfe der ges. Beistandschaft, § 1712. Allerdings bleiben auch gerade deswegen dauerhaft vaterlose Kinder, weil die Mutter die Vaterschaftsfeststellung unterlässt oder keine Angaben zum Vater oder zu Putativvätern macht. Mit Wegfall der ges. Amtspflegschaft der §§ 1709 ff. aF können staatliche Stellen hier grundsätzlich nicht von Amts wegen tätig werden (dazu § 1600d Rn. 18). 16

Der Feststellungsantrag ist begründet, wenn gesichert ist, dass der Mann der **genetische Vater des Kindes ist.** Die genetische Vaterschaft wird in der Regel durch **Abstammungsgutachten unmittelbar festgestellt** (§ 1600d Rn. 59 ff.), was aus dem Ges. nicht erkennbar ist, obwohl es den Regelfall darstellt. Zum Verfahren s. § 1600d Rn. 12 ff. Die Wirkungen der Vaterschaftsfeststellung treten wie bei der Anfechtung erst mit **Rechtskraft der gerichtlichen Entscheidung** ein, dann aber ebenfalls mit Wirkung für und gegen alle (§ 184 Abs. 2 FamFG). Die Entscheidung schafft einen **stabilen Status** für das Kind, da sie nach Rechtskraft nur noch im Wege des Wiederaufnahmeverfahrens beseitigt werden kann, vgl. § 185 FamFG.[31] 17

VI. Vaterschaftszuordnung bei künstlicher Zeugung

1. Homologe Insemination. § 1592 ist auch anzuwenden, wenn ein Kind im Wege künstlicher Befruchtung gezeugt wurde. Das von einer Ehefrau nach der Eheschließung und innerhalb der Ehe (oder spätestens 300 Tage nach dem Tode des Ehemannes, § 1593 S. 1) geborene Kind wird auch dann dem Ehemann als Vater zugeordnet, wenn es aus einer künstlichen Samenübertragung hervorgeht.[32] Bei der **homologen Insemination** wird Sperma des **Ehemannes** der Mutter verwendet. Unabhängig von der Art der Behandlung (in-vitro-Fertilisation, Gametentransfer, Embryotransfer etc.) ist hier der Ehemann genetischer Vater, so dass die rechtliche Vaterschaft gem. Nr. 1 18

---

[27] Vgl. BVerfG NJW 2009, 423.
[28] Ebenso *Gaul* FamRZ 1997, 1441 in Fn. 79.
[29] Nachgebildet dem engeren § 1600b Abs. 3 aF.
[30] Entwurf BT-Drucks. 13/4899 S. 84.
[31] Dazu BGH DAVorm. 1994, 87.
[32] *Gernhuber/Coester-Waltjen* § 53 Rn. 7.

§ 1592 19–21 Abschnitt 2. Titel 2. Abstammung

ohnehin mit der genetischen übereinstimmt.[33] Ob die Insemination gegen den Willen des Ehemanns erfolgte, bleibt abstammungsrechtlich unerheblich. Das Fehlen der Einwilligung des Ehemannes ist allenfalls für etwaige Schadensersatzansprüche (zB gegen den ausführenden Arzt) von Bedeutung.[34] Sind die Eltern des Kindes nicht miteinander verheiratet, bedarf es zur Begründung der Vaterschaft nach § 1592 Nr. 2 der Anerkennung gem. den §§ 1594 ff.

19 **2. Heterologe Insemination.** Bei der **heterologen Insemination** hingegen findet Sperma eines **anderen Mannes** (Samenspender) Verwendung. Wird das Kind in die Ehe der Mutter hineingeboren, kommt es somit zum Auseinanderfallen von genetischer Abstammung und rechtlicher Zuordnung zum Ehemann. Die Vaterschaft des Ehemanns kann grundsätzlich allein durch Anfechtung nach den §§ 1599 ff. beseitigt werden. Dabei ist allerdings zu beachten, dass der Mutter und dem Ehemann keine Anfechtungsberechtigung zusteht, sofern sie der Zeugung des Kindes mit Spendersamen zuvor wirksam zugestimmt hatten, § 1600 Abs. 5 (s. dort Rn. 29 ff.). Sind die Wunscheltern bei der heterologen Insemination nicht miteinander verheiratet, so ist das Kind zunächst vaterlos und erhält erst im Fall der Anerkennung einen Vater (Nr. 2). Insofern ist auch die Anerkennung durch den Wunschvater, der ersichtlich nicht der genetische Vater ist, ohne Weiteres wirksam. Eine Anfechtung ist dann aber ebenfalls nach § 1600 Abs. 5 ausgeschlossen. Anfechten kann jedoch in allen Fällen das Kind selbst (s. § 1600 Rn. 38). Im Anschluss daran ist grundsätzlich auch die gerichtliche Feststellung (§ 1600d Abs. 1) des Samenspenders als Vater möglich (s. § 1600 Rn. 41).

20 **3. Samenübertragung nach Tod des Ehemanns.** Die technisch (durch Kryokonservierung) mögliche,[35] nach § 4 Abs. 1 Nr. 3 ESchG jedoch strafbare[36], homologe Samenübertragung **nach dem Tode des Ehemannes** und somit nach Auflösung der Ehe, bewirkt nicht, dass der verstorbene Ehemann ges. Vater des nicht in der Ehe geborenen Kindes wird. Diese Vaterschaft kann nur durch ein Feststellungsverfahren nach § 1600d Abs. 1 begründet werden.

VII. Vaterschaftstatbestand und Rechtsausübungssperre

21 Für die eheliche Abstammung bestimmte § 1593 aF ein **Verbot**, die Ehelichkeit **in Frage zu stellen** und die Nichtehelichkeit geltend zu machen, solange die **Anfechtung** der Ehelichkeit **nicht rechtskräftig** durchgeführt war. Für die Anerkennung und die gerichtliche Vaterschaftsfeststellung die Vorschrift des § 1600a S. 2 aF enthielt eine gleichartige Sperre, welche die Berufung auf die ne. Vaterschaft von der Rechtskraft der gerichtlichen Feststellung oder von der Wirksamkeit der Anerkennung abhängig machte. **Das Recht des KindRG** übernahm die **Rechtsausübungssperre** für die beiden letztgenannten Fälle in §§ 1594 Abs. 1 und 1600 d Abs. 4, nicht aber auch die Vorschrift des § 1593 aF. Der Grund dafür bleibt unklar.[37] Sachlich sollte sich aber nichts ändern (allgM).[38] Der Gesetzgeber meinte auch, einmal durch die Formulierung der ausschließlichen Vaterschaft in den drei Fällen des § 1592 genügend Klarheit geschaffen zu haben.[39] Weiter sollte nach der Entwurfsbegründung die Regelung des § 1599 Abs. 1 die des früheren § 1593 aF wohl ersetzen.[40] Insofern gilt also weiterhin, dass eine nach § 1592 bestehende Vaterschaftszuordnung eine Sperrwirkung entfaltet. Solange das Kind danach einen Vater hat, darf diese Vaterschaft – außer durch Anfechtung im dafür vorgesehenen Gerichtsverfahren (§§ 1599 ff.) – grundsätzlich nicht in Frage gestellt werden. Dieses Verbot soll dem Familienfrieden und damit dem Wohl des Kindes dienen, der Familienstand des Kindes soll möglichst nicht in Zweifel gezogen werden, wenn und solange die Vaterschaft aus der Ehe nicht wirksam angefochten ist.[41] Zugleich kann das Kind keinen weiteren bzw. anderen Vater haben.[42] Vor Rechtskraft einer positiven Anfechtungsentscheidung bleibt die ges. Vaterschaft des Ehemanns somit wirksam; die **Berufung auf eine andere väterliche Verwandtschaft** wäre unzulässig. Das Gleiche gilt im Falle des § 1593 S. 1 hinsichtlich des verstor-

---

[33] Nach früherem Recht wurde die homologe Insemination demgemäß der Beiwohnung gleichgestellt, vgl. 3. Aufl. §§ 1591, 1592 Rn. 48. Dazu *Coester-Waltjen*, Gutachten B für den 56. DJT (1986), 2. Teil, A II 2 (S. 25); *Bernat* MedR 1986, 245, 246; *Hohloch* StAZ 1986, 153, 155; *Dölle*, FS Rabel, 1954, S. 190, 193 f.; *Soergel/Gaul* § 1591 Rn. 30; RGRK/*Böckermann* §§ 1591, 1592 Rn. 36.
[34] *Staudinger/Rauscher* § 1592 Anh. Rn. 8.
[35] Dazu *Erdsiek* NJW 1960, 23; *Giesen* JZ 1985, 652, 653; *Hohloch* StAZ 1986, 153, 156; *Kollhosser* JA 1985, 553, 560; *Ostendorf* JZ 1984, 595, 596.
[36] S. auch BT-Drucks. 11/5710, Begr. zu § 3 Abs. 1, S. 10.
[37] Dazu *Gaul* FamRZ 1997, 1441, 1448.
[38] *Gernhuber/Coester-Waltjen* § 52 Rn. 5 und 73.
[39] Vgl. Entwurf BT-Drucks. 13/4899 S. 83.
[40] BT-Drucks. 13/4899 S. 86; *Rauscher* FPR 2002, 352, 353; zweifelnd *Gaul* FamRZ 1997, 1441, 1448.
[41] BGHZ 99, 236 = NJW 1987, 899; auch BGH NJW 1999, 1441; *Deichfuß* NJW 1988, 113, 114; allgM
[42] *Gernhuber/Coester-Waltjen* § 52 Rn. 5: „Ein-Vater-Prinzip".

benen Ehemannes, weil insoweit durch Verweisung auf § 1592 Nr. 1 ebenfalls die Vaterschaftswirkung aus der Ehe angeordnet ist. Einzelheiten zur Rechtsausübungssperre bei § 1599 Rn. 1 ff.

§ 1593 Vaterschaft bei Auflösung der Ehe durch Tod

¹ § 1592 Nr. 1 gilt entsprechend, wenn die Ehe durch Tod aufgelöst wurde und innerhalb von 300 Tagen nach der Auflösung ein Kind geboren wird. ² Steht fest, dass das Kind mehr als 300 Tage vor seiner Geburt empfangen wurde, so ist dieser Zeitraum maßgebend. ³ Wird von einer Frau, die eine weitere Ehe geschlossen hat, ein Kind geboren, das sowohl nach den Sätzen 1 und 2 Kind des früheren Ehemanns als auch nach § 1592 Nr. 1 Kind des neuen Ehemanns wäre, so ist es nur als Kind des neuen Ehemanns anzusehen. ⁴ Wird die Vaterschaft angefochten und wird rechtskräftig festgestellt, dass der neue Ehemann nicht Vater des Kindes ist, so ist es Kind des früheren Ehemanns.

Übersicht

	Rn.		Rn.
I. Normzweck	1	c) Tot- und Fehlgeburten	12
II. Abstammung vom früheren Ehemann, S. 1, 2	2–13	5. Korrektur der Zuordnung zum früheren Ehemann	13
1. Zuordnung über die Ehe	2–5	III. Situation bei nachfolgender Verheiratung, S. 3 und 4	14–18
a) Geburt nach Eheauflösung durch Tod	2, 3	1. Zuordnung zum neuen Ehemann	14
b) Geburt nach Eheauflösung durch Scheidung	4	2. Erstreckung auf alle Fälle weiterer Ehen	15, 16
c) Eheauflösung durch Tod der Mutter	5	a) Wiederverheiratung nach Todeserklärung	15
2. Fristberechnung	6, 7	b) Doppelehe der Mutter	16
3. Überlange Tragezeit, S. 2	8, 9	3. Anfechtung der Vaterschaft des neuen Ehemannes (S. 4)	17
4. Postmortale Insemination, Verschollenheit, Totgeburt, Fehlgeburt	10–12	4. Anfechtung der Vaterschaft des ersten Ehemannes	18
a) Postmortale Insemination	10		
b) Verschollenheit	11		

I. Normzweck

Die Vorschrift ist als **Ergänzung zu § 1592 Nr. 1** zu lesen. Sie erweitert die Zuordnung des 1 Kindes zum Ehemann der Mutter mit der daraus folgenden Vaterschaftsvermutung auf bestimmte Fälle der **Geburt nach der Ehe**. Die nacheheliche Geburt als solche wird von § 1592 Nr. 1 nämlich nicht erfasst. In bestimmten Fällen erscheint es jedoch als sinnvoll, die Vaterschaftswirkung aus der Ehe noch eintreten zu lassen und das Kind nicht ohne ges. Vater zu lassen. Eine solche besondere Situation liegt vor, wenn das Kind deshalb **nicht in der Ehe** zur Welt kommt, weil die Ehe durch Tod aufgelöst wurde und der Ehemann der Mutter vor der Geburt **verstorben ist**. Anders liegt es jedoch wiederum, wenn sich die Mutter noch vor der Geburt des Kindes wiederverheiratet. Für diesen Fall sieht das Gesetz in S. 3 und 4 die Zuordnung des Kindes zum neuen Ehemann vor.

II. Abstammung vom früheren Ehemann, S. 1, 2

1. Zuordnung über die Ehe. a) Geburt nach Eheauflösung durch Tod. Bei der Auflö- 2 sung der Ehe durch den Tod des Ehemannes der Mutter ist bei nachfolgender Geburt sehr wahrscheinlich, dass der verstorbene Ehemann dieses Kind noch gezeugt hat, wenn die Geburt innerhalb des Zeitrahmens der ges. Empfängniszeit liegt. Hier ist anders als im Scheidungsfall nicht anzunehmen, dass das Verhältnis der Ehegatten bereits zerrüttet war und das Kind außerehelich gezeugt worden ist.[1] Daher ist für den Fall des Todes des Ehemannes **vor der Geburt des Kindes** in § 1593 für die zeitliche Abgrenzung die frühere Regelung der §§ 1593 und 1600 aF fast unverändert übernommen worden. Lediglich die Dauer der ges. Empfängniszeit (unten Rn. 6) wurde marginal

---
[1] Entwurf KindRG BT-Drucks. 13/4899 S. 83.

§ 1593 3–8

geändert. Durch die **Verweisung auf § 1592 Nr. 1** ist klargestellt, dass jedes in der Frist von 300 Tagen nach dem Tode des Ehemanns der Mutter geborene Kind diesen verstorbenen **Ehemann zum ges. Vater** hat. Eine Geburt innerhalb der Empfängniszeit führt damit zu den **gleichen Wirkungen** wie Geburt in der Ehe gem. § 1592 Nr. 1, also zur abstammungsrechtlichen Zuordnung zum verstorbenen Ehemann und zur Vaterschaftsvermutung im Verfahren gem. § 1600c Abs. 1.

3   Die Vorschrift setzt den **rechtswirksamen Bestand der Ehe** vor dem Tode des früheren Ehemannes der Mutter voraus[2]. Unschädlich ist dabei, dass die Ehe aufhebbar iSd. §§ 1313 ff. war. Keine Anwendung findet die Norm bei lediglich **eheähnlich zusammenlebenden Eltern**. Hier kann mangels Ehe eine Vaterschaft, unabhängig davon ob die Vaterschaft unter den Beteiligten unstrittig ist, nach dem Tode des männlichen Partners nur durch gerichtliche Feststellung gem. §§ 1592 Nr. 3, 1600d Abs. 1 erfolgen.

4   **b) Geburt nach Eheauflösung durch Scheidung.** Die Vorschrift gilt nicht für den Fall der Eheauflösung durch Scheidung. Für den Scheidungsfall verbleibt es bei der Zuordnung nach § 1592 Nr. 1. Entscheidend ist der Zeitpunkt der Rechtskraft der Scheidung. Kommt das Kind noch vorher auf die Welt, gilt der frühere Ehemann der Mutter als Vater. Der Tod des Mannes nach Rechtskraft der Scheidung bleibt bedeutungslos. Kommt das Kind erst nach Rechtskraft der Scheidung auf die Welt, ist der frühere Ehemann ohnehin nicht mehr als Vater anzusehen, da die Voraussetzungen des § 1592 Nr. 1 nicht erfüllt sind. Das Kind ist (zunächst) vaterlos. Allerdings bleibt bei laufendem Scheidungsverfahren die Möglichkeit der Direktanerkennung gem. § 1599 Abs. 2, wonach der Stichtag für die Geburt der Tag der Anhängigkeit der Scheidung[3] ist (s. dazu § 1599 Rn. 61). **Stirbt** der Ehemann **während des Scheidungsverfahrens**, erledigt sich das Verfahren in der Hauptsache, § 131 FamFG. Kommt das Kind erst danach zur Welt, bleibt es bei der Regelung von § 1593 S. 1, denn hier liegt eine Eheauflösung durch Tod und nicht durch Scheidung vor.

5   **c) Eheauflösung durch Tod der Mutter.** Immerhin denkbar ist auch der Fall, dass die Mutter kurz vor der Geburt des Kindes verstirbt, sodass im Zeitpunkt der Geburt keine Ehe zwischen den Eltern mehr besteht. Für diesen Fall liegt es nahe, die Regelung in S. 1 entsprechend anzuwenden und die Vaterschaftszuordnung für den Ehemann wirksam werden zu lassen.[4] Schließlich greift hier die Abstammungsvermutung aus der bis dahin bestehenden Ehe in gleicher Weise. Es bedarf also keiner Anerkennung der Vaterschaft durch den überlebenden Ehemann.

6   **2. Fristberechnung.** Weitere Voraussetzung der Abstammung vom verstorbenen Ehemann ist in Anlehnung an das frühere Recht,[5] wonach die Ehelichkeitsvermutung für das **in der Ehe empfangene** Kind sprach,[6] dass die ges. **Empfängniszeit von 300 Tagen**[7] **seit dem Todestag** nicht schon abgelaufen war, bevor das Kind geboren wurde. Wenigstens ein Tag der Frist des § 1600d Abs. 3 muss also in die Ehezeit fallen. Andernfalls kommt eine Zeugung durch den verstorbenen Ehemann biologisch auch regelmäßig nicht in Frage, da diese Frist die real längste Tragezeit darstellt. Wird das Kind erst nach Ablauf der Frist von 300 Tagen geboren, ist nicht mehr der frühere Ehemann als Vater anzusehen. Die Vaterschaft muss über § 1592 Nr. 2 oder Nr. 3 geklärt werden.

7   Für die Frage, ob das Kind vor Ablauf der Frist geboren ist, kann es auf die **zeitliche Festlegung des Geburtsvorgangs** ankommen. Entscheidend ist – da die Dauer der Tragezeit letztlich den Regelungsgrund abgibt – der Tag der **Vollendung** der Geburt, also des vollständigen Austritts des Kindes aus dem Mutterleib, wobei die Verbindung durch die Nabelschnur noch nicht unterbrochen sein muss.[8] Eine ungewöhnlich lange Dauer des Geburtsvorganges bleibt deshalb außer Betracht;[9] bei Zwillings- und Mehrgeburten kommt es auf die Geburt des ersten Kindes an.[10]

8   **3. Überlange Tragezeit, S. 2.** Erfolgt die Geburt erst etwas **länger als 300 Tage** nach dem Tode des Ehemannes der Mutter, so greift S. 1 zunächst nicht mehr. Das Kind ist dann grundsätzlich **nicht** dem verstorbenen Mann als ges. Vater zuzuordnen, sondern außerhalb einer Ehe geboren und somit vaterlos. Falls jedoch feststeht, dass das Kind – was selten vorkommt – durch eine Beiwohnung des Mannes gezeugt worden ist, die mehr als 300 Tage vor dem Tag der Geburt lag, dann **kann die**

---

[2] Vgl. zur Nichtehe BayObLG FamRZ 1966, 639 m. Anm. *Grunsky*; LG Bonn StAZ 1985, 135.
[3] Zu daraus folgenden Problemen im Scheidungsverbund *Wagner* FamRZ 1999, 7. Kritik bei *Gaul* FamRZ 2000, 1461, 1463 f.
[4] *Staudinger/Rauscher* Rn. 10; *Erman/Hammermann* § 1593 Rn. 2.
[5] S. Entwurf BT-Drucks. 13/4899 S. 83.
[6] Gem. §§ 1591 Abs. 1 S. 1, 1593 aF.
[7] Zur historischen Entwicklung *Gaul* FamRZ 1997, 1441, 1447.
[8] S. auch § 1 Rn. 15 und Mot. I S. 28.
[9] OLG München JW 1929, 2291.
[10] *Staudinger/Rauscher* Rn. 14 mwN; s. auch *Peters* StAZ 1972, 322.

300-Tage-Frist ausnahmsweise nach S. 2 überwunden** werden. Das Kind gilt dann durch die mittelbare Verweisung des S. 2 auf § 1592 Nr. 1 doch noch als Kind des verstorbenen Ehemannes.

Die Klärung erfolgt durch ein **Abstammungsverfahren,** wobei der Antrag (§ 171 Abs. 1 FamFG) auf die positive Feststellung des Bestehens eines Eltern-Kind-Verhältnisses zu richten ist (§ 169 Nr. 1 FamFG). In diesem Verfahren kann die **Beiwohnung des Mannes** in der Empfängniszeit mit allen zulässigen Beweismitteln **bewiesen** werden, also nicht nur durch Zeugen- und Parteiaussagen, sondern beispielsweise auch durch naturwissenschaftliche Gutachten, zB Tragzeitgutachten, die unzweifelhaft auf eine Zeugung des Kindes innerhalb der längeren Empfängniszeit hindeuten (dazu bei § 1600d Rn. 95 ff.). Im Übrigen wird auch dazu, sofern Untersuchungsmaterial von dem Verstorbenen erreichbar ist oder nahe Verwandte vorhanden sind, das zuverlässigere molekularbiologische biostatistische Abstammungsgutachten einzuholen sein (dazu § 1600d Rn. 73 ff.), was den Beweis der Beiwohnung dann überflüssig machen kann.

4. Postmortale Insemination, Verschollenheit, Totgeburt, Fehlgeburt. a) Postmortale Insemination.[11] Werden bei einer **künstlichen Befruchtung** trotz des Verbotes nach §§ 4 Abs. 1 Nr. 3, 1 Abs. 1 Nr. 1 und 2 ESchG[12] **Samenzellen des verstorbenen Ehemannes** verwendet, so gelten, wie im Übrigen bei normalen homologen Inseminationen auch (dazu § 1592 Rn. 18.), ebenfalls die Regeln von S. 1 und 2. Wird das Kind noch innerhalb der ges. Empfängniszeit geboren, ist der Verstorbene als bisheriger Ehemann der Mutter der ges. Vater. Bei späterer Geburt kann der Mann nur durch gerichtliches Verfahren nach § 1600d Abs. 1 als Vater festgestellt werden, auch wenn die Verwendung seines Samens nicht angezweifelt wird. Denkbar ist aber auch die (dann bewusst oder unbewusst falsche) wirksame Anerkennung eines anderen Mannes nach § 1592 Nr. 2 oder auch nach § 1599 Abs. 2.

b) Verschollenheit. Kinder eines **verschollenen Ehemannes** sind zunächst dessen Kinder. Ist der Mann (noch) nicht für tot erklärt, so sind alle Kinder der Frau als aus der Ehe stammend anzusehen, da die Ehe ja noch besteht.[13] Die Zuordnung aus der Ehe gilt allerdings rückwirkend nicht mehr, wenn der verschollene Ehemann der Mutter **für tot erklärt** ist (§§ 3 bis 7, 9 VerschG), sofern die Kinder mehr als 300 Tage nach dem festgestellten Todeszeitpunkt geboren wurden.[14] Einer Anfechtung der Vaterschaft bedarf es hier nicht. War der Anfechtungsantrag schon anhängig, so erledigt sich mit der Bestandskraft der Todeserklärung die Hauptsache. Wird die Todeserklärung später wegen Rückkehr des Verschollenen wieder aufgehoben (§§ 30 ff. VerschG), so werden mit der Aufhebung der Todesvermutung des § 9 VerschG rückwirkend auch die nachgeborenen Kinder solche des Ehemannes, bis das Gegenteil gegebenenfalls durch Anfechtung festgestellt ist (§ 1599 Abs. 1). Zum Fall der Wiederverheiratung der Ehefrau des Verschollenen nach rechtskräftiger zu Unrecht ergangener Todeserklärung s. Rn. 15.

c) Tot- und Fehlgeburten. Auf **Totgeburten** und auf **Fehlgeburten** finden weder die §§ 1592, 1593 noch überhaupt die Vorschriften des 2. Titels Anwendung, da nur das lebend geborene Kind Rechtsfähigkeit und damit Familienstand erlangt.[15] Daran ändert auch die Regelung von § 21 Abs. 2 PStG nichts, wonach die Totgeburt ins Geburtenregister (und nicht mehr ins Sterbebuch) eingetragen wird, auf Wunsch mit vollem Namen. Denn diese Neuregelung dient nicht der Personenstandsklärung, sondern der Trauerhilfe.[16] Wegen der fehlenden Eintragungsmöglichkeit der Fehlgeburt in die Personenstandsbücher wird insoweit weiterer Regelungsbedarf gesehen.[17] Es bedarf in diesen Fällen mangels feststehenden Personenstandes also keiner Anfechtung der Wirkung aus der Geburt in der Ehe und es kann keine Anerkennung oder gerichtliche Feststellung erfolgen. Daher können auch Ansprüche der Mutter gem. § 1615n aus einer Tot- oder Fehlgeburt[18] gegen den außerehelichen Erzeuger oder seine Erben ohne vorheriges Anfechtungsverfahren geltend

---

[11] Vgl. zur homologen postmortalen Insemination *Coester-Waltjen* FamRZ 1984, 2335; *Kollhosser* JA 1985, 558; *Zierl* DRiZ 1985, 337, 340; *Deutsch* NJW 1986, 1971, 1973; *Starck,* Gutachten zum 56. DJT, A 21; *Laufs* JZ 1986, 769, 772; *Quantius* FamRZ 1998, 1145, 1147.
[12] Embryonenschutzgesetz vom 13. 12. 1990, BGBl. I S. 2746. Das Verbot beruht auf dem Gedanken, dass solche Methoden evident dem Kindeswohl zuwiderlaufen, vgl. BT-Drucks. 11/5710 S. 10.
[13] BSGE (GS) 12, 147; BVerwG FamRZ 1968, 385, 387; *Staudinger/Rauscher* § 1593 Rn. 23 und ferner § 1592 Rn. 21 f.
[14] OLG Düsseldorf StAZ 1974, 209.
[15] *Staudinger/Rauscher* § 1592 Rn. 31; *Soergel/Gaul* § 1591 Rn. 6; *Erman/Hammermann* 1592 Rn. 20.
[16] Vgl. *Rixen* FamRZ 1999, 265.
[17] *Rixen* FamRZ 1999, 265, 269.
[18] Nicht die Kosten eines Schwangerschaftsabbruchs, s. AG Brühl FamRZ 1985, 107; aber wohl die Folgekosten, s. dazu § 1615n Rn. 7; *Erman/Hammermann* § 1615n Rn. 3; *Soergel/Gaul* § 1615m Rn. 2.

gemacht werden,[19] ebenso Ansprüche des Ehemannes aus §§ 1615 n, 1615 l Abs. 1, 1607 Abs. 3 S. 2. Die Vaterschaft wird in diesen Fällen **incidenter** im Regressverfahren geprüft. Unter einer **Totgeburt** versteht man gem. § 31 Abs. 2 PStV ein Neugeborenes mit einem Gewicht von **mehr als 500 Gramm**, das bei der Trennung von der Mutter keine Lebenszeichen zeigt. Die Gewichtsgrenze von früher 1000 Gramm ist 1994[20] gesenkt worden.[21] **Fehlgeburten** sind gem. § 31 Abs. 3 PStV solche vor der Geburt verstorbenen Kinder, die diese Gewichtsgrenze nicht erreichen.

13   **5. Korrektur der Zuordnung zum früheren Ehemann.** Die mit der Geburt (in der Frist von 300 Tagen nach dem Todestag) entstehende ges. Vaterschaft des verstorbenen Ehemannes entfaltet die Wirkungen einer Vaterschaft nach § 1592 Nr. 1 und kann nun nur noch durch Vaterschaftsanfechtung nach den §§ 1599 ff. wieder beseitigt werden. Die Rechtsausübungssperre des § 1599 Abs. 1 gilt insofern für die Fälle des § 1593 in gleicher Weise. Durch eine rechtskräftige Entscheidung im Anfechtungsverfahren wird das Kind meist vaterlos, es sei denn, es greift der Sonderfall von S. 4. Ansonsten ist auch denkbar, dass eine **bereits vorhandene (noch schwebend unwirksame) Anerkennung** eines anderen Mannes, für die die Zustimmungserklärung der Mutter gem. § 1595 bereits vorliegt, nun wirksam wird. Diese Anerkennung mag bereits pränatal gem. § 1594 Abs. 4 oder im Hinblick auf die erwartete rechtskräftige Anfechtungsentscheidung vorab erklärt worden sein. Ein Anerkenntnis, das abgegeben wird, bevor der Todeszeitpunkt feststeht, ist wegen der Sperrwirkung entweder wirksam, wenn der Tod des Verstorbenen länger als 300 Tage vor der Geburt festgestellt wird,[22] oder kann wegen § 1594 Abs. 2 nach Anfechtung wirksam werden.

III. Situation bei nachfolgender Verheiratung, S. 3 und 4

14   **1. Zuordnung zum neuen Ehemann.** S. 3 und 4 regeln den seltenen Fall der Kollision von verstorbenem Ehemann und neuem Ehemann der Mutter als mögliche ges. Väter. Der Lebenserfahrung[23] entsprechend löst das Gesetz diese Kollision zu Gunsten des neuen Ehemanns. Dahinter steckt die Überlegung, dass die schnelle Wiederverheiratung der Mutter gegen den Bestand einer intakten Ehe mit dem verstorbenen Ehemann und zugleich für die Zeugung des Kindes mit dem jetzigen Ehemann spricht. Wird diese Vermutung widerlegt durch rechtskräftige Anfechtung der Vaterschaft des neuen Ehemannes (S. 4), dann bleibt es aber bei der Zuordnung des Kindes zum verstorbenen Ehemann. Die Rückfallregelung des S. 3 ist eine der Ausnahmen von der Regel, dass das Kind nach Anfechtung vaterlos wird. Der **kurzfristigen erneuten Verheiratung** der Mutter stehen nach geltendem Recht keine Hindernisse entgegen.[24] Freilich kann die ges. Regelung von der schwangeren Witwe auch dazu ausgenutzt werden, die Alleinerbschaft nach dem verstorbenen Ehemann zu erlangen,[25] weil sie durch schnelle Wiederverheiratung erreicht, dass das vom Verstorbenen abstammende Kind rechtlich dem neuen Ehemann zugerechnet wird.

15   **2. Erstreckung auf alle Fälle weiterer Ehen. a) Wiederverheiratung nach Todeserklärung.** Die seit 1. 1. 1962 geltende[26] Fassung von S. 3 erstreckt sich **nicht nur** auf Fälle mehrerer Ehen **in zeitlicher Folge,** sondern auf alle Fälle weiterer Ehen der Mutter. Zunächst gilt sie auch bei mehr als zwei Ehen in der ges. Empfängniszeit und wirkt dann entsprechend der Grundregel des § 1592 Nr. 1 für den **letzten** Ehemann. Keine Besonderheiten ergeben sich aus der **Todeserklärung** eines ersten Ehemannes. Wird in der Folge ein Kind in der Frist der ges. Empfängniszeit nach dem fiktiven Todeszeitpunkt des § 9 VerschG geboren, könnte die Vermutung für den Verschollenen gelten, aber auch für den neuen Ehemann, § 1593 S. 3 greift ein. Lebt der irrtümlich für tot erklärte Ehemann noch, so wird mit Schließung der neuen Ehe die frühere Ehe im Regelfall aufgelöst[27] (§ 1319 Abs. 2 S. 1). Nur noch die neue Ehe zeitigt deshalb schon gem. § 1592 Nr. 1 für jetzt geborene Kinder Rechtsfolgen. Auch wenn die Todeserklärung aufgehoben wird, bleibt es dabei (§ 1319 Abs. 2 S. 2). Wird darauf die **zweite Ehe** auf Antrag der Mutter **aufgehoben** (§ 1319 Abs. 1) und schließen die Mutter und der erste Mann erneut die Ehe, so bleibt das in der zweiten Ehe vor ihrer Aufhebung geborene Kind dem zweiten Ehemann zugehörig, weil die nachträgliche Aufhebung dieser Ehe an

---

[19] AllgM. S. etwa *Erman/Hammermann* § 1592 Rn. 20.
[20] Durch Art. 1 Nr. 1 der 13. ÄndVO zur PStV (1994), BGBl. I S. 621.
[21] Auf diese Weise sollte die Sterblichkeitsstatistik an die gestiegenen Überlebenschancen der Frühgeburten angeglichen werden.
[22] OLG Düsseldorf StAZ 1974, 209; vgl. aber auch BGHZ 99, 236 = NJW 1987, 899.
[23] AA *Rauscher* FPR 2002, 352, 355 und *Staudinger/Rauscher* Rn. 7 mit Argumenten, die nur denkbaren Missbrauch aufzeigen.
[24] Nach § 8 EheG hingegen war eine Wartezeit von zehn Monaten oder Befreiung davon notwendig.
[25] Vgl. Kritik bei *Gaul* FamRZ 2000, 1461, 1462; *Staudinger/Rauscher* § 1593 Rn. 7 f.
[26] Durch Art. 1 Nr. 6 FamRÄndG eingeführt als § 1600 Abs. 1.
[27] Was nur dann Rechtsfolgen bewirkt, wenn sie nicht schon durch nachträglichen Tod aufgelöst war.

der statusmäßigen Zuordnung nichts mehr ändert.[28] Wenn dann ein Kind innerhalb von **300 Tagen nach Aufhebung** der zweiten Ehe geboren wird, gilt nur die Zuordnung **aus der neuen** (bestehenden dritten) **Ehe**. § 1593 S. 3 kann nicht eingreifen, weil die zweite Ehe nicht durch Tod aufgelöst wurde. Hier ist ggf. die Anfechtung zur Klärung erforderlich.

b) Doppelehe der Mutter. Eine während gültiger Ehe geschlossene weitere Ehe (**Doppelehe**, § 1306) der Mutter führt über Anwendung von § 1592 Nr. 1 zu einer doppelten Vaterschaft. Eine gesetzliche Lösung des Problems fehlt. Hier bietet es sich an, die Regel des § 1593 S. 3 analog anzuwenden.[29] Kinder, die während der späteren, (nach § 1314 Abs. 1) aufhebbaren Ehe geboren sind, sind danach entspr. § 1593 S. 3 nur Kinder des Mannes, mit dem die (spätere) Doppelehe geschlossen worden ist und bleiben es auch nach Rechtskraft der gerichtlichen Entscheidung (§ 1313), die diese Ehe aufhebt.[30]

3. Anfechtung der Vaterschaft des neuen Ehemannes (S. 4). Die über S. 3 bewirkte Vaterschaft kann durch Anfechtung (§§ 1599 ff.) wiederum beseitigt werden. Im Fall erfolgreicher Anfechtung **wird das Kind** mit Rechtskraft der Entscheidung allerdings nicht vaterlos, sondern ist nunmehr kraft Gesetzes das **Kind des** verstorbenen **früheren Mannes (S. 4)**. Diese Rechtsfolge tritt kraft Gesetzes selbst dann ein, wenn bereits erkennbar oder sicher ist, dass auch der erste Ehemann nicht der leibliche Vater des Kindes ist; die gerichtliche Entscheidung über die Anfechtung kann hierauf nicht erstreckt werden. Der frühere Mann hat (im Falle der Aufhebung der Doppelehe oder der Todeserklärung) vor Rechtskraft einer die Nichtvaterschaft des zweiten Mannes feststellenden Entscheidung keine Möglichkeit, auf die Feststellung seiner eigenen Nichtvaterschaft hinzuwirken. Seine aktive Beteiligung am Rechtsstreit ist auch in § 172 FamFG nicht vorgesehen.[31] Ficht schließlich ein Dritter als angeblicher Erzeuger die Vaterschaft erfolgreich an, § 1600 Abs. 1 Ziff. 2, so wird wegen der feststellenden Wirkung der gerichtlichen Entscheidung gem. § 182 Abs. 1 FamFG auch hier das Kind nicht vaterlos. Es wird vielmehr die Vaterschaft des leiblichen Vaters festgestellt,[32] S. 4 wird durch die Spezialvorschrift verdrängt.

4. Anfechtung der Vaterschaft des ersten Ehemannes. Auch der Rückfall der Vaterschaft auf den ersten Ehemann gem. S. 4 muss nicht endgültig sein. Da der erste Mann nur geringe Möglichkeiten hat, vor der rechtskräftigen Beseitigung der Vaterschaft des Kindes im Verhältnis zum zweiten Mann auf den Status des Kindes rechtserheblich einzuwirken (s. Rn. 17), beginnt für ihn die **Ausschlussfrist** des § 1600b Abs. 1 „nicht vor" der Rechtskraft der Entscheidung über die vom zweiten Ehemann herbeigeführte Anfechtung (§ 1600b Abs. 2 S. 2). Die Frist beginnt also erst, wenn der erste Ehemann von der rechtskräftigen Entscheidung weiß und die danach erforderliche sichere Kenntnis[33] von Verdachtstatsachen[34] hat, aber nach klarer ges. Regelung nie vor der Rechtskraft der statusändernden Entscheidung.[35] Vor diesem Zeitpunkt ist ein gerichtlicher Antrag wegen der Rechtsausübungssperre des § 1599 Abs. 1 auch ohnehin noch nicht zulässig. Entsprechendes gilt für die Anfechtungsfristen der anderen Berechtigten, nämlich der Mutter, des Kindes und des Vaterschaftsprätendenten (s. § 1600 Abs. 1), vor allem also im Falle des § 1593 S. 1. Dabei bleibt auch hier der Grundsatz des **kenntnisabhängigen Fristbeginns** (s. § 1600b Abs. 1 S. 2) aufrechterhalten. Der **Anfechtungsantrag** des ersten Mannes lautet wie bei jeder Anfechtung dahin festzustellen, dass er nicht der Vater des Kind sei (§ 1599 Abs. 1). Im Fall, dass der frühere, jetzt als Vater geltende Ehemann bereits verstorben ist, können Kind oder Mutter anfechten.

§ 1594 Anerkennung der Vaterschaft

(1) Die Rechtswirkungen der Anerkennung können, soweit sich nicht aus dem Gesetz anderes ergibt, erst von dem Zeitpunkt an geltend gemacht werden, zu dem die Anerkennung wirksam wird.

---

[28] § 1313 S. 3. Vgl. *Palandt/Brudermüller* Rn. 1.
[29] So auch OLG Zweibrücken StAZ 2009, 207; *Gernhuber/Coester-Waltjen* § 52 Rn. 32; *Erman/Hammermann* § 1593 Rn. 9; aA NK-BGB/*Gutzeit* § 1592 Rn. 8 f. für analoge Anwendung von § 1599 Abs. 2.
[30] Ebenso Staudinger/*Rauscher* Rn. 36 f.
[31] Zur früheren Rechtslage auf Basis der ZPO mit der Möglichkeit der Nebenintervention: BGHZ 92, 275; OLG Oldenburg NJW 1975, 883; OLG Köln FamRZ 2003, 536; OLG Hamm FamRZ 2002, 30; OLG Oldenburg FamRZ 2004, 1985.
[32] Dazu *Wieser* FamRZ 2004, 1773; *Seidel* FPR 2005, 181, 184.
[33] BGHZ 61, 195 = NJW 1973, 1875.
[34] BGH FamRZ 1990, 507; s. auch OLG Karlsruhe FamRZ 2000, 107.
[35] Vgl. zum alten Recht *Soergel/Gaul* § 1600 Rn. 7.

(2) Eine Anerkennung der Vaterschaft ist nicht wirksam, solange die Vaterschaft eines anderen Mannes besteht.
(3) Eine Anerkennung unter einer Bedingung oder Zeitbestimmung ist unwirksam.
(4) Die Anerkennung ist schon vor der Geburt des Kindes zulässig.

Übersicht

	Rn.
I. Normzweck	1, 2
1. Einführung	1
2. Verhältnis der Anerkennung zur Vaterschaftsfeststellung nach § 1600d	2
II. Rechtstatsachen	3
III. Anerkennungserklärung	4–12
1. Willenserklärung	4, 5
2. Einseitiges, form- und zustimmungsbedürftiges Rechtsgeschäft	6
3. Einheitliche, vorbehaltlose Vaterschaftsfeststellung	7
4. Keine Anerkennung in geheimer Urkunde	8
5. Beurkundung im Geburtenbuch	9
6. Unwirksamkeit	10
7. Widerruf	11
8. Beseitigung der Anerkennung	12
IV. Rechtswirkungen der Vaterschaftsanerkennung	13–28
1. Allgemeines	13
2. Zeitpunkt; Geltendmachung der Vaterschaft erst mit Wirksamkeit der Anerkennung	14–16
3. Verwandtschaft zwischen Vater und Kind	17–22
a) Verwandtschaft von Geburt an	17
b) Unterhaltspflichten	18
c) Erbrechtliche Ansprüche	19
d) Adoptions-, Sorge- und Umgangsrecht	20
e) Strafrecht	21
f) Sozial- und Steuerrecht	22
4. Ausnahmsweise Inzidentfeststellung der Vaterschaft ohne wirksame Anerkennung	23–26
a) Vorläufige Maßnahmen	24
b) Sonstige Fälle	25
c) Fehl-/Totgeburt	26
5. Unterhaltsvereinbarungen ohne Vaterschaftsfeststellung	27
6. Rechtswirkungen der rechtsmissbräuchlichen Anerkennung	28
V. Ausschließlichkeit der Vaterschaftstatbestände; keine Doppelvaterschaft, Abs. 2	29–34
1. Grundsatz: Sperrwirkung bei bestehender anderer Vaterschaft	29
2. Anerkennung bei anderweitiger Vaterschaft nach §§ 1592 Nr. 1, 1593	30
3. Verhältnis mehrerer Anerkennungen zueinander; Prioritätsfragen	31
4. Verhältnis von Anerkennung und Vaterschaftsfeststellung nach § 1600d	32
5. Wirkung von Vaterschaftstiteln früheren Rechts	33
6. Anerkennung und Adoption	34
VI. Anerkennung der Mutterschaft in besonderen Fällen?	35, 36
1. Keine Anerkennung durch genetische Mutter	35
2. Fälle mit Auslandsbezug	36
VII. Bedingungsfeindlichkeit der Anerkennung, Abs. 3	37, 38
1. Echte Bedingung	37
2. Reine Rechtsbedingung	38
VIII. Zeitpunkt der Anerkennung, insbes. pränatale Anerkennung, Abs. 4	39–43
1. Allgemeines	39
2. Vorteile der pränatalen Anerkennung	40
3. Gegenstand der pränatalen Anerkennung	41
4. Anderweitige Verheiratung der Mutter nach pränataler Anerkennung	42
5. Keine pränatale gerichtliche Vaterschaftsfeststellung	43
IX. Übergangsrecht	44–46
X. Internationales Privatrecht (Hinweise)	47

I. Normzweck

1. Einführung. Die Anerkennung nach § 1594, dh. die Anerkennungserklärung des Mannes,[1] begründet den Vaterschaftstatbestand des § 1592 Nr. 2. Die Anerkennung ordnet dem Kind, dessen Eltern bei seiner Geburt nicht miteinander verheiratet sind, einen Vater zu; sei es, dass das Kind bereits als „nichteheliches" geboren wurde, oder dass es zunächst nach § 1592 Nr. 1 als Kind des Ehemanns der Mutter galt, der seine Vaterschaft dann erfolgreich angefochten und damit den Weg frei gemacht hat für die Anerkennung durch einen Dritten. Erfasst wird auch der Fall, dass ein Kind

---
[1] RegE BT-Drucks. 13/4899 S. 84; *Gaul* FamRZ 1997, 1441, 1449; *Greßmann* Rn. 78.

erst nach Scheidung, Nichtigerklärung oder Aufhebung der Ehe seiner Eltern zur Welt kommt; denn dieses wird nicht mehr dem Ehemann nach § 1592 Nr. 1 zugerechnet. Eine Differenzierung nach ehelichen und nichtehelichen Kindern enthalten die Anerkennungsvorschriften seit 1998 nicht mehr.

2. Verhältnis der Anerkennung zur Vaterschaftsfeststellung nach § 1600d. Wird die Anerkennung verweigert oder ist sie wegen Nichteinhaltung der Erfordernisse der §§ 1594 bis 1597 unwirksam, so können Vater, Mutter oder Kind stattdessen die gerichtliche Feststellung der Vaterschaft beim FamG beantragen (§ 1600d Abs. 1 iVm. § 169 Nr. 1 FamFG). Ein gerichtlicher Antrag gegen den Mann auf Abgabe der Anerkennungserklärung ist hingegen nicht statthaft. Der Mann kann einen Antrag stellen auf Feststellung seiner Vaterschaft, wenn Mutter oder Kind ihre Zustimmung zur Anerkennung verweigern. Andere Formen der Vaterschaftsfeststellung als Anerkennung und gerichtliche Feststellung gibt es nicht. Beide Verfahren sind in ihren unmittelbaren **Rechtswirkungen gleichwertig.**[2] Bei der Anerkennung findet jedoch **keine Überprüfung** statt, ob das Kind tatsächlich von dem Anerkennenden abstammt.[3] Dem Grundsatz möglichst weitgehender Übereinstimmung von biologischer (genetischer) und rechtlicher Vaterschaft[4] wird daher die gerichtliche Feststellung oft besser entsprechen. Letztere ist auch mit einer höheren **Bestandsgarantie** ausgestattet, da sie nur unter sehr engen Voraussetzungen aufhebbar ist (vgl. § 185 FamFG), während die Vaterschaftsanerkennung wieder angefochten werden kann. **Rechtspolitisch** ist die Anerkennung der gerichtlichen Vaterschaftsfeststellung jedoch vorzuziehen. Das Anerkennungsverfahren ist einfacher, spart Zeit und Kosten, v. a. aber wird es von der Bereitschaft des Vaters getragen, die Verantwortung für sein Kind zu übernehmen. In ca. 90% der Fälle kommt es demgemäß zu einer freiwilligen Anerkennung.[5] Der Umstand, dass es insoweit nicht zur Überprüfung der genetischen Abstammung kommt, wurde als verfassungsgemäß erachtet.[6] Zur Rechtslage nach dem **Tod** des Kindes Rn. 39.

II. Rechtstatsachen

Die meisten Kinder, bei denen es zur Vaterschaftsanerkennung kommt, sind iSd. früheren Rechts „nichteheliche" Kinder. Aus den statistischen Unterlagen über die Zahl der nichtehelichen Geburten sowie über Zahl und Art der Erledigung von Vaterschaftsfeststellungen durch die Jugendämter lassen sich folgende Tendenzen ablesen: Die Zahl der nichtehelichen Geburten hat in den letzten dreißig Jahren stetig zugenommen (37 649 im Jahr 1977; 67 957 im Jahr 1988; 135 700 im Jahr 1996; 197 129 im Jahr 2004).[7] Mittlerweile sind das 30% aller Kinder. Auch der Anteil der Fälle **freiwilliger Vaterschaftsanerkennungen** an den insgesamt von den Jugendämtern erledigten Vaterschaftsfällen hat sich ständig erhöht (45,8% im Jahr 1969; 62,6% im Jahr 1975; 76,5% im Jahr 1981; 82,7% im Jahr 1988; 92,2% im Jahr 2004).[8] Die Zahl der nicht feststellbaren Vaterschaften nimmt weiter ab. Die Anerkennungsbereitschaft in den neuen Bundesländern lag mit 94,5% im Jahr 2004 über der Quote in den alten Bundesländern von 90,1%.[9] Mit der Zunahme der Zahl von Kindern nicht miteinander verheirateter Eltern hat in der Gesamtbetrachtung auch die Zahl der Anerkennungen zugenommen.

III. Anerkennungserklärung

1. Willenserklärung. Unter Vaterschaftsanerkennung wird die Anerkennungserklärung des Mannes verstanden, die nur als einheitliche Erklärung abgegeben werden kann. Die Anerkennungserklärung ist Willenserklärung.[10] Dies zeigt insbes. die Regelung des § 1600c Abs. 2, die auf Anerkennungen Bezug nimmt, die mit Willensmängeln behaftet sind. Mit der Anerkennung wird der rechtsgeschäftliche Wille bekundet, die ges. Folgen der Vaterschaft (Sorgerecht, Unterhaltspflicht,

---

[2] *Staudinger/Rauscher* § 1592 Rn. 41; *Soergel/Gaul* § 1600a aF Rn. 1, 2.
[3] Das ist verfassungsgem., vgl. BVerfGE 108, 82, 100 = NJW 2003, 2151; BVerfG NJW 2007, 753, 755.
[4] BT-Drucks. V/4179 S. 2.
[5] Vgl. Stat. Bundesamt, Kinder- und Jugendhilfestatistiken – Pfleg-, Vormund-, Beistandschaften, Pflegeerlaubnis 2005, S. 13, Tabelle 1.1.
[6] BVerfG NJW 2009, 423.
[7] Stat. Jahrbuch f. d. Bundesrepublik Deutschland 1984, S. 70; 1990, S. 61; 1998, S. 72; 2006, S. 52.
[8] DAVorm. 1976, 265; 1977, 707; 1979, 27; ZBlJugR 1981, 386; 1982, 818; 1983, 294; Stat. Jahrbuch f. d. Bundesrepublik Deutschland 1990, S. 430 und 2006, S. 218.
[9] Statistisches Bundesamt FamRZ 1998, 1012; Stat. Jahrbuch f. d. Bundesrepublik Deutschland 2006, S. 218.
[10] *Palandt/Brudermüller* Rn. 4; *Staudinger/Rauscher* § 1592 Rn. 51; *Rauscher* FPR 2002, 359, 360; *Erman/Hammermann* Rn. 3; *Gernhuber/Coester-Waltjen* § 52 Rn. 42.

Erbrecht etc.) auf sich zu nehmen. An die Erklärung knüpft dementspr. die Vaterschaftsvermutung des § 1600c Abs. 1 an. Der **Erklärungsinhalt** der Anerkennung ist festliegend und unterliegt nicht der Parteiherrschaft.[11] Insbes. gibt es kein Teilvaterschaftsanerkenntnis.[12] Auf die einzelnen Rechtswirkungen der Anerkennung braucht sich der Wille oder die Kenntnis des Anerkennenden aber nicht zu erstrecken, sie treten von Gesetzes wegen ein. Die Anerkennung bleibt auch nach einem Wechsel der Geschlechtszugehörigkeit iSd. TSG möglich.[13] Auch die **bewusst unrichtige** Anerkennung ist wirksam;[14] denn nach § 1598 Abs. 1 kann sich die Unwirksamkeit nur aus dem Fehlen der Voraussetzungen der §§ 1594 ff. ergeben. In der Sache wäre hier freilich, etwa auch bei geplanter Verheiratung mit der Mutter, an Stelle einer bewusst unrichtigen Anerkennung die Adoption die vorzugswürdige Lösung (vgl. § 1741 Abs. 2 S. 3). Die **rechtsmissbräuchliche Anerkennung** ist ebenfalls wirksam, ggf. kann aber der Berufung auf ihre Rechtswirkungen gegen Treu und Glauben verstoßen (dazu Rn. 28). Die zT vorgenommene Einordnung der Anerkennung als **„Wissenserklärung"**[15] ist fragwürdig. Sie passt nur dort, wo jemand nicht wider besseres Wissens anerkennt.[16] Die versehentlich oder bewusst unrichtige Anerkennung ist weder nach § 169 StGB (Personenstandsfälschung) **strafbar**[17] noch gem. § 134 nichtig,[18] sondern nur unter den Voraussetzungen der §§ 1600 ff. anfechtbar.[19]

5   **Verboten** (§ 5 Abs. 4 AdVermiG), ordnungswidrig (§ 14 Abs. 1 u. 3 AdVermiG) und in ihren rechtsgeschäftlichen Grundlagen nichtig (§ 134) ist jedoch jede **Vermittlungstätigkeit,** die zum Ziel hat, dass ein Mann die Vaterschaft für ein nichteheliches Kind zum Zweck dessen dauernder Aufnahme bei sich anerkennt, ohne Vater zu sein. § 14a AdVermiG aF wurde gestrichen,[20] der **Kinderhandel** steht aber nun nach § 236 StGB unter Strafe. Verboten und ordnungswidrig sind auch öffentliche Erklärungen (Zeitungsanzeigen und dgl.), die sich auf solche Vermittlungstätigkeiten beziehen (§ 6 Abs. 3 AdVermiG).

6   **2. Einseitiges, form- und zustimmungsbedürftiges Rechtsgeschäft.** Die Anerkennung der Vaterschaft ist ein einseitiges Rechtsgeschäft, kein Vertrag.[21] Sie ist, wenn sie in der mündlichen Verhandlung erklärt wird (§ 180 FamFG), **kein prozessuales Anerkenntnis** iSv. § 307 ZPO.[22] Die Anerkennung ist nach § 1597 Abs. 1 **öffentlich zu beurkunden.** Eine Anerkennung kann auch darin liegen, dass ein Mann anlässlich der Eheschließung mit der Mutter gemeinsam mit dieser beantragt, dass das minderjährige Kind in ein vom Standesamt anzulegendes Familienbuch einzutragen ist; wird dem Antrag entsprochen, ist die Anerkennung nach fünf Jahren wirksam, sofern keine andere Vaterschaft besteht.[23] Die Vaterschaftsanerkennung ist weiterhin benachrichtigungsunterworfen (nach § 1597 Abs. 2 sind dem Mann, der Mutter, dem Kind und dem Standesbeamten beglaubigte Abschriften zu übersenden), aber **keine empfangsbedürftige Willenserklärung.**[24] Die Zustimmung der Mutter oder des Kindes (§ 1595 Abs. 1, 2) ist zwar Wirksamkeitsvoraussetzung der Anerkennung als Rechtsgeschäft, aber nicht Annahme der Anerkennungserklärung iSd. Vertragsrechts (vgl. §§ 147 ff.). Die Anerkennung ist zudem ein **höchstpersönliches Rechtsgeschäft** (§ 1596 Abs. 1). Anerkennen kann nur der Mann selbst; Bevollmächtigung scheidet aus (§ 1596

---

[11] BGHZ 64, 129, 133; *Soergel/Gaul* § 1600b aF Rn. 1; *Palandt/Brudermüller* Rn. 4.
[12] BGHZ 64, 129, 133.
[13] OLG Köln NJW 2010, 1295 mit Anm. *Menne* ZKJ 2010, 103.
[14] OLG Koblenz FamRZ 2007, 2098; KG NJW-RR 1995, 70, 71 = FamRZ 1994, 986; *Mutschler* FamRZ 1994, 65, 67; *Palandt/Brudermüller* Rn. 4; *Erman/Hammermann* Rn. 3; *Staudinger/Rauscher* § 1592 Rn. 53; PWW/*Pieper* Rn. 1; *Dethloff* FamR § 10 Rn. 22; *Wanitzek* S. 53.
[15] ZB *Palandt/Brudermüller* Rn. 4; dagegen ausdrücklich *Wanitzek* S. 53; ferner *Grün* FuR 2006, 497.
[16] Vgl. zutr. BGHZ 64, 129 = NJW 1975, 1069; *Göppinger* DRiZ 1970, 141, 145; *Lange* NJW 1970, 299; *Erman/Hammermann* Rn. 3.
[17] OLG Hamm NJW 2008, 1240; *Lenckner* in *Schönke/Schröder* StGB, 27. Aufl. 2006, § 169 Rn. 7; *Palandt/Brudermüller* Rn. 4; aA VG Frankfurt NJW 1988, 3032; *Lüderitz* NJW 1990, 1633, 1634; aA LG Düsseldorf NJW 2008, 388.
[18] *Gernhuber/Coester-Waltjen* § 52 Rn. 43; anders noch OLG Köln FamRZ 1974, 266, 267. Zur möglichen Zwangsvollstreckung AG Coburg DAVorm. 1985, 154.
[19] BGH FamRZ 1975, 273, 275; 1985, 271; *Mutschler* FamRZ 1994, 65, 67; *Erman/Hammermann* § 1598 Rn. 2; *Soergel/Gaul* Rn. 2. Für Vaterschaftsanerkenntnisse nach § 1718 aF war die hM anders, s. zB OLG Köln NJW 1974, 953.
[20] 6. StRG vom 26. 1. 1998, BGBl. I S. 164.
[21] *Palandt/Brudermüller* Rn. 4; FamRefK/*Wax* § 1594 Rn. 2.
[22] OLG Stuttgart Justiz 1971, 218; OLG Hamm FamRZ 1988, 102 und 854; *Staudinger/Rauscher* § 1592 Rn. 52.
[23] OLG München FamFR 2011, 216.
[24] *Palandt/Brudermüller* Rn. 4; *Staudinger/Rauscher* § 1592 Rn. 52; *Erman/Hammermann* Rn. 3; *Schwab* FamR Rn. 535; *ders.,* FS Medicus, 1999, S. 587, 595; *Gernhuber/Coester-Waltjen* § 52 Rn. 44; *Schlüter* FamR Rn. 276.

Abs. 4). Die Anerkennungserklärung ist dementspr. auch **nicht einklagbar**. Mit dem **Tod des Mannes** erlischt das Anerkennungsrecht. Zum Zeitpunkt des Wirksamwerdens der Anerkennung s. Rn. 14 f.

3. Einheitliche, vorbehaltlose Vaterschaftsfeststellung. Anerkennung und gerichtliche Vaterschaftsfeststellung wirken einheitlich und uneingeschränkt für und gegen alle, § 184 Abs. 2 FamFG (s. Rn. 13, § 1600d Rn. 36). Die Anerkennungserklärung kann nicht auf bestimmte, sich nach **deutschem Recht** ergebende Rechtsfolgen beschränkt werden.[25] Der Zusatz, die Anerkennung der Vaterschaft solle sich nur auf eine bestimmte Rechtsordnung, zB nur auf die sich aus dt. Recht ergebenden Rechtswirkungen beziehen, ist jedoch meist nur deklaratorischer Natur. Vorbehalte dieser Art schränken die Anerkennung gegenständlich nicht ein und berühren ihre Wirksamkeit nicht.[26] Zur Anerkennung bei Ausländern s. Rn. 28. Die Anerkennung ist zudem **bedingungs- und zeitbestimmungsfeindlich** (Abs. 3, s. Rn. 37).

4. Keine Anerkennung in geheimer Urkunde. Eine Anerkennung in „geheimer Urkunde" ist, anders als beim Anerkenntnis des früheren Rechts,[27] schon seit langem nicht mehr möglich.[28] Die Mitteilungspflicht des beurkundenden Notars aus § 1597 Abs. 2 geht einer etwa zugesicherten Geheimhaltung in jedem Fall vor.[29] Wird die Geheimhaltung zur Bedingung gemacht, liegt ein unwirksames Anerkenntnis vor (vgl. Abs. 3).

5. Beurkundung im Geburtenbuch. Sobald seine Vaterschaft anerkannt ist, wird der Vater des Kindes vom Standesbeamten beim Geburtseintrag beurkundet (§ 27 Abs. 1 PStG; 27.2 PStG-VwV[30]).[31] Dies ist allerdings keine Wirksamkeitsvoraussetzung der Anerkennung (s. auch § 1597 Rn. 8). Die entspr. Regelung in der **ehemaligen DDR** wird in DIV-Gutachten DAVorm. 1990, 1072 dargestellt. Eine Anerkennung kann im Geburtenbuch auch dann eingetragen werden, wenn die Identität der (ausländischen) Eltern nicht nachgewiesen ist.[32]

6. Unwirksamkeit. Die Anerkennung ist nur unwirksam, wenn sie den Vorschriften der §§ 1594 ff. nicht entspricht (§ 1598 Abs. 1; zu den einzelnen Unwirksamkeitsgründen § 1598 Rn. 2 ff.). §§ 134, 138 gelten nicht. Anerkennungen, die vor dem 1. 7. 1998 erklärt wurden, für die zu diesem Zeitpunkt aber noch nicht alle Wirksamkeitsvoraussetzungen erfüllt waren, beurteilen sich noch nach altem Recht (zum Übergangsrecht s. Rn. 44 f.).[33] Die Anerkennung ist bei Fehlen einzelner Voraussetzungen der §§ 1594 ff. zunächst aber nur **schwebend unwirksam**,[34] so dass sie mit Nachholung der fehlenden Voraussetzung bzw. mit Wegfall des Hindernisses nachträglich noch volle Wirksamkeit erlangen kann, ohne dass es einer erneuten Erklärung bedürfte. Aber auch wenn eine fehlende Voraussetzung nicht nachgeholt wird, kann fünf Jahre nach Eintragung der Anerkennung in ein dt. Personenstandsbuch **Heilung nach § 1598 Abs. 2** (s. dort Rn. 23 f.) eintreten. Zur Berufung auf die Rechtsfolgen einer rechtsmissbräuchlichen Anerkennung Rn. 28.

7. Widerruf. Die Anerkennung kann innerhalb eines Jahres nach Beurkundung **widerrufen** werden, wenn sie bis dahin nicht wirksam geworden ist (§ 1597 Abs. 3 S. 1). Das betrifft vor allem den Fall, dass die nach § 1595 notwendige Zustimmung noch nicht erklärt worden ist. Die **Frist** für den Widerruf der Anerkennungserklärung beginnt bereits vom Zeitpunkt der Beurkundung an zu laufen (§ 1597 Abs. 3 S. 1, dort Rn. 10). Die voll wirksame Anerkennung jedoch kann nicht mehr widerrufen, sondern nur noch durch Anfechtung nach den §§ 1599 ff. beseitigt werden (s. Rn. 12).

---

[25] BGHZ 64, 129, 133 = NJW 1975, 1069, 1072; BGH NJW 1973, 2249, 2251; näher *Staudinger/Rauscher* Rn. 47.
[26] BGHZ 64, 129, 133; OLG Celle OLGZ 1973, 121; *Palandt/Brudermüller* Rn. 7; vgl. auch *Beitzke* ZBlJugR 1986, 477, 537, 538 f.
[27] Dazu *Knur* FamRZ 1967, 245, 247; ferner OLG Stuttgart FamRZ 1976, 227.
[28] OLG Karlsruhe FamRZ 1972, 95, 97; BayObLGE 1978, 235; *Mutschler* FamRZ 1994, 65, 70; *Soergel/Gaul* § 1600b aF Rn. 3; *Gernhuber/Coester-Waltjen* § 52 Rn. 45.
[29] OLG Hamm NJW-RR 1986, 76; LG Bonn DAVorm. 1987, 131, 132.
[30] Allg. Verwaltungsvorschrift zum Personenstandsgesetz.
[31] S. auch OLG Hamm NJW 1975, 499.
[32] OLG München FGPrax 2006, 19; BayObLG NJW-RR 2005, 303 und FamRZ 2005, 825; KG StAZ 2005, 320; zur Identitätsermittlung auch OLG Hamm FamRZ 2007, 656.
[33] BT-Drucks. 13/4899 S. 138.
[34] BT-Drucks. 13/4899 S. 84; *Gaul* FamRZ 1997, 1441, 1449; *Schwab/Wagenitz* FamRZ 1997, 1377, 1378; FamRefK/*Wax* § 1594 Rn. 4; *Erman/Hammermann* Rn. 5; *Staudinger/Rauscher* Rn. 35; *Schwab* FamR Rn. 529.

§ 1594 12–16

12 **8. Beseitigung der Anerkennung.** Die verbindliche Vaterschaftsanerkennung kann nur im Wege der **gerichtlichen Vaterschaftsanfechtung** beseitigt werden (§§ 1599 ff., § 169 Nr. 4 FamFG). Eine Anfechtung nach allg. Grundsätzen (§§ 119 ff.) findet nicht statt[35] (s. § 1598 Rn. 19). Demgegenüber ist die Aufhebung eines rechtskräftigen, die Vaterschaft feststellenden Urteils bzw. Beschlusses nach § 1600d Abs. 1 nur im Wiederaufnahmeverfahren (§§ 578 ff. ZPO, § 185 FamFG) möglich.

IV. Rechtswirkungen der Vaterschaftsanerkennung

13 **1. Allgemeines.** Die Anerkennung der Vaterschaft entfaltet **von Gesetzes wegen bindende Wirkung für und gegen alle.** Das ergibt sich aus dem Vaterschaftstatbestand des § 1592 Nr. 2 sowie aus der Regelung des § 1599 Abs. 1.[36] Die Vaterschaft auf Grund Anerkennung ist **ausschließlich**. Besteht eine wirksame Vaterschaft nach § 1592 Nr. 2, so ist die Vaterschaft eines anderen Mannes ausgeschlossen. Einer anderweitigen Anerkennung steht Abs. 2 entgegen (s. Rn. 29 f.); ein gerichtliches Vaterschaftsfeststellungsverfahren nach § 1600d Abs. 1 scheidet aus (s. § 1600d Rn. 1, 21). Aber auch für den Mann, dessen Vaterschaft nach § 1592 Nr. 2 besteht, wäre ein weiterer Antrag auf Feststellung seiner Vaterschaft unzulässig.[37] Jedermann kann sich auf die Vaterschaft kraft Anerkennung berufen und daraus **Rechtsfolgen ableiten.** Ist in einem anderen Verfahren (zB wegen Unterhalts) die Vaterschaft des Anerkennenden Vorfrage, so erübrigt die vorausgegangene bindende Vaterschaftsanerkennung jeden weiteren Nachweis der Vaterschaft in diesem Verfahren. Die Vaterschaftsfeststellung durch Anerkennung ist damit im Hinblick auf die Bindungswirkung der gerichtlichen Feststellung (§ 1600d Abs. 1, § 184 FamFG) **gleichwertig** (vgl. Rn. 2), mag ihre Richtigkeitsgewähr auch geringer sein. Die Bindungs- und Sperrwirkung der Anerkennung kann nur durch rechtskräftige gerichtliche Entscheidung wieder beseitigt werden (§ 1599 Abs. 1).

14 **2. Zeitpunkt; Geltendmachung der Vaterschaft erst mit Wirksamkeit der Anerkennung.** Die zuvor bezeichnete Bindungswirkung für und gegen alle tritt ein, sobald die Anerkennung sämtlichen Erfordernissen der §§ 1594 bis 1597 genügt, sonst ggf. nach Ablauf der fünfjährigen Ausschlussfrist gem. § 1598 Abs. 2. Zu den Wirksamkeitsvoraussetzungen gehört nach hM allerdings nicht die Übersendung der Erklärungsabschriften nach § 1597 Abs. 2.[38] Entscheidender Zeitpunkt wird idR der Zeitpunkt der Beurkundung der letzten nötigen Zustimmungserklärung sein. Die Feststellung dieses Zeitpunkts kann, zB bei Beurkundungen an unterschiedlichen Stellen, Schwierigkeiten bereiten und damit für Rechtsunsicherheit sorgen.[39] Dieses Problem scheint der Gesetzgeber nicht bedacht zu haben, als er sich gegen die Empfangsbedürftigkeit der Erklärungen entschied. Im Fall der gerichtlichen Feststellung der Vaterschaft nach § 1600d Abs. 1 ist der Eintritt der formellen Rechtskraft der gerichtlichen Entsch. der maßgebende Zeitpunkt.

15 **Vor Wirksamkeit der Anerkennung** kann sich noch niemand auf die Vaterschaft des Anerkennenden berufen. Die Rechtswirkungen der Vaterschaft (insbes. Unterhaltsansprüche, Umgangsrecht,[40] Erbrecht[41]) können grundsätzlich noch nicht geltend gemacht werden (zu Ausnahmen s. Rn. 23), ein hierauf gerichteter Antrag bei Gericht wäre unbegründet; es besteht insoweit eine unabdingbare **Rechtsausübungssperre.**[42] Sie hat zur Folge, dass Forderungen des Kindes gegen den Vater **nicht verjähren** können[43] und der Vater solange **nicht in Schuldnerverzug** geraten kann.[44] Für die Widerrufsfrist des § 1597 Abs. 3 ist allerdings auf den Beurkundungszeitpunkt abzustellen.

16 Sobald die Anerkennung (voll) wirksam geworden ist, wirkt der Vaterschaftstatbestand rechtsgestaltend auf den **Zeitpunkt der Geburt** zurück,[45] so dass Ansprüche jetzt auch rückwirkend geltend gemacht werden können. Das gilt insbes. für Unterhaltsklagen des Kindes oder Regressfor-

---

[35] BGH NJW 1985, 804, 805; *Grün* Rn. 61; *Staudinger/Rauscher* § 1592 Rn. 53.
[36] Ähnlich *Gaul* FamRZ 1997, 1441, 1449.
[37] *Staudinger/Rauscher* § 1592 Rn. 36.
[38] *Schwab*, FS Medicus, 1999, S. 587, 596; *Erman/Hammermann* § 1597 Rn. 5; *Soergel/Gaul* Rn. 2; *Dethloff* FamR § 10 Rn. 21; aA *Palandt/Brudermüller* Rn. 5; näher § 1597 Rn. 8.
[39] *Schwab*, FS Medicus, 1999, S. 587, 597.
[40] BayObLG FamRZ 1995, 827.
[41] BGHZ 85, 274, 277.
[42] *Soergel/Gaul* Rn. 5; *Staudinger/Rauscher* Rn. 8 f.
[43] BGH FamRZ 1981, 763 (zu § 1615b aF) m. Nachw.; *Staudinger/Rauscher* Rn. 16.
[44] OLG Hamburg DAVorm. 1976, 404; *Soergel/Gaul* Rn. 22; *Staudinger/Rauscher* Rn. 17.
[45] *Soergel/Gaul* § 1600a aF Rn. 6; *Staudinger/Rauscher* § 1592 Rn. 77; *Dethloff* FamR § 10 Rn. 25; *Wanitzek* S. 72.

derungen des Scheinvaters[46] (dazu § 1599 Rn. 31) wie auch für Erb- und Pflichtteilsansprüche des Kindes.[47]

3. Verwandtschaft zwischen Vater und Kind. a) Verwandtschaft von Geburt an. Die Anerkennung begründet den ges. Vaterschaftstatbestand des § 1592 Nr. 2 und bestätigt das zwischen dem Kind und seinem Vater von der Geburt an[48] bestehende echte Verwandtschaftsverhältnis iSv. § 1589 S. 1, in das auch die Abkömmlinge des Kindes und die Vorfahren des Vaters einbezogen sind. Die Anerkennungserklärung hat insoweit nur statusfestigende und nicht statusbegründende Wirkung.[49]

b) Unterhaltspflichten. Daran knüpfen sich wechselseitige **Unterhaltspflichten** (§§ 1601 ff.).[50] Das Kind kann von dem kraft Anerkennung festgestellten Vater Unterhalt nach allg. Grundsätzen verlangen. Unterhalt kann auch für die **Vergangenheit** gefordert werden, weil das Kind vor wirksamer Anerkennung aus rechtlichen Gründen an der Geltendmachung des Unterhaltsanspruchs gehindert war (§ 1613 Abs. 2 Nr. 2 a). Die Kosten eines vorangehenden Vaterschaftsanfechtungsverfahrens kann das Kind als Sonderbedarf analog § 1610 Abs. 2 erstattet verlangen.[51] Ist der Anerkennung eine Vaterschaftsanfechtung durch einen anderen Mann vorausgegangen, der zuvor nach § 1592 Nr. 1 oder 2 als Vater galt, so kann dieser „Scheinvater" **Regressansprüche** gegen den jetzt kraft Anerkennung festgestellten Vater geltend machen, die sich sowohl auf den an das Kind gezahlten Unterhalt als auch auf die gesamten Kosten der Vaterschaftsanfechtung erstrecken (näher § 1599 Rn. 31 f.).

c) Erbrechtliche Ansprüche. Die Anerkennung begründet beiderseitige **Erb- und Pflichtteilsrechte** (§§ 1924 ff., 2303 ff.). Die §§ 1934a bis 1934 e aF, die das Erbrecht des nichtehelichen Kindes modifizierten, sind durch das ErbGleichG aufgehoben worden.[52] Wegen der Rückwirkung der Anerkennung ist das Kind auch wegen solcher Schenkungen gem. § 2325 pflichtteilsergänzungsberechtigt, die der Erblasser noch vor der Anerkennung vorgenommen hat.[53]

d) Adoptions-, Sorge- und Umgangsrecht. Weitere Folgen der Anerkennung bilden u. a. die Sonderstellung des Vaters im Adoptionsrecht (§ 1747), das **Umgangsrecht** des Vaters (§ 1684 Abs. 1 2. HS)[54] und gewisse Anhörungsrechte (zB §§ 1779 Abs. 3, 1847). Vor wirksamer Vaterschaftsfeststellung kann sich ein Umgangsrecht nur aus § 1685 Abs. 2 ergeben. Mit Zustimmung der Mutter kann der als Vater festgestellte Mann beantragen, dass ihm das FamG die **elterliche Sorge** überträgt (§ 1672). Die nicht miteinander verheirateten Eltern können Sorgeerklärungen abgeben, wenn sie die Sorge gemeinsam übernehmen wollen (§ 1626a Abs. 1 Nr. 1).

e) Strafrecht. Für das Strafrecht wird die Vaterschaft durch Anerkennung oder gerichtliche Feststellung gem. § 1600d BGB, § 184 FamFG bindend festgestellt bei der Frage der Verletzung einer ges. Unterhaltspflicht (§ 170 StGB)[55] und der Privilegierung bestimmter Straftaten im Verhältnis Angehöriger zueinander (vgl. § 11 Abs. 1 Nr. 1 a iVm. zB §§ 247, 263 Abs. 4 StGB).[56]

f) Sozial- und Steuerrecht. Auch im Sozial- und Steuerrecht[57] sind die Gerichte und Verwaltungsbehörden an die Anerkennung gebunden (vgl. insbes. §§ 6, 56 Abs. 1 Nr. 2, 3, Abs. 3 Nr. 1 SGB I; § 10 Abs. 2 SGB V;[58] §§ 32 Abs. 1 Nr. 1, 33 a EStG). Der Kindergeldanspruch besteht erst mit wirksamer Anerkennung; gleiches gilt für diesbez. Auskunftspflichten.[59] Der Sozialhilfeträger kann die Unterhaltsansprüche gegen den (nichtehelichen) Vater gem. §§ 93, 94 SGB XII, 33 Abs. 1, 2 SGB II solange nicht auf sich überleiten, wie die Vaterschaft nicht anerkannt oder festgestellt ist.[60]

---

[46] OLG Köln FamRZ 1978, 834.
[47] BGHZ 85, 274.
[48] BSG FamRZ 1983, 270, 271; vgl. *Staudinger/Rauscher* Rn. 8.
[49] *Gaul* FamRZ 1997, 1449; *Palandt/Brudermüller* Rn. 4.
[50] S. auch AG Coburg DAVorm. 1985, 154 f. für den Fall einer unrichtigen Anerkennung.
[51] BGHZ 57, 229, 236; BGHZ 103, 160, 162; OLG Dresden FamRZ 1999, 303.
[52] Zur Verfassungswidrigkeit von § 1934c Abs. 1 S. 1 aF BVerfGE 74, 33 = NJW 1987, 1007.
[53] OLG Köln FamRZ 2006, 149.
[54] Vgl. BVerfGE 56, 390.
[55] BGH NJW 1975, 1232; *Lenckner* in *Schönke/Schröder* StGB, 27. Aufl. 2006, § 170 StGB Rn. 3 ff.
[56] Differenzierend nach dem Normzweck *Eser* in *Schönke/Schröder* StGB, 27. Aufl. 2006, § 11 StGB Rn. 6.
[57] BFHE 211, 107 = NJW 2006, 1695, Anerkennung während des finanzgerichtlichen Verfahrens.
[58] Zur Familienkrankenversicherung LSG Baden-Württemberg vom 3. 2. 2004 – L 11 KR 2534/03.
[59] Vgl. auch BVerfGE 36, 126 = NJW 1974, 268 gegen BGH BStBl. 1973 II S. 223; ferner BSG FamRZ 1983, 270 (Anspruch auf Kindergeld) und BayObLG NJW 1991, 2919 (bez. Auskunftspflicht gem. § 19 Abs. 1 BKGG).
[60] BVerwG FamRZ 1983, 903, 905; *Rüfner* JuS 1984, 680 ff.

§ 1594   23–26   Abschnitt 2. Titel 2. Abstammung

Soweit jedoch, wie gem. § 4 Abs. 1 FRG, die **Glaubhaftmachung** der Vaterschaft (des Versicherten) genügt, bedarf es nicht der Durchführung einer Anerkennung oder eines Feststellungsverfahrens (hier gem. § 1600d nach dem Tode des Versicherten als Voraussetzung für Hinterbliebenenansprüche des Kindes). Vielmehr hat in solchen Ausnahmefällen die zust. Behörde (der Versicherungsträger) selbst zu prüfen und zu entscheiden, ob die für die Vaterschaft erheblichen Tatsachen glaubhaft gemacht sind.[61]

23   **4. Ausnahmsweise Inzidentfeststellung der Vaterschaft ohne wirksame Anerkennung.** Der Grundsatz, dass die Rechtswirkungen der Vaterschaft erst von dem Zeitpunkt an geltend gemacht werden können, in dem die Anerkennung wirksam wird, kann in den nachfolgend genannten Fällen eine Ausnahme erfahren, wenn schutzwürdige Belange dies erfordern:

24   a) **Vorläufige Maßnahmen.** So kommen vorläufige Maßnahmen zur Sicherung der Durchsetzung von Ansprüchen in Betracht. Das nach dem Tod des mutmaßlichen Vaters geborene Kind kann gem. § 1960 Maßnahmen **zur Sicherung des Nachlasses** verlangen und ist vor der Feststellung der Vaterschaft des Verstorbenen als „unbekannter Erbe" iS dieser Vorschrift zu behandeln.[62] Weiterhin kann allein auf Grund der Vaterschaftsvermutung des § 1600d Abs. 2 eine **einstweilige Anordnung nach den §§ 247, 248 FamFG** gegen den Vater erlassen werden zwecks Unterhaltsleistung für die ersten drei Monate nach der Geburt des Kindes.[63] Unter den gleichen Voraussetzungen kann die Mutter eine einstweilige Anordnung im Hinblick auf Unterhaltszahlungen nach § 1615l erwirken. In diesen Fällen können es überwiegende Belange des Kindes oder seiner Mutter erfordern, dass der leibliche Vater auch schon vor der allgemeinverbindlichen Anerkennung seiner Vaterschaft zu Geldleistungen herangezogen wird.

25   b) **Sonstige Fälle.** Die Vaterschaft kann weiterhin überall dort schon vor wirksamer Anerkennung inzident geltend gemacht werden, wo es um die Anwendung von Vorschriften geht, die allein auf die **blutsmäßige Abstammung** abstellen, wie insbes. das **Eheverbot des § 1307** wegen Verwandtschaft. Im Rahmen dieser Vorschrift ist, wie S. 2 klarstellt, die leibliche Abstammung entscheidend.[64] Das Eheverbot besteht auch zwischen dem Kind und seinem genetischen Vater und dessen Abkömmlingen, unabhängig davon, ob die Vaterschaft des genetischen Vaters im rechtlichen Sinne besteht oder nicht. Entsprechendes muss für den Fall der Abweichung von ges. und genetischer Mutterschaft gelten.[65] Auf die biologische Verwandtschaft kommt es auch bei verschiedenen **Normen des StGB** an, wie etwa im Tatbestand des entschuldigenden Notstands (§§ 35, 11 Abs. 1 Nr. 1 a StGB), beim Beischlaf zwischen Verwandten (§ 173 StGB) und beim sexuellen Missbrauch von Schutzbefohlenen (§ 174 Abs. 1 Nr. 3 StGB). Der Nachweis der Blutsverwandtschaft ist hier auch schon vor wirksamer Anerkennung möglich, doch ist die innere, subjektive Tatseite stets sorgfältig zu prüfen.[66] Der objektive Tatbestand der **Unterhaltspflichtverletzung** (§ 170 StGB) ist allerdings erst dann erfüllt, wenn die Vaterschaft wirksam anerkannt ist; zuvor kann das Kind keine Unterhaltsansprüche geltend machen. Auch **verfahrensrechtliche Weigerungsrechte** können ausgeübt werden, ohne dass die Vaterschaft wirksam anerkannt oder gerichtlich festgestellt ist.

26   c) **Fehl-/Totgeburt.** Im Falle einer **Fehlgeburt** (zum Begriff § 1593 Rn. 16) sind die Ansprüche aus den §§ **1615l, 1615 m** iVm. § 1615n S. 2 ohne vorhergehende Vaterschaftsanerkennung geltend zu machen, da es in diesem Fall ohnehin an einem Rechtssubjekt für eine solche Feststellung fehlt.[67] Bei einer **Totgeburt** kommt es ebenfalls zur inzidenten Vaterschaftsfeststellung im Gerichtsverfahren,[68] da die Totgeburt keinen Status hat[69] und daher ebenfalls keine Vaterschaftsanerkennung[70] oder gerichtliche Feststellung der Vaterschaft möglich ist. Eine pränatale Anerkennung wird hinfällig. Das gilt unabhängig davon, dass nach § 21 Abs. 2 PStG auch Totgeburten ins Geburtenbuch eingetragen werden (s. § 1593 Rn. 16). Die dargestellte Möglichkeit der Inzidentfeststellung der

---

[61] BSGE 32, 284; zur inzidenten Vaterschaftsfeststellung in der Sozialversicherung s. *Wolber* SozVers. 1979, 141; krit. *Soergel/Gaul* § 1600a aF Rn. 18.
[62] OLG Stuttgart NJW 1975, 880; *Soergel/Gaul* § 1600a aF Rn. 9; *Staudinger/Rauscher* Rn. 15.
[63] Zur Rechtslage aufgrund von § 1615o aF LG Berlin FamRZ 1983, 305 ff.; *Staudinger/Rauscher* Rn. 11.
[64] *Erman/Hammermann* 1592 Rn. 24; *Staudinger/Rauscher* Rn. 21; noch zu § 4 EheG: *Soergel/Gaul* § 1593 aF Rn. 16; *Feuerborn* FamRZ 1991, 515, 517; vgl. auch BGHZ 14, 358, 361 = NJW 1954, 1801; aM OLG Frankfurt MDR 1956, 551.
[65] So auch *Diederichsen* NJW 1998, 1977, 1979.
[66] Vgl. BGHSt 29, 387 = NJW 1981, 1326.
[67] Vgl. Begr. RegE BT-Drucks. V/2370 S. 59; *Staudinger/Rauscher* Rn. 24; allgM.
[68] *Soergel/Gaul* § 1600a aF Rn. 14 mwN.
[69] Vgl. allgemein *Erman/Hammermann* § 1592 Rn. 20.
[70] Ausnahme für den Fall der Namensgebung AG Stuttgart StAZ 2003, 144.

Vaterschaft gilt auch für die Geltendmachung von Regressansprüchen desjenigen, der die entspr. Kosten verauslagt hat.[71]

5. Unterhaltsvereinbarungen ohne Vaterschaftsfeststellung. Eine schuldrechtliche Vereinbarung über Unterhaltsansprüche des Kindes gegen den Vater kann bereits vor oder auch ganz ohne Vaterschaftsstellung getroffen werden.[72] Eine ges. Pflicht, anzuerkennen oder die gerichtliche Feststellung der Vaterschaft zu beantragen, besteht für die unmittelbaren Beteiligten nicht. Es ist jedoch kaum ein Fall denkbar, in dem es der ges. Vertreter des Kindes verantworten könnte, um den Preis einer Unterhaltsvereinbarung (Abfindungsvereinbarung) von der verbindlichen Feststellung der Vaterschaft abzusehen.[73] Wird dem sich zur Unterhaltsleistung verpflichtenden Mann zugesagt, dass ein Antrag auf Feststellung seiner Vaterschaft nicht erhoben werde, so handelt es sich um einen **Vergleich,** der vom FamG genehmigt werden müsste (§ 1822 Nr. 12). Die Genehmigung zu einem solchen Vergleich ist idR zu versagen.[74] I. Ü. wäre wohl das Kind trotz eines solchen Vergleichs nicht gehindert, später doch (im eigenen Namen) einen Antrag auf Feststellung der Vaterschaft zu erheben. Freiwillige Unterhaltsvereinbarungen mit dem genetischen Vater sind grundsätzlich auch vor wirksamer Anfechtung einer anderweitigen Vaterschaft denkbar (s. § 1599 Rn. 45).

6. Rechtswirkungen der rechtsmissbräuchlichen Anerkennung. Eine bewusst falsche Anerkennung, die nicht dem Zweck dient, rechtliche Verantwortung für das Kind zu übernehmen, sondern ausschließlich die Erlangung bestimmter (insbes. ausländerrechtlicher) Rechtsvorteile zum Ziel hat, begründet bei Erfüllung der ges. Anerkennungsvoraussetzungen grundsätzlich gleichwohl eine wirksame rechtliche Vaterschaft.[75] Eine andere Sichtweise ließe sich mit dem Wortlaut von § 1598 nicht vereinbaren. Das schließt es jedoch nicht aus, die Berufung auf bestimmte Rechtsfolgen der Anerkennung als rechtsmissbräuchlich einzuordnen (§ 242). Daher mag aus der formal wirksamen Anerkennung im Einzelfall gleichwohl **kein Anspruch,** zB **auf Erteilung einer Aufenthaltserlaubnis,** hergeleitet werden können.[76] Das gilt etwa für den Fall, dass die Anerkennung bewusst wahrheitswidrig in kollusivem Zusammenwirken mit der Kindesmutter erfolgte, um der Mutter und dem Kind den Aufenthalt in der Bundesrepublik zu ermöglichen.[77] Diese Problematik ist allerdings inzwischen mit Einführung des behördlichen Anfechtungsrechts gem. § 1600 Abs. 1 Nr. 5 weitgehend hinfällig. Fraglich war dabei bislang auch, ob das Jugendamt oder andere beurkundende Stellen schon die **Beurkundung** einer Vaterschaftsanerkennung verweigern können, wenn offensichtlich ist, dass es sich nicht um den genetischen Vater handelt und primär andere Zwecke verfolgt werden (vgl. § 4 BeurkG). Hier ist nach überwiegender Meinung eine Ablehnung rechtmäßig, wenn es eindeutig um das Erschleichen ausländerrechtlicher Vorteile oder von Sozialleistungen geht.[78] Für Standesbeamte ist die Möglichkeit, die Beurkundung der Anerkennung abzulehnen, ausdrücklich in § 44 Abs. 1 S. 3 PStG vorgesehen.[79]

V. Ausschließlichkeit der Vaterschaftstatbestände; keine Doppelvaterschaft, Abs. 2

1. Grundsatz: Sperrwirkung bei bestehender anderer Vaterschaft. Solange noch eine anderweitige Vaterschaft nach § 1592 Nr. 1, 2 oder 3 mit Wirkung für und gegen alle besteht, ist für eine Anerkennung kein Raum. Jede wirksame Anerkennung oder rechtskräftige Feststellung der Vaterschaft schließt für die Dauer ihres Bestehens eine weitere (spätere) wirksame Anerkennung aus (Abs. 2). Es soll immer nur einen Vater geben.[80] Die Vorschrift verdeutlicht das Gebot der Rechtsklarheit bei der Vaterschaftsfeststellung, mit dem einander widersprechende bindende Vaterschaftstitel unvereinbar sind.[81] Eine **dennoch abgegebene** Anerkennungserklärung ist jedoch nicht nichtig,

---

[71] Vgl. *Soergel/Gaul* § 1600a aF Rn. 15.
[72] Vgl. BT-Drucks. V/2370 S. 27; BGHZ 46, 56; OLG Hamm FamRZ 1987, 1189; *Staudinger/Rauscher* Rn. 23; krit. *Soergel/Gaul* § 1600a aF Rn. 20.
[73] Zu dieser Problematik auch BGHZ 64, 129, 136 = NJW 1975, 1069, 1071; *Soergel/Gaul* § 1600a aF Rn. 20; RGRK/*Böckermann* § 1600a aF Rn. 33, jeweils mwN.
[74] *Richter* FamRZ 1970, 283.
[75] So auch Hess. VGH Az. 9 ZU 364/05 vom 5. 7. 2005.
[76] So VG Frankfurt StAZ 2005, 237.
[77] VGH Baden-Württemberg NJW 2005, 1529.
[78] LG Wuppertal FamRZ 2005, 1844; BR-Drucks. 624/06 S. 27; *Knittel,* Beurkundungen im Kindschaftsrecht, 6. Aufl. 2005, Rn. 22, 24 a, 25; PWW/*Pieper* Rn. 6; DIJuF-Rechtsgutachten JAmt 2004, 180.
[79] Eingefügt durch das Gesetz zur Ergänzung des Rechts zur Anfechtung der Vaterschaft vom 13. 3. 2008, BGBl. I S. 313, in Kraft getreten am 1. 6. 2008.
[80] S. aber auch Überlegungen von *Heiderhoff* FamRZ 2008, 1901 ff.
[81] Zur Behandlung von im Geburtenbuch gleichwohl vermerkten Doppelanerkennungen BayObLG StAZ 1975, 14.

sondern nur **schwebend unwirksam** (vgl. Gesetzeswortlaut „solange").[82] Die Anerkennung kann daher nachträglich Wirksamkeit entfalten, sobald die zuvor bestehende anderweitige Vaterschaft rechtskräftig beseitigt worden ist. Der Tod dieses Vaters allein genügt nicht.[83] Im Einzelnen sind dabei folgende Fallkonstellationen denkbar:

30   **2. Anerkennung bei anderweitiger Vaterschaft nach §§ 1592 Nr. 1, 1593.** Soll anerkannt werden, obwohl eine Vaterschaft nach § 1592 Nr. 1 besteht, weil ein anderer Mann mit der Mutter zum Zeitpunkt der Geburt verheiratet war, so muss diese Vaterschaft erst wirksam angefochten werden (§§ 1599 ff.; ein Anfechtungsrecht steht unter den Voraussetzungen des § 1600 Abs. 2, 3 auch dem leiblichen Vater zu). Gleiches gilt, wenn das Kind innerhalb von 300 Tagen nach Auflösung der Ehe durch den Tod des Ehemannes geboren wird (§ 1593 S. 1).[84] Eine **Ausnahme** ist nur für den Fall vorgesehen, dass das Kind nach Anhängigkeit eines Scheidungsantrags geboren wird und ein Dritter spätestens bis zum Ablauf eines Jahres nach Rechtskraft des dem Scheidungsantrag stattgebenden Urteils die Vaterschaft anerkennt. In diesem Fall gilt Abs. 2 nicht (vgl. § 1599 Abs. 2 S. 1; näher § 1599 Rn. 50 ff.). Eine Vaterschaftsanerkennung, die erklärt wird, bevor der Todeszeitpunkt des Ehemanns bzw. Scheinvaters feststeht, kann wegen der Sperrwirkung des § 1593 S. 1 erst dann wirksam werden, wenn später festgestellt wird, dass der Ehemann früher als 300 Tage vor der Geburt des Kindes gestorben ist.[85] Zum Fall der **Verheiratung der Mutter** vor der Geburt des Kindes bei pränataler Anerkennung s. Rn. 42.

31   **3. Verhältnis mehrerer Anerkennungen zueinander; Prioritätsfragen.** Eine frühere Anerkennung kann die Sperrwirkung nach Abs. 2 erst entfalten, wenn alle Wirksamkeitsvoraussetzungen der §§ 1594 bis 1597 erfüllt sind[86] oder Heilung nach § 1598 Abs. 2 eingetreten ist. Die Sperrwirkung nach Abs. 2 fällt erst weg, wenn die auf der Anerkennung beruhende Vaterschaft wirksam (insbes. fristgerecht) angefochten und die Nichtvaterschaft des Mannes rechtskräftig festgestellt ist. Werden zwei Anerkennungserklärungen abgegeben, können Mutter und Kind wählen, welcher Anerkennung sie zustimmen und damit zur Wirksamkeit verhelfen.[87] Wirksam wird die Anerkennung, für die zuerst der zweiaktige Tatbestand von Erklärung und Zustimmung formgerecht erfüllt ist.[88] Bei mehreren (von Abs. 2 abgesehen) wirksamen Anerkennungen sind Zweifel an der **zeitlichen Priorität** gerichtlich zu klären (§ 169 Nr. 1 FamFG). Wird trotz der Sperrwirkung einer vorangegangenen Anerkennung eines Dritten eine Anerkennung abgegeben, ist diese **schwebend unwirksam;**[89] sie kann vollwirksam werden, sobald die auf der anderen Anerkennung beruhende Vaterschaft rechtskräftig durch Anfechtung beseitigt ist.

32   **4. Verhältnis von Anerkennung und Vaterschaftsfeststellung nach § 1600d.** Ist die Vaterschaft durch **gerichtliche Entsch.** gem. § 1600d mit Wirkung für und gegen alle (§ 184 Abs. 2 FamFG) rechtskräftig **festgestellt,** so hindert dies das Wirksamwerden einer gleichwohl abgegebenen Anerkennung und macht jeden weiteren Feststellungsantrag unzulässig. Erst die Aufhebung der Entsch. im Wiederaufnahmeverfahren (§§ 578 ff. ZPO, 185 FamFG) macht den Weg für eine neue Feststellung oder Anerkennung frei. Wird die Anerkennung **eines Dritten** vor Eintritt der Rechtskraft im Feststellungsverfahren wirksam, ist das Verfahren in der Hauptsache für erledigt zu erklären, da eine Feststellung dann nicht mehr in Betracht kommt, vgl. § 1600d Abs. 1. Erkennt der beteiligte Mann im gerichtlichen Feststellungsverfahren vor Eintritt der Rechtskraft der Entscheidung wirksam die Vaterschaft[90] an, hat dies zur Folge, dass sich das Verfahren **in der Hauptsache erledigt,**[91] es sei denn, die Mutter (oder das Kind) verweigert die Zustimmung. Die Auferlegung der Verfahrenskosten auf das antragstellende Kind scheidet dabei aus, solange dieses minderjährig ist, § 81 Abs. 3 FamFG.[92] Wird ein Feststellungsantrag von einem Mann erhoben, der zuvor bereits wirksam anerkannt hat, so fehlt das Rechtsschutzbedürfnis (§ 1599 Rn. 5; § 1600d Rn. 31 f.).

---

[82] BT-Drucks. 13/4899 S. 84; *Gaul* FamRZ 1997, 1441, 1449; *Schwab/Wagenitz* FamRZ 1997, 1377, 1378; FamRefK/*Wax* § 1594 Rn. 4; *Staudinger/Rauscher* Rn. 35; NK-BGB/*Gutzeit* Rn. 10; *Schwab* FamR Rn. 529.
[83] Klarstellend *Palandt/Brudermüller* Rn. 6.
[84] RGRK/*Böckermann* § 1600b aF Rn. 16; im Grundsatz auch *Brüggemann* ZBlJugR 1987, 453, 454.
[85] OLG Düsseldorf StAZ 1974, 209; vgl. auch BGHZ 99, 236 = NJW 1987, 899, Rechtsbedingung.
[86] Vgl. *Göppinger* FamRZ 1966, 321; 1970, 59; *Staudinger/Rauscher* Rn. 25.
[87] *Staudinger/Rauscher* Rn. 28; *Erman/Hammermann* Rn. 6; *Soergel/Gaul* § 1600b aF Rn. 7.
[88] OLG München StAZ 2010, 46 (für pränatale Anerkennung).
[89] BT-Drucks. 13/4899 S. 84; *Gaul* FamRZ 1997, 1441, 1449.
[90] Zur Auslegung entspr. Erklärungen OLG Köln FamRZ 1992, 697.
[91] AG Stuttgart DAVorm. 1996, 394; OLG Koblenz FamRZ 1979, 968.
[92] Zur Kostentragung in solchen Fällen nach den früheren ZPO-Vorschriften OLG Köln FamRZ 1992, 697.

5. Wirkung von Vaterschaftstiteln früheren Rechts. Auch die in Art. 12 § 3 Abs. 1 33
NEhelG genannten Vaterschaftstitel des früheren Rechts (näher 3. Aufl., § 1600a Rn. 19) hindern
eine weitere Anerkennung, solange sie nicht durch Anfechtung gem. Art. 12 § 3 Abs. 2 NEhelG
beseitigt sind.[93] Einer Anerkennung der Vaterschaft in der mündlichen Verhandlung durch den
anfechtenden Mann steht die noch vorhandene Sperrwirkung des Vaterschaftstitels nach altem Recht
entgegen. Zur Wirkung der nach dem Recht der ehemaligen **DDR** geschaffenen Vaterschaftstitel
s. Art. 234 EGBGB § 7 Abs. 1 und 4 (erl. im Ergänzungsband zur 2. Aufl.). Gerichtliche Entscheidungen sowie Anerkennungen der Vaterschaft aus der Zeit vor dem Beitritt bleiben unberührt.[94]
Sie beurteilen sich hins. ihrer Wirkungen seit dem 3. 10. 1993 nach BGB (Art. 234 § 1 EGBGB)
und können insbesondere nur noch nach den §§ 1599 ff. angefochten werden, soweit in Art. 234
§§ 2 bis 15 EGBGB nichts anderes bestimmt ist.[95]

6. Anerkennung und Adoption. Die Anerkennung der Vaterschaft bleibt während eines das 34
Kind betreffenden, von Dritten geführten Adoptionsverfahrens und sogar nach Wirksamkeit des
Adoptionsbeschlusses (§ 1752) rechtlich möglich; denn die Annahme des Kindes begründet zwar die
rechtliche Stellung eines gemeinschaftlichen Kindes (§ 1754), nicht aber eine Vaterschaft iSv. § 1592
Nr. 1. Auch § 1755, wonach mit der Annahme die bisherigen Verwandtschaftsverhältnisse erlöschen,
schließt nach hM die Feststellung der Abstammung des angenommenen Kindes nicht aus.[96] Dem
ist zuzustimmen, und zwar nicht nur, wenn Nachwirkungen (zB unterhalts- oder rentenrechtlicher
Art) aus der Zeit vor der Adoption in Betracht kommen, sondern allgemein wegen der mit der
Blutsverwandtschaft unabdingbar verbundenen Rechtsfolgen (zB gem. § 1307), wegen des grundges.
geschützten Rechts des Kindes auf Kenntnis seiner Abstammung (dazu § 1589 Rn. 26 ff.) und wegen
der Möglichkeit einer Wiederherstellung der ursprünglichen Verwandtschaftsverhältnisse nach Aufhebung der Adoption (s. § 1764 Rn. 3).

VI. Anerkennung der Mutterschaft in besonderen Fällen?

1. Keine Anerkennung durch genetische Mutter. Trägt eine Frau (als sog. „Tragemutter" 35
oder „Leihmutter") ein Kind aus, das aus einer extrakorporalen Befruchtung mit Keimzellen eines
Ehepaares (der Bestelleltern) oder einer Eispenderin entstanden ist (dazu § 1591 Rn. 9 ff. mwN),
fragt sich, ob das Kind in der Weise der genetischen Mutter (Bestell- oder Wunschmutter) zugeordnet werden kann, dass die Tragemutter ihre Mutterschaft anficht und die genetische Mutter ihre
Mutterschaft anerkennt.[97] Gesetzlich ist dies nach wie vor nicht vorgesehen. Mit dem KindRG ist
in § 1591 zudem klargestellt worden, dass Mutter ausschließlich diejenige Frau ist, die das Kind
geboren hat. Die „nur" genetische Mutter ist nicht Mutter iSd. BGB. Das bedeutet, dass es in
Problemfällen allenfalls darum gehen kann, diese Frau als Mutter tatsächlich festzustellen, zB bei
Kindesvertauschung, Kindesraub, Aussetzung von Kindern etc. (dazu § 1591 Rn. 7), nicht aber
darum, einem Kind eine andere Frau als diejenige, die es geboren hat, abstammungsrechtlich als
Mutter zuzuordnen. Unter dem Gesichtspunkt des grundrechtlich geschützten Rechts auf Kenntnis
der eigenen Abstammung wie auch der eigenen Nachkommen, erscheint es jedoch verfassungsrechtlich bedenklich, wenn dem Kind wie auch der Mutter von Gesetzes wegen jede Möglichkeit
genommen wird, die genetische Abstammung zu klären (näher § 1591 Rn. 27 ff.). Demgemäß sollte
der Anspruch auf Klärung der Abstammung aus § 1598a[98] aus Gleichbehandlungsgründen und zum
Schutz des Rechts auf Kenntnis der Abstammungsverhältnisse auch die Mutterschaft erfassen (s
§ 1598a Rn. 22).

2. Fälle mit Auslandsbezug. Eine ges. Regelung hat die Anerkennung der Mutterschaft 36
jedoch in Fällen mit Auslandsbezug erhalten (§ 27 Abs. 2 PStG). Danach wird die Anerkennung der
Mutterschaft zu einem nichtehelichen Kind auf Antrag der Mutter oder des Kindes am Rande des
Geburtseintrags vermerkt, wenn das Heimatrecht eines Elternteils eine Anerkennung der Mutterschaft vorsieht.

---

[93] Anm. *Siehr* zu OLG Düsseldorf FamRZ 1971, 463, 464.
[94] OLG Brandenburg FamRZ 1998, 1134.
[95] Zuletzt BGH NJW 1999, 1862, 1863.
[96] *Staudinger/Rauscher* Rn. 40; *Bamberger/Roth/Hahn* Rn. 6; *Erman/Hammermann* Rn. 7; *Coester* JZ 1992, 809, 811; krit. *Barth* ZfJ 1984, 68 ff.
[97] Vgl. *Coester-Waltjen*, Gutachten für den 56. DJT, 4. Teil, S. C III, B 116. Zum US-amerikanischen Recht *Voß* FamRZ 2000, 1552 ff.
[98] Vgl. vorausgehend BVerfG NJW 2007, 753 ff.

VII. Bedingungsfeindlichkeit der Anerkennung, Abs. 3

37 **1. Echte Bedingung.** Unwirksam ist die Anerkennung, die unter einer Bedingung (§ 158) oder Zeitbestimmung (§ 163) erklärt wird; denn der Personenstand des Kindes soll nicht in der Schwebe bleiben.[99] Das betrifft echte Bedingungen, dh. das Abhängigmachen der Wirkungen der Anerkennung von einem zukünftigen ungewissen Ereignis, zB vom Ergebnis einer Vaterschaftsbegutachtung. Dem gleichzusetzen ist die Anknüpfung an das Vorliegen positiver oder negativer Tatsachen in der Vergangenheit, die sich der sicheren Kenntnis des Anerkennenden entziehen (zB an den Ausschluss von Mehrverkehr der Mutter in der Empfängniszeit).[100] Eine **Umdeutung** (§ 140) der bedingten Anerkennung in eine unbedingte kommt nicht in Betracht.[101] Die unwirksame Anerkennung kann aber immerhin das Geständnis der Beiwohnung enthalten.[102] Daher empfiehlt es sich, die Anerkennungserklärung von allen tatsächlichen Feststellungen freizuhalten, die als Bedingung verstanden werden könnten. Die Anerkennung der Vaterschaft selbst muss aber zweifelsfrei erklärt werden. **Sonstige Zusätze** zur Anerkennungserklärung sind nach § 139 zu beurteilen.[103] Das betrifft insbes. Anerkennungen ausländischer Väter, die die Rechtsfolgen der Anerkennung auf das dt. Recht beschränken wollen (s. auch Rn. 7).[104] Beschränkungen dieser Art machen die Anerkennung grundsätzlich nichtig.[105] Für **Zeitbestimmungen** gelten entspr. Grundsätze (§ 163). Die Rechtswirkungen der Anerkennung können nicht zeitlich terminiert werden.

38 **2. Reine Rechtsbedingung.** Nur die reine Rechtsbedingung, dh. das Abhängigmachen der Wirksamkeit von ges. Erfordernissen (zB von der Zustimmung der Mutter, § 1595 Abs. 1), ist unschädlich.[106] Unproblematisch ist auch die Anerkennung in Erwartung des Wegfalls einer anderen Vaterschaft; schließlich geht Abs. 2 hier ausdrücklich von einer **schwebend unwirksamen** Anerkennung aus,[107] die nachträglich volle Wirksamkeit erlangen kann. Die Aufhebung der ersten Vaterschaft ist insoweit als zulässige Rechtsbedingung einzuordnen.[108] Solche Erklärungen werden vom Standesbeamten vorläufig zu den Akten genommen. Die Vaterschaft des Anerkennenden kann in diesem Fall aber erst nach rechtskräftiger Feststellung der Vaterschaft am Rande des Geburteneintrags vermerkt werden.[109] Auch die Rechtswirkungen einer solchen Anerkennung, zB Erhebung des Unterhaltsanspruchs, können erst von diesem Zeitpunkt an geltend gemacht werden[110] (s. Rn. 14 ff.).

VIII. Zeitpunkt der Anerkennung, insbes. pränatale Anerkennung, Abs. 4

39 **1. Allgemeines.** Die Anerkennung ist jederzeit möglich, insbes. auch wenn das Kind schon volljährig ist. Die Frage, ob die Anerkennung der Vaterschaft auch **nach dem Tod des Kindes** noch möglich ist, hat das BayObLG in zwei Fällen zutr. bejaht.[111] Die postmortale Anerkennung kann hier allein mit Zustimmung der Mutter wirksam werden. Das zusätzliche Zustimmungserfordernis des § 1595 Abs. 2 greift nach seinem Sinn und Zweck nur ein, wenn die Wahrung der Kindesinteressen durch die Zustimmung der Mutter nicht als gesichert angesehen werden kann. Für eine solche Annahme besteht aber nach dem Tod des Kindes kein Anlass. In der Tat dürfte die Gefahr eines kollusiven Zusammenwirkens der Mutter und des anerkennenden Mannes sehr gering sein; denn etwa daraus folgende erbrechtliche Ansprüche des Mannes bringen für die erbrechtliche Stellung der Mutter nur Nachteile. Im Übrigen könnte ein etwaig verdrängter leiblicher Vater die falsche Vaterschaft auch wieder durch Anfechtung beseitigen.

40 **2. Vorteile der pränatalen Anerkennung.** Abs. 4 ermöglicht die Anerkennung der Vaterschaft bereits **vor der Geburt** des Kindes. Eine rasche, einfache und möglichst frühzeitige Klärung

---

[99] Vgl. RegE BT-Drucks. V/2370 S. 27.
[100] *Soergel/Gaul* Rn. 4; *Erman/Hammermann* Rn. 8.
[101] *Beitzke*, FS Mühl, 1981, S. 103, 115.
[102] *Palandt/Brudermüller* Rn. 1.
[103] BGHZ 64, 129; *Soergel/Gaul* § 1600b aF Rn. 5; *Staudinger/Rauscher* Rn. 47.
[104] Dazu BGH StAZ 1975, 309; OLG Celle DAVorm. 1972, 490, 492; *Soergel/Gaul* § 1600b aF Rn. 5.
[105] BGHZ 64, 129, 133; näher *Staudinger/Rauscher* Rn. 47.
[106] *Staudinger/Rauscher* Rn. 43; *Will* FPR 2005, 172, 174.
[107] BT-Drucks. 13/4899 S. 84; OLG Köln FamRZ 2006, 149; *Gaul* FamRZ 1997, 1441, 1449; *Schwab* FamR Rn. 529; *Schwab/Wagenitz* FamRZ 1997, 1377, 1378; *Staudinger/Rauscher* Rn. 35.
[108] *Palandt/Brudermüller* Rn. 6 f.; *Staudinger/Rauscher* Rn. 44; *Erman/Hammermann* Rn. 10.
[109] BGHZ 99, 236; KG FamRZ 1995, 631; krit. *Gaul* FamRZ 1997, 1448.
[110] LG Dortmund NJW-RR 1990, 12.
[111] NJW-RR 2000, 1602 und FamRZ 2001, 1543; so auch *Palandt/Brudermüller* Rn. 10; *Gernhuber/Coester-Waltjen* § 52 Rn. 53; aA *Rauscher* FPR 2002, 362 f.; *Staudinger/Rauscher* § 1595 Rn. 35; zum Problem auch *Krömer* StAZ 2001, 42 f. und DIJuF-Rechtsgutachten JAmt 2001, 479 f.

und Feststellung der Vaterschaft liegt auch im Interesse der werdenden Mutter und kann insbes. auf Eil- und Notfälle Rücksicht nehmen, zB Auswanderungsabsicht oder lebensgefährliche Erkrankung des Mannes.[112] Zudem wird das Verfahren nach § 247 FamFG wesentlich vereinfacht, wenn die Vaterschaftsanerkennung schon vor der Geburt erfolgt. Ferner ist die pränatale Anerkennung notwendig, wenn die Eltern eine **pränatale Sorgeerklärung** abgeben wollen (§ 1626b Abs. 2), um schon mit der Geburt des Kindes gemeinsam sorgeberechtigt (§ 1626a Abs. 1 Nr. 1) zu sein. Die pränatale Anerkennung hat außerdem zur Folge, dass beiden Elternteilen bereits die Fürsorge für die Leibesfrucht (§ 1912 Abs. 2) und das **Namensbestimmungsrecht** nach § 1617 Abs. 1 S. 1 gemeinsam zusteht.

3. Gegenstand der pränatalen Anerkennung. Anerkannt wird nicht die Herbeiführung **41** der Schwangerschaft, sondern die Vaterschaft an dem erwarteten Kind. Bei **Zwillings- oder Mehrlingsgeburten** erstreckt sich die Anerkennung auf sämtliche Kinder.[113] Zur Beratungs- und Unterstützungstätigkeit des Jugendamtes zur Erreichung einer pränatalen Anerkennung s. § 52a Abs. 2 SGB VIII. Die Notwendigkeit einer **Pflegerbestellung** für die Leibesfrucht zur Erteilung der Zustimmung gem. § 1595 Abs. 2 beurteilt sich nach § 1912; auch die Zustimmung kann ja pränatal erfolgen (§ 1595 Abs. 3). Die pränatale Anerkennung wird erst **mit der Geburt** des Kindes voll wirksam. Die Anerkennung darf aber nicht länger als ca. zehn Monate zurückliegen, da sie sich sonst nicht auf diese Schwangerschaft bzw. dieses Kind bezogen haben kann.[114] Einer Anerkennung bereits **vor der Zeugung** (Befruchtung) steht im Regelfall Abs. 3 entgegen, da es sich in diesem Fall um eine Anerkennung unter der (stillschweigenden) Bedingung handelt, dass es zur Empfängnis kommt.[115] Die Anerkennung muss daher, um Wirksamkeit zu erlangen, nach der Empfängnis wiederholt werden. Eine **Ausnahme** sollte jedoch (de lege ferenda) für den Spezialfall der Zustimmung zur **heterologen Insemination** gemacht werden.[116] In diesem Fall erscheint es – bei unverheirateten Eltern – im Interesse des Kindes sinnvoll, die Zustimmung zur Insemination und die Anerkennung der Vaterschaft in einem Akt zu erklären.[117] Das Kind, dessen Mutter nicht verheiratet ist, läuft sonst Gefahr vaterlos zu bleiben, wenn sich der Mann nachträglich doch nicht zur Anerkennung entscheidet. Allerdings müsste es dem Mann unter solchen Umständen ermöglicht werden, seine Einwilligung und Anerkennung auf einen bestimmten Behandlungszeitraum zu beschränken. Kommt es zu einer **Fehl- oder Totgeburt,** hat die pränatale Anerkennungserklärung zwar keine statusbegründende Wirkung,[118] sie behält aber Bedeutung für Ansprüche aus §§ 1615n S. 1, 2. Fall, S. 2, 1615 l Abs. 1 (Entbindungs- und Beerdigungskosten, Unterhalt der Mutter etc.).[119]

4. Anderweitige Verheiratung der Mutter nach pränataler Anerkennung. Heiratet **42** die Mutter einen anderen Mann als den Anerkennenden, so ist zu unterscheiden: Kommt das Kind vor der Eheschließung zur Welt, kommt es infolge der Anerkennung zur Vaterschaft des Anerkennenden nach § 1592 Nr. 2. Die Sperrwirkung des Abs. 2 tritt ein mit der Folge, dass eine Anerkennung durch den Ehemann erst erfolgen könnte, wenn die frühere, auf Anerkennung beruhende Vaterschaft durch Anfechtung beseitigt ist. Findet die **Eheschließung** jedoch noch **vor der Geburt** statt, so wird das Kind dem Ehemann zugeordnet (§ 1592 Nr. 1).[120] Das ergab sich auf Basis des früheren Rechts[121] aus dem Gesetzeszweck, Eheschließungen zu fördern und die Zahl der nichtehelichen Kinder zu vermindern (Mot. IV S. 647). Nun kann zum einen auf die Aufzählung in § 1592 verwiesen werden, die der Vaterschaft des Ehemanns gedanklich den Vorrang einräumt, sowie auf die Regelung des § 1594 Abs. 2, wonach eine Anerkennung nicht wirksam ist, solange die Vaterschaft eines anderen Mannes besteht. Im Zeitpunkt der Geburt des Kindes besteht dann aber die Vaterschaft nach § 1592 Nr. 1; und vor der Geburt konnte die Anerkennung selbst auch noch nicht wirksam werden, da diese eine Lebendgeburt voraussetzt. Die Anerkennung ist in diesem Fall schwe-

---

[112] Vgl. BT-Drucks. V/2370 S. 27; s. auch *Breidenbach* StAZ 1978, 221.
[113] *Staudinger/Rauscher* Rn. 49; NK-BGB/*Gutzeit* Rn. 14.
[114] Vgl. auch *Staudinger/Rauscher* Rn. 49, keine Vorratserklärungen.
[115] Vgl. *Wanitzek* S. 56.
[116] *Spickhoff,* FS Schwab, 2005, S. 923, 942; *ders.* AcP 197 (1997), 398, 426; *Taupitz/Schlüter* AcP 205 (2005), 591, 595; *Roth* DNotZ 2001, 804, 808; *Erman/Hammermann* Rn. 14; *Dethloff* FamR § 10 Rn. 85; siehe auch DIJuF-Rechtsgutachten JAmt 2005, 451; **aA** *Muscheler* FamR Rn. 548; *Staudinger/Rauscher* Rn. 50.
[117] So auch *A. Roth* DNotZ 2003, 808.
[118] Eine Lebendgeburt setzen voraus: *Erman/Hammermann* Rn. 12; NK-BGB/*Gutzeit* Rn. 15; *Staudinger/Rauscher* Rn. 50.
[119] *Gernhuber/Coester-Waltjen* § 52 Rn. 55; *Staudinger/Rauscher* Rn. 50.
[120] AG Bremen StAZ 2000, 267; *Erman/Hammermann* Rn. 13; *Staudinger/Rauscher* Rn. 53; PWW/*Pieper* Rn. 8; *Gernhuber/Coester-Waltjen* § 52 Rn. 5, 55; aA *Lipp/Wagenitz* § 1594 Rn. 8; *Muscheler* FamR Rn. 540.
[121] Dazu *Soergel/Gaul* § 1600b aF Rn. 6.

bend unwirksam[122] und entfaltet erst dann Wirksamkeit, wenn die Vaterschaft des Ehemanns nach § 1592 Nr. 1 durch rechtskräftige Anfechtung wieder beseitigt worden ist; die Anerkennung braucht dann also nicht erneut erklärt zu werden.

43   **5. Keine pränatale gerichtliche Vaterschaftsfeststellung.** Abs. 4 ist auf Vaterschaftsfeststellungsanträge nach § 1600d iVm. § 169 Nr. 1 FamFG nicht analog anwendbar.[123] Dies ergibt sich aus dem Ausnahmecharakter der Vorschrift, die insoweit nicht analogiefähig ist. Für ein pränatales Feststellungsverfahren dürfte auch kein Rechtsschutzbedürfnis bestehen. Unaufschiebbare Beweiserhebungen, insbes. Blutentnahmen, ermöglicht in ausreichendem Umfang ein Beweissicherungsverfahren (§§ 485 ff. ZPO).[124]

IX. Übergangsrecht

44   Vaterschaftsanerkenntnisse, die **vor dem 1. 7. 1970** in öffentlicher Urkunde erklärt worden sind, hatten mit Inkrafttreten des **NEhelG** bindende Wirkung gem. § 1600a S. 1 aF erlangt. Ihre Wirksamkeit beurteilt sich nach dem vor dem 1. 7. 1970 geltenden Recht. Sie sind ohne Zustimmung wirksam, unterliegen aber der unbefristeten Anfechtung nach Art. 12 § 3 Abs. 2 NEhelG (Einzelheiten s. 3. Aufl. § 1600a Rn. 19 ff.).[125] Die **Überleitungsvorschriften des Einigungsvertrages** zum Abstammungsrecht sind enthalten in Art. 234 EGBGB §§ 1, 7 in der Fassung des EinigungsvertragsG v. 23. 9. 1990 (BGBl. 1990 II S. 885, 946). Art. 234 §§ 8 und 9 EGBGB wurden durch das KindUG aufgehoben (BGBl. 1998 I S. 666) (s. auch Rn. 33).

45   Die **Überleitungsregeln des KindRG** (vom 16. 12. 1997, BGBl. I S. 2942) bestimmen, dass die 1998 eingeführten Abstammungsvorschriften ohne Weiteres für alle nach dem 30. 6. 1998 geborenen Kinder gelten. Für die vor dem 1. 7. 1998 geborenen Kinder bleibt eine zu diesem Zeitpunkt nach früherem Recht begründete und **bereits bestehende Vaterschaft** (sei es auf Grund Ehelichkeit, Anerkennung oder gerichtlicher Feststellung) unangetastet (Art. 224 § 1 Abs. 1 EGBGB) und von der Neufassung unberührt. Die bisherigen Kategorien ehelich und nichtehelich begründen nun keinen Status mehr, sondern bezeichnen lediglich die rechtliche Zuordnung zu einem Mann als Vater.[126] War die Anerkennung schon vor dem 1. 7. 1998 erklärt, aber fehlten noch sonstige Wirksamkeitsvoraussetzungen (zB Zustimmungen), so sind die **noch fehlenden Voraussetzungen** für die Anerkennung nach altem Recht zu schaffen.[127] So ist dann etwa nicht die Zustimmung der Mutter erforderlich, sondern nur die des Kindes (§ 1600c aF). Zur Anwendung kommt in diesen Fällen auch die frühere Regelung des § 1600e Abs. 3 aF, wonach die Anerkennung automatisch wirkungslos wird, wenn die erforderliche Zustimmung nicht innerhalb von sechs Monaten erklärt wird.

46   Str. ist allerdings, was für diejenigen **vor dem 1. 7. 1998 geborenen Kinder** gilt, für die zum genannten Zeitpunkt noch **keine Vaterschaft** bestand (das betrifft praktisch nur nichteheliche Kinder) und insbes. auch noch keine Anerkennungserklärung abgegeben worden war, oder bei denen eine zuvor bestehende Vaterschaft inzwischen rechtskräftig beseitigt ist. Nach überwiegender und zutr. Auffassung erfolgt die Anerkennung oder gerichtliche Vaterschaftsfeststellung auch in diesen Fällen nach den neuen Vorschriften.[128] Unter dem Begriff der „Vaterschaft" in Art. 224 § 1 Abs. 1 EGBGB wird insoweit nur die zum 1. 7. 1998 bereits bestehende Vaterschaft verstanden. Nach aA ist der Wortlaut des Art. 224 § 1 Abs. 1 EGBGB dahin zu interpretieren, dass sich nicht nur die bestehende, sondern auch die jetzt erst anstehende Vaterschaftsfeststellung (per Anerkennung oder gerichtlichem Feststellungsverfahren) für die vor dem 1. 7. 1998 geborenen Kinder nach den bisherigen **materiell-rechtlichen** Vorschriften richtet.[129] Dafür spricht zwar, dass die Übergangsregelung in § 1 Abs. 2 ausdrücklich nur die Anfechtung von der Fortgeltung des alten Rechts ausnimmt,[130]

---

[122] BT-Drucks. 13/4899 S. 84; *Gaul* FamRZ 1997, 1441, 1449; *Schwab/Wagenitz* FamRZ 1997, 1377, 1378; *Schwab* FamR Rn. 529.
[123] *Staudinger/Rauscher* Rn. 55. S. aber auch OLG Schleswig NJW 2000, 1271.
[124] AA DIV-Gutachten ZBlJugR 1987, 458.
[125] S. zum Übergangsrecht des NEhelG *Staudinger/Rauscher* Vor § 1591 Rn. 19 ff.
[126] RegE BT-Drucks. 13/4899 S. 138 f.; FamRefK/*Wax* Art. 224 § 1 EGBGB Rn. 2.
[127] BT-Drucks. 13/4899 S. 138; *Diederichsen* NJW 1998, 1989; *Palandt/Brudermüller* Art. 224 EGBGB § 1 Rn. 3; FamRefK/*Wax* Art. 224 § 1 EGBGB Rn. 4.
[128] BT-Drucks. 13/4899 S. 138; *Palandt/Brudermüller* Art. 224 § 1 EGBGB Rn. 2; FamRefK/*Wax* § 1597 Rn. 9, Art. 224 § 1 EGBGB Rn. 3 f.
[129] So *Mühlens/Kirchmeier/Greßmann* S. 96; *Lipp/Wagenitz* Vor § 1591 Rn. 23.
[130] *Mühlens/Kirchmeier/Greßmann* S. 234.

während die Anerkennung gar nicht näher erwähnt wird. Aus der Begründung des RegE ergibt sich aber, dass sich auch die Anerkennung nach dem neuen Recht richten soll.[131]

X. Internationales Privatrecht (Hinweise)

Das für die Abstammung des Kindes (und insbes. auch für die Vaterschaftsanerkennung) maßgebende internationale Privatrecht bestimmt sich nach **Art. 19 EGBGB**.[132] Die Abstammung eines Kindes unterliegt danach dem Recht des Staates, in dem das Kind seinen gewöhnlichen Aufenthalt hat[133] (Art. 19 Abs. 1 S. 1 EGBGB). Die Anerkennung richtet sich somit nach dt. Recht, wenn das Kind in Deutschland seinen gewöhnlichen Aufenthalt hat. Nach der Neufassung der Art. 19 f. EGBGB durch das KindRG wird durchgängig an den gewöhnlichen Aufenthaltsort des Kindes angeknüpft. Das entspricht der Regelung des Unterhaltsstatuts nach Art. 18 EGBGB; zudem wird damit nicht mehr danach unterschieden, ob das Kind innerhalb oder außerhalb einer Ehe geboren wird. Die Entscheidung für eine **wandelbare Anknüpfung** im Anschluss an den alten Art. 20 Abs. 1 S. 3 EGBGB, und damit den praktisch wichtigsten Fall, ermöglicht den Standesbeamten in weitem Umfang, das interne Recht des Beurkundungsstaates anzuwenden.[134] Außerdem kann die Abstammung aber auch im Verhältnis zu jedem Elternteil nach dem Recht des Staates bestimmt werden, dem dieser Elternteil angehört (Art. 19 Abs. 1 S. 2 EGBGB), sowie, falls die Mutter verheiratet ist, auch nach dem Recht, dem die allgemeinen Wirkungen ihrer Ehe nach Art. 14 Abs. 1 EGBGB bei der Geburt des Kindes unterliegen (S. 3). Was die Erforderlichkeit und die Erteilung der Zustimmung des Kindes zu einer Abstammungserklärung betrifft, so unterliegen diese zusätzlich dem Recht des Staates, dem das Kind angehört (Art. 23 S. 1 EGBGB). Einschlägige Übergangsvorschriften zum IPR finden sich in Art. 220 und Art. 224 EGBGB (s. auch § 1589 Rn. 56).

§ 1595 Zustimmungsbedürftigkeit der Anerkennung

(1) Die Anerkennung bedarf der Zustimmung der Mutter.

(2) Die Anerkennung bedarf auch der Zustimmung des Kindes, wenn der Mutter insoweit die elterliche Sorge nicht zusteht.

(3) Für die Zustimmung gilt § 1594 Abs. 3 und 4 entsprechend.

Übersicht

	Rn.		Rn.
I. Einführung	1–4	b) Ausnahmsweise erforderliche Zustimmung	10
1. Normzweck	1	c) Notwendigkeit beider Zustimmungserklärungen	11
2. Regelungsgegenstand	2	5. Widerruflichkeit; Anfechtung	12
3. Verfassungsrechtliche Bedenken	3, 4	**III. Bedingungsfeindlichkeit; Zeitpunkt, Abs. 3**	13–16
a) Die Beschränkung der Kinderrechte	3	1. Bedingungsfeindlichkeit	13
b) Stellung des leiblichen Vaters	4	2. Zustimmung vor oder nach Anerkennung	14
II. Die Zustimmungserklärung, Abs. 1, 2	5–12	3. Keine Fristgebundenheit der Erklärungen	15
1. Zustimmung als Wirksamkeitsvoraussetzung der Anerkennung	5	4. Pränatale Zustimmungserklärung	16
2. Rechtsnatur der Zustimmung	6		
3. Die Zustimmung der Mutter, Abs. 1	7, 8		
4. Die Zustimmung des Kindes, Abs. 2	9–11		
a) Entbehrlichkeit	9		

I. Einführung

1. Normzweck. Von der Anerkennungserklärung allein soll die bindende Feststellung der Vaterschaft nicht abhängen. Mutter und Kind sollen sich den Anerkennenden zudem nicht aufzwin-

---

[131] BT-Drucks. 13/4899 S. 138.
[132] Dazu FamRefK/*Wax* Art. 19 EGBGB Rn. 2 f.; Fälle mit Auslandsbezug: BGH FamRZ 1982, 52, 53 f.; OLG Celle NJW 1983, 1271; BayObLG FamRZ 2002, 686 (zwei rechtlich mögliche Väter infolge von zwei Abstammungsstatuten).
[133] Zur Anerkennung beim Kind einer Asylbewerberin LG Kassel NJW-RR 1996, 1091.
[134] RegE BT-Drucks. 13/4899 S. 137 f.

gen lassen müssen. Der einfachste und kürzeste Weg, ihre Mitwirkung sicherzustellen, ist die **Zustimmungsbedürftigkeit der Anerkennung**. Das Gesetz fordert daher die Zustimmung als Wirksamkeitsvoraussetzung der Anerkennung. Mutter und Kind haben aber alternativ auch die Möglichkeit, sich im Wege eines gerichtlichen Vaterschaftsfeststellungsverfahrens nach § 1600d davon zu überzeugen, ob der anerkennungswillige Mann tatsächlich der Vater ist.[1] Das gilt auch gegenüber Ausländern.[2] Andererseits kann über die Abgabe der Zustimmung im Anerkennungsverfahren die Vaterschaft relativ rasch mit Wirkung für und gegen alle herbeigeführt werden, was oft den Interessen des Kindes mehr entsprechen wird als ein länger währendes Feststellungsverfahren.

2 **2. Regelungsgegenstand.** Die geltende Fassung beruht auf Art. 1 Nr. 1 KindRG, der an die Stelle der früheren Zustimmung des Kindes das **Erfordernis der Zustimmung der Mutter** treten ließ.[3] Nach früherem Recht war das Jugendamt dafür zust., im Rahmen der Amtspflegschaft seine Zustimmung für das Kind abzugeben. Da sich die Zuständigkeit und Aufgaben des Jugendamtes auf eine nur auf Antrag eintretende und das Sorgerecht der Mutter nicht einschränkende Beistandschaft (§ 1716) reduziert haben, wäre es nun ohnehin Aufgabe der Mutter geworden, als ges. Vertreterin des Kindes für dieses die Zustimmung abzugeben. Insofern erschien es dem Gesetzgeber sinnvoll, der Mutter das Zustimmungsrecht gleich unmittelbar **aus eigenem Recht** und nicht nur als ges. Vertreterin einzuräumen. Schließlich ist die Mutter – zB in Gestalt des Umgangsrechts des Vaters – durch die Anerkennung auch unmittelbar selbst betroffen.[4] Außerdem dürfte sie am ehesten wissen, wer der wirkliche Vater ist. Folglich kann die Mutter bereits die Anerkennung selbst verhindern und den Vater auf den Weg der Feststellungsklage verweisen. Die **zusätzliche Zustimmung des Kindes** neben der Zustimmung der Mutter hielt der Gesetzgeber nur noch für den Fall erforderlich, dass der Mutter insoweit das Sorgerecht nicht zusteht. Damit wurde eine Verdoppelung der Zustimmungserfordernisse vermieden; die Mutter entscheidet also immer allein, wenn ihr das Sorgerecht für das Kind zusteht.[5]

3 **3. Verfassungsrechtliche Bedenken. a) Die Beschränkung der Kinderrechte.** Die Rechtsstellung und der Rechtsschutz des Kindes, dessen Zustimmung in den meisten Anerkennungsfällen nach geltendem Recht nicht mehr erforderlich ist, wurden nach Erlass der Regelung als lückenhaft kritisiert.[6] Während das Kind im Namensrecht (§ 1617c Abs. 1 S. 2), bei der Adoption (§ 1746 Abs. 1 S. 3) sowie nach den früheren Vorschriften über die Vaterschaftsanerkennung (§ 1600d Abs. 2 aF) ab dem Alter von 14 Jahren höchstpersönliche Zustimmungsrechte genießt, fehlen solche im Abstammungsrecht, wenn die Mutter insoweit die elterliche Sorge innehat. Das Kind kann weder die Zustimmung der Mutter verhindern, noch die Anerkennung durch eigene Zustimmung wirksam werden lassen. Es kann lediglich die Anerkennung später anfechten und die gerichtliche Feststellung des leiblichen Vaters beantragen. Die Regelung übersieht insoweit, dass es durchaus auch Interessenkonflikte zwischen Mutter und Kind geben kann; insoweit wird das **Selbstbestimmungsrecht** des Kindes aus Art. 2 Abs. 1 GG missachtet. Hier gesetzlich generell die Einschaltung eines Pflegers vorzuschreiben,[7] empfiehlt sich angesichts des damit verbundenen Aufwands und der sehr beschränkten Erkenntnismöglichkeiten des Pflegers allerdings auch nicht. Nahe gelegen hätte jedoch, die zusätzliche Zustimmung des Kindes auch für den Fall zu verlangen, dass dieses im Zeitpunkt der Anerkennungserklärung bereits das **14. Lebensjahr** vollendet hat.[8] Der Jugendliche sollte sich keinen Vater aufdrängen lassen müssen,[9] sondern sich im Wege eines Vaterschaftsfeststellungsverfahrens davon überzeugen können, ob der Mann der leibliche Vater ist. Insofern bleibt im Einzelfall nur der Weg, der Mutter gem. § 1666 insoweit zuvor die Sorge zu entziehen. Auf diese Weise würden die Voraussetzungen des Abs. 2 erfüllt und die Anerkennung zudem von der Zustimmung des Kindes bzw. eines zu bestellenden Pflegers abhängig. Bedeutung hätte das gerade auch in Fällen, in denen die Mutter bewusst die Zustimmung zur Anerkennung eines Dritten erteilen will,

---

[1] KG DAVorm. 1991, 864.
[2] BGH FamRZ 1975, 273.
[3] Auf Basis des alten Rechts de lege ferenda bereits vorgeschlagen von *Göppinger* FamRZ 1966, 421; *ders.* DRiZ 1970, 143; *Lange* JZ 1966, 729; *Zweigert* JuS 1967, 245; s. auch Beschlüsse des 59. DJT NJW 1992, 3016.
[4] BT-Drucks. 13/4899 S. 54; FamRefK/*Wax* § 1595 Rn. 3; zustimmend *Zimmermann* DNotZ 1998, 404, 409; sehr krit. *Staudinger/Rauscher* Rn. 5.
[5] BT-Drucks. 13/4899 S. 54.
[6] *Gaul* FamRZ 1997, 1441, 1449; *Muscheler/Beisenherz* JR 1999, 356, 360; *Erman/Hammermann* Rn. 2, 9 NK-BGB/*Gutzeit* Rn. 2; *Gernhuber/Coester-Waltjen* § 52 Rn. 49; *Staudinger/Rauscher* Rn. 5 f.; *Rauscher* FamR Rn. 793; *Hager*, FS Schwab, 2005, S. 773, 778; ferner FamRefK/*Wax* § 1595 Rn. 3; *Dethloff* FamR § 10 Rn. 18.
[7] Empfohlen von *Gaul* FamRZ 1997, 1441, 1450; *Keller* NJ 1998, 233, 235; *Staudinger/Rauscher* Rn. 6.
[8] So Vorschlag von *Diederichsen* Referat S. M 89; ebenso *Wanitzek* S. 70; *Dethloff* FamR § 10 Rn. 18.
[9] Vgl. schon BT-Drucks. V/2370 S. 27 zum früheren Recht.

um den genetischen Vater auszuspielen.[10] Schließlich hilft dem Kind und dem leiblichen Vater hier auch die alternative Möglichkeit der gerichtlichen Vaterschaftsfeststellung (§ 1600d) nichts, weil dieser Weg ausscheidet, wenn vorher ein anderer Mann mit Zustimmung der Mutter anerkannt hat. Bedenken bestehen weiterhin im Hinblick auf Art. 12 der **UN-Kinderrechtskonvention,** wonach der Kindeswillen je nach Alter und Reife zu berücksichtigen ist.[11] Tatsächlich wirkt sich die geltende Regelung auch zu Lasten des volljährigen Kindes aus, das nicht durch seine eigene Zustimmung die Anerkennung ermöglichen kann; denn die Zustimmung der Mutter ist stets kumulativ vorgesehen.[12] Praktikabilitätserwägungen und der Wunsch, die Rechte der Mutter zu stärken, können die Beschränkung der Kindesrechte nicht gänzlich rechtfertigen.[13] Die Regelung muss vielmehr auch deshalb überraschen, weil das KindRG in Anschluss an die Entsch. des BVerfG über den grundrechtlichen Schutz des Kindes auf **Kenntnis der eigenen Abstammung** ausgearbeitet wurde.[14]

b) Stellung des leiblichen Vaters. Rechtsstaatliche Bedenken betreffen zudem aus Sicht des 4 leiblichen Vaters die mögliche Umgehung der Schutzvorschriften des Adoptionsrechts.[15] Die Regelung eröffnet Mutter und Drittem die Möglichkeit, privatautonom und ohne gerichtliche Kontrolle den Vaterschaftstatbestand des § 1592 Nr. 2 herbeizuführen. Das gilt auch gerade für den Spezialfall des § 1599 Abs. 2 S. 1 (näher § 1599 Rn. 52). Dass dabei nicht nur die Interessen des Kindes, sondern auch die eigenen Interessen der Mutter eine besondere Rolle spielen werden, liegt auf der Hand. Die Rechtslage hat sich zwar seit Einführung des Anfechtungsrechts des leiblichen Vaters (§ 1600 Abs. 1 Nr. 2) etwas entschärft; doch gerade wenn die Mutter mit dem (Schein)Vater zusammenlebt, sind die Anfechtungsvoraussetzungen eben nicht gegeben.

II. Die Zustimmungserklärung, Abs. 1, 2

1. Zustimmung als Wirksamkeitsvoraussetzung der Anerkennung. Ohne gültige 5 Zustimmung genügt die Anerkennung nicht den ges. Erfordernissen und wird daher nicht wirksam. Auf diese Unwirksamkeit kann sich bis zum Ablauf der Frist des § 1598 Abs. 2 trotz Eintragung in das Personenstandsbuch jedermann berufen; eine Anfechtung ist nicht erforderlich. Nach Ablauf der Fünfjahresfrist des § 1598 Abs. 2 wird die in ein dt. Personenstandsbuch eingetragene Anerkennung jedoch auch dann wirksam, wenn es an einer nach § 1595 erforderlichen Zustimmung fehlte.

2. Rechtsnatur der Zustimmung. Die Zustimmung ist eine **höchstpersönliche Willens-** 6 **erklärung** (§ 1596 Abs. 4), die **vor oder nach der Anerkennung** erteilt werden kann (§§ 183, 184). Sie ist zwar Wirksamkeitsvoraussetzung der Anerkennung, bildet aber zusammen mit der Anerkennungserklärung **keinen Vertrag** iS der §§ 145 ff. Es handelt sich auch **nicht** um eine empfangsbedürftige Erklärung.[16] Die Erklärungen der Beteiligten erfolgen nicht wechselseitig, sondern laufen parallel.[17] Die Zustimmung ist unwirksam, wenn sie unter einer Bedingung oder Zeitbestimmung erklärt wird (Abs. 3 iVm. § 1594 Abs. 3; s. dort Rn. 37), da die Gültigkeit der Anerkennung als Rechtsgeschäft mit allgemeinverbindlicher Vaterschaftsfeststellung aus Gründen der Rechtsklarheit nicht in der Schwebe bleiben darf.[18] Die Zustimmungserklärung ist weiterhin **formbedürftig** (öffentliche Beurkundung, s. § 1597 Rn. 1 f.) sowie **benachrichtigungsunterworfen** (§ 1597 Abs. 2). Bei mangelnder **Geschäftsfähigkeit** ist § 1596 zu beachten. Die Zustimmung wird **erst wirksam,** wenn sie allen Voraussetzungen der §§ 1595 ff. entspricht; eine Anfechtung nach allgemeinen Vorschriften (§§ 119 f.) scheidet aus.[19] Eine **Frist** für die Abgabe der Zustimmung besteht nicht. Die Zustimmung kann auch schon zur erst schwebend unwirksamen Anerkennung erklärt werden.[20] Wie bei der Anerkennung ist auch die bewusst unrichtige Zustimmung wirksam.[21]

---

[10] Vgl. Dethloff FamR § 10 Rn. 19.
[11] Gaul FamRZ 1997, 1441, 1450.
[12] Gaul FamRZ 1997, 1441, 1450; Muscheler/Beisenherz JR 1999, 356, 360.
[13] So Gaul FamRZ 1997, 1441, 1445.
[14] Krit. daher Gaul FamRZ 1997, 1441, 1450; Wanitzek S. 70; Gernhuber/Coester-Waltjen § 52 Rn. 49.
[15] So auch Gaul FamRZ 1997, 1441, 1459.
[16] Schwab, FS Medicus, 1999, S. 587, 596; Gernhuber/Coester-Waltjen § 52 Rn. 46; Palandt/Brudermüller § 1597 Rn. 3; Staudinger/Rauscher Rn. 11; Erman/Hammermann Rn. 3; Greßmann Rn. 87; aA Bamberger/Roth/Hahn Rn. 3; anders vor dem KindRG, vgl. BGH NJW 1995, 2346, 2347.
[17] Gernhuber/Coester-Waltjen § 52 Rn. 44; Schwab, FS Medicus, 1999, S. 587, 596.
[18] Zu Begründungsansätzen auf Basis des früheren Rechts Kemper ZBlJugR 1971, 197 Fn. 22.
[19] Erman/Hammermann Rn. 4; Staudinger/Rauscher Rn. 38; NK-BGB/Gutzeit Rn. 3.
[20] Staudinger/Rauscher § 1594 Rn. 36.
[21] Wanitzek S. 61.

§ 1595   7–10   Abschnitt 2. Titel 2. Abstammung

7   **3. Die Zustimmung der Mutter, Abs. 1.** Die Zustimmung der Mutter erfolgt nicht als Vertreterin des Kindes, sondern **aus eigenem Recht** (s. Rn. 2).[22] Die Entscheidung fällt in die Alleinzuständigkeit der Mutter. Sie hat dabei als Sorgeberechtigte zugleich aber auch zum **Wohle des Kindes** zu handeln. Auf die Zustimmung des Kindes kommt es nach Abs. 2 nur an, wenn der Mutter die elterliche Sorge insoweit nicht zusteht. Auch der Wille des Mannes, mit dem die Mutter verheiratet ist und dessen Vaterschaft nach § 1592 Nr. 1 die Anerkennung zunächst schwebend unwirksam sein lässt (vgl. § 1594 Rn. 29), ist unbeachtlich. Der Mutter steht das Zustimmungsrecht auch in diesem Fall allein zu; und zwar unabhängig davon, ob sie das elterliche Sorgerecht allein oder mit diesem Mann zusammen innehat.[23] Die Anerkennung kann dann ohnehin nur wirksam werden, wenn die Vaterschaft des Ehemanns erfolgreich angefochten wird. Deshalb bestand kein Bedürfnis, auch den Scheinvater an der Anerkennung zu beteiligen; insbes. sollte die Anerkennung auch nicht von seiner Mitwirkung abhängig sein. Die Mutter hat ferner auch dann das Zustimmungsrecht allein, wenn ihr für weitere Kinder die elterliche Sorge gemeinsam mit einem Dritten zusteht.

8   Eine **Ersetzung der Zustimmung** der Mutter im Falle der Verweigerung oder bei unbekanntem Aufenthalt kommt nicht in Betracht.[24] Vielmehr muss der Anerkennungswillige dann den Weg der gerichtlichen Feststellung nach § 1600d beschreiten. Nichts anderes ergäbe sich, wenn ein Gericht die Zustimmung der Mutter ersetzen könnte; denn auch dieses könnte nur entscheiden, wenn die Vaterschaft bewiesen ist. Aus Sicht des Kindes bleibt die Möglichkeit, der Mutter (teilweise) das **Sorgerecht zu entziehen** (§ 1666), um so durch einen Pfleger ein gerichtliches Vaterschaftsfeststellungsverfahren im Namen des Kindes zu ermöglichen.[25] Maßnahmen nach § 1666 sind aber auch im umgekehrten Fall, nämlich bei Zustimmung der Mutter zur Anerkennung, nicht ausgeschlossen. Das gilt etwa ausnahmsweise dann, wenn die Zustimmung lediglich zu dem Zweck erteilt werden soll, einem anderen Mann, der nicht Vater des Kindes ist, die Anerkennung zu ermöglichen bzw. die Feststellung des genetischen Vaters auszuschließen.[26] Wird die elterliche Sorge der Mutter hier rechtzeitig beschränkt, wäre zur Anerkennung auch noch die Zustimmung des Kindes erforderlich, die vom Pfleger verweigert werden könnte. Unklar ist, was gelten soll, wenn die **Mutter bereits gestorben** ist. Manche verweisen für diesen Fall auf das gerichtliche Feststellungsverfahren.[27] Es ist jedoch kein Grund ersichtlich, hier den Weg über die Anerkennung zu versagen.[28] Das volljährige Kind kann selbst zustimmen, für das mj. Kind kann sein ges. Vertreter bzw. Vormund[29] handeln.

9   **4. Die Zustimmung des Kindes, Abs. 2. a) Entbehrlichkeit.** Die Zustimmung des Kindes ist stets entbehrlich (zur verfassungsrechtlichen Problematik s. Rn. 3, 4) bzw. wird durch die Zustimmung der Mutter verdrängt, wenn dieser insoweit die elterliche Sorge zusteht. Der Gesetzgeber hielt es für sinnlosen Formalismus, von der Mutter zwei Erklärungen, nämlich eine Zustimmung in eigenem Namen und eine im Namen des Kindes, zu verlangen.[30] Deshalb war die Zustimmung des Kindes nach Ansicht des Gesetzgebers verzichtbar, wenn die Mutter zugleich Sorgeberechtigte ist. Damit erledigen sich einige Probleme, die sich früher im Zusammenhang mit **Anerkennungen im Ausland** ergaben; vgl. **Art. 23 EGBGB,** wonach die Zustimmungserklärung des Kindes zusätzlich dem Recht des Staates unterliegt, dem das Kind angehört. Das führte nach früherem Recht nicht selten dazu, dass Vaterschaftsanerkennungen wegen verspäteter oder unterbliebener Zustimmung des Kindes bzw. seines ges. Vertreters nach dt. Recht unwirksam waren.

10   **b) Ausnahmsweise erforderliche Zustimmung.** Die Zustimmung des Kindes ist nur dann erforderlich, wenn der Mutter das **Sorgerecht insoweit nicht zusteht.** Das Wort „insoweit"

---

[22] *Palandt/Brudermüller* Rn. 3.
[23] Vgl. RegE BT-Drucks. 13/4899 S. 84; FamRefK/*Wax* § 1595 Rn. 8; *Greßmann* Rn. 85; *Palandt/Brudermüller* Rn. 3.
[24] *Gaul* FamRZ 1997, 1441, 1450; *Will* FPR 2005, 172, 174; *v. Luxburg* Rn. 138; *Lipp/Wagenitz* § 1595 Rn. 3; FamRefK/*Wax* § 1595 Rn. 6 f.; *Schwab* FamR Rn. 531; *Staudinger/Rauscher* Rn. 15; *Gernhuber/Coester-Waltjen* § 52 Rn. 48; *Dethloff* FamR § 10 Rn. 16; *Grün* Rn. 55; krit. *Schlüter* FamR Rn. 278.
[25] BT-Drucks. 13/4899 S. 54; s. auch FamRefK/*Wax* § 1595 Rn. 7; anders wohl *Grün* Rn. 55; krit. auch *Bamberger/Roth/Hahn* Rn. 5.
[26] So auch *Rauscher* FamR Rn. 795.
[27] LG Koblenz StAZ 2003, 303; FamRefK/*Wax* § 1595 Rn. 6; *Palandt/Brudermüller* Rn. 3; *Bamberger/Roth/Hahn* Rn. 4; wohl auch BT-Drucks. 13/4899 S. 54.
[28] *Staudinger/Rauscher* Rn. 15; NK-BGB/*Gutzeit* Rn. 5; *Helms* in *Helms/Kieninger/Rittner* Rn. 28; *Gernhuber/Coester-Waltjen* § 52 Rn. 52; zum Problemkreis auch *Kissner* StAZ 2007, 303.
[29] Zur Frage, ob die Zustimmung des Vormunds genügt: DIJuF Gutachten DAVorm. 2000, 473.
[30] BR-Drucks. 180/96 S. 94.

bezieht sich auf die Vertretungsbefugnis im Rahmen der Vaterschaftsfeststellung.[31] Abs. 2 betrifft v. a. den Fall, dass das **Kind volljährig** ist.[32] Bei Minderjährigkeit des Kindes ist zum einen an den Fall zu denken, dass die Mutter selbst auch minderjährig ist[33] oder dass der Mutter das **Sorgerecht für einen Bereich entzogen** ist, in den auch die Zustimmung zur Anerkennung fällt (vgl. Voraussetzungen des § 1666) und die Sorge – unter Einschluss des Wirkungskreises der Vaterschaftsfeststellung – einem Pfleger zusteht. Zum anderen ist der Fall zu nennen, dass die Mutter nach §§ 1795 Abs. 1 Nr. 1, 1629 Abs. 2 S. 1 analog von der Vertretung des Kindes ausgeschlossen ist, weil der Anerkennende ihr Ehemann ist;[34] wobei sich die Analogie daraus ergibt, dass die Vaterschaftsanerkennung kein echtes Rechtsgeschäft iSd. § 1795 Abs. 1 Nr. 1 ist. Fraglich ist, ob der Mutter, bei Bejahung eines entspr. **Interessengegensatzes** zwischen ihr und dem Kind, nach §§ 1629 Abs. 2 S. 3, 1796 das Sorgerecht gerade für den Bereich der Vaterschaftsanerkennung entzogen werden kann, um auf diese Weise die Voraussetzungen des Abs. 2 mit dem Erfordernis einer ergänzenden Zustimmung des Kindes zu schaffen und demgemäß einen Pfleger für die Entscheidung über die Zustimmung des Kindes bestellen zu können. Das ist zu bejahen, weil die durch § 1595 eingeschränkten Kindesrechte auf diese Weise immerhin im Einzelfall gewahrt werden könnten und insbes. eine objektiv unrichtige Vaterschaftsanerkennung rechtzeitig verhindert werden kann.[35] Das gilt gerade auch im Hinblick auf die durch Art. 6 Abs. 1 GG geschützten Interessen des genetischen Vaters, dessen Anfechtungsrecht engen Voraussetzungen unterliegt. Der Wortlaut des **§ 1629 Abs. 2 S. 3 HS 2,** der den Entzug der Vertretungsmacht für die Feststellung der Vaterschaft gerade ausschließt, ist insoweit freilich mehrdeutig. Folgt man der hier vertretenen Auffassung, bezieht sich diese Vorschrift, der Terminologie der §§ 1591 ff. entsprechend, nur auf die Vaterschaftsfeststellung ieS, dh. nur auf das Verfahren nach § 1600d Abs. 1[36] und nicht, wie etwa § 1712 Abs. 1 Nr. 1,[37] iwS. auch auf die Begründung der Vaterschaft durch Anerkennung.[38]

c) Notwendigkeit beider Zustimmungserklärungen. Ob das Kind in den Fällen des Abs. 2 selbst zustimmt oder durch seinen (sonstigen) ges. Vertreter bzw. nur mit dessen Zustimmung, richtet sich nach § 1596 Abs. 2. Die Zustimmung des Kindes nach Abs. 2 macht diejenige der Mutter aber nicht überflüssig; erforderlich sind in den Fällen des Abs. 2 vielmehr **beide Zustimmungserklärungen kumulativ.**[39] Wird eine Erklärung verweigert, bleibt nur das gerichtliche Verfahren nach § 1600d. Fraglich ist, ob dies auch zu gelten hat, wenn das **Kind** bereits vor Abgabe seiner Zustimmung **verstorben** ist. Das ist zu verneinen.[40] Eigene Kindesinteressen, die übergangen werden können, spielen nach dessen Tod keine Rolle mehr, so dass eine gerichtliche Kontrolle nicht notwendig erscheint. Auch die Gefahr eines kollusiven Zusammenwirkens der Mutter und des anerkennenden Mannes dürfte gering sein, zumal damit für die Mutter idR keine Vorteile verbunden sind (s. schon § 1594 Rn. 39).

5. Widerruflichkeit; Anfechtung. Die Zustimmung ist **nicht widerruflich;**[41] eine Widerrufsmöglichkeit unter bestimmten Bedingungen, wie sie für die Anerkennung in § 1597 Abs. 3 vorgesehen ist, besteht für die Zustimmung nicht. Dem Zustimmenden bleibt nur die Möglichkeit, die auf einer wirksamen Anerkennung beruhende Vaterschaft selbst nach den §§ 1600 ff. anzufechten. Eine Anfechtung der Zustimmung wegen **Willensmängeln** gem. §§ 119 ff. ist ebenfalls nicht möglich.[42] Die allgemeinen Vorschriften über die Anfechtbarkeit von Willenserklärungen werden

---

[31] Vgl. *Staudinger/Rauscher* Rn. 20.
[32] BT-Drucks. 13/4899 S. 85; *Erman/Hammermann* Rn. 9; *Gernhuber/Coester-Waltjen* § 52 Rn. 50; *Will* FPR 2005, 172, 174.
[33] LG Halle FamRZ 2010, 1170 = JAmt 2009, 262.
[34] *Erman/Hammermann* Rn. 10 f.; *Staudinger/Rauscher* Rn. 22; *Rauscher* FamR Rn. 794; NK-BGB/*Gutzeit* Rn. 6; gegen Anwendung der genannten Normen *Gernhuber/Coester-Waltjen* § 52 Rn. 51, da eben kein Rechtsgeschäft vorliege; *Grün* Rn. 57; *Helms* in *Helms/Kieninger/Rittner* Rn. 34.
[35] Ähnlich *Erman/Hammermann* Rn. 11; *Staudinger/Rauscher* Rn. 17.
[36] So auch *Palandt/Diederichsen* § 1629 Rn. 28; *Staudinger/Peschel-Gutzeit* § 1629 Rn. 95; MünchKommBGB/*Huber* § 1629 Rn. 71; aA *Rauscher* FamR Rn. 794.
[37] S. dort Rn. 8 f.; vgl auch OLG Nürnberg FamRZ 2001, 705.
[38] Die Gesetzesmaterialien sind nicht eindeutig, vgl. BT-Drucks. 13/4899 S. 54.
[39] *Erman/Hammermann* Rn. 9; *Palandt/Brudermüller* Rn. 4; FamRefK/*Wax* § 1595 Rn. 5.
[40] BayObLG NJW-RR 2000, 1602 und FamRZ 2001, 1543; so auch *Palandt/Brudermüller* § 1594 Rn. 10; *Gernhuber/Coester-Waltjen* § 52 Rn. 53; *Helms* in *Helms/Kieninger/Rittner* Rn. 26; aA *Rauscher* FPR 2002, 362 f.; *Staudinger/Rauscher* Rn. 35; zum Problem auch *Krömer* StAZ 2001, 42 f. und DIJuF-Rechtsgutachten JAmt 2001, 479 f.
[41] *Staudinger/Rauscher* Rn. 37; anders die frühere Rechtslage, vgl. *Staudinger/Rauscher* (1997) § 1600c Rn. 16.
[42] BT-Drucks. V/2370 S. 30; KG NJW-RR 1987, 388; *Lange* NJW 1970, 299; *Staudinger/Rauscher* Rn. 38; *Schwab* FamR Rn. 534; aA *Beitzke*, FS Mühl, 1981, S. 103, 110 f., der die Anfechtung der Zustimmung des Kindes nach allg. Grundsätzen für gerechtfertigt hält.

§ 1596

durch die Sonderregelung der §§ 1600 ff. verdrängt, die für die Anfechtung der Vaterschaftsanerkennung durch Mutter oder Kind nur den objektiven Grund des Nichtbestehens einer biologischen Vaterschaftsbeziehung vorsehen.

III. Bedingungsfeindlichkeit; Zeitpunkt, Abs. 3

13 **1. Bedingungsfeindlichkeit.** Die Verweisung auf § 1594 Abs. 3 bedeutet, dass die Zustimmung in gleicher Weise wie die Anerkennung bedingungsfeindlich ist. Zur Abgrenzung von unzulässigen Bedingungen und zulässigen Rechtsbedingungen wird auf die Ausführungen zur Anerkennungserklärung (§ 1594 Rn. 37 f.) verwiesen. Insbes. die Bedingung, dass eine anderweitige Vaterschaft zunächst noch beseitigt wird, ist als reine Rechtsbedingung unschädlich. Zur Geburt des Kindes als Bedingung bei der pränatalen Anerkennung und Zustimmung s. § 1594 Rn. 41.

14 **2. Zustimmung vor oder nach Anerkennung.** Die Zustimmung kann **vor oder nach der Beurkundung** der Anerkennungserklärung abgegeben werden (§§ 183, 184), auch noch nach dem Tod des Anerkennenden.[43] Im Fall der nachträglichen Zustimmung wird die Anerkennung nur **ex nunc wirksam**. Eine **Rückwirkung** auf den Zeitpunkt der Anerkennungserklärung findet **nicht** statt; § 184 Abs. 1 ist nicht anwendbar, weil nach dem Sinn der ges. Regelung erst das Vorliegen sämtlicher Wirksamkeitsvoraussetzungen die von der Anerkennung als Rechtsgeschäft ausgehende tiefgreifende Gestaltungswirkung der Vaterschaftsfeststellung für und gegen alle auslöst.[44] Rechtsnachteile für das Kind ergibt diese Auslegung nicht, denn mit Vorliegen einer wirksamen Anerkennung wirkt der Vaterschaftstatbestand des § 1592 Nr. 2 ohnehin auf den Zeitpunkt der Geburt zurück[45] (s. § 1594 Rn. 16).

15 **3. Keine Fristgebundenheit der Erklärungen.** Die Zustimmungserklärungen sind nicht fristgebunden. Liegen die erforderlichen Zustimmungserklärungen allerdings ein Jahr nach Beurkundung der Anerkennung immer noch nicht vor, kann der Mann die Anerkennung widerrufen (§ 1597 Abs. 3). Die Zustimmung kann auch zur erst schwebend unwirksamen Anerkennung erfolgen, Abs. 2 steht dem nicht entgegen.

16 **4. Pränatale Zustimmungserklärung.** Die Verweisung auf § 1594 Abs. 4 in Abs. 3 nimmt Bezug auf die pränatale Anerkennung. Die Zustimmung soll, wie die Anerkennung, schon vor der Geburt des Kindes erklärt werden können, da dies den Interessen von Mutter und Kind an einer möglichst frühzeitigen Klärung und Feststellung der Vaterschaft am besten entspricht. Die pränatale Zustimmung kann als Zustimmung unter der zulässigen Rechtsbedingung der Geburt des Kindes gewertet werden, womit sich das Problem des Verhältnisses der in Bezug genommenen Abs. 3 und 4 des § 1594 erst gar nicht stellt. Im Normalfall steht der Mutter insoweit bereits die Fürsorge für das Kind zu (§ 1912 Abs. 2), so dass nur ihre Zustimmung erforderlich ist. Der zusätzlichen Zustimmung des Kindes nach Abs. 2 bedarf es nur dann, wenn der Mutter die Sorge insoweit nicht zusteht. Das betrifft die Fälle, in denen die pränatale Zustimmung einem für die Leibesfrucht bestellten Pfleger (§ 1912 Abs. 1) übertragen ist.

§ 1596 Anerkennung und Zustimmung bei fehlender oder beschränkter Geschäftsfähigkeit

(1) [1] Wer in der Geschäftsfähigkeit beschränkt ist, kann nur selbst anerkennen. [2] Die Zustimmung des gesetzlichen Vertreters ist erforderlich. [3] Für einen Geschäftsunfähigen kann der gesetzliche Vertreter mit Genehmigung des Familiengerichts anerkennen; ist der gesetzliche Vertreter ein Betreuer, ist die Genehmigung des Betreuungsgerichts erforderlich. [4] Für die Zustimmung der Mutter gelten die Sätze 1 bis 3 entsprechend.

(2) [1] Für ein Kind, das geschäftsunfähig oder noch nicht 14 Jahre alt ist, kann nur der gesetzliche Vertreter der Anerkennung zustimmen. [2] Im Übrigen kann ein Kind, das in der Geschäftsfähigkeit beschränkt ist, nur selbst zustimmen; es bedarf hierzu der Zustimmung des gesetzlichen Vertreters.

---

[43] *Staudinger/Rauscher* Rn. 32, 34; *Gernhuber/Coester-Waltjen* § 52 Rn. 47.
[44] AG Tübingen StAZ 1982, 15; *Soergel/Gaul* Rn. 5; *Staudinger/Rauscher* Rn. 33.
[45] *Soergel/Gaul* § 1600a aF Rn. 6; *Dethloff* FamR § 10 Rn. 25.

(3) Ein geschäftsfähiger Betreuter kann nur selbst anerkennen oder zustimmen; § 1903 bleibt unberührt.

(4) Anerkennung und Zustimmung können nicht durch einen Bevollmächtigten erklärt werden.

Übersicht

	Rn.		Rn.
I. Normzweck	1	III. Die gesetzliche Vertretung des nicht voll geschäftsfähigen Kindes, Abs. 2	11, 12
II. Die ges. Vertretung von Vater und Mutter bei Anerkennung und Zustimmung, Abs. 1	2–10	1. Unterscheidung zwischen beschränkt Geschäftsfähigen unter und über 14 Jahren	11
1. Anerkennung und Zustimmung durch beschränkt Geschäftsfähige	2	2. Ges. Vertreter des Kindes; Jugendamt als Pfleger	12
2. Rechtsnatur der Zustimmung des ges. Vertreters	3	IV. Anerkennung und Zustimmung durch Betreute, Abs. 3	13, 14
3. Gesetzlicher Vertreter	4	1. Geschäftsfähige Betreute	13
4. Anerkennung und Zustimmung durch Geschäftsunfähige	5, 6	2. Geschäftsunfähige Betreute	14
5. Gerichtliche Genehmigung	7–9	V. Unzulässigkeit der Bevollmächtigung, Abs. 4	15
6. Abgrenzung zu § 1822 Nr. 5	10	VI. Rechtsfolgen bei Verstößen	16

I. Normzweck

Die Regelung bezieht sich auf die Fälle, in denen der anerkennende Mann oder die nach § 1595 Zustimmungsberechtigten beschränkt geschäftsfähig oder geschäftsunfähig sind. Die Mitwirkung des ges. Vertreters soll hier sicherstellen, dass Umstände, die schwerwiegende Zweifel an der Vaterschaft aufkommen lassen könnten, überprüft werden. Die Regelung will einerseits den **höchstpersönlichen Charakter** von Anerkennung und Zustimmung betonen (Abs. 4),[1] andererseits aber auch die nicht voll Geschäftsfähigen durch eine nach typischen Fallgruppen abgestufte **Mitwirkung des ges. Vertreters** (mit oder ohne Genehmigung des FamG) vor nachteiligen Folgen unüberlegter Anerkennungs- oder Zustimmungserklärungen schützen. Ähnliche Regelungen sind in den §§ 1600a, 1746, 1750 enthalten. Abs. 3 ist durch Art. 1 Nr. 13 a BtG[2] eingefügt worden und regelt die Rechtsstellung des geschäftsfähigen (volljährigen) Betreuten bei der Abgabe der Anerkennungs- oder Zustimmungserklärung. 1

II. Die ges. Vertretung von Vater und Mutter bei Anerkennung und Zustimmung, Abs. 1

1. Anerkennung und Zustimmung durch beschränkt Geschäftsfähige. Der Mann, der aus Altersgründen, dh. als bis 17 Jahre alter Mj. (§§ 106, 2), beschränkt geschäftsfähig ist, kann **nur selbst** die Vaterschaft anerkennen (S. 1). Die Eigenverantwortung des Minderjährigen steht aber unter dem Vorbehalt der Zustimmung seines gesetzlichen Vertreters (S. 2). Einer Genehmigung durch das FamG bedarf es nicht. Dieselbe Regelung gilt für die Zustimmung der beschränkt geschäftsfähigen Mutter nach § 1595 Abs. 1. Auch sie kann nur selbst zustimmen, bedarf aber der Zustimmung ihres gesetzlichen Vertreters (S. 4 iVm. S. 1, 2). 2

2. Rechtsnatur der Zustimmung des ges. Vertreters. Bei der Zustimmung des ges. Vertreters handelt es sich um eine **einseitige Willenserklärung,** deren Rechtsnatur mit der Erklärung des ges. Vertreters nach § 107 vergleichbar ist.[3] Gegen ihre Empfangsbedürftigkeit spricht allerdings, dass RegE und Gesetzessystematik sowohl die Zustimmungen nach § 1595 als auch die nach § 1596 gleich behandeln, nämlich ohne Unterschied den §§ 1597 f. unterwerfen. Daraus ist zu folgern, dass sämtliche Zustimmungen gleicher Natur sind, also nicht empfangsbedürftig,[4] wohl aber benachrichtigungsunterworfen. Die Zustimmungserklärung des ges. Vertreters ist – wie die Anerkennungserklä- 3

---
[1] Vgl. BT-Drucks. V/2370 S. 29.
[2] Gesetz vom 12. 9. 1990, BGBl. I S. 2002.
[3] Zutr. *Staudinger/Rauscher* Rn. 5.
[4] So auch *Staudinger/Rauscher* Rn. 26; NK-BGB/*Gutzeit* Rn. 7, 14.

§ 1596 4–6   Abschnitt 2. Titel 2. Abstammung

rung – wegen Willensmangels (§§ 119 ff.) **nicht anfechtbar**.[5] Die Zustimmung des ges. Vertreters kann wirksam **vor** oder **nach** der Anerkennung bzw. Zustimmung erfolgen[6] (§§ 182 f.); die §§ 107, 111 gelten nicht. Entspr. §§ 1595 Abs. 3, 1594 Abs. 4 muss die Zustimmung auch schon vor der Geburt des Kindes erklärt werden können.[7] Eine **Frist** ist für die Zustimmung nicht vorgesehen. Zu beachten ist jedoch, dass die Anerkennung selbst nach einem Jahr widerrufen werden kann, wenn die Zustimmung bis dahin noch nicht erteilt wurde (§ 1597 Abs. 3 S. 1). Die Zustimmung des ges. Vertreters kann ebenfalls **nur persönlich** erfolgen, Abs. 4 gilt entspr. Wenn das Gesetz in den §§ 1597 ff. von der „Zustimmung" spricht, ist – soweit nicht ausdrücklich anders gekennzeichnet – stets auch die Zustimmung des ges. Vertreters nach § 1596 mitumfasst. Das hat insbes. zur Folge, dass auch die Zustimmung des ges. Vertreters der **Form** des § 1597 Abs. 1 unterliegt und öffentlich zu beurkunden ist. Die Zustimmung des ges. Vertreters ist Wirksamkeitsvoraussetzung für die Anerkennung (§ 1598 Abs. 1).

4   **3. Gesetzlicher Vertreter.** Ges. Vertreter des Minderjährigen sind idR beide **Eltern** (§ 1629 Abs. 1). Soweit getrennte Personen- und Vermögenssorge besteht, ist die Zustimmung beider Elternteile erforderlich.[8] Die Zustimmung gehört nicht zu den wegen Gefahr in Verzug von einem Elternteil allein wahrzunehmenden Rechtshandlungen (§ 1629 Abs. 1 S. 4). Übt ein Elternteil die Sorge alleine aus (vgl. §§ 1671 f., 1678, 1680 f.), ist allein diese Person ges. Vertreter. Ist der Anerkennende ein nichteheliches Kind, so ist für die Zustimmung idR die **Mutter** des Anerkennenden zust. (§§ 1626a Abs. 2, 1629 Abs. 1 S. 3). Steht die Personensorge keinem Elternteil zu, wird der mj. Vater oder die mj. Mutter idR durch einen Vormund oder Pfleger vertreten. Der ges. Vertreter muss vor Erteilung der Zustimmung sehr sorgfältig **prüfen**, ob der Anerkennende auch wirklich der Vater ist.[9] Hat er hieran objektiv begründbare Zweifel, so sollte er die Zustimmung versagen und die gerichtliche Klärung (§ 1600d Abs. 1) abwarten.

5   **4. Anerkennung und Zustimmung durch Geschäftsunfähige.** Für den **geschäftsunfähigen Mann** erklärt die Anerkennung sein **ges. Vertreter** (S. 3); dazu ist die **Genehmigung des FamG bzw. Betreuungsgerichts erforderlich.** Als Ausgleich für die fehlende Willensfähigkeit des Betroffenen wird die Überwachung hier also verschärft.[10] Beim Minderjährigen sind die Eltern ges. Vertreter (s. Rn. 4); in diesem Fall ist das FamG für die Genehmigung zuständig. Bei einem volljährigen geschäftsunfähigen Mann kann ges. Vertreter nur ein Betreuer (§§ 1896 f.) sein; demgemäß ist das Betreuungsgericht für die Genehmigung zuständig.[11] Der Betreuer hat **§ 1901** zu beachten; danach ist er verpflichtet, Entscheidungen so zu treffen, wie sie dem Wohl des Betreuten entspricht. Soweit möglich sind Wünsche des Betreuten zu berücksichtigen, § 1901 Abs. 3. Damit verbunden ist die Pflicht des Betreuers, die Angelegenheit vorab mit dem Betreuten zu besprechen, § 1901 Abs. 3 S. 3. Die ohne Zustimmung des ges. Vertreters vom Geschäftsunfähigen selbst erklärte und daher zunächst unwirksame Anerkennung kann unter den Voraussetzungen des § 1598 Abs. 2 allerdings nach fünf Jahren **wirksam werden**.[12]

6   Für die Zustimmung der **geschäftsunfähigen Mutter** gilt gem. S. 4 Entsprechendes, da auch insofern auf S. 3 des Abs. 1 verwiesen wird.[13] Die Begründung der Vaterschaft durch Anerkennung soll eben auch möglich sein, wenn die Mutter des Kindes geschäftsunfähig ist[14] und das Kind dann wegen des Ruhens der elterlichen Sorge (§ 1673 Abs. 1) regelmäßig einen Vormund hat. Soweit im Hinblick auf die frühere, abweichende Gesetzeslage bereits von einem Redaktionsversehen[15] ausgegangen worden war, kam man über eine analoge Anwendung von S. 3 zum gleichen Ergebnis. Damit kann für die geschäftsunfähige Mutter ihr ges. Vertreter mit Genehmigung des Vormund-

---

[5] KG NJW-RR 1987, 388; *Palandt/Brudermüller* Rn. 10; NK-BGB/*Gutzeit* Rn. 7.
[6] *Staudinger/Rauscher* Rn. 6; *Erman/Hammermann* Rn. 4; *Grün* Rn. 59; NK-BGB/*Gutzeit* Rn. 6.
[7] So auch *Palandt/Brudermüller* Rn. 10.
[8] *Palandt/Brudermüller* Rn. 9.
[9] *Göppinger* FamRZ 1966, 422.
[10] Zur rechtspolitischen Kritik daran, dass hier für den Mann ein anderer die Anerkennung erklärt: *Soergel/Gaul* § 1600d aF Rn. 3; *Staudinger/Rauscher* Rn. 7.
[11] Abs. 1 S. 3 HS 2 wurde eingefügt durch das Gesetz zur Reform des Verfahrens in Familiensachen und in den Angelegenheiten der freiwilligen Gerichtsbarkeit (FGG-Reformgesetz - FGG-RG) vom 17. 12. 2008, BGBl. I S. 2586, Art. 50 Nr. 24 nach Maßgabe des Art. 111.
[12] BGH NJW 1985, 804.
[13] Die ursprüngliche, wohl auf einem Redaktionsversehen beruhende Verweisung nur auf die „Sätze 1 und 2" wurde durch Art. 1 Nr. 1 KindRVerbG (vom 9. 4. 2002, BGBl. I S. 1239, in Kraft getreten am 12. 4. 2002) korrigiert; zur Entstehungsgeschichte des Gesetzes *Janzen* FamRZ 2002, 785; *Knittel* JAmt 2002, 50; *Peschel-Gutzeit* FPR 2002, 285 f.
[14] BT-Drucks. 14/8131 S. 7.
[15] AA *Knittel* JAmt 2002, 50, 52; wohl auch *Roth* JZ 2002, 651, 652.

Anerkennung u. Zustimmung bei fehlender o. beschränkter Geschäftsfähigkeit   7–12   **§ 1596**

schaftsgerichts die Zustimmung erklären. Auch bei der volljährigen Mutter kommt als ges. Vertreter nur ihr Betreuer in Betracht.

5. Gerichtliche Genehmigung. Die nach Abs. 1 S. 3 erforderliche gerichtliche Genehmigung muss der Anerkennungserklärung des ges. Vertreters **vorausgehen** (§ 1831).[16] Dafür spricht nicht zuletzt der Zweck der Regelung, den Geschäftsunfähigen gegen die Belastung mit Vaterpflichten auf unsicherer Grundlage möglichst weitgehend abzusichern. Die Gefahr, dass eine sachlich unrichtige Anerkennung ohne gerichtliche Genehmigung gem. § 1598 Abs. 2 wirksam wird, kann durch die zwingende Vorschaltung des Genehmigungsverfahrens beim FamG entspr. § 1831 erheblich gemindert werden. Dies rechtfertigt es, die nachträgliche Genehmigung nicht zuzulassen und für unwirksam zu erachten.[17]

Für die Genehmigung des FamG nach Abs. 1 S. 3 **funktionell zuständig** ist der **Rechtspfleger**; schließlich erstreckt sich der Richtervorbehalt des § 14 RPflG nicht auf die Genehmigung des Vaterschaftsanerkenntnisses.[18] Ob dies der Bedeutung der Entscheidung entspricht, mag de lege ferenda fraglich sein.

In der Sache wird das Gericht vor der Entscheidung über die Genehmigung nicht selten zur Frage der Vaterschaft schwierige und umfangreiche Erhebungen anstellen müssen, die den im gerichtlichen Feststellungsverfahren erforderlichen Ermittlungen an Gründlichkeit nahe kommen können; denn das Gericht hat seine Entscheidung nur an der Frage der Abstammung zu orientieren und folglich vor Erteilung der Genehmigung zu prüfen, ob die leibliche Vaterschaft besteht.[19] Ergeben sich begründete oder gar schwerwiegende **Zweifel an der Vaterschaft** des Geschäftsunfähigen, so ist die Genehmigung zu versagen. Die Vaterschaft ist dann gem. § 1600d festzustellen.

6. Abgrenzung zu § 1822 Nr. 5. Die Notwendigkeit der Genehmigung der Vaterschaftsanerkennung durch das FamG gem. Abs. 1 S. 3 hat nichts zu tun mit der Frage, ob die Zustimmung des gesetzlichen Vertreters zu einem Anerkenntnis des minderjährigen Vaters in Bezug auf seine **Unterhaltsverpflichtung** gegenüber dem Kind der Genehmigung des FamG bedarf (vgl. § 1822 Nr. 5).[20]

III. Die gesetzliche Vertretung des nicht voll geschäftsfähigen Kindes, Abs. 2

1. Unterscheidung zwischen beschränkt Geschäftsfähigen unter und über 14 Jahren. Für das **geschäftsunfähige Kind** kann nur sein gesetzlicher Vertreter der Anerkennung zustimmen (S. 1). Dasselbe gilt für das **beschränkt geschäftsfähige Kind** im Alter von 7 bis einschließlich 13 Jahren (Verschärfung gegenüber § 107), vgl. S. 1 Fall 2. Hat dagegen das beschränkt geschäftsfähige Kind mit dem 14. Geburtstag das **14. Lebensjahr vollendet**, so kann es nur selbst zustimmen. Doch ist diese Zustimmung wiederum nur wirksam, wenn ihr der ges. Vertreter, vorher oder nachher, zustimmt (vgl. Rn. 3).[21] Wird der Anerkennende volljährig, bevor der ges. Vertreter zugestimmt hat, wird die Anerkennung nicht automatisch wirksam; vielmehr ist nun analog § 108 Abs. 3 die eigene (formgerechte) Zustimmung des Anerkennenden notwendig.[22] Zu Rechtsnatur und **Form** der Zustimmungserklärungen s. § 1595 Rn. 6. Eine Genehmigung der Zustimmung durch das FamG ist im Geltungsbereich des Abs. 2 nicht erforderlich.

2. Ges. Vertreter des Kindes; Jugendamt als Pfleger. Ges. Vertreter des Kindes ist grundsätzlich die Mutter (§§ 1626a Abs. 2, 1629 Abs. 1 S. 3). Abs. 2 nimmt jedoch ausschließlich auf die Fälle des § 1595 Abs. 2 Bezug, wonach es einer Zustimmung des Kindes nur bedarf, wenn der Mutter insoweit die elterliche Sorge nicht zusteht. Fehlt ihr die Sorge völlig und gibt es auch keinen anderen Sorgeberechtigten, so wird das Kind durch den Vormund (§ 1773 Abs. 1) vertreten. Fehlt der Mutter die elterliche Sorge lediglich für den Bereich der Vaterschaftsfeststellung, so ist die Bestellung eines Ergänzungspflegers (§ 1909) erforderlich. Das gilt insbes., wenn die zustimmungsberechtigte Mutter den Anerkennenden in der Zwischenzeit geheiratet hat.[23] Ges. Vertreter iSv. Abs. 2

---

[16] So hM: *Firsching* Rpfleger 1970, 15; *Göppinger* JR 1969, 403; DRiZ 1970, 143; *Lange* NJW 1970, 299; *Knur* FamRZ 1970, 270; *Palandt/Brudermüller* Rn. 4; *Soergel/Gaul* Rn. 3; aA RGRK/*Böckermann* § 1600d aF Rn. 9; *Staudinger/Rauscher* Rn. 10.
[17] *Lange* NJW 1970, 299.
[18] *Staudinger/Rauscher* Rn. 11; *Soergel/Gaul* Rn. 3; RGRK/*Böckermann* § 1600d aF Rn. 10.
[19] *Schomburg* KindPrax 2002, 76.
[20] Dies verneinend *Staudinger/Rauscher* Rn. 13; RGRK/*Böckermann* § 1600d aF Rn. 11.
[21] Durch Art. 1 Nr. 2 h des AdoptG vom 2. 7. 1976 wurde in § 1600d Abs. 2 S. 1 aF (entspricht § 1596 Abs. 2 nF) das Wort „achtzehn" durch das Wort „vierzehn" ersetzt (vgl. gleiche Altersschwelle in § 1746 Abs. 1).
[22] *Staudinger/Rauscher* Rn. 4; *Erman/Hammermann* Rn. 4.
[23] *Palandt/Brudermüller* Rn. 9 mwN zum früheren Recht; *Staudinger/Rauscher* Rn. 22.

§ 1596 13–16 Abschnitt 2. Titel 2. Abstammung

ist daher gewöhnlich das Jugendamt als Pfleger (§ 1909), dh. der Beamte oder Angestellte, dem die Aufgaben des Pflegers übertragen sind (§ 55 Abs. 2 S. 1, 3 SGB VIII).[24]

IV. Anerkennung und Zustimmung durch Betreute, Abs. 3

13 **1. Geschäftsfähige Betreute.** Die Bestellung eines Betreuers (§ 1896) hat als solche keinen Einfluss auf die Geschäftsfähigkeit des volljährigen Betreuten. Daher kann nur der Betreute selbst die Vaterschaft anerkennen oder der Anerkennung zustimmen (Abs. 3). Eine Vertretung scheidet aus. Die Handlungsfreiheit des Betreuten kann jedoch durch einen **Einwilligungsvorbehalt** iSv. § 1903 beschränkt sein (vgl. HS 2).[25] Hat das BetreuungsG einen solchen für die Anerkennungs- oder Zustimmungserklärung angeordnet, bedeutet dies, dass die **Anerkennungserklärung** des Betreuten als einseitiges Rechtsgeschäft in jedem Fall nur mit Einwilligung, dh. vorheriger Zustimmung (§ 183), des Betreuers wirksam ist. Diese Zustimmung ist weder nach § 1903 Abs. 2 entbehrlich, da es sich bei Anerkennung und Zustimmung um Willenserklärungen handelt, zu denen ein beschränkt Geschäftsfähiger der Zustimmung seines ges. Vertreters bedarf (§ 1596 Abs. 1 S. 2 und 4), noch nach § 1903 Abs. 3, da die Anerkennungserklärung dem Betreuten nicht lediglich einen rechtlichen Vorteil bringt (zu den Rechtswirkungen der Anerkennung s. § 1594 Rn. 13 ff.). Ebenso bedarf die **Zustimmungserklärung** des betreuten Kindes der dem Betreuer vorbehaltenen Einwilligung. Auch hier gilt die Ausnahmevorschrift des § 1903 Abs. 2 nicht (vgl. § 1596 Abs. 2 S. 2). Die Zustimmung zur Vaterschaftsanerkennung bringt dem betreuten Kind auch nicht lediglich einen rechtlichen Vorteil iSv. § 1903 Abs. 3; sie kann zB Unterhaltspflichten auslösen (§§ 1601 ff.).

14 **2. Geschäftsunfähige Betreute.** Für den **geschäftsunfähigen Betreuten** handelt sein Betreuer als ges. Vertreter (§ 1902). Allerdings muss sich die Betreuung auf die Personen- und die Vermögenssorge erstrecken.[26] Der geschäftsunfähige Betreute bedarf in jedem Fall zu Anerkennung oder Zustimmung der Genehmigung des BetreuungsG (Abs. 1 S. 3 und 4). Die Prüfung, ob der Betreute geschäftsunfähig ist, obliegt beim Verfahren nach Abs. 1 dem BetreuungsG, sonst dem Standesbeamten.[27]

V. Unzulässigkeit der Bevollmächtigung, Abs. 4

15 Weder die Anerkennungserklärung des Mannes (§ 1594) noch die Zustimmungserklärungen von Mutter oder Kind (§ 1595) können durch einen Dritten abgegeben werden, dem die Vertretungsmacht durch Rechtsgeschäft (§ 167) erteilt ist. Die diesen Erklärungen zu Grunde liegenden Willensentschlüsse sind **höchstpersönlicher Natur**. Auch die Anerkennung im Verfahren vor dem FamG (**§ 180 FamFG**) kann nicht dem **Verfahrensbevollmächtigten** übertragen werden.[28] Entspr. gilt für die Bevollmächtigung zur Vaterschaftsanfechtung (§ 1600a Rn. 2).

VI. Rechtsfolgen bei Verstößen

16 Fehlen die erforderlichen Zustimmungserklärungen, ist die Anerkennung unwirksam (vgl. § 1598 Abs. 1). Die §§ 104, 105 gelten nicht. Die erforderlichen Zustimmungserklärungen des ges. Vertreters zur Anerkennung des Mj. oder zur Zustimmung der Mutter oder des Kindes können aber auch nachfolgen und die Anerkennung erst zu einem späteren Zeitpunkt wirksam werden lassen. In der Zwischenzeit ist die Anerkennung schwebend unwirksam. Falls die Erklärungen nicht mehr nachgeholt werden können, ist die Anerkennung endgültig unwirksam, so dass es zu ihrer Beseitigung nicht der Anfechtung nach den §§ 1600 ff. bedarf. Nicht nachholbar ist jedoch die gerichtliche Genehmigung der Zustimmung des ges. Vertreters zur Anerkennung des Mannes oder zur Zustimmung der Mutter oder des Kindes (s. Rn. 7). Unter den Voraussetzungen des § 1598 Abs. 2 ist eine **Heilung** der genannten Mängel möglich. So kann etwa die Unwirksamkeit der von einem Geschäftsunfähigen selbst erklärten Vaterschaftsanerkennung nach Ablauf von fünf Jahren seit der Eintragung der Anerkennung in ein deutsches Personenstandsbuch nicht mehr geltend gemacht werden.[29]

---

[24] Vgl. auch *Kemper* ZBlJugR 1971, 196.
[25] Dazu auch *Staudinger/Rauscher* Rn. 29; *Erman/Hammermann* Rn. 7.
[26] *Böhmer* StAZ 1992, 69; *Staudinger/Rauscher* Rn. 12.
[27] *Deinert* BtPrax 1999, 3.
[28] *Staudinger/Rauscher* Rn. 32.
[29] BGH NJW 1985, 804.

§ 1597 Formerfordernisse; Widerruf

(1) Anerkennung und Zustimmung müssen öffentlich beurkundet werden.

(2) Beglaubigte Abschriften der Anerkennung und aller Erklärungen, die für die Wirksamkeit der Anerkennung bedeutsam sind, sind dem Vater, der Mutter und dem Kind sowie dem Standesamt zu übersenden.

(3) [1] Der Mann kann die Anerkennung widerrufen, wenn sie ein Jahr nach der Beurkundung noch nicht wirksam geworden ist. [2] Für den Widerruf gelten die Absätze 1 und 2 sowie § 1594 Abs. 3 und § 1596 Abs. 1, 3 und 4 entsprechend.

I. Normzweck

Wegen ihrer personenstandsrechtlichen Tragweite sind die Anerkennungserklärung des Vaters und alle dazu erforderlichen Zustimmungserklärungen **öffentlich zu beurkunden**. Insoweit gelten für alle Erklärungen einheitliche Formvorschriften. Diese Form hat zum einen **Kontroll- und Warnfunktion**. Die beurkundende Stelle soll die Gültigkeit aller die Anerkennung tragenden Rechtshandlungen nachprüfen und die Erklärenden durch sachgerechte Belehrung vor Übereilung schützen.[1] Daneben dient der Formzwang der erleichterten Nachprüfung der Gültigkeit der Erklärungen, also **Beweiszwecken**. Im Hinblick auf Zustimmungen des ges. Vertreters wollte der Gesetzgeber ebenfalls nicht auf den durch die öffentliche Beurkundung bewirkten Schutz verzichten.[2] Die Beachtung der Form ist Wirksamkeitsvoraussetzung der Anerkennung. Zur Unterrichtung der Beteiligten hingegen genügt die Übersendung beglaubigter Abschriften (Abs. 2). 1

II. Der Formzwang im Einzelnen

1. Umfang der Formbedürftigkeit. Formbedürftig sind: die Anerkennungserklärung des Vaters nach § 1594, die Zustimmungserklärung der Mutter nach § 1595 Abs. 1, die ggf. notwendige Zustimmungserklärung des Kindes nach § 1595 Abs. 2 sowie sämtliche nach § 1596 Abs. 1, 2 erforderlichen Erklärungen bzw. Zustimmungen von ges. Vertretern,[3] nämlich die Anerkennung durch den ges. Vertreter bzw. Betreuer bei Geschäftsunfähigkeit des Vaters (§ 1596 Abs. 1 S. 3), die Zustimmung des ges. Vertreters zur Anerkennung (§ 1596 Abs. 1, S. 2) und zur Zustimmung von Mutter und/oder Kind (§ 1596 Abs. 1 S. 4 bzw. Abs. 2), wie auch die ggf. notwendige Einwilligung eines Betreuers. 2

2. Zuständigkeit. Für die Beurkundung der Anerkennung und der Zustimmung sind wahlweise zust.: Notare (§ 20 BNotO; § 1 Abs. 1 BeurkG); der Rechtspfleger beim Amtsgericht (§ 62 Abs. 1 Nr. 1 BeurkG, § 3 Nr. 1 f. RPflG); **der Standesbeamte** (§§ 44 PStG, 58 BeurkG); die dazu ermächtigten **Beamten und Angestellten des Jugendamts** (§ 59 Abs. 1 S. 1 Nr. 1 SGB VIII, § 59 BeurkG), die aber die Beurkundung nicht vornehmen sollen, wenn ihnen die Aufgaben des Pflegers[4] oder Vormunds für das Kind übertragen sind (§ 59 Abs. 2 iVm. § 55 Abs. 2 SGB VIII);[5] das Familiengericht, bei dem eine Abstammungssache (§ 169 FamFG) anhängig ist (Erklärung zur Niederschrift des Gerichts, § 180 FamFG); im **Ausland** die dt. Berufskonsularbeamten mit der Befähigung zum Richteramt ohne Weiteres, andere Berufskonsularbeamte und Honorarkonsularbeamte nur mit gewissen Einschränkungen (vgl. §§ 1, 2, 10, 19, 24 KonsularG vom 11. 9. 1974).[6] Nach Art. 11 Abs. 1 EGBGB sind für die Form der Anerkennungs- und Zustimmungserklärung alternativ das Geschäftsstatut und das Ortsrecht maßgebend.[7] 3

3. Form der Beurkundung. Die Form der Beurkundung durch den Notar richtet sich nach dem **BeurkG;** zu den Erfordernissen der Niederschrift s. §§ 8 ff., zum Inhalt der Belehrungspflicht § 17 BeurkG; zur Beurkundung nach § 180 FamFG s. § 113 Abs. 1 S. 2 FamFG, §§ 159 ff. ZPO. Die gerichtliche Niederschrift über die Anerkennungserklärung ist vorzulesen und zu genehmigen 4

---

[1] BT-Drucks. V/2370 S. 29.
[2] RegE BT-Drucks. 13/4899 S. 85.
[3] BT-Drucks. 13/4899 S. 85; *Staudinger/Rauscher* Rn. 6; *Erman/Hammermann* Rn. 2.
[4] S. dazu BGH NJW 1995, 2346.
[5] Vgl. *Göppinger* FamRZ 1970, 580; *Staudinger/Rauscher* Rn. 11. Zur Unzuständigkeit eines ausländischen Konsuls für eine Beurkundung der Anerkennungserklärung im Inland s. OLG Zweibrücken DAVorm. 1979, 456.
[6] BGBl. I S. 2317, letzte Änderung BGBl. 2008 I S. 2586; näher zur Beurkundung im Ausland *Staudinger/Rauscher* Rn. 13 f.
[7] *Beitzke* StAZ 1961, 335; s. auch BayObLG DAVorm. 1979, 459; OLG Frankfurt FamRZ 1989, 663 (italienisches Kind); zu Beurkundungen im Ausland *Staudinger/Rauscher* Rn. 13.

(§ 162 Abs. 1 iVm. § 160 Abs. 3 Nr. 1 und 3 ZPO analog).[8] Die Richtigkeit der Vaterschaftsanerkennung wird dabei nicht nachgeprüft. Eine Anerkennung der Vaterschaft **„in geheimer Urkunde"** ist nicht möglich.[9]

4. Rechtsfolgen bei Formverstoß. Formmängel machen die Anerkennungs- oder Zustimmungserklärung unwirksam mit der Folge, dass die Anerkennung (noch) nicht wirksam werden kann und ihre Rechtswirkungen nicht geltend gemacht werden können (§ 1594 Abs. 1). Auch hier ist aber – unter den Voraussetzungen des § 1598 Abs. 2 – Heilung möglich. Unvollständigkeiten, etwa hinsichtlich der Personalien, berühren die Formwirksamkeit nicht.[10]

III. Benachrichtigung der Beteiligten, Abs. 2

1. Notwendigkeit der Benachrichtigung. Anerkennungs- und Zustimmungserklärung sind als nicht empfangsbedürftige Willenserklärungen ausgestaltet.[11] Ihr **Zugang** an das Standesamt oder die übrigen Beteiligten ist nicht Wirksamkeitsvoraussetzung. Nach Abs. 2 sind Vater, Mutter und Kind sowie das Standesamt (§ 44 Abs. 3 PStG) jedoch durch die beurkundende Stelle über alle Erklärungen in Kenntnis zu setzen. Die Erklärungen sind somit benachrichtigungsunterworfen. Die Beteiligten wie auch das Standesamt sollen erfahren, dass und ab welchem Zeitpunkt eine wirksame Vaterschaftsanerkennung vorliegt.[12] Bedeutsam wird das vor allem in dem Fall, dass die Erklärungen vor verschiedenen Notaren oder Urkundsbeamten abgegeben werden. Das Standesamt kann erst auf Grund der Mitteilung die Vaterschaft beim Geburtseintrag im Geburtenregister beurkunden (§§ 27 Abs. 1, 44 Abs. 3 S. 1 PStG). Diese wirkt aber nur deklaratorisch und hat die Beweiskraft einer öffentlichen Urkunde (§ 54 PStG, § 415 ZPO). Für die anderen Beteiligten ist der Zeitpunkt der Benachrichtigung für den Beginn ihrer Anfechtungsfristen gem. § 1600b Abs. 2 S. 1 von Bedeutung (s. § 1600b Rn. 19, 21). Die Benachrichtigungspflicht ist **unabdingbar;** ein Geheimhaltungswunsch des Anerkennenden ist insoweit unzulässig bzw. unbeachtlich.[13]

2. Form und Umfang der Benachrichtigung. Zu übersenden sind beglaubigte Abschriften (§ 42 BeurkG). Ist der Mann, das Kind oder die Mutter noch nicht voll geschäftsfähig, so erhält die für sie bestimmte Abschrift der jeweilige gesetzliche Vertreter. Das bedeutet zugleich, dass die Abschrift dem nach § 1595 Abs. 2 meist nicht zustimmungsberechtigten Kind nicht gesondert übersandt werden muss, sondern die (ohnehin vorzunehmende) Übersendung an die vertretungsberechtigte Mutter genügt.[14] Zum Inhalt der Übersendungspflicht im Fall der **pränatalen Anerkennung** nach § 1594 Abs. 4 s. 44.3 PStG-VwV. Da Abs. 2 von allen Erklärungen spricht, sind auch die gem. § 1596 ggf. notwendigen Erklärungen oder Zustimmungen von ges. Vertretern oder Betreuern von der Übersendungspflicht umfasst.[15] Außerdem sind allen Beteiligten **Abschriften sämtlicher Erklärungen** zu übersenden, dh. auch von den Erklärungen, die sie selbst abgegeben haben oder ihr eigener gesetzlicher Vertreter abgegeben hat. Auch die Abgabe der eigenen Erklärung soll für alle Beteiligte nachweisbar sein.[16]

3. Rechtsfolgen von Verstößen. Nach hM führt die Nichteinhaltung der Übersendungspflicht nicht zur Unwirksamkeit der Anerkennung.[17] Zwar spricht der Gesetzeswortlaut (§ 1598 Abs. 1 entspricht §§ 1600 f. Abs. 1 aF) eher dafür, dass alle Voraussetzungen und Erfordernisse der §§ 1594 ff. echte Wirksamkeitsvoraussetzungen darstellen. Es ist jedoch zu beachten, dass der Übersendung nur eine verfahrensrechtliche Bedeutung zukommt,[18] von der die Wirksamkeit der Anerkennung nicht abhängig sein soll. Anerkennung und Zustimmung sind nach geltendem Recht eben auch nicht mehr als empfangsbedürftige Erklärungen ausgestaltet. Eindeutig liegt es insoweit mit der

---

[8] S. OLG Hamm FamRZ 1988, 101, 102; ferner OLG Brandenburg FamRZ 2000, 548.
[9] Vgl. OLG Karlsruhe FamRZ 1972, 95, 97; BayObLGE 1978, 235; *Mutschler* FamRZ 1994, 65, 70; *Soergel/Gaul* § 1600b aF Rn. 3; *Staudinger/Rauscher* § 1592 Rn. 58; *Gernhuber/Coester-Waltjen* § 52 Rn. 45; s. schon § 1594 Rn. 8.
[10] Vgl. OLG Hamm NJW-RR 1988, 457; *Staudinger/Rauscher* Rn. 22a.
[11] *Schwab,* FS Medicus, 1999, S. 587, 596; *Palandt/Brudermüller* Rn. 3; s. auch § 1595 Rn. 6; zur abw. früheren Rechtslage BGH NJW 1995, 2346, 2348.
[12] BT-Drucks. 13/4899 S. 85.
[13] OLG Hamm FamRZ 1985, 1078; *Palandt/Brudermüller* Rn. 4.
[14] So auch *Erman/Hammermann* Rn. 5.
[15] *Erman/Hammermann* Rn. 5; *Bamberger/Roth/Hahn* Rn. 3.
[16] BT-Drucks. 13/4899 S. 85; FamRefK/*Wax* § 1597 Rn. 4.
[17] *Palandt/Brudermüller* Rn. 3 u. § 1598 Rn. 4; *Staudinger/Rauscher* Rn. 22; *Erman/Hammermann* Rn. 5; *Soergel/Gaul* § 1600 f. aF Rn. 2; NK-BGB/*Gutzeit* Rn. 5; *Grün* Rn. 60; *Schwab,* FS Medicus, 1999, S. 587, 596; *Dethloff* FamR § 10 Rn. 21; *Greßmann* Rn. 95; *Schlüter* FamR Rn. 281; aA *Muscheler/Beisenherz* JR 1999, 356, 360.
[18] *Palandt/Brudermüller* Rn. 3; NK-BGB/*Gutzeit* Rn. 5.

Beurkundung beim Geburtseintrag nach § 27 Abs. 1 PStG, die in den §§ 1594 ff. ohnehin nicht als „Wirksamkeitsvoraussetzung" genannt ist. Sie hat nur Beweisfunktion.[19] Die mangelnde Benachrichtigung kann freilich zu erheblicher Rechtsunsicherheit zwischen den Beteiligten führen.

IV. Widerruf der Anerkennungserklärung, Abs. 3

1. Normzweck. Für die Abgabe der Zustimmungserklärung(en) ist keine Frist vorgesehen.[20] Der Anerkennende soll gleichwohl nicht länger als ein Jahr an seine Erklärung gebunden sein, wenn sie bis dahin, insbes. mangels Vorliegens der erforderlichen Zustimmung(en) nach § 1595 bzw. § 1596, noch nicht wirksam geworden ist. In diesem Fall kann der Mann den **Schwebezustand** dadurch beenden, dass er seine Anerkennung widerruft. Damit wird ein unzumutbar langer Schwebezeitraum verhindert.[21] Der Widerruf bedarf keiner Begründung. Sobald die Anerkennung wirksam widerrufen ist, wäre eine Zustimmungserklärung verspätet und ginge ins Leere.[22] Dann muss entweder eine neue Anerkennung durch den Mann erklärt werden oder eine gerichtliche Feststellung der Vaterschaft (§ 1600d Abs. 1) erfolgen.[23] Im Falle einer neuen Anerkennung nach Widerruf einer früheren Erklärung müssen aber sämtliche Wirksamkeitsvoraussetzungen (insbes. Zustimmungen) erneut erfüllt werden. Wird von dem Widerrufsrecht kein Gebrauch gemacht, bleibt die Anerkennung als schwebend unwirksam bestehen und kann mit Erteilung der erforderlichen Zustimmungen noch Wirksamkeit erlangen.

2. Fristbeginn. Entscheidend für den Beginn der **Frist** ist der Zeitpunkt der öffentlichen Beurkundung nach Abs. 1. Die Berechnung des Fristenlaufs erfolgt nach allg. Grundsätzen (Ereignisfrist nach §§ 187 Abs. 1, 188 Abs. 2). Der Umstand, dass noch die Vaterschaft eines Dritten nach § 1592 besteht, hindert den Fristenlauf nicht.[24] **Noch nicht wirksam** iSd. Abs. 3 ist die Anerkennung dann, wenn sie den Erfordernissen der vorstehenden Vorschriften nicht genügt (vgl. § 1598 Abs. 1, näher dort Rn. 2 ff.). Wirksamkeitserfordernis ist letztlich auch die Geburt des Kindes selbst, so dass eine **pränatale Anerkennung** bis zur Geburt widerrufen werden kann.[25] Sobald jedoch alle erforderlichen Zustimmungen vorliegen und die Anerkennung wirksam geworden ist und die Rechtswirkungen des § 1594 entfaltet, ist für einen Widerruf wegen Fristablaufs kein Raum mehr.[26] Dann kommt nur noch die Anfechtung der Vaterschaft nach den §§ 1599 ff. in Betracht. Problematisch kann im Einzelfall aber die Feststellung sein, ob die letzte Wirksamkeitsvoraussetzung (meist die letzte nötige Zustimmungserklärung) noch vor oder erst nach Fristablauf erfüllt worden ist. Ggf. wird dem Widerrufenden erst nach Ausübung des Widerrufsrechts bekannt, dass die Anerkennung doch noch kurz vor Fristablauf voll wirksam geworden ist.[27]

3. Widerrufserklärung; Form, Bedingungsfeindlichkeit, Geschäftsfähigkeit. Für den Widerruf gelten die Abs. 1 und 2 entspr. Der Widerruf ist **eine einseitige, nicht empfangsbedürftige** Willenserklärung,[28] die öffentlich zu beurkunden ist.[29] Mutter und Kind, dem Widerrufenden selbst und dem Standesamt sind beglaubigte Abschriften der Widerrufserklärung zu übersenden. Die entspr. Anwendung von § 1594 Abs. 3 bedeutet, dass die Widerrufserklärung, wie die Anerkennung selbst, unwirksam ist, wenn sie unter einer Bedingung oder Zeitbestimmung erfolgt (vgl. § 1594 Abs. 3 Rn. 37). Bei fehlender **Geschäftsfähigkeit** des Mannes im Widerrufszeitpunkt gilt § 1596 Abs. 1 entspr. Der beschränkt geschäftsfähige Mann kann nur selbst widerrufen, bedarf dazu aber der Zustimmung seines ges. Vertreters; die Zustimmung ist nur dann verzichtbar, wenn der ges. Vertreter der Anerkennung selbst noch nicht nach § 1596 Abs. 1 S. 2 zugestimmt hatte.[30] Für den Geschäftsunfähigen kann sein ges. Vertreter mit Zustimmung des FamG widerrufen. Für geschäftsfähige Betreute gilt § 1596 Abs. 3 entsprechend. Der Widerruf ist **höchstpersönlich** zu erklären, eine Erklärung durch einen Bevollmächtigten wäre unwirksam (§ 1596 Abs. 4 entsprechend).

---

[19] *Beitzke*, FS Mühl, 1981, S. 103, 106; *Soergel/Gaul* § 1600e aF Rn. 5; *Schwab* FamR Rn. 535.
[20] Die alte Sechsmonatsfrist des § 1600e Abs. 3 aF galt als zu kurz, vgl. RegE BT-Drucks. 13/4899 S. 85.
[21] BT-Drucks. 13/4899 S. 85.
[22] Vgl. RegE aaO sowie BR-Drucks. 180/96 S. 95.
[23] *Palandt/Brudermüller* Rn. 5.
[24] Vgl. *Staudinger/Rauscher* Rn. 28; NK-BGB/*Gutzeit* Rn. 8.
[25] Dazu auch DIJuF-Rechtsgutachten JAmt 2001, 585.
[26] OLG Brandenburg DAVorm. 2000, 58.
[27] Vgl. dazu *Schwab*, FS Medicus, 1999, S. 587, 597.
[28] *Staudinger/Rauscher* Rn. 24; NK-BGB/*Gutzeit* Rn. 7.
[29] FamRefK/*Wax* § 1597 Rn. 6; NK-BGB/*Gutzeit* Rn. 3.
[30] Vgl. *Staudinger/Rauscher* Rn. 32 u. § 1596 Rn. 16.

12   **4. Kein Widerruf der Zustimmungen von Mutter und Kind.** Abs. 3 kann nicht entsprechend auf die Zustimmung der Mutter oder des Kindes angewandt werden. Die Zustimmungserklärungen von Mutter und Kind bzw. ihrer ges. Vertreter sind nicht mehr widerruflich, sobald sie formgerecht erklärt sind. Hier bleibt nur der Weg über die Anfechtung (§§ 1599 ff.). Ferner ist auch der Widerruf des anerkennenden Mannes nicht widerruflich.

§ 1598 Unwirksamkeit von Anerkennung, Zustimmung und Widerruf

(1) Anerkennung, Zustimmung und Widerruf sind nur unwirksam, wenn sie den Erfordernissen der vorstehenden Vorschriften nicht genügen.

(2) Sind seit der Eintragung in ein deutsches Personenstandsregister fünf Jahre verstrichen, so ist die Anerkennung wirksam, auch wenn sie den Erfordernissen der vorstehenden Vorschriften nicht genügt.

Übersicht

	Rn.		Rn.
I. Normzweck	1	6. Geltendmachung der Unwirksamkeit	20
II. Ursprüngliche Unwirksamkeit, Abs. 1	2–21	7. Indizwirkung unwirksamer Anerkennung; Umdeutung	21
1. Unwirksamkeit der Anerkennung	2–15	III. Heilung der unwirksamen Anerkennung, Abs. 2	22–24
2. Unwirksamkeit der Zustimmung	16	1. Fünfjahresfrist	22
3. Unwirksamkeit des Widerrufs der Anerkennung	17	2. Unterbrechung bei Klageerhebung	23
4. Unbeachtlichkeit von Willensmängeln oder anderen Unwirksamkeitsgründen	18	3. Wirkung des Fristablaufs; Heilung	24
5. Rechtsfolgen der Unwirksamkeit	19	IV. Übergangsrecht des KindRG	25

I. Normzweck

1   Die geltende Fassung, die inhaltlich an § 1600f aF anknüpft, beruht auf Art. 1 Nr. 1 KindRG. Dem auf Anerkennung beruhenden Vaterschaftsverhältnis verleiht das Gesetz neben allgemeiner Verbindlichkeit und Ausschließlichkeit (§ 1594 Abs. 1, 2) einen besonderen **Bestandsschutz,** der demjenigen der Vaterschaft nach § 1592 Nr. 1 entspricht. Zunächst äußert sich die erhöhte Bestandskraft der Vaterschaft durch Anerkennung, ähnlich wie bei anderen personenrechtlichen Rechtsgeschäften,[1] darin, dass die Anerkennungserklärung und die Zustimmungserklärungen gem. §§ 1595, 1596 nicht den Vorschriften des allgemeinen Teils des BGB über fehlerhafte (§§ 116 bis 118), anfechtbare (§§ 119 ff.), verbotswidrige (§ 134) und sittenwidrige (§ 138) Rechtsgeschäfte unterliegen (allgM).[2] Die **Unwirksamkeit der Anerkennung** kann sich vielmehr nur aus dem Nichtvorliegen der in den §§ 1594 bis 1597 abschließend aufgezählten Tatbestandsvoraussetzungen und Wirksamkeitserfordernisse der Anerkennung ergeben. Darüber hinaus vermindert Abs. 2 die Fälle ursprünglicher Unwirksamkeit der Anerkennung, indem er für deren Geltendmachung eine fünfjährige **Ausschlussfrist** setzt. Aber nicht nur der **ursprünglichen Unwirksamkeit** der Anerkennung, sondern auch deren **nachträglicher Beseitigung** wegen inhaltlicher Unrichtigkeit werden Grenzen gesetzt. Sie kann – vom Sonderfall des Widerrufs nach § 1597 Abs. 3 abgesehen – nur im Wege der Anfechtung erfolgen (§§ 1599 ff.).

II. Ursprüngliche Unwirksamkeit, Abs. 1

2   **1. Unwirksamkeit der Anerkennung.** Im Gegensatz zur nachträglichen Aufhebung der auf Anerkennung beruhenden Vaterschaft durch Anfechtung nach den §§ 1599 ff. regelt § 1598 die ursprüngliche Unwirksamkeit der Anerkennung sowie der Zustimmungen und des Widerrufs. Gemeint ist eine ohne Weiteres gegebene Unwirksamkeit, die keiner besonderen verfahrensrechtli-

---

[1] Vgl. *Beitzke,* FS Mühl, 1981, S. 103 ff.
[2] BGH NJW 1985, 804, 805; *Erman/Hammermann* Rn. 2; *Staudinger/Rauscher* Rn. 7; *Soergel/Gaul* § 1600a aF Rn. 2; NK-BGB/*Gutzeit* Rn. 2; siehe zuletzt auch BR-Drucks. 624/06 S. 10.

chen Feststellung bedarf. In diesem Sinne von Anfang an (schwebend)[3] unwirksam ist die **Anerkennung** nur, wenn sie den §§ 1594 bis 1597 nicht genügt. Dies ist der Fall, wenn

a) bzw. solange die Vaterschaft eines anderen Mannes besteht (§ 1594 Abs. 2), dh. ein Vaterschaftstatbestand des § 1592 erfüllt ist; mit Rechtskraft der der Anfechtung stattgebenden gerichtlichen Entscheidung fällt dieses Hindernis jedoch weg und die Anerkennung kann volle Wirksamkeit erlangen; **3**

b) die Anerkennungserklärung des Mannes oder die dazu ggf. nach § 1596 Abs. 1 S. 2 erforderliche Zustimmungserklärung des ges. Vertreters an eine unzulässige Bedingung oder Zeitbestimmung geknüpft ist oder unter einer gleichwertigen Unklarheit leidet (§ 1594 Abs. 3, s. dort Rn. 37); **4**

c) die **Zustimmung** der Mutter (§ 1595 Abs. 1) oder, soweit erforderlich, die des Kindes (§ 1595 Abs. 2) fehlt oder eine der Zustimmungen wegen Bedingung oder Zeitbestimmung nach den §§ 1595 Abs. 3, 1594 Abs. 3 unwirksam ist; **5**

d) die Anerkennung des Mannes oder eine Zustimmung (von Mutter, Kind oder ges. Vertreter) entgegen § 1596 Abs. 4 (s. dort Rn. 15) durch einen **Bevollmächtigten** erklärt wurde; **6**

e) die Anerkennung für einen **beschränkt geschäftsfähigen** Mann entgegen § 1596 Abs. 1 S. 1 durch dessen ges. Vertreter, oder zwar vom Mann selbst, aber entgegen § 1596 Abs. 1 S. 2 ohne Zustimmung des ges. Vertreters erklärt wird;[4] das gilt auch für die nach § 1599 ggf. erforderliche Zustimmung des Ehemanns der Mutter; **7**

f) ein **geschäftsunfähiger** Mann die Anerkennung selbst erklärt[5] oder wenn der ges. Vertreter bzw. Betreuer des geschäftsunfähigen Mannes für diesen ohne Genehmigung des FamG bzw. BetreuungsG anerkennt (§ 1596 Abs. 1 S. 3); das gilt auch für die nach § 1599 ggf. erforderliche Zustimmung des Ehemanns der Mutter; **8**

g) ein geschäftsfähiger **Betreuter** die Anerkennung oder Zustimmung nicht selbst erklärt (§ 1596 Abs. 3) oder zwar selbst, aber ohne eine nach § 1903 ggf. notwendige Einwilligung des Betreuers; **9**

h) die **Zustimmung** für die beschränkt geschäftsfähige **Mutter** entgegen § 1596 Abs. 1 S. 1 durch ihren ges. Vertreter, oder zwar von ihr selbst, aber entgegen § 1596 Abs. 1 S. 2 ohne Zustimmung ihres ges. Vertreters erklärt wird (vgl. § 1596 Abs. 1 S. 4); **10**

i) eine **geschäftsunfähige Mutter** die Zustimmung selbst erklärt oder wenn der ges. Vertreter der geschäftsunfähigen Mutter für diese ohne Genehmigung des FamG bzw. BetreuungsG anerkennt (§ 1596 Abs. 1 S. 3, 4); **11**

j) statt des ges. Vertreters ein **geschäftsunfähiges Kind** oder ein beschränkt geschäftsfähiges Kind unter 14 Jahren selbst der Anerkennung zustimmt (§ 1596 Abs. 2 S. 1); **12**

k) für ein **Kind zwischen 14 und 18 Jahren** an Stelle des Kindes der ges. Vertreter zustimmt oder wenn für die Zustimmung des beschränkt geschäftsfähigen Kindes über 14 Jahre die erforderliche Zustimmung des ges. Vertreters fehlt (§ 1596 Abs. 2 S. 2); **13**

l) die Anerkennung des Mannes oder eine Zustimmung (von Mutter, Kind oder einem ges. Vertreter) nicht gem. § 1597 Abs. 1 **öffentlich beurkundet** ist. Unbeachtlich ist aber ein Verstoß gegen § 1597 Abs. 2, also die fehlende Benachrichtigung der Beteiligten (s. § 1597 Rn. 8). **14**

m) Die Anerkennung kann außerdem, solange sie mangels Vorliegens der erforderlichen Zustimmungserklärungen noch nicht wirksam geworden bzw. noch schwebend unwirksam ist, von dem Mann innerhalb der Jahresfrist des § 1597 Abs. 3 **widerrufen** werden (s. § 1597 Rn. 9 f.). In diesem Fall bestand ebenfalls von Anfang an nie eine wirksame Anerkennung. **15**

2. Unwirksamkeit der Zustimmung. Auch sämtliche erforderlichen Zustimmungserklärungen sind von Anfang an unwirksam, wenn sie den Voraussetzungen der §§ 1594 bis 1597 nicht genügen. Insoweit kann auf die zuvor genannten Unwirksamkeitsgründe b), c), d) und g) bis einschließlich l) verwiesen werden. Das betrifft im Einzelnen die Zustimmungserklärung der Mutter nach § 1595 Abs. 1 bzw. die ihres ges. Vertreters (§ 1596 Abs. 1 S. 4), die Zustimmungserklärung des Kindes nach § 1595 Abs. 2 bzw. die seines ges. Vertreters (§ 1596 Abs. 1 S. 2, 3; Abs. 2) sowie die Zustimmung des ges. Vertreters zur Anerkennung des beschränkt geschäftsfähigen, selbst anerkennenden Mannes (§ 1596 Abs. 1 S. 2). Ein einer Zustimmungserklärung zuvorkommender **Widerruf** der Anerkennung nach § 1597 Abs. 3 macht die Zustimmung zwar nicht unwirksam, aber endgültig gegenstandslos. Der Widerruf selbst kann nicht widerrufen werden. **16**

3. Unwirksamkeit des Widerrufs der Anerkennung. Der Widerruf der Anerkennung nach § 1597 Abs. 3 ist von Anfang an unwirksam, wenn: der Widerruf nicht gem. § 1597 Abs. 3 fristgerecht binnen eines Jahres nach der Beurkundung der Anerkennung erklärt worden ist; der **17**

---

[3] BT-Drucks. 13/4899 S. 84; *Schwab/Wagenitz* FamRZ 1997, 1377, 1378; *Gaul* FamRZ 1997, 1441, 1449; *Schwab* FamR Rn. 529.
[4] Dazu *Beitzke*, FS Mühl, 1981, S. 103, 105.
[5] So in BGH NJW 1985, 804.

§ 1598 18, 19   Abschnitt 2. Titel 2. Abstammung

Widerruf nicht formgerecht gem. § 1597 Abs. 3 S. 2 iVm. Abs. 1 öffentlich beurkundet wurde; der Widerruf entgegen §§ 1597 Abs. 3 S. 2, 1596 Abs. 4 durch einen Bevollmächtigten erklärt wurde; der Widerruf für einen beschränkt geschäftsfähigen Mann entgegen §§ 1597 Abs. 3 S. 2, 1596 Abs. 1 S. 1 durch dessen ges. Vertreter, oder zwar vom Mann selbst, aber entgegen § 1596 Abs. 1 S. 2 ohne Zustimmung des ges. Vertreters erklärt wurde; ein geschäftsunfähiger Mann den Widerruf selbst erklärt oder wenn der ges. Vertreter des geschäftsunfähigen Mannes für diesen ohne Genehmigung des Gerichts widerruft (§§ 1597 Abs. 3 S. 2, 1596 Abs. 1 S. 3) oder ein geschäftsfähiger Betreuter den Widerruf nicht selbst erklärt hat (§§ 1597 Abs. 3 S. 2, 1596 Abs. 3). Folgt man der überwiegenden Ansicht (s. § 1597 Rn. 8) ist es jedoch unerheblich, wenn es entgegen § 1597 Abs. 3 iVm. Abs. 2 unterlassen wurde, dem Widerrufenden, Mutter, Kind oder dem Standesbeamten eine beglaubigte Abschrift der Widerrufserklärung zu übersenden. Im Übrigen geht ein Widerruf ins Leere bzw. ist unzulässig und ohne Rechtsfolgen, wenn die Anerkennung bereits zuvor voll wirksam geworden ist, zB weil eine fehlende Zustimmungserklärung inzwischen nachgeholt wurde. Auf die vorherige Kenntnis des Mannes hiervon kommt es nicht an.

18 **4. Unbeachtlichkeit von Willensmängeln oder anderen Unwirksamkeitsgründen.** Andere Gründe für die anfängliche Unwirksamkeit von Anerkennung, Zustimmung und Widerruf kommen nicht in Betracht.[6] Abs. 1 bezieht sich „nur" auf die Erfordernisse der vorstehenden Vorschriften. Andernfalls könnte die rechtspolitisch erwünschte endgültige Klarstellung des Kindesstatus durch Anerkennung nicht erreicht werden.[7] Insbes. ist auch die **inhaltlich unrichtige** oder die **wider besseren Wissens** erklärte Anerkennung wirksam,[8] bis sie erfolgreich nach den §§ 1599 ff. angefochten wird. §§ 138, 134 BGB iVm. § 169 StGB oder § 5 Abs. 4 AdVermiG sind nicht anwendbar.[9] Auch eine Nichtigkeit auf Grund der §§ 117, 118 oder eine Anfechtbarkeit gem. §§ 119 ff., 142, 143 sind durch § 1598 Abs. 1 ausgeschlossen.[10] Dies gilt für die Anerkennungserklärung wie für die Zustimmungserklärungen gleichermaßen.[11] Die einzige Korrekturmöglichkeit bietet die gerichtliche Anfechtung der Vaterschaft (§§ 1599 ff., § 169 Nr. 4 FamFG). Auch der bösgläubig Anerkennende kann anfechten (§ 1600 Rn. 2).[12] **Willensmängel** des Anerkennenden können aber bei der Bestimmung der **Anfechtungsfrist** (§ 1600b Abs. 1 S. 2) und im Rahmen der **ges. Vaterschaftsvermutung nach** § 1600c Berücksichtigung finden (dort Rn. 9 f.).

19 **5. Rechtsfolgen der Unwirksamkeit.** Solange eine nicht allen Voraussetzungen genügende und somit (noch schwebend) unwirksame Anerkennung vorliegt, ist die Anerkennung so zu behandeln als ob sie nicht vorhanden wäre.[13] Die Erklärung gilt als nicht erfolgt. Niemand darf aus ihr Ansprüche (etwa unterhaltsrechtlicher oder erbrechtlicher Art) herleiten. Im Unterhaltsverfahren führt die Unwirksamkeit der Anerkennung zur Antragsabweisung. Die Rechtswirkungen der Vaterschaft können grundsätzlich noch nicht geltend gemacht werden (zu Ausnahmen § 1594 Rn. 23 f.). Das hat auch zur Folge, dass Forderungen des Kindes gegen den Vater **nicht verjähren**[14] und der Vater solange **nicht in Schuldnerverzug** geraten kann.[15] Einer weiteren Anerkennung steht die unwirksame Anerkennung nicht im Wege, da sie keine Sperrwirkung nach § 1594 Abs. 2 entfaltet. Auch **Gerichte** und **Behörden** dürfen nicht von der Vaterschaft desjenigen ausgehen, der unwirksam anerkannt hat. Der **Standesbeamte** darf diesen Mann nicht gem. § 27 Abs. 1 PStG als Vater beim Geburtseintrag vermerken. Bemerkt der Standesbeamte die ursprüngliche Unwirksamkeit erst nach der Beurkundung beim Geburtseintrag, so hat er die Berichtigung zu beantragen (§ 48 Abs. 2 PStG). Zu den Wirkungen einer fünfjährigen fehlerhaften Eintragung s. Rn. 25. Die Unwirksamkeit ist in allen Fällen aber grundsätzlich nur eine vorläufige bzw. **schwebende,** da die Anerkennung mit Wegfall des Hindernisses oder Nachholung der fehlenden Voraussetzung nachträglich noch voll

---

[6] Bez. Anerkennung: BGH NJW 1985, 805 = FamRZ 1985, 271; *Staudinger/Rauscher* Rn. 7; *Dethloff* FamR § 10 Rn. 27; *Bamberger/Roth/Hahn* Rn. 2.
[7] *Palandt/Brudermüller* Rn. 1.
[8] LG Krefeld DAVorm. 1974, 261; *Erman/Hammermann* Rn. 7; *Palandt/Brudermüller* Rn. 2; *Staudinger/Rauscher* Rn. 7a; *Dethloff* FamR § 10 Rn. 22; aA OLG Köln NJW 1974, 953.
[9] *Staudinger/Rauscher* Rn. 7; *Erman/Hammermann* Rn. 2; *Gernhuber/Coester-Waltjen* § 52 Rn. 64 f.; *Dethloff* FamR § 10 Rn. 27; *Schwab* FamR Rn. 534.
[10] *Schwab* FamR Rn. 534; *Gernhuber/Coester-Waltjen* § 52 Rn. 65.
[11] BT-Drucks. V/2370 S. 30; KG NJW-RR 1987, 388; *Erman/Hammermann* Rn. 2; *Schwab* FamR Rn. 534; aA *Beitzke*, FS Mühl, 1981, S. 103, 110 f., der die Anfechtung der Zustimmung des Kindes nach allg. Grundsätzen für gerechtfertigt hielt; ebenso *Lange* NJW 1970, 297, 299, Fn. 23.
[12] OLG Köln FamRZ 2006, 1280; *Palandt/Brudermüller* Rn. 2; s. auch VGH Baden-Württemberg StAZ 2005, 264.
[13] *Staudinger/Rauscher* Rn. 10 f.
[14] BGH FamRZ 1981, 763 (zu § 1615b aF) m. Nachw.; *Soergel/Gaul* § 1600a aF Rn. 21.
[15] OLG Hamburg DAVorm. 1976, 404; *Soergel/Gaul* § 1600a aF Rn. 22.

wirksam werden kann. Bei einer **unwirksamen Zustimmung** gilt Entsprechendes. Ein **unwirksamer Widerruf** hat zur Folge, dass die Anerkennungserklärung bestehen bleibt und mit Vorliegen der erforderlichen Zustimmungserklärungen wirksam werden kann.

6. Geltendmachung der Unwirksamkeit. Die Wirkungslosigkeit der Anerkennung bedarf keiner ausdrücklichen Feststellung und kann in jeglicher Form geltend gemacht werden. Im gerichtlichen Verfahren kann sie ohne Weiteres inzident festgestellt werden.[16] Die Unwirksamkeit einer **Anerkennung** der Vaterschaft kann Gegenstand eines Feststellungsantrags sein, der in § 169 Nr. 1 FamFG ausdrücklich als Abstammungssache genannt ist.[17] Der Schein einer wirksamen Anerkennung kann insbes. durch negativen Feststellungsantrag beseitigt werden. Auch zu Gunsten der Mutter wäre ein diesbez. Feststellungsinteresse zu bejahen.[18] Gerichtliche Schritte werden v. a. relevant, wenn die Anerkennung trotz ursprünglicher Unwirksamkeit (s. Rn. 2 ff.) gem. § 27 Abs. 1 PStG beim Geburtseintrag vermerkt worden ist. Alternativ kann Berichtigung in Form der Streichung des Eintrags (§ 48 Abs. 2 PStG) beantragt werden. 20

7. Indizwirkung unwirksamer Anerkennung; Umdeutung. Im Anfechtungsverfahren eines anderen, nach § 1592 als Vater geltenden Mannes oder im Vaterschaftsfeststellungsverfahren nach § 1600d Abs. 1 kann die mit Mängeln behaftete Anerkennung uU als **Indiz** dafür zu werten sein, dass der Anerkennende der Mutter des Kindes in der gesetzlichen Empfängniszeit **beigewohnt** hat.[19] Im bloßen Nichtbestreiten der Beiwohnung oder der Vaterschaft liegt andererseits aber noch keine unwirksame Anerkennung iSv. Abs. 1, sondern überhaupt keine unter § 1594 fallende Anerkennung der Vaterschaft.[20] 21

III. Heilung der unwirksamen Anerkennung, Abs. 2

1. Fünfjahresfrist. Der Streit um die ursprüngliche Unwirksamkeit wegen äußerer Mängel der Vaterschaftsanerkennung wird aus Gründen der Rechtssicherheit zeitlich begrenzt. Die **Ausschlussfrist** für die Geltendmachung der Unwirksamkeit beträgt fünf Jahre und beginnt mit der Eintragung in ein dt. Personenstandsbuch (vgl. § 27 PStG), nicht dagegen mit der Eintragung in ein ausländisches Personenstandsbuch.[21] In letzterem Fall ist Heilung unbefristet möglich. Für die Fristberechnung gelten die §§ 187 Abs. 1, 188 Abs. 2. 22

2. Unterbrechung bei Klageerhebung. Die Frist läuft nicht ab, wenn vor ihrem Ende ein Antrag auf Feststellung der Unwirksamkeit der Anerkennung bei Gericht eingereicht worden ist, die „demnächst" zugestellt wird (§ 169 Nr. 1 FamFG, §§ 495, 270 ZPO). Dasselbe gilt, wenn vor Ablauf der Frist die Berichtigung eines Eintrags im Geburtenregister gem. § 48 Abs. 2 PStG beantragt wird.[22] 23

3. Wirkung des Fristablaufs; Heilung. Mit Fristablauf ist der jeweilige Wirksamkeitsmangel (s. Rn. 2 ff. ohne a)) geheilt. Jetzt kann sich niemand mehr auf die ursprüngliche Unwirksamkeit der Anerkennung berufen. Die Formulierung („ist ... wirksam") stellt klar, dass Abs. 2 zu einer vollwertigen Vaterschaft im Rechtssinne führt.[23] Die Anerkennungserklärung entfaltet ex nunc volle Wirksamkeit (zu den Rechtsfolgen s. § 1594 Rn. 13 ff.). Die Einhaltung der Erfordernisse der §§ 1594 bis 1597 wird unwiderlegbar vermutet, das gilt auch für **erkennbare Mängel**. Das gilt insbes. auch bei einer entgegen § 1596 Abs. 1 S. 3 von einem **Geschäftsunfähigen** selbst erklärten Anerkennung.[24] Die §§ 104, 105 werden insoweit verdrängt. Ebenso wirkt die Ausschlussfrist gegenüber einer bewusst unrichtigen, unwirksamen Anerkennung vor der Ehe, wenn das Kind nach früherem Recht durch anschließende Eheschließung legitimiert worden ist.[25] Der Fristablauf hindert jedoch – wie in anderen Anerkennungsfällen auch – nicht die **gerichtliche Anfechtung** der 24

---

[16] *Wieser* FamRZ 1998, 1004, 1007; *Erman/Hammermann* Rn. 9.
[17] Zum früheren Recht vor Erlass des FamFG: OLG Hamm FamRZ 1988, 101, 102; *Staudinger/Rauscher* Rn. 11; *Wieser* FamRZ 1998, 1004, 1007.
[18] Vgl. *Erman/Hammermann* Rn. 9.
[19] *Palandt/Brudermüller* § 1594 Rn. 4.
[20] OLG Stuttgart DAVorm. 1975, 548, 549; *Soergel/Gaul* § 1600f aF Rn. 4.
[21] RGRK/*Böckermann* § 1600f aF Rn. 8; *Soergel/Gaul* § 1600f aF Rn. 3; *Staudinger/Rauscher* Rn. 15, dort auch zur Eintragung in ein Personenstandsbuch der ehemaligen DDR.
[22] *Firsching* Rpfleger 1970, 16; *Palandt/Brudermüller* Rn. 5; *Staudinger/Rauscher* Rn. 16; *Erman/Hammermann* Rn. 10; aA RGRK/*Böckermann* § 1600f aF Rn. 10.
[23] BT-Drucks. 13/4899 S. 85 f.
[24] BGH NJW 1985, 804; *Staudinger/Rauscher* Rn. 17.
[25] OLG Düsseldorf FamRZ 1994, 381.

§ 1598a

anerkannten Vaterschaft nach den §§ 1599 ff. wegen Nichtbestehens der Vaterschaft.[26] Durch Abs. 2 bedingte Härten sind daher hinzunehmen.[27] Durch den Fristablauf nicht überwunden werden kann allerdings die **Sperre des § 1594 Abs. 2**.[28] Solange eine anderweitige Vaterschaft besteht, kann eine Anerkennung nicht wirksam werden. Daran ändert auch der Fristablauf nach Abs. 2 nichts, da andernfalls mehrere Vaterschaftstatbestände nebeneinander erfüllt wären, was den Grundprinzipien des Abstammungsrechts zuwiderliefe.[29]

IV. Übergangsrecht des KindRG

25   Vor dem 1. 7. 1998 erklärte Anerkennungen beurteilen sich hinsichtlich ihrer Wirksamkeitsvoraussetzungen nach dem vor dem KindRG geltenden Recht,[30] und zwar auch dann, wenn fehlende Anerkennungsvoraussetzungen erst nach diesem Zeitpunkt nachgeholt wurden.[31] Zur Anwendung kommt dann auch die frühere Regelung des § 1600e Abs. 3 aF, wonach die Anerkennung automatisch wirkungslos wird, wenn die erforderliche Zustimmung nicht innerhalb dieses Zeitraums erklärt wird. Für die nach dem 30. 6. 1998 erklärten Anerkennungen gilt das neue Recht. Pränatale Anerkennungen, die sich auf Kinder beziehen, die nach dem 30. 6. 1998 geboren wurden, müssen den neuen Vorschriften entsprechen.

§ 1598a Anspruch auf Einwilligung in eine genetische Untersuchung zur Klärung der leiblichen Abstammung

(1) ¹Zur Klärung der leiblichen Abstammung des Kindes können
1. der Vater jeweils von Mutter und Kind,
2. die Mutter jeweils von Vater und Kind und
3. das Kind jeweils von beiden Elternteilen

verlangen, dass diese in eine genetische Abstammungsuntersuchung einwilligen und die Entnahme einer für die Untersuchung geeigneten genetischen Probe dulden. ²Die Probe muss nach den anerkannten Grundsätzen der Wissenschaft entnommen werden.

(2) Auf Antrag eines Klärungsberechtigten hat das Familiengericht eine nicht erteilte Einwilligung zu ersetzen und die Duldung einer Probeentnahme anzuordnen.

(3) Das Gericht setzt das Verfahren aus, wenn und solange die Klärung der leiblichen Abstammung eine erhebliche Beeinträchtigung des Wohls des minderjährigen Kindes begründen würde, die auch unter Berücksichtigung der Belange des Klärungsberechtigten für das Kind unzumutbar wäre.

(4) ¹Wer in eine genetische Abstammungsuntersuchung eingewilligt und eine genetische Probe abgegeben hat, kann von dem Klärungsberechtigten, der eine Abstammungsuntersuchung hat durchführen lassen, Einsicht in das Abstammungsgutachten oder Aushändigung einer Abschrift verlangen. ²Über Streitigkeiten aus dem Anspruch nach Satz 1 entscheidet das Familiengericht.

Schrifttum: *Borth*, Das Verfahren zum Entwurf eines Gesetzes zur Klärung der Abstammung unabhängig vom Anfechtungsverfahren gemäß § 1598a BGB-E und dessen Verhältnis zum Abstammungsverfahren nach dem FamFG, FPR 2007, 381; *Braun*, Die Regelungen des Gendiagnostikgesetzes zum „heimlichen Vaterschaftstest", MDR 2010, 482; *Brosius-Gersdorf*, Vaterschaftsfeststellung und Vaterschaftsanfechtung – Grundrechtliche Konfliktlagen in der Familie, FPR 2007, 398; *dies.*, Das Kuckuckssei im Familiennest – Erfordernis einer Neuregelung der Vaterschaftsuntersuchung, NJW 2007, 806; *Frank*, Kritische Bemerkungen zum Regierungsentwurf eines Gesetzes zur Klärung der Vaterschaft unabhängig vom Abstammungsverfahren, FamRZ 2007, 1277; *Frank/Helms*,

---

[26] BGH NJW 1985, 804; *Staudinger/Rauscher* Rn. 17.
[27] *Palandt/Brudermüller* Rn. 3, 5.
[28] So auch OLG Rostock FamRZ 2008, 2226.
[29] *Soergel/Gaul* Vor § 1600a aF Rn. 5; *Staudinger/Rauscher* Rn. 18; s. auch § 1592 Rn. 2.
[30] BGH NJW 1999, 1632, 1633 = FamRZ 1999, 716, 717.
[31] BT-Drucks. 13/4899 S. 138; *Diederichsen* NJW 1998, 1989; *Palandt/Brudermüller* Art. 224 EGBGB § 1 Rn. 3; FamRefK/*Wax* Art. 224 § 1 EGBGB Rn. 4.

Kritische Bemerkungen zum Regierungsentwurf eines „Gesetzes zur Klärung der Vaterschaft unabhängig vom Anfechtungsverfahren", FamRZ 2007, 1277; *Fritsche*, Die Novellierung des Abstammungsrechts, NJ 2008, 193; *Genenger*, Erleichterte Abstammungsklärung ohne Berücksichtigung der biologischen Väter, JZ 2008, 1031; *Hammermann*, Das Gesetz zur Klärung der Vaterschaft unabhängig vom Anfechtungsverfahren, FamRB 2008, 150; *Heiderhoff*, Die Vaterschaftsklärung und ihre Folgen – von der Vaterschaftsanfechtung zur Vaterschaftsbeendigung?, FamRZ 2010, 8; *Helms*, Das neue Verfahren zur Klärung der leiblichen Abstammung, FamRZ 2008, 1033; *ders.*, Die Stellung des potenziellen biologischen Vaters im Abstammungsrecht, FamRZ 2010, 1; *ders.*, Entwurf eines Gesetzes zur Klärung der Vaterschaft unabhängig vom Anfechtungsverfahren, StAZ 2008, 7; *Horndasch*, Klärung der Abstammung und Anfechtung der Vaterschaft, ZFE 2007, 404; *Klinkhammer*, Der Scheinvater und sein Kind – Das Urteil des BVerfG vom 13. 2. 2007 und seine gesetzlichen Folgen, FF 2007, 128; *Klosinski*, Ist der Anspruch auf Abstammungsabklärung und anschließender Vaterschaftsanfechtung dem Kindeswohl förderlich?, FPR 2007, 385; *Knittel*, Neues Gesetz zur Klärung der Vaterschaft verabschiedet, JAmt 2008, 117; *Muscheler*, Die Klärung der Vaterschaft, FPR 2008, 257; *ders.*, Die Zukunft des heimlichen Vaterschaftstests, FPR 2007, 389; *Ostermann*, Das Klärungsverfahren gemäß § 1598a BGB, 2009; *Rotax*, Die Anforderungen an das Anfechtungsrecht nach der Entscheidung des BVerfG v. 13. 2. 2007 – 1 BvR 421/05, ZFE 2007, 404; *ders.*, (Neue) Möglichkeiten der Feststellung der genetischen Abstammung, ZFE 2008, 290; *Schwab*, Abstammungsklärung leicht gemacht. Oder: Neuer Dialog in der Familie, FamRZ 2008, 23; *Sonnenfeld*, Das neue Recht zur Klärung der leiblichen Abstammung unabhängig vom Anfechtungsverfahren, Rpfleger 2010, 57; *Stein*, Das Gesetz zur Klärung der Vaterschaft unabhängig vom Anfechtungsverfahren, FF 2009, 10; *Veit/Hinz*, Vertauschte Kinder, FamRZ 2010, 505; *Wagner/Albers*, Stellungnahme des Deutschen Juristinnenbundes zum Entwurf eines Gesetzes zur Klärung der Abstammung unabhängig vom Abstammungsverfahren, FPR 2007, 416; *Wellenhofer*, Das neue Gesetz zur Klärung der Vaterschaft unabhängig vom Anfechtungsverfahren, NJW 2008, 1185; *Willutzki*, Heimliche Vaterschaftstests – Anstoß für den Gesetzgeber?, ZRP 2007, 180; *Zimmermann*, Die Feststellung der Vaterschaft unabhängig vom Anfechtungsverfahren, FuR 2008, 323 und 374; *ders.*, Die Feststellung der Vaterschaft unabhängig vom Anfechtungsverfahren, NJOZ 2008, 1703.

Übersicht

	Rn.		Rn.
I. Regelung zur Klärung der Abstammungsverhältnisse	1–4	c) Kein Anspruch des leiblichen Vaters	10, 11
1. Regelungsanlass	1	2. Die Abstammungsbegutachtung	12
2. Die Vorgaben des BVerfG	2	3. Gerichtliche Ersetzung der Einwilligung, Abs. 2	13–16
3. Gang der Gesetzgebung	3, 4		
a) Vorschläge zur Umsetzung	3	4. Aussetzung des Verfahrens, Abs. 3	17, 18
b) Nicht umgesetzte Vorschläge	4	5. Der Anspruch auf Gutachteneinsicht und Gutachtenabschrift, Abs. 4	19
II. Die Abstammungsklärung	5–21		
1. Der Klärungsanspruch gem. Abs. 1	5–11	6. Rechtsfolgen	20
a) Anspruchsvoraussetzungen	5, 6	7. Bewertung	21
b) Die Klärungsberechtigten und -verpflichteten	7–9	**III. Klärung der Mutterschaft**	22

I. Regelung zur Klärung der Abstammungsverhältnisse

1. Regelungsanlass. Jahrelang wurde über die Notwendigkeit einer isolierten Abstammungs- 1 feststellungsklage diskutiert.[1] Vor allem aber seit Erlass des BGH-Urteils zur Rechtswidrigkeit **heimlicher Vaterschaftstests** (§ 1599 Rn. 22 f.) wurde überlegt, wie man durch ges. Neuregelung zu einem angemessenen Ausgleich der Rechte von Vater und Kind kommen kann.[2] Das Kind sollte vor heimlichen Eingriffen in sein Persönlichkeitsrecht geschützt werden, gleichwohl sollte es dem (Schein)Vater aber in legaler Weise möglich sein, Kenntnis über die genetischen Abstammungsverhältnisse zu erlangen, und zwar ohne zugleich den rechtlichen Status des Kindes anzugreifen. Dem war die frühere Gesetzeslage vor 2008 nicht gerecht geworden. Ein Gesetzesantrag des Landes **Baden-Württemberg** zielte zunächst auf eine weitgehende Legalisierung der heimlichen Tests, sofern sie von anfechtungsberechtigten Personen vorgenommen werden.[3] Die **bayerische** Staatsregierung forderte demgegenüber einen Rechtsanspruch des rechtlichen Vaters gegen die Mutter auf offene Durchführung eines Tests.[4] Demgemäß sollte die Mutter verpflichtet sein, ihre Zustimmung im Namen des Kindes zu erteilen, hilfsweise sollte das FamG die Entscheidung über die Einwilligung

---

[1] Abl. de lege lata zuletzt BGH FamRZ 2007, 538, 542; OLG Hamm FamRZ 1999, 1365; dafür aber etwa *Edenfeld* FuR 1996, 190, 195 f.
[2] Dazu *Zuck* ZRP 2005, 117; *Rotax* ZFE 2007, 124; *Brosius-Gersdorf* FPR 2007, 398 f.
[3] BR-Drucks. 280/05, Vorschlag einer Regelung in § 1600 Abs. 5; für Legalisierung auch *Plautz* ZRP 2004, 215; ausdrücklich dagegen BVerfG NJW 2007, 753, 758 = FamRZ 2007, 441, 447.
[4] BR-Drucks. 369/05 mit Vorschlag eines neuen § 1600e sowie eines neuen § 1628 Abs. 2.

§ 1598a 2–4 Abschnitt 2. Titel 2. Abstammung

auf den anderen Elternteil übertragen können. Die FDP-Fraktion[5] forderte ebenfalls ein von den §§ 1600 ff. unabhängiges Abstammungsfeststellungsverfahren, das von allen Anfechtungsberechtigten eingeleitet werden kann. Für den Test selbst sollte allerdings eine richterliche Anordnung erforderlich sein.

2   **2. Die Vorgaben des BVerfG.** In seiner Entscheidung vom 13. 2. 2007 (s. Vor § 1599 Rn. 9) hatte das BVerfG klargestellt, dass die bisherige Gesetzeslage nicht mit dem (beiderseitigen) Recht auf Kenntnis der Abstammung aus Art. 1 Abs. 1 und Art. 2 Abs. 1 GG vereinbar war. Demgemäß war der Gesetzgeber verpflichtet worden, zur Verwirklichung des Rechts des rechtlichen Vaters auf Kenntnis der Abstammung seines Kindes von ihm ein geeignetes Verfahren allein zur Feststellung der Vaterschaft bis zum 31. 3. 2008 bereitzustellen. Laut BVerfG hatte der Gesetzgeber die Wahl zwischen einem eigenständigen, getrennten oder einem dem Anfechtungsverfahren vorgeschalteten gerichtlichen Feststellungsverfahren.[6] Für den Antrag des rechtlichen Vaters müsse insoweit reichen, wenn er Zweifel an seiner Vaterschaft hege. An weitere Darlegungslasten oder Fristen dürfe die Abstammungsfeststellung nicht geknüpft werden. Das gelte aber nur für den rechtlichen Vater: „Soweit der Gesetzgeber im Hinblick auf einen Mann, der nicht der rechtliche Vater des Kindes ist, aber davon ausgeht, dessen biologischer Vater zu sein, ein Verfahren auf Feststellung der Abstammung des Kindes von ihm eröffnet, kann es das Fehlen einer rechtlichen Zuordnung des Kindes zu ihm rechtfertigen, strengere Anforderungen zu stellen. Von ihm kann der Vortrag von Umständen verlangt werden, die es möglich erscheinen lassen, dass er der biologische Vater des Kindes sein könnte, um das Kind und die Mutter vor der Preisgabe persönlicher Daten und der Offenlegung intimer Begebenheiten in grundlos von Männern angestrengten Verfahren zu schützen, zu denen sie in keiner rechtlichen oder sozialen Beziehung stehen".[7]

3   **3. Gang der Gesetzgebung. a) Vorschläge zur Umsetzung.** [8] dieser Vorgaben beinhalteten der **Gesetzesentwurf des Bundesrates** betreffend ein Gesetz über genetische Untersuchungen zur Klärung der Abstammung in der Familie vom 16. 5. 2007[9] und die Gesetzesentwürfe der Bundesregierung vom 11. 7. bzw. 4. 10. 2007,[10] die auf einem gleichnamigen Referentenentwurf vom 26. 4. 2007 beruhte. Am 10. 10. 2007 brachte die Bundesregierung den Gesetzesentwurf in den Bundestag ein. Nach Anhörung von Experten wurden einzelne Änderungen am Entwurf vorgenommen. Am 21. 2. 2008 beschloss der Bundestag das „Gesetz zur Klärung der Vaterschaft unabhängig vom Anfechtungsverfahren".[11] Es trat zum 1. 4. 2008 in Kraft.[12] Demgemäß gibt es nun zwei voneinander unabhängige Verfahren: ein grundsätzlich außergerichtliches Verfahren nur zur Klärung der Abstammung (§ 1598a) und das Vaterschaftsanfechtungsverfahren (§§ 1599 ff.). Die Betroffenen können entscheiden, ob sie nur die Abstammungsklärung vornehmen oder ob sie nacheinander beide Verfahren durchführen wollen. Die ges. Klarstellung des Klärungsanspruchs soll endlich für Rechtsfrieden sorgen. In der Sache erhofft sich der Gesetzgeber einen „autonomen Umgang der Familienmitglieder" mit der Abstammungsklärung.[13] Manches Anfechtungsverfahren mag sich dadurch tatsächlich erledigen.

4   **b) Nicht umgesetzte Vorschläge.** Der Gesetzentwurf des Bundesregierung hatte zunächst noch vorgesehen, an § 1600 einen neuen Abs. 5 anzuhängen, der die Vaterschaftsanfechtung unter einen generellen Kindeswohlvorbehalt stellen sollte. Der Gesetzgeber meinte, in bestimmten Fällen verhindern zu müssen, dass die nun leichter zu erwerbende Kenntnis des rechtlichen Vaters, nicht biologischer Vater zu sein, im Anfechtungsverfahren sogleich zur Beendigung der rechtlichen Vaterschaft führe, wenn dies, zB wegen der besonderen Lebenssituation und Entwicklungsphase des Kindes aber auch wegen der Dauer der rechtlichen und sozialen Bindung zwischen dem Kind und

---

[5] BT-Drucks. 15/4727.
[6] NJW 2007, 753, 758 = FamRZ 2007, 441, 447; krit., weil die Entscheidung die Rechte der Mutter zu wenig berücksichtige *Rotax* ZFE 2007, 124, 126; die Entscheidung befürwortet *Brosius-Gersdorf* NJW 2007, 806.
[7] BVerfG NJW 2007, 753, 757 = FamRZ 2007, 441, 446; Besprechungen zB bei: *Willutzki* ZRP 2007, 180, 182 f.; *Balthasar* FamRZ 2007, 448; *Brosius-Gersdorf* NJW 2007, 806.
[8] Zu weiteren Vorschlägen *Willutzki* ZRP 2007, 180, 183; *Brosius-Gersdorf* NJW 2007, 806, 810.
[9] BT-Drucks. 16/5370 und BR-Drucks. 193/07 mit Vorschlag einer Regelung in einem neuen § 1600f BGB.
[10] BT-Drucks. 16/5370 und 16/6561; Gegenäußerung der Bundesregierung zur Stellungnahme des Bundesrates BT-Drucks. 16/6649. Zum Entwurf: *Frank/Helms* FamRZ 2007, 1277 ff.; *Willutzki* ZRP 2007, 180, 184; *Merkel* NJW-Spezial 2007, 468; *Muscheler* FPR 2007, 389; *Klosinski* FPR 2007, 385; *Borth* FPR 2007, 381; *Rotax* ZFE 2007, 124 f.; *Brosius-Gersdorf* FPR 2007, 398, 402; Bundesrechtsanwaltskammer FPR 2007, 414.
[11] Beschlussempfehlung und Bericht des Rechtsausschusses BT-Drucks. 16/8219.
[12] BGBl. 2008 I S. 441.
[13] BT-Drucks. 16/6561 S. 10; sehr krit. *Schwab* FamRZ 2008, 23 f.; krit. gegenüber einem gerichtsfreien Feststellungsverfahren *Zuck* ZRP 2005, 117, 119; ferner *Muscheler* FPR 2007, 389, 390.

Anspruch auf Einwilligung in eine genetische Untersuchung 5–7 § 1598a

seinem rechtlichen Vater, eine erhebliche Beeinträchtigung des Kindeswohls befürchten lasse.[14] Die vorgeschlagene Klausel schoss aber weit über dieses Ziel und die Vorgaben des BVerfG hinaus und hätte in kaum zu rechtfertigender Weise jede Anfechtung eines Anfechtungsberechtigten unter einen neuen Kindeswohlvorbehalt gestellt.[15] Zudem hatte man angedacht, mit Bekanntgabe des Ergebnisses der Abstammungsbegutachtung nach § 1598a generell eine neue zweijährige Anfechtungsfrist anlaufen zu lassen. Das wäre aber mit dem geltenden Fristensystem nicht zu vereinbaren gewesen[16] (s. auch § 1600b Rn. 32).

II. Die Abstammungsklärung

1. Der Klärungsanspruch gem. Abs. 1. a) Anspruchsvoraussetzungen. Der Anspruch 5 nach Abs. 1 richtet sich auf Klärung der Abstammung durch Mitwirkung bei der Einholung eines Abstammungsgutachtens. Die Klärungsverpflichteten haben insoweit grundsätzlich in die genetische Abstammungsuntersuchung einzuwilligen und die Entnahme der erforderlichen genetischen Proben zu dulden.[17] Der Anspruch ist an keine besonderen Voraussetzungen, keine Substantiierungspflicht, auch nicht an Fristen, geknüpft.[18] Er kann auch nicht verjähren, vgl. § 194 Abs. 2. Eine erfolglose Aufforderung an die jeweiligen Klärungsverpflichteten muss aber vorangegangen sein, sonst besteht kein Rechtsschutzbedürfnis. Es gilt zudem die allgemeine Schranke rechtsmissbräuchlicher Rechtsausübung.[19] Für Rechtsmissbräuchlichkeit genügt dabei nicht, dass die fehlende genetische Vaterschaft zwischen den Beteiligten praktisch unstrittig ist oder bereits die Ergebnisse heimlich eingeholter Gutachten vorliegen, da immer noch Zweifel verbleiben können. Fraglich ist aber, ob die Geltendmachung des Klärungsanspruchs rechtsmissbräuchlich ist, wenn die Vaterschaft des rechtlichen Vaters in einem früheren gerichtlichen Verfahren nach Einholung eines Sachverständigengutachtens bereits bestätigt worden ist.[20] Tatsächlich liegt in solchen Fällen der Gedanke an Schikane nahe, so dass ausnahmsweise zu fordern sein wird, dass der Klärungsberechtigte darlegt, warum er (erneut) eine Überprüfung wünscht. Dies können etwa Zweifel an der Richtigkeit des früheren Gutachtens sein.[21]

Der Anspruch zielt auf die Abgabe einer Einwilligungserklärung des anderen Teils, also auf **vor-** 6 **herige Zustimmung** zur Abstammungsbegutachtung.[22] Ein Anspruch auf nachträgliche Genehmigung eines zuvor eigenmächtig und somit rechtswidrig (vgl. § 1599 Rn. 34 ff.) eingeholten Gutachtens besteht nicht. Von der Einwilligung in diesem Sinne zu unterscheiden bleibt die Einwilligung, die dann anlässlich der Probenentnahme beim ausgewählten genetischen Institut abgegeben wird (vgl. § 17 Abs. 1, 3 iVm. § 8 GenDG[23]), zumal dieser Einwilligung eine Aufklärung durch die verantwortliche ärztliche Person (§ 9 GenDG) vorauszugehen hat.

b) Die Klärungsberechtigten und -verpflichteten. Nach Abs. 1 haben nur der rechtliche 7 Vater iSv. § 1592,[24] die Mutter iSv. § 1591 und das Kind jeweils gegenüber den anderen Beteiligten einen Anspruch auf Klärung der Abstammung durch Einholung eines Abstammungsgutachtens. Die Anspruchsberechtigung ist – wie bei der Anfechtungsberechtigung nach § 1600 – als höchstpersönlich und unvererblich anzusehen.[25] Sonstige Verwandte sind nicht klärungsberechtigt. Davon zu unterscheiden ist die Frage, was gelten soll, wenn ein Klärungsverpflichteter (etwa der Vater) bereits verstorben ist. Freilich geht es dann nicht mehr um dessen Einwilligung, wohl aber um die Entscheidung, ob dessen Leiche zum Zweck der Probenentnahme exhumiert werden darf. Entsprechend

---

[14] BT-Drucks. 16/6561 S. 12 f., 20.
[15] Befürwortend jedoch *Brosius-Gersdorf* FPR 2007, 398, 402.
[16] S. Kritik bei *Wagner/Albers* FPR 2007, 416, 417; *Frank/Helms* FamRZ 2007, 1277, 1280.
[17] Für eine Mitwirkungspflicht de lege ferenda auch schon *Rittner* FPR 2005, 187, 188; Kritik am Erfordernis der „genetischen" Probe übt der Deut. Juristinnenbund FPR 2007, 416.
[18] Vgl. Vorgabe von BVerfG NJW 2007, 753, 757 = FamRZ 2007, 441, 446; *Palandt/Brudermüller* Rn. 4; NK-BGB/*Gutzeit* Rn. 4; *Knittel* JAmt 2008, 117, 118; *Genenger* JZ 2008, 1031, 1032; krit. gegenüber der Lösung des Gesetzgebers *Ostermann* S. 121 ff.
[19] BT-Drucks. 16/6561 S. 12; OLG Düsseldorf JAmt 2011, 31; OLG Stuttgart FamRZ 2010, 53; *Sonnenfeld* Rpfleger 2010, 57, 60.
[20] Grundsätzlich verneinend *Schulte-Bunert/Weinreich/Schwonberg* § 171 FamFG Rn. 8.
[21] So auch OLG Stuttgart FamRZ 2010, 53; *Muscheler* FPR 2008, 257, 261; ferner *Rotax* ZFE 2008, 291, 293.
[22] NK-BGB/*Gutzeit* Rn. 7; *Ostermann* S. 74 f. geht davon aus, dass es sich nicht um eine Willenserklärung handelt; *Staudinger/Rauscher* Rn. 9.
[23] Gesetz über genetische Untersuchungen bei Menschen (Gendiagnostikgesetz – GenDG) vom 31. 7. 2009, BGBl. I 2529, 3672.
[24] Vgl. OLG Frankfurt ZKJ 2010, 72; OLG Karlsruhe FamRZ 2010, 221.
[25] *Helms* FamRZ 2008, 1033, 1034; ferner *Borth* FPR 2007, 381, 382.

dem Vorschlag von *Helms*[26] liegt es hier nahe, in der Norm auch die Grundlage für eine postmortale Inpflichtnahme des Verstorbenen zu sehen. Der Klärungsanspruch ist insoweit an die Personen zu richten, die mit der Wahrnehmung der Interessen des Verstorbenen betraut sind, also an die Totenfürsorgeberechtigten.[27] Die posthume Abstammungsbegutachtung ist der Rechtsordnung schließlich nicht fremd, vgl. § 1600e Abs. 2 aF[28] und § 181 FamFG.

8   Obwohl regelmäßig nur die Abstammung zwischen Vater und Kind zu klären ist, besteht der Mitwirkungsanspruch in Bezug auf die Abstammungsbegutachtung bzw. Probenentnahme auch gegenüber der Mutter. Der Gesetzgeber rechtfertigt das mit dem Hinweis, dass bei Fehlen der mütterlichen Probe ein nicht unerheblicher Unsicherheitsfaktor bestehe, der den Informationsgehalt des Untersuchungsergebnisses einschränken könne.[29] Im Zweifel sei daher auch die Mutter zur Duldung einer Probenentnahme verpflichtet. Indes werden Abstammungsbegutachtungen in der Praxis oft auch ohne Probe der Mutter vorgenommen, ohne dass die Wahrscheinlichkeitswerte darunter leiden würden. Insofern wird eine Mitwirkung der Mutter nur im begründeten Ausnahmefall verlangt werden können.[30]

9   Ist das Kind minderjährig, wird es durch seinen ges. Vertreter vertreten, also regelmäßig durch seine Eltern. § 1629 Abs. 2a gilt insoweit nicht, da er nach dem Willen des Gesetzgebers nur die Vertretung des Kindes im gerichtlichen Verfahren erfasst.[31] Die Eltern sind nicht von der Vertretung des Kindes nach §§ 1795, 181 ausgeschlossen, da es sich insoweit nicht um ein Rechtsgeschäft zwischen den Beteiligten handelt. Im Übrigen unterstellt der Gesetzgeber, dass außerhalb des gerichtlichen Verfahrens in der Regel von der Wahrung der Kindesinteressen ausgegangen werden könne.[32] Besteht im Einzelfall ein Interessengegensatz[33] zwischen dem Interesse des Kindes, das Klärung begehrt, und den vertretungsberechtigten Eltern, so kann der Entzug der Vertretungsmacht nach §§ 1796, 1629 Abs. 2 S. 3 und die Bestellung eines Ergänzungspflegers in Betracht kommen.[34] § 1629 Abs. 2 S. 3 Hs. 2 schließt dies nur für die Vaterschaftsfeststellung im engeren Sinne gem. § 1600d Abs. 1 aus.[35] Ein eigener Klärungsanspruch für das 16-jährige Kind in Analogie zu § 62 Abs. 1 S. 3 PStG wird abgelehnt.[36] Für die Einwilligung des Kindes in die Vornahme der Probenentnahme und Probenauswertung vor Ort im ausgewählten Institut gelten die §§ 8, 17 Abs. 3 GenDG.[37]

10 **c) Kein Anspruch des leiblichen Vaters.** Für den (potenziellen) leiblichen **Vater** ist – mE verfassungswidrig[38] – kein Anspruch auf Abstammungsklärung vorgesehen.[39] Ihm ist es laut Gesetzgeber zuzumuten, den Weg über das Anfechtungsverfahren zu gehen, da nur so sichergestellt sei, dass er ggf. Verantwortung für das Kind übernehme.[40] Der leibliche Vater solle nicht mit seinem „Klärungsinteresse Zweifel in eine funktionierende soziale Familie hineintragen" können. Auch sei sein Klärungsinteresse durch die bestehende Möglichkeit der Vaterschaftsanfechtungsklage gewahrt.[41] Indes trägt diese Begründung nur in den Fällen, in denen eine sozial-familiäre Beziehung zwischen Vater und Kind besteht. Es hätte daher nahe gelegen, dem leiblichen Vater zumindest für den Fall einen Klärungsanspruch einzuräumen, dass er anfechtungsberechtigt ist[42], also keine sozial-

---

[26] *Helms* FamRZ 2008, 1033, 1034.
[27] So auch *Staudinger/Rauscher* Rn. 16.
[28] Gegen entspr. Anwendung dieser Norm: *Palandt/Brudermüller* Rn. 7; *Muscheler* FPR 2008, 257, 259; offen gelassen von *Zimmermann* FuR 2008, 374, 378.
[29] BT-Drucks. 16/6561 S. 12 und BT-Drucks. 16/8219 S. 12.
[30] Ähnlich OLG Brandenburg FamRZ 2010, 1817; *Muscheler* FPR 2008, 257, 259; *Staudinger/Rauscher* Rn. 15.
[31] *Sonnenfeld* Rpfleger 2010, 57, 60.
[32] BT-Drucks. 16/6561 S. 13.
[33] Zum etwaigen Konflikt zwischen Eltern und Jugendlichem *Klosinski* FPR 2007, 385, 387.
[34] *Borth* FPR 2007, 381, 383.
[35] *Palandt/Diederichsen* § 1629 Rn. 28; *Staudinger/Peschel-Gutzeit* § 1629 Rn. 95; MünchKommBGB/*Huber* § 1629 Rn. 71; ausführlich *Ostermann* S. 80 ff.
[36] *Helms* FamRZ 2008, 1033, 1034.
[37] Dazu auch *Braun* MDR 2010, 482, 485.
[38] Ähnlich *Geneger* JZ 2008, 1031, 1033 f.; *Ostermann* S. 229 ff.; *Zimmermann* FuR 2008, 374, 378, spricht von einem unverhältnismäßigen Eingriff in die Rechtsposition des leiblichen Vaters; sehr krit. auch *Helms* FamRZ 2010, 1, 7; *Heiderhoff* FamRZ 2010, 8 ff.; ferner NK-BGB/*Gutzeit* Rn. 6.
[39] OLG Karlsruhe FamRZ 2010, 221; OLG Frankfurt ZKJ 2010, 72; anders der Entwurf des Bundesrates, BT-Drucks. 16/5370, der allen Anfechtungsberechtigten den Anspruch einräumt; aA *Staudinger/Rauscher* Rn. 17 f.
[40] BT-Drucks. 16/6561 S. 10, 12, 17; zu Recht krit. *Frank/Helms* FamRZ 2007, 1277, 1279; *Schwab* FamRZ 2008, 23; *Muscheler* FPR 2007, 389, 391.
[41] BT-Drucks. 16/8219 S. 12; zustimmend *Wagner/Albers* FPR 2007, 416.
[42] Ähnlich *Ostermann* S. 261 f.; ferner NK-BGB/*Gutzeit* Rn. 6. Weitergehend *Frank/Helms* FamRZ 2007, 1277, 1278, die gerade für den Fall der fehlenden Anfechtungsvoraussetzungen ein Antragsrecht des leiblichen Vaters für notwendig halten; so auch *Sonnenfeld* Rpfleger 2010, 57, 58.

familiäre Beziehung zum rechtlichen Vater besteht. Schließlich schützt Art. 2 Abs. 1 iVm. Art. 1 Abs. 1 GG als Ausformung des allgemeinen Persönlichkeitsrechts das Interesse eines Mannes, Kenntnis davon zu erlangen, ob ein Kind von ihm abstammt. Zu diesem Recht gehört auch die Möglichkeit eröffnet zu bekommen, in einem rechtsförmigen Verfahren die Abstammung klären zu lassen.[43] Eine Lösung, die den leiblichen Vater mit einbezieht, hatte auch das BVerfG zunächst angedeutet (s. Rn. 2). Die nun vom Gesetzgeber gewählte Ausgestaltung des Abstammungsklärungsverfahrens wurde vom BVerfG gleichwohl in einem Nichtannahmebeschluss als verfassungsgemäß erachtet.[44] Der Gesetzgeber habe insoweit von seinem Gestaltungsspielraum Gebrauch gemacht. Das überzeugt kaum. Zu beachten ist eben auch, dass etwaige entgegenstehende Interessen des Kindes über die Aussetzungsmöglichkeit nach Abs. 2 hinreichend gewahrt sind. Ansonsten wird der leibliche Vater, sofern er nicht mit freiwilliger Mitwirkung der Beteiligten an einem Vaterschaftstest rechnen kann, doch wieder auf einen heimlichen Test angewiesen sein. Die geltende Gesetzesfassung missachtet insoweit das Recht des nur leiblichen Vaters auf Kenntnis der Abstammungsverhältnisse. Mit dem Verweis der Gesetzesbegründung auf das Anfechtungsverfahren ist es hier nicht getan, da dieses Verfahren dem leiblichen Vater nur unter sehr eingeschränkten Voraussetzungen offen steht (zur diesbez. Kritik des EuGHMR s. Vor § 1599 Rn. 13) und zudem oft schon die Anfechtungsfrist verstrichen ist (vgl. § 1600b Rn. 19 f.).

In gleicher Weise **fehlt** ein **Anspruch des Kindes gegen** den potenziellen **leiblichen Vater.**[45] Insoweit wurde schon am Entwurf zu Recht kritisiert,[46] dass zwar die Interessen des Scheinvaters, nicht aber des Kindes hinreichend berücksichtigt würden. Das Kind will nämlich – falls der rechtliche Vater nicht der leibliche ist – auch klären können, ob ein bestimmter anderer Mann als leiblicher Vater in Betracht kommt. Daher wäre es vorzugswürdig gewesen, auch den leiblichen Vater in den Kreis der Klärungsberechtigten bzw. -verpflichteten mit aufzunehmen.[47]

2. Die Abstammungsbegutachtung. Die Abstammungsuntersuchung wird nicht vom Gericht, sondern autonom von den Parteien in Auftrag gegeben. Die Wahl der Methode und des Instituts bleibt ihnen bzw. dem Klärungsberechtigten[48] überlassen. Der Gesetzgeber hat insoweit keine Qualitätsanforderungen an die vorzunehmende Probenentnahme und Probenuntersuchung formuliert.[49] Auf diese Weise wollte der Gesetzgeber die finanzielle Belastung der Beteiligten in Grenzen halten. Er ging aber gleichwohl davon aus, dass Väter ein Eigeninteresse an hochwertigen, gerichtsfesten Gutachten haben.[50] Mit Zustimmung beider Parteien kann das Gutachten später nämlich auch im Anfechtungsverfahren verwendet werden, solange das Gericht keine Zweifel an der Richtigkeit und Vollständigkeit der Feststellungen und an der Identität der verwendeten Proben hat (vgl. §§ 29, 177 Abs. 2 FamFG).[51] Abgesehen davon sollte den mittlerweile im Gendiagnostikgesetz[52] getroffenen Regelungen nicht vorgegriffen werden. § 17 GenDG bestimmt nun insbesondere, dass eine genetische Untersuchung zur Klärung der Abstammung nur nach vorheriger Aufklärung und Einwilligung des Betroffenen bzw. seines ges. Vertreters erfolgen darf. Was den medizinischen Stand von Wissenschaft und Technik bzw. von genetischen Untersuchungen angeht, verweist das Gesetz auf Richtlinien, welche die im November 2009 vom BMG berufene Gendiagnostik-Kommission erstellen soll, § 23 GenDG. Solange diese Richtlinien nicht vorliegen, können – was die vom Gesetz genannten „anerkannten Grundsätze der Wissenschaft" betrifft – weiterhin die **Qualitätsanforderungen** der Richtlinien der Bundesärztekammer[53] als Anhaltspunkt dienen.[54] Danach wird die Untersuchung von mindestens zwölf voneinander unabhängigen Loci auf mindestens zehn verschiedenen Chromosomen vorausgesetzt. Nach Begründung des Gesetzentwurfs ist eine „geeignete" Probe idR eine **Blutprobe,**[55] da nur diese eine optimale Analysemöglichkeit biete. In Ausnahmefällen könne auch ein Mundschleimhautabstrich verwendet werden.

---

[43] BVerfG NJW 2009, 423; BVerfGE 117, 202, 226.
[44] BVerfG NJW 2009, 423.
[45] Dazu Fälle OLG Frankfurt ZKJ 2010, 72; OLG Karlsruhe FamRZ 2010, 221; *Staudinger/Rauscher* Rn. 19.
[46] *Frank/Helms* FamRZ 2007, 1277, 1278 f.; Kritik außerdem bei *Muscheler* FPR 2008, 257, 258.
[47] So im Ergebnis auch *Muscheler* FPR 2008, 257, 258; ausführlich *Ostermann* S. 262 ff.
[48] *Hammermann* FamRB 2008, 150, 152.
[49] Sehr krit. *Wagner/Albers* FPR 2007, 416 f.
[50] BT-Drucks. 16/8219 S. 9 und BT-Drucks. 16/6649 S. 1.
[51] BT-Drucks. 16/6561 S. 19 f.
[52] Gesetz über genetische Untersuchungen bei Menschen (Gendiagnostikgesetz – GenDG) vom 31. 7. 2009, BGBl. I 2529, 3672, s. dazu *Genenger* NJW 2010, 113 ff.
[53] Siehe zuletzt Richtlinien aus dem Jahr 2002, abgedruckt in FamRZ 2002, 1159.
[54] Vgl. BT-Drucks. 16/6561 S. 13.
[55] So auch OLG Brandenburg FamRZ 2010, 1817.

13 3. Gerichtliche Ersetzung der Einwilligung, Abs. 2. Wird die Einwilligung im Ausnahmefall versagt, kann sie auf **Antrag vom FamG** ersetzt werden (Abstammungssache gem. § 169 Nr. 2 FamFG).[56] Antragsberechtigt sind nur die in Abs. 1 genannten Personen. Der Antrag bei Gericht bedarf keiner Begründung. Es reicht der Vortrag aus, dass ein Klärungsverpflichteter nicht in die Untersuchung und/oder Probenentnahme eingewilligt hat.[57] Dabei wird es aus verfahrensökonomischen Gründen sinnvoll sein, bei Verweigerung der Einwilligung sogleich auch die Duldungspflicht in Bezug auf die Probenentnahme geltend zu machen.[58] Zudem ist zu empfehlen, im Antrag schon die geplante Art und Weise der Probeentnahme und das ausgewählte Institut zu bezeichnen.[59] Für das **minderjährige Kind** kann der Antrag nur durch einen **Ergänzungspfleger** gestellt werden, da § 1629 Abs. 2 a die Eltern zur Vermeidung von Interessenkollisionen für das gerichtliche Verfahren (nicht aber für das Vorgehen nach Abs. 1, vgl. Rn. 9) von der Vertretung ausdrücklich ausschließt. Wendet sich ein Jugendlicher selbstständig an das FamG, ist ihm ein Ergänzungspfleger zu bestellen, so dass der Jugendliche das Klärungsverfahren auf diese Weise letztlich auch gegen den Willen seiner Eltern in Gang bringen kann.[60] Eines Ergänzungspflegers bedarf es auch, wenn das Kind lediglich Antragsgegner ist.[61]

14 Welche Kriterien für die Entscheidung des Gerichts bestimmend sein sollen, bleibt offen.[62] Letztlich wird das Gericht immer die Ersetzung auszusprechen haben, sofern es sich nicht für eine Aussetzung nach Abs. 3 entscheidet. Das Abstammungsgutachten als solches wird auch im Fall des Abs. 2 von den Parteien selbst eingeholt. Hieran ist das Gericht nicht mehr beteiligt. Beachtlich ist aber, dass die gerichtliche Entscheidung über die Ersetzung der **Einwilligung** der nach § 17 Abs. 1, 2 und 3 S. 1 Nr. 2 GenDG erforderlichen Einwilligung in die genetische Untersuchung zur Klärung der Abstammung gleichsteht, § 17 Abs. 7 GenDG.

15 Für die **Abstammungssache** (vgl. § 169 Nr. 2 FamFG) gem. Abs. 2, 3 gelten die Verfahrensvorschriften der §§ 170 ff. FamFG.[63] Eingeleitet wird das Verfahren mit einem Antrag. Es besteht kein Anwaltszwang. Örtlich zuständig ist das Gericht, in dessen Bezirk das Kind seinen gewöhnlichen Aufenthalt hat, § 170 Abs. 1 FamFG. Beteiligte sind Vater, Mutter und Kind, § 172 Abs. 1 FamFG. Die Entscheidung, die dem Richter vorbehalten ist, ergeht durch Beschluss, § 38 FamFG.[64] Gem. § 175 Abs. 2 S. 1 FamFG soll das Gericht vor einer Entscheidung über die Ersetzung der Einwilligung in eine genetische Abstammungsuntersuchung und die Anordnung der Probenentnahme die Eltern und ein Kind, das das 14. Lebensjahr vollendet hat, persönlich anhören.[65] § 9 Abs. 1 Nr. 3 FamFG zur Verfahrensfähigkeit beschränkt Geschäftsfähiger gilt nur für Kindschafts-, nicht für Abstammungssachen.[66] Ein jüngeres Kind kann das Gericht persönlich anhören, § 175 Abs. 1 S. 2 FamFG. Außerdem kann das Jugendamt angehört werden, wenn ein Beteiligter minderjährig ist, § 176 Abs. 1 S. 2 FamFG. Die Entscheidung des FamG wird erst mit Rechtskraft wirksam (§ 184 Abs. 1 S. 1 FamFG). Als Rechtsmittel gegen die gerichtliche Entscheidung ist die **Beschwerde** statthaft (§§ 58 ff. FamFG); beschwerdebefugt sind nur die nach Abs. 1 Antragsberechtigten.

16 Die Ersetzung der Einwilligung durch das Gericht wirkt wie die Einwilligung durch den Betroffenen selbst.[67] Zudem oder auch isoliert[68] kann beantragt werden, dass das Gericht die Duldung der Probeentnahme anordnet. Ein diesbezügliches Vollstreckungsverfahren ist allerdings nur bei der Weigerung der Abgabe einer genetischen Probe erforderlich. Die Vollstreckung zum Zweck des Erscheinens beim ausgewählten Institut richtet sich nach den §§ 95 Abs. 1 Nr. 3 FamFG, 888 ZPO. Die **Vollstreckung** einer Probenentnahme, insbesondere die Entnahme einer

---

[56] Fallbeispiel: OLG Düsseldorf JAmt 2011, 31; ferner OLG Jena NJW-RR 2010, 300.
[57] *Stößer* FamRZ 2009, 923, 926.
[58] *Schulte-Bunert/Weinreich/Schwonberg* § 171 FamFG Rn. 8.
[59] OLG Brandenburg FamRZ 2010, 1817; *Muscheler* FPR 2008, 257, 260; *Hammermann* FamRB 2008, 150, 152; *Borth* FPR 2007, 381, 383, hält dies für notwendig; großzügiger *Schulte-Bunert/Weinreich/Schwonberg* § 171 FamFG Rn. 8.
[60] Vgl. *Rotax* ZFE 2008, 290, 292; *Staudinger/Rauscher* Rn. 33.
[61] OLG Jena NJW-RR 2010, 300.
[62] Daher auch krit. gegenüber der Entscheidung des BVerfG *Balthasar* FamRZ 2007, 448, 449.
[63] Zu verfahrensrechtlichen Fragen noch auf Grundlage von ZPO und FGG *Borth* FPR 2007, 381 ff.; *Sonnenfeld* Rpfleger 2010, 57, 62; nach früherem Recht richten sich Verfahren, die vor dem 1. 9. 2009 eingeleitet worden sind, Art. 111 Abs. 1 FGG-ReformG.
[64] Zur Tenorierung *Borth* FPR 2007, 381, 383.
[65] Dazu *Zimmermann* FuR 2008, 374, 380; *Löhnig* in *Bork/Jacoby/Schwab* § 174 FamFG Rn. 4 geht von zwingender Anhörungspflicht aus.
[66] *Stößer* FamRZ 2009, 923, 926.
[67] BT-Drucks. 16/6561 S. 13.
[68] Vgl. *Palandt/Brudermüller* Rn. 16.

Speichel- oder Blutprobe, ist ausgeschlossen, wenn die Art der Probeentnahme der zu untersuchenden Person nicht zugemutet werden kann (§ 96a Abs. 1 FamFG). Bei wiederholter unberechtigter Verweigerung der Untersuchung kann unmittelbarer Zwang angewendet werden, insbesondere die zwangsweise Vorführung zur Untersuchung angeordnet werden (§ 96a Abs. 2 FamFG). Zu den Kosten s. § 47 FamGKG.

4. Aussetzung des Verfahrens, Abs. 3. Um dem Kindeswohl in außergewöhnlichen Fällen (besonderen Lebenslagen und Entwicklungsphasen) Rechnung zu tragen,[69] kann das Verfahren nach Abs. 3 ausgesetzt werden. Die Kinderschutzklausel soll sicherstellen, dass das Recht des zweifelnden Vaters auf Kenntnis der Abstammung jedenfalls zeitweise hinter einem besonderen Schutzbedürfnis des **minderjährigen** Kindes zurücktreten muss. Die Interessen des Klärungsberechtigten genießen allerdings grundsätzlich Vorrang vor den Kindesinteressen. Entgegenstehende Kindesinteressen sollen sich nur ausnahmsweise durchsetzen können, wenn die Gefahr besteht, dass die Konfrontation mit dem Ergebnis des Abstammungsgutachtens auf Grund außergewöhnl. Umstände atypische, besonders **schwere Folgen für das Kind** auslöst. Der Gesetzgeber denkt etwa an eine Suizidgefahr beim Kind oder an die gravierende Verschlechterung einer bereits bestehenden schweren Krankheit (zB Magersucht),[70] also an harte **Ausnahmefälle,** wie man sie etwa auch von § 1568 her kennt.[71] Letztlich kommt es auf den Einzelfall an. Es gilt der Amtsermittlungsgrundsatz des § 26 FamFG. Ggf. ist dazu ein Gutachten einzuholen. Kaum vermeidbare psychische Störungen, die mit dem (dann ggf. zu befürchtenden) Verlust einer wichtigen Bezugsperson verbunden sein können, reichen nicht aus. Im Übrigen wird von Richterseite darauf zu achten sein, dass die Schutzklausel nicht vom anderen Elternteil missbraucht wird,[72] sowie auch darauf, dass nicht schon der Streit über die Aussetzungsvoraussetzungen dem Kindeswohl schadet. Für eine analoge Anwendung der Norm auf **volljährige Kinder** ist angesichts der eindeutigen gesetzlichen Formulierung kein Raum.[73]

Gegen die Entscheidung, die die Aussetzung anordnet, ist die **Beschwerde** gem. § 58 FamFG zulässig. Wird das Verfahren zu Unrecht nicht ausgesetzt, kann dies im Rahmen der Beschwerde gegen die Endentscheidung geltend gemacht werden (§ 58 FamFG). Die Dauer der Aussetzung ist vom Einzelfall abhängig. Das Gericht ist gehalten, die Aussetzung zu befristen oder von Amts wegen in regelmäßigen Abständen zu überprüfen.[74] Eine Befristung der Aussetzung wird insbesondere in Betracht kommen, wenn sich die Dauer der unzumutbaren Beeinträchtigung des Kindeswohls aus einem Gutachten ergibt, das zur Feststellung der Voraussetzungen des § 1598a Abs. 3 eingeholt worden ist. Meint der Klärungsberechtigte, der Aussetzungsgrund sei entfallen, kann er anregen, das Verfahren wieder aufzunehmen.

5. Der Anspruch auf Gutachteneinsicht und Gutachtenabschrift, Abs. 4. Mit der Einwilligungs- und Mitwirkungsverpflichtung des Abs. 1 korrespondiert ein Anspruch auf Kenntnis des Untersuchungsergebnisses. Dieser Anspruch steht der Mutter auch zu, wenn sie selbst nicht an der Abstammungsuntersuchung beteiligt war.[75] Ein Einsichtsrecht des nur leiblichen Vaters besteht nicht. Es handelt sich bei gerichtlicher Geltendmachung gem. § 169 Nr. 3 FamFG ebenfalls um eine Abstammungssache. In S. 2 wurde klargestellt, dass dafür ebenfalls das FamG zuständig ist.[76] Auch dieses Verfahren richtet sich nach den §§ 170 ff. FamFG. Für die Kosten gelten die allgemeinen Vorschriften, §§ 80 ff. FamFG.

6. Rechtsfolgen. Die Abstammungsklärung zeitigt keine unmittelbaren Rechtsfolgen. Eine bestehende Vaterschaft bleibt davon unberührt. Die Beteiligten können überlegen, ob sie im Wege eines Vaterschaftsanfechtungsverfahrens rechtliche Konsequenzen ziehen. Beachtlich bleibt aber die zweijährige **Anfechtungsfrist** (§ 1600b Abs. 1), die nun spätestens mit Kenntnis des Gutachtens zu laufen beginnt, das die fehlende genetische Abstammung des Kindes von seinem rechtlichen Vater belegt. Allerdings ist diese Frist während des gerichtlichen Verfahrens nach Abs. 2, 3 gehemmt, vgl. § 1600b Abs. 5 S. 1 (dazu § 1600b Rn. 31 f.). In der inzwischen bedeutungslosen Übergangsvorschrift des Art. 229 § 17 EGBGB war klargestellt worden, dass ein im Verfahren nach Abs. 1 gewon-

---

[69] Siehe dazu Vorgabe in BVerfG NJW 2007, 753, 755 = FamRZ 2007, 441, 444.
[70] BT-Drucks. 16/6561, S. 13; dazu *Klinkhammer* FF 2007, 128, 130; *Klosinski* FPR 2007, 385, 388, der hier keine bewusst enge Formulierung sieht; s. auch OLG Schleswig, Beschl. vom 11. 3. 2011 – 10 WF 53/11, Neurodermitis des Kindes genügt nicht für Aussetzung.
[71] *Willutzki* ZRP 2007, 180, 184; ähnlich *Helms* FamRZ 2008, 1033, 1036.
[72] Vgl. Stellungnahme des Deutschen Richterbundes FPR 2007, 418.
[73] Krit. wegen der Nichtbeachtung des Schutzes volljähriger Kinder *Brosius-Gersdorf* FPR 2007, 398, 403; *Staudinger/Rauscher* Rn. 39.
[74] BT-Drucks. 16/6561 S. 13.
[75] Vgl. NK-BGB/*Gutzeit* Rn. 14.
[76] S. Anregung des Bundesrates, BT-Drucks. 16/6561 S. 19 f.

nenes Abstammungsgutachten nicht dazu benutzt werden konnte, gegen ein Urteil bzw. einen Beschluss, wonach ein/e Vaterschaftsanfechtungsklage bzw. -antrag wegen Versäumung der Frist rechtskräftig abgewiesen wurde, ein Wiederaufnahmeverfahren nach § 641i ZPO aF. zu erheben. Davon zu unterscheiden ist der Fall, dass ein Antrag auf Vaterschaftsanfechtung aus Beweisgründen rechtskräftig abgewiesen wurde; in diesem Fall bleibt ein Restitutionsantrag zulässig.[77]

21 **7. Bewertung.** Die Neuregelung ist die zwangsläufige Folge der BVerfG-Entscheidung (s. Rn. 2), die – ausgehend von der Annahme der Rechtswidrigkeit heimlicher Vaterschaftstests (s. § 1599 Rn. 34) sowie dem Erfordernis der schlüssigen Darlegung eines begründeten Anfangsverdachts für die Vaterschaftsanfechtungsklage (s. § 1599 Rn. 27 ff.) – nun die Einführung eines entsprechenden Verfahrens forderte.[78] Die Regelung in § 1598a wird den gestellten Anforderungen gerecht; inakzeptable, weitergehende Regelungsvorschläge sind im Gesetzgebungsverfahren rechtzeitig gestoppt worden (s. Rn. 4). Im Ergebnis ist zu begrüßen, dass es nun auch eine Möglichkeit der isolierten Abstammungsfeststellung gibt, die den Status des Kindes unberührt lässt, mögen mit dem nun (relativ leicht erlangbaren) Wissen auch unübersehbare Folgen für die Beziehungen in Familie und Verwandtschaft verbunden sein.[79] Gewisse Bedeutung wird das außergerichtliche Verfahren insoweit als **Vorverfahren zum Vaterschaftsanfechtungsverfahren** erlangen, weil der Mann seinen Anfechtungsantrag auf Grundlage des Gutachtens entsprechend schlüssig formulieren kann. Außerdem mag das erlangte Gutachten hilfreich sein, wenn es in anderen Verfahren darum geht, inzident eine abweichende genetische Abstammung zu belegen (s. dazu § 1599 Rn. 6 ff.). Auch mag dadurch die Zahl der Anfechtungsverfahren zurückgehen.[80] Zu einer Befassung der Gerichte nach Abs. 2 wird es wohl – da der Anspruch nach Abs. 1 an keine näher zu prüfenden Voraussetzungen geknüpft ist – nur kommen, wenn der Inanspruchgenommene bzw. der andere Elternteil eine Chance für eine Aussetzung nach Abs. 3 sieht, also eher selten.[81] Heimliche Vaterschaftstests wird es demgegenüber weiterhin geben;[82] zumal sich nicht alle Institute umgehend an die Vorgaben des GenDG halten werden und im Ausland möglicherweise weniger strenge Vorschriften gelten. Aus Sicht des Scheinvaters wird der von § 1598a ermöglichte „offene Dialog"[83] schließlich nicht nur teurer sein, sondern auch schädlicher für den Familienfrieden als die heimliche Abstammungsklärung.[84] Und für die leiblichen Väter gibt es bislang ohnehin keine legale Alternative.

III. Klärung der Mutterschaft

22 Der Wortlaut des § 1598a bleibt neutral, so dass auf Basis dieser Norm nach hM auch die Klärung der Abstammung von der Mutter möglich ist (s. auch § 1591 Rn. 31).[85] Dagegen könnte zwar die Systematik des Gesetzes sprechen, also die Platzierung der Norm inmitten der Vorschriften über die Vaterschaft. Auch beziehen sich sowohl die zu Grunde liegende Entscheidung des BVerfG als auch die Gesetzesbegründung ausschließlich auf die Vaterschaft. Indes wäre es mit Art. 3 Abs. 2 GG nicht vereinbar, nur eine Klärung der Vaterschaft vorzusehen. Weiterhin bezieht sich der Anspruch auf Kenntnis der eigenen Abstammung sowohl auf die Abstammung vom Vater als auch von der Mutter. Das Argument, dass die Mutterschaft keinesfalls anfechtbar sei, steht nicht im Wege. Schließlich geht es dem Gesetzgeber gerade darum, eine vom Anfechtungsverfahren unabhängige Abstammungsfeststellung zu ermöglichen.[86] Freilich richtet sich der Anspruch nur gegen die rechtliche Mutter, deren genetische Verwandtschaft dann überprüft werden kann. Ein Anspruch gegen die „nur genetische" Mutter ist – wie der Anspruch gegenüber dem nur leiblichen Vater – nicht vorgesehen.[87]

---

[77] *Borth* FPR 2007, 381, 385.
[78] *Spickhoff* nennt die Norm ein „umständliches Instrument zur Schaffung eines Anfangsverdachts", NJW 2008, 1636, 1643.
[79] Eindringlich dazu *Klosinski* FPR 2007, 385 ff.
[80] Das prognostiziert *Horndasch* ZFE 2007, 404, 409.
[81] So auch *Fritsche* NJ 2008, 193, 195.
[82] Vgl. *Muscheler* FPR 2008, 257, 263 und FPR 2007, 389 f.; *Ostermann* S. 159.
[83] S. die herbe Kritik bei *Schwab* FamRZ 2008, 23 f.
[84] Vgl. *Muscheler* FPR 2007, 389 f.; *Klosinski* FPR 2007, 385, 387; *Braun* MDR 2010, 482, 484.
[85] *Borth* FPR 2007, 381, 382; *Helms* FamRZ 2008, 1033; *Palandt/Brudermüller* Rn. 6; *Gernhuber/Coester-Waltjen* § 51 Rn. 7; *Schulte-Bunert/Weinreich/Schwonberg* § 169 FamFG Rn. 12; NK-BGB/*Gutzeit* Rn. 5; *Helms* in *Helms/Kieninger/Rittner* Rn. 168; *Ostermann* S. 281 ff.; *Sonnenfeld* Rpfleger 2010, 57, 58; *Staudinger/Rauscher* Rn. 29; *Stößer* FamRZ 2009, 923, 924; *Veit/Hinz* FamRZ 2010, 505, 507; offen gelassen von *Muscheler* FPR 2008, 257, 259; zweifelnd auch *Rotax* ZFE 2008, 290, 291.
[86] So auch *Schwab* FamRZ 2008, 23, 24; *Borth* FPR 2007, 381, 382.
[87] *Sonnenfeld* Rpfleger 2010, 57, 59; *Rotax* ZFE 2008, 290, 291.

Vorbemerkungen zu den §§ 1599 ff.
Anfechtung der Vaterschaft

Übersicht

	Rn.		Rn.
I. Einführung	1–5	II. Verfassungsrechtliche Rahmenbedingungen	6–13
1. Anlass der Vaterschaftsanfechtung	1	1. Das Recht des Kindes auf Kenntnis der eigenen Abstammung	6–8
2. Die Anfechtungsvoraussetzungen im Überblick	2	a) Voraussetzungen des Anfechtungsrechts	6
		b) Kenntnisabhängiger Fristenlauf	7
3. Unterschiede zur Rechtslage vor 1998	3	c) Auskunftsansprüche	8
		2. Das Recht des Vaters auf Kenntnis der genetischen Abstammungsverhältnisse	9
4. Übergangsrecht	4, 5		
a) Anfechtung nach geltendem Recht	4	3. Die Rechtsstellung des leiblichen Vaters aus Art. 6 Abs. 2 GG	10–13
b) Anfechtungsrecht des Kindes in Altfällen	5	III. Internationales Privatrecht (Hinweise)	14

I. Einführung[1]

1. Anlass der Vaterschaftsanfechtung. Ist die Mutter zum Zeitpunkt der Geburt des Kindes 1 verheiratet, gilt ihr **Ehemann** kraft Gesetzes gem. § 1592 Nr. 1 als Vater des Kindes. Diese ges. Vermutung wird in den meisten Fällen mit der genetischen Abstammung in Einklang stehen. Ist der Ehemann gleichwohl nicht der leibliche Vater, kann er die rechtliche Vaterschaft im Wege der gerichtlichen Vaterschaftsanfechtung nach den §§ 1599 ff. beseitigen. Im Fall der **Vaterschaftsanerkennung** kann es ebenfalls zu einer falschen Zuordnung kommen, wenn der Mann das Kind fälschlich für sein eigenes hält; sei es, dass die Mutter demselben Irrtum unterliegt, sei es, dass sie den Mann über die Abstammung des Kindes getäuscht hat. Daneben kann ein Mann bewusst die Vaterschaft für ein nicht von ihm abstammendes Kind anerkennen, etwa weil er die Mutter heiraten und das Kind in die neue Familie integrieren will. Auch hier kann die falsche Zuordnung durch Anfechtung korrigiert werden. Ausnahmsweise verzichtbar ist die Anfechtung aber bei Kindern, die während eines Scheidungsverfahrens geboren werden (§ 1599 Abs. 2). Die **Beweggründe** der Vaterschaftsanfechtung sind zum einen materiell-rechtlicher Art; das betrifft Unterhaltsansprüche der Mutter (§§ 1570, 1615 l) sowie Unterhalts- (§§ 1601 ff.) und Erbansprüche des Kindes. Andererseits geht es um immaterielle Gesichtspunkte wie die eigene Individualitätsfindung und das Verständnis für die Entwicklung der eigenen Persönlichkeit und die Entwicklung der emotionalen und sozialen Beziehungen zu Mutter und Kind. Die §§ 1599 ff. regeln nur die Anfechtung der Vaterschaft. Eine **Anfechtung der Mutterschaft** ist nicht vorgesehen (s. dazu § 1591 Rn. 1 ff., 14).

2. Die Anfechtungsvoraussetzungen im Überblick. Die Vaterschaftsanfechtung erfolgt 2 durch Antrag beim FamG (unten § 1599 Rn. 23 f.). Abgesehen vom behördlichen Anfechtungsrecht nach § 1600 Abs. 1 Nr. 5 sind anfechtungsberechtigt gem. § 1600 Abs. 1 der rechtliche Vater (iSv. § 1592 Nr. 1 oder Nr. 2), die Mutter, das Kind und (unter den Voraussetzungen von § 1600 Abs. 2, 3) auch der leibliche Vater. Für diese Anfechtungsberechtigten gilt die kenntnisabhängige zweijährige Anfechtungsfrist des § 1600b.[2] Die Anfechtung muss höchstpersönlich erfolgen (§ 1600a Abs. 1). Bei Geschäftsunfähigkeit oder beschränkter Geschäftsfähigkeit des Antragstellers sind § 1600a Abs. 2, 3 und 4 zu berücksichtigen. Eines Anfechtungsgrundes[3] bedarf es – anders als nach früherem Recht vor dem 1. 7. 1998 – nicht.[4] Einheitlicher Anfechtungsgrund ist die (geltend gemachte) fehlende Abstammung des Kindes von dem rechtlichen Vater. Im Übrigen gilt gem § 1599 Abs. 2 eine Sonderregelung für die Anfechtung und Anerkennung bei Kindern, die während eines Scheidungsver-

---

[1] Supranationale und rechtsvergl. Aspekte bei *Gaul* FamRZ 1997, 1441, 1444 und *Miquel*, FS Wacke, 2001, S. 279 ff.
[2] So auch schon die Beschlüsse des 59. DJT NJW 1992, 3016, 3017.
[3] Gegen eine familienschützende Generalklausel sprach auch, dass die Prüfung der Tatbestände oder Regelbeispiele nicht unerhebliche praktische Probleme aufgeworfen hätte; die Formulierung einer entspr. Prognose hätte manches Gericht überfordert, vgl. RegE BT-Drucks. 13/4899 S. 55 f.; *Greßmann* Rn. 113.
[4] So auch zuvor vorgeschlagen von *Mutschler* FamRZ 1994, 65, 69; *ders.* FamRZ 1996, 1381, 1382; krit. aber *Otto* Rpfleger 1999, 309, 310; *Lurger* DEuFamR 1999, 210, 216. Überblick zu alternativen Gesetzesvorschlägen bei *Gaul* FamRZ 1997, 1441, 1459.

fahrens geboren werden. Schließlich hat ein Großteil der Anfechtungsverfahren seinen Grund darin, dass sich Scheidungsverfahren noch lange hinziehen, während die Frau bereits länger mit ihrem neuen Partner zusammenlebt und mit ihm eine neue Familie gründet. Hier soll deshalb die aufwändige gerichtliche Anfechtung hinfällig sein, wenn alle Beteiligten – also auch der leibliche Vater – mit der Zuordnung des Kindes zum leiblichen Vater einverstanden sind.

3 **3. Unterschiede zur Rechtslage vor 1998.** Das frühere Recht war primär dadurch gekennzeichnet, dass für eheliche und nichteheliche Kinder unterschiedliche Vorschriften galten. Zudem sah das alte Konzept einen spezifischen Katalog von Anfechtungsgründen für das Kind vor. Die Mutter besaß kein Anfechtungsrecht, jedoch waren die Eltern des Mannes anfechtungsberechtigt, sofern dieser bereits verstorben war (näher § 1600 Rn. 3).

4 **4. Übergangsrecht. a) Anfechtung nach geltendem Recht.** Auch für die vor dem 1. 7. 1998 geborenen Kinder richtet sich die **Anfechtung** der Vaterschaft **nach den geltenden Vorschriften** (Art. 224 § 1 Abs. 2 EGBGB).[5] Das gilt zum einen im Hinblick auf den Kreis der Anfechtungsberechtigten. Auch kann die Mutter jetzt in jedem Fall anfechten. Zum anderen greift jetzt in allen Fällen die **Anfechtungsfrist des § 1600b** (zum diesbezgl. Übergangsrecht § 1600b Rn. 41 f.). So wurden insbes. die nach früherem Recht kürzeren Anfechtungsfristen (vgl. § 1600h Abs. 1 aF), die ggf. am 1. 7. 1998 bereits abgelaufen waren, der neuen Zweijahresfrist entspr. verlängert.[6] **Gegenstand der Anfechtung** ist in den Fällen, bei denen sich die Bestimmung der Vaterschaft nach früherem Recht richtet, sowohl die Ehelichkeit des Kindes (§§ 1591 f. aF) als auch die Anerkennung der Vaterschaft (§§ 1600a ff.aF). Soweit letzterer Fall betroffen ist, beinhaltet die Übergangsregelung eine verfassungsrechtlich unbedenkliche unechte Rückwirkung.[7] Der Klagantrag ist jedoch einheitlich auf die Anfechtung der Vaterschaft zu richten. Die Geltung des zum 1. 7. 1998 in Kraft getretenen Rechts erstreckte sich insoweit auch auf die bei Inkrafttreten des KindRG bereits **anhängigen Verfahren,** die als Verfahren der Vaterschaftsanfechtung nach neuem Recht fortgeführt wurden (vgl. Art. 15 § 2 Abs. 1 KindRG[8]). Das galt auch für Verfahren, die die Ehelicherklärung eines Kindes betrafen (Art. 15 § 2 Abs. 5 KindRG). Für Verfahren, die am Stichtag des 1. 7. 1998 nicht durch eine Entscheidung des Gerichts abgeschlossen waren, blieb das bis dahin **zuständige Gericht** weiterhin zuständig.[9]

5 **b) Anfechtungsrecht des Kindes in Altfällen.**[10] Das im Vergleich zum früheren Recht in mehrfacher Hinsicht seit dem 1. 7. 1998 erweiterte Anfechtungsrecht des Kindes erstreckt sich nach der Übergangsregelung des Art. 224 § 1 Abs. 4 EGBGB auch auf Altfälle. Damit werden zum einen solche Fälle erfasst, in denen das Kind früher – mangels Anfechtungsgrunds – nicht hätte anfechten können. Zum anderen lief übergangsweise dort eine neue Anfechtungsfrist, wo die Fristen des § 1596 aF oder des § 1598 aF schon abgelaufen waren und erst danach Kenntnis von Umständen erlangt wurde, die Zweifel an der Vaterschaft begründen. Das bedeutet, dass in all denjenigen Fällen, in denen früher kein Anfechtungstatbestand iSd. § 1596 aF erfüllt war oder das Kind von seinem Anfechtungsrecht keinen Gebrauch gemacht hatte, weil es erst nach Vollendung des zwanzigsten Lebensjahres die dafür erforderliche Kenntnis hatte, für dieses Kind vom 1. 7. 1998 bis zum 30. 6. 2000 (vgl. § 188 Abs. 2) eine neue zweijährige Anfechtungsfrist lief. Das betraf allerdings nur die Sachverhalte (Übergangsfälle), in denen die Kenntnis von den Umständen, die gegen die Vaterschaft sprechen (§ 1600b Abs. 1) schon vor dem 1. 7. 1998 gegeben war. Wird diese Kenntnis erst zu einem späteren Zeitpunkt erlangt, beginnt die Zweijahresfrist erst zu diesem Zeitpunkt. In solchen Fällen gilt ohnehin uneingeschränkt das geltende Anfechtungsrecht (insbes. § 1600b Abs. 1, 3, 5). Das für die Übergangsfälle vorgesehene erweiterte Anfechtungsrecht kommt dem Kind auch dann zu Gute, wenn eine frühere Anfechtungsklage wegen Fristversäumnis oder wegen Fehlens eines gesetzlichen Anfechtungstatbestands abgewiesen worden war (Art. 224 § 1 Abs. 4 S. 2 EGBGB). Die Rechtskraft dieser Entscheidung steht einer erneuten Anfechtung nicht entgegen.

II. Verfassungsrechtliche Rahmenbedingungen

6 **1. Das Recht des Kindes auf Kenntnis der eigenen Abstammung. a) Voraussetzungen des Anfechtungsrechts.** Maßgebend für die Neuordnung des Anfechtungsrechts anlässlich

---

[5] BT-Drucks. 13/4899 S. 138.
[6] OLG Köln FamRZ 1999, 800.
[7] BGH NJW 1999, 1862.
[8] Die Regelung galt bis zum 30. 6. 2003.
[9] v. Luxburg Rn. 160.
[10] Dazu Kirchmeier Kind-Prax 1998, 147.

der Kindschaftsrechtsreform von 1998[11] waren eine Reihe von Entscheidungen des BVerfG zum früheren Abstammungsrecht. Klargestellt wurde insbes., dass der von den Leitgedanken des Kindeswohls, der Erhaltung des Familienfriedens sowie der Klarheit der personenstandsbestimmenden Zuordnung getragene Normzweck der §§ 1592 ff. in engen Grenzen höherwertigen Rechtsgrundsätzen, insbes. solchen von Verfassungsrang, weichen müsse.[12] Als Rechtsgrundsatz dieser Art wurde als Teil des von Art. 1 Abs. 1, Art. 2 Abs. 1 GG geschützten Persönlichkeitsrechts das **Recht des Kindes auf Kenntnis der eigenen (genetischen) Abstammung**[13] hervorgehoben. Verständnis und Entfaltung der Individualität seien mit der Kenntnis der für sie konstitutiven Faktoren eng verbunden. Zu diesen zähle auch die Abstammung. Sie nehme im Bewusstsein des Einzelnen eine Schlüsselstellung für seine Individualitätsfindung wie für sein Selbstverständnis und sein familiäres Verhältnis zu anderen ein. Die Möglichkeit, sich als Individuum nicht nur sozial, sondern auch genealogisch in eine Beziehung zu anderen zu setzen, werde deshalb vom Schutz des Persönlichkeitsrechts mit umfasst und begründe aus Art. 2 Abs. 1 iVm. Art. 1 Abs. 1 GG ein Recht des Kindes auf Kenntnis der eigenen Abstammung.[14] Das Recht darf insofern **keine Hindernisse aufstellen, die zur „Vorenthaltung erlangbarer Informationen"** über die eigene Abstammung führen. Diesen Anforderungen waren die früheren abstammungsrechtlichen Normen nicht gerecht geworden, die zB die Anfechtung durch das volljährige Kind in keinem Fall zuließen, solange die Mutter mit dem Scheinvater verheiratet war (vgl. § 1596 Abs. 1 Nr. 2 aF).[15] Schließlich genießen hier das verfassungsrechtlich geschützte Informationsbedürfnis des erwachsenen Kindes bezüglich seiner genetischen Herkunft und sein Wunsch, seinen familienrechtlichen Status den genetischen Abstammungsverhältnissen anzugleichen, den Vorrang vor dem Schutz des Familienfriedens. Der Gesetzgeber entschied sich infolgedessen, das Anfechtungsrecht von (Schein)Vater, Mutter und Kind – von der Fristenregelung abgesehen – an keinerlei einschränkende Voraussetzungen mehr zu knüpfen.[16] Lediglich das im Jahre 2004 eingeführte Anfechtungsrecht des leiblichen Vaters wurde an besondere Voraussetzungen geknüpft (s. § 1600 Abs. 2, 3).

b) Kenntnisabhängiger Fristenlauf. Das BVerfG[17] hatte außerdem § 1598 2. HS aF beanstandet, wonach die Anfechtung durch das Kind nicht mehr zulässig war, wenn seit dem Eintritt der Volljährigkeit zwei Jahre verstrichen waren, wobei die Frist unabhängig davon ablief, ob das Kind die Umstände, die gegen die Vaterschaft sprechen, kannte oder nicht. Darin sah das BVerfG eine unverhältnismäßige Einschränkung des Rechts auf Kenntnis der eigenen Abstammung. Der Aspekt der Rechtssicherheit wiege nicht so schwer, dass er eine so weitgehende Beeinträchtigung des Persönlichkeitsrechts des Kindes rechtfertigen könne. Daher entschied sich der Gesetzgeber, die Anfechtungsfrist nun für alle Anfechtungsberechtigten erst mit dem Zeitpunkt beginnen zu lassen, in dem der Berechtigte von den Umständen erfährt, die gegen die Vaterschaft sprechen (§ 1600b Abs. 1 S. 2). Dies gilt nach § 1600b Abs. 3 S. 2 ausdrücklich auch für das Kind, wobei die erneute Anfechtungsfrist des Kindes zudem frühestens mit Eintritt der Volljährigkeit zu laufen beginnt. Da der strenge, allein von der Kenntnis und nicht von Billigkeitsgesichtspunkten abhängige Fristenlauf im Einzelfall jedoch zu Härten führen kann, wurde in § 1600b Abs. 6 zudem die Regelung aufgenommen, dass die Frist für das Kind erneut zu laufen beginnt, wenn dieses Kenntnis von Umständen erlangt, auf Grund derer die Folgen der Vaterschaft für es unzumutbar werden.

c) Auskunftsansprüche.[18] Das Recht auf **Kenntnis der eigenen Abstammung** realisiert sich zudem in Ansprüchen des Kindes gegen seine Mutter auf Bekanntgabe der Identität des Vaters

---

[11] Zum Übergangsrecht siehe MünchKommBGB/*Wellenhofer-Klein*, 4. Aufl. 2002, Vor § 1599 Rn. 6.
[12] BVerfGE 79, 256 = NJW 1989, 891 = FamRZ 1989, 255.
[13] Vgl. auch BVerfGE 96, 56 = NJW 1997, 1769 mit Anm. *Starck* JZ 1997, 779; BVerwG NJW 1983, 2954; LG Saarbrücken NJW-RR 1991, 1479; OLG Oldenburg FamRZ 1992, 351; OLG Düsseldorf NJW 1990, 1244; OLG Köln FamRZ 1994, 1197; LG Münster NJW 1999, 726; LG Bremen NJW 1999, 729; OLG Bremen DAVorm. 1999, 722; dazu zB *Wanitzek* S. 364 ff.
[14] Aus neuerer Zeit: BVerfG NJW 2007, 753, 754 = FamRZ 2007, 441, 44; BVerfG NJW 2010, 3772.
[15] BVerfGE 79, 256 ff.; krit. *Ramm* NJW 1989, 1594 ff.; *ders.* JZ 1996, 990, 991; *Koch* FamRZ 1990, 569, 570 f.; zum ähnlichen Problem im maltesischen Recht EGMR EuGRZ 2006, 129.
[16] Daher krit. *Gaul* FamRZ 1997, 1441, 1444.
[17] BVerfGE 90, 263 = NJW 1990, 2648. Zur Verfassungsmäßigkeit der alten Fristenregelung auch OLG Frankfurt NJW 1990, 458; OLG Schleswig FamRZ 1994, 122; keine Bedenken bei OLG Zweibrücken NJW 1992, 51.
[18] Dazu *Muscheler/Bloch* FPR 2002, 339 ff.; *Niemeyer* FuR 1998, 41; *Frank/Helms* FamRZ 1997, 1258; *Weber* FamRZ 1996, 1254; *Mutschler* FamRZ 1994, 65, 70; *Koch* FamRZ 1990, 569; *Moritz* Jura 1990, 134; *Starck* JZ 1989, 338; *Hohloch* Jura 1989, 570; *Ramm* NJW 1989, 1594; *Staudinger/Rauscher* Einl. zu §§ 1589 ff. Rn. 110 ff.; *Gernhuber/Coester-Waltjen* § 52 Rn. 18 f.

Vor § 1599   9   Abschnitt 2. Titel 2. Abstammung

bzw. der in Betracht kommenden Väter.[19] Das ist von der Rspr. und auch vom BVerfG[20] dem Grunde nach anerkannt worden (ausführlich Vor § 1591 Rn. 26 ff.). Der Anspruch wird aus der Beistands- und Rücksichtspflicht gem. § 1618a iVm. dem Recht auf Kenntnis der eigenen Abstammung (Art. 1 Abs. 1, Art. 2 Abs. 1, Art. 6 Abs. 5 GG) abgeleitet.[21] Im Einzelfall steht den Gerichten in der Sache aber ein besonderer **Abwägungsspielraum** zu, in dessen Rahmen die beiderseitigen, grundsätzlich gleichrangigen Rechtspositionen, das Persönlichkeitsrecht der Mutter einerseits[22] und das des Kindes andererseits, gegeneinander abzuwägen sind.[23] Dem Recht des Kindes kommt nicht automatisch der Vorrang zu, wohl aber dann, wenn die Kenntnis des Erzeugers für den Einsatz von Heilmethoden erforderlich ist.[24] Zur Vollstreckung titulierter Auskunftsansprüche s. Vor § 1591 Rn. 37. Der Auskunftsanspruch kann sich auch gegen den Vater richten im Hinblick auf Daten über die unbekannte Mutter. Zudem besteht ein Auskunftsinteresse des Kindes in Fällen der heterologen Insemination (§ 1600 Rn. 40).

9   **2. Das Recht des Vaters auf Kenntnis der genetischen Abstammungsverhältnisse.**
Das **BVerfG** hat in seiner Entscheidung vom 13. 2. 2007[25] auch das Persönlichkeitsrecht des (Schein)Vaters herausgestellt, das spiegelbildlich sein Recht auf Kenntnis erfasst, ob das Kind von ihm abstammt.[26] Demgemäß müsse es auch für den Mann einen Weg geben, die insoweit erforderlichen genetischen Informationen über die Abstammungsverhältnisse zu erlangen. Dazu eigneten sich aber weder die nach der Rspr. verbotenen heimlichen Vaterschaftstests (dazu § 1599 Rn. 34 ff.) noch das Anfechtungsverfahren selbst. Denn letzteres setzt nach der vom BVerfG abgesegneten Rspr. des BGH (dazu § 1599 Rn. 27 ff.) voraus, dass der Mann die Gründe, warum er glaubt, nicht der genetische Vater zu sein, substantiiert darlegen kann; und eben das mag – mangels Beweisen – im Einzelfall unmöglich sein. Zudem schießt das Anfechtungsverfahren laut BVerfG über das Ziel der Kenntnis der Abstammungsverhältnisse hinaus, indem es an die Feststellung der Nichtvaterschaft sogleich den Verlust der rechtlichen Vaterschaft knüpfe, was vom Mann gar nicht gewollt sein mag. Da somit ein geeignetes Verfahren für den Mann zur Verwirklichung des Grundrechts auf Kenntnis der Abstammung fehlte, lag eine Verletzung des Grundrechts aus Art. 2 Abs. 1 iVm. Art. 1 Abs. 1 GG vor. Das BVerfG hatte daher den Gesetzgeber aufgefordert, bis zum 31. 3. 2008 ein Verfahren zu schaffen, das der rechtsfolgenlosen Abstammungsfeststellung dient. Tatsächlich war die Idee nicht neu; entspr. Vorschläge waren dem Gesetzgeber schon im Vorfeld der Kindschaftsrechtsreform gemacht worden.[27] Auch hatte das BVerfG diese Möglichkeit zur Verwirklichung des Rechts auf Kenntnis der eigenen Abstammung schon früher ausdrücklich in Betracht gezogen.[28] Schließlich liegt gerade auch aus Sicht des Kindes der Vorteil eines solchen isolierten Feststellungsverfahrens darin, dass man sein Informationsbedürfnis befriedigen kann, ohne gleichzeitig gezwungen zu sein, die bestehende und von Art. 6 Abs. 1 GG geschützte rechtliche Familie und Elternbeziehung aufzulösen.[29] Trotz vieler befürwortender Stellungnahmen[30] konnte sich der Gesetzgeber damals aber

---

[19] Vgl. LG Münster NJW 1999, 726.
[20] BVerfG NJW 1988, 3010 = FamRZ 1989, 147; BVerfG NJW 1997, 1769 = FamRZ 1997, 869; Ausgangsfall LG Münster FamRZ 1990, 1031; krit. *Frank/Helms* FamRZ 1997, 1258; s. auch schon zuvor BVerfGE 38, 241, 251; bejahend auch: LG Passau NJW 1988, 144; Vorinstanz AG Passau FamRZ 1987, 1309; LG Bremen NJW 1999, 729; LG Münster NJW 1999, 726, 726 u. FamRZ 1990, 1031; OLG Hamm FamRZ 1991, 1229; LG Saarbrücken NJW-RR 1991, 1479; auf § 242 stützt sich AG Rastatt FamRZ 1996, 1299; s. aber auch LG Stuttgart NJW 1992, 2897, das einen Auskunftsanspruch im Adoptionsverfahren verneint.
[21] Zust. Oberloskamp FuR 1991, 263; *Dethloff* NJW 1992, 2200, 2208; *Roth* FamRZ 1991, 139, 142; *Seibert* FamRZ 1994, 1457, 1462; *Erman/Hammermann* § 1589 Rn. 4; *Staudinger/Rauscher* Einl. zu §§ 1589 ff. Rn. 119; aA aber *Weber* FamRZ 1996, 1254 f.
[22] Zu den verschiedenen Beweggründen der schweigenden Mutter *Muscheler/Bloch* FPR 2002, 339, 346.
[23] Dazu näher und krit. *Staudinger/Rauscher* Einl. zu §§ 1589 ff. Rn. 118 ff.; ferner *Erman/Hammermann* § 1589 Rn. 5; krit. unter dem Aspekt der Einzelfalljustiz *Starck* JZ 1997, 777, 779.
[24] *Dethloff* FamR § 10 Rn. 40.
[25] BVerfGE 117, 202 = NJW 2007, 753 ff. = FamRZ 2007, 441 ff.; s. dazu Anm. von: *Balthasar* FamRZ 2007, 448 und JZ 2007, 635; *Klinkhammer* FF 2007, 128; *Fröhlich* FF 2007, 134; *Zuck* FPR 2007, 379; *Borth* FPR 2007, 381; *Gröschner* Jura 2008, 132; *Schwonberg* ZfF 2007, 177; *Binschus* ZfF 2008, 132.
[26] Zu diesem Recht: *Gernhuber/Coester-Waltjen* § 52 Rn. 20; *Bohnert* FPR 2002, 383, 389; *Wellenhofer* FamRZ 2005, 665, 667.
[27] Beschlüsse des 59. DJT NJW 1992, 3016, 3017; *Dethloff* NJW 1992, 2200, 2208; zuletzt auch: *Coester*, FS Jayme S. 1243, 1247; *Dethloff* FamR § 10 Rn. 37; unentschieden *Giesen* JZ 1989, 366, 375.
[28] BVerfGE 79, 256; BVerfGE 90, 263.
[29] S. *Coester* JZ 1992, 809, 810; ferner *Edenfeld* FuR 1996, 190, 196.
[30] Befürwortend *Mutschler* FamRZ 1994, 65, 70; *Edenfeld* FuR 1996, 190, 195; *Schubert* NJ 1997, 232, 233; DJT NJW 1992, 3016, 3017; wohl auch *Muscheler/Beisenherz* JR 1999, 407, 409; abl. *Staudinger/Rauscher* Einl. zu §§ 1589 ff. Rn. 80 f.; offen *Zimmermann* DNotZ 1998, 404, 411.

nicht zu einer entspr. Regelung durchringen.[31] Erst 2008 hat der Gesetzgeber mit der Schaffung von § 1598a reagiert.

3. Die Rechtsstellung des leiblichen Vaters aus Art. 6 Abs. 2 GG. Durch das „Gesetz zur Änderung der Vorschriften über die Anfechtung der Vaterschaft und das Umgangsrecht von Bezugspersonen des Kindes" vom 23. 4. 2004[32] hat der Gesetzgeber auch dem leiblichen Vater des Kindes ein eigenes Anfechtungsrecht eingeräumt (§ 1600 Abs. 1 Nr. 2). Auslöser der Neuregelung war der Beschluss des BVerfG vom 9. 4. 2003,[33] der den ausnahmslosen Ausschluss des leiblichen Vaters vom Anfechtungsrecht für verfassungswidrig erklärt und eine Gesetzesänderung bis zum 30. 4. 2004 gefordert hatte. Im zu Grunde liegenden Sachverhalt hatte der leibliche Vater des Kindes zuvor mit der Mutter zusammengelebt, war bei der Geburt des Kindes dabei gewesen und hatte das Kind in der ersten Zeit danach auch wiederholt betreut. Die Vaterschaft hatte er zwar gleich anerkennen wollen, die Mutter hatte ihre Zustimmung dazu aber verweigert. Als der Mann dann etwas später seine Vaterschaft gerichtlich feststellen lassen wollte, wurde dies vom Gericht abgelehnt, da mittlerweile der neue Partner der Mutter mit ihrer Zustimmung die Vaterschaft anerkannt hatte.[34] Damit war dem leiblichen Vater von Rechts wegen der Weg zur Anerkennung seiner Vaterschaft versperrt gewesen, da das frühere Recht kein Anfechtungsrecht des leiblichen Vaters vorsah.

Laut BVerfG steht jedoch auch der leibliche, aber nicht rechtliche Vater eines Kindes insoweit unter dem **Schutz von Art. 6 Abs. 2 S. 1 GG,** als diese Norm sein Interesse schütze, die Rechtsstellung als Vater des Kindes einzunehmen. Tatsächlich richte sich Art. 6 Abs. 2 S. 1 GG sogar in erster Linie an den leiblichen Vater und setze für seine Geltung auch gar keine rechtliche Vaterschaft iSd. BGB voraus.[35] Andererseits könne der Schutz des Art. 6 Abs. 2 S. 1 GG stets nur einem Vater zukommen. Insoweit habe der Gesetzgeber bis dahin aus den bekannten Gründen rechtmäßigerweise auf den rechtlichen Vater als Inhaber der **Elternverantwortung** abgestellt und ihm die grundrechtlich geschützte Elternposition zukommen lassen. Daher sei es im Grunde auch nicht zu beanstanden, dass der Gesetzgeber den Interessen des Kindes und seiner rechtlichen Eltern am Erhalt eines bestehenden sozialen Familienverbands gegenüber dem Interesse des leiblichen Vaters den Vorrang eingeräumt habe und den leiblichen Vater auch vom Anfechtungsrecht ausgeschlossen habe. Art. 6 Abs. 2 S. 1 könne insoweit auch kein Recht des leiblichen Vaters entnommen werden, in jedem Fall vorrangig vor dem rechtlichen Vater die Vaterstellung eingeräumt zu erhalten.

Anders liegt es jedoch, wenn die rechtlichen Eltern mit dem Kind gar **keine soziale Familie** bilden, die es nach Art. 6 Abs. 1 GG zu schützen gilt. Das Gesetz müsse in solchen Fällen dem leiblichen Vater die Möglichkeit eröffnen, die rechtliche Vaterposition zu erlangen, in denen der Schutz einer familiären Beziehung zwischen dem Kind und seinen rechtlichen Eltern nicht entgegensteht. Die frühere Regelung in § 1600 Abs. 1 aF, die diesen Ausnahmefall nicht berücksichtigte, war daher insoweit mit Art. 6 Abs. 2 S. 1 GG unvereinbar. Habe ein Mann, ohne leiblicher Vater des Kindes zu sein, die Vaterschaft zwar anerkannt, lebe er aber nicht mit Mutter und Kind zusammen, gäbe es nämlich keinen hinreichenden Grund, dem leiblichen Vater zu verwehren, auch rechtlich als Vater anerkannt und in Pflicht genommen zu werden. Auch die **Interessen von Mutter und Kind** ständen dem nicht entgegen. Für das Kind bedeutet die Zuordnung zum leiblichen Vater zwar regelmäßig nicht die Gründung einer neuen Familiengemeinschaft, sie entspricht aber seinem zu unterstellenden Interesse an einer Übereinstimmung von rechtlicher und genetischer Vaterschaft. Das Interesse der Mutter, ihr Erziehungsrecht nicht mit dem leiblichen Vater teilen zu wollen, werde durch Art. 6 GG nicht geschützt.

Demgemäß wurde mit der Reform von 2004 dem leiblichen Vater ebenfalls ein Anfechtungsrecht eingeräumt. Auch wenn das als großer Fortschritt gewertet werden kann, bestehen gleichwohl **Bedenken an der Verfassungsmäßigkeit** der geltenden Regelung in § 1600 Abs. 2, 4. Schließlich hat der leibliche Vater, solange eine sozial-familiäre Beziehung zwischen den rechtlichen Eltern und ihrem Kind besteht, keine Chance, die Vaterstellung einzunehmen oder gegen den Willen der Eltern Kontakt mit seinem Kind aufzunehmen. Ein Umgangsrecht kommt eben auch nur ausnahmsweise in Betracht, wenn der leibliche Vater bereits eine Zeit mit dem Kind zusammengelebt hatte, vgl. § 1685 Abs. 2. Das trifft aber meistens nicht zu. Die Rechtslage ist insofern fragwürdig, als der Ehe der Eltern bzw. der bestehenden sozial-familiären Beziehung pauschal der Vorrang vor den Interessen des leiblichen Vaters eingeräumt wird, ohne Raum für eine Abwägung zu lassen, was dem **Wohl des Kindes** am besten entsprechen würde. Aus diesem Grunde sieht auch der

---

[31] Vgl. BR-Drucks. 180/1/96 S. 8 f.; BT-Drucks. 13/4899 S. 56; *Büttner* FamRZ 1998, 585, 593.
[32] BGBl. I S. 598; zum Verfahren *Höfelmann* FamRZ 2004, 745, 747.
[33] BVerfG NJW 2003, 2151.
[34] BVerfG NJW 2003, 2151, 2152.
[35] BVerfG NJW 2003, 2151, 2153.

§ 1599   Abschnitt 2. Titel 2. Abstammung

EuGHMR die deutsche Rechtlage sehr kritisch. Im Verfahren **Schneider ./. Deutschland** (Beschwerde Nr. 17080/07; Urteil vom 15. 9. 2011 wurde insoweit eine Verletzung der Rechte des Antragstellers aus Art. 8 EMRK (Recht auf Achtung des Privat- und Familienlebens) bejaht. Hier hatte der Antragsteller über ein Jahr mit der anderweitig verheirateten Mutter zusammengelebt, die Schwangerschaft begleitet, die Vaterschaft (wegen § 1594 Abs. 2 unwirksam) anerkannt und großes Interesse daran gezeigt, eine Beziehung zu seinem Sohn aufzubauen.

III. Internationales Privatrecht (Hinweise)

14   Die Vaterschaft kann nach **Art. 20 S. 1 EGBGB** nach jedem Recht[36] angefochten werden, aus dem sich ihre Voraussetzungen ergeben, dh. sowohl nach dem Recht, aus dem sich im konkreten Fall die Abstammung des Kindes ergibt, als auch nach der Rechtsordnung, nach der gem. Art. 19 EGBGB die Abstammung des Kindes bestimmt werden könnte und deren Abstammungsvoraussetzungen erfüllt wären.[37] Das gilt für die Bestimmung der Anfechtungsberechtigten wie für die Anfechtungsvoraussetzungen. Nach der Gleichstellung von innerhalb und außerhalb einer Ehe geborener Kinder erscheint es laut RegE[38] nur folgerichtig, die Anfechtung des Statusverhältnisses grundsätzlich nach den gleichen Regeln zu bestimmen, was immer seine Begründung. Außerdem kann das Kind die Abstammung in jedem Fall nach dem Recht des Staates anfechten, in dem es seinen gewöhnl. Aufenthalt hat (Art. 20 S. 2 EGBGB). Damit bleibt es bei der Anfechtungsmöglichkeit auf der Grundlage des jeweiligen Aufenthaltsrechts des Kindes. Das wird insbesondere dann praktisch bedeutsam, wenn sich die Abstammung nach Art. 19 EGBGB ausnahmsweise nur aus einem Elternrecht oder dem Ehewirkungsstatut ergeben hat.[39] Übergangsrechtlich ist Art. 224 § 1 Abs. 2 EGBGB zu beachten. Zum internationalen Privatrecht hins. der Anerkennung s. § 1594 Rn. 47.

§ 1599 Nichtbestehen der Vaterschaft

(1) § 1592 Nr. 1 und 2 und § 1593 gelten nicht, wenn auf Grund einer Anfechtung rechtskräftig festgestellt ist, dass der Mann nicht der Vater des Kindes ist.

(2) ¹§ 1592 Nr. 1 und § 1593 gelten auch nicht, wenn das Kind nach Anhängigkeit eines Scheidungsantrags geboren wird und ein Dritter spätestens bis zum Ablauf eines Jahres nach Rechtskraft des dem Scheidungsantrag stattgebenden Urteils die Vaterschaft anerkennt; § 1594 Abs. 2 ist nicht anzuwenden. ²Neben den nach den §§ 1595 und 1596 notwendigen Erklärungen bedarf die Anerkennung der Zustimmung des Mannes, der im Zeitpunkt der Geburt mit der Mutter des Kindes verheiratet ist; für diese Zustimmung gelten § 1594 Abs. 3 und 4, § 1596 Abs. 1 Satz 1 bis 3, Abs. 3 und 4, § 1597 Abs. 1 und 2 und § 1598 Abs. 1 entsprechend. ³Die Anerkennung wird frühestens mit Rechtskraft des dem Scheidungsantrag stattgebenden Urteils wirksam.

Übersicht

	Rn.		Rn.
I. Schutz- und Sperrwirkung bestehender Vaterschaftstatbestände	1–14	5. Grenzen der Sperrwirkung und Ausnahmen	6–14
1. Normzweck von Abs. 1	1, 2	a) Allgemeines	6
		b) Ansprüche auf Kenntnis der eigenen Abstammung	7
2. Keine Sperrwirkung bei Totgeburt	3	c) Eheverbot	8
3. Sperrwirkung und Verfahrenshandlungen	4	d) Scheidungsvoraussetzungen	9
		e) Unterhaltsansprüche	10
4. Sperrwirkung und anderweitige Feststellungsanträge	5	f) Versorgungsausgleich	11
		g) Anwalts- und Arzthaftung	12

---

[36] Zur Anfechtung nach deutschem Recht bei türkischem Kind OLG Stuttgart FamRZ 1999, 610; zum türkischen Recht *Krüger* FamRZ 1997, 1059.
[37] BT-Drucks. 13/4899 S. 138; *v. Luxburg* Rn. 158; FamRefK/*Wax* Art. 20 EGBGB Rn. 2.
[38] BT-Drucks. aaO.
[39] FamRefK/*Wax* Art. 20 EGBGB Rn. 2.

	Rn.		Rn.
h) Strafrecht und öffentliches Recht	13, 14	b) Wirkung der abweisenden Entscheidung	42
II. Gegenstand der Vaterschaftsanfechtung	15–22	7. Wiederaufnahmeverfahren	43
1. Anfechtung der Vaterschaft nach § 1592 Nr. 1	15	**IV. Rechtswirkungen der erfolgreichen Anfechtung**	44–54
2. Anfechtung bei Geburt des Kindes innerhalb der Sperrfrist des § 1593 S. 1, 2	16, 17	1. Überblick	44, 45
		2. Unterhaltsansprüche des Kindes	46, 47
3. Anfechtung bei Verschollenheit des Vaters	18	3. Regress des Scheinvaters bezüglich Unterhalt und Verfahrenskosten	48–51
4. Anfechtung bei Vaterschaft kraft Anerkennung, § 1592 Nr. 2	19, 20	a) Ansprüche gegen den Erzeuger	48
5. Anfechtung der Vaterschaft bei Kindern, die durch nachfolgende Ehe legitimiert wurden (§ 1719 aF)	21	b) Erstattung der Kosten für die Anfechtungsverfahren	49
		c) Ansprüche gegen die Mutter	50
		d) Kein Auskunftsanspruch des Scheinvaters	51
6. Rechtslage bei Vaterschaft nach § 1592 Nr. 3	22	4. Sorgerecht; Umgangsrecht	52–54
III. Der Anfechtungsantrag	23–43	a) Rückwirkendes Entfallen des Sorgerechts	52
1. Antrag beim FamG	23, 24	b) Wirksamkeit von Vertretungsgeschäften	53
2. Die Verfahrensbeteiligten	25, 26		
3. Anforderungen an die Substantiierung des Anfechtungsantrags	27–33	c) Auswirkungen auf Sorgerechts- und Umgangsrechtsentscheidungen	54
a) Der frühere Meinungsstreit	27–30	**V. Anerkennung während des Scheidungsverfahrens, Abs. 2**	55–69
b) Neuregelung in § 171 Abs. 2 FamFG	31	1. Normzweck	55, 56
c) Konkrete Anforderungen an die Substantiierung	32	2. Kritik	57, 58
		3. Verhältnis zum Anfechtungsverfahren	59
d) Keine entgegenstehende Rechtskraft	33	4. Tatbestandsvoraussetzungen	60–64
4. Keine Verwertung privater Vaterschaftstests	34–39	a) Scheidung	60
		b) Geburt nach Anhängigkeit des Scheidungsantrags	61
a) Ausgangspunkt	34		
b) Urteil des BVerfG vom 13. 2. 2007	35, 36	c) Anerkennung der Vaterschaft durch Dritten	62
c) Neuregelung durch das Gendiagnostikgesetz	37	d) Zustimmung des Ehemanns, Abs. 2 S. 2	63
d) Keine Fernwirkung des Beweisverwertungsverbots	38	e) Jahresfrist	64
		5. Die Bezugnahme auf § 1593 bei Tod eines Ehegatten	65
e) Keine wirksame vertragliche Verpflichtung zu Mitwirkung am Test	39	6. Rechtsfolgen	66, 67
5. Mehrheit von Verfahren	40	7. Anfechtung der Anerkennung	68
6. Entscheidung durch Beschluss	41, 42	8. Übergangsrecht	69
a) Beschlussformel	41		

I. Schutz- und Sperrwirkung bestehender Vaterschaftstatbestände

1. Normzweck von Abs. 1. Nach § 1593 aF durfte grundsätzlich niemand die Nichtehelich- **1** keit eines während der Ehe oder innerhalb von 302 Tagen nach Auflösung der Ehe geborenen Kindes vor der rechtskräftigen Feststellung der Nichtehelichkeit gerichtlich oder außergerichtlich geltend machen. Dieses **Verbot** sollte dem **Wohl des Kindes** und dem **Familienfrieden** dienen, nicht dem Schutz des nichtehelichen Vaters.[1] Der Familienstand des Kindes sollte nicht in Zweifel gezogen werden können, solange die Ehelichkeit nicht wirksam angefochten war.[2] Insbes. sollte verhindert werden, dass aus der Nichtehelichkeit des Kindes in einem anderen Verfahren Rechtsfolgen abgeleitet werden, ohne dass dabei die besonderen Sicherheiten wirksam werden, mit denen das Statusverfahren im Interesse einer Ermittlung der objektiven Wahrheit und einer Vermeidung von Gefahren für das Ansehen und die soziale Stellung des Kindes ausgestattet ist.[3] Damit entfaltete

---

[1] BGHZ 14, 358, 360; BGHZ 45, 356, 358; BGHZ 92, 275, 278; *Feuerborn* FamRZ 1991, 515; *Soergel/Gaul* § 1593 aF Rn. 2.

[2] BGH NJW 1962, 1057; BGHZ 45, 356 = NJW 1966, 1913; BGHZ 46, 56, 58 = NJW 1966, 2159; BGHZ 72, 299 = NJW 1979, 418; BGHZ 99, 236 = NJW 1987, 899; *Deichfuß* NJW 1988, 113, 114.

[3] BGHZ 14, 358; BGHZ 45, 356, 358; BGHZ 72, 299, 300; BGH NJW 1980, 218; FamRZ 1983, 267, 268.

§ 1593 aF eine **Schutz- und Sperrwirkung,** die über ihre bürgerlich-rechtliche Bedeutung hinaus auch im öffentlichen Interesse lag.[4]

2   Die geltende Gesetzesfassung enthält kein ausdrückliches Verbot mehr, außerhalb eines Anfechtungsverfahrens das Nichtbestehen einer nach § 1592 vorliegenden Vaterschaft geltend zu machen und daraus Rechtsfolgen herzuleiten. Aus **§ 1599 Abs. 1, der zwingendes Recht ist,** ergibt sich gleichwohl, dass Vaterschaftstatbestände mit Wirkung für und gegen alle gelten und man sich **nur und erst dann** auf deren Nichtgeltung bzw. die Vaterschaft eines anderen Mannes berufen kann, wenn die Tatbestände des § 1592 Nr. 1 oder 2 auf Grund einer **wirksamen Anfechtung beseitigt** sind. Die gerichtliche Vaterschaftsanfechtung ist unverzichtbar, selbst wenn unter den Beteiligten kein Streit darüber besteht, dass der Mann der Mutter nicht der leibliche Vater des Kindes ist.[5] So kann das Kind den Scheinvater etwa weiter auf Unterhalt in Anspruch nehmen oder seinen Erbteil nach ihm beanspruchen, und zwar auch, wenn offenbar unmöglich ist, dass das Kind von ihm abstammt.[6] Entspr. gilt für die Vaterschaft nach § 1592 Nr. 3; das Nichtbestehen dieser Vaterschaft kann erst geltend gemacht werden, wenn die gerichtliche Feststellungsentscheidung nach § 1600d im Restitutionsverfahren (§ 185 FamFG) aufgehoben worden ist. Außerdem besagen die §§ 1594 Abs. 1, 1600 d Abs. 4, dass die Rechtswirkungen der Vaterschaft grundsätzlich erst vom Zeitpunkt ihrer Wirksamkeit an geltend gemacht werden können. Die **Schutz- und Sperrwirkung** der Vaterschaftstatbestände ist insoweit **im Grunde unverändert** geblieben.[7] Schutzzweck ist und bleibt das Anliegen, unkontrollierte Inzidentanzweiflungen der Vaterschaft zu verhindern, um auf diese Weise zu Gunsten des Kindeswohls den Familienfrieden zu erhalten und für Klarheit in der personenstandsbestimmenden Zuordnung zu sorgen.[8] Die Sperrwirkung des § 1599 Abs. 1 ist auch im **Höferecht** zu beachten.[9] **Möglich** schon vor Durchführung des Anfechtungsverfahrens ist allerdings trotz Abs. 1 die **Anerkennung der Vaterschaft** durch einen Dritten; jedoch bleibt diese Anerkennung bis zur Rechtskraft des Anfechtungsurteils schwebend unwirksam (§ 1594 Abs. 2). Zu Ausnahmen der **inzidenten Vaterschaftsfeststellung** in sonstigen Verfahren vor erfolgter Anfechtung s. Rn. 6 ff.

3   **2. Keine Sperrwirkung bei Totgeburt.** Die **Totgeburt** hat keinen Status, so dass kein ges. Vaterschaftstatbestand erfüllt wird und **keine Sperrwirkung** nach Abs. 1 eintritt.[10] Ansprüche aus **§§ 1615l, 1615 m, 1615 n** können ohne Weiteres gegen den genetischen Vater geltend gemacht werden. Gleiches gilt für gegen ihn gerichtete Regressansprüche. In Gerichtsverfahren ist inzident über die Person des Erzeugers zu entscheiden, wobei § 1592 Nr. 1 iVm. § 1600c Abs. 1 eine Vermutung für den Ehemann der Gebärenden aufstellt. Ansonsten gilt die Beiwohnungsvermutung gem. § 1600d Abs. 2.

4   **3. Sperrwirkung und Verfahrenshandlungen.** Kein Hindernis stellt die Sperrwirkung für die Anfechtung selbst und alle damit zusammenhängenden **Verfahrenshandlungen** dar. Das betrifft auch Maßnahmen zur Vorbereitung des Anfechtungverfahrens, zB die Bestellung eines Ergänzungspflegers für das Kind (vgl. §§ 1595 Abs. 2, 1596 Abs. 2, 1909, 1629 Abs. 2, 1795 Abs. 1 Nr. 3)[11] oder die an den Scheinvater gerichtete Anforderung eines **Verfahrenskostenvorschusses** für das Kind.[12] Grundlage für die Vorschusspflicht ist die noch bestehende ges. Unterhaltspflicht des Scheinvaters.[13] Ob eine Verfahrenskostenvorschusspflicht des Scheinvaters auch gegenüber dem Kind als Kläger des Anfechtungsverfahrens besteht, ist allerdings str.[14] Zum Teil wird dies zutr. mit der Begründung abgelehnt, dass sich das die Vaterschaft bestreitende Kind mit dieser Forderung treuwid-

---

[4] BGHZ 99, 236 = NJW 1987, 899; vgl. auch BVerfGE 38, 241 = NJW 1975, 203.
[5] RGZ 157, 356, 357; BGHZ 80, 218, 222; OLG Düsseldorf NJW-RR 1994, 197, 198; KG StAZ 2002, 241.
[6] OLG Naumburg EzFamR aktuell 2001, 394.
[7] So auch *Gaul* FamRZ 1997, 1441, 1448; *Zimmermann* DNotZ 1998, 404, 407; *Lipp/Wagenitz* § 1592 Rn. 8; *Staudinger/Rauscher* § 1592 Rn. 75; ferner KG StAZ 2002, 241.
[8] Zustimmend OLG Koblenz FamRZ 2009, 1929.
[9] Dazu *Ahrens* FamRZ 1976, 95 gegen AG Northeim FamRZ 1976, 93.
[10] Im Erg. hM, vgl. *Erman/Hammermann* § 1592 Rn. 20; *Staudinger/Rauscher* § 1592 Rn. 31; *Gernhuber/Coester-Waltjen* § 52 Rn. 2, Fn. 3.
[11] BGH NJW 1975, 345; *Soergel/Gaul* § 1593 aF Rn. 22.
[12] BGH NJW 1964, 2151; BGHZ 57, 229, 234; OLG Koblenz FamRZ 1996, 45; 1997, 679; *Staudinger/Rauscher* Rn. 70.
[13] BGHZ 110, 247, 248 = FamRZ 1990, 491; OLG Düsseldorf FamRZ 1995, 1426; zur Prozesskostenvorschusspflicht von Großeltern OLG Koblenz NJW-RR 1997, 263; OLG Koblenz FamRZ 1999, 241; zur Vorschusspflicht der Mutter OLG Köln FamRZ 1999, 792.
[14] Bejahend OLG Karlsruhe FamRZ 1996, 782; OLG Celle NJW-RR 1995, 6; KG NJW 1971, 197; OLG Koblenz FamRZ 1982, 402; AG Elmshorn FamRZ 1991, 841.

rig verhalte.[15] In der Tat erscheint eine Vorschusspflicht gerade in dieser Konstellation wenig befriedigend,[16] wenn von vornherein offensichtlich ist, dass der Mann nicht der Vater ist. Zwar bleibt ihm die Möglichkeit, beim genetischen Vater des Kindes Regress zu nehmen, doch verspricht dieser Weg regelmäßig nur Erfolg, wenn die Vaterschaft dieses Mannes rechtswirksam festgestellt, seine Identität bekannt und er auch zahlungsfähig ist. Es ist daher vorzugswürdig, die Vorschusspflicht des Scheinvaters im Zweifel zu verneinen und dem Kind **Verfahrenskostenhilfe** zu gewähren.[17]

4. Sperrwirkung und anderweitige Feststellungsanträge. Der Antrag auf Anfechtung der Vaterschaft (§ 169 Nr. 4 FamFG) ist – vom Sonderfall des § 1599 Abs. 2 abgesehen – der einzige Weg, die Vaterschaft nach § 1592 Nr. 1 oder 2 vollständig aufzuheben. Solange einer dieser Vaterschaftstatbestände erfüllt ist, ist ein negativer Feststellungsantrag (§ 169 Nr. 1 FamFG) mit dem Ziel, die fehlende Abstammung des Kindes vom Antragsteller festzustellen, schon deshalb ausgeschlossen, weil das Gesetz nach Abs. 1 ausschließlich die Anfechtung vorsieht,[18] also nicht erst mangels Rechtsschutzbedürfnisses. Ebenso ist ein positiver Feststellungsantrag gerichtet auf Feststellung der kraft Gesetzes bereits bestehenden Vaterschaft nicht möglich. Zum einen fehlt ein Rechtsschutzbedürfnis; zum anderen besteht die Gefahr einer Antragsabweisung, wenn das Gericht die Vaterschaft verneinen würde. Und insofern liefe ein solcher Antrag schon wegen der Möglichkeit einer Aufdeckung der fehlenden genetischen Vaterschaft des ges. Vaters dem Befriedungszweck der vorgesehenen Vaterschaftstatbestände zuwider.[19] Das gilt erst recht für positive Feststellungsanträge im Verhältnis des Kindes zu einem dritten Mann.[20] Der positive Feststellungsantrag darf daher auch nicht erhoben werden, um einer Anfechtung zuvorzukommen. Zu Einzelheiten § 1600d Rn. 26 ff. Möglich bleiben aber Verfahren nach § 1598a (§ 169 Nr. 2 FamFG).

5. Grenzen der Sperrwirkung und Ausnahmen. a) Allgemeines. Nach geltendem Recht geht es zwar nicht mehr darum, den Ehelichkeitsstatus des Kindes zu schützen, gleichwohl wird der Bestand einer Vaterschaft nach wie vor aber als rechtlich und tatsächlich vorteilhaft eingestuft, so dass dieser Status zugunsten des Kindes möglichst bewahrt werden soll. Eigene Ansprüche des Kindes (zB auf Unterhalt oder aus Erbrecht) können insofern nicht mit dem Hinweis auf die fehlende genetische Abstammung in Frage gestellt werden, und zwar auch nicht nach dem Tod des Scheinvaters.[21] Hier bedarf es in jedem Fall eines vorangehenden Anfechtungsverfahrens (oder einer Direktanerkennung nach Abs. 2). Anders kann es aber liegen, wenn es um **Ansprüche zwischen anderen Personen**, zB zwischen den Eltern oder einem Elternteil und einem Dritten, geht. Hier kann im Einzelfall ein Widerstreit entstehen zwischen dem Interesse des Kindes an der Unantastbarkeit seines Familienstandes einerseits und den rechtlichen Interessen von Einzelpersonen oder der Allgemeinheit andererseits, vor allem eben wenn sie außerhalb der Eltern-Kind-Beziehung liegen. Diskutiert werden die Grenzen der Sperrwirkung insbesondere beim sog. Scheinvaterregress (dazu § 1600d Rn. 120 f.). In solchen Fällen mögen dann vorsichtige Ausnahmen von der Sperrwirkung in Betracht kommen, wobei stets ein wertendes **Abwägen** erforderlich ist,[22] zumal eindeutige Regelungen fehlen. **Ausnahmen von der Sperrwirkung** der Vaterschaftstatbestände zuzulassen, erscheint tendenziell dort möglich, wo es nicht um den Status selbst und seine unmittelbaren Rechtsfolgen für das Kind sondern um andere Fragen geht.[23] Abgelehnt wurde eine Inzidentfeststellung zur Klärung des Erbrechts gegenüber den Großeltern.[24]

b) Ansprüche auf Kenntnis der eigenen Abstammung. Fraglich ist, inwieweit die Sperrwirkung des Abs. 1 der Geltendmachung des Anspruchs auf Kenntnis der eigenen Abstammung durch das Kind (dazu Vor § 1599 Rn. 6 f.) entgegensteht. Schließlich kann das Auskunftsinteresse auch bei einem (ggf. schon volljährigen) Kind bestehen, dem rechtlich bereits ein Vater zugeordnet ist, das aber nun Kenntnis von Umständen erlangt, die gegen die bestehende Vaterschaft sprechen.

---

[15] KG NJWE-FER 1998, 126; OLG Koblenz FamRZ 1999, 241; FamRZ 1976, 359; OLG Hamburg FamRZ 1996, 224; OLG Frankfurt FamRZ 1983, 827; *Zöller/Philippi* § 76 FamFG Rn. 52.
[16] Vgl. *Gottwald* FamRZ 1996, 873.
[17] KG FamRZ 1970, 141; OLG Frankfurt FamRZ 1983, 827; OLG Hamburg NJW-RR 1996, 1; OLG Koblenz FamRZ 1976, 359; OLGRp Stuttgart 1998, 89; *Staudinger/Rauscher* Rn. 70; aA OLG Koblenz NJW-FER 1997, 103.
[18] Zum alten Recht: BGHZ 80, 218 = NJW 1981, 1372.
[19] OLG Köln MDR 1967, 1010; *Soergel/Gaul* § 1593 aF Rn. 19.
[20] AllgM; BGHZ 76, 299, 304; BGHZ 80, 218; BGHZ 92, 275, 278; OLG Düsseldorf NJW 1990, 1244.
[21] OLG Koblenz FamRZ 2009, 1929.
[22] Vgl. BGHZ 72, 299, 300 f.; BGHZ 45, 356, 359; BGH NJW 1985, 428, 429; *Feuerborn* FamRZ 1991, 515, 517 f.; *Heukamp* FamRZ 2007, 606, 607.
[23] *Feuerborn* FamRZ 1991, 515, 520.
[24] LG Berlin FamRZ 2011, 1308.

§ 1599 8–10

Auch für die Vorbereitung einer Vaterschaftsanfechtung kann es für das Kind entscheidend sein zu wissen, mit wem die Mutter in der Empfängniszeit verkehrt hatte; denn erst infolge dieser Auskunft ist das Kind in der Lage, einen Feststellungsantrag nach § 1600d in Bezug auf den leiblichen Vater zu stellen. Und eben davon mag wiederum abhängen, ob man sich überhaupt zu einer Vaterschaftsanfechtung durchringt. Rechtlich problematisch ist in solchen Fällen aber, dass hier zunächst noch eine andere Vaterschaft besteht, so dass die Geltendmachung des Auskunftsanspruchs an sich der in § 1599 Abs. 1 verankerten **Schutz- und Sperrwirkung** des bestehenden Status (dazu Rn. 1 ff.) zuwiderläuft. Teilw. werden Auskunftsansprüche daher verneint, wenn sie dem Befriedigungszweck des Status widersprechen. Einen (isolierten) Antrag auf Auskunft könne daher nur das Kind erheben, dessen Vater (noch) nicht feststehe.[25] Diese Auffassung ist jedoch abzulehnen;[26] schließlich stellt weder das Auskunftsverlangen noch die Auskunft den Status als solchen schon in Frage. Wenn die Auskunft der **Vorbereitung der Vaterschaftsanfechtung** dienen soll, so liegt es nicht anders als etwa beim Verlangen des Kindes nach einem Verfahrenskostenvorschuss für das Anfechtungsverfahren; und insoweit ist anerkannt, dass Maßnahmen der Anfechtung selbst wie auch ihrer Vorbereitung[27] zulässig sein müssen (s. Rn. 4). Auch wenn es den ges. Anspruch auf Mitwirkung an einer genetischen Untersuchung gibt (§ 1598a), sollte dem Kind die Alternative des Auskunftsverlangens ebenfalls offen stehen. In diesem Sinne hat sich eben auch das BVerfG[28] geäußert, das zu Gunsten des rechtlichen Vaters aus genau diesen Gründen ein vorgeschaltetes Feststellungsverfahren forderte, das der schlichten Abstammungsfeststellung ohne statusrechtliche Folgen dient.

8 **c) Eheverbot.** Das Eheverbot des § 1307 wegen Verwandtschaft ist aus überwiegendem öffentlichen Interesse an der Vermeidung von Ehen naher Blutsverwandter unabhängig von einer Vaterschaftsanfechtung beachtlich. Wenn § 1307 S. 2 bestimmt, dass das Eheverbot auch gilt, wenn die rechtliche Verwandtschaft durch Adoption erloschen ist, so wird deutlich, dass die leibliche Abstammung entscheidend ist.[29] Das Eheverbot besteht also auch zwischen dem Kind und seinem leiblichen Erzeuger und dessen Abkömmlingen, unabhängig davon, ob die Vaterschaft des leiblichen Erzeugers im rechtlichen Sinne besteht oder nicht (eigentlich nicht Anfechtungsfall). Entsprechendes muss für den Fall der Abweichung von ges. und genetischer Mutterschaft gelten.[30]

9 **d) Scheidungsvoraussetzungen.** Der Aspekt des Ehebruchs der Frau und der Scheinehelichkeit von Kindern kann ferner auch inzident bei Anwendung der Härteklauseln der §§ 1565 Abs. 2, 1568 Bedeutung erlangen.[31] Allerdings wird ein Ehebruchskind idR noch keinen Härtefall iSv. § 1565 Abs. 2 darstellen (zur Ausnahme während des Scheidungsverfahrens Rn. 55). Das Interesse des Mannes, bald geschieden zu werden, kann aber im Rahmen von § 1568 Bedeutung erlangen, so dass das Interesse des Kindes, seine familienrechtliche Stellung zu behalten und nicht außerhalb des Statusverfahrens in einen Streit um seine Abstammung hineingezogen zu werden, ggf. zurückzustehen hat.[32]

10 **e) Unterhaltsansprüche.** „Aus der Ehe hervorgegangene Kinder" iSv. § 1568 und „gemeinsame" („gemeinschaftliche") Kinder iSv. §§ 1360a Abs. 1 und 1570 sind auch nicht vom Ehemann abstammende scheineheliche Kinder, solange die Vaterschaft nach § 1592 Nr. 1 nicht angefochten ist.[33] So kann auch der Unterhaltsanspruch einer getrennt lebenden Ehefrau (§ 1361) grundsätzlich nicht entgegen § 1599 Abs. 1 deshalb verneint werden, weil das während der Ehe geborene Kind von einem anderen Mann stammt und das Vaterschaftsanfechtungsverfahren bereits anhängig ist.[34] Entsprechendes gilt für den Unterhaltsanspruch aus § 1615l Abs. 2, solange die auf Anerkennung beruhende Vaterschaft nicht wirksam angefochten ist. Allerdings kann die (behauptete) fehlende Abstammung Bedeutung bei der Beurteilung der Voraussetzungen von § 1579, der unterhaltsrechtlichen Härteklausel, gewinnen. So hat es der BGH für eine Versagung oder Kürzung des nachehelichen **Unterhaltsanspruchs der geschiedenen Ehefrau** nach § 1579 Nr. 7 in einer älteren

---

[25] *Eidenmüller* JuS 1998, 789, 793; aA *Mansees* NJW 1988, 2986.
[26] So auch *Staudinger/Rauscher* Rn. 60 und Einl. zu §§ 1589 ff. Rn. 125 f.; *Rauscher* FamR Rn. 770; *Erman/Hammermann* 1589 Rn. 5, 13; *Gernhuber/Coester-Waltjen* § 52 Rn. 7.
[27] S. bez. Pflegerbestellung BGH NJW 1975, 345; *Soergel/Gaul* § 1593 Rn. 22.
[28] BVerfG NJW 2007, 753 = FamRZ 2007, 441; s. Vor §§ 1599 ff. Rn. 9.
[29] *Erman/Hammermann* § 1592 Rn. 24; *Staudinger/Rauscher* § 1594 Rn. 21; *Gernhuber/Coester-Waltjen* § 52 Rn. 11; *Soergel/Gaul* § 1593 aF Rn. 16; *Feuerborn* FamRZ 1991, 515, 517; vgl. auch BGHZ 14, 358, 361 = NJW 1954, 1801; aA OLG Frankfurt MDR 1956, 551.
[30] So auch *Diederichsen* NJW 1998, 1977, 1979.
[31] Dazu BGHZ 45, 356 = NJW 1966, 1913 zu § 42 EheG; *Staudinger/Rauscher* Rn. 71.
[32] So auch OLG Bamberg FamRZ 1985, 1069, 1070.
[33] BGH NJW 1985, 428; *Soergel/Gaul* § 1593 aF Rn. 16; zweifelnd *Gernhuber/Coester-Waltjen* § 52 Rn. 8.
[34] OLG Frankfurt FamRZ 1981, 1063 m. krit. Anm. *Bosch*.

Entscheidung genügen lassen, dass die Frau den Mann mit unlauteren Mitteln davon abhielt, die Ehelichkeit des unstr. im Ehebruch gezeugten Kindes rechtzeitig anzufechten und die Geburt des Kindes die Ehe zum Scheitern brachte.[35] Ein **Unterhaltsentzug nach § 1579 Nr. 7, 8** kann zudem in Betracht kommen, wenn das Kind unstr. aus einer außerehelichen Beziehung stammt und die Mutter den Mann von der rechtzeitigen Vaterschaftsanfechtung abgehalten hatte.[36] In solchen Ausnahmefällen steht § 1599 Abs. 1 der Anwendung der negativen Härteklausel des § 1579 nicht entgegen.[37] Im Normalfall bedarf es jedoch grundsätzlich der vorherigen Vaterschaftsanfechtung.[38]

f) Versorgungsausgleich. Ähnlich wie beim Unterhaltsanspruch kann der Tatbestand des Unterschiebens eines Ehebruchskindes auch bei der Härteklausel des Versorgungsausgleichsrechts (§ 27 VersAusglG) ausnahmsweise Bedeutung erlangen. Zwar gilt auch hier der Grundsatz, dass der Ausschluss des **Versorgungsausgleichs** wegen **grober Unbilligkeit** (§ 27 VersAusglG; früher § 1587c BGB) vor rechtskräftiger Entsch. über die Vaterschaftsanfechtung nicht darauf gestützt werden darf, dass das Kind nicht vom ges. Vater bzw. Ehemann abstamme, sondern ihm von der Mutter untergeschoben worden sei.[39] Ein relevantes Fehlverhalten kann im Einzelfall aber darin liegen, dass die ausgleichsberechtigte Frau den Verpflichteten in den irrigen Glauben versetzt oder ihn trotz eigener Zweifel in der Annahme belassen hatte, der Vater ihres Kindes zu sein.[40] Dabei wird aber vorauszusetzen sein, dass die anderweitige Abstammung des Kindes zwischen den Ehegatten unstreitig ist. Hierauf hat der BGH[41] auch in einem Fall abgestellt, in dem die Ehegatten zwar 28 Jahre verheiratet gewesen, davon aber 12 Jahre getrennt gelebt hatten, und die Frau vier Jahre nach Trennung von ihrem neuen Lebensgefährten ein Kind bekam. Der Ehemann begehrte angesichts der langen Trennungszeit die Herabsetzung des Versorgungsausgleichs, obwohl die Frau in dieser Zeit mit der Betreuung des rechtlich gemeinschaftlichen Kindes eigentlich eine aus der Ehe herrührende Aufgabe wahrgenommen hatte. Hier durfte sich der Ehemann, der nach wie vor rechtlicher Vater war, entgegen § 1599 Abs. 1 BGB auf die (zwischen den Parteien unstreitige) anderweitige Abstammung der Tochter berufen. Laut BGH ist entscheidend, ob und in welcher Intensität die schutzwürdigen Interessen des Kindes und der Familienfriede dadurch beeinträchtigt werden, dass sich ein Elternteil auf eine potenzielle Nichtabstammung des Kindes vom rechtlichen Vater beruft. Im vorliegenden Fall war insoweit aber klar, dass sich auch durch die Inzidentfeststellung der unstrittigen und daher nicht beweisbedürftigen Vaterschaft des Lebensgefährten der Mutter an der Beziehung des Kindes sowohl zum rechtlichen wie zum leiblichen Vater nichts ändern würde.

g) Anwalts- und Arzthaftung. Nimmt der geschiedene Ehemann einen **Rechtsanwalt**, der fahrlässig die Frist zur Vaterschaftsanfechtung versäumt hat, wegen des dem Kind geleisteten Unterhalts auf **Schadensersatz** in Anspruch, so steht dem § 1599 Abs. 1 nicht entgegen.[42] Der Status des Kindes und die daraus entstehenden Rechtsfolgen bleiben hier im Grunde unberührt. Das Interesse des Mannes daran, nicht die Folgen einer schuldhaften Schädigung durch den Anwalt tragen zu müssen, wiegt schwerer als das Interesse des Kindes, dass seine Abstammungsverhältnisse nicht in einem gerichtlichen Verfahren erörtert werden.[43] Eine andere Frage ist, ob es in diesen und ähnlichen Fällen dem Kind zuzumuten ist, sich einer Blutprobe zu unterziehen (§ 178 Abs. 1 FamFG).[44] Eine inzidente Abstammungsklärung muss auch im **Arzthaftungsprozess** möglich sein, wenn der Arzt von den Eheleuten auf Ersatz eines durch eine fehlgeschlagene Sterilisation des Mannes entstandenen Unterhaltsschadens in Anspruch genommen wird.[45] Kann der Arzt beweisen, dass das Kind nicht vom Ehemann abstammt, fehlt es an der Kausalität zwischen seinem Kunstfehler und dem eingetretenen „Schaden". Dieser Nachweis sollte möglich sein, denn hier geht es ebenfalls

---

[35] BGH FamRZ 1983, 670, 671; BGH NJW 1985, 428, 429; OLG Celle NJW-RR 1987, 580; OLG Oldenburg FamRZ 1991, 448; *Soergel/Gaul* § 1593 aF Rn. 16; *Staudinger/Rauscher* Rn. 74.
[36] BGH FamRZ 1985, 51, 53; OLG Nürnberg FamRZ 1990, 674; *Rauscher* FamR Rn. 770.
[37] So auch OLG Hamm FamRZ 1981, 257; *Staudinger/Rauscher* Rn. 74.
[38] OLG Köln FamRZ 2003, 1751; OLG Düsseldorf NJW-RR 1994, 197; BGH FamRZ 1985, 267; OLG Hamm NJW 1992, 1515.
[39] BGH NJW 1983, 824, 825; zu Recht krit. *Staudinger/Rauscher* Rn. 75 f.
[40] Vgl. BGH FamRZ 1987, 362; ferner BGH FamRZ 1985, 267; OLG Karlsruhe FamRZ 1994, 1474, wo Nichtehelichkeit inzwischen rechtskräftig feststand.
[41] BGH FamRZ 2008, 1836.
[42] Vgl. (teilw. zum alten Recht) BGHZ 72, 299, 300 f. = JR 1979, 204 m. abl. Anm. *Görgens*; BGH NJW-RR 1987, 898; *Palandt/Brudermüller* § 1600d Rn. 18; *Staudinger/Rauscher* Rn. 80.
[43] S. auch BGHZ 45, 356; *Tiedtke* FamRZ 1970, 232, 235; *Bosch* FamRZ 1972, 37; aA OLG Köln NJW 1967, 1090 m. abl. Anm. *Dunz*.
[44] Dazu *Dunz* (Fn. 43).
[45] Zur Verfassungsmäßigkeit der Arzthaftung s. BVerfG NJW 1998, 519 u. 523.

nicht um den Status des Kindes oder statusrechtliche Rechtsfolgen.[46] Der Arzt kann sich hier auch auf Art. 103 Abs. 1 GG stützen.

13   **h) Strafrecht und öffentliches Recht.** Ausnahmen von der Sperrwirkung des § 1599 Abs. 1 sind auch im Strafrecht zuzulassen.[47] Für die Verwandtschaft im strafrechtlichen Sinne kommt es gerade auch auf die blutsmäßige Abstammung an, was etwa beim entschuldigenden Notstand (§§ 35, 11 Abs. 1 Nr. 1 a StGB), beim Beischlaf zwischen Verwandten (§ 173 StGB) und beim sexuellen Missbrauch von Schutzbefohlenen (§ 174 Abs. 1 Nr. 3 StGB) Bedeutung erlangen kann. Der Nachweis der Blutsverwandtschaft abw. von §§ 1592, 1599 Abs. 1 ist hier möglich, doch ist die innere, subjektive Tatseite stets sorgfältig zu prüfen.[48] Umgekehrt dürfen für die Feststellung des objektiven Tatbestandes der Unterhaltspflichtverletzung (§ 170 StGB) die Wirkungen einer bestehenden Vaterschaft aber nicht außer Betracht bleiben.[49] Solange nicht angefochten ist, ist der Tatbestand des § 170 StGB zu bejahen. Prozessuale Weigerungsrechte können ausgeübt werden, auch ohne dass die Vaterschaft gerichtlich festgestellt ist.

14   Im **öffentlichen Recht** ist auf **§ 52 Abs. 2 BVG** zu verweisen, wonach ein Kind keinen Anspruch auf Hinterbliebenenrente hat, wenn der Ehemann der Mutter während der Dauer der Empfängniszeit verschollen war.[50] Im Übrigen darf die Sperrwirkung bestehender Vaterschaftstatbestände im Recht der sozialen Sicherung, insbes. der Sozialversicherung, jedoch nicht außer Acht bleiben.[51] Zu beachten ist die Sperrwirkung im öffentlichen Recht grundsätzlich überall dort, wo es auf den familienrechtlichen Status einer Person ankommt, zB in § 11 Abs. 2 WehrpflG.[52] Gleiches gilt grundsätzlich für die Anwendung des BEEG (**Bundeselterngeld-** und Elternzeitgesetz) oder des BKGG (Bundeskindergeldgesetz); auskunftspflichtig nach § 10 Abs. 1 BKGG ist nur der Vater iSd. § 1592. Beachtlich ist allerdings, dass § 1 Abs. 3 **BEEG** auch schon dem Mann einen Anspruch auf Elterngeld einräumt, dessen Anerkennung nach § 1594 Abs. 2 noch nicht wirksam ist oder über dessen Feststellungsantrag nach § 1600d noch nicht entschieden ist.

II. Gegenstand der Vaterschaftsanfechtung

15   **1. Anfechtung der Vaterschaft nach § 1592 Nr. 1.** Im Mittelpunkt der Anfechtungsverfahren steht der Vaterschaftstatbestand des § 1592 Nr. 1 (früher „Ehelichkeitsanfechtung"). Von der Ausnahmeregelung gem. Abs. 2 (dazu Rn. 55 ff.) abgesehen, kann der Ehemann der Mutter die genetisch unzutr. Vaterschaft nur durch die Vaterschaftsanfechtung beseitigen. Nicht erforderlich ist eine Anfechtung aber dann, wenn das Kind erst nach Rechtskraft des Scheidungsbeschlusses geboren wird, weil in diesem Fall keine Vaterschaft nach § 1592 Nr. 1 mehr begründet wird. Bei einer **Nichtehe** (zum Begriff vgl. § 1310 Rn. 1) liegt keine Vaterschaft iSv. § 1592 Nr. 1 vor, so dass das Nichtbestehen dieser angeblichen Vaterschaft ohne Weiteres geltend gemacht werden kann.[53] Die (nur ex nunc wirkende) **Aufhebung einer Ehe** (§ 1314) lässt die Vaterschaft nach § 1592 Nr. 1 unberührt, so dass es zu ihrer Beseitigung der Anfechtung bedarf. Wird ein Kind schon vor Eheschließung seiner Eltern geboren, kommt nur eine Vaterschaft kraft Anerkennung (§ 1592 Nr. 2) oder gerichtlicher Feststellung (Nr. 3) in Betracht. Vor Geburt des Kindes ist die Anfechtung noch nicht möglich, weil noch gar keine anfechtbare Vaterschaft iSv. § 1592 Nr. 1 besteht.[54]

16   **2. Anfechtung bei Geburt des Kindes innerhalb der Sperrfrist des § 1593 S. 1, 2.** Ein Fall der Vaterschaft nach § 1592 Nr. 1 liegt auch vor, wenn das Kind von der Ehefrau innerhalb der 300 Tage-Frist des § 1593 S. 1 nach Auflösung der Ehe durch den Tod des Mannes geboren wird. Auch zur Beseitigung dieser Vaterschaft ist daher die Anfechtung notwendig. Anders liegt es bei Kindern, die **später als 300 Tage** nach Auflösung der Ehe durch Tod des Ehemanns geboren werden. In diesen Fällen ist die Geltendmachung des Nichteingreifens von § 1592 Nr. 1 ohne Weite-

---

[46] Vgl. *Feuerborn* FamRZ 1991, 515 f.
[47] S. *Soergel/Gaul* § 1593 aF Rn. 18; *Staudinger/Rauscher* Rn. 84.
[48] S. *Lenckner* in *Schönke/Schröder*, Strafgesetzbuch, 27. Aufl. 2006, § 35 Rn. 15, 41 ff.; § 173 Rn. 4, 6; § 174 Rn. 11; ferner BGHSt 29, 387 = NJW 1981, 1326, § 174 Abs. 1 Nr. 3 beziehe sich ausschließlich auf die blutsmäßige Abstammung.
[49] *Soergel/Gaul* § 1593 aF Rn. 18; BGHSt 12, 166; zu den Wirkungen der erfolgreichen Anfechtung im Fall der Vorverurteilung wegen Unterhaltspflichtverletzung OLG Hamm NJW 2004, 2461.
[50] Diese Regelung ist mit dem GG vereinbar, vgl. BVerfGE 9, 201 = NJW 1959, 1027; dazu krit. *Ahrens* FamRZ 1976, 95, 97.
[51] BSGE 5, 249, 252; (GS) 12, 147, 149, 151; 29, 32, 34; ferner *Soergel/Gaul* § 1593 aF Rn. 17; s. auch BSG FamRZ 1983, 270 f. (Kindergeldrecht) sowie VG Düsseldorf NJW 1986, 676 f. (Staatsangehörigkeit des Kindes).
[52] BVerwG NJW 1968, 1545, 1546.
[53] Vgl. zum früheren Recht LG Bonn StAZ 1985, 135.
[54] OLG Rostock FamRZ 2007, 1675; *Grün* Rn. 204.

Nichtbestehen der Vaterschaft   17–21 § 1599

res möglich; es sei denn, es steht fest, dass das Kind mehr als 300 Tage vor seiner Geburt bzw. vor dem Tod des Mannes empfangen wurde (§ 1593 S. 2; s. § 1593 Rn. 8 f.).

Verheiratet sich die Frau nach dem Tod des Ehemanns ein weiteres Mal und wird danach ein Kind geboren, für das dann sowohl die Voraussetzungen der Vaterschaft des zweiten Ehemanns nach § 1592 Nr. 1 erfüllt sind als auch die der Vaterschaft des ersten Mannes nach § 1593 S. 1 iVm. § 1592 Nr. 1, so ist das Kind laut Gesetz nur als Kind des neuen Ehemanns anzusehen (§ 1593 S. 3); schließlich spricht die Lebenserfahrung hier eher für die Vaterschaft des zweiten Mannes. Gegenstand einer Anfechtung kann dementspr. zunächst auch nur diese Vaterschaft des zweiten Mannes sein. Wird die Anfechtung erfolgreich durchgeführt, so lebt nach § 1593 S. 4 die zuvor gem. S. 3 verdrängte Vaterschaft des verstorbenen ersten Ehemanns nach § 1593 S. 1 iVm. § 1592 Nr. 1 wieder auf. Von diesem Augenblick an kann somit auch diese Vaterschaft wiederum Gegenstand einer gerichtlichen Anfechtung sein. Erst wenn auch ein darauf gerichteter Anfechtungsantrag durchgreift, ist das Kind vaterlos. 17

3. Anfechtung bei Verschollenheit des Vaters. Bei Kindern eines Verschollenen, für die zunächst eine Vaterschaft nach § 1592 Nr. 1 bestand, weil sie geboren sind, bevor der Mann für tot erklärt wurde, entfällt der Tatbestand der Nr. 1 ohne vorheriges Anfechtungsverfahren rückwirkend, wenn später als Todeszeitpunkt (vgl. § 9 Abs. 2, 3 VerschG) ein Tag festgestellt wird (§ 44 VerschG), der mehr als 300 Tage vor der Geburt liegt und nicht feststeht, dass das Kind früher von diesem Mann gezeugt wurde.[55] War der Anfechtungsantrag bereits erhoben, so ist das Verfahren mit Rechtskraft der Todeserklärung in der Hauptsache erledigt. Im Übrigen besteht die Vaterschaft nach § 1592 Nr. 1 solange, wie die Lebensvermutung des § 10 VerschG gilt. 18

4. Anfechtung bei Vaterschaft kraft Anerkennung, § 1592 Nr. 2. Der Vaterschaftstatbestand des § 1592 Nr. 2 auf Grund Anerkennung kann nur dann eingreifen, wenn die Voraussetzungen der Nr. 1 von vornherein nicht gegeben waren, die Vaterschaft nach Nr. 1 zuvor wirksam angefochten worden war oder der Sonderfall einer Anerkennung nach Abs. 2 vorliegt. Besteht auf Grund **wirksamer Anerkennung** eine Vaterschaft nach § 1592 Nr. 2, kann ihre Beseitigung ausschließlich im Wege der Anfechtung erfolgen (Abs. 1). Das gilt auch für den Fall, dass die Anerkennung erst infolge Heilung nach § 1598 Abs. 2 wirksam wurde. Anders liegt es jedoch, wenn auf Grund fehlender Voraussetzungen noch gar keine voll wirksame Anerkennung vorlag, da dann ohnehin noch keine Vaterschaft iSv. § 1592 Nr. 2 bestand. Dann bedarf es keiner Anfechtung; die Unwirksamkeit der Anerkennung kann in beliebiger Weise geltend gemacht werden (s. § 1598 Rn. 21). Die Anfechtung ist auch der einzige Weg zur Beseitigung von **Anerkenntnissen und Schuldtiteln** iSv. Art. 12 § 3 Abs. 1 NEhelG. Die Wirksamkeit solcher Anerkenntnisse beurteilt sich weiterhin nach früherem Recht (näher 3. Aufl. § 1593 Rn. 7 f.). Einzelheiten zur Anfechtung und den Anfechtungsberechtigten enthält dazu Art. 12 § 3 Abs. 2 NEhelG. 19

Anerkennungen der Vaterschaft nach dem Recht der **ehemaligen DDR** aus der Zeit vor dem Beitritt sind nach der Überleitungsvorschrift des Art. 234 § 7 Abs. 1 EGBGB unberührt geblieben.[56] Sie beurteilen sich nach der Grundnorm des Art. 234 § 1 EGBGB jedoch hins. ihrer Wirkungen seit dem 3. 10. 1993 nach dem BGB und können insbes. nur noch nach dessen insoweit maßgeblichen Vorschriften angefochten werden, soweit in Art. 234 §§ 2 bis 15 EGBGB nichts anderes bestimmt ist.[57] Nach der Kindschaftsrechtsreform richtet sich die Anfechtung daher auch in diesen Fällen grundsätzlich nach den §§ 1599 ff. Darin liegt keine verfassungsrechtlich bedenkliche echte Rückwirkung.[58] 20

5. Anfechtung der Vaterschaft bei Kindern, die durch nachfolgende Ehe legitimiert wurden (§ 1719 aF). Mit der durch das KindUG und KindRG durchgesetzten rechtlichen Gleichstellung von ehelichen und nichtehelichen Kindern ist der Zweck der Vorschriften über die Legitimation, das nichtehelich geborene Kind und seine Entfaltungsmöglichkeiten vor Benachteiligung zu bewahren, entfallen.[59] Diese Vorschriften konnten daher gestrichen werden. Die Vaterschaft im Hinblick auf die nach altem Recht bereits legitimierten Kinder beurteilt sich insoweit aber immer noch nach den alten Vorschriften (vgl. Art. 224 § 1 Abs. 1 EGBGB). Es handelt sich um Vaterschaften kraft Anerkennung oder gerichtlicher Feststellung. Die Anerkennung konnte dabei als (normale) Vaterschaftsanerkennung nach den §§ 1600b bis 1600 e aF der Legitimation vorausgegangen sein oder auch allein auf dem in der Verheiratung des Vaters mit der Mutter liegenden notwendigen Anerkenntnis 21

---

[55] Vgl. auch § 1593 Rn. 14; ferner OLG Düsseldorf StAZ 1974, 209. Kritik an der ges. Regelung bei *Beitzke*, FS Müller-Freienfels, 1986, S. 31, 40.
[56] Vgl. OLG Hamm FamRZ 2004, 1053.
[57] BGH NJW 1999, 1862, 1863.
[58] BGH NJW 1999, 1862, 1863.
[59] Vgl. Rechtsausschuss BT-Drucks. 13/8511 S. 71.

beruhen. Gegenstand früherer Anfechtungsklagen war demgemäß nicht die Ehelichkeit des Kindes, sondern die Vaterschaftsanerkennung.[60] Diese Differenzierung hat sich erledigt, da das geltende Recht nur noch eine einheitliche Anfechtung der Vaterschaft kennt. Das gilt für sämtliche Legitimationsfälle, da sich die Anfechtung nun in allen Fällen nach den geltenden Vorschriften der §§ 1599 ff. richtet (Art. 224 § 1 Abs. 2 EGBGB). Die Legitimationswirkung lässt sich auch nur durch die Anfechtung beseitigen.[61] Ging der Legitimation eine **gerichtliche Feststellung der Vaterschaft** des Mannes gem. §§ 1600a, 1600 n Abs. 1 aF voraus, so hängt die Zulässigkeit der Geltendmachung des Nichtbestehens der Vaterschaft davon ab, dass die Feststellung der Vaterschaft im Wege der Wiederaufnahme des Verfahrens (§§ 578 ff. ZPO, § 185 FamFG) rechtskräftig wieder beseitigt wird.[62] Entsprechendes gilt für Kinder, die den Status der Ehelichkeit nach altem Recht durch **Ehelicherklärung** auf Antrag des Vaters (§ 1723 aF) oder auf ihren eigenen Antrag (§ 1740a aF) erlangt haben.

22   **6. Rechtslage bei Vaterschaft nach § 1592 Nr. 3.** Die gerichtliche Feststellung der Vaterschaft erfolgt erst und nur dann, wenn eine Vaterschaft nach Nr. 1 und 2 nicht besteht oder zuvor erfolgreich angefochten worden ist (§ 1600d Abs. 1). Eine Beseitigung der auf gerichtlicher Feststellung nach § 1600d Abs. 1 beruhenden Vaterschaft ist **nicht durch Anfechtung,** sondern nur im Wege des **Wiederaufnahmeverfahrens** möglich (näher § 1600d Rn. 42 f.). Solange dies nicht geschieht, steht die gerichtliche Feststellung der Vaterschaft insbes. einer wirksamen Anerkennung durch einen Dritten entgegen (§ 1594 Abs. 2).

III. Der Anfechtungsantrag

23   **1. Antrag beim FamG.** Die Vaterschaft nach § 1592 Nr. 1 oder Nr. 2 wird wirksam angefochten durch Ausübung eines Gestaltungsrechts[63] in Form des **Anfechtungsantrags** und durch die dem Antrag stattgebende gerichtliche Entsch., dass der Mann, der zuvor nach Nr. 1 oder Nr. 2 als sein Vater anzusehen war, nicht der Vater des Kindes ist. Es handelt sich um eine Abstammungssache iSv. § 169 Nr. 4 FamFG. Zuständig ist das **FamG** (§§ 23a Abs. 1 S. 1 Nr. 1, 23b Abs. 1 GVG iVm. § 111 Nr. 3 FamFG). Die örtliche Zuständigkeit regelt § 170 FamFG.[64] Die Anfechtung erfolgt durch **Antrag** des Kindes, der Mutter, des Scheinvaters oder des leiblichen Vaters,[65] vgl. § 1600 Abs. 1. Zur Vertretung des mj. Kindes bei Antragstellung s. § 1600a Rn. 8 ff. Zudem besteht ein behördliches Antragsrecht (§ 1600 Abs. 1 Nr. 5). Einen Antragsgegner gibt es – anders als im Klageverfahren nach früherem Recht – nicht mehr. Mit rechtzeitiger Einreichung des Antrags beim zuständigen Gericht wird zugleich die Anfechtungsfrist des § 1600b gewahrt. Zur Fristwahrung § 1600b Rn. 4 ff. Im Verfahren sind rechtlicher Vater, Mutter und Kind, sofern sie nicht schon Antragsteller sind, zu beteiligen, § 172 Abs. 1 FamFG (s. Rn. 25). Für einen minderjährigen Beteiligten ist ggf. ein Verfahrensbeistand zu bestellen, § 174 FamFG. Anwaltszwang gilt in Abstammungssachen im ersten und zweiten Rechtszug nicht, vgl. § 10 FamFG.[66] Von dem **materiell-rechtlichen Recht** auf Rechtsänderung, dh. auf Anfechtung der Vaterschaft, ist die **Antragstellung** als Ausübung der vom materiellen Recht verliehenen Befugnis zu unterscheiden. Diese ist eine reine **Verfahrenshandlung,** keine Willenserklärung.[67] Das gilt auch für die Anfechtung einer Vaterschaft kraft Anerkennung, die keine Anfechtung wegen Willensmängeln darstellt.

24   **Ziel der Anfechtung** ist die Feststellung, dass der nach § 1592 Nr. 1 od. 2 als Vater geltende Mann nicht der biologische Vater des Kindes ist. Ob dies der Fall ist, wird regelmäßig durch gerichtlich einzuholendes Sachverständigengutachten geklärt (dazu § 1600d Rn. 45 ff.); insoweit hat eine förmliche **Beweisaufnahme** stattzufinden, § 177 Abs. 2 FamFG. Ein zuvor von einem Beteiligten nach § 1598a außergerichtlich eingeholtes Gutachten (vgl. § 1598a Rn. 12) kann mit Zustimmung der anderen Beteiligten Verwendung finden, § 177 Abs. 2 S. 2 FamFG. Im Übrigen ist der Amtsermittlungsgrundsatz nach § 177 Abs. 1 FamFG eingeschränkt. Zum Verfahrenskostenvorschuss o. Rn. 4.

25   **2. Die Verfahrensbeteiligten.** Im Anfechtungsverfahren sind das Kind, die Mutter und der Vater (iSv. § 1592) Beteiligte § 172 Abs. 1 FamFG und somit zwingend gem. § 7 Abs. 2 Nr. 2 FamFG hinzuzuziehen. Ihnen wird der Antrag formlos mitgeteilt, § 15 Abs. 3 FamFG. Ficht der

---

[60] S. 3. Aufl. § 1593 Rn. 6 ff.; anderes galt in der ehemaligen DDR, dazu OLG Dresden FamRZ 1999, 1366.
[61] OLG Düsseldorf NJW-RR 1997, 1435.
[62] *Soergel/Gaul* § 1593 aF Rn. 14.
[63] BGH NJW 1999, 1631; *Eckebrecht* MDR 1999, 71, 72; *Staudinger/Rauscher* Rn. 11.
[64] Näher dazu *Stößer* FamRZ 2009, 923, 924; *Helms/Balzer* ZKJ 2009, 348.
[65] Zum Verfahrensrecht *Stößer* FamRZ 2009, 923 ff.; *Krause* FamRB 2009, 180; *Löhnig* FamRZ 2009, 1798; ferner *Heiter* FPR 2006, 417; ausführlich zum früheren Verfahrensrecht nach der ZPO *Grün* (1. Aufl.) Rn. 160 ff.
[66] Nach § 78 Abs. 2 FamFG kann aber die Beiordnung eines Anwalts in Betracht kommen.
[67] *Staudinger/Rauscher* Anh. § 1600d Rn. 12; *Erman/Hammermann* Rn. 2 f.; *Soergel/Gaul* § 1593 aF Rn. 4, § 1599 Rn. 2.

leibliche Vater, die Behörde oder der ges. Vertreter im Namen des Kindes an, so ist nach §§ 172 Abs. 2, 176 Abs. 1 S. 1 FamFG zudem das Jugendamt auf dessen Antrag hin zu beteiligen. Der Antragsteller selbst ist bereits Beteiligter nach § 7 Abs. 1 FamFG.[68] Ist für das minderjährige Kind ein Verfahrensbeistand nach § 174 FamFG bestellt worden, so ist auch der Beistand Verfahrensbeteiligter, §§ 174 S. 2, 158 Abs. 3 S. 2 FamFG. Der potenzielle leibliche Vater ist nur als selbst Anfechtender Beteiligter nach § 7 Abs. 1 FamFG; ansonsten ist er nicht von Amts wegen zu beteiligen,[69] da er eben nicht Vater iSv. § 172 Abs. 1 FamFG ist. Die gerichtliche Entscheidung hat auch keine unmittelbaren Auswirkungen für seine Rechtsstellung.[70] Mangels Beschwer steht ihm zudem kein Beschwerderecht zu, vgl. § 59 Abs. 1 FamFG.[71] Die nach früherem Verfahrensrecht gem. § 640e Abs. 2 ZPO aF bestehende Möglichkeit, ihm den Streit zu verkünden, ist im FamFG-Verfahren hinfällig geworden. Gleiches gilt für die Nebenintervention.[72] Der potenzielle **leibliche Vater** hat somit keine Möglichkeiten, auf das Anfechtungsverfahren, das sich auf die Vaterschaft des rechtlichen Vaters bezieht, Einfluss zu nehmen.[73] Er könnte allenfalls gem. § 7 Abs. 3 FamFG beantragen, zum Verfahren nach § 7 Abs. 2 Nr. 1 FamFG hinzugezogen zu werden. Dieser Antrag wird aber regelmäßig zurückzuweisen sein, da kein rechtlich geschütztes Interesse des leiblichen Vaters ersichtlich ist, auf den bisherigen Status des Kindes einzuwirken.[74] Auch sonstige, vom Anfechtungsverfahren mittelbar betroffene Personen, zB Großeltern oder Geschwister des Kindes, kommt keine Beteiligtenstellung zu.

Stirbt ein Beteiligter (iSv. § 172 Abs. 1 oder § 7 Abs. 1 FamFG) vor Rechtskraft der Endentscheidung, hat das Gericht die übrigen Beteiligten darauf hinzuweisen, dass das Verfahren nur fortgesetzt wird, wenn ein Beteiligter innerhalb einer Frist von einem Monat dies durch Erklärung gegenüber dem Gericht verlangt, § 181 S. 1 FamFG. Verlangt kein Beteiligter die Fortsetzung, gilt das Verfahren als in der Hauptsache erledigt, § 181 S. 2 FamFG. Sind Personen, die sonst nach § 172 Abs. 1 FamFG zu beteiligen wären, bereits vor Beginn des Verfahrens **verstorben**, so fand früher ein Antragsverfahren nach § 1600e Abs. 2 aF statt. Auf Basis des FamFG handelt es sich nunmehr aber in allen Fällen um Antragsverfahren, so dass es keiner Sonderregelung für diesen Fall mehr bedurfte (s. auch § 1600d Rn. 23 f.). Es fragt sich aber, ob weitere Personen als Beteiligte iSv. § 7 Abs. 2 Nr. 1 FamFG hinzuzuziehen sind, die an Stelle des Verstorbenen im Verfahren seine Interessen wahrnehmen. Hier wird zu Recht vorgeschlagen, in Fortführung des Rechtsgedankens von § 55b FGG aF. nahe Angehörige des Verstorbenen hinzuzuziehen.[75]

3. Anforderungen an die Substantiierung des Anfechtungsantrags. a) Der frühere Meinungsstreit. Während einige Obergerichte angesichts der Besonderheit des Streitstoffs und der guten Aussichten, die Abstammungsfrage von Amts wegen eindeutig zu klären, weder an die **Schlüssigkeit** des Vorbringens noch an die Substantiierungspflicht strenge Anforderungen stellten,[76] verfolgte der BGH[77] – und mit ihm das BVerfG[78] – stets eine andere Linie. Für die Anfechtung des Mannes, der nach § 1592 Nr. 1 oder 2 als Vater gilt, ist danach nicht ausreichend, dass der Antragsteller schlicht

---

[68] Zur früheren Rechtslage auf Basis von § 640e Abs. 1 ZPO: OLG Stuttgart FamRZ 2004, 1986, sonst wesentlicher Verfahrensmangel.
[69] *Stößer* FamRZ 2009, 923, 927; *Grün* Rn. 202. Das galt auch nach früherem Verfahrensrecht, vgl. BGH NJW 2007, 3062; OLG Oldenburg FamRZ 2004, 1985 = NJW-RR 2004, 871; *Gaul* FamRZ 1997, 1441, 1461; *Büttner* FamRZ 1998, 585, 593; *Staudinger/Rauscher* Anh. § 1600d Rn. 44.
[70] Vgl. BGHZ 173, 90 = NJW 2007, 3065, Tz. 16; *Helms/Balzer* ZKJ 2009, 348, 350.
[71] Noch zum früheren Recht BGH NJW 2007, 3062; BGHZ 173, 90 = NJW 2007, 3065; ferner OLG Jena NJW 2007, 229.
[72] Vgl. zum früheren Recht: BGH FamRZ 2010, 1243, Nebenintervention der Mutter; BGH NJW 2009, 2679 (nur unselbständige Nebenintervention des leiblichen Vaters, kein streitgenössischer Nebenintervenient); BGHZ 173, 90 = NJW 2007, 3065 (keine Nebenintervention des leiblichen Vaters im postmortalen Vaterschaftsanfechtungsverfahren; BGH NJW 2009, 1496 (zur streitgenössischen Nebenintervention der Mutter); BGHZ 76, 299 = NJW 1980, 1693; *Schulte-Bunert/Weinreich/Schwonberg* § 172 FamFG Rn. 21; *Staudinger/Rauscher* Anh. § 1600d Rn. 44; *Wieser* FuR 1998, 337, 338.
[73] Vgl. *Helms/Balzer* ZKJ 2009, 348, 350; *Schulte-Bunert/Weinreich/Schwonberg* § 172 FamFG Rn. 20 f.
[74] *Schulte-Bunert/Weinreich/Schwonberg* § 172 FamFG Rn. 22.
[75] *Helms/Balzer* ZKJ 2009, 348, 351; *Löhnig* FamRZ 2009, 1798, 1799; *Schulte-Bunert/Weinreich/Schwonberg* § 172 FamFG Rn. 27.
[76] OLG Hamm FamRZ 1996, 894; OLG München FamRZ 1982, 1239; OLG München FamRZ 1987, 969; OLG Hamburg FamRZ 1997, 1171, 1172; OLG Thüringen FamRZ 1996, 367; OLG Karlsruhe DAVorm. 1989, 416; OLG Schleswig FamRZ 2005, 1097 für PKH-Antrag.
[77] BGH NJW 2003, 585; 1998, 2976. So auch: OLG Koblenz FamRZ 2000, 1032 und 2007, 1675; OLG Dresden FamRZ 1997, 1297; OLG Köln FamRZ 2005, 43; 2004, 1987; NJW 1998, 2985; FamRZ 1993, 106; OLG Brandenburg FamRZ 2004, 480; OLG Karlsruhe FamRZ 2003, 52; dem folgend: *Eckebrecht* MDR 1999, 71, 72; *Wanitzek* FPR 2002, 390, 395; *Bamberger/Roth/Hahn* § 1600 Rn. 4; *Erman/Hammermann* Rn. 7 f.; *Klinkhammer* FF 2005, 150; *Gernhuber/Coester-Waltjen* § 52 Rn. 119.
[78] NJW 2007, 753, 756 = FamRZ 2007, 441.

behauptet, nicht der Vater des Kindes zu sein und darauf verweist, dass ein Sachverständigengutachten dies beweisen könne. Der Mann müsse vielmehr Umstände vortragen und glaubhaft machen (§ 294 Abs. 1 ZPO), die bei objektiver Betrachtung geeignet sind, Zweifel an der Abstammung des Kindes zu wecken. Man spricht kurz vom **begründeten Anfangsverdacht**. Der BGH denkt insoweit an Umstände, die zugleich geeignet sind, die zweijährige Anfechtungsfrist gem. § 1600b Abs. 1 S. 2 BGB in Gang zu setzen. Das dafür auslösende Verdachtsmoment soll auch den notwendigen Klagevortrag bilden. So ist zB der Geschlechtsverkehr während der Empfängniszeit zu leugnen oder in substantiierter Weise Mehrverkehr der Frau vorzutragen.[79] Früher war das freilich richtig, weil man im Hinblick auf die Beiwohnungsvermutung nähere Anhaltspunkte brauchte, um die Vaterschaft ermitteln zu können.[80] Mit dem med. Fortschritt hat sich das aber erledigt; heute lässt sich die Vaterschaftsfrage mit einem Abstammungsgutachten eindeutig klären.

28 Nach der vorzugswürdigen **Gegenauffassung** genügte daher für die Schlüssigkeit die bloße Behauptung des Klägers, dass er nicht der Vaters sei.[81] Schließlich ist die Darlegung des begründeten Anfangsverdachts für den Anfechtungskläger eine schwierige Angelegenheit. Das gilt vor allem dann, wenn Tatsachen belegt werden sollen, die für einen Mehrverkehr der Mutter im Empfängniszeitraum sprechen; denn Jahre später hat man kaum noch Chancen, den geschlechtlichen Umgang der Mutter zu ermitteln. Ein Auskunftsanspruch des Mannes gegen die Mutter (ggf. aus § 826) wird auch nur höchst ausnahmsweise in Betracht kommen. Beweismittel können daher kaum angeboten werden. Die Substantiierung von Anhaltspunkten zu fordern, kann aber nur sinnvoll sein, wenn für diese auch Beweis (außerhalb des Abstammungsgutachtens selbst) angetreten werden kann. Ist dies nicht möglich, zwingt man den Kläger letztlich zu erfundenen Behauptungen.[82] Das weckt auch Bedenken im Hinblick auf die prozessuale Wahrheitspflicht (§ 138 Abs. 1 ZPO). Zu Gunsten der Auffassung des BGH wird allerdings darauf verwiesen, dass man das Kind vor **überflüssigen Klagen** „ins Blaue hinein" bewahren müsse.[83] Dagegen ist jedoch einzuwenden, dass angesichts der Kosten und des Aufwands für ein Gerichtsverfahren Anträge aus Mutwilligkeit oder sachfremden Motiven sehr selten sein dürften.

29 Hinzu kommt, dass in Kindschaftssachen ohnehin der **Untersuchungsgrundsatz** gilt (§ 26 FamFG). Dem hat der BGH[84] zwar entgegen gehalten, dass der Untersuchungsgrundsatz gerade im Anfechtungsverahren eingeschränkt sei. Aus § 640d ZPO aF ergab sich nicht, dass gegen die Vaterschaft des Klägers sprechende Umstände nicht von Amts wegen berücksichtigt oder erforscht werden dürften. Eine Grenze gilt allein für den Fall, dass der Antragsteller der Berücksichtigung konkret widerspricht.[85] Wird jedoch nicht widersprochen, gilt der Untersuchungsgrundsatz uneingeschränkt. Demgemäß könnten an die Substantiierung des Tatsachenvortrags des Antragstellers geringere Anforderungen gestellt werden, solange nur sein Begehren klar genug erkennbar bleibt. Und das ist bei der Vaterschaftsanfechtung zweifellos der Fall.

30 Weiterhin verweist die Rspr. – in fragwürdiger Weise[86] – auf den Zusammenhang mit der **Anfechtungsfrist**.[87] Der BGH will in § 1600b BGB nicht nur eine Regelung der Anfechtungsfrist, sondern auch die Grundlage für die Forderung nach einem substantiierten Anfangsverdacht sehen. Dem hat sich auch das BVerfG[88] mit Blick auf den „Schutz des rechtlichen und sozialen Familienverbandes aus Art. 6 Abs. 1 GG" angeschlossen: „Ohne einen solchen faktischen Anhaltspunkt liefe auch die ebenfalls dem Schutz aus Art. 6 Abs. 1 GG dienende Anfechtungsfrist des § 1600b BGB ins Leere, denn

---

[79] OLG Köln NJW 1998, 2985; OLG Karlsruhe FamRZ 2001, 1532 (Prozesskostenhilfeverfahren).
[80] Vgl. *A. Wolf* NJW 2005, 2417, 2419; *Reichenbach* AcP 206 (2006), 598, 602.
[81] *Knoche* FuR 2005, 348; *Ohly* JZ 2005, 626; *Wellenhofer* FamRZ 2005, 665; *Zuck* ZRP 2005, 117; *Muscheler* FamR Rn. 557; *A. Wolf* NJW 2005, 2417, 2419 f.; *Rakete-Dombek* LMK 2005 II, S. 9; *Schwonberg* JAmt 2005, 265; *Balthasar* JZ 2007, 635, 636; *Reichenbach* AcP 206 (2006), 598, 603; *Rauscher* FamR Rn. 797 a; *Palandt/Brudermüller* § 1599 Rn. 6; *Schlosser* JZ 1999, 43; *Demharter* FamRZ 1985, 232, 235; *MünchKommZPO/Damrau* § 372a Rn. 5; *Mutschler* DAVorm. 1996, 377; krit. gegenüber dem BGH auch *Dethloff* FamR § 10 Rn. 54; *Staudinger/Rauscher* Rn. 18.
[82] Vgl. *Mutschler* FamRZ 2003, 74, 76; *A. Wolf* NJW 2005, 2417, 2420.
[83] AG Korbach FamRZ 2005, 290; *Erman/Hammermann* Rn. 8.
[84] NJW 1998, 2976.
[85] Gegen den BGH daher auch *Knoche* FuR 2005, 348, 353; *Schlosser* JZ 1999, 43; *Reichenbach* AcP 206 (2006), 598, 601.
[86] S. dazu schon meine Kritik in FamRZ 2005, 665, 667. Gegen das Fristargument auch: *Knoche* FuR 2005, 348, 352; *Reichenbach* AcP 206 (2006), 598, 602; *Rakete-Dombek* LMK 2005 II 9; *Balthasar* FamRZ 2007, 448; *Staudinger/Rauscher* Rn. 19.
[87] So auch AG Korbach FamRZ 2005, 290; zustimmend *Erman/Hammermann* Rn. 8; *Klinkhammer* FF 2005, 150, 151.
[88] NJW 2007, 753, 756 = FamRZ 2007, 441, 445; krit. *Frank/Helms* FamRZ 2007, 1277, 1278; *Balthasar* JZ 2007, 635, 636.

ohne objektive Umstände, von denen der rechtliche Vater erfahren hat und auf die er sich stützt, ist nicht zu berechnen, ab wann die Zweijahresfrist, innerhalb derer der Vater seine Vaterschaft anfechten kann, zu laufen beginnt, die sich gerade auf solche Umstände bezieht. Reichte zur Erfüllung der Darlegungslast allein die Behauptung aus, nicht biologischer Vater des Kindes zu sein, stünde es im Belieben des Vaters, seine Zweifel zeitlich so zu platzieren, dass sie jederzeit der Anfechtungsfrist genügen. Damit aber würde der vom Gesetzgeber vorgenommene Ausgleich der grundrechtlich geschützten Interessen von Vater, Kind und Mutter unter Vernachlässigung insbes. des Kindesinteresses am Erhalt seiner rechtlichen und sozial-familiären Bindungen einseitig zu Gunsten des Interesses des Vaters an der Lösung des rechtlichen Bandes zwischen ihm und dem Kind verschoben".

b) Neuregelung in § 171 Abs. 2 FamFG. Der Meinungsstreit hat sich mittlerweile weitgehend erledigt, da der Gesetzgeber das Substantiierungserfordernis nun in § 171 Abs. 2 S. 2 FamFG festgeschrieben hat.[89] Danach „sollen" im Vaterschaftsanfechtungsverfahren die Umstände angegeben werden, die gegen die Vaterschaft sprechen sowie der Zeitpunkt, in dem diese Umstände bekannt wurden. Die bislang eigentlich nur für die Anfechtung durch den Ehemann diskutierte Problematik betrifft damit fortan alle Anfechtungsberechtigten, die die Vaterschaftsanfechtung betreiben wollen. In der Sache kann auf die genannten Rechtsprechungsgrundsätze verwiesen werden (s. Rn. 27 und 32). Da es sich nur um eine Sollvorschrift handelt, darf der Antrag bei fehlenden oder ungenügenden Angaben nicht als unzulässig zurückgewiesen werden. Das Gericht trifft im Rahmen der Verfahrensleitung die Pflicht, auf die Vervollständigung der Angaben hinzuwirken, § 28 FamFG, wobei der Antragsteller wiederum eine Mitwirkungspflicht bei der Aufklärung des Sachverhalts hat, vgl. § 27 FamFG. Erst wenn die erforderlichen Angaben trotz richterlichen Hinweises nicht nachgeholt werden, ist der Antrag zurückzuweisen.[90] Praktische Bedeutung hat die Regelung gerade auch für die Bewilligung von **Verfahrenskostenhilfe**,[91] wo im Prüfungsverfahren dann oft der Vortrag schlüssig „gebogen" wird. Für das behördliche Anfechtungsrecht enthält § 171 Abs. 2 S. 3 FamFG die Vorgabe, dass hier im Anfechtungsantrag die Umstände angegeben werden müssen, die die Annahme rechtfertigen, dass die Voraussetzungen von § 1600 Abs. 3 vorliegen, sowie der Zeitpunkt, in dem diese Umstände bekannt wurden.

c) Konkrete Anforderungen an die Substantiierung. § 171 Abs. 2 S. 2 FamFG lässt offen, welche konkreten **Anforderungen** an die Substantiierung der Verdachtsgründe zu stellen sind. In der Rechtsprechung bestand zeitweilig die Tendenz, die Anforderungen insoweit eher herabzusetzen. Es genüge, wenn sie bei objektiver Betrachtung geeignet seien, Zweifel an der Vaterschaft zu wecken und die Möglichkeit einer anderweitigen Abstammung als nicht ganz fern liegend erscheinen zu lassen.[92] Solange aber nicht einmal ärztlich bescheinigte, deutlich **eingeschränkte Zeugungsfähigkeit**[93] als hinreichendes Verdachtsmoment gewertet wird, werden die Voraussetzungen nach wie vor überzogen. Außerdem wird laut Rspr. kein hinreichender Anfangsverdacht begründet durch: die Weigerung von Mutter oder Kind, an einem Vaterschaftstest mitzuwirken[94] oder der Verwertung eines Vaterschaftstests zuzustimmen,[95] vage **Gerüchte** über einen Mehrverkehr der Mutter[96] (zB angebliche anonyme Anrufe), objektiv unzutreffende ärztliche Information über Vererbungsprinzipien,[97] laienhaft falsche Bewertung von Vererbungsprinzipien[98] oder mangelnde Ähnlichkeit zwischen Vater und Kind.[99] Vielmehr müssen konkrete für den Mehrverkehr der Mutter sprechende Umstände benannt werden, zB ein Geständnis der Mutter,[100] ggf. auch nach Konfronta-

---

[89] S. dazu BR-Drucks. 309/07 vom 10. 5. 2007, S. 89.
[90] *Stößer* FamRZ 2009, 923, 925, Zurückweisung als unzulässig; *Helms/Balzer* ZKJ 2009, 348, 349, Abweisung als unbegründet; *Staudinger/Rauscher* Anh. § 1600d Rn. 23
[91] Dazu OLG Köln NJW 1998, 2985 = FamRZ 1998, 696, auch zur wahrheitswidrigen Behauptung von Anfechtungstatsachen.
[92] BGH 1998, 2976, 2977; bestätigend BVerfG NJW 2007, 753, 757; ähnliche Forderungen bei *Zuck* ZRP 2005, 117, 118.
[93] OLG Celle NJW 2004, 449; krit. *Zuck* FPR 2007, 379, 381; großzügiger OLG Dresden FamRZ 2006, 1129.
[94] *Erman/Hammermann* Rn. 14; *Rakete-Dombek* LMK 2005 II 9; *Laumen* FamRB 2005, 132, 133; aA OLG Dresden FamRZ 2006, 1129 (iVm. eingeschränkter Fertilität); *Mutschler* FamRZ 2003, 74, 76; *A. Wolf* NJW 2005, 2417, 2420; *Rauscher* FamR Rn. 797 b.
[95] BGH FamRZ 2005, 342; *Rakete-Dombek* LMK 2005 II 9; *Laumen* FamRB 2005, 132, 133.
[96] BGH FamRZ 2008, 501; OLG Koblenz FamRZ 2007, 1675.
[97] OLG Frankfurt Beschl. v. 19. 7. 2007, 5 WF 81/07.
[98] OLG Koblenz FamRZ 2008, 805 bez. Rhesusfaktor.
[99] BGH FamRZ 2005, 342; OLG Köln FamRZ 2004, 1987; OLG Koblenz FamRZ 2007, 1675 zu Gerüchten; *Erman/Hammermann* Rn. 12.
[100] AG Korbach FamRZ 2005, 290; OLG Stuttgart FamRZ 2011, 382.

tion mit einem Testergebnis.[101] Sofern der anfechtungswillige Mann diesen Substantiierungserfordernissen nicht gerecht zu werden vermag, bleibt ihm allerdings die Möglichkeit, zunächst eine Abstammungsklärung nach § 1598a herbeizuführen. Dafür kommt es nicht auf die Darlegung entspr. Zweifel an (vgl. § 1598a Rn. 5). Wenn die Abstammungsbegutachtung dann die rechtliche Vaterschaft als genetisch unzutreffend ausweist, genügt dieses Ergebnis, um den für den Anfechtungsantrag geforderten Anfangsverdacht zu belegen. Das eingeholte Gutachten kann dann ggf. auch im Anfechtungsverfahren Berücksichtigung finden (§ 1598a Rn. 12).

33 **d) Keine entgegenstehende Rechtskraft.** Wurde ein Vaterschaftsanfechtungsantrag mangels hinreichender Substantiierung (als unbegründet) abgewiesen, so steht die **materielle** Rechtskraft dieser Entscheidung einem erneuten Antrag **nicht** entgegen, **wenn** dieser und damit auch der erforderliche Anfangsverdacht auf einen **neuen selbständigen,** nach der letzten mündlichen Verh. im Vorverfahren zu Tage getretenen **Lebenssachverhalt** gestützt werden. Eine bloße Abwandlung oder eine Ergänzung des Vorbringens vom Vorverfahren um weitere Einzelheiten (zB neuer Zeuge) genügen allerdings nicht.[102]

34 **4. Keine Verwertung privater Vaterschaftstests. a) Ausgangspunkt.** Angesichts der zuvor geschilderten überhöhten Anforderungen der Rspr. an die Substantiierung des Anfangsverdachts griffen manche Väter in ihrer Beweisnot auf die Möglichkeit privat eingeholter genetischer Abstammungsgutachten zurück, um sich Klarheit über ihre Vaterschaft zu verschaffen. Bei einem die Abstammung bestätigenden Ergebnis erledigt sich ein quälender Verdacht auf unauffällige und die Familie nicht belastende Weise.[103] Bei negativem Ergebnis hingegen mag der Mann über eine Anfechtung nachdenken. Damit stellte sich für die Gerichte die Frage, ob solche Vaterschaftstests[104] rechtmäßig erlangt sind und zur Begründung einer Vaterschaftsanfechtung verwendet werden können. Während ein wettbewerbsrechtliches Urt. des LG München[105] feststellte, dass die einschlägige Werbung von privaten genetischen Instituten nicht iSv. § 1 UWG gegen die guten Sitten verstoße und dass auch im Übrigen kein Anlass bestehe, ein Unwerturteil über diese Gutachten zu fällen, gehen die Oberlandesgerichte,[106] der BGH[107] und auch das BVerfG[108] davon aus, dass diese Gutachten, wenn sie ohne Einwilligung von Mutter und Kind eingeholt wurden, rechtswidrig erlangt sind[109] und daher auch nicht dazu benutzt werden dürfen, die Vaterschaftsanfechtungsantrag schlüssig zu machen.[110] Überwiegend scheint großes Unbehagen darüber zu bestehen, dass private Institute aus der Unsicherheit vieler Väter Profit schlagen.[111] Denn ein neues lukratives Betätigungsfeld für Genlabore lockt hier in der Tat. Jährlich werden in Deutschland mehr als 50 000 Vaterschaftsgutachten heimlich in Auftrag gegeben.[112] Die Hinweise darauf, dass angeblich jedes 10. Kind nicht von dem Mann abstamme, der sich für den Vater hält, sind allerdings irreführend. Diese Zahlen stammen von den Laboren selbst und beziehen sich regelmäßig allein auf die Quote bei den untersuchten Proben.[113] Untersucht werden aber ja nur die Fälle, in denen die Beteiligten Zweifel haben.

35 **b) Urteil des BVerfG vom 13. 2. 2007.** Laut BVerfG basiert ein mit Hilfe von genetischem Datenmaterial heimlich eingeholter Vaterschaftstest auf einer nicht zu rechtfertigenden Verletzung des Rechts des betroffenen Kindes auf informationelle Selbstbestimmung, vor der die staatlichen

---

[101] OLG Koblenz NJW 2006, 1742.
[102] BGH FamRZ 2003, 155 = FPR 2003, 135.
[103] S. auch *Staudinger/Rauscher* Einl zu §§ 1589 ff. Rn. 145, „Klärungs- und Befriedigungsinstrument".
[104] Dazu allgemein *Rittner/Rittner* NJW 2002, 1745 ff.
[105] FamRZ 2003, 1580; zustimmend *Spickhoff* FamRZ 2003, 1581.
[106] OLG Celle NJW 2004, 449; OLG Thüringen FPR 2003, 374; beide Vorinstanzen der BGH-Urteile.
[107] BGH NJW 2005, 497 = FamRZ 2005, 340; OLG Koblenz NJW 2006, 1742; zustimmend: *Rittner/Rittner* NJW 2005, 945; *Rittner* FPR 2005, 187; *Klinkhammer* FF 2005, 150. Krit. gegenüber dem BGH: *Knoche* FuR 2005, 348; *Ogorek*, FS Simon, 2005, S. 459, 470 f.; *Ohly* JZ 2005, 626; *Wellenhofer* FamRZ 2005, 665; *Zuck* ZRP 2005, 117; *Muscheler* FamR Rn. 566.
[108] NJW 2007, 753.
[109] So auch *Erman/Hammermann* Rn. 13; *Wanitzek* FPR 2002, 390, 399; *Gernhuber/Coester-Waltjen* § 52 Rn. 24 ff.; *Rittner* FPR 2005, 187; *ders.* ZRP 2004, 215; *ders.* FPR 2005, 187; *Klinkhammer* FF 2007, 128, 129; *Laumen* FamRB 2005, 132; aA *Reichelt/Schmidtke* FamRZ 1995, 777, 779; *Spickhoff* in *Spickhoff/Schwab/Henrich/Gottwald* S. 13, 45.
[110] Zuletzt BGH FamRZ 2008, 501. AA OLG Karlsruhe FamRZ 2003, 52; OLG Dresden FamRZ 2005, 1491; *Reichenbach* AcP 206 (2006), 598, 608 ff.; *Staudinger/Rauscher* Einl zu §§ 1589 ff Rn. 145; wohl auch *Finger* JR 2007, 50, 53.
[111] Vgl. *Gesterick* FPR 2002, 380 f.
[112] *Rittner/Rittner* NJW 2005, 945, 946; *Braun* MDR 2010, 482, 483.
[113] Näher zu den Schätzungen *Braun* MDR 2010, 482, 483.

Nichtbestehen der Vaterschaft 36, 37 § 1599

Organe Schutz zu bieten haben. Die Vaterschaftstests könnten nicht als „Beweismittel"[114] berücksichtigt werden, weil der Richter in Ausübung staatlicher Hoheitsgewalt an die maßgeblichen Grundrechte gebunden sei und demgem. zu prüfen habe, ob die Verwertung mit dem allgemeinen Persönlichkeitsrecht des Betroffenen vereinbar sei.[115] Bei der Abwägung zwischen dem Interesse an einer funktionstüchtigen Rechtspflege und dem Schutz des **informationellen Selbstbestimmungsrechts**[116] als Ausfluss des allgemeinen Persönlichkeitsrechts habe das Interesse an der Datenverwertung nur dann höheres Gewicht, wenn weitere, über das schlichte Beweisinteresse hinausgehende Aspekte hinzukämen, die ergäben, dass es trotz der Persönlichkeitsbeeinträchtigung schutzbedürftig sei. Hierfür reiche allein das **Interesse, sich ein Beweismittel zu sichern,** nicht aus. Diese Begründung verwundert freilich;[117] schließlich ging es den Vätern um ihr ges. Anfechtungsrecht und um ihr ebenfalls grundrechtlich geschütztes Recht auf Kenntnis ihrer abstammungsrechtlichen Beziehung zum Kind. Insofern mag man die Verwertung durch das Gericht für unzulässig halten, nicht aber das Vorgehen des Vaters selbst. Eine Verletzung des Persönlichkeitsrechts des Kindes durch den Mann (etwa im Sinne von § 823 Abs. 1[118]) wäre erst zu bejahen, wenn nach sorgfältiger **Abwägung**[119] der grundrechtlich geschützten Positionen von Vater und Kind tatsächlich im Einzelfall der Schutz des Kindes als vorrangig anzusehen wäre.

Das BVerfG will es aber gar nicht erst auf die Abwägung zwischen den grundrechtlich geschützten Positionen von Vater und Kind im Einzelfall ankommen lassen, sondern präventiv einem eigenmächtigen Handeln des Vaters von vornherein entgegenwirken. Insbes. führe auch „der Umstand, dass bislang kein Verfahren zur Verfügung stehe, das es einem Mann ermögliche, die Abstammung eines ihm rechtlich zugeordneten Kindes klären und feststellen zu lassen" nicht dazu, dass ein besonders schützenswertes Interesse des Vaters anerkannt werden könne. Damit befände sich ein Mann, der seine rechtliche Vaterschaft anfechten will, noch **nicht in einer notwehrähnlichen Situation,** die es rechtfertigen könnte, dass dieser sich ohne Einwilligung und Wissen des Kindes oder seiner Mutter genetische Daten des Kindes verschafft und die Erkenntnisse daraus unter Verletzung des Persönlichkeitsrechts des Kindes im familiengerichtlichen Verfahren Verwertung finden.[120] Indes ließ sich auch mit dieser Rspr. bislang kaum verhindern, dass Männer die Dienste genetischer Institute heimlich in Anspruch nehmen. 36

c) **Neuregelung durch das Gendiagnostikgesetz.** Geändert hat sich die Rechtslage nun allerdings mit Erlass des Gendiagnostikgesetzes.[121] Insoweit war schon lange gefordert worden, die **Mindeststandards der Qualitätssicherung** als auch die Voraussetzungen für die Anfertigung von Vaterschaftsgutachten gesetzlich zu regeln.[122] Nun schreibt § 17 Abs. 1 S. 1 GenDG vor, dass eine genetische Untersuchung zur Klärung der Abstammung nur vorgenommen werden darf, wenn die Person, deren genetische Probe untersucht werden soll, zuvor über die Untersuchung aufgeklärt worden ist und in Untersuchung und Probengewinnung eingewilligt hat. Bei einer Person, die nicht in der Lage ist, Wesen, Bedeutung und Tragweite der genetischen Untersuchung zu erkennen und ihren Willen hiernach auszurichten, setzt die Untersuchung insbesondere voraus, dass der ges. Vertreter zuvor aufgeklärt wurde (s. zur Aufklärung auch § 9 GenDG) und eingewilligt hat (s. zur Einwilligung auch § 9 GenDG). Wer als Arzt, Vater, Mutter oder Kind gegen diese Vorschrift verstößt, handelt ordnungswidrig, § 26 Abs. 1 Nr. 7 GenDG. Sofern sich genetische Institute künftig an diese Regelung halten, könnte der heimliche Test somit der Vergangenheit angehören, es sei denn es bieten sich ausländische Institute an, die nicht an vergleichbare Vorschriften gebunden sind. Im Übrigen fordert § 5 GenDG zur Qualitätssicherung genetischer Analysen ab dem 1. 2. 2011 (vgl. § 27 Abs. 3 GenDG) eine Akkreditierung der betreffenden genetischen Institute. Vor Inkrafttreten 37

---

[114] Ob man überhaupt von einem „Beweismittel" sprechen kann, ist indes fraglich. Der Hinweis auf das Gutachten soll ja lediglich die Klage schlüssig machen, nicht aber eine gerichtliche Beweiserhebung ersetzen, vgl. *Wellenhofer* FamRZ 2005, 665 ff.; *Reichenbach* AcP 206 (2006), 598, 604 ff.; *Balthasar* FamRZ 2007, 448, 449.
[115] BVerfG NJW 2007, 753, 758; vgl. auch schon BVerfGE 106, 28, 48.
[116] Zur datenschutzrechtlichen Seite nach BDSG, v. a. Schadensersatzansprüchen aus § 7 S. 1 BDSG, ausführlich *Stylianidis* S. 32 ff.
[117] Abl. auch *Balthasar* FamRZ 2007, 448, 449.
[118] Dazu *Stylianidis* S. 136 ff., 158 ff.; *Reichenbach* AcP 206 (2006), 598, 610 f.; einen Schmerzensgeldanspruch verneint AG Wetter FamRZ 2006, 552.
[119] Dazu etwa *Rittner/Rittner* NJW 2002, 1745, 1749; *Bohnert* FPR 2002, 383, 389; *Lindner* NVwZ 2005, 774; *Brosius-Gersdorf* FPR 2007, 398, 401; *Zuck* FPR 2007, 379; *Stylianidis* S. 60 ff.; *Staudinger/Rauscher* Einl zu §§ 1589 ff. Rn. 146, der die Rechte des Vaters als gewichtiger ansieht; ferner *Huber* FamRZ 2004, 825 f.
[120] BVerfG NJW 2007, 753, 758 = FamRZ 2007, 441, 447.
[121] Gesetz über genetische Untersuchungen bei Menschen (Gendiagnostikgesetz – GenDG vom 31. 7. 2009, BGBl. I S. 2529, 3672; dazu Braun MDR 2010, 482, 484 f.; *Staudinger/Rauscher* Einl zu §§ 1589 ff. Rn. 147.
[122] Vgl. *Plautz* ZRP 2004, 215.

des GenDG regelten bereits die Richtlinien der Bundesärztekammer für die Abstammungsbegutachtung,[123] dass Gutachten nur erstellt werden sollen, wenn die betroffenen Personen ihre Einwilligung dazu erteilt haben[124] und die Identität der zu untersuchenden Personen durch gültige amtliche Lichtbildausweise nachgewiesen ist.[125] Diesen Richtlinien[126] kommt indes keine Gesetzeswirkung[127] zu, sie bilden nur eine unverbindliche Empfehlung.

38 **d) Keine Fernwirkung des Beweisverwertungsverbots.** Wurde ein gerichtliches Gutachten im Abstammungsverfahren eingeholt, obwohl der Anfechtungsantrag, der sich auf ein nach den vorgenannten Grundsätzen unverwertbares privates Gutachten stützte, an sich wegen Unschlüssigkeit hätte abgewiesen werden müssen, so ist das nun vorliegende gerichtliche Gutachten nicht unverwertbar.[128] Hierauf kann sich der Antragsteller (etwa in der nächsten Instanz) stützen, um seinen Anfangsverdacht zu rechtfertigen. Gleiches gilt für Äußerungen der Mutter nach Konfrontation mit dem Testergebnis.[129]

39 **e) Keine wirksame vertragliche Verpflichtung zu Mitwirkung am Test.** Das von einem Verfahrensbevollmächtigten im Namen von Mutter und Kind erklärte Einverständnis, an einem Vaterschaftstest mitzuwirken, ist regelmäßig nicht als rechtlich verbindliche Verpflichtungserklärung zu werten.[130] Im Übrigen wären entsprechende Zusagen frei widerruflich. Laut BGH ist fraglich, ob diesbezügliche rechtsgeschäftliche Verpflichtungen überhaupt rechtlich möglich und wirksam wären; denn höchstpersönliche, der freien Selbstbestimmung vorbehaltene Verhaltensweisen sind ggf. schon ihrem Wesen nach einer rechtsgeschäftlichen Bindung entzogen, so dass eine unwiderrufliche Selbstbindung gegen die guten Sitten verstoßen kann.[131] Mit Einführung des Verfahrens nach § 1598a dürften sich diese Fragen aber weitgehend erledigt haben.

40 **5. Mehrheit von Verfahren.** Abstammungssachen, die dasselbe Kind betreffen, können miteinander verbunden werden, § 179 Abs. 1 S. 1 FamFG.[132] Mit dem Anfechtungsantrag kann aber kein Antrag anderer Art, auch kein Antrag auf Unterhalt verbunden werden, § 179 Abs. 2 FamFG.[133] Letzterer kann nur mit dem positiven Feststellungsantrag verbunden werden, § 179 Abs. 1 S. 2 FamFG. Entsprechendes gilt für eine einstweilige Anordnung von Unterhaltsleistungen.[134] Im Anfechtungsverfahren kann das Anfechtungsbegehren von einem anderen Beteiligten als **Widerantrag** (mit dem **gleichen** Antrag) erhoben werden; dafür besteht etwa dann ein Rechtsschutzinteresse,[135] wenn es um die eigene Wahrung der Anfechtungsfrist geht.[136]

41 **6. Entscheidung durch Beschluss. a) Beschlussformel.** Die Entscheidung in Abstammungssachen ergeht durch Beschluss, §§ 38, 116 Abs. 1, 182 ff. FamFG. Eine Verfahrensbeendigung durch Vergleich, Anerkenntnis oder Verzicht scheiden im Statusverfahren aus. Möglich sind aber Antragsrücknahme (§ 22 Abs. 1 FamFG) oder übereinstimmende Beendigungserklärungen aller Beteiligten (§ 22 Abs. 3 FamFG). Ist der Anfechtungsantrag erfolgreich, lautet der Beschluss auf Feststellung, dass Vater des Kindes nicht der (ggf. antragstellende) Mann ist, der bis dahin sein ges. Vater war. Im Falle der Anfechtung durch den leiblichen Vater ist zusätzlich die Feststellung auszusprechen, dass dieser der Vater des Kindes ist, § 182 Abs. 1 S. 1 FamFG. Obwohl im stattgebenden Beschluss das Fehlen der Vaterschaft „festgestellt" wird, kommt der Entscheidung nach hM Ansicht statusändernde rechtsgestaltende Wirkung zu, da die bisherige Eltern-Kind-Beziehung zu diesem Mann rückwirkend beseitigt wird.[137] Ist der Anfechtungsantrag nicht erfolgreich, ist der

---

[123] Deutsches Ärzteblatt 99, Heft 10 vom 8. 3. 2002, S. A-555, auch abgedruckt in FamRZ 2002, 1159 ff.
[124] Punkt 2.2.1 der Richtlinien (Fn. 123).
[125] Vgl. Punkt 2.2.2. der Richtlinien (Fn. 123); dazu *Gesrick* FPR 2001, 380, 381.
[126] Deren Inhalt ist nicht unumstritten, vgl. *Martin/Muche/Zang* FamRZ 2003, 76.
[127] *LG München* FamRZ 2003, 1580; *Rittner/Rittner* NJW 2002, 1745, 1747; *Mutschler* FamRZ 2003, 74, 75; *Stylianidis* S. 147.
[128] BGH FamRZ 2006, 686 mit Anm. *Wellenhofer*; OLG Celle FamRZ 2006, 54; *Erman/Hammermann* Rn. 15.
[129] OLG Koblenz FamRZ 2006, 808 mit Anm. *Richter* S. 1120.
[130] BGH NJW 2007, 1677; OLG Köln FamRZ 2004, 1987 = NJW-RR 2004, 1081 (Vorinstanz zu BGH).
[131] Vgl. BGH FamRZ 1986, 773, 775, wonach Abreden über die Einnahme empfängnisverhütender Mittel unverbindlich sind.
[132] Näher *Stößer* FamRZ 2009, 923, 926.
[133] Vgl. BGH NJW 2007, 909 = FamRZ 2007, 124 für die Klage auf Mitwirkung an der Abstammungsbegutachtung; OLG Hamm FamRZ 1988, 1317 für Unterhaltsklage.
[134] OLG Düsseldorf NJW 1973, 1331; *Zöller/Philippi* § 641d ZPO Rn. 4.
[135] OLG Hamm NJW 1972, 1471, 1721; OLG Celle DAVorm. 1983, 137, 139; OLG Nürnberg DAVorm. 1985, 917; *Zöller/Philippi* § 640c ZPO Rn. 5; *Staudinger/Rauscher* Rn. 63.
[136] Vgl. aber auch OLG Köln DAVorm. 1983, 227.
[137] BGH NJW 1999, 1632; *Soergel/Gaul* § 1593 aF Rn. 5; *Erman/Hammermann* Rn. 20.

Antrag abzuweisen. Die Endentscheidung wird erst mit Rechtskraft wirksam, § 184 Abs. 1 S. 1 FamFG. Soweit über die Abstammung entschieden ist, wirkt der Beschluss für und gegen alle, § 184 Abs. 2 FamFG. Rechtsbehelfe sind die Beschwerde (§§ 58 ff. FamFG) und die Rechtsbeschwerde (§§ 70 ff. FamFG).

b) Wirkung der abweisenden Entscheidung. Auch ein den Anfechtungsantrag abweisender Beschluss wirkt gem. § 184 Abs. 2 FamFG für und gegen alle,[138] wenn und soweit das Gegenteil der mit dem Antrag verlangten Feststellung feststeht. Jedermann ist daran gebunden, dass der vom Anfechtenden begehrte Statusverlust beim Kind nicht eintritt, sondern es bei der Vaterschaft des Mannes bleibt. Für diese Rechtskraftwirkung ist es ohne Bedeutung, ob der Anfechtungsantrag abgewiesen wird, weil es am vollen Nachweis der Nichtvaterschaft fehlt (non liquet, s. § 1600d Rn. 34 f.), oder weil die Vaterschaft des ges. Vaters nunmehr zweifelsfrei feststeht. Wurde in der Sache über die Abstammung entschieden, kann kein neuer Anfechtungsantrag (auch nicht eines anderen Anfechtungsberechtigten) in Bezug auf diesen Vater gestellt werden. Die Bindungswirkung der abweisenden Entscheidung erstreckt sich **auch** auf einen Dritten, der die Vaterschaft **aus der Ehe für sich in Anspruch nimmt** (zB im Fall des § 1593 S. 4 oder mit der Begründung, das Kind sei vertauscht worden), auch wenn dieser nicht am Verfahren teilgenommen hat. Die abweisende Entscheidung hat allerdings nicht diese bindende Wirkung, sofern nicht über die Abstammung, sondern nur über das Anfechtungsrecht entschieden wurde,[139] etwa weil der Antrag allein wegen Fristversäumung abgewiesen wird. In diesem Fall kann eine andere Person noch anfechten. Auch die Antragsrücknahme hat keine Bindungswirkung.[140] Zu den Gerichtskosten s. §§ 46 f. FamGKG. Zur Kostenentscheidung findet sich eine Sonderregelung in § 183 FamFG.

7. Wiederaufnahmeverfahren. Die rechtskräftige Entscheidung über den Anfechtungsantrag ist grundsätzlich nicht mehr angreifbar. Es bleibt allein im Ausnahmefall die Möglichkeit eines Restitutionsantrags, §§ 580 ff. ZPO, 185 FamFG. Solche Fälle werden aber selten bleiben. Die Abweisung eines Anfechtungsantrags wegen fehlender Widerlegung der Vaterschaftsvermutung wird in aller Regel nach eingehender Begutachtung erfolgen. Lediglich der denkbare Einwand der fehlerhaften Entnahme von Blut oder Speichel etc. (Vertauschung, Personentäuschung) bleibt von praktischer Relevanz.[141] Wird demnach ein Gutachten vorgelegt, wonach ein anderer Mann als Vater höchstwahrscheinlich ist,[142] wird eine neue Prüfung in Frage kommen.

IV. Rechtswirkungen der erfolgreichen Anfechtung

1. Überblick. Der rechtsgestaltende Beschluss,[143] der dem Anfechtungantrag stattgibt, weil der Mann nicht der Vater des Kindes ist, wirkt, wenn es zu Lebzeiten der Parteien rechtskräftig wird, für und gegen alle **(§ 184 Abs. 2 FamFG).** Auch der am Anfechtungsverfahren nicht beteiligte leibliche Vater muss diese Statusänderung hinnehmen.[144] Dieser kann sich in einem folgenden Verfahren nicht mehr damit verteidigen, der jeweilige Mann sei dennoch der tatsächliche Vater.[145] Das Kind gilt mit der Rechtskraft des der Anfechtung stattgebenden Beschlusses mit **Rückwirkung auf den Tag seiner Geburt**[146] als nicht von dem Mann abstammend, der bisher auf Grund von § 1592 Nr. 1 oder Nr. 2 als sein Vater anzusehen war. Das Kind ist dann in aller Regel vaterlos; es sei denn, es greift die Ausnahmeregelung des § 1593 S. 4 (§ 1593 Rn. 17) oder es handelt sich um die Anfechtung durch den leiblichen Vater, die zur Folge hat, dass das Kind sogleich diesem Mann als Vater zugeordnet wird, § 182 Abs. 1 S. 1 FamFG. In allen anderen Fällen kann das Kind einem neuen Vater nur durch die Anerkennung der Vaterschaft durch einen anderen Mann oder durch gerichtliche Feststellung nach § 1600d Abs. 1 zugeordnet werden. Eine bereits vor der Rechtskraft des Beschlusses nach Abs. 1 erklärte Vaterschaftsanerkennung eines Dritten, die wegen § 1594 Abs. 2 zunächst schwebend unwirksam war, kann nun mit Rechtskraft des Beschlusses wirksam werden.

---

[138] *Wanitzek* FPR 2002, 390, 399; *Wieser* FamRZ 1998, 1007; *Habscheid/Habscheid* FamRZ 1999, 480, 483; *Zöller/Philippi* § 640h ZPO Rn. 6; *Staudinger/Rauscher* Rn. 26.
[139] AllgM; *Zöller/Philippi* § 640h ZPO Rn. 4; *Staudinger/Rauscher* Rn. 28.
[140] *Staudinger/Rauscher* Rn. 29.
[141] Vgl. OLG Hamm FamRZ 1994, 649.
[142] Was nur als privat eingeholtes Gutachten denkbar ist, weil wegen der Rechtsausübungssperre keine Feststellungsklage im Verhältnis Kind-Putativvater möglich ist.
[143] BGH NJW 1999, 1631; *Wieser* FamRZ 1998, 1004, 1005; *Eckebrecht* MDR 1999, 71, 72.
[144] *Soergel/Gaul* § 1593 Rn. 37.
[145] BGH NJW 2007, 3062, 3064; aA *Staudinger/Rauscher* Rn. 33.
[146] BGHZ 57, 229; BGH NJW 1981, 2183; OLG Celle FamRZ 1993, 437, 438; *Palandt/Brudermüller* Rn. 8; *Erman/Hammermann* Rn. 20; beachtliche rechtspolitische Kritik an dieser ges. Lösung bei *Heiderhoff* FamRZ 2010, 8, 14.

§ 1599 45–47   Abschnitt 2. Titel 2. Abstammung

45   Die Vaterschaftsanfechtung entfaltet vielfältige **Konsequenzen personstands- wie familienrechtlicher Art.**[147] Das Kind verliert ex tunc alle von dem betr. Mann hergeleiteten Rechte einschließlich der **Staatsangehörigkeit** (vgl. § 4 Abs. 1 StAG).[148] Erhält der Standesbeamte, der die Geburt eines Kindes einer verheirateten Mutter beurkundet hat, eine rechtskräftige gerichtliche Entscheidung, durch welche festgestellt worden ist, dass dieses Kind kein Kind des Ehemannes seiner Mutter ist, so hat er diese Änderung des Personenstands des Kindes als Folgebeurkundung zum **Geburtseintrag aufzunehmen** (§ 27 Abs. 3 Nr. 1 PStG). Das Kind verliert seinen **Unterhaltsanspruch** gegen den Scheinvater. Zu Unrecht bezahlter Unterhalt kann zurückgefordert werden (näher Rn. 48 ff.), auf der Vaterschaftsfeststellung beruhende Verpflichtungserklärungen können herausverlangt werden (§§ 812 ff.). Einem **Erbrecht** (§§ 1924 ff.), das aus dem betr. Vaterschaftstatbestand hergeleitet wurde, wird rückwirkend die Grundlage entzogen, so dass Ansprüche aus §§ 2018 ff., 812 ff. entstehen können.[149] In namensrechtlicher Hinsicht gilt, dass das Kind auf Antrag den **Namen** erhält, den die Mutter bei seiner Geburt geführt hat (§ 1617b Abs. 2).

46   **2. Unterhaltsansprüche des Kindes. Vor Rechtskraft** der gerichtlichen Entscheidung nach Abs. 1 darf die unterhaltsrechtliche Beziehung einschließlich der Verfahrenskostenvorschusspflicht[150] zwischen dem Kind und dem rechtlichen Vater nicht in Frage gestellt werden, insbes. auch nicht durch Einstellung der Zwangsvollstreckung aus einem Unterhaltstitel allein wegen des laufenden Anfechtungsverfahrens.[151] Solange schuldet der ges. Vater dem Kind Unterhalt (§§ 1601 f.);[152] nur höchst ausnahmsweise kann dem Unterhaltsverlangen der Rechtsmissbrauchseinwand entgegengesetzt werden.[153] Ein laufendes **Unterhaltsverfahren** ist aber ggf. auszusetzen, wenn ein Anfechtungsverfahren läuft.[154] Ist die der Anfechtung stattgebende gerichtliche Entscheidung aber rechtskräftig, so kann sich jedermann auf die Nichtgeltung des betr. Vaterschaftstatbestands berufen. Das Kind verliert seinen Unterhaltsanspruch gegen den Scheinvater.[155] Im laufenden Unterhaltsverfahren fällt mit rechtskräftiger Anfechtung der Vaterschaft des auf Unterhalt Inanspruchgenommenen die Passivlegitimation mit ex tunc-Wirkung fort; nach einer Ansicht liegt darin ein die Hauptsache erledigendes Ereignis,[156] nach anderer Ansicht ist der Antrag dann als unbegründet abzuweisen.[157] Ein **Unterhaltstitel**, den das Kind gegen den „bisherigen" Vater erwirkt hat, ist im Wege der **Vollstreckungsgegenklage** (§ 767 ZPO) außer Kraft zu setzen.[158] Für die Zukunft kann der Schuldner im Wege eines Abänderungsantrags (§ 238 FamFG) die Aufhebung des Titels erreichen. Für die Vergangenheit stellt der Titel zwar grundsätzlich einen Rechtsgrund[159] dar, er kann aber analog § 580 Nr. 6 ZPO durch Restitutionsantrag beseitigt werden.[160]

47   **Konsequenz der erfolgreichen Anfechtung** ist, dass die zuvor erbrachten Unterhaltsleistungen ohne Rechtsgrund erfolgt sind. Insofern können Bereicherungsansprüche gegen das Kind bestehen, das Kind wird sich aber meist auf Entreicherung nach § 818 Abs. 3 berufen können.[161] Der Scheinvater wird daher darauf angewiesen sein, beim leiblichen Vater (dazu Rn. 48) oder bei der Mutter (Rn. 50) Regress zu nehmen. Unabhängig davon bleiben vertragliche Unterhaltsverpflichtungen des Erzeugers (s. § 1600d Rn. 122). Das Kind wiederum kann nach rechtskräftiger Anfechtung der Vaterschaft gegen seinen wirklichen Vater vorgehen, dessen Vaterschaft feststellen lassen und dann **Unterhaltsansprüche** (grundsätzlich vom Tag der Geburt an) geltend machen (s. auch § 1613 Abs. 2 Nr. 2 a). Zur Verjährung der Unterhaltsansprüche s. §§ 197, 204, 207. Im Fall einer Vaterschaftsaner-

---

[147] Zur Bedeutung der Rückwirkung im Jugendhilferecht VG Düsseldorf NJW 1987, 3215.
[148] OVG Hamburg DÖV 2002, 929; BayVGH Beschl. v. 11. 9. 2007, 5 CS 07.1921; VG Düsseldorf NJW 1986, 676 bzgl. § 1592 Nr. 1; *Soergel/Gaul* § 1593 aF Rn. 17.
[149] Vgl. auch *Gaul*, FS Bosch, 1976, S. 241, 274 (zur Anwendbarkeit des § 641i ZPO); zur Pflichtteilsergänzungsberechtigung OLG Köln ZEV 2005, 398.
[150] Dazu OLG Karlsruhe FamRZ 1996, 872; ferner AG Elmshorn FamRZ 1991, 841.
[151] BGH FamRZ 1981, 531, 532; KG NJW-RR 1994, 1161; OLG Stuttgart DAVorm. 1978, 217; DAVorm. 1980, 115; OLG Frankfurt FamRZ 1981, 1063 m. Anm. *Bosch*; OLG Hamm FamRZ 1987, 1188; *Erman/Hammermann* Rn. 26.
[152] KG NJW-RR 1994, 1161.
[153] OLG Hamm NJW 1994, 2424.
[154] OLG München FamRZ 1996, 950, 951; aA OLG Hamm FamRZ 1987, 1188.
[155] BayObLG NJW 1961, 1414.
[156] OLG Frankfurt/M. FamRZ 1991, 1457.
[157] OLG Celle FamRZ 1993, 437, 438; *Staudinger/Rauscher* Rn. 39.
[158] OLG Düsseldorf FamRZ 1987, 166, 168; *Erman/Hammermann* Rn. 27; *Staudinger/Rauscher* Rn. 40; *Gernhuber/Coester-Waltjen* § 52 Rn. 133.
[159] BGH NJW 1982, 1147 bzgl. Ehegattenunterhalt; *Gernhuber/Coester-Waltjen* § 52 Rn. 133.
[160] *Gernhuber/Coester-Waltjen* § 52 Rn. 133; *Erman/Hammermann* Rn. 23; *Schlosser* Gestaltungsklagen S. 259.
[161] BGH NJW 1981, 2183; *Nehlsen-v. Stryk* FamRZ 1988, 225, 228; *Raiser* FamRZ 1986, 942, 943; anders bei Bausparbeiträgen OLG Frankfurt FamRZ 1990, 558.

Nichtbestehen der Vaterschaft 48, 49 **§ 1599**

kennung, die vor Rechtskraft der gerichtlichen Entscheidung über die Anfechtung erklärt wurde, kann der Anerkennende erst mit Wirksamwerden dieser Anerkennung, dh. ebenfalls erst mit Wegfall der anderen Vaterschaft durch rechtskräftige Anfechtung, in Anspruch genommen werden.[162]

3. Regress des Scheinvaters bezüglich Unterhalt und Verfahrenskosten. a) Ansprüche gegen den Erzeuger. Der Mann, der seine zuvor nach § 1592 Nr. 1 oder 2 bestehende Vaterschaft wirksam angefochten hat,[163] kann danach vom **leiblichen Vater** des Kindes Ersatz für den an das Kind geleisteten **Unterhalt**[164] verlangen.[165] Grundsätzliche **Voraussetzung** ist allerdings, dass die Vaterschaft des Erzeugers zunächst kraft Anerkennung oder gerichtlicher Feststellung (vgl. § 1600d Abs. 4) rechtswirksam[166] festgestellt wird[167] (zu Ausnahmen § 1600d Rn. 120 f.) oder dieser das Kind adoptiert hat.[168] Das Recht des Kindes, die Vaterschaft des Erzeugers gerichtlich feststellen zu lassen, geht nicht mit dem Unterhaltsanspruch auf den Scheinvater über.[169] Der Regressanspruch ist in **§ 1607 Abs. 3 S. 2** geregelt (cessio legis). Die Sperre des § 1613 Abs. 1 (kein Unterhalt für die Vergangenheit) gilt gem. § 1613 Abs. 2 Nr. 2 a hier nicht. Der Scheinvater ist regelmäßig auf den Regressanspruch angewiesen, weil **Bereicherungsansprüche gegen das Kind** aus § 812 Abs. 1 S. 1 meist an § 818 Abs. 3 scheitern.[170] Ansprüche aus Geschäftsführung ohne Auftrag (§§ 677, 681, 670) bestehen idR nicht, weil der zunächst nach § 1592 Nr. 1 oder 2 als Vater geltende Mann objektiv wie subjektiv eine eigene Unterhaltspflicht erfüllt hat. Auch Ansprüche aus § 812 gegen den später als Vater festgestellten Mann kommen kaum in Betracht, da es infolge der cessio legis an einer Bereicherung in Form einer Schuldbefreiung bei dem Inanspruchgenommenen fehlt. Ein Anspruch aus § 826 erscheint zwar denkbar[171], meist wird aber die Schädigungsabsicht fehlen.[172] Beruhte die Vaterschaft des (Schein)Vaters auf **bewusst unrichtiger Anerkennung,** so sollten entspr. Ansprüche weitgehend ausscheiden, weil der Mann diese Lasten bewusst auf sich genommen hatte.[173]

b) Erstattung der Kosten für das Anfechtungsverfahren. Weiterhin kann der Scheinvater nach § 1607 Abs. 3 S. 2 von dem festgestellten Vater des Kindes **Erstattung der für das Anfechtungsverfahren gemachten Aufwendungen** verlangen.[174] Dazu gehören sämtliche Kosten der Vaterschaftsanfechtung[175] einschließlich des Verfahrenskostenvorschusses für die Anfechtung durch das Kind selbst,[176] nicht aber sonstiger entgangener Gewinn.[177] Der Kostenerstattungsanspruch des Scheinvaters ist unabhängig von der Leistungsfähigkeit des Erzeugers.[178] Teilw. wird der Anspruch allerdings auf die „erforderlichen" Kosten beschränkt.[179] Str. ist, ob

---

[162] LG Dortmund NJW-RR 1990, 12.
[163] Dies ist Voraussetzung, vgl. BGH FamRZ 1981, 531, 532; BGHZ 92, 275, 278; OLG Hamm NJW 1988, 830.
[164] Zum Anspruchsumfang AG Köln FamRZ 1991, 735; näher *Schwonberg* FuR 2006, 443, 445 f. (auch zum Kindergeld) und 501 f.
[165] Zum Regress des Scheinvaters bezüglich Unterhalt und Verfahrenskosten insbes. BGHZ 24, 9; BGHZ 26, 217; *Nehlsen–v. Stryk* FamRZ 1988, 225; *Raiser* FamRZ 1986, 942; *Küppers* NJW 1993, 2918; *Karst* ZRP 1994, 380; *Schwonberg* FuR 2006, 395 und 443 und 501; *Staudinger/Rauscher* Rn. 49 ff.
[166] Die erst schwebend unwirksame Anerkennung genügt nicht, vgl. LG Dortmund NJW-RR 1990, 12, 13.
[167] BGHZ 121, 299 = NJW 1993, 1195; OLG Hamm FamRZ 2005, 382; OLG Karlsruhe FamRZ 2005, 474; OLG Oldenburg FamRZ 1994, 651, 652; *Schwab* FamR Rn. 551; *Staudinger/Rauscher* Rn. 48 f.; aA für Ausnahmefall OLG Düsseldorf FamRZ 2000, 1032, 1033.
[168] LG Duisburg NJW-RR 1996, 1475.
[169] BGHZ 121, 299 = BGH NJW 1993, 1195.
[170] Näher BGH NJW 1981, 2183; OLG Frankfurt FamRZ 1990, 558.
[171] So auch *Frank* StAZ 2003, 129, 130.
[172] *Gernhuber/Coester-Waltjen* § 52 Rn. 139.
[173] *PWW/Pieper* Rn. 6; zu weit gehend über OLG Celle FamRZ 2005, 1853, das Ansprüche nur bei auf Ehe beruhender Scheinvaterschaft bejahen will; ähnlich aber OLG Thüringen FamRZ 2006, 1148 = NJW-RR 2005, 1671; gegen Regressansprüche des wissenden Ehemanns AG Wipperfürth FamRZ 2001, 783.
[174] BGHZ 57, 229 = NJW 1972, 199; BGHZ 103, 160; OLG Köln FamRZ 2000, 441, 442; OLG Koblenz FamRZ 1999, 658; OLG Düsseldorf FamRZ 2000, 1032; LG Düsseldorf FamRZ 1993, 997; AG Aschaffenburg FamRZ 1992, 1342; *Schwab* FamR Rn. 551; näher *Schwonberg* FuR 2006, 501, 505 f.; *Huber* FamRZ 2005, 1853, auch Kosten eines außergerichtlichen Vaterschaftstests; aA aber *Wagner* NJW 1972, 577; AG Ettenheim FamRZ 1992, 558.
[175] Dazu BGHZ 57, 229; LG Lüneburg FamRZ 1991, 1095; OLG Celle FamRZ 1992, 556 (bzgl. Anspruch gegen die Mutter); aA: AG Ettenheim FamRZ 1992, 558; LG Detmold FamRZ 1992, 98.
[176] BGH NJW 1964, 2151; NJW 1968, 446.
[177] LG Köln FamRZ 1991, 805.
[178] LG Dortmund FamRZ 1994, 654.
[179] So betr. Erforderlichkeit der Zuziehung eines Anwalts AG Aschaffenburg FamRZ 1992, 1342 m. zust. Anm. *Goes*.

nach diesen Grundsätzen auch die **Entbindungskosten (vgl. § 1615l Abs. 1)** ersatzfähig sind.[180] Ein allgemeiner Schadensersatzanspruch gegen den Ehebrecher (oder auch die Mutter) nach Deliktsrecht ist zu verneinen,[181] im Einzelfall können aber Ansprüche aus § 826 in Betracht kommen.[182] Im Fall der **Anfechtung einer auf Anerkennung** beruhenden Vaterschaft nach § 1592 Nr. 2 kann im Hinblick auf die Anfechtungskosten ein **Mitverschulden (§ 254)** des Scheinvaters anzurechnen sein, wenn dieser wider besseren Wissens die Vaterschaft anerkannt hatte. In diesem Fall hat er die Notwendigkeit der Anfechtung selbst zu vertreten und die damit verbundenen Kosten maßgeblich mitverursacht.[183]

50 c) **Ansprüche gegen die Mutter. Bereicherungsansprüche des Scheinvaters** können **gegen die Mutter** bestehen, falls der Erzeuger unbekannt bleibt und die Mutter infolgedessen rückwirkend als allein unterhaltspflichtig anzusehen ist.[184] Hatte die Mutter den Mann durch wahrheitswidrige Behauptungen absichtlich zur Anerkennung der Vaterschaft veranlasst, kann ihm im Hinblick auf geleisteten Unterhalt ein Schadensersatzanspruch aus **§ 826** zustehen.[185] Zum Teil wird bei Falschaussage im gerichtlichen Verfahren auch ein Anspruch gegen die Mutter aus **§ 823 Abs. 2 iVm. § 153 StGB** bejaht.[186] Unter Umständen besteht der Anspruch nur Zug-um-Zug gegen Abtretung des Regressanspruchs aus § 1607 Abs. 3 S. 2 gegen den genetischen Vater.[187]

51 d) **Kein Auskunftsanspruch des Scheinvaters.** Einen **Auskunftsanspruch** gegen das Kind über die **Person des Erzeugers** hat der Scheinvater mangels eigenen Antragsrechts (bzgl. dessen Feststellung als Vater) nicht.[188] Er folgt auch nicht aus der cessio legis des § 1607 Abs. 3 S. 2 als Annex des Unterhaltsanspruchs.[189] Verlangt werden kann lediglich Auskunft darüber, ob inzwischen die Vaterschaft eines anderen Mannes rechtlich feststeht.[190] Fraglich ist, unter welchen Voraussetzungen ein Auskunftsanspruch des (Ex-)Ehemanns **gegen die Mutter** über die Identität des leiblichen Vaters in Betracht kommt, da insoweit ihr von Art. 1 Abs. 1, Art. 2 Abs. 1 GG geschützter Intimbereich betroffen ist[191] (näher Vor § 1591 Rn. 41 f.). Im seltenen Ausnahmefall kann die Mutter dem über die Ehelichkeit des Kindes getäuschten Ehemann nach § 826 wegen sittenwidriger vorsätzlicher Schädigung schadensersatzpflichtig sein. Das daraus resultierende ges. Schuldverhältnis zwischen dem Mann und der Mutter kann dann in Verbindung mit § 242 auch Grundlage für einen Auskunftsanspruch sein.[192]

52 4. **Sorgerecht; Umgangsrecht. a) Rückwirkendes Entfallen des Sorgerechts.** Mit erfolgreicher Anfechtung entfällt rückwirkend das Sorgerecht des Scheinvaters. Als enger Bezugsperson des Kindes kann dem Scheinvater aber weiterhin ein **Umgangsrecht** nach § 1685 Abs. 2 zustehen. Das Kind steht nun unter der elterlichen Sorge der Mutter (§ 1626a Abs. 2), wobei sie für die Feststellung der Vaterschaft des leiblichen Vaters und der Regelung der Unterhaltsansprüche gegen ihn eine Beistandschaft des Jugendamtes beantragen kann (vgl. § 1712 Abs. 1, § 234 FamFG).

53 b) **Wirksamkeit von Vertretungsgeschäften. Rechtsgeschäfte,** bei denen das Kind vor der rechtskräftigen Anfechtung der Vaterschaft durch seine „Eltern" **vertreten** worden ist, sind idR

---

[180] Bejahend *Medicus,* Bürgerliches Recht, 22. Aufl. 2009, Rn. 620; *Palandt/Brudermüller* § 1615l Rn. 6; s. auch BGHZ 26, 217 ff., wo zu Unrecht Bereicherungsanspruch bejaht wurde.
[181] BGHZ 23, 279 = NJW 1957, 671; BGHZ 57, 229 = NJW 1972, 199; BGH NJW 1973, 991; LG Köln FamRZ 1991, 805; sehr str.; näher *Gernhuber/Coester-Waltjen* § 52 Rn. 138 ff.
[182] BGHZ 80, 235; OLG Hamm NJW-RR 1992, 515; bez. Anspruch gegen die Mutter: LG Baden-Baden FamRZ 1992, 557; *Nehlsen-v. Stryk* FamRZ 1988, 237; *Gernhuber/Coester-Waltjen* § 52 Rn. 139 f.
[183] OLG Celle FamRZ 2005, 1853 und AG Uelzen FamRZ 2002, 844 (mit abl. Anm. *Heuer*) lehnen Anspruch ab.
[184] LG Düsseldorf FamRZ 1993, 997; *Gernhuber/Coester-Waltjen* § 52 Rn. 140.
[185] LG Paderborn FamRZ 1998, 1425; *Schwonberg* FuR 2006, 395, Fn. 3; *Nehlsen-v. Stryk* FamRZ 1988, 225, 228; *Roth* FuR 1991, 86; *Gernhuber/Coester-Waltjen* § 52 Rn. 140; Schweigen erfüllt den Tatbestand des § 826 nicht, OLG Köln NJW-RR 1999, 1673; LG Heilbronn FamRZ 2005, 474.
[186] OLG Celle FamRZ 1992, 556; zur Falschaussage der Mutter im Anfechtungsverfahren LG Verden FamRZ 2011, 1078.
[187] OLG Celle aaO mit Verweis auf § 255; LG Düsseldorf FamRZ 1993, 997 mit Verweis auf § 242.
[188] LG Paderborn NJW-RR 1992, 966; *Karst* JuS 1993, 633; näher *Schwonberg* FuR 2006, 443 f.; *Staudinger/Rauscher* Rn. 50; aA wohl PWW/*Pieper* Rn. 4.
[189] LG Paderborn NJW-RR 1992, 966, 967; LG Heilbronn FamRZ 2005, 474.
[190] OLG Köln FamRZ 2002, 1214.
[191] OLG Oldenburg FamRZ 1994, 651; LG Ansbach NJW-RR 1993, 135; *Schwonberg* FuR 2006, 443.
[192] OLG Bamberg FamRZ 2004, 562; ferner OLG Oldenburg FamRZ 1994, 651; LG Kiel FamRZ 1993, 980; OLG Karlsruhe NJW-RR 1992, 515; BGH FamRZ 1990, 367, 369; im konkreten Fall abl. LG Heilbronn FamRZ 2005, 474; zurückhaltend in der Sache auch *Gernhuber/Coester-Waltjen* § 52 Rn. 140.

nicht wegen rückwirkenden Wegfalls der Vertretungsmacht des Ehemannes der Mutter unwirksam. Wenn die Mutter als Vertreterin beteiligt war (§ 1629 Abs. 1 S. 2), ist das Geschäft deshalb wirksam, weil die Mutter rückwirkend als alleinige Vertreterin anzusehen ist.[193] Gleiches gilt, wenn sie dem Mann Vollmacht erteilt hatte. Problematisch ist allenfalls die Frage, was zu gelten hat, wenn der Mann allein handelte, weil der Mutter das Sorgerecht nicht zustand. War dem Scheinvater das Sorge- bzw. Vertretungsrecht gerichtlich übertragen worden (§§ 1628, 1671 f., 1680), so wird teilweise in dem Hoheitsakt eine hinreichende Grundlage für das Vertretungsrecht gesehen.[194] Indes beruht die Sorge gerade auch auf der Elternstellung, die mit der Anfechtung eben entfällt. Hier dürften sich die Wirkungen des § 164 jedoch kraft **Rechtsscheins** (§§ 1698a, 1698 b, 1893 analog) ergeben.[195] Die Gegenansicht will generell § 177 anwenden und ausgehend von Vertretung ohne Vertretungsmacht nun dem richtigen Vater die (stillschweigende) Genehmigung der Geschäfte überlassen.[196] Das erscheint jedoch nur für die Fälle die Auffanglösung zu sein, in denen ein Rechtsschein im genannten Sinne nicht entstanden ist.

c) **Auswirkungen auf Sorgerechts- und Umgangsrechtsentscheidungen.** Solange die 54 Anfechtung nicht rechtskräftig ist (vgl. § 1599 Abs. 1), darf bei der **Regelung der elterlichen Sorge** (§§ 1671, 1672) nicht zugunsten der Mutter mit der Begründung entschieden werden, der ges. Vater sei nicht der leibliche Vater.[197] Auch darf dem nicht sorgeberechtigten ges. Vater das **Umgangsrecht** nicht allein deshalb beschnitten oder abgesprochen werden (vgl. § 1684 Abs. 4), weil er die Vaterschaft angefochten hat. Auch in diesem Fall ist anhand aller Umstände zu prüfen, ob die Entwicklung des Kindes gefährdet ist (§ 1685 Abs. 2).[198] Eine vor Rechtskraft des der Anfechtung stattgebenden Beschlusses abgegebene Sorgeerklärung des leiblichen Vaters muss danach ggf. wiederholt werden (§§ 1626a Abs. 1 Nr. 1, 1626 b Abs. 1).

V. Anerkennung während des Scheidungsverfahrens, Abs. 2

1. Normzweck. Abs. 2 enthält eine **Ausnahmeregelung** gegenüber Abs. 1 bzw. § 1592 55 Nr. 1.[199] Die Vorschrift betrifft Kinder, die nach Anhängigkeit des Scheidungsantrags, aber vor Rechtskraft des Scheidungsbeschlusses zur Welt kommen. In diesen Fällen gilt die Vaterschaft nach § 1592 Nr. 1 unabhängig von einer Anfechtung ausnahmsweise nicht, wenn ein anderer Mann innerhalb eines Jahres nach Rechtskraft der dem Scheidungsantrag stattgebenden gerichtlichen Entscheidung die Vaterschaft anerkennt und der (Ex-)Ehemann **(Scheinvater) zustimmt**. Damit soll der Erfahrung Rechnung getragen werden, dass Kinder, die während eines laufenden Scheidungsverfahrens geboren werden, meist nicht von dem Noch-Ehemann abstammen. Schließlich geht der Scheidung grundsätzlich ein Trennungsjahr der Partner voraus (§ 1566 Abs. 1). Zugleich zielt die Regelung darauf, den Beteiligten in diesen Fällen bei Einigkeit aller Beteiligter den Aufwand eines Anfechtungsverfahrens mit Abstammungsgutachten zu ersparen.[200] Angeblich würde es in der Bevölkerung auch auf Unverständnis stoßen, dass auch dann ein Gerichtsverfahren durchgeführt werden müsse, wenn sich alle Beteiligten darüber einig sind, wer der wirkliche Vater ist.[201]

Die Übereinstimmung von genetischer und rechtlicher Vaterschaft wird in der Weise herbeige- 56 führt, dass die auf Grund der Ehe der Mutter geltende Vaterschaftsvermutung der §§ 1592 Nr. 1, 1593 für nach Anhängigkeit des Scheidungsantrags geborene Kinder nicht eingreift, wenn ein Dritter innerhalb eines Jahres nach Rechtskraft des Scheidungsbeschlusses seine Vaterschaft anerkennt. Dabei soll mit dem Erfordernis einer Vaterschaftsanerkennung durch einen Dritten sichergestellt werden, dass das **Kind nicht rechtlich ohne Vater** ist. Umgekehrt soll mit dem Umstand, dass die Anerkennung frühestens mit der Rechtskraft des Scheidungsbeschlusses wirksam wird, verhindert werden, dass das Kind zum Kind eines Dritten wird, obwohl die Ehe der Mutter noch besteht. Der Gesetzgeber hat sich über die Bedenken, das Kind nicht ohne gerichtliche Überprüfung einen Vater im Rechtssinne verlieren zu lassen, hinweggesetzt und den **praktischen Vorteilen** der Neuregelung

---

[193] *Staudinger/Rauscher* Rn. 35; *Erman/Hammermann* Rn. 24; *Gernhuber/Coester-Waltjen* § 52 Rn. 132.
[194] *Staudinger/Rauscher* Rn. 34.
[195] So auch *Erman/Hammermann* Rn. 24; *Gernhuber/Coester-Waltjen* § 52 Rn. 132.
[196] *Staudinger/Rauscher* Rn. 34; *Muscheler* FamR Rn. 563.
[197] BGH NJW 1988, 1666; AG Kerpen FamRZ 1994, 1486; *Soergel/Gaul* § 1593 aF Rn. 30; aA BayObLG NJW 1962, 740 = JZ 1962, 442 m. abl. Anm. *Schwoerer*.
[198] Vgl. BGH LM § 1593 BGB aF Nr. 15; OLG Düsseldorf NJW 1988, 831; aA OLG Nürnberg NJW 1988, 831; *Moritz* Jura 1989, 20, 23; alle zu § 1634 aF.
[199] Zum Normzweck s. auch BR-Drucks. 180/1/96 S. 3; *Wagner* FamRZ 1999, 7 ff.; FamRefK/*Wax* § 1599 Rn. 5 f.; *Zimmermann* DNotZ 1998, 404, 407 f.
[200] *v. Luxburg* Rn. 133; *Mühlens/Kirchmeier/Greßmann* S. 90; *Greßmann* Rn. 70 f.
[201] Rechtsausschuss BT-Drucks. 13/8511 S. 70.

§ 1599 57–59 Abschnitt 2. Titel 2. Abstammung

den Vorzug gegeben.[202] Die Möglichkeit der Direktanerkennung kennt das Gesetz im Übigen auch im Fall des § 1593, dh. bei Geburt des Kindes nach dem Tod des Ehemanns.

57 **2. Kritik.** An der Regelung wurde kritisiert,[203] dass es bis zur Anerkennung durch den leiblichen Vater zu einem **Schwebezustand** kommen kann, der im Hinblick auf steuerrechtliche Beurteilungen, Kindergeld, Unterhaltsfragen etc. problematisch sein kann.[204] Immerhin hat der Mann nach Rechtskraft des Scheidungsbeschlusses ein Jahr Zeit, sich die Anerkennung zu überlegen. Außerdem bewirkt die Regelung einen gewissen Druck auf die verheiratete Mutter, den Namen des Vaters des Kindes bekannt zu geben, will sie von den Vorteilen der Regelung profitieren.[205] Das Kernproblem des Abs. 2 bildet jedoch der Umstand, dass Ehemann, Mutter und Vater ohne gerichtliche Kontrolle und ohne Beteiligung des Kindes privatautonom über den Status des Kindes entscheiden können. Ohne dass eine Institution beteiligt wäre, die über das Kindeswohl wacht, wird die Abstammung des Kindes zur Disposition der Eltern gestellt. Insoweit birgt die Regelung die Gefahr eines einvernehmlich **ausgehandelten Personenstandsgeschäfts**.[206] Auch wird geltend gemacht, dass die Freigabe des Status an die rechtsgeschäftliche **Privatautonomie**[207] dem von der **Offizialmaxime** (jetzt § 26 FamFG) beherrschten Statusverfahren widerspreche.[208] Die im Anschluss an die Rspr. des BVerfG angestrebte Stärkung der Kindesrechte verkehre sich insoweit in ihr Gegenteil; die Regelung führe daher zu einem Wertungswiderspruch.[209] Zudem ist fraglich, ob den Anforderungen von Art. 3, 7 und 12 UN-Kinderrechtskonvention entsprochen wird.

58 Andererseits ist zu Gunsten der Regelung anzuführen, dass die getroffenen „Abmachungen" in den allermeisten Fällen zu einer Übereinstimmung von rechtlicher und genetischer Vaterschaft führen dürften. Die Gefahr einer späteren Häufung von Anfechtungsverfahren durch betroffene Kinder ist daher von der Hand zu weisen. Insgesamt dürfte die Zahl der notwendigen Verfahren durchaus sinken.[210] Die Fehlerquote dürfte kaum höher liegen als bei sonstigen Anerkennungen auch.[211] Und insoweit sieht die Regelung bei der Anerkennung inzwischen ohnehin nur noch eine sehr begrenzte Mitwirkung des Kindes vor (vgl. § 1595 Abs. 2). Das Konzept des § 1599 Abs. 2 ist insofern Ausfluss der Grundentscheidung in § 1595; Kritik im Hinblick auf eine ungenügende Wahrnehmung der Kindesinteressen hat allein dort anzusetzen.[212] Im vorliegenden Zusammenhang ist zudem zu beachten, dass es praktisch nur um Klein(st)kinder geht, deren höchstpersönliche Beteiligung ohnehin nicht in Betracht gekommen wäre. Und ob insoweit die **Mitwirkung eines Pflegers** dazu beitragen würde, unrichtige Anerkennungen zu verhindern, ist höchst fraglich.[213] Auf diesen ergänzenden, außerfamiliären Kontrollmechanismus konnte daher verzichtet werden. Im Übrigen kann auch die bewusst unrichtige Anerkennung zu Gunsten des Kindes gereichen, wenn dieses dadurch in eine intakte Familie integriert werden kann. Und nicht zuletzt wird auch die **Vermeidung gerichtlicher Auseinandersetzung** (Anfechtungs- und Feststellungsverfahren) dem Wohl des Kindes dienen.

59 **3. Verhältnis zum Anfechtungsverfahren.** Abs. 2 bietet eine Option, von der die Beteiligten nicht Gebrauch machen müssen. Allen Beteiligten steht es frei, durch ihre Zustimmung die Voraussetzungen der Norm herbeizuführen oder nicht. Daher fehlt auch trotz Vorliegens der sonstigen Voraussetzungen des Abs. 2 grundsätzlich nicht das **Rechtsschutzbedürfnis für eine gerichtliche Vaterschaftsanfechtung**.[214] Schließlich lässt sich nach geltendem Recht nur auf diesem Weg Klarheit über die genetischen Abstammungsverhältnisse erreichen. Zudem kann im Einzelfall die

---

[202] Dazu BT-Drucks. 13/4899 S. 53.
[203] Krit. insbes. *Gaul* FamRZ 1997, 1441, 1455 f.; *ders.* FamRZ 2000, 1461, 1464; *Rauscher* FPR 2002, 359, 368. Die Regelung befürwortend: FamRefK/*Wax* § 1599 Rn. 5 f.; *Dethloff* FamR § 10 Rn. 12; *Gernhuber/Coester-Waltjen* § 52 Rn. 34; *Muscheler* FamR Rn. 546; *Grün* Rn. 66 f.; *Wanitzek* S. 46 f.
[204] Vgl. BR-Drucks. 180/1/96 S. 4.
[205] Vgl. dazu *Muscheler/Beisenherz* JR 1999, 356, 358.
[206] Krit. daher *Ramm* JZ 1996, 990, 992; ferner *Keller* NJ 1998, 233, 234; differenzierend *Wagner* FamRZ 1999, 7, 9; aA *Staudinger/Rauscher* Rn. 5 ff.
[207] *Gaul* FamRZ 1997, 1441, 1448 u. 1455 f.; aA *Muscheler/Beisenherz* JR 1999, 356, 358.
[208] FamRefK/*Wax* § 1599 Rn. 5; *Gaul* FamRZ 2000, 1461, 1464; aA *Wagner* FamRZ 1999, 7, 9.
[209] *Diederichsen* NJW 1998, 1977, 1979.
[210] Vgl. *Staudinger/Rauscher* Rn. 7; aA *Gaul* FamRZ 2000, 1461, 1465.
[211] IdS auch *Zimmermann* DNotZ 1998, 404, 408.
[212] Vgl. *Staudinger/Rauscher* Rn. 6.
[213] Vgl. *Coester* DEuFamR 1999, 3, 5; *Gernhuber/Coester-Waltjen* § 52 Rn. 38.
[214] OLG Köln FamRZ 2005, 743 (betr. Prozesskostenhilfe); OLG Karlsruhe FamRZ 2001, 232 (lang dauerndes Scheidungsverfahren); *Wanitzek* FPR 2002, 390, 395; *Palandt/Brudermüller* Rn. 10; *Grün* Rn. 197; differenzierend *Gernhuber/Coester-Waltjen* § 52 Rn. 38 ff.; aA OLG Naumburg EzFamR 2002, 189 und FamRZ 2008, 432 für PKH; PWW/*Pieper* Rn. 21.

Gefahr bestehen, dass die Anfechtungsfrist abläuft und auch Abs. 2 nicht greift, etwa weil der Dritte seine Anerkennung inzwischen widerrufen hat oder nicht abzusehen ist, wann die Scheidung rechtskräftig wird. Außerdem bleibt zu berücksichtigen, dass das Anfechtungsverfahren regelmäßig binnen weniger Wochen entschieden ist, zumal das insoweit erforderliche medizinische Abstammungsgutachten meist rasch erstellt werden kann. Das Scheidungsverfahren hingegen kann sich unter Umständen unverhältnismäßig lang hinziehen. Während dieser Zeit bliebe die Vaterschaft des ges. Vaters aber bestehen, was oft von ihm nicht gewollt sein wird. Auch aus dem Blickwinkel des Kindes wäre das kein Vorteil, weil es gilt, möglichst frühzeitig die stabile Zuordnung zur Familie zu erreichen.

4. Tatbestandsvoraussetzungen. a) Scheidung. Erste Voraussetzung ist die **Scheidung** 60 der Ehe, auf der die ges. Vaterschaft nach § 1592 Nr. 1 beruht. **Der Eintritt der Rechtskraft des Scheidungsbeschlusses** ist **Wirksamkeitsvoraussetzung** für die Anerkennung durch den Dritten wie auch dafür, dass die Vaterschaft des früheren Ehemanns der Mutter nach § 1592 Nr. 1 entfällt. Bis dahin wäre eine zuvor erklärte Anerkennung schwebend unwirksam. Im Fall der **Aufhebung der Ehe** kann die Norm analog angewandt werden.[215] Zur Auflösung der Ehe durch den Tod eines Ehegatten s. Rn. 65.

b) Geburt nach Anhängigkeit des Scheidungsantrags. Zeitlich muss das Kind **nach** 61 **Anhängigkeit**[216] des Scheidungsantrags, dh. nach Eingang der Antragsschrift beim zust. Gericht, aber vor Eintritt der Rechtskraft des Scheidungsbeschlusses geboren werden. Wird das Kind erst danach geboren, greift der Vaterschaftstatbestand des § 1592 Nr. 1, unabhängig von der Lage der Empfängniszeit, von vornherein nicht, so dass es ohnehin keiner Anfechtung durch den Ex-Ehemann bedarf.[217] Wird das Kind vor Einreichung des Scheidungsantrags geboren, bleibt es bei der Grundregel des Abs. 1. Entscheidend ist der **Tag der Vollendung der Geburt,** dh. des vollständigen Austritts des Kindes aus dem Mutterleib (s. § 1592 Rn. 9). Abzustellen ist auf denjenigen Scheidungsantrag, der dann erfolgreich zur Scheidung führt.[218] Ein vor Ablauf des Trennungsjahrs gestellter Scheidungsantrag des Ehemannes wird aber in den Fällen des § 1599 Abs. 2 regelmäßig Erfolg haben, weil ein Abwarten dem Ehemann hier nicht zumutbar und somit ein Härtefall iSv. § 1565 Abs. 2 zu bejahen ist.[219] Die gerichtliche Entscheidung über die Scheidung ist rechtskräftig, wenn die Rechtsmittelfrist abgelaufen oder auf Rechtsmittel wirksam verzichtet worden ist. Wird die Frist nicht eingehalten, bleibt es bei Abs. 1, so dass es eines Anfechtungsverfahrens bedarf. Scheitert die Anwendung von Abs. 2 lediglich an der Frist, kann das Gericht im Anfechtungsverfahren ggf. auf die Einholung eines Abstammungsgutachtens verzichten.[220] Der **Tod** des Kindes vor Erfüllung aller Tatbestandsvoraussetzungen steht der Anwendung des Abs. 2 nicht entgegen.[221]

c) Anerkennung der Vaterschaft durch Dritten. Außerdem muss ein Dritter die Vater- 62 schaft anerkannt haben. Für diesen speziellen Fall der Anerkennung schließt Abs. 2 S. 1 die Anwendung von § 1594 Abs. 2 aus, wonach eine Anerkennung der Vaterschaft nicht wirksam ist, solange die Vaterschaft eines anderen Mannes besteht. Voraussetzung ist aber, dass die Anerkennung des Dritten **spätestens bis zum Ablauf eines Jahres nach Rechtskraft des Scheidungsbeschlusses** erfolgt. Die Anerkennung der Vaterschaft kann auch in der mündlichen Verhandlung im Verfahren über Kindschaftssachen (§ 151 FamFG) zur Niederschrift des Gerichts (§ 180 FamFG) erklärt werden, nicht aber im Ehescheidungsverfahren. Für diese Anerkennung gelten die §§ 1594 ff. mit Ausnahme von § 1594 Abs. 2 unverändert; insbes. ist auch ein Widerruf möglich. Der Verweis auf § 1594 Abs. 4 stellt klar, dass die Anerkennung und die Zustimmungserklärungen bereits vor Geburt des Kindes erfolgen können.[222] Ob zu diesem Zeitpunkt schon ersichtlich ist, dass das Kind wirklich während des Scheidungsverfahrens auf die Welt kommt, ist unerheblich. Eine Anerkennung, die nur für den Fall der Erfüllung der Tatbestandsvoraussetzungen des Abs. 2 erklärt wird, ansonsten aber nicht gelten soll, wäre unzulässig bedingt und gem. § 1594 Abs. 3 unwirksam.[223]

---

[215] AG Hagen FamRZ 2005, 1191; *Palandt/Brudermüller* Rn. 10.
[216] Dazu *Sachse* StAZ 2003, 53.
[217] Zur analogen Anwendung von § 1599 Abs. 2 in Fällen mit Auslandsbezug LG Saarbrücken StAZ 2005, 18.
[218] *Staudinger/Rauscher* Rn. 103.
[219] OLG Karlsruhe FamRZ 2000, 1417; anders bei Scheidungsantrag der Frau, OLG Naumburg NJW 2005, 1812.
[220] OLG Köln FamRZ 1999, 1607; AG Hamburg DAVorm. 1999, 156; AG Hannover FamRZ 2001, 245; abl. *Gaul* FamRZ 2000, 1461, 1467.
[221] Bundesverband der dt. Standesbeamten StAZ 2001, 42.
[222] So auch *Staudinger/Rauscher* Rn. 90; *Erman/Hammermann* Rn. 46; *Grün* Rn. 46; aA *Kemper* DAVorm. 1999, 191.
[223] *Staudinger/Rauscher* Rn. 96.

§ 1599 63–65

63 **d) Zustimmung des Ehemanns, Abs. 2 S. 2.** Der Anerkennung muss im Sonderfall des Abs. 2 außer der Mutter und dem Kind (§§ 1595, 1596) auch der Mann zustimmen, der im Zeitpunkt der Geburt mit der Mutter des Kindes verheiratet ist. Für diese Zustimmung gelten folgende Vorschriften entsprechend: § 1594 Abs. 3, wonach die Zustimmung nicht unter einer Bedingung oder Zeitbestimmung abgegeben werden kann (vgl. näher § 1594 Rn. 37); § 1594 Abs. 4, mit der praktisch bedeutsamen Folge, dass die Zustimmung schon **vor der Geburt** des Kindes erklärt werden kann; § 1596 Abs. 1 S. 1 bis 3 bei beschränkter Geschäftsfähigkeit; § 1596 Abs. 3 im Fall der Betreuung und Abs. 4 zur Höchstpersönlichkeit; § 1597 Abs. 1 und 2[224] betr. öffentliche Beurkundung und Benachrichtigung sowie § 1598 Abs. 1 betr. Unwirksamkeitsgründe. § 1598 Abs. 2 zur Heilungsmöglichkeit findet allerdings keine Anwendung. Stirbt der Ehemann nach Scheidung, ohne seine Zustimmung zuvor erteilt zu haben, ist Abs. 2 S. 2 nicht erfüllt, so dass es einer Anfechtung nach Abs. 1 bedarf.[225] Alle erforderlichen Zustimmungen (§§ 1595, 1596) können wie die Anerkennung des Dritten in der **mündlichen Verhandlung** im Verfahren über Kindschaftssachen zur Niederschrift des Gerichts (§ 180 FamFG) erklärt werden.

64 **e) Jahresfrist.** Die Jahresfrist ist Ereignisfrist nach §§ 187 Abs. 1, 188 Abs. 2. Str. ist, ob nur die Anerkennungserklärung des Mannes innerhalb der Jahresfrist zu erfolgen hat[226] oder ob darüber hinaus auch **alle erforderlichen Zustimmungen** vor Ablauf der Jahresfrist erteilt werden müssen. Der Gesetzeswortlaut lässt beide Auslegungen zu. Die wohl überwiegende Meinung[227] plädiert dafür, die Ausnahmevorschrift des Abs. 2 eng auszulegen. Danach kommt es darauf an, dass die Anerkennung innerhalb der Jahresfrist voll wirksam wird, was nach den §§ 1595 f. auch das Vorliegen aller erforderlichen Zustimmungen voraussetzt. Für diese Ansicht könnte sprechen, dass der durch die Regelung bewirkte Schwebezustand (s. Rn. 67) sonst noch deutlich länger werden könnte. Andererseits wird der Anerkennende insoweit durch die Widerrufsmöglichkeit gem. § 1597 Abs. 3 geschützt. Abweichend von der 5. Aufl. wird daher nun der Auffassung gefolgt, dass § 1599 Abs. 2 mit der „Anerkennung" lediglich die Anerkennungserklärung meint und daher die weiteren Zustimmungen auch noch nach Fristablauf erfolgen können.

65 **5. Die Bezugnahme auf § 1593 bei Tod eines Ehegatten.** Wird die Ehe der Mutter während des Scheidungsverfahrens, also vor Rechtskraft des Scheidungsbeschlusses, durch den Tod eines Ehegatten aufgelöst, erledigt sich das Verfahren in der Hauptsache (§ 131 FamFG). Die Tatbestandsvoraussetzung des rechtskräftigen Scheidungsbeschlusses ist dann nicht mehr erfüllbar, so dass die Anwendung von § 1599 Abs. 2 in diesem Fall streng genommen ausscheiden müsste. Der Verweis auf § 1593 beträfe dann nur noch den (seltenen) Fall, dass ein Kind nach erneuter Verheiratung der Mutter (Witwe) geboren wird, aber nicht von diesem zweiten Ehemann abstammt und nun diese zweite Ehe geschieden wird. Die Anerkennung durch den Dritten (Erzeuger) erübrigt dann die Doppelanfechtung der nach § 1593 vermuteten Vaterschaften der Ehemänner. Auf diesen Fall wäre § 1599 Abs. 2 aber sowieso auch ohne Verweis auf § 1593 anwendbar. Eigenständige Bedeutung gewinnt die Bezugnahme auf § 1593 daher nur, wenn man für die Anwendung des § 1599 Abs. 2 eben auch die Auflösung der Ehe durch Tod eines Ehegatten genügen lässt.[228] Es bedarf somit keiner Anfechtung durch den Ehemann, wenn das Kind nach Anhängigkeit eines Scheidungsantrags (§ 124 FamFG) geboren wird, ein Dritter spätestens bis zum Ablauf eines Jahres nach dem **Tod des Ehemanns** anerkennt und der Ehemann zu der schon erklärten oder doch bereits erwarteten Anerkennung noch vor seinem Tod die Zustimmung erklärt hatte. Die Anerkennung wird dann frühestens mit dem Tod des Ehemanns wirksam. Relevant wird diese Fallkonstellation v. a. bei pränatalen Anerkennungs- und Zustimmungserklärungen. Stirbt der Ehemann, bevor er seine Zustimmung erklärt hatte, können die Voraussetzungen des Abs. 2 nicht mehr erfüllt werden.[229] Anders liegt es, wenn die Ehe durch den **Tod der Mutter** aufgelöst wird; dann bedarf es nach § 1595 zwangsläufig nur noch der Zustimmung des Kindes zur Anerkennung.[230] § 1599 Abs. 2

---

[224] Dazu näher *Staudinger/Rauscher* Rn. 99.
[225] So auch *Rauscher* FamR Rn. 783.
[226] So OLG Zweibrücken FamRZ 2000, 546, 547 mit Verweis auf BT-Drucks. 13/4899 S. 53, 86; OLG Köln FamRZ 2011, 651; OLG Oldenburg FamRZ 2011, 1076; OLG Brandenburg FamRZ 2011, 1310; *Palandt/Brudermüller* Rn. 11; *Wanitzek* S. 44.
[227] OLG Stuttgart FamRZ 2004, 1054; *Kirchmeier* Kind-Prax 1998, 147; FamRefK/*Wax* Rn. 4; *Gernhuber/Coester-Waltjen* § 52 Rn. 35; *Staudinger/Rauscher* Rn. 92; *Rauscher* FamR Rn. 782; *Erman/Hammermann* Rn. 47; NK-BGB/*Gutzeit* Rn. 10; PWW/*Pieper* Rn. 18; *Grün* Rn. 72; *Wachsmann* StAZ 2000, 375; *Rauscher* FPR 2002, 359, 369; Will FPR 2005, 172, 175; wohl auch *Gaul* FamRZ 2000, 1461, 1466.
[228] So auch *Palandt/Brudermüller* Rn. 11; *Staudinger/Rauscher* Rn. 89; *Rauscher* FamR Rn. 781; NK-BGB/*Gutzeit* Rn. 13; *Gernhuber/Coester-Waltjen* § 52 Rn. 37.
[229] *Staudinger/Rauscher* Rn. 100.
[230] Vgl. *Staudinger/Rauscher* Rn. 94.

kommt nicht zur Anwendung, wenn zwischen dem Tod des Ehemanns und der Geburt des Kindes **mehr als 300 Tage** liegen, denn dann gilt der Ehemann ohnehin nicht als Vater (vgl. § 1593 S. 1).

6. Rechtsfolgen. Erst wenn **alle** genannten Voraussetzungen erfüllt sind, entfällt die Vaterschaftsvermutung zu Gunsten des Ehemanns nach § 1592 Nr. 1. Die materiellen Rechtsfolgen sind dieselben wie nach erfolgreicher Vaterschaftsanfechtung (dazu Rn. 44 ff.). Zugleich wird der Dritte Vater kraft Anerkennung mit Rückwirkung auf den Zeitpunkt der Geburt (allg. dazu § 1594 Rn. 13 f.). Festzuhalten ist dabei, dass die Anerkennung des Dritten auch dann, wenn alle sonstigen Voraussetzungen bereits früher vorliegen sollten, **erst mit Rechtskraft der dem Scheidungsantrag stattgebenden gerichtlichen Entscheidung** wirksam wird (Abs. 2 S. 3); denn bis dahin gilt noch der Ehemann der Mutter nach § 1592 Nr. 1 als der Vater des Kindes. Zwischenzeitliche Rechtsakte des Ehemanns bleiben bis zum Wirksamwerden der Anerkennung analog § 47 FamFG wirksam.[231]

Im Hinblick auf diesen **Schwebezustand** bis zum rechtsgültigen Abschluss des Scheidungsverfahrens stellen sich allerdings mehrere Fragen. Geklärt sind die Konsequenzen einer **zwischenzeitlich abgegebenen Sorgeerklärung des anerkennenden Dritten**. Der BGH[232] hat dazu klargestellt, dass die noch bestehende Ehe der Kindesmutter der Abgabe einer Sorgeerklärung durch den leiblichen Vater nach § 1626a Abs. 1 Nr. 1 nicht entgegenstehe, wenn das Kind bei Anhängigkeit des Scheidungsantrags noch nicht geboren war und der leibliche Vater nach § 1599 Abs. 2 die Vaterschaft bereits anerkannt hat. Die Sorgeerklärung ist dann, wie die Anerkennung der Vaterschaft selbst, zunächst schwebend unwirksam und wird mit der Rechtskraft der dem Scheidungsantrag stattgebenden Gerichtsentscheidung wirksam. **Unterhaltsrechtlich** liegen die Dinge komplizierter. Für etwaige Regressansprüche des Scheinvaters gegen den anerkennenden Dritten (wegen Unterhaltszahlungen an das Kind oder aus §§ 1615l Abs. 3 S. 1, 1607 Abs. 3, 1613 Abs. 2 Nr. 2 a wegen der Entbindungskosten) wird es bei dem Grundsatz verbleiben, dass diese erst mit Rechtskraft des Scheidungsbeschlusses geltend gemacht werden können.[233] Eine andere Frage ist aber, ob und wie lange der Ehemann in den Fällen des § 1599 Abs. 2 noch zu Unterhaltsleistungen an das Kind verpflichtet werden kann, wenn doch schon vor Fristablauf offensichtlich ist, dass er nicht der Vater des Kindes ist. Wenn die Scheidung tatsächlich nur noch eine Frage der Zeit ist, kann die Inanspruchnahme des Ehemanns hier gegen Treu und Glauben verstoßen.[234] Zum Schutz des Kindes muss dann allerdings die Geltendmachung des Anspruchs gegen den anerkennenden Dritten bereits möglich sein. Das sollte man in diesen Fällen indes bejahen, weil auch dem Dritten der Rechtsmissbrauchseinwand (§ 242) entgegen gehalten werden kann, wenn er sich unter diesen Umständen noch auf seine fehlende Passivlegitimation beruft.

7. Anfechtung der Anerkennung. Wird die auf der **Anerkennung** durch den Dritten beruhende Vaterschaft nach § 1592 Nr. 2 nun durch diesen **wieder angefochten** und aufgehoben, so wird das Kind, sofern nicht bereits eine weitere (zunächst schwebend unwirksame) Anerkennung ausgesprochen ist, **vaterlos**. Es kommt nach zutr. Auffassung nicht zu einer Wiederherstellung der früheren Zuordnung zum Ehemann der Mutter als Vater nach § 1592 Nr. 1.[235] Die Interessen des Kindes werden dadurch nicht verletzt, da es jederzeit die gerichtliche Feststellung dieses Mannes als Vater nach § 1600d Abs. 1 beantragen kann. Es ist daher kein Grund ersichtlich, die Wirkung und Rechtsfolgen der Anerkennung nach Abs. 2 im Hinblick auf eine zuvor bestehende Vaterschaft nach § 1592 Nr. 1 anders zu beurteilen als bei einer Anfechtung. Wäre dies gewollt gewesen, hätte der Gesetzgeber – ähnlich wie in § 1593 S. 4 – ausdrücklich eine entspr. Regelung treffen können. Die Gegenansicht negiert das schützenswerte Interesse des Ehemanns, mit Eintritt der Rechtswirkungen des Abs. 2 Klarheit über den Kindesstatus zu erlangen; zumal auch offen wäre, wie der Ehemann im Anfechtungsverfahren zu beteiligen bzw. in welcher Weise sicherzustellen wäre, dass er von einer erfolgreichen Anfechtung Nachricht erhält.

8. Übergangsrecht. Für Kinder, die vor dem 1. 7. 1998 geboren worden sind, gelten im Hinblick auf zu diesem Zeitpunkt bereits bestehende Vaterschaften die früheren Vorschriften (Art. 224 § 1 Abs. 1 EGBGB). An einer zum Stichtag bestehenden ges. Vaterschaft wird also nicht

---

[231] *Veit* FamRZ 1999, 902.
[232] BGHZ 158, 74 = NJW 2004, 1595; zust. *Coester* LMK 2004, 107; anders liegt es bei Geburt vor Anhängigkeit des Scheidungsantrags, OLG Stuttgart JAmt 2007, 545, 546.
[233] *Wagner* FamRZ 1999, 7, 11.
[234] IdS *Wagner* FamRZ 1999, 7, 12 f.; abl. Staudinger/*Rauscher* Rn. 113.
[235] Wie hier: *Gaul* FamRZ 1997, 1441; *ders.* FamRZ 2000, 1461, 1466; *Helms* FuR 1996, 178, 183; Gernhuber/Coester-Waltjen § 52 Rn. 36; *Greßmann* Rn. 74; Staudinger/*Rauscher* Rn. 111; NK-BGB/*Gutzeit* Rn. 14; aA: Erman/*Hammermann* Rn. 53; *Veit* FamRZ 1999, 902.

§ 1600

gerüttelt.²³⁶ Die Anfechtung der Vaterschaft richtet sich jedoch seit dem 1. 7. 1998 nach den neuen Vorschriften (Art. 224 § 1 Abs. 2 EGBGB, näher Vor § 1599 Rn. 4). Die Übergangsregelung zu § 1599 Abs. 2 findet sich in **Art. 224 § 1 Abs. 3 EGBGB**. Danach ist **§ 1599 Abs. 2** auf Kinder, die vor dem 1. 7. 1998 geboren sind, entsprechend anzuwenden. Das bedeutet bei Anwendung der Voraussetzungen des Abs. 2, dass die direkte Anerkennung ohne vorherige Anfechtung bei **vor dem 1. 7. 1998 geborenen Kindern** dann möglich ist, wenn sie nach Anhängigkeit des Scheidungsantrags geboren wurden und die Anerkennungsfrist für den Dritten am 1. 7. 1998 noch lief, dh. entweder das Scheidungsverfahren an diesem Tag schon anhängig war oder die Scheidung an diesem Tag noch nicht länger als ein Jahr rechtskräftig war.²³⁷ Dabei werden auch die Fälle erfasst, in denen das Kind innerhalb von 302 Tagen **nach rechtskräftiger Scheidung geboren** und nach anwendbarem altem Recht noch dem Ehemann als Vater zugeordnet wurde.²³⁸ Wenn das geltende Recht hier gar keine Vermutungsgrundlage für eine Vaterschaft des Ehemanns mehr sieht, so soll für Altfälle zumindest die Erleichterung des § 1599 Abs. 2 gelten. Zum Übergangsrecht hins. des Anerkennungsverfahrens selbst s. § 1594 Rn. 44 f.

§ 1600 Anfechtungsberechtigte

(1) Berechtigt, die Vaterschaft anzufechten, sind:
1. der Mann, dessen Vaterschaft nach § 1592 Nr. 1 und 2, § 1593 besteht,
2. der Mann, der an Eides statt versichert, der Mutter des Kindes während der Empfängniszeit beigewohnt zu haben,
3. die Mutter,
4. das Kind und
5. die zuständige Behörde (anfechtungsberechtigte Behörde) in den Fällen des § 1592 Nr. 2.

(2) Die Anfechtung nach Absatz 1 Nr. 2 setzt voraus, dass zwischen dem Kind und seinem Vater im Sinne von Absatz 1 Nr. 1 keine sozial-familiäre Beziehung besteht oder im Zeitpunkt seines Todes bestanden hat und dass der Anfechtende leiblicher Vater des Kindes ist.

(3) Die Anfechtung nach Absatz 1 Nr. 5 setzt voraus, dass zwischen dem Kind und dem Anerkennenden keine sozial-familiäre Beziehung besteht oder im Zeitpunkt der Anerkennung oder seines Todes bestanden hat und durch die Anerkennung rechtliche Voraussetzungen für die erlaubte Einreise oder den erlaubten Aufenthalt des Kindes oder eines Elternteiles geschaffen werden.

(4) ¹Eine sozial-familiäre Beziehung nach den Absätzen 2 und 3 besteht, wenn der Vater im Sinne von Absatz 1 Nr. 1 zum maßgeblichen Zeitpunkt für das Kind tatsächliche Verantwortung trägt oder getragen hat. ²Eine Übernahme tatsächlicher Verantwortung liegt in der Regel vor, wenn der Vater im Sinne von Absatz 1 Nr. 1 mit der Mutter des Kindes verheiratet ist oder mit dem Kind längere Zeit in häuslicher Gemeinschaft zusammengelebt hat.

(5) Ist das Kind mit Einwilligung des Mannes und der Mutter durch künstliche Befruchtung mittels Samenspende eines Dritten gezeugt worden, so ist die Anfechtung der Vaterschaft durch den Mann oder die Mutter ausgeschlossen.

(6) ¹Die Landesregierungen werden ermächtigt, die Behörden nach Absatz 1 Nr. 5 durch Rechtsverordnung zu bestimmen. ²Die Landesregierungen können diese Ermächtigung durch Rechtsverordnung auf die zuständigen obersten Landesbehörden übertragen. ³Ist eine örtliche Zuständigkeit der Behörde nach diesen Vorschriften nicht begründet, so wird die Zuständigkeit durch den Sitz des Gerichts bestimmt, das für die Klage zuständig ist.

---

²³⁶ *Palandt/Brudermüller* Art. 224 EGBGB § 1 Rn. 2.
²³⁷ *Palandt/Brudermüller* Art. 224 EGBGB § 1 Rn. 10; FamRefK/*Wax* Art. 224 § 1 EGBGB Rn. 9.
²³⁸ AG Bremen FamRZ 2000, 1031; DIV-Gutachten v. 30. 6. 1998 DAVorm. 1998, 902.

Anfechtungsberechtigte § 1600

Neueres Schrifttum: *Arendt-Rojahn*, Anfechtungsmöglichkeiten der „zuständigen Behörde" bei „Scheinvaterschaften, FPR 2007, 395; *Beinkinstadt*, „Vater werden ist nicht schwer" – Entwurf eines Gesetzes zur Ergänzung des Rechts zur Anfechtung der Vaterschaft, JAmt 2007, 342; *Büte*, Änderungen der Vorschriften über die Anfechtung der Vaterschaft und das Umgangsrecht von Bezugspersonen des Kindes, FPR 2005, 5; *Büttner*, Der biologische (genetische) Vater und seine Rechte, FS Schwab, 2005, S. 735; *Eckebrecht*, Neuere Gesetze zur Stärkung der Vaterrechte, FPR 2005, 205; *Ehrhardt-Rauch*, Stärkung der Rechte des biologischen Vaters zum 30. April 2004, JAmt 2004, 175; *Finger*, Anfechtung der Vaterschaft/der Ehelichkeit, §§ 1600 ff. BGB; zu den geplanten Gesetzesänderungen – Unterhaltsregress und Schadensersatz, JR 2007, 50; *Frank*, Rechtsvergleichende Betrachtungen zur Vaterschaftsanfechtung durch den leiblichen Vater des Kindes, FS Schwab, 2005, S. 1127; *ders.*, Missbräuchliche Vaterschaftsanerkennungen zur Erlangung von Aufenthaltstiteln, StAZ 2006, 281; *Genenger*, Von der Einschränkung zur Erweiterung des Vaterschaftsanfechtungsrechts, FPR 2007, 155; *J. Hager*, Der rechtliche und der leibliche Vater, FS Schwab, 2005, S. 773; *Helms*, Vaterschaftsanfechtung durch den Erzeuger des Kindes?, FamRZ 1997, 913; *ders.*, Die missbräuchliche Anerkennung der Vaterschaft, StAZ 2007, 69; *ders.*, Die Stellung des potenziellen biologischen Vaters im Abstammungsrecht, FamRZ 2010, 1; *ders.*, Die künstliche Befruchtung aus familienrechtlicher Sicht: Probleme und Perspektiven, in: *Röthel/Löhnig/Helms*, Ehe, Familie, Abstammung – Blicke in die Zukunft, 2010, S. 49; *Henrich*, Zum Entwurf eines Gesetzes zur Ergänzung des Rechts zur Anfechtung der Vaterschaft, FamRZ 2006, 977; *Höfelmann*, Das neue Gesetz zur Änderung der Vorschriften über die Anfechtung der Vaterschaft und das Umgangsrecht von Bezugspersonen des Kindes, FamRZ 2004, 745; *Janzen*, Das Kinderrechteverbesserungsgesetz – Weiterentwicklung des Kindschaftsrechts und Schutz der Kinder vor Gewalt –, FamRZ 2002, 785; *Knittel*, Kinderrechteverbesserungsgesetz verabschiedet, JAmt 2002, 50; *Löhnig*, Das Gesetz zur Ergänzung des Rechts zur Anfechtung der Vaterschaft, FamRZ 2008, 1130; *Mach-Hour*, Das behördliche Anfechtungsrecht der Vaterschaft und die Folgen für die Kinder, FPR 2009, 147; *Müller*, Vaterschaftsanfechtung und Umgangsrecht neu geregelt, FamRB 2004, 206; *Naumann*, Vereitelung des Rechts auf Kenntnis der eigenen Abstammung bei künstlicher Insemination, ZRP 1999, 142; *Patti*, Heterologe Insemination im italienischen Recht, FS Schwab, 2005, S. 1449; *Peschel-Gutzeit*, Das Kinderrechteverbesserungsgesetz – KindRVerbG – vom 9. 4. 2002, FPR 2002, 285; *Pieper*, NEU: Anfechtungs- und Umgangsrecht des biologischen Vaters, FuR 2004, 385; *A. Roth*, Der Ausschluss der Vaterschaftsanfechtung nach Einwilligung in die heterologe Insemination (§ 1600 Abs. 2 BGB), DNotZ 2003, 805; *ders.*, Das Kinderrechteverbesserungsgesetz, JZ 2002, 651; *W. Roth*, Vaterschaftsanfechtung durch den biologischen Vater, NJW 2003, 3153; *von Sachsen Gessaphe*, Nachbesserungen im Familienrecht – eine unendliche Geschichte, NJW 2002, 1853; *Schaumann*, Die heterologe künstliche Insemination, 1991; *Seidel*, Was gilt, wenn der rechtliche Vater nicht der biologische Vater ist?, FPR 2005, 181; *Seidl*, Anfechtung bei der homologen und heterologen Insemination, FPR 2002, 402; *Spickhoff*, Vaterschaft und Fortpflanzungsmedizin. Die Einwilligung zur künstlichen Befruchtung mittels Samenspende eines Dritten, FS Schwab, 2005, S. 923; *ders.*, Der Streit um die Abstammung – Brennpunkte der Diskussion, in *Spickhoff/Schwab/Henrich/Gottwald*, Streit um die Abstammung – ein europäischer Vergleich –, 2007; *Taupitz/Schlüter*, Heterologe künstliche Befruchtung: Die Absicherung des Samenspenders gegen unterhalts- und erbrechtliche Ansprüche des Kindes, AcP 205 (2005), 591; *Wanitzek*, Rechtliche Elternschaft bei medizinisch unterstützter Fortpflanzung, 2002; *dies.*, Vaterschaftsanfechtung, FPR 2002, 390; *dies.*, Ergänzungen des Abstammungsrechts durch das Kinderrechteverbesserungsgesetz, FamRZ 2003, 730; *Wehrstedt*, Der Streit um die Abstammung aus rechtsberatender Sicht in Fällen künstlicher Befruchtung mittels Samenspende eines Dritten, sog. heterologe Insemination, in *Spickhoff/Schwab/Henrich/Gottwald*, Streit um die Abstammung – ein europäischer Vergleich –, 2007, S. 73; *Wellenhofer*, Das Vaterschaftsanfechtungsrecht des leiblichen Vaters – Vorschlag für Neufassung von § 1600 BGB, FamRZ 2003, 1889; *Wieser*, Zur Anfechtung durch den leiblichen Vater, FamRZ 2004, 1774; *Zimmermann*, Das Gesetz zur Ergänzung des Rechts der Anfechtung der Vaterschaft vom 13. 3. 2008, FuR 2008, 569 und 2009, 21; *Zypries/Cludius*, Missbräuchliche Vaterschaftsanerkennungen zur Erlangung von Aufenthaltstiteln, ZRP 2007, 1.

Übersicht

	Rn.		Rn.
I. Einführung und Normzweck	1	c) Häusliche Gemeinschaft, S. 3	12, 13
II. Das Anfechtungsrecht von Vater, Mutter und Kind	2–5	d) Sonstige Fälle	14
1. Das Anfechtungsrecht des rechtlichen Vaters	2, 3	4. Voraussetzung der leiblichen Vaterschaft des Anfechtenden	15
2. Das Anfechtungsrecht der Mutter	4	5. Anfechtungsfrist für den leiblichen Vater	16
3. Das Anfechtungsrecht des Kindes	5	**IV. Das Anfechtungsrecht der Behörde**	17–26
III. Das Anfechtungsrecht des leiblichen Vaters des Kindes, Abs. 2 und 4	6–16	1. Regelungsanlass	17
1. Anfechtungsrecht seit 2004	6	2. Allgemeines	18
2. Erfordernis der Versicherung an Eides statt	7	3. Die Behörde	19, 20
3. Fehlende sozial-familiäre Beziehung zum rechtlichen Vater, Abs. 4	8–14	4. Fehlende sozial-familiäre Beziehung als Anfechtungsvoraussetzung	21, 22
a) Allgemeines	8–10	5. Ausländerrechtliche Vorteile	23
b) Verheiratung der Eltern	11	6. Weitere Voraussetzungen	24

	Rn.		Rn.
7. Rechtsfolge	25	3. Tatbestandsvoraussetzungen des Abs. 5	33–36
8. Bewertung	26	a) Bestehende Vaterschaft des Mannes	33
V. Verlust des Anfechtungsrechts	27, 28	b) Zeugung durch künstliche Befruchtung mittels Samenspende eines Dritten	34
1. Kein Verzicht auf das Anfechtungsrecht	27	c) Wirksame Einwilligung des Mannes und der Mutter	35, 36
2. Rechtsmissbrauchsfälle	28	4. Zeitliche Geltung	37
VI. Anfechtungsausschluss bei heterologer Insemination, Abs. 5	29–43	5. Anfechtung durch das Kind	38
		6. Weiterer gesetzlicher Handlungsbedarf	39, 40
1. Vorgeschichte	29	7. Rechtsstellung des Samenspenders	41–43
2. Normzweck	30–32	a) Vaterschaftsfeststellung	41
a) Allgemeines	30	b) Keine anonyme Samenspende	42
b) Die Gesetzesbegründung	31	c) Folgeansprüche gegen den Samenspender	43
c) Bewertung	32		

I. Einführung und Normzweck

1   Im Interesse und zum Schutz der Intimität der Familie soll nicht jedermann die Möglichkeit eingeräumt werden, die Abstammung eines Kindes in Frage zu stellen. Auch soll eine unerwünschte Einmischung in die Familie von außen vermieden werden.[1] Daher kennt § 1600 nur einen **begrenzten Kreis** von **Anfechtungsberechtigten,** der inzwischen aber erweitert wurde. Die Aufzählung ist insoweit abschließend. Das Anfechtungsrecht hat auch **höchstpersönlichen Charakter,** so dass eine Anfechtung durch die Erben eines Berechtigten oder einen Bevollmächtigten ausgeschlossen ist[2] (§ 1600a Abs. 1, s. dort Rn. 1 f.). Anfechtungsberechtigt ist seit jeher der von der Vaterschaft betroffene Mann selbst, das Kind seit 1961[3] und die Mutter seit der Reform durch das KindRG von 1998. Der frühere Ausschluss ihres Anfechtungsrechts im Hinblick auf die Ehelichkeitsanfechtung war nach überwiegender Meinung angesichts der damit verbundenen Ungleichbehandlung von Mann und Frau (Art. 3 Abs. 2 GG) verfassungsrechtlich bedenklich gewesen.[4] Das Anfechtungsrecht der Eltern des Scheinvaters ist 1998 ersatzlos gestrichen worden. Im Jahr 2004 eingeführt wurde das an bestimmte Voraussetzungen geknüpfte Anfechtungsrecht des leiblichen Vaters (Rn. 6 ff.). All diese Anfechtungsberechtigten müssen keinen Anfechtungsgrund geltend machen. **Anfechtungsgrund** ist insoweit stets die **objektive** Unrichtigkeit der bestehenden Vaterschaft bzw. der vorangehenden Anerkennung.[5] Eine weitere Einschränkung ergibt sich lediglich für den Fall der Anfechtung durch einen ges. Vertreter; die Anfechtung durch ihn ist nur zulässig, wenn sie dem Wohl des Vertretenen dient (§ 1600a Abs. 4, s. dort Rn. 14 f.). Das Anfechtungsrecht ist **unverzichtbar** und damit der rechtsgeschäftlichen Disposition entzogen.[6] **Ausgeschlossen** ist die **Anfechtung nur** im Fall des Abs. 5. Den Eltern eines Kindes ist die Vaterschaftsanfechtung ausnahmsweise dann versagt, wenn dieses aus einer konsentierten künstlichen Befruchtung mittels Spendersamen hervorgegangen ist, Abs. 5 (Rn. 29 ff.). Im Jahr 2008 wurde der Kreis der Anfechtungsberechtigten um die „zuständige **Behörde**" erweitert, der aber nur für den Fall rechtsmissbräuchlicher Vaterschaftsanerkennungen mit ausländerrechtlichem Hintergrund ein Anfechtungsrecht zusteht (Rn. 17 ff.).

II. Das Anfechtungsrecht von Vater, Mutter und Kind

2   **1. Das Anfechtungsrecht des rechtlichen Vaters.** Anfechtungsberechtigt ist der rechtliche Vater, sei es, dass seine Vaterschaft auf § 1592 Nr. 1 (ggf. iVm. § 1593) beruht oder infolge Anerkennung auf § 1592 Nr. 2. Der Verweis auf § 1593 kann auch als Klarstellung gewertet werden, dass der **Tod der Mutter** bei der Geburt, der zur Auflösung der Ehe führt, das Anfechtungsrecht des Ehemanns unberührt lässt. Wird die Ehe allerdings durch den **Tod des Ehemannes** aufgelöst, erlischt

---

[1] Vgl. BT-Drucks. 16/3291 S. 10; *Gernhuber/Coester-Waltjen* § 52 Rn. 105.
[2] S. auch *Mutschler* FamRZ 1996, 1381, 1382.
[3] Das ursprünglich vom BGB (Mot. IV S. 660) nicht vorgesehene Anfechtungsrecht des Kindes wurde 1961 durch Art. 1 Nr. 4 des FamRÄndG eingeführt, vgl. BT-Drucks. III/530 S. 14.
[4] *Finger* NJW 1984, 846; *Kropholler* AcP 185 (1985), 244, 261; *Schwenzer* FamRZ 1985, 1, 4 ff. m. weit. Hinw.; *Ramm* NJW 1989, 1594, 1595; aA *Gaul* FamRZ 1997, 1441, 1457; *Deichfuß* FuR 1991, 275 f.; *Dethloff* NJW 1992, 2200, 2208; *Kienle* ZRP 1995, 201; *Beer-Britten* FS. 55; *Beitzke,* FS Müller-Freienfels, 1986, S. 31, 50; RGRK/*Böckermann* § 1594 aF Rn. 5; *Soergel/Gaul* § 1594 aF Rn. 3. Das BVerfG hatte die frühere Regelung aber nicht beanstandet, vgl. BVerfG FamRZ 1993, 1422 f.
[5] BT-Drucks. V/2370 S. 31.
[6] BGH NJW 1979, 418, 419; NJW 1995, 2921; *Gernhuber/Coester-Waltjen* § 53 Rn. 16.

dessen höchstpersönliches Anfechtungsrecht. Das gilt auch in dem Fall des § 1593 S. 3, wenn der neue Ehemann die Vaterschaft wirksam anficht und das Kind infolgedessen als Kind des früheren verstorbenen Ehemanns anzusehen ist (S. 4). Da es allein auf die objektive Unrichtigkeit der Anerkennung ankommt, kann auch der Mann anfechten, der **bewusst falsch** oder aus unlauteren Motiven anerkannt hat.[7] Die Anfechtungsberechtigung des Mannes ist auch unabhängig davon, ob ihm die **elterliche Sorge** für das Kind zusteht.

Die **Eltern** des (Schein-)Vaters haben **kein Anfechtungsrecht**. Das von ihrem verstorbenen Sohn **3** abgeleitete frühere Anfechtungsrecht der Eltern nach §§ 1595a,[8] 1600 g Abs. 2 aF ist durch das KindRG ersatzlos gestrichen worden.[9] Deren Klarstellungsinteresse war freilich seit jeher weit geringer als das des Ehemanns selbst. Eltern können sich gegen aufgedrängten (Enkel-)Nachwuchs ohnehin nicht wehren.[10] Die Chance, den verstorbenen Sohn an Stelle des Kindes zu beerben, kann ebenfalls nicht ausschlaggebend sein; sonst müsste man auch erbberechtigten Geschwistern ein Anfechtungsrecht einräumen.[11] Auch das Pflichtteilsrecht des (Schein-)Enkelkindes gegenüber seinen (Schein-)Großeltern vermag das Anfechtungsrecht nicht zu rechtfertigen.[12] Denn auch in anderen Fallgestaltungen, in denen das Enkelkind nicht leiblich von seinem Vater und den Großeltern abstammt (etwa nach bewusstem Verstreichenlassen der Anfechtungsfrist durch den Mann oder im Adoptionsfall), können sich die Großeltern nicht gegen das Pflichtteilsrecht des Enkelkindes wehren. Andernfalls bestände auch die Gefahr, dass die Eltern die ihnen zugedachte Rolle als Sachwalter der Persönlichkeitsrechts des verstorbenen Sohnes leicht zu eigennützigen Zwecken, insbes. zur Entledigung von Unterhalts- und Pflichtteilsansprüchen des Kindes, missbrauchten.[13] Die Eltern können auch ein laufendes Verfahren nicht fortführen, wenn der Sohn nach Erhebung des Anfechtungsantrags stirbt. In diesem Fall ist das Verfahren als in der Hauptsache erledigt anzusehen, sofern nicht ein anderer Beteiligter, also Mutter oder Kind, die Fortsetzung des Verfahrens verlangt (§ 181 FamFG).

2. Das Anfechtungsrecht der Mutter. Während die Mutter früher das Anfechtungsrecht **4** nur als ges. Vertreterin des Kindes wahrnehmen konnte, hat sie seit dem KindRG von 1998 ein **eigenes Anfechtungsrecht**.[14] Schließlich hat die Vaterschaft auch ganz erhebliche (mittelbare) Auswirkungen auf ihre Rechtsstellung, insb. beim Sorgerecht.[15] Ein Ausschluss ihres Anfechtungsrechts kommt – von der Sonderregelung des Abs. 5 abgesehen – nicht in Betracht, auch nicht bei Kindern, die aus einem von der Mutter zu verantwortenden Ehebruch stammen.[16] Die Mutter kann auch anfechten, wenn sie der falschen Vaterschaftsanerkennung bewusst zugestimmt hatte. Das Anfechtungsrecht ist entgegen anders lautenden Vorschlägen[17] nicht von einer gerichtlichen Prüfung des Kindeswohls abhängig gemacht worden.[18] Der Gesetzgeber sah hier letztlich die Interessen der Mutter und des Kindes als gleichwertig an.[19] Auch wurden keine ausreichenden Gründe gesehen für eine Differenzierung der ges. Voraussetzungen je nachdem, ob der Mann, die Mutter oder das Kind die Vaterschaft anficht. Dem Interesse der Mutter, die unzutr. rechtliche Zuordnung des Kindes

---

[7] BT-Drucks. V/2370 S. 31; OLG Köln NJW 2002, 901; *Göppinger* DRiZ 1970, 145; *Staudinger/Rauscher* Rn. 23; NK-BGB/*Gutzeit* Rn. 6.
[8] § 1595a aF war durch das FamRÄndG 1961 eingeführt und durch das NEhelG neu gefasst worden.
[9] Das entspricht den Vorschlägen von: *Schwenzer*, Gutachten zum 59. DJT, S. B 29; *Mutschler* FamRZ 1994, 65, 68; befürwortend auch *Edenfeld* FuR 1996, 190, 194; *Mutschler* FamRZ 1996, 1381, 1382.
[10] Zutr. *Muscheler/Beisenherz* JR 1999, 407, 410; *Dethloff* FamR § 10 Rn. 30.
[11] RegE BT-Drucks. 13/4899 S. 57; *Mutschler* FamRZ 1996, 1381, 1382.
[12] Vgl. RegE (Fn. 11); BR-Drucks. 180/96 S. 67; *Mühlens/Kirchmeier/Greßmann* S. 107; *Diederichsen* Referat S. M 70 hatte allerdings vorgeschlagen, den Großeltern Erleichterungen beim Pflichtteilsentzug einzuräumen.
[13] *Gaul* FamRZ 1997, 1441, 1460.
[14] De lege ferenda zuvor schon vorgeschlagen von: *Schwenzer* Gutachten S. 34 ff.; *dies.* FamRZ 1992, 121, 123; *Beitzke*, FS Müller-Freienfels, 1986, S. 31, 46 f.; *Dethloff* NJW 1992, 2200, 2208; *Mutschler* FamRZ 1994, 65, 69; Beschlüsse des 59. DJT NJW 1992, 3016, 3017; ferner *Beer-Britten* S. 115 f. Anders nach wie vor im österreichischen Recht, vgl. *Ferrari*, FS Schwab, 2005, S. 1333, 1336; krit. zum Anfechtungsrecht der Mutter *Frank* StAZ 2003, 129, 130.
[15] BT-Drucks. 13/4899 S. 54; *Gaul* FamRZ 1997, 1441, 1457; *Mühlens/Kirchmeier/Greßmann* S. 93; dazu auch *Beitzke*, FS Müller-Freienfels, 1986, S. 31, 46 f.; *Mutschler* FamRZ 1994, 65, 69; *Schumann*, Die nichteheliche Familie, S. 269 ff.
[16] *Schwab/Wagenitz* FamRZ 1997, 1379; *Palandt/Brudermüller* Rn. 4; vgl. auch OLG Rostock MDR 2007, 958 zu Anfechtung einer zweifelhaften Anerkennung.
[17] S. entspr. Empfehlungen der Ausschüsse BR-Drucks. 180/1/96 S. 4 f.; *Muscheler/Beisenherz* JR 1999, 407, 408.
[18] BT-Drucks. 13/4899 S. 148 u. 13/8511 S. 72; zur rechtspolitischen Diskussion *Gaul* FamRZ 1997, 1457; teilw. anderslautende Vorschläge de lege ferenda zuvor bei: *Mutschler* FamRZ 1994, 65, 69, nur unter bestimmten Voraussetzungen; *ders.* FamRZ 1996, 1381, 1383; *Beitzke*, FS Müller-Freienfels, 1986, S. 31 ff.; *Schwenzer* Gutachten S. 37; Kindeswohlklausel befürwortend *Edenfeld* FuR 1996, 190, 194.
[19] BT-Drucks. 13/8511 S. 83.

§ 1600 5, 6

zu beseitigen, sei kein geringerer Wert beizumessen.[20] Im Übrigen ist beim Anfechtungsrecht der Mutter natürlich auch zu beachten, dass der Mutter von der Geburt des Kindes an gerechnet sowieso idR nur zwei Jahre Zeit bleiben, die Anfechtung zu betreiben. Und innerhalb dieses Zeitraums können sich nach Vorstellung des Gesetzgebers persönliche Bindungen des Kindes zu seinem Vater ohnehin noch nicht in einem solchen Maße entwickeln, dass ein etwaiges Interesse des Kindes am Fortbestand der Vaterschaft das Anfechtungsinteresse der Mutter überwiegen könnte.[21] Anderes gilt nur, wenn die Mutter als gesetzliche Vertreterin des Kindes für dieses die Anfechtung durchführt (vgl. § 1600a Abs. 4, dort Rn. 8 ff.). Zum Übergangsrecht s. § 1600b Rn. 41 ff.

5 **3. Das Anfechtungsrecht des Kindes.** Das Anfechtungsrecht des Kindes ist – anders als nach früherem, teilweise verfassungswidrigem Recht[22] – nicht mehr an besondere Anfechtungsgründe geknüpft. Ausschlussgründe für das Anfechtungsrecht gibt es nicht. Es kommt nicht darauf an, ob die Ausübung des Anfechtungsrechts durch das Kind Auswirkungen auf die Ehe der Eltern oder den Familienfrieden hat. Eine Zumutbarkeitsprüfung findet nicht statt.[23] Auch der Umstand, dass das Kind zuvor der Anerkennung zugestimmt hat, steht seinem Anfechtungsrecht nicht entgegen.[24] Eine Grenze setzt auch hier lediglich die zweijährige Anfechtungsfrist des § 1600b. Besondere Umstände, die die Folgen der Vaterschaft für das Kind unzumutbar werden lassen, können allerdings dazu führen, dass die Anfechtungsfrist erneut zu laufen beginnt (§ 1600b Abs. 6, dort Rn. 39 f.). Die Anfechtung durch das Kindes ist aber dann unzulässig, wenn der Scheinvater bereits ein Anfechtungsverfahren durchgeführt hat und insoweit eine abweisende Entscheidung erging, denn diese Entscheidung wirkt auch gegenüber dem Kind (§ 184 Abs. 2 FamFG).[25] Anfechtungsberechtigt ist das volljährige, geschäftsfähige Kind **im eigenen Namen**. Für das minderjährige und das geschäftsunfähige volljährige Kind erklärt der **gesetzliche Vertreter** die Anfechtung (näher § 1600a Rn. 8 ff.). Ein Anspruch gegen das Kind auf Geltendmachung der Anfechtung besteht nicht.[26]

III. Das Anfechtungsrecht des leiblichen Vaters des Kindes, Abs. 2 und 4

6 **1. Anfechtungsrecht seit 2004.** Durch das „Gesetz zur Änderung der Vorschriften über die Anfechtung der Vaterschaft und das Umgangsrecht von Bezugspersonen des Kindes" vom 23. 4. 2004[27] hat der Gesetzgeber auch dem leiblichen Vater des Kindes ein eigenes Anfechtungsrecht eingeräumt.[28] In diesem Verfahren sind der rechtliche Vater, die Mutter und das Kind zu beteiligen, § 172 Abs. 1 FamFG. Dabei kann das Kind im Verfahren wirksam vom Scheinvater und dessen Ehefrau (Mutter) vertreten werden.[29] Auslöser der gesetzlichen Regelung war der Beschluss des **BVerfG** vom 9. 4. 2003,[30] der den ausnahmslosen Ausschluss des leiblichen Vaters vom Anfechtungsrecht wegen der Verletzung des Elternrechts aus Art. 6 Abs. 2 GG für verfassungswidrig[31] erklärt und eine Gesetzesänderung bis zum 30. 4. 2004 gefordert hatte (dazu Vor § 1599 Rn. 10 ff.). Der Ausschluss des leiblichen Vaters vom Anfechtungsrecht[32] war im Schrifttum teilweise befürwortet,[33] von vielen aber auch heftig kritisiert worden.[34] Die Begründung für den früheren Ausschluss des Anfechtungsrechts,

---

[20] Vgl. Rechtsausschuss BT-Drucks. 13/8511 S. 70.
[21] Rechtsausschuss aaO.
[22] BVerfGE 79, 256 = NJW 1989, 891; BVerfGE 90, 263 = NJW 1994, 2475; s. Vor § 1599 Rn. 6 ff.
[23] S. auch *Palandt/Brudermüller* Rn. 5.
[24] BT-Drucks. V/2370 S. 32.
[25] HM; *Baur* FamRZ 1962, 511; *Staudinger/Rauscher* Rn. 53; aA BGHZ 43, 94.
[26] AG Duisburg-Hamborn FamRZ 2005, 291.
[27] BGBl. I S. 598; zum Verfahren *Höfelmann* FamRZ 2004, 745, 747.
[28] Rechtsvergleichender Überblick bei *Helms* FamRZ 2010, 1, 2 f.; *Frank*, FS Schwab, 2005, S. 1127; zum österreichischen Recht, das lediglich das „durchbrechende Vaterschaftsanerkenntnis" kennt: *Ferrari*, FS Schwab, 2005, S. 1333, 1337, 1340 f.
[29] BGH FamRZ 2007, 538, 539.
[30] NJW 2003, 2151; krit. hins. des Ausgangspunkts des BVerfG *Büttner*, FS Schwab, 2005, S. 735, 740.
[31] AA zuvor noch BGH NJW 1999, 1632, 1633; zum Problemkreis auch EuGHMR FamRZ 2003, 813.
[32] Mangels Erwähnung des leiblichen Vaters in § 1600 aF war einhellige Meinung, dass er vom Kreis der Anfechtungsberechtigten ausgeschlossen war, vgl. BGH NJW 1999, 1632, 1633; OLG Frankfurt/M. FamRZ 1997, 1356; *Gaul* FamRZ 1997, 1441, 1461; *Weber* NJW 1998, 3083, 3084; *Niepmann* MDR 1998, 565, 568; *Muscheler/Beisenherz* JR 1999, 407, 409; FamRefK/*Wax* § 1600 Rn. 7. Auch entspr. Feststellungsklagen ließ man nicht zu, vgl. BGHZ 80, 218 = NJW 1981, 1372; OLG Frankfurt/M. FamRZ 1997, 1356.
[33] *Mutschler* FamRZ 1994, 65, 69; *Gaul* FamRZ 1997, 1441, 1461; *Schwenzer* FamRZ 1992, 121, 124; *Zimmermann* DNotZ 1998, 404, 415; *Beitzke*, FS Müller-Freienfels, 1986, S. 31, 51 (mit Differenzierungen).
[34] Ausführlich *Helms* FamRZ 1997, 913 ff. mit Hinweisen auf ausländische Rechtsordnungen; *Wanitzek* FPR 2002, 390, 394; *W. Roth* NJW 2003, 3153 ff.; außerdem: *Böhm* ZRP 1992, 334, 336; *Coester* JZ 1992, 809, 811; *Frank*, Abstammung und Status, S. 71, 80; *Schumann* FamRZ 2000, 389, 391; *dies.*, Die nichteheliche Familie, S. 278 ff.; *J. Hager*, FS Schwab, 2005, S. 773, 774; *Wanitzek* S. 89 f.

nämlich der Schutz der sozialen Familie von Mutter, Ehemann und Kind vor Eingriffen von außen,[35] war eben nur für den Fall tragbar, dass eine solche überhaupt existierte. Im Fall, der dann dem BVerfG vorgelegt wurde, fehlte es daran aber. Der Gesetzgeber hat sich nun für eine kleine Lösung[36] entschieden: Statt die Anfechtung durch den leiblichen Vater allgemein an eine Kindeswohlklausel zu binden,[37] wurde eng auf die Vorgaben des BVerfG[38] Bezug genommen. Diese Lösung hat der BGH für verfassungsmäßig erachtet.[39] Indes bleiben erhebliche **Bedenken an der Verfassungsmäßigkeit** der geltenden Regelung in § 1600 Abs. 2, 4. Schließlich wird der bestehenden sozial-familiären Beziehung zwischen rechtlichem Vater und Kind pauschal der Vorrang vor den Interessen des leiblichen Vaters eingeräumt (s. Rn. 9). Auf diese Weise bleibt weder Spielraum für eine einzelfallbezogene Ausbalancierung der involvierten Interessen der Beteiligten noch für eine Beurteilung, was dem **Wohl des Kindes** am besten entsprechen würde. Aus diesem Grunde sieht auch der **EuGHMR** die deutsche Rechtlage sehr kritisch. Im Verfahren **Schneider ./. Deutschland** (Beschwerde Nr. 17080/07; Urteil vom 15. 9. 2011) wurde insoweit eine Verletzung der Rechte des Antragstellers aus Art. 8 EMRK (Recht auf Achtung des Privat- und Familienlebens) bejaht. Hier hatte der Antragsteller über ein Jahr mit der anderweitig verheirateten Mutter zusammengelebt, die Schwangerschaft begleitet, die Vaterschaft (wegen § 1594 Abs. 2 unwirksam) anerkannt und großes Interesse daran gezeigt, eine Beziehung zu seinem Sohn aufzubauen. Der deutsche Gesetzgeber sollte daher Konsequenzen ziehen und die Regelung in Abs. 2 lockern. Ob er von dem Anfechtungsrecht Gebrauch macht oder nicht, bleibt die höchstpersönliche Entscheidung des leiblichen Vaters. Aus dem Unterlassen der Anfechtung folgen keine Schadensersatzansprüche anderer Beteiligter.[40]

2. Erfordernis der Versicherung an Eides statt. Der potenzielle leibliche Vater kann nur 7 anfechten, wenn er an Eides statt versichert, der Mutter des Kindes während der Empfängniszeit beigewohnt zu haben. Dadurch soll verhindert werden, dass das Anfechtungsrecht ins Blaue hinein ausgeübt oder von **Samenspendern** geltend gemacht[41] wird. Es handelt sich nach überwiegender Auffassung um eine Zulässigkeitsvoraussetzung des Anfechtungsantrags.[42] Die Regelung macht allerdings Probleme, wenn sich der potenzielle leibliche Vater (selten, aber denkbar) der Beiwohnung nicht ganz sicher ist.[43] Der Mann ist dann gleichwohl gehalten, die eidesstattliche Versicherung abzugeben, weil dies nach der Neuregelung zwingende Voraussetzung für die gerichtliche Klärung der Abstammung ist. Das erscheint angesichts der Strafandrohung in § 156 StGB bedenklich.

3. Fehlende sozial-familiäre Beziehung zum rechtlichen Vater, Abs. 4. a) Allge- 8 **meines.** Das Anfechtungsrecht des leiblichen Vaters steht unter den zusätzlichen Voraussetzungen des Abs. 2. Danach darf zwischen dem Kind und seinem rechtlichen Vater zum Zeitpunkt der Anfechtung oder zum Zeitpunkt seines Todes keine sozial-familiäre Beziehung bestehen bzw. bestanden haben. Dieses negative Tatbestandsmerkmal ist vom Anfechtenden darzulegen und **zu beweisen,** ein non liquet geht zu seinen Lasten.[44] Der Gesetzgeber räumt hier der sozialen Familie zwischen rechtlichem Vater und Kind den Vorrang ein gegenüber dem Anfechtungsrecht des leibli-

---

[35] RegE BT-Drucks. 13/4899 S. 57 f.; BT-Drucks. V/2370 S. 32; BGHZ 80, 218, 221; BGH NJW 1981, 1372; *Mutschler* FamRZ 1994, 65, 69; *Finger* NJW 1984, 846, 849; differenzierend: *Beitzke,* FS Müller-Freienfels, 1986, S. 31, 52; *Schwenzer* Gutachten S. 38.

[36] Vorschläge de lege ferenda schon bei *Ebeling/Zimmermann* DEuFamR 1999, 25, 34; *Schumann* FamRZ 2000, 389, 391; *dies.,* Die nichteheliche Familie, S. 279 ff.; *Beitzke,* FS Müller-Freienfels, 1986, S. 31, 34; Münch KommBGB/*Wellenhofer,* 4. Aufl., § 1600 Rn. 11.

[37] Siehe Vorschlag bei *Wellenhofer* FamRZ 2003, 1889 f.; ebenfalls in diese Richtung *W. Roth* NJW 2003, 3153, 3159; ähnlich eben auch im anglo-amerikanischen Raum, vgl. Nw. bei *Helms* FamRZ 1997, 913.

[38] Diese als zu restriktiv wertend *W. Roth* NJW 2003, 3153, 3154; *J. Hager,* FS Schwab, 2005, S. 773, 777; NK-BGB/*Gutzeit* Rn. 10; *Staudinger/Rauscher* Rn. 40 f.; wohl auch *Gernhuber/Coester-Waltjen* § 52 Rn. 20; *Machulla* ZFE 2004, 171, 174.

[39] BGH FamRZ 2007, 538, 540 f. m. zustim. Anm. *Luthin*; OLG Frankfurt FamRZ 2007, 1674; in diesem Sinne auch Nichtannahmebeschluss BVerfG vom 27. 1. 2009, 1 BvR 1548/03; **aA** *J. Hager,* FS Schwab, 2005, S. 773, 779; krit. auch *Rauscher* FamR Rn. 798 a; ferner AG Holzminden FamRZ 2011, 1077. Zur vergleichbaren Rechtslage in Österreich Österr. OGH FamRZ 2008, 537, auch im Hinblick auf Art. 8 EMRK.

[40] LG Saarbrücken NJW-RR 2008, 1604 = FamRZ 2009, 124.

[41] BT-Drucks. 15/2253 S. 10; *Erman/Hammermann* Rn. 9; PWW/*Pieper* Rn. 7; *Will* FPR 2005, 172, 175; *Bamberger/Roth/Hahn* Rn. 3; krit. insofern NK-BGB/*Gutzeit* Rn. 28; aA *Gernhuber/Coester-Waltjen* § 53 Rn. 15, die wohl auch den Samenspender für anfechtungsberechtigt hält.

[42] *Staudinger/Rauscher* Rn. 36; *Erman/Hammermann* Rn. 9; *Wieser* FamRZ 2004, 1773; aA *Höfelmann* FamRZ 2004, 745, 749; *Eckebrecht* FPR 2005, 205, 208; PWW/*Pieper* Rn. 7; offen gelassen von *Büttner,* FS Schwab, 2005, S. 735, 736.

[43] Vgl. NK-BGB/*Gutzeit* Rn. 10.

[44] BGH FamRZ 2007, 538, 540; *Eckebrecht* FPR 2005, 209; *Palandt/Brudermüller* Rn. 8 f.; *Erman/Hammermann* Rn. 21; *Büttner,* FS Schwab, 2005, S. 735, 738; *Will* FPR 2005, 172, 176.

chen Vaters und dem Wunsch nach Kongruenz von rechtlicher und biologischer Vaterschaft. Es handelt sich um eine Frage der Begründetheit des Anfechtungsantrags,[45] für deren Beurteilung auf den **Zeitpunkt** der letzten mündlichen Verh. abzustellen ist.[46] Eine Ausnahme wurde aber in einem Fall gemacht, in dem das Anfechtungsverfahren bewusst verzögert wurde, um die sozial-familiäre Beziehung erst einmal im erforderlichen Sinne zu verfestigen.[47] Sozial-familiäre Beziehung bedeutet laut Abs. 4 S. 1, dass der Mann für das Kind tatsächlich Verantwortung trägt, sich also tatsächlich um das Kind kümmert. Eine reine Zahlvaterschaft genügt dafür nicht.[48] Wohl aber wird man beim gegenwärtigen Zusammenleben von Vater und Kind in einer Familie (auch nichteheliche Lebensgemeinschaft) grundsätzlich von einer sozial-familiären Beziehung sprechen können.[49] Dies gilt auch nach Trennung der Eltern, wenn zwischen rechtlichem Vater und Kind weiterhin regelmäßiger Kontakt gepflegt wird.[50] Unabhängig von der Dauer der Beziehung (dazu S. 2) wird gerade auch beim **Neugeborenen** im Fall des Zusammenlebens S. 1 erfüllt sein, wenn der rechtliche Vater die Verantwortung sogleich in einer Weise trägt, die auf Dauer angelegt erscheint.[51] Will die Mutter hier mit dem rechtlichen Vater (und ggf. weiteren Kindern) eine Familie gründen bzw. weiter in ihr leben, so müssen die Interessen des leiblichen Vaters hinter dem Schutz dieser Familie zurücktreten, was indes verfassungsrechtlich nicht unproblematisch erscheint[52] (s. auch Rn. 6). Ein Indiz für die tatsächliche Verantwortung ist die Inhaberschaft des Sorgerechts. Im Übrigen ist nach **Volljährigwerden** des Kindes zu beachten, dass sich die Beziehung hier naturgemäß lockert und ohnehin kaum mehr rechtliche Verantwortung getragen wird. Der Begriff der „sozial-familiären Beziehung" ist demgemäß je nach Entwicklungsstand des Kindes anders bzw. zeitangepasst zu interpretieren.

9 Wird tatsächliche Verantwortung im genannten Sinne bejaht, scheidet das Anfechtungsrecht des leiblichen Vaters aus. Es kommt nicht darauf an, ob die Anfechtung gleichwohl dem Kindeswohl förderlich wäre oder ob die Mutter bewusst zur „Verdrängung" des rechtlichen Vaters dem Kind einen anderen rechtlichen Vater „besorgt" hat. Es geht **nicht um eine Abwägung** der Elterninteressen, der Gesetzgeber hat die Abwägung vielmehr „generalisierend vorweggenommen".[53] Der Gesetzgeber durfte hier laut BVerfG den Interessen des Kindes und seiner rechtlichen Eltern am Erhalt eines durch Art. 6 Abs. 1 GG bestehenden sozialen Familienverbandes gegenüber dem Interesse des leiblichen Vaters, auch als rechtlicher Vater anerkannt zu werden, den Vorrang einräumen und den leiblichen Vater insoweit von der Möglichkeit, die rechtliche Vaterschaft anzufechten, ausschließen.[54] Zu erwähnen bleibt indes eine abweichende Entscheidung des AG Herford,[55] das die Anfechtungsbefugnis des leiblichen Vaters trotz sozial-familiärer Beziehung zum rechtlichen Vater bejahte. Dabei lag die Besonderheit des Falles aber darin, dass zugleich eine sozial-familiäre Beziehung zum leiblichen Vater bestand, dessen Vaterschaft zwischen allen Beteiligten unstreitig war, und die Zuordnung des Kindes zu ihm weder das Kindeswohl noch die Ehe der Mutter beeinträchtigte. Insofern sollte in der Tat in Einzelfällen über eine teleologische Reduktion der Anfechtungssperre nachgedacht werden, wenn die Zuordnung des Kindes zum genetischen Vater mit dem Kindeswohl gut vereinbar ist.[56] Ist der **Vater** zum Zeitpunkt der Anfechtung bereits **verstorben,** ist das Anfechtungsrecht ausgeschlossen, wenn die sozial-familiäre Beziehung zum Todeszeitpunkt bestanden hat.[57] Ist der Scheinvater schon vor der Geburt des Kindes verstorben, steht der Anfechtung nichts im Wege.[58]

10 Misslingt dem Anfechtenden die Darlegung des Fehlens einer sozial-familiären Beziehung, ist der Antrag als unbegründet abzuweisen. Das Gericht hat insoweit nur den vom Antragsteller vorgetrage-

---

[45] BGH FamRZ 2007, 538, 539; *Höfelmann* FamRZ 2004, 745, 748; *Palandt/Brudermüller* Rn. 8 f.; PWW/ *Pieper* Rn. 8; *Seidel* FPR 2005, 184; aA *Wieser* FamRZ 2004, 1173, 1174, „Prozessvoraussetzung".
[46] BGH FamRZ 2007, 538, 539; BGH FamRZ 2008, 1821; OLG Karlsruhe FamRZ 2010, 1174; OLG Bremen Beschl. v. 21. 6. 2010 – 4 WF 65/10.
[47] OLG Karlsruhe FamRZ 2010, 1174, eine Kindeswohlgefährdung infolge der Anfechtung wurde geprüft und verneint.
[48] *Erman/Hammermann* Rn. 12; *Palandt/Brudermüller* Rn. 9.
[49] In diesem Sinne auch *Büttner*, FS Schwab, 2005, S. 735, 745.
[50] OLG Frankfurt FamRZ 2007, 1674.
[51] Für ein weitergehendes Anfechtungsrecht des leiblichen Vaters hier *W. Roth* NJW 2003, 3153, 3155. Eine längere Zeit des Zusammenlebens mit dem rechtlichen Vater fordert in diesem Fall OLG Bremen FamRZ 2010, 1822.
[52] Krit. auch zu Recht *Rauscher* FamR Rn. 798a.
[53] BGH FamRZ 2007, 538, 540; NJW 2008, 2985, Tz. 13; krit. *Staudinger/Rauscher* Rn. 42 f.
[54] BVerfG NJW 2009, 423; BVerfGE 108, 82, 106 f.; aA dürfte aber der EuGHMR sein, vgl. Verfahren Schneider ./. Deutschland, Urt. vom 15. 9. 2011 (Beschwerde Nr. 17080/07), vgl. Rn. 6.
[55] AG Herford FamRZ 2008, 1270.
[56] In diesem Sinne auch *Helms* FamRZ 2010, 1, 6.
[57] *Erman/Hammermann* Rn. 18.
[58] *Gehentges* FamRB 2006, 153, 155.

nen objektiven Umständen nachzugehen; der Amtsermittlungsgrundsatz erfordert nicht selbstständige weitergehende Ermittlungen des Gerichts.[59] Die **Rechtskraft** eines Beschlusses, der das Anfechtungsrecht verneint, weil es dem Anfechtenden nicht gelang, die fehlende sozial-familiäre Beziehung darzulegen, kann einem erneuten Antrag aber nicht entgegen stehen, wenn sich die tatsächlichen **Verhältnisse inzwischen geändert** haben und der Anfechtende dies darlegen kann. In diesem Fall wird nämlich auf einen anderen Lebenssachverhalt verwiesen, so dass auch ein anderer Streitgegenstand gegeben ist. Nach der Gesetzesbegründung soll ein weiterer Antrag aus Gründen des Rechtsfriedens zwar ausgeschlossen sein;[60] indes kann hier nichts anderes gelten als bei der Anfechtung durch den rechtlichen Vater, bei dem eine frühere abweisende Entscheidung einer neuen Anfechtung auch nicht entgegensteht, wenn der ursprünglich fehlende Anfangsverdacht nun auf neue Tatsachen gestützt werden kann.

b) Verheiratung der Eltern. Das Gesetz hält für den Tatbestand der tatsächlichen Verantwortung zwei Regelannahmen bereit. Zum einen ist nach S. 2 von der Übernahme tatsächlicher Verantwortung auszugehen, wenn der Mann mit der Mutter des Kindes verheiratet ist. Der BGH betont dabei das Wort „**Übernahme**".[61] Das Gesetz vermute bei Verheiratung der Eltern lediglich, dass zunächst einmal die Verantwortung vom Vater übernommen worden sei. Ob diese zum Anfechtungszeitpunkt noch fortdauere, sei eine andere Frage. Insoweit hat der Anfechtende die Möglichkeit darzulegen, dass es sich um eine Scheinehe handelt oder die Ehe nur noch auf dem Papier besteht bzw. die Eltern (ggf. schon seit der Geburt) getrennt leben und dass sich der (Schein)Vater nie um das Kind gekümmert hat oder sich zumindest inzwischen nicht mehr um das Kind kümmert. Die Regelannahmen sind also widerlegbar.[62] Die Regelannahme greift nicht mehr, wenn die Ehe der Eltern inzwischen aufgelöst ist. Dann verbleit es bei der Anwendung von S. 1.

c) Häusliche Gemeinschaft, S. 3. Unabhängig von der Verheiratung mit der Mutter ist eine **Übernahme** tatsächlicher Verantwortung außerdem anzunehmen, wenn **Vater und Kind** über längere Zeit in häuslicher Gemeinschaft (zB nichtehelicher Lebensgemeinschaft) gelebt haben. Der Begriff „**längere Zeit**" ist iZw. wie in §§ 1630 Abs. 3, 1632 Abs. 4, 1682, 1685 Abs. 2 auszulegen.[63] Auf eine nähere zeitliche Konkretisierung hat der Gesetzgeber verzichtet und die Auslegung im Einzelfall der Praxis überlassen.[64] Zu berücksichtigen ist dabei auch das kindliche Zeitempfinden.[65] Allerdings wird ein Zeitraum von sechs Monaten oder weniger kaum genügen. Bei einem Zusammenleben von einem Jahr oder mehr wird man aber oft schon von einer „längeren Zeit" sprechen können.[66] Beim Umgangsrecht gem. § 1685 Abs. 2 ging der BGH zuletzt von einem Jahr aus.[67] Es wird allerdings nicht nur auf die absolute Zeit ankommen, sondern auch auf das Alter des Kindes, die Intensität der Beziehung und das Maß der Verantwortungsübernahme im Einzelfall.[68] Nicht erforderlich ist, dass die häusliche Gemeinschaft zum Zeitpunkt der Anfechtung noch besteht („zusammengelebt hat").[69] Es reicht aus, dass durch das Zusammenleben ein Vertrauensverhältnis begründet worden ist, das gegenwärtig noch besteht (zB durch intensive Umgangskontakte) und die Bezugswelt des Kindes nach wie vor prägt. Ob die Eltern noch zusammenleben[70] oder ob sich die Beziehung von Vater und Kind zwangsläufig infolge der Volljährigkeit des Kindes gelockert hat, ist irrelevant.

Da aber wiederum nur die ursprüngliche Übernahme der Verantwortung vermutet wird, hat der Anfechtende auch hier die **Möglichkeit zu widerlegen,** dass sich infolge des Zusammenlebens eine sozial-familiäre Beziehung entwickelt hat.[71] Denn Schutzzweck der Norm ist allein der **Schutz**

---

[59] BGH NJW 2008, 2985, Tz. 18.
[60] Vgl. BT-Drucks. 15/2253 S. 11; *Pieper* FuR 2004, 385, 386; unzufrieden damit *Staudinger/Rauscher* Rn. 41.
[61] BGH FamRZ 2007, 538, 540 f.; NJW 2008, 2985, Tz. 14; OLG Stuttgart FamRZ 2008, 629; so zuvor auch schon *Staudinger/Rauscher* Rn. 41.
[62] BGH FamRZ 2007, 538, 541; NK-BGB/*Gutzeit* Rn. 15 f.; *Schlüter* FamR Rn. 292; *Erman/Hammermann* Rn. 14; *Will* FPR 2005, 172, 176; *Staudinger/Rauscher* Rn. 45; aA *Seidel* FPR 2005, 181, 184; *Höfelmann* FamRZ 2004, 745, 749.
[63] Vgl. *Pieper* FuR 2004, 385, 386; PWW/*Pieper* Rn. 9 f.; *Will* FPR 2005, 172, 176.
[64] BT-Drucks. 15/2253 S. 11.
[65] *Dethloff* FamR § 10 Rn. 34; *Büttner*, FS Schwab, 2005, S. 735, 739; *Büte* FPR 2005, 5, 6. Zum kindlichen Zeitempfinden: *Plattner* FamRZ 1993, 384 ff.; OLG Brandenburg FamRZ 2002, 414.
[66] OLG Frankfurt FamRZ 2007, 1674; vgl. auch BGH FamRZ 2005, 705, ein Jahr genügt im Hinblick auf Umgangsrecht nach § 1685 Abs. 2; NK-BGB/*Gutzeit* Rn. 14, will wohl erst ab zwei Jahren den Tatbestand bejahen; so auch *Staudinger/Rauscher* Rn. 46 und AG Holzminden FamRZ 2011, 1077.
[67] BGH NJW-RR 2005, 729, 730.
[68] *Erman/Hammermann* Rn. 15; *Will* FPR 2005, 172, 177.
[69] OLG Frankfurt FamRZ 2007, 1674; *Büttner*, FS Schwab, 2005, S. 735, 739; PWW/*Pieper* Rn. 10.
[70] Vgl. BGH NJW 2008, 2985, Tz. 23, Beziehung der Eltern ist irrelevant.
[71] BGH NJW 2008, 2985, Tz. 13 ff.

der gelebten sozialen Familie bzw. der daraus entsprungenen sozialen Bindungen. Die Anfechtung kann daher Erfolg versprechend sein, wenn eine anfängliche häusliche Gemeinschaft von Vater und Kind wenige Jahre später wieder aufgehoben wurde und damit der endgültige Abbruch aller Beziehungen zwischen Vater und Kind einherging.[72] Zum Teil wird zwar ausgeführt, dass eine Anfechtung durch den leiblichen Vater dauerhaft ausgeschlossen sei, sobald einmal eine sozial-familiäre Beziehung zum rechtlichen Vater festgestellt worden sei; das **Anfechtungsrecht** würde dann nicht **wieder aufleben**.[73] Indes geht es wohl weniger um eine Frage des „Wiederauflebens", sondern eher darum, dass es oft erst etwas später möglich ist zu beurteilen, ob sich tatsächlich eine schutzwürdige sozial-familiäre Beziehung entwickelt hatte. Für den leiblichen Vater kommt es also auch auf den taktisch richtigen Anfechtungszeitpunkt an. Ob und inwieweit eine sozial-familiäre Beziehung zwischen Kind und dem anfechtenden *leiblichen* Vater besteht, ist nach dem Gesetzeswortlaut irrelevant.[74]

14 **d) Sonstige Fälle.** Im Übrigen ist der Tatbestand (vgl. „in der Regel") offen formuliert, so dass sich die sozial-familiäre Beziehung auch aus anderen Umständen ergeben kann. Teilweise werden dafür – in Anlehnung an die aufenthaltsrechtliche Rspr.[75] – intensive Betreuungsleistungen von außergewöhnl. Gewicht vorausgesetzt.[76] Ein enges Vertrauensverhältnis, das sich insbes. durch regelmäßig gemeinsam verbrachte Ferien und Freizeit auszeichnet, mag aber auch genügen. Eine sozial-familiäre Beziehung wird nicht schon deshalb zu bejahen sein, weil der rechtliche Vater weiter die Aufgaben des ges. Vertreters wahrnimmt. Allein das Zahlen von Kindesunterhalt begründet noch keine sozial-familiäre Beziehung.[77] Gerade zur Klärung der Frage, inwieweit eine sozial-familiäre Beziehung zum rechtlichen Vater besteht, kann die Auskunft des **Jugendamts** von Bedeutung sein. Das Jugendamt ist im Fall der Anfechtung durch den leiblichen Vater ohnehin anzuhören, § 176 Abs. 1 S. 1 FamFG.[78]

15 **4. Voraussetzung der leiblichen Vaterschaft des Anfechtenden.** Da nur dem leiblichen Vater und nicht beliebigen Dritten das Anfechtungsrecht zukommen soll und damit das Kind durch die Anfechtung nicht vaterlos wird, schreibt das Gesetz weiter vor, dass der Anfechtende auch wirklich leiblicher Vater des Kindes sein muss. Darüber ist Beweis zu erheben (vgl. § 178 FamFG).[79] Ist der Anfechtende der leibliche Vater, ist damit zugleich erwiesen, dass die angefochtene Vaterschaft nicht besteht. Dann ist die Vaterschaft des Anfechtenden im Beschluss festzustellen und im Tenor auszusprechen (§ 182 Abs. 1 FamFG).[80] Durch die gerichtliche Entscheidung wird somit eine Vaterschaft iSv. § 1592 Nr. 3 begründet. Kommt das Gericht hingegen zu dem Ergebnis, dass der Anfechtende nicht der leibliche Vater ist, ist der Antrag als unbegründet abzuweisen.[81] Die **Rechtskraft** der gerichtlichen Entscheidung erstreckt sich lediglich auf die Feststellung, dass dieser Anfechtende nicht der Vater des Kindes ist. Ob die angefochtene Vaterschaft besteht oder nicht,[82] ist dann irrelevant und bedarf auch keiner weiteren Überprüfung. Weitere Anfechtungen durch andere Anfechtungsberechtigte bleiben möglich. Unerheblich ist, aus welchen **Motiven**[83] („Bestrafung" der Mutter, aufenthaltsrechtliche Gründe, echtes Interesse am Kind) der leibliche Vater die Anfechtung betreibt.

16 **5. Anfechtungsfrist für den leiblichen Vater.** Für den leiblichen Vater gilt ebenfalls die zweijährige Anfechtungsfrist des § 1600b Abs. 1, gerechnet ab Kenntnis dieses Mannes von den Umständen, die gegen die Vaterschaft des rechtlichen Vaters sprechen. Da die Anfechtung durch

---

[72] In diesem Sinne auch *Muscheler* FamR Rn. 559; *Erman/Hammermann* Rn. 18; *PWW/Pieper* Rn. 10; aA wohl *Palandt/Brudermüller* Rn. 8 mit Hinweis auf BT-Drucks. 15/2253 S. 11.
[73] OLG Frankfurt FamRZ 2007, 1674; *Schlüter* FamR Rn. 292; *Will* FPR 2005, 172, 176; *Eckebrecht* FPR 2005, 205, 209; *Bamberger/Roth/Hahn* Rn. 3.
[74] Krit. *Helms* FamRZ 2010, 1, 6; s. auch schon *Schumann* FamRZ 2000, 389, 391.
[75] BVerfG NVwZ 1997, 479.
[76] *Erman/Hammermann* Rn. 17; *Will* FPR 2005, 172, 177.
[77] *Palandt/Brudermüller* Rn. 8.
[78] S. auch BGH FamRZ 2007, 538, 541.
[79] *Machulla* ZFE 2004, 171, 172; *Will* FPR 2005, 172, 175 f.; NK-BGB/*Gutzeit* Rn. 19; aA *Gernhuber/Coester-Waltjen* § 52 Rn. 110, die die rechtliche Zuordnung des Anfechtenden allein auf die eidesstattliche Versicherung stützen will.
[80] BT-Drucks. 15/2253 S. 12 f.; siehe zuvor schon de lege ferenda: *Mutschler* FamRZ 1994, 65, 69; *Beitzke*, FS Müller-Freienfels, 1986, S. 31, 52.
[81] *Erman/Hammermann* Rn. 10; *Staudinger/Rauscher* Rn. 39; *Höfelmann* FamRZ 2004, 745, 749; *Will* FPR 2005, 173, 176; aA *Wieser* FamRZ 2004, 1774, Abweisung als unzulässig.
[82] Krit. wegen der negativen Folgen für den Familienfrieden in solchen Fällen *Büttner*, FS Schwab, 2005, S. 735, 740.
[83] Vgl. dazu *Büttner*, FS Schwab, 2005, S. 735, 744 f.

den leiblichen Vater aber nur Erfolg verspricht, wenn er zugleich selbst als Vater festgestellt werden kann, wird er die Anfechtung nur betreiben, wenn er auch hinreichende Kenntnis von Umständen hat, die für seine Vaterschaft sprechen. Der Umstand, dass die weiteren besonderen Voraussetzungen für das Anfechtungsrecht des leiblichen Vaters gem. Abs. 2 und 3 nicht vorliegen, hindert den Fristablauf nicht (§ 1600b Abs. 1 S. 2 HS 2; näher § 1600b Rn. 20).

IV. Das Anfechtungsrecht der Behörde

1. Regelungsanlass. Das Gesetz zur Ergänzung des Rechts zur Anfechtung der Vaterschaft vom 13. 3. 2008[84] hat zum 1. 6. 2008 ein behördliches Anfechtungsrecht eingeführt, mit dem **missbräuchliche Vaterschaftsanerkennungen**[85] mit ausländerrechtlichem Hintergrund beseitigt werden können.[86] Parallel dazu wurden die Standesbeamten ermächtigt, die Beurkundung von Vaterschaftsanerkennungen abzulehnen, wenn offenkundig ist, dass die Anerkennung der Vaterschaft von der Behörde anfechtbar wäre[87] (§ 44 Abs. 1 S. 3 PStG; s. auch § 1594 Rn. 28). Hintergrund waren Berichte über Deutsche, die insbes. im Ausland für Hunderte von ausländischen Kindern die Vaterschaft anerkannten, um ihnen die deutsche Staatsangehörigkeit (§ 4 Abs. 1 StAG) und damit auch Anspruch auf Aufenthalt, Sozialleistungen etc. zu vermitteln.[88] Für die ausländische Mutter ergibt sich daraus zudem ein Anspruch auf Erteilung einer Aufenthaltserlaubnis zur Ausübung der Personensorge (§ 28 Abs. 1 Nr. 3 AufenthG). Anerkennungsmotiv ist dabei auch die bewusste Schädigung der Staatskassen. Daneben wurde von Arbeitslosen berichtet, die für entspr. Entgelt bereit sind, Anerkennungen zu erklären. Laut Entwurfsbegründung erteilten die Behörden von April 2003 bis März 2004 in 2338 Fällen eine Aufenthaltserlaubnis an eine unverheiratete ausländische Mutter eines deutschen Kindes, wovon 1694 Mütter im Zeitpunkt der Vaterschaftsanerkennung ausreisepflichtig gewesen wären.[89] Hier war eine gewisse Missbrauchsquote zu vermuten. Es ist aber auch an den Fall zu denken, dass ein ausländischer Mann die Vaterschaft für ein deutsches Kind anerkennt, um selbst einen Anspruch auf eine Aufenthaltserlaubnis zu erwerben; mag dies auch nach dem Gesetz voraussetzen, dass er die Personensorge tatsächlich ausübt oder regelmäßigen Umgang mit dem Kind hat (§§ 28 Abs. 1 Nr. 3, 36 AufenthG). Ermöglicht werden entsprechende Praktiken durch das geltende Anerkennungsrecht, das zur Wirksamkeitsvoraussetzung ausschließlich die Erklärung des Mannes und der sorgeberechtigten Mutter genügen lässt. Das Bedürfnis, gegen solche Missbrauchsfälle vorzugehen, ist nachvollziehbar. Dafür gibt es auch ausländische Vorbilder.[90] Schwierig ist aber die Abgrenzung zu den Fällen, in denen eine bewusst falsche Anerkennung auf akzeptablen Motiven beruht. Hier sollte eine Einmischung des Staates weiterhin ausscheiden.[91]

2. Allgemeines. Das behördliche Anfechtungsrecht betrifft ausschließlich Vaterschaften auf Grundlage einer Anerkennung nach den §§ 1594 ff., also Vaterschaften iSv. § 1592 Nr. 2. Zum Teil wird darin eine ungerechtfertigte bzw. sogar verfassungswidrige Ungleichbehandlung von ehelichen und nichtehelichen Kindern gesehen.[92] Erfasst werden auch Vaterschaften, die vor dem Inkrafttreten der Norm durch Anerkennung begründet worden sind. Eine unzulässige Rückwirkung ist damit aber nicht verbunden.[93] Nach der Gesetzesbegründung ist § 1600 Abs. 1 Nr. 5 eine international zwingende Eingriffsnorm.[94] Das gerichtliche Verfahren am FamG richtet sich nach den §§ 169 ff. FamFG. Das Kind kann grundsätzlich durch seine allein sorgeberechtigte Mutter im Verfahren ver-

---

[84] BGBl. 2008 I S. 313; s. dazu Gesetzentwurf der Bundesregierung vom 1. 9. 2006 BT-Drucks. 16/3291; Basis war der Referentenentwurf vom 3. 4. 2006, FamRZ 2006, 990; Stellungnahme des Bundesrates BR-Drucks. 624/06; Beschlussempfehlung und Bericht des Rechtsausschusses BT-Drucks. 16/7506; Zustimmung des Bundesrates BR-Drucks. 64/08. Zum Gesetzesentwurf: *Henrich* FamRZ 2006, 977, auch mit rechtsvergleichenden Hinweisen; *Finger* JR 2007, 50, 56 f.; *Helms* StAZ 2007, 69; *Arendt-Rojahn* FPR 2007, 395; *Genenger* FPR 2007, 155. Zu einem Vorentwurf *Frank* StAZ 2006, 281; *Siegfried* InfAuslR 2006, 121.
[85] Zur Frage, warum Kinder als Scheinehen ausgenommen werden, *Helms* StAZ 2007, 69, 70 f.
[86] Vgl. BR-Drucks. 624/06 S. 15; zur entspr. Regelung in der Schweiz *Schwenzer* FamPRA.ch 2000, 24, 37; zur Gesetzesbegründung *Zypries/Cludius* ZRP 2007, 1 ff.
[87] Nach früherem Recht war dies nicht möglich, vgl. KG StAZ 2002, 241.
[88] Vgl. BT-Drucks. 16/3291 S. 10 f.; *Henrich* FamRZ 2006, 977, 978 mwN; *Holm* in Der Spiegel vom 8. 5. 2006 (Nr. 19) S. 96 ff.; *Mach-Hour* FPR 2009, 147 mit Hinweis zu ZDF-Bericht; *Zimmermann* FuR 2008, 569.
[89] BR-Drucks. 624/06 S. 13; BT-Drucks. 16/3291 S. 2, 11.
[90] Vgl. *Henrich* FamRZ 2006, 977, 978 mwN.
[91] BR-Drucks. 624/06 S. 10. Zur abweichenden Rechtslage vor 1961: *Henrich* FamRZ 2006, 977, 978; *Helms* StAZ 2007, 69, 70 f.
[92] OLG Bremen NJW-RR 2011, 1840, Beschl. zur Vorlage beim BVerfG; *Genenger* FPR 2007, 155, 160; krit. auch *Staudinger/Rauscher* Rn. 105.
[93] OLG Naumburg FamRZ 2011, 383; OLG Bremen NJW-RR 2011, 1840.
[94] BT-Drucks. 16/3291 S. 13.

§ 1600   19–21   Abschnitt 2. Titel 2. Abstammung

treten werden. Anders liegt es nur, wenn im Einzelfall ein Interessengegensatz zwischen Mutter und Kind besteht, der einen Sorgerechtsentzug nach §§ 1629 Abs. 2 S. 3, 1796 rechtfertigt.[95] Dann wäre ein Ergänzungspfleger zu bestellen.

19   **3. Die Behörde.** Die nach Abs. 1 Nr. 5 zuständige Behörde (anfechtungsberechtigte Behörde) ist durch Landesrecht zu bestimmen (Abs. 6).[96] Es soll nach der Gesetzesbegründung eine „zentrale und besonders qualifizierte Behörde" sein. Der Entwurf nennt staatliche Mittelbehörden oder Ausländerbehörden[97] als in Betracht kommende Stellen; Jugendamt und Standesamt werden als weniger geeignet beschrieben. Zudem wird vorgeschlagen, die Behörde einzuschalten, die nach Landesrecht auch für die Aufhebung von Scheinehen zuständig ist, da die Sachlagen vergleichbar seien.[98] In **Bayern** ist die Regierung von Mittelfranken zuständig.[99] In **Bremen** ist für die Stadtgemeinde Bremen das Stadtamt (§ 1 Nr. 1 VschAnfZVO) und für die Stadtgemeinde Bremerhaven der Magistrat (§ 1 Nr. 2 VschAnfZVO) zuständig.[100] In **Hessen** ist für die Landgerichtsbezirke Darmstadt, Frankfurt am Main, Hanau und Wiesbaden das Regierungspräsidium Darmstadt (§ 1 Nr. 1 VAnfZustVO), für die Landgerichtsbezirke Gießen a. d. Lahn und Marburg das Regierungspräsidium Gießen (§ 1 Nr. 2 VAnfZustVO) und für die Landgerichtsbezirke Fulda und Kassel das Regierungspräsidium Kassel (§ 1 Nr. 3 VAnfZustVO) zuständig.[101] In **Rheinland-Pfalz** ist zuständige Behörde die Aufsichts- und Dienstleistungsdirektion (§ 1 VschAnfZVO),[102] im **Saarland** das Landesverwaltungsamt (§ 1 VschAnfZVO),[103] in **Baden-Württemberg** das Regierungspräsidium Freiburg,[104] in Niedersachsen die kreisfreien Städte und die Landkreise sowie die Zentrale Aufnahme- und Ausländerbehörde.[105] **Brandenburg** hat als anfechtungsberechtigte Behörde die Landkreise und kreisfreien Städte (§ 1 Abs. 1 S. 1 AV-ZustV)[106] bestimmt, **Sachsen-Anhalt** (§ 5 PStVO)[107] und **Thüringen** (§ 1 VschAnfZVO)[108] jeweils das Landesverwaltungsamt und **Sachsen** (§ 6 Abs. 2 SächsPStVO)[109] die Landesdirektionen.

20   Damit einschlägige Fälle bekannt werden, wurden öffentlichen Stellen in verdächtigen Fällen entsprechende **Informationspflichten** insbes. gegenüber der zuständigen Ausländerbehörde auferlegt, § 87 Abs. 2 S. 1 AufenthG.[110] Die Behörde hat keine Anfechtungspflicht, sondern entscheidet nach pflichtgemäßem **Ermessen**.[111] Zum Zweck der Ermessenskontrolle kann eine Sachaufsichtsbeschwerde bei der Aufsichtsbehörde in Betracht kommen.

21   **4. Fehlende sozial-familiäre Beziehung als Anfechtungsvoraussetzung.** Das Anfechtungsrecht betrifft ausschließlich Vaterschaften, die auf Anerkennung iSd. § 1592 Nr. 2 beruhen. Die Anfechtung nach Abs. 1 Nr. 5 setzt iVm. Abs. 3 zunächst voraus, dass zwischen dem Kind und dem Anerkennenden keine sozial-familiäre Beziehung besteht oder im Zeitpunkt der Anerkennung oder seines Todes bestanden hat. Um einen Eingriff in das Elternrecht aus Art. 6 Abs. 2 GG zu vermeiden, ist dieser Punkt zu klären, bevor ein Abstammungsgutachten angeordnet wird.[112] Eine **sozialfamiliäre Beziehung** besteht, wenn der Vater iSv. Abs. 1 Nr. 1 zum maßgeblichen Zeitpunkt für das Kind tatsächliche Verantwortung trägt oder getragen hat, Abs. 4. Damit soll sichergestellt werden, dass keine von Art. 6 Abs. 1 GG geschützte soziale Familie auseinander gerissen wird. Maßgeblicher

---

[95] S. dazu OLG Hamburg FamRZ 2010, 745.
[96] BT-Drucks. 16/3291 S. 15.
[97] Dafür *Genenger* FPR 2007, 155, 156.
[98] *Henrich* FamRZ 2006, 977, 979; *Grün* FuR 2006, 497, 500 spricht sich für die Standesamtsaufsichtsbehörden aus.
[99] Vaterschaftsanfechtungsverfahrenverordnung v. 3. 6. 2008 (Bay. GVBl. S. 326), BayRS 400-7-I.
[100] Vaterschaftsanfechtungs-Zuständigkeitsverordnung v. 9. 9. 2008 (Brem. GBl. S. 324), Sa BremR 400-a-6.
[101] Vaterschaftsanfechtungsverfahren-Zuständigkeitsverordnung v. 11. 6. 2008 (Hess. GVBl. I S. 766), GVBl. II 236-3.
[102] Vaterschaftsanfechtung-Zuständigkeitsverordnung v. 5. 6. 2008 (GVBl. S. 108).
[103] Vaterschaftsanfechtungs-Zuständigkeitsverordnung v. 15. 9. 2008 (Saarl. Amtsbl. S. 1600).
[104] GBl. BW 2008, S. 286.
[105] Verordnung vom 21. 8. 2008, GVBl. Niedersachsen S. 273.
[106] Verordnung über die zuständige Behörde zur Anfechtung der Vaterschaft v. 14. 1. 2008 (Brandenburg. GVBl. II S. 62), Sa BbgLR 200-54.
[107] Personenstandswesen-Verordnung v. 28. 4. 2010 (GVBl.LSA S. 294), BS LSA 211.5.
[108] Vaterschaftsanfechtung-Zuständigkeitsverordnung v. 20. 9. 2008 (GVBl. TH S. 349).
[109] Verordnung zur Ausführung personenstandsrechtlicher und familienrechtlicher Vorschriften v. 7. 1. 2009 (Sächs. GVBl. I S. 3).
[110] Dazu *Zimmermann* FuR 2009, 21, 25.
[111] Die damit verbundene Unsicherheit für die Betroffenen beklagt *Helms* StAZ 2007, 69, 74. Zu etwaigen Ermessensfehlern *Löhnig* FamRZ 2008, 1130, 1132.
[112] Vgl. BVerfG FamRZ 2011, 787, erfolgreicher Antrag auf Erlass einer einstweiligen Anordnung gegen Beschluss über Einholung eines Sachverständigengutachtens.

Beurteilungszeitpunkt, ob eine sozial-familiäre Beziehung besteht, ist grundsätzlich derjenige der gerichtlichen Entscheidungsfindung.[113] Wie bei der Anfechtung durch den leiblichen Vater genügt aber auch, dass die sozial-familiäre Beziehung zu dem Zeitpunkt, in dem die Anerkennung wirksam wurde, bestanden hat, mag sie auch inzwischen beendet sein. Außerdem genügt, dass sie im Zeitpunkt des Todes des Mannes bestanden hat. Die in Abs. 4 verankerte Begriffsbestimmung der „sozial-familiären Beziehung" ist grundsätzlich auch für das behördliche Anfechtungsrecht einschlägig; für die Beurteilung des Tatbestands wird überwiegend aber ein strengerer Maßstab als bei der Anfechtung durch den leiblichen Vater gefordert,[114] da das Kriterium hier in einem ganz anderen Funktionszusammenhang verwendet wird. Schließlich geht es allein darum, die Missbrauchsfälle herauszufiltern.[115] Zusammenleben in **häuslicher Gemeinschaft**[116] oder auch der regelmäßige Umgang mit dem Kind reichen für eine sozial-familiäre Beziehung von Kind und Anerkennendem aus, nicht aber nur sporadische Kontakte im Zusammenhang mit einer vorübergehenden Beziehung mit der Mutter des Kindes.[117] Es kann auch bereits im Zeitpunkt der Geburt eine sozial-familiäre Beziehung bestehen, etwa wenn der Anerkennende hinreichend intensiv an Schwangerschaft und Geburt Anteil genommen und den Kontakt zum Kind in seine Lebensplanung aufgenommen hat.[118] Auf die Beziehung des rechtlichen Vaters zur Kindesmutter kommt es dabei nicht an, ihr kann aber indizielle Bedeutung zukommen.[119]

Im Übrigen kann tatsächliche Verantwortung iSv. Abs. 4 auch übernommen worden sein, wenn 22 ein Elternteil im **Ausland** lebt.[120] Das wird bei binationalen Beziehungen nicht selten sein. Hier wäre dann auf die geistig-emotionale Verbindung abzustellen. Entscheidend ist letztlich, ob die sozial-familiäre Beziehung im Zeitpunkt der Anfechtung bestand bzw. geplant war, weil dann ein Missbrauchsfall ausgeschlossen werden kann. Das kann freilich zu Feststellungsproblemen führen, etwa wenn der Mann das Kind doch immerhin vorübergehend bei sich aufgenommen hatte.[121] Vor Gericht soll allerdings für die Behörde regelmäßig der Vortrag genügen, dass Vater und Kind nicht in häuslicher Gemeinschaft leben (vgl. Abs. 4 S. 2) und dieser Umstand in Beziehung zur ausländerrechtlichen Situation gesetzt werden kann. Es sei dann Sache von Vater und Kind als den Anfechtungsgegnern, Einzelheiten zu ihrer sozial-familiären Beziehung vorzutragen.[122] Zur besseren Sachverhaltsermittlung und auch zum Schutz des Kindes wurde in § 176 Abs. 1 FamFG eine Regelung eingefügt, wonach das **Jugendamt** vor einer Entscheidung über eine behördliche Anfechtung vom Gericht **anzuhören** ist.

5. **Ausländerrechtliche Vorteile.** Weitere Voraussetzung für das Anfechtungsrecht der 23 Behörde ist nach Abs. 3, dass durch die Anerkennung die rechtlichen Voraussetzungen für die erlaubte **Einreise** oder den **erlaubten Aufenthalt** des Kindes oder eines Elternteils geschaffen werden. Das betrifft **drei Fallgruppen:**[123] (1) Ein deutscher Mann erkennt die Vaterschaft für das Kind einer unverheirateten ausländischen Mutter an. Damit erwirbt das Kind die deutsche Staatsangehörigkeit (§ 4 Abs. 1 StAG) und somit das Recht zur erlaubten Einreise und zum Aufenthalt. Diese Rechte erlangt dann auch die Mutter des Kindes (§ 28 Abs. 1 Nr. 3 AufenthG). (2) Ein ausländischer Mann mit gesichertem Aufenthaltsstatus erkennt die Vaterschaft für das Kind einer unverheirateten Ausländerin an. Auch daraus ergeben sich die zuvor genannten Einreise- und Aufenthaltsrechte von Mutter und Kind. (3) Ein ausländischer Mann ohne gesicherten Aufenthaltsstatus erkennt die Vaterschaft für das Kind einer Deutschen oder das Kind einer Ausländerin mit verfestigtem Aufenthalt an. Ist das Kind deutscher Staatsbürger (§ 4 Abs. 1 oder 3 StAG), kann § 28 Abs. 1 Nr. 3 AufenthG erfüllt sein und dem Mann die Einreise und den Aufenthalt ermöglichen. Sind diese Vorteile objektiv gegeben und fehlt es zugleich an der genetischen Vaterschaft, so genügt das für die Annahme der **Missbräuchlichkeit** der Vaterschaftsanerkennung. Weitere subjektive Voraussetzungen sind nicht vorgesehen, insbes. kommt es auf eine (auch nur schwer nachweisbare) Miss-

---

[113] Näher zum maßgeblichen Zeitpunkt *Grün* FuR 2007, 12, 14; *Arendt-Rojahn* FPR 2007, 395, 398.
[114] So *Helms* StAZ 2007, 69, 73; *Genenger* FPR 2007, 157; *Grün* FuR 2007, 12, 13; *Arendt-Rojahn* FPR 2007, 395, 397; *Palandt/Brudermüller* Rn. 10.
[115] Das betont auch *Löhnig* FamRZ 2008, 1130, 1131; ferner *Arendt-Rojahn* FPR 2007, 395, 397.
[116] Dazu näher *Genenger* FPR 2007, 155, 157; *Staudinger/Rauscher* Rn. 113.
[117] BR-Drucks. 624/06 S. 21 und 24 unter Verweis auf OLG Düsseldorf FamRZ 2004, 209; näher dazu *Genenger* FPR 2007, 155, 157.
[118] BT-Drucks. 16/3291 S. 13 mit Verweis auf OLG Düsseldorf FamRZ 2004, 290.
[119] OLG Naumburg FamRZ 2011, 383.
[120] BR-Drucks. 624/06 S. 21 mit Bezug auf BVerfG FamRZ 2006, 187, 188; dazu auch *Grün* FuR 2007, 12, 13; restriktiv *Genenger* FPR 2007, 155, 158.
[121] *Henrich* FamRZ 2006, 977, 979.
[122] BT-Drucks. 16/3291 S. 15.
[123] Vgl. BT-Drucks. 16/3291 S. 14; *Staudinger/Rauscher* Rn. 117 f.

§ 1600   24–27   Abschnitt 2. Titel 2. Abstammung

brauchsabsicht nicht an. Kritisch wird dabei angemerkt, dass die Neuregelung so eng gefasst ist, dass sie Fälle, in denen andere missbräuchliche Zielsetzungen verfolgt werden, nicht erfasst.[124]

24   **6. Weitere Voraussetzungen.** Für den Erfolg der Anfechtung ist – wie auch sonst – erforderlich, dass die bestehende, angegriffene Vaterschaft objektiv unrichtig ist. Darauf wurde in der Neuregelung nicht gesondert hingewiesen, weil dieses ohnehin Voraussetzung jeder erfolgreichen Anfechtung ist.[125] Der Anfechtungsantrag der Behörde ist nur **schlüssig,** wenn für die genannten Anfechtungsvoraussetzungen objektive Kriterien vorgetragen werden. Insoweit muss der ausländerrechtliche Teil der Tatbestandsvoraussetzungen umfassend dargelegt werden.[126] Weiterhin müssen Tatsachen geltend gemacht werden, die gegen das Vorliegen einer sozial-familiären Beziehung sprechen, vgl. § 171 Abs. 2 S. 3 FamFG.[127] Das betrifft vor allem das fehlende häusliche Zusammenleben der Beteiligten. Allerdings sollen dabei zu Gunsten der Behörde die Grundsätze über die sekundäre Darlegungslast greifen.[128] Das bedeutet, dass zunächst Vater und Kind die Voraussetzungen einer sozial-familiären Bindung darlegen müssen und die Behörde dann darzulegen und nachzuweisen hat, dass dieser Vortrag nicht zutrifft.[129] Tatsachen, die Zweifel an der fehlenden Abstammung begründen, müssen nicht vorgetragen werden, zumal man damit zu sehr in die Intimsphäre der Betroffenen eingreifen müsste.[130] Die für die Behörde geltende **Anfechtungsfrist** ist in § 1600b Abs. 1 a geregelt. Art. 229 § 16 EGBGB enthielt dazu die Übergangsvorschrift[131], wonach die Frist nicht vor dem 1. 6. 2008 zu laufen begann. Grundsätzlich gilt eine Anfechtungsfrist von **einem Jahr** (s. § 1600b Rn. 20a). Abgesehen davon besteht eine fünfjährige, kenntnisunabhängige Anfechtungshöchstfrist, § 1600b Abs. 1a S. 3.

25   **7. Rechtsfolge.** Rechtsfolgen der erfolgreichen behördlichen Anfechtung sind außer dem rückwirkenden Wegfall der genetisch unzutreffenden[132] rechtlichen Vaterschaft insbes. auch der rückwirkende Wegfall der deutschen Staatsangehörigkeit des Kindes sowie die Möglichkeit, einen bereits erteilten Aufenthaltstitel wieder zurückzunehmen (§§ 51 Abs. 1 Nr. 3 AufenthG, 48 VwVfG). Dass das Kind regelmäßig vaterlos werden wird, ist hinzunehmen; zumal dies meist der Situation des Kindes vor Anerkennung entspricht. Problematisch können für das Kind aber die ausländerrechtlichen Folgen sein, wenn ihm dadurch seine bisherige faktische Lebensgrundlage entzogen wird.[133]

26   **8. Bewertung.** Das behördliche Anfechtungsrecht dürfte das richtige Mittel sein, um den beobachteten Missbrauchspraktiken entgegenzuwirken.[134] Vor allem wird wohl auch der damit verbundene Präventiveffekt beachtlich sein. Problematisch ist allerdings, dass nun Vaterschaftsanerkennungen mit ausländerrechtlichen Folgen unter „Generalverdacht"[135] geraten sind. Hier die echten Missbrauchsfälle herauszufiltern, wird nicht einfach sein. Gut beratene Eltern werden zudem in der Lage sein, die Behörden hinreichend zu täuschen. Das behördliche Anfechtungsrecht wird sich also wohl auf die Fälle reduzieren, in denen die Umstände offensichtlich sind.

V. Verlust des Anfechtungsrechts

27   **1. Kein Verzicht auf das Anfechtungsrecht.** Die **Zurücknahme des Anfechtungsantrags** (§ 269 ZPO) führt nicht zum Verlust des Anfechtungsrechts (so ausdrücklich früher § 1599 Abs. 3 aF). Der Antrag kann, solange die Anfechtungsfrist nicht abgelaufen ist, erneut gestellt werden.[136] Eine Erklärung des **Verzichts** auf das Anfechtungsrecht schließt die Anfechtung nicht aus, da das Recht unverzichtbar ist.[137] Anerkennungs- oder Verzichtserklärungen des Mannes können

---
[124] Krit. auch *Finger* JR 2007, 50, 56.
[125] BR-Drucks. 624/06 S. 23.
[126] *Löhnig* in *Bork/Jacoby/Schwab* § 171 FamFG Rn. 9.
[127] S. auch BR-Drucks. 624/06 S. 18 und 24; BT-Drucks. 16/3291, Anlage 1 S. 14; der angestellte Vergleich mit den Schlüssigkeitsanforderungen an die Klage des Scheinvaters hinkt aber; denn dort geht es ja um Darlegungen, die der Gesetzeswortlaut nicht als Anfechtungsvoraussetzungen normiert hat.
[128] BT-Drucks. 16/3291, Anlage 1 S. 25; OLG Naumburg FamRZ 2011, 383.
[129] OLG Naumburg FamRZ 2011, 383.
[130] Vgl. BT-Drucks. 16/ 3291 S. 14; *Löhnig* in *Bork/Jacoby/Schwab* § 169 FamFG Rn. 11.
[131] Diese hält AG Hamburg-Altona FamRZ 2010, 1176 für verfassungswidrig.
[132] Zu Problemen der diesbez. Beweiserhebung, insbes. in Fällen mit Auslandsbezug, *Grün* FuR 2007, 12, 17.
[133] Vgl. *Mach-Hour* FPR 2009, 147, 149.
[134] So auch *Helms* StAZ 2007, 69, 75; Zweifel aber bei *Grün* FuR 2007, 12, 18; *Zimmermann* FuR 2009, 21, 28.
[135] Treffend *Grün* FuR 2007, 12, 16; *Genenger* FPR 2007, 155, 157; AG Hamburg-Altona FamRZ 2010, 1176, Tz. 29; verteidigend *Zypries/Cludius* ZRP 2007, 1, 2.
[136] *Staudinger/Rauscher* Anh. § 1600d Rn. 55; *Soergel/Gaul* § 1599 aF Rn. 10.
[137] BGHZ 87, 169, 177 = FamRZ 1983, 686, 687 mwN; BGH NJW 1995, 2018, 2030; NJW 1995, 2921; OLG Stuttgart FamRZ 2001, 246; *Ebeling/Zimmermann* DEuFamR 1999, 25, 32; *Soergel/Gaul* § 1591 aF Rn. 34, § 1594 Rn. 18; *Staudinger/Rauscher* § 1600b Rn. 71.

aber für die Feststellung des Fristbeginns nach § 1600b Abs. 2 indizielle Bedeutung erlangen. Zum Verlust des Anfechtungsrechts durch **Fristablauf** § 1600b Rn. 7.

2. Rechtsmissbrauchsfälle. Die Frage, ob das Anfechtungsrecht schon vor Ablauf der Anfechtungsfrist wegen Rechtsmissbrauchs ausnahmsweise ausgeschlossen sein kann, wurde in der Vergangenheit v. a. in Zusammenhang mit der Anfechtung nach Zustimmung zur heterologen Insemination diskutiert (s. Rn. 29 ff.). Ansonsten sind kaum Fälle denkbar, in denen § 242 der Anfechtung entgegenstehen könnte. Dem Interesse des Anfechtungsberechtigten an der Feststellung der genetischen Abstammungsverhältnisse gebührt grundsätzlich der Vorrang. Bereits aus der Einräumung der zweijährigen Überlegungsfrist ergibt sich, dass eine Verwirkung zu einem früheren Zeitpunkt grundsätzlich nicht in Betracht kommt. So geht das Anfechtungsrecht nicht allein dadurch verloren, dass der (Ehe)Mann den Ehe- bzw. Treubruch der Frau verzeiht oder das Kind wie ein eigenes in seiner Familie hält.[138] Auch behält der Mann grundsätzlich sein Anfechtungsrecht, der den **Ehebruch** seiner Frau (zB als Zuhälter) bewusst **gefördert**[139] oder auch der damit verbundenen Möglichkeit der Zeugung eines Kindes zugestimmt hat.[140] Eine unzulässige Rechtsausübung des anfechtenden Mannes hat der BGH allerdings in einem Fall erwogen, in dem sich die Anfechtungsfrist durch Hemmungsvorschriften der ersten Nachkriegszeit auf mehrere Jahre erstreckte, der Ehemann schon vor der Geburt und danach etwa fünf Jahre lang (auch über die Scheidung von der Mutter hinaus) zum Ausdruck gebracht hatte, dass er das Kind als sein eheliches Kind gelten lassen wolle, und in dem auf Grund der bereits sehr engen inneren Beziehung zwischen Vater und Kind zu befürchten war, dass die Anfechtung bei dem Kind schwere seelische Erschütterungen auslösen könnte.[141] Das blieb aber wohl ein Sonderfall. Nicht rechtsmissbräuchlich ist insbes. die Anfechtung einer einst **bewusst wahrheitswidrig** erklärten Vaterschaftsanerkennung (s. auch § 1594 Rn. 4).

VI. Anfechtungsausschluss bei heterologer Insemination, Abs. 5

1. Vorgeschichte. Bis zur Einfügung der Regelung in Abs. 5 (bis zum 1. 6. 2008 noch Abs. 4, vgl. Rn. 17) war str., ob der Mann, der einer heterologen Insemination bei seiner Frau zugestimmt hatte, nachher die Vaterschaft für dieses Kind anfechten kann.[142] Eine heterologe Insemination liegt vor, wenn zur Zeugung des Kindes Sperma eines anderen Mannes verwendet wird.[143] Diese medizinisch unterstützte Zeugungsmethode begegnet keinen grundsätzlichen Bedenken[144] und ist auch durch das ESchG[145] nicht verboten. Da der Vaterschaftstatbestand des § 1592 Nr. 1 allein an die Verheiratung mit der Mutter im Zeitpunkt der Geburt anknüpft, ist der Ehemann der Frau, die nach heterologer Insemination ein Kind zur Welt bringt, automatisch kraft Gesetzes Vater des Kindes.[146] Während ein Teil des Schrifttums früher die Ansicht vertrat, dass die Anfechtung hier wegen Verstoßes gegen Treu und Glauben (§ 242) rechtsmissbräuchlich und daher unzulässig sei,[147] ging der BGH davon aus, dass die Anfechtung innerhalb der vorgegebenen Frist möglich sei.[148] Aller-

---

[138] *Soergel/Gaul* § 1599 aF Rn. 9 mwN.
[139] *Lange* NJW 1962, 1697, 1699; *Staudinger/Rauscher* § 1600b Rn. 73.
[140] So auch *Schumacher* FamRZ 1987, 313, 315 f.
[141] BGH LM § 1598 aF Nr. 2.
[142] Ausführlich zum Problem aus dogmatischer Sicht *Wanitzek* S. 251 ff.; *Spickhoff* AcP 197 (1997), 398, 413 ff.; ferner *Patti*, FS Schwab, 2005, S. 1449, 1455.
[143] Zum Begriff s. 4. Aufl. 2002 Rn. 16.
[144] Vgl. DJT NJW 1986, 3069.
[145] BGBl. 1990 I S. 2746; s. auch die Richtlinien der Bundesärztekammer, Deutsches Ärzteblatt 93, Heft 7 vom 16. 2. 1996, S. 9 ff.; dazu Bundesnotarkammer DNotZ 1998, 241, 243 ff.
[146] Krit. insoweit *Schlegel* FuR 1996, 116, 117. Näheres § 1592 Rn. 30 ff.
[147] So im Ergebnis: *Becker* ZBlJugR 1979, 238, 241; *Kollhosser* JA 1985, 553, 559; *Harder* JuS 1986, 505, 507; *Gottwald*, FS Hubmann, 1985, S. 111, 120; *Schwenzer* Gutachten S. 48; *Erdsiek* NJW 1960, 23, 24; *Knittel* DAV 1997, 650, 651; *Giesen* JZ 1983, 552; *Deutsch* MDR 1985, 177, 180; *Bernat* MedR 1986, 245, 247; *Schumacher* FamRZ 1987, 313, 315; *Kamper* FuR 1995, 309, 310; *A. Roth* FamRZ 1996, 769, 771; *A. Wolf* FuR 1998, 392, 394; *Lurger* DEuFamR 1999, 210, 215 f.; wohl auch *Diederichsen* Referat S. M 89, der das Anfechtungsrecht ges. ausschließen möchte; *Dethloff* NJW 1992, 2200, 2207; *Spickhoff* AcP 197 (1997), 398, 424. Aus der Rspr.: OLG Hamm FamRZ 1994, 1340, 1341; OLG Düsseldorf FamRZ 1988, 762; AG Lüdenscheid NJW 1986, 784, 785; AG Norderstedt DAVorm. 1991, 419; AG Dieburg NJW 1987, 713, 714.
[148] BGHZ 129, 297, 301; BGH NJW 1995, 2921; BGHZ 87, 169 = NJW 1983, 2073 = JZ 1983, 549 m. abl. Anm. *Giesen* S. 552; früher auch schon BGHZ 2, 130, 138; ferner passim bestätigt in BGH FamRZ 2001, 541, 543. Dem folgten: OLG Celle FamRZ 2001, 700; NJW 1992, 1516; AG Wesel FamRZ 1986, 493; OLG Köln FamRZ 1997, 1171; *Muscheler/Beisenherz* JR 1999, 407, 408; *Beitzke*, FS Müller-Freienfels, 1986, S. 31, 35 f.; *Dölle*, FS Rabel, 1954, S. 200 ff. (obwohl die Folgen der Anfechtung bedauernd); wohl auch *Ramm* JZ 1996, 990, 993; *Hohloch* JuS 1996, 75. Schwankend: *Coester-Waltjen*, Gutachten für den 56. DJT, 2. Teil S. D III 2, B 49 bis 54.

dings wurde die Zustimmung zur Zeugung des Kindes zugleich als konkludente vertragliche Zusage von dauernden Unterhaltszahlungen an das Kind gewertet. Der BGH[149] ging insoweit von einem Vertrag zu Gunsten des Kindes (§ 328 Abs. 2) aus, der grundsätzlich vom (Fort)Bestand der rechtlichen oder ges. Vaterschaft unabhängig sei. Erste Gesetzesvorschläge,[150] die Anfechtung für diese Fälle auszuschließen oder einzuschränken, konnten sich nicht durchsetzen.[151]

30   **2. Normzweck. a) Allgemeines.** Durch Art. 1 Nr. 2 KindRVerbG[152] wurde an § 1600 zunächst ein neuer Abs. 2 angefügt, der nach Einfügung des Anfechtungsrechts des leiblichen Vaters zu Abs. 4 bzw. mit Einführung des behördlichen Anfechtungsrechts (vgl. Rn. 17) zu Abs. 5 wurde. Somit ist eine Anfechtung durch die Eltern nach konsentierter heterologer Insemination ausgeschlossen bzw. unzulässig.[153] Der Gesetzgeber führt dazu aus, dass von Paaren, die im Einvernehmen miteinander in die künstliche Übertragung des Samens eines Fremden einwilligen, erwartet werden muss, dass sie zu der gemeinsam übernommenen **Verantwortung** für das hierdurch gezeugte Kind auch nach der Geburt und unter veränderten Lebensverhältnissen stehen. Die Regelung erklärt damit die Methoden der heterologen Insemination zwar nicht ausdrücklich für zulässig, setzt dies aber wohl implizit voraus[154] und greift die Tatsache auf, dass bereits eine Vielzahl von Kindern auf diesem Wege gezeugt worden ist, die in rechtlicher und sozialer Hinsicht des Schutzes bedürfen.[155]

31   **b) Die Gesetzesbegründung** verweist darauf, dass die frühere Rechtslage, die eine Anfechtung der Vaterschaft durch den Mann oder die Mutter erlaubte,[156] nicht mit dem Wohl des Kindes vereinbar war, da die Anfechtung dazu führte, dass das Kind **Unterhalts- und Erbansprüche** gegen den Mann verlor.[157] Das ist freilich nur zT richtig. Zwar gilt das Kind infolge der wirksamen Vaterschaftsanfechtung rückwirkend als nicht von diesem Mann abstammend, so dass sich alle auf der Abstammung beruhenden Ansprüche aus Unterhalts- oder Erbrecht erledigen. Der BGH hatte aber eben für die Fälle der heterologen Insemination schon zuvor klargestellt, dass in der Einwilligung des Mannes in die Zeugung des Kindes mit dem Spendersamen zugleich die konkludente Zusage einer dauernden Unterhaltsverpflichtung liege (s. Rn. 29), an der die Anfechtung nichts ändern könne. Das finanzielle Wohl des Kindes war also – soweit rechtlich möglich – gewahrt. Der Gesetzgeber verweist weiter darauf, dass das Anfechtungsverbot erforderlich sei, um den **Verlust persönlicher Beziehungen** des Kindes zu verhindern. Zudem sei die Regelung aus **rechtsethischen Gründen** geboten gewesen. Wenn sich Eheleute oder auch nicht miteinander verheiratete Paare bewusst für die Zeugung eines Kindes durch künstliche Fremdsamenübertragung entschließen, könne im Hinblick auf die Verantwortung der beteiligten Eltern für das auf diese Weise gezeugte Kind eine Aufkündigung der hierdurch rechtlich begründeten Vaterschaft durch nachträgliche Anfechtung nicht zugelassen werden.

32   **c) Bewertung.** Die Regelung dient den Interessen potenzieller Samenspender, da die Gefahr, dass sie doch noch in irgendeiner Weise zur Rechenschaft gezogen werden, deutlich verringert wurde. Zu begrüßen ist, dass sich der Gesetzgeber endlich auf dem dringend regelungsbedürftigen Feld der medizinisch unterstützten künstlichen Fortpflanzung einen Schritt vorangewagt und für etwas mehr **Rechtsklarheit** gesorgt hat. Die Bedeutung und Reichweite ihrer Entscheidung kann den Wunscheltern nun auch noch drastischer vor Augen geführt werden; Abs. 5 erfüllt insoweit auch eine wichtige **Warnfunktion**.[158] Zudem herrscht nun Einklang mit der Rechtslage in Österreich (§ 157 ABGB[159]) und der Schweiz (Art. 256 Abs. 3 ZGB). Problematisch erscheint jedoch, dass die Regelung dazu beiträgt, die Schere zwischen

---

[149] Vgl. BGH NJW 1995, 2028; NJW 1995, 2031; LG Zwickau NJW 1995, 787; ähnlich zuvor schon LG Duisburg FamRZ 1987, 197 m. Anm. *Coester-Waltjen*; zust. *A. Roth* FamRZ 1996, 769; aA Vorinstanz OLG Hamm FamRZ 1994, 1340.
[150] Vgl. BR-Drucks. 180/96 S. 4; BT-Drucks. 13/4899 S. 52, 148, 166; BT-Drucks. 13/8511 S. 7, 69 f.; *Schlegel* JuS 1996, 1067, 1069.
[151] Vgl. Rechtsausschuss BT-Drucks. 13/8511 S. 59, 69; BT-Drucks. 13/4899 S. 52; *Gaul* FamRZ 1997, 1441, 1465; *Mühlens/Kirchmeier/Greßmann* S. 91; krit. dazu *Schimke* S. 22.
[152] Gesetz von 9. 4. 2002, BGBl. I S. 1239.
[153] Zur Neuregelung: *Spickhoff*, FS Schwab, 2005, S. 923; *Roth* DNotZ 2003, 805.
[154] So *Dethloff* FamR § 10 Rn. 77; *A. Roth* JZ 2002, 651, 652.
[155] BT-Drucks. 14/2096 S. 7.
[156] Vgl. BGH NJW 1995, 2921 f., Anfechtungsrecht auch bei vorheriger Verzichtserklärung.
[157] BT-Drucks. 14/2096 S. 6.
[158] Die Neuregelung wird begrüßt von: *A. Roth* JZ 2002, 651, 653; *Peschel-Gutzeit* FPR 2002, 285, 286; *Wanitzek* FamRZ 2003, 730, 735.
[159] §§ 156a, 163 Abs. 3 AGBG, eingeführt durch das FortpflanzungsmediziN von 1992; näher dazu *Lurger* DEuFamR 1999, 210, 214 f.

dem (abstammungs)rechtlichen Verwandtschaftsbegriff und der genetischen Abstammung weiter zu öffnen.[160] Zur schon geltenden Unanfechtbarkeit der Mutterschaft (vgl. § 1591) ist nun die Unanfechtbarkeit der Vaterschaft durch den rechtlichen Vater im Fall der heterologen Insemination hinzugekommen. Abgesehen davon lässt die Neuregelung viele Fragen offen; eine nähere Regelung der Voraussetzungen der heterologen Insemination (freilich außerhalb des Familienrechts) steht nach wie vor aus.[161] Insbes. wird allgemein gefordert, dass die Wirksamkeit der Einwilligung des Mannes in die Insemination an eine notarielle Beurkundung geknüpft werden müsse.[162] Dagegen wird zwar vorgebracht, dass die (bewusste) Nichtbeachtung einer vorgeschriebenen Form sonst zu Lasten des Kindes gehen könnte,[163] dem könnte aber durch eine entspr. Auffangregelung vorgebeugt werden.

3. Tatbestandsvoraussetzungen des Abs. 5. a) Bestehende Vaterschaft des Mannes. 33
Die Vaterschaft des potenziell Anfechtungswilligen wird meist auf einer **Ehe mit der Mutter** beruhen (§ 1592 Nr. 1), ansonsten auf einer (zwangsläufig bewusst falschen) **Anerkennung** (§ 1592 Nr. 2).[164] Die Anerkennung sollte in den Fällen der heterologen Insemination auch schon „präkonzeptionell" möglich sein (dazu § 1594 Rn. 41). Erfasst werden also verheiratete wie unverheiratete Eltern.[165] Eine besondere Situation besteht in dem Fall, dass die Mutter noch verheiratet ist, sich aber von ihrem Ehemann getrennt hat und mittlerweile mit einem neuen Partner in nichtehelicher Lebensgemeinschaft zusammenlebt. Wenn bei der Mutter jetzt mit Einwilligung nur dieses neuen Partners eine heterologe Insemination vorgenommen wird, bleibt ihr Ehemann, der nun nach § 1592 Nr. 1 als Vater gilt, natürlich anfechtungsberechtigt. Da er nicht in die Insemination eingewilligt hatte, gilt der Ausschluss des Anfechtungsrechts für ihn nicht.

b) Zeugung durch künstliche Befruchtung mittels Samenspende eines Dritten. Das 34
Kind muss tatsächlich aus der heterologen Insemination hervorgegangen sein, in die der Mann und die Mutter eingewilligt haben. Die gewählte Gesetzesfassung verdeutlicht, dass der Einwand, das Kind stamme in Wahrheit nicht aus der künstlichen Befruchtung, möglich bleibt.[166] Ist das Kind also tatsächlich auf andere Weise gezeugt worden, zB durch natürlichen **Geschlechtsverkehr** der Mutter mit einem anderen Mann, kann angefochten werden. Die Feststellung darüber, ob das Anfechtungsrecht besteht, kann hier freilich erst nach Klärung der genetischen Abstammung getroffen werden. Weiterhin muss die Samenspende von einem Dritten stammen; stammt sie vom betreffenden Mann selbst (sog. homologen Insemination), scheidet die Anfechtung schon deshalb aus, weil die Vaterschaft dieses Mannes genetisch richtig ist. Bei beabsichtigter **homologer Insemination** kann der Mann die Vaterschaft anfechten, wenn anstelle seines Samens fremdes Sperma verwendet worden ist.[167] Auf die Methode der künstlichen Befruchtung kommt es nach dem Gesetzeswortlaut nicht an.[168] **Künstlich** ist jede Befruchtung, die nicht durch Geschlechtsverkehr, sondern unter Einsatz technischer Hilfsmittel erreicht wird.[169] Für die Anwendung von Abs. 5 kommt es daher auch nicht darauf an, ob die Insemination durch einen Arzt oder durch die Wuscheltern selbst vorgenommen worden ist.[170] Ein Verstoß gegen den Arztvorbehalt des § 9 ESchG kann nicht zu Gunsten des rechtlichen Vaters bzw. zu Lasten des Kindes gehen.

c) Wirksame Einwilligung des Mannes und der Mutter. Das Anfechtungsrecht soll nur 35
ausgeschlossen sein, wenn die Wuscheltern zuvor (§ 183 S. 1)[171] die Verantwortung für die Zeugung des Kindes übernommen haben, dh. wenn **beide** wirksam zuvor in die Vornahme der heterologen Insemination eingewilligt haben. **Fehlt die Einwilligung** der Mutter (iSd. § 1591)

---

[160] Krit. auch *Seidl* FPR 2002, 402 bez. § 1591; *Gernhuber/Coester-Waltjen* § 53 Rn. 16; generell gegen § 1600 Abs. 5 *Muscheler* FamR Rn. 562; *Staudinger/Rauscher* Rn. 66 ff.
[161] Diese fordert auch *von Sachsen Gessaphe* NJW 2002, 1854.
[162] So auch Stellungnahme der Bundesregierung BT-Drucks. 14/2096 S. 10; *A. Roth* JZ 2002, 651, 653.
[163] *Janzen* FamRZ 2002, 785, 786.
[164] Vgl. BT-Drucks. 14/2096 S. 7.
[165] *Palandt/Brudermüller* Rn. 11; NK-BGB/*Gutzeit* Rn. 27; *Spickhoff*, FS Schwab, 2005, S. 923, 941.
[166] BT-Drucks. 14/8131 S. 7 f.; *Palandt/Brudermüller* Rn. 11; NK-BGB/*Gutzeit* Rn. 27; *Peschel-Gutzeit* FPR 2002, 285, 287.
[167] *Coester-Waltjen*, Gutachten für den 56. DJT, S. B 54; *Staudinger/Rauscher* Rn. 76; zur Absetzbarkeit der Kosten nach § 33 EStG BFH FamRZ 1998, 161.
[168] So auch *Staudinger/Rauscher* Rn. 77; *Erman/Hammermann* Rn. 24; *Spickhoff*, FS Schwab, 2005, S. 923, 932; aA wohl *Gernhuber/Coester-Waltjen* § 52 Rn. 108.
[169] Vgl. BT-Drucks. 11/4560 S. 8 zum ESchG.
[170] OLG Hamm FamRZ 2008, 630; *Spickhoff*, FS Schwab, 2005, S. 923, 932; aA *Wanitzek* FamRZ 2003, 730, 732.
[171] Die nachträgliche Zustimmung bleibt irrelevant, *Spickhoff*, FS Schwab, 2005, S. 923, 940.

oder des Mannes oder ist mindestens eine der Erklärungen unwirksam, so geht die wohl hM davon aus, dass dann die Anfechtungsrechte beider Seiten unberührt bleiben.[172] Indes macht es wenig Sinn, dem Mann ein Anfechtungsrecht zu geben, wenn sich etwa nachträglich (wider Erwarten) herausstellt, dass nur seine Einwilligung wirksam erteilt wurde. Hier sollte doch jeder unabhängig von der anderen Erklärung an seine Einwilligung gebunden sein.[173] Ein zur Unwirksamkeit führender Formmangel ist nicht denkbar, da eine Formvorschrift fehlt.[174] Hier sollte freilich de lege ferenda nach dem Vorbild des Adoptionsrechts (§ 1750 Abs. 1 S. 2) notarielle Beurkundung gefordert werden.[175] In der Praxis wird derzeit weitgehend nach der **Musterrichtlinie der Bundesärztekammer** zur Durchführung der assistierten Reproduktion[176] verfahren, wonach die Einwilligung schriftlich zu fixieren und vom aufklärenden Arzt zu unterzeichnen ist.[177] Die (höchstpersönliche[178]) Einwilligung ist eine **Willenserklärung**.[179] Unwirksam ist die Einwilligung demnach insbes., wenn gar keine Einwilligungserklärung abgegeben wurde, wenn der Erklärende im Zeitpunkt der Einwilligung geschäftsunfähig (§ 104) oder nur beschränkt geschäftsfähig (§ 106) war, wenn ein Fall vorübergehender Geschäftsunfähigkeit[180] (§ 105 Abs. 2) vorlag, die Erklärung durch einen Vertreter abgegeben wurde oder wenn sie wirksam angefochten worden ist, zB nach § 123.[181]

36 Außerdem sollte das betroffene Paar – bei medizinisch unterstützter Befruchtung – richtig ärztlich **aufgeklärt** worden sein, dh. über die Einzelschritte des Verfahrens, seine Erfolgsaussichten, Komplikationsmöglichkeiten und Kosten, über die juristischen Gesichtspunkte sowie über die mit der heterologen Insemination verbundenen psychosozialen und ethischen Probleme.[182] Mangels ges. Regelung kann dies aber keine Wirksamkeitsvoraussetzung der Einwilligung sein;[183] denkbar sind allenfalls Willensmängel infolge unterlassener oder fehlerhafter Aufklärung. Entscheidend ist weiterhin, dass die zunächst erteilte Einwilligung im Zeitpunkt der zum Erfolg führenden Insemination noch Bestand hatte. Wurde die Einwilligung, die vorher formlos **frei widerruflich** ist,[184] vor dem Eingriff von dem Mann wirksam widerrufen (zB weil er nach mehreren Fehlversuchen eine weitere Behandlung seiner Frau ablehnt), ist Abs. 5 nicht erfüllt. Fraglich ist, wem die empfangsbedürftige Erklärung des Widerrufs zuzugehen hat.[185] Überwiegend wird der Zugang beim anderen Einwilligungsberechtigten für genügend angesehen.[186] De lege ferenda wäre Zugang (§ 130) sowohl bei dem anderen Ehegatten als auch bei dem behandelnden Arzt zu fordern, sofern es sich um eine medizinisch unterstützte Befruchtung handelt.[187] Die Beweislast für den rechtzeitigen, wirksamen Widerruf trägt der Anfechtende.[188] Im Fall der **nachträglichen Genehmigung** einer künstlichen

---

[172] *Erman/Hammermann* Rn. 35; *Staudinger/Rauscher* Rn. 89; *A. Roth* DNotZ 2003, 805, 816; das war schon zuvor hM, vgl. *Schlegel* JuS 1996, 1067, 1068; *Giesen* Insemination S. 189; *Beitzke*, FS Müller-Freienfels, 1986, S. 31, 35.
[173] So auch *Gernhuber/Coester-Waltjen* § 53 Rn. 16.
[174] *A. Roth* DNotZ 2003, 805, 813 hält auch die schlüssige Einwilligung für denkbar; im italienischen Recht wird konkret auf die konkludente Einwilligung abgestellt, *Patti*, FS Schwab, 2005, S. 1449, 1457.
[175] Den Vergleich mit dem Adoptionsrecht zieht auch schon BGH NJW 1995, 2028, 2029.
[176] Aktuelle Fassung veröffentlicht in: Deutsches Ärzteblatt Jg. 103/Heft 20 vom 19. 5. 2006, S. A 1392 ff.
[177] Richtlinie zur Durchführung der assistierten Reproduktion (vgl. Fn. zuvor) Punkt 3.2.6.
[178] *Spickhoff*, FS Schwab, 2005, S. 923, 936; *A. Roth* DNotZ 2003, 805, 812.
[179] *Muscheler* FamR Rn. 562; *Erman/Hammermann* Rn. 27; NK-BGB/*Gutzeit* Rn. 27; *A. Roth* DNotZ 2003, 805, 809 f.; *Spickhoff*, FS Schwab, 2005, S. 923, 933; aA *Wanitzek* S. 327 ff.; *dies.* FamRZ 2003, 730, 733 f., willensgetragener Realakt; dagegen *Spickhoff*, FS Schwab, 2005, S. 923, 934.
[180] Dazu näher *A. Roth* DNotZ 2003, 805, 811 f.; *Spickhoff*, FS Schwab, 2005, S. 923, 936.
[181] Für Zulässigkeit der Anfechtung: *Spickhoff*, FS Schwab, 2005, S. 923, 938 f.; *Muscheler* FamR Rn. 562; *A. Roth* JZ 2002, 651, 653; *ders.* DNotZ 2003, 805, 814; *Staudinger/Rauscher* Rn. 82 f.; *Erman/Hammermann* Rn. 34; ferner *Spickhoff* AcP 197 (1997), 398, 401, auf Basis des alten Rechts.
[182] Vgl. Richtlinie zur Durchführung der assistierten Reproduktion (Fn. 176) 5.3.2. und 5.3.3. Zur Bedeutung der ärztlichen Aufklärung zum Schutz des Mannes und im Interesse des Kindes schon BGH NJW 1983, 2073, 2075.
[183] So auch *Spickhoff*, FS Schwab, 2005, S. 923, 933.
[184] Vgl. BGHZ 129, 297; BGHZ 146, 391, 398; *A. Roth* DNotZ 2003, 805, 814; *Spickhoff*, FS Schwab, 2005, S. 923, 937; *Seidl* FPR 2002, 402, 404; Bundesnotarkammer DNotZ 1998, 241, 246; *Muscheler* FamR Rn. 562; zum Widerruf der Zustimmung zur Konservierung und späteren In-vitro-Fertilisation gemeinsam erzeugter Embryonen s. auch EGMR NJW 2008, 2013.
[185] Offen gelassen auch von BGHZ 129, 297 ff.
[186] *Erman/Hammermann* Rn. 33; *Staudinger/Rauscher* Rn. 83; *Roth* DNotZ 2003, 805, 814; *Eckersberger* MittBayNot 2002, 261, 263; *Spickhoff*, FS Schwab, 2005, S. 923, 937.
[187] Im Fall BGHZ 129, 297 ff. war der Widerruf nur mündlich gegenüber der Ehefrau erklärt worden, die sich trotzdem behandeln ließ.
[188] Vgl. BGH (Fn. 187).

Befruchtung greift Abs. 5 nicht; hier kann in der Genehmigung aber eine Unterhaltszusage (s. Rn. 29) an das Kind liegen.[189]

4. Zeitliche Geltung. Fraglich ist, welche Fälle in zeitlicher Hinsicht von Abs. 5 erfasst werden. Unzweifelhaft gilt die Norm für alle künstlichen Befruchtungen mit Fremdsamen seit Inkrafttreten des Gesetzes am **12. 4. 2002**. Offen bleibt aber, was für diejenigen gilt, die ihre Einwilligung in eine **heterologe Insemination vor dem genannten Termin** und damit noch im Vertrauen auf die bisher bestehende Anfechtungsmöglichkeit erteilt haben. Wendet man die Neuregelung auch hierauf an, würde auf einen noch nicht abgewickelten Sachverhalt mit Rechtsbeziehung für die Zukunft eingewirkt.[190] Eine solche unechte Rückwirkung von Gesetzen ist grundsätzlich zulässig, es sei denn, die Abwägung ergibt, dass das Vertrauen des Einzelnen den Vorrang verdient. Allerdings ist dann idR eine Übergangsregelung notwendig; insoweit steht dem Gesetzgeber jedoch ein weiter Gestaltungsspielraum zu.[191] Das KindRVerbG hat zwar in Art. 5 für andere Bereiche, nicht aber für § 1600 Abs. 5 eine Übergangsregelung getroffen, sondern insofern das Inkrafttreten für den Tag nach der Gesetzesverkündung angeordnet. Daraus lässt sich schließen, dass der Gesetzgeber eine diesbez. Übergangsregelung nicht für notwendig erachtet hat. Gegen einen besonderen **Vertrauensschutz** spricht hier in der Tat, dass die Neuregelung im Hinblick auf die unterhaltsrechtlichen und wohl auch erbrechtlichen Folgen keine wesentliche Änderung bringt. Außerdem war die Rechtslage nicht eindeutig; viele Stimmen im Schrifttum haben sich schon bisher klar gegen ein Anfechtungsrecht im Fall der heterologen Insemination ausgesprochen und auch Gesetzgebungsvorschläge in dieser Richtung waren bekannt. Gegen die unechte Rückwirkung des § 1600 Abs. 5 bestehen daher keine Bedenken. Die neue Vorschrift gilt somit für alle seit dem 12. 4. 2002 entscheidungsreifen Anfechtungsanträge.[192] Das hat der BGH[193] inzwischen auch ausdrücklich bestätigt für Verfahren, die zum Zeitpunkt des Inkrafttretens der Neuregelung bereits anhängig waren.

5. Anfechtung durch das Kind. Der Ausschluss des Anfechtungsrechts der Eltern lässt das eigene Anfechtungsrecht des Kindes unberührt.[194] Das war auch schon vor Einfügung von Abs. 5 überwiegende Meinung.[195] Das volljährige Kind kann dann ggf. über eine Anfechtung nachdenken. Solange das Kind mj. ist, würde es bei der Anfechtung durch seinen ges. Vertreter vertreten, § 1600a Abs. 3. Dabei darf der ges. Vertreter die Vaterschaft aber nur anfechten, wenn dies dem Wohl des Kindes dient (§ 1600a Abs. 4). Das wird in den Fällen der Samenspende aber grundsätzlich abzulehnen sein, weil der Verlust des rechtlichen Vaters ohne sichere Aussicht auf die baldige Feststellung des genetischen Vaters nicht dem Kindeswohl dient.[196] Daher ist die Kindeswohldienlichkeit insbesondere abzulehnen, wenn die Mutter diesen Weg wählt, um die Regelung des Abs. 5 zu umgehen.[197] Zur Vertretung des Kindes im Anfechtungsverfahren s. auch § 1600a Rn. 6.

6. Weiterer gesetzlicher Handlungsbedarf. Trotz aller rechtsethischen Bedenken sollte man sich dazu durchringen, den Bereich der heterologen Insemination umfassend ges. zu regeln[198] und ihre Zulässigkeit[199] klarzustellen. Das sollte ebenfalls zu Gunsten von **nicht verheirateten Paaren gelten,**[200] mögen Ehegatten auch als besonders geeignet angesehen werden, die mit den jeweiligen

---

[189] So *Spickhoff*, FS Schwab, 2005, S. 923, 940.
[190] Das BVerfG spricht von tatbestandlicher Rückanknüpfung, BVerfGE 72, 242 f.; BVerfGE 76, 256, 356.
[191] BVerfGE 43, 242, 288; BVerfGE 67, 1, 15; BVerfGE 51, 356, 368; BVerfGE 76, 256, 359.
[192] So auch *Palandt/Brudermüller* Rn. 11 f.
[193] NJW 2005, 1428; so auch OLG Hamm OLGR 2007, 650; krit. *Rauscher* FamR Rn. 817.
[194] BT-Drucks. 14/8131 S. 8; *Palandt/Brudermüller* Rn. 11; *Erman/Hammermann* Rn. 37; *PWW/Pieper* Rn. 16; *Spickhoff*, FS Schwab, 2005, S. 923, 944; *Seidl* FPR 2002, 402, 404; vgl. auch *Janzen* FPR 2002, 786; krit. und für Ausschluss de lege ferenda *Wanitzek* FamRZ 2003, 730, 734; *A. Roth* DNotZ 2003, 805, 816; *Wehrstedt* in *Spickhoff/Schwab/Henrich/Gottwald* S. 73, 76; *Helms* in *Röthel/Löhnig/Helms* S. 49, 61 f.; zweifelnd auch *Frank* StAZ 2003, 129, 130.
[195] Vgl. *Quantius* FamRZ 1998, 1145, 1149 f.; *Schumacher* FamRZ 1987, 313, 316; *Harder* JuS 1986, 505, 507; *Marian* JuS 1997, 671, 672; *A. Wolf* FuR 1998, 392, 394; *Staudinger/Rauscher* Rn. 92; einschränkend *Schlegel* JuS 1996, 1067, 1069 f., der eine Anfechtung nur unter der analogen Anwendung des Adoptionsrechts (§§ 1759 ff.) zulassen will; differenzierend auch *A. Roth* FamRZ 1996, 769, 771; sehr krit. *Lurger* DEuFamR 1999, 210, 216.
[196] Vgl. *Knittel* JAmt 2002, 50, 52; *Wanitzek* FamRZ 2003, 730, 734; *PWW/Pieper* Rn. 16.
[197] *Erman/Hammermann* Rn. 37 hält die Anfechtung durch den ges. Vertreter in diesem Fall regelmäßig für unzulässig; zum Problem auch *J. Hager*, FS Schwab, S. 773, 780. Im Fall BGH NJW 1995, 2031 war die vormundschaftsgerichtliche Genehmigung wohl erteilt worden.
[198] Für ges. Regelung: *Spickhoff*, FS Schwab, 2005, S. 923, 945; *Mutschler* FamRZ 1996, 1381, 1385; *Naumann* ZRP 1999, 142; *Giesen*, FS Hegnauer, 1986, S. 55, 67; zur schweizerischen Regelung *Hegnauer* FamRZ 1996, 914, 916; zum österreich. Recht: Österr. VerfGH FamRZ 2000, 601 mit Anm. *Coester-Waltjen* FamRZ 2000, 598.
[199] Dagegen *Staudinger/Rauscher* Anh. § 1592 Rn. 22 ff.
[200] So auch schon DJT NJW 1986, 3069.

medizinischen Maßnahmen verbundenen Belastungen und Risiken gemeinsam zu bewältigen.[201] Klarzustellen wäre, dass sich die Wunscheltern einer eingehenden **Beratung** zu unterziehen haben, die auch hinreichend zu dokumentieren wäre. Die Zustimmungserklärungen der Eltern sollten – wie in Österreich (§ 163 AGBG)[202] – der **notariellen Beurkundung**[203] unterliegen; das würde nicht zuletzt auch Beweiszwecken dienen. Für den Fall der Umgehung der Formvorschrift müsste ggf. eine Auffangregelung getroffen werden. Bei beschränkt Geschäftsfähigen oder Geschäftsunfähigen sollte die Methode der heterologen Insemination von vornherein ausscheiden.[204] Die Einwilligung dürfte weder unter einer Bedingung noch unter einer Zeitbestimmung erteilt werden. Bis zur Vornahme der künstlichen Befruchtung sollte sie **widerruflich** sein, und zwar zu Beweiszwecken gleichfalls in notarieller Form. Einwilligung und Widerruf wären gegenüber der Ehefrau bzw. Lebenspartnerin zu erklären.[205]

40 Zu beachten bleibt auch der Anspruch des Kindes auf **Kenntnis seiner genetischen Abstammung.** Insofern müssen zugunsten des durch künstliche Befruchtung gezeugten Kindes – abgesehen von denkbaren Auskunftsanträgen[206] gegenüber den Eltern – rechtliche Möglichkeiten vorgesehen werden, Auskunft über seine genetische Herkunft zu erlangen. Das erfordert **ges. Dokumentationspflichten** der beteiligten Ärzte, die möglichst nicht nur die Personalien, sondern auch die Blutmerkmale des Samenspenders und des ges. Vaters betreffen sollten. Außerdem solle eine zentrale Dokumentationsstelle zur Sammlung aller Daten über heterologe Inseminationen und zur Erteilung der erforderlichen und ges. zulässigen Auskünfte eingerichtet werden.[207]

41 **7. Rechtsstellung des Samenspenders.**[208] **a) Vaterschaftsfeststellung.** Der Samenspender ist trotz der Regelung in Abs. 5 nicht vor der Feststellung als Vater geschützt.[209] Zwar ist den Eltern des Kindes gem. Abs. 5 das Anfechtungsrecht versagt; das schließt eine spätere Anfechtung durch das Kind selbst jedoch nicht aus. Außerdem ist an Fälle zu denken, in denen die Einwilligung wegen Willensmängeln etc. unwirksam ist (s. Rn. 35), so dass eine Anfechtung durch die Eltern doch ausnahmsweise zulässig sein kann. Sind die Wunscheltern nicht verheiratet, kann es zudem passieren, dass eine zunächst in Aussicht gestellte Vaterschafsanerkennung nachher vom Mann verweigert oder mangels Zustimmung der Mutter nicht wirksam wird. Somit sind mehrere Fälle denkbar, in denen der Weg zur gerichtlichen Feststellung (§ 1600d Abs. 1) des Samenspenders als Vater eröffnet ist. Dabei ist es unerheblich, ob die Insemination dem Willen des Samenspenders entsprach.[210] Die Zusage des Paares oder einer der Ärzte gegenüber dem Samenspender, dieser werde als Vater nicht belangt werden und seine Anonymität bleibe gewahrt, hindern die Vaterschaftsfeststellung iSv. § 1600d nicht. Weder kann der Samenspender wirksam auf seine Vaterschaft verzichten, noch kann das Recht des Kindes auf Feststellung der ges. Vaterschaft rechtsgeschäftlich ausgeschlossen werden.[211] Allerdings hat der Samenspender selbst kein Vaterschaftsanfechtungsrecht (Rn. 7).

42 **b) Keine anonyme Samenspende.** Der Arzt ist – auch ohne formelle ges. Grundlage – **dokumentationspflichtig.**[212] Nach Punkt 5.3.3.2. der Richtlinie der Bundesärztekammer zur Durchführung der assistierten Reproduktion[213] muss der behandelnde Arzt die Identität des

---

[201] BVerfG FamRZ 2007, 529, das keinen Verstoß gegen den Gleichbehandlungsgrundsatz sieht, wenn die Krankenkassen bestimmte Leistungen betr. Unterstützungsmaßnahmen zur Herbeiführung einer Schwangerschaft nur Ehegatten gewähren.
[202] Dazu *Spickhoff*, FS Schwab, 2005, S. 923, 927 f.
[203] So auch *Deutsch* NJW 1986, 1971, 1974; *Spickhoff* AcP 197 (1997), 398, 420; *ders.*, FS Schwab, 2005, S. 923, 940; *Coester* JZ 1992, 809, 812; *Giesen*, FS Hegnauer, 1986, S. 55, 62; *Staudinger/Rauscher* Rn. 78; *Schlüter* FamR Rn. 293.
[204] Nette Fallkonstellationen, auch zur Frage, welche Rolle der ges. Vertreter spielen kann, bei *Spickhoff*, FS Schwab, 2005, S. 923, 936.
[205] Ähnlich die Vorschläge des Abschlussberichts der Bund-Länder-Arbeitsgruppe „Fortpflanzungsmedizin", 1988, S. 79.
[206] Dazu *Staudinger/Rauscher* Einl. zu §§ 1589 ff. Rn. 114, Anh. § 1592 Rn. 15 ff., 26; *Muscheler/Bloch* FPR 2002, 345; *Erman/Hammermann* § 1589 Rn. 7.
[207] Vgl. den Musterentwurf für (landesrechtliche) Fortpflanzungsmedizingesetze, Abschlussbericht (Fn. 205) S. 80 ff.; dazu auch *Schumacher* FamRZ 1987, 313, 319 ff.; *Naumann* ZRP 1999, 142, 144.
[208] Ausführlich *Taupitz/Schlüter* AcP 205 (2005), 591 ff.; *Marian*, Die Rechtsstellung des Samenspenders bei der Insemination/IVF, 1998; *Wanitzek* S. 339 ff.; Hinweise zur Rechtslage im Ausland *Dethloff* FamR § 10 Rn. 115 ff.
[209] Das würde *Schumacher* FamRZ 1987, 313, 317 aber bevorzugen.
[210] S. *Coester-Waltjen*, Gutachten für den 56. DJT, 2. Teil, S. A II 2 a, B 25 und D IV 2 a, B 59.
[211] *Coester-Waltjen* (aaO) S. D VI, B 67 und D IV 2 a, B 59.
[212] *Mutschler* FamRZ 1994, 65, 70; *Staudinger/Rauscher* Anh. § 1592 Rn. 15; *Muscheler/Bloch* FPR 2002, 345; *Spickhoff* VersR 2006, 1569, 1572; s. auch OLG Hamm MedR 2008, 213.
[213] Deutsches Ärzteblatt Jg. 103/Heft 20 vom 19. 5. 2006, S. A 1392, 1398.

Samenspenders und die Verwendung der Samenspende dokumentieren.[214] Außerdem ist zu dokumentieren, dass sich der Spender mit der Bekanntgabe seiner Personalien für den Fall des Auskunftsverlangens durch das Kind einverstanden erklärt hat. Analog § 62 Abs. 1 PStG müssen dem 16 Jahre alt gewordenen Kind auf dessen Verlangen Name und Adresse des Spenders mitgeteilt werden.[215] Sind entsprechende Unterlagen indes tatsächlich (nicht mehr) vorhanden, kommt eine Verurteilung zur Auskunftserteilung auch nicht in Betracht.[216] Vereitelt der Arzt die spätere Feststellung der genetischen Vaterschaft, kann er dem Kind gegenüber wegen Verletzung des Persönlichkeitsrechts schadensersatzpflichtig sein.[217] Der Unterhaltsschaden wird insoweit aber nicht geltend gemacht werden können.[218] Etwaige **Anonymitätszusagen** an Samenspender sind rechtlich bedeutungslos bzw. unwirksam.[219] Hinzu käme, dass eine derart geplante Vaterlosigkeit das künstlich erzeugte Kind schlechter stellen würde als jedes natürlich erzeugte Kind,[220] so dass von einem Vertrag zu Lasten eines noch nicht erzeugten Dritten gesprochen werden müsste.[221] Im Ergebnis ist vielmehr ein Anspruch des Kindes gegen seine Eltern entsprechend § 1618a (s. auch Vor § 1599 Rn. 6 ff.) auf Auskunftserteilung über den Samenspender zu bejahen.

c) **Folgeansprüche gegen den Samenspender.** Wird der Samenspender als Vater festgestellt, muss er grundsätzlich mit allen Wirkungen der Vaterschaft bzw. Verwandtschaft rechnen, insbes. mit erbrechtlichen und Unterhaltsansprüchen des Kindes. Vorbeugend könnten zwar im Hinblick auf den Unterhalt **Freistellungsvereinbarungen**[222] zwischen den Wunscheltern und dem Samenspender getroffen werden, etwa auch als Vertrag zwischen den Eltern und dem Arzt mit Wirkung zu Gunsten des Samenspenders; insoweit sind auch keine Wirksamkeitshindernisse erkennbar. Der eigene Anspruch des Kindes bliebe davon jedoch stets unberührt (vgl. auch § 1614 Abs. 1); und der Regress des Samenspenders bei den Eltern kann an deren Zahlungsfähigkeit scheitern. Allerdings kann der Samenspender wegen seiner finanziellen Einbußen dann den (Samenspende-)Arzt aus § 280 auf Schadensersatz in Anspruch nehmen, wenn diesem eine schuldhafte Pflichtverletzung vorzuwerfen ist,[223] zB eine fehlerhafte Belehrung über die Haftungsrisiken oder eine bestimmungswidrige Verwendung des Spermas. Im Verhältnis zum „Befruchtungsarzt" werden Schadensersatzansprüche aber mangels vertraglicher Verbindung mit dem Samenspender grundsätzlich ausscheiden. 43

§ 1600a Persönliche Anfechtung; Anfechtung bei fehlender oder beschränkter Geschäftsfähigkeit

(1) Die Anfechtung kann nicht durch einen Bevollmächtigten erfolgen.

(2) ¹Die Anfechtungsberechtigten im Sinne von § 1600 Abs. 1 Nr. 1 bis 3 können die Vaterschaft nur selbst anfechten. ²Dies gilt auch, wenn sie in der Geschäftsfähigkeit beschränkt sind; sie bedürfen hierzu nicht der Zustimmung ihres gesetzlichen Vertreters. ³Sind sie geschäftsunfähig, so kann nur ihr gesetzlicher Vertreter anfechten.

(3) Für ein geschäftsunfähiges oder in der Geschäftsfähigkeit beschränktes Kind kann nur der gesetzliche Vertreter anfechten.

(4) Die Anfechtung durch den gesetzlichen Vertreter ist nur zulässig, wenn sie dem Wohl des Vertretenen dient.

(5) Ein geschäftsfähiger Betreuter kann die Vaterschaft nur selbst anfechten.

---

[214] Zum vielfach abweichenden ausländischen Recht *Helms* in *Röthel/Löhnig/Helms* S. 49, 59 f.
[215] *Muscheler* FamR Rn. 562; krit. *Frank* FamRZ 2004, 841, 845.
[216] OLG Hamm MedR 2008, 213.
[217] *Schwab* FamR Rn. 564; *Dethloff* FamR § 10 Rn. 91; *Taupitz/Schlüter* AcP 205 (2005), 591, 638; *Spickhoff* VersR 2006, 1569, 1572.
[218] *Dethloff* FamR § 10 Rn. 91.
[219] S. auch Bundesnotarkammer DNotZ 1998, 241, 245; *Staudinger/Rauscher* Anh. § 1592 Rn. 15.
[220] *Bernat* MedR 1986, 245, 248; vgl. auch BVerfG FamRZ 1989, 255.
[221] *Giesen* JZ 1989, 364, 369.
[222] Dazu *Taupitz/Schlüter* AcP 205 (2005), 591, 599 ff.; *Eckersberger* MittBayNot 2002, 261, 264; *Wehrstedt* in *Spickhoff/Schwab/Henrich/Gottwald* S. 73, 78.
[223] *Muscheler* FamR Rn. 562; ausführlich *Taupitz/Schlüter* AcP 205 (2005), 591, 621 ff.; *Spickhoff* VersR 2006, 1569, 1573.

§ 1600a 1–4   Abschnitt 2. Titel 2. Abstammung

Übersicht

	Rn.		Rn.
I. Höchstpersönlichkeit der Anfechtung, Abs. 1	1, 2	1. Normzweck	6, 7
1. Normzweck	1	2. Anfechtung durch den ges. Vertreter des Kindes	8–11
2. Keine gewillkürte Stellvertretung	2	3. Unterscheidung zwischen Anfechtungsentscheidung und Anfechtungsverfahren	12, 13
II. Beschränkte Geschäftsfähigkeit/ Geschäftsunfähigkeit von Mann oder Mutter, Abs. 2	3–5	IV. (Kindes-)Wohlprüfung bei der Anfechtung durch den ges. Vertreter, Abs. 4	14–18
1. Beschränkte Geschäftsfähigkeit	3	1. Anwendungsbereich	14
2. Geschäftsunfähigkeit	4	2. Rechtsnatur; Rechtskraftwirkung	15
3. Wirkung einer rechtskräftigen Entscheidung	5	3. Beurteilungsgesichtspunkte	16–18
III. Anfechtung im Namen des geschäftsunfähigen oder beschränkt geschäftsfähigen Kindes, Abs. 3	6–13	V. Anfechtung durch Betreute, Abs. 5	19

I. Höchstpersönlichkeit der Anfechtung, Abs. 1

1 **1. Normzweck.** § 1600a regelt die Durchführung der Anfechtung in Vertretung des Anfechtungsberechtigten und die Mitwirkung des ges. Vertreters bei Mängeln in der Geschäftsfähigkeit. Ausgangspunkt ist, dass die Anfechtung wie die Anerkennung ein **höchstpersönliches (Gestaltungs-)Recht** darstellt (Mot. IV S. 668). Soweit möglich und sinnvoll soll der Wille des Anfechtungsberechtigten selbst maßgebend sein;[1] schließlich hängt der Entschluss, die Vaterschaft anzufechten, ganz wesentlich von der persönlichen Einstellung des Anfechtungsberechtigten ab. Die Höchstpersönlichkeit hat auch zur Folge, dass das Anfechtungsrecht **nicht vererblich** ist.[2] Die Erben können auch ein schwebendes Anfechtungsverfahren nicht fortführen.[3] Zur Höchstpersönlichkeit der Anerkennung s. § 1596 Rn. 15.

2 **2. Keine gewillkürte Stellvertretung.** Das Anfechtungsrecht kann nicht durch einen rechtsgeschäftlichen Vertreter (§§ 164 ff.) ausgeübt werden. Das gilt für den Anfechtungsberechtigten wie für seinen ges. Vertreter. Damit wird die Möglichkeit des § 10 FamFG, das Anfechtungsverfahren durch eine andere verfahrensfähige Person als Bevollmächtigten führen zu lassen, eingeschränkt. Doch kann sich der Anfechtende bei der Anfechtung eines Anwalts bedienen (§ 10 Abs. 2 S. 1 FamFG). Der **bevollmächtigte Anwalt** ist aber hins. des Entschlusses zur Anfechtung nicht Vertreter, sondern nur Bote des Anfechtenden.[4]

II. Beschränkte Geschäftsfähigkeit/Geschäftsunfähigkeit von Mann oder Mutter, Abs. 2

3 **1. Beschränkte Geschäftsfähigkeit.** Der Grundsatz der Höchstpersönlichkeit der Anfechtung gilt auch im Fall der beschränkten Geschäftsfähigkeit. Abs. 2 S. 2 befreit den beschränkt geschäftsfähigen Mann (iSv. § 1600 Abs. 1 Nr. 1 oder 2)[5] und die beschränkt geschäftsfähige Mutter für die Entscheidung über die Frage, ob angefochten werden soll, wie auch für das Anfechtungsverfahren selbst – abw. von § 107 – vom Erfordernis der ges. Vertretung. Sie sind für dieses Verfahren auch verfahrensfähig (§ 640b ZPO). Da nach Aufhebung der §§ 114, 115 durch Art. 1 Nr. 3 BtG mit Wirkung vom 1. 1. 1992 (Art. 11 BtG) beschränkte Geschäftsfähigkeit nur noch aus Altersgründen besteht, betrifft die Norm nur 7 bis 17 Jahre alte Antragsteller. S. 2 HS 2 stellt klar, dass es in diesen Fällen auch nicht der **Zustimmung** des ges. Vertreters zur Anfechtung des mj. Mannes oder der mj. Mutter bedarf.

4 **2. Geschäftsunfähigkeit.** Sind der Mann und/oder die Mutter nach § 104 Nr. 2 geschäftsunfähig, sind sie gem. § 51 ZPO auch verfahrensunfähig. In diesen Fällen wird das Verfahren durch den

---

[1] BT-Drucks. V/2370 S. 34.
[2] *Mutschler* FamRZ 1996, 1381, 1382; *Staudinger/Rauscher* Rn. 8; *Heukamp* FamRZ 2007, 606.
[3] Näher dazu *Heukamp* FamRZ 2007, 606 ff.
[4] *Staudinger/Rauscher* Rn. 11; *Soergel/Gaul* § 1595 aF Rn. 3; *RGRK/Böckermann* § 1595 aF Rn. 1.
[5] In Angleichung an den erweiterten Katalog der Anfechtungsberechtigten in § 1600 Abs. 1 wird in Abs. 2 S. 1 nun seit Änderung durch Gesetz vom 23. 4. 2004 (BGBl. I S. 598) nur noch kurz auf „die Anfechtungsberechtigten im Sinne von § 1600 Abs. 1 Nr. 1 bis 3" verwiesen.

ges. Vertreter geführt (Abs. 2 S. 3). Dieses Anfechtungsrecht des ges. Vertreters für einen geschäftsunfähigen Anfechtenden bildet für den Fall völliger Unfähigkeit rechtserheblicher Willensbildung eine Ausnahme vom Verbot der Vertretung in Abs. 1. **Ges. Vertreter** sind, solange der Geschäftsunfähige noch mj. ist, dessen Eltern (§§ 1626, 1629, 1633) bzw. ein Pfleger (§§ 1630, 1909) oder auch ein Vormund (§§ 1773 ff.). Nach Eintritt der Volljährigkeit ist bei entspr. Aufgabenkreis der Betreuer ges. Vertreter (§§ 1896 ff., 1902). Zur Anfechtung durch einen Betreuten s. Rn. 18. War die Anfechtungsfrist für den Anfechtungsberechtigten vor Eintritt seiner Geschäftsunfähigkeit noch nicht angelaufen, so beginnt sie für den ges. Vertreter erst dann, wenn dieser die nach § 1600b Abs. 1 S. 2 erforderliche Kenntnis erlangt (näher § 1600b Rn. 25). Nach Erlangung der mindestens beschränkten Geschäftsfähigkeit kommt es zu einem **Wiederaufleben des Anfechtungsrechts** und zwar auch bei Nichteinhaltung der Frist durch den ges. Vertreter in der Zeit der Geschäftsunfähigkeit (§ 1600b Abs. 4, s. dort Rn. 30).

3. Wirkung einer rechtskräftigen Entscheidung. Eine vom ges. Vertreter des **Geschäfts-** 5
unfähigen erstrittene obsiegende oder abweisende rechtskräftige Entscheidung im Anfechtungsverfahren wirkt für und gegen den Vertretenen auch dann, wenn dieser die (mindestens beschränkte) Geschäftsfähigkeit wieder erlangt. Ist der Antrag jedoch nur wegen Versäumnis der Anfechtungsfrist durch den ges. Vertreter abgewiesen worden, so ist das Anfechtungsrecht des Vertretenen nach dem Wegfall der Geschäftsunfähigkeit nicht ausgeschlossen (§ 1600b Abs. 4). Die Zweijahresfrist des § 1600b Abs. 1 steht dem Mann bzw. der Mutter dann voll zur Verfügung, es sei denn, sie hatten schon vor Eintritt der Geschäftsunfähigkeit die für den Fristbeginn erforderliche Kenntnis.

III. Anfechtung im Namen des geschäftsunfähigen oder beschränkt geschäftsfähigen Kindes, Abs. 3

1. Normzweck. Für das volljährige bzw. volljährig gewordene, geschäftsfähige Kind (gemeint 6
ist das nach § 1600 Abs. 1 Nr. 4 anfechtungsberechtigte Kind) gilt Abs. 1 ohne Einschränkung; das Kind kann nur selbst anfechten. Ist das anfechtungsberechtigte Kind nicht voll geschäftsfähig, so soll es nach Ansicht des Gesetzgebers nicht von seiner Willensfähigkeit,[6] sondern von seiner Schutzbedürftigkeit und dem Kindeswohl abhängen, ob angefochten wird. Daher kann allein der ges. Vertreter anfechten. Insbes. soll verhindert werden, dass das Kind – etwa in einer persönlichen Konfliktlage – Unfrieden in die Familie bringt. Die Sonderregelung des Abs. 3 soll zudem dem **Wohl des Kindes** dienen, für das der Verlust der aus dem Vaterschaftsverhältnis fließenden Rechte als Folge der Anfechtung im Vordergrund steht.[7] Daraus erklärt sich, warum, anders als beim Anfechtungsrecht der anderen Anfechtungsberechtigten, im Hinblick auf das Kind nicht zwischen beschränkter Geschäftsfähigkeit (§ 106) und Geschäftsunfähigkeit (§ 104 Nr. 1, 2) unterschieden wird, sondern in beiden Fällen die Anfechtung durch den ges. Vertreter erfolgt. Das Kind kann weder über die Anfechtung selbst entscheiden noch bei der Anfechtung durch das Gericht selbst erklären. § 9 Abs. 1 Nr. 3 FamFG, der den mind. 14-jährigen Beteiligten für die Rechtsausübung in Verfahren, die seine Person betreffen, für verfahrensfähig erklärt, bezieht sich insoweit nicht auf Abstammungssachen.[8] Die Anfechtung durch den ges. Vertreter ist aber stets nur dann zulässig, wenn sie dem Wohl des Vertretenen dient (Abs. 4), so dass eine Kontrolle daraufhin stattfindet, ob die Anfechtung auch im Interesse des Kindes liegt.

Die Regelung ist insoweit problematisch, als damit der Wille des anfechtungsberechtigten **min-** 7
derjährigen Kindes materiellrechtlich unberücksichtigt bleibt. Ein materiellrechtliches **Mitspracherecht des minderjährigen Kindes,** ähnlich dem der Mutter als Ausdruck seiner zunehmenden Selbstbestimmung in persönlichen Angelegenheiten, erscheint von einer bestimmten Altersstufe an (14, jedenfalls 16 Jahre) rechtspolitisch wünschenswert. Bei erheblichen Interessenkonflikten bleibt aber immerhin die Möglichkeit, dem Kind einen Verfahrensbeistand zu bestellen, § 174 FamFG.

2. Anfechtung durch den ges. Vertreter des Kindes. Das Anfechtungsrecht wird für das 8
minderjährige Kind durch seinen gesetzlichen Vertreter (zum Fristenlauf in diesen Fällen § 1600b Rn. 25) ausgeübt und zwar fremdnützig zum Wohle des Kindes. Der gesetzliche Vertreter darf zwar gegen den Willen des Geschäftsunfähigen anfechten, aber nicht gegen dessen Interessen. Er darf die Anfechtung auch nicht pflichtwidrig unterlassen[9] (zur Aufsicht des FamG auch insoweit vgl. §§ 1837, 1886, 1908 i Abs. 1 S. 1, 1915). Ges. Vertreter ist derjenige, dem die Vertretung in die

---
[6] Vgl. auch BT-Drucks. V/2370 S. 34.
[7] BT-Drucks. V/2370 S. 34.
[8] Schulte-Bunert/Weinreich/Schöpflin § 9 FamFG Rn. 8; Schulte-Bunert/Weinreich/Schwonberg § 172 FamFG Rn. 10; vgl. auch BT-Drucks. 16/9733 S. 352, wo nur von Kindschaftssachen die Rede ist.
[9] Mutschler FamRZ 1996, 1381, 1384; dazu auch Gaul FamRZ 2000, 1461, 1472.

§ 1600a 9, 10   Abschnitt 2. Titel 2. Abstammung

Person des Kindes betr. Angelegenheiten (**Personensorge**) obliegt.[10] Das sind beim minderjährigen Kind grundsätzlich die Eltern (§§ 1626, 1629; dazu Rn. 9 f.) oder ein Ergänzungspfleger (§§ 1630, 1909) oder auch ein Vormund (§ 1773), nicht aber ein Beistand iSv. § 1712.[11] Beim geschäftsunfähigen Volljährigen ist der Betreuer (§ 1902) ges. Vertreter.

9   Die **allein sorgeberechtigte Mutter** kann das Kind im Anfechtungsverfahren **als alleinige gesetzliche Vertreterin** und Personensorgeberechtigte vertreten. Fraglich war dabei auf Grundlage des früheren Verfahrensrechts, ob die Mutter als gesetzliche Vertreterin des Kindes dessen Anfechtungsrecht auch ausüben kann, wenn ihr nach Trennung der Ehegatten die elterliche Sorge im Scheidungsverfahren durch einstweilige Anordnung nur vorläufig übertragen worden ist.[12] Nachdem der Mutter ein Anfechtungsrecht aus eigenem Recht zusteht, hatten diesbezügliche Streitfragen allerdings ohnehin nur geringe praktische Bedeutung. Im Übrigen kann der allein sorgeberechtigten Mutter im Hinblick auf die Entscheidung über die Anfechtung wie auch für die Vertretung im Anfechtungsverfahren das **Sorgerecht (insoweit) entzogen werden** (§§ 1629 Abs. 2 S. 3, 1796),[13] wenn im Einzelfall ein konkreter, erheblicher Interessengegensatz[14] zwischen der Mutter und dem Kind besteht. Das wird aber nur zu bejahen sein, wenn durch das jeweilige Verhalten der Mutter ein unverhältnismäßiger Nachteil (dazu Rn. 13) für das Kind zu befürchten ist.[15] Dann ist von Amts wegen ein Ergänzungspfleger zu bestellen (§§ 1909, 1629 Abs. 2 S. 1, 1795 Abs. 1).

10   **Solange die Ehe der Mutter mit dem Mann noch besteht** und beide **gemeinsam sorgeberechtigt** sind, galt nach bisherigem Verfahrensrecht, dass die Mutter nach §§ 1629 Abs. 2 S. 1, 1795 Abs. 1 Nr. 3 bzw. Nr. 1 an der Vertretung gehindert war,[16] so dass ein Ergänzungspfleger bestellt werden musste. Gleiches galt, wenn die Ehegatten nach der Scheidung das **gemeinsame Sorgerecht** behalten hatten oder als Unverheiratete gemeinsam sorgeberechtigt waren.[17] Diskutiert wird nun, ob an dieser Betrachtung auch auf Grundlage des FamFG festzuhalten ist. Dagegen wird vorgebracht, dass angesichts der nun geltenden Ausgestaltung der Abstammungssachen als Antragsverfahren und der in § 174 FamFG vorgesehenen Möglichkeit, für das Kind einen Verfahrensbeistand zu bestellen, nicht mehr von einem „Rechtsstreit" iSd. § 1795 Abs. 1 Nr. 3 gesprochen werden könne. Daher sei davon auszugehen, dass die Mutter das Kind als Antragsteller grundsätzlich vertreten könne und eine Pflegerbestellung nicht mehr erforderlich sei.[18] Indes spricht auch nach geltendem Verfahrensrecht viel für den **Ausschluss** der (gemeinsam mit dem Vater sorgeberechtigten oder mit ihm verheirateten) Mutter **von der Vertretung des Kindes.** Zu beachten ist, dass Mutter, Vater und Kind in Abstammungssachen formell Beteiligte sind, die insoweit durchaus unterschiedliche Interessen verfolgen können. Auch wenn das FamFG den Begriff des Rechtsstreits nicht verwendet (vgl. § 113 Abs. 5 FamFG) und das Abstammungsverfahren nicht mehr als kontradiktorisches Verfahren nach den Regeln der ZPO ausgestaltet ist, so handelt es sich doch um ein Antragsverfahren (§ 171 FamFG), in dem der Strengbeweis (§ 177 FamFG) gilt und die Entscheidung für und gegen alle wirkt (§ 184 Abs. 2 FamFG). Faktisch wird demnach bei der Vaterschaftsanfechtung nach wie vor ein **Rechtsstreit** geführt. Daher ist auch durchaus die Vermutung gerechtfertigt, dass in den genannten Fällen ein Interessenkonflikt zwischen den Beteiligten besteht, der eine eigenständige Vertretung der Kindesinteressen gebietet.[19] Zudem kann mit Blick auf die Neuregelung in § 1629 Abs. 2a ein Erst-recht-Schluss geltend gemacht werden.[20] Demgemäß greift der Gedanke des § 1795

---

[10] KG JR 1962, 264; OLG Frankfurt NJW 1969, 190; *Erman/Hammermann* Rn. 6; *Soergel/Gaul* § 1595 aF Rn. 3.
[11] OLG Nürnberg FamRZ 2001, 705.
[12] Bejahend LG Gießen FamRZ 1996, 1296; *Staudinger/Rauscher* Rn. 28; aA OLG Koblenz DAVorm. 1983, 735; *Palandt/Diederichsen* Rn. 5.
[13] BayObLGZ 1982, 32; BayObLG FamRZ 1989, 314; BayObLG NJW-RR 1994, 841; OLG Stuttgart FamRZ 1983, 831; OLG Hamm NJW-RR 1986, 79; *Wieser* FamRZ 1998, 1004, 1005 und MDR 2009, 61, 62.
[14] Dazu OLG Karlsruhe FamRZ 1991, 1337, 1338; OLG Stuttgart FamRZ 1983, 831; DIJuF-Rechtsgutachten JAmt 2010, 20.
[15] BayObLG NJW-RR 1994, 841.
[16] Vgl. auch schon BGH FamRZ 1972, 498; LG Gießen FamRZ 1996, 1296; *Mutschler* FamRZ 1996, 1381, 1384; *Wieser* FamRZ 1998, 1004, 1005; *Staudinger/Rauscher* Rn. 28 f.; *Erman/Hammermann* Rn. 13; so auch nach wie vor *Palandt/Brudermüller* Rn. 6.
[17] OLG Köln FamRZ 2001, 245; *A. Wolf* NJW 2005, 2417, 2421.
[18] *Helms/Balzer* ZKJ 2009, 348, 350; *Helms* in *Helms/Kieninger/Rittner* S. 1, 36; *Schulte-Bunert/Weinreich/Schwonberg* § 172 FamFG Rn. 11; *Dethloff* FamR § 10 Rn. 52; NK-BGB/*Gutzeit* Rn. 7; ferner *Schael* FamRZ 2009, 265, 268; aA *Stößer* FamRZ 2009, 923, 926.
[19] OLG Hamburg FamRZ 2010, 1825 = NJW 2010, 235 (verheiratete Eltern); OLG Brandenburg FamRZ 2010, 472; OLG Düsseldorf JAmt 2010, 505; *Staudinger/Rauscher* Rn. 28.
[20] Vgl. OLG Düsseldorf JAmt 2010, 505; KG Beschl. v. 21. 9. 2010 – 16 UF 60/10.

Abs. 1 Nr. 3 nach wie vor. Die Norm ist daher zumindest analog anzuwenden.[21] Das wird teilweise sogar auch bejaht für den Fall, dass das Anfechtungsverfahren nicht im Namen des Kindes geführt wird, sondern vom leiblichen[22] oder rechtlichen Vater.[23]

Entsprechendes gilt, wenn der **Scheinvater,** dessen Vaterschaft im Namen des Kindes angefoch- 11 ten werden soll, **allein vertretungsberechtigt** ist. Das verfahrensrechtliche Verbot des In-Sich-Prozesses, das bislang einer Vertretung des Kindes durch den Vater im Verfahren entgegenstand,[24] gilt aus den genannten Gründen unverändert.[25] Das Anfechtungsverfahren kann also nicht durch den allein vertretungsberechtigten Vater im Namen des Kindes erfolgen;[26] vielmehr bedarf es auch hier der Bestellung eines Ergänzungspflegers. Erfolg hat die Anfechtung im Namen des Kindes dabei nur, wenn sie dem Kindeswohl entspricht, vgl. Abs. 4. Die Bestellung eines Ergänzungspflegers für das Kind ist außerdem erforderlich, wenn der Mann im eigenen Namen anficht, aber mit der Mutter verheiratet ist oder mit ihr gemeinsam das Sorgerecht inne hat.[27]

3. Unterscheidung zwischen Anfechtungsentscheidung und Anfechtungsverfah- 12 **ren.** Von der Anfechtung im gerichtlichen Verfahren ist die **vorausgehende Entscheidung darüber, ob** im Namen des Kindes angefochten werden soll, zu unterscheiden.[28] Folgt man der hier vertretenen Ansicht, dass Mutter und Vater weiterhin nach §§ 1629 Abs. 2 S. 1, 1795 Abs. 1 Nr. 3 bzw. Nr. 1 oder § 1795 Abs. 2 iVm. § 181 von der Vertretung des Kindes im Abstammungsverfahren ausgeschlossen sein können, so hat diese Unterscheidung nach wie vor Bedeutung. Die Entscheidung über die Anfechtung als solche gehört zur Personensorge und steht daher grundsätzlich dem Inhaber der elterlichen Sorge zu. Bei gemeinsamer elterlicher Sorge ist die Entscheidung über die Anfechtung von den Eltern gemeinschaftlich zu treffen, § 1629 Abs. 1 S. 2 HS 1. Es handelt sich insoweit nicht um ein Rechtsgeschäft mit dem Kind. Die Entschließung über die Anfechtung oder Nicht-Anfechtung fällt daher nicht unter §§ 1629 Abs. 2 S. 1, 1795.[29] Sind sich die Eltern über die Anfechtung im Namen des Kindes nicht einig, kann das Gericht auf Antrag des die Anfechtung befürwortenden Elternteils diesem die Entscheidung nach § 1628 Abs. 1 S. 1 übertragen.[30] Erst danach ist dann für das Verfahren der Ergänzungspfleger zu bestellen. Bestellt das Gericht einen Ergänzungspfleger für das Kind mit dem Wirkungskreis der Vertretung in einem Anfechtungsverfahren des Kindes, ist darin bei gemeinsamer elterlicher Sorge nicht zugleich auch die konkludente Entscheidung zu sehen, dem anfechtungsunwilligen Elternteil oder beiden Elternteilen insoweit das Sorgerecht zu entziehen und dem Ergänzungspfleger auch die Entscheidung über das „Ob" der Anfechtung zu übertragen.[31]

Die Vertretungsmacht für die Vaterschaftsanfechtung kann allerdings unter der Voraussetzungen 13 des **§ 1796** ausnahmsweise durch das FamG entzogen werden (§ 1629 Abs. 2 S. 3; HS 2 steht nicht entgegen).[32] In diesem Fall stellt die Bestellung eines Pflegers zur Entscheidung darüber, ob eine bestehende Vaterschaft angefochten werden soll, in der Regel auch eine stillschweigende Entziehung der Vertretungsmacht für die Anfechtung selbst dar.[33] § 1796 Abs. 2 setzt hierfür allerdings einen **erheblichen Interessengegensatz** zwischen dem Kind und dem Personensorgeberechtigten voraus.[34] Weigert sich der Vormund oder der sorgeberechtigte Elternteil, im Namen des Kindes anzufechten, ist daher besonders sorgfältig zu prüfen, ob im Einzelfall das Interesse des Kindes an der

---

[21] So auch *Löhnig* FamRZ 2009, 1798, 1799; *Grün* Rn. 211; ausführlich *Kieninger* in *Helms/Kieninger/Rittner* Rn. 225 ff.
[22] OLG Düsseldorf JAmt 2010, 505.
[23] KG Beschl. v. 21. 9. 2010 – 16 UF 60/10; aA *Grün* Rn. 212.
[24] Vgl. BGH NJW 1975, 345 f.; *Becker-Eberhard* FamRZ 1984, 80 Fn. 24; *Soergel/Gaul* § 1597 aF Rn. 5; *Gernhuber/Coester-Waltjen* § 52 Rn. 118.
[25] *Grün* Rn. 211.
[26] AA *Helms/Balzer* ZKJ 2009, 348, 350; NK-BGB/*Gutzeit* Rn. 8.
[27] OLG Brandenburg FamRZ 2010, 472; KG Beschl. v. 21. 9. 2010 – 16 UF 60/10.
[28] Vgl. BGHZ 180, 51 = NJW 2009, 1496 = FamRZ 2009, 861 m. Anm. *Wellenhofer*; BGH NJW 1975, 375; OLG Brandenburg FamRZ 2010, 472; KG NJW 1966, 1320; LG Ravensburg DAVorm. 1990, 467; *Staudinger/Rauscher* Rn. 24; *Helms/Balzer* ZKJ 2009, 348, 349.
[29] AG Westerstede FamRZ 1995, 689; LG Karlsruhe JAmt 2003, 312; BayObLG DAVorm. 1988, 1025; OLG Bamberg NJW-RR 1992, 387, 388; *Palandt/Brudermüller* Rn. 5 für den allein sorgeberechtigten Vater; *Staudinger/Rauscher* Rn. 39; *Erman/Hammermann* Rn. 11; *Helms/Balzer* ZKJ 2009, 348, 349.
[30] BGHZ 180, 51 = NJW 2009, 1496 = FamRZ 2009, 861 m. Anm. *Wellenhofer*; OLG Dresden FamRZ 2009, 1330; OLG Brandenburg FamRZ 2010, 472; *Grün* Rn. 251.
[31] BGH NJW 2009, 1496, Tz. 34 ff.
[32] Vgl. *Staudinger/Rauscher* Rn. 40, 38; *Erman/Hammermann* Rn. 12; *Helms/Balzer* ZKJ 2009, 348, 349.
[33] KG NJW 1966, 1320.
[34] Dazu BGH NJW 1975, 345, 346; BayObLG FamRZ 1999, 737, 738; FamRZ 1989, 314; AG Westerstede FamRZ 1995, 689, 690; *Brühl* FamRZ 1962, 12; *H. W. Schmidt* NJW 1964, 2096; *Weyer* FamRZ 1968, 498; RGRK/*Böckermann* § 1597 aF Rn. 5; *Staudinger/Rauscher* Rn. 37 f.

§ 1600a 14–17 Abschnitt 2. Titel 2. Abstammung

Klärung seiner wirklichen Abstammung und der Beseitigung der Vaterschaft wirklich die Vorteile überwiegt, die ein Verbleiben in der Familiengemeinschaft mit dem als sein Vater geltenden Mann bringt. Das Unterbleiben der Anfechtung müsste zu einem **unverhältnismäßigen Nachteil** für das Kind führen.[35] Dies kann aber schon dann der Fall sein, wenn klar ist, dass der Scheinvater nicht der biologische Vater ist, und zwischen diesem Mann, der Mutter und dem Kind keine intakte soziale Familie besteht.[36] Die fehlende genetische Abstammung im Verhältnis zum Scheinvater ist für sich allein allerdings noch kein Grund, ein überwiegendes Interesse des Kindes an der Anfechtung zu bejahen.[37] Ein Pfleger ist aber etwa dann zu bestellen, wenn sich der Vater wegen Tötung der Mutter in Strafhaft befindet.[38]

IV. (Kindes-)Wohlprüfung bei der Anfechtung durch den ges. Vertreter, Abs. 4

14   **1. Anwendungsbereich.** Der Anfechtungsantrag im Namen des Kindes ist nach Abs. 4 nur dann zulässig, wenn er dem Wohl des Vertretenen dient. Wegen der erheblichen Rechtsfolgen der Vaterschaftsanfechtung soll hier eine zusätzliche **gerichtliche Prüfung** stattfinden. Die Vorschrift gilt sowohl für die Anfechtung durch den ges. Vertreter des geschäftsunfähigen Vaters oder der geschäftsunfähigen Mutter (Abs. 2 S. 3), als auch – und das ist der Hauptfall – für die Anfechtung durch den Vertreter des geschäftsunfähigen oder in der Geschäftsfähigkeit beschränkten Kindes (Abs. 3). Die Vorschrift betrifft jedoch nicht die Fälle, in denen die geschäftsfähige Mutter aus eigenem Recht den Antrag auf Vaterschaftsanfechtung stellt. Das bedeutet, dass die Mutter dann, wenn sie als (idR alleinigeberechtigte) ges. Vertreterin des Kindes für dieses anficht, mit der Anfechtung der Kindeswohlprüfung unterliegt, dann jedoch nicht, wenn sie aus eigenem Recht in eigenem Namen anficht. Sie wird also Letzteres stets vorziehen, weil ihre Anfechtung dann keinen Einschränkungen unterliegt.[39] Die Kindeswohlklausel reduziert sich damit praktisch auf die selteneren Fälle, in denen die Mutter nicht ges. Vertreterin ist.[40]

15   **2. Rechtsnatur; Rechtskraftwirkung.** Die (Kindes-)Wohlprüfung ist nicht tatbestandliche Voraussetzung der Anfechtungsberechtigung des ges. Vertreters, sondern Antragsvoraussetzung.[41] Entspricht die Anfechtung nicht dem Wohl des Vertretenen oder bleibt diese Frage offen, so ist der Antrag als unzulässig abzuweisen.[42] Das Gericht entscheidet in diesem Fall nicht in der Sache, also nicht über die Vaterschaft, sondern trifft lediglich eine Entscheidung über die (aktuellen) Auswirkungen eines Anfechtungsverfahrens auf das Wohl des Vertretenen. Eine erneute Vaterschaftsanfechtung zu einem späteren Zeitpunkt bleibt möglich.

16   **3. Beurteilungsgesichtspunkte.** Bei der Prüfung, ob die Anfechtung dem Wohl des Vertretenen entspricht, erfolgt eine **Abwägung** der konkreten Vor- und Nachteile, die mit dem Anfechtungsverfahren für den Vertretenen verbunden sind.[43] Diese beziehen sich auf die Auswirkungen der Verfahrensdurchführung selbst, die Erfolgsaussichten des Verfahrens,[44] vor allem aber auf die praktischen und rechtlichen Vor- und Nachteile der rechtskräftigen Feststellung, dass die Vaterschaft besteht oder nicht besteht.[45] Wird die Anfechtung im Namen des Mannes oder der Mutter betrieben, wird sie idR dem Wohl des Vertretenen entsprechen.[46] Die Darlegungs- und **Beweislast** trifft den Anfechtenden.[47]

17   Bei der Anfechtung in Vertretung des **Kindes** ist davon auszugehen, dass im Normalfall ein natürliches Interesse des Kindes an der Feststellung seiner wirklichen Abstammung besteht.[48] Die

---

[35] BayObLG FamRZ 1989, 314; BayObLG FamRZ 1994, 1196.
[36] Vgl. *Staudinger/Rauscher* Rn. 44.
[37] BGH NJW 1975, 345 (gegen KG DJ 1935, 1150); KG NJW 1966, 1320; AG Westerstede FamRZ 1995, 689, 690; OLG Frankfurt FamRZ 1969, 106; OLG Oldenburg NdsRpfl 1969, 104; vgl. auch BGHZ 23, 1, 6 = NJW 1957, 420; BayObLG JZ 1962, 442; *Soergel/Gaul* § 1597 aF Rn. 8.
[38] LG Ravensburg DAVorm. 1990, 467.
[39] *Schwab* FamR Rn. 540 spricht daher von einer „merkwürdigen" Regelung; krit. auch FamRefK/*Wax* § 1600 Rn. 4.
[40] S. Kritik bei *Gaul* FamRZ 1997, 1441, 1458.
[41] OLG Köln FamRZ 2001, 245; *Staudinger/Rauscher* Rn. 63.
[42] *Palandt/Brudermüller* Rn. 9; *Bamberger/Roth/Hahn* Rn. 6; *Erman/Hammermann* Rn. 15; *Gernhuber/Coester-Waltjen* § 52 Rn. 116.
[43] BayObLG FamRZ 1995, 185; OLG Karlsruhe FamRZ 1991, 1337; *Staudinger/Rauscher* Rn. 54; PWW/*Pieper* Rn. 10; zu ausländerrechtlichen Folgen für das Kind DIJuF-Gutachten JAmt 2004, 72.
[44] BayObLG DAVorm. 1988, 1024, 1026; BayObLG FamRZ 1995, 185.
[45] LG Berlin DAVorm. 1972, 348 (zu Art. 12 § 3 Abs. 2 NEhelG).
[46] *Staudinger/Rauscher* Rn. 53.
[47] OLG Köln FamRZ 2001, 245.
[48] Vgl. BGH NJW 1972, 1708; BayObLG NJW-RR 1994, 841, 842; *Soergel/Gaul* § 1597 aF Rn. 9.

Feststellung der **blutsmäßigen Abstammung** ist gerade auch im Anschluss an die Thesen des BVerfG zum Recht auf Kenntnis der eigenen Abstammung[49] von besonderem Gewicht, wenn auch nicht immer ausschlaggebend.[50] Das Kindeswohl kann auch für die Beibehaltung der bisherigen sozialen Familie und damit gegen die Klärung der wirklichen Abstammung sprechen, insbes. wenn fraglich ist, ob die Vaterschaft tatsächlich endgültig geklärt werden bzw. keine neue rechtlich abgesicherte Vater-Kind-Beziehung begründet werden kann.[51] Außerdem sind die Auswirkungen auf den **Familienfrieden** und die persönlichen Beziehungen zwischen Mutter und Kind zu berücksichtigen.[52] Daher ist auch zu berücksichtigen, ob die Mutter mit der Anfechtung einverstanden ist. Besteht jedoch keine sozial-familiäre Beziehung zum Scheinvater, etwa weil die Ehe der Mutter mit ihm inzwischen aufgelöst ist, und sind somit infolge der Anfechtung keine Nachteile für das Kind zu befürchten, so genießt das grundrechtlich geschützte Interesse an der Klärung der wirklichen Abstammung Vorrang.[53] Das gilt erst recht dann, wenn mit der Klärung der Abstammung Vorteile, zB **Unterhaltsansprüche** gegen den wirklichen Vater, verbunden sind.[54] Von Bedeutung sind somit gerade auch die Aussichten, nach Beseitigung des Vaterschaftstatbestands nach § 1592 Nr. 1 oder 2 einen anderen Mann durch Anerkennung oder gerichtliche Feststellung als Vater feststellen zu können.[55] Hat der ges. (Schein-)Vater in die nach früherem Recht mögliche **Adoption** des Kindes durch den angeblichen leiblichen Vater eingewilligt, so ist dies kein Grund für das FamG, die Anfechtung nicht für zulässig zu erklären.[56]

Soweit es darauf ankommt, ob die Anfechtung dem Wohl des vertretenen **Vaters** oder der vertretenen **Mutter** dient **(Fälle des Abs. 2 S. 3),** ist auf das wohlverstandene Interesse dieser Person zu achten. So liegt es regelmäßig im Interesse des Vaters, nur für solche Kinder Unterhalt zahlen zu müssen, die er selbst gezeugt hat. 18

V. Anfechtung durch Betreute, Abs. 5

Abs. 5 stellt die fehlende Anfechtungsbefugnis des Betreuers eines **geschäftsfähigen** (volljährigen) betreuten Anfechtungsberechtigten klar; anfechtungsberechtigt ist nur der Betreute selbst. Ein Einwilligungsvorbehalt zu Gunsten des Betreuers eines geschäftsfähigen Anfechtungsberechtigten ist hier gem. § 1903 Abs. 2 nicht möglich.[57] Ist die Geschäftsfähigkeit unklar, gilt Abs. 2 S. 1, 2; ist der Betreute geschäftsunfähig, gilt Abs. 2 S. 3. 19

§ 1600b Anfechtungsfristen

(1) ¹Die Vaterschaft kann binnen zwei Jahren gerichtlich angefochten werden. ²Die Frist beginnt mit dem Zeitpunkt, in dem der Berechtigte von den Umständen erfährt, die gegen die Vaterschaft sprechen; das Vorliegen einer sozial-familiären Beziehung im Sinne des § 1600 Abs. 2 erste Alternative hindert den Lauf der Frist nicht.

(1 a) ¹Im Fall des § 1600 Abs. 1 Nr. 5 kann die Vaterschaft binnen eines Jahres gerichtlich angefochten werden. ²Die Frist beginnt, wenn die anfechtungsberechtigte Behörde von den Tatsachen Kenntnis erlangt, die die Annahme rechtfertigen, dass die Voraussetzungen für ihr Anfechtungsrecht vorliegen. ³Die Anfechtung ist

---
[49] BVerfGE 79, 256; BVerfGE 90, 263; BVerfGE 96, 56; s. auch Vor § 1599 Rn. 6.
[50] Vgl. BayObLG FamRZ 1995, 185 u. FamRZ 1996, 1297; OLG Karlsruhe FamRZ 1991, 1337, 1339; OLG Hamm FamRZ 1984, 81; LG Berlin DAVorm. 1984, 498, 500; *Soergel/Gaul* 1597 aF Rn. 9; ausdrücklich *Coester* JZ 1992, 809, 810 in allg. Zusammenhang; s. aber auch LG Frankenthal FamRZ 1983, 733; dem Gesichtspunkt der genetischen Vaterschaft des Anerkennenden räumt dagegen den Vorrang ein OLG Köln FamRZ 1974, 266, 267 (m. krit. Anm. *Bosch*); *Staudinger/Rauscher* Rn. 55 ff.
[51] BayObLG FamRZ 1995, 185; vgl. auch DIJuF Gutachten DAVorm. 2000, 759; in Einzelfall anders OLG Nürnberg FamRZ 2005, 1697.
[52] RegE BT-Drucks. 13/4899 S. 87; BR-Drucks. 180/96 S. 97; BayObLG FamRZ 1995, 185.
[53] OLG Schleswig FamRZ 2003, 51. Vgl. auch LG Frankenthal FamRZ 1983, 733; LG Berlin DAVorm. 1984, 498.
[54] LG Berlin DAVorm. 1976, 640.
[55] *Mutschler* FamRZ 1996, 1381, 1383; s. auch LG Frankenthal FamRZ 1983, 733. Insoweit bleibt auch die Rspr. zu §§ 1597, 1600 k aF erheblich.
[56] Vgl. LG Oldenburg FamRZ 1982, 833; s. auch BGH LM § 1796 Nr. 1 = NJW 1975, 345, 347; *Staudinger/Rauscher* Rn. 59; *Soergel/Gaul* § 1597 aF Rn. 9; ferner BayObLGZ 1996, 90.
[57] *Erman/Hammermann* Rn. 7.

§ 1600b Abschnitt 2. Titel 2. Abstammung

spätestens nach Ablauf von fünf Jahren seit der Wirksamkeit der Anerkennung der Vaterschaft für ein im Bundesgebiet geborenes Kind ausgeschlossen; ansonsten spätestens fünf Jahre nach der Einreise des Kindes.

(2) ¹Die Frist beginnt nicht vor der Geburt des Kindes und nicht, bevor die Anerkennung wirksam geworden ist. ²In den Fällen des § 1593 Satz 4 beginnt die Frist nicht vor der Rechtskraft der Entscheidung, durch die festgestellt wird, dass der neue Ehemann der Mutter nicht der Vater des Kindes ist.

(3) ¹Hat der gesetzliche Vertreter eines minderjährigen Kindes die Vaterschaft nicht rechtzeitig angefochten, so kann das Kind nach dem Eintritt der Volljährigkeit selbst anfechten. ²In diesem Falle beginnt die Frist nicht vor Eintritt der Volljährigkeit und nicht vor dem Zeitpunkt, in dem das Kind von den Umständen erfährt, die gegen die Vaterschaft sprechen.

(4) ¹Hat der gesetzliche Vertreter eines Geschäftsunfähigen die Vaterschaft nicht rechtzeitig angefochten, so kann der Anfechtungsberechtigte nach dem Wegfall der Geschäftsunfähigkeit selbst anfechten. ²Absatz 3 Satz 2 gilt entsprechend.

(5) ¹Die Frist wird durch die Einleitung eines Verfahrens nach § 1598a Abs. 2 gehemmt; § 204 Abs. 2 gilt entsprechend. ²Die Frist ist auch gehemmt, solange der Anfechtungsberechtigte widerrechtlich durch Drohung an der Anfechtung gehindert wird. ³Im Übrigen sind § 204 Absatz 1 Nummer 4, 8, 13, 14 und Absatz 2 sowie die §§ 206 und 210 entsprechend anzuwenden.

(6) Erlangt das Kind Kenntnis von Umständen, auf Grund derer die Folgen der Vaterschaft für es unzumutbar werden, so beginnt für das Kind mit diesem Zeitpunkt die Frist des Absatzes 1 Satz 1 erneut.

Übersicht

	Rn.
I. Einführung	1–3
1. Einheitliche Anfechtungsfristen	1
2. Verfassungsmäßigkeit	2
3. Rechtsnatur der Anfechtungsfrist	3
II. Fristdauer und Wahrung der Anfechtungsfrist, Abs. 1 S. 1	4–7
1. Fristdauer	4
2. Fristwahrung durch Antragseinreichung	5
3. Feststellungslast	6
4. Wirkung des Fristablaufs	7
III. Allgemeiner Fristbeginn, Abs. 1 S. 2	8–20
1. Kenntnis von der Geburt und von den für die anderweitige Abstammung sprechenden Umständen	8
2. Zweistufiger Begriff der Kenntniserlangung	9
3. Sichere Kenntnis von Tatsachen	10
4. Ernstliche Infragestellung der Vaterschaft	11–15
a) Objektiver Maßstab	11
b) Möglichkeit anderweitiger Abstammung	12
c) Bedeutung von Erbmerkmalen	13
d) Vaterschaftstests	14
e) Kein Fristenlauf trotz Kenntnis vom Mehrverkehr	15
5. Wegfall der Frist bei nachträglicher Kenntnis neuer Tatsachen	16
6. Behandlung von Irrtümern	17
7. Fristbeginn bei Anfechtung durch die Mutter	18
8. Fristbeginn bei Anfechtung durch den leiblichen Vater	19, 20
a) Übergangsrecht	19
b) Keine Fristenhemmung bei fehlenden Anfechtungsvoraussetzungen, Abs. 1 S. 2 HS 2	20
IV. Anfechtungsfrist der Behörde, Abs. 1 a	20a
V. Besondere Fälle des Fristbeginns, Abs. 2	21–23
1. Fristbeginn nicht vor Geburt des Kindes	21
2. Besonderheiten bei Anfechtung einer auf Anerkennung beruhenden Vaterschaft	22
3. Fristbeginn im Fall des § 1593 S. 4	23
VI. Erneute Anfechtungsfrist für das volljährige Kind, Abs. 3	24–29
1. Anwendungsbereich	24
2. Fristenlauf für die Anfechtung durch den gesetzlichen Vertreter	25
3. Kind ohne ges. Vertreter; Fristhemmung	26
4. Auswirkungen einer früheren rechtskräftigen Entscheidung	27
5. Anfechtung durch das volljährig gewordene Kind	28

	Rn.		Rn.
6. Geschäftsunfähigkeit des Kindes über die Volljährigkeit hinaus	29	4. Ablaufhemmung bei nicht voll Geschäftsfähigen	37
VII. Erneute Anfechtungsfrist nach Wegfall der Geschäftsunfähigkeit des Anfechtungsberechtigten, Abs. 4	30	5. Sonstige Fälle	38
		IX. Erneute Anfechtungsfrist bei späterem Bekanntwerden von Unzumutbarkeitsgründen, Abs. 6	39, 40
VIII. Hemmung der Frist, Abs. 5	31–38		
1. Hemmung in den Fällen des § 1598a Abs. 2	31, 32	1. Anwendungsbereich	39
2. Hemmung bei widerrechtlicher Drohung	33	2. Unzumutbarkeit der Vaterschaft	40
		X. Übergangsrecht	41–43
3. Hemmung aus tatsächlichen Gründen, § 206	34–36	1. Übergangsregelung des KindRG	41, 42
a) Wirkung der Hemmung	34	a) Anfechtungsfristen von Mutter und Vater	41
b) Begriff der höheren Gewalt	35	b) Anfechtungsrecht des Kindes	42
c) Weitere Beispiele	36	2. Sonstiges	43

I. Einführung

1. Einheitliche Anfechtungsfristen. Im Anschluss an die Urt. des BVerfG[1] waren frühere 1
Regelungen, die insbes. die Anfechtungsfrist des volljährigen Kindes kenntnisunabhängig ausgestalteten (§ 1598 aF) und die Anfechtung zT an weitere Voraussetzungen knüpften, hinfällig geworden
(vgl. Vor § 1599 Rn. 6 f.). Der Gesetzgeber hat sich entschieden, auf besondere Anfechtungsgründe
zu verzichten und den Anfechtungsberechtigten eine einheitliche **Anfechtungsfrist von zwei Jahren**[2] einzuräumen, beginnend mit dem Zeitpunkt, in dem der Berechtigte von den Umständen
erfährt, die gegen die Vaterschaft sprechen. Auch für das volljährige Kind beginnt der Fristenlauf
erst ab diesem Zeitpunkt. Mit Einführung des Anfechtungsrechts des leiblichen Vaters wurde an
Abs. 1 S. 2 ein weiterer Halbsatz angefügt,[3] der implizit deutlich macht, dass die Zweijahresfrist
auch für den **leiblichen Vater** gilt und ausdrücklich klarstellt, dass das Fehlen von Anfechtungsvoraussetzungen iSv. § 1600 Abs. 2 den Fristenlauf nicht hemmt (Rn. 20). Die einheitliche Fristenregelung dient vor allem der **Rechtssicherheit**. Eine **Ausnahme** vom Grundsatz der zweijährigen Frist
gilt allerdings für die anfechtungsberechtigte Behörde iSv. § 1600 Abs. 1 Nr. 5. Für das 2008 neu
eingeführte behördliche Anfechtungsrecht ist grundsätzlich nur eine einjährige Anfechtungsfrist vorgesehen (Rn. 20).

2. Verfassungsmäßigkeit. Die Befristung ist laut BVerfG verfassungsmäßig, wenn nicht sogar 2
verfassungsrechtlich geboten.[4] Auch im Hinblick auf die EMRK[5] bestehen keine Bedenken.[6]
Die Befristung dient der Kontinuität des Status des Kindes. Dessen Abstammung soll anfechtbar
sein, wenn sie unsicher geworden ist, dann aber auch nicht zeitlich unbegrenzt in der Schwebe
bleiben. Die Anfechtungsfristen sollen dem Vaterschaftsverhältnis den aus Gründen der Rechtsklarheit und des **Rechtsfriedens** notwendigen Bestand verleihen.[7] Das BVerfG hat erst jüngst
wieder die Bedeutung der Frist für den **Schutz des Kindes** und sein Interesse an der Bewahrung
der rechtlichen und sozial-familiären Zuordnung betont.[8] Auch die Interessen des Scheinvaters,
sich seiner Unterhaltspflicht entledigen zu können, werden hinreichend gewahrt.[9] Es genügt, den
Anfechtungsberechtigten eine vernünftig bemessene Überlegungsfrist einzuräumen. Wer diese
Frist verstreichen lässt, bringt zum Ausdruck, dass er von einer Anfechtung Abstand nehmen

---

[1] BVerfGE 79, 256 = NJW 1989, 891; dazu Vorlagebeschluss des AG Hamburg DAVorm. 1987, 545 und der Bericht DAVorm. 1988, 937 ff.; BVerfGE 90, 263 = BVerfG NJW 1994, 2475 = FamRZ 1994, 881.
[2] Nach Ansicht von *Gaul* FamRZ 1997, 1441, 1458 ist der Gesetzgeber allerdings (zu) weit über die Zielvorgaben des BVerfG hinausgegangen. Zur Entwicklung der ges. Fristen *Groß* FPR 2007, 392 f.
[3] Gesetz vom 23. 4. 2004 (BGBl. I S. 598).
[4] BVerfG NJW 2007, 753, 756 = FamRZ 2007, 441, 445; siehe auch schon BVerfGE 38, 241 = NJW 1975, 203, 208; Vorlagebeschluss AG Tübingen NJW 1973, 1152; ferner BVerfGE 79, 256 = BVerfG NJW 1989, 891 f.; BGH FamRZ 1991, 325; krit. aber *Frank* FamRZ 2004, 841, 844.
[5] Vgl. EuGH NJW 1986, 2176 zum dänischen Recht; ferner EuGMR FamRZ 2006, 181.
[6] OLG Brandenburg FamRZ 2001, 1630, 1631; *Erman/Hammermann* Rn. 2.
[7] BGH NJW 1999, 1862; OLG Stuttgart FamRZ 1999, 1003; BT-Drucks. V/2370 S. 32; ferner OLG Schleswig FamRZ 1994, 122; krit. aber aus guten Gründen *Groß* FPR 2007, 392, 394.
[8] BVerfG NJW 2007, 753, 756 = FamRZ 2007, 441, 445.
[9] BGH FamRZ 1998, 1577.

will.[10] Den Gedanken, auf eine Befristung der Vaterschaft gänzlich zu verzichten,[11] hatte der Gesetzgeber auch schon früh verworfen, da dies im Einzelfall zu schwer erträglichen Ergebnissen führen kann. Man denke an den Fall, dass das Kind in Kenntnis seiner Abstammung von einem Dritten jahrelang vom Scheinvater Unterhaltsleistungen bezogen hat und dann, wenn dieser Mann auf Unterstützung durch das Kind angewiesen ist, dessen Vaterschaft anficht.[12] Es verbleibt jedoch eine Art Auffangklausel in Abs. 5, die in Einzelfällen zu einer Neueröffnung der Anfechtungsfrist für das Kind führen kann.

3 3. **Rechtsnatur der Anfechtungsfrist.** Die Wahrung der zweijährigen Anfechtungsfrist ist **von Amts wegen** zu berücksichtigen; es handelt sich trotz Anwendung der Hemmungsvorschriften der §§ 206, 210 um eine **Ausschlussfrist**.[13] Mit Versäumung erlischt das Anfechtungsrecht dieses Anfechtungsberechtigten; und zwar auch dann, wenn außergerichtlich bewiesen ist, dass das Kind nicht von diesem Mann abstammt.[14] Eine Wiedereinsetzung in den vorigen Stand wegen Fristversäumung ist nicht möglich.[15] Der **Zweck der Frist** liegt darin, dem Anfechtungsberechtigten eine angemessene Zeit zur Überlegung und Entscheidung einzuräumen. Aus diesem Grunde kann auch nicht vorzeitig auf das Anfechtungsrecht verzichtet werden.[16] Die Fristregelung dient hingegen **nicht dem Schutz des leiblichen Vaters** vor der Feststellung seiner Vaterschaft oder dem Schutz seiner Erben vor dem Hinzutreten eines weiteren Erben.[17] Er kann sich daher nicht darauf berufen, dass eine Entscheidung im Vaterschaftsanfechtungsverfahren wegen Nichtbeachtung des Fristablaufs unrichtig sei. Auch Amtshaftungsansprüche scheiden aus.[18]

II. Fristdauer und Wahrung der Anfechtungsfrist, Abs. 1 S. 1

4 1. **Fristdauer.** Die Frist für die Anfechtung der Vaterschaft beträgt **zwei Jahre**. Die Dauer der Ausschlussfrist ist **nicht dispositiv**. Sie kann von den Parteien weder verlängert noch verkürzt werden.[19] Die Frist kann in jedem Fall voll ausgeschöpft werden, eine Verwirkung zu einem früheren Zeitpunkt kommt nicht in Betracht. Für die **Berechnung** der Frist gelten die §§ 187 Abs. 1, 188 Abs. 2. Auf den Lauf der Ausschlussfrist sind die Vorschriften über die **Hemmung** der Verjährung wegen höherer Gewalt (§ 206) und wegen Mangels der ges. Vertretung (§ 210) entspr. anzuwenden (Abs. 5; s. Rn. 34 ff.).

5 2. **Fristwahrung durch Antragseinreichung.** Die Frist wird **gewahrt** durch rechtzeitige Einreichung des Anfechtungsantrags (Abstammungssache gem. §§ 111 Nr. 3, 169 Nr. 4 FamFG) beim FamG.[20] Ein anschließendes **Ruhen des Verfahrens** schadet der Einhaltung der Frist nicht.[21] Auf eine Zustellung oder Bekanntgabe des Antrags an die Beteiligten kommt es im Antragsverfahren nach dem FamFG nicht mehr an.[22] Wird der Anfechtungsantrag beim **unzuständigen Gericht** eingereicht und verweist dieses die Sache an das zuständige FamG, so ist für die Einhaltung der Frist die Einreichung beim unzuständigen Gericht maßgebend.[23] Nach Zurücknahme eines Anfechtungsantrags ist ein erneuter Antrag möglich, solange die Anfechtungsfrist nach Abs. 1 noch nicht verstrichen ist. Die Anfechtungsfrist wird entsprechend § 204 Abs. 1 Nr. 14 grundsätzlich auch

---

[10] BGHZ 2, 130, 138.
[11] De lege ferenda vorgeschlagen von *Gernhuber/Coester-Waltjen* (4. Aufl.) § 51 III 4; zur 30-Jahresfrist in Frankreich *Frank*, FS Schwab, 2005, S. 1127, 1131.
[12] Vgl. BR-Drucks. 180/96 S. 97.
[13] S. schon Mot. IV S. 667; BGH NJW 2008, 3061, Tz. 21; OLG Hamburg FamRZ 1997, 1171, 1172; OLG Brandenburg FamRZ 2000, 1031; *Staudinger/Rauscher* Rn. 8; *Erman/Hammermann* Rn. 3; *Bamberger/Roth/Hahn* Rn. 1.
[14] OLG Hamm NJW-RR 1995, 643.
[15] BGH NJW 1975, 1465 zu § 1594 aF; *Staudinger/Rauscher* Rn. 15.
[16] BGHZ 2, 130, 137; BGH NJW 1979, 418; BayObLG FamRZ 1981, 196; *Hohloch* JuS 1996, 75, 76; *Beitzke*, FS Müller-Freienfels, 1986, S. 31, 35; *Gernhuber/Coester-Waltjen* § 52 Rn. 120; aA OLG Köln NJW 1961, 2312.
[17] Vgl. BGH FamRZ 2007, 36; BGHZ 173, 90 = NJW 2007, 3065; OLG Frankfurt FamRZ 2009, 704.
[18] BGH NJW 2007, 223.
[19] HM; vgl. BGHZ 87, 169, 172 mwN; differenzierend für den Bereich der konsentierten heterologen Insemination *Giesen* JZ 1983, 553; *Coester-Waltjen* NJW 1983, 2059; *Bernat* MedR 1986, 245, 247.
[20] *Löhnig* in *Bork/Jacoby/Schwab* § 171 FamFG Rn. 1.
[21] OLG Köln FamRZ 2001, 246; NJW 1961, 2312.
[22] Zum früheren Recht noch: BGHZ 11, 177; BGH NJW 1972, 1373; NJW 2008, 3061; NJW 1995, 1419, 1420; NJW 2003, 2830; OLG Dresden FamRZ 2006, 55.
[23] BGHZ 35, 374 = NJW 1961, 2259; RGZ 149, 10; OLG Hamm FamRZ 1977, 551, 553; s. auch BGH FamRZ 1995, 1484 für Zustellungsverzögerung nach früherem Verfahrensrecht.

durch Einreichen eines Verfahrenskostenhilfeantrags gewahrt.[24] Da die Anfechtungsberechtigung für jeden Anfechtungsberechtigten selbständig besteht, wird die Frist nicht durch die Rechtsverfolgung eines anderen gewahrt.

3. Feststellungslast. Auch im Statusverfahren gilt der Grundsatz, dass der Antragsteller die 6 Tatsachen zu behaupten und bei Bestreiten zu beweisen hat, welche die Grundlagen seines Anspruchs sind. Abgesehen davon hat das Gericht den Sachverhalt einschließlich der Fristwahrung aber von Amts wegen aufzuklären (§§ 26, 177 FamFG, Untersuchungsgrundsatz). Sofern Zweifel an der Einhaltung der Anfechtungsfrist durch den Antragsteller verbleiben, geht das nicht zu Lasten des Antragstellers,[25] sondern zu Lasten der anderen Beteiligten.[26] Trägt aber der Anfechtende selbst Tatsachen vor, die eine Versäumung der Anfechtungsfrist ergeben, so ist der Anfechtungsantrag von vornherein abweisungsreif.[27] Nennt der Anfechtungsberechtigte den Zeitpunkt, der für den Beginn seiner Anfechtungsfrist nach Abs. 1 S. 2 maßgeblich war, ist es Sache der anderen Beteiligten darzulegen und zu beweisen, dass dem Antragsteller die einschlägigen Umstände schon früher bekannt waren.[28] Bleibt ungeklärt, ob Tatsachen vorliegen, derentwegen die bereits angelaufene Anfechtungsfrist wieder wegfällt (s. Rn. 16), so geht dies zu Lasten des Anfechtenden.[29] Davon zu unterscheiden ist der Fall, dass bereits vor der Geburt des Kindes ein während der Schwangerschaft bestehender Ehebruchsverdacht des Mannes auf Grund objektiver Tatsachen so gut wie ausgeräumt erschien. Da hier der Kenntnisstand des Mannes bei der Geburt (Abs. 2 S. 1) die Frist nicht in Gang setzen konnte, bleibt es hins. des Fristablaufs bei der das Kind treffenden Feststellungslast.[30] Bei Streit um die **Fristhemmung** obliegt dem Anfechtenden die objektive **Beweislast** dafür, dass der Fristablauf gehemmt war.[31] Sind aber die Tatsachen, aus denen sich die Hemmung ergibt, außer Streit, tragen die anderen Beteiligten die Darlegungs- und Beweislast dafür, dass und zu welchem Zeitpunkt die Hemmung beendet worden ist.[32]

4. Wirkung des Fristablaufs. Nach Ablauf der zweijährigen Ausschlussfrist ist dem jeweiligen 7 Anfechtungsberechtigten die Erhebung des Anfechtungsantrags verwehrt (Ausnahme in Abs. 5). Der Fristablauf ist von Amts wegen zu beachten. Ein dennoch erhobener Antrag wäre als unbegründet abzuweisen.[33] Das gilt auch dann, wenn klar feststeht, dass der Anfechtende nicht der Vater des Kindes ist.[34] Das auf § 1592 Nr. 1 oder Nr. 2 beruhende Vaterschaftsverhältnis bleibt mit Wirkung für und gegen alle bestehen. Auch ein die Vaterschaft betreffender negativer Feststellungsantrag ist nach Versäumung der Anfechtungsfrist weiterhin nicht zulässig.[35] Eine **Wiedereinsetzung** ist nicht möglich. Der Rechtsgedanke des **§ 185 FamFG** ermöglicht es nicht, eine wegen Fristversäumung den Anfechtungsantrag abweisende rechtskräftige gerichtliche Entscheidung durch Vorlage eines neuen Abstammungsgutachtens zu beseitigen.[36] Mit Versäumung der Anfechtungsfrist ist das Anfechtungsrecht dieses Anfechtungsberechtigten vielmehr erloschen. Es bleibt lediglich die Möglichkeit der Anfechtung durch einen **anderen Anfechtungsberechtigten,** soweit dessen Anfechtungsfrist, die auf dessen Kenntnisstand abstellt, noch nicht abgelaufen ist.

III. Allgemeiner Fristbeginn, Abs. 1 S. 2

1. Kenntnis von der Geburt und von den für die anderweitige Abstammung spre- 8 chenden Umständen. Die zweijährige Ausschlussfrist beginnt, wenn der Anfechtungsberechtigte

---

[24] OLG Dresden FamRZ 2002, 35; 2006, 55; KG FamRZ 1978, 927; s. aber auch OLGR Naumburg 2002, 460.
[25] BGH FamRZ 1990, 507; NJW 1978, 1630; OLG Koblenz DAVorm. 1976, 632; OLG Düsseldorf DAVorm. 1987, 279, 280; RG WarnR 1921 Nr. 100; 1931 Nr. 127.
[26] Vgl. *Stößer* FamRZ 2009, 923, 925; so auch schon nach früherem Verfahrensrecht: BGH NJW 1998, 2976, 2977; FamRZ 1990, 507, 509; NJW 1952, 302; FamRZ 1978, 494 u. 1629; NJW 1980, 1335; OLG Hamm FamRZ 1999, 1362, 1363; OLG Düsseldorf DAVorm. 1982, 596; FamRZ 1995, 315, 316; KG FamRZ 1974, 380; *Palandt/Brudermüller* Rn. 4.
[27] BGH NJW 1990, 2813.
[28] OLG Koblenz DAVorm. 1976, 632; *Soergel/Gaul* § 1594 aF Rn. 5; *Staudinger/Rauscher* Rn. 66.
[29] BGHZ 61, 195; OLG Zweibrücken FamRZ 1984, 80; differenzierend: *RGRK/Böckermann* § 1594 aF Rn. 21.
[30] BGH NJW 1978, 1629.
[31] BGH NJW 1994, 2752, 2754; OLG Zweibrücken FamRZ 1984, 81; *Baumgärtel/Laumen* § 1594 Rn. 3 mwN.
[32] BGH NJW 1994, 2752, 2754.
[33] BGH LM § 1594 Nr. 23; *Staudinger/Rauscher* Rn. 70.
[34] OLG Brandenburg FamRZ 2001, 1630; OLG Hamm NJW-RR 1995, 643.
[35] Vgl. OLG Braunschweig FamRZ 1955, 112; *Soergel/Gaul* § 1594 aF Rn. 14.
[36] BGHZ 81, 353 = NJW 1982, 96; OLG Düsseldorf DAVorm. 1982, 200, 202; *Soergel/Gaul* § 1600h aF Rn. 9.

von Umständen Kenntnis erlangt, die gegen die bestehende Vaterschaft sprechen. Entscheidend sind die Tatsachen, die ihn zur Stellung des Anfechtungsantrags veranlasst haben.[37] Die Frist beginnt jedoch keinesfalls vor der **Geburt des Kindes**[38] (Abs. 2 S. 1) und auch nicht vor dem Zeitpunkt, in dem der anfechtungsberechtigte Ehemann erfährt, dass das Kind während der Ehe geboren ist. Der Mann muss sichere, zuverlässige Kenntnis von der Geburt und Existenz des Kindes haben.[39] Eine Nachforschungspflicht des Mannes hins. des Geburtszeitpunktes besteht nicht.[40] Geht der Mann irrtümlich von einem späteren Geburtszeitpunkt aus, beginnt die Frist erst entspr. später. Die Mutter selbst wird die relevanten Fakten regelmäßig schon ab Geburt kennen.

9   **2. Zweistufiger Begriff der Kenntniserlangung.** Die Bestimmung des Begriffs der Kenntniserlangung „von den Umständen, die gegen die Vaterschaft sprechen" wie auch die tatsächliche Feststellung dieser Kenntniserlangung im Einzelfall sind nicht einfach. Nach st. Rspr. und hM wird hierfür gefordert, dass der Anfechtungsberechtigte sichere Kenntnis von **Tatsachen** erlangt, die auf Grund objektiver Beurteilung aus der Sicht eines verständigen Betrachters ernsthafte Zweifel an der Vaterschaft begründen. Bei der Prüfung dieser Voraussetzungen ist zu unterscheiden zwischen der sicheren Kenntnis der relevanten Tatsachen einerseits (Rn. 10) und den damit verbundenen Schlussfolgerungen im Hinblick auf eine mögliche andere Vaterschaft andererseits (Rn. 11 f.).[41] Auf die **Kenntnis der rechtlichen Voraussetzungen** und Anfechtungsfolgen kommt es in diesem Zusammenhang nicht an.[42] Eine Rechtsunkenntnis über die Anfechtungsmöglichkeit hat nur Bedeutung, wenn sie auf höherer Gewalt beruht (§ 206, s. Rn. 34 f.).

10 **3. Sichere Kenntnis von Tatsachen.** Nach der Rspr. muss der Anfechtungsberechtigte sichere Kenntnis von Tatsachen haben, aus denen sich die „nicht ganz fern liegende Möglichkeit einer anderweitigen Abstammung" ergibt.[43] Im Hinblick auf die zu Grunde liegenden Umstände muss **volle oder sichere Kenntnis** bestehen. Die Möglichkeit der Kenntnis genügt nicht. Die Tatsachen müssen nicht nur objektiv vorliegen, der Anfechtungsberechtigte muss vielmehr auch die Gewissheit haben, dass sie zutreffen, sie also für wahr halten.[44] Typischer Fall ist das Wissen vom **Ehebruch** bzw. **anderweitigen Geschlechtsverkehr** der Frau.[45] Dieses Verhalten der Frau hat der Mann allerdings idR nicht selbst wahrgenommen. Oft hat der Mann folglich nicht die nach der Rspr.[46] erforderliche sichere Kenntnis von einem Treubruch der Frau, sondern nur von Tatsachen (Indizien), die in ihrer Gesamtheit bei verständiger Beurteilung einen mehr oder weniger starken Verdacht des anderweitigen Geschlechtsverkehrs begründen. Ergeben die dem Mann bekannten Indizien nur die **Möglichkeit bzw. den Verdacht** eines Treubruchs der Frau in der Empfängniszeit, so **genügt** dies allein **noch nicht,** um die Vaterschaft ernsthaft in Frage zu stellen,[47] zumal dann auch damit verbundenen Partner zum Empfängniszeitpunkt selbst miteinander geschlechtlich verkehrt haben. Insbes. bloße **Gerüchte** von einem Mehrverkehr der Frau allein bilden noch keine Tatsachen iSv. Abs. 1.[48] Auch diesbez. Behauptungen der Frau müssen die Frist noch nicht in Gang setzen;[49] ein entspr. fundiertes Geständnis der Mutter wird aber in der Regel ausreichen.[50] Alkoholeinfluss bei Mitteilung der kenntnisbegründenden Umstände hindert den Fristbeginn insoweit nicht.[51] Eigene Wahrnehmungen des Mannes wiegen demgegenüber stets schwerer als sein Wissen vom Hörensagen. Erfährt der Mann jedoch positiv, dass

---

[37] BGH NJW 1998, 2976.
[38] AG Schweinfurt FamRZ 1999, 1368, 1369; BGHZ 10, 111; *Staudinger/Rauscher* Rn. 43.
[39] BGHZ 10, 111 = NJW 1953, 1348; FamRZ 1982, 917; OLG Stuttgart DAVorm. 1985, 1015; OLG Hamm FamRZ 1977, 551, 552; *Staudinger/Rauscher* Rn. 44; *Erman/Hammermann* Rn. 20.
[40] BGHZ 10, 111 = NJW 1953, 1348.
[41] BGHZ 61, 197; BGH FamRZ 1978, 494; *Palandt/Brudermüller* Rn. 10.
[42] BGHZ 24, 134 = NJW 1957, 1069.
[43] BGHZ 9, 339; BGHZ 61, 195; BGH NJW 1978, 1629; NJW 1980, 1335; NJW-RR 1987, 898; NJW-RR 1991, 386; OLG Karlsruhe FamRZ 2000, 107; OLG Koblenz FamRZ 2000, 1032; OLG Düsseldorf NJW 1989, 777; FamRZ 1995, 315; OLG Hamm NJW-RR 1995, 643 und 966, 967; FamRZ 1994, 186; OLG München FamRZ 1985, 1125.
[44] BGHZ 9, 336 = NJW 1953, 980; BGHZ 61, 195 = NJW 1973, 1875; BGH FamRZ 1978, 494, 495; OLG München FamRZ 1984, 1128; NK-BGB/*Gutzeit* Rn. 4.
[45] BGH NJW-RR 1989, 194; OLG Saarbrücken NJW-RR 2010, 78; OLG Karlsruhe FamRZ 2001, 702; OLG Köln FamRZ 2001, 703; OLG Hamm FamRZ 1999, 1362; OLG München FamRZ 1987, 307; *Soergel/Gaul* § 1594 aF Rn. 10.
[46] BGHZ 61, 195, 197 = NJW 1973, 1875; BGH NJW-RR 1987, 898; OLG München FamRZ 1984, 1128.
[47] OLG Dresden FamRZ 1997, 1297; *Staudinger/Rauscher* Rn. 26; unklar insoweit BGHZ 61, 195, 197 = NJW 1973, 1875.
[48] BGH FamRZ 1984, 80; *Erman/Hammermann* Rn. 14; *Soergel/Gaul* § 1594 aF Rn. 8.
[49] Vgl. KG DAVorm. 1990, 943.
[50] *Staudinger/Rauscher* Rn. 27.
[51] OLG Hamm FamRZ 1994, 186.

die Mutter auch **mit einem anderen Mann** – dessen Identität nicht bekannt sein muss[52] – in der Empfängniszeit tatsächlich **Geschlechtsverkehr** hatte, so setzt diese Kenntnis idR die Frist in Lauf;[53] und zwar unabhängig davon, ob auch der Ehemann der Frau in dieser Zeit beigewohnt hat.[54] Auf Beweisschwierigkeiten kommt es nicht an.[55] Klar liegen die Dinge i. Ü. auch dann, wenn der (Ehe)Mann von vornherein nicht der Vater sein kann, zB bei eigener Unfruchtbarkeit[56] oder bei Abwesenheit in der gesamten Empfängniszeit. Die Kenntnis von der lediglich eingeschränkten eigenen Zeugungsfähigkeit setzt die Frist für sich allein noch nicht in Gang.[57]

4. Ernstliche Infragestellung der Vaterschaft. a) Objektiver Maßstab. Die genannten 11 Umstände müssen bei sachlicher Beurteilung geeignet sein, Zweifel an der bestehenden Vaterschaft zu erwecken.[58] Das bedeutet, dass es nicht auf die subjektive, vielleicht auf unsachlichen Erwägungen beruhende Überzeugung des Anfechtungsberechtigten vom Nichtbestehen der Vaterschaft ankommt,[59] sondern auf die **objektive Sicht eines verständigen, naturwissenschaftlich nicht vorgebildeten Laien**.[60] Ausnahmen sind allenfalls bei Anfechtungsberechtigten mit besonderem Fachwissen denkbar. Grundsätzlich ist jedoch nicht von medizinisch-naturwissenschaftlichen Spezialkenntnissen, sondern von dem Erkenntnisstand auszugehen, der von einem verständigen Laien in der Regel erwartet werden kann.[61] Steht die Vaterschaft, gemessen an diesem Maßstab, objektiv ernstlich in Zweifel, läuft die Frist also auch dann, wenn der anfechtungsberechtigte Mann falsche Schlussfolgerungen aus den ihm bekannten Tatsachen zieht und das Kind irrtümlich für von ihm gezeugt hält.[62] Im Übrigen kommt es nicht darauf an, ob der Mann aus den ihm bekannten Tatsachen überhaupt Schlüsse zieht; es reicht aus, dass er diese hätte ziehen können.

b) Möglichkeit anderweitiger Abstammung. Welchen Grad der durch die Tatsachen- 12 kenntnis des Anfechtungsberechtigten **objektiv begründete Verdacht** der anderweitigen Abstammung des Kindes erreicht haben muss, damit die Anfechtungsfrist zu laufen beginnt, ist dem Gesetz nicht zu entnehmen und wird auch in der Rspr. nicht immer ganz deutlich. Entscheidend ist nach hM, dass sich aus den genannten Umständen die „**nicht ganz fernliegende Möglichkeit**" einer anderweitigen Abstammung ergibt.[63] Es braucht sich nicht um Anhaltspunkte zu handeln, die sichere Schlüsse auf eine andere Abstammung des Kindes gestatten oder die es unwahrscheinlich machen, dass das Kind von diesem Mann abstammt.[64] Die dem Anfechtungsberechtigten bekannten Umstände müssen auch nicht so beschaffen sein, dass mehr gegen als für die bestehende Vaterschaft spricht, was gleichfalls auf eine Wahrscheinlichkeit der anderweitigen Abstammung hinausliefe. Es genügt vielmehr die Kenntnis von Tatsachen, welche die Vaterschaft ernstlich in Frage stellen und die Vaterschaft eines anderen Mannes als durchaus möglich erscheinen lassen. Einen derartigen Verdacht hielt die Rspr. für begründet durch die Kenntnis des Mannes, dass seine Frau in der Empfängniszeit nicht nur mit ihm verkehrt, sondern auch **Ehebruch** begangen hatte;[65] dass die Frau in der Empfängniszeit mit einem anderen Mann zwei Wochen im Urlaub war;[66] dass die Frau (Prostituierte

---

[52] RGZ 163, 68; BGH NJWE-FER 1998, 197; *Soergel/Gaul* § 1594 aF Rn. 10; *Staudinger/Rauscher* Rn. 25.
[53] BGH FamRZ 2006, 771, 772; FamRZ 1978, 494; OLG Hamm FamRZ 1992, 472; ferner OLG Stuttgart DAVorm. 1974, 103; OLG Frankfurt DAVorm. 1979, 657, 659; OLG Braunschweig DAVorm. 1982, 1086 (Partnertausch).
[54] OLG Hamm FamRZ 1999, 1362.
[55] BGH FamRZ 1975, 483, 484.
[56] OLG Köln MDR 2003, 90; OLGR Koblenz 2003, 111, nach Sterilisation.
[57] *Erman/Hammermann* Rn. 16.
[58] BGHZ 9, 336 = NJW 1953, 980; BGHZ 61, 195 = NJW 1973, 1875; BGH NJW 1980, 1335 ; NJW 1990, 2813.
[59] So aber *Gernhuber/Coester-Waltjen* § 52 Rn. 121; *Erman/Hammermann* Rn. 9; ferner OLG München FamRZ 1972, 372.
[60] BGH FamRZ 2006, 771, 773; NJW 1980, 1335; NJW 1990, 2813; OLG Koblenz FamRZ 2008, 805 (zur Vererbung des Rhesus-Merkmals); OLG Koblenz JAmt 2004, 429; FamRZ 2006, 808; OLG Karlsruhe FamRZ 2000, 107 u. 2001, 702, 703; OLG München FamRZ 1984, 1128; OLG Düsseldorf FamRZ 1995, 315, 316; OLG Brandenburg FamRZ 1996, 895; OLG Rostock FamRZ 2004, 479; *Staudinger/Rauscher* Rn. 18 f.; *Palandt/Brudermüller* Rn. 10.
[61] BGH NJW 1980, 1335; NJW-RR 1987, 898. Falsche ärztliche Informationen setzen die Frist nicht in Gang, OLG Frankfurt Beschl. v. 19. 7. 2007 – 5 WF 81/07.
[62] BGH FamRZ 1990, 507 = NJW 1990, 2813; NJW 1980, 1335; aA OLG München FamRZ 1984, 1128.
[63] BGHZ 9, 339; 61, 195; OLG Hamm NJW-RR 1995, 643 und 966; OLG Brandenburg FamRZ 2004, 480.
[64] Vgl. RGZ 163, 70; BGHZ 61, 195, 197 = NJW 1973, 1875.
[65] RGZ 163, 72; OLG Stuttgart DAVorm. 1974, 103; OLG Braunschweig DAVorm. 1982, 1086.
[66] OLG Hamm FamRZ 1992, 472; zu Recht krit. *Staudinger/Rauscher* Rn. 26; *Erman/Hammermann* Rn. 17; vgl. auch OLG Brandenburg FamRZ 2002, 1055, Mutter wohnte zwei Wochen in der Wohnung eines anderen Mannes.

in der Dominikanischen Republik) im selben Zeitraum auch mit anderen Männern geschlechtlich verkehrte;[67] oder dass das Kind mit den Merkmalen voller **Reife** sieben Monate nach dem sicher feststehenden ersten ehelichen Verkehr zur Welt kam.[68] Insoweit ist gerade auch der **zeitliche Abstand** zwischen dem ehewidrigen Verhalten der Frau und der Geburt des Kindes von erheblicher Bedeutung. So ist der Verdacht anderweitiger Abstammung begründet, wenn das Kind elf Monate nach dem letzten Verkehr der Mutter mit dem Ehemann geboren wurde.[69]

13   c) **Bedeutung von Erbmerkmalen.** Allein darauf abzustellen, dass die **Augenfarbe** des Kindes sowohl von der des Mannes als auch der der Mutter abweicht,[70] wäre indes bedenklich, da gerade ein besonnener Mann seine Fähigkeit, als Laie Fragen der menschlichen Erbkunde richtig zu beurteilen, mit Recht gering achten wird. Die mangelnde **Ähnlichkeit** des Kindes mit dem (Ehe)Mann begründet für sich noch nicht den Verdacht anderweitiger Abstammung.[71] Nur solche Umstände „sprechen" gegen die Vaterschaft, die nach allgemein bekannten und anerkannten Erfahrungssätzen einen Hinweis auf eine anderweitige Abstammung darstellen; so zB, wenn das während der Ehe hellhäutiger Eheleute geborene Kind eine andere Hautfarbe aufweist.[72] Den Verdacht anderweitiger Abstammung können also nur signifikant abweichende **Erbmerkmale**[73] begründen, zB schwarze Haare und Augen. Evtl. kann aber auch die deutliche Ähnlichkeit des Kindes mit einem früheren Freund der Mutter verdachterregend sein.[74]

14   d) **Vaterschaftstests.** Fraglich ist, welche Bedeutung im Hinblick auf die Frist einem privaten Vaterschaftstest zukommt. Ist dieser mit Zustimmung der Mutter und des Kindes in Auftrag gegeben worden, spricht nichts dagegen, das Ergebnis des Tests als fristauslösendes Moment zu begreifen, wenn die Vaterschaft des Mannes danach ausgeschlossen erscheint.[75] Das gilt trotz etwaiger Unsicherheiten dieser Untersuchungsmethode (Verwechslungsgefahr; Qualitätsunterschiede bei der Auswertung etc.). Wurde der Test ohne Einwilligung von Mutter und Kind angefertigt, was laut Rspr. rechtswidrig wäre (§ 1599 Rn. 34 f.), sollte aber im Grunde nichts anderes gelten. Denn Kenntnis iSv. Abs. 1 S. 2 liegt dann zwangsläufig auch vor. Ob das Vorgehen des Mannes rechtmäßig war oder nicht, hat darauf keinen Einfluss. Schwierig wird für den Mann in diesem Fall aber die Fristwahrung, wenn er außer dem Vaterschaftstest keine konkreten Anhaltspunkte hat, die auf eine anderweitige Vaterschaft hindeuten. Schließlich verlangt die Rspr. die substantiierte Darlegung von Umständen, die gegen die Vaterschaft sprechen und akzeptiert insoweit gerade nicht den Verweis auf den heimlichen Vaterschaftstest (s. § 1599 Rn. 27 f., 34 f.). Folgt man dem, müsste man konsequenter Weise auch die Kenntnis vom Testergebnis ignorieren und nicht als fristauslösendes Moment begreifen.[76] Das erscheint indes recht absurd und belegt erneut die Fragwürdigkeit dieser Rspr. Die **Weigerung der Mutter,** an einem Vaterschaftstest mitzuwirken, bildet kein fristauslösendes Moment.[77]

15   e) **Kein Fristenlauf trotz Kenntnis vom Mehrverkehr. Ausnahmsweise** setzt nicht einmal die volle Kenntnis des Mannes von einem anderweitigen Geschlechtsverkehr der Frau in der Empfängniszeit die Anfechtungsfrist in Lauf; nämlich dann, wenn der Mehrverkehr bei unbefangener Betrachtung nicht zur Empfängnis geführt haben kann, zB während der Monatsblutung,[78] bei einmaliger Beiwohnung bereits nach Eintritt der Schwangerschaft, bei (vermeintlicher) Einnahme der Pille,[79] bei Verwendung von Kondomen,[80] Zeugungsunfähigkeit des anderen Mannes[81] sowie

---

[67] OLG Frankfurt/M. FamRZ 2000, 108.
[68] BGHZ 9, 336; BGH NJW-RR 1987, 898; FamRZ 1979, 1007; NJW 1990, 2813; OLG Neustadt MDR 1961, 769; tendenziell aA OLG Frankfurt/M. FamRZ 2000, 108.
[69] OLG Köln MDR 1958, 165; OLG Brandenburg FamRZ 1996, 895.
[70] OLG Hamm NJW 1960, 2244.
[71] OLG Karlsruhe NJWE-FER 1999, 208; OLG-Rp Celle 2000, 302; OLG Düsseldorf FamRZ 1995, 315, 316; *Erman/Hammermann* Rn. 18; *Grün* Rn. 290.
[72] OLG Köln FamRZ 2004, 87. Zur Beurteilung der Hautfarbe auch OLG Karlsruhe FamRZ 2000, 107; OLG Thüringen Beschl. v. 22. 1. 2010 - 2 UF 429/09.
[73] OLG Düsseldorf FamRZ 1995, 315, 316; s. auch OLG München NJW-FER 1997, 102; restriktiv auch *Soergel/Gaul* § 1594 aF Rn. 10.
[74] OLG Karlsruhe DAVorm. 1989, 416, 417.
[75] OLG Karlsruhe FamRZ 2003, 52; *Gernhuber/Coester-Waltjen* § 52 Rn. 119; ohne Differenzierung nach Rechtmäßigkeit des Tests: OLG Schleswig FamRZ 2003, 51 f.
[76] So etwa *Erman/Hammermann* Rn. 18.
[77] *Erman/Hammermann* Rn. 18; aA *Mutschler* FamRZ 2003, 74, 76.
[78] BGH NJW 1978, 1629.
[79] OLG Düsseldorf NJW 1989, 777 und 426; ferner BGH FamRZ 1989, 169; FamRZ 1988, 278; FamRZ 1990, 507.
[80] OLG Hamm FamRZ 1999, 1362, 1363; Ausnahme BGH FamRZ 2006, 771.
[81] BGH FamRZ 1989, 169.

Anfechtungsfristen 16, 17 § 1600b

bei Vaterschaftsanerkennung nach Ausschluss eines Mehrverkehrszeugen.[82] Die Behauptung der Ehefrau, es habe mit dem Dritten nur ein unterbrochener Geschlechtsverkehr stattgefunden, hindert den Fristenlauf jedoch nicht.[83] Wenn die Frau der Prostitution nachging, läuft die Frist auch dann, wenn Kondome verwandt wurden.[84] Erst recht unbeachtlich ist der Hinweis der Ehefrau, der Mann werde nicht auf Unterhalt in Anspruch genommen werden.[85] Die notwendige Kenntnis ist ferner zu verneinen, wenn der Mann sich in dem **unvermeidbaren Irrtum** befindet, der Treubruch sei ein einmaliger Vorfall und der Zeitpunkt des ihm bekannten Geschlechtsverkehrs mit dem Reifegrad des Kindes unvereinbar. Unerheblich ist allerdings die Versicherung der Mutter, das Kind stamme vom Ehemann ab.[86]

5. Wegfall der Frist bei nachträglicher Kenntnis neuer Tatsachen. Erfuhr der Anfech- 16
tungsberechtigte zunächst Umstände, die einen Verdacht des anderweitigen Geschlechtsverkehrs der Frau objektiv rechtfertigten, werden ihm dann aber nachträglich unwiderlegbare Tatsachen bekannt, die bei verständiger Würdigung die Annahme begründen, dass das, was er früher erfahren hatte, unrichtig sei, so fällt die bereits begonnene Anfechtungsfrist wieder weg.[87] Der Anfechtungsberechtigte ist jedoch verpflichtet, zumutbare **Nachforschungen** anzustellen, um nachträgliche Zweifel an dem Wahrheitsgehalt der früher erfahrenen Verdachtsgründe soweit wie möglich zu beheben.[88] Die bloße Beteuerung der Frau, der Mann sei trotz der objektiv gegen seine Vaterschaft sprechenden Verdachtsgründe doch der Vater, reicht für den Wegfall der Frist nicht aus.[89] Gleiches gilt für den schlichten Widerruf eines entsprechenden Geständnisses der Mutter.[90] Verbleibende Zweifel darüber, ob die Frist wieder in Wegfall gekommen ist, gehen zu Lasten des Anfechtenden.[91] Neue Tatsachen, die einen bereits bestehenden Verdacht lediglich bestätigen, lassen den Fristenlauf unberührt.[92]

6. Behandlung von Irrtümern. Ein Irrtum über die Umstände oder Tatsachen, die gegen 17
die Vaterschaft sprechen, ist ohne Weiteres beachtlich, wenn es infolgedessen an der (sicheren) Kenntnis des Anfechtungsberechtigten im o. g. Sinne (Rn. 10) fehlt. Anders liegt es jedoch, wenn der Anfechtungsberechtigte die relevanten Tatsachen kennt, aus ihnen aber objektiv falsche Schlussfolgerungen zieht und das Kind gleichwohl irrtümlich für von ihm bzw. von dem als Vater geltenden Mann gezeugt hält. Dann läuft die Zweijahresfrist gleichwohl. Gleiches gilt, wenn der Anfechtungsberechtigte einem **Rechtsirrtum** über die Notwendigkeit einer Anfechtung unterliegt, zB weil doch offensichtlich sei, dass das Kind von einem anderen Mann abstamme,[93] weil die gesetzliche Anfechtungsfrist unbekannt ist,[94] eine Vereinbarung über den Anfechtungsverzicht für wirksam und fristhemmend gehalten wird[95] oder das Kind zu Unrecht als außerhalb einer Ehe geboren betrachtet wird. Unbeachtlich sind auch Irrtümer des leiblichen Vaters über sein Anfechtungsrecht. Auch die falsche Annahme, ein anderer Anfechtungsberechtigter habe schon einen Anfechtungsantrag gestellt, führt nicht zu einer Hemmung der Anfechtungsfrist.[96] Unbeachtlich ist ferner, wenn der Mann irrtümlich annimmt, das Kind sei zu einem **Zeitpunkt** geboren, der, wenn er zuträfe, ohne Weiteres die Nichtehelichkeit des Kindes ergäbe, und daher dem Rechtsirrtum unterliegt, eine Anfechtung der Vaterschaft nach § 1592 Nr. 1 sei überflüssig.[97] Gleiches gilt bei falscher anwaltlicher Belehrung über den Fristablauf.[98] Anders verhält es sich nur im Fall eines **unvermeidbaren Rechtsirrtums**

---

[82] OLG Karlsruhe NJWE-FER 1998, 103.
[83] OLG Düsseldorf FamRZ 1995, 315, 316.
[84] BGH FamRZ 2006, 771.
[85] OLG Karlsruhe FamRZ 2001, 701, 702.
[86] BGH FamRZ 1973, 529; OLG Köln MDR 2003, 90; OLG Frankfurt FamRZ 1984, 1129; OLG Zweibrücken FamRZ 1984, 81.
[87] BGHZ 61, 195 = NJW 1973, 1875; OLG Frankfurt/M. FamRZ 2000, 108, 109; OLG Düsseldorf FamRZ 1995, 315; OLG Stuttgart DAVorm. 1979, 356, 357 f.; andererseits OLG Frankfurt DAVorm. 1982, 1088, 1089; *Staudinger/Rauscher* Rn. 32; NK-BGB/*Gutzeit* Rn. 8; *Soergel/Gaul* § 1594 aF Rn. 7.
[88] BGHZ 61, 195, 199; *Staudinger/Rauscher* Rn. 32; *Erman/Hammermann* Rn. 23.
[89] OLG Zweibrücken FamRZ 1984, 81; vgl. auch BGH FamRZ 1989, 169; BGHZ 61, 195, 201.
[90] OLG Hamm FamRZ 1994, 186; ferner BGH FamRZ 1989, 169; letztlich muss aber auf den Einzelfall abgestellt werden, vgl. OLG Düsseldorf FamRZ 1995, 315, 316; *Staudinger/Rauscher* Rn. 33.
[91] OLG Düsseldorf FamRZ 1995, 315, 316.
[92] OLG Köln FamRZ 2001, 703, 704; OLG Brandenburg FamRZ 2002, 1055.
[93] BGHZ 24, 134; BGH NJW-RR 1991, 386, 387; OLG Koblenz FamRZ 1997, 1171.
[94] Vgl. AG Hamburg DAVorm. 1983, 314.
[95] OLG Köln NJW 1997, 2458.
[96] Vgl. OLG Frankfurt/M. DAVorm. 1985, 1024.
[97] RGZ 160, 92; BGHZ 24, 134 = NJW 1957, 1069; BGH FamRZ 1991, 325; NJW-RR 1991, 386; anders RGZ 157, 358.
[98] OLG Köln NJWE-FER 1998, 245.

§ 1600b 18–20 Abschnitt 2. Titel 2. Abstammung

über die Notwendigkeit des Anfechtungsantrags infolge höherer Gewalt; dann greift die Hemmungsvorschrift des Abs. 5 S. 3 (s. Rn. 34 f.).

18 **7. Fristbeginn bei Anfechtung durch die Mutter.** Für die Anfechtungsfrist der Mutter gelten an sich die gleichen Grundsätze.[99] Ihre Anfechtungsfrist beginnt ebenfalls frühestens mit der Geburt des Kindes und dem Wirksamwerden der Anerkennung zu laufen (Abs. 2 S. 1). Von der Anerkennung hat die Mutter automatisch Kenntnis, da hierzu ihre Zustimmung einzuholen ist (§ 1595 Abs. 1) und ihr außerdem eine beglaubigte Abschrift von allen Erklärungen zu übersenden ist (§ 1597 Abs. 2). Meist wird sie am ehesten darüber Bescheid wissen, wer der Vater des Kindes ist, so dass ihre Frist regelmäßig mit der Geburt des Kindes zu laufen beginnt. Anders kann es aber dann liegen, wenn die Mutter davon ausging, bei dem Verkehr mit dem Dritten zuverlässige empfängnisverhütende Maßnahmen getroffen zu haben.[100]

19 **8. Fristbeginn bei Anfechtung durch den leiblichen Vater. a) Übergangsrecht.** Auch für den leiblichen Vater gilt die zweijährige Anfechtungsfrist gem. § 1600b Abs. 1. Da für ihn erst mit Inkrafttreten der Neuregelung zum 30. 4. 2004 die Anfechtung der Vaterschaft ermöglicht worden ist, der leibliche Vater aber schon (lange) vorher von den gegen die andere, rechtliche Vaterschaft sprechenden Gründen erfahren haben kann, wäre die Anfechtungsfrist in vielen **Altfällen** schon abgelaufen gewesen, bevor die Anfechtung überhaupt möglich war. Um dies zu vermeiden und um all denjenigen, die in der Vergangenheit anfechtungswillig aber nicht anfechtungsberechtigt waren, die Gelegenheit zu geben, die Anfechtung nachzuholen, wurde in Art. 229 § 10 EGBGB für die Übergangszeit geregelt, dass die Anfechtungsfrist für diese Männer nicht vor dem 30. 4. 2004 zu laufen begann. Die früheste Anfechtungsmöglichkeit bestand also mit Inkrafttreten des Änderungsgesetzes zum 30. 4. 2004. Für diejenigen leiblichen Väter, die schon vorher über die entspr. Kenntnisse verfügten, lief die Anfechtungsfrist somit nach zwei Jahren, dh. zum 30. 4. 2006, ab.[101]

20 **b) Keine Fristenhemmung bei fehlenden Anfechtungsvoraussetzungen, Abs. 1 S. 2 HS 2.** § 1600b Abs. 1 S. 2 stellt klar, dass das Vorliegen einer sozial-familiären Beziehung (dazu § 1600 Rn. 8 f.) den Lauf der Anfechtungsfrist nicht hindert. Das bedeutet, dass die zweijährige Anfechtungsfrist auch dann ungehindert zu laufen beginnt bzw. abläuft, wenn die materiell-rechtlichen Voraussetzungen für die Anfechtungsberechtigung des leiblichen Vaters noch gar nicht vorliegen. Das kann auch die Altfälle betreffen, für die gem. Art. 229 § 10 EGBGB erst am 30. 4. 2004 die Zweijahresfrist zu laufen begann. Diese Anfechtungsfrist lief also auch dann zum 30. 4. 2006 ab, wenn das Kind bis dahin mit seinem rechtlichen Vater zusammenwohnte und dadurch die Anfechtung durch den leiblichen Vater die gesamte Zeit ausgeschlossen war. Der Gesetzgeber hat hier wenig überzeugend dem Bedürfnis nach baldiger Rechtssicherheit in Abstammungsfragen den Vorrang eingeräumt.[102] In der Gesetzesbegründung heißt es dazu lediglich, dass diese Klarstellung die Rechtsanwendung in der Praxis erleichtern soll.[103] Der Fristenlauf ist auch nicht gehemmt, wenn der leibliche Vater zwar wusste bzw. ahnte, dass das Kind nicht von seinem rechtlichen Vater abstammt, er aber auch keinen Anlass sieht bzw. sah, von seiner eigenen Vaterschaft auszugehen, zB weil beim Verkehr mit der Mutter vermeintlich sicher verhütet worden war. In diesem eher seltenen, aber durchaus denkbaren Fall kann die Anfechtungsfrist des § 1600 Abs. 1 ablaufen, bevor sich der leibliche Vater seiner biologischen Vaterschaft und seines Anfechtungsrechts überhaupt bewusst geworden ist. Die Kenntnis von Tatsachen, die für die eigene Vaterschaft sprechen, wird für den Fristenlauf insofern nicht vorausgesetzt. Insgesamt überzeugt das nicht; die Frist sollte erst zu laufen beginnen, wenn alle materiellen Anfechtungsvoraussetzungen auch vorliegen.[104] In diese Richtung geht auch eine Entscheidung des AG Herford, das im Sinne eines interessengerechten Ergebnisses (letztlich praeter legem) einen Hemmungstatbestand bejahte.[105]

---

[99] BGH FamRZ 2002, 880 mit zustim. Anm. *Veit* S. 953 f.
[100] OLG Hamm FamRZ 1999, 1362.
[101] Näher dazu *Staudinger/Rauscher* Anh. I § 1600b Rn. 1 f.
[102] Krit. auch *Gernhuber/Coester-Waltjen* § 52 Rn. 123; *Eckebrecht* FPR 2005, 209; *Frank*, FS Schwab, 2005, S. 1127, 1131 f.; *Will* FPR 2005, 177; *Luh* S. 242; anderer Vorschlag schon zuvor bei *Wellenhofer-Klein* FamRZ 2003, 1889, 1893; rechtfertigend aber BGH FamRZ 2007, 538, 541; *Höfelmann* FamRZ 2004, 745, 749; *Büttner*, FS Schwab, 2005, S. 735, 741; *Machulla* ZFE 2004, 171, 173.
[103] BT-Drucks. 15/2492 S. 9.
[104] In diesem Sinne auch *Huber* FamRZ 2003, 825; wohl auch *Muscheler* FamR Rn. 559; *Gernhuber/Coester-Waltjen* § 52 Rn. 123.
[105] AG Herford FamRZ 2008, 1270.

IV. Anfechtungsfrist der Behörde, Abs. 1 a

Für die Anfechtung durch die Behörde (dazu § 1600 Rn. 17 ff.) gilt abweichend von Abs. 1 eine **Frist von einem Jahr.**[106] Für ihren Beginn gilt Abs. 1 S. 2 aber ebenso. Der Wortlaut des Abs. 1 a orientiert sich an § 48 Abs. 4 VwVfG. Im Interesse des Betroffenen sowie der Ausländerbehörden und Auslandsvertretungen wurde eine kürzere Frist gewählt. Die Frage der Rechtsbeständigkeit der Vaterschaftsanerkennung soll eben – wegen der damit verbundenen ausländerrechtlichen Folgen – möglichst schnell geklärt werden. Im Sinne des Vertrauensschutzes ist – unabhängig vom Zeitpunkt der Kenntniserlangung durch die Behörde – eine absolute **Ausschlussfrist von fünf Jahren** vorgesehen.[107] Auf diese Höchstfrist findet der Hemmungstatbestand in Abs. 6 keine Anwendung, wohl aber auf die Einjahresfrist.[108] Die **Übergangsregelung** im neuen Art. 229 § 16 EGBGB sieht zudem vor, dass die Anfechtungsfrist gem. Abs. 1 a im Fall der Anfechtung nach § 1600 Abs. 1 Nr. 5 nicht vor dem 1. 6. 2008 beginnt.[109] Damit soll auch in Fällen, in denen der Behörde der entscheidende Sachverhalt schon lange bekannt ist, die volle Anfechtungsfrist zur Verfügung stehen. Fraglich ist, ob damit eine unzulässige Rückwirkung eines Gesetzes verbunden ist.[110] Das ist jedoch zu verneinen, weil der Anfechtungstatbestand nur rechtsmissbräuchliche Vaterschaftsanerkennungen erfasst und insoweit kein schützenswertes Vertrauen auf die frühere Rechtslage entstanden sein kann.

V. Besondere Fälle des Fristbeginns, Abs. 2

1. Fristbeginn nicht vor Geburt des Kindes. Die Regelung des Abs. 2 S. 1 HS 1 bewirkt, dass die Zweijahresfrist auch dann erst mit der Geburt des Kindes beginnt, wenn der Anfechtungsberechtigte die Umstände, die auf die anderweitige Abstammung des ungeborenen Kindes hindeuten, bereits früher erfährt. Schließlich gewinnt die Überlegungsfrist von zwei Jahren erst mit Existenz des Kindes richtig an Bedeutung. Somit kann auch nicht vor Geburt des Kindes der Anfechtungsantrag eingereicht werden.[111] Darüber hinaus soll das Gesetz keine Obliegenheit begründen, sich nach der Geburt des Kindes zu erkundigen.[112] Auch daraus wird deutlich, dass die Kenntnis iSv. Abs. 1 S. 2 zwangsläufig auch die Kenntnis von der Geburt des Kindes voraussetzt. Das gilt auch für vor dem 1. 7. 1998 geborene Kinder.[113] Auch die behördliche Anfechtungsfrist nach Abs. 1 a beginnt frühestens mit der Geburt des Kindes.[114]

2. Besonderheiten bei Anfechtung einer auf Anerkennung beruhenden Vaterschaft. Beruht die Vaterschaft auf Anerkennung (§ 1592 Nr. 2), ist zu beachten, dass die Anfechtungsfrist frühestens mit Eintritt aller Wirksamkeitsvoraussetzungen der Anerkennung zu laufen beginnt, Abs. 2 S. 1. Für den **wider besseren Wissens** anerkennenden Mann beginnt die Frist also mit der wirksamen Anerkennung.[115] Bei pränataler Anerkennung beginnt die Frist aber nicht vor der Geburt des Kindes. Im Fall des § 1599 Abs. 2 müssen sämtliche Wirksamkeitsvoraussetzungen für die Anerkennung durch den „Dritten" erfüllt sein, also insbes. auch das Scheidungsurteil rechtskräftig sein. Im Übrigen gelten im Hinblick auf die fristauslösenden Kenntnisse die allgemeinen Grundsätze (s. Rn. 9 f.).[116] Leidet die Anerkennung unter einem **Willensmangel nach § 119 Abs. 1** (Irrtum über den Inhalt der Erklärung) oder nach § 123 **(arglistige Täuschung, widerrechtliche Drohung)**, so gilt ebenfalls die Zweijahresfrist des Abs. 1 S. 1. § 1600b Abs. 1 ist hier lex specialis gegenüber §§ 122, 124. Die Frist beginnt im Fall des § 123 Abs. 1 1. Alt. mit der Entdeckung der Täuschung. Das erfordert mehr als das Aufkommen ernster Zweifel an der Vaterschaft, nämlich die sichere Kenntnis von der Unrichtigkeit der Angaben der Mutter. Im Fall der widerrechtlichen Drohung (§ 123 Abs. 1 2. Alt.) beginnt die Frist zwar nach allg. Grundsätzen mit Erlangung der entspr. Kenntnis, hier greift jedoch die Hemmungsvorschrift des Abs. 5 (s. Rn. 33)

---

[106] Die Frist hält *Finger* JR 2007, 56 tendenziell für zu lang.
[107] Vgl. dazu BR-Drucks. 624/06 S. 26 und BT-Drucks. 16/3291 S. 15 mit Verweis auf gleiche Frist in § 24 Abs. 2 StAngRegG.
[108] *Löhnig* FamRZ 2008, 1130, 1132 f.
[109] Krit. *Finger* JR 2007, 50, 56; *Staudinger/Rauscher* Anh. II § 1600b Rn. 1 f.
[110] Bejahend AG Hamburg-Altona FamRZ 2010, 1176, Aussetzungsbeschluss zum Zweck der Vorlage beim BVerfG; aA OLG Oldenburg FamRZ 2009, 1925, 1927; *Staudinger/Rauscher* Rn. 7c, Anh. II § 1600b Rn. 3.
[111] OLG Rostock NJW-RR 2007, 291.
[112] BGHZ 10, 111, 113 = NJW 1953, 1348.
[113] OLG Stuttgart FamRZ 1999, 1003.
[114] BT-Drucks. 16/3291 S. 13.
[115] So schon auf Basis des alten Rechts OLG München FamRZ 1987, 307; KG NJW-RR 1995, 70; *Staudinger/Rauscher* Rn. 48.
[116] OLG Hamm DAVorm. 1984, 402, 404 f.; OLG Stuttgart DAVorm. 1986, 279 (vermutete Zeugungsunfähigkeit).

§ 1600b 23–25 Abschnitt 2. Titel 2. Abstammung

ein. Auf das Vorliegen der Anfechtungsgründe nach den §§ 119 ff. kommt es nach geltendem Recht allerdings nicht an. Diese Umstände können lediglich mittelbar bei der Frage nach dem Beginn der Kenntnis nach Abs. 1 S. 2 eine Rolle spielen. Eine Bestätigung der Anerkennungserklärung iSv. § 144 führt nicht zu einem Ausschluss des Anfechtungsrechts und auch nicht zu einer vorzeitigen Beendigung der Zweijahresfrist des Abs. 1.

23   **3. Fristbeginn im Fall des § 1593 S. 4.** Wenn die Mutter kurz nach Scheidung der ersten Ehe wieder eine Ehe geschlossen hat und ihr Kind infolgedessen zwei Ehemännern zugeordnet werden kann, beginnt die Anfechtungsfrist für den ersten Ehemann, wenn der Anfechtungsantrag des zweiten Ehemannes Erfolg hatte (vgl. § 1593 S. 4), gem. Abs. 2 S. 2 frühestens mit der Rechtskraft der Entscheidung, durch die festgestellt wird, dass der neue Ehemann der Mutter nicht der Vater des Kindes ist. Nach Sinn und Zweck der Regelung kann die Anfechtungsfrist des einzelnen Anfechtungsberechtigten gleichwohl erst dann beginnen, wenn er von der rechtskräftigen Entsch. Kenntnis erlangt hat.[117] Bei einer Anfechtung in diesem Fall ist für die Kenntnis iSd. Abs. 1 S. 2 auch erforderlich, dass der Anfechtungsberechtigte weiß, dass die Geburt in die Ehe oder in die 300 Tage nach Auflösung oder Nichtigerklärung der Ehe fällt.[118]

VI. Erneute Anfechtungsfrist für das volljährige Kind, Abs. 3

24   **1. Anwendungsbereich.** Nach Abs. 3, 4 und 6 gelten in bestimmten Fällen zusätzliche, wiederum jeweils zwei Jahre dauernde Anfechtungsfristen, auf die Abs. 6 ebenfalls Anwendung findet. Die Regelung in Abs. 3 entspricht § 1598 S. 1 aF. Hat der gesetzliche Vertreter des Kindes nicht rechtzeitig nach Erlangung der Kenntnis von den gegen die Vaterschaft sprechenden Umständen angefochten, dann kann das Kind die Vaterschaft nach Eintritt der Volljährigkeit selbst anfechten. Das betrifft sowohl den Fall, dass der gesetzliche Vertreter die erforderliche Kenntnis hatte, aber nicht oder nicht rechtzeitig angefochten hat, als auch den Fall, dass der gesetzliche Vertreter nie Kenntnis von den betr. Umständen erlangt hat. Weiterhin wird der Fall erfasst, dass der Antrag des gesetzlichen Vertreters aus sonstigen Gründen (zB wegen Nichtvorliegens der Voraussetzungen des § 1600a Abs. 4) als unzulässig abgewiesen wurde. Mit „**Kind**" iSv. Abs. 3 ist nur das (minderjährige oder volljährige) Kind gemeint, auf das sich die Vaterschaft eines Mannes nach § 1592 Nr. 1 oder 2 bezieht. Nicht gemeint ist die Anfechtung durch den minderjährigen Mann oder die minderjährige Mutter.[119] Sie können nach § 1600a Abs. 2 als beschränkt Geschäftsfähige nur selbst anfechten; eine zusätzliche Frist für sie kann sich nur aus Abs. 4 oder 6 ergeben.

25   **2. Fristenlauf für die Anfechtung durch den gesetzlichen Vertreter.** Für das minderjährige geschäftsunfähige oder beschränkt geschäftsfähige Kind kann nur sein gesetzlicher Vertreter anfechten (§ 1600a Abs. 3). Die zweijährige Anfechtungsfrist (Abs. 2 S. 1) beginnt in diesen Fällen zu laufen, wenn der gesetzliche Vertreter von den für die anderweitige Abstammung sprechenden Umständen Kenntnis erlangt hat.[120] Dabei kommt es nicht auf Kenntnisse des Vertretenen, sondern allein auf die Kenntnis des zur Ausübung des Anfechtungsrechts befugten gesetzlichen Vertreters an (§ 166 Abs. 1);[121] die Kenntnis der Mutter als gesetzliche Vertreterin des Kindes setzt die Frist erst in Lauf, wenn die Mutter nach entsprechender Sorgeregelung für das Kind einen Anfechtungsantrag stellen kann.[122] Sind die Eltern, insbes. bei gemeinsamem Sorgerecht,[123] von der Vertretung des Kindes im Anfechtungsverfahren ausgeschlossen (§§ 1629 Abs. 2 S. 1, 1795 Abs. 1 Nr. 3; dazu § 1600a Rn. 8 f.), so beginnt die Frist erst, wenn ein Pfleger bestellt ist und dieser die entspr. Kenntnis erlangt hat. **Wechselt die Person des ges. Vertreters** während des Laufs der Frist, so läuft die Frist erst weiter, sobald der neue ges. Vertreter über die erforderliche Kenntnis iSv. Abs. 1 S. 2 verfügt.[124] Hat ein zur Vertretung im Anfechtungsverfahren berechtigter gesetzlicher Vertreter

---

[117] *Palandt/Brudermüller* Rn. 19; *Soergel/Gaul* § 1600 Rn. 7; *Erman/Hammermann* Rn. 22.
[118] RG JW 1938, 2017; OLG Stuttgart DAVorm. 1985, 1015.
[119] *Palandt/Brudermüller* Rn. 21; *Staudinger/Rauscher* Rn. 74.
[120] AllgM; vgl. OLG Brandenburg FamRZ 2008, 829; OLG Köln FamRZ 2001, 245; KG FamRZ 1978, 927; OLG Bamberg FamRZ 1992, 220; aA *Helbig* DAVorm. 1995, 776.
[121] OLG Hamm FamRZ 1999, 1362, 1363; OLG Frankfurt DAVorm. 1996, 901; OLG Koblenz DAVorm. 1983, 735; OLG Nürnberg NJW-RR 1987, 389; BayObLG FamRZ 1993, 840; OLG Bamberg NJW-RR 1992, 387; *Staudinger/Rauscher* Rn. 38; *Erman/Hammermann* Rn. 10; aA OLG Rostock FamRZ 1996, 238 mit abl. Anm. *Böckermann*.
[122] OLG Brandenburg FamRZ 2008, 829; BGH NJW 1972, 1708; OLG Köln FamRZ 2001, 245; DAVorm. 1976, 638; OLG Frankfurt/M. DAVorm. 1996, 901; OLG Hamm DAVorm. 1987, 535.
[123] OLG Köln FamRZ 2001, 245.
[124] BGH NJW 1972, 1708; KG FamRZ 1974, 380.

Anfechtungsfristen 26–28 § 1600b

die Frist versäumt, so läuft für seinen Nachfolger keine erneute Frist.[125] Ein später bestellter Ergänzungspfleger kann nicht mehr wirksam anfechten.[126] Bis zur Volljährigkeit des Kindes bleibt es dann bei der Vaterschaft des Scheinvaters.[127] Mit Beendigung der gesetzlichen Vertretung des Kindes durch Eintritt der Volljährigkeit setzt aber die volle, erneute Frist des Abs. 3 ein. Sie beginnt nach Abs. 3 S. 2 nicht vor dem Zeitpunkt, in dem das Kind selbst von den Umständen erfährt, die gegen die Vaterschaft sprechen.[128] Ist das Kind bei Volljährigkeit geschäftsunfähig, bleibt es bei der gesetzlichen Vertretung. Eine neue Frist für das Kind läuft dann erst mit Wegfall der Geschäftsunfähigkeit (Abs. 4).

3. Kind ohne ges. Vertreter; Fristhemmung. Solange das Kind ohne gesetzlichen Vertreter 26 ist (zB vor Bestellung des Pflegers), der für das Kind wirksam anfechten könnte, läuft die Frist nach Abs. 1 S. 1 nicht, weil es an einer Person fehlt, der die Kenntnis der nach Abs. 1 S. 2 maßgebenden Umstände zugerechnet werden könnte. Folglich ist hier für die entsprechende Anwendung von § 206, der eine laufende Frist voraussetzt, kein Raum.[129] § 206 (dazu Rn. 34) hat wegen der Sonderregelung des Abs. 3 ohnehin nur geringe Bedeutung. Eine Fristhemmung nach dieser Vorschrift tritt nicht ein, wenn das Kind unmittelbar vor und nach Erreichen der Volljährigkeit geschäftsunfähig war und die Geschäftsunfähigkeit später wegfällt. Solange das Kind minderjährig war, konnte sein gesetzlicher Vertreter die Vaterschaft anfechten (§ 1600a Abs. 3). Unterließ dieser die Anfechtung, so könnte das Kind, wäre es bei Eintritt der Volljährigkeit geschäftsunfähig geblieben, selbst anfechten (Abs. 3). War für das Kind bei Erreichen der Volljährigkeit ein Betreuer nicht bestellt, so fehlte von diesem Zeitpunkt an eine Person, der die Kenntnis der für den Fristablauf maßgebenden Umstände zugerechnet werden konnte. § 206 findet daher, wie gesagt, keine Anwendung. Eine Fristhemmung kann entspr. § 206 eintreten, solange das Kind oder der zur Anfechtung befugte ges. Vertreter durch **höhere Gewalt** an der Anfechtung gehindert ist. Dies kommt in Betracht, wenn der Pfleger am letzten Tag der Frist einen ordnungsgemäßen Verfahrenskostenhilfeantrag einreicht,[130] ferner, wenn die an sich vertretungsberechtigte Mutter den Anfechtungsantrag wegen eines Interessengegensatzes, der gem. §§ 1629 Abs. 2 S. 3, 1796 die Entziehung der Vertretung gerechtfertigt hätte, unterlassen hat.[131]

4. Auswirkungen einer früheren rechtskräftigen Entscheidung. War vor Eintritt der 27 Volljährigkeit ein Anfechtungsantrag des gesetzlichen Vertreters **rechtskräftig abgewiesen** worden, so kommt es im Hinblick auf die damit verbundenen Rechtsfolgen für eine weitere Anfechtung durch das volljährig gewordene Kind auf die **Begründung** der früheren Entscheidung an: War die Abweisung wegen Fristversäumung des gesetzlichen Vertreters oder deshalb erfolgt, weil das Gericht sie als dem Wohl des Vertretenen nicht dienlich erachtete (§ 1600a Abs. 4), so steht die Entsch. einem eigenen Anfechtungsantrag des volljährig gewordenen Kindes nicht entgegen,[132] weil über den Anfechtungsgrund selbst, nämlich das Bestehen der Vaterschaft, nicht rechtskräftig entschieden wurde; letztlich sollen Mängel bei der Ausübung des Anfechtungsrechts durch den ges. Vertreter dem Kind auch nicht endgültig schaden. Wurde über den Anfechtungsantrag des gesetzlichen Vertreters jedoch abschlägig entschieden, weil es am Nachweis der nicht bestehenden Vaterschaft fehlt, so bleibt hieran auch das volljährige Kind gebunden.[133] Der Beschluss wirkt für und gegen alle, § 184 Abs. 2 FamFG.

5. Anfechtung durch das volljährig gewordene Kind. Da es dem anfechtungsberechtig- 28 ten Kind keinen endgültigen Nachteil bringen soll, dass sein ges. Vertreter die Anfechtungsfrist versäumt hat, ordnet Abs. 3 an, dass das Anfechtungsrecht des Kindes wieder auflebt, sobald das Kind volljährig (§ 2) wird. Voraussetzung für das eigene Anfechtungsrecht ist allein die Wahrung der Anfechtungsfrist.[134] **Der Beginn des neuen Fristenlaufs** für das Kind ist dabei nach S. 2 doppelt bedingt: zum einen durch das Erreichen der Volljährigkeit und zum anderen durch Erlangung der eigenen Kenntnis iSv. Abs. 1 S. 2. Das heißt insbes., dass dem Kind die (etwaige) vorherige Kenntnis

---

[125] Vgl. OLG Hamm DAVorm. 1988, 65; OLG Nürnberg NJW-RR 1987, 389.
[126] OLG Koblenz FamRZ 1964, 89; OLG Neustadt FamRZ 1965, 80; OLG Hamm DAVorm. 1973, 159; OLG Bamberg FamRZ 1992, 220.
[127] OLG Neustadt FamRZ 1965, 80.
[128] Auf Basis des alten Rechts war diese Frage offen, vgl. *Becker-Eberhardt* FamRZ 1984, 77.
[129] RGRK/*Böckermann* § 1596 aF Rn. 24; *Soergel/Gaul* § 1596 aF Rn. 9; OLG Köln DAVorm. 1976, 638, 640.
[130] KG FamRZ 1978, 927; *Soergel/Gaul* § 1596 aF Rn. 11; *Staudinger/Rauscher* Rn. 59 mwN.
[131] RGRK/*Böckermann* § 1596 aF Rn. 25.
[132] RGRK/*Böckermann* § 1598 aF Rn. 6.
[133] *Staudinger/Rauscher* Rn. 78; *Soergel/Gaul* § 1595 aF Rn. 8, § 1598 Rn. 3; *Palandt/Brudermüller* Rn. 22.
[134] AA *Erman/Hammermann* Rn. 28, der auch einen Anfangsverdacht fordert.

seines ges. Vertreters von den für die Anfechtung maßgebenden Tatsachen nicht zuzurechnen ist. Die Frist beginnt erst, wenn das Kind selbst von den einschlägigen Tatsachen Kenntnis erlangt (zu den diesbezüglichen Voraussetzungen Rn. 9 f.). Erfährt das Kind zB erst als Dreißigjähriger von den Umständen, die gegen die Vaterschaft seines bisherigen „Vaters" sprechen, so kann es sich jetzt zwei Jahre überlegen, ob es anficht oder nicht. Kennt es die Tatsachen schon als Minderjährige, so beginnt die Frist mit Eintritt der Volljährigkeit. Mit der Neuregelung gelten damit für alle Anfechtungsberechtigten die gleichen Grundsätze. Der Wertungswiderspruch der früheren Regelung, wonach die erneute Anfechtungsfrist für das volljährig gewordene Kind unabhängig von der Kenntnis des Kindes von den Umständen, die gegen die Vaterschaft sprechen, zu laufen begann, ist damit beseitigt und dem Verfassungsauftrag des **BVerfG**[135] Genüge getan. Damit werden nun auch das geschäftsunfähige volljährige Kind, dessen gesetzlicher Vertreter die Anfechtungsfrist verstreichen ließ, und das nun geschäftsfähig wird, sowie das minderjährige Kind nach Eintritt der Volljährigkeit gleichgestellt.[136] Das volljährig gewordene Kind kann auch den von seinem gesetzlichen Vertreter geführten Rechtsstreit weiterführen.

29   **6. Geschäftsunfähigkeit des Kindes über die Volljährigkeit hinaus.** War das Kind bei Eintritt der Volljährigkeit geschäftsunfähig und erlangt es erst später die Geschäftsfähigkeit, so ist darauf zu achten, ob ein ges. Vertreter für das Kind bei Eintritt seiner Volljährigkeit bereits vorhanden war; trifft dies zu, so verbleibt es auch nach Eintritt der Volljährigkeit bei der Regelung des § 1600a Abs. 3, wonach bei geschäftsunfähigen Kindern nur der ges. Vertreter anfechten kann. Fehlt bei Vollendung des 18. Lebensjahres des Kindes ein gesetzlicher Vertreter, so beginnt die Zweijahresfrist nicht zu laufen, da keine Person vorhanden ist, der die nach Abs. 1 S. 2 erforderliche maßgebende Kenntnis zugerechnet werden könnte. Eines Rückgriffs auf § 210 bedarf es nicht.

VII. Erneute Anfechtungsfrist nach Wegfall der Geschäftsunfähigkeit des Anfechtungsberechtigten, Abs. 4

30   Für den geschäftsunfähigen Anfechtungsberechtigten kann nur der gesetzliche Vertreter anfechten (§ 1600a Abs. 2 S. 3, Abs. 3). Insoweit ist, was den Fristbeginn nach Abs. 1 S. 2 anbelangt, allein die Person des Vertreters maßgebend. Solange der Geschäftsunfähige ohne gesetzlichen Vertreter ist, läuft keine Frist, da es an einer Person fehlt, der die nach Abs. 1 S. 2 erforderliche Kenntnis zugerechnet werden könnte. Beginnt die Frist des Abs. 1 während des Bestehens einer ges. Vertretung zu laufen, fällt der gesetzliche Vertreter dann aber weg und bleibt der Anfechtungsberechtigte deshalb eine Zeit lang **ohne gesetzlichen Vertreter,** so verbleibt dem neuen Vertreter die Restfrist ab seiner Bestellung; auch diese endet jedoch nicht vor Ablauf von sechs Monaten nach seiner Bestellung (§ 210 Abs. 1 S. 2). Wird der/die Anfechtungsberechtigte erst geschäftsunfähig, nachdem er/sie die für den Fristbeginn entscheidenden Tatsachen erfahren hat, so bleibt dem gesetzlichen Vertreter an sich nur der Rest der Zweijahresfrist, gerechnet von seiner Bestellung an. Diese Restfrist wird aber fast immer mindestens sechs Monate betragen, weil der Bestellung in aller Regel ein Mangel der ges. Vertretung iSv. § 210 Abs. 1 S. 2 vorausgegangen sein wird. Ficht der gesetzliche Vertreter die Vaterschaft nicht oder nicht fristgerecht an, so greift Abs. 4 ein. Der Anfechtungsberechtigte kann dann, wenn er wieder mindestens beschränkt geschäftsfähig wird, die Vaterschaft selbst anfechten. Dabei ist nach S. 2 der Beginn der erneuten Zweijahresfrist, wie im Fall des Abs. 3, **doppelt bedingt:** nämlich durch die Erlangung der zumindest beschränkten Geschäftsfähigkeit einerseits und die Erlangung der Kenntnis iSv. Abs. 1 S. 2 andererseits. Auch hier ist ein etwaiger, vom gesetzlichen Vertreter versäumter Teil der Frist auf die neu eröffnete Anfechtungsfrist nicht anzurechnen.[137] Im Falle eines geschäftsunfähigen **psychisch Kranken** bedeutet dies etwa, dass ihm mit Heilung die volle Zweijahresfrist auch dann zusteht, wenn er alle relevanten Umstände schon früher kannte und ihre Bedeutung auch richtig einordnen konnte. War schon vor Eintritt der Geschäftsunfähigkeit ein **Teil der Frist** abgelaufen, so ist nach Abs. 5 § 210 anzuwenden. Dem jetzt wieder (beschränkt) Geschäftsfähigen bleibt der für ihn noch nicht verstrichene Teil der Frist, mindestens aber eine Frist von sechs Monaten ab Beginn der Anfechtungsfähigkeit.[138]

---

[135] BVerfGE 90, 263 f.
[136] Zur ungerechtfertigten Ungleichbehandlung nach früherem Recht: *Grünkorn* S. 116; *Soergel/Gaul* § 1598 aF Rn. 4; *Becker-Eberhard* FamRZ 1984, 78; Verfassungswidrigkeit der früheren Regelung nahm an OLG Frankfurt NJW 1990, 458; aA RGRK/*Böckermann* § 1598 aF Rn. 7; OLG Köln FamRZ 1984, 77; OLG Bremen FamRZ 1989, 1228; LG Limburg FamRZ 1988, 207; OLG Zweibrücken FamRZ 1992, 217, 219.
[137] *Erman/Hammermann* Rn. 32; *Staudinger/Rauscher* Rn. 85.
[138] S. auch BGH FamRZ 1985, 271, 272.

VIII. Hemmung der Frist, Abs. 5

1. Hemmung in den Fällen des § 1598a Abs. 2. Durch das am 21. 2. 2008 beschlossene **31** Gesetz zur Klärung der Vaterschaft unabhängig vom Anfechtungsverfahren[139] wurde der frühere Abs. 5 inhaltlich unverändert zu Abs. 6, während der frühere Abs. 6 zu Abs. 5 wurde und einen neuen S. 1 erhielt, der auf das neu eingeführte Verfahren zur Klärung der Abstammungsverhältnisse Bezug nimmt. Der weitere Vorschlag, einen neuen § 1600b Abs. 7-E einzuführen, der im Fall der Abstammungsklärung nach § 1598a generell eine neue Anfechtungsfrist von zwei Jahren in Gang setzen sollte,[140] konnte sich im Gesetzgebungsverfahren nicht durchsetzen. Schließlich wäre auf diese Weise faktisch eine unbefristete Vaterschaftsanfechtung ermöglicht worden.[141] Das wäre mit dem bisherigen Fristensystem nicht vereinbar gewesen.

S. 1 sieht einen weiteren Hemmungstatbestand für die Anfechtungsfrist vor. Sie ist gehemmt, **32** solange das **gerichtliche Verfahren** zur Durchsetzung des Anspruchs **auf Abstammungsklärung** bzw. Ersetzung der Einwilligung gem. § 1598a Abs. 2 läuft. Die Hemmung beginnt mit Stellung des Antrags beim FamG. Durch die Verweisung auf § 204 Abs. 2 endet die Hemmung sechs Monate nach der rechtskräftigen Entscheidung (die die Ersetzung der Einwilligung betrifft und nicht die Abstammung selbst) oder nach anderweitiger Beendigung des Verfahrens. Die Regelung soll gewährleisten, dass die Anfechtungsfrist als echte Überlegungsfrist voll erhalten bleibt. So kann der Mann, der aufgrund bestimmter Verdachtsmomente Zweifel an seiner Vaterschaft hat und für den damit die Frist des § 1600b Abs. 1 zu laufen beginnt, zunächst eine Abstammungsklärung nach § 1598a Abs. 2 herbeiführen und sich dabei darauf verlassen, dass die Anfechtungsfrist erst sechs Monate, nachdem eine rechtskräftige Entscheidung im (ggf. zuvor zeitweilig nach § 1598a Abs. 3 ausgesetzten) Klärungsverfahren ergangen ist, weiterläuft. Die Hemmung gilt allerdings nur für das gerichtliche Verfahren der Ersetzung der Einwilligung des anderen Elternteils nach § 1598a Abs. 2 und nicht für das außergerichtliche private Verfahren nach § 1598a Abs. 1. In Art. 229 § 17 EGBGB wurde klargestellt, dass dann, wenn eine Vaterschaftsanfechtungsklage wegen Fristablaufs rechtskräftig abgewiesen worden ist, ein Wiederaufnahmeverfahren nach § 641i ZPO nicht schon deshalb statthaft ist, weil nun eine Abstammungsfeststellung nach § 1598a BGB die Abstammung widerlegt.

2. Hemmung bei widerrechtlicher Drohung. Nach S. 2 ist der Fristablauf gehemmt, **33** solange der Anfechtungsberechtigte widerrechtlich durch Drohung an der Anfechtung gehindert wird. Da im Falle der Drohung die Kenntnis iSv. Abs. 1 idR gegeben ist und die Frist damit grundsätzlich in Gang gesetzt würde und ungenutzt ablaufen könnte, weil sich der Anfechtungsberechtigte weiter infolge der Drohung der Anfechtung enthält, bedurfte es einer Ausnahmeregelung für diesen Fall, die in Gestalt einer Hemmungsregelung getroffen wurde. Auch wenn dabei eine entspr. Bezugnahme auf die Vorschriften des Allg. Teils des BGB fehlt, gelten für Begriff und Tatbestand der Drohung die §§ 123, 124.[142] Eine Drohung ist die Erregung von Furcht vor einem künftigen Übel, auf das der Drohende Einfluss nehmen zu können behauptet.[143] Sie kann von einer beliebigen Person ausgehen, muss aber **widerrechtlich** sein. Dabei kann sich die Widerrechtlichkeit der Drohung im vorliegenden Zusammenhang aus dem angedrohten Verhalten oder auch aus der Relation von Zweck (Abhaltung von der Anfechtung der Vaterschaft) und Mittel ergeben. Die Ankündigung gerichtlicher Schritte allein wird aber grundsätzlich nicht als widerrechtlich eingeordnet werden können.[144] Ein bei der Anerkennung unterlaufener **Irrtum nach § 119 Abs. 1,** sei es über die Person des Kindes oder die Bedeutung der Anerkennungserklärung,[145] begründet keinen Hemmungstatbestand; diese Fälle sind ohne Weiteres über Abs. 1 zu lösen. Gleiches gilt für Täuschungsfälle iSd. § 123 Abs. 1.

3. Hemmung aus tatsächlichen Gründen, § 206. a) Wirkung der Hemmung. Auf **34** den Lauf der Ausschlussfrist sind nach Abs. 5 S. 3 die Vorschriften über die Hemmung der Verjährung wegen höherer Gewalt (§ 206[146]) und wegen Mangels der gesetzlichen Vertretung (§ 210)

---

[139] Regierungsentwurf BT-Drucks. 16/6561; Beschlussempfehlung und Bericht des Rechtsausschusses BT-Drucks. 16/8219 vom 20. 2. 2008.
[140] Siehe BT-Drucks. 16/6561 S. 13, 21.
[141] Vgl. *Frank/Helms* FamRZ 2007, 1277, 1280; krit. auch *Schwab* FamRZ 2008, 23, 26; *Groß* FPR 2007, 392, 393.
[142] Vgl. OLG Jena FamRZ 2009, 705.
[143] BGH LM § 123 Nr. 23.
[144] Vgl. RGRK/*Böckermann* § 1600h, i aF Rn. 20; *Palandt/Brudermüller* Rn. 17.
[145] *Staudinger/Rauscher* Rn. 55.
[146] Früher § 203, Umnummerierung und Streichung von Abs. 1 (mit dem praktisch irrelevanten Unterfall des Stillstands der Rechtspflege) erfolgten durch das Schuldrechtsmodernisierungsgesetz vom 26. 11. 2001 (BGBl. I S. 3138).

entsprechend anzuwenden. Die **Wirkung der Hemmung** besteht grundsätzlich darin, dass der Zeitraum, während dessen der Fristenlauf gehemmt war, nicht in die Anfechtungsfrist eingerechnet wird (§ 209).[147] Bei Fristhemmung nach § 206 verlängert sich die Frist allerdings nur um den Zeitraum, in dem der Berechtigte **innerhalb der letzten sechs Monate** der Frist an der Rechtsverfolgung verhindert war sowie um den Zeitraum, den diese Verhinderung ggf. noch andauert.[148] Die **Beweislast** für die Voraussetzungen der Hemmung trägt jeweils die Partei, die sich auf die Einhaltung der Frist beruft (näher Rn. 6).[149]

35 b) **Begriff der höheren Gewalt. Höhere Gewalt iSv. § 206** liegt vor, wenn die Verhinderung auf Ereignissen beruht, die unter den gegebenen Umständen auch durch die äußerste billigerweise zu erwartende Sorgfalt nicht verhindert werden konnten.[150] Der Tatbestand des § 206 wird von der Rspr. **eng ausgelegt**.[151] Jedes noch so geringe eigene Verschulden schließt höhere Gewalt aus. So geht die schuldhafte Fristversäumung des Verfahrensbevollmächtigten zu Lasten des Anfechtenden, da er für dessen Verschulden wie für eigenes einzustehen hat.[152] Ebenfalls kein Fall von höherer Gewalt ist laut BGH gegeben, wenn der Anfechtende außergerichtlich über die rechtlichen Voraussetzungen der Anfechtung **anwaltlich falsch beraten** worden ist.[153] Der Anfechtungsberechtigte bleibe dann auf Haftungsansprüche gegen den Anwalt beschränkt. Gegen diese Ansicht bestehen jedoch Bedenken. Sie ist auch bei Berücksichtigung von **§ 85 Abs. 2 ZPO** nicht zwingend. Ebenso gut könnte aus dieser Vorschrift der Umkehrschluss gezogen werden, dass das Verschulden des nur in beratender Funktion tätigen Rechtsanwalts dem Anfechtungsberechtigten grundsätzlich nicht schadet. Bei Fristversäumung des **gesetzlichen Vertreters** gelten Abs. 3 und 4.

36 c) **Weitere Beispiele.** Bei plötzlicher schwerer **Erkrankung** ist höhere Gewalt anzunehmen,[154] bei **Strafhaft** dagegen grundsätzlich nicht.[155] **Rechtsunkenntnis** des Anfechtungsberechtigten über die Notwendigkeit der Anfechtung oder über die gesetzliche Regelung des Beginns und Laufs der Frist beruht gewöhnlich nicht auf höherer Gewalt.[156] Nicht ausreichend sind auch mangelnde Kenntnisse vom deutschen Recht bei **Ausländern**.[157] Auch eine grundlegende Veränderung der Lebensumstände, nämlich das unerwartete Scheitern der Ehe nach heterologer Insemination,[158] begründet keine höhere Gewalt. Anders kann es nur liegen, wenn der Rechtsirrtum unvermeidbar war,[159] zB wenn beim Anfechtungsberechtigten durch unrichtige Personenstandsbeurkundung der Eindruck erweckt wird, er brauche für die Feststellung des Nichtbestehens der Vaterschaft nichts weiter zu tun;[160] oder wenn irrtümlich für das Kind eine Amtspflegschaft geführt worden war (§ 1706 aF) und der Mann auf die Richtigkeit des amtlichen Vorgehens vertraut hatte.[161] Gleiches gilt für den Fall, dass im Scheidungsbeschluss die Feststellung getroffen wird, aus der Ehe seien keine Kinder hervorgegangen, obwohl die Frau im Zeitraum des § 1593 ein Kind geboren hat;[162] oder wenn der Anfechtungsberechtigte auf einen **fehlerhaften Hinweis des Gerichts** vertraut hat.[163] Höhere Gewalt liegt außerdem bei sonstigen unzutr. oder missverständlichen behördlichen oder

---

[147] Vgl. OGHZ 3, 168.
[148] BGH FamRZ 1982, 917; AG Luckenwalde FamRZ 2011, 1077.
[149] BGH NJW 1994, 2752, 2754; OLG Zweibrücken FamRZ 1984, 81.
[150] RGZ 101, 95; 158, 361; BGHZ 81, 353, 355; BGH NJW 1994, 2752, 2753; allgM, *Soergel/Gaul* § 1594 aF Rn. 13.
[151] Zuletzt dazu BGH NJW 2008, 3061, Tz. 32; OLG Dresden FamRZ 2002, 35; OLG Koblenz FamRZ 2007, 2098.
[152] BGHZ 31, 342, 347 = NJW 1960, 766 gegen RGZ 158, 360; BGHZ 81, 353, 355 = NJW 1982, 96; BGH FamRZ 1982, 49, 918.
[153] So sehr weitgehend BGHZ 81, 353 = NJW 1982, 96; BGH FamRZ 1972, 498; BGHZ 31, 342, 347 = NJW 1960, 766; s. auch BVerfGE 35, 41.
[154] OLG Hamburg HansGZ 1936 B 29.
[155] SchlHOLG SchlHA 1949, 367; s. aber auch OLG Stuttgart HRR 1935 Nr. 716.
[156] AG Hamburg DAVorm. 1983, 314; OLG Koblenz FamRZ 2007, 2098; aA AG Schweinfurt FamRZ 1999, 1368, 1369 mit abl. Anm. *Henrich*.
[157] BGH NJW-RR 1991, 386, 387; aA für US-Amerikaner AG Schweinfurt FamRZ 1999, 1368, 1369 mit abl. Anm. *Henrich*.
[158] OLG Köln FamRZ 1997, 171.
[159] BGHZ 24, 134, 136 = NJW 1957, 1069; BGH NJW-RR 1991, 386; abw. OLG München FamRZ 1972, 372; krit. auch OLG Frankfurt DAVorm. 1984, 405.
[160] RGZ 160, 92, 95; weitere Fälle: OLG Hamm FamRZ 1977, 551, 552; BGH FamRZ 1972, 498, 500.
[161] RG JW 1927, 1195; s. auch OLG München FamRZ 1972, 372 (Inzidentfeststellung der Nichtehelichkeit im Scheidungsurt.) sowie BGH FamRZ 1982, 917, 918.
[162] OLG München FamRZ 1972, 372; OLG Frankfurt/M. FamRZ 1984, 414.
[163] BGH NJW 2008, 3061; OLG Jena OLG-NL 1995, 182.

gerichtlichen Auskünften vor.[164] Deren Fehler werden dem Anfechtungsberechtigten nicht zugerechnet. Weitere Fälle bilden die verzögerte Bestellung eines Pflegers für das Kind auf Grund unrichtiger Sachbehandlung des Gerichts,[165] die ungebührlich lange **Verzögerung der Zustellung des Anfechtungsantrags** durch das Gericht,[166] sowie erst recht das Unterbleiben der Antragszustellung infolge unrichtiger Sachbehandlung des Gerichts.[167]

4. Ablaufhemmung bei nicht voll Geschäftsfähigen. § 210[168] betrifft nur den Fall, dass 37 der Mann oder die Mutter in dem Zeitpunkt, in dem sie Kenntnis iSv. Abs. 1 S. 2 erlangen, unbeschränkt oder beschränkt geschäftsfähig sind, dann aber während des Fristenlaufs geschäftsunfähig (§ 104) werden und (auch nur kurzfristig) ohne gesetzlichen Vertreter sind.[169] In diesem Fall wird zwar nicht der Lauf der Frist, wohl aber der Ablauf der Frist gehemmt. Die Frist läuft dann erst sechs Monate nach dem Zeitpunkt ab, in dem die Person ihre volle Geschäftsfähigkeit wiedererlangt hat oder der Mangel der Vertretung behoben wird (§ 210 Abs. 1 S. 1). Das führt im Ergebnis überall dort zu einer Fristverlängerung, wo vor Eintritt der Geschäftsunfähigkeit bereits mehr als $1^1/_2$ Jahre der Frist abgelaufen waren. Tritt nachträglich jedoch nur beschränkte Geschäftsfähigkeit ein, so sind Vater und Mutter für den Anfechtungsantrag nach wie vor voll verfahrensfähig (§ 1600a Abs. 2 S. 2; § 9 Abs. 1 FamFG) und bedürfen ohnehin keiner ges. Vertretung, weshalb § 210 nicht eingreift (§ 210 Abs. 2). Ferner ist die Anfechtungsfrist nicht gehemmt bei einem Wechsel in der Person des gesetzlichen Vertreters.[170] **Unanwendbar** ist § 210 auch bei fehlender gesetzlicher Vertretung des Kindes,[171] zB wenn die Mutter das Kind bis zur Übertragung der elterlichen Gewalt auf sie (nach § 1671 oder § 1672) wegen §§ 1795 Abs. 1 Nr. 3, 1629 Abs. 2 S. 1 nicht vertreten kann. Hier ist für das Kind ein Verfahrenspfleger zu bestellen (§ 1909; § 57 ZPO).[172]

5. Sonstige Fälle. Keine Fristhemmung tritt ein durch die zeitweise Unmöglichkeit der Erlan- 38 gung tauglicher Beweismittel (etwa eines Blutgruppengutachtens), mag der Grund in der Person des Mannes oder im jeweiligen Stand der Wissenschaft liegen.[173] Zur Hemmung solange es an einer Vertretung für das Kind fehlt, s. Rn. 26. Zur Fristhemmung bei Anwendung des Rechts der ehemaligen DDR s. Art. 234 § 7 Abs. 3 EGBGB.

IX. Erneute Anfechtungsfrist bei späterem Bekanntwerden von Unzumutbarkeitsgründen, Abs. 6

1. Anwendungsbereich. Abs. 6 (früher Abs. 5, vgl. Rn. 31) lässt die Anfechtungsfrist erneut 39 in vollem Umfang aufleben, wenn das Kind Kenntnis von Umständen erlangt, auf Grund derer die Folgen der Vaterschaft für es unzumutbar werden. Die Regelung war im Gesetzgebungsverfahren nicht unumstr.; schließlich kann sie dazu führen, dass die Frage der Abstammung über einen langen Zeitraum in der Schwebe bleibt.[174] Andererseits sollte die Neuregelung im Hinblick auf die Anfechtungsfristen des Kindes nicht hinter dem früheren Recht zurückbleiben, das in vergleichbaren Fällen Anfechtungsrechte über einen längeren Zeitraum gewährte.[175] In den Genuss der zusätzlichen Anfechtungsfrist nach Abs. 6 kommt **nur das mj. oder volljährige Kind** (iSd. § 1600), das seine eigene Abstammung klären will.[176] Eine entsprechende Anwendung auf die anderen Anfechtungsberechtigten, (Schein)Vater oder Mutter, scheidet aus. Da Abs. 6 die zusätzlich nachzuweisende Voraussetzung der Unzumutbarkeit aufstellt, wird seine Anwendung praktisch erst dann relevant, wenn die dem anfechtungsberechtigten Kind und seinem gesetzlichen Vertreter nach Abs. 1, 3 und 4 zustehenden Fristen abgelaufen sind. Solange das Kind nicht voll geschäftsfähig ist, kommt die zusätzliche Frist des Abs. 6 dem gesetzlichen Vertreter zugute.[177] Dieser kann trotz Versäumung der

---
[164] OLG Hamm FamRZ 1977, 551.
[165] BGH NJW 1995, 1419; OLG Köln DAVorm. 1976, 348.
[166] RG WarnR 1936 Nr. 40; s. auch OLG Köln DAVorm. 1976, 348.
[167] OLG Hamm FamRZ 1977, 551, 552.
[168] Früher § 206; Umnummerierung und Neufassung durch Schuldrechtsmodernisierungsgesetz vom 26. 11. 2001 (BGBl. I S. 3138).
[169] S. NK-BGB/*Gutzeit* Rn. 23.
[170] Vgl. RGRK/*Böckermann* § 1594 aF Rn. 18; *Staudinger/Rauscher* Rn. 63.
[171] KG NJW-RR 1995, 70, 72; *Staudinger/Rauscher* Rn. 64; aA wohl OLG Schleswig FamRZ 2007, 1902.
[172] S. auch RGRK/*Böckermann* § 1594 aF Rn. 18; *Staudinger/Rauscher* Rn. 38.
[173] RG JW 1935, 2716; § 641i ZPO ist hier nicht anwendbar, BGH NJW 1975, 1465 m. Anm. *Braun* NJW 1975, 2196.
[174] Vgl. BR-Drucks. 180/96 S. 5.
[175] BReg BT-Drucks. 13/4899 S. 166.
[176] *Palandt/Brudermüller* Rn. 30; *Staudinger/Rauscher* Rn. 86.
[177] Vgl. OLG Brandenburg FamRZ 2008, 829.

§ 1600b 40, 41

Frist des Abs. 1 S. 2 erneut auf Basis von Abs. 6 anfechten, sobald ihm entsprechende Unzumutbarkeitstatsachen bekannt werden. Mit Eintritt der unbeschränkten Geschäftsfähigkeit ist allein auf die Person und Kenntnis des Kindes abzustellen. In zeitlicher Hinsicht ist die Anwendung des Abs. 6 unbeschränkt.

40   **2. Unzumutbarkeit der Vaterschaft.** Nach früherem Recht konnte das Kind nach §§ 1596 Abs. 1, 1600 i Abs. 5 aF unbefristet anfechten, wenn die Anfechtung wegen einer schweren Verfehlung des Mannes gegen das Kind, wegen ehrlosen oder unsittlichen Lebenswandels oder einer schweren Erbkrankheit des Mannes sittlich gerechtfertigt war. Das geltende Recht verzichtet im Hinblick auf die Unmöglichkeit, alle denkbaren Fallgestaltungen abschließend zu erfassen, auf eine Fixierung von bestimmten Unzumutbarkeitsgründen.[178] Das frühere Recht kann gleichwohl zur Ausfüllung der Generalklausel herangezogen werden. So kann sich die Unzumutbarkeit ergeben aus dem Tod des Scheinvaters, der **Auflösung der Ehe oder nichtehelichen Lebensgemeinschaft der Eltern,** der Eheschließung der Mutter mit dem leiblichen Vater des Kindes,[179] insbes. wenn aus dieser Beziehung noch Geschwister hervorgehen,[180] ehrlosem und unsittlichem Lebenswandel des Scheinvaters[181] (der Begriff ist auch aus § 2333 Nr. 5 aF bekannt), **schweren Verfehlungen** (zB Straftaten) des Scheinvaters, insbes. gegenüber dem Kind, oder auch schweren Erb- oder **Geisteskrankheiten**[182] des Scheinvaters. **Abzulehnen** ist die Anwendung von Abs. 5 aber regelmäßig bei sonstigen schweren Krankheiten, zB Lungentuberkulose,[183] Entführung des Kindes ins Ausland,[184] bei Nichtzahlung von Unterhalt[185] oder nachträglicher Feststellung deutlich besserer **Vermögensverhältnisse** beim genetischen Vater.[186] Wichtigster Anwendungsbereich von Abs. 6 werden Fälle sein, in denen das Kind die Anfechtung bislang nur unterlassen hatte, um die Ehe der Mutter oder die Beziehung zum Scheinvater nicht zu stören, dieser Grund nun aber später wegfällt, weil sich diese Beziehung der Mutter aufgelöst hat.[187] Unter diesen Umständen kann es für das Kind unzumutbar werden, weiter mit der bestehenden ges. Vaterschaft leben zu müssen. Im Übrigen ist der Begriff der Unzumutbarkeit, wie auch sonst im BGB, **restriktiv** auszulegen.[188]

X. Übergangsrecht

41   **1. Übergangsregelung des KindRG. a) Anfechtungsfristen von Mutter und Vater.** Zum KindRG wurde die Übergangsregelung in Art. 224 § 1 EGBGB getroffen. Danach richtet sich die **Anfechtung** der Ehelichkeit wie auch der Anerkennung der Vaterschaft seit dem 1. 7. 1998 in jedem Fall **nach dem neuen Recht** (§ 1 Abs. 2). Allein die Frage der Vaterschaft beurteilt sich für vor dem 1. 7. 1998 geborene Kinder noch nach altem Recht (dazu näher § 1594 Rn. 44). Für die **Anfechtungsfristen von Mutter und Vater** bedeutet dies, dass nun in allen Fällen einheitliche Zweijahresfristen laufen, für deren Beginn Abs. 1 maßgeblich ist, unabhängig davon, ob der danach entscheidende Zeitpunkt vor oder nach dem 1. 7. 1998 liegt. Im Einzelfall kann dies bedeuten, dass die Einjahresfrist des früheren Rechts bereits zu diesem Stichtag abgelaufen war, die jetzt zu Grunde liegende Zweijahresfrist aber erst zu einem Fristablauf nach diesem Zeitpunkt führt. Auf diese Weise kam es zum 1. 7. 1998 in einigen Fällen zu einer teilweisen Neueröffnung der Anfechtungsfrist.[189] Das galt auch in den Fällen, in denen der **Mutter** nach altem Recht bislang gar kein Anfechtungsrecht zustand. Da der Gesetzgeber für diesen Fall – anders als für die Anfechtungsfrist des Kindes – keine Ausnahmeregelung getroffen hat, bleibt es bei den allg. Grundsätzen; die Mutter konnte sich also nicht darauf berufen, der Fristenlauf hätte erst mit dem 1. 7. 1998 begonnen.[190] Die Zweijahresfrist begann auch in diesen Fällen mit dem in § 1600b genannten Zeitpunkt, regelmäßig also mit Geburt des Kindes. Zur Übergangsregelung bei der Anfechtungsfrist für den **leiblichen** Vater Rn. 19.

---
[178] BT-Drucks. 13/4899 S. 88; FamRefK/*Wax* § 1600b Rn. 6.
[179] OLG Brandenburg FamRZ 2008, 829.
[180] AG Wiesloch FamRZ 2004, 1309.
[181] Dazu BGHZ 76, 109, 118. Zum Begriff 3. Aufl. 1992, § 1596 Rn. 9; *Staudinger/Rauscher* Rn. 90.
[182] *Quantius* FamRZ 1998, 1145, 1148; *Staudinger/Rauscher* Rn. 90; krit. *Erman/Hammermann* Rn. 37.
[183] BayObLG FamRZ 1968, 257; *Erman/Hammermann* Rn. 37.
[184] OLG Bremen FamRZ 1997, 1172.
[185] OLG Oldenburg FamRZ 1989, 426; *Palandt/Brudermüller* Rn. 31; *Soergel/Gaul* § 1594 aF Rn. 5; tendenziell anders in einem Ausnahmefall BGH NJW 1982, 177; näher *Staudinger/Rauscher* Rn. 90 f.
[186] So auch *Erman/Hammermann* Rn. 39.
[187] OLG Celle JAmt 2006, 143; BT-Drucks. 13/4899 S. 56; BR-Drucks. 180/96 S. 97; *Quantius* FamRZ 1998, 1145, 1148; *Dethloff* FamR § 10 Rn. 47; *Bamberger/Roth/Hahn* Rn. 11.
[188] *Muscheler/Beisenherz* JR 1999, 407, 411.
[189] BGH NJW 1999, 1862; OLG Hamm FamRZ 1999, 1363; OLG Köln FamRZ 1999, 801.
[190] OLG Stuttgart FamRZ 1999, 1003; OLG Frankfurt/M. FamRZ 2000, 548; OLG Brandenburg FamRZ 2000, 1031, bez. FGB; aA OLG Celle NJWE-FER 2000, 5.

b) Anfechtungsrecht des Kindes. Für das **Anfechtungsrecht des Kindes** hingegen fand 42
nach Art. 224 § 1 Abs. 4 EGBGB eine beschränkte Rückwirkung des neuen Rechts statt: War dem
Kind vor dem 1. 7. 1998 die Anfechtung verwehrt, weil ein gesetzlich vorausgesetzter Anfechtungstatbestand nicht vorlag, oder hatte es vorher von seinem Anfechtungsrecht keinen Gebrauch
gemacht, weil es vor Vollendung des zwanzigsten Lebensjahres die dafür erforderlichen Kenntnisse
(iSv. § 1600b und bez. Anfechtungstatbestand) nicht hatte, so begann für das Kind am 1. 7. 1998
eine zusätzliche zweijährige Frist für die Vaterschaftsanfechtung. Was das frühere Fehlen eines entspr.
Anfechtungstatbestands betrifft, genügte ein schlüssiger Vortrag des Klägers. Ist ein Anfechtungsantrag wegen Fristversäumnis oder wegen Fehlens eines gesetzlichen Anfechtungstatbestandes abgewiesen worden, so steht die Rechtskraft dieser Entscheidung einem erneuten Antrag nicht entgegen.
Durch diese Regelung sollte den Beanstandungen des BVerfG[191] auch hinsichtlich der **Altfälle**
Rechnung getragen werden.[192]

2. Sonstiges. Zum früheren Übergangsrecht im Hinblick auf das **NEhelG** von 1969 s. 3. Aufl. 43
(1992) § 1600k Rn. 26. Bei Anfechtungsanträgen gegen Vaterschaftsanerkennungen nach dem Recht
der **ehemaligen DDR** kann für den Fristbeginn auch Art. 234 § 7 Abs. 2 EGBGB idF der Anlage I
Kap. III B Abschn. II zum Einigungsvertragsges. vom 23. 9. 1990 (BGBl. II S. 885) von Bedeutung
sein, wonach die Anfechtungsfristen nicht vor dem Wirksamwerden des Beitritts beginnen.

§ 1600c Vaterschaftsvermutung im Anfechtungsverfahren

(1) In dem Verfahren auf Anfechtung der Vaterschaft wird vermutet, dass das Kind
von dem Mann abstammt, dessen Vaterschaft nach § 1592 Nr. 1 und 2, § 1593 besteht.

(2) Die Vermutung nach Absatz 1 gilt nicht, wenn der Mann, der die Vaterschaft
anerkannt hat, die Vaterschaft anficht und seine Anerkennung unter einem Willensmangel nach § 119 Abs. 1, § 123 leidet; in diesem Falle ist § 1600d Abs. 2 und 3 entsprechend anzuwenden.

Übersicht

	Rn.		Rn.
I. Normzweck und Bedeutung	1, 2	3. Widerlegung der Vermutung	6, 7
1. Normzweck	1	4. Übergangsrecht	8
2. Verfahrensrechtliche Bedeutung	2	III. Ausnahmeregelung bei Willensmängeln, Abs. 2	9–16
II. Die Abstammungsvermutung und ihre Widerlegung, Abs. 1	3–8	1. Normzweck und Auswirkung auf die Beweislage	9–11
1. Vermutungstatbestände	3, 4	2. Anwendungsbereich	12, 13
a) Vermutung bei Vaterschaft auf Grund bestehender Ehe	3	3. Die Willensmängel	14–16
b) Vermutung bei Vaterschaftsanerkennung	4	a) Irrtümer	14
2. Keine Vaterschaftsvermutung in nichtehelicher Lebensgemeinschaft	5	b) Täuschung/Drohung	15
		c) Feststellungslast	16

I. Normzweck und Bedeutung

1. Normzweck. Nach früherem Recht bestand nach § 1591 Abs. 2 aF eine „Ehelichkeitsver- 1
mutung" zu Gunsten der Vaterschaft des Ehemanns der Mutter und nach § 1600m aF im Anfechtungsverfahren eine Vaterschaftsvermutung für den Mann, der die Vaterschaft anerkannt hat. Die
geltende Fassung kennt nur eine einheitliche Vaterschaftsvermutung für das Anfechtungsverfahren
zu Gunsten des Mannes, dessen Vaterschaft nach §§ 1592 Nr. 1 und 2, 1593 besteht.[1] **Gegenstand
der Vermutung** gem. Abs. 1 ist allein **die biologische Vaterschaft.** Der Zweck der **Abstammungsvermutung** liegt darin, den Bestand der jeweils bestehenden Vaterschaft zu schützen.[2] Das
spiegelt sich auch in der Sperrwirkung des § 1599 Abs. 1 wider. I. Ü. entspricht die Abstammungs-

---
[191] BVerfGE 79, 256 und 90, 263.
[192] RegE BT-Drucks. 13/4899 S. 138 f.; FamRefK/*Wax* Art. 224 § 1 EGBGB Rn. 6 f.
[1] Zur gegenwärtigen Fassung eingehend *Gaul* FamRZ 1997, 1441, 1462; verfassungsrechtliche Bedenken bei *Staudinger/Rauscher* Rn. 3 f.
[2] BT-Drucks. V/2370 S. 35; *Erman/Hammermann* Rn. 1.

vermutung – was die Fälle der §§ 1592 Nr. 1, 1593 betrifft – der allgemeinen Erfahrung, dass Kinder, die in eine bestehende oder durch Tod des Mannes aufgelöste Ehe hineingeboren werden, von dem Ehemann abstammen, und dass Kinder aus geschiedenen Ehen eher vom zweiten als vom ersten Ehemann abstammen, wenn die Mutter alsbald nach der Scheidung wieder heiratet.

2 **2. Verfahrensrechtliche Bedeutung.** Die durch Gegenbeweis **widerlegbare** (§ 292 ZPO) Abstammungsvermutung hat rein verfahrensrechtliche Bedeutung, indem sie die objektive Beweislast im Verfahren verändert bzw. im Vergleich zum Vaterschaftsfeststellungsverfahren nach § 1600d Abs. 1 umkehrt.[3] Der Anfechtende (gleichgültig, ob Mutter, rechtlicher Vater, leiblicher Vater oder Kind) trägt die objektive Beweislast dafür, dass der Mann nicht der Vater ist. Eine subjektive Beweislast (Beweisführungslast) gibt es im Kindschaftsverfahren infolge des Untersuchungsgrundsatzes nicht. Das Gericht hat auf Grund des **Amtsermittlungsprinzips** (§§ 26, 177 FamFG) alle Beweise zu erheben, die zur möglichst sicheren Klärung der Vaterschaft führen. Dem Anfechtungsantrag ist nur stattzugeben, wenn infolge der Ermittlungen zur Überzeugung des Gerichts (§ 286 ZPO) der volle Beweis erbracht ist, dass der Mann nicht der Vater ist. Angesichts der fortschreitenden Entwicklung der medizinischen Abstammungsbegutachtung hat die gesetzliche Vaterschaftsvermutung aber stark an praktischer Bedeutung verloren.

II. Die Abstammungsvermutung und ihre Widerlegung, Abs. 1

3 **1. Vermutungstatbestände. a) Vermutung bei Vaterschaft auf Grund bestehender Ehe.** Die Vaterschaftsvermutung im Fall des **§ 1592 Nr. 1** beruht auf der Ehe des Mannes mit der Mutter zum Zeitpunkt der Geburt des Kindes. Die bestehende Ehe begründet die Vermutung, dass dieser Mann auch der leibliche Vater des Kindes ist. Gleiches gilt, wenn die Ehe durch Tod aufgelöst wurde oder wenn sie für nichtig erklärt wurde, sofern das Kind innerhalb von 300 Tagen danach geboren wird (§ 1593 S. 1, 2). Bei zwei aufeinander folgenden Ehen gilt die Vermutung im Fall des § 1593 S. 3 zu Gunsten des zweiten Ehemanns, es sei denn dieser ficht die Vaterschaft erfolgreich an. Dann fällt die Vermutung wieder auf den früheren Ehemann zurück (§ 1593 S. 4). Auf die Beiwohnung oder eine Beiwohnungsvermutung kommt es (anders als nach früherem Recht, vgl. § 1591 aF) im Anfechtungsverfahren nicht an.[4] Diese hat, wie § 1600d Abs. 2 zeigt, nur für das gerichtliche Vaterschaftsfeststellungsverfahren Bedeutung, also in den Fällen, in denen keine Vaterschaft nach § 1592 Nr. 1 oder 2 (mehr) besteht.

4 **b) Vermutung bei Vaterschaftsanerkennung.** Im Fall des **§ 1592 Nr. 2** wird vermutet, dass die von einem Mann frei von Willensmängeln wirksam erklärte Vaterschaftsanerkennung der Realität entspricht und der Mann wirklich der leibliche Vater des Kindes ist. Voraussetzung dafür ist aber, dass die Anerkennung selbst voll wirksam ist, dh. insbes. den Voraussetzungen des § 1594 genügt, dass die erforderlichen Zustimmungen von Mutter und Kind (§ 1595) und ggf. des gesetzlichen Vertreters (§ 1596) vorliegen, die Formvorschriften (§ 1597 Abs. 1 und 2 erfüllt sind und kein wirksamer Widerruf des Mannes nach § 1597 Abs. 3 erfolgt ist, oder dass eine zunächst unwirksame Anerkennung durch Heilung[5] (§ 1598 Abs. 2) wirksam geworden ist.

5 **2. Keine Vaterschaftsvermutung in nichtehelicher Lebensgemeinschaft** (s. auch § 1592 Rn. 5). Der Gesetzgeber hat davon abgesehen, eine ges. Vaterschaftsvermutung für denjenigen Mann aufzustellen, der mit der Mutter zum Zeitpunkt der Geburt des Kindes in nichtehelicher Lebensgemeinschaft zusammenlebt.[6] Zwar ist in Anlehnung an die Rspr. des BVerfG[7] inzwischen über die Definition der nichtehelichen Lebensgemeinschaft weitgehend Konsens erzielt, jedoch würde das die Beweiserhebung im Einzelfall nicht ersparen. Eben diese ist aber den Beteiligten kaum zumutbar und zudem mit Unsicherheiten belastet, an die der Status des Kindes nicht geknüpft werden soll. Zudem fehlt es bei solchen Gemeinschaften an einem klar feststellbaren Startzeitpunkt; daher wäre die Anknüpfung an diesen Tatbestand allein im Zeitpunkt der Geburt des Kindes fraglich. Auch in ausländischen Rechtsordnungen gibt es keinen entsprechenden Vermutungstatbestand. Angesichts der klaren Entscheidung des Gesetzgebers scheidet auch eine analoge Anwendung von § 1592 Nr. 1 aus.[8]

6 **3. Widerlegung der Vermutung.** Die Abstammungsvermutung kann nur durch den **vollen Beweis des Gegenteils** (dh. Beweis der Nichtvaterschaft bzw. Nichtabstammung) entkräftet wer-

---

[3] *Gernhuber/Coester-Waltjen* § 52 Rn. 129; NK-BGB/*Gutzeit* Rn. 1 f.; aA *Erman/Hammermann* Rn. 1.
[4] *Palandt/Brudermüller* Rn. 2; NK-BGB/*Gutzeit* Rn. 3.
[5] *Palandt/Brudermüller* Rn. 4.
[6] Vgl. *Schwab/Wagenitz* FamRZ 1997, 1377, 1378; *Schubert* NJ 1997, 232; *v. Luxburg* Rn. 129.
[7] BVerfGE 87, 234, 264 = NJW 1993, 643, 645; näher Nach § 1302 Rn. 1 ff.
[8] So auch *Will* FPR 2005, 172, 173.

den.[9] An diesen Gegenbeweis, der zu Lasten aller Anfechtungsberechtigten iSv. § 1600 geht, sind dieselben Anforderungen zu stellen, wie sie die Rspr. für den früheren Nachweis entwickelt hatte, die Vaterschaft sei iSv. § 1591 Abs. 1 S. 2 aF „offenbar unmöglich".[10] Grundlage des Gegenbeweises können alle geeigneten **Beweismittel** sein. Wegen der Unzuverlässigkeit von Zeugenaussagen ist aber grundsätzlich ein medizinisches Abstammungsgutachten einzuholen[11] (zu den verschiedenen Gutachten § 1600d Rn. 59 ff.). Wenn das Gutachten eindeutig ausfällt, hat die Vermutung keine Bedeutung mehr. Sie bleibt jedoch beachtlich, wenn die Gutachten kein klares Ergebnis liefern (zB bei Zwillingsbrüdern[12]) oder wenn die Anfertigung eines Gutachtens ausnahmsweise nicht möglich ist, zB weil der Vater bereits verstorben ist. Neben dem direkten Beweis durch ein medizinisches Gutachten kommt nach wie vor auch ein mittelbarer Beweis dahingehend in Betracht, dass bewiesen wird, dass der Mann der Frau in der Empfängniszeit (§ 1600d Abs. 3) nicht beigewohnt hat.[13]

Durch das Beweisergebnis, die Vaterschaft sei unwahrscheinlich oder begegne schwerwiegenden 7 Zweifeln, wird die Vermutung nicht widerlegt; die Nichtvaterschaft muss vielmehr **mit an Sicherheit grenzender Wahrscheinlichkeit** feststehen.[14] Unrichtig ist es, die Vermutung bereits für ausgeräumt zu halten, wenn sich ergibt, dass keine vollständige Vereinigung der Geschlechtsteile stattgefunden hat, dass der Geschlechtsverkehr nur außerhalb der ges. Empfängniszeit (§ 1600d Abs. 3) stattfand oder empfängnisverhütende Mittel genommen worden sind. Diese Umstände haben zwar indizielle Bedeutung, reichen aber nicht ohne Weiteres aus, die Vaterschaftsvermutung zu beseitigen. Die Nichterweislichkeit des Vaterschaftsausschlusses geht zu Lasten des Anfechtenden. Wird die Vermutung nicht widerlegt, bleibt es bei der bisherigen Vaterschaftsregelung. Der Anfechtungsantrag wäre abzuweisen.

4. Übergangsrecht. Probleme wirft die seit 1998 geltende Gesetzesfassung im Hinblick auf 8 diejenigen Kinder auf, die vor dem 1. 7. 1998 geboren worden sind und der weiterreichenden Ehelichkeitsvermutung der §§ 1591, 1592 aF unterfallen. Nach diesen Vorschriften galt auch das Kind als ehelich, das während der Ehe empfangen, aber erst nach der Ehe geboren wurde. § 1592 Nr. 1 hingegen erfasst die nach der Ehe(Scheidung) geborenen Kinder nicht mehr. Wird nun in diesen Altfällen die Vaterschaft angefochten, so fragt sich, ob § 1600c zur Anwendung kommt mit der Folge, dass für diese Fälle keine Vaterschaftsvermutung des Ehemanns besteht, oder ob die §§ 1591 f. aF Anwendung finden, welche die frühere Vaterschaftsvermutung Platz greifen lassen. Zwar richten sich die Anfechtung und das Anfechtungsverfahren jetzt in allen Fällen nach den neuen Vorschriften der §§ 1599 ff. (Art. 224 § 1 Abs. 2 EGBGB), die Beurteilung der Vaterschaft erfolgt jedoch für die **vor dem 1. 7. 1998 geborenen Kindern** noch nach den alten Vorschriften (§ 1 Abs. 1). Die Frage ist insofern, ob die Vaterschaftsvermutung des § 1600c zu den Anfechtungsvorschriften zu rechnen ist oder nicht. Da die Frage der Vaterschaftsvermutung nach früherem Recht in unmittelbarem Zusammenhang mit der Begründung der Vaterschaft stand, handelt es sich um Vorschriften über die Vaterschaft iSv. Art. 224 § 1 Abs. 1 EGBGB, so dass in Altfällen weiterhin auf die Vermutungsgrundlage der §§ 1591, 1592 aF zurückzugreifen ist. In diesen Fällen muss also die weiterreichende Ehelichkeitsvermutung des früheren Rechts widerlegt werden (s. auch § 1592 Rn. 77). Auf welche Art und Weise dies zu geschehen hat, beurteilt sich aber nach dem geltenden § 1600c. Zum Übergangsrecht hins. des NEhelG von 1969 s. 3. Aufl. (1992) § 1600m Rn. 8.

III. Ausnahmeregelung bei Willensmängeln, Abs. 2

1. Normzweck und Auswirkung auf die Beweislage. Gem. Abs. 2 gilt die Vermutung 9 nach Abs. 1 nicht, wenn **der Mann**, der die Vaterschaft anerkannt hat (§ 1592 Nr. 2), **anficht** und die Anerkennungserklärung unter bestimmten **Willensmängeln** leidet. Der Grund für die Ausnahmeregelung liegt darin, dass der Mann ohne die betr. Willensmängel, dh. bei Kenntnis der wahren Umstände bzw. ohne den Einfluss der Drohung, wohl von vornherein von der Vaterschaftsanerkennung abgesehen hätte.

Daher soll der antragstellende Mann nach Abs. 2 **beweisrechtlich** auch so gestellt werden, als 10 **hätte er die Anerkennung nie erklärt**. Das hat zur Folge, dass die Abstammung des Kindes von diesem Mann nun vollständig von der Gegenseite bewiesen werden muss.[15] Dementsprechend ver-

---

[9] Gaul FamRZ 1997, 1441, 1462; ders. FamRZ 2000, 1461, 1469; FamRefK/Wax § 1600c Rn. 2; Staudinger/Rauscher Rn. 10 f.
[10] Dazu RGRK/Böckermann § 1600m aF Rn. 3.
[11] Rn. Erman/Hammermann Rn. 7; NK-BGB/Gutzeit Rn. 6; vgl. auch BGH FamRZ 1994, 694.
[12] OLG Hamm JAmt 2008, 378; s. aber auch BVerfG FamRZ 2010, 1879.
[13] Zum alten Recht AG Westerstede FamRZ 1994, 645, 646; näher Staudinger/Rauscher Rn. 20.
[14] Vgl. OLG Düsseldorf FamRZ 1976, 645, 646.
[15] BT-Drucks. V/2370 S. 33.

§ 1600c 11–15 Abschnitt 2. Titel 2. Abstammung

weist Abs. 2 auf die Beiwohnungsvermutung des § 1600d Abs. 2 (s. dort Rn. 108). Insoweit gilt dann, dass die Feststellungslast für die Beiwohnung des Mannes in der ges. Empfängniszeit die anderen Beteiligten tragen, also idR das Kind, während die Feststellungslast für Umstände, die schwerwiegende Zweifel an der Vaterschaft des Mannes begründen, vom Anfechtenden, also idR vom Mann, vorzutragen sind.

11 Auch Abs. 2 beinhaltet insoweit (nur) eine **reine Beweisregel**. Es handelt sich nicht um selbständige Anfechtungsgründe in dem Sinne, dass ein die Anerkennung anfechtender Mann, dessen Antrag rechtskräftig abgewiesen ist, weil er die Vaterschaftsvermutung nicht widerlegen konnte, nun unter erstmaliger Berufung auf Willensmängel der Anfechtungserklärung erneut Anfechtungsantrag erheben könnte.[16] Auch wenn der Mann die Willensmängel in dem rechtskräftig abgeschlossenen Verfahren noch nicht vortragen konnte, ist dem unterlegenen Anfechtenden ein weiterer Antrag wegen der Präklusionswirkung der rechtskräftigen Entscheidung verwehrt. Die neuen Tatsachen betreffen eben nicht den Verfahrensgegenstand, sondern nur die Beweislage.[17]

12 **2. Anwendungsbereich.** Der Wegfall der Vaterschaftsvermutung kommt grundsätzlich **allein dem Mann** zugute, der jetzt die Vaterschaft auf Grund seiner eigenen vorausgehenden **Anerkennung** (§ 1592 Nr. 2) anficht; und zwar auch nur dann, wenn seine Anerkennungserklärung mit einem der bezeichneten Willensmängel behaftet ist. Wird nicht über die Anfechtung des Mannes entschieden, sondern über die Anfechtung eines anderen Berechtigten, so bleibt es bei der Anwendung von Abs. 1.[18] Ohne Bedeutung ist es idR, wenn eine Anfechtung des Mannes vorausgegangen war, über die nicht entschieden worden ist, zB weil der Mann den Antrag zurücknahm.[19]

13 Eine analoge Anwendung der Beweisvergünstigung gem. Abs. 2 auf andere als die genannten Fälle **scheidet aus**. Sie gilt also weder in Fällen, in denen ein anderer Anfechtungsberechtigter als der Mann angefochten hat[20] oder in denen die (Zustimmungs)Erklärung eines anderen Beteiligten unter einem Willensmangel litt, noch bei sonstigen Willensmängeln, die nicht unter die Tatbestände der §§ 119 Abs. 1, 123 fallen, wie zB ein Eigenschaftsirrtum nach § 119 Abs. 2.[21] Die Vaterschaftsvermutung des Abs. 1 gilt daher unverändert, wenn die Anerkennungserklärung unter einem Willensmangel iSv. §§ 117, 118 litt oder unter unsittlichen Umständen zustande kam (§ 138).

14 **3. Die Willensmängel. a) Irrtümer.** Abs. 2 nimmt Bezug auf Willensmängel nach § 119 Abs. 1 (nicht Abs. 2) und § 123, die bei Abgabe der Anerkennungserklärung bestanden haben. § 119 Abs. 1 betrifft die Fälle des Inhalts- sowie des Erklärungsirrtums. Erklärungsirrtümer sind angesichts der vorgeschriebenen Form der öffentlichen Beurkundung praktisch ausgeschlossen. Ein Inhaltsirrtum kann sich auf den Inhalt der Erklärung (mangelnde Kenntnis der deutschen Sprache) oder auch auf die Person des Kindes beziehen. Irrelevant ist ein Irrtum darüber, Vater des Kindes zu sein. Im Übrigen spielt ein Fristablauf iSd. §§ 121, 124 oder eine Bestätigung nach § 144 bei Abs. 2 keine Rolle.

15 **b) Täuschung/Drohung.** § 123 erfasst die Fälle der **arglistigen Täuschung** und widerrechtlichen Drohung.[22] Bei der Täuschung kommt es entgegen § 123 Abs. 2 nicht darauf an, von wem sie ausgeht,[23] da die Anerkennung keine empfangsbedürftige Willenserklärung darstellt. Deshalb wird auch der Fall erfasst, dass der Mann durch die Mutter des Kindes getäuscht wurde. Die Täuschung muss sich auf die Abstammung des Kindes beziehen. Sachlich wird eine diesbezügliche Täuschung erst dann zu bejahen sein, wenn die Mutter Mehrverkehr nicht nur verschwiegen hat, sondern ihn ausdrücklich ableugnet bzw. den ausschließlichen Verkehr mit dem Anerkennenden versichert.[24] Bei Täuschung durch einen anderen kommt es nicht darauf an, ob die Mutter die Täuschung kannte oder kennen musste. Im Übrigen muss die Täuschung (mit)kausal gewesen sein für die Abgabe der Anerkennungserklärung; davon wird aber meist ausgegangen werden können. Für den Täuschenden muss die Anerkennung aber nicht das Täuschungsmotiv gewesen sein. Arglist

---

[16] S. OLG Düsseldorf FamRZ 1980, 831, 832 linke Spalte.
[17] Im Ergebnis ebenso *Soergel/Gaul* § 1600c aF Rn. 10.
[18] HM; vgl. nur *Beitzke*, FS Mühl, 1981, S. 103, 109.
[19] So auch *Göppinger* DRiZ 1970, 145 Fn. 68.
[20] *Staudinger/Rauscher* Rn. 23; aA *Erman/Hammermann* Rn. 11; *Gaul* FamRZ 2000, 1461, 1469 bez. Anfechtung durch das Kind.
[21] *Palandt/Brudermüller* Rn. 5; *Erman/Hammermann* Rn. 12.
[22] Dazu OLG Köln FamRZ 1998, 696.
[23] OLG Celle DAVorm. 1953, 11 f.; OLG Hamm DAVorm. 1958, 47; OLG Stuttgart DAVorm. 1975, 548.
[24] RGZ 107, 178; *Staudinger/Rauscher* Rn. 27; *Gernhuber/Coester-Waltjen* § 52 Rn. 130; anders noch RGZ 58, 348, 354 f.

wird gleichwohl nur zu bejahen sein, wenn der Täuschende zumindest damit rechnete.[25] Zum Tatbestand der **Drohung** s. bereits § 1600b Rn. 33.

c) Feststellungslast. Die **Feststellungslast** bez. dieser Willensmängel trifft den anfechtenden Mann, so dass die Ungewissheit, ob der Anerkennungserklärung ein Inhaltsirrtum, eine arglistige Täuschung oder rechtswidrige Drohung zu Grunde lag (§§ 119 Abs. 1, 123), zu seinen Lasten geht. Erst wenn er den Nachweis eines Willensmangels der genannten Art erbracht hat, entfällt die Vaterschaftsvermutung des Abs. 1 mit der Folge, dass die allgemeinen Beweisregeln für die Vaterschaftsfeststellung (§ 1600d Abs. 2 und 3) anzuwenden sind (s. § 1600d Rn. 95 ff.). 16

§ 1600d Gerichtliche Feststellung der Vaterschaft

(1) Besteht keine Vaterschaft nach § 1592 Nr. 1 und 2, § 1593, so ist die Vaterschaft gerichtlich festzustellen.

(2) [1] Im Verfahren auf gerichtliche Feststellung der Vaterschaft wird als Vater vermutet, wer der Mutter während der Empfängniszeit beigewohnt hat. [2] Die Vermutung gilt nicht, wenn schwerwiegende Zweifel an der Vaterschaft bestehen.

(3) [1] Als Empfängniszeit gilt die Zeit von dem 300. bis zu dem 181. Tage vor der Geburt des Kindes, mit Einschluss sowohl des 300. als auch des 181. Tages. [2] Steht fest, dass das Kind außerhalb des Zeitraums des Satzes 1 empfangen worden ist, so gilt dieser abweichende Zeitraum als Empfängniszeit.

(4) Die Rechtswirkungen der Vaterschaft können, soweit sich nicht aus dem Gesetz anderes ergibt, erst vom Zeitpunkt ihrer Feststellung an geltend gemacht werden.

Schrifttum: a) Rechtswissenschaftliche Veröffentlichungen: *Arens,* Zur Problematik von non-liquet-Entscheidungen, FS Müller-Freienfels, 1986, S. 13; *Frank,* Die zwangsweise körperliche Untersuchung zur Feststellung der Abstammung, FamRZ 1995, 975; *Gaul,* Zum Anwendungsbereich des § 641i ZPO, FS Bosch, 1976, S. 241; *Gernhuber,* Vaterschaft im Zwielicht: „schwerwiegende Zweifel", in: Neues Familienrecht, 1977; *Glage,* Die Vaterschaftsfeststellung nach dem neuen Nichtehelichenrecht, NJW 1979, 1223; *Göppinger,* Negative Vaterschaftsfeststellungsklagen nach neuem Recht, FamRZ 1970, 125; *Gravenhorst,* Negative Feststellungsklagen nach neuem Nichtehelichenrecht, FamRZ 1970, 127; *Grün,* Vaterschaftsfeststellung und -anfechtung, 2. Aufl. 2010; *Grumbrecht,* Der Beweis der „offenbaren Unmöglichkeit" der Vaterschaft, 1967; *Helms/Balzer,* Das neue Verfahren in Abstammungssachen, ZKJ 2009, 348; *Helms/Kieninger/Rittner,* Abstammungsrecht in der Praxis, 2010; *Henrich,* Ist auf die Rechtsausübungssperre des § 1600d Abs. 4 BGB noch Verlass?, FS Deutsch, 2009, S. 1063; *Herlan,* Gesetzliche Empfängniszeit, FamRZ 1998, 1349; *Hilberg,* Das Paradoxon der heutigen Vaterschaftsbestimmung und seine überraschende Ursache, MedR 1984, 81; *Hoppe,* Ausschöpfung von Beweismitteln im Vaterschaftsprozeß, DAVorm. 1986, 11; *Hummel/Mutschler,* Zum Umfang der Beweisaufnahme bei gerichtlicher Vaterschaftsfeststellung, NJW 1991, 2929; *Ihm,* Das Vaterschaftsproblem im Lichte der Entscheidungstheorie, FamRZ 1981, S. 53; *Johannsen,* 25 Jahre Bundesgerichtshof, 1975, S. 56 ff.; *ders., Vaterschaftsfeststellung bei nichtehelicher Abstammung,* FS Bosch, 1976, S. 469; *Johannsen/Hummel,* Vaterschaftsfeststellung bei nichtehelicher Abstammung, 2. Aufl. 1978, zit. „Vaterschaftsfeststellung"; *Kayser,* Biomathematischer Beweis der Vaterschaft, FS Essen-Möller, 1981, S. 21; *Kirchmeier,* Einführung in das Vaterschaftsfeststellungsverfahren, FPR 2002, 370; *Klinkhardt,* Noch einmal und abschließend: zu den verschiedenen Verfahren der biostatistischen Begutachtung, DAVorm. 1982, 42; *ders.,* Die Geschichte der Vaterschaftsfeststellung im 20. Jahrhundert, JAmt 2001, 101; *Leipold,* Einige Bemerkungen zur Vermutung der nichtehelichen Vaterschaft (§ 1600o BGB), FamRZ 1973, 65; *Lorenz,* Allgemeines Persönlichkeitsrecht und Gentechnologie, JZ 2005, 1121; *H. Maier,* Die neuere Rechtsprechung des BGH zur Vaterschaftsfeststellung, NJW 1976, 1135; *Mammey,* Gesucht wird: der richtige Vater, FamRZ 1980, 225; *ders.,* Dem (wirklichen) Vater auf der Spur, FamRZ 1984, 332; *Martin/Muche/Zang,* Kritische Stellungnahme zu den neuen Richtlinien für die Erstattung von Abstammungsgutachten, FamRZ 2003, 76; *Motsch,* Zum rechtsgenügenden Beweis (§ 641i) – Zur Entscheidung in Zivilsachen unter besonderer Berücksichtigung der Abstammungsfeststellung, 1983; *Nehlsen-v. Stryk,* Probleme des Scheinvaterregresses, FamRZ 1988, 225; *Orgis,* Neue Richtlinien für die Erstattung von Abstammungsgutachten und die Konsequenzen für den Kindschaftsprozeß, FamRZ 2002, 1157; *Peschel-Gutzeit,* Durchbrechung der Rechtsausübungssperre des § 1600d Abs. 4 BGB allein aus finanziellen Gründen?, JR 2009, 133; *Rath,* Die Bedeutung der Vaterschaftsvermutung nach § 1600o Abs. 2 BGB unter besonderer Berücksichtigung der gegenwärtigen medizinisch-naturwissenschaftlichen Möglichkeiten der Blutgruppenbegutachtung, Diss. Münster 1998, S. 105; *Reichelt,* Verfahren, Zulässigkeit und Auswirkungen der DNA-Technologie auf den Anwendungsbereich der Vaterschaftsvermutung im Rahmen des § 1600o II BGB, 1992, S. 126; *ders.,* Anwendung der DNA-Analyse (genetischer Fingerabdruck) im Vaterschaftsfeststellungsverfahren, FamRZ 1991, 1265; *Reichelt/Schmidt/Schmidtke,* Zulässigkeit und gerichtliche Verwertbarkeit privat veranlaß-

---

[25] *Erman/Hammermann* Rn. 13.

§ 1600d
Abschnitt 2. Titel 2. Abstammung

ter Abstammungsgutachten, FamRZ 1995, 777; *Rittner/Rittner*, Unerlaubte DNA-Gutachten zur Feststellung der Abstammung – eine rechtliche Grauzone, NJW 2002, 1745; *Rolf/Wiegand*, Abstammungsbegutachtung, Rechtsmedizin 2007, 109; *Roth-Stielow*, Der Abstammungsprozeß, 2. Aufl. 1978; *Schlosser*, Beweisantrag und Sachverständigengutachten im Statusprozeß, FamRZ 1976, 6; *ders.*, Erwiderung auf eine Stellungnahme von *Hummel* zu diesem Aufsatz (FamRZ 1976, 257) FamRZ 1976, 258; *Scholl*, Biostatistische Vaterschaftswahrscheinlichkeit und Essen-Möller-Verfahren, NJW 1979, 1913 und NJW 1980, 1323; *ders.*, Sicherheit und Wahrscheinlichkeit – statistische, medizinische und juristische Aspekte, NJW 1983, 319; *Stößer*, Das neue Verfahren in Abstammungssachen nach dem FamFG, FamRZ 2009, 923; *Teplitzky*, Positiver Vaterschaftsnachweis durch Blutgruppengutachten?, NJW 1983, 383; *Wieser*, Zur Feststellung der Vaterschaft nach neuem Recht, NJW 1998, 2023; *ders.*, Die negative Feststellungsklage der nichtehelichen Vaterschaft nach neuem Recht, FuR 1998, 337.

b) Medizinisch-naturwissenschaftliche Veröffentlichungen: *Anslinger/Rolf/Eisenmenger*, Möglichkeiten und Grenzen der DNA-Analyse, DRiZ 2005, 165; *Baur/Rittner*, Likelihood-Quotienten in Abstammungsfällen, Berechnung und Beurteilung, Ärztl. Lab. 27 (1981), 261; *K. Bender*, Das HLA-System, 1979; *Brinkmann*, Das neue Vaterschaftsgutachten, Münster 1997; *Bundesgesundheitsamt*, Richtlinien für die Erstattung von Blutgruppengutachten, Bundesgesundheitsbl. 1970, 149; 1977, 326; 1990, 264; 1992, 592; 1996, 312; *Du Chesne/Brinkmann*, Effektuierte Abstammungsbegutachtung, FuR 1994, 22; *Essen-Möller*, Die Beweiskraft der Ähnlichkeit im Vaterschaftsnachweis. Theoretische Grundlagen, Mitt. Anthropol. Gesellsch. Wien, 68 (1938), 9; *Essen-Möller/Quensel*, Zur Theorie des Vaterschaftsnachweises auf Grund von Ähnlichkeitsbefunden, Dt. Z. ges. gerichtl. Medizin 31 (1939), 70; *Fabricius*, Die humangenetische Abstammungsbegutachtung, FPR 2002, 376; *Geserick*, Richtlinien für die Erstattung von Abstammungsgutachten, FPR 2002, 380; *Henke/Hoffmann*, Zur Bedeutung der konventionellen Blutgruppensysteme und zur Problematik der „verbalen Prädikate", DAVorm. 1989, 503; *Henke/Paas/Hoffmann/Henke*, Zum Einsatz von DNA-Polymorphismen in der Abstammungsbegutachtung, ZRechtsmed. 1990, 235; *Henke/Schmitter*, DNA-Polymorphismen in forensischen Fragestellungen, MDR 1989, 404; *Hoppe/Kramer/Pahl/Bassy*, Neue Wege im Abstammungsgutachten, DAVorm. 1997, 13 ff. und 495; *Hummel*, Eine weitere Art A-priori-Wahrscheinlichkeit zur Ermittlung der Irrtumserwartung aus Vaterschaftsplausibilitäten bei Mehrmannfällen, ZImmunForsch. 140 (1970), 115; *ders.*, Vaterschafts- oder Ausschlußwahrscheinlichkeit? Bemerkungen zur Arbeit „Wahrscheinlichkeitsrechnung bei Blutgruppengutachten" von H. Riedwyl, Ärztl. Lab. 16 (1970), 297; *ders.*, Berechnung der „Mutterschaftswahrscheinlichkeit" bei der Blutgruppenbegutachtung, ZRechtsmed. 68 (1971), 53; *ders.*, Die Bedeutung der Blutgruppen der Großeltern bei der Abstammungsbegutachtung – Berechnung einer „Großelternwahrscheinlichkeit", ZImmunForsch. 142 (1971), 260; *ders.*, Zum Nutzen biostatistischer Kenngrößen außerhalb von W und zur Frage der verbalen Prädikatisierung von W-Bereichen beim Blutgruppengutachten, DAVorm. 1977, 499; *ders.*, Gegenwärtiger Stand der serostatistischen Vaterschafts- und Verwandtschaftsnachweises auf der Basis des Bayesschen Theorems, Ärztl. Lab. 23 (1977), 285; *ders.*, Definition und Beweiswert der „Vaterschaftswahrscheinlichkeit", NJW 1978, 576; *ders.*, Nochmals: Biostatistische Vaterschaftswahrscheinlichkeit und Essen-Möller-Verfahren, NJW 1980, 1320; *ders.*, Das „a priori" bei Entscheidungsprozessen, insbes. bei der Feststellung der Vaterschaft, ZBlJugR 1980, 620; *ders.*, Betrachtungen zur A-priori-Wahrscheinlichkeit in der Serostatistik, Ärztl. Lab. 27 (1981), 38; *ders.*, Zur Theorie a priori, des W-Wertes und der richterlichen Entscheidung in Fällen strittiger Abstammung, Kriminalistik und forensische Wissenschaften 1982, 87; *ders.*, Zum Nutzen von W-Wert und Paternity Index (PI) beim serostatistischen Vaterschaftsnachweis, MedR 1983, 51; *ders.*, Mathematisches zur „Vaterschaftswahrscheinlichkeit", DAVorm. 1983, 829; *ders.*, Wirklichkeitsnähere Serostatistik mit realistischem a priori in einem Mehrmannfall, DAVorm. 1984, 167; *ders.*, Zum „Nutzen" der Ausschlußwahrscheinlichkeit bei der serologischen Vaterschaftsbegutachtung, DAVorm. 1985, 392; *ders.*, Das Essen-Möller-Prinzip als logische Grundlage serostatistischer Bilanzierung (zu *Hilberg* MedR 1984, 81), MedR 1985, 154; *ders.*, Mathematische Logistik der Beweisaufnahme und der richterlichen Urteilsbildung, 1987; *ders.*, Serostatistik im Rahmen der Blutgruppenbegutachtung eines Vater-Tochter-Inzestfalles, DAVorm. 1987, 59; *ders.*, Die serologische Begutachtung mit biostatistischer Auswertung, in: Die medizinische Vaterschaftsbegutachtung mit biostatistischem Beweis, 1961, S. 2; *ders.*, Der Beitrag des DNA-Gutachtens zur Klärung strittiger Blutsverwandtschaft, DAVorm. 1994, 961; *Hummel/Gerchow* (Hrsg.), Biomathematischer Beweis der Vaterschaft, FS Essen-Möller, 1981, bespr. von *Mutschler* FamRZ 1983, 444; *Hummel/Ihm*, Tabellenwerk zur Berechnung der Vaterschaftswahrscheinlichkeit im serologischen Gutachten, ebd., S. 147; *Hummel/Ihm/V. Schmidt*, Biostatistische Abstammungsbegutachtung, Tabellenband 1 (1971); *dies.*, Berechnung realistischer A-priori-Wahrscheinlichkeiten zur Verwendung bei der biostatistischen Vaterschaftsbegutachtung, ZImmunForsch. 139 (1970), 407; *Hummel/Szczotka*, Berechnung der Vaterschaftswahrscheinlichkeit mit Blutgruppenbefunden unter Benutzung von Frequenzen Drittstämmiger, I. Mitteilung: Formeln zur Handrechnung von Y/X-Werten in Systemen mit 2, 3 und 4 Allelen, ZImmunForsch. 151 (1976), 359; *Hummel/Wallisser*, Biostatistische Abstammungsbegutachtung, Tabellenband 2 (1973); Ergänzungen zu beiden Bänden 1973, 1975, 1977, 1979; *Hummel/Wallisser/van Maruyck*, Indirekt ermittelte Vaterschaftswahrscheinlichkeit für einen verstorbenen Beklagten, errechnet anhand der Blutgruppeneigenschaften bei dessen Eltern und der Mutter-Kind-Dublette, ZRechtsmed. 69 (1971), 139; *Hummel/Zapata*, Das Phänomen der Bipaternität, DAVorm. 1998, 415; *Ihm*, Das Vaterschaftsproblem im Lichte der Entscheidungstheorie, in: Biomathematischer Beweis der Vaterschaft, FS Essen-Möller, hrsg. v. *Hummel/Gerchow*, 1981, S. 53; *ders.*, Die mathematischen Grundlagen, vor allem für die statistische Auswertung des serologischen und anthropologischen Gutachtens, in: Die medizinische Vaterschaftsbegutachtung mit biostatistischem Beweis, hrsg. v. *Hummel*, 1961, S. 128; *Ihm/Hummel*, Ein Verfahren zur Ermittlung der Vaterschaftswahrscheinlichkeit aus Blutgruppenbefunden unter beliebiger Einbeziehung von Verwandten, ZImmunForsch. 149 (1975), 405; *Kramer/Heidorn/Weiler/Verhoff*, Heteroplasmie der mtDNA bei einem zweieiigen Zwillingspaar, Archiv für Kriminologie 211 (2003), 98; *Krause/Martin/Hesse/Muche*, Ermittlung und gutachterliche Bewertung von Abstammungsverhältnissen, JAmt 2002, 336; *Krause/Szibor/Beck/El Aboubi*, Abstammungsgutachten in Defizienzfällen, DAVorm. 1998, 649; *Martin*,

Das Verfahren nach Schulte-Mönting und Walter für die statistische Auswertung von Blutgruppenbefunden, Ärztl. Lab. 25 (1979), 138; Martin/Kramer, Aktuelle Fragen der Abstammungsbegutachtung, DAVorm. 1994, 11; Martin/Sachs/Weise, Ärztl. Lab. 24 (1978), 131 (zu Hummel, ebd., S. 130); dies., Das Verfahren nach Schulte-Mönting und Walter bei der statistischen Auswertung von Blutgruppenbefunden, Ärztl. Lab. 24 (1978), 265; dies., Einführung eines normierten „Paternity Index" bei der Auswertung von Blutgruppenbefunden in der Abstammungsbegutachtung, ZRechtmed. 88 (1982), 31; dies., Stellungnahme zum Gutachten über die verschiedenen Verfahren zur biostatistischen Begutachtung (DAVorm. 1981, 438), DAVorm. 1981, 627; dies., Zur Anwendung des Verfahrens nach Schulte-Mönting und Walter bei der statistischen Auswertung von Blutgruppenbefunden, Ärztl. Lab. 23, (1977), 369; *W. R. Mayr* in *Prokop/Göhler*, Die menschlichen Blutgruppen, 5. Aufl. 1986, HLA-System, S. 150; *Oepen*, Rechtsmedizinische Blutgruppen-Serologie, 4. Aufl. 1987; *Platzak*, Ursprünge gerichtlich anerkannter Blutgruppenbefunde in deutschen Paternitätsgutachten, Diss. 1990; *Riedwyl*, Schlußwort (zu *Hummel*, Ärztl. Lab. 16 [1970], 297), Ärztl. Lab. 16 (1970), 300; *ders.*, Wahrscheinlichkeitsberechung bei Blutgruppen-Gutachten, Ärztl. Lab. 16 (1970), 86; *Ritter*, Die humangenetische Abstammungsbegutachtung, FamRZ 1991, 646; *ders.*, Zur Ausschlußwahrscheinlichkeit und Vaterschaftswahrscheinlichkeit im Vaterschaftsverfahren (zu *Hummel* DAVorm. 1974, 597), DAVorm. 1975, 12; *Ritter/Martin*, Stellungnahme zum DNA-Systemen in der Abstammungsbegutachtung, JAmt 2001, 166; *Rittner*, Medizinische Abstammungsbegutachtung, in: *Helms/Kieninger/Rittner*, Abstammungsrecht in der Praxis, 2010, S. 135; *Rittner/Schneider/Rittner*, Zum Beitrag des DNA-Gutachtens in Fällen mit verstorbenem Putativvater (sog. Defizienzfälle), DAVorm. 1992, 105; *Rittner/Wehner*, Forensische Serologie, in: *B. Mueller* (Hrsg.), Gerichtliche Medizin, S. 1225; *Robert-Koch-Institut*, Richtlinien für die Erstattung von Blutgruppengutachten, Deutsches Ärztebl. Jg. 99 (2002), A 665 = FamRZ 2002, 1159; *Rolf/Schulz*, Theorie und Praxis der Abstammungsbegutachtung mit molekularbiologischen Methoden, in: *Spickhoff/Schwab/Henrich/Gottwald*, Streit um die Abstammung, 2007, S. 83; *Rolf/Wiegand*, Abstammungsbegutachtung, Rechtsmedizin 2007, 109; *Schade*, Anthropologisch-erbbiologisches Gutachten, in: Vaterschaftsgutachten für die gerichtliche Praxis, 3. Aufl. 1978, S. 195; *Scholl*, Biostatistische Vaterschaftswahrscheinlichkeit und Essen-Möller-Verfahren, NJW 1979, 1913 und NJW 1980, 1323; *Simon*, Genomanalyse – Anwendungsmöglichkeiten und rechtlicher Regelungsbedarf, MDR 1991, 5; *Spielmann/Seidl*, Nochmals: Biostatistische Vaterschaftswahrscheinlichkeit und Essen-Möller-Verfahren, NJW 1980, 1322; *dies.*, Probleme der Biostatistik zur Feststellung der Vaterschaft durch Blutgruppengutachten, NJW 1973, 2228; *dies.*, Zur Definition und zum Beweiswert der „Vaterschaftswahrscheinlichkeit" (zu *Hummel* NJW 1978, 576), NJW 1978, 2333; *dies.*, Nochmals – Biostatistische Vaterschaftswahrscheinlichkeit und Essen-Möller Verfahren, NJW 1980, 1322; *Steffens*, Anthropologisch-erbbiologische Vaterschaftsbegutachtung, in: *B. Mueller*, Gerichtliche Medizin, 2. Aufl. 1975, Bd. 2, S. 1286; *Vogel*, Beweiswert des „Essen-Möller-Verfahrens" bei der Vaterschaftsbegutachtung, NJW 1965, 1993; *von Wurmb-Schwark/Matthiesen/Wessel/Oehmichen*, Abstammungsbegutachtung mit der RFLP- und STR-Analyse, Rechtsmedizin 2003, 82; *von Wurmb-Schwark/Málýusz. et al.*, Abstammungsbegutachtungen in Defizienzfällen mit verwandten Putativvätern: eine simulierte Analyse in 27 Familien, Archiv für Kriminologie 214 (2004), 173.

Übersicht

	Rn.
I. Normzweck	1–5
1. Anknüpfung an § 1592	1, 2
2. Gegenstand der gerichtlichen Prüfung	3, 4
3. Rechtsausübungssperre nach Abs. 4; Rechtskraft	5
II. Vaterschaftsfeststellung als Zuordnung (Abs. 1)	6–11
1. Obligatorische Feststellung	6–8
2. Gleichwertigkeit von Feststellung und Anerkennung	9–11
III. Verfahrensrecht	12–44
1. Antrag beim FamG	12, 13
2. Die Beteiligten	14–25
a) Antrag durch das Kind	15–17
b) Unterlassung des Antrags	18, 19
c) Leibesfrucht	20
d) Eigener Antrag der Mutter	21
e) Beteiligung Dritter	22
f) Tod von Beteiligten; postmortales Verfahren	23, 24
g) Mehrheit von Verfahren	25
3. Feststellungsinteresse	26, 27
4. Weitere Verfahrensvoraussetzungen; Rechtsschutzbedürfnis	28–32
a) Fehlende Vaterschaft	28
b) Keine Doppelfeststellung	29, 30
c) Rechtsschutzbedürfnis bei Anerkennungsmöglichkeit	31, 32
5. Entscheidung durch Beschluss	33–38
a) Rechtsnatur der Feststellung	33
b) Beschlussformel; Rechtskraft	34–36
c) Die Kostenentscheidung	37
d) Rechtsmittel	38
6. Geltendmachung von Unterhalt	39, 40
7. Verfahrenskostenhilfe	41
8. Wiederaufnahme des Verfahrens	42–44
IV. Beweisaufnahme	45–58
1. Direkter und indirekter Vaterschaftsbeweis	45
2. Förmliche Beweisaufnahme	46
3. Amtsermittlungsgrundsatz	47–50
4. Verwertung außergerichtlicher Gutachten	51
5. Körperliche Untersuchungen zur Feststellung der Abstammung	52–56
a) Erforderlichkeit und Geeignetheit	52
b) Inanspruchnahme Dritter	53
c) Zumutbarkeit	54, 55
d) Folgen bei Weigerung	56
6. Beweisvereitelung	57, 58

§ 1600d 1, 2   Abschnitt 2. Titel 2. Abstammung

	Rn.
V. Direkter Vaterschaftsnachweis durch Gutachten	59–94
1. Entwicklung	59–61
2. Blutgruppengutachten	62, 63
3. HLA-Gutachten	64, 65
4. DNA-Gutachten	66–68
5. Beweiswert von Merkmalsausschlüssen	69–72
6. Die biostatistische Begutachtung	73–94
a) Allgemeines	73, 74
b) Ausgangsüberlegungen	75
c) Vaterschaftswahrscheinlichkeit nach Essen-Möller	76–78
d) Zur A-priori-Wahrscheinlichkeit	79, 80
e) Likelihood-Quotient (L); Paternity Index (PI); Irrtumserwartung	81–84
f) Allgemeine und individuelle Ausschlusswahrscheinlichkeit für Nichtväter	85, 86
g) Biostatistische Begutachtung schwieriger Fälle	87–91
h) Nichtmathematische Fehlerquellen in der Biostatistik	92, 93
i) Weitere Beweiserhebung bei hohen Werten	94
VI. Die Vaterschaftsvermutung nach Abs. 2	95–109
1. Die Vaterschaftsvermutung und ihre Entkräftung	95, 96
2. Beiwohnung als Tatbestand	97, 98

	Rn.
3. Ges. und biologische Empfängniszeit; Tragezeit	99–101
4. „Schwerwiegende Zweifel" als unbestimmter Rechtsbegriff	102–108
a) Allgemeines	102–105
b) Mehrverkehr	106, 107
c) Mehrverkehrsverdacht	108
5. Feststellungslast	109
VII. Die ges. Empfängniszeit (Abs. 3)	110–114
1. Zweck der Festlegung, Grenzen	110–113
2. Tabelle zur Berechnung der Empfängniszeit	114
VIII. Rechtswirkungen der Vaterschaftsfeststellung und Rechtsausübungssperre (Abs. 4)	115–122
1. Verwandtschaft zwischen Kind und Vater	115, 116
2. Sperrwirkung für Ansprüche, Inzidentfeststellung	117–119
a) Grundsatz	117, 118
b) Ausnahmen	119
3. Insbesondere Regressansprüche des Scheinvaters und Dritter	120, 121
4. Freiwillige Unterhaltsvereinbarungen	122
IX. Übergangsrecht	123–128
1. Art. 12 NEhelG	123–126
2. Art. 234 §§ 1, 7 EGBGB	127
3. Art. 224 § 1 EGBGB	128

I. Normzweck

1   **1. Anknüpfung an § 1592.** Dem in der **Ehe** geborenen Kind ist durch seine Geburt gem. § 1592 Nr. 1 ein bestimmter Mann mit Wirkung für und gegen alle als Vater zugeordnet, ebenso liegt es beim kurz nach dem Tode des Ehemannes geborenen Kind gem. § 1593. Bei einem Kind, dessen Eltern bei seiner Geburt nicht oder nicht mehr verheiratet sind, bedarf diese Zuordnung zusätzlicher formalisierter Feststellungsakte: der **Anerkennung** (§§ 1592 Nr. 2, 1594 ff.) oder der **gerichtlichen Entscheidung**. Erst dadurch wird die Geltendmachung der aus dem Vaterschaftsverhältnis entstandenen Rechte ermöglicht (s. Abs. 4 und § 1594 Abs. 1). Dabei handelt es sich um **zwingendes Recht**. Ergibt sich die Vaterschaft weder aus einer Ehe noch aus einer wirksam gewordenen Anerkennung, so kann gem. § 1592 Nr. 3 (nur dann) ein Kind einem Vater zugeordnet werden, wenn die Vaterschaft gerichtlich festgestellt worden ist. Die Regelung des Abs. 1 gilt auch, wenn eine frühere Vaterschaftszuordnung durch wirksame Anfechtung entfallen ist (§ 1599 Abs. 1); anderes gilt aber im Fall des automatischen Rückfalls der Vaterschaftszuordnung auf den früheren Ehemann gem. § 1593 S. 4 (vgl. § 1593 Rn. 17). Die gerichtliche Vaterschaftszuordnung ist grundsätzlich endgültig. Es bleibt allenfalls die Möglichkeit einer Restitution des Urteils bzw. des Beschlusses gem. §§ 580 ff. ZPO bzw. § 185 FamFG. Zur etwaigen Feststellung der Mutterschaft s. § 1591 Rn. 7, 34 f.

2   § 1600d Abs. 1 stellt den Zusammenhang der gerichtlichen Feststellung mit dem Zuordnungssystem der Verwandtschaft zum Vater gem. §§ 1592, 1593 her und verdeutlicht mit der Aufzählungstechnik, dass eine weitere Möglichkeit der Entstehung väterlicher Verwandtschaft nicht existiert.[1] Außerdem lässt sich aus der Vorschrift die grundsätzliche Nachrangigkeit der gerichtlichen Feststellung gegenüber der einfacheren Anerkennung sowie die Unzulässigkeit der gerichtlichen Feststellung bei Bestehen einer Vaterschaft erschließen (dazu Rn. 28). Daneben kommt aber auch die Vorstellung des Gesetzgebers von der **obligatorischen Klärung** der **Vaterschaft eines jeden Kindes** zum Ausdruck. Eine rechtsfolgenlose Klärung nur der Abstammungsverhältnisse ist nach § 1598a möglich.

---

[1] *Gaul* FamRZ 1997, 1441, 1446; *Rauscher* FPR 2002, 352; NK-BGB/*Gutzeit* Rn. 1.

2. Gegenstand der gerichtlichen Prüfung. Beim nicht in einer Ehe geborenen oder durch **3** Anfechtung vaterlos gewordenen Kind ist es schwieriger als beim ehelichen Kind, den tatsächlichen Grund für die Vaterschaftszuordnung festzulegen. Fehlt eine wirksame Anerkennung, dann stellt sich die Frage nach anderen objektiven Anhaltspunkten für die Zuordnungswirkung, die im gerichtlichen Verfahren zu prüfen sein sollen. Dazu dienen die **Regeln des Abs. 2 und 3.** Sie machen deutlich, dass **derjenige Mann als Vater** des Kindes festzustellen ist, der das Kind **gezeugt hat** oder von dem es durch künstliche Befruchtung biologisch abstammt. Die Bedeutung dieser Regelungen hat aber stark abgenommen, da heute regelmäßig durch medizinisches Gutachten eine eindeutige Klärung der Vaterschaft erreicht werden kann.

Die auf Beiwohnung beruhende Vermutungswirkung des Abs. 2 hilft indes weiter, **wenn aus- 4 nahmsweise kein Gutachten** über die genetische Abkunft **eingeholt werden kann.** Die Beiwohnung als normale Zeugungsart ist der geeignete Ansatz für eine Vermutung, die möglichst den wahren Vater **mittelbar** festzustellen hilft. Dazu ist weiterhin die **ges. Empfängniszeit** (Abs. 3 S. 1, vgl. Rn. 110 ff.) als kausale Verknüpfung zwischen zu beweisendem Beischlaf und vermuteter Zeugung erforderlich. Mit ihrer Hilfe sind nämlich diejenigen Zeiten auszusondern, in denen das Kind (normalerweise, vgl. aber Abs. 3 S. 2) aus medizinischer Sicht nicht gezeugt worden sein kann. Durch eine geringfügige Verkürzung von zwei Tagen auf den dreihundertsten Tag vor der Geburt durch das KindRG ist insoweit eine Angleichung an europäische Nachbarländer[2] vorgenommen worden. Die Vermutungswirkung findet ihre Grenze beim Vorliegen schwerwiegender Zweifel, Abs. 2 S. 2 (dazu Rn. 102 f.).

3. Rechtsausübungssperre nach Abs. 4; Rechtskraft. Abs. 4 stellt klar, dass die Rechts- **5** wirkungen der Vaterschaft erst geltend gemacht werden können, wenn eine rechtskräftige Vaterschaftsfeststellung vorliegt. Zuvor besteht grundsätzlich eine Rechtsausübungssperre. Damit ist klargestellt, dass eine inzidente Abstammungsklärung in einem anderen Verfahren regelmäßig ausscheidet. Einzelheiten Rn. 115 ff.

II. Vaterschaftsfeststellung als Zuordnung (Abs. 1)

1. Obligatorische Feststellung. Die Regelung betrifft vor allem die steigende Zahl nichtehe- **6** licher Kinder. Insoweit ist die **möglichst frühzeitige** allgemeinverbindliche Festlegung der Vaterschaft in einer der drei Formen des § 1592 im Interesse der Entwicklung des Kindes und des Rechtsfriedens erstrebenswert.[3] Das gilt auch für die in nichtehelichen Lebensgemeinschaften geborenen Kinder. Darüber hinaus wird die gerichtliche Feststellung relevant für Kinder, die zwar in eine Ehe der Mutter hineingeboren wurden, für die der Ehemann der Mutter aber die Vaterschaft aus § 1592 Nr. 1 erfolgreich angefochten hat.

Durch den Wortlaut („so **ist** die Vaterschaft gerichtlich festzustellen")[4] wird in Abs. 1 deutlich **7** gemacht, dass ein nichtehelich geborenes Kind nicht ohne Vater bleiben soll, die Feststellung des Vaters also **nicht im Belieben der Verantwortlichen steht,** sondern geboten ist. Darüber besteht auch allseits Einigkeit, denn die möglichst frühzeitige Einordnung eines Kindes in einen möglichst vollständigen Familienkreis ist für seine Entwicklung wichtig. Darüber hinaus ist langfristig auch die Kenntnis des Kindes von seiner Abstammung ein für seine Identitätsfindung zentraler Aspekt.[5] Gleichwohl gibt es **keine Frist** für die Vaterschaftsfeststellung. Die Durchsetzung der gesetzlichen Forderung nach Vaterschaftsfeststellung war früher abgesichert durch die von Gesetzes wegen eintretende **Amtspflegschaft** des Jugendamts gem. § 1709 aF, welche aber im Zuge der Kindschaftsrechtsreform beseitigt worden ist. Unterbleibt durch äußere Einflüsse oder aus eigenen Motiven der Mutter eine Vaterschaftsfeststellung, so ist deshalb ein Tätigwerden der Behörden aus dem ihnen auferlegten staatlichen Wächteramt (Art. 6 Abs. 2 S. 2 GG) heraus geboten. Insofern ist die völlige Abschaffung der direkten staatlichen Intervention auch beim Unterbleiben der Vaterschaftsfeststellung nicht ganz unbedenklich. Gleichwohl rechtfertigt noch nicht jeglicher Interessengegensatz zwischen Mutter und Kind die Entziehung des Sorgerechts der Mutter für den Bereich der Vaterschaftsfeststellung.[6] Für die Anwendung von § 1666 bedarf es vielmehr einer konkreten Kindeswohlgefährdung. Allerdings kann zwar aufgrund des appellativen Wortlauts von § 1600d Abs. 1 grundsätzlich davon ausgegangen werden, dass die baldige Vaterschaftsfeststellung zum Pflichtenkreis der allein sorgeberechtigten Mutter zählt und ein Unterlassen im Zweifel als pflichtwidrig anzusehen ist (s. Rn. 18).

---

[2] Entwurf des KindRG BT-Drucks. 13/4899 S. 83, 84.
[3] Ebenso *Gaul* FamRZ 1997, 1441, 1452; allgM.
[4] In teilweiser Übernahme des § 1600n aF; vgl. den Entwurf des KindRG BT-Drucks. 13/4899 S. 88.
[5] BVerfGE 79, 256 = NJW 1989, 891; BVerfG NJW 2007, 753.
[6] AG Fürth FamRZ 2001, 1089; *Schulte-Bunert/Weinreich/Schwonberg* § 171 FamFG Rn. 2; PWW/*Ziegler* § 1629 Rn. 12; MünchKommBGB/*Huber* § 1629 Rn. 69; aA AG Biberach JAmt 2001, 303.

§ 1600d 8–11   Abschnitt 2. Titel 2. Abstammung

8   Einer nachträglichen Anerkennung oder Feststellung bedarf es nicht für die **Altfälle** der vor dem 1. 7. 1998 geborenen Kinder bei Geburt nach Ehescheidung, vgl. § 1592 Rn. 5. Auch wenn sich die Vaterschaftszuordnung aus der Ehe insoweit nicht mit der früheren Zuordnung deckt, sorgt die **Übergangsregelung** des Art. 224 § 1 Abs. 1 EGBGB (s. Rn. 128) für die Fortdauer des Status zum Vater. Nur bei den nach der Reform geborenen Kindern ist Anerkennung oder Feststellung nötig. Auch jede wirksam gewordene Anerkennung wirkt weiter und macht die Feststellung überflüssig, auch die vor den Behörden der früheren DDR, Art. 234 § 7 Abs. 1 EGBGB (s. Rn. 127).

9   **2. Gleichwertigkeit von Feststellung und Anerkennung.** Die **rechtsverbindliche Zuordnung** erfolgt nach der nichtehelichen Geburt **vorrangig** durch **rechtsgeschäftliche Anerkennung** nach den §§ 1594 ff. Nur wenn sie nicht zustande kommt, muss die Vaterschaft gerichtlich festgestellt werden. Andere als diese beiden gesetzlich geregelten Formen der Vaterschaftsfestlegung für das nichteheliche Kind gibt es nicht, was § 1592 ebenso klarstellt wie § 1600d Abs. 1. Auch ein durch künstliche Befruchtung erzeugtes Kind muss deshalb, kommt es nicht in einer Ehe zur Welt, anerkannt werden oder die gerichtliche Feststellung betreiben, ebenso ein in einer nichtehelichen Lebensgemeinschaft geborenes Kind. Durch § 1594 Abs. 2[7] und § 184 Abs. 2 FamFG ist sichergestellt, dass die Vaterschaft nicht nur für jedermann verbindlich, sondern auch **ausschließlich**[8] auf einen Mann bezogen ist. Eine doppelte gesetzliche Vaterschaft gibt es nicht.[9]

10   Die **unmittelbaren Rechtswirkungen** von Anerkennung und gerichtlicher Feststellung **sind gleich** und gleichwertig,[10] weil sie beide volle Vaterschaft herstellen (§ 1592 Nr. 2 und 3) und auch gleiche Bindungswirkung für und gegen alle haben. Dem für die Vaterschaft geltenden Grundsatz des **Abstammungsprinzips**[11] der möglichst weitgehenden **Übereinstimmung von biologisch-genetischer und rechtlicher Vaterschaft**[12] wird allerdings die gerichtliche Feststellung in vielen Fällen besser entsprechen, weil sie auf objektiver gerichtlicher Prüfung beruht und nicht nur subjektiver Überzeugung entspricht. Das führt durch Beseitigung von Zweifeln zu Akzeptanz und damit zu Stetigkeit der verwandtschaftlichen Beziehung zum Vater. **Rechtspolitisch gesehen** ist aber die Anerkennung der gerichtlichen Vaterschaftsfeststellung vorzuziehen. Das Anerkennungsverfahren ist deutlich einfacher, es spart Zeit und Kosten. Während die Anerkennung meist von der Bereitschaft des Vaters getragen wird, die Verantwortung für sein Kind zu übernehmen, führt die gerichtliche Feststellung der Vaterschaft auch bei Eindeutigkeit keineswegs immer zum Konsens des festgestellten Vaters mit der Entscheidung und noch weniger zur tatsächlichen Übernahme der Verantwortung. Aus den statistischen Unterlagen der Jugendämter über die Zahl der nichtehelichen Geburten lässt sich im Zeitraum von 1969 bis 1996 eine Tendenz ablesen: Der Anteil der Fälle freiwilliger Vaterschaftsanerkennung an den insgesamt von den Jugendämtern erledigten Vaterschaftsfällen hat sich ständig erhöht (45,8% im Jahr 1969, 48,5% im Jahr 1970, 62,6% im Jahr 1975, 76,5% im Jahr 1981, 82,7% im Jahr 1988, 83,5% im Jahr 1994 – Westteil – und 87,5% im Jahr 1996).[13] Im Jahr 2003 waren es schließlich 89,6%.[14] Eine gerichtliche Vaterschaftsfeststellung findet nur in ca. 7% der Fälle nichtehelicher Kinder statt.

11   Dennoch ist die gerichtliche Feststellung gegenüber der Anerkennung **nicht „subsidiär"** in dem Sinne, dass sie nur dann zulässig wäre, wenn eine Anerkennung nicht zu erreichen ist. Vielmehr stehen beide Möglichkeiten der klärenden Festlegung der Vaterschaft **im Ermessen der Verantwortlichen.** Wie der Vater frei entscheiden kann, ob er anerkennt, kann die Mutter ihrerseits (oder das Kind im Falle des § 1595 Abs. 2) ein Interesse daran haben, die biologische Vaterschaft gerichtlich klären zu lassen, obwohl der Mann bereit ist, die Vaterschaft anzuerkennen. Dieses Interesse, der Anerkennung nicht zuzustimmen, kann sich aus der konkreten eigenen Ungewissheit ergeben oder auch nur aus der Erwartung, der Anerkennende werde möglicherweise doch später die Anerkennung durch Anfechtung gem. § 1599 Abs. 1 in Frage stellen. Wenn allerdings bereits eine Vaterschaft besteht, ist ein auf einen anderen Mann bezogenes Feststellungsverfahren unzulässig[15] (Verbot der Doppelfeststellung, Ein-Vater-Prinzip). Es fehlt dann verfahrensrechtlich das **Rechtsschutzbedürf-**

---

[7] Die Vorschrift stellt klar, dass eine weitere Anerkennung nicht unwirksam, sondern schwebend wirksam ist, vgl. Entwurf BT-Drucks. 13/4899 S. 84.
[8] *Gaul* FamRZ 1997, 1441, 1446, allgM.
[9] *Gernhuber/Coester-Waltjen* § 52 Rn. 5; *Erman/Hammermann* § 1592 Rn. 6; *Soergel/Gaul* § 1600a Rn. 3.
[10] *Staudinger/Rauscher* Rn. 8; *Erman/Hammermann* Rn. 9; NK-BGB/*Gutzeit* Rn. 3.
[11] *Rauscher* FPR 2002, 352, 353; *Gernhuber/Coester-Waltjen* § 52 Rn. 82.
[12] Dazu BT-Drucks. V/4179 S. 2; BT-Drucks V/2370 S. 37.
[13] DAVorm. 1976, 265; 1977, 707; 1979, 27; ZBlJugR 1981, 386; 1982, 818; 1983, 294; Stat. Jahrbuch 1990, 430; StAZ 1996, 254, FamRZ 1998, 1020.
[14] *Muscheler* FPR 2005, 177.
[15] *Staudinger/Rauscher* Rn. 9; NK-BGB/*Gutzeit* Rn. 2; *Kirchmeier* FPR 2002, 370, 371.

nis (näher Rn. 28 f.), materiell aber auch ein Feststellungsanspruch, weil die rechtliche Vaterschaft bereits geklärt ist, § 1592 Nr. 2.[16]

III. Verfahrensrecht

1. Antrag beim FamG. Die gerichtliche Entscheidung ergeht auf Antrag (§§ 23, 171 FamFG) beim FamG. Die frühere Regelung des § 1600e, die bereits für den Fall, dass ein Beteiligter gestorben ist, ein Antragsverfahren vorsah, ist im Zuge des FGG-RG gestrichen worden. Eine Klage gegen den Putativvater auf **Abgabe einer Willenserklärung** bzw. der Anerkennungserklärung, ist **nicht statthaft**; es gibt nur die Feststellungsmöglichkeit. Bei der Vaterschaftsfeststellung handelt es sich um eine Abstammungssache iSv. § 169 Nr. 1 FamFG. Zuständig ist das **FamG** (§ 23a Abs. 1 S. 1 Nr. 1, 23b Abs. 1 GVG iVm. § 111 Nr. 3 FamFG). Die örtliche Zuständigkeit regelt § 170 FamFG.[17] Für die internationale Zuständigkeit deutscher Gerichte für Abstammungssachen gilt § 100 FamFG. Antragsberechtigt sind das Kind, die Mutter und der Mann, der meint der genetische Vater des Kindes zu sein (s. Rn. 14). Einen Antragsgegner gibt es – anders als im Klageverfahren nach früherem Recht – nicht mehr. Im Verfahren sind die Mutter, das Kind und der potenzielle Vater, sofern sie nicht schon Antragsteller sind, zwingend zu beteiligen, § 172 Abs. 1 FamFG.[18] Ihnen wird der Antrag formlos mitgeteilt, § 15 Abs. 3 FamFG. Der Antragsteller selbst ist bereits Beteiligter nach § 7 Abs. 1 FamFG.[19] Für einen minderjährigen Beteiligten ist ggf. ein Verfahrensbeistand zu bestellen, § 174 FamFG. Anwaltszwang gilt in Abstammungssachen im ersten und zweiten Rechtszug nicht, vgl. § 114 Abs. 1 FamFG. Die Beiordnung eines Rechtsanwalts (§ 78 Abs. 2 FamFG) im Vaterschaftsfeststellungsverfahren ist aber regelmäßig geboten, wenn die Verfahrensbeteiligten gegensätzliche Ziele verfolgen.[20]

Der Feststellungsantrag ist an **keine Fristen** gebunden.[21] Der Antrag kann bis zum rechtskräftigen Abschluss des Verfahrens jederzeit wieder zurückgenommen werden, § 22 Abs. 1 FamFG. Im Antrag sind das Kind, die Mutter und der Mann, der als Vater festgestellt werden soll, mit ihren Anschriften anzugeben. Bei unvollständigem Antrag hat das Gericht auf die Vervollständigung hinzuwirken, § 28 Abs. 1 FamFG. Einer Begründung bedarf der positive Feststellungsantrag nicht. **Ziel des Antrags** ist die Feststellung, dass der betreffende Mann der Vater des Kindes ist. Ob dies der Fall ist, wird regelmäßig durch ein gerichtlich einzuholendes Sachverständigengutachten geklärt (dazu Rn. 59 ff.); insoweit hat eine förmliche **Beweisaufnahme** stattzufinden, § 177 Abs. 2 S. 1 FamFG. Ein zuvor von einem Beteiligten nach § 1598a außergerichtlich eingeholtes Gutachten (vgl. § 1598a Rn. 12) kann mit Zustimmung der anderen Beteiligten Verwendung finden, § 177 Abs. 2 S. 2 FamFG.

2. Die Beteiligten. Zur Antragsbefugnis enthält das geltende Recht – anders als § 1600 für die Vaterschaftsanfechtung – keine eigene Regelung mehr. Die frühere Regelung in § 1600e aF ist ersatzlos weggefallen. Damit wollte der Gesetzgeber indes keine Erweiterung des Kreises der **Antragsberechtigten** bewirken. In Anlehnung an § 1600 Abs. 1 und den Kreis der Beteiligten nach § 172 FamFG ist vielmehr weiterhin davon auszugehen, dass nur das Feststellungsrecht dem potenziellen Vater, der Mutter und dem Kind zukommen.[22] Ehegatten,[23] Großeltern,[24] Geschwistern oder dem Jugendamt steht kein Antragsrecht zu. Das Feststellungsrecht ist als höchstpersönlich und unvererblich anzusehen.

a) Antrag durch das Kind. Das minderjährige Kind als Antragsteller wird im Regelfall vertreten durch die gem. § 1626a Abs. 2 allein sorgeberechtigte Mutter oder den von ihr beantragten ges.

---

[16] BGH NJW 1999, 1632.
[17] Näher dazu *Stößer* FamRZ 2009, 923, 924; *Helms/Balzer* ZKJ 2009, 348.
[18] BT-Drucks. 16/6308 S. 367.
[19] Zur früheren Rechtslage auf Basis von § 640e Abs. 1 ZPO: OLG Stuttgart FamRZ 2004, 1986, sonst wesentlicher Verfahrensmangel.
[20] OLG Dresden FamRZ 2010, 2007.
[21] Auch ein älterer Erwachsener kann nach später Vaterschaftsanfechtung noch die Vaterschaftsfeststellung betreiben, vgl. BGH FamRZ 2007, 1731, 1733; OLG Saarbrücken FamRZ 2006, 565.
[22] NK-BGB/*Gutzeit* Vor §§ 1591-1600d Rn. 30; *Gernhuber/Coester-Waltjen* § 52 Rn. 75; *Coester-Waltjen* Jura 2009, 427, 429; MünchKommZPO/*Coester-Waltjen/Hilbig* § 171 FamFG Rn. 6; *Grün* Rn. 102; *Helms/Balzer* ZKJ 2009, 348, 349; *Löhnig* FamRZ 2009, 1798, 1799; *Stößer* FamRZ 2009, 923, 925; *Palandt/Brudermüller* Rn. 3; *Schulte-Bunert/Weinreich/Schwonberg* § 172 FamFG Rn. 14; offen gelassen aber von OLG Dresden FamRZ 2011, 649, 650.
[23] MünchKommZPO/*Coester-Waltjen/Hilbig* § 172 FamFG Rn. 16.
[24] OLG Hamburg FamRZ 2002, 842; LG Berlin FamRZ 2011, 1308; *Grün* Rn. 103; *Helms/Balzer* ZKJ 2009, 348, 349.

§ 1600d 16–18   Abschnitt 2. Titel 2. Abstammung

Beistand (§ 1712 Rn. 7), kann aber auch durch Vormund oder Pfleger vertreten sein. Stellt der ges. Vertreter den Feststellungsantrag im Namen des Kindes, wird dies regelmäßig den Interessen des Kindes entsprechen. Die Bestellung eines Verfahrensbeistands (§ 174 FamFG) wird in diesem Fall nicht erforderlich sein.

16 Sind die Mutter und der Mann, auf den sich der Feststellungsantrag bezieht, miteinander verheiratet, fragt sich, ob die Mutter von der **Vertretung des Kindes** ausgeschlossen ist gem. §§ 1629 Abs. 2 S. 1, 1795 Abs. 1 Nr. 3 analog. Dagegen wird vorgebracht, dass es im nun geltenden Antragsverfahren keinen „Rechtsstreit" iSv. § 1795 Abs. 1 Nr. 3 mehr gebe[25] und die Norm daher nicht anzuwenden sei. Das allein überzeugt indes noch nicht (näher § 1600a Rn. 10). So kann nämlich im Vaterschaftsanfechtungsverfahren durchaus von einem Rechtsstreit gesprochen werden, wenn die Beteiligten unterschiedliche Interessen verfolgen.[26] Im Fall eines bereits eingeleiteten Vaterschaftsfeststellungsverfahrens erscheint die Gefahr, dass die Mutter ihre Vertretungsbefugnis zu Lasten des Kindes wahrnimmt, jedoch gering. Abgesehen davon kann das Gericht im Einzelfall auch einen Verfahrensbeistand bestellen (§ 174 FamFG). Zudem gilt es die Wertung des § 1629 Abs. 2 S. 3 HS. 2 zu beachten, wonach der Mutter die Vertretungsmacht im Hinblick auf das Feststellungsverfahren nicht nach § 1796 entzogen werden kann.[27] Daher kann das Kind auch von der mit dem potenziellen Vater verheirateten Mutter vertreten werden und zwar unabhängig davon, wer den Antrag stellt. In entsprechender Weise ist auch ein Ausschluss der Mutter von der Vertretung nach §§ 1629 Abs. 2 S. 1, 1795 Abs. 2, 181 zu verneinen.[28]

17 Durch schriftlichen Antrag eines Elternteils kann das **Jugendamt** zum Beistand des Kindes bestellt werden, das dieses dann für die Feststellung der Vaterschaft vertritt, § 1712 Abs. 1 Nr. 1. In diesem Fall ist die Vertretung durch den sorgeberechtigten Elternteil im Verfahren ausgeschlossen, § 173 FamFG. Der Beiordnung eines Rechtsanwalts bedarf es nicht mehr.[29] Das Kind kann dabei als Antragsteller oder auch als Beteiligter vertreten werden. Die Beteiligtenstellung der Mutter bleibt davon unberührt.

18 **b) Unterlassung des Antrags.** Unterlässt die Mutter oder ein anderer ges. Vertreter den Feststellungsantrag, ist zu beachten, dass auch das 14-jährige oder ältere Kind nicht selbstständig ohne Mitwirkung des ges. Vertreters die Feststellung betreiben kann.[30] § 9 Abs. 1 Nr. 3 FamFG, der den mindestens 14-jährigen Beteiligten für die Rechtsausübung in Verfahren, die seine Person betreffen, für verfahrensfähig erklärt, gilt insoweit nicht für Abstammungssachen.[31] Diese Rechtslage erscheint bedenklich, da auch der Jugendliche insoweit von Willen seines ges. Vertreters, also meist seiner allein sorgeberechtigten Mutter, abhängig ist, deren Interessen nicht denen des Kindes entsprechen müssen. Eine Vaterschaftsfeststellung von Amts wegen gibt es nämlich, seit die Amtspflegschaft für das nichteheliche Kind 1998 abgeschafft wurde,[32] nicht mehr. Das ist nicht unproblematisch, denn die Mutter mag die Vaterschaftsfeststellung aus den unterschiedlichsten Motiven heraus unterlassen.[33] Die Beweggründe mögen – etwa bei einem kriminellen Mann – dem Wohl des Kindes entsprechen. Denkbar ist ferner, dass die Mutter den leiblichen Vater im Hinblick auf sein Ehe- und Familienleben vor Störungen schützen will. Die Mutter mag auch vom Vater bedroht werden. Sie kann infolge von Mehrverkehr unsicher sein, wer der Vater ist und sich Peinlichkeiten ersparen wollen. Die Motive der Mutter können aber auch eigennützig sein. Vielleicht will sie das Kind in jedem Fall alleine aufziehen und daher den Einfluss und etwaige Mitsprache durch den Vater unterbinden wollen.[34] Das gilt heute umso mehr, als der nichteheliche Vater nun auch die Möglichkeit hat, das (gemeinsame) Sorgerecht gegen den Willen der Mutter zu erlangen. Für das Kind kann die Untätigkeit der Mutter unter Umständen die lange Verzögerung der Vaterschaftsfeststellung zur Folge haben, wodurch auch Unterhalts- und Erbansprüche gefährdet werden. Zudem mag die praktische Feststellbarkeit des Vaters im Verlauf der Zeit immer schwieriger werden.

---

[25] *Schulte-Bunert/Weinreich/Schwonberg* § 172 FamFG Rn. 11.
[26] S. auch BGH NJW 1996, 658; NJW 2002, 2109 = FamRZ 2002, 880 mit zust. Anm. *Veit* S. 953.
[27] Vgl. *Grün* Rn. 125.
[28] AA *Musielak/Borth* § 172 FamFG Rn. 4.
[29] OLG Brandenburg FamRZ 2011, 1311.
[30] So auch MünchKommZPO/*Coester-Waltjen/Hilbig* § 171 FamFG Rn. 4.
[31] *Schulte-Bunert/Weinreich/Schöpflin* § 9 FamFG Rn. 8; *Schulte-Bunert/Weinreich/Schwonberg* § 172 FamFG Rn. 10; *Stößer* FamRZ 2009, 923, 926; *Grün* Rn. 121; vgl. auch BT-Drucks. 16/9733 S. 352, wo nur von Kindschaftssachen die Rede ist; aA *Keidel/Zimmermann* § 9 FamFG Rn. 14.
[32] Gesetz zur Abschaffung der gesetzlichen Amtspflegschaft und Neuordnung des Rechts der Beistandschaft vom 4. 12. 1997 (BGBl. I S. 2846).
[33] Vgl. *Gaul* FamRZ 2000, 1461, 1472.
[34] *Coester-Waltjen* Jura 2009, 629.

So bleibt die Frage, ob der Mutter die **Vertretungsmacht** im Einzelfall **entzogen werden** **19**
kann. Ein Entzug nach §§ 1629 Abs. 2 S. 3, 1796 kommt indes nicht in Betracht, weil dies für die Vaterschaftsfeststellung nach dem Gesetzeswortlaut gerade ausgeschlossen ist. Im Fall eines erheblichen Interessenkonflikts kann dem Kind zwar ein Verfahrensbeistand nach § 174 FamFG bestellt werden; eben das setzt jedoch voraus, dass ein Verfahren schon läuft. Es bleibt somit allein der Weg über den Sorgerechtsentzug nach § 1666 wegen Kindeswohlgefährdung,[35] damit ein Ergänzungspfleger darüber entscheiden kann, ob ein Vaterschaftsfeststellungsverfahren im Namen des Kindes eingeleitet werden soll. Wenn die Untätigkeit der Mutter die Interessen des Kindes verletzt, sollten die Voraussetzungen des § 1666 zu bejahen sein.[36]

c) Leibesfrucht. Nicht antragsberechtigt ist die **Leibesfrucht** (bzw. ihr Pfleger), und zwar auch **20**
dann nicht, wenn eine unaufschiebbare Vaterschaftsklärung erforderlich erscheint. Die Vorschrift über die pränatale Anerkennung gem. § 1594 Abs. 4 ist nicht analog anwendbar.[37] Anderweitige Gesetzesanträge[38] konnten sich auch nicht durchsetzen.[39] Denkbar sind allerdings Maßnahmen der Beweissicherung, etwa durch Blutentnahme.[40] Der Feststellungsantrag kann vom Kind erst nach der Geburt gestellt werden. Es spricht aber nichts dagegen, den **pränatalen Antrag der unverheirateten Mutter** auf Vaterschaftsfeststellung zuzulassen,[41] weil heute medizintechnische Gründe nicht mehr dagegen sprechen. Eine möglichst frühzeitige Statusklärung liegt im Interesse des Kindes. Ein **Rechtsschutzinteresse** wäre grundsätzlich zu bejahen.[42] Jedoch dürfte wegen der Verfahrensdauer die Entscheidung oft erst nach der Geburt ergehen. Im Übrigen wurde auch schon die pränatale Anfechtung durch den Mann (Ehemann der Mutter) zugelassen.[43]

d) Eigener Antrag der Mutter. Der Mutter kommt ein eigenes Recht zu, die Vaterschafts- **21**
feststellung in ihrem Namen zu betreiben. Das gilt auch, wenn das Kind bereits volljährig ist, was indes fraglich erscheint. Ist die Mutter bereits als Antragstellerin beteiligt, fragt sich, ob sie zugleich das Kind als weiteren Verfahrensbeteiligten vertreten kann[44] oder ob die Vertretung nach §§ 1629 Abs. 2, 1795 Abs. 2, 181 ausgeschlossen ist mit der Folge, dass ein Ergänzungspfleger zu bestellen ist.[45] Nachdem ein Ausschluss der Vertretungsmacht ausdrücklich nur für den Fall des Verfahrens nach § 1598a vorgesehen worden ist, vgl. § 1629 Abs. 2a, ist der Gesetzgeber in Abstammungsverfahren wohl nicht generell von einem Interessenkonflikt der Beteiligten ausgegangen. Das gilt insbesondere für das Feststellungsverfahren, das Mutter oder Kind betreiben; da hier typischerweise kein Interessenkonflikt zwischen ihnen anzunehmen ist. Daher ist die Mutter nicht von der Vertretung des Kindes ausgeschlossen. Im Übrigen bleibt die Möglichkeit, einen Verfahrensbeistand für das Kind zu bestellen, § 174 FamFG.

e) Beteiligung Dritter. Dritte (zB andere als Väter in Betracht kommende Männer) können **22**
sich **nicht** von sich aus am Feststellungsverfahren beteiligen. Die Möglichkeit der Nebenintervention oder Streitverkündung besteht im FamFG-Verfahren nicht mehr.[46] Ein Dritter, der behauptet, der Vater des Kindes zu sein, muss die Rechtskraft des die **Vaterschaft** eines bestimmten Mannes **feststellenden Beschlusses** auch gegen sich gelten lassen, wenn er am Verfahren nicht teilgenommen hat, vgl. § 184 Abs. 2 FamFG. Es besteht allerdings die Möglichkeit, dass das Gericht weitere als Väter in Betracht kommende Männer nach § 7 Abs. 2 FamFG hinzuzieht.[47] Ein auf diese Weise hinzugezogener Mann hat dieselbe verfahrensrechtliche Position wie die anderen Beteiligten, zB das Recht auf Akteneinsicht (§ 13 FamFG). Insbesondere können auch mehrere Abstammungssachen, die sich auf dasselbe Kind beziehen, miteinander verbunden werden (s. Rn. 25).

---

[35] Vgl. *Dethloff* FamR § 10 Rn. 62.
[36] Vgl. AG Fürth FamRZ 2001, 1089.
[37] *Grün* Rn. 118; aA *Baumbach/Lauterbach/Albers/Hartmann* § 169 FamFG Rn. 8.
[38] BR-Drucks. 686/92.
[39] BT-Drucks. 13/892 S. 13.
[40] Dazu OLG Schleswig NJW 2000, 1271; DIV-Gutachten ZBlJugR 1987, 458.
[41] Anders OLG Rostock FamRZ 2007, 1675; wohl auch *Grün* Rn. 118.
[42] Anders *Kirchmeier* FPR 2002, 370.
[43] So OLG Schleswig NJW 2000, 1271 mit Anm. *Born*.
[44] Bejahend *Helms/Balzer* ZKJ 2009, 348, 350.
[45] So *Schulte-Bunert/Weinreich/Schwonberg* § 172 Rn. 14 und § 174 FamFG Rn. 4; MünchKommZPO/*Coester-Waltjen/Hilbig* § 172 Rn. 33 f.; *Musielak/Borth* § 172 FamFG Rn. 4.
[46] Zum früheren Recht zB OLG Koblenz DAVorm. 1977, 646; OLG Köln FamRZ 2003, 536; *Kirchmeier* FPR 2002, 370, 373; *Wieser* NJW 1998, 2024.
[47] *Gernhuber/Coester-Waltjen* § 52 Rn. 75; NK-BGB/*Gutzeit* Vor §§ 1591-1600d Rn. 31; *Grün* Rn. 127; *Helms/Balzer* ZKJ 2009, 348, 350.

§ 1600d 23–27 Abschnitt 2. Titel 2. Abstammung

23 f) **Tod von Beteiligten; postmortales Verfahren.** Stirbt ein Beteiligter (iSv. § 172 Abs. 1 oder § 7 Abs. 1 FamFG) im anhängigen Verfahren vor Rechtskraft der Endentscheidung, hat das weder die Erledigung noch die Unterbrechung des Verfahrens zur Folge. Vielmehr hat das Gericht die übrigen Beteiligten darauf hinzuweisen, dass das Verfahren nur fortgesetzt wird, wenn ein Beteiligter innerhalb einer Frist von einem Monat dies durch Erklärung gegenüber dem Gericht verlangt, § 181 S. 1 FamFG. Erst wenn dann kein Beteiligter die Fortsetzung verlangt, gilt das Verfahren als in der Hauptsache erledigt, § 181 S. 2 FamFG.

24 Sind Personen, die sonst nach § 172 FamFG zu beteiligen wären, bereits **vor Beginn des Verfahrens verstorben**, so fand früher ein Antragsverfahren nach § 1600e Abs. 2 aF statt. Auf Basis des FamFG handelt es sich nunmehr aber in allen Fällen um Antragsverfahren, sodass es keiner Sonderregelung für diesen Fall mehr bedurfte. Es fragt sich aber, ob weitere Personen als Beteiligte iSv. § 7 Abs. 2 Nr. 1 FamFG hinzuzuziehen sind, die an Stelle des Verstorbenen im Verfahren seine Interessen wahrnehmen. Hier wird zu Recht vorgeschlagen, in Fortführung des Rechtsgedankens von § 55b FGG aF nahe Angehörige des Verstorbenen hinzuzuziehen.[48]

25 g) **Mehrheit von Verfahren.** Die Gefahr, dass verschiedene Antragsteller mehrere Feststellungsverfahren nebeneinander an verschiedenen Gerichten unerkannt betreiben, ist gering, da jeweils Mutter und Kind zu beteiligen sind. Angesichts der sicheren Gutachtenergebnisse kann heute auch die Möglichkeit sich widersprechender Entscheidungen vernachlässigt werden. Ansonsten bleibt § 179 Abs. 1 S. 1 FamFG zu beachten, wonach Abstammungssachen, die dasselbe Kind betreffen, miteinander verbunden werden können. Mutter oder Kind können mehrere gleichrangige Hauptanträge stellen, wenn mehrere Männer als Vater in Betracht kommen.[49] Auch widerstreitende Anträge sind möglich. In Bezug auf zwei oder mehr Kinder (auch Geschwister) müssen jedoch, auch wenn derselbe Mann als Vater festzustellen ist, jeweils eigene Verfahren eingeleitet werden, vgl. § 179 Abs. 1 S. 1 FamFG. Auch andere Verfahrengegenstände können mit der Abstammungssache nicht verbunden werden, § 179 Abs. 2 FamFG. Zur Geltendmachung von Unterhalt Rn. 39.

26 3. **Feststellungsinteresse.** Regelfall ist der **positive Feststellungsantrag**. Ein besonderes Feststellungsinteresse ist, anders als bei § 256 ZPO, für den positiven Feststellungsantrag gem. § 169 Nr. 1 FamFG nicht zu fordern.[50] Das Gesetz setzt dieses ohne Weiteres voraus auf Grund des verfassungsrechtlich geschützten Bedürfnisses von Vater und Kind, die Verwandtschaft bzw. genetische Abstammung zu klären. Das gilt auch bei einem kostspieligen Verfahren, das darauf zielt, die Vaterschaft eines von zwei eineiigen Zwillingen zu klären.[51] Das Feststellungsinteresse folgt zudem aus der Notwendigkeit, einen Titel zu schaffen, der die Geltendmachung der Rechtswirkungen der Vaterschaft ermöglicht (§ 1600d Abs. 4).[52] Das Rechtsschutzbedürfnis für einen positiven Feststellungsantrag des Kindes oder des leiblichen Vaters wird nicht dadurch hinfällig, dass das Kind von der Mutter oder von Dritten **adoptiert** wird, weil noch Ansprüche iSv. § 1755 Abs. 1 S. 2 von der Vaterschaftsfeststellung abhängen können und die Verwandtschaft zum leiblichen Vater rechtlich bedeutsam bleibt sowie nach Aufhebung der Adoption wieder aufleben kann.[53]

27 Zulässig ist auch ein **negativer Feststellungsantrag** (vgl. § 182 Abs. 2 FamFG); seine praktische Bedeutung ist aber gering. Damit begehrt v.a. der Putativvater die Feststellung, dass er nicht der Vater des Kindes ist. Dabei kann die Auslegung freilich ergeben, dass gar keine Feststellung iSv. § 1600d gewollt ist, sondern die Anfechtung der eigenen, etwa auf Anerkennung beruhenden Vaterschaft. Weiterhin kann ein Antrag auf Feststellung der ursprünglichen Unwirksamkeit der Vaterschaftsanerkennung gemeint sein. Ein Feststellungsinteresse besteht, wenn Dritte wiederholt die Vaterschaft des Mannes behaupten und darin ein Eingriff in die vermögensrechtlichen oder persönlichen Belange des Mannes oder des Kindes gesehen werden kann.[54] Erweist sich der negative Feststellungsantrag als unbegründet, wird nach § 182 Abs. 2 FamFG die Vaterschaft im Beschluss positiv ausgesprochen (Rn. 35).

---

[48] *Helms/Balzer* ZKJ 2009, 348, 351; *Löhnig* FamRZ 2009, 1798, 1799; zum früheren Recht OLG Düsseldorf FamRZ 1990, 316, 317; OLG Hamm FamRZ 1982, 1239, 1240.

[49] *Schulte-Bunert/Weinreich/Schwonberg* § 179 FamFG Rn. 2; *Grün* Rn. 105; *Stößer* FamRZ 2009, 923, 926. Auf Grundlage des früheren § 640c ZPO war die Frage umstritten, dazu OLG Hamm FamRZ 1985, 305, 306; *Wieser* NJW 1998, 2023, 2024.

[50] *Baumbach/Lauterbach/Albers/Hartmann* § 169 FamFG Rn. 8.

[51] BVerfG FamRZ 2010, 1897.

[52] BGH NJW 1973, 51; *Habscheid/Habscheid* FamRZ 1999, 480, 482; OLG Braunschweig DAVorm. 1979, 663.

[53] OLG Celle DAVorm. 1980, 940, 941; OLG Koblenz FamRZ 1979, 968; *Erman/Hammermann* Rn. 6; *Barth* ZBlJugR 1989, 68, 69.

[54] Vgl. NK-BGB/*Gutzeit* Vor §§ 1591-1600d Rn. 26; *Schulte-Bunert/Weinreich/Schwonberg* § 169 FamFG Rn. 5.

4. Weitere Verfahrensvoraussetzungen; Rechtsschutzbedürfnis. a) Fehlende Vater- 28
schaft. Voraussetzung für einen Antrag nach § 1600d Abs. 1 ist, dass es sich entweder um ein nichtehelich geborenes Kind handelt oder um ein infolge Vaterschaftsanfechtung vaterlos gewordenes Kind („besteht keine Vaterschaft nach § 1592 …"). Solange die Vaterschaft eines anderen Mannes besteht, etwa des Ehemannes der Mutter, steht einem Antrag auf Feststellung der Vaterschaft die Sperrwirkung gem. § 1599 Abs. 1 entgegen. Ein dennoch gestellter Feststellungsantrag ist in diesem Fall unzulässig.[55] Besonderheiten gelten allerdings bei der Anfechtung durch den leiblichen Vater; hier wird im selben Verfahren über die Anfechtung und die Vaterschaftsfeststellung entschieden, vgl. § 1600 Abs. 2, § 182 Abs. 1 S. 1 FamFG.

b) Keine Doppelfeststellung. Andererseits ist Voraussetzung des Vaterschaftsfeststellungsan- 29
trags, dass die Vaterschaft dieses Mannes nicht bereits bindend festgestellt ist.[56] Das Rechtsschutzinteresse fehlt daher, wenn ein Titel oder eine titelartige Vaterschaftszuordnung, welche die Vaterschaft verbindlich regelt und die Geltendmachung der Rechtswirkungen des Vaterschaftsverhältnisses gestattet, bereits vorliegt. Unzulässig ist ein Antrag somit beim Vorliegen eines inhaltsgleichen **Feststellungsurteils oder -beschlusses**.[57] Umgekehrt macht die rechtskräftige Entscheidung auf Anfechtung der Vaterschaft den Antrag in Bezug auf denselben Mann unzulässig, weil damit nach § 1599 Abs. 1 mit bindender Wirkung feststeht, dass dieser Mann nicht der Vater ist. Weiter ist ein Antrag unzulässig bei bestehender wirksamer **Anerkennung** der Vaterschaft. Schließlich fehlt das Rechtsschutzinteresse, wenn nach **Art. 12 § 3 Abs. 1 NEhelG** (dazu Rn. 123 f.) **und Art. 234 § 7 Abs. 4 EGBGB**[58] mit Feststellungswirkung ausgestattete **alte Titel bestehen.** Sie machen eine erneute Vaterschaftsfeststellung entbehrlich.[59] Ausnahmsweise ist jedoch ein erneuter Feststellungsantrag zulässig, wenn der nach früherem Recht zustande gekommene Titel im Ausland nicht anerkannt würde.[60]

Dass dem nach Amtsermittlung (§§ 26, 177 FamFG; früher §§ 640 Abs. 1, 616 Abs. 1 ZPO aF) 30
ergangenen, nur im Wiederaufnahmeverfahren (§§ 578 ff. ZPO, 185 FamFG) korrigierbaren rechtskräftigen Feststellungsbeschluss eine höhere Richtigkeitsgewähr und ein stärkerer Bestandsschutz (Rn. 42 f.) innewohnt als solchen anderen Titeln bzw. der wirksamen Anerkennung, reicht für die Bejahung eines Rechtsschutzinteresses für die Doppelfeststellung nicht aus. Zum Ausgleich sind die genannten Titel **leichter anfechtbar** (§ 1599 Abs. 1; Art. 12 § 3 Abs. 2 NEhelG), was der größeren Unsicherheit ihrer inhaltlichen Richtigkeit Rechnung trägt. Erst nach erfolgreicher Anfechtung kann daher an Feststellung gedacht werden.

c) Rechtsschutzbedürfnis bei Anerkennungsmöglichkeit. Das Rechtsschutzinteresse 31
fehlt nicht allein deshalb, weil eine **Anerkennung** der Vaterschaft **zu erlangen gewesen wäre**, solange sie nicht (samt Zustimmung) wirksam vorliegt. Mutter und Kind haben ein Recht auf Prüfung in einem förmlichen Beweisverfahren, ob der anerkennungswillige Mann der tatsächliche Vater ist. Da eine gerichtliche Entscheidung eine höhere Richtigkeits- und Bestandsgarantie bietet als die Anerkennung, kann das Kind in jedem Fall Feststellung verlangen (hM)[61], aber auch der Mann selbst.[62] Das ist auch kein Widerspruch zu der Begründung für fehlendes Rechtsschutzinteresse nach Wirksamwerden der Anerkennung (Rn. 29), da Zweifeln ebenfalls nur noch durch **gerichtliche** Anfechtung nachzugehen ist. Das Feststellungsverlangen ist selbst dann zulässig, wenn an der Vaterschaft keine „vernünftigen Zweifel" bestehen, weil das ohne Beweisaufnahme nicht zu beurteilen ist.[63] Dem Kind darf daher **Verfahrenskostenhilfe** (s. Rn. 41) nicht mit der Begründung versagt werden, der Antrag sei mutwil-

---

[55] Vgl. nur OLG Hamm FamRZ 1999, 1365; *Schulte-Bunert/Weinreich/Schwonberg* § 169 FamFG Rn. 4.
[56] *Erman/Hammermann* Rn. 4; *Grün* Rn. 91.
[57] Darunter fällt auch ein rechtskräftiges Statusurteil nach dem Recht vor 1970, in welchem über das Bestehen oder Nichtbestehen der Vaterschaft sachlich entschieden wurde (Art. 12 §§ 12, 13 NehelG aF iVm. §§ 643, 644 aF ZPO).
[58] Vgl. auch OLG Düsseldorf FamRZ 1999, 1446.
[59] Vgl. auch BT-Drucks. V/2370 S. 36 mit Hinweis auf das Verbot der Doppelfeststellung in § 1600b Abs. 3 aF.
[60] Vgl. das Urteil des franz. Kassationshofes DAVorm. 1981, 775 – Versäumnisurteil über „Zahlvaterschaft" nach früherem Recht.
[61] OLG Nürnberg FamRZ 1995, 620; KG FamRZ 1994, 909; OLG Stuttgart DAVorm. 1985, 1039; OLG München FamRZ 1985, 530; KG FamRZ 1994, 910; *Schulte-Bunert/Weinreich/Schwonberg* § 169 FamFG Rn. 4; *Palandt/Brudermüller* Rn. 5; *Brüggemann* FamRZ 1979, 381, 384; *Kirchmeier* FPR 2002, 370, 372; aA *Gerhardt* ZZP 108 (1995) 558; differenzierend *Staudinger/Rauscher* § 1592 Rn. 41 ff., 44.
[62] OLG Hamburg FF 2011, 212.
[63] Ebenso *Wieser* NJW 1998, 2023, 2025. Anders OLG Düsseldorf FamRZ 1991, 1083, 1084; OLG München DAVorm. 1989, 632.

lig iSv. § 114 S. 1 ZPO (iVm. § 76 Abs. 1 FamFG)[64] weil das Anerkennungsverfahren der einfachere und billigere Weg sei. Das gilt erst recht nach vergeblichem Zuwarten.[65]

32 Davon **zu unterscheiden** ist eine **Vaterschaftsanerkennungserklärung** des beteiligten Mannes **im gerichtlichen Termin**. Diese Erklärung führt nicht zu einem „Anerkenntnisurteil", sondern beinhaltet die materiell-rechtliche Anerkennung iSv. § 1597 Abs. 1 gem. § 180 FamFG. Erfolgt die Zustimmung der Mutter gem. § 1595 Abs. 1 (etwa nach Beweisaufnahme ebenfalls gegenüber dem Gericht), dann liegt eine wirksame Anerkennung vor und der Feststellungsantrag ist überflüssig geworden. Es fehlt von nun an das Rechtsschutzinteresse für eine gerichtliche Entscheidung.[66] Erklärt der Antragsteller demgemäß die Hauptsache für erledigt, sind die Kosten nach Billigkeit zu verteilen, §§ 83 Abs. 2, 81 FamFG. Dabei hat die Mutter aber in allen Fällen das freie Wahlrecht, dem „Anerkenntnis" nicht zuzustimmen und eine gerichtliche Entscheidung zu verlangen. Besteht eine Beistandschaft gem. § 1712, so bedarf es dennoch nur der Zustimmung der Mutter allein, weil durch die Beistandschaft gem. § 1716 S. 1 die Sorgeberechtigung nicht eingeschränkt wird. Die Voraussetzungen des § 1595 Abs. 2 liegen damit nicht vor, es bedarf nicht auch der Zustimmung des Kindes.

33 **5. Entscheidung durch Beschluss. a) Rechtsnatur der Feststellung.** In Abstammungssachen wird durch Beschluss entschieden, § 116 Abs. 1 FamFG. Der Beschluss ist zu begründen, § 38 Abs. 3 S. 1, Abs. 5 Nr. 2 FamFG. Durch Feststellungsantrag und -beschluss wird das Vaterschaftsverhältnis eigentlich nicht erst begründet, da es kraft Abstammung bzw. Geburt bereits besteht und insofern nur bestätigt wird. Im rechtlichen Sinne jedoch gilt der Mann erst mit Rechtskraft der gerichtlichen Entscheidung als Vater; erst jetzt treten die Rechtsfolgen der Vaterschaft ein, vgl. Abs. 4. Daher wird nach hM – wie bei der Anerkennung – von einer rechtsgestaltenden Wirkung der gerichtlichen Entscheidung ausgegangen.[67] Nach aA liegt keine rechtsbegründende konstitutive Wirkung vor, zumal im Tenor auch nur von Feststellung die Rede sei.[68]

34 **b) Beschlussformel; Rechtskraft.** Die Vaterschaft ist im Beschluss vorbehaltlos, also nicht mit der Beschränkung auf bestimmte, sich aus ihr ergebende Rechtswirkungen festzustellen.[69] Der Zusatz, eine Vaterschaftsfeststellung solle sich nur auf die sich nach deutschem Recht richtenden Rechtswirkungen beziehen, hat nur deklaratorische Bedeutung. Das gilt im Übrigen in der Regel auch für die Vaterschaftsanerkennung und berührt ihre Wirksamkeit nicht.[70] Diese Grundsätze sind vor allem für Fälle mit Auslandsberührung von Bedeutung.[71] Wird die Vaterschaft eines bestimmten Mannes positiv festgestellt, wird dies in der Beschlussformel ausgesprochen: Es wird festgestellt, „dass der Beteiligte zu … der Vater des Beteiligten zu … (Kind) ist". Wird der positive Feststellungsantrag zurückgewiesen, so geht die Rechtskraftwirkung der Entscheidung dahin, dass der Mann nicht der Vater des Kindes ist.[72] Eine ausdrückliche Feststellung seiner Nichtvaterschaft in der Beschlussformel erfolgt hier nicht; die Tragweite der Rechtskraft ist, wie bei jedem negativen Beschlusstenor, der Entscheidung im Ganzen (Tenor, Tatbestand, Entscheidungsgründe)[73] zu entnehmen.[74] Infolge der Rechtskraft der abweisenden Entscheidung ist ein wiederholter Feststellungsantrag bezüglich der Vaterschaft desselben Mannes ausgeschlossen.

35 Weist das Gericht einen Antrag auf Feststellung des **Nichtbestehens der Vaterschaft** ab, weil es den Mann als Vater festgestellt hat, spricht es dies in der Beschlussformel aus, § 182 Abs. 2 FamFG.[75] Die der **negativen Feststellungsklage stattgebende Entscheidung** wirkt ebenfalls für

---

[64] Vgl. KG FamRZ 1994, 910; OLG Stuttgart DAVorm. 1985, 1039; aM für „eindeutige" Fälle *Brüggemann* FamRZ 1979, 381, 384 und *Soergel/Gaul* § 1600n Rn. 6; OLG München DAVorm. 1977, 511.
[65] OLG Hamm FamRZ 2004, 549.
[66] *Wieser* NJW 1998, 2023, 2025.
[67] *Erman/Hammermann* Rn. 7; *Schwab* FamR Rn. 482; *Wieser* NJW 1998, 2023; *Gravenhorst* FamRZ 1970, 127; *Staudinger/Rauscher* § 1600d Anh. Rn. 13; *Gaul* FamRZ 1997, 1449.
[68] *Rosenberg/Gottwald* § 170 Rn. 23; *Zöller/Philippi* (27. Aufl.) § 640 ZPO Rn. 4; *Soergel/Gaul* § 1600n Rn. 4; *Staudinger/Rauscher* § 1600d Anh. Rn. 13.
[69] Eingehend BGHZ 60, 247 = NJW 1973, 948 m. Anm. *Buchholz* LM § 1600a Nr. 1; OLG Nürnberg NJW 1972, 2183; anders OLG Düsseldorf NJW 1972, 396; *Beitzke* StAZ 1970, 235, 238; ZBlJugR 1972, 369, 374 ff.; *Henrich* StAZ 1971, 153, 157; *Klinkhardt*, Die Geltendmachung von Unterhaltsansprüchen nichtehelicher Kinder gegenüber ausländischen Vätern, 1971, S. 49 ff.
[70] BGHZ 64, 129, 133 = NJW 1975, 1069, 1071 = LM § 1600a Nr. 4, 5 m. Anm. *Buchholz*; OLG Celle OLGZ 1973, 121; vgl. auch *Beitzke* ZBlJugR 1986, 477, 537, 538 f.
[71] *Beitzke* ZBlJugR 1986, 477, 538 f.
[72] *Staudinger/Rauscher* § 1600d Anh. Rn. 58.
[73] BGHZ 7, 174, 183; BGHZ 34, 337 = NJW 1961, 917.
[74] Zu dem Sonderfall der Vaterschaftsklage gegen Niederländer nach erfolgloser Feststellungsklage in den Niederlanden s. BGH NJW 1985, 552.
[75] *Palandt/Brudermüller* Rn. 7; *Gernhuber/Coester-Waltjen* § 52 Rn. 94; *Schulte-Bunert/Weinreich/Schwonberg* § 182 FamFG Rn. 11; *Musielak/Borth* § 182 FamFG Rn. 3; dazu auch BGH IPRax 1987, 249.

und gegen alle. Es gelten dieselben Grundsätze wie für alle negativen Feststellungsklagen bzw. -anträge. Die **Abweisung des negativen Feststellungsantrags** steht in jedem Fall der positiven Feststellung der Vaterschaft gleich;[76] für den Umfang der Rechtskraft sind die Entscheidungsgründe mit heranzuziehen.

Der Beschluss wird nicht schon mit Bekanntgabe, sondern erst mit Rechtskraft wirksam, § 184 **36** Abs. 1 S. 1 FamFG. Eine **rechtskräftige Endentscheidung in Abstammungssachen wirkt, soweit über die Abstammung entschieden ist, für und gegen alle**, § 184 Abs. 2 FamFG.[77] Der Status des Kindes steht demgemäß für jedermann fest. Jeder kann sich auf die Verwandtschaft berufen, niemand kann sie leugnen, auch nicht ein weiterer Vaterschaftsanwärter, mag er auch am Verfahren nicht teilgenommen haben (s. Rn. 22). Die Wirkung für und gegen alle gilt ohne Rücksicht darauf, ob nach den Entscheidungsgründen die Vaterschaft direkt und positiv festgestellt ist oder ob die Vaterschaftsvermutung mangels schwerwiegender Zweifel an der Vaterschaft durchgreift (§ 1600d Abs. 2).

c) **Die Kostenentscheidung** richtet sich nach den §§ 80 ff. FamFG, die Sonderregelung in **37** § 183 FamFG gilt nur für die erfolgreiche Vaterschaftsanfechtung. In der Kostenentscheidung kann nach den Gerichtskosten, insbesondere den Kosten eines Abstammungsgutachtens, und den zur Durchführung des Verfahrens notwendigen Aufwendungen der Beteiligten zu differenzieren sein.[78]

d) **Rechtsmittel.** Gegen Endentscheidungen des FamG ist die Beschwerde gegeben, § 58 **38** Abs. 1 FamFG. Zuständig ist das OLG, § 119 Abs. 1 Nr. 1a GVG. Die Beschwerdeberechtigung richtet sich nach § 59 FamFG. Der Antragsteller ist beschwerdebefugt, wenn er durch die Entscheidung materiell beschwert ist. Zudem steht in Abstammungssachen gegen Endentscheidungen auch demjenigen die Beschwerde zu, der an dem Verfahren beteiligt war oder zu beteiligen gewesen wäre, § 184 Abs. 3 FamFG. Auf eine formelle Beschwer kommt es nach geltendem Recht nicht mehr an.[79] Weiteres statthaftes Rechtsmittel ist die Rechtsbeschwerde, §§ 70 ff. FamFG.

6. Geltendmachung von Unterhalt. Sobald ein Verfahren auf Feststellung der Vaterschaft **39** nach § 1600d anhängig ist, kann ein Antrag auf Zahlung von Unterhalt für das minderjährige Kind gerichtlich in einem selbstständigen Hauptsacheverfahren verfolgt und dabei der als Vater vermutete Mann in Anspruch genommen werden, § 237 Abs. 1 FamFG. Ausschließlich zuständig ist das Gericht, bei dem das Feststellungsverfahren im ersten Rechtszug anhängig ist, § 237 Abs. 2 FamFG. Insoweit gelten die Verfahrensvorschriften für das streitige Unterhaltsverfahren, §§ 231 ff. FamFG. Vor Rechtskraft des Beschlusses, der die Vaterschaft feststellt, bzw. vor wirksamer Vaterschaftsanerkennung wird die Entscheidung, die den Mann zu Unterhaltszahlungen verpflichtet, nicht wirksam, § 237 Abs. 4 FamFG. Die Unterhaltssache nach § 237 FamFG kann mit dem Vaterschaftsfeststellungsverfahren verbunden werden, § 179 Abs. 1 S. 2 FamFG.[80]

Weiterhin kann schon **während des** Vaterschaftsfeststellungsverfahrens gem. § 248 FamFG durch **40** **einstweilige Anordnung** bestimmt werden, dass der als Vater in Anspruch genommene Mann an das Kind (und auch an die Mutter) **Unterhalt zahlt** (Abs. 1) oder für den Unterhalt **Sicherheit leistet** (Abs. 4). Insoweit handelt es sich um eine der gesetzlichen Ausnahmen von der Sperrwirkung des Abs. 4. Im Gegensatz zur früheren einstweiligen Anordnung nach § 641d ZPO aF liegt ein selbstständiges Verfahren vor, für das die §§ 49 ff. FamFG gelten. Vor Geburt des Kindes kann durch einstweilige Anordnung nach § 247 FamFG der Unterhalt für Mutter (§ 1615l) und Kind für die ersten drei Monate gesichert werden.

7. Verfahrenskostenhilfe. Für das Vaterschaftsfeststellungsverfahren kann den Beteiligten Verfahrenskostenhilfe nach den §§ 76 ff. FamFG zu bewilligen sein.[81] Nach überwiegender Auffassung **41** kann das Kind vom vermuteten Vater keinen Verfahrenskostenvorschuss verlangen.[82] Die leistungsfähige Mutter ist aber jedenfalls vorschusspflichtig.[83] Da nur die Entscheidung im gerichtlichen Vaterschaftsfeststellungsverfahren die Sicherheit bietet, dass der genetische Vater ermittelt wird, besteht auch bei Anerkennungsbereitschaft des Mannes ein rechtlich geschütztes Interesse an der Vaterschaftsfeststellung (vgl. Rn. 26 f.). Daher ist die Rechtsverfolgung oder Rechtsverteidigung grund-

---

[76] *Staudinger/Rauscher* § 1600d Anh. Rn. 60, 66.
[77] S. schon BGH NJW 1973, 51.
[78] OLG Celle Beschl. vom 26. 4. 2010 – 15 UF 40/10.
[79] Vgl. näher *Schulte-Bunert/Weinreich/Schwonberg* § 184 FamFG Rn. 10.
[80] Zur früheren Rechtslage auf Basis von §§ 640c Abs. 1 S. 3, 653 Abs. 1 ZPO s. BGH FamRZ 2003, 304, 305.
[81] Näher dazu *Grün* Rn. 156 ff.; *Schulte-Bunert/Weinreich/Schwonberg* § 171 FamFG Rn. 30 f.
[82] OLG Koblenz FamRZ 1999, 241; OLG Karlsruhe FamRZ 2008, 2042; *Grün* Rn. 157.
[83] OLG Köln FamRZ 1999, 792.

§ 1600d 42–45 Abschnitt 2. Titel 2. Abstammung

sätzlich nicht mutwillig iSv. § 114 ZPO.[84] Die Rechtsverfolgung bietet regelmäßig Aussicht auf Erfolg, wenn der Mann, dessen Vaterschaft festgestellt werden soll, nach § 1600d Abs. 2 als Vater vermutet wird. Umgekehrt wird die Rechtsverteidigung durch den Mann hingegen nur aussichtsreich erscheinen, wenn er in substanziierter Weise konkrete Zweifel an der Vaterschaft darlegt, also etwa die Beiwohnung bestreitet oder den Mehrverkehr der Mutter geltend macht.[85] Nach aA genügt schon das bloße Bestreiten mit Nichtwissen.[86]

42   **8. Wiederaufnahme des Verfahrens.** Die gerichtliche Feststellung ist wegen der hohen Richtigkeitsgewähr mit einer **höheren Bestandsgarantie** ausgestattet und ist nur unter wesentlich strengeren Voraussetzungen aufhebbar als die Vaterschaftsanerkennung. Während diese gem. §§ 1599 Abs. 1, 1600 im Rahmen der Anfechtungsfrist (§ 1600b) anfechtbar ist, setzt die Außerkraftsetzung der gerichtlichen Feststellung einen **Restitutionsantrag** mit besonderen Zulässigkeitshürden voraus, und zwar entweder nach den allg. Regeln der §§ 578 ff. ZPO oder gem. § 185 FamFG im Fall der Erstellung eines die Beurteilung verändernden neuen Gutachtens.

43   In den Fällen der §§ 578 ff. ZPO ist insbesondere die Frist des § 586 zu beachten.[87] Der **unbefristete Restitutionsantrag** gem. § 185 FamFG ist einschlägig, wenn der Antragsteller, auch nach eigener erfolgreicher Anfechtung,[88] ein **neues Gutachten** über die Vaterschaft **vorlegt.** Das – verfassungskonforme[89] – Restitutionsverfahren dient, wie die Beweisregelung des § 1600d Abs. 2, dem Zweck möglichster Übereinstimmung von Vaterschaftsfeststellung und wahrer Abstammung unter Wahrung der Rechtskraft.[90] **Beteiligte** dieses Verfahrens können nur die Beteiligten des Vorverfahrens sein, nicht etwa die Erben des Mannes.[91]

44   **Neue Gutachten** können ggf. auch Tragzeit- oder Fertilitätsgutachten sein,[92] obwohl der Indizwert dieser Gutachten deutlich geringer ist[93] als derjenige von molekulargenetischen Gutachten (vgl. Rn. 60 f.). Es genügt für die Zulässigkeit des Restitutionsantrags, dass bei der Mitwertung des Gutachtens die Entscheidung möglicherweise anders ausgefallen wäre,[94] wobei die inhaltliche Wertung des neuen Gutachtens nicht schon in diesem Stadium zu prüfen ist. Das Gutachten darf im Vorverfahren noch nicht verwertet worden sein;[95] es muss nach den anerkannten Grundsätzen der Wissenschaft beweisgeeignet sein und sich mit dem konkreten Abstammungsfall befassen, was zB bei einer allgemeinen Auskunft des Robert Koch-Instituts (früher Bundesgesundheitsamts) über den Methodenstand nicht zutrifft.[96] Dagegen ist es ausreichend, wenn es Fehler des Vorgutachtens darstellt.[97] Ferner muss es vor dem Schluss der mündlichen Verhandlung in der Tatsacheninstanz vorliegen,[98] wenn es nicht mit dem Antrag eingereicht wird. Die Beschaffung eines Privatgutachtens, das diesen Anforderungen genügt, war nach bisherigem Recht schwierig, da der frühere Prozessgegner außergerichtlich zur Mitwirkung (Duldung der erforderlichen Untersuchungen), etwa analog §§ 810, 811 ZPO, nicht verpflichtet war.[99] Die nun in § 1598a Abs. 1 enthaltene Regelung gibt einen solchen Anspruch ohne Einschränkung. Ob das auch dann gelten kann, wenn schon ein eindeutiges gerichtlich eingeholtes Gutachten im Vorverfahren vorliegt, ist aber im Hinblick auf das Rechtsschutzinteresse fraglich (dazu § 1598a Rn. 5).

IV. Beweisaufnahme

45   **1. Direkter und indirekter Vaterschaftsbeweis.** Das Ziel der Klärung der genetischen Vaterschaft wird durch die Fortschritte der medizinisch-biologischen Wissenschaften inzwischen

---

[84] OLG Stuttgart DAVorm. 1985, 1039; OLG Nürnberg FamRZ 1995, 620; *Grün* Rn. 158.
[85] OLG Hamburg FamRZ 2000, 1587; OLG Naumburg FamRZ 2006, 960; OLG Brandenburg FamRZ 2007, 151; OLG Stuttgart FamRZ 2006, 797 und 2005, 1266; OLG Nürnberg FamRZ 2004, 547; OLG Köln FamRZ 2003, 1018.
[86] OLG Dresden FamRZ 2010, 2007; OLG Zweibrücken MDR 2006, 271.
[87] OLG Düsseldorf FamRZ 2002, 1268.
[88] *Gernhuber/Coester-Waltjen* § 52 Rn. 97.
[89] BGH NJW 2003, 708.
[90] BGHZ 61, 186, 190 = NJW 1973, 1927.
[91] OLG Stuttgart FamRZ 1982, 193; s. zur parallel liegenden Beschwerdeberechtigung BGH FamRZ 2005, 1945.
[92] BGH NJW 1982, 2128; NJW 1984, 2630; NJW 2003, 3708, 3709.
[93] Deshalb zweifelnd *Gaul,* FS Bosch, 1976, S. 241, 265.
[94] BGH NJW 2003, 3708, 3709 und stRspr; aM *Gaul,* FS Bosch, 1976, S. 241, 264.
[95] BGH NJW-RR 1989, 1028; *Staudinger/Rauscher* § 1600d Anh. Rn. 101.
[96] Ähnlich BGH NJW-RR 1989, 1028 = FamRZ 1989, 1067; *Gaul,* FS Bosch, 1976, S. 241, 258.
[97] BGH NJW 2003, 3708, 3709.
[98] BGH NJW 1982, 2128.
[99] BGH NJW 2005, 497 = FamRZ 2005, 340; FamRZ 1991, 185; OLG Zweibrücken FamRZ 2005, 735; *Staudinger/Rauscher* § 1600d Anh. Rn. 104. Dazu auch *Huber* FamRZ 2006, 1425 wegen der Zustimmungsbefugnisse.

Gerichtliche Feststellung der Vaterschaft 46, 47 § 1600d

kaum mehr über die Beiwohnungsvermutung des Abs. 2 erreicht, den das Ges. eigentlich als einzigen Weg darstellt.[100] Vielmehr werden heute fast alle Vaterschaftsfeststellungen durch Sachverständigengutachten vorgenommen, also durch positiven,[101] **unmittelbaren, direkten Vaterschaftsbeweis.** Die Gesetzesfassung lässt freilich den Eindruck entstehen, als ob die direkte biologische Zuordnung ohne Rücksicht auf Beiwohnungsprüfung nicht existiere, obwohl die Gesetzesbegründung[102] im Gegenteil davon spricht, die Beiwohnungsvermutung sei wohl meist überflüssig. Tatsächlich lässt sich nach aktuellem Stand der biologischen Forschung inzwischen nahezu jeder Abstammungsfall eindeutig klären (näher Rn. 87 ff.). Es mögen jedoch vereinzelte Zweifelsfälle verbleiben, so dass die ges. Regelung in Abs. 2 noch nicht ganz überflüssig geworden ist.[103] Das mag etwa Fälle der Beweisvereitelung oder mit Auslandsbezug betreffen, bei denen keine vergleichenden Untersuchungen möglich sind.[104] Außerdem hat die Vermutungsregel Bedeutung im Verfahren der einstweiligen Anordnung vor Geburt des Kindes auf Leistung von Unterhalt nach § 247 FamFG.

2. Förmliche Beweisaufnahme. Im Feststellungsverfahren nach § 169 Nr. 1 FamFG hat in 46 Bezug auf die Abstammung eine förmliche Beweisaufnahme stattzufinden, § 177 Abs. 2 FamFG, also eine Beweisaufnahme nach den Vorschriften der ZPO, vgl. § 30 Abs. 1 FamFG.[105] Damit gelten die Vorschriften über den Strengbeweis, §§ 355 ff. ZPO. Für die Anordnung der Beweisaufnahme bedarf es eines (nicht anfechtbaren[106]) Beweisbeschlusses. Ein Freibeweis ist ausgeschlossen. Allerdings kann auch ein außergerichtlich eingeholtes Gutachten Verwendung finden (s. § 1598a Rn. 12). Die Verwertung eines heimlich von einem Beteiligten eingeholten Gutachtens scheidet aus (dazu § 1599 Rn. 35). Vor der Beweisaufnahme über die Abstammung soll das Gericht einen Erörterungstermin durchführen, § 175 Abs. 1 FamFG, insbesondere um Vorfragen zu klären und Mehrverkehrszeugen zu vernehmen.[107] Die Vernehmung der Mutter als Beteiligter erfolgt nach den Grundsätzen der Parteivernehmung. Die **Feststellungslast** trifft den Antragsteller, der die Feststellung der Vaterschaft eines bestimmten Mannes begehrt.

3. Amtsermittlungsgrundsatz. Der Amtsermittlungsgrundsatz (§§ 26, 177 FamFG) ver- 47 pflichtet das Gericht, alle zur Aufklärung der Sachlage erforderlichen Beweise zu erheben.[108] Dabei sind an den Umfang der Ermittlungen hohe Anforderungen zu stellen, ggf. sind auch Auslandsermittlungen erforderlich.[109] Um zu ermitteln, welcher von zwei eineiigen Zwillingen der Vater ist, kann ein *whole genome sequencing* erforderlich sein; das Gericht kann diese Analyse grundsätzlich nicht aus Kostengründen ablehnen.[110] Förmliche Beweisanträge sind zu behandeln. Allerdings scheiden nach den entspr. anwendbaren Grundsätzen des § 244 Abs. 3, 4 StPO sowohl **unerreichbare Beweismittel**[111] als auch eine verfahrensrechtlich **unzulässige Beweiserhebung** aus. Dasselbe gilt für den Einsatz **ungeeigneter Beweismittel**.[112] Soweit Zeugen benannt werden, ist bei Nichterreichbarkeit notfalls die Fristsetzung gem. § 356 ZPO möglich.[113] Die ges. Vermutung des Abs. 2 wird erst relevant, wenn das Gericht nach Ausschöpfung aller erreichbaren Beweismittel noch nicht die volle Überzeugung von der festzustellenden Tatsache erlangt hat. Das ist indes sehr selten, weil heute auf Grundlage von Sachverständigengutachten in nahezu allen Fällen der unmittelbare Beweis der Vaterschaft bzw. des Vaterschaftsausschlusses geführt werden kann. Der Amtsermittlungsgrundsatz erfordert es insoweit, ein solches Gutachten grundsätzlich einzuholen.[114] Das Gericht kann sich nicht allein auf die Angaben der Beteiligten stützen,[115] mögen diese auch sachlich übereinstimmen.[116] Andererseits macht die Einholung eines Vaterschaftsgutachtens eine Zeugenvernehmung

---

[100] Entwurf des KindRG BT-Drucks. 13/4899 S. 88.
[101] Vgl. etwa BGH NJW 1973, 1924, 1925; NJW 1994, 1348, 1349.
[102] Entwurf BT-Drucks. 13/4899 S. 88.
[103] Vgl. *Gaul* FamRZ 2000, 1461, 1471; zweifelnd *Diederichsen* NJW 1998, 1977, 1980.
[104] BGH FamRZ 1986, 663. Zur Anknüpfung an die Vermutung bei Beweisvereitelung s. BGH NJW 1993, 1391 = FamRZ 1993, 691.
[105] Vgl. BT-Drucks. 16/6308 S. 245.
[106] BGH FamRZ 2007, 549.
[107] Ausführlich *Grün* Rn. 170.
[108] St.Rspr.: BGH NJW 1994, 1348, 1349; *Gernhuber/Coester-Waltjen* § 52 Rn. 87.
[109] Vgl. OLG Köln FamRZ 1983, 825 m. Anm. *Grunsky*.
[110] BVerfG FamRZ 2010, 1897.
[111] OLG Zweibrücken DAVorm. 1991, 102; s. auch BGHZ 168, 79 = NJW 2006, 3416, Tz. 25.
[112] BGHZ 53, 259; BGH NJW 1991, 2961 mN, bespr. von *Hummel* und *Mutschler* NJW 1991, 2929; OLG Zweibrücken DAVorm. 1991, 102.
[113] OLG Hamm FamRZ 2003, 616.
[114] Vgl. *Kirchmeier* FPR 2002, 370, 372.
[115] Vgl. BGH FamRZ 1986, 665, 667.
[116] OLG Schleswig DAVorm. 1982, 350 (Blutgruppengutachten auch bei Einigkeit der Ehegatten hinsichtlich der Nichtehelichkeit); ebenso *Soergel/Gaul* § 1591 Rn. 20.

§ 1600d 48–51   Abschnitt 2. Titel 2. Abstammung

nicht automatisch überflüssig; schließlich kann auch ein biostatistisches DNA-Gutachten keinen Vaterschaftswahrscheinlichkeitswert von 100% erreichen.[117] Unerlässlich ist insbesondere stets die Vernehmung der Kindesmutter und der möglichen Vaterschaftsanwärter, soweit sie erreichbar sind, vgl. auch § 175 Abs. 1 S. 2 FamFG. Insofern sind alle Männer, die mit der Mutter in der Empfängniszeit Verkehr hatten, in die Untersuchung einzubeziehen und zweckmäßigerweise im ersten Erörterungstermin (vgl. § 175 Abs. 1 FamFG) zu vernehmen. Im Hinblick auf die statistische Bewertung von Abstammungsgutachten ist insoweit auch wichtig zu wissen, ob zwei Mehrverkehrszeugen miteinander verwandt sind oder welcher ethnischen Gruppe sie angehören (dazu Rn. 92).

48   Ein vollwertiger Ausschluss der Vaterschaft durch Gutachten auf Grund einwandfreier Merkmalbestimmung erübrigt dabei in der Regel eine weitere Beweiserhebung und auch die Vereidigung der Mutter des Kindes. Ferner kann auf eine ergänzende Begutachtung verzichtet werden, wenn Geschlechtsverkehr des Mannes in der ges. Empfängniszeit und in der Zeit des wahrscheinlichen Empfängnisoptimums der Mutter feststeht und die biostatistische Auswertung eine sehr hohe Vaterschaftswahrscheinlichkeit (99,99% oder mehr) ergibt (dazu Rn. 73 ff.). Bei erwiesenem oder konkret behaupteten **Mehrverkehr** der Mutter in der Empfängniszeit kann unter diesen Umständen gleichwohl ein weiteres Gutachten einzuholen[118] oder eine Zeugenvernehmung durchzuführen sein. Das kann auch erforderlich sein, wenn ein Wahrscheinlichkeitswert für die Vaterschaft von 99,99% festgestellt wurde.[119] Auch ist hier darauf zu achten, dass der statistische Ansatz (u. a. die a-priori-Wahrscheinlichkeit, Rn. 79 f.) der Sachlage, insbes. der Zahl der mutmaßlichen Väter, angepasst wird.[120] Die biostatistische Beurteilung der Gutachtenergebnisse und die Ausschlussmöglichkeiten führen dann meist direkt zum sicheren Ergebnis des Verfahrens.

49   Die **Ablehnung** der Einholung eines weiteren, förmlich beantragten Gutachtens wird regelmäßig nur auf dessen **mangelnde Eignung** gestützt werden können,[121] etwa weil ein höherer Wahrscheinlichkeitsgrad nicht erreichbar ist. Im Zweifel ist aber eine weitere Beweisaufnahme anzuordnen.[122] Allerdings kann das Gericht eine beantragte weitere Beweisaufnahme von einem **Auslagenvorschuss** für die Begutachtung abhängig machen,[123] und zwar im Ausnahmefall selbst dann, wenn dem Beweisführer Verfahrenskostenhilfe bewilligt war.[124] Zeugen sind prinzipiell unerhebliche Beweismittel zur Erschütterung eines eindeutigen Gutachtenergebnisses; letzteres kann auch den Beweis der geleugneten Beiwohnung bereits erbracht haben.[125] Allerdings können Zeugenaussagen zu weiteren Gutachten nötigen, auch wenn das eingeholte Gutachten schon eine hohe Wahrscheinlichkeit erbracht hat.[126]

50   Die **Beeidigung** von Zeugen, insbes. der Mutter, erübrigt sich in Standardsituationen, wenn Gutachten eingeholt werden. Anderes gilt aber, wenn hinsichtlich eines Mannes oder gar mehrerer Putativväter **keine Begutachtung möglich** ist. Dann muss auf jedem denkbaren anderen Weg versucht werden, möglichst viele Einzelheiten zur Beurteilung der Wahrscheinlichkeit der Beiwohnung und der Vaterschaft zu erlangen. Ähnlich stellt sich das Problem, wenn eine nach sich § 172 FamFG zu beteiligende Person bereits verstorben und eine direkte Untersuchung nicht mehr möglich ist. In Zusammenarbeit mit dem Gutachter ist dann sekundäres Untersuchungsmaterial vom Verstorbenen zu suchen, Verwandte sind zur Untersuchung zu bewegen oder müssen vernommen werden (s. auch Rn. 23).

51   **4. Verwertung außergerichtlicher Gutachten.** Gem. **§ 177 Abs. 2 S. 2 FamFG** kann ausnahmsweise auch ein einverständlich außergerichtlich eingeholtes Abstammungsgutachten der gerichtlichen Entscheidung zu Grunde gelegt werden, wenn alle Beteiligten ausdrücklich zustim-

---

[117] BGHZ 168, 79 = FamRZ 2006, 1745, 1746.
[118] BGH FamRZ 1988, 1037, 1038; NJW 1990, 2312; OLG Karlsruhe NJW-FER 1999, 252, Behauptung der Prostitution.
[119] BGH NJW 2006, 3416, 3418; krit. noch *Frank* FamRZ 1995, 975, 978.
[120] BGH NJW 1990, 2312, 2313 mN.
[121] BGH NJW 1994, 1348, 1350 = FamRZ 1994, 506; so schon BGHZ 53, 245, 259 = NJW 1970, 946; BGH NJW 1991, 2961 = FamRZ 1991, 426; OLG Karlsruhe DAVorm. 1992, 991; *Schlosser* FamRZ 1976, 6; anders KG DAVorm. 1991, 763.
[122] BGH NJW 2006, 3416, 3418 = FamRZ 2006, 1745 unter Verweis auf BGH NJW 1994, 1348. Im Fall BGH NJW 1994, 1348 wurde eine weitere Begutachtung mit der multi-locus Methode beantragt, obwohl bereits ein Wahrscheinlichkeitswert außerhalb jeder Diskussion erreicht war (99,99 999 999 999%); hier war die Ungeeignetheit der beantragten Methode, auf die der BGH mit erheblichem Argumentationsaufwand abstellt, ebenso offenkundig, wie der bereits erbrachte Beweis.
[123] BGH NJW 2007, 3416, 3419; NJW 1991, 2961, 2963; *Erman/Hammermann* Rn. 16.
[124] OLG Hamm FamRZ 1992, 455 bei Mutwilligkeit des Antrags, wenn Vaterschaft praktisch erwiesen.
[125] OLG Hamm DAVorm. 1993, 834.
[126] So mit Recht BGH NJW 2006, 3416, 3417: Erschütterung einer Aussage eines Putativvaters, der bisher nicht einbezogen wurde.

Gerichtliche Feststellung der Vaterschaft 52, 53 § 1600d

men. Insoweit erlaubt das Gesetz eine Abweichung vom Unmittelbarkeitsgrundsatz des § 355 Abs. 1 S. 1 ZPO. Im Sinne der Verfahrensökonomie kann insoweit ausnahmsweise von einer förmlichen Beweisaufnahme abgesehen werden.[127] In der Praxis wird das regelmäßig ein Gutachten aus einem vorangegangenen Klärungsverfahren nach § 1598a betreffen. Es kann aber auch ein sonstiges, einverständlich eingeholtes Gutachten sein, zumal § 1598a nur Gutachten unter Beteiligung des rechtlichen Vaters erfasst. Für die Versagung der Einwilligung in die Verwertung bedarf es keiner Begründung.[128] Fraglich ist dabei, ob auch ein Gutachten verwertet werden kann, das zwar zunächst ohne die Einwilligung aller Beteiligten rechtswidrig eingeholt wurde, dessen Verwertung nun aber alle Beteiligten zustimmen.[129] Das Problem ist indes, dass bei einem solchen Gutachten regelmäßig keine Identitätsprüfung stattgefunden hat, so dass dessen Beweiswert höchst fraglich erscheint und auch durch Genehmigung nicht verbessert wird. Bei Gutachten, die nicht den Richtlinien für die Erstattung von Abstammungsgutachten (s. Rn. 52) bzw. den Anforderungen des GendiagnostikG (s. § 1599 Rn. 37) entsprechen, wird ein gerichtliches Gutachten daher meist nicht entbehrlich sein.[130]

5. Körperliche Untersuchungen zur Feststellung der Abstammung. a) Erforderlichkeit und Geeignetheit. Zur Feststellung der Abstammung hat im Rahmen des Erforderlichen[131] jede Person Blutentnahmen und andere **Untersuchungen zu dulden**, § 178 FamFG (früher wurde der praktisch inhaltsgleiche § 372a ZPO herangezogen).[132] Die Erforderlichkeit der Einholung eines med. bzw. biostatistischen Abstammungsgutachtens ergibt sich aus der Beweiserheblichkeit der Abstammungsklärung sowie aus den Unsicherheiten anderer Beweismittel.[133] Die nach den Richtlinien der Bundesärztekammer[134] für Abstammungsgutachten vorgesehenen Untersuchungen sind insoweit auch immer **geeignete** Untersuchungen. Heute gilt die DNA-Analyse als verlässliche und allgemein anerkannte Methode. Der damit verbundene Eingriff in die körperliche Integrität (Entnahme einer Blutprobe) ist geringfügig, so dass der damit einhergehende Grundrechtseingriff (Art. 2 Abs. 2 GG) grundsätzlich gerechtfertigt ist.[135] 52

b) Inanspruchnahme Dritter. Vor der Inanspruchnahme Dritter ist die Erforderlichkeit körperlicher Untersuchungen besonders eingehend zu prüfen, sie kommt auch nach dem Tod eines Beteiligten nicht immer in Betracht.[136] Sonderprobleme entstehen bei der Probenentnahme bei einem Toten (**Exhumierung**)[137] wegen der Störung der Totenruhe. Hier hat eine Abwägung zwischen den Interessen des Kindes und den Interessen der zur Totenfürsorge berechtigten Angehörigen stattzufinden. Die Exhumierung des Toten zum Zweck der DNA-Analyse ist den Angehörigen indes in der Regel (analog § 178 FamFG) zumutbar, soweit sie erforderlich ist, um die Abstammung zu ermitteln; denn das Recht des Kindes auf Kenntnis seiner Abstammung überwiegt regelmäßig.[138] Ansonsten können – wenn (potenzieller) Vater oder Mutter nicht für die Untersuchung zur Verfügung stehen – auch Verwandte (Großeltern, Geschwister) verpflichtet werden, eine Untersuchung zu dulden.[139] Ggf. kann die Untersuchung eines Dritten (Verwandten) auch der Exhumierung vorzuziehen sein, wenn auch auf Grundlage der Blutentnahme bei diesem Verwandten die Abstammung hinreichend sicher ermittelt werden kann.[140] 53

---

[127] BT-Drucks. 16/6308 S. 245.
[128] MünchKommZPO/*Coester-Waltjen/Hilbig* § 177 FamFG Rn. 16.
[129] Bejahend *Schulte-Bunert/Weinreich/Schwonberg* § 177 FamFG Rn. 17.
[130] In diesem Sinne auch *Schulte-Bunert/Weinreich/Schwonberg* § 177 FamFG Rn. 18; ferner MünchKommZPO/*Coester-Waltjen/Hilbig* § 177 FamFG Rn. 18; *Helms/Balzer* ZKJ 2009, 348, 351.
[131] Vgl. KG NJW 1987, 2311 m. Anm. *Mutschler* DAVorm. 1988, 61; *Staudinger/Rauscher* § 1600d Anh. Rn. 75. Kritisch zur Duldungspflicht überhaupt *Frank* FamRZ 1995, 975.
[132] OLG Düsseldorf FamRZ 2008, 630; zu Fall mit Auslandsbezug OLG Bremen FamRZ 2009, 802.
[133] Vgl. nur *Schulte-Bunert/Weinreich/Schwonberg* § 178 FamFG Rn. 3.
[134] Richtlinien für die Erstattung von Abstammungsgutachten, Dt. Ärzteblatt 2002 (Jg. 99), S. A 665 f., abgedruckt in FamRZ 2002, 1159; dazu *Geserick* FPR 2002, 380; *Orgis* FamRZ 2002, 1157; *Martin/Muche/Zang* FamRZ 2003, 76; *Rittner/Rittner* NJW 2002, 1745, 1747.
[135] Vgl. dazu BVerfG FamRZ 2007, 441, 444; FamRZ 1956, 215; OLG Düsseldorf FamRZ 2008, 630, 632.
[136] OLG Hamm FamRZ 2005, 1192 für die Anfechtung; OLG Nürnberg FamRZ 2005, 728.
[137] S. schon OLG Düsseldorf FamRZ 1978, 206; OLG Köln FamRZ 2001, 930; OLG Celle FamRZ 2000, 1510; OLG Dresden FPR 2002, 571; EuGHMR FamRZ 2006, 1354; *Lakkis* FamRZ 2006, 454; *Soergel/Gaul* § 1591 Rn. 23.
[138] EuGHMR FamRZ 2006, 1354; OLG Dresden FPR 2002, 571; OLG München FamRZ 2001, 126; *Palandt/Brudermüller* Rn. 6; *Erman/Hammermann* § 1600e Rn. 12; *Grün* Rn. 376; ausführlich *Staudinger/Rauscher* Vor §§ 1591 ff. Rn. 78, § 1598a Rn. 16; aA *Lakkis* FamRZ 2006, 454.
[139] *Schulte-Bunert/Weinreich/Schwonberg* § 178 FamFG Rn. 3.
[140] OLG Hamm FamRZ 2005, 1192; OLG Celle NJW-RR 2000, 1100 = FamRZ 2000, 1510.

§ 1600d

54 c) Zumutbarkeit. Zulässig ist die Durchführung von **medizinischen Untersuchungen**, die dem zu Untersuchenden nach der **Art** der Untersuchung und nach den **Folgen** ihres Ergebnisses für ihn oder einen Angehörigen **ohne Nachteil** für seine Gesundheit zugemutet werden können.[141] Die Entnahme **geringer Mengen Blut** für die Vaterschaftsgutachten ist in aller Regel auch unter dem Blickwinkel der Verhältnismäßigkeit unbedenklich. Selbst wenn ein besonderer Gesundheitszustand Anlass zu Bedenken gibt, wird wohl auch bei ohnehin nötigen ärztlichen Untersuchungen oder Eingriffen Blut zu erlangen sein, notfalls reicht aber in einem solchen Fall eine Speichelprobe für die molekularbiologische Untersuchung (vgl. Rn. 61). Eine **DNA-Analyse** zum Zweck der Vaterschaftsfeststellung, die sich auf die nicht codierenden Abschnitte der Erbsubstanzen beschränkt, ist dem Betroffenen immer zumutbar.[142] Auch die Feststellung der **Identität** der Person durch Fertigung von Lichtbildern und/oder Fingerabdrücken ist zu dulden,[143] zumal die Richtlinien für die Erstattung von Abstammungsgutachten (Punkt 2.2.2.)[144] dies auch fordern. Die Verweigerung der Blut- oder Speichelprobe kann nicht auf das Grundrecht auf Glaubensfreiheit und gestörte Religionsausübung oder auf das Recht auf informationelle Selbstbestimmung oder auf den Schutz der Intimsphäre gestützt werden.[145]

55 Die mit dem Untersuchungsergebnis für den Betroffenen verbundenen **Folgen** machen die Untersuchung selbst noch nicht unzumutbar. Unzumutbarkeit wird weder durch die Gefährdung des Familienfriedens[146] noch durch die Gefahr begründet, bei positivem Ausgang als Vater in Anspruch genommen zu werden. Auch der befürchtete Verlust eines Unterhaltsanspruchs beim Kind[147] rechtfertigt im Rahmen eines Anfechtungsverfahrens nicht die Verweigerung der Untersuchung.[148] Dass ein Zeuge ein Zeugnisverweigerungsrecht hätte, reicht ebenfalls nicht als Grund aus, die Untersuchung ablehnen zu können.[149] Anders kann es für einen Zeugen bei der **Gefahr strafrechtlicher Verfolgung** liegen,[150] nicht aber wegen eines Aussagedelikts in einem vorangegangenen Gerichtsverfahren, weil dieser Konflikt selbstverschuldet ist.[151] Strafrechtliche Ermittlungen rechtfertigen die Verweigerung der Untersuchung eines Beteiligten regelmäßig nicht,[152] das gilt auch dann, wenn es um die Frage geht, ob der festzustellende Vater Inzest begangen hat.

56 d) Folgen bei Weigerung. Verweigert ein Beteiligter die Untersuchung, so wird im Zwischenstreitverfahren gem. §§ 386, 387 ZPO über die Rechtmäßigkeit der Weigerung nach Anhörung der Beteiligten entschieden.[153] Dagegen ist die **sofortige Beschwerde,** welche zum OLG geht, zugelassen, § 387 Abs. 3 ZPO. Ggf. ist auch die Rechtsbeschwerde zuzulassen.[154] Ist über den Zwischenstreit rechtskräftig entschieden, kann die betreffende Untersuchung durch Anordnung von Zwangsmitteln nach § 390 ZPO erzwungen werden. Wird keine Weigerung geltend gemacht oder die Untersuchung konsequent ohne Begründung verweigert, etwa bei mehrfachem Nichterscheinen trotz Ladung durch das Gericht,[155] können Zwangsmittel auch ohne vorangehendes Zwischenstreitverfahren angewandt werden.[156]

---

[141] Aus der Rspr. BVerfG DAVorm. 1983, 363; BGH NJW 1966, 1913; OLG Stuttgart NJW 1972, 2226; DAVorm. 1975, 619; DAVorm. 1979, 356; OLG Düsseldorf FamRZ 1976, 51; OLG Koblenz NJW 1976, 379; OLG Köln DAVorm. 1982, 113; FamRZ 1983, 825 (italienische Mutter) m. Anm. *Grunsky*; OLG Karlsruhe DAVorm. 1983, 147; OLG Zweibrücken FamRZ 1986, 493; OLG Hamburg FamRZ 1989, 789; KG NJW 1987, 2311 (Wohngemeinschaft) m. krit. Anm. *Mutschler* DAVorm. 1988, 61.
[142] S. auch BGH NJW 1990, 2944 zu § 81a StPO; *Zöller/Greger* § 372a ZPO Rn. 10; ferner *Simon* MDR 1991, 5, 11.
[143] OLG Köln FamRZ 1976, 548; AG Hohenstein-Ernstthal FamRZ 2006, 1769.
[144] Deutsches Ärzteblatt 2002 (99), S. A 665 f., abgedruckt in FamRZ 2002, 1159.
[145] OLG Brandenburg FamRZ 2010, 1826; OLG Düsseldorf FamRZ 1976, 51 für Zeugen Jehovas.
[146] OLG Köln NJW 1952, 149; OLG Nürnberg DAVorm. 1996, 301 (Adoption beabsichtigt); wegen der alleinigen Entscheidungsbefugnis des älteren Kindes s. OLG Karlsruhe FamRZ 1998, 563; OLG Thüringen FamRZ 2007, 1676.
[147] OLG Frankfurt NJW 1979, 1257.
[148] Im Anfechtungsverfahren ist aber andererseits der Verlust des Vaterrechts zu befürchten, dazu BVerfG NJW 2009, 425.
[149] OLG Hamburg NJW 1953, 1873.
[150] BGH NJW 1964, 1469, 1471; OLG Köln NJW 1993, 474.
[151] KG NJW 1969, 2208; OLG Frankfurt NJW 1979, 1257.
[152] BGH NJW 1964, 1471; OLG Frankfurt NJW 1979, 1257; OLG Hamm NJW 1993, 474 bei Inzest; OLG Karlsruhe FamRZ 1992, 334.
[153] BGH NJW 2006, 1657; OLG Brandenburg FamRZ 2007, 1755; aA OLG Brandenburg FamRZ 2001, 1010 m. abl. Anm. *Gottwald*.
[154] BGH FamRZ 2006, 686, 688; zur Verfassungsbeschwerde BVerfG FamRZ 2008, 1507.
[155] Ladung durch den SV oder das Gesundheitsamt unzureichend: OLG Brandenburg FamRZ 2001, 1010.
[156] BGH NJW 1990, 2936; OLG Karlsruhe FamRZ 1962, 395; *Zöller/Greger* § 372a ZPO Rn. 13, 15.

6. Beweisvereitelung. Wer als Beteiligter eine Beweiserhebung treuwidrig vereitelt, indem 57 er seine Mitwirkung verweigert, insbesondere sich der Blutentnahme oder einer anderen für die Vaterschaftsfeststellung erforderlichen, nach § 178 FamFG zulässigen Untersuchung entzieht, kann so behandelt werden, als wäre die verhinderte Beweisaufnahme für ihn ungünstig ausgefallen (**Beweisvereitelung,** Rechtsgedanke der §§ 427, 444 ZPO).[157] Das Gericht kann die Vaterschaftsfeststellung dann ohne Einholung eines Sachverständigengutachtens darauf gründen, dass sich keine schwerwiegenden Zweifel iSv. § 1600d Abs. 2 S. 2 an der Vaterschaft ergeben haben. Voraussetzung ist allerdings, dass das Gericht die Überzeugung von der Beiwohnung des Mannes in der Empfängniszeit gewonnen hat und keine sonstigen schwerwiegenden Zweifel an der Vaterschaft bestehen, also zB kein Mehrverkehr der Mutter gegeben ist.[158] Zudem muss zunächst grundsätzlich eine Durchsetzung der Mitwirkung mit Zwangsmitteln versucht worden sein. Außerdem müssen eine Belehrung über die Folgen der Weigerung bzw. die eintretenden Beweisnachteile und eine Fristsetzung nach § 30 FamFG, § 356 ZPO erfolgt sein.[159] Nur bei unzweifelhaft endgültiger Weigerung kann diese Fristsetzung überflüssig sein.[160]

Das gilt bei Aufenthalt des Mannes **im Ausland** uneingeschränkt ebenso.[161] Vielfach kann die 58 Vernehmung im Ausland mit der dort erbetenen Belehrung zu einer Blutentnahme führen, wobei die Gutachter oft internationale Verbindungen nutzen können. Es reicht aber auch eine Speichelentnahme, die unproblematisch zu versenden ist, als Grundlage für eine DNA-Analyse; sie kann auch vom Konsulatsarzt genommen werden. Die Aufklärung auch im Ausland muss **zumindest versucht** worden sein, bevor Beweisvereitelung angenommen werden kann. Verweigert die Mutter die Untersuchung, kann ihre Aussage zur Beiwohnung bei entsprechenden Umständen so in Zweifel gezogen sein, dass sie nicht zur Überzeugungsbildung ausreicht.

V. Direkter Vaterschaftsnachweis durch Gutachten

1. Entwicklung. In den ersten Jahrzehnten nach Inkrafttreten des BGB hielt man nur wenige 59 Umstände für geeignet, die Vermutung der **Ursächlichkeit der Beiwohnung** für die Empfängnis ohne Weiteres zu widerlegen. Offenbare Unmöglichkeit der (ehelichen) Vaterschaft wurde angenommen, wenn das Kind von anderer Rasse war als der Mann, wenn die Schwangerschaft schon vor dem Verkehr eingetreten war, oder wenn das Kind wegen seines Reifegrades nicht aus dem Verkehr des Mannes mit der Frau innerhalb der Empfängniszeit stammen konnte.[162] Auch der Fall der Zeugungsunfähigkeit des Mannes wurde in Betracht gezogen.[163] **Eindeutige** Beweislagen dieser Art waren und sind jedoch selten.

Zudem waren **Reifegrad-Gutachten,** welche die Tragzeit untersuchen, und Gutachten über 60 **die Zeugungsfähigkeit** (Fertilitätsgutachten, andrologische Gutachten) oft von fragwürdigem Beweiswert, weil die Ausgangsdaten (Tag der Beiwohnung, Reifemerkmale des Kindes bei der Geburt, Krankheitsgeschichte eines angeblich Zeugungsunfähigen u. a.) gewöhnlich auf Zeugen- oder Parteiaussagen beruhen, deren Zuverlässigkeit häufig unsicher und schwer nachprüfbar ist. Daher durfte die Aussagekraft solcher Gutachten nicht überschätzt werden.[164] Medizinische Erfahrungen über die **unfruchtbare Phase der Frau** (Lehre von *Knaus* und *Ogino*),[165] über **menstruationsähnliche Blutungen** nach der Beiwohnung,[166] **empfängnisverhütende Maßnahmen** wie coitus interruptus, Verwendung von Schutzmitteln[167] und Einnahme ovulationshemmender Mittel

---

[157] BGH NJW 1993, 1391 = FamRZ 1993, 691; NJW 1986, 2371 = JZ 1987, 42 m. Anm. *Stürner;* AG Neustadt ZKJ 2007, 82 m. Anm. *Menne* S. 74; OLG Hamburg DAVorm. 1987, 359 m. Anm. *Künkel* (spanischer Beklagter, zweimalige Blutentnahme); *Odersky* FamRZ 1975, 440, 446; *Staudinger/Rauscher* Rn. 27 mwN; OLG Karlsruhe FamRZ 1977, 341. Krit. *Frank* FamRZ 1995, 975, 978.
[158] OLG Brandenburg FamRZ 2007, 1755.
[159] BGHZ 121, 266; *Schulte-Bunert/Weinreich/Schwonberg* § 177 FamFG Rn. 10; *Menne* ZKJ 2007, 74. Vgl. auch den Fall AG Wedding FamRZ 2005, 1192.
[160] BGH NJW 1993, 1391, 1393 aE.
[161] BGH NJW 1986, 2371 = FamRZ 1986, 663 (für Italien).
[162] Prot. IV S. 464.
[163] RG Warn. 1921 Nr. 17, S. 22.
[164] Vgl. *Gaul,* FS Bosch, 1976, S. 241, 265 unter Hinweis auf BGH FamRZ 1974, 369, 370 (andrologische Begutachtung); ferner BGH FamRZ 1977, 538 (Tragzeitgutachten u. a.); FamRZ 1982, 690 (Fertilitätsgutachten im Restitutionsverfahren); s. auch OLG Frankfurt DAVorm. 1976, 29 (Tragzeitgutachten im Widerspruch zum Blutgruppengutachten).
[165] Dazu *Döring* NJW 1966, 376.
[166] BGHZ 7, 116, 118 = NJW 1952, 1171.
[167] BGH FamRZ 1974, 644, 645; KG FamRZ 1970, 419; OLG Celle FamRZ 1971, 375; OLG Braunschweig DAVorm. 1972, 21; OLG Karlsruhe DAVorm. 1974, 446.

§ 1600d   61–64   Abschnitt 2. Titel 2. Abstammung

bildeten bei der Widerlegung der Beiwohnungsvermutung nur ergänzende Indizien, die das Gericht nicht ohne Gutachter würdigen konnte.

61   Zur Sicherung der Qualität und zur Vereinheitlichung der Begutachtung hatte das **Bundesgesundheitsamt** seit 1960 **Richtlinien** erlassen, in denen Fragen der Identitätskontrolle, Fehlerquellen, Laborausstattung und Gutachteninhalt geregelt wurden.[168] Erstmals 1992 waren dabei auch die damals noch in der Entwicklung begriffenen DNA-Gutachten, die heute den Markt beherrschen, aufgenommen worden. Das **Robert-Koch-Institut** übernahm diese Aufgabe später und brachte 1996 die letzte ausführliche Richtlinie heraus, die sich mit den traditionellen Blutgruppen und Blutmerkmalen befasste. Dieses Institut hat in Zusammenarbeit mit einem Wissenschaftlichen Beirat der Bundesärztekammer die jetzt gültigen **Richtlinien vom März 2002** erarbeitet.[169] Darin werden die modernen Entwicklungen der forensischen Genetik berücksichtigt, aber auch Fragen der Einwilligung in die Begutachtung und Identitätssicherung („heimliche Gutachten") sind angesprochen. Gesetzliche Vorgaben für Abstammungsuntersuchungen liefert zudem seit dem 1. 1. 2011 das GendiagnostikG[170] (s. dazu § 1599 Rn. 37). Die Richtlinien legen in Punkt 2.3 fest, dass in erster Linie **Blutuntersuchungen** vorzunehmen sind und nur in Ausnahmefällen Mundschleimhautabstriche (Speichelproben). Während die Richtlinien 1996 noch eine Kombination von DNA-Analyse mit konventionellen Systemen forderte, lässt die heutige Fassung die Untersuchung **eines Systems allein** zu („allein oder bedarfsgerecht in beliebiger Zusammensetzung verwendbar", Punkt 2.4.1), wobei das wegen der Kosten regelmäßig ein DNA-System ist. Diese Freigabe ist unter den Sachverständigen umstritten, weil sie als Qualitätsminderung angesehen wird.[171] Deshalb fordern Leitlinien einer Arbeitsgemeinschaft der Sachverständigen für Abstammungsgutachten vom 19. März 2002 die Verwendung von mindestens zwei unterschiedlichen Systemen,[172] was jedenfalls in zweifelhaften Fällen unumgänglich erscheint.[173] Der BGH sieht das nicht als Grund zur Beanstandung, wenn keine Zweifel an der Qualität des Gutachters bestehen.[174] Bei allen Abstammungsbegutachtungen überlässt die Rechtsprechung des BGH die Auswahl und Würdigung von Beweismitteln grundsätzlich dem Ermessen des Tatrichters (s. Rn. 71).

62   **2. Blutgruppengutachten.** Einen wesentlichen Schritt in Richtung guter Aufklärungssicherheit brachte der **Vaterschaftsausschluss** durch die auch heute noch vielfach übergreifend so genannten **Blutgruppengutachten.** Es gibt eine große, beinahe unübersehbare Zahl von Blutmerkmalen, deren Bestimmung so weit gesichert ist und deren Erbgänge so gründlich erforscht sind, dass mit den Erbgesetzen unvereinbare Befunde einen vollwertigen, jeden Gegenbeweis abschneidenden Vaterschaftsausschluss gestatteten. Inzwischen sind diese Gutachten allerdings durch die deutlich billigeren und sichereren molekulargenetischen Gutachten abgelöst worden.

63   Blutgruppengutachten betreffen **Merkmalsysteme** des Blutes, die sich für die Abstammungsbegutachtung eignen und insbes. folgenden Anforderungen genügen: Es muss ein Polymorphismus vorliegen, dh. es müssen unterschiedliche Ausprägungen (Allele) vorkommen, zB A, B und 0 im klassischen AB0-System. Ferner muss der Erbgang gesichert sein. Auch müssen die Merkmale in der Bevölkerung günstig verteilt sein, und zwar so, dass eine gute Chance besteht, Unterschiede zu finden. Ungünstig ist es zB, wenn ein Merkmal bei 99% der Bevölkerung vorkommt und das Allel nur bei 1%. Dagegen ist eine Verteilung 50% : 50% günstig. Schließlich müssen die Merkmale altersstabil sein. Ihre Ausprägung darf weder schwanken noch von äußeren Einflüssen (zB Krankheiten) abhängig sein (näher dazu 5. Aufl. Rn. 58 ff.).

64   **3. HLA-Gutachten.** Wegen seiner hohen Effizienz und vorzüglichen Eignung für den Ausschluss und den positiven Nachweis der Vaterschaft wurde weiterhin das **HLA-System** (HLA = human leucocyte antigen) geschätzt.[175] Der Hinweis auf die Antigene der weißen Blutzellen (Leukozyten, Lymphozyten) beruht darauf, dass das System an den weißen Blutkörperchen entdeckt wurde[176] und dass die Leukozyten auch als Testobjekte für die HLA-Merkmalbestimmung verwen-

---

[168] Zur Entwicklung s. *Geserick* FPR 2002, 380; zur Bindungswirkung *Staudinger/Rauscher* Vor §§ 1591 ff. Rn. 79.
[169] Deutsches Ärzteblatt 2002 (99), S. A 665 f., abgedruckt in FamRZ 2002, 1159; dazu *Krause/Martin/Hesse/Muche* JAmt 2002, 336; *Staudinger/Rauscher* Vor §§ 1591 ff. Rn. 79a.
[170] Gesetz über genetische Untersuchungen bei Menschen (Gendiagnostikgesetz – GenDG vom 31. 7. 2009, BGBl. I S. 2529, 3672; dazu *Braun* MDR 2010, 482, 484 f.
[171] Dazu *Orgis* FamRZ 2002, 1157; *Geserick* FPR 2002, 380, 382; *Martin/Muche/Zang* FamRZ 2003, 1.
[172] Dazu *Geserick* und *Martin/Muche/Zang* FamRZ 2003, 76.
[173] Ebenso *Staudinger/Rauscher* Vor §§ 1591 ff. Rn. 85.
[174] BGH NJW 2006, 3416, 3421.
[175] OLG Karlsruhe OLGZ 1980, 384; *Rösing* DAVorm. 1986, 156; *Bender*, Das HLA-System, 1979, S. 61; *Mayr/Waltz/Wegener*, FS Essen-Möller, 1981, S. 177, 189
[176] *Dausset*, Vox Sanguinis 4 (1954), S. 190.

det werden (Mikrolymphozytotoxitätstest).[177] Die Determinanten des Systems sind in Form serologisch nachweisbarer Alloantigene auf der Oberfläche fast aller menschlichen Körperzellen und Gewebe vorhanden.[178] Allerdings erforderte die Bestimmung sorgfältigste, nicht nur routinemäßige Untersuchungstechnik unter strengster Einhaltung der Richtlinien durch besonders qualifizierte, erfahrene Sachverständige.[179] Das untersuchte Blut sollte nicht älter als 24 Stunden sein,[180] keinesfalls älter als 48 Stunden.[181] Durch ein einwandfrei zustande gekommenes HLA-Gutachten steigerte sich die nach der Untersuchung gängiger anderer Systeme gewonnene allgemeine Vaterschaftsausschlusschance für Nichtväter bei Berücksichtigung auch von HLA-DR auf insgesamt 99,97%.[182]

Die Richtlinien 1990 (4.2.4, 5.5) behandelten dieses System ausführlich; die frühere Bewertung 65 „noch nicht als voll beweiskräftig anerkanntes System" wurde gestrichen. In den Richtl. 1996 wurde nur noch eingeschränkt, dass HLA- und DNA-Systeme *im Grundsatz* nur in Verbindung mit konventionellen Systemen einzusetzen seien. In den Richtlinien von 2002[183] wurde das System voll akzeptiert. Infolge der sehr guten Aufklärungsleistung, die das HLA-Gutachten erbringt, hatte es das anthropologisch-erbbiologische Gutachten bald vom Markt verdrängt.[184] Da der HLA-Untersuchung keine untere Altersgrenze gesetzt ist wie der anthropologischen Untersuchung, diente sie in vielen Fällen auch der Abkürzung des Verfahrens. Über viele Jahre war die Einbeziehung des Systems in Problemfällen unerlässlich.[185] Heute wiederum wird auch die Begutachtung des HLA-Systems wegen der genannten besonders hohen Anforderungen an Schnelligkeit des Transports des Blutes auch von den früher darauf spezialisierten Gutachtern nicht mehr durchgeführt,[186] weil das ebenfalls sehr leistungsfähige molekularbiologische DNA-System deutlich billiger und einfacher zu handhaben ist.

4. DNA-Gutachten. Die DNA-Analyse wird seit einigen Jahren bei der Identifizierung von 66 Straftätern[187] und in der Abstammungsbegutachtung[188] eingesetzt. Ausgangspunkt der Untersuchungstechnik ist, dass das als langer, spiralig gewundener Doppelstrang (Doppelhelix) angeordnete Molekül der **Desoxyribonukleinsäure** (DNS), bzw. (engl.) der desoxyribonucleid acid (**DNA**), das im Zellkern Träger der menschlichen Erbinformation ist, in bestimmten Bereichen außerhalb der einzelnen Gene (in den sog. nicht-codierenden Abschnitten) bei den einzelnen Menschen so unterschiedlich aufgebaut ist, dass – vereinfachend – behauptet werden kann, kein Mensch gleiche hinsichtlich der in Frage stehenden Merkmale (Längenvariation bestimmter DNA-Bruchstücke) dem anderen (eineiige Zwillinge ausgenommen[189]). Hierauf beruht die Bezeichnung „genetischer Fingerabdruck".[190] Mit Methoden der modernen Gentechnologie (Aufspalten der DNA mit Hilfe von Restriktionsenzymen, Trennen der DNA-Fragmente nach ihrer Länge durch Gel-Elektrophorese, chemisches Zerlegen der Fragmente in Einzelstränge, Fixieren, Sichtbarmachen der interessierenden DNA-Fragmente unter Verwendung markierter spezifischer Sonden, die sich mit ihren komplementären Basensequenzen hybridisieren, dh. wieder zu einem Doppelstrang verbinden) lassen sich besonders geeignete Teile dieser DNA-Abschnitte darstellen und analysieren. Bedeutung hatte dabei zunächst die Untersuchung von Restriktionsfragmentlängenpolymorphismen (RFLP). Die zeitaufwändige RFLP-Analyse ist mittlerweile jedoch der einfacheren und schnelleren Untersuchung von **STR-Polymorphismen** (STR = short tandem repeat) gewichen. Insoweit werden Bandenmuster von Genomabschnitten der untersuchten Personen erstellt und (mit Hilfe von Computerprogrammen) miteinander verglichen. Alle Banden des DNA-Fingerabdrucks des Kindes, die nicht mütterlich sind, müssen – vorbehaltlich der Möglichkeit einer Mutation – beim Vater vorkommen. Ansonsten ist der Mann als Vater auszuschließen. Wenn der untersuchte Mann in mehr als drei Systemen nicht die für den Vater des Kindes geforderten DNA-Merkmale aufweist, ist die Vaterschaft auszu-

---

[177] S. Richtlinien 1990, Bundesgesundheitsbl. 1990, 263, 4.2.4 aE.
[178] *Hiller* DAVorm. 1976, 267.
[179] *Mayr* bei *Prokop/Göhler* S. 168; *Bender*, Das HLA-System, 1979, S. 61.
[180] Richtlinien 1990, Bundesgesundheitsbl. 1990, 263, 5.5.
[181] *Henke/Hoffmann* DAVorm. 1989, 503, 506.
[182] *Mayr* bei *Prokop/Göhler* S. 169.
[183] Deutsches Ärzteblatt 99 (2002) S. A 665 f.
[184] So schon *Ritter* FamRZ 1991, 646, 648.
[185] *Henke/Hoffmann* DAVorm. 1989, 503.
[186] Mitteilung *Bertrams* im Verfahren 9 UF 77/05 OLG Hamm.
[187] BGH NJW 1990, 2328 und 1990, 2944; *Anslinger/Rolf/Eisenmenger* DRiZ 2005, 165. Vgl. auch *Zarbock* und *Henke* DAVorm. 1995, 786 zur Bedeutung der DNA-Technologie im Strafprozess gegen Simpson in Los Angeles.
[188] *Jeffreys/Wilson/Thein* Nature 1985, 316; w. Hinw. bei *Rittner/Schacker/Schneider* MedR 1989, 12; erstmals BGH NJW 1991, 749 = FamRZ 1991, 185.
[189] S. dazu aber BVerfG FamRZ 2010, 1897.
[190] Vgl. *Neufeld/Colman* Spektrum der Wissenschaft 1990, 106, 109.

§ 1600d   67–70   Abschnitt 2. Titel 2. Abstammung

schließen.[191] Weist der Mann hingegen alle Merkmale auf, die das Kind vom Vater geerbt haben muss, so erfolgt noch eine Wahrscheinlichkeitsrechnung bzw. statistische Auswertung (Rn. 73 ff.).

67 Die molekularbiologische STR-Analyse hat heute andere Formen der Abstammungsbegutachtung weitgehend verdrängt.[192] Bis zur Gewinnung eindeutiger Sicherheit war es richtig, soweit möglich, stets eine Blutgruppen- und HLA-Begutachtung vorausgehen zu lassen.[193] Inzwischen ist die Zuverlässigkeit der DNA-Analysen indes unbestritten. Vorteilhaft ist es, dass DNA-Typisierungen auch an älteren sowie inzwischen durch Vervielfachung (PCR-Technik) auch an ganz geringen Blutproben möglich sind und dass aussagekräftige DNA-Polymorphismen hohe Ausschlusschancen für Nichtväter und bei Nichtausschluss sehr hohe Vaterschaftswahrscheinlichkeiten ermöglichen.[194] Auch insoweit bleiben aber mögliche Fehlerquellen technischer Art, etwa Bestimmungsfehler.[195] Weiterhin sind Unregelmäßigkeiten durch nachträglich eintretende Neumutationen denkbar,[196] auch wenn sie inzwischen weitgehend erforscht sind. Es muss immer damit gerechnet werden, dass durch eine solche Anomalie ein Ausschluss nur vorgetäuscht wird.[197] Die Gutachten belassen es daher nie bei einem Ausschluss allein.

68 Die Klärung von **Problemfällen** ist durch die DNA-Begutachtung deutlich einfacher geworden. Gesteigerte Anforderungen stellt die Vaterschaftsfeststellung allerdings, wenn zwei Brüder oder Vater und Sohn als Väter in Betracht kommen[198] oder wenn ein Inzestfall vorliegt.[199] Auch diese Fälle sind aber bei Überprüfung einer entsprechend hohen Zahl von loci lösbar. Anders liegt es, wenn einer von zwei eineiigen (monozygoten) Zwillingen als Vater festgestellt werden soll.[200] Hier kann allenfalls mit dem Vergleich von Mikrosatelliten-Polymorphismen gearbeitet werden, was aber noch wenig erforscht und jedenfalls sehr kostspielig ist.[201] Defizienzfälle hingegen (Rn. 87 f.) lassen sich inzwischen gut klären.

69 5. **Beweiswert von Merkmalsausschlüssen.** Nicht nur auf die **Vermeidung technischer Fehler**,[202] wie etwa der Verwechslung oder Unterschiebung von Blut, ist zu achten, sondern vor allem auf die **richtige Auswertung der Befunde** entspr. ihrer objektiven Beweiskraft, hier als Hinweise auf Nichtvaterschaft. Dazu bedarf es einer kritisch relativierenden Festlegung des erforderlichen Beweismaßes.[203] Es geht nicht darum, welchen Ausschlusskonstellationen „absolute, jeden Gegenbeweis ausschließende Beweiskraft" zukommt,[204] sondern darum, ob voller Beweis erbracht ist, dh. dem Richter praktische Gewissheit verschafft wird.[205]

70 Die höchste Beweiskraft haben die sog. **klassischen Ausschlüsse** (Faktorenausschlüsse, Phänotypenausschlüsse): Beim Kind ist eine Erbeigenschaft vorhanden, die weder von der Mutter noch vom Putativvater stammen kann.[206] Ein klassischer Ausschluss in **einem anerkannten** klassischen Merkmalsystem allein trägt zwar idR die Feststellung der Nichtvaterschaft. Selbst hier ist freilich an – extrem seltene – die Nichtvaterschaft vortäuschende Anomalien (**Neumutation**,[207] Rekombination = crossing over)[208] zu denken. Sicherer als isolierte Ausschlüsse sind daher Faktorenausschlüsse **in mehreren Systemen** oder Merkmalsgruppen.[209] Die Richtlinien 2002 (Rn. 52) gehen

---

[191] Rolf/Schulz in Spickhoff/Schwab/Henrich/Gottwald S. 83, 87.
[192] Rolf/Wiegand Rechtsmedizin 2007, 109, 110; Fabricius FPR 2002, 376, 378; Hummel DAVorm. 1989, 33, 34.
[193] Hummel NJW 1990, 753.
[194] Hoppe/Kramer/Pahl/Bassy DAVorm. 1997, 13 und 495; Hummel DAVorm. 1997, 257; Gathof/Henke/Martin/Ritter DAVorm. 1997, 497; skeptisch Ritter/Martin DAVorm. 1999, 666.
[195] Hummel NJW 1990, 753.
[196] Henke/Paas/Hoffmann/Henke ZRechtsmed. 1990, 235, 243; Hummel DAVorm. 1994, 962; Ritter FamRZ 1991, 648.
[197] BGH NJW 1991, 749; Rother DAVorm. 1992, 991, 993.
[198] Kramer/Heidorn/Weiler/Verhoff Archiv für Kriminologie 211 (2003), 98; Henke/Paas/Hoffmann/Henke ZRechtsmed. 1990, 235, 241; Hummel DAVorm. 1988, 447; vgl. aber auch die deutliche Einschränkung bei Henke/Röhrborn/Scheil/Henke DAVorm. 1996, 331, 338.
[199] Henke/Hoffmann DAVorm. 1989, 503, 506.
[200] OLG Karlsruhe DAVorm. 1990, 155; Rittner/Schneider DAVorm. 1992, 105.
[201] Vgl. BVerfG FamRZ 2010, 1897, Tz. 6.
[202] Dazu die Richtl. 2002 (oben Rn. 61) unter 2.3 (Proben) und 3.4 (Qualitätsmanagement).
[203] Kayser, FS Essen-Möller, 1981, S. 21, 30.
[204] So aber noch BGHZ 2, 6 = NJW 1951, 558.
[205] BGH NJW 2006, 3416, 3419: „kein naturwissenschaftlich-stringenter Beweis".
[206] Richtl. 1996 (Bundesgesundheitsbl. 1996, 312) 10.3.2.
[207] Kayser, FS Essen-Möller, 1981, S. 21, 30 f.; OLG Karlsruhe DAVorm. 1990, 701; Hummel DAVorm. 1989, 610.
[208] OLG Karlsruhe DAVorm. 1990, 156 (mit unklarer Terminologie).
[209] OLG Bremen DAVorm. 1978, 27 (HLA); Spielmann DAVorm. 1981, 551, 553. Zur Fragwürdigkeit eines isolierten Faktorenausschlusses s. auch BGH NJW 1991, 749.

heute von mindestens **drei** Ausschlusskonstellationen im DNA-System aus, andernfalls muss eine weitere Prüfung erfolgen (Richtlinien 2.6.1).

Den **Beweiswert** serologischer Vaterschaftsausschlüsse haben der Sachverständige und der **Tatrichter** ebenso wie die Beweiseignung und Beweiskraft aller medizinisch-naturwissenschaftlichen und biostatistischen Befunde je **in eigener Verantwortung zu beurteilen**.[210] Wissenschaftliche Stellungnahmen des Robert Koch-Instituts sind weder im Rahmen der erwähnten Richtlinien (Rn. 52) noch sonst bindend, sondern sachlicher Kritik zugänglich wie jede andere Äußerung eines Sachverständigen. Die Heranziehung naturwissenschaftlicher Erfahrungssätze und deren Bewertung als Beweismittel durch den Tatrichter ist nur **begrenzt revisibel**. Das Revisionsgericht kann prüfen, ob bei den tatsächlichen Feststellungen die ges. Verfahrensvorschriften beachtet wurden und ob gegen allgemein anerkannte Denkgesetze und Erfahrungssätze verstoßen wurde. Ferner muss aus der Entscheidung des OLG hervorgehen, ob es die für die Beurteilung der Beweistauglichkeit von Untersuchungsmethoden und -ergebnissen in Betracht kommenden Erkenntnisquellen (zB durch Anfrage beim Sachverständigen, durch Studium des Fachschrifttums) ausreichend berücksichtigt hat.[211] **71**

In der Beurteilung, ob Abstammungsgutachten auf Grund von Merkmalen, die in Fachkreisen **noch nicht allgemein anerkannt** sind, geeignete Beweismittel darstellen, ist der Richter frei. Er muss aber in seiner Entscheidung eindeutig darlegen, wie er die Beweiseignung einschätzt.[212] Die Richtlinien binden nicht. Freilich bedarf der Richter hier in besonderem Maße des Rats qualifizierter Sachverständiger. Auch durch einen ausdrücklichen **Beweisantrag** kann der Richter nicht gezwungen werden, einen Beweis zu erheben, dessen Tauglichkeit naturwissenschaftlich umstritten ist und den er deshalb für völlig ungeeignet hält, den Wahrscheinlichkeitsgrad der Vaterschaft noch entscheidungserheblich zu beeinflussen.[213] Jede Ablehnung eines Beweisantrags ist aber ausreichend zu begründen, um dem Revisionsgericht die Nachprüfung der Ermessensausübung zu ermöglichen.[214] **72**

6. Die biostatistische Begutachtung. a) Allgemeines. Führt das DNA-Gutachten dazu, dass der untersuchte Mann nicht als Vater ausgeschlossen werden kann, so erfolgt im nächsten Schritt eine (ebenfalls computerunterstützte) statistische Auswertung der Untersuchungsbefunde.[215] Die **biostatistische Auswertung** zieht auf Grund von Übereinstimmungen in den bei Kind, Mutter und Putativvater erhobenen Erbmerkmalsbefunden mit Hilfe von statistischen Erhebungen über die Häufigkeit der Einzelmerkmale in den Populationen, denen die untersuchten Personen angehören, sowie auf Grund von Ansätzen der Wahrscheinlichkeitsrechnung Rückschlüsse auf das Bestehen oder Nichtbestehen eines Abstammungsverhältnisses zwischen mutmaßlichem Vater und Kind. So spricht (vereinfacht) die Übereinstimmung von Mann und Kind bei seltenen Merkmalen mehr für die Vaterschaft, als das bei allgemein häufig vorkommenden Merkmalen der Fall ist. **73**

Bei sorgfältigem Vorgehen und kritischer Bewertung der Ergebnisse sind biostatistische Gutachten zuverlässige Beweismittel.[216] Für die positive Feststellung der Vaterschaft nicht als Vater auszuschließender Männer sind sie **von zentraler Bedeutung**. Der Sachverständige hat das rechnerische Ergebnis der mathematisch-statistischen Auswertung des Befundes einschließlich der Irrtumswahrscheinlichkeiten in Worten zu erklären und verständlich auf die Risiken hinzuweisen, die sich im konkreten Fall aus den Ungenauigkeiten und Fehlermöglichkeiten der jeweiligen Methode ergeben. Der Tatrichter hat gleichwohl zu berücksichtigen, dass die DNA-Analyse lediglich eine statistische Aussage enthält, die eine Würdigung aller weiteren Beweisumstände nicht überflüssig macht.[217] **74**

b) Ausgangsüberlegungen. Je mehr erbliche Merkmalsysteme untersucht werden, desto mehr Nichtväter können von der Vaterschaft ausgeschlossen werden. Die **allgemeine Ausschlusschance** für Nichtväter wächst mit der Anzahl der untersuchten Merkmale.[218] Die **Ausschlussleistung** der **75**

---

[210] BGH NJW 2006, 3616, 3619; NJW 1976, 1793; FamRZ 1977, 538; NJW 1977, 2120 = FamRZ 1977, 706; NJW 1978, 1684.
[211] BGH NJW 1976, 1793; *Johannsen* Vaterschaftsfeststellung S. 28.
[212] BGH NJW 1978, 1684.
[213] BGH FamRZ 1977, 538, 539; strenger *Leipold* FamRZ 1973, 65, 69; s. auch *Schlosser* FamRZ 1976, 6, 10 (li Sp.) sowie *Stein/Jonas/Schlosser* § 640 ZPO Rn. 37 ff.; wohl auch *Johannsen*, FS Bosch, 1976, S. 490; s. ferner *Mutschler* NJW 1991, 2931 zu BGH NJW 1991, 2961.
[214] S. *Johannsen*, FS Bosch, 1976, S. 469, 489, 490 = Vaterschaftsfeststellung, S. 27 f.; zur Bedeutung von Beweisanträgen vgl. auch BGH NJW-RR 1989, 707 und NJW 1991, 2961.
[215] Dazu *Rolf/Wiegand* Rechtsmedizin 2007, 109, 114.
[216] BGH NJW 1977, 2120; NJW 1982, 2124 (Dirnenfälle).
[217] BGHZ 168, 79 = NJW 2006, 3416, Tz. 15.
[218] Vgl. *Spielmann/Kühnl* ZRechtsmed. 1983, 35; *Hummel* NJW 1981, 605, 606; *Hummel/Kasulke* Klin. Lab. 1991, 293; *Ritter* FamRZ 1991, 646.

§ 1600d 76, 77   Abschnitt 2. Titel 2. Abstammung

einzelnen Systeme ist aber sehr verschieden, so dass mit der Zunahme der Systemanzahl bald dazu übergegangen wurde, den Untersuchungsumfang zu begrenzen und dabei **ausschlussschwache Systeme** wegzulassen.[219] Für den **positiven Vaterschaftsnachweis** können aber auch Systeme mit geringer Ausschlussleistung von Nutzen sein.[220] Für den biostatistischen Abstammungsnachweis gilt nämlich, dass die genetische Vaterschaft eines Mannes umso wahrscheinlicher wird, je mehr Merkmale das Kind – bei gleichzeitiger Abweichung von der Mutter – nur mit ihm gemeinsam hat und **je seltener** diese Merkmale in der Bevölkerung vorkommen.[221] ZB spricht es für die Vaterschaft, wenn bei Mann und Kind (ohne Vaterschaftsverdacht gegen einen Verwandten des Mannes) ein in unserer Bevölkerung seltener als 1 zu 100 000 vorkommendes Merkmal vorhanden ist.[222] Umgekehrt haben Ähnlichkeiten bei weit verbreiteten Merkmalen wegen ihrer großen Häufigkeit natürlich nur geringen Beweiswert für die Zuordnung. Solche Erwägungen liegen den statistischen Berechnungen zu Grunde, die mit Hilfe der bekannten Merkmalsfrequenzen **Zahlenwerte der Vaterschaftswahrscheinlichkeit (Vaterschaftsplausibilität)** liefern.

76   c) **Vaterschaftswahrscheinlichkeit nach Essen-Möller.** Das auf dem *Bayes*-Theorem beruhende,[223] vor allem von *Hummel*[224] der Praxis nahe gebrachte, vom BGH[225] als Entscheidungshilfe anerkannte *Essen-Möller*-Verfahren,[226] in das alle Befunde der Terzette Mutter, Kind und Putativvater einbezogen werden, rechnet wie folgt: Ein bestimmtes beim Kind vorhandenes Erbmerkmal tritt im statistischen Durchschnitt bei wahren Vätern naturgemäß häufiger auf als bei Nichtvätern. Bezeichnet man mit X die relative Häufigkeit der das Merkmal tragenden Männer unter den wirklichen Vätern von Kindern dieses Typs, mit Y die Häufigkeit von Männern desselben Merkmaltyps unter den Nichtvätern in der Gesamtbevölkerung, und nimmt man an, dass Väter und Nichtväter gleich häufig zur Begutachtung kommen (Anfangs- oder A-priori-Wahrscheinlichkeit für X und Y je 0,5), also Y+X = 1; dann ist die Wahrscheinlichkeit, dass ein merkmaltragender Mann aus allen Männern (Vätern und Nichtvätern) der Vater ist, nach dem *Bayes*schen Theorem

$$W = \frac{X}{X+Y}$$

wobei die A-priori-Wahrscheinlichkeit mit dem Faktor 1 in die Rechnung eingeht. Teilt man den Zähler und Nenner dieses Bruchs durch X, so lautet die Ausgangsformel

$$W = \frac{1}{1 + \frac{Y}{X}}$$

In dieser Formel ist die Größe Y/X, der sog. **Likelihood-Quotient,** enthalten (dazu Rn. 87). Werden mehrere voneinander unabhängige vererbliche Merkmale gleichzeitig ausgewertet, so ergibt sich die Gesamtwahrscheinlichkeit

$$W = \frac{1}{1 + \frac{Y_1}{X_1} \cdot \frac{Y_2}{X_2} \cdot \frac{Y_3}{X_3} \cdot \frac{Y_n}{X_n}}.$$

Zahlenbeispiel: Bei 100 Vätern kommt ein bestimmtes Merkmal in 17 Fällen vor; die relative Häufigkeit des Merkmals unter den wahren Vätern beträgt demnach 17% = 0,17. Bei 100 Nichtvätern sei das Merkmal in 3 Fällen anzutreffen: relative Häufigkeit 3% = 0,03. Unter 200 Probanden (100 wahren Vätern, 100 Nichtvätern) befinden sich somit 17 + 3 = 20 Merkmalsträger, von denen $17/20 = 85$ wahre Väter und $3/20 = 15$ Nichtväter sind; $W = 0{,}17 / 0{,}17 + 0{,}03 = 17/20$.

77   Der in Prozent angegebene **Wahrscheinlichkeitsgrad gibt an,** in wie vielen von 100 gleich liegenden Fällen ein Richter, der außer den biostatistischen Befunden keine anderen Beweistatsachen

---

[219] *Hummel* NJW 1981, 605, 606. Die Richtl. 1990 gaben noch 16 normalerweise zu berücksichtigende Blutgruppensysteme an, die Sachverständigen untersuchen oft 25 bis 30 Systeme. Die Richtl. 2002 gehen nur noch von etwa 12 Systemen (loci) im Standardgutachten aus.
[220] *Hummel* ZRechtsmed. 1975, 49.
[221] *Oepen* bei *Forster*, Praxis der Rechtsmedizin, 1986, S. 329.
[222] *Prokop/Göhler* S. 264; ferner *Essen-Möller/Quensel* Dt. Z. für ger. Med. 1939, 70, 73.
[223] Vgl. *Ihm*, FS Essen-Möller, 1981, S. 53 ff., 59; *Staudinger/Rauscher* Vor §§ 1591 ff. Rn. 108.
[224] *Hummel,* Die medizinische Vaterschaftsbegutachtung mit biostatistischem Beweis, 1961; *Hummel/Ihm/Schmidt,* Biostatistische Vaterschaftsbegutachtung, Tabellenband I 1971; dazu *Hummel/Wallisser,* Tabellenband II 1973 und Erg. 1973, 1975, 1977, 1979.
[225] BGHZ 168, 79 = NJW 2006, 3416, 3419.
[226] *Essen-Möller,* Positiv faderskapsbevisning, Nordisk Medicinsk Tidskrift 1938, 161; Mitt. Anthropol. Gesellschaft Wien, Bd. 68 (1938).

des Falles berücksichtigt, die Wahrheit treffen würde, wenn er jedes Mal den der Vaterschaft verdächtigten Mann als Vater ansehen würde. Bei W = 99% würde in 100 gleich gelagerten feststellenden Entscheidungen also 1 Nichtvater zu Unrecht festgestellt. Als **Irrtumserwartung** wird in diesem Rahmen der Komplementärwert 100 − W (%) angegeben.[227] In den Tabellen sind die zur Berechnung notwendigen Häufigkeitswerte logarithmiert, so dass die zugrunde liegenden Numeri nicht multipliziert, sondern addiert werden. Das Endergebnis kann in Prozent abgelesen werden. Die prozentualen W-Werte werden durch folgende verbale Prädikate erläutert, die sich an die Sigmagrenzen der *Gaußschen* Normalverteilungskurve anlehnen[228] und hinsichtlich derer bei den Werten über 99% weitgehende Übereinstimmung besteht,[229] während die unter 90% unerheblich geworden sind:

W < 99,73% Vaterschaft „praktisch erwiesen"
W = 99... < 99,73% Vaterschaft „höchst wahrscheinlich"
W = 95... < 99% Vaterschaft „sehr wahrscheinlich"
W = 90... < 95% Vaterschaft „wahrscheinlich"

Str. war früher die Bewertung unter 90%, weil in Defizienzfällen (Rn. 64) und Fällen mit der Vaterschaft verdächtigen Brüdern und Fällen streitiger Mutterschaft manchmal nur mäßig hohe Wahrscheinlichkeitsgrade erreicht wurden. Bei restloser Ausschöpfung aller Möglichkeiten der DNA-Begutachtung sind die Ergebnisse auch in solchen Fällen inzwischen so eindeutig, dass diese Kategorien der Berechnung keine Bedeutung mehr haben. Bei W-Werten von 90 bis 99,8 (99,73)% besteht jedenfalls Anlass für den Gutachter oder den Richter, weitere Untersuchungen anzustellen.[230] Der BGH hat vor dem Erreichen der heutigen Sicherheit bei der Frage nach dem Umfang der Ermittlungen zu erkennen gegeben, dass er einen **Grenzwert** von W, etwa 99,73%, dessen Erreichen oder Überschreiten jede weitere Beweiserhebung erübrigen würde, der also „absolut" zu setzen wäre, zu Recht *nicht* gelten lässt.[231] Gleichwohl kann der Richter der Tatsacheninstanz weiterhin den vollen Vaterschaftsnachweis als erbracht ansehen, wenn W 99,73% oder mehr beträgt und das sonstige Beweisergebnis keinen Anlass zu vernünftigen Zweifeln gibt.

d) Zur A-priori-Wahrscheinlichkeit. Kritik an der *Essen-Möller*-Formel ist deshalb geübt worden, weil sie davon ausgeht, dass Väter und Nichtväter unter den Probanden gleich verteilt seien, was vielleicht früher in etwa zutreffen konnte, während heute die Erfahrungen aus der Vielzahl von Verfahren andere Zahlen nahe legen könnten. Aus rechtlicher Sicht ist die Streitfrage, ob dem biostatistischen Gutachten eine einheitliche (normierte) **Ausgangs- oder Anfangs-Wahrscheinlichkeit** von 0,5 = 50% oder eine sog. **realistische A-priori-Wahrscheinlichkeit**, etwa rund 80% für Vaterschaftsfeststellungsanträge und rund 20% in (Ehelichkeits-)Anfechtungsverfahren, zugrunde zu legen sei,[232] eindeutig zugunsten des **neutralen** Wertes 0,5 zu beantworten.[233] Jeder als Vater verdächtige Mann hat Anspruch auf unvoreingenommene Behandlung seines besonderen Falles ohne eine statistische Vorbelastung, ebenso jedes beklagte Kind bei der Vaterschaftsanfechtung durch den Mann. Zudem ist die Gewichtung der be- und entlastenden Indizien, die nicht humangenetischer Art sind, ausschließlich Sache des Richters.[234] Ob und inwieweit der Sachverständige von vornherein von dem Verdacht des Mehrverkehrs mit mehr als einem nicht in die Untersuchung einbezogenen Mann ausgehen soll, richtet sich nach dem gerichtlichen Beweisbeschluss. Ergibt sich ein solcher Verdacht erstmals aus dem Untersuchungsbefund, muss er im Gutachten mitgeteilt werden. Andererseits trifft es zu, dass W-Werte, die aus einer normierten A-priori-Wahrscheinlichkeit hervorgehen, mit den ihnen zugeordneten verbalen Prädikaten nicht immer genau die reale Irrtumserwartung ergeben, wenn die **Irrtumswahrscheinlichkeit** als Gegenwert 1 − W errechnet wird.

W-Werte können daher nicht mehr sein, als − allerdings sehr gewichtige − Anhaltspunkte innerhalb der gesamten Beweiswürdigung. Auch wenn am Feststellungsverfahren nur Nichtväter beteiligt

---

[227] *Hummel* DAVorm. 1977, 499, 503; *Rittner/Wehner* bei *B. Mueller,* Gerichtliche Medizin (1975), Bd. 2, S. 1281.
[228] *Essen-Möller* Mitt. Anthropol. Gesellschaft Wien, Bd. 68 (1938), S. 9, 18; *Hummel* bei *Ponsold* (1967) S. 555.
[229] *Hummel* bei *Ponsold* (1967) S. 94; ähnlich *Ritter* für die verbalen Prädikate bei der Ausschlusschance, FamRZ 1973, 121, 125.
[230] Vgl. dazu *von Wurmb-Schwark/Mályusz et. al* Archiv für Kriminologie 214 (2004), 173 ff.
[231] BGH NJW 1987, 2296.
[232] S. *Oepen* bei *Forster* Praxis der Rechtsmedizin, 1986, S. 333 f. (dort auch 15% in Dirnenfällen; anders *Hummel* DAVorm. 1983, 361); *Spielmann/Kühnl* NJW 1980, 1322; ZRechtsmed. 1983, 35, 40; *Conradt/Hummel* ZRechtsmed. 1982, 277.
[233] AM *Scholl* NJW 1979, 1913 und NJW 1980, 1323; wie hier *Soergel/Gaul* § 1591 Rn. 67; *Johannsen* Vaterschaftsfeststellung S. 12; *Staudinger/Rauscher* Vor §§ 1591 ff. Rn. 120; *Hummel* FS Essen-Möller, 1981, S. 4.
[234] *Johannsen* Vaterschaftsfeststellung S. 12; so auch schon *Riedwyl* Ärztl. Lab. 1970, 96.

§ 1600d 81–85 Abschnitt 2. Titel 2. Abstammung

sind,[235] ist die Aussicht, dass alle Nichtväter bereits serologisch von der Vaterschaft ausgeschlossen werden oder dass sich zumindest deutliche biostatistische Hinweise auf die Nichtvaterschaft der nicht ausgeschlossenen Putativväter ergeben, so groß, dass eine Vorbelastung hier ausnahmsweise in Kauf genommen werden kann. Von der Einführung der von 0,5 abweichenden Anfangswahrscheinlichkeit ist somit generell abzuraten.

81 e) **Likelihood-Quotient (L); Paternity Index (PI); Irrtumserwartung.** Einen wesentlichen Teil der *Essen-Möller*-Formel bildet der sog. **Likelihood-Quotient** $Y X = L$, der das Zahlenverhältnis zwischen der Häufigkeit des Blutmusters (Phänotyps) des angeblichen Vaters in der Bevölkerung (Y) zu der bedingten Wahrscheinlichkeit dafür wiedergibt, dass der wahre Vater des Kindes einer Mutter-Kind-Dublette mit (durch Untersuchung ermittelten) bestimmten Erbmerkmalen des angeblichen Vaters aufweist (X). L gibt also an, wie viel mal häufiger der Phänotyp des angeblichen Vaters bei Nichtvater-Terzetten als bei echten Väter-Terzetten vorkommt.[236] Je kleiner dieser Quotient ist, desto mehr spricht für die Vaterschaft des Putativvaters; L < 1 bedeutet, dass der Phänotyp des Putativvaters unter echten Vätern häufiger auftritt als unter Nichtvätern, bei L > 1 verhält es sich umgekehrt, bei L = 1 sind beide Häufigkeiten gleich.

82 In den nordischen Ländern wird vielerorts seit Jahren mit dem auf *Gürtler* zurückgehenden[237] **Paternity Index (PI)** = **Vaterschaftswahrscheinlichkeit** gerechnet. Dieser gibt wie L das Verhältnis echter Kind-Mutter-Vater-Terzetten zu falschen Terzetten wieder, stellt aber den Kehrwert von L dar ($PI = X Y$). Je größer PI ist, desto eher kommt ein Hinweis auf Vaterschaft in Betracht. Ein PI über 19 (bei Y = 1), der einem W-Wert von 95% entspricht, soll für Vaterschaft sprechen, ein PI unter 0,053, der W = 5% entspricht, dagegen. Vorschläge, das *Essen-Möller*-Verfahren durch den Ansatz L oder PI zu ersetzen,[238] führen als Vorzüge dieser Handhabung an: Die Notwendigkeit der Angabe von Vaterschaftswahrscheinlichkeiten in Prozent entfalle, ohne dass dabei Information verloren gehe. Ohne Verwendung des *Bayesschen* Postulats (ohne die Voraussetzung einer Anfangswahrscheinlichkeit) könne das Irrtumsrisiko zuverlässiger angegeben werden, zumal berücksichtigt werde, dass dieses sich mit der Zahl der untersuchten Merkmalsysteme ändere. In Wahrheit unterstellt auch dieser Ansatz ein von der Zahl der Hypothesen abhängiges „a-piori", negiert das aber.[239] Einigkeit besteht darüber, dass der **Informationsgehalt** von W, L und PI an sich **gleichwertig ist**.[240]

83 Daneben ist das von der durch *Neyman-Pearson* begründeten Theorie zur Überprüfung statistischer Hypothesen ausgehende Verfahren von *Schulte-Mönting/Walter* als Errechnung einer **Irrtums-erwartung** als Kontrollrechnung zu erwähnen. Dahinter steht die Überlegung, dass wegen der unterschiedlichen Verteilung der Merkmale die Wahrscheinlichkeit nur rein theoretisch errechnet wird und der Wirklichkeit nicht entsprechen kann, so dass die Höhe des Irrtumsrisikos erheblich ist für die Bewertung. Weil ihre Bekanntgabe dem Richter die Gesamtwürdigung aller Beweise gem. § 286 ZPO nicht abnehmen kann, soll er als Kontrolle die Irrtumswahrscheinlichkeit mitgeteilt bekommen.[241] Durchgesetzt hat sich diese Zusatzberechnung in der Praxis nicht.

84 Seitdem die Richtl. 1996 (Nr. 11.6.3) das vorgeschrieben haben, erklären die Sachverständige bei einer Bejahung der Vaterschaft im biostatistischen Gutachten das rechnerische Ergebnis regelmäßig **in Worten**. Dass es sich bei W nur um einen Näherungswert handelt, ist außer Streit. Dem Wesen des *Essen-Möller*-Verfahrens, das kein eigentliches Entscheidungsverfahren ist, sich aber praktisch bewährt hat, entspricht es durchaus, keine starren Entscheidungsgrenzen aufzustellen. Es ist ein brauchbares Instrument, mit dem der Sachverständige den – zur kritischen Eigenverantwortung aufgerufenen – Richter durch das Beweisverfahren bis hin zur Entscheidung hinweisend und beratend begleiten soll, soweit dies erforderlich ist.

85 f) **Allgemeine und individuelle Ausschlusswahrscheinlichkeit für Nichtväter.** Die allgemeine (durchschnittliche) Ausschlusschance für Nichtväter (AVACH) gibt an, wie viele zu Unrecht der Vaterschaft bezichtigte Nichtväter im Durchschnitt durch Gutachten ausgeschlossen

---

[235] *Spielmann/Seidl* NJW 1978, 2333, sprechen hier vom „großen Unbekannten", der außer Ansatz bleibe.
[236] *Martin/Sachs/Weise* Ärztl. Lab. 1977, 369; s. auch Richtl. 1996 (Fn. 206) 11.4.1.
[237] Nachw. bei *Hummel,* Die medizinische Vaterschaftsbegutachtung, S. 50, FS Essen-Möller, 1981, S. 13 und Forensic Science International Bd. 25 (1984), S. 1 ff.
[238] *Schulte-Mönting/Walter* Bundesgesundheitsbl. 1972, 257; *Martin/Sachs/Weise* Ärztl. Lab. 1977, 369; 1978, 131 (zu *Hummel* ebd. S. 130); 1978, 265; *dies.* DAVorm. 1981, 627; *Martin* Ärztl. Lab. 1979, 138; *Scholl* NJW 1979, 1913; 1980, 1323 (zu *Hummel* NJW 1980, 1320 und *Spielmann/Seidl* NJW 1980, 1322; *Baur/Rittner* Ärztl. Lab. 1981, 261; zum PI s. u. a. *Martin/Sachs/Weise* ZRechtsmed. 1982, 31 und *Hummel* MedR 1983, 51; für die USA s. *Hummel* MedR 1985, 154.
[239] *Staudinger/Rauscher* Vor §§ 1591 ff. Rn. 139; *Baur/Rittner* Ärztl. Lab 1981, 261.
[240] Ärztl. Lab. 1981, 261; *Hummel* MedR 1983, 52; *Martin* Ärztl. Lab. 1979, 79.
[241] *Staudinger/Rauscher* Vor §§ 1591 ff. Rn. 148.

werden können. Sie hängt davon ab, welche und wie viele Merkmalsysteme untersucht werden und ist als Maßstab für die Effizienz der angestellten Untersuchungen von Interesse.[242] Sie beruht auf der statistisch festgestellten verschiedenen Verteilung der Merkmale in der Bevölkerung.

Von der AVACH unterscheidet sich die **individuelle** (spezielle) Ausschlusschance für Nichtväter (A) dadurch, dass sie von der Merkmalsverteilung bei Mutter und Kind abhängt. Sie kann höher oder niedriger sein als die allgemeine Ausschlusswahrscheinlichkeit.[243] Wenn ein Kind ein Merkmal X nicht von der Mutter geerbt haben kann, kommt als Vater nur ein Mann in Frage, der das Merkmal X aufweist. Je nach statistischer Verteilung dieses Merkmals X bei Männern in der Bevölkerung kommen mehr oder weniger Männer als Vater in diesem Terzett überhaupt in Frage. Als statistisches Beweismittel für die Vaterschaftsfeststellung wird A in der Weise benützt, dass der A-Wert, wenn er für eine bestimmte Mutter-Kind-Verbindung hoch ist (etwa 99%), als gewichtiges, wenn er sehr hoch ist (99,8% und mehr), als zwingendes Argument für echte Vaterschaft angesehen wird, wobei die korrekte Umrechnungsformel $W_A = 1 \cdot 2 - A$ gegenüber den reinen A-Werten über 80% nur geringe Differenzen ergibt.[244] W_A stellt den mathematischen Mittelwert aller W-Werte zu der gegebenen Mutter-Kind-Verbindung bei einer A-priori-Wahrscheinlichkeit von 0,5 dar.[245] Es ist offenkundig, dass in diese Betrachtungsweise die Merkmalsbefunde des angeblichen Vaters nicht eingehen,[246] weshalb sich dieses Verfahren für „Mehrmannfälle" überhaupt nicht eignet[247] und für Fälle, in denen die Mutter verstorben ist, nur dann, wenn das Blutmuster der Mutter über Verwandtenuntersuchungen vollständig ermittelt werden kann. Als Zusatzinformation zur Ausschlusschance aber nicht ohne jeden Wert. Sie erhöht auch für den festgestellten Vater die Überzeugungskraft eines Gutachtens, wenn er etwa mitgeteilt erhält, dass schon ohne Berücksichtigung seiner individuellen Merkmale statistisch überhaupt nur einer von 1 000 000 Männern der mitteleuropäischen Bevölkerung zu der festgestellten Mutter-Kind-Konstellation passt.

g) Biostatistische Begutachtung schwieriger Fälle. Zu beachten ist, dass die *Essen-Möller-*Formel (Rn. 76) nur für die Fallgruppe gilt, in der die Vaterschaftswahrscheinlichkeit für einen Mann zu bestimmen ist, der als einziger von der Vaterschaft nicht ausgeschlossen ist (sog. **Einmannfälle**). Fälle mit mehr als einem nicht ausgeschlossenem angeblichen Vater (**Mehrmannfälle**) lassen sich mit Hilfe eines Rechenansatzes, der mehr als zwei Alternativen berücksichtigt (ggf. einschließlich der Hypothese, dass keiner der benannten Männer der Vater ist), biostatistisch so auswerten, dass nicht ermittelt wird, welcher der Männer am wahrscheinlichsten der Vater ist,[248] sondern, dass sich Plausibilitäten ergeben, deren Komplementärwerte konkrete Irrtumswahrscheinlichkeiten darstellen.[249] Da auch die Formeln, Tabellen[250] und Rechnerprogramme für Mehrmannfälle auf dem *Bayesschen* Theorem beruhen, stellt sich bei ihnen gleichfalls die Frage nach der adäquaten **Ausgangswahrscheinlichkeit**. Diese kann entweder die in der Wirklichkeit oft ungleiche Verteilung der wahren Väter auf Beklagte und Mehrverkehrer berücksichtigen[251] oder nicht. Aus den unter Rn. 85 dargelegten Gründen kommt nur eine **neutrale** (normierte) Anfangswahrscheinlichkeit in Frage, die allen Präsumtivvätern eine gleiche Chance einräumt. Die Würdigung des gegen jeden der angeblichen Väter sprechenden anderweitigen Verdachts (auf Grund nichtgenetischer Tatsachen) ist Sache des Richters, es sei denn, er gibt dem Sachverständigen andere Anweisungen. Derartige Fälle werden immer seltener, weil fast immer Ausschlüsse vorliegen, wenn genügend Merkmale untersucht werden.

Bisweilen werden **Männer,** die miteinander **nahe verwandt** sind, als Vater eines Kindes (oder mehrerer Kinder) bezichtigt.[252] Es kann auch vorkommen, dass der andere Mann (etwa ein Bruder des Beklagten) als Mehrverkehrer nur vorgeschoben wird. Auch diese Fälle sind mit besonderen

---

[242] *Speiser* Wiener med. Wochenschr. 125 (1975), 295; *Spielmann/Seidl* NJW 1973, 2228; *Spielmann/Kühnl* ZRechtsmed. 1983, 35 (dort wird die Abkürzung AVACH eingeführt); *Zimmermann*, Forensische Blutgruppenkunde, S. 36 ff. *Ritter* FamRZ 1973, 121; *Hummel* NJW 1981, 605, 606.
[243] *Ritter* FamRZ 1973, 121.
[244] *Ritter* DAVorm. 1975, 12, 13. Zur Herleitung der Formel s. *Hummel* DAVorm. 1985, 392.
[245] *Hummel* DAVorm. 1974, 597; 1975, 93.
[246] *Ritter* FamRZ 1973, 121, 125; *Spielmann/Seidl* NJW 1973, 2231; *Hoppe/Kramer/Pahl/Bassy* DAVorm. 1997, 13, 14.
[247] Vgl. Richtlinien 1996, Nr. 11.4.3. Bedenklich daher KG DAVorm. 1991, 763. S. auch *Hummel* ZBlJugR 1974, 511; DAVorm. 1974, 597 und 1985, 392; *ders.* ZRechtsmed. 1975, 49, 58; *Hummel* Ärztl. Lab. 1970, 297; DAVorm. 1988, 160, 161.
[248] Grundlegend *Essen-Möller/Quensel* Dt. Z. ges. gerichtl. Med. 1939, 70.
[249] *Schulte-Mönting/Hummel* ZImmunForsch. Bd. 138, 295; Bd. 139, 50 (1969); *Hummel* DAVorm. 1988, 160.
[250] Bei *Hummel*, Die medizinische Vaterschaftsbegutachtung mit biostatistischem Beweis, 1961.
[251] S. *Hummel* NJW 1971, 1072, 1073.
[252] *Hummel*, Vaterschaftsbegutachtung, S. 54; *ders.* DAVorm. 1981, 842; *Spielmann* DAVorm. 1983, 632; *Rother/Weidinger* MedR 1991, 188 (Gutachten); s. auch KG DAVorm. 1974, 611.

§ 1600d 89–91

Rechenverfahren aufklärbar.[253] Die biostatistische (wie die anthropologische) Begutachtung stößt jedoch an ihre Grenze, wenn **eineiige Zwillinge**[254] als Putativväter benannt werden (zweieiige Zwillinge sind wie sonstige Geschwister zu behandeln). Bei Identität der Merkmalbefunde wird hier die Auswahl des wahren Vaters aus dem Zwillingspaar mit biostatistischen Mitteln unmöglich.[255] Indessen bleibt abzuwarten, ob bei eineiigen Zwillingen als Putativvätern mit hochmutierenden Single-Locus-Sonden (SLS) doch bisweilen der wahre Vater herausgefunden werden kann. Dagegen ist die Frage, ob einer der Zwillinge oder aber ein anderer, mit ihnen nicht verwandter Mann der Vater ist, wie jeder Mehrmannfall einer biostatistischen Analyse zugänglich. Die sog. **Dirnenfälle,** in denen Identität und Zahl der Mehrverkehrer (Putativväter) meist im Dunkeln liegt und nicht selten der Zuhälter in Anspruch genommen wird, erfordern zwar Aufklärungsarbeit des Gerichts hinsichtlich möglicher Beischläfer, deren Zuordnung zum Kind ist aber eine normale Mehrmann-Problematik.

89 Ähnlich schwierig ist die Beweislage wegen der Lückenhaftigkeit der Merkmalsbefunde in den sog. **Defizienzfällen** (zB nach dem Tod eines Beteiligten)[256], in denen die Untersuchung sich auf die in der Vaterlinie stabil vererbten y-Chromosomen stützen kann. Hier sollte der Richter schon vor der Erhebung der Merkmalsbefunde mit Hilfe des Sachverständigen und der Beteiligten klären, ob und welche nahe **Verwandte des (der) Verstorbenen** in die Untersuchungen einzubeziehen sind. Ein einfacher Fall dieser Art ist beispielsweise der, dass die Befunde von Mutter, Kind und Eltern des verstorbenen Putativvaters vorliegen und dass über die biostatistische „Großelternwahrscheinlichkeit" auf die Vaterschaftswahrscheinlichkeit rückgeschlossen werden kann.[257] Geeignete Rechenansätze stehen zur Verfügung.[258] Geht es um die Vaterschaft zu mehreren von derselben Mutter abstammenden Geschwistern („Mehrkindfälle"), so ist die gemeinsame Abstammung von der Mutter bei der biostatistischen Berechnung besonders zu berücksichtigen.[259]

90 Bei nicht identischen **Zwillingen auf der Kindseite** bleibt an den Fall zu denken, dass die Zwillinge **verschiedene Väter** haben.[260] Auch Fälle nächster Verwandtschaft zwischen Mutter und Putativvater **(Inzestfälle)** sind mit Hilfe einer das *Essen-Möller*-Prinzip abwandelnden Formel biostatistisch lösbar.[261] Die Hauptschwierigkeit besteht hier oft darin, dass die Beteiligten ihre sexuellen Beziehungen vertuschen.[262] Die hier einzeln aufgezählten **Erschwerungen der Beweislage** können natürlich im jeweiligen Fall auch gehäuft auftreten.[263] Allgemein gilt: Je geringer die Möglichkeiten einer biostatistischen Aufklärung des Falles sind, desto gründlicher sollten die Ermittlungen im Übrigen und die Beweiswürdigung sein.[264]

91 Wesentlich dazu beigetragen hat auch die Entwicklung der DNA-Technologie. Dabei sollen **Single-Locus-Sonden** (SLS) eingesetzt werden, und zwar mehrere (etwa 5) Sonden je Fall. **Multi-Locus-Sonden** (MLS), die sich beim Identitätsnachweis (insbes. in Strafverfahren) bewährt haben, sind für Abstammungsverfahren weniger geeignet, da das zugrunde liegende formalgenetische Modell nicht voll objektiviert werden kann.[265] Die Aussage zur Vaterschaftswahrscheinlichkeit, die

---

[253] *Hummel* ZImmunForsch. 149 (1975), 405; *Rother/Weidinger* MedR 1991, 188; skeptisch *Spielmann* DAVorm. 1983, S. 633.

[254] S. OLG Hamm JAmt 2008, 378.

[255] BGH NJW RR 1989, 1223 = FamRZ 1989, 1067; OLG Hamm DAVorm. 1995, 114; OLG Celle FamRZ 1994, 650; *Hummel* ZImmunForsch. 142 (1971), 191; Kriminalistik und forensische Wissenschaften 1982, 90.

[256] *Huckenbeck/Cremer/Kuntze/Szibor* DAVorm. 1997, 269; *Krause/Szibor/Beck/El Aboubi* DAVorm. 1998, 649. Vgl. auch *Hummel* Klin. Lab. 37 (1991), 253, 257 f.; *Rittner/Schneider* DAVorm. 1992, 105;

[257] *Hummel/Walliser/Manwyck* ZRechtsmed. 69 (1971), 139; zu anderen Fällen s. *Greiner* DAVorm. 1978, 537; *Hummel* Vaterschaftsfeststellung S. 53 f.; ders. DAVorm. 1975, 340; 1977, 5; 1979, 415 und 1989, 262.

[258] *Ihm/Hummel* ZImmunForsch. 149 (1975), 405 (Vaterschaftswahrscheinlichkeit aus Blutgruppenbefunden beliebiger Verwandter); *Hummel* ZImmunForsch. 142 (1971) 260; 144 (1972), 281, 292; ders. ZRechtsmed. 68 (1971), 53 (Berechnung der Mutterschaftswahrscheinlichkeit); *Zimmermann*, Forensische Blutgruppenkunde, S. 55.

[259] Überblick bei *Fabricius* FPR 2002, 376, 379; näher *Hummel* DAVorm. 1981, 842, 1989, 262; *Vogel/Greiner/Krüger* DAVorm. 1984, 667.

[260] OLG Karlsruhe DAVorm. 1990, 155; *Rittner* DAVorm. 1978, 96; *Hummel/Zapata* DAVorm. 1998, 415.

[261] *Hummel* DAVorm. 1987, 59, 348.

[262] Zur Frage der Pflicht zur Duldung der Untersuchung nach § 372a ZPO in solchem Fall OLG Hamm NJW 1993, 474.

[263] S. OLG Karlsruhe Justiz 1990, 328 = DAVorm. 1990, 155.

[264] BGH LM § 1600o Nr. 21. Zweifelhaft ist, ob im Zwillingsfall DAVorm. 1988, 443 (AG Oberhausen und OLG Düsseldorf) ausreichend ermittelt wurde.

[265] DNA-Resolution der Dt. Gesellschaft für Rechtsmedizin, ZRechtsmed. 37 (1989), 564; s. ferner Stellungnahme der Arbeitsgemeinschaft der Sachverständigen DAVorm. 1997, 255; *Ritter/Martin* DAVorm. 1999, 666.

mit Hilfe einer MLS-Analyse möglich ist, kann daher nur eine näherungsweise sein.[266] Durch **biostatistische Auswertung** der mit SLS gewonnenen Ergebnisse sind dagegen wirklichkeitsnahe W-Werte errechenbar, und zwar unter Anwendung des *Essen-Möller*-Verfahrens bei gewöhnlichen Kind-Mutter-Putativvater-Terzetten[267] und des allgemeinen Verwandtschafts-Algorithmus in Sonderfällen,[268] namentlich in schwierigen Defizienzfällen, auch wenn Vater und Sohn oder Brüder als Vater eines Kindes verdächtig sind. Zurzeit streitet die Fachwelt um die Verwendbarkeit von automatisiert und damit kostengünstig zu untersuchenden sog. PCR-Systemen. Deren Zuverlässigkeit wird noch in Frage gestellt.[269] Ihre ausschließliche Verwendung empfiehlt sich nicht. Dabei spielt auch eine wesentliche Rolle das ebenfalls noch einen Schwerpunkt gegenwärtiger Forschung bildende Problem, dass die **Mutationsrate** der DNA-Merkmale viel höher ist als diejenige der herkömmlichen Blutmerkmale, so dass falsche Vaterschaftsausschlüsse eher zu erwarten sind.[270]

h) Nichtmathematische Fehlerquellen in der Biostatistik. Einem biostatistischen Gutachten können Mängel anhaften, die nicht vom wahrscheinlichkeits-theoretischen Modell, sondern von seiner praktischen Anwendung herrühren. Ein solcher Fehler ist die Verwendung von Merkmalshäufigkeiten (Frequenzen)[271] eines Kollektivs, dem die Probanden nicht angehören. Diese erhöht die realistische Irrtumserwartung der biostatistischen Aussage.[272] Die üblicherweise verwendeten durchschnittlichen **mitteleuropäischen Frequenzen** (Richtlinien 1996: Nr. 11.5.3) können sich, übertragen auf einen Einzelfall, als inadäquat erweisen, wenn die begutachteten Personen oder ein Teil von ihnen einer Gruppe angehören, in der es durch regelmäßige Heiraten nur innerhalb dieser Gruppe zu wesentlich anderen durchschnittlichen Frequenzen gekommen ist als in der normal durchgemischten Gesamtbevölkerung, insbes. zu einer Anreicherung bestimmter sonst seltener Merkmale (sog. **Isolatproblem**),[273] oder wenn mindestens einer der Probanden einer Population angehört, die von der mitteleuropäischen derart verschiedene durchschnittliche Frequenzen aufweist, dass beide einander nicht gleichgesetzt werden dürfen (sog. **Fremdstämmigenproblem**).[274] Während das Isolatproblem infolge zunehmender Mobilität großer Teile der Gesamtbevölkerung wohl an Bedeutung verliert, wird das Fremdstämmigenproblem gerade in Mitteleuropa zunehmend aktuell. Schwierig ist vor allem die sachgerechte Bestimmung der Kollektive, denen Menschen verschiedener ethnischer Herkunft zuzuordnen sind. Dass **nur wesentliche Abweichungen** von den üblichen Frequenzen (für Mitteleuropäer) berücksichtigt werden müssen, ist wohl allgM.[275] Dies ist der Fall, wenn der Proband einem **anderen Großrassekreis** zuzurechnen ist als demjenigen der Europiden.[276]

Zunehmend bedeutungsloser wird der Streit, ob Fremdstämmigenfälle stets mit Hilfe deutscher Frequenzen ausgewertet werden können, solange alle Beteiligten europid seien.[277] Durch **populationsgenetische Forschungen** sind die Lücken, die hinsichtlich mancher Erbmerkmale und für manche Länder noch bestehen, im Lauf der Zeit kleiner geworden.[278] Ähnlich ist es mit der Frage, wie zu verfahren ist, wenn für fremdstämmige Probanden adäquate Frequenzen nicht zur Verfügung

---

[266] *Hummel/Fukshansky/Bär/Zang* Advances in Forensic Haemogenetics 1990, 17; *Hummel/Bär* DAVorm. 1991, 171.
[267] *Hummel/Bär* DAVorm. 1991, 171; *Hummel* Klin. Lab. 36 (1991), 252.
[268] *Hummel-Bär* DAVorm. 1991, 171; *Ihm/Hummel* ZImmunForsch. 149 (1975), 405.
[269] Zuletzt Rundschreiben der Interessengemeinschaft der Sachverständigen für Abstammungsgutachten vom Januar 2001 an die Gerichte.
[270] *Bender* DAVorm. 1991, 173; *Hummel* DAVorm. 1994, 962; *Rittner* DAVorm. 1991, 316. Zu Einzelheiten der Untersuchungstechnik s. auch *Rittner/Schacker/Schneider* MedR 1989, 12 und *Henke/Paas/Hoffmann/Henke* ZRechtsmed. 103 (1990), 235.
[271] Zum Unterschied zwischen Merkmals- (Phänotyp-) und Genfrequenzen, der nicht immer beachtet wird, s. *Spielmann/Seidl* NJW 1980, 1322, 1323 und *Scholl* NJW 1980, 1323, 1324.
[272] *Hummel* ZRechtsmed. 1970, 271.
[273] *Vogel* NJW 1965, 1993, 1994; *Ritter* FamRZ 1973, 121, 125; *ders.* Humangenetik S. 83 ff.; *Beitzke* Vaterschaftsgutachten S. 37; *Oepen* bei *Forster*, Praxis der Rechtsmedizin, 1986, S. 332; *Rittner/Wehner* bei *B. Mueller*, Gerichtliche Medizin S. 1225, 1281; *Zimmermann*, Forensische Blutgruppenkunde, S. 53.
[274] Zur serostatistischen Bilanzierung bei Beteiligung Fremdstämmiger s. *Vogel* und *Ritter* aaO; *Szczotka/Hummel* ZImmunForsch. 151 (1976), 358; *Ihm/Hummel*, ebd. 374.
[275] *Oepen* bei *Forster*, Praxis der Rechtsmedizin, 1986, S. 331.
[276] Dazu BGH NJW 2006, 3416, 3421; *Hummel* NJW 1981, 605, 609; DAVorm. 1980, 195 (Puertoricaner); DAVorm. 1986, 253 (Perser, Inder).
[277] So *Hummel* NJW 1981, 605, 609 und *Hummel/Claussen*, FS Essen-Möller, 1981, S. 97; zweifelnd BGH NJW 1980, 636.
[278] S. *Spielmann/Seidl* NJW 1980, 1322, 1323; *Mayr/Waltz-Wegener*, FS Essen-Möller, 1981, S. 177; *Bertrams/Hintzen/Wronski/Baur*, FS Essen-Möller, 1981, S. 201; *Lötterle/Hummel*, FS Essen-Möller, 1981, S. 193; *Holtz/Janssen/Brinkmann*, FS Essen-Möller, 1981, S. 109; *Dahr/Weber/Kordowicz*, FS Essen-Möller, 1981, S. 131.

stehen. Während *Hummel* hier eine vorsichtige Heranziehung **mitteleuropäischer Frequenzen** für möglich hält,[279] wollen andere bei Beteiligung Fremdstämmiger generell oder wenigstens im zuletzt genannten Fall nur mit der individuellen **Ausschlusschance** rechnen.[280] Sicher ist, dass beide Alternativen Notbehelfe darstellen, die zu erheblichen Ungenauigkeiten führen können. Inwieweit diese abzuschätzen sind, dürfte eine Frage des Einzelfalles sein. Falsch wäre es, bei Fremdstämmigen von vornherein auf die in der *Essen-Möller*-Formel enthaltene volle biostatistische Information zu verzichten, wenn sie erlangt werden kann. Der Sachverständige sollte hier im Rahmen seiner Erläuterungspflicht offen legen, welche Frequenzen er benutzt und wie er sie sich beschafft hat.[281] Fehlen adäquate Frequenzen, so kann der davon unabhängige Ausschluss versucht werden, andernfalls kann der Nichtausschluss im DNA-Gutachten gewichtig für die Vaterschaft sprechen.

94 **i) Weitere Beweiserhebung bei hohen Werten.** Der Richter der Tatsacheninstanz braucht nicht in nutzlosem Perfektionsstreben alle nur irgendwie denkbaren Beweismöglichkeiten auszuschöpfen. Die Vaterschaft ist dann erwiesen, wenn die Würdigung aller Umstände (einschließlich noch denkbarer Beweiserhebungen) einen solchen Schluss zuverlässig erlaubt.[282] Wann dies zutrifft, bestimmt sich nach den Verhältnissen des Einzelfalles. Praktisch wichtig ist vor allem die Frage, bei welcher Beweislage unter besonderer Berücksichtigung positiver biostatistischer Abstammungshinweise auf weitere Ergänzung **verzichtet** werden darf. Schematisches Vorgehen wäre hier fehl am Platz. Deshalb kann ein bestimmter serostatistischer Wahrscheinlichkeitswert, dessen Erreichen eines der genannten Gutachten oder die Ergänzung der serologischen Untersuchung erübrigen würde, nicht angegeben werden. Es kommt auf die jeweilige **gesamte Beweislage** an.[283] Erst bei extremen Wahrscheinlichkeitswerten dürfte kein weiterer Aufklärungsbedarf mehr zu bejahen sein.[284] Der BGH hat mit guten Gründen sogar bei Vaterschaftswahrscheinlichkeiten von 99,995% und von 99,9996% wegen Unstimmigkeiten in der Beweiswürdigung die Erhebung weiterer Beweise gefordert.[285] Einer der Aufhebungsgründe war, dass sich, falls sich nicht vernommene **Mehrverkehrszeuge** sich als möglicher Vater herausstellen sollte, der biostatistische Rechenansatz selbst ändere. Entscheidungserheblichen Beweisanträgen und Beweismöglichkeiten ist nachzugehen, auch wenn beträchtliche **Kosten** entstehen,[286] zumal der Streitgegenstand Vaterschaftsfeststellung ein bedeutendes Gewicht hat.

VI. Die Vaterschaftsvermutung nach Abs. 2

95 **1. Die Vaterschaftsvermutung und ihre Entkräftung.** Ziel des Verfahrens ist die Ermittlung und **Feststellung des genetischen Vaters**.[287] Für das Kind stehen bei der Vaterschaftsfeststellung nicht nur wirtschaftliche Interessen auf dem Spiel, sondern auch sein **verfassungsrechtlich geschütztes Recht auf Feststellung seiner genetischen Abstammung** aus Art. 1 Abs. 1 und 2 Abs. 1 GG.[288] Zur Erreichung dieses Ziels muss das Gericht alle zur Verfügung stehenden, eine weitere Aufklärung versprechenden Beweise erheben (Rn. 47).[289] Das verpflichtet grundsätzlich zur Einholung eines med. Sachverständigengutachtens, zumal dadurch heute in fast allen Fällen eine eindeutige Vaterschaftsfeststellung bzw. ein Vaterschaftsausschluss erreicht werden kann. Nur wenn ein Gutachten ausnahmsweise nicht möglich ist oder kein sicheres Ergebnis (etwa bei eineiigen Zwillingen) liefert, darf auf die Vermutung des **Abs. 2 S. 1** zurückgegriffen werden.[290] Die folgenden Ausführungen beziehen sich daher grundsätzlich nur auf diese Ausgangssituation. Nach dem Sinn der Regelung gilt die Vermutung des Abs. 2 auch im Rahmen einer inzidenten Prüfung der Vaterschaft, zB nach einer Tot- oder Fehlgeburt.

96 Die subsidiär anzuwendende **ges. Vaterschaftsvermutung** knüpft – recht pauschal – an die **Beiwohnung innerhalb der Empfängniszeit** an. Sie geht von dem zweifelhaft gewordenen Erfahrungssatz aus, dass die Mutter eines nichtehelichen Kindes während dieser Zeit gewöhnlich

---

[279] DAVorm. 1975, 469.
[280] *Ritter* FamRZ 1973, 121, 125; *Mayr/Pausch* ZImmunForsch. 150 (1975), 447.
[281] *Hummel* NJW 1981, 605, 609; s. auch *Kayser*, FS Essen-Möller 1981, S. 28 f. Aus der Rspr.: BGH NJW-RR 1988, 707 (Perser); OLG München DAVorm. 1985, 70 (Grieche).
[282] BGH NJW 1987, 2296.
[283] Vgl. BGH NJW 2006, 3416, 3418. Richtig *Staudinger/Rauscher* Rn. 31.
[284] BGH NJW 1994, 1348 = FamRZ 1994, 506.
[285] BGH LM § 1600o Nr. 19 und Nr. 20; anders OLG München DAVorm. 1985, 70, 73; KG DAVorm. 1988, 280, 620; OLG Celle NJW 1990, 2942; s. auch den Sonderfall BGH FamRZ 1991, 426.
[286] BVerfG NJW 1979, 413.
[287] Beschlussvorlage zum NEhelG, BT-Drucks. V/4179 S. 2.
[288] BVerfGE 79, 256 = NJW 1989, 891; BVerfG NJW 2007, 753.
[289] StRspr., BGH NJW 1990, 2312; NJW 1991, 2961; *Gernhuber/Coester-Waltjen* § 52 Rn. 85 ff.
[290] BGH NJW 1994, 2961, 2962; NJW 1991, 2961 = FamRZ 1991, 426; *Staudinger/Rauscher* Rn. 16.

Gerichtliche Feststellung der Vaterschaft   97–100 § 1600d

nur mit einem Mann verkehrt.[291] Gem. Abs. 2 S. 2 wird die Entkräftung der Vaterschaftsvermutung nach S. 1 erleichtert: Verbleiben nach Feststellung der Beiwohnung schwerwiegende Zweifel an der Vaterschaft des Putativvaters, dann wirkt die Vermutung nicht mehr. Die Vermutung muss also nicht vollständig widerlegt werden (wie etwa bei § 1600c); es genügt, sie ernsthaft in Zweifel zu stellen.[292]

2. Beiwohnung als Tatbestand. Die Beiwohnung wird ihrerseits nicht vermutet,[293] sondern **muss** zur richterlichen Überzeugung **nachgewiesen sein**.[294] Ist dagegen der positive, direkte Vaterschaftsbeweis durch Gutachten erbracht, so ist die Prüfung der Beiwohnung entbehrlich,[295] mag sie auch damit ebenfalls feststehen. Der Begriff „Beiwohnung" ist weit zu fassen. Darunter ist nicht nur die vollständige Vereinigung der Geschlechtsteile von Mann und Frau zu verstehen, sondern auch jede sexuelle Handlung, die nach medizinischer Erfahrung geeignet ist, eine Befruchtung der Eizelle durch die Samenzelle herbeizuführen.[296] Die Beiwohnung als Realakt[297] setzt weder freiwilliges Handeln noch Zurechnungsfähigkeit des Mannes voraus.[298] Wird die zur Geburt führende Schwangerschaft der Ehefrau **ohne oder gegen den Willen** des Ehemannes mit dessen Samen herbeigeführt und geschah dies nicht durch **Beiwohnung**, dh. nicht durch **Berührung der Geschlechtsteile** in einer Weise, die nach medizinischer Erfahrung **zur Befruchtung führen kann**, so ist deshalb die Vaterschaft nicht zu verneinen.[299] Denn nach dem im Gesetz in § 1589 zum Ausdruck gekommenen **Abstammungsgrundsatz** kommt es, wenn die Vaterschaft streitig wird, allein darauf an, mit wessen Samen das Kind – auf natürlichem oder künstlichem Wege – gezeugt worden ist. 97

Die **künstliche Samenübertragung (Insemination)** innerhalb der Empfängniszeit steht der Beiwohnung gleich.[300] Der Übertragungsakt tritt hier als Abstammungsindiz und Vermutungstatbestand iSd. Empfängnisvermutung an die Stelle der Beiwohnung. Ist also eine heterologe Insemination während der Empfängniszeit bewiesen, so begründet das wie die Beiwohnung gem. § 1600d Abs. 2 S. 1 die Abstammungsvermutung, sofern eine natürliche Beiwohnung ausscheidet. Auf den Willen des Samenspenders oder dessen Einwilligung kommt es nicht an, insoweit kann er aber ggf. Schadensersatzansprüche gegen den Arzt haben. Die Vaterschaft wird indes nur vermutet, kann aus eindeutig feststellbar, dass der Samen von diesem Mann herrührt. Dagegen kann in Fällen der **extrakorporalen Befruchtung (In-vitro-Fertilisation)** ein der Beiwohnung vergleichbarer Sachverhalt in der Samenübertragung nur gesehen werden, wenn das außerhalb des Mutterleibs befruchtete Ei wieder der Frau eingepflanzt wurde, von der das Ei stammt. 98

3. Ges. und biologische Empfängniszeit; Tragezeit. Der Schluss von der Beiwohnung auf die Abstammung gilt nur dann, wenn nach der medizinischen Erfahrung aus der Beiwohnung das konkrete Kind entstanden sein kann. Der Tag der Empfängnis ist selten zweifelsfrei feststellbar, geschweige denn beweisbar. Mit Hilfe der **ges. Empfängniszeit** lassen sich aber (von extremen Ausnahmefällen abgesehen) die Zeiträume abgrenzen, in welchen ein bestimmtes Kind nicht gezeugt worden sein kann. So ergibt eine Rückrechnung mit der ges. Empfängniszeit vom Geburtstag des Kindes an (dieser wird selbst nicht mitgezählt), ob das Kind aus der fraglichen Beiwohnung empfangen sein kann. Als **Empfängniszeit** „gilt" (da widerlegbar) nach Abs. 3 S. 1 der Zeitraum vom **300. bis zum 181. Tage** vor dem Tage der Geburt des Kindes, mit Einschluss beider Tage. 99

Die Anknüpfung der Vaterschaftsvermutung an die Empfängniszeit (dazu Abs. 3), ist insofern fragwürdig, weil dieser **Zeitraum so lang** ist, dass sich aus demselben Sachverhalt die Vermutung und zugleich die Widerlegung der Vermutung (in Form der schwerwiegenden Zweifel) ergeben kann. Er ist nur als erster Rahmen gedacht. Näher zu prüfen ist daher stets, ob ein Geschlechtsverkehr innerhalb von 4 Wochen nach der letzten normalen vorgeburtlichen Menstruation stattfand, und ob es in der Zeit des **Empfängnisoptimums** zum Verkehr kam (**biologische Empfängniszeit**).[301] Die ges. Empfängniszeit kann in sicher beweisbaren Fällen extrem kurzer und extrem 100

---

[291] BT-Drucks. V/2370 S. 36.
[292] *Staudinger/Rauscher* Rn. 5
[293] Ausnahme nur in der Überleitungsvorschrift des Art. 12 § 3 Abs. 2 S. 5 NEhelG.
[294] BGH FamRZ 1974, 86; *Staudinger/Rauscher* Rn. 46 f.; *Soergel/Gaul* § 1600o Rn. 13.
[295] BGH NJW 1976, 369, 370; OLG Hamm DAVorm. 1982, 346, 349; *Soergel/Gaul* § 1600o Rn. 8.
[296] OLG Schleswig DAVorm. 1966, 12; OLG Stuttgart DAVorm. 1974, 231, 233; OLG Hamburg DAVorm. 1974, 601; OLG Celle NJW 1990, 2942; *Soergel/Gaul* § 1591 Rn. 8.
[297] *Bernat* MedR 1986, 245, 246, 248.
[298] *Staudinger/Rauscher* Rn. 51; *Grün* Rn. 175.
[299] S. schon RG JW 1908, 485 (Ehefrau bringt sich den Samen ihres Mannes mit einer Kerze bei).
[300] *Erman/Hammermann* Rn. 22; *Bamberger/Roth/Hahn* Rn. 3; NK-BGB/*Gutzeit* Rn. 7; aA *Staudinger/Rauscher* Rn. 48.
[301] S. BayObLG FamRZ 1973, 463.

§ 1600d 101–104   Abschnitt 2. Titel 2. Abstammung

langer Tragzeiten (Rn. 111) ausgedehnt werden (Abs. 3 S. 2, ähnlich § 1593 S. 2).[302] Liegt die Beiwohnung außerhalb der Empfängniszeit, ohne dass Anzeichen der Übertragung oder der Frühgeburt sicher feststellbar sind, so ist nur der **unmittelbare Vaterschaftsnachweis** durch Gutachten möglich.[303]

101 Von der ges. Empfängniszeit zu unterscheiden ist die **Tragezeit,** dh die **Dauer** der Schwangerschaft von der Empfängnis bis zur Geburt. Da sich die natürliche biologische Befruchtung im Verborgenen vollzieht und die Schwangerschaftsdauer selbst bei reifen Kindern erheblich variiert (nur 4% aller Kinder werden nach der durchschnittlichen Tragzeit von 268 Tagen post conceptionem geboren),[304] ist es freilich oft sehr schwierig, den Zeitpunkt der Empfängnis und damit die konkrete Tragzeit auch nur annähernd zu bestimmen. Es ist daher im Interesse des Kindes sinnvoll, die Empfängniszeit als Zeitspanne zwischen der längsten und der kürzesten Tragzeit noch lebensfähiger Kinder gesetzlich festzulegen.

102 **4. „Schwerwiegende Zweifel" als unbestimmter Rechtsbegriff. a) Allgemeines.** Die Vaterschaftsvermutung gem. Abs. 2 S. 1 gilt nicht, wenn (nach Würdigung aller Umstände) schwerwiegende Zweifel an der Vaterschaft verbleiben, Abs. 2 S. 2. Während andere Vermutungen nur durch den vollen Nachweis des Gegenteils widerlegt werden können (zB die Abstammungsvermutung nach § 1600c), wird die **Entkräftung der Vermutung** aus Abs. 2 S. 1 **erleichtert,** weil sie oft nicht der Wirklichkeit entspricht. Es bedarf also nicht der vollständigen Widerlegung der Vermutung. Insofern wird weder eine an Gewissheit grenzende Wahrscheinlichkeit für die Aufrechterhaltung der Vaterschaftsvermutung verlangt,[305] noch ist die Vermutung erst widerlegt, wenn die Nichtvaterschaft des Mannes sicher oder nahezu mit Gewissheit feststeht.[306] Zweifel, die darauf beruhen, dass die Vaterschaft eines anderen Mannes ebenso wahrscheinlich ist, sind vielmehr immer schwerwiegend.[307] Im Detail ist aber str., unter welchen Umständen von schwerwiegenden Zweifeln gesprochen werden kann.

103 Schwerwiegende Zweifel dürften unabweisbar sein und damit die Vermutung ausräumen, wenn mehr gegen als für die Vaterschaft spricht[308], wobei genügen sollte, dass nur wenig mehr für als gegen sie spricht **(positive Wahrscheinlichkeit geringen Grades).**[309] Geringfügige Zweifel an der Vaterschaft genügen aber nicht.[310] Die Verwendung von Verhütungsmitteln etwa begründet regelmäßig noch keine schwerwiegenden Zweifel.[311] Umgekehrt ist es nicht genau genug, schwerwiegende Zweifel dann zu verneinen, wenn mehr für als gegen die Vaterschaft des Beklagten spricht.[312] Die für die Vaterschaft sprechenden Beweisanzeichen müssen die ihr entgegenstehenden vielmehr **deutlich überwiegen.**[313] Das ist etwas mehr als der für die Glaubhaftmachung (§ 294 ZPO, § 31 FamFG) geforderte Wahrscheinlichkeitsgrad. Die **elastische Beweisregelung des Gesetzes** lässt dem Richter der Tatsacheninstanz dabei einen gewissen Beurteilungsspielraum.[314] Die Beweiswürdigung muss gleichwohl weitgehend objektiv nachprüfbar sein.[315] Die Verkennung der Reichweite des unbestimmten Rechtsbegriffs der schwerwiegenden Zweifel durch Zugrundelegen eines zu hohen oder zu geringen Irrtumsrisikos ist mit der Rechtsbeschwerde angreifbar.[316]

104 Erst **bei der abschließenden** richterlichen **Gesamtwürdigung** aller Umstände für und gegen die Vaterschaft ist zu prüfen, ob schwerwiegende Zweifel an der Vaterschaft „verbleiben".[317] Für die Fälle fehlender Gutachtenmöglichkeit muss der Richter die einzelnen Indizien selbst sammeln und sichten. Die Vaterschaft eines bestimmten Mannes kann stets nur im Wege eines Indizienbeweises aus den Umständen erschlossen werden.[318] Mehrere negative oder positive Hinweise, von denen

---

[302] Vgl. OLG Koblenz DAVorm. 1976, 195 ff. (Frühgeburt).
[303] *Erman/Hammermann* Rn. 21.
[304] *Hosemann,* Vaterschaftsgutachten für die gerichtliche Praxis, 3. Aufl. 1978, S. 52.
[305] BGHZ 61, 165, 168 = NJW 1973, 1924.
[306] Vgl. auch BGH NJW 1973, 2249.
[307] BGH FamRZ 1975, 685; NJW 1976, 1150; DAVorm. 1981, 274, 278.
[308] BGH NJW 1976, 368 = JR 1976, 113 (m. Anm. *Mutschler*); s. auch *Hummel* DAVorm. 1987, 55, 58; *Erman/Hammermann* Rn. 26; *Grün* Rn. 178.
[309] *Leipold* FamRZ 1973, 65, 73; ähnlich *Staudinger/Rauscher* Rn. 53; aM *Grunsky* StAZ 1970, 248, 251.
[310] *Erman/Hammermann* Rn. 25. Unklar insoweit BGH NJW 1973, 2249, 2250; krit. zu dieser Entsch. *Ankermann* NJW 1974, 584, 587; *Maier* NJW 1974, 605.
[311] BGH FamRZ 1974, 644, 645; *Staudinger/Rauscher* Rn. 62; *Erman/Hammermann* Rn. 29.
[312] So aber BGH DAVorm. 1981, 274, 278; *Johannsen,* FS Bosch, 1976, S. 469, 488.
[313] *Erman/Hammermann* Rn. 26; *Staudinger/Rauscher* Rn. 53.
[314] BT-Drucks. V/2370 S. 37 f.
[315] *Musielak,* Die Grundlagen der Beweislast im Zivilprozess, 1975, S. 67 f., 116, 364.
[316] BGH NJW 1976, 367; *Johannsen,* FS Bosch, 1976, S. 469, 490.
[317] BT-Drucks. V/2370 S. 38; BGH FamRZ 1991, 426; s. auch OLG Hamburg DAVorm. 1982, 680.
[318] *H. Maier* NJW 1974, 605 und NJW 1976, 1135, 1136.

Gerichtliche Feststellung der Vaterschaft 105–108 § 1600d

jeder für sich nicht ausreicht, das erforderliche Beweisergebnis zu tragen, lassen sich zusammenfassen (Kombinationsbeweis).[319] „Schwerwiegende Zweifel" können beim heutigen Stand der Begutachtung nicht mehr aus den Gutachten selbst entstehen. Der früher diskutierte Fall des „klassischen" Ausschlusses in einem Merkmal führt heute nur zu weiterer Begutachtung.[320]

Ferner hängt **die Vaterschaftsvermutung selbst** nicht davon ab, ob schwerwiegende Zweifel fehlen, sondern allein vom **Nachweis der Beiwohnung** innerhalb der Empfängniszeit. Die Vermutung ist die Voraussetzung dafür, dass nach Abschluss der Beweisaufnahme die Beweise nicht dahin gewürdigt werden müssen, ob die Vaterschaft mit Gewissheit feststeht, sondern nur dahin, **ob an der vermuteten Vaterschaft noch schwerwiegende Zweifel bestehen**.[321] Es kommt nicht auf etwaige während der Sammlung des Beweisstoffs unter Teilaspekten aufgetauchte vorläufige Zweifel an, sondern nur auf die **endgültigen** Zweifel, die aus der Gesamtwürdigung aller Beweise hervorgehen. Nur sie sind Maßstab der Wertung gem. Abs. 2 S. 2.[322] Alle Einzelumstände müssen sorgfältig gegeneinander abgewogen werden.

b) Mehrverkehr. Die Vaterschaftsvermutung gilt zunächst auch dann, wenn Geschlechtsverkehr der Mutter mit mehreren Männern während der ges. Empfängniszeit feststeht.[323] Der Einwand, hier sei der volle Vaterschaftsnachweis erforderlich, weil es einander widersprechende Vaterschaftsvermutungen gegen mehrere Männer nicht geben könne,[324] greift nicht. Im Vaterschaftsverfahren ist nur die Vaterschaft *eines* bestimmten Mannes Verfahrensgegenstand; die Vermutung wirkt sich insoweit nur im Feststellungsverfahren und nur im Verhältnis zu diesem einen Mann aus. **Feststehender Mehrverkehr** wird aber – vorbehaltlich der Beweiswürdigung im Einzelfall – regelmäßig dazu führen, dass schwerwiegende Zweifel anzunehmen und die Vaterschaftsvermutung somit ausgeräumt ist.[325] Jedenfalls wird der Einwand des Mehrverkehrs grundsätzlich eine weitere Beweiserhebung erforderlich machen. Insbesondere sind Mehrverkehrszeugen zu vernehmen. Im Ergebnis kann das auch dazu führen, dass nach Auffassung des Gerichts die Zweifel an der Vaterschaft wieder ausgeräumt sind. **Gleiche Wahrscheinlichkeit** der Vaterschaft zweier Männer führt zur Zurückweisung des Feststellungsantrags.

Die Beweiswürdigung wird erschwert, wenn feststeht, dass außer dem als Vater bezeichneten Mann unbekannte, nicht erreichbare oder in der Zwischenzeit verstorbene Männer mit der Mutter innerhalb der Empfängniszeit verkehrt haben.[326] Ein Unterfall ist der, dass die Mutter in der Empfängniszeit mit einer nicht genau feststellbaren Vielzahl von Männern Geschlechtsverkehr hatte, etwa weil sie der **Prostitution** nachging. Für diese Sachlage gilt aber keine Sonderregelung. Jedenfalls dürften unter solchen Umständen zunächst aber schwerwiegende Zweifel an der Vaterschaft eines bestimmtem Mannes bestehen.[327] Bei Verwendung eines Samengemisches im Falle der heterologen Insemination tauchen ähnliche Probleme auf,[328] sofern nicht alle Spender dokumentiert sind.

c) Mehrverkehrsverdacht. Für den Indizienbeweis gem. Abs. 2 sind alle als Hinweis geeigneten Tatsachen verwertbar, die sicher nachgewiesen sind. Es können aber auch Umstände herangezogen werden, für die nur eine mehr oder weniger große (positive) Wahrscheinlichkeit spricht. Allerdings ist Vorsicht geboten.[329] Außer Betracht bleiben alle Grundtatsachen (nicht Schlussfolgerungen aus Tatsachen!), die nicht wahrscheinlich gemacht, sondern nur als möglich iS einer überwiegenden

---

[319] OLG Bremen MDR 1983, 936; OLG Hamm DAVorm. 1982, 346, 349.
[320] Dazu BGH NJW 1991, 749 = FamRZ 1991, 185; OLG Karlsruhe DAVorm. 1990, 155, und 701; *Spielmann* DAVorm. 1981, 551, 554; *Henke/Hoffmann* DAVorm. 1989, 503, 506; *Hummel* DAVorm. 1989, 610, 612.
[321] *Odersky* FamRZ 1975, 440, 444 f. gegen BGH NJW 1974, 2046.
[322] OLG Zweibrücken DAVorm. 1972, 486.
[323] OLG Köln DAVorm. 1972, 202, 203; *Bosch* FamRZ 1970, 157, 163; *Grunsky* StAZ 1970, 250.
[324] OLG Stuttgart DAVorm. 1972, 210, 211; *Reinheimer* FamRZ 1970, 122, 124.
[325] BT-Drucks. 13/4899 S. 88; OLG Karlsruhe FamRZ 2001, 931; *Staudinger/Rauscher* Rn. 67; *Erman/Hammermann* Rn. 27; NK-BGB/*Gutzeit* Rn. 10; *Grün* Rn. 179; *Brühl* FamRZ 1974, 66, 71; *Reinheimer* FamRZ 1970, 124.
[326] OLG Köln DAVorm. 1975, 347, 350; OLG Düsseldorf DAVorm. 1974, 443 (aber auch FamRZ 1971, 379). Zu einem Sonderfall (zwei mögliche Väter verstorben) s. *Hummel* DAVorm. 1977, 5. Zu beachten ist auch, dass die neutrale A-priori-Wahrscheinlichkeit (Rn. 85) immer die Annahme *eines* unbekannten Mehrverkehrszeugen einschließt.
[327] Aus der (freilich älteren) Rspr.: BGH NJW 1977, 2120; NJW 1978, 1684; NJW 1982, 2124; OLG Köln NJW 1973, 562 (Argumentation und Ergebnis zweifelhaft); KG MDR 1970, 765; OLG Celle FamRZ 1971, 375; OLG Nürnberg FamRZ 1971, 533; OLG Karlsruhe DAVorm. 1974, 446; OLG Stuttgart NJW 1976, 1158; OLG Braunschweig DAVorm. 1976, 43. Zur biostatistischen Bewertung der Prostitution *Hummel* DAVorm. 1978, 347 und 1983, 361.
[328] *Coester-Waltjen*, Gutachten für den 56. DJT, 2. Teil, D IV 2 a, B 60.
[329] BT-Drucks. V/2370 S. 38.

Unwahrscheinlichkeit anzusehen sind.³³⁰ Dies gilt insbes. für den sog. **Mehrverkehrsverdacht.** Schwerwiegende Zweifel an der Vaterschaft können sich zwar ergeben, wenn sich **Mehrverkehr** der Mutter mit einem bestimmten anderen Mann **nicht sicher feststellen** lässt.³³¹ Es genügt aber nicht die Feststellung, Mehrverkehr sei nicht auszuschließen.³³² Vielmehr muss im Einzelnen dargelegt werden, ob und auf Grund welcher Tatsachen (Gerücht, Sexualverhalten der Mutter, Zeugnisverweigerung ua.) der Richter Mehrverkehr für **überwiegend wahrscheinlich** hält, wobei auch zu klären ist, ob mehr für als gegen Mehrverkehr in der *biologischen* Empfängniszeit (dazu Rn. 113) spricht.³³³ Die genaue Feststellung, wann ein voll bewiesener oder als wahrscheinlich anzusehender Mehrverkehr stattgefunden hat oder haben kann, ist stets von großer Bedeutung.³³⁴

109   5. **Feststellungslast.** Die ges. Beweiserleichterung in § 1600d Abs. 2 wirkt sich auf die **Feststellungslast (objektive Beweislast)**³³⁵ wie folgt aus: Ergibt die Gesamtwürdigung aller Umstände nach Abschluss der umfassenden Beweisaufnahme eine Wahrscheinlichkeit der Vaterschaft, die **keine** schwerwiegenden Zweifel an der Abstammung vom angeblichen Vater rechtfertigt, so geht dies **zu Gunsten des Antragstellers.** Liegen dagegen so viele Hinweise gegen die Vaterschaft vor, dass bei ihrer Abwägung gegen die positiven Hinweise **sich schwerwiegende Zweifel aufdrängen** („verbleiben"), so hat **der Antragsteller** (das Kind, die Mutter) das Nachsehen.

VII. Die ges. Empfängniszeit (Abs. 3)

110   1. **Zweck der Festlegung, Grenzen.** Als Empfängniszeit³³⁶ „gilt" nach Abs. 3 S. 1 der **Zeitraum** vom **300. bis zum 181. Tage** vor dem Tage der Geburt des Kindes, mit Einschluss beider Tage. Wegen der Gründe für die **Neuregelung** gegenüber § 1592 Abs. 1 aF (statt 302 Tage nur noch 300 Tage) s. bei § 1593 Rn. 6 ff.³³⁷ Tag der Geburt ist der Tag der **Vollendung der Geburt,** also des vollständigen Austritts des Kindes aus dem Mutterleib, ohne dass bereits die Verbindung durch die Nabelschnur unterbrochen sein müsste.³³⁸ Eine ungewöhnlich lange Dauer des Geburtsvorganges bleibt außer Betracht.³³⁹ Bei Zwillings- und Mehrgeburten kommt es auf die Geburt des ersten Kindes an.³⁴⁰ Im Regelfall des § 1600 Abs. 3 S. 1 sind Beginn und Ende der Empfängniszeit so zu berechnen, dass zwischen der Geburt und dem Beiwohnungsakt 180 volle Tage liegen müssen und bis zu 300 volle Tage liegen dürfen. Der Tag der Geburt wird nicht gerechnet.³⁴¹

111   Nach den *heutigen* medizinischen Erfahrungen ist die gesetzliche Empfängniszeit des BGB, die von früheren Regelungen zT erheblich abweicht, nach oben und unten **zu eng begrenzt.** Inzwischen kommen nämlich infolge der Möglichkeiten einer Intensivbehandlung Neugeborener **Frühgeburten** lebensfähiger Kinder nach Tragzeiten von unter 181 Tagen durchaus vor.³⁴² Dem entspricht nun die Regelung in **Abs. 3 S. 2.** Wird (durch Tragzeitgutachten) bewiesen, dass das Kind früher als am 300. Tage oder später als am 181. Tage vor der Geburt empfangen worden ist, so gilt für die Zwecke der Vermutungswirkung der ermittelte Zeitraum als Empfängniszeit, die **Vaterschaftsvermutung gilt also dann** für eine Beiwohnung in dieser ermittelten Zeit.

112   Für **Übergangsfälle** derjenigen Kinder, die **vor dem 1. 7. 1998** geboren sind, ist die alte ges. Regelung des § 1592 Abs. 1 noch erheblich. Denn nach Art. 224 § 1 Abs. 1 EGBGB gilt „für die Vaterschaft" bei diesen Kindern noch altes Recht weiter (s. Vor § 1591 Rn. 13). Für sie gilt also auch noch die längere ges. Empfängniszeit, und zwar sowohl bei der Vaterschaftsfeststellung nach § 1600d Abs. 1 als auch bei der Zuordnung zum Ehemann der Mutter nach § 1591 aF. Bei der **Einordnung solcher Fälle ist die nachstehende Tabelle** in der Weise zu benutzen, dass der Beginn der Empfängniszeit jeweils **um zwei Tage vorverlegt** werden muss. Wegen der Überleitung von Fällen aus der früheren DDR s. Art. 234 § 1 EGBGB mit den Ausnahmen in Art. 234 § 7 EGBGB.

---

³³⁰ *Odersky* FamRZ 1975, 440, 445; anders BGH NJW 1973, 2249; unklar BGH NJW 1976, 368; s. auch BGH FamRZ 1976, 85; *Soergel/Gaul* § 1600o Rn. 20; *Mutschler* JR 1976, 114, 115 aE.
³³¹ BGHZ 61, 165, 174; *Erman/Hammermann* Rn. 27; *Staudinger/Rauscher* Rn. 72.
³³² Vgl. BGH FamRZ 1975, 686; FamRZ 1976, 85; *Staudinger/Rauscher* Rn. 72.
³³³ *Mutschler* JR 1976, 115.
³³⁴ S. BGH NJW-RR 1989, 1223 (Mehrverkehrsverdacht beim Zwillingsbruder des Beklagten).
³³⁵ S. BGH NJW 1974, 2046; OLG Braunschweig DAVorm. 1981, 51.
³³⁶ Dazu insbesondere *Herlan* FamRZ 1998, 1349 ff.
³³⁷ Zur Regelung vor dem BGB vgl. *Staudinger/Lauterbach,* 10./11. Aufl., § 1592 Rn. 2.
³³⁸ Mot. I S. 28. Vgl. § 1592 Rn. 21; NK-BGB/*Gutzeit* Rn. 11.
³³⁹ OLG München JW 1929, 2291.
³⁴⁰ *Staudinger/Rauscher* Rn. 82 mN; s. auch *Peters* StAZ 1972, 322.
³⁴¹ Mot. IV S. 650.
³⁴² *Döring* NJW 1966, 376 (bis 178 Tage); *Tittel* DAVorm. 1969, 129 (176 Tage); OLG Koblenz DAVorm. 1976, 194; *Dehnert* DAVorm. 1976, 612 (mindestens 25 Wochen).

Gerichtliche Feststellung der Vaterschaft § 1600d

Die folgende **Tabelle zur Berechnung der Empfängniszeit** nach dem Tage der Geburt des Kindes gilt für gewöhnliche Jahre. In **Schaltjahren** ist bei einer Geburt vom 1. März bis einschließlich 28. August dem Anfangs- und dem Endtag in der Tabelle je 1 Tag hinzuzuzählen, bei einer Geburt vom 29. August bis einschließlich 27. Dezember nur dem Anfangstag 1 Tag. Fällt die Geburt auf den 29. Februar, so ist Empfängniszeit der Zeitraum vom 5. Mai bis einschließlich 1. September (nach altem Recht 3. Mai bis 1. September). 113

2. Tabelle zur Berechnung der Empfängniszeit. 114

Geburtstag	Empfängniszeit		Geburtstag	Empfängniszeit	
Jan.	März	Juli	13	19	16
1	7	4	14	20	17
2	8	5	15	21	18
3	9	6	16	22	19
4	10	7	17	23	20
5	11	8	18	24	21
6	12	9	19	25	22
7	13	10	20	26	23
8	14	11	21	27	24
9	15	12	22	28	25
10	16	13	23	29	26
11	17	14	24	30	27
12	18	15			
13	19	16		Mai	
14	20	17	25	1	28
15	21	18	26	2	29
16	22	19	27	3	30
17	23	20	28	4	31
18	24	21			
19	25	22	März		Sept.
20	26	23	1	5	1
21	27	24	2	6	2
22	28	25	3	7	3
23	29	26	4	8	4
24	30	27	5	9	5
25	31	28	6	10	6
			7	11	7
	April		8	12	8
26	1	29	9	13	9
27	2	30	10	14	10
28	3	31	11	15	11
			12	16	12
		Aug.	13	17	13
29	4	1	14	18	14
30	5	2	15	19	15
31	6	3	16	20	16
			17	21	17
Febr.			18	22	18
1	7	4	19	23	19
2	8	5	20	24	20
3	9	6	21	25	21
4	10	7	22	26	22
5	11	8	23	27	23
6	12	9	24	28	24
7	13	10	25	29	25
8	14	11	26	30	26
9	15	12	27	31	27
10	16	13			
11	17	14		Juni	
12	18	15	28	1	28

§ 1600d 114   Abschnitt 2. Titel 2. Abstammung

Geburtstag	Empfängniszeit		Geburtstag	Empfängniszeit	
29	2	29	18	22	18
30	3	30	19	23	19
			20	24	20
		Okt.	21	25	21
31	4	1	22	26	22
			23	27	23
April			24	28	24
1	5	2	25	29	25
2	6	3	26	30	26
3	7	4	27	31	27
4	8	5			
5	9	6		Aug.	
6	10	7	28	1	28
7	11	8	29	2	29
8	12	9	30	3	30
9	13	10			
10	14	11			Dez.
11	15	12	31	4	1
12	16	13			
13	17	14	Juni		
14	18	15	1	5	2
15	19	16	2	6	3
16	20	17	3	7	4
17	21	18	4	8	5
18	22	19	5	9	6
19	23	20	6	10	7
20	24	21	7	11	8
21	25	22	8	12	9
22	26	23	9	13	10
23	27	24	10	14	11
24	28	25	11	15	12
25	29	26	12	16	13
26	30	27	13	17	14
			14	18	15
	Juli		15	19	16
27	1	28	16	20	17
28	2	29	17	21	18
29	3	30	18	22	19
30	4	31	19	23	20
			20	24	21
Mai		Nov.	21	25	22
1	5	1	22	26	23
2	6	2	23	27	24
3	7	3	24	28	25
4	8	4	25	29	26
5	9	5	26	30	27
6	10	6	27	31	28
7	11	7			
8	12	8		Sept.	
9	13	9	28	1	29
10	14	10	29	2	30
11	15	11	30	3	31
12	16	12			
13	17	13	Juli		Jan.
14	18	14	1	4	1
15	19	15	2	5	2
16	20	16	3	6	3
17	21	17	4	7	4

Geburtstag	Empfängniszeit		Geburtstag	Empfängniszeit	
5	8	5			
6	9	6		Nov.	
7	10	7	28	1	28
8	11	8			
9	12	9			März
10	13	10	29	2	1
11	14	11	30	3	2
12	15	12	31	4	3
13	16	13			
14	17	14	Sept.		
15	18	15	1	5	4
16	19	16	2	6	5
17	20	17	3	7	6
18	21	18	4	8	7
19	22	19	5	9	8
20	23	20	6	10	9
21	24	21	7	11	10
22	25	22	8	12	11
23	26	23	9	13	12
24	27	24	10	14	13
25	28	25	11	15	14
26	29	26	12	16	15
27	30	27	13	17	16
			14	18	17
	Okt.		15	19	18
28	1	28	16	20	19
29	2	29	17	21	20
30	3	30	18	22	21
31	4	31	19	23	22
			20	24	23
Aug.		Febr.	21	25	24
1	5	1	22	26	25
2	6	2	23	27	26
3	7	3	24	28	27
4	8	4	25	29	28
5	9	5	26	30	29
6	10	6			
7	11	7		Dez.	
8	12	8	27	1	30
9	13	9	28	2	31
10	14	10			April
11	15	11	29	3	1
12	16	12	30	4	2
13	17	13			
14	18	14	Okt.		
15	19	15	1	5	3
16	20	16	2	6	4
17	21	17	3	7	5
18	22	18	4	8	6
19	23	19	5	9	7
20	24	20	6	10	8
21	25	21	7	11	9
22	26	22	8	12	10
23	27	23	9	13	11
24	28	24	10	14	12
25	29	25	11	15	13
26	30	26	12	16	14
27	31	27	13	17	15

Geburtstag	Empfängniszeit		Geburtstag	Empfängniszeit	
14	18	16	25	29	28
15	19	17	26	30	29
16	20	18	27	31	30
17	21	19		Febr.	
18	22	20			
19	23	21	28	1	31
20	24	22			
21	25	23			Juni
22	26	24	29	2	1
23	27	25	30	3	2
24	28	26			
25	29	27	Dez.		
26	30	28	1	4	3
27	31	29	2	5	4
			3	6	5
	Jan.		4	7	6
28	1	30	5	8	7
			6	9	8
		Mai	7	10	9
29	2	1	8	11	10
30	3	2	9	12	11
31	4	3	10	13	12
			11	14	13
Nov.			12	15	14
1	5	4	13	16	15
2	6	5	14	17	16
3	7	6	15	18	17
4	8	7	16	19	18
5	9	8	17	20	19
6	10	9	18	21	20
7	11	10	19	22	21
8	12	11	20	23	22
9	13	12	21	24	23
10	14	13	22	25	24
11	15	14	23	26	25
12	16	15	24	27	26
13	17	16	25	28	27
14	18	17			
15	19	18		März	
16	20	19	26	1	28
17	21	20	27	2	29
18	22	21	28	3	30
19	23	22			
20	24	23			Juli
21	25	24	29	4	1
22	26	25	30	5	2
23	27	26	31	6	3
24	28	27			

VIII. Rechtswirkungen der Vaterschaftsfeststellung und Rechtsausübungssperre (Abs. 4)

115 **1. Verwandtschaft zwischen Kind und Vater.** Wird die Vaterschaft vom Gericht positiv festgestellt, so steht damit die **volle Verwandtschaft** gem. § 1592 Nr. 3 mit bindender Wirkung für und gegen alle fest. Die Vaterschaftsfeststellung bewirkt zwischen dem Kind und seinem Vater rückwirkend **von der Geburt an**[343] ein echtes Verwandtschaftsverhältnis iSv. § 1589 S. 1, in das auch spätere Abkömmlinge des Kindes und die Vorfahren des Vaters einbezogen sind. Mit rechtskräf-

---

[343] BSG FamRZ 1983, 270, 271; *Wieser* NJW 1998, 2025.

tiger Feststellung können alle Rechtswirkungen der Vaterschaft und Verwandtschaft grundsätzlich von der Geburt des Kindes an geltend gemacht werden. Das hat vor allem unterhaltsrechtliche Auswirkungen gem. §§ 1601 ff.,[344] wobei der Unterhalt gem. §§ 1607 Abs. 3, 1613 Abs. 2 Nr. 2 nachzuzahlen ist (vgl. § 1599 Rn. 47).

Weiter ergeben sich **zahlreiche andere Rechtsfolgen**, zB volle erbrechtliche Beziehungen gem. §§ 1922 ff., ein Recht auf persönlichen Umgang des Vaters mit dem Kind (§ 1684), das Einwilligungserfordernis für die Adoption gem. § 1747 Abs. 1 S. 1 und gewisse Rechte auf Berücksichtigung und Anhörung (§§ 1779 Abs. 2 und 3, 1847). Weitere Wirkungen im Zivilrecht sind bei § 1589 Rn. 16 f. dargestellt. In der Sache liegt es insofern genauso wie bei der Vaterschaftsbegründung durch Anerkennung (zu den Rechtsfolgen ausführlicher dort, s. § 1594 Rn. 17 ff.). Zur umgekehrten Situation des Wegfalls der Verwandtschaft bei der erfolgreichen Vaterschaftsanfechtung s. § 1599 Rn. 44 ff. **116**

2. Sperrwirkung für Ansprüche, Inzidentfeststellung. a) Grundsatz. Durch § 1600d Abs. 4 wird die Berufung auf die Wirkungen einer noch nicht festgestellten Vaterschaft grundsätzlich ausgeschlossen und auf ges. geregelte Ausnahmen beschränkt (**Rechtsausübungssperre**). Wenn auch die **Rechtswirkungen der Vaterschaft schon von der Geburt** des Kindes an bestehen, ist ihre **Geltendmachung** doch bis zum Zeitpunkt der Vaterschaftsfeststellung **hinausgeschoben.** Ohne die Feststellung können die Rechte nicht ausgeübt werden.[345] Dies wirkt in der gleichen Weise wie die Rechtsausübungssperre vor der Wirksamkeit der Anfechtung der Vaterschaft gem. § 1599 Abs. 1 (ausführlich § 1599 Rn. 1 ff.; die dortigen Ausführungen können weitgehend auf die Rechtsausübungssperre des § 1600d Abs. 4 übertragen werden). Beide Sperren ergänzen sich. Wird die Vaterschaft des Ehemanns der Mutter angefochten und die eines anderen Mannes festgestellt, so kann zwar der Ehemann noch bis zur Rechtskraft des Anfechtungsbeschlusses, der andere Mann aber erst mit der Rechtskraft des Feststellungsbeschlusses als Vater in Anspruch genommen werden. Zu den Ausnahmen beim Scheinvaterregress s. Rn. 120. **117**

Solange die Vaterschaft nicht bindend festgestellt ist, können Forderungen des Kindes gegen den Vater **nicht verjähren,** weil sie noch nicht iSv. § 199 Abs. 1 Nr. 1 entstanden sind.[346] Während der Minderjährigkeit des Kindes besteht darüber hinaus ein Hemmungsgrund aus § 207 Abs. 1 S. 2 Nr. 2 mit der Folge des § 209.[347] Ansprüche können aber verwirkt sein.[348] Andererseits kann der Vater **nicht in Schuldnerverzug** geraten, auch wenn er zur Zahlung aufgefordert war.[349] **118**

b) Ausnahmen. Diese **Sperrwirkung ist jedoch,** wie die ausdrücklich aufgenommenen ges. Ausnahmen zeigen, **nicht Selbstzweck.** Wenn überwiegende Belange des Kindes oder seiner Mutter oder sonstige wichtige Gründe es erfordern, kann die Vaterschaft auch schon vor ihrer allgemeinverbindlichen Feststellung (nach § 1600d Abs. 1 oder Anerkennung) ausnahmsweise inzident geltend gemacht werden (s. auch § 1599 Rn. 6 ff.). Das betrifft vorläufige Maßnahmen (etwa eine einstweilige Anordnung nach § 248 FamFG zum Zweck von Unterhaltsleistungen) oder auch Fälle, in denen es allein auf die Blutsverwandtschaft ankommt (zB das Eheverbot nach § 1307). Näher dazu § 1594 Rn. 23 ff. Das nach dem Tod des mutmaßlichen Vaters geborene Kind kann gemäß § 1960 Maßnahmen zur **Sicherung des Nachlasses** verlangen und ist vor der Feststellung der Vaterschaft des Verstorbenen als „unbekannter Erbe" iS dieser Vorschrift zu behandeln.[350] Der Pflichtteilsanspruch des Kindes nach seinem Vater setzt aber voraus, dass die Vaterschaft gem. § 1600d Abs. 1 festgestellt ist.[351] Fraglich ist die Anwendung der Vorschriften über die verfahrensrechtlichen Zeugnisverweigerungsrechte (§ 1589 Rn. 18) in Bezug auf den noch nicht festgestellten Putativvater. Dass sie ausnahmsweise schon ausgeübt werden können, erscheint im Hinblick auf deren Zweckrichtung erwägenswert, denn sie sollen den Familienfrieden sichern.[352] Da andererseits aber die Eindeutigkeit des Statusverhältnisses leidet,[353] muss es jedoch bei der Sperrwirkung verbleiben. Andernfalls würde schon jeder des Mehrverkehrs verdächtige Mann ein Aussageverweigerungsrecht haben, weil eine Abgrenzung kaum möglich wäre. **119**

---

[344] S. Kindesunterhaltsgesetz vom 6. 4. 1998, BGBl. I S. 666.
[345] Vgl. etwa BGHZ 85, 274, 277 = NJW 1983, 1485 für die Einforderung eines Pflichtteilsanspruchs.
[346] Zum alten Recht *Soergel/Gaul* § 1600a Rn. 21. Ähnlich *Soergel/Haeberle* § 1615b Rn. 9; offen gelassen bei BGH FamRZ 1981, 763.
[347] BGHZ 76, 293, 295 = FamRZ 1980, 560.
[348] BGH FamRZ 2002, 1698.
[349] *Gernhuber/Coester-Waltjen* § 52 Rn. 12.
[350] OLG Stuttgart NJW 1975, 880.
[351] BGHZ 85, 274, 277.
[352] *Zöller/Greger* § 383 Rn. 1 a.
[353] Das betont BGH NJW 1993, 1195, 1196 als Zweck des § 1600a S. 2 aF (jetzt § 1600d Abs. 4).

120 **3. Insbesondere Regressansprüche des Scheinvaters und Dritter.** Wird die Vaterschaft nicht (rechtzeitig) angefochten und kann der leibliche Vater infolgedessen auch nicht rechtskräftig als Vater festgestellt werden, kann der (Schein)Vater vom Erzeuger für den an das Kind geleisteten **Unterhalt** grundsätzlich keinen **Ersatz** verlangen.[354] Aber auch wenn wirksam angefochten wurde, muss der Inanspruchnahme des wahren Vaters grundsätzlich die wirksame Anerkennung oder die rechtskräftige Feststellung der Vaterschaft des leiblichen Vaters vorausgehen.[355] Das gilt auch im Hinblick auf Ansprüche von **Dritten,** die dem Kind Unterhalt gewährt haben.[356] Die Abstammungsfrage kann grundsätzlich nicht inzident im Regressverfahren als Vorfrage geklärt werden.[357] Diesen Grundsatz immer strikt durchzuhalten, kann im Einzelfall aber zu schwer hinzunehmenden Ergebnissen führen. Die Frage ist insofern, unter welchen Umständen ausnahmsweise eine Geltendmachung der tatsächlichen genetischen Vaterschaft auch ohne bzw. schon vor ihrer rechtlichen Feststellung möglich ist. Die wohl überwiegende Meinung[358] will eine solche **Ausnahme** bei **kollusivem Zusammenwirken** von Mutter und Erzeuger annehmen, also etwa dann, wenn der Dritte (zB der Stiefvater eines erstehelichen Kindes der Frau) zur Unterhaltsgewährung an das Kind dadurch veranlasst wurde, dass seine Frau und der wirkliche Vater ihm arglistig vorgetäuscht haben, das Kind stamme vom ersten Ehemann ab.[359] Allerdings sind an den Nachweis der Sittenwidrigkeit in solchen Fällen strenge Anforderungen zu stellen.[360] Sie wird teilw. bejaht, wenn der Verlust des Regressanspruchs für den Scheinvater auf Grund seiner beschränkten Vermögensverhältnisse eine unerträgliche Härte darstellen würde.[361] Eine weitere Ausnahme ist für den Fall zu machen, dass der Ehebrecher den Ehemann durch unwahre Angaben von der rechtzeitigen Anfechtung der Vaterschaft abgehalten hat.[362] Einer Schadensersatzklage des Ehemanns aus § 826 steht die Sperrwirkung des Abs. 1 dann nicht entgegen.[363]

121 Außerdem ist an den Fall zu denken, dass die Vaterschaft des Scheinvaters wirksam angefochten ist, leiblicher Vater, Mutter und Kind aber weder Anerkennung noch Feststellung betreiben, gleichwohl zusammenleben und der leibliche Vater für das Kind sorgt.[364] Hier ergibt sich nämlich infolge der 1998 abgeschafften **Amtspflegschaft** für nichteheliche Kinder das Problem, dass heute keine Vaterschaftsfeststellung von Amts wegen mehr stattfindet. Zuvor musste der Scheinvater nur dieses Verfahren abwarten und konnte dann den ermittelten Vater in Anspruch nehmen. Nach gegenwärtiger Rechtslage hingegen ist der Scheinvater, der selbst kein Vaterschaftsfeststellungsrecht hat, darauf angewiesen abzuwarten, ob Vater, Mutter oder Kind die Vaterschaftsfeststellung betreiben. Unterlassen sie dies (absichtlich), ist der Scheinvater praktisch rechtlos gestellt. Da der Gesetzgeber diese Konsequenz wohl übersehen hat, hält der BGH unter bestimmten Voraussetzungen eine **teleologische Reduktion des § 1600d Abs. 4** für gerechtfertigt,[365] nämlich dann, wenn die Abstammung des Kindes vom in Anspruch genommenen Mann unstreitig ist,[366] eine Vaterschaftsfeststellung in absehbarer Zeit nicht zu erwarten ist und schützenswerte Kindesinteressen der inzidenten Feststellung nicht entgegen stehen. Dabei ist eine Vaterschaftsfeststellung in absehbarer Zeit nicht zu erwarten, wenn seit Vaterschaftsanfechtung bzw. Kenntnis von der Vaterschaftsfeststellungsmöglichkeit mehr als achtzehn Monate verstrichen sind.[367] Für die großzügigere Handhabung der inzidenten

---

[354] BGHZ 14, 358; BGH NJW 1962, 1057; BGHZ 45, 356; 78, 201; BGH NJW 1981, 2183; FamRZ 2005, 475; OLG Dresden FamRZ 2011, 649; *Soergel/Gaul* § 1593 aF Rn. 25; *Staudinger/Rauscher* Rn. 77.
[355] BGHZ 121, 299 = NJW 1993, 1195; OLG Hamm FamRZ 2007, 1764; FamRZ 2003, 401; FamRZ 2005, 475; OLG Karlsruhe FamRZ 2005, 474; OLG Celle NJW-RR 2000, 451; *Schwab* FamR Rn. 551; *Soergel/Gaul* § 1593 aF Rn. 24; ferner *Palandt/Brudermüller* Rn. 16 und § 1607 Rn. 16.
[356] BGH NJW 1960, 481.
[357] BGHZ 121, 299 mwN.
[358] LG Halle FamRZ 1999, 1295 f.; *Huber* FamRZ 2004, 145 f.; zum Themenkreis auch BVerfG Beschl. vom 27. 5. 2010 – 1 BvR 2643/07 (Verletzung des Anspruchs auf effektiven Rechtsschutz).
[359] AG Euskirchen FamRZ 1990, 198; RGZ 152, 397.
[360] Zu großzügig OLG Düsseldorf NJW 1952, 1336.
[361] AG Euskirchen FamRZ 1990, 198, 199 mit krit. Anm. *Schröder*.
[362] LG Baden-Baden FamRZ 1992, 557.
[363] BGH JZ 1962, 756; offen gelassen in LG Kiel FamRZ 1993, 980; *Staudinger/Rauscher* Rn. 94; *Rauscher* FamR Rn. 769; *Gernhuber/Coester-Waltjen* § 52 Rn. 139; wohl auch *Erman/Hammermann* Rn. 37 und § 1592 Rn. 34.
[364] *Schwonberg* FuR 2006, 395, 399.
[365] BGHZ 176, 327 = NJW 2008, 2433 = FamRZ 2008, 1424; bestätigt von BVerfG FamRZ 2010, 1235; zustimmend *Zimmermann* FPR 2008, 327; anders noch OLG Hamm FamRZ 2007, 1764; zust. *Henrich* FS Deutsch 2009, S. 1063, 1067; gegen die dogmatische Lösung über die teleologische Reduktion und für Anwendung von § 826 *Coester-Waltjen* § 52 Rn. 8; krit. auch *Peschel-Gutzeit* JR 2009, 133, 134.
[366] S. dazu auch Fall von OLG Düsseldorf FamRZ 2000, 1032, 1033 (PKH-Verfahren).
[367] BGH FamRZ 2009, 32 bejaht Regressmöglichkeit nach Untätigkeit von 1 ¾ Jahren; s. auch OLG Dresden FamRZ 2011, 649.

Vaterschaftsfeststellung spricht insoweit auch die Existenz des Abstammungsklärungsverfahrens nach § 1598a. Damit zeigt sich nämlich, dass die statusunabhängige Abstammungsfeststellung dem Gesetz inzwischen nicht mehr fremd ist.[368] Sorgfältig zu prüfen bleiben gleichwohl in jedem Einzelfall die Kindeswohlbelange; die Entscheidung des BGH kann nicht vorschnell verallgemeinert werden. Negative Auswirkungen für das Kind könnten sich etwa ergeben, wenn sich im Regressverfahren im Rahmen der inzidenten Vaterschaftsfeststellung ergäbe, dass der vermeintliche Erzeuger, mit dem das Kind in sozial-familiärer Beziehung lebt, ebenfalls nicht der Vater ist.[369]

4. Freiwillige Unterhaltsvereinbarungen. Unterhaltsvereinbarungen, die eine nach § 1592 **122** Nr. 1 oder 2 bestehende Vaterschaft als nicht existent behandeln, sind unproblematisch, wenn der Vertrag im Wesentlichen dem System der §§ 1592 ff. nicht zuwiderläuft. So liegt es etwa, wenn sich der leibliche Vater des Kindes unabhängig von einer Anfechtung der bestehenden Vaterschaft und ohne verbindliche Feststellung seiner Vaterschaft zu Unterhaltsleistungen an das Kind oder zu Ersatzleistungen an den Ehemann der Mutter wegen dessen fortdauernder ges. Unterhaltslast verpflichtet.[370] Hier wird weder die Vaterschaft eines anderen Mannes nach § 1592 Nr. 1 noch der Unterhaltsanspruch des Kindes gegen den „Scheinvater" abbedungen, was nach § 1614 Abs. 1 gar nicht möglich wäre, sondern nur eine Freistellung des ges. Vaters vereinbart, die das Kind nicht benachteiligt. Ob die Absprache aus anderen Gründen sittenwidrig ist, hängt von den Umständen des Einzelfalles ab. IÜ können, soweit ein Rechtsgeschäft nicht bedingungsfeindlich ist, an die rechtskräftige Anfechtung der Vaterschaft als aufschiebende Bedingung iSv. § 158 Abs. 1 Rechtswirkungen geknüpft werden. Dies gilt auch für letztwillige Verfügungen.[371]

IX. Übergangsrecht

1. Art. 12 NEhelG. Zur Rechtsentwicklung bezüglich des Verwandtschafts- und Abstam- **123** mungsrechts vgl. zunächst Vor § 1589 Rn. 1 ff. Dem **Grundsatz** nach bestimmt sich die rechtliche Stellung eines Kindes immer danach, ob es **vor dem Inkrafttreten** einer Neuregelung **geboren ist** oder nicht. Für das am 1. 7. 1970 in Kraft getretene NEhelG (vom 19. 8. 1969, BGBl. I S. 1243) machen Art. 12 §§ 2 bis 23 NEhelG zahlreiche Ausnahmen. Art. 12 § 2 NEhelG legt dem § 1600a aF rückwirkende Kraft bei: Unter welchen Voraussetzungen ein Mann als Vater eines nichtehelichen Kindes anzusehen ist, wird auch für Rechtsverhältnisse, die sich (bei Anwendung des Grundsatzes von Art. 12 § 1 NEhelG) nach früherem Recht bestimmen, nach neuem Recht beurteilt. Beispiel: Das Kind ist am 1. 7. 1969 geboren, die Vaterschaft wird am 1. 7. 1971 anerkannt. Die Feststellungswirkung gem. § 1600a S. 1 aF tritt ab Geburt des Kindes ein, ebenso galt vor der Anerkennung ab 1. 7. 1970 die Sperrwirkung nach § 1600a S. 2 aF.

Als wichtige Ergänzung zu § 1600a aF verleiht Art. 12 § 3 Abs. 1 NEhelG bestimmten Titeln **124** des früheren Rechts dieselbe Feststellungswirkung wie dem Anerkenntnis und der gerichtlichen Vaterschaftsfeststellung des neuen Rechts, sofern nicht Vater, Mutter und Kind bereits vor Inkrafttreten verstorben waren.
– Statuswirkung behält also ein Vaterschaftsanerkenntnis in einer öffentlichen Urkunde **gem. § 1718 aF**.
– Das Gleiche gilt für eine vollstreckbaren Urkunde, in der sich der Mann als Vater zur Unterhaltsleistung gem. § 1708 aF verpflichtet hat,
– ebenso für eine rechtskräftige Unterhaltsentscheidung **gem. § 1708 aF**.

Verfassungsrechtliche Bedenken gegen diese „Aufwertung" der genannten Titel des bisherigen **125** Rechts sind, namentlich wegen ihrer unbefristeten Anfechtbarkeit (Art. 12 § 3 Abs. 2 NEhelG) nicht begründet.[372]

Die **Verurteilung** nach früherem Recht kann auch auf einem Versäumnisurteil beruhen. Doch **126** ist hier die Anerkennung des Vaterschaftstitels im Ausland nicht gewährleistet, weshalb in solchem Fall eine neue Feststellungsklage zulässig ist.[373] Aus dem Gesamtinhalt der **vollstreckbaren Urkunde** muss hervorgehen, dass der Mann sich als Vater zur Unterhaltszahlung verpflichtet hat.

---

[368] BGHZ 176, 327 = NJW 2008, 2433 = FamRZ 2008, 1424; BGH FamRZ 2009, 32.
[369] BGHZ 176, 327 = NJW 2008, 2433 = FamRZ 2008, 1424, Tz. 35 f.
[370] BGHZ 46, 56 = NJW 1966, 2159 = LM Nr. 6 LS. m. Anm. *Kreft*; OLG Hamm FamRZ 1987, 1189; *Soergel/Gaul* § 1593 aF Rn. 26; *Gernhuber/Coester-Waltjen* § 52 Rn. 10; anders OLG Celle NdsRpfl. 1962, 188; vgl. auch DIV-Gutachten DAVorm. 1988, 379.
[371] BayObLG FamRZ 1981, 196.
[372] BGH NJW 1973, 996; auch BVerfGE 44, 1, 31 ff. = FamRZ 1977, 446, 454; aM *Richter* FamRZ 1968, 235, 237; *Bosch* FamRZ 1969, 505, 508 f.; *Damrau* FamRZ 1969, 129, 141; vgl. ferner *Bökelmann* JR 1973, 376.
[373] Vgl. das Urteil des franz. Kassationshofes DAVorm. 1981, 775 zum Versäumnisurteil über die „Zahlvaterschaft" nach früherem Recht.

§ 1600d 127, 128   Abschnitt 2. Titel 2. Abstammung

Seine ausdrückliche Bezeichnung als Vater ist dann entbehrlich.[374] Problematisch, aber wohl gleich zu behandeln ist der Fall, wenn jener Mann ein förmliches Vaterschaftsanerkenntnis abgelehnt hatte.[375] Liegt gegen den Mann ein Vaterschaftstitel des früheren Rechts iSv. Art. 12 § 3 Abs. 1 NEhelG vor, so kann ein anderer Mann als Vater gerichtlich erst festgestellt werden, wenn der Titel durch Anfechtungsklage gem. Art. 12 § 3 Abs. 2 NEhelG aufgehoben ist. Wegen weiterer Einzelheiten der Überleitungsregelung des NEhelG s. die 3. Aufl. § 1600a Rn. 19 ff. und § 1600l Rn. 20 ff., dort auch Gesetzestext.

127   **2. Art. 234 §§ 1, 7 EGBGB.** Durch das EinigungsvertragsG v. 23. 9. 1990 (BGBl. II S. 885, 946) sind auch die familienrechtlichen Regelungen des Staates der DDR übergeleitet worden in das BGB (Art. 234 § 1 EGBGB). Bestehende gerichtliche Entscheidungen und behördliche Beurkundungen haben jedoch gem. Art. 234 § 7 Abs. 1 und 4 EGBGB Bestandswirkung. Dazu gehören auch Alttitel aus der Zeit der Geltung des (alten) BGB, so dass eine gleiche Regelung besteht, wie bei Art. 12 § 3 NEhelG erwähnt.[376] Näher s. dazu Art. 234 § 7 EGBGB Rn. 3 bis 20.

128   **3. Art. 224 § 1 EGBGB.** Das KindRG vom 16. 12. 1997 (BGBl. I S. 2942) trat am 1. 7. 1998 in Kraft und brachte erneut Übergangsregelungen, die sich in Art. 224 EGBGB finden, wobei § 1 die Abstammungsfragen behandelt.[377] Nach Abs. 1 dieser Vorschrift ist für die Voraussetzungen der ges. Vaterschaft keine Rückwirkung vorgesehen, sondern das Inkrafttreten vor oder nach der Geburt bleibt entscheidend. Näheres Vor § 1591 Rn. 12 ff. Da aber jegliche Anfechtung gem. Abs. 2 nur nach neuem Recht geschehen kann, stellt sich u. a. die Frage, ob die Befristung der Anfechtung gem. § 1600b Abs. 1 auch für die Anfechtung der Vaterschaft nach dem Übergangsrecht des Art. 12 § 3 Abs. 2 NEhelG gilt. Das ist jedoch zu verneinen, diese Sonderregelung betrifft die in Art. 224 § 1 Abs. 2 EGBGB genannte Ehelichkeitsanfechtung ebenso wenig wie die Anfechtung der Anerkennung und ist daher nicht berührt.

§ 1600e *aufgehoben*

---

[374] KG DAVorm. 1972, 56, 59; OLG Stuttgart Justiz 1973, 175.
[375] *Brüggemann* DAVorm. 1974, 658; aA AG Siegen DAVorm. 1974, 657; *Odersky* FamRZ 1975, 440, 448.
[376] Vgl. OLG Düsseldorf FamRZ 1999, 1446.
[377] Dazu *Kirchmeier* Kind-Prax 1998, 144.

Titel 3. Unterhaltspflicht

Vorbemerkungen

Schrifttum: *Born*, Das neue Unterhaltsrecht, NJW 2008, 1; *Borth*, Die Übergangsbestimmungen zur Unterhaltsreform und die Änderungen der ZPO im UnterhRÄndG 2007, FamRZ 2008, 105; *Bosch*, Die wesentlichen Änderungen im neuen Unterhaltsrecht, FF 2007, 293; *Ehinger/Rasch*, Die Übergangsvorschrift des § 35 EGZPO-E für den Ehegattenunterhalt und den Unterhalt nach § 1615l BGB nach dem Regierungsentwurf zum Unterhaltsrechtsänderungsgesetz, FamRB 2007, 78; *Rasch*, Die Abänderung und Anpassung von Unterhaltstiteln an das neue Recht, § 36 EGZPO, FPR 2008, 15; *Viefhues/Mleczko*, Das neue Unterhaltsrecht 2008, 2. Aufl.

Übersicht

	Rn.		Rn.
I. Einführung	1–11	8. Naturalunterhalt	23, 24
1. Begriff des Unterhalts	1	**III. Verwandtenunterhalt**	25–27
2. Gesetzesgeschichte	2–6	1. Gesetzesgliederung	25, 26
3. Stellung in der Rechtsordnung	7–11	2. Entwicklung	27
II. Unterhaltsrechtliche Grundbegriffe	12–24	**IV. Änderungen durch das UnterhRÄndG**	28–36
1. Unterhaltsanspruch	13	1. Grundsätze	28
2. Lebensbedarf	14–16	2. Übergangsregelungen	29–36
3. Bedürftigkeit	17	a) Grundgedanken	30–34
4. Leistungsfähigkeit	18	b) Sonderregelung für dynamische Altregelungen	35
5. Tabellenunterhalt	19, 20		
6. Barunterhalt	21	c) Zu den Auswirkungen der Übergangsregelungen	36
7. Betreuungsunterhalt	22		

I. Einführung

1. Begriff des Unterhalts. Was mit „Unterhalt" gemeint ist, wird gesetzlich nicht näher definiert. Es ist als das zu bezeichnen, was der Befriedigung des unmittelbaren menschlichen Lebensbedarfs dient. In einem engeren Sinne ist darunter der **Beitrag** zu verstehen, den ein Dritter leistet, solange und soweit der betroffene Mensch nicht in der Lage ist, sich selbst zu unterhalten. Die für eine solche **Lebenshilfe** in Betracht kommenden Dritten sind zunächst die **Eltern** und andere **Verwandte**, später auch der **Ehegatte**, die Kinder und uU die Enkel. In einem weiteren Sinne zählen auch Leistungen aus öffentlichen Mitteln zum Unterhalt, soweit sie demselben Zweck wie die privaten Beiträge dienen. Im heutigen Sozialstaat sind vielfältige, verschiedenartige öffentliche und private Verpflichtungen oft engmaschig miteinander verflochten. Das führt zu Problemen des Ranges, der Anrechnung und der Durchsetzung. 1

2. Gesetzesgeschichte. Das **Bürgerliche Gesetzbuch** von 1900 schuf ein in seinem Kern bis jetzt gültiges zivilrechtliches Unterhaltsrecht. Wesentliche Änderungen brachte zunächst das **Gleichberechtigungsgesetz** vom 18. 6. 1957 (BGBl. I S. 609) bezüglich § 1604 (Zuordnung des Gesamtguts bei Gütergemeinschaft), § 1606 (Erweiterung des Unterhaltsbegriffs auf den Betreuungsunterhalt der Mutter) und § 1612 (Abschaffung der Dreimonatsrente). Außerdem wurde der damalige § 1605 beseitigt (elterliche Nutznießung am Kindesvermögen und entsprechende unterhaltsrechtliche Bedeutung). Die nächste Änderung führte das **Familienrechtsänderungsgesetz** vom 11. 8. 1969 (BGBl. I S. 1221) herbei. Es ersetzte in § 1610 den Begriff des „standesgemäßen" durch den des „angemessenen" Unterhalts als Ausprägung dessen, was unter ersterem inzwischen ohnehin verstanden wurde. 2

Das **Nichtehelichengesetz** vom 19. 8. 1969 (BGBl. I S. 1243) trug dem Verfassungsgebot aus Art. 6 Abs. 5 GG Rechnung, fügte die §§ 1615a bis 1615 o unter der Ziffer: „Besondere Vorschriften für das nichteheliche Kind und seine Mutter" in das BGB ein und gliederte sie damit dem Verwandtenunterhalt unter. Durch das Gesetz zur Neuregelung des **Volljährigkeitsalters** vom 31. 7. 1974 (BGBl. I S. 1713) wurde dieses Alter mit Wirkung zum 1. 1. 1975 auf die Vollendung des 18. Lebensjahres herabgesetzt, mit Folgen auch für das Unterhaltsrecht. 3

4 Das 1. **Eherechtsreformgesetz** vom 14. 6. 1976 (BGBl. I S. 1421) führte zum 1. 7. 1977 das neue Scheidungsrecht ein[1] mit weitreichenden Änderungen insbesondere beim Ehegattenunterhalt. Wegen dessen engen Zusammenhangs mit dem Kindesunterhalt beeinflussten die Neuerungen auch den letzteren in starkem Maße. Unmittelbar im Bereich des Verwandtenunterhalts wurde die Auskunfts- und Belegpflicht durch den neuen § 1605 eingeführt. Auch die neue Rangvorschrift des § 1582 wirkte sich mit ihrer zunächst rätselhaft erscheinenden Verzahnung mit § 1609[2] auf den Verwandtenunterhalt aus. Die neuen Verfahrensvorschriften mit dem Aufbau einer Spezialgerichtsbarkeit für Familiensachen befruchteten die Rechtsenwicklung in besonderem Maße.

5 Das Gesetz zur Änderung unterhaltsrechtlicher u. a. Vorschriften vom 20. 2. 1986 (BGBl. I S. 301) korrigierte insbesondere im Bereich des materiellen Unterhaltsrechts für Ehegatten einiges. Das Gesetz zur unterhaltsrechtlichen Berechnung von Aufwendungen für Körper- und Gesundheitsschäden vom 16. 1. 1991 (BGBl. I S. 46) führte im Verwandtenunterhalt den **§ 1610a** ein, um bei den Empfängern bestimmter Sozialleistungen (etwa von Blindengeld) zu einer größeren Kongruenz von öffentlich-rechtlicher Zweckbestimmung und unterhaltsrechtlicher Berücksichtigung zu kommen.

6 Ein besonders großer Einschnitt ging mit dem Gesetz zur Vereinheitlichung des Unterhaltsrechts minderjähriger Kinder vom 6. 4. 1998 (BGBl. I S. 666) – **Kindesunterhaltsgesetz** – einher. Das bis dahin geltende Kindesunterhaltsrecht sah unterschiedliche Regelungen für eheliche und nichteheliche Kinder vor. Der Regelunterhalt mit einem vereinfachten Verfahren, das schnell zu einem Titel führen soll, kam dabei nur nichtehelichen Kindern zugute. Außerdem fehlte (abgesehen vom kaum praktizierten § 1612a aF) ein System, das eine zeitnahe Anpassung von Unterhaltstiteln an die allgemeine wirtschaftliche Entwicklung auf einfachem und raschem Wege ermögliche. Das Kindesunterhaltsgesetz sieht deshalb im Wesentlichen vor:
– Die Regelungen zum Unterhalt ehelicher und nichtehelicher Kinder[3] wurden vereinheitlicht. Beide haben Anspruch auf individuellen Unterhalt.
– Für den Unterhaltsanspruch eines minderjährigen Kindes gegenüber dem Elternteil, mit dem es nicht in einem Haushalt lebt, wurde die Möglichkeit der Dynamisierung eingeführt.
– Als Bezugsgrößen dafür wurden altersmäßig gestaffelte Regelbeträge geschaffen.
– Die an diesen Regelbeträgen ausgerichteten Titel passen sich automatisch der durchschnittlichen Einkommensentwicklung an, ohne dass dafür Gerichte in Anspruch genommen werden müssen. Dazu werden die Regelbeträge der sogen. Regelbetrag-VO in einem vorgegebenen Rhythmus der durchschnittlichen Nettolohnentwicklung angepasst.
– Für minderjährige Kinder wurde ein vereinfachtes Verfahren zur Festsetzung des Unterhalts eingeführt, und zwar bis zum 1 1/2-fachen des jeweiligen Regelbetrages.
– Die prozessualen Möglichkeiten, Auskunft zu erlangen, wurden verbessert.
Zum 1. 1. 2001 wurde bezüglich der Anrechnung von Kindergeld § 1612b Abs. 5 geändert. Diese – sehr komplizierte – Vorschrift wurde inzwischen wieder abgeschafft durch das seit dem 1. 1. 2008 geltende **UnterhRÄndG,** dessen wesentlicher Inhalt ab Rn. 28 (unter IV.) dargestellt wird.

7 **3. Stellung in der Rechtsordnung.** Die Bedeutung des gesetzlichen Unterhalts besteht auch im gegenwärtigen Sozialstaat darin, dass er grundsätzlich vor jeder anderen, insbesondere **staatlichen Hilfe** zu gewähren ist. Nach dem sogen. **Subsidiaritätsprinzip** kommt letztere erst in Betracht, wenn und soweit eigene Kraft und Fähigkeiten und die der Familie nicht ausreichen, den Unterhalt zu gewährleisten. Allerdings muss nach öffentlich-rechtlichen Vorschriften, etwa nach dem SGB XII (früher: BSHG), dem Bundesausbildungsförderungsgesetz (BAföG) oder dem Unterhaltsvorschussgesetz (UVG) öffentliche Hilfe zur Linderung akuter Notlagen zunächst einmal vorab gewährt werden. Die öffentliche Hand erlangt damit aber gegen den primär zivilrechtlich auf Unterhalt haftenden Verwandten oder Ehegatten nach dem jeweiligen Gesetz (§ 91 BSHG aF = §§ 93 ff. SGB XII; § 37 BAföG; § 7 UVG) einen Rückgriffsanspruch.

8 Dagegen sind andere öffentliche Leistungen vorgesehen, die – wie etwa die **Renten** aus der Arbeiterrenten-, Angestellten-, Knappschafts- und Berufsunfallrentenversicherung – an die Stelle bisherigen Erwerbseinkommens treten, nicht subsidiär geleistet werden und auf das Unterhaltsrechtsverhältnis unmittelbar einwirken.

---

[1] Die Scheidungsrate ist – auch als Folge dieser „Liberalisierung" – kontinuierlich gestiegen. *Köhler* gab in der 3. Aufl. die Anzahl der jährlichen Scheidungen noch mit 120 000 bis 130 000 p. a. an (ersichtlich bezogen auf das damalige Bundesgebiet). 1997 wurden nach Angabe des Statistischen Bundesamtes in Deutschland knapp 188 000 Ehen geschieden, 1998 gar über 192 000. Im Jahre 2005 wurden knapp 201 700 Ehen geschieden.
[2] Bis zur Lösung durch die vom BGH in NJW 1988, 1722 vorgenommene einschränkende Auslegung.
[3] 1997 betrug nach Angabe des Statistischen Bundesamtes der Anteil der nichtehelichen Geburten an der Gesamtzahl der in Deutschland Lebendgeborenen knapp 18% (in absoluten Zahlen: 145 833 von 812 173). In 2005 ist ein Anstieg auf 29% (ca. 200 000) festzustellen. In den neuen Bundesländern wird inzwischen die Hälfte aller Kinder außerhalb der Ehe geboren, in Westdeutschland jedes 5. Kind.

Vorbemerkung 9–15 Vor § 1601

Der **Familienleistungsausgleich** (§§ 31 f., 62 ff. EStG) durch Kindergeld oder steuerlichen Kinderfreibetrag beeinflusst ebenfalls das Unterhaltsrechtsverhältnis, in erster Linie über die neuen Anrechnungsvorschriften (§§ 1612b und 1612 c). Allgemein beeinflussen sich **Steuerrecht** und Unterhaltsrecht gegenseitig. Man denke nur an die Ermittlung des unterhaltsrechtlich relevanten Einkommens in Abgrenzung zu steuerrechtlichen Kriterien (s. § 1603 Rn. 23) oder umgekehrt an die Berücksichtigung von Unterhaltsleistungen zur Beschränkung des zu versteuernden Einkommens, etwa auf Grund von § 10 Abs. 1 Ziff. 1 EStG (sog. „begrenztes Realsplitting") oder von § 33a EStG (außergewöhnliche Belastung). 9

Auch über die gesetzlichen Vorgaben hinaus wirken sich privatrechtliche Gestaltungen auf den Unterhalt aus. Dabei ist zunächst an **Unterhaltsverträge** zu denken. Soweit mit ihnen nur der jeweilige gesetzliche Unterhaltsanspruch konkretisiert und unter Ausnutzung eines Spielraums näher ausgestaltet wird, bleiben im Übrigen die gesetzlichen Vorschriften anwendbar. Es gibt aber auch Vereinbarungen, etwa zwischen Verschwägerten (zB Stiefeltern und -kindern) oder nicht miteinander verheirateten Personen („Lebensabschnittsgefährten"), durch die Unterhaltsrechtsverhältnisse originär begründet werden.[4] Ob sie im Einzelfall verbindlichen Charakter haben sollen und ob die allgemeinen Vorschriften über gesetzlichen Unterhalt auf sie angewandt werden sollen, ist je nach den besonderen Umständen des Falles konkret zu beurteilen. Daneben begegnen uns Verträge, die ebenfalls der Sicherung des Lebensunterhalts eines der Beteiligten dienen sollen, die aber wegen einer Gegenleistung oder aus anderen Gründen keinen unterhaltsrechtlichen Charakter haben (beispielsweise Pensions-, Leibrentenverträge, Veräußerung von Immobilien u. ä. auf Rentenbasis). 10

Eine Quelle für Unterhalt können ferner **Schadensersatzansprüche** wegen Tötung oder Verletzung eines gesetzlich zu Unterhalt oder zu persönlichen Diensten Verpflichteten nach §§ 843–845 BGB sein, wobei sich der Schaden und sein Ersatz unterhaltsrechtlich bestimmen. An Unterhalt orientierter Schadensersatz kann auch auf einen **ärztlichen Kunstfehler** zurückgehen, etwa auf eine fehlgeschlagene Sterilisation (dazu näher bei § 1601 Rn. 15–17). 11

II. Unterhaltsrechtliche Grundbegriffe

Jemand kann von einem anderen Unterhalt verlangen, wenn er eine **Anspruchsgrundlage** für sich hat und seinen **Bedarf** nicht, jedenfalls nicht vollständig, aus eigenen zurechenbaren Mitteln befriedigen kann, mithin **bedürftig** ist, bei gleichzeitig gegebener **Leistungsfähigkeit** des anderen und fehlender Einschränkung des Anspruchs, die sich etwa aus mangelnden **Verzugsvoraussetzungen** oder aus **grober Unbilligkeit** (beim Verwandtenunterhalt § 1611) ergeben könnte. Einige Grundbegriffe gilt es zu definieren. 12

1. Unterhaltsanspruch. Dieser Begriff wird in der Praxis nicht einheitlich verwandt. Überwiegend und richtigerweise wird vom Vorliegen eines Unterhaltsanspruchs erst geredet, wenn im konkreten unterhaltsrechtlichen Grundverhältnis sämtliche persönlichen und sachlichen Voraussetzungen gegeben sind, so dass einer vom anderen Unterhalt in einem bestimmten zahlenmäßigen und zeitlichen Ausmaß verlangen kann. Erst dann haben wir es auch mit einem „Unterhaltsberechtigten" (Unterhaltsgläubiger) und einem „Unterhaltspflichtigen" (Unterhaltsschuldner) zu tun, nicht schon, wenn nur ein Anspruch geltend gemacht wird (dann müsste – streng genommen – von dem „Unterhalt Fordernden" und dem „auf Unterhalt in Anspruch Genommenen" gesprochen werden),[5] was sprachlich umständlicher wirkt. 13

2. Lebensbedarf. Das ist die Summe der Mittel, die eine Person benötigt, damit sie in ihrer konkreten Situation ein menschenwürdiges Leben führen kann. Darunter sind bei einem minderjährigen unverheirateten Kind nicht nur Barmittel zu verstehen, sondern auch die Pflege und Erziehung („Betreuung"). 14

Das Maß des zu gewährenden Barunterhalts zu bestimmen, ist eine besonders schwierige Aufgabe. Sie lässt sich sowohl im Ehegatten- als auch im Verwandtenunterhalt auf unterschiedliche Weise lösen: Es wird eine **konkrete Bedarfsberechnung** vorgenommen (das geschieht bei besonders günstigen wirtschaftlichen Verhältnissen namentlich im Ehegattenunterhalt, ansonsten stets beim Sonderbedarf). Üblicherweise wird jedoch, insbesondere im Verwandtenunterhalt, eine abstraktere Bedarfsberechnung vorgenommen, indem entweder (so besonders beim Bedarf eines auswärts wohnenden Studierenden oder Auszubildenden) eine **Regelpauschale** (von derzeit 640 Euro) angesetzt wird (in den neuen Bundesländern entsprechend weniger) oder der Bedarf anhand einer **Unter-** 15

---
[4] Die eingetragene Partnerschaft von Personen desselben Geschlechts (zu Einzelheiten *Muscheler* Rn. 832 ff.) löst nach dem Gesetz vom 16. 2. 2001 (BGBl. I S. 266) gesetzliche Unterhaltspflichten aus; dazu i. e. *Büttner* FamRZ 2001, 1105 ff.
[5] Ähnlich *Göppinger/Wax* Rn. 7.

haltstabelle an den Einkünften der Unterhaltspflichtigen orientiert wird. Diese Vorgehensweise trägt sicherlich erheblich zur Rechtssicherheit bei, wird aber den gesetzlichen Vorgaben zum Maß des Verwandtenunterhalts (§ 1610 Abs. 1 und 2) nicht immer ganz gerecht. Die Rechtspraxis verlangt indessen konkreten Vortrag, dass der pauschalierte Unterhalt im Einzelfall zu niedrig (Darlegung des Unterhaltsgläubigers) oder zu hoch bemessen sei (Darlegung des Unterhaltsschuldners).

16 Ein **Mindestbedarf**, wie er für das eheliche minderjährige Kind unter bestimmten weiteren Voraussetzungen bis Mitte 1998 durch Bezugnahme auf den Regelbedarf eines nichtehelichen Kindes gesetzlich festgelegt war (§ 1610 Abs. 3 S. 1 aF), war seit dem 1. 7. 1998 nicht mehr ausdrücklich vorgegeben, was im Schrifttum zu höchst unterschiedlichen Schlussfolgerungen führte.[6] Als Folge des UnterhRÄndG (s. dazu u. Rn. 28 ff. unter IV.) ist seit dem 1. 1. 2008 in Form der Neufassung des § 1612a ein Mindestunterhalt eingeführt worden, was die bisherigen Unklarheiten beseitigt hat (s. § 1612a Rn. 7).

17 **3. Bedürftigkeit.** Bedürftig ist nicht, wer seinen Bedarf aus zurechenbaren **eigenen Mitteln** befriedigen kann. Nur wer dazu ganz oder teilweise nicht imstande ist, wird insoweit als unterhaltsberechtigt angesehen (§ 1602; vgl. näher die dortige Kommentierung).

18 **4. Leistungsfähigkeit.** Wer einen bestimmten Bedarf hat, den er aus eigenen zurechenbaren Mitteln nicht bestreiten kann, hat damit noch keinen entsprechenden Unterhaltsanspruch. Es kommt zusätzlich auf die Prüfung an, wieweit der Gegner bei Berücksichtigung seiner sonstigen Verpflichtungen in der Lage ist, ohne Gefährdung seines eigenen Unterhalts den Bedarf des Fordernden zu befriedigen, mithin leistungsfähig iS des § 1603 ist (s. wegen der Einzelheiten die dortige Kommentierung). In den verschiedenen Unterhaltsrechtsverhältnissen (Ehegattenunterhalt vor oder nach Trennung und Scheidung; Unterhalt für minderjährige oder volljährige Kinder; Elternunterhalt) ist die **Schwelle**, bis zu der der Unterhaltsschuldner als leistungsfähig zu behandeln ist, **unterschiedlich** anzusetzen. Bei dem Betrag, der dem Schuldner in jedem Fall verbleiben muss, dem sogenannten **Selbstbehalt** (Eigenbedarf), ist je nach Art des Unterhaltsrechtsverhältnisses und je nachdem, ob Leistungsfähigere als Schuldner herangezogen werden können, zu differenzieren.

19 **5. Tabellenunterhalt.** Hier handelt es sich um eine 1962 beim Landgericht Düsseldorf entwickelte, seitdem fortgeschriebene Methode, die Unterhaltssätze entsprechend den unterschiedlichen anrechenbaren Einkünften des Schuldners und dem Alter der Kinder für den Kindesunterhalt vorzuschlagen. Die **Düsseldorfer Tabelle** (s. dazu § 1610 Rn. 87) hat überragende Akzeptanz gefunden und wird in der Praxis im Grunde wie ein Gesetz behandelt. Zur Düsseldorfer Tabelle im weiteren Sinne gehört nicht nur das eigentliche Tabellenwerk. Ihm sind Anmerkungen sowie Vorgaben zum Ehegattenunterhalt, für Mangelfälle und zum Verwandtenunterhalt, ferner zum Unterhalt nach § 1615l beigegeben. Überwiegend wird aber unter „Düsseldorfer Tabelle" nur die Tabelle als solche verstanden.

20 Es hat – über das inzwischen aufgegebene Nürnberger Raster hinaus – in der Vergangenheit gelegentlich Versuche gegeben, auch für den Ehegattenunterhalt Tabellen einzuführen.[7] Diese haben in der Praxis keine Akzeptanz gefunden. Lediglich soweit es um den Altersvorsorgeunterhalt geht, arbeitet die Rechtsprechung mit der sogen. Bremer Tabelle, die kontinuierlich von *Gutdeutsch* den jeweils veränderten Sozialdaten angepasst wird.[8]

21 **6. Barunterhalt.** Dieser Begriff versteht sich in der Unterscheidung zum Betreuungsunterhalt nach § 1606 Abs. 3 S. 2. IdR wird mit „Unterhalt" (ohne den Zusatz „Bar-") der Unterhalt iS des § 1612 Abs. 1 S. 1 gemeint, der durch Entrichtung einer Geldrente zu leisten ist. S. dazu § 1612 Rn. 2.

22 **7. Betreuungsunterhalt.** Dieser Begriff wird nicht einheitlich gebraucht. Zum einen wird darunter der – dem Barunterhalt grundsätzlich gleichwertige – Unterhalt verstanden, den der ein minderjähriges unverheiratetes Kind betreuende Elternteil erbringt („Pflege und Erziehung", § 1606 Abs. 3 S. 2; s. dazu § 1606 Rn. 22). Von Betreuungsunterhalt spricht man aber auch im Zusammenhang mit § 1570 (nachehelicher Unterhalt wegen der Pflege oder Erziehung eines gemeinschaftlichen Kindes), ferner mit § 1615l (Betreuungsunterhalt für die Mutter, die uU auch für den Vater, wenn die Eltern nicht miteinander verheiratet sind und waren).

---

[6] Zu Einzelheiten s. *Luthin* in der 4. Auflage dieser Kommentierung Rn. 16.
[7] S. insbesondere *Ehlert* FamRZ 1985, 771.
[8] S. mit dem Stand 1. 1. 2010: FamRZ 2010, 260; 1. 1. 2008: FamRZ 2008, 328; Stand 1. 1. 2007: FamRZ 2007, 255.

8. Naturalunterhalt. Dieser wird zu Unrecht nicht selten mit dem Betreuungsunterhalt gleich- 23
gesetzt.[9] An sich ist Unterhaltsgewährung in Natur die ursprünglichste und auch weit verbreitete
Art, Unterhalt zu leisten. Negativ definieren ließe sich der Begriff „Naturalunterhalt", indem unter
ihm jeder Unterhalt verstanden wird, der nicht in bar erbracht wird.[10] In diesem Sinne umfasst
er den Betreuungsunterhalt nach § 1606 Abs. 3 S. 2. Positiv ausgedrückt ist Naturalunterhalt die
Unterhaltsvariante, bei der die Bedürfnisse des Berechtigten naturaliter befriedigt werden: Gewährung von Wohnung, Nahrung, Bekleidung u. ä. S. auch § 1612 Rn. 20–24.

Von Bedeutung sind Erfassung und Bewertung[11] des Naturalunterhalts vor allem, wenn beide 24
Elternteile für den Barunterhalt (ausnahmsweise eines Minderjährigen, idR eines Volljährigen) anteilig nach ihren jeweiligen wirtschaftlichen Verhältnissen aufzukommen haben, aber das Kind bei
einem von ihnen wohnt und dort „versorgt" wird. Vielfach erbringt der versorgende Elternteil
durch die Leistung des Naturalunterhalts dann (mehr als) seinen geschuldeten Anteil am Barunterhalt, wobei in seinem Verhältnis zum Kind von einer (idR nur konkludenten) Unterhaltsbestimmung
iS des § 1612 Abs. 2 S. 1 auszugehen ist.

III. Verwandtenunterhalt

1. Gesetzesgliederung. Der hier im Dritten Titel behandelte Verwandtenunterhalt gliedert 25
sich in (I.) Allgemeine Vorschriften (§§ 1601–1615) und (II.) Besondere Vorschriften für das Kind
und seine nicht miteinander verheirateten Eltern. Die Allgemeinen Vorschriften enthalten wichtige
Regelungen zum Grund und zur Höhe des Unterhaltsanspruchs und sind – teilweise durch ausdrückliche Bezugnahme (vgl. §§ 1360a Abs. 3, 1361 Abs. 4 S. 4) – auch auf andere Unterhaltsrechtsverhältnisse anwendbar, mit Einschränkung auch auf Ansprüche nach §§ 1615l ff. (s. § 1615a).

Die Besonderen Vorschriften regeln den Unterhalt für Vater und Mutter (gegeneinander) aus 26
Anlass der Geburt eines Kindes (§ 1615l), Folgen des Todes von Mutter (§ 1615m), Vater oder Kind
(§ 1615n) und die Möglichkeit einer einstweiligen Verfügung gegen den Mann (§ 1615o).

2. Entwicklung. Seit Inkrafttreten des BGB haben sich erhebliche soziale Veränderungen voll- 27
zogen. *Köhler* hat in der 3. Aufl. auf die Entwicklung bezüglich der Kinderarbeit hingewiesen
(3. Aufl., Vor § 1601 Rn. 41 f.), ferner hinsichtlich der Erwerbstätigkeit von Frauen und Müttern
(3. Aufl., Vor § 1601 Rn. 43 f.). Für die neuere Entwicklung ist dreierlei hervorzuheben:
– Ein deutlich verändertes Verhalten von Müttern nach der sogenannten **Babypause**. Während in
  den 70er Jahren weniger als 10% der Mütter in Voll- oder Teilzeitarbeitsverhältnisse zurückkamen,
  sind es mittlerweile 82%.[12] Die Kinder berufstätiger Mütter sind zu einem Drittel unter 10 Jahre
  alt.[13]
– Aus Gründen, die bei § 1601 (dort Rn. 9–32) im Einzelnen dargestellt werden, hat der **Elternunterhalt** immer mehr an Bedeutung gewonnen. *Köhler* (3. Aufl. Vor § 1601 Rn. 42 aE) konnte
  noch schreiben, diese Art des Unterhalts komme in der gerichtlichen Praxis nur „extrem selten"
  vor, *Luthin* konnte sich in der 4. Aufl. mit wenigen Rn. (§ 1601 Rn. 8–11) begnügen. Das hat
  sich geändert; die Fälle haben zugenommen – auch als Folge veränderter Altersstruktur der Gesellschaft –
  deutlich zugenommen, der BGH hat zahlreiche Grundsatzfragen geklärt.
– Die von *Köhler* (s. oben) gemeinte Art von „Kinderarbeit" gibt es in Deutschland zwar kaum
  noch. Dafür hat der Zwang, parallel zum **Studium** regelmäßig „jobben" zu müssen, erheblich
  zugenommen. In den alten Bundesländern betrug[14] der Anteil der Studierenden, die für ihren
  Lebensunterhalt regelmäßig **erwerbstätig** sein müssen, schon vor einigen Jahren 69%, in den
  neuen Ländern 56%. Das trägt naturgemäß wesentlich dazu bei, das Studium über die idealtypisch
  vorgegebene Regelstudienzeit hinaus beträchtlich zu verlängern. Diesen Umstand sollte die
  Rechtsprechung bei der Beurteilung, wie lange eine Hochschulausbildung von den Eltern zu
  finanzieren ist, stärker als bisher beachten.[15] Natürlich soll damit nicht der Unterstützung eines
  Bummelstudiums[16] das Wort geredet werden.

---
[9] Vgl. zur Unterschiedlichkeit der Begriffe *Scholz* FamRZ 1994, 1314 = Anm. zu BGH FamRZ 1994, 1102 = NJW 1994, 2284.
[10] So etwa *Göppinger/Wax/Strohal* Rn. 130.
[11] Dazu näher *Göppinger/Wax/Strohal* Rn. 355 ff.
[12] *Puls* FamRZ 1998, 865, 870.
[13] *Puls* FamRZ 1998, 865, 870 mwN.
[14] Nach der 15. Sozialerhebung des Deutschen Studentenwerks. Im Sommersemester 2006 lagen die Zahlen bei 65 bzw. 52%, vgl. 18. Sozialerhebung des Deutschen Studentenwerks.
[15] Vgl. für Orientierung an Regelstudienzeit etwa OLG Hamm NJW-RR 1994, 1342; OLG Stuttgart FamRZ 1996, 1434. S. § 1610 Rn. 240.
[16] S. OLG Zweibrücken FamRZ 1995, 1006. Zu Verlängerungsgründen beim Studium s. § 1610 Rn. 241, zum Parkstudium § 1610 Rn. 246, zum Bummelstudium § 1610 Rn. 247.

IV. Änderungen durch das UnterhRÄndG

28 **1. Grundsätze.** Zu den Grundsätzen, den Zielen der Reform und ihrer Umsetzung s. die 5. Aufl. Rn. 28 ff.

29 **2. Übergangsregelungen.** Nach Art. 3 Abs. 2 UnterhRÄndG sind die das materielle Recht betreffenden Übergangsvorschriften in § 36 [35] EGZPO enthalten; diese Regelung hat sowohl prozessualen wie materiell-rechtlichen Charakter.[17] Der relativ große Umfang des Gesetzestextes hängt mit den Schwierigkeiten zusammen, die – auf der Basis einer in sich nicht stimmigen bisherigen Gesetzeslage getroffenen – bisherigen Unterhaltsregelungen in das neue gesetzliche System überzuleiten.

30 a) **Grundgedanken.** Die neuen gesetzlichen Bestimmungen finden auf alle Unterhaltsansprüche Anwendung, die ab Inkrafttreten der Neuregelung (1. 1. 2008) entstanden sind. Vor dem Hintergrund der Überlegung, dass altes und neues Recht nicht auf Dauer nebeneinander fortgelten können und Rechtssicherheit und Rechtseinheit eine schnellstmögliche und umfassende Anwendung des neuen Rechts fordern,[18] hat sich der Gesetzgeber entschieden, das neue Recht **auch auf Altfälle** zu erstrecken.

31 Zur **Abänderung** früherer Unterhaltsregelungen (§ 36 Nr. 1 EGZPO) ist zunächst zu beachten, dass eine Gesetzesänderung nach gefestigter Rechtsprechung[19] generell als Abänderungsgrund nach §§ 238, 239 FamFG gilt. Materiell-rechtlich ist entscheidend, ob eine wesentliche Änderung der Unterhaltsverpflichtung eintritt *und* diese Änderung dem anderen Teil unter Berücksichtigung seines Vertrauens in die getroffene Regelung auch zumutbar ist. Nach der Vorstellung des Gesetzgebers handelt es sich um eine Modifizierung der Abänderungsklage nach § 323 ZPO aF, nicht dagegen um einen neuen, eigenständigen Abänderungsrechtsbehelf.[20]

32 Ob eine **wesentliche Änderung** der Unterhaltsverpflichtung eingetreten ist, muss in einer Gesamtschau aller Umstände iSv. § 238, 239 FamFG überprüft werden.[21] Nach der Übergangsregelung ist ausgeschlossen, die im BGB vorgenommenen Änderungen des UnterhRÄndG (zB die Änderung bei der Rangfolge) exakt auf Altfälle unter dem Gesichtspunkt zu übertragen, dass für eine Abänderung nach § 238, 239 FamFG grundsätzlich eine Gesetzesänderung ausreichend ist.[22] Die Veranlassung, zB aus den geänderten Rangverhältnissen eine Abänderung in Erwägung zu ziehen, kann sehr unterschiedlich sein je nachdem, ob unterhaltsberechtigte Kinder und unterhaltsberechtigter Elternteil in einem Haushalt leben[23] oder ob das nicht der Fall ist.[24] Eher uninteressant dürfte ein Abänderungsverfahren für einen Unterhaltsschuldner sein, der bei Wegfall oder Verringerung seiner Verpflichtung zur Zahlung von Ehegattenunterhalt mit einer Verminderung des Steuervorteils im Rahmen des begrenzten Realsplittings (§ 10 Abs. 1 EStG) rechnen muss.[25]

33 Weiteres Kriterium – neben der Wesentlichkeit – für eine Anpassung ist die **Zumutbarkeit** einer Änderung unter Berücksichtigung des Vertrauens in den Fortbestand einer (titulierten oder auch nicht titulierten) Unterhaltsvereinbarung.[26] Hier kommt es darauf an, in welchem Umfang sich der Berechtigte auf den Fortbestand der Regelung eingestellt hat; von Bedeutung ist weiter, ob die Unterhaltsregelung Bestandteil einer umfassenden Trennungs- bzw. Scheidungsfolgenvereinbarung ist.[27] In Bezug auf den Vertrauensschutz ist das Gesetz missverständlich, weil es darauf hinzudeuten scheint, dass nur ein Vertrauen des Unterhaltsgläubigers von Bedeutung sein soll. Da aber für die

---

[17] BT-Drucks. 16/1830 S. 32. S. *Born* NJW 2008, 1, 7; *Bosch* FF 2007, 293, 306; *Borth* FamRZ 2008, 105.
[18] BT-Drucks. 16/1830 S. 32.
[19] BGH FamRZ 2001, 1687; 1990, 542. Zu Einzelheiten s. *Born* in *Heiß/Born* Kap. 23 Rn. 177 ff. S. auch *Viefhues/Mleczko* Rn. 535.
[20] BT-Drucks. 16/1830 S. 32 f.
[21] S. dazu ausführlich *Born* in *Heiß/Born* Kap. 23 Rn. 158 ff. (für Urteile) sowie Rn. 198 ff. (für Vergleiche). Der Begriff der „Gesamtsaldierung" macht deutlich, dass es nicht auf die Änderung des *einzelnen* Umstandes ankommt, sondern im Rahmen einer Gesamtschau *aller* Umstände zu prüfen ist, in welchem Umfang sich die für Unterhaltsverpflichtung und Bemessung der Unterhaltsleistung maßgebenden Umstände geändert haben, BGH FamRZ 1985, 53, 56; s. *Born* aaO Rn. 190.
[22] *Palandt/Brudermüller* Vor § 1601 Rn. 32; *Thomas/Putzo* § 323 ZPO Rn. 25.
[23] Das Abänderungsinteresse dürfte hier eher gering sein auf Grund der Tatsache, dass der Unterhalt – wirtschaftlich gesehen – „in einen Topf" geht. S. dazu auch § 1610 Rn. 130.
[24] Hier kann für die Kinder eine Abänderung des Titels in Betracht zu ziehen sein, sofern eine wesentliche Änderung ihres Unterhaltsanspruchs in Betracht kommt, vgl. *Ehinger* FamRB 2006, 338, 344.
[25] *Borth* FamRZ 2006, 814, 817; *Hauß* FamRB 2006, 180, 182; *Ehinger* FamRB 2006, 338, 344.
[26] BT-Drucks. 16/1830 S. 33 f.
[27] *Borth* FamRZ 2006, 813, 821.

Anpassung von Unterhaltsvereinbarungen der Maßstab des § 313 gilt,[28] dürfte eine **beiderseitige** Zumutbarkeit von Bedeutung sein.

Nach § 36 Nr. 2 EGZPO können die in Nr. 1 genannten Umstände bei einer *erstmaligen* Änderung eines vollstreckbaren Unterhaltstitels nach dem 1. 1. 2008 **ohne Präklusion** gem. §§ 323 Abs. 2, 727 ZPO geltend gemacht werden. Hierdurch wird sichergestellt, dass solche Umstände, die erst durch das UnterhRÄndG erheblich werden, in das Verfahren eingeführt werden können.[29] 34

b) Sonderregelung für dynamische Altregelungen. S. dazu § 1612a Rn. 15–18. 35

c) Zu den Auswirkungen der Übergangsregelungen in der Revisionsinstanz, zur Wiedereröffnung der Verhandlung und zum Rückwirkungsausschluss s. die 5. Aufl. Rn. 38-40. 36

Untertitel 1. Allgemeine Vorschriften

§ 1601 Unterhaltsverpflichtete

Verwandte in gerader Linie sind verpflichtet, einander Unterhalt zu gewähren.

Schrifttum: *Bergjan/Wermes,* Die Verjährung titulierter Unterhaltsrückstände bereits nach drei Jahren?, FamRZ 2004, 1087; *Bergmann,* Die zersplitterte Rechtsprechungspraxis beim Elternunterhalt als Indiz für rechtliche Reformbedürftigkeit, FPR 1999, 17; *Born,* „Zeitbombe" Schwiegermutter? – Die aktuelle Rechtsprechung zum Elternunterhalt, MDR 2005, 194; *ders.,* Elternunterhalt – Keine Leistungsfähigkeit durch Darlehen, MDR 2005, 901; *Brudermüller,* Elternunterhalt – Neue Entwicklungen in der Rechtsprechung des BGH, NJW 2004, 633; *ders.,* Solidarität und Subsidiarität beim Verwandtenunterhalt – Überlegungen aus rechtsethischer Sicht –, FamRZ 1996, 129; *Büte,* Neues zum Enkelunterhalt, FuR 2007, 246; *Büttner,* Alterssicherung und Unterhalt, FamRZ 2004, 1918; *Diederichsen,* Die Sandwich-Generation: Zwischen Kindesunterhalt und Elternunterhalt, zwischen den Zwängen von Sozialrecht und Familienrecht, FF 2000 (Sonderheft), 7; *ders.,* Der BGH und der Elternunterhalt, FF 2003, 8; *Duderstadt,* Ausgewählte Probleme des Elternunterhalts, FuR 2007, 205; 2007, 253; *Graba,* Unterhalt im Alter, 2. Aufl. 2005; *Gutdeutsch,* Die Berechnung der Leistungsfähigkeit verheirateter Kinder beim Elternunterhalt nach BGH und ihre Konsequenzen, FamRZ 2011, 77; *Hauß,* Elternunterhalt – Grundlagen und anwaltliche Strategien, 2006; *ders.,* Elternunterhalt – ein „Privileg" Wohlhabender, FamRB 2005, 268; *Herr,* Elternunterhalt, FamRZ 2005, 1021; *ders.,* Elternunterhalt – zur neuen Rechtsprechung des BVerfG, NJW 2005, 2747; *Hoch,* Forschungsbefunde zur Praxis der Sozialämter bei der Regulation des Elternunterhalts, FPR 1999, 20; *Huber,* Der Unterhaltsregress des Scheinvaters, FamRZ 2004, 145; *Koritz,* Das Schonvermögen beim Elternunterhalt, NJW 2007, 270; *Löhnig,* Unterhaltsrückgriff beim Betreuungsunterhalt nach § 1570 BGB, FamRZ 2003, 1354; *Luthin,* Zum Mindestbedarf beim Kindesunterhalt, FF 1999, 105; *Martiny,* Reformbedürftigkeit des Elternunterhalts im europäischen Rechtsvergleich, FPR 1999, 7; *Menter,* Der Elternunterhalt, FamRZ 1997, 919; *Mersch,* Regress des Scheinvaters gegenüber der Kindesmutter nach § 1607 Abs. 3 S. 2 BGB, FPR 2005, 118; *Muscheler,* Familienrecht, 2006; *Richter,* Rechtspolitische Überlegungen zur Reform des Unterhalts nach §§ 1601 ff. BGB, FamRZ 1996, 1245; *Schwenzer,* Empfiehlt es sich, das Kindschaftsrecht neu zu regeln?, Gutachten A zum 59. DJT Hannover 1992; *dies.,* Reform des Verwandtenunterhalts – eine rechtspolitische Notwendigkeit oder übereilte Aufgabe der Familiensolidarität?, Brühler Schriften zum Familienrecht, Bd. 8 (10. DFGT 1993); *Schwonberg,* Probleme des Scheinvaterregresses, FuR 2006, 395; *Steinmetz,* Die Sozialhilfepraxis im Elternunterhalt am Beispiel der Sozialhilferichtlinien des Landes Baden-Württemberg, FPR 1999, 13; *Wohlgemuth,* Ersparniseinrechnung beim Elternunterhalt, FamRZ 2011, 341.

Übersicht

	Rn.		Rn.
I. Normzweck	1–4	III. Elternunterhalt	9–32
1. Der gesetzliche Unterhaltsverband	1	1. Einführung und Grundlagen	9–13
2. Dauer der Unterhaltspflicht	2, 3	2. Elterlicher Bedarf	14, 15
3. Kindes- und Familienunterhalt	4	3. Bedürftigkeit	16, 17
II. Unterhaltspflichtige Verwandte	5–8	4. Leistungsfähigkeit des Kindes	18–25
1. Eltern	5	a) Selbstbehalt	19
2. Adoptiveltern	6, 7	b) Schonvermögen	20
3. Kinder und Enkel	8	c) Schulden	21
		d) Rangverhältnisse	22

---

[28] BT-Drucks. 16/1830 S. 33.
[29] BT-Drucks. 16/1830 S. 34.

	Rn.		Rn.
e) Lebensstandard, Bedarfssteigerung, Abzüge	23–25	3. Bedarfsdeckung	37–42
		a) Vermögenseinsatz	38
5. „Latente" Belastung	26	b) Öffentliche Leistungen	39–42
6. Indirekte Schwiegersohn-Haftung	27	4. Haftung der Großeltern	43–51
7. Einwendungen und Einreden	28–32	a) Voraussetzungen des § 1607	44–46
a) Vorrangige und anteilige Haftung Anderer	29	b) Leistungsfähigkeit	47–50
		c) Anteilige Haftung	51
b) Zeitliche Grenzen	30	V. Sonstige Personen	52–57
c) Vollständiger Verbrauch	31	1. Stiefeltern, Geschwister, Verschwägerte	52
d) Verwirkung	32	2. Vertragsschuldner	53–56
IV. Enkelunterhalt	33–51	a) Stiefelternteil	53
1. Grundlagen	34, 35	b) Ärztliche Kunstfehler	54–56
2. Bedarf des Enkelkindes	36	3. Rückforderung zu Unrecht geleisteten Unterhalts	57

I. Normzweck

1 **1. Der gesetzliche Unterhaltsverband.** Normzweck ist es, den **Kreis der Unterhaltspflichtigen** zu bestimmen. Zu ihnen gehört nur, wer mit dem jeweiligen Anspruchsteller verwandt ist. Die Linien und Grade der Verwandtschaft regelt § 1589. Unterhalt schulden einander (jeder jedem) aber nur **in gerader Linie Verwandte** (iSd. § 1589 S. 1). Wer von ihnen unterhaltsbedürftig ist (§ 1602), kann von dem der Rangfolge (§ 1606) nach nächsten Verwandten gemäß dessen Leistungsfähigkeit (§ 1603), bei einer Mehrheit von Anspruchstellern entsprechend dem Rang der Berechtigten (§ 1609), Unterhalt verlangen. Damit bestehen Unterhaltsansprüche nicht nur zwischen Eltern und Kindern, sondern auch zwischen Großeltern und Enkeln und Angehörigen in beiden Richtungen entfernterer Generationen. In der Praxis geht es ganz überwiegend um **Kindesunterhalt** (als eine Variante des Deszendentenunterhalts). Der **Elternunterhalt** (eine Art des Aszendentenunterhalts) hat aber in den letzten Jahren an Bedeutung gewonnen.

2 **2. Dauer der Unterhaltspflicht.** Die Dauer der Unterhaltspflicht ist grundsätzlich unbegrenzt, solange die Anspruchsvoraussetzungen vorliegen.[1] Gegenüber dem volljährigen Kind beschränkt sich die Forderung in der Regel auf die Zeit der Ausbildung, außer im Fall der Krankheit oder Behinderung. Angesichts nicht selten ausufernden Ausbildungsverhaltens sowie der Durchlässigkeit und Vielgestaltigkeit der Bildungssysteme dauert die Ausbildung vielfach recht lange.

3 Hier knüpft die rechtspolitische Diskussion an, ob der Anspruch auf (Ausbildungs-) Unterhalt mit dem Erreichen eines bestimmten Lebensjahres des Kindes enden sollte, etwa mit Vollendung des 27. Lebensjahres.[2] Über die richtige Altersgrenze lässt sich streiten. Grundsätzlich ist eine solche zeitliche Begrenzung, verbunden mit einer Härteklausel,[3] aber zu begrüßen.[4] Angesichts der Lage der öffentlichen Haushalte und der Tatsache, dass der Gesetzgeber das Kindesunterhaltsrecht erst zum 1. 7. 1998 grundlegend reformiert hat, ist – wenn überhaupt – mit einer kurzfristigen Realisierung dieser Überlegungen nicht zu rechnen.

4 **3. Kindes- und Familienunterhalt.** Der nach §§ 1601 ff. gegebene Anspruch auf Kindesunterhalt besteht neben der wechselseitigen Forderung der Ehegatten/Eltern auf Gewährung von Familienunterhalt. Lebt das Kind in der Familie und kommen die Eltern ihrer Pflicht zur Leistung des Familienunterhalts (§ 1360) nach, so wird der gemäß §§ 1601 ff. bestehende Unterhaltsanspruch des Kindes mit erfüllt.[5] Andernfalls hat das Kind einen eigenen einklagbaren Anspruch nicht aus § 1360, sondern aus §§ 1601 ff. Die praktische Konsequenz liegt auch darin, dass ein Titel über Kindesunterhalt, der in einer Zeit des Getrenntlebens der Eltern erwirkt wurde, mit dem Wiederzusammenleben der Familie – anders als ein Titel über Trennungsunterhalt zwischen den Eheleuten – nicht entfällt, vielmehr bei einer erneuten Trennung wieder realisiert werden kann und ggfs. der Abänderung unterliegt.[6]

---

[1] BGH NJW 1984, 1613.
[2] So etwa: *Schwenzer*, Gutachten zum 59. Deutschen Juristentag. Ähnlich: *Brudermüller* FamRZ 1996, 129, 134 mwN.
[3] S. Beschlüsse des 59. Deutschen Juristentages, FamRZ 1992, 1275, 1276 unter C. II 3 b).
[4] So auch *Brudermüller* FamRZ 1996, 129, 134.
[5] BGH NJW 1997, 735.
[6] BGH (Fn. 5).

II. Unterhaltspflichtige Verwandte

1. Eltern. Ungeachtet der Generationen übergreifenden Unterhaltspflicht (Rn. 1) sind es in der 5 Praxis ganz überwiegend Kinder, die von ihren Eltern oder einem Elternteil Unterhalt begehren. Kinder in diesem Sinne sind alle Abkömmlinge ersten Grades (§ 1589), unabhängig davon, ob ihre Eltern bei der Geburt der Kinder miteinander verheiratet sind oder nicht und ob sie einander später heiraten. Bei Scheinvaterschaft geht der Anspruch des Kindes gegen seinen wirklichen Vater auf den Scheinvater über (§ 1607 Abs. 3 nF), soweit dieser dem Kind Unterhalt gewährt hat.

2. Adoptiveltern. Gleichgestellt sind die adoptierten Kinder (§§ 1741 ff.). Die Unterhaltspflicht 6 des Annehmenden tritt schon vor der Annahme ein, sobald die Eltern die erforderliche Einwilligung in die Adoption gegeben haben und das Kind in die Obhut des Annehmenden mit dem Ziel der Annahme aufgenommen ist. Es ist neben den leiblichen Kindern des Annehmenden gleichrangig unterhaltsberechtigt. Damit tritt für die leiblichen Kinder ein Nachteil ein. Es ist aber in deren Unterhaltsprozess nicht zu prüfen, ob die vermögensrechtlichen Interessen der leiblichen Kinder der Adoption entgegenstanden; das ist allein Sache des Vormundschaftsgerichts, das über die Annahme zu befinden hat.[7]

Die **leiblichen Eltern** bleiben bis zum Wirksamwerden der Annahme dem Kind nachrangig 7 unterhaltspflichtig. Ansprüche des Kindes, die bis zur Annahme entstanden sind, insbesondere auf Renten, Waisengeld und andere entsprechende wiederkehrende Leistungen, werden durch die Annahme nicht berührt (§ 1755 Abs. 1 S. 2). Dies gilt nicht für Unterhaltsansprüche. Bereits fällige Unterhaltsrückstände können jedoch weiterhin geltend gemacht werden.[8] Vgl. wegen der Einzelheiten die Kommentierung zu § 1755!

3. Kinder und Enkel. Diese Form des Verwandtenunterhalts hat – auch als Folge erheblicher 8 sozialer Veränderungen (s. Vor § 1601 Rn. 27) – eine deutlich gesteigerte Bedeutung in der Rechtsprechung erfahren, ohne dass schon ein Ende der Entwicklung abzusehen wäre. Einzelheiten zum Elternunterhalt werden unter Rn. 9–32, zum Enkelunterhalt unter Rn. 33–51 dargestellt.

III. Elternunterhalt

1. Einführung und Grundlagen. In Zeiten wirtschaftlichen Wohlstandes und gesicherter 9 Lage der öffentlichen Haushalte geriet in den Hintergrund, dass nicht nur Eltern für den Unterhalt ihrer Kinder zu sorgen haben, sondern umgekehrt Kinder auch für den ihrer Eltern. Das hat sich in den letzten Jahren geändert:
– immer mehr Menschen erreichen ein höheres Lebensalter;
– viele alte Menschen leben in Heimen oder in einer eigenen kleinen Wohnung, weil mehrere Generationen nur noch selten gemeinsam unter einem Dach wohnen;
– auch vor dem Hintergrund der allgemeinen Kostensteigerung reicht die Rente für den alten Menschen häufig nicht aus, erst recht nicht bei Hinzutreten von Pflegebedürftigkeit;
– in vielen Fällen muss dann das Sozialamt einspringen, und zwar trotz angespannter Situation der öffentlichen Haushalte.

Die Rückgriffsintensität aus fiskalischen Gründen hat sich dadurch deutlich erhöht.[9] Es sind auch 10 meistens nicht die betagten Eltern selbst, die ihre Kinder auf Unterhalt in Anspruch nehmen, sondern die jeweiligen Träger der öffentlichen Hilfe (im wesentlichen Sozialhilfe) auf Grund dahin übergegangener Unterhaltsansprüche. Die Ämter versuchen, sich die von ihnen aufgewendeten Kosten jedenfalls zum Teil vom unterhaltspflichtigen Kind zurückzuholen. Die von *Luthin* in der 4. Aufl. (Rn. 10) nach Hinweis auf die früher sehr uneinheitliche Rechtsprechung[10] geäußerte Hoffnung, mit der Änderung der gerichtlichen Zuständigkeit seit dem 1. 7. 1998 werde durch die in Unterhaltssachen erprobten Familiengerichte, die Familiensenate der Oberlandesgerichte und insbesondere durch die Rechtsprechung des BGH eine **Vereinheitlichung** herbeigeführt werden, hat sich im Wesentlichen erfüllt. Inzwischen ist durch einschlägige Entscheidungen des BGH[11] eine

---

[7] BGH LM § 1609 Nr. 3 = NJW 1984, 1176.
[8] Streitig; wie hier: BGH NJW 1981, 2298 mwN, auch zur Gegenmeinung.
[9] Zur Praxis der Sozialämter s. die Beiträge von *Steinmetz* FPR 1999, 13 und *Hoch* FPR 1999, 20; s. weiter *Hußmann* in *Heiß/Born* Kap. 16 Rn. 39, 69.
[10] Vgl. etwa *Menter* FamRZ 1997, 919 mwN zur Meinungsvielfalt in der Literatur und insbesondere in der Rspr. der Landgerichte.
[11] Vgl. dazu ausführlich MAH FamR/*Günther*, § 12; *Hußmann* in *Heiß/Born* Kap. 13 Rn. 1 ff.; *Born* MDR 2005, 194; *ders.* FamRB 2003, 295 ff., 332 ff.; *ders.* FamRB 2004, 192 ff., 226 ff.; eingehend weiter *Brudermüller*

Vielzahl von Streitfragen in diesem Bereich geklärt, wobei andererseits viele Einzelprobleme nach wie vor offen sind.

11 Im Verwandtenunterhalt ist kein gesonderter Tatbestand „Alters- oder Elternunterhalt" vorgesehen, so dass die allgemeinen Vorschriften der §§ 1601 ff. maßgebend sind. Betroffen sind Verwandte gerader Linie, also Personen, deren eine von der anderen abstammt (§ 1589 BGB). Auch in diesem Bereich gelten die unterhaltsrechtlichen **Grundbegriffe** Bedarf, Bedürftigkeit und Leistungsfähigkeit (s. dazu Vor § 1601 Rn. 12).

12 Für den Elternunterhalt ist es typisch, dass sich das pflichtige Kind von der Lebenssituation her in einer ehelichen oder sonstigen Verbindung zu einem **anderen Partner** befindet. Hier kommt es darauf an, ob in isolierter Betrachtung allein auf die Leistungsfähigkeit des pflichtigen Kindes abzustellen ist oder bei kumulativer Betrachtung auch das Einkommen des Partners eine Rolle spielt (s. Rn. 27).

13 Bei der Beurteilung von Bedarf und Leistungsfähigkeit können sich unterschiedliche Ergebnisse ergeben je nach dem **Zeitpunkt**, auf den abgestellt wird. Beim pflichtigen Kind werden die Verhältnisse bei Eingehung seiner Ehe meist andere sein als Jahre danach; je nach individueller Lebensgestaltung können die Verhältnisse zum Zeitpunkt der Inanspruchnahme auf Elternunterhalt schon durch eingegangene Belastungen geprägt sein; in anderen Fällen hat sich das Kind „etwas zurückgelegt", um einen Einkommensrückgang nach Eintritt in den eigenen Ruhestand auszugleichen, und es sieht sich dann – häufig überraschend – damit konfrontiert, dass im Rahmen des Elternunterhalts auf diese Rücklage zurückgegriffen werden soll.

14 **2. Elterlicher Bedarf.** Das Maß des Unterhalts wird durch die Lebensstellung des Bedürftigen (§ 1610) bestimmt. Der Unterhalt umfasst den gesamten Lebensbedarf; ein Mindestbedarf besteht in Höhe des Existenzminimums,[12] was auch für den Altersunterhalt gilt.[13]

15 In erster Linie sind die **Kosten im Heim** von Bedeutung; insoweit liegt kein Sonderbedarf (s. ausführlich § 1613 Rn. 63 ff.), sondern laufender Bedarf vor, weil der altersbedingte Bedarf – selbst bei nicht unerheblicher Höhe – nicht unregelmäßig[14] anfällt. Der BGH[15] hat klargestellt, dass sich der Bedarf des Elternteils – anders als zB beim volljährigen, noch in Ausbildung befindlichen Kind (s. § 1610 Rn. 26) – nicht nach abgeleiteter Lebensstellung (s. § 1610 Rn. 19) richtet, sondern eigenständig zu bestimmen ist. Da es sich beim Bedarf nicht um eine statische, sondern eine dynamische Größe handelt,[16] haben nachteilige Veränderungen des Einkommens des Elternteils (zB Einkommensrückgang bei Eintritt in den Ruhestand) damit auch Auswirkungen auf Lebensstellung und Bedarf.[17] Im Einzelfall kann ein teures Heim unterhaltsrechtlich zu kostenintensiv sein.[18] Neben den eigentlichen Heimkosten gibt es **typischen Mehrbedarf** für die verschiedensten Positionen.[19]

16 **3. Bedürftigkeit.** Sie richtet sich nach § 1602 Abs. 1 und beruht in den meisten Fällen darauf, dass die betagten Eltern nicht im Stande sind, die Kosten für ihre Heimunterbringung aufzubringen.[20] Ehe der bedürftig gewordene Elternteil (bzw. das Sozialamt nach Anspruchsübergang) einen Verwandten auf Unterhalt in Anspruch nehmen kann, ist eine **Vermögensverwertung** in der Weise vorzunehmen, dass der Bedürftige den Stamm des Vermögens für seinen Unterhalt einzusetzen hat.[21] Die entsprechende Obliegenheit ergibt sich als Umkehrschluss aus § 1602 Abs. 2. Der BGH[22] hat eine Anlehnung an den früheren § 88 Abs. 2 Nr. 8 BSHG nicht beanstandet; je nach den Verhältnissen des Einzelfalles kommt aber eine Pflicht des bedürftigen Elternteils in Betracht, eigenes Ver-

---

NJW 2004, 633; *Büttner* FamRZ 2004, 1918; *Diederichsen* FF 2000 (Sonderheft) 7 ff.; *ders.* FF 2003, 8; *Herr* FamRZ 2005, 1021; *ders.* NJW 2005, 2747; *Hauß*, Elternunterhalt – Grundlagen und anwaltliche Strategien, 2006; *ders.* FamRB 2005, 268.

[12] BGH FamRZ 2003, 860; *Graba*, Unterhalt im Alter, 2001, Rn. 89.
[13] BSG FamRZ 1985, 1031; s. ausführlich *Hußmann* in *Heiß/Born* Kap. 13 Rn. 22 ff.
[14] Zu diesem Merkmal § 1613 Rn. 67 ff. Zur Maßgeblichkeit der tatsächlichen Kosten s. DFGT, FamRZ 2007, 2040 zu B. I 3.
[15] FamRZ 2003, 860.
[16] *Palandt/Brudermüller* § 1578 Rn. 12; *Born* FamRZ 1999, 541 ff.; *ders.* NJW 2007, 26.
[17] BGH FamRZ 2003, 860; *Born* MDR 2005, 194.
[18] OLG Schleswig NJW-RR 2004, 866.
[19] Diät (OLG Karlsruhe FamRZ 1998, 1435); Haushaltshilfe (OLG Köln FamRZ 1980, 1006); Pflegebedarf (*Klinkhammer* FPR 2003, 640); Pflegeversicherung (*Büttner/Niepmann/Schwamb* Rn. 429); Fahrten zum Arzt, Unterbringung in einem Pflegeheim (BGH FamRZ 1986, 48); Taschengeld (*Viefhues* ZAP 2003, Fach 11, S. 657).
[20] AG Friedberg FamRZ 2000, 440.
[21] BGH FamRZ 1966, 28; *Büttner/Niepmann/Schwamb* Rn. 582; *Schiebel* NJW 1998, 3449; ausführlich: *Hauß* Elternunterhalt Rn. 53 ff.
[22] FamRZ 1998, 367.

mögen – auch über die Grenzen des sozialhilferechtlichen Schonvermögens (s. Rn. 20) hinaus – in Anspruch zu nehmen.[23]

Daneben besteht für den bedürftigen Elternteil die Obliegenheit, Leistungen der **Pflegeversicherung** sowie nach dem **Grundsicherungsgesetz** in Anspruch zu nehmen.[24] Anspruchsberechtigt sind Personen über 65 Jahre, daneben Personen über 18 Jahre im Falle dauerhafter voller Erwerbsminderung. Einkommen und Vermögen werden im Wesentlichen nach sozialhilferechtlichen Maßstäben bestimmt; dem Anspruchsteller wird auch das Einkommen seines Ehegatten/Lebensgefährten zugerechnet.[25] Beschränkungen der Vermögensverwertungspflicht sind aus familienrechtlichen Gründen denkbar, zB im Rahmen von § 1365.[26]

4. Leistungsfähigkeit des Kindes. Nur dann, wenn eine Leistungsfähigkeit des unterhaltspflichtigen Kindes *im Zeitpunkt* des entsprechenden Bedarfs vorliegt, ist eine Unterhaltpflicht gegeben.[27] Nach der (negativen) Fassung des § 1603 Abs. 1 wird die Leistungsfähigkeit des pflichtigen Kindes vermutet; will es sie bestreiten, muss es deshalb beweisen, dass es den Elternunterhalt unter Berücksichtigung eigener Verbindlichkeiten und des eigenen angemessenen Unterhalts nicht aufbringen kann.

a) Selbstbehalt. Hier wird ein großzügigerer Maßstab angelegt, als er beim Ausbildungsanspruch des erwachsenen Kindes gegenüber seinen Eltern verwendet wird; denn mit mindestens 1500 € für den Schuldner[28] liegt der angemessene Selbstbehalt des pflichtigen Kindes gegenüber den Eltern um 25% höher als der Selbstbehalt der Eltern gegenüber volljährigen Kindern. Der Grund für diesen großzügigeren Maßstab hängt auch damit zusammen, dass die erwerbstätige Generation schon durch den Kindesunterhalt belastet ist und daneben (in Form der Pflichtbeiträge zur gesetzlichen Rentenversicherung) einen Beitrag zur Sicherung der Rentner leistet.[29] Der Pflichtige muss auch keine Senkung des Selbstbehalts in den Fällen hinnehmen, in denen er preisgünstiger wohnt, als es der in den Tabellenmindestselbstbehalt eingearbeiteten Warmmiete entspricht.[30] Der Mindestselbstbehalt[31] wird lediglich als Sockelbetrag behandelt; nach inzwischen gefestigter Rechtsprechung wird eine **Erhöhung** um die Hälfte des diesen Betrag übersteigenden anrechenbaren Einkommens des Pflichtigen vorgenommen.[32]

b) Schonvermögen. Im Rahmen des Elternunterhalts wird – wie im Sozialrecht – ein gewisses Schonvermögen[33] anerkannt. Die Bandbreite ist erheblich.[34] Als angemessener Mindestfreibetrag sollte – in Anlehnung an die Härtevorschriften beim Vermögenseinsatz der früheren § 88 Abs. 3 S. 3 BSHG – der zehnfache Geldwert der kleinen Barbeträge nach § 90 Abs. 2 Nr. 9 SGB XII gelten, derzeit also mindestens 26 000 €.[35] Vorzugswürdig ist in jedem Fall eine Beurteilung, die mit Rücksicht auf das Arbeitslosigkeitsrisiko und die unbestimmte Lebensdauer von Eltern eine dem jeweiligen Unterhaltszeitraum angemessene, *individuell* ermittelte Grenze für das Schonvermögen ansetzt.[36]

---

[23] OLG Köln FamRZ 2001, 437.
[24] *Hauß* Elternunterhalt Rn. 61 ff.; *Münder* NJW 2003, 3661; *Steymans* FamRZ 2002, 1687.
[25] Ausführlich zum Grundsicherungsgesetz *Reinecke* ZAP 2003, Fach 11, S. 411.
[26] S. dazu *Hauß* Elternunterhalt Rn. 77 f.
[27] BVerfG FamRZ 2005, 1051; s. dazu *Born* MDR 2005, 901. Zur Berechnung der Leistungsfähigkeit s. OLG Düsseldorf FamRZ 2007, 1684; anders OLG Hamm FamRZ 2008, 1650. Zur Erfüllung der Unterhaltpflicht durch Betreuung s. OLG Oldenburg NJW 2010, 1293.
[28] Sowie 1050 € für den mit dem Schuldner zusammen lebenden Ehegatten, darin enthalten 450 € bzw. 350 € Warmmiete für Schuldner bzw. Gatten, vgl. Ziff. 22.3 und 23.2.1 der unterhaltsrechtlichen Leitlinien (s. NJW 2008, Beilage zu Heft 10; 2007, Beilage zu Heft 32; FamRZ 2008, 215, 333; 2007, 1373 sowie unter www.heissborn.de).
[29] *Graba*, Unterhalt im Alter, Rn. 93.
[30] BGH FamRZ 2004, 186. Ansonsten wird eine derartige Senkung durchaus vertreten, vgl. OLG Celle NJW-RR 1994, 324; OLG Düsseldorf NJW-RR 1991, 1284; OLG Frankfurt FamRZ 1991, 594. Zur – nur den Selbstbehalt, aber nicht den Bedarf beeinflussenden – Haushaltsersparnis bei Zusammenwohnen mit einem neuen Partner bzw. Ehegatten BGH NJW 2010, 3161 m. krit. Anm. *Born* = FamRZ 2010, 1535 m. Anm. *Hauß*; OLG Hamm NJW-RR 2010, 937; OLG Düsseldorf FamRZ 2008, 438.
[31] Vgl. dazu die unterhaltsrechtlichen Leitlinien im jeweiligen OLG-Bezirk; s. § 1603 Rn. 7.
[32] BGH NJW 2003, 128; 2003, 2306 = FamRZ 2003, 1179 m. Anm. *Klinkhammer*.
[33] Dazu ausführlich *Koritz* NJW 2007, 270.
[34] Sie reicht von 12 500 DM (AG Blomberg FamRZ 2004, 1598) über 20 000 DM als dem Vierfachen des Sozialhilfebetrags im Bereich des Landschaftsverbandes Rheinland (OLG Köln FamRZ 2003, 470; AG Wetter FamRZ 1991, 852) bis zu 150 000 DM nach den Sozialhilferichtlinien Rheinland-Pfalz (OLG Koblenz NJW-RR 2000, 293).
[35] *Hußmann* in *Heiß/Born* Kap. 13 Rn. 68.
[36] OLG München FamRZ 2005, 299; *Palandt/Brudermüller* Rn. 10; ausführlich: *Hauß* Elternunterhalt Rn. 253 ff.

§ 1601 21–23   Abschnitt 2. Titel 3. Unterhaltspflicht

Das **Eigenheim** braucht nicht veräußert zu werden, auch wenn sein objektiver Mietwert den für die gegebenen Einkommensverhältnisse angemessenen Wohnbetrag übersteigt; denn es dient der Befriedigung des eigenen Unterhaltsbedarfs des Schuldners und ggf. weiterer Familienangehöriger, gleichzeitig erspart es Mietaufwendungen.[37] Bei verwertbarem Vermögen von 300 000 DM ist allerdings eine einmalige Zahlung von 22 400 DM zumutbar.[38] Ist die Existenz des Schuldners und seiner Familie (einschließlich Altersvorsorge) durch sein Erwerbseinkommen gesichert, kommt kein Ansatz eines Schonvermögens in Betracht.[39] Bei Tod der Eltern kommt es für die Zumutbarkeit des Vermögenseinsatzes auf die Höhe des verlangten Unterhaltsrückstands an, nicht dagegen auf die ursprüngliche Lebenserwartung der Eltern.[40]

21   **c) Schulden.** Die – angesichts des eher „schwachen" Unterhaltsanspruchs (s. Rn. 25, 30, 31) zu Recht – bereits früher geübte Praxis, bei der Berücksichtigung von Verbindlichkeiten großzügiger vorzugehen als beim Kindes- oder Ehegattenunterhalt, ist vom BGH[41] dahin bestätigt worden, dass § 1603 Abs. 1 ausdrücklich die Berücksichtigung sonstiger Verpflichtungen erlaubt. Denn im Rahmen des Elternunterhalts besteht beim pflichtigen Kind – im Gegensatz zum unterhaltsberechtigten Elternteil – in der Regel noch länger die Notwendigkeit, sich und seine Familie gegen Unwägbarkeiten abzusichern und für die Zukunft vorzusorgen.[42] In Bezug auf den **Zeitpunkt** ist dahin zu differenzieren, dass die *vor* Bekanntwerden der Unterhaltsverpflichtungen eingegangenen Verbindlichkeiten eher zu berücksichtigen sind als solche, die erst *nach* Bekanntwerden der Verpflichtung begründet worden sind; letztere können nur nach den – strengeren – Maßstäben des Ehegattenunterhalts und des Unterhalts für volljährige Kinder anerkannt werden.[43] Gleichwohl bleiben Schwierigkeiten deshalb bestehen, weil sich zwar der Zeitpunkt der Begründung der Verpflichtung genau bestimmen lässt, andererseits aber regelmäßig unklar bleibt, *ab wann* mit einer Inanspruchnahme auf Elternunterhalt gerechnet werden muss. Der aus § 1578 bekannte Gesichtspunkt der „Prägung" hilft nur eingeschränkt weiter, weil gerade beim Elternunterhalt besondere Schwierigkeiten der Vorhersehbarkeit[44] bestehen; denn fast nie kann im Vorhinein gesagt werden, ob und ab wann überhaupt eine Pflegebedürftigkeit alter Menschen auftritt. Der Begriff der latenten Belastung (s. Rn. 26) ist deshalb für die Praxis kaum geeignet.[45] Schließlich ist unklar, welche Berechnungsweise im Zusammenhang mit den Belastungen anzuwenden ist; bei einem Vorwegabzug steht sich der Schuldner deutlich besser als dann, wenn er die Belastungen vom Selbstbehalt zahlen muss.[46]

22   **d) Rangverhältnisse.** Vor einer Inanspruchnahme auf Elternunterhalt kann sich das pflichtige Kind auf vorrangige Unterhaltsansprüche anderer Personen berufen, zB Ansprüche von unverheirateten minderjährigen sowie privilegierten volljährigen Kindern, verheirateten minderjährigen und nicht privilegierten Kindern, des derzeitigen oder des geschiedenen Ehegatten und weiter entfernter Abkömmlinge. Dem – vorrangig berechtigten – Ehegatten steht grundsätzlich die Hälfte des verteilungsfähigen Einkommens zu;[47] allerdings kommt eine Korrektur dann in Betracht, wenn der unterhaltsrechtliche Vorrang der Ehefrau zu einem deutlichen Missverhältnis führt.[48]

23   **e) Lebensstandard, Bedarfssteigerung, Abzüge.** Das auf Elternunterhalt in Anspruch genommene Kind muss keine spürbare und dauerhafte Senkung des berufs- und einkommenstypischen Unterhaltsniveaus hinnehmen; die Grenze liegt erst bei einem unangemessenen Aufwand oder Luxusleben.[49] Gerade wegen der unsicheren Entwicklung der herkömmlichen Altersvorsorge steht dem pflichtigen Kind im Rahmen seiner eigenen Altersvorsorge ein erheblicher Spielraum zu; in Anlehnung an die Beitragssätze zur gesetzlichen Rentenversicherung werden 20% des Bruttoeinkommens zuzüglich weiterer 5% für zusätzliche Altersvorsorge anerkannt;[50] eine tatsächliche Anlage

---

[37] BGH NJW 2003, 2306; *Hußmann* in *Heiß/Born* Kap. 13 Rn. 63; vgl. BVerfG NJW 2005, 1927; *Herr* NJW 2005, 2747.
[38] BGH FamRZ 2002, 1698 m. Anm. *Klinkhammer; Palandt/Brudermüller* Rn. 10.
[39] OLG Karlsruhe NJW 2004, 296.
[40] BGH NJW 2003, 128.
[41] BGH FamRZ 2003, 860 unter 3 c aa.
[42] *Born* MDR 2005, 194, 195 unter 2 b.
[43] *Hußmann* in *Heiß/Born* Kap. 13 Rn. 51; ausführlich: *Büttner/Niepmann/Schwamb* Rn. 1039 ff.
[44] An diesem Merkmal hat der BGH auch in jüngster Zeit festgehalten; s. dazu die „Zwischenselbstbehalts"-Entscheidung BGH NJW 2006, 1654; s. dazu *Schürmann* NJW 2006, 2301; *Born* NJW 2007, 26 mwN.
[45] Gegen die Verwendung dieses Begriffs deshalb auch Deutscher Familiengerichtstag 2005, AK 7, Brühler Schriften S. 142, 143.
[46] Zu Einzelheiten (mit Berechnungsbeispiel): *Born* FamRB 2003, 295, 302.
[47] BGH FamRZ 2002, 1698; Berechnungsbeispiel bei *Born* MDR 2005, 194, 196.
[48] BGH FamRZ 2003, 860.
[49] BGH FamRZ 2002, 1698.
[50] BGH FamRZ 2003, 860; 2004, 792.

ist nachzuweisen.[51] Da die Altersvorsorge bei vielen Menschen aber auch eine Absicherung gegen die Risiken einer zukünftigen Arbeitslosigkeit umfasst, erscheint die Ablehnung der diesbezüglichen Aufwendungen durch den BGH bedenklich.[52]

Nach wie vor umstritten ist die Frage, in welchem Umfang auf Seiten des pflichtigen Kindes die Bildung von **Rücklagen** anerkannt werden kann. Gerade vor dem Hintergrund des großzügigen Maßstabs beim Elternunterhalt muss für den dortigen Pflichtigen zumindest die gleiche Berechtigung zur Rücklagenbildung bestehen wie im Rahmen einer Unterhaltspflicht gegenüber Kindern oder Ehegatten;[53] dort werden Zahlungen zur Vermögensbildung durchaus berücksichtigt.[54] 24

Im Rahmen einer späteren **Bedarfssteigerung im Alter** ist die grundsätzliche Berechtigung zur Vorsorge ebenso anerkannt wie die erhebliche Bandbreite möglicher Maßnahmen.[55] Deshalb kann man dem pflichtigen Kind – jedenfalls bis zur Grenze objektiver Unvertretbarkeit oder Missbrauchs – nicht verwehren, im Hinblick auf mögliche Bedarfssteigerung im Alter höhere Rücklagen für die eigene Alterssicherung zu bilden, damit es nach Möglichkeit später nicht selbst den eigenen Kindern zur Last fällt.[56] Das pflichtige Kind muss sich im Alter nicht mit einer „Notpflege" zufrieden geben, sondern darf eine dem bisherigen Lebensstandard entsprechende angemessene Pflege beanspruchen und deshalb Rücklagen für sich wie für seinen Ehegatten bilden; hier sind auch objektive Elemente zu berücksichtigen, und zwar wegen des eher „schwachen" Unterhaltsanspruchs des bedürftigen Elternteils in einem für den Pflichtigen großzügigeren Rahmen.[57] 25

5. „Latente" Belastung. Diese Frage wird relevant, wenn man den Zeitpunkt des Eingehens von Verbindlichkeiten zum Maßstab dafür macht, ob die entsprechende Belastung im Rahmen des Elternunterhalts anerkannt werden kann oder nicht. Ist wegen sehr kleiner Rente des Elternteils abzusehen, dass die Bedürftigkeit ab der Unterbringung im Heim steigt, wird eine „latente" Belastung ebenso angenommen wie in Fällen, in denen das pflichtige Kind den Elternteil schon vor seiner eigenen Heirat gepflegt hat.[58] Je wahrscheinlicher es ist, für den Unterhalt von Eltern aufkommen zu müssen, umso eher kann eine Prägung der ehelichen Lebensverhältnisse durch eine „latente" Unterhaltslast angenommen werden; nach Ansicht des BGH kommt es nicht allein auf die Verhältnisse bei Heirat an, sondern es ist auch auf die spätere Entwicklung abzustellen.[59] Die Sachdienlichkeit des Kriteriums der „Latenz" erscheint zweifelhaft; denn es ist – von den bisher entschiedenen, eher ungewöhnlich gelagerten Ausnahmefällen abgesehen – regelmäßig kaum zu prognostizieren, ob überhaupt und (wenn ja) wann sich eine Belastung durch Pflegebedürftigkeit und Elternunterhalt realisiert.[60] 26

6. Indirekte Schwiegersohn-Haftung. Nach früherem Streit über die Frage, ob in *isolierter* Betrachtung allein auf die Leistungsfähigkeit des pflichtigen Kindes abzustellen ist,[61] oder ob es bei *kumulativer* Betrachtung auch auf das Einkommen des Ehegatten ankommt,[62] hat der BGH[63] unter Verwendung der Rechtsfigur des *Familienunterhalts* entschieden, dass es *rechtlich* keine indirekte Schwiegersohn-Haftung gibt, *faktisch* im Ergebnis aber durchaus. Denn eine Leistungsfähigkeit des pflichtigen Kindes kann selbst bei Einkünften unterhalb des Selbstbehalts oder sogar bei gänzlich fehlenden Einkünften angenommen werden, sofern der Bedarf des pflichtigen Kindes über den 27

---

[51] Ähnlich wie bei tituliertem Altersvorsorgeunterhalt, der zweckgebunden einzusetzen ist; vgl. *Heiß/Heiß* in *Heiß/Born* Kap. 2 Rn. 205.
[52] BGH NJW 2003, 1660; kritisch dazu: *Born* MDR 2005, 194, 196.
[53] BGH FamRZ 2003, 860 unter 4 c aa.
[54] BGH FamRZ 1984, 149, 151; s. § 1610 Rn. 51. Beispiele: Rücklagen für Hausinstandsetzungen und Reparaturen (BGH NJW 2000, 284), für Aufwendungen im eigenen Gewerbebetrieb (*Büttner/Niepmann/Schwamb* Rn. 994), für Ersatzbeschaffung von PKW, Hausrat oder Familienurlaub (OLG Oldenburg NJW 2000, 524, 526; FamRZ 1991, 1347; LG Düsseldorf FamRZ 1998, 50, 51; LG Kiel FamRZ 1996, 753, 755; **aA** OLG Hamm FPR 2002, 212).
[55] BGH FamRZ 2003, 860 unter 4 c aa.
[56] *Born* MDR 2005, 194, 196; *Viefhues* ZAP 2003, Fach 11, S. 305. Nach OLG Hamm FamRZ 2008, 1650 gilt die Berechtigung zur zusätzlichen Altersvorsorge dagegen nicht für den Ehegatten.
[57] *Born* MDR 2005, 194, 197; *Viefhues* ZAP 2003, Fach 11, S. 305.
[58] BGH FamRZ 2003, 860; 2004, 186.
[59] BGH FamRZ 2004, 186.
[60] Deshalb ablehnend Deutscher Familiengerichtstag 2005, AK 7, Brühler Schriften S. 142, 143; für den „sichersten Weg" durch ärztliches Attest des Elternteils vor Abschluss einer größeren, längerfristig wirkenden Verbindlichkeit *Born* MDR 2005, 194, 197; dagegen kritisch *Klinkhammer* FPR 2004, 555, 556.
[61] So OLG Frankfurt FamRZ 2000, 1391; OLGR 2002, 45, OLG Hamm (3. FamS) OLGR 2001, 79.
[62] OLG Hamm (8. FamS) OLGR 2001, 348; (4. FamS) OLGR 2002, 69.
[63] FamRZ 2004, 366 m. Anm. *Born*; NJW 2004, 674 = FamRZ 2004, 441 m. Anm. *Strohal*.

§ 1601 28–31   Abschnitt 2. Titel 3. Unterhaltspflicht

anderen Ehegatten (wegen dessen guten Einkommens) gesichert ist.[64] Bei vollständig fehlendem Einkommen wird das pflichtige Kind auf seinen Taschengeldanspruch gegen den Ehegatten verwiesen, soweit das Taschengeld nicht zur Deckung des angemessenen Bedarfs des pflichtigen Kindes benötigt wird.[65]

28   **7. Einwendungen und Einreden.** Hier kommen für das in Anspruch genommene Kind verschiedene Verteidigungsmöglichkeiten in Betracht.[66]

29   **a) Vorrangige und anteilige Haftung Anderer.** Da der Ehegatte vor den Verwandten haftet (§ 1608 S. 1), muss ein unterhaltsbedürftiger Elternteil zunächst den eigenen (auch geschiedenen, § 1584 S. 1) Ehegatten in Anspruch nehmen, bevor er gegen das pflichtige Kind vorgehen kann. In der Praxis häufig ist die anteilige Haftung **mehrerer Kinder** nach ihren Erwerbs- und Vermögensverhältnissen (§ 1606 Abs. 3 S. 1); die Kinder sind insoweit Teilschuldner, nicht Gesamtschuldner.[67] Das eine Kind kann vom anderen in diesen Fällen Auskunft über die dortigen Einkommens- und Vermögensverhältnisse verlangen, weil die eigene Unterhaltsverpflichtung von den Verhältnissen des anderen Geschwisterkindes abhängt.[68] Eine Klage des Sozialamtes ohne Darlegung der Haftungsanteile der übrigen Geschwister ist unschlüssig; das Kind kann das Unterhaltsbegehren deshalb solange zurückweisen, bis die Anteile der Geschwister dargelegt worden sind;[69] da das Sozialamt – anders als das pflichtige Kind selbst – einen Auskunftsanspruch auch gegen die Ehegatten der übrigen Geschwister hat, kommt das pflichtige Kind über diesen „Umweg" dann zu den gewünschten Erkenntnissen.

30   **b) Zeitliche Grenzen.** Da die Geltendmachung von Unterhalt für die Vergangenheit für einen Zeitraum von mehr als einem Jahr vor Rechtshängigkeit grundsätzlich ausgeschlossen ist (§ 1585b Abs. 3), ist die Situation – auch wegen der zum Teil langen Bearbeitungszeit und der Schwierigkeiten der Quotenbildung bei anteiliger Haftung mehrerer Kinder – für das Sozialamt regelmäßig kritisch. Von einem Unterhaltsgläubiger kann eher als von einem Gläubiger anderer Forderungen erwartet werden, dass er sich zeitnah um die Durchsetzung des Anspruchs bemüht; durch den Forderungsübergang auf das Amt ändert sich an diesem Grundsatz nichts.[70] Auch beim Umstandsmoment werden – auf Grund des eher schwachen Unterhaltsanspruchs – für den Pflichtigen großzügigere Maßstäbe angelegt. Bei ihm kann Vertrauensschutz anzunehmen sein, wenn er Auskünfte erteilt hat und diese vom Amt nicht zeitnah in ein Unterhaltsbegehren umgesetzt werden.[71]

31   **c) Vollständiger Verbrauch.** Die Frage, wie man die Behauptung des pflichtigen Kindes, sich mit dem gesamten eigenen Einkommen am Familienunterhalt beteiligen zu müssen, widerlegen soll,[72] löst die Praxis über die Darlegungs- und Beweislast, die voll beim pflichtigen Kind gesehen wird, welches – selbst bei länger zurückliegenden Zeiträumen – dazu konkret vortragen muss.[73] Gegenüber einer eher strengen Handhabung ist Kritik angebracht: Wenn schon bei einem „starken" Unterhaltsanspruch – wie demjenigen auf Trennungs- oder nachehelichen Unterhalt im Rahmen der konkreten Darlegung des Bedarfs – kein Nachweis sämtlicher Ausgaben und ihrer konkreten Höhe notwendig ist, sondern eine exemplarische Schilderung ausreicht,[74] dann wird man bei einem „schwachen" Anspruch wie demjenigen auf Elternunterhalt (s. Rn. 21, 25, 30) erst recht keine

---

[64] OLG Karlsruhe NJW-RR 2006, 361; zu Einzelheiten s. *Born* MDR 2005, 194, 197; ausführlich auch: *Hauß* Elternunterhalt Rn. 243 ff. mit Berechnungsbeispiel Rn. 250. S. aber OLG Hamm FamRZ 2008, 1881, wonach es bei vollständiger Verwendung des beiderseitigen Einkommens für den Familienunterhalt allein auf das eigene Einkommen des pflichtigen Kindes ankommt. Zur Berechnung in dem Fall, in dem das pflichtige Kind über höhere Einkünft verfügt als sein Ehegatte, s. ausführlich (mit Berechnungsbeispielen) BGH NJW 2010, 3161 m. Anm. *Born* = FamRZ 2010, 1535 m. Anm. *Hauß*.

[65] BGH NJW 2004, 674 = FamRZ 2004, 441 m. Anm. *Strohal*. S. aber OLG Hamm FamRZ 2008, 1881, 1883.

[66] Zu Einzelheiten s. *Hauß* Elternunterhalt Rn. 372 ff.; *Born* MDR 2005, 194, 198.

[67] BGH FamRZ 1986, 153; *Born* MDR 2005, 194, 198; Berechnungsbeispiele bei MAH FamR/*Günther* § 12 Rn. 119.

[68] BGH FamRZ 2003, 1836, allerdings mit der Einschränkung, dass der *Ehepartner* des Geschwisterkindes wegen fehlender „besonderer Rechtsbeziehung" nicht zu einer eigenen Auskunft verpflichtet ist. Hiergegen kritisch: *Born* MDR 2005, 194, 199.

[69] BGH FamRZ 2003, 1836; *Born* MDR 2005, 194, 199.

[70] BGH FamRZ 2002, 1698.

[71] *Born* MDR 2005, 194, 199; *ders.* FamRB 2003, 332, 337.

[72] *Brudermüller* NJW 2004, 633, 637; *Hußmann* in *Heiß/Born* Kap. 13 Rn. 42 aE.

[73] BGH FamRZ 2004, 370; OLG Hamm NJW 2005, 369; großzügiger: OLG Hamm FamRZ 2005, 1193 (Darlegung hoher Gesamtausgaben mit der Folge fehlender Vermögensbildung ist ausreichend).

[74] OLG Hamm OLGR 2004, 337; FamRZ 1999, 723; OLG Köln FamRZ 2002, 326.

weitergehenden Darlegungen fordern können,[75] es sei denn, man zieht – ähnlich wie beim Ehegattenunterhalt – für die Beurteilung der Berechtigung zu entsprechenden Ausgaben einen objektiven Standard in Betracht.[76]

d) Verwirkung. Gegenüber den entsprechenden Regelungen für Trennungs- und nachehelichen Unterhalt (§§ 1361 Abs. 3, 1579) enthält die im Verwandtenunterhalt einschlägige Vorschrift des § 1611 deutlich **strengere** Voraussetzungen insofern, als „gröbliche Vernachlässigung" oder „vorsätzliche schwere Verfehlungen" erforderlich sind (s. zu Einzelheiten § 1611 Rn. 3). Einschlägig sind im Wesentlichen[77] die Verletzung der eigenen Unterhaltspflicht durch den – jetzt selbst bedürftig gewordenen – Elternteil sowie die fehlende Begründung ausreichender eigener Altersvorsorge. In der zweiten Fallgruppe wird vielfach schon keine Kausalität eines entsprechenden Fehlverhaltens vorliegen, weil der Bedarf des betagten Elternteils selbst bei Sicherstellung einer angemessenen Altersvorsorge gegeben ist. Bei Verletzung der eigenen Unterhaltspflicht kann die Verwirkungsfolge nicht nur durch die Verletzung der Barunterhaltspflicht, sondern auch durch die Vernachlässigung der Betreuung des Kindes ausgelöst werden;[78] allerdings muss die Vernachlässigung der Unterhaltspflicht „gröblich" gewesen sein.[79] Scheitert eine Verwirkung wegen Nichtvorliegens der tatbestandlichen Voraussetzungen des § 1611, kann das pflichtige Kind einwenden, dass ein Anspruchsübergang auf das Amt zu einer unbilligen Härte führen würde.[80]

IV. Enkelunterhalt

Der Enkelunterhalt ist – anders als der Elternunterhalt – eine Form des Deszendentenunterhalts; er zeichnet sich dadurch aus, dass die vorrangig unterhaltspflichtigen Eltern übersprungen (§ 1606 Abs. 2) und die Großeltern vom Enkel in Anspruch genommen werden. Da diesem bei Unterhaltsbedürftigkeit aber meist ein Anspruch auf Sozialhilfe oder ALG II zusteht und der Träger der öffentlichen Hilfe den zivilrechtlichen Unterhaltsanspruch nicht auf sich überleiten kann (§ 94 Abs. 1 S. 3 SGB XII), werden Fälle einer tatsächlichen Inanspruchnahme häufig nicht praktisch, was die bisher geringen Fallzahlen erklärt.[81]

1. Grundlagen. Für die Inanspruchnahme von Großeltern durch ihre Enkel gelten weitgehend die gleichen Grundsätze wie im Rahmen der Inanspruchnahme von Kindern durch ihre betagten Eltern.[82]

Da nähere Verwandte vorrangig vor weiter entfernten haften, sind die Großeltern nachrangig gegenüber allen Verwandten der absteigenden Linie, was auch in der Neufassung von § 1609 (s. dort Rn. 24) zum Ausdruck kommt. Allerdings greift die Ersatzhaftung der nachrangig haftenden Verwandten nach § 1607 Abs. 1 schon bei mangelnder Leistungsfähigkeit des vorrangig haftenden Unterhaltsschuldners ein. Betrachtet man die Höhe der von der Nachkriegsgeneration angesparten Vermögenswerte einerseits und die weiter um sich greifenden Unsicherheiten in der Arbeitsmarktsituation der nach dem Krieg geborenen, derzeit im Erwerbsleben stehenden Generation andererseits, erscheint es durchaus denkbar, dass es zu einer Zunahme der Großelternhaftung kommt; denn bereits kurze Arbeitslosigkeit von einem oder beiden Elternteilen kann ausreichen, um eine Leistungsunfähigkeit dieser vorrangig verpflichteten Unterhaltsschuldner eintreten zu lassen.[83]

2. Bedarf des Enkelkindes. Während sich bei – getrennt lebenden oder geschiedenen – Ehegatten Bedarf und Anspruch nach den ehelichen Lebensverhältnissen richten (§§ 1360a, 1361, 1578), gibt es im Verwandtenunterhalt – und damit auch beim Kindesunterhalt – keine Lebensstandardgarantie und damit auch keine Abhängigkeit von Bedarf und Unterhaltsanspruch von ehelichen Lebensverhältnissen (s. § 1610 Rn. 18). Im Verhältnis von Eltern und Kindern bestimmt sich der

---

[75] *Born* MDR 2005, 194, 200.
[76] So *Hußmann* in *Heiß/Born* Kap. 13 Rn. 41; *Wendl/Pauling* § 2 Rn. 926.
[77] Ausführlich zu der Thematik *Hauß* Elternunterhalt Rn. 384 ff.; s. auch *Born* MDR 2005, 194, 199.
[78] BGH FamRZ 2004, 1559 m. Anm. *Born*; AG Krefeld FamRZ 2010, 817.
[79] BGH FamRZ 1986, 658; 1987, 49. Zur Notwendigkeit des Verschuldens s. BGH FamRZ 2010, 1888 m. Anm. *Hauß*.
[80] Dies hat der BGH in seiner „Kriegskind-Entscheidung" (FamRZ 2004, 1097 m. Anm. *Klinkhammer* 1283) in einem Fall angenommen, in dem der Elternteil wegen jahrzehntelanger psychischer Erkrankung und Heimaufenthaltes nicht in der Lage gewesen war, für das später auf Elternunterhalt in Anspruch genommene Kind zu sorgen. S. auch OLG Celle FamRZ 2010, 817.
[81] Vgl. zu der Thematik ausführlich *Hauß* Elternunterhalt Rn. 324 ff.
[82] BGH NJW 2006, 142; *Günther* FF 2006, 347; *Palandt/Brudermüller* Rn. 17.
[83] *Hauß* Elternunterhalt Rn. 328, der aaO Rn. 329 – fast im Sinne einer „Sippenhaft" – im Enkelunterhalt deshalb keinen Bruch der unterhaltsrechtlichen Haftungstradition sieht, weil Großeltern sich für Kinder entschieden hätten, woraus eine zurechenbare Haftung für deren Nachkommen resultieren müsse.

angemessene Lebensbedarf vielmehr nach der – unter Umständen wechselnden – Lebensstellung des Bedürftigen (§ 1610 Abs. 1). Da das Kind in der Regel keine selbständige, sondern eine von den Eltern abgeleitete Lebensstellung hat (§ 1610 Rn. 10, 19), ist das Einkommen der Eltern (bei anteiliger Barunterhaltspflicht) bzw. des barunterhaltspflichtigen Elternteils (bei Erfüllung der Unterhaltspflicht durch Betreuung des anderen Elternteils, § 1606 Abs. 3 S. 2) entscheidend. Eine **Modifikation** ist beim Enkelunterhalt allerdings deshalb erforderlich, weil – bei Leistungsunfähigkeit der vorrangig eintrittspflichtigen Eltern mit der Folge der Eintrittspflicht der Großeltern – Lebensstellung und Einkommen der Großeltern nicht den Bedarf des Kindes bestimmen können, da dieses nicht im Lebensumfeld der Großeltern lebt[84] und es deshalb an einer abgeleiteten Lebensstellung fehlt. Vielmehr ist als Untergrenze auch bei Enkelkindern – entsprechend der Neuregelung in § 1612a – der Mindestunterhalt in Höhe des in § 32 Abs. 6 EStG festgesetzten sachlichen Existenzminimums vorzunehmen.[85] Für die Finanzierung der Kosten einer angemessenen Berufsausbildung sowie von Sonderbedarf gelten die allgemeinen Vorschriften, also §§ 1610, 1613.

37   **3. Bedarfsdeckung.** Hier ist die Frage nach einer Pflicht zum Vermögenseinsatz von der Bedarfsdeckung durch öffentliche Leistungen zu unterscheiden.

38   **a) Vermögenseinsatz.** Der Vermögensstamm ist nach § 1602 Abs. 2 nur im Verhältnis des Kindes zu den Eltern privilegiert; somit muss sich – auch bei Minderjährigkeit – das Kind gegenüber den Großeltern darauf verweisen lassen, vor einer etwaigen Inanspruchnahme zunächst das eigene Vermögen aufzubrauchen, was bei volljährigen Kindern auch im Verhältnis zu den eigenen Eltern gilt.

39   **b) Öffentliche Leistungen. aa) UVG.** Im Bereich des Enkelunterhalts sind UVG-Leistungen bedarfsdeckend;[86] subsidiär sind sie nur im Verhältnis zum barunterhaltspflichtigen Elternteil. UVG-Zahlungen sind abhängig von den Einkünften der Eltern, nicht von denjenigen der Großeltern; außerdem fehlt eine dem § 2 SGB XII entsprechende Vorschrift im UVG. Deshalb wird der Bedarf des Kindes durch die Vorschussleistungen im Verhältnis zu den Großeltern gemindert.[87]

40   **bb) Sozialhilfe/ALG II.** Hier gelten die gleichen Grundsätze, da auch in diesem Bereich die zivilrechtliche Unterhaltsforderung nicht auf den Träger der öffentlichen Leistung übergeht. Da allerdings der gesamte Bedarf des Kindes im Regelfall nicht durch öffentliche Leistungen abgedeckt wird,[88] bleibt häufig ein ungedeckter Restbedarf, der im Verhältnis zu den Großeltern in Ansatz gebracht werden kann.

41   **cc) BAföG.** Bei Entstehen des Unterhaltsbedarfs sind Enkelkinder vielfach in einer Schul- oder Berufsausbildung. Die öffentliche Ausbildungsförderung (ausführlich dazu § 1610 Rn. 275 ff.) hat das Ziel, Kindern von finanziell schlechter gestellten Eltern eine ihrer Begabung entsprechende Ausbildung zu ermöglichen; selbst bei Leistungsfähigkeit der Eltern kann das Kind mit dem Ziel elterlicher Entlastung unter Umständen auf öffentliche Ausbildungsförderung verwiesen werden. Der unterhaltsrechtliche Ausbildungsanspruch wird durch BAföG-Leistungen aber nicht erweitert (s. § 1610 Rn. 277, 285). Bei entsprechenden Leistungen verringert sich die Bedürftigkeit des Berechtigten selbst dann, wenn die Förderung nur darlehensweise gewährt wird,[89] weil günstige Konditionen und weitere Vorteile (s. § 1610 Rn. 287) eine Obliegenheit zu ihrer Inanspruchnahme begründen.[90]

42   **dd) Kindergeld.** Zur Berechtigung zum Kindergeldbezug s. zunächst § 1612b Rn. 2 ff. Ausgezahlt wird das Kindergeld bei mehreren Berechtigten nach dem Obhuts-Prinzip an denjenigen, der das Kind in seinen Haushalt aufgenommen hat (s. § 1612b Rn. 13), bei einem Aufenthalt des Kindes außerhalb des Haushalts an denjenigen, der den Barunterhalt zahlt, bei anteiliger Unterhaltspflicht gegenüber dem volljährigen Kind an denjenigen, der die höhere Zahlung erbringt (s. § 1612b Rn. 14). Für Enkelkinder ergeben sich keine Besonderheiten; beim volljährigen Kind ist das Kinder-

---

[84] *Hauß* Elternunterhalt Rn. 339.
[85] OLG Dresden FamRZ 2010, 736; 2006, 569; *Hauß* Elternunterhalt Rn. 339 aE, 340 aE.
[86] OLG Dresden FamRZ 2006, 569, 570; *Hauß* Elternunterhalt Rn. 344.
[87] *Wendl/Klinkhammer* § 2 Rn. 792; FAFamR/*Gerhardt* Rn. 208 b; *Hauß* Elternunterhalt Rn. 344 aE.
[88] Die sozialhilferechtliche Regelleistung für ein Kind entspricht dem Tabellenbedarf der Einkommensstufe 1 der Düsseldorfer Tabelle; von diesem Bedarfssatz wird das Kindergeld voll abgezogen.
[89] BGH NJW-RR 1986, 1262; FamRZ 1985, 916; OLG Schleswig FamRZ 2006, 571 (fiktive Zurechnung bei Nichtinanspruchnahme); *Schwab/Borth* V Rn. 94; *Palandt/Brudermüller* § 1361 Rn. 24b; *Wendl/Klinkhammer* § 8 Rn. 286. S. auch § 1602 Rn. 41.
[90] BGH FamRZ 1989, 499; 1985, 916; *Schwab/Borth* V Rn. 94; *Palandt/Brudermüller* § 1361 Rn. 24b.

geld voll auf den Bedarf anzurechnen, bei Minderjährigkeit und Leben im Haushalt eines Elternteils zur Hälfte.[91]

4. Haftung der Großeltern. Zunächst ist eine Eintrittspflicht der vorrangig haftenden Schuldner zu überprüfen; sodann ist die Leistungsfähigkeit der Großeltern zu untersuchen.

a) Voraussetzungen des § 1607. Bevor Großeltern auf Enkelunterhalt in Anspruch genommen werden können, ist zu klären, ob die vorrangig Unterhaltspflichtigen in Anspruch genommen werden können.

aa) Leistungsunfähigkeit des vorrangig Haftenden (Abs. 1). Solange die vorrangig unterhaltspflichtigen Eltern für den Mindestunterhalt nach der ersten Einkommensstufe leistungsfähig sind, ist Abs. 1 des § 1607 nicht erfüllt.[92] Erst bei Leistungsunfähigkeit in diesem Rahmen kommt eine Ersatzhaftung der Großeltern in Betracht, auch in Form einer Haftung lediglich für die Differenz zwischen dem Mindestbedarf und der vom vorrangig unterhaltspflichtigen Elternteil zu leistenden Zahlung. Bei Ansatz fiktiver Einkünfte gegenüber den Eltern liegt keine Leistungsunfähigkeit vor; in Betracht kommt aber eine Inanspruchnahme der Großeltern auf Grund fehlender Durchsetzbarkeit des Unterhaltsanspruchs gegen den vorrangig Pflichtigen nach § 1607 Abs. 2.

bb) Fehlende Durchsetzbarkeit (Abs. 2). Anders als bei Ausfallhaftung nach § 1607 Abs. 1 liegt eine echte Ersatzhaftung der Großeltern vor, wenn die Rechtsverfolgung gegen den vorrangig haftenden Verwandten im Inland ausgeschlossen[93] oder erheblich erschwert ist.[94] Zu Einzelheiten s. bei § 1607.

b) Leistungsfähigkeit. aa) Selbstbehalt. Die Leistungsfähigkeit der Großeltern richtet sich nach § 1603 Abs. 1, wobei ihnen von Rechtsprechung[95] und Literatur[96] wegen der nur nachrangigen Haftung – ähnlich wie bei Kindern im Rahmen des Elternunterhalts – ein **großzügiger** Selbstbehalt zugesprochen wird, konkret in der Weise, dass der angemessene Selbstbehalt zuzüglich der Hälfte des diesen übersteigenden Einkommens behalten werden darf (s. Rn. 19).[97]

bb) Fiktive Einkünfte. Selbst wenn Großeltern sich noch im arbeitsfähigen Alter befinden mögen, kommt ein Ansatz fiktiver Einkünfte **nicht** in Betracht, weil gegenüber den Enkeln keine Erwerbsobliegenheit besteht.[98]

cc) Abzüge. Auch hier erscheint die gleiche Behandlung angebracht wie im Rahmen des Elternunterhalts (s. dazu Rn. 20, 21, 23).[99]

dd) Latente Unterhaltslast. Da dieser Gesichtspunkt schon im Rahmen des Elternunterhalts Bedenken begegnet (s. Rn. 26), kommt seine Berücksichtigung im Rahmen des „schwächeren" Enkelunterhalts erst recht nicht in Betracht, außer bei konkreter Absehbarkeit einer Inanspruch-

---

[91] BGH FamRZ 2006, 26 m. Anm. *Duderstadt* 30; 2006, 99; OLG Hamm FamRZ 2005, 539. Zu Einzelheiten s. *Scholz* FamRZ 2007, 2021, 2024.
[92] OLG Karlsruhe FamRZ 2001, 782; *Hauß* Elternunterhalt Rn. 350.
[93] **Bejaht**: fehlende Zuständigkeit deutscher Gerichte für die Verfolgung des Unterhaltsanspruchs des Kindes; fehlende Feststellung, wer Vater des Kindes ist (OLG Brandenburg FamRZ 2004, 560); nur fiktive Zurechnung von Einkünften beim vorrangig haftenden Elternteil (OLG Hamm NJW-RR 2006, 509; OLG Nürnberg FamRZ 2000, 687, OLG Karlsruhe FamRZ 1991, 971; OLG Koblenz FamRZ 1989, 307); Unmöglichkeit der Vollstreckung durch häufige Wohnungswechsel oder Straf- oder Untersuchungshaft (AG Bad Homburg FamRZ 1999, 1450); **Verneint**: Möglichkeit der Pfändung eines Taschengeldanspruchs eines unterhaltspflichtigen Elternteils gegen den Ehemann (OLG Düsseldorf FamRZ 1992, 1099); bei unbekanntem Aufenthaltsort, da hier die Möglichkeit der öffentlichen Zustellung der Klage (§ 203 Abs. 1 ZPO) besteht; Insolvenz, außer im PKH-Verfahren (OLG Dresden FamRZ 2006, 569).
[94] *Johannsen/Henrich/Graba* § 1607 Rn. 5; *Hauß* Elternunterhalt Rn. 335, 352 ff.
[95] BGH NJW-RR 2007, 433 = FamRZ 2007, 375; OLG Hamm FamRZ 2005, 57; OLG Schleswig OLGR 2004, 429; FamRZ 2004, 1058 m. Anm. *Luthin*; OLG Koblenz OLGR 2005, 22.
[96] Hußmann in *Heiß/Born* Kap. 13 Rn. 44; *Wendl/Klinkhammer* § 2 Rn. 396; *Lipp* NJW 2002, 2201.
[97] BGH NJW-RR 2007, 433 = FamRZ 2007, 375 (bei Haftung beider Großeltern somit [1250 € zzgl. 950 € =] 2200 €); FamRZ 2006, 26; OLG Dresden FamRZ 2006, 569; *Hauß* Elternunterhalt Rn. 356.
[98] Eingehend dazu *Hauß* Elternunterhalt Rn. 316–366. S. auch OLG Düsseldorf FamRZ 2007, 1817.
[99] Im Ergebnis ebenso *Hauß* Elternunterhalt Rn. 358, der allerdings aus unterschiedlichen Formulierungen in der Rspr. des BGH (FamRZ 2006, 26 einerseits, FamRZ 2002, 1698 andererseits) eine strengere Behandlung des Großeltern im Vergleich zu den Kindern im Rahmen des Elternunterhaltes herleiten will, u. a. auf Grund des Verursacherprinzips (aaO Rn. 357). Diese Differenzierung erscheint nicht überzeugend, eher dagegen der Hinweis auf die Direkthaftung der nächsten Generation beim Elternunterhalt im Vergleich zum Überspringen einer Generation beim Enkelunterhalt, was gegen eine strengere Behandlung der Großeltern sprechen dürfte.

nahme und der Möglichkeit, den Lebenszuschnitt auf die zu erwartende Unterhaltspflicht einstellen zu können.[100]

51 **c) Anteilige Haftung.** Hier gelten die gleichen Grundsätze wie im Rahmen des Elternunterhalts (s. Rn. 29), allerdings mit der Besonderheit, dass es unter Umständen vier Großeltern gibt, die in Anspruch genommen werden können.[101]

V. Sonstige Personen

52 **1. Stiefeltern, Geschwister, Verschwägerte.** Von Gesetzes wegen nicht unterhaltspflichtig sind alle Familienangehörigen, die nicht zu den Verwandten gerader Linie im Sinne des § 1589 zählen, also insbesondere Stiefeltern(-teile), umgekehrt Stiefkinder, Schwiegereltern und -kinder, Schwäger und Geschwister. Allerdings leitet sich aus dem **Höferecht**[102] ein Unterhaltsanspruch weichender Hoferben (Geschwister) ab, etwa als Abfindung und – in Anrechnung auf diese – als Anspruch auf eine angemessene Berufsausbildung. Ferner schuldet nach **§ 1371 Abs. 4** der überlebende Ehegatte einem Stiefkind uU Ausbildungsunterhalt.

53 **2. Vertragsschuldner. a) Stiefelternteil.** Stiefkinder können vertraglich in den Unterhaltsverband des Stiefelternteils einbezogen worden sein. Zur Annahme eines solchen Vertrages genügt jedoch nicht die bloße Aufnahme des Kindes in den betreffenden Haushalt. Eine sichere rechtliche Grundlage gewährleistet insoweit nur die Stiefkindadoption. Immerhin hat der Stiefelternteil gemäß § 63 Abs. 1 S. 1 Nr. 2 EStG Anspruch auf Kindergeld für das in seinen Haushalt aufgenommene Stiefkind.[103]

54 **b) Ärztliche Kunstfehler.** Im Rahmen eines Beratungs- oder Behandlungsvertrages begangene ärztliche Kunstfehler können zu **Unterhaltsansprüchen** der Eltern **im Wege des Schadensersatzes** führen. In Fällen einer aus ärztlichem Verschulden mißlungenen Sterilisation sowie eines verhinderten oder fehlgeschlagenen Schwangerschaftsabbruchs aus embryopathischer oder kriminologischer Indikation kann der jeweilige ärztliche Vertragspartner wegen der Belastung der Eltern mit dem Kindesunterhalt auf Ersatz in Anspruch genommen werden.[104] Dasselbe gilt bei fehlerhafter genetischer Beratung, die zur Geburt eines behinderten Kindes geführt hat, wenn die Eltern bei richtiger und vollständiger Beratung von der Zeugung des Kindes abgesehen hätten.[105] Dagegen kann bei Mißlingen einer ausschließlich medizinisch begründeten Indikation Ersatz des Unterhaltsschadens nur begehrt werden, wenn der Arzt im Behandlungsvertrag, wenigstens als Nebenpflicht, derartige Vermögensinteressen der Eltern mit übernommen hat.[106] Allein das Nichterkennen einer Schwangerschaft im Rahmen der alltäglichen, allgemeinen Beschwerden nachgehenden frauenärztlichen Untersuchung ist nicht geeignet, einen Schadensersatzanspruch gegen den Arzt für den durch die planwidrige Geburt eines Kindes ausgelösten Unterhaltsaufwand zu begründen.[107]

55 Der 2. Senat des BVerfG hat schon 1993 den Standpunkt vertreten, eine rechtliche Qualifikation des Daseins eines Kindes als Schadensquelle komme von Verfassungs wegen (Art. 1 Abs. 1 GG) nicht in Betracht. Deshalb verbiete es sich, die Unterhaltspflicht für ein Kind als Schaden zu begreifen.[108] Der 1. Senat des BVerfG hat demgegenüber in der Rspr. der Zivilgerichte, namentlich der des BGH, zur Arzthaftung bei fehlgeschlagener Sterilisation und fehlerhafter genetischer Beratung, trotz erneut geäußerter Bedenken durch den 1. Senat, keinen Verstoß gegen Verfassungsrecht erkannt.[109] Dem ist zuzustimmen.

56 Der Schadensersatzanspruch ist der **Höhe** nach durch den Unterhaltsbedarf des Kindes begrenzt und umfasst nicht den Verdienstausfall, der den Eltern durch die Betreuung des Kindes entsteht.[110] Allerdings sind für den Bar- und Betreuungsunterhalt die **doppelten Regelsätze,** vermindert um

---

[100] BGH FamRZ 2006, 26; *Luthin* FamRB 2005, 19; **aA** FA FamR/*Gerhardt* 6. Kap. Rn. 201.
[101] Berechnungsbeispiel bei *Hauß* Elternunterhalt Rn. 370 mit dem zutreffenden Hinweis auf den hohen Darlegungsaufwand für die Schlüssigkeit einer Klage auf Enkelunterhalt.
[102] HöfeO der ehemaligen britischen Zone, die in den Ländern Hamburg, Niedersachsen, Nordrhein-Westfalen und Schleswig-Holstein als partielles Bundesrecht fortgilt.
[103] Vgl. im Übrigen auch die Kommentierung zu § 1590.
[104] BGHZ 124, 128 = NJW 1994, 788; vgl. auch BGH NJW 1995, 1609; ferner: BGH NJW 2000, 1782 (Schutz vor Unterhaltsbelastung muss Gegenstand des Behandlungs- oder Beratungsvertrages sein).
[105] BGHZ 124, 128 = NJW 1994, 788.
[106] OLG Zweibrücken NJW 1997, 666.
[107] OLG Naumburg MDR 1998, 1479.
[108] BVerfGE 88, 203 = NJW 1993, 1751.
[109] BVerfG NJW 1998, 519.
[110] BGH NJW 1997, 1638.

Bedürftigkeit § 1602

das Kindergeld, anzusetzen.[111] Nachdem seit dem 1. 7. 1998 das Gesetz Regelunterhalt und Regelbedarf nicht mehr kennt, sondern nur noch von Regelbetrag spricht (§ 1612a), wird von der Rspr. überwiegend dieser zur Orientierung herangezogen.[112]

3. Rückforderung zu Unrecht geleisteten Unterhalts. Hat ein Nichtverwandter Unterhalt ohne Rechtsgrund gewährt, so wird einer Rückforderung vielfach § 814 entgegenstehen (Leistung auf Grund einer sittlichen Pflicht oder einer auf den Anstand zu nehmenden Rücksicht) oder die Tatsache, dass die Bereicherung entfallen ist (§ 818 Abs. 3). Im Übrigen ist hier uU ein Anspruch nach § 1607 Abs. 3 nF gegeben (s. dazu schon Rn. 5 aE), hilfsweise nach den Grundsätzen über die Geschäftsführung ohne Auftrag. 57

§ 1602 Bedürftigkeit

(1) Unterhaltsberechtigt ist nur, wer außerstande ist, sich selbst zu unterhalten.

(2) Ein minderjähriges unverheiratetes Kind kann von seinen Eltern, auch wenn es Vermögen hat, die Gewährung des Unterhalts insoweit verlangen, als die Einkünfte seines Vermögens und der Ertrag seiner Arbeit zum Unterhalt nicht ausreichen.

Schrifttum: *Büttner,* Auswirkungen der Pflegeversicherung auf das Unterhaltsrecht, FamRZ 1995, 193; *Ditzen,* Selbstverwirklichung durch Mutterschaft – wer soll sie bezahlen?, FamRZ 1989, 240; *Gießler,* Neuerungen im Unterhaltsverfahrensrecht, FPR 1998, 173; *Hußmann,* Die Änderung des Unterhaltsvorschussgesetzes, FPR 20008, 93; *Klinkhammer,* ALG II und Unterhaltsregress nach § 33 SGB II, FamRZ 2006, 1171; *Miesen,* Einstweiliger Rechtsschutz in Unterhaltssachen, FF 1999, 73; *Niepmann,* Das neue Familienverfahrensrecht – Versuch einer Bilanz, FF 1999, 164; *W. Schellhorn/H. Schellhorn,* Kommentar zum SGB XII, 17. Aufl. 2006.

Übersicht

	Rn.		Rn.
I. Normzweck	1–5	b) Erziehungsgeld	42, 43
II. Bedarfsdeckung durch Erwerbseinkommen	6–25	c) Waisenrente	44
		d) Sozialhilfe	45
		e) Unterhaltsvorschuss	46
1. Erwerbsobliegenheit	6–23	5. Weitere zweckbestimmte Leistungen	47–52
a) Minderjähriger	7, 8	a) Blindengeld	48
b) Volljähriger	9–14	b) Pflegegeld	49–51
c) Anrechnung	15–23	c) Pflegeversicherung	52
2. Wehr-/Zivildienstleistender	24, 25	IV. Leistungen dritter Personen	53–56
III. Bedarfsdeckung durch öffentlich-rechtliche Leistungen	26–52	1. Unterhaltsleistungen	54
1. Einführung	26–28	2. Sonstige Zuwendungen	55, 56
a) Grundsätze	27	V. Vermögen des Berechtigten	57–58a
b) Körper- und Gesundheitsschäden	28	1. Vermögenserträgnisse	57
2. Übergang des Unterhaltsanspruchs	29–35	2. Vermögensstamm	58, 58a
a) Gesetzlicher Forderungsübergang	30	VI. Naturalleistungen des Barunterhaltspflichtigen	59–62
b) Überleitung	31	1. Einführung	59, 59a
c) Ausschluss des Forderungsübergangs	32, 33	2. Wohnvorteil	60, 61
d) Nebenansprüche	34	3. Sachleistungen	62
e) Rückübertragung	35	VII. Verfahrensrechtliches	63–70
3. Einkommensersatz	36–39	1. Zuständigkeit	63–66a
a) Arbeitslosengeld I	37	a) Familiensachen	63
b) Arbeitslosengeld II	38, 39	b) Rechtsmittelzug	64
4. Unterhaltsersatz	40–46		
a) Ausbildungsförderung	41		

[111] BGH NJW 1997, 1638 mwN.
[112] So vom KG FamRZ 1999, 405 (betr. relative Grenze für die Berücksichtigung von Drittschulden); OLG Bremen OLGR 1999, 194; ferner: OLG München FamRZ 1999, 884 (zur Darlegungslast betr. Bedarf); s. aber auch *Luthin* FF 1999, 105: Orientierung an den Werten der jeweiligen Existenzminimumsberichts der Bundesregierung; ebenso OLG Stuttgart DAVorm. 1999, 716 = FamRZ 2000, 376; OLGe Hamburg und Zweibrücken FamRZ 2000, 1431 bzw. 765 m. Anm. *Luthin;* s. auch: *Göppinger/Wax/Strohal* Rn. 362 f.; *Wendl/Klinkhammer* § 2 Rn. 221–224.

	Rn.		Rn.
c) Örtliche Zuständigkeit	65–66a	3. Gesetzliche Vertretung	68, 69
2. Vereinfachtes Verfahren	67	4. Einstweiliger Rechtsschutz	70

I. Normzweck

1 Normzweck ist die Bestimmung des Unterhaltsberechtigten. Das Gesetz geht davon aus, dass grundsätzlich für seinen Lebensunterhalt jeder selbst zu sorgen hat: Grundsatz der Eigenverantwortung.[1] Nur soweit jemand das nicht kann, ist er unterhaltsberechtigt. Diese **Unterhaltsbedürftigkeit** muss der Unterhalt Fordernde darlegen und ggfs. **beweisen**.[2] Sie liegt bei minderjährigen unverheirateten Kindern auf der Hand, jedenfalls solange sie sich in der Schulausbildung befinden. In aller Regel genügt der Beweis ihrer Vermögenslosigkeit.[3]

2 Der **Zeitraum,** in dem die Bedürftigkeit vorliegen muss, ist derjenige, für den Unterhalt verlangt wird. Für Sonderbedarf (dazu i. e. § 1613) kommt es auf den Zeitpunkt seiner Entstehung an. Von diesem zu unterscheiden ist der sog. **Nachholbedarf.** Davon spricht man, wenn ein Unterhaltsberechtigter, warum auch immer, an sich gegebene Bedürfnisse zurückgestellt hat und nachträglich geltend macht, beispielsweise überfällige Neuanschaffungen von Kleidung u. ä.[4] Sobald die Befriedigung solcher Bedürfnisse unabweisbar wird, erhöht sich der Unterhaltsbedarf entsprechend. Im Unterschied zum Sonderbedarf handelt es sich hier also um laufenden Bedarf. Ein Nachholbedarf in dem Sinne, dass bei später gesteigerter Leistungsfähigkeit der Verpflichtete einen in der Vergangenheit liegenden erhöhten Bedarf des Gläubigers noch abzudecken hätte, ist dem geltenden Unterhaltsrecht fremd.[5]

3 Der Unterhaltsberechtigte hat grundsätzlich keinen Anspruch darauf, dass ihm der Unterhaltsschuldner Mittel überlässt, damit er von ihm eingegangene **Verbindlichkeiten** begleichen kann. Eine Ausnahme ist zu machen, wenn die Verbindlichkeit zur Deckung von Sonderbedarf entstanden war.[6] Auch für Schulden des Unterhaltsgläubigers, die auf Gesetz beruhen, braucht der Unterhaltsschuldner nicht aufzukommen.[7]

4 Im Übrigen hat die **Ursache** der Bedürftigkeit beim Verwandtenunterhalt grundsätzlich keine Bedeutung. Insbesondere enthalten die §§ 1601 ff. keine den §§ 1570 ff. vergleichbare Regelung mit enumerativer Vorgabe von Bedarfslagen und Einsatzzeitpunkten. So kann etwa das längst volljährige Kind auf Grund von Arbeitslosigkeit, Krankheit o. ä. erneut bedürftig werden und einen Unterhaltsanspruch gegen die Eltern haben.

5 Die für die Bedürftigkeit geltenden Maßstäbe entsprechen im Grundsatz denen für die Beurteilung der Leistungsfähigkeit des Unterhaltsverpflichteten (§ 1603). Allerdings ergibt sich aus dem Prinzip der Eigenverantwortung, dass die Anstrengungen, für den eigenen Unterhalt zu sorgen, vom Ansatz her größer sein müssen als die Anforderungen an den Pflichtigen, den Unterhalt eines anderen sicherzustellen.[8] Zur Deckung seines Lebensbedarfs muss jeder zunächst seine eigenen Mittel einsetzen. Dazu rechnet sein tatsächlich erzieltes Einkommen, nach Maßgabe einer entsprechenden Erwerbsobliegenheit auch das ihm zurechenbare erzielbare Einkommen, ferner uU sein Vermögen. Auch Leistungen, die der Unterhalt Fordernde von dritter (privater oder öffentlicher) Seite bezieht oder erlangen kann, können seine Bedürftigkeit mindern.

II. Bedarfsdeckung durch Erwerbseinkommen

6 **1. Erwerbsobliegenheit.** Der Unterhalt Fordernde hat grundsätzlich die Obliegenheit, unter Ausnutzung seiner Arbeitsmöglichkeiten seinen Unterhaltsbedarf soweit wie möglich selbst zu decken und damit seine Bedürftigkeit zu mindern. Hierbei ist jedoch zu differenzieren.

7 **a) Minderjähriger.** Aufgrund ihres Alters, ihrer körperlichen Verfassung und ihres Ausbildungsstandes sind minderjährige Kinder in der Regel nicht imstande, ein kontinuierliches Einkommen zu erlangen.[9] Allerdings trifft auch einen Minderjährigen die Obliegenheit, sich um einen

---

[1] *Johannsen/Henrich/Graba* § 1602 Rn. 1; BGH FamRZ 1985, 1245.
[2] *Baumgärtel/Pruskowski* Rn. 1.
[3] *Baumgärtel/Pruskowski* Rn. 13.
[4] *Göppinger/Wax/Kodal* Rn. 261.
[5] BGH NJW 1985, 486 mwN.
[6] *Göppinger/Wax/Strohal* Rn. 350.
[7] *Göppinger/Wax/Strohal* Rn. 351.
[8] *Johannsen/Henrich/Graba* Rn. 1 aE.
[9] *Griesche* in FamGb § 1602 Rn. 2.

Ausbildungsplatz zu bemühen und in der Zwischenzeit[10] sowie nach Abschluss oder Abbruch der Ausbildung[11] eine Erwerbstätigkeit aufzunehmen.[12] Das gilt indessen nur in den Grenzen, welche die gesetzlichen Regelungen über die elterliche Sorge, die Schulpflicht und den Jugendarbeitsschutz setzen.

Verletzt ein Minderjähriger seine Erwerbsobliegenheit, so führt das aber nicht zur Anrechnung fiktiver Einkünfte.[13] Dies ist aus § 1611 Abs. 2 herzuleiten: Wenn ein schwerwiegendes Fehlverhalten des Minderjährigen nicht zu einer unterhaltsrechtlichen Sanktion wie gegenüber einem Volljährigen (§ 1611 Abs. 1) führen kann, so verbietet sich erst recht ein Rückgriff auf die allgemeinen Grundsätze, die für die Verletzung einer Erwerbsobliegenheit entwickelt worden sind.[14] 8

b) Volljähriger. Hier ist zu differenzieren je nachdem, ob sich der Volljährige in der Ausbildung befindet oder ob das nicht (mehr) der Fall ist. 9

aa) Volljähriger während der Ausbildung. Solange der Volljährige sich in der Ausbildung befindet, braucht er grundsätzlich keiner weiteren Tätigkeit nachzugehen. Das gilt aber nur für eine Ausbildung, welche die Eltern zu finanzieren haben. Haben sie dem Kind eine hinreichende Vorbildung zu einem Beruf zukommen lassen und schulden sie ihm nicht ausnahmsweise eine Weiterbildung oder eine Zweitausbildung,[15] so trifft den Volljährigen eine Erwerbsobliegenheit. Er muss seinen Lebensbedarf durch die Erträgnisse eigener Arbeit gewährleisten. 10

Der Volljährige hat sich bereits nach Abgang von der Schule binnen einer angemessenen Orientierungsphase um die Aufnahme einer seinen Fähigkeiten und Neigungen entsprechenden Berufsausbildung zu bemühen. Tut er das nicht, so verletzt er das dem § 1610 Abs. 2 innewohnende **Gegenseitigkeitsprinzip** und verliert von selbst seinen Unterhaltsanspruch, ohne dass die Voraussetzungen des § 1611 Abs. 1 erfüllt sein müssen.[16] Zur Wartezeit zwischen Schulabschluss und Beginn der weiteren Ausbildung s. § 1610 Rn. 226. 11

bb) Volljähriger nach Abschluss der Ausbildung. Allenfalls für eine Übergangszeit von zwei bis drei Monaten nach Abschluss der Ausbildung (Orientierungsphase) kann er sich noch an seine Eltern halten. Ansonsten trifft ihn das **Anstellungsrisiko**. Findet er nicht oder jedenfalls nicht binnen angemessener Zeit eine seinem Ausbildungsstand entsprechende Anstellung, so muss er im Verhältnis zu den Eltern auch eine berufsfremde Arbeit aufnehmen; ihm sind Tätigkeiten unterhalb seiner gewohnten Lebensstellung zuzumuten.[17] Er muss uU auch innerhalb des Bundesgebietes seinen Wohnwort wechseln, wenn er dadurch seine Erwerbschancen erhöht. Für die Obliegenheit eines erwachsenen Unterhaltsgläubigers gelten demnach ähnliche Maßstäbe wie für den barunterhaltspflichtigen Elternteil im Verhältnis zu einem minderjährigen Kind.[18] 12

Eine **erwachsene Tochter,** die **Kleinkinder** zu versorgen hat, muss sich wegen ihres Unterhalts zunächst an ihren ggf. vorhandenen (getrennt lebenden oder geschiedenen) Ehemann halten (§§ 1360, 1360 a; § 1361; § 1570), andernfalls an den mit ihr nicht verheirateten (verheiratet gewesenen) Vater der Kinder (§ 1615l). Es kann aber sein, dass beide (Ehemann bzw. Partner) nicht leistungsfähig sind. Insoweit kommt ein Unterhaltsanspruch gegen die Eltern in Betracht. Dieser kann nicht dem Grunde nach verneint werden.[19] Auch als auf einem sittlichen Verschulden iS des § 1611 beruhend kann diese Bedürfnislage nicht – jedenfalls idR nicht – bewertet werden.[20] An die Erwerbsobliegenheit der Tochter sind aber strenge Anforderungen zu stellen, deutlich schärfere 13

---

[10] OLG Düsseldorf FamRZ 2000, 442: Einer 16½ Jahre alten Unterhaltbegehrenden ist zumutbar, bis zum Antritt einer Lehrstelle einer bedarfsdeckenden Teilerwerbstätigkeit (konkret: zehn Stunden wöchentlich) nachzugehen. Zur Wartezeit s. § 1610 Rn. 226. S. auch OLG Brandenburg JAmt 2004, 504; OLG Koblenz JAmt 2004, 153.
[11] Vor Beginn der Ausbildung erzielte Einkünfte oder solche aus einem Ferienjob können dagegen angerechnet werden (AG Ludwigslust FamRZ 2004, 1808; *Palandt/Brudermüller* Rn. 5); s. u. Rn. 20. Zur Teil-Erwerbspflicht bei Teilzeitausbildung s. OLG Düsseldorf NJW-RR 2011, 221.
[12] OLG Düsseldorf NJW 1990, 1798; vgl. auch OLG Karlsruhe FamRZ 1988, 758; OLG Nürnberg 1981, 300.
[13] OLG Hamburg FamRZ 1995, 959; OLG Stuttgart FamRZ 1997, 447; OLG Saarbrücken FamRZ 2000, 40 mwN, auch zur Gegenmeinung.
[14] *Schwab/Borth* V Rn. 99 mwN.
[15] Näheres dazu in der Kommentierung des § 1610 unter Rn. 251 ff. bzw. 265 ff.
[16] BGH NJW 1998, 1555.
[17] BGHZ 93, 123 = NJW 1985, 806. Ausnahmen gelten bei Behinderung; hier bleibt die elterliche Unterhaltspflicht auch nach Eintritt der Volljährigkeit grds. bestehen (*Palandt/Brudermüller* Rn. 6; s. auch OLG Hamm FamRZ 1996, 303).
[18] Näheres dazu bei § 1603.
[19] So aber *Ditzen* FamRZ 1989, 240.
[20] BGHZ 93, 123 = NJW 1985, 806.

§ 1602   14–20   Abschnitt 2. Titel 3. Unterhaltspflicht

jedenfalls als etwa im Rahmen von § 1570,[21] weil eine Mitverantwortung für die Existenz der betreuungsbedürftigen Kinder nicht besteht. Alle Möglichkeiten einer Fremdbetreuung der Kinder (Tagesheimstätte, Verwandte, nichtehelicher Vater) sind auszuschöpfen.[22] Was die Dauer eines Unterhaltsanspruchs gegen die Eltern angeht, wird es auf eine Beurteilung unter Billigkeitsgesichtspunkten ankommen. Einen zeitlichen Orientierungsrahmen bietet dazu die Regelung in § 1615l (grundsätzlich bis zu drei Jahren ab Geburt des Kindes).[23]

14   Hat sich ein Volljähriger durch **Alkohol- oder Drogenabusus** arbeitsunfähig gemacht, so obliegt es ihm, sich um eine Wiederherstellung seiner Gesundheit in angemessener Zeit zu bemühen. Unabhängig davon ist zu prüfen, ob eine Herabsetzung oder ein Ausschluss des Unterhalts nach § 1611 in Betracht kommt.

15   **c) Anrechnung.** Tatsächlich erzielte oder auf Grund einer Verletzung der Erwerbsobliegenheit zurechenbare Einkünfte des Unterhaltsgläubigers sind auf den Bedarf anzurechnen, allerdings in unterschiedlicher Weise, je nachdem ob es sich um einen Minderjährigen oder einen Volljährigen handelt und unter welchen Umständen die Einkünfte erlangt sind.

16   **aa) Ausbildungsvergütung.** Sie ist auf den Bedarf anzurechnen, wobei zunächst dieser unter Einschluss ausbildungsbedingten Mehraufwandes[24] zu bestimmen ist.[25] Ferner ist danach zu differenzieren, ob der Auszubildende minderjährig oder volljährig ist.

17   Wegen der grundsätzlich bis zur Vollendung des 18. Lebensjahres anzunehmenden Gleichwertigkeit von Bar- und Betreuungsunterhalt (§ 1606 Abs. 3 S. 2)[26] ist die Ausbildungsvergütung auf den Barunterhaltsanspruch eines **Minderjährigen** in der Regel hälftig anzurechnen.

18   Ab Eintritt der **Volljährigkeit** des Kindes sind beide Elternteile nach Maßgabe ihrer wirtschaftlichen Verhältnisse ihm gegenüber barunterhaltspflichtig. Eine entsprechende Anwendung des § 1606 Abs. 3 S. 2 auf den Volljährigenunterhalt ist auch dann abzulehnen, wenn sich mit Eintritt der Volljährigkeit die äußeren Umstände nicht ändern (Kind wohnt weiterhin bei dem bisher betreuenden Elternteil und setzt seine in der Zeit der Minderjährigkeit begonnene Ausbildung nahtlos fort),[27] s. auch § 1610 Rn. 37. Deshalb ist die Ausbildungsvergütung – unter Berücksichtigung ausbildungsbedingten Mehrbedarfs – auf den Bedarf des Kindes in vollem Umfange anzurechnen, und zwar auch dann, wenn das Kind noch im Haushalt eines Elternteils lebt, der wegen fehlender Leistungsfähigkeit nicht unterhaltspflichtig ist.[28]

19   **bb) Sonstige Einkünfte.** Wird Einkommen aus Arbeitstätigkeit bei entsprechender Erwerbsobliegenheit erzielt, so ist dies grundsätzlich voll anzurechnen. Dasselbe gilt bei unterlassener zumutbarer Beschäftigung.

20   Soweit Einkünfte aus einer neben einem Schulbesuch, einer Ausbildung oder einem Studium ausgeübten **Nebentätigkeit** erarbeitet werden, wird zu differenzieren sein. Bei Schülern, die durch Ferienjobs, Austragen von Werbematerial o. ä. ihr Taschengeld aufbessern, wird eine Anrechnung auf den Barunterhalt in der Regel nicht der Billigkeit entsprechen, selbst wenn der Schüler sich mit den Einkünften Luxuswünsche erfüllt.[29] Ausnahmsweise wird nach Treu und Glauben ein Teil solcher Einkünfte anzurechnen sein, etwa bei besonders engen wirtschaftlichen Verhältnissen des Unterhaltsschuldners oder wenn er infolge der Nebentätigkeit finanzielle Nachteile erleidet (zB Wegfall des Kindergeldes).[30]

---

[21] BGHZ 93, 123 = NJW 1985, 806 (= Revisionsentscheidung zu OLG Bremen FamRZ 1984, 84); BGH FamRZ 1985, 1245 (= Revisionsentscheidung zu OLG Hamburg FamRZ 1984, 607); OLGe Hamm FamRZ 1990, 1385 und 1996, 1104 (Mutter kann und muss arbeiten, da nichtehelicher Vater als Betreuungsperson verfügbar); Karlsruhe FamRZ 1988, 200; Oldenburg (Erwerbsobliegenheit wie bei barunterhaltspflichtigem Elternteil gegenüber minderjährigen Kindern; Anrechnung des Erziehungsgeldes nach Billigkeit; insoweit aA – Erziehungsgeld kein Einkommen –: OLG Düsseldorf FamRZ 1989, 1226; OLG München FamRZ 1999, 1166).
[22] BGH (Fn. 21; beide Entscheidungen).
[23] Insoweit zu schematisch OLG Hamm FamRZ 1996, 1493 (idR nur 18 Monate nach der Geburt). Abzulehnen: OLGe Celle FamRZ 1984, 1254 und Frankfurt/M. FamRZ 1982, 732 (Haftung der Eltern ohne die zeitlichen Schranken des § 1615l, was zwar dogmatisch begründbar sein mag, aber jedenfalls unter Billigkeitsgesichtspunkten nicht vertretbar ist).
[24] Der – ähnlich wie Schulunterricht- im Falle berufsvorbereitender Bildungsmaßnahmen nach SGB II nicht anfällt (OLG Düsseldorf FamRZ 2001, 1723).
[25] Näheres dazu bei § 1610.
[26] BGH NJW 1988, 2371 und 1994, 1530.
[27] Vgl. statt vieler die Grundsatzentscheidung des BGH NJW 1994, 1530. Bis zu deren Bekanntwerden war das sehr streitig, zT innerhalb desselben OLG-Bezirks.
[28] BGH NJW 2006, 57.
[29] OLG Köln FamRZ 1996, 1101; s. aber Rn. 7 Fn. 12.
[30] OLG Köln FamRZ 1996, 1101.

Einnahmen, die ein Student aus einer während des Semesters oder in den Semesterferien ausgeübten Erwerbstätigkeit erzielt, sind an sich auch solche aus überobligationsmäßiger Beschäftigung.[31] Denn der Student soll sich mit seiner ungeteilten Kraft und der gebotenen Zielstrebigkeit dem Studium widmen. In den Semesterferien sind Praktika zu absolvieren und Hausarbeiten zu fertigen; daneben ist der im Semester vermittelte Stoff erneut und vertieft durchzuarbeiten. All dies ist auch im Interesse des Unterhaltsschuldners, weil es zu einem zeitgerechten Abschluss des Studiums beiträgt. 21

Wenn der Student gleichwohl nebenher „jobbt", so ist für die unterhaltsrechtliche Bewertung daraus erlangter Einnahmen eine Vorschrift aus dem Bereich des nachehelichen Unterhalts entsprechend heranzuziehen: **§ 1577 Abs. 2**.[32] Nach dessen Satz 1 bleiben überobligationsmäßig erzielte Einkünfte anrechnungsfrei, soweit der Verpflichtete nicht den vollen Unterhalt leistet. Darüberhinaus gehende Einkünfte sind insoweit anzurechnen, als dies unter Berücksichtigung der beiderseitigen wirtschaftlichen Verhältnisse der Billigkeit entspricht. Dabei werden die Höhe der Nebeneinnahmen und ein etwaiger studienbedingter Mehrbedarf zu berücksichtigen sein, ebenso der Umstand, ob die Nebentätigkeit aufgenommen worden ist, weil der Unterhaltsschuldner seiner Zahlungspflicht längere Zeit nicht nachgekommen war. 22

Der BGH[33] lehnt es ab, eine Bezugsgröße zu nennen, bis zu der uU eine Anrechnung ausscheidet. Er äußert allerdings – zutreffenderweise – Bedenken, dem Berufungsgericht zu folgen, das einen Zusatzverdienst im Rahmen des „Existenzminimums" für anrechnungsfrei gehalten hatte. Die Rspr. der Instanzgerichte richtet sich nach einzelfallbezogenen Billigkeitskriterien. Ein Eingehen darauf unterbleibt hier.[34] 23

2. Wehr-/Zivildienstleistender. In einer grundlegenden Entscheidung hat der BGH erkannt, dass bei einem **Wehrpflichtigen** der **Bedarf** durch die Zuwendungen der Bundeswehr als **in der Regel gedeckt** anzusehen ist.[35] Allein gute wirtschaftliche Verhältnisse der Eltern führen zu keiner abweichenden Beurteilung. Nur wenn im Einzelfall **besonderer Unterhaltsbedarf** vorhanden ist, den der Wehrpflichtige aus den von der Bundeswehr erlangten Mitteln nicht bestreiten kann, hat er Anspruch auf ergänzenden Unterhalt. Dabei ist etwa zu denken an den Bezug von periodisch erscheinenden Veröffentlichungen, die Mitgliedschaft in einem Sportverein, an Musikunterricht o. ä., regelmäßig jeweils in Fortsetzung aus der Zeit vor der Bundeswehr.[36] Ein solcher Mehrbedarf ist vom Unterhalt Fordernden **konkret vorzutragen** und ggfs. zu beweisen. 24

Für einen **Zivildienstleistenden** gelten dieselben Grundsätze.[37] Er muss keine Einberufung zu einer Beschäftigungsstelle anstreben, die eine dienstliche Unterkunft gewährt.[38] 25

III. Bedarfsdeckung durch öffentlich-rechtliche Leistungen

1. Einführung. Sozialleistungen und sonstige öffentlich-rechtliche Leistungen fließen in vielerlei Form auch unterhaltsberechtigten Parteien zu, was zu einer Minderung oder Aufhebung der Bedürftigkeit führen kann. Obwohl der Staat aus sozialpolitischen Gründen in zunehmendem Umfang Aufgaben übernommen hat, die ursprünglich familiärer Natur waren, sind Unterhalt und Sozialleistungen nicht durchgängig aufeinander abgestimmt, stehen aber gleichwohl in einem engen Zusammenhang.[39] 26

a) Grundsätze. Ob die Sozialleistung zu einer Minderung oder Aufhebung der Bedürftigkeit führt, hängt – neben der Höhe – vor allem von Charakter und Funktion der jeweiligen Leistung ab; dagegen ist die sozialrechtliche Zweckbestimmung unterhaltsrechtlich nicht maßgebend. Subsidiär, also gegenüber der gesetzlichen Unterhaltspflicht nachrangig ist die Sozialleistung dann, wenn der Unterhaltsanspruch von Gesetzes wegen (s. Rn. 30) oder im Wege der Überleitung (s. Rn. 31) auf den Sozialleistungsträger übergeht. Ist dies vom Gesetz dagegen nicht vorgesehen, dann wird der Unterhaltsschuldner begünstigt, weil es auf Seiten des Gläubigers an einer Bedürftigkeit nach § 1602 Abs. 1 fehlt. 27

---

[31] BGH NJW 1995, 1215.
[32] BGH NJW 1995, 1215. S. zu der Vorschrift ausführlich *Born* FamRZ 1997, 129; *Griesche* FPR 2004, 527; *Scholz* FamRZ 2003, 262; *Gerhardt* FamRZ 2003, 272.
[33] S. BGH NJW 1995, 1215.
[34] Beispiele aus der Rspr. bei *Büttner/Niepmann/Schwamb* Rn. 555.
[35] BGH NJW 1990, 713.
[36] *Wendl/Klinkhammer* § 2 Rn. 487.
[37] BGH NJW 1994, 938.
[38] BGH NJW 1994, 938.
[39] BVerfG NJW 1975, 1691; *Palandt/Brudermüller* Vor § 1601 Rn. 30.

28 **b) Körper- und Gesundheitsschäden.** Hier ist die Sonderregelung des § 1610a zu beachten, die eine – gewollte – Besserstellung des Leistungsempfängers enthält; Einzelheiten werden dort dargestellt.

29 **2. Übergang des Unterhaltsanspruchs.** Nachfolgend werden nur die wesentlichen Grundsätze wiedergegeben; wegen der Einzelheiten ist auf die Spezialliteratur zu verweisen.[40]

30 **a) Gesetzlicher Forderungsübergang.** Typischer Fall einer solchen *cessio legis* ist die Sozialhilfe (s. Rn. 38, 45), die dem Unterhaltsanspruch gegenüber nachrangig ist (§ 2 SGB XII), so dass ihre Gewährung nicht zum Erlöschen des Unterhaltsanspruchs führt.[41] Der Träger der Sozialhilfe kann bis zur Höhe seiner eigenen Aufwendungen den auf ihn übergegangenen Unterhaltsanspruch des Berechtigten gegen den Pflichtigen geltend machen (§ 94 Abs. 1 S. 1 SGB XII iVm. §§ 1601 ff.). Dementsprechend findet kein Anspruchsübergang statt, soweit der Schuldner laufenden Unterhalt leistet (§ 94 Abs. 1 S. 2 SGB XII). Im Falle doppelter Leistung kann der Sozialhilfeträger kondizieren.[42] Bei Verzug des Unterhaltsschuldners (§ 1613 Abs. 1), bei Sonderbedarf (§ 1613 Abs. 2) sowie nach § 94 Abs. 4 SGB XII ab dem Zeitpunkt der schriftlichen Mitteilung der Leistung kann eine rückwirkende Inanspruchnahme vorgenommen werden.[43]

31 **b) Überleitung.** Bei bestimmten Ansprüchen ist – statt der *cessio legis* – für den Anspruchsübergang auf den Sozialhilfeträger eine Ermessensentscheidung erforderlich; für die entsprechende Überleitungsanzeige als Verwaltungsakt gelten die allgemeinen verfahrensrechtlichen Bestimmungen der §§ 31 ff. SGB X.[44] Eine Überleitung ist beispielsweise erforderlich bei Pflichtteilsansprüchen (BGH FamRZ 2005, 448), Schadensersatzansprüchen der Mutter gegen den Arzt wegen Falschbehandlung des Kindes (BGH NJW 2004, 3176), Altenteilsversprechen (BVerwG NJW 2000, 601) oder Ansprüchen auf Herausgabe einer Schenkung (BVerwG NJW 1992, 3312), ohne dass der Rückforderung eine Zuordnung des Geschenkes zum Schonvermögen des verarmten Schenkers entgegen stünde (BGH NJW 2005, 670).

32 **c) Ausschluss des Forderungsübergangs. aa) Gesetzliche Regelung.** Während Unterhaltsansprüche zwischen getrennt lebenden oder geschiedenen Ehegatten auf den Leistungsträger übergehen, findet sich ein Übergangsausschluss in § 94 Abs. 1 S. 2–6, des Weiteren nach § 94 Abs. 1 S. 3 SGB XII beim Personenkreis von § 19 SGB XII; auch zwischen Großeltern und Enkeln wird auf den Regress verzichtet (§ 94 Abs. 1 Satz 3 Hs. 1 Alt. 2 SGB XII) mit der Folge, dass sich die Sozialhilfeleistung unterhaltsrechtlich bedarfsmindernd auswirkt; s. auch § 1601 Rn. 39. Die im Grundsatz unterhaltspflichtigen Personen können den Bedürftigen aber nicht ihrerseits auf den Sozialhilfebezug verweisen.[45] Ein Anspruchsübergang ist auch im Verhältnis zwischen Eltern und Kindern im Falle der Gewährung von Leistungen nach dem Grundsicherungsgesetz im Alter und bei Minderung der Erwerbsfähigkeit ausgeschlossen (§ 94 Abs. 1 S. 3 Hs. 2 SGB XII),[46] ebenso bei Schwangerschaft und Kindesbetreuung (§ 94 Abs. 1 S. 4 SGB XII), bei Ansprüchen gegen Arbeitgeber und Schadensersatzansprüche gegen Dritte (§ 94 Abs. 1 S. 5 SGB XII) und bei anteiligen Unterhaltskosten bei Empfängern von Hilfe zum Lebensunterhalt (§ 94 Abs. 1 S. 6 SGB XII). Ein wichtiger Fall des ausgeschlossenen Anspruchsübergangs liegt vor, wenn der Schuldner **seinerseits Sozialhilfe** bezieht bzw. bei Erfüllung seiner Unterhaltspflicht beziehen würde (§ 94 Abs. 3 S. 1 Nr. 1 SGB XII).[47] Ebenfalls ausgeschlossen ist der Unterhaltsübergang dann, wenn der Unterhaltsanspruch nur mit dem – im Sozialhilferecht unbekannten – Kriterium der **fiktiven Einkünfte** begründet ist; dies gilt unabhängig davon, ob der Anspruch vom Sozialhilfeträger selbst oder – nach Rückabtretung, s. u. Rn. 35 – vom Berechtigten geltend gemacht wird.[48]

33 **bb) Härtefälle.** Würde der Anspruchsübergang zu einer unbilligen Härte führen, hat er ebenfalls zu unterbleiben (§ 94 Abs. 3 S. 1 Nr. 2 SGB XII).[49] Voraussetzung für den Härteeinwand ist zunächst die Feststellung eines bestehenden Unterhaltsanspruchs.[50] Im Rahmen des Elternunterhalts

---

[40] *Hußmann* in *Heiß/Born* Kap. 16 Rn. 2 ff.; *Büttner/Niepmann/Schwamb* Rn. 622 ff., jeweils mwN.
[41] BVerwG NJW 1992, 3113, 3114; BGH NJW 1992, 115.
[42] *Hußmann* FPR 2004, 535.
[43] BGH FamRZ 2003, 860; *Palandt/Brudermüller* Vor § 1601 Rn. 30; *Büttner/Niepmann/Schwamb* Rn. 655.
[44] Zu Einzelheiten s. *Hußmann* in *Heiß/Born* Kap. 16 Rn. 54.
[45] *Scholz* FamRZ 2004, 757; *Palandt/Brudermüller* § 1361 Rn. 24h.
[46] Zu Einzelheiten s. *Hußmann* FPR 2004, 535, 539 ff. Zur bedarfsmindernden Anrechnung von Leistungen der Grundsicherung s. BGH FamRZ 2007, 1158 mit Anm. *Scholz* 1160.
[47] Die frühere Vergleichsberechnung ist nicht mehr erforderlich, s. *Hußmann* FPR 2004, 538.
[48] BGH NJW 1998, 2219; 1999, 2365.
[49] *Scholz* FamRZ 2004, 760; *Landzettel* FamRZ 2004, 1936.
[50] BGH FamRZ 2004, 186 m. Anm. *Schürmann*.

(s. § 1601 Rn. 9–32) wird unbillige Härte angenommen, wenn der Elternteil krankheitsbedingt nicht zu einer Sorge für das Kind in der Lage war.[51]

d) Nebenansprüche. Der zivilrechtliche **Auskunftsanspruch** geht zusammen mit dem Unterhaltsanspruch auf den Leistungsträger über (§ 94 Abs. 1 S. 1 SGB XII). Unabhängig hiervon hat der Sozialhilfeträger ein *eigenes* Auskunftsrecht (§ 117 SGB XII), was zB im Rahmen des Elternunterhalts gegenüber den Ehegatten von – anteilig haftenden – Geschwisterkindern relevant wird (s. § 1601 Rn. 29). Dagegen findet in Bezug auf **Zinsen** kein Anspruchsübergang statt.[52] 34

e) Rückübertragung. Der Sozialhilfeträger kann den auf ihn übergegangenen Unterhaltsanspruch auf den Hilfeempfänger zurück übertragen (§ 94 Abs. 5 SGB XII). Diese Möglichkeit entspricht auch praktischen Bedürfnissen, denn die Ämter haben nicht die personellen Möglichkeiten, selbst die Unterhaltsverfahren der Hilfeempfänger zu führen. Für die Geltendmachung seiner *laufenden* Unterhaltsansprüche ist der Hilfeempfänger ohne weiteres aktivlegitimiert, da mangels gewährter Sozialhilfe kein Anspruchsübergang stattgefunden hat; für die *Vergangenheit* ist der Hilfeempfänger in Bezug auf nach Rechtshängigkeit auf den Sozialhilfeträger übergegangene Ansprüche nicht mehr aktivlegitimiert, allerdings gem. § 265 Abs. 2 ZPO prozessführungsbefugt.[53] Der Sozialhilfeträger hat die Kosten zu übernehmen, mit denen der Hilfeempfänger durch die Geltendmachung des Anspruchs selbst belastet wird (§ 94 Abs. 5 S. 2 SGB XII); der Anspruch des Hilfeempfängers auf **Prozesskostenhilfe** bleibt von diesem Freistellungsanspruch unberührt,[54] außer in Sonderfällen, zB dann, wenn nach Rückübertragung Unterhalt nur für die Vergangenheit und nur im Umfang der gewährten öffentlichen Leistung geltend gemacht wird.[55] 35

3. Einkommensersatz. Hat die Sozialleistung die Funktion des Einkommensersatzes, ist sie – bedarfsdeckend – grundsätzlich uneingeschränkt als Einkommen des Unterhaltsberechtigten anzurechnen. Als entsprechende Sozialleistungen kommen insbesondere in Betracht: 36
– Arbeitslosengeld I
– Elterngeld[56]
– Kurzarbeiter- und Schlechtwettergeld
– Berufsausbildungsbeihilfe/Arbeitsförderung[57]
– Krankengeld
– Übergangsgeld in der Unfall- und Rentenversicherung
– Konkursausfallgeld
– Unterhaltsgeld
– Rentenzahlungen.[58]
Beim Arbeitslosengeld ist zu differenzieren:

a) Arbeitslosengeld I. Das ALG I (§ 117 SGB III) hat Lohnersatzfunktion; es ist – ebenso wie Krankengeld und Krankentagegeld – als bedarfsdeckendes Einkommen einzusetzen.[59] 37

b) Arbeitslosengeld II. Durch „Harz IV" wurde durch Zusammenlegung der früheren Arbeitslosenhilfe mit der Sozialhilfe im SGB II für erwerbsfähige Hilfsbedürftige das ALG II als Grundsicherung für Arbeitsuchende eingeführt. Die bisherige Sozialhilfe des BSHG wurde – unter 38

---

[51] BGH FamRZ 2004, 1097.
[52] OLG Hamm FamRZ 2002, 983.
[53] Hier ist allerdings eine Anpassung des Klageantrags an die materielle Rechtslage dahin erforderlich, dass in Höhe der übergegangenen Ansprüche Zahlung an den Sozialhilfeträger verlangt wird. Zu Einzelheiten s. *Born* in *Heiß/Born* Kap. 22 Rn. 38–46, *Hußmann* aaO Kap. 16 Rn. 44.
[54] OLG Zweibrücken FamRZ 2001, 629; OLG Braunschweig FamRZ 2000, 1023; OLG Nürnberg FamRZ 1999, 1284; OLG Koblenz FamRZ 1998, 246; OLG Saarbrücken FamRZ 1997, 617; OLG Köln FamRZ 1997, 297; **aA** OLG Karlsruhe FamRZ 1999, 1508; OLG Bremen NJWE-FER 2000, 76; OLG Oldenburg FamRZ 1998, 435; OLG Koblenz FamRZ 1997, 1086; OLG Celle FamRZ 1999, 1284. Die erstgenannte Ansicht ist zu bevorzugen, was sich auch aus der Gesetzesbegründung zum – gleich lautenden – § 7 Abs. 4 S. 3 UVG ergibt (BT-Drucks. 13/7338 S. 46); zu weiteren Einzelheiten s. *Hußmann* in *Heiß/Born* Kap. 16 Rn. 45.
[55] OLG Hamm FamRZ 1997, 275 (Hinweis zu § 91 BSHG aF); *Born* in *Heiß/Born* Kap. 22 Rn. 47.
[56] OLG NJW 2011, 70 = FamRZ 2011, 97 m. Anm. *Eichel*; danach bleiben allerdings 300 € monatlich nach § 11 S. 1 BEEG unberücksichtigt.
[57] BGH NJW-RR 1986, 426 (früher: § 40 Abs. 3 iVm. § 140 Abs. 1 S. 2–4 AFG; jetzt: § 72 SGB III – Arbeitsförderung; bei Gewährung als Vorauszahlung ist sie subsidiär).
[58] U. a. BGH NJW 1983, 1481 (für EU-Rente). Dasselbe gilt bei Renten wegen Alters- und Berufsunfähigkeit.
[59] Vgl. dazu Ziffer 2.1 der unterhaltsrechtlichen Leitlinien zahlreicher Oberlandesgerichte. Die Leitlinien sind abgedruckt in NJW 2008, Beilage zu Heft 10; 2007, Beilage zu Heft 32, in FamRZ 2008, 215, 333; 2007, 1373 sowie unter www.heiss-born.de.

gleichzeitiger Integration des Grundsicherungsgesetzes – vom SGB XII abgelöst.[60] Die Grundsicherung gilt für erwerbsfähige Personen im Alter von 15 bis 65 Jahren sowie für mit diesen in Bedarfsgemeinschaft lebende nicht erwerbsfähige Angehörige.[61] Unterhaltsrechtlich ist zu differenzieren:
– wird ALG II an den *Pflichtigen* gezahlt, ist es dort nicht als Einkommen zu berücksichtigen;[62]
– wird ALG II an den *Berechtigten* gezahlt, ist es grundsätzlich nicht als Einkommen anzusehen, es sei denn, dass der Anspruch nach § 33 Abs. 2 S. 1 SGB II nicht übergeleitet werden kann.[63]

39 Beim ALG II handelt es sich um eine von dem früheren Einkommen unabhängige Sozialleistung, die dem notwendigen Bedarf des Schuldners entspricht; deshalb wird durch diese Leistung keine Leistungsfähigkeit des Schuldners begründet. Seit dem 1. 8. 2006 findet gem. § 33 SGB II die *cessio legis* statt; hier gilt somit das Gleiche wie nach § 94 SGB II (s. Rn. 30).[64]

40 **4. Unterhaltsersatz.** Hat die sozialstaatliche Zuwendung die Funktion des Unterhaltsersatzes, kommt es darauf an, ob sie gegenüber dem Unterhalt subsidiär ist. Ist dies der Fall, dann ist sie auf den Bedarf nicht anzurechnen, andererseits durchaus. Ohne Anspruch auf Vollständigkeit ist nachfolgend auf einige Formen dieser Zuwendungen einzugehen.

41 **a) Ausbildungsförderung.** Zu Aufgaben und Grundlagen der öffentlichen Ausbildungsförderung s. § 1610 Rn. 275 ff. Im Rahmen der Förderung nach dem **BAföG**[65] ist zwischen den – nicht als Einkommen anzurechnenden[66] bloßen Vorausleistungen und sonstigen – den Unterhaltsbedarf grundsätzlich mindernden – Zuwendungen nach dem BAföG zu unterscheiden. Letzteres gilt nach der Rechtsprechung[67] auch für den als zinsbegünstigtes Darlehen gewährten Teil der Förderung. Bei möglicher, aber nicht durchgeführter Inanspruchnahme kann ein fiktives Einkommen zugerechnet werden.[68] Begründet wird dies mit den recht günstigen Darlehensbedingungen und den vorteilhaften Rückzahlungsmodalitäten, die auch die Möglichkeit eines Teilerlasses beinhalten. Da es sich aber um Billigkeitsgesichtspunkte handelt, kommt auch die Möglichkeit in Betracht, das Darlehen nicht anzurechnen und den Berechtigten nicht auf diese Kreditmöglichkeit zu verweisen.[69] Der Gläubiger eines Anspruchs auf Ausbildungsunterhalt muss gegen einen ablehnenden BAföG-Bescheid kein Rechtsmittel einlegen.[70] Der Anspruch des Kindes auf Ausbildungsunterhalt gegen seine Eltern geht im Wege der *cessio legis* (s. Rn. 30) gem. § 37 BAföG auf das Land über.

42 **b) Erziehungsgeld.** Das Erziehungsgeld soll einem Elternteil die persönliche Betreuung des Kindes in dessen erster Lebensphase ermöglichen und dem erziehungsberechtigten Elternteil während dieser Zeit den Verzicht auf die eigene Erwerbstätigkeit erleichtern.[71] Nach ausdrücklicher gesetzlicher Vorgabe (§ 9 S. 1 BErzGG) werden Unterhaltsverpflichtungen durch die Gewährung von Erziehungsgeld grundsätzlich nicht berührt; entsprechende Zahlungen erhöhen also auf Seiten des *Pflichtigen* grundsätzlich nicht dessen Leistungsfähigkeit und mindern umgekehrt auf Seiten des *Bedürftigen* auch nicht die Bedürftigkeit.[72] Dies gilt sowohl für den Fall, dass der Pflichtige Kindern aus erster und zweiter Ehe sowie seiner zweiten Ehefrau Unterhalt schuldet,[73] wie im Rahmen von § 1615 l[74] (s. dort Rn. 46). S. auch § 1603 Rn. 44.

43 Als **Ausnahme** muss sich der Empfänger das Erziehungsgeld (ganz oder teilweise) als Einkommen anrechnen lassen, wenn er aus Billigkeitsgründen nur einen eingeschränkten Unterhaltsanspruch hat (§§ 1361 Abs. 3, 1579, 1611 Abs. 1) oder verschärft haftet (§ 1603 Abs. 2);[75] diese Grundsätze gelten

---
[60] *Behrens* u. a. FPR 2005, 419; *Steck/Kossens* FPR 2006, 424; *Scholz* FamRZ 2006, 1417; *Schürmann* FuR 2006, 349 zu den Neuregelungen zum 1. 8. 2006.
[61] Nach § 7 Abs. 1–3 SGB II einschließlich im Haushalt lebender volljähriger Kinder. Zu Einzelheiten in Bezug auf bedürftigkeitsausschließendes Einkommen und Vermögen und Leistungen s. *Klinkhammer* FamRZ 2004, 1909; s. auch Rspr. in FamRZ 2006, 1296 ff.; s. auch *Palandt/Brudermüller* § 1361 Rn. 24.
[62] BGH FamRZ 1996, 1067, 1070; NJW 1987, 1551; *Palandt/Brudermüller* § 1361 Rn. 24; *Büttner/Niepmann/Schwamb* Rn. 545.
[63] S. dazu Ziffer 2.2 der unterhaltsrechtlichen Leitlinien, s. Fn. 58. S. ausführlich *Klinkhammer* FamRZ 2006, 1171.
[64] Zu Einzelheiten DIJuF Jugendamt 2006, 337; *Scholz* FamRZ 2006, 1421.
[65] Zu weiteren Arten der Ausbildungsförderung s. *Büttner/Niepmann/Schwamb* Rn. 661.
[66] BGH NJW 1985, 2331.
[67] BGH NJW 1985, 2331; vgl. Ziffer 2.4 der unterhaltsrechtlichen Leitlinien (Fn. 59).
[68] OLG Schleswig FamRZ 2006, 571; *Palandt/Brudermüller* § 1361 Rn. 24b.
[69] *Büttner/Niepmann/Schwamb* Rn. 663. Kritisch auch *Deisenhofer* in *Heiß/Born* Kap. 12 Rn. 123.
[70] BGH FamRZ 1989, 499; *Palandt/Brudermüller* § 1361 Rn. 24b.
[71] *Lindemann/Simon* NJW 2001, 258.
[72] OLG Hamm FamRZ 1995, 805; s. Ziffer 2.5 der unterhaltsrechtlichen Leitlinien (Fn. 58).
[73] BGH FamRZ 2006, 1182 m. Anm. *Luthin*.
[74] BVerfG FamRZ 2000, 1149 mwN; *Palandt/Brudermüller* § 1361 Rn. 24c.
[75] OLG Brandenburg NJW-RR 2002, 939; OLG Dresden FamRZ 2000, 1432; OLG Nürnberg FamRZ 1998, 981; 1995, 674.

Bedürftigkeit 44–48 § 1602

beim Bedürftigen wie beim Pflichtigen.[76] Folglich ist das Erziehungsgeld von einem geschiedenen und wiederverheirateten Elternteil für den Barunterhaltsanspruch minderjähriger Kinder einzusetzen,[77] ebenso gegenüber privilegierten volljährigen Kindern,[78] allerdings nur, soweit der notwendige Selbstbehalt des Erziehungsgeldempfängers sichergestellt ist.[79] Für die ab 1. 1. 2007 geborenen Kinder ist das **Elterngeld** an die Stelle des Erziehungsgeldes getreten; die dazu ergangene Rechtsprechung gilt entsprechend. Zur Höhe sowie zur Veränderung durch das Bundeselterngeld- und Bundeselternzeitgesetz (BEEG) wird auf die einschlägige aktuelle Literatur[80] verwiesen.

c) Waisenrente. Sofern das Kind eine Waisenrente oder eine Halbwaisenrente bezieht, mindert sich sein Unterhaltsbedarf entsprechend deren Höhe.[81] Bei Gewährung einer Halbwaisenrente nach dem Tod eines Elternteils richtet sich der Unterhaltsanspruch des Kindes in Höhe des vollen Bedarfs gegen den überlebenden Elternteil; diesem kommt dann auch die Minderung der Unterhaltsbedürftigkeit durch die Rente in vollem Umfang zu Gute.[82] Wird dagegen die Rente nach dem Tode des Stiefvaters gewährt, während die unterhaltspflichtigen Eltern weiterhin beide in Anspruch genommen werden können, kann die Waisenrente nicht einseitig der Entlastung eines Elternteils dienen; sie muss vielmehr beiden Eltern nach Maßgabe ihrer Haftungsanteile zu Gute kommen.[83] 44

d) Sozialhilfe. Sie lässt den bürgerlich-rechtlichen Unterhaltsanspruch grundsätzlich unberührt, da sie subsidiär ist und den Pflichtigen nicht von seiner Last befreien soll; auf Seiten des Berechtigten ist sie nicht als Einkommen anzusetzen.[84] Soweit Sozialhilfe gewährt wird, geht der Unterhaltsanspruch von Gesetzes wegen (s. Rn. 30) auf den Träger der Sozialhilfe über. Aber auch dann, wenn der Übergang ausnahmsweise nicht stattfindet (etwa deshalb, weil der Unterhaltsanspruch auf der Berücksichtigung fiktiver Einkünfte des Schuldners beruht, die im Sozialhilferecht nicht zu berücksichtigen sind), bleibt es grundsätzlich bei der Subsidiarität der Sozialhilfe.[85] Allenfalls kann eine Anrechnung gewährter Sozialhilfe auf den Bedarf nach Treu und Glauben (§ 242) stattfinden. 45

e) Unterhaltsvorschuss. Leistungen in Form von Unterhaltsvorschuss nach dem UVG werden wegen des Ausfalls von Leistungen des barunterhaltspflichtigen Elternteils für Kinder bis zur Vollendung des 12. Lebensjahres gewährt; der Elternteil, bei dem das Kind lebt, soll von der Erwerbstätigkeit freigestellt werden.[86] Subsidiär sind die Vorschüsse nur gegenüber dem barunterhaltspflichtigen Elternteil, nicht dagegen gegenüber anderen Unterhaltspflichtigen.[87] Im Umfang erbrachter Leistungen geht der Unterhaltsanspruch (einschließlich des unterhaltsrechtlichen Auskunftsanspruchs) gem. § 7 UVG auf das Land über.[88] Der Anspruchsübergang ist beim UVG – anders als bei der Sozialhilfe – nicht ausgeschlossen, soweit die Unterhaltspflicht auf der Zurechnung **fiktiver Einkünfte** beruht.[89] Eine **Rückübertragung** zum Zwecke gerichtlicher Geltendmachung ist gem. § 7 Abs. 4 S. 2 UVG zulässig.[90] 46

5. Weitere zweckbestimmte Leistungen. Hier ist – ohne Anspruch auf Vollständigkeit – beispielsweise an Blindengeld und an Pflegegeld zu denken. 47

a) Blindengeld. Es ist Einkommen des Blinden; für seine Anrechnung gilt die – widerlegliche – Vermutung des § 1610a.[91] Zu Einzelheiten s. dort. 48

---

[76] OLG Dresden FamRZ 2000, 1432; OLG Nürnberg FamRZ 1995, 674.
[77] OLG Frankfurt FamRZ 1991, 584.
[78] OLG Koblenz ZfJ 2000, 395; OLG Jena FamRZ 1999, 1526.
[79] BGH NJW 2006, 1010 m. Anm. *Borth*; *Palandt/Brudermüller* § 1361 Rn. 24c.
[80] *Justin* FamRZ 2011, 433; *Röhl* NJW 2010, 1418; *Scholz* FamRZ 2007, 7; *Palandt/Brudermüller* § 1361 Rn. 24c.
[81] BGH NJW 2009, 1742; NJW 2006, 3421 = FamRZ 2006, 1597 m. Anm. *Born* 1600; OLG Stuttgart FamRZ 2001, 1241; *Palandt/Brudermüller* Rn. 11.
[82] BGH NJW 1981, 168; für hälftige Anrechnung auf den Tabellenbetrag (zuzüglich konkreter Betreuungskosten) OLG Stuttgart FamRZ 2006, 59.
[83] BGH NJW 1981, 168.
[84] BGH FamRZ 1984, 364.
[85] BGH FamRZ 2000, 1358; 1999, 843 mit zahlreichen weit. Nachw. auch zur Gegenmeinung.
[86] BT-Drucks. 8/2774 S. 11. Zur Änderung des UVG zum 1. 1. 2008 s. *Hußmann* FPR 2008, 93.
[87] *Hußmann* in *Heiß/Born* Kap. 13 Rn. 40 mwN.
[88] OLG Koblenz FamRZ 1998, 1123; für die Vergangenheit aber nur unter den Voraussetzungen von § 7 Abs. 2 UVG. Unterhaltsrückstände aus der Zeit vor Erlass des Bewilligungsbescheides können nicht geltend gemacht werden (OLG Schleswig FuR 2002, 46), verspätete Geltendmachung übergegangener Ansprüche kann zur Verwirkung führen (OLG Düsseldorf NJWE-FER 2001, 569).
[89] OLG JAmt 2001, 241; BGH FamRZ 2001, 619 unter II Nr. 8; OLG Hamm JAmt 2003, 159.
[90] OLG Hamm NJW-RR 1998, 1083; *Born* in *Heiß/Born* Kap. 22 Rn. 51. Dies gilt auch in Übergangsfällen (BGH NJW 2000, 812).
[91] OLG Schleswig FamRZ 1992, 471 mwN.

49 **b) Pflegegeld.** Es wird nach § 39 SGB VIII für die Betreuung und Erziehung fremder gesunder Kinder gewährt, nach § 64 SGB XII (früher § 69 BSHG) außerdem für die häusliche Pflege eigener schwerbehinderter Kinder.

50 **aa) Fremde Kinder.** Obwohl die Zahlung für das Kind bestimmt ist,[92] ist der für die angemessene Versorgung des Kindes *nicht verbrauchte Teil* des Pflegegeldes als eigenes Einkommen der Pflegeperson anzusehen.[93]

51 **bb) Eigene behinderte Kinder.** Die für die häusliche Pflege geleisteten Zahlungen dienen nicht der Vergütung, sondern zur Stärkung der Pflegebereitschaft. In Höhe des nicht weitergeleiteten und nicht verbrauchten Betrages werden die Zahlungen als eigene Einkünfte der unterhaltsbedürftigen Pflegeperson angesehen.[94] Wird das Pflegegeld direkt an die pflegebedürftige Mutter ausgezahlt, muss sich die Tochter auf ihre eigenen Unterhaltsansprüche eine zumutbare Vergütung bedarfsmindernd anrechnen lassen;[95] allerdings kommt hier die Anwendung des Rechtsgedankens von § 13 Abs. 6 SGB XI in Betracht. S. dazu Rn. 52.

52 **c) Pflegeversicherung.** Zahlungen an den Pflegebedürftigen (§ 37 SGB XI) sind zur Deckung allein des Pflegebedarfs bestimmt; dagegen wird der allgemeine Lebensbedarf (Kosten für Unterkunft und Verpflegung, § 43 SGB XI) durch diese Zahlungen nicht gedeckt.[96] Als Folge bleibt zB im Rahmen des Elternunterhalts eine Unterhaltspflicht bestehen (s. § 1601 Rn. 16), was besonders bei geringen Renten der Eltern akut wird. Der Anteil des zur Motivation der Pflegeperson und Abgeltung der erbrachten Bemühungen gezahlten Pflegegeldes ist nach § 13 Abs. 6 SGB XI[97] als eigenes Einkommen nur noch in folgenden Ausnahmefällen relevant: Auf Seiten des *Berechtigten* in Verwirkungsfällen (§§ 1361 Abs. 3, 1579, 1611), auf Seiten des *Pflichtigen* bei verschärfter Haftung (§ 1603 Abs. 2) gegenüber minderjährigen und privilegiert volljährigen Kindern, sofern der eigene notwendige Unterhalt durch eigene Erwerbseinkünfte oder Unterhalt zB von Seiten des Ehegatten gesichert ist[98] (s. Rn. 42).

IV. Leistungen dritter Personen

53 Bei Leistungen Dritter an den Unterhaltsberechtigten ist hinsichtlich ihrer Anrechenbarkeit auf den Bedarf zu differenzieren. Es kommt dabei auf das Verhältnis des Dritten zum Unterhaltsgläubiger und zum Unterhaltsschuldner an, ferner auf die Art der Leistung und die Willensrichtung des Dritten.

54 **1. Unterhaltsleistungen.** Bei Unterhaltsleistungen, die der Berechtigte von dritter Seite erhält, ist die Rangfolge entscheidend, in der Verwandte einander gemäß § 1606 haften. Soweit ein vorrangig Haftender Unterhalt leistet, muss sich der Gläubiger diesen Beitrag im Verhältnis zum Nachrangigen voll anrechnen lassen mit der Folge, dass dieser nur noch für einen uU gegebenen Restbedarf einzustehen hat. Erhält der Gläubiger dagegen von einem nachrangig Verpflichteten Unterhalt, mindert das seinen Bedarf nicht. Vielmehr geht der Unterhaltsanspruch insoweit ggf. nach § 1607 auf den Leistenden über. Allerdings ist auch denkbar, dass etwa Großeltern ihrem Enkel Unterhalt leisten, um ihren Sohn als den eigentlichen vorrangigen Schuldner zu entlasten. Soweit ein solcher Wille im Einzelfall erkennbar ist, mindert sich der Bedarf des Enkels entsprechend. Erbringt ein gleichrangig Haftender, etwa ein Elternteil (§ 1606 Abs. 3 S. 1), Unterhalt, so ist dieser in dem Verhältnis anzurechnen, das den Erwerbs- und Vermögensverhältnissen der Eltern entspricht. Leistet danach der betreffende Elternteil mehr Unterhalt, als seinem Haftungsanteil entspricht, hat er gegen den anderen Elternteil uU einen Ausgleichsanspruch.

55 **2. Sonstige Zuwendungen.** Das Unterhaltsrecht wird u. a. von dem Grundsatz geprägt, dass Zuwendungen Dritter, soweit sie ohne Rechtsanspruch gewährt werden und freiwillig erfolgen, dem Zuwendungsempfänger allein zugute kommen, sich somit auf das Unterhaltsrechtsverhältnis nicht auswirken sollen. Eine Ausnahme ist dann zu machen, wenn sich dem Willen des Zuwendenden[99] etwas

---

[92] BGH FamRZ 1984, 769, 772.
[93] OLG Hamm FamRZ 1994, 516; zur angemessenen Aufteilung s. *Büttner* FamRZ 1995, 193, 198. S. auch *Fieseler/Busch* FPR 2004, 448.
[94] BGH FamRZ 1987, 259; *Wendt* FamRZ 1987, 1106.
[95] OLG Hamm FamRZ 1996, 36.
[96] *Büttner* FamRZ 1995, 193, 197.
[97] Hierdurch sind die gegenteiligen Entscheidungen BGH FamRZ 1993, 417 sowie OLG Braunschweig FamRZ 1996, 1216 überholt.
[98] *Büttner* FamRZ 2000, 597.
[99] Der aus den persönlichen Beziehungen zwischen den Beteiligten hergeleitet werden kann (OLG Saarbrücken FamRZ 1999, 396).

anderes entnehmen lässt,[100] nämlich dass er mit der Zuwendung zugleich bezweckt, den Unterhaltspflichtigen zu entlasten.[101] Alle freiwilligen Leistungen Dritter sind gleich zu behandeln; es ist also unerheblich, ob es sich um erbrachte Betreuungsleistungen gegenüber Kindern, überobligatorische Pflegeleistungen[102] oder Geld- oder Sachzuwendungen (zB in Form von Wohnungsgewährung) handelt.[103]

Zuwendungen im Rahmen einer auf Dauer angelegten nichtehelichen **Lebensgemeinschaft** 56 des Unterhaltsberechtigten mit einem Dritten mindern die Unterhaltsbedürftigkeit nur, wenn damit der Zweck verfolgt wird, den Unterhaltspflichtigen zu entlasten (was kaum jemals der Fall sein wird).[104] Etwas anderes gilt, wenn die Zuwendung als Entgelt für hauswirtschaftliche o. ä. Versorgungsleistungen anzusehen ist.[105] Insofern ist die Situation mit der neuen Partnerschaft und ihrer unterhaltsrechtlichen Relevanz bei getrennt lebenden oder geschiedenen Ehegatten vergleichbar.

V. Vermögen des Berechtigten

1. Vermögenserträgnisse. Hier ist zwischen dem Stamm des Vermögens und den Vermögens- 57 erträgnissen zu unterscheiden. Letztere sind stets bedarfsmindernd anzurechnen.[106] Dabei kommt es auf die Herkunft des Vermögens nicht an.

2. Vermögensstamm. Was die Verwertung des Vermögensstamms betrifft, ist zunächst danach 58 zu differenzieren, ob der Unterhaltsgläubiger minderjährig oder volljährig ist. Ein Minderjähriger braucht den Stamm seines Vermögens für Unterhaltszwecke nicht einzusetzen (§ 1602 Abs. 2), es sei denn, der angemessene Unterhalt des Pflichtigen wäre gefährdet (§ 1603 Abs. 2 S. 3 Halbs. 2). Dagegen hat ein Volljähriger grundsätzlich den Stamm seines Vermögens anzugreifen (Umkehrschluss aus § 1602 Abs. 2). Auch dabei kommt es auf die Herkunft des Vermögens nicht an. Der Volljährige ist gehalten, es einzusetzen, auch wenn er es im Wege der freiwilligen Zuwendung eines Dritten erlangt hat, solange es ihm zweckfrei überlassen wurde.[107] Inwieweit das Vermögen einzusetzen ist, ist auf Grund einer umfassenden **Zumutbarkeitsabwägung** zu entscheiden, die alle bedeutsamen Umstände,[108] auch die Lage des Unterhaltspflichtigen, berücksichtigt.[109] Ob dabei der für den Ehegattenunterhalt nach Scheidung geschaffene § 1577 Abs. 3 entsprechend anwendbar ist, ist streitig. Im Schrifttum[110] wird das – mit Recht – überwiegend verneint. Die Grenze der Zumutbarkeit wird etwas enger zu ziehen sein als nach der genannten Vorschrift, angenähert etwa dem Begriff der groben Unbilligkeit.[111] Dem Unterhaltsberechtigten ist insbesondere ein sog. **Notgroschen** für Fälle plötzlich auftretenden (Sonder-)Bedarfs zu belassen, bei dessen Bemessung Vorschriften des Sozialhilferechts herangezogen werden können.[112]

Beleihungsfähiger **Grundbesitz** ist uU für eine **Kreditaufnahme** einzusetzen, mit deren Hilfe 58a der Volljährige seinen Ausbildungsunterhalt abdecken kann.[113]

VI. Naturalleistungen des Barunterhaltspflichtigen

1. Einführung. An sich ist der Unterhalt, soweit es sich nicht um Betreuungsunterhalt handelt, 59 in bar zu leisten (§ 1612 Abs. 1 S. 1). Aus besonderen Gründen kann eine andere Art der Unterhaltsgewährung verlangt werden (S. 2 der genannten Vorschrift). Geht es um Unterhalt für ein unverheiratetes – auch volljähriges – Kind, so können in den Grenzen des § 1612 Abs. 2 die Eltern die Art

---

[100] BGH NJW 1995, 1486 mwN.
[101] Vgl. dazu den vom OLG Frankfurt FamRZ 1993, 98, entschiedenen Sonderfall („Ausbildungsvertrag" der Eltern mit einem Dritten, der später Internatsaufenthalt finanziert).
[102] BGH NJW 1995, 1486.
[103] Vgl. zu letzterem BGH NJW 1992, 2477 (mietfreies Wohnen der Tochter im Haus der Eltern soll den unterhaltspflichtigen Ehemann nicht entlasten).
[104] Dazu OLG Hamm FamRZ 1998, 767.
[105] OLG Celle FamRZ 1993, 353; *Büttner* FamRZ 2002, 1446; **aA** (Anrechnung auch ohne solche Gegenleistungen) OLG Koblenz FamRZ 1991, 1469.
[106] *Büttner/Niepmann/Schwamb* Rn. 573 ff. mwN.
[107] BGH FamRZ 1998, 367; OLG Hamm OLGR 2007, 344 = FamRZ 2007, 929 (Ls.); OLG München FamRZ 1996, 1433; s. aber OLG Köln NJW-FER 1996, 179 (Student muss Studium selbst finanzieren).
[108] Beispielsweise sind ohne Einfluss auf die Bedürftigkeit 10 000 DM bei einem Studenten (OLG Karlsruhe FamRZ 1996, 1235) oder der Erwerb des Führerscheins und eines Gebrauchtwagens (OLG Celle FamRZ 2001, 47).
[109] BGH NJW 1998, 978.
[110] Nachw. bei BGH NJW 1998, 978.
[111] So mit Recht BGH NJW 1998, 978 mwN.
[112] HM; s. BGH NJW 1998, 978 mwN; OLG Schleswig MDR 2000, 163.
[113] So OLG Bamberg FamRZ 1999, 876 (entschieden in einem Fall, in dem das Grundvermögen gerade im Hinblick auf den Bedarf an Ausbildungsunterhalt vorab übertragen worden war).

§ 1602   59a–63   Abschnitt 2. Titel 3. Unterhaltspflicht

der Unterhaltsgewährung bestimmen. Geschieht das nur hinsichtlich eines Teils des Barunterhalts, so genügt dies den Anforderungen des § 1612 Abs. 2 regelmäßig nicht.[114] Wegen der Einzelheiten wird auf die Kommentierung zu § 1612 verwiesen.

59a Es kann auch so sein, dass bestimmte Leistungen des an sich Barunterhaltspflichtigen unwidersprochen naturaliter erbracht werden. Das soll hier behandelt werden.

60 **2. Wohnvorteil.** sWohnt das unterhaltsberechtigte Kind einvernehmlich in einer Wohnung, für die der Pflichtige die Miete entrichtet, oder in einem Haus, für das er die Belastungen trägt, so wird damit der Wohnbedarf des Kindes befriedigt. Problematisch ist, in welcher Höhe sich das auf den an sich aus den wirtschaftlichen Verhältnissen des Pflichtigen abzuleitenden Barunterhaltsanspruch auswirkt. Der in den Tabellensätzen enthaltene Wohnbedarfsanteil wird nämlich nicht offen ausgewiesen. Das OLG Hamburg[115] hat in Anlehnung an eine Entscheidung des BGH zu § 844 Abs. 2[116] eine Aufteilung des konkreten Wohnvorteils auf Ehefrau und zwei Kinder im Verhältnis 2 : 1 : 1 erwogen, kam damit aber zu einem im Verhältnis zum Tabellensatz zu hohen Wohnanteil, der beim Betrag nach der untersten Einkommensgruppe nur etwa 11,4% betrage. Das OLG Düsseldorf hat für mittlere Einkommensbereiche den Wohnkostenanteil im Tabellenunterhalt mit 15% angenommen.[117]

61 Die Problematik ist derjenigen beim Ehegattenunterhalt vergleichbar (früheres Stichwort: „Drittelobergrenze"). In dieser Hinsicht hat der BGH beim Trennungsunterhalt eine generell schematisierende Betrachtung abgelehnt und eine konkrete Angemessenheitskontrolle bezüglich des Verhältnisses von anzurechnendem Wohnvorteil zu den für den sonstigen Lebensbedarf zu belassenden Mitteln verlangt.[118] An dieser letztlich einzelfallbezogenen Bewertung führt auch beim Verwandtenunterhalt nur dann ein Weg vorbei, wenn – wie es in einzelnen unterhaltsrechtlichen Leitlinien vorgeschlagen wird – die in dem pauschalierten Bedarf eines in Ausbildung befindlichen Volljährigen enthaltene Warmmiete offen ausgewiesen wird.[119]

62 **3. Sachleistungen.** Es kommt vor, dass sich ein Kind in größerem zeitlichen Umfang beim nichtsorgeberechtigten Elternteil aufhält und dieser ihm Sachleistungen (wie insbesondere Beköstigung) gewährt. Das kann nur dann zu einer Kürzung des Barunterhalts führen, wenn der zeitweilige Aufenthalt über das Ausmaß von üblichen Umgangskontakten deutlich hinausgeht. Zu bedenken ist auch, ob bei der Bemessung des Barunterhalts dieser Umstand bekannt war und einbezogen worden ist (Rechtsgedanke des Sonderbedarfs mit umgekehrtem Vorzeichen).[120] Bei einer Verweildauer von jahresdurchschnittlich 40% beim Barunterhaltspflichtigen hat das OLG Hamm den Barbedarf gekürzt, aber um deutlich weniger als 40%, weil bestimmte laufende Kosten dem anderen Elternteil verbleiben (Wohnung mit Nebenkosten, Kleidung u. ä.).[121]

VII. Verfahrensrechtliches

63 **1. Zuständigkeit. a) Familiensachen.** Die Amtsgerichte sind nach § 23a Abs. 1 Nr. 1 GVG sachlich für Familiensachen zuständig, innerhalb des Amtsgerichts sind nach § 23b Abs. 1 GVG die zu bildenden Abteilungen für Familiensachen zuständig; diese werden in § 111 FamFG abschließend aufgezählt, wodurch die Kataloge der § 23b Abs. 1 S. 2 GVG aF und der §§ 606, 621 Abs. 1 ZPO aF abgelöst worden sind. Damit entscheiden die Familiengerichte jetzt auch über den Unterhalt außerehelich geborener Kinder, weiter über Unterhaltsansprüche der und gegen die ferneren Verwandten (Großeltern u. a.), Forderungen der nichtehelichen Mutter und des nichtehelichen Vaters nach § 1615l, m und n. Auch wer aus übergegangenem Recht klagt (Sozialamt, Unterhaltsvorschusskasse, BAföG-Amt), landet – wie bisher – beim Familiengericht. Lediglich rein vertraglich begründete Ansprüche (im Verwandtenunterhalt äußerst selten) bleiben in der Zuständigkeit der allgemeinen Prozessabteilung. Auch die vereinfachten Verfahren gemäß § 249 Abs. 1 FamFG = §§ 645 ff. ZPO aF gehören vor das Familiengericht.[122]

---

[114] BGH NJW-RR 1993, 322.
[115] OLG Hamburg FamRZ 1991, 472.
[116] BGH FamRZ 1988, 921, 925.
[117] OLG Düsseldorf NJW-RR 1994, 326.
[118] BGH NJW 1998, 2821.
[119] So zB in den Unterhaltsrechtlichen Grundsätzen der Familiensenate des OLG Hamburg/Stand 1. 1. 2008 (unter Ziff. 13.1.2), 270 Euro Warmmiete in 640 Euro Bedarfspauschale.
[120] BGH NJW 1984, 2826.
[121] OLG Hamm FamRZ 1994, 529. Ähnlich AG Mettmann FamRZ 1999, 44 m. Anm. *Sander*. S. auch OLG Düsseldorf FamRZ 1999, 1530 [LSe].
[122] Wegen der Zuständigkeit für solche Verfahren, die die gesetzliche Unterhaltspflicht *betreffen* (Familiensachen kraft Sachzusammenhangs), vgl. die an die bisherige Rspr. angelehnte Auflistung von *Johannsen/Henrich/Sedemund-Treiber* § 23b GVG Rn. 55.

b) Rechtsmittelzug. Der schon für die Zeit bis zum 30. 6. 1998 bestehende Rechtsmittelzug **64** in Familiensachen ist auf die seitdem in die Zuständigkeit des Familiengerichts fallenden Sachen ausgedehnt worden. Auch in Familienstreitsachen, zu denen nach § 112 Nr. 1 FamFG die Unterhaltssachen nach § 231 Abs. 1 FamFG gehören, ist gegen Endentscheidungen (§ 38 Abs. 1 FamFG) die Beschwerde (§ 58 FamFG) zum Familiensenat des OLG das einzige statthafte Rechtsmittel; eine Berufung gibt es nicht mehr. Einzulegen ist die Beschwerde zwingend nach § 64 Abs. 1 FamFG beim Ausgangsgericht, in Unterhaltsachen also beim Familiengericht. Die Rechtsbeschwerde (§ 70 FamFG) zum BGH gegen Endentscheidungen des OLG in Unterhaltsachen ist nur bei Zulassung durch das OLG (§§ 70 Abs. 2 FamFG) statthaft.

c) Örtliche Zuständigkeit. Hier ist nach § 232 Abs. 1 FamFG zunächst danach zu differenzie- **65** ren, ob eine Ehesache anhängig oder nicht. Ist das der Fall, so ist (auch) für Sachen, die die gesetzliche Unterhaltspflicht gegenüber einem gemeinschaftlichen Kind betreffen, das Gericht der Ehesache erster Instanz ausschließlich zuständig (§ 232 Abs. 1 Nr. 1 FamFG), allerdings mit Ausnahme von vereinfachten Verfahren zur Abänderung von Unterhaltstiteln.

Im Übrigen ist nach § 232 Abs. 1 Nr. 2 FamFG (= § 642 ZPO aF) für Verfahren betreffend die **66** gesetzliche Unterhaltspflicht der Eltern gegenüber einem minderjährigen Kind das Gericht ausschließlich zuständig, bei dem das Kind oder der es gesetzlich vertretende Elternteil seinen gewöhnlichen Aufenthalt hat.

Abs. 3 der genannten Vorschrift begründet eine Annexzuständigkeit für bestimmte Ansprüche **66a** der Eltern gegeneinander.

2. Vereinfachtes Verfahren. Seit dem 1. 7. 1998 gibt es für die Festsetzung des Unterhalts **67** minderjähriger (ehelicher wie nichtehelicher) Kinder, die mit dem in Anspruch genommenen Elternteil nicht in einem Haushalt leben, das vereinfachte Verfahren nach §§ 249 – 260 FamFG. In ihm kann das bis zu 1,2 fache des Mindestunterhalts geltend gemacht werden. Die Regelung verfolgt das Ziel, den genannten Kindern auf einem einfachen Weg schnell zu einem Unterhaltstitel zu verhelfen. Wegen weiterer Einzelheiten vgl. die Kommentierung zu § 1612a.

3. Gesetzliche Vertretung. § 1629 Abs. 2 S. 2 nF sieht für Fälle der gemeinsamen elterlichen **68** Sorge ein Alleinvertretungsrecht betr. Geltendmachung von Unterhaltsansprüchen des Kindes gegen den anderen Elternteil vor, wenn sich das Kind in der **Obhut** des einen Elternteils befindet. Nach früherem Recht war es umstritten, ob und ggf. auf Grund welcher Vorschrift ein Elternteil vorgehen konnte.

Als verfahrensrechtlich wichtige Ergänzung ist § 1629 Abs. 3 zu beachten: Sind die Eltern mitei- **69** nander verheiratet, so kann ein Elternteil, solange die Eltern getrennt leben oder eine Ehesache zwischen ihnen anhängig ist, Unterhaltsansprüche des Kindes gegen den anderen Elternteil nur im Wege der **Verfahrensstandschaft** geltend machen.[123] Für andere Fälle der gemeinsamen elterlichen Sorge gilt diese Verfahrensstandschaft nicht (so nicht für nicht miteinander verheiratete Eltern, die übereinstimmende Sorgeerklärungen abgegeben haben, und nicht für geschiedene Eltern, die weiterhin gemeinsam sorgebefugt sind). Das ist einsichtig, weil es in diesen Fällen nicht zu einem Zusammentreffen mit Scheidungs- und anderen Ehesachen kommen kann. Weitere Einzelheiten finden sich in der Kommentierung zu § 1629.

4. Einstweiliger Rechtsschutz. Aufgrund des Wegfalls der Akzessorietät im FamFG ist die **70** Anhängigkeit einer gleichartigen Hauptsache oder des Scheidungsverfahrens (bzw. der Eingang eines entsprechenden Gesuchs auf VKH) nicht mehr erforderlich; Hauptsache und **einstweilige Anordnung** sind jetzt zwei voneinander getrennte unabhängige Verfahren (§ 51 Abs. 3 FamFG).[124] Die einstweilige Verfügung ist im Anwendungsbereich des FamFG, also auch in Unterhaltsachen, nunmehr gesetzlich ausgeschlossen.[125]

§ 1603 Leistungsfähigkeit

(1) Unterhaltspflichtig ist nicht, wer bei Berücksichtigung seiner sonstigen Verpflichtungen außerstande ist, ohne Gefährdung seines angemessenen Unterhalts den Unterhalt zu gewähren.

---

[123] Zu Einzelheiten s. *Born* NJW 2007, 1859 unter II. 1 mwN.
[124] Ausführlich zur einstweiligen Anordnung nach dem FamFG s. *Born* in *Heiß/Born* Kap. 25 Rn. 11, 24, 65.
[125] Das folgt daraus, dass das FamFG nicht auf die §§ 934 – 944 ZPO verweist, BT-Drucks. 16/6308 S. 226.

§ 1603

(2) ¹Befinden sich Eltern in dieser Lage, so sind sie ihren minderjährigen unverheirateten Kindern gegenüber verpflichtet, alle verfügbaren Mittel zu ihrem und der Kinder Unterhalt gleichmäßig zu verwenden. ²Den minderjährigen unverheirateten Kindern stehen volljährige unverheiratete Kinder bis zur Vollendung des 21. Lebensjahrs gleich, solange sie im Haushalt der Eltern oder eines Elternteils leben und sich in der allgemeinen Schulausbildung befinden. ³Diese Verpflichtung tritt nicht ein, wenn ein anderer unterhaltspflichtiger Verwandter vorhanden ist; sie tritt auch nicht ein gegenüber einem Kind, dessen Unterhalt aus dem Stamme seines Vermögens bestritten werden kann.

Schrifttum: *Bauer/Krets,* Gesetze für moderne Dienstleistungen am Arbeitsmarkt, NJW 2003, 537; *Born,* Verlust der Arbeit und Bewerbungsbemühungen – ein Bonus für sorgloses Verhalten?, FamRZ 1995, 523; *Borth,* Private Altersvorsorge und Unterhalt, NJW 2008, 326; *Büttner,* Die Entwicklung der Rechtsprechung zur Höhe des Selbstbehalts beim Trennungs- und Nacheheunterhalt, FPR 2008, 83; *ders.,* Die zum 1. 4. 2003 in Kraft getretenen Hartz-Gesetze und ihr Einfluss auf das Unterhaltsrecht, FF 2003, 192; *ders.,* Wie ist Pflegegeld bei Unterhaltsansprüchen zu berücksichtigen?, FamRZ 2000, 596; *Clausius,* Neues zum Karrieresprung, FF 2008, 106; *Finke,* Der Wohnwert beim Ehegatten- und Kindesunterhalt unter besonderer Berücksichtigung unterschiedlicher Eigentumsverhältnisse am Familienheim, FPR 2008, 94; *Gerhardt,* Wohnwert und „Drittelobergrenze" bei der Unterhaltsberechnung, FamRZ 1993, 1139; *Götsche,* Das Elterngeld im Unterhaltsrecht, FamRB 2007, 120; *Günther,* Probleme des Elternunterhalts, FF 1999, 172; *Grandke,* Zu den Neuregelungen im Unterhaltsrecht Volljähriger, FPR 1998, 162; *Gutdeutsch,* Herabsetzung des Selbstbehalts bei Zusammenleben, FamRZ 2008, 2240; *Hampel,* Bemessung des Unterhalts an Hand von Unterhaltstabellen und Unterhaltsleitlinien der Oberlandesgerichte, Bielefeld 1994; *Heistermann,* Der notwendige Selbstbehalt – das Ende einer festen Größe im Unterhaltsrecht?, FamRZ 2006, 742; *Heiß, Th.,* Karrieresprung und eheliche Lebensverhältnisse, FPR 2008, 69; *Hoppenz,* Ehegattenbedarf im Mangelfall, FamRZ 1999, 1473; *Justin,* Nichtanrechnung des Sockelbetrages (§ 11 S. 4 BEEG) in Höhe von 300 Euro, FamRZ 2011, 433; *Laws,* Steuerliche Unterlagen im Unterhaltsrecht – Bemessungsgrundlagen der Leistungsfähigkeit und Bedürftigkeit –, Neuwied 1998; *Menter,* Der Elternunterhalt, FamRZ 1997, 919; *Miesen,* Das Kindesunterhaltsgesetz, FF 1998, 65; *Niepmann,* Das neue Familienverfahrensrecht – Versuch einer Bilanz, Forum Familien- und Erbrecht (FF) 1999, 164; *Norpoth,* Ausnahmen von der gesteigerten Unterhaltspflicht gegenüber minderjährigen und privilegiert volljährigen Kindern, FamFR 2011, 289; *Scholz,* Das neue Elterngeld, FamRZ 2007, 7; *Schumacher/Grün,* Das neue Unterhaltsrecht minderjähriger Kinder, FamRZ 1998, 778; *Soyka,* Die Düsseldorfer und die Berliner Tabelle, Stand 1. 7. 2007, FamRZ 2007, 1362; *Stein,* Entnahmen im Unterhaltsrecht, FamRZ 1989, 343; *Strauß,* Probleme des Kindesunterhaltsgesetzes in der gerichtlichen Praxis, FamRZ 1998, 993; *Tischler,* Übersicht zu den Problemen bei einer fiktiven Einkommensberechnung unter Außerachtlassung oder Hinzurechnung von Steuervergünstigungen aus steuerlicher Sicht, FPR 2008, 79; *Wohlgemuth,* Die „angemessenen" Wohnvorteile beim Familieneigenheim, FamRZ 1999, 621.

Übersicht

	Rn.		Rn.
I. Normzweck	1–3	f) Arbeit im Ruhestand	22
1. Zweck und systematische Stellung	1, 2	2. Einkommen aus selbständiger Tätigkeit	23–27
2. Zeitraum	3	a) Eigenständiger Einkommensbegriff	23
II. Allgemeine Voraussetzungen	4–13	b) Privatentnahmen	24
1. Faktoren	4	c) Vorsorgeaufwendungen	25, 26
2. Tatsächliche oder fiktive Einkünfte	5	d) Abschreibungen	27
3. Wahrung des Selbstbehalts	6–8	3. Sonstige Einkünfte	28–45
4. Bedarfskontrollbetrag	9	a) Arbeitgeber	28–31
5. Reduzierung der Leistungsfähigkeit	10–13	b) Wohnvorteil	32, 33
a) Grundsatz	10	c) Vermietung und Verpachtung	34, 35
b) Ausnahmen	11, 12	d) Vermögen	36, 37
c) Bemühungen um neue Arbeit	13	e) Familienzuschlag	38
III. Unterhalt nach Leistungsfähigkeit (Abs. 1)	14–59	f) Taschengeld	39
		g) Zuwendungen Dritter	40
1. Einkommen aus abhängiger Tätigkeit	15–22	h) Öffentlich-rechtliche Zuwendungen	41–44
a) Lohn/Gehalt	15, 16	i) Schwarzarbeit	45
b) Steuererstattung	17	4. Steuerliche Fragen	46–48
c) Sonderzahlungen	18, 19	5. Abzüge	49–59
d) Überstunden	20	a) Berufsbedingte Aufwendungen	49–53
e) Nebentätigkeit	21	b) Selbständige	54

	Rn.		Rn.
c) Schulden	55–59	b) Privilegierte volljährige Kinder	99–102
IV. Fiktive Einkünfte	60–96	c) Sonstige Kinder	103
1. Grundsätze	60–65	2. Auswirkungen der gesteigerten Unterhaltspflicht	104–111
a) Vorwerfbares Fehlverhalten	61, 62		
b) Kausalität	63–65	a) Erhöhte Arbeitspflicht	105, 106
2. Aufgabe oder Verlust der Arbeitsstelle	66–75	b) Aus- und Weiterbildung, Umschulung	107
a) Kündigung des Arbeitgebers	67	c) Bewerbungen	108
b) Aufgabe der Arbeitsstelle	68–73	d) Zumutbarkeit	109
c) Sonstige Fälle	74, 75	e) Selbstbehalt	110
3. Bewerbungsbemühungen	76–85	f) Vermögenseinsatz	111
a) Grundsätze	77–80	3. Ausnahmen von der erweiterten Unterhaltspflicht (Abs. 2 Satz 3)	112–118
b) Einzelheiten	81–85		
4. Hausmann-Rechtsprechung	86–93	a) „Anderer" unterhaltspflichtiger Verwandter (Hs. 1)	113–116
a) Neue Ehe	87–91		
b) Nichteheliche Lebensgemeinschaft	92	b) Unterhalt aus Vermögensstamm (Hs. 2)	117, 118
c) Keine Anwendung	93	**VI. Beweislast**	119–121
5. Rechtsfolge	94–96	1. Leistungsfähigkeit	119
a) Höhe der Fiktion	94, 95	2. Hausmann-Rechtsprechung	120
b) Dauer der Fiktion	96	3. Vermögenseinsatz	121
V. Erweiterte Unterhaltspflicht der Eltern (Abs. 2)	97–118	**VII. Verfahrensrecht**	122, 123
1. Status des Kindes	98–103	1. Gerichtsstand	122
a) Minderjähriges, unverheiratetes Kind	98	2. Vereinfachtes Verfahren	123

I. Normzweck

1. Zweck und systematische Stellung. Die Vorschrift regelt die Frage, unter welchen 1 Voraussetzungen der Unterhaltsschuldner anspruchsverpflichtet ist. Unterhaltsverpflichtet ist nicht, wer leistungsunfähig ist. Die Leistungsunfähigkeit ist danach eine negative materielle Anspruchsvoraussetzung, also – anders als beim schuldrechtlichen Anspruch – nicht nur ein erst im Zwangsvollstreckungsverfahren bedeutsam werdender Umstand.[1] Aus der negativen Formulierung des Gesetzes („unterhaltspflichtig ist nicht, wer ...") folgt die Vermutung, der auf Unterhalt in Anspruch genommene Verwandte sei in der Lage, dem Unterhaltsgläubiger den geschuldeten Unterhalt zu gewähren. Wegen der schon nach dem Gesetz (§ 1606 Abs. 3 S. 2) vorgesehenen Gleichstellung von Bar- und Naturalunterhalt ist die nur auf den Barbedarf abstellende Fassung des Gesetzes iS des erweiterten Unterhaltsbegriffs[2] auszulegen,[3] auch wenn in der Praxis im Regelfall nur die Barunterhaltsverpflichtung streitig ist. Die Annahme einer unterhaltsrechtlichen Verpflichtung auch zur Betreuung ist nicht nur Voraussetzung für eine in sich stimmige Rechtsanwendung,[4] sondern dient auch der Vermeidung von Unstimmigkeiten im Rahmen einer etwaigen Bewertung der Betreuungsleistungen.[5]

Abs. 1 enthält den allgemeinen Grundsatz, dass zunächst der eigene angemessene Unterhalt des 2 Schuldners gewährleistet sein muss, bevor eine Inanspruchnahme auf Barunterhalt in Betracht kommt. Abs. 2 verschärft die Voraussetzungen für die auf Barunterhalt in Anspruch genommenen Eltern im Verhältnis zu minderjährigen unverheirateten Kindern und volljährigen Schülern. Die Vorschrift des § 1603 entspricht beim Geschiedenenunterhalt dem § 1581; in § 16 LPartG wird auf diese Bestimmung verwiesen.

2. Zeitraum. Die Leistungsunfähigkeit des Schuldners muss in dem Zeitraum vorliegen, für 3 den der Unterhalt verlangt wird. Wird er für die Vergangenheit geltend gemacht (§ 1613), ist die Frage der Leistungsfähigkeit auch für den vergangenen Zeitraum zu prüfen. Sofern dann *später* Leistungsfähigkeit eintritt, entsteht dadurch nicht nachträglich eine Unterhaltspflicht für den zurück-

---

[1] *Johannsen/Henrich/Graba* Rn. 1.
[2] BGH FamRZ 1988, 159, 161.
[3] *Johannsen/Henrich/Graba* Rn. 3.
[4] *Graba* FamRZ 1990, 454.
[5] BGH FamRZ 2006, 1597 m. Anm. *Born*.

liegenden Zeitraum mit einem entsprechenden Nachzahlungsanspruch.[6] Zu Einzelheiten von Unterhaltsforderungen für die Vergangenheit s. § 1613 Rn. 3 ff.

II. Allgemeine Voraussetzungen

1. Faktoren. Die Leistungsfähigkeit des Schuldners ist – neben der Bedürftigkeit des Gläubigers – weitere Voraussetzung für Grund und Höhe des Unterhaltsanspruchs. Der Schuldner muss auf der Grundlage seiner tatsächlich verfügbaren oder zumutbar erzielbaren Geldmittel in der Lage sein, außer seinen eigenen Bedürfnissen – zu denen auch die Bedienung von unterhaltsrechtlich beachtlichen Verbindlichkeiten gehören kann – den anerkennenswerten Bedarf des Gläubigers zu befriedigen. Die Leistungsfähigkeit des Schuldners richtet sich im Wesentlichen nach folgenden Faktoren: Den Mitteln, über die der Schuldner verfügt oder die er sich bei zumutbaren Bemühungen verschaffen könnte; den Eigenbedarf (Selbstbehalt) des Schuldners; der Stärke der Unterhaltspflicht (nach Abs. 2 werden höhere Anforderungen an den Schuldner gestellt als im Rahmen einer „normalen" Unterhaltspflicht);[7] den sonstigen Verbindlichkeiten des Schuldners (weitere Unterhaltspflichten, andere unterhaltsrechtlich beachtenswerte Schulden).

2. Tatsächliche oder fiktive Einkünfte. Die Leistungsfähigkeit des Schuldners richtet sich danach, in welchem Umfang er tatsächliche Einkünfte *erzielt* oder sie – unter Berücksichtigung von Ausbildung, Fähigkeiten und Lage auf dem Arbeitsmarkt – in zumutbarer Weise *erzielen könnte;*[8] im Grundsatz ist auch eine verschuldete Leistungsunfähigkeit beachtlich,[9] sofern auf Seiten des Schuldners kein schwerwiegendes, unterhaltsbezogenes Fehlverhalten vorliegt (zu Einzelheiten s. Rn. 61–65). Ob und in welchem Umfang man auf Seiten des Schuldners im letztgenannten Fall fiktive Einkünfte ansetzen kann, hängt sowohl von *objektiven* Umständen (zB Lage auf dem Arbeitsmarkt) wie *subjektiven* Umständen (Ausbildung, Alter, Gesundheit, Berufserfahrung) ab.[10] Reichen die Einkünfte des Schuldners zur Zahlung des Mindestunterhalts nicht aus, ist er auf eine **Nebentätigkeit** zu verweisen,[11] gegebenenfalls auch nur an den Wochenenden.[12]

3. Wahrung des Selbstbehalts. Unter Selbstbehalt wird das Einkommen verstanden, welches dem Schuldner für seinen eigenen Unterhalt zur Verfügung stehen muss, bevor er für einen anderen aufzukommen hat. Der Schuldner muss es hinnehmen, Unterhalt bis zur Grenze seines Selbstbehalts an ein Kind zu zahlen, auch wenn dieser Unterhalt höher ist als die für seine eigene Lebensführung verbleibenden Mittel.[13] Dies gilt allerdings nicht für den Selbstbehalt im Falle der Inanspruchnahme durch Unterhaltsgläubiger mit eigener Lebensstellung, insbesondere für Eltern, die von ihren Kindern verlangen.[14]

Die Rechtsprechungspraxis arbeitet – auf der Grundlage von Empfehlungen in unterhaltsrechtlichen Leitlinien – mit pauschalierten Größen. Im Einzelnen:
– **Notwendiger Selbstbehalt** (Mindestbedarf): Beim *erwerbstätigen* Schuldner 950 € (darin 360 € Warmmiete oder eine höhere Miete, sofern deren Unvermeidbarkeit dargelegt und nachgewiesen wird); beim *nicht erwerbstätigen* Schuldner 770 € (darin Warmmiete wie beim Erwerbstätigen).[15]
– **Angemessener Selbstbehalt** (angemessener Bedarf):
  – Gegenüber *volljährigen* Kindern (mit Ausnahme privilegiert volljähriger Kinder[16] gem. Abs. 2 S. 2): 1150 € (darin 450 € Warmmiete), bei selbständiger Lebensstellung des volljährigen Kindes u.U. höher.[17]
  – Gegenüber geschiedenen *Ehegatten* und der Mutter/dem Vater eines nichtehelichen Kindes.[18] 1050 € (aber nur nach Maßgabe des § 1581 BGB).

---

[6] BGH NJW 1983, 814.
[7] BGH NJW 1983, 814; 1981, 1609; OLG Stuttgart FamRZ 1983, 1233, 1234.
[8] BGH FamRZ 2003, 1471, 1473; OLG Schleswig NJW-RR 2011, 7.
[9] BGH FamRZ 2003, 1471, 1473 m. Anm. *Luthin* 1474.
[10] BVerfG NJW-RR 2007, 649; BGH FamRZ 1998, 357, 359; NJW 1992, 2477.
[11] OLG Hamm FamRZ 2001, 565; FuR 2001, 559.
[12] OLG Dresden FamRZ 2005, 1584.
[13] BGH FamRZ 1986, 48. Zur Entwicklung der Rechtsprechung zum Selbstbehalt s. *Büttner* FPR 2008, 83. Ausführlich zum notwendigen Selbstbehalt *Heistermann* FamRZ 2006, 742.
[14] BGH FamRZ 2002, 1698; *Johannsen/Henrich/Graba* Rn. 26.
[15] Bei Bezug von Krankengeld gilt der niedrigere Selbstbehalt des Nichterwerbstätigen (BGH FamRZ 2009, 307 m. Anm. *Günther*). Gegen eine Differenzierung OLG Celle FamRZ 2008, 2228.
[16] BGH NJW 2008, 227, 230 Tz. 43 = FamRZ 2008, 137 (Unterhalt bis zur Grenze des notwendigen Selbstbehalts).
[17] OLG Hamm FamRZ 2002, 1357, OLG Koblenz FamRZ 2004, 484 f.: 1250 €.
[18] OLG Oldenburg NJWE-FER 2000, 1249 = FamRZ 2000, 1522 (LS.); FamRZ 2000, 1174.

Leistungsfähigkeit   8–10 § 1603

– Gegenüber den *Eltern:* 1500 €[19] (ebenso, wenn ein Großelternteil von seinem Enkel auf Unterhalt in Anspruch genommen wird).[20]

Die Entscheidung des BGH zum „Zwischenselbstbehalt"[21] hat zur Änderung von unterhaltsrechtlichen Leitlinien dahin geführt, dass sowohl beim Trennungs- wie beim nachehelichen Unterhalt grundsätzlich vom **Selbstbehalt von 1000 €** auszugehen sei.[22] Sofern aus der Entscheidung allerdings gefolgert wird, dass ein besonderer eheangemessener Selbstbehalt nicht mehr nötig sei,[23] begegnet dies jedenfalls dann, wenn man § 1578 BGB nicht aufgeben will, Bedenken vor dem Hintergrund von Fällen, in denen es zu nicht prägenden Einkommensveränderungen kommt. Gegen einen pauschalen Selbstbehalt sprechen auch methodische Bedenken. Was dem Schuldner verbleiben muss, richtet sich im Rahmen des § 1603 BGB nach seinen *individuellen* Verhältnissen;[24] es hat nichts mit einer (auf die *beiderseitigen* Verhältnisse abstellenden) Bedarfsbestimmung im Rahmen von § 1578 BGB zu tun. Bisher diente der notwendige Selbstbehalt erwerbstätiger Unterhaltsschuldners als Ausgangspunkt; für andere Unterhaltsverhältnisse wurde mit erhöhten Pauschalen gearbeitet. Allerdings wurde nirgendwo genau gesagt, was im Einzelnen mit der Erhöhung abgegolten werden sollte, so dass es keine Erfahrungswerte gab.[25] **Gegen einen pauschalen** – unabhängig vom Zweck des Unterhaltsanspruchs festzulegenden – **Einheitsbetrag** spricht entscheidend, dass sowohl bei der Art des Unterhaltsanspruchs wie bei den Gründen für die eingeschränkte Leistungsfähigkeit des Schuldners erhebliche Unterschiede bestehen.[26] Besonders an der Grenze zum Mangelfall ist eine Prüfung auf Angemessenheit und Billigkeit vorzunehmen, was ebenfalls gegen eine starre Grenze spricht.[27] Gerade vor dem Hintergrund des Grundsatzes, dass niemand durch Trennung oder Scheidung besser gestellt werden darf als er bei Fortsetzung des ehelichen Zusammenlebens stünde, begegnet es Bedenken, wenn man – wie es der BGH unter Abstellen auf den billigen Selbstbehalt tut – im Rahmen von § 1581 BGB dem Schuldner mehr als den notwendigen Selbstbehalt zubilligt, selbst wenn die ehelichen Lebensverhältnisse das in der Vergangenheit nicht hergegeben haben.[28] Von daher spricht mehr dafür, dass die Billigkeitsabwägung im Rahmen des § 1581 BGB durchaus dazu führen kann, dass dem Schuldner nur der notwendige Selbstbehalt verbleibt, sofern dies den ehelichen Lebensverhältnissen nach § 1578 Abs. 1 S. 1 BGB entspricht.[29] Andererseits wäre es auch wenig sinnvoll, den Schuldner durch die Auferlegung einer Verpflichtung zur Unterhaltszahlung selbst unterhalts- oder sozialhilfebedürftig zu machen.[30] Deshalb muss ihm auch nach verfassungsrechtlicher Vorgabe[31] ein für das Existenzminimum ausreichender verfügbarer Betrag seines Einkommens verbleiben, um eine unverhältnismäßige Belastung und damit einen Verstoß gegen Art. 2 GG zu vermeiden. Zum Selbstbehalt bei erweiterter Unterhaltspflicht (Abs. 2 S. 1) sowie zur Herabsetzung wegen geringer Wohnkosten oder bei Zusammenleben mit einem Partner s. Rn. 110.

4. Bedarfskontrollbetrag. Das Institut des Bedarfskontrollbetrages ist nicht in allen Tabellen und Leitlinien enthalten; traditionell wird es verwendet in den Bezirken des OLG Düsseldorf und des OLG Hamm, auch in den Süddeutschen Leitlinien ist es vorgesehen (s. § 1610 Rn. 125). Vom BGH[32] ist der Bedarfskontrollbetrag als *ein* mögliches Instrument der Angemessenheitskontrolle anerkannt; s. § 1610 Rn. 131.

5. Reduzierung der Leistungsfähigkeit. a) Grundsatz. § 1603 BGB stellt (ebenso wie § 1580 BGB) dem Wortlaut nach auf die – wertfreie – Tatsache der Leistungsunfähigkeit ab; nur für

---

[19] BGH NJW 2003, 2306 = FamRZ 2003, 1179 m. Anm. *Klinkhammer;* ebenso Ziffer 21.3.2 vieler unterhaltsrechtlicher Leitlinien; s. dazu NJW 2008, Beilage zu Heft 10; 2007, Beilage zu Heft 32; FamRZ 2008, 215, 333; 2007, 1373; ebenfalls unter www.heiss-born.de.
[20] OLG Dresden FamRZ 2003, 1211.
[21] BGH FamRZ 2009, 311; BGH NJW 2006, 1654; s. dazu *Schürmann* NJW 2006, 2301; *Born* NJW 2007, 26.
[22] Vgl. OLG Hamm FamRZ 2007, 289. Zu den Unterschieden in den Leitlinien der verschiedenen Gerichte s. *Büttner* FPR 2008, 83, 84, 85.
[23] *Büttner* FamRZ 2006, 765.
[24] Deshalb kann im Falle des Zusammenlebens mit einem (leistungsfähigen) Partner auch eine Haushaltsersparnis angenommen werden, s. Ziffer 6 der Leitlinien (s. dazu Fn. 18); ebenso OLG Brandenburg FamRZ 2007, 71.
[25] *Schwab* FF 2004, 164, 169.
[26] Für eine Einzelfallprüfung: OLG Saarbrücken NJW-RR 2007, 368; OLG Köln OLGR 2007, 84; *Born* NJW 2007, 26, 29; *Schürmann* FF 2006, 191, 193. Vgl. auch *Büttner* FPR 2008, 83, 85.
[27] *Finke* FF 2006, 1; *Schwab* FF 2004, 164, 169.
[28] *Born* NJW 2007, 26, 29.
[29] OLG Koblenz NJW 2007, 1146 m. Anm. *Born* FD-FamR 2007, 212835.
[30] *Johannsen/Henrich/Graba* Rn. 19.
[31] BVerfG FamRZ 2001, 1685.
[32] FamRZ 2000, 1492 m. Anm. *Scholz* = MDR 2000, 1378 m. Anm. *Niepmann.*

§ 1603   11–14

den Bedürftigen ist die Gesetzeslage anders.[33] Deshalb ist nach stRspr. selbst eine verschuldete Leistungsunfähigkeit im Grundsatz beachtlich.[34]

11 **b) Ausnahmen.** Dem Schuldner ist eine Berufung auf seine Leistungsunfähigkeit aber dann verwehrt, wenn sie gegen den Grundsatz von Treu und Glauben verstößt.[35] Dies ist dann der Fall, wenn das zur Leistungsunfähigkeit führende Verhalten selbst als Verletzung der Unterhaltspflicht anzusehen ist, beispielsweise im Falle eines **unterhaltsbezogenen Fehlverhaltens**, worunter nicht nur vorsätzliches und absichtliches, sondern auch leichtfertiges Verhalten fällt.[36] Ob ein unterhaltsbezogenes Fehlverhalten vorliegt, kann nur nach eingehender Würdigung aller objektiven und subjektiven Umstände des Einzelfalles entschieden werden.[37] Nicht ausreichend ist bloße Vorhersehbarkeit der Leistungsunfähigkeit als Folge des Fehlverhaltens; vielmehr müssen sich die Vorstellungen und Antriebe des Schuldners gerade auf die dadurch verursachte Minderung seiner Leistungsfähigkeit erstrecken.[38] Er muss sie als mögliche Folge seines Handelns erkennen und sich – wenn auch im Vertrauen auf ihren Nichteintritt – über diese Verschlechterung in Verantwortungs- und Rücksichtslosigkeit hinwegsetzen.[39]

12 An dieser Rechtsprechung ist **Kritik** angebracht schon vor dem Hintergrund der Diskrepanz zwischen der eher großzügigen Behandlung des Schuldners im Rahmen der Fallgruppe „Arbeitsplatzverlust" im Verhältnis zu der eher strengen Behandlung im Rahmen der Bewerbungsbemühungen.[40] Es ist schwer einzusehen, weshalb die Unterhaltsbezogenheit des Schuldnerverhaltens gesondert festgestellt werden muss, während es sich jedem Durchschnittsmenschen aufdrängt, dass er beim leichtfertigen „Spiel" mit dem Arbeitsplatz auch seine Leistungsfähigkeit gefährdet.[41] Unabhängig hiervon wird kaum ein Gläubiger in der Lage sein, Antriebe und Vorstellungen (als innere Tatsachen) auf Seiten des Schuldners zurzeit der Tat zu ermitteln.[42] Die vom BGH aufgestellten Kriterien passen im Übrigen auch nicht zu den Anforderungen, die an einen Schuldner gestellt werden, der von einer abhängigen in eine selbständige Tätigkeit wechselt; hier wird vom Pflichtigen verlangt, Rücklagen zu bilden oder einen Kredit aufzunehmen, bevor er seinen Entschluss zur Selbständigkeit verwirklicht.[43] Zu Einzelheiten s. Rn. 70.

13 **c) Bemühungen um neue Arbeit.** Der arbeitslos gewordene Unterhaltsschuldner hat sich regelmäßig und intensiv um die Erlangung einer neuen Arbeitsstelle zu bemühen. Neben der Meldung beim Arbeitsamt muss er auch Privatinitiative entfalten; Art und Umfang hängen von den individuellen Verhältnissen des Pflichtigen und den Bedingungen auf dem Arbeitsmarkt ab. Zu Einzelheiten s. Rn. 76–85. Während der Dauer der Arbeitsplatzsuche ist der Schuldner gehalten, zur Sicherstellung des Unterhalts eines minderjährigen Kindes einen Zusatzverdienst zu erzielen.[44] Bei *gesteigerter* Unterhaltspflicht nach Abs. 2 ergeben sich erhöhte Anforderungen an den Schuldner; zu Einzelheiten s. Rn. 104–111.

III. Unterhalt nach Leistungsfähigkeit (Abs. 1)

14 Unterhaltsrechtlich von Bedeutung ist das **anrechenbare Einkommen** des Schuldners mit seinen Bestandteilen einschließlich aller Zuschlags- und Abzugspositionen. Nachfolgend werden Einzelheiten in Bezug auf Einkünfte aus abhängiger Tätigkeit (1.), aus selbständiger Tätigkeit (2.) sowie sonstige Einkünfte (3.) dargestellt, bevor nach Hinweis auf steuerliche Fragen (4.) auf die unterhaltsrechtlich beachtlichen Abzüge (5.) eingegangen wird.

---

[33] Hier bestehen konkrete Regelungen über eine schuldhafte, unterhaltsrechtlich beachtliche Herbeiführung der Bedürftigkeit, §§ 1361 Abs. 3, 1579 Nr. 4; 1611.
[34] BGH FamRZ 2003, 1471, 1473 m. Anm. *Luthin* 1474; FamRZ 2000, 815, 816; 1994, 240; 241; 1993, 1055; 1982, 792, 794.
[35] BGH FamRZ 2003, 1471, 1473; OLG Hamburg NJW-RR 1991, 773.
[36] BGH FamRZ 2000, 815, 817; 1984, 364, 367; 1981, 1042, 1044.
[37] BGH FamRZ 2000, 815, 816; 1994, 240, 241; 1993, 1055, 1056.
[38] BGH FamRZ 2000, 815, 816; 1994, 240, 241; 1993, 1055, 1056.
[39] BGH FamRZ 2000, 815, 817; 1984, 364, 367; 1981, 1042, 1044.
[40] Zu Einzelheiten s. *Born* FamRZ 1995, 523.
[41] *Raiser* FamRZ 1994, 817 als Anm. zu BGH FamRZ 1994, 240.
[42] Deshalb genügt nach zutreffender, auch hier vertretener Ansicht des OLG Düsseldorf NJW-RR 1994, 1097 der Unterhaltsgläubiger seiner Darlegungs- und Beweislast, wenn er – ohne weitere Substantiierung – die Behauptung aufstellt, der Unterhaltsschuldner habe seine Arbeitsstelle ohne Grund aufgegeben. Diesen Vortrag muss der Schuldner substantiiert bestreiten und deshalb im Einzelnen die Gründe für die Aufgabe des Arbeitsplatzes angeben.
[43] BGH NJW-RR 1987, 770; BGH FamRZ 1985, 158. Dies soll (bedenklich) nach OLG Celle FamRZ 2007, 1121 selbst dann gelten, wenn der Schuldner vorher Arbeitslosenhilfe bezogen hat.
[44] OLG Schleswig FamRZ 1999, 1524, 1525.

1. Einkommen aus abhängiger Tätigkeit. a) Lohn/Gehalt. Unterhaltspflichtiges 15
Arbeitseinkommen ist das Bruttoeinkommen abzüglich gesetzlicher Abzüge (Steuern und Sozialabgaben). Zum Bruttoeinkommen aus Arbeit werden alle Leistungen gerechnet, die dem Schuldner im Hinblick auf sein Arbeits- und Dienstverhältnis zufließen, und zwar ohne Ansehung des Anlasses.[45] Hierzu zählen auch Weihnachts- und Urlaubsgeld.[46] Solche Einkünfte sind Teil der Entlohnung für normale Arbeitsbemühungen in der üblichen Arbeitszeit. Auch einmalige Zahlungen am Jahresende (oder zu anderen Zeitpunkten) werden anteilig auf das monatliche Durchschnittseinkommen eines Jahres umgelegt.[47]

Unterhaltsrechtlich wird das durchschnittliche monatliche Nettoeinkommen auf der Grundlage 16
der Bezüge des letzten vollen Kalenderjahres zu Grunde gelegt;[48] Ausnahmen kommen nur dann in Betracht, wenn sich das Einkommen im laufenden Kalenderjahr im Sinne einer „Zäsur" mit Sicherheit dauerhaft geändert hat.[49] Im Falle von Krankheit oder Arbeitslosigkeit werden die in den entsprechenden Zeiträumen gezahlten Beträge (Lohnfortzahlung, Krankengeld) hinzugerechnet.[50] Dagegen sind Unterlagen für ein noch nicht abgeschlossenes Kalenderjahr weniger gut geeignet, weil Sonderzuwendungen häufig erst am Jahresende gezahlt werden und in Jahresverdienstbescheinigungen auf das volle Kalenderjahr abgestellt wird.

b) Steuererstattung. Erstattungsbeträge sind grundsätzlich in dem Jahr zu berücksichtigen, in 17
dem sie *geflossen* sind; demgegenüber ist grundsätzlich nicht maßgebend, *für* welches Jahr dies der Fall war. Ausnahmen kommen in Betracht, wenn anderenfalls eine erhebliche Schieflage einträte. Hat der Schuldner im Rahmen seiner Ausführungen zur Leistungsfähigkeit dazu nichts vorgetragen, sollte der Unterhaltsgläubiger schriftsätzlich nachfassen und – zB unter Hinweis auf die Geltendmachung nicht unerheblicher Fahrtkosten auf Schuldnerseite – eine Erstattung in bestimmter Höhe behaupten, um den Schuldner zur Offenlegung der tatsächlichen Erstattung zu bewegen; unabhängig hiervon hat das Gericht die Möglichkeit, im Rahmen des Kindesunterhalts unmittelbar beim Finanzamt Auskünfte einzuholen (§ 643 Abs. 2 Nr. 3 ZPO), wovon in der Praxis bisher zu Unrecht nur wenig Gebrauch gemacht worden ist (s. § 1610 Rn. 42).[51]

c) Sonderzahlungen. Soweit sie als zusätzliches Entgelt oder Anerkennung für eine nicht 18
überobligationsmäßige Arbeitsleistung gezahlt werden, sind Leistungszulagen, Prämien, Gratifikationen oder auch Jubiläumszuwendungen bei der Feststellung des unterhaltspflichtigen Einkommens anzusetzen;[52] überobligationsmäßige Tätigkeit – mit der Folge, dass gem. § 1577 BGB nur eine eingeschränkte Berücksichtigung stattzufinden hätte[53] – liegt aber nicht schon deshalb vor, weil eine Prämie für besonders gute Arbeit oder auf Grund langer Betriebs- oder Dienstzugehörigkeit gezahlt wird.[54] Auch Leistungszulagen sind in vollem Umfang anzurechnen, da bereits die Regelmäßigkeit der Zuwendung das Übliche und Normale dieses Einkommensbestandteils indiziert.[55] Gleiches gilt für erfolgs- oder leistungsorientierte Zuwendungen, die *nicht regelmäßig* anfallen, zB Erfindungen, Patente, Lizenzen, Umsatzbelohnung, Verbesserungsvorschläge, Siegprämien bei Berufssportlern oder Wettbewerbspreise bei Freiberuflern.[56] Im Falle einmaliger und sehr hoher Sonderzuwendungen (zB aus Anlass eines Jubiläums) ist eine Verteilung auf mehr als ein Jahr vorzunehmen,[57] insbesondere bei erheblicher Höhe des zugewandten Betrages, weil anderenfalls eine Schieflage einträte.

Auslösungen und **Spesen** werden vom Arbeitgeber für besondere Aufwendungen des Beschäftig- 19
ten (Mahlzeiten in Restaurants, Fahrtkosten zu auswärtigen Einsatzorten, Übernachtungen) gewährt und sind somit zur Abdeckung dieses Mehraufwandes bestimmt. Allerdings sind sie nicht selten großzügig bemessen, so dass sie nicht vollständig verbraucht werden. Außerdem sind sie zum Teil steuerfrei,

---

[45] BGH FamRZ 2004, 186, 187. Bei Kindesunterhalt wird die Problematik des Karrieresprungs (BGH NJW 2009, 588 m. Anm. *Born*; NJW 2008, 1663 m. Anm. *Born*) nicht relevant, s. dazu die Kommentierung zu § 1578.
[46] BGH NJW 1982, 822; 1980, 2251; 1980, 934; 1971, 137.
[47] BGH FamRZ 1991, 416, 418; 1982, 250, 252.
[48] BGH NJW 1983, 2243; OLG Frankfurt FamRZ 1989, 1300; OLG Hamm FamRZ 1986, 1102.
[49] OLG Zweibrücken FamRZ 2000, 112; KG FamRZ 1988, 720, 721; OLG München FamRZ 1984, 173, 174.
[50] BGH FamRZ 1987, 36, 38 (für den Berechtigten).
[51] Zur Möglichkeit des § 643 Abs. 2 ZPO auch für das privilegiert volljährige Kind s. *Born* in *Heiß/Born* Kap. 22 Rn. 428 mwN.
[52] BGH NJW 1982, 822; OLG Schleswig SchlHOLG 1978, 209.
[53] S. dazu im Einzelnen (für den Berechtigten wie den Verpflichteten) *Born* FamRZ 1997, 129.
[54] *Büttner/Niepmann/Schwamb* Rn. 792.
[55] BGH NJW 1994, 134 für eine Kampfflieger-Aufwandsentschädigung, allerdings bei Abzugsfähigkeit der Mehraufwendungen zur Erhaltung der fliegerischen Leistungsfähigkeit; s. auch OLG Hamm FamRZ 1991, 576.
[56] *Büttner/Niepmann/Schwamb* Rn. 793.
[57] BGH NJW 1982, 822.

was sich den Einkommensnachweisen manchmal nur unter Schwierigkeiten entnehmen lässt. Eine konkrete Berechnung von Aufwand und (insbesondere häuslicher) Ersparnis ist meist nicht möglich; von daher werden diese Zahlungen in den oberlandesgerichtlichen Leitlinien pauschaliert mit einem Drittel des Zahlungsbetrages dem unterhaltsrechtlichen Einkommen zugeschlagen,[58] zulässig ist der Nachweis höherer Aufwendungen oder höherer Ersparnis. Sofern **Kilometergeld** vom Arbeitgeber gezahlt wird, ist keine Hinzurechnung vorzunehmen, es sei denn im Falle einer den tatsächlichen Aufwand offenkundig übersteigenden Höhe des Spesensatzes.[59] Auch bei der Aufwandsentschädigung (Kostenpauschale) eines Abgeordneten ist der konkrete Aufwand darzulegen.[60] **Trinkgeld** ist stets unterhaltspflichtiges Einkommen, auch wenn die genaue Erfassung schwierig ist und in den meisten Fällen – nach Klärung konkreter Beweisantritte[61] – eine Schätzung nach § 287 ZPO vorzunehmen ist.

20 **d) Überstunden.** Sofern sie in dem vom Schuldner ausgeübten Beruf üblich sind und regelmäßig anfallen, werden Überstunden in vollem Umfang bei der Ermittlung des unterhaltsrechtlich relevanten Einkommens berücksichtigt.[62] Allerdings kommt es auch hier auf die Umstände des Einzelfalles an; trotz grundsätzlichen Ansatzes von Erträgen aus Mehrarbeit[63] kann der Schuldner andererseits Umstände darlegen, die gegen eine Anrechnung oder jedenfalls gegen eine Anrechnung in voller Höhe sprechen.[64] Sofern unterhaltsrechtlich keine Obliegenheit zur Aufnahme von Mehrarbeit besteht, richtet sich die Anrechenbarkeit nach § 242 BGB unter Berücksichtigung aller Umstände des Einzelfalles; hier sind die Verhältnisse und Interessen des Schuldners und des Gläubigers gegeneinander abzuwägen. In diesem Zusammenhang spielen sowohl Motiv und Zweck der Mehrarbeitsleistung (zB Schuldentilgung, Erhöhung des eigenen Lebensstandards oder desjenigen der betreuten Kinder, Neigung)[65] ebenso eine Rolle wie die Höhe der Unterhaltsansprüche, die Frage ob „normale" oder gesteigerte Unterhaltspflicht vorliegt, die subjektive Leistungsfähigkeit des Schuldners (Alter, Krankheit, Schwere der Arbeit),[66] oder die Frage, ob mit dem Normalverdienst der Mindestunterhalt nicht erreicht wird.[67] Deshalb sind Einkünfte aus überobligationsmäßiger Nebentätigkeit nicht zu berücksichtigen, wenn der Mindestbedarf des Gläubigers bereits bei vollschichtiger Tätigkeit gesichert ist.[68]

21 **e) Nebentätigkeit.** Einkünfte aus einer Nebentätigkeit werden grundsätzlich nach den gleichen Regeln angerechnet wie diejenigen aus Überstunden und Mehrarbeit. Von einer *vollen* Anrechnung der Nebenbezüge ist auszugehen, wenn die Nebenarbeit Teil des Berufsbildes ist, zB bei Hochschullehrern aus einer Tätigkeit als Prüfer oder Gutachter[69] oder für Einnahmen eines Krankenhausarztes aus Gutachten oder Arztberichten.[70] Ansonsten braucht der Schuldner, der vollschichtig berufstätig ist, grundsätzlich daneben keiner weiteren Tätigkeit nachzugehen. Wer dies gleichwohl tut, ist im Regelfall zu einer Aufrechterhaltung dieser Nebenbeschäftigung nicht verpflichtet, er kann sie also jederzeit beenden. Ausnahmen kommen dann in Betracht, wenn die Tätigkeit über sehr lange Zeit ausgeübt wurde[71] oder wenn die Nebentätigkeit faktisch Hauptberuf ist.[72] Grundsätzlich ist Nebenarbeit für den Schuldner aber mit höherem subjektiven Einsatz verbunden als eine Ableistung von Überstunden, woraus eine größere Zurückhaltung bei der unterhaltsrechtlichen Einbeziehung des Nebenverdienstes folgen muss; ist der Schuldner schon vollschichtig erwerbstätig und ist mehr als der Mindestbedarf des Berechtigten gedeckt, hat die Anrechnung zu unterbleiben.[73] Ist dagegen

---

[58] Ziffer 1.4 der Süddeutschen Leitlinien, der Leitlinien der Oberlandesgerichte Brandenburg, Bremen, Celle, Dresden, Düsseldorf, Hamburg, Jena, Koblenz, Frankfurt, Naumburg, Rostock, Schleswig; **aA** AG Diepholz FamRZ 2002, 1740 (nur 10%); OLG Köln Ziffer 1.4 der Leitlinien sowie FamRZ 2003, 602: Konkrete Nachweise der Mehraufwendungen bei Reisekostenerstattung. Zum Auslandsverwendungszuschlag für einen Soldaten im Afghanistan-Einsatz (⅓ Zuschlag zum Einkommen) s. OLG Hamm FamRZ 2010, 1085 = NJW-RR 2010, 83.
[59] *Büttner/Niepmann/Schwamb* Rn. 873, 982–987.
[60] BGH NJW-RR 1986, 1002 (für einen Abgeordneten des Bayerischen Landtags).
[61] BGH NJW 1991, 697, 698.
[62] BGH NJW 1983, 2321; 1982, 2664.
[63] BGH FamRZ 2004, 186, 187.
[64] BGH FamRZ 2004, 186, 187.
[65] BGH NJW 1983, 933; OLG Köln OLGR 2003, 168.
[66] OLG Schleswig SchlHA 1980, 44.
[67] OLG Hamm FamRZ 2001, 565, (200 Stunden monatlich sind zumutbar). S. OLG Köln FamRZ 2008, 1657.
[68] OLG Hamm FamRZ 1999, 43.
[69] OLG Zweibrücken NJWE-FER 2001, 4 = FamRZ 2001, 103 (LS.).
[70] *Büttner/Niepmann/Schwamb* Rn. 831.
[71] BGH NJW 1985, 907.
[72] BGH NJW 1982, 1986 (Lehrtätigkeit an Hochschule zur sicheren materiellen Absicherung, Schwerpunkttätigkeit als Komponist; hier wird das Einkommen als Komponist voll angerechnet).
[73] OLG Koblenz FPR 2002, 66, 67; OLG Hamm FamRZ 1999, 43.

der Mindestunterhalt des Berechtigten nicht gesichert und besteht eine gesteigerte Erwerbsobliegenheit (Abs. 2), ist eine Berücksichtigung vorzunehmen;[74] s. Rn. 106.

f) Arbeit im Ruhestand. Im Regelfall besteht nach Erreichen des regulären Ruhestandsalters 22 für den Schuldner keine Erwerbsobliegenheit mehr;[75] damit ist der Zusatzverdienst des Rentners oder Pensionärs anrechnungsfrei, während die Rente selbst als Einkommen zu berücksichtigen ist. Bei Selbständigen (dazu s. Rn. 23 ff.) kommt hinsichtlich des Zusatzverdienstes eine andere Betrachtungsweise dann in Betracht, wenn in der Berufsgruppe typischerweise über das 65. Lebensjahr hinaus gearbeitet wird, wie zB bei selbständigen Kaufleuten, Ärzten oder Rechtsanwälten.[76] Allerdings wird der Ansatz eines fiktiven Einkommens (s. Rn. 60 ff.) regelmäßig ausscheiden, sofern der betreffende Schuldner mit Erreichen der Regelaltersgrenze seine Tätigkeit beendet, außer diese wäre zunächst über das 65. Lebensjahr hinaus fortgesetzt worden.[77]

2. Einkommen aus selbständiger Tätigkeit. a) Eigenständiger Einkommensbegriff. 23 Bei einem Freiberufler oder Unternehmer ist das steuerrechtliche Einkommen mit dem unterhaltsrechtlich relevanten Einkommen regelmäßig nicht identisch.[78] Während zB Betriebsausgaben und Investitionen *steuerrechtlich* grundsätzlich als Geschäftstätigkeit hinzunehmen sind, müssen sie *unterhaltsrechtlich* in einem angemessenen Verhältnis zum unternehmerischen Ertrag stehen; unabhängig hiervon ist die unterhaltsrechtliche Betrachtung auch deshalb strenger, weil zB Aufwendungen dann nicht einkommensmindernd anerkannt werden, wenn ihnen eine tatsächliche Vermögenseinbuße nicht oder nicht in diesem Umfang entspricht. Daraus folgt die Verpflichtung des Schuldners, die allein steuerrechtlich beachtlichen von den auch unterhaltsrechtlich abzugsfähigen Aufwendungen abzugrenzen.[79] Der Umfang der Substantiierungspflicht des Schuldners hängt auch von den diesbezüglichen Einwänden des Unterhaltsberechtigten ab.[80] Im Regelfall ist es für den Schuldner zunächst ausreichend, wenn er Gewinn- und Verlustrechnungen sowie Einkommensteuererklärungen und -bescheide vorlegt,[81] und zwar – anders als der abhängig Tätige – für den Zeitraum der letzten **drei Jahre**.[82] Sofern erforderlich oder ausreichend, kann im Einzelfall aber auch eine längere oder kürzere Zeitspanne zu Grunde gelegt werden.[83]

b) Privatentnahmen. Solche Entnahmen[84] sind zwar kein Einkommen im unterhaltsrechtli- 24 chen Sinne, allerdings im Zweifel ein Indiz für die Höhe des wirklichen Einkommens[85] und damit ein Hilfsmittel bei der Feststellung der tatsächlichen Einkommensverhältnisse.[86] Denn sie können Ausdruck der Überzeugung des Unternehmers sein, dass der Betrieb die – augenblicklich über den ausgewiesenen Gewinnen liegenden – Entnahmen auf längere Sicht hergeben wird.[87] Ein entsprechender Erfahrungssatz gilt dann nicht, wenn feststeht, dass der Unternehmensgewinn derartige Entnahmen wirtschaftlich nicht rechtfertigt, sondern dass diese Entnahmen aus einem schon verschuldeten Unternehmen genommen werden oder zur weiteren Verschuldung führen.[88] **Schwankungen** des Gewinns von kürzerer Dauer bleiben unterhaltsrechtlich unbeachtlich. Der Unternehmer hat sie einzukalkulieren und gegebenenfalls durch Kredite zu überbrücken.[89] Sofern das

---

[74] OLG Hamm FamRZ 2001, 565; FuR 2001, 559; FamRZ 1996, 303; OLG Schleswig FamRZ 1999, 1524 m. Anm. *Hauß* = MDR 1999, 1140 m. Anm. *Kleffmann*; OLG Hamm FamRZ 1999, 1014 (Ls) (Aushilfskellnern, Wochenendmusizieren, Zeitungsaustragen bei fehlender Gewährleistung des Mindestunterhalts durch Haupttätigkeit).
[75] BGH NJW 1999, 1547; OLG Köln FamRZ 2008, 1276; OLG Düsseldorf NJW-RR 2007, 1157.
[76] OLG Hamburg FamRZ 1985, 394, 396; *Büttner/Niepmann/Schwamb* Rn. 835.
[77] OLG Dresden NJW-RR 2003, 364; *Büttner/Niepmann/Schwamb* Rn. 749 aE. S. auch OLG Köln OLGR 2007, 217 für den Sonderfall der nicht ausreichenden Alterssicherung mit der Folge eines Lebensplans zur (notwendigen) Weiterarbeit; dann kann keine überobligatorische Tätigkeit angenommen werden.
[78] BGH NJW 1980, 2083; *Strohal* FPR 2006, 345.
[79] BGH NJW 1985, 909.
[80] *Laws* S. 8 mwN auf weitergehende Ansichten in der Literatur.
[81] BGH NJW-RR 1993, 898.
[82] BGH FamRZ 1985, 357, 359; OLG Zweibrücken NJW 1992, 1902, 1903; OLG Hamm FamRZ 1979, 1012, 1013.
[83] BVerfG FamRZ 1993, 169, 170; BGH FamRZ 1985, 357, 358; OLG Karlsruhe FamRZ 2007, 413.
[84] Vgl. dazu *Stein* FamRZ 1989, 343; OLG Zweibrücken NJW 1992, 1902.
[85] OLG Köln FamRZ 2007, 1559 (LS.); OLG Dresden FamRZ 1999, 850; OLG Düsseldorf FamRZ 1983, 279, 280.
[86] OLG Hamm FamRZ 1993, 1088; OLG Düsseldorf FamRZ 1983, 397, 399; OLG Köln FamRZ 1983, 87, 89.
[87] *Büttner/Niepmann/Schwamb* Rn. 788.
[88] OLG Koblenz OLGR 2001, 105; OLG Hamm FamRZ 1997, 674; OLG Schleswig SchlHA 1996, 244; OLG Zweibrücken NJW 1992, 1902, 1903; OLG Köln FamRZ 1983, 87, 89; OLG Düsseldorf FamRZ 1983, 397, 399.
[89] *Büttner/Niepmann/Schwamb* Rn. 671, 790.

Privateinkommen eines Selbständigen nicht hinreichend konkret zu ermitteln ist, zB wegen verschachtelter unternehmerischer Verhältnisse, wird Unterhalt nicht nach einer Quote des Einkommens, sondern nach dem tatsächlichen ehelichen Kostenaufwand festgesetzt.[90]

25 **c) Vorsorgeaufwendungen.** Anders als bei abhängig Beschäftigten sind bei selbständig Tätigen Vorsorgeaufwendungen nicht gesetzlich oder in vergleichbarer Weise vorgeschrieben.[91] Sie müssen also ihre Vorsorge, insbesondere für den Fall von Krankheit und Alter, selbst regeln.

26 Wird vom Selbständigen keine Vorsorge betrieben, können keine fiktiven Aufwendungen – auch nicht pauschaliert – angesetzt werden.[92] Sofern im Einzelfall Vorsorge betrieben wird, hängt die unterhaltsrechtliche Berücksichtigungsfähigkeit zum Teil von steuerrechtlich vorgegebenen Höchstbeträgen ab, teilweise wird auch mit bestimmten Prozentsätzen vom Einkommen – zB 20% – gearbeitet.[93] Für den Bereich des Elternunterhalts hat der BGH entschieden, dass es – innerhalb bestimmter Höchstgrenzen – auf den *tatsächlich* getätigten Vorsorgeaufwand ankommt; das erscheint auch in anderen Unterhaltsrechtsverhältnissen richtig. Diese Aufwendungen sind anhand der Umstände des Einzelfalles auf ihre Angemessenheit zu überprüfen.[94]

27 **d) Abschreibungen.** Für die planmäßige Abschreibung von Gegenständen des Anlagevermögens sind amtliche AfA-Tabellen aufgestellt worden; auf diese kann auch unterhaltsrechtlich zurückgegriffen werden, sofern dadurch die tatsächliche Leistungsfähigkeit nicht verfälscht wird.[95] Dagegen werden – als einem tatsächlichen Werteverzehr nicht entsprechend – unterhaltsrechtlich nicht anerkannt sowohl Sonderabschreibungen[96] als auch Aufwendungen zum Zwecke der Vermögensbildung durch Steuerersparnis[97] sowie Bewirtungs- und Repräsentationskosten.[98]

28 **3. Sonstige Einkünfte. a) Arbeitgeber.** Vom Arbeitgeber werden häufig **vermögenswirksame Leistungen** gezahlt, die Bestandteil des Lohnes und damit grundsätzlich unterhaltspflichtiges Einkommen sind.[99] Dagegen bestehen Bedenken deshalb, weil sie dem Schuldner nicht zur freien Verfügung stehen, sondern nur dann gezahlt werden, wenn er tatsächlich spart. Von daher sind dem Schuldner sowohl Zusatzleistungen des Arbeitgebers für die vermögenswirksame Anlage (mit dem Nettobetrag) wie die staatliche Sparzulage voll zu belassen.[100] Da die Sparleistungen des Arbeitnehmers der Vermögensbildung dienen, sind sie nicht einkommensmindernd abzuziehen.[101] Eine für den Arbeitnehmer als Form der betrieblichen Altersversorgung abgeschlossene **Direktversicherung** kann ebenfalls nicht als Einkommensbestandteil angesehen werden, weil dieser Betrag für Unterhaltszwecke nicht zur Verfügung steht, sondern zweckgebunden als Versicherungsbeitrag zu verwenden ist.[102]

29 In Bezug auf **Zulagen** lässt sich regelmäßig nur nach konkreter Überprüfung entscheiden, ob und inwieweit eine Einkommenserhöhung stattzufinden hat. So dient der Auslandszuschlag dem Ausgleich besonderer materieller und immaterieller Belastungen gerade in Folge des Dienstes im Ausland; es handelt sich um eine pauschale Zuwendung mit Ortszuschlagelementen, so dass im Grundsatz unterhaltspflichtiges Einkommen anzunehmen ist.[103] Dem Schuldner bleibt die Möglichkeit des Nachweises eines konkreten, durch den Zuschlag nicht gedeckten Mehrbedarfs; dieser ist dann vorweg abzusetzen.[104] Gleiches gilt für Sprachen- oder Krisenzulagen.[105]

---

[90] OLG Hamm FamRZ 1996, 1216; OLG Köln FamRZ 1993, 64; *Büttner/Niepmann/Schwamb* Rn. 680 aE.
[91] Ausnahmen gelten auf Grund berufsständischer Regelungen zB für Rechtsanwälte, Apotheker und Ärzte.
[92] *Laws* S. 232 mwN.
[93] Nachweis bei *Borth* NJW 2008, 326, 328, ebenfalls bei *Laws* S. 233.
[94] *Borth* NJW 2008, 326, 328; *Laws* S. 233–235.
[95] BGH NJW 2003, 1734 mwN. Zur Gebäudeabschreibung BGH NJW 2005, 2077, zur Ansparabschreibung BGH NJW-RR 2004, 1227. S. auch *Haußleiter* NJW-Spezial 2007, 343.
[96] BGH NJW 2003, 1734.
[97] BGH FamRZ 1987, 36; 1987, 46.
[98] BGH NJW 2003, 1734.
[99] BGH NJW 1980, 2251, 2252.
[100] So Ziffer 10.6 der unterhaltsrechtlichen Leitlinien der Oberlandesgerichte Brandenburg, Celle, Düsseldorf, Hamm, Hamburg, Koblenz, Köln, Oldenburg und Schleswig. S. OLG Düsseldorf FamRZ 1994, 1049, 1050.
[101] *Büttner/Niepmann/Schwamb* Rn. 819.
[102] OLG Celle FamRZ 2005, 297; *Büttner/Niepmann/Schwamb* Rn. 820; **aA** OLG München FamRZ 1997, 613, 614.
[103] BGH FamRZ 1980, 342, 344; OLG Koblenz NJWE-FER 2000, 140 = FamRZ 2000, 1154; OLG Bamberg FamRZ 1997, 1339, 1340; OLG Köln FamRZ 1991, 940, 941. Einschränkend OLG Hamm NJW-RR 2010, 83 (nur 1/3 Zurechnung bei Afghanistan-Einsatz eines Soldaten).
[104] BGH FamRZ 1980, 342, 344; OLG Bamberg FamRZ 1997, 1339, 1340.
[105] *Büttner/Niepmann/Schwamb* Rn. 805 f.

Im Rahmen der Sachzuwendungen[106] ist die Überlassung eines **Firmenwagens** zur privaten **30** Nutzung die häufigste und damit praktisch bedeutsamste Form. Selbst wenn das Fahrzeug nur für Fahrten zwischen Wohnung und Arbeitsplatz zur Verfügung gestellt wird, ist diese Nutzungsmöglichkeit Einkommensbestandteil; ihr Wert wird nach § 287 Abs. 1 ZPO geschätzt.[107] Mit dem steuerlichen Gehaltsanteil (1% des Anschaffungspreises zuzüglich Fahrtkostenpauschale) ist dieser Wert nicht identisch; der zusätzliche Nutzungswert wird durch die mit ihm verbundene Steuermehrbelastung nicht erschöpft.[108] Unter Berücksichtigung der Steuermehrbelastung erscheinen Beträge von rund 150 € bis 200 € monatlich für ein Mittelklassefahrzeug angemessen.[109]

Wird auf Grund eines Sozialplanes oder einer Einzelmaßnahme des Arbeitgebers anlässlich der **31** Beendigung des Arbeitsverhältnisses eine **Abfindung** gezahlt, so handelt es sich um eine im Hinblick auf das Arbeits- und Dienstverhältnis gewährte Leistung,[110] die dem Ausgleich für den Verlust des Arbeitsplatzes und des sozialen Besitzstandes dient; wegen ihrer Lohnersatzfunktion ist sie unterhaltspflichtiges Einkommen.[111] Der Pflichtige muss die Abfindung nicht vollständig dazu verwenden, die Lücke zwischen dem früheren (höheren) und dem jetzigen (reduzierten) Einkommen genau zu schließen.[112] Er kann sie deshalb für notwendige[113] oder jedenfalls sinnvolle Ausgaben[114] verwenden, dagegen nicht für unterhaltsrechtlich nicht akzeptable Ausgaben.[115] In diesen Fällen sind entsprechende fiktive Einkünfte (s. Rn. 60 ff.) zuzurechnen. Ansonsten ist der nicht ausgegebene Teil der Abfindung zur „Auffüllung" umzulegen, im Regelfall über einen Zeitraum von einigen Jahren,[116] bei älteren Arbeitnehmern bis zum Erreichen der Regelaltersrente.[117] Sofern die Arbeitslosigkeit vor Ablauf des prognostizierten Zeitraums endet, wird der nicht verbrauchte Teil der Abfindung unterhaltsrechtlich wie sonstiges Vermögen betrachtet,[118] allerdings nicht, wenn in der neuen Stelle deutlich weniger verdient wird als vorher.[119] Die Abfindung verliert ihren Charakter als Einkommensersatz, wenn Sie beim Zugewinnausgleich berücksichtigt wird.[120]

b) Wohnvorteil. Der Mietwert des Wohnens in eigener Wohnung (Haus, Eigentumswohnung) **32** wird als Gebrauchsvorteil nach § 100 BGB angesehen und ist deshalb unterhaltspflichtiges Einkommen, soweit sein Wert die anzuerkennenden Belastungen übersteigt, der Eigentümer also günstiger wohnt als der Mieter.[121] Bedeutung hat die Höhe des Wohnwertes sowohl für die Bestimmung des Bedarfs nach den ehelichen Lebensverhältnissen (§ 1578 BGB) wie für Bedürftigkeit des Berechtigten und Leistungsfähigkeit des Verpflichteten. Die Berechnung des Wohnvorteils richtet sich nicht mehr nach einem pauschalen Drittelwert,[122] sondern nach den tatsächlichen Verhältnissen,[123] konkret nach dem Mietzins, der nach dem – gedachten – Auszug für eine den ehelichen Lebensverhältnissen

---

[106] S. dazu *Büttner/Niepmann/Schwamb* Rn. 808 mit Beispielen und w. Nachw. Zu Aktienoption s. OLG Oldenburg NJW-RR 2009, 1657.
[107] OLG München FamRZ 1999, 1350; OLG Hamm FamRZ 1999, 513; OLG Karlsruhe NJW-RR 1994, 2, 3; OLG Hamburg FamRZ 1987, 1044, 1045; vgl. auch *Strohal* FamRZ 1995, 459; *Romeyko* FamRZ 2004, 242.
[108] OLG München FamRZ 1999, 1350, 1351; *Büttner/Niepmann/Schwamb* Rn. 809. S. OLG Bamberg FamRZ 2007, 1818 (Fahrtenbuch zum Nachweis des Privatanteils).
[109] OLG München FamRZ 1999, 1350: 155 €; OLG Hamm FamRZ 1999, 513: 255 € für einen Geländewagen; OLG Köln FamRZ 1994, 897: 205 € für Wohnung und Fahrzeug; OLG Hamm FamRZ 1992, 1427: 128 €. S. aber OLG Zweibrücken FamRZ 2008, 1655: 500 € bei Fahrzeugwert von 85.000 €.
[110] BGH NJW 1982, 822.
[111] BGH NJW 2003, 1518, 1519; 1990, 709, 711; *Soyka* FuR 2005, 539; *Gerhardt* FF 2006, 354.
[112] OLG Koblenz FamRZ 1991, 573; strenger OLG Dresden OLGR 2000, 51, 53.
[113] *Büttner/Niepmann/Schwamb* Rn. 880.
[114] OLG München FamRZ 1998, 559 (Anschaffung eines Computers); OLG Celle FamRZ 1992, 590 (Tilgung von Schulden).
[115] OLG Koblenz NJWE-FER 2000, 137 (Urlaubsreise nach Ostasien); OLG Karlsruhe NJWE-FER 2001, 113, 114 (Schulden aus unangemessen teurer Lebensführung).
[116] BGH NJW 1990, 709, 711; 1987, 1554; OLG Hamm FamRZ 1997, 1169; OLG Oldenburg FamRZ 1996, 672.
[117] OLG Karlsruhe FamRZ 2001, 1615; OLG Koblenz OLGR 2000, 143 (Verteilung auf 45 Monate).
[118] OLG Frankfurt NJWE-FER 2001, 280; *Büttner/Niepmann/Schwamb* Rn. 879.
[119] OLG Hamm NJW 2007, 1218. S. auch OLG Hamm FamRZ 2007, 1818 (Abdeckung des Risikos eines Verlustes der neuen Stelle in der Probezeit).
[120] BGH FamRZ 2003, 432, 433; kritisch *Kogel* FamRZ 2003, 1645, 1646.
[121] BGH NJW 2000, 2394; 2000, 284. Ausführlich zum Wohnwert *Finke* FPR 2008, 94.
[122] So genannte Drittelobergrenze, vgl. BGH FamRZ 1990, 989, 991; *Gerhardt* FamRZ 1993, 1139.
[123] BGH NJW 2000, 2349; 1998, 2821; OLG Zweibrücken NJW-RR 2007, 222; OLG Jena NJW-RR 2006, 507; enger, jetzt BGH BeckRS 2008, 05994 (ab Rechtshängigkeit des Scheidungsantrags); ähnlich OLG Hamm OLGR 2004, 304, das den vollen Wohnwert schon in der Trennungszeit nach Ablauf des Trennungsjahres ansetzt, sofern eine Wiederherstellung der ehelichen Lebensgemeinschaft nicht erwartet werden kann.

angemessene kleinere Wohnung gezahlt werden müsste.[124] Billigkeitskorrekturen sind möglich;[125] so ist der volle Wohnwert beispielsweise dann anzurechnen, wenn der Schuldner seine Lebensgefährtin in die Wohnung aufnimmt.[126]

33 In der *Trennungszeit* findet eine Begünstigung der die Wohnung nutzenden Person insoweit statt, als der zuzurechnende Nutzungsvorteil unter dem Gesichtspunkt des „toten Kapitals"[127] (wegen des Auszugs von einem oder mehreren Familienmitgliedern ist die Wohnung jetzt zu groß geworden) nur ein angemessener Betrag berücksichtigt wird, während *nach Rechtskraft der Scheidung* der volle Wohnwert anzusetzen ist.[128] Die Privilegierung in Gestalt des nur angemessenen Wohnwertes scheidet ebenfalls aus, wenn aus dem nicht mehr benötigten Wohnungsteil schon Nutzungen gezogen werden, beispielsweise durch Vermietung oder Aufnahme des neuen Lebenspartners in die Wohnung.[129] Nach der Scheidung besteht die Verpflichtung, den nicht genutzten Teil zu vermieten; das Einkommen des Pflichtigen wird dann durch den Erlös aus der Teilvermietung und den tatsächlichen Nutzungsvorteil erhöht.[130] Sofern die räumlichen Verhältnisse eine Vermietung einzelner Teile nicht zulassen, besteht die Obliegenheit einer vollständigen Vermietung unter Ansatz der objektiven Marktmiete, alternativ die Obliegenheit zur Veräußerung des Objektes.[131] Nur dann, wenn eine solche Vermietung nicht möglich oder ausnahmsweise nicht zumutbar ist,[132] ist auch nach der Scheidung lediglich der angemessene (niedrige) Wohnvorteil anzusetzen.[133] Im Falle eines lebenslangen Niesbrauchs eines Dritten bleibt der Wohnwert des Eigenheims unberücksichtigt.[134]

34 **c) Vermietung und Verpachtung.** *Absetzbar* sind hier verbrauchsunabhängige Nebenkosten und Zinsen,[135] daneben Kosten für Reparaturen und Instandhaltung, soweit es sich um notwendigen Erhaltungsaufwand (und nicht um lediglich wertsteigernde, aber nicht notwendige Verbesserungen oder Ausbauten) handelt.[136] Entsprechende Rücklagen können dann abgezogen werden, sofern eine konkrete Notwendigkeit anzunehmen ist;[137] der allgemeine Hinweis auf das Alter des Objektes reicht dagegen nicht aus. *Nicht absetzbar* sind (da nur der Vermögensbildung dienend) Tilgungen von Hypothek oder Grundschuld sowie nur steuerliche Abschreibungen.[138] Abschreibungen für die Abnutzung des Gebäudes berühren das unterhaltsrechtlich relevante Einkommen nicht, weil ihnen lediglich der Verschleiß eines Gegenstandes des Vermögens zu Grunde liegt.[139] Verluste aus Vermietung und Verpachtung sind im Regelfall unterhaltsrechtlich nicht relevant; die auf ihnen beruhende Steuerersparnis ist deshalb nicht zu berücksichtigen.[140]

35 Ansonsten sind Einkünfte aus Vermietung und Verpachtung unterhaltsrechtlich relevantes Einkommen. Auch hier ist regelmäßig ein Durchschnittsbetrag anhand der Werte eines Jahres zu errechnen; bei erheblichen Schwankungen ist ein Mehrjahresdurchschnitt zu bilden.[141]

36 **d) Vermögen.** In erster Linie hat der Pflichtige **Erträge** aus seinem Vermögen heranzuziehen, um seiner Unterhaltsverpflichtung nachkommen zu können,[142] zumal er zur ertragsgünstigen Anlage des Vermögens verpflichtet ist.[143] Anrechenbar sind die Nettobeträge (Bruttoerträge abzüglich Steuern, gesetzliche Abgaben und notwendige Aufwendungen). Sofern aber die Einkünfte des

---

[124] BGH NJW 2000, 284; zu Einzelheiten *Born* in *Heiß/Born* Kap. 10 Rn. 86 ff.
[125] BGH NJW 2000, 284, 285; 1998, 2821; *Hahne* FF 1999, 99, 101.
[126] OLG Schleswig FamRZ 2003, 603, 604; *Büttner/Niepmann/Schwamb* Rn. 859.
[127] BGH NJW 1998, 2821; 1989, 2809; OLG Hamm NJW 1999, 511; *Graba* FamRZ 1995, 388.
[128] BGH NJW 2007, 1974, 1976; 2000, 2349 = FamRZ 2000, 950, 951 m. Anm. *Graba*; BGH FamRZ 1990, 269, 271; s. aber – enger – jetzt BGH BeckRS 2008, 05994 sowie OLG Hamm OLGR 2004, 304 (s. Fn. 122). Ausführlich zur Höhe des Nutzungsvorteils s. *Finke* FPR 2008, 94.
[129] BGH FamRZ 2000, 950; OLG Schleswig FamRZ 2003, 603, 604.
[130] *Büttner/Niepmann/Schwamb* Rn. 860; OLG Jena NJW-RR 2006, 507.
[131] BGH NJW 2000, 2349 = FamRZ 2000, 950, 951 m. Anm. *Graba*; BGH FamRZ 1990, 269, 271.
[132] OLG Hamm NJWE-FER 2000, 273 = FamRZ 2000, 103 (LS.) (Der verbliebene Ehegatte benötigt eine behindertengerechte Wohnung und damit eine längere Übergangszeit); OLG Hamm FamRZ 2004, 108, 109; KG FamRZ 2003, 1864, 1865 (schwerbehindertes Kind).
[133] BGH NJW 2000, 2349 = FamRZ 2000, 950, 951 m. Anm. *Graba*.
[134] OLG Koblenz FamRZ 2003, 534.
[135] BGH NJW 2000, 284; KG FamRZ 1997, 67; **aA** OLG Düsseldorf NJW-RR 2010, 672.
[136] BGH NJW 2000, 284; 1984, 303, 305; *Büttner/Niepmann/Schwamb* Rn. 1007.
[137] BGH NJW 2000, 284; OLG Saarbrücken OLGR 2004, 60, 62.
[138] *Büttner/Niepmann/Schwamb* Rn. 1008.
[139] BGH NJW 1984, 303, 304.
[140] BGH NJW-RR 1987, 194; OLG Frankfurt NJW-RR 1988, 522.
[141] BGH NJW-RR 1986, 66.
[142] BGH FamRZ 1985, 354, 355; OLG Koblenz FamRZ 2000, 610.
[143] OLG Hamm OLGR 2003, 224; OLG Bamberg FamRZ 1992, 1305, 1306; OLG Koblenz FamRZ 1990, 51.

Pflichtigen nicht ausreichen, hat er auch den **Stamm** seines Vermögens zur Bestreitung des Unterhalts einzusetzen. Nur für den *Berechtigten* ist im Gesetz (§ 1581 S. 2 BGB) bestimmt, dass der Vermögensstamm nicht verwertet zu werden braucht, soweit dies unwirtschaftlich oder unbillig wäre; eine allgemeine gesetzliche Regelung für den *Pflichtigen* fehlt dagegen. Beim Verwandtenunterhalt ist eine Verwertung des Vermögensstammes grundsätzlich geboten, wenn die sonstigen Mittel nicht ausreichend sind; denn hier ist – anders als in §§ 1581 S. 2, 1577 Abs. 3 BGB – eine allgemeine Billigkeitsgrenze nicht vorgesehen. Wer über Vermögen verfügt, ist zur Unterhaltsgewährung noch nicht außer Stande.[144] Aus § 1603 Abs. 1 BGB ergeben sich Einschränkungen der genannten Obliegenheit insofern, als auch die sonstigen Verbindlichkeiten des Schuldners zu berücksichtigen sind und er seinen eigenen angemessenen Unterhalt nicht zu gefährden braucht. Danach muss er den Vermögensstamm nicht verwerten, wenn ihn dies von fortlaufenden Einkünften abschneiden würde, die er zur Erfüllung weiterer Unterhaltsansprüche oder anderer berücksichtigungsfähiger Verpflichtungen oder für seinen eigenen Unterhalt benötigt.[145] Der Schuldner muss den Vermögensstamm nicht verwerten, wenn dies für ihn mit einem wirtschaftlich nicht mehr vertretbaren Nachteil verbunden wäre.[146] Im Übrigen ist die Vermögensverwertung nach Scheidung beim nachehelichen Unterhalt eher zumutbar als während der Trennung.[147]

Im Rahmen der gesteigerten Unterhaltspflicht nach Abs. 2 ist auch **Schmerzensgeld** für den Unterhalt zu verwenden, weil dessen Zweckbestimmung für das Unterhaltsverhältnis nicht ohne weiteres maßgebend ist.[148] Mit Rücksicht auf die besondere Ausgleichsfunktion des Schmerzensgeldes kommt allerdings eine maßvolle Anhebung der unterhaltsrechtlichen Opfergrenze in Betracht. Allgemein wird – entsprechend der Anerkennung von **Schonvermögen** im Sozialhilferecht – auch im Unterhaltsrecht bis zu einem gewissen Grad vorhandenes Vermögen herangezogen, welches zur Bildung von Rücklagen für unvorhergesehene Ausgaben vorgesehen ist.[149] Ein **Familienheim** braucht grundsätzlich nicht veräußert zu werden, da durch dieses Heim der Wohnbedarf gedeckt und Miete erspart wird;[150] dagegen ist ein Miteigentumsanteil an einem Ferienhaus jedenfalls dann zu veräußern, wenn es nicht den Wohnbedarf deckt.[151] Allgemein ist in Bezug auf die Notwendigkeit eines Verkaufs festzustellen, dass erhebliche Verluste nicht zumutbar sind;[152] treten Schwierigkeiten beim Verkauf auf, ist eine baldige Vermietung vorzunehmen.[153]

e) Familienzuschlag. Dieser Zuschlag (früher Ortszuschlag) nach §§ 39, 40 BBesG ist grundsätzlich unterhaltspflichtiges Einkommen,[154] uneingeschränkt im Rahmen des Kindesunterhalts.[155] Nach früherer Rechtsprechung des BGH sollte der Zuschlag der Stufe eins nach § 40 BBesG bei der Bestimmung des Unterhalts des geschiedenen Ehepartners eines wiederverheirateten Beamten nur hälftig anzusetzen sein, sofern er sowohl wegen des Anspruchs des geschiedenen Ehegatten (Nr. 3 der Vorschrift) als auch wegen der bestehenden Ehe gezahlt wird (Nr. 1 der Vorschrift).[156] Nach dem UnterhRÄndG war nicht vor kurzem eine Dreiteilung der verfügbaren Einkünfte des Unterhaltsschuldners (s. aber Rn. 46 a E) vorzunehmen mit der Folge, dass diese den geschiedenen und dem jetzigen Ehegatten zu Gute kommt; deshalb ist es – entsprechend der Behandlung des Splittingvorteils, s. u. Rn.46 – nur konsequent, dass der Familienzuschlag in das zur Verteilung bestimmte Einkommen einfließt.[157] Dagegen wird der Familienzuschlag für ein **Stiefkind** allein der bestehenden Familie, in der das Kind lebt, zugerechnet, so dass sich der Unterhaltsanspruch des geschiedenen Ehegatten dadurch nicht erhöht.[158]

---

[144] BGH NJW-RR 1986, 66; FamRZ 1998, 367; OLG Koblenz FamRZ 2000, 1176; OLG München OLGR 2000, 78.
[145] BGH NJW 1989, 524; NJW-RR 1986, 66; LG Duisburg FamRZ 1991, 1086.
[146] BGH NJW-RR 1986, 66; OLG Bamberg FamRZ 1999, 1019 (Vermögen wird zur Sicherung des notwendigen Eigenbedarfs benötigt).
[147] Vgl. im Einzelnen *Büttner/Niepmann/Schwamb* Rn. 851 (Trennungszeit) und Rn. 852 (nach Scheidung).
[148] BGH NJW-RR 1986, 66. Zur vergleichbaren Bewertung bei öffentlich-rechtlichen Sozialleistungen s. BGH NJW 1981, 1313; 1982, 41.
[149] BVerwG NJW 1993, 1024, 1993, 1026 (behindertengerechte Eigentumswohnung).
[150] BGH FamRZ 2001, 21, 23; OLG Celle FamRZ 2001, 1639.
[151] BGH NJW-RR 1986, 66 = FamRZ 1986, 48, 50.
[152] OLG Celle FamRZ 2002, 887.
[153] OLG Karlsruhe NJW-FER 1999, 33.
[154] BGH NJW 1984, 1458; 1983, 933 (LS.) = FamRZ 1983, 49. Nach BVerfG NJW 2008, 209 = FamRZ 2008, 487; BVerwG NJW 2008, 868 ist die Nichtgewährung an einen eingetragenen Lebenspartner nicht zu beanstanden. Dazu passt die Differenzierung hinsichtlich der Hinterbliebenenversorgung aus einem ärztlichen Versorgungswerk, s. BVerwG NJW 2008, 246.
[155] *Büttner/Niepmann/Schwamb* Rn. 798.
[156] BGH FamRZ 2007, 793, 797 mit Anm. *Büttner*.
[157] BGH NJW 2008, 3213, 3215 = FamRZ 2008, 1911, 1916 mit Anm. *Maurer*.
[158] BGH FamRZ 2007, 793, 798 mit Anm. *Büttner*.

§ 1603 39–44   Abschnitt 2. Titel 3. Unterhaltspflicht

39   **f) Taschengeld.** Solange der angemessene oder notwendige Selbstbehalt (s. Rn. 7) des Pflichtigen gewahrt bleibt, ist auch Taschengeld,[159] welches der Ehegatte vom erwerbstätigen Partner verlangen kann, grundsätzlich unterhaltspflichtiges Einkommen. Erhält der Ehegatte durch den erwerbstätigen Partner Naturalunterhalt mit der Folge, dass er in dieser Beziehung sein Auskommen findet, ist das Taschengeld für Unterhaltszwecke zu verwenden. Da dies schon für den eher „schwachen" Unterhaltsanspruch der Eltern gegenüber den Kindern entschieden ist,[160] muss es erst recht bei Unterhaltsansprüchen von Kindern gelten. Die Höhe richtet sich nach den finanziellen Verhältnissen sowie dem allgemeinen Lebenszuschnitt der Eheleute; in der Regel wird ein Taschengeld in Höhe von 5 bis 7% des Nettoeinkommens des Zahlungspflichtigen Ehegatten angesetzt.[161] Die – verfassungsrechtlich unbedenkliche[162] – Pfändbarkeit von Taschengeld ist streitig,[163] im Ergebnis aber zu bejahen.[164]

40   **g) Zuwendungen Dritter.** Hier ist entscheidend, welchen Zweck der Dritte mit der Leistung (Geld-, Sach- oder Dienstleistung) verfolgt. Sofern sie dem Empfänger zur Befriedigung seines persönlichen Bedarfs zukommen soll, ist sie seinem unterhaltspflichtigen Einkommen *nicht* zuzurechnen.[165] Stammt die Leistung aus dem Familienkreis, spricht eine tatsächliche Vermutung dafür, dass diese Leistung dem begünstigten Familienangehörigen allein zu Gute kommen soll.[166] Freiwillige Zuwendungen des Arbeitgebers haben Lohncharakter, da sie im Zweifel wegen des Arbeitseinsatzes des Arbeitnehmers für diesen gewährt werden.[167]

41   **h) Öffentlich-rechtliche Zuwendungen.** Hier kann im Wesentlichen auf die Ausführungen zur Bedürftigkeit (§ 1602 Rn. 26 ff.) verwiesen werden. Zu ergänzen ist hier Folgendes:

42   **Wohngeld** ist unterhaltspflichtiges Einkommen;[168] allerdings erhöht es die Leistungsfähigkeit des Pflichtigen nur, soweit ihm nicht unvermeidbar hohe Wohnkosten gegenüberstehen.[169] Da der Bezug von Wohngeld nach gefestigter Rechtsprechung ein Indiz für erhöhte Wohnkosten des Pflichtigen ist,[170] geht die Praxis überwiegend von einer Aufzehrung des Wohngeldes aus mit der Folge, dass keine Einkommenserhöhung stattfindet.[171]

43   **Sozialhilfe** ist dagegen kein unterhaltsrechtliches Einkommen;[172] sie begründet keine Leistungsfähigkeit des Pflichtigen, sondern dient als subsidiäre Leistung der Deckung des notwendigen eigenen Bedarfs. Ausdrücklich zur Fremdverwendung vorgesehene Beträge (zB Kinderzulagen) sind in vollem Umfang zur Unterhaltszahlung zu verwenden.[173] Außer Betracht bleiben auch Leistungen nach dem **Grundsicherungsgesetz.**

44   **Erziehungsgeld** erhöht die Leistungsfähigkeit des Pflichtigen nicht, was sich schon aus dem Gesetz (§ 9 BErzGG aF)[174] ergibt; der Gesetzeszweck (Babybetreuung) würde anderenfalls gefährdet.[175] Im Rahmen des § 1603 Abs. 1 gilt eine Ausnahme allerdings für den Pflichtigen, so dass das für Pflege und Erziehung eines weiteren Kindes bezogene Erziehungsgeld für Unterhaltszwecke gegenüber einem anderen Kind einzusetzen ist, wenn der eigene Bedarf des Pflichtigen in einer neuen Beziehung gedeckt ist.[176] S. auch § 1602 Rn. 42, 43, § 1615l Rn. 46.

---

[159] S. dazu *Hauner* FamRZ 1996, 193; *Sauer/Meiendresch* FamRZ 1996, 1441. S. auch OLG Köln FamRZ 2007, 1904.
[160] BGH NJW 2004, 674, 676; *Büttner/Niepmann/Schwamb* Rn. 815.
[161] BGH NJW 2004, 674, 676; 1998, 1553; OLG Bamberg FamRZ 1988, 948, 949; OLG Hamm NJW-RR 1990, 1224.
[162] BVerfG FamRZ 1986, 773.
[163] S. dazu ausführlich OLG Stuttgart FamRZ 2002, 185; OLG München FamRZ 1988, 1161; *Büttner* FamRZ 1994, 1431, 1439.
[164] Dazu im Einzelnen *Büttner/Niepmann/Schwamb* Rn. 433 f. mwN.
[165] BGH NJW 1995, 1486, 1487; OLG München FamRZ 1996, 1433, 1434; OLG Celle FamRZ 1993, 352.
[166] BGH NJW 1995, 1486; NJW-RR 1990, 578, 580; NJW 1988, 2371.
[167] OLG München FamRZ 1995, 1069; *Büttner/Niepmann/Schwamb* Rn. 842 aE.
[168] OLG Zweibrücken NJWE-FER 2001, 6 (für den Berechtigten).
[169] BGH FamRZ 2003, 860, 862; 1982, 587.
[170] BGH FamRZ 1982, 587, 589 = NJW 1982, 684.
[171] *Büttner/Niepmann/Schwamb* Rn. 903
[172] BSG NJW 1974, 2152; BGH NJW 1983, 1481 (für den Berechtigten).
[173] *Büttner/Niepmann/Schwamb* Rn. 905.
[174] Das bisherige BErzGG ist durch das Gesetz zum Elterngeld und zur Elternzeit (Bundeselterngeld- und Bundeselternzeitgesetz, BEEG) ersetzt worden (BGBl. I 2006 S. 2748). S. dazu ausführlich *Scholz* FamRZ 2007, 7, *Brosius-Gersdorf* NJW 2007, 177 sowie *Justin* FamRZ 2011, 433. Da Elterngeld Lohnersatzfunktion hat, wird es als Einkommen des bezugsberechtigten Elternteils berücksichtigt mit Ausnahme eines Sockelbetrages von 300 Euro (BGH FamRZ 2011, 97).
[175] OLG Köln NJW-RR 2007, 440; *Büttner/Niepmann/Schwamb* Rn. 912.
[176] OLG Brandenburg NJW-RR 2002, 939; OLG Hamm FamRZ 2000, 311; OLG Zweibrücken FamRZ 2003, 1204; OLG Nürnberg NJW-RR 1994, 840; OLG Oldenburg NJW-RR 1992, 261, 262. Zur Mangelfallberechnung s. BGH NJW-RR 2006, 1225.

i) Schwarzarbeit. Da es keine unterhaltsrechtliche Obliegenheit zu verbotenem Tun gibt,[177] 45 kann vom Pflichtigen auch nicht die Fortsetzung von Schwarzarbeit verlangt werden, also einer Tätigkeit, auf die keine Steuern und Sozialabgaben geleistet werden.[178] Sofern dagegen für die Vergangenheit bewiesen werden kann, dass aus Schwarzarbeit bestimmte Einkünfte erzielt worden sind, können diese für die Vergangenheit zu Grunde gelegt werden.[179] Wurde die Schwarzarbeit neben einer Vollzeitbeschäftigung ausgeübt, kann der Gläubiger dahin argumentieren, dass für den Schuldner zusätzlich eine Nebentätigkeit (s. Rn. 21) in Betracht kommt.

4. Steuerliche Fragen. Im Rahmen des Kindesunterhalts ist – anders als beim nachehelichen 46 Unterhalt, s. Rn. 38 – grundsätzlich von dem Einkommen auszugehen, welches sich nach Abzug der Steuern in ihrer tatsächlichen Höhe ergibt; denn der Unterhaltsbedarf der Kinder ist vom aktuellen Einkommen des Barunterhaltspflichtigen abhängig, und eine Nichtberücksichtigung des Splittingvorteils würde die Kinder aus der alten Ehe im Verhältnis zu denjenigen aus der neuen Ehe ohne sachlichen Grund benachteiligen.[180] Deshalb ist auch die gewählte **Steuerklasse** nach Wiederheirat des Pflichtigen maßgebend; wählt er eine ungünstige Steuerklasse (zB V), ist die von seinem Einkommen einbehaltene Lohnsteuer durch einen angemessenen Abschlag zu korrigieren.[181] Auch der **Splittingvorteil** aus einer Wiederverheiratung im Rahmen des Kindesunterhalts ist nicht der neuen Familie vorzubehalten, sondern kommt – unter Umständen im Wege der Abänderungsklage[182] – auch den unterhaltsberechtigten Kindern aus der früheren Ehe des Schuldners zu Gute,[183] ebenso der geschiedenen Ehefrau, weil deren Bedarf nach der „Drittel-Methode" auf der Grundlage der aktuellen Einkünfte des Schuldners einschließlich Splittingvorteil und Familienzuschlag (s. o. Rn. 38) zu bestimmen ist.[184]

Nach dem **Zufluss-/Abflussprinzip** sind Steuererstattungen und Steuernachzahlungen grund- 47 sätzlich der Einkommensberechnung des Jahres zu Grunde zu legen, in welches das betreffende Ereignis fällt; Ausnahmen werden dann gemacht, wenn es anderenfalls zu „Schieflagen" käme mit der Folge, dass deshalb eine Abänderungsklage vorprogrammiert wäre.

Da unterhaltsrechtlich die Obliegenheit zur Ausnutzung von Steuervorteilen besteht, unter ande- 48 rem konkret durch Eintragung eines **Freibetrages** für den laufenden Veranlagungszeitraum,[185] kann steuerlichen Manipulationen zum Nachteil des Berechtigten (zB durch Unterlassung der Eintragung von Freibeträgen oder die Wahl einer den Berechtigten benachteiligenden Steuerklasse) dadurch entgegengewirkt werden, dass – fiktiv – höhere Einkünfte des Schuldners zu Grunde gelegt werden, die sich bei einer für den Berechtigten günstigeren Steuerklasse ergeben.[186] Gleiches gilt bei Unterlassen einer zeitnahen Abgabe der Steuererklärung.[187] Andererseits hat der Schuldner durchaus einen Freiraum, weil es grundsätzlich seine Sache ist, den Zeitpunkt der Geltendmachung eines Steuervorteils zu bestimmen.[188] Grundsätzlich ist das begrenzte Realsplitting zur Steigerung der Leistungsfähigkeit des Pflichtigen durchzuführen,[189] sofern die Obliegenheit nicht ausnahmsweise deshalb nicht zum Tragen kommt, weil der Schuldner keinen Unterhalt gezahlt hat und sich auf Verwirkung des Unterhaltsanspruchs beruft.[190]

5. Abzüge. a) Berufsbedingte Aufwendungen. Während sich die notwendigen Vorsorge- 49 aufwendungen (Sozialversicherungsbeiträge, Krankenversicherung) im Regelfall aus der Lohnabrechnung ergeben, muss der abhängig tätige Unterhaltspflichtige berufsbedingte Aufwendungen zusätzlich in Ansatz bringen, wenn Abzugsfähigkeit geltend gemacht werden soll. Der Aufwand

---

[177] OLG München FamRZ 2004, 108 (Prostitution); *Büttner/Niepmann/Schwamb* Rn. 778.
[178] AG Viechtach FamRZ 1990, 1139.
[179] *Büttner/Niepmann/Schwamb* Rn. 673, 778; *Heiß/Heiß* in *Heiß/Born* Kap. 3 Rn. 521.
[180] BGH NJW 1986, 2758; *Büttner/Niepmann/Schwamb* Rn. 924 aE; *Viefhues* FPR 2008, 74, 77 f.
[181] BGH FamRZ 1988, 145; NJW 1980, 2251; OLG Düsseldorf FamRZ 1986, 66 (mit konkreter Berechnung).
[182] BGH NJW 1988, 2101.
[183] BGH FamRZ 2010, 1318 m. Anm. *Schürmann;* BGH NJW 2008, 3562 = FamRZ 2008, 2189 m. Anm. *Graba;* BGH FamRZ 2005, 1817; NJW 1986, 2758; **aA** OLG Oldenburg FamRZ 2006, 1223, wenn der Bedarf des zweiten Ehegatten wegen § 1582 unberücksichtigt bleibt.
[184] BGH NJW 2008, 3213 mit Anm. *Mleczko* = FamRZ 2008, 1911 mit Anm. *Maurer* = LMK 2008, 268866 mit Anm. *Born;* BGH NJW 2009, 145 mit Anm. *Born;* BGH NJW 2009, 588 mit Anm. *Born.*
[185] OLG Koblenz NJW-RR 2002, 364.
[186] OLG Hamm FamRZ 1996, 505; OLG Brandenburg Jugendamt 2003, 266; **aA** OLG Koblenz FamRZ 1988, 402; OLG Köln FamRZ 1989, 65.
[187] OLG Hamm FamRZ 2001, 482; *Büttner/Niepmann/Schwamb* Rn. 768.
[188] OLG Bamberg FamRZ 1988, 727; *Büttner/Niepmann/Schwamb* Rn. 768.
[189] BGH FamRZ 1983, 670, 673; OLG Hamm FamRZ 1987, 489.
[190] OLG Hamm FamRZ 1999, 851.

§ 1603   50, 51   Abschnitt 2. Titel 3. Unterhaltspflicht

muss notwendigerweise mit der Erwerbstätigkeit verbunden und von privaten Aufwendungen abzugrenzen sein. Unterhaltsrechtlich wird der Abzug teilweise pauschaliert,[191] was zwar die Berechnung vereinfacht, aber dem konkreten Aufwand nicht immer entspricht.[192] Von anderen Gerichten wird von vornherein eine konkrete Darlegung gefordert.[193]

50   Berücksichtigungsfähig sind in erster Linie **Fahrtkosten** für notwendige Fahrten von der Wohnung zur Arbeitsstelle oder für berufsbedingte Reisen, soweit keine Erstattung vom Arbeitgeber vorgenommen wird oder geschuldet ist.[194] Je enger die wirtschaftlichen Verhältnisse sind, desto eher wird der Schuldner auf die Inanspruchnahme kostengünstigerer öffentlicher Verkehrsmittel verwiesen;[195] dem Pflichtigen bleibt die Möglichkeit der Darlegung, dass diese Verkehrsmittel unzumutbar sind und er deshalb auf die Nutzung des Kraftfahrzeugs angewiesen ist,[196] wobei – insbesondere bei gesteigerter Unterhaltspflicht nach Abs. 2 – an diesen Nachweis strenge Anforderungen gestellt werden.[197] Die Rechtsprechung gesteht dem Pflichtigen nur dann die höheren Kosten der Fahrzeugbenutzung zu, wenn – bei substantiierter Darlegung durch den Pflichtigen – der Arbeitsplatz mit öffentlichen Verkehrsmitteln nicht oder nur mit unvertretbarem Zeitaufwand zu erreichen ist.[198] An den Realitäten der Arbeitswelt dürfte diese Rechtsprechung vorbeigehen[199] und nur dann angemessen sein, wenn es um beengte wirtschaftliche Verhältnisse einerseits und hohe Fahrtkosten andererseits geht.

51   Zur **Höhe** der Fahrtkosten empfiehlt sich eine Orientierung an den einschlägigen OLG-Leitlinien.[200] Gerechnet wird üblicherweise wie folgt: Einfache Strecke in km, 220 Arbeitstage,[201] Ansatz der km-Pauschale.[202] Der BGH[203] hat die bis dahin überwiegende Praxis bestätigt, wonach bei Ansatz der km-Pauschale sämtliche Pkw-Kosten abgedeckt sind, also auch solche für Abnutzung und Finanzierungsaufwand.[204] Die Verwendung der **km-Pauschale** ist in der Praxis allgemein üblich.[205] Die Leitlinien verschiedener Gerichte orientieren sich am JVEG,[206] wonach für Zeugen 0,25 €/km und für Sachverständige 0,30 €/km angesetzt werden.[207] Bei längeren Fahrstrecken,[208] in einigen Leitlinien konkret ab 30 km einfache Strecke, wird eine Senkung der Pauschale vorge-

---

[191] So zB in Höhe von 5% nach den Süddeutschen Leitlinien, den Leitlinien der Oberlandesgerichte Brandenburg, Braunschweig, Celle, Koblenz, Saarbrücken sowie nach Ziffer A. 3 der Düsseldorfer Tabelle.
[192] Deshalb sehen einige der genannten Leitlinien vor, dass höhere Kosten im Wege des konkreten Nachweises geltend gemacht werden können.
[193] OLG-Leitlinien von Bremen, Dresden, Hamm, Hamburg, Jena, Köln, Rostock, Schleswig. S. OLG Hamm NJW-RR 2010, 83 = FamRZ 2010, 1085 (konkrete Darlegung gefordert beim berufsbedingten Aufwand, dagegen pauschale Kürzung zulässig für Werbungskosten bei Ansatz fiktiver Einkünfte).
[194] BGH NJW-RR 1998, 721; OLG Düsseldorf FamRZ 1978, 721. Nach OLG Köln FamRZ 2007, 1463 scheidet ein Abzug bei Geringfügigkeit (11 Euro/Monat) aus. Zu Umgangskosten s. § 1684.
[195] OLG Brandenburg FamRZ 1999, 1010 (Zeitaufwand zwischen 2 und 3 Stunden täglich zumutbar); s. auch OLG Dresden FamRZ 1999, 1351; 1999, 1528; 2001, 47 (LS.). Beim Ehegattenunterhalt wird in der Trennungszeit großzügiger – iS von billigenswerter PKW-Benutzung – entschieden, sofern der Schuldner auch schon während der Zeit des Zusammenlebens mit dem PKW zur Arbeit gefahren ist (BGH FamRZ 1998, 1501; 1984, 988, 990; OLG Hamm OLGR 1998, 362).
[196] BGH NJW-RR 1995, 129; OLG Naumburg FamRZ 1998, 558 (Schichtdienst); OLG Hamm NJW-RR 1998, 724 (Gehbehinderung).
[197] OLG Hamm FamRZ 1996, 958; OLG Karlsruhe NJW-RR 1997, 323. Im Einzelfall kann sogar eine Fahrradbenutzung geboten sein, s. OLG Stuttgart NJW-RR 2008, 527 (bei 8 km einfacher Strecke).
[198] BGH NJW-RR 1998, 721; OLG Brandenburg FamRZ 1999, 1010 (2 bis 3 Stunden zumutbar) OLG Dresden FamRZ 2001, 47.
[199] *Büttner/Niepmann/Schwamb* 9. Aufl. Rn. 934 aE.
[200] S. dazu NJW 2010, Beilage zu Heft 12; 2009, Beilage zu Heft 22; 2008, Beilage zu Heft 10; 2007, Beilage zu Heft 32; FamRZ 2008, 215, 333; 2007, 1373; ebenso unter www.heiss-born.de; s. auch *Wendl/Dose* § 1 Rn. 135.
[201] Mit Korrekturmöglichkeit bei abweichender Arbeitszeit, wonach die Partei gefragt werden sollte; vgl. dazu *Born* in *Heiß/Born* Kap. 22 Rn. 100.
[202] Deren Höhe sich aus den jeweils einschlägigen OLG-Leitlinien ergibt. Berechnung: einfache Strecke x 2 x km-Pauschale x 220 Tage: 12 Monate = Abzugsbetrag.
[203] BGH FamRZ 2006, 846 m. Anm. *Born* 849.
[204] Eingehend zum Finanzierungsaufwand *Born* FamRZ 2006, 849.
[205] BGH FamRZ 2002, 536.
[206] Gesetz über die Vergütung von Sachverständigen, Dolmetscherinnen, Dolmetschern, Übersetzerinnen und Übersetzern sowie die Entschädigung von ehrenamtlichen Richterinnen, ehrenamtlichen Richtern, Zeuginnen, Zeugen und Dritten.
[207] **0,30 €/km:** KG, Bremen, OLGe Celle, Frankfurt/M., Hamburg, Hamm, Oldenburg, Schleswig, süddeutsche Leitlinien; **0,27 €/km:** OLGe Dresden, Koblenz, Naumburg, Rostock; **0,25 €/km:** OLG Brandenburg; **0,22 €/km:** OLG Thüringen; **0,21 €/km:** OLGe Düsseldorf, Köln.
[208] Diesen allgemeinen Begriff verwenden OLGe Hamburg, Köln, Oldenburg.

Leistungsfähigkeit 52–54 § 1603

nommen,[209] zum Teil wird ein verringerter Betrag konkret genannt.[210] Sofern im Unterhaltsverfahren mit dem Ansatz der km-Pauschale gearbeitet wird, können **daneben keine Kreditkosten** für die Anschaffung des Fahrzeugs berücksichtigt werden.[211] Dies gilt selbst dann, wenn der Anschaffungskredit von den Parteien gemeinschaftlich aufgenommen worden ist.[212] Sofern die Partei des Unterhaltsverfahrens aber die Kreditkosten ansetzen will, können daneben nur die *reinen Betriebskosten* berücksichtigt werden.[213] Alternaiv können – neben dem Anschaffungskredit – die eheprägenden Finanzierungskosten angesetzt werden, die auf Grund der auch privaten Nutzung des Fahrzeugs aber niedriger liegen als die Kreditkosten; auch hier ist zu schätzen.[214] Damit ergeben sich für die Praxis folgende **Alternativen:**
– bei *geringer* Fahrstrecke erscheint es günstig, den Kredit zuzüglich der reinen Betriebskosten in Ansatz zu bringen; denn wenn man die km-Pauschale ansetzt, kommt ein Ansatz der Kreditrate nicht in Betracht und der Abzug fällt nicht sehr hoch aus;
– bei *hoher* Fahrleistung erscheint der Ansatz der km-Pauschale günstiger;
– der Ansatz einer Rücklage neben der km-Pauschale ist möglich.[215] In einem weiteren Schritt ist hinsichtlich der so ermittelten Kosten aber eine **Angemessenheitsprüfung** durchzuführen. Bei sehr weiten Entfernungen kann – auch unter Berücksichtigung des Verdienstes der Partei – eine unangemessen hohe Belastung vorliegen. Abgesehen davon, dass nach einigen Leitlinien schon eine „vorgeschaltete Korrektur" vorgenommen wird, indem ab 30 km einfache Strecke nur eine deutlich reduzierte km-Pauschale berücksichtigt wird,[216] ist zu prüfen, ob der Partei ein Wechsel in eine näher gelegene Wohnung zumutbar ist (s. Rn. 52).

Ein **Wechsel des Wohnortes** kann im Einzelfall zumutbar sein, zB bei besonders hohen Fahrtkosten.[217] Andererseits ist der Unterhaltsschuldner nicht an einem – die Fahrtkosten maßvoll erhöhenden – Ortswechsel gehindert, wenn er dafür schutzwürdige persönliche oder sonst anerkennenswerte Gründe hat, etwa in Form neuer Partnerschaft.[218] Den Pflichtigen trifft die Darlegungs- und Beweislast dafür, dass er nach einem unvermeidbaren Wechsel des Arbeitsplatzes in der Nähe keine Wohnung finden kann.[219] 52

Berücksichtigungsfähig sind außerdem **Beiträge** zu Berufsverbänden, auch zur Gewerkschaft.[220] Auch Anschaffung und Reinigung von **Arbeitskleidung** ist absetzbarer Aufwand, auch wenn zum Teil nur relativ geringe Beträge anfallen.[221] 53

b) Selbständige. Hier besteht die Besonderheit, dass der berufliche Aufwand des Selbständigen schon bei der Gewinnermittlung (in der Bilanz oder in der Gewinn- und Verlustrechnung) erfasst wird, so dass er nicht nochmals in Ansatz gebracht werden kann. Im Übrigen ist zu beachten, dass steuerlich anerkannte Werbungskosten mit den unterhaltsrechtlich beachtlichen Kosten nicht identisch sind.[222] Anstelle gesetzlicher Sozialabgaben sind – in angemessenem Rahmen – Beiträge für private Alters- und Krankenvorsorge zu berücksichtigen. Zu weiteren Einzelheiten s. Rn. 25, 26. 54

---

[209] Mit dieser allgemeinen Formulierung arbeiten KG, OLGe Köln, Oldenburg.

[210] **0,20** €/km: OLGe Bremen, Hamburg, Schleswig, süddeutsche Leitlinien; **0,15** €/km: OLG Frankfurt/M.; **0,10** €/km: OLG Hamm.

[211] OLG Hamm FamRZ 1998, 561 (LS.); 2000, 1367; *Büttner/Niepmann/Schwamb* Rn. 985; aA OLG Naumburg FamRZ 1998, 558.

[212] OLG Hamm FamRZ 2000, 1367 (LS.) = OLGR 2001, 121; *Büttner/Niepmann/Schwamb* Rn. 985. Vertiefend dazu *Born* FamRZ 2006, 849, 850.

[213] OLG Hamm FamRZ 1997, 835 (0,15 DM/km im Rahmen von § 287 ZPO; dies wird von *Wendl/Dose* § 1 Rn. 135, Fn. 242. für zu niedrig gehalten).

[214] OLG Hamm FamRZ 2005, 804 = OLGR 2004, 389, 390.

[215] Zur Rücklage macht der BGH (FamRZ 2006, 846) keine Ausführungen. Damit bleibt es auf der Grundlage einer früheren Entscheidung (BGH FamRZ 1982, 360, 362) dabei, dass die Rücklage abgezogen werden kann, sofern nicht der Anschaffungskredit in Ansatz gebracht wird (OLG Hamm FamRZ 1997, 835).

[216] S. Fn. 209, 210.

[217] OLG NJW-RR 1998, 721 = FamRZ 1998, 1501; *Wendl/Dose* § 1 Rn. 139; *Büttner/Niepmann/Schwamb* Rn. 986 unter Hinweis auf Ausnahmen zu Gunsten des Pflichtigen. Weitere Nachweise bei *Kleffmann* in *Scholz/Stein* Kap. G Rn. 150.

[218] BGH NJW-RR 1995, 129, 130 (30 km Entfernung nach Umzug bei früheren 6 km noch angemessen); OLG Hamburg NJW-RR 1993, 647 (240 € Bahnkosten gebilligt); s. dagegen OLG Koblenz FamRZ 1994, 1609 (110 km hin und zurück zu viel); AG Kerpen FamRZ 1994, 1424 (nur öffentliche Verkehrsmittel bei gesteigerter Unterhaltspflicht und Mangelfall).

[219] BGH FamRZ 1989, 483, 484 (30 km gebilligt); OLG Hamm FamRZ 1990, 998, 999 (80 km einfache Fahrt, nur um bei der Schwester wohnen zu können, nicht anerkannt). S. auch Rn. 85.

[220] OLG Köln FamRZ 1985, 1166; OLG Stuttgart FamRZ 1978, 684; **aA** KG FamRZ 1978, 939 (Gewerkschaftsbeitrag als Kosten der Lebenshaltung).

[221] OLG Schleswig SchlHA 1978, 52; einschränkend zu Reinigungskosten *Büttner/Niepmann/Schwamb* Rn. 988. Nach OLG Köln FamRZ 2007, 1463 ist eine ausreichende Schätzungsgrundlage erforderlich.

[222] BGH NJW 1980, 2083; OLG Bamberg FamRZ 1987, 1295; OLG München FamRZ 1984, 173, 175.

§ 1603   55–58   Abschnitt 2. Titel 3. Unterhaltspflicht

55   c) **Schulden. aa) Grundsätze.** Nach Abs. 1 scheidet eine Unterhaltspflicht aus, wenn der Schuldner bei Berücksichtigung seiner sonstigen Verbindlichkeiten nicht leistungsfähig ist. Ebenso wenig wie der Schuldner ohne Unterschied alle Belastungen in Ansatz bringen kann, genießen andererseits die Belange des Berechtigten keinen Vorrang vor den Interessen anderer Gläubiger.[223]

56   **bb) Einzelheiten.** Von der Rspr. werden die Belange des Schuldners, des Unterhaltsgläubigers und der Drittgläubiger in einer **umfassenden Interessenabwägung** wertend betrachtet und geprüft.[224] Um diese – tatrichterlich vorzunehmende[225] – Interessenabwägung zu ermöglichen, muss der Schuldner Angaben zu Zeitpunkt, Grund und Höhe der Kreditaufnahme machen.[226] Insbesondere wird auf folgende Gesichtspunkte abgestellt:
– Zweck der Verbindlichkeiten
– Zeitpunkt und Art ihrer Entstehung
– Kenntnis des Schuldners von Grund und Höhe der Unterhaltsschuld
– Möglichkeiten des Schuldners, seine Leistungsfähigkeit zumutbar (ganz oder teilweise) wiederherzustellen (zB Kreditstreckung)
– schutzwürdige Belange des Drittgläubigers
– bei gesteigerter Unterhaltspflicht (Abs. 2; s. dazu Rn. 97–118) ist zusätzlich zu berücksichtigen, dass besonders minderjährige Kinder keine Möglichkeit haben, durch eigene Anstrengungen zur Deckung ihres notwendigen Lebensbedarfs beizutragen.

57   **cc) Einzelfragen.** Der **Zeitpunkt** der Schuldentstehung und die Kenntnis von der Unterhaltslast sind besonders im Rahmen des Ausbildungsunterhalts sowie bei Bauschulden von Bedeutung, auch gegenüber Ansprüchen minderjähriger Kinder.[227] Bei Kenntnis der Unterhaltsschuld werden *neue* Schulden nur anerkannt, wenn ihre Eingehung notwendig und unausweichlich war.[228] Der **Zweck** ist insofern von Bedeutung, als sich der Schuldner auf Ausgaben für Luxus oder auf solche ohne verständlichen Grund von vornherein nicht berufen kann.[229] Anschaffungen im **Privatbereich** muss der Pflichtige im maßvollen Rahmen halten, so dass er zur Erreichung der Arbeitsstelle das preisgünstigste Fahrzeug anzuschaffen hat.[230] Schulden wegen Glücksspiels bleiben unberücksichtigt,[231] ebenso die Kosten der Strafverteidigung wegen sexuellen Missbrauchs des unterhaltsberechtigten Kindes[232] sowie Schulden aus einer wirtschaftlich zum Scheitern verurteilten Geschenkboutique.[233] **VKH-Raten** aus familienrechtlichen Auseinandersetzungen sind aus dem Selbstbehalt aufzubringen.[234] Ein hochverschuldeter Unterhaltsschuldner hat die Obliegenheit, im Rahmen eines **Tilgungsplans** einen angemessenen Ausgleich zwischen den verschiedenen Gläubigern herbeizuführen, insbesondere durch eine Streckung der Tilgung;[235] zumindest die Schuldzinsen sollten beglichen werden, damit die Verschuldung nicht weiter steigt.[236] Der Pflichtige hat die Beweislast dafür, dass eine Senkung der Rate zwecks Sicherstellung des Mindestbedarfs aller Berechtigter nicht möglich war.[237]

58   Die Einleitung eines **Verbraucherinsolvenzverfahrens** hat der Schuldner in Betracht zu ziehen, wenn er wegen hoher Kreditverpflichtungen nicht zur Zahlung des geschuldeten Unterhalts in der Lage ist. Auch hier ist im Rahmen einer umfassenden Interessenabwägung zu entscheiden, ob das Verfahren zur Sicherstellung des laufenden Unterhalts der minderjährigen Kinder dadurch geeignet ist, dass dem Kindesunterhalt Vorrang vor sonstigen Verbindlichkeiten eingeräumt wird;[238] eine

---

[223] BGH NJW 1984, 2351; OLG Hamm FamRZ 1998, 1252; *Bernreuther* FamRZ 1995, 769.
[224] BGH FamRZ 2002, 536, 537; BGH NJW 1982, 232; OLG Hamm FamRZ 1998, 1252; NJW-RR 1995, 1092, 1093; KG FamRZ 1991, 808, 809; OLG Köln NJW-RR 1992, 258, 259; OLG Koblenz FamRZ 1991, 438, 439.
[225] BGH NJW-RR 1989, 900, 901; *Büttner/Niepmann/Schwamb* Rn. 1039.
[226] OLG Brandenburg NJW-RR 2003, 1514 f.
[227] OLG Bamberg FamRZ 1988, 1087; OLG Nürnberg FamRZ 1986, 501; OLG Köln FamRZ 2000, 1434.
[228] BGH FamRZ 1990, 283, 287.
[229] BGH FamRZ 1984, 358; OLG Düsseldorf FamRZ 2007, 1039 (zweites Motorrad); OLG Hamm FamRZ 1997, 1405 (Musikanlage); 1996, 959; OLG Köln FamRZ 2006, 1060 (Ls).
[230] OLG Karlsruhe FPR 2003, 28; OLG Hamm DAV 1978, 358.
[231] OLG Hamm FamRZ 1992, 1178.
[232] AG Tempelhof-Kreuzberg FamRZ 2001, 1727.
[233] OLG Köln FamRZ 1994, 1406.
[234] OLG Koblenz FamRZ 1991, 438; **aA** OLG Karlsruhe FamRZ 1988, 400; differenzierend OLG Hamm FamRZ 1996, 166 (Abzugsfähigkeit bei VKH-Raten aus dem Scheidungsverfahren).
[235] BGH NJW 2002, 1269; OLG Hamm FamRZ 1993, 1088.
[236] BGH NJW 1982, 1641; OLG Hamm FamRZ 2003, 1214; 1999, 1014.
[237] OLG Bamberg FamRZ 1997, 23.
[238] *Palandt/Brudermüller* Rn. 10; *Graba* FamRZ 2006, 297.

Obliegenheit zur Einleitung des Verfahrens besteht nicht, wenn die Drittschulden relativ niedrig sind oder die Einleitung dem Schuldner im Einzelfall unzumutbar ist,[239] beispielsweise bei Gefährdung des Arbeitsplatzes.[240] Gegenüber einem Anspruch aus § 1615l besteht die Obliegenheit nicht;[241] auch nach Verfahrenseröffnung muss der Schuldner zur Sicherstellung des Mindestunterhalts alle Anstrengungen unternehmen.[242] Zu Einzelheiten wird auf die weiterführende Spezialliteratur verwiesen.[243]

dd) Elternunterhalt. Auch im Rahmen dieses – nicht zuletzt auf Grund demografischer Ent- 59 wicklung aktueller werdenden[244] – Bereiches (zu Einzelheiten s. § 1601 Rn. 9–32) kommt es darauf an, ob die Belastung vor oder nach Bekanntwerden der Unterhaltsverpflichtung eingegangen worden ist. Da es sich um einen eher „schwachen" Unterhaltsanspruch handelt, werden bei Krediten für selbst genutztes Haus- und Wohnungseigentum nicht nur Zins-, sondern auch Tilgungsleistungen sowie Nebenkosten berücksichtigt; bei Anrechnung eines Wohnwertes (zu Einzelheiten s. Rn. 32, 33) wird nicht die tatsächliche Marktmiete, sondern nur der angemessene Mietwert angesetzt.[245]

IV. Fiktive Einkünfte

1. Grundsätze. Die nach wie vor aktuelle Rechtsfigur des fiktiven Einkommens[246] hat in 60 gewisser Weise ambivalente Auswirkungen: Einerseits erscheint sie notwendig als Druckmittel, um den Schuldner zur baldigen Wiederherstellung der tatsächlichen Leistungsfähigkeit anzuhalten und dem Gläubiger zu signalisieren, dass seine Interessen von der Rechtsprechung gewahrt werden; andererseits lässt sich aus einem nur auf fiktiver Grundlage basierenden Titel häufig nichts realisieren, und mancher Schuldner reagiert auf die Einkommensfiktion – insbesondere vor dem Hintergrund der sehr hohen und zum Teil als realitätsfremd empfundenen Anforderungen im Rahmen der Bewerbungsbemühungen (s. Rn. 76–85) – mit einem „Abtauchen" in die Schattenwirtschaft. Um solche ungünstigen Begleiterscheinungen zu vermeiden, ist die Rechtsprechung aufgerufen, die von ihr aufgestellten Kriterien regelmäßig vor dem Hintergrund der Realitäten des Arbeitsmarktes zu überprüfen; man sollte nicht warten, bis die Fachgerichte in diesem Bereich vom Verfassungsgericht korrigiert werden.[247] Zu untersuchen ist zunächst regelmäßig, ob ein beanstandungswürdiges Verhalten des Unterhaltsschuldners vorliegt; anschließend ist zu überprüfen, ob ein etwaiges Fehlverhalten für die Leistungsunfähigkeit ursächlich geworden ist und deshalb eine fiktive Einkommenszurechnung rechtfertigt. Deren Dauer und Höhe ist im Rahmen der Rechtsfolgen (s. Rn. 94–96) zu prüfen.

a) Vorwerfbares Fehlverhalten. Nutzt der Schuldner seine Arbeitskraft (gegebenenfalls auch 61 sein Vermögen) vorwerfbar nicht aus, kann er so behandelt werden, als verfüge er tatsächlich über die erzielbaren Einkünfte.[248] Hat er dagegen – zB auf Grund *subjektiv* ungünstiger persönlicher Verhältnisse (Alter, Krankheit, fehlende oder schlechte Qualifikation) oder *objektiv* schlechter Situation auf dem Arbeitsmarkt – die tatsächliche Leistungsunfähigkeit nicht zu vertreten, kann ihn dies ganz oder teilweise von der Unterhaltspflicht befreien.

---

[239] BGH NJW 2005, 1279; OLG Nürnberg FamRZ 2005, 1502.
[240] OLG Oldenburg FamRZ 2006, 1223; zu Einzelheiten *Schürmann* FamRZ 2005, 887; *Krause* FamRZ 2005, 1725; *Wohlgemuth* FamRZ 2005, 2035; *Hauß* FamRZ 2006, 306.
[241] OLG Koblenz NJW-RR 2005, 1457. Auch im Rahmen des Ehegattenunterhalts wird die Verpflichtung – wegen Fehlens einer *gesteigerten* Obliegenheit des Schuldners – abgelehnt, BGH NJW 2008, 851 = FamRZ 2008, 497 m. Anm. *Hauß*; s. dazu *Melchers* NJW 2008, 806.
[242] OLG Koblenz FamRZ 2005, 650.
[243] *Melchers/Hauß*, Unterhalt und Verbraucherinsolvenz, 2002; *Wohlgemuth* FF 2004, 9; *Büttner/Niepmann/Schwamb* Rn. 115 ff.
[244] Ausführlich *Hauß* Elternunterhalt, 2006; *Hußmann* in *Heiß/Born* Kap. 13; *Born* MDR 2005, 194; *ders.* FamRB 2003, 295 ff., 332 ff.; 2004, 192 ff., 226 ff.
[245] BGH FamRZ 2003, 1179; OLG Oldenburg NJW 2000, 524; zu Einzelheiten s. *Hußmann* in *Heiß/Born* Kap. 13 Rn. 51 ff.
[246] S. dazu *Graba* FamRZ 2001, 1257 ff.; 2002, 6 ff.; *Pauling* FPR 2000, 11; *Reinicke* FPR 2000, 25; *Reinken* FPR 2006, 319; *Finke* FPR 2006, 322.
[247] So für einen ungelernten Hilfsarbeiter (BVerfG FamRZ 2010, 793), für einen später erkrankten Bohrwerksdreher (BVerfG NJW-RR 2008, 1025), einen arbeitslosen Nigerianer (BVerfG FamRZ 2008, 1403), für einen schwerbehinderten Lageristen (BVerfG FamRZ 2007, 273), für einen schwerbehinderten Koch (BVerfG NJW-RR 2007, 649) sowie im Falle des „nordfriesischen Nachtportiers" (BVerfG NJW 2006, 2317 = FamRZ 2006, 469).
[248] BGH NJW 1996, 517; 1994, 258; 1993, 1974, 1975; 1981, 1609; OLG Hamm FamRZ 1996, 1218; OLG Köln FamRZ 1983, 87, 89. S. OLG Schleswig NJW-RR 2011, 7 (selbstständiger Tischler erwirtschaftet nicht den Mindestunterhalt).

§ 1603   62–64   Abschnitt 2. Titel 3. Unterhaltspflicht

62 Gesetzlich ist nicht geregelt, welches Maß von **Verschulden** vorliegen muss, um ein fingiertes Einkommen ansetzen zu können. Beim Pflichtigen wird vom Gesetz (§§ 1603, 1580 BGB) auf die (wertfreie) Tatsache der Leistungsunfähigkeit (Leistungsfähigkeit) abgestellt, anders als beim Bedürftigen.[249] Da nach dem Grundsatz der Spiegelbildlichkeit der Pflichtige mit dem Berechtigten gleich zu behandeln ist,[250] ist Voraussetzung für eine Fiktion auch auf Seiten des Pflichtigen ein schweres Verschulden in Form eines **verantwortungslosen, zumindest leichtfertig unterhaltsbezogenen Fehlverhaltens**.[251] Der Schuldner muss seine volle berufliche Qualifikation ausnutzen.[252] Bisher fällt auf, dass im Rahmen der an den Pflichtigen gestellten Anforderungen zum Erhalt eines *bestehenden* Arbeitsplatzes deutlich geringere Anforderungen gestellt werden als im Bereich der von ihm zu fordernden Bemühungen um eine *neue* Arbeitsstelle (s. Rn. 12); dies hat durchaus auch praktische Bedeutung in Form der zusätzlichen Zeit, die der Schuldner gewinnt, bevor ihm nach Ablauf einer „Suchzeit" fiktive Einkünfte angerechnet werden.[253] Eine Entscheidung des OLG Schleswig,[254] in der eine Gleichsetzung der Kriterien für beide Fallgruppen gefordert wird, weist in die richtige Richtung, und zwar umso mehr, als angesichts der bestehenden Unsicherheiten auf dem Arbeitsmarkt der Erhalt eines sicheren Arbeitsplatzes heute mehr denn je von Bedeutung ist. Zu Recht lässt es der BGH[255] im Rahmen des gegen ein auf fiktiver Grundlage erlassenes Urteil gerichteten Abänderungsantrags nicht mehr ausreichen, dass ausreichende Bemühungen vorgetragen werden; vielmehr ist die Darlegung erforderlich, der Schuldner würde die frühere Stelle inzwischen aus anderen Gründen verloren haben.

63 **b) Kausalität.** Der Ansatz eines fiktiven Einkommens kommt nur dann in Betracht, wenn das vom Schuldner geforderte Verhalten – konkret: ausreichende Bemühungen um neue Arbeit – mutmaßlich auch Erfolg gehabt hätte.[256] In Urteilen fehlen vielfach **konkrete Feststellungen** über die *objektiven* Verhältnisse auf dem Arbeitsmarkt und im *subjektiven* Bereich hinsichtlich der persönlichen Eigenschaften des Schuldners (Alter, Ausbildung, Berufserfahrung, krankheitsbedingte Einschränkungen), was aber notwendig ist, um zu einer Fiktion zu kommen (s. Rn. 60).[257] Der Schuldner muss nur dann einen Wechsel in die alten Bundesländer vornehmen, wenn er dort konkrete Aussichten auf einen Arbeitsplatz hat;[258] die Ausdehnung einer Teilzeitbeschäftigung auf eine Vollzeittätigkeit kann von ihm nicht gefordert werden, wenn dadurch die Leistungsfähigkeit ebenfalls nicht hergestellt würde.[259]

64 Der Schuldner muss sich bewusst sein, dass er die **Beweislast** für eine unterhaltsrechtlich nicht vorwerfbare Leistungsunfähigkeit trägt (zu Einzelheiten s. Rn. 77 ff.); deshalb ist ein fiktiver Ansatz immer schon dann gerechtfertigt, wenn *nicht auszuschließen* ist, dass bei ausreichenden Bemühungen eine reale Beschäftigungschance bestanden hätte.[260] Eine Schätzung nach § 287 Abs. 2 ZPO kann nicht vorgenommen werden, weil die Frage ausreichender Bemühungen den Grund der Unterhaltspflicht betrifft;[261] deshalb geht jeder ernsthafte Zweifel zu Lasten des Schuldners.[262] Ist eine Erkrankung des Schuldners zu beurteilen, muss das Gericht entweder über eine ausreichende eigene Sachkunde verfügen oder einen Sachverständigen hinzuziehen.[263] Nur dann, wenn nach gerichtlicher

---

[249] Hier liegen in Form der §§ 1361 Abs. 3 iVm. 1579 Nr. 4, 1611 konkrete Regelungen über eine schuldhafte, unterhaltsrechtlich beachtliche Herbeiführung der Bedürftigkeit (mit der Folge von Anspruchsverlust oder -minderung) vor.
[250] BGH FamRZ 1985, 158, 160; OLG Hamm FamRZ 1994, 1036; OLG Stuttgart FamRZ 1982, 1076; OLG Frankfurt FamRZ 1981, 1177, 1178.
[251] BGH FamRZ 2000, 2351; NJW 1994, 1002; FamRZ 1985, 158, 160; OLG Hamm FamRZ 1997, 1405, 1406; NJW-RR 1990, 964; OLG Hamburg NJW-RR 1991, 773; OLG Frankfurt FamRZ 1993, 203, 204; OLG Bamberg FamRZ 1989, 392; kritisch *Born* FamRZ 1995, 523; *Raiser* FamRZ 1994, 817.
[252] KG FamRZ 1984, 592 (in Italien für 869 € bei einer Baufirma arbeitender Dipl.-Ing. muss in Deutschland im erlernten Beruf Arbeit suchen); OLG Zweibrücken FamRZ 1983, 1039 (fiktives höheres Ingenieureinkommen für Kfz-Ingenieur, der als Fahrlehrer im Betrieb seiner Lebensgefährtin arbeitet).
[253] Zu Einzelheiten s. *Born* FamRZ 1995, 523; *Raiser* FamRZ 1994, 817. Nach OLG Hamm FamRZ 2007, 1908 kann auch bei gesteigerter Unterhaltspflicht (Rn. 97–118) eine Suchzeit von 6 Monaten zugebilligt werden.
[254] NJW-RR 2007, 152.
[255] BGH NJW 2008, 1525 m. Anm. *Born*. Zur Maßgeblichkeit der Änderung der tatsächlichen (nicht: der fingierten) Verhältnisse s. BGH FamRZ 2010, 1150 m. Anm. *Graba*.
[256] BGH FamRZ 1996, 345; OLG Dresden FamRZ 1996, 1236; OLG Bamberg FamRZ 1988, 725, 726.
[257] BGH NJW 1996, 517; OLG Celle FamRZ 2005, 648 (Epilepsie).
[258] OLG Dresden FamRZ 1997, 836.
[259] OLG Oldenburg FamRZ 2000, 379.
[260] OLG Köln FamRZ 2007, 1475; OLG Bamberg FamRZ 1988, 725, 726; *Büttner/Niepmann/Schwamb* Rn. 718.
[261] BGH NJW 1986, 3080; anders noch OLG Karlsruhe FamRZ 1985, 1045.
[262] BGH FamRZ 1986, 885, 886; *Büttner/Niepmann/Schwamb* Rn. 728.
[263] OLG Zweibrücken FamRZ 1993, 440, 442. Zur „doppelten" Fiktion s. OLG Hamm NJW-RR 2008, 9.

Überprüfung *keine reale Beschäftigungschance* angenommen werden kann, ist es unerheblich, ob und wie sich der Schuldner beworben hat;[264] darauf sollte sich der Schuldner aber im Zweifel besser nicht verlassen.

Zur Höhe fiktiver Einkünfte s. Rn. 94, zur Dauer des fiktiven Ansatzes s. Rn. 96. 65

2. Aufgabe oder Verlust der Arbeitsstelle. Der Schuldner kann seine Arbeitsstelle sowohl 66 durch Kündigung des Arbeitgebers (Rn. 67) wie auf Grund eigener Aufgabe (Rn. 68 ff.) verlieren; daneben kommt ein Verlust des Arbeitsplatzes auch aus weiteren Gründen in Betracht (s. Rn. 74 ff.). Gemeinsam ist allen Fallgruppen, dass sich ein verantwortungsloses, zumindest leichtfertiges Fehlverhalten regelmäßig nur auf der Grundlage der konkreten Umstände des Einzelfalles feststellen lassen wird. Leichtfertigkeit wird umso eher zu bejahen sein, je stärker die Unterhaltspflicht ist und je weniger sachliche Gründe für den Wechsel gegeben sind.[265]

a) Kündigung des Arbeitgebers. Nur bei erkennbar unbegründeter Kündigung ist der Arbeit- 67 nehmer unterhaltsrechtlich zur Erhebung einer Kündigungsschutzklage verpflichtet; die Verpflichtung scheidet immer schon dann aus, wenn der Ausgang des arbeitsgerichtlichen Verfahrens ungewiss erscheint.[266] Ist keine entsprechende Verpflichtung anzunehmen, sind fiktiv nicht die Einkünfte aus der beendeten Tätigkeit anzurechnen, sondern diejenigen, die der Pflichtige bei gehöriger Stellensuche erzielen könnte. Wird dem Arbeitnehmer wegen Alkoholisierung gekündigt, darf er dies nicht ohne Weiteres hinnehmen, weil Alkoholmissbrauch als Krankheit anzusehen ist; außerdem lässt sich in tatsächlicher Hinsicht vielfach nicht hinreichend sicher klären, ob ein „Abrutschen" in den Alkoholismus als schuldhaftes Verhalten angesehen werden kann.[267] Es kann sogar schicksalhaft sein, wenn etwa aus Angst vor dem Aufflackern einer Krebserkrankung zur Flasche gegriffen wird.[268]

b) Aufgabe der Arbeitsstelle. aa) Krankheit. Tritt beim Arbeitnehmer auf Grund von 68 Erkrankung Arbeitsunfähigkeit ein, berechtigt ihn dies nicht zur Kündigung; vielmehr muss er alle Möglichkeiten ausschöpfen, um den Arbeitsplatz auch weiterhin zu sichern. Neben der Durchführung von zumutbaren medizinischen *Behandlungen* zur Wiederherstellung der Arbeitskraft[269] ist es für den Schuldner zumutbar, alle *rechtlichen* Möglichkeiten auszuschöpfen.[270] Attestierte Arbeitsunfähigkeit ist grundsätzlich beachtlich,[271] allerdings nicht bei tatsächlicher Arbeitstätigkeit.[272]

bb) Wechsel in andere Stelle. Angesichts der Obliegenheit zur bestmöglichen Ausnutzung 69 der eigenen beruflichen Qualifikation ist ein Wechsel des Arbeitsplatzes in eine neue, geringer entlohnte Stelle nur dann anzuerkennen, wenn beachtliche Gründe vorliegen, etwa in Form angeschlagener Gesundheit oder bei größerer Sicherheit des Arbeitsplatzes.[273] Da auch hier die Stärke des Unterhaltsanspruchs eine Rolle spielt, ist bei einem Unterhaltsanspruch minderjähriger Kinder Leichtfertigkeit auf Seiten des Schuldners anzunehmen, wenn er allein auf Grund neuer Partnerschaft oder Familie[274] oder auf einen nur gering dotierten Arbeitsplatz im Ausland wechselt,[275] erst Recht bei Aufgabe einer Arbeitsstelle mit dem Ziel, sich der Unterhaltpflicht zu entziehen.[276]

---

[264] *Büttner/Niepmann/Schwamb* Rn. 728 aE.
[265] OLG Hamm FamRZ 1996, 959, 960; OLG Oldenburg FamRZ 1998, 289; *Büttner/Niepmann/Schwamb* Rn. 732.
[266] BGH FamRZ 1994, 372, 374; OLG Hamm FamRZ 2002, 1427; OLG Dresden OLGR 2000, 51, 52 = FamRZ 2000, 1433 (LS.); FamRZ 1997, 836, 837.
[267] BGH FamRZ 1994, 240; 1994, 372; 1988, 375, 378; 1987, 359, 361; OLG Hamm NJW-RR 1996, 963; KG FamRZ 2001, 1617.
[268] OLG Hamm NJW-RR 1996, 963.
[269] ZB in Form von Entziehungsmaßnahmen bei Alkohol- oder Drogenabhängigkeit; s. dazu BGH FamRZ 1994, 240; 1994, 372; OLG Brandenburg FamRZ 2007, 72.
[270] ZB nach dem Kündigungsschutzgesetz (OLG Hamm FamRZ 2002, 1427) sowie Lohnfortzahlung im Krankheitsfall oder Bemühungen um einen anderen Arbeitsplatz (OLG Hamburg FamRZ 1992, 713; OLG Frankfurt FamRZ 1983, 392.
[271] OLG Frankfurt FamRZ 1994, 1031, 1032. Allerdings lässt auch eine vollständige Erwerbsunfähigkeit nach Sozialhilferecht eine Erwerbspflicht in unterhaltsrechtlicher Hinsicht nicht entfallen, OLG Zweibrücken FamRZ 2007, 470.
[272] OLG Hamm FamRZ 1994, 1034, 1035.
[273] BGH NJW 2003, 3122; OLG Karlsruhe FamRZ 1993, 836, 837.
[274] OLG Nürnberg OLGR 2004, 52; KG FamRZ 1997, 627, 628; **aA** OLG Zweibrücken FamRZ 2008, 1863.
[275] OLG Stuttgart NJWE-FER 1999, 327; *Büttner/Niepmann/Schwamb* Rn. 733. S. aber OLG Braunschweig FamRZ 2011, 732 (keine Obliegenheit zum Wechsel ins Ausland bei inländischer Tätigkeit im Rahmen des Ausbildungsniveaus).
[276] BGH FamRZ 1985, 372, 374; OLG Dresden FamRZ 1997, 836, 837; OLG Hamm FamRZ 1996, 1017, 1018.

§ 1603   70, 71   Abschnitt 2. Titel 3. Unterhaltspflicht

Leichtfertigkeit liegt aber auch dann vor, wenn der Arbeitsplatz ohne konkrete Aussicht auf eine Neueinstellung aufgegeben wird.[277]

70   **cc) Wechsel in die Selbständigkeit.** Aus der Sicht des Schuldners klingt es zunächst gut, dass ihm die Aufgabe einer abhängigen Tätigkeit zu Gunsten einer selbständigen Existenz grundsätzlich auch dann nicht verwehrt wird, wenn dies zu einem Einkommensrückgang führt.[278] Allerdings wird ein unterhaltsrechtlich vorwerfbares Verhalten von der Rechtsprechung bisher meist schon dann angenommen, wenn der Schuldner keine Vorsorge dafür getroffen hat, die Unterhaltsleistungen trotz des Berufswechsels zumindest für eine Übergangszeit[279] zu sichern.[280] Sofern der erhoffte Gewinn ausbleibt, kann das früher in abhängiger Tätigkeit erzielte Einkommen fingiert werden;[281] hier muss dann bei realer Beschäftigungschance eine andere Tätigkeit aufgenommen werden.[282] Allerdings ist dem in die Selbständigkeit gewechselten Unterhaltsschuldner eine **Karenzzeit** zuzubilligen; neben der Prüfung von Maßnahmen zur Verbesserung der Ertragslage[283] ist zu berücksichtigen, dass mit der Aufgabe eines Betriebes auch der Unternehmenswert auf dem Spiel steht.[284] Nach Ablauf einer etwa zweijährigen bis dreijährigen Karenzzeit kommt die Verpflichtung zum Wechsel in eine abhängige Tätigkeit in Betracht.[285] Eine unternehmerisch nachvollziehbare Veränderung, zB die Veräußerung eines defizitären Unternehmens, ist unterhaltsrechtlich hinzunehmen.[286]

71   **dd) Umschulung.** Auch hier kann nur anhand der Umstände des Einzelfalles beurteilt werden, ob der Bedürftige die mit einer Umschulungsmaßnahme regelmäßig verbundene Einschränkung (oder den Wegfall) der Leistungsfähigkeit hinzunehmen hat. Unterhaltsrechtlich beachtlich ist die Veränderung dann, wenn die Maßnahme arbeitsmarktpolitisch und individuell sinnvoll ist und die Vermittlungschancen nachhaltig verbessert.[287] Die Genehmigung der Umschulung durch das Arbeitsamt ist lediglich ein Indiz,[288] lässt die notwendige Einzelfallprüfung aber nicht entfallen. Von Bedeutung ist regelmäßig, ob sie beim Pflichtigen der Schaffung einer *erstmaligen* Berufsausbildung dient[289] oder die Vermittlung in ein Arbeitsverhältnis ohne Fortbildung keine Aussichten hätte.[290] Eine „Umschulungshörigkeit" wird man der Rechtsprechung auch nicht vorwerfen können.[291] Der **Selbstbehalt** des Umschülers entspricht dann demjenigen des Erwerbstätigen, wenn dies angesichts des Umfangs der Maßnahmen gerechtfertigt ist.[292] Im Übrigen kann – insbesondere bei erhöhter Erwerbsobliegenheit nach Abs. 2 – neben der Umschulung eine Verpflichtung zur Aufnahme einer Nebentätigkeit bestehen;[293] daneben ist zu prüfen, ob eine Nebentätigkeit nach Lage des Arbeits-

---

[277] BGH NJW 1985, 732; OLG Schleswig OLGR 2001, 181, 182; OLG Hamm FamRZ 1997, 357; OLG Hamburg FamRZ 1991, 472 (vorzeitiges Auswandern nach Übersee).
[278] BGH FamRZ 2003, 1471, 1473 m. Anm. *Luthin* 1474; AG Bruchsal FamRZ 2007, 415 (fehlende Vorhersehbarkeit einer Barunterhaltspflicht).
[279] Von 2 bis 3 Jahren je nach den Umständen des Einzelfalles, BGH FamRZ 1987, 372.
[280] BGH FamRZ 1996, 796; 1982, 365, 366; OLG Hamm FamRZ 2003, 1213; 1996, 959; *Luthin* FamRZ 2004, 365. Bedenklich OLG Celle FamRZ 2007, 1121, das Rücklagenbildung trotz vorangegangenem Bezug von Arbeitslosenhilfe fordert.
[281] OLG Düsseldorf FamRZ 1997, 1078.
[282] OLG Koblenz FamRZ 2000, 288, 289; OLG Hamm NJW-RR 1993, 776, 778; OLG Zweibrücken NJW 1992, 1902, 1904.
[283] OLG Hamm NJW-RR 1993, 776, 778; OLG Zweibrücken NJW 1992, 1902, 1904; OLG Bamberg FamRZ 1989, 392.
[284] *Büttner/Niepmann/Schwamb* Rn. 723.
[285] OLG Frankfurt a. M. FamRZ 2004, 298, 299 (höchstens 3 Jahre); OLG Düsseldorf FamRZ 1997, 1078 (2 Jahre); OLG Schleswig OLGR 2002, 25; OLG Hamm FamRZ 2001, 565; OLG Koblenz FamRZ 2000, 288, 289.
[286] OLG Hamm FamRZ 1994, 1029, 1030; *Büttner/Niepmann/Schwamb* Rn. 737, auch mit weiteren Beispielen für nicht zu beanstandende Wechsel in die Selbständigkeit.
[287] OLG Jena NJW-RR 2004, 76, 77; FamRZ 1999, 1523; OLG Köln OLGR 2002, 58; OLG Hamm FamRZ 1997, 1168.
[288] OLG Jena NJW-RR 2004, 76, 77; FamRZ 1999, 1523; OLG Dresden NJW-RR 2003, 513; OLG Hamm FamRZ 1997, 1168. S. OLG Brandenburg NJW-RR 2008, 160.
[289] Dann wird unterhaltsrechtliche Beachtlichkeit angenommen, BGH, NJW 2011, 1874 m. Anm. *Graba*; s. dazu auch *Norpoth* FamFR 2011, 289; BGH NJW 1994, 1002.
[290] OLG Dresden NJW-RR 2003, 512; *Büttner/Niepmann/Schwamb* Rn. 720, 748.
[291] So hat das OLG Hamm einem 25 Jahre alten Schuldner, der bisher nur ungelernte Tätigkeiten ausgeübt hatte, für die Zeit des nachzuholenden Hauptschulabschlusses fiktive Erwerbseinkünfte zugerechnet, OLG Hamm FamRZ 1998, 979 mit zustimmender Anm. *Born* 980 und mit ablehnender Anm. *Struck* 1610; für Verwirkung der Umschulungsmaßnahme OLG Jena NJW-RR 2004, 76.
[292] OLG Hamm FamRZ 2005, 2015 bei 35 Wochenstunden Unterricht.
[293] **Bejaht:** OLG Hamm FamRZ 2004, 299 (auch bei Schichtdienst und möglichem Samstagsdienst); OLG Naumburg FamRZ 2002, 1426 (Ls); **verneint:** OLG Oldenburg NJW-RR 2003, 1226 (keine Obliegenheit bei

Leistungsfähigkeit 72–74 **§ 1603**

marktes möglich[294] und rechtlich zulässig ist.[295] Auch wenn das Entgelt auf das Unterhaltsgeld angerechnet wird, bleibt ein für Unterhaltszwecke einsetzbarer Freibetrag.[296]

ee) Vorruhestand. Entscheidet sich der Schuldner zum Eintritt in den Vorruhestand[297] oder zur Inanspruchnahme von Altersteilzeit, kommt ein Verstoß gegen die Erwerbsobliegenheit in Betracht.[298] Hier werden verschiedene Ansichten vertreten. Während von einer Mindermeinung im Falle eintretender Einkommenseinbußen im Regelfall ein Verstoß gegen unterhaltsrechtliche Obliegenheiten angenommen wird,[299] ist nach überwiegender Ansicht auf die konkreten Belange des Berechtigten und des Verpflichteten abzustellen und hinsichtlich des Alters zu differenzieren: Während bei Angestellten oder sonst abhängig Tätigen jegliche Erwerbsobliegenheit grundsätzlich mit Vollendung des 65. Lebensjahres endet,[300] wird bei Selbständigen angenommen, dass sie üblicherweise noch über das 65. Lebensjahr hinaus tätig sind. Im Falle tatsächlicher Erwerbstätigkeit wird das erzielte Einkommen dann in vollem Umfang für Unterhaltszwecke verwendet;[301] bei fehlender Erwerbstätigkeit können regelmäßig keine fiktiven Einkünfte zugerechnet werden, sofern nicht zuvor schon eine Fortsetzung über das 65. Lebensjahr hinaus vorgelegen hat.[302] Zu weiteren Einzelheiten s. Rn. 22. In der Sache kommt es auf die Gründe für die Vereinbarung von Altersteilzeit bzw. den Eintritt in den Vorruhestand an; hier bleibt es der Einzelfallprüfung vorbehalten, ob diese Gründe auch unterhaltsrechtlich anzuerkennen sind.[303] 72

ff) Abfindung. S. dazu im Einzelnen Rn. 31. 73

c) Sonstige Fälle. aa) Haft. Eine durch Strafhaft eintretende tatsächliche Leistungsunfähigkeit ist unterhaltsrechtlich im Grundsatz beachtlich;[304] eine Ausnahme gilt dann, wenn die Berufung hierauf gegen Treu und Glauben verstieße, weil dem Schuldner der Vorwurf eines unterhaltsbezogenen Fehlverhaltens (s. Rn. 62) gemacht werden muss. Dies ist nicht schon bei bloßer Kausalität oder Vorhersehbarkeit anzunehmen, so dass sich der Schuldner unterhaltsrechtlich auf Leistungsunfähigkeit wegen fristloser Kündigung als Folge eines Diebstahls beim Arbeitgeber oder sexueller Straftaten gegenüber dritten Personen berufen kann.[305] Die Rechtsprechung hält es zusätzlich für notwendig, dass der Schuldner bei seinem Verhalten zumindest die Möglichkeit der Leistungsunfähigkeit erkannt und sich in verantwortungsloser (wenigstens leichtfertiger) Weise darüber hinweggesetzt hat.[306] In diesem Bereich ist relativ starke Kasuistik festzustellen.[307] Bei Vorliegen eines Fehlverhaltens bleibt 74

---

täglicher Abwesenheit von 12 Stunden und schulischer Unterstützung der Kinder am Wochenende; ebenso *Büttner* FF 2003, 193); OLG Stuttgart FamRZ 2007, 1763 (keine Obliegenheit bei Umschulung von 40 Stunden/Woche).

[294] BVerfG FamRZ 2003, 661, 662; KG OLGR 2004, 58; FamRZ 2003, 1208.
[295] OLG Naumburg FamRZ 2007, 1038, 2002, 1426, Ls. (verneint bei Nichterteilung einer Nebentätigkeitsgenehmigung).
[296] OLG Dresden NJW-RR 2003, 512; KG NJWE-FER 2001, 119 (4 Stunden am Wochenende zumutbar); **aA** OLG Köln OLGR 2002, 58; OLG Dresden FamRZ 1997, 836, 837; OLG Hamm FamRZ 1997, 1168.
[297] S. dazu *Strohal* FamRZ 1996, 197 ff.
[298] Den der Gläubiger allerdings frühzeitig geltend machen muss, wenn er nicht Gefahr laufen will, in einem späteren Verfahren mit diesem Einwand präkludiert zu sein (OLG Hamm FamRZ 2007, 73).
[299] OLG Saarbrücken FamRZ 2007, 1019; *Luthin/Margraf* Rn. 1046.
[300] BGH NJW 1999, 1547; OLG Celle FamRZ 1994, 517.
[301] OLG Hamburg FamRZ 1985, 394, 396; OLG Frankfurt FamRZ 1985, 481.
[302] OLG Dresden NJW-RR 2003, 364.
[303] OLG Hamm FamRZ 1999, 1078 (Vorwerfbarkeit bei einem Alter von 56 Jahren und fehlendem Vortrag gesundheitlicher Gründe); OLG Hamm FamRZ 1999, 1079 (Vorwerfbarkeit bejaht bei nur pauschalem Hinweis auf Schwerbehinderung und schwerer Erkrankung der 64 Jahre alten Berechtigten). OLG Hamm FamRZ 2001, 482 (Keine Vorwerfbarkeit angesichts bevorstehender Schließung der Niederlassung des Arbeitgebers sowie gesundheitlicher Beeinträchtigung des Arbeitnehmers); OLG Köln FamRZ 2003, 602 (Krankheitsbedingt dauerhafte Minderung der Erwerbsfähigkeit); OLG Hamm FamRZ 2001, 1476 („Blockmodell"); KG Urt. v. 17. 6. 2005 – 25 UF 101/04 m. Anm. *Born* in FD-FamR 2007, 209840 (Keine Leichtfertigkeit bei wirtschaftlich günstigem Modell, hier 80% des letzten Gehaltes); OLG Saarbrücken NJW 2007, 520 m. Anm. *Eschenbruch* (Vorwerfbarkeit bejaht, da keine gesundheitlichen Gründe; „Drängen" des Arbeitgebers nicht ausreichend); AG Landau id Pf. FamRZ 2007, 1018 (keine Vorwerfbarkeit, wenn verlangter Unterhalt allein zur Aufstockung und Erhaltung noch höheren Lebensstandards beim Berechtigten dient).
[304] Dies folgt aus der grundsätzlichen Beachtlichkeit auch einer verschuldeten Leistungsunfähigkeit, s. Rn. 62. S. OLG Naumburg FamRZ 2010, 572. Überbrückungsgeld wird nicht angerechnet (OLG Hamm FamRZ 2011, 732).
[305] BGH NJW 1993, 1974; OLG Schleswig FuR 2006, 286; OLG Köln FamRZ 2003, 1203 (Vergewaltigung der Mutter des unterhaltsberechtigten Kindes).
[306] BGH FamRZ 2000, 815; NJW 1982, 2491.
[307] Leistungsfähigkeit ist zu unterstellen, wenn die Straftat in der Verletzung der Unterhaltspflicht besteht (BGH NJW 2002, 1799; FamRZ 1982, 913, 914; NJW 1982, 1812; OLG Koblenz FamRZ 1998, 44; OLG

§ 1603   75–79   Abschnitt 2. Titel 3. Unterhaltspflicht

für die Dauer der Strafhaft das bisherige Einkommen maßgebend, in der Regel bis zur voraussichtlichen Entlassung nach Verbüßung von $^2/_3$ der Strafe.[308] Auch ein kurz vor Haftantritt zum Kindesunterhalt geschlossener Vergleich kann bei Kenntnis einer erst später (Freigänger) gegebenen Möglichkeit zur Einkommenserzielung nicht abgeändert werden.[309]

75   **bb) Verlust des Führerscheins.** Verliert der Arbeitnehmer wegen Trunkenheit am Steuer seinen Führerschein und anschließend seine Arbeitsstelle, gelten die gleichen Grundsätze. Eine unterhaltsrechtliche Mutwilligkeit lässt sich nicht allein daraus herleiten, dass der Arbeitnehmer einen Zusammenhang zwischen alkoholisierter Autofahrt und anschließendem Verlust von Führerschein und Arbeitsplatz hätte vorhersehen können.[310]

76   **3. Bewerbungsbemühungen.** Auch wenn beachtliche Gründe dafür sprechen, den Schuldner über die Forderung nach umfangreichen Bewerbungsbemühungen zu nachhaltigen Aktivitäten zur Wiedererlangung eines Arbeitsplatzes anzuhalten (s. Rn. 60), ist gleichwohl von einer allzu schematischen Anwendung dieser Grundsätze (beispielsweise in Form bestimmter „Stückzahlen" von Bewerbungsschreiben) zu warnen; dies wird der Notwendigkeit nicht gerecht, eine Einzelfallprüfung unter Würdigung objektiver und subjektiver Merkmale (s. Rn. 61, 63) vorzunehmen.

77   **a) Grundsätze. aa) Darlegung von Bemühungen.** Aus der für den Schuldner bestehenden Verpflichtung, seine Arbeitskraft entsprechend seiner Ausbildung, seinen Fähigkeiten und der Lage auf dem Arbeitsmarkt in zumutbarer Weise bestmöglich einzusetzen,[311] folgt die unterhaltsrechtliche Notwendigkeit, nach Eintritt der Arbeitslosigkeit ausreichende Bemühungen um Arbeit zu unternehmen.[312] Außerdem wird die unterhaltsrechtliche Leistungsfähigkeit nicht nur durch das tatsächlich *erzielte*, sondern auch durch das *mögliche* Einkommen des Pflichtigen bestimmt. Aus der gesteigerten Unterhaltspflicht nach Abs. 2 resultiert eine Verschärfung der Obliegenheit dahin, dass den Schuldner eine deutlich gesteigerte Verpflichtung zur Ausnutzung seiner Arbeitskraft trifft; zu Einzelheiten s. Rn. 97 ff.

78   Die von der Rechtsprechung gestellten Anforderungen umschreiben für den Regelfall die notwendigen Bemühungen des Schuldners. Wegen der Notwendigkeit der Einzelfallprüfung – hier sind die *objektiven* Bedingungen der Erwerbsmöglichkeit ebenso von Bedeutung wie die *subjektiven* Voraussetzungen auf Seiten des Arbeitslosen[313] – handelt es sich lediglich um **Indizien**, die im Einzelfall auf Angemessenheit und Erfüllbarkeit zu überprüfen sind.[314]

79   Beim Pflichtigen liegt die **Darlegungs- und Beweislast** für eine erfolglose Arbeitssuche, so dass er vortragen und gegebenenfalls beweisen muss, welche konkreten Bemühungen um Arbeit er entfaltet hat.[315] Da die Rechtsprechung vom Schuldner verlangt, die unternommenen Schritte (zB durch Auflistung auch von telefonischen Bewerbungen) zu dokumentieren,[316] ist es empfehlenswert, den Schuldner auf Einzelheiten der Durchführung und Dokumentation der Bewerbungsbemühun-

---

Karlsruhe NJW-RR 1997, 1165). Keine Berufung auf Leistungsunfähigkeit, wenn sich die Vorstellungen und Antriebe des Schuldners gerade auf die Verminderung der unterhaltsrechtlichen Leistungsfähigkeit als Folge der Straftat erstreckt haben (BGH FamRZ 2002, 813, 814). Die Schwere der Straftat kann für den Unterhaltsbezug ausreichend sein (BGH FamRZ 1993, 1055, 1056; FamRZ 1982, 792, 794; 1982, 913, 914; OLG Stuttgart FamRZ 2000, 1247 (bei Vergewaltigung eines Kindes Leistungsfähigkeit auch gegenüber den Geschwistern). Kein Unterhaltsbezug bei Sexualstraftat gegen den Berechtigten oder den gesetzlichen Vertreter (BGH FamRZ 2002, 813; OLG Köln FamRZ 2003, 1203).

[308] BGH NJW 1982, 1812; OLG Koblenz NJW 1997, 588.
[309] OLG Stuttgart FamRZ 2007, 416.
[310] *Büttner/Niepmann/Schwamb* Rn. 766.
[311] BGH NJW 1992, 2477; 1985, 158, 159; OLG Brandenburg NJWE-FER 2001, 8 = FamRZ 2001, 372 (LS.); OLG Koblenz FamRZ 2000, 313.
[312] Ausführliche Zusammenstellung bei OLG Köln FamRZ 1997, 1104, 1105; AG Kerpen FamRZ 1999, 1013 mwN; s. auch *Raiser* NJW 1986, 1919.
[313] In Zeiten der Vollbeschäftigung sind an den Nachweis vergeblicher Bemühungen höhere Anforderungen zu stellen als in Zeiten hoher Arbeitslosigkeit; Gleiches gilt bei dicht besiedelten Gebieten mit hohem Beschäftigungsstand und guter Infrastruktur im Vergleich zu strukturschwachen ländlichen Gebieten, BGH FamRZ 1986, 244, 246.
[314] *Gottwald*, Anm. zu OLG Naumburg FamRZ 2003, 1022, 1024, 1025; *Büttner/Niepmann/Schwamb* Rn. 711 aE.
[315] BGH FamRZ 2000, 1385, 1389; NJW 1996, 517, 518; OLG Köln FamRZ 1997, 1104 (mit Hinweisen zur Intensität der Bewerbungsbemühungen, insbesondere in Zeiten hoher Arbeitslosigkeit); OLG Hamm FamRZ 2002, 1427; bedenklich OLG Hamm FamRZ 1998, 42 mit kritischer Anm. *Born* (Vermittelbarkeit in Hilfsarbeiterstelle verneint); s. zu Verlust der Arbeit und Bewerbungsbemühungen *Born* FamRZ 1995, 523; *Baumgärtel/Laumen/Pruskowski* § 1361 Rn. 21.
[316] OLG Köln FamRZ 1997, 1104, 1105; OLG Düsseldorf DAV 1985, 588, 591.

Leistungsfähigkeit 80–83 § 1603

gen hinzuweisen.[317] Auch wenn allgemeine Erfahrungssätze grundsätzlich nicht unbeachtet bleiben,[318] sind allgemeine Hinweise auf schlechte Arbeitsmarktlage oder die Schwierigkeit bestimmter Gruppen von Arbeitnehmern nicht ausreichend. So hat die Rechtsprechung keine Erfahrungssätze dahin anerkannt, dass Aussiedler oder ausländische Mitbürger mit Sprachschwierigkeiten, ungelernte Kräfte bei schlechter Arbeitsmarktlage oder Langzeitarbeitslose nicht vermittelbar wären;[319] obwohl auch die Gerichte nicht verkennen, dass Arbeitgeber kaum noch Beschäftigte im Alter von Ende 40/Anfang 50 einstellen,[320] geht die Rechtsprechung nur in seltenen Fällen von einer wegen dieses Alters fehlenden realen Beschäftigungschance (s. Rn. 64) aus.[321]

bb) Ursächlichkeit. S. hierzu Rn. 63. **80**

b) Einzelheiten. aa) Mindestanforderungen. Das, was der Arbeitslose der Allgemeinheit **81** schuldet, hat er jedenfalls auch gegenüber seinen Unterhaltsberechtigten zu leisten.[322] Somit können die an Erwerbsbemühungen zu stellenden Mindestanforderungen seit dem 1. 4. 2003 den so genannten „Hartz-Gesetzen"[323] und den dadurch geänderten sozialgesetzlichen Vorschriften für die Obliegenheiten zur Arbeitssuche und zur Zumutbarkeit einer neuen Arbeit entnommen werden. Die *weiteren* Anforderungen hängen von den Umständen des Einzelfalles ab; s. Rn. 61.

bb) Beginn. Der Schuldner hat frühzeitig mit der Arbeitssuche zu beginnen; sobald er von **82** dem bevorstehenden Verlust des Arbeitsplatzes Kenntnis hat, muss er mit der Arbeitsplatzsuche anfangen.[324]

cc) Art. Die Meldung beim **Arbeitsamt** ist erforderlich, unterhaltsrechtlich aber nicht ausrei- **83** chend.[325] Daneben werden vom Schuldner **eigene Bemühungen** erwartet, konkret in Form wöchentlicher Zeitungslektüre und Bewerbung auf alle in Betracht kommenden Anzeigen;[326] insbesondere bei der Suche nach einer qualifizierten Tätigkeit können zusätzlich eigene Inserate erforderlich sein.[327] So genannte „Blindbewerbungen" sind zwar allein für den Nachweis ordnungsgemäßer Bemühungen nicht ausreichend, können aber andererseits auch deshalb zusammen mit zielgerichteten Bewerbungen berücksichtigt werden, weil anderenfalls die Anzahl geforderter Bewerbungen kaum zu erreichen ist.[328] **Telefonate** können ausreichen, wenn schriftliche Bewerbungen nicht üblich sind.[329] Die **Abfassung** des Bewerbungsschreibens darf nicht den Eindruck von Arbeitsunlust des Bewerbers erwecken.[330] Bei großer Entfernung zwischen Wohnort und Arbeitsstelle sollte der

---

[317] Merkblatt für Bewerbungsbemühungen bei *Born* in *Heiß/Born* Kap. 22 Rn. 98.
[318] BGH NJW 1986, 718 (20% Arbeitslosenquote besonders ungünstig für weibliche Arbeitsuchende über 50 Jahre); OLG Hamm FamRZ 1998, 1251 m. Anm. *Born* (Gehaltsgefälle zwischen männlichen und weiblichen Arbeitnehmern).
[319] OLG Schleswig NJW-RR 2007, 660 = FamRZ 2007, 1474; OLG Hamm FamRZ 2002, 1427, 1428; OLG Karlsruhe NJWE-FER 1998, 246; OLG Brandenburg NJWE-FER 2001, 70, 71; OLG Dresden NJW-FER 2000, 230; OLG Brandenburg FamRZ 2008, 2304, 2306 (Verpflichtung zum Erlernen der deutschen Sprache); s. dagegen OLG Oldenburg FamRZ 1988, 170, 171 (Ungewandtheit und Sprachprobleme einer Türkin); OLG Köln FamRZ 1986, 167 (fehlende berufliche Qualifikation); OLG Dresden FamRZ 1996, 1236, 1237 (keine reale Erwerbschance für 36-jährigen alkoholabhängigen Epileptiker); OLG Frankfurt FamRZ 2001, 624, 625 (keine reale Beschäftigungschance für ungelernten Arbeiter mit gesundheitsbedingten Einschränkungen für körperliche Arbeit); OLG Schleswig FamRZ 1989, 997, 999 (Schwangerschaft); OLG Celle FamRZ 1992, 569, 570 (Prüfung erst vor wenigen Tagen).
[320] OLG Hamm NJW-RR 1996, 963, 964; OLG Karlsruhe FamRZ 2002, 1566, 1567.
[321] OLG Hamm FamRZ 1997, 1076 (Vermittelbarkeit angenommen für 51-jährige Ehefrau, 15 Jahre nicht erwerbstätig); OLG Hamm NJW-RR 1998, 724 (Beschäftigungschance verneint für knapp 60-jährigen, krankheitsbedingt eingeschränkten Schuldner); OLG Hamm FamRZ 1999, 1011 (Vermittelbarkeit bejaht für 43-jährige gelernte Schlosserin bei Unterhaltspflicht gegenüber minderjährigen Kindern).
[322] *Büttner* FF 2003, 192 ff.; *Büttner/Niepmann/Schwamb* Rn. 711.
[323] BGBl. 2002 I S. 4607 und 4621; s. dazu *Bauer/Krets* NJW 2003, 537 ff.
[324] *Bauer/Krets* NJW 2003, 537, 541 f.; *Büttner/Niepmann/Schwamb* Rn. 712; *Büttner* FF 2003, 192.
[325] BGH NJW 1986, 718; OLG Naumburg FamRZ 2003, 1022, 1023; OLG Köln FamRZ 1997, 1104, 1105; OLG Frankfurt FamRZ 2001, 624, 625; OLG Hamm FamRZ 1985, 483, 484.
[326] BGH FamRZ 2000, 1358, 1359; OLG Karlsruhe FamRZ 2002, 1567; OLG Brandenburg NJWE-FER 2001, 8; OLG Hamm FamRZ 1985, 483, 484. Nach AG Velbert FamRZ 2007, 1907 sind auch Bewerbungen für einfache Arbeitsplätze schriftlich vorzunehmen (bedenklich; s. Fn. 315).
[327] OLG Brandenburg NJWE-FER 2001, 70, 71; OLG Bamberg FamRZ 1988, 725, 726; vgl. auch OLG Hamm FamRZ 1987, 948, 949.
[328] OLG Zweibrücken FamRZ 1986, 811, 812; OLG Hamm NJW-RR 1996, 963 = FamRZ 1996, 1017.
[329] Beispielsweise bei gesuchter Stellung in einem Privathaushalt, bei Bewerbungen um eine Stelle als Hilfsarbeiter (AG Hanau FamRZ 2000, 306), unter Umständen auch bei der Suche nach einer Beschäftigung als Handwerker (*Gottwald*, Anm. zu OLG Naumburg FamRZ 2003, 1022, 1024 f.).
[330] OLG Hamm FamRZ 1992, 63; OLG Bamberg FamRZ 1988, 725, 726; AG Velbert FamRZ 2007, 1907.

Bewerber darlegen, wie er zuverlässig zur Arbeit kommen will;[331] ansonsten darf der Bewerber ungünstige Tatsachen zunächst unerwähnt lassen, selbst wenn er sie später in einem Vorstellungsgespräch offenbaren müsste.[332]

84   **dd) Anzahl.** Von der Rspr. werden – gelegentlich etwas zu pauschal – 20 bis 30 Bewerbungen pro Monat gefordert. Im Einzelfall mag das zumutbar sein,[333] häufig reicht aber auch eine geringere Anzahl aus.[334] Trotz nicht unerheblicher Aufwendungen für eine aussagekräftige Bewerbung kann sich der Schuldner auf die **Kosten** als Entschuldigungsgrund für geringe Anzahl oder Nichtdurchführung von Bewerbungen nicht berufen, weil unterstützende Leistungen des Arbeitsamtes für Bewerbungen nach § 45 SGB III in Anspruch genommen werden können.[335]

85   **ee) Umfang.** In **zeitlicher** Hinsicht fordert die Rspr., dass der Umfang der Arbeitsplatzsuche demjenigen einer vollschichtigen Erwerbstätigkeit entsprechen soll;[336] nach dem in der Praxis gewonnen Eindruck dürfte es sich hier aber mehr um ein (kaum zu widerlegendes) Argument für den Ansatz fiktiver Einkünfte als um eine wirklich ernst gemeinde Forderung handeln. In **räumlicher** Hinsicht werden vom Schuldner – allerdings unter Berücksichtigung seines Umgangsrechts[337] – auch *überregionale* Anstrengungen verlangt, und zwar selbst im Geringverdienerbereich.[338] Mit zunehmender Zeitdauer bei gleich bleibender Erfolglosigkeit der Bemühungen kann ein **Wechsel** von Arbeitsplatz oder Wohnort notwendig werden;[339] bei anerkennenswerten Ortsbindungen wird das vielfach ausscheiden,[340] ebenso bei fehlender realer Beschäftigungschance auch nach einem Wohnortwechsel.[341] S. auch Rn. 52.

86   **4. Hausmann-Rechtsprechung.** Zu unterscheiden ist zwischen der Situation im Falle neuer Eheschließung (s. Rn. 87) und nichtehelicher Lebensgemeinschaft (s. Rn. 92), bei neuer Ehe zwischen einer Situation ohne Kinder (s. Rn. 87) und mit Kindern (s. Rn. 88). Allgemein ist festzuhalten, dass die Übernahme der Haushaltsführung in einer neuen Ehe oder Beziehung den Schuldner nicht von der Barunterhaltspflicht gegenüber Kindern aus einer früheren Ehe freistellt, die Gestaltungsfreiheit nicht zu Lasten der Kinder gehen darf.[342] Die Haushaltsführung ist auf ein Maß zu beschränken, welches dem unterhaltspflichtigen Ehegatten die Aufnahme einer Nebentätigkeit zwecks Erfüllung seiner Barunterhaltspflicht erlaubt, was für Vater und Mutter gleichermaßen gilt.[343]

87   **a) Neue Ehe. aa) Keine Kinder.** Sofern aus der neuen Ehe keine Kinder hervorgegangen sind, kann sich der Schuldner nicht auf Einschränkung oder Fortfall seiner Leistungsfähigkeit auf Grund neuer Rollenwahl berufen.[344] Auch dem neuen Ehegatten ist die „Hypothek" in Form der aus der früheren Ehe resultierenden Unterhaltsbelastung seines Partners bekannt, so dass die Eheleute

---

[331] OLG Hamm FamRZ 1992, 63.
[332] *Büttner/Niepmann/Schwamb* Rn. 714; OLG Bamberg FamRZ 1998, 289 hält die Erwähnung solcher Tatsachen für unschädlich.
[333] OLG Jena NJW-RR 2004, 76, 77; OLG Naumburg FamRZ 2003, 1022, 1023; OLG Koblenz FamRZ 2000, 313.
[334] OLG Karlsruhe FamRZ 2002, 1567 (350 Bewerbungen in 4 Jahren); OLG Bamberg FamRZ 1998, 289 (40 Bewerbungsschreiben und zwei Inserate in 7 Monaten); OLG Dresden FamRZ 1997, 836, 837 (23 Bewerbungen in 6 Monaten bei Wohnumfeld mit schlechter Arbeitsmarktlage).
[335] *Büttner/Niepmann/Schwamb* Rn. 714.
[336] OLG Brandenburg NJW-FER 2001, 70, 71; OLG Koblenz FamRZ 2000, 313; OLG Köln FamRZ 1997, 1104, 1105; OLG Hamm FamRZ 1996, 629; 1996, 1218.
[337] BVerfG NJW 2006, 2317.
[338] OLG Köln FamRZ 2002, 1426; OLG Naumburg NJW-RR 2009, 873; **aA** OLG Hamm FamRZ 1998, 42 m. kritischer Anm. *Born* (überregionale Bewerbung nicht erforderlich wegen fehlender Zeitungsinserate); AG Hanau FamRZ 2004, 306 (keine Pflicht zur überregionalen Suche wegen Fehlens bundesweiter Informationsquellen für Hilfsarbeiterstellen). Dagegen OLG Dresden FamRZ 2008, 173.
[339] BGH NJW 1982, 1812; OLG Zweibrücken FamRZ 2000, 308, 309; OLG Köln FamRZ 1997, 1104, 1105.
[340] OLG Bamberg FamRZ 1998, 289, 290 (schulische Interessen auch nicht gemeinschaftlicher Kinder); OLG Hamm FamRZ 1999, 165, 166 (sicherer Arbeitsplatz des neuen Ehegatten); OLG Jena OLGR 2003, 353 (sicherer Arbeitsplatz des Lebenspartners).
[341] OLG Hamm FamRZ 1998, 42; OLG Bamberg FamRZ 1998, 289, 290; OLG Dresden FamRZ 1997, 836, 837.
[342] BVerfG NJW 1985, 1211; *Palandt/Brudermüller* Rn. 30, 32.
[343] BGH FamRZ 2001, 1065; NJW 1996, 1815; OLG Düsseldorf FamRZ 2007, 1038; AG Saarbrücken NJW-RR 2003, 865.
[344] BGH FamRZ 2001, 1065 m. Anm. *Büttner* 1068 = NJW-RR 2001, 361; NJW 1996, 1815; 1982, 175; 1980, 314.

ihre Lebensplanung danach auszurichten haben.[345] Grundsätzlich[346] werden dem Unterhaltsschuldner in diesen Fällen fiktive Einkünfte aus vollschichtiger Erwerbstätigkeit angerechnet.

bb) Neue Kinder. Ist der Schuldner deshalb nicht erwerbstätig, weil er in der neuen Ehe **88** minderjährige Kinder betreut, kann er sich im Regelfall ebenfalls nicht auf Leistungsunfähigkeit berufen. Die Berechtigten der ersten Ehe müssen seinen Rollentausch nur hinnehmen, wenn das Interesse daran deutlich höherwertiger ist als das Interesse der „alten" Berechtigten an der Beibehaltung der bisherigen Unterhaltssicherung.[347] Dies wird bei **wesentlich günstigerer** Einkommenssituation der neuen Familie als Folge der gewählten neuen Aufgabenverteilung angenommen.[348]

Ist der Rollentausch *nicht hinzunehmen,* ist der Schuldner fiktiv an seinem früheren Erwerbseinkommen festzuhalten. Ist er dagegen *hinzunehmen,* kann der Schuldner zur Aufnahme einer Nebentätigkeit verpflichtet sein;[349] dabei sind auch einfachere Arbeiten wie zB als Kellner, Nachtportier oder Taxifahrer zumutbar.[350] Während des Bezugs von Erziehungsgeld besteht diese Verpflichtung regelmäßig nicht.[351] **89**

Der Unterhaltsanspruch der Kinder aus früherer Ehe ist **nicht begrenzt durch den fiktiven** **90** **Unterhaltsanspruch,** der dann bestünde, wenn der Schuldner in seiner zweiten Ehe nicht die Rolle des Hausmanns übernommen hätte, sondern vollschichtig arbeiten würde. Die Berechnung des Unterhaltsanspruchs auf der Basis einer fiktiven Vollzeittätigkeit stellt nur den Mindestbetrag dar; dieser kann ohne Weiteres dann überschritten werden, wenn die Verpflichtung besteht, neben der tatsächlich ausgeübten Rolle des Hausmanns einer Nebentätigkeit nachzugehen.[352] Diese Weiterentwicklung der Hausmann-Rechtsprechung führt zu einer Besserstellung der Kinder aus der ersten Ehe, was bei vorliegenden Vorteilen des Schuldners aus der zweiten Ehe nicht unangemessen erscheint; im Übrigen passt es systematisch auch dazu, dass es beim Kindesunterhalt – anders als beim Ehegattenunterhalt – keine Lebensstandardgarantie nach den „ehelichen" Lebensverhältnissen gibt (s. § 1610 Rn. 35, 53), so dass sich der Kindesunterhalt nach den jeweils aktuellen Verhältnissen auf Seiten des Schuldners richtet.

Die Nebentätigkeit ist zumutbar selbst dann, wenn dritte Personen nicht zur Kindesbetreuung **91** zur Verfügung stehen. Denn der **neue Ehepartner hat** seinem unterhaltspflichtigen Ehegatten die **Nebentätigkeit** durch Übernahme der Kindesbetreuung zB in den Abendstunden oder am Wochenende **zu ermöglichen.**[353] Auch wenn die Einkünfte des Schuldners aus der Nebentätigkeit regelmäßig unter dem Mindestselbstbehalt liegen, sind sie gleichwohl für Unterhaltszwecke einsetzbar, sofern der Selbstbehalt des Schuldners in der neuen Familie gewahrt ist. Deckt der dem Schuldner gegenüber seinem Ehepartner zustehende Anspruch auf Familienunterhalt (§§ 1360, 1360 a) nach Umwandlung in einen Geldbetrag den angemessenen Selbstbehalt ab, ist das erzielte Nettoeinkommen – ohne Abzug des Mindestselbstbehalts – für den Unterhalt der minderjährigen Kinder einzusetzen.[354] Die Besserstellung der Kinder durch die Wiederverheiratung des Schuldners ist unterhaltsrechtlich zu berücksichtigen,[355] weil nach § 1603 auf die realen Verhältnisse abzustellen ist und deshalb den Berechtigten aus erster Ehe die Sicherstellung des Bedarfs des Schuldners durch den neuen Ehepartner zu Gute kommt.[356]

b) Nichteheliche Lebensgemeinschaft. Die Grundsätze der Hausmann-Rspr. sind auf eine **92** nichteheliche Lebensgemeinschaft entsprechend anzuwenden, sofern der Schuldner hier seine frü-

---

[345] OLG Köln FamRZ 1999, 1011, 1012; *Büttner* FamRZ 2001, 1068.
[346] Ausnahmefall AG Goslar DAVorm. 1987, 193 (neue Ehe mit Binnenschiffer).
[347] BGH FamRZ 2001, 616 m. Anm. *Büttner* 617 f. = NJW 2001, 1488; FamRZ 1996, 796, 797. S. dagegen BGH NJW 2007, 2412 (keine Erwerbstätigkeit der neuen Ehefrau, Wiederverheiratung der geschiedenen Ehefrau).
[348] BGH FamRZ 2001, 614 (rund 100 € Einkommensunterschied nicht ausreichend); s. dazu *Büttner* FamRZ 2001, 617 (255 € als Mindest-Einkommensdifferenz); OLG München FamRZ 1999, 1076 (keine Besserstellung, wenn das nach Rollentausch unveränderte Einkommen dem Zugriff der Gläubiger des Unterhaltspflichtigen entzogen wird).
[349] BGH NJW 1996, 1815; OLG Düsseldorf FamRZ 2007, 1038; OLG Hamm FamRZ 1996, 1493; OLG Köln FamRZ 1999, 1011.
[350] BGH NJW 1982, 1590; *Palandt/Brudermüller* Rn. 32.
[351] BGH FamRZ 2006, 1010 m. Anm. *Borth; Palandt/Brudermüller* Rn. 32.
[352] BGH NJW 2007, 139 = FF 2007, 50 m. Anm. *Büttner* 56.
[353] OLG Köln FamRZ 1999, 1011, 1012.
[354] BGH FamRZ 2004, 370, 372; 2004, 364, 365; 2004, 24; FamRZ 2001, 1065, 1066; OLG Naumburg NJW-RR 2004, 153; OLG Koblenz FamRZ 2004, 100, 101; OLG Celle FamRZ 2000, 1430.
[355] BGH FamRZ 2004, 364, 365; 2002, 742 m. Anm. *Büttner* 743; OLG Zweibrücken FamRZ 2003, 1204; OLG Brandenburg NJW-RR 2002, 939, 940.
[356] BGH FamRZ 2004, 364 m. Anm. *Luthin* 365 f.; FamRZ 2001, 1065 m. zustimmender Anm. *Büttner* 1068; **aA** OLG Frankfurt FamRZ 2001, 1477.

here Erwerbstätigkeit zu Gunsten einer Betreuung eines aus der Gemeinschaft hervorgegangenen Kindes aufgegeben hat.[357] Der Grund liegt darin, dass sich die – die elterliche Sorge gemeinsam ausübenden – Partner einer nichtehelichen Lebensgemeinschaft in einer § 1356 BGB vergleichbaren Lage befinden und deshalb zur Rücksichtnahme auf die Belange des anderen verpflichtet sind; dies gilt auch dann, wenn keine Sorgeerklärung abgegeben worden ist.[358]

93 **c) Keine Anwendung.** Die „Hausmann-Rspr." gilt nicht im Verhältnis zu **volljährigen** Kindern.[359] Des Weiteren ist die genannte Rechtsprechung dann nicht anzuwenden, wenn der Schuldner ein Kind betreut, welches bereits vor der Geburt der berechtigten Kinder versorgt wurde; denn diese Betreuungssituation ist nicht durch Trennung und Scheidung verursacht worden.[360]

94 **5. Rechtsfolge. a) Höhe der Fiktion.** Die Höhe der anzusetzenden fiktiven Einkünfte hängt von den Umständen des Einzelfalles ab. Ist dem Schuldner Aufgabe oder Verlust der Arbeitsstelle vorzuwerfen, so ist das bisher erzielte Einkommen fiktiv fortzuschreiben.[361] Ist der Verlust des Arbeitsplatzes dagegen nicht vorwerfbar, kann lediglich – mit zeitlichem Versatz auf Grund notwendiger Suchzeit – ein aus zumutbarer Beschäftigung erzielbares Einkommen zugerechnet werden.[362] Bei ungelernter Tätigkeit kommen höchstens 1030 € monatlich in Betracht;[363] bei gesundheitlicher Beeinträchtigung kann weniger angesetzt werden.[364] Bei Frauen liegen die anzurechnenden Beträge noch niedriger.[365] Unter Hinweis darauf, dass ungelernte Hilfskräfte im Regelfall nur befristet eingestellt werden, wird vom fiktiven Einkommen zum Teil ein Abschlag von 10% vorgenommen;[366] hier muss auch im Einzelfall überprüft werden, ob solche Unterhaltsschuldner auf dem heutigen Arbeitsmarkt überhaupt eine realistische Chance auf eine Vollzeitbeschäftigung mit einem Nettoverdienst von 890 € haben.[367]

95 Der grundsätzlich vorzunehmende Abzug des notwendigen **Selbstbehalts**[368] ist dann nicht vorzunehmen, wenn der Unterhalt des barunterhaltspflichtigen Schuldners durch dessen neuen Ehegatten bzw. dessen Lebenspartner sichergestellt ist; in diesen Fällen steht dem Schuldner ein Selbstbehalt nicht zu.[369]

---

[357] BGH FamRZ 2001, 615 m. Anm. *Büttner* 618; OLG Hamm NJW 1999, 3642; OLG Koblenz NJW-RR 2001, 4; OLG München FamRZ 1999, 1526, 1527; **aA** noch BGH NJW-RR 1995, 451; OLG Düsseldorf NJW-RR 1996, 452, 453; OLG Köln NJW 1999, 725, 726; *Luthin* Rn. 49 in der 4. Aufl.

[358] BGH FamRZ 2001, 615, 616; OLG Brandenburg NJW-RR 2002, 939, 940; *Büttner/Niepmann/Schwamb* Rn. 760.

[359] BGH NJW 1987, 1549; OLG Hamburg FamRZ 1998, 41; OLG Hamm FamRZ 1997, 835; einschränkend *Büttner/Niepmann/Schwamb* Rn. 758 ff. (Anwendung bejaht für im Haushalt des anderen Elternteils lebende privilegierte volljährige Kinder).

[360] OLG Schleswig OLGR 2002, 118, 119; *Büttner/Niepmann/Schwamb* Rn. 761.

[361] OLG Stuttgart FamRZ 2007, 1908; OLG Schleswig OLGR 2001, 181, 182; OLG Karlsruhe NJWE-FER 2000, 73, 74; OLG Hamm FamRZ 1995, 1203. Nach OLG Hamm FamRZ 2008, 171 kann sogar eine *doppelte* Fiktion geboten sein (vorübergehende Erkrankung, die geraume Zeit nach fingierter Arbeitsaufnahme eintritt, führt zunächst zur Zurechnung fiktiver Lohnfortzahlung und anschließend fiktiven Krankengeldes). Ausführlich zur fiktiven Einkommensberechnung aus steuerlicher Sicht. s. *Tischler* FPR 2008, 79.

[362] OLG Zweibrücken FamRZ 2001, 115 (LS.); OLG Frankfurt FamRZ 1995, 1217; OLG München FamRZ 1994, 1406.

[363] Zur Problematik der Annahme von Stundenlöhnen über dem Mindeslohn s. BVerfG FamRZ 2010, 793; 2010, 626 m. Anm. *Borth*; s. OLG Hamm NJW-RR 2010, 1657 (9,88 €/Stunde = 1207 € netto für ungelernten Ausländer); OLG Hamm FamRZ 2006, 952; 2003, 1210 (9 €/Stunde = 1030 € netto/Monat für ungelernten Arbeiter); ebenso OLG Stuttgart FamRZ 2008, 1653; OLG Naumburg FamRZ 2007, 1118 (8,80 €/Stunde = 1000 € netto f. ungelernte Kraft im Baugewerbe); ebenso OLG Dresden NJW-RR 2010, 583 (ungelernter Hilfsarbeiter bei Zeitarbeitsfirma); enger AG Flensburg FamRZ 2006, 1293 (8 €/Stunde). Zu nur rund 890 € kommen auch AG Ratzeburg FamRZ 2008, 435 (ungelernter Maler-Helfer), KG FamRZ 2007, 1469 (ungelernte Kraft in Gaststätte) und OLG Hamm FamRZ 2007, 1480 (Asylant mit mittelmäßigen Deutschkenntnissen), zu 850 € das AG Rinteln FamRZ 2007, 1120 (ungelernte Kraft).

[364] OLG Hamm FamRZ 2001, 565, 566; 2000, 1219 (LS.).

[365] OLG Karlsruhe NJWE-FER 1998, 276 (971 €); OLG Hamm FamRZ 2000, 1370 (Ausschluss von Tätigkeiten mit starker psychischer Belastung); 1998, 1251; OLG München FamRZ 1997, 313, 314 (767 €); OLG Oldenburg FamRZ 2000, 379 (656 € netto). Das Lohngefälle zwischen Männern und Frauen liegt aktuell immer noch bei rund 23 %, wobei die Unterschiede in den neuen Bundesländern deutlich geringer sind (Quelle: heute im Bundestag Nr. 100 v. 14. 3. 2011).

[366] OLG Hamm FamRZ 2006, 726.Zum Abzug fiktiver Werbungskosten s. OLG Hamm NJW-RR 2010, 83.

[367] OLG Frankfurt a. M. NJW 2007, 382. S. auch AG Bruchsal FamRZ 2007, 1125 (Beachtung der Grenze der Belastbarkeit).

[368] OLG Hamm FamRZ 1995, 438; 1980, 73.

[369] BGH NJW 1982, 1590; OLG Frankfurt FamRZ 2001, 1477; **aA** OLG Frankfurt/Kassel NJW 1987, 1560.

Leistungsfähigkeit 96–100 § 1603

b) Dauer der Fiktion. Ein fiktives Einkommen kann nur solange zugerechnet werden, wie 96 sich der Schuldner nicht hinreichend um eine neue Arbeitsstelle bemüht.[370] Ansonsten kann der Unterhaltstitel nach Ablauf eines angemessenen Zeitraums abgeändert werden,[371] zumal im Arbeitsleben immer gewisse Veränderungen – einschließlich eines Arbeitsplatzverlustes – eintreten können;[372] deshalb ist die unbeschränkte Fortschreibung eines früher einmal erzielten Einkommens nicht zulässig, außer bei vorwerfbarem Verlust der früheren Stelle (s. Rn. 62 aE).[373] Gerade eine – trotz ordnungsgemäß durchgeführter Bewerbungsbemühungen[374] weiter andauernde – Arbeitslosigkeit spricht dafür, nach Ablauf eines angemessenen Zeitraums die Fiktion zu beenden.[375] Die Fiktion kann auch nach Aufnahme einer **neuen Arbeit** beendet werden, sofern Vergleichbarkeit gegeben ist.[376]

V. Erweiterte Unterhaltspflicht der Eltern (Abs. 2)

Gegenüber bestimmten, vom Gesetz als besonders schutzbedürftig angesehen Kindern (s. 97 Rn. 98 ff.) gilt für die Eltern[377] eine verschärfte Haftung mit der Folge, dass „alle verfügbaren Mittel" (Abs. 2 S. 1) einzusetzen sind. Auswirkung haben diese erhöhten Anforderungen nicht nur auf die Verteilung der tatsächlich vorhandenen Mittel, sondern auch im Rahmen unterhaltsrechtlicher Obliegenheiten und beim Selbstbehalt (s. Rn. 104). In bestimmten, in Abs. 2 S. 3 geregelten Fällen kommen aber Ausnahmen von der erweiterten Unterhaltspflicht in Betracht (s. Rn. 112).

1. Status des Kindes. a) Minderjähriges, unverheiratetes Kind. Gegenüber diesen Kin- 98 dern besteht nach Abs. 2 S. 1 die erweiterte Unterhaltspflicht. Zum Kriterium „unverheiratet" s. Rn. 100.

b) Privilegierte volljährige Kinder. Aufgrund des KindUG ist die gesteigerte Unterhalts- 99 pflicht der Eltern seit dem 1. 7. 1998 auch auf volljährige unverheiratete Kinder bis zur Vollendung des 21. Lebensjahres erstreckt worden vor dem Hintergrund einer – trotz Beendigung der Notwendigkeit[378] einer Betreuung – vergleichbaren Lebensstellung.[379] Grund für die zeitliche Beschränkung ist der Umstand, dass im Regelfall die allgemeine Schulausbildung bis zur Vollendung des 21. Lebensjahres abgeschlossen ist oder jedenfalls abgeschlossen sein kann; dies korrespondiert auch mit den Bestimmungen des Kinder- und Jugendhilferechts.[380] Weitere Voraussetzung für die – hinsichtlich der gesteigerten Unterhaltspflicht[381] angeordnete – Gleichstellung hinsichtlich der verschärften Haftung ist einerseits, dass das Kind im Haushalt der Eltern oder eines Elternteils lebt, andererseits, dass es sich in der allgemeinen Schulausbildung befindet.

aa) Unverheiratet. Dieses Kriterium ist dann erfüllt, wenn das Kind niemals verheiratet war; 100 in anderen Fällen soll die gesteigerte Unterhaltspflicht die Eltern nach der Auflösung der Ehe nicht erneut treffen, denn die Verantwortung der Ehegatten wirkt auch nach Scheidung der Ehe fort.[382] Privilegierung ist dagegen gegeben im Falle der Auflösung der Ehe durch Tod eines Ehegatten oder bei Aufhebung der Ehe.[383] Im **Haushalt** der Eltern oder eines Elternteils lebt das volljährige Kind dann, wenn es dort seinen Lebensmittelpunkt hat; erforderlich ist eine Wohn- und Wirtschaftsgemeinschaft in einer gemeinsamen Familienwohnung.[384]

---

[370] OLG Frankfurt NJW-RR 2008, 888; OLG Schleswig FamRZ 1985, 69; *Palandt/Brudermüller* Rn. 28.
[371] OLG Hamm NJW 1995, 1843 (nach knapp 2 Jahren); OLG Koblenz FamRZ 1986, 93 (nach 6 Jahren); verfehlt dagegen OLG Schleswig FuR 2001, 570 (nach nur wenigen Monaten).
[372] OLG Karlsruhe FamRZ 1983, 931, 932; *Büttner/Niepmann/Schwamb* Rn. 729.
[373] OLG Zweibrücken FamRZ 1999, 881, 882. Gegen eine „ewige" Fiktion auch *Born* in Heiß/Born Kap. 23 Rn. 172.
[374] OLG Hamm NJW-RR 2008, 1680; OLG Hamm FamRZ 1994, 1013.
[375] *Büttner/Niepmann/Schwamb* Rn. 730 (2 bis 3 Jahre) unter Hinweis auf OLG Hamm NJW 1995, 1483 (2 Jahre Fiktion zu lang) und OLG Zweibrücken FamRZ 1999, 881, 882 (5 Jahre).
[376] OLG Hamburg DAVorm. 1988, 720, 721.
[377] Und zwar für beide, also nicht nur für den barunterhaltspflichtigen Elternteil (s. Rn. 104).
[378] Auf eine tatsächlich durchgeführte Betreuung kommt es nicht an, s. § 1610 Rn. 37.
[379] BT-Drucks. 13/7338 S. 21. Zur Berechnung im Falle der zusätzlichen Unterhaltspflicht des Schuldners auch gegenüber minderjährigen Kindern s. OLG Saarbrücken FamRZ 2007, 1763.
[380] *Bamberger/Roth/Reinken* Rn. 29.
[381] Keine Gleichstellung besteht dagegen für § 1606 Abs. 3 S. 2 (Unterhaltsleistung durch Betreuung) und § 1606 Abs. 2 (Einsatz des Vermögens); s. dazu § 1610 Rn. 27.
[382] *Bamberger/Roth/Reinken* Rn. 30.
[383] FamRefK/*Häußermann* Rn. 5.
[384] FamRefK/*Häußermann* Rn. 6; *Bamberger/Roth/Reinken* Rn. 31. S. dagegen AG Neuwied FamRZ 2008, 437 (eigener Haushalt des Kindes).

§ 1603 101–105   Abschnitt 2. Titel 3. Unterhaltspflicht

101   **bb) Allgemeine Schulausbildung.** Damit ist nicht nur die gesetzliche Schulpflicht gemeint, sondern deren allgemeine Weiterführung mit dem jeweiligen Regelabschluss. Der Begriff ist im Interesse einer einheitlichen Rechtsanwendung[385] so auszulegen wie in § 2 Abs. 1 Nr. 1 BAföG.[386] Gleichgestellt sind damit nur *Schüler,* nicht andere in Ausbildung befindliche Personen, zB Studenten oder Lehrlinge.[387] Die Privilegierung gilt auch nur für die Zeit des Besuchs einer Schule, die zu einem allgemeinen Abschluss[388] führt, nicht dagegen bei Abschluss von Schulen, die schon für einen bestimmten Beruf qualifizieren, auch nicht im Falle beruflicher Grundbildung.[389] Entsprechend den zu § 2 Abs. 1 Nr. 1 BAföG entwickelten Grundsätzen sind drei Kriterien zu beachten: Ziel des Schulbesuchs muss der Erwerb eines allgemeinen Schulabschlusses – im Gegensatz zu einer auf ein konkretes Berufsbild bezogenen Ausbildung – sein, wobei es auf die Rechtsform der Schule nicht ankommt. In zeitlicher Hinsicht muss der Schulbesuch die Arbeitskraft des Kindes voll oder zumindest überwiegend in Anspruch nehmen (zu bejahen bei 20 Wochenstunden Unterricht). Schließlich muss eine Teilnahme an einem kontrollierten Unterricht im Sinne einer stetigen und regelmäßigen Ausbildung[390] vorliegen.

102   Keine gesteigerten Anforderungen gelten in Bezug auf Schüler, die bei keinem Elternteil, sondern beispielsweise in einem **Internat** wohnen.[391] Die Altersgrenze entspricht § 18 Abs. 3, 58 Abs. 1 S. 1 Nr. 3 SGB VIII.

103   **c) Sonstige Kinder.** Schon aus dem Gesetzeswortlaut ergibt sich, dass „normale" volljährige Kinder nicht erfasst sind. Die Gleichstellung fehlt aber auch für *behinderte* Kinder,[392] denn diese sind nicht allgemein den minderjährigen Kindern gleichgestellt,[393] des Weiteren im Falle einer Schulausbildung nach dem 21. Lebensjahr, auch wenn deren Fortdauer unverschuldet ist.[394]

104   **2. Auswirkungen der gesteigerten Unterhaltspflicht.** Die erhöhten Anforderungen wirken sich sowohl im Rahmen der tatsächlichen Berufstätigkeit wie im Falle der notwendigen Bemühungen bei vorliegender Arbeitslosigkeit aus; auch Auswirkungen auf den Selbstbehalt und den Einsatz des Vermögens sind gegeben.

105   **a) Erhöhte Arbeitspflicht. aa) Arbeitsmodalitäten.** Der gesteigert unterhaltspflichtige Schuldner muss hier zusätzliche Zugeständnisse machen und beispielsweise bereit sein, auch zu ungünstigen Zeiten (nachts oder in den frühen Morgenstunden) zu arbeiten,[395] des Weiteren, zwecks Vermeidung einer Kündigung auch unterqualifizierte Arbeit zu übernehmen;[396] für ihn ist – einschließlich Nebentätigkeit, s. Rn. 106 – eine wöchentliche Arbeitszeit von 48 Stunden zumutbar.[397] Sofern nur auf diese Weise die Unterhaltspflicht erfüllt werden kann, muss der Schuldner

---

[385] *Palandt/Brudermüller* Rn. 38.
[386] BGH NJW 2001, 2633. Ausführlich zum BAföG s. § 1610 Rn. 275–289.
[387] *Johannsen/Henrich/Graba* Rn. 9.
[388] **Bejaht:** Abschluss der allgemeinen Schulausbildung (OLG Celle FamRZ 2004, 301); Höhere Berufsfachschule/Höhere Handelsschule, auch wenn sie nur mittelbar zum Erwerb der Fachhochschulreife führt (BGH NJW 2002, 2026); OLG Naumburg NJW-RR 2009, 1155; Berufskolleg (OLG Köln FamRZ 2003, 179); Volkshochschule bei kontrolliertem Unterricht zum Realschulabschluss (BGH NJW 2001, 2633). **Verneint:** Ausbildung zum Wirtschaftsassistenten, auch wenn sie die Fachhochschulreife vermittelt (OLG Dresden OLGR 2005, 90); Abschluss von Sprachen-, Fach- oder beruflichen Schulen (*Johannsen/Henrich/Graba* Rn. 10.).
[389] Besuch einer „Berufsfachschule Wirtschaft" (DIV-Gutachten DAVorm. 1999, 502); „Höhere Berufsfachschule" (OLG Koblenz FamRZ 2000, 687, LS.). Zu weiteren Einzelheiten s. *Wendl/Klinkhammer* § 2 Rn. 584–587.
[390] BGH FamRZ 2001, 1068 (zweijähriger VHS-Kurs mit Ziel des Realschulabschlusses); FamRZ 2002, 815 (zweijährige Höhere Handelsschule mit Ziel der Fachhochschulreife).
[391] OLG Brandenburg FamRZ 2005, 2094; s. dagegen *Johannsen/Henrich/Graba* Rn. 10, der die Privilegierung bejaht bei einem Internatsschüler, der in den Ferien in die elterliche Wohnung zurückkehrt. Vgl. auch OLG Dresden JAmt 2002, 211 (Privilegierung bejaht für einen Schüler, der sich bei den Großeltern aufhält; **aA** *Johannsen/Henrich/Graba* Rn. 10 aE, auch für Schüler, die in einem Heim, bei einem Lebensgefährten oder in eigenem Haushalt leben).
[392] *Wendl/Klinkhammer* § 2 Rn. 580 aE; s. § 1610 Rn. 27.
[393] BR-Drucks. 959/96 S. 26; BT-Drucks. 13/7338 S. 21; s. aber OLG Dresden NJWE-FER 2001, 309 (analoge Anwendung auf volljährige, in allgemeiner Schulpflicht befindliche und im Haushalt von Großeltern lebende Kinder).
[394] *Wendl/Klinkhammer* § 2 Rn. 581; s. § 1610 Rn. 27.
[395] Nach OLG Stuttgart FamRZ 2008, 1273 muss der Schuldner 8 km zur Arbeit mit dem Fahrrad fahren und die dreistündige Mittagspause am Arbeitsplatz verbringen.
[396] AG Duisburg FamRZ 1998, 981; AG Düsseldorf FamRZ 1991, 1222. Im Rahmen der berufsbedingten Fahrtkosten (s. Rn. 50–52) kann die Benutzung eines Fahrrades geboten sein (OLG Stuttgart NJW-RR 2008, 527 bei einfacher Strecke von 8 km).
[397] OLG Köln NJW 2007, 444; NJW-RR 2007, 291.

Leistungsfähigkeit **106 § 1603**

auch einen **Orts- oder Berufswechsel** vornehmen.[398] Der Schuldner ist auch zur Aufnahme von Gelegenheits- und Aushilfsarbeiten verpflichtet,[399] notfalls auch zu Tätigkeiten in dem nicht erlernten Beruf.[400] Bei ungünstigen Änderungen des Arbeitsvertrages muss sich der Schuldner gegebenenfalls um eine besser bezahlte Stelle (bzw. um eine Nebentätigkeit) bemühen;[401] zu den Bewerbungsbemühungen im Einzelnen s. Rn. 76–85. Im Falle tatsächlich ausgeübter Teilzeitarbeit kann eine fiktive Vollzeitarbeit dann nicht unterstellt werden, wenn es sich bei der ausgeübten Tätigkeit um einen gesicherten Arbeitsplatz handelt, bei dem keine Ausweitung zu einer Ganztagsarbeit möglich ist.[402] Der Schuldner bleibt aber zur Aufnahme einer vollschichtigen Tätigkeit verpflichtet und hat deshalb nachzuweisen, dass entsprechende Bemühungen nicht zum Erfolg geführt haben; es besteht auch die Verpflichtung zur Aufnahme einer Nebentätigkeit.[403]

bb) Nebentätigkeit. Je nach den Umständen des Einzelfalles kann es geboten sein, eine solche 106 Tätigkeit neben der bereits ausgeübten Tätigkeit auszuüben,[404] sei es auch nur am Wochenende.[405] Dies gilt auch im Falle regelmäßiger Dienstzeit oder in der Anfangsphase der Selbständigkeit,[406] bei ansonsten fehlender Leistungsfähigkeit zur Zahlung des Mindestunterhalts auch zusätzlich zu einer vollschichtigen Tätigkeit,[407] erst recht naturgemäß bei Bezug nur von Arbeitslosengeld.[408] Allgemein kann eine Nebentätigkeit neben einer vollschichtigen Tätigkeit gefordert werden, wenn die Einkünfte aus der Haupttätigkeit zur Deckung des Mindestbedarfs des Berechtigten nicht ausreichen.[409] Andererseits ist Nebenarbeit für den Schuldner oft mit höherem subjektiven Einsatz verbunden als eine Ableistung von Überstunden; daraus folgt die Notwendigkeit einer größeren Zurückhaltung bei der unterhaltsrechtlichen Einbeziehung von Nebenverdiensten (s. Rn. 21). Reicht der Verdienst aus der Haupttätigkeit aus, um den Mindestbedarf des Berechtigten zu decken, kommt eine Verpflichtung zur Nebentätigkeit nicht in Betracht.[410] Allgemein ist eine **Prüfung der Zumutbarkeit** unter Berücksichtigung der Umstände des Einzelfalles notwendig.[411] Auch wenn sich der Schuldner auf ein im Arbeitsvertrag vereinbartes Nebentätigkeitsverbot grundsätzlich nicht berufen kann,[412] ist der arbeitsrechtliche Aspekt der Unzulässigkeit von mehr als acht Stunden werktäglicher Arbeitszeit zu beachten.[413] Teilweise wird eine Grenze von 200 Stunden im Monat angenommen.[414] Der Ehegatte bzw. neue Lebensgefährte muss die Nebentätigkeit ermöglichen, sofern der dortige Verdienst zur Sicherstellung des Mindestbedarfs des Kindes erforderlich ist.[415] Zu weiteren Einzelheiten im Zusammenhang mit einer Nebentätigkeit s. Rn. 21.

---

[398] BGH NJW 1980, 2414; OLG Dresden FamRZ 2008, 173 (Bemühungen im gesamten deutschen Sprachraum); OLG Hamburg FamRZ 2008, 1274; OLG Brandenburg NJWE-FER 2001, 8 = FamRZ 2001, 372; NJW-FER 2001, 70 = FamRZ 2001, 115.
[399] BGH NJW-RR 2000, 1385; NJW 1994, 938; OLG Hamm FamRZ 1996, 958, 959.
[400] OLG Hamm FamRZ 1995, 438; OLG Naumburg FamRZ 2008, 2230 (Verpflichtung des Anwalts zum Wechsel in Anstellungsverhältnis).
[401] OLG Hamm FamRZ 2003, 177.
[402] OLG Frankfurt FamRZ 1987, 190; OLG Hamm FamRZ 2008, 1271 (Bewerbungspflicht für weitere Teilzeitstelle); ebenso OLG Saarbrücken NJW-RR 2009, 942; *Büttner/Niepmann/Schwamb* Rn. 739.
[403] OLG Frankfurt FamRZ 2000, 25; OLG Celle FamRZ 1993, 963; OLG Schleswig FamRZ 1993, 72, 73.
[404] BVerfG FamRZ 2003, 661; OLG Hamm FamRZ 2005, 1113; 2001, 565; FuR 2001, 559.
[405] OLG Dresden FamRZ 2005, 1584.
[406] OLG Hamm FamRZ 1997, 1223; NJWE-FER 1997, 126.
[407] OLG Nürnberg FamRZ 2005, 1502; OLG Hamm FamRZ 2004, 299; OLG Schleswig MDR 1999, 1140 m. Anm. *Kleffmann*; aA OLG Brandenburg *NJW-RR 2009, 871*.
[408] *Hauß* FamRZ 1999, 1525.
[409] OLG Brandenburg NJW 2008, 3366.
[410] OLG Koblenz FPR 2002, 66; OLG Hamm FamRZ 1999, 43.
[411] BVerfG NJW 2010, 1658; NJW 2006, 2317 = FamRZ 2006, 469; BGH FamRZ 2009, 314; OLG Köln NJW 2007, 444 (*doppelte Fiktion in Form des Ansatzes von 400 € aus Nebentätigkeit neben fiktiven Einkünften von 1259 €*); ebenso OLG Naumburg FamRZ 2007, 1118 (150 € aus Nebentätigkeit neben fiktiven 1000 €); OLG Köln NJW-RR 2007, 291 (generelle Zumutbarkeit von Nebentätigkeit); einschränkend OLG Hamm OLGR 2004, 335 (nur ganz ausnahmsweise Ansatz fiktiver Einkünfte neben vollschichtiger Erwerbstätigkeit auch bei gesteigerter Unterhaltspflicht); ebenso OLG Oldenburg FamRZ 2003, 1207; einschränkend auch OLG Koblenz FamRZ 2008, 173. Auf Einkünfte aus Nebentätigkeit kann nicht zugegriffen werden, wenn der notwendige Selbstbehalt des Schuldners nicht gewährleistet ist (OLG Brandenburg NJW 2008, 81). S. auch OLG Bremen FamRZ 2010, 574 (keine Nebentätigkeit des vollschichtig arbeitenden Schuldners, der mit zwei Volljährigen alleine lebt). S. aber – einschränkend – OLG Hamm NJW-RR 2010, 581 (keine Anrechnungsfreiheit nach § 11 Abs. 2 S. 1 Nr. 7 SGB II).
[412] OLG Naumburg FamRZ 2007, 1038; OLGR 2004, 405.
[413] KG FamRZ 2003, 1208. S. auch OLG Karlsruhe FamRZ 2007, 1123 mit Hinw. auf das ArbZG.
[414] OLG Bamberg FamRZ 2005, 1114; s. auch OLG Köln FamRZ 2007, 1119 (48 Stunden/Woche sind zumutbar).
[415] OLG Hamm FamRZ 2003, 1204.

107 **b) Aus- und Weiterbildung, Umschulung.** S. dazu zunächst Rn. 71. Die Genehmigung durch das Arbeitsamt hat nur Indizwirkung, so dass sie nicht von der notwendigen Einzelfallprüfung entbindet; selbst dann, wenn die Umschulung zeitlich einer Vollbeschäftigung entspricht, kann je nach den Umständen des Einzelfalles eine Verpflichtung zur Aufnahme einer Nebentätigkeit bestehen.[416] Während die Situation eines Unterhaltsschuldners im Rahmen einer *Erstausbildung* günstiger ist, muss eine *Zweitausbildung oder Weiterbildung* im Regelfall hinter den Interessen der unterhaltsberechtigten Kinder zurückstehen (s. Rn. 71), selbst wenn sie der ehelichen Lebensplanung entsprach oder der Berechtigte während intakter Ehe sein Einverständnis erteilt hatte.[417]

108 **c) Bewerbungen.** Eine eintretende Arbeitslosigkeit zwingt den Schuldner zu besonders intensiven Bemühungen um eine neue Stelle; er muss selbst einschneidende Veränderungen in seine eigene Lebensgestaltung in Kauf nehmen und notfalls Beschäftigungen annehmen, die seinem bisherigen Werdegang nicht entsprechen.[418] Ein Orts- und Berufswechsel (s. Rn. 52) kann noch eher gefordert werden, ebenso die Unterlassung eines weiteren Studiums oder die Zurückstellung einer Umschulungsmaßnahme.[419] Im Falle fehlender abgeschlossener Berufsausbildung darf der Schuldner dagegen an einer Qualifizierungsmaßnahme des Arbeitsamtes teilnehmen.[420] Während bei „normalen" Verhältnissen Veränderungen der Leistungsfähigkeit auf Grund eines Ortswechsels häufig akzeptiert werden (s. Rn. 52), gelten hier strengere Voraussetzungen.[421] Zum Umfang der erforderlichen Bewerbungen s. Rn. 81 ff.

109 **d) Zumutbarkeit.** Auch im Rahmen von Abs. 2 gilt das Verhältnismäßigkeitsprinzip; somit gelten die erhöhten Anforderungen nur in zumutbaren Grenzen und unter Berücksichtigung der konkreten Fähigkeiten des Schuldners. Die erhöhten Anforderungen finden ihren Niederschlag in Abweichung von den in „normalen" Fällen geltenden Grundsätzen; so darf der selbständig tätige Unterhaltsschuldner auch nach dem Eintritt ins Rentenalter seine Arbeit nur aus triftigen Gründen aufgeben, wenn ansonsten der Mindestunterhalt des minderjährigen Kindes gefährdet wäre; ebenso bleibt eine Erwerbstätigkeit auch für Bezieher einer Berufs- oder Erwerbsunfähigkeitsrente zumutbar.[422] Arbeit neben einer Umschulung ist nicht allein deshalb unzumutbar, weil der Nettoverdienst das Unterhaltsgeld reduziert,[423] zumal die tatsächliche Ausübung der Nebenerwerbstätigkeit die Vermutung der Zumutbarkeit begründet, allerdings unter Berücksichtigung aller fallbezogenen Einzelheiten.[424] Dass der Schuldner weitere Kinder zu betreuen hat, ändert nichts an seiner Erwerbsobliegenheit gegenüber dem ersten Kind;[425] hier spielt auch das Alter der vom Schuldner betreuten Kinder eine Rolle.[426] Der Arbeitgeber ist gegebenenfalls zu einer Genehmigung der Nebentätigkeit verpflichtet, ohne dass der Schuldner seinerseits gegen eine Verweigerung arbeitsgerichtlich vorgehen müsste.[427] Andererseits machen weder Alkoholismus noch der Beitritt zu einer Armutssekte die Erfüllung der gesteigerten Unterhaltspflicht für den Schuldner unzumutbar.[428]

---

[416] Nach OLG Brandenburg FamRZ 2008, 170 besteht sogar die Obliegenheit, sich auf dem freien Arbeitsmarkt um eine Anstellung zu bemühen.

[417] OLG Bremen NJW-RR 2006, 1662 = FamRZ 2007, 74 (Vorrangigkeit des Kindesunterhalts auch bei geplantem Studium); dagegen OLG Zweibrücken FamRZ 2011, 733 (Vorrangigkeit des Studiums bei fehlender Berufsausbildung); OLG Karlsruhe FamRZ 1998, 560; OLG Hamm FamRZ 1996, 863, 864.

[418] OLG Hamburg FamRZ 1984, 924; OLG Brandenburg ZfJ 2001, 159; LG Stuttgart FamRZ 1995, 1029 (Hilfsarbeiter-Tätigkeit für nicht mehr vermittelbaren Arzt).

[419] BGH NJW 1980, 2414 (Wechsel); OLG Hamm FamRZ 2007, 1122 (Abbruch des Studiums mit 38 Jahren erforderlich); LG Heidelberg NJW 2004, 1886 (2. Studium); OLG Hamm JAmt 2003, 264 (Umschulungsmaßnahme).

[420] OLG Jena FamRZ 2005, 1110.

[421] KG FamRZ 1997, 627; OLG Nürnberg FamRZ 2004, 1312 (nicht anerkannte Verdiensteinbußen wegen Orts- und Stellenwechsel zur Verfestigung einer neuen Partnerschaft); OLG Dresden FamRZ 1998, 979 (Rückkehr aus den alten in die neuen Bundesländer); OLG Stuttgart NJW-FER 1999, 322 (Rückkehr ins Heimatland des Unterhaltsschuldners).

[422] OLG Dresden NJW-RR 2003, 364; OLG Jena FamRZ 2006, 1299; OLG Düsseldorf FamRZ 2001, 1477. S. auch OLG Köln OLGR 2007, 217 (notwendige Weiterarbeit wegen nicht ausreichender Alterssicherung).

[423] OLG Dresden FamRZ 2003, 1206.

[424] BGH FamRZ 1991, 182; BVerfG FamRZ 2003, 661; *Christl* FamRZ 2003, 1235.

[425] OLG Zweibrücken FamRZ 2003, 1204; OLG Naumburg ZfJ 2004, 298; **aA** OLG Bremen FamRZ 2010, 574; OLG Celle DAVorm. 1984, 482; LG Hagen FamRZ 1991, 365.

[426] OLG Hamm FamRZ 2003, 1961 (halbschichtige Erwerbstätigkeit bei Betreuung von 14 und 15 Jahre alten Kindern); OLG Bremen FamRZ 2005, 647 (Verpflichtung der Mutter zu vollschichtiger Tätigkeit trotz Betreuung eines zwölfjährigen Geschwisterkindes).

[427] OLG Dresden FamRZ 2005, 1584; OLG Hamm FamRZ 2005, 649.

[428] OLG Hamm NJW-RR 1994, 965; OLG Hamm NJW 1991, 1961.

Leistungsfähigkeit §1603

e) Selbstbehalt. Als Folge der gesteigerten Unterhaltspflicht kann der Schuldner auf die absolute Opfergrenze verwiesen werden in Form des notwendigen Selbstbehalts; s. Rn. 7. Diese unterhaltsrechtliche Opfergrenze gilt für das Verhältnis der Eltern zu ihren minderjährigen Kindern, des Weiteren nach Maßgabe des Abs. 2 Satz 2 ebenso gegenüber den privilegierten volljährigen Kindern. Auch der notwendige Selbstbehalt[429] kann im Einzelfall zu **reduzieren** sein.[430] Wie bei **Zusammenleben** des Schuldners mit einem anderen Partner zu verfahren ist, wird in der Rechtsprechung in der Regel danach beurteilt, ob eine Leistungsfähigkeit des Partners vorliegt und demgemäß Ersparnisse eintreten[431] oder nicht.[432] Die Grenze bildet das Existenzminimum nach sozialhilferechtlichen Grundsätzen.[433] Sofern die **Wohnkosten** die Tabellensätze (s. Rn. 7) *unterschreiten,* kommt keine Reduzierung des Selbstbehalts in Betracht, weil man dem Schuldner nicht vorschreiben kann, in welchem Umfang er die ihm zur Verfügung stehenden Mittel auf Wohnen und sonstige Ausgaben verteilt.[434] Bei *höheren* Wohnkosten als üblich kommt eine Heraufsetzung des Selbstbehalts in Betracht.[435] Bei ehebedingten **Schulden** sind im Rahmen des Mindestunterhalts Einschränkungen in der Berücksichtigungsfähigkeit geboten, bei weitergehenden Unterhaltsforderungen nicht.[436] 110

f) Vermögenseinsatz. Der Einsatz des Vermögens (s. Rn. 36) ist nicht erst nach Abs. 2, sondern schon nach Abs. 1 grundsätzlich für den Unterhalt zu verwenden.[437] Der Stamm des Vermögens braucht nicht verwertet zu werden, wenn das Vermögen für die Sicherung des notwendigen Eigenbedarfs des Schuldners erforderlich ist;[438] es ist zu beachten, dass das Verwandtenunterhaltsrecht – anders als das Recht über den Geschiedenenunterhalt (§ 1581 Satz 2) – keine Bestimmung enthält, wonach Vermögen im Falle von Unwirtschaftlichkeit oder Unbilligkeit nicht verwertet zu werden bräuchte.[439] Hier wird vieles nur im Einzelfall zu entscheiden sein.[440] 111

3. Ausnahmen von der erweiterten Unterhaltspflicht (Abs. 2 Satz 3). Den Schuldner trifft eine gesteigerte[441] Unterhaltspflicht nicht, wenn er sich in einer Erstausbildung befindet (s. Rn. 71), ein anderer unterhaltspflichtiger Verwandter vorhanden ist (s. Rn. 113 ff.) oder das Kind seinen Unterhalt aus dem Stamm seines Vermögens bestreiten kann (s. Rn. 117 f.). 112

a) „Anderer" unterhaltspflichtiger Verwandter (Hs. 1). Beim minderjährigen Kind kommt eine Barunterhaltspflicht *beider* Eltern – als Ausnahme vom Regelfall, § 1606 Abs. 3 S. 2 113

---

[429] Dazu ausführlich *Heistermann* FamRZ 2006, 742.
[430] ZB bei längerer Krankheit (OLG Koblenz FamRZ 1998, 1616) oder bei Sicherung des Unterhalts durch den neuen Ehegatten (OLG Celle FamRZ 2000, 1430), des Weiteren im Mangelfall bei Betreuung gemeinsamer Kinder durch den unterhaltsberechtigten Ehegatten (OLG Bamberg NJW 2007, 3650). „Zwischen-Selbstbehalt", wenn das Einkommen überwiegend nicht auf Erwerbstätigkeit beruht (OLG Karlsruhe NJW 2008, 3290).
[431] BGH NJW 2008, 1373 m. Anm. *Born* = FamRZ 2008, 594 m. Anm. *Born* (bei Verheiratung: Anspruch auf Familienunterhalt; ansonsten: Synergieeffekte); OLG Düsseldorf FamRZ 2007, 1039 (Synergieeffekte); OLG Frankfurt FamRZ 2005, 2090 (Leistungsfähigkeit des Partners erforderlich); OLG Brandenburg NJW-RR 2007, 510 (5% Ersparnis bei Partner mit ALG II); OLG Dresden FamRZ 2007, 1476 (maximal 10% bei Zusammenleben mit einem Arbeitslosen); OLG Hamm FamRZ 2006, 888 (10% bis 15%); OLG Frankfurt a. M. FamRZ 1999, 399 (20%); OLG Hamm FamRZ 2005, 53 und OLG Nürnberg NJW 2003, 3138 (25%). S. auch OLG Dresden NJW-RR 2007, 1303, 1305 = FamRZ 2007, 1477 (Abgrenzung gemeinsamer Haushaltsführung/geringere Wohnkosten, mwN.
[432] OLG Hamm FamRZ 2007, 1124 (nur kurzfristiges Wohnen bei Eltern).
[433] BGH FamRZ 2008, 594 m. Anm. *Borth* 599 und *Weychardt* 778 = FPR 2008, 172 m. Anm. *Graba*.
[434] BGH NJW 2006, 3563 = FamRZ 2006, 1664 m. Anm. *Schürmann*; OLG Naumburg FamRZ 2007, 1476 (LS.); OLG Düsseldorf FamRZ 1999, 1020; OLG Frankfurt a. M. FamRZ 1999, 1522; OLG Hamm FamRZ 2006, 809 (LS.). S. aber OLG Dresden NJW-RR 2007, 1303 = FamRZ 2007, 1477 (Abgrenzung gemeinsamer Haushaltsführung/geringere Wohnkosten). Differenzierend OLG Hamm FamRZ 2007, 1039 (Herabsetzung nur, wenn die billigere Wohnung nicht mit geringerem Komfort erkauft wird).
[435] OLG Hamburg FamRZ 1995, 1417; OLG Bamberg NJW-RR 1992, 1413 = FamRZ 1993, 66; *Büttner/Niepmann/Schwamb* Rn. 46, 1011; *Palandt/Brudermüller* Rn. 20.
[436] OLG Dresden FamRZ 2010, 575.
[437] *Johannsen/Henrich/Graba* Rn. 14.
[438] BGH NJW 1989, 524 (Sicherung des notwendigen Eigenbedarfs für einen querschnittsgelähmten Schuldner); BGH FamRZ 2002, 1698; OLG Bamberg FamRZ 1999, 1019.
[439] *Johannsen/Henrich/Graba* Rn. 14.
[440] OLG Hamm FamRZ 1997, 1169 (Einsatz einer Arbeitnehmerabfindung); AG Wuppertal FamRZ 2004, 900 (Pflichtteilsanspruch); KG FamRZ 2004, 1745 (Verkauf von Grundvermögen); OLG Hamburg FamRZ 2000, 1431 (Belastung von Grundvermögen).
[441] Nach BGH NJW 2008, 227, 230 Tz. 39 = FamRZ 2008, 137 lässt das Vorhandensein eines „anderen" unterhaltspflichtigen Verwandten aber die allgemeine Unterhaltspflicht des Schuldners unter Wahrung seines angemessenen Selbstbehalts bestehen; lediglich die Steigerung entfällt. Das soll allerdings – wenig einsichtig (*Norpoth* FamFR 2011, 289; *Erman/Hammermann* Rn. 167) – nicht gegenüber privilegiert Volljährigen gelten.

§ 1603 114–116   Abschnitt 2. Titel 3. Unterhaltspflicht

BGB – in Betracht, wenn die wirtschaftlichen Verhältnisse des sorgeberechtigten Elternteils deutlich günstiger sind als diejenigen des anderen Elternteils (s. § 1610 Rn. 34, 39) oder es aus wirtschaftlichen (s. § 1606 Rn. 24–30) oder sonstigen Gründen (s. § 1606 Rn. 31–34; § 1610 Rn. 39) geboten erscheint, von der strikten Gleichsetzung von Bar- und Naturalunterhalt abzuweichen. Konkret kann auch der *betreuende Elternteil* ein „anderer" unterhaltspflichtiger Verwandter nach Abs. 2 Satz 3 sein, sofern er neben der gesetzlich geschuldeten (§ 1606 Abs. 3 Satz 2) Betreuung des Kindes ohne Gefährdung seines eigenen angemessenen Unterhalts zur Deckung des Barbedarfs des Kindes beitragen kann.[442] Er muss dann zusätzlich einspringen, wenn der baruntrerhaltspflichtige Elternteil bei Zahlung des eigentlich geschuldeten Barunterhalts seinen eigenen angemessenen Unterhalt gefährden würde, während das beim betreuenden Elternteil nicht der Fall ist.[443] Auch die *Großeltern* des Kindes kommen als „anderer" unterhaltspflichtiger Verwandter in Betracht.[444]

114 Die Beteiligung des betreuenden Elternteils am Barunterhalt ist dann geboten, wenn seine Erwerbs- und Vermögensverhältnisse **wesentlich günstiger** sind als beim baruntrerhaltspflichtigen Elternteil und wenn als Folge der Anwendung von § 1606 Abs. 3 Satz 2 ein erhebliches wirtschaftliches Ungleichgewicht zwischen den Eltern entstünde.[445] Für ein solches Ungleichgewicht wird gefordert, dass das Einkommen des betreuenden Elternteils **mindestens doppelt** bzw. sogar dreifach so hoch ist wie dasjenige des anderen Elternteils.[446] Zur entsprechenden Feststellung sind sowohl tatsächliche wie fiktive Einkünfte einzubeziehen.[447]

115 Wegen des Ausnahmecharakters der Vorschrift, für deren Vorliegen der eigentlich allein baruntrerhaltspflichtige Elternteil die **Darlegungs- und Beweislast** hat,[448] ist es erforderlich, dass die Erwerbs- und Vermögensverhältnisse des betreuenden Elternteils *erheblich günstiger* sind als diejenigen des anderen Elternteils (s. Rn. 114); nur in einem solchen Fall kann das beträchtliche wirtschaftliche Ungleichgewicht zwischen den Eltern aus Billigkeitsgründen berücksichtigt werden.[449] Deshalb reicht der allgemeine Hinweis auf „gute wirtschaftliche Verhältnisse" des anderen Elternteils nicht aus; vielmehr sind dessen wirtschaftliche Verhältnisse erschöpfend darzustellen.[450] Hierdurch wird aber eine rechnerische Kürzung des anrechenbaren Einkommens des betreuenden Elternteils ebenso wenig vorgenommen wie eine Anhebung seines allgemeinen Selbstbehalts.[451] Andererseits muss im Rahmen der Gesamtabwägung nach Billigkeit berücksichtigt werden, dass er das Kind betreut und damit „an sich" (§ 1606 Abs. 3 Satz 2) seinen Unterhaltsbeitrag leistet.

116 Insgesamt erscheint **Zurückhaltung** bei der Bejahung des Ausnahmefalls angebracht, für den der eigentlich allein baruntrerhaltspflichtige Elternteil zu Recht die Darlegungs- und Beweislast hat (s. Rn. 115). Zum einen handelt es sich um eine Abweichung von der gesetzlich vorgesehenen Zweiteilung der Unterhaltspflicht in Form der Barzahlung einerseits und der Betreuung andererseits (s. § 1610 Rn. 32, 39), auch vor dem Hintergrund der Gleichwertigkeit von Bar- und Betreuungsunterhalt;[452] zum anderen wird sich der betreuende Elternteil[453] regelmäßig etwas wundern, weshalb er bei der Kindesbetreuung soviel arbeitet und der andere Elternteil davon profitieren soll. Hier sollte zunächst vorrangig überprüft werden, ob und inwieweit dem baruntrerhaltspflichtigen Elternteil fiktive Einkünfte anzurechnen sind mit der Folge, dass sich das Einkommensgefälle zwischen den Eltern verringert und der betreuende Elternteil nicht zusätzlich in Anspruch genommen werden muss. Bedenklich erscheinen Tendenzen, trotz Nichterreichens eines größeren Einkommensgefälles von mindestens der doppelten Höhe eine anteilige Barunterhaltspflicht anzunehmen;[454] sofern das Schule machen sollte, wird in einer nicht geringen Anzahl von Fällen mit zusätzlichen gerichtlichen Streitigkeiten der Eltern zu rechnen sein, weil der Unterhaltsschuldner

---

[442] BGH NJW 2011, 1874 m. Anm. *Graba*; OLG Karlsruhe FamRZ 2003, 1672.
[443] BGH NJW 1980, 934; 1991, 697.
[444] OLG Oldenburg FamRZ 1980, 1149.
[445] BGH NJW 2008, 227, 230 Tz. 41 = FamRZ 2008, 137; BGH FamRZ 2001, 1065 m. Anm. *Büttner*; BGH FamRZ 1998, 286 = NJW-RR 1998, 505; BGH NJW 1984, 303. Nach OLG Nürnberg FamRZ 2008, 436 muss der baruntrerhaltspflichtige Elternteil nicht sein Vermögen einsetzen, wenn der nicht gedeckte Barunterhalt vom betreuenden Elternteil aus dem laufenden Einkommen aufgebracht werden kann.
[446] *Büttner* FamRZ 2002, 743; Frankfurter Unterhaltsgrundsätze, Ziff. 12.3 (dreifach), s. NJW 2008, Beilage zu Heft 10, S. 40; OLG Hamm FamRZ 2003, 1964 (20% reichen nicht aus).
[447] OLG Karlsruhe FamRZ 1993, 1116; OLG Düsseldorf FamRZ 1992, 92; OLG Bamberg FamRZ 1995, 566.
[448] BGH NJW 1981, 923.
[449] BGH FamRZ 1998, 286; NJW 1984, 303.
[450] OLG Karlsruhe FPR 2003, 28; *Palandt/Brudermüller* Rn. 46.
[451] BGH NJW 1991, 697.
[452] BGH FamRZ 1994, 696, 699; 1988, 159, 161; 1981, 347.
[453] Auch vor dem Hintergrund der Frage, ob „der Fleißige der Dumme" ist (*Born* FamRZ 1997, 129).
[454] So OLG Brandenburg NJW 2007, 85.

versucht sein wird, auch schon bei nur „etwas" höheren Einkünften des betreuenden Elternteils zu dessen anteiliger Barunterhaltspflicht zu kommen, um sich selbst entsprechend zu entlasten.

b) Unterhalt aus Vermögensstamm (Hs. 2). Die gesteigerte Unterhaltspflicht der Eltern entfällt, sofern sich das minderjährige Kind aus dem eigenen Vermögen unterhalten kann. Das minderjährige Kind braucht nur die *Erträge* zu verwenden, aber nicht den *Stamm;* dies ergibt sich aus § 1602 Abs. 2, wo ausdrücklich von den „Einkünften seines Vermögens" die Rede ist. Das volljährige Kind hat dagegen grundsätzlich auch den Stamm seines Vermögens einzusetzen. 117

Der Ausnahmecharakter der Vorschrift liegt darin, dass auch das minderjährige Kind den Vermögensstamm einsetzen muss, sofern der angemessene Selbstbehalt des barunterhaltspflichtigen Elternteils gefährdet ist. Der Umfang des erforderlichen Vermögenseinsatzes bestimmt sich im Rahmen einer umfassenden Zumutbarkeitsabwägung, s. § 1602 Rn. 45. 118

VI. Beweislast

1. Leistungsfähigkeit. Nach der negativen Fassung von Abs. 1 wird die Leistungsfähigkeit des Schuldners vermutet, so dass dieser das Gegenteil beweisen muss, zB in Bezug auf eine Abzugsfähigkeit von Verbindlichkeiten[455] oder das Fehlen einer unterhaltsrechtlichen Erwerbspflicht bei sozialhilferechtlicher Erwerbsunfähigkeit.[456] Dies gilt allerdings nur im Rahmen eines Erstantrags auf Kindesunterhalt, nicht bei einem Abänderungsantrag.[457] Wer sich auf sein *steuerliches* Einkommen beruft, um eingeschränkte Leistungsfähigkeit geltend zu machen (s. Rn. 23), muss seine Einnahmen und Ausgaben so darlegen, dass die nur steuerlich beachtlichen Aufwendungen von den unterhaltsrechtlich erheblichen Aufwendungen abgrenzbar sind.[458] Im Rahmen des „anderen" Verwandten nach Abs. 2 S. 3 hat der Schuldner die Beweislast für dessen Vorhandensein und dessen Einkommen,[459] der Berechtigte für dessen Leistungsunfähigkeit.[460] Bei unterhaltsrechtlicher *Leichtfertigkeit* ist die Frage streitig;[461] s. Rn. 62. 119

2. Hausmann-Rechtsprechung. Es obliegt dem Schuldner, der nach Vornahme des Rollenwechsels nicht oder nur eingeschränkt leistungsfähig ist, darzulegen, dass er sein Einkommen zur Deckung des eigenen Bedarfs benötigt bzw. Gründe für ein Anerkennen des vorgenommenen Rollenwechsels vorliegen. Er muss auch einem Vortrag, wonach er sein Auskommen durch den Familienunterhalt in der neuen Beziehung findet, konkret entgegengetreten;[462] s. Rn. 86 ff. 120

3. Vermögenseinsatz. Sofern sich Eltern auf fehlende Leistungsfähigkeit sowie darauf berufen, das minderjährige Kind könne seinen Unterhalt aus dem Stamm seines Vermögens bestreiten, haben sie zu beweisen, dass dieses Vermögen für den Unterhalt des Kindes ausreicht.[463] 121

VII. Verfahrensrecht

1. Gerichtsstand. Sofern nicht schon eine vorrangige Zuständigkeit wegen anhängiger Ehesache (§ 232 Abs. 1 Nr. 1 FamFG) besteht, richtet sich die örtliche Zuständigkeit für Verfahren über Unterhalt für minderjährige oder – diesen gleichgestellte – privilegiert volljährige Kinder[464] (§ 1610 Rn. 27) nach § 232 Abs. 1 Nr. 2 FamFG allein nach dem Ort, an dem das Kind oder der zuständige Elternteil seinen gewöhnlichen Aufenthalt hat. Der Eintritt der Volljährigkeit ändert an der Zuständigkeit nichts.[465] Maßgeblich ist die Handlungsbefugnis des Elternteils für das Kind, so dass auch Fälle der Prozeßstandschaft (§ 1629 Abs. 3 S. 1 BGB) erfasst sind. 122

2. Vereinfachtes Verfahren. Für die Anwendbarkeit von § 232 Abs. 1 Nr. 2 FamFG ist unerheblich, ob der Unterhaltsanspruch im vereinfachten Verfahren geltend gemacht wird. 123

---

[455] BGH FamRZ 1981, 347, 348; BGH NJW-RR 1990, 323 = FamRZ 1990, 283.
[456] OLG Zweibrücken FamRZ 2007, 470.
[457] OLG Naumburg FamRZ 2007, 1342.; einschränkend OLG Brandenburg NJW-RR 2009, 941. S. auch § 1610 Rn. 206.
[458] BGH FamRZ 1980, 770.
[459] BGH NJW 1981, 923; OLG Karlsruhe FPR 2003, 28; *Bamberger/Roth/Reinken* Rn. 46. Zum Auskunftsanspruch OLG Naumburg FuR 2008, 357.
[460] BGH NJW 1984, 1614; BGH FamRZ 1982, 590; 1981, 347; *Johannsen/Henrich/Graba* § 1603 Rn. 34.
[461] Für Beweislast des Berechtigten: OLG Düsseldorf FamRZ 1994, 926; wohl auch OLG Stuttgart FamRZ 1993, 992, 993. Für Beweislast des Schuldners, jedenfalls bei konkreten Vorwürfen des Gläubigers: OLG Hamm FamRZ 1994, 755.
[462] *Bamberger/Roth/Reinken* Rn. 47.
[463] *Baumgärtel/Laumen/Pruskowski* Rn. 19; *Bamberger/Roth/Reinken* Rn. 48; **aA** RGRK/*Mutschler* Rn. 24.
[464] Die frühere Differenzierung (s. dazu 5. Aufl. Rn. 122) ist damit entfallen.
[465] OLG Hamm FamRZ 2001, 1012; FamVerf/*Eckebrecht* § 1 Rn. 16.

§ 1604 Einfluss des Güterstands

¹Lebt der Unterhaltspflichtige in Gütergemeinschaft, bestimmt sich seine Unterhaltspflicht Verwandten gegenüber so, als ob das Gesamtgut ihm gehörte. ²Haben beide in Gütergemeinschaft lebende Personen bedürftige Verwandte, ist der Unterhalt aus dem Gesamtgut so zu gewähren, als ob die Bedürftigen zu beiden Unterhaltspflichtigen in dem Verwandtschaftsverhältnis stünden, auf dem die Unterhaltspflicht des Verpflichteten beruht.

Schrifttum: *Behmer,* Ist die Gütergemeinschaft als Wahlgüterstand „obsolet"?, FamRZ 1988, 339; *Ensslen,* Das Zusammentreffen von Gütergemeinschaft und Scheidungsverfahren – Darstellung der wesentlichen praxisrelevanten Fragestellungen –, FamRZ 1998, 1077.

I. Normzweck

1   Die Vorschrift beantwortet die Frage, wem beim ehelichen Güterstand der Gütergemeinschaft unterhaltsrechtlich das Gesamtgut zuzurechnen ist. Dabei hält das Gesetz zwei Konstellationen auseinander: Es ist ein Unterhaltsberechtigter *eines* Ehegatten (Mann oder Frau) vorhanden (S. 1). *Beide* Ehegatten haben unterhaltsbedürftige Verwandte (S. 2).

II. Inhalt der Regelung

2   Das Gesamtgut wird bei der Bewertung der Leistungsfähigkeit jedem der Ehegatten, der gerade auf Verwandtenunterhalt in Anspruch genommen wird, zugerechnet. Damit handelt es sich bei diesem Unterhalt um eine Verbindlichkeit, für die der jeweilige Unterhaltsschuldner nicht nur mit seinem Sondergut und Vorbehaltsgut haftet, sondern für die auch auf das volle Gesamtgut zurückgegriffen werden kann. In güterrechtlicher Hinsicht ist der Verwandtenunterhalt somit eine **Gesamtgutsverbindlichkeit** iS der §§ 1437, 1459, für die beide Ehegatten auch persönlich als Gesamtschuldner haften.

3   Beispielsweise haftet auf diese Weise die Ehefrau auf Unterhalt für Kinder des anderen Ehegatten. § 1604 erhöht somit die Leistungsfähigkeit des eigentlich allein Unterhaltspflichtigen beträchtlich; es kann zu einer mittelbaren Unterhaltspflicht des nicht mit dem Unterhaltsberechtigten verwandten Ehegatten führen.

4   Wenn **beide Ehegatten** unterhaltsbedürftige **Verwandte** haben, werden diese so behandelt, als ständen sie zu beiden Ehegatten im gleichen Verwandtschaftsverhältnis. Keiner der Ehegatten kann geltend machen, das Gesamtgut gehöre ihm nicht allein. Das Stiefkind des einen Ehegatten ist somit beispielsweise gleichrangig dem Stiefkind des anderen Teils.

5   Die Leistung des aus dem Gesamtgut zu erbringenden Unterhalts gehört zur ordnungsgemäßen Verwaltung des Gesamtgutes.[1]

III. Entsprechende Anwendung

6   Hat der zu nachehelichem Unterhalt Verpflichtete wiedergeheiratet und lebt er mit seinem neuen Ehegatten im Güterstand der Gütergemeinschaft, so gilt § 1604 entsprechend (§ 1583, für bis zum 30. 6. 1977 geschiedene Ehen: § 68 EheG).

IV. Rechtliche Gestaltung

7   Im Hinblick auf die beschriebene gesamtschuldnerische Haftung für Unterhaltsverbindlichkeiten sollte vor der ehevertraglichen Vereinbarung der Gütergemeinschaft überlegt werden, ob und in welchem Ausmaß mit der Inanspruchnahme wegen solcher Verbindlichkeiten ernsthaft zu rechnen ist. Besteht erst einmal Gütergemeinschaft, so kann diese auch wieder aufgehoben werden, wenn Unterhaltsgläubiger auftauchen, die nicht mit beiden Ehegatten verwandt sind.[2] Allerdings befreit das den anderen Ehegatten erst von Unterhaltsschulden, die nach Beendigung der Gütergemeinschaft entstehen.[3]

---

[1] BGHZ 111, 248 = NJW 1990, 2252.
[2] *Behmer* FamRZ 1988, 339, 345 mwN.
[3] *Ensslen* FamRZ 1998, 1077, 1081.

V. Änderungen durch das UnterhRÄndG

Die Vorschrift ist durch das UnterhRÄndG (s. Vor § 1601 Rn. 28) redaktionell umformuliert worden. In der Sache wurde eine Anpassung dahin vorgenommen, dass nach § 6 LPartG eine Gütergemeinschaft auch von gleichgeschlechtlichen Lebenspartnern vereinbart werden kann.[4]   8

§ 1605 Auskunftspflicht

(1) [1] Verwandte in gerader Linie sind einander verpflichtet, auf Verlangen über ihre Einkünfte und ihr Vermögen Auskunft zu erteilen, soweit dies zur Feststellung eines Unterhaltsanspruchs oder einer Unterhaltsverpflichtung erforderlich ist. [2] Über die Höhe der Einkünfte sind auf Verlangen Belege, insbesondere Bescheinigungen des Arbeitgebers, vorzulegen. [3] Die §§ 260, 261 sind entsprechend anzuwenden.

(2) Vor Ablauf von zwei Jahren kann Auskunft erneut nur verlangt werden, wenn glaubhaft gemacht wird, dass der zur Auskunft Verpflichtete später wesentlich höhere Einkünfte oder weiteres Vermögen erworben hat.

Schrifttum: *Arens/Spieker,* Die Maßgeblichkeit steuerlicher Unterlagen und steuerlicher Ansätze für familienrechtliche Ansprüche, FamRZ 1985, 121; *dies.,* Maßgeblichkeit des Steuerrechts für familienrechtliche Ansprüche, 1990; *Brüne,* Informationspflichten im Unterhaltsrecht, FamRZ 1983, 657; *Büttner,* Durchsetzung von Auskunfts- und Rechnungstiteln, FamRZ 1992, 629; *Gießler,* Neuerungen im Unterhaltsverfahrensrecht, FPR 1998, 173; *Hampel,* Bemessung des Unterhalts an Hand von Unterhaltstabellen und Unterhaltsleitlinien der Oberlandesgerichte, 1994; *Hoppenz,* Die unterhaltsrechtliche Pflicht zu ungefragter Information, FamRZ 1989, 337; *Künkel,* Erneute Änderung des § 91 BSHG, FamRZ 1996, 1509; *ders.,* Ausgewählte Probleme des neuen Kindesunterhaltsgesetzes – Anrechnung kindbezogener Leistungen, Auskunft, Prozeßstandschaft –, FPR 1998, 167; *Laws,* Steuerliche Unterlagen im Unterhaltsrecht – Bemessungsgrundlage für Leistungsfähigkeit und Bedürftigkeit –, FPR 1998, 167; *Völlings/Kania,* Stichtag für die Erteilung der Auskunft über die Vermögensverhältnisse im Unterhaltsrecht, FamRZ 2007, 1215.

Übersicht

	Rn.		Rn.
I. Normzweck	1–3	2. Geheimhaltungsinteressen	39–42
II. Auskunftspflicht	4–18a	a) Geheimhaltungsinteressen des Auskunftspflichtigen	40
1. Inhalt	4, 5	b) Geheimhaltungsinteressen Dritter	41, 42
2. Form	6–9	3. Zurückbehaltungsrecht	43
3. Sperrfrist (Abs. 2)	10–15	V. Sanktionen der Pflichtverletzung	44–46
4. Ungefragte Information	16–18a	1. Grundsätze	44
III. Belegarten	19–36	2. Unterhaltsschuldner	45
1. Arbeitgeberbescheinigung	20–22	3. Unterhaltsgläubiger	46
a) Verdienstbescheinigung	21	VI. Auskunftsanspruch des Sozialhilfeträgers	47
b) Lohnsteuerkarte	22		
2. Einkommensteuerbescheid	23	VII. Verfahrensrecht	48–69
3. Einkommensteuererklärung	24	1. Ergänzung durch das FamFG	48–61
4. Umsatzsteuerbescheid	25, 26	a) Auskunftspflicht der Beteiligten (§ 235 FamFG)	49–56
5. Bilanz	27	b) Auskunftspflicht von Dritten (§ 236 FamFG)	57–61
6. Überschussrechnung	28		
7. Sonstige Unterlagen	29–33	2. Klagearten	62, 63
a) Sachkonten	30	3. Klageantrag	64
b) Arbeitsvertrag	31	4. Verfahrenskostenhilfe	65
c) Sonstige Verträge	32	5. Erledigung der Hauptsache	66
d) Prüfungsbericht	33	6. Vollstreckung	67
8. Belegzeitraum	34, 35	7. Wert der Beschwer	68, 69
9. Vorlegungszeitpunkt	36		
IV. Schranken der Auskunfts- und Belegpflicht	37–43		
1. Erforderlichkeit	37, 38		

---
[4] BT-Drucks. 16/1830 S. 22.

I. Normzweck

1 Die Vorschrift ist durch das 1. EheRG (BGBl. 1976 I S. 1421) mit Wirkung zum 1. Juli 1977 geschaffen worden. Sie beruht auf der früheren Rechtsprechung, die einen unterhaltsrechtlichen Auskunftsanspruch aus § 242 herleitete, aber nicht einheitlich war. Die jetzige Regelung gewährt den **Anspruch auf Auskunft** jedem, der zu den **Verwandten** iS des § 1601 gehört, und zwar **wechselseitig.**[1] Der entfernter Haftende ist aber nur dann zur Auskunft verpflichtet, wenn feststeht, dass der näher Haftende nicht leisten kann.[2] Dass ein Unterhaltsanspruch tatsächlich besteht oder sich aus der Auskunft ergeben werde, rechnet nicht zu den Voraussetzungen des § 1605.[3] Die Vorschrift dient gerade dem Zweck, dies zu ermitteln. Begleitet wurde sie seit dem 1. Juli 1998 durch eine Konkretisierung der Auskunftspflichten beider Parteien gegenüber dem Gericht in § 643 ZPO aF; nunmehr hat der Gesetzgeber dieses Auskunftsrecht des Gerichts erweitert (§ 235 FamFG) und die Auskunftspflicht Dritter ergänzt (§ 236 FamFG); s. dazu Rn. 50 ff.

2 § 1605 soll helfen, **unnötige Prozesse** zu **vermeiden.** Die Offenlegung der beiderseitigen Verhältnisse soll klären, ob und in welcher Höhe ein Unterhaltsanspruch besteht, auch, ob eine zuvor gegebene Unterhaltsforderung ganz oder teilweise untergegangen ist. Ist bereits ein Rechtsstreit anhängig, so soll die Bestimmung die Beteiligten rasch in die Lage versetzen, den Unterhalt der Höhe nach zu berechnen und begründete Einwendungen vorzubringen.

3 Durch die – zusätzlich einzufordernde – Vorlage von **Einkommensbelegen** soll dem Auskunftsberechtigten ermöglicht werden, die Richtigkeit der Auskunft nachzuprüfen (Abs. 1 S. 2). Da sich namentlich die Einkünfte regelmäßig nicht rasch wesentlich erhöhen, ist – auch um zu häufige Auseinandersetzungen der Beteiligten zu vermeiden – vorgesehen, dass die Auskunft grundsätzlich nur alle **zwei Jahre** verlangt werden kann (Abs. 2), s. dazu Rn. 10.

II. Auskunftspflicht

4 **1. Inhalt.** Die Verpflichtung zur Auskunft erstreckt sich auf **Einkünfte** und **Vermögen,** also Quellen, die Grundlage für die Unterhaltsbestimmung sein können, dies auch nur, soweit die Auskunft zur Festlegung des Unterhalts nötig ist.[4] Aus § 1605 lässt sich nicht die Pflicht herleiten, über **sonstige** für das Bestehen und die Höhe eines Unterhaltsanspruchs bedeutsame **Umstände** – wie Erwerbsbemühungen, Wiederheirat, (erneute) Scheidung, Geburt eines Kindes, Einkünfte anderer Verwandter oder des neuen Ehegatten – Auskunft zu erteilen. Auch eine entsprechende Anwendung der Vorschrift kommt insoweit nicht in Betracht; dem Gesetzgeber war die Problematik bekannt, gleichwohl hat er sich für diese Lösung entschieden.[5]

5 Soweit sonstige Umstände für die konkrete Unterhaltsbestimmung bedeutsam sein können, sind sie im Rahmen des Betragsverfahrens nach allgemeinen Darlegungs- und Beweisregeln zu klären. Im Einzelfall mag eine Verpflichtung zur Auskunft über sonstige Umstände aus § 242 begründet werden können.[6]

6 **2. Form.** § 1605 Abs. 1 S. 3 verweist auf die §§ 260, 261. Daraus folgt, dass die Auskunftspflicht durch Vorlage einer in sich geschlossenen[7] schriftlichen, **systematischen Aufstellung** der erforderlichen Angaben zu erfüllen ist, die dem Berechtigten ohne übermäßigen Arbeitsaufwand ermöglicht, den Unterhaltsanspruch zu berechnen.[8] Die nicht kommentierte Vorlage einzelner Unterlagen, etwa

---

[1] Die Norm gilt auch für Ansprüche aus § 1615l (OLG Nürnberg JAmt 2004, 99). Sie ist entsprechend anwendbar auf den Ehegattenunterhalt bei Getrenntleben (§ 1361 Abs. 4 S. 3) und nach der Scheidung (§ 1580 S. 2). S. dazu BGH Urt. v. 2. 6. 2010 – XII ZR 124/08 zur Auskunft zum Familienunterhalt.
[2] LG Osnabrück FamRZ 1984, 1032. Vgl. auch *Baumgärtel/Pruskowski* § 1605 Rn. 3. Keine Auskunftspflicht besteht gegenüber Verwandten in der Seitenlinie (zB Geschwistern), es sei denn, die eigene Unterhaltspflicht hinge von deren Leistungsfähigkeit ab wie zB beim Elternunterhalt(OLG München FamRZ 2002, 50).
[3] BGHZ 85, 16, 28 = NJW 1983, 279, 281.
[4] Die Auskunft verlangende Partei muss ggf. im Einzelnen festlegen, welche Angaben sie braucht (OLG Düsseldorf FamRZ 2001, 836). Zum Stichtag für die Auskunft über die Vermögensverhältnisse s. *Völlings/Kania* FamRZ 2007, 1215.
[5] *Griesche* in FamGb § 1605 Rn. 10; OLG Bamberg FamRZ 1986, 685; OLG Düsseldorf FamRZ 1997, 361; OLG Karlsruhe FamRZ 1993, 1481 (keine Auskunft über Einkünfte der Ehefrau des Unterhaltsschuldners). Weitergehend dagegen *Graba* FamRZ 1990, 454, der Auskunftspflicht auch hinsichtlich Haushaltsführung und Kindesbetreuung annimmt.
[6] LG Braunschweig FamRZ 1999, 457; *Griesche* (Fn. 5); *Göppinger/Wax/Strohal* Rn. 700 f.; je mwN.
[7] OLG Hamm FamRZ 2006, 865 (Verteilung auf verschiedene Schriftsätze reicht nicht).
[8] StRspr.; vgl. statt vieler BGH NJW 1983, 2243; instruktiv OLG Köln FamRZ 2003, 235.

unter gleichzeitiger Berufung auf das Zeugnis des Steuerberaters, reicht nicht aus,[9] ebenso wenig die Gewährung von Einsicht.[10] Der Auskunftsschuldner muss nicht selbst unterschreiben.[11]

Für die Auskunftserteilung durch **selbständig Tätige** ergibt sich ein Problem daraus, dass das steuerrechtlich zu deklarierende Einkommen sich mit dem unterhaltsrechtlich relevanten nicht decken muss und vielfach nicht deckt.[12] Deshalb hat der Unterhaltspflichtige, der sich auf sein zu versteuerndes Einkommen bezieht, die hierbei abgesetzten Beträge so darzulegen, dass die allein steuerrechtlich beachtlichen von den auch unterhaltsrechtlich absetzbaren Aufwendungen abgegrenzt werden können.[13] Das darf allerdings nicht dahin verstanden werden, dass in jedem Einzelfall der selbständige Unterhaltsschuldner jede einzelne Position detailliert aufzuschlüsseln hat. Wie weit die konkrete Substantiierungspflicht geht, hängt in erster Linie von den Einwänden des Unterhaltsberechtigten ab.[14] Was dem Gericht im Rahmen des Nachweises der Leistungsfähigkeit erläuterungsbedürftig erscheint, hat der Auskunftspflichtige in gleicher Weise dem Berechtigten darzulegen, sofern dieser das ausdrücklich verlangt.[15] In der Regel genügt, jedenfalls zunächst, die Vorlage von Gewinn- und Verlustrechnungen, Einkommensteuererklärungen und -bescheiden.[16] Häufig ist dann schon ersichtlich, welche Positionen von vornherein für die Unterhaltsberechnung ganz oder teilweise außer Betracht bleiben (etwa Privatanteile von Kfz, Telefon, verschleierte Personalkosten bei Ehegattenarbeitsverträgen u. a.). Im Übrigen kann das Gericht uU auch gemäß § 287 Abs. 2 ZPO unklare Positionen anhand von Erfahrungswerten schätzen.[17] S. auch § 1603 Rn. 19 aE, 24. 7

Keine große praktische Bedeutung hat beim Verwandtenunterhalt die Auskunft über **Vermögen**. Meistens reicht die Angabe des laufenden Einkommens für die Unterhaltsbemessung aus. Wird im Einzelfall Auskunft über das Vermögen begehrt, so sind das Aktiv- und das Passivvermögen sowie die Schuldraten anzugeben. 8

Bei der Formulierung des **Auskunftsverlangens** ist auch an den seit dem 1. Juli 1998 geänderten § 1613 Abs. 1 S. 1 zu denken. Danach kann Unterhalt für die Vergangenheit (auch) von dem Zeitpunkt an gefordert werden, zu dem der Verpflichtete zum Zwecke der Geltendmachung des Unterhaltsanspruchs aufgefordert worden ist, über seine Einkünfte und sein Vermögen Auskunft zu erteilen. Der Berechtigte wird also dem Auskunftsbegehren den **Zusatz** anzufügen haben, dass er die Auskunft „zwecks Geltendmachung des Unterhaltsanspruchs" fordert. 9

3. Sperrfrist (Abs. 2). Wie sich aus § 1605 Abs. 2 ergibt, kann eine Auskunft grundsätzlich nur alle zwei Jahre verlangt werden, es sei denn, dass glaubhaft gemacht wird, der Auskunftspflichtige habe später höhere Einkünfte oder weiteres Vermögen erworben. Hier ist zunächst streitig, wann die **Zweijahresfrist** zu laufen beginnt. Ein Teil der Rechtsprechung und Literatur stellt stets auf den Zeitpunkt der zuletzt erteilten Auskunft ab.[18] Mit der hM[19] ist zu differenzieren: Bei vorausgehendem *Urteil* (bzw. jetzt *Beschluss*) über den Unterhaltsanspruch ist auf den Zeitpunkt der letzten mündlichen Verhandlung im Vorprozess abzustellen, bei gerichtlichen *Vergleichen* ist der Zeitpunkt des Vergleichsabschlusses maßgebend. Dasselbe gilt für eine außergerichtliche Vereinbarung über Unterhalt.[20] 10

---

[9] *Laws* S. 7; OLG Düsseldorf FamRZ 1981, 42 (Übergabe von Lohnsteuerkarte und Einkommensteuererklärung).
[10] OLG Stuttgart FamRZ 1991, 84.
[11] BGH NJW 2008, 917 m. Anm. *Born* (Anwaltsschreiben reicht, sofern klar ist, daß eine eigene Erklärung der Partei nur weitergegeben wird); OLG Hamm FamRZ 2005, 1194; **aA** OLG München FamRZ 1996, 307; *Palandt/Brudermüller* § 1580 Rn. 4 aE.
[12] BGH in stRspr., u. a. FamRZ 1985, 357, 359 mwN; OLG Hamm FamRZ 1992, 1190; KG FamRZ 1997, 360.
[13] BGH (Fn. 12).
[14] *Laws* S. 8, auch m. Hinweisen auf weitergehende Auffassungen in der Literatur.
[15] OLG Stuttgart FamRZ 1991, 84 mwN.
[16] BGH NJW-RR 1993, 898; *Hampel* Rn. 268. S. auch *Schwab/Borth* IV Rn. 727: keine Erstellung einer „unterhaltsrechtlichen Bilanz". Zu weiteren Einzelheiten s. *Born* in *Heiß/Born* Kap. 23 Rn. 510 ff.
[17] BGH (Fn. 16); Beispiele für tatrichterliche Schätzungen: OLG Hamm NJW-RR 1998, 78 (50% der linear angesetzten Abschreibungen unterhaltsrechtlich relevant; Kfz-Betriebskosten eines selbständigen Optikers zu 80% als privat veranlasst anzusehen) und NJWE-FER 1999, 142 = FamRZ 1999, 1349 ($^2/_3$ der Abschreibungspositionen unterhaltsrechtlich anzuerkennen); dazu krit. Anm. *Laws* FamRZ 2000, 588.
[18] So etwa OLG Hamm FamRZ 2005, 1585; 1993, 595; weit. Nachw. bei OLG München FamRZ 1993, 594.
[19] OLG München FamRZ 2010, 816 mwN; s. auch: *Göppinger/Wax/Strohal* Rn. 679.
[20] *Griesche* FamGb § 1605 Rn. 27 mwN; mit Einschränkungen auch OLG Karlsruhe FamRZ 1991, 1470 mwN.

11 Eine **Ausnahme** von der Sperrfrist gilt bei nachehelichem Unterhalt und vorliegender Auskunft für den Trennungsunterhalt.[21] Ist der **Vergleich** über Kindesunterhalt bis zur Volljährigkeit des Kindes **befristet**, so kann – für eine dann originäre Neufestsetzung des Unterhalts – mit Erreichen der Volljährigkeit auch vor Ablauf der Zweijahresfrist erneut Auskunft verlangt werden.[22] Auch für nur vorläufige Unterhaltsregelungen gilt die Sperrfrist nicht.[23]

12 Im Laufe eines Auskunftsprozesses kann der Unterhaltsgläubiger sein **Auskunftsbegehren zeitlich erweitern**, solange das ursprüngliche Auskunftsverlangen noch nicht prozessual erledigt ist.[24]

13 Ansonsten kann die Zweijahresfrist bei Glaubhaftmachung eines wesentlichen Einkommens- oder Vermögenszuwachses unterlaufen werden. Dazu soll es genügen, wenn eine **atypische Einkommensentwicklung** behauptet wird.[25]

14 Wegen des schnellen Anstiegs der Lebenshaltungskosten und Einkommen in den **neuen Bundesländern** wurden früher teilweise an die Glaubhaftmachung geringere Anforderungen gestellt als in den alten Bundesländern,[26] woran angesichts des Zeitablaufs nicht mehr festgehalten werden kann.

15 Die **Wesentlichkeit** der Einkommenssteigerung ist entsprechend den von der Rechtsprechung zu § 323 ZPO aufgestellten Grundsätzen zu bemessen (Steigerung des Einkommens so, dass ein wesentlich veränderter Unterhalt herauskommt, bei Vorurteil mindestens 10%).[27]

16 **4. Ungefragte Information.** Es ist streitig, ob und unter welchen Voraussetzungen für Unterhaltsgläubiger und -schuldner eine Verpflichtung besteht, die jeweiligen Einkommens- und Vermögensverhältnisse, insbesondere deren Veränderung, unaufgefordert zu offenbaren. Dem deutschen Recht ist, wie sich auch schon aus der Regelung in § 1605 herleiten lässt, eine allgemeine Auskunftspflicht fremd.[28] Der BGH[29] nimmt im Unterhaltsrechtsverhältnis eine Pflicht zu ungefragter Information nur in **besonderen Ausnahmefällen** an, in denen das Schweigen über eine günstige, für den Unterhaltsanspruch ersichtlich grundlegende Änderung der wirtschaftlichen Verhältnisse **evident unredlich** erscheint. Das soll etwa dann angenommen werden können, wenn der Unterhaltsschuldner auf Grund vorangegangenen Tuns des Unterhaltsgläubigers sowie nach der Lebenserfahrung keine Veranlassung hat, sich des Fortbestandes der anspruchsbegründenden Tatsachen durch ein Auskunftsverlangen zu vergewissern, während der Gläubiger durch weitere Entgegennahme der Unterhaltsrente den Irrtum befördert, in seinen Verhältnissen habe sich nichts geändert.[30]

17 Allerdings hat der BGH[31] **bei zugrundeliegender Unterhaltsvereinbarung** eine **erhöhte Pflicht zur Rücksichtnahme** auf die Belange des anderen Teils angenommen. Dies leitet der BGH aus einer vertraglich begründeten Treuepflicht ab. Es ist nicht ganz einsichtig, warum sie sich nicht aus dem gesetzlichen Unterhaltsrechtsverhältnis als solchem ableiten ließe. Denn dies ist in besonderem Maße durch das Gebot der Schonung der Interessen des anderen geprägt,[32] das Solidaritäts- und Loyalitätsprinzip. Die restriktive Rechtsprechung des BGH wird den besonderen Interessen der an einem Unterhaltsrechtsverhältnis Beteiligten nicht gerecht.[33] Allerdings bleibt, will man nicht einer inakzeptablen uneingeschränkten Offenbarungspflicht das Wort reden, die Grenzziehung

---

[21] Zu Einzelheiten s. *Born* in *Heiß/Born* Kap. 23 Rn. 516, auch zur Möglichkeit des gleichwohl fehlenden Rechtsschutzinteresses.

[22] So auch OLG Hamm FamRZ 1990, 659 mit dem zusätzlichen Argument, in dem früheren Verfahren sei nicht umfassend Auskunft erteilt worden. Zur Weitergeltung eines aus der Zeit der Minderjährigkeit stammenden Titels nach Eintritt der Volljährigkeit s. § 1610 Rn. 9, Fn. 22.

[23] OLG Karlsruhe FamRZ 1992, 684.

[24] OLG Düsseldorf FamRZ 1997, 1281 mwN.

[25] OLG Hamm FamRZ 1991, 594 (Wegfall hoher Schuldverpflichtungen); OLG Karlsruhe NJW-FER 2000, 143 (Beginn der Selbständigkeit); OLG Brandenburg NJW-RR 2003, 147 (Wiederverheiratung).

[26] BezG Erfurt FamRZ 1994, 719.

[27] Zu Einzelheiten s. *Born* in *Heiß/Born* Kap. 23 Rn. 188 ff. (Urteil), 207 ff. (Vergleich).

[28] BGH NJW 1983, 2318; OLG Naumburg FamRZ 2005, 365.

[29] BGH in stRspr., u. a. NJW 1986, 1751, 1753 f., NJW 1986, 2047. S. auch OLG Jena FPR 2003, 374.

[30] Verpflichtung **bejaht** zB bei Abbruch der Ausbildung (OLG Koblenz NJW-RR 1987, 391) oder deren (mit Ausbildungsvergütung verbundenen) Aufnahme (OLG Karlsruhe NJW-RR 2004, 145), (Wieder)Aufnahme einer (Leistungsfähigkeit begründenden bzw. Bedürftigkeit vermindernden) Erwerbstätigkeit (BGH NJW 1988, 1965; OLG Hamburg FamRZ 1987, 1044; OLG Karlsruhe NJW-RR 2004, 1441), Auslaufen von Darlehensverbindlichkeiten (OLG Bamberg NJW-RR 1994, 454). Dagegen Verpflichtung **verneint** bei allg. Verbesserung der Einkommensverhältnisse (OLG Düsseldorf FamRZ 1995, 741) oder Entgegennahme von tituliertem Unterhalt (OLG Celle FamRZ 1992, 582 für Vergleich; BGH NJW 1986, 2047 für Urteil) ohne Hinzutreten besonderer Umstände.

[31] BGH NJW 1997, 1439 (zum Ehegattenunterhalt).

[32] *Hoppenz* FamRZ 1989, 337, 339. Für eine extensive Interpretation der Nebenpflicht auf Auskunft und Aufklärung auch *Brüne* FamRZ 1983, 657, 658.

[33] So auch: *Göppinger/Wax/Strohal* Rn. 704.

schwierig. Sie wird namentlich bei wesentlicher Änderung der zugrundegelegten wirtschaftlichen Verhältnisse anzunehmen, aber letztlich das Ergebnis einer Billigkeitsabwägung im Einzelfall sein. Dass die (erstmalig erzielten oder wesentlich gestiegenen) Einkünfte beispielsweise des Unterhaltsgläubigers teilweise aus überobligationsmäßiger Tätigkeit stammen, schränkt die Offenbarungspflicht nicht ein;[34] denn ihre Anrechnung folgt letztlich Billigkeitsgesichtspunkten, die der Gläubiger nicht zuverlässig selbst vorweg bewerten kann.

Wenn eine Partei einen Unterhaltsanspruch geltend macht, hat sie auch nach BGH[35] die der Begründung des Anspruchs dienenden Umstände wahrheitsgemäß anzugeben und darf nichts verschweigen, was etwa ihre Unterhaltsbedürftigkeit in Frage stellen könnte. Das gilt mit Rücksicht auf die **prozessuale Wahrheitspflicht** (§ 138 Abs. 1 ZPO) erst recht während eines laufenden Rechtsstreits und auch bezüglich solcher Verhältnisse, die sich im Prozessverlauf ändern. Für die Frage der Offenbarungspflicht kommt es nicht darauf an, ob die Partei der Ansicht war, die verschwiegene Tatsache beeinflusse den Unterhaltsanspruch nicht; die Entscheidung darüber obliegt allein dem Gericht.[36]

Das Informationsproblem ist beim Ehegattenunterhalt praktisch erheblich bedeutsamer als beim Verwandtenunterhalt. Zu Sanktionen s. Rn. 44 ff.

III. Belegarten

Über die Höhe der Einkünfte sind auf Verlangen Belege vorzulegen, insbesondere Bescheinigungen des Arbeitgebers, § 1605 Abs. 1 S. 2. Sofern nicht ohnehin nur Kopien oder Durchschriften zur Verfügung stehen (wie etwa bei der Steuererklärung), sind **Originalbelege** vorzulegen.[37]

1. Arbeitgeberbescheinigung. Hierbei kann es sich um die – nach Ablauf des Kalenderjahres – ausgefüllte Lohnsteuerkarte handeln,[38] aber auch um eine, uU originär für das Unterhaltsrechtsverhältnis erstellte, Bescheinigung.

a) Verdienstbescheinigung. Auf ihre Vorlage besteht ein Anspruch. Sie ist in der Praxis aber nicht selten wenig brauchbar. Es ist darauf zu achten, dass sie, soweit möglich, ein ganzes Jahr umfasst (schon wegen Sonderzahlungen), die Art und die Höhe der Abzüge klar bezeichnet, ferner steuerpflichtige und steuerfreie Bezüge ausweist und nachvollziehbar aufteilt. Hilfreich ist dabei auch die Auflistung sog. Jahressummen; leider enthalten nicht alle Verdienstbescheinigungen diese Angabe. Daneben ist aber die Angabe der Monatsbeträge wichtig, zumal gerade in Zeiten ungünstiger Arbeitsmarktlage nicht selten geltend gemacht wird, die Einkünfte hätten sich im Jahresverlauf wesentlich verändert (Wegfall von Überstunden u. a.).

b) Lohnsteuerkarte. Sie lässt die Grunddaten (wie Steuerklasse, Freibeträge) erkennen, hat aber – selbst wenn sie nach Ablauf des Jahres eingereicht wird[39] – in der Regel nicht denselben Informationswert wie eine detaillierte Verdienstbescheinigung.[40] Diese ist daher meist daneben vorzulegen.

2. Einkommensteuerbescheid. Nach ganz hM besteht ein Anspruch auf Vorlage des Einkommensteuerbescheides.[41] Wenn auch steuerrechtliche und unterhaltsrechtliche Gesichtspunkte der Einkommensermittlung nicht identisch sind, lässt sich aus dem Einkommensteuerbescheid doch die Höhe der zu versteuernden Einkünfte und des steuerlichen Nettoeinkommens entnehmen; er

---

[34] OLG Hamm FamRZ 1994, 1265 (LSe mwN in der Anm. d. Red.; entschieden für nachehelichen Unterhalt).
[35] BGH FamRZ 2000, 153.
[36] BGH (Fn. 35) (entschieden zum nachehelichen Unterhalt eines Ehegatten, der während des Unterhaltsverfahrens von seiner Mutter eine Zuwendung in Höhe von 250 000 DM im Wege vorweggenommener Erbfolge erhalten hatte).
[37] KG FamRZ 1982, 614 (LS.); OLG Stuttgart FamRZ 1991, 84; *Griesche* in FamGb § 1605 Rn. 16; streitig. AA u. a. OLG Frankfurt FamRZ 1997, 1296. Weit. Nachw., auch abweichender Meinungen, bei *Laws* S. 48 f.
[38] Wobei dann ggf. der Lohnsteuer-Jahresausgleich nach § 42b EStG (Erstattung insoweit, als die einbehaltene Lohnsteuer die auf den Jahresarbeitslohn entfallende Jahreslohnsteuer übersteigt) vom Arbeitgeber schon durchgeführt wurde.
[39] Der Arbeitnehmer/Steuerpflichtige hat sie am Schluss des Kalenderjahres allerdings nur in der Hand, wenn er zu dieser Zeit nicht in einem Dienstverhältnis steht oder der Arbeitgeber sie ihm zwecks Veranlagung zur Einkommensteuer ausgehändigt hat.
[40] U. a. OLG Frankfurt/M. FamRZ 1987, 1056.
[41] BGH NJW 1982, 1642, 1645; NJW 1983, 1554; *Arens/Spieker* FamRZ 1985, 121, 122; *Laws* S. 20, m. Nachw. auch zur (inzwischen wohl als überholt einzuordnenden) Mindermeinung.

ist regelmäßig geeignet, wenigstens ein Mindesteinkommen als Grundlage der Unterhaltsbemessung zu belegen.[42]

24 **3. Einkommensteuererklärung.** Außer dem Steuerbescheid hat der Auskunftspflichtige auf Verlangen auch eine Kopie der zugrunde liegenden Steuererklärung vorzulegen.[43] Vielfach reicht der Steuerbescheid nicht aus, die unterhaltsrechtlich wesentlichen Einkünfte verständlich zu belegen. Dem meist maschinell erstellten Einkommensteuerbescheid lassen sich für die verschiedenen Einkunftsarten nur die jeweiligen Salden entnehmen. Erst im Zusammenhang mit der Steuererklärung ist deutlicher zu erkennen, welche Teile des Einkommens steuerrechtlich unberücksichtigt geblieben sind und in welcher Art und Höhe steuerrechtlich beachtliche Absetzungen vorliegen, die unterhaltsrechtlich uU anders zu bewerten sind.[44] Hat der Verpflichtete seine Einkünfte schon in anderer Weise ausreichend belegt, braucht er die Steuererklärung nicht mit vorzulegen.

25 **4. Umsatzsteuerbescheid.** Ob neben den Einkommensteuererklärungen und -bescheiden auch Umsatzsteuerbescheide und -erklärungen vorzulegen sind, ist umstritten. Das OLG München[45] und ein Teil der Literatur[46] verneinen dies, während ein anderer Teil der Literatur[47] eine Vorlagepflicht annimmt, u. a. mit der Begründung, aus den Umsatzsteuerunterlagen könnten Eigenverbrauchstatbestände ersehen und so Rückschlüsse auf den Lebensstil des Pflichtigen gezogen werden. Außerdem seien die Umsatzsteuererklärungen zeitnah und erfassten somit auch neueste Umsatzentwicklungen.

26 Eine Vorlagepflicht begegnet Bedenken. Zum einen lässt die Entwicklung des Umsatzes keinen zuverlässigen Schluss auf die des Gewinns zu. Zum anderen dient § 1605 nicht dazu, andere eingereichte Belege auf ihre Richtigkeit überprüfen zu können. Überdies erscheint es kaum möglich, aus dem angegebenen Eigenverbrauch auf den Lebensstil des Pflichtigen zu schließen.[48]

27 **5. Bilanz.** Die ganz hA bejaht die Verpflichtung eines selbständig tätigen Unterhaltsschuldners, Bilanzen **mit** den zugehörigen **Gewinn- und Verlustrechnungen** vorzulegen.[49] Ihr ist beizutreten.

28 **6. Überschussrechnung.** Gemeint ist die Einnahmen-Überschussrechnung gemäß § 4 Abs. 3 EStG. Sie stellt unter den dort normierten Voraussetzungen nur eine gegenüber der Bilanz mit Gewinn- und Verlustrechnung andere Art der Gewinnermittlung dar. Die zur Vorlagepflicht betreffend Bilanzen entwickelte Auffassung in Rechtsprechung und Literatur lässt sich daher übertragen; auch die Einnahmen-Überschussrechnung ist auf Verlangen vorzulegen.[50]

29 **7. Sonstige Unterlagen.** Ob und unter welchen Voraussetzungen sonstige Belege – auf Verlangen – vorzulegen sind, soll für einzelne wichtige Unterlagen geprüft werden.

30 a) **Sachkonten.** Im Rahmen der Erfassung des Einkommens und seiner Überprüfung auf unterhaltsrechtliche Relevanz sind häufig einzelne Positionen besonders interessant, zB Kfz-Aufwendungen, Absetzungen für Abnutzung, Eigenverbrauch. Insoweit können Buchungsunterlagen wie Sachkonten im Einzelfall nähere Auskunft geben. Gleichwohl ist sehr umstritten, ob insoweit eine Vorlagepflicht besteht.[51] Mit *Laws*[52] ist eine durch Zumutbarkeit und Erforderlichkeit begrenzte Vorlagepflicht zu bejahen.

31 b) **Arbeitsvertrag.** Eine Pflicht, den Dienst- oder Arbeitsvertrag vorzulegen, besteht dann, wenn sich aus den übrigen eingereichten Unterlagen, insbesondere der Verdienstbescheinigung, die tatsächliche Höhe der insgesamt bezogenen Einkünfte nicht ausreichend ergibt.[53]

---

[42] BGH NJW 1982, 1642, 1643. Bei Vorlage des Steuerbescheides kann deshalb nicht zusätzlich eine Vorlage von Wertpapierabrechnungen oder Depotauszügen verlangt werden (OLG Stuttgart FamRZ 2002, 635).
[43] Ganz hM; u. a. BGH (Fn. 42); zur Mindermeinung – unter Auseinandersetzung mit ihr – vgl. *Laws* S. 20 ff.
[44] BGH NJW 1982, 1642, 1643.
[45] NJW-RR 1988, 1285.
[46] *Kalthoener/Büttner* Rn. 700; *Laws* S. 38 mit eingehender Begründung.
[47] *Arens/Spieker* FamRZ 1985, 121, 124; *dies.* S. 40; *Schwab/Borth* IV Rn. 734; *Wendl/Kemper* § 1 Rn. 433; *Linderer* in *Heiß/Born* Kap. 45 Rn. 7; weit. Nachw. bei *Laws* S. 37 in Fn. 160.
[48] So auch *Laws* S. 38.
[49] U. a. BGH NJW 1982, 1642; NJW 1993, 3262 (Gesellschafter und Geschäftsführer einer GmbH, der vom Gewinn der GmbH abhängige Einkünfte erzielt); *Laws* S. 29 ff. mwN, auch zu einschränkenden Auffassungen unter Auseinandersetzung mit ihnen.
[50] OLG München DAVorm. 1979, 39, 46; OLG Hamm Urt. v. 27. 1. 1981 – 1 UF 558/79 –; *Arens/Spieker* FamRZ 1985, 121, 123; *Laws* S. 34 mwN.
[51] Eine detaillierte Übersicht des Meinungsstandes m. vielen weit. Nachw. findet sich bei *Laws* S. 41 ff.
[52] *Laws* S. 43 ff.
[53] BGH NJW 1993, 3262; OLG München FamRZ 1993, 202 (bei Beschäftigung im Ausland); *Laws* S. 47 mwN; *Heiß/Heiß* in *Heiß/Born* Kap. 6 Rn. 45.

c) **Sonstige Verträge.** Hier ist zunächst an **Geschäftsführerverträge** zu denken. Insoweit ist[54] eine Vorlagepflicht zu bejahen, wenn der Unterhaltspflichtige zugleich Geschäftsführer und beherrschender oder einziger Gesellschafter einer Kapitalgesellschaft ist, soweit es um seine Einkünfte aus der abhängigen Tätigkeit geht. Eine Arbeitgeberbescheinigung wäre in diesem Fall ein „Insichgeschäft". Weiter kommen **Gesellschaftsverträge** in Betracht. Eine Pflicht zu ihrer Vorlage ist aber zu verneinen.[55] Dessen bedarf es auch nicht, weil sie jedermann zugänglich sind (§ 9 Abs. 2 GmbHG). 32

d) **Prüfungsbericht.** Hat beim Unterhaltsschuldner eine **Betriebsprüfung** stattgefunden, so besteht keine Verpflichtung, den darüber erstellten Bericht vorzulegen. Das „positive" Ergebnis der Betriebsprüfung schlägt sich auch in geänderten Bescheiden des Finanzamts nieder. Sie sind auf Verlangen einzureichen. 33

8. **Belegzeitraum.** Hier ist danach zu differenzieren, ob es sich beim Unterhaltsschuldner um einen **abhängig Beschäftigten** oder einen selbständig Tätigen handelt. Beim ersteren stellt die Rechtsprechung regelmäßig auf die Einkünfte der zurückliegenden zwölf Monate ab. Vielfach wird auch auf das letzte Kalenderjahr abgestellt. Im Einzelfall kann es – namentlich bei erheblich schwankenden Einnahmen – angezeigt sein, auf einen längeren Zeitraum zurückzugreifen, das ist aber die große Ausnahme. Demgemäß ist im Normalfall das **letzte Jahr** zu belegen. Sinnvoll ist es vielfach, Bescheinigungen für das letzte abgelaufene Kalenderjahr beizubringen und darüberhinaus Belege für die bis zur mündlichen Verhandlung seither verflossenen Monate, da sich aus ihnen ggfs. eine Tendenz der Einkünfte ergibt (Wegfall bestimmter Zuschläge; Beschränkungen der Arbeitszeit u. a.). 34

Ein **selbständig Tätiger** weist im Vergleich dazu häufig in seinen Umsätzen und Gewinnen stärkere Schwankungen auf. Um diese erkennen zu können und nicht zu stark auf das anrechenbare Einkommen durchschlagen zu lassen, verlangt die Rechtsprechung regelmäßig Belege für einen Mehrjahreszeitraum, vielfach für die **letzten drei Kalenderjahre** vor dem Unterhaltszeitraum.[56] Im Einzelfall kann es angezeigt sein, einen Zeitraum von mehr als drei Jahren heranzuziehen.[57] Will der Unterhaltsgläubiger das erreichen, muss er möglichst konkret darlegen, warum die Unterlagen der Letzten drei Jahre kein repräsentatives Bild ergeben.[58] 35

9. **Vorlegungszeitpunkt.** Da das Gesetz eine Frist nicht vorsieht, ist der Beleganspruch an sich unverzüglich zu erfüllen. Der Pflichtige kann sich insbesondere nicht darauf berufen, das Steuerrecht oder das Handelsrecht sehe für die Erstellung verlangter Unterlagen Fristen vor. So besteht unterhaltsrechtlich eine Pflicht zur Vorlegung einer Gewinn- und Verlustrechnung beispielsweise unabhängig vom Fortschritt der jeweiligen Bilanzerstellung.[59] Allerdings ist auch unterhaltsrechtlich dem Pflichtigen eine angemessene Frist einzuräumen.[60] 36

IV. Schranken der Auskunfts- und Belegpflicht

1. **Erforderlichkeit.** Wie sich schon aus dem Gesetz selbst ergibt, wird Auskunft nur geschuldet, soweit dies zur Feststellung eines Unterhaltsanspruchs oder einer Unterhaltsverpflichtung erforderlich ist. Das bedeutet, dass Auskunft nicht verlangt werden kann, soweit die am Unterhaltsrechtsverhältnis Beteiligten die für die Bestimmung des Unterhalts maßgeblichen Tatsachen bereits kennen. Eine Auskunftspflicht (und zugehörige Belegpflicht) scheidet auch dann aus, wenn die Auskunft den Unterhaltsanspruch unter keinem Gesichtspunkt beeinflussen kann,[61] wenn der unterhaltspflichtige Elternteil nach eigener Erklärung jeden Bedarf des Kindes decken kann.[62] 37

Dagegen besteht ein Auskunftsanspruch grundsätzlich auch dann, wenn der Pflichtige sich auf Verwirkung des Unterhalts (§ 1611) beruft.[63] Das ist dann ggfs. in der Leistungsstufe zu prüfen. 38

---

[54] Mit *Laws* S. 47.
[55] So auch *Laws* S. 48.
[56] BGH in stRspr., u. a. NJW 1982, 1642; NJW 1985, 909; weit. Nachw., auch betr. OLGe und Literatur, bei *Laws* S. 51.
[57] So etwa für einen Bauträger (mit Phasen der Vorbereitung, andererseits mit „schubartiger Realisierung von Gewinnen"): BGH NJW 1985, 909, 910.
[58] *Arens/Spieker* FamRZ 1985, 121, 124.
[59] OLG Düsseldorf DAVorm. 1982, 689; OLG Hamm FamRZ 1980, 455. Str.; vgl. zum Meinungsstand *Laws* S. 54.
[60] *Laws* S. 55.
[61] BGH NJW 1982, 2271 (für Ehegattenunterhalt entschieden).
[62] OLG Zweibrücken FamRZ 1998, 490. S. auch OLG Karlsruhe NJW-RR 2000, 1024 (konkrete Bedarfsberechnung bei Ehegattenunterhalt).
[63] Ganz hM; s. u. a. OLG Frankfurt FamRZ 1993, 1241; OLG München NJW-RR 1988, 1285.

39 **2. Geheimhaltungsinteressen.** Hier ist danach zu unterscheiden, ob es um die Wahrung der Interessen des Auskunftspflichtigen selbst oder eines Dritten geht.

40 **a) Geheimhaltungsinteressen des Auskunftspflichtigen.** Auf sie kann sich der Pflichtige grundsätzlich nicht mit Erfolg berufen. Etwas anderes gilt, wenn im Einzelfall auf Grund besonderer und konkret darzulegender Umstände die **Gefahr** eines **Missbrauchs** besteht,[64] etwa auf Grund eines vorangegangenen Fehlverhaltens des Auskunftsgläubigers.[65]

41 **b) Geheimhaltungsinteressen Dritter.** Das betrifft zunächst den Fall, dass der Auskunftspflichtige nach **Wiederheirat** mit seinem neuen Ehegatten die steuerliche Zusammenveranlagung wählt. Einkommensteuererklärungen und -bescheide enthalten dann Angaben zu den Einkommensverhältnissen beider Ehegatten, also auch eines am Unterhaltsrechtsverhältnis Unbeteiligten. Gleichwohl ist grundsätzlich auch eine Auskunfts- und Belegpflicht zu bejahen. Der Pflichtige darf jedoch zum Schutz der Belange seines Ehegatten solche Angaben abdecken oder sonstwie unkenntlich machen, die nur jenen betreffen oder in denen Werte für ihn und seinen Ehegatten zusammengefasst sind, ohne dass sein eigener Anteil daraus entnommen werden kann.[66] Das kann zu Schwierigkeiten führen, wenn es etwa darum geht, den Anteil des Auskunftspflichtigen an einer zusammen mit seinem Ehegatten erhaltenen Steuererstattung zu ermitteln. Dabei muss vom neuen Ehegatten in Kauf genommen werden, dass mittelbar auch seine Einkünfte bekannt werden.[67] Der BGH[68] bejaht den Anspruch des Kindes gegen seinen Vater auf Auskunftserteilung über die Einkünfte der neuen Ehefrau, und zwar unter Hinweis auf den – aus der ehelichen Lebensgemeinschaft (§ 1353 Abs. 1 S. 2) folgenden – wechselseitigen Anspruch der Ehegatten auf Information über die für die Höhe des Familienunterhalts maßgeblichen Einkünfte. Dagegen können Belege nicht verlangt werden.

42 Der Auskunfts- und Belegpflichtige kann sich grundsätzlich auch nicht darauf berufen, die Belange **anderer Dritter** (Gesellschaft; an ihr weiter Beteiligter) würden tangiert.[69] Etwas anderes gilt auch in diesem Fall nur bei konkreter Missbrauchsgefahr.

43 **3. Zurückbehaltungsrecht.** Der nach § 1605 Auskunftspflichtige hat kein Recht, die von ihm geschuldete Auskunft zurückzuhalten, bis der Gegner seinerseits Auskunft erteilt hat.[70] Das wäre mit dem Zweck der Vorschrift nicht zu vereinbaren.[71]

V. Sanktionen der Pflichtverletzung

44 **1. Grundsätze.** Hinsichtlich der Sanktionen ergeben sich deutliche Unterschiede: Während ein Fehlverhalten des *Berechtigten* sowohl nach § 826 wie nach § 1579 Nr. 3 (früher: 2) und 5 (früher: 4) sanktioniert werden kann, scheidet die Möglichkeit einer *Pflichtigen* die Möglichkeit nach § 1579 aus; denn das Gesetz fordert sowohl bei Nr. 3 wie Nr. 5 tatbestandlich ein Fehlverhalten des Berechtigten, und auch die in einem solchen Fall eintretende Rechtsfolge (Versagung, Herabsetzung oder zeitliche Begrenzung des Unterhaltsanspruchs) passt für ein Fehlverhalten des Verpflichteten nicht. Gleichwohl ist es schon vor dem Hintergrund des Grundsatzes der Spiegelbildlichkeit bedenklich, hier von vornherein systematische Unterschiede zwischen den Parteien zu machen.

45 **2. Unterhaltsschuldner.** Kommt der Pflichtige seiner Auskunftspflicht nicht oder nicht rechtzeitig nach, so kann dies nach Ansicht des BGH einen Anspruch auf Schadensersatz begründen.[72] Es begegnet Bedenken, dies allein mit der auf Seiten des Gläubigers bestehende Möglichkeit zur Erhebung einer Stufenklage abzulehnen.[73] Der Berechtigte kann – ohne Rücksicht auf die Beschränkungen bei Geltendmachung von rückständigem Unterhalt – zusätzlichen Unterhalt als Verzugsschaden nach § 286 geltend machen; der Verzug bezieht sich insoweit auf die unterlassene Information.[74]

---

[64] BGH NJW 1982, 1642.
[65] *Schwab/Borth* IV Rn. 739.
[66] BGH NJW 1983, 1554.
[67] OLG Düsseldorf FamRZ 1991, 1315.
[68] FamRZ 2011, 21 m. Anm. *Graba* = NJW 2011, 226.
[69] *Wendl/Dose* § 1 Rn. 681; *Arens/Spieker* FamRZ 1985, 121, 123 mwN.
[70] OLG Bamberg FamRZ 1985, 610; OLG Köln FamRZ 1987, 714; OLG München FamRZ 1989, 284.
[71] *Griesche* in FamGb § 1605 Rn. 5.
[72] BGH NJW 1985, 428; 1984, 868; **aA** OLG Bamberg NJW-RR 1990, 903; OLG Hamm FamRZ 1986, 1111; OLG Frankfurt FamRZ 1985, 732.
[73] So aber *Luthin* in der 4. Aufl. dieser Kommentierung, Rn. 44. Diese Ansicht erfasst nicht die Fälle, in denen es um die Verletzung der Pflicht zur ungefragten Informationserteilung geht; s. dazu Rn. 16.
[74] *Wendl/Dose* § 1 Rn. 1202; *Hoppenz* FamRZ 1989, 337, 341.

Auskunftspflicht 46–51 **§ 1605**

3. Unterhaltsgläubiger. Neben den unter Rn. 44 erwähnten Sanktionsmöglichkeiten nach 46
§ 1579 Nr. 3 und 5 kommt in besonders krassen Fällen eine Herabsetzung oder sogar ein Ausschluss
des Unterhalts nach § 1611 in Betracht; Einzelheiten werden dort dargestellt. Es ist zu beachten,
dass wegen Abs. 2 dieser Norm minderjährige Kinder unbeeinträchtigt bleiben.

VI. Auskunftsanspruch des Sozialhilfeträgers

Wegen des gesetzlichen Anspruchsübergangs (s. § 1602 Rn. 30) geht der Auskunftsanspruch der 47
Partei mit auf den Sozialhilfeträger über,[75] allerdings nur im Umfang der Gewährung der Sozialhilfe
und ohne dass der Unterhaltsberechtigte seinen Auskunftsanspruch verliert.[76]

VII. Verfahrensrecht

1. Ergänzung durch das FamFG. Der Gesetzgeber hat in Form der §§ 235, 236 FamFG das 48
Auskunftsrecht des Gerichts erweitert und die Auskunftspflichten Dritter ergänzt (s.o. Rn. 1).

a) Auskunftspflicht der Beteiligten (§ 235 FamFG). aa) Grundsätze und Zweck. Für 49
Unterhaltsstreitsachen wird durch die neue Vorschrift des § 235 FamFG (in Abs. 1 fakultativ, in
Abs. 2 obligatorisch) eine Amtsermittlungspflicht festgelegt; damit steht die neue Bestimmung –
wie früher § 643 ZPO a. F. – in einem **Spannungsverhältnis** zwischen Amtsermittlungs- und
Beibringungsgrundsatz. Nach neuem Recht[77] liegt der Schwerpunkt des familiengerichtlichen Verfahrens sowohl in der gerichtlichen Fürsorge für die Beteiligten als auch in der erhöhten staatlichen
Verantwortung für die materielle Richtigkeit der gerichtlichen Entscheidung, daneben auch in der
Wahrung fiskalischer Interessen vor dem Hintergrund des gestiegenen Bedarfs an öffentlichen Leistungen.[78] Statt einer prozessualen Darlegungs- und Erklärungspflicht der Partei normiert § 235
FamFG eine **gerichtliche Auskunftsbeschaffungspflicht**. Auch wenn dadurch einerseits staatliche Mehrkosten entstehen, ist andererseits günstig, dass die gerichtliche Anordnung zur Auskunftserteilung ohne mündliche Verhandlung ergehen kann, was gegenüber einem – häufig mit mehreren
Terminen verbundenen – Stufenantrag vorteilhaft ist. Ob dadurch allerdings wirklich Einsparungen
erzielt werden, ist deshalb zweifelhaft, weil früher von der Stufenklage eher zurückhaltend Gebrauch
gemacht und stattdessen im Verfahren einfach ein Einkommen des Schuldners behauptet wurde;
den Rest überließ man dann häufig dem Verfahrensablauf.[79] Der **Zweck** des Gesetzes liegt darin,
zeitaufwendige Stufenanträge entbehrlich zu machen.[80] § 235 FamFG verknüpft Elemente des materiellen Auskunftsrechts (§§ 1361 Abs. 4 S. 4 bzw. 1580 i. V. m. § 1605 BGB) einerseits mit deren
prozessualer Geltendmachung im Wege des Stufenantrags (§ 254 ZPO) andererseits. Die Grenzen
der – vom Gesetzgeber gewünschten – Beschleunigung sind dann erreicht, wenn ein Beteiligter
der gerichtlichen Anordnung nicht Folge leistet; denn dann muss der Berechtigte seine Auskunft einklagen, weil nur der Auskunftsbeschluss, nicht aber die Anordnung (§ 235 Abs. 4 FamFG) vollstreckbar
ist.

bb) Leistungsantrag. Der *bezifferte* Leistungsantrag ist der Hauptanwendungsfall des § 235 50
FamFG; im Ergebnis führt dies zur Auflösung des Stufenverhältnisses. Im Falle eines *unzureichenden*
Auskunftsantrags kann die Vorschrift aber auch im Rahmen eines Stufenantrags Anwendung finden.[81] Da es sich bei der Auskunft um eine Wissenserklärung und nicht um eine zugangsbedürftige
Willenserklärung handelt, ist die Erfüllung der gerichtlichen Auflage gleichzeitig eine Erfüllung des
materiellen Auskunftsanspruchs.[82]

cc) Ermessen. Nach dem Wortlaut der Vorschrift in **Abs. 1** („kann anordnen") liegt der Erlass 51
der Anordnung im Ermessen des Gerichts. Allerdings besteht dann *kein* Ermessensspielraum, wenn
die Auskunft für die Bemessung des Unterhalts nicht von Bedeutung ist.[83] Zulässig ist ein Erlass der
Anordnung, wenn sich der andere Beteiligte mit der Auskunft in **Verzug** befindet (auch wenn dies

---
[75] OLG Karlsruhe FamRZ 2001, 926.
[76] OLG München FamRZ 2002, 1213 m. Anm. *Rusch*; *Palandt/Brudermüller* Rn. 5.
[77] Schon § 643 ZPO a. F. hatte die gerichtlichen Befugnisse nach § 273 ZPO erweitert (BT-Drucks. 13/7338 S. 35).
[78] (BT-Drucks. 16/6308 S. 162, 256).
[79] *Hoppenz/Herr* § 236 FamFG Rn. 2; *Born* in *Heiß/Born* Kap. 23 Rn. 520a.
[80] BT-Drucks. 16/6308 S. 255.
[81] *Born* in *Heiß/Born* Kap. 23 Rn. 520 c.
[82] *Hoppenz/Herr* § 236 FamFG Rn. 7.
[83] Dies dürfte allerdings sehr selten sein, weil es auch in Verwirkungsfällen aufgrund der vorzunehmenden Billigkeitsprüfung in der *ersten Stufe* darauf ankommt, welcher Unterhalt sich rechnerisch ergibt, während dann in der *zweiten Stufe* über Herabsetzung, zeitliche Begrenzung oder Streichung zu entscheiden ist.

§ 1605

ein Tatbestandsmerkmal des Abs. 2 ist). Bedenken gegen einen Erlass bestehen dann, wenn der antragstellende Beteiligte – bewusst und ausdrücklich – nur einen *Teilanspruch* aus einem Teileinkommen geltend macht, um das Verfahren nicht zu verzögern (z. B. bewusstes Weglassen von komplizierten Gesellschaftsbeteiligungen); hier wäre eine Aufklärung kontraproduktiv.[84] Das gerichtliche Ermessen erstreckt sich auch auf die Frage, ob – zusätzlich zu der Auskunft – **Belege** erforderlich sind; die Frage wird dann relevant, wenn die Auskunft ohne Belege das Verfahren fördern und eine Beschaffung von Belegen zu einer Verzögerung führen würde.

Es besteht **kein Ermessensspielraum** des Gerichts (**Abs. 2**), wenn ein Beteiligter ein Vorgehen nach Abs. 1 beantragt und sich der andere Beteiligte schon vor Beginn des Verfahrens mit seiner materiell-rechtlichen Auskunftspflicht in Verzug befunden hat. Hier besteht eine Handlungs*pflicht* des Gerichts („hat ... vorzugehen"); sie umfasst alle Stufen des Vorgehens nach Abs. 1, also Anordnung von Auskünften, Belegvorlage und schriftlicher Versicherung sowie Fristsetzung und Hinweis auf die Folgen.[85] Der Antrag ist auch bei einer Stufenklage zulässig; er kann im Einzelfall zweckmäßig sein, wenn eine Auskunftspflicht Dritter nur gegenüber dem Gericht besteht (§ 236 FamFG).

52 **dd) Gegenstand von Auskunft- und Belegpflicht.** Da die Beteiligten im Verfahren auch über die *persönlichen und wirtschaftlichen Verhältnisse* Auskunft zu erteilen haben, geht § 235 FamFG weiter als § 1605 BGB, der sich nur über Einkommen und Vermögen verhält. Die Vorschrift erfasst auch *negative* Einkommensbestandteile und lehnt sich an § 115 ZPO an.[86] Die **Belegpflicht** bedeutet nicht, dass der Beteiligte seine Angaben allgemein zu belegen hätte; vielmehr hat das Gericht den jeweils geforderten Beleg „bestimmt" zu bezeichnen.

53 **ee) Schriftliche Versicherung.** Durch die – höchstpersönlich ausgestaltete („kann nicht durch einen Vertreter erfolgen") – Anordnung der schriftlichen Versicherung (Abs. 1 S. 2) wird dem Auskunftspflichtigen die Bedeutung seiner Erklärungen vor Augen geführt. Durch die Höchstpersönlichkeit wird der Raum für Missverständnisse reduziert.

54 **ff) Fristsetzung und Belehrung.** Vom Gericht wird der Verpflichtete auf die drohende Einbeziehung Dritter (§ 236 FamFG) und auf die negative Kostenfolge hingewiesen. Hierdurch wird der Zweck einer Vermeidung zeitintensiver Stufenanträge (s.o. Rn. 49) jedenfalls zum Teil erreicht werden, weil viele Beteiligte die Nachteile vermeiden wollen.[87]

55 **gg) Mitteilungspflicht während des Verfahrens (Abs. 3).** Nach dieser Regelung haben beide Beteiligten dem Gericht **ungefragt** Mitteilung zu machen, wenn sich während des Verfahrens Umstände wesentlich verändern, die Gegenstand der Anordnung nach Abs. 1 gewesen sind. Der Maßstab für die – häufig streitige – Frage der **Wesentlichkeit** bestimmt sich nach § 238 Abs. 1 S. 2 und Abs. 4 FamFG.[88] Die Entscheidung darüber liegt nicht bei den Beteiligten, sondern beim Gericht.[89] Der **Umfang** der Verpflichtung zur ungefragten Auskunftserteilung kann nicht weiter gehen als die vorher ergangene Auflage;[90] somit ist weiterhin auf die Rechtsprechung zur außergerichtlichen Offenbarungspflicht zurückzugreifen.[91]

56 **hh) Anfechtungsausschluss (Abs. 4).** Die Anordnungen des Gerichts sind nach Abs. 4 nicht selbstständig anfechtbar, was zu einer Beschleunigung des Verfahrens führt. Zusätzlich ist bestimmt, dass auch eine Durchsetzung mit Zwangsmitteln ausscheidet; bei beharrlicher Nichtbefolgung muss die Vorschrift deshalb als ein „stumpfes Schwert" angesehen werden.[92] Den Beteiligten bleibt es allerdings unbenommen, den eigenen materiell-rechtlichen Auskunftsanspruch im gerichtlichen Verfahren durchzusetzen und anschließend zu vollstrecken. Unabhängig hiervon kann die Missach-

---

[84] *Hoppenz/Herr* § 236 FamFG Rn. 8; *Born* in *Heiß/Born* Kap. 23 Rn. 520 d.
[85] *Hoppenz/Herr* § 236 FamFG Rn. 9; *Born* in *Heiß/Born* Kap. 23 Rn. 520 e.
[86] Sie betrifft also Sozialversicherungsbeiträge, Steuern, Versicherungsprämien, Altersvorsorgebeiträge, Werbungskosten, Freibeträge für Erwerbstätige, Unterhaltsfreibeträge, Arbeitsförderungsgeld, Kosten für Unterkunft und Heizung, besondere Belastungen.
[87] Vermutlich wird dies aber nur dort der Fall sein, wo im Rahmen eines bezifferten Leistungsantrags weiterer Aufklärungsbedarf festgestellt wird. Ein erst drohender Stufenantrag kann vermutlich nicht dadurch verhindert werden, dass einem Beteiligten in einem noch nicht anhängigen Verfahren eine Belehrung erteilt wird, *Borth* FamRZ 2007, 1925, 1934.
[88] *Keidel/Weber* § 235 FamFG Rn. 11.
[89] BGH FamRZ 2000, 153.
[90] BT-Drucks. 16/6308 S. 256.
[91] BGH FamRZ 1997, 483; ausführlich *Hoppenz* FamRZ 1989, 387.
[92] *Hoppenz/Herr* § 236 FamFG Rn. 16; *Born* in *Heiß/Born* Kap. 23 Rn. 520 j.

tung gerichtlicher Anordnungen kostenrechtlich sanktioniert werden oder im Rahmen der Tatsachenfeststellungen zu nachteiligen Folgen führen, z. B. bei Annahme einer Beweisvereitelung.[93]

b) Auskunftspflicht von Dritten (§ 236 FamFG). aa) Grundsätze. Dritte Personen haben eine Erklärungspflicht nur in Bezug auf ihr **Einkommen**, dagegen nicht hinsichtlich des Vermögensstamms sowie der persönlichen und wirtschaftlichen Verhältnisse;[94] durch diese Beschränkung wird eine Ausforschung verhindert.[95]

bb) Adressaten (Abs. 1). Sie ergeben sich aus der Aufstellung in Abs. 1 zu Nr. 1 bis 5. Bei den Versorgungsträgern (Nr. 3) ist die Organisationsform nicht entscheidend; erfasst werden auch private, betriebliche oder berufsständische Träger. Versicherungsunternehmen (Nr. 4) sind erfasst, soweit sie unterhaltsrechtlich beachtliche Leistungen gewähren, die keine Versorgung i. S. v. Nr. 3 darstellen.[96] Das Finanzamt (Nr. 5) ist nunmehr erweitert auskunftspflichtig, also nicht mehr beschränkt auf den Unterhalt minderjähriger Kinder.

cc) Antragserfordernis (Abs. 2). Entsprechend der Regelung im Rahmen der Auskunftspflicht der Beteiligten (§ 235 Abs. 2 FamFG), s.o. Rn. 51 besteht bei Stellung eines entsprechenden Antrags auf Seiten des Gerichts kein Ermessensspielraum.

dd) Sanktionen (Abs. 4). Im Falle der Nichtbefolgung der Auflage kann das Gericht (außer bei Behörden) Ordnungsmittel festsetzen;[97] Dritte können sich deshalb nicht auf Auskunfts- und Zeugnisverweigerungsrechte berufen.[98] Hierbei ist unberücksichtigt geblieben, dass auch *Geheimhaltungsinteressen* eines Dritten betroffen sein können. Bei Nichterteilung der Auskunft kann gegen die Adressaten ein **Ordnungsgeld** verhängt werden.[99] Im Falle einer Weigerung des Finanzamtes bleibt nur eine Dienstaufsichtsbeschwerde bzw. eine Klärung über die vorgesetzte Behörde.[100]

ee) Anfechtungsausschluss (Abs. 5). Hier ist die gesetzliche Regelung unklar. In Abs. 5 ist bestimmt, dass die Anordnungen des Gerichts „für die Beteiligten" nicht selbstständig anfechtbar sind; daraus könnte man im Umkehrschluss folgern, dass *Dritte* einen Rechtsbehelf einlegen könnten.[101] Dies erscheint zusätzlich gerechtfertigt vor dem Hintergrund, dass dem Dritten mangels Beteiligtenstellung kein Rechtsmittel in der Hauptsache zur Verfügung steht, bei ihm aber durchaus ein eigenes Interesse (z. B. an Geheimhaltung) verletzt sein kann.[102] Eine ausdrückliche gesetzliche Regelung fehlt. Auf eine Pflicht zur Verschwiegenheit kann sich der Dritte nicht berufen.[103]

2. Klagearten. Der Anspruch auf Erteilung der Auskunft und der auf Vorlage von Belegen können – als unterhaltsrechtliche Nebenansprüche vor dem Familiengericht – im Wege des Leistungsantrags geltend gemacht werden. Dabei kann **isoliert** auf Auskunft und Belegvorlegung geklagt werden. Das empfiehlt sich jedoch in aller Regel nicht, weil diese Vorgehensweise zu zeitaufwändig ist und dann vielfach eine Zahlungsklage noch nachgeschoben werden muss.[104] Üblicherweise wurde bisher oft im Wege der **Stufenklage** vorgegangen (Verbindung von Auskunfts-, Beleg- und Zahlungsstufe);[105] auch die Abänderungsklage (jetzt: Abänderungsantrag) kann auf diese Weise geführt werden.[106] Als Vorteile des Stufenantrags sind anzusehen: Der Zahlungsantrag braucht erst nach Erteilung der Auskunft beziffert zu werden; gleichwohl wird er schon mit der Stellung des Stufenantrags rechtshängig iS des § 1613.[107]

Aufgrund von gesetzlichen Änderungen seit 1. Juli 1998 könnte der Stufenantrag eigentlich an Bedeutung verlieren.[108] Nach § 1613 kann für die Vergangenheit Unterhalt (auch) von dem Zeit-

---

[93] *Hütter/Kodal* FamRZ 2009, 917, 920.
[94] *Hoppenz/Herr* § 236 FamFG Rn. 18.
[95] *Keidel/Weber* § 236 FamFG Rn. 3. Weggefallen ist die Auskunftspflicht der Datenstelle der Rentenversicherungsträger (§ 643 Abs. 2 Nr. 2 ZPO a. F.), und zwar aufgrund fehlender praktischer Relevanz (BT-Drucks. 16/6308 S. 256).
[96] Darunter fällt z. B. eine im frühen Lebensalter fällige Kapitallebensversicherung (BT-Drucks. 13/7338 S. 36).
[97] Die Neuregelung entspricht § 643 Abs. 3 S. 1 und 2 ZPO a. F.
[98] BT-Drucks. 16/6308 S. 257.
[99] § 236 Abs. 4 S. 2 FamFG verweist auf § 390 ZPO.
[100] BT-Drucks. 13/7338 S. 36; *Hoppenz/Herr* § 236 FamFG Rn. 29; *Keidel/Weber* § 236 FamFG Rn. 8.
[101] *Keidel/Weber* § 236 FamFG Rn. 10.
[102] *Born* in *Heiß/Born* Kap. 23 Rn. 520 o.
[103] BGH FamRZ 2005, 1986.
[104] Zur anwaltlichen Pflichtwidrigkeit eines solchen Vorgehens s. OLG Düsseldorf FamRZ 1989, 204.
[105] Zu Einzelheiten s. *Born* in *Heiß/Born* Kap. 23 Rn. 530 ff.
[106] BGH NJW-RR 1986, 746; *Born* in *Heiß/Born* Kap. 23 Rn. 548.
[107] BGH FamRZ 1995, 729.
[108] So auch *Gießler* FPR 1998, 173, 174.

§ 1605 64-69 Abschnitt 2. Titel 3. Unterhaltspflicht

punkt an gefordert werden, zu dem der Verpflichtete zwecks Geltendmachung des Unterhaltsanspruchs **aufgefordert** worden ist, über seine Einkünfte und sein Vermögen **Auskunft** zu erteilen. Hinzu kommt, dass der Unterhaltsschuldner, der seine eingeschränkte oder fehlende Leistungsfähigkeit geltend machen will, im vereinfachten Verfahren gemäß § 648 Abs. 2 S. 2 ZPO (unter Verwendung des eingeführten Vordrucks) Auskunft über seine Einkünfte (mit Belegen), sein Vermögen und seine persönlichen und wirtschaftlichen Verhältnisse im Übrigen erteilen muss.

64   **3. Klageantrag.** Wird auf Auskunft geklagt, so ist zunächst zu bedenken, dass der Anspruch auf Vorlegung von Belegen nicht automatisch mit erfasst wird, sondern daneben ausdrücklich geltend gemacht werden muss. Im Übrigen müssen der Gegenstand der Auskunft und der Zeitraum (bei den Einkünften) oder Zeitpunkt (beim Vermögen), für den sie verlangt wird, im **Klageantrag präzisiert** werden.[109] Die nicht selten in Klageschriften anzutreffende Formulierung, der Beklagte möge zur Vorlage „geeigneter" oder „entsprechender" Belege verurteilt werden, ist nicht bestimmt genug. Die Belege müssen im Klageantrag und im Vollstreckungstitel so genau wie möglich bezeichnet werden.[110] Sonst kann es geschehen, dass im Vollstreckungsverfahren der Titel ganz oder teilweise nicht realisiert werden kann.

65   **4. Verfahrenskostenhilfe.** Nach ganz hM ist bei Einreichung eines Stufenantrags zusammen mit einem Gesuch um Verfahrenskostenhilfe diese von vornherein **für sämtliche Stufen** zu gewähren.[111]

66   **5. Erledigung der Hauptsache.** Sowohl beim Stufenantrag als auch beim isolierten Zahlungsantrag kann sich nach Erteilung der Auskunft ergeben, dass dem Antragsteller ein Unterhaltsanspruch nicht zusteht. Bei dann übereinstimmender Erledigungserklärung nach § 91a, sonst – etwa bei Rücknahme des Antrags hinsichtlich der Zahlungsstufe – gemäß §§ 93d, 269 Abs. 3 ZPO kann es angebracht sein, dem Antragsgegner, der seine Auskunftspflicht vorprozessual verletzt hat, die Verfahrenskosten ganz oder teilweise aufzuerlegen. Bei einseitiger Erledigterklärung kann dem Antragsteller ein materiellrechtlicher Kostenerstattungsanspruch zustehen, diesen kann er in dem anhängigen Rechtsstreit geltend machen.[112]

67   **6. Vollstreckung.** Die Vollstreckungsorgane haben selbständig zu prüfen, ob und wieweit der Titel einen vollstreckungsfähigen Inhalt hat.[113] Um Überraschungen vorzubeugen, sollte der Gläubiger deshalb schon im Erkenntnisverfahren die notwendige Sorgfalt hinsichtlich der Präzisierung walten lassen. Der Anspruch auf Auskunft wird regelmäßig nach § 888 ZPO, der auf Vorlegung von Belegen gemäß § 883 ZPO zu vollstrecken sein.[114]

68   **7. Wert der Beschwer.** Bei einem Rechtsmittel des nach § 1605 **Verpflichteten** bemisst sich der Wert der Beschwer nicht nach dem Interesse daran, die Hauptleistung (Unterhalt) nicht erbringen zu müssen,[115] sondern daran, die Kosten zu ersparen, die mit der Erteilung der Auskunft und ggfs. der Vorlage der Belege verbunden sind.[116] Diese umfassen den persönlichen Zeitaufwand[117] und den einer notwendigen Hilfskraft.[118] Ein ausnahmsweise bestehendes Geheimhaltungsinteresse ist zusätzlich zu berücksichtigen.[119] Es wird im Normalfall vielfach so sein, dass die Beschwerdesumme nach § 61 Abs. 1 FamFG nicht erreicht wird.

69   Im Rahmen der Beschwer des unterlegenen **Auskunftsantragstellers** beträgt das Interesse idR nur einen Bruchteil der Ansprüche, dessen Geltendmachung die Auskunft erleichtern soll.[120]

---

[109] OLG Düsseldorf FamRZ 2001, 836; *Büttner* FamRZ 1992, 629 mwN.
[110] *Büttner* FamRZ 1992, 629.
[111] OLG Brandenburg FamRZ 1998, 1177 (differenzierend zwischen Kläger und Beklagten); OLG Hamm FamRZ 1997, 619; jeweils mwN. Vgl. auch *Born* in *Heiß/Born* Kap. 23 Rn. 544–546, Kap. 28 Rn. 136 (mit Zweifeln an der hM bei Rn. 137).
[112] BGH FamRZ 1995, 348.
[113] *Büttner* FamRZ 1992, 629, 630 mwN.
[114] *Büttner* FamRZ 1992, 629, 632 mwN. Kritisch dazu: *Laws* S. 48 f. mwN.
[115] BGH (GrZS) NJW 1995, 664.
[116] Zu Einzelheiten s. *Born* in *Heiß/Born* Kap. 23 Rn. 521 ff.
[117] BGH NJW-RR 1993, 1028.
[118] BGH FamRZ 2006, 33 (Zwangsläufigkeit iS notwendiger Hinzuziehung verneint); BGH NJW-RR 1994, 660.
[119] BGH NJW 2005, 3349 (keine Werterhöhung durch Geheimhaltungsinteresse); BGH FamRZ 1991, 791; NJW-RR 1993, 1313 und 1995, 764.
[120] BGH NJW-FER 1999, 250 (3,5facher Wert des Jahresbezugs); BGH FamRZ 1997, 546 (¼).

§ 1606 Rangverhältnisse mehrerer Pflichtiger

(1) Die Abkömmlinge sind vor den Verwandten der aufsteigenden Linie unterhaltspflichtig.

(2) Unter den Abkömmlingen und unter den Verwandten der aufsteigenden Linie haften die näheren vor den entfernteren.

(3) ¹Mehrere gleich nahe Verwandte haften anteilig nach ihren Erwerbs- und Vermögensverhältnissen. ²Der Elternteil, der ein minderjähriges unverheiratetes Kind betreut, erfüllt seine Verpflichtung, zum Unterhalt des Kindes beizutragen, in der Regel durch die Pflege und die Erziehung des Kindes.

Schrifttum: *Born*, Lässt sich die Barunterhaltspflicht bei wechselnder Betreuung durch die Eltern gerecht unter den Eltern verteilen?, FPR 2008, 88; *ders.*, Umfangreicher Aufenthalt beim anderen Elternteil – keine Auswirkungen auf den Barunterhalt?, NJW 2007, 1859; *Büdenbender*, Der Unterhaltsanspruch des Vaters eines nichtehelichen Kindes gegen die Kindesmutter, FamRZ 1998, 129; *Graba*, Kindesbetreuung und Kindesunterhalt, FamRZ 1990, 454; *Kaiser*, Gemeinsame elterliche Sorge und Wechselmodell, FPR 2008, 143; *Roth*, Der familienrechtliche Ausgleichsanspruch, FamRZ 1994, 793; *M. Schwab*, Unterlassungsansprüche zwischen mehreren Unterhaltsverpflichteten, FamRZ 2010, 689; *Weychardt*, Zum Verhältnis von Kindergeldanrechnung nach § 1612b BGB und Quotierung nach § 1606 Abs. 3 BGB, FamRZ 1999, 828. Weiteres Schrifttum s. bei § 1603.

Übersicht

	Rn.		Rn.
I. Zweck und systematische Stellung	1, 2	d) Berechnung	20
II. Grundsätze	3–6	4. Minderjähriges Kind	21–33
1. Abkömmlinge vor Verwandten (Abs. 1)	3	a) Einführung	21
2. Nähere vor entfernteren Verwandten (Abs. 2)	4	b) Wesen der Betreuung	22–24
		c) Regelfall (Abs. 3 S. 2)	25, 26
3. Anteilige Haftung gleich naher Verwandter (Abs. 3 S. 1)	5	d) Ausnahmen	27–33
		IV. Sonderfälle	34–49
4. Gleichwertigkeit von Betreuungs- und Barunterhalt (Abs. 3 S. 2)	6	1. Wechselmodell	34–36
		a) „Reine Form"	35
		b) Mischformen	36
III. Haftung der Eltern	7–33	2. Geschwistertrennung	37–39
1. Grundsätze	7–12	3. Wechsel der Betreuungsperson	40–42
a) Teilschuldnerschaft	7	4. Familienrechtlicher Ausgleichsanspruch	43–49
b) Haftung nach Kindesalter	8, 9	a) Ausfallhaftung	43, 44
c) Bedarfsbemessung	10	b) Ausgleichsanspruch	45–49
d) Erwerbsobliegenheit der Eltern	11, 12	V. Beweislast	50–54
2. Volljähriges Kind	13–16	1. Unterhaltspflicht eines Elternteils	50, 51
a) Nachrangigkeit	13	2. Unterhaltspflicht beider Elternteile	52
b) Selbstbehalt	14	3. Verwandte	53
c) Bedarf; Unterhaltspflicht der Eltern	15	4. Abänderungsklage nach Eintritt der Volljährigkeit	54
d) Berechnungsbeispiel	16		
3. Privilegiertes volljähriges Kind	17–20		
a) Beschränkte Gleichstellung	17	VI. Änderungen durch das UnterhRÄndG	55
b) Selbstbehalt	18		
c) Bedarf; Unterhaltspflicht der Eltern	19		

I. Zweck und systematische Stellung

Zweck der Vorschrift ist die Bestimmung der Reihenfolge der Unterhaltsverpflichteten unter Berücksichtigung ihrer Leistungsfähigkeit. Ausdrücklich im Gesetz angesprochen werden die Abkömmlinge und die Verwandten; ergänzend sind die §§ 1608, 1584 heranzuziehen, wonach der Ehegatte sowohl für die Zeit vor wie die Zeit nach der Scheidung grundsätzlich *vor* dem Verwandten zum Unterhalt verpflichtet ist. 1

Stehen die Unterhaltsschuldner auf einer Stufe, dann haften sie anteilig nach ihren wirtschaftlichen Verhältnissen. Zu den Veränderungen durch das KindUG ab 1. 7. 1998 s. *Luthin* in der 4. Aufl. zu Rn. 2. 2

II. Grundsätze

3 **1. Abkömmlinge vor Verwandten (Abs. 1).** Der Ehegatte des Bedürftigen haftet noch vor den Verwandten (s. Rn. 1); das gilt zunächst nach Maßgabe des § 1608[1] für den Fall der bestehenden Ehe. Auch der geschiedene Ehegatte geht den Verwandten in der Haftung vor, soweit er leistungsfähig ist (§§ 1581, 1584) und soweit überhaupt ein Unterhaltsanspruch dem Grunde nach gegen ihn besteht (§§ 1570–1576). Unter den Verwandten haften Kinder und Enkel – als Abkömmlinge – vor den Verwandten der aufsteigenden Linie (zB den Großeltern).

4 **2. Nähere vor entfernteren Verwandten (Abs. 2).** Kinder haften vor den Enkeln, Großeltern vor den Urgroßeltern, jeweils unter der Voraussetzung ihrer hinreichenden Leistungsfähigkeit (§ 1603).

5 **3. Anteilige Haftung gleich naher Verwandter (Abs. 3 S. 1).** Mehrere gleich nahe Verwandte (Geschwister; in der Praxis vor allem die beiden Elternteile) haften anteilig; sie sind **Teilschuldner,** nicht Gesamtschuldner. Ihre Haftungsanteile bestimmen sich nicht nach Kopfteilen, sondern prozentual nach ihren Erwerbs- und Vermögensverhältnissen. Das gilt auch für Eltern.

6 **4. Gleichwertigkeit von Betreuungs- und Barunterhalt (Abs. 3 S. 2).** Die Vorschrift stellt eine wichtige Sonderregelung für die Haftung gegenüber dem minderjährigen unverheirateten Kind dar. Danach erfüllt der betreuende Elternteil im Regelfall seine Unterhaltspflicht durch die Betreuung des Kindes, während den nicht betreuenden Elternteil die Verpflichtung trifft, seinen Teil der Unterhaltspflicht durch Zahlung von Barunterhalt zu leisten. Zweck der Vorschrift ist eine gerechte Verteilung der Unterhaltslast auf beide Eltern.

III. Haftung der Eltern

7 **1. Grundsätze. a) Teilschuldnerschaft.** Für den Unterhalt ihrer Kinder haften die Eltern anteilig als Teilschuldner nach ihren Erwerbs- und Vermögensverhältnissen. Da der Stamm des Vermögens unterhaltsrechtlich nur selten bedeutsam ist, geht es regelmäßig darum, zunächst die anrechenbaren Einkünfte der Eltern zu ermitteln. Allerdings werden diese nicht linear zueinander in Beziehung gesetzt; vielmehr sind zunächst der jeweilige Eigenbedarf sowie berücksichtigungsfähige sonstige Verbindlichkeiten (einschließlich vorrangiger Unterhaltsschulden) abzusetzen, bevor dann die so verbliebenen Einkünfte zueinander ins Verhältnis gesetzt werden. Der BGH[2] stellt darauf ab, dass der konkrete Unterhalt nach jeweiliger Leistungsfähigkeit zu ermitteln, das heißt nach dem im Verhältnis zum Berechtigten tatsächlich verfügbaren Einkommen zu quotieren ist. Zur Sonderregelung für das minderjährige unverheiratete Kind in Abs. 3 S. 2 s. Rn. 25 ff.

8 **b) Haftung nach Kindesalter. aa) Minderjähriges Kind.** Nach der Sonderregelung in Abs. 3 S. 2 erfüllt der Elternteil, der ein minderjähriges unverheiratetes Kind betreut, seine Unterhaltspflicht diesem Kind gegenüber durch die Pflege und Erziehung („Betreuung") des Kindes, jedenfalls „in der Regel". Ausnahmen kommen dann in Betracht, wenn die Erwerbs- und Vermögensverhältnisse des betreuenden Elternteils erheblich günstiger sind als diejenigen des anderen; hierzu sowie zu weiteren Ausnahmefällen s. Rn. 27 ff.

9 **bb) Volljähriges Kind.** Hier besteht – sowohl beim „normalen" wie beim privilegierten volljährigen Kind – eine anteilige Barunterhaltspflicht beider Elternteile. Maßgebend ist hier die Überlegung, dass gegenüber diesen Kindern eine Betreuung nicht mehr *geschuldet* wird; auf die Frage, ob der betreffende Elternteil (wie nicht selten die Mutter bei Zusammenleben mit dem Kind in einem Haushalt) die Betreuung tatsächlich noch *leistet,* kommt es deshalb nicht an.[3] Zu weiteren Einzelheiten s. § 1610 Rn. 37. Selbst bei tatsächlich durchgeführter Betreuung hat dieser Elternteil somit ebenfalls die Pflicht, anteilig zum Barunterhalt beizutragen.[4]

10 **c) Bedarfsbemessung.** Beim minderjährigen Kind ergibt sich der Bedarf aus den Sätzen der Düsseldorfer Tabelle (s. § 1610 Rn. 62 ff., 79 ff.), beim volljährigen Kind aus der 4. Altersstufe der Tabelle.[5] Allerdings wird hier die Summe der Einkünfte beider Elternteile zu Grunde gelegt selbst

---

[1] Zu weiteren Einzelheiten s. die dortige Kommentierung.
[2] NJW-RR 1986, 293; BGH FamRZ 1988, 1039.
[3] BGH NJW 2008, 227, 228; 2006, 57 = FamRZ 2006, 99; BGH FamRZ 1994, 696, 698; 1988, 1039.
[4] OLG Oldenburg FamRZ 1996, 366; *Bamberger/Roth/Reinken* Rn. 6.
[5] Gem. Ziffer 7 der Düsseldorfer Tabelle. Ebenso *Ewers* DAVorm. 1999, 801, 808; *Miesen* FF 1998, 65, 71; *Scholz* FamRZ 1998, 797, 801; *Schumacher/Grün* FamRZ 1998, 778, 786; **aA** *Johannsen/Henrich/Graba* § 1606 Rn. 9.

dann, wenn das Kind noch im Haushalt eines Elternteils wohnt und dort weiterhin betreut wird.[6] Das gilt auch für das privilegierte volljährige Kind, denn Abs. 3. S. 2 ist auf ein solches Kind nicht anzuwenden.[7] Bei *eigenem Haushalt* oder bei *Studium* wird der angemessene Unterhaltsbedarf des Kindes in der Praxis regelmäßig pauschaliert, und zwar nach Ziffer 7 Abs. 2 der Düsseldorfer Tabelle mit derzeit monatlich 640 €. Zu Einzelheiten s. § 1610 Rn. 134 ff.

d) Erwerbsobliegenheit der Eltern. Diese richtet sich nach § 1603, beim minderjährigen Kind nach den gesteigerten Voraussetzungen des dortigen Abs. 2. Die Erwerbsobliegenheit besteht auch gegenüber dem volljährigen, noch in Ausbildung befindlichen Kind; auch erneute Heirat, Haushaltsführung in der neuen Ehe und dortige Betreuung eines Kindes stehen nicht entgegen (s. § 1603 Rn. 86–93). 11

Bei Verletzung der Erwerbsobliegenheit sind fiktive Einkünfte anzurechnen; zu Einzelheiten s. § 1603 Rn. 94–96. Der den angemessenen Selbstbehalt übersteigende Teil ist dann zur Ermittlung des Haftungsanteils des Elternteils heranzuziehen. Hier ist von Bedeutung, ob und in welchem Umfang der angemessene Unterhalt des Schuldners durch das Einkommen von dessen Ehegatten bereits gedeckt ist. Sofern dem nicht verklagten Elternteil keine den angemessenen Eigenbedarf übersteigenden Einkünfte zur Verfügung stehen, hat der beklagte leistungsfähige Elternteil nach § 1607 Abs. 2 S. 1 für den *vollen* Unterhalt des volljährigen Kindes allein einzutreten, zB dann, wenn das volljährige Kind vom anderen Elternteil selbst mit einem – auf fiktivem Einkommen beruhenden – Vollstreckungstitel keinen Unterhalt erlangen könnte.[8] S. dazu auch Rn. 15. 12

2. Volljähriges Kind. a) Nachrangigkeit. Nach der neuen gesetzlichen Regelung in § 1609 (zu Einzelheiten s. dort Rn. 12 ff.) befinden sich alle minderjährigen unverheirateten Kinder sowie privilegierte volljährige Kinder im ersten Rang, während volljährige nicht privilegierte Kinder nur im vierten Rang stehen. Daraus wird sich in den meisten Fällen ergeben, dass das volljährige Kind trotz grundsätzlich gegebenen Unterhaltsanspruchs auf Grund seiner schlechten Rangstellung leer ausgeht. 13

b) Selbstbehalt. Dem Schuldner steht gegenüber dem volljährigen Kind der angemessene Selbstbehalt zu; er beträgt bei Erwerbstätigkeit 1000 €, bei fehlender Erwerbstätigkeit 890 €. Zu Einzelheiten s. § 1603 Rn. 7. 14

c) Bedarf; Unterhaltspflicht der Eltern. Zur Bedarfsbestimmung s. Rn. 10. Das volljährige, den (besser) verdienenden Elternteil in Anspruch nehmende Kind braucht sich auf lediglich **fiktive Einkünfte** des anderen, nicht oder nur unterhalb des Selbstbehalts verdienenden Elternteils (häufig der Mutter, bei der das Kind lebt) **nicht** verweisen zu lassen; denn zum einen hat das Kind einen etwa vorliegenden elterlichen Verstoß gegen die Erwerbsobliegenheit nicht zu verantworten, zum anderen kann es auf fiktive Einkünfte nicht zugreifen und davon auch nicht leben.[9] Deshalb kann das Kind den leistungsfähigen Elternteil nach dem Rechtsgedanken nach § 1607 Abs. 2 auf den *vollen* Unterhalt in Anspruch nehmen;[10] dieser Elternteil kann sich dann unter Umständen bei dem anderen Elternteil teilweise schadlos halten, wobei dies zum Teil auf einen familienrechtlichen Ausgleichsanspruch, zum Teil auf Ersatzhaftung nach § 1607 Abs. 2 gestützt wird.[11] 15

d) Berechnungsbeispiel. Bei einem auswärts wohnenden, volljährigen Kind mit eigenem Hausstand (zB einem Studenten), zwei minderjährigen Geschwisterkindern (3. Altersstufe) und Einkünften der Eltern von 2500 € (Vater) und 1200 € (Mutter) ergibt sich folgende Berechnung:[12] 16

---

[6] BGH NJW 2006, 57; 1994, 1530; *Bamberger/Roth/Reinken* Rn. 7. S. aber OLG Dresden NJW-RR 2009, 1661 (Bedarfsbestimmung allein nach Einkommen des anderen Elternteils bei Aufenthalt des Kindes beim leistungsfähigen Elternteil.
[7] BGH NJW 2002, 2026; *Palandt/Brudermüller* Rn. 11; vgl. zur Berechnung OLG Saarbrücken NJW-RR 2006, 1373.
[8] *Bamberger/Roth/Reinken* Rn. 15 unter Hinweis auf OLG Koblenz FamRZ 1989, 307 und OLG Karlsruhe FamRZ 1991, 971, 973 (keine Pflicht zur Vollstreckung in das der Mutter gehörende Hausgrundstück).
[9] BGH NJW 2008, 3635 m. Anm. *Born* = FamRZ 2008, 2104 m. Anm. *Schürmann* stellt klar, dass die Mithaftung nicht schon wegen des Ansatzes fiktiver Einkünfte entfällt; s. auch *Bamberger/Roth/Reinken* Rn. 15.
[10] Zu weiteren Einzelheiten s. Rn. 43 ff. zur Ausfallhaftung.
[11] OLG Frankfurt a. M. FamRZ 1993, 231, 232; 1995, 244, 245; OLG Karlsruhe FamRZ 1991, 971, 973; OLG Koblenz FamRZ 1989, 307, 308; 1996, 756, 757; *Wendl/Klinkhammer* § 2 Rn. 567; aA OLG Düsseldorf FamRZ 1992, 1099 (Taschengeldanspruch gegen den neuen Ehegatten erlaubt Befriedigung des Unterhaltsanspruchs); OLG Hamm FamRZ 1998, 42 (die Mutter, bei der Einkünfte fingiert werden, leistet Naturalunterhalt in erheblichem Umfang).
[12] Weitere Berechnungsbeispiele bei FAFamR/*Gerhardt* 6. Kap. Rn. 159 ff.

§ 1606   17–22   Abschnitt 2. Titel 3. Unterhaltspflicht

1. Stufe:	Bedarf des Kindes	640 €
	abzüglich volles Kindergeld (BGH FamRZ 2006, 99)	154 €
	ungedeckter Restbedarf	486 €
2. Stufe:	Haftungsanteile der Eltern	
	Vater	2500 €
	abzüglich angemessener Selbstbehalt	1000 €
	abzüglich Kindesunterhalt für die Geschwister	393 €
		393 €
		714 €
	Mutter[13]	1200 €
	abzüglich angemessener Selbstbehalt	1000 €
		200 €
	Summe der berücksichtigungsfähigen Einkünfte der Eltern	914 €
	Anteil des Vaters (714: 914 =) 78,12%; damit Anteil an 486 €	379,66 €
	Anteil der Mutter (200: 914 =) 21,88%; damit Anteil an 486 €	106,34 €
	gedeckter Restbedarf des Kindes	486,00 €

17 **3. Privilegiertes volljähriges Kind. a) Beschränkte Gleichstellung.** Dem minderjährigen Kind ist der zu Hause wohnende, in der allgemeinen Schulausbildung befindliche und bis 21 Jahre alte Schüler über die Figur des privilegierten Volljährigen gleichgestellt worden. Dies gilt – in Abweichung von der früheren Fassung des § 1609 – nicht mehr für den Rang, sondern nur noch für die gesteigerte Unterhaltspflicht (in Form des niedrigeren Selbstbehalts) des Pflichtigen, dagegen nicht für § 1606 Abs. 3 S. 2 (Unterhaltsleistung durch Betreuung) und § 1606 Abs. 2 (Einsatz des Vermögens). Die Gleichstellung fehlt für behinderte Kinder (vgl. dazu Rn. 26, 33) sowie bei Schulausbildung nach dem 21. Lebensjahr, auch wenn deren Fortdauer unverschuldet ist; s. § 1610 Rn. 27.

18 **b) Selbstbehalt.** Der Schuldner kann sich im Mangelfall nur auf den notwendigen Selbstbehalt (Mindestbedarf) berufen, im Normalfall dagegen auf den angemessenen Selbstbehalt (BGH NJW 2011, 670 m. Anm. *Born* = FamRZ 2011, 454 m. Anm. *Finke*); bei Erwerbstätigkeit beträgt dieser 890 €, bei fehlender Erwerbstätigkeit 770 € (s. § 1603 Rn. 7).

19 **c) Bedarf; Unterhaltspflicht der Eltern.** Der Bedarf des Kindes bestimmt sich – wie bei sonstigen volljährigen Kindern, die noch bei einem Elternteil leben – nach der 4. Altersstufe der Düsseldorfer Tabelle (s. § 1610 Rn. 93 ff.). Zur Auswirkung der gesteigerten Unterhaltspflicht s. Rn. 17.

20 **d) Berechnung.** Hier bestehen verschiedene Ansichten; auf die einschlägige Rechtsprechung und die weiterführende Literatur wird verwiesen.[14]

21 **4. Minderjähriges Kind. a) Einführung.** Nach Abs. 2 S. 3 erfüllt ein minderjähriges unverheiratetes Kind betreuende Elternteil seine Unterhaltspflicht diesem Kind gegenüber durch die Pflege und Erziehung („Betreuung") des Kindes, jedenfalls „in der Regel". Der Zusammenhang mit § 1603 Abs. 2 S. 3 Halbsatz 1 ergibt, dass als „anderer" unterhaltspflichtiger Verwandter – neben dem nicht betreuenden – auch der das minderjährige Kind betreuende Elternteil in Betracht kommt; zu Einzelheiten s. § 1603 Rn. 113–116).

22 **b) Wesen der Betreuung.** Was unter „Betreuung" zu verstehen ist, wird im Gesetz nicht im Einzelnen definiert. Genannt werden die Begriffe „Pflege" und „Erziehung", die – außer bei § 1606

---

[13] Das erzielte Einkommen wird voll angerechnet, sofern (wie im Beispiel) die Arbeit angesichts des Kindesalters nicht als überobligatorisch (§ 1577 Abs. 2) anzusehen ist. Bei kleineren Kindern kann ein Betreuungsbonus oder konkreter Betreuungsaufwand abgesetzt werden, s. *Wendl/Klinkhammer* § 2 Rn. 572, 400, 401; **aA** BGH NJW 2010, 2277, 2280 unter Rn. 37 (Einzelfall-Entscheidung). Bei älteren Kindern, die keiner ständigen Betreuung mehr bedürfen, kommt – trotz Gleichwertigkeit von Bar- und Betreuungsunterhalt – kein Abzug in Höhe eines dem Barunterhalt entsprechenden Betrages vom Einkommen der nicht barunterhaltspflichtigen Mutter in Betracht (BGH FamRZ 1988, 1039; *Wendl/Klinkhammer* § 2 Rn. 425, 442, 562, 572).

[14] OLG Celle FamRZ 2009, 790 sowie OLG Stuttgart NJW-RR 2007, 439 = FamRZ 2007, 75 m. Anm. *Spangenberg* 672 (anteilige Haftung bei Zusammentreffen eines privilegierten volljährigen und eines minderjährigen Kindes); OLG Jena NJW 2006, 1745 (Mangelfallberechnung); OLG Hamm OLGR 2000, 253 (Minderung des maßgeblichen Einkommens nur durch Unterhaltszahlungen an *vorrangig* Unterhaltsberechtigte); OLG Hamm FamRZ 1999, 1018, 1019 (als Haftungsmasse wird das nach Abzug des notwendigen Selbstbehalts und des Bedarfsbetrages des minderjährigen Kindes verbleibende Einkommen herangezogen); FamRefK/*Häußermann* Rn. 4 sowie *Bamberger/Roth/Reinken* Rn. 14, jeweils mit drei Berechnungsvarianten. Weitere Beispiele bei FAFamR/*Seiler* 6. Kap. Rn. 300, 302.

Abs. 3 S. 2 – auch bei § 1570 auftauchen,[15] ferner als Teile der elterlichen Personensorge in §§ 1631 Abs. 1, 1626 Abs. 2 S. 1. In § 1615l Abs. 4 ist schlicht davon die Rede, dass der Vater das Kind „betreut".

Bei den Unterhaltsarten ist zwischen Naturalunterhalt einerseits und Geldunterhalt (Barunterhalt) **23** andererseits zu differenzieren; der Naturalunterhalt wiederum unterfällt in Betreuungsunterhalt in Form unmittelbarer Bedarfsbefriedigung durch höchstpersönliche Dienstleistungen in einem gemeinsamen Haushalt[16] sowie Sachunterhalt, dh. Leistung von Mitteln zur unmittelbaren Bedarfsbefriedigung (zB Essen oder Wohnraum). Damit kann „Betreuung" als Mischung aus materieller und immaterieller Fürsorge verstanden werden. **„Pflege"** bezieht sich mehr auf die Sorge für die körperlichen und gesundheitlichen Belange des Kindes, **„Erziehung"** mehr auf die Bemühungen für seine geistige und seelische Entwicklung.[17]

Die Betreuung muss **rechtmäßig** vorgenommen werden, also entweder auf Grund einer (vorläu- **24** figen oder endgültigen) gerichtlichen Sorgerechtsregelung oder auf Grund Einvernehmens zwischen den Eltern.[18] Auf die tatsächlichen Obhutsverhältnisse kann es allenfalls für eine Übergangszeit bis zu einer gerichtlichen Sorgerechtsregelung ankommen, ebenso, wenn der sorgeberechtigte und -verpflichtete Elternteil ausnahmsweise die Betreuung nicht erbringen will und der andere sie übernimmt, damit das Kind nicht ohne Betreuung bleibt.[19]

c) Regelfall (Abs. 3 S. 2). aa) Minderjährige Kinder. Das Gesetz legt hier fest, dass es **25** sich um die Betreuung eines minderjährigen unverheirateten Kindes handeln muss, welches von einem Elternteil gepflegt und erzogen wird (s. Rn. 23). Hierdurch kommt dieser Elternteil im Regelfall (zu Ausnahmen s. Rn. 27 ff.) seiner Unterhaltspflicht gegenüber dem Kind nach und braucht daneben grundsätzlich – auch bei eigenem Einkommen – keinen weiteren Unterhalt zu leisten. Der Betreuungsbedarf eines Kindes ist in den verschiedenen Lebensaltersstufen seiner Minderjährigkeit naturgemäß nach Art und Umfang unterschiedlich; gleichwohl ist auch ein reduzierter Betreuungsunterhalt dem Barunterhalt des anderen Elternteils noch **gleichwertig**,[20] auch wenn dies von dem Barunterhalt leistenden Elternteil nicht immer so gesehen wird. Seinem etwaigen Einwand, den steigenden Barunterhaltszahlungen stehe kein steigender, sondern sinkender Betreuungsbedarf wegen des höheren Kindesalters gegenüber, kann man ohne Weiteres den alten Erfahrungssatz „kleine Kinder – kleine Sorgen, große Kinder – große Sorgen" aus der Sicht des betreuenden Elternteils entgegenhalten. Die gesetzliche Regelung trägt den Gegebenheiten in pauschalierender – und damit praktikabler – Weise für die gesamte Dauer der Minderjährigkeit auch unter Einschluss der letzten Jahre vor Vollendung des 18. Lebensjahres Rechnung.[21]

bb) Volljährige Kinder. Auf diese Kinder ist Abs. 3 S. 2 *nicht* anzuwenden,[22] auch nicht auf **26** privilegierte volljährige Kinder (s. Rn. 9). Wird ein *behindertes* volljähriges Kind betreut, so ist zwar für die Beteiligung beider Eltern am Barunterhalt zunächst von der Verteilungsvorschrift des Abs. 3 S. 1 auszugehen. Eine Heranziehung der Eltern nur nach deren Einkommens- und Vermögensverhältnissen trüge aber nicht dem Umstand Rechnung, dass der ein solches Kind pflegende Elternteil damit außergewöhnliche Leistungen erbringt; deshalb ist aus Billigkeitsgründen – unter Beachtung von Ausmaß und Schwere des erhöhten Einsatzes – eine Veränderung des Verteilungsschlüssels zu Gunsten des pflegenden Elternteils vorzunehmen.[23] S. auch Rn. 33.

d) Ausnahmen. Die Grundregel des Abs. 3 S. 2, wonach der das minderjährige unverheiratete **27** Kind betreuende Elternteil seinen Teil der Unterhaltspflicht durch diese Betreuung erfüllt, lässt Ausnahmen zu. Diese können auf wirtschaftlichen, aber auch auf anderen Umständen beruhen.

aa) Wirtschaftliche Gründe. Der betreuende Elternteil muss – im Rahmen seiner Leistungs- **28** fähigkeit – einspringen, sofern der an sich allein barunterhaltspflichtige Elternteil den von ihm

---

[15] Dort in der Verknüpfung mit „oder", was – so auch *Johannsen/Henrich/Büttner* § 1570 Rn. 7 – ausdrücken soll, dass Betreuungsunterhalt auch bei Betreuung eines pflegebedürftigen *volljährigen* Kindes geschuldet sein kann. Vgl. dazu auch *Johannsen/Henrich/Graba* § 1606 Rn. 1 aE.
[16] ZB Haushaltsführung, Pflege, Erziehung; s. *Johannsen/Henrich/Graba* Vor § 1601 Rn. 7; *Graba* FamRZ 1990, 454.
[17] *Johannsen/Henrich/Büttner* § 1570 Rn. 7.
[18] *Johannsen/Henrich/Büttner* § 1570 Rn. 8 (für den Anspruch nach § 1570). Weitere Nachweise zum Betreuungsunterhalt nach dem – inzwischen abgeschafften – § 1615l Abs. 5 bei *Luthin* Rn. 19 Fn. 22 in der Vorauflage.
[19] *Johannsen/Henrich/Büttner* § 1570 Rn. 8.
[20] Was nach OLG Thüringen FamRZ 2009, 1498 allerdings nicht im Verhältnis zu den nachrangig haftenden Großeltern gilt.
[21] BGH NJW 1994, 1530.
[22] Grundlegend BGH NJW 1994, 1530; vgl. *Büttner* NJW 1999, 2315, 2323.
[23] BGH NJW 1985, 2590.

geschuldeten Unterhalt ohne Gefährdung seines notwendigen Selbstbehalts nicht leisten kann. Dies wird dann angenommen, wenn der barunterhaltspflichtige Elternteil durch die Unterhaltszahlungen an das Kind seinen eigenen (notwendigen oder angemessenen) Unterhalt gefährden würde, während der betreuende Elternteil ohne Gefährdung seines angemessenen Selbstbehalts auch den Barbedarf des Kindes decken kann.[24]

29 Alternativ kommt eine Abweichung von der Grundregel des Abs. 3 S. 2 in Betracht, wenn der angemessene Selbstbehalt des an sich allein barunterhaltspflichtigen Elternteils zwar nicht gefährdet ist, die Erwerbs- und Vermögensverhältnisse des betreuenden Elternteils aber **erheblich günstiger** sind als die des anderen Elternteils und die Anwendung von Abs. 3 S. 2 deshalb zu einem **erheblichen wirtschaftlichen Ungleichgewicht** zwischen den Eltern führen würde.[25] Da es sich hier um eine Ausnahme von der Grundregel (Unterhalt durch Betreuung) handelt, sind die Grenzen für eine (Mit-) Haftung des betreuenden Elternteils eng zu ziehen. Notwendig ist ein Einkommen des betreuenden Elternteils, das doppelt bzw. dreifach höher liegt als dasjenige des barunterhaltspflichtigen Elternteils.[26] Bedenklich sind deshalb Bestrebungen, eine anteilige Haftung nach den Grundsätzen zum Volljährigenunterhalt auch beim Minderjährigenunterhalt in Situationen anzunehmen, in denen zwar ein größeres Einkommensgefälle vorhanden ist, welches aber unterhalb der Grenze des doppelt so hohen Einkommens liegt;[27] zum einen weicht dies die gesetzliche Zweiteilung zwischen Bar- und Betreuungsunterhalt nach Abs. 3. S. 2 zu sehr auf, zum anderen dürfte es in der Praxis zu einer Ausuferung von Streitigkeiten über eine anteilige Mithaftung des betreuenden (besser verdienenden) Elternteils führen.[28]

30 Zur Feststellung der Ungleichgewichtigkeit können auch fiktive Einkünfte einbezogen werden;[29] die Fiktion scheidet aber aus, wenn die Mutter in einer neuen Ehe Geschwister des unterhaltsberechtigten Kindes betreut und das Kind die gewählte Rollenverteilung hinnehmen muss (s. § 1603 Rn. 88). Härtere Anforderungen werden gestellt, wenn es um den Mindestunterhalt des unterhaltsberechtigten Kindes geht.[30] Wird überobligatorisch gearbeitet, zB in Form einer Vollzeittätigkeit trotz Versorgung von zwei Kindern, ist nur eine Teilanrechnung der Einkünfte vorzunehmen.[31] Der Anteil des an sich barunterhaltspflichtigen Elternteils ist nicht unter den Mindestunterhalt zu ermäßigen, zumindest wenn dem Schuldner der notwendige Selbstbehalt bleibt.[32] Eine rechnerische Kürzung des anrechenbaren Einkommens des betreuenden Elternteils soll grundsätzlich nicht zulässig sein, ebenso wenig eine Anhebung seines Selbstbehalts.[33] Erst im Rahmen einer Gesamtabwägung unter Billigkeitsgesichtspunkten soll berücksichtigt werden, dass er das Kind betreut und damit „an sich" schon seinen Unterhaltsbeitrag leistet. Im Ergebnis können Fälle in dieser Variante nur über eine **wertende Betrachtung** der Umstände des Einzelfalles gelöst werden.[34]

31 Nicht eindeutig ist, von welchem **Bedarf** des Kindes in einem solchen Fall auszugehen ist. Es wäre konsequent (und rechnerisch am einfachsten), angesichts der grundsätzlich vorgegebenen alleinigen Barunterhaltspflicht des einen Elternteils den Bedarf des Kindes nur nach dem Einkommen des barunterhaltspflichtigen Elternteils zu bemessen und dann unter Billigkeitsgesichtspunkten einen gewissen Abschlag vorzunehmen. Die Rechtsprechung geht dagegen – wie beim Wechselmodell, s. Rn. 34, 35 – von den *zusammengerechneten* Einkünften der Eltern aus unter Hinweis darauf, beide Eltern seien hier barunterhaltspflichtig.[35] Vorzugswürdig erscheint – auch zwecks Gleichbehandlung

---

[24] BGH NJW 1980, 934; *Palandt/Brudermüller* Rn. 17; **aA** OLG Düsseldorf FamRZ 1992, 92, 94.
[25] BGH NJW 2011, 1874, 1877 m. Anm. *Graba* (dem barunterhaltspflichtigen Elternteil kann der angemessene Selbstbehalt belassen werden, wenn ohne Beteiligung des anderen Elternteils ein erhebliches finanzielles Ungleichgewicht entstünde und der betreuende Elternteil seinen angemessenen Selbstbehalt behält); BGH FamRZ 2001, 1065 m. Anm. *Büttner*; FamRZ 1998, 286; BGH NJW 1984, 303; OLG Nürnberg NJW-RR 2008, 884 (keine Pflicht zum Vermögenseinsatz); OLG Bamberg FamRZ 1995, 566; AG Kerpen FamRZ 1995, 825.
[26] Frankfurter Unterhaltsgrundsätze, Ziff. 12.3 (dreifach), s. NJW-aktuell Heft 31/2010, S. 22; NJW 2008, Beilage zu Heft 10, S. 40; *Büttner* FamRZ 2002, 743; OLG Hamm FamRZ 2003, 1964 (20% nicht ausreichend).
[27] So OLG Brandenburg NJW 2007, 85, 86.
[28] Vgl. *Born* NJW 2007, 1859; *ders.* FPR 2008, 88 zu der vergleichbaren Problematik von Mischformen bei umfangreichem Aufenthalt des Kindes beim barunterhaltspflichtigen Elternteil.
[29] OLG Bamberg FamRZ 1995, 566; OLG Düsseldorf FamRZ 1992, 92; *Palandt/Brudermüller* Rn. 17.
[30] OLG Karlsruhe FamRZ 1993, 1118.
[31] OLG Köln FamRZ 1993, 1115.
[32] OLG Koblenz FamRZ 2004, 1599; *Palandt/Brudermüller* Rn. 17 aE.
[33] BGH NJW 1991, 697.
[34] AG Wiesbaden FamRZ 2008, 1019, 1021 (Beteiligung des betreuenden Elternteils am Barunterhalt bei Umzug ins Ausland und dadurch verursachter Bedarfserhöhung). Zum Umzug mit dem Kind s. *Finger* FamFR 2009, 132, 134; *Born* FamFR 2009, 129
[35] BGH NJW 1984, 303; OLG Bamberg FamRZ 1995, 566.

mit den Mischformen beim Wechselmodell, s. Rn. 34 ff. – ein Abstellen nur auf das Einkommen des barunterhaltspflichtigen Elternteils, wie es auch hier vertreten wird. Denn Konsequenz der Rechtsprechungsansicht ist, dass der an sich allein barunterhaltspflichtige Elternteil den nur nach seinem Einkommen geschuldeten Unterhalt zu zahlen hat und ihm die Beteiligung des betreuenden Elternteils keine Erleichterung bringt.

bb) Sonstige Gründe. Beide Elternteile haften entsprechend Abs. 3 S. 1, wenn das minderjährige Kind – ausnahmsweise – schon einen **eigenen Haushalt** hat, so dass eine Betreuung nicht mehr erbracht wird. Gleiches gilt dann, wenn das minderjährige Kind nicht von einem Elternteil, sondern **von Dritten betreut** wird.[36] Allerdings bleibt es bei der Grundregel des Abs. 3 S. 2, wenn sich der betreuende Elternteil nur **zeitweilig** der Hilfe Dritter bedient, zB der Großeltern des Kindes, des zweiten Ehemannes, einer Tagesmutter oder eines Kindergartens. Die Unterbringung des Kindes in einem Internat hat der barunterhaltspflichtige Elternteil grundsätzlich hinzunehmen; an den dadurch entstehenden Mehrkosten (s. dazu auch § 1610 Rn. 228) muss sich der nur noch reduziert betreuende Elternteil aber beteiligen,[37] bei starker Reduzierung am Barunterhalt allgemein. 32

Ist das minderjährige Kind **behindert**, so ist eine besondere Betrachtung geboten (s. Rn. 26). Denn in diesen Fällen liegt vielfach nicht nur ein erhöhter Betreuungsbedarf, sondern auch ein vermehrter Barbedarf vor. Letzterer ist an sich zwischen den Eltern verteilungsfähig nach Abs. 3 S. 1.[38] Eine stringente Aufteilung nach dieser Vorschrift würde aber nicht angemessen berücksichtigen, dass der betreuende Elternteil schon einen erhöhten Aufwand in Form der durchgeführten Betreuung hat; deshalb ist die Verteilungsquote mit Rücksicht auf die erhöhten Betreuungsleistungen nach Maßgabe des Einzelfalles unter Zumutbarkeitsgesichtspunkten zu verändern. Zum **umfangreichen Aufenthalt** des Kindes beim anderen Elternteil s. Rn. 34. 33

IV. Sonderfälle

1. Wechselmodell. Bei einem umfangreichen Aufenthalt des Kindes beim barunterhaltspflichtigen Elternteil kann eine anteilige Barunterhaltspflicht des betreuenden Elternteils in Betracht kommen;[39] daneben sind auch zahlreiche Mischformen denkbar, die zwischen alleiniger Betreuung durch einen Elternteil, Fremdbetreuung und genau aufgeteilter Betreuung durch beide Eltern schwanken. S. § 1610 Rn. 113. 34

a) „Reine Form". Beim Wechselmodell in seiner reinen Form[40] hält sich das Kind hälftig bei beiden Eltern auf. In diesem Fall ist für die Feststellung des Bedarfs nach der Düsseldorfer Tabelle von der *Summe* der Einkünfte beider Eltern auszugehen, weil dadurch die Lebensstellung des Kindes geprägt wird.[41] 35

b) Mischformen. Sofern das *Schwergewicht* der Betreuung eindeutig bei einem Elternteil liegt, bleibt es zu dessen Gunsten bei der Regelung in Abs. 3 S. 2 mit der Folge, dass eine anteilige Barunterhaltspflicht dieses Elternteils ausscheidet; der Bedarf des Kindes wird nur auf der Grundlage des Einkommens des barunterhaltspflichtigen Elternteils ermittelt.[42] Den bisherigen Meinungsstreit 36

---

[36] OLG Hamm FamRZ 1991, 104 (kein nennenswerter Rest an eigener Betreuungsleistung); KG FamRZ 1989, 778 (völlige Übertragung der Pflege auf einen Dritten).

[37] OLG Nürnberg FamRZ 1993, 837 in Anlehnung an BGH NJW 1983, 393 (Besuch einer Privatschule, durch die ein geringer Teil der Betreuung entfiel). Bedenklich OLG Braunschweig FamRZ 2007, 2004 (LS.), das bei einjährigem Auslandsaufenthalt des Kindes gleichwohl Betreuungsleistungen der Mutter (durch Kommunikation und Fürsorge) annimmt.

[38] BGH NJW 1983, 2082.

[39] OLG Frankfurt FamRZ 2006, 439; *Wendl/Klinkhammer* § 2 Rn. 449; auch eine abweichende Bestimmung über die Art der Unterhaltsgewährung nach § 1612 Abs. 2 S. 1 ist denkbar, OLG Köln OLGR 2005, 609 = FamRZ 2005, 1852 (LS.). Im Leitsatz mißverständlich OLG Brandenburg FamRZ 2007, 1354 (keine Quotenhaftung für Barunterhalt, wenn mütterlicher Haushalt als Lebensmittelpunkt vereinbart ist). Ausführlich *Kaiser* FPR 2008, 143.

[40] Ausführlich *Schilling* FPR 2006, 291; zu prozessualen Fragen *Hennemann* FPR 2006, 295. Zur Barunterhaltspflicht beim Wechselmodell s. OLG Karlsruhe NJW-RR 2006, 1155 mwN zu den verschiedenen Berechnungsmethoden; s. dazu *Viefhues* FPR 2006, 287.

[41] BGH NJW 2006, 2258 = FamRZ 2006, 1015 m. Anm. *Luthin*; OLG Düsseldorf NJW 2001, 3344; *Wendl/Klinkhammer* § 2 Rn. 449; FAFamR/*Gerhardt* Kap. 6 Rn. 154, 159; aA Ableitung der Barunterhaltspflicht beider Elternteile direkt aus dem – sich aus ihrem jeweiligen Einkommen ergebenden – hälftigen Tabellenunterhalt (OLG Karlsruhe NJW-RR 2006, 1155).

[42] BGH NJW 2007, 1882 = FamRZ 2007, 707; s. dazu *Born* NJW 2007, 1859; *ders.* FPR 2008, 88; BGH FamRZ 2006, 1015 m. Anm. *Luthin*.

§ 1606 37–40   Abschnitt 2. Titel 3. Unterhaltspflicht

im Falle weniger großer Divergenzen[43] hat der BGH[44] jetzt dahin entschieden, dass auch in diesen Fällen nur vom Einkommen des barunterhaltspflichtigen Elternteils ausgegangen wird und ein Aufenthalt des Kindes bei ihm in einem Umfang von immerhin rund 36% nicht grundsätzlich zu einer Reduzierung der Barunterhaltspflicht führt.[45]

37   **2. Geschwistertrennung.** Bei Geschwistertrennung erfüllt jeder Elternteil, der zumindest eines von mehreren gemeinsamen minderjährigen Kindern betreut, seine Unterhaltspflicht durch Pflege und Erziehung nach Abs. 3 S. 2 nur gegenüber diesem Kind; dem anderen Kind ist er grundsätzlich zum Barunterhalt verpflichtet. Somit hat jedes Kind gegen den Elternteil, bei dem es nicht lebt, Anspruch auf Barunterhalt, dessen Höhe sich nach dem anrechenbaren Nettoeinkommen dieses Elternteils richtet.[46] Sofern die Einkünfte beider Eltern ungefähr gleich hoch sind, empfiehlt sich eine einvernehmliche Vereinbarung dahin, dass jeder Elternteil in vollem Umfang für den gesamten Unterhalt des bei ihm lebenden Kindes (Bar- und Betreuungsbedarf) aufkommt, dagegen für das andere Kind keinen Barunterhalt zu leisten hat. Eine solche wechselseitige **Freistellungsvereinbarung** der Eltern ist rechtlich zulässig. Sie enthält nur eine Art Erfüllungsübernahme[47] und bindet lediglich die Eltern selbst;[48] im Außenverhältnis, also zwischen dem Kind und dem freigestellten Elternteil, entfaltet sie keine Wirkung, so dass der zur Freistellung verpflichtete Elternteil ohne Weiteres klagen kann und der freizustellende Elternteil zu verurteilen ist.[49] Der in dieser Weise in Anspruch genommene Elternteil hat aus der Vereinbarung dann aber einen Anspruch auf Erstattung und auf Freistellung.[50]

38   Der Unterhaltsanspruch des Kindes bleibt deshalb unberührt, weil Eltern nicht im Namen des Kindes mit Wirkung für die Zukunft auf Unterhalt verzichten können (§ 1614 Abs. 1). Sittenwidrigkeit und damit Nichtigkeit nach § 138 Abs. 1 kann vorliegen, wenn die Freistellung von einer Abrede über die elterliche Sorge abhängig gemacht wird oder die Freistellung **unzulässigerweise** mit einer Verpflichtung verknüpft wurde, auf Dauer von Umgangskontakten mit dem Kind abzusehen.[51] Ein Verzicht auf Umgangskontakte ist angesichts der Neuregelung des Umgangsrechts (vgl. § 1684 Abs. 1 BGB: *Recht* des Kindes auf Umgang; entsprechende *Pflicht* eines jeden Elternteils) noch problematischer geworden. Bedenken bestehen regelmäßig außerdem immer dann, wenn das Wohl des Kindes zur Erlangung wirtschaftlicher Vorteile übergangen wird.[52]

39   Freistellungsvereinbarungen sind nach den Grundsätzen des Wegfalls der Geschäftsgrundlage **anzupassen;** damit nicht das Gesamtgefüge der vertraglichen Regelungen gestört wird, kommt dies nur bei ganz unerwarteten und außergewöhnlichen Entwicklungen in Betracht.[53]

40   **3. Wechsel der Betreuungsperson.** Sofern ein minderjähriges unverheiratetes Kind aus dem Haushalt des einen Elternteils in denjenigen des anderen wechselt, ergibt sich mit diesem Wechsel der Betreuungsperson auch eine Änderung der unterhaltsrechtlichen Lage: Der seiner Unterhaltspflicht bisher durch Betreuung nachkommende Elternteil wird barunterhaltspflichtig, der bisher zu Barunterhalt verpflichtete Elternteil leistet seinen Unterhaltsbeitrag jetzt durch Betreuung.[54]

---

[43] Ableitung der Barunterhaltspflicht beider Elternteile direkt aus dem sich aus dem jeweiligen Einkommen ergebenden hälftigen Tabellenunterhalt (OLG Karlsruhe FamRZ 2006, 1225); Ermittlung des Bedarfs nach der Düsseldorfer Tabelle aus dem zusammengerechneten Einkommen beider Eltern, Schätzung des in natura gedeckten Anteils des Unterhaltsbedarfs; Anrechnung auf den sich nach dem jeweiligen Einkommen richtenden Haftungsanteil (OLG Düsseldorf NJW 2001, 3344); Errechnung des Bedarfs aus den zusammengerechneten Einkünften zuzüglich der Mehrkosten (zB Wohn- und Fahrtkosten), Aufteilung des so erhöhten Unterhaltsbedarfs entsprechend den jeweiligen Einkommensverhältnissen (OLG Düsseldorf FamRZ 1999, 1530).
[44] BGH NJW 2007, 1882 = FamRZ 2007, 707; s. dazu *Born* NJW 2007, 1859; *ders.* FPR 2008, 88.
[45] Unter 50% Aufenthalt soll die Barunterhaltspflicht unberührt lassen. Sachgerecht erscheint hier eine Berücksichtigung der besonderen Umstände im Rahmen von Ziffer 1 Abs. 2 der Düsseldorfer Tabelle, Ziffer 11.2.1 der OLG-Leitlinien in Form der Herabstufung um eine oder mehrere Einkommensgruppen je nach Umfang des Aufenthalts, vgl. *Born* NJW 2007, 1859; *ders.* FPR 2008, 88.
[46] *Wendl/Klinkhammer* § 2 Rn. 440. S. OLG Koblenz FamRZ 2008, 434 LS. (Abzug von Aupair-Kosten).
[47] BGH NJW 1986, 1167; s. auch BGH FamRZ 1989, 499.
[48] OLG Zweibrücken FamRZ 1997, 178.
[49] BGH NJW 1986, 1168; OLG Naumburg FamRZ 2007, 1903; OLG Stuttgart NJW-RR 2007, 151 = FamRZ 2006, 866; OLG Celle FamRZ 2001, 1640.
[50] OLG Brandenburg FamRZ 2003, 1965 m. Anm. *Bergschneider*; *Palandt/Brudermüller* Rn. 19.
[51] BGH NJW 1986, 1167; 1984, 1951; OLG Karlsruhe FamRZ 1983, 417; OLG Hamburg FamRZ 1984, 1223.
[52] OLG Hamm FamRZ 1999, 163.
[53] OLG Köln NJW-RR 1995, 1474; OLG Hamm FamRZ 1999, 163 unter Hinweis darauf, dass es sich bei der Freistellungsvereinbarung nicht um einen Unterhaltsvertrag handelt, dem stillschweigend die „clausula rebus sic stantibus" zu Grunde liegt.
[54] Allerdings kommt bei zunächst einverständlichem Aufenthalt aller Kinder bei der Mutter eine – bei Wechsel des Kindes nicht ohne weiteres aufkündbare – Vereinbarung in Betracht, wonach sich die Mutter vorrangig der Betreuung widmen soll (OLG Hamm FamRZ 2007, 73).

Im Falle *gemeinsamer* elterlicher Sorge ergeben sich im Rahmen der Geltendmachung von Barun- 41
terhalt gegen den jetzt schuldenden Elternteil keine Vertretungsprobleme; denn nach § 1629 Abs. 2
S. 2 kann der Elternteil, in dessen **Obhut** das Kind sich jetzt befindet, als gesetzlicher Vertreter des
Kindes gegen den anderen Elternteil Unterhalt geltend machen.[55] Sofern der bisher betreuende
Elternteil dagegen *allein* sorgeberechtigt war, wird unverzüglich ein Antrag auf Abänderung gem.
§§ 1696, 1671 zu stellen und ein Ergänzungspfleger zu bestellen sein.[56] Liegt gegen den bisher
barunterhaltspflichtigen Elternteil ein **Titel** auf Zahlung von Barunterhalt vor, so muss er nach dem
Wechsel des Kindes in seinen Haushalt unverzüglich auf Abänderung klagen. Leistet er weiterhin –
über die Betreuung hinaus – Unterhalt (dann als Naturalunterhalt), kann er gegen den anderen
Elternteil einen familienrechtlichen Ausgleichsanspruch (dazu s. Rn. 43) geltend machen.

Hinsichtlich der Obhut ist es ausreichend, wenn ein Elternteil das Kind überwiegend betreut 42
und versorgt;[57] es genügt, dass der Anteil eines Elternteils an der Betreuung den Anteil des anderen
geringfügig übersteigt.[58]

4. Familienrechtlicher Ausgleichsanspruch. a) Ausfallhaftung.
Eine *echte* Ausfallhaf- 43
tung liegt vor, wenn die Inanspruchnahme des einen Elternteils an seiner fehlenden Leistungsfähigkeit scheitert; der andere Elternteil hat dann bei entsprechender eigener Leistungsfähigkeit für den
gesamten Unterhalt allein aufzukommen und im Regelfall den nach seinen Einkommensverhältnissen doppelten Satz der Düsseldorfer Tabelle zu zahlen.[59] Dies gilt auch dann, wenn das Kind anderweitig (zB von den Großeltern) versorgt wird.[60]

Die Haftung des anderen Elternteils wird als *unechte* Ausfallhaftung von der Rechtsprechung dann 44
angenommen, wenn der eine Elternteil nur auf Grund fiktiver Einkünfte zur Zahlung von Unterhalt
verurteilt worden ist, der Anspruch des Kindes aber mangels tatsächlichen Einkommens nicht durchgesetzt werden kann. Bei anteiliger Haftung der Eltern nach Abs. 3 S. 1 braucht sich das Kind auf
fiktive Einkünfte eines Elternteils nicht verweisen zu lassen (s. Rn. 15), so dass auch in diesem Fall
der andere Elternteil im Rahmen seiner eigenen Leistungsfähigkeit bis zum vollen Barunterhalt
haftet,[61] wobei ihm der Regress bei dem lediglich fiktiv leistungsfähigen Elternteil bleibt.[62] Die
Ausfallhaftung des betreuenden Elternteils hat Vorrang gegenüber der Ersatzhaftung von Großeltern
und beginnt schon bei Gefährdung des angemessenen Unterhaltsbedarfs des barunterhaltspflichtigen
Elternteils.[63]

b) Ausgleichsanspruch.
Bei *echter* Ausfallhaftung (s. Rn. 43) bleibt die volle Unterhaltslast 45
bei dem allein leistungsfähigen Elternteil. Hier hat die Rechtsprechung einen Ausgleichsanspruch
angenommen auf Grund der Notwendigkeit, die Unterhaltsbelastung zwischen den Eltern entsprechend deren Leistungsvermögen gerecht zu verteilen.[64]

aa) Anspruchsvoraussetzungen.
Der den Unterhalt zunächst leistende Elternteil muss damit 46
eine – im Innenverhältnis der Eltern zueinander – dem anderen Elternteil obliegende Verpflichtung
gegenüber dem Kind erfüllt haben.[65] Die Streitfrage, ob zusätzlich erforderlich ist, dass der leistende
Elternteil zurzeit der Leistung die **Absicht** eines späteren Ersatzverlangens hatte,[66] wird in der Praxis
dahinstehen können, weil der eine Elternteil im Regelfall nicht einspringen wird, um den anderen
Elternteil zu entlasten, sondern mit der Absicht, dafür vom anderen Elternteil Ersatz zu verlangen.[67]
Kommt der Elternteil mit seinen Leistungen einer Unterhaltsverpflichtung nach, die ihm vorher
durch rechtskräftige Entscheidung auferlegt wurde, sind Erstattungsansprüche denkbar.[68] Hier

---

[55] BGH NJW 2007, 1882 = FamRZ 2007, 707; s. dazu *Born* NJW 2007, 1859; *ders.* FPR 2008, 88.
[56] BGH NJW 1996, 658; OLG Koblenz FamRZ 2007, 412.
[57] BGH NJW 2007, 1882 = FamRZ 2007, 707; s. dazu *Born* NJW 2007, 1859; *ders.* FPR 2008, 88.
[58] OLG Düsseldorf MDR 2001, 633, 634; *Luthin/Kamm* Rn. 7027; *Born* in *Heiß/Born* Kap. 22 Rn. 34 sowie aaO Rn. 37 zur Situation des Getrenntlebens innerhalb der ehelichen Wohnung und der wechselseitigen Bemühung um die Obhut des Kindes (Pflegerbestellung; so auch Empfehlung des 9. DFGT FamRZ 1992, 143, 145).
[59] OLG Hamm FamRZ 2001, 1024; *Büttner/Niepmann/Schwamb* Rn. 617; **aA** OLG Hamm FamRZ 2005, 539 (konkrete Darlegung des Unterhaltsbedarfs); OLG Stuttgart FamRZ 2001, 1241.
[60] OLG Hamm FamRZ 2001, 1023; *Palandt/Brudermüller* Rn. 17.
[61] OLG Brandenburg FamRZ 2004, 396.
[62] OLG Hamm NJW-RR 2006, 509.
[63] OLG Schleswig FamRZ 2004, 1054; OLG Hamm FamRZ 1990, 903.
[64] BGH NJW 1994, 2234 = FamRZ 1994, 1102 m. krit. Anm. *Scholz* 1314; NJW 1989, 2816; 1988, 2375.
[65] BGH NJW 1981, 2348; *Bamberger/Roth/Reinken* Rn. 22.
[66] Differenzierend hinsichtlich der Zeit bis zur Scheidung (Absicht erforderlich) und für die Zeit nach Scheidung (nicht mehr erforderlich) *Luthin* Rn. 39 in der 4. Aufl.
[67] *Palandt/Brudermüller* Rn. 18 unter Hinweis auf BGHZ 50, 266; BGH FamRZ 1984, 775; kritisch *A. Roth* FamRZ 1994, 793.
[68] BGH NJW 1981, 2462.

kommt allerdings kein Ausgleichsanspruch in Betracht, sondern es ist Abänderungsklage nach § 323 ZPO zu erheben;[69] dies gilt beispielsweise nach Überwechseln des Kindes vom sorgeberechtigten zum barunterhaltspflichtigen Elternteil.[70] Dagegen kann ein Ausgleichsanspruch geltend gemacht werden, wenn der bisher sorgeberechtigte Elternteil Erstattung der Aufwendungen verlangt, die er an Stelle des barunterhaltspflichtigen Elternteils in dessen Leistungszeitraum erbracht hat.[71] Sind dem gemeinsamen Kind Betreuungs- und Barleistungen erbracht worden, kann im Rahmen des familienrechtlichen Ausgleichsanspruchs grundsätzlich nur Erstattung geleisteten Barunterhalts verlangt werden, nicht dagegen Ersatz für geleistete Betreuung.[72] Der Anspruch greift in diesem Zusammenhang auch ein bei falscher Berücksichtigung des Kindergeldes,[73] bei volljährigen Kindern[74] oder für die Zahlung von Beiträgen zu einer von dem anderen Ehegatten abgeschlossenen Ausbildungsversicherung zu Gunsten des gemeinschaftlichen Kindes,[75] dagegen nicht, soweit der Elternteil mit seinen Leistungen nur eine ihm durch rechtskräftige Entscheidung auferlegte Verpflichtung gegenüber dem Kind erfüllt hat.[76] Die Baraufwendungen brauchen nicht im Einzelnen belegt zu werden.[77]

47   bb) **Ausgleich für die Vergangenheit.** Der Anspruch unterliegt den Schranken des § 1613,[78] wobei zur Inverzugsetzung die gerichtliche Geltendmachung des Kindesunterhalts durch den gesetzlichen Vertreter genügt.[79]

48   cc) **Verjährung.** Als monatlich zu bewirkende Geldleistung verjährte der Anspruch nach § 197 aF in vier Jahren;[80] nach der neuen Fassung des § 197 ist nach dessen Abs. 2 die Verweisung auf § 195 zu beachten, so dass die regelmäßige Verjährungsfrist von 3 Jahren gilt. S. dazu § 1613 Rn. 52.

49   dd) **Verhältnis zum Unterhaltsanspruch des Kindes.** Das vom betreuenden Elternteil versorgte Kind behält seinen Unterhaltsanspruch gegen den anderen Elternteil; gleichzeitig kann der familienrechtliche Ausgleichsanspruch gegen den anderen Elternteil bestehen. Dieser muss aber nur einmal leisten.[81] Das Kind kann (zB bei Eintritt der Volljährigkeit) verpflichtet werden, den Unterhaltsanspruch für die Zeit, in der es von einem Elternteil durch Barzahlung vollständig versorgt wurde, an diesen Elternteil abzutreten; damit vereinigen sich Unterhalts- und Ausgleichsanspruch in einer Hand. Durch Leistung des barunterhaltspflichtigen Elternteils an den ausgleichsberechtigten Elternteil erlöschen beide Ansprüche. Der ausgleichsberechtigte Elternteil kann durch einseitige Erklärung gegenüber dem Kind bestimmen, dass durch seine Barleistungen die Barunterhaltsverpflichtung des anderen Elternteils getilgt werden sollte. Damit erlischt der kongruente Unterhaltsanspruch des Kindes; somit verbleibt allein der Ausgleichsanspruch beim ausgleichsberechtigten Elternteil.[82]

V. Beweislast

50   1. **Unterhaltspflicht eines Elternteils.** Klagt das minderjährige unverheiratete Kind – entsprechend dem Regelfall – nur gegen einen Elternteil auf **Barunterhalt,** braucht es die wirtschaftlichen Verhältnisse des anderen Elternteils grundsätzlich nicht vorzutragen und zu beweisen. Denn nach Abs. 3 S. 2 ist davon auszugehen, dass dieser andere Elternteil seiner Unterhaltspflicht durch Erziehung und Pflege des Kindes nachkommt. Sofern der auf Zahlung des vollen Bedarfs allein

---

[69] BGH NJW 1994, 2234; 1988, 2375; NJW 1981, 2462.
[70] *Bamberger/Roth/Reinken* Rn. 22; **aA** *Scholz* FamRZ 1994, 1314, 1316, der (zur Vermeidung der Sperre des § 323 Abs. 3 ZPO) nach § 767 ZPO verfahren will.
[71] BGH NJW 1981, 2348; *Bamberger/Roth/Reinken* Rn. 22 aE. Anders bei vorliegender Freistellungsvereinbarung, s. OLG Naumburg FamRZ 2007, 1903.
[72] BGH NJW 1994, 2234; OLG Koblenz DAV 1999, 137; *Bamberger/Roth/Reinken* Rn. 23; *Palandt/Brudermüller* Rn. 18; **aA** *Scholz* FamRZ 1994, 1314.
[73] BGH NJW 1997, 1919.
[74] OLG Köln NJWE-FER 1999, 176.
[75] OLG Stuttgart NJW-RR 1992, 706.
[76] BGH FamRZ 1994, 1102; NJW 1981, 2348.
[77] OLG Koblenz FamRZ 1997, 368; *Palandt/Brudermüller* Rn. 18.
[78] BGH NJW 1984, 2158; 1988, 2378; OLG Jena NJW-RR 2008, 1678. S. auch AG Montabaur NJW 2008, 1539.
[79] BGH NJW 1989, 2816.
[80] BGH NJW 1989, 2816; 1960, 957.
[81] *Bamberger/Roth/Reinken* Rn. 26; *Palandt/Diederichsen*, 69. Aufl. Rn. 20 aE; **aA** OLG Naumburg FamRZ 2005, 298; *Palandt/Brudermüller* Rn. 18 aE.
[82] *Bamberger/Roth/Reinken* Rn. 27 unter Hinweis auf *Gießler* FamRZ 1994, 793, 805, 806.

verklagte Elternteil seine Leistungsfähigkeit nicht näher darlegt, kann – selbst dann, wenn anteilige Haftung des anderen Elternteils in Betracht kommen sollte – sein Haftungsanteil nicht bestimmt werden, so dass er den vollen Unterhalt allein zu zahlen hat.[83]

Will der auf Barunterhalt in Anspruch genommene Elternteil – ausnahmsweise – eine **Beteiligung** des betreuenden Elternteils am Barunterhalt geltend machen (s. Rn. 27 ff.), so hat er die Darlegungs- und Beweislast dafür, wie die Erwerbs- und Vermögensverhältnisse des betreuenden Elternteils sind.[84] Insoweit hat dieser Elternteil einen auf § 242 gestützten Auskunftsanspruch gegen den anderen Elternteil.[85] 51

2. Unterhaltspflicht beider Elternteile. Sofern beide Elternteile grundsätzlich barunterhaltspflichtig sind, zB bei Volljährigkeit des Kindes oder in Fällen, in denen keiner von ihnen das Kind betreut, hat das Kind die wirtschaftlichen Verhältnisse **beider Eltern** vorzutragen und zu beweisen, und zwar auch dann, wenn das Kind – wie es nach Trennung und Scheidung der Eltern häufig die Regel ist – nur einen von ihnen verklagt.[86] Allerdings muss das Kind den am Prozess nicht beteiligten Elternteil nicht auf Auskunft verklagen, sondern kann den beklagten Elternteil auf den vollen Unterhalt in Anspruch nehmen, sofern es sich die erforderlichen Informationen zumutbarerweise nicht verschaffen kann.[87] Das Kind braucht sich auch auf eine nur *fiktive* Leistungsfähigkeit des anderen Elternteils nicht verweisen zu lassen,[88] s. Rn. 15; hier kann das Kind einen Elternteil nur in dem Umfang auf Unterhalt in Anspruch nehmen, der dessen Haftungsanteil entspricht.[89] 52

3. Verwandte. Die Darlegungs- und Beweislast für das Vorhandensein gleichrangig haftender Verwandter trägt der Beklagte. Demgegenüber muss der Kläger beweisen, dass diese als Unterhaltspflichtige ausscheiden.[90] Sofern nachrangig haftende Verwandte in Anspruch genommen werden sollen, gehört die Leistungsunfähigkeit der vorrangig Verpflichteten bereits zu einem schlüssigen Klagevortrag.[91] 53

4. Abänderungsklage nach Eintritt der Volljährigkeit. Während der Minderjährigkeit eines Kindes ist der Vater in den meisten Fällen allein zum Barunterhalt verpflichtet. Erhebt er nach Eintritt der Volljährigkeit des Kindes Abänderungsklage auf Herabsetzung des Unterhalts,[92] muss er darlegen und beweisen, in welchem Maße die Mutter für den Unterhalt aufzukommen hat. Zwar liegt die Darlegungslast in diesem Punkt grundsätzlich beim Unterhaltsberechtigten; bei einer Abänderungsklage geht sie aber auf den Unterhaltspflichtigen über.[93] 54

VI. Änderungen durch das UnterhRÄndG

Das Unterhaltsrechtsänderungsgesetz (zu Einzelheiten s. 5. Aufl. Vor § 1601 Rn. 28 ff.) hat für die §§ 1606, 1607 keine Änderungen vorgesehen. Zur Neuregelung der Rangfolge zwischen mehreren Unterhaltsberechtigten s. § 1609 Rn. 4–9. 55

---

[83] OLG Hamburg FamRZ 1982, 627, 628; *Bamberger/Roth/Reinken* Rn. 28.
[84] BGH NJW 1981, 923; *Baumgärtel/Pruskowski* Rn. 4; *Palandt/Brudermüller* Rn. 20.
[85] BGH NJW 1988, 1906 (bei Volljährigenunterhalt).
[86] *Baumgärtel/Pruskowski* Rn. 3; OLG Hamburg FamRZ 1982, 627; OLG Frankfurt FamRZ 1987, 839.
[87] BGH NJW 1988, 1906 unter Hinweis auf § 1618a; *Baumgärtel/Pruskowski* Rn. 3. S. OLG Karlsruhe FamRZ 2009, 1497 sowie OLG Naumburg FuR 2008, 357 (Auskunftsanspruch des einen Elternteils gegen den anderen).
[88] OLG Frankfurt FamRZ 1993, 231.
[89] OLG Bremen FamRZ 1999, 1529; vgl. OLG Hamm FamRZ 2006, 1479. Nach BGH NJW 2008, 3635 m. Anm. *Born* = FamRZ 2008, 2104 m. Anm. *Schürmann* entfällt die anteilige Mithaftung aber nicht allein wegen des Ansatzes von fiktiven Einkünften.
[90] LG Kiel FamRZ 1996, 753; *Palandt/Brudermüller* Rn. 20.
[91] OLG Jena FamRZ 2009, 1498; 2006, 569 (Klage gegen die Großeltern: Darlegung notwendig, dass die betreuende Mutter zur Leistung von Barunterhalt außer Stande ist; Inanspruchnahme der Großeltern väterlicherseits: Darlegung der Einkommenssituation der Großeltern mütterlicherseits).
[92] Trotz der Änderung des Leistungsinhalts (von Natural- auf Barunterhalt) wird auch bei Eintritt der Volljährigkeit eine Identität zwischen dem Unterhaltsanspruch des Kindes während der Zeit der Minderjährigkeit und für die Zeit der Volljährigkeit angenommen (BGH FamRZ 1984, 682; OLG Köln FamRZ 1995, 308); s. dazu *Born* in *Heiß/Born* Kap. 23 Rn. 122; s. auch § 1610 Rn. 9 Fn. 22.
[93] OLG Naumburg FuR 2008, 357; OLG Hamburg FamRZ 1993, 1475, 1476; *Bamberger/Roth/Reinken* Rn. 28 aE; **aA** KG FamRZ 1989, 1206; 1994, 765, wonach die Darlegungs- und Beweislast für den Fortbestand des Unterhaltsanspruchs – unverändert – beim Gläubiger (dem volljährig gewordenen Kind) liegen soll.

§ 1607 Ersatzhaftung und gesetzlicher Forderungsübergang

(1) Soweit ein Verwandter auf Grund des § 1603 nicht unterhaltspflichtig ist, hat der nach ihm haftende Verwandte den Unterhalt zu gewähren.

(2) ¹Das Gleiche gilt, wenn die Rechtsverfolgung gegen einen Verwandten im Inland ausgeschlossen oder erheblich erschwert ist. ²Der Anspruch gegen einen solchen Verwandten geht, soweit ein anderer nach Absatz 1 verpflichteter Verwandter den Unterhalt gewährt, auf diesen über.

(3) ¹Der Unterhaltsanspruch eines Kindes gegen einen Elternteil geht, soweit unter den Voraussetzungen des Absatzes 2 Satz 1 anstelle des Elternteils ein anderer, nicht unterhaltspflichtiger Verwandter oder der Ehegatte des anderen Elternteils Unterhalt leistet, auf diesen über. ²Satz 1 gilt entsprechend, wenn dem Kind ein Dritter als Vater Unterhalt gewährt.

(4) Der Übergang des Unterhaltsanspruchs kann nicht zum Nachteil des Unterhaltsberechtigten geltend gemacht werden.

Übersicht

	Rn.		Rn.
I. Normzweck	1, 2	IV. Forderungsübergang bei Leistungen durch nicht unterhaltspflichtige Dritte (Abs. 3)	15–22
II. Ausfallhaftung anderer Verwandter (Abs. 1)	3–6	1. Nicht unterhaltspflichtige Verwandte	16–19
1. Mangelnde Leistungsfähigkeit	3, 4	a) Verwandte	16
2. Umfang des Anspruchs	5, 6	b) Scheinvater	17, 18
a) Höhe	5	c) Umfang	19
b) Dauer	6	2. Rechtsverfolgungsschwierigkeiten (S. 1)	20
III. Ersatzhaftung bei Rechtsverfolgungsschwierigkeiten (Abs. 2)	7–14	3. Umfang des Forderungsübergangs	21, 22
1. Anspruchsvoraussetzungen (Abs. 2 S. 1)	8–10	V. Schutz des Unterhaltsberechtigten (Abs. 4)	23
2. Übergang des Unterhaltsanspruchs (Abs. 2 S. 2)	11–14	VI. Sonstiger Ausgleich	24, 25
a) Verpflichtete	11, 12	VII. Beweislast	26–28
b) Inhalt des Anspruchs	13, 14		

I. Normzweck

1   Die Vorschrift soll den Unterhaltsberechtigten schützen, sofern der nähere Verwandte leistungsunfähig oder die Rechtsverfolgung gegen ihn nicht oder nur erschwert möglich ist; in diesen Fällen greift die Unterhaltspflicht des entfernteren, leistungsfähigen Verwandten ein. Der Unterhalt des Kindes soll also bei Ausfall eines nahen Verwandten durch den Eintritt des nachrangig haftenden Verwandten gesichert werden (Sekundärhaftung).

2   Bei der nach Abs. 1 eintretenden Haftung des rangmäßig (§ 1606 Abs. 2) nachrangig haftenden Verwandten handelt es sich um echte Ausfallhaftung; dieser Verwandter ist unmittelbar selbst unterhaltspflichtig und bleibt ohne Regressmöglichkeit. Im Gegensatz dazu handelt es sich bei Abs. 2 um eine bloße Ersatzhaftung; der so haftende Verwandte hat deshalb über die *cessio legis* die Möglichkeit des Ausgleichs. Die in Abs. 3 geregelte *cessio legis* soll die Bereitschaft von nicht unterhaltspflichtigen Verwandten zur Unterstützung des Kindes fördern; Abs. 3 gilt nur für Unterhaltsansprüche Kindern gegenüber, während die Absätze 2 und 4 gem. § 1584 S. 3 auf den nachehelichen Unterhalt anwendbar sind. Abs. 3 gilt für eheliche und nichteheliche sowie minderjährige und volljährige Kinder. Wie an der Verweisung auf Abs. 2 S. 1 deutlich wird, muss die Rechtsverfolgung gegen den eigentlich Unterhaltspflichtigen im Inland ausgeschlossen oder zumindest erheblich erschwert sein. § 1607 greift auch im Rahmen der Ansprüche nach § 1615l ein.[1] Großeltern können auch für Mehrbedarf eintrittspflichtig sein.[2]

---

[1] OLG München FamRZ 1999, 1166; 1999, 1299 m. Anm. *Finger*.
[2] AG Wuppertal FamRZ 2004, 1746 (Privatschule); *Büte* FuR 2006, 356; 2005, 433.

II. Ausfallhaftung anderer Verwandter (Abs. 1)

1. Mangelnde Leistungsfähigkeit. Anspruchsvoraussetzung ist – neben Unterhaltsbedürftig- 3
keit auf Seiten des Anspruchstellers und Leistungsfähigkeit auf Seiten des nachrangig haftenden
Verwandten – die mangelnde Leistungsfähigkeit eines eigentlich vorrangig haftenden Verwandten.
Soweit dieser nach § 1606 vorrangig haftende Verwandte nicht leistungsfähig ist, muss der im Rang
nachstehende Verwandte Unterhalt gewähren. Sind an sich mehrere Verwandte *gleichrangig* unterhaltspflichtig, ist aber nur einer von ihnen leistungsfähig, so haften die anderen erstrangig Verpflichteten anteilig auf den vollen Unterhalt. Nur wenn und soweit auch deren Leistungsfähigkeit erschöpft ist, ist der im Range nächstverpflichtete Verwandte unterhaltspflichtig.

Diesen nachrangig haftenden Verwandten trifft dann eine **eigene,** nicht eine abgeleitete **Unter-** 4
haltspflicht. Deshalb besteht bei Haftung nach Abs. 1 kein Rückgriffsanspruch gegen den näheren
Verwandten. Dies gilt auch dann, wenn der nähere Verwandte später wieder leistungsfähig wird (s.
Rn. 6). Die Ersatzhaftung von Großeltern greift nicht schon dann ein, wenn die minderjährigen
Kinder von dem unterhaltspflichtigen Elternteil Unterhalt nach der dritten Einkommensgruppe
der Düsseldorfer Tabelle erhalten.[3] Vielmehr tritt die Ersatzhaftung erst bei Unterschreitung des
notwendigen Selbstbehalts der Eltern ein, also nicht schon bei Beeinträchtigung von deren angemessenem Selbstbehalt.[4] Zunächst müssen die Eltern ihrer Erwerbsobliegenheit in vollem Umfang
nachkommen,[5] so dass auch eine Leistungsfähigkeit des vorrangig Haftenden auf **fiktiver** Basis
ausreicht, um die Haftung des nachrangigen Unterhaltsschuldners (ganz oder teilweise) auszuschließen.[6] Der Selbstbehalt von Großeltern kann gegenüber demjenigen von Eltern im Rahmen
deren Haftung gegenüber volljährigen Kindern um 25% erhöht werden;[7] s. dazu § 1601 Rn. 47.

2. Umfang des Anspruchs. a) Höhe. Das Unterhaltsmaß richtet sich nach der (gegebenen- 5
falls von den Eltern) abgeleiteten Lebensstellung des Kindes.[8] Unterschreitet der von den Eltern
geleistete Unterhaltsbeitrag aber den Mindestunterhalt des Kindes, greift die Ersatzhaftung der Großeltern ein.[9]

b) Dauer. Die Ersatzhaftung des nachrangigen Verwandten dauert nur solange an, wie der 6
vorrangig haftende Verwandte leistungsunfähig ist. Kann der vorrangig haftende Verwandte wieder
Kindesunterhalt leisten, wird der nachrangig haftende Verwandte frei. Bis zu diesem Zeitpunkt bleibt
es dagegen bei der Ersatzhaftung des nachrangig haftenden Verpflichteten; diesem stehen keine Regressansprüche zu, weil der näher stehende Verwandte mangels Leistungsfähigkeit nicht unterhaltspflichtig war.
Dies gilt selbst dann, wenn der vorrangig Haftende später vermögend wird und dadurch ohne
Weiteres auch den früheren Unterhalt bezahlen könnte.[10]

III. Ersatzhaftung bei Rechtsverfolgungsschwierigkeiten (Abs. 2)

In Abs. 2 ist die – von Abs. 1 zu unterscheidende – Haftung des entfernteren (und deshalb an 7
sich nachrangig unterhaltspflichtigen) Verwandten **anstatt** des näheren Verwandten geregelt. Der
Unterhalt soll auch dann gesichert werden, wenn Schwierigkeiten bestehen, den Unterhaltsanspruch
gegenüber dem primär Unterhaltspflichtigen durchzusetzen. Da aber der „eigentliche" Unterhaltsschuldner – anders als nach Abs. 1 – in materiell-rechtlicher Hinsicht unterhaltspflichtig bleibt, wird
der nachrangig haftende Verwandte durch *cessio legis* in Form des auf ihn übergehenden Unterhaltsanspruchs des Kindes entschädigt (Abs. 2 S. 2). Sofern mehrere gleichnahe Verwandte haften, ist
Abs. 2 analog anzuwenden; deshalb kann zB die Mutter zur Leistung des vollen Unterhalts verpflichtet werden, wenn der Aufenthalt des Vaters unbekannt ist.[11]

1. Anspruchsvoraussetzungen (Abs. 2 S. 1). Die Rechtsverfolgung (zu der auch die 8
Zwangsvollstreckung gehört) muss gegen den vorrangig Unterhaltspflichtigen im Inland entweder
ausgeschlossen oder erheblich erschwert sein. **Ausgeschlossen** ist die Rechtsverfolgung bei Stillstand der Rechtspflege, bei Auslandswohnsitz des Schuldners oder bei unbekanntem Aufenthalts-

---

[3] OLG Karlsruhe FamRZ 2001, 782.
[4] OLG Hamm FamRZ 2005, 57.
[5] BGH NJW 1985, 806.
[6] OLG Hamm NJW-RR 2006, 871; *Palandt/Brudermüller* Rn. 5.
[7] Vgl. OLG Schleswig JAmt 2005, 99.
[8] LG Ravensburg FamRZ 1986, 93; *Büttner/Niepmann* NJW 2004, 2285.
[9] OLG Köln NJW-RR 2004, 869; *Palandt/Brudermüller* Rn. 5.
[10] *Palandt/Brudermüller* Rn. 9. S. dazu die gleichgelagerte Problematik beim Elternunterhalt, BVerfG NJW 2005, 1927; s. dazu *Born* MDR 2005, 901.
[11] BGH FamRZ 1989, 850; 1971, 571.

ort;¹² Gleiches gilt dann, wenn und solange die Vaterschaft eines Kindes nicht anerkannt (§ 1594 Abs. 1) oder gerichtlich festgestellt (§ 1600d Abs. 1) ist.¹³

9 **Erheblich erschwert** ist die Rechtsverfolgung bei einem häufigen Wohnsitzwechsel des Unterhaltsschuldners,¹⁴ bei bisher fehlender Feststellung, wer Vater des Kindes ist,¹⁵ bei Verweis des Vollstreckungsschuldners auf Leistungen nach dem UVG¹⁶ oder bei Herbeiführung der Leistungsunfähigkeit durch Untersuchungshaft und Strafhaft.¹⁷ Erhebliche Erschwernis der Rechtsverfolgung wird auch angenommen, wenn der Unterhaltsanspruch gegen den nicht erwerbstätigen Schuldner selbst mit einem – auf der Zurechnung **fiktiver Einkünfte** beruhenden – Vollstreckungstitel nicht realisiert werden kann;¹⁸ dies gilt auch, wenn der bisher betreuende Elternteil nach Eintritt der Volljährigkeit des Kindes anteilig barunterhaltspflichtig wird, aber nur fiktiv zuzurechnende Einkünfte hat.¹⁹

10 Dagegen wird **keine Erschwernis** angenommen, wenn ein deutscher Unterhaltstitel in Spanien automatisch anerkannt wird.²⁰ Gleiches gilt bei Insolvenz, außer im PKH-Verfahren.²¹

11 **2. Übergang des Unterhaltsanspruchs (Abs. 2 S. 2). a) Verpflichtete.** Der Anspruch geht nur auf solche Verwandte über, die auf Grund nachrangiger Haftung zur Unterhaltsleistung verpflichtet sind.²² Dadurch, dass in Abs. 2 S. 2 auf Abs. 1 verwiesen wird, wird klargestellt, dass die *cessio legis* nicht bei jedem Einspringen für einen Verwandten, bei dessen Inanspruchnahme es Schwierigkeiten der Rechtsverfolgung gibt, stattfinden soll; allein die Leistung von Unterhalt anstelle eines Verwandten des Kindes löst den Anspruchsübergang also nicht aus. Als nachrangig leistende Verwandte kommen in Betracht:
– Großeltern anstelle von Eltern
– ein Elternteil im Rahmen entsprechender Ausfallhaftung (s. § 1606 Rn. 43, 44) anstelle des anderen Elternteils²³
– Kinder bei Erfüllung von Unterhaltspflichten ihrer Geschwister gegenüber den gemeinsamen Eltern.

12 Nicht ausreichend ist dagegen die Gewährung von Kindesunterhalt durch einen Elternteil in der Absicht, von dem anderen Elternteil hierfür Ersatz zu fordern; denn dann wäre der familienrechtliche Ausgleichsanspruch (s. Rn. 25) überflüssig.²⁴

13 **b) Inhalt des Anspruchs.** Der übergegangene Anspruch ist mit dem ursprünglichen Unterhaltsanspruch grundsätzlich identisch, erfährt jedoch gewisse Modifikationen.²⁵ Dem Anspruch gegenüber können (analog § 404) alle Einwendungen geltend gemacht werden, die im Zeitpunkt des Forderungsübergangs bestanden haben, zB solche nach § 1611. Anderseits kann der übergegangene Anspruch – anders als Unterhaltsansprüche – abgetreten²⁶ sowie – ohne die Privilegien des § 850d ZPO – gepfändet oder verpfändet werden, auch die Aufrechnung ist gegen ihn zulässig (§ 394).²⁷ Dagegen unterliegt auch der übergegangene Anspruch weiter der kurzen **Verjährung** nach § 197 Abs. 2.²⁸

14 Es ist umstritten, ob § 1613 im Verhältnis zum Erstschuldner zu beachten ist. Der Anspruch kann nur übergehen, soweit er entstanden ist; dies gilt auch für die zeitliche Dimension. Soweit danach der Gläubiger dem Erstschuldner gegenüber die Voraussetzungen des § 1613 Abs. 1 schaffen konnte und geschaffen hat, kann auch der auf Grund des § 1607 Leistende Unterhalt für die

---

¹² BGH NJW 1989, 2816 = FamRZ 1989, 850.
¹³ BGH NJW 1993, 1195 = FamRZ 1993, 696.
¹⁴ AG Alsfeld DAVorm. 1974, 519.
¹⁵ OLG Brandenburg FamRZ 2004, 560.
¹⁶ OLG München NJW-RR 2000, 1248.
¹⁷ AG Bad Homburg FamRZ 1999, 1450.
¹⁸ OLG Karlsruhe FamRZ 1991, 971, OLG Koblenz FamRZ 1989, 307. Es gilt § 1613 (OLG Jena FamRZ 2006, 569).
¹⁹ OLG Hamm NJW-RR 2006, 509.
²⁰ AG Leverkusen FamRZ 2003, 627.
²¹ OLG Dresden FamRZ 2006, 569.
²² BT-Drucks. 13/7338 S. 21.
²³ BGHZ 50, 266, 270; OLG Celle NJW 1974, 504.
²⁴ BGH NJW 1989, 2816; *Palandt/Brudermüller* Rn. 13.
²⁵ *Palandt/Brudermüller* Rn. 14; *Kropholler* FamRZ 1965, 413.
²⁶ BGH FamRZ 1982, 50.
²⁷ *Palandt/Brudermüller* Rn. 14; *Bamberger/Roth/Reinken* Rn. 9.
²⁸ BGHZ 31, 329; dagegen 30-jährige Verjährung für den familienrechtlichen Ausgleichsanspruch des Scheinvaters nach Abs. 3 (BGHZ 103, 160, 170).

Vergangenheit verlangen, denn die Warnfunktion ist beachtet;[29] einer zusätzlichen Herbeiführung der Voraussetzungen des § 1613 Abs. 1 im Verhältnis zwischen Leistendem und Erstschuldner bedarf es dann nicht mehr, anderenfalls grundsätzlich durchaus.[30] Trotz grundsätzlicher Möglichkeit, das Fehlen der Voraussetzungen des § 1613 einzuwenden,[31] gilt etwas anderes dann, wenn sich der Erstschuldner der Erfüllung seiner Unterhaltspflicht bewusst entzogen hat.[32] Erst recht scheidet § 1613 Abs. 1 aus bei Mitwirkung an einer Kindesunterschiebung oder bei Unterhaltsflucht ins Ausland.[33]

IV. Forderungsübergang bei Leistungen durch nicht unterhaltspflichtige Dritte (Abs. 3)

Abs. 3 hat die (früher nur für Kinder nicht miteinander verheirateter Eltern geltende) Regelung des § 1615b Abs. 1, Abs. 2 aF auch für eheliche Kinder übernommen. Es war Zweck der genannten Vorschrift, die Bereitschaft anderer Verwandter zur Sicherstellung des Kindesunterhalts zu fördern; diese gesetzgeberische Absicht soll sich aber auch zu Gunsten ehelicher Kinder auswirken. Die – für eheliche und nichteheliche, minderjährige und volljährige Kinder geltende – Bestimmung zielt auf eine Förderung der Bereitschaft von nicht unterhaltspflichtigen Verwandten, zur Unterstützung des Kindes beizutragen. Die Vorschrift bezieht sich – anders als die Absätze 2 und 4, die nach § 1584 S. 3 auf den nachehelichen Unterhalt anwendbar sind – nur auf Unterhaltsansprüche von Kindern; sie erstreckt den Anspruch aber auf Personen, die nicht zur Unterhaltsleistung verpflichtet sind. Andererseits muss der Anlass für die Übernahme von Unterhaltsleistungen immer im Bereich der Rechtsverfolgungsschwierigkeiten nach Abs. 2 S. 1 bei den eigentlich Verpflichteten gewesen sein; deshalb kann auch der Scheinvater gegen die Mutter nur dann Regress nehmen, wenn er deren Unterhaltsverpflichtung tilgen wollte.[34]

1. Nicht unterhaltspflichtige Verwandte. a) Verwandte. Als solche kommen Tante und Onkel sowie Geschwister des Kindes in Betracht, ebenso Verwandte, die nach Adoption des Kindes hinzugewonnen wurden. In den Genuss der *cessio legis* kommen schließlich auch Verwandte, die an sich unter Abs. 1 fallen, aber in überobligationsmäßiger Weise für das Kind aufgekommen sind.[35] Abs. 3 erfasst – in Erweiterung der frühren Regelung des § 1615b aF – auch die Unterhaltsansprüche gegenüber beiden Elternteilen.[36]

b) Scheinvater. Abs. 2 S. 2 erfasst – neben Stiefeltern, also den jeweiligen Ehegatten des leiblichen Elternteils des Kindes – auch den Scheinvater, also einen Dritten, der dem Kind „als Vater" Unterhalt leistet.[37] „Dritter" in diesem Sinne ist derjenige, der – ohne Vater zu sein – die Vaterschaft anerkannt oder als vermeintlicher Vater Zahlungen geleistet hat. Es ist unerheblich, ob die rechtliche Vaterschaft auf der Ehe mit der Mutter, auf Anerkenntnis oder gerichtlicher Feststellung beruht.[38] Erforderlich ist dagegen, dass die Rechtsverfolgung gegen den wirklichen Vater nach Abs. 2 S. 1 ausgeschlossen oder erheblich erschwert ist.[39] Dies ist gegenüber dem nichtehelichen Vater vor Anerkennung oder gerichtlicher Feststellung der Vaterschaft der Fall.[40]

Für den **Regress** gegen den wirklichen Vater reicht die inzidente Prüfung der Vaterschaft im Regressverfahren inzwischen aus; der gesetzliche Forderungsübergang setzt – neben der Rechtsausübungssperre der §§ 1594 Abs. 1, 1600 d Abs. 4 – die Zuordnung der Vaterschaft des Erzeugers durch Anerkenntnis oder direkte gerichtliche Feststellung nicht mehr voraus.[41] Nach dem Gesetzeszweck spielt es für den Regress keine Rolle, ob der Ehemann der Mutter sich zu Unrecht für den Vater hielt oder ob er die Umstände kannte, die für die Vaterschaft eines anderen Mannes

---

[29] BGH NJW 1989, 2816 (in Ergänzung zu BGH NJW 1984, 2158) für den familienrechtlichen Ausgleichsanspruch.
[30] Vgl. *Johannsen/Henrich/Graba* § 1607 Rn. 8 mwN.
[31] BGH FamRZ 1984, 775; OLG Jena FamRZ 2006, 569; *Palandt/Brudermüller* Rn. 13.
[32] *Ehrmann/Holzhauer* § 1607 Rn. 15; *Bamberger/Roth/Reinken* Rn. 9.
[33] Vgl. *Palandt/Brudermüller* § 1613 Rn. 14.
[34] *Mersch* FPR 2005, 118; *Palandt/Brudermüller* Rn. 15.
[35] *Palandt/Brudermüller* Rn. 16.
[36] *Bamberger/Roth/Reinken* Rn. 18.
[37] *Schwonberg* FuR 2006, 395; *Löhnig* FamRZ 2003, 1354; *Huber* FamRZ 2004, 145.
[38] *Palandt/Brudermüller* Rn. 16.
[39] BT-Drucks. 13/7338 S. 21; *Knittel* DAVorm. 1998, 178, 188; *Bamberger/Roth/Reinken* Rn. 12.
[40] BGH NJW 1993, 1195 = FamRZ 1993, 696.
[41] BGH NJW 2008, 2433 m. Anm. *Maurer* = FamRZ 2008, 1424 m. Anm. *Wellenhofer; Zimmermann* FPR 2008, 327; anders noch BGH NJW 1993, 1195.

sprachen.⁴² Auch derjenige, der ohne Wirksamsanerkenntnis oder gerichtliche Feststellung der Vaterschaft auf Grund seiner Beziehungen zur Mutter irrtümlich annimmt, Vater des Kindes zu sein und deshalb Unterhalt leistet, leistet diesen „als Vater"; denn *ratio legis* von Abs. 2 S. 2 ist – im Interesse des Kindes – weniger der Schutz des Vertrauens in eine rechtlich festgestellte Vaterschaft als der (durch tatsächliche Umstände veranlasste) Glaube an das Bestehen einer verwandtschaftlichen Beziehung.⁴³

19 **c) Umfang.** Die Erstattung erstreckt sich auf die Unterhaltsleistungen, aber nur in Höhe des Unterhaltsanspruchs des Kindes gegen den wirklichen Vater. Sofern der Scheinvater Unterhaltsleistungen an das Kind in einer Doppelverdienerehe erbracht hat, geht der Unterhaltsanspruch entsprechend § 1606 Abs. 3 S. 1 nur anteilig auf ihn über.⁴⁴ Naturalleistungen sind in einen Geldanspruch umzurechnen.⁴⁵ Der Scheinvater hat einen gegen das Kind gerichteten Anspruch auf **Auskunft**, wer der Vater ist und ob die Vaterschaft anerkannt oder festgestellt ist,⁴⁶ dagegen keinen Anspruch gegen die Mutter auf Bekanntgabe des Namens des leiblichen Vaters.⁴⁷

20 **2. Rechtsverfolgungsschwierigkeiten (S. 1).** Ein Anspruchsübergang findet nur statt, wenn Ausschluss oder erhebliche Erschwernis der Rechtsverfolgung nach Abs. 2 S. 1 vorliegt.⁴⁸

21 **3. Umfang des Forderungsübergangs.** S. zunächst Rn. 18. Zum „Unterhalt" iS von Abs. 3 S. 2, der vom wirklichen Vater zu ersetzen ist, gehören auch die vom Scheinvater für den Vaterschaftsanfechtungsprozess aufgewandten Kosten.⁴⁹ Keinen Ersatzanspruch hat der Scheinvater dagegen hinsichtlich der Kosten des Anfechtungsverfahrens, wenn seine Vaterschaft auf einem Anerkenntnis beruht.⁵⁰ Der Scheinvater kann auch Erstattung eines an das Kind gezahlten Prozesskostenvorschusses verlangen.⁵¹ Soweit der Scheinvater dem Kind Betreuungsleistungen erbracht oder Wohnung gewährt hat, ist der Wert dieser Leistung zu schätzen.⁵² Erstattungsfähig sind auch verauslagte Kosten einer Säuglingsausstattung.⁵³

22 Nachdem auch die Neuregelung zur Verjährung⁵⁴ einen subjektiven Anknüpfungspunkt gewählt hat, beginnt die Verjährung erst mit Kenntnis des Gläubigers von den anspruchsbegründenden Umständen und der Person des Schuldners.⁵⁵

V. Schutz des Unterhaltsberechtigten (Abs. 4)

23 Nach gesetzlicher Regelung kann der Übergang des Unterhaltsanspruchs nicht zum Nachteil des Unterhaltsberechtigten geltend gemacht werden. Damit behandelt das Gesetz die Regressforderung des Leistenden nachrangig gegenüber dem Unterhaltsanspruch des Berechtigten mit der Konsequenz, dass bei der Bemessung der Leistungsfähigkeit des Unterhaltsschuldners **für die Zukunft** die Verpflichtung aus dem Forderungsübergang nicht als Verbindlichkeit (§ 1603 Abs. 1) berücksichtigt wird.⁵⁶ Dies auch gegenüber einem familienrechtlichen Ausgleichsanspruch (s. Rn. 25) zu berücksichtigen.⁵⁷

---

⁴² OLG Schleswig NJW-RR 2007, 1017; LG Bielefeld FamRZ 2006, 1149 mwN; *Palandt/Brudermüller* Rn. 16; **aA** AG Wipperfürth FamRZ 2001, 783.
⁴³ *Palandt/Brudermüller* Rn. 16.
⁴⁴ OLG München FamRZ 2001, 251; *Palandt/Brudermüller* Rn. 16.
⁴⁵ AG Köln FamRZ 1991, 1035; *Bamberger/Roth/Reinken* Rn. 13.
⁴⁶ OLG Köln FamRZ 2002, 1214.
⁴⁷ *Palandt/Brudermüller* Rn. 16 aE.
⁴⁸ BT-Drucks. 13/7338 S. 21; *Knittel* DAVorm. 1998, 178, 188; *Bamberger/Roth/Reinken* Rn. 12; **aA** *Palandt/Brudermüller* Rn. 17 (nur bei Verwandten und Stiefeltern, nicht beim Scheinvater).
⁴⁹ BGH FamRZ 1972, 37; OLG Schleswig NJW-RR 2007, 1017; LG Düsseldorf FamRZ 1993, 997; LG Lüneburg FamRZ 1991, 1095; dies gilt auch für die Kosten der Beiziehung eines Rechtsanwalts (AG Landau/Isar FamRZ 1999, 1296).
⁵⁰ OLG Jena FamRZ 2006, 1148; OLG Celle FamRZ 2005, 1853.
⁵¹ BGH FamRZ 1968, 78; 1964, 558.
⁵² AG Köln FamRZ 1991, 735; 1991, 1035; *Johannsen/Henrich/Graba* § 1607 Rn. 8.
⁵³ LG Heilbronn FamRZ 1990, 556.
⁵⁴ Die Verjährungsfrist betrug früher 4 Jahre, § 197 aF (BGHZ 31, 329), sie begann mit der Kenntnis des Scheinvaters von der Person des Erzeugers (OLG Koblenz FamRZ 1960, 365). Nunmehr gilt nach § 197 Abs. 2 auf Grund der Verweisung auf § 195 eine Verjährungsfrist von 3 Jahren. S. dazu auch § 1613 Rn. 52.
⁵⁵ *Bamberger/Roth/Reinken* Rn. 15.
⁵⁶ RGZ 126, 181; *Palandt/Brudermüller* Rn. 19; *Bamberger/Roth/Reinken* Rn. 16.
⁵⁷ KG FamRZ 2000, 441, 442 unter Hinweis darauf, dass die Schutzklausel von im Erkenntnisverfahren anzuwenden ist, wenn die Leistungsunfähigkeit des Schuldners deutlich erkennbar wird.

VI. Sonstiger Ausgleich

Soweit der gesetzliche Forderungsübergang eintritt, scheiden daneben Ansprüche aus GoA und ungerechtfertigter Bereicherung aus.[58] Andere Dritte, die Unterhalt geleistet haben und zu deren Gunsten der Forderungsübergang nicht gilt, können dagegen solche Ansprüche haben. 24

Sofern ein **Elternteil** höheren als den gesetzlich geschuldeten (§ 1606 Abs. 3 S. 1) Barunterhalt geleistet hat, kann zu seinen Gunsten ein **familienrechtlicher Ausgleichsanspruch** zu bejahen sein.[59] Die Verjährungsfrist für den familienrechtlichen Ausgleichsanspruch beträgt 30 Jahre.[60] 25

VII. Beweislast

Will der **Berechtigte** einen nachrangig haftenden Pflichtigen in Anspruch nehmen, hat er die Beweislast für die fehlende Leistungsfähigkeit des vorrangig haftenden Unterhaltspflichtigen.[61] Gleiches gilt für den Fall, dass von den gleichrangig haftenden Großeltern die nicht in Anspruch genommenen Großelternteile leistungsunfähig sind.[62] Dies gilt auch für die Behauptung, die Rechtsverfolgung im Inland sei ausgeschlossen oder wesentlich erschwert (Abs. 2 S. 1).[63] 26

Der in Anspruch genommene **Verwandte** hat die Beweislast für die Richtigkeit seiner Einwendung, trotz der Rechtsverfolgungsschwierigkeiten (Abs. 2 S. 1) erhalte der Berechtigte von dem vorrangig Haftenden Leistungen oder könne solche Leistungen erhalten.[64] Wer eine **Regressforderung** durchsetzen will, muss die von ihm geleisteten Unterhaltsbeträge dartun und belegen. 27

Im Verhältnis zwischen – auch getrennt lebenden (s. § 1361 Abs. 4 S. 4) – **Ehegatten** ist die Auslegungsregel des § 1360b zu beachten: Leistet ein Ehegatte zum Unterhalt der Familie mehr als das, wozu er verpflichtet ist, so ist im Zweifel anzunehmen, dass er vom anderen Ehegatten **keinen Ersatz** verlangen will. Um gleichwohl beim anderen Ehegatten Rückgriff nehmen zu können, muss dargelegt und bewiesen werden, dass der Leistende zum einen mehr gezahlt hat, als ihm oblag und dass er zum anderen schon bei Leistung des Unterhalts die **Absicht** hatte, Ersatz zu verlangen, schließlich, dass diese Absicht für den anderen Ehegatten zumindest den Umständen nach erkennbar war.[65] Ein Indiz für die Rückforderungsabsicht kann das Verlangen (bei Leistung) sein, eine Quittung oder einen Schuldschein zu erhalten; dagegen lässt das Getrenntleben als solches in der Regel noch nicht auf eine Rückforderungsabsicht schließen.[66] 28

§ 1608 Haftung des Ehegatten oder Lebenspartners

(1) ¹Der Ehegatte des Bedürftigen haftet vor dessen Verwandten. ²Soweit jedoch der Ehegatte bei Berücksichtigung seiner sonstigen Verpflichtungen außerstande ist, ohne Gefährdung seines angemessenen Unterhalts den Unterhalt zu gewähren, haften die Verwandten vor dem Ehegatten. ³§ 1607 Abs. 2 und 4 gilt entsprechend. ⁴Der Lebenspartner des Bedürftigen haftet in gleicher Weise wie ein Ehegatte.

(2) *(weggefallen)*

Schrifttum: *Beckmann,* Kein Ehegattenunterhalt wegen „grober Unbilligkeit" (§ 1579 I BGB) – dann aber Unterhaltsanspruch gegen die Verwandten?, FamRZ 1983, 863; *Büttner,* Unterhaltsrecht der eingetragenen Lebenspartnerschaft, FamRZ 2001, 1105; *Schwab,* Eingetragene Lebenspartnerschaft – Ein Überblick –, FamRZ 2001, 385.

---

[58] HM, vgl. *Johannsen/Henrich/Graba* § 1607 Rn. 10 mwN, auch zur Gegenmeinung; *Bamberger/Roth/Reinken* Rn. 9; *Palandt/Brudermüller* Rn. 9.
[59] BGH NJW 1989, 2816; 1984, 2158.
[60] BGHZ 103, 160, 170; die kurze Verjährungsfrist von 3 Jahren (§ 197 Abs. 2) gilt dagegen für die nach Abs. 2 übergegangenen Ansprüche, s. Rn. 13.
[61] BGH NJW 1981, 923 = FamRZ 1981, 347.
[62] OLG Frankfurt FamRZ 2004, 1745; *Duderstadt* FamRZ 2006, 32.
[63] *Palandt/Brudermüller* Rn. 20; *Bamberger/Roth/Reinken* Rn. 18.
[64] *Baumgärtel/Laumen/Pruskowski* Rn. 3; *Bamberger/Roth/Reinken* Rn. 18.
[65] *Baumgärtel/Laumen/Pruskowski* Rn. 4 mwN; *Bamberger/Roth/Reinken* Rn. 18.
[66] Streitig; wie hier *Baumgärtel/Laumen/Pruskowski* Rn. 4 mwN.

Übersicht

	Rn.		Rn.
I. Normzweck	1, 2	2. Erschwerte Rechtsverfolgung	9
II. Vorrang der Ehegatten- und Partnerhaftung	3, 4	3. Verwirkung des Ehegattenunterhalts	10, 10a
III. Eintrittspflicht Verwandter	5–10a	IV. Ersatzanspruch	11
1. Leistungsunfähigkeit des Ehegatten	7, 8	V. Beweislast	12–14

I. Normzweck

1   Die Vorschrift, die durch Gesetz vom 16. 2. 2001 (BGBl. I S. 266) – LPartG – um den Satz 4 ergänzt worden ist, regelt, in welcher **Rangordnung** der Ehegatte oder der eingetragene Lebenspartner des Bedürftigen und dessen Verwandte (iS des § 1601 sind das alle Verwandten in gerader Linie; in der Praxis vielfach Eltern oder Kinder des Unterhalt Fordernden) zueinander stehen. Dabei setzt § 1608 das Bestehen der Ehe bzw. der eingetragenen Lebenspartnerschaft voraus, so dass es um die Konkurrenz von Ansprüchen nach §§ 1360, 1360 a (während der intakten Ehe), § 5 LPartG, §§ 1361, 12 LPartG (für die Trennungszeit) einerseits und gemäß §§ 1601 ff. andererseits geht. Für die Zeit nach der Scheidung oder der Auflösung der eingetragenen Lebenspartnerschaft[1] findet sich in § 1584 (iVm. § 1581) eine entsprechende Regelung. Im Falle der Eheaufhebung ist § 1584 uU entsprechend anwendbar (vgl. § 1318 Abs. 2).

2   S. 3 des § 1608 ist als Folge der Umstellungen in § 1607 zum 1. 7. 1998 redaktionell geändert worden. Inhaltlich ist die Rechtslage hinsichtlich der Ersatzmöglichkeiten mit der bis zum 30. 6. 1998 identisch.

II. Vorrang der Ehegatten- und Partnerhaftung

3   Grundsätzlich haftet der Ehegatte vor den Verwandten (S. 1), nach S. 4 ebenso der eingetragene Lebenspartner. Die bestehende Ehe führt insbesondere idR dazu, dass das Kind nach seiner Heirat den Eltern nicht mehr „auf der Tasche liegt", sondern nunmehr – soweit es sich nicht selbst unterhalten kann – von seinem Ehegatten unterstützt wird.

4   Der „angemessene Unterhalt" (§§ 1360, 1360 a; § 1361, §§ 5 S. 1, 12 LPartG) kann auch die Kosten einer **Ausbildung** umfassen.[2] Jedenfalls kann insoweit nicht grundsätzlich von einer vorrangigen Haftung der Eltern ausgegangen werden.[3]

III. Eintrittspflicht Verwandter

5   Bei der Frage, unter welchen Voraussetzungen Verwandte (Eltern, Kinder u. a.) anstelle des Ehegatten des Bedürftigen für dessen Unterhalt einzustehen haben, ist zu differenzieren nach der beschränkten Leistungsfähigkeit des Ehegatten, der Erschwernis einer gegen ihn gerichteten Rechtsverfolgung und der Verwirkung eines Anspruchs auf Ehegattenunterhalt.

6   Soweit Verwandte einzutreten haben, richtet sich der Unterhaltsanspruch gegen sie nicht nach den ehelichen Lebensverhältnissen, sondern folgt der Höhe nach aus § 1610 (kann also höher oder niedriger sein, als es dem Bedarf nach den ehelichen Lebensverhältnissen entspricht).[4]

7   **1. Leistungsunfähigkeit des Ehegatten.** Die Verwandten haften vor dem Ehegatten (S. 2), soweit dieser bei Berücksichtigung seiner sonstigen Verbindlichkeiten ohne Gefährdung seines eigenen angemessenen Unterhalts den Ehegattenunterhalt nicht leisten kann. Unter „angemessenem Unterhalt" ist dabei der **eheangemessene Unterhalt** nach Maßgabe des § 1581[5] zu verstehen, nicht ein angemessener Unterhalt iS des § 1603 Abs. 1.[6]

---

[1] Dazu *Schwab* FamRZ 2001, 385, 393, 397.
[2] BGH NJW 1985, 803 (für die Zeit des Zusammenlebens) und NJW 1985, 1695 (nach Trennung); *Johannsen/Henrich/Graba* § 1608 Rn. 2 (sämtlich für Ehegattenunterhalt).
[3] So aber wohl OLG Hamburg FamRZ 1989, 95.
[4] *Johannsen/Henrich/Graba* (Fn. 2).
[5] Vgl. dazu BGH NJW 1990, 1172.
[6] So auch *Johannsen/Henrich/Graba* (Fn. 2) m. Nachw. zur Gegenmeinung. ZB müssen Kinder für die Kosten der stationären Pflege ihrer Mutter aufkommen, wenn deren (vorrangig haftender) Ehemann dafür nicht leistungsfähig ist (OLG Düsseldorf NJW 2002, 1353).

Zu berücksichtigen sind **Verbindlichkeiten** des Ehegatten, zu denen auch Forderungen von 8
Unterhaltsgläubigern gehören, die mit dem anderen Ehegatten mindestens gleichrangig sind;[7]
dabei ist beispielsweise hinsichtlich Kreditverpflichtungen ein angemessener Tilgungsplan vorzulegen und eine Gesamtabwägung vorzunehmen (s. § 1603 Rn. 68). Bei Gleichrang der Unterhaltspflichten muss uU unter Einbeziehung des Ehegatten eine Mangelverteilung vorgenommen werden.

2. Erschwerte Rechtsverfolgung. S. 3 des § 1608 erklärt (u. a.) § 1607 Abs. 2 für entsprechend anwendbar. Das bedeutet, dass Verwandte auch dann vorrangig für den Unterhalt einzustehen haben, wenn die Rechtsverfolgung gegen den Ehegatten des Bedürftigen im Inland ausgeschlossen oder erheblich erschwert ist (dazu § 1607 Rn. 8–10).

3. Verwirkung des Ehegattenunterhalts. Der Anspruch auf Ehegattenunterhalt kann für 10
die Trennungszeit nach § 1361 Abs. 3 iVm. einer der Ziffern 2 bis 8 des § 1579 ganz oder teilweise ausgeschlossen sein („grobe Unbilligkeit"). Es fragt sich, ob dann ein Unterhaltsanspruch gegen Verwandte in Betracht kommt oder ob die Unbilligkeit auf das Unterhaltsrechtsverhältnis zu ihnen (in einer Art „Drittwirkung") durchschlägt. Mit der wohl hM[8] ist anzunehmen, dass gemäß **§ 1611 Abs. 3 analog** auch Verwandte bei einer solchen Konstellation keinen Unterhalt zu leisten brauchen.

Im Verhältnis Verwandter zum eingetragenen Lebenspartner müssen sich in der Praxis im Einzel- 10a
nen erst noch Grundsätze herausbilden.

IV. Ersatzanspruch

Soweit ein Verwandter auf Grund des S. 2 für den Unterhalt eintritt (bei entsprechender Leis- 11
tungsunfähigkeit des Ehegatten), erfüllt er eine **eigene Unterhaltspflicht** (insofern wie bei § 1607 Abs. 1), hat also keinen Rückgriffsanspruch. Wird der Verwandte aber in Anspruch genommen, weil die Rechtsverfolgung gegen den anderen Ehegatten zumindest erheblich erschwert ist, so geht insoweit der ursprüngliche Unterhaltsanspruch auf ihn über (§ 1608 S. 3 iVm. § 1607 Abs. 2 S. 2). Der Übergang kann nicht zum Nachteil des Unterhaltsberechtigten geltend gemacht werden (§ 1608 S. 3 iVm. § 1607 Abs. 4).[9] Dies alles gilt nach S. 4 auch bei Leistungsbeschränkung des eingetragenen Partners.

V. Beweislast

Hier sind zwei prozessuale Situationen auseinanderzuhalten: 12

Verlangt ein **Ehegatte vom anderen Unterhalt,** so muss letzterer, wenn er den Klagenden auf Verwandte verweisen will, darlegen und ggf. beweisen, wieweit er selbst leistungsunfähig ist und Verwandte der Gegenseite vorhanden sind.[10] Diese muss dann darlegen und beweisen, dass der in Betracht kommende Verwandte nicht oder nur eingeschränkt leistungsfähig ist, dh. ohne Gefährdung seines eigenen angemessenen Unterhalts nicht einspringen kann.[11] In Betracht kommt auch, dass die Rechtsverfolgung gegen den Verwandten zumindest erheblich erschwert ist (§ 1607 Abs. 2 S. 1). Die dafür sprechenden Umstände hat ebenfalls der von seinem Ehegatten Unterhalt Verlangende vorzutragen und zu beweisen.[12]

Begehrt ein Ehegatte **Unterhalt von** einem **Verwandten,** so muss er folgendes vortragen und 13
ggfs. beweisen:
– seine eigene mangelnde oder eingeschränkte Erwerbsobliegenheit bzw. Erwerbschance
– die fehlende oder eingeschränkte Unterhaltspflicht seines Ehegatten wegen Gefährdung dessen eigenen angemessenen Unterhalts oder wegen zumindest erschwerter Rechtsverfolgung; dazu genügt beispielsweise nicht, dass er lediglich vorträgt, sein Ehegatte sei arbeitslos[13]

---

[7] Dazu näher *Griesche* in FamGb § 1608 Rn. 3.
[8] *Beckmann* FamRZ 1983, 863; *Palandt/Brudermüller* § 1611 Rn. 8; *Wendl/Wönne* § 2 Rn. 907; differenzierend: *Göppinger/Wax/Kodal* Rn. 1540; ferner: *Hußmann* in *Heiß/Born* Kap. 13 Rn. 19–21 (mit Erwägungen auch nach früherem Recht: EheG).
[9] Vgl. dazu § 1607 Rn. 23.
[10] *Baumgärtel/Pruskowski* Rn. 2 mwN.
[11] OLG Köln FamRZ 1990, 54; OLG Zweibrücken FamRZ 1987, 590; *Pruskowski* (Fn. 10).
[12] *Pruskowski* (Fn. 10) mwN.
[13] OLG Oldenburg NJW-RR 1992, 261.

§ 1609   Abschnitt 2. Titel 3. Unterhaltspflicht

– die fehlende Unterhaltspflicht an sich gleichrangig haftender Verwandter.[14]

14   Zur Leistungsfähigkeit des in Anspruch genommenen Verwandten braucht dagegen der Unterhalt Fordernde nicht vorzutragen. Es ist jenes Sache, seine mangelnde Leistungsfähigkeit zu beweisen.[15] Dies alles gilt nach S. 4 auch bei Leistungsbeschränkung des eingetragenen Partners.

§ 1609 Rangfolge mehrerer Unterhaltsberechtigter

Sind mehrere Unterhaltsberechtigte vorhanden und ist der Unterhaltspflichtige außerstande, allen Unterhalt zu gewähren, gilt folgende Rangfolge:
1. minderjährige unverheiratete Kinder und Kinder im Sinne des § 1603 Abs. 2 Satz 2,
2. Elternteile, die wegen der Betreuung eines Kindes unterhaltsberechtigt sind oder im Fall einer Scheidung wären, sowie Ehegatten und geschiedene Ehegatten bei einer Ehe von langer Dauer; bei der Feststellung einer Ehe von langer Dauer sind auch Nachteile im Sinne des § 1578b Abs. 1 Satz 2 und 3 zu berücksichtigen,
3. Ehegatten und geschiedene Ehegatten, die nicht unter Nummer 2 fallen,
4. Kinder, die nicht unter Nummer 1 fallen,
5. Enkelkinder und weitere Abkömmlinge,
6. Eltern,
7. weitere Verwandte der aufsteigenden Linie; unter ihnen gehen die Näheren den Entfernteren vor.

Schrifttum: *Bißmaier,* Bedarf und Rang haben nichts miteinander zu tun – oder doch?, FamRZ 2010, 849; *Brühl,* Verfassungswidrige Benachteiligung volljähriger Kinder FamRZ 1982, 95; *Christl,* Quotenunterhalt und Bedarfskontrolle, NJW 1982, 961; *Deisenhofer,* Der Unterhalt des minderjährigen Kindes im Mangelfall, FamRZ 1987, 885; *Dieckmann,* Die Unterhaltsansprüche geschiedener und getrennt lebender Ehegatten nach dem 1. EheRG von 14. 6. 1976, FamRZ 1977, 161; *Duderstadt,* Unterhaltsrechtliche Mangelfälle, FamRZ 1987, 548; *Finke,* Unterhaltsrecht in der anwaltlichen Praxis, 2000; *Graba,* Zur Unterhaltsberechnung im Mangelfall, FamRZ 1989, 232; *Köhler,* Unterhaltsrecht am Scheideweg?, FamRZ 1990, 922; *Roth-Stiehlow,* Verfassungswidrige Unterhaltsbenachteiligung volljähriger Kinder, ZBlJR 1982, 331.

Schrifttum (zur Reform): *Born,* Das neue Unterhaltsrecht, NJW 2008, 1; *Borth,* Der Gesetzesentwurf der Bundesregierung zur Reform des Unterhaltsrechts FamRZ 2006, 813; *Bosch,* Die wesentlichen Änderungen im neuen Unterhaltsrecht, FF 2007, 293; *Ehinger,* Der Kindesunterhalt nach dem Regierungsentwurf zum Unterhaltsänderungsgesetz, FamRB 2006, 338; *Gerhardt,* Die Unterhaltsreform zum 1. 1. 2008, FuR 2008, 9; *Graba,* Prägende Gedanken und offene Fragen des nachehelichen Unterhaltsrechts, FF 2007, 246; *Gutdeutsch,* Rangverhältnisse und Mangelhaft, FuR 2008, 164; *Hohloch,* Der unterhaltsrechtliche Rang minderjähriger und ihnen gleichgestellter Kinder, FPR 2005, 486; *Klinkhammer,* Die Rangfolge der Unterhaltsansprüche in der gesetzlichen Entwicklung, FamRZ 2007, 1205; *Menne,* Der Regierungsentwurf zum Unterhaltsänderungsgesetz, FF 2006, 175; *Mleczko,* Die neue Rangfolgenregelung im Unterhaltsrecht, ZFE 2008, 4; *Reinken,* Die Rangfolgenregelung nach neuem Recht mit Berechnungsbeispielen für den Mangelfall, FPR 2008, 9; *Scholz,* Der Unterhaltspflichtige nach dem Gesetz zur Änderung des Unterhaltsrechts, FamRZ 2007, 2021; *Schürmann,* Kinder-Eltern-Rang, Die neue Rangordnung nach den UnterhRÄndG, FamRZ 2008, 313; *ders.,* Die verschobene Reform – Was macht die Rechtsprechung bis zum 31. 12. 2008?, FuR 2007, 445; *Soyka,* Auswirkungen der Unterhaltsreform auf den Kindesunterhalt, FuR 2008, 157; *Viefhues/Mleczko,* Das neue Unterhaltsrecht 2008; *Vossenkämper,* Der Kindesunterhalt nach neuem Recht ab 1. 1. 2008, FamRZ 2008, 201; *Wellenhofer,* Die Unterhaltsrechtsreform nach dem Urteil des BVerfG zum Betreuungsunterhalt, FamRZ 2007, 1282; *Willutzki,* Neuordnung des Unterhaltsrechts, ZRP 2007, 5; *ders.,* Die neue Rangfolge im Unterhaltsrecht – ein Beitrag pro Reform, FPR 2005, 505.

Übersicht

	Rn.		Rn.
I. Normzweck	1–3	**II. Änderungen durch das UnterhRÄndG**	4–9
1. Regelung der Reihenfolge	1	1. Regelung der Rangverhältnisse	4–8
2. Geschichte	2	a) Zentral	4
3. Auswirkungen des Mangelfalles	3	b) Keine relativen Rangverhältnisse	5–7

[14] OLG Hamm FamRZ 1996, 116 (auch zur fehlenden Unterhaltspflicht des anderen Ehegatten).
[15] *Baumgärtel/Pruskowski* Rn. 1 mwN.

	Rn.		Rn.
c) Wirkung	8	2. Vereinbarungen	25–29
2. Übergangsregelung	9	V. Volljährige Kinder	30–37
III. Neue Rangordnung	10–23	1. Rangwechsel durch Volljährigkeit	30
1. Rangfolge	10	2. Verhältnis zum Ehegatten	31–34
2. Auswirkungen, Kritik	11–23	a) Nachrang des Kindes	31
a) Vorrang-Prinzip für Kinder	12–15	b) Ausbildung	32–34
b) Kindesbetreuung und lange Ehedauer	16–21	3. Verhältnis zum minderjährigen Kind	35, 36
c) Ehegatten ohne Kindesbetreuung	22	4. Obliegenheiten	37
d) Volljährige, nicht privilegierte Kinder	23	VI. Verfahrensrechtliche Fragen	38–44
IV. Weitere Rangordnung; Vereinbarungen	24–29	1. Nachträgliche Ansprüche	38–40
		2. Zwangsvollstreckung	41, 42
1. Weitere Ränge	24	3. Beweislast	43
		4. Auskunftsanspruch	44

I. Normzweck

1. Regelung der Reihenfolge. Zweck der Vorschrift ist die Bestimmung der Reihenfolge der Bedürftigen, wenn und soweit die Leistungsfähigkeit des zur Erfüllung der Unterhaltspflicht zunächst zuständigen (§ 1606) Verwandten nicht oder nicht für alle Beteiligten ausreicht, ohne dass der eigene angemessene Unterhalt gefährdet würde. Daraus folgt umgekehrt, dass die Rangfolge bei hinreichender Leistungsfähigkeit keine Rolle spielt.[1] 1

2. Geschichte. Seit der Schaffung des BGB im Jahre 1900 ist die Vorschrift dort enthalten. Sie 2 ist durch das Ehegesetz 1938 in Bezug auf den Geschiedenenunterhalt ergänzt (Abs. 2 S. 2) und 1969 durch das NichtehelG der neuen Rechtslage in Bezug auf nichteheliche Kinder angepasst worden (Abs. 1). Es ist umstritten, ob sie durch den im Jahre 1977 eingeführten § 1582 Abs. 2 sachlich geändert worden ist. Durch diese Vorschrift wurde – zusammen mit dem neuen Scheidungsrecht – der *relative* Vorrang des geschiedenen Ehegatten vor einem neuen Ehegatten eingeführt. Zu Einzelheiten s. Rn. 23 in der Vorauflage.

3. Auswirkungen des Mangelfalles. Man spricht von einem Mangelfall, wenn die Leistungs- 3 fähigkeit des Pflichtigen nicht für alle Berechtigten reicht; nur dann kommt es auf die unterhaltsrechtlich zu beachtende Reihenfolge der Bedürftigen an. Der Mangelfall wirkt sich nach § 1606 auf die – nächstrangige – Person des Verpflichteten, nach § 1609 auf die – nachrangigen – Bedürftigen aus. Nach § 1606 wird die Person des Unterhaltspflichtigen (Schuldners), nach § 1609 diejenige des Berechtigten (Gläubigers) bestimmt. Da beide Vorschriften gleichrangig sind, müssen auch die Voraussetzungen beider Vorschriften vorliegen, wenn ein entsprechender Unterhaltsanspruch gegeben sein soll.

II. Änderungen durch das UnterhRÄndG

1. Regelung der Rangverhältnisse. a) Zentral. Die bisherige Bestimmung (s. dazu die 4 Kommentierung in der Vorauflage) ist in Folge des Unterhaltsrechtsänderungsgesetzes durch eine vollständige Neuregelung ersetzt worden. Statt der bisher eher unübersichtlichen Regelung in zum Teil verstreuten Vorschriften (zB §§ 1582 Abs. 1, 1609, 1615 l Abs. 3 S. 2, 3) hat der Gesetzgeber die unterhaltsrechtlichen Rangverhältnisse zwischen mehreren Unterhaltsberechtigten jetzt zentral an einer Stelle geregelt. In Folge der übersichtlichen Aufreihung ist der Rang des einzelnen Berechtigten deutlich erkennbar.[2]

b) Keine relativen Rangverhältnisse. Die neuen Rangbestimmungen in der geänderten 5 Vorschrift des § 1609 ergeben ein klar abgrenzbares System, in dem das für Unterhaltszwecke verfügbare Einkommen in der Reihenfolge der Rangstufen jeweils in Höhe des geschuldeten vollen Unterhalts verteilt wird, bevor die nächste Rangstufe zum Zuge kommt; das bisherige System der vollen Rangpriorität hat sich also insoweit nicht geändert. Es findet Anwendung bei Vorhandensein mehrerer Berechtigter und eingeschränkter Leistungsfähigkeit des Pflichtigen. Er hat zur Folge, dass der Anspruch eines vorrangig Berechtigten – nicht nur anteilig, sondern voll – vorab zu erfüllen ist, bevor geprüft werden kann, ob für einen nachrangig Berechtigten noch etwas übrig bleibt. Dabei

---

[1] OLG Nürnberg FamRZ 1997, 445; *Palandt/Brudermüller* Rn. 1.
[2] BT-Drucks. 16/1830 S. 22.

ist der Bedarf jedes Berechtigten individuell zu bestimmen.³ In diesem Zusammenhang kommt es hinsichtlich des Selbstbehaltes nicht auf den „kleinsten gemeinsamen Nenner" an; entscheidend ist vielmehr, ob das nach dem Familiennettoeinkommen maßgebende Maß des Unterhalts für alle Berechtigten nicht mehr finanziert werden kann.⁴ Die Einsatzbeträge bestimmen sich deshalb nicht nach der untersten Einkommensgruppe, sondern nach der gemäß Gesamteinkommen maßgebenden, eventuell höheren Gruppe. Als Konsequenz kann sich der vollständige Ausfall eines nachrangigen Berechtigten ergeben, sofern der angemessene Unterhalt eines vorrangigen Berechtigten im Hinblick auf die eingeschränkte Leistungsfähigkeit des Pflichtigen gefährdet wäre und gekürzt werden müsste, also nicht erst bei einer fehlenden Leistungsfähigkeit zur Deckung des notwendigen Unterhalts des Berechtigten. Dies folgt daraus, dass „Unterhalt" im Sinne des § 1609 der nach § 1603 Abs. 1 oder Abs. 2 geschuldete Betrag ist, nicht dagegen ein Mindest- oder Notbedarf.

6   Ob ein „Mangel" vorliegt, beurteilt sich nach dem angemessenen Unterhalt. Alles andere würde auch dem Grundsatz der Rangpriorität nicht gerecht, weil anderenfalls der vorrangig Berechtigte trotz dieses Vorrangs Einschränkungen seines Unterhalts immer schon deshalb hinnehmen müsste, weil noch andere Berechtigte vorhanden sind; deren bloße zahlenmäßige Existenz kann aber den Vorrang nicht unterlaufen. Im Ergebnis ist deshalb der angemessene Unterhalt zu gewährleisten, unter gleichrangig Berechtigten verhältnismäßig, gegenüber nachrangig Berechtigten in vollem Umfang.

7   Offenbar „vergessen" hat der Gesetzgeber den Rang eines Unterhaltsberechtigten nach dem LPartG, obwohl § 16 LPartG-E (Art. 2 Nr. 3 Regierungsentwurf) den § 1609 nF ausdrücklich aufführt. Wegen der Gleichstellung mit den Bestimmungen zum nachehelichen Unterhalt ist die rangmäßige Zuordnung gleichwohl möglich.⁵

8   c) **Wirkung.** In der überwiegenden Zahl der Fälle wird das verfügbare Einkommen des Schuldners nicht mehr ausreichen, um Unterhaltsansprüche auf der zweiten Rangstufe zu bedienen,⁶ was als „Alles-oder-Nichts-Prinzip" unter dem Gesichtspunkt der familiären Solidarität Bedenken begegnet.⁷ Man wird systembedingt in Kauf zu nehmen haben, dass in sehr vielen Fällen der oder die Ehegatten des Unterhaltsschuldners auf Sozialhilfe bzw. Arbeitslosenhilfe nach SGB II angewiesen sein werden,⁸ sofern für die sich aus der Nachrangigkeit ergebende Bedürftigkeit in unterhaltsrechtlicher Hinsicht nicht sogar ihre erwerbstätigen Kinder bzw. Eltern aufkommen müssen.⁹

9   **2. Übergangsregelung.** Nach Art. 3 Abs. 2 Unterhaltsänderungsgesetz (§ 36 EGZPO) kommt den Übergangsvorschriften sowohl materiell-rechtliche wie verfahrensrechtliche Bedeutung zu.¹⁰ Zu Einzelheiten s. § 1612a Rn. 14 ff.

III. Neue Rangordnung

10   **1. Rangfolge.** Nach der neuen gesetzlichen Regelung¹¹ ist wie folgt zu unterscheiden:
– 1. Rang: Kinder, und zwar alle minderjährigen, unverheirateten Kinder und die diesen gleichgestellten (§ 1603 Abs. 2) privilegierten volljährigen Kinder;
– 2. Rang: alle wegen Kindesbetreuung unterhaltsberechtigten Elternteile (ohne Rücksicht darauf, ob aktuell verheiratet, verheiratet gewesen oder nie gewesen), daneben Ehegatten, die lange verheiratet waren;
– 3. Rang: alle Ehegatten und geschiedenen Ehegatten, die nicht in den 2. Rang fallen;
– 4. Rang: volljährige nicht privilegierte Kinder.

11   **2. Auswirkungen, Kritik.** Hier ist in Bezug auf die verschiedenen Rangstufen Folgendes festzustellen:

---

³ OLG Stuttgart FamRZ 1991, 1092.
⁴ Deshalb ist eine gleichmäßige Aufteilung der vorhandenen Mittel bei Ranggleichheit der Berechtigten nicht erst dann geboten, wenn der in der untersten Einkommensgruppe erforderliche „notwendige Mindesteigenbedarf" des Pflichtigen nicht mehr gewährleistet ist, sondern schon bei fehlender Leistungsfähigkeit zur Deckung des nach der Lebensstellung des Bedürftigen (§ 1610 Abs. 1) notwendigen Bedarfs. Zur praktischen Auswirkung s. Rn. 15.
⁵ *Borth* FamRZ 2006, 813, 817 unter VII. 1.
⁶ *Borth* FamRZ 2006, 813, 817 unter VII. 1.
⁷ *Schwab* FamRZ 2005, 1417, 1423. S. AG Coburg FamRZ 2010 zur Bestimmung des Kindesunterhalts bei gleichzeitiger Verpflichtung des Schuldners zu nachrangigem Ehegattenunterhalt.
⁸ *Palandt/Brudermüller* Rn. 3. S. auch § 1602 Rn. 38.
⁹ *Schwab* FamRZ 2005, 1417, 1422. S. auch § 1601 Rn. 33 ff.
¹⁰ BT-Drucks. 16/1830 S. 32; BT-Drucks. 16/6980. S. *Born* NJW 2008, 1, 7; *Bosch* FF 2007, 293, 306.
¹¹ Zum früheren Rechtszustand s. Rn. 4 ff. in der 4. Auflage.

a) **Vorrang-Prinzip für Kinder.** Der mit der Sicherung des Kindeswohls begründete[12] absolute Vorrang, den die in Nr. 1 genannten Kinder vor allen anderen Unterhaltsberechtigten genießen, hat Vor- und Nachteile. Günstig ist die vereinfachte Berechung (s. Rn. 13). Nachteile können sich in steuerlicher Hinsicht ergeben (s. Rn. 14), und auch der gesetzliche Maßstab ist nicht ganz klar (s. Rn. 15).

aa) **Vereinfachte Berechnung.** Die bevorzugte Rangstellung für Kinder lässt die Notwendigkeit einer zweistufigen Mangelfallberechnung entfallen. Eine solche Berechnung ist nur dann erforderlich, wenn der Selbstbehalt des Pflichtigen gegenüber gleichrangigen Berechtigten unterschiedlich hoch ist (zB bei Ansprüchen von Kindern und getrennt lebenden oder geschiedenen Ehegatten,[13] nicht aber gegenüber Ansprüchen erstrangig berechtigter Kinder). Gegenüber den Kindern gilt einheitlich der notwendige Selbstbehalt.[14] Auf Grund der neuen Rangregelung wird die Unterhaltsberechnung einfacher, sie ist für die Betroffenen deshalb leichter nachvollziehbar.[15] Kritisch ist anzumerken, dass man Unterhaltsrecht nicht als bloßes Rechenwerk begreifen sollte, weil – neben den rein unterhaltsrechtlichen Fragen – auch soziale Grundsicherung, steuerliche Fragen und Einzelheiten der betriebswirtschaftlichen Einkommensermittlung von Bedeutung sind.[16]

bb) **Steuerliche Auswirkungen.** Bei mehreren Berechtigten der ersten Rangstufe entfällt (oder vermindert sich) die Steuerentlastung von (getrennt lebenden oder geschiedenen) Ehegatten nach §§ 10 Abs. 1 Nr. 1, 33 a Abs. 1 EStG oder von Schuldnern nach § 1615l, weil wegen des absoluten Vorrangs (s. Rn. 5, 12) nach Abzug des notwendigen Selbstbehalts des Schuldners vielfach nichts für die Berechtigten der zweiten Stufe – und damit kein steuerlich abzugsfähiger Ehegattenunterhalt – übrig bleibt.[17]

cc) **Fehlende Maßstäbe.** Das – fortgeschriebene[18] – Prinzip der vollen Rangpriorität führt dazu, dass zunächst der volle Bedarf eines vorrangig Berechtigten zu decken ist, bevor die nachfolgende Rangstufe eingreift. Der Gesetzgeber hat die daraus folgenden Konsequenzen durchaus gesehen[19] und den **Versuch einer Abmilderung** dahin gemacht, dass bei Durchführung des Rechengangs auf ein „gerechtes Ergebnis" im Verhältnis vorrangiger Kinder zu nachrangig Berechtigten, vor allem eines betreuenden Elternteils, zu achten sei. Sofern das bedeuten soll, dass – wohl jeweils im Einzelfall – die zunächst auf der Grundlage der Rangstufen ermittelte Verteilung des verfügbaren Einkommens anschließend „korrigiert" wird, erscheint das von der Systematik her zweifelhaft wie vom Ergebnis her fragwürdig.[20] Denn abgesehen davon, dass dadurch das angestrebte Ergebnis einer Vereinfachung „verwässert" würde, fehlt jeder Maßstab, unter dessen Zuhilfenahme das gefundene Ergebnis korrigiert werden sollte. Deshalb erscheint es – gerade auch im Hinblick auf die Neuregelung des § 1612a Abs. 1 – vorzugswürdig, als „Einsatzbetrag" den dort bestimmten **Mindestunterhalt** einzusetzen unabhängig davon, ob dies der Lebensstellung iSd. § 1610 Abs. 1 entspricht. Alles andere würde dem erstrebten Vorrang des Kindesunterhalts nicht gerecht.[21]

b) **Kindesbetreuung und lange Ehedauer.** Nach einigem Hin und Her im Gesetzgebungsverfahren[22] ist es in der 2. Rangstufe bei der ursprünglichen Konzeption des Gesetzgebers geblieben, alle Elternteile gleichrangig zu behandeln, die wegen der Betreuung eines Kindes unterhaltsberechtigt sind oder im Falle von Trennung/Scheidung wären. Gegenüber denjenigen Stimmen, die darin eine unzulässige Gleichstellung der Ehefrau mit der neuen Freundin des Schuldners (Mutter eines nichtehelich geborenen Kindes) sahen, hatte der Gesetzgeber „Rückenwind" erhalten durch einen Beschluss des BVerfG,[23] der hier eine vollständige Gleichstellung forderte. Als Kompromisslösung

---

[12] BT-Drucks. 16/1830 S. 23.
[13] S. dazu BGH NJW 2006, 1654, besprochen u. a. von *Schürmann* NJW 2006, 2301 und *Born* NJW 2007, 26. Das OLG Hamm hat den Selbstbehalt gegenüber Ehegatten inzwischen in seinen Leitlinien auf 1000 € festgelegt.
[14] Er beträgt derzeit 900 €; s. § 1603 Rn. 7.
[15] *Ehinger* FamRB 2006, 338, 342.
[16] *Borth* FamRZ 2006, 813, 818 unter 4.
[17] *Borth* FamRZ 2006, 813, 817 unter VII. 2; Berechnungsbeispiel bei *Ehinger* FamRB 2006, 338, 342. S. auch OLG Hamm FamRZ 2008, 1278.
[18] S. dazu Rn. 10 in der 4. Auflage.
[19] BT-Drucks. 16/1830 S. 42 f.
[20] Deshalb zu Recht kritisch *Borth* FamRZ 2006, 813, 817 unter VII. 2; *Schwab* FamRZ 2005, 1417, 1423.
[21] *Borth* FamRZ 2006, 813, 817 unter VII. 2.
[22] *Born* NJW 2008, 1; *Schwab* FamRZ 2007, 1053; *Schürmann* FuR 2007, 445; *ders.* FF 2007, 235; *Schumann* FF 2007, 227.
[23] NJW 2007, 1735 m. Anm. *Caspary* = FamRZ 2007, 965 m. Anm. *Born* 973 und *Maier* 1076; s. dazu auch *Wellenhofer* FamRZ 2007, 1282.

wurde vereinbart, Ehegatten und geschiedene Ehegatten ebenfalls in den 2. Rang aufzunehmen, sofern eine Ehe von langer Dauer vorliegt; dadurch wird der Ehepartner beim Unterhalt besser gestellt als der nicht verheiratete Partner.

17   aa) **Kindesbetreuung.** Die Einräumung des zweiten Ranges wird hier – wie beim ersten Rang – mit dem Kindeswohl begründet. Auf Grund der Vorgabe durch das BVerfG[24] ist es nunmehr unerheblich, ob der kindesbetreuende Berechtigte mit dem Schuldner verheiratet ist bzw. war oder nicht. Konsequenz ist nunmehr eine rangmäßige Gleichstellung aller kindesbetreuenden Elternteile, konkret also die Gleichstellung von Ehefrauen mit unverheirateten Müttern ebenso wie die Gleichstellung der geschiedenen und der neuen Ehefrau bei gleichzeitiger Kindesbetreuung.[25] Die gegen die Gleichstellung von Personen mit Ansprüchen aus § 1615l einerseits und § 1570 andererseits erhobenen Bedenken[26] haben sich damit nicht durchgesetzt. Privilegiert sind auch *getrennt* lebende Ehegatten (§ 1361); denn nach neuer Gesetzeslage sind schutzbedürftig auch Elternteile, die im Falle einer Scheidung wegen Kindesbetreuung unterhaltsberechtigt wären.[27]

18   Konsequenz dieser Regelung ist eine **Unsicherheit** auf Seiten der unterhaltsberechtigten Ehefrau, weil ihre Ansprüche ohne Weiteres entfallen können, sofern der Schuldner aus einer neuen Verbindung Unterhalt wegen Betreuung eines Kindes (§§ 1570, 1615 l Abs. 1, 2) schuldet.[28] Der bisher kindesbetreuende Ehegatte, dem nach Trennung oder Scheidung ein Unterhaltsanspruch wegen Krankheit zusteht, muss im Rang zurücktreten; sein – ebenfalls schützenswertes – Unterhaltsinteresse kann vom Schuldner in Gestalt eines neuen Kindes „torpediert" werden, sofern sich der frühere Ehegatte nicht auf lange Ehedauer (s. dazu Rn. 19–21) berufen kann. Dem früheren Ehegatten, der keine Kinder mehr betreut und der sich auch nicht auf lange Ehedauer berufen kann, bleibt nur der (schwache) Trost, dass auf Grund der grundsätzlichen Befristung des Anspruchs nach § 1615l Abs. 2 S. 3 (zu Ausnahmen s. § 1615l Rn. 8 ff.) sein eigener Unterhaltsanspruch nach drei Jahren wiederauflebt.[29] Ansonsten hat er die Möglichkeit, sich nach § 1570 Abs. 2 (zu Einzelheiten s. dort) auf die Möglichkeit der Verlängerung des Unterhaltsanspruchs zu berufen, sofern dies im Einzelfall aus Gründen der nachehelichen Solidarität gerechtfertigt erscheint. Der Gesetzgeber hat hier eine Erwägung des BVerfG[30] aufgegriffen; danach ist es dem Gesetzgeber unbenommen, einen geschiedenen Elternteil wegen des grundgesetzlichen (Art. 6 Abs. 1 GG) Schutzes der ehelichen Verbindung unterhaltsrechtlich besser zu stellen als einen unverheirateten Elternteil. Die Verlängerungsmöglichkeit kommt hier aus Gründen in Betracht, die ihre Rechtfertigung allein in der Ehe finden, zB in Form eines gewachsenen Vertrauens in die vereinbarte und praktizierte Rollenverteilung und die gemeinsame Ausgestaltung der Kindesbetreuung. Bei dem Anspruch nach § 1570 Abs. 2 handelt es sich nicht um einen selbständigen Unterhaltstatbestand, sondern um eine ehespezifische Ausprägung des Anspruchs auf Betreuungsunterhalt („Annexanspruch" zum Anspruch nach § 1570 Abs. 1).

19   bb) **„Lange Ehedauer".** Dieses Kriterium wird hier in Anführungsstriche gesetzt, weil der Begriff erkennbar das eigentlich Gewollte nicht erfasst. Die zweite Rangstufe soll – aus Gründen des Vertrauensschutzes – neben den Kinder betreuenden Ehegatten auch solchen (auch geschiedenen[31]) Ehegatten zukommen, die lange verheiratet waren,[32] nicht dagegen einem Ehegatten oder einem Partner einer nichtehelichen Lebensgemeinschaft nach langer, aber inzwischen abgeschlossener Kindesbetreuung.[33]

20   Der **Zweck** der Regelung liegt ausweislich der Gesetzesbegründung[34] darin, einen Vertrauensschutz zu gewähren, der sich unter Umständen nicht in erster Linie aus der Dauer der Ehe, sondern aus **anderen Umständen** (zB eingegangener persönlicher und wirtschaftlicher Abhängigkeiten und

---

[24] NJW 2007, 1735 m. Anm. *Caspary* = FamRZ 2007, 965 m. Anm. *Born* 973 und *Maier* 1076.
[25] Zum relativen Vorrang des geschiedenen Ehegatten bei beiderseitiger Kindesbetreuung nach alter Rechtslage s. Rn. 33 in der 4. Auflage.
[26] Unter Hinweis auf den Schutz von Ehe und Familie, s. *Schwab* FamRZ 2005, 1417, 1422 f.; DAV FuR 2005, 506; *Palandt/Brudermüller* Rn. 15.
[27] *Palandt/Brudermüller* Rn. 15; **aA** *Schwab* FamRZ 2005, 1417, 1422 f., der diese Formulierung auch auf die Konkurrenz der Ansprüche aus §§ 1360 und 1615 l bezieht.
[28] *Borth* FamRZ 2006, 813, 818. S. dazu auch BGH NJW 2008, 3213 m. Anm. *Mleczko* = FamRZ 2008, 1911 m. Anm. *Maurer* (Ausnahme von Dreiteilung bei unterschiedlichem Rang; Gleichrangigkeit des Anspruchs auf Aufstockungsunterhalt mit dem Anspruch der neuen Ehefrau auf Betreuungsunterhalt nur bei ehebedingten Nachteilen). S. weiter OLG Celle NJW-RR 2009, 146.
[29] *Borth* FamRZ 2006, 813, 818.
[30] NJW 2007, 1735 = FamRZ 2007, 965 zu Tz. 58.
[31] *Schwab* FamRZ 2005, 1417, 1424.
[32] BT-Drucks. 16/1830 S. 24.
[33] *Palandt/Brudermüller* Rn. 15.
[34] BT-Drucks. 16/1830 S. 44; 16/6980 S. 7.

Verflechtungen im Rahmen der Gestaltung der ehelichen Beziehungen) ergeben kann.[35] Schützenswert ist nach der Gesetzesbegründung insbesondere das Vertrauen desjenigen Ehegatten, der sich – unter Verzicht auf die eigene berufliche Entwicklung – in der Ehe überwiegend der Pflege und Erziehung der gemeinsamen Kinder oder der Führung des Haushalts dauerhaft gewidmet hat. Im Ergebnis wird damit denjenigen Ehegatten zusätzlicher Schutz vermittelt, die sich für ein solches „traditionelles" Ehemodell entschieden haben. Auch der Umstand, dass der Begriff der „langen Ehedauer", der sich schon in § 1582 BGB findet,[36] nach der Gesetzesbegründung[37] flexibel gehandhabt werden soll, deutet darauf hin, dass hier – über die reine Zeit hinaus – vorrangig andere Umstände gemeint sind.

Während die Instanzrechtsprechung etwa im Rahmen von § 1573 Abs. 5 BGB aF gern mit zeitlichen Grenzen gearbeitet und eine Begrenzung des Unterhalts im Bereich einer Ehedauer von 2 bis 10 Jahren für zulässig gehalten, eine solche Begrenzung ab einer Ehedauer von 10 Jahren aber grundsätzlich als Ausnahmefall angesehen hat,[38] hat der BGH schon früh eine Orientierung an bestimmten Zeiträumen abgelehnt[39] und dies kürzlich erneut bekräftigt.[40] Entscheidend muss die **Intensität** sein, mit der das **Vertrauen in den Fortbestand der Ehe** vom Pflichtigen gewährt und vom Bedürftigen in Anspruch genommen worden ist.[41] Das passt systematisch zu der Ablösung des früheren § 1573 Abs. 5 BGB durch die neue Vorschrift des § 1578b BGB, dem damit verbundenen grundsätzlichen Ende der Lebensstandardgarantie und dem Umstand, dass der Anspruch nach Grund und Höhe auf den Ausgleich ehebedingter Nachteile beschränkt wird.[42] 21

c) Ehegatten ohne Kindesbetreuung. Im dritten Rang stehen Ehegatten und geschiedene Ehegatten, die nicht unter Nummer 2 fallen. 22

d) Volljährige, nicht privilegierte Kinder. Diese Kinder stehen im vierten Rang, weil sie im Regelfall – auf Grund erzielter Ausbildungsvergütung, wegen BAföG oder deshalb, weil ihnen eine Sicherstellung des eigenen Lebensbedarfs eher zumutbar ist – als weniger schutzbedürftig angesehen werden als die Angehörigen der vorrangigen Stufen.[43] 23

IV. Weitere Rangordnung; Vereinbarungen

1. Weitere Ränge. Die weiteren Ränge nach § 1609 Nr. 5 bis 7 entsprechen dem bisherigen Recht. Dies gilt für Enkelkinder und weitere Abkömmlinge (Nr. 5), den Eltern (Nr. 6) sowie den Großeltern (Nr. 7); hier gehen die näheren den entfernteren Verwandten vor. 24

2. Vereinbarungen. Die sich aus dem Gesetz ergebende Rangordnung ist für das Gericht verbindlich;[44] sie kann aber durch anders lautende Vereinbarungen der Beteiligten durchbrochen werden. Auch wenn eine Vereinbarung über Unterhalt im Zweifel nicht als Begründung, sondern lediglich als nähere Ausgestaltung des gesetzlich geschuldeten Anspruchs angesehen wird,[45] werden nicht selten vertragliche Unterhaltspflichten auch ohne gesetzliche Verpflichtung begründet. Auch wenn tatsächlich prägende Belastungen regelmäßig zu berücksichtigen sind, ist andererseits nicht einzusehen, solchen allein vertraglich begründeten Belastungen ein stärkeres Gewicht beizumessen als gesetzlich begründeten Unterhaltspflichten. Von daher erscheint eine **Einzelfallprüfung** unter besonderer Beachtung von Anlass und Zeitpunkt der Begründung der Verpflichtung geboten.[46] Bei Prägung der ehelichen Lebensverhältnisse durch eine derartige Unterhaltspflicht ist im Mangelfall zu überprüfen, inwieweit eine Lösung des Pflichtigen von dieser Belastung nach den Grundsätzen des Wegfalls der Geschäftsgrundlage in Betracht kommt; allein das Bestehen der vertraglichen Pflicht kann nicht zu deren faktischem Vorrang führen.[47] 25

---

[35] *Borth* FamRZ 2006, 813, 818.
[36] BGH FamRZ 1986, 790, 792; FamRZ 1987, 916.
[37] BT-Drucks. 16/1830 S. 44.
[38] Zu Einzelheiten s. *Büttner/Niepmann/Schwamb* Rn. 1104 ff. mwN.
[39] BGH FamRZ 1990, 857, 859.
[40] BGH FamRZ 2006, 1006 m. Anm. *Born*.
[41] *Palandt/Brudermüller* Rn. 21.
[42] *Born* FamRZ 2006, 1008, 1010; *ders.* NJW 2008, 1, 6.
[43] BT-Drucks. 16/1830 S. 25.
[44] *Palandt/Brudermüller* Rn. 4; **aA** AG Altena FamRZ 1985, 191 m. krit. Anm. *Bosch*.
[45] BGH FamRZ 1993, 569; FamRZ 1991, 1040; 1991, 673; 1987, 1011; 1986, 790; *Graba* Rn. 32, 291; *Born* in *Heiß/Born* Kap. 23 Rn. 206.
[46] BGH FamRZ 1986, 669; OLG Koblenz FamRZ 2008, 435; *Schwab/Borth* IV Rn. 1098; *Büttner* NJW 1997, 1855.
[47] *Schwab/Borth* IV Rn. 1098 unter Hinweis auf die Schwierigkeiten, die anderenfalls zB bei Geltendmachung von Unterhaltsleistungen des Pflichtigen an im Ausland lebende Angehörige auftreten.

§ 1609 26–31   Abschnitt 2. Titel 3. Unterhaltspflicht

26   Auch ein stillschweigender Verzicht auf Ranggleichheit oder sogar Vorrang ist ohne weiteres möglich.[48] Das Verzichtsverbot beim Trennungsunterhalt ergibt sich aus §§ 1360a Abs. 3, 1361 Abs. 4 S. 4.

27   Der **Pflichtige** kann im Rahmen des § 1609 gegenüber einem vorrangig Berechtigten nicht geltend machen, vorab müsse der Unterhalt für einen nachrangig Berechtigten abgezogen werden; denn hierdurch würde die gesetzliche Rangfolge verschoben. Der Umstand, dass der nachrangig Berechtigte bereits einen Unterhaltstitel erwirkt hat, kann daran nichts ändern.[49]

28   Dem **Berechtigten** wird im Verfahren gelegentlich ein Verzicht auf die Ranggleichheit empfohlen im Falle der gleichzeitigen Betreuung eines gemeinschaftlichen unterhaltsberechtigten Kindes und eingeschränkter Leistungsfähigkeit des Pflichtigen, und zwar mit der Begründung, dass wirtschaftlich gesehen ohnehin alles „in einen Topf" gehe. Ein solches Vorgehen ist zweckmäßig im Hinblick auf spätere Anpassungen des Kindesunterhalts wegen gestiegenen Alters (s. § 1610 Rn. 66, 89, 130); wegen der Wirkungen des § 323 ZPO sollte jedoch auch in diesem Fall jeweils der anteilige ungekürzte Betrag festgelegt werden.[50]

29   Trotz des grundsätzlichen Verzichtsverbotes beim Trennungsunterhalt werden gegen eine *ausdrückliche* Billigung eines Vorwegabzugs des Unterhalts des – nachrangigen – volljährigen Kindes durch die Ehefrau vor Bildung des Quotenunterhalts allgemein keine Bedenken erhoben,[51] wohl aber dann, wenn allein aus der Hinnahme des Vorwegabzugs des Unterhalts dieses Kindes vor Bildung des Quotenunterhalts auf ein *konkludentes* Einverständnis geschlossen werden soll. Ein derartiges Einverständnis kann in einem solchen Fall ebenso wenig[52] angenommen werden wie dann, wenn beide Eltern vor der Trennung mit dem Studium des Kindes und dessen elterlicher Finanzierung einverstanden waren; denn eine Trennung hat tiefgreifende Auswirkungen auf die Familie als Unterhaltsgemeinschaft, und es ist eine maßgebliche Änderung der Grundlagen der Unterhaltsbestimmung anzunehmen,[53] s. Rn. 60. Bedenken ergeben sich in jedem Fall bei einem Anspruchsübergang auf den Sozialhilfeträger, weil dann bereits rein rechtlich keine Dispositionsbefugnis des Ehegatten hinsichtlich seines früheren Anspruchs vorliegt.

V. Volljährige Kinder

30   **1. Rangwechsel durch Volljährigkeit.** Wenn minderjährige Kinder volljährig werden, verweist sie das Gesetz sowohl im Verhältnis zum Ehegatten des barunterhaltspflichtigen Elternteils als auch im Verhältnis zu ihren minderjährigen Geschwistern und Halbgeschwistern auf die vierte Rangstufe. Gleichzeitig entfällt die – sich auch auf den Selbstbehalt auswirkende – verschärfte elterliche Haftung nach § 1603 Abs. 2 (s. dort Rn. 74 ff.), so dass im Ergebnis ein zweifacher „Abstieg" vorliegt. Im Ergebnis kommt der unterhaltsbedürftige Ehegatte hierdurch vorrangig zum Zuge, und der Pflichtige gewinnt an Leistungsfähigkeit. Untereinander sind volljährige Kinder gleichrangig berechtigt.

31   **2. Verhältnis zum Ehegatten. a) Nachrang des Kindes.** Der Vorrang des Ehegatten vor volljährigen Kindern kommt im Rahmen der Berechnung dadurch zum Tragen, dass vom Einkommen des Pflichtigen vorab der Ehegattenunterhalt in Abzug zu bringen ist. Das umgekehrte Verfahren (Vorwegabzug des Kindesunterhalts)[54] scheint aus systematischer Sicht auch für Mangelfälle verfehlt.[55] Der Vorwegabzug mag beim *Minderjährigenunterhalt* wegen dessen Gleichrangigkeit mit dem Ehegattenunterhalt und seiner gesetzlich (§ 1603 Abs. 1) verstärkten Ausgestaltung vertretbar sein; beim *Volljährigenunterhalt* würde er zu einer – nach § 1361 nicht vorgesehenen – Kürzung des Ehegattenunterhalts, zu einer Minderbewertung der nach § 1578 maßgebenden ehelichen Verhältnisse und damit für Ehegatten- wie Geschiedenenunterhalt zu einer Kürzung auch dann führen, wenn es sich nicht um einen Mangelfall handelt. Der Vorwegabzug des Kindesunterhalts ist allerdings dann unschädlich, wenn das volljährige Kind noch in **einem Haushalt** mit dem ebenfalls unterhaltsberechtigten Ehegatten lebt; dies entspricht in der Regel auch den ehelichen Lebensverhältnissen.[56]

---

[48] *Schwab/Borth* IV Rn. 1097; *Johannsen/Henrich/Graba* § 1609 Rn. 10.
[49] *Schwab/Borth* IV Rn. 1085.
[50] OLG Frankfurt FamRZ 1984, 176; *Schwab/Borth* IV Rn. 1097.
[51] BGH FamRZ 1981, 341, 343; *Johannsen/Henrich/Graba* Rn. 10; *Schwab/Borth* IV Rn. 1097, der auf die Dispositionsbefugnis des Ehegatten hinweist, überhaupt für sich Unterhalt geltend zu machen.
[52] *Johannsen/Henrich/Graba* Rn. 10.
[53] *Johannsen/Henrich/Graba* Rn. 10; *Schwab/Borth* IV Rn. 1097 aE; **aA** OLG Frankfurt FamRZ 1984, 176.
[54] OLG Hamm FamRZ 1987, 193; 1987, 410; 1990, 787: Vorwegabzug, allerdings nur zur Berechnung der Ehegattenquote; *Göppinger/Maurer* Rn. 1265.
[55] *Christl* NJW 1982, 961.
[56] BGH FamRZ 1990, 1091, 1094; 1987, 457; KG FamRZ 1985, 898.

b) Ausbildung. aa) Gefährdung durch vorrangig Berechtigte. Der sowohl gegenüber 32
minderjährigen Kindern wie gegenüber dem Ehegatten bestehende Nachrang (vgl. § 1606 Rn. 7)
des Volljährigenunterhalts hat für das Kind immer dann besonders nachteilige Folgen, wenn es sich
gerade in der Ausbildung befindet; denn hier wirkt es sich besonders ungünstig aus, wenn gerade
in einem kritischen Zeitpunkt (Beginn oder erste Phase einer schon aufgenommenen Ausbildung
zu einem Beruf, § 1610 Abs. 2) der Unterhaltsanspruch wegen mangelnder Leistungsfähigkeit des
barunterhaltpflichtigen Elternteils und gerade wegen vorrangiger Unterhaltsverpflichtung gegenüber minderjährigen Kindern endet. Auch der Grundsatz, dass eine einmal begonnene Ausbildung
auch beendet werden können muss (s. § 1610 Rn. 216, 224), führt nicht zu einer – die Rangverhältnisse (§§ 1603 Abs. 2, 1609) aufhebenden – verstärkten elterlichen Unterhaltspflicht, schon gar nicht
in dem Sinne, dass ein zum Zeitpunkt noch bestehender Minderjährigkeit vorliegendes Einverständnis der Eltern mit der Berufsausbildung auch noch nach Eintritt der Volljährigkeit dessen unbeschränkte Fortsetzung garantieren würde.

Sofern man als Konsequenz nicht eine verstärkte Inanspruchnahme staatlicher Ausbildungsförde- 33
rung akzeptieren will, erscheint ein Appell an den Gesetzgeber geboten, den Haftungsmaßstab für
die Eltern zu verstärken[57] und den Ausbildungsunterhalt für das volljährige Kind gleichrangig auszugestalten, wie es *Köhler* in der 3. Auflage (§ 1609 Rn. 4; § 1610 Rn. 42 o) und auch an anderer
Stelle[58] gefordert hat.

bb) Einräumung des Vorrangs. Da sich durch eine Trennung der Eltern die Familie als 34
Unterhaltsgemeinschaft grundlegend verändert, kann aus dem Einverständnis des unterhaltsberechtigten Ehegatten mit der Ausbildung des volljährigen Kindes nicht auf ein fortdauerndes Einverständnis mit einem eigenen Rangrücktritt geschlossen werden.[59] Dies gilt nur im Mangelfall, nicht
bei der Bestimmung des Bedarfs im Falle durchschnittlicher Einkommensverhältnisse,[60] so dass in
der Regel der Vorwegabzug des Unterhalts des volljährigen Kindes entfällt.[61] Ein stillschweigender
Rangverzicht kann auch nicht aus der Hinnahme des Vorwegabzugs des Unterhalts des volljährigen
Kindes vor Bildung des Quotenunterhalts abgeleitet werden;[62] anders ist dies naturgemäß im Falle
einer ausdrücklichen Billigung des Vorwegabzugs.[63] In diesem Zusammenhang ist auch das gesetzliche (§§ 1360a Abs. 3, 1361 Abs. 4 S. 4, 1614 Abs. 1) Verzichtsverbot beim Trennungsunterhalt[64] zu
beachten.[65]

3. Verhältnis zum minderjährigen Kind. Der Nachrang des volljährigen Kindes folgt allein 35
aus der Minderjährigkeit des dadurch vorrangigen anderen Kindes; demgegenüber sind weder Hilfsbedürftigkeit noch Geschäftsunfähigkeit entscheidend. Die Motive zum BGB[66] lassen erkennen, dass
der damalige Gesetzgeber sich im Bewusstsein dieser anderen Möglichkeit allein für die dem Wortlaut des Gesetzes entsprechende Regelung entschieden hat.[67] Diese Linie hat sich insofern fortgesetzt, als das volljährige Kind selbst im Falle körperlicher oder geistiger **Behinderung** vom Gesetzgeber nicht in den Kreis der privilegiert Volljährigen aufgenommen worden und deshalb gegenüber
solchen wie minderjährigen Kindern nachrangig (§ 1609 Abs. 1) ist.[68]

Zu den Grenzen der Haftung im Rahmen des Unterhaltsanspruchs eines **privilegiert volljähri-** 36
gen Kindes s. § 1603 Rn. 77–79. Der Gleichrang des minderjährigen unverheirateten Kindes mit
dem privilegierten volljährigen Kind verbietet es, bei der Bestimmung der Haftungsanteile nach
§ 1606 Abs. 3 (s. dort Rn. 10–16) den Minderjährigenunterhalt vorweg abzuziehen.[69] Ein solcher

---

[57] Vorschläge des 5. DFGT 1983 (FamRZ 1983, 1199, 1200, 1202).
[58] FamRZ 1990, 922, 923.
[59] *Johannsen/Henrich/Graba* Rn. 10; **aA** BGH FamRZ 1986, 553, 556; OLG Frankfurt FamRZ 1984, 176;
Palandt/Brudermüller Rn. 6; s. Rn. 22.
[60] *Schwab/Borth* IV Rn. 888.
[61] *Schwab/Borth* IV Rn. 1097 aE.
[62] *Johannsen/Henrich/Graba* Rn. 10.
[63] BGH FamRZ 1981, 341, 343.
[64] Eingeschränkt durch die 20%-Grenze, bis zu der ein Verzicht zulässig sein soll, OLG Düsseldorf NJWE-FER 2000, 307; *Wendl/Wönne* § 6 Rn. 611; offengelassen in BGH FamRZ 1984, 997, 999. S. § 1614 Rn. 6–9.
[65] Dagegen kann – als Folge der Dispositionsbefugnis der Ehegatten für die Zeit ab Scheidung der Ehe – auf
nachehelichen Unterhalt grundsätzlich verzichtet werden; zu Einzelheiten s. *Schwab/Borth* IV Rn. 1284 ff.
[66] S. 682, 686.
[67] BGH FamRZ 1984, 682, 685.
[68] BGH FamRZ 1987, 472, 474; 1984, 683, 685; *Schwab/Borth* IV Rn. 1100; *Wendl/Klinkhammer* § 2 Rn. 558,
580. Zum (ausnahmsweisen) Anspruchsübergang auf den Sozialhilfeträger OLG Zweibrücken NJW-RR 2001,
436.
[69] OLG Hamm OLGR 2000, 253 m. zutr. Hinw. darauf, dass das bei der Ermittlung der Haftungsquote
maßgebliche Einkommen nur durch Unterhaltszahlungen an *vorrangige* Berechtigte gemindert wird (BGH FamRZ

§ 1609

Vorwegabzug würde zu einer unausgewogenen Verteilung der Unterhaltslasten für das privilegiert volljährige Kind, welches von beiden Eltern Unterhalt fordern kann, führen, weil sich das anrechenbare Einkommen des – zusätzlich noch Minderjährigenunterhalt schuldenden – Vaters überdurchschnittlich verringern würde. Wegen der Gleichstellung des privilegiert volljährigen Kindes mit einem minderjährigen Kind auch hinsichtlich des Rangverhältnisses und der gesteigerten Unterhaltspflicht der Eltern müssen *beide* Elternteile die Folgen der gesetzlichen Neuregelung in gleicher Weise tragen; deshalb darf nicht ein Elternteil (Mutter) stärker belastet werden, nur weil der andere Elternteil (Vater) einem weiteren gleichrangigen minderjährigen Kind gegenüber barunterhaltspflichtig ist.[70]

37 **4. Obliegenheiten.** Im Unterschied zu seinen minderjährigen Geschwistern muss das volljährige Kind **erhöhte** eigene Anstrengungen unternehmen, um zu eigenem Einkommen zu gelangen. Sofern das volljährige Kind sich nicht berechtigterweise in einer Ausbildung befindet und deshalb unterhaltsbedürftig ist, muss es – entsprechend dem Regelfall – für seinen Unterhalt selbst aufkommen; der Umfang der Obliegenheit des gesunden Volljährigen zur Nutzung seiner Arbeitskraft richtet sich nach ähnlich strengen Maßstäben, wie sie für den Pflichtigen gegenüber minderjährigen Kindern gelten.[71] Zu Einzelheiten s. § 1610 Rn. 29. Verletzt das volljährige Kind diese Erwerbsobliegenheit, entfällt seine Bedürftigkeit in Höhe eines erzielbaren Erwerbseinkommens.[72]

VI. Verfahrensrechtliche Fragen

38 **1. Nachträgliche Ansprüche.** Sofern der Pflichtige wegen eines nachrangigen Unterhaltsanspruchs bereits verurteilt ist und nunmehr ein vorrangig Berechtigter – nachträglich – seinen Anspruch geltend macht, muss der Pflichtige **Abänderungsantrag** stellen, was wegen der Zeitschranke des § 238 Abs. 3 FamFG allerdings nur für die Zukunft möglich ist.[73] Entsprechend dem Grundsatz der Rangpriorität (s. Rn. 5, 6) ist auch ein titulierter Unterhaltsanspruch eines nachrangig Berechtigten nicht vorab abzuziehen, sondern im Gegenteil unberücksichtigt zu lassen, sofern das verfügbare Einkommen des Pflichtigen zur Deckung des Bedarfs des vorrangig Berechtigten nicht ausreicht.[74]

39 Ist der titulierte Unterhalt eines gleichrangig Berechtigten **überhöht,** spricht das Prinzip des Gleichrangs dagegen, dass diese Verpflichtung nur auf Grund ihrer zeitlich früheren Titulierung zu einer vorrangig abzuziehenden Verbindlichkeit wird.[75] In einem solchen Fall muss der Pflichtige Abänderungsantrag (§ 238 FamFG) stellen, um die „Schieflage" im Verhältnis der gleichrangig Berechtigten zu beseitigen.[76]

40 Im Falle der nachträglichen Geltendmachung eines vorrangigen Anspruchs ist – ungeachtet der rechtskräftigen Verurteilung[77] und der Zahlung wegen des nachrangigen Anspruchs – von einer insoweit ungekürzten Leistungsfähigkeit des Pflichtigen auszugehen; der nur nachrangig Berechtigte ist auf Kosten des vorrangig Berechtigten ungerechtfertigt bereichert.[78] Der Pflichtige muss sich im Falle der Inanspruchnahme durch den Berechtigten so behandeln lassen, als wäre er nicht verurteilt worden und als hätte er nicht gezahlt.[79]

1988, 1039, 1041); ebenso *Born* in *Heiß/Born* Kap. 22 Rn. 419. **AA** die Empfehlung des 13. DFGT, FamRZ 2000, 273 A I 2 b cc sowie OLG Hamm FamRZ 1999, 1018, 1019. Die dort unter Hinweis auf BGH FamRZ 1986, 153 gegebene Begründung für den Vorwegabzug des Minderjährigenunterhalts übersieht, dass es in der Entscheidung des BGH um den Unterhaltsanspruch eines vorrangig berechtigten minderjährigen Kindes sowie gezahlten und nach Grund und Höhe nicht streitigen Ehegattenunterhalt ging, während hier gleichrangig Berechtigte vorhanden sind und der Minderjährigenunterhalt nicht schon leistungsfähigkeitsmindernd beim Pflichtigen abgeflossen ist.

[70] OLG Hamm OLGR 2000, 253, 257 mit dem zusätzlichen Hinw. darauf, dass eine vorrangige Berücksichtigung von Minderjährigenunterhalt bei der Barunterhaltsverpflichtung gegenüber mehreren minderjährigen Kindern leicht zu dem Ergebnis führen könnte, dass dem einen Elternteil (Vater) nur noch ein Einkommen in Höhe des Selbstbehaltes verbleibt, so dass der Unterhalt für das privilegierte volljährige Kind vom anderen, sonst keinen Kindesunterhalt schuldenden Elternteil (Mutter) allein zu tragen wäre, was die rangmäßige Gleichstellung der minderjährigen Kinder mit den privilegierten volljährigen Kindern „aushebeln" würde.

[71] S. dazu § 1603 Rn. 74 ff.; *Wendl/Klinkhammer* § 2 Rn. 484.
[72] *Wendl/Scholz* § 2 Rn. 57, *Wendl/Klinkhammer* § 2 Rn. 484.
[73] BGH FamRZ 1980, 555; *Zöller/Vollkommer* § 323 Rn. 33; s. Rn. 6 aE.
[74] BGH FamRZ 1980, 555, 556; *Schwab/Borth* VI Rn. 1099.
[75] BGH FamRZ 1992, 797; s. Rn. 16.
[76] *Schwab/Borth* IV Rn. 1099.
[77] BGH NJW 1980, 834.
[78] *Staudinger/Engler* (2000) Rn. 32.
[79] OLG Düsseldorf FamRZ 1982, 526; *Staudinger/Engler* (2000) Rn. 33.

2. Zwangsvollstreckung. Hier gilt nach § 850d Abs. 2 ZPO die gleiche Reihenfolge wie 41 sonst. § 850d Abs. 2 ist von Bedeutung für die Bestimmung des dem Schuldner pfandfrei verbleibenden Arbeitseinkommens und für die Rangfolge bei Pfändung durch mehrere Unterhaltsgläubiger. In einer vorgehenden Rangstufe haben die (laufenden und rückständigen) Unterhaltsansprüche des vollstreckenden Gläubigers Vorrang vor Ansprüchen von Gläubigern einer nachgehenden Stufe.[80] Für die Bemessung des dem Schuldner pfandfrei zu belassenden Arbeitseinkommens sind nach Abs. 1 S. 2 nur die „laufenden gesetzlichen Unterhaltsansprüche" von vorgehenden Berechtigten mit einem besseren Rang ausgestattet.[81] Sofern nicht schon der Titel Aufschluss gibt, hat das Vollstreckungsgericht in Gruppe 1 in der Regel von einem Gleichrang der Berechtigten auszugehen.[82] Nur innerhalb der ersten Gruppe kann das Vollstreckungsgericht auf Antrag der Parteien das Rangverhältnis nach billigem Ermessen in anderer Weise festsetzen. Weil es dem Verfahrensgericht vorbehalten ist, titulierte Unterhaltsansprüche auf Abänderungsantrag (§ 238 FamFG) abzuändern, darf diese Rangänderung durch das Vollstreckungsgericht nur eine Vermeidung von Unzuträglichkeiten bei Vollstreckung von Unterhaltsrückständen vermeiden, aber nicht ein Unterhaltsurteil des Familiengerichts unterlaufen.[83]

Durch die anderweitige Regelungsbefugnis nach billigem Ermessen kann das Vollstreckungsgericht zB erreichen, dass ein aus einem Vollstreckungstitel über Unterhalt vorgehendes Kind, das unterhaltsrechtlich deshalb besserstehen kann als im Haushalt des Schuldners lebende Kinder, von dessen Einkommen nicht mehr pfändet, als für die anderen Kinder verbleibt.[84] 42

3. Beweislast. Der Pflichtige muss beweisen, dass er Unterhaltszahlungen an vorrangig Berechtigte geleistet hat und dass diese Zahlungen auch geschuldet waren.[85] 43

4. Auskunftsanspruch. Der Bundesrat hat angeregt, die Schaffung eines Auskunftsanspruchs gegen vor- und gleichrangige Unterhaltsberechtigte zu prüfen.[86] Diese sind im Katalog des § 236 FamFG, der die verfahrensrechtliche Auskunftspflicht (s. § 1605 Rn. 50 f) Dritter betrifft, allerdings nicht enthalten. 44

§ 1610 Maß des Unterhalts

(1) Das Maß des zu gewährenden Unterhalts bestimmt sich nach der Lebensstellung des Bedürftigen (angemessener Unterhalt).

(2) Der Unterhalt umfasst den gesamten Lebensbedarf einschließlich der Kosten einer angemessenen Vorbildung zu einem Beruf, bei einer der Erziehung bedürftigen Person auch die Kosten der Erziehung.

Schrifttum: *Biletzki,* Der Anspruch auf Finanzierung einer weiteren Ausbildung nach §§ 1601, 1610 Abs. 2 BGB, FamRZ 1996, 769; *Bißmaier,* Der Unterhalt des volljährigen unverheirateten Kindes, FamRB 2004, 297; *ders.,* Obliegenheiten beim Ausbildungsunterhalt, FamRB 2005, 336; *Born,* Unverhofft kommt oft – Die Bestimmung des Bedarfs im Falle unerwarteter Entwicklungen, FamRZ 1999, 541; *ders.,* Der Karrieresprung im Unterhaltsrecht, MDR 1999, 1101; *ders.,* Gemeinsames Sorgerecht: Ende der „modernen Zeiten"? FamRZ 2000, 396; *Büte,* Prozesskostenvorschuss im Familienrecht, FF 2004, 272; *Caspary,* Der Anspruch auf Prozesskostenvorschuss, NJW 2005, 2577; *Christian,* Gerechtigkeit durch „Unterhalts-"Tabellen? ZBlJR 1982, 559; *Diederich,* Unterhaltsberechnung nach Quoten und Tabellen, Berlin 1986; *Duderstadt,* Zum Prozeßkostenvorschuß minderjähriger und volljähriger Kinder, FamRZ 1995, 1305; *Ewers,* Die Düsseldorfer Tabelle und das neue Kindesunterhaltsrecht, DAVorm. 1999, 801; *Finger,* Ausbildungsförderung für über 30 jährige, FamRZ 2006, 1427; *Finke,* Unterhaltsrecht in der anwaltlichen Praxis, 2000; *ders.,* Bedeutung und praktische Auswirkungen der Neuregelung der Alleinsorge eines Elternteils in § 1671 BGB, FF 2000, 187; *Firsching/Graba,* Familienrecht, 6. Aufl. 1998; *Gerhardt,* Die Unterhaltsreform zum 1. 1. 2008, FuR, Wohnwert und „Dritteobergrenze" bei der Unterhaltsberechnung, FamRZ 1993, 1139; *ders.,* Die Kontrollberechnung beim Unterhalt Volljähriger, FamRZ 2006, 740; *Gernhuber,* Der Richter und das Unterhaltsrecht, FamRZ 1983, 1069; *Graba,* Kindesbetreuung und Kindesunterhalt, FamRZ 1990, 454; *Grandke,* Zu den Neuregelungen im Unterhaltsrecht Volljähriger, FPR 1998, 162; *Günther,* Probleme des Elternunterhalts, FF 1999, 172; *Gutdeutsch/Zieroth,* Verbrauchergeldparität und Unterhalt, FamRZ 1993, 1152; *Hampel,* Bemessung der Unterhalts anhand von Unterhaltstabellen und Unterhaltsleitlinien

---

[80] LG Berlin Rpfleger 1995, 222; *Zöller/Stöber* § 850d Rn. 15.
[81] *Zöller/Stöber* § 850d Rn. 15.
[82] *Zöller/Stöber* § 850d Rn. 16.
[83] *Zöller/Stöber* § 850d Rn. 16.
[84] OLG Köln FamRZ 1976, 119.
[85] RG 72, 199; *Johannsen/Henrich/Graba* § 1609 Rn. 11; *Palandt/Brudermüller* Rn. 5.
[86] BT-Drucks. 16/1830 S. 37.

der Oberlandesgerichte, Bielefeld 1994; *Heiß, T.,* Karrieresprung und eheliche Lebensverhältnisse, FPR 2008, 69; *Hennemann,* Probleme der gesetzlichen Vertretung und der Prozessstandschaft beim Wechselmodell, FPR 2006, 295; *Hoppenz,* Ehegattenbedarf im Mangelfall, FamRZ 1999, 1473; *Huvale,* „Gerechtigkeit durch Unterhaltstabellen?" – aus der Sicht des Jugendamtes, ZJBlJR 1982, 577; *Jung,* Unterhaltspflichten und Ausbildungsförderung, FamRZ 1974, 513; *ders.,* Ausgewählte Probleme des neuen Kindesunterhaltsgesetzes – Anrechnung kindbezogener Leistungen, Auskunft, Prozeßstandschaft –, FPR 1998, 167; *Justin,* Die Berechnung des Kindesunterhalts und der Leistungen nach UVG ab 1. 1. 2009; *Kaiser,* Gemeinsame elterliche Sorge und Wechselmodell, FPR 2008, 143; *Kath-Zurhorst,* Der Unterhalt des volljährigen Kindes, FF 2005, 308; *Klinkhammer,* Die Düsseldorfer Tabelle nach der Unterhaltsrechtsreform, FamRZ 2008, 193; *Köhler,* Geschichte der Düsseldorfer Tabelle, FS Rebmann, 1989, S. 569; *ders.,* Ausgewählte Probleme des neuen Kindesunterhaltsgesetzes – Anrechnung kindbezogener Auskunft, Prozeßstandschaft –, FPR 1998, 167; *Künkel,* Leitlinien der Oberlandesgerichte zur Bemessung des Unterhalts, DAVorm. 1988, 641; *ders.,* Ausgewählte Probleme des neuen Kindesunterhaltsgesetzes – Anrechnung kindbezogener Leistungen, Auskunft, Prozeßstandschaft –, FPR 1998, 167; *Kunz,* Taschengeld für Kinder und Jugendliche, DAVorm. 1989, 813; *Laws,* Steuerliche Unterlagen im Unterhaltsrecht – Bemessungsgrundlagen der Leistungsfähigkeit und Bedürftigkeit –, 1998; *Luthin,* Zum Mindestbedarf beim Kindesunterhalt, FF 1999, 105; *Maurer,* Zum Unterhaltsrecht im Beitrittsgebiet DtZ 1993, 130; *Miesen,* Das Kindesunterhaltsgesetz, FF 1998, 65; *Mutschler,* Zur Bemessung des Bedarfs im Unterhaltsrecht, FamRZ 1972, 345; *ders.,* Auswirkungen regional verschiedener Lebenshaltungskosten auf den Unterhaltsbedarf, DAVorm. 1995, 29; *Neumann,* Studiengebühren und Studentenunterhalt, FamRB 2007, 53; *Niepmann,* Das neueste Familienunterhaltsrecht – Versuch einer Bilanz, FF 1999, 164; *Oelkers,* Unterhalt: Die Ost/West-Fälle, DAVorm. 1995, 64; *ders.,* Prozeßrechtliche und materiell-rechtliche Fragen bei der Berechnung des Unterhalts für eheliche Kinder, DAVorm. 1995, 1; *Puls,* Gerechtigkeit durch Unterhaltstabellen? ZBlJR 1982, 603; *Reinken,* Kindesbetreuungskosten – wo werden sie unterhaltsrechtlich berücksichtigt?, FPR 2008, 90; *Riegner,* Anmerkungen zur Düsseldorfer Tabelle 2008, FPR 2008, 4; *Schilling,* Betreuungsunterhalt und Wechselmodell, FPR 2006, 291; *Scholz,* Die Kindesunterhalt nach dem Gesetz zur Änderung des Unterhaltsrechts, FamRZ 2007, 2021; *ders.,* Das Jahressteuergesetz und die Düsseldorfer Tabelle, Stand 1. 1. 1996, FamRZ 1996, 65; *Schumacher/Grün,* Das neue Unterhaltsrecht minderjähriger Kinder, FamRZ 1998, 778; *D. Schwab,* Der Unterhaltsanspruch der Kinder auf Ausbildungsfinanzierung und sein Verhältnis zur öffentlichen Ausbildungsförderung, FamRZ 1971, 1; *ders.,* „Vater will nicht zahlen" – Ausbildungsfinanzierung zwischen Unterhaltsrecht und Politik –, FS Gerd Jauch, 1990, S. 201; *Soyka,* Die Berechnung des Volljährigenunterhalts, 4. Aufl. 2011; *ders.,* Die Düsseldorfer Tabelle Stand 1. 1. 2011, FamRZ 2011, 73; *Spangenberg,* Wohnbedarf und Kindesunterhalt, FamRZ 2007, 1854; *ders.,* Vorschläge zur Festlegung des Unterhaltsbedarfs von Kindern, FamRZ 1987, 1221; *Stein,* Entnahmen im Unterhaltsrecht, FamRZ 1989, 343; *Strauß,* Probleme des Kindesunterhaltsgesetzes in der gerichtlichen Praxis, FamRZ 1998, 993; *Thierschmann,* Unterhaltsansprüche Volljähriger gegen ihre Eltern, 1986; *Vießhues,* Kindesunterhalt und Wechselmodell, FPR 2006, 287; *Vießhues/Mleczko,* Das neue Unterhaltsrecht 2008, 2. Aufl.; *Vossenkämper,* Unterhaltsrechtliche Aspekte (nicht nur) für das Beitrittsgebiet, FuR 1995, 43; *Waldeyer/Waldeyer-Gellmann,* Kindesunterhalt und Studienbeiträge, NJW 2007, 2957; *Weinreich,* Zum Problem der Studiengebühr, FuR 2008, 268; *Wichmann,* Steuerrecht und Kindesunterhalt – Zum Jahressteuergesetz 1996, FamRZ 1995, 1241; *Wohlgemuth,* Die „angemessenen" Wohnvorteile beim Familieneigenheim, FamRZ 1999, 621.

Übersicht

	Rn.		Rn.
I. Normzweck	1–6	b) Volljähriges Kind	26–31
1. Zweck	1	4. Einkommen des Pflichtigen	32–53
		a) Barunterhaltspflicht	33–40
2. Veränderungen der Vorschrift	2–5	b) Leistungsfähigkeit	41–51
		c) Schwankungen	52, 53
3. Unterschied zum Ehegattenunterhalt	6	5. Freiwillige Leistungen Dritter	54–57
		a) Gegenüber dem Kind	55, 56
II. Begriffe und allgemeine Grundsätze	7–17	b) Gegenüber dem Pflichtigen	57
		6. Einkommen und Vermögen des Kindes	58
1. Begriffe	7–12		
a) Bedürftigkeit	8, 9	**IV. Lebensbedarf (Abs. 2)**	59–206
b) Bedarf	10	1. Grundlagen	59–78
c) Leistungsfähigkeit	11, 12	a) Grundbedürfnisse	59–61
2. Allgemeine Grundsätze	13–17	b) Bedarfsbestimmung nach Tabellensätzen	62–67
		c) Krankenversicherung	68–71
III. Lebensstellung des Bedürftigen (Abs. 1)	18–58	d) Wohnkosten	72, 73
		e) Mehrbedarf	74–76
1. Systematik	18	f) Begrenzungen	77, 78
2. Kriterien	19–21	2. Unterhalt nach der Düsseldorfer Tabelle	79–147
3. Alter und Situation des Kindes	22–31	a) Geschichte und Grundlagen	80–83
a) Minderjähriges Kind	22–25	b) Stand der Tabelle	84, 85

	Rn.		Rn.
c) Anwendung der Tabelle	86–119	3. Pflichten des Kindes	229–235
d) Zuschläge, Abschläge	120–124	a) Ausbildungsobliegenheit	230–232
e) Bedarfskontrollbetrag	125–133	b) Keine Verzögerungen	233
f) Volljähriges Kind	134–147	c) Pflicht zur Unterrichtung	234, 235
3. Sättigungsgrenze	148–155	4. Studium	236–248
a) Allgemeine Grundsätze	149–151	a) Gestaltung	237, 237a
b) Differenzierung	152–155	b) Studienort	238
4. Verfahrenskostenvorschuss	156–192	c) Studienzeit	239–242
a) Rechtsnatur	157	d) Zusatzqualifikationen	243, 244
b) Anspruchsberechtigte Personen	158–166	e) Sonderfälle	245–248
c) Voraussetzungen des Anspruchs	167–178	5. Kontrollrechte der Eltern	249, 250
d) Inhalt des Anspruchs	179–183	6. Weiterbildung	251–264
e) Prozessuale Fragen	184–192	a) Abgrenzung zur Zweitausbildung	252, 253
5. Sonderfälle	193–204	b) Zusammenhang zur Vorausbildung	254–256
a) Ausland	194–200	c) Zumutbarkeit der Finanzierung	257, 258
b) Gemeinsame elterliche Sorge	201–203	d) Fallgruppen	259–264
c) Wehr- und Zivildienst	204	7. Zweitausbildung	265–274
6. Beweislast	205, 206	a) Abgrenzung zur Weiterbildung	266
V. Unterhalt wegen Ausbildung	207–289	b) Keine Finanzierungspflicht	267–271
1. Arbeitspflicht oder Recht auf Ausbildung	207–209	c) Finanzierungspflicht in Ausnahmefällen	272–274
2. Anspruch auf Ausbildung	210–228	8. Öffentliche Ausbildungsförderung	275–289
a) Angemessenheit	211–215	a) Grundlagen der Förderung	276–284
b) Eine Ausbildung	216	b) Auswirkungen auf den Unterhalt	285–289
c) Wahlrecht des Kindes	217–225		
d) Zeitliche Befristung	226, 227		
e) Mehrkosten	228		

I. Normzweck

1. Zweck. Die Vorschrift hat den Zweck, die Maßstäbe für die Höhe des Unterhaltsanspruchs 1 im Einzelfall vorzugeben. Während Abs. 1 das „Maß", also die Höhe des Unterhaltsanspruchs regelt, wird der Umfang des Bedarfs, also Anzahl und Ausgestaltung der einzelnen Bedarfspositionen, durch Abs. 2 bestimmt. Von daher spricht die Systematik für eine Prüfung des Abs. 2 vor Abs. 1. Neben diesen unmittelbaren Auswirkungen strahlt der in § 1610 geregelte Bedarf mittelbar aus auf Bedürftigkeit (§ 1602) und Leistungsunfähigkeit (§ 1603); denn er bestimmt die Frage, ob der eigene oder der fremde Bedarf gedeckt werden kann.

2. Veränderungen der Vorschrift. Durch das FamRÄndG vom 11. 8. 1961 (BGBl. I 2 S. 1221) ist der Begriff des „standesgemäßen Unterhalts" durch denjenigen des „angemessenen Unterhalts" ersetzt worden. Danach hat der „Stand", also die Herkunft des Bedürftigen, keinen Einfluss auf die Höhe des Bedarfs.[1]

Durch das Gesetz zur Neuregelung des Volljährigkeitsalters vom 31. 7. 1974 (BGBl. I S. 1713) 3 ist bestimmt, dass die Kosten einer Berufsausbildung allgemein zum „Lebensbedarf" gehören. Dies war zwar auch schon früher allgemein anerkannt,[2] aber nicht zweifelsfrei im Hinblick darauf, dass nach der früheren Fassung des Gesetzes solche Kosten nur bei einer „der Erziehung bedürftigen Person", also bei Minderjährigen, dazugehörten.[3] Durch die Herabsetzung des Volljährigkeitsalters von früher 21 auf jetzt 18 Jahre wurden auf einen Schlag alle Studierenden und zahlreiche Oberschüler, Berufsschüler und Auszubildende volljährig; dies ließ eine Klarstellung besonders dringlich erscheinen.

Durch das 1. EheRG vom 14. 6. 1976 (BGBl. I S. 1421) wurde der Vorschrift ein dritter Absatz 4 hinzugefügt, der ehelichen, in ähnlicher Lage wie nichteheliche Kinder befindlichen Kindern ebenfalls mindestens den Regelbedarf der nichtehelichen Kinder sichern sollte und ihnen als Mindestunterhaltsbedarf (also ohne weiteren Nachweis) den Regelbedarfssatz nach der jeweils aktuellen Regelunterhaltsverordnung zuerkannte.[4] Um die Gleichstellung des nichtehelichen Kindes mit dem ehelichen Kind zu erreichen, hat der Gesetzgeber das Familienrecht in der wohl größten Reform

---

[1] RG Recht 1909 Nr. 3790; OLG Frankfurt FamRZ 1987, 1069; *Schwab* FamRZ 1971, 1, 4. Zur fehlenden Relevanz im Rahmen der Ausbildung s. Rn. 220.
[2] RG JW 1910, 478; *Staudinger/Engelmann*, 7./8. Aufl. 1913, Anm. 2 b.
[3] BGH FamRZ 1962, 153.
[4] Zu § 1615f Abs. 1 BGB aF s. Rn. 4 Fn. 4 in der Vorauflage sowie *Wendl/Klinkhammer* § 2 Rn. 221.

der letzten Jahrzehnte durch mehrere Gesetze umgestaltet. Neben dem Erbrechtsgleichstellungsgesetz und dem KindRG stellte das KindUG (BGBl. 1998 I S. 666 ff.) das letzte Teilstück des umfassenden Reformwerkes dar. Dieses Gesetz hat materiell die Gleichstellung des nichtehelichen Kindes mit dem ehelichen Kind zum Ziel; in verfahrensrechtlicher Hinsicht enthält es Regelungen, die zur Vereinfachung führen sollen und zum Teil über den Bereich des Kindesunterhalts hinausgehen.[5] Die bis dahin nur für nichteheliche Kinder bestehende Möglichkeit, in Gestalt des Regelunterhaltsverfahrens schnell und verfahrensrechtlich einfach zu einem Unterhaltstitel zu gelangen, steht nunmehr allen minderjährigen Kindern (also auch ehelichen) zur Verfügung.

5   Das KindUG hat die §§ 1610 Abs. 3, 1615 f. aF ersatzlos gestrichen. Die abschließende Fassung des KindUG hatte vor allem deshalb so lange auf sich warten lassen, weil politischer Streit um die Höhe der Mindestunterhaltssätze bestand.[6] Daneben wurde der Verzicht auf einen das Existenzminimum des Kindes sichernden Regelbedarfssatz auch damit begründet, dass sich eine große Zahl unterhaltspflichtiger Eltern auf ihre eingeschränkte Leistungsfähigkeit berufen hätten.[7] Um zum Ausdruck zu bringen, dass der Mindestunterhalt unter dem Existenzminimum lag, wurde er nicht mehr als Regelunterhalt, sondern als Regel*betrag* bezeichnet. Zur Regelung des Mindestunterhalts durch das UnterhRÄndG s. § 1612a Rn. 7–28.

6   **3. Unterschied zum Ehegattenunterhalt.** Solange das Kind keine selbständige, sondern eine von den Eltern abgeleitete Lebensstellung hat, bestimmt sich der Bedarf des Kindes nach der wirtschaftlichen Lage der Eltern,[8] damit beim volljährigen Kind nach den Einkünften beider Eltern,[9] beim minderjährigen Kind nach dem Einkommen des barunterhaltspflichtigen Elternteils,[10] weil der andere Elternteil durch Betreuung des minderjährigen Kindes seiner Unterhaltspflicht genügt (§ 1606 Abs. 3 S. 2). Da der Anspruch auf Kindesunterhalt kein früheres Zusammenleben voraussetzt, ist es – anders als beim Ehegattenunterhalt – unerheblich, ob eine **Prägung** der Lebensverhältnisse während des Zusammenlebens durch das aktuell erzielte Einkommen vorliegt. Deshalb nimmt das Kind – anders als der Ehegatte – unabhängig von Fragen der Bedarfsprägung[11] als Ausfluss seiner abgeleiteten Lebensstellung (s. Rn. 10, 19) sowohl an den ungünstigen wirtschaftlichen Folgen von Trennung und Scheidung[12] wie an einem späteren wirtschaftlichen Aufstieg des Verpflichteten teil.[13] Zu Einzelheiten s. u. Rn. 52, 53.

II. Begriffe und allgemeine Grundsätze

7   **1. Begriffe.** Zu den unterhaltsrechtlichen Grundbegriffen s. zunächst Vor § 1601 Rn. 13 ff. In Bezug auf Kinder ist dies wie folgt zu ergänzen:

8   **a) Bedürftigkeit.** Solange Eltern zusammenleben, sind sie im Rahmen des § 1360 auch dazu verpflichtet, die gemeinsamen Kinder angemessen zu unterhalten.[14] Ab Trennung der Eltern endet deren gegenseitiger Anspruch auf Familienunterhalt. Zahlte der Ehemann vor der Trennung Wirtschaftsgeld an die Ehefrau, hat diese nach der Trennung Anspruch auf Barunterhalt (§ 1361 Abs. 1); eine aus § 1360 abgeleitete Erfüllungswirkung auf den Barunterhaltsanspruch des Kindes entfällt jetzt, so dass das Kind ab Trennung den ihm zustehenden Barunterhalt verlangen kann.[15] Dieser Anspruch auf Barunterhalt setzt Bedürftigkeit voraus. Bedürftigkeit bedeutet das rechtlich anerkannte Unvermögen, den Bedarf aus eigenen Kräften und Mitteln zu decken.[16]

9   Die Bedürftigkeit eines Kindes liegt nach § 1602 vor, wenn es außer Stande ist, sich selbst zu unterhalten. Dies ist regelmäßig der Fall, solange das Kind **minderjährig** und ohne eigenes Einkommen ist. Es braucht dann Geld und Betreuung (Vor § 1601 Rn. 14). Dagegen ist ein Kind unterhaltsrechtlich nicht bedürftig, soweit es seinen Lebensbedarf aus anderen Quellen deckt, zB aus

---

[5] Zu Einzelheiten s. Vor § 1601 Rn. 6; *Schwab/Borth* IV Rn. 17; *Schwab/Motzer* III Rn. 9.
[6] Zu Einzelheiten s. § 1612b Rn. 91 ff. in der Vorauflage.
[7] BT-Drucks. 13/9596 S. 31.
[8] BGH FamRZ 1997, 281.
[9] BGH FamRZ 1994, 696, 698; 1988, 1039; 1986, 151.
[10] BGH FamRZ 1989, 172.
[11] Dazu ausführlich *Born* FamRZ 1999, 541, sowie *Borth* FamRZ 2001, 193.
[12] BGH FamRZ 1981, 543.
[13] *Johannsen/Henrich/Graba* § 1610 Rn. 4; *Finke* § 7 Rn. 1.
[14] *Schwab/Borth* IV Rn. 19 ff.
[15] *Schwab/Borth* V Rn. 8.
[16] *Göppinger/Strohal* Rn. 372. S. Vor § 1601 Rn. 17.

Waisen- oder Halbwaisenrente,[17] bei Strafhaft[18] oder während der Ableistung des Wehrdienstes,[19] auch wenn heute keine strenge „Kasernierung" mehr vorliegt und Wochenendfahrten nach Hause üblich sind, so dass zusätzliche Kosten anfallen (s. Rn. 26, 204). Zu Fällen eines besonderen Unterhaltsbedarfs s. Rn. 74–76. Bedürftigkeit ist auch für die Zeit der Berufsausbildung des Kindes gegeben (§ 1610 Abs. 2). Die Ursache der Bedürftigkeit ist beim Kindesunterhalt grundsätzlich ohne Bedeutung.[20] Das **volljährige** Kind hat dagegen gegen seine Eltern nur ausnahmsweise einen Unterhaltsanspruch, wenn besondere Umstände vorliegen, zB bei noch vorliegendem Schulbesuch oder Ausbildungsunterhalt. Weitere Ausnahmefälle sind Arbeitslosigkeit, Krankheit oder nichteheliche Entbindung.[21] Das volljährige Kind unterliegt in diesen Fällen strengen Anforderungen, um sich selbst durch (auch berufsfremde) Arbeit zu unterhalten.[22] Bei Bedürftigkeit des volljährigen Kindes auf Grund sittlichen Verschuldens wird nur Unterhalt nach Billigkeit geschuldet (§ 1611).

b) Bedarf. Unter Bedarf im Sinne von Abs. 2 ist die Summe der unterhaltsrechtlich erheblichen Bedürfnisse[23] bzw. der Kreis der durch den Unterhalt zu deckenden Bedarfsposten[24] zu verstehen. Der Bedarf des Kindes richtet sich im Regelfall nach den Lebensverhältnissen seiner Eltern, und zwar vor allem deshalb, weil das Kind nur eine **abgeleitete,** aber noch keine selbständige Lebensstellung (Abs. 1) erreicht hat; entscheidend sind also die Einkommens- und Vermögensverhältnisse der Eltern.[25] Der Bedarf des im Haushalt eines Elternteils lebenden Kindes bestimmt sich üblicherweise nach der Düsseldorfer Tabelle, im Beitrittsgebiet nach der Berliner Tabelle. Bei einem volljährigen Kind, welches noch bei einem Elternteil wohnt, wird der Bedarf unter Fortschreibung der Unterhaltstabelle nach dem zusammengerechneten Einkommen der Eltern ermittelt, bei einem nicht mehr im Haushalt eines Elternteils wohnenden volljährigen Kind dagegen mit einem Festbetrag, der nach Ziff. A 7 Abs. 2 der Düsseldorfer Tabelle 640 Euro beträgt. 10

c) Leistungsfähigkeit. Weitere Anspruchsvoraussetzung ist die Leistungsfähigkeit der Eltern bzw. des baruntergeltspflichtigen Elternteils; zu Einzelheiten s. § 1603. Die gegenüber minderjährigen Kindern bestehende verschärfte Haftung der Pflichtigen (s. § 1603 Rn. 75 f.) ist durch das KindUG in Form des § 1603 Abs. 2 S. 2 auch auf sogenannte privilegierte volljährige Kinder erstreckt worden, also auf volljährige unverheiratete Kinder bis zur Vollendung des 21. Lebensjahres, die noch im Haushalt der Eltern oder eines Elternteils leben und sich in der allgemeinen Schulausbildung befinden (s. § 1603 Rn. 77 ff.). 11

Der sogenannte **Selbstbehalt** betrifft allein die Leistungsfähigkeit des Verpflichteten (s. § 1603 Rn. 6–8), nicht dagegen das Maß (also die Höhe) des Unterhaltsanspruchs. Dieses Maß bestimmt sich in strikter Rechtsanwendung *objektiv,* also ohne Berücksichtigung von Gesichtspunkten der Zumutbarkeit.[26] Erst nach Bejahung der objektiven Bedürfnislage ist – in einem zweiten Schritt – Raum für die Prüfung, welcher Geldbetrag für die Abdeckung der Bedürfnislage *angemessen* ist; in dieser Stufe ist die wirtschaftliche Lage des Pflichtigen in die Abwägung einzubeziehen.[27] 12

2. Allgemeine Grundsätze. Zum Unterhaltsanspruch allgemein s. zunächst Vor § 1601 Rn. 13. Über das Maß des zu gewährenden Unterhalts ist nur zu entscheiden, wenn die Vorausset- 13

---

[17] Solche Renten sind als eigenes Einkommen des Kindes anzurechnen. Im Verhältnis ihrer Haftungsanteile profitieren beide Eltern von entsprechenden Zahlungen, weil sich der Unterhalt um den Rentenbetrag verringert und nur eine Haftung für den Restbetrag übrigbleibt. Dem überlebenden Elternteil kommt die Halbwaisenrente in voller Höhe zugute. Wird sie nach dem Tod des Stiefvaters gewährt, profitieren beide „Eltern" im Verhältnis ihrer Haftungsanteile von der Entlastung wie im Falle eines sonstigen Kindesvermögens. Im Verhältnis zwischen Kind und betreuenden Elternteil wird die Handhabung dem Einzelfall überlassen, BGH FamRZ 1980, 1109. Vgl. OLG Stuttgart FamRZ 2006, 59; OLG Dresden MDR 2003, 577.
[18] AG Stuttgart FamRZ 1996, 955.
[19] BGH FamRZ 1990, 393.
[20] *Wendl/Scholz* § 2 Rn. 7.
[21] *Wendl/Scholz* § 2 Rn. 7.
[22] BGH FamRZ 1985, 273; 1985, 1245. Zur – streitigen – Frage der Fortwirkung eines aus der Zeit der Minderjährigkeit stammenden (nicht dynamischen) Titels nach Eintritt der Volljährigkeit (bejahend) OLG Saarbrücken NJW-RR 2007, 1307; OLG Hamm (2. FamS) FamRZ 2007, 654 gegen (verneinend) OLG Hamm (9. FamS) FamRZ 2006, 48. Wird im Hinblick auf die Anspruchsidentität (BGH NJW 2006, 57; 1994, 1530) richtigerweise Fortwirkung des Titels angenommen, kommt eine Änderung nur im Wege des Abänderungsantrags in Betracht (*Born* in *Heiß/Born* Kap. 23 Rn. 122).
[23] *Deisenhofer* in *Heiß/Born* Kap. 12 Rn. 13.
[24] *Johannsen/Henrich/Graba* Rn. 1.
[25] BGH FamRZ 1993, 1304, 1306; 1983, 473; s. Rn. 19.
[26] BGH EzFamR § 1610 Nr. 3; *Johannsen/Henrich/Graba* § 1610 Rn. 4.
[27] *Johannsen/Henrich/Graba* § 1610 Rn. 4.

§ 1610 14–19   Abschnitt 2. Titel 3. Unterhaltspflicht

zungen der §§ 1601 bis 1603 für einen Unterhaltsanspruch gegeben sind, also Verwandtschaft, Bedürftigkeit und Leistungsfähigkeit. In Bezug auf Kindesunterhalt ist folgendes zu ergänzen:

14 Die Unterhaltspflicht kennt **keine festen Altersgrenzen**,[28] sie beginnt also mit der Geburt des Kindes und dauert grundsätzlich lebenslang fort, solange das Kind bedürftig ist und die Eltern leistungsfähig sind.[29] Im Regelfall **endet** der Unterhaltsanspruch dann, wenn das Kind nach abgeschlossener Ausbildung selbst für seinen Lebensunterhalt sorgen kann. Sofern sich das Kind weigert, sich einer Ausbildung zu unterziehen, muss es – auch bei Minderjährigkeit[30] – seinen Lebensunterhalt durch eigene Arbeit sicherstellen.[31] Solange das Kind keine angemessene Ausbildung beginnt, besteht kein Unterhaltsanspruch; zu Einzelheiten s. Rn. 207–209. Wenn und solange das Kind erneut bedürftig wird, kann auch ein schon erloschener Unterhaltsanspruch **wieder aufleben;** an die Bedürftigkeit eines volljährigen Kindes werden dabei sehr strenge Anforderungen gestellt.[32]

15 Der Unterhaltsanspruch **erlischt** mit dem Tod des Kindes oder des verpflichteten Elternteils, allerdings nicht in Bezug auf Rückstände und bereits fällige Leistungen (§ 1615 Abs. 1). Bei Tod des Kindes während des laufenden Monats hat der Pflichtige den Unterhalt für den vollen Monat zu zahlen (§ 1612 Abs. 3 S. 2) und auch für die Beerdigungskosten aufzukommen, soweit von den Erben keine Zahlung zu erhalten ist (vgl. § 1968). Beim Kindesunterhalt gibt es – anders als beim Ehegattenunterhalt (§ 1586d) – keinen Übergang der Unterhaltspflicht auf die Erben des Pflichtigen. Dafür besteht kein Bedürfnis, weil das Kind nach dem Tod eines Elternteils erb- und pflichtteilsberechtigt ist; außerdem ist der nächste Verwandte (in erster Linie der überlebende Elternteil) unterhaltspflichtig für den Fall, dass Erbe oder Pflichtteil den Bedarf des Kindes nicht decken (§ 1601).

16 Kindesunterhalt unterliegt der dreijährigen **Verjährung** (§§ 197 Abs. 2, 195, 199), allerdings ist die Verjährung bis zur Volljährigkeit des Kindes gehemmt (§ 207 Abs. 1 Nr. 2). Der **Verwirkung** können rückständige titulierte Unterhaltsansprüche unterliegen, wenn sich ihre Geltendmachung wegen illoyal verspäteter Rechtsausübung als unzulässig darstellt.[33] Bei der Prüfung, ob Verwirkung vorliegt, kann bei titulierten Ansprüchen ein strengerer Maßstab anzulegen sein;[34] zu Einzelheiten s. § 1613 Rn. 50. Eine Verwirkung erfordert ein Zeitmoment und ein Umstandsmoment;[35] s. § 1613 Rn. 46–51.

17 In Bezug auf Kindesunterhalt ist **kein Verzicht** zulässig (§ 1614 Abs. 1); dieses Verbot gilt auch für einen teilweisen Unterhaltsverzicht, auch in Form einer Beschränkung der Möglichkeit, eine Erhöhung des Kindesunterhalts durch Abänderungsklage (§ 323 ZPO) zu verlangen.[36] Es erklärt sich aus dem hohen Rang des Anspruchs auf Kindesunterhalt, dass es nur auf die objektive Verkürzung des Unterhalts ankommt, nicht dagegen darauf, ob die Parteien einen Verzicht ausdrücklich gewollt haben.[37]

III. Lebensstellung des Bedürftigen (Abs. 1)

18 **1. Systematik.** Während sich bei getrennt lebenden oder geschiedenen Ehegatten Bedarf und Anspruch nach den ehelichen Lebensverhältnissen richten (§§ 1360a, 1361, 1578),[38] gibt es im Verwandtenunterhalt und damit auch beim Kindesunterhalt keine Lebensstandardgarantie[39] und damit auch keine Abhängigkeit von Bedarf und Unterhaltsanspruch von ehelichen Lebensverhältnissen. Vielmehr bestimmt sich der angemessene Lebensbedarf im Verhältnis von Eltern und Kindern nach der – unter Umständen wechselnden – Lebensstellung des Bedürftigen (Abs. 1); da das Kind im Regelfall noch keine selbständige, sondern eine von den Eltern abgeleitete Lebensstellung hat (s. Rn. 10, 19), ist das Einkommen der Eltern (bei anteiliger Barunterhaltspflicht) bzw. des barunterhaltspflichtigen Elternteils (im Falle der Erfüllung der Unterhaltspflicht durch Betreuung durch den anderen Elternteil, § 1606 Abs. 3 S. 2) entscheidend.

19 **2. Kriterien.** Es ist nur ein scheinbarer Widerspruch, dass in Abs. 1 beim „Maß" des zu gewährenden Unterhalts auf die Lebensstellung des Bedürftigen abgestellt, in der Regel aber die aktuellen

---

[28] BGH FamRZ 1984, 682.
[29] *Wendl/Scholz* § 2 Rn. 12.
[30] OLG Düsseldorf FamRZ 1990, 194.
[31] *Wendl/Scholz* § 2 Rn. 13.
[32] BGH FamRZ 1985, 273; 1985, 1245; s. u. Rn. 31, 219.
[33] BGH FamRZ 1999, 1422.
[34] OLG Stuttgart FamRZ 1999, 859.
[35] Einzelheiten dazu bei *Wendl/Gerhardt* § 6 Rn. 142 ff.
[36] *Wendl/Scholz* § 2 Rn. 758.
[37] BGH FamRZ 1984, 997, 999.
[38] Dazu ausführlich *Schwab/Borth* IV Rn. 851 ff.; *Born* FamRZ 1999, 541 mwN.
[39] OLG Zweibrücken NJW 1997, 2390.

Einkünfte des Pflichtigen untersucht werden, wenn es um die Höhe des Unterhaltsanspruchs geht. Dies hängt mit dem Umstand der **abgeleiteten Lebensstellung** des Kindes[40] von derjenigen seiner Eltern zusammen, so dass es auf die wirtschaftliche Lage der Eltern ankommt.[41] Da ein Kind im Regelfall bis zum Abschluss seiner Ausbildung noch keine eigene Lebensstellung hat, kommt es auf die dort relevanten Kriterien (berufliche Stellung, ausgeübter Beruf, Vorbildung zu einem Beruf, Einkommens- und Vermögensverhältnisse) nicht an.

Die Lebensstellung des Kindes wird – neben den wirtschaftlichen Verhältnissen seiner Eltern – 20 außerdem bestimmt durch das „**Kindsein**" (s. Rn. 150), im Regelfall durch Schulbesuch oder durch Ausbildung.[42] Hiermit hängt zusammen, dass aus erzieherischen Gründen eine Teilhabe des Kindes am Luxus abgelehnt wird,[43] auch wenn eine sogenannte Sättigungsgrenze nicht anerkannt wird (s. Rn. 148–155). Auch beim volljährigen, noch in Ausbildung befindlichen Kind liegt während der Ausbildungszeit keine wirtschaftliche Selbständigkeit vor. Da das Kind im Regelfall keine oder keine ausreichenden eigenen Einkünfte hat, bleibt es auf die von den Eltern zur Verfügung gestellten Mittel angewiesen, so dass auch in diesem Fall eine abgeleitete Lebensstellung vorliegt und die wirtschaftlichen Verhältnisse der Eltern entscheidend sind.[44]

Im Rahmen der **Leistungsfähigkeit** der Eltern bzw. des barunterhaltspflichtigen Elternteils (s. 21 Rn. 33–40) sind Ansprüche ebenfalls unterhaltsberechtigter Geschwister wie Unterhaltsansprüche des früheren Ehegatten des Pflichtigen von Bedeutung. Die Düsseldorfer Tabelle trägt diesem Umstand dadurch Rechnung, dass sich die Unterhaltsbemessung nach dem Einkommen des Schuldners richtet und Zu- und Abschläge im Fall über- oder unterdurchschnittlicher Unterhaltslast gemacht werden (s. Rn. 120–124) und der Pflichtige durch das System der Bedarfskontrollbeträge (s. Rn. 125–133) geschützt wird. Dies ändert aber nichts daran, dass auch beim Kindesunterhalt streng zwischen Bedarf des Kindes und Leistungsfähigkeit des Pflichtigen unterschieden werden muss.[45] Auch durch Schulden, die im Rahmen der Leistungsfähigkeit des Pflichtigen zu berücksichtigen sind, wird also der Bedarf des Kindes nicht beeinflusst; s. aber auch Rn. 47.

3. Alter und Situation des Kindes. a) Minderjähriges Kind. Es erhält nach §§ 1601 ff. 22 nach Bestimmung der Eltern (§ 1612 Abs. 2) Unterhalt idR zT in Geld, zT in Natur. Aufgrund der abgeleiteten Lebensstellung des Kindes (s. Rn. 10, 19) richtet sich der Unterhaltsbedarf nach dem anrechenbaren Nettoeinkommen des barunterhaltspflichtigen Elternteils.[46] Die Einkünfte des sorgeberechtigten Elternteils sind nicht zu berücksichtigen, weil dieser Elternteil anderenfalls ohne weiteres die Möglichkeit hätte, die Höhe des Barunterhalts des anderen Elternteils durch Verhinderung oder Vermehrung seiner eigenen Erwerbstätigkeit zu beeinflussen.[47] Im Übrigen erfüllt der sorgeberechtigte Elternteil seinen Teil der Unterhaltspflicht durch Betreuung (§ 1606 Abs. 3 S. 2), so dass es auch aus diesem Grunde für die Höhe des Barunterhalts nur auf das Einkommen des anderen Elternteils ankommt.[48] Zur Gleichwertigkeit zwischen Bar- und Naturalunterhalt s. Rn. 34.

Unterliegt das minderjährige Kind noch der allgemeinen **Schulpflicht** oder ist jünger als 23 15 Jahre, darf es von Gesetzes wegen (§§ 2 Abs. 3, 5 Abs. 1, 7 Abs. 1 JugArbSchG) nicht arbeiten und seinen Bedarf deshalb nicht durch Erwerbstätigkeit decken. Aber auch wenn Kinder und Jugendliche erlaubterweise leichte Arbeiten durchführen, besteht für sie keine Erwerbsobliegenheit, solange sie zur Schule gehen oder sich in einer Berufsausbildung befinden.[49] Werden dennoch Einkünfte erzielt, sind diese rechtlich in entsprechender Anwendung des § 1577 Abs. 2 als aus überobligatorischer Tätigkeit[50] stammend anzusehen und deshalb nicht anzurechnen, sofern der Pflichtige nicht den geschuldeten Unterhalt leistet; in Höhe des überschießenden Betrages können die Einkünfte nach Billigkeit zum Teil angerechnet werden.[51] Von einer Anrechnung ist in der Regel abzusehen, wenn der Schüler nur sein Taschengeld geringfügig aufbessert.[52] Selbst wenn die Einkünfte aber für Luxusanschaffungen, zB ein gebrauchtes Motorrad, verwendet werden, entspricht

---

[40] *Schwab/Borth* V Rn. 18; s. Rn. 10.
[41] BGH FamRZ 1997, 281; 1996, 160; 1987, 58; 1986, 151; 1984, 39; 1983, 473.
[42] BGH FamRZ 1987, 58; 1984, 39; 1983, 473.
[43] BGH FamRZ 1987, 58; 1983, 473; *Schwab/Borth* V Rn. 46, der eine Beschränkung nur im Rahmen des § 1611 für möglich hält.
[44] BGH FamRZ 1987, 58; 1986, 151.
[45] BGH FamRZ 1997, 281, 283; *Wendl/Klinkhammer* § 2 Rn. 209, 257.
[46] BGH FamRZ 1981, 543.
[47] *Deisenhofer* in *Heiß/Born* Kap. 12 Rn. 73.
[48] BGH FamRZ 1989, 172.
[49] *Wendl/Scholz* § 2 Rn. 52.
[50] Dazu eingehend *Born* FamRZ 1997, 129 ff. S. auch die Kommentierung zu § 1577 Abs. 2.
[51] BGH FamRZ 1995, 475; OLG Köln FamRZ 1995, 55; *Wendl/Scholz* § 2 Rn. 52, 109, 414.
[52] *Wendl/Klinkhammer* § 2 Rn. 414.

die Nichtanrechnung im Regelfall der Billigkeit, sofern schutzwürdige Interessen des Pflichtigen nicht verletzt werden, das Kind seine schulischen Pflichten erfüllt und dem Pflichtigen durch die Tätigkeit des Kindes keine unterhaltsbezogenen Vorteile (Kindergeld, Ausbildungsfreibeträge) verloren gehen.[53]

24 Ist das Kind **krank oder behindert** und deshalb erwerbsunfähig, besteht Unterhaltsbedürftigkeit auch, sofern das Kind schon eine selbständige Lebensstellung erreicht hat;[54] in derartigen Fällen ist eine konkrete Bemessung des Unterhalts der Pauschalierung durch die Bedarfssätze, die für volljährige Kinder in der Düsseldorfer Tabelle vorgesehen sind, vorzuziehen.[55]

25 Mit dem **Abschluss der Berufsausbildung** (§ 1610 Abs. 2)[56] endet die Anknüpfung an die Lebensstellung der Eltern, und Vorrang bekommt die wirtschaftliche Eigenverantwortung des Kindes mit der Folge, dass sich der Bedarf an dem bis zum Eintritt der Bedürftigkeit vorhandenen Einkommen orientiert oder (falls es nie vorhanden war) an der angesichts der Berufsausbildung zu erwartenden Lebensstellung.[57]

26 **b) Volljähriges Kind.** Auch das volljährige Kind kann sich noch in einer abgeleiteten Lebensstellung befinden, solange es noch kein eigenes Einkommen oder Vermögen hat und deshalb noch nicht wirtschaftlich selbständig ist, zB als Lehrling[58] oder als Student,[59] ebenso als Wehrpflichtiger oder Zivildienstleistender,[60] aber auch bei Privilegierung.

27 **aa) Privilegiert.** Dem minderjährigen Kind ist durch das KindUG der zu Hause wohnende, in der allgemeinen Schulausbildung befindliche und bis 21 Jahre alte Schüler über die Figur des privilegierten Volljährigen (s. § 1603 Rn. 77–79; § 1606 Rn. 10) gleichgestellt worden. Die Gleichstellung gilt für den Rang (§ 1609) und die gesteigerte Unterhaltspflicht (in Form des niedrigeren Selbstbehaltes des Pflichtigen),[61] dagegen nicht für § 1606 Abs. 3 S. 2 (Unterhaltsleistung durch Betreuung)[62] und § 1606 Abs. 2 (Einsatz des Vermögens).[63] Die Gleichstellung fehlt für behinderte Kinder[64] sowie bei Schulausbildung nach dem 21. Lebensjahr, auch wenn deren Fortdauer unverschuldet ist.[65]

28 **bb) Nicht privilegiert.** Der *Ausnahmefall* der Unterhaltsbedürftigkeit ist beim volljährigen Kind auch dann gegeben, wenn es sich berechtigterweise einer Ausbildung unterzieht und deshalb bedürftig ist (s. Rn. 210–228). Während dieser Ausbildung liegt eine abgeleitete Lebensstellung des Kindes von derjenigen seiner Eltern vor mit der Folge der Bedarfsbestimmung durch deren Einkünfte.[66] Der Bedarf hängt dann zum einen davon ab, ob nur ein Elternteil barunterhaltspflichtig ist oder ob die Pflicht beide Elternteile trifft (s. Rn. 33–40). Daneben ist von Bedeutung, ob das Kind schon einen eigenen **Haushalt** hat oder noch bei einem Elternteil wohnt. Der Bedarf des noch bei einem Elternteil wohnenden volljährigen Kindes bestimmt sich nach den – seit 1996 in der Düsseldorfer Tabelle gesondert ausgewiesenen – Tabellensätzen auf der Grundlage des zusammengerechneten Einkommens der Eltern; bei eigenem Hausstand wird im Festbetrag von zurzeit 640 Euro angenommen (Ziff. 7 Abs. 2 der Düsseldorfer Tabelle). Die Ermittlung der Haftungsanteile der Eltern richtet sich nach § 1606 (s. dort Rn. 7 ff.).

29 Befindet sich dagegen das volljährige Kind nicht in einer Berufsausbildung und ist auch nicht privilegiert, muss es – ebenso wie das in gleicher Lage befindliche minderjährige Kind[67] – grundsätzlich für seinen Lebensunterhalt selbst aufkommen; es handelt sich insoweit um den *Regelfall*. Der

---

[53] OLG Köln FamRZ 1996, 1101; *Wendl/Scholz* § 2 Rn. 109.
[54] *Wendl/Scholz* § 2 Rn. 53.
[55] OLG Hamm FamRZ 2004, 1061; OLG Bamberg FamRZ 1994, 255; *Wendl/Klinkhammer* § 2 Rn. 534. Zur Unterhaltsneurose s. *Wendl/Dose* § 1 Rn. 791; *Wendl/Scholz* § 2 Rn. 53.
[56] S. Rn. 207–289 zum Ausbildungsunterhalt.
[57] *Schwab/Borth* V Rn. 18 aE, gegen OLG Karlsruhe FamRZ 1986, 496, welches zu Unrecht an die – nur den Mindestunterhalt für den Fall mangelnder Leistungsfähigkeit darstellenden – Unterhaltssätze für Ehegatten anknüpft.
[58] BGH FamRZ 1986, 151.
[59] BGH FamRZ 1987, 58, 60.
[60] BGH FamRZ 1994, 303; 1990, 394; s. dazu Rn. 204.
[61] OLG Hamm FamRZ 1999, 1528; OLG Braunschweig FamRZ 1999, 1453; **aA** offenbar OLG Bremen FamRZ 1999, 1529.
[62] OLG Hamm FamRZ 1999, 1018; s. Rn. 37–40.
[63] *Büttner/Niepmann/Schwamb* Rn. 178.
[64] *Wendl/Klinkhammer* § 2 Rn. 580 aE. Zum Wahlrecht des behinderten volljährigen Kindes hinsichtlich der Bedarfsbestimmung s. OLG Brandenburg FamRZ 2008, 174.
[65] *Wendl/Klinkhammer* § 2 Rn. 581.
[66] BGH FamRZ 1997, 281; 1994, 696.
[67] *Wendl/Scholz* § 2 Rn. 55, 58.

Umfang der Obliegenheit des gesunden Volljährigen zur Nutzung seiner Arbeitskraft richtet sich nach ähnlich strengen Maßstäben, wie sie für den Pflichtigen gegenüber minderjährigen Kindern gelten (s. § 1603 Rn. 74 ff.). Fälle krankheitsbedingter Einschränkungen ausgenommen, muss das volljährige Kind jede Arbeitsmöglichkeit ausnutzen und auch Tätigkeiten und Arbeiten ausführen, die berufsfremd sind oder von der gewohnten Lebensstellung abweichen.[68] Diese Obliegenheiten gelten sowohl für den Fall des Verlustes der bisherigen Arbeitsstelle wie dann, wenn das Kind im erlernten Beruf keine Anstellung findet.[69] Eine vom Vater in dessen Geschäft angebotene Stelle muss das Kind uU annehmen.[70] Die Verpflichtung des volljährigen Kindes, seine Arbeitskraft zur Sicherstellung seines notwendigen Bedarfs zu nutzen, setzt idR eine abgeschlossene Berufsausbildung voraus.[71] Ehe es finanzielle Unterstützung von seinen Eltern verlangen kann, muss es zunächst selbst Belastungen bis zur Zumutbarkeitsgrenze auf sich nehmen und zB im gesamten Bundesgebiet nach einer Arbeitsstelle als ungelernter Arbeiter suchen;[72] zu beachten ist allerdings, dass es an der Kausalität der unterlassenen überregionalen Bemühungen dann fehlen kann, wenn anderen Ortes ebenfalls eine Erfolglosigkeit der Bemühungen unterstellt werden kann.[73]

Ein Unterlassen einschlägiger Bemühungen ist regelmäßig gefährlich, weil die **Beweislast** – abgesehen von den Fällen der pauschalen Negativprognose (s. § 1603 Rn. 38) – bei demjenigen liegt, der sich auf fehlende Vermittelbarkeit beruft (s. § 1603 Rn. 2). 30

Aufgrund des **Gegenseitigkeitsprinzips** (s. Rn. 220–222) ist die eigene Erwerbsobliegenheit 31 des volljährigen Kindes auch von Bedeutung bei der Beurteilung der Erwerbsobliegenheit der Eltern.[74] Da auch gegenüber volljährigen Kindern eine Obliegenheit zur Ganztagstätigkeit besteht, können beispielsweise einer ohne besonderen Anlass nur halbtags tätigen Mutter fiktive Einkünfte aus einer Ganztagstätigkeit angerechnet werden.[75] Für die Höhe des Bedarfs ist von Bedeutung, ob das volljährige Kind noch eine abgeleitete (s. Rn. 10, 19) oder auf Grund von Berufsausbildung oder längerer Ausübung einer ungelernten Tätigkeit schon eine eigene Lebensstellung erlangt hat. In diesem Fall ist diese Lebensstellung für die Bemessung des Bedarfs ausschlaggebend, was dann relevant wird, wenn das Kind beispielsweise auf Grund von Krankheit oder Arbeitslosigkeit wieder bedürftig wird (s. Rn. 14, 219). Hier muss sich das Kind zunächst mit Arbeitslosen- oder Krankengeld begnügen, ohne seine Eltern auf Unterhalt in Anspruch nehmen zu können,[76] und es muss sich jedenfalls bei durchschnittlichen Einkommensverhältnissen mit dem Existenzminimum begnügen.[77] Leistungen nach dem GSiG haben (im Gegensatz zu den subsidiären Sozialhilfeleistungen) bedarfsdeckende Wirkung.[78] Nimmt ein volljähriges (erwerbsunfähiges) Kind seinen Vater auf Unterhalt in Anspruch, so muss es sich selbst bei noch nicht gestelltem Antrag mögliche GSiG-Leistungen fiktiv auf seinen Bedarf anrechnen lassen.[79] Zur Bemessung des Unterhalts nach der Düsseldorfer Tabelle s. Rn. 134–147.

4. Einkommen des Pflichtigen. Erfüllt der eine Elternteil – wie regelmäßig beim minderjährigen Kind – seinen Teil der Unterhaltspflicht durch Betreuung (§ 1606 Abs. 3 S. 2), kommt es 32 für das Maß des Unterhalts (§ 1610 Abs. 1) grundsätzlich nur auf das Einkommen des anderen, barunterhaltspflichtigen Elternteils an.[80] Maßgebend ist das verfügbare Einkommen, wie es sich nach Abzug von berücksichtigungsfähigen Schulden ergibt,[81] während fiktive Einkünfte jedenfalls im Grundsatz keine Rolle spielen.[82]

---

[68] BGH FamRZ 1987, 930, 932; 1985, 273; 985, 1245.
[69] OLG Zweibrücken FamRZ 1984, 1250; OLG Hamburg FamRZ 1984, 607; OLG Köln FamRZ 1983, 942.
[70] OLG Zweibrücken FamRZ 1984, 1250.
[71] BGH FamRZ 1987, 930, 932; 1985, 273. S. auch Rn. 229 ff.
[72] OLG Zweibrücken FamRZ 1984, 1250; OLG Köln FamRZ 1983, 942.
[73] So OLG Hamm FamRZ 1998, 42 m. krit. Anm. *Born.*
[74] *Wendl/Dose* § 1 Rn. 740.
[75] OLG Hamm FamRZ 1998, 42.
[76] *Wendl/Klinkhammer* § 2 Rn. 535; OLG Karlsruhe FamRZ 1999, 1532.
[77] OLG Bamberg FamRZ 1994, 255. Nach OLG Brandenburg FamRZ 2008, 174 kann das behinderte volljährige Kind bei verselbständigter Lebensstellung einen den Eigenbedarfssätzen eines Ehegatten entsprechenden Mindestbedarf verlangen.
[78] OLG Hamm FamRZ 2004, 1061.
[79] OLG Hamm NJW 2004, 1604.
[80] BGH FamRZ 1989, 172.
[81] BGH FamRZ 1996, 160; zum Splittingvorteil s. BGH FamRZ 2010, 1318 m. Anm. *Schürmann;* BGH NJW 2008, 3562 = FamRZ 2008, 2189 m. Anm. *Graba* (Berücksichtigung bei Bedarf und Leistungsfähigkeit); Einzelheiten zur Leistungsfähigkeit s. § 1603 Rn. 4 ff.
[82] BGH FamRZ 1997, 281; zu weiteren Einzelheiten, auch in Bezug auf mögliche Ausnahmen, s. Rn. 43–46.

33   **a) Barunterhaltspflicht.** Zunächst ist von Bedeutung, ob nur ein Elternteil barunterhaltspflichtig ist oder ob diese Pflicht beide Elternteile betrifft.

34   **aa) Nur ein Elternteil.** Zum Barunterhalt ist nur ein Elternteil heranzuziehen, wenn – wie beim minderjährigen Kind in der Regel – der andere Elternteil seinen Teil der Unterhaltspflicht durch Betreuung des Kindes erfüllt (§ 1606 Abs. 3 S. 2). Hier spielt auch der Grundsatz der Gleichwertigkeit von Bar- und Betreuungsunterhalt eine Rolle;[83] er gilt zumindest dann, wenn sich die Einkommensverhältnisse beider Eltern im mittleren Bereich halten und das Einkommen des barunterhaltspflichtigen Elternteils nicht deutlich geringer ist als dasjenige des betreuenden Elternteils.[84] Nur in sehr seltenen Ausnahmefällen (s. dazu § 1603 Rn. 81–83) kann auch der betreuende Elternteil (ganz oder teilweise) zum Barunterhalt herangezogen werden (s. Rn. 39), wobei der auf Barunterhalt in Anspruch genommene Elternteil für diesen Ausnahmefall die Darlegungs- und Beweislast hat.[85]

35   Daneben kommt die alleinige Barunterhaltspflicht eines Elternteils in Betracht, wenn der andere Elternteil unter Berücksichtigung seiner Drittverbindlichkeiten außer Stande ist, ohne Gefährdung seines eigenen angemessenen Unterhalts den Unterhalt zu gewähren (§ 1603 Abs. 1; s. § 1603 Rn. 71 ff.). Dieser Grundsatz gilt sowohl für minderjährige wie für volljährige Kinder. Im Rahmen einer Unterhaltspflicht für minderjährige Kinder ist die Obliegenheit des nicht betreuenden Elternteils zu beachten, bis zum notwendigen Selbstbehalt alle verfügbaren Mittel für den Kindesunterhalt einzusetzen (§ 1603 Abs. 2 S. 1), was auch in Bezug auf privilegierte Volljährige notwendig ist (§ 1603 Abs. 2 S. 2). Angesichts der in der Praxis überwiegenden *gemeinsamen* Geltendmachung von Ehegatten- und Kindesunterhalt wird dieser **Differenzierung** hinsichtlich des Einkommens des Pflichtigen fast nie Rechnung getragen, was von *Finke*[86] zu Recht kritisiert wird. Hier wirkt sich auch der Unterschied zwischen Ehegatten- und Kindesunterhalt (s. Rn. 50, 52) aus, der darin liegt, dass **keine Prägung** von Lebensverhältnissen während des Zusammenlebens durch das Einkommen erforderlich ist. Während eine Ehefrau unter nur eingeschränkten Voraussetzungen an Einkommenssteigerungen des Pflichtigen teilnimmt,[87] insbesondere nicht an einem sogenannten Karrieresprung,[88] gelten diese Einschränkungen für ein Kind nicht. Es nimmt an einer Verbesserung der wirtschaftlichen Verhältnisse des Pflichtigen durch Erhöhung seines Unterhaltsbedarfs teil, unabhängig davon, ob sich diese Verbesserung aus zusätzlichen Arbeitseinkünften ergibt oder beispielsweise aus Zinseinkünften, die der Pflichtige aus seinem Anteil am Verkaufserlös des früheren gemeinschaftlichen Hauses erzielt.[89]

36   Bei alleiniger Barunterhaltspflicht eines Elternteils ist das Abstellen allein auf dessen Einkommen im Rahmen der Bedarfsbemessung nicht nur geboten auf Grund der Gleichwertigkeit von Bar- und Naturalunterhalt und der Erfüllung der anteiligen Unterhaltspflicht durch den betreuenden Elternteil (§ 1606 Abs. 3 S. 2), sondern auch deshalb, weil für den sorgeberechtigten Elternteil anderenfalls die Möglichkeit bestünde, die Höhe des Barunterhalts des Pflichtigen durch Verhinderung oder Vermehrung seiner eigenen Erwerbstätigkeit zu beeinflussen.[90]

36a   Ist ein **Elternteil verstorben** und lebt das Kind bei den Großeltern, ist es – anders als bei Unterbringung im Heim oder Internat, wo die Kosten feststellbar sind – regelmäßig schwierig zu bestimmen, was die auswärtige Betreuung des Kindes wert ist und welche Zahlungspflicht auf den überlebenden Elternteil als Alleinschuldner zukommt. Den früheren Streit hat der BGH[91] dahin entschieden, dass nur eine **Monetarisierung** des Betreuungsunterhalts **in Höhe des Barunterhalts** der Gleichmäßigkeit beider Unterhaltsformen gerecht wird, was schon aus § 1606 Abs. 3 S. 2 folgt, wo von Pflege und Erziehung als ausreichendem Beitrag des betreuenden Elternteils zur Erfüllung seiner Unterhaltspflicht die Rede ist. Die Begründung des Gerichts ist insoweit nachvollziehbar, als diese Fassung des Gesetzes als Umsetzung einer unterhaltsrechtlich gebotenen Notwendigkeit angesehen wird, die Bemessung der anteilig zu erbringenden Leistungen zu erleichtern und – auf Grund des Charakters als Unterhaltsfragen als Massenphänomen – eine Pauschalierung vorzunehmen. Dagegen erscheinen Bedenken angebracht gegen die Annahme, eine auf den Einzelfall abstellende Wertung des Betreuungsaufwands müsse unzulänglich bleiben. Bei Unterbringung im Heim oder Internat wird durchaus auf die Kosten der Fremdbetreuung abgestellt; dann aber ist es wohl kaum

---

[83] BGH FamRZ 1994, 696, 699; 1988, 159, 161; 1981, 347.
[84] BGH FamRZ 1991, 182; 1980, 994.
[85] BGH FamRZ 1981, 347; OLG Hamm FamRZ 2006, 1479; *Wendl/Klinkhammer* § 2 Rn. 417.
[86] § 7 Rn. 1. Zu den Auswirkungen im Mangelfall s. Rn. 130.
[87] Dazu ausführlich *Born* FamRZ 1999, 541. S. auch BGH NJW 2007, 1961 m. Anm. *Graba* = FamRZ 2007, 793 m. Anm. *Büttner*.
[88] S. dazu *Heiß* FPR 2008, 69; *Born* MDR 1999, 1101.
[89] *Finke* § 7 Rn. 2.
[90] *Deisenhofer* in *Heiß/Born* Kap. 12 Rn. 73.
[91] BGH FamRZ 2006, 1597 m. Anm. *Born*.

etwas anderes als eine – nach Ansicht des BGH im Schadensersatzrecht übliche – Schätzung, wenn die Betreuungsleistung pauschal in Höhe des Barunterhalts bemessen wird. Die Gleichsetzung führt im Ergebnis dazu, dass die Betreuung im Falle eines „reichen" barunterhaltspflichtigen Elternteils einen hohen Wert hat, während sie nur wenig wert sein soll, wenn nur ein geringer Barunterhalt entrichtet wird. Die pauschalierende Gleichsetzung ist damit vergleichbar mit dem Surrogat-Ansatz im Rahmen des Ehegattenunterhalts, bei dem der später erzielte Verdienst dem Wert der früheren Hausarbeit entsprechen soll.[92] Der Vorteil der Monetarisierung des Betreuungsunterhalts in Höhe des Barunterhalts liegt darin, dass ein Streit über die Bewertung großelterlicher Erziehung vermieden wird; der barunterhaltspflichtige Elternteil hat – bei eigener Darlegungs- und Beweislast – die Möglichkeit, im **Ausnahmefall** darzulegen, dass eine Abweichung vom Grundsatz der Gleichwertigkeit geboten ist, zB bei persönlichkeitsbedingt besonders hohem Betreuungsbedarf oder im Falle der Möglichkeit einer konkreten Feststellung der Höhe der Betreuungskosten.[93]

bb) Beide Elternteile. Eine Barunterhaltspflicht beider Eltern entspricht bei **volljährigen** Kindern, auch privilegierten Volljährigen, dem Regelfall. Entscheidend ist der Umstand, dass gegenüber diesen Kindern eine Betreuung nicht mehr *geschuldet* wird; auf die Frage, ob die betreffende Elternteil (wie nicht selten die Mutter bei Zusammenleben mit dem Kind in einem Haushalt) die Betreuung tatsächlich noch *leistet,* kommt es deshalb nicht an.[94] Dies steht nicht im Widerspruch zu dem Umstand, dass das privilegiert volljährige Kind dem minderjährigen Kind in Bezug auf Rang (§ 1609) und verschärfte Haftung des Pflichtigen (§ 1603 Abs. 2 S. 2; s. § 1603 Rn. 77) gleichgestellt worden ist. Nach der Begründung des KindUG[95] war eine Gleichstellung hinsichtlich der Berechtigung eines Elternteils, seiner anteiligen Unterhaltspflicht auch durch Betreuung zu genügen (§ 1606 Abs. 3 S. 2), gerade nicht vorgesehen; deshalb wird auch dem privilegiert volljährigen Kind anteiliger Barunterhalt geschuldet.[96] 37

Beim volljährigen Kind sind damit die zusammengerechneten Nettoeinkünfte beider Eltern für die Bemessung des Bedarfs maßgeblich, weil die Lebensstellung des Kindes von beiden Einkünften beeinflusst wird.[97] Allerdings hat ein Elternteil **höchstens** den Unterhalt zu leisten, der sich aus der Unterhaltstabelle allein unter Zugrundelegung *seines* Einkommens ergibt.[98] Auf das zusammengerechnete Einkommen beider Eltern kommt es nur an, wenn der Bedarf des Kindes nach der Tabelle in Abhängigkeit vom Einkommen bestimmt wird, was überwiegend – und auch vom BGH[99] gebilligt – bei einem Wohnen des Kindes im elterlichen Haushalt angenommen wird; demgegenüber wird bei eigenem Hausstand überwiegend ein fester Bedarfssatz angenommen, nach der Düsseldorfer Tabelle (A 7) zurzeit in Höhe von 640 Euro. Auf **fiktive** Einkünfte des nicht in Anspruch genommenen Elternteils braucht sich das Kind im Fall anteiliger Haftung beider Elternteile nicht verweisen zu lassen.[100] Wegen weiterer Einzelheiten wird auf die Ausführungen zum Lebensbedarf nach Abs. 2 (s. Rn. 134–147) verwiesen. 38

Beim **minderjährigen** Kind kommt eine Barunterhaltspflicht beider Eltern – als Ausnahme vom Regelfall – in Betracht, wenn die wirtschaftlichen Verhältnisse des sorgeberechtigten Elternteils deutlich günstiger[101] sind als diejenigen des anderen Elternteils (s. Rn. 34 aE; § 1603 Rn. 81–83)[102] 39

---

[92] Kritisch dazu *Born* FamRZ 2006, 1600, 1601 mwN.
[93] BGH FamRZ 2006, 1597, 1599.
[94] BGH NJW 2008, 227, 228; BGH FamRZ 1994, 696, 698; 1988, 1039.
[95] BT-Drucks. 13/7338 S. 22.
[96] *Schumacher/Grün* FamRZ 1998, 778, 786; *Ewers* DAVorm. 1999, 801, 808; *Miesen* FF 1998, 65, 71; *Scholz* FamRZ 1998, 797, 801; **aA** *Johannsen/Henrich/Graba* § 1606 Rn. 9.
[97] BGH FamRZ 1994, 696, 698; 1988, 1039; 1986, 151.
[98] BGH FamRZ 1988, 1039; 1986, 151; dies sehen ausdrücklich vor die Süddeutschen Leitlinien (Ziff. 13.1.1) und die Leitlinien der Oberlandesgerichte Düsseldorf (Ziff. 13.1), Frankfurt (13.1), Hamm (Ziff. 13.3.3), Köln (Ziff. 13.1.1) und Oldenburg (13.3). Eine Zusammenstellung der Leitlinien findet sich in NJW 2008, Beilage zu Heft 10; 2007, Beilage zu Heft 32; in FamRZ 2008, 215, 333; 2007, 1373 sowie bei www.heiss-born.de.; s. auch Rn. 139.
[99] FamRZ 1994, 696, 698; 1986, 151.
[100] OLG Hamm FamRZ 2006, 1479; OLG Brandenburg FamRZ 2004, 396; OLG Frankfurt FamRZ 1993, 231; *Wendl/Klinkhammer* § 2 Rn. 567.
[101] Ein erhebliches Ungleichgewicht wird idR dann angenommen, wenn das Einkommen des betreuenden Elternteils mindestens doppelt so hoch ist wie das des an sich barunterhaltspflichtigen Elternteils (OLG Hamm FamRZ 2003, 1964; *Palandt/Brudermüller* § 1606 Rn. 16; *Büttner* FamRZ 2002, 743).
[102] Bedenklich OLG Brandenburg NJW 2007, 85, 86, das für „Zwischenbereiche" (größeres Einkommensgefälle, aber unterhalb der Grenze des doppelt so hohen Einkommens) von anteiliger Haftung nach den Grundsätzen zum Volljährigenunterhalt ausgehen will. Das dürfte die gesetzliche Zweiteilung zwischen Bar- und Betreuungsunterhalt (§ 1606 Abs. 3 S. 2, s. o. Rn. 34) zu sehr aufweichen und zu einer Ausuferung von Streitigkeiten über die anteilige Mithaftung des betreuenden (besser verdienenden) Elternteils führen.

oder es aus wirtschaftlichen (s. § 1606 Rn. 24–30) oder sonstigen Gründen[103] (s. § 1606 Rn. 31–34) geboten erscheint, von der strikten Gleichsetzung von Bar- und Naturalunterhalt abzuweichen. Zum Wechselmodell s. Rn. 113.

40 Des Weiteren ist eine Bedarfsbemessung nach dem zusammengerechneten Einkommen beider Eltern – ausnahmsweise – angezeigt bei **Drittbetreuung** (zB Heimaufenthalt), weil hier grundsätzlich eine anteilige Barunterhaltspflicht beider Eltern (§ 1606 Abs. 3 S. 2) besteht. In dem schon erwähnten Ausnahmefall der wesentlich höheren Einkünfte des betreuenden Elternteils und einer Gefährdung des eigenen angemessenen Bedarfs des Barunterhaltspflichtigen (s. § 1606 Rn. 24 ff.) bestimmt sich der Unterhalt nach wertender Betrachtung der Umstände des Einzelfalles.[104] Selbst bei Verpflichtung des betreuenden Elternteils zur Beteiligung am Barunterhalt (s. Rn. 39) ist der Anteil des anderen Elternteils nicht unter den Mindestunterhalt (früher: Regelbetrag) zu ermäßigen.[105] Bei besonders günstigen wirtschaftlichen Verhältnissen beider Elternteile stellt sich die Frage einer Sättigungsgrenze (s. Rn. 148–155).

41 **b) Leistungsfähigkeit.** Hier kann wegen der Einzelheiten auf die Ausführungen im Rahmen von § 1603 (s. dort Rn. 14–59) verwiesen werden. An dieser Stelle ist folgendes zu ergänzen:

42 **aa) Feststellung des Einkommens.** Zum 1. 7. 1998 ist durch das KindUG der § 643 Abs. 2 Nr. 3 ZPO[106] eingeführt worden; danach kann das Gericht bei zu regelnden Unterhaltsansprüchen von minderjährigen Kindern **Auskunft beim Finanzamt** über die Höhe von Einkommen und Vermögen des Pflichtigen einholen, sofern dieser vorher erfolglos zu einer entsprechenden Auskunft aufgefordert worden ist (§ 643 Abs. 1 ZPO). ZT wird angenommen, der Vorschrift komme – außer einem gewissen „Drohcharakter" – in der Praxis keine wesentliche Bedeutung zu, weil die Schwierigkeiten bei der Einkommensfeststellung weniger mit einer Nichtvorlage von Belegen als vielmehr mit der Notwendigkeit einer Berücksichtigung ergänzender Einkommensunterlagen zusammenhingen.[107] Abgesehen davon, dass es keine Statistiken dazu gibt, wie häufig beispielsweise angeforderte Steuerbescheide nicht vorgelegt werden und die Höhe der Erstattung dann uU geschätzt werden muss, ist in diesem Bereich eine relativ starke Zurückhaltung der Gerichte zu beobachten, die Bestimmung anzuwenden.[108] Da die Steuererstattung dem Einkommen des Pflichtigen einkommenserhöhend zugerechnet wird (s. § 1603 Rn. 16), führt ein Unterlassen des Auskunftsersuchens durch das Gericht zu einer Risikoverlagerung auf den Anwalt des bedürftigen Kindes, der – ggf. unter Hinweis auf geflossene Erstattungen vergangener Jahre und unter Berücksichtigung steuerlicher Änderungen – einen bestimmten Erstattungsbetrag substantiiert vortragen muss, um bei weiterer Ignorierung der Auflage durch den Pflichtigen zum Ansatz eines geschätzten Erstattungsbetrages durch das Gericht zu kommen.

43 **bb) Fiktive Einkünfte.** Üblicherweise wird fiktiven Einkünften (s. § 1603 Rn. 60–96)[109] eine Bedeutung nur im Rahmen der Leistungsfähigkeit des Pflichtigen zuerkannt,[110] aber nicht bei der Bemessung des Bedarfs.[111] Dazu wird üblicherweise[112] auf eine Entscheidung des BGH[113] verwiesen, in der es um Probleme der fiktiven Einkünfte bei der Bedarfsbemessung ging. Hier ist wie folgt zu unterscheiden:

44 Bei früher einmal *vorhanden gewesenem* Einkommen kann auf eine schon vorhandene Bedarfsbemessung zurückgegriffen werden; hat der Pflichtige dagegen *noch nie* im Rahmen seiner Möglichkeiten gearbeitet, muss ein fiktiver Bedarf gesucht werden. Dies erübrigt sich nur bei einkommensunabhängiger Bedarfsbestimmung, zB bei auswärtiger Unterbringung eines minderjährigen Kindes oder beim volljährigen Kind mit eigenem Hausstand, ebenso bei geschuldetem Mindestunterhalt nach Gruppe 1 der Düsseldorfer Tabelle.[114] ZT wird vertreten, dass die BGH-Rechtsprechung, die eine

---

[103] Bei eigenem Haushalt des minderjährigen Kindes s. Rn. 116. Zum Fall der gemeinschaftlichen Betreuung s. Rn. 113.
[104] BGH FamRZ 1991, 182; 1983, 689; vgl. OLG Bamberg FamRZ 1995, 566, 568; s. § 1606 Rn. 29; *Wendl/Klinkhammer* § 2 Rn. 215, 404.
[105] OLG Koblenz FamRZ 2004, 1599. S. zum Mindestunterhalt § 1612a sowie *Born* NJW 2008, 1, 4.
[106] S. dazu *Born* in *Heiß/Born* Kap. 22 Rn. 428; *Gerhardt* FuR 1998, 145, 149.
[107] *Finke* § 7 Rn. 3.
[108] Das scheint sich in der prozessualen Praxis nach wie vor nicht geändert zu haben.
[109] S. dazu im Einzelnen *Büttner/Niepmann/Schwamb* Rn. 667, 724 f., 741 f.
[110] *Wendl/Dose* § 1 Rn. 735 ff.; *Wendl/Klinkhammer* § 2 Rn. 207.
[111] *Palandt/Brudermüller* Rn. 4; *Johannsen/Henrich/Graba* 1610 Rn. 4 aE.
[112] So von *Johannsen/Henrich/Graba* § 1610 Rn. 4.
[113] FamRZ 1997, 281.
[114] OLG Hamm FamRZ 1996, 629.

Bestimmung des nachehelichen Unterhaltsbedarfs aus fiktiven Mitteln ablehnt,[115] auch für die Bedarfsbestimmung beim Kindesunterhalt heranzuziehen sei. Einen den Mindestunterhalt übersteigenden Barunterhalt könne das Kind aus einem nur erreichbaren, tatsächlich aber nicht erzielten Einkommen nicht herleiten, weil das Kind anderenfalls einen Lebensstandard beanspruche, der dem des Vaters nicht entspreche.[116] Unter Berufung auf die Entscheidung des OLG Karlsruhe[117] hat der BGH[118] ausgeführt, die Höhe eines von der Einkommenssituation des Pflichtigen abhängigen Unterhaltsbedarfs könne nicht aus lediglich fiktiven Einkünften hergeleitet werden; nur gedachte wirtschaftliche Verhältnisse, die in der tatsächlichen Einkommenssituation des Pflichtigen keine Grundlage hätten, könnten dessen Lebensstellung nicht prägen. Der Bedarf könne deshalb nicht aus fiktiven Mitteln hergeleitet werden, die dem Pflichtigen zu keiner Zeit zur Verfügung gestanden hätten.

Diese Auffassung ist wenig überzeugend. Denn noch kurze Zeit vorher hatte der BGH[119] entschieden, dass ein fiktives Einkommen des barunterhaltspflichtigen Elternteils für die Eingruppierung in das System der Düsseldorfer Tabelle maßgebend sei, und zwar auch dann, wenn es über dem Bereich der ersten Einkommensgruppe liege.[120] Zu dieser Entscheidung wird in dem neueren Urteil keine Abgrenzung vorgenommen. Aber auch wenn man die neuere Entscheidung einschränkungslos für richtig halten sollte, dürften die **praktischen Auswirkungen** deshalb relativ gering sein, weil nur in sehr wenigen Fällen wirklich ein gänzlich unbekannter Unterhaltsbedarf vorliegen wird und deshalb ein fiktiver Bedarf gesucht werden muss. Vielmehr werden sich meist schon früher einmal erzielte Einkünfte feststellen lassen mit der Möglichkeit, dann im Rahmen der Bedarfsbestimmung daran anzuknüpfen. Selbst wenn man also vom rechtlichen Ansatz her nicht den Gerichten folgt, die – trotz der genannten BGH-Rechtsprechung – beim Kindesunterhalt fiktive Einkünfte auch für die Bedarfsbestimmung heranziehen,[121] wird in der überwiegenden Zahl der Fälle auf Grund der **Anknüpfung an frühere Einkünfte** durchzusetzen sein, dass sich der barunterhaltspflichtige Elternteil um eine nach Ausbildung, Fähigkeiten und Alter entsprechende Arbeitsstelle bemühen muss und bei unterlassenen Anstrengungen fiktive Einkünfte nicht nur im Rahmen der Leistungsfähigkeit, sondern auch bei der Bedarfsbestimmung berücksichtigt werden können. Auch die erwähnte Entscheidung des BGH[122] steht diesem Ergebnis nicht entgegen. Denn bei einem bedarfsbestimmenden Anknüpfen an früher einmal erzielte Einkünfte handelt es sich dann gerade nicht um lediglich gedachte wirtschaftliche Verhältnisse ohne jede Grundlage in der tatsächlichen Einkommenssituation des Pflichtigen.[123] **45**

Im Rahmen der Haftungsverteilung (s.o. Rn. 37 sowie § 1606 Rn. 9) ist von Bedeutung, dass ein volljähriges Kind seinen vollen Unterhaltsbedarf von *einem* Elternteil fordern kann, wenn die Leistungsfähigkeit des anderen Elternteils nur fiktiv gegeben wäre. Dies ist entschieden für das privilegiert volljährige Kind,[124] gilt aber auch für sonstige volljährige Kinder (s. Rn. 38 aE). **46**

cc) Schulden. Dass ein Einfluss auf die *Leistungsfähigkeit* des Schuldners vorliegt,[125] bedarf hier keiner weiteren Darlegung; wegen der Einzelheiten wird auf die Ausführungen zu § 1603 (s. dort Rn. 17–19, 66–70) verwiesen. Dagegen sind Verbindlichkeiten beim *Bedarf* des unterhaltsbedürftigen Kindes nur ausnahmsweise zu berücksichtigen, insbesondere bei umfangreicher und dauernder Verschuldung, auch wenn diese noch aus der Zeit des Zusammenlebens der Eltern stammt und deshalb den Lebensstandard der früheren intakten Familie geprägt hat.[126] Auch wenn der Unterhalt des Kindes im Regelfall von den Einkünften und damit von der Leistungsfähigkeit des Pflichtigen abhängt, ist eine **strenge Unterscheidung** vom Bedarf notwendig (s. Rn. 21).[127] Eine Berücksichtigung von Schulden nicht nur auf der Leistungsstufe, sondern auch (schon) bei der Bedarfsbemes- **47**

---

[115] BGH FamRZ 1992, 1045, 1047. Wesentliche Begründung: Wenn ein Ehegatte aus Bequemlichkeit die Erzielung eines höheren Einkommens unterlässt, auch wenn er es auf Grund von Kenntnissen und Fähigkeiten gekonnt hätte, so hätten sich beide Eheleute von vornherein mit einem niedrigeren Standard begnügen müssen; zur Bedarfsbestimmung für den nachehelichen Unterhalt dürften die erzielbaren höheren Einkünfte nicht fiktiv herangezogen werden.
[116] So OLG Karlsruhe FamRZ 1993, 1481.
[117] FamRZ 1993, 1481.
[118] FamRZ 1997, 281.
[119] FamRZ 1993, 1304, 1306.
[120] Die gleiche Ansicht vertritt das OLG Zweibrücken FuR 1998, 321.
[121] So OLG Düsseldorf FamRZ 1991, 220; vgl. *Wendl/Dose* § 1 Rn. 765; *Wendl/Klinkhammer* § 2 Rn. 207.
[122] FamRZ 1997, 281, 283.
[123] Zustimmend *Wendl/Klinkhammer* § 2 Rn. 207 aE.
[124] OLG Nürnberg FamRZ 2000, 687.
[125] BGH FamRZ 1992, 797.
[126] BGH FamRZ 1996, 160, 162.
[127] BGH FamRZ 1997, 281, 283.

sung (§ 1603 Rn. 66) ist von **praktischer Bedeutung** insbesondere dann, wenn das Kind eigene Einkünfte hat; denn diese Einkünfte sind auf den Bedarf des Kindes anzurechnen, nicht dagegen auf den Betrag, den der Schuldner angesichts seiner Leistungsfähigkeit zahlen kann.[128]

48 Die **Darlegungs- und Beweislast** für eine Berücksichtigungsfähigkeit der Schulden trägt der Pflichtige, weil er sich auf eine Herabsetzung seiner Leistungsfähigkeit beruft.[129] Es kommt hier allerdings nicht darauf an, ob schon eine diesbezügliche Prägung der Verhältnisse des Zusammenlebens vorgelegen hat.[130]

49 Im Rahmen der **gesteigerten Unterhaltspflicht** nach § 1603 Abs. 2 (s. dort Rn. 74 ff.) ist von Bedeutung, dass Kinder – im Gegensatz zu Ehegatten – auf die Entstehung von Schulden selbst keinen Einfluss haben[131] und ihnen zumindest bis zum Ende der Schulpflicht jede Möglichkeit fehlt, durch eigene Anstrengungen zur Deckung ihres notwendigen Lebensbedarfs beizutragen, so dass sie auch von daher besonders schutzwürdig sind.[132] Die vorzunehmende umfassende Interessenabwägung[133] muss daher im *Regelfall* dazu führen, dass eine Berücksichtigung von Schulden ausscheidet, sofern im Falle der Berücksichtigung der Mindestunterhalt nicht mehr erreicht wird;[134] s. § 1612a Rn. 88. Dies wird auch aus der gesteigerten Unterhaltspflicht (§ 1603 Abs. 2) hergeleitet.[135] Als *Ausnahme* ist anerkannt, dass auch der Mindestunterhalt nach Gruppe 1 der Düsseldorfer Tabelle unterschritten werden kann, sofern der Pflichtige diesen Unterhalt nur auf Kosten einer durch Zinsen ständig weiter ansteigenden Verschuldung leisten könnte.[136] Wird im Rahmen der gesteigerten Unterhaltspflicht Mindestunterhalt für minderjährige Kinder geschuldet, dann hat der Pflichtige nur Anspruch darauf, dass ein Anwachsen der Schulden vermieden wird; deshalb sind nur Kreditzinsen, nicht aber Tilgungen zu berücksichtigen.[137]

50 Aufgrund der abgeleiteten Lebensstellung des Kindes[138] (s. Rn. 6, 10, 19) sind **alte Schulden**, die schon die ehelichen Lebensverhältnisse der Eltern geprägt haben, in der Regel zu berücksichtigen, und zwar nicht nur Konsumkredite, sondern auch vermögensbildende Schulden etwa im Zusammenhang mit einem Hausbau, sofern die Abzahlung im angemessenen Rahmen liegt.[139] Dagegen werden zur Befriedigung rein persönlicher Bedürfnisse aufgenommene Kredite grundsätzlich nicht berücksichtigt;[140] eine etwaige Eheprägung spielt keine Rolle, weil dieses Kriterium beim Kindesunterhalt nicht einschlägig ist (s. Rn. 35).

51 Bei **neuen Verbindlichkeiten** in Kenntnis der Barunterhaltsverpflichtung gegenüber dem Kind ist eine Abzugsfähigkeit idR zu verneinen, außer bei Unumgänglichkeit.[141] Sofern die Schulden im Zusammenhang mit dem früheren Haus der Vermögensbildung dienen und keine Vermögensumschichtung in Betracht kommt, wird die Tilgungsrate nicht zu berücksichtigen sein.[142] Auf der gleichen Linie liegt die Obliegenheit eines barunterhaltspflichtigen Vaters, mit dem – seine Leistungsfähigkeit erschöpfenden – Hausbau zu warten, bis das studierende volljährige Kind seinen Abschluss gemacht hat.[143]

52 **c) Schwankungen.** Wegen Fehlens des beim Kindesunterhalt nicht einschlägigen Prägungselementes (s. Rn. 35) und der von den Eltern abgeleiteten Lebensstellung (s. Rn. 6, 10, 19) richtet sich die Bedarfsbemessung nach dem aktuellen Einkommen des barunterhaltspflichtigen Elternteils. Dies gilt für *Verschlechterungen,* zB in Gestalt gesunkener Einkünfte durch trennungsbedingte Einstufung in eine ungünstigere Steuerklasse[144] oder auf Grund erhöhter Fahrtkosten des Pflichtigen (s. § 1603 Rn. 19) ebenso wie für *Verbesserungen,* die beim Ehegattenunterhalt auf Grund „Karriere-

---

[128] *Wendl/Klinkhammer* § 2 Rn. 257.
[129] BGH FamRZ 1990, 283, 287.
[130] BGH FamRZ 1996, 160; OLG Hamm FamRZ 1997, 310; 1995, 1218; OLG Zweibrücken NJW 1997, 2390.
[131] BGH FamRZ 1984, 657, 659.
[132] BGH FamRZ 1997, 806.
[133] S. dazu § 1603 Rn. 68; *Schwab/Borth* IV Rn. 1120; *Büttner/Niepmann/Schwamb* Rn. 1039 ff.; OLG Hamm FamRZ 2001, 441 m. Anm. *Born* zur Möglichkeit eines Vorgehens nach §§ 258 ff. InsO. S. dazu auch § 1603 Rn. 58.
[134] BGH FamRZ 1984, 657, 659; § 1603 Rn. 68; wegen weiterer Einzelheiten s. *Schwab/Borth* IV Rn. 1120.
[135] BGH FamRZ 1986, 254, 256; OLG Hamm FamRZ 1997, 1417.
[136] BGH FamRZ 1986, 254; 1982, 678; OLG Hamm FamRZ 1995, 1218.
[137] OLG Hamm FamRZ 1999, 1014.
[138] BGH FamRZ 1996, 160.
[139] BGH NJW-RR 1995, 129.
[140] BGH FamRZ 1992, 797.
[141] OLG Köln NJWE-FER 2000, 311; *Wendl/Gerhardt* § 1 Rn. 1112.
[142] BGH NJW-RR 1995, 129.
[143] BGH FamRZ 1982, 157.
[144] *Wendl/Klinkhammer* § 2 Rn. 201.

sprungs"¹⁴⁵ und der in diesem Rahmen zu beachtenden Einschränkungen bei der Bedarfsbestimmung nach Trennung und Scheidung¹⁴⁶ ohne Bedeutung wären. Im Fabrikanten-Fall¹⁴⁷ hat der BGH auf den wesentlichen Unterschied zwischen Ehegatten- und Kindesunterhalt in Bezug auf die Lebensstellung des Berechtigten und des Verpflichteten bei der Bedarfsbestimmung (s. Rn. 35) hingewiesen. Danach nimmt das unterhaltsberechtigte Kind „am steigenden Lebensstandard des barunterhaltspflichtigen Elternteils in ähnlicher Weise teil wie während der Zeit der intakten Ehe seiner Eltern". Obwohl der beklagte Vater erst nach Scheidung der Ehe eine Fabrik aufgebaut hatte, partizipierte das Kind am Fabrikanteneinkommen, die geschiedene Ehefrau dagegen nicht. Zu beachten ist in derartigen Fällen allerdings das Problem der Sättigungsgrenze (s. Rn. 148–155).

Der Steuervorteil aus einer neuen Ehe des Pflichtigen kommt nicht mehr der geschiedenen 53 Ehefrau, aber dem unterhaltsberechtigten Kind aus der früheren Ehe zugute.¹⁴⁸ Ebenso wie das Kind – auch im Falle von nichtprägenden Vorgängen – an einer Steigerung des Einkommens des barunterhaltspflichtigen Elternteils teilnimmt, so muss es auch ein Absinken des Einkommens grundsätzlich hinnehmen, außer der Pflichtige hat infolge leichtfertigen und unterhaltsbezogenen Verhaltens seinen Arbeitsplatz verloren (§ 1603 Rn. 31–35). Im Ergebnis nimmt das Kind somit grundsätzlich an allen Einkommensveränderungen des barunterhaltspflichtigen Elternteils teil, auch wenn diese Veränderungen auf einer vom Normalverlauf abweichenden Entwicklung beruhten und nicht vorhersehbar waren.¹⁴⁹ Allerdings bleibt im Falle von Verschlechterungen aufseiten des Schuldners eine Obliegenheit zum bestmöglichen Einsatz seiner Arbeitskraft und anderer Einnahmequellen;¹⁵⁰ anderenfalls kann der Unterhalt nach einem fiktiven Einkommen des Schuldners bemessen werden.¹⁵¹

5. Freiwillige Leistungen Dritter. Hier ist danach zu unterscheiden, ob Leistungen gegen- 54 über dem Kind oder gegenüber dem barunterhaltspflichtigen Elternteil erbracht werden.

a) Gegenüber dem Kind. Derartige Leistungen¹⁵² zählen in der Regel nicht als anrechenbares 55 Einkommen des Kindes, weil es auf den Willen des zuwendenden Dritten ankommt¹⁵³ und dieser Wille üblicherweise nicht dahingeht, dass der Unterhaltspflichtige durch die Zuwendung entlastet werden soll;¹⁵⁴ bei Leistungen aus dem Familienkreis spricht dafür eine tatsächliche Vermutung.¹⁵⁵ Ausnahmsweise kann eine solche Entlastung des barunterhaltspflichtigen Elternteils beabsichtigt sein, wenn das Kind zB von der Mutter des Pflichtigen in ihrem Haushalt aufgenommen und versorgt oder in sonstiger Weise unterstützt wird.¹⁵⁶

In weiterer Ausnahme können freiwillige Leistungen des Dritten im **Mangelfall** auch dann (ganz 56 oder teilweise) auf den Unterhaltsbedarf des Berechtigten anzurechnen sein, wenn sie ohne Rückforderungsabsicht, aber nicht zur Entlastung des Pflichtigen erbracht worden sind.¹⁵⁷ Zu weiteren Einzelheiten bei Leistungen Dritter an den Berechtigten wird auf die Ausführungen zu § 1602 (s. dort Rn. 40–43) verwiesen.

b) Gegenüber dem Pflichtigen. Im Regelfall ist keine Erhöhung des anrechnungsfähigen 57 Einkommens des Pflichtigen (und damit des Bedarfs des Kindes) durch freiwillige Leistungen Dritter anzunehmen; von daher schuldet der Pflichtige Unterhalt nur nach seinem laufenden Einkommen auch dann, wenn er selbst Vorteile dadurch hat, dass er mietfrei wohnt, zB bei Ehefrau, Lebensgefährtin oder den eigenen Eltern.¹⁵⁸ Fehlt es an Gegenleistungen der Pflichtigen, ist kein Wohnwert

---

¹⁴⁵ Ausführlich dazu *Heiß* FPR 2008, 69; *Born* MDR 1999, 1101; s. auch BGH NJW 2007, 1961 m. Anm. *Graba* = FamRZ 2007, 793 m. Anm. *Büttner*, weiter *Schwab/Borth* V Rn. 35.
¹⁴⁶ Dazu ausführlich *Born* FamRZ 1999, 541; s. auch *ders.* NJW 2007, 26; *ders.* NJW 2008, 3089; *ders.* FF 2011, 136.
¹⁴⁷ BGH FamRZ 1983, 473.
¹⁴⁸ BGH FamRZ 2005, 1817; 1986, 798.
¹⁴⁹ BGH FamRZ 1993, 1304, 1310.
¹⁵⁰ BGH FamRZ 1998, 357; NJW 1994, 1002; s. § 1603 Rn. 36.
¹⁵¹ S. dazu im einzelnen Rn. 43–46, auch zu der Frage, ob fiktives Einkommen nur im Rahmen der Leistungsfähigkeit oder auch (schon) bei der Bedarfsbestimmung zu berücksichtigen ist.
¹⁵² Die zu offenbaren sind, damit das Gericht eine etwaige Anrechnung prüfen kann, BGH FamRZ 2001, 213.
¹⁵³ BGH FamRZ 1993, 417, 419.
¹⁵⁴ BGH FamRZ 1995, 537; 1985, 584.
¹⁵⁵ BGH FamRZ 1995, 537; OLG Schleswig FamRZ 1996, 217, 219.
¹⁵⁶ BGH FamRZ 1993, 417, 419.
¹⁵⁷ BGH FamRZ 1999, 843, 847; *Wendl/Gutdeutsch* § 5 Rn. 104; krit. *Büttner/Niepmann/Schwamb* Rn. 607 aE.
¹⁵⁸ BGH FamRZ 1990, 971; OLG Oldenburg FamRZ 2000, 1177; **aA** OLG Hamm FamRZ 1999, 42; OLG Celle FamRZ 1993, 1235. S. Rn. 105 f.

anzusetzen;[159] anders ist es dagegen, wenn der Pflichtige für das mietfreie Wohnen Gegenleistungen erbringt, zB Pflege und Betreuung.[160] Eine freiwillige Leistung Dritter ist auch anzunehmen, wenn die Eltern dem Pflichtigen Geld schenken, mit dem er dann ein Haus kauft.[161] Der Wohnwert des geschenkten Grundstücks ist anrechenbares Einkommen.[162]

58 6. **Einkommen und Vermögen des Kindes.** Hier kann auf die Ausführungen zu § 1602 Rn. 57, 58 verwiesen werden, hinsichtlich der Einkünfte von Schülern und Studenten dort insbesondere auf Rn. 19–23.

IV. Lebensbedarf (Abs. 2)

59 1. **Grundlagen. a) Grundbedürfnisse.** Abs. 2 bestimmt, dass der Barunterhalt – abgesehen vom Betreuungsbedarf[163] des minderjährigen Kindes – den gesamten Lebensbedarf abdecken muss; dieser umfasst die Grundbedürfnisse (Ernährung, Kleidung, Wohnung und Heizung), daneben auch Mittel für die Teilnahme am sozialen Leben (Erholung, Freizeitgestaltung, angemessene kulturelle Bedürfnisse), schließlich auch individuelle Bedürfnisse für Mehrbedarf (s. Rn. 74–76), zB auf Grund einer Behinderung[164] oder Krankheit.[165] Bei Kindern gehört ab einem bestimmten Lebensalter auch das Taschengeld zum Lebensbedarf, ohne dass darauf ein Rechtsanspruch bestünde; denn die Eltern dürfen mit der Gewährung von Taschengeld legitimerweise auch erzieherische Zwecke[166] verfolgen, so dass Ihnen dazu die Einzelheiten überlassen bleiben müssen.[167]

60 Der Lebensbedarf ist nicht identisch mit dem Unterhaltsanspruch; letzterer setzt insbesondere eine Bedürftigkeit des Anspruchstellers und eine Leistungsfähigkeit des Anspruchsgegners voraus. Beide Werte beurteilen sich außerdem unterschiedlich danach, ob es sich um Ehegatten- oder Minderjährigenunterhalt handelt. Seit der Einführung des KindUG zum 1. 7. 1998 hat das minderjährige Kind ein **Wahlrecht** zwischen statischem und dynamischem Unterhalt.[168] Der *statische* Unterhalt richtet sich nach der Düsseldorfer Tabelle; bei Änderung der Verhältnisse ist er neu festzusetzen, entweder durch Parteivereinbarung oder auf Abänderungsklage durch Urteil. Der *dynamische* Unterhalt kann nach § 1612a Abs. 1 als Prozentsatz des Mindestunterhalts nach den Vorschriften des vereinfachten Verfahrens[169] verlangt werden.

61 Hat der Bedürftige seinerseits Unterhaltspflichten gegenüber **dritten Personen**, gehört deren Lebensbedarf nicht zu seinem Bedarf. Sofern ganz ausnahmsweise einmal „Unterhalt von Unterhalt" geschuldet wird,[170] betrifft das allein die Frage der Leistungsfähigkeit, aber nicht die des Lebensbedarfs.[171] Im Falle der gemeinsamen Geltendmachung von Ehegatten- und Kindesunterhalt ist zu beachten, dass der Pflichtige sein Einkommen beim Kindesunterhalt in weitergehendem Umfang einsetzen muss als beim Ehegattenunterhalt; schon deshalb ist eine Differenzierung geboten.[172]

---

[159] OLG München FamRZ 1996, 169.
[160] BGH FamRZ 1995, 537.
[161] OLG Saarbrücken FamRZ 1999, 396.
[162] *Wendl/Klinkhammer* § 2 Rn. 208.
[163] S. dazu BGH FamRZ 1988, 159, 161; FamRZ 1985, 917, 919; 1983, 689; *Schwab/Borth* V Rn. 37.
[164] BGH FamRZ 1993, 417.
[165] BGH FamRZ 1986, 48. Ausführlich zum Bedarf *Hußmann* in *Heiß/Born* Kap. 16 RdNr. 5.
[166] Zu erzieherischen Gründen bei besonders guten wirtschaftlichen Verhältnissen s. Rn. 148–155.
[167] Anders ist die Situation dagegen beim haushaltsführenden Ehegatten, der gegenüber dem verdienenden Ehegatten einen Anspruch auf Taschengeld hat, welches er zur Befriedigung seiner persönlichen Bedürfnisse frei verwenden kann, BGH FamRZ 1998, 608, und worüber er niemandem Rechenschaft schuldig ist, OLG Hamm FamRZ 1988, 947.
[168] Dazu eingehend *Schumacher/Grün* FamRZ 1998, 778; *Strauß* FamRZ 1998, 993; *Born* in *Heiß/Born* Kap. 22 Rn. 408 ff.
[169] Dazu *Scholz* FamRZ 2007, 2021, 2023; *Born* NJW 2008, 1, 4; *Bosch* FF 2007, 293, 301; *Gerhardt* FuR 2008, 9, 15; *Born* in *Heiß/Born* Kap. 22 Rn. 433 ff.
[170] BGH FamRZ 1983, 185; 1980, 555.
[171] Auch wenn der Ehegattenunterhalt nur den eigenen Bedarf umfasst und nicht auch denjenigen der Kinder, BGH FamRZ 1985, 273, schließt das eine Unterhaltspflicht des Elternteils, der seinerseits Ehegattenunterhalt bezieht, nicht von vornherein aus; denn der eheangemessene Bedarf, den ein Elternteil von dem auf Unterhalt in Anspruch genommenen Ehegatten erhält (§§ 1361 Abs. 1 S. 1, 1578 Abs. 1 S. 1), kann höher sein als der gegenüber dem Kind geltende Eigenbedarf (§ 1603). Die Frage, ob Ehegattenunterhalt zur Deckung des Kindesunterhalts herangezogen werden kann, stellt sich in der Praxis üblicherweise nur dann, wenn der Ehegattenunterhalt unter Vorwegabzug des Kindesunterhalts berechnet worden ist, zB dann, wenn der bedürftige Ehegatte Unterhalt nicht von seinem Elternteil, sondern von seinem zweiten Ehegatten zu beanspruchen hat. Zu Einzelheiten s. *Wendl/Dose* § 1 Rn. 721; *Wendl/Klinkhammer* § 2 Rn. 247.
[172] *Finke* § 7 Rn. 1; s. o. Rn. 35.

b) Bedarfsbestimmung nach Tabellensätzen. Der bloße Richtlinien-Charakter (s. Rn. 81) der Düsseldorfer Tabelle kommt darin zum Ausdruck, dass die einzelnen Oberlandesgerichte nur das Zahlenwerk selbst in ihre Leitlinien[173] übernommen haben, nicht dagegen die Anmerkungen dazu. Übereinstimmung besteht allerdings in Bezug auf den Vorwegabzug des Kindesunterhalts und hinsichtlich des für den Ehegattenunterhalt geltenden Quotensystems und der Quoten selbst ($^3/_7$-Quote bis Halbteilungsgrundsatz), daneben in Bezug auf die wichtigsten Anrechnungsregeln und Pauschalbeträge.

Es ist zweckmäßig, bei der Fallbearbeitung zu überprüfen, inwieweit die Leitlinien des örtlich zuständigen Oberlandesgerichts Abweichungen von den Anmerkungen der Düsseldorfer Tabelle enthalten. Dies zeigt sich zB bei den **berufsbedingten Aufwendungen**. Nach A 3 der Düsseldorfer Tabelle (s. Rn. 87) ist ein pauschaler Abzug von 5% des Nettoeinkommens zulässig. Einige OLG-Bezirke haben das übernommen;[174] von anderen Oberlandesgerichten wird diese Pauschale aber ausdrücklich abgelehnt,[175] so dass dort konkreter Vortrag notwendig ist, wenn der Pflichtige nicht Gefahr laufen will, dass keinerlei Abzüge für berufsbedingte Aufwendungen berücksichtigt werden.

Eine Besonderheit der Unterhaltsbemessung nach Tabellen liegt für den **Bedürftigen** darin, dass für die verschiedenen Lebensstellungen und gestaffelt nach Altersgruppen ein *fester Bedarfssatz* genannt wird. Bei besonders hohen Einkünften des Pflichtigen stellt sich im Rahmen der Sättigungsgrenze (s. Rn. 148–155) das Problem der individuellen Korrektur, ebenso beim Volljährigenunterhalt (s. Rn. 134–147). Der durch die Tabelle erfasste angemessene Unterhalt („Maß des zu gewährenden Unterhalts") ist nicht identisch mit dem Unterhalts*anspruch,* der sich vielmehr aus dem objektiven Maß des Unterhalts unter Berücksichtigung der Leistungsfähigkeit des Schuldners ergibt. Daraus resultieren die in der Praxis besonders häufigen Mangelfälle (s. Rn. 125–133). Erhöhungen auf Grund von Mehrbedarf (s. Rn. 74–76) sind im Wege individueller Korrektur ebenso zu berücksichtigen wie Bedarfssenkungen auf Grund anzurechnender Leistungen Dritter (s. Rn. 74–76).

Auch aufseiten des **Pflichtigen** kann es geboten sein, den Umständen des Einzelfalles – abweichend von den Tabellenwerten – durch individuelle Bemessungen Rechnung zu tragen.[176] Deshalb wird auch vom BGH[177] die Bereitschaft zur Korrektur als Voraussetzung für die Anwendung des Systems eines Tabellenunterhalts gefordert. Unbefriedigend – und systematisch kaum zu lösen – ist das Problem, wie bei einem Zusammentreffen von Kindes- und Ehegattenunterhalt dem Gleichrang beider Berechtigten (s. § 1609 Rn. 10, 19) tabellarisch Rechnung getragen werden soll. Erschwerend sind hier nicht nur die unterschiedlichen Opfergrenzen (§ 1603 einerseits, § 1581 andererseits),[178] sondern vor allem der Umstand, dass das Tabellenwerk für das Kind feste Bedarfssätze vorsieht, während vom BGH sowohl für den getrennt lebenden[179] wie für den geschiedenen Ehegatten[180] kein Mindestbedarf angenommen wird, selbst im Mangelfall nicht.[181] Zu weiteren Einzelheiten s. Rn. 125–133.

Um solche Schwierigkeiten zu vermeiden, wird von den Gerichten in Mangelfällen unter Hinweis darauf, dass aufseiten der Berechtigten – wirtschaftlich gesehen – „alles in einen Topf geht", vielfach angeregt, dass sich die Mutter den Unterhalt der minderjährigen **Kinder vorgehen** lässt; dies hat Vorteile auch im Falle späterer Abänderungsverfahren (s. Rn. 89, 130).[182] Im Übrigen

---

[173] Zusammenstellung der Leitlinien in NJW 2010, Beilage zu Heft 12; 2008, Beilage zu Heft 10; 2007, Beilage zu Heft 32; FamRZ 2010, 173; 2008, 215, 333; 2007, 1373; weiter bei www.heiss-born.de.
[174] KG Berlin; OLG Brandenburg; OLG Celle; OLG Dresden; Oberlandesgerichte in Bayern, OLG Frankfurt am Main, OLG Naumburg, alle Ziff. 10.2.1. Das OLG Dresden (FamRZ 2001, 47) lehnt die Pauschale bei Unterschreitung des Regelbetrages (jetzt: Mindestunterhalt) allerdings ab.
[175] OLG Hamm; OLG Bremen; OLG Hamburg; OLG Köln alle Ziff. 10.2.1.
[176] ZB im Falle des OLG Frankfurt FamRZ 1990, 786 bei einem jungen Oberarzt in eigener Praxis.
[177] FamRZ 1988, 705, 709.
[178] S. Rn. 35, wo auf die Kritik von *Finke* hingewiesen wird.
[179] BGH FamRZ 1998, 1501.
[180] BGH FamRZ 1995, 346.
[181] BGH NJW 1996, 517. An dieser Rechtsprechung hat der BGH trotz heftiger Kritik in der Literatur (*Luthin* FamRZ 1995, 175; 1995, 472; 1996, 328; 1997, 662; *Büttner/Niepmann/Schwamb* Rn. 113) lange festgehalten unter Hinweis darauf, dass das Gesetz für einen von den ehelichen Lebensverhältnissen unabhängigen Mindestbedarf keine Grundlage biete, sondern sich der Bedarf vielmehr nach den individuellen Einkommens- und Vermögensverhältnissen bemesse; s. § 1609 Rn. 32; § 1612b Rn. 121, 124. Allerdings nimmt die Instanzrechtsprechung, zT gestützt auf Leitlinien (nach Ziff. 21.4.2 der Hammer Leitlinien hat der unterhaltsberechtigte Ehegatte einen Mindestbedarf von 770 Euro, bei eigener Erwerbstätigkeit von 900 Euro) den Gesichtspunkt des trennungsbedingten Mehrbedarfs des Berechtigten vielfach zum Anlass, in dieser Höhe einen Mindestbedarf auch ohne weitere Darlegungen des Berechtigten anzusetzen (*Schwab/Borth* IV Rn. 954 mwN). S. auch OLG Nürnberg FamRZ 2000, 1177. Inzwischen ist vom BGH ein **Mindestbedarf** anerkannt im Mangelfall (BGH NJW 2005, 433), im Rahmen von § 1615l (s. dort Rn. 38, 42) und von § 1570 BGB (BGH FamRZ 2010, 802).
[182] OLG Koblenz FamRZ 2008, 435 (mehrstufige Mangelberechnung bei Vorrang des Kindesunterhalts und eingeschränkter Leistungsfähigkeit).

§ 1610   67–72   Abschnitt 2. Titel 3. Unterhaltspflicht

bleibt die Möglichkeit, das Endergebnis auf Angemessenheit zu überprüfen. Bei hoher Kinderzahl wird der Vorwegabzug des Kindesunterhalts zu einer unangemessen geringen $^3/_7$-Quote der Ehefrau führen; bei geringen Einkünften des Vaters wird das Einzelkind gegenüber der Mutter unverhältnismäßig bevorteilt, so dass sein Anteil zu verkürzen ist.[183]

67   Die Tabelle wird auch in **anderen Rechtsgebieten** angewendet, zB beim Schadenersatz nach § 844[184] und im Sozialversicherungsrecht.[185] Hier besteht Korrekturbedarf deshalb, weil dort – anders als im Familienrecht nach Trennung oder Scheidung – intakte Familienverhältnisse zu unterstellen sind.[186]

68   **c) Krankenversicherung.** Wie beim Ehegatten nach § 1578 Abs. 2, gehören diese Kosten auch bei Kindern zum gesamten Lebensbedarf. Im Regelfall ist der Krankenversicherungsschutz durch den Anspruch des Unterhaltspflichtigen auf Familienhilfe (§ 10 SGB V) gedeckt; deshalb sind die Kosten einer Krankenversicherung in den Unterhaltsbeträgen der Düsseldorfer Tabelle *nicht* enthalten (s. Rn. 92), ebenso wenig die Kosten für die Pflegeversicherung.[187] Bei fehlender Mitversicherung, zB bei Selbständigen, Beamten, Richtern oder Soldaten, hat das Kind neben dem Tabellenunterhalt (s. Rn. 79–147) zusätzlich Anspruch auf Bezahlung des Krankenversicherungsbeitrages,[188] was seit dem 1. 7. 1992 in der Düsseldorfer Tabelle ausdrücklich klargestellt[189] und in den Leitlinien[190] von zahlreichen Oberlandesgerichten anerkannt ist.[191] Aus diesem Grund ist das Nettoeinkommen des Pflichtigen vor Anwendung der Tabelle um die Kosten der Krankenversicherung für das Kind zu bereinigen.[192]

69   Stellt der Pflichtige seine Zahlungen des Krankenversicherungsbeitrags ein, ohne der kindesbetreuenden Mutter davon Mitteilung zu machen, macht er sich wegen Verzugs (§§ 284 Abs. 2, 286) schadensersatzpflichtig; für rückständige Beträge gilt insoweit § 284 Abs. 2.[193]

70   Da minderjährige Kinder im Regelfall über ihre Eltern beitragsfrei in der **Pflegeversicherung** mitversichert sind, und zwar unabhängig davon, ob eine gesetzliche oder private Versicherung vorliegt,[194] hat ein minderjähriges Kind im Regelfall keinen zusätzlichen Bedarf in Höhe der Beiträge zur Pflegeversicherung. Beim volljährigen Kind kommt eine Mitversicherung in der gesetzlichen Kranken- und Pflegeversicherung bis zum vollendeten 25. Lebensjahr in Betracht, sofern sich das Kind in Schul- oder Berufsausbildung befindet oder wenn die Ausbildung durch Erfüllung einer gesetzlichen Dienstpflicht, zB Wehr- und Ersatzdienst (s. Rn. 204), unterbrochen oder verzögert worden ist.[195]

71   Für eine **Altersversorgung** kann das Kind – anders als der Ehegatte (§§ 1361 Abs. 1 S. 2, 1578 Abs. 3) – eine Zahlung entsprechender Kosten jedenfalls bis zur Beendigung seiner Ausbildung nicht verlangen, weil der Pflichtige durch Zahlung des Ausbildungsunterhalts (s. Rn. 207–289) die Voraussetzungen für eine spätere berufliche Tätigkeit schafft, die das Kind dann in die Lage versetzt, sich selbst eine angemessene Altersversorgung aufzubauen. Unabhängig hiervon lässt sich aus dem Wortlaut des § 1610 Abs. 2 nicht schließen, ob derartige Aufwendungen ebenfalls zum Lebensbedarf gehören.[196]

72   **d) Wohnkosten.** Diese Kosten stehen im Regelfall fest, meist in Gestalt der Miete. Entgegen einer weit verbreiteten Praxis sind die Wohnkosten nicht nur beim Ehegattenunterhalt zu berück-

---

[183] *Deisenhofer* FamRZ 1990, 43, 44.
[184] BGH FamRZ 1988, 37; 1988, 921; 1988, 1030; NJW-RR 1987, 538.
[185] BSG FamRZ 1984, 1086; zu weiteren Anwendungsgebieten s. *Köhler,* FS Rebmann, S. 574.
[186] BGH FamRZ 1985, 466, 468.
[187] OLG Hamm FamRZ 1995, 1219.
[188] OLG Karlsruhe FamRZ 1989, 533; KG FamRZ 1988, 760; OLG Koblenz FamRZ 2010, 1457, OLG Naumburg NJW-RR 2007, 728 und AG Geldern FamRZ 2008, 540(für private Krankenversicherung).
[189] A 9 der Düsseldorfer Tabelle.
[190] S. Rn. 63 zur Überprüfung in Bezug auf Abweichungen.
[191] S. Ziff. 11.1 der Leitlinien. Eine aktuelle Zusammenstellung der Leitlinien findet sich in NJW 2008, Beilage zu Heft 10; 2007, Beilage zu Heft 32; FamRZ 2008, 215, 333; 2007, 1373 sowie unter www.heiss-born.de.
[192] *Wendl/Klinkhammer* § 2 Rn. 327; ausdrücklich vorgesehen in den Brandenburger Leitlinien Ziff. 20 S. 2.
[193] *Schwab/Borth* V Rn. 38.
[194] §§ 25 Abs. 1, 110 Abs. 1 S. 2 f. SGB XI. Zur Angemessenheit einer privaten Krankenversicherung und zur Zumutbarkeit eines Wechsels in die gesetzliche Versicherung s. OLG Koblenz NJW-RR 2010, 654.
[195] § 10 Abs. 2 Nr. 3 SGB V, § 25 Abs. 2 Nr. 3 SGB XI; s. *Wendl/Klinkhammer* § 2 Rn. 512.
[196] Sofern man nicht schon aus dem Umstand, dass der Gesetzgeber den Vorsorgeaufwand nur beim Unterhalt des geschiedenen Ehegatten ausdrücklich aufgeführt hat, nicht aber beim Verwandtenunterhalt, den Schluss ziehen will, dass Vorsorgeunterhalt für das Kind nicht geschuldet ist, lässt sich jedenfalls aus dem Charakter des Kindesunterhalts als *vorübergehende* Unterstützung bis zur wirtschaftlichen Eigenständigkeit ableiten, dass ein solcher Anspruch nicht besteht (so *Schwab/Borth* V Rn. 38 aE).

Maß des Unterhalts   73–75   § 1610

sichtigen,[197] sondern auch beim Kindesunterhalt; denn ein Teil des Tabellenunterhalts dient zur Deckung des Wohnbedarfs des Kindes.[198] Lebt das Kind entsprechend dem *Regelfall* mit einem Elternteil in dessen Wohnung zusammen, sind die Aufwendungen dieses Elternteils für das Kind durch den Kindesunterhalt nach der Düsseldorfer Tabelle abgegolten. Der Elternteil kann den Barunterhalt in eigener Verantwortung für das gemeinschaftliche Wohnen und Wirtschaften verwenden; ein kostenfreies Wohnen, welches bei der Bemessung des Barunterhalts zu berücksichtigen wäre, liegt deshalb nicht vor.[199] Eine Kürzung des Kindesunterhalts kommt *ausnahmsweise* in Betracht, wenn der Barunterhaltspflichtige die Kosten der Wohnung trägt, in der das Kind mit dem betreuenden Elternteil lebt (s. Rn. 115).[200] Denn in diesem Fall wird der Wohnbedarf – als Teil des Gesamtbedarfs des Kindes – durch Naturalunterhalt gedeckt.

Bedürftigkeitsmindernd wirkt sich der Wohnvorteil ebenfalls aus, sofern die Wohnung dem Kind **73** (beispielsweise auf Grund von Erbfolge oder Schenkung) selbst gehört und sie vom sorgeberechtigten Elternteil verwaltet und mitbenutzt wird. In derartigen Fällen kommt – jedenfalls im mittleren Bereich der Tabelle, also etwa ab der 4. Einkommensgruppe – ein Abzug von etwa 20% in Betracht, weil die Wohnkosten in dieser Höhe als Teil des Tabellensatzes bemessen werden können.[201]

e) Mehrbedarf. Es handelt sich um einen Teil des Lebensbedarfs, der regelmäßig (jedenfalls **74** während eines längeren Zeitraums) anfällt und das Übliche derart übersteigt, dass der Bedarf mit Regelsätzen nicht erfasst werden kann, aber berechenbar ist, so dass eine Berücksichtigung im Rahmen des laufenden Unterhalts in Betracht kommt. In Abgrenzung dazu ist der in § 1613 Abs. 2 geregelte **Sonderbedarf** (s. § 1613 Rn. 63–94) ein unregelmäßig auftretender, außergewöhnlich hoher Bedarf, der nicht auf Dauer besteht, so dass ein einmaliger, zumindest zeitlich begrenzter Ausgleich neben dem laufenden Unterhalt in Betracht kommt.

Typische Fälle für regelmäßigen Mehrbedarf sind krankheitsbedingte Mehrkosten eines behinderten **75** und dauernd pflegebedürftigen Kindes,[202] daneben durch notwendigen Sonderunterricht[203] oder Besuch von Internaten oder Privatschulen[204] entstehende Kosten,[205] der Kindergartenbei-

---

[197] Dort ist in der Trennungszeit von Bedeutung, dass eine Veränderung durch Umzug oder Teilvermietung grundsätzlich nicht verlangt werden kann (BGH FamRZ 1989, 1160) und dem im Haus verbliebenen Ehegatten aus Billigkeitsgründen nur ein unterhaltsrechtlich angemessener Betrag als Wohnwert zugerechnet werden kann, weil in Gestalt des zu groß gewordenen Teils des Hauses „totes Kapital" vorliegt (BGH FamRZ 2000, 351, 353; *Graba* NJW 1987, 1721; enger OLG Hamm OLGR 2004, 304, das den vollen Wohnwert schon nach Ablauf des Trennungsjahres zurechnet, sofern nicht mit einer Wiederherstellung der Lebensgemeinschaft zu rechnen ist). Nach Scheidung trifft den verbliebenen Ehegatten dagegen unterhaltsrechtlich die Obliegenheit, eine wirtschaftlich angemessene Nutzung des für ihn zu großen Hauses zu verwirklichen. Zu diesem Zweck kann er gehalten sein, bei Vorliegen der räumlichen Möglichkeiten eine Teilvermietung vorzunehmen oder das Haus zu veräußern (BGH FamRZ 2000, 950 m. Anm. *Graba*). Verbleibt er gleichwohl in dem Objekt, wird der volle Mietwert (unter Abzug der Lasten) sowohl bei der Bedarfsbemessung wie im Rahmen der Bedürftigkeit in die Berechnung eingestellt (OLG Hamm FamRZ 1998, 1512; OLGR 1998, 329). Zur Prägung des Bedarfs durch den Wohnwert s. BGH NJW 2001, 2259, 2261.
[198] BGH FamRZ 1992, 423; 1989, 1160, 1163; OLG Hamburg FamRZ 1991, 472; s. Rn. 106.
[199] *Wendl/Scholz* § 2 Rn. 124, der zu Recht darauf hinweist, dass die Entscheidung BGH FamRZ 1988, 159, 161 diesem Ergebnis nicht entgegensteht, weil es sich um einen Einzelfall mit besonders günstigen wirtschaftlichen Verhältnissen handelte, in dem der Gesamtunterhalt des volljährigen Kindes nicht nach der Düsseldorfer Tabelle bemessen worden war.
[200] OLG Düsseldorf FamRZ 1994, 1049, 1053; *Wendl/Klinkhammer* § 2 Rn. 326 aE; *Wendl/Gerhardt* § 1 Rn. 573; zT anders OLG München FamRZ 1998, 824.
[201] *Wendl/Klinkhammer* § 2 Rn. 326; *Wendl/Gerhardt* § 1 Rn. 575. Der Einfluss der deutlich gestiegenen Höhe der Tabellensätze durch die Änderung der Düsseldorfer Tabelle zeigt sich auch daran, dass in älteren Entscheidungen ein geringerer Anteil angesetzt wird, zB in Höhe von 15% (OLG Düsseldorf FamRZ 1994, 1049, 1053). Ein Ansatz von $1/3$ wird vertreten von *Schwab/Borth* V Rn. 39.
[202] BGH FamRZ 1983, 689. Ein schwerbehindertes Kind darf deshalb (maßvoll) Vermögen bilden (OLG Karlsruhe FamRZ 2001, 47).
[203] OLG Düsseldorf NJW-RR 2005, 1529 (Nachhilfe über längeren Zeitraum).
[204] OLG Koblenz NJW-RR 2005, 88; s. aber OLG Naumburg NJW 2009, 1285 (bessere Förderungsmöglichkeiten an Privatgymnasium rechtfertigen Unterhaltsmehrbedarf nicht). Vermittelnd OLG Karlsruhe FamRZ 2008, 1209 (Schulgeld für Privatschule grds. Mehrbedarf; aber uU Beteiligung des betreuenden Elternteils; Transportkosten kein Mehrbedarf). Eine Luxus-Ausbildung ist nicht geschuldet (OLG München/Augsburg FF 2008, 509 m. Anm. *Schnitzler* für Privatschule Salem). S. auch Rn. 109.
[205] BGH FuR 2007, 121 (Heimkosten gedeckt durch Jugendhilfe-Leistungen); BGH FamRZ 1983, 48; AG Freiburg FamRZ 2005, 233. Zu Einzelheiten s. *Wendl/Klinkhammer* § 2 Rn. 451 ff., 530 ff. S. auch Rn. 110. Schenkt der Vater seinem Kind nach Trennung ein Pferd mit der Zusage, er werde für dessen Unterhalt aufkommen, wird der entsprechende Aufwand unterhaltsrechtlich zu einem Mehrbedarf, OLG Karlsruhe FamRZ 2005, 233.

§ 1610 76–79   Abschnitt 2. Titel 3. Unterhaltspflicht

trag[206] schließlich Ausgaben für Hobby oder Sport.[207] Neben der erwähnten Voraussetzung des vorhersehbaren und regelmäßig anfallenden Mehraufwandes ist für die Erstattungsfähigkeit erforderlich, dass die Mehraufwendungen im Interesse des Kindes zu Lasten des Unterhaltsschuldners berechtigt sind. Der Gesamtunterhaltsanspruch setzt sich dann aus der Summe von Regelbedarf und regelmäßigem Mehrbedarf abzüglich etwaiger Einsparungen zusammen.[208] Im Einzelfall kommt eine Beteiligung des betreuenden Elternteils in Betracht,[209] sofern dieser über Einkünfte verfügt und ihn eine Erwerbsobliegenheit trifft; bei erheblichem Mehrbedarf insbesondere eines behinderten Kindes bildet § 1606 Abs. 3 S. 2 keine Grundlage dafür, den betreuenden Elternteil vom Mehrbedarf gänzlich freizustellen.[210] Im Rahmen der den Interessen der Beteiligten gerecht werdenden Lösung muss andererseits zu Gunsten des betreuenden Elternteils berücksichtigt werden, dass das behinderte Kind uU einen besonderen Betreuungsaufwand erfordert.[211]

76 Der Pflichtige wird vielfach allerdings durch **staatliche Leistungen** (s. § 1602 Rn. 26 ff.) entlastet. Sofern Sozialleistungen *subsidiär* sind, werden sie nicht auf den Unterhaltsanspruch angerechnet; im Umfang der gewährten Leistungen geht der Unterhaltsanspruch vielmehr auf den Sozialhilfeträger über (§ 91 Abs. 1 S. 1 BSHG bzw. seit 1. 1. 2005 nach §§ 93 ff. SGB XII), zB bei Zahlung von Pflegegeld nach § 13 Abs. 6 SGB XI.[212] Dagegen liegen *nicht subsidiäre* Sozialleistungen vor, sofern sie durch Versicherungsbeiträge erkauft werden; derartige Sozialleistungen sind Einkommen des Unterhaltsberechtigten und deshalb auf den Unterhaltsanspruch anzurechnen, allerdings nicht auf den Elementarunterhalt, sondern auf den Mehrbedarf.[213] § 1610a steht dem nicht entgegen.[214] Sofern der betreuende Elternteil das behinderte Kind versorgt, kann er das Pflegegeld für sich behalten, falls es für Sachaufwendungen benötigt wird. Sowohl im Sozialhilferecht[215] wie im Unterhaltsrecht ist weitergeleitetes Pflegegeld seit dem 1. 8. 1999 auf Grund gesetzlicher Neuregelung (§ 13 Abs. 6 SGB XI)[216] entgegen der bisherigen Rechtsprechung[217] bei der Ermittlung von Unterhaltsleistungen nicht zu berücksichtigen.[218]

77 **f) Begrenzungen.** Wegen der ersatzlosen Streichung der §§ 1610 Abs. 3, 1615 f aF durch das KindUG war die Frage, ob es seit dem 1. 7. 1998 einen gesetzlichen Mindestbedarf gibt, gesetzlich nicht geregelt (s. Rn. 5). Die durch das KindUG eingeführte Regelbetrag-Verordnung ist inzwischen durch das UnterhRÄndG abgeschafft worden; zum Mindestunterhalt s. jetzt § 1612a Rn. 21–48.[219]

78 Die Frage eines Höchstbedarfs wird auch unter dem Begriff der sogenannten Sättigungsgrenze erörtert; s. dazu Rn. 148–155.

79 **2. Unterhalt nach der Düsseldorfer Tabelle.** Der Bedarf eines minderjährigen Kindes[220] wird – anders als beim Ehegattenunterhalt – nicht nach einer bestimmten Quote des Elterneinkommens und auch nicht durch die Bewertung von einzelnen Bedürfnissen bestimmt, sondern pauschal unter Zugrundelegung von Unterhaltstabellen. Sofern sich das Kind nicht für den dynamischen

---

[206] BGH NJW 2009, 1816 m. Anm. *Maurer*, unter Aufgabe von BGH NJW 2007, 1969 = FamRZ 2007, 882 m. Anm. *Born*; NJW 2008, 2337 = FamRZ 2008, 1152. Die in der Kindereinrichtung anfallenden Verpflegungskosten sind dagegen mit dem Tabellenunterhalt abgegolten.
[207] ZB dann, wenn die Eltern dem Kind einen Hund zur Betreuung und Pflege überlassen (OLG Bremen FamRZ 2011, 43) oder den Reitsport des Kindes schon vor der Trennung gefördert haben (OLG Naumburg FamRZ 2008, 177 LS.).
[208] *Wendl/Klinkhammer* § 2 Rn. 234, 458, 460, 530 ff.; vgl. Rn. 109 aE. Zur Problematik der Einordnung von Kinderbetreuungskosten als Mehrbedarf oder Sonderbedarf s. *Reinken* FPR 2008, 90, 92.
[209] OLG Karlsruhe FamRZ 2008, 1209; OLG Düsseldorf NJW-RR 2005, 1529.
[210] BGH FamRZ 1999, 286; FamRZ 1983, 689.
[211] BGH FamRZ 1983, 689; *Wendl/Klinkhammer* § 2 Rn. 235. Ausführlich zu Kinderbetreuungskosten s. *Reinken* FPR 2008, 90. S. auch § 1606 Rn. 33.
[212] Dieses Pflegegeld ist von dem seit 1. 4. 1995 durch die Pflegekassen gewährten Pflegegeld zu unterscheiden; s. dazu *Wendl/Klinkhammer* § 2 Rn. 464 f.
[213] ZB Leistungen der gesetzlichen Krankenkasse, insbesondere das Pflegegeld nach § 57 Abs. 1 SGB V (bis 31. 3. 1995) oder das im Rahmen der Pflegeversicherung zu zahlende Pflegegeld nach § 37 Abs. 1 SGB XI (ab 1. 4. 1995), weiter Rehabilitationsmaßnahmen der gesetzlichen Rentenversicherung und auch das Blindengeld.
[214] BGH FamRZ 1993, 417; *Wendl/Klinkhammer* § 2 Rn. 466.
[215] Hessisches OVG FamRZ 1996, 976.
[216] In der Fassung des 4. SGB XI – Änderungsgesetzes vom 21. 7. 1999, BGBl. I S. 1656.
[217] BGH FamRZ 1993, 417.
[218] *Wendl/Klinkhammer* § 2 Rn. 467, auch zu den Ausnahmefällen bei verschärfter Unterhaltspflicht (§ 1603 Abs. 2) und in Verwirkungsfällen (§§ 1361 Abs. 3, 1579, 1611 Abs. 1).
[219] S. *Scholz* FamRZ 2007, 2021, 2022; *Born* NJW 2008, 1, 4; *Bosch* FF 2007, 293, 301; *Gerhardt* FuR 2008, 9, 15. Zum früheren politischen Streit um die Höhe der Mindestunterhaltssätze s. § 1612b Rn. 91 ff. in der Vorauflage.
[220] Zum Bedarf des volljährigen Kindes s. Rn. 134–147.

Unterhalt nach § 1612a Abs. 1 entscheidet, sondern statischen Unterhalt geltend macht,[221] wird dieser Unterhalt in der Praxis nach der Düsseldorfer Tabelle bestimmt.

a) Geschichte und Grundlagen. Seit dem 1. 1. 1979 wird die Düsseldorfer Tabelle vom OLG Düsseldorf herausgegeben;[222] bis zum 30. 6. 2001 galt die Tabelle mit dem Stand vom 1. 7. 1999.[223] Seit langem ist die Düsseldorfer Tabelle vom BGH anerkannt.[224] 80

Die Düsseldorfer Tabelle ist kein Gewohnheitsrecht,[225] sondern lediglich eine **Richtlinie**[226] im Sinne eines unverbindlichen Hilfsmittels[227] bei der Konkretisierung des angemessenen Unterhalts (Abs. 1), welches auf richterlicher Erfahrung beruht und der gleichmäßigen Rechtsanwendung dient.[228] Es entspricht allerdings wohl mehr diesem systematischen Ansatz als den Erfahrungen der Praxis, wenn daraus hergeleitet wird, dass das Gericht das – der Tabelle entnommene – Ergebnis der pauschalen Unterhaltsbemessung im Einzelfall auf seine Angemessenheit zu überprüfen habe (s. Rn. 133) und die Richtlinien nicht oder nur abgeändert anwenden dürfe, wenn sie den zu beurteilenden Fall nicht regelten;[229] Soll- und Ist-Zustand werden hier vermutlich verwechselt. Die Praxis lehrt, dass aus dem großen Umfang regelungsbedürftiger Sachverhalte die Neigung zur Schematisierung entsteht. Allerdings wird auch in der Praxis eine Angemessenheitskontrolle vor allem mit Hilfe des Bedarfskontrollbetrages (s. Rn. 125–133) sowie durch Höher- oder Herunterstufung bei einer vom Regelfall abweichenden Zahl von Unterhaltsberechtigten (s. Rn. 120–124) vorgenommen. Die Bedarfsbestimmung nach der Tabelle entspricht einem Bedürfnis der Praxis nach einer einheitlichen Handhabung; damit werden zugleich Rechtssicherheit und Vergleichbarkeit der einzelnen Entscheidungen im Sinne einer Orientierungshilfe gewährleistet.[230] 81

Die früheren Tabellen hatten ihre Grundlage in den Regelunterhalt-Verordnungen.[231] Die Beträge der ersten Einkommensgruppe der Tabelle entsprachen den Regelbeträgen der Regelbetrag-Verordnung. Dass der Tabelle nur Richtlinien-Charakter zukommt, zeigt sich auch daran, dass die einzelnen Oberlandesgerichte der **alten Bundesländer** nur die Zahlenwerte der Tabelle in ihre eigenen Tabellen oder Leitlinien integriert hatten, nicht aber die Anmerkungen der Düsseldorfer Tabelle, die zum Teil von den verschiedenen Leitlinien abwichen.[232] Zur Aufgabe der Ost-West-Unterschiede s. § 1612a Rn. 8. 82

Die Oberlandesgerichte der **neuen Bundesländer** hatten eigene Tabellen und Leitlinien veröffentlicht, die auf den niedrigeren Regelbeträgen Ost beruhten und zwei zusätzliche Einkommensgruppen aufwiesen. Zu diesen früheren Unterschieden siehe Rn. 84–86 in der Vorauflage. 83

---

[221] Zu den einzelnen Alternativen s. *Born* in *Heiß/Born* Kap. 22 Rn. 408 ff.; s. auch Rn. 60.
[222] Zurück bis zum Stand 1. 1. 1989 sind die alten Tabellen zusammenfassend wiedergegeben bei www.heiss-born.de. Die Tabellen sind außerdem wie folgt abgedruckt:
Stand 1. 1. 1979: FamRZ 1978, 854 = NJW 1979, 25
Stand 1. 1. 1980: FamRZ 1980, 19 = NJW 1980, 107
Stand 1. 1. 1982: FamRZ 1981, 1207 = NJW 1982, 19
Stand 1. 1. 1985: FamRZ 1984, 961 = NJW 1984, 2330
Stand 1. 1. 1989: FamRZ 1988, 911 = NJW 1989, 2352
Stand 1. 7. 1992: FamRZ 1992, 398 = NJW 1992, 1367
Stand 1. 1. 1996: FamRZ 1995, 1223 = NJW 1995, 2972
Stand 1. 7. 1998: FamRZ 1998, 534 = NJW 1998, 1469
Stand 1. 7. 2001: FamRZ 2001, 806 = NJW 2001, 1912
Stand 1. 1. 2002: FamRZ 2001, 810 = NJW 2001, 3248
Stand 1. 7. 2003: FamRZ 2003, 903 = NJW 2003, Beilage Heft 32, 4
Stand 1. 7. 2005: FamRZ 2005, 1300 = NJW 2005 Beilage Heft 30, 4
Stand 1. 7. 2007: FamRZ 2007, 1367 = NJW 2007, Beilage Heft 32, 49
Stand 1. 1. 2008: FamRZ 2008, 211 = NJW 2008, Beilage Heft 10
Stand 1. 1. 2009: FamRZ 2009, 180 = NJW 2009, Beilage Heft 22
Stand 1. 1. 2010: FamRZ 2010, 173 = NJW 2010, Beilage Heft 12.
[223] FamRZ 1999, 766 = NJW 1999, 1845.
[224] BGH FamRZ 1982, 366; 1985, 908, 910; 1990, 260, 265.
[225] *Wendl/Klinkhammer* § 2 Rn. 317; **aA** *Klingelhöffer* ZRP 1994, 383, 385.
[226] *Scholz* FamRZ 1993, 125, 127; *Wendl/Klinkhammer* § 2 Rn. 317; s. Rn. 62.
[227] *Johannsen/Henrich/Graba* § 1610 Rn. 22.
[228] BGH FamRZ 1986, 150.
[229] *Johannsen/Henrich/Graba* § 1610 Rn. 22 aE; *Wendl/Klinkhammer* § 2 Rn. 317.
[230] *Schwab/Borth* V Rn. 40.
[231] BGBl. 1970 I S. 1010. Anpassungen an die Lohn- und Preisentwicklung wurden in regelmäßigen Abständen vorgenommen; zu Einzelheiten s. *Wendl/Klinkhammer* § 2 Rn. 309.
[232] Eine Zusammenstellung der verschiedenen unterhaltsrechtlichen Leitlinien findet sich in der Sonderbeilage zu FPR Heft 3/2011; NJW 2010, Beilage zu Heft 12; 2008, Beilage zu Heft 10; 2007, Beilage zu Heft 32, in FamRZ 2010, 173; 2008, 215, 333; 2007, 1373 sowie unter www.heiss-born.de.

§ 1610   84, 85   Abschnitt 2. Titel 3. Unterhaltspflicht

b) Stand der Tabelle.[233]

84   Düsseldorfer Tabelle (Stand: 1. 1. 2011)[234]

Nettoeinkommen des Barunterhaltspflichtigen (Anm. 3, 4)	Altersstufen in Jahren (§ 1612a Abs. 1 BGB)				Prozentsatz	Bedarfskontrollbetrag (Anm. 6)
	0–5	6–11	12–17	ab 18		
	Alle Beträge in Euro					
1. bis 1.500	317	364	426	488	100	770/950
2. 1.501–1.900	333	383	448	513	105	1.050
3. 1.901–2.300	349	401	469	537	110	1.150
4. 2.301–2.700	365	419	490	562	115	1.250
5. 2.701–3.100	381	437	512	586	120	1.350
6. 3.101–3.500	406	466	546	625	128	1.450
7. 3.501–3.900	432	496	580	664	136	1.550
8. 3.901–4.300	457	525	614	703	144	1.650
9. 4.301–4.700	482	554	648	742	152	1.750
10. 4.701–5.100	508	583	682	781	160	1.850
ab 5.101 nach den Umständen des Falles						

85   **Anmerkungen:**
1. Die Tabelle hat keine Gesetzeskraft, sondern stellt eine Richtlinie dar. Sie weist den monatlichen Unterhaltsbedarf aus, bezogen auf zwei Unterhaltsberechtigte, ohne Rücksicht auf den Rang. Der Bedarf ist nicht identisch mit dem Zahlbetrag; dieser ergibt sich unter Berücksichtigung der nachfolgenden Anmerkungen. Bei einer größeren/geringeren Anzahl Unterhaltsberechtigter können **Ab- oder Zuschläge** durch Einstufung in niedrigere/höhere Gruppen angemessen sein. Anmerkung 6 ist zu beachten. Zur Deckung des notwendigen Mindestbedarfs aller Beteiligten – einschließlich des Ehegatten – ist gegebenenfalls eine Herabstufung bis in die unterste Tabellengruppe vorzunehmen. Reicht das verfügbare Einkommen auch dann nicht aus, setzt sich der Vorrang der Kinder im Sinne von Anm. 5 Abs. 1 durch. Gegebenenfalls erfolgt zwischen den erstrangigen Unterhaltsberechtigten eine Mangelberechnung nach Abschnitt C.
2. Die Richtsätze der 1. Einkommensgruppe entsprechen dem Mindestbedarf in Euro gemäß § 1612a BGB. Der Prozentsatz drückt die Steigerung des Richtsatzes der jeweiligen Einkommensgruppe gegenüber dem Mindestbedarf (= 1. Einkommensgruppe) aus. Die durch Multiplikation des nicht gerundeten Mindestbedarfs mit dem Prozentsatz errechneten Beträge sind entsprechend § 1612a Abs. 2 S. 2 BGB aufgerundet.
3. **Berufsbedingte Aufwendungen,** die sich von den privaten Lebenshaltungskosten nach objektiven Merkmalen eindeutig abgrenzen lassen, sind vom Einkommen abzuziehen, wobei bei entsprechenden Anhaltspunkten eine Pauschale von 5% des Nettoeinkommens – mindestens 50 EUR, bei geringfügiger Teilzeitarbeit auch weniger, und höchstens 150 EUR monatlich – geschätzt werden kann. Übersteigen die berufsbedingten Aufwendungen die Pauschale, sind sie insgesamt nachzuweisen.
4. Berücksichtigungsfähige **Schulden** sind in der Regel vom Einkommen abzuziehen.
5. Der **notwendige Eigenbedarf (Selbstbehalt)**
   – gegenüber minderjährigen unverheirateten Kindern,
   – gegenüber volljährigen unverheirateten Kindern bis zur Vollendung des 21. Lebensjahres, die im Haushalt der Eltern oder eines Elternteils leben und sich in der allgemeinen Schulausbildung befinden, beträgt beim nicht erwerbstätigen Unterhaltspflichtigen monatlich 770 EUR, beim erwerbstätigen Unterhaltspflichtigen monatlich 950 EUR. Hierin sind bis 360 EUR für Unterkunft einschließlich umlagefähiger Nebenkosten und Heizung (Warmmiete) enthalten. Der Selbstbehalt kann angemessen erhöht werden, wenn dieser Betrag im Einzelfall erheblich überschritten wird und dies nicht vermeidbar ist.
   Der angemessene Eigenbedarf, insbesondere gegenüber anderen volljährigen Kindern, beträgt in der Regel mindestens monatlich 1150 EUR. Darin ist eine Warmmiete bis 450 EUR enthalten.

---

[233] Die Tabelle nebst Anmerkungen beruht auf Koordinierungsgesprächen, die zwischen Richtern der Familiensenate der Oberlandesgerichte Düsseldorf, Köln und Hamm sowie der Unterhaltskommission des Deutschen Familiengerichtstages e. V. unter Berücksichtigung des Ergebnisses einer Umfrage bei allen Oberlandesgerichten stattgefunden haben. Zu den Schwierigkeiten bei der Abstimmung der aktuellen Tabelle *Soyka* FamRZ 2007, 1362.
[234] FamRZ 2010, 1960 = Sonderbeilage zu FPR Heft 3/2011, S. 3. S. auch www.heiss-born.de.

Maß des Unterhalts 86–92 § 1610

6. Der **Bedarfskontrollbetrag** des Unterhaltspflichtigen ab Gruppe 2 ist nicht identisch mit dem Eigenbedarf. Er soll eine ausgewogene Verteilung des Einkommens zwischen dem Unterhaltspflichtigen und den unterhaltsberechtigten Kindern gewährleisten. Wird er unter Berücksichtigung anderer Unterhaltspflichten unterschritten, ist der Tabellenbetrag der nächst niedrigeren Gruppe, deren Bedarfskontrollbetrag nicht unterschritten wird, anzusetzen.
7. Bei **volljährigen Kindern**, die noch im Haushalt der Eltern oder eines Elternteils wohnen, bemisst sich der Unterhalt nach der 4. Altersstufe der Tabelle.
Der angemessene Gesamtunterhaltsbedarf eines **Studierenden,** der nicht bei seinen Eltern oder einem Elternteil wohnt, beträgt in der Regel monatlich 640 EUR. Hierin sind bis 280 EUR für Unterkunft einschließlich umlagefähiger Nebenkosten und Heizung (Warmmiete) enthalten. Dieser Bedarfssatz kann auch für ein Kind mit eigenem Haushalt angesetzt werden.
8. Die **Ausbildungsvergütung** eines in der Berufsausbildung stehenden Kindes, das im Haushalt der Eltern oder eines Elternteils wohnt, ist vor ihrer Anrechnung in der Regel um einen ausbildungsbedingten Mehrbedarf von monatlich 90 EUR zu kürzen.
9. In den Bedarfsbeträgen (Anmerkungen 1 und 7) sind **Beiträge zur Kranken- und Pflegeversicherung sowie Studiengebühren** nicht enthalten.
10. Das auf das jeweilige Kind entfallende **Kindergeld** ist nach § 1612b BGB auf den Tabellenunterhalt (Bedarf) anzurechnen.

c) Anwendung der Tabelle. Die Düsseldorfer Tabelle regelt den Barunterhalt, den der Pflich- 86
tige für das von ihm getrennt lebende Kind zu zahlen hat; sie regelt nicht den Fall der Barunterhaltspflicht beider Eltern (mit der Ausnahme des Studenten mit eigenem Haushalt), sondern liefert dafür allenfalls Anhaltspunkte; zu Einzelheiten s. Rn. 134–147.

Der Tabellenunterhalt für die verschiedenen Altersstufen des Kindes (s. Rn. 93–95) steigt bei 87
höherem Einkommen des Unterhaltspflichtigen (s. Rn. 96–98).

Die Tabelle legt als Regelfall eine Unterhaltspflicht für eine vierköpfige Familie zugrunde, nach 88
Trennung also Unterhaltsansprüche von einer Ehefrau und zwei Kindern; bei einer größeren Anzahl unterhaltsbedürftiger Personen wird demgemäß eine Herunterstufung in eine niedrigere, bei geringerer Anzahl eine Heraufstufung in eine höhere Gruppe vorgenommen (Rn. 120–124). Bei überdurchschnittlich hohen Einkünften stellt sich das Problem der sogenannten Sättigungsgrenze (s. Rn. 148–155).

Probleme ergeben sich bei einem **Vorwegabzug des Kindesunterhalts** aus den unterschiedlich 89
hohen Opfergrenzen (s. Rn. 35) sowie dem fehlenden Mindestbedarf für den berechtigten Ehegatten (s. Rn. 65 aE, 125–133). Auftretende Mangelfälle (s. Rn. 125–133) werden in der Praxis häufig dadurch gelöst, dass sich die betreuende Mutter den Unterhalt der minderjährigen Kinder vorgehen lässt (s. Rn. 66), was wirtschaftlich in der Regel ohne Bedeutung ist, weil bei Zusammenleben der bedürftigen Ehefrau mit den minderjährigen Kindern „alles in einen Topf geht" und außerdem Vorteile bei zukünftig auf Grund gestiegenen Kindesalters erforderlich werdenden Abänderungsverfahren bestehen (s. Rn. 130).

Wünschenswert erscheint eine – in den Anmerkungen zur Düsseldorfer Tabelle vorzuneh- 90
mende – Klarstellung dahin, dass der Unterhalt für das *volljährige* Kind (s. Rn. 134–147) nachrangig ist und nicht entsteht, solange nicht der angemessene Unterhalt aller anderen Beteiligten gesichert ist. Der Nachrang ergibt sich gesetzlich aus § 1609, rein praktisch häufig daraus, dass auf Grund des deutlich höheren Selbstbehalts von mindestens 1150 Euro[235] gegenüber dem volljährigen Kind keine hinreichende Leistungsfähigkeit aufseiten des Pflichtigen mehr vorliegt.

Im Übrigen sind bei der Anwendung der Tabelle folgende Besonderheiten zu beachten: 91

aa) Barunterhalt. Die Düsseldorfer Tabelle regelt den vom Pflichtigen zu zahlenden Barunter- 92
halt (s. Vor § 1601 Rn. 21) als Teil des gesamten Unterhaltsbedarfs eines minderjährigen Kindes; dabei wird vorausgesetzt, dass der andere Elternteil seinen Teil des Unterhalts durch den – dem Barunterhalt grundsätzlich gleichwertigen – Betreuungsunterhalt (s. Vor § 1601 Rn. 22) erbringt. Die Gleichwertigkeit ergibt sich aus dem Gesetz (§ 1606 Abs. 3 S. 2: „Pflege und Erziehung").[236] Fehlt es an diesem Dualismus, zB dann, wenn der berufstätige Vater das Kind nicht betreuen kann und die Mutter krank oder verstorben ist, dann muss der Vater – hinreichende Leistungsfähigkeit vorausgesetzt – nicht nur den Barunterhalt zahlen, sondern zusätzlich auch für die Kosten der Betreuung des Kindes (zB in einer Pflegefamilie) aufkommen.[237] In den Tabellensätzen sind pauschal alle Lebenshaltungskosten für die Grundbedürfnisse enthalten, nicht dagegen die Kosten für Krankenversicherung und Pflegeversicherung (s. Rn. 68–71). Die Tabellensätze berücksichtigen in den unteren Einkommensgruppen die

---

[235] A 5 der Düsseldorfer Tabelle, im Gegensatz zu 950 Euro (bei Erwerbstätigkeit) bzw. 770 Euro (bei fehlender Erwerbstätigkeit) gegenüber dem minderjährigen und dem privilegierten volljährigen Kind.
[236] Zu Ausnahmen s. oben Rn. 39, 40; vgl. *Wendl/Klinkhammer* § 2 Rn. 416 ff.
[237] OLG Hamm FamRZ 1991, 107; *Wendl/Klinkhammer* § 2 Rn. 323.

geringe Leistungsfähigkeit des barunterhaltspflichtigen Elternteils. Seit der deutlichen Anhebung des Kindergeldes zum 1. 1. 1996[238] übersteigt der Tabellenbetrag zusammen mit der Hälfte des Kindergeldes, welches dem betreuenden Elternteil – und damit mittelbar dem Kind – über § 1612b Abs. 1 zugute kommt, die für Kinder geltenden Regelsätze der Sozialhilfe.[239] Bei zusätzlich anfallenden Wohnkosten kommt ein Anspruch auf ergänzende Sozialhilfe in Betracht.[240] Zu Wohnkosten s. auch Rn. 72, 73, zu Aufenthalt und Betreuung Rn. 107–116.

93 bb) **Altersstufen.** Die Düsseldorfer Tabelle kannte bis Mitte 1998 drei Altersstufen: Stufe 1 bis zur Vollendung des 6. Lebensjahres, Stufe 2 vom Beginn des 7. bis zur Vollendung des 12. Lebensjahres, Stufe 3 vom Beginn des 13. bis zur Vollendung des 18. Lebensjahres. Seit dem 1. 7. 1998 ist für volljährige Kinder betragsmäßig die Stufe 4 gesondert ausgeworfen (s. Rn. 136); vorher musste man zu dem Tabellenbetrag für die dritte Stufe die Differenz zur zweiten Stufe hinzurechnen, um dann den Tabellenbetrag für das volljährige Kind zu ermitteln. Weil immer wieder Einstufungsfehler im Zusammenhang mit dem Kindesalter auftraten (gelegentlich wurde übersehen, dass zB das 6. Lebensjahr am 6. Geburtstag des Kindes vollendet ist), wurde ebenfalls ab dem 1. 7. 1998 klargestellt, dass die erste Altersstufe für ein Kind von 0–5, die zweite von 6–11 und die dritte von 12–18 Jahren gilt.

94 Wann die **altersbedingte Veränderung** des Tabellenbetrages (s. Rn. 119) eintritt, ist für das *minderjährige* Kind inzwischen dahin geregelt, dass der Monatserste maßgebend ist. Der höhere Unterhalt auf Grund eines Aufrückens in die nächste Altersstufe ist also immer ab dem 1. des Monats geschuldet, in den der entsprechende Geburtstag fällt, unabhängig davon, ob er am Anfang, in der Mitte oder am Ende des Monats liegt. Auch für den Unterhalt höherer Einkommensgruppen kann nichts anderes gelten, da ein minderjähriges Kind nach § 1612a Abs. 1 den Unterhalt in einem Prozentsatz des Mindestunterhalts verlangen kann.[241] Komplizierte monatsanteilige Berechnungen je nach Geburtsdatum gehören somit der Vergangenheit an.[242]

95 Wann der Unterhalt für ein *volljähriges* Kind beginnt, ist dem Gesetz nicht zu entnehmen, da sich § 1612a Abs. 3 nur auf den – allein für das minderjährige Kind geltenden – Mindestunterhalt bezieht. Vor der Gesetzesänderung war auf Grund eines Urteils des BGH[243] davon auszugehen, dass der Minderjährigenunterhalt mit dem Tag des Eintritts der Volljährigkeit – und nicht erst am Monatsende – endet. Seit dem 1. 7. 1998 ist das nicht mehr zweifelsfrei auf Grund der Regelung in § 1612a Abs. 3. Diejenigen, die generell eine Vereinfachung im Auge haben, dürften sich für eine analoge Anwendung der Vorschrift aussprechen und das Ende des Minderjährigenunterhalts auf den letzten des Monats vor dem 18. Geburtstag festlegen. Dem steht aber entgegen, dass – trotz Identität von Minderjährigen- und Volljährigenunterhalt[244] – deutliche Erschwernisse für das volljährig gewordene Kind im Vergleich zum Minderjährigenunterhalt bestehen.[245] Um dem Kind die Wohltaten des Minderjährigenunterhalts möglichst lange zu erhalten, sollte taggenau auf den Eintritt der Volljährigkeit abgestellt werden.[246]

96 cc) **Einkommen.** Die Höhe des Kindesunterhalts hängt – im Regelfall, in dem der andere Elternteil das Kind betreut (§ 1606 Abs. 3 S. 2) – vom Einkommen des barunterhaltspflichtigen Elternteils ab, im Ausnahmefall der Barunterhaltspflicht beider Eltern von deren zusammengerechnetem Einkommen (s. Rn. 37–40). Zu Einzelheiten der Einkommensermittlung s. § 1603 Rn. 4 ff.

---

[238] Durch § 66 EStG. Seit 1. 1. 2002 beträgt es für das 1.–3. Kind je **154 €**, ab dem 4. Kind je **179 €**. Zur Entwicklung s. § 1612b Rn. 21.
[239] Eine Übersicht über die in den Bundesländern geltenden Regelsätze, Stand 1. 7. 1999, findet sich in FamRZ 1999, 1196; s. dazu *Wendl/Klinkhammer* § 2 Rn. 206.
[240] *Scholz* FamRZ 1993, 125, 128 ff.; *Wendl/Klinkhammer* § 2 Rn. 325.
[241] *Wendl/Klinkhammer* § 2 Rn. 330.
[242] *Born* in *Heiß/Born* Kap. 22 Rn. 408.
[243] FamRZ 1988, 604.
[244] BGH FamRZ 1994, 696; 1984, 682.
[245] ZB schlechtere Rangstelle nach § 1609; höherer Selbstbehalt des Pflichtigen; Unanwendbarkeit des § 1606 Abs. 3.
[246] Dafür auch *Wendl/Klinkhammer* § 2 Rn. 308, 325 aE. Aus der gleichgelagerten Situation beim Übergang von Trennungs- zum nachehelichen Unterhalt durch den Zeitpunkt der Rechtskraft der Scheidung lässt sich dieses Ergebnis allerdings nicht herleiten. Denn dort ist – anders als beim Kindesunterhalt – das Prinzip der Nichtidentität der beiden Unterhaltsformen zu beachten (BGH FamRZ 1981, 242; *Schwab/Borth* IV Rn. 137), was zB darin zum Ausdruck kommt, dass eine Mahnung oder Geltendmachung von Trennungsunterhalt den Schuldner hinsichtlich eines künftigen Anspruchs auf nachehelichen Unterhalt nicht in Verzug setzt (BGH FamRZ 1988, 370) und eine vor Rechtskraft ausgesprochene Mahnung wegen nachehelichen Unterhalts ebenfalls keinen Verzug begründet (BGH FamRZ 1992, 920; zu weiteren Einzelheiten s. *Born* in *Heiß/Born* Kap. 22 Rn. 67).

Es ist **kein trennungsbedingter Mehrbedarf** vom Einkommen abzuziehen, weil die Düsseldorfer Tabelle schon von der getrennt lebenden Familie ausgeht.[247] Nach der Düsseldorfer Tabelle (A 3) ist ein Abzug für **berufsbedingte Aufwendungen** pauschal mit 5% des Nettoeinkommens zulässig; dagegen wird in zahlreichen Leitlinien anderer Oberlandesgerichte dieser pauschale Abzug nicht anerkannt, und es werden statt dessen konkrete Darlegungen gefordert (s. Rn. 62, 63). Nach der Düsseldorfer Tabelle können mindestens 50 und höchstens 150 Euro angesetzt werden; sofern die anzuerkennenden Aufwendungen die Pauschale übersteigen, sind sie insgesamt nachzuweisen.[248] Allgemein zum Abzug von Schulden s. § 1606 Rn. 66 ff., bei verschärfter Haftung des Pflichtigen (§ 1603 Abs. 2) s. § 1603 Rn. 74 ff. 97

Auch wenn das **Kindergeld** nicht zum Einkommen zählt und deshalb bei der Eingruppierung in die Tabelle unberücksichtigt bleibt,[249] erlangt es Bedeutung im Mangelfall (s. Rn. 130), weil dort die – sonst nach § 1612b vorzunehmende – Ausgleichung zwischen den Eltern unterbleibt, soweit der Pflichtige außerstande ist, Unterhalt in Höhe des Mindestunterhalts zu zahlen. Zu Einzelheiten s. § 1612b Rn. 43. 98

dd) Selbstbehalt. Nach der Vorgabe des BGH[250] ist die Bemessung des notwendigen Selbstbehaltes Sache des Tatrichters, der sich aber an – in Leitlinien enthaltene – Erfahrungs- und Richtwerte anlehnen darf. In der Düsseldorfer Tabelle (A 5) ist der notwendige Eigenbedarf (Selbstbehalt) geregelt. 99

Gegenüber minderjährigen unverheirateten Kindern (und den ihnen gleichgestellten privilegiert volljährigen Kindern) gilt bei Erwerbstätigkeit des Pflichtigen ein Betrag von 950 Euro, bei fehlender Erwerbstätigkeit von 770 Euro. Dieser **kleine** Selbstbehalt des Pflichtigen entspricht seiner verschärften Haftung gegenüber minderjährigen Kindern (§ 1603 Abs. 2); es handelt sich um den Betrag, der ihm unbedingt für seinen eigenen notwendigen Unterhalt verbleiben muss. Abweichungen hiervon wurden in den alten Bundesländern zum Teil vorgenommen;[251] die Oberlandesgerichte der neuen Bundesländer legen generell niedrigere Selbstbehaltssätze zugrunde.[252] Durch den 120 Euro höheren Selbstbehalt soll dem erwerbstätigen Unterhaltsschuldner ein Anreiz gegeben werden, sich nicht mit Sozialhilfe zu begnügen, sondern seine Erwerbstätigkeit beizubehalten.[253] Den Zuschlag von 120 Euro muss der berufstätige Unterhaltsschuldner dagegen nicht zur Abdeckung berufsbedingter Aufwendungen verwenden; entsprechende Kosten kann er vielmehr entweder nach der Düsseldorfer Tabelle (A 3) pauschal mit 5% (mindestens 50 Euro, höchstens 150 Euro) oder bei entsprechender Vorgabe durch andere Leitlinien (s. Rn. 62–63) konkret abziehen.[254] 100

Der **große** Selbstbehalt (angemessener Eigenbedarf), der nach der Düsseldorfer Tabelle (A 5 Abs. 2) gegenüber (nichtprivilegierten) volljährigen Kindern in der Regel mindestens 1150 Euro monatlich beträgt,[255] ist Ausdruck der geringeren Anforderungen, die der Pflichtige gegenüber dem Unterhaltsanspruch des volljährigen Kindes zu beachten hat.[256] Dieser Richtsatz gilt auch für einen nichterwerbstätigen Unterhaltsschuldner, zB einen Rentner. Der Grund hierfür liegt darin, dass der aus dem Erwerbsleben ausgeschiedene Schuldner ohnehin regelmäßig nur noch geringere Einkünfte zur Verfügung hat und seinen Lebensstandard dementsprechend einschränken muss, so dass es unbillig wäre, ihn in stärkerem Umfang als einen Berufstätigen zum Unterhalt für ein volljähriges Kind heranzuziehen. Deshalb wird von der Mehrzahl der Oberlandesgerichte hier nicht zwischen Erwerbstätigkeit und fehlender Erwerbstätigkeit differenziert.[257] Von anderen Oberlandesgerichten 101

---

[247] *Schwab/Borth* V Rn. 42.
[248] *Scholz* FamRZ 1993, 125, 131.
[249] BGH FamRZ 1997, 806; wohl anders noch – nicht eindeutig – BGH FamRZ 1992, 539, 541, wo der Kindergeldanteil jedes Elternteils als Teil seines Einkommens angesehen wurde. Wie hier *Schwab/Borth* V Rn. 42; *Wendl/Klinkhammer* § 2 Rn. 335. S. *Scholz* FamRZ 2007, 2021, 2027 zum Mangelfall.
[250] FamRZ 1982, 265.
[251] Für die Zeit bis zum 30. 6. 2001: OLG Frankfurt (E 1): 1500 DM; OLG Oldenburg (VI. 1.): 1300 DM; OLG Schleswig (D 2): 1400 DM, alle einheitlich für den erwerbstätigen und nichterwerbstätigen Schuldner.
[252] Übersicht über die Leitlinien unter www.heiss-born.de; s. o. Fn. 232.
[253] *Scholz* FamRZ 1993, 125, 132; vgl. auch BGH FamRZ 1997, 806.
[254] Die Trennung zwischen Erwerbstätigenzuschlag und berufsbedingten Ausgaben nach der Düsseldorfer Tabelle entsprach der Einkommensermittlung nach § 76 Abs. 2 Nr. 4 BSHG. Maßgeblich ist jetzt der sozialhilferechtliche Bedarf (BGH FamRZ 2008, 594, 596); zu weiteren Einzelheiten s. *Wendl/Klinkhammer* § 2 Rn. 389.
[255] Bei Privilegierung sind dagegen nur 950 Euro gerechtfertigt, um den erhöhten Obliegenheiten des Pflichtigen gerecht zu werden.
[256] *Wendl/Klinkhammer* § 2 Rn. 536, 546 ff.
[257] Ein einheitlicher Ansatz wird vorgenommen von den Oberlandesgerichten in Berlin, Bremen, Celle, Düsseldorf, Frankfurt, Hamburg, Hamm, Koblenz, Köln, Oldenburg und den OLGs im Bereich der Süddeutschen Leitlinien (Bamberg, Karlsruhe, München, Nürnberg, Stuttgart, Zweibrücken); die Leitlinien sind wiedergegeben in der Sonderbeilage zu FPR Heft 3/2011; s. auch NJW 2010, Beilage zu Heft 12; NJW 2008, Beilage zu Heft 10; 2007, Beilage zu Heft 32, in FamRZ 2008, 215, 333; 2007, 1373 sowie unter www.heiss-born.de.

§ 1610   102–105   Abschnitt 2. Titel 3. Unterhaltspflicht

wird dem erwerbstätigen Schuldner ein höherer angemessener Eigenbedarf zuerkannt,[258] teilweise werden auch geringere Richtsätze (einheitlich für erwerbstätige und nichterwerbstätige Schuldner) für den angemessenen Eigenbedarf angesetzt.[259]

102   Eine Konsequenz dieser Unterscheidung beim Selbstbehalt ist eine häufig stärkere Inanspruchnahme öffentlicher Mittel (BAföG, Sozialhilfe) durch das volljährige unverheiratete Kind, weil es mit seinem hohen – meist ausbildungsbedingten – Unterhaltsbedarf oft ausfällt, gerade auch auf Grund der ungünstigeren unterhaltsrechtlichen Rangstelle (§ 1609). *Köhler* hat deshalb in der 3. Auflage dieser Kommentierung Rn. 42 o zu Recht einen Gleichrang des Ausbildungsunterhalts für das volljährige Kind gefordert.[260]

103   Seit dem 1. 1. 1996 werden auch in der Düsseldorfer Tabelle die in den Selbstbehaltssätzen enthaltenen **Wohnkosten** offen ausgewiesen.[261] Beim notwendigen Eigenbedarf beträgt der Wohnkostenanteil einschließlich umlagefähiger Nebenkosten und Heizung (Warmmiete) monatlich 360 Euro, beim angemessenen Eigenbedarf monatlich 450 Euro. Sofern die Warmmiete deutlich überschritten wird. und dies nicht vermeidbar ist, kann der Selbstbehalt angemessen erhöht werden, was die Düsseldorfer Tabelle (A 5) vorsieht und zahlreiche Oberlandesgerichte übernommen haben.[262] Das OLG Hamburg (Ziff. 2 V) bemisst den Anteil der Warmmiete sowohl beim notwendigen wie beim angemessenen Selbstbehalt einheitlich mit 360 Euro.

104   Eine **Erhöhung** der Selbstbehaltssätze kommt beim Unterhalt für das *minderjährige* Kind – neben dem Fall der überhöhten Wohnkosten des Schuldners – auch dann in Betracht, wenn die Sozialhilfe, die der Schuldner erhalten könnte, über dem notwendigen Selbstbehalt liegt, etwa dann, wenn die Wohnkosten zu hoch sind. Allerdings werden auch im Sozialhilferecht auf Dauer nur Wohnkosten anerkannt, die noch im Rahmen der durch das Wohngeldgesetz zu berücksichtigenden Aufwendungen bleiben.[263] Beim *volljährigen* Kind kommt eine Erhöhung des angemessenen Eigenbedarfs über den Richtsatz von 1100 Euro hinaus vor allem in den Abitur-Lehre-Studium-Fällen (s. Rn. 260, 261) in Betracht, des Weiteren dann, wenn das Kind nach Abschluss einer Ausbildung erneut unterhaltsbedürftig wird (zB auf Grund eines Unfalls) und der pflichtige Elternteil wirtschaftliche Dispositionen getroffen hat, die er bei Kenntnis des Fortdauer der Unterhaltspflicht unterlassen hätte,[264] schließlich bei krankheitsbedingtem Mehrbedarf des Pflichtigen,[265] der sich keine Ersparnisse auf Grund unentgeltlicher Pflege durch seine Ehefrau anrechnen lassen muss, weil es sich um freiwillige Leistungen einen Dritten handelt.[266]

105   Eine **Herabsetzung** des Selbstbehaltes ist beim Unterhalt des *minderjährigen* Kindes dann möglich, wenn der Schuldner deutlich geringere Kosten als im Normalfall hat, zB im Falle von Ersparnissen durch eine gemeinsame Haushaltsführung mit einem neuen Partner.[267] Da hier auf die tatsächlichen Verhältnisse und die Abweichung von den – den Tabellensätzen zugrundeliegenden – durchschnittlichen Verhältnissen abgestellt wird, erscheint es wenig überzeugend, wenn andererseits eine Herabsetzung des Selbstbehaltes verneint wird[268] in Fällen, in denen der Pflichtige in einem bescheidenen Zimmer oder in einem ländlichen Lebensbereich wohnt.[269] Die sich aus einer neuen Beziehung ergebenden Vorteile sollten auch auf Grund des im Unterhaltsrecht geltenden Prinzips der Spiegelbildlichkeit stärker berücksichtigt werden. Während beim Berechtigten nahezu alles als

---

[258] Dem erwerbstätigen Unterhaltsschuldner wird ein höherer Selbstbehalt zuerkannt als dem nicht erwerbstätigen Unterhaltsschuldner vom OLG Brandenburg (Ziffer 23.3.1), OLG Jena (Ziffer 21.3) und Rostock (Ziffer 21.3.1).
[259] Ein einheitlicher geringerer Richtsatz wird angesetzt vom OLG Dresden (Ziffer 21.3.1: 1010 €), OLG Naumburg (Ziffer 21.3.1: 1000 €) und vom OLG Schleswig (Ziffer 21.3: 990 €).
[260] Vorschläge des 5. DFGT 1983 (FamRZ 1983, 1199, 1200, 1202); *Köhler* FamRZ 1990, 922, 923.
[261] Vorher war das – noch dazu mit unterschiedlichen Beträgen – nur in den Leitlinien einiger Oberlandesgerichte der Fall.
[262] Frankfurt, Hamm, Köln, Naumburg, Schleswig und Süddeutsche Leitlinien (Bamberg, Karlsruhe, München, Nürnberg, Stuttgart, Zweibrücken) sehen diese Erhöhung bei erhöhtem Wohnkostenanteil vor (Ziff. 21.5 bzw. 21.5.2); **aA** ausdrücklich Jena (Ziffer 21.6). Für die allgemeine Möglichkeit einer Erhöhung oder Herabsetzung des Selbstbehalts im Einzelfall Bremen, Hamburg, Oldenburg (Ziff. 21.5). Für eine Reduzierung bei Vorteilen durch ein Zusammenleben mit einem Ehegatten oder Partner Düsseldorf, Koblenz und Rostock (Ziff. 21.5 bzw. 21.7). S. dazu § 1603 Rn. 110.
[263] KG FamRZ 1994, 1047.
[264] Vgl. BGH FamRZ 1992, 795, 797.
[265] *Wendl/Klinkhammer* § 2 Rn. 554.
[266] BGH FamRZ 1995, 537.
[267] BGH FamRZ 2008, 594,597; 1998, 286, 288; vgl. auch BGH FamRZ 1995, 344; 1995, 343; 1991, 182.
[268] So aber *Wendl/Klinkhammer* § 2 Rn. 393.
[269] OLG Düsseldorf FamRZ 1999, 1020. Wie hier OLG Dresden FamRZ 1999, 1015. So auch Ziff. 21.2 der Kölner Leitlinien.

Maß des Unterhalts 106–109 § 1610

geldwerter Vorteil gem. § 850h ZPO analog angesetzt wird, was über die berühmte „Tasse Kaffee"[270] hinausgeht, wird in Bezug auf den Pflichtigen ein entsprechender Vorteil vielfach unberücksichtigt gelassen mit der Begründung, es handele sich um freiwillige Zuwendungen eines Dritten.[271] Vom Berechtigten wird diese Differenzierung regelmäßig als höchst ungerecht empfunden. In der Sache erscheint zweifelhaft, ob sie berechtigt ist. Wenn es aufseiten des Berechtigten auf tatsächlich vom Partner geleistete Zahlungen nicht ankommt, sondern allein auf dessen Leistungsfähigkeit,[272] dann ist nicht recht einzusehen, weshalb solche „gedachten" Vorteile aufseiten des Pflichtigen von vornherein allein auf Grund einer angenommenen inneren Einstellung des Partners („Freiwilligkeit") ausscheiden sollen. Beim Partner des Berechtigten wird diese Einstellung regelmäßig nicht anders sein. Da die bisherige Rechtsprechung zu derartigen Vorteilen eher spärlich ist,[273] erscheint eine verstärkte Auseinandersetzung mit der Problematik geboten.[274]

Auch gegenüber dem *volljährigen* Kind ist eine Reduzierung des angemessenen Eigenbedarfs im 106 Hinblick auf Vorteile wegen Zusammenlebens mit einem Partner in neuer Ehe oder nichtehelicher Lebensgemeinschaft möglich[275] im Hinblick auf die Besserstellung gegenüber dem alleinlebenden Unterhaltsschuldner hinsichtlich der Wohnkosten.[276] Leistungen von neuem Ehegatten oder Partner gegenüber dem Pflichtigen werden dagegen grundsätzlich als freiwillige Zuwendungen eines Dritten angesehen mit der Folge, dass sie das Einkommen des Pflichtigen nicht erhöhen,[277] außer bei Versorgung des Lebensgefährten durch den Unterhaltsschuldner mit der Folge, dass geldwerte Leistungen erbracht werden.[278]

ee) Aufenthalt und Betreuung. Die Düsseldorfer Tabelle geht von einer Trennung der Eltern 107 und der daraus resultierenden Zweiteilung der Unterhaltspflicht hinsichtlich der Kinder aus: Ein Elternteil wohnt mit dem Kind zusammen und betreut es; der andere Elternteil hat den Barunterhalt sicherzustellen (s. Rn. 92). Weichen die tatsächlichen Verhältnisse von diesem Modell ab, ist eine Anpassung des Tabellenunterhalts an die individuellen Verhältnisse zu überprüfen.

Im Falle einer **Fremdbetreuung** des Kindes, zB in einer Pflegefamilie, kann der Tabellenunter- 108 halt zu erhöhen sein. Voraussetzung ist die Erforderlichkeit einer solchen Betreuung aus Gründen, die in der Person des Kindes liegen (Behinderung, Schwererziehbarkeit); sie liegt nicht schon deshalb vor, weil der sorgeberechtigte Elternteil arbeitet und sich deshalb nicht ausreichend um die Betreuung des Kindes kümmern kann. Zu unterscheiden ist zwischen dem eigentlichen Betreuungsaufwand, der als Mehrbedarf (s. Rn. 74–76) Teil des Kindesunterhalts ist (Beispiel: Aufwand für Pflegepersonen bei einem behinderten Kind), und den Kosten für die Betreuung, die der betreuende Elternteil aufwendet, um seine eigene Berufstätigkeit zu ermöglichen (Beispiel: Vergütung für eine Tagesmutter, Kosten für Kindertagesstätte).[279]

Kindergartenbeiträge (bzw. vergleichbare Aufwendungen für die Betreuung eines Kindes in 109 einer kindgerechten Einrichtung) sind in den Tabellenbeträgen – unabhängig von deren Höhe – nicht enthalten; dagegen sind die in der Kindereinrichtung anfallenden **Verpflegungskosten** mit dem Tabellenunterhalt abgegolten.[280] Die frühere Auffassung, wonach kein Mehrbedarf des Kindes,[281] sondern Betreuungsaufwand des betreuenden Elternteils vorliege,[282] ist damit überholt. Demgegenüber sind die Aufwendungen für die Betreuung eines behinderten Kindes Mehrbedarf des Kindes selbst und deshalb Teil des Kindesunterhalts.[283] Gegenzurechnen sind unter Umständen

---

[270] *Luthin* FamRZ 1989, 579.
[271] OLG Hamm NJWE-FER 1998, 27. Ganz überwiegend wird die Problematik allein für den Berechtigten diskutiert, vgl. *Büttner/Niepmann/Schwamb* Rn. 777.
[272] BGH FamRZ 1989, 487; 1987, 1011; NJW 1985, 806; OLG Celle FamRZ 1983, 933.
[273] OLG Hamm FamRZ 1999, 42; OLG Düsseldorf NJW-RR 1991, 1284; OLG Frankfurt FamRZ 1985, 957.
[274] *Born* MDR 2000, 981, 986/987.
[275] So ausdrücklich Ziff. 21.5 der Hammer Leitlinien. Ebenso OLG Hamm FamRZ 1999, 42; OLG Celle FamRZ 1993, 1235; **aA** OLG Oldenburg FamRZ 2000, 1177.
[276] BGH FamRZ 1998, 287; vgl. BGH FamRZ 1995, 343; 1995, 346; 1991, 182, 185; OLG Celle FamRZ 1993, 1235.
[277] BGH FamRZ 1995, 537.
[278] BGH FamRZ 1995, 344, 346; *Wendl/Klinkhammer* § 2 Rn. 555.
[279] BGH FuR 2007, 121 (Deckung der Heimkosten durch Jugendhilfe-Leistungen); OLG Karlsruhe NJW-RR 1999, 4; OLG Brandenburg FamRZ 1996, 866.
[280] BGH FamRZ 2009, 962 m. Anm. *Born*.
[281] BGH NJW 2007, 1969 = FamRZ 2007, 882 m. Anm. *Born*; OLG Frankfurt NJW-RR 2006, 1303; OLG Stuttgart FamRZ 2004, 1129; s. auch Rn. 75, Fn. 206.
[282] *Wendl/Klinkhammer* § 2 Rn. 400.
[283] BGH FamRZ 1983, 689; zum Mehrbedarf s. o. Rn. 74–76.

§ 1610 110–112   Abschnitt 2. Titel 3. Unterhaltspflicht

Einsparungen, zB deshalb, weil das Kind bei anderweitiger Unterbringung während des Tages vom betreuenden Elternteil nicht verpflegt werden muss.

110   Die Unterbringung des Kindes in einem **Internat** kann gerechtfertigt sein durch in der Person des Kindes liegende Gründe, zB gesundheitliche Behinderungen oder Lern- und Erziehungsschwierigkeiten. Der mit der Unterbringung verbundene Mehrbedarf (s. Rn. 75) ist erheblich; deshalb ist er häufig Anlass für Streit zwischen den Eltern. Schickt der allein sorgeberechtigte Elternteil das gemeinsame Kind nach gutachterlichem Rat auf eine Privatschule, hat der barunterhaltspflichtige Elternteil das hinzunehmen und die entstehenden Mehrkosten im Rahmen seiner Leistungsfähigkeit aufzubringen.[284] Hält sich das Kind im **Schüleraustausch** vorübergehend im Ausland auf, entsteht dadurch nicht automatisch eine Barunterhaltspflicht des betreuenden Elternteils.[285] Auch wenn die Kosten für ein vollständiges Schuljahr im Ausland regelmäßig den angemessenen Ausbildungsbedarf übersteigen, können sie nur bei besonderer Begründung als Sonderbedarf (s. § 1613 Rn. 73) geltend gemacht werden.[286]

111   Von entscheidender Bedeutung ist regelmäßig, wer das **Sorgerecht**[287] für das Kind hat. Im Falle des *alleinigen* Sorgerechts kann der berechtigte Elternteil die Ziele und Wege einer Ausbildung unter Berücksichtigung von Eignung und Neigung des Kindes selbständig festlegen (§ 1631 Abs. 1). Der barunterhaltspflichtige Elternteil muss die Entscheidung auch dann hinnehmen, wenn sie sich für ihn kostensteigernd auswirkt und sie aus seiner Sicht nicht sinnvoll ist; er hat die Möglichkeit, etwaige Fehlentscheidungen durch das Familiengericht (§ 1666) korrigieren zu lassen.[288] Das bedeutet umgekehrt, dass Entscheidungen des Sorgerechtsinhabers im Unterhaltsverfahren grundsätzlich nicht auf Rechtmäßigkeit oder Zweckmäßigkeit überprüft werden können.[289] Der entstehende Mehrbedarf kann aber – trotz der grundsätzlichen Bindung an die Entscheidung des sorgerechtsberechtigten Elternteils – nicht uneingeschränkt geltend gemacht werden, vor allem bei erheblicher Höhe der entstehenden Mehrkosten. Ähnlich wie bei einem Auslandsstudium (s. Rn. 238) müssen wichtige Gründe vorliegen, die eine Tragung der Mehrkosten durch den barunterhaltspflichtigen Elternteil als gerechtfertigt erscheinen lassen. Neben der Prüfung anderer Möglichkeiten einer schulischen Förderung des Kindes bei geringeren Kosten[290] sind auch die Einkommens- und Vermögensverhältnisse der Eltern (s. Rn. 96, 219) von Bedeutung.[291] Bei fehlender Berechtigung zur Auslösung der Mehrkosten kommt keine Erhöhung des Tabellenunterhalts in Betracht; die Mehrkosten muss dann der sorgeberechtigte Elternteil tragen, weil er sie veranlasst hat.[292]

112   Im Falle des *gemeinsamen* Sorgerechts[293] gehört die Frage eines anderweitigen Schulbesuchs zu den Angelegenheiten von erheblicher Bedeutung, so dass eine gemeinsame Entscheidung beider Eltern erforderlich ist (§ 1687 Abs. 1 S. 1). Steht ein Wechsel des Kindes in ein Internat oder zu einer Privatschule an, liegt das auch angesichts der erheblichen Kosten auf der Hand; demgegenüber ist Nachhilfeunterricht in der Regel nicht als Mehrbedarf, sondern als Sonderbedarf[294] anzusehen.[295] Streitigkeiten der Eltern sind vom Familiengericht dahin zu entscheiden,

---

[284] OLG Koblenz NJW-RR 2005, 88. S. aber OLG München/Augsburg FF 2008, 509 m. Anm. *Schnitzler* (Ausbildung in Salem nicht geschuldet).
[285] OLG Hamm FamRZ 1999, 1449.
[286] OLG Schleswig OLGR 2005, 646.
[287] S. dazu ausführlich *Schwab/Motzer* III Rn. 1 ff.; zur Rechtsprechung s. *Born* FamRZ 2000, 396; *Finke* FF 2000, 187.
[288] BGH FamRZ 1983, 48; *Wendl/Klinkhammer* § 2 Rn. 456.
[289] BGH FamRZ 1983, 48 für den Fall einer Mehrkosten verursachenden Privatschule.
[290] BGH FamRZ 1983, 48.
[291] *Wendl/Klinkhammer* § 2 Rn. 456.
[292] *Wendl/Klinkhammer* § 2 Rn. 457.
[293] Ein Hauptgrund für Streitigkeiten der Eltern über gemeinsames oder alleiniges Sorgerecht besteht häufig darin, dass auf beiden Seiten unzutreffende Vorstellungen über den Umfang des gemeinsamen Sorgerechts bestehen. Die Väter haben vielfach die Vorstellung, das Sorgerecht werde sozusagen geteilt, sie könnten in allen Bereichen mitentscheiden. Bei den Müttern löst der Wunsch der Väter nach dem gemeinsamen Sorgerecht oft schon für sich allein Aggressionen aus. Abgesehen von – auf ihrer Seite korrespondierend – unrichtigen Vorstellungen über den Umfang des gemeinsamen Sorgerechts wird ein gezieltes Störmannöver des Vaters vermutet mit dem Ziel, sich in alles und jedes einzumischen. Für diese Fälle ist aber in § 1687 eine klare Regelung getroffen worden. Der Elternteil, bei dem sich das Kind gewöhnlich aufhält (entweder mit Einwilligung des anderen Elternteils oder auf Grund gerichtlicher Entscheidung), hat die Befugnis zur alleinigen Entscheidung in Angelegenheiten des täglichen Lebens; ein Mitspracherecht des anderen Elternteils besteht nur in Angelegenheiten von erheblicher Bedeutung. Zu Einzelheiten s. *Born*, Gemeinsames Sorgerecht: Ende der „modernen Zeiten"? FamRZ 2000, 396.
[294] Zur Abgrenzung s. Rn. 74.
[295] *Wendl/Klinkhammer* § 2 Rn. 455; *Wendl/Scholz* § 6 Rn. 17. Dies hängt mit der Annahme zusammen, dass der Nachhilfeunterricht im Regelfall zur Überwindung einer vorübergehenden Lernschwäche erforderlich ist.

Maß des Unterhalts 113 § 1610

dass die Entscheidung einem Elternteil übertragen wird (§ 1628). Bei Einverständnis beider Eltern mit einem Schulwechsel müssen beide Eltern die ausgelösten Mehrkosten unterhaltsrechtlich gegen sich gelten lassen; auch der betreuende Elternteil muss sich dann – trotz des Grundsatzes der Gleichwertigkeit von Bar- und Betreuungsunterhalt (s. Rn. 34–36) – an der Finanzierung des einverständlich begründeten Mehrbedarfs beteiligen.[296] Bei fehlendem Einkommen des betreuenden Elternteils (und fehlender Obliegenheit zu einer Berufstätigkeit) muss der barunterhaltspflichtige Elternteil den Gesamtbedarf des Kindes einschließlich der Mehrkosten im Rahmen seiner Leistungsfähigkeit allein tragen. Wird dagegen auch vom betreuenden Elternteil eigenes Einkommen erzielt, ist im Hinblick auf die Höhe der Mehraufwendungen unter Berücksichtigung der beiderseitigen Einkommensverhältnisse zu überprüfen, ob eine Abweichung vom Grundsatz der Gleichwertigkeit von Bar- und Betreuungsunterhalt (s. Rn. 34–36) geboten ist. Wird dies verneint, bleibt es auch hier bei der alleinigen Eintrittspflicht des barunterhaltspflichtigen Elternteils für den Gesamtbedarf einschließlich der Mehrkosten. Wird die Abweichung – und damit eine Heranziehung auch des betreuenden Elternteils – bejaht, ist der Gesamtbedarf des Kindes (Regelbedarf und Mehrbedarf) zu ermitteln und sodann anteilig im Verhältnis des Einkommens beider Eltern (§ 1606 Abs. 3 S. 1) zu verteilen, wobei eine Korrektur zu Gunsten des sorgeberechtigten Elternteils dann in Betracht kommt, wenn er für das Kind normale oder erhöhte Betreuungsleistungen erbringt.[297]

Bei **umfangreichem Aufenthalt** des Kindes beim barunterhaltspflichtigen Elternteil kann eine 113 anteilige Barunterhaltspflicht in Betracht kommen;[298] nach Ansicht des BGH[299] sollen sich unterhalb einer Grenze von 50% aber keine Auswirkungen ergeben, was Bedenken begegnet.[300] Daneben sind auch zahlreiche Mischformen denkbar, die zwischen alleiniger Betreuung durch einen Elternteil, Fremdbetreuung und genau aufgeteilter Betreuung durch beide Eltern schwanken.[301] Bei **gemeinsamer Betreuung** durch beide Eltern[302] ist für die Feststellung des Bedarfs nach der Düsseldorfer Tabelle von der Summe der Einkünfte beider Eltern auszugehen, weil hierdurch die Lebensstellung des Kindes geprägt wird (s. Rn. 38, 39).[303] Auch wenn dies vom BGH[304] bisher nur für den Unterhalt volljähriger Kinder entschieden ist, ist bei fehlender Gleichwertigkeit von Bar- und Betreuungsunterhalt in gleicher Weise bei minderjährigen Kindern vorzugehen, weil sich in diesem Fall auch hier beide Eltern am Barunterhalt beteiligen müssen.[305] Auch hier darf die Bedarfsbemessung nach den zusammengerechneten Einkünften beider Eltern nicht dazu führen, dass ein Elternteil höheren Unterhalt zahlen muss, als er allein auf der Grundlage seiner eigenen Einkünfte nach der Düsseldorfer Tabelle zahlen müsste.[306] Diese Beschränkung gilt allerdings in Sonderfällen nicht, insbesondere nicht im Falle des Mehrbedarfs eines behinderten Kindes.[307] Im Einzelfall ist auch die Überprüfung notwendig, ob die Tabellensätze für den Bedarf ausreichen oder angemessen zu erhöhen sind, weil zusätzlicher Aufwand betrieben wird, etwa in Form der Vorhal-

---

Ist das Kind dagegen *ständig* auf Nachhilfe angewiesen, dann wird – ähnlich wie beim Besuch eines Internats oder einer Privatschule – regelmäßiger Mehrbedarf anzunehmen sein, OLG Düsseldorf FamRZ 2006, 223; OLG Köln NJW 1999, 295.

[296] BGH FamRZ 1999, 286; 1983, 689; s. auch Rn. 74–76.
[297] *Wendl/Klinkhammer* § 2 Rn. 462.
[298] OLG Frankfurt FamRZ 2006, 439; *Wendl/Klinkhammer* § 2 Rn. 449. Auch eine abweichende Bestimmung über die Art der Unterhaltsgewährung nach § 1612 Abs. 2 S. 1 ist denkbar, OLG Köln OLGR 2005, 609.
[299] NJW 2007, 1892.
[300] *Born* NJW 2007, 1859; *ders.* FPR 2008, 88 (Korrektur über Herab- oder Heraufstufung); dafür auch *Kaiser* FPR 2008, 143, 147 sowie *Rakete-Dombeck* FF 2007, 200, 201; iE auch OLG Brandenburg FamRZ 2007, 1354 (Unterlassung eigentlich gebotener Höherstufung).
[301] *Wendl/Klinkhammer* § 2 Rn. 418.
[302] Die zT hinsichtlich der Kindeserziehung sehr engagiert und – für die an gestörte Verhältnisse gewöhnten Gerichte manchmal überraschend – gut in der Lage sind, dies trotz gescheiterter eigener Beziehung und bestehender Konflikte der Paarebene zu praktizieren. Diese Fälle bilden aber die Ausnahme. Zur Barunterhaltspflicht beim „Wechselmodell" s. BGH NJW 2007, 1892; OLG Karlsruhe NJW-RR 2006, 1155 mwN zu den verschiedenen Berechnungsmethoden; s. dazu *Vießhues* FPR 2006, 287. Zum Betreuungsunterhalt beim „Wechselmodell" s. *Schilling* FPR 2006, 291, zu prozessualen Fragen *Hennemann* FPR 2006, 295.
[303] BGH NJW 2006, 2258 = FamRZ 2006, 1015 m. Anm. *Luthin*; OLG Düsseldorf NJW 2001, 3344; *Wendl/Klinkhammer* § 2 Rn. 449; FAFamR/*Seiler* Kap. 6 Rn. 289; **aA** (Ableitung der Barunterhaltspflicht beider Elternteile direkt aus dem – sich aus ihrem jeweiligen Einkommen ergebenden – hälftigen Tabellenunterhalt) OLG Karlsruhe NJW-RR 2006, 1155.
[304] FamRZ 1994, 696; 1986, 151.
[305] BGH FamRZ 1984, 39; s. Ziff. 15, 19 der Düsseldorfer Leitlinien, abgedruckt in NJW 2008, Beilage zu Heft 10; 2007, Beilage zu Heft 32; FamRZ 2007, 1373; s. www.heiss-born.de.
[306] BGH FamRZ 1984, 39; s. oben Rn. 38.
[307] *Wendl/Klinkhammer* § 2 Rn. 453.

tung eines Kinderzimmers in der Wohnung jedes Elternteils oder durch häufige Fahrten zwischen den beiden Wohnungen.[308]

114 Hält sich das Kind im üblichen Rahmen in Ausübung des dortigen Umgangsrechts in den **Ferien** beim barunterhaltspflichtigen Elternteil auf, ist dieser nicht zu einer Kürzung des Barunterhalts berechtigt. Denn die Tabellensätze gehen von einem pauschalierten Bedarf aus, bei dem das übliche Umgangsrecht und die damit verbundenen Teildeckungen des Unterhalts durch Naturalleistungen vorhersehbar und bereits berücksichtigt sind.[309]

115 Dagegen liegt echte Unterhalts-Teilerfüllung vor, wenn der barunterhaltspflichtige Elternteil das Kind (meist zusammen mit dem sorgeberechtigten Elternteil) in dem ihm gehörenden Haus **kostenfrei wohnen** lässt. Hier kann der Barunterhaltsanspruch des Kindes ausnahmsweise um den Wohnkostenanteil gemindert werden, der im Unterhaltsbedarf für das Wohnen berücksichtigt ist (s. Rn. 72 aE); im mittleren Einkommensbereich der Düsseldorfer Tabelle werden insoweit etwa 20% angesetzt.[310]

116 Führt das Kind mit Einverständnis des sorgeberechtigten Elternteils einen **eigenen Haushalt**, ist es idR auch im Falle der Minderjährigkeit geboten, den Bedarf mit 640 Euro (wie bei einem volljährigen Kind nach A 7 Abs. 2 der Düsseldorfer Tabelle) anzunehmen. Hier haften beide Elternteile anteilig entsprechend ihren Einkommens- und Vermögensverhältnissen (s. Rn. 39). Dies setzt aber voraus, dass das Kind selbständig lebt und keine nennenswerten Betreuungsleistungen eines Elternteils erbracht werden. Lebt das Kind aber zB deshalb auswärts, weil es in seiner Heimatstadt keinen Ausbildungsplatz gefunden hat, und kehrt es am Wochenende regelmäßig zum sorgerechtsberechtigten Elternteil zurück, der sich um Kleidung und Wäsche kümmert, dann sind noch nennenswerte Betreuungsleistungen anzunehmen. In diesem Fall wird angesichts der Gleichwertigkeit von Bar- und Betreuungsunterhalt (s. Rn. 34) eine alleinige Heranziehung des nichtbetreuenden Elternteils gerechtfertigt sein.[311] Erbringt der vom Kind am Wochenende aufgesuchte Elternteil geringfügige Betreuungsleistungen, bleibt es bei dem Ansatz von 640 Euro und der beiderseitigen Barunterhaltspflicht. Der zusätzlichen Belastung des besuchten Elternteils kann in wertender Veränderung der sich nach den Einkommens- und Vermögensverhältnissen der Eltern ergebenden Anteile (s. § 1613 Rn. 80 aE) Rechnung getragen werden.[312]

117 **ff) Hohe Einkünfte des Pflichtigen.** Hier wird auf die Ausführungen zur Sättigungsgrenze (s. Rn. 148–155) verwiesen.

118 **gg) Änderung der Tabelle.** Die Düsseldorfer Tabelle basiert auf dem Stichtagsprinzip. Für Zeiträume bis zum 31. 12. 2007 gilt die Tabelle mit dem Stand 1. 7. 2007,[313] seit dem 1. 1. 2008 diejenige mit diesem Stand; zur aktuellen Tabelle s. o. Rn 84.[314] Das Stichtagsprinzip führt dazu, dass selbst bei Vorhersehbarkeit einer baldigen Neufassung der Tabelle jeweils die aktuellen Beträge zugrundezulegen sind und einer nach Neufassung der Tabelle erhobenen Abänderungsklage nicht entgegengehalten werden kann, die tatsächlichen Verhältnisse hätten sich seit dem Inkrafttreten der neuen Tabelle nicht verändert. Dogmatisch stellt zwar allein die Änderung der Tabellensätze keinen Abänderungsgrund dar. Es wird aber angenommen, dass sich die konkreten wirtschaftlichen Verhältnisse beim Bedürftigen und beim Verpflichteten als Folge der – in der Änderung der Tabellensätze zum Ausdruck kommenden – allgemeinen Änderungen von Lebenshaltungskosten und Einkommensverhältnissen geändert haben, so dass eine Veränderung der tatsächlichen Verhältnisse anzunehmen sei. Stützt die eine Abänderung begehrende Partei ihre Klage deshalb auf eine Änderung der Bedarfssätze der Düsseldorfer Tabelle, liegt darin konkludent auch die Behauptung, dass sich eine individuelle Veränderung ergeben habe, welche die Abänderung erfordere.[315]

---

[308] OLG Düsseldorf OLGR 1999, 313; *Wendl/Klinkhammer* § 2 Rn. 449.
[309] BGH FamRZ 1984, 470; *Wendl/Scholz* § 2 Rn. 129; *Wendl/Klinkhammer* § 2 Rn. 220.
[310] OLG Düsseldorf FamRZ 1994, 1049, 1053; *Wendl/Scholz* § 2 Rn. 129; *Wendl/Klinkhammer* § 2 Rn. 326 aE.
[311] *Wendl/Klinkhammer* § 2 Rn. 337. Die Ausbildungsvergütung muss in einem solchen Fall nicht nur um den ausbildungsbedingten Mehrbedarf, sondern auch um die Kosten der Wohnung und die Fahrtkosten zum betreuenden Elternteil gekürzt werden. An der Gleichwertigkeit von Bar- und Betreuungsunterhalt fehlt es dagegen, wenn das Kind am Wochenende nicht zum Elternteil, sondern zB zu seiner Großmutter fährt und dort die Betreuungsleistungen erbracht werden; dann sind beide Eltern zu anteiligem Barunterhalt verpflichtet, OLG Hamm FamRZ 1991, 104; 1990, 307; *Wendl/Klinkhammer* § 2 Rn. 411.
[312] *Wendl/Klinkhammer* § 2 Rn. 337, 437.
[313] FamRZ 2007, 1367 = NJW 2007, Beilage Heft 32, S. 49.
[314] FamRZ 2010, 173 = NJW 2010, Beilage zu Heft 12. Die früheren Tabellen zurück bis zum Stand 1. 1. 1989 sind abgedruckt unter www.heiss-born.de; s. auch Fn. 222.
[315] BGH FamRZ 1995, 221; *Born* in *Heiß/Born* Kap. 23 Rn. 166.

Vergleichbar ist die Situation bei Erreichen einer **höheren Altersstufe** (s. Rn. 93–95). Auch 119 hier wird angenommen, dass eine wesentliche Veränderung der tatsächlichen Verhältnisse vorliegt, wenn das Kind eine höhere Altersstufe nach der Unterhaltstabelle erreicht. Rein tatsächlich wird das im Regelfall nicht so sein. Die Altersstufen sind aber Ausdruck des Erfahrungssatzes, dass der Unterhaltsbedarf von Kindern mit zunehmendem Alter steigt.[316] Deshalb ist der Abänderungskläger auch hier der Notwendigkeit enthoben, eine wesentliche Veränderung der individuellen Verhältnisse darzulegen.[317] Im Falle eines kurz bevorstehenden Hineinwachsens in eine höhere Altersstufe stellt sich regelmäßig das Präklusionsproblem des § 238 Abs. 2 FamFG (= § 323 Abs. 2 ZPO aF.).[318]

d) Zuschläge, Abschläge. Die Tabelle legte bis Ende 2009 als Regelfall eine Unterhaltspflicht 120 für eine vierköpfige Familie zugrunde, nach Trennung der Eheleute also Unterhaltsansprüche von einer Ehefrau und zwei Kindern; seit 1. 1. 2010 sind es nur noch zwei Berechtigte als Regelfall (eine Ehefrau, ein Kind). Bei einer größeren Anzahl unterhaltsbedürftiger Personen wird demgemäß eine Herunterstufung in eine niedrigere, bei geringerer Anzahl eine Heraufstufung in eine höhere Gruppe vorgenommen.[319]

aa) Höherstufung. Bei einer Unterhaltspflicht nur gegenüber einem Kind wurde bis zum 121 30. 6. 1998 regelmäßig eine Höherstufung um zwei Einkommensgruppen vorgenommen,[320] sofern der Bedarfskontrollbetrag der höheren Einkommensgruppe gewahrt war. Seit dem 1. 7. 1998 führt dies vielfach nicht mehr zu angemessenen Ergebnissen, was mit der Ausweitung der Einkommensgruppen von 9 auf 12 und dem veränderten Zuschnitt der einzelnen Einkommensgruppen zusammenhängt. Die seit dem 1. 7. 1998 geänderten Gruppen decken einen deutlich kleineren Einkommensbereich ab als früher (s. Rn. 86). Nimmt man eine Höherstufung um zwei Gruppen vor, kommt man bei Zugrundelegung der Tabellen mit dem Stand 1. 7. 1998 und 1. 7. 1999 zum Teil zu deutlich niedrigeren Unterhaltsbeträgen als nach dem Tabellenstand 1. 1. 1996. Deshalb erscheint es geboten, ab 1. 7. 1998 (bis Ende 2009, s.o. Rn. 120) im Falle einer Unterhaltspflicht des Schuldners gegenüber nur einem Kind grundsätzlich um drei Gruppen höherzustufen.[321] Ist Unterhalt für zwei Kinder oder für einen Ehegatten und ein Kind zu zahlen, ist dagegen keine Höherstufung um eine oder zwei Gruppen vorzunehmen (s. o. Rn. 120). Angesichts des bloßen Richtlinien-Charakters der Düsseldorfer Tabelle (s. Rn. 81) muss das Ausmaß der Höhergruppierung einer Entscheidung im Einzelfall vorbehalten bleiben.[322]

Voraussetzung für jede Höhergruppierung bleibt die Wahrung des Bedarfskontrollbetrages (s. 122 Rn. 125–133) derjenigen Einkommensgruppe, aus der der Unterhalt entnommen werden soll. Ist dieser Betrag nicht gewahrt, muss die Höherstufung unterbleiben.[323]

---

[316] KG FamRZ 1990, 1122; OLG Hamburg FamRZ 1989, 885.
[317] BGH FamRZ 1995, 221; *Born* in *Heiß/Born* Kap. 23 Rn. 167.
[318] Dazu gibt es verschiedene Auffassungen. Nach einer Ansicht ist in einem solchen Fall bei Erlass des Ausgangsurteils eine hinreichend sichere Prognose möglich und eine Abänderung damit präkludiert (KG FamRZ 1983, 291; OLG Köln FamRZ 1980, 398; OLG Stuttgart FamRZ 1980, 397). Nach aA *braucht* die vorhersehbare Änderung nicht vorgebracht, *kann* aber schon im Ausgangsverfahren berücksichtigt werden (OLG Frankfurt FamRZ 1997, 434 für den Fall eines Volljährigkeitseintritts nur wenige Wochen nach dem Termin; OLG Bamberg FamRZ 1990, 187; OLG Köln NJW 1979, 1661; *Schwab/Maurer* I Rn. 1099). Nach den Erfahrungen der Praxis sollte die Prognose nur zurückhaltend angewandt werden (mit der Folge fehlender Präklusion und der Möglichkeit eines späteren Abänderungsantrags), weil sich meist in der Zukunft nicht nur ein einzelner Umstand ändert, sondern mehrere. Nach dem Prinzip der Gesamtschau, auch als Gesamtsaldierung bezeichnet, sind die Wechselwirkungen der verschiedenen Umstände für das Endergebnis (Höhe des Unterhalts) in der Regel nicht ohne weiteres im Voraus zu beurteilen. Die Aktualisierung in Form des Abänderungsantrags dient deshalb der Erreichung eines sachlich richtigen Ergebnisses, so dass es sich empfiehlt, im Grundsatz mit Prognosen zurückhaltend zu sein und sich bei der Entscheidung nach § 258 ZPO auf bereits eingetretene Umstände zu beschränken; zukünftige Veränderungen im Rahmen der Prognose können ausnahmsweise dann berücksichtigt werden, wenn die vorausgesehene Änderung unmittelbar bevorsteht und auch die künftige Anspruchshöhe zweifelsfrei feststeht, *Born* in *Heiß/Born* Kap. 23 Rn. 190, 247.
[319] A 1 der Düsseldorfer Tabelle. Es handelt sich nur um eine Methode der Unterhaltsbemessung, der keine Bindungswirkung zukommt (OLG Hamm FamRZ 2001, 46).
[320] BGH FamRZ 1994, 696; OLG Hamm FamRZ 1993, 353; OLG Frankfurt FamRZ 1990, 658.
[321] OLG Düsseldorf FamRZ 2000, 1176; *Scholz* FamRZ 1998, 797, 800; *Wendl/Klinkhammer* § 2 Rn. 344.
[322] Den Pflichtigen wird es wirtschaftlich gesehen zB stärker treffen, wenn er vollen Unterhalt für einen Ehegatten und daneben für ein Kind zu zahlen hat, als wenn nur Unterhalt für zwei kleine Kinder zu zahlen ist; der Ehegattenunterhalt fällt dagegen nicht so stark ins Gewicht, wenn er (zB auf Grund eigener Einkünfte oder Teilwirkung) deutlich reduziert ist. Auch der Kindesunterhalt kann auf Grund erzielter Ausbildungsvergütung zu reduzieren sein.
[323] *Wendl/Klinkhammer* § 2 Rn. 345. Ist der Bedarfskontrollbetrag in den Leitlinien des jeweiligen OLG nicht vorgesehen, bleibt es bei der allgemeinen Angemessenheitskontrolle, die bei jeder Unterhaltsbemessung vorzunehmen ist.

§ 1610   123–130   Abschnitt 2. Titel 3. Unterhaltspflicht

123   **bb) Herunterstufung.** Sofern der Pflichtige – in Abweichung vom Regelfall – Unterhalt für mehr als einen Ehegatten und ein Kind (s.o. Rn. 120) zu zahlen hat, kommt eine Herunterstufung in Betracht; auch hier ist der Bedarfskontrollbetrag zu beachten.

124   **cc) Individuelle Lösungen.** Die Praxis trägt Abweichungen von der nach dem Regelfall vorausgesetzten Zahl der Unterhaltsberechtigten durch Herauf- oder Herunterstufung in eine andere Gruppe der Düsseldorfer Tabelle Rechnung. Nach der Formulierung der Düsseldorfer Tabelle (A 1 Abs. 2) kommen aber auch Ab- oder Zuschläge in Höhe eines Zwischenbetrages in Betracht; ein solcher Betrag kann individuell nach § 287 Abs. 2 ZPO geschätzt werden,[324] ist aber nur wenig gebräuchlich (s. Rn. 127 aE).

125   **e) Bedarfskontrollbetrag.** Es handelt sich um eine Rechengröße, die zu einer ausgewogenen Verteilung des Einkommens zwischen dem Pflichtigen und den unterhaltsberechtigten Kindern beitragen soll. Nicht in allen Tabellen und Leitlinien ist das Institut des Bedarfskontrollbetrages vorgesehen; traditionell damit gearbeitet wird in den Bezirken des OLG Düsseldorf und des OLG Hamm (s. § 1603 Rn. 85). Auch in den Süddeutschen Leitlinien ist der Begriff vorgesehen.[325]

126   Von der Mehrheit der Oberlandesgerichte wird das Institut des Bedarfskontrollbetrages angewendet;[326] nur von wenigen Gerichten wird es abgelehnt.[327] Auch vom BGH[328] ist der Bedarfskontrollbetrag als *ein* mögliches Instrument der Angemessenheitskontrolle anerkannt; zu Einzelheiten s. Rn. 131.

127   Hat man auf der Grundlage des anrechenbaren Einkommens einen bestimmten Tabellenunterhalt ermittelt, ist zu überprüfen, ob nach Abzug des Zahlbetrages[329] und unter Berücksichtigung des Ehegattenunterhalts der nach dieser Einkommensstufe vorgesehene Bedarfskontrollbetrag noch gewahrt ist oder unterschritten wird. Bei Unterschreitung sind die Abzugsbeiträge derjenigen niedrigeren Gruppe zu entnehmen, deren Bedarfskontrollbetrag nicht mehr unterschritten wird.[330]

128   Alternativ zur Herunterstufung ist nach der Düsseldorfer Tabelle (A 6 S. 2) zwar auch der Ansatz eines Zwischenbetrages (Betrag zwischen zwei Einkommensgruppen) zulässig. Da aber die Anzahl der Einkommensgruppen erst kürzlich erhöht (s. Rn. 86, 121) und dadurch der von der einzelnen Gruppe abzudeckende Einkommensbereich kleiner geworden ist, besteht kein Bedürfnis für den Ansatz eines Zwischenbetrages;[331] er ist deshalb auch nicht gebräuchlich (s. Rn. 124).

129   Die Eingruppierung in eine höhere Einkommensgruppe kommt nur in Betracht, wenn dem Pflichtigen der dortige Bedarfskontrollbetrag verbleibt.

130   Der – jetzt aus dem Vorrang des Kindesunterhalts nach § 1609 resultierende – **Vorwegabzug** des Kindesunterhalts ist bei Berechnung des Ehegattenunterhalts dann problematisch, wenn der getrennt lebende Ehegatte auf Grund dieses Vorwegabzugs weniger als das Existenzminimum[332] erhält, weil auf Trennungsunterhalt für die Zukunft nicht verzichtet werden darf (§§ 1361 Abs. 4 S. 4, 1360 a Abs. 3, 1614 Abs. 1). In der Praxis wurde – beim *Trennungsunterhalt* bedenklich – dieses Problem vor der Gesetzesänderung häufig durch die vom Gericht ausgehende Anregung gelöst, dass sich die berechtigte Ehefrau den Kindesunterhalt vorgehen lässt (s. Rn. 66, 89). Der Pflichtige ist diesem – auch aus psychologischen Gründen unterbreiteten – Vorschlag vielfach deshalb gefolgt, weil er Unterhalt lieber für die Kinder als für die getrennt lebende Ehefrau zahlt; dieser war die Verteilung (zumindest bei noch geringem Lebensalter der Kinder) meist egal, weil wirtschaftlich gesehen Kindes- und Ehegattenunterhalt ohnehin „in einen Topf" ging. Beim *nachehelichen* Unterhalt bestanden

---
[324] *Wendl/Klinkhammer* § 2 Rn. 349; OLG Frankfurt FamRZ 1990, 658, 659.
[325] Ziff. 11.2 der Süddeutschen Leitlinien, abgedr. in NJW 2008, Beilage zu Heft 10; 2007, Beilage zu Heft 32, in FamRZ 2008, 211; 2007, 1373 sowie bei www.heiss-born.de.
[326] So in Ziffer 11.2 von den OLGs Brandenburg, Bremen, Celle, Düsseldorf, Hamburg, Hamm, Köln, Schleswig und im Bereich der Süddeutschen Leitlinien (Bamberg, Karlsruhe, München, Nürnberg, Stuttgart, Zweibrücken).
[327] Nicht angewandt wird der Bedarfskontrollbetrag von den OLGs in Berlin, Dresden, Frankfurt, Jena, Koblenz, Naumburg, Oldenburg und Rostock.
[328] NJW 2008, 1663 = FamRZ 2008, 968; FamRZ 2000, 1492 m. Anm. *Scholz* = MDR 2000, 1378 m. Anm. *Niepmann.*
[329] *Wendl/Klinkhammer* § 2 Rn. 352.
[330] So ausdrücklich Ziff. 19 der Hammer Leitlinien (abgedruckt in NJW 2010, Beilage zu Heft 12; 2007, Beilage zu Heft 32; s. auch unter www.heiss-born.de). Das OLG Stuttgart FamRZ 2000, 376 = FF 1999, 186 (mit Anm. *Luthin*) lehnt den Bedarfskontrollbetrag in den Fällen ab, in denen das Existenzminimum des Kindes (orientiert an den jeweiligen Berichten der Bundesregierung; s. BT-Drucks. 13/9561) nicht gewahrt ist.
[331] AA *Steymann* FuR 1999, 63, der sich für eine Art Mangelfallberechnung ausspricht, was aber zu komplizierten und in der Praxis schlecht handhabbaren Berechnungen führt.
[332] Nach B V der Düsseldorfer Tabelle (Stand 1. 1. 2008) 770 Euro bei fehlender Erwerbstätigkeit und 950 Euro bei Erwerbstätigkeit.

gegen einen Vorrang des Kindesunterhalts auch dogmatisch keine Bedenken, weil hier eine Dispositionsbefugnis gegeben ist (§ 1585c). Ohne eine solche Vereinbarung musste das Gericht aber auch beim nachehelichen Unterhalt auf ein angemessenes Verhältnis zwischen Kindes- und Ehegattenunterhalt achten.[333]

Auch die zeitlich nach dem Südafrika-Fall[334] ergangene Rechtsprechung des **BGH** half bei der Lösung der Problematik nicht weiter. Nachdem in dieser Ausgangsentscheidung nach Vorwegabzug des Kindesunterhalts ein $^3/_7$-Ehegattenunterhalt deutlich unterhalb des Existenzminimums nach der Düsseldorfer Tabelle errechnet und der Ansatz eines Mindestbedarfs ausdrücklich abgelehnt worden war, wurde in weiteren Entscheidungen[335] die Frage eines festen Mindestbedarfs des Ehegatten zunächst offengelassen. Inzwischen ist aber klargestellt worden, dass auch im Mangelfall bei Vorwegabzug des Kindesunterhalts mit den Zahlbeträgen für den Ehegatten kein Mindestbedarf in Betracht kommt.[336] Konnte schon früher nicht von einer Ablehnung des Bedarfskontrollbetrages durch den BGH ausgegangen werden,[337] so ist inzwischen entschieden, dass der Bedarfskontrollbetrag *ein* mögliches Instrument der vom Gericht vorzunehmenden Kontrolle der Unterhaltsbemessung auf ihre Angemessenheit und Ausgewogenheit ist.[338]

Der Bedarfskontrollbetrag ist damit auch vom BGH als Hilfsmittel anerkannt, um festzustellen, ob bei unterdurchschnittlicher Unterhaltspflicht eine Höherstufung oder bei überdurchschnittlicher Unterhaltspflicht eine Herunterstufung nach der Tabelle geboten ist;[339] angesichts des Umstandes, dass die Möglichkeit der Bedarfsbemessung nach Tabellensätzen das Gericht noch nie von der Durchführung einer Angemessenheitskontrolle im Einzelfall entbunden hat (s. Rn. 81), stellt die jetzt vom BGH vorgenommene Anerkennung des Bedarfskontrollbetrages als *ein* Mittel der Angemessenheitskontrolle keine Schwächung der Bedeutung und Aussagekraft der Düsseldorfer Tabelle dar.[340]

Da somit keine Verpflichtung, sondern nur die Möglichkeit zur Anwendung des Bedarfskontrollbetrages besteht, bleibt es nach wie vor bei der **Angemessenheitskontrolle** des mit Hilfe von Tabellen und Leitlinien gewonnen Ergebnisses (s. Rn. 81) hinsichtlich des Verhältnisses von Kindes- und Ehegattenunterhalt.[341] Führt der Vorwegabzug des Kindesunterhalts bei hoher Kinderzahl zu einer zu geringen $^3/_7$-Quote der Ehefrau, spricht die Angemessenheitskontrolle für eine Erhöhung des Ehegattenunterhalts; wird das Einzelkind bei geringem Einkommen des Vaters gegenüber der Mutter unverhältnismäßig bevorteilt, ist sein Anteil zu reduzieren.[342] Im Interesse einer erhöhten Praktikabilität ist aber erfreulich, dass sich auch der BGH den Bedarfskontrollbetrag als eine weitere Möglichkeit der Angemessenheitskontrolle zu eigen gemacht hat.[343]

f) Volljähriges Kind. Hier ist zunächst der Grundsatz von Bedeutung, dass die zusammengerechneten Nettoeinkünfte beider Eltern für die Bemessung des Bedarfs maßgeblich sind, weil die Lebensstellung des Kindes von beiden Einkünften beeinflusst wird (s. Rn. 37–40).[344] Anders als bei minderjährigen Kindern (§ 1612a Abs. 1) sieht das Gesetz für volljährige Kinder keinen Mindestbedarfssatz vor. Die Bedarfsbestimmung richtet sich im Wesentlichen danach, ob das volljährige Kind noch zu Hause wohnt (dann wird auch weiterhin eine abgeleitete Lebensstellung (s. Rn. 10, 19) zugrundegelegt und für die Folge, dass die beiderseitigen Einkünfte der Eltern maßgebend sind) oder ob das Kind schon einen eigenen Haushalt (s. Rn. 116) hat (hier wird – ohne Rücksicht auf die Einkommensverhältnisse der Eltern – mit einem Festbetrag gearbeitet).

---

[333] *Wendl/Klinkhammer* § 2 Rn. 354. Treuwidrig handelt der Ehegatte, der einerseits an einem zugunsten der Kinder erstrittenen Titel festhalten will, andererseits aber eine Mangelverteilung für den eigenen Unterhaltsansprich und des Kindes verlangt (OLG Hamm FamRZ 2000, 888; 1998, 561).
[334] BGH FamRZ 1988, 705.
[335] BGH FamRZ 1992, 539, 541 m. Anm. *Graba*; FamRZ 1995, 346.
[336] BGH FamRZ 1997, 806; 1996, 345. Dagegen wird ein Mindestbedarf bejaht für den Anspruch aus § 1615l (BGH FamRZ 2010, 357 m.Anm. *Maier*; FamRZ 2010, 444) und beim Anspruch aus § 1570 (BGH FamRZ 2010, 802).
[337] OLG Düsseldorf FamRZ 1999, 1165; *Hoppenz* FamRZ 1999, 1473 Fn. 6; *Scholz* FamRZ 1998, 797, 800.
[338] BGH FamRZ 2000, 1492 m. Anm. *Scholz* = MDR 2000, 1378 m. Anm. *Niepmann*.
[339] *Scholz* FamRZ 2000, 1495, 1496.
[340] **AA** *Niepmann* MDR 2000, 1379, 1380.
[341] BGH FamRZ 1992, 539, 541 m. Anm. *Graba*; 1990, 266, 269; *Wendl/Klinkhammer* § 2 Rn. 218, 317, 355. Auch in einer späteren Entscheidung (FamRZ 1999, 367) wird vom BGH darauf hingewiesen, dass die vorrangige Deckung des Kindesunterhalts gegenüber dem getrennt lebenden oder geschiedenen Ehegatten nur dann fortzusetzen sei, wenn sich daraus kein Missverhältnis zum wechselseitigen Lebensbedarf der Beteiligten ergebe.
[342] *Deisenhofer* FamRZ 1990, 43, 44.
[343] BGH FamRZ 2000, 1492 m. Anm. *Scholz* = MDR 2000, 1378 m. Anm. *Niepmann*.
[344] BGH FamRZ 1994, 696, 698; 1988, 1039; 1986, 151.

§ 1610 135–139 Abschnitt 2. Titel 3. Unterhaltspflicht

135 **aa) Wohnen zu Hause.** Zu beachten ist hier zunächst, dass gegenüber einem volljährigen, noch zu Hause wohnenden Kind eine Betreuung nicht mehr *geschuldet* wird; auf die Frage, ob der betreffende Elternteil (wie nicht selten die Mutter bei Zusammenleben mit dem Kind in einem Haushalt) die Betreuung tatsächlich noch *leistet,* kommt es deshalb nicht an.[345] Diese Grundsätze gelten auch für privilegiert volljährige Kinder (s. Rn. 37–40).

136 Aufgrund der abgeleiteten Lebensstellung des Kindes (s. Rn. 10, 19) von demjenigen seiner Eltern bestimmt sich auch der Bedarf des volljährigen Kindes, das noch im Haushalt eines Elternteils lebt, nach den vom Elterneinkommen abhängigen Sätzen der Tabelle. Seit dem 1. 7. 1998 ist für volljährige Kinder in der Tabelle betragsmäßig die Stufe 4 gesondert ausgeworfen. Diese Altersstufe 4 ist inzwischen von den meisten Oberlandesgerichten übernommen worden;[346] hinzu kommen die Oberlandesgerichte, die die Düsseldorfer Tabelle anwenden, ohne eigene Leitlinien zu haben. Von einigen Gerichten werden allerdings feste Regelsätze nicht nur beim volljährigen Kind mit eigenem Hausstand, sondern auch beim zu Hause wohnenden volljährigen Kind angesetzt.[347]

137 Auch für **privilegiert volljährige Kinder** werden die Bedarfssätze der Altersstufe 4 von den meisten Oberlandesgerichten zugrundegelegt.[348] Die abweichende Praxis einiger anderer Gerichte, den Bedarf für solche Kinder nur der Altersstufe 3 zu entnehmen,[349] trägt nicht hinreichend dem Umstand Rechnung, dass – jedenfalls bei einer pauschalen Betrachtung, wie sie im Rahmen eines Tabellenwerkes geboten ist – volljährige Kinder einen höheren Bedarf haben als minderjährige Kinder von 12–17 Jahren. Auch bei einem Wohnen im Elternhaus wird von einem volljährigen Kind durchaus verlangt, mit einem Erwachsenen gleichbehandelt zu werden; von daher haben solche Kinder berechtigterweise höhere Ansprüche an Kleidung und Lebenshaltung, und sie verlangen auch meist ein höheres Taschengeld. Dem wurde bis zur Schaffung der Rechtsfigur des privilegierten volljährigen Kindes zum 1. 7. 1998 (s. § 1603 Rn. 77; § 1606 Rn. 10) durch die gerichtliche Praxis in Gestalt der Zuerkennung eines höheren Unterhaltsbedarfs Rechnung getragen. Da sich die Gleichstellung des privilegierten volljährigen Kindes mit einem minderjährigen Kind (s. Rn. 27) nur auf die Leistungsfähigkeit des Schuldners und den Rang des Kindes bezieht (§§ 1603 Abs. 2 S. 2, 1609 Abs. 1 S. 1, Abs. 2), hat sich an der Berechtigung des höheren Bedarfs nichts geändert.[350]

138 In *systematischer* Hinsicht ist zur Anwendung der – auf den ersten drei Altersstufen aufbauenden – 4. Altersstufe kritisch anzumerken, dass dies insofern bedenklich ist, als Betreuungsunterhalt gegenüber einem volljährigen Kind nicht geschuldet wird und es deshalb im Grundsatz nicht darauf ankommen soll, ob solche Betreuungsleistungen tatsächlich erbracht werden (s. Rn. 37). In *tatsächlicher* Hinsicht wird dagegen durch die Anwendung der 4. Altersstufe dem Umstand Rechnung getragen, dass gegenüber einem zu Hause wohnenden volljährigen Kind im Regelfall nach wie vor Betreuungsunterhalt (§ 1606 Abs. 3 S. 2) auch nach Eintritt der Volljährigkeit erbracht wird.[351]

139 Deshalb „passt" die Anwendung der Altersstufe 4 der Tabelle besonders in den Fällen, in denen nur ein Elternteil barunterhaltspflichtig ist (Beispiel: das Kind lebt bei der Mutter, die nicht erwerbstätig ist oder deren Einkünfte den angemessenen Selbstbehalt von 1150 Euro nicht überschreiten und die auch nicht erwerbstätig zu sein braucht).[352] Den systematischen Bedenken gegen eine Anwendung der Tabellensätze auch in Fällen der Bedarfsbemessung nach den zusammengerechneten Einkünften der Eltern wird im Ergebnis dadurch Rechnung getragen, dass ein Elternteil höchstens

---

[345] BGH FamRZ 1994, 696, 698; 1988, 1039.

[346] In Ziffer 13.1 bzw. 13.1.1 von den OLGs Brandenburg, Bremen, Celle, Dresden, Düsseldorf, Frankfurt, Hamburg, Hamm, Jena, Koblenz, Köln, Oldenburg, Schleswig und im Bereich der Süddeutschen Leitlinien (Bamberg, Karlsruhe, München, Nürnberg, Stuttgart, Zweibrücken). Eine Zusammenstellung der Leitlinien findet sich in NJW 2008, Beilage zu Heft 10; 2007, Beilage zu Heft 32, in FamRZ 2008, 215, 333; 2007, 1373 sowie unter www.heiss-born.de.

[347] Die Praxis ist hier nicht einheitlich. Teilweise wird der Bedarf durch ein Zusammenleben mit einem Elternteil nicht verringert; ob Wohnungsgewährung als Erfüllungsleistung anzusehen ist, wird nach den Umständen des Einzelfalles entschieden (so Berlin und Naumburg, jeweils Ziffer 13.1.2). Zum Teil soll sich der Bedarf aber durch ein Zusammenleben mit einem Elternteil verringern (so Rostock, Ziffer 13.1.2).

[348] S. NJW 2007, Beilage zu Heft 32 sowie unter www.heiss-born.de.

[349] So das KG Berlin, das OLG Naumburg und das OLG Rostock, jeweils Ziffer 13.1.1. Bei nicht privilegierten Kindern werden 640 € (KG Berlin), 550 € (Naumburg) bzw. 590 € (Rostock) angesetzt.

[350] *Wendl/Klinkhammer* § 2 Rn. 519 aE.

[351] So *Schwab/Borth* V Rn. 49, der in systematischer Hinsicht die §§ 1603 Abs. 2 S. 2, 1609 Abs. 2 S. 1 zur Begründung dafür heranzieht, dass auch die 4. Altersstufe auf – für minderjährige Kinder geltenden – Regelbetragssätzen aufbaut und hinsichtlich des zu Hause lebenden volljährigen Kindes jedenfalls wirtschaftlich eine Gleichstellung mit minderjährigen Kindern gerechtfertigt ist. Auch bei *Wendl/Klinkhammer* § 2 Rn. 385 wird hinsichtlich der Anwendung der Altersstufe 4 darauf abgestellt, dass sich die Lebensverhältnisse durch die Volljährigkeit nicht wesentlich geändert haben.

[352] *Scholz* FamRZ 1993, 125, 135; *Wendl/Klinkhammer* § 2 Rn. 521.

Maß des Unterhalts 140–145 § 1610

den Unterhalt zu leisten hat, der sich aus der Tabelle allein unter Zugrundelegung seines Einkommens ergeben würde[353] (s. Rn. 38).

Eine Höherstufung kommt nach allgemeinen Grundsätzen (s. Rn. 120–124) bei unterdurchschnittlicher Belastung des allein barunterhaltspflichtigen Elternteils in Betracht, umgekehrt eine Reduzierung im Falle überdurchschnittlicher Belastung des **Pflichtigen** (A 1 der Düsseldorfer Tabelle). Im Falle der Bedarfsbestimmung nach den zusammengerechneten Einkünften der Eltern ist dagegen im Regelfall von einer Höherstufung abzusehen.[354] 140

Eine Erhöhung des nach der Tabelle errechneten Bedarfs kommt auch unter Berücksichtigung besonderer Umstände aufseiten des **Berechtigten** in Betracht, beispielsweise im Falle eines Studenten, der weiterhin im Elternhaus wohnt, aber Aufwendungen für Fahrten zum Studienort, Ausbildungsliteratur, auswärtiges Essen, Repetitor hat; im Tabellenunterhalt, der in erster Linie auf Schüler zugeschnitten ist, sind solche Aufwendungen nicht berücksichtigt.[355] Auch die Veränderungen am Wohnungsmarkt (die klassische „Studentenbude" zu erschwinglichen Preisen ist immer schwerer zu finden) haben dazu geführt, dass studierende Kinder auch ohne diesbezügliche unterhaltsrechtliche Verpflichtung häufig bei einem Elternteil wohnen bleiben und erhebliche Fahrtkosten und Fahrzeiten auf sich nehmen, um zwischen Wohn- und Studienort zu pendeln. Hier kann es sachgerecht sein, für ein solches Kind – ebenso wie für einen Studenten mit eigenem Hausstand – den festen Bedarfssatz von bisher 670 Euro (A 7 Abs. 2 der Düsseldorfer Tabelle) anzusetzen.[356] Im Rahmen der Einstufung des barunterhaltspflichtigen Elternteils sind Barunterhaltsleistungen für minderjährige Kinder auf Grund besseren unterhaltsrechtlichen Ranges (§ 1609 Ziff. 1) sowie Unterhaltsansprüche des früheren (und ggf. des jetzigen Ehegatten) des Pflichtigen vorab zu berücksichtigen,[357] nicht dagegen Betreuungsleistungen eines Elternteils für solche Kinder mit einem hierfür angesetzten Geldbetrag.[358] Zu Einzelheiten s. § 1609. 141

bb) Eigener Haushalt. Hier werden von allen Oberlandesgerichten feste Bedarfssätze zugrundegelegt.[359] Für einen **Studenten** mit eigenem Hausstand beträgt der Unterhaltsbedarf nach der Düsseldorfer Tabelle (A 7 Abs. 2) aktuell 670 Euro; dieser Satz wird von der überwiegenden Zahl der Oberlandesgerichte in den alten Bundesländern ebenfalls zugrundegelegt.[360] In den neuen Bundesländern lag der Betrag bei der Mehrzahl der Gerichte niedriger,[361] bis die Ost-West-Unterschiede entfielen (s.u. Rn. 199). 142

Angesichts der nicht mehr abgeleiteten, sondern weitgehend selbständigen Lebensstellung des volljährigen Kindes mit eigenem Hausstand ist es systematisch konsequent, den Bedarf nicht von der Einkommenshöhe der Eltern abhängig zu machen, sondern sich an dem für Studenten geltenden BAföG-Satz zu orientieren,[362] (s. Rn. 280). 143

Eine Erhöhung dieses Richtsatzes für das studierende Kind mit eigenem Haushalt kommt bei guten Einkommensverhältnissen der Eltern in Betracht.[363] 144

Während die Kosten von Krankenversicherung und Pflegeversicherung in den Beträgen der Düsseldorfer Tabelle nicht enthalten und deshalb zusätzlich zum Regelsatz von bisher 640 Euro zu 145

---

[353] BGH FamRZ 1988, 1039; 1986, 151; dies sehen auch die Leitlinien zahlreicher Gerichte vor, so die Süddeutschen Leitlinien (Ziff. 13.1.1) sowie diejenigen der Oberlandesgerichte Düsseldorf (Ziff. 13.1.), Frankfurt (13.1), Hamm (Ziff. 13.3.3), Köln (Ziff. 13.1.1), Oldenburg (13.3).
[354] BGH FamRZ 1986, 151; *Wendl/Klinkhammer* § 2 Rn. 522 f.
[355] *Scholz* FamRZ 1993, 125, 135; *Wendl/Klinkhammer* § 2 Rn. 520.
[356] *Wendl/Klinkhammer* § 2 Rn. 520.
[357] *Wendl/Klinkhammer* § 2 Rn. 556.
[358] BGH FamRZ 1988, 1039; *Finke* § 7 Rn. 13.
[359] Zur Regelung bei denjenigen Gerichten, die feste Bedarfssätze auch für volljährige Kinder ansetzen, die noch im Haushalt eines Elternteils leben, s. Rn. 136.
[360] In Ziffer 13.1.2 von Berlin, Bremen, Celle, Düsseldorf (dort A 7), Frankfurt, Hamburg, Hamm, Koblenz, Köln, Oldenburg und im Bereich der Süddeutschen Leitlinien (Bamberg, Karlsruhe, München, Nürnberg, Stuttgart, Zweibrücken). Abweichend Schleswig mit 630 €. Eine Zusammenstellung der Leitlinien findet sich in NJW 2010, Beilage zu Heft 12; 2008, Beilage zu Heft 10; 2007, Beilage zu Heft 32, in FamRZ 2008, 215, 333; 2007, 1373 sowie unter www.heiss-born.de.
[361] Brandenburg, Dresden, Jena und Rostock.
[362] Die notwendige Differenzierung zwischen selbständiger und abgeleiteter Lebensstellung wird bei *Schwab/Borth* V Rn. 49, 51 im Rahmen der dortigen Kritik an der Bestimmung des Bedarfs nach festen Sätzen nicht hinreichend berücksichtigt.
[363] Nach den meisten Leitlinien ist – alternativ auch bei erhöhtem Bedarf – in Ziffer 13.1.2 eine Erhöhung möglich. Überwiegend wird keine weitere Konkretisierung vorgenommen; abweichend insoweit Berlin (Erhöhung ab 4800 € gemeinsamen Nettoeinkommen der Eltern und besonderer Berücksichtigung des Einzelfalles), Brandenburg (nicht über den doppelten Betrag hinaus) und Jena (wenn das zusammengerechnete Einkommen der Eltern unter Anwendung der Düsseldorfer Tabelle einen höheren Satz ergeben würde).

zahlen sind (s. Rn. 68, 92), sind die Wohnkosten (s. Rn. 72, 73) Teil des Regelbedarfs. Studiengebühren (s. Rn. 228) werden bereits in einigen Leitlinien³⁶⁴ als zusätzlich zu deckender Bedarf erwähnt.

146 Auch für **andere volljährige Kinder,** die nicht studieren, aber in einem eigenen Haushalt leben, zB volljährige Schüler oder Auszubildende, ist der Richtsatz von bisher 670 Euro (s. Rn. 142) angemessen.³⁶⁵ Dieser Regelung haben sich alle Oberlandesgerichte angeschlossen, die beim Studenten den Bedarfssatz von bisher 670 Euro zugrundelegen (s. Rn. 142). Voraussetzung ist aber auch hier eine weitgehend eigenständige Lebensstellung.³⁶⁶

147 Inwieweit in dem Richtsatz von 640 Euro (s. Rn. 141, 142) auch **ausbildungsbedingter Mehrbedarf**³⁶⁷ enthalten ist, wird nicht einheitlich beantwortet. Nur eine Minderheit der Oberlandesgerichte geht in den jeweiligen Leitlinien davon aus, dass die üblichen ausbildungsbedingten Kosten in dem Richtsatz enthalten sind und deshalb ein Abzug solcher Kosten vom Einkommen nicht in Betracht kommt.³⁶⁸ Von der Mehrheit der Gerichte wird dagegen eine erzielte Ausbildungsvergütung um ausbildungsbedingten Mehrbedarf bereinigt, teilweise um einen Festbetrag,³⁶⁹ teilweise um eine Pauschale;³⁷⁰ von einigen Gerichten wird eine konkrete Darlegung³⁷¹ verlangt. In wertender Betrachtung können hier Korrekturen geboten sein, weil sachlich nicht gerechtfertigte Unterschiede im Zusammenhang mit dem ausbildungsbedingten Mehrbedarf auftreten können, sofern Einkünfte eines volljährigen Kindes bei einem Studenten einerseits (kein Abzug) und einem Schüler oder Auszubildenden andererseits (zulässiger Abzug) anfallen; denn bei eigenem Hausstand darf sich durch die Ablehnung der Pauschale keine Schlechterstellung gegenüber einem volljährigen Kind ergeben, welches noch bei einem Elternteil wohnt,³⁷² und zwar schon wegen der mit der auswärtigen Unterbringung verbundenen Kosten. Bei einem Auszubildenden, der eine Ausbildungsvergütung erzielt, ist zudem zu berücksichtigen, dass sich der Abzug der Pauschale unter dem Gesichtspunkt des Arbeitsanreizes rechtfertigen kann.³⁷³

148 **3. Sättigungsgrenze.** Eine feste, allgemein gültige Obergrenze wird bei durchschnittlich hohen Einkünften nicht angenommen.³⁷⁴ Die Frage stellt sich allerdings regelmäßig bei besonders guten wirtschaftlichen Verhältnissen, sei es aufseiten des allein barunterhaltspflichtigen Elternteils, sei es bei beiden Eltern.

149 a) **Allgemeine Grundsätze.** Der Grundsatz der abgeleiteten Lebensstellung des Kindes (s. Rn. 10, 19) bedeutet nicht, dass die in überdurchschnittlich guten wirtschaftlichen Verhältnissen lebenden Eltern auch ihren Kindern eine diesbezügliche Lebensgestaltung ermöglichen müssen.³⁷⁵

150 aa) **Minderjähriges Kind.** Die Lebensstellung des minderjährigen Kindes ist während der Schul- und Ausbildungszeit in erster Linie durch sein „Kindsein" geprägt,³⁷⁶ s. Rn. 20. Während

---

³⁶⁴ In Ziffer 13.1.2 von Berlin, Hamburg und im Bereich der Süddeutschen Leitlinien (Bamberg, Karlsruhe, München, Nürnberg, Stuttgart, Zweibrücken).

³⁶⁵ So ausdrücklich A 7 Abs. 2 S. 2 der Düsseldorfer Tabelle. Das OLG München hat seine frühere Auffassung, bei solchen Kindern seien geringere Richtsätze anzuwenden (Ziff. 2.7. a) der alten Leitlinien: 900 DM) inzwischen aufgegeben; die neuen Süddeutschen Leitlinien (Ziff. 13.1.2) legen den Bedarfssatz von 670 Euro nunmehr einheitlich für alle außerhalb des Elternhauses lebenden Kinder zugrunde.

³⁶⁶ Diese ist bei einem Aufenthalt in einer Wohngemeinschaft zu bejahen (*Wendl/Klinkhammer* § 2 Rn. 515), dagegen zu verneinen im Falle des Aufenthaltes eines volljährigen behinderten Kindes in der schwesterlichen Wohnung, die im Elternhaus liegt und wo eine Betreuung durch die Mutter stattfindet. Hier ist eine einkommensabhängige Unterhaltsbestimmung vorzunehmen (BGH FamRZ 1997, 281, 283).

³⁶⁷ Zum Mehrbedarf allgemein s. o. Rn. 74–76.

³⁶⁸ Berlin (Ziffer 13.2) und Jena (Ziffer 13.3).

³⁶⁹ Brandenburg (Abzug eines Festbetrages; bei hinreichenden Angaben für eine Schätzung in Höhe von 90 € unter Berücksichtigung des Einzelfalls, Ziffer 10.2.3); Hamm (nicht im Richtsatz enthalten, Ziffer 13.1.2; Festbetrag in der Regel 90 €, Ziffer 10.2.3); Koblenz, Köln, Oldenburg, Schleswig, Süddeutsche Leitlinien (Festbetrag in der Regel 90 €, Ziffer 10.2.3); Naumburg (Festbetrag in der Regel 90 €). Einschränkungen Naumburg, Oldenburg und Schleswig (nur wenn im Haushalt eines Elternteils wohnend).

³⁷⁰ Eine Pauschale wird angenommen von Celle (5%), Dresden (5% bis max. 150 €), Düsseldorf (5%, min. 50 €, max. 150 €), Frankfurt (5%, max. 150 €). Sofern höhere Kosten verlangt werden, müssen diese im Einzelnen dargelegt werden (Celle, Dresden, Düsseldorf, Frankfurt).

³⁷¹ Bremen, Hamburg, Rostock, alle Ziff. 10.2.3.

³⁷² *Büttner/Niepmann/Schwamb* Rn. 560. Auch deshalb ist vom 9. DFGT (FamRZ 1992, 144) ein ausbildungsbedingter Pauschalbetrag von 70 DM als Teil des damaligen Studentenbedarfssatzes von 850 DM veranschlagt worden.

³⁷³ *Büttner/Niepmann/Schwamb* Rn. 560.

³⁷⁴ BGH FamRZ 1983, 473; 1980, 665, 669; 1980, 1686, 1689; *Schwab/Borth* V Rn. 45; *Wendl/Klinkhammer* § 2 Rn. 226.

³⁷⁵ BGH FamRZ 1987, 58; 1983, 473.

³⁷⁶ BGH FamRZ 1987, 58; 1984, 39; 1983, 473.

ein (getrennt lebender oder geschiedener) Ehegatte jedenfalls von dem nicht der Vermögensbildung zugeführten Einkommensanteil des Pflichtigen einen bestimmten Anteil verlangen kann, gilt das für Kinder nicht.[377] Denn das Kind kann zwar die Befriedigung seines (auch gehobenen) Lebensbedarfs verlangen, aber keine Teilhabe am Luxus;[378] auch bei sehr guten wirtschaftlichen Verhältnissen der Eltern wird dem Kind deshalb nicht das geschuldet, was es wünscht, sondern was es braucht.[379] Der barunterhaltspflichtige Elternteil kann weder durch eine sehr großzügige Bemessung des Kindesunterhalts die Lebensstellung des Elternteils anheben, bei dem das Kind lebt,[380] noch kann er umgekehrt durch eingeschränkte Unterhaltszahlung seine erzieherischen Vorstellungen verwirklichen, weil er dadurch indirekt in das Erziehungsrecht des betreuenden Elternteils eingreifen würde.[381] Über die Höchstsätze der Düsseldorfer Tabelle hinaus kommt keine automatische Fortschreibung der Beträge in Betracht.[382] Der BGH verlangt bei besonders günstigen wirtschaftlichen Verhältnissen eine **konkrete Darlegung** eines die Tabellen-Höchstbeträge übersteigenden weiteren Bedarfs, und zwar auch bei nur geringfügiger Überschreitung der Tabellenhöchstsätze;[383] zur Kritik s. Rn. 152–155.

bb) Volljähriges Kind. Auch hier kommt nur die Deckung eines (auch gehobenen) Lebensbedarfs, nicht aber die Teilhabe am Luxus in Betracht. Lebt das volljährige Kind noch im Haushalt eines Elternteils, ergeben sich keine Abweichungen zu den beim minderjährigen Kind geltenden Grundsätzen; der Unterhalt ist der 4. Altersstufe zu entnehmen, so dass im Ergebnis ein einkommensabhängiger Volljährigkeitszuschlag gewährt wird.[384] Hat das Kind, zB als Student oder Auszubildender in einer anderen Stadt, einen eigenen Haushalt, erscheint der Richtsatz von 640 Euro(A 7 der Düsseldorfer Tabelle) angesichts der heutigen Mietkosten und des BAföG-Höchstförderungssatzes (s. Rn. 280) eher eng bemessen. Auch unter Berücksichtigung des Umstandes, dass bei einem Einkommen des allein barunterhaltspflichtigen Elternteils zwischen 4701 und 5100 Euro ein Tabellenbetrag von 584 Euro für das minderjährige und von 653 Euro für das volljährige, im Haushalt eines Elternteils lebende Kind anzusetzen ist, erscheint bei günstigen Einkommensverhältnissen eine Anhebung des Richtbetrages von 640 Euro für das studierende oder in eigenem Haushalt lebende volljährige Kind geboten,[385] zumal hier eine Schlechterstellung gegenüber dem weiter im Elternhaus wohnenden Kind vermieden werden muss.[386] **151**

b) Differenzierung. Es ist sicherlich richtig, dass schon aus erzieherischen Gesichtspunkten keine automatische Fortschreibung der Tabelle über den Bereich ihrer Höchstsätze hinaus in Betracht kommen kann. Denn wenn beispielsweise beim geschiedenen Ehegatten eine Bedarfsbegrenzung nach oben für erforderlich gehalten wird danach, was man vernünftigerweise auch für einen gehobenen Bedarf ausgeben kann,[387] weil das eheliche Band zerschnitten ist und sich der Berechtigte dauerhaft auf eine geänderte Lebensstellung einzurichten hat, dann gilt dies erst recht für das Kind, das – anders als der Ehegatte, der sich bei Heirat auf ein fortdauerndes Zusammenleben einrichtet – früher oder später dem Eintritt einer eigenen und selbständigen Lebensstellung entgegensieht. Weder durch Herkunft noch durch Ausbildung (s. Rn. 208, 263) lässt sich unter heutigen **152**

---

[377] *Schwab/Borth* V Rn. 45; *Wendl/Klinkhammer* § 2 Rn. 227.
[378] BGH FamRZ 1983, 473; KG FamRZ 1998, 1386; *Finke* § 7 Rn. 6.
[379] *Wendl/Klinkhammer* § 2 Rn. 227.
[380] BGH FamRZ 1987, 58; 1983, 473.
[381] *Deisenhofer* in *Heiß/Born* Kap. 12 Rn. 12, S. 9. Von *Schwab/Borth* V Rn. 46 wird die Auffassung vertreten, bei der Bestimmung des angemessenen Bedarfs seien erzieherische Gesichtspunkte generell nicht zu berücksichtigen; vielmehr komme eine Beschränkung des Unterhalts nur unter den Voraussetzungen des § 1611 in Betracht. Zu Bedenken dagegen s. Rn. 152.
[382] BGH FamRZ 1980, 665, 669; OLG Frankfurt FamRZ 1992, 98; *Wendl/Klinkhammer* § 2 Rn. 227; gegen eine starre Fortschreibung auch *Schwab/Borth* V Rn. 47 unter Hinw. darauf, dass der angemessene Lebensbedarf (im Sinne von durchschnittlichen Lebensverhältnissen) mit den ausgeworfenen Tabellenbeträgen erfüllt ist.
[383] BGH FamRZ 2000, 358 unter Aufhebung einer Entscheidung des KG (FamRZ 1998, 1386), welches – ohne konkrete Darlegung – eine pauschalierte Bemessung des Unterhaltsbedarfs bei die Tabellen-Obergrenze maßvoll übersteigenden Einkommensverhältnissen zugelassen hatte. Für die Notwendigkeit der konkreten Darlegung auch BGH FamRZ 1983, 473 sowie OLG Düsseldorf FamRZ 1998, 1191. S. auch OLG Hamm FamRZ 2010, 2080.
[384] OLG Karlsruhe FamRZ 1992, 1217. Auch unter Berücksichtigung der dort sehr guten wirtschaftlichen Situation der Eltern muss die Festsetzung des Bedarfs eines bei der Mutter lebenden Kindes mit 1400 DM (nach der Düsseldorfer Tabelle von 1992) durch das OLG Düsseldorf (FamRZ 1994, 767) als sehr großzügig bezeichnet werden.
[385] *Wendl/Klinkhammer* § 2 Rn. 228.
[386] *Büttner/Niepmann/Schwamb* Rn. 560; s. Rn. 174 aE.
[387] BGH NJW 2008, 57; 1983, 683; 1982, 1645. Zu Bedarfsveränderungen nach Trennung oder Scheidung s. *Born* FamRZ 1999, 541 ff.; *ders.* NJW 2007, 26; allg. zum Bedarf *Borth* FamRZ 2001, 193.

Verhältnissen vorhersagen, dass dem Kind später eine besonders gute Lebensstellung zukommen wird; umso wichtiger erscheint es dann, nicht durch außerordentlich luxuriöse Bedarfsbemessung im Kindesalter Vorstellungen zu wecken, die später aus eigener Lebensstellung heraus nicht fortgesetzt werden können.[388] Im Übrigen erscheinen folgende Differenzierungen geboten:

153   aa) **Alter des Kindes.** Schon auf Grund des mit zunehmendem Lebensalter steigenden Bedarfs des Kindes wird man eine Anhebung über die Tabellensätze hinaus bei kleinen Kindern eher restriktiv handhaben müssen, während man bei älteren Kindern großzügiger sein kann. Auch wenn es der Lebenserfahrung entsprechen mag, dass Ansprüche aller Familienmitglieder mit steigendem Einkommen nahezu proportional bis in erhebliche Höhen angehoben werden,[389] so dass teure Kleidung gekauft, in exklusiven Hotels übernachtet und in ferne Länder verreist wird,[390] sollte der erzieherischen Komponente aus den erwähnten Gründen gerade bei jüngeren Kindern erhöhte Bedeutung zukommen.[391] Auch ein gewisses soziales Gefüge kann nicht unberücksichtigt bleiben; so sollte der Unterhalt eines Studenten sicherlich im Grundsatz unter den Nettoeinkünften eines Referendars oder angehenden Akademikers liegen.[392] Teilweise[393] wird die Erhöhung des Unterhalts bei guten wirtschaftlichen Verhältnissen auf den doppelten Regelsatz des in eigenem Haushalt lebenden volljährigen Kindes beschränkt.

154   bb) **Art des Bedarfs.** Hier kann zunächst eine Rolle spielen, welche Verhältnisse vorgelegen haben, als die Familie noch intakt war. Danach kommt es nicht nur auf eine Berücksichtigung der nicht zur Vermögensbildung verwendeten Einkommensteile des Verpflichteten an,[394] sondern zu prüfen ist auch, ob das Kind erhöhten Bedarf wegen *Fortführung* früherer Aktivitäten (Klavierunterricht, Tennisstunden) oder auf Grund der *Aufnahme* besonders teurer, aber bisher nicht ausgeübter Betätigungen geltend macht. Im Grundsatz wird man hier nur im Fortführungs-Fall großzügig sein können,[395] allerdings mit der Einschränkung, dass bestimmte Aktivitäten üblicherweise erst ab einem gewissen Alter des Kindes in Betracht kommen. Daneben sollte danach unterschieden werden, ob die begehrte Bedarfserhöhung auf Sonderbedarf (zB Kauf eines teuren Musikinstrumentes) oder auf laufenden erhöhten Bedarf (kostspielige und ständig anfallende Nachhilfe-, Musik-, Reit- oder Tennisstunden) zurückzuführen ist.[396] Sofern nicht eine Erhöhung des laufenden Bedarfs aus erzieherischen Gründen zu unterbleiben hat (s. Rn. 152), sollte die Darlegungspflicht nicht für laufende überdurchschnittliche Bedürfnisse, sondern nur für Sonderbedarf angenommen werden.[397] Für die Praxis muss allerdings gerade nach einer einschlägigen Entscheidung des BGH[398] angesichts des Umstandes, dass die genannte Differenzierung nicht vorgenommen wird, eine konkrete Darlegung des erhöhten Bedarfs insgesamt empfohlen werden.[399]

155   cc) **Darlegungs- und Beweislast.** An die Darlegungslast eines Kindes, das einen über die Höchstbeträge der Tabelle hinausgehenden Unterhalt verlangt, sind keine übertriebenen Anforde-

---

[388] An dieser Stelle drängt sich der Gedanke an Kinder auf, die „von Beruf Sohn oder Tochter" waren und trotz ererbtem Millionenvermögen später als Erwachsene alles andere als glücklich geworden sind.

[389] So *Deisenhofer* in *Heiß/Born* Kap. 12 Rn. 12, S. 10.

[390] Vgl. *Göppinger/Strohal* Rn. 299 ff. S. auch Fn. 392, 723.

[391] Dazu passt, dass das OLG Düsseldorf (FamRZ 1991, 806) bei einem Einkommen des baruntrhaltspflichtigen Vaters von immerhin 14 000 DM den damaligen Höchstsatz von 785 DM nur um 115 DM auf 900 DM erhöht hat. Ob es richtig ist, 13 und 15 jährigen Kindern Unterhalt von jeweils 1740 DM selbst bei noch günstigeren wirtschaftlichen Verhältnissen der Eltern zuzubilligen, bei welchem auf Kleidung 300 DM, Urlaub 400 DM, Tennis 300 DM und Klavierunterricht 140 DM entfallen (so OLG Köln FamRZ 1994, 1323) erscheint von daher zweifelhaft (so *Wendl/Klinkhammer* § 2 Rn. 341), zumindest angesichts des Alters der Kinder.

[392] *Wendl/Klinkhammer* Rn. 230. Allerdings sind schon 1987 monatlich 1700 DM für die studierende Tochter eines vielfachen Millionärs anerkannt worden (BGH FamRZ 1987, 57). Einer studierenden Tochter von Eltern mit je 12 000 DM Einkommen ist ein Bedarf von 1400 DM zuerkannt worden (OLG Düsseldorf FamRZ 1992, 981), in ähnlichen Verhältnissen von einem anderen Gericht in Höhe von 1500 DM (OLG Köln NJWE-FER 1999, 176).

[393] OLG Brandenburg (Ziff. 13.1).

[394] *Deisenhofer* in *Heiß/Born* Kap. 12 Rn. 12 S. 10.

[395] OLG Düsseldorf FamRZ 1994, 767; 1992, 981, beide für volljährige Kinder; *Wendl/Klinkhammer* § 2 Rn. 341.

[396] Zur Abgrenzung des Sonderbedarfs vom regelmäßigen Mehrbedarf s. Rn. 74–76.

[397] *Deisenhofer* in *Heiß/Born* Kap. 12 Rn. 12 S. 10.

[398] FamRZ 2000, 358 m. abl. Anm. *Deisenhofer.*

[399] Dies stimmt damit überein, dass der BGH in einer früheren Entscheidung (FamRZ 1987, 58) einer 26 jährigen Studentin bei hohem Einkommen des Vaters Baruntrhalt von immerhin 1700 DM monatlich auch nur nach konkreter Darlegung des Bedarfs zugesprochen hat. Großzügiger dagegen OLG Hamm FamRZ 1995, 1005; dort ist der Regelbedarf eines Studenten mit eigenem Haushalt bei überdurchschnittlichen Einkommensverhältnissen der Eltern auch ohne konkrete Darlegung von 950 DM auf 1300 DM erhöht worden.

Maß des Unterhalts 156–159 § 1610

rungen zu stellen,[400] weil man nach der Lebenserfahrung davon ausgehen kann, dass Ansprüche aller Familienmitglieder mit steigendem Einkommen nahezu proportional bis in durchaus erhebliche Höhen angehoben werden.[401] Deshalb kann sich das Kind im Grundsatz darauf berufen, dass es an dem höheren Lebensstandard der Familie teilgenommen und deshalb einen Anspruch darauf hat, dies auch nach der Trennung weiter tun zu dürfen. Der Pflichtige hat die Möglichkeit, dies substantiiert zu bestreiten, zB durch den Vortrag, dass die Eltern ihren Lebenszuschnitt aus erzieherischen Gründen eingeschränkt und wesentliche Teile des Einkommens nicht verbraucht, sondern zur Vermögensbildung verwendet haben. In diesem Fall muss das Kind diesen Vortrag widerlegen und die Notwendigkeit eines den Tabellen-Höchstbetrag übersteigenden Unterhalts darlegen und beweisen,[402] zB durch den Hinweis auf die Kosten von Aktivitäten, die schon während der Zeit des Zusammenlebens der Eltern ausgeübt worden sind oder jedenfalls mit steigendem Alter, möglicherweise auch im Hinblick auf gleichgelagerte Aktivitäten eines Elternteils, aufgenommen worden wären (s. Rn. 154).

4. Verfahrenskostenvorschuss. Der Bedarf im Sinne von Abs. 1 kann auch einen Vorschuss auf Verfahrenskosten umfassen. Nachfolgend stehen Fragen im Zusammenhang mit Kindesunterhalt im Vordergrund; hinsichtlich der Besonderheiten der Verfahrenskostenhilfe (VKH) wird auf §§ 76 ff. FamFG, hinsichtlich sonstiger Fragen wird auf die Kommentierung zu § 1360a Rn. 20–33 verwiesen. 156

a) Rechtsnatur. In Bezug auf Voraussetzungen und Umfang ist die Verfahrenskostenvorschusspflicht nur beim Familienunterhalt geregelt. Dass dort (§ 1360a Abs. 4) von einer Vorschusspflicht für „Kosten eines Rechtsstreits" die Rede ist, steht der Annahme nicht entgegen, dass es sich um einen Anspruch unterhaltsrechtlicher Natur handelt.[403] Die Vorschusspflicht ist in der Praxis eine Quelle von Streitigkeiten, weil der Anspruchsschuldner – bildlich gesprochen – nur höchst ungern den „Knüppel" (in Gestalt des gegnerischen Rechtsanwalts) finanziert, mit dem er anschließend „verprügelt" werden soll. 157

b) Anspruchsberechtigte Personen. Die Vorschusspflicht ist nur beim Familienunterhalt (§ 1360a Abs. 4) geregelt. Auf diese Vorschrift wird in den Bestimmungen zum Getrenntlebensunterhalt (§ 1361 Abs. 4 S. 4) verwiesen, während eine entsprechende Regelung sowohl beim nachehelichen Unterhalt (§§ 1569 ff.) wie beim Unterhalt für Verwandte (§§ 1601 ff.) fehlt.[404] 158

aa) Minderjährige Kinder. Im *Ergebnis* besteht in Literatur und Rechtsprechung Einigkeit darüber, dass die in § 1360a Abs. 4 geregelte Prozesskostenvorschusspflicht auch für eheliche und nichteheliche minderjährige Kinder gilt,[405] und zwar selbst dann, wenn der Schuldner den Vorschuss nicht in einer Summe zahlen kann;[406] der Anspruch des nichtehelichen Kindes auf Prozesskostenvorschuss ergibt sich aus § 1615a.[407] In Bezug auf die *Begründung* besteht Meinungsstreit. ZT wurde insoweit ein Teilbereich des Lebensunterhalts (§ 1610 Abs. 2) angenommen,[408] wobei auf die – inzwischen weggefallene, s. § 1609 – Ranggleichheit des minderjährigen Kindes mit dem verheirateten Ehegatten abgestellt und auf eine daraus folgende gesteigerte unterhaltsrechtliche Verantwortlichkeit hingewiesen wurde.[409] Von anderen Stimmen wird eine entsprechende Anwendung des § 1360a Abs. 4 befürwortet.[410] Die *Systematik* des § 1360a spricht gegen eine Ableitung der Vorschusspflicht aus § 1610 Abs. 2.[411] Der Anspruch auf Prozesskostenvorschuss ist – neben dem angemessenen Unterhaltsbedarf (§ 1610 Abs. 2) – als eigenständiger Anspruch ausgestaltet und geht tatbestandlich weiter. Miteinander verheiratete Ehegatten haben füreinander eine gesteigerte 159

---

[400] *Wendl/Klinkhammer* § 2 Rn. 342.
[401] *Deisenhofer* in *Heiß/Born* Kap. 12 Rn. 12, S. 10.
[402] *Wendl/Klinkhammer* § 2 Rn. 459.
[403] BGHZ 110, 247; s. § 1360a Rn. 20; *Palandt/Brudermüller* Rn. 15; *Knops* NJW 1993, 1237; *Schwab/Borth* IV Rn. 62.
[404] Allgemein zum Prozesskostenvorschuss s. *Schwolow* FuR 1998, 297; *Knops* NJW 1993, 1237.
[405] OLG Köln FamRZ 1986, 1031; 1984, 723; s. § 1360a Rn. 21; *Palandt/Brudermüller* § 1610 Rn. 13; *Büttner/Niepmann/Schwamb* Rn. 440; *Schwab/Borth* IV Rn. 65.
[406] BGH NJW-RR 2004, 1662.
[407] OLG München FamRZ 1987, 303; *Schwab/Borth* IV Rn. 67 aE.
[408] OLG Köln FamRZ 1986, 1031; OLG Hamm FamRZ 1982, 1073.
[409] OLG Karlsruhe FamRZ 1996, 1100; *Büttner/Niepmann/Schwamb* Rn. 440.
[410] OLG Hamburg FamRZ 1990, 1141; OLG Karlsruhe FamRZ 1989, 535 unter Hinw. auf BGH FamRZ 1984, 148, wo die Frage der Vorschusspflicht aber gerade offengelassen wird.
[411] *Schwab/Borth* IV Rn. 65.

§ 1610   160–164   Abschnitt 2. Titel 3. Unterhaltspflicht

Verantwortung;[412] die gleiche Verantwortung trifft beide Eltern gegenüber dem Kind solange, bis es eine von ihnen unabhängige Lebensstellung erreicht hat.[413]

160   Auch der **betreuende Elternteil** kann auf Prozesskostenvorschuss in Anspruch genommen werden,[414] ebenso die Großeltern.[415] Da der Vorschussanspruch sowohl beim Ehegatten wie beim Kind aus der Unterhaltspflicht des Ehegatten bzw. der Eltern hergeleitet wird[416] und der betreuende Elternteil durch Pflege und Erziehung des minderjährigen Kindes nur „in der Regel" seine Unterhaltspflicht erfüllt (§ 1606 Abs. 3 S. 2), ist es grundsätzlich möglich, auch ihn auf Vorschussleistung in Anspruch zu nehmen.[417] Allerdings ist in solchen Fällen die Leistungsfähigkeit des betreuenden Elternteils genauer zu prüfen; im Rahmen der Billigkeit (s. Rn. 177, 178) ist zu untersuchen, ob es besondere Belastungen durch die Kindesbetreuung (zB neben einer Erwerbstätigkeit) gibt und wie die Einkommens- und Vermögensverhältnisse des anderen Elternteils aussehen.[418] Der sorgeberechtigte Elternteil kann sich in diesem Zusammenhang nicht auf § 1606 Abs. 3 S. 2 berufen, weil diese Vorschrift nur für den laufenden Unterhalt gilt, nicht dagegen für einen Sonderbedarf, wie ihn der Kostenvorschuss darstellt.[419] Von einer vermittelnden Meinung[420] wird die Auffassung vertreten, der sorgeberechtigte Elternteil sei nur dann vorschusspflichtig, wenn vom barunterhaltspflichtigen Elternteil kein Vorschuss erlangt werden könne.

161   Weil keine Analogie zu § 1360a Abs. 4 in Grundsatz und Umfang anzunehmen ist, sind Unterschiede keine Wertungswidersprüche.[421] Von daher ist es nicht zu beanstanden, dass dem minderjährigen Kind gegenüber seinen Eltern der Vorschussanspruch zuerkannt wird, nicht dagegen umgekehrt den **Eltern** gegenüber ihren Kindern.[422] Dagegen können die **Großeltern** gegenüber ihren Enkelkindern einen Vorschussanspruch haben, soweit die Eltern nicht in Anspruch genommen werden können.[423]

162   Da der **privilegierte Volljährige** nach § 1603 Abs. 2 S. 2 dem minderjährigen Kind gleichgestellt ist, hat er konsequenterweise einen Anspruch auf Prozesskostenvorschuss, und zwar gegenüber jedem Elternteil,[424] weil die Privilegierung nichts an der anteiligen Unterhaltspflicht der Eltern ändert,[425] s. Rn. 27.

163   Der in **gesetzlicher Prozessstandschaft** (§ 1629 Abs. 3 S. 1)[426] vorgehende Elternteil macht keinen eigenen, sondern einen fremden Anspruch geltend. Entscheidend für die Prozesskostenvorschusspflicht ist das materiell-rechtliche Unterhaltsverhältnis. Es ist Zweck der Prozessstandschaft, das Kind aus den Auseinandersetzungen der Eltern während Trennung und Scheidung herauszuhalten; ein Austausch des Schuldverhältnisses folgt daraus nicht.[427] Hiervon zu trennen ist die Frage, ob der in Prozessstandschaft vorgehende Elternteil auf Grund eigener Einkünfte zur Leistung eines Prozesskostenvorschusses verpflichtet ist; bei hinreichender Leistungsfähigkeit ist das zu bejahen. § 1606 Abs. 3 S. 2 steht auch hier nicht entgegen, weil nach dem Wortlaut des Gesetzes („in der Regel") neben der Pflicht zur Leistung von Naturalunterhalt auch eine solche zur Leistung von Barunterhalt bestehen kann; letzteres wird aber regelmäßig nur bei hohen Einkünften des Naturalunterhalt leistenden Elternteils in Betracht kommen (s. § 1603 Rn. 81–83).

164   **bb) Volljährige Kinder.** Hier „beißen" sich zwei Grundsätze: Einerseits endet mit Eintritt der Volljährigkeit die gesteigerte Unterhaltspflicht der Eltern mit der Folge einer Reduzierung von

---

[412] OLG Karlsruhe FamRZ 1989, 534, 536; *Zöller/Philippi* § 621f Rn. 9.
[413] Deshalb kann mit dieser Begründung auch eine Vorschusspflicht gegenüber dem volljährigen, aber noch nicht unabhängigen Kind bejaht werden, *Born* in *Heiß/Born* Kap. 25 Rn. 268 mwN. Auf die unterhaltsrechtlichen Beziehungen zwischen Eltern und Kindern und die besondere Verantwortung des Pflichtigen wird auch abgestellt von *Schwab/Borth* IV Rn. 65.
[414] OLG Koblenz NJWE-FER 2000, 173 m. Nachw.; FamRZ 1995, 558; *Zöller/Philippi* § 621f Rn. 9; aA OLG Nürnberg NJW-RR 1995, 390; OLG München FamRZ 1991, 347.
[415] OLG Koblenz FamRZ 1997, 681 mwN.
[416] *Schwab/Borth* IV Rn. 62, 65; *Wendl/Scholz* § 6 Rn. 29.
[417] OLG Karlsruhe FamRZ 1996, 1100; OLG Jena FamRZ 1998, 1302; aA OLG München FamRZ 1991, 347; OLG Schleswig FamRZ 1991, 855; vgl. auch BGH FamRZ 1998, 286; 1983, 689.
[418] *Wendl/Scholz* § 6 Rn. 28.
[419] OLG Koblenz FamRZ 1995, 558; *Zöller/Philippi* § 621f Rn. 9; *Born* in *Heiß/Born* Kap. 25 Rn. 267.
[420] OLG Karlsruhe FamRZ 1996, 1000 mwN.
[421] Vgl. *Palandt/Brudermüller* Rn. 14.
[422] OLG München FamRZ 1993, 821.
[423] *Schwab/Borth* IV Rn. 65; OLG Koblenz FamRZ 1997, 681 mwN auch zu den Gegenstimmen.
[424] OLG Hamm NJW 1999, 798; *Büttner/Niepmann/Schwamb* Rn. 441.
[425] *Born* in *Heiß/Born* Kap. 22 Rn. 419; Kap. 25 Rn. 269.
[426] Zu Einzelheiten s. *Born* in *Heiß/Born* Kap. 22 Rn. 8 ff.
[427] *Schwab/Borth* IV Rn. 65.

deren personaler Verantwortung;[428] andererseits kann diese Verantwortung auch nach Eintritt der Volljährigkeit fortbestehen, sofern auch weiterhin ein Unterhaltsanspruch des Kindes vorliegt.[429]

Während eine Vorschusspflicht gegenüber dem volljährigen Kind zT grundsätzlich abgelehnt **165** wird,[430] wird von der überwiegenden Meinung die Berechtigung zur Anforderung des Kostenvorschusses bejaht, solange noch **keine unabhängige Lebensstellung** von den Eltern erreicht ist;[431] dem hat sich auch der BGH angeschlossen.[432] Diese Auffassung verdient den Vorzug; denn bis zum Erreichen einer von den Eltern unabhängigen Lebensstellung haben die Eltern noch eine gesteigerte Verantwortung für das Kind, welche der Verantwortung gleicht, die Ehegatten füreinander haben.[433]

Nach **Erreichen** der unabhängigen Lebensstellung kann das Kind dagegen keinen Vorschuss **166** mehr verlangen.[434] Dies gilt zB bei Heirat des Kindes während der Ausbildung, auch wenn die Eltern weiterhin Unterhalt zahlen.[435] Abgelehnt wird auch ein Vorschuss für den Scheidungsprozess des volljährigen Kindes.[436] Hier ist – wie bei Vaterschaftsanfechtung[437] oder Mieterhöhung[438] – eine bereits verselbständigte Lebensstellung des volljährigen Kindes zu bejahen mit der Folge, dass kein Vorschuss gefordert werden kann.[439]

c) **Voraussetzungen des Anspruchs.** Neben einer Bedürftigkeit des Anspruchstellers und **167** ausreichender Leistungsfähigkeit des Schuldners ist erforderlich, dass es sich um eine „persönliche Angelegenheit" handelt und die Vorschusspflicht „der Billigkeit entspricht" (§ 1360a Abs. 4 S. 1). Zusätzlich wird allgemein gefordert, dass hinreichende Erfolgsaussicht besteht. Zur Bedürftigkeit s. § 1360a Rn. 22.

Die **Prozesskostenhilfe** ist subsidiär; hat die bedürftige Partei also einen Vorschussanspruch, **168** besteht kein Anspruch auf Prozesskostenhilfe.[440] Eine *Ausnahme* ist dann anzunehmen, wenn die Durchsetzung des Vorschussanspruchs zB wegen unklarer Leistungsfähigkeit des Pflichtigen zweifelhaft ist;[441] denn wenn die Leistungsfähigkeit im Unterhaltsverfahren erst aufgeklärt werden muss, erscheint es unzumutbar, den Anspruchsteller auf den – vorrangigen – Prozesskostenvorschuss zu verweisen.[442] S. auch § 1360a Rn. 23.

aa) **Leistungsfähigkeit des Schuldners.** Hier gelten die allgemeinen unterhaltsrechtlichen **169** Grundsätze (s. § 1603 Rn. 4 ff.). Die **Untergrenze** für eine Inanspruchnahme ist der angemessene Selbstbehalt des Pflichtigen (§§ 1581 S. 1, 1603 Abs. 1).[443] Dieser braucht sich auch gegenüber minderjährigen Kindern nicht auf den notwendigen Unterhalt beschränken zu lassen.[444] Der Grund hierfür liegt darin, dass die Inanspruchnahme des Pflichtigen auf *Unterhalt* an besondere Voraussetzungen geknüpft ist, etwa beim Trennungs- (Elementar-) Unterhalt als die fortwirkende eheliche Verantwortung der Ehegatten füreinander, beim Unterhalt für minderjährige Kinder an deren schwache eigene Lebensstellung; beim *Vorschussanspruch* ist eine solche besondere Sachlage nicht gegeben.[445] Deshalb darf der Pflichtige vorab gegen ihn gerichtete Ansprüche auf Elementarunter-

---

[428] *Schwab/Borth* IV Rn. 66; s. § 1603 Rn. 74 ff.; zum Rangwechsel s. § 1609 Rn. 56.
[429] BGH FamRZ 1983, 582; s. auch BVerwG FamRZ 1974, 370.
[430] KG FamRZ 1997, 694; OLG Hamm FamRZ 1996, 1021; 1995, 1008; LG Heilbronn FamRZ 1993, 465; LG Bremen FamRZ 1992, 983.
[431] OLG Hamm FamRZ 2000, 255 mwN; 1996, 1433; OLG Nürnberg FamRZ 1996, 814; OLG Zweibrücken FamRZ 1996, 891; OLG Köln FamRZ 2000, 757; 1994, 1409; OLG Frankfurt FamRZ 1993, 1241 m. Nachw.; OLG München NJW-RR 2007, 657 (für immerhin 38 jährige Jurastudentin); FamRZ 1993, 821; OVG Münster NJW-RR 1999, 1235.
[432] BGH NJW 2005, 1722.
[433] OLG Karlsruhe FamRZ 1989, 534, 536; *Zöller/Philippi* § 621f Rn. 9; *Born* in *Heiß/Born* Kap. 25 Rn. 268.
[434] OLG Hamburg FamRZ 1990, 1141; OLG Stuttgart FamRZ 1988, 758; *Schwab/Borth* IV Rn. 67.
[435] OLG Düsseldorf FamRZ 1992, 1320; *Zöller/Philippi* § 621 Rn. 9 a E; **aA** OLG Koblenz FamRZ 1992, 1197.
[436] OLG Hamm FamRZ 1996, 1433; OLG Hamburg FamRZ 1990, 1141; OLG Düsseldorf FamRZ 1992, 1320.
[437] OLG Düsseldorf FamRZ 1990, 420.
[438] LG Bremen FamRZ 1992, 983; s. aber auch FamRZ 1992, 984, wo im Falle eines Räumungsrechtsstreits die Vorschusspflicht bejaht worden ist.
[439] *Schwab/Borth* IV Rn. 67; *Born* in *Heiß/Born* Kap. 25 Rn. 268.
[440] OLG Frankfurt FamRZ 1985, 959; *Schwab/Borth* IV Rn. 92; *Palandt/Brudermüller* § 1610 Rn. 14; **aA** OLG Düsseldorf FamRZ 1990, 420.
[441] OLG Köln FamRZ 1985, 1067; OVG Münster NJW-RR 1999, 1235.
[442] *Schwab/Borth* IV Rn. 92.
[443] KG FamRZ 1985, 1067; OLG Koblenz FamRZ 1986, 284; s. § 1360a Rn. 24; *Palandt/Brudermüller* § 1360a Rn. 12.
[444] OLG Köln FamRZ 1999, 792.
[445] *Schwab/Borth* IV Rn. 77.

halt ebenso abziehen wie etwaige eigene Aufwendungen zur Prozessführung, ehe er auf Vorschuss in Anspruch genommen werden kann.[446]

170 Jedenfalls nach allgemeinen Grundsätzen bei der Bestimmung der Leistungsfähigkeit beachtliche **Verbindlichkeiten** (s. § 1603 Rn. 66–70) sind vorab zu berücksichtigen,[447] zumindest in dem Rahmen, in dem sie bei Bewilligung von Prozesskostenhilfe anzuerkennen wären (§ 115 Abs. 1 S. 3 Nr. 3 ZPO); ein Vorrang des Vorschusses vor der Tilgung von Schulden ist nicht anzunehmen.[448] Es kann dahinstehen, ob man den Vorschussanspruch als Nebenanspruch ansieht oder als eigenständigen Anspruch; da er nicht stärker ist als der Unterhaltsanspruch selbst, ist auch ein Vorrang des Vorschusses vor der Tilgung von Schulden nicht begründet. Wenig praktisch ist die Möglichkeit, den nur beschränkt leistungsfähigen Pflichtigen im Wege der Teilleistung zu einem Vorschuss in Form von Raten zu verpflichten und den Berechtigten wegen der noch ungedeckten Prozesskosten auf Prozesskostenhilfe zu verweisen.[449]

171 Geteilter Meinung sind Rechtsprechung und Literatur in der Frage, ob eine Vorschusspflicht auch dann noch besteht, wenn der Pflichtige (wenn auch gegen Raten) **selbst Prozesskostenhilfe** erhalten könnte.[450] Die eine Vorschusspflicht im Falle der PKH-Berechtigung des Schuldners verneinende Ansicht verdient den Vorzug. Zwar folgen aus §§ 114 ff. ZPO keine zwingenden Gründe gegen die Annahme der Vorschusspflicht, weil zum Vermögen (§ 115 Abs. 2 ZPO) auch ein Anspruch auf Prozesskostenvorschuss gehört.[451] Allerdings gilt dies nur bei wirtschaftlichen Verhältnissen, in denen eine hohe PKH-Monatsrate angeordnet worden und es dem Pflichtigen deshalb zumutbar ist, *beide* Ratenzahlungspflichten zu erfüllen, was im Regelfall ausscheidet.[452] Schließlich ist an die Leistungsfähigkeit hier ein weniger strenger Maßstab anzulegen als im Falle des Sonderbedarfs.[453] Der Stamm des Vermögens braucht zur Finanzierung nicht angegriffen zu werden;[454] jedenfalls sind keine angelegten Geldmittel einzusetzen.[455]

172 **bb) Persönliche Angelegenheit.** Dieser in § 1360a Abs. 4 vorgesehene Begriff (s. § 1360a Rn. 27, 28) ist wenig ergiebig;[456] im Hinblick auf das Prinzip der Subsidiarität (die Solidarität der Familie soll einer staatlichen Fürsorge vorgehen) wird allgemein eine weite Definition bevorzugt, die *Köhler* in der 3. Aufl. dieser Kommentierung Rn. 15 aE in der Abgrenzung dahin verstanden hat, dass es sich um keine geschäftliche Angelegenheit handeln dürfe. In positiver Formulierung wird eine genügend enge Verbindung zur jeweiligen Person gefordert.[457] Eine allgemein anerkannte Definition findet sich bisher weder in Literatur noch in Rechtsprechung.[458]

173 Es ist zweifelhaft, ob die Unterscheidung zwischen vermögensrechtlichen und nicht vermögensrechtlichen Ansprüchen ein geeignetes Abgrenzungskriterium darstellt.[459] Denn auch ein vermögensrechtliche Leistungen betreffender Anspruch kann zu den persönlichen Angelegenheiten eines Ehegatten zählen, so etwa dann, wenn deren Ursprung in der Lebensgemeinschaft der Ehegatten liegt.[460] Andererseits kann zB allein der Umstand, dass ein vom Kind anstrebtes Verfahren sein Vermögen uU vermehren und dadurch evtl. zu einer Entlastung der unterhaltspflichtigen Eltern führen kann, nicht schon für sich allein zur Annahme der „persönlichen Angelegenheit" führen; denn anderenfalls würde jede Zahlungsklage des Kindes eine Vorschusspflicht der Eltern nach sich

---

[446] *Palandt/Brudermüller* § 1360a Rn. 12; *Schwab/Borth* IV Rn. 77.
[447] *Schwab/Borth* IV Rn. 77. Bei hoher Verschuldung ist ein Vorgehen nach §§ 258 ff. InsO in Betracht zu ziehen, OLG Hamm FamRZ 2001, 441 m. Anm. *Born*. S. dazu auch § 1603 Rn. 58 Fn. 239.
[448] S. § 1360a Rn. 24; *Wendl/Scholz* § 6 Rn. 30; *Schwab/Borth* IV Rn. 77; **aA** OLG Hamm FamRZ 1986, 1013; OLG Karlsruhe FamRZ 1987, 1062; *Palandt/Brudermüller* § 1360a Rn. 12.
[449] *Schwab/Borth* IV Rn. 77 aE; *Palandt/Brudermüller* § 1360a Rn. 12.
[450] **Verneinend:** OLG München FamRZ 1993, 714; KG FamRZ 1985, 1067; OLG Köln OLGR 1999, 136; FamRZ 1982, 416; OLG Karlsruhe FamRZ 1992, 77; OLG Düsseldorf FamRZ 1993, 1474; OLG Oldenburg OLGR 1999, 72; MDR 1994, 618; OLG Bamberg NJWE-FER 2000, 255; *Wendl/Scholz* § 6 Rn. 27; **bejahend** OLG Köln FamRZ 1999, 792; OLG Nürnberg FamRZ 1996, 875; OLG Koblenz FamRZ 1991, 346; KG FamRZ 1990, 183; *Schwab/Borth* IV Rn. 78; *Johannsen/Henrich/Büttner* § 1361 Rn. 127; *Büttner/Niepmann/Schwamb* Rn. 435.
[451] BGH AnwBl. 1990, 328; *Fuchs* in *Heiß/Born* Kap. 28 Rn. 56 zum Stichwort „Verfahrenskostenvorschuss".
[452] *Wendl/Scholz* § 6 Rn. 30; so auch iE *Schwab/Borth* IV Rn. 78.
[453] *Wendl/Scholz* § 6 Rn. 7, 30.
[454] OLG Köln FamRZ 1984, 1256; *Büttner/Niepmann/Schwamb* Rn. 435.
[455] OLG München FamRZ 1976, 696.
[456] KG Recht 23, 1016.
[457] *Wendl/Scholz* § 6 Rn. 33 am Anfang.
[458] *Schwab/Borth* IV Rn. 70; Überblick bei *Knops/Knops* FamRZ 1997, 209.
[459] BGH FamRZ 1960, 130.
[460] *Schwab/Borth* IV Rn. 71.

ziehen.[461] Auch ein lebenswichtiger Prozess ist nicht zu fordern.[462] Aus der unterhaltsrechtlichen Natur des Vorschussanspruchs lässt sich nicht herleiten, dass eine Vorschusspflicht nur in den Fällen gegeben wäre, in denen es um die *wirtschaftliche* Sicherung des Lebensbedarfs geht; denn da auch eine Vorschusspflicht für die Kosten der Verteidigung in einem Strafverfahren (§ 1360a Abs. 4 S. 2), also in einem *nichtwirtschaftlichen* Bereich vorgesehen ist, ist vielmehr auf den **Grad** der persönlichen Beziehungen des Bedürftigen zum Verfahrensgegenstand abzustellen, damit der Pflichtige nicht für jede Art von Verfahren einzustehen hat. Somit kommt es auf die Person (Status, Ehre) ebenso an wie auf besondere persönliche Bedürfnisse (berufliche Stellung, soziale Absicherung, Lebensunterhalt).[463]

Die Praxis behilft sich mit **Fallgruppen.** Zum Lebensbedarf gehören die Kosten eines Verfahrens, das seine „Wurzeln" in dem die Grundlage der Unterhaltpflicht bildenden Familienrechtsverhältnis hat.[464] Für minderjährige Kinder folgt das aus der Vermögenssorge der Eltern (§ 1626 Abs. 1 S. 2), für Volljährige ist die Verwurzelung des geltend zu machenden Anspruchs in dem Verwandschaftsverhältnis entscheidend. **174**

Für das Kind[465] sind im Wesentlichen folgende Gruppen von Interesse: Die persönliche Angelegenheit wird **bejaht** bei einem Schadenersatzanspruch wegen fehlerhafter ärztlicher Behandlung,[466] bei Ansprüchen auf Schmerzensgeld,[467] Vaterschaftsfeststellung und -anfechtung,[468] bei einem Unterhaltsprozess gegen den Unterhaltsschuldner selbst[469] wie bei einem Passivprozess des Unterhaltsberechtigten[470] sowie bei einem Haftpflichtprozess des Kindes aus von ihm begangenen unerlaubten Handlungen.[471] Eine persönliche Angelegenheit ist auch anzunehmen bei einem Erbschaftsprozess,[472] einem Verwaltungsrechtsstreit über das Bestehen einer Berufsprüfung[473] und bei Kriegsdienstverweigerung.[474] Die persönliche Angelegenheit wird dagegen **verneint** zB bei Geltendmachung erbrechtlicher Ansprüche[475] wie bei gesellschaftsrechtlichen Ansprüchen gegen einen Verwandten.[476] Überhaupt sind Auseinandersetzungen geschäftlicher Art nur dann familienverwurzelt, wenn das Geschäft gemeinsam mit dem Pflichtigen betrieben wird oder wurde.[477] **175**

cc) Hinreichende Erfolgsaussicht. Die beabsichtigte Rechtsverfolgung darf nicht offensichtlich aussichtslos oder mutwillig sein.[478] Der teilweise vertretenen Ansicht, zugunsten des einen Vorschuss verlangenden Anspruchstellers sei großzügiger zu verfahren[479] als im Rahmen der Prozesskostenhilfe,[480] kann nicht gefolgt werden. Durch das Erfordernis der hinreichenden Erfolgsaussicht soll der Schuldner des Vorschussanspruchs davor geschützt werden, einen von vornherein aussichtslosen Prozess zu finanzieren; eine an den Grundsätzen des Prozesskostenhilferechts orientierte Überprüfung der Erfolgsaussichten ist schon von daher sachgerecht.[481] Zum anderen sind auch die erheblichen Schwierigkeiten von Rückforderung des Vorschusses (s. Rn. 187–189) und Aufrechnung und Verrechnung (s. Rn. 190–192) zu berücksichtigen. Dem Anspruchsschuldner kann wohl **176**

---

[461] LG Rostock NJWE-FER 2000, 149; *Born* in *Heiß/Born* Kap. 25 Rn. 268 aE.
[462] *Schwab/Borth* IV Rn. 71; *Palandt/Brudermüller* § 1360a Rn. 14.
[463] *Schwab/Borth* IV Rn. 71.
[464] BGH NJW 1960, 775; OLG Stuttgart NJW 1955, 1722; OLG Bamberg MDR 1953, 556.
[465] In Bezug auf Ehegatten s. § 1360a Rn. 28; s. außerdem die Übersichten bei *Wendl/Scholz* § 6 Rn. 33 und bei *Schwab/Borth* IV Rn. 72.
[466] OLG Frankfurt FamRZ 1967, 43.
[467] LG Koblenz FamRZ 2000, 761; NJWE-FER 2000, 31; FamRZ 1996, 44.
[468] KG NJW 1971, 197; OLG Koblenz FamRZ 1997, 681. Das Verfahren darf für den Pflichtigen aber nicht unzumutbar sein, was bei Vaterschaftsanfechtung für den gesetzlichen Vater (OLG Bremen DAVorm. 1998, 935; KG NJWE-FER 1998, 126) ebenso angenommen wird wie bei Vaterschaftsfeststellung gegenüber dem beklagten Mann (OLG Koblenz FamRZ 1999, 241).
[469] OLG Karlsruhe FamRZ 1991, 1471.
[470] OLG Nürnberg FamRZ 1965, 517.
[471] OLG Köln FamRZ 1979, 850.
[472] OLG Celle FamRZ 1978, 822.
[473] OVG Münster NJW-RR 1999, 1235.
[474] BVerwG FamRZ 1974, 370.
[475] S. § 1360a Rn. 28; OLG Köln NJW-RR 1989, 967; FamRZ 1979, 178.
[476] BGH FamRZ 1964, 197, 199; *Wendl/Scholz* § 6 Rn. 33.
[477] BGH NJW 1960, 765.
[478] Deshalb ist bei pünktlichen Unterhaltszahlungen kein Vorschussanspruch zu bejahen, OLG Nürnberg NJW-RR 1993, 327.
[479] S. § 1360a Rn. 25; *Palandt/Brudermüller* § 1360a Rn. 15; OLG Frankfurt FamRZ 1959, 63; OLG Köln MDR 1961, 941; LG Berlin FamRZ 1966, 513.
[480] Zum Erfordernis der hinreichenden Erfolgsaussichten s. *Fuchs* in *Heiß/Born* Kap. 28 Rn. 76 ff., zum Merkmal der fehlenden Mutwilligkeit aaO Rn. 116 ff.
[481] *Schwab/Borth* IV Rn. 80.

§ 1610 177–181

kaum klargemacht werden, dass er nicht nur die Kosten eines verlorenen, sondern auch diejenigen eines gewonnenen Prozesses nur deshalb tragen soll, weil das Verfahren bei anfänglicher Betrachtung nicht offensichtlich aussichtslos war.[482] Auch der gesondert zu prüfende Begriff der Billigkeit (s. dazu Rn. 177, 178 sowie § 1360a Rn. 24) ändert am Erfordernis, auf die hinreichenden Erfolgsaussichten abzustellen, schon deshalb nichts, weil auch die hier maßgeblichen Kriterien durchaus großzügig sind,[483] so dass PKH immer schon bei einem nicht von vornherein aussichtslosen Verfahren zu bewilligen ist.[484] Zum Begriff der Erfolgsaussicht s. auch § 1360a Rn. 25.

177 **dd) Billigkeit.** Die Zuerkennung des Prozesskostenvorschusses muss unter Berücksichtigung der bisher genannten Kriterien sowie der sonstigen Umstände auch der Billigkeit entsprechen. Neben einer fehlenden bzw. nur eingeschränkt vorliegenden Leistungsfähigkeit des Pflichtigen (Grenze: Gefährdung des angemessenen Unterhalts, s. Rn. 169–171) sind – neben der Prüfung der Erfolgsaussichten – vor allem die sonstigen persönlichen Verhältnisse der Beteiligten von Bedeutung.[485] So können die **persönlichen Beziehungen** der Partei zum Gegenstand des Verfahrens, für den ein Vorschuss geleistet werden soll, von Bedeutung sein. Geht es um Unterhalt für ein Kind des Ehegatten aus dessen früherer Ehe, so liegt allein eine persönliche Angelegenheit des Kindes vor, nicht eine solche des Elternteils; von daher kommt eine Vorschusspflicht des Ehegatten nicht in Betracht.[486] Bei Geltendmachung eines auf den Sozialhilfeträger übergegangenen und anschließend zurückabgetretenen (§ 94 Abs. 4 und 5 SGB XII) Unterhaltsanspruchs scheidet eine Vorschusspflicht des Schuldners ebenfalls aus.[487] Die Inanspruchnahme des noch als Scheinvater geltenden (§ 1592 Nr. 1) Ehemannes der Kindesmutter bei Ehelichkeitsanfechtungsverfahren ist im Regelfall dann unbillig, wenn bei vorausschauender Betrachtung von einer Begründetheit der Anfechtung auszugehen ist. Der Umstand, dass der Scheinvater bis zur rechtskräftigen Feststellung der Nichtehelichkeit auf Unterhalt haftet, reicht für sich allein für die Annahme der Vorschusspflicht nicht aus.[488]

178 Auch wenn die Vorschusspflicht grundsätzlich nicht von einer bestehenden Unterhaltspflicht abhängt, weil es sich bei dem Vorschussanspruch um einen selbständigen Anspruch handelt, ist es im Rahmen der Billigkeitsprüfung durchaus von Bedeutung, ob der Unterhaltsanspruch **dem Grunde nach** fehlt oder (zB wegen Verwirkung nach § 1579 Nr. 2–7 oder § 1611) ausgeschlossen ist. Hier ist der Vorschussanspruch im Regelfall abzulehnen, weil er nicht von der allgemeinen Fürsorgepflicht der Ehegatten füreinander oder der Eltern für die Kinder abgeleitet wird.[489]

179 **d) Inhalt des Anspruchs.** Der Umfang der Prozesskostenvorschusspflicht richtet sich nach ausdrücklicher gesetzlicher Vorgabe (§ 1360a Abs. 4 S. 1) nach Billigkeitsgesichtspunkten. Dies hat zur Folge, dass – zB auf Grund einer eingeschränkten Leistungsfähigkeit des Schuldners (s. Rn. 169–171) oder wegen nur teilweise vorliegender Erfolgsaussicht (s. Rn. 176) – nur ein Teil der gesamten Prozesskosten vorzuschießen ist.[490] Im Übrigen ist folgendes zu beachten:

180 **aa) Zeitraum.** Nach § 9 RVG (=§ 17 BRAGO aF) besteht eine Vorschusspflicht für Gebühren, die durch anwaltliche Tätigkeit bereits „entstanden" sind, ohne dass der Anwalt diese Gebühren auf Grund von Fälligkeit (§ 8 Abs. 1 RVG = § 16 BRAGO aF) schon erheben (§ 10 RVG = § 18 BRAGO aF) könnte;[491] es liegt also ein **Vorgriff** vor, in dem ein Vorschuss für zu erwartende Prozesskosten verlangt werden kann.[492]

181 Der Vorschussanspruch soll dem Antragsteller die Führung eines Prozesses ermöglichen;[493] von diesem Grundgedanken her ist es ausgeschlossen, den Anspruch noch nach Beendigung des Rechts-

---

[482] *Wendl/Scholz* § 6 Rn. 35.
[483] Das Gericht muss lediglich von der *Möglichkeit* der Beweisführung überzeugt sein (BGH NJW 1994, 1161) und den vom Antragsteller vertretenen Rechtsstandpunkt für zumindest *vertretbar* halten. Im Rahmen einer summarischen Prüfung der Sach- und Rechtslage ist bereits eine *gewisse* Wahrscheinlichkeit, dass der Antragsteller mit seinem Begehren durchdringen wird, ausreichend (OLG München FamRZ 1989, 1999). An die rechtlichen und tatsächlichen Erfolgsaussichten dürfen keine übertriebenen Anforderungen gestellt werden (BGH NJW 1994, 1161; BVerfG FamRZ 1993, 664). Zu weiteren Einzelheiten s. *Fuchs* in *Heiß/Born* Kap. 28 Rn. 77 ff.
[484] *Schwab/Borth* IV Rn. 80 aE.
[485] *Schwab/Borth* IV Rn. 76.
[486] OLG Schleswig FamRZ 1991, 855.
[487] AG Mosbach FamRZ 1997, 1090; *Wendl/Scholz* § 6 Rn. 36.
[488] OLG Koblenz FamRZ 1999, 241; OLG Hamburg FamRZ 1996, 224; *Wendl/Scholz* § 6 Rn. 36; **aA** OLG Karlsruhe FamRZ 1996, 872 m. krit. Anm. *Gottwald*.
[489] BGHZ 110, 247; *Schwab/Borth* IV Rn. 83.
[490] *Deisenhofer* in *Heiß/Born* Kap. 11 Rn. 15.
[491] BGH NJW 1985, 2263; *Palandt/Brudermüller* § 1360a Rn. 16.
[492] *Wendl/Scholz* § 6 Rn. 37.
[493] *Schwab/Borth* IV Rn. 86.

streits oder der Instanz geltend zu machen.[494] Streitig ist, ob die **rechtzeitige Geltendmachung** des Vorschussanspruchs vor Beendigung des Verfahrens oder der Instanz ausreicht, so dass der Anspruch dann auch noch später zuerkannt werden kann. Die dies für den Fall einer rechtzeitigen Inverzugsetzung des Pflichtigen bejahende Ansicht[495] übersieht, dass der Vorschuss schon nach Sinn und Zweck nicht für die Vergangenheit gewährt werden kann (s. § 1360a Rn. 26), so dass eine gerichtliche Geltendmachung (s. Rn. 186) zu fordern ist.[496] Die Grundsätze zum „steckengebliebenen" PKH-Gesuch[497] sind nicht vergleichbar; denn abgesehen von der fehlenden Bedeutung materiell-rechtlicher Fragen spricht die gesetzlich vorgesehene (§ 120 Abs. 4 ZPO) Änderungsmöglichkeit[498] für ein Abstellen auf die aktuellen Erkenntnisstand.[499] Auch als Sonderbedarf kann der Prozesskostenvorschuss nach Beendigung der Instanz nicht mehr geltend gemacht werden.[500] Bei rechtzeitiger Inverzugsetzung des Schuldners vor Beendigung der Instanz oder des Prozesses kommt aber ein **Schadenersatzanspruch** des Vorschussgläubigers in Betracht.[501]

bb) Höhe. Die Vorschusspflicht erstreckt sich auf Aufwendungen, die zur sachdienlichen Prozessführung erforderlich sind;[502] maßgebend ist der Streitwert des beabsichtigten Verfahrens.[503] Wegen des „Vorgriff"-Charakters (s. Rn. 180) kommt es auf die Gebühren an, die Gericht und Anwalt schon vor Aufnahme ihrer Tätigkeit verlangen können. Das Gericht hat eine Schlüssigkeitsprüfung dahin vorzunehmen, inwieweit die geforderten Anwaltsgebühren den verlangten Prozesskostenvorschuss überhaupt erreichen.[504] Kosten für einen Verkehrsanwalt können nur bei Vorliegen besonderer Voraussetzungen (§ 121 Abs. 3 ZPO)[505] in Ansatz gebracht werden.[506] 182

Umstritten ist, ob auch Kosten für eine – außerhalb eines gerichtlichen Verfahrens stattfindende – **Rechtsberatung** verlangt werden können. Für die Vertreter der dies ablehnenden Ansicht[507] spricht der Wortlaut des Gesetzes in § 1360a Abs. 4 S. 1 („Kosten eines Rechtsstreits"). Ob hier Identität mit dem gleichen Begriff in § 91 Abs. 1 ZPO vorliegt, ist dem Gesetz nicht zu entnehmen. Relevant wird die Frage u. a. im Rahmen der Bewilligung von Beratungshilfe; diese wäre bei Bestehen eines Prozesskostenvorschussanspruchs zu versagen (§ 1 Abs. 1 Nr. 2 BerHG). Bei Vorliegen sachdienlicher Kosten sprechen Sinn und Zweck des § 1360a Abs. 4 für die Einbeziehung auch der Kosten einer Rechtsberatung. Zum einen erscheint eine Begrenzung der – aus der allgemeinen Unterhaltspflicht abgeleiteten – Einstandspflicht auf schon laufende gerichtliche Verfahren nicht sinnvoll, so dass eine Eingrenzung auf reine Verfahrenskosten nicht zu fordern ist. Zum anderen kann die Beratung ein gerichtliches Verfahren verhindern, was mit dem Grundsatz der Rücksichtnahme auf die Belange des Verpflichteten (§ 1618a) übereinstimmt. Aufgrund der ansonsten engen tatbestandlichen Fassung des § 1360a Abs. 4 besteht nicht die Gefahr einer unzulässigen Ausdehnung.[508] 183

e) Prozessuale Fragen. Wegen der Einzelheiten wird auf die umfangreiche weiterführende Literatur[509] verwiesen, außerdem auf § 1360a Rn. 32. 184

---

[494] BGH FamRZ 1985, 902; OLG Köln FamRZ 1991, 842; *Wendl/Scholz* § 6 Rn. 37; *Schwab/Borth* IV Rn. 86.
[495] OLG Karlsruhe FamRZ 2000, 431; KG FamRZ 1987, 956; OLG Bamberg FamRZ 1986, 484; RGRK/*Wenz* § 1360a Rn. 21; *Palandt/Brudermüller* § 1360a Rn. 16; offengelassen von OLG Koblenz NJWE-FER 2000, 2.
[496] *Schwab/Borth* IV Rn. 86 aE.
[497] Hier wird teilweise angenommen, bei nicht rechtzeitiger Bescheidung des PKH-Gesuchs durch das Gericht sei auf den Zeitpunkt des Antragseingangs abzustellen, auch wenn sich die Umstände später zu Ungunsten des Antragstellers geändert hätten; zu Einzelheiten s. *Fuchs* in *Heiß/Born* Kap. 28 Rn. 79 ff.
[498] Zu Einzelheiten s. *Fuchs* in *Heiß/Born* Kap. 28 Rn. 191 ff.
[499] Auch wenn bei Abstellen auf das anwaltliche Gebühreninteresse der frühere Zeitpunkt des Antragseingangs vorzugswürdig sein mag, *Fuchs* in *Heiß/Born* Kap. 28 Rn. 88.
[500] OLG Nürnberg FamRZ 1998, 489; *Palandt/Brudermüller* § 1360a Rn. 16; differenzierend *Büttner/Niepmann/Schwamb* Rn. 435 unter Hinw. auf BGH FamRZ 1984, 148, wonach Sonderbedarf bejaht werden kann, sofern die Notwendigkeit der Prozessführung nicht hinreichend lange voraussehbar ist oder die erforderlichen Mittel nicht aus dem laufenden Unterhalt gedeckt werden können.
[501] OLG Köln FamRZ 1991, 842 m. abl. Anm. *Knops*; *Wendl/Scholz* § 6 Rn. 37.
[502] *Schwab/Borth* IV Rn. 84.
[503] *Palandt/Brudermüller* § 1360a Rn. 17.
[504] OLG München FamRZ 1976, 697; *Palandt/Brudermüller* § 1360a Rn. 17.
[505] Zu Einzelheiten s. *Zöller/Philippi* § 121 ZPO Rn. 20–23.
[506] *Schwab/Borth* IV Rn. 84.
[507] OLG München FamRZ 1990, 312, 313; *Palandt/Brudermüller* § 1360a Rn. 13.
[508] *Schwab/Borth* IV Rn. 85; vgl. *Kleinwegener* FamRZ 1992, 755.
[509] *Born* in *Heiß/Born* Kap. 25 Rn. 96 ff.; *Wendl/Scholz* § 6 Rn. 39; *Schwab/Borth* IV Rn. 87 ff.

§ 1610 185–189   Abschnitt 2. Titel 3. Unterhaltspflicht

185   **aa) Zuständigkeit.** Der Verfahrenskostenvorschuss ist beim Familiengericht geltend zu machen (§ 23a Abs. 1 Nr. 1, 23 b Abs. 1 Nr. 1 GVG, § 111 FamFG).[510] Es ist umstritten, ob ein Vorschussanspruch unter Rückgriff auf deutsches Recht auch dann besteht, wenn der Aufenthaltsstaat einen Vorschussanspruch nicht kennt.[511]

186   **bb) Einstweilige Anordnung.** Der Berechtigte hat die Wahlmöglichkeit, den für ein selbständiges Unterhaltsverfahren verlangten Verfahrenskostenvorschuss im Wege der – die §§ 644 ZPO a. F. einerseits und 127a, 620 Nr. 10, 621f ZPO a. F. andererseits ersetzenden – einstweiligen Anordnung nach § 246 FamFG) oder durch separate Klage[512] zu verlangen. Um ein sofortiges Anerkenntnis des Gegners (mit negativer Kostenfolge für die eigene Partei) zu vermeiden, ist es zweckmäßig, gegenüber der Gegenseite zunächst eine Aufforderung zur Zahlung eines Prozesskostenvorschusses auszusprechen.[513] Für die einstweilige Anordnung sprechen sowohl der Zeitfaktor (Eilverfahren) wie der Umstand, dass bei Ablehnung des Vorschussanspruchs ein Prozesskostenhilfegesuch in Betracht kommen kann.[514] Von der gesonderten Klage wird wegen der Eilbedürftigkeit nur sehr selten Gebrauch gemacht.[515]

187   **cc) Rückforderung.** S. zunächst § 1360a Rn. 31. So wie sich die Vorschusspflicht selbst nach Billigkeit richtet (§ 1360a Abs. 4 S. 1), so bestimmt sich auch eine etwaige Verpflichtung zu einer (ganz oder anteiligen) Zurückzahlung des Kostenvorschusses nach demselben Kriterium;[516] grundsätzlich kann der Vorschuss – wie sonstiger Unterhalt – nicht zurückgefordert werden,[517] insbesondere nicht allein schon deshalb, weil der Vorschussgläubiger den Unterhaltsprozess verloren hat und ihm dessen Kosten auferlegt worden sind (s. Rn. 189). Das ist für den Anspruchsschuldner regelmäßig einigermaßen überraschend und wird seinem Prozessvertreter nicht selten Veranlassung geben, bei der Entscheidung für eine freiwillige Zahlung des geforderten Vorschusses eher zurückhaltend zu sein.

188   Mangels gesetzlicher Regelung wird ein familienrechtlicher **Anspruch eigener Art** unter Berücksichtigung des Vorschusscharakters der Leistung angenommen, während weder § 1360b noch bereicherungsrechtliche Vorschriften anzuwenden sind.[518] Ein Rückforderungsanspruch ist begründet, wenn sich die wirtschaftlichen Verhältnisse des Anspruchstellers wesentlich gebessert haben[519] oder eine Rückzahlung aus anderen Gründen der Billigkeit entspricht.[520] Dies ist insbesondere der Fall, wenn der Anspruchsteller aus dem Verkauf des gemeinschaftlichen Hausgrundstücks oder aus dem Zugewinnausgleich[521] erhebliche Geldmittel erhalten hat,[522] des Weiteren dann, wenn sich nachträglich herausstellt, dass das Einkommen des Pflichtigen (s. Rn. 169–171) die Zahlung eines Vorschusses objektiv nicht zuließ.[523] Da der Anspruch auf Prozesskostenvorschuss als Anspruch mit unterhaltsrechtlicher Natur angesehen wird (s. Rn. 157), ergibt sich auch der Rückforderungsanspruch aus unterhaltsrechtlichen Vorschriften in Form eines familienrechtlichen Anspruchs eigener Art;[524] da er nicht aus bereicherungsrechtlichen Vorschriften (§§ 812 ff.) hergeleitet werden kann, sind auch die bereicherungsrechtlichen Rückforderungs-Vorschriften (§§ 814, 818 Abs. 3) nicht anzuwenden.[525]

189   Allein der Umstand, dass der Anspruchsteller das **Unterhaltsverfahren verloren** hat und deshalb die Kosten des Rechtsstreits tragen muss, lässt eine Rückzahlungsverpflichtung dagegen nicht entstehen.[526] Deshalb kann der Berechtigte aus der einstweiligen Anordnung nach Beendigung des Ver-

---

[510] *Wendl/Scholz* § 6 Rn. 39; *Palandt/Brudermüller* § 1360a Rn. 18.
[511] Bejahend *Johannsen/Henrich* unter Hinweis auf den – zum 18. 6. 2011 aufgrund der neuen EU-UnterhaltsVO nicht mehr anzuwendenden – Art. 18 Abs. 2 EGBGB, Rn. 28; verneinend KG FamRZ 1988, 167; weitere Einzelheiten bei *Schwab/Borth* IV Rn. 1325. Zur EU-UnterhaltsVO s. *Nademleinsky* EF-Z 2011, 130.
[512] BGH FamRZ 1979, 472; *Born* in *Heiß/Born* Kap. 25 Rn. 100.
[513] Mustertext für ein Aufforderungsschreiben und einen Antrag auf einstweilige Anordnung bei *Born* in *Heiß/Born* Kap. 25 Rn. 110, 111.
[514] *Born* in *Heiß/Born* Kap. 25 Rn. 114; *Scholz/Stein/Rössing* O Rn. 322.
[515] *Wendl/Scholz* § 6 Rn. 39.
[516] BGH FamRZ 1990, 491; 1985, 802.
[517] *Schwab/Borth* IV Rn. 90.
[518] *Palandt/Brudermüller* § 1360a Rn. 19; *Born* in *Heiß/Born* Kap. 25 Rn. 302.
[519] OLG Saarbrücken NJW-RR 1987, 522; OLG Hamm FamRZ 1992, 672 für den Fall der nicht abschließenden Klärung der genauen Einkünfte.
[520] BGH FamRZ 1971, 360; 1985, 802; 1990, 491.
[521] Gegen einen diesbezüglichen Automatismus allerdings OLG Köln FamRZ 1980, 567.
[522] *Wendl/Scholz* § 6 Rn. 41.
[523] BGH FamRZ 1990, 491; OLG Frankfurt FamRZ 1993, 1465.
[524] *Graba* FamRZ 1990, 1045, 1047.
[525] BGH FamRZ 1990, 491; *Wendl/Scholz* § 6 Rn. 41 aE; *Schwab/Borth* IV Rn. 90 aE; *Kalthoener/Büttner* NJW 1990, 402.
[526] *Wendl/Scholz* § 6 Rn. 41.

fahrens selbst dann vollstrecken, wenn ihm in der Hauptsache die gesamten Kosten auferlegt worden sind.[527] Der Grundsatz, dass die Kostenentscheidung nur die Pflicht zur Übernahme der Kosten regelt, den Anspruch aus § 1360a Abs. 4 dagegen nicht berührt,[528] gilt auch dann, wenn die Ehegatten in Gütergemeinschaft gelebt haben.[529] Deshalb wird der Prozesskostenvorschuss im Kostenfestsetzungsverfahren grundsätzlich nicht berücksichtigt.[530] Ein geleisteter Vorschuss kann vielmehr nur materiell-rechtlich durch selbständige Erstattungsklage vor dem Familiengericht[531] zurückgefordert werden.[532] Bei wesentlicher Verbesserung der Verhältnisse des Berechtigten kann der Pflichtige allerdings den Arglisteinwand erheben, weil der Berechtigte etwas verlangt, was er alsbald wieder zurückzuerstatten hat.[533]

dd) Aufrechnung. Nach Ansicht des BGH[534] kann der Schuldner des Vorschussanspruchs mit einem Kostenerstattungsanspruch nicht aufrechnen, wobei er offenlässt, ob schon der Wortlaut des Gesetzes entgegensteht[535] oder die Unzulässigkeit der Vollstreckung aus der Zweckbindung des Prozesskostenvorschusses folgt.[536] Die Unzulässigkeit der Aufrechnung rechtfertigt sich jedenfalls daraus, dass für den Pflichtigen ein Anreiz zur Nichtzahlung des Vorschusses entstehen würde.[537] Es kommt hinzu, dass der Berechtigte nach Beendigung des Verfahrens nicht mehr die Möglichkeit zur Inanspruchnahme von Prozesskostenhilfe hat, zumal möglicherweise VKH wegen Vorrangigkeit des Vorschusses verweigert worden ist.[538] 190

ee) Verrechnung. Eine Berücksichtigung des Kostenvorschusses in den Fällen, in denen er nur einen Teil der Prozesskosten des Empfängers deckt und das Verfahren mit einer Kostenquote endet, ist in hohem Maße streitig. ZT wird die Verrechnung der Vorschusszahlung auf den Kostenerstattungsanspruch des Berechtigten zugelassen mit der Begründung, hierdurch werde keine Rückzahlung verlangt, sondern der Vorschuss bleibe unberührt, und es gehe nur um seine Auswirkungen auf den Erstattungsanspruch des Vorschussempfängers im Kostenfestsetzungsverfahren.[539] Im Wesentlichen werden folgende Auffassungen vertreten: Vorrangige Verrechnung mit den nicht gedeckten Kosten;[540] anteilige Verrechnung entsprechend den Quoten des Kostentenors;[541] volle Anrechnung auf den Kostenerstattungsanspruch des Vorschussempfängers;[542] Anrechnung bis zur Höhe des Kostenausgleichsbetrages nach § 106 ZPO;[543] keinerlei Berücksichtigung des Vorschusses bei Quotelung der Kosten.[544] 191

Nimmt man den Grundgedanken ernst, dass der Prozesskostenvorschuss dem Empfänger die Prozessführung ermöglichen, aber möglichst nicht zu einer anderen Kostenverteilung als durch Urteil führen soll, dann spricht dies am ehesten für die **volle Anrechnung** des Vorschusses auf die zu erstattenden Kosten.[545] Auf diese Weise wird vermieden, dass der Vorschussgeber die Kosten doppelt bezahlt,[546] und es wird sichergestellt, dass der Berechtigte nicht mehr bekommt, als ihm an 192

---

[527] BGH FamRZ 1985, 802.
[528] *Schwab/Borth* IV Rn. 87.
[529] BGH FamRZ 1986, 40, 42.
[530] OLG Düsseldorf FamRZ 1996, 1409 mwN; OLG München Rpfleger 1995, 84 mwN; *Zöller/Herget* §§ 103, 104 Rn. 21 zum Stichwort „Prozesskostenvorschuss". Ausnahmen sind dann möglich, wenn die Zahlung unstreitig ist (OLG Köln JurBüro 1998, 309) oder die erstattungspflichtige Partei die Zahlung offensichtlich unbegründet bestreitet (KG MDR 1979, 401), des Weiteren dann, wenn die erstattungsberechtigte Partei die Verrechnung selbst beantragt (OLG Zweibrücken Rpfleger 1981, 455).
[531] OLG München FamRZ 1978, 601.
[532] OLG Frankfurt FamRZ 1991, 976, 977; OLG Karlsruhe FamRZ 1989, 376; *Palandt/Brudermüller* § 1360a Rn. 21.
[533] BGH FamRZ 1986, 40, 42; *Schwab/Borth* IV Rn. 87.
[534] FamRZ 1986, 40, 42.
[535] „Unterhaltsrente", § 394 BGB, § 850b Abs. 1 Nr. 2 ZPO.
[536] § 394 BGB iVm. §§ 851 Abs. 1 ZPO, 399 BGB. S. auch OLG Karlsruhe FamRZ 1984, 1090.
[537] BGH FamRZ 1986, 40, 42.
[538] *Schwab/Borth* IV Rn. 88. Nicht überzeugend demgegenüber *Palandt/Brudermüller* § 1360a Rn. 21, der § 394 BGB nicht für entgegenstehend hält und eine Aufrechnungsmöglichkeit mit einem Rückforderungsanspruch bejaht. Vgl. dazu OLG Koblenz FamRZ 2000, 1219 (für rückständigen Unterhalt).
[539] *Schwab/Borth* IV Rn. 89 mwN.
[540] OLG Hamm FamRZ 1999, 728 mwN; OLG Frankfurt Rpfleger 1991, 203; OLG Celle OLGR 1997, 243; OLG Karlsruhe FamRZ 1986, 376; KG MDR 1987, 1030.
[541] OLG Celle FamRZ 1985, 731.
[542] OLG Zweibrücken Rpfleger 1998, 261; OLG Stuttgart FamRZ 1992, 1462.
[543] OLG München Rpfleger 1995, 84 mit Rechtsprechungs- und Literatur-Übersicht.
[544] OLG Düsseldorf FamRZ 1996, 1409 mwN.
[545] *Zöller/Philippi* § 621f Rn. 14; *Born* in *Heiß/Born* Kap. 25 Rn. 118.
[546] *Zöller/Philippi* § 621f Rn. 13 aE.

§ 1610   193–197   Abschnitt 2. Titel 3. Unterhaltspflicht

Prozesskosten tatsächlich entstanden sind.[547] Für die Praxis ist durch eine Entscheidung des **BGH** (NJW 2010, 1974 = NJW-RR 2010, 718) geklärt, dass eine vorrangige Verrechnung des Vorschusses mit den nicht gedeckten Kosten vorzunehmen ist.

193   **5. Sonderfälle.** In erster Linie ist an die besondere Situation der Ausbildung zu denken; hier wird auf Rn. 207–289 verwiesen. Im Übrigen gilt folgendes:

194   **a) Ausland.** Der Unterhalt des Kindes umfasst seinen gesamten Lebensbedarf (§ 1610 Abs. 2); beim Barunterhalt leitet sich die Lebensstellung des berechtigten Kindes in der Regel von derjenigen des Verpflichteten ab (s. Rn. 10, 19). Bei Auslandsberührung[548] ergeben sich regelmäßig besondere Probleme.

195   **aa) Grundsätze.** Der Unterhaltsanspruch eines im Ausland lebenden Kindes richtet sich nach dem Recht seines Heimatlandes (Art. 18 Abs. 1 S. 1 EGBGB iVm. Art. 4 Abs. 1 Haager Unterhaltsübereinkommen). Selbst wenn das anzuwendende Heimatrecht des Kindes etwas anderes bestimmt, ist der Bedarf nach den Bedürfnissen des Berechtigten und den wirtschaftlichen Verhältnissen des Pflichtigen zu bestimmen (Art. 18 Abs. 7 EGBGB). Anknüpfungspunkt für das anzuwendende Recht ist der **gewöhnliche Aufenthalt** des Berechtigten; dieser befindet sich dort, wo die Person sozial integriert ist und ihren Lebensmittelpunkt hat.[549] Der gewöhnliche Aufenthalt wird auch durch zeitweilige Abwesenheit von längerer Dauer im Regelfall nicht aufgehoben, solange Rückkehrabsicht besteht.[550] Minderjährige Kinder haben ihren gewöhnlichen Aufenthalt im Regelfall bei den Eltern oder dem sorgeberechtigten Elternteil; ohne deren Willen ist eine Änderung des gewöhnlichen Aufenthalts ohne Bedeutung (Art. 5 Abs. 3 EGBGB).

196   Da nach Art. 18 Abs. 7 EGBGB bei der Bedarfsbestimmung die Bedürfnisse des Berechtigten und die wirtschaftlichen Verhältnisse des Verpflichteten von Bedeutung sind, liegen die praktischen Schwierigkeiten auf der Hand, wenn die Beteiligten **in verschiedenen Ländern** leben; hier müssen die Lebensverhältnisse im Heimatland des Kindes und die wirtschaftlichen Verhältnisse des in der Bundesrepublik Deutschland lebenden unterhaltspflichtigen Elternteils in Übereinstimmung gebracht werden. Für die Bemessung eines Unterhaltsbedarfs im Ausland gibt es aber kaum verlässliche Quellen.[551] Nach Ermittlung des Bedarfs anhand der Lebensstellung des Kindes ist festzustellen, welchen Betrag das berechtigte Kind benötigt, um in dem Land, in dem es lebt, dieselbe Kaufkraft zur Verfügung zu haben.[552]

197   Die Praxis orientiert sich überwiegend an den sogenannten **Verbrauchergeldparitäten;** es handelt sich um das Verhältnis der Beträge, die man in der Bundesrepublik einerseits und im Heimatland des Kindes andererseits braucht, um die gleiche Gütermenge zu erwerben.[553] Daneben wird auch der Devisenkurs berücksichtigt.[554] Der Bedarf wird dann regelmäßig in der Weise bestimmt, dass im ersten Schritt auf der Grundlage des Einkommens des Pflichtigen ein Bedarfssatz nach der Düsseldorfer Tabelle ermittelt und anschließend ein **Abschlag** gemacht wird, um den Unterhalt an die Lebensverhältnisse des im Ausland lebenden Kindes so anzupassen, dass dem Kind dort ein Betrag zur Verfügung steht, dessen Kaufkraft dem deutschen Tabellenunterhalt entspricht; meist wird um $1/3$ bis $2/3$ gekürzt,[555] wobei auf eine Länderübersicht des Bundesfinanzministeriums zurückgegriffen wird.[556] Wegen der genaueren Ergebnisse wird gegenüber der pauschalen „Abschlags-Methode" teilweise die Anpassung des geschuldeten Unterhalts mittels Verbrauchergeldparität und Devisenkurs auf der Grundlage von Tabellen bevorzugt.[557]

---

[547] OLG Hamm FamRZ 1999, 728; OLG Nürnberg FamRZ 1999, 1217; *Born* in *Heiß/Born* Kap. 25 Rn. 118; *Palandt/Brudermüller* § 1360a Rn. 21.
[548] Ausführlich dazu *Wendl/Dose* § 9 Rn. 1 ff.
[549] BGH FamRZ 1993, 798; 1981, 135.
[550] BGH FamRZ 1993, 798; *Wendl/Dose* § 9 Rn. 14.
[551] *Finke* § 7 Rn. 10.
[552] BGH FamRZ 1987, 682; OLG Brandenburg FamRZ 2008, 1279 (Schweiz); AG München FamRZ 2009, 1596 (Uganda).
[553] *Wendl/Dose* § 9 Rn. 38; *Finke* § 7 Rn. 10. Die Verbrauchergeldparität wird in regelmäßigen Abständen vom statistischen Bundesamt bekanntgegeben, zB FamRZ 2007, 1434; 1993, 1158, dazu *Gutdeutsch/Zieroth* FamRZ 1993, 1152. Im Internet werden die Informationen bekanntgegeben unter www.statistik-bund.de. S. auch OLG Hamm NJW 2008, 2049 m. Anm. *Born* = FPR 2008, 311 m. Anm. *Erdrich*.
[554] OLG Hamm FamRZ 1989, 785; OLG Braunschweig FamRZ 1988, 427; *Gutdeutsch/Zieroth* FamRZ 1993, 1152.
[555] OLG Karlsruhe FamRZ 1991, 600; OLG Celle OLGR 1998, 149; FamRZ 1990, 1390; OLG Hamm FamRZ 1989, 1332; OLG Düsseldorf FamRZ 1989, 1335. Gegen einen Abschlag im PKH-Verfahren OLG Brandenburg FamRZ 2004, 483.
[556] FamRZ 1996, 471. Die Ländergruppeneinteilung ab 2004 ist abgedruckt bei *Wendl/Dose* § 9 Rn. 22a.
[557] Ausführlich dazu *Wendl/Dose* § 9 Rn. 40 ff.

Trotz der Praktikabilität bestehen gegen diese Berechnungsweise Bedenken deshalb, weil sich **198** steuerliche Erwägungen und unterhaltsrechtliche Bedarfsbemessung nicht decken und der Bedarf außerdem kaum ohne Berücksichtigung der konkreten Umstände des Einzelfalles wie des unterschiedlichen Ausmaßes der Inflation im betreffenden Ausland pauschal gekürzt werden kann.[558] Mit dem Hinweis darauf, der Berechtigte dürfe nicht mehr erhalten, als es seinem Bedarf entspricht,[559] ist nicht viel gewonnen, weil es gerade um die Bedarfsbestimmung geht. Deshalb wird teilweise empfohlen, auch das allgemeine Lohnniveau im jeweiligen Ausland in die Bewertung mit einzubeziehen[560] und eine Begrenzung nach dem **Durchschnittslohn** des ausländischen Arbeitnehmers in dem Land vorzunehmen, in welchem das unterhaltsbedürftige Kind lebt.[561] Zwecks Aufklärung sollte das Gericht in derartigen Fällen eine Auskunft der Deutschen Botschaft im jeweiligen Land zu dieser Frage einholen.[562] Bei weitgehender Annäherung der Lebenshaltungskosten, aber deutlich zurückbleibender Lohnentwicklung im Ausland erscheint es gerechtfertigt, den nach der „Abschlags-Methode" ermittelten Betrag weiter zu reduzieren.[563] Beim Abstellen allein auf den Wechselkurs[564] können sich nicht hinnehmbare Verzerrungen ergeben, wenn der im Ausland lebende Berechtigte zB mit dem gezahlten Unterhalt Warenbons erwirbt und dadurch einen wesentlich höheren Lebensstandard erreicht als der in der Bundesrepublik lebende Pflichtige.[565]

bb) Ost-West-Fälle. Da die gesetzliche Neuregelung das bisherige Konzept der Regelbeträge **199** abgeschafft hat (s. § 1612a Rn. 8), sind – neben der komplizierten Anrechnungsbestimmung des § 1612b Abs. 5 aF – auch alte Ost-West-Unterschiede (s. dazu § 1612a Rn. 37 in der Voraufl.) entfallen. *Bis Ende 2007* galt dagegen folgendes: Sofern das bedürftige Kind in den neuen Bundesländern und der Pflichtige in den alten Bundesländern lebt, können die Tabellensätze der Düsseldorfer Tabelle angewendet werden, weil sich die Lebenskosten (auch in Bezug auf Miete) inzwischen in den neuen Bundesländern weitgehend dem westlichen Niveau angeglichen haben.[566] Lebt das Kind im Osten und der Schuldner im Westen, ist dies sowohl in Bezug auf den Unterhalt des Kindes wie den Selbstbehalt des Pflichtigen zweifelsfrei.[567] Bei umgekehrten Wohnverhältnissen (Kind im Westen, Schuldner im Osten) richtet sich der Bedarf ebenfalls nach den Sätzen der Düsseldorfer Tabelle, sofern der Pflichtige mehr als 1150 Euro erzielt;[568] der Selbstbehalt des Pflichtigen ist dagegen der Osttabelle[569] zu entnehmen.[570] Gegen eine zu strenge Schematisierung spricht auch hier die Notwendigkeit der Angemessenheitsprüfung (s. Rn. 81).

Wohnt das berechtigte Kind im **Ausland,** wird die bereits dargestellte Problematik (s. Rn. 195– **200** 198) besonders relevant; die Schwierigkeiten zeigen sich insbesondere in der stark divergierenden Rechtsprechung zu Polen.[571] Über die Orientierung an Verbrauchergeldparität und Devisenkurs hinaus hat die Begrenzung nach dem Durchschnittslohn des ausländischen Arbeitnehmers den Vorteil, dass bei deutlicher Divergenz der Lohnentwicklung und gleichzeitiger Angleichung der Lebenshaltungskosten[572] das Kind einerseits nicht mit dem Betrag abgefunden werden soll, der zB in Polen üblicherweise als ausreichender Unterhalt angesehen wird, weil der höhere Lebensstandard

---

[558] *Wendl/Dose* § 9 Rn. 38.
[559] BGH FamRZ 1992, 1060; KG FamRZ 1994, 759.
[560] *Finke* § 7 Rn. 11.
[561] *Henrich* in *Heiß/Born* Kap. 34 Rn. 17 f., wo die divergierende Rechtsprechung in ihren Einzelheiten dargestellt ist.
[562] So durchgeführt vom OLG Hamm in der Entscheidung FamRZ 2000, 908 (LS.) = OLGR 2000, 59.
[563] *Finke* § 7 Rn. 11.
[564] BGH FamRZ 1987, 682; OLG Düsseldorf FamRZ 1987, 1183.
[565] *Deisenhofer* in *Heiß/Born* Kap. 12 Rn. 13; *Henrich* in *Heiß/Born* Kap. 34 Rn. 18.
[566] *Deisenhofer* in *Heiß/Born* Kap. 12 Rn. 13 aE. Für den Mindestunterhalt ist dies durch das UnterhRÄndG zum 1. 1. 2008 umgesetzt worden; s. dazu *Scholz* FamRZ 2007, 2021, 2022; *Bosch* FF 2007, 293, 301; *Born* NJW 2008, 1, 4; *Gerhardt* FuR 2008, 9, 15.
[567] *Soyka* FamRZ 2007, 1362, 1365 zu III; OLG Stuttgart FamRZ 1992, 215; OLG Koblenz FamRZ 1992, 215; OLG Frankfurt FamRZ 1991, 976; NJW-RR 1993, 968; OLG München FamRZ 1991, 977; vgl. *Wendl/Klinkhammer* § 2 Rn. 324.
[568] In diesem Fall war nach allen Tabellen und Leitlinien des Beitrittsgebietes der Regelbetrag West anzusetzen, der nach der Düsseldorfer Tabelle bis zu einem Einkommen von 1150 Euro gilt.
[569] Berliner Tabelle aE, FamRZ 2007, 1370; Thüringer Tabelle D 3 b; eine Zusammenstellung der Tabellen und Leitlinien findet sich bei www.heiss-born.de sowie in FamRZ 2008, 333; 2007, 1373 und in NJW 2008, Beilage zu Heft 10; 2007, Beilage zu Heft 32.
[570] BGH FamRZ 1994, 372, 375.
[571] S. beispielhaft KG FamRZ 2002, 1057; OLG Koblenz FamRZ 1995, 1439; OLG Hamm FamRZ 1994, 774; 1989, 1332; OLG Schleswig FamRZ 1993, 1483; KG FamRZ 1994, 759; weitere ausführl. Nachw. bei *Henrich* in *Heiß/Born* Kap. 34 Rn. 18.
[572] *Finke* § 7 Rn. 11.

des Pflichtigen in der Bundesrepublik auch dem Kind zugutekommen soll, andererseits das Kind aber nicht den Betrag verlangen kann, den der Pflichtige an ein in der Bundesrepublik lebendes Kind zahlen müsste.[573]

201 **b) Gemeinsame elterliche Sorge.** Beim **minderjährigen** Kind erfüllt der Elternteil, in dessen Obhut (§ 1629 Abs. 2 S. 2) sich das Kind befindet, seine Unterhaltspflicht im Regelfall durch Pflege und Erziehung des Kindes (§ 1606 Abs. 3 S. 2). Durch die Einführung des gemeinsamen Sorgerechts als Regelfall hat sich daran nichts geändert.[574] Sofern die elterliche Sorge beiden Elternteilen nach ihrer Trennung verbleibt oder ihnen (wieder) übertragen wird (§ 1696 Abs. 1), kommt es für die Bestimmung, welcher Elternteil barunterhaltspflichtig ist, auf den überwiegenden Aufenthalt des Kindes an (s. Rn. 107–116). Sofern das Kind *abwechselnd* bei einem der beiden Elternteile lebt und die Anteile in etwa gleichgewichtig sind, ist eine wechselseitige Barunterhaltspflicht anzunehmen und deren Dauer und Umfang nach den Umständen des Einzelfalles zu bestimmen; im Falle der Betreuung zu gleichen Teilen kommt eine angemessene Erhöhung des Tabellensatzes wegen der bei beiden Eltern entstehenden Mehrkosten (zB Vorhaltung eines Kinderzimmers in beiden Wohnungen, häufige Fahrten)[575] in Betracht,[576] aber auch eine Reduzierung der Barunterhaltspflicht.[577]

202 Lebt das minderjährige Kind dagegen *überwiegend* bei einem Elternteil, verbleibt es bei der Barunterhaltspflicht des anderen Elternteils.[578] Trotz gemeinsamer elterlicher Sorge ist deshalb die Regelung des § 1606 Abs. 3 S. 2 einschlägig.[579]

203 Beim **volljährigen** Kind spielen Fragen des Sorgerechts naturgemäß keine Rolle mehr. Zur Bedarfsbestimmung s. Rn. 26–31 sowie Rn. 134–147.

204 **c) Wehr- und Zivildienst.** Angesichts der Vorteile durch freie Unterkunft und Verpflegung, Anspruch auf kostenlose Heilfürsorge, Gestellung, Reinigung und Instandsetzung der Dienstkleidung, Anspruch auf freie Wochenendheimfahrten, doppelter Satz des Verpflegungsgeldes für die Dauer des Erholungsurlaubs kann angenommen werden, dass der Wehrpflichtige seinen verbleibenden Bedarf für Freizeitgestaltung, Zivilkleidung und zusätzliche Reisekosten mit dem Wehrsold bezahlen kann und damit unterhaltsrechtlich einem auswärts studierenden Kind gleichzustellen ist, welches monatlich im Regelfall 1175 DM (bisher: 1120 DM) erhält, ohne diesen Betrag in derartigem Umfang zur freien Verfügung zu haben.[580]

205 **6. Beweislast.** Die Höhe des angemessenen Unterhalts ist vom Berechtigten zu beweisen; sofern eine Abhängigkeit von der Höhe der elterlichen Einkünfte besteht (s. Rn. 32–53), muss das Kind vorher uU Auskunft verlangen (§ 1605).[581]

206 Sofern das Kind lediglich den **Mindestunterhalt** (früher: Regelbetrag) nach § 1612a Abs. 1 (zu Einzelheiten s. dort) verlangt, muss es lediglich seine Bedürftigkeit beweisen, nicht aber die Höhe seines Bedarfs.[582] Denn hier ist die Annahme gerechtfertigt, dass das Kind jedenfalls den Regelbetrag zur Bestreitung seines Existenzminimums benötigt. Wird vom Kind dagegen **höherer** Tabellenunterhalt verlangt, muss das Kind nach allgemeinen Grundsätzen auch die Höhe des Bedarfs darlegen und ggf. beweisen.[583]

V. Unterhalt wegen Ausbildung

207 **1. Arbeitspflicht oder Recht auf Ausbildung.** Sofern das minderjährige Kind jünger als 15 Jahre alt ist und noch der Schulpflicht unterliegt, ist eine Berufstätigkeit nicht zulässig (§§ 2 Abs. 3,

---

[573] *Henrich* in *Heiß/Born* Kap. 34 Rn. 17.
[574] *Schwab/Borth* V Rn. 50, 150; s. § 1606 Rn. 34.
[575] OLG Düsseldorf OLGR 1999, 313.
[576] *Wendl/Klinkhammer* § 2 Rn. 336, 447 ff.
[577] BGH NJW 2006, 2258.
[578] BGH NJW 2007, 1882; s. dazu *Born* NJW 2007, 1859; *ders.* FPR 2008, 88; *Schwab/Borth* V Rn. 58.
[579] Die Antragsbefugnis richtet sich analog § 1629 Abs. 2 S. 2 danach, in wessen Obhut sich das minderjährige Kind befindet; der entsprechende Elternteil bleibt alleinvertretungsberechtigt und kann das Verfahren in Verfahrensstandschaft weiterführen (OLG Karlsruhe NJWE-FER 1998, 79; OLG Hamm FamRZ 1998, 379; *Born* in *Heiß/Born* Kap. 22 Rn. 34 ff.). Der Eintritt der *Volljährigkeit* des Kindes während des Verfahrens führt zu einem Ende der Verfahrensstandschaft (§ 1629 Abs. 3). Daraus folgt die Notwendigkeit, auf Antragstellerseite einen Beteiligtenwechsel vorzunehmen; das volljährige Kind muss als Beteiligter in das Verfahren eintreten (BGH FamRZ 1985, 471, 473; OLG Brandenburg FamRZ 1997, 509; *Born* in *Heiß/Born* Kap. 22 Rn. 14; zu Einzelheiten ausführlich *Rogner* NJW 1994, 3325).
[580] Zu Einzelheiten s. *Wendl/Klinkhammer* § 2 Rn. 486–488; *Schwab/Borth* V Rn. 55.
[581] Zum Auskunftsantrag s. *Born* in *Heiß/Born* Kap. 23 Rn. 501 ff., zum Stufenantrag aaO Rn. 530 ff.
[582] *Johannsen/Henrich/Graba* § 1610 Rn. 27; *Schwab/Borth* V Rn. 95. S. auch § 1603 Rn. 119 zur Unterscheidung zwischen Erstantrag und Abänderungsantrag.
[583] BGH FamRZ 1983, 473, 474.

Maß des Unterhalts 208–211 § 1610

5 Abs. 1, 7 Abs. 1 JugArbSchG); eine Verweisung auf eigene Erwerbstätigkeit kommt dann schon von daher nicht in Betracht.[584]

Liegen diese Einschränkungen nicht vor, trifft das Kind gleichwohl keine Erwerbsobliegenheit, solange es sich berechtigterweise in einer schulischen oder beruflichen Ausbildung befindet.[585] Das Kind hat ein **Recht** auf eine angemessene Ausbildung, welches eine Erstattungspflicht sowohl für Kosten der Erziehung wie für Kosten einer angemessenen Vorbildung zu einem Beruf umfasst (§ 1610 Abs. 2). Hierdurch wird die Bestimmung des § 1602 Abs. 1 insbesondere hinsichtlich der Unterhaltslast der Eltern konkretisiert, die verpflichtet sind (§§ 1626 Abs. 2, 1631 a), die Entwicklung ihres Kindes zu einer selbständigen verantwortungsbewussten Persönlichkeit zu unterstützen und zu fördern;[586] hierdurch soll erreicht werden, dass das Kind seinen Unterhalt später selbst durch eigene Erwerbstätigkeit sicherstellen kann.[587] Aus der elterlichen Verantwortung zur Erziehung und Förderung des Kindes ergibt sich die unterhaltsrechtliche Verpflichtung, die damit zusammenhängenden finanziellen Belastungen zu tragen; diese umfassen die gesamten Lebenshaltungskosten während der Ausbildungszeit, des Weiteren die ausbildungsbedingten Aufwendungen, die sich aus der Anschaffung von Lehrmitteln, Nachhilfeunterricht oder ausbildungsbedingtem Aufenthalt an einem anderen Ort ergeben.[588] Zu den Erziehungskosten gehören auch Mehraufwendungen zum Ausgleich krankheitsbedingter oder geistiger Mängel oder Fehlentwicklungen, zB Kosten für krankheitsbedingten Nachhilfeunterricht oder Rehabilitation nach einem Unfall.[589] Dagegen zählen die Betreuungskosten für die Beaufsichtigung des Kindes während einer Erwerbstätigkeit des sorgeberechtigten Elternteils nicht zum erstattungsfähigen Erziehungsbedarf.[590] 208

Mit dieser elterlichen Verpflichtung korrespondiert die **Pflicht** des Kindes, sich ausbilden zu lassen. Diese Verpflichtung ergibt sich für die Zeit der Schulpflicht ohne weiteres aus dem Gesetz; bei entsprechender Begabung und Leistungswillen ist anschließend eine Obliegenheit zum Besuch weiterführender Schulen anzunehmen.[591] Bei Verletzung dieser Obliegenheit bleibt den Eltern nur die Einwirkung durch erzieherische Maßnahmen; schlagen diese fehl, kann nur noch *indirekter Zwang* dahin ausgeübt werden, dass die Eltern keinen Unterhalt zahlen, sofern das Kind seiner Ausbildungsobliegenheit nicht genügt.[592] Ein volljähriges, sich nicht in beruflicher Ausbildung befindliches Kind ist grundsätzlich nicht unterhaltsbedürftig,[593] und zwar auch bei Absolvierung eines für den beabsichtigten Beruf nicht förderlichen Praktikums[594] oder bei Studium eines nicht auf das Berufsziel bezogenen Fachs; s. u. Rn. 230 a. E.[595] 209

2. Anspruch auf Ausbildung. Die Eltern schulden die Übernahme „der Kosten einer angemessenen Vorbildung zu einem Beruf" (§ 1610 Abs. 2), und zwar minderjährigen wie volljährigen[596] Kindern gegenüber. Ziel ist die optimale begabungsbezogene Berufsausbildung.[597] Einerseits soll die Ausbildung Begabung, Fähigkeiten, Leistungswillen und beachtenswerten Neigungen des Kindes am besten entsprechen; andererseits muss sich die Finanzierung an der wirtschaftlichen Leistungsfähigkeit der Eltern orientieren.[598] Im Einzelnen gilt folgendes: 210

a) Angemessenheit. Sie liegt dann vor, wenn die Ausbildung Begabung, Fähigkeiten, Leistungswillen und beachtenswerten, nicht nur vorübergehenden Neigungen des Kindes entspricht.[599] Dagegen müssen nicht sämtliche Neigungen und Wünsche des Kindes berücksichtigt werden, insbe- 211

---

[584] *Wendl/Scholz* § 2 Rn. 52. S. dagegen OLG Düsseldorf FamRZ 2010, 2082 (Teil-Erwerbspflicht bei Teilzeitausbildung) sowie OLG Rostock FamRZ 2007, 1267 (Teilerwerbstätigkeit zumutbar in Zeiten fehlenden Schulbesuchs).
[585] Zur Anrechenbarkeit von gleichwohl erzielten Einkünften s. § 1602 Rn. 19–23.
[586] *Schwab/Borth* V Rn. 62.
[587] *Wendl/Scholz* § 2 Rn. 54. S. OLG Rostock FamRZ 2001, 440.
[588] OLG Frankfurt FamRZ 1994, 770; 1983, 941; OLG Düsseldorf FamRZ 1981, 75; *Schwab/Borth* V Rn. 62; *Wendl/Scholz* § 2 Rn. 54.
[589] *Palandt/Brudermüller* Rn. 17.
[590] OLG Hamm FamRZ 1989, 534. Zur steuerlichen Berücksichtigung von Kindesbetreuungskosten durch Inanspruchnahme fremder Hilfe s. BVerfG NJW 2000, 724.
[591] *Schwab/Borth* V Rn. 62.
[592] OLG Brandenburg MDR 2005, 340; *Wendl/Scholz* § 2 Rn. 55 f.
[593] *Wendl/Scholz* § 2 Rn. 55.
[594] OLG Naumburg FamRZ 2008, 86 (LS.); 2007, 1380 (freiwilliges soziales Jahr); OLG Frankfurt FamRZ 1990, 789. Zum berufsvorbereitenden Praktikum s. *Möller* FPR 2008, 347.
[595] OLG Koblenz FamRZ 1991, 108. Zum Parkstudium s. Rn. 246.
[596] BGH FamRZ 1977, 629.
[597] BGH FamRZ 1980, 1115; *Deisenhofer* in *Heiß/Born* Kap. 12 Rn. 18.
[598] BGH FamRZ 1981, 344; 1980, 1115.
[599] BGH BGH-Report 2001, 377 m. Anm. *Stollenwerk*; FamRZ 1981, 344; 1980, 1115; OLG Hamburg NJW-RR 2010, 1589; OLG Rostock FamRZ 2001, 440; *Wendl/Scholz* § 2 Rn. 48; *Schwab/Borth* V Rn. 62.

sondere nicht solche, die sich nur als vorübergehend herausstellen oder mit Anlagen und Fähigkeiten des Kindes oder den wirtschaftlichen Verhältnissen der Eltern nicht in Übereinstimmung zu bringen sind.[600]

212 Nach welchen Kriterien sich die **Begabung** des Kindes richtet, lässt sich nur nach den Umständen des Einzelfalles beurteilen. Das Zeugnis wird üblicherweise als Indiz für das geistige Leistungsvermögen des Kindes herangezogen.[601] Zum „Spätentwickler" im Studium s. Rn. 268.

213 Die Kosten für den Besuch der **Schule** sind in jedem Fall dann geschuldet, wenn es sich um eine allgemeinbildende Schule (Grund- und Hauptschule) handelt. Der Allgemeinbildung dient auch der Besuch einer weiterführenden Schule (Berufsfachschule, Realschule, Gymnasium); bei Vorliegen der erforderlichen Begabung und des Leistungswillens ist auch hier ein Anspruch auf Ausbildungsunterhalt gegeben.[602] Mit dem Abitur erwirbt das Kind nicht automatisch einen Anspruch auf Finanzierung eines anschließenden Studiums;[603] vielmehr sind auch hier Begabung und Leistungswille des Kindes[604] unter Berücksichtigung von Zeugnis einerseits und Studienfach andererseits zu überprüfen. Zur Promotion s. Rn. 243.

214 Alternativ hat das Kind nach dem Ende der Schulausbildung grundsätzlich Anspruch auf eine **praktische Berufsausbildung,** und zwar auch nach Scheitern auf einer weiterführenden Schule.[605] Das Kind hat sich frühzeitig, also schon vor dem Ende der Schulausbildung, um einen Ausbildungsplatz zu bemühen,[606] denn eine Finanzierungspflicht der Eltern besteht anschließend nur während einer angemessenen Suchzeit.[607] Zur Finanzierung einer Ausbildung zum Meister s. Rn. 244.

215 Die Eltern müssen eine Ausbildung nicht schon deshalb finanzieren, weil die erste Ausbildung des Kindes nichts gekostet hat;[608] sie schulden auch nicht Kostenersatz für irgendeine Ausbildung.[609] Vielmehr ist förderungswürdig nur die Ausbildung zu einem **anerkannten Beruf.** Als Angehörige eines Berufs mit einem gefestigten Ausbildungsgang haben Juristen naturgemäß Schwierigkeiten mit Berufszielen, die eine solche Festigkeit nicht aufweisen, zB Schriftsteller oder Funktionär.[610] In Zeiten zunehmender Globalisierung, Durchlässigkeit von Ausbildungsgängen und zunehmend wegfallender „Garantie" von Positionen und Einkünften bei Absolvierung bestimmter Ausbildungen erscheint eine flexiblere Betrachtungsweise geboten, was schon jetzt beispielsweise für die Ausbildung zu einem künstlerischen Beruf zT bejaht wird.[611]

216 **b) Eine Ausbildung.** Von den Eltern ist nur eine Ausbildung zu finanzieren, nicht mehrere. Bei Unterstützung einer angemessenen Ausbildung des Kindes haben die Eltern ihre Unterhaltspflicht (§ 1610 Abs. 2) in der Regel hinreichend erfüllt; von Ausnahmen abgesehen sind sie deshalb nicht zur Finanzierung einer sogenannten Zweitausbildung (s. Rn. 265–274), die von der Weiterbildung (s. Rn. 251–264) abzugrenzen ist, verpflichtet.[612] Zu Streitigkeiten s. Rn. 225.

217 **c) Wahlrecht des Kindes.** Hier ist wie folgt zu unterscheiden:

218 **aa) Minderjähriges Kind.** Die Art der Ausbildung wird von den Eltern oder dem sorgeberechtigten Elternteil bestimmt; das Kind ist entsprechend seinem Entwicklungsstand an dem Entscheidungsprozess zu beteiligen (§ 1626 Abs. 2 S. 2).[613] Von den Eltern ist sowohl auf die Neigung

---

[600] BGH FamRZ 1993, 1057; 1992, 170; 1989, 853.
[601] BGH FamRZ 1991, 931; *Schwab/Borth* V Rn. 69.
[602] *Schwab/Borth* V Rn. 76; OLG Naumburg FamRZ 2009, 1226 (einjährige Berufsfachschule); OLG Braunschweig FamRZ 2011, 119 (Berufsgrundbildungsjahr). Auch wenn das Kind erst auf Umwegen zum (Erst-)Abschluss der allgemeinen Schulausbildung kommt, bleibt dies selbst bei schuldhaftem Verhalten regelmäßig ohne Konsequenzen (OLG Brandenburg FamRZ 2008, 177 = NJW-RR 2008, 161). S. dazu auch OLG Karlsruhe FamRZ 2010, 737 (LS.).
[603] OLG Hamm FamRZ 1990, 904.
[604] *Schwab/Borth* V Rn. 77.
[605] *Schwab/Borth* V Rn. 76.
[606] *Schwab/Borth* V Rn. 76.
[607] BGH NJW 1998, 1555; KG FamRZ 1985, 419; s. aber auch Rn. 226 aE, 230. Deshalb entfällt ein Unterhaltsanspruch bei grundloser mehrjähriger Unterbrechung der Ausbildung (OLG Naumburg FamRZ 2001, 440). S. dazu auch OLG Brandenburg FamRZ 2008, 87.
[608] BGH FamRZ 1981, 427.
[609] OLG Hamm FamRZ 1989, 1219.
[610] Ablehnend deshalb insoweit *Palandt/Brudermüller* Rn. 19.
[611] Von *Schwab/Borth* V Rn. 77 aE, der allerdings fordert, dass Begabung und Neigung hier besonders hervortreten müssten. Wie und von wem das zu beurteilen sein soll, wenn Gemüsesaft-Dosen (Andy Warhol), in Zimmerecken geklebte Butterstücke (Josef Beuys) o. ä. Höchstpreise erzielen, bleibt aber auch hier offen. S. auch OLG Frankfurt a. M. FamRZ 2007, 1839 Ls. (Anspruch bejaht für Praktikum als Voraussetzung für Ausbildung zur Werbekauffrau).
[612] BGH FamRZ 1993, 1057; 1992, 170; 1989, 853; OLG Karlsruhe FamRZ 2000, 975.
[613] *Wendl/Scholz* § 2 Rn. 71; *Schwab/Borth* V Rn. 70.

des Kindes wie seine Eignung Rücksicht zu nehmen (§ 1631a Abs. 1 S. 1), und in Zweifelsfällen ist der fachliche Rat eines Lehrers oder einer anderen geeigneten Person einzuholen (§ 1631a S. 2), bevor dann von den Eltern auf Grund ihrer Erfahrungen mit dem Kind eine Prognose angestellt wird.[614] Bei getrennt lebenden Eltern hat der nicht sorgeberechtigte Elternteil die Entscheidung des anderen grundsätzlich hinzunehmen, auch wenn die vom anderen Teil gewählte Ausbildung mit Mehrkosten verbunden ist.[615] Deshalb ist auch ein sittliches Fehlverhalten des minderjährigen Kindes hier unbeachtlich (§ 1611 Abs. 2).[616]

bb) Volljähriges Kind. Es kann seine Berufswahl in eigener Verantwortung allein treffen, also 219 zB eine Erwachsenenschule (Abend- oder Tagesform) besuchen[617] oder das Studienfach wählen,[618] auch gegen den Willen der Eltern.[619] Auch hier sind aber die unter Rn. 211–215 dargestellten Kriterien zu beachten; auf Grund des Gegenseitigkeitsprinzips (s. Rn. 220–222) als Ausfluss der Pflicht zu Beistand und Rücksicht (§ 1618a) muss das volljährige Kind seinen Ausbildungswunsch mit den Eltern besprechen und auf deren wirtschaftliche Lage Rücksicht nehmen.[620] Weitere Einschränkungen ergeben sich aus den *subjektiven* Besonderheiten aufseiten des Kindes; so kann es an der Finanzierungspflicht der Eltern fehlen, wenn die bisherigen schulischen Leistungen[621] erwarten lassen, dass die gewählte Ausbildung keine hinreichende Erfolgsaussicht hat, zB bei einem beabsichtigten Wechsel auf eine Privatschule nach Scheitern im staatlichen Schulsystem,[622] bei einem ohne feste Berufsabsicht „ins Blaue hinein" aufgenommenen Studium[623] oder bei fehlendem Leistungswillen als Folge einer bestehenden Drogenabhängigkeit.[624] *Objektiv* schlechte Berufsaussichten können dagegen nicht von vornherein zur Ablehnung des Anspruchs führen, da eine sichere Prognose in kaum einem Berufszweig möglich ist und ein erlernter Beruf außerdem Grundlage für eine Tätigkeit auf anderem Gebiet sein kann.[625] Das angestrebte Berufsziel muss aber grundsätzlich geeignet sein, dem Berechtigten nach Ausbildungsende das Bestreiten des eigenen Lebensunterhalts zu ermöglichen; wegen fehlender Zielrichtung besteht deshalb keine Finanzierungspflicht für ein sogenanntes Parkstudium[626] (s. Rn. 246).

cc) Gegenseitigkeitsprinzip. Aus der gegenseitigen Pflicht zu Beistand und Rücksichtnahme 220 (§ 1618a) ergibt sich beim Ausbildungsunterhalt die Verpflichtung des Kindes, auf die wirtschaftlichen Verhältnisse der Eltern Rücksicht zu nehmen.[627] Die Art der geschuldeten Berufsausbildung richtet sich allerdings nicht nach der (beruflichen oder gesellschaftlichen) *Stellung* der Eltern,[628] sondern allein nach ihren *wirtschaftlichen* Verhältnissen, also nach § 1603. Allein mit der Begründung, das Kind beabsichtige eine teure und lang andauernde Ausbildung, die über die elterliche gesellschaftliche Stellung hinausgehe, kann eine Verpflichtung zur Zahlung von Ausbildungsunterhalt also nicht abgelehnt werden.[629]

Bei **beengten** wirtschaftlichen Verhältnissen wird danach – insbesondere unter Berücksichtigung 221 der Möglichkeiten der staatlichen Ausbildungsförderung (s. Rn. 275–289) – der Finanzierungsanspruch im Grundsatz bestehen bleiben; der Berechtigte muss sich aber ggf. auf eine weniger kostspielige Ausbildung oder einen preiswerteren Ausbildungsort beschränken.[630] Bei besserer Qualität einer auswärtigen Ausbildung muss das berechtigte Kind sich allerdings nicht auf den Wohnsitz des Pflich-

---

[614] *Wendl/Scholz* § 2 Rn. 71.
[615] OLG Nürnberg FamRZ 1993, 837; *Wendl/Scholz* § 2 Rn. 71. Das minderjährige Kind verliert seinen Unterhaltsanspruch auch bei Leistungsunwilligkeit nicht, weil die Eltern auf Grund ihrer erzieherischen Verantwortung mitverantwortlich sind; *Schwab/Borth* V Rn. 70.
[616] OLG Hamburg FamRZ 1995, 959.
[617] OLG Naumburg FamRZ 2007, 497.
[618] BGH FamRZ 1996, 798; OLG Celle FamRZ 2007, 929 (es reicht aus, wenn „etwas Soziales" oder „etwas mit Kindern" studiert werden soll).
[619] *Wendl/Scholz* § 2 Rn. 72.
[620] *Schwab/Borth* V Rn. 71.
[621] Mit dem Zeugnis als Indiz, BGH FamRZ 1991, 931; s. Rn. 211, 223. Fehlende Eignung folgt nicht schon aus der einmaligen Wiederholung eines Schuljahres (OLG Celle FamRZ 2007, 929).
[622] OLG Frankfurt FamRZ 1985, 1167; OLG Hamm FamRZ 1978, 446.
[623] OLG Stuttgart NJW 1979, 1166.
[624] OLG Zweibrücken FamRZ 1985, 92.
[625] *Schwab/Borth* V Rn. 71.
[626] OLG Koblenz FamRZ 1991, 108; *Schwab/Borth* V Rn. 71 aE.
[627] BGH FamRZ 1995, 416; 1981, 344; 1980, 1115.
[628] BGH FamRZ 1981, 344, 345; s. Rn. 2.
[629] *Schwab/Borth* V Rn. 72.
[630] *Wendl/Scholz* § 2 Rn. 73, *Wendl/Klinkhammer* § 2 Rn. 482; *Schwab/Borth* V Rn. 72.

tigen als Ausbildungsort verweisen lassen.[631] Auch wenn die grundsätzliche Finanzierungspflicht angesichts eines Selbstbehaltes von 1960 DM (bisher 1800 DM) gegenüber volljährigen Kindern und dem Fehlen von Schulgeld oder Studiengebühren von daher nur in den seltensten Fällen ausscheiden wird, erfährt das Gegenseitigkeitsprinzip seine praktische Bedeutung dagegen bei Obliegenheitsverletzungen des berechtigten Kindes (s. Rn. 229–235).

222 Bei **günstigen** wirtschaftlichen Verhältnissen müssen die Eltern unter Umständen auch für eine lange Ausbildungszeit aufkommen. Auch wenn unterstellt werden kann, dass sich die Eltern bei intakten Familienverhältnissen jahrelang eingeschränkt hätten, kann das andererseits nicht zu einer uferlosen Ausdehnung des Anspruchs auf Ausbildungsunterhalt führen,[632] zumal nach Trennung oder Scheidung der Eltern in jedem Fall erhöhte Kosten in Gestalt getrennter Haushalte anfallen. Wenn sich die geschiedene Ehefrau selbst bei sehr guten wirtschaftlichen Verhältnissen während der Zeit des Zusammenlebens später im Rahmen der Bestimmung ihres Bedarfs nach objektiven Kriterien messen lassen muss,[633] dann wird dies erst recht für das Kind zu gelten haben (s. Rn. 152). Dies führt in der Praxis zur Annahme einer Obliegenheit des unterhaltsberechtigten Kindes zum zügigen Abschluss der Ausbildung (s. Rn. 233).

223 **dd) Eignung und Leistungswillen.** Bestehen auf Grund der Zeugnisnoten,[634] des fachlichen Rates eines Lehrers oder einer anderen geeigneten Person (§ 1631 a S. 2)[635] oder auf Grund sonstiger Indizien[636] ernsthafte Zweifel an Eignung und Leistungswillen des Kindes für die von ihm beabsichtigte Ausbildung, besteht keine Verpflichtung der Eltern zur Finanzierung. Berufswünsche, die auf Grund fehlender Begabung als abwegig bezeichnet werden müssen, sind von den Eltern nicht zu unterstützen, weil anderenfalls eine offensichtliche Fehlentwicklung mit voraussehbaren Enttäuschungen vorprogrammiert wäre.[637] Einen Anhaltspunkt bildet in diesem Zusammenhang ein mehrfaches Scheitern im Rahmen der bisherigen Ausbildung.

224 Der **Zeitpunkt** zur Beurteilung der Eignung des Kindes ist der Beginn der Ausbildung,[638] wobei die Sicht eines objektiven Beobachters zugrundezulegen ist;[639] zur Bestätigung des gewonnenen Ergebnisses kann aber auch die spätere Entwicklung des Kindes mit herangezogen werden.[640] Auch wenn das erfolgreiche Ablegen des Abiturs nicht automatisch eine Berechtigung zum Studium bedeutet,[641] sondern Leistungswille und Begabung zu prüfen sind,[642] wird von der Praxis die Eignung zum Studium nur ausgesprochen selten verneint.[643]

225 **ee) Streitigkeiten.** Beim *minderjährigen* Kind kann das Familiengericht auf Antrag bei Meinungsverschiedenheiten der Eltern oder einer Vernachlässigung des Kindes die erforderlichen Maßnahmen anordnen (§§ 1628, 1631 a, 1666).[644] Das *volljährige* Kind kann seine Berufswahl grundsätzlich in eigener Verantwortung treffen, wobei eine Pflicht zur Rücksichtnahme gegenüber den Eltern besteht (§§ 1618a, 1631 a), s. Rn. 220–222. Streitigkeiten sind vom Familiengericht im Rahmen des Unterhaltsverfahrens zu entscheiden.[645]

226 **d) Zeitliche Befristung.** Im Gegensatz zum nachehelichen Ausbildungsunterhalt (§ 1575 Abs. 1 S. 2) kennt das Gesetz beim Kind **keine** Befristung des Unterhaltsanspruchs auf die voraussichtliche Ausbildungsdauer. Ein „beredtes Schweigen" des Gesetzgebers im Sinne eines Willens zur

---

[631] BGH FamRZ 1983, 48; OLG Karlsruhe FamRZ 1998, 271. Umgekehrt kann – im Falle entsprechender Kostenersparnis – die Notwendigkeit bestehen, an den Studienort umzuziehen (BGH FamRZ 2009, 762, 765).
[632] *Schwab/Borth* V Rn. 74.
[633] BGH NJW 1997, 735; 1993, 898; 1989, 2809; 1982, 1645; FamRZ 1987, 39; OLG Hamm FamRZ 1993, 1089; *Graba* FamRZ 1989, 571; aA *Luthin* FamRZ 1988, 1109.
[634] BGH FamRZ 1991, 931; s. Rn. 211, 219.
[635] *Schwab/Borth* V Rn. 70.
[636] OLG Zweibrücken FamRZ 1985, 92 bei fehlendem Leistungswillen auf Grund bestehender Drogenabhängigkeit.
[637] *Wendl/Scholz* § 2 Rn. 74.
[638] Zu Einschränkungen bei Weiterbildung s. Rn. 256, zum „Spätentwickler" s. *Reinken* FPR 2008, 335, weiter Rn. 268.
[639] *Wendl/Scholz* § 2 Rn. 74.
[640] BGH FamRZ 1991, 322.
[641] BGH FamRZ 2000, 420, 422; OLG Hamm FamRZ 1990, 904.
[642] *Schwab/Borth* V Rn. 77.
[643] *Wendl/Scholz* § 2 Rn. 74. Eine solche Ausnahme wird man annehmen können, wenn zB eine Sprache oder Mathematik studiert werden soll, aber in der Schule dort über längere Zeit nur mangelhafte Noten erzielt worden sind.
[644] Die frühere Sondervorschrift des § 1631a Abs. 2 ist durch Art. 1 Nr. 48 KindRG wegen Überflüssigkeit gestrichen worden, BT-Drucks. 13/4899 S. 64 f., 115.
[645] *Wendl/Scholz* § 2 Rn. 76.

Maß des Unterhalts 227, 228 § 1610

ausdrücklichen Unterscheidung erscheint zweifelhaft. Zum einen ist Abs. 2 in seiner heutigen Fassung durch das Gesetz zur Neuregelung des Volljährigkeitsalters vom 31. 7. 1974 (BGBl. I S. 1713), also zeitlich vor dem ersten EheRG eingeführt worden; zum anderen bezieht sich der nacheheliche Ausbildungsunterhalt nach § 1575 Abs. 1 auf eine bereits begonnene oder zwar noch nicht aufgenommene, aber jedenfalls geplante Ausbildung, deren Dauer in beiden Fällen besser abgeschätzt werden kann. Insbesondere dann, wenn man das Ende der Ausbildung zeitlich absehen kann, ist eine entsprechende Begrenzung des Ausbildungsunterhalts gleichwohl nicht ausgeschlossen, zumal bei anschließend auch weiter bestehender Unterhaltsbedürftigkeit der Anspruch aus § 1610 Abs. 1 ebenfalls weiter besteht. Hier kann sich eine Verpflichtung des Berechtigten ergeben, nach § 1602 Abs. 2 den Stamm seines Vermögens einzusetzen; selbst bei vollständigem Verbrauch kann – bei ansonsten vorliegender Aussetzung – auch danach vom Pflichtigen wieder Unterhalt verlangt werden.[646] Der Berechtigte hat schon vor Abschluss seiner Ausbildung die Verpflichtung, sich für die Zeit danach frühzeitig um eine anschließende Beschäftigung zu kümmern,[647] s. Rn. 230. Dennoch entstehende **Wartezeiten** zwischen Beendigung der Schule und Beginn der praktischen Ausbildung oder Studienbeginn hat nach z. T. vertretener Ansicht der Pflichtige zu überbrücken,[648] zumal die Gerichte dem Kind eine Orientierungs- und Erholungsphase von ca. 3 Monaten zugestehen.[649] Nach aA hat jedenfalls das volljährige Kind seinen Bedarf in der Wartezeit durch Erwerbstätigkeit selbst zu decken.[650] Die Entscheidung wird nach den Verhältnissen des Einzelfalls unter Beachtung des Gegenseitigkeitsprinzip (s. Rn. 220–222) zu treffen sein.

Sofern das Kind nach Beendigung seiner Ausbildung – für den Monat, in den die Abschlussprüfung fällt, besteht noch Anspruch auf Ausbildungsunterhalt[651] – trotz ausreichender Bemühungen keinen Arbeitsplatz findet, behält es jedenfalls in der ersten Zeit seinen Unterhaltsanspruch. Das **Arbeitsplatzrisiko** kann den Eltern sowohl nach Ausbildungsabschluss wie nach Abbruch der Ausbildung[652] aber nicht für unbegrenzte Zeit auferlegt werden;[653] deshalb muss sich das Kind bei weiterer Erfolglosigkeit seiner Arbeitsplatzsuche unter dem Gesichtspunkt der Eigenverantwortlichkeit auch auf ausbildungsfremde oder unterqualifizierte Tätigkeiten verweisen lassen.[654] Entsprechend dem aus § 1618a folgenden Gegenseitigkeitsprinzip (s. Rn. 220–222) sind gleichwohl erzielte Einkünfte des Kindes dann anzurechnen, wenn aufseiten der Eltern beengte Verhältnisse vorliegen; bei günstigen wirtschaftlichen Verhältnissen werden diese Einkünfte meist für andere Zwecke als Unterhalt eingesetzt (zB Pkw-Anschaffung oder Reise) und bleiben deshalb anrechnungsfrei.[655] Zu Wechsel und Abbruch der Ausbildung s. Rn. 248.

e) **Mehrkosten.** In den für einen Studenten geltenden Bedarfssätzen sind die im Regelfall anfallenden Kosten für Fachliteratur oder Material enthalten, was zu Bedarfsverzerrungen im Verhältnis zu dem volljährigen, noch zu Hause wohnenen Kind führt (s. Rn. 141, 147). Bei konkretem Nachweis sind anfallende Mehrkosten aber erstattungsfähig. Bei einem *Schüler* kann Nachhilfeunterricht notwendig sein;[656] Kosten für eine Privatschule muss der Pflichtige nur dann bezahlen, wenn deren Inanspruchnahme wirklich erforderlich ist.[657] Beim *Studenten* wird die Pflicht der Eltern zur Finanzierung eines Auslandsstudiums angenommen, sofern eine Verbesserung von fachlicher Qualifikation und Berufschancen bejaht werden kann[658] und die wirtschaftliche Lage der Eltern eine Zahlung zulässt.[659] Wegen des Gegenseitigkeitsverhältnisses bedeutet die hinreichende Leistungsfähigkeit der Eltern umgekehrt nicht, dass derartige Mehrkosten immer schon dann zu tragen wären, wenn die Eltern dazu auch in der Lage sind; vielmehr kommt es unter Anlegung eines

---

[646] *Schwab/Borth* V Rn. 90.
[647] Vergleichbar ist die Situation bei dem eine Schule besuchenden Kind, welches sich schon vor Abschluss der Schule um einen Ausbildungsplatz kümmern muss, s. o. Rn. 214.
[648] OLG Hamm FamRZ 2006, 1479; *Schwab/Borth* V Rn. 91.
[649] BGH FamRZ 1998, 671; OLG Naumburg NJW-RR 2007, 1380; OLG Köln FamRZ 2005, 301; OLG Hamm FamRZ 1990, 904; noch etwas großzügiger KG FamRZ 1985, 419. Bis zum Antritt einer Lehrstelle kann allerdings eine Teilzeittätigkeit geboten sein (OLG Düsseldorf FamRZ 2000, 442).
[650] OLG Naumburg NJW-RR 2007, 1380; OLG Düsseldorf FamRZ 2006, 59; OLG Zweibrücken NJW-RR 2006, 1660; *Büttner/Niepmann/Schwamb* Rn. 365 aE mwN.
[651] OLG Brandenburg NJW-RR 2007, 75.
[652] OLG Nürnberg OLGR 2001, 65.
[653] *Wendl/Scholz* § 2 Rn. 75.
[654] *Schwab/Borth* V Rn. 103; *Wendl/Scholz* § 2 Rn. 57.
[655] *Schwab/Borth* V Rn. 91.
[656] *Schwab/Borth* V Rn. 79.
[657] OLG Hamm FamRZ 1997, 960; verneint vom OLG München/Augsburg FF 2008, 509 m. Anm. *Schnitzler* für Privatschule Salem. Zu den beim Besuch eines Internats anfallenden Kosten s. Rn. 75, 110.
[658] BGH FamRZ 1992, 1064, für ein Auslandssemester bei einem Juristen; s. dazu Fn. 705.
[659] *Schwab/Borth* V Rn. 79.

§ 1610   229–231   Abschnitt 2. Titel 3. Unterhaltspflicht

objektiven Maßstabs entscheidend auch auf die beim Kind vorhandenen Neigungen und Fähigkeiten an.[660] Die – inzwischen fast überall eingeführten – **Studiengebühren**[661] sind auf Grund ihrer Vorhersehbarkeit und fehlenden Unregelmäßigkeit (s. § 1613 Rn. 66 ff.) nicht als Sonderbedarf, sondern als Mehrbedarf anzusehen,[662] der – bei vorangegangenem Auskunftsersuchen auch rückwirkend (s. § 1613 Rn. 12–18) – gegenüber den zahlungspflichtigen Eltern geltend gemacht werden kann.

229   **3. Pflichten des Kindes.** Der gesetzlichen Verpflichtung (Abs. 2) der Eltern zur Finanzierung einer angemessenen Berufsausbildung stehen auf Grund des Gegenseitigkeitsprinzips (s. Rn. 220–222) Obliegenheiten des Kindes gegenüber.

230   **a) Ausbildungsobliegenheit.** Das Kind ist gehalten, sich schon vor Erreichen eines bevorstehenden Abschlusses, zB der Schulausbildung, um einen zeitnahen Anschluss des nächsten Ausbildungsabschnittes zu kümmern, beispielsweise um einen Ausbildungsplatz nach Beendigung der Schule.[663] Nach Ablauf einer Orientierungsphase (s. Rn. 226 aE), deren Dauer sich nach Alter und Entwicklungsstand des Kindes sowie weiteren Umständen des Einzelfalles richtet und von daher unterschiedlich lang ist, besteht eine Verpflichtung des Kindes, seinen Berufs- und Lebensweg in eigener Verantwortung zu gestalten.[664] Wird der **Beginn** der Aufnahme einer beruflichen Ausbildung zu lange hinausgeschoben (s. Rn. 226), kann das zum Verlust des Anspruchs auf Ausbildungsunterhalt (und damit des Unterhaltsanspruchs insgesamt) führen.[665] Die Ausbildungsobliegenheit beinhaltet außerdem die Verpflichtung des Kindes, den Ausbildungsgang mit **Fleiß und Zielstrebigkeit** pflichtbewusst zu verfolgen[666] und in angemessener und üblicher Zeit zu beenden.[667] Bei nachhaltiger Verletzung dieser Obliegenheit büßt das Kind den Unterhaltsanspruch ein, ohne dass die Voraussetzungen für eine Verwirkung des Anspruchs (§ 1611 Abs. 1) vorliegen müssten.[668] Unterhaltsrechtlich ist das Kind dann verpflichtet, durch Erwerbstätigkeit selbst für sich zu sorgen,[669] wobei für die Nutzung der Arbeitskraft ähnliche Maßstäbe gelten wie für die Haftung der Eltern gegenüber minderjährigen Kindern.[670]

231   Trotz der in diesem Bereich relativ strengen Grundsatzentscheidung des BGH[671] ist in der Praxis eine eher großzügige Beurteilung zu Gunsten des Kindes vorherrschend, was im Wesentlichen an dem zusätzlichen Kriterium der **Zumutbarkeit** der Ausbildungsfinanzierung durch die Eltern (s. Rn. 220–222) liegt. In diesem Zusammenhang kommt es auf den bisherigen Ausbildungsgang und die schulischen Leistungen des Kindes an. Von Bedeutung sind außerdem das Alter der Eltern sowie etwaige Dispositionen, die sie im Vertrauen auf das bisherige Verhalten des Kindes getroffen haben.[672] Allein dadurch, dass das Kind nach dem Schulabschluss nicht sofort mit der Ausbildung beginnt, sondern zunächst eine ungelernte Arbeit ausübt oder keiner Berufstätigkeit nachgeht, verliert es nicht ohne weiteres den Anspruch auf eine angemessene Ausbildung.[673] Bei hinreichender Begabung des Kindes müssen die Eltern den Besuch der Sekundarstufe II ermöglichen, damit das Kind später das Abitur machen kann.[674] Auch nach einem Scheitern des Kindes in der Hauptschule kann der Wechsel zu einer anderen Schule gerechtfertigt sein.[675] Beruhen die unzureichenden Leistungen des Kindes dagegen auf einer Verweigerungshaltung, muss die Ausbildung abgebrochen

---

[660] *Schwab/Borth* V Rn. 74, 79.
[661] Dazu *Weinreich* FuR 2008, 268; *Neumann* FamRB 2007, 53.
[662] OLG Koblenz NJW-RR 2009, 1153. Vgl. zum vorhersehbaren Aufwand für Konfirmationskosten BGH FamRZ 2006, 612.
[663] *Schwab/Borth* V Rn. 76.
[664] *Wendl/Scholz* § 2 Rn. 77.
[665] BGH NJW 2011, 2884 m. Anm. *Born* und Bspr. von *Graba* FamFR 2011, 387 (kein Anspruchsverlust bei schwangerschafts- und kindesbetreuungsbedingter Verzögerung des Studienbeginns); s. auch BGH FamRZ 1998, 671. OLG Naumburg FamRZ 2008, 86 (LS.); 2007, 1380 (kein Unterhaltsanspruch, wenn freiwilliges soziales Jahr keine Studienvoraussetzung ist). Dagegen nach OLG Rostock FamRZ 2008, 86 (LS.) Anspruch auf Ausbildungsunterhalt bei berufsvorbereitendem Praktikum. AG Frankfurt a. M. FamRZ 2004, 218. Ebenso im Falle einer grundlosen und langen Unterbrechung (OLG Naumburg FamRZ 2001, 440).
[666] *Schwab/Borth* V Rn. 89.
[667] *Wendl/Scholz* § 2 Rn. 77.
[668] BGH FamRZ 1998, 671; OLG Frankfurt a. M. NJW 2009, 235; AG Garmisch-Partenkirchen BeckRS 2011, 05220.
[669] *Wendl/Scholz* § 2 Rn. 77.
[670] *Wendl/Scholz* § 2 Rn. 57.
[671] FamRZ 1998, 671.
[672] BGH FamRZ 1989, 853.
[673] *Wendl/Scholz* § 2 Rn. 79.
[674] OLG Karlsruhe NJWE-FER 1998, 148.
[675] OLG Hamm FamRZ 1997, 695.

und der Unterhalt durch ungelernte Arbeit sichergestellt werden.[676] Allein das Alter des Kindes schließt eine Berechtigung, ein Studium zu beginnen, noch nicht aus, sofern die Eltern noch mit einer Inanspruchnahme auf Unterhalt rechnen mussten;[677] allerdings ist hier, auch unter Berücksichtigung der Vorgaben des BGH,[678] eine besonders sorgfältige Prüfung von Eignung und Leistungswillen des Kindes im Hinblick auf die Prognose eines erfolgreichen Studienabschlusses vorzunehmen.[679]

Auch wenn die Berufsausbildung weder begonnen noch abgeschlossen wurde, kann der Anspruch auf Ausbildungsunterhalt durch Zeitablauf dann vollständig zurücktreten, wenn das Kind eine eigene Lebensstellung (s. Rn. 19, 25) erworben hat und seinen Bedarf selbst decken kann.[680] Den Eltern wird im Einzelfall nicht zugemutet, sich ggf. nach Ablauf mehrerer Jahre, in denen sie nach den schulischen Ergebnissen und dem bisherigen Werdegang des Kindes nicht mehr mit dem Ablegen des Abiturs und dem Beginn eines Studiums rechnen mussten, einem Anspruch des Kindes auf Ausbildungsunterhalt ausgesetzt zu sehen,[681] wobei auch von Bedeutung sein kann, dass auf Grund des fortgeschrittenen Alters des Kindes steuerliche Erleichterungen, Kindergeld und kindbezogene Gehaltsbestandteile unabhängig vom Ausbildungsstand wegfallen.[682]

b) Keine Verzögerungen. Es ist Folge der Verpflichtung zur zielstrebigen und pflichtbewussten Absolvierung der Ausbildung, dass das Kind seine Ausbildung ohne wesentliche Verzögerungen betreibt.[683] Dient ein weiterer Kenntniserwerb einer angemessenen Berufsausbildung, muss das Kind aber nicht allein deshalb darauf verzichten, um den Pflichtigen zu entlasten.[684] Auf einem vorübergehenden leichten Versagen des Kindes beruhende Verzögerungen hat der Pflichtige hinzunehmen, zB bei Krankheit des Kindes[685] oder sonstigen zwingenden Umständen.[686] Selbst der Abbruch von zwei Berufsausbildungen führt nicht zwingend zum Anspruchsverlust, wenn sich die Ausbildungsdauer nicht wesentlich verzögert.[687] Bei nachhaltiger Verletzung der Ausbildungsobliegenheit durch das Kind und fehlender Zumutbarkeit einer Finanzierung durch die Eltern ist der Ausbildungsanspruch dagegen zu versagen.[688] Im Zusammenhang mit Verzögerungen stehende Fragen tauchen im verschulten Ausbildungssystem wesentlich seltener auf als im Rahmen des Studiums; sie werden deshalb dort (s. Rn. 239–242) dargestellt.

c) Pflicht zur Unterrichtung. Aus dem sich aus Treu und Glauben (§ 242) ergebenden[689] Kontrollrecht der Eltern (s. Rn. 249) folgt, dass das Kind nach *Anfrage* der Eltern Nachweise über seinen bisherigen Ausbildungsgang vorzulegen hat.[690] Nach Treu und Glauben wird aber auch eine Verpflichtung zur *ungefragten* Informationserteilung anzunehmen sein,[691] weil das ordnungsgemäße Betreiben der Ausbildung[692] Voraussetzung für die Bedürftigkeit ist und der Pflichtige nur eingeschränkten Einblick in die Verhältnisse des Bedürftigen hat. Abgesehen davon, dass eine regelmäßige Nachfrage von Seiten des Pflichtigen vom Kind durchaus nicht selten als „Schnüffeln" oder Ausübung permanenten Druckes empfunden wird, was schon für sich allein für eine eigenständige Informationserteilung sprechen dürfte, ist jedenfalls im laufenden Verfahren auch die prozessuale Wahrheitspflicht (§ 138 Abs. 1 ZPO) zu berücksichtigen.[693] Ist dem Berechtigten Unterhalt durch *Urteil* zuerkannt worden, treffen ihn Informationspflichten immer dann, wenn das Schweigen über eine für den Anspruch ersichtlich grundlegende Änderung der wirtschaftlichen Verhältnisse evident

---

[676] OLG Hamm FamRZ 1997, 695.
[677] OLG Stuttgart FamRZ 1996, 181 bei einem Kind im Alter von 24 Jahren.
[678] FamRZ 1998, 671.
[679] OLG Hamm FamRZ 1995, 1007; *Wendl/Scholz* § 2 Rn. 79.
[680] BGH FamRZ 1998, 671, 672; OLG Hamm FamRZ 1995, 1007; *Schwab/Borth* V Rn. 88.
[681] BGH FamRZ 1998, 671.
[682] OLG Frankfurt FamRZ 1994, 1611, das bei einer Orientierungsphase von 31 Monaten den Unterhaltsanspruch versagt hat; abweichend OLG Stuttgart FamRZ 1996; 181; OLG Köln FamRZ 1986, 382.
[683] Zu Einzelheiten beim Studenten s. Rn. 239–242. Bei grundloser mehrjähriger Unterbrechung der Ausbildung entfällt deshalb der Unterhaltsanspruch (OLG Naumburg FamRZ 2001, 440).
[684] BGH FamRZ 1992, 1064 für ein Auslandssemester bei einem Juristen. S. dazu Fn. 705.
[685] OLG Jena NJW-RR 2009, 651; OLG Hamm FamRZ 1990, 904.
[686] BGH FamRZ 2000, 420; OLG Koblenz FamRZ 2005, 300; OLG Hamm FamRZ 2000, 904; *Schwab/Borth* V Rn. 89.
[687] OLG Jena FamRZ 2005, 1585.
[688] OLG Hamm OLGR 2005, 5; *Wendl/Scholz* § 2 Rn. 77.
[689] *Johannsen/Henrich/Graba* Rn. 18.
[690] BGH FamRZ 1987, 470; OLG Düsseldorf FuR 2000, 38; OLG Zweibrücken FamRZ 1995, 1006.
[691] Vgl. OLG Hamm FamRZ 1995, 1007. Allg. dazu *Hoppenz* FamRZ 1989, 337.
[692] Informationspflicht deshalb bei drohender Studienzeitverlängerung, OLG Düsseldorf FuR 2000, 38; OLG Schleswig OLGR 1998, 160. Ebenso bei Schulabbruch, OLG Köln FamRZ 2005, 301.
[693] BGH NJW 1999, 2804.

unredlich wäre;[694] bei zugrundeliegendem *Vergleich* ist der Berechtigte im Hinblick auf seine vertragliche Treuepflicht – weitergehend – gehalten, jederzeit und unaufgefordert Umstände zu offenbaren, die ersichtlich die Verpflichtungen des anderen aus dem Vertrag berühren.[695]

235 Die Pflicht zur Unterrichtung korrespondiert von ihrem Umfang her mit dem **Kenntnisstand** des Pflichtigen. Sofern das Kind zB berechtigterweise eine Privatschule besucht, kann der Pflichtige einen Nachweis über Schulbesuch und Höhe des Schulgeldes zumindest dann verlangen, wenn das Kind im Ausland lebt oder er sich nicht von Wohlergehen und Entwicklung des Kindes überzeugen kann.[696]

236 **4. Studium.** Neben den allgemeinen Pflichten des Kindes (s. Rn. 229–235) ist folgendes von Bedeutung:

237 **a) Gestaltung.** Trotz der Obliegenheit zum zielstrebigen und zügigen Studium (s. Rn. 230, 233) und der daraus folgenden Notwendigkeit, den für den Studiengang maßgeblichen Studienplan grundsätzlich einzuhalten,[697] bleibt dem Studenten im Rahmen einer eigenverantwortlichen Gestaltung des Ausbildungsganges[698] ein gewisser **Spielraum** bei der Auswahl der angebotenen Lehrveranstaltungen und für den Aufbau des Studiums, sofern der ordnungsgemäße Abschluss innerhalb angemessener Frist dadurch nicht gefährdet wird.[699] Der Grundsatz, wonach Verzögerungen auf Grund eines vorübergehenden leichten Versagens des Kindes vom Pflichtigen hinzunehmen sind (s. Rn. 233), bedeutet hier, dass die nicht rechtzeitige Absolvierung einer vorgeschriebenen Zwischenprüfung noch nicht zum Anspruchsverlust führt, sofern – unter Umständen auch gegen den Wortlaut der Prüfungsordnung – ein späteres Ablegen der Zwischenprüfung durchaus üblich ist und der ordnungsgemäße Studienabschluss innerhalb angemessener und üblicher Zeit noch möglich bleibt.[700]

237a Es ist streitig, ob **Bachelor- und Masterstudium** als einheitlicher Ausbildungsgang anzusehen sind[701] oder nicht.[702] Das Kind hat Anspruch auf die Finanzierung einer angemessenen Ausbildung (s. Rn. 210 f.); eine weitere (Zweit-) Ausbildung muss vom Pflichtigen nicht bezahlt werden (s. Rn. 265). Ob – iS der Einheitlichkeit des Ausbildungsganges – der Bachelor als *Vorstufe* für ein Folgestudium angesehen werden kann, dürfte auch von den Abschlusszahlen im Masterprogramm des jeweiligen Fachs sowie davon abhängen, ob das Kind „nur" mit dem Bachelor hinreichende Chancen im Verhältnis zu berufsnah qualifizierten anderen Bewerbern hat.

238 **b) Studienort.** Innerhalb des dem Kind zustehenden[703] Spielraums (s. Rn. 237) ist das Kind zu einem Wechsel des Studienorts berechtigt, sofern es darlegt, dass auf Grund dieses Wechsels zusätzliche Kenntnisse erworben oder vertieft werden und dadurch eine Förderung von fachlicher Qualifikation und Berufsaussichten eintritt.[704] Unter Umständen ist sogar ein vorübergehender Wechsel ins **Ausland** vom Pflichtigen hinzunehmen.[705] Voraussetzung bleibt, dass der ordnungsgemäße Abschluss des Studiums innerhalb einer angemessenen Frist durch den Auslandsaufenthalt nicht gefährdet wird.[706] Folge ist eine Verpflichtung des Unterhaltsschuldners zur Übernahme des erhöhten Unterhaltsbedarfs unter der Voraussetzung einer hinreichenden Leistungsfähigkeit (s. Rn. 220–222).

239 **c) Studienzeit.** Hier ist über die Grundsätze zur Ausbildungsobliegenheit (s. Rn. 230–232) und zur Gestaltungsfreiheit (s. Rn. 237) hinaus folgendes zu beachten:

---

[694] BGH FamRZ 1986, 794, 796; 1986, 450, 453.
[695] BGH NJW 1999, 2804, 2805; FamRZ 1997, 483.
[696] Vgl. OLG Hamm FamRZ 1996, 49; *Wendl/Scholz* § 2 Rn. 90.
[697] BGH FamRZ 1992, 1064.
[698] *Schwab/Borth* V Rn. 78.
[699] *Wendl/Scholz* § 2 Rn. 80.
[700] BGH FamRZ 1992, 1064; 1987, 470; 1984, 777.
[701] So OLG Brandenburg FamRZ 2011, 1067; OLG Celle NJW-RR 2010, 1229; *Wendl/Scholz* § 2 Rn. 82.
[702] So *Palandt/Brudermüller* Rn. 22; offen *Strohal* FPR 2008, 331, 333.
[703] Zur Bedeutung des Sorgerechts s. Rn. 111.
[704] *Wendl/Scholz* § 2 Rn. 81.
[705] Vom BGH (FamRZ 1992, 1064) bejaht für zwei Auslandssemester in Genf bei einer Jurastudentin unter Hinweis darauf, dass eine vorübergehende Ausbildung im Ausland im Hinblick auf die europäische Gemeinschaft und die Vertiefung der Kenntnisse einer europäischen Fremdsprache grundsätzlich empfehlenswert sei. Da diese Vorteile im Vordergrund stehen, sind besondere Voraussetzungen an Sach- und Fachkenntnissen für die Auslandssemester nach Ansicht des BGH nicht erforderlich. Vor dem Hintergrund gestiegener Absolventenzahlen hat diese Entscheidung noch an Überzeugungskraft gewonnen.
[706] BGH FamRZ 1992, 1064; 1987, 470, 471; 1984, 777.

aa) **Regelstudium.** Das Kind hat Anspruch auf Unterhalt nur für die Zeit der üblichen Ausbil- 240
dungsdauer. Auf eine Mindeststudienzeit ist nicht abzustellen.[707] Einen Anhaltspunkt für die
„Üblichkeit" im Sinne der Zeit, die ein durchschnittlicher Student bei gehöriger Anstrengung im
Rahmen seiner Obliegenheiten (s. Rn. 229–235) benötigt, liefert die Höchstförderungsdauer nach
§ 15a BAföG;[708] zu Einzelheiten zur öffentlichen Ausbildungsförderung s. Rn. 275–289, zur Promotion s. Rn. 243.

bb) **Verlängerungsgründe.** Naturgemäß muss der Staat mit der Verteilung öffentlicher Gelder 241
sparsamer sein als der einzelne Elternteil im Verhältnis zu seinem in Ausbildung befindlichen Kind;
demgemäß muss dort eine Überschreitung der üblichen Studiendauer um 1–2 Semester grundsätzlich hingenommen werden.[709] Solange aber die BAföG-Höchstförderungsdauer als Anhaltspunkt
für die Üblichkeit genommen wird, liegt die **Darlegungs- und Beweislast** für eine Überschreitung
dieser Zeit beim Kind.[710] Nach einer nicht bestandenen Prüfung wird dem Studenten regelmäßig
ein Wiederholungsversuch zugestanden, in seltenen Ausnahmefällen ein weiterer Versuch, bevor
eine fehlende Eignung angenommen werden kann;[711] etwas anderes gilt dann, wenn schon auf
Grund des einmaligen Nichtbestehens der Prüfung Zweifel an der psychischen Belastbarkeit des
Kindes angenommen werden können.[712] Eine Unterhaltsbedürftigkeit des studierenden Kindes
besteht sowohl für die Zeit des Examens wie für eine sich daran anschließende Übergangszeit von
etwa drei Monaten, innerhalb derer Bewerbungen um eine Arbeitsstelle durchgeführt werden können.[713] Dies entspricht der ebenfalls zu finanzierenden Wartezeit zwischen Schule und praktischer
Ausbildung (s. Rn. 214, 226 aE, 230).

Neben selbst veranlassten Verzögerungen wie einem Auslandsstudium oder einem sonstigen 242
Wechsel des Studienortes (s. Rn. 238) können sich vom Pflichtigen hinzunehmende Verlängerungen
auch aus vom Kind nicht verschuldeten Umständen ergeben, zB bei Krankheit,[714] leichterem und
nur vorübergehendem Versagen des Kindes,[715] im Falle erheblicher Schwierigkeiten bei der Materialsuche für die Examensarbeit[716] sowie bei sonstigen zwingenden Umständen, die zu Verzögerungen
führen können, zB bei studentischer Nebentätigkeit als Folge fehlender Unterhaltszahlungen der
Eltern.[717]

d) **Zusatzqualifikationen.** Unterhalt muss im Regelfall nur bis zum Regelabschluss der übli- 243
chen Ausbildung gezahlt werden. Eine **Promotion** zählt dazu in der Regel nicht.[718] Ob man das
bei Medizinern generell anders sehen muss,[719] erscheint angesichts der deutlich gestiegenen Zahl
von Ärzten ohne Doktortitel zumindest überlegenswert. Bei überdurchschnittlicher Begabung wird
aber eine Förderungswürdigkeit der Promotion im Rahmen des Anspruchs auf Ausbildungsunterhalt
anzunehmen sein.[720] Angesichts der Besonderheiten des jeweiligen Studienfachs erscheint es
bedenklich, von einem Doktoranden generell eine bedarfsdeckende Teilzeitarbeit zu verlangen;[721]

---

[707] *Wendl/Scholz* § 2 Rn. 82.
[708] OLG Hamm FamRZ 1994, 387.
[709] *Wendl/Scholz* § 2 Rn. 82.
[710] *Wendl/Scholz* § 2 Rn. 85.
[711] *Wendl/Scholz* § 2 Rn. 85.
[712] Bedenklich insoweit OLG Hamm FamRZ 1998, 767. Eine Medizinstudentin hatte dort geltend gemacht, zu einer mündlichen Verhandlung im Berufungsrechtszug nicht erscheinen zu können, um ihr Physikum nicht zu gefährden. Vom Gericht wurde angenommen, wer der Belastung durch eine solche Verhandlung neben der Prüfung nicht standhalte, der sei auch als Ärztin ungeeignet. Dies dürfte zu weit gehen.
[713] OLG Hamm FamRZ 1990, 904; *Wendl/Scholz* § 2 Rn. 85. S. OLG Naumburg NJW-RR 2010, 1306 (3 monatige Übergangszeit auch nach Studienabbruch).
[714] OLG Hamm FamRZ 1990, 904.
[715] BGH FamRZ 2000, 420 unter Hinw. auf die psychischen Folgen früheren erzieherischen Fehlverhaltens; BGH FamRZ 1990, 149 für den Fall einer nur kurzen Bedenkzeit bis zum Beginn des Studiums und familiären Schwierigkeiten. OLG Hamm FamRZ 2000, 904 (Teilnahme an einem Vorbereitungslehrgang).
[716] OLG Hamm FamRZ 1990, 904; *Wendl/Scholz* § 2 Rn. 84, der zu Recht auf die zum Teil unzureichende Ausstattung vieler Hochschulen mit Fachliteratur hinweist. Die Problematik dürfte inzwischen durch die Möglichkeiten der internet-Recherche entschärft worden sein.
[717] *Wendl/Scholz* § 2 Rn. 84.
[718] OVG Sachsen FamRZ 2010, 1457 (für Rechtswissenschaft); OLG Hamm FamRZ 1990, 904; AG Königstein FamRZ 1992, 594; *Schwab/Borth* V Rn. 88; *Wendl/Scholz* § 2 Rn. 83.
[719] So *Schwab/Borth* V Rn. 77 unter Hinweis auf BSG FamRZ 1985, 1251 und OLG Karlsruhe Die Justiz 1980, 23; ebenso *Köhler* in der 3. Aufl. Rn. 19, Fn. 50.
[720] BSG FamRZ 1985, 1251; OLG Karlsruhe OLGZ 1980, 209; *Schwab/Borth* V Rn. 77; aA *Büttner/Niepmann/Schwamb* Rn. 345.
[721] So aber *Wendl/Scholz* § 2 Rn. 83 unter Hinweis auf OLG Hamm FamRZ 1990, 904 und OLG Karlsruhe Die Justiz 1980, 23, ebenso *Büttner/Niepmann/Schwamb* Rn. 345.

vielmehr ist auf die Umstände des Einzelfalles abzustellen.[722] Denn je nach Doktorvater und Lehrstuhl-Verpflichtungen wird dafür nicht immer eine ausreichende Zeit zur Verfügung stehen. Im Übrigen ist auch hier das Gegenseitigkeitsprinzip (s. Rn. 220–222) in Gestalt einer Abhängigkeit von den wirtschaftlichen Verhältnissen der Eltern von Bedeutung; der Abkömmling des wohlhabenden Fabrikanten wird sich also – ohne Belastung durch Nebentätigkeit – eher auf die Promotion konzentrieren können[723] als das Kind von Eltern, die in bescheidenen Verhältnissen leben.

244   Die Vorbereitung auf die **Meisterprüfung** müssen die Eltern grundsätzlich nicht finanzieren, da es sich in der Regel nicht um Berufsausbildung, sondern Weiterbildung handelt.[724] Zur Weiterbildung s. Rn. 251–264.

245   **e) Sonderfälle.** Hier ist üblicherweise restriktiv zu entscheiden.

246   **aa) Parkstudium.** Gelegentlich wird vom Kind ein anderes Studienfach belegt, wenn das eigentlich gewünschte Studium nicht sogleich begonnen werden kann. Wegen fehlenden Berufsziels besteht keine Verpflichtung der Eltern, ein solches Parkstudium zu finanzieren;[725] vielmehr muss das Kind bis zum Beginn des angestrebten Studienfachs seinen Bedarf durch eigene Erwerbstätigkeit sicherstellen.[726] Wird das Parkstudium von den Eltern ausnahmsweise toleriert und auch finanziert, muss sich das Kind schon während der Wartezeit intensiv mit dem angestrebten Studienfach befassen.[727] Da eine Unterhaltspflicht für das von Anfang an angestrebte Studium nur insgesamt bejaht oder verneint werden kann,[728] wobei auf den Zeitpunkt des Entschlusses abzustellen ist[729] (s. Rn. 224), können Eltern, die ein Parkstudium ohne rechtliche Verpflichtung finanziert haben, die Förderungszeit für das später aufgenommene und zielstrebig betriebene Studium nicht um die frühere „unnötige" Zeit kürzen.[730]

247   **bb) Bummelstudium.** Bei nachhaltiger Verletzung seiner Ausbildungsobliegenheit (s. Rn. 230–232) insbesondere in Gestalt unangemessener und nicht näher begründeter[731] Verzögerungen (s. Rn. 233) verliert der Student seinen Anspruch auf Ausbildungsunterhalt. Er wird unterhaltsrechtlich dann darauf verwiesen, seinen Bedarf durch eigene Erwerbstätigkeit selbst sicherzustellen.[732]

248   **cc) Wechsel und Abbruch.** Das Bestehen bleiben eines Anspruchs auf Ausbildungsunterhalt ist im Falle eines Wechsels des Studienfachs eher anzunehmen als die Anerkennung einer Zweitausbildung (s. dazu Rn. 265–274).[733] ZT wird eine **Abstimmung** mit dem Pflichtigen vor Einleitung des Fachwechsels verlangt.[734] Ob daraus bei einer Verletzung der Obliegenheit ein Unterhaltsverlust resultiert, ist nicht allgemein zu beantworten. Aufgrund des Gegenseitigkeitsprinzips (s. Rn. 220–222) kann bei fehlender Unterrichtung (s. Rn. 234) ein Verstoß gegen die Pflicht zur Rücksichtnahme auf beachtenswerte Belange des Pflichtigen anzunehmen sein mit der Folge eines Anspruchsverlustes; ansonsten kommt dieser nur unter den Voraussetzungen des § 1611 Abs. 1 in Betracht, die im Regelfall bei derartiger Sachlage nicht vorliegen.[735] Ausbildungsunterhalt muss für Zwecke der Ausbildung verwendet werden; deshalb würde es dem Gegenseitigkeitsprinzip (s. Rn. 220–222) widersprechen, wenn das Kind diesen Unterhalt zu anderen Zwecken (Anschaffungen, Reisen, Bummeln) verwenden würde.[736] Von entscheidender Bedeutung ist allerdings der **Zeitfaktor.** Bis zu welchem Zeitpunkt der Wechsel des Studienfachs noch berechtigt ist, ist nach den Umständen des Einzelfalles zu entscheiden.[737] Je frühzeitiger sich das Kind für einen Wechsel des Ausbildungsganges entscheidet, umso größer ist die Chance der Aufrechterhaltung eines Anspruchs auf Ausbildungsun-

---

[722] *Schwab/Borth* V Rn. 77.
[723] Andererseits gehört es auch bei Kindern aus wohlhabenden Familien nicht zum Lebensbedarf, wenn mangels Fleiß das Examen jahrelang vor sich hergeschoben wird, BGH FamRZ 1987, 470; OLG Hamburg FamRZ 1989, 1219. S. auch Rn. 153.
[724] OLG Stuttgart FamRZ 1996, 1435. Allg. zum BAföG s. Rn. 275–289.
[725] OLG Koblenz FamRZ 1991, 108.
[726] OLG Frankfurt FamRZ 1990, 789; *Wendl/Scholz* § 2 Rn. 87.
[727] OLG Celle FamRZ 1983, 641.
[728] BGH FamRZ 1990, 149.
[729] Zum Spätentwickler s. Rn. 268.
[730] *Wendl/Scholz* § 2 Rn. 87.
[731] Zur Darlegungs- und Beweislast s. Rn. 241.
[732] BGH FamRZ 1987, 470; OLG Hamm FamRZ 195, 1006; *Wendl/Scholz* § 2 Rn. 86.
[733] *Schwab/Borth* V Rn. 85.
[734] OLG Frankfurt FamRZ 1984, 193; OLG Hamm NJW 1981, 767.
[735] *Schwab/Borth* V Rn. 86 aE.
[736] *Johannsen/Henrich/Graba* § 1610 Rn. 18; *Wendl/Scholz* § 2 Rn. 90.
[737] *Schwab/Borth* V Rn. 86. Zum maßgeblichen Zeitpunkt bei einem „Spätentwickler" s. *Reinken* FPR 2008, 335; s. auch Rn. 268.

terhalt. Dies gilt insbesondere bei fehlendem Erkennen der Bildungsfähigkeit des Kindes, erst recht bei dessen Übergehen.[738] Ohne Einverständnis des Unterhaltsschuldners kommt ein Studienwechsel in der Regel nur bis zum zweiten oder dritten Semester in Betracht;[739] dies hängt damit zusammen, dass der Pflichtige dem studierenden Kind eine Orientierungsphase[740] zugestehen muss, weil Begabung und Neigung für ein bestimmtes Studienfach häufig erst nach einiger Zeit der Beschäftigung mit der Materie zutage treten.[741] Ist diese Phase dagegen verstrichen, hat das Kind ohne Zustimmung des Pflichtigen nur noch die Wahl, die begonnene Ausbildung fortzusetzen oder eine andere Ausbildung selbst zu finanzieren.[742] Im Ergebnis kann das Kind also nicht unbegrenzt lange den Einwand geltend machen, die begonnene Ausbildung sei nicht geeignet, auch wenn die Entscheidung für ein bestimmtes Studienfach vielfach von den Eltern aufgrund eigener Erfahrungen und Vorstellungen ausgeht.[743] Im Regelfall wird es dem Kind rechtzeitig nach Beginn der Ausbildung möglich sein, die gegen die gewählte Fachrichtung sprechenden Gründe zu erkennen und dann auch mitzuteilen.[744] Zum Arbeitsplatzrisiko, auch nach Abbruch der Ausbildung, s. Rn. 227.

5. Kontrollrechte der Eltern. Sie korrespondieren mit der Pflicht des Kindes zur Unterrichtung (s. Rn. 234). Zwecks Kontrolle der Ausbildung kann der Pflichtige deshalb nach Treu und Glauben (§ 242)[745] vom Kind Auskunft über den Stand seiner Ausbildung und deren voraussichtlichen Abschluss **verlangen**[746] und in diesem Rahmen die Vorlage geeigneter Nachweise (Immatrikulationsbescheinigung, Studienbescheinigungen, Nachweise über eine erfolgreiche Teilnahme an Übungen, Zeugnisse über Zwischenprüfungen) fordern.[747] Zur **unverlangten** Auskunft s. Rn. 234. 249

Sofern sich das Kind **weigert**, die vom Pflichtigen berechtigterweise angeforderten Belege vorzulegen, haben die Eltern ein Zurückbehaltungsrecht hinsichtlich des Unterhalts (§ 273 Abs. 1).[748] Das gegenüber Unterhaltsforderungen geltende Aufrechnungsverbot (§§ 393, 400)[749] steht nicht entgegen, da eine Zurückhaltung des Unterhalts keinen der Aufrechnung gleichwertigen Erfolg hat.[750] Wird der Beleg nicht erbracht, entfällt der Anspruch auf Ausbildungsunterhalt wegen fehlenden Nachweises eines ordnungsgemäßen Betreibens der Ausbildung.[751] Werden die erforderlichen Nachweise **nachträglich** vorgelegt, ist der Unterhalt nachzuzahlen.[752] Zu der Frage, ob die einschlägigen Nachweise nicht nur auf Anforderung des Pflichtigen, sondern auch ungefragt vorzulegen sind, s. Rn. 234. 250

6. Weiterbildung. Sie ist begrifflich von der Zweitausbildung zu unterscheiden, auch wenn die Abgrenzungsschwierigkeiten durch die neuere Rspr. nahezu gegenstandslos geworden sind. Die meisten Probleme tauchen im Zusammenhang mit einem Studium nach einer praktischen Ausbildung auf. 251

a) Abgrenzung zur Zweitausbildung. Während sich eine Zweitausbildung schon begrifflich an eine vollständige und bereits abgeschlossene (Erst-)Ausbildung anschließt und dort grundsätzlich keine Finanzierungspflicht der Eltern besteht (s. Rn. 267), wird großzügiger entschieden, sofern die weitere Ausbildung als eine bloße Weiterbildung anzusehen ist, die von vornherein angestrebt war. In diesem Fall ist die geplante Ausbildung noch nicht beendet, so dass auch weiterhin eine Unterstützungspflicht der Eltern besteht.[753] Eine Finanzierungspflicht besteht auch dann, wenn eine besondere Begabung des Kindes erst während der ersten Ausbildung zutage getreten ist und eine Weiterbildung erfordert[754] oder der schon erreichte Abschluss ohne die Weiterbildung aus unvorhersehbaren Gründen keine hinreichende Lebensgrundlage bietet.[755] Rein begrifflich lassen sich die Abgrenzungsschwierigkeiten allerdings kaum überwinden. Ob in der ersten Ausbildung die formelle 252

---

[738] *Schwab/Borth* V Rn. 85 unter Hinweis auf BGH FamRZ 1981, 437, 439.
[739] *Wendl/Scholz* § 2 Rn. 89.
[740] BGH FamRZ 1998, 671, 672.
[741] *Schwab/Borth* V Rn. 86.
[742] *Wendl/Scholz* § 2 Rn. 89.
[743] *Schwab/Borth* V Rn. 85.
[744] OLG Frankfurt FamRZ 1997, 694.
[745] BGH FamRZ 1987, 470; OLG Hamm FamRZ 1996, 49.
[746] *Johannsen/Henrich/Graba* Rn. 18.
[747] OLG Hamm OLGR 2004, 312; OLG Celle FamRZ 1980, 914; *Wendl/Scholz* § 2 Rn. 90; *Schwab/Borth* V Rn. 89 aE.
[748] *Wendl/Scholz* § 2 Rn. 90.
[749] Zu Einzelheiten s. *Wendl/Dose* § 6 Rn. 300 ff.; *Heiß/Heiß* in *Heiß/Born* Kap. 8 Rn. 48 ff.; *Born* in *Heiß/Born* Kap. 27 Rn. 98.
[750] BGH NJW 1987, 3254; *Wendl/Scholz* § 2 Rn. 90 aE.
[751] BGH FamRZ 1987, 470.
[752] *Wendl/Scholz* § 2 Rn. 90 aE.
[753] *Wendl/Scholz* § 2 Rn. 97.
[754] BGH FamRZ 1995, 416; 1989, 853.
[755] BGH FamRZ 1977, 629.

Berechtigung zum Studium erworben würde, hilft schon deshalb nicht weiter, weil sonst jede im ersten oder zweiten Bildungsweg erlangte Studienberechtigung eine Finanzierungspflicht der Eltern bedeuten würde.[756] Auch wenn überwiegend ein Studium Gegenstand der angestrebten Weiterbildung ist, kommt auch die Vorbereitung auf die Meisterprüfung (s. Rn. 244) als zu finanzierende Weiterbildung in Betracht.[757]

253   In der Praxis wird die Abgrenzung zwischen der (grundsätzlich nicht zu finanzierenden) Zweitausbildung und der (grundsätzlich unterstützungswürdigen) Weiterbildung unter vordringlicher Berücksichtigung der **Zumutbarkeit** (s. Rn. 257, 258) im konkreten Einzelfall vorgenommen,[758] wobei sich Fallgruppen (s. Rn. 259–264) herausgebildet haben.

254   **b) Zusammenhang zur Vorausbildung.** Der Anspruch auf Weiterbildungsunterhalt setzt zunächst, wie der Anspruch auf Ausbildungsunterhalt überhaupt (s. Rn. 211–215), die zur Erreichung des weiteren Ausbildungsziels notwendigen Fähigkeiten und Neigungen voraus.[759] Daran fehlt es, wenn Teilziele der Ausbildung nicht,[760] erst nach langer Zeit[761] oder nur unter Wiederholungen erreicht worden sind, zB bei mittlerer Reife,[762] Abitur[763] oder Teilprüfungen.[764] Wer den Pflichtigen auf Grund eines bestimmten Berufsziels länger als üblich in Anspruch nimmt, muss auf Grund des Gegenseitigkeitsprinzips (s. Rn. 220–222) seinerseits Rücksicht nehmen und sich mit weniger begnügen, als er bei normaler Studiendauer erhielte;[765] eventuell ist das Kind auf einen Zusatzverdienst zu verweisen.[766] Das Durchfallen bei einem sprachlichen Test im Rahmen der betrieblichen Fortbildung beseitigt dagegen nicht die Berechtigung zur Aufnahme eines akademischen Sprachenstudiums.[767] Im Übrigen muss die Weiterbildung mit der Vorausbildung sowohl sachlich wie zeitlich in einem engen Zusammenhang stehen.

255   **aa) Sachlich.** Auch wenn zur Annahme einer einheitlichen Gesamtausbildung ein von vornherein bestehender einheitlicher Berufsplan nicht erforderlich ist,[768] so muss gleichwohl zwischen den verschiedenen Ausbildungsstufen ein fachlicher Zusammenhang bestehen.[769] Praktische Ausbildung bzw. Fachschulausbildung einerseits und Studium andererseits müssen derselben Berufssparte angehören oder jedenfalls so zusammenhängen, dass das eine für das andere eine fachliche Ergänzung, Weiterführung oder Vertiefung bedeutet oder dass die Vorausbildung eine **sinnvolle Vorbereitung** für das Studium darstellt.[770] Berufs- und fachbezogene Ausbildungsgänge zur Erlangung der Hochschulreife stehen in diesem Zusammenhang einer rein schulischen Ausbildung gleich.[771] Ein Indiz für einen engen sachlichen Zusammenhang ist es, wenn die während der Vorausbildung erworbenen Fähigkeiten und Kenntnisse für das anschließende Studium spezifisch verwendbar sind in Form eines besseren Verständnisses der im Studium zu erwerbenden theoretischen Kenntnisse; die Wissensvermittlung muss dasselbe Fachgebiet betreffen und zur Ergänzung und Vertiefung des erlernten Wissens geeignet sein.[772] Auf den sachlichen Zusammenhang kommt es nicht an, wenn schon die Lehre keine angemessene Berufsausbildung darstellt[773] oder die – unterhalb der Begabung liegende – handwerkliche Lehre aus Rücksichtnahme[774] gegenüber dem Anspruch der Mutter begonnen worden ist.[775]

---

[756] *Wendl/Scholz* § Rn. 98.
[757] OLG Stuttgart FamRZ 1996, 1435; *Wendl/Scholz* § 2 Rn. 83, 98; unklar *Schwab/Borth* V Rn. 76, der die Weiterbildung nicht zum Regelungsbereich des § 1610 Abs. 2 zählt.
[758] BGH FamRZ 1977, 629.
[759] OLG Schleswig FamRZ 1992, 593.
[760] *Palandt/Brudermüller* Rn. 23.
[761] OLG Köln NJWE-FER 1999, 178.
[762] OLG Karlsruhe FamRZ 1990, 1386.
[763] OLG Oldenburg FamRZ 1985, 1282.
[764] OLG Stuttgart NJW 1979, 1166.
[765] OLG Frankfurt FamRZ 1990, 789 (Verpflichtung zur Aufnahme einer Nebentätigkeit); OLG Köln FamRZ 1981, 809.
[766] OLG Hamm FamRZ 1988, 421 (ein Musikstudent muss mehr Musikstunden geben); zur Nebentätigkeitspflicht bei Promotion s. Rn. 243.
[767] BGH NJW 1994, 2362.
[768] *Palandt/Brudermüller* Rn. 29.
[769] BGH FamRZ 1990, 149.
[770] BGH FamRZ 1989, 853; OLG Rostock NJW-RR 2008, 1174.
[771] OLG Hamm FamRZ 1992, 592.
[772] *Schwab/Borth* V Rn. 84 aE.
[773] BGH FamRZ 1993, 1057.
[774] Zum „Drängen" in einen ungeliebten Beruf s. Rn. 274.
[775] OLG Düsseldorf FamRZ 1994, 1546.

bb) Zeitlich. Die angestrebte Weiterbildung muss neben dem sachlichen Zusammenhang mit der Vorausbildung *zusätzlich* auch einen engen zeitlichen Zusammenhang haben; dieser erfordert die zielstrebige Aufnahme des Studiums nach dem Abschluss der Vorausbildung.[776] Ein solcher Zusammenhang besteht nicht, wenn das Kind – trotz der Möglichkeit zum Studienbeginn – zunächst den erlernten Beruf ausübt und der Entschluss zum Studium auch sonst nicht erkennbar wird.[777] Wird der erlernte Beruf dagegen nur kurzfristig ausgeübt, um die Zeit bis zum Studium zu überbrücken, schließt das den engen zeitlichen Zusammenhang nicht aus.[778] Das Fehlen des notwendigen zeitlichen Zusammenhangs kann nicht dadurch kompensiert werden, dass dem Kind Unterhalt nur für einen Teil des Studiums zugesprochen wird.[779] Auch wenn grundsätzlich auf den Beginn der Ausbildung abzustellen ist, was eine Entscheidung der Finanzierungspflicht angeht (s. Rn. 224), so ist hier beim **Studienentschluss** erst auf einen Zeitpunkt nach Beendigung der Lehre abzustellen; denn im Regelfall wird das Kind bei Beginn der praktischen Ausbildung noch keine hinreichenden Anhaltspunkte dafür haben, ob sich später einmal ein Studium anschließen soll.[780] Das Kind braucht seine Eltern deshalb nicht schon vor Aufnahme des Studiums von seiner Absicht, die Ausbildung fortzusetzen, zu unterrichten.[781] Es ist unschädlich, wenn das Kind seinen Wehr- oder Ersatzdienst nach der Lehre und vor Aufnahme des Studiums ableistet,[782] weil diese Dienstzeit keine Ausbildung darstellt und die anschließende Ausbildung deshalb als Erstausbildung anzusehen ist.[783]

c) Zumutbarkeit der Finanzierung. Aufgrund des Gegenseitigkeitsprinzips (s. Rn. 220–222) ist regelmäßig die Prüfung erforderlich, ob eine Finanzierung des Studiums für die Eltern zumutbar ist. In diesem Zusammenhang kommt es nicht allein auf die wirtschaftliche Leistungsfähigkeit der Eltern an, sondern auch darauf, ob und inwieweit sie **damit rechnen** mussten, dass das Kind nach Schulabschluss und Lehre noch weitere Ausbildungsabsichten hat.[784] Je älter das Kind bei Beendigung seiner praktischen Ausbildung ist, umso eher ist eine Unzumutbarkeit der Finanzierungspflicht aufseiten der Eltern anzunehmen.[785] Bei der notwendigen Untersuchung der Umstände des Einzelfalles[786] ist neben dem Alter des Kindes bei Beendigung der Lehre[787] und dem Alter der Eltern[788] auch von Bedeutung, ob die Eltern in gerechtfertigter Erwartung eines früheren Ausbildungsabschlusses andere, ihre Leistungsfähigkeit beschränkende finanzielle Dispositionen getroffen haben, die sie nur unter Einbußen rückgängig machen können.[789] Hier kann es auch eine Rolle spielen, ob sich ein Elternteil aus wichtigem Grund einer Umschulung unterzieht[790] und ob die Eltern während der Zeit der praktischen Ausbildung des Kindes durch Ausbildungsvergütung, Kindergeld und steuerliche Vorteile entlastet waren.[791] Gerade in den Abitur-Lehre-Studium-Fällen (s. Rn. 260, 261) sind die Eltern auf Grund der zeitlichen Vorgaben dieses Ausbildungsweges in ihren wirtschaftlichen Belangen regelmäßig stärker betroffen als im Rahmen einer herkömmlichen Ausbildung.[792]

Ist der Studiengang durchlässig und lässt die Weiterbildung ohne weiteres zu oder sieht sie sogar vor, ist eine Finanzierungspflicht unabhängig davon gegeben, ob die Weiterbildung von vornherein geplant war oder der Entschluss dazu erst nach Abschluss der ersten Ausbildung gefasst worden ist.[793] In einem solchen Fall ist selbst die frühere Erklärung des volljährigen Kindes, den Vater wegen

---

[776] *Wendl/Scholz* § 2 Rn. 101. Ebenso OLG Karlsruhe OLGZ 1980, 209 bei Promotion; s. dazu Rn. 243. S. auch (Zusammenhang verneinend) OLG Brandenburg FamRZ 2008, 87.
[777] BGH FamRZ 1989, 853; OLG Brandenburg FamRZ 2008, 87 (keine Arbeits- oder Lehrstelle; Studienbeginn erst über ein Jahr später); OLG Hamm FamRZ 1994, 259 (2½ Jahre nach praktischer Lehre Besuch der Abendschule zur Erlangung des Fachabiturs); OLG Karlsruhe FamRZ 1994, 260 (2 Jahre, davon 10 Monate erkrankt); *Schwab/Borth* V Rn. 84 aE; *Wendl/Scholz* § 2 Rn. 101.
[778] BGH FamRZ 1989, 853. Von *Paulus* FamRZ 1981, 134 wird dagegen die Auffassung vertreten, dass für die Beurteilung der Angemessenheit einer Ausbildung stets auf den Zeitpunkt ihres Beginns abzustellen sei.
[779] BGH FamRZ 1990, 149; *Palandt/Brudermüller* Rn. 30.
[780] BGH FamRZ 1989, 853.
[781] BGH FamRZ 1992, 170; *Wendl/Scholz* § 2 Rn. 102.
[782] BGH FamRZ 1993, 1057; 1992, 170; *Wendl/Scholz* § 2 Rn. 101.
[783] *Schwab/Borth* V Rn. 83 aE.
[784] BGH FamRZ 1989, 853, 855; *Wendl/Scholz* § 2 Rn. 103; *Schwab/Borth* V Rn. 73.
[785] BGH FamRZ 1998, 671.
[786] BGH FamRZ 1989, 853.
[787] BGH FamRZ 1989, 853.
[788] Mit dem Zugestehen eines berechtigten Interesses, ihre Geldmittel ohne Belastung von Unterhaltsansprüchen zur eigenen Verfügung zu haben, BGH FamRZ 1989, 853.
[789] BGH FamRZ 1989, 853.
[790] *Wendl/Scholz* § 2 Rn. 103.
[791] BGH FamRZ 1989, 853.
[792] BGH FamRZ 1989, 853; *Palandt/Brudermüller* Rn. 31.
[793] BGH FamRZ 1990, 308; 1989, 863.

§ 1610

der weiteren Ausbildung nicht in Anspruch nehmen zu wollen, kein Unterhaltsverzicht, zumal er ohnehin unwirksam (§ 1614) wäre.[794] Haben die Eltern dagegen mit der Finanzierung der Erstausbildung sowohl nach ihren wirtschaftlichen Verhältnissen wie angesichts der subjektiven Voraussetzungen aufseiten des Kines alles Notwendige getan, endet ihre Unterhaltspflicht (s. Rn. 216). Dies gilt auch dann, wenn die Eltern zum Abschluss der ersten Ausbildung nichts beigetragen haben.[795] Denn in einem solchen Fall fehlt es an einer weitergehenden Bedürftigkeit des Kindes als Grundvoraussetzung für den gesetzlichen Unterhalt, sofern die erlangte Ausbildung in jeder Beziehung angemessen ist.[796]

259 d) **Fallgruppen.** Auch wenn eine Zumutbarkeitsabwägung regelmäßig auf Grund der Umstände des Einzelfalles vorzunehmen ist (s. Rn. 253),[797] so haben sich doch in der Praxis bestimmte Fallgruppen herausgebildet.

260 aa) **Abitur-Lehre-Studium.** Bis zu seiner Entscheidung vom 7. 6. 1989 wurde vom BGH ein Unterhaltsanspruch regelmäßig versagt, wenn das Kind nach dem Abitur zunächst eine praktische Ausbildung machte und danach die Finanzierung eines Studiums verlangte. Seit der genannten Entscheidung[798] ist das vielfach veränderte Verhalten der Schulabgänger auch gerichtlich als eigener Ausbildungsweg akzeptiert und mit dem Ausbildungsgang „Abitur-Studium" sowie „Lehre-Abitur-Studium" unterhaltsrechtlich gleichgestellt.[799] Erforderlich bleibt aber auch in den Abitur-Lehre-Studium-Fällen der enge sachliche (s. Rn. 255) und zeitliche (s. Rn. 256) Zusammenhang[800] sowie die Zumutbarkeit einer Finanzierung durch die Eltern (s. Rn. 220–222).[801] Es ist ausreichend, wenn der Studienentschluss erst nach Beendigung der Lehre gefasst wird,[802] so dass es genügt, wenn das Kind seine Entscheidung mit dem Erreichen des jeweiligen Ausbildungsabschnittes trifft und die Eltern nicht schon vor Aufnahme des Studiums über die Weiterbildungsabsicht informieren muss,[803] s. Rn. 256 aE.

261 Ein enger sachlicher Zusammenhang ist **bejaht** worden zB bei einem Jurastudium nach Absolvierung einer Banklehre,[804] einem betriebswirtschaftlichen Studium nach kaufmännischer Lehre,[805] agrarwissenschaftlichem Studium nach landwirtschaftlicher Lehre[806] und einem Studium der Architektur nach Ausbildung zur Bauzeichnerin.[807] Dagegen wurde ein enger sachlicher Zusammenhang **verneint** bei kaufmännischer Lehre und anschließendem Medizin-[808] oder Maschinenbau-Studium[809] sowie einem Jura-Studium nach einer Ausbildung zum Speditionskaufmann.[810] Gerade wegen der durch den langen Ausbildungsweg stärkeren wirtschaftlichen Belastung der Eltern[811] kann von dem ausbildungswilligen Kind ab dem Zeitpunkt des Entschlusses zu einer weitergehenden Ausbildung verlangt werden, dass es – im Rahmen des Zumutbaren – während der mehrjährigen beruflichen Tätigkeit Rücklagen bildet, um damit später jedenfalls zum Teil die Ausbildungskosten zu bestreiten und dadurch die Eltern zu entlasten.[812]

262 bb) **Lehre-Fachhochschulreife-Studium.** Während im Ausbildungsgang „Abitur-Lehre-Studium" ein einheitlicher Ausbildungsgang angenommen wird, ist die Rechtsprechung undeutlicher in den Fällen, in denen das Kind erst nach Abschluss der Lehre auf Grund weiteren Schulbesuchs die (Fach-)Hochschulreife erwirbt und anschließend studiert. In einer früheren Entscheidung wurde es als unschädlich angesehen, dass der Entschluss zum Studium erst während der Zeit der

---

[794] OLG Düsseldorf FamRZ 1984, 924 bei Studium der Wirtschaftswissenschaften nach Abschluss einer Banklehre und sehr günstigen wirtschaftlichen Verhältnissen des Vaters.
[795] BGH FamRZ 1981, 437.
[796] BGH NJW 1977, 1774, 1776.
[797] BGH FamRZ 1977, 629.
[798] BGH FamRZ 1989, 853, 855.
[799] *Palandt/Brudermüller* Rn. 31. Die Gleichstellung gilt auch für den in der früheren DDR üblichen Ausbildungsweg „Facharbeiter-Abitur-Studium", KG FamRZ 1994, 1055.
[800] BGH FamRZ 1995, 416; 1993, 1057; 1992, 170, 172; 1989, 853.
[801] *Schwab/Borth* V Rn. 82.
[802] BGH FamRZ 1989, 853.
[803] BGH FamRZ 1992, 170.
[804] BGH FamRZ 1992, 170.
[805] Nicht völlig eindeutig BGH FamRZ 1993, 1057, 1059.
[806] BGH FamRZ 1990, 149.
[807] BGH FamRZ 1989, 853.
[808] BGH FamRZ 1991, 1044.
[809] BGH FamRZ 1993, 1057.
[810] BGH FamRZ 1992, 1407.
[811] BGH FamRZ 1989, 853.
[812] *Schwab/Borth* V Rn. 82 aE.

Maß des Unterhalts 263–266 § 1610

praktischen Ausbildung gefasst wurde.[813] Später wurde vom BGH[814] sowie von mehreren Obergerichten[815] gefordert, dass das Kind von vornherein die Absicht haben müsse, nach der Lehre die Fachoberschule zu besuchen und danach zu studieren; anderenfalls liege keine einheitliche Ausbildung mehr vor.

Das zur Unterscheidung von den Abitur-Lehre-Studium-Fällen (s. dazu Rn. 260, 261) vom BGH[816] herangezogene Argument, die Eltern müssten sich bei einem Abiturabschluss eher auf ein Hochschulstudium einstellen als bei anderen Schulabschlüssen, ist nicht überzeugend. Die heutige Berufswelt und die Ausbildungswirklichkeit sind von wesentlich größerer Vielfalt geprägt als früher; „klassische" Ausbildungswege sind keine Garantien mehr, weder für gehobene Position noch Einkommen (s. Rn. 152). Von berufstätigen Menschen wird zunehmend die Bereitschaft zur ständigen Weiterbildung und zum flexiblen beruflichen Einsatz erwartet, und zwar nicht nur von den Unternehmen und den Arbeitsämtern, sondern gerade auch von den Gerichten im Rahmen der Anforderungen, die an Erwerbsobliegenheiten und Pflichten zu Bewerbungsbemühungen gestellt werden (s. § 1603 Rn. 36–42). Dann aber muss es auch einem Kind erlaubt sein, seinen Studienentschluss erst zu einem späteren Zeitpunkt als dem Beginn der Lehre (s. Rn. 256 aE) zu treffen, und man wird eine Finanzierungspflicht der Eltern zu bejahen haben, sofern die sonstigen Voraussetzungen für eine Weiterbildung (s. Rn. 254–256) vorliegen. Alles andere läuft auf eine in der Sache nicht berechtigte Privilegierung des Abiturienten hinaus, der den Studienentschluss erst nach Beendigung der Lehre fasst. Auch dem Kind, das in der Schule zunächst scheitert und beim Beginn der praktischen Berufsausbildung noch keine Studienabsicht hat, muss eine Chance gegeben werden, wenn sich Studienfähigkeit und -neigung erst zu einem späteren Zeitpunkt zeigen. Einer zu starken Ausdehnung der elterlichen Belastung kann ohne weiteres durch konsequente Prüfung von Begabung und Leistungsbereitschaft[817] Rechnung getragen werden, zumal dann, wenn man beim Kind ab Entschlussfassung die Obliegenheit zur Bildung von Rücklagen während der beruflichen Tätigkeit (s. Rn. 261 aE) verlangt und auch den erforderlichen sachlichen Zusammenhang (s. Rn. 255) ernst nimmt. **263**

cc) Sonstige Fälle. Die Pflicht zur Finanzierung einer zusätzlichen Ausbildung kann **bejaht** werden, wenn sich diese auf Grund wachsender Durchlässigkeit des Bildungsweges als Weiterbildung darstellt, zB vom Volksschullehrer zum Realschullehrer, vom Gärtner zum Gartenbauarchitekten, vom Bauzeichner zum Architekten, vom Landwirt zum Diplom-Landwirt, vom Bankkaufmann zum Betriebswirt, vom Fernmeldetechniker zum Fernmeldeingenieur,[818] sofern hinreichende Begabung (s. Rn. 211–215), sachlicher und zeitlicher Zusammenhang (s. Rn. 255, 256) und Zumutbarkeit der Finanzierung (s. Rn. 220–222) vorliegen. Der berufsspezifische Zusammenhang ist **verneint** worden für die Ausbildung eines Verwaltungsinspektor zum Juristen,[819] zwischen Jornalistik und Archäologie[820] und im Verhältnis eines Finanzinspektors zum Studienrat.[821] Es besteht kein Anspruch auf Ausbildungsunterhalt für eine Bürogehilfin, die Informatik studieren will;[822] gleiches gilt für die Aufnahme eines Sport- und Kunststudiums nach Abschluss einer Banklehre.[823] **264**

7. Zweitausbildung. Im Gegensatz zur Weiterbildung (s. Rn. 251–264) wird für die Zweitausbildung eine Finanzierung grundsätzlich nicht geschuldet. **265**

a) Abgrenzung zur Weiterbildung. Eine nicht zu finanzierende Zweitausbildung liegt regelmäßig dann vor, wenn es an den für die Annahme einer Weiterbildung erforderlichen Kriterien fehlt, also an den persönlichen Voraussetzungen aufseiten des Kindes und an dem sachlichen und zeitlichen Zusammenhang zwischen den beiden Ausbildungen (s. Rn. 254–256). Eine Unterhaltspflicht der Eltern wird nicht allein dadurch begründet, dass das Kind von vornherein eine Ausbildung in zwei verschiedenen Berufen anstrebt. Die Finanzierungspflicht besteht nur, sofern sich die **266**

---

[813] BGH FamRZ 1991, 320.
[814] FamRZ 1995, 416.
[815] OLG Frankfurt FamRZ 2001, 439; OLG Köln NJWE-FER 1999, 178; OLG Bamberg FamRZ 1998, 315.
[816] FamRZ 1995, 416, 418.
[817] BGH FamRZ 1995, 416.
[818] BGH BGH-Report 2001, 377 m. Anm. *Stollwerk* (Medizin-Studium nach abgebrochener Heilpraktiker-Ausbildung); FamRZ 1989, 853; OLG Bremen FamRZ 1989, 852; OLG Karlsruhe FamRZ 1987, 1070 (dort abgelehnt für ein beabsichtigtes Studium der Fernmeldetechnik bei einem Notendurchschnitt von 3,5 bei mittlerer Reife); OLG Düsseldorf FamRZ 1990, 1387 für Kfz-Mechaniker mit anschließendem Besuch der Fachoberschule für Technik.
[819] OLG Stuttgart FamRZ 1976, 381.
[820] AG Hamburg FamRZ 1974, 664.
[821] BGH NJW 1977, 1774, 1776; LG Zweibrücken FamRZ 1975, 296.
[822] OLG Koblenz NJW-RR 1995, 582.
[823] OLG Frankfurt FamRZ 1984, 926.

zweite Ausbildung als bloße Weiterbildung darstellt; bei fehlendem engen sachlichen Zusammenhang ist das ausgeschlossen.[824]

267 **b) Keine Finanzierungspflicht.** Sofern die Eltern dem Kind eine der Begabung hinreichend Rechnung tragende Berufsausbildung einschließlich einer eventuellen Weiterbildung ermöglicht haben, sind sie – ohne Rücksicht auf die dafür aufgewendeten Kosten[825] – ihrer Unterhaltspflicht nachgekommen (s. Rn. 216); sie sind deshalb nicht verpflichtet, Kosten für eine zusätzliche Ausbildung zu tragen.[826] Entscheidend ist allein, ob die erste Ausbildung angemessen war, also Fähigkeiten, Begabung, Leistungswillen und beachtenswerten Neigungen des Kindes entsprochen hat.[827] Ohne Bedeutung ist dagegen, ob das Kind für die zweite Ausbildung eine staatliche Ausbildungsförderung (s. Rn. 275–289) in Anspruch nehmen kann und eine Studienberechtigung für die Ausbildung vorliegt.[828]

268 Maßgebender **Zeitpunkt** für die Beurteilung dieser Frage ist die Beendigung der ersten Ausbildung; falls sich hier keine konkreten Anhaltspunkte für eine besondere weitere Ausbildungsfähigkeit des Kindes ergeben, sind die Eltern nicht zur Finanzierung einer weiteren Ausbildung verpflichtet.[829] Dies rechtfertigt sich vor allem daraus, dass aufseiten der Eltern die Notwendigkeit besteht, sich für die Zukunft auf etwaige weitere wirtschaftliche Belastungen durch das Kind einstellen zu können.[830] Die Berufung des Kindes darauf, es sei ein intellektueller **Spätentwickler**, ist deshalb regelmäßig erfolglos; denn der Anspruch auf Ausbildungsunterhalt kann nicht dazu führen, Eltern in einem nicht überschaubaren (und deshalb unangemessenen) Umfang (s. Rn. 257, 258) mit Unterhaltspflichten zu belasten.[831] Bei sachlichem Zusammenhang zwischen Ausbildung und Studium kann dagegen anders zu entscheiden sein.[832] Sofern das Kind – entsprechend dem Regelfall – nicht beim barunterhaltspflichtigen Elternteil lebt, ist aber Voraussetzung für einen Anspruch auf Finanzierung einer Zweitausbildung, dass der Studienwechsel mit dem Elternteil besprochen[833] oder jedenfalls Kontakt zu ihm aufgenommen wird.[834]

269 Ein Anspruch auf Ausbildungsunterhalt besteht auch dann nicht mehr, wenn das Kind im Ausbildungsberuf **bereits gearbeitet** hat und die Neigung des Kindes zu einer weiteren Ausbildung erst nach Beendigung der Erstausbildung zutagegetreten ist;[835] auch diese Form der Spätentwicklung müssen die Eltern nicht in ihre Überlegungen einbeziehen.[836] Gleiches gilt für den Fall, dass das angestrebte Berufsziel auch einfacher erreicht werden kann.[837] Zum „Drängen" des Kindes in eine ungeliebte Erstausbildung s. Rn. 274.

270 Nach einer älteren Entscheidung des BGH[838] soll allein der **Sinneswandel** eines auf Grund gemeinsamer Entscheidung längere Zeit im Vorbereitungsdienst für Beamte befindlichen Kindes, das diesen Vorbereitungsdienst abbricht und die Finanzierung eines Hochschulstudiums verlangt, nicht zur Anspruchsbegründung ausreichen. Angesichts der aktuellen Rechtsprechung zu Studienwechsel und -abbruch (s. Rn. 248) dürfte diese Auffassung nicht aufrecht zu erhalten sein; hier kommt eine Studienberechtigung nach den Grundsätzen der Abitur-Lehre-Studium-Fälle (s. Rn. 260, 261) in Betracht.[839]

271 Eine Berechtigung zur Zweitausbildung kann auch nicht daraus hergeleitet werden, dass die Leistungsanforderungen für bestimmte Berufe erheblich gesenkt worden sind.[840]

---

[824] BGH FamRZ 1992, 1407; 1991, 1044; *Wendl/Scholz* § 2 Rn. 106.
[825] BGH FamRZ 1989, 853; 1981, 437; *Wendl/Scholz* § 2 Rn. 91; *Schwab/Borth* V Rn. 80.
[826] BGH FamRZ 2000, 420; AG Aachen FamRZ 2004, 1599; *Palandt/Brudermüller* Rn. 32.
[827] OLG Frankfurt FamRZ 1984, 926; *Wendl/Scholz* § 2 Rn. 91.
[828] BGH FamRZ 1977, 629; OLG Frankfurt FamRZ 1984, 926.
[829] BGH FamRZ 1981, 346; 1980, 1115, 1116.
[830] *Schwab/Borth* V Rn. 80.
[831] BGH FamRZ 1995, 416; 1981, 346. S. aber zum – späteren – maßgeblichen Zeitpunkt *Reinken* FPR 2008, 335.
[832] *Wendl/Scholz* § 2 Rn. 94.
[833] BGH FamRZ 1981, 344; OLG Frankfurt FamRZ 1990, 789 (eine Kontaktvermeidung kann einen Verwirkungsgrund gem. § 1611 darstellen; s. § 1611 Rn. 21, 22).
[834] OLG Frankfurt FamRZ 1989, 83 unter Hinweis darauf, dass das Kind nicht umgekehrt auf Kontaktaufnahme des Pflichtigen warten darf; OLG Hamm FamRZ 1981, 490.
[835] Eine Apothekenhelferin hat keinen Anspruch auf Ausbildung zur Kosmetikerin, OLG Frankfurt FamRZ 1982, 1097.
[836] BGH FamRZ 1980, 1115; OLG Frankfurt FamRZ 1994, 257.
[837] OLG München FamRZ 1989, 1221 für das Ziel „Hoteldirektor" durch den Besuch der Hotelfachschule statt durch ein Studium der Betriebswirtschaft.
[838] FamRZ 1981, 344, 346.
[839] *Wendl/Scholz* § 2 Rn. 94.
[840] Vgl. *Palandt/Brudermüller* Rn. 19.

c) **Finanzierungspflicht in Ausnahmefällen.** Hier kommen sowohl Umstände aufseiten 272 des Kindes wie aufseiten der Eltern in Betracht; auch Überschneidungen zwischen beiden Bereichen sowie objektive Gründe können für die Pflicht zur Finanzierung einer Zweitausbildung maßgebend sein.

aa) **Kind.** Die Notwendigkeit eines Berufswechsels kann sich dann ergeben, wenn der erlernte 273 Beruf auf Grund eines Unfalls,[841] aus gesundheitlichen Gründen (zB Allergie)[842] oder aus bei Beginn der Ausbildung nicht vorhersehbaren Gründen keine ausreichende Lebensgrundlage mehr darstellt.[843] Der Wegfall einer solchen Grundlage kann auch aus Veränderungen in den neuen Bundesländern resultieren, sofern die früher gewählte Ausbildung nunmehr keine hinreichenden beruflichen Aussichten mehr bietet.[844] Hierher gehört auch der Fall, dass die bisherige Ausbildung Begabungen und Fertigkeiten des Kindes nicht voll ausgeschöpft hat und die Verzögerung des Studienabschlusses durch eine vorgeschaltete praktische Ausbildung darauf beruht, dass das Kind auf den Rat einer fachkundigen Behörde vertraut hat.[845] Da das Kind auf Grund der Ausübung des erlernten Berufs schon über eine selbständige Lebensstellung verfügt und deshalb das Arbeitsplatzrisiko (s. Rn. 227) allein trägt, muss sich die Notwendigkeit zu einem Wechsel während oder jedenfalls sogleich nach Abschluss der Ausbildung herausstellen.[846]

bb) **Eltern.** Eine Verpflichtung der Eltern zur Finanzierung einer Zweitausbildung kann sich zB 274 daraus ergeben, dass die Eltern die eigentliche Begabung des Kindes unrichtig eingeschätzt haben;[847] dagegen reicht die Fehleinschätzung durch das Kind selbst zur Annahme der Finanzierungspflicht nicht aus.[848] Hierher gehören auch die Fälle, in denen die Eltern das Kind gegen dessen Willen in eine unbefriedigende, der damaligen Neigung und Begabung nicht entsprechende Ausbildung gedrängt haben;[849] dem minderjährigen Kind, das eine ungeliebte Erstausbildung auf Wunsch von Mutter und Stiefvater aufgenommen und auch beendet hat, kann eine Finanzierung der Zweitausbildung deshalb nicht versagt werden.[850] Ein Anspruch auf Ausbildungsunterhalt besteht auch, wenn die Eltern dem Kind aus Kostengründen das Studium verweigert haben und das Kind deshalb eine Lehre absolviert hat,[851] des Weiteren dann, wenn sie einen vom Kind rechtzeitig (also während der Ausbildung) geäußerten und berechtigten Wunsch nach einem Wechsel der Ausbildung abgelehnt haben.[852] Schließlich kann es dem Kind auch nicht angelastet werden, wenn schwierige häusliche Verhältnisse (zB Trennung und Scheidung der Eltern) bei ihm zu Nachteilen in der Entwicklung und Ausbildung geführt haben.[853]

8. Öffentliche Ausbildungsförderung. Ihre Aufgabe ist es, den Kindern, deren Eltern dazu 275 finanziell nicht in der Lage sind, eine ihrer Begabung entsprechende Ausbildung zu ermöglichen;[854] sie greift deshalb bei Leistungsunfähigkeit der Eltern ein, ohne den unterhaltsrechtlichen Ausbildungsanspruch zu erweitern.[855] Eine Bedeutung ergibt sich aber auch bei vorliegender Leistungsfähigkeit der Eltern insofern, als das Kind unter Umständen auf öffentliche Ausbildungsförderung verwiesen werden kann, um die Eltern zu entlasten.

a) **Grundlagen der Förderung. aa) Gesetzliche Bestimmungen.** Das frühere Ausbil- 276 dungsförderungsgesetz vom 25. 6. 1969 (BGBl. I S. 582) ist durch das SGB III gem. Gesetz vom 24. 3. 1999 (BGBl. I S. 396) ersetzt worden; es regelt die individuelle Förderung der beruflichen Bildung. Auszubildenden wird für eine berufliche Ausbildung in Betrieben oder überbetrieblichen Ausbildungsstätten sowie für die Teilnahme an Grundausbildungs- und Förderlehrgängen und anderen berufsvorbereitenden Maßnahmen eine Berufsausbildungsbeihilfe gewährt, soweit ihnen die

---

[841] *Palandt/Brudermüller* Rn. 23.
[842] OLG Karlsruhe FamRZ 1990, 555 für einen Bäcker.
[843] BGH FamRZ 1995, 416; OLG Frankfurt FamRZ 1994, 257; bedenklich OLG Karlsruhe FamRZ 2000, 975, weil dort – nur – auf eine Zumutbarkeitsabwägung abgestellt wird.
[844] *Schwab/Borth* V Rn. 81.
[845] BGH FamRZ 1993, 1057: Ausbildung zum Industriekaufmann bei einem Abiturienten mit einem Notendurchschnitt im oberen Bereich, Vorschaltung einer Lehre auf behördliche Empfehlung.
[846] *Wendl/Scholz* § 2 Rn. 92 aE.
[847] *Schwab/Borth* V Rn. 81; *Wendl/Scholz* § 2 Rn. 92.
[848] BGH FamRZ 1992, 1407.
[849] BGH FamRZ 2000, 420; 1995, 416; 1989, 853; 1980, 1115.
[850] *Wendl/Scholz* § 2 Rn. 92; **aA** OLG Frankfurt FamRZ 1997, 694; *Palandt/Brudermüller* Rn. 28.
[851] BGH FamRZ 1991, 322.
[852] BGH FamRZ 1991, 931.
[853] BGH FamRZ 1981, 437, 439.
[854] *Schwab/Borth* V Rn. 93.
[855] *Johannsen/Henrich/Graba* § 1610 Rn. 19 aE.

§ 1610 277–280   Abschnitt 2. Titel 3. Unterhaltspflicht

erforderlichen Mittel anderweitig nicht zur Verfügung stehen. Förderungsfähig ist die Teilnahme an Maßnahmen, die darauf abzielen, berufliche Kenntnisse und Fertigkeiten festzustellen, zu erhalten, zu erweitern oder der technischen Entwicklung anzupassen oder einen beruflichen Aufstieg zu ermöglichen (§§ 59 ff. SGB III (AFG)). Einem Teilnehmer mit ganztätigem Unterricht wird ein Unterhaltsgeld gezahlt, das einen Einkommensausfall ersetzen soll und deshalb Lohnersatzfunktion hat; das Unterhaltsgeld ist deshalb keine subsidiäre Leistung.[856]

277   Das Bundesgesetz über die individuelle Förderung der Ausbildung (**BAföG**)[857] sieht eine Förderung an weiterführenden allgemeinbildenden Schulen und Fachoberschulen, an Abendschulen und an Hochschulen vor. Leistungen nach diesem Gesetz sind subsidiär. Anders als bei der Sozialhilfe (§ 91 BSHG aF)[858] wird diesem Umstand allerdings nicht dadurch Rechnung getragen, dass zunächst eine Förderung gewährt und dann anschließend Rückgriff beim Unterhaltsschuldner genommen wird; dies geschieht nur ausnahmsweise (§ 37 BAföG).[859] Auf Ausbildungsförderung besteht vielmehr von vornherein nur dann Anspruch, wenn dem Auszubildenden die für seinen Lebensunterhalt und seine Ausbildung erforderlichen Mittel nicht zur Verfügung stehen (§ 1 BAföG). Durch das seit dem 1. 4. 2001 geltende **AföRG**[860] ist die finanzielle Unterstützung verstärkt worden. Fördersätze und Freibeträge wurden erhöht, Regelungen für alte und neue Bundesländer vereinheitlicht. Das Kindergeld wird nicht mehr auf BAföG-Leistungen angerechnet. Die Darlehensbelastung wurde begrenzt, die Auslandsförderung erweitert.

278   **bb) Anspruch.** Der Auszubildende darf bei Beginn der Förderung das 30. Lebensjahr noch nicht überschritten haben (§ 10 Abs. 2 S. 2 BAföG);[861] Ansprüche bestehen grundsätzlich nur bis zum 35. Lebensjahr (§ 10 Abs. 3 BAföG).[862] Weitere Förderungsmöglichkeiten nach SGB (früher: BSHG)[863] oder für bestimmte Personengruppen[864] sind beim Kindesunterhalt nicht von Interesse.

279   Ausbildungsförderung und Ausbildungsunterhalt können sich ergänzen.[865] Grundsätzlich wird nur die erste Ausbildung gefördert, eine weitere Ausbildung nur ausnahmsweise.[866] Da sich die staatliche Ausbildungsförderung weitgehend nach formellen und allgemeinen Merkmalen richtet, bleiben die – von der Berufswahl und den Umständen des Einzelfalles abhängigen – privatrechtlichen Unterhaltspflichten unberührt.[867]

280   **cc) Bedarf.** Das Gesetz unterscheidet hier zwischen Schülern (§ 12 BAföG), Studierenden (§ 13 BAföG) und Praktikanten (§ 14 BAföG). Der Bedarf setzt sich aus einem Grundbetrag, verschiedenen Zuschlägen, Wohnkosten[868] sowie eventuellen Beiträgen zur Kranken- und Pflegeversicherung zusammen.[869] Seit dem Herbst 1999 hat die Höchstförderung im alten Bundesgebiet bei 1030 DM gelegen, seit 1. 4. 2001 hat sie 1140 DM betragen; aktuell liegt sie bei 585 Euro.[870]

---

[856] *Schwab/Borth* IV Rn. 336. Zur Anrechnungsfreiheit von Einkommen und zur Aufgabe des „Halbteilungsgrundsatzes" s. BVerwG NJW 2007, 1015.
[857] Vom 6. 6. 1981 (BGBl. I. S. 645) in der Fassung vom 7. 12. 2010 (BGBl. I S. 1952).
[858] Zu Einzelheiten s. *Wendl/Klinkhammer* § 8 Rn. 279.
[859] Zu Einzelheiten s. *Wendl/Klinkhammer* § 8 Rn. 288.
[860] Gesetz zur Reform und Verbesserung der Ausbildungsförderung, BT-Drucks. 14/4731 S. 7.
[861] Für Ehegatten wichtig ist die Ausnahme für Auszubildende, die aus persönlichen oder familiären Gründen (insbesondere der Erziehung von Kindern bis zu 10 Jahren) an einem rechtzeitigen Beginn des Ausbildungsabschnittes gehindert waren (§ 10 Abs. 3 Nr. 3 BAföG); entsprechendes gilt bei Abbruch einer berufsqualifizierenden Ausbildung (§ 10 Abs. 3 Nr. 4 BAföG).
[862] BVerwG FamRZ 1985, 970; 1986, 108; 1986, 302; eine Ausnahme besteht nach § 10 Abs. 3 S. 2 Nr. 4.
[863] Näher dazu *Schwab/Borth* IV Rn. 337.
[864] §§ 1, 26 f. BVersG (Erziehungsbeihilfe), Heimlehrergesetz, Soldatenversorgungsgesetz, s. *Schwab/Borth* IV Rn. 338.
[865] BVerwG FamRZ 1978, 72; 1978, 544; 1979, 181 für ein Doppelstudium; 1985, 316 zu einem Fachwechsel. Ausbildungsziel i. S. von § 7 Abs. 2 S. 2 BAföG ist nur ein durch Ausbildungs-, Prüfungs- oder Laufbahnbestimmungen fest umrissenes Berufsbild (OVG Bremen FamRZ 2011, 411).
[866] Unter den Voraussetzungen des § 7 Abs. 2 BAföG.
[867] BGH FamRZ 1977, 629; 1981, 345; *Schwab/Borth* V Rn. 93. Zu Einzelheiten der Anspruchsermittlung s. *Wendl/Klinkhammer* § 8 Rn. 290.
[868] Als selbstgenutztes Einfamilienhaus iSd. § 21 Abs. 1 S. 3 Nr. 2 BAföG gilt – verfassungskonform – auch eine selbstgenutzte Wohnung im eigenen Zweifamilienhaus, BVerwG NJW 2007, 530.
[869] *Wendl/Klinkhammer* § 8 Rn. 281.
[870] Zum 1. 10. 2008 war eine Erhöhung des Höchstsatzes auf 643 Euro geplant (*Klinkhammer* FamRZ 2008, 193, 197), was teilweise – jedenfalls bei besseren Einkommensverhältnissen – als Anlaß für eine Erhöhung des studentischen Bedarfs von 640 Euro auf 850 Euro angesehen wurde (*Soyka* FamRZ 2007, 1362, 1364); realisiert wurde zum 1. 1. 2011 insoweit aber nur eine Anhebung von 640 € auf 670 €. Zum 1. 10. 2010 wurden die Bedarfssätze um zwei und die Freibeträge auf 3 % erhöht; der Krankenversicherungszuschlag wurde an die geltenden Beitragssätze in der gesetzlichen studentischen Krankenversicherung angepasst.

Maß des Unterhalts 281–286 § 1610

dd) Umfang. Förderungsfähig ist der Besuch von weiterführenden allgemeinbildenden Schulen 281 und Fachoberschulen, Abendschulen und Hochschulen (§ 2 Abs. 1, Abs. 1 a BAföG), allerdings grundsätzlich nur bis zum Ersten berufsqualifizierenden Abschluss, bei Vorliegen besonderer Voraussetzungen (§ 7 Abs. 2 BAföG) auch für eine weitere Ausbildung. Ein Wechsel der Ausbildung ist nur ausnahmsweise zulässig (§ 7 Abs. 3 BAföG). Grundsätzlich muss die Ausbildung im Inland durchgeführt werden; uU ist aber auch eine Förderung im Ausland möglich (§§ 4 ff. BAföG), seit 1. 4. 2001 unter erleichterten Voraussetzungen.[871] Die Höchstdauer der Förderung richtet sich nach der besuchten Schule.[872]

Nach früherer Gesetzesfassung waren Förderungsleistungen im Regelfall nicht zurückzuzahlen. 282 Durch das Haushaltsbegleitgesetz 1983 wurde eine Umstellung dahin vorgenommen, dass die Förderung im Bereich höherer Fachschulen, Akademien und Hochschulen nur noch als Darlehen gewährt wurde (§ 17 Abs. 2 BAföG), welches zinslos und innerhalb von 5 Jahren nach Beendigung der Förderungshöchstdauer innerhalb von 20 Jahren in gleichen Raten zurückzuzahlen war.[873] Nach einer Änderung im Jahre 1993 (BGBl. I S. 1202) wird die Ausbildungsförderung zur Hälfte als Zuschuss, bei einem Besuch von Hochschulen und vergleichbaren Einrichtungen im Übrigen als **hälftiges Darlehen** gewährt (§ 17 Abs. 1, 2 BAföG). Damit möglichst niemand durch unkalkulierbare Schuldenlast vom Studium abgehalten wird, ist die Darlehensbelastung seit 1. 4. 2001 auf 10 000 € begrenzt (§ 17 Abs. 2 BAföG idF des AföRG). Solange der Schuldner mit der Rückzahlung nicht in Verzug gerät, ist das Darlehen unverzinslich (§ 18 Abs. 2 S. 1 BAföG) und ab dem 5. Jahr nach Ende der Förderung in Monatsraten von mindestens 105 € zu tilgen (§ 18 Abs. 3 BAföG). Je nach Einkommensverhältnissen kommt auf Antrag des Schuldners eine vollständige oder teilweise Freistellung von der Rückzahlung in Betracht; bei guten Leistungen in der Abschlussprüfung besteht die Möglichkeit eines Teilerlasses (§§ 18a, b BAföG).

Im Falle einer weiteren Ausbildung und bei Überschreitung der Förderungshöchstdauer kommt 283 die Gewährung eines Bankdarlehens in Betracht (§ 17 Abs. 3 BAföG), welches zu verzinsen ist (§ 18c Abs. 2 S. 1 BAföG).

ee) Zuständigkeit. Förderungsanträge sind zu richten an die bei den Kreisen und kreisfreien 284 Städten eingerichteten Ämtern für Ausbildungsförderung, für Studenten an die Hochschulen oder Studentenwerken (§ 40 BAföG). Die Einzelheiten des Verfahrens richten sich nach §§ 45 ff. BAföG.[874]

b) Auswirkungen auf den Unterhalt. Der unterhaltsrechtliche Ausbildungsanspruch wird 285 durch BAföG-Leistungen nicht erweitert.[875]

aa) Anrechenbarkeit. Soweit BAföG als Regelleistung gezahlt wird, führt das zu einer **Verrin-** 286 **gerung der Bedürftigkeit** des Berechtigten, und zwar auch, soweit die Förderung nur darlehensweise gewährt wird.[876] Die bedarfsmindernde Wirkung der öffentlichen Förderungsmittel ist verfassungskonform.[877] Um *Regelleistungen* handelt es sich dann, wenn eine endgültige Festsetzung vorliegt. Dagegen ist eine *Vorausleistung* von Ausbildungsförderung (§ 36 BAföG) kein anzurechnendes Einkommen; eine solche Zahlung kommt auf Antrag in Betracht, wenn die Eltern den nach dem BAföG angerechneten Unterhaltsbetrag nicht zahlen (§ 36 Abs. 1 S. 1 BAföG) oder ihre Mitwirkung bei der Bewilligung der Ausbildungsvergütung (insbesondere eine geschuldete Auskunft über Einkommens- und Vermögensverhältnisse) verweigern (§ 36 Abs. 2 S. 1 BAföG). Einkommen und Vermögen der Eltern können im Rahmen der Vorausleistung naturgemäß nicht angerechnet werden, weil das unterhaltsberechtigte Kind auf einen Zeitraum des Unterhaltsverfahrens zu verweisen wäre, was ihm gerade nicht zugemutet wird.[878] Weitere Voraussetzung einer Förderung durch Vorausleistung ist eine Gefährdung der Ausbildung wegen Verzugs der Eltern (§ 36 Abs. 1 S. 1

---

[871] Nach zwei in Deutschland absolvierten Semestern kann ein anschließendes Studium in einem EU-Mitgliedstaat gefördert werden (§ 5 Abs. 2 S. 1 Nr. 3 AföRG). Zur Ausbildungsbeihilfe für ein Praktisches Jahr in den USA s. VG Stuttgart NVwZ-RR 2010, 854.
[872] Bei Universitäten 9 Semester, bei Fachhochschulen 7 (mit Praktikum 8), bei Zusatz-, Ergänzungs- und Aufbaustudiengängen 2, bei Lehramtsstudiengängen für Primarstufe und Sekundarstufe I 7 Semester (§ 15a BAföG idF des AföRG).
[873] In Abhängigkeit von der Einkommenshöhe (§ 18 BAföG).
[874] Die Länder führen das Gesetz im Auftrag des Bundes aus (§ 39 BAföG); die Kosten tragen der Bund zu 65%, die Länder zu 35% (§ 56 BAföG).
[875] *Johannsen/Henrich/Graba* Rn. 19 aE; *Schwab* FamRZ 1971, 1, 7. Zur Subsidiarität und der Möglichkeit des Rückgriffs s. Rn. 277.
[876] BGH NJW-RR 1986, 1262; FamRZ 1985, 916; NJW-RR 1989, 578; *Schwab/Borth* V Rn. 94; *Wendl/Dose* § 1 Rn. 670.
[877] BVerwG FamRZ 1998, 1207.
[878] *Wendl/Klinkhammer* § 8 Rn. 287.

§ 1610a   Abschnitt 2. Titel 3. Unterhaltspflicht

BAföG). Die fehlende Anrechenbarkeit folgt aus der Subsidiarität der Vorausleistungen, die das Amt nach Überleitung[879] vom Pflichtigen zurückfordern kann (§ 37 BAföG);[880] eine entsprechende Regelung findet sich in verschiedenen unterhaltsrechtlichen Leitlinien.[881]

287   **bb) Obliegenheit zur Inanspruchnahme.** So wie der Pflichtige unter bestimmten Umständen die Obliegenheit hat, zwecks Erhaltung seiner Leistungsfähigkeit einen Kredit aufzunehmen,[882] trifft das unterhaltsberechtigte Kind die Obliegenheit, seine Bedürftigkeit bei zumutbarer Inanspruchnahme von öffentlichen Förderungsmitteln zu verringern.[883] Aufgrund der vielfältigen Vorteile und günstigen Konditionen auch hinsichtlich des darlehensweisen Anteils der Förderungsmittel (grundsätzliche Unverzinslichkeit, Möglichkeit des leistungsabhängigen Teilerlasses, Rückzahlungspflicht nur in einkommensabhängigen Raten) ist eine Zumutbarkeit der Inanspruchnahme anzunehmen[884] und eine Anrechnung auch der darlehensweise gewährten Förderungsleistungen vorzunehmen.[885] Durch diese Leistungen wird die aktuelle Bedürftigkeit des Kindes in gleicher Weise vermindert wie durch endgültig gewährte Leistungen; die Pflicht zur (eventuellen) späteren Rückzahlung kann angesichts der erwähnten Vergünstigungen nicht als unangemessen hart beurteilt werden.[886] Nach dem System der Einkommens- und Vermögensanrechnung (§§ 21 ff., 26 ff. BAföG) gelten die Eltern in Höhe der als Ausbildungsförderung in Betracht kommenden Darlehensbeträge als nicht leistungsverpflichtet.[887] Sofern das Kind – als Abweichung vom Regelfall – eine Unzumutbarkeit der Inanspruchnahme von Förderungsmitteln behauptet, hat es dafür die Darlegungs- und Beweislast.[888]

288   Wird die Zumutbarkeit der Inanspruchnahme der öffentlichen Förderung – entsprechend dem Regelfall – bejaht, so dass nach Antragstellung ein BAföG-Darlehen gezahlt werden könnte, ist dem Kind bei pflichtwidriger Unterlassung einer Antragstellung ein **fiktives Einkommen** in Höhe der möglichen BAföG-Leistungen zuzurechnen.[889] Das Kind erfüllt seine Obliegenheit durch Antragstellung.[890] Soweit der BGH[891] die Einlegung eines Rechtsmittels gegen einen ablehnenden Bescheid nur dann für notwendig hält, wenn der Pflichtige dies vom Kind ausdrücklich verlangt,[892] begegnet das in dieser Allgemeinheit Bedenken; denn ohne eine rechtzeitige Unterrichtung durch das Kind wird der Pflichtige innerhalb der zu beachtenden Fristen nicht in der Lage sein, auf die Einlegung eines Rechtsmittels hinzuwirken. Unabhängig hiervon spricht das Gegenseitigkeitsprinzip (Rn. 220–222) gegen eine Freistellung des Kindes von jeder Eigenverantwortlichkeit.

289   Eine Berücksichtigung von **Rückzahlungsraten** aus einem BAföG-Darlehen beim Einkommen des unterhaltsberechtigten Kindes kommt erst bei Bestehen einer Rückzahlungsverpflichtung oder zumindest ihrem unmittelbaren Bevorstehen in Betracht.[893]

§ 1610a Deckungsvermutung bei schadensbedingten Mehraufwendungen

Werden für Aufwendungen infolge eines Körper- oder Gesundheitsschadens Sozialleistungen in Anspruch genommen, wird bei der Feststellung eines Unterhaltsan-

---

[879] Zu Einzelheiten s. *Wendl/Klinkhammer* § 8 Rn. 288 ff.
[880] BGH NJW-RR 1986, 1262; FamRZ 1985, 916; 1980, 126, 128; Zur Darlegungs- und Beweislast des klagenden Landes hinsichtlich der Erwerbs- und Vermögensverhältnisse freiberuflich tätiger Eltern s. OLG Koblenz FamRZ 1998, 63.
[881] Bayrische Leitlinien II 15 C, Berliner Leitlinien A II 21, Düsseldorfer Leitlinien A 9 E. Eine aktuelle Zusammenstellung der Leitlinien ist abgedruckt in NJW 2008, Beilage zu Heft 10 sowie in FamRZ 2008, 215, 333; s. auch unter www.heiss-born.de.
[882] BGH FamRZ 1983, 140; 1982, 365.
[883] BGH FamRZ 1985, 916; OLG Karlsruhe NJW-RR 2010, 8; *Schwab/Borth* V Rn. 94.
[884] BGH NJW-RR 1989, 578; FamRZ 1985, 24, 26; OLG Schleswig FamRZ 2006, 571; *Graba* FamRZ 1985, 916; *Schwab/Borth* V Rn. 94, unter Hinw. auf die gegenüber einem „regulären" Kredit günstigeren Bedingungen.
[885] BGH NJW-RR 1986, 1262; FamRZ 1985, 916.
[886] *Wendl/Dose* § 1 Rn. 671, der zu Recht darauf hinweist, dass das Kind bei fehlender Anrechnung durch die zusätzlich zum Unterhalt bezogenen Mittel mehr erhalten würde, als ihm zusteht.
[887] Vgl. *Wendl/Dose* § 1 Rn. 674.
[888] *Wendl/Dose* § 1 Rn. 676 aE.
[889] BGH FamRZ 1980, 126, 128.
[890] *Wendl/Dose* § 1 Rn. 524. S. OLG Karlsruhe NJW-RR 2010, 8 (Verpflichtung zu erneuter Antragstellung nach Änderung der elterlichen finanziellen Verhältnisse).
[891] NJW-RR 1989, 578.
[892] So auch *Wendl/Dose* § 1 Rn. 676.
[893] BGH FamRZ 1986, 148; *Wendl/Dose* § 1 Rn. 676.

spruchs vermutet, dass die Kosten der Aufwendungen nicht geringer sind als die Höhe dieser Sozialleistungen.

Schrifttum: *Brudermüller/Klattenhoff,* Verletztenrente und Unterhalt, FuR 1993, 333; *Büttner,* Wie ist Pflegegeld bei Unterhaltsansprüchen zu berücksichtigen?, FamRZ 2000, 596; *Drerup,* Die Beweislastregel des neuen § 1610a BGB, NJW 1991, 683; *Hülsmann,* Zur unterhaltsrechtlichen Berechnung von Aufwendungen für Körper- und Gesundheitsschäden nach §§ 1610a, 1578 a BGB, FuR 1991, 219; *Kalthoener,* Gesetz zur unterhaltsrechtlichen Berechnung von Aufwendungen für Körper- oder Gesundheitsschäden, NJW 1991, 1037; *Künkel,* Der neue § 1610a BGB, FamRZ 1991, 1131; *Roller,* Die unterhaltsrechtliche Behandlung des Pflegegeldes nach § 37 SGB XI, PflR 2003, 335; *Straub,* Pflegegeld – Klarheit bei der Anrechnung, FamRZ 1993, 148; *Wendt,* Anrechnung des Pflegegeldes für ein behindertes Kind nach § 69 BSHG als Elterneinkommen?, FamRZ 1987, 1106; *Weychhardt,* Konsequenzen aus dem neuen § 1610a BGB?, FamRZ 1991, 782.

Übersicht

	Rn.		Rn.
I. Zweck und systematische Stellung	1–5	2. Leistungen	7–12
1. Zweck	1–3	a) Systematische Abgrenzung	8
a) Geschichte	2	b) Fallgruppen	9–12
b) Ziel	3	3. Widerlegung der Vermutung	13–21
2. Systematische Stellung	4, 5	a) Beweismittel	14
II. Anwendungsbereich	6–22	b) Beweisverteilung	15–21
1. Personen	6	4. Konsequenzen	22

I. Zweck und systematische Stellung

1. Zweck. Er liegt im Wesentlichen in einer gewollten Besserstellung des Leistungsempfängers. **1**

a) Geschichte. Die Vorschrift ist im Jahre 1991[1] eingeführt worden. Der Gesetzgeber hat **2** angeknüpft an die vorangegangene Rechtsprechung zur Anrechnung der Grundrente[2] nach § 31 BVG, der Schwerstbeschädigtenzulagen, des Pflegegeldes und des Blindengeldes.[3] Hierdurch waren solche Mittel unterhaltsrechtlich dem anrechenbaren Einkommen zugeordnet worden, und es wurde dem Empfänger überlassen, einen entsprechenden Mehraufwand darzulegen und zu beweisen. Ausgelöst durch den Versuch des Bundestages, die Aufwendungspauschalen seiner Abgeordneten[4] vor einer solchen Anrechnung[5] zu bewahren, sollten dem Zugriff von Unterhaltsberechtigten vordringlich solche Sozialleistungen entzogen werden, die dem Verpflichteten wegen eines Körper- oder Gesundheitsschadens gewährt werden.

b) Ziel. Die Vorschrift ist darauf gerichtet, der Zweckbestimmung und Bindung an die Person **3** des Beziehers bestimmter Sozialleistungen gegenüber dem Unterhaltspartner ein stärkeres Gewicht zu verleihen. Dem Empfänger von Sozialleistungen, die er wegen eines Körper- oder Gesundheitsschadens zu beanspruchen hat, soll es erspart werden, den Nachweis dafür zu führen, dass er in dieser Höhe auch einen Mehrbedarf hat und ihm die empfangene Leistung deshalb nicht als Einkommen anzurechnen ist. Nach der Begründung des Regierungsentwurfs[6] soll dadurch erreicht werden, dass die betreffenden Sozialleistungen regelmäßig nicht zum Unterhalt herangezogen werden.[7] Allerdings hat sich der Gesetzgeber nicht dazu entschließen können, die zum Ausgleich von Körper- und Gesundheitsschäden gewährten Sozialleistungen im Bereich des Unterhaltsrechts vollständig auszuklammern.[8] Schließlich soll die Vorschrift eine Erleichterung des Verfahrens[9] und das Finden einvernehmlicher Lösungen bei einem Streit um den behinderungsbedingten Mehrbedarf erleichtern.[10]

2. Systematische Stellung. Zu einer Änderung der allgemeinen **unterhaltsrechtlichen** **4** **Grundsätze** führt die Vorschrift nicht. Somit sind zum unterhaltsrechtlichen Einkommen auch

---

[1] Durch Art. 1 Nr. 3 des Gesetzes vom 15. 1. 1991 eingeführt, am 23. 1. 1991 in Kraft getreten, BGBl. I S. 46.
[2] BGH FamRZ 1981, 338.
[3] BGH FamRZ 1981, 1165; 1983, 674.
[4] S. dazu *Schwab/Borth* IV Rn. 648.
[5] BGH FamRZ 1983, 670; OLG Hamm FamRZ 1980, 997.
[6] BT-Drucks. 11/6153 S. 5.
[7] *Johannsen/Henrich/Graba* Rn. 1 aE.
[8] *Palandt/Brudermüller* Rn. 1.
[9] *Wendl/Dose* § 1 Rn. 654.
[10] BT-Drucks. 11/6153 S. 5; *Palandt/Brudermüller* Rn. 1.

öffentlich-rechtliche Leistungen ohne Rücksicht auf ihre Zweckbestimmung zu zählen,[11] also beispielsweise Grundrente,[12] Schwerstbeschädigtenzulage und Pflegezulage nach dem BVG.[13] Auch die Möglichkeit, besonderen Aufwendungen des Beschädigten durch einen Abzug Rechnung zu tragen, so dass nur noch der verbleibende Einkommensrest für den Unterhalt zur Verfügung steht, ist nicht geändert worden.[14]

5 Dagegen führt die Vorschrift zu einer Änderung der **Darlegungs- und Beweislast**. Nach den allgemeinen unterhaltsrechtlichen Grundsätzen muss der Empfänger einer Leistung, der gleichwohl unveränderte Bedürftigkeit behaupten will, entweder seine Aufwendungen konkret darlegen und beweisen oder zumindest soviel Anhaltspunkte vortragen, dass dies dem Gericht die Schätzung (§ 287 ZPO) eines angemessenen Abzugs ermöglicht. Der Gesetzgeber ist bei der Schaffung der Vorschrift[15] davon ausgegangen, dass dies für den Geschädigten eine besondere Härte mit sich bringen kann. Um dies zu vermeiden, führt die Vorschrift zu der – widerleglichen (s. Rn. 13–21) – **Vermutung,** dass der Bezieher solcher Sozialleistungen mindestens in deren Höhe einen entsprechenden, durch seinen Körper- oder Gesundheitsschaden bedingten Mehrbedarf hat. Der Leistungsempfänger muss deshalb – entgegen der bisherigen Regelung – nicht den (im Einzelfall zum Teil schwierigen) Beweis führen, dass er solche Mehraufwendungen hat. Vielmehr muss der andere Teil darlegen und beweisen,[16] dass dies in Wahrheit nicht der Fall ist.[17] Bei einer Doppelfunktion der empfangenen Leistung, zB bei einer Verletztenrente, kann sich eine teilweise Vermutung ergeben.[18] Da dem Gegner des Leistungsempfängers der Gegenbeweis nur in den seltensten Fällen gelingt, kann als Grundregel eine fehlende unterhaltsrechtliche Relevanz von Sozialleistungen festgehalten werden;[19] zu den Konsequenzen s. Rn. 22.

II. Anwendungsbereich

6 **1. Personen.** Die Vermutung gilt für den Unterhaltsberechtigten wie für den Unterhaltsverpflichteten, sie kann sich also sowohl bedürftigkeitserhöhend wie leistungsfähigkeitsmindernd auswirken.[20] Sie gilt für den gesamten Unterhalt ohne Rücksicht darauf, ob es um Kindes-,[21] Trennungs- oder nachehelichen Unterhalt geht.[22]

7 **2. Leistungen.** Die Vorschrift erfasst Sozialleistungen im Sinne des § 5 SGB I, die ein Körper- oder Gesundheitsgeschädigter wegen einer Beeinträchtigung erhält.

8 a) **Systematische Abgrenzung.** Erfasst werden nur solche Sozialleistungen, die ihren Leistungsgrund in **Körper- und Gesundheitsschäden** des Leistungsempfängers haben. Damit sind alle Sozialleistungen nach § 5 SGB I gemeint, die einen *Schaden* ausgleichen;[23] nicht erfasst werden dagegen Sozialleistungen, die *Einkommensersatzfunktion* haben, also dem Ausgleich einer tatsächlichen Erwerbsminderung dienen. Da eine an den Begriffen orientierte Abgrenzung im Einzelfall zu Schwierigkeiten führt, ist eine Unterscheidung nach Fallgruppen (s. Rn. 9–12) vorzuziehen.

9 b) **Fallgruppen.** Es ist danach zu unterscheiden, ob die Erwerbsminderung nach dem Gesetz *abstrakt* nach allgemeinen Behinderungsgraden festgestellt wird (dann: Privilegierung in Form der Anwendung des § 1610a), oder ob *konkret* ein Berufsschaden eingetreten sein muss, die Leistung also Einkommensersatzfunktion hat (dann: keine Privilegierung).

---

[11] *Johannsen/Henrich/Graba* Rn. 1.
[12] BGH FamRZ 1981, 338.
[13] BGH FamRZ 1981, 1165.
[14] *Johannsen/Henrich/Graba* Rn. 1.
[15] Begründung des Regierungsentwurfs, BT-Drucks. 11/6153 S. 5.
[16] Zu Einzelheiten der Beweisverteilung s. Rn. 15–21.
[17] *Wendl/Dose* § 1 Rn. 654; *Schwab/Borth* IV Rn. 632.
[18] *Brudermüller/Klattenhoff* FuR 1993, 333; *Palandt/Brudermüller* Rn. 2.
[19] *Wendl/Dose* § 1 Rn. 654.
[20] *Johannsen/Henrich/Graba* § 1610 Rn. 5; *Wendl/Dose* § 1 Rn. 654.
[21] *Johannsen/Henrich/Graba* Rn. 4; *Palandt/Brudermüller* Rn. 3; **aA** *Diederichsen,* FS Gernhuber, 1993, S. 614, der annimmt, dass nach der ratio legis von § 1603 Abs. 2 S. 1 eine Anwendung gegenüber Unterhaltsansprüchen minderjähriger unverheirateter Kinder nicht in Betracht kommt.
[22] *Wendl/Dose* § 1 Rn. 654; *Schwab/Borth* IV Rn. 632. Für den gesamten Ehegattenunterhalt sind mit dem Gesetz vom 15. 1. 1991 die §§ 1361 Abs. 1 S. 1 Halbsatz 2 und 1578 a eingeführt worden, wonach für Aufwendungen infolge eines Körper- oder Gesundheitsschadens hier ebenfalls § 1610a gilt (Art. 1 Nr. 1 und 2 des Gesetzes).
[23] *Johannsen/Henrich/Graba* § 1610 Rn. 3; *Wendl/Dose* § 1 Rn. 654; *Schwab/Borth* IV Rn. 632. OLG Hamm FamRZ 2003, 1771 (die schädigungsbedingten Mehraufwendungen sollen kompensiert werden).

aa) Privilegierte Leistungen. Im Mittelpunkt stehen Leistungen nach dem Bundesversorgungsgesetz (BVG) einschließlich aller schadensbedingten Zulagen, zB orthopädische Hilfsmittel (§ 13 BVG), Führungshundezulage für Blinde (§ 14 BVG), nach landesrechtlichen Vorschriften gewährtes Blindengeld,[24] Kleider- und Wäschezuschuss (§ 15 BVG), Kosten von Krankenbehandlung und Badekuren (§ 18 BVG), Grundrente (§ 31 Abs. 1 BVG),[25] Schwerstbeschädigtenzulage (§ 31 Abs. 5 BVG), Pflegezulagen (§ 35 BVG), Badekuren (§ 11 Abs. 3, 18 BVG). Auch Leistungen nach der Pflegeversicherung, etwa Pflegegeld gem. SGB XI 37[26] oder pauschaliert gem. § 69 BSHG[27] fällt darunter,[28] nicht dagegen Pflegegeld nach Landespflegegesetz (s. Rn. 12). Auch Conterganrenten sind hierzu zu rechnen.[29] Eine wesentliche Erweiterung des Anwendungsbereichs von § 1610a ergibt sich daraus, dass das BVG auf andere Regelungen für entsprechend anwendbar erklärt worden ist,[30] zB auf Leistungen nach § 80 Soldatenversorgungsgesetz, §§ 47, 47 a und 50 Zivildienstgesetz, § 59 Bundesgrenzschutzgesetz, § 1 Opferentschädigungsgesetz, §§ 28, 31 Bundesentschädigungsgesetz, §§ 4 f. Häftlingshilfegesetz, § 31 Abs. 5 BVG.[31] 10

bb) Nicht privilegierte Leistungen. Hierunter fallen alle Sozialleistungen mit Einkommensersatzfunktion,[32] also zB Arbeitslosengeld, Krankengeld[33] und Unfallrente. 11

Nicht privilegiert sind auch Schmerzensgeld sowie indirekte staatliche Hilfen wie Steuervergünstigungen, zB Freibeträge für Schwerbehinderte.[34] Gleiches gilt für die Arbeitsunfallrente[35] sowie Pflegegelder nach SGB XI 37 und SGB XII,[36] das Versorgungskrankengeld (§§ 16 ff. BVG), Berufsschadensausgleichsrente (§ 30 BVG),[37] Ausgleichsrente nach § 32 BVG,[38] Steuerpauschbetrag für Behinderte (§ 33b EStG),[39] Pflegegeld nach Landespflegegesetz,[40] soweit es als Entgelt für die Pflege empfangen wird.[41] 12

3. Widerlegung der Vermutung. Schon aus der Zielsetzung des Gesetzes (s. Rn. 3) ergibt sich, dass hier hohe Anforderungen gestellt werden, um dem Leistungsempfänger die empfangene Leistung nach Möglichkeit ungeschmälert zu erhalten. 13

a) Beweismittel. Es wird nach dem Gesetz vermutet, dass die empfangene Sozialleistung durch die Aufwendungen des Leistungsempfängers für seinen Körper- und Gesundheitsschaden aufgezehrt wird. Der Gegner des Leistungsempfängers kann dies mit jedem Beweismittel widerlegen, auch durch den Antrag auf Parteivernehmung (§§ 292, 445 ff. ZPO).[42] 14

b) Beweisverteilung. Hier ist nach den Beteiligten zu differenzieren. 15

aa) Gegner des Leistungsempfängers. Um die gesetzliche Vermutung zu widerlegen, muss er substantiiert darlegen und beweisen, dass die Sozialleistung den tatsächlichen schadensbedingten Mehraufwand übersteigt; sofern er nichts oder nur unsubstantiiert vorträgt, bleibt die Sozialleistung – entsprechend der gesetzlichen Vermutung – unberücksichtigt.[43] Der Gegner des Leistungsempfängers kann sich nicht darauf berufen, dass die gezahlten Mittel vor Trennung und Auflösung des 16

---

[24] OLG Hamm FamRZ 2003, 1771. Bei einer Einschränkung des Gesichtsfeldes (Tunnelblick) reicht zur Widerlegung der Vermutung nicht der Nachweis, dass der Blinde nicht betreuungsbedürftig ist, OLG Schleswig FamRZ 1992, 471.
[25] OLG Hamm FamRZ 1991, 1198.
[26] BGH FamRZ 1996, 933. S. ausführlich *Roller* PflR 2003, 335. Zum Pflegegeld nach § 39 Abs. 1 SGB VIII s. OLG Köln FamRZ 2010, 904.
[27] OLG Hamm FamRZ 1994, 1193.
[28] Zu weiteren Einzelheiten s. *Büttner* FamRZ 1995, 193, 195; *Straub* FamRZ 1993, 148; OLG Hamm FamRZ 1994, 1193; *Schwab/Borth* IV Rn. 643. Zur Behandlung des Pflegegeldes als Einkommen der pflegenden Person s. *Wendl/Dose* § 1 Rn. 690–694; s. auch § 1603 Rn. 51 f.
[29] *Palandt/Brudermüller* Rn. 3; inzwischen überholt: OLG Hamm FamRZ 1986, 1101.
[30] Zusammenstellung bei *Künkel* FamRZ 1991, 1132 Fn. 9.
[31] *Palandt/Brudermüller* Rn. 3; *Bamberger/Roth/Reinken* Rn. 3.
[32] BT-Drucks. 11/6153 S. 7.
[33] Versorgungskrankengeld (§§ 16 ff. BVG), Berufsschadensausgleich (§ 30 BVG), Ausgleichsrente (§ 32 BVG).
[34] *Palandt/Brudermüller* Rn. 5.
[35] OLG Hamm OLGR 2000, 220 = FamRZ 2001, 441; differenzierend *Brudermüller/Klattenhoff* FuR 1993, 333. Zur Erwerbsunfähigkeitsrente s. OLG Köln NJWE-FER 2001, 67.
[36] OLG Brandenburg FamRZ 2008, 174.
[37] OLG Hamm NJW 1992, 186; 1992, 515.
[38] BT-Drucks. 11/6153 S. 7.
[39] *Hülsmann* FuR 1991, 219.
[40] BGH FamRZ 1993, 417; *Kalthoener/Büttner* NJW 1993, 1827.
[41] OLG Hamm FamRZ 1994, 895.
[42] *Johannsen/Henrich/Graba* Rn. 6.
[43] *Palandt/Brudermüller* Rn. 5.

Familienverbandes dem allgemeinen Haushalt zugeführt worden sind; denn ein Mehrbedarf entsteht häufig erst durch die Trennung und den damit verbundenen Ausfall der Betreuungsleistungen des Partners,[44] möglicherweise aber auch auf Grund ungünstigerer Wohnverhältnisse.

17 Nach der Sphärentheorie des BGH[45] können an den Gegner des Leistungsempfängers im Rahmen von Darlegung und Beweisführung keine hohen Anforderungen gestellt werden, weil er vielfach einen genauen Einblick in die Verhältnisse des Berechtigten nicht haben wird; er kann sich deshalb auch auf allgemeine Erfahrungswerte berufen.[46] Einen **Auskunftsanspruch** (§§ 1605, 1361 Abs. 4 S. 4, 1580) lässt das Gesetz zwecks Schonung des Leistungsempfängers allerdings erst dann zu, wenn die Vermutung so stark erschüttert wird, dass nicht der vollständige Verbrauch, sondern der teilweise Nichtverbrauch der Leistungen denkbar erscheint.[47] Dem Gegner des Leistungsempfängers gelingt das – wenn überhaupt – nur durch Rückschlüsse aus einem früheren Konsumverhalten des Geschädigten, so dass keine hohen Anforderung gestellt werden dürfen.[48] Aufgrund der Zielsetzung des Gesetzes (s. Rn. 3) hat der Gegner des Leistungsempfängers den **Vollbeweis** für seinen Vortrag zu erbringen.[49] Die Gegenmeinung,[50] die den Beweis der überwiegenden Wahrscheinlichkeit des Gegenteils genügen lässt, ist nicht überzeugend, weil durch § 1610a nicht nur der – nach allgemeinen Grundsätzen dem Leistungsempfänger obliegende – Beweis *erleichtert,* sondern die Darlegungs- und Beweislast *umgekehrt* wird.[51] Zur Beweislast bei fehlender Verwendung der Leistungen s. u. Rn. 20.

18 bb) **Leistungsempfänger.** Trägt der Gegner des Leistungsempfängers zur Widerlegung der gesetzlichen Vermutung substantiiert vor, darf sich der Leistungsempfänger nicht mit bloßem Bestreiten begnügen; er muss dem gegnerischen Vortrag nach den Grundsätzen des Negativbeweises vielmehr positive Angaben entgegensetzen.[52] Denn nur der behinderte Leistungsempfänger ist zu einer konkreten Darlegung seiner Mehraufwendungen in der Lage.[53] Die Gegenmeinung,[54] die den Gegenbeweis nicht auf die wegen des auszugleichenden Schadens anfallende Höhe der Kosten der Aufwendungen, sondern nur auf die tatsächliche *Verwendung* der Sozialleistungen beziehen will, ist abzulehnen,[55] weil sie der gesetzlichen Systematik widerspricht.

19 Da nicht die bloße Erschütterung der Vermutung ausreicht, sondern der Vollbeweis (s. Rn. 17), zumindest aber der Beweis für die überwiegende Wahrscheinlichkeit des Gegenteils erbracht werden muss,[56] ist es für eine **Widerlegung** der gesetzlichen Vermutung im Falle der Zahlung von Pflegegeld nicht ausreichend, eine unentgeltliche Erbringung der Pflegeleistung nachzuweisen; vielmehr ist die konkrete Feststellung notwendig, dass die Sozialleistung den objektiven *pflegebedingten Mehrbedarf* übersteigt.[57] Dass ein Pflegebedürftiger von Angehörigen unentgeltlich gepflegt wird oder sie für ihre Dienste nicht bezahlt, ändert grundsätzlich nichts daran, dass er das Pflegegeld auf Grund seiner Pflegebedürftigkeit benötigt. Im ersten Fall liegt eine freiwillige Zuwendung Dritter vor; in solchen Fällen geht die Willensrichtung des Zuwendenden regelmäßig nicht dahingeht, den Pflichtigen zu entlasten.[58] Im zweiten Fall bleibt der Pflegebedürftige Ansprüchen der pflegenden Personen ausgesetzt. Behilft er sich ohne fremde Unterstützung, bleibt es für eine unterhaltsrechtliche Anrechnung des Pflegegeldes bei der Notwendigkeit der Feststellung, dass die Zahlungen den objektiv pflegebedürftigen Mehrbedarf übersteigen. Denn auch sonst spielen freiwillige Einschränkungen des Berechtigten, zB in Form preiswerten Wohnens oder Unterstützung von dritter Seite, keine Rolle.[59]

---

[44] *Wendl/Dose* § 1 Rn. 657.
[45] NJW 1995, 1148, 1150.
[46] *Palandt/Brudermüller* Rn. 5.
[47] BT-Drucks. 11/6153 S. 6.
[48] *Schwab/Borth* IV Rn. 633.
[49] BGH MDR 1959, 1114; *Johannsen/Henrich/Graba* Rn. 6.
[50] *Zöller/Stephan* § 292 ZPO Rn. 2.
[51] BT-Drucks. 11/6153 S. 5; *Johannsen/Henrich/Graba* Rn. 6.
[52] BT-Drucks. 11/6153 S. 6 unter Hinw. auf BGH FamRZ 1987, 259; *Johannsen/Henrich/Graba* Rn. 6.
[53] OLG Köln FamRZ 2008, 1276 (Pflegeheim auf Teneriffa); OLG Hamm FamRZ 1991, 1198; *Kalthoener* NJW 1991, 1037; *Künkel* FamRZ 1991, 1133; *Baumgärtel/Laumen/Pruskowski* Rn. 2.
[54] *Dreup* NJW 1991, 683.
[55] *Büttner* FamRZ 2000, 596, 597; *Johannsen/Henrich/Graba* Rn. 6 aE; *Palandt/Brudermüller* Rn. 5.
[56] OLG Schleswig FamRZ 2000, 1367; 1992, 471.
[57] *Büttner* FamRZ 2000, 596, 597; *Palandt/Brudermüller* Rn. 5; **aA** OLG Hamm OLGR 1999, 313 = FamRZ 2000, 114 (LS.); FamRZ 1994, 1193 für den Sonderfall, dass der Pflichtige selbst die Pflegeleistung unentgeltlich erbracht hat und der Leistungsempfänger das Pflegegeld deshalb allein für seine private Lebensführung verwenden konnte.
[58] *Wendl/Dose* § 1 Rn. 657, 708; *Büttner* FamRZ 2000, 596, 597; s. § 1603 Rn. 64.
[59] OLG Hamm FamRZ 1998, 1431.

Etwas zweifelhaft erscheint es aber, ob als Anwendungsbereich für eine Anrechnung tatsächlich 20 nur Fälle des Sozialbetrugs (Vorspiegelung eines tatsächlich nicht vorhandenen Bedarfs) oder der fehlenden Offenbarung wesentlicher Änderungen der Gesundheitslage bleiben.[60] Um die Möglichkeit der Widerlegung der Vermutung nicht völlig auszuhöhlen, dürfte in Fällen dauerhaft fehlender Verwendung des Pflegegeldes und Nichtbestehens von Erstattungsansprüchen eine **Umkehr der Beweislast** zugunsten des Unterhaltsschuldners angezeigt sein, hier iE in Form eines Entfallens der Vermutungswirkung (s. Rn. 5) aufseiten des Berechtigten. Denn auch sonst wird im Unterhaltsprozess eine nach „Papierform" (Atteste, behördliche Bescheide) vorliegende Bedürftigkeit angezweifelt, sofern der Berechtigte – davon abweichend – dauerhaft erwerbstätig ist und damit die Richtigkeit der Bescheinigungen selbst in Frage stellt.

Selbst wenn es dem Gegner des Leistungsempfängers gelingt, die gesetzliche Vermutung zu 21 widerlegen, behält der Leistungsempfänger die im Rahmen von § 287 ZPO geschaffenen **allgemeinen Erleichterungen** zur Schätzung der Höhe der Aufwendungen, zB die Möglichkeit der Darlegung eines Verbrauchs der Sozialleistungen durch krankheitsbedingte Mehraufwendungen[61] bei gebotener großzügiger Beurteilung[62] nicht nur hinsichtlich der immateriellen Beeinträchtigung.[63]

4. Konsequenzen. Faktisch wird aus der – zu Gunsten des Leistungsempfängers gesetzlich 22 vorgesehenen – Umkehr der Beweislast eine materiell-rechtliche Bevorzugung.[64] Soweit durch die pauschal gewährten Sozialleistungen auch gesellschaftliche Nachteile ausgeglichen werden sollen, zB eine Behinderung im allgemeinen Leben oder in der Bewegungs-, Schreib- und Handfertigkeit im privaten Bereich, ist eine Erschütterung, erst recht eine Widerlegung der Vermutung praktisch unmöglich. Zugunsten des Unterhalt verlangenden Empfängers von Sozialleistungen gem. § 5 SGB I wird – im Wege der Fiktion – zunächst so verfahren, als hätte er die Mittel aus der Sozialleistung nicht. Gerade auf Grund der Schwierigkeiten einer Widerlegung der gesetzlichen Vermutung ist die Sozialleistung deshalb grundsätzlich unterhaltsrechtlich nicht relevant.[65] Es ist der Entscheidung im Einzelfall vorbehalten, ob dies in jedem Fall billig ist, beispielsweise bei jahrelanger Pflege des Beschädigten durch den anderen Teil.[66] Zur Erwägung einer Umkehr der Beweislast jedenfalls bei dauerhafter Nichtverwendung von Pflegegeld s. Rn. 20.

§ 1611 Beschränkung oder Wegfall der Verpflichtung

(1) ¹Ist der Unterhaltsberechtigte durch sein sittliches Verschulden bedürftig geworden, hat er seine eigene Unterhaltspflicht gegenüber dem Unterhaltspflichtigen gröblich vernachlässigt oder sich vorsätzlich einer schweren Verfehlung gegen den Unterhaltspflichtigen oder einen nahen Angehörigen des Unterhaltspflichtigen schuldig gemacht, so braucht der Verpflichtete nur einen Beitrag zum Unterhalt in der Höhe zu leisten, die der Billigkeit entspricht. ²Die Verpflichtung fällt ganz weg, wenn die Inanspruchnahme des Verpflichteten grob unbillig wäre.

(2) Die Vorschriften des Absatzes 1 sind auf die Unterhaltspflicht von Eltern gegenüber ihren minderjährigen unverheirateten Kindern nicht anzuwenden.

(3) Der Bedürftige kann wegen einer nach diesen Vorschriften eintretenden Beschränkung seines Anspruchs nicht andere Unterhaltspflichtige in Anspruch nehmen.

Schrifttum: *Beckmann*, Kein Ehegattenunterhalt wegen „grober Unbilligkeit" (§ 1579 Abs. 1 BGB) – dann aber Unterhaltsanspruch gegen die Verwandten?, FamRZ 1983, 863; *Breihold*, Zur Verwirkung von Kindesunterhalt, NJW 1993, 305; *Budde*, Unterhaltsverwirkung wegen Kontaktverweigerung, FuR 2007, 348; *Finger*, Beschränkung und Ausschluß der Unterhaltspflicht nach § 1611 Abs. 1 BGB, FamRZ 1995, 969; *Foerste*, Alkoholismus und Unterhaltsrecht, FamRZ 1999, 1245; *Griesche*, Verwandtenunterhaltsrecht, FPR 2005, 335; *Meder*,

---

[60] So *Büttner* FamRZ 2000, 596, 597.
[61] OLG Hamm FamRZ 1990, 405.
[62] BGH FamRZ 1981, 338.
[63] BT-Drucks. 11/6153 S. 6; *Johannsen/Henrich/Graba* Rn. 6 aE; *Hülsmann* FuR 1991, 219.
[64] *Schwab/Borth* IV Rn. 633.
[65] *Wendl/Dose* § 1 Rn. 654 aE; *Johannsen/Henrich/Graba* Rn. 1 aE.
[66] *Schwab/Borth* IV Rn. 632 aE; zur Darlegungs- und Beweislast s. OLG Hamm FamRZ 1991, 1199. S. auch *Kalthoener* NJW 1991, 1037; *Künkel* FamRZ 1991, 1131; *Weychardt* FamRZ 1991, 782.

§ 1611 1–4   Abschnitt 2. Titel 3. Unterhaltspflicht

Verweigerung des Kontakts als schwere Verfehlung im Sinne des § 1611 Abs. 1 BGB, FuR 1995, 23; *Reiserer/Lemke*, Erziehungsgeld und Elternzeit – Ein Überblick über die Neuregelungen, MDR 2001, 241.

Übersicht

	Rn.		Rn.
I. Zweck und systematische Stellung	1–4	**IV. Rechtsfolge**	29–38
1. Zweck	1	1. Billigkeitsprüfung	30–33
2. Systematische Stellung	2	a) Abwägung	31
3. Geltungsbereich	3, 4	b) Verhältnismäßigkeit	32
		c) Beweislast	33
II. Tatbestandliche Voraussetzungen	5–23	2. Auswirkungen	34–37
1. Selbstverschuldete Bedürftigkeit	6–12	a) Herabsetzung	35, 36
a) Grad des Verschuldens	6, 7	b) Ausschluss	37
b) Ursächlichkeit	8	3. Wiederaufleben	38
c) Einzelfälle	9–12	**V. Ausschluss der Einwendung**	39–47
2. Verletzung der eigenen Unterhaltspflicht	13–15	1. Minderjährigkeit (Abs. 2)	39–45
a) Voraussetzungen	14	a) Zweck	40
b) Andere Gründe	15	b) Zeitpunkt	41–44
3. Schwere vorsätzliche Verfehlung	16–23	c) Privilegierter Volljähriger	45
a) Begriff	17–18a	2. Verzeihung	46, 47
b) Geschützter Personenkreis	19	**VI. Verhältnis zu Dritten**	48–51
c) Einzelfälle	20–23	1. Kein Ersatzanspruch (Abs. 3)	48–50
III. Allgemeine Voraussetzungen	24–28	2. Kein Vorteil für Mitverpflichtete	51
1. Unterhaltsanspruch	25, 26	**VII. Durchführung der Abänderung**	52–54
2. Verschulden	27	1. Beweislast	52, 53
3. Ursächlichkeit	28	2. Abänderungsantrag	54

I. Zweck und systematische Stellung

1 **1. Zweck.** Zweck der Vorschrift ist die Schaffung einer unterhaltsrechtlichen Sanktion gegen grobes Fehlverhalten des Unterhaltsbedürftigen gegenüber dem Unterhaltsverpflichteten. Schon durch das NEhelG von 1969 wurde die Anwendung der Vorschrift auf minderjährige Kinder ausgeschlossen; es folgt jetzt ausdrücklich aus Abs. 2.

2 **2. Systematische Stellung.** § 1611 Abs. 1 enthält – ähnlich wie §§ 1361 Abs. 3, 1579 beim Trennungs- und nachehelichen Unterhalt für Ehegatten – eine negative Billigkeitsklausel, auf Grund derer der eigentlich geschuldete Unterhalt herabgesetzt oder ganz ausgeschlossen werden kann. In der Struktur liegt eine Vergleichbarkeit mit § 1579 vor. Der Tatbestandsaufbau des § 1611 ist zweigeteilt: Zunächst ist das Vorliegen bestimmter Härtegründe zu überprüfen, anschließend ist eine Billigkeitsprüfung vorzunehmen.[1] Als Ausnahmevorschrift ist § 1611 eng auszulegen.[2]

3 **3. Geltungsbereich.** § 1611 entspricht im Verwandtenunterhalt der Regelung in §§ 1361 Abs. 3, 1579 für den Trennungs- und nachehelichen Unterhalt,[3] aber insofern bei deutlich strengeren Voraussetzungen (zB gröbliche Vernachlässigung, vorsätzliche schwere Verfehlung) als dort.[4] Der Familienunterhalt (§ 1360a Abs. 3) ist von der Anwendung ausgenommen, weil die Kürzung des Beitrags eines Ehegatten dem Wesen der ehelichen Lebensgemeinschaft widerspräche.[5] Nach ausdrücklicher Bestimmung des Gesetzes (Abs. 2) ist eine Anwendung auf minderjährige Kinder ausgeschlossen; zu Einzelheiten s. Rn. 39–45.

4 Als Sonderregelung geht § 1611 den allgemeinen Regelungen zum Verlust eines Anspruchs, insbesondere wegen Verwirkung, vor;[6] auch ein Rückgriff auf § 242 ist ausgeschlossen.[7] Jahrelange Untätigkeit des Berechtigten in Form fehlender Geltendmachung der Unterhaltsansprüche kann für

---

[1] *Schwab/Borth* V Rn. 225.
[2] *Wendl/Klinkhammer* § 2 Rn. 601.
[3] *Johannsen/Henrich/Graba* Rn. 1.
[4] *Schwab/Borth* V Rn. 108.
[5] *Schwab/Borth* V Rn. 227.
[6] BGH FamRZ 1982, 898.
[7] BGH FamRZ 1988, 159, 160; 1985, 273; *Johannsen/Henrich/Graba* Rn. 1; *Schwab/Borth* V Rn. 227.

die Vergangenheit Auswirkungen im Rahmen des § 1613 haben;[8] sie berühren aber nicht den Unterhalt für die Zukunft.[9]

II. Tatbestandliche Voraussetzungen

In seinem Abs. 1 S. 1 unterscheidet § 1611 zwischen drei Alternativen, die in der Urteilsbegründung voneinander abzugrenzen sind.[10] Eine Kürzung des Unterhalts auf einen der Billigkeit entsprechenden Betrag oder sogar ein vollständiger Wegfall des Unterhalts kommt dann in Betracht, wenn der Berechtigte durch eigenes sittliches Verschulden bedürftig geworden ist (1. Alt.), wenn er (früher) seine Unterhaltspflicht gegenüber dem (jetzt) ihm gegenüber Unterhaltspflichtigen grob vernachlässigt hat (2. Alt.), oder wenn er sich vorsätzlich einer schweren Verfehlung gegenüber dem Verpflichteten oder einem nahen Angehörigen desselben schuldig gemacht hat. (3. Alt.). Zur Beweislast s. Rn. 33, 52, 53. 5

1. Selbstverschuldete Bedürftigkeit. a) Grad des Verschuldens. Aus dem Umstand, dass 6 nach dem Tatbestand nicht jede Art von Verschulden ausreicht, sondern ein „sittliches" Verschulden gefordert wird, ergibt sich, dass ein Vorwurf von erheblichem Gewicht erforderlich ist; der Bedürftige muss in vorwerfbarer Weise anerkannte Gebote der Sittlichkeit außer Acht gelassen haben.[11]

Ein Mitverschulden des Pflichtigen[12] schließt die Anwendung der Vorschrift zwar nicht aus; es 7 wird eine etwaige Verfehlung des Berechtigten aber regelmäßig in einem so milden Licht erscheinen lassen, dass eine Kürzung des Unterhalts billigerweise[13] nicht mehr in Betracht kommt.[14]

b) Ursächlichkeit. Das Verschulden des Berechtigten muss für den Eintritt seiner Bedürftigkeit 8 ursächlich geworden sein; selbst schwere Verfehlungen nach § 2335 reichen deshalb für sich allein nicht aus.[15] Diese Ursächlichkeit zwischen vorwerfbarem Verhalten des Kindes und Bedürftigkeit muss aber nur im Falle eines sittlichen Verschuldens, also im Rahmen der ersten Alternative von Abs. 1 S. 1 gegeben sein.[16] Ein Kausalzusammenhang liegt nicht vor, wenn der Berechtigte auch unabhängig von dem sittlich zu beanstandenden Verhalten unterhaltsbedürftig geworden wäre, zB durch Krankheit.[17] Zur Mitursächlichkeit s. Rn. 28.

c) Einzelfälle. aa) Lebenswandel. Ist der Verlust der Arbeitsstelle[18] des Berechtigten auf 9 einmaligen Leichtsinn zurückzuführen, reicht das nicht für Kürzung oder gar Streichung des Unterhaltsanspruchs aus, weil es regelmäßig an der sittlichen Vorwerfbarkeit fehlt; gleiches gilt für den Verlust von Bargeld aus Nachlässigkeit. Dagegen kommt die Anwendung der Vorschrift in Betracht bei Verschwendung infolge kostspieliger Leidenschaften, zB bei Spielen und Wetten und dem Halten unangemessen teurer Fahrzeuge, sofern Nachhaltigkeit vorliegt und Kausalität des Verhaltens für die Bedürftigkeit gegeben ist.[19] Auch der Fall schwerer Straftaten und der Arbeitsscheu gehört hierher.[20]

---

[8] Eine dreijährige Nichtgeltendmachung kann zur Verwirkung von Kindesunterhaltsansprüchen führen (OLG Hamm FamRZ 1996, 1239), unter besonderen Umständen (Umstandsmoment) auch schon nach 2½ Jahren (OLG Frankfurt FamRZ 1999, 1163; OLG Hamm FamRZ 1998, 1189). S. auch *Deisenhofer* in *Heiß/Born* Kap. 12 Rn. 91.

[9] BGH FamRZ 1982, 898. Dort wird ausdrücklich darauf hingewiesen, dass ein Verlust des gesamten Unterhalts*rechts* durch Verwirkung nicht eintreten könne, weil insoweit abschließende gesetzliche Regelungen wie zB in § 1611 Abs. 1 S. 2 (bei volljährigen Kindern) zu beachten seien; für Unterhalts*rückstände* dagegen – wie bei anderen Forderungen – eine Verwirkung denkbar, wenn auch die kurze Verjährungsfrist von 4 Jahren dem Anwendungsbereich der Verwirkung enge Grenzen setze. Da kein Grund dafür ersichtlich ist, hier bei minderjährigen Kindern anders zu verfahren, kommt im Ergebnis nur eine Verwirkung von Rückständen in Betracht, s. *Deisenhofer* in *Heiß/Born* Kap. 12 Rn. 91.
[10] OLG Bamberg FamRZ 1994, 459; *Palandt/Brudermüller* Rn. 2.
[11] BGH FamRZ 1985, 273; *Wendl/Klinkhammer* § 2 Rn. 603.
[12] Es liegt in der Praxis in den Fällen der Kontaktverweigerung des Kindes (s. dazu Rn. 21, 22) aufseiten des einen Kontakt begehrenden Elternteils häufig vor, was Auswirkungen im Rahmen der Billigkeitsprüfung (s. Rn. 31) entfaltet.
[13] Zur Billigkeitsprüfung s. Rn. 30–33.
[14] OLG Celle FamRZ 1990, 1142.
[15] *Palandt/Brudermüller* Rn. 5.
[16] BGH FamRZ 1981, 1042, 1044; *Wendl/Klinkhammer* § 2 Rn. 606.
[17] BGH FamRZ 2010, 1418 m. Anm. *Kieninger*; OLG Köln FamRZ 1990, 310; *Palandt/Brudermüller* Rn. 5; *Schwab/Borth* V Rn. 228 aE.
[18] Dazu *Born* FamRZ 1995, 523; *Büttner/Niepmann/Schwamb* Rn. 500, 507 f., 742; *Schwab/Borth* IV Rn. 1158, 1166.
[19] RG Recht 1919, Nr. 1516, 1517; *Schwab/Borth* V Rn. 228.
[20] *Schwab/Borth* V Rn. 228; zur fehlenden Arbeitsbereitschaft der nichtehelichen Mutter s. Rn. 12.

§ 1611   10–12   Abschnitt 2. Titel 3. Unterhaltspflicht

10   **bb) Alkohol- und Drogensucht.** Hat das volljährige Kind seine Bedürftigkeit durch übermäßigen Alkohol- oder Drogenkonsum verursacht, kann eine Verwirkung infolge sittlichen Verschuldens vorliegen.[21] Allerdings wird die Sucht vielfach als Krankheit anzusehen sein; in einem solchen Fall kommt eine Verwirkung regelmäßig nur dann in Betracht, wenn sich das volljährige Kind trotz vorliegender Einsichtsfähigkeit weigert, sich einer Erfolg versprechenden ärztlichen Therapie zu unterziehen oder nach Durchführung einer solchen Behandlung ärztliche Anweisungen nicht beachtet und deshalb rückfällig wird.[22] Schon von den Eltern finanzierte Ausbildungs- und Therapiemaßnahmen[23] sowie die grundsätzliche Eigenverantwortung auch eines alkoholsüchtigen Unterhaltsgläubigers[24] sind von Bedeutung.

11   **cc) Nichteheliche Gemeinschaft.** Schon im Jahre 1984 hat der BGH[25] festgestellt, dass ein Zusammenleben des Kindes mit einem anderen Partner in einer nichtehelichen **Lebensgemeinschaft** von der Allgemeinheit nicht mehr als anstößig empfunden werde.[26] Eine Minderung der Bedürftigkeit durch Anrechnung geldwerter Versorgungsleistungen scheidet im Regelfall aus.[27]

12   Auch dann, wenn die volljährige Tochter ein **nichteheliches Kind** bekommt und die Eltern in Anspruch nimmt, weil sie selbst keine ausreichende Lebensgrundlage hat, wird kein sittliches Verschulden im Sinne von § 1611 Abs. 1 S. 1 angenommen.[28] Sofern die Kindesmutter bei der Zeugung des Kindes noch minderjährig war, kommt eine Anwendung von § 1611 ohnehin nicht in Betracht, weil eine Anwendung der Vorschrift auf während der Minderjährigkeit begangene Handlungen ausscheidet.[29] Ein sittliches Verschulden wird ausnahmsweise nur dann in Betracht kommen können, wenn eine gesunde volljährige Tochter den Mühen des Erwerbslebens entgehen will, zu diesem Zweck eine nichteheliche Mutterschaft in Kauf nimmt und dadurch ihre Absicht verwirklicht, als Folge der ausgelösten Unterhaltsansprüche weiter auf Kosten ihrer Eltern leben zu können;[30] ein solcher Fall wird schon mangels Beweisbarkeit (s. Rn. 52, 53) in der Praxis kaum vorkommen.[31] Die Frage des sittlichen Verschuldens kann nicht davon abhängig gemacht werden, ob die Partner hinreichend sichere Empfängnisverhütung getroffen haben.[32]

---

[21] OLG Frankfurt a. M. FamRZ 2011, 226; OLG Celle FamRZ 1990, 1142 mit einer sehr sorgfältigen Billigkeitsabwägung bei einem Rauschgiftsüchtigen.
[22] *Wendl/Klinkhammer* § 2 Rn. 603 aE; *Schwab/Borth* V Rn. 228. S. OLG Hamm FamRZ 2010, 303 (kein Verschulden bei schizophrener Psychose).
[23] AG Neuwied FamRZ 1999, 403; dort ist der Unterhaltsanspruch eines 29 jährigen Drogensüchtigen als verwirkt angesehen worden, nachdem die Eltern schon eine Ausbildung sowie Therapiemaßnahmen finanziert hatten.
[24] *Foerste* FamRZ 1999, 1245; *Deisenhofer* in *Heiß/Born* Kap. 12 Rn. 129.
[25] FamRZ 1985, 273.
[26] Hier wird zu Recht ausgeführt, dass die Gebote der Sittlichkeit nicht frei von Wandlungen sind. Da sich eine allgemeingültige Auffassung, bei einem Zusammenleben nicht miteinander verheirateter Personen liege Anstößigkeit vor, nicht mehr feststellen lasse (BGH FamRZ 1982, 774), sei jedenfalls bei nicht nur flüchtiger Verbindung nicht von einer allgemein anerkannten sittlichen Mißbilligung intimen Umgangs zwischen erwachsenen Partnern auszugehen (BGH FamRZ 1985, 273).
[27] *Schwab/Borth* V Rn. 230 aE. Auch wenn bei unstreitigem oder erwiesenem Zusammenleben eine Vermutung für Versorgungsleistungen spricht (BGH NJW 1995, 1148, 1150) und ein fiktives Entgelt selbst bei Betreuung kleiner Kinder erwerbsmindernd zu berücksichtigen ist (OLG Hamm NJW-RR 1997, 645), so dass der in der Regel fehlende Wille des Partners, den Dritten von der Unterhaltspflicht zu entlasten (BGH FamRZ 1993, 417, 418; OLG Hamm FamRZ 1998, 767) hier keine Rolle spielt, scheitert eine Minderung der Bedürftigkeit – unabhängig von tatsächlichen Vermutungsfragen – häufig aus tatsächlichen Gründen. Zwar spricht bei unstreitigem oder erwiesenem Zusammenleben der erste Anschein für ein Anfallen geldwerter Versorgungsleistungen (BGH NJW 1995, 1148, 1150), und das fiktive Entgelt ist selbst bei Betreuung minderjähriger Kinder in vollem Umfang bedarfsmindernd zu berücksichtigen (OLG Hamm NJW-RR 1997, 645); es fehlt aber vielfach an der erforderlichen (BGH FamRZ 1989, 487; 1987, 1011) hinreichenden Leistungsfähigkeit des Partners. Bei Versorgung des Lebensgefährten durch das Unterhalt begehrende Kind kann diesem zwar auf Grund entsprechender Anwendung der Rechtsprechung zum Ehegattenunterhalt (§ 1579 Nr. 7 aF, jetzt Nr. 2) ein fiktives Einkommen angerechnet werden (BGH FamRZ 1989, 487), selbst bei fehlender Haushaltsführung (OLG Koblenz FamRZ 1991, 1469). Nach zT vertretener Ansicht soll es dem Kind aber auch hier zugutekommen, dass etwaige Vorteile des Zusammenlebens oder sogar Zahlungen des Lebensgefährten nicht zur Entlastung der barunterhaltspflichtigen Eltern bestimmt sind (OLG Hamm FamRZ 1998, 767), so dass eine freiwillige Leistung eines Dritten anzunehmen ist (OLG Celle FamRZ 1993, 352). Im Übrigen leben jüngere Leute vielfach nicht in einer Lebensgemeinschaft, sondern in einer Wohngemeinschaft, in der sich beide Partner in der Regel die Haushaltsführung teilen, so dass geldwerte Versorgungsleistungen schon von daher ausscheiden. Ein in Ausbildung befindliches Kind trifft im Übrigen keine Erwerbsobliegenheit; dann aber fehlt die Rechtfertigung für den Ansatz eines fiktiven Versorgungsentgeltes (*Wendl/Scholz* § 2 Rn. 111).
[28] BGH FamRZ 1985, 273; OLG Celle FamRZ 1984, 1254.
[29] BGH FamRZ 1988, 159, 163; *Wendl/Scholz* § 2 Rn. 66; s. Rn. 42.
[30] BGH FamRZ 1985, 273; *Wendl/Klinkhammer* § 2 Rn. 603.
[31] *Wendl/Scholz* § 2 Rn. 66.
[32] BGH FamRZ 1985, 273, 276.

Beschränkung oder Wegfall der Verpflichtung 13–21 § 1611

2. Verletzung der eigenen Unterhaltspflicht. Diese Alternative hat ihre Relevanz vor allem 13
in Fällen, in denen ein früherer Unterhaltsschuldner später zum Unterhaltsgläubiger wird.

a) Voraussetzungen. Sofern der Berechtigte (früher) seine Unterhaltspflicht gegenüber dem 14
ihm (jetzt) Verpflichteten grob vernachlässigt hat, kann sein Unterhaltsanspruch herabgesetzt oder
ausgeschlossen werden. Als Unterhaltspflicht, die der jetzt Bedürftige verletzt haben muss, kommt
nur eine Barunterhaltspflicht in Betracht. Die Dienstleistungspflicht des § 1619 ist kein Unterhalt,
und Fälle der §§ 1360 S. 2, 1606 Abs. 3 S. 2[33] scheiden hier aus. Die Regelung ähnelt derjenigen in
§§ 1579 Nr. 6 (früher: Nr. 5), 1587 c Nr. 3.[34] Ihr Anwendungsbereich liegt in den Fällen, in denen
ein Vater jahrelang seine Unterhaltspflicht gegenüber dem (damals noch kleinen) Kind verletzt hat
und jetzt selbst von diesem (älter gewordenen) Kind Unterhalt verlangt.[35]

b) Andere Gründe. Sofern eine Unterhaltspflicht mangels Leistungsfähigkeit entfällt, entsteht 15
in der Person eines nachrangig Haftenden (§ 1607 Abs. 1) eine neue, mit dem Makel der Verfehlung
gegen den „Vorgänger" nicht behaftete Unterhaltsschuld.[36] Hinsichtlich des Verhältnisses zu Dritten
s. Rn. 48–51.

3. Schwere vorsätzliche Verfehlung. In der Praxis ist diese Alternative am häufigsten. 16

a) Begriff. Er entspricht weitgehend dem des § 66 EheG.[37] Die Verfehlungen sind nicht 17
beschränkt auf die zur Entziehung des Pflichtteils berechtigenden Gründe (§§ 2333 ff.). Der
Umstand, dass die Verfehlung **schwer** sein muss, erlaubt eine auf das Unterhaltsrechtsverhältnis
bezogene Beurteilung, die früher bei der engen Anlehnung an die Pflichtteilsentziehungsgründe
nicht gewährleistet war. So muss nicht jede vorsätzliche körperliche Misshandlung des Verpflichteten
(§ 2333 Nr. 2) zu einer Herabsetzung des Unterhaltsanspruchs führen. Das Verhalten des Berechtigten kann sich sowohl auf wirtschaftliche wie auf persönliche Belange des Verpflichteten beziehen.[38]

Da das Gesetz **Vorsatz** verlangt, scheidet eine Sanktionierung eines grob fahrlässigen Verhaltens 18
aus.[39] Auch an diesem Merkmal wird die Verwirkung in einer Vielzahl von Fällen wegen Beweisschwierigkeiten (s. Rn. 52, 53) scheitern.

Das Bestehen einer nichtehelichen Lebensgemeinschaft, in der das Unterhalt begehrende Kind 18a
Versorgungsleistungen bezieht, aber gleichwohl von einem Elternteil Unterhalt verlangt, ist kein
Anwendungsfall des § 1611 Abs. 1, s. Rn. 11, 12.

b) Geschützter Personenkreis. Zunächst ist der Unterhaltspflichtige **selbst** geschützt, nicht 19
dagegen ein nachrangig Verpflichteter.[40] Daneben erstreckt sich der Schutz nach dem Wortlaut des
Gesetzes aber auch auf den **nahen Angehörigen** des Pflichtigen. Nach dem Zweck der Regelung
ist nicht an den Grad der Verwandtschaft[41] anzuknüpfen, sondern daran, wie stark sich der Verpflichtete familiär mit dem Angehörigen verbunden fühlt.[42] Deshalb ist der Kreis der geschützten
Personen nicht auf die Verwandtschaft im engeren Sinne begrenzt, sondern schließt auch den neuen
Ehegatten, Lebensgefährten,[43] unter Umständen auch langjährige Hausangehörige ein.[44]

c) Einzelfälle. Entsprechend dem zweigliedrigen Tatbestandsaufbau (s. Rn. 2) sind zunächst die 20
tatbestandlichen Voraussetzungen von Bedeutung; zusätzlich ist dann eine Billigkeitsprüfung (s.
Rn. 30–33) vorzunehmen.

aa) Kontaktverweigerung. Diese Fallgruppe steht in der gerichtlichen Praxis im Rahmen 21
der Prüfung der „schweren Verfehlung" (Abs. 1 S. 1) im Vordergrund.[45] Das einfache *Unterlassen*
des Kontaktes mit dem Elternteil bzw. die Gleichgültigkeit gegenüber einer regelmäßigen Beziehung

---

[33] Vgl. *Bosch* FamRZ 1984, 1170.
[34] S. dazu *Schwab/Borth* IV Rn. 466 ff.
[35] BGH FamRZ 2004, 1559 m. Anm. *Born*; *Schwab/Borth* V Rn. 229.
[36] RG JW 1910, 477; RGRK/*Mutschler* Rn. 10.
[37] Zu Einzelheiten hierzu s. *Schwab/Borth* V Rn. 546 ff.
[38] OLG Hamm FamRZ 2007, 165 (Haftstrafe wegen Drogenschmuggels); 1993, 468; *Breiholdt* NJW 1993, 305; *Schwab/Borth* V Rn. 230.
[39] *Schwab/Borth* V Rn. 230.
[40] RG JW 1910, 477; Soergel/*Häberle* Rn. 8; RGRK/*Mutschler* Rn. 10.
[41] S. hierzu § 11 Abs. 1 Nr. 1 StGB.
[42] *Schwab*, 1. Aufl., Rn. 379.
[43] *Schwab/Borth* V Rn. 230; aaO IV Rn. 436; *Rolland/Hülsmann* § 1579 Rn. 23; **aA** § 1579 Rn. 10 aE.
[44] Soergel/*Häberle* Rn. 5.
[45] OLG Celle FamRZ 1994, 1235; OLG Frankfurt FamRZ 1994, 1241, beide mwN; *Schwab/Borth* V Rn. 231.

erfüllt in der Regel die tatbestandlichen Voraussetzungen nicht.[46] Auch wenn ein *aktives Tun* in der Weise vorliegt, dass unhöfliche oder unangemessene Äußerungen des Kindes zu dem unterlassenen Kontakt hinzukommen, reicht dies für eine Verwirkung regelmäßig nicht aus,[47] auch kein Siezen oder Nichtgrüßen,[48] erst recht kein bloßes Einschlafenlassen der persönlichen Beziehungen.[49]

22 Die Eltern, die sich in diesem Zusammenhang für die Rechtsfolge „Verwirkung" (s. Rn. 29–38) auf eine Entscheidung des OLG Bamberg[50] berufen, übersehen regelmäßig, dass es sich um einen ausgesprochenen Ausnahmefall handelt;[51] danach kann die Kontaktverweigerung – ausnahmsweise – als schwere Verfehlung angesehen werden, wenn sie mit einem besonders beleidigenden oder verletzenden Verhalten des Kindes einhergeht oder den Verpflichteten überdurchschnittlich hart trifft, zB bei einer lebensgefährlichen Erkrankung.[52] Zur erforderlichen Billigkeitsprüfung s. Rn. 30–33. Zu dem Gesichtspunkt der nach Eintritt der Volljährigkeit fortwirkenden Störung aus der Zeit der Minderjährigkeit s. Rn. 43, 44.

23 **bb) Sonstige Fälle.** Eine vorsätzliche schwere Verfehlung gegen den Pflichtigen kann regelmäßig nur bei einer tiefgreifenden Beeinträchtigung schutzwürdiger wirtschaftlicher Interessen oder persönlicher Belange des Pflichtigen angenommen werden.[53] Als Begehungsformen durch *aktives Tun* kommen neben tätlichen Angriffen wiederholte Bedrohungen oder auch grobe Beleidigungen[54] in Betracht, des Weiteren falsche Anschuldigungen gegenüber dem Arbeitgeber des Pflichtigen oder Behörden,[55] schließlich eine Schädigung des Pflichtigen in seiner wirtschaftlichen oder beruflichen Stellung.[56] Ein *Unterlassen* reicht zur Erfüllung des Verwirkungstatbestandes nur aus, wenn der Berechtigte dadurch eine Rechtspflicht zum Handeln verletzt.[57]

III. Allgemeine Voraussetzungen

24 Neben den – spezifisch auf Abs. 1 bezogenen – Tatbestandsmerkmalen (s. Rn. 5–23) – sind zusätzlich noch allgemeine Voraussetzungen zu prüfen, bevor die Vorschrift zur Anwendung kommen kann.

25 **1. Unterhaltsanspruch.** Ein Unterhaltsanspruch muss „an sich" gegeben sein; fehlt es hieran, kommt § 1611 nicht zur Anwendung. Ist also der Anspruchsteller beispielsweise dafür beweisfällig geblieben, dass er die notwendigen Anstrengungen zur (Wieder-)Erlangung einer Arbeitsstelle unternommen hat (s. § 1603 Rn. 36–42), scheitert der Anspruch schon an fehlender Bedürftigkeit (§ 1602), nicht aber daran, dass der Anspruch als Folge selbstverschuldeter Bedürftigkeit (voll oder ganz) verwirkt wäre.[58] Für eine nachfolgende Zeit kann der Unterhaltsanspruch deshalb erneut erhoben werden, ohne dass dem eine etwaige Verwirkung entgegenstünde.

26 Der Unterhaltsanspruch scheitert an fehlender Bedürftigkeit, sofern der Anspruchsteller über ausreichende Einkünfte aus **Erziehungsgeld**[59] verfügt (zum aktuellen **Elterngeld** s. § 1602 Rn. 42,

---

[46] OLG Karlsruhe FamRZ 2004, 971 (Elternunterhalt); OLG Köln FamRZ 2000, 1043; *Wendl/Klinkhammer* § 2 Rn. 605; *Schwab/Borth* V Rn. 231.
[47] BGH FamRZ 1995, 475.
[48] OLG Köln FamRZ 1996, 1101; OLG Hamm FamRZ 1995, 1439.
[49] BGH FamRZ 1995, 475.
[50] FamRZ 1992, 717 m. krit. Anm. *Evers*.
[51] *Evers* FamRZ 1992, 719; vgl. OLG München FamRZ 1992, 595. S. *Deisenhofer* in *Heiß/Born* Kap. 12 Rn. 128 aE.
[52] OLG Bamberg FamRZ 1992, 717, 719 m. Anm. *Evers* und Anm. *Schütz* FamRZ 1992, 1338; *Wendl/ Klinkhammer* § 2 Rn. 605 aE; vgl. OLG Frankfurt FamRZ 1990, 789, das vom Kind nach Abitur und begonnener Berufsausbildung eine eigenverantwortliche Gestaltung der Beziehung zum Vater fordert.
[53] OLG Hamm FamRZ 2007, 165; OLG Celle FamRZ 1993, 1235; OLG München FamRZ 1992, 595, 597; *Wendl/Klinkhammer* § 2 Rn. 605 am Anf.
[54] AG Grevenbroich FF 2003, 144; keine Verwirkung dagegen nach OLG Karlsruhe FamRZ 2004, 971 bei Kränkungen (Elternunterhalt).
[55] OLG Hamm NJW-RR 2006, 509 (bewusst falsche Strafanzeige wegen angeblicher Nötigung im Straßenverkehr).
[56] OLG München FamRZ 1992, 595, 597.
[57] *Wendl/Klinkhammer* § 2 Rn. 605; OLG Köln FamRZ 2005, 301 bei fehlender Unterrichtung über den Schulabbruch; OLG Thüringen FamRZ 2009, 1416 sowie AG Tempelhof-Kreuzberg FamRZ 2000, 1044 bei unterlassener Mitteilung der Aufnahme einer Erwerbstätigkeit. Zum Elternunterhalt s. OLG Koblenz NJW-RR 2002, 940; AG Krefeld FamRZ 2010, 817.
[58] OLG Köln FamRZ 1986, 549.
[59] Die seit 1. 1. 2001 geltende Neufassung des BErzGG (BT-Drucks. 14/4133) gilt für Kinder, die am 1. 1. 2001 und vor 1. 1. 2007 geboren wurden. Das Gesetz enthält Neuerungen für den Bezug von Erziehungsgeld sowie eine umfassende Neuregelung des Erziehungsurlaubs. Ausführlich dazu *Reiserer/Lemke* MDR 2001, 241.

43). Im Rahmen der Bedarfsdeckung durch öffentlich-rechtliche Leistungen (s. § 1602 Rn. 26 ff.) ist Erziehungsgeld zwar *grundsätzlich nicht* zu berücksichtigen, wobei es nicht darauf ankommt, ob der Leistungsempfänger Unterhaltsberechtigter oder Verpflichteter ist.[60] Denn nach dem eindeutigen Zweck des Gesetzes soll die Betreuung von Kleinstkindern in der ersten Zeit nach der Geburt gefördert werden und das Erziehungsgeld dem Erziehungsberechtigten ungeschmälert zugutekommen, um ihm den Verzicht auf eigene Erwerbstätigkeit während dieser Zeit zu erleichtern.[61] Das Erziehungsgeld wird nicht als Einkommen angerechnet und mindert auch nicht die Bedürftigkeit,[62] auch nicht im Rahmen des Anspruchs aus § 1615l.[63] Nach ausdrücklicher gesetzlicher Bestimmung (§ 9 S. 2 BErzGG) ist eine **Anrechnung** aber sowohl im Rahmen gesteigerter Unterhaltspflicht nach § 1603 Abs. 2 S. 1[64] wie bei einer Herabsetzung des Unterhalts nach §§ 1579, 1611 vorzunehmen.[65] Die „verunglückt" erscheinende[66] Formulierung in § 9 S. 2 BErzGG, wonach das Erziehungsgeld auch im Falle des (teilweisen) Verlustes des Unterhalts als Einkommen berücksichtigt werden soll, ist dahin zu verstehen, dass „an sich" (ungeachtet des Vorhandenseins von Erziehungsgeld) Bedürftigkeit anzunehmen ist und diese – zunächst also hinweggedachten – Mittel in der Hand des Anspruchstellers *ausnahmsweise* im Falle der Verwirkung anzurechnen sind.[67] Dies kann insbesondere bei einer Teilverwirkung praktisch werden; denn auf den Restanspruch ist das Erziehungsgeld dann nicht anzurechnen.

2. Verschulden. Für Herabsetzung und Ausschluss des Anspruchs ist in allen Fällen Voraussetzung, dass ein Verschulden vorliegt. Ein Mitverschulden des Pflichtigen schließt die Anwendung des § 1611 zwar nicht aus; es wird aber die Verfehlung des Berechtigten regelmäßig in einem so milden Licht erscheinen lassen, dass eine Kürzung des Unterhalts billigerweise nicht mehr gerechtfertigt ist.[68] **27**

3. Ursächlichkeit. Nur in der ersten Alternative (selbst verschuldete Bedürftigkeit) muss das vorwerfbare Verhalten des Kindes für die Bedürftigkeit ursächlich sein;[69] hierbei genügt aber Mitursächlichkeit,[70] in diesem Fall ist aber auch nur eine teilweise Kürzung angezeigt.[71] Der erforderliche Kausalzusammenhang ist nicht gegeben, wenn das Kind auch unabhängig von dem sittlich zu beanstandenden Verhalten bedürftig geworden wäre, zB durch Krankheit.[72] In Betracht kommt dann aber die dritte Alternative (schwere vorsätzliche Verfehlung).[73] **28**

IV. Rechtsfolge

Liegen die tatbestandlichen Voraussetzungen der Vorschrift vor, ist zunächst eine Billigkeitsprüfung durchzuführen (s. Rn. 30–33). Sodann ist im Rahmen der Auswirkungen zu untersuchen, in welchem Umfang eine Herabsetzung des Unterhaltsanspruchs vorzunehmen ist (s. Rn. 34–37). **29**

1. Billigkeitsprüfung. Der unbestimmte Rechtsbegriff[74] der Billigkeit beherrscht das gesamte Unterhaltsrecht; er dient dem notwendigen Bemühen um Individualisierung.[75] Beim Unterhaltsanspruch des volljährigen Kindes ist der Begriff gesetzlich dahin fixiert worden, dass nur ein Billigkeitsunterhalt geschuldet ist, der gegenüber dem eigentlich geschuldeten Unterhalt herabgesetzt oder ganz ausgeschlossen werden kann.[76] **30**

S. außerdem § 1602 Rn. 42, 43, auch zum aktuellen BEEG. Für die ab 1. 1. 2007 geborenen Kinder gilt das **Elterngeld** (BGBl. I 2748); s. dazu *Scholz* FamRZ 2007, 7.

[60] Nach § 3 Abs. 2 BErzGG kann auch der Vater zum Berechtigten bestimmt werden.
[61] BT-Drucks. 10/3792 S. 18; BVerfG FamRZ 1994, 363.
[62] OLG Hamm FamRZ 1995, 805; *Palandt/Brudermüller* § 1361 Rn. 24 c.
[63] BVerfG FamRZ 2000, 1149. S. § 1615l Rn. 33.
[64] OLG Nürnberg FamRZ 1994, 1402; OLG Düsseldorf FamRZ 1991, 592; *Wendl/Klinkhammer* § 2 Rn. 281.
[65] BGH FamRZ 1989, 1279, 1280; OLG Nürnberg FamRZ 1998, 981; 1995, 674; OLG Hamm FamRZ 1998, 1250 mwN.
[66] *Schwab/Borth* IV Rn. 645.
[67] *Köhler* FamRZ 1986, 229; *Schwab/Borth* IV Rn. 418, 645 aE; *Wendl/Dose* § 1 Rn. 116.
[68] OLG Celle FamRZ 1990, 1142; *Soergel/Häberle* Rn. 7; s. Rn. 6, 7. Zum Verschulden beim Elternunterhalt s. BGH FamRZ 2010, 1888 m. Anm. *Hauß*.
[69] BGH FamRZ 1981, 1042, 1044.
[70] *Staudinger/Engler* (2000) Rn. 9.
[71] RGZ 92, 1, 6; RGRK/*Mutschler* Rn. 8; vgl. *Göppinger/Strohal* Rn. 360 f.
[72] OLG Köln FamRZ 1990, 310.
[73] *Wendl/Klinkhammer* § 2 Rn. 606.
[74] *Göppinger/Strohal* Rn. 361.
[75] *Göppinger/Strohal* Rn. 361; *Deisenhofer* in *Heiß/Born* Kap. 12 Rn. 128.
[76] *Palandt/Brudermüller* Rn. 7.

31 **a) Abwägung.** Für eine Herabsetzung des Unterhalts ist Voraussetzung, dass die Zahlung des vollen Unterhalts unbillig wäre (Abs. 1 S. 1); ein vollständiger Ausschluss kommt nur bei grober Unbilligkeit in Betracht (Abs. 1 S. 2). Sämtliche maßgeblichen Umstände sind deshalb in einer umfassenden Abwägung wertend gegenüberzustellen; dabei ist nicht nur das Verhalten des Kindes von Bedeutung, sondern auch das eigene Verhalten des Pflichtigen, und zwar sowohl gegenüber dem Kind selbst wie dem anderen Elternteil, bei dem das Kind häufig schon lange Zeit gelebt hat.[77] Eine Verwirkung scheidet im Regelfall aus, wenn der Pflichtige für den Konflikt mitverantwortlich ist, zB in Form von Erziehungsfehlern,[78] und sich beispielsweise nicht bemüht hat, den abgerissenen Kontakt zum Kind[79] wieder aufzunehmen.[80] Von den eine Verwirkung nach § 1611 geltend machenden Elternteilen wird eine selbstkritische Überprüfung des eigenen Verhaltens (s. Rn. 40) gern „vergessen"; die gerichtliche Praxis zeigt, dass Fälle mit wirklich einseitigem Verhalten aufseiten des Kindes ausgesprochen selten sind.[81]

32 **b) Verhältnismäßigkeit.** Die umfassende Abwägung aller maßgeblichen Umstände ist auch deshalb erforderlich, weil die Unterhaltsbeschränkung als Rechtsfolge der Schwere der kindlichen Verfehlung angemessen sein muss.[82] In diesem Zusammenhang kommt es auch auf Dauer und Höhe der Unterhaltspflicht und die wirtschaftliche Belastung des Berechtigten an.[83]

33 **c) Beweislast.** Im Rahmen der Billigkeitsprüfung trägt jede Partei die Beweislast für die zu ihren Gunsten sprechenden Tatsachen;[84] im Übrigen liegt die Beweislast für Beschränkung oder Wegfall der Unterhaltspflicht beim Unterhaltsschuldner (s. Rn. 52, 53).

34 **2. Auswirkungen.** Während bis zum Erlass des NEhelG im Jahre 1969 eine Kürzung auf „den notdürftigen Unterhalt" als einen bestimmten Betrag[85] in Betracht kam, kann der Anspruch jetzt entsprechend der Schwere der Verfehlung und den sonstigen Umständen nach Durchführung der Billigkeitsprüfung stufenlos herabgesetzt werden.[86] Gesetzlich geregelt sind zwei Alternativen: Der Unterhaltsanspruch kann auf einen billigen Betrag beschränkt (Abs. 1 S. 1), bei grober Unbilligkeit auch vollständig gestrichen werden (Abs. 1 S. 2). Möglich ist auch eine zeitliche Beschränkung;[87] zur Möglichkeit des Wiederauflebens s. Rn. 38.

35 **a) Herabsetzung.** Sie ist – entsprechend der Schwere der Verfehlung und unter Berücksichtigung der sonstigen Umstände nach Durchführung der Billigkeitsprüfung – stufenlos möglich. Eine Untergrenze, zB in Gestalt des notwendigen Bedarfs, ist nicht zu berücksichtigen.[88] Gerade weil es allgemein als unbefriedigend empfunden worden war, dass das unterhaltsberechtigte Kind trotz schwerer Verfehlungen unter Umständen fast vollen angemessenen Unterhalt (§ 1610) beanspruchen konnte, so dass besonders bei bescheidenen Verhältnissen ohnehin kaum mehr zu beanspruchen war als der Sozialhilferichtsatz,[89] ist die Möglichkeit zur Anspruchsreduzierung auch unter das früher als notdürftiger Unterhalt geltende Maß eingeführt worden. Dabei war auch von Bedeutung, dass es den Pflichtigen regelmäßig härter trifft als den Erblasser beim Entzug des Pflichtteils (§§ 2333 ff.), wenn er – sozusagen in Form der „monatlichen Nadelstiche" – immer wieder von neuem Unterhalt an eine Person zahlen muss, die sich ihm gegenüber schuldig gemacht hat.[90]

36 Bei nachträglichem Eintritt von Umständen, die als Verwirkungstatbestand nach § 1611 Abs. 1 in Betracht kommen, ist eine weitere Herabsetzung möglich.[91]

---

[77] BGH FamRZ 1995, 475; 1991, 322. *Finger* (FamRZ 1995, 969 ff.) spricht von der Notwendigkeit einer „Schuldanalyse".
[78] *Deisenhofer* in *Heiß/Born* Kap. 12 Rn. 128.
[79] Zur Kontaktverweigerung s. Rn. 21, 22.
[80] Vom BGH (FamRZ 1995, 475) wird im Rahmen der Ablehnung einer Verwirkung u. a. darauf abgestellt, dass der Pflichtige dem Kind nicht zum 18. Geburtstag gratuliert und „von sich aus" keine Anteilnahme an den Ausbildungs- und Zukunftsplänen des Kindes gezeigt habe.
[81] Selbst wenn ein solches Verhalten aber vorliegt, bleibt zusätzlich zu prüfen, ob die Handlung in die Zeit der Minderjährigkeit fällt und deshalb nicht zuzurechnen ist, s. Rn. 42.
[82] *Wendl/Klinkhammer* § 2 Rn. 607; *Schwab/Borth* V Rn. 233; *Palandt/Brudermüller* Rn. 7.
[83] OLG Hamm FamRZ 2007, 165; AG Eschweiler FamRZ 1984, 1252; *Schwab/Borth* V Rn. 233.
[84] *Palandt/Brudermüller* Rn. 10.
[85] ZB den Sozialhilferichtsatz (KG NJW 1953, 308).
[86] *Göppinger/Strohal* Rn. 361.
[87] *Johannsen/Henrich/Graba* § 1611 Rn. 4; *Palandt/Brudermüller* Rn. 7; *Schwab/Borth* V Rn. 233.
[88] *Schwab/Borth* V Rn. 233.
[89] Amtl. Begr. zum Regierungsentwurf S. 165, Fn. 2.
[90] S. OLG Celle FamRZ 2010, 2082 (LS.); *Soergel/Häberle* Rn. 1.
[91] *Schwab/Borth* V Rn. 233. Zur Änderung der Rangverhältnisse s. § 1609 Rn. 38–40.

b) Ausschluss. Die Unterhaltspflicht des Schuldners fällt vollständig weg, wenn seine Inanspruchnahme grob unbillig wäre (Abs. 1 S. 2). Das Fehlverhalten des bedürftigen Kindes muss so schwerwiegend sein, dass selbst die Zahlung eines geringfügigen Betrages dem Gerechtigkeitsempfinden in unerträglicher Weise widersprechen würde.[92] Nach Wortlaut und systematischem Zusammenhang ist von einer sehr engen Ausnahmeregelung auszugehen,[93] die nur in extrem gelagerten Fällen zur Anwendung kommen wird,[94] zB bei einem Anschlag des Kindes gegen Leben oder Gesundheit des Pflichtigen oder eines nahen Verwandten[95] oder beim Zusammentreffen mehrerer Verwirkungsgründe.[96] Dagegen reicht üblicherweise eine Kontaktverweigerung des Kindes (s. Rn. 21, 22) nicht aus. Auch dann, wenn aufseiten des Berechtigten Unterhaltsbedürftigkeit infolge Alkoholmissbrauchs vorliegt, kommt kein Ausschluss in Betracht, sofern nur ein geringfügiger Betrag vom leistungsfähigen Unterhaltsschuldner verlangt wird.[97] 37

3. Wiederaufleben. Im Gegensatz zu einem verwirkten Anspruch kann ein herabgesetzter oder gestrichener Unterhaltsanspruch nach Wegfall der Voraussetzungen des § 1611 wieder aufleben,[98] weil – anders als früher in § 66 EheG – in § 1611 Abs. 1 nicht von einer Verwirkung des Anspruchs die Rede ist.[99] Wegen des Elementes der Billigkeit[100] wird im Einzelfall aber auch der Grund der früheren Herabsetzung bzw. Versagung des Unterhaltsanspruchs zu berücksichtigen sein.[101] 38

V. Ausschluss der Einwendung

1. Minderjährigkeit (Abs. 2). Nach der ausdrücklichen Vorgabe des Gesetzes gilt der Verwirkungstatbestand gegenüber minderjährigen unverheirateten Kindern nicht. Dies ist in der Praxis besonders deshalb von Bedeutung, weil der Verwirkungseinwand vom Pflichtigen gegenüber einem volljährigen Kind erhoben, häufig aber auf Vorgänge gestützt wird, die in die Zeit der Minderjährigkeit fallen. 39

a) Zweck. Der Ausschluss des Verwirkungseinwandes gegenüber dem minderjährigen unverheirateten Kind beruht auf dem Gesichtspunkt der **erzieherischen Mitverantwortung** der Eltern für die Entwicklung des Kindes;[102] schon früher und nach altem Recht wurde § 1611 deshalb in diesen Fällen nicht angewendet.[103] Die Vorschrift dürfte konsequenterweise auf einen Unterhaltsanspruch des minderjährigen unverheirateten Kindes gegen seine Großeltern dann nicht anzuwenden sein, wenn diese das Kind erziehen oder erzogen haben;[104] da dies aber nicht vorgesehen ist, scheidet hier der Minderjährigenschutz aus.[105] 40

b) Zeitpunkt. Für die Frage der Minderjährigkeit – und damit der Anwendbarkeit des Abs. 2 – ist entscheidend der Zeitpunkt der *Handlung*, die zur Annahme der tatbestandlichen Voraussetzungen der Verwirkung führt.[106] 41

aa) Handlungen während der Minderjährigkeit. Wegen der Maßgeblichkeit des Zeitpunktes der Handlung (s. Rn. 41) ist Minderjährigkeit im Sinne von Abs. 2 anzunehmen, wenn die Unterhaltsbedürftigkeit des volljährigen Kindes auf Handlungen beruht, die es während der Zeit der Minderjährigkeit begangen hat.[107] Bei einem Verstoß des Kindes gegen seine Ausbildungsobliegenheit (s. § 1610 Rn. 230–233) bleibt die Unterhaltsberechtigung auch dann bestehen, wenn sich der während der Zeit der Minderjährigkeit begangene Verstoß auch nach Eintritt der Volljährigkeit in Gestalt einer Unterhaltsbedürftigkeit auswirkt.[108] 42

---

[92] OLG Hamburg FamRZ 1984, 610.
[93] *Schwab/Borth* V Rn. 234.
[94] *Deisenhofer* in *Heiß/Born* Kap. 12 Rn. 128.
[95] *Schwab/Borth* V Rn. 234.
[96] AG Germersheim FamRZ 1990, 1387: Kein Anspruch eines trunksüchtigen Vaters gegen einen an sich leistungsfähigen Sohn.
[97] OLG Düsseldorf FamRZ 1984, 610; OLG Celle FamRZ 1990, 1142.
[98] *Johannsen/Henrich/Graba* § 1611 Rn. 4.
[99] *Schwab/Borth* V Rn. 234; *Göppinger/Stöckle* (7. Aufl. 1999) Rn. 1504; **aA** *Soergel/Häberle* Rn. 7.
[100] *Göppinger/Strohal* Rn. 360 f.; *Deisenhofer* in *Heiß/Born* Kap. 12 Rn. 82, 128.
[101] *Schwab/Borth* V Rn. 234 aE, Rn. 520 ff.
[102] *Johannsen/Henrich/Graba* § 1611 Rn. 5; *Schwab/Borth* V Rn. 235; *Deisenhofer* in *Heiß/Born* Kap. 12 Rn. 82.
[103] Köhler 1. Aufl. 1963, S. 40.
[104] *Soergel/Häberle* Rn. 4.
[105] *Schwab/Borth* V Rn. 235; *RGRK/Mutschler* Rn. 9.
[106] BGH FamRZ 1995, 475; 1988, 159, 163.
[107] BGH FamRZ 1995, 475; 1988, 159, 163; *Johannsen/Henrich/Graba* Rn. 5; *Schwab/Borth* V Rn. 235; *Palandt/Brudermüller* Rn. 9.
[108] OLG Hamburg FamRZ 1995, 959; FamRZ 1983, 523; *Schwab/Borth* V Rn. 235 aE; **aA** OLG Düsseldorf FamRZ 1990, 194.

43 **bb) Handlungen ab Volljährigkeit.** Hier ist grundsätzlich eine Verantwortlichkeit des Kindes gegeben, so dass Abs. 2 die Anwendung des Abs. 1 nicht stört. Auch bei Vorliegen der tatbestandlichen Voraussetzungen (s. Rn. 5–23) entfällt die Verwirkungsfolge häufig aber schon auf Grund der zusätzlich durchzuführende Billigkeitsprüfung (s. Rn. 30–33). Die dort vorzunehmende umfassende Abwägung in Form der „Schuldanalyse"[109] ergibt vielfach, dass kein erst nach Volljährigkeit eingetretener eigenständiger Beitrag des Kindes vorliegt, sondern – nur – eine **Fortwirkung** einer aus der Zeit der Minderjährigkeit stammenden Beziehungsstörung.[110] Gelegentlich wird zweifelhaft sein, ob das Gericht diese Frage ohne Hinzuziehung eines Sachverständigen entscheiden kann.

44 Gerade im Hinblick auf den Grundsatz der **Eigenverantwortlichkeit** des volljährigen Kindes wird man auch dann, wenn sich durch eine Trennung der Eltern bei vorliegender Minderjährigkeit des Kindes zunächst Spannungen zwischen dem Kind und dem nichtbetreuenden Elternteil ergeben sollten, im Falle beanstandungswürdiger Handlungen des Kindes nach Eintritt der Volljährigkeit keinen pauschalen „Minderjährigenbonus" dergestalt bewilligen dürfen, dass der Keim für das schlechte Verhältnis zum zahlungspflichtigen Elternteil in der Zeit der Minderjährigkeit gelegt worden wäre und deshalb keinerlei Verantwortlichkeit des Kindes bestünde.[111] Jedenfalls bei eigenständigen Beiträgen des volljährigen Kindes, zB in Gestalt von Beschimpfungen oder kategorischer und nicht näher begründeter Kontaktverweigerung, erscheint es sachgerecht, den Ausnahmefall (Fortentwicklung) neu auszulegen und dem Unterhalt begehrenden Kind die Darlegungs- und Beweislast (s. Rn. 52, 53) für diesen Fall aufzuerlegen.

45 **c) Privilegierter Volljähriger.** Neben der erzieherischen Mitverantwortung der Eltern ist die mangelnde Reife des minderjährigen Kindes der Grund dafür, dass ihm eine tatbestandlich vorliegende Verwirkung nicht entgegengehalten werden kann; dieser Gesichtspunkt trifft für das privilegiert volljährige Kind nicht zu.[112] Das KindUG hat eine entsprechende Anwendung des § 1611 Abs. 2 auf diese Kinder deshalb nicht vorgesehen.[113]

46 **2. Verzeihung.** Sie kommt entsprechend der Regelung bei Schenkung (§ 532) bzw. Pflichtteilsentziehung (§ 2337) grundsätzlich in Betracht;[114] der Berechtigte hat allerdings die volle Beweislast dafür, dass der Pflichtige aus dem Fehlverhalten keinerlei Rechtsfolgen mehr herleiten will.[115] Dies entspricht der Regelung im Rahmen des § 1579.[116]

47 Als Rechtsfolge der Verzeihung kann sich der Pflichtige auf eine ursprüngliche Verwirkung nicht mehr berufen, der Anspruch lebt wieder auf (s. Rn. 38).

VI. Verhältnis zu Dritten

48 **1. Kein Ersatzanspruch (Abs. 3).** In Abs. 3 ist bestimmt, dass dem Berechtigten kein Ersatzanspruch gegen einen nachrangig Verpflichteten (§ 1607 Abs. 1) zusteht; vielmehr bleibt es bei Herabsetzung bzw. Ausschluss, so dass damit jeder andere Unterhaltsanspruch entfällt;[117] das Gesetz nimmt bewusst in Kauf, dass der Bedürftige auf Sozialhilfe angewiesen ist.

49 Diese Regelung gilt nicht, wenn der Pflichtige, der sich auf eine Begrenzung des Unterhalts (§ 1611 Abs. 1 S. 1) berufen kann, verstirbt oder wegen fehlender Leistungsfähigkeit keinen Unterhalt mehr bezahlen kann. Der Unterhaltsanspruch entsteht dann neu mit der Folge, dass der Berechtigte – unbelastet von etwaigen Verwirkungsfolgen – den vollen Unterhalt verlangen kann.[118] Abs. 3

---

[109] *Finger* FamRZ 1995, 969 ff. Zu Bedenken gegen eine solche Gesamtschau *Budde* FuR 2007, 348, 351.
[110] *Schwab/Borth* V Rn. 231; s. aber OLG Frankfurt FamRZ 1990, 789, das vom Kind nach Abitur und beginnender Berufsausbildung eine eigenständige Gestaltung der Beziehung zum Vater fordert.
[111] Zu Recht macht OLG Frankfurt FamRZ 1990, 789 eine Zäsur mit dem Ablegen des Abiturs und dem Beginn der Berufsausbildung. Auch nach *Budde* FuR 2007, 348, 351 kommt es allein auf das akutelle Verhalten des Kindes an. Bedenklich dagegen OLG Hamm OLGR 2000, 361, wo – trotz nachdrücklich und schriftlich erklärter Kontaktablehnung von immerhin schon 21 jährigen, Ausbildungsunterhalt begehrenden Kindern und deren Erklärung, der Vater solle weiterhin zahlen, vom Ergebnis der Ausbildung werde er zu gegebener Zeit unterrichtet werden –, im Hinblick auf den frühen Trennungszeitpunkt der Eltern und daraus resultierende Belastungen der damals noch minderjährigen Kinder eine Verwirkung abgelehnt worden ist. S. dazu auch BGH FamRZ 1991, 322; OLG Frankfurt FamRZ 1995, 1513.
[112] *Deisenhofer* in *Heiß/Born* Kap. 12 Rn. 128.
[113] *Wendl/Klinkhammer* § 2 Rn. 600, 602; *Palandt/Brudermüller* Rn. 9.
[114] *Palandt/Brudermüller* Rn. 9; *Schwab/Borth* V Rn. 232; *Soergel/Häberle* Rn. 5.
[115] BGHZ 91, 272, 280; *Palandt/Brudermüller* Rn. 9.
[116] *Büttner/Niepmann/Schwamb* Rn. 1103, 1176; im Ergebnis offengelassen von OLG Düsseldorf FamRZ 1997, 1159.
[117] *Staudinger/Engler* (2000) Rn. 54; *Gernhuber* § 41 VI. 5.
[118] *Schwab/Borth* V Rn. 237.

erfasst nicht den Ehegatten, denn dessen vorrangige Haftung nach §§ 1608, 1584 schließt eine Haftung des Verwandten von vornherein aus.[119]

Streitig ist die Frage, ob eine entsprechende Anwendung des Abs. 3 in Betracht kommt, sofern **50** der Anspruch gegen den Ehegatten nach § 1579 ausgeschlossen ist. Entgegen teilweise vertretener Ansicht[120] ist eine entsprechende Anwendung abzulehnen, weil der auf Verwandtschaft beruhende Unterhaltsgrund durch einen rein ehegattenbezogenen Ausschlussgrund nicht ohne weiteres beeinträchtigt wird.[121]

2. Kein Vorteil für Mitverpflichtete. Andere zum Unterhalt *Mit*verpflichtete haben von der **51** Herabsetzung bzw. Ausschluss des Anspruchs dagegen keinen Vorteil.[122] Da sich die *Mutter* des volljährigen Kindes, welches keiner Betreuung mehr bedarf, aus diesem Grunde nicht auf Unterhaltserfüllung durch Betreuung berufen kann (§ 1606 Abs. 3 S. 2),[123] so dass sie ebenfalls barunterhaltspflichtig ist (s. § 1610 Rn. 37), kann sie sich für ihren Haftungsanteil nicht darauf berufen, dass das Kind sich einer vorsätzlichen schweren Verfehlung gegen den Vater schuldig gemacht habe. Hatte der *Vater* von drei erwachsenen Kindern einmal eine solche Verfehlung gegenüber einem Kind begangen, müssen die später von ihm auf Unterhalt in Anspruch genommenen beiden anderen Kinder dem Vater nur je zu $1/3$ Unterhalt gewähren, während das von der damaligen väterlichen Verfehlung betroffene Kind zu seinem „eigentlichen" Haftungsanteil von $1/3$ nur einen billigen Beitrag zu leisten hat. Im Rahmen der Ersten tatbestandlichen Alternative (selbstverschuldete Bedürftigkeit) wirkt sich die Verwirkung dagegen auf jeden Unterhaltsteilanspruch aus.[124]

VII. Durchführung der Abänderung

1. Beweislast. Wegen des Ausnahmecharakters der Vorschrift trifft den auf Unterhalt in **52** Anspruch genommenen Elternteil die Darlegungs- und Beweislast für das Vorliegen der Voraussetzungen des § 1611[125] und das Ausmaß der Verfehlung des Kindes,[126] damit im Ergebnis für das Eingreifen des Verwirkungstatbestandes.[127] Ihn trifft damit das Risiko einer eigenmächtigen Kürzung. Aus § 1611 Abs. 1 kann ansonsten nicht gefolgert werden, dass der Erziehungsberechtigte im Rahmen des § 1631 nicht vorübergehend eine maßvolle Kürzung des Unterhalts vornehmen dürfte.[128] Da es sich um eine Einwendung handelt,[129] ist der einen Verwirkungstatbestand ergebende Sachverhalt von Amts wegen zu berücksichtigen, ohne dass ein förmlicher Antrag des Pflichtigen oder die Erhebung einer Einrede notwendig wäre.

Im Rahmen der Billigkeitsprüfung (s. Rn. 30–33) trägt dagegen jede Partei die Beweislast für die **53** zu ihren Gunsten sprechenden Tatsachen.[130]

2. Abänderungsantrag. Besteht eine Unterhaltspflicht auf Grund eines Urteils (jetzt nach **54** FamFG: eines Beschlusses) oder nach einem gerichtlichen Vergleich und tritt einer der Tatbestände des § 1611 Abs. 1 ein, stellt sich die Frage, wie dies prozessual geltend gemacht werden kann. Nach früher vertretener Ansicht sollte die Vollstreckungsgegenklage (§ 767 ZPO) einschlägig und eine Abänderungsklage (§ 323 ZPO; jetzt: Abänderungsantrag, § 238 FamFG) nicht gegeben sein mit der Begründung, die betreffenden Umstände seien vorher nicht berücksichtigungsfähig gewesen.[131] Inzwischen werden – ausnahmsweise – bei Verwirkung eines Unterhaltsanspruchs (§§ 1579, 1611) beide Klagemöglichkeiten *nebeneinander* zugelassen. Einerseits liegt eine rechtsvernichtende Einwendung vor, die für die Vollstreckungsgegenklage spricht;[132] andererseits besteht auch ein Einfluss auf die wirtschaftlichen Verhältnisse, so dass auch der Abänderungsantrag in Betracht kommt.[133] Für

---

[119] *Johannsen/Henrich/Graba* § 1611 Rn. 6; *Schwab/Borth* V Rn. 237.
[120] *Beckmann* FamRZ 1983, 863.
[121] *Johannsen/Henrich/Graba* § 1611 Rn. 6; *Schwab/Borth* V Rn. 237.
[122] Amtl. Begr. zum RegE Fn. 3 S. 165.
[123] BGH NJW 1994, 1530; *Büttner* NJW 1999, 2315, 2323 mwN; s. § 1606 Rn. 22.
[124] RGRK/*Mutschler* Rn. 10.
[125] *Johannsen/Henrich/Graba* Rn. 7.
[126] *Wendl/Klinkhammer* § 2 Rn. 608.
[127] RG JW 1911, 405; *Palandt/Brudermüller* Rn. 10.
[128] *Schwab/Borth* V Rn. 236.
[129] *Palandt/Brudermüller* Rn. 1, 9.
[130] *Palandt/Brudermüller* Rn. 10.
[131] OLG Düsseldorf FamRZ 1981, 884; RGRK/*Wüstenberg* (10./11. Auflage) § 66 EheG Anm. 28, § 58 Anm. 114; *Stein/Jonas/Schumann/Leipold* § 323 ZPO Anm. III 2; *Soergel/Häberle* § 1579 Rn. 37; *Köhler* Rn. 173, 773 ff.; *Köhler* in der 3. Aufl. Rn. 16.
[132] BGH FamRZ 1991, 1175.
[133] BGH FamRZ 1990, 1095.

den Abänderungsantrag spricht, dass mit ihm – neben der Verwirkung – auch sonstige Änderungen berücksichtigt werden können.[134] Ohnehin geht die praktische Empfehlung dahin, im Zweifel Abänderungsantrag zu stellen, weil nur mit ihm der vollständige Wegfall des Ersturteils erreicht werden kann, während über § 767 ZPO lediglich der Wegfall der Vollstreckbarkeit zu erreichen ist.[135]

§ 1612 Art der Unterhaltsgewährung

(1) [1]Der Unterhalt ist durch Entrichtung einer Geldrente zu gewähren. [2]Der Verpflichtete kann verlangen, dass ihm die Gewährung des Unterhalts in anderer Art gestattet wird, wenn besondere Gründe es rechtfertigen.

(2) [1]Haben Eltern einem unverheirateten Kind Unterhalt zu gewähren, können sie bestimmen, in welcher Art und für welche Zeit im Voraus der Unterhalt gewährt werden soll, sofern auf die Belange des Kindes die gebotene Rücksicht genommen wird. [2]Ist das Kind minderjährig, kann ein Elternteil, dem die Sorge für die Person des Kindes nicht zusteht, eine Bestimmung nur für die Zeit treffen, in der das Kind in seinen Haushalt aufgenommen ist.

(3) [1]Eine Geldrente ist monatlich im Voraus zu zahlen. [2]Der Verpflichtete schuldet den vollen Monatsbetrag auch dann, wenn der Berechtigte im Laufe des Monats stirbt.

Schrifttum: *Berkenbrock,* „Unwirksamkeit" der Bestimmung der Art der Unterhaltsgewährung nach § 1612 II BGB im Falle des Bestreitens der Unterhaltspflicht, FamRZ 1986, 1055; *Bosch,* Teilmündigkeit trotz Volljährigkeit, FS Schiedermair 1976, S. 51; *Bucholz,* Zum Unterhaltsbestimmungsrecht der Eltern gegenüber volljährigen Kindern nach § 1612 II BGB, FamRZ 1995, 705; *Derleder/Wosnitza,* Unterhaltskonflikte bei Auszug von minderjährigen Kindern aus der elterlichen Wohnung, MDR 1989, 408; *Erdrich,* § 1612 BGB: Die Unterhaltsbestimmung durch die Eltern nach neuem Recht, FPR 2005, 490; *Fehnemann,* Elternrecht und elterliche Rechte nach Volljährigkeit des Kindes, ZBlJR 1980, 605; *Finger,* § 1612 II BGB – Fremdbestimmung durch Eltern und Selbstbestimmung des Kindes, ZBlJR 1984, 454; *Knorr,* Die rechtswirksame Unterhaltsbestimmung nach § 1612 Abs. 2 BGB, FamRZ 1966, 392; *Lipp,* Das elterliche Bestimmungsrecht (§ 1612 Abs. 2 S. 1 BGB) bei getrennt lebenden und geschiedenen Eltern, ZBlJR 1984, 309; *Pachtenfels,* Eingrenzung des elterlichen Bestimmungsrechts auf Gewährung von Naturalunterhalt an volljährige und unverheiratete Studierende – Auslegungstendenzen in der neueren Rechtsprechung – MDR 1986, 499; *ders.,* Entscheidungspraxis zum elterlichen Bestimmungsrecht auf Gewährung von Naturalunterhalt in den Jahren 1985–1987, MDR 1988, 812; *ders.,* Die „besonderen Gründe" gegen das elterliche Bestimmungsrecht, MDR 1993, 1029; *Roettig,* Das Unterhaltsbestimmungsrecht der Eltern, Frankfurt/M 1984; *Scholz,* Der Kindesunterhalt nach dem Gesetz zur Änderung des Unterhaltsrechts, FamRZ 2007, 2021; *Schrade,* Die Grundzüge des Verwandten-Unterhalts nach dem Inkrafttreten des Gleichberechtigungsgesetzes, FamRZ 1957, 342; *Schroers,* Zum „Recht" auf Ausbildungsunterhalt eines volljährigen Kindes durch Naturalunterhalt, Rpfleger 1996, 271; *Schütz,* Elterliches Einwirken auf volljährige Kinder durch Bestimmung von Naturalunterhalt, NJW 1992, 1086; *Schwenzer,* Das Unterhaltsbestimmungsrecht geschiedener Eltern gegenüber volljährigen Kindern, DRiZ 1985, 168; *Schwerdtner,* Verfassungsrechtliche Grenzen der Unterhaltsbestimmung durch die Eltern, NJW 1977, 1268; *ders.,* Das Wohl des Kindes im Wandel der Zeiten, NJW 1991, 2543; *Thierschmann,* Unterhaltsansprüche Volljähriger gegen ihre Eltern, Bielefeld 1986; *Wiesner,* Natural- oder Geldunterhalt für volljährige Kinder, FamRZ 1977, 28.

Zur Reform: s. § 1609.

Übersicht

	Rn.		Rn.
I. Zweck und systematische Stellung	1–10	II. Änderungen durch das UnterhRÄndG	11–16
1. Zweck	1–7	1. Grundgedanken der Neuregelung	11–14
a) Art des Unterhalts	1–4	a) Alte Gesetzeslage	12
b) Geschichte	5–7	b) Änderung des Verfahrens	13
2. Systematische Stellung	8–10	c) Keine Änderung des Maßstabs	14
a) Abgrenzung Abs. 1 und Abs. 2	8, 9	2. Auswirkungen	15, 16
b) Bestimmungsrecht	10	a) Verfahren	15
		b) Kostenrisiko	16

---

[134] *Born* in *Heiß/Born* Kap. 23 Rn. 69; *Scholz/Stein/Rössing* O Rn. 393.
[135] *Wendl/Schmitz* § 10 Rn. 157; *Baumbach/Hartmann* § 323 Rn. 6; *Born* in *Heiß/Born* Kap. 23 Rn. 62.

	Rn.		Rn.
III. Allgemeiner Verwandtenunterhalt (Abs. 1)	17–26	**V. Gerichtliche Änderung der Bestimmung**	78–93
1. Anwendungsbereich	17	1. Systematik	78–80
2. Grundsatz: Geldrente	18, 19	a) Wirksame Bestimmung	78
3. Ausnahme: Naturalunterhalt	20–24	b) Antragsbefugnis	79
4. Zuständigkeit	25	c) Besondere Gründe	80
5. Beweislast	26	2. Nichtbeachtung der gebotenen Rücksicht	81–93
IV. Kindesunterhalt (Abs. 2)	27–77	a) Minderjähriges Kind	82
1. Bestimmungsrecht der Eltern	27–37	b) Volljähriges Kind	83–93
a) Regelungsbedarf	28	**VI. Fälligkeit der Unterhaltsrente (Abs. 3)**	94–107
b) Umfang	29–37	1. Monatliche Vorauszahlung (Abs. 3 S. 1)	94–102
2. Ausübung des Bestimmungsrechts	38–63	a) Geldrente	94, 95
a) Form	39, 40	b) Zahlungsweise	96–99
b) Zeitpunkt	41	c) Bestimmungsrecht der Eltern	100, 101
c) Personen	42–46	d) Zeitliche Begrenzung	102
d) Inhalt	47–52	2. Tod des Berechtigten (Abs. 3 S. 2)	103–107
e) Streitigkeiten und Abwägung	53–63	a) Grundsatz	103
3. Wirksamkeit der Unterhaltsbestimmung	64–77	b) Tod	104–107
a) Grundsätze	65–69		
b) Unwirksamkeit	70–75		
c) Folgen	76, 77		

I. Zweck und systematische Stellung

1. Zweck. a) Art des Unterhalts. Zweck der Vorschrift ist es, die Art des Unterhalts zu 1 regeln. Dabei kommen nur die Geldrente und der Naturalunterhalt in Betracht.

aa) Begriffe. Zum Begriff „Betreuungsunterhalt" s. Vor § 1601 Rn. 22, zum Begriff „Natural- 2 unterhalt" s. Vor § 1601 Rn. 23 f. Der Betreuungsunterhalt *ergänzt* den Barunterhalt; demgegenüber wird der Barunterhalt bei Vorliegen der gesetzlichen Voraussetzungen durch den Naturalunterhalt *ersetzt*, wobei im Einzelfall auch Betreuungsleistungen mit umfasst sein können. Systematisch sind beide Begriffe streng auseinanderzuhalten, was in der Praxis nicht immer geschieht. Versteht man Unterhalt umfassend als Bar- und Betreuungsunterhalt, ist bei der Auslegung des Abs. 1 S. 1 der Betreuungsanspruch des minderjährigen Kindes gegen seine Eltern zu berücksichtigen,[1] weil anderenfalls – erkennbar sinnwidrig – ein nach § 1603 barleistungsunfähiger, aber betreuungsfähiger Elternteil überhaupt nicht unterhaltspflichtig wäre.[2] Positionen wie Wohnbedarf, Kosten des Kaufs der Lebensmittel und Aufwand zur Zubereitung der Mahlzeiten daraus gehören zum geldwerten allgemeinen Lebensbedarf der §§ 1602, 1610, der bei Naturalgewährung gemindert wird, also den Barunterhalt ersetzt und ihn nicht ergänzt. Die Frage, wer die Kosten eines solchen Naturalaufwandes zu tragen hat, ist nach allgemeinem Unterhaltsrecht von Fall zu Fall zu entscheiden; sie hat weder etwas mit dem Betreuungsunterhalt des § 1606 Abs. 3 S. 2 noch mit der Art des Unterhalts im Sinne von § 1612 zu tun. Soweit es sich um Dienstleistungen handelt, können sie von dem einen oder anderen Elternteil, aber auch von dem – sonst unterhaltsbedürftigen – Kind selbst zu tragen sein.

bb) Auswirkungen. Mit der Regelung von Geldrente und Naturalunterhalt trägt § 1612 3 zugleich Bedeutung und Tragweite der Aufenthaltsbestimmung in sich. Denn während das Kind durch die Gewährung von Naturalunterhalt in den Haushalt des Pflichtigen „gebunden" wird, bietet die Geldrente eine größere Freiheit. Naturalunterhalt ist für den Pflichtigen im Regelfall billiger als die Gewährung von Geldrente, zumindest kommt es ihm meist so vor; außerdem ist mit der Gewährung von Naturalunterhalt meist auch eine gewisse Kontrolle des Kindes verbunden. Damit wird dem unterhaltsberechtigten Kind durch die als *Regelfall* vorgesehene Geldrente eine weitgehend unabhängige Lebensführung ermöglicht, während das Interesse des Pflichtigen an einer anderen Art der Unterhaltsgewährung nur im *Ausnahmefall* in Form der Abänderungsmöglichkeit bei Vorliegen besonderer Gründe (Abs. 1 S. 2) berücksichtigt wird,[3] s. Rn. 81–93. Von daher ist in § 1612 ein

---

[1] *Graba* FamRZ 1990, 454.
[2] *Johannsen/Henrich/Graba* Rn. 2 m. zutr. Hinw. darauf, dass die Fassung des Gesetzes auf eine Zeit zurückgeht, in der die Betreuung des minderjährigen Kindes nur als persönliche Fürsorge (§§ 1626, 1631), nicht aber als unterhaltsrechtliche Pflicht verstanden worden ist.
[3] *Johannsen/Henrich/Graba* Rn. 1.

§ 1612 4–8 Abschnitt 2. Titel 3. Unterhaltspflicht

Spannungsfeld angelegt, was seit 1975 durch die Herabsetzung des Volljährigkeitsalters in Verbindung mit der Ausweitung des Bildungsanspruchs erst richtig zutage getreten ist.

4 Das Bestimmungsrecht der Eltern soll diesen einen gegenüber einer Unterhaltsgewährung in Geld weitergehenden Einfluss auf die Lebensführung des Kindes verschaffen.[4] Es gilt für minderjährige wie volljährige Kinder in gleicher Weise.[5] Dies ergibt sich schon aus dem Wortlaut der Regelung, rechtfertigt sich aber auch aus ihrem Zweck. Auch wenn volljährige Kinder schon eine weitgehende Befugnis zur Selbstbestimmung haben und die Eltern bei der Ausübung des Bestimmungsrechts auf die Kindesbelange Rücksicht nehmen müssen, ergibt sich aus dem Gegenseitigkeitsprinzip (§ 1618a) umgekehrt auch eine Verpflichtung des Kindes zu Beistand und Rücksicht gegenüber den Eltern,[6] insbesondere angesichts ihrer wirtschaftlichen Abhängigkeit.[7] Insbesondere in Form von Ersparnissen bei den Wohnkosten werden die Eltern durch eine solche Bestimmung wirtschaftlich entlastet, so dass auch volljährigen Kindern im Regelfall zugemutet werden kann, zumindest noch eine gewisse Zeit im Elternhaus zu bleiben; die berechtigten Interessen des Kindes werden durch seine Befugnis gestützt, auf Antrag aus besonderen Gründen eine Abänderung der Bestimmung der Eltern zu verlangen.

5 **b) Geschichte. aa) Allgemein.** Die Vorschrift findet sich bereits in der Fassung des BGB von 1900; hier wurde die Geldrente als Alternative des Unterhalts erstmals eingeführt. Bis dahin sah das Gemeine Recht nur Naturalunterhalt vor, denn es ging um die Ernährung als solche. Das BGB befreite den Unterhalt von seinem Zwang zur persönlichen Versorgung, indem die rechtliche Möglichkeit der Ablösung durch Geld eingeführt wurde. Aus der früher als Ausnahme gedachten Möglichkeit ist inzwischen die Regel geworden.

6 **bb) Änderungen.** Durch das Gleichberechtigungsgesetz von 1957 wurde die bis dahin geltende Dreimonatsrente in die Monatsrente als regelmäßige Unterhaltsperiode umgewandelt (Abs. 3); durch das NEheG von 1969 (s. Vor § 1601 Rn. 3) wurde der nicht sorgeberechtigte Elternteil vom Bestimmungsrecht ausgenommen (Abs. 2 S. 3). Im Übrigen ist die Vorschrift – trotz gewandelten Familienbildes – bei der Regelung aus den 80er Jahren des vorletzten Jahrhunderts[8] geblieben. Entscheidende Änderungen hat die Vorschrift durch das **KindRG** und **KindUG**[9] erfahren. Aufgrund der vorgenommenen Änderung des Abs. 2 S. 2 ist für den Antrag des Kindes zur Änderung des Bestimmungsrechts nicht das Vormundschaftsgericht, sondern das Familiengericht zuständig. Zu Einzelheiten s. Rn. 13, 78–93. Wegen der ersatzlosen Aufhebung der §§ 1615f Abs. 1 S. 3 aF, 1615 h Abs. 1, 3 aF gilt die Unterhaltsbestimmung nach § 1612 Abs. 2 S. 1 auch für Kinder nicht verheirateter Eltern mit der Folge, dass sich die Möglichkeit zur Leistung einer Vorauszahlung nur nach § 1612 Abs. 2 S. 1 richtet;[10] die Vereinbarung einer Unterhaltsabfindung ist auch hier – anders als früher (§ 1615e Abs. 1 aF) – seit dem 1. 7. 1998 unzulässig.[11]

7 Im Gesetzgebungsverfahren hatte der Bundesrat die Aufhebung des § 1612 Abs. 2 vorgeschlagen.[12] Dem hat die Bundesregierung widersprochen[13] und darauf abgestellt, dass nach § 1612 Abs. 1 S. 2 eine andere Unterhaltsgewährung als in Geld nur *ausnahmsweise* aus besonderen Gründen gerechtfertigt sei. Da viele volljährige Kinder auch aus wirtschaftlichen Gründen weiterhin im Elternhaus wohnen blieben, sei es sinnvoll, das Bestimmungsrecht der Eltern in den Vordergrund zu stellen und ihm nicht lediglich nach Abs. 1 S. 2 Geltung zu verschaffen. Andererseits solle durch die Betonung der – aus dem Gegenseitigkeitsprinzip (§ 1618a) folgenden – Verpflichtung zur **Rücksichtnahme auf die Belange des Kindes** (Abs. 2 S. 1) dem Umstand Rechnung getragen werden, dass volljährige Kinder schon eine weitgehend verselbständigte Lebensstellung hätten.[14]

8 **2. Systematische Stellung. a) Abgrenzung Abs. 1 und Abs. 2.** § 1612 enthält in Abs. 1 die Grundregeln für den allgemeinen Verwandtenunterhalt, während Abs. 2 eine Sonderregelung für den Kindesunterhalt darstellt. Hiervon ausgenommen sind allerdings verheiratete Kinder, und zwar unabhängig von ihrem Alter. Deren Unterhaltsansprüche gegen Eltern unterfallen der allge-

---

[4] *Wendl/Scholz* § 2 Rn. 36.
[5] BGH FamRZ 1996, 798; 1988, 831; 1983, 369; 1983, 892; *Schwab/Borth* V Rn. 200; *Soergel/Häberle* Rn. 4.
[6] *Wendl/Scholz* § 2 Rn. 36.
[7] BGH FamRZ 1981, 250, 252.
[8] *Schiemann* FamRZ 1990, 1201.
[9] Zu Einzelheiten s. *Born* in *Heiß/Born* Kap. 22 Rn. 404 ff.; s. auch Vor § 1601 Rn. 6.
[10] *Schwab/Borth* V Rn. 204.
[11] BT-Drucks. 13/7335 S. 33; *Schwab/Borth* IV Rn. 1259, V Rn. 204.
[12] BT-Drucks. 13/7338 S. 52.
[13] BT-Drucks. 13/7338 S. 57.
[14] *Schwab/Borth* V Rn. 205.

meine Regel des Abs. 1; damit schulden die Eltern hier Unterhalt in Form einer Geldrente und können Naturalunterhalt nur aus besonderen Gründen anbieten. Ist das Kind geschieden, gilt es gleichwohl als verheiratetes Kind,[15] weil die gesetzlichen Gründe für die Geldrente beim geschiedenen Kind fortbestehen; eine strenge Bindung an den Haushalt der Eltern wäre auch für ein solches Kind nicht angemessen.

Da Eltern bei Kindesunterhalt nach Abs. 2 ohnehin ein Bestimmungsrecht haben, findet die Regelung des Abs. 1 praktisch nur dann Anwendung, wenn Kinder ihren Eltern (s. § 1601 Rn. 8–11), Großeltern ihren Enkeln oder Enkeln den Großeltern (s. § 1601 Rn. 12) Unterhalt schulden. Während *Köhler* in der 3. Aufl. Rn. 8 hier noch sehr geringe Bedeutung angenommen hat, wird der Elternunterhalt auf Grund der veränderten Altersstrukturen, insbesondere des deutlich gestiegenen Lebensalters und der hohen Kosten eines Pflegebedarfs, zunehmend praktisch.

b) Bestimmungsrecht. Beim **minderjährigen** Kind hat das Bestimmungsrecht nach Abs. 2 S. 1 zur Folge, dass die Eltern mit Wirkung für das Kind einvernehmlich regeln können, welcher Elternteil den Barunterhalt und welcher den Betreuungsunterhalt aufzubringen hat.[16] In der Regel ist hier eine ausdrückliche Bestimmung nicht notwendig, weil sich bei Trennung der Eltern die Aufteilung von Bar- und Betreuungsunterhalt aus § 1606 Abs. 3 S. 2 ergibt. Auswirkungen entfaltet Abs. 2 S. 1 deshalb hauptsächlich im Rahmen der Bestimmung der Art der Unterhaltsleistungen der Eltern gegenüber dem **volljährigen** Kind. Während die für den Naturalunterhalt sprechende Überlegung, die Belastung der Eltern zu verringern, angesichts der gestiegenen Schul- und Ausbildungszeiten kaum auf Widerspruch stößt, wird die Einflussnahme auf die Lebensführung des Kindes[17] als Zielrichtung (s. o. Rn. 3, 4) vielfach in Frage gestellt unter Hinweis darauf, die Eltern hätten gegenüber dem volljährigen Kind kein Erziehungsrecht mehr.[18] Dem ist entgegenzuhalten, dass sich für das volljährige Kind auf Grund des Gegenseitigkeitsprinzips (§ 1618a) eine Pflicht zur Rücksichtnahme auf die Eltern schon daraus ergibt, dass diese die Pflicht zur Unterstützung des Kindes bis zum Abschluss einer optimalen Ausbildung haben,[19] was durch den höheren Selbstbehalt nur in geringem Maße kompensiert wird.[20] Ein Zurückstellen eigener Selbstverwirklichungsbestrebungen erscheint auch deshalb für das Kind zumutbar, weil dem Bestimmungsrecht in Gestalt der elterlichen Verpflichtung zur Rücksichtnahme (Abs. 2 S. 1) ein ausreichendes Korrektiv gegenübersteht.[21]

II. Änderungen durch das UnterhRÄndG

1. Grundgedanken der Neuregelung. Die Vorschrift regelt in Abs. 1 die Art der Unterhaltsgewährung und in Abs. 2 das Unterhaltsbestimmungsrecht der Eltern. Abs. 1 enthält die *Grundregel*, wonach der Unterhalt – abgesehen von der Pflege und Erziehung des minderjährigen unverheirateten Kindes seitens der Eltern (§ 1606 Abs. 3 S. 2) – durch Entrichtung einer Geldrente zu gewähren ist. In Abs. 1 S. 2 findet sich die *Ausnahme* zum Geldunterhalt („Schuldnerprivileg"), wonach der Schuldner verlangen kann, dass ihm die Gewährung des Unterhalts in anderer Art gestattet wird. Abs. 2 enthält eine *Sonderregel* in Bezug auf die Unterhaltspflicht von Eltern gegenüber unverheirateten Kindern. Nach S. 1 können sie bestimmen, in welcher Art und Weise und für welche Zeit im Voraus der Unterhalt gewährt werden soll; nach dem früheren S. 2 konnte das Gericht auf Antrag des Kindes die Bestimmung der Eltern über die Unterhaltsart aus besonderen Gründen ändern. Die Bestimmung dient – gerade vor dem Hintergrund längerer Ausbildungszeiten und zunehmender -kosten – in erster Linie dem Schutz der Eltern vor einer wirtschaftlichen Überforderung mit hohen Barunterhaltsleistungen.[22]

a) Alte Gesetzeslage. S. dazu 5. Aufl. Rn. 12.

b) Änderung des Verfahrens. Durch das UnterhRÄndG wurde mit Wirkung ab dem 1. 1. 2008 das gesonderte FGG-Verfahren abgeschafft und eine einheitliche Entscheidung durch das Familiengericht ermöglicht. Sofern das Kind die elterliche Unterhaltsbestimmung nicht hinnehmen will, kann es jetzt den entsprechenden Einwand im Unterhaltsverfahren geltend machen; das bisherige

---

[15] OLG Köln FamRZ 1983, 643.
[16] BGH FamRZ 1985, 584.
[17] BGH FamRZ 1985, 917.
[18] BGH FamRZ 1984, 37; *Büttner/Niepmann/Schwamb* Rn. 241; *Roettig* S. 69 mwN.
[19] *Johannsen/Henrich/Graba* Rn. 3 aE.
[20] *Büttner/Niepmann/Schwamb* Rn. 241.
[21] OLG Schleswig OLGR 1999, 401; FamRZ 1998, 1195; überholt, da zum alten Recht ergangen, ist OLG Hamm FamRZ 1999, 404.
[22] BT-Drucks. 16/1830 S. 25.

gesonderte Abänderungsverfahren hat sich somit erübrigt. Es wird jetzt *innerhalb* des Unterhaltsprozesses geklärt, ob die elterliche Unterhaltsbestimmung wirksam und damit vom Gericht seiner Entscheidung zu Grunde zu legen ist.[23]

14 **c) Keine Änderung des Maßstabs.** Mit dieser Straffung des Verfahrens ist keine Änderung des Abänderungsmaßstabs verbunden. Die nach S. 2 aF maßgebliche Frage, ob die „besonderen Gründe", bei deren Vorliegen die elterliche Bestimmung geändert werden konnte, gegeben waren, sind nunmehr im Rahmen der Frage zu prüfen, ob auf die Belange des Kindes die gebotene Rücksicht genommen worden ist. In der Neufassung von Abs. 2 S. 1 wurde das Wort „wobei" durch das Wort „sofern" ersetzt; dadurch wird zum Ausdruck gebracht, dass die Unterhaltsbestimmung nur wirksam ist, wenn die „gebotene Rücksicht" genommen wurde. Im Ergebnis ist die Überprüfung einer dem Baruntaltsanspruch entgegenstehenden Unterhaltsbestimmung somit lediglich eine „Vorfrage", über die vom Verfahrensgericht im Rahmen des Unterhaltsverfahrens abschließend zu entscheiden ist.[24]

15 **2. Auswirkungen. a) Verfahren.** Die neue Regelung führt zu einer deutlichen Straffung des Unterhaltsverfahrens. Weggefallen sind die Unklarheiten in Bezug auf die funktionelle Zuständigkeit (Richter oder Rechtspfleger) bei gleichzeitiger Anhängigkeit eines Unterhaltsprozesses; erledigt ist auch die Streitfrage, ob der Richter das Unterhaltsverfahren bis zur Klärung der Frage der Rechtswirksamkeit der Unterhaltsbestimmung aussetzen muss oder die Sache vom Rechtspfleger an sich ziehen kann.[25] Nunmehr ist – vom Familienrichter im Unterhaltsverfahren – als Vorfrage nur noch zu entscheiden, ob die „gebotene Rücksicht" genommen wurde (dann ist die Bestimmung wirksam) oder nicht (dann ist die Bestimmung nicht wirksam). Bei Unwirksamkeit ist Baruntaltsunterhalt gem. Abs. 1 S. 1 zu zahlen. Zu Einzelheiten s. Rn. 78–93.

16 **b) Kostenrisiko.** Auch wenn es – im Interesse der Beschleunigung – zu begrüßen ist, dass nunmehr allein der Familienrichter im Rahmen des Unterhaltsprozesses zu klären hat, ob dem Zahlungsanspruch des Kindes eine wirksame Unterhaltsbestimmung der Eltern entgegensteht, so ist andererseits – kostenmäßig – von Bedeutung, dass die Neuregelung für das Kind ein nicht unerhebliches Kostenrisiko mit sich gebracht hat. Denn wenn das Kind es für unzumutbar hält, den Unterhalt *in natura* gewährt zu bekommen, muss es sogleich auf Zahlung von Baruntaltsunterhalt klagen und ist in diesem Verfahren darlegungs- und beweispflichtig dafür, dass die Unterhaltsbestimmung der Eltern oder eines Elternteils seine eigenen Belange nicht mit der „gebotenen Rücksicht" gewichtet hat.[26] Geht es – wie meist bei volljährigen Kindern – um Ausbildungsunterhalt, relativiert sich dieses Kostenrisiko dadurch, dass das Kind (vorrangig vor der Gewährung von VKH) gegen seine Eltern einen Verfahrenskostenvorschuss haben kann (s. § 1610 Rn. 164–166).

III. Allgemeiner Verwandtenunterhalt (Abs. 1)

17 **1. Anwendungsbereich.** Hier ist auf den systematischen Zusammenhang (s. Rn. 8, 9) zu verweisen. Neben dem Elternunterhalt betrifft die Vorschrift verheiratete Kinder, wird allerdings nur dann praktisch, soweit diese überhaupt Unterhaltsansprüche gegen Eltern haben (§ 1608).

18 **2. Grundsatz: Geldrente.** Nach Abs. 1 wird Unterhalt grundsätzlich in Form einer Geldrente geschuldet.[27] Bei *intakter* Familie gilt in der Praxis die Ausnahme, also eine Unterhaltsgewährung in Naturalien. Demgegenüber wird die gerichtliche Praxis von *nicht intakten* Verhältnissen beherrscht, in denen als Regelfall die Geldrente zu zahlen ist. Ein Widerspruch ist das schon deshalb nicht, weil das Gesetz der Regelung von Streitfällen dient; harmonische Verhältnisse bedürfen keiner Regelung. Hier spielt der Unterhalt in natura die überragende Rolle, weil Eltern nach Abs. 2 S. 1 frei bestimmen können, in welcher Form sie ihren Kindern Unterhalt gewähren; da der Naturalunterhalt außerdem am ehesten den praktischen Bedürfnissen entspricht, bleibt es im Regelfall auch dann dabei, wenn ältere Kinder es später besser finden, Geld in die Hand zu bekommen.

19 Geldrente wird immer dann geschuldet, wenn **keine andere Bestimmung wirksam** getroffen ist. Sie gilt daher auch dann, wenn über eine solche Bestimmung oder über deren Wirksamkeit

---

[23] BT-Drucks. 16/1830 S. 26. S. *Scholz* FamRZ 2007, 2021, 2029.
[24] BT-Drucks. 16/1830 S. 26. Zu Einzelheiten s. *Scholz* FamRZ 2007, 2021, 2029.
[25] Zu Einzelheiten der Entwicklung der Gesetzeslage s. *Erdrich* FPR 2005, 490, 492.
[26] *Ehinger* FamRB 2006, 338, 344.
[27] In systematischer Hinsicht ist zu bedenken, dass die Behandlung des Baruntaltsunterhalts als Primärform und des Naturalunterhalts als dessen Surrogat nicht der Gleichwertigkeit nach § 1606 Abs. 3 S. 2 entspricht. Allerdings ist zu beachten, dass Abs. 2 für den Kindesunterhalt gerade eine Sonderregelung trifft.

Zweifel bestehen. Geldrente muss vor allem auch außerhalb des Kindesunterhalts[28] gezahlt werden, dh. dann, wenn Eltern von Kindern, Enkel von Großeltern und umgekehrt Unterhalt verlangen können. Unter Ehegatten wird Unterhalt ausnahmslos in Geld geschuldet (§§ 1361 Abs. 4, 1585); nur der sogenannte allgemeine Familienunterhalt (§ 1360) ist in der Regel Naturalunterhalt.

3. Ausnahme: Naturalunterhalt. Ausnahmsweise kann der *Verpflichtete* verlangen, dass ihm die Gewährung des Unterhalts in anderer Weise, also in natura, gestattet wird; dazu müssen besondere Gründe vorliegen, die das rechtfertigen (Abs. 1 S. 2). Das entsprechende *Wahlrecht* hat in solchen Fällen nicht der Berechtigte, sondern nur der Verpflichtete; der Berechtigte bleibt demgegenüber in der Regel auf die Geldrente angewiesen.[29] 20

Aber auch der Verpflichtete kann nicht ohne weiteres zum Naturalunterhalt übergehen; vielmehr braucht er **besondere Gründe,**[30] die das rechtfertigen. Dies sind solche beim Pflichtigen vorliegenden Gründe, die erheblich schwerer wiegen als die Interessen des Berechtigten, den Unterhalt in Geld – und damit in größerer Unabhängigkeit vom Pflichtigen – zu erhalten.[31] Aus dem Gesetz ergeben sich keine Hinweise darauf, was solche besonderen Gründe sind oder sein können. Einigkeit besteht darin, dass bloße Zweckmäßigkeitserwägungen ebenso wenig genügen wie Bequemlichkeit oder der Umstand, dass Naturalunterhalt billiger ist. Gegenüber dem Unterhalt in Form der Geldrente schränkt die Naturalversorgung den Berechtigten stärker in seiner persönlichen Freiheit ein, was nur ausnahmsweise aus wichtigen Gründen möglich sein soll.[32] Der Berechtigte kann es ablehnen, den Unterhalt in natura im Haus des Pflichtigen entgegenzunehmen, wenn dies mit unzumutbaren Begleiterscheinungen verbunden ist; eine solche Unzumutbarkeit liegt zB vor, wenn sich der Berechtigte dafür von einem nahen Angehörigen trennen müsste[33] oder sich damit einer unangemessenen Einflussnahme oder einer Änderung seiner Lebensführung aussetzen würde.[34] 21

Führt die Gewährung des Naturalunterhalts aber zu einer **erheblichen Entlastung** des Pflichtigen (s. Rn. 86) und kommt das letztlich auch dem Berechtigten zugute, ohne dass für ihn damit unzumutbare Begleiterscheinungen verbunden wären, muss der Berechtigte Naturalunterhalt entgegennehmen, indem er zum Pflichtigen zieht oder dort die Mahlzeiten einnimmt und/oder evtl. Bekleidung empfängt. Insbesondere bei *beschränkter* Leistungsfähigkeit des Pflichtigen und gleichzeitiger Möglichkeit zur erleichterten Gewährung von Naturalunterhalt (zB als Landwirt, Gastwirt, Lebensmittelkaufmann) kann es für den Berechtigten geboten sein, den Naturalunterhalt anzunehmen. Wegen der damit verbundenen Aufenthaltsbestimmung ist aber jedenfalls gegenüber *volljährigen* Berechtigten Zurückhaltung geboten.[35] Zu den besonderen Gründen beim Kindesunterhalt s. Rn. 81–93. 22

Sofern eine Geldleistung aus **devisenrechtlichen Gründen** nicht möglich ist oder sie dem Berechtigten unterhaltsmäßig nicht zugutekommt (zB wegen hoher Kursverluste oder mangelnder Versorgung im Empfängerland), ist der Pflichtige berechtigt und verpflichtet, seiner Unterhaltspflicht durch die Verwendung von Naturalien nachzukommen, soweit das möglich ist.[36] Eine Geldleistung auf ein **Sperrkonto** gilt als Erfüllung erst, wenn der Berechtigte daraus die benötigten Mittel erhält. 23

Das **Verlangen,** Unterhalt in Naturalien leisten zu dürfen, ist eine an den Berechtigten zu richtende empfangsbedürftige Willenserklärung, die zu ihrer Wirksamkeit nicht der Zustimmung des Berechtigten bedarf. Bei fehlendem Einverständnis des Berechtigten trägt der Pflichtige das volle Risiko für die Nichtzahlung von Geld. Denn wenn sich herausstellt, dass sein Ersetzungsverlangen nicht gerechtfertigt war, muss der Pflichtige bei Vorliegen der Voraussetzungen von § 1613 Abs. 1 Geldrente nachzahlen, soweit nicht seine Naturalleistungen tatsächlich das Unterhaltsbedürfnis des Berechtigten befriedigt haben, also insbesondere wenn der Berechtigte das Angebot, zum Pflichtigen zu ziehen, nicht wahrgenommen hat. Dem Verlangen ist eine *Begründung* hinzuzufügen, weil der Berechtigte anderenfalls nicht beurteilen kann, ob das Verlangen gerechtfertigt ist. Ohne Begründung von Seiten des Pflichtigen fehlt dem Berechtigten eine hinreichende Entscheidungs- 24

---

[28] Zum Kindesunterhalt s. Rn. 27 ff.
[29] Dies gilt auch dann, wenn für ihn Unterhalt in Naturalien günstiger wäre, wie etwa bei Währungsverfall oder in Zeiten einer Lebensmittelverknappung. In der Hoffnung auf weiteres Andauern der langen Friedenszeit nach dem Ende des zweiten Weltkrieges mag deshalb hier der Hinweis auf die Kommentierung von *Köhler* in der 3. Aufl. (Rn. 2) und die dortigen Hinweise auf die von Kriegszeiten geprägte Rechtsprechung genügen.
[30] Zu diesem – nach altem Recht im Gesetzeswortlaut enthaltenen – Merkmal beim Kindesunterhalt nach Abs. 2 s. Rn. 81–93.
[31] *Johannsen/Henrich/Graba* § 1612 Rn. 11.
[32] RGRK/*Mutschler* Rn. 3; *Köhler* Rn. 126; *Baumgärtel/Laumen* Rn. 1.
[33] OLG Braunschweig SeuffA 61, 281, 282.
[34] KG NJW 1969, 2211.
[35] Zur Rechtslage nach Höferecht s. *Köhler* in der 3. Aufl. Rn. 9.
[36] *Staudinger/Engler* (2000) Rn. 7; *Köhler* Rn. 1043.

grundlage für die Beurteilung, ob er zum Pflichtigen ziehen oder wenigstens die ihm dort angebotenen Mahlzeiten entgegennehmen soll. Andererseits besteht für das Verlangen *kein Formzwang,* so dass es insbesondere auch mündlich abgegeben werden kann. Es muss aber eine ausdrückliche Erklärung sein; eine stillschweigende Einstellung der Geldrente oder Nichtzahlung genügen nicht.

25   **4. Zuständigkeit.** Im Streitfall entscheidet das für den Unterhalt zuständige Familiengericht,[37] seit dem 1. 4. 2007 auch beim Kindesunterhalt nach Abs. 2. (s. Rn. 13, 15, 79).

26   **5. Beweislast.** Im Prozess muss der **Pflichtige** beweisen, dass er objektive Gründe hat, ausnahmsweise in natura leisten zu dürfen, s. Rn. 3, 20 ff. Die Entgegennahme von Betreuungsleistungen kann als konkludente Annahme des Angebotes auf Leistung in natura angesehen werden.[38] Eine Kapitalabfindung ist im Verwandtenunterhalt als Unterhaltsart nicht vorgesehen. Bei Auftreten erneuter Bedürftigkeit nach Ablauf nur eines Monats kann der Pflichtige sich nicht mehr auf seine frühere, auch höhere Geldleistung berufen.[39]

IV. Kindesunterhalt (Abs. 2)

27   **1. Bestimmungsrecht der Eltern.** In vollständiger Abweichung von der Regelung für den allgemeinen Verwandtenunterhalt (Abs. 1) trifft Abs. 2 für den gesamten Kindesunterhalt eine Sonderregelung.

28   **a) Regelungsbedarf.** Während harmonische Familienverhältnisse keiner gesetzlichen Regelung bedürfen, wird eine Unterhaltsbestimmung regelmäßig im Zusammenhang mit der Auflösung der Familie, etwa bei Trennung der Eltern oder bei Erreichen eines neuen Lebensabschnittes durch das Kind, erforderlich.[40] Sofern zB das volljährige Kind von seinem Vater zur Mutter zieht, ändert sich der bisherige Anspruch gegen den Vater von Naturalunterhalt in einen solchen auf Barunterhalt, so dass es nunmehr gerade dann, wenn aus der Sicht des Vaters alles beim Alten bleiben soll, einer Bestimmung des Vaters nach Abs. 2 S. 1 bedarf.[41]

29   **b) Umfang.** Das Bestimmungsrecht steht den Eltern grundsätzlich gemeinsam zu. Bei minderjährigen unverheirateten Kindern ist es Ausfluss des elterlichen Sorgerechts;[42] bei unverheirateten volljährigen Kindern folgt es aus der weiter bestehenden gemeinsamen elterlichen Verantwortung[43] ebenso wie auf Grund des Gegenseitigkeitsprinzips (§ 1618a) aus der Obliegenheit des Berechtigten, Rücksicht auf die finanziellen Belange des Pflichtigen zu nehmen.[44] Hinsichtlich der Kinder ist nicht zwischen ehelichen und nichtehelichen Kindern,[45] ansonsten wie folgt zu unterscheiden:

30   **aa) Unverheiratet.** Gegenüber unverheirateten (minderjährigen wie volljährigen) Kindern können die Eltern frei bestimmen, in welcher Art und für welche Zeit im Voraus sie Unterhalt gewähren. Dieses Recht soll ihnen einen weitreichenden Einfluss auf ihre – wirtschaftlich noch nicht selbständigen – Kinder erhalten.[46] Ausgenommen davon sind nur (volljährige oder minderjährige) verheiratete Kinder, deren Unterhaltsansprüche der allgemeinen Regel des Abs. 1 unterfallen (s. Rn. 8, 9). Grund für die Beschränkung auf das unverheiratete Kind ist der Umstand, dass mit der Heirat beim minderjährigen Kind das Sorgerecht eingeschränkt wird (§ 1633) und beim volljährigen Kind die §§ 1353 ff. vorrangig sind.[47] Auch gegenüber einer geschiedenen Tochter scheidet das Bestimmungsrecht aus,[48] weil die gesetzlichen Gründe für die Geldrente beim geschiedenen Kind fortbestehen; auch für ein solches Kind wäre eine strenge Bindung an den Haushalt der Eltern nicht angemessen.

31   **bb) Minderjährig.** Bei Trennung der Eltern oder nach Scheidung steht das Bestimmungsrecht nur dem Sorgerechtsinhaber als Teil der Personensorge zu (§ 1631 Abs. 1).

---

[37] *Johannsen/Henrich/Graba* Rn. 11 aE.
[38] BGH FamRZ 1993, 417; *Johannsen/Henrich/Graba* Rn. 11 aE.
[39] RGRK/*Mutschler* Rn. 4; *Staudinger/Engler* (2000) Rn. 19.
[40] *Palandt/Brudermüller* Rn. 6.
[41] OLG Schleswig FamRZ 1998, 1195.
[42] *Wendl/Scholz* § 2 Rn. 18, 38 (Vgl. OLG Saarbrücken FamRZ 2010, 219 (alleiniges Bestimmungsrecht bei alleinigem Sorgerecht).
[43] *Wendl/Scholz* § 2 Rn. 38.
[44] KG FamRZ 2006, 60; *Schwab/Borth* V Rn. 200.
[45] Bei zerrütteten oder fehlenden persönlichen Beziehungen ist eine Änderung gleichermaßen geboten, *Büttner/Niepmann/Schwamb* Rn. 250; anders noch BayObLG FamRZ 1991, 597.
[46] Mot. IV S. 703 ff., Prot. IV S. 495 ff.; KG JW 1935, 1438; *Staudinger/Engler* (2000) Rn. 26; *Köhler* Rn. 124.
[47] *Palandt/Brudermüller* Rn. 13.
[48] OLG Köln FamRZ 1983, 643; *Köhler* Rn. 123.

Art der Unterhaltsgewährung 32–37 § 1612

Bei *gemeinsamer* elterlicher Sorge üben die Eltern das Bestimmungsrecht gemeinsam aus.[49] Im 32
Falle von Meinungsverschiedenheiten müssen sie versuchen, sich zu einigen (§ 1627 S. 2); falls das
mißlingt, können sie das Familiengericht anrufen,[50] welches die Entscheidung einem Elternteil
übertragen und dies mit Beschränkungen und Auflagen verbinden kann (§ 1628). Bei *alleinigem*
Sorgerecht eines Elternteils kann der nicht sorgeberechtigte Elternteil nach ausdrücklicher gesetzlicher Regelung (Abs. 2 S. 2, früher Abs. 2 S. 3) eine Bestimmung nur für die Zeit treffen, in der das
Kind in seinem Haushalt aufgenommen ist,[51] ohne dass ihm die elterliche Sorge zusteht.[52]

Die üblichen Besuche der Kinder in den Ferien (selbst bei wochenlanger Dauer) ermöglichen 33
nur die Ausübung des Umgangsrechts, geben dem baruntherhaltspflichtigen Elternteil aber nicht
die Befugnis zur Kürzung der monatlichen Unterhaltsrente,[53] außer im Falle eines zeitlich sehr
umfangreichen Aufenthaltes des Kindes. Dort kommen eine Kürzung des Barunterhalts[54] und
ein – zeitlich eingeschränktes – Bestimmungsrecht nach § 1612 in Betracht.[55] So trifft der Vater,
der das Kind auf Grund längerer Krankheit der Mutter vorübergehend in seinen Haushalt aufnimmt,
hierdurch konkludent die Bestimmung durch Unterhaltsgewährung in natura; jedenfalls in formaler
Hinsicht begegnet es Bedenken, dass dem ein früheres, zu Barunterhalt verpflichtendes Urteil nicht
entgegenstehen soll.[56]

Grundsätzlich ist eine Bestimmung des Unterhalts aber nur möglich, wenn dem Pflichtigen die 34
elterliche Sorge zugesprochen wird, was üblicherweise den **Wechsel** der Barunterhaltspflicht zur
Folge hat.[57] Allein über das Bestimmungsrecht nach Abs. 2 S. 1 kann der barunterhaltspflichtige
Elternteil aber nicht erreichen, dass das Kind zu ihm zieht,[58] was sich aus Abs. 2 S. 2 (früher Abs. 2
S. 3) ergibt.[59] Auch dem Elternteil, der das Kind entführt hat und bei sich verbirgt, steht kein
Unterhaltsbestimmungsrecht zu.[60]

cc) Volljährig. Hier ist die Rechtfertigung für die elterliche Bestimmungsbefugnis weniger das 35
Erziehungsrecht[61] als vielmehr die wirtschaftliche Belastung der Eltern als Folge der auch nach
Eintritt der Volljährigkeit noch andauernden Bedürftigkeit;[62] deshalb wird das Bestimmungsrecht
dem Elternteil zugebilligt, der von dem volljährigen Kind auf Unterhalt in Anspruch genommen
wird[63] (s. Rn. 42). Dieser Elternteil kann das Bestimmungsrecht einseitig ausüben, muss aber die
Belange des anderen Elternteils (s. dazu Rn. 56) berücksichtigen.[64] Zu der Frage, ob die Bestimmung nur wirksam ist, wenn sie den gesamten Lebensbedarf umfasst, s. Rn. 75.

Auch die volljährige unverheiratete Tochter mit eigenen Kindern unterliegt dem elterlichen 36
Unterhaltsbestimmungsrecht.[65] In derartigen Fällen sollten allerdings bestimmte Altersabstufungen
vorgenommen[66] und an die Abänderbarkeit geringere Anforderungen gestellt werden.[67]

Bei **übereinstimmenden** Erklärungen der Eltern ist nicht nur das Kind (vorbehaltlich der Abände- 37
rungsmöglichkeit auf Antrag des Kindes, s. Rn. 13, 15) daran gebunden, sondern auch Sozialhilfeträger und andere Behörden, auf die ein Unterhaltsanspruch übergegangen ist. Wenn die Eltern ihrem
volljährigen Kind Naturalunterhalt zu Hause anbieten, spricht keine Vermutung für einen Missbrauch des elterlichen Bestimmungsrechts,[68] zumal nicht jede Einflussnahme auf die Lebensführung
des Kindes als Erziehungsmaßnahme anzusehen ist.[69] Zur einvernehmlichen Ausübung des Bestimmungsrechts s. Rn. 53.

---

[49] BGH FamRZ 1984, 37; 1983, 892.
[50] BGH FamRZ 1983, 892, 894 (bis Volljährigkeit).
[51] OLG Stuttgart FamRZ 1991, 595.
[52] OLG Saarbrücken FamRZ 2010, 219; *Schwab/Borth* V Rn. 201.
[53] BGH NJW 2007, 1882; s. dazu *Born* NJW 2007, 1859; *ders.* FPR 2008, 88; BGH FamRZ 1984, 470, 472.
[54] Nach BGH (Fn. 53) also erst ab hälftigem Aufenthalt beim barunterhaltspflichtigen Elternteil. Dagegen
krit. *Born* FPR 2008, 88; *Luthin* FamRZ 2007, 710; S. auch OLG Hamm FamRZ 1994, 529; s. § 1610 Rn. 113.
[55] *Wendl/Scholz* § 2 Rn. 40.
[56] So aber BGH FamRZ 1994, 1102 m. Anm. *Scholz* FamRZ 1994, 1314.
[57] *Schwab/Borth* V Rn. 201.
[58] BGH FamRZ 1992, 426.
[59] OLG Köln NJW 1998, 320 (auch bei Verstoß gegen Aufenthaltbestimmungsrecht).
[60] KG FamRZ 1985, 730; vgl. *Palandt/Brudermüller* Rn. 9 aE.
[61] So aber wohl *Johannsen/Henrich/Graba* Rn. 3; **aA** BGH FamRZ 1984, 37.
[62] *Schwab/Borth* V Rn. 202.
[63] *Buchholz* FamRZ 1995, 705; *Wendl/Scholz* § 2 Rn. 41.
[64] OLG Celle FamRZ 1997, 966; *Wendl/Scholz* § 2 Rn. 41, 43. Zur Berücksichtigung der Belange des Kindes
s. Rn. 47 f.
[65] LG Lübeck FamRZ 1987, 1296.
[66] *Buchholz* FamRZ 1995, 705.
[67] BayObLG FamRZ 1991, 597; OLG Hamm NJW 1985, 1348.
[68] *Bosch* in krit. Anm. zu LG Bremen FamRZ 1976, 458.
[69] *Palandt/Brudermüller* Rn. 12.

§ 1612   38–44   Abschnitt 2. Titel 3. Unterhaltspflicht

38   **2. Ausübung des Bestimmungsrechts.** Hier sind zahlreiche Einzelfragen zu unterscheiden.

39   **a) Form.** Das Bestimmungsrecht ist ein Gestaltungsrecht, welches durch empfangsbedürftige Willenserklärung auszuüben ist,[70] und zwar ausdrücklich oder auch nur konkludent, weil keine besondere Form vorgeschrieben ist.[71] Für eine Erklärung durch schlüssiges Verhalten, die beispielsweise bei Unterhaltsgewährung im Elternhaus über den Eintritt der Volljährigkeit hinaus angenommen wird,[72] ist allerdings das Bewusstsein des Pflichtigen erforderlich, dass der konkludent abgegebenen Willenserklärung eine rechtliche Bedeutung zukommen kann.[73] Entscheidend ist, wie die Erklärung vom Empfänger aufgefasst wurde oder bei unbefangener Würdigung nach Treu und Glauben aufgefasst werden musste.[74] Sofern die Eltern eine Unterhaltsleistung des Vaters in natura vereinbart haben, kann die tatsächliche Handhabung dieser Unterhaltsgewährung in der Folgezeit zur Annahme einer elterlichen Unterhaltsbestimmung durch schlüssiges Verhalten führen.[75]

40   Auch wenn die Erklärung gegenüber dem Kind persönlich abzugeben ist,[76] ist im Falle der Minderjährigkeit auch die an den gesetzlichen Vertreter gerichtete Bestimmung wirksam.[77] Zur Frage, ob sich die Erklärung über den gesamten Unterhaltsbedarf des Kindes verhalten muss, s. Rn. 75.

41   **b) Zeitpunkt.** Es steht den Eltern frei, wann die Unterhaltsbestimmung vorgenommen wird. Dies kann zB im VKH-Verfahren,[78] in der Berufungsinstanz eines Abänderungsverfahrens[79] oder in der Zwangsvollstreckung[80] geschehen.

42   **c) Personen. aa) Eltern.** Das Bestimmungsrecht steht den Eltern zu, und zwar bei minderjährigen Kindern beiden Elternteilen als Ausfluss der Personensorge, bei volljährigen Kindern dem in Anspruch genommenen Elternteil (s. Rn. 35). Seinem Wortlaut nach geht das Gesetz bei volljährigen Kindern davon aus, dass beide Elternteile in intakter Ehe leben und ihr Bestimmungsrecht übereinstimmend ausüben. Eine gesetzliche Regelung bei getrennt lebenden oder geschiedenen Eltern fehlt für das volljährige Kind; nur für das minderjährige Kind ist eine Regelung vorhanden (Abs. 2 S. 2, früher Abs. 2 S. 3). Es ist streitig, ob beim volljährigen Kind beiden Elternteilen nur ein gemeinsames oder jedem Elternteil ein eigenständiges Bestimmungsrecht zusteht.[81] Nach Sinn und Zweck (s. Rn. 1–7) soll der Pflichtige die Möglichkeit haben, seine Belastung durch Gewährung von Naturalunterhalt zu reduzieren. Aus dieser Möglichkeit kann gefolgert werden, dass das Bestimmungsrecht im Regelfall dem Elternteil zustehen soll, der (allein oder überwiegend)[82] vom volljährigen Kind auf Unterhalt **in Anspruch genommen** wird;[83] zur gegenläufigen Bestimmung durch die Eltern s. Rn. 58–62.

43   Im Rahmen der Wirksamkeit der Unterhaltsbestimmung ist das Verhältnis des Elternteils zum Kind von dem Verhältnis der Elternteile untereinander zu unterscheiden. Aus § 1610 Abs. 2 S. 1 folgt, dass die Bestimmung den gesamten Lebensbedarf des Kindes umfassen muss, was nicht ausschließt, den Unterhalt zu einem abgrenzbaren Teil in natura (zB Kost und Logis im Elternhaus) zu gewähren, im Übrigen in Geld. Hier stellt auch die Überlassung von Geldbeträgen einen Teil des in Form von Naturalleistungen gewährten Unterhalts dar.[84] Unwirksam ist die Bestimmung dagegen, wenn von den Eltern nur einzelne Betreuungs- und Pflegeleistungen angeboten werden, sie den übrigen Unterhalt aber offen lassen.[85]

44   Werden **nur Teilleistungen** angeboten (zB freies Wohnen, einzelne Betreuungs- und Pflegeleistungen), ohne den restlichen Teil des Unterhalts in bar sicherzustellen, liegt keine wirksame Aus-

---

[70] BGH FamRZ 1983, 369.
[71] *Schwab/Borth* V Rn. 207; *Wendl/Scholz* § 2 Rn. 37.
[72] BGH FamRZ 1983, 369.
[73] *Wendl/Scholz* § 2 Rn. 37.
[74] BGH FamRZ 1983, 369; OLG Brandenburg FamRZ 2004, 900; OLG Köln FamRZ 1985, 829.
[75] BGH FamRZ 1985, 584.
[76] *Soergel/Häberle* Rn. 10.
[77] AA *Gernhuber* § 42 III 2, wonach die Erklärung *nur* gegenüber dem gesetzlichen Vertreter wirksam sein soll.
[78] OLG Celle NJW-RR 2006, 1304.
[79] OLG Hamburg FamRZ 1982, 1112.
[80] Vgl. *Palandt/Brudermüller* Rn. 14 aE.
[81] S. dazu BGH FamRZ 1983, 892 mwN.
[82] *Schwab/Borth* V Rn. 206.
[83] BGH FamRZ 1984, 37; *Wendl/Scholz* § 2 Rn. 41; *Schwab/Borth* V Rn. 206; OLG Hamm FamRZ 1989, 1331; OLG Brandenburg FuR 2006, 314.
[84] BGH FamRZ 1985, 584; 1984, 37; 1983, 369; 1981, 250, 252.
[85] BGH FamRZ 1993, 417, 420. Dagegen hängt die Wirksamkeit der Unterhaltsbestimmung im Verhältnis zum anderen Elternteil *nicht* davon ab, dass der gesamte Unterhaltsbedarf umfasst wird; s. dazu Rn. 60 aE, 75.

Art der Unterhaltsgewährung   45–49 § 1612

übung des Bestimmungsrechts vor.[86] Zum Fall des fehlenden Einvernehmens bei einer Unterhaltsbestimmung für volljährige Kinder s. Rn. 59.

Kann ein Elternteil nach Trennung der Eltern gegenüber dem volljährigen Kind neben dem – **45** nicht mehr geschuldeten (s. § 1610 Rn. 37) – Naturalunterhalt keinen Barunterhalt erbringen, steht dem leistungsfähigen Elternteil das Bestimmungsrecht allein zu,[87] auch im Fall des privilegiert volljährigen Kindes.[88]

bb) Dritte. Diese können die Art des Unterhalts nicht bestimmen, und zwar auch dann nicht, **46** wenn sie Unterhalt leisten oder ein entsprechender Ersatzanspruch auf sie übergegangen ist.[89] Solche Ansprüche entstehen auch dann nicht, wenn das Kind zu einem Verwandten oder Lebenspartner zieht, der es versorgt.[90] Da die ursprüngliche Absicht, allen unterhaltspflichtigen Verwandten das Bestimmungsrecht zu geben,[91] nicht Gesetz geworden ist, steht Großeltern ein Bestimmungsrecht grundsätzlich nicht zu. Es liegt allerdings nahe, ihnen bei Aufnahme verwaister Enkel nach Abs. 1 S. 2 die Befugnis zuzugestehen, dem Enkel Naturalunterhalt zu gewähren. Sind die Enkel aber schon älter oder gar volljährig, fehlt in Gestalt des elterlichen Bestimmungsrechts ein Instrument, welches zum Teil jahrelange Mühen und finanzielle Lasten aufwiegt oder solche Verpflichtungen der Höhe nach eindämmen kann. Bei Geschäftsunfähigkeit eines volljährigen Kindes kann gegen die Aufenthaltsbestimmung des Gebrechlichkeitspflegers keine anderslautende Bestimmung nach Abs. 2 getroffen werden.[92]

d) Inhalt. aa) Zweck. Die Unterhaltsbestimmung muss darüber Klarheit schaffen, wie der **47** gesamte Unterhaltsbedarf (§ 1610 Abs. 2) des Kindes (Betreuung, Bargeld, evtl. Taschengeld) gedeckt werden soll.[93] In der Bestimmung ist eine Art von Garantieerklärung zu sehen. Das unterhaltsbedürftige Kind muss erkennen können, dass und wie es für seinen nächsten Lebensabschnitt versorgt ist; damit es sich darauf einstellen kann, muss die Bestimmung begründet werden (s. Rn. 24). Eine titulierte Unterhaltsforderung muss der Unterhaltsschuldner auch für die Dauer von Ferienaufenthalten des bedürftigen Kindes weiter bedienen,[94] sofern nicht ganz ausnahmsweise ein sehr umfangreicher Aufenthalt des Kindes bei ihm vorliegt (s. § 1610 Rn. 113).

bb) Umfang. Soweit die Unterhaltsbestimmung den Aufenthalt des Kindes betrifft, ist der **48** Vorrang eines etwaigen **Aufenthaltbestimmungsrechts** zu beachten. Danach ist die vom sorgerechtsberechtigten Elternteil ausgeübte Bestimmung unwirksam, wenn sie gegen die Aufenthaltsbestimmung verstößt.[95] Bei einem volljährigen behinderten Kind hat deshalb die Aufenthaltsbestimmung des Betreuers Vorrang.[96]

Eine **Teilregelung** ist zulässig, sofern die Bestimmung dahin getroffen wird, dass der Unterhalt **49** zu einem abgrenzbaren Teil in natura (zB Kost und Logis im Elternhaus) gewährt wird, im Übrigen in Geld (s. Rn. 18, 20); nicht ausreichend ist es dagegen, wenn von den Eltern nur einzelne Betreuungs- und Pflegeleistungen angeboten werden, der übrige Unterhalt aber offengelassen wird.[97] Wirksam kann dagegen die Bestimmung sein, den Unterhalt voll von einem Dritten entgegenzunehmen.[98] Stellt die Unterhaltsbestimmung ein *Gesamtkonzept* (zB Wohnung, Verpflegung, Taschengeld, Bargeld für zweckgebundene Ausgaben) dar,[99] ist die Unterhaltsbestimmung wirksam, sofern der **gesamte Lebensbedarf** (§ 1610 Abs. 2) abgedeckt wird; die Bestimmung kann sich dann auf Teile des Unterhalts beschränken, zB auf die beitragsfreie Mitversicherung.[100] Dagegen liegt keine

---

[86] BGH FamRZ 1993, 417, 420; 1986, 153; *Wendl/Scholz* § 2 Rn. 35; *Schwab/Borth* V Rn. 206.
[87] OLG Frankfurt FamRZ 1987, 305.
[88] *Schwab/Borth* V Rn. 206 aE; s. dazu auch § 1603 Rn. 77–79.
[89] BGH FamRZ 1981, 250 bei Ausbildungsförderung; OLG Bremen FamRZ 1986, 931 bei Zahlungen nach dem AFG.
[90] OLG Hamm FamRZ 1983, 416.
[91] Mot. IV S. 703 ff.; Prot. IV S. 495 ff.; *Staudinger/Engelmann* 7./8. Aufl. 1913, § 1612 Anm. 2. b).
[92] BGH FamRZ 1985, 917.
[93] BGH FamRZ 1983, 369.
[94] BGH FamRZ 1984, 470, 472.
[95] OLG Köln NJW 1998, 320. Die Neuregelung des § 1671 bedeutet eine Abkehr vom bisherigen „Alles oder Nichts-Prinzip". Sie ermöglicht auch eine partielle Alleinsorge (*Schwab* FamRZ 1998, 457, 459) dahin, dass Teile der elterlichen Sorge einem Elternteil allein übertragen werden, während hinsichtlich der Restteile die gemeinsame Sorge der Eltern bestehenbleibt. Als Ausprägung der partiellen Alleinsorge kann isoliert das Aufenthaltbestimmungsrecht übertragen werden (*Palandt/Diederichsen* § 1671 Rn. 24).
[96] BGH FamRZ 1985, 917.
[97] BGH FamRZ 1993, 417, 420; 1986, 151; OLG Celle FamRZ 2007, 762.
[98] BGH FamRZ 1985, 584.
[99] OLG Hamm FamRZ 1999, 404.
[100] OLG Düsseldorf FamRZ 1994, 396 mit Anm. *van Els* FamRZ 1994, 926.

wirksame Unterhaltsbestimmung in der teilweisen Erbringung von Naturalleistungen, sofern die Art der Erfüllung der Unterhaltspflicht im Übrigen offengelassen wird.[101]

50 Die einseitige Unterhaltsbestimmung durch einen Elternteil lässt etwaige Ansprüche gegen den anderen Elternteil unberührt.[102] Sofern von den Eltern während der Zeit der Minderjährigkeit Naturalunterhalt geleistet wird, ist **nach Eintritt der Volljährigkeit** keine erneute ausdrückliche Bestimmung erforderlich.[103] Im Hinblick auf Abs. 2 S. 3 bestehen hier gegen die ungeprüfte Fortgeltung der Regelung nach Eintritt der Volljährigkeit Bedenken, weil Vereinbarungen zum Unterhalt in der Regel auf Grund der gesamten Unterhaltspflicht geschlossen werden und sich die Barunterhaltspflicht als Folge der Sorgerechtsregelung ergibt. Dies spricht dafür, eine Fortgeltung der früheren Vereinbarung erst dann anzunehmen, wenn es auch nach Eintritt der Volljährigkeit noch einige Zeit bei der bisherigen Aufteilung der Unterhaltspflicht bleibt.[104]

51 cc) **Bindungswirkung.** Sofern die **Eltern** eine bestimmte zulässige Art der Unterhaltsgewährung miteinander wirksam vereinbart haben, bleibt es dabei auch nach Spaltung des Elternhauses.[105] Die während der Zeit der Minderjährigkeit getroffene Bestimmung gilt auch nach Eintritt der Volljährigkeit weiter,[106] und zwar auch dann, wenn das volljährig gewordene Kind vorübergehend Aufenthalt im Haus des anderen Elternteils nimmt.[107]

52 Die dem Kind gegenüber wirksam getroffene Bestimmung gilt auch **gegenüber Dritten**, zB im Hinblick auf das BAföG.[108] Zur fehlenden Befugnis dritter Personen, die Art des Unterhalts zu bestimmen, s. Rn. 46.

53 e) **Streitigkeiten und Abwägung. aa) Vereinbarung.** Liegt eine Vereinbarung eines Elternteils mit dem anderen vor, dass er den Barunterhalt und der andere den Naturalunterhalt zu erbringen habe, kann sich der danach barunterhaltspflichtige Elternteil hiervon nicht einseitig durch eine auf Unterhaltsleistung in natura gerichtete Bestimmung lösen,[109] auch wenn **Änderungen** durch den Bestimmungsberechtigten grundsätzlich möglich sind, sofern sie sich im Rahmen von Treu und Glauben halten.[110] Diese **Selbstbindung** durch andersartige Handhabung führt dazu, dass zB ein Vater einem jahrelang bei der Mutter lebenden Kind nicht verlangen kann, es solle zu ihm ziehen,[111] ebenso wie das jahrelang von ihm Naturalunterhalt entgegennehmende Kind nicht plötzlich ausziehen und eine Geldrente verlangen kann.[112] Im Falle besonderer Gründe (s. Rn. 74–86) kann das anders sein, wobei die Veränderung von *nachhaltiger* Art und Bedeutung sein muss; deshalb rechtfertigt auch ein längerer Ferienaufenthalt beim nicht sorgeberechtigten Elternteil keine dortige Einstellung der Barunterhaltszahlungen.[113]

54 bb) **Belange.** Unterhaltsrechtliche Belange des **Kindes** werden regelmäßig nicht beeinträchtigt, wenn in Ausübung des Bestimmungsrechts der gesamte Unterhalt (s. Rn. 48–50) angeboten wird.[114]

55 Dem Kind bleibt sein ab Volljährigkeit bestehendes Recht zur selbständigen Bestimmung von Aufenthalt und Wohnsitz grundsätzlich erhalten; es wird lediglich im Rahmen des Gegenseitigkeitsprinzips eingeschränkt in einem Rahmen, der auch sonst im Unterhaltsrecht zu beachten ist, zB in Form der Obliegenheit, Arbeit auch außerhalb des Wohnortes zu suchen.[115] Bei Vorliegen besonderer Gründe kann das Kind das Familiengericht anrufen und eine Änderung dieser elterlichen Bestimmung im Rahmen einer Klage auf Barunterhalt beantragen; zu Einzelheiten s. Rn. 81–93.

56 Während der BGH in einer früheren Entscheidung[116] die grundsätzliche Frage eines **einseitigen Bestimmungsrechts** ausdrücklich offengelassen hat, wird in der obergerichtlichen Rechtsprechung

---

[101] BGH FamRZ 1993, 417.
[102] OLG Stuttgart FamRZ 1984, 308.
[103] KG FamRZ 1982, 423.
[104] *Schwab/Borth* V Rn. 208; zur Änderung der Verhältnisse s. Rn. 72.
[105] BGH FamRZ 1983, 892; OLG Brandenburg FamRZ 2008, 1558.
[106] KG FamRZ 1982, 423.
[107] BGH FamRZ 1983, 892.
[108] BGH NJW 1981, 574.
[109] BGH FamRZ 1983, 892, 895; 1983, 92.
[110] OLG Zweibrücken FamRZ 1988, 204; *Palandt/Brudermüller* Rn. 18.
[111] BGH FamRZ 1988, 386, und zwar selbst dann nicht, wenn das Kind gegen den Willen der Eltern bei der Großmutter aufgewachsen ist; OLG Hamm FamRZ 1988, 1089; OLG Köln FamRZ 1985, 829, 831.
[112] OLG Zweibrücken FamRZ 1988, 206; *Wosnitza* MDR 1989, 408 ff.
[113] BGH NJW 1984, 2826. Zur Änderungsmöglichkeit bei sehr umfangreichem Aufenthalt des Kindes s. § 1610 Rn. 113.
[114] KG FamRZ 1982, 835.
[115] *Deisenhofer* in *Heiß/Born* Kap. 12 Rn. 141 unter Hinw. auf die Begrenzung des familienrechtlichen Ausgleichsanspruchs durch BGH FamRZ 1984, 37, 39.
[116] FamRZ 1984, 37, 39.

vorherrschend die Ansicht vertreten, dass der in Anspruch genommene Elternteil grundsätzlich allein – ohne Mitwirkung des anderen Elternteils – sein Bestimmungsrecht ausüben und Naturalunterhalt anbieten darf, sofern er den gesamten Unterhaltsbedarf des Berechtigten deckt.[117] Hierfür spricht der Charakter des Bestimmungsrechts als „Kehrseite" der Unterhaltspflicht[118] sowie die Kontrollüberlegung, dass das volljährige Kind bei Uneinigkeit der Eltern anderenfalls in jedem Fall einen Geldanspruch durchsetzen könnte, da mangels wirksamer Bestimmung die Grundregel des Abs. 1 S. 1 (Geldrente) durchgreifen würde.[119] Bei Fähigkeit und Bereitschaft zu Naturalunterhalt durch den in Anspruch genommenen Elternteil wäre das unbillig. Bei einseitiger Ausübung des Bestimmungsrechts durch den in Anspruch genommenen Elternteil können aber – wegen der Haftungsgemeinschaft (§ 1606 Abs. 3) zu berücksichtigende – schutzwürdige **Belange des anderen Elternteils** berührt sein, zB dann, wenn dieser ebenfalls Unterhalt (in bar oder in natura) leistet oder dann, wenn das Kind bis zur Volljährigkeit dort gewohnt hat und dies auch weiterhin fortsetzen will.[120] Eine abweichende Bestimmung bedarf deshalb zu ihrer Wirksamkeit entweder der *Zustimmung* durch den anderen Elternteil,[121] oder die vorzunehmende *Abwägung* der gegenseitigen Interessen der Eltern ergibt ein so deutliches Übergewicht der Gründe des bestimmenden Elternteils, dass dem anderen Elternteil die beabsichtigte Art der Unterhaltsgewährung zuzumuten ist. Neben wirtschaftlichen Interessen spielen hier auch Veränderungen der beiderseitigen Lebensverhältnisse durch die Art der Unterhaltsgewährung eine Rolle.[122] Eine Unwirksamkeit der getroffenen Bestimmung ergibt sich nicht schon aus der Befürchtung, dass der Bestimmende einen familienrechtlichen Ausgleichsanspruch (s. § 1606 Rn. 39 ff.) gegen den anderen Elternteil geltend machen werde;[123] zu bejahen ist sie erst bei Zurückbleiben des Rückgriffs hinter dem Haftungsanteil nach § 1606 Abs. 3 S. 1.[124] Dies hat zur Konsequenz, dass der bestimmende Elternteil bei seinem Ausgleichsanspruch unterhalb dieser Quote bleiben oder auf sein Bestimmungsrecht verzichten muss.[125]

Die einseitige Bestimmung ist **hinzunehmen,** wenn Interessen des anderen Elternteils überhaupt nicht berührt sind,[126] wenn der andere Elternteil mangels Leistungsfähigkeit nicht unterhaltspflichtig ist[127] oder wenn dem anderen Elternteil im Rahmen der erforderlichen Interessenabwägung die getroffene Unterhaltsbestimmung zugemutet werden kann.[128] Im Rahmen dieser Abwägung haben wirtschaftliche Gründe (zB die mit der Gewährung von Naturalunterhalt verbundene finanzielle Entlastung) besonderes Gewicht.[129] Andererseits ist zu berücksichtigen, dass durch die mit einem Wohnungswechsel des Kindes verbundene Unterhaltsbestimmung unter Umständen gravierend in die Lebensgestaltung auch des anderen Elternteils eingegriffen wird, zB bei Zusammenleben dieses Elternteils mit dem Kind bis zu dessen Volljährigkeit;[130] dagegen ist die Unterhaltsbestimmung hinzunehmen, wenn die ganze Familie noch bis vor kurzem in einem Haushalt zusammen war.[131]

cc) **Gegenläufige Bestimmung durch Eltern.** Jede den vollen Unterhalt betreffende und realisierbare Bestimmung des in Anspruch genommenen, barunterhaltspflichtigen und -bereiten Elternteils ist wirksam;[132] eine Änderung ist nur in eindeutigen Fällen des Missbrauchs gerechtfertigt.[133] Dies ist nur im Falle einer Bestimmung anzunehmen, die entweder die Belange des Kindes oder diejenigen des anderen Elternteils erheblich verletzt.[134]

Bisher nicht entschieden ist die Verfahrensweise in einer Situation, in der beide Eltern zu Barunterhalt verpflichtet sind und **wechselseitig** die Bestimmung treffen, das Kind habe den Unterhalt im jeweils eigenen Haushalt entgegenzunehmen. Für das *minderjährige* Kind wird vereinzelt vertreten, bei Gleichgewichtigkeit der elterlichen Unterhaltsbestimmung könne das Kind entscheiden.[135] Für

---

[117] OLG Koblenz NJW 2006, 3649; *Deisenhofer* in *Heiß/Born* Kap. 12 Rn. 140 mwN.
[118] OLG Koblenz FamRZ 1982, 422.
[119] OLG Düsseldorf FamRZ 1984, 610.
[120] BGH FamRZ 1984, 37.
[121] *Schwab/Borth* V Rn. 209.
[122] *Wendl/Scholz* § 2 Rn. 43.
[123] BGH FamRZ 1988, 831.
[124] *Schwab/Borth* V Rn. 211.
[125] *Schwab/Borth* V Rn. 211.
[126] OLG Hamm FamRZ 1990, 1028.
[127] OLG Frankfurt NJW 1987, 2381; OLG Hamburg FamRZ 1982, 628; s. auch Rn. 62.
[128] BGHZ 104, 224 = FamRZ 1988, 831.
[129] *Palandt/Brudermüller* Rn. 12.
[130] *Palandt/Brudermüller* Rn. 12.
[131] OLG Hamm FamRZ 1990, 1028.
[132] BGHZ 104, 224 = FamRZ 1988, 831; KG DAVorm. 1989, 782.
[133] BGH FamRZ 1988, 831; 1981, 250.
[134] BGH FamRZ 1988, 831. Zu Einzelheiten s. Rn. 81–93.
[135] KG FamRZ 1990, 791; LG Berlin FamRZ 1988, 977.

§ 1612 60–63   Abschnitt 2. Titel 3. Unterhaltspflicht

das *volljährige* Kind gilt das nicht. Hier ist sowohl dem Umstand der Volljährigkeit wie andererseits dem Grundsatz Rechnung zu tragen, dass insbesondere Ausbildungsunterhalt nur sparsam und unter Wahrung der elterlichen Interessen in Anspruch genommen werden kann. Die Auffassung, das Bestimmungsrecht stehe allein dem auf Barunterhalt in Anspruch genommenen Elternteil auch ohne Einverständnis des anderen Elternteils zu,[136] berücksichtigt nicht hinreichend die notwendige Rücksichtnahme auf die Belange des anderen Elternteils[137] (s. dazu Rn. 56).

60   Nicht überzeugend ist auch die auf den **Zugang** der elterlichen Bestimmung beim Kind abstellende Ansicht,[138] auch wenn die Einschränkung gemacht wird, dass die elterliche Bestimmung dem Kind den vollen Unterhalt gewährleisten (s. Rn. 54) und den anderen Elternteil von jeglichen Unterhaltsansprüchen freistellen müsse.[139] Denn ein Abstellen allein auf den Zeitpunkt der Abgabe der Bestimmungserklärung eröffnet Zufallsergebnissen Tür und Tor, weil dann alles davon abhängt, welchen Elternteil das Kind zuerst in Anspruch nimmt;[140] die Ansicht verträgt sich außerdem nicht mit dem Grundsatz der anteiligen Haftung beider Elternteile (§ 1606 Abs. 3 S. 1). Im Verhältnis zum anderen Elternteil (anders als im Verhältnis zum Kind, s. Rn. 54) kann die Wirksamkeit der Unterhaltsbestimmung nicht davon abhängig gemacht werden, dass diese den gesamten Unterhaltsbedarf umfassen müsse.[141]

61   Da Abs. 2 nicht die anteilige Unterhaltsverpflichtung getrennt lebender oder geschiedener Elternteile betrifft, sondern lediglich das Pflichtenverhältnis zwischen Eltern und Kind, lässt sich der bei beiderseitiger Unterhaltspflicht entstehende Konflikt im Rahmen des § 1612 nicht zufrieden stellend lösen.[142] Entspricht *nur eine* der getroffenen Bestimmungen den Interessen von Kind und Eltern,[143] ist nur sie allein wirksam mit der Folge, dass der Elternteil, der eine wirksame Bestimmung getroffen hat, Unterhalt in natura leisten kann und gegen den anderen Elternteil evtl. einen familienrechtlichen Ausgleichsanspruch (s. § 1606 Rn. 39 ff.) hat.[144] Ist dagegen *keine* Bestimmung wirksam, muss eine einseitige Unterhaltsbestimmung ausscheiden, weil ansonsten durch Verwehrung der Leistung in natura in die schutzwürdigen Belange des anderen Elternteils eingegriffen würde.[145] Hier sind beide Eltern anteilig (§ 1606 Abs. 3 S. 1) zum Barunterhalt heranzuziehen und bedarfsdeckende Naturalleistungen eines Elternteils ggf. zu verrechnen.[146]

62   **Missbrauch** der Unterhaltsbestimmung kann vorliegen, wenn der bestimmende Elternteil nach der auf ihn entfallenden Quote nach § 1606 Abs. 3 S. 1 nur in geringem Umfang in Anspruch genommen würde, während der andere Elternteil den Barunterhalt ganz überwiegend zu tragen hätte.[147] Demgemäß darf die Abwägung im Rahmen der Grundsätze von Treu und Glauben nicht zu einer übermäßig belastenden Quote führen.[148]

63   **dd) Fehlende Befolgung durch das Kind.** Da der Zweck der Vorschrift in der finanziellen Entlastung der Eltern (s. Rn. 4) liegt, nicht aber in einer Bestrafung des Kindes,[149] verliert das Kind seinen Unterhaltsanspruch nicht vollständig,[150] wenn es einer wirksamen Unterhaltsbestimmung eines Elternteils nicht nachkommt. Dem Kind verbleibt der Anspruch auf Barunterhalt, der ihm auch bei einem Wohnen im elterlichen Haus zustünde.[151] Den anderen Elternteil kann das Kind nicht auf Barunterhalt in Anspruch nehmen, weil es den angebotenen Naturalunterhalt annehmen könnte. Zahlt dieser andere Elternteil gleichwohl Barunterhalt (zB deshalb, weil er es mit dem Kind

---

[136] OLG Düsseldorf FamRZ 1984, 610; KG FamRZ 1982, 835; OLG Köln FamRZ 1982, 422.
[137] OLG Celle FamRZ 1997, 966. Zur Berücksichtigung der Belange des anderen Elternteils s. Rn. 56.
[138] OLG Hamburg FamRZ 1982, 1112.
[139] KG FamRZ 1982, 835.
[140] *Schwab/Borth* V Rn. 210.
[141] *Schwab/Borth* V Rn. 210, der zu Recht darauf hinweist, dass eine solche Unterhaltsbestimmung im Falle der Verpflichtung auch des anderen Elternteils zu Barunterhalt kaum vorliegen wird, weil sie für den bestimmenden Elternteil teurer würde als die anteilige Haftung nach § 1606 Abs. 3 S. 1.
[142] *Schwab/Borth* V Rn. 210. Vom OLG Koblenz NJW 2006, 3649 wird – auf der Basis des alten Rechts – zu Recht darauf hingewiesen, dass die entsprechende Entscheidung im Hauptverfahren zu treffen ist. S. zum neuen Recht Rn. 13, 15.
[143] Zur Abwägung der Belange s. Rn. 54–57.
[144] *Wendl/Scholz* § 2 Rn. 43.
[145] S. dazu auch BGH FamRZ 1988, 831, 833; OLG Düsseldorf FamRZ 1987, 1297; *Schwab/Borth* V Rn. 210 aE.
[146] *Wendl/Scholz* § 2 Rn. 43.
[147] BGH FamRZ 1988, 831, 833; s. auch Rn. 57.
[148] *Schwab/Borth* V Rn. 212.
[149] *Schwab/Borth* V Rn. 218.
[150] Dies kommt nur nach § 1611 Abs. 1 in Betracht.
[151] *Schwab/Borth* V Rn. 218.

nicht verderben will), kann er keinen familienrechtlichen Ausgleichsanspruch gegen den bestimmenden Elternteil geltend machen, weil dadurch das Bestimmungsrecht ausgehöhlt würde.[152]

3. Wirksamkeit der Unterhaltsbestimmung. Sie bindet sowohl das Kind wie den anderen Elternteil. Fehlt sie, hat das – nach entsprechender Feststellung im Unterhaltsverfahren, s. Rn. 13, 15 – die Konsequenz der Verpflichtung zu Barunterhalt nach Abs. 1 S. 1. Liegt sie dagegen vor, kann sie auf Antrag des Kindes nur aus besonderen Gründen (s. Rn. 81–93) vom Familiengericht abgeändert werden. **64**

a) Grundsätze. aa) Realisierbarkeit und Ausgewogenheit. Sie sind Voraussetzung für eine wirksamen Bestimmung. Zu wahren ist sowohl das Interesse des barunterhaltspflichtigen Elternteils an einer – auch für ihn – möglichst günstigen Versorgung des Kindes und einem guten Verhältnis zu ihm wie das Interesse des anderen Elternteils an einer Aufrechterhaltung enger Beziehungen zum Kind und das Wohl eines in Ausbildung befindlichen Kindes in Bezug auf die Lage des Studienortes.[153] Allein die Ankündigung des den Barunterhalt leistenden Elternteils, beim anderen Teil später Ersatz dafür zu verlangen, weil er in Wahrheit nicht oder jedenfalls nicht allein barunterhaltspflichtig sei, verletzt die Interessen des leistenden Elternteils nicht ohne weiteres so, dass schon deswegen die Unterhaltsbestimmung (Naturalunterhalt) unwirksam wäre.[154] Das Bestimmungsrecht darf nicht durch übertriebene Anforderung an die Wirksamkeit einer Bestimmung ausgehöhlt werden.[155] **65**

bb) Auswirkungen. Ist die Unterhaltsbestimmung wirksam, bindet sie das Kind und den anderen Elternteil. Eine Abänderung durch das Familiengericht kommt nur nach Antrag des Kindes aus besonderen Gründen (bei Nichtbeachtung der „gebotenen Rücksicht") in Betracht; zu Einzelheiten s. Rn. 81–93. Scheidet eine Abänderung aus, hat das Familiengericht im Unterhaltsprozess die elterliche Bestimmung zugrundezulegen. **66**

Ist die Unterhaltsbestimmung **wirksam,** kann das Kind keinen Barunterhalt verlangen. Lehnt es also den angebotenen Unterhalt in der elterlich bestimmten Art ab, kann es weder eine Teilunterhaltsrente oder Taschengeld noch den Wert des von den Eltern ersparten Unterhalts verlangen;[156] die Gegenansicht[157] erscheint auf Grund fiktiver Betrachtungsweise wenig praktisch. Eine wirksame Unterhaltsbestimmung ist auch gegenüber **Dritten** bindend, zB gegenüber dem Träger der Ausbildungsförderung; bei Ablehnung wirksam bestimmten Naturalunterhalts führt das dazu, dass ein Anspruch auf Barunterhalt, der auf den Träger der Ausbildungsförderung übergehen könnte (§ 37 BAföG), nicht besteht.[158] Das Gleiche gilt bei Sozialhilfe.[159] **67**

Ist die Unterhaltsbestimmung dagegen **unwirksam,** dann ist sie für das Prozessgericht nicht maßgeblich. Hier ist nach Abs. 1 S. 1 Barunterhalt zuzusprechen.[160] **68**

cc) Besondere Gründe. Sie führen nicht eo ipso zur Unwirksamkeit der elterlichen Bestimmung, sondern sind allein im Rahmen der Möglichkeit der gerichtlichen Abänderung der elterlichen Entscheidung im Rahmen des Unterhaltsverfahrens von Bedeutung. **69**

b) Unwirksamkeit. Sie ist anzunehmen, sofern auf die Belange des Kindes nicht die „gebotene Rücksicht" (Abs. 2 S. 1) genommen wurde, im Wesentlichen bei tatsächlicher Unerreichbarkeit, rechtlicher Undurchführbarkeit oder in Missbrauchsfällen. Diese inhaltlichen Maßstäbe sind durch das UnterhRÄndG nicht verändert worden (s. Rn. 14, 71 ff.). **70**

aa) Tatsächlich unerreichbar. Diese Fallgruppe ist insbesondere bei Streitigkeiten der Eltern einschlägig. Bietet der Vater bei Bestehen der gemeinsamen elterlichen Sorge dem *minderjährigen* Kind Unterhalt in natura an, obwohl sich das Kind berechtigterweise bei der Mutter aufhält, ist es angesichts des entgegenstehenden Willens der Mutter ohne eigenes Verschulden nicht in der Lage, der väterlichen Unterhaltsbestimmung Folge zu leisten; der elterliche Streit[161] darf sich im Unter- **71**

---
[152] *Wendl/Scholz* § 2 Rn. 49.
[153] BGH FamRZ 1988, 831.
[154] BGH FamRZ 1981, 250, wo die Mutter Lehrerin, der Vater Rektor war; OLG Hamm FamRZ 1987, 1297.
[155] *Berkenbrock* FamRZ 1986, 1055, 1059.
[156] BGH FamRZ 1984, 37; 1981, 250, 252; *Wendl/Scholz* § 2 Rn. 48; **aA** *Schwab/Borth* V Rn. 218; *Johannsen/Henrich/Graba* Rn. 13.
[157] *Schwab/Borth* V Rn. 218, der einen bei Wohnen im elterlichen Haus zu leistenden Baranteil zuerkennen will; vgl. auch *Gernhuber/Coester-Waltjen* § 46 IV Rn. 25 ff. sowie *Thierschmann* S. 158.
[158] BGH FamRZ 1996, 798; 1984, 37; 1981, 250, 252.
[159] *Wendl/Scholz* § 2 Rn. 48 aE.
[160] *Wendl/Scholz* § 2 Rn. 48.
[161] Der vom Familiengericht nach § 1628 entschieden werden kann.

§ 1612 72–76   Abschnitt 2. Titel 3. Unterhaltspflicht

haltsverfahren nicht zum Nachteil des Kindes auswirken.[162] Bei faktischer Undurchführbarkeit einer getroffenen Unterhaltsbestimmung lebt der Anspruch auf Geldrente (Abs. 1 S. 1) wieder auf.[163] Beim *volljährigen* Kind kann eine tatsächliche Unerreichbarkeit der Unterhaltsbestimmung vorliegen, wenn durch die ZVS ein weit entfernter Studienort bestimmt und tägliche Fahrten vom und zum Wohnort der Eltern unmöglich oder nicht zumutbar sind.[164]

72   Nach Trennung oder Scheidung der Eltern kann auch bei vorher gemeinsam getroffener wirksamer Bestimmung eine so weitgehende **Änderung der Verhältnisse** anzunehmen sein, dass die Unterhaltsgewährung nicht mehr erreichbar ist und eine früher bindende Wirkung entfällt. So kann sich zB die nicht mehr den Haushalt teilende Mutter nicht unbedingt darauf berufen, dass der Vater nach dem früher gemeinsamen Willen vollen Naturalunterhalt gewähren sollte und wollte; sie kann wegen des Unterhalts für die Vergangenheit ebenso wenig ohne weiteres geltend machen, der Unterhaltsbedarf des Kindes sei durch den vom Vater entgegengenommenen Naturalunterhalt befriedigt worden.[165] Das Kind kann nicht darauf verwiesen werden, den Elternteil nach dessen einseitiger Lösung von einer früheren Vereinbarung[166] zur Einhaltung dieser Vereinbarung anzuhalten; denn eine derartige Abrede stellt regelmäßig keinen Vertrag zu Gunsten Dritter dar.[167]

73   **bb) Rechtlich undurchführbar.** Jede das Recht eines anderen verletzende Bestimmung des Aufenthaltes des Kindes ist unwirksam.[168] So hat das Aufenthaltbestimmungsrecht des Betreuers eines volljährigen Kindes Vorrang.[169] Im Falle des weit entfernt liegenden Studienortes nach entsprechender ZVS-Bestimmung wird die Unwirksamkeit der elterlichen Bestimmung, Naturalunterhalt zu Hause entgegenzunehmen,[170] nicht nur als tatsächliche Unerreichbarkeit (s. Rn. 71 f.), sondern auch als rechtliche Undurchführbarkeit angesehen.[171]

74   **cc) Missbrauch.** Er liegt vor, wenn die Unterhaltsbestimmung die schutzwürdigen Interessen des Kindes oder des anderen Elternteils (s. Rn. 56) mißachtet. Ersteres ist anzunehmen, wenn das aus dem Haus gewiesene Kind mit Einverständnis der Eltern eine eigene Wohnung bezogen hat und dann ohne Veränderung der Verhältnisse auf Naturalunterhalt verwiesen werden soll.[172] Letzteres ist allgemein immer dann der Fall, wenn die Unterhaltsbestimmung offensichtlich missbräuchlich getroffen worden ist, zB aus sachfremden Erwägungen oder zu sachfremden Zwecken,[173] etwa nach jahrelangem Hinnehmen des Auszugs des Kindes;[174] das Vorliegen von „besonderen Gründen" (Abs. 2 S. 2 aF) reicht dazu nicht aus.[175] Diese Gründe sind allein im Rahmen der gerichtlichen Abänderung zu berücksichtigen; s. Rn. 80.

75   **dd) Umfang des Lebensbedarfs.** Während die Unterhaltsbestimmung im Verhältnis zum *Kind* nur wirksam ist, sofern sie den gesamten Lebensbedarf (§ 1610 Abs. 2 S. 1) umfasst (s. Rn. 44), hängt die Wirksamkeit der Unterhaltsbestimmung im Verhältnis *zum anderen Elternteil* hiervon nicht ab, weil sich der bei beiderseitiger Unterhaltspflicht entstehende Konflikt aus § 1612 Abs. 2 nicht lösen lässt (s. Rn. 43).

76   **c) Folgen.** Sofern die Unterhaltsbestimmung *unwirksam* ist, verbleibt es bei der gesetzlich für den Regelfall normierten (Abs. 1 S. 1) Barunterhaltspflicht. Ist die Unterhaltsbestimmung *wirksam*, verändert dies die Art der Unterhaltsleistung[176] und bindet den Unterhaltsrichter.[177]

---

[162] BGH FamRZ 1992, 426; *Wendl/Scholz* § 2 Rn. 47.
[163] BGH FamRZ 1988, 386; 1985, 584.
[164] BGH FamRZ 1996, 798; 1992, 426; 1988, 386; OLG Celle FamRZ 2001, 116 (für drei Stunden Hin- und Rückfahrt); s. auch Rn. 73 aE.
[165] Zum Fall der Ausdehnung einer während der Zeit der Minderjährigkeit des Kindes getroffenen Vereinbarung über den Zeitpunkt der Volljährigkeit hinaus s. Rn. 50; s. dazu auch *Schwab/Borth* V Rn. 208.
[166] BGH FamRZ 1985, 584; dort hatten sich die Eltern geeinigt, dass der Vater, bei dem sich die unterhaltsberechtigten Kinder aufhielten, allein für ihren Bedarf aufkommen sollte. S. auch BGH FamRZ 1988, 386.
[167] *Schwab/Borth* V Rn. 214 aE.
[168] BGH FamRZ 1985, 918; OLG Hamburg FamRZ 1986, 833; *Schwab/Borth* V Rn. 214.
[169] BGH FamRZ 1985, 917.
[170] BGH FamRZ 1996, 798.
[171] BayObLG FamRZ 1990, 905; OLG Zweibrücken FamRZ 1988, 204; OLG Köln FamRZ 1985, 829; *Wendl/Scholz* § 2 Rn. 35.
[172] OLG Köln FamRZ 1985, 829, *Schwab/Borth* V Rn. 215.
[173] *Wendl/Scholz* § 2 Rn. 47; im Ergebnis offengelassen von BGH FamRZ 1981, 250.
[174] OLG Frankfurt FamRZ 2001, 116; AG Garmisch-Partenkirchen BeckRS 2011, 05220 (Hauptmotiv der Eltern: Unterlaufen der Lebensgemeinschaft/Liebesbeziehung des Kindes).
[175] BGH FamRZ 1985, 584; 1981, 250.
[176] BGH FamRZ 1981, 250.
[177] BGH FamRZ 1984, 37; *Johannsen/Henrich/Graba* Rn. 14 am Anfang.

Solange keine gerichtliche Abänderung nach Abs. 2 S. 2 vorliegt, ist die getroffene Bestimmung 77 im Unterhaltsverfahren bindend.[178] Dies gilt auch gegenüber Dritten, zB dem BAföG-Amt nach Überleitung des Unterhaltsanspruchs.[179] Bis zu einer Abänderungsentscheidung des Familiengerichts besteht deshalb keine Verpflichtung zur Zahlung von Barunterhalt.[180]

V. Gerichtliche Änderung der Bestimmung

1. Systematik. a) Wirksame Bestimmung. Eine Abänderung durch das Gericht setzt eine 78 wirksame Ausübung des Bestimmungsrechts voraus;[181] bei unwirksamer Bestimmung bleibt es beim Geldanspruch (Abs. 1 S. 1), der ohne vorherige Anrufung des Familiengerichts sofort eingeklagt werden kann.[182] Eine Anrufung des Familiengerichts bleibt auch zulässig, wenn die getroffene Bestimmung nicht offenbar unwirksam ist.[183] Sofern eine früher wirksame Unterhaltsbestimmung später (zB wegen Undurchführbarkeit) unwirksam wird, lebt der Geldanspruch wieder auf.[184]

b) Antragsbefugnis. Diese liegt allein beim **Kind,** nicht dagegen beim anderen Elternteil, 79 einer sonstigen Person oder dem Amt für Ausbildungsförderung.[185] Die Bestellung eines Pflegers ist hier – anders als bei einer Klage auf Geldrente nach Abs. 1 S. 1 – nicht erforderlich.[186] Beim minderjährigen Kind wird allerdings im Pflegefall der sorgeberechtigte Elternteil den Antrag nach Abs. 2 S. 2 unterstützen. Eine rechtzeitige Antragstellung ist im Hinblick auf das grundsätzliche Rückwirkungsverbot (s. Rn. 77) wichtig. Es ist – anders als bisher – kein gesondertes Verfahren mehr notwendig; vielmehr kann das Kind den Einwand, es müsse die elterliche Unterhaltsbestimmung nicht hinnehmen, im Rahmen des Unterhaltsverfahrens erheben (s. Rn. 13). Das Gericht hat dann – als Vorfrage – zu prüfen, ob die Unterhaltsbestimmung dem Anspruch auf Barunterhalt entgegensteht (s. Rn. 14).

c) Besondere Gründe. Solche Gründe in Form der Nichtbeachtung der „gebotenen Rück- 80 sicht" sind hier, anders als bei den „besonderen Gründen" nach Abs. 1 S. 2 im Rahmen der Unwirksamkeit der Bestimmung (s. Rn. 69), von Bedeutung.

2. Nichtbeachtung der gebotenen Rücksicht. Das angerufene Gericht[187] kann bei Vorlie- 81 gen solcher Gründe eine wirksame elterliche Bestimmung ändern. Die praktische Auswirkung liegt darin, dass bei einer Änderung von Natural- in Barunterhalt das Kind für die Eltern teurer wird und die Unabhängigkeit des Kindes steigt (s. Rn. 3, 4). Bei Trennung der Eltern tritt häufig das Interesse eines Elternteils hinzu, dass das Kind bei ihm bleibt oder ihm in größerem Umfang verbunden bleibt als dem barunterhaltspflichtigen Elternteil. Ein Streben des Kindes nach größerer Unabhängigkeit hat gelegentlich den Hintergrund, dass das Kind mit einem Partner zusammenziehen will.

a) Minderjähriges Kind. Insbesondere dann, wenn beide Elternteile eine Unterhaltsbestim- 82 mung gemeinsam und übereinstimmend getroffen haben, ist eine Abänderung durch das Gericht nur *ganz ausnahmsweise* in Betracht zu ziehen,[188] zB dann, wenn die Eltern ihr Erziehungsrecht unter Verletzung der Menschenwürde des Kindes missachten, es also entwürdigend behandeln oder gar mißhandeln. Das Alter der einschlägigen Rechtsprechung zeigt die – zum Glück – geringe praktische Relevanz solcher Abänderungen;[189] im Grunde werden sie nur in den Fällen des § 1666 in Betracht kommen.[190] Bei Entziehung von elterlicher Sorge oder Aufenthaltsbestimmungsrecht ist eine gerichtliche Unterhaltsbestimmung nach Abs. 2 S. 2 obsolet.[191] Aber auch im Falle der Unterhaltsbestimmung durch einen alleinsorgeberechtigten Elternteil müssen sehr gewichtige

---

[178] BGH FamRZ 1984, 37; 1981, 250.
[179] BGH FamRZ 1981, 250.
[180] OLG Hamburg FamRZ 2000, 246.
[181] BayObLG FamRZ 1989, 1222.
[182] *Johannsen/Henrich/Graba* Rn. 14; s. Rn. 76 f.
[183] KG FamRZ 1989, 780; BayObLG FamRZ 1989, 1222.
[184] BayObLG FamRZ 1996, 798; *Johannsen/Henrich/Graba* Rn. 14 aE.
[185] BGH FamRZ 1981, 250, 252.
[186] *Schwab/Borth* V Rn. 224.
[187] Zu den verfahrensrechtlichen Fragen s. Rn. 13–15.
[188] *Schrade* FamRZ 1957, 342, 346; *Soergel/Häberle* Rn. 8.
[189] Was nicht gegen das Vorliegen von Missbrauchsfällen spricht, deren Dunkelziffer man nicht kennt. Zum Gesetz zur Ächtung der Gewalt in der Erziehung und zur Änderung des Kindesunterhaltsrechts (FamRZ 2000, 1556) s. § 1612b Rn. 71.
[190] *Schwab/Borth* V Rn. 221.
[191] *Schwab/Borth* V Rn. 221.

§ 1612   83–87   Abschnitt 2. Titel 3. Unterhaltspflicht

Gründe für eine Abänderung durch das Gericht vorliegen.[192] Dies ist regelmäßig nur in krassen Fällen sittlicher, gesundheitlicher oder seelischer Gefährdung des minderjährigen Kindes im Falle der Unterhaltsgewährung in natura im Hause der Eltern oder des barunterhaltspflichtigen Elternteils gerechtfertigt.[193] Auch hier wird – von Ausnahmefällen nach § 1666 abgesehen – die Entscheidung des sorgeberechtigten Elternteils ausschlaggebend sein.

83   **b) Volljähriges Kind.** Auch hier hat das Gericht nach Anrufung durch das Kind zu überprüfen, ob die elterliche Bestimmung auf Naturalunterhalt zu Gunsten einer Geldrente zu ändern ist. Seit dem 1. 7. 1998 hat das Selbständigkeitsinteresse des volljährigen Kindes im Rahmen der Abwägung mit den Belangen des Pflichtigen (s. zum Bestimmungsrecht Rn. 53–63) ein größeres Gewicht bekommen.[194]

84   **aa) Allgemeine Voraussetzungen.** Als Gründe für Nichtbeachtung der „gebotenen Rücksicht" iSv. Abs. 2 S. 1 gelten solche Umstände, die im Einzelfall schwerer wiegen als diejenigen Gründe, aus denen der Gesetzgeber den Eltern das Unterhaltsbestimmungsrecht eingeräumt hat.[195] Aufgrund seiner weiten Fassung wird dieser Rechtssatz als konkretisierungsbedürftig angesehen.[196] Allgemein ist die Rechtsprechung[197] bei der Bejahung dieses Tatbestandsmerkmals eher zurückhaltend.[198] Im Rahmen einer **Gesamtwürdigung** insbesondere der nach § 1618a (Gegenseitigkeitsprinzip) maßgeblichen Umstände ist im Einzelfall abzuwägen, ob die elterliche Bestimmung dem wohlverstandenen Interesse des unterhaltsbedürftigen Kindes entspricht oder zuwider läuft.[199] Das Gesetz sagt nicht, nach welchen Kriterien die „gebotene Rücksicht" zu beurteilen ist. Da beim volljährigen Kind erzieherische oder pflegerische Gesichtspunkte entfallen, kommen nur unterhaltsrechtliche Gesichtspunkte und solche des allgemeinen Familienwohls in Betracht.

85   Die Rechtsprechung versucht, den im Gesetz angelegten Konflikt zwischen dem elterlichen Interesse an reduzierter Belastung einerseits und dem Streben des Kindes nach größerer Selbständigkeit (s. Rn. 3) dadurch Rechnung zu tragen, dass es *grundsätzlich* bei einer vom barunterhaltspflichtigen und zahlungsbereiten Elternteil wirksam getroffenen Bestimmung bleibt[200] und eine gerichtliche Änderung dieser Bestimmung *ausnahmsweise* nur in eindeutigen Missbrauchsfällen gerechtfertigt ist.[201]

86   **bb) Abwägung der Belange.** Im Rahmen der vorzunehmenden Gesamtwürdigung[202] ist das – seit 1. 7. 1998 gewichtigere[203] – Selbständigkeitsinteresse des volljährigen Kindes mit den Belangen des Pflichtigen abzuwägen. In diesem Rahmen ist – gerade auch zur Vermeidung eines „Schikane-Verdachtes" – zu prüfen, ob die angebotene Aufnahme in den Haushalt überhaupt zu einer nennenswerten Erleichterung der Unterhaltslast führt.[204] Daneben sind im Wesentlichen folgende Gesichtspunkte von Bedeutung:

87   Aufseiten des **Kindes** ist allein das Erreichen der Volljährigkeit[205] oder der Wunsch nach einer selbständigeren Lebensstellung nicht ausreichend;[206] vielmehr muss für das Kind die Entgegennahme von Naturalunterhalt im Haushalt der Eltern unzumutbar sein,[207] zB bei Wechsel des Studienortes[208] oder Notwendigkeit eines auswärtigen Studiums;[209] ausreichend ist auch eine von beiden

---

[192] BGH FamRZ 1984, 37, 39.
[193] OLG Hamburg SeuffA 68, 457.
[194] OLG Hamm FamRZ 2000, 255; OLG Schleswig FamRZ 1998, 1195. Nach OLG Brandenburg NJW 2008, 2722 haben die Belange des volljährigen Kindes gegenüber dem elterlichen Bestimmungsrecht nur im Ausnahmefall Vorrang.
[195] BayObLG NJW-RR 1998, 318; FamRZ 1991, 1224; OLG Düsseldorf FamRZ 1996, 235; OLG Frankfurt FamRZ 1977, 565; *Pachtenfels* MDR 1993, 1029.
[196] *Schwab/Borth* V Rn. 222.
[197] Nachw. zur älteren Rspr. bei *Pachtenfels* MDR 1988, 812 sowie MDR 1993, 1029.
[198] Vom BayObLG FamRZ 1991, 1224 wird ein „strenger Maßstab" gefordert.
[199] BayObLG FamRZ 2000, 976; 1977, 263.
[200] BGH FamRZ 1988, 831.
[201] BGH FamRZ 1988, 831, 1981, 250; kein Ausnahmefall bei Titulierung des Kindes als „Balg" (OLG Brandenburg NJW 2008, 2722).
[202] BayObLG FamRZ 2000, 976; *Palandt/Brudermüller* Rn. 16.
[203] OLG Hamm FamRZ 2000, 255; OLG Schleswig FamRZ 1998, 1195.
[204] OLG Düsseldorf NJW-RR 1991, 1028; *Büttner/Niepmann/Schwamb* Rn. 249.
[205] *Soergel/Häberle* Rn. 14; s. auch BGH FamRZ 1981, 250.
[206] *Johannsen/Henrich/Graba* Rn. 14; *Wendl/Scholz* § 2 Rn. 46.
[207] *Palandt/Brudermüller* Rn. 12.
[208] BayObLG FamRZ 1989, 1222.
[209] OLG Hamburg FamRZ 1987, 1183.

Seiten verschuldete oder jedenfalls nicht einseitig auf das Verhalten des Kindes zurückgehende Entfremdung.[210] Die Eltern dürfen den weiteren beruflichen Werdegang des volljährigen Kindes verfolgen und dessen Lebensführung aus Gründen einer zügigen Ausbildung in gewissem Rahmen überwachen.[211] Jedenfalls bei einem gerade volljährig gewordenen Kind, welches in seiner Berufsausbildung noch keine nennenswerten Fortschritte gemacht hat, ist das Streben nach eigener Lebensstellung und einem Zusammenleben mit Freund oder Freundin nicht ausreichend;[212] dagegen kann eine Abänderung der elterlichen Unterhaltsbestimmung gerechtfertigt sein, sofern das Kind schon seit längerer Zeit volljährig ist und mehrere Jahre einen eigenen Hausstand geführt hat, dann aber auf Grund elterlichen Willens wieder in das Elternhaus zurückkehren soll.[213] Allgemein ist eine einseitige Entscheidung des volljährigen Kindes[214] ebenso wenig ausreichend für die Abänderung des elterlichen Bestimmungsrechts wie die bloße Berufung des Kindes auf eine dominierende Art des Vaters,[215] gelegentliche Wortentgleisungen[216] oder persönliche Spannungen.[217] Es genügen auch nicht Entfremdungen, die auf provozierendes Verhalten des Kindes selbst zurückzuführen sind,[218] auch nicht der Generationenkonflikt als solcher.[219] Gegenüber einem Abänderungsbegehren des Kindes können sich die Eltern auf Bemühungen berufen, den Alkoholkonsum des Kindes zu reduzieren[220] oder Bemühungen um seine Ausbildung unternommen zu haben.[221] Es begegnet Bedenken, wenn eine Änderung der Bestimmung schon bei stärkerer Verbundenheit des Kindes zum anderen Elternteil bei Umzugsabsicht dorthin bejaht wird.[222]

Für ein Abänderungsbegehren des Kindes ausreichend ist es, wenn aufseiten der **Eltern** ein **88** eindeutiger Fall des Missbrauchs des elterlichen Bestimmungsrechts zu Erziehungszwecken oder unangebrachte Maßnahmen pflegerischer oder fürsorgerischer Art vorliegt. Dies ist etwa anzunehmen bei unangemessenen elterlichen Vorgaben zu Ernährung und Verhältnis zum Lebenspartner,[223] beengten Wohnverhältnissen und fehlendem eigenen Raum des Kindes,[224] fehlender Akzeptanz des Freundes der erwachsenen Tochter[225] oder Erteilung von Hausverbot,[226] Herabwürdigungen und Gewalt gegenüber dem volljährigen oder fast volljährigen Kind,[227] kleinlichen Erziehungs- und Überwachungsmaßnahmen gegenüber einem erwachsenen Sohn,[228] Aufzwingen des elterlichen Willens,[229] erst recht Mißhandlungen,[230] Aids eines 37 jährigen Kindes,[231] tiefgreifende, vom Kind nicht verschuldete (s. dazu im einzelnen Rn. 87) Entfremdung,[232] zB nach Aufnahme der neuen Lebensgefährtin durch den Vater in die Wohnung[233] und auch nach Aufwachsen im Haushalt des anderen Elternteils.[234]

Ob eine **tiefgreifende Entfremdung** zwischen bestimmendem Elternteil und Kind für sich **89** allein für eine gerichtliche Änderung der Bestimmung ausreichend ist, ist nicht völlig eindeutig. Die begehrte Änderung scheidet aus, sofern das Kind die Entfremdung durch eigenes Verhalten provoziert hat[235] und dies auch nicht durch die Eltern (Kindheitsgeschichte) herbeigeführt worden ist.[236]

---

[210] OLG Hamm FamRZ 2000, 978.
[211] OLG Hamburg FamRZ 1990, 1269; BayObLG FamRZ 1987, 1298; *Schwab/Borth* V Rn. 222.
[212] *Wendl/Scholz* § 2 Rn. 46.
[213] OLG Hamburg FamRZ 1983, 643.
[214] KG FamRZ 1990, 791.
[215] BayObLG NJW-RR 1992, 1219.
[216] OLG Frankfurt FamRZ 1982, 1231.
[217] OLG Karlsruhe NJW 1977, 681.
[218] OLG Hamburg FamRZ 1990, 1269; KG FamRZ 1990, 791.
[219] BayObLG FamRZ 1985, 513.
[220] OLG Hamm FamRZ 1986, 386.
[221] AG Schwetzingen Rechtspfleger 1982, 224.
[222] So aber OLG Schleswig FuR 1998, 178; *Wendl/Scholz* § 2 Rn. 46 aE.
[223] OLG Schleswig FamRZ 1998, 1165.
[224] OLG Düsseldorf FamRZ 1994, 460.
[225] OLG Frankfurt NJW 1977, 1297.
[226] OLG Hamburg FamRZ 1989, 309.
[227] OLG Köln FamRZ 1996, 963; BayObLG FamRZ 1977, 263; OLG Düsseldorf FamRZ 1994, 460.
[228] KG FamRZ 1969, 610.
[229] KG NJW 1969, 2241.
[230] OLG Zweibrücken FamRZ 1986, 930.
[231] KG FamRZ 2000, 979.
[232] OLG Celle FamRZ 1997, 966.
[233] OLG Koblenz NJWE-FER 2000, 81.
[234] BayObLG FamRZ 2000, 976.
[235] KG FamRZ 1990, 791; OLG Hamburg FamRZ 1990, 1269.
[236] OLG Koblenz NJWE-FER 2000, 81 (Streit nach Einzug neuer Lebensgefährtin); OLG Düsseldorf FamRZ 1996, 235; BayObLG NJW-RR 1992, 1219; KG FamRZ 1990, 791.

Ansonsten ist vieles streitig. ZT wird gefordert, dass die Entfremdung vom bestimmenden Elternteil eindeutig ausgehen oder zumindest überwiegend verursacht worden sein muss,[237] was das Kind zu beweisen habe,[238] zB bei Bestimmungen hinsichtlich des Studienortes unter Mißachtung elementarer Notwendigkeiten der Ausbildung des Kindes,[239] ebenso wie bei unangemessenen Erziehungsmaßnahmen,[240] etwa in Form erniedrigender Behandlung oder körperlicher Züchtigung.[241] Demgegenüber ist es nach aA im Falle eines tiefgreifenden Zerwürfnisses ohne Bedeutung, ob die Eltern[242] oder das Kind[243] die Ursache gesetzt haben.[244]

90 Die auf den Verursachungsanteil abstellende Auffassung erscheint zu eng, soweit nicht Exzesse (s. Rn. 91) betroffen sind. Es ist schon wenig praktikabel, nach Jahr und Tag noch eine aussagekräftige Ursachenforschung betreiben zu wollen,[245] was gegen die Auffassung spricht, Entfremdung durch Zeitablauf sei kein Änderungsgrund.[246] Vorzugswürdig ist deshalb die Auffassung, der Entfremdung – verschuldensunabhängig – jedenfalls mit zunehmender **Zeitdauer** ein höheres Eigengewicht zuzuerkennen.[247] Unabhängig hiervon muss die gerichtliche Entscheidung auch ein – verursachungs- und verschuldensunabhängiges – Prognoseelement enthalten in Gestalt der Frage, ob bei tiefgehender und jahrelanger Entfremdung im Falle von Naturalunterhalt ein gedeihliches Zusammenleben zwischen Eltern (-teil) und Kind erwartet werden kann. Dies spricht dafür, allein[248] oder jedenfalls entscheidend auf den Zeitablauf als solchen abzustellen, so dass die Entfremdung eine Abänderung rechtfertigt, wenn sie von beiden Seiten verschuldet ist oder jedenfalls nicht einseitig auf das Verhalten des Kindes zurückgeht.[249]

91 Eindeutiger ist die Situation dann, wenn es (auf der einen oder anderen Seite) zu **Exzessen** kommt, zB bei kindlicher Aufsässigkeit gegen elterliche Anordnungen zur Telefonbenutzung und hinsichtlich des väterlichen Arbeitszimmers[250] oder im Falle der elterlichen Ankündigung, die tablettensüchtige Tochter bei fehlendem Aufräumen des Zimmers vor die Tür zu setzen,[251] aber auch bei Streitigkeiten nach dem Einzug der neuen Lebensgefährtin.[252] Zu weiteren Einzelfällen s. Rn. 87–89.

92 Angesichts der aus § 1618a hergeleiteten[253] Pflicht zur gegenseitigen Rücksichtnahme muss das Kind – als Gegenstück zu der gesetzlich normierten (Abs. 2 S. 1) entsprechenden Verpflichtung der Eltern – bestimmte „Mindestanforderungen" beachten, die für ein **gedeihliches Zusammenleben** mit den Eltern erforderlich sind. Dazu zählt die Einhaltung der von den Eltern bestimmten Mahlzeiten ebenso wie der Regelzeiten für morgendliches Aufstehen oder nächtliches Nachhausekommen, soweit der gemeinsame Haushalt das vernünftigerweise bedingt. Auch die Dienstleistungspflicht nach § 1619 wird jedenfalls in vernünftigem Rahmen nicht als Missbrauch des Bestimmungsrechts angesehen werden können,[254] zumal ein erweiterter Umfang im Falle einfacher Verhältnisse[255] oder bei Berufstätigkeit beider Eltern anzunehmen ist.[256]

---

[237] OLG Hamm FamRZ 2000, 978; OLG Hamburg FamRZ 1989, 309 (der Vater hatte dort der schon 20 jährigen Tochter ein Zusammentreffen mit ihrem Freund in der elterlichen Wohnung während der Zeit seiner schichtbedingten nächtlichen Abwesenheit verboten, und es war eine 8 jährige Trennung eingetreten); LG Lübeck FamRZ 1987, 1296.
[238] BayObLG NJW-RR 1992, 1219.
[239] BayObLG FamRZ 1989, 1222.
[240] OLG Celle FamRZ 1997, 966.
[241] OLG Köln FamRZ 1996, 963; BayObLG FamRZ 1986, 930.
[242] BayObLG Rpfleger 1990, 54.
[243] OLG Hamburg FamRZ 1989, 309.
[244] BayObLG FamRZ 1990, 905; *Johannsen/Henrich/Graba* § 1612 Rn. 14; s. OLG Hamm FamRZ 2000, 978; aA KG FamRZ 1990, 791, 792.
[245] Insoweit bestehen auch im Rahmen von § 1611 erhebliche Schwierigkeiten; s. dort Rn. 39–45, insbesondere zu der Problematik des Fortwirkens eines während der Zeit der Minderjährigkeit an den Tag gelegten Verhaltens auch noch nach Volljährigkeit.
[246] So aber BayObLG NJW-RR 1995, 1093.
[247] BayObLG FamRZ 1990, 905; krit. dazu *Köhler* FamRZ 1998, 26 sowie Rn. 38 b in der 3. Aufl.
[248] BayObLG FamRZ 1990, 905; anders NJW-RR 1995, 1093.
[249] OLG Hamm FamRZ 2000, 978; OLG Koblenz NJW-FER 2000, 81; OLG Düsseldorf FamRZ 1996, 235; BayObLG NJW-RR 1992, 1219; KG FamRZ 1990, 791; *Palandt/Brudermüller* Rn. 12.
[250] BayObLG FamRZ 1987, 1298.
[251] BayObLG FamRZ 1989, 660.
[252] OLG Koblenz NJW-FER 2000, 81.
[253] BayObLG NJW-RR 1998, 318; FamRZ 1991, 1224.
[254] ZB bei Heranziehung eines 19 jährigen Sohnes zu täglich einer Stunde Arbeit in Haus und Garten bei Erwerbstätigkeit beider Eltern, LG Düsseldorf FamRZ 1982, 517.
[255] BGH FamRZ 1973, 536.
[256] BGH NJW 1972, 1718.

Die Belange des **anderen Elternteils** kommen *nur sekundär* in Betracht; sie werden vom Prozess- 93
gericht bei der Prüfung der Frage, ob die Bestimmung selbst wirksam ist, berücksichtigt;[257] s. dazu
Rn. 54–57. Solche Belange des anderen Elternteils können – eventuell zusammen mit den Belangen
des Kindes – im Sinne einer Änderung der Bestimmung ins Gewicht fallen, wenn sie gegenüber
den Belangen des barunterhaltspflichtigen Elternteils überwiegen. Dies ist aber allenfalls dann anzunehmen, wenn dadurch eine vorher intakte Beziehung zu dem Kind zu dessen Nachteil erheblich
gestört oder zerstört würde. Die bloße Ankündigung des zum Naturalunterhalt bei sich auffordern-
den Elternteils, im Falle seiner Barunterhaltspflicht später Ersatz vom anderen Teil zu verlangen,
reicht allein nicht.[258] Zur Verfahrensweise bei Uneinigkeit der Eltern s. Rn. 58–62.

VI. Fälligkeit der Unterhaltsrente (Abs. 3)

1. Monatliche Vorauszahlung (Abs. 3 S. 1). a) Geldrente. Barunterhalt ist auf einen 94
bestimmten monatlichen Geldbetrag gerichtet. Er sollte – auch außerhalb des Mindestunterhalts
(§ 1612a Abs. 1) – auf volle Euro-Beträge abgerundet werden.[259] Dafür sprechen – trotz Einsatzes
von Taschenrechner und Computer-Berechnungsprogrammen – schon Vereinfachungsgründe;
unabhängig hiervon ergeben sich ansonsten Scheingenauigkeiten, weil beinahe zu jeder Unterhaltsberechnung Schätzungen vorgenommen werden. Die monatliche Geldrente trägt **pauschal** dem
schwankenden Bedarf bis zur Grenze des Sonderbedarfs (§ 1613 Abs. 2 Nr. 1) Rechnung.[260] Von
dem Grundsatz, dass durch Urteil in einem Gerichtsverfahren normalerweise über einen schon
abgeschlossenen Vorgang entschieden wird, macht § 258 ZPO beim Unterhalt eine Ausnahme; denn
danach kann bei wiederkehrenden Leistungen auch wegen solcher Leistungen, die erst nach Erlass
des Urteils fällig werden, auf künftige Entrichtung geklagt werden. Dies verlangt vom Gericht in
vielen Fällen eine vorausschauende Prognose zu zukünftigen Entwicklungen von individuellen, aber
auch allgemeinen wirtschaftlichen Verhältnissen.[261]

Deshalb besteht eine Berechtigung zur Abänderung nicht schon bei kleineren **Schwankungen** 95
in den zugrundegelegten Verhältnissen, sondern erst bei Wesentlichkeit.[262] Beim Kindesunterhalt
führt das dazu, dass eine Kürzung der Geldrente für die Zeit, in der sich das Kind besuchsweise
beim barunterhaltspflichtigen Elternteil befindet, nicht in Betracht kommt;[263] anders kann das bei
umfangreichem Aufenthalt des Kindes beim barunterhaltspflichtigen Elternteil sein[264] (s. § 1610
Rn. 113). Der Unterhalt ist als Geldrente zu zahlen, nicht als Darlehen.[265]

b) Zahlungsweise. Zu zahlen ist monatlich im Voraus. Dies bedeutet hinsichtlich der **Fällig-** 96
keit, dass die Monatsrente zu Beginn des Kalendermonats zu entrichten ist. Zum anderen setzt dies
den Zeitraum fest, für den der Pflichtige den Unterhalt jeweils im Voraus mit befreiender Wirkung
leisten darf und muss. Das ist grundsätzlich ein Monat; da dieser Begriff der Rechtssprache als
ein nach Zahl der Tage bestimmter Zeitabschnitt schon deshalb nicht geläufig ist, weil dafür eine
unterschiedliche Zahl von Tagen in Betracht kommt, ist der Kalendermonat gemeint (s. § 1585
Rn. 3). Im Einzelfall kann das anders sein, zB bei Auftreten der Unterhaltsbedürftigkeit erst im
Laufe des Monats; hier ist allerdings die Neuregelung zu § 1613 Abs. 1 S. 2 (Einzelheiten s. dort) zu
beachten. Sie vermeidet kleinliche Rechnerei in Form einer Quotelung nach einzelnen Tagen
dadurch, dass der Unterhalt ab dem Ersten des Monats geschuldet ist, in dem ein Verzugs- oder
Auskunftsschreiben zugegangen bzw. die Klage rechtshängig gemacht worden ist, sofern der Unterhaltsanspruch dem Grunde nach bereits bestand.[266] Bedauerlicherweise hat der BGH die Vorschrift
bisher nicht entsprechend auf Trennungsunterhalt und Minderjährigenunterhalt angewandt, was dort

---

[257] *Wendl/Scholz* § 2 Rn. 46 aE.
[258] BGH FamRZ 1988, 831, 833. Zu Einzelheiten s. Rn. 49 sowie *Schwab/Borth* V Rn. 211.
[259] BGH NJW 1990, 503; *Palandt/Brudermüller* Rn. 2.
[260] *Johannsen/Henrich/Graba* § 1612 Rn. 8.
[261] BGH FamRZ 1995, 291; NJW 1985, 1345; *Born* in *Heiß/Born* Kap. 23, Rn. 2, 244 ff.
[262] *Graba* Rn. 296; *Born* in *Heiß/Born* Kap. 23 Rn. 188 ff.
[263] BGH FamRZ 1984, 470.
[264] OLG Köln OLGR 2005, 609.
[265] *Graba* FamRZ 1985, 118. Ausnahmsweise ist die *darlehnsweise* Gewährung von Unterhalt angezeigt, wenn die Parteien mit einer rückwirkenden Veränderung der Bedürftigkeitslage des Berechtigten zu rechnen haben (zB bei Beantragung einer EU-Rente). Um hier einen späteren Entreicherungseinwand (§ 818 Abs. 3) des Berechtig-ten auszuschließen, kann der Pflichtige den Unterhalt als zins- und tilgungsfreies Darlehen anbieten, verbunden mit der Verpflichtung, auf Rückzahlung zu verzichten, falls es beim zugesprochenen Unterhalt bleibt. Der Berech-tigte muss sich nach Treu und Glauben auf eine solche Gestaltung einlassen (BGH NJW 2000, 740; *Born* in *Heiß/Born* Kap. 25 Rn. 157, 368).
[266] *Born* in *Heiß/Born* Kap. 22 Rn. 423.

§ 1612   97–102   Abschnitt 2. Titel 3. Unterhaltspflicht

nach wie vor zu anteiligen Berechnungen führt, wenn im Laufe des Monats die Rechtskraft der Scheidung eintritt oder das Kind volljährig wird.[267]

97   Die Verpflichtung, **im Voraus** zu zahlen, bedeutet aber nicht, dass der Berechtigte schon am Ersten des Monats über das Geld verfügen können muss;[268] vielmehr kommt es für die Rechtzeitigkeit der Leistung auf die *Absendung* an, zB die Einzahlung bei der Post oder die Erteilung des Überweisungsauftrags an die Bank,[269] weil im Gesetz nur die Verpflichtung „zu zahlen" genannt ist. In der Praxis ist die Kontoüberweisung inzwischen die übliche Erfüllungsart der Geldrente. Voraussetzung für eine Erfüllung ist aber das Einverständnis des Berechtigten mit der Zahlung auf ein bestimmtes Konto; anderenfalls liegt lediglich eine Leistung an Erfüllungs Statt vor.[270] Bei mehreren Konten wirkt nur die Zahlung auf das vom Gläubiger benannte Konto schuldbefreiend.[271]

98   Das Prinzip der monatlichen Vorauszahlung bedeutet, dass der Unterhalt für diesen Zeitraum im Voraus gezahlt werden muss, für einen längeren Zeitabschnitt aber auch **nicht** im Voraus geleistet werden **darf**. Wird vom Pflichtigen für einen kürzeren Zeitabschnitt gezahlt, ist der gesetzliche Anspruch nicht erfüllt; bei größeren Vorauszahlungen und für eine längere Zeit tritt keine Befreiung von weiterer und nochmaliger Leistungspflicht ein. Dies gilt für Kindesunterhalt allerdings nur mit der sich aus Abs. 2 S. 2 ergebenden Einschränkung.

99   Unterhaltszahlungen ins **Ausland** müssen oder können in der jeweiligen Landeswährung vorgenommen werden;[272] etwaige devisenrechtliche Beschränkungen sind zu berücksichtigen.[273]

100   **c) Bestimmungsrecht der Eltern.** So wie Eltern Geldrente durch das Angebot von Naturalunterhalt ersetzen können (s. Rn. 38–63), so können sie ihren Kindern gegenüber auch Fälligkeit und Vorauszahlungsabschnitt in anderer Weise gestalten. Sie können also gegenüber minderjährigen und volljährigen Kindern sowohl andere Fälligkeitstermine als auch längere oder kürzere Zeitabschnitte bestimmen, für die sie im Voraus Unterhalt leisten wollen und – mit befreiender Wirkung – leisten können.

101   **Grenzen** dieser Bestimmungsbefugnis ergeben sich aber zunächst aus § 1614 Abs. 2. Die vom früheren Rechtszustand her (s. § 1614 Rn. 14) stehen gebliebene, umständliche Verweisung auf § 760 mit seiner vierteljährlichen Rente besagt, dass Vorauszahlungen für mehr als drei Monate auf das Risiko des Pflichtigen gehen, sofern nach Ablauf dieser Zeit beim Empfänger (zB wegen Verschwendung oder schlechter Einteilung des Geldes) erneut Unterhaltsbedürftigkeit auftritt. Obwohl gesetzlich nicht ausgeschlossen, kommen beim Kindesunterhalt größere Vorauszahlungen als solche für drei Monate praktisch nicht vor. Als weitere Grenze ist zu beachten, dass die Bestimmung der Eltern **nicht missbräuchlich** (s. Rn. 74) sein darf. Missbrauch kann vorliegen, wenn Zahlungen zu kurzfristig oder zu ungünstigen Zeitpunkten geleistet werden, zB an ein auswärts studierendes Kind, das deshalb bestimmte Hauptverbindlichkeiten (Mietzahlung) nicht rechtzeitig erfüllen kann.

102   **d) Zeitliche Begrenzung.** Auch wenn vom Gericht im Rahmen der Verurteilung zu wiederkehrenden Leistungen (§ 258 ZPO), die auch zukünftig zu erbringen sind, eine Prognoseentscheidung gefordert ist,[274] so wird eine sich daraus ergebende Verpflichtung, die Klage auf den Zeitpunkt zu begrenzen, für den Unterhalt verlangt werden kann,[275] schon deshalb kaum praktisch, weil Unterhalt Funktion von Leistungsfähigkeit und Bedürftigkeit ist und sich eine zukünftige Vorhersage nur sehr schwer abgeben lässt. Der Begriff der Gesamtsaldierung macht deutlich, dass es im Rahmen einer zukünftigen Abänderung nicht auf die Änderung des *einzelnen* Umstandes ankommt; vielmehr ist im Rahmen einer Gesamtschau *aller* Umstände zu prüfen, in welchem Umfang sich die für die Unterhaltsbemessung maßgebenden Verhältnisse geändert haben.[276] Auch bei einem Urteil über Kindesunterhalt wird die Zahlungspflicht regelmäßig nicht auf die Zeit bis zur Volljährigkeit begrenzt.[277] Auch wenn man dem dogmatisch sicherlich entgegenhalten halten kann, dass § 1606 Abs. 3 S. 2 für die Begrenzung spricht, weil die zurzeit der Minderjährigkeit geleistete Betreuung nach Volljährigkeit nicht mehr *geschuldet* wird und deshalb in jedem Fall vom Grundsatz her ein Barunterhaltsanspruch gegenüber beiden Elternteilen gegeben ist (s. § 1610 Rn. 37–40), muss ande-

---

[267] S. dazu BGH FamRZ 1988, 370 für den Trennungsunterhalt und FamRZ 1988, 604 für den Minderjährigenunterhalt. Vgl. auch *Büttner/Niepmann/Schwamb* Rn. 231.
[268] So aber AG Überlingen FamRZ 1985, 1143; *Palandt/Brudermüller* Rn. 3.
[269] OLG Köln FamRZ 1990, 1243; *Miesen* FF 2000, 47, 55 f.; *Büttner/Niepmann/Schwamb* Rn. 232.
[270] OLG Hamm NJW 1988, 2115; *Büttner/Niepmann/Schwamb* Rn. 232.
[271] OLG Frankfurt FamRZ 1983, 1268.
[272] *Bytomski* FamRZ 1991, 783 für Zahlungen nach Polen. S. auch § 1610 Rn. 194–200.
[273] BGH FamRZ 1990, 992; *Johannsen/Henrich/Graba* § 1612 Rn. 7.
[274] BGH FamRZ 1995, 291; NJW 1985, 1345; *Born* in *Heiß/Born* Kap. 23 Rn. 2, 244 ff.; § 1613 Rn. 68, 72.
[275] S. dazu *Köhler* in der 3. Aufl. Rn. 48 mwN.
[276] BGH FamRZ 1985, 53, 56; *Born* in *Heiß/Born* Kap. 23 Rn. 190.
[277] *Johannsen/Henrich/Graba* § 1612 Rn. 10.

rerseits berücksichtigt werden, dass die anteilige Barunterhaltspflicht der Mutter in einer Vielzahl von Fällen an fehlenden Einkünften über 1150 Euro scheitert[278] und ein vollständiges Erlöschen des Unterhaltstitels aufseiten des Kindes deshalb nicht sachgerecht wäre.[279]

2. Tod des Berechtigten (Abs. 3 S. 2). a) Grundsatz. Wie bei der Leibrente (§ 760 Abs. 3) ist auch beim Unterhalt entscheidend, dass der Gläubiger den Monatsanfang erlebt. Entsprechendes wird für den Eintritt der Volljährigkeit angenommen (s. § 1610 Rn. 95). Zum Erreichen einer höheren Altersstufe beim Mindestunterhalt s. § 1612a Abs. 3 S. 2.   **103**

b) Tod. aa) Unterhalt. Erlebt der Bedürftige noch den Monatsbeginn, wird die volle Monatsrente geschuldet. Falls sie bis zum Tod des Berechtigten noch nicht gezahlt sein sollte, ist sie danach an die Erben zu entrichten. Ist sie schon bezahlt, braucht sie nicht zurückgewährt zu werden.   **104**

Nach Wortlaut und Sinn besagt die Regelung nur, dass der Tod als solcher den Anspruch auf diese letzte Monatsrente nicht erlöschen lässt. Die Regelung ist nötig, weil der Unterhaltsanspruch des Berechtigten mit seinem Tod erlischt (§ 1615 Abs. 1). Auch wenn die Regelung nichts daran ändert, dass die allgemeinen Unterhaltsvoraussetzungen fortbestehen müssen, also insbesondere eine Bedürftigkeit des Berechtigten, wird sich der Pflichtige schon wegen der mit dem Sterbefall verbundenen Kosten (s. Rn. 106) praktisch nicht auf den – grundsätzlich gegebenen[280] – Einwand berufen können, der Bedarf im Todesmonat sei entfallen oder gemindert.   **105**

bb) Sonstige Kosten. Zum Lebensbedarf zählen Arzt- und Krankenhauskosten, die beim Tode des Berechtigten noch nicht bezahlt sind oder auch mangels Rechnung noch nicht haben bezahlt werden können; des Weiteren sind die Beerdigungskosten (§ 1615 Abs. 2) zu berücksichtigen. § 1612 Abs. 3 S. 2 bleibt – anders als § 760 Abs. 2[281] und entsprechende Bestimmungen der Beamtenversorgung, der gesetzlichen Altersversorgung und des Tarifarbeitsrechts – an das allgemeine Unterhaltsrecht geknüpft, weil die Vorschrift nicht auf Vertrag oder auf öffentlich-rechtlichem Versorgungs- oder Versicherungsrecht beruht, sondern auf dem gesetzlichen Unterhaltsanspruch, den sie voraussetzt.[282] Da der Unterhalt den „gesamten *Lebens*bedarf" (§ 1610 Abs. 2) erfasst, sind zu den Kosten zunächst in erster Linie diejenigen Aufwendungen zu rechnen, welche die vom Berechtigten noch erlebten Tage des betreffenden Monats betreffen, zB die laufende Monatsmiete oder sonstige laufende oder andere Verbindlichkeiten. Arzt- und Klinikkosten, die dem Berechtigten selbst oder seinen Erben später in Rechnung gestellt werden, zählen ebenfalls hierzu. Diese Kosten gehören auch noch nach Ablauf des Sterbemonats zum laufenden Unterhalt und können deshalb später noch unter den Voraussetzungen des § 1613 Abs. 1 und 2 verlangt werden; ein Urteil kann deswegen weiter vollstreckt werden, ohne der Vollstreckungsgegenklage ausgesetzt zu sein.   **106**

Die Kosten der **Beerdigung** zählen hierzu nicht; sie sind von den Erben zu tragen (§ 1968). Der Unterhaltspflichtige haftet für diese Kosten nach ausdrücklicher gesetzlicher Bestimmung (§ 1615 Abs. 2) nur subsidiär, nach Scheidung gar nicht (s. § 1615 Rn. 9). Kommt eine solche Haftung in Betracht, muss dafür die volle letzte Monatsrente eingesetzt werden. Insoweit handelt es sich allerdings um Sonderbedarf (§ 1613 Abs. 2),[283] der ohnehin neben der laufenden Geldrente – und auch noch nachträglich – eingefordert werden kann.   **107**

§ 1612a Mindestunterhalt minderjähriger Kinder

(1) ¹Ein minderjähriges Kind kann von einem Elternteil, mit dem es nicht in einem Haushalt lebt, den Unterhalt als Prozentsatz des jeweiligen Mindestunterhalts verlangen. ²Der Mindestunterhalt richtet sich nach dem doppelten Freibetrag für das sächliche Existenzminimum eines Kindes (Kinderfreibetrag) nach § 32 Abs. 6 Satz 1 des Einkommensteuergesetzes. ³Er beträgt monatlich entsprechend dem Alter des Kindes
1. für die Zeit bis zur Vollendung des sechsten Lebensjahrs (erste Altersstufe) 87 Prozent,

---

[278] S. A.5 der Düsseldorfer Tabelle; s. auch OLG Hamm FamRZ 1998, 1251 m. Anm. *Born* zum Gehaltsgefälle zwischen Männern und Frauen.
[279] Zur zeitlich begrenzten Festsetzung des Unterhalts bis zum Studienabschluss s. OLG Frankfurt FamRZ 1989, 91.
[280] *Staudinger/Engler* Rn. 110, RGRK/*Mutschler* Rn. 24; *Soergel/Lange* Rn. 11.
[281] *Staudinger/Amann* (1996) § 760 Rn. 2–4.
[282] RGRK/*Mutschler* Rn. 24.
[283] S. dazu § 1613 Rn. 63–94.

2. für die Zeit vom siebten bis zur Vollendung des zwölften Lebensjahrs (zweite Altersstufe) 100 Prozent und
3. für die Zeit vom 13. Lebensjahr an (dritte Altersstufe) 117 Prozent

eines Zwölftels des doppelten Kinderfreibetrags.

(2) ¹Der Prozentsatz ist auf eine Dezimalstelle zu begrenzen; jede weitere sich ergebende Dezimalstelle wird nicht berücksichtigt. ²Der sich bei der Berechnung des Unterhalts ergebende Betrag ist auf volle Euro aufzurunden.

(3) Der Unterhalt einer höheren Altersstufe ist ab dem Beginn des Monats maßgebend, in dem das Kind das betreffende Lebensjahr vollendet.

Schrifttum: Zur früheren Gesetzeslage s. die 4. Auflage, zur Reform s. § 1609.

Übersicht

	Rn.		Rn.
I. Zweck und systematische Stellung	1–6	4. Doppelter Kinderfreibetrag (Abs. 1 S. 2)	38
1. Zweck	1	5. Altersstufen (Abs. 1 S. 3)	39–44
2. Geschichte	2	a) Differenzierung	39
3. Systematische Stellung	3–6	b) Stufen	40–42
a) Prinzip der Dynamisierung	3, 4	c) Privilegierte Volljährige	43, 44
b) Verfahrensarten	5, 6	6. Antragstellung	45–48
II. Änderungen durch das UnterhRÄndG	7–20	a) Antrag bei Vorwegabzug des anteiligen Kindergeldes	46
1. Grundgedanken	7	b) Antrag ohne Vorwegabzug des anteiligen Kindergeldes	47
2. Wesentlicher Inhalt und Auswirkungen	8–13	c) Unterschreitung des Mindestunterhalts	48
a) Vereinfachung und Vereinheitlichung	8	7. Monatserster (Abs. 3)	49
b) Vergleich mit Regelbeträgen	9, 10	IV. Verfahrensrecht	50–83
c) Darlegungs- und Beweislast	11–13	1. Vereinfachtes Verfahren	50–78
3. Übergangsregelungen	14–18	a) Einstufiges Rechtspfleger-Verfahren	51, 52
a) Grundsätze	14	b) Antragsvoraussetzungen	53–59
b) Sonderregelung für dynamische Altregelungen	15–18	c) Einwendungen des Schuldners	60–64
4. ZPO-Änderungen	19, 20	d) Entscheidung und Rechtsmittel	65–72
III. Mindestunterhalt	21–49	e) Abänderungsverfahren	73–76
1. Persönliche Voraussetzungen	21–25	f) Kein vereinfachtes Verfahren bei Kindergeldänderung	77
a) Minderjährigkeit	22–24	g) Regelbetrag im Kindschaftsverfahren	78
b) Haushalt	25	2. Beweislast	79–82
2. Regelbetragsunterhalt	26–36	a) Grundsatz	80
a) Wahlrecht	27–35	b) Mindestunterhalt	81, 82
b) Bemessung	36	3. Übergangsregelungen	83
3. Bezugsgröße (Abs. 1 S. 1)	37		

I. Zweck und systematische Stellung

1 **1. Zweck.** Die Vorschrift bezweckt eine Vermeidung von Abänderungsklagen wegen Erreichens einer höheren Altersstufe. Dies wird ermöglicht durch die Festsetzung des Unterhalts nicht in Form eines statischen Betrages, sondern in Form des Prozentsatzes eines „Mindestunterhalts", der sich nach der Höhe eines steuerlichen Freibetrages richtet und sich damit automatisch der durchschnittlichen Einkommensentwicklung anpasst, ohne dass Gericht oder Behörden in Anspruch genommen werden müssen.

2 **2. Geschichte.** Zur Geschichte der früheren Fassung der Vorschrift sowie den Reformzielen des – inzwischen durch das UnterhRÄndG abgeschafften – KindUG s. Rn. 2 ff. in der Vorauflage.

3 **3. Systematische Stellung. a) Prinzip der Dynamisierung.** Jedes minderjährige Kind kann von dem Elternteil, mit dem es nicht in einem Haushalt lebt, den Unterhalt als Prozentsatz des jeweiligen Mindestunterhalts verlangen (bisher: als Vomhundertsatz des Regelbetrages nach der Regelbetragsverordnung, s. dazu Rn. 6 in der Vorauflage). Da der Mindestunterhalt (zu Einzelheiten

s. Rn. 7, 9, 15 ff.) an den jeweiligen steuerlichen Freibetrag gekoppelt ist, verändert er sich – als Bezugsgröße – **automatisch** mit der Änderung dieses Freibetrages, ohne dass dazu eine gerichtliche oder behördliche Entscheidung oder ein Abänderungsverfahren (§ 323 ZPO) notwendig wäre.

Das Kind hat ein **Wahlrecht** (zu Einzelheiten s. Rn. 27–35) zwischen der Möglichkeit, den Unterhalt *statisch* in Form eines monatlich zu zahlenden Festbetrages oder stattdessen *dynamisch* in Form des am Mindestunterhalt orientierten Prozentsatzes zu verlangen. Hierdurch sollen Abänderungsverfahren wegen eines vom Kindesalter abhängigen Mehrbedarfs vermieden werden.[1] **4**

b) Verfahrensarten. Der Unterhalt, der im **vereinfachten Verfahren** (s. Rn. 50 bis 78) geltend gemacht werden kann, ist auf das 1,2fache des Mindestunterhalts beschränkt (bisher: auf das 1 1/2fache des Regelbetrages). Grund für diese Veränderung ist der Umstand, dass der neue Mindestunterhalt höher ist als bei Zugrundelegung von 100 Prozent nach der Regelbetragsverordnung (s. Rn. 9). **5**

Alternativ kann der dynamische Unterhalt auch im **Klageverfahren** (Erkenntnisverfahren) auf der Grundlage eines Prozentsatzes des jeweiligen Mindestunterhalts verlangt werden, sofern die Voraussetzungen zur Dynamisierung (s. Rn. 21 ff.) dargelegt werden. Während der im vereinfachten Verfahren geltend zu machende Unterhalt auf das 1,2fache des Mindestunterhalts beschränkt ist (§ 645 ZPO), gibt es hier keine Beschränkung nach oben. Liegt auf Grund eingeschränkter Leistungsfähigkeit des Schuldners ein Mangelfall vor, kann auch weniger als der nach dem Gesetz in Betracht kommende Prozentsatz des jeweiligen Mindestunterhalts verlangt werden, was allerdings nur eingeschränkt zu empfehlen ist (s. Rn. 33). **6**

II. Änderungen durch das UnterhRÄndG

1. Grundgedanken. Nach den Vorstellungen des Gesetzgebers[2] ist der Mindestunterhalt der Barbetrag, den ein minderjähriges Kind – unabhängig von der konkreten Lebensstellung, die es während des Zusammenlebens mit dem Schuldner hatte – zum Leben benötigt (Existenzminimum); deshalb besteht grundsätzlich auf Seiten des Kindes darauf ein Anspruch wie auf Seiten des Schuldners eine Verpflichtung zur Leistung dieses Betrages. Der Schuldner wird dazu vielfach auch tatsächlich in der Lage sein, weil sein Einkommen in Höhe des existenznotwendigen Bedarfs des Kindes in Form von Kinderfreibeträgen von der Steuer verschont bleibt.[3] Mit der Einführung des Mindestunterhalts hat der Gesetzgeber die – durch das KindUG[4] und durch die Vorschrift des § 1612b Abs. 5[5] (s. dazu Rn. 71 ff. in der 4. Auflage) ausgelöste – unklare Rechtslage beseitigt, die bei der Frage eines Mindestunterhalts bisher bestand (s. Rn. 4, 5 in der 4. Auflage). Das Existenzminimum wird von der Bundesregierung alle 2 Jahre in einem Existenzminimumsbericht ermittelt; Grundlagen[6] sind die durchschnittlichen sozialhilferechtlichen Regelsätze der Bundesländer sowie statistische Berechnungen der durchschnittlichen Aufwendungen für Wohn- und Heizkosten; beides bildet eine Orientierungsgröße für die Höhe des steuerlich maßgebenden sächlichen Existenzminimums, welches wiederum die Grundlage für den Kinderfreibetrag darstellt, der den Eltern gem. § 32 Abs. 6 S. 1 EStG gewährt wird. **7**

2. Wesentlicher Inhalt und Auswirkungen. a) Vereinfachung und Vereinheitlichung. Die neue Regelung hat die bisherige Konzeption der Regelbeträge ersetzt; somit sind sowohl die Regelbetragsverordnung – und damit auch alle Ost-West-Unterschiede (s. dazu Rn. 37 in der 4. Auflage)[7] – als auch die Anrechnungsbestimmung des § 1612b Abs. 5 zum Kindesunterhalt entfallen.[8] Im früheren Abs. 2 S. 1 ist der veraltete Ausdruck „Vomhundertsatz" durch die modernere Formulierung „Prozentsatz" ersetzt worden. Im früheren Abs. 3 wurde S. 1 aufgehoben. Das Monatsprinzip (Abs. 3 S. 2 aF) ist dagegen erhalten geblieben, die Vorschrift wurde lediglich sprachlich angepasst. Die früheren Absätze 4 und 5 sind aufgehoben worden. **8**

b) Vergleich mit Regelbeträgen. Die – aus der Regelbetragsverordnung bekannten – drei Altersstufen wurden beibehalten. Bezugspunkt ist nach Abs. 1 S. 2 das Zweifache des einkommens- **9**

---

[1] Vgl. *Johannsen/Henrich/Graba* § 1612a Rn. 4 zur bisherigen Gesetzesfassung.
[2] BT-Drucks. 16/1830 S. 26 f. S. dazu ausführlich *Scholz* FamRZ 2007, 2021.
[3] BT-Drucks. 16/1830 S. 27; *Palandt/Brudermüller* Rn. 21.
[4] Gesetz vom 6. 4. 1998, BGBl. I S. 666.
[5] Eingeführt durch Gesetz zur Ächtung von Gewalt in der Erziehung und zur Änderung des KindUG vom 2. 11. 2000, BGBl. I S. 1479.
[6] S. dazu *Kaiser-Plessow* FPR 2005, 479, 482.
[7] BT-Drucks. 16/1830 S. 27; *Vossenkämper* FamRZ 2008, 201, 203; *Palandt/Brudermüller* Rn. 20; *Borth* FamRZ 2006, 813, 818; *Ehinger* FamRB 2006, 338.
[8] *Borth* FamRZ 2006, 813, 818, wo allerdings – erkennbar irrtümlich – von § 1615b Abs. 5 die Rede ist.

§ 1612a   10–19 Abschnitt 2. Titel 3. Unterhaltspflicht

steuerlichen Kinderfreibetrags (§ 32 Abs. 6 S. 1 EStG), differenziert wird – wie früher – nach Altersstufen (s. Rn. 40).

10   Zur **Erhöhung** durch die Übergangsvorschrift des § 36 Nr. 4 EGZPO s. Rn. 28a sowie Rn. 10 in der 4. Auflage. Im Ergebnis wird der Mindestunterhalt nach § 1612a solange nicht nach dieser Vorschrift, sondern nach § 36 Nr. 4 EGZPO bestimmt, wie die sich unter Ansatz des doppelten Kinderfreibetrages ergebenden Beträge darunter liegen.[9]

11   **c) Darlegungs- und Beweislast.** Durch die Neufassung des Gesetzes ist die Rechtsprechung des BGH[10] umgesetzt worden, wonach das nur den Mindestunterhalt verlangende minderjährige Kind die Höhe dieses Unterhalts nicht darlegen und beweisen muss.[11]

12   Auch vor dem Hintergrund des Umstandes, dass die Verwendung des Steuervorteils unterhaltsrechtlich nicht zweckgebunden ist und der Schuldner auch nicht so viel verdienen muss, dass ihm der Freibetrag zu Gute kommt, steht der Anspruch des Kindes auf Mindestunterhalt – wie bisher – unter dem **Vorbehalt der Leistungsfähigkeit** des Unterhaltspflichtigen.[12] Durch die gesetzliche Neuregelung hat sich also nichts daran geändert, dass die individuelle Leistungsfähigkeit des Unterhaltsschuldners für die Höhe des von diesem nach § 1603 BGB geschuldeten Kindesunterhalts maßgebend ist; der Selbstbehalt sorgt dafür, dass dem Schuldner das eigene Existenzminimum verbleibt.

13   Sofern das Kind **höheren** Unterhalt als den Mindestunterhalt verlangt, hat es – entsprechend den allgemeinen Grundsätzen – dafür die Darlegungs- und Beweislast. Zu Einzelheiten s. Rn. 79–82. § 645 Abs. 1 ZPO enthält keine allgemeine Beweislastregel.[13]

14   **3. Übergangsregelungen. a) Grundsätze.** Die neuen gesetzlichen Bestimmungen finden auf alle Unterhaltsansprüche Anwendung, die ab Inkrafttreten der Neuregelung (1. 1. 2008) entstanden sind. Zu Einzelheiten s. Vor § 1601 Rn. 31–40.

15   **b) Sonderregelung für dynamische Altregelungen.** Sie ist geschaffen durch § 36 Nr. 3 EGZPO. Die wesentlichen Gesichtspunkte sind folgende:

16   **aa) Gültigkeit von Alttiteln.** Durch das UnterhRÄndG verlieren Alttitel nicht ihre Gültigkeit, sie bleiben auch vollstreckbar. Weder die Vereinbarung noch Titel oder Vollstreckungsklausel müssen abgeändert oder umgeschrieben werden; die erforderliche Berechnung kann auch unmittelbar durch das Vollstreckungsorgan vorgenommen werden.[14]

17   **bb) Umrechnung.** Dynamische Unterhaltstitel und -vereinbarungen werden – kraft Gesetzes und ohne gesondertes Verfahren – allein durch eine Umrechnung in das neue Recht überführt. Der vom Unterhaltsschuldner zu zahlende Betrag bleibt dabei gleich, so dass sich die für das Kind tatsächlich zur Verfügung stehenden Mitteln nicht ändern. Durch die Umrechnung wird gleichzeitig sichergestellt, dass die bisherige Dynamisierung der Titel und Vereinbarungen erhalten bleibt und diese zukünftig an Steigerungen des Mindestunterhalts teilnehmen.[15] Es findet lediglich ein **Austausch des Anknüpfungspunktes** für die Dynamisierung statt: Die – bisher am Regelbetrag orientierten – Unterhaltsregelungen nehmen zukünftig – als neue Bezugsgröße – Bezug auf den Mindestunterhalt und sind damit durch diesen dynamisiert.[16] An die Stelle des bisherigen Prozentsatzes tritt ein **neuer Prozentsatz**, dessen Berechnung in Satz 4 und 5 geregelt ist; in diese Berechnung ist auch das Kindergeld einzubeziehen (s. dazu § 1612b Rn. 33–36).

18   **cc) Vorbehalt der Unterhaltskorrektur.** Die Regelung in § 36 Nr. 3 S. 6 EGZPO bestimmt, dass mit der Umstellung nach den vorangegangenen Sätzen noch keine Aussage darüber verbunden ist, ob die bisherigen Zahlbeträge dem neuen Recht entsprechen. Indem das Gesetz die Nr. 1 und 2 für unberührt erklärt, schafft es die Möglichkeit, gem. § 36 Nr. 1 EGZPO im Wege der modifizierten Abänderungsklage (s. Rn. 16) die im Übergangsrecht begründeten Änderungen des Unterhalts auch prozessual geltend zu machen. So kann sich beispielsweise durch den verbesserten Rang des Kindesunterhalts gem. § 1609 in Mangelfällen ein höherer Kindesunterhalt ergeben.[17]

19   **4. ZPO-Änderungen.** Art. 3 Abs. 3 UnterhRÄndG betrifft in erster Linie redaktionelle Folgeänderungen. Durch die Regelungen in Nr. 1 bis 6 ist das vereinfachte Verfahren über den Unter-

---

[9] *Vossenhänger* FamRZ 2008, 201, 202; *Scholz* FamRZ 2007, 2021, 2023.
[10] BGH NJW 2003, 3122; FamRZ 2002, 536, 540.
[11] *Scholz* FamRZ 2007, 2021, 2023; *Borth* FamRZ 2006, 813, 819; *Ehinger* FamRB 2006, 338, 339.
[12] *Luthin/Wellenhofer* Rn. 4033; *Wendl/Klinkhammer* § 2 Rn. 314.
[13] BGH NJW 2003, 3122.
[14] BT-Drucks. 16/1830 S. 34.
[15] BT-Drucks. 16/1830 S. 34. Ausführlich *Vossenkämper* FamRZ 2008, 201, 204.
[16] BT-Drucks. 16/1830 S. 34.
[17] BT-Drucks. 16/1830 S. 35.

halt Minderjähriger (§§ 645 ff. ZPO) sprachlich an das neue System des Mindestunterhalts nach § 1612a Abs. 1 sowie die geänderte Kindergeldverrechnung nach § 1612b angepasst worden. Mit der Umstellung auf den Mindestunterhalt hat sich die Notwendigkeit ergeben, die in § 645 ZPO enthaltene Begrenzung des im vereinfachten Verfahren zu verlangenden Unterhaltsbetrages (bislang das 1½fache der jeweils maßgeblichen Regelbeträge) an das neue System anzupassen. Die neue Größe (das 1,2fache des Mindestunterhalts) gewährleistet, dass das vereinfachte Verfahren künftig in etwa in dem gleichen Umfang wie bisher eröffnet ist.[18] In Bezug auf die Kindergeldverrechnung war zu berücksichtigen, dass an die Stelle der bisherigen Anrechnung des Kindergeldes auf den Barunterhaltsanspruch des Kindes künftig der **bedarfsmindernde Vorwegabzug** des Kindergeldes tritt. Die bisherige gesetzliche Formulierung, dass das Kindergeld „angerechnet" wird, war von daher nicht mehr passend und wurde durch das Verb „berücksichtigen" ersetzt, ohne dass damit eine sachliche Änderung verbunden wäre.[19]

Bei Nr. 7 handelt es sich ebenfalls um eine redaktionelle Folgeänderung, mit der § 790 ZPO an das neue System angepasst wird, um künftig neue dynamisierte Unterhaltstitel für Zwecke der Zwangsvollstreckung im Ausland konkret beziffern zu können.[20] Bei Nr. 8 handelt es sich um eine sachlich gebotene Folgeänderung: Die in § 850d Abs. 2 ZPO enthaltene Rangfolge zwischen pfändenden Unterhaltsgläubigern wird mit der neuen unterhaltsrechtlichen Rangfolge (§ 1609 BGB, § 16 LPartG) in Einklang gebracht.[21] 20

III. Mindestunterhalt

1. Persönliche Voraussetzungen. Den ihm auf Grund §§ 1601 ff. nach den konkreten Verhältnissen zustehenden Individualunterhalt kann jedes Kind fordern, unabhängig davon, ob es minderjährig oder volljährig ist. Beim dynamischen Unterhalt bestehen Einschränkungen. 21

a) Minderjährigkeit. aa) Antragsbefugnis. Sie steht nur dem minderjährigen Kind zu; nach Eintritt der Volljährigkeit kann dynamischer Unterhalt also nicht mehr beantragt werden. Auch ein schon vorliegender statischer Unterhaltstitel kann während der Zeit der Minderjährigkeit des Kindes jederzeit dynamisiert werden,[22] allerdings nicht im Wege des vereinfachten Verfahrens; denn dort ist Antragsvoraussetzung, dass bisher kein Unterhaltstitel vorliegt (§ 645 Abs. 2 ZPO),[23] s. Rn. 53. Für Titel ab dem 13. Lebensjahr ist keine Begrenzung in Abs. 3 S. 1 vorgesehen, so dass auch eine Ersttitulierung von Volljährigenunterhalt vorgenommen werden kann.[24] 22

Die Antragsbefugnis ist auch für das **privilegiert volljährige Kind** (s. § 1603 Rn. 77 ff.) zu bejahen, weil ratio legis und die Gleichstellung in § 1603 Abs. 2 S. 2 dafür sprechen und die Zerstückelung der Kindschaftsreformgesetze von 1998 (s. Rn. 2 in der 4. Aufl.) einen Umkehrschluss kaum zulässt.[25] Wenn schon beim Pflichtigen eine Ausdehnung der strengen Obliegenheiten des § 1603 Abs. 2 S. 1 auf privilegiert volljährige Kinder vorgesehen ist, dann dürfte umgekehrt beim Berechtigten jedenfalls die Antragsbefugnis im Rahmen von § 1612a Abs. 1 zu bejahen sein, wo es nach gesetzlicher Zielsetzung (s. Rn. 1) „nur" um den eher prozessökonomischen Gesichtspunkt der Vermeidung von Abänderungsverfahren wegen Erreichens einer höheren Altersstufe geht. Auch angesichts der Möglichkeit der Ersttitulierung von Volljährigenunterhalt (mit der Konsequenz, dass unter Umständen über einen noch in weiter Ferne liegenden Zeitraum entschieden wird) sind keine Nachteile für den Pflichtigen ersichtlich, weil bei Antragstellung durch das privilegiert volljährige Kind sogar größere Zeitnähe gegeben und auf Grund bevorstehender Statusveränderung nur über einen relativ kurzen Zeitraum zu entscheiden ist. 23

---

[18] BT-Drucks. 16/1830 S. 35. Zum Vergleich der Beträge s. o. Rn. 9. Ausführlich zum vereinfachten Verfahren ab 1. 1. 2008 s. *Vossenkämper* FamRZ 2008, 201, 208, ab 1. 9. 2009 nach §§ 249 ff. FamFG s. *Born* in *Heiß/Born* Kap. 22 Rn. 431 ff.
[19] BT-Drucks. 16/1830 S. 35.
[20] BT-Drucks. 16/1830 S. 35.
[21] BT-Drucks. 16/1830 S. 36. Zur offenbar „vergessenen" Gleichstellung des Lebenspartners im Rahmen von § 1609 s. dort Rn. 7.
[22] *Palandt/Brudermüller* Rn. 4.
[23] *Born* in *Heiß/Born* Kap. 22 Rn. 434.
[24] OLG Karlsruhe ZfJ 1999, 231; vgl. *Greßmann/Rühl* DAVorm. 1997, 165; *Schumacher/Grün* FamRZ 1998, 778, 781 Fn. 26.
[25] OLG Karlsruhe ZfJ 1999, 231; *Weinreich/Klein* Rn. 27; **aA** *Palandt/Brudermüller* Rn. 21; *Johannsen/Henrich/Graba* Rn. 3; *Lipp/Wagenitz* Rn. 22; *Schwab/Borth* V Rn. 26; undeutlich *Vossenkämper* FamRZ 2008, 201, 202, der im Prozess „keine besonderen Anforderungen" stellen will. Folgt man der hM, dann ist bei Eintritt der Volljährigkeit eine Fortgeltung (§ 244 FamFG) des Titels anzunehmen mit der Möglichkeit der Anpassung im Wege eines Abänderungsantrags; denn das Kind soll nicht gezwungen werden, sich nach Volljährigkeit einen neuen Titel beschaffen zu müssen (BGH FamRZ 2005, 2066).

24 **bb) Eintritt der Volljährigkeit.** Da Abs. 3 S. 1 nur drei Altersstufen kennt, steigt das Kind mit Erreichen des 18. Lebensjahres nicht in die 4. Altersstufe der Düsseldorfer Tabelle auf. Der aus der Zeit der Minderjährigkeit stammende **Titel bleibt wirksam,** auch wenn das Kind volljährig wird (§ 798a ZPO); das Kind behält zunächst den Unterhalt der dritten Altersstufe. Sofern sich Anhaltspunkte für eine Änderung der Unterhaltspflicht aus dem Erreichen der Volljährigkeit ergeben (s. § 1610 Rn. 26–31, 134–147), können Kind oder bisher allein barunterhaltspflichtiger Elternteil eine Abänderung des Titels (§ 323 ZPO) beantragen; von daher wäre eine Begrenzung eines Urteils über dynamischen Unterhalt bis zum Erreichen der Volljährigkeit fehlerhaft.[26] Eine auf das Erreichen der Volljährigkeit gestützte Klage nach § 767 ZPO ist ausgeschlossen.[27]

25 **b) Haushalt.** Es ist weitere Antragsvoraussetzung, dass das Kind nicht im Haushalt desjenigen Elternteils lebt, von dem es den dynamischen Unterhalt verlangt (Abs. 1).[28] Wo es dagegen tatsächlich lebt, ist unerheblich; die Antragsbefugnis besteht also auch dann, wenn das Kind nicht (entsprechend dem Regelfall) beim anderen Elternteil lebt, sondern bei den Großeltern oder in einem Internat.[29] An der Unterhaltspflicht des barunterhaltspflichtigen Elternteils ändert sich auch nichts dadurch, dass sich das Kind im Rahmen des Umgangskontaktes (uU sogar längere Zeit) dort aufhält; erst bei sehr umfangreichem Aufenthalt wird etwas anderes anzunehmen sein (s. § 1610 Rn. 113).

26 **2. Regelbetragsunterhalt.** Das minderjährige Kind hat drei Möglichkeiten, um seinen Unterhaltsbedarf geltend zu machen:
– durch statischen Festbetrag,
– durch Vomhundertsatz eines Regelbetrages,
– durch Vomhundertsatz des *jeweiligen* Regelbetrages.

27 **a) Wahlrecht.** Das Recht auf Geltendmachung des dynamischen Unterhalts hat nur das minderjährige (s. Rn. 22) **Kind** bzw. sein gesetzlicher Vertreter oder der als Prozessstandschafter[30] im eigenen Namen handelnde Elternteil; demgegenüber kann der Pflichtige nicht verlangen, dass von der Dynamisierung abgesehen wird.[31] Neben den rechtlichen Möglichkeiten (Rn. 28–30) werden nachfolgend auch praktische Fragen (Rn. 31–35) dargestellt.

28 **aa) Rechtliche Möglichkeiten.** Die Frage, ob der Unterhalt **statisch oder dynamisch** verlangt werden soll, kann sich sowohl bei der *erstmaligen* Festsetzung des Unterhalts als auch im Rahmen einer *Abänderungsklage* stellen.[32] Bei schon vorliegendem statischen Titel ist allerdings allein der Wunsch nach einem dynamischen Titel nicht ausreichend; erforderlich ist vielmehr eine wesentliche Änderung der dem Titel zugrundeliegenden Verhältnisse im Sinne von § 323 Abs. 1 ZPO.[33]

28a Nach § 36 Nr. 3 EGZPO ist eine neue Nr. 4 eingefügt worden, wonach der Mindestunterhalt iSd. § 1612a Abs. 1 für die drei Altersstufen 279 €, 322 € und 365 € beträgt jeweils bis zu dem Zeitpunkt, in dem der Mindestunterhalt nach Maßgabe des § 1612a Abs. 1 den hier festgelegten Betrag übersteigt (s. auch Rn. 10 aE). Nach der Vorstellung des Gesetzgebers[34] soll dadurch ein schonender Übergang vom bisherigen System der Regelbeträge nach der Regelbetrag-Verordnung zu der neuen Bezugsgröße des Mindestunterhalts nach § 1612a ermöglicht und sichergestellt werden, dass die für die konkrete Unterhaltsberechnung maßgebliche Bezugsgröße (und damit das bisher geltende Unterhaltsniveau) in keinem Fall absinkt und die gewünschte Harmonisierung mit dem Steuerrecht erreicht wird. Zu diesem Zweck werden die aktuell geltenden Regelbeträge in das System der künftigen Unterhaltsberechnung übertragen und als Mindestunterhalt so lange festgeschrieben, bis der jeweilige Mindestunterhalt nach § 1612a diesen Betrag übersteigt.

29 Hat sich das Kind für den dynamischen Unterhalt entschieden, stellt sich als nächstes die Frage nach **Stufen- oder Staffelunterhalt.** Beim Stufenunterhalt wird der Unterhalt als Prozentsatz des aktuellen Mindestunterhalts verlangt, also (nur) für die schon erreichte Altersstufe; beim Staffelunter-

---

[26] BGH FamRZ 2005, 2066; *Wendl/Klinkhammer* § 2 Rn. 360. Geschieht dies dennoch, steht dem Antragsteller die Erinnerung (§ 11 Abs. 2 S. 1 RPflG) offen (OLG Stuttgart NJW-RR 2000, 1103); s. auch Rn. 63.
[27] *Finke* § 7 Rn. 17.
[28] Kritisch zum Erfordernis der Haushaltszugehörigkeit *Lipp/Wagenitz* Rn. 25.
[29] Vgl. *Palandt/Brudermüller* Rn. 2.
[30] S. dazu *Born* in *Heiß/Born* Kap. 22 Rn. 8 ff.
[31] *Johannsen/Henrich/Graba* Rn. 3. Zur Situation, in der der Pflichtige den Unterhalt außergerichtlich nur in statischer Form titulieren lässt s. Rn. 23 sowie *Finke* § 7 Rn. 23.
[32] *Schumacher/Grün* FamRZ 1998, 778, 781.
[33] *Schumacher/Grün* (Fn. 32); *Wendl/Klinkhammer* § 2 Rn. 358 aE. Ausführlich zum Abänderungsverfahren *Born* in *Heiß/Born* Kap. 23, Rn. 1 ff., zur wesentlichen Änderung der Verhältnisse aaO Rn. 158 ff.
[34] BT-Drucks. 16/6980 S. 9. S. aber zum Wechsel der Bezugsgröße während des Gesetzgebungsverfahrens o. Rn. 9.

halt wird er begehrt als Prozentsatz des *jeweiligen* Mindestunterhalts, also sogleich auch für alle künftigen höheren Altersstufen. Das Erreichen der Volljährigkeit ändert nichts, s. Rn. 24.

In verfahrensrechtlicher Hinsicht ist schließlich zu beachten, dass der dynamische Unterhalt im **vereinfachten Verfahren** nach §§ 645 ff. ZPO (zu Einzelheiten s. Rn. 50–78) nur bis zum 1,2fachen des Regelbetrages verlangt werden kann (s. Rn. 5, 19), daneben – ebenfalls in dynamisierter Form – aber auch im regulären **Klageverfahren** (s. Rn. 4). Zur Frage, ob die Rechtsprechung zur Prozesskostenhilfe hier uU zur Wahl des vereinfachten Verfahrens zwingt, s. Rn. 57. **30**

bb) Praktische Fragen. Nicht nur auf Grund der mit dem vereinfachten Verfahren (zB in Gestalt umfangreicher Formularangaben) verbundenen Schwierigkeiten, die das Verfahren alles andere als einfach[35] und eine dortige Anwaltsbeiordnung als geboten erscheinen lassen,[36] sondern auch aus anderen Gründen erscheint zweifelhaft, ob die Möglichkeit zum dynamisierten Unterhalt eine gerichtliche Unterhaltsfestsetzung ersetzen kann. Denn gerade der Unterhalt ehelicher Kinder wird in großem Umfang von Veränderungen der wirtschaftlichen Verhältnisse als Folge der Trennung der Eltern bestimmt (zB: trennungsbedingter Mehraufwand, Aufnahme einer Berufstätigkeit der Mutter, Änderung der Steuerklasse des barunterhaltspflichtigen Elternteils, Hinzutreten weiterer Unterhaltsberechtigter aus einer neuen Verbindung).[37] Daneben stellen sich in praktischer Hinsicht regelmäßig folgende Fragen: **31**

Die Geltendmachung des Unterhalts in Form der **Dynamisierung** ist *empfehlenswert*, sofern mit wesentlichen Veränderungen der Leistungsfähigkeit des Schuldners und anderer unterhaltsrechtlich relevanter Umstände in der nächsten Zeit nicht zu rechnen ist und wenn nur ein oder zwei unterhaltsbedürftige Kinder vorhanden sind. **32**

Dagegen erscheint die Dynamisierung *nicht empfehlenswert* im Mangelfall. Hier werden Leistungsfähigkeit des Pflichtigen und damit die Höhe des Unterhalts schon bei geringen Veränderungen des Einkommens beeinflusst, so dass sich bei Berücksichtigung des Kindergeldes Schwierigkeiten ergeben können; beim Aufrücken des Kindes in die nächste Altersstufe und Berücksichtigung eines höheren Einsatzbetrages ändert sich außerdem das „Verteilungsgefüge".[38] Abzuraten ist von der Dynamisierung außerdem bei bevorstehenden Einkommensänderungen, etwa in Form einer Änderung der Steuerklasse in dem der Trennung nachfolgenden Jahr oder bei Hinzutreten weiterer unterhaltsberechtigter Kinder.[39] Wegen des Vorrangs des Kindesunterhalts gem. § 1609 ist die frühere Problematik der Konkurrenz mit Betreuungsunterhaltsansprüchen entfallen[40] Ein statischer Unterhaltstitel bleibt aber sinnvoll, wenn zB im Wege eines Vergleichs relativ großzügige und den Ehegattenunterhalt mit einbeziehende Regelungen getroffen werden.[41] **33**

Der *Pflichtige* wird – ebenso wie idR der Berechtigte – an häufigen Abänderungsverfahren nicht interessiert sein, so dass er nichts gegen eine Dynamisierung haben dürfte. Da das Wahlrecht aber allein dem Berechtigten zusteht (s. Rn. 22), kann er weder auf einer Dynamisierung bestehen noch diese ablehnen.[42] Hat der Pflichtige – möglicherweise sogar nach ausdrücklicher Forderung einer Dynamisierung – den Unterhalt außergerichtlich nur in statischer Form titulieren lassen, muss dem Berechtigten der Weg der Abänderungsklage eingeräumt werden, um die Möglichkeit des § 1612a nicht zu entwerten; unerheblich ist insoweit, ob sich die Höhe des aktuell zu zahlenden Kindesunterhalts durch die Dynamisierung ändert. Eine Leistungsklage müsste den bestehenden Titel berücksichtigen und würde die Dynamisierung insoweit gegenstandslos machen.[43] Hinsichtlich der **Wahl des Verfahrens** ist zunächst zu beachten, dass im vereinfachten Verfahren (§§ 645 ff. ZPO) Unterhalt nur bis zum 1,2fachen des Mindestunterhalts gefordert werden kann (s. Rn. 5). Ein den Regelbetrag *übersteigender* Bedarf sollte gerade auch angesichts des prozessualen Kostenrisikos nur bei ausreichenden Kenntnissen der Leistungsfähigkeit des Pflichtigen verlangt werden.[44] **34**

---

[35] *Born* in *Heiß/Born* Kap. 22 Rn. 433.
[36] *van Els* in abl. Anm. zu OLG München FamRZ 1999, 1355; s. Rn. 49 aE.
[37] *Schwab/Borth* V Rn. 22.
[38] *Strauß* FamRZ 1998, 993, 997. Zum Mangelfall ab 1. 1. 2008 s. *Vossenkämper* FamRZ 2008, 201, 208; *Klinkhammer* FamRZ 2008, 193, 200.
[39] *Wendl/Klinkhammer* § 2 Rn. 365.
[40] Diesem Abhängigkeitsverhältnis war prozessual im Wege eines Hilfsantrages Rechnung zu tragen; s. dazu *Born* in *Heiß/Born* Kap. 22 Rn. 82 ff. Zu den Auswirkungen des absoluten Vorrangs s. *Schürmann* FamRZ 2008, 313, 320; *Vossenkämper* FamRZ 2008, 201, 210.
[41] Vgl. *Palandt/Brudermüller* Rn. 4.
[42] *Johannsen/Henrich/Graba* Rn. 3.
[43] *Finke* § 7 Rn. 23. Zur Problematik der Errichtung eines Titels nach Einleitung des vereinfachten Verfahrens s. Rn. 51.
[44] *Luthin* FF 1999, 105; *Finke* § 7 Rn. 5 aE. Zur Beweislast s. Rn. 11, 79–82.

§ 1612a 35–39

35 Bei der Frage nach **Stufen- oder Staffelunterhalt** (s. Rn. 29) wird zT die Ansicht vertreten, der Staffelunterhalt erscheine sinnvoll, wenn sich das Kind noch in der ersten oder zweiten Altersstufe befinde, während der Stufenunterhalt dann nach Vollendung des 12. Lebensjahres geeignet sei.[45] Bei dieser Bevorzugung des Staffelunterhalts wird übersehen, dass dem *Vorteil* der Dynamisierung (automatische Anpassung an die Erhöhungen des Mindestunterhalts) der *Nachteil* gegenüberstehen kann, dass sonstige Veränderungen, die zusammen mit den allgemeinen wirtschaftlichen Verhältnissen die Wesentlichkeitsgrenze für eine individuelle Abänderung (§ 323 ZPO) überschritten hätten, diese Grenze nicht erreichen. So sind zB die Bedarfserhöhungen auf Grund Erreichens einer höheren Altersstufe regelmäßig umfangreicher als die Anpassungen des Mindestunterhalts, was zu einem erschwerten Einstieg in die Abänderung nach § 323 ZPO führen kann und bei der Frage, ob überhaupt ein dynamisierter Unterhaltstitel zu beantragen und – wenn ja – in Form von Stufen- oder Staffelunterhalt zu verlangen ist, überlegt werden sollte.[46]

36 **b) Bemessung.** Beim dynamischen Unterhalt stellen sich alle einschlägigen Fragen genau sowie wie beim statischen Unterhalt; es ist also zu prüfen, ob eine Höher- oder Herabstufung vorzunehmen ist, Bedarfskontrollbetrag und Selbstbehalt gewahrt sind und ob sich unter Umständen der betreuende Elternteil am Barunterhalt zu beteiligen hat (s. § 1610 Rn. 33–40, 120–133).[47] Erreicht das Kind eine **höhere Altersstufe,** gilt der dadurch erhöhte Bedarf schon ab dem Beginn des fraglichen Monats (Abs. 3); s. Rn. 49.

37 **3. Bezugsgröße (Abs. 1 S. 1).** Die Funktion der Vorschrift ist gleich geblieben: Rechengröße ist nunmehr der Mindestunterhalt, der eine Dynamisierung des Individualunterhalts minderjähriger Kinder ermöglicht, auch im Rahmen des vereinfachten Verfahrens nach § 645 ZPO. Die Änderung liegt darin, dass der Mindestunterhalt – als neue Bezugsgröße – an die Stelle des Regelbetrages nach der Regelbetragverordnung getreten ist.[48]

38 **4. Doppelter Kinderfreibetrag (Abs. 1 S. 2).** Die Vorschrift definiert den gesetzlichen Mindestunterhalt. Bezugspunkt ist der einkommensteuerrechtliche Kinderfreibetrag (§ 32 Abs. 6 S. 1 EStG); er gewährleistet, dass der zur Sicherung des Existenzminimums des minderjährigen Kindes aufzubringende Betrag von der Besteuerung verschont wird.[49] Da dieser Kinderfreibetrag steuerrechtlich jedem einzelnen einkommensteuerpflichtigen Elternteil zukommt, hat der Steuergesetzgeber den (im Existenzminimumbericht als sächliches Existenzminimum von Kindern ausgewiesenen) Betrag halbiert; die Summe der – beiden Elternteilen gewährten – Kinderfreibeträge stellt das **volle** sächliche Existenzminimum eines Kindes dar (§ 32 Abs. 6 S. 2 EStG).[50] Damit definiert das Gesetz den Mindestunterhalt als **doppelten** Freibetrag; erst durch die Verdoppelung des – jedem Elternteil einzeln zugewiesenen – Freibetrages wird der volle Betrag des sächlichen Existenzminimums erreicht.[51] Da der Kinderfreibetrag im Einkommensteuerrecht als **Jahresbetrag** ausgewiesen ist, während das Unterhaltsrecht auf den *Monat* als Bezugsgröße abstellt (§ 1612 Abs. 3 S. 1 BGB), sollte der Mindestunterhalt als $1/12$ des doppelten Kinderfreibetrages festgelegt werden.[52] Zur politisch motivierten – Anhebung der Beträge „in letzter Sekunde" s. Rn. 10, 28 a.

39 **5. Altersstufen (Abs. 1 S. 3). a) Differenzierung.** Anders als im Steuerrecht, wo die Höhe des Existenzminimums von Kindern für alle Altersstufen *einheitlich* festgelegt werden kann[53] und sich das Konzept des Mindestunterhalts am Steuerrecht orientiert, erscheint in dem – regelmäßig einzelfallbezogenen – Unterhaltsrecht statt einer solchen Pauschalierung eine *differenzierte* Betrachtung sinnvoll. Denn es ist statistisch belegt,[54] dass ältere Kinder höhere Kosten als jüngere Kinder verursachen. Sowohl die Rechtspraxis wie die Betroffenen gehen auch ganz allgemein davon aus, dass der Unterhaltszahlbetrag mit zunehmendem Alter des Kindes steigt.[55] Nach Ansicht des Gesetzgebers würde ein Abgehen von diesem bewährten Prinzip bei den Betroffenen auf Unverständnis

---

[45] *Wendl/Klinkhammer* § 2 Rn. 359; *Schumacher/Grün* FamRZ 1998, 781.
[46] *Finke* § 7 Rn. 16.
[47] *Wendl/Klinkhammer* § 2 Rn. 312, 361. Der Anspruch ist nicht auf Fälle mit ausreichender Leistungsfähigkeit des Pflichtigen beschränkt, sondern besteht auch im Mangelfall (OLG Hamm FamRZ 2004, 1587).
[48] BT-Drucks. 16/1830 S. 27. S. aber Rn. 10, 28 a.
[49] BT-Drucks. 16/1830 S. 27.
[50] BT-Drucks. 16/1830 S. 27.
[51] BT-Drucks. 16/1830 S 27.
[52] BT-Drucks. 16/1830 S. 27, 28.
[53] BVerfGE 91, 93, 111 f.
[54] *Münnich/Krebs,* Ausgaben für Kinder in Deutschland – Berechnungen auf der Grundlage der Einkommens- und Verbrauchsstichprobe § 1998, in: Statistisches Bundesamt [Hrsg.] Wirtschaft und Statistik 12/2002, 1080 ff.
[55] BT-Drucks. 16/1830 S. 28.

stoßen, zumal ein – über alle Altersstufen hinweg – gleich bleibender Unterhalt insbesondere für ältere Kinder zu beträchtlichen Kürzungen führen würde.[56]

b) Stufen. Der Gesetzgeber hat die gleichen Altersstufen beibehalten wie diejenigen der Regel- 40 betragsverordnung, der Düsseldorfer Tabelle und der Berliner Tabelle, konkret sowohl eine Differenzierung nach drei Altersstufen wie die Einteilung der einzelnen Altersgruppen.

Zum Zwecke der Dynamisierung wird der konkret geschuldete Unterhalt als **Prozentsatz** des 41 jeweiligen Mindestunterhalts ausgedrückt. **Ausgangspunkt** für die Aufspreizung des Mindestunterhalts ist die zweite Altersstufe, die direkt an den steuerlichen Bezugswert anknüpft; die Werte in der Ersten und dritten Altersstufe leiten sich hieraus ab. Die Höhe des prozentualen Ab- bzw. Aufschlags orientiert sich an der prozentualen Aufspreizung der Unterhaltsbeträge nach der bisherigen Regelbetrag-Verordnung, s. Rn. 9.[57]

Im Einkommensteuerrecht ist der Kinderfreibetrag als *Jahresbetrag* ausgewiesen, während das 42 Unterhaltsrecht auf den *Monat* als Bezugsgröße abstellt (§ 1612 Abs. 3 S. 1); deshalb wird der Mindestunterhalt in Abs. 1 S. 3 als der **zwölfte Teil** des doppelten Kinderfreibetrages festgelegt, wodurch einer einhelligen Forderung der Praxis Rechnung getragen wird.[58] S. aber Rn. 38 aE.

c) Privilegierte Volljährige. Die meisten OLGs bestimmen in ihren unterhaltsrechtlichen Leitli- 43 nien[59] in Ziffer 13.1.1, dass für volljährige Kinder, die noch im Haushalt der Eltern oder eines Elternteils wohnen, die Altersstufe 4 der Düsseldorfer Tabelle gilt.[60] Diese Stufe ist eigens geschaffen worden in der Annahme, dass volljährig gewordene Kinder, auch wenn sie noch im Haushalt eines Elternteils leben, einen höheren Bedarf haben als minderjährige Kinder der dritten Altersstufe,[61] s. § 1610 Rn. 137 ff. Derzeit ist nicht erkennbar, ob die Gerichte an der **vierten Altersstufe** festhalten oder den Bedarf des privilegiert volljährigen Kindes, auch im Hinblick auf die geänderte Rechtsprechung zum Kindergeldausgleich bei Volljährigen,[62] anders bestimmen werden. Trotz der zum Teil bereits erhobenen Bedenken[63] spricht einiges für einen höheren Bedarf des privilegiert volljährigen Kindes und damit die Anwendung der vierten Altersstufe (s. § 1610 Rn. 137, 138), weil nach der Lebenserfahrung[64] und statistischer Grundlage[65] ältere Kinder höhere Kosten verursachen als jüngere Kinder.

Dem minderjährigen Kind ist durch das KindUG der zu Hause wohnende, in der allgemeinen 44 Schulausbildung befindliche und bis 21 Jahre alte **Schüler** über die Figur des privilegierten Volljährigen (s. § 1603 Rn. 77 bis 79; § 1606 Rn. 10) gleichgestellt worden, und zwar sowohl beim Rang (§ 1609) wie bei der gesteigerten Unterhaltspflicht (in Form des niedrigeren Selbstbehaltes des Pflichtigen), nicht dagegen für § 1606 Abs. 3 S. 2 (Unterhaltsleistung durch Betreuung) und § 1606 Abs. 2 (Einsatz des Vermögens). Zu weiteren Nachweisen s. § 1610 Rn. 27. Mit dem Inkrafttreten des Unterhaltsrechtsänderungsgesetzes sind KindUG wie Regelbetragsverordnung entfallen. Im Gesetzentwurf werden privilegierte Volljährige im Rahmen der Neufassung von § 1609 erwähnt,[66] während das im Rahmen der Ausführungen zu § 1612a nicht der Fall ist.[67] Angesichts der Erfahrungen mit der „Sorgfalt" des Gesetzgebers in den vergangenen Jahren[68] wird man mit der Annahme einer bewussten Differenzierung des Gesetzgebers vorsichtig sein müssen, zumal die die Gleichstellung vorsehende Vorschrift des § 1603 Abs. 2 S. 2 nicht geändert worden ist. Wenn man es also –

---

[56] BT-Drucks. 16/1830 S. 28; *Gerhardt* FuR 2005, 535.
[57] BT-Drucks. 16/1830 S. 28.
[58] BT-Drucks. 16/1830 S. 27/28.
[59] Zusammenstellung unter www.heiss-born.de sowie in NJW 2008, Beilage zu Heft 10; 2007, Beilage zu Heft 32, weiter in FamRZ 2008, 215, 333; 2007, 1373 ff.
[60] Abweichend: KG Berlin, OLG Rostock, OLG Naumburg.
[61] *Ehinger* FamRB 2006, 338, 339.
[62] BGH NJW 2006, 57 = FamRZ 2006, 99.
[63] *Borth* FamRZ 2006, 813, 819, der gegen eine Eingruppierung in die vierte Altersstufe Bedenken anmeldet unter Hinweis auf die Rangfolgeregelung des § 1609 Abs. 1 Nr. 1, wonach privilegierte volljährige den minderjährigen Kindern gleichgestellt werden und somit den Berechtigten der zweiten Gruppe vorgehen, was nach seiner Auffassung eine insoweit eindeutige gesetzliche Definition erfordert. S. dazu Rn. 44.
[64] *Ehinger* FamRB 2006, 338, 339.
[65] BT-Drucks. 16/1830 S. 28 unter Hinweis auf *Münnich/Krebs,* Ausgaben für Kinder in Deutschland, Berechnungen auf der Grundlage der Einkommens- und Verbrauchstichprobe 1998, in: Statistisches Bundesamt [Hrsg.], Wirtschaft und Statistik 12/2002, 1080 ff.
[66] BT-Drucks. 16/1830 S. 24.
[67] BT-Drucks. 16/1830 S. 26 ff.
[68] Nur beispielhaft sei hier in prozessualer Hinsicht auf die „verunglückte" Monatsfrist bei der Anschlussberufung (§ 524 Abs. 2 S. 2, Abs. 3 S. 1 ZPO) hingewiesen, die zu unbilligen Zufallsergebnissen führte und erst nach zahlreicher Kritik (statt vieler: *Born* FamRZ 2003, 1245; *Soyka* FuR 2002, 481) mit Wirkung zum 1. 9. 2004 durch das Justizmodernisierungsgesetz korrigiert wurde. Zu Einzelheiten s. *Born* in *Heiß/Born* Kap. 22 Rn. 314 f.; *ders.* NJW 2005, 3038.

auch weiterhin – ernst meint damit, das privilegiert volljährige Kind dem minderjährigen Kind **gleichzustellen,** dann ist in der Sache[69] die Annahme eines Mindestunterhalts auch für das privilegiert volljährige Kind berechtigt.[70] Auch der Umstand, dass nach früherem Recht die Befugnis des privilegiert volljährigen Kindes bejaht wurde, dynamischen Unterhalt nach Regelbeträgen zu verlangen (zu Einzelheiten s. Rn. 12 in der 4. Auflage), spricht dafür, auch jetzt eine Gleichbehandlung vorzunehmen.

45 **6. Antragstellung.** Im Hinblick auf die Neuregelung der Bezugsgröße für den Mindestunterhalt und die Anrechnung des Kindergeldes auf den Bedarf (s. § 1612b Rn. 33–35) ergeben sich für die Antragstellung Änderungen, wenn ein dynamischer Unterhaltstitel begehrt wird. Im Rahmen der verschiedenen Varianten[71] wird danach unterschieden, ob ein Prozentsatz vom Mindestunterhalt mit oder ohne Vorwegabzug des anteiligen Kindergeldes verlangt wird; eine weitere Alternative befasst sich mit dem Fall, in dem der zu titulierende Betrag niedriger liegt als der Mindestunterhalt abzüglich des anteiligen Kindergeldes. Setzt man das hälftige Kindergeld von derzeit 92 € von den Mindestunterhalts-Beträgen der einzelnen Altersstufen (s. Rn. 9) ab, ergeben sich für die einzelnen Altersstufen Zahlbeträge von 225 €, 272 € und 334 €.[72]

46 **a) Antrag bei Vorwegabzug des anteiligen Kindergeldes.** Die Bedarfsbeträge kann das Kind – je nach Altersstufe – in der Weise beantragen, dass es eine Verurteilung des beklagten Unterhaltsschuldners in Höhe von 61,8% (erste Altersstufe), 74,6% (zweite Altersstufe) oder 91,7% (dritte Altersstufe) eines Zwölftels des doppelten sächlichen Kinderfreibetrags nach § 32 Abs. 6 S. 1 EStG beantragt.

47 **b) Antrag ohne Vorwegabzug des anteiligen Kindergeldes.** Da steuerlicher Kinderfreibetrag wie Kindergeld unabhängig voneinander vom Gesetzgeber geändert werden können, ist es im Falle längerfristiger Unterhaltspflichten empfehlenswert, sich durch geeignete Antragstellung die Vorteile eines dynamischen Titels für beide Werte zu sichern. Hier kann – unter Anwendung der Prozentsätze für die drei Altersstufen – eine Verurteilung des Unterhaltsschuldners in Höhe von 87% (erste Altersstufe), 100% (zweite Altersstufe) oder 117% (dritte Altersstufe) eines Zwölftels des doppelten sächlichen Kinderfreibetrages nach § 32 Abs. 6 S. 1 EStG beantragt werden mit dem Zusatz, dass „jeweils abzüglich der Hälfte des für den maßgeblichen Zeitraum geltenden gesetzlichen Kindergeldes für ein erstes Kind" verlangt wird.

48 **c) Unterschreitung des Mindestunterhalts.** Auch in diesem Fall kann der Unterhalt in dynamisierter Form beantragt werden. Sofern ein Schuldner zB für ein Kind der zweiten Altersstufe einen Mindestunterhalt von (364 € – 92 € =) 272 € zu zahlen hat, aber nur in Höhe von 160 € leistungsfähig ist, entspricht das einer Quote von 58,82 € %, in der dritten Altersstufe bei einem Mindestunterhalt von 334 € einem Anteil von 47,90%. Hier kann Unterhalt in Höhe dieser Prozentsätze beantragt werden, wiederum in Form eines Zwölftels des doppelten sächlichen Kinderfreibetrags nach § 32 Abs. 6 S. 1 EStG.

49 **7. Monatserster (Abs. 3).** Erreicht das Kind eine *höhere Altersstufe,* ist der dadurch erhöhte Bedarfsbetrag bereits vom 1. des Monats an maßgebend, in den der Geburtstag fällt. Wird das Kind also im März 13 Jahre alt, dann gilt die dritte Altersstufe unterhaltsrechtlich ab dem 1. 3., unabhängig davon, ob das Kind am 5., 20. oder einem anderen Tag in diesem Monat Geburtstag hat.[73]

IV. Verfahrensrecht

50 **1. Vereinfachtes Verfahren.** Das Verfahren, in dem der dynamische Unterhalt bis zum 1,2fachen des Mindestunterhalts (bisher: 1½fachen des Regelbetrages) geltend gemacht werden kann (§ 645 Abs. 1 ZPO, seit 1. 9. 2009 § 249 FamFG), verfolgt das Ziel, dem Kind schnell zu einem Unterhaltstitel zu verhelfen (s. § 1602 Rn. 67).

51 **a) Einstufiges Rechtspfleger-Verfahren.** Neben der Gleichstellung des nichtehelichen mit dem ehelichen Kind durch die umfassende Gesetzesreform im Jahre 1998 (s. Rn. 2 ff. in der 4.

---

[69] Formal erscheint dagegen die Kritik von *Borth* FamRZ 2006, 813, 819 berechtigt.
[70] So im Ergebnis auch *Ehinger* FamRB 2006, 338, 339; ebenso wohl auch *Vossenkämper* FamRZ 2008, 201, 202.
[71] S. dazu ausführlich *Vossenkämper* FamRZ 2008, 201, 203; *Ehinger* FamRB 2006, 338, 341.
[72] *Palandt/Brudermüller* Rn. 20 aE. Die ursprünglich geplanten Beträge lagen niedriger. Erste Altersstufe: 87% von 304 € = 265 € – 77 € = 188 €; zweite Altersstufe: 100% von 304 € = 304 € – 77 € = 227 €; dritte Altersstufe: 117% von 304 € = 356 € – 77 € = 279 €; s. o. Rn. 9.
[73] *Palandt/Brudermüller* Rn. 22; *Finke* § 7 Rn. 18; *Born* in *Heiß/Born* Kap. 22 Rn. 412; *Johannsen/Henrich/Graba* Rn. 6.

Aufl.) und der zweijährigen Dynamisierung der Regelbeträge bzw. Prozentsätze in allen drei Altersstufen (früheres Recht) bzw. Festlegung des steuerlichen sächlichen Existenzminimums (s. Rn. 3, 7) nach neuem Recht (s. Rn. 7–28) bestand ein Hauptelement der Reform vor rd. 12 Jahren in der Einführung eines vereinfachten Verfahrens zur Festsetzung des Unterhalts aller minderjährigen Kinder, und zwar nicht mehr durch das Gericht, sondern durch den Rechtspfleger. Da das „vereinfachte" Verfahren selbst nach Ansicht des Justizministeriums[74] seinen Namen nicht verdient, weil es alles andere als einfach ist,[75] ist die Beiordnung eines Anwalts (§ 121 Abs. 2 ZPO) durchaus geboten.[76]

Der **Zweck** der Regelung besteht darin, dem bedürftigen Kind im Beschlusswege möglichst schnell einen Vollstreckungstitel zur Verfügung stellen zu können. Der Unterhalt soll in einem einfach ausgestalteten Verfahren mit begrenzten Einwendungsmöglichkeiten des Pflichtigen festgesetzt werden können. 52

b) Antragsvoraussetzungen. aa) Grundsätze. Das vereinfachte Verfahren kann nur beantragt werden, wenn bisher **kein Unterhaltstitel** (Urteil, Vergleich, notarielle Urkunde, Jugendamtsurkunde) vorliegt und **kein gerichtliches Verfahren** anhängig ist (§ 249 Abs. 2 FamFG). Entscheidend ist der Zeitpunkt der Einleitung des Verfahrens; ist dann kein Titel vorhanden, ist das vereinfachte Verfahren zulässig. Eine Errichtung des Titels, zB einer Jugendamtsurkunde, während des Verfahrens ändert an der Zulässigkeit nichts; denn anderenfalls hätte es der Unterhaltsschuldner in der Hand, das vereinfachte Verfahren jederzeit zu Fall zu bringen.[77] Die sich aus § 250 FamFG (früher: § 646 Abs. 1 ZPO) ergebenden umfangreichen Formalien[78] erscheinen eher abschreckend als hilfreich.[79] Es können auch Unterhaltsrückstände verlangt werden. Bei Anspruchsübergang (§ 91 BSHG aF = § 93 ff. SGB XII; § 7 UVG)[80] kann auch der neue Rechtsträger (Sozialamt, Jugendamt) das vereinfachte Verfahren durchführen (§ 250 Abs. 1 Nr. 11 FamFG). Sind mehrere vereinfachte Verfahren gegen den gleichen Pflichtigen anhängig, so sind diese zu verbinden und gemeinsam zu entscheiden (§ 249 Abs. 3 FamFG). 53

bb) Höhe. Im vereinfachten Verfahren kann der Unterhalt bis zum 1,2fachen des Mindestunterhalts verlangt werden (§ 249 Abs. 1 FamFG = § 645 Abs. 1 ZPO a. F.). Dies liegt über dem Existenzminimum (s. Rn. 5) des Kindes, so dass damit die meisten Kindesunterhaltsfälle abzudecken sind. Da das unterhaltsbedürftige Kind den 1,2fachen Regelbetrag **ohne nähere Begründung** verlangen kann,[81] kann erwartet werden, dass dieser Betrag in den meisten Fällen verlangt und erst nach vollständiger Offenlegung der Einkommens- und Vermögensverhältnisse des Pflichtigen[82] reduziert wird. Zur praktischen Frage der Begrenzung der Höhe bei fehlender Kenntnis der Leistungsfähigkeit des Pflichtigen s. auch Rn. 33–35. 54

Der **Vorteil**[83] besteht zum einen darin, dass das minderjährige Kind schnell zu einem Vollstreckungstitel kommt. Zusätzlich besteht gegenüber dem Pflichtigen ein **Druckmittel** in Gestalt der nur auf seiner Seite vorliegenden Notwendigkeit, möglichst schnell die genaue Leistungsfähigkeit zu offenbaren, um überhöhte Ansprüche abzuwehren.[84] 55

cc) Wahlmöglichkeit. Für das minderjährige Kind stellt das vereinfachte Verfahren nur eine Möglichkeit, aber *keine Verpflichtung* dar; das Kind kann also nach wie vor einen herkömmlichen Unterhaltsantrag einreichen. Dies kommt auch darin zum Ausdruck, dass der Titel auf Antrag mit entsprechender Begründung jederzeit herabgesetzt werden kann (§§ 254, 255 FamFG). Der „normale" Antrag bleibt beispielsweise sinnvoll bei Verbindung mit einem Antrag auf Trennungsunterhalt[85] oder einem Unterhaltsantrag nach § 1615l.[86] 56

---

[74] So die damalige Bundesjustizministerin beim Familiengerichtstag 1999.
[75] Dies folgt schon aus den notwendige Formalien (§ 646 Abs. 1 ZPO).
[76] OLG Hamm FamRZ 2001, 1155; *Zöller/Philippi* § 121 ZPO Rn. 4; *van Els* FamRZ 1999, 1356; *Born* in *Heiß/Born* Kap. 22 Rn. 433 mwN; **aA** OLG München FamRZ 1999, 1355.
[77] OLG Zweibrücken NJWE-FER 2000, 216; *Born* in *Heiß/Born* Kap. 22 Rn. 434.
[78] Zu den aktuellen Formalien s. *Vossenkämper* FamRZ 2008, 201, 209. Zu weiteren Einzelheiten s. *Born* in *Heiß/Born* Kap. 22 Rn. 434.
[79] Auf dem Familiengerichtstag 1999 ist von der Bundesjustizministerin deshalb eine Überarbeitung im Sinne einer deutlichen Vereinfachung angekündigt worden. Diese hat bislang auf sich warten lassen.
[80] Zu Einzelheiten s. *Born* in *Heiß/Born* Kap. 22 Rn. 38 ff., 50 ff.
[81] Zur Beweislast s. Rn. 11, 79–82.
[82] Zu dessen Einwendungsmöglichkeiten s. Rn. 60–64, zu Entscheidungen und Rechtsmitteln s. Rn. 65–72.
[83] Zu den möglichen Nachteilen bei Wahl des dynamisierten Unterhalts s. Rn. 33–35.
[84] *Born* in *Heiß/Born* Kap. 22 Rn. 435 aE.
[85] *Born* in *Heiß/Born* Kap. 22 Rn. 436.
[86] Durch die nach § 232 Abs. 3 FamFG gegebene Verbindungsmöglichkeit wird erreicht, dass trotz unterschiedlicher Gerichtsbezirke der Beteiligten dasselbe Gericht zuständig ist, s. *Born* in *Heiß/Born* Kap. 22 Rn. 426 aE.

§ 1612a 57–63   Abschnitt 2. Titel 3. Unterhaltspflicht

57 Im Rahmen der Rechtsprechung zur **Verfahrenskostenhilfe**[87] wird die Wahlmöglichkeit teilweise *verneint* mit der Begründung, Kindesunterhalt sei grundsätzlich im vereinfachten Verfahren durchzusetzen, so dass VKH für einen regulären Unterhaltsantrag, von Ausnahmefällen abgesehen,[88] grundsätzlich immer dann nicht bewilligt werden könne, wenn nicht mit dem Einwand fehlender Leistungsfähigkeit oder auch nicht mit fehlender Unterhaltspflicht auf Grund materieller Einwendungen zu rechnen sei.[89] Gegen diese Ansicht bestehen Bedenken angesichts der Unzulänglichkeiten der neuen Regelung (s. Rn. 51); vor allem aber zeigt die prozessuale Wirklichkeit, dass die Frage, ob es in einem späteren Verfahren zu Einwendungen kommen wird, nur sehr eingeschränkt prognostizierbar ist. Dies dürfte weniger mit einer fehlenden Kalkulierbarkeit anwaltlichen Erfindungsreichtums als mit der Vielgestaltigkeit der Lebenssachverhalte zusammenhängen.

58 **dd) Gebühren.** Für das vereinfachte Verfahren ergeben sich eine halbe Gerichtsgebühr (Nr. 1120 KV GKG) und eine 1,3fache Verfahrensgebühr (§ 13 RVG iVm. Anlage 1 Nr. 3100). Der Streitwert bestimmt sich ausschließlich nach der Unterhaltshöhe der ersten 12 Monate ab Einreichung des Antrags.

59 Das unterhaltsbedürftige Kind kann für die Durchführung des vereinfachten Verfahrens **Verfahrenskostenhilfe** beantragen. Da für dieses Verfahren lediglich eine Entscheidungsgebühr (Nr. 1120 KV GKG) anfällt, dagegen keine Vorschussgebühr (§ 6 Abs. 1 GKG), ist das VKH-Verfahren *parallel* zum vereinfachten Verfahren durchzuführen. Eine Vorschaltung kommt nicht in Betracht; denn anderenfalls würde der – vom Gesetzgeber bezweckte (s. Rn. 52, 54) – Beschleunigungseffekt des vereinfachten Verfahrens unterlaufen.

60 **c) Einwendungen des Schuldners.** Auch hier ist die gesetzliche Regelung von der Absicht gekennzeichnet, dem Kind – auch ohne Auskunftsverfahren – schnell zu einem Unterhaltstitel zu verhelfen.

61 **aa) Grundsätze.** Nach Einleitung des vereinfachten Verfahrens wird der Pflichtige vom Rechtspfleger durch die Übersendung der amtlichen Formblätter zur Erteilung der notwendigen Auskünfte (Einkommen, Vermögen, sonstige persönliche und wirtschaftlichen Verhältnisse) sowie durch den Hinweis auf die Regelbeträge und Prozentsätze der drei Altersstufen, die Kindergeldverrechnung und die nach § 252 FamFG möglichen Einwendungen *informiert* (§ 251 Abs. 1 Nr. 1, 3, 4 FamFG). Gleichzeitig wird der Pflichtige *belehrt* darüber, dass der vom Antragsteller begehrte Festsetzungsbeschluss ergeht, wenn der Pflichtige nicht **binnen Monatsfrist** Einwendungen in der vorgeschriebenen Form erhebt (§ 252 Abs. 1 Nr. 3 FamFG). Die Gefährlichkeit des vereinfachten Verfahrens für den Pflichtigen zeigt sich auch daran, dass er die im vereinfachten Unterhaltsverfahren erstinstanzlich nicht vorgetragenen **Einwendungen** im Beschwerdeverfahren nicht nachholen kann.[90]

62 **bb) Formelle Einwendungen.** Einwendungen in formaler Hinsicht (§ 252 Abs. 1 FamFG) kann der Pflichtige erheben gegen die Zulässigkeit des vereinfachten Verfahrens nach § 249 Abs. 2 FamFG, die Fälligkeit des Unterhalts, die Berechnung der Prozentsätze für die drei Altersstufen, die Kindergeldverrechnung und die Kostentragungspflicht.

63 **cc) Sachliche Einwendungen.** Der Pflichtige kann außerdem Einwendungen in der Sache erheben (§ 252 Abs. 2 FamFG) und sich damit gegen die Höhe des Anspruchs wenden. Dies muss er in erster Instanz tun, kann also die Einwendungen im Beschwerdeverfahren nicht mehr nachholen (s. Rn. 61 aE). Der – die Praxis beherrschende – Einwand der **eingeschränkten Leistungsfähigkeit** ist aber nur zulässig, wenn der Pflichtige erklärt, in welcher Höhe er zur Unterhaltszahlung bereit ist, *und* wenn er sich insoweit zur Unterhaltszahlung verpflichtet.[91] In diesem Rahmen muss der Pflichtige – unter Verwendung der übersandten amtlichen Vordrucke – Auskunft erteilen (Einkünfte, Vermögen, persönliche und wirtschaftliche Verhältnisse) und zum Einkommen zusätzlich

---

[87] Umfassend in unterhaltsrechtlicher Hinsicht dazu *Fuchs* in *Heiß/Born* Kap. 28 Rn. 1 ff.
[88] So bei einem Streit nur über Rechtsfragen (OLG Hamm FamRZ 1999, 995) oder dann, wenn im vereinfachten Verfahren mit einem Übergang ins streitige Verfahren zu rechnen ist, zB bei schon vorprozessualer Berufung des Schuldners auf Leistungsunfähigkeit (OLG Hamm FamRZ 1999, 1213).
[89] OLG Naumburg Rechtspfleger 1999, 450; OLG Koblenz OLGR 1999, 494; OLG Zweibrücken NJWE-FER 2000, 95; *Niepmann* FF 1999, 164, 168; *Büttner/Niepmann/Schwamb* Rn. 213. Einschränkend OLG Hamm FamRZ 1999, 995, wonach *zwingend* mit Einwendungen zu rechnen sein muss, um Wahlfreiheit anzunehmen.
[90] OLG Stuttgart FamRZ 2002, 32; KG FamRZ 2002, 546; OLG Köln FamRZ 2000, 680; OLG Hamm NJWE-FER 2000, 96; *Büttner/Niepmann/Schwamb* Rn. 209; **aA** OLG Bamberg NJWE-FER 2000, 265; OLG Stuttgart NJWE-FER 2001, 83. Zur Bedeutung des Zeitpunktes im Rahmen von § 252 Abs. 3 FamFG (= 648 Abs. 3 ZPO) s. OLG Frankfurt FamRZ 2001, 109 m. Nachw. zum Meinungsstand.
[91] *Born* in *Heiß/Born* Kap. 22 Rn. 440. Bei fehlender Darlegung der Einkünfte wird Leistungsfähigkeit unterstellt (OLG Brandenburg FamRZ 2011, 733).

Belege vorlegen.[92] Die Erklärung des Unterhaltsschuldners, keinen Unterhalt zu zahlen, wenn er meint, keinen solchen zu schulden, genügt den Anforderungen für eine zulässige Einwendung nach § 252 Abs. 2 FamFG. Im vereinfachten Verfahren ist nicht zu prüfen, ob diese Rechtsansicht zutrifft.[93]

Mit der **Auskunfts- und Belegpflicht** hat der Gesetzgeber einen dreifachen Zweck verbunden: Der Pflichtige soll sich zunächst nicht ohne nähere Begründung auf die Behauptung fehlender oder nur eingeschränkter Leistungsfähigkeit zurückziehen können.[94] Des Weiteren soll das Kind – entsprechend der generellen Zielsetzung des vereinfachten Verfahrens, s. Rn. 52, 54 – schnell zu einem Unterhaltstitel kommen können. Schließlich soll das bedürftige Kind im Falle berechtigter Einwendungen des Pflichtigen die Möglichkeit bekommen, seine Forderungen (nach Überprüfung der wirtschaftlichen Verhältnisse des Pflichtigen) auf den anerkannten Betrag zu reduzieren.[95] 64

d) Entscheidung und Rechtsmittel. Die verfahrensrechtlichen Möglichkeiten bestimmen sich danach, ob der Pflichtige[96] keine oder nur *unzulässige* Einwendungen erhebt (mit der Folge, dass es zu einem Titel nach § 253 FamFG kommt), oder ob er *zulässige* Einwendungen erhebt (und deshalb nur ein Teilbetrag nach § 254 FamFG tituliert wird). 65

aa) Titel nach § 253 FamFG. Sofern der Pflichtige innerhalb der Monatsfrist (§ 251 Abs. 1 Nr. 3 FamFG) keine oder nur unzulässige Einwendungen nach § 252 FamFG erhebt,[97] setzt der Rechtspfleger den verlangten Unterhalt in vollem Umfang (sowie die bis dahin entstandenen, erstattungsfähigen Verfahrenskosten) durch Beschluss fest (§ 253 Abs. 1 FamFG). Es hängt mit der gewollten Beschleunigung zusammen, dass in diesem Verfahren *keine* materiell-rechtliche Überprüfung des vom Bedürftigen geltend gemachten Unterhaltsanspruchs stattfindet. 66

Gegen den Beschluss hat der Pflichtige gem. § 253 FamFG die Möglichkeit der **Beschwerde** (§ 256 FamFG). Mit ihr können nur die in § 252 Abs. 1 FamFG bezeichneten Einwendungen, die Zulässigkeit von Einwendungen nach § 252 Abs. 2 FamFG sowie die Unrichtigkeit der Kostenentscheidung oder -festsetzung, sofern sie nach allgemeinen Grundsätzen anfechtbar sind, geltend gemacht werden. Hinsichtlich des Einwandes, der Bedürftige habe zu hohen Unterhalt beantragt, bleibt dem Pflichtigen nur die Möglichkeit des § 240 FamFG (s. Rn. 74, 75). 67

Der Richter kann der Erinnerung abhelfen, wenn er sie für zulässig oder begründet hält; anderenfalls hat er sie dem OLG zur Entscheidung vorzulegen (§ 11 Abs. 2 S. 3 RPflG). Mit erstinstanzlich nicht vorgetragenen Einwendungen ist der Pflichtige im Beschwerdeverfahren im Rahmen des vereinfachten Verfahrens präkludiert, s. Rn. 61 aE. 68

bb) Titel nach § 254 FamFG. Sofern der Pflichtige zulässige Einwendungen nach § 648 ZPO gegen Beginn der Zahlungspflicht und Höhe des verlangten Kindesunterhalts erhebt *und* sich gleichzeitig zur Zahlung eines niedrigeren Betrages verpflichtet (§ 648 Abs. 2 S. 1 ZPO), der auch unter dem Mindestunterhalt liegen kann, teilt das Gericht dem Antragsteller diesen Umstand mit und tituliert auf seinen Antrag nur diesen **Teilbetrag** (§ 650 ZPO).[98] Auch hier nimmt der Rechtspfleger keine materiell-rechtliche Überprüfung der Richtigkeit des anerkannten Betrages vor. Der Pflichtige hat die Möglichkeit, den von ihm anerkannten Betrag durch Jugendamtsurkunde kostenlos titulieren[99] zu lassen, was er zB dann tun wird, wenn der Antragsteller die Teiltitulierung als nach seiner Auffassung zu niedrig ablehnt.[100] 69

cc) Streitiges Verfahren. Im Falle zulässiger Einwendungen des Schuldners (§ 648 ZPO) können *beide* Parteien eine Durchführung dieses Verfahrens beantragen (§ 651 Abs. 1 S. 1 ZPO). Das 70

---

[92] OLG Hamm FamRZ 2000, 360; OLG Naumburg FamRZ 2000, 360; *Büttner/Niepmann/Schwamb* Rn. 209. Nach dem eindeutigen Wortlaut des Gesetzes bezieht sich die Verpflichtung zur Vorlage von Belegen nur auf das Einkommen, nicht dagegen auf Abzugsposten zur Bereinigung des Nettoeinkommens, zB Schulden, berufsbedingte Aufwendungen, Vorsorgeaufwendungen.
[93] OLG Hamm OLGR 1999, 329.
[94] BR-Drucks. 959/96 S. 46.
[95] *Gerhardt* FuR 1998, 145.
[96] Zu Rechtsbehelfen des Berechtigten bei Begrenzung des Titels auf die Zeit der Minderjährigkeit s. Rn. 24.
[97] ZB deshalb, weil er zwar fehlende oder eingeschränkte Leistungsfähigkeit behauptet, aber keine Auskunft zum Einkommen und Vermögen erteilt oder die erforderlichen Belege nicht vorlegt, oder weil er das vorgeschriebene Formular nicht benutzt (OLG Karlsruhe FamRZ 2001, 107 m. Anm. *Gottwald*).
[98] Hier ergeht keine Kostenentscheidung, weil es sich nur um eine Teilentscheidung handelt.
[99] Die Errichtung der Jugendamtsurkunde ändert aber nichts an der Zulässigkeit eines einmal zulässigerweise eingeleiteten vereinfachten Verfahrens, s. Rn. 53.
[100] Dem Bedürftigen muss zur Durchsetzung seines Anspruchs nach § 1612a dann aber die Berechtigung zur Stellung eines Abänderungsantrags zuerkannt werden, weil nur so *insgesamt* ein dynamisierter Titel erstellt werden kann.

Antragserfordernis ist vorgesehen, um den Parteien Gelegenheit zu einer außergerichtlichen Einigung zu geben.[101] Der Bedürftige wird das streitige Verfahren etwa dann einleiten, wenn er nach Prüfung der Auskünfte (§ 648 Abs. 2 S. 3 ZPO) des Pflichtigen zu der Auffassung gekommen ist, der anerkannte Teilbetrag sei zu niedrig. Vergleichbar hiermit ist die Situation, dass der Pflichtige zwar ordnungsgemäß Auskunft erteilt, aber dann keinen oder nur einen unverhältnismäßig niedrigen Betrag anerkannt hat.

71 Ob die vom Gesetzgeber beabsichtigte **Entlastung der Gerichte** tatsächlich eintritt, bleibt auch weiterhin abzuwarten. Trotz der relativ großen Bandbreite bei den einzelnen Einkommensgruppen der Düsseldorfer Tabelle wurde in der Vergangenheit in nicht geringem Umfang um Einzelheiten bei der Berechnung des anrechenbaren Nettoeinkommens des Pflichtigen gestritten. Da sich bei Beginn des Verfahrens meist nicht vorhersehen lässt, ob und in welchem Umfang sich solche Fragen auswirken,[102] wird vermutlich trotz der neuen Gesetzeslage mit einer Vielzahl von streitigen Verfahren zu rechnen sein.

72 Wird der Antrag auf Durchführung des streitigen Verfahrens innerhalb einer **Frist von 6 Monaten** nach Zugang der Mitteilung über die Erhebung zulässiger Einwendungen durch den Pflichtigen vom Berechtigten gestellt, gilt das streitige Verfahren ab Zustellung des Festsetzungsantrags im vereinfachten Verfahren als rechtshängig (§ 255 Abs. 3 FamFG). Sofern bereits ein Teilbetrag tituliert worden ist (§ 254 FamFG), ist ein einheitlicher Titel zu schaffen (§ 255 Abs. 4 FamFG). Die Kosten des vereinfachten Verfahrens sind Teil der Kosten des streitigen Verfahrens (§ 255 Abs. 5 FamFG). Gegen die Entscheidung des Familiengerichts kommen die üblichen Rechtsmittel in Betracht.

73 **e) Abänderungsverfahren.** Hier ist zwischen der Möglichkeit des Abänderungsverfahrens nach § 240 FamFG und des „herkömmlichen" Abänderungsantrags nach §§ 238, 239 FamFG (= Abänderungsklage nach § 323 ZPO aF) zu unterscheiden.

74 **aa) Abänderung nach § 240 FamFG.** Ist der Unterhalt im vereinfachten Verfahren nach § 253 FamFG antragsgemäß festgesetzt worden, weil vom Pflichtigen keine oder nur unzulässige Einwendungen erhoben worden sind, hat der **Pflichtige** die Möglichkeit, nach formeller Rechtskraft des Beschlusses eine Herabsetzung des Unterhalts zu beantragen (§ 240 FamFG). Sofern die Klage nicht binnen eines Monats nach Rechtskraft der Unterhaltsfestsetzung erhoben wird, kann die Abänderung erst ab Rechtshängigkeit dieser Klage verlangt werden. Auch im Verfahren nach § 240 FamFG gilt der Grundsatz, dass der Abänderungsantragsteller für geänderte Umstände darlegungs- und beweispflichtig ist.[103] Von daher ist von dem eine Herabsetzung des Titel begehrenden Pflichtigen eine genaue Darlegung seiner Einkommens- und Vermögensverhältnisse auch in diesem Verfahren zu verlangen.[104]

75 Verlangt dagegen der **Bedürftige,** dessen Unterhalt im vereinfachten Verfahren tituliert ist, einen höheren Unterhalt unter Berufung auf geänderte Verhältnisse, hat er ebenfalls einen Abänderungsantrag nach § 240 FamFG (und nicht nach § 238 FamFG) zu stellen. Der Unterschied ist von erheblicher Bedeutung, denn im Rahmen von § 240 FamFG ist keine wesentliche Änderung der Verhältnisse erforderlich,[105] und es gibt auch keine Präklusion für Erhöhungsanträge. Vielmehr richtet sich die Begründetheit des Antrags allein danach, ob und ab wann materiell-rechtlich ein höherer Unterhaltsanspruch besteht.[106]

76 **bb) Abänderung nach §§ 238, 239 FamFG.** Bei Urteilen/Beschlüssen (oder bei Vergleichen im Nachverfahren nach § 651 ZPO) ist im Falle geänderter Verhältnisse Abänderungsantrag nach §§ 238, 239 FamFG zu stellen. Aufgrund der gesetzlichen Änderungen (hier: §§ 239 FamFG, 794 Nr. 2 a ZPO) fallen an sich auch die im vereinfachten Verfahren ergangenen Beschlüsse (§ 253 FamFG) unter die nach § 323 ZPO abänderbaren Titel. In diesem Zusammenhang ist aber zu beachten, dass
– bei Titeln nach § 253 FamFG das Abänderungsverfahren nach § 240 FamFG als „lex specialis" anzusehen ist;
– bei Titeln nach § 254 FamFG zunächst das streitige Verfahren nach § 255 FamFG durchzuführen ist.

---

[101] BR-Drucks. 959/96 S. 47.
[102] Ebenso wenig lässt sich zuverlässig vorhersagen, ob der Pflichtige Einwendungen erheben wird, was im Rahmen der Wahlfreiheit zwischen vereinfachtem und streitigen Verfahren (s. Rn. 56, 57) zu berücksichtigen ist.
[103] Zu Einzelheiten der Beweislast im Rahmen des herkömmlichen Abänderungsantrags nach §§ 238, 239 FamFG = § 323 ZPO s. *Born* in *Heiß/Born* Kap. 23 Rn. 220 ff.
[104] *Gerhardt* FuR 1998, 145, 147.
[105] BR-Drucks. 959/96 S. 48.
[106] *Gerhardt* FuR 1998, 145, 147.

f) Kein vereinfachtes Verfahren bei Kindergeldänderung. Das früher mögliche vereinfachte Verfahren bei Kindergeldänderung (§ 655 ZPO aF) kommt nicht mehr in Betracht, weil die §§ 655, 656 ZPO aF nicht in das FamFG übernommen worden sind; der Gesetzgeber hat nur ein geringes praktisches Bedürfnis gesehen und die bisherigen Abänderungsmöglichkeiten als zu komplex und aufwändig eingestuft (BT-Drucks. 16/6308 S. 261). 77

g) Regelbetrag im Kindschaftsverfahren. Nach § 237 FamFG kann eine Vaterschaftsfeststellungsklage mit einer Unterhaltsforderung in Höhe des Regelbetrages (hier: nicht des 1,2fachen) verbunden werden.[107] Die Leistungsfähigkeit wird nicht geprüft; dem Vater steht auch hier die Abänderungsmöglichkeit nach § 240 FamFG zur Verfügung.[108] Wird vom Bedürftigen dagegen ein *über* dem Mindestunterhalt liegender Prozentsatz verlangt, ist die Verbindung der beiden Klageverfahren nicht möglich. Hier kommt – neben einem isolierten vereinfachten Verfahren (§§ 249 ff. FamFG) und einem isolierten Unterhaltsantrag – als zweckmäßigste Lösung ein Abänderungsverfahren nach Titulierung des Regelbetrages nach § 240 FamFG in Betracht. 78

2. Beweislast. Die üblichen Grundsätze (s. Rn. 80) gelten dann nicht, wenn es um den Mindestunterhalt des Kindes geht; dort liegt die Beweislast für eine Leistungsunfähigkeit beim Unterhaltsschuldner (s. Rn. 81). 79

a) Grundsatz. Als Grundregel[109] hat jeder Beteiligte die ihm günstigen Voraussetzungen zu behaupten und zu beweisen.[110] 80

b) Mindestunterhalt. Der **Pflichtige** trägt die Beweislast für behauptete Leistungsunfähigkeit auch bei der Geltendmachung des früheren Regelunterhalts,[111] also dafür, dass er bestimmte Einkünfte nicht mehr hat[112] und in zumutbarer Weise auch nicht erzielen kann.[113] Der Grundsatz, dass der Berechtigte für die Höhe seines Bedarfs darlegungs- und beweispflichtig ist,[114] gilt dann nicht, wenn es um den Mindestbedarf geht.[115] Während eine Beweislastregelung zu Gunsten des Kindes – mit der Folge, dass es zum Bedarf nichts darlegen muss – bisher nur bei Geltendmachung des Regelbetrages angenommen wurde[116] und eine Ausdehnung auf einen Betrag in Höhe des Existenzminimums[117] schon deshalb richtig erschien, weil der Regelbetrag unter dem Existenzminimum lag und somit nicht den Bedarf iSd. § 1610 Abs. 1 darstellte,[118] liegt jetzt eine Klarstellung durch das Gesetz vor dahingehend, dass **das Kind** im Rahmen des Mindestunterhalts **keine** Darlegungs- und Beweislast trifft (s. Rn. 11). 81

Dagegen gibt die im **vereinfachten Verfahren** zu beachtende Begrenzung auf das 1,2fache des Mindestunterhalts (§ 249 Abs. 1 FamFG) keinen Anhaltspunkt für einen Mindestbetrag, weil es sich insoweit nur um eine Verfahrensregelung handelt, die eine schnelle und leichtere Durchsetzung des Unterhalts ermöglichen soll.[119] Das Kind hat deshalb die Beweislast nur für darüber hinausgehende Ansprüche.[120] 82

3. Übergangsregelungen. S. o. Rn. 19, 20 sowie Vor § 1601 Rn. 41. 83

§ 1612b Deckung des Barbedarfs durch Kindergeld

(1) ¹Das auf das Kind entfallende Kindergeld ist zur Deckung seines Barbedarfs zu verwenden:

---

[107] *Büttner/Niepmann/Schwamb* Rn. 212; *Born* in *Heiß/Born* Kap. 22 Rn. 450.
[108] DIV-Gutachten DAVorm. 1999, 610, 859.
[109] *Pruskowski* in *Baumgärtel/Laumen* S. 783 ff.
[110] *Klauser* MDR 1982, 529.
[111] BGH NJW 1980, 2083; KG FamRZ 2001, 1114; OLG Dresden FamRZ 2000, 296; OLG Köln FamRZ 2000, 310.
[112] OLG Karlsruhe FamRZ 1990, 535.
[113] BGH FamRZ 1980, 126; BVerfG NJW 1985, 1211; OLG Brandenburg FamRZ 2005, 233 (ggf. Fremdbetreuung eines beim Pflichtigen lebenden (Geschwister-) Kindes, damit dieser arbeiten kann).
[114] OLG München FamRZ 1999, 884.
[115] BGH FamRZ 2003, 444; KG FamRZ 2000, 1174; 1999, 405; OLG Zweibrücken FamRZ 2000, 765.
[116] KG FamRZ 1999, 405; OLG München FamRZ 1999, 884; *Divel* FPR 1998, 159, 160; *Meier/Sames* FPR 1998, 155.
[117] So *Kleinle* ZfJ 1998, 222; *Rühl/Greßmann* KindUG S. 25; *Johannsen/Henrich/Graba* 4. Aufl. § 1612a Rn. 1; *Schwab/Borth* V Rn. 95 aE.
[118] BT-Drucks. 13/9596 S. 44; *Schwab/Borth* V Rn. 21 aE.
[119] *Schwab/Borth* V Rn. 95 aE.
[120] OLG Karlsruhe MDR 2000, 1077; *Palandt/Brudermüller* Rn. 25 aE; s. o. Rn. 13.

§ 1612b 1, 2 Abschnitt 2. Titel 3. Unterhaltspflicht

1. zur Hälfte, wenn ein Elternteil seine Unterhaltspflicht durch Betreuung des Kindes erfüllt (§ 1606 Abs. 3 Satz 2);
2. in allen anderen Fällen in voller Höhe.

²In diesem Umfang mindert es den Barbedarf des Kindes.

(2) Ist das Kindergeld wegen der Berücksichtigung eines nicht gemeinschaftlichen Kindes erhöht, ist es im Umfang der Erhöhung nicht bedarfsmindernd zu berücksichtigen.

Schrifttum: Zur früheren Gesetzeslage s. die Vorauflage; zur Reform s. § 1609.

Übersicht

	Rn.		Rn.
I. Zweck und Systematik	1–27	III. Bedarfsdeckung durch Kindergeld	33–46
1. Grundlagen des Kindergeldbezugs	2–26	1. Verwendung des Kindergeldes (Abs. 1)	33–35
a) Rechtsgrundlagen	3, 4	a) Anspruch (Abs. 1 S. 1)	34
b) Voraussetzungen des Anspruchs	5–18	b) Bindung (Abs. 1 S. 2)	35
c) Geltendmachung des Anspruchs	19, 20	2. Höhe der Deckung des Barbedarfs (Abs. 1)	36–45
d) Höhe	21	a) Minderjährige Kinder (Abs. 1 Nr. 1)	37–39
e) Auszahlung	22–25	b) Volljährige oder nicht von Elternteil betreute Kinder (Abs. 1 Nr. 2)	40–44
f) Abgrenzung zu anderen Sozialleistungen	26	c) Kindbezogene Leistungen	45
2. Zweck des Kindergeldausgleichs	27	3. Zählkindvorteil (Abs. 2)	46
II. Änderungen durch das UnterhRÄndG	28–32	IV. Höhe des anrechenbaren Kindergeldes	47–55
		1. Einzel-Prinzip	47–50
1. Grundgedanken der Neuregelung	28	a) Jeweiliges Kind	48, 49
2. Inhalt der Neuregelung	29–32	b) Alter	50
a) Bedarfsdeckung	29, 30	2. Kein Zählkindvorteil (Abs. 2)	51–55
		a) Grundfragen	51
b) Vereinfachung und Harmonisierung	31, 32	b) Gesetzliche Regelung	52–55

I. Zweck und Systematik

1 Bevor auf Zweck und Systematik des – in § 1612b geregelten – Ausgleichs des Kindergeldes unter den Eltern eingegangen wird, sollen zunächst kurz die – sich nach den öffentlich-rechtlichen Vorschriften des Steuerrechts richtenden – Grundlagen der Berechtigung zum Kindergeldbezug dargestellt werden. Denn *wie* zu verteilen ist, erfordert auch Kenntnis davon, *was* eigentlich verteilt werden soll.

2 **1. Grundlagen des Kindergeldbezugs.** Hintergrund der Gewährung von Kindergeld durch den Staat war schon immer eine Begünstigung der Familie durch Erleichterung der finanziellen Kindesunterhaltsgewährung[1] zum Ausgleich der durch die Kindererziehung eintretenden Belastung der Familie, und zwar unabhängig davon, an wen das Kindergeld ausgezahlt wird.[2] Es dient nicht in erster Linie der Sicherung der angemessenen eigenen Unterhaltsbedarfs des Elterns.[3] Die früher verneinte Verpflichtung der Eltern, Kindergeld (nur) zum Wohl des Kindes auszugeben,[4] wird man inzwischen bejahen müssen angesichts der Neufassung des § 1612b Abs. 1 S. 1, wonach das Kindergeld aufgrund seiner bedarfsdeckenden Wirkung (s. Rn. 33, 34) als Einkommen des Kindes anzusehen ist,[5] auch wenn das Kind keinen zivilrechtlichen (s. Rn. 7), sondern nur einen öffentlich-rechtlichen Anspruch darauf hat (§§ 74 Abs. 1 EStG, 48 Abs. 1 SGB I).

---

[1] BVerfG FamRZ 1967, 559; BSG FamRZ 1983, 1113; 1987, 274, 276; BGH FamRZ 1990, 979.
[2] BGH FamRZ 1978, 177; 1981, 26; 1983, 49, 50; 1984, 769, 772; 1985, 1243, 1244; 1987, 270, 271; 1988, 834; 1990, 979; BSG NJW 1974, 2152; FamRZ 1987, 274, 276; OLG Hamburg FamRZ 1984, 87; OLG München DAVorm. 1978, 755; OLG Stuttgart FamRZ 1984, 86; OLG Schleswig SchlHA 1979, 190; 1987, 270, 271; 1988, 607, 610; BSG FamRZ 1987, 274, 276.
[3] BSGE 49, 243, 245; BSG FamRZ 1987, 274, 276. Dass das Kind *privatrechtlich* grundsätzlich keinen Anspruch auf Weiterleitung an sich selbst hat, steht dazu nicht im Widerspruch; s. Rn. 29.
[4] BGH FamRZ 1982, 1067; 1985, 1243, 1244.
[5] *Büttner/Niepmann/Schwamb* Rn. 892.

Deckung des Barbedarfs durch Kindergeld 3–6 § 1612b

a) Rechtsgrundlagen. Durch das Jahressteuergesetz 1996[6] hat der Gesetzgeber die Systematik der steuerlichen Entlastung auf Grund Unterhaltspflichten für Kinder grundlegend geändert; er hat hierdurch der Forderung des BVerfG auf Freistellung des Existenzminimums des Kindes[7] Rechnung getragen und den bisherigen Familien*lasten*ausgleich zu einem Familien*leistungs*ausgleich weiterentwickelt.[8] Das bis zum 31. 12. 1995 geltende kumulativ-duale System einer Förderung von Familie mit Kindern (durch Kindergeldzahlungen nach dem BKGG *und* durch Gewährung von steuerlichen Kinderfreibeträgen nach dem Einkommensteuergesetz)[9] wurde ab 1. 1. 1996 durch ein alternativ-duales System (Kindergeldzahlungen *oder* steuerliche Kinderfreibeträge) ersetzt; dies stellt einen grundsätzlichen Systemwechsel dar, weil die frühere Möglichkeit einer kumulativen Inanspruchnahme von Kindergeld und steuerlichem Kinderfreibetrag entfallen ist und jetzt nur noch Kindergeld *oder* Kinderfreibetrag verlangt werden kann.[10] Es besteht aber kein Wahlrecht; s. dazu Rn. 6, 7. 3

Seit dem 1. 1. 1996 ergibt sich die Kindergeldberechtigung von Eltern mit Wohnsitz oder gewöhnlichem Aufenthalt im Inland[11] sowie von Ausländern mit Aufenthaltsgenehmigung oder -Erlaubnis (s. Rn. 8, 9) aus §§ 62 ff. EStG. Dagegen gilt das BKGG[12] nur noch für beschränkt Steuerpflichtige[13] und Kinder, die Vollwaisen oder deren Eltern unbekannten Aufenthalts sind und nicht bei einer anderen Person als Kind berücksichtigt werden.[14] Als Reaktion auf eine weitere Entscheidung des Bundesverfassungsgerichts,[15] wonach das steuerliche Existenzminimum eines Kindes auch den Betreuungs- und Erziehungsbedarf umfasst, hat der Gesetzgeber das Gesetz zur Familienförderung[16] erlassen. 4

b) Voraussetzungen des Anspruchs. aa) Kindergeld oder Kinderfreibetrag. Seit 1. 1. 2000 wird der Familienleistungsausgleich *entweder* durch das Kindergeld (§§ 62 ff. EStG) *oder* durch die Freibeträge (§ 32 Abs. 6 EStG Mindestfreibetrag und Betreuungsfreibetrag)[17] verwirklicht. Das Kindergeld wird monatlich als vorweggenommene Steuervergünstigung ausgezahlt (§§ 31 S. 3, 62 ff. EStG); der Kinderfreibetrag wird nicht bei der Lohnsteuer (§ 38c EStG), dagegen bei Solidaritätszuschlag und Kirchensteuer,[18] berücksichtigt. Die Voraussetzungen für Kinderfreibetrag und Kindergeld sind im Wesentlichen identisch.[19] 5

Die Auffassung, der Gesetzgeber habe sich hierdurch für ein sogenanntes „Optionsmodell" entschieden,[20] ist insofern irreführend, als man daraus auf eine Wahlmöglichkeit schließen könnte. Es besteht also **kein Wahlrecht** zwischen Kindergeld und Kinderfreibetrag.[21] Dies kommt darin zum Ausdruck, dass jeder Berechtigte zunächst das Kindergeld erhält und das Finanzamt erst im Rahmen der Einkommensteuerveranlagung (also frühestens im folgenden Jahr) von Amts wegen prüft (§ 31 S. 4 EStG), ob Kinderfreibetrag und Betreuungsfreibetrag günstiger sind als das Kindergeld. Ist das der Fall, zB bei höheren Einkünften, wird die Steuer unter Verrechnung des Kindergeldes entsprechend niedriger festgesetzt.[22] 6

---

[6] Vom 11. 10. 1995, BGBl. I S. 1250.
[7] BVerfG NJW 1992, 3153.
[8] BT-Drucks. 13/1558 S. 139; *Nolte* FuR 1996, 81, 87.
[9] Zu Einzelheiten s. *Linderer* in *Heiß/Born* Kap. 44 Rn. 2.
[10] Einführungsschreiben zum Familienleistungsausgleich, BStBl. 1995 I S. 805; *Büttner/Niepmann/Schwamb* Rn. 892.
[11] Zu dem Sonderfall der ruhenden Kindergeldberechtigung des im Ausland lebenden barunterhaltspflichtigen Elternteils wegen Kindergeldberechtigung des anderen Elternteils s. BGH FamRZ 2004, 1639 m. Anm. *Heimann* 1641 sowie *Eichenhofer* 1965.
[12] In der Fassung der Bekanntmachung vom 22. 4. 1999, BGBl. I S. 770, geändert durch Art. 2 des Gesetzes zur Familienförderung vom 22. 12. 1999, BGBl. I S. 2552.
[13] ZB für Steuerausländer, die aus besonderen Gründen (Entwicklungshelfer, auswärtige Beamte) angesichts ihrer besonderen Beziehungen zu Deutschland kindergeldberechtigt sind (§ 1 Abs. 1 BKGG).
[14] Diese Kinder können selbst Kindergeld beziehen (§ 1 Abs. 2 BKGG).
[15] Vom 10. 11. 1998, FamRZ 1999, 285, 291.
[16] Vom 22.12. 1999, BGBl. I S. 2552, in Kraft seit dem 1. 1. 2000. Zur Familienbesteuerung nach diesem Gesetz *App* DAVorm. 2000, 545; *Sackowsky* NJW 2000, 1896; *Seer/Wendt* NJW 2000, 1904.
[17] Einzelheiten dazu bei *Linderer* in *Heiß/Born* Kap. 44 Rn. 26 ff., 33; *Wendl/Scholz* § 2 Rn. 703.
[18] § 51a Abs. 2, 2a EStG, auch als Annexsteuern bezeichnet.
[19] In § 63 Abs. 1 EStG wird auf die Regelung des Kinderfreibetrages in § 32 Abs. 1, 3–5 EStG verwiesen.
[20] *Arens/Spieker* in *Finke/Garbe* § 10 Rn. 140; *Horlemann* BB 1996, 188.
[21] *Wendl/Scholz* § 2 Rn. 703; *Linderer* in *Heiß/Born* Kap. 44 Rn. 3 aE.
[22] Zum Vergleich zwischen Kindergeld und den Freibeträgen (§ 32 Abs. 6 EStG) bei Zusammenveranlagung und getrennter Veranlagung verheirateter Eltern s. *Wendl/Scholz* § 2 Rn. 717; ausführlich dazu *Scholz* FamRZ 1996, 641. Zur steuerrechtlichen Problematik s. *Tischler* in *Scholz/Stein* Teil S Rn. 174 ff.; vgl. auch das Schreiben des BMF zum Familienleistungsausgleich vom 9. 3. 1998, NJW 1998, 3103.

§ 1612b 7–10   Abschnitt 2. Titel 3. Unterhaltspflicht

7 **bb) Anspruchsberechtigte.** Die Anspruchsberechtigung ergibt sich aus § 62 EStG. Das Kind selbst hat grundsätzlich keinen Anspruch auf Kindergeld.[23] Anspruchsberechtigt sind vielmehr die **Eltern,** sofern sie im Inland ihren Wohnsitz oder gewöhnlichen Aufenthalt haben (§ 62 Abs. 1 Nr. 1 EStG) oder aus besonderen Gründen trotz Auslandaufenthaltes kindergeldberechtigt sein sollen.[24] Das Kindergeld wird **einkommensunabhängig** gewährt; die frühere Kürzung auf einen Sockelbetrag ab dem 2. Kind ist entfallen.[25]

8 **Ausländer** haben nur bei Niederlassungserlaubnis (§ 9 AufenthG) oder Aufenthaltserlaubnis (§ 7 AufenthG) Anspruch auf Kindergeld.[26] Vertriebene und Spätaussiedler sind Deutsche.[27] Kindergeldberechtigung besteht für anerkannte **Flüchtlinge, Asylanten** und sonst politisch verfolgte Personen, sofern die Voraussetzungen nach dem AufenthG vorliegen;[28] gleiches gilt für Arbeitnehmer aus solchen Staaten, mit denen Abkommen über die soziale Sicherheit bestehen.[29]

9 **cc) Alter und Status des Kindes.** Kindergeld (und Kinderfreibetrag) werden gewährt für Kinder, die im ersten Grad mit dem Steuerpflichtigen verwandt sind (§ 32 Abs. 1 EStG), des Weiteren für Pflegekinder (§ 32 Abs. 1 EStG) und Kinder des Ehegatten, die der Berechtigte in seinen Haushalt (s. § 63 Abs. 1 S. 1 Nr. 2 EStG; s. Rn. 13–15) aufgenommen hat, schließlich auch für dort aufgenommene Enkelkinder (§ 63 Abs. 1 S. 1 Nr. 3 EStG). Für die Aufnahme des Pflegekindes in den Haushalt der Pflegeeltern ist wesentlich, dass ein Obhuts- und Pflegeverhältnis zu den Eltern nach § 32 Abs. 1 Nr. 1 EStG nicht mehr besteht und die tatsächliche Personensorge von den Pflegeeltern ausgeübt wird; gelegentliche Kontakte der leiblichen Eltern stehen nicht entgegen.[30]

10 In Bezug auf das **Alter** des Kindes ist zu beachten, dass Kindergeld generell bis zur Vollendung des 18. Lebensjahrs gewährt wird, im Falle von Arbeitslosigkeit ergänzend bis zur Vollendung des 21. Lebensjahres (§ 32 Abs. 4 S. 1 Nr. 1 EStG).[31] Noch weitergehend besteht eine Berechtigung bis zur Vollendung des 27. Lebensjahres für die Zeit einer Berufsausbildung, einer Übergangszeit zwischen zwei Ausbildungsabschnitten (bis zu vier Monaten), bei Fehlen eines Ausbildungsplatzes oder für die Zeit eines freiwilligen sozialen oder ökologischen Jahres.[32] Schließlich wird Kindergeld *ohne Altersbegrenzung* gewährt im Falle körperlicher, geistiger oder seelischer Behinderung und dadurch bedingter Unfähigkeit, sich selbst zu unterhalten, sofern die Behinderung bereits vor Vollendung des 27. Lebensjahres bestanden hat.[33] Für die Zeit des **Wehr- oder Zivildienstes** entfällt das Kindergeld; im Falle einer Ableistung dieses Dienstes[34] wird das Kind über das 21. bzw. 25. Lebensjahr hinaus berücksichtigt (§ 32 Abs. 5 EStG).

---

[23] Ausnahme: Vollwaise (§ 1 Abs. 2 BKGG) sowie nach § 74 EStG, zB dann, wenn der Kindergeldberechtigte ganz oder teilweise leistungsunfähig ist und deshalb keinen Unterhalt oder nur weniger als das in Betracht kommende Kindergeld zahlt; s. dazu *Wendl/Scholz* § 2 Rn. 705 aE. Hiervon zu unterscheiden ist der Grundsatz, dass das Kind *privatrechtlich* im Rahmen des Unterhaltsrechts keinen Anspruch auf Auszahlung des Kindergeldes an sich selbst hat, und zwar auch dann nicht, wenn kein ausreichender Unterhalt geleistet wird (BGH FamRZ 1988, 604, 606; *Büttner/Niepmann/Schwamb* Rn. 896); s. Rn. 29–32.

[24] ZB Entwicklungshelfer oder Angehörige des diplomatischen oder konsularischen Dienstes. Zu Einzelheiten, auch zu EU- bzw. EWR-Grenzpendlern s. *Linderer* in *Heiß/Born* Kap. 44 Rn. 12.

[25] Vgl. *Wendl/Scholz* § 2 Rn. 704.

[26] *Linderer* in *Heiß/Born* Kap. 44 Rn. 12, auch zur Problematik des Assoziationsabkommens bei türkischen Staatsangehörigen. Zum 1. 1. 2005 wurde das Ausländerrecht im Aufenthaltsgesetz gefasst; die verschiedenen Aufenthaltszwecke ergeben sich aus den dortigen Abschnitten 3 bis 7. Aufenthaltsbefugnis und Aufenthaltsbewilligung (s. dazu Rn. 8 in der Vorauf.) sind als Aufenthaltstitel abgeschafft worden. Die Anspruchsberechtigung hinsichtlich des Kindergeldes ergibt sich aus § 1 BKGG und § 62 EStG.

[27] *Schmidt/Weber/Grellet* § 62 Rn. 8.

[28] BGH DStZ 1998, 171, 172. N.: § 1 Abs. 3 Nr. 2 c) BKGG, § 62 Abs. 2 Nr. 2 c) EStG.

[29] ZB Schweiz, Türkei, Tunesien, Marokko; zu Einzelheiten s. *Linderer* in *Heiß/Born* Kap. 44 Rn. 12 aE.

[30] *Linderer* in *Heiß/Born* Kap. 44 Rn. 14. Hat seit mindestens einem Jahr kein Kontakt mehr stattgefunden, besteht zum leiblichen Elternteil kein Obhuts- und Pflegeverhältnis mehr (BFH FamRZ 1995, 1355), ebenso bei Abbruch der Kontakte über zwei Jahre (BFH FamRZ 1996, 613).

[31] S. aber BFH NJW 2008, 3311 (Frist von 3 Monaten, danach erneute Meldung als arbeitsuchend erforderlich, ansonsten Entfalls des Kindergeldanspruchs).

[32] § 32 Abs. 4 S. 1 Nr. 2 EStG. Als Berufsausbildung sind anerkannt Sprachaufenthalte im Ausland bei Vorgabe von Ausbildungsinhalt und -ziel durch eine fachlich autorisierte Stelle, auch in Gestalt eines Au-Pair-Verhältnisses (BFH FamRZ 2000, 537); auch Anwaltspraktikum eines Jurastudenten (BFH FamRZ 2000, 537) und Auslandspraktikum als Fremdsprachenassistent an einer Auslandsschule (BFH DStR 2000, 381, 382) sowie Vorbereitung auf die Promotion im Falle ernsthafter und nachhaltiger Durchführung werden als Berufsausbildung anerkannt (BFH FamRZ 2000, 537). Weitere Einzelheiten zur Berufsausbildung s. *Linderer* in *Heiß/Born* Kap. 44 Rn. 9.

[33] § 32 Abs. 4 S. 1 Nr. 3 EStG in der seit 1. 1. 2000 geltenden Fassung; s. *Linderer* in *Heiß/Born* Kap. 44 Rn. 8.

[34] Oder einer statt dessen ausgeübten Tätigkeit als Entwicklungshelfer.

Der Kindergeldanspruch für ein volljähriges Kind erlischt grundsätzlich ab **Heirat** dieses Kindes, 11 weil ab diesem Zeitpunkt in erster Linie der Ehegatte zum Unterhalt verpflichtet ist und kein Bedarf mehr für eine Entlastung der Eltern im Wege des Familienleistungsausgleichs besteht.[35]

dd) Einkünfte des Kindes. Hat das Kind im Kalenderjahr Einkünfte und Bezüge von mehr 12 als 8004 Euro brutto, wird es beim Kindergeld (und beim Kinderfreibetrag) nicht berücksichtigt (§ 32 Abs. 4 S. 2 EStG). Einkünfte sind solche nach § 2 Abs. 1 EStG; Bezüge sind alle Einnahmen in Geld oder Geldeswert, also auch steuerfreie Einnahmen oder pauschal versteuerter Arbeitslohn.[36] Als Bezüge können auch Sozialhilfeleistungen angesehen werden,[37] allerdings nur im Falle fehlender Inanspruchnahme des Steuer-/Unterhaltspflichtigen durch das Sozialamt nach §§ 93 ff. SGB XII.[38]

ee) Vorrang- und Obhutsprinzip. Aus Vereinfachungsgründen wird das Kindergeld (nach 13 dem Vorrang-Prinzip, s. Rn. 22–25) grundsätzlich nur an *einen* der Berechtigten allein ausgezahlt (§ 64 Abs. 1 EStG; zu Einzelheiten s. Rn. 22–25). Wer das ist, bestimmt sich (nach dem Obhuts-Prinzip) bei mehreren Berechtigten danach, wer das Kind in seinen **Haushalt** aufgenommen hat (§ 64 Abs. 2 S. 1 EStG). Eine Aufnahme in den Haushalt liegt vor, wenn das Kind bewusst in die Familiengemeinschaft mit einem auf längere Dauer gerichteten Betreuungs- und Erziehungsverhältnis familiärer Art aufgenommen wird;[39] ein bloßes Dulden des Mitlebens ist nicht ausreichend.[40] Beim *minderjährigen* Kind reicht die Leistung von Betreuungsunterhalt aus, während der aufnehmende Elternteil bei dem *volljährigen* Kind materiellen Unterhalt leisten muss; dazu zählt auch Naturalunterhalt in Form der Wohnungsgewährung.[41] Jedenfalls bei Barunterhalt nach den unteren Einkommensgruppen der Düsseldorfer Tabelle kann für ein volljähriges, noch im Haushalt der Mutter wohnendes Kind angenommen werden, dass aufseiten des Kindes noch ergänzender, von der Mutter zu deckender Bedarf besteht und deshalb auf ihrer Seite eine Anspruchsberechtigung für das Kindergeld besteht.[42] Befindet sich das Kind in einem **gemeinsamen** Haushalt beider Eltern, bestimmen die Berechtigten, wer das Kindergeld erhalten soll (§ 64 Abs. 2 S. 2 EStG); dasselbe gilt seit dem 1. 1. 2000, wenn kein Unterhalt gezahlt wird.[43] Bei fehlender Einigung entscheidet das Vormundschaftsgericht (§ 64 Abs. 2 S. 2, 3, Abs. 3 S. 4 EStG), inzwischen (nach Abschaffung des Vormundschaftsgerichts durch das FamFG) das Familiengericht.

Befindet sich das Kind **nicht im Haushalt** eines von mehreren Berechtigten, dann ist 14 derjenige auszahlungsberechtigt, der den Barunterhalt zahlt (§ 64 Abs. 3 S. 1 EStG); zahlen beide, zB bei anteiliger Unterhaltspflicht gegenüber dem volljährigen Kind, steht das Kindergeld demjenigen zu, der die höchste Unterhaltsrente zahlt (§ 64 Abs. 3 S. 2 EStG). Sind die Zahlungen gleich hoch, bestimmen die Berechtigten, an wen gezahlt wird; bei fehlender Einigung entscheidet das Familiengericht (§ 64 Abs. 3 S. 3 EStG). Das Familiengericht entscheidet auch, sofern keiner der Anspruchsberechtigten Unterhalt leistet (§ 64 Abs. 3 S. 4 EStG). In diesen Fällen wird das Familiengericht tätig, sofern der Antragsteller ein berechtigtes Interesse an der Kindergeldzahlung hat. In der Praxis sind dies Jugendamt oder Sozialamt im Falle von Unterhaltsleistungen für das Kind.[44]

Bei **Haushaltswechsel** eines Kindes[45] ist die Kindergeldfestsetzung aufzuheben (§ 70 Abs. 2 15 EStG). Denn in diesen – im Rahmen von Trennung oder Scheidung nicht seltenen – Fällen verliert der den Familienhaushalt verlassende Elternteil die Kindergeldberechtigung. In Bezug auf an diesen

---

[35] BFH NJW 2007, 3231 = FamRZ 2007, 1651 (LS.); *Linderer* in *Heiß/Born* Kap. 44 Rn. 11. Einschränkend Hessisches FG, BFH-PR 2008, 183, Urt. v. 11. 12. 2007 – 3 K 3174/05 n. rechtskr. (Kindergeldanspruch bei Getrenntleben der verheirateten, noch in Ausbildung befindlichen und keinen Trennungsunterhalt empfangenden Kindes).
[36] BFH NJW 2008, 3664; *Tischler* in *Scholz/Stein* Teil S Rn. 208 f.; Einzelheiten zu eigenen Einkünften des Kindes bei *Linderer* in *Heiß/Born* Kap. 44 Rn. 10 f. sowie bei *Wendl/Scholz* § 2 Rn. 704. Auch verfassungsrechtlich ist die Orientierung am Erwachsenen-Grundfreibetrag unbedenklich, BVerfG NJW 2010, 3564.
[37] Vgl. FG Baden-Württemberg FamRZ 1999, 536; zu Behindertenbezügen s. *Linderer* in *Heiß/Born* Kap. 44 Rn. 10 b.
[38] Vgl. BFH BStBl. 1975 II S. 139 zum früheren § 91 BSGH. Zu den Voraussetzungen für die Aufhebung einer Kindergeldfestsetzung s. BGH NJW 2007, 3023.
[39] *Linderer* in *Heiß/Born* Kap. 44 Rn. 15. S. BFH NJW 2009, 3472.
[40] *Schmidt/Weber/Grellet* § 64 Rn. 5 mwN.
[41] *Finke* § 7 Rn. 28.
[42] *Finke* § 7 Rn. 28.
[43] *Wendl/Scholz* § 2 Rn. 705 aE.
[44] *Finke* § 7 Rn. 29.
[45] Zu Einzelheiten s. *Linderer* in *Heiß/Born* Kap. 44 Rn. 16.

§ 1612b 16–20   Abschnitt 2. Titel 3. Unterhaltspflicht

Elternteil zu viel gezahltes Kindergeld hat die Familienkasse einen Rückforderungsanspruch (§ 37 Abs. 2 AO). Zu den sogenannten Weiterleitungs-Fällen s. Rn. 25.

16 **ff) Monats-Prinzip.** Kindergeld wird nur für die Monate gezahlt, in denen die Anspruchsvoraussetzungen vorliegen (§ 66 Abs. 2 EStG); war das wenigstens an einem Tag des Monats der Fall, wird Kindergeld für den gesamten Monat gewährt.[46] Das Kindergeld wird monatlich ausgezahlt (§ 71 EStG). Entsprechendes gilt für Kinderfreibetrag und Betreuungsfreibetrag (§ 32 Abs. 3, 4–6 S. 6 EStG).

17 **gg) Verdrängung durch andere Leistungen.** Sofern die Eltern Anspruch auf Kinderzulagen aus der gesetzlichen Unfallversicherung[47] oder auf Kinderzuschüsse aus der gesetzlichen Rentenversicherung haben,[48] wird Kindergeld nicht gezahlt (§ 64 Abs. 1 Nr. 1 EStG). Da diese Leistungen *kindergeldersetzende* Funktion haben, werden sie in Höhe des durch sie verdrängten Kindergeldes unterhaltsrechtlich wie Kindergeld behandelt, in Höhe des Überschussbetrages wie Einkommen;[49] s. § 1612c. Gleiches gilt dann, wenn für das Kind im Ausland Kindergeld oder eine vergleichbare Leistung gewährt wird und deshalb kein Anspruch auf deutsches Kindergeld besteht.[50] In diesen Fällen ist der Kindergeldanspruch wegen der Subsidiarität des Familienleistungsausgleichs (EStR 2003 R 241) ausgeschlossen,[51] wobei es nicht auf tatsächliche Zahlung, sondern auf das Bestehen eines rechtlichen Anspruchs auf die andere Leistung und dessen Realisierung ankommt.[52] Auch kindbezogene Leistungen unterfallen einem Ausgleich nicht, wenn nur *eine* Person anspruchsberechtigt ist, etwa bei Kinderzuschuss oder Familienzuschlag für einen Arbeitnehmer; in diesem Fall soll nur er allein begünstigt werden.[53] Gleiches gilt für dem Kind selbst zustehende Leistungen wie zB Waisengeld.[54]

18 Dagegen sind kindbezogene Zahlungen *ohne* kindergeldersetzende Funktion nicht nach § 1612b oder § 1612c auszugleichen; sie erhöhen aber das Einkommen des jeweiligen Elternteils mit der Folge der Veränderung von Bedürftigkeit bzw. Leistungsfähigkeit.[55] Zur Abgrenzung zu anderen Sozialleistungen s. Rn. 26.

19 **c) Geltendmachung des Anspruchs.** Kindergeld ist bei der örtlich zuständigen **Familienkasse** schriftlich zu beantragen (§ 67 Abs. 1 S. 1 EStG); diese ist Teil des Arbeitsamtes, hat aber die Rechtsstellung einer Bundesfinanzbehörde (§ 6 Abs. 2 Nr. 6 AO, § 5 Abs. 1 Nr. 11 S. 4 FVG). Deshalb sind die Finanzgerichte für Klage gegen Bescheide der Familienkasse zuständig. Antragsberechtigt ist der Kindergeldberechtigte (s. Rn. 8, 9) sowie derjenige, der ein berechtigtes Interesse an der Leistung von Kindergeld hat (s. Rn. 13–15).

20 Von Ausnahmefällen abgesehen,[56] kann das **Kind** nach den öffentlich-rechtlichen Vorschriften[57] keine Auszahlung des Kindergeldes an sich selbst verlangen. Eine Änderung in Form eines entsprechenden Bescheides der Familienkasse ist möglich, sofern der eigentlich Kindergeldberechtigte seinen gesetzlichen Unterhaltspflichten dem Kind gegenüber nicht nachkommt.[58] Gleiches gilt im Falle von Zahlungen, die unterhalb des in Betracht kommenden Kindergeldes liegen (§ 74 Abs. 1 S. 1, 3 EStG). Die § 48 SGB I entsprechende Vorschrift des § 74 EStG hat in der Praxis Bedeutung insbesondere dann, wenn der Kindergeld beziehende Elternteil dem nicht mehr bei ihm wohnenden volljährigen Kind keinen Unterhalt leistet und das Kindergeld auch nicht an das Kind weiterleitet;[59] s. dazu Rn. 38 f., 44. Eine Kindergeldzahlung kommt auch an die dem Kind tatsächlich Unterhalt gewährende Institution in Betracht, zB an das Sozialamt (§ 74 Abs. 1 S. 4 EStG) oder die betreffende Anstalt oder Einrichtung (§ 74 Abs. 2 EStG).

---

[46] EStR 2003 R 242 Abs. 3; *Linderer* in *Heiß/Born* Kap. 44 Rn. 18 aE.
[47] § 583 RVO iVm. § 217 Abs. 3 SGB VII: Versicherungsfälle bis Inkrafttreten des SGB VII am 7. 8. 1996; *Schwab/Borth* V Rn. 180.
[48] Diese werden nur noch bei Altrenten gewährt, § 270 SGB VI; s. *Schmidt/Weber/Grellet* § 65 Rn. 2.
[49] BGH FamRZ 1988, 607; 1988, 604, 606.
[50] § 65 Abs. 1 S. 1 Nr. 2, 3 EStG; OLG München FamRZ 1994, 456.
[51] *Linderer* in *Heiß/Born* Kap. 44 Rn. 17.
[52] *Schmidt/Weber/Grellet* § 65 Rn. 1.
[53] *Schwab/Borth* V Rn. 183.
[54] *Schwab/Borth* V Rn. 106, 183.
[55] OLG Karlsruhe DAVorm. 2000, 168; *Schumacher/Grün* FamRZ 1998, 778, 784; *Büttner/Niepmann/Schwamb* Rn. 9600.
[56] ZB bei Vollwaisen, unbekanntem Aufenthalt der Eltern oder fehlender Berücksichtigung als Kind bei sonstigen Personen, § 1 Abs. 2 BKGG. S. u. Rn. 39, 40 aE.
[57] Zu unterscheiden hiervon ist die Frage, ob dem Kind ein Anspruch auf Weiterleitung eines an Eltern ausgezahlten Kindergeldes zusteht; s. dazu Rn. 38 f., 44.
[58] S. § 74 Abs. 1 EStG; BFH FamRZ 2009, 883; vgl. OLG Naumburg NJW-RR 2006, 1154.
[59] *Wendl/Scholz* § 2 Rn. 712.

Deckung des Barbedarfs durch Kindergeld 21–26 § 1612b

d) Höhe. Als Folge des Jahressteuergesetzes 1996 (s. Rn. 3) ist das Kindergeld in den vergangenen Jahren durch § 66 EStG erheblich angehoben worden.[60] Nicht unberücksichtigt bleiben darf in diesem Zusammenhang, dass die Erhöhung des Tabellenunterhalts, insbesondere des untersten Satzes, zum 1. 1. 1996 um rund 20% ihren Grund auch in der gleichzeitigen erheblichen Heraufsetzung des Kindergeldes hat.[61] Die Höhe der Kindergeldbeträge richtet sich nach der **Ordnungszahl** der Kinder; das älteste Kind ist immer das erste Kind. Mitgezählt werden auch sogenannte Zählkinder, für die der Berechtigte nur deshalb keinen Anspruch auf Kindergeld hat, weil dieser vorrangig einem anderen Elternteil zusteht oder nach § 65 EStG ausgeschlossen ist;[62] zur fehlenden Auswirkung des Zählkindvorteils im Rahmen des Kindergeldausgleichs nach Abs. 4 s. Rn. 55–59. 21

e) Auszahlung. Aufgrund des – auch die Anrechnungsregeln bestimmenden[63] – Gesichtspunktes, dass angesichts der Gleichgewichtigkeit der Unterhaltsleistungen beider Eltern (s. Rn. 34) beide Eltern durch Kindergeld gleichmäßig entlastet[64] und deshalb auch anspruchsberechtigt sein sollen,[65] beruht die Auszahlung an nur **einen** Elternteil[66] vorwiegend auf Gründen der Verwaltungsvereinfachung.[67] Bei Uneinigkeit über die Person des Zahlungsempfängers entscheidet das Vormundschaftsgericht (Rechtspfleger) auf Antrag eines Elternteils (§ 64 Abs. 2 S. 3 EStG; s. Rn. 13–15). 22

Während das Kindergeld bei Arbeitnehmern außerhalb des öffentlichen Dienstes früher durch den Arbeitgeber gezahlt wurde, wird es seit 1. 1. 1999[68] durch die jeweilige Familienkasse (s. dazu Rn. 19) des Arbeitsamtes des Wohnsitzes (vgl. §§ 7, 13 BKGG) ausgezahlt. Dagegen werden Festsetzung und Auszahlung des Kindergeldes bei Angehörigen des öffentlichen Dienstes weiterhin von der jeweiligen Anstellungskörperschaft durchgeführt (§ 72 Abs. 1 EStG). 23

Eine **Pfändung** von Kindergeld ist nur wegen Unterhaltsansprüchen von Kindern zulässig, die bei Festsetzung des Kindergeldes berücksichtigt worden sind; eine Pfändung für andere Gläubiger ist dagegen ausgeschlossen.[69] Eine **Aufrechnung** mit Rückzahlungsansprüchen darf die Familienkasse gegenüber Kindergeld nur bis zu dessen Hälfte vornehmen, soweit der Berechtigte dadurch nicht hilfebedürftig wird.[70] 24

Ist das Kindergeld in den sogenannten „**Weiterleitungsfällen**"[71] entgegen §§ 62 ff. EStG an einen anderen als den dort vorgesehenen Berechtigten ausgezahlt worden (zB nach Trennung der Eltern an den Ehemann, obwohl die Ehefrau kindergeldberechtigt gewesen wäre), kann die Familienkasse das zu Unrecht bezogene Kindergeld durch Verwaltungsakt zurückfordern, sofern die vorrangig berechtigte Person (im Beispielsfall die Ehefrau) das Kindergeld im Ergebnis durch „Weiterleitung" in Form einer Verrechnung mit dem Kindesunterhalt erhalten hat. 25

f) Abgrenzung zu anderen Sozialleistungen. Der frühere Kinderzuschuss zum Kindergeld, der bei geringen Einkünften einen Ausgleich für den nicht ausgeschöpften Kinderfreibetrag gewähren sollte, wurde – wie auch ein sonstiger Steuervorteil – als unterhaltspflichtiges Einkommen gewertet;[72] er ist seit 1996 entfallen.[73] Kindbezogene Teile des **Familienzuschlags**, der an Beamte, Richter oder Soldaten gezahlt wird,[74] sind Einkommen[75] und gelten nicht als Kindergeld, welches 26

---

[60] In den Jahren 1992 bis 1995 wurden für das erste Kind 70 DM, für das zweite 130 DM, für das dritte 220 DM und für das vierte und jedes weitere Kind 240 DM monatlich gezahlt, wobei ab dem zweiten Kind bei höheren Einkünften erhebliche Kürzungen vorgenommen wurden. Erst- und Zweitkindergeld betrugen 1996 je 200 DM, 1997 und 1998 je 220 DM. Ab 1996 wurden für das dritte Kind 300 DM, für das vierte und jedes weitere Kind 350 DM gezahlt. Seit 2002 liegen die Beträge bei 154 € (1. bis 3. Kind) bzw. 179 € (ab dem 4. Kind), seit 1. 1. 2009 bei 164 € (1. und 2. Kind), 170 € (3. Kind) und 195 € (ab dem 4. Kind); seit dem 1. 1. 2010 bei **184 €** (1. und 2. Kind), **190 €** (3. Kind) und **215 €** (ab dem 4. Kind); s. auch Rn. 52.
[61] *Scholz* FamRZ 1996, 65, 72; *Wagner* FamRZ 1997, 1518 Fn. 59; *Johannsen/Henrich/Graba* Rn. 2.
[62] *Linderer* in *Heiß/Born* Kap. 44 Rn. 18.
[63] *Schwab/Borth* V Rn. 182.
[64] BGH FamRZ 1978, 177; 1981, 650, 651; 1981, 26; 1981, 541, 542; 1982, 887, 889; 1983, 49, 50; 1988, 607, 609; 1988, 834.
[65] *Wendl/Scholz* § 2 Rn. 716; *Schwab/Borth* V Rn. 178; *Büttner/Niepmann/Schwamb* Rn. 892.
[66] Einzelheiten der Auszahlung bei mehreren Personen ergeben sich aus § 64 Abs. 2, 3 EStG; s. o. Rn. 13–15.
[67] BGH FamRZ 1978, 177, 178; 1981, 26; 1983, 49.
[68] Aufhebung des § 73 EStG durch Art. 1 Nr. 7 des Steuerentlastungsgesetzes 1999; vgl. *Linderer* in *Heiß/Born* Kap. 44 Rn. 22; *Wendl/Scholz* § 2 Rn. 706.
[69] § 76 EStG, § 54 Abs. 5 SGB I; *Linderer* in *Heiß/Born* Kap. 44 Rn. 23; *Kalthoener/Büttner* Rn. 897.
[70] § 75 Abs. 1 EStG; *Linderer* in *Heiß/Born* Kap. 44 Rn. 23.
[71] S. dazu *Linderer* in *Heiß/Born* Kap. 44 Rn. 49.
[72] OLG Koblenz FamRZ 1990, 90; *Büttner/Niepmann/Schwamb* Rn. 896 mwN.
[73] *Wendl/Scholz* 6. Aufl. § 2 Rn. 710.
[74] Seit dem 1. 7. 1997 nach § 40 BBesG in der Fassung des Gesetzes vom 24. 2. 1997, BGBl. I S. 322, 328.
[75] Ebenso wie die kinderbezogenen Stufen des früheren Ortszuschlags.

ohnehin daneben gezahlt wird.[76] Kein Kindergeld sind auch an private Arbeitnehmer gezahlte Kinderzulagen oder Kinderzulagen im Rahmen der steuerlichen Begünstigung des selbstgenutzten Wohnungsbaus.[77] Kindbezogene Zahlungen *ohne* kindergeldersetzende Funktion (s. Rn. 17, 18) unterliegen nicht der Ausgleichung nach §§ 1612b, 1612 c; sie werden deshalb hier nicht näher dargestellt.[78]

27 **2. Zweck des Kindergeldausgleichs.** Da durch Kindergeld die *Familie* – und nicht der Einzelne, an den das Kindergeld hauptsächlich aus Gründen der Verwaltungsvereinfachung ausgezahlt wird, s. Rn. 22 – begünstigt werden soll, ist ein Ausgleich zwischen beiden Elternteilen geboten.[79] Ziel der Neuregelung des § 1612b durch das KindUG[80] war eine Rechtsvereinfachung in Form einer für alle Kinder geltenden Regelung[81] durch gesetzliche Zusammenfassung der Rechtsprechung des BGH zur Anrechnung des Kindergeldes für eheliche Kinder und der für nichteheliche Kinder geltenden Vorschrift des früheren § 1615g.

II. Änderungen durch das UnterhRÄndG

28 **1. Grundgedanken der Neuregelung.** Nach der Gesetzeslage bis Ende 2007 fielen Anspruch und Bezugsberechtigung beim Kindergeld auseinander (beide Elternteile haben einen eigenen Anspruch, bezogen werden kann das Kindergeld dagegen nur von einem). Zu weiteren Einzelheiten, auch hinsichtlich interner Verrechnung und nach altem Recht bestehender Unsicherheiten und Zweifelsfragen, s. die 5. Aufl. Rn. 29 - 32.

29 **2. Inhalt der Neuregelung. a) Bedarfsdeckung.** Die Neufassung des Gesetzes hat der Kritik des BVerfG[82] Rechnung getragen, wonach Bedenken gegen die Kompliziertheit der Kindergeldanrechnung und deren schwer zu durchschauende Wechselwirkung mit den sozial- und steuerrechtlichen Vorschriften im Hinblick auf das rechtsstaatliche Gebot der Normenklarheit bedenklich seien. Die Neuregelung entspricht der Empfehlung des DFGT;[83] mit der unmittelbaren Anrechnung des Kindergeldes auf den Bedarf wird zunächst die Zweckrichtung des Kindergeldes stärker verwirklicht, dem *Kind* das Kindergeld wirtschaftlich zukommen zu lassen und sein Existenzminimum zu sichern;[84] im Ergebnis wird damit der Mindestunterhalt des Kindes jedenfalls teilweise sichergestellt.[85]

30 Gleichzeitig wird damit die zivilrechtliche Bestimmung in Einklang mit den sozialrechtlichen Grundentscheidungen gebracht.[86] Unverändert bleibt der steuer- bzw. kindergeldrechtliche Grundsatz, dass es sich beim Kindergeld um eine staatliche *Leistung* für das Kind an die Eltern handelt (§ 62 Abs. 1 EStG, § 1 BKGG); geregelt wird nur, wie sich das Kindergeld unter Berücksichtigung seiner Zweckbestimmung unterhaltsrechtlich *auswirkt*.[87]

31 **b) Vereinfachung und Harmonisierung.** Auf die komplizierte Vorschrift des § 1612b Abs. 5 aF konnte verzichtet werden. Beim Kindergeldausgleich sindviele der früher streitigen oder unklaren Fallkonstellationen entfallen. Der Kindergeldausgleich ist außerdem gerechter geworden in Fällen der Barunterhaltspflicht beider Eltern, weil der Abzug des Kindergeldes vom Unterhalts*bedarf* zusammen mit dem anteiligen Ausgleich des verbleibenden Restbedarfs entsprechend der jeweiligen Leistungsfähigkeit des betreffenden Elternteils (§ 1606 Abs. 3 S. 1) dazu führt, dass auch das Kindergeld **zwischen den Eltern** entsprechend dem Verhältnis ihrer Unterhaltsbeträge ausgeglichen wird.[88] Das früher strenge Halbteilungsprinzip (s. Rn. 35, 36 in der 4. Aufl.) hatte dagegen zu einer bedenklichen und in der Rechtsprechung auch kritisierten[89] Benachteiligung des Elternteils mit der größeren Barunterhaltslast geführt (kritisch dazu Rn. 53 in der 4. Aufl.). Nunmehr sind nicht nur Gesichtspunkte aus

---

[76] BGH FamRZ 1989, 172; s. auch die Zusammenstellung typischer Bruttoeinnahmen bei *Wendl/Dose* § 1 Rn. 74.
[77] Nach § 9 Abs. 5 Eigenheimzulagegesetz; vgl. *Tischler* in *Scholz/Stein* Teil S Rn. 248 f, 272.
[78] Zu Einzelheiten s. *Deisenhofer* in *Heiß/Born* Kap. 12 Rn. 25 ff.; *Linderer* in *Heiß/Born* Kap. 44 Rn. 34 ff.; *Palandt/Brudermüller* § 1361 Rn. 24 ff.
[79] *Schwab/Borth* V Rn. 182; *Wendl/Scholz* § 2 Rn. 716.
[80] Zu Einzelheiten s. *Born* in *Heiß/Born* Kap. 22 Rn. 404 ff.
[81] BT-Drucks. 13/7338 S. 27 ff.; *Johannsen/Henrich/Graba* Rn. 1; *Schwab/Borth* V Rn. 182.
[82] NJW 2003, 2733.
[83] FamRZ 2005, 1963.
[84] § 74 EStG; BVerwGE 108, 52, 69 ff.; BGH FamRZ 2006, 99, 102; *Scholz* FamRZ 2007, 2021, 2024.
[85] BT-Drucks. 16/1830 S. 29; *Palandt/Brudermüller* Rn. 2.
[86] BT-Drucks. 16/1830 S. 29.
[87] BT-Drucks. 16/1830 S. 29.
[88] BT-Drucks. 16/1830 S. 29.
[89] OLG Hamburg FamRZ 2003, 180, 183.

der neueren Rechtsprechung des BGH,[90] sondern auch Grundprinzipien aufgegriffen worden, die für die frühere (vor der Neufassung von § 1612b geltende) Rechtsprechung kennzeichnend waren,[91] wodurch auch der Kritik in der Literatur[92] Rechnung getragen wurde. Nunmehr wird das Kindergeld nicht anders behandelt als zB Erwerbseinkünfte oder eine Ausbildungsvergütung, die – wie jetzt auch das Kindergeld – ebenfalls *bedarfs*mindernd angerechnet werden.[93] Nach der neueren Rechtsprechung zur Kindergeldanrechnung[94] kommt es bei volljährigen Kindern nicht darauf an, welcher Elternteil bezugsberechtigt ist und welcher das Kindergeld tatsächlich bezieht.[95]

Schließlich führt die Neuregelung zu gerechteren Ergebnissen beim **Zusammentreffen** vorrangiger Kinder **mit nachrangigen Berechtigten.** Hier gibt es Konflikte insbesondere zu dem unterhaltsberechtigten betreuenden Elternteil oder im Verhältnis von Erst- zu Zweitfamilie. In diesen Fällen bewirkt der bedarfsmindernde Vorwegabzug des Kindergeldes beim Barunterhalt des Kindes, dass im Mangelfall von der für eine Verteilung zur Verfügung stehenden Masse ein geringerer Anteil für den Kindesunterhalt erforderlich ist und ein entsprechend größerer Anteil für die Verteilung unter nachrangig Berechtigten (zB dem betreuenden Elternteil) zur Verfügung steht.[96] Handelt es sich bei dem nachrangig Berechtigten um den geschiedenen oder dauernd getrennt lebenden Ehegatten, greift – auf Grund des auf diese Weise erhöhten Unterhaltszahlbetrages – die Entlastung durch die Möglichkeit des einkommensteuerlichen Sonderausgabenabzugs von tatsächlich geleistetem Ehegattenunterhalt (§ 10 Abs. 1 Nr. 1 EStG) in stärkerem Maße.[97]

III. Bedarfsdeckung durch Kindergeld

1. Verwendung des Kindergeldes (Abs. 1). Schon durch die geänderte amtliche Überschrift wird die Zielrichtung der Vorschrift zum Ausdruck gebracht, indem auf das Wort „Anrechnung" verzichtet und von einer „Deckung" des Barbedarfs durch das Kindergeld gesprochen wird. In Abs. 1 kommt das Grundprinzip des Kindergeldausgleichs insofern zum Ausdruck, als das individuelle, auf das jeweilige Kind entfallende Kindergeld als zweckgebundene, existenzsichernde Leistung für das Kind zu verwenden ist und damit dessen individuellen Unterhaltsbedarf mindert.[98]

a) Anspruch (Abs. 1 S. 1). Durch das Wort „verwenden" wird zum Ausdruck gebracht, dass das Kind Anspruch auf die Auszahlung des Kindergeldes oder die Erbringung entsprechender Naturalleistungen gegenüber demjenigen hat, an den das Kindergeld ausgezahlt wird.[99] Dies deckt sich mit der aktuellen, aber noch auf der Basis der früheren Rechtslage ergangenen Rechtsprechung des BGH.[100]

b) Bindung (Abs. 1 S. 2). Das Kind hat nicht nur einen Anspruch (s. Rn. 34, 44) gegen den Empfänger des Kindergeldes auf dessen Verwendung zur Deckung seines Barbedarfs; der Wortlaut der Bestimmung bringt auch zum Ausdruck, dass die Zuweisung des Kindergeldes an das Kind familienrechtlich bindend ist. Dagegen bleibt das Außenverhältnis zwischen den Anspruchsberechtigten und der Familienkasse (s. Rn. 7 ff.) von der Neuregelung unberührt.[101]

2. Höhe der Deckung des Barbedarfs (Abs. 1). In welchem **Umfang** das Kindergeld für das Kind zu verwenden ist und dessen Barbedarf mindert, wird durch Abs. 1 S. 1 Nr. 1 und 2 – entsprechend der jeweiligen Fallgestaltung – unterschiedlich festgelegt. Wird eine (dem Kind auch geschuldete) Betreuung erbracht, wird der *hälftige* Kindergeldbetrag angerechnet (s. Rn. 41); findet

---

[90] BGH FamRZ 2006, 99, 102 f. Die dort für volljährige Kinder vorgenommene Behandlung des Kindergeldes als Einkommen ist gesetzlich nun auch auf minderjährige Kinder erstreckt worden.
[91] BGH FamRZ 1981, 347, 349; 1997, 806, 809; OLG Hamm FamRZ 1997, 960.
[92] *Schürmann* FamRZ 2005, 407, 410; *Becker* FamRZ 1999, 65, 66; *Weychardt* FamRZ 1999, 828; *Duderstadt* FamRZ 2003, 1058; *Kalthoener/Büttner/Niepmann*, 9. Aufl. Rn. 831.
[93] Ziffer 13.2. der unterhaltsrechtlichen Leitlinien, vgl. dazu NJW 2010, Beilage zu Heft 12; 2008, Beilage zu Heft 10; 2007, Beilage zu Heft 32; FamRZ 2008, 215, 333; 2007, 1373 sowie die Zusammenstellung unter www.heiss-born.de; *Bamberger/Roth/Reinken* § 1602 Rn. 46 f; *Scholz* FamRZ 2007, 2021, 2024; *Klinkhammer* FamRZ 2008, 193, 198.
[94] BGH NJW 2006, 57.
[95] OLG Brandenburg NJW-RR 2007, 75, 76.
[96] BT-Drucks. 16/1830 S. 29. Im Mangelfall ist das Kindergeld nicht mehr gesondert heranzuziehen, weil hier von vornherein die Zahlbeträge als Einsatzbeträge eingestellt werden, s. dazu *Klinkhammer* FamRZ 2008, 193, 200; *Vossenkämper* FamRZ 2008, 201, 208.
[97] BT-Drucks. 16/1830 S. 29. Im Rahmen der Berechnung des Ehegattenunterhalts ist der Kindesunterhalt – anders als früher – nicht mehr mit dem Tabellen-, sondern (nur) mit dem Zahlbetrag vorweg abzuziehen, BGH NJW 2009, 2523 m. Anm. *Born*; NJW 2009, 2744, 2746.
[98] BT-Drucks. 16/1830 S. 30.
[99] BT-Drucks. 16/1830 S. 30.
[100] BGH FamRZ 2006, 99, 102.
[101] BT-Drucks. 16/1830 S. 30.

§ 1612b 37–41   Abschnitt 2. Titel 3. Unterhaltspflicht

dagegen keine Betreuung statt oder ist diese nicht geschuldet, verringert sich der Bedarf um das *volle* Kindergeld (s. Rn. 44 ff.).

37 **a) Minderjährige Kinder (Abs. 1 Nr. 1). aa) Betreuung durch Elternteil.** Die Vorschrift ordnet in den Fällen, in denen ein Elternteil seine Unterhaltspflicht gegenüber dem Kind durch Pflege und Erziehung erfüllt (§ 1606 Abs. 3 S. 2), die Anrechnung des **hälftigen** Kindergeldbetrages an; somit verringert sich der Bedarf des Kindes um die Hälfte des Kindergeldes. Nach dem kindergeldrechtlich (§ 64 Abs. 2 S. 1 EStG, § 3 Abs. 2 S. 1 BKGG). maßgeblichen Obhutsprinzip (s. Rn. 13) ist in diesen Fällen regelmäßig der betreuende Elternteil kindergeldbezugsberechtigt. Da Betreuungs- und Barunterhalt grundsätzlich gleichwertig sind (§ 1606 Abs. 3 S. 2),[102] ist es gerechtfertigt, wenn jedem Elternteil die Hälfte des Kindergeldes zu Gute kommt.[103] Das bedeutet für die Eltern konkret Folgendes: Der *barunterhaltspflichtige Schuldner* hat nur den um das hälftige Kindergeld verminderten Barbedarf des Kindes durch Zahlung zu decken; der *Naturalunterhalt* leistende Elternteil hat die eine Hälfte des Kindergeldes für das Kind zu verwenden, während er die andere Hälfte zwecks Unterstützung seiner Betreuungsleistung behalten darf.[104]

38 **bb) Keine Betreuung durch Elternteil.** S. dazu Rn. 48.

39 **cc) Eingeschränkte Leistungsfähigkeit.** Sofern der barunterhaltspflichtige Elternteil nur eingeschränkt leistungsfähig ist und er deshalb nur einen Betrag zahlen kann, der **unter** dem Mindestunterhalt abzüglich anteiliges Kindergeld liegt, entfällt die komplizierte frühere Anrechnungsregel des Abs. 5 aF (s. dazu Rn. 71 bis 125 in der Vorauflage). Das anteilige Kindergeld verbleibt – ohne weitere Anrechnung auf den zu zahlenden Betrag – beim Kind, so dass die Eltern vom Kindergeld nur noch in Form des verringerten Bedarfs des Kindes profitieren.[105] Mit der Beseitigung dieses Problems[106] trägt nunmehr auch das Zivilrecht dem im Steuerrecht (§§ 31 S. 2, 32 Abs. 6 S. 3, 6 EStG) enthaltenen Grundsatz zum Familienleistungsausgleich Rechnung, wonach demjenigen Elternteil die Entlastungsleistungen zugewiesen werden, der den Unterhalt tatsächlich auch erbringt.[107] Das Kind kann die Auskehrung des Kindergeldes an sich selbst (s. Rn. 44) auch dann verlangen, wenn der das Kindergeld beziehende Elternteil nicht leistungsfähig ist (§ 74 EStG).

40 **b) Volljährige oder nicht von Elternteil betreute Kinder (Abs. 1 Nr. 2).** Hier wird das Kindergeld einheitlich in **voller** Höhe zur Deckung des Barbedarfs des Kindes eingesetzt; nach Abzug des Kindergeldes wird dann im zweiten Schritt der Haftungsanteil der Eltern entsprechend dem Verhältnis ihrer Einkommen ermittelt.[108] In den Fällen, in denen ein **Elternteil das Kindergeld bezieht,** hat das Kind schon nach bisheriger Rechtsprechung des BGH[109] einen Anspruch auf Auskehrung des Kindergeldes gegen diesen Elternteil. Im Wortlaut der Bestimmung kommt dieser Anspruch dadurch zum Ausdruck, dass das Kindergeld zur Deckung des Barbedarfs des Kindes „zu verwenden" ist; der Anspruch besteht unabhängig von der unterhaltsrechtlichen Leistungsfähigkeit des Kindergeld beziehenden Elternteils.[110] Grund ist die Zweckbindung des Kindergeldes, welches unterhaltsrechtlich nicht als Einkommen der Eltern angesehen wird.[111] Alternativ kann das Kind im Falle fehlender Leistungsfähigkeit des Kindergeld beziehenden Elternteils bei der Kindergeldkasse einen Antrag auf **direkte Auszahlung an sich selbst** stellen (§ 74 Abs. 1 EStG).[112]

41 **aa) Volljähriges Kind im Haushalt eines Elternteils.** Ein volljähriges Kind bedarf keiner Betreuung mehr (§ 1606 Abs. 3 S. 2). Entscheidend ist allein, dass eine solche Betreuung nicht

---

[102] Was der BGH erst kürzlich auch hinsichtlich einer Monetarisierung des Betreuungsunterhalts bestätigt hat, BGH FamRZ 2006, 1597 m. Anm. *Born.*
[103] BGH FamRZ 2006, 99, 101; 1997, 806, 809.
[104] BT-Drucks. 16/1830 S. 30 li. Sp.; *Ehinger* FamRB 2006, 338, 340.
[105] **Beispiel:** Bei einem bereinigten Einkommen des Schuldners von 1050 € und einem Selbstbehalt von 950 € kann der Schuldner für sein Kind, das nach der zweiten Altersstufe einen Mindestunterhaltsbedarf von (364 € – 92 € =) 272 € hat, nur 100 € Unterhalt zahlen. Bei diesem Zahlbetrag bleibt es, weil ein anteiliger Kindergeldabzug von diesem Betrag nicht in Betracht kommt, da der geschuldete Unterhalt hinter dem gesetzlich geregelten Mindestunterhalt abzüglich des anteiligen Kindergeldes zurückbleibt. Mit *Borth* FamRZ 2006, 814, 820 erscheint aber eine klarstellende Ergänzung des Gesetzestextes empfehlenswert dahin, dass eine Deckung des Barbedarfs durch das Kindergeld nicht eintritt, soweit der Unterhaltspflichtige nicht den Mindestunterhalt iS des § 1612a Abs. 1 BGB abzüglich des nach § 1612b Abs. 1 bedarfsdeckend einzusetzenden Kindergeldes zahlen kann.
[106] S. dazu BGH FamRZ 2006, 99.
[107] *Borth* FamRZ 2006, 813, 819.
[108] *Ehinger* FamRB 2006, 338, 340.
[109] BGH FamRZ 2006, 99, 102.
[110] BT-Drucks. 16/1830 S. 30; *Scholz* FamRZ 2006, 106, 107.
[111] *Hoppenz/Hülsmann* Familiensachen (2005) Rn. 4.
[112] *Borth* FamRZ 2006, 813, 819; *Ehinger* FamRB 2006, 338, 341.

(mehr) *geschuldet* ist; auf die Frage, ob eine solche Betreuung tatsächlich noch *geleistet* wird, kommt es nicht an (s. § 1610 Rn. 37). In diesen Fällen ist nur Barunterhalt zu leisten.[113]

Das **privilegiert volljährige Kind** ist nicht anders zu behandeln. Die Privilegierung wirkt sich **42** nur in Form der für den Pflichtigen geltenden erhöhten Anforderungen des § 1603 Abs. 2 (s. § 1610 Rn. 27) aus und stellt das Kind damit im Rang einem minderjährigen Kind gleich (§ 1609); auf Grund fehlender Anwendbarkeit des § 1606 Abs. 3 S. 2[114] ändert sich aber nichts an der anteiligen Barunterhaltspflicht beider Elternteile[115] (s. § 1606 Rn. 12). Die frühere Anrechnungsregel des Abs. 5 aF (s. dazu Rn. 71–125 in der Vorauflage) ist auf privilegiert volljährige Kinder weder direkt noch entsprechend anwendbar.[116]

bb) Volljähriges Kind außerhalb des Haushalts. Hier gilt Entsprechendes, so dass auch in **43** diesem Fall das Kindergeld voll auf den Unterhaltsbedarf anzurechnen ist und der verbleibende Bedarf von den Eltern entsprechend ihrer Leistungsfähigkeit anteilig gedeckt werden muss (§ 1606 Abs. 3 S. 1).[117]

cc) Nicht von Eltern betreutes minderjähriges Kind. Abs. 1 Nr. 2 erfasst auch die Fälle, **44** in denen kein Elternteil seine Unterhaltspflicht gegenüber einem minderjährigen Kind durch Betreuung erfüllt, zB im Falle einer **Fremdunterbringung** des Kindes, etwa in einem Heim. Die Vorschrift gilt auch, wenn das Kindergeld in diesen Fällen an einen Dritten ausbezahlt wird.[118] In diesen Fällen liegt eine Abweichung von der Düsseldorfer Tabelle vor, denn diese geht von der üblichen Zweiteilung der Unterhaltspflicht (ein Elternteil betreut, ein Elternteil zahlt) aus (s. § 1610 Rn. 107 ff.). Sofern dieser Dualismus fehlt, ist regelmäßig eine Anpassung des Tabellenunterhalts an die individuellen Verhältnisse zu überprüfen.[119] Gegenüber dem auswärts untergebrachten minderjährigen Kind besteht dann ausnahmsweise – entsprechend dem Regelfall beim volljährigen Kind – eine anteilige Barunterhaltspflicht beider Eltern gem. § 1606 Abs. 3 S. 2 (s. § 1610 Rn. 40).

c) Kindbezogene Leistungen. Die Grundsätze des Abs. 1 gelten auch für die in § 1612c **45** geregelten kindbezogenen Leistungen. Hier handelt es sich üblicherweise um Leistungen, auf die – im Gegensatz zum Kindergeld – nur ein Elternteil Anspruch hat, zB bei Leistungen der gesetzlichen Unfallversicherung (§ 65 EStG) oder in Form von Kinderzulagen bei Schwerverletzten.[120]

3. Zählkindvorteil (Abs. 2). Die Vorschrift entspricht dem Absatz 4 der früheren Fassung. **46** Zwischen den beiden Elternteilen soll nur derjenige Kindergeldbetrag ausgeglichen werden, der für ein gemeinschaftliches Kind anfallen würde, aber nicht der „Zählkindvorteil"; dieser verbleibt in der Regel dem bezugsberechtigten Elternteil als Einkommen.[121] Zu Einzelheiten s. Rn. 55–59.

IV. Höhe des anrechenbaren Kindergeldes

1. Einzel-Prinzip. Die Problematik stellt sich nur bei Vorhandensein mehrerer Kinder, und **47** zwar deshalb, weil Kindergeld bei mehr als drei Kindern in unterschiedlicher Höhe gezahlt wird (s. Rn. 21).

a) Jeweiliges Kind. Während das Kindergeld früher nach Kopfteilen in Form anteiliger Auftei- **48** lung berücksichtigt wurde,[122] ist nach der seit dem 1. 7. 1998 gültigen Fassung des § 1612b („das auf *das Kind* entfallende Kindergeld") nur das Kindergeld anzurechnen, welches auf das *jeweilige* Kind entfällt.[123] Nach den aktuellen Tabellenbeträgen bedeutet dies dann Abzugsbeträge für das erste und zweite Kind von (184:2 =) 92 Euro, für das dritte Kind von (190:2 =) 95 Euro, für das vierte Kind (und weitere) von (215:2 =) 107,50 Euro.

Der **Grund** für diese frühere Änderung liegt in steuerrechtlichen Überlegungen. Ein Anliegen **49** des Kindergeldes, das Existenzminimum des jeweils begünstigten Kindes zu sichern, wäre teilweise vereitelt worden, wenn der Förderanteil des Kindergeldes ab dem 3. Kind für ein anderes Kind

---

[113] BT-Drucks. 16/1830 S. 30.
[114] OLG Hamm NJW 1999, 3274; OLG Karlsruhe FamRZ 1999, 45.
[115] *Born* in *Heiß/Born* Kap. 22 Rn. 419.
[116] BGH FamRB 2007, 346 m. Anm. *Hauß*.
[117] BT-Drucks. 16/1830 S. 30.
[118] BT-Drucks. 16/1830 S. 30.
[119] § 1610 Rn. 107; *Deisenhofer* in *Heiß/Born* Kap. 12 Rn. 79.
[120] *Borth* FamRZ 2006, 813, 819 re. Sp.; *Ehinger* FamRB 2006, 338, 340 re. Sp.
[121] BT-Drucks. 16/1830 S. 30 re. Sp. S. auch Rn. 54.
[122] Vgl. dazu *Wendl/Scholz*, 4. Aufl. 1997, § 2 Rn. 503.
[123] A 10 der Düsseldorfer Tabelle. S. auch OLG Celle FamRZ 1999, 1455; *Palandt/Brudermüller* Rn. 8; *Johannsen/Henrich/Graba* § 1612b Rn. 7; *Wendl/Scholz* § 2 Rn. 724; *Schwab/Borth* V Rn. 189; *Büttner/Niepmann/Schwamb* Rn. 908.

§ 1612b 50–55   Abschnitt 2. Titel 3. Unterhaltspflicht

steuerrechtlich verrechnet würde.[124] Deshalb wurde die frühere, eine anteilige Verrechnung des Kindergeldes vorsehende Vorschrift des § 12 Abs. 4 BKGG aF mit Absicht[125] nicht in die damalige Neuregelung des Kindergeldes (§§ 62 ff. EStG) aufgenommen.[126]

50   **b) Alter.** Der Kindergeldausgleich war bisher unabhängig davon, ob das Kind minderjährig oder volljährig ist (s. Rn. 31); zur Reform s. Rn. 33–36. Da es bei mehr als drei Kindern für die Höhe des Kindergeldanteils auf die Reihenfolge der Kinder ankommt (s. Rn. 21), richtet sich diese nach der entsprechenden Einstufung bei der Auszahlung von Kindergeld;[127] anderenfalls bestünden Manipulationsmöglichkeiten des den Kindesunterhalt einklagenden Elternteils. Sogenannte Zählkinder (s. Rn. 55–59) werden im Rahmen des Kindergeldausgleichs nicht berücksichtigt.

51   **2. Kein Zählkindvorteil (Abs. 2). a) Grundfragen.** Während Kinderfreibeträge[128] für alle Kinder konstant sind, steigert sich das Kindergeld mit der Anzahl der Kinder (s. Rn. 52). Ein sogenannter Zählkindvorteil ergibt sich daraus, dass bei jedem Kindergeldberechtigten auch Kinder aus anderen Verbindungen mitgezählt werden.[129] Von daher können sich unterschiedliche Kindergeldsätze ergeben je nachdem, an welchen Elternteil das Kindergeld ausgezahlt wird.[130]

52   **b) Gesetzliche Regelung.** Die Erhöhung des Kindergeldes auf Grund der Berücksichtigung eines nicht gemeinschaftlichen Kindes wird in diesem Umfang nicht angerechnet. Die Vorschrift des Abs. 2 (= Abs. 4 aF) konkretisiert insoweit den Ausgleichsanspruch unter den Eltern.[131] Sie normiert die schon vorher bestehende gefestigte Rechtsprechung, wonach der Zählkindvorteil für ein nicht gemeinschaftliches Kind nicht auszugleichen ist.[132] Zählkindvorteile auf Grund nicht gemeinsamer Kinder können sich somit nicht über das gemeinschaftliche Kind auf den Nichtelternteil auswirken.[133]

53   **aa) Auswirkung auf Kindergeldanteil.** Der unterhaltspflichtige Vater, der aus einer neuen Ehe ein weiteres Kind hat und dafür Zweit- oder Drittkindergeld bezieht, muss sich diesen Vorteil bei der Bestimmung des Unterhalts für das frühere Kind nicht anrechnen lassen. Umgekehrt geht es nicht zu Lasten der sorgeberechtigten Mutter im Rahmen des Unterhaltsanspruchs des von ihr betreuten Kindes, wenn sie einen Vorteil daraus erzielt, dass sie aus neuer Ehe ein weiteres Kind mit höherem Kindergeldanspruch (wegen des erstehelichen Kindes) hat.[134] Auf den Unterhaltsanspruch des *gemeinsamen* Kindes ist jeweils nur die Hälfte des fiktiven Kindergeldes anzurechnen, welches der betreffende Elternteil für das jeweilige Kind erhalten würde, wenn es keine Zählkinder aus einer anderen Partnerschaft gäbe.[135] Verteilungsfähig ist damit immer nur das Kindergeld, das gezahlt würde, wenn nur gemeinsame Kinder vorhanden wären.[136] Etwaige, aus besonderen Umständen des Einzelfalles resultierende Ungereimtheiten sind nach Ansicht des BGH[137] hinzunehmen.

54   Eine Auskehrung des Zählkindvorteils konnte das **Zählkind selbst** auch bei Leistungsunfähigkeit des Pflichtigen früher nicht verlangen.[138] Daran wird man seit 1. 1. 2008 nicht mehr festhalten können, weil das Kindergeld nunmehr zur Hälfte oder in voller Höhe für den Barunterhalt zu verwenden ist (s. Rn. 28, 33, 37).[139] Hiervon zu unterscheiden ist die beim Kind bestehende Möglichkeit, bei Leistungsunfähigkeit des Schuldners nach § 74 EStG von der Familienkasse eine Zahlung des Kindergeldes an sich selbst zu verlangen (s. Rn. 20).

55   **bb) Bedeutung für Leistungsfähigkeit.** Der Zählkindvorteil ist auf Seiten des Schuldners kein Einkommen, das den Tabellenbedarf anderer Kinder erhöhen könnte.[140]

---

[124] Regierungsentwurf BR-Drucks. 959/96 S. 36; *Johannsen/Henrich/Graba* Rn. 7.
[125] BT-Drucks. 13/7338 S. 27; *Schwab/Borth* V Rn. 189.
[126] *Wendl/Scholz*, 4. Aufl., § 2 Rn. 503 aE.
[127] *Wendl/Scholz* § 2 Rn. 724.
[128] S. dazu *Wendl/Scholz* § 2 Rn. 708; *Linderer* in *Heiß/Born* Kap. 44 Rn. 26 ff.
[129] *Deisenhofer* in *Heiß/Born* Kap. 12 Rn. 24.
[130] *Palandt/Brudermüller* Rn. 5.
[131] *Johannsen/Henrich/Graba* § 1612b Rn. 8.
[132] BGH FamRZ 1981, 26; 1981, 650; 1984, 1000. Auch nach der Gesetzesänderung bleibt es dabei, dass ein Zählkindvorteil nicht zu berücksichtigen ist (*Gerhardt* FuR 2008, 9, 16; *Büttner/Niepmann/Schwamb* Rn. 897).
[133] Vgl. *Palandt/Brudermüller* Rn. 5.
[134] BGH FamRZ 1981, 650; *Deisenhofer* in *Heiß/Born* Kap. 732 Rn. 24.
[135] *Wendl/Scholz* § 2 Rn. 732.
[136] *Büttner/Niepmann/Schwamb* Rn. 903.
[137] FamRZ 1997, 806.
[138] BGH FamRZ 1985, 1243.
[139] *Wendl/Scholz* § 2 Rn. 732 aE.
[140] BGH FamRZ 2000, 1494 m. Anm. *Scholz* (zum früheren Recht); *Wendl/Scholz* § 2 Rn. 732.

§ 1612c Anrechnung anderer kindbezogener Leistungen

§ 1612b gilt entsprechend für regelmäßig wiederkehrende kindbezogene Leistungen, soweit sie den Anspruch auf Kindergeld ausschließen.

Schrifttum: s. § 1612b

1. Kindergeldersetzende Leistungen. Zur Abgrenzung des Kindergeldes von anderen Sozialleistungen s. § 1612b Rn. 26, zur Verdrängung des Kindergeldes durch andere Leistungen s. § 1612b Rn. 17, 18.   1

a) Anwendungsbereich. Die Regelung bezieht sich auf Leistungen, die das Kindergeld ausschließen. Der Katalog ist abschließend in § 65 EStG und § 4 Abs. 1 BKGG aufgeführt; es handelt sich insbesondere um Kinderzulagen aus der gesetzlichen Unfallversicherung[1] oder auf Kinderzuschüsse aus der gesetzlichen Rentenversicherung.[2] Daneben unterfallen der Vorschrift Leistungen für Kinder, die im Ausland oder von zwischen- bzw. überstaatlichen Einrichtungen gewährt werden, so daß kein Anspruch auf deutsches Kindergeld besteht,[3] zB bei EG-Beamten.[4] Die Notwendigkeit einer besonderen Vorschrift folgt daraus, daß auf diese Leistungen – anders als bei Kindergeld – *nur ein Elternteil* Anspruch hat,[5] so daß hier das Vorrangprinzip (s. § 1612b Rn. 33) nicht gilt.[6] Ohne besondere Regelung verbliebe dem anderen Elternteil mangels anrechenbarer Leistungen keine Entlastung.[7]   2

b) Zweck. Der jeweilige gesetzliche Ausschluß des Kindergeldes dient der Vermeidung öffentlich-rechtlicher Doppelleistungen.[8] Als Surrogat für das Kindergeld sind die kindergeldersetzenden Leistungen – wie Kindergeld – entsprechend § 1612b anzurechnen.[9]   3

2. Anrechnung. Kindergeldersetzende Leistungen sind auf den Kindesunterhalt nur anzurechnen, „soweit" sie den Anspruch auf Kindergeld ausschließen; sie werden also unterhaltsrechtlich in Höhe des durch sie verdrängten Kindergeldes *fiktiv* wie Kindergeld behandelt und insoweit der Regelung des § 1612b unterworfen.[10] In Höhe des Überschußbetrages werden die Leistungen dagegen wie Einkommen behandelt.[11]   4

Sofern das Kindergeldsurrogat den Kindergeldanspruch unterschreitet, besteht ein ergänzender Anspruch auf **Teilkindergeld**;[12] deshalb ist ein dem Kindergeld entsprechender Anteil anzurechnen.[13] Liegt das Einkommen des Pflichtigen zusammen mit den anzurechnenden Leistungen unterhalb des notwendigen bzw. angemessenen Selbstbehalts, kann das Kind nach § 48 SGB I die Auszahlung der Leistung an sich selbst bewirken.[14]   5

Der im öffentlichen Dienst gewährte **Ortszuschlag** und der einem betreuenden Elternteil hiermit gewährte kindbezogene Steigerungsbetrag (s. § 1612b Rn. 26) sind nicht anrechenbar;[15] denn Kindergeld wird daneben gezahlt.[16] Der erhöhte Ortszuschlag kann aber zu einer höheren Einstufung nach der Düsseldorfer Tabelle führen.[17]   6

§ 1613 Unterhalt für die Vergangenheit

(1) ¹Für die Vergangenheit kann der Berechtigte Erfüllung oder Schadensersatz wegen Nichterfüllung nur von dem Zeitpunkt an fordern, zu welchem der Verpflich-

---

[1] § 583 RVO iVm. § 217 Abs. 3 SGB VII: Versicherungsfälle bis Inkrafttreten des SGB VII am 7. 8. 1996.
[2] Diese werden nur noch bei Altrenten gewährt, § 270 SGB VI.
[3] § 65 Abs. 1 S. 1 Nr. 2, 3 EStG; OLG München FamRZ 1994, 456.
[4] Art. 67 Abs. 1 S. 1 b des Statuts der Beamten der EG, s. *Palandt/Brudermüller* Rn. 2.
[5] *Schumacher/Grün* FamRZ 1998, 781, 785.
[6] *FamRefK/Häußermann* Rn. 4; *Palandt/Brudermüller* Rn. 2.
[7] *Schwab/Borth* V Rn. 196.
[8] BT-Drucks. 13/7338 S. 31; *Palandt/Brudermüller* Rn. 2.
[9] *Palandt/Brudermüller* Rn. 2.
[10] *Palandt/Brudermüller* Rn. 2.
[11] BGH FamRZ 1988, 607; 1988, 604, 606; BT-Drucks. 13/7338 S. 48; *Palandt/Brudermüller* Rn. 2; *Johannsen/Henrich/Graba* Rn. 2.
[12] § 65 Abs. 2 EStG; zu Einzelheiten *Schumacher/Grün* FamRZ 1998, 781, 785.
[13] *FamRefK/Häußermann* Rn. 5; *Palandt/Brudermüller* Rn. 3.
[14] BGH NJW 1984, 1614 für einen Kinderzuschuß zur EU-Rente; *Schwab/Borth* V Rn. 196.
[15] OLG Düsseldorf FamRZ 1982, 1108; *Palandt/Brudermüller* Rn. 2 aE.
[16] BGH FamRZ 1989, 172.
[17] BGH FamRZ 1983, 49; eine Zusammenstellung typischer Bruttoeinnahmen findet sich bei *Wendl/Dose* § 1 Rn. 74.

§ 1613 Abschnitt 2. Titel 3. Unterhaltspflicht

tete zum Zwecke der Geltendmachung des Unterhaltsanspruchs aufgefordert worden ist, über seine Einkünfte und sein Vermögen Auskunft zu erteilen, zu welchem der Verpflichtete in Verzug gekommen oder der Unterhaltsanspruch rechtshängig geworden ist. ²Der Unterhalt wird ab dem Ersten des Monats, in den die bezeichneten Ereignisse fallen, geschuldet, wenn der Unterhaltsanspruch dem Grunde nach zu diesem Zeitpunkt bestanden hat.

(2) Der Berechtigte kann für die Vergangenheit ohne die Einschränkung des Absatzes 1 Erfüllung verlangen
1. wegen eines unregelmäßigen außergewöhnlich hohen Bedarfs (Sonderbedarf); nach Ablauf eines Jahres seit seiner Entstehung kann dieser Anspruch nur geltend gemacht werden, wenn vorher der Verpflichtete in Verzug gekommen oder der Anspruch rechtshängig geworden ist;
2. für den Zeitraum, in dem er
 a) aus rechtlichen Gründen oder
 b) aus tatsächlichen Gründen, die in den Verantwortungsbereich des Unterhaltspflichtigen fallen,
 an der Geltendmachung des Unterhaltsanspruchs gehindert war.

(3) ¹In den Fällen des Absatzes 2 Nr. 2 kann Erfüllung nicht, nur in Teilbeträgen oder erst zu einem späteren Zeitpunkt verlangt werden, soweit die volle oder die sofortige Erfüllung für den Verpflichteten eine unbillige Härte bedeuten würde. ²Dies gilt auch, soweit ein Dritter vom Verpflichteten Ersatz verlangt, weil er anstelle des Verpflichteten Unterhalt gewährt hat.

Schrifttum: *Brüggemann,* Einige Bemerkungen zum Schuldnerverzug in der gesetzlichen Unterhaltspflicht, FS Bosch, 1976, S. 89; *Büttner,* Auswirkungen des Gesetzes zur Beschleunigung fälliger Zahlungen auf das Familienrecht, FamRZ 2000, 921; *Christian,* Mahnung, Stundung, Verzicht und Verwirkung im Unterhaltsrecht, DAVorm. 1986, 1; 115; *Gießler,* Verzug mit der Unterhaltsschuld bei sog. unbestimmter Mahnung, FamRZ 1984, 954; *Hegmann,* Die Beschränkung der Ersatzansprüche Dritter durch § 1613 BGB, FamRZ 1973, 435; *Künkel,* Unterhalt und Sozialhilfe FamRZ 1994, 50; *Medicus,* Bemerkungen zur Neuregelung des Schuldnerverzugs, DNotZ 2000, 256; *Schellhorn/Schellhorn,* Die Neuregelung des Übergangs von Unterhaltsansprüchen auf den Sozialhilfeträger, FuR 1993, 261; *Scholz,* Zur Neufassung des § 91 BSHG, FamRZ 1994, 1; *Schwab, Kai M.,* Kein Unterhalt für die Vergangenheit, DAVorm. 1989, 739; *Vogel,* Unterliegen die Kosten für eine Klassenreise den Bestimmungen des Sonderbedarfs? FamRZ 1991, 1134; *Wohlgemuth,* Verzug bei Unterhaltsforderungen, FF 2000, 185.

Übersicht

	Rn.		Rn.
I. Zweck und systematische Stellung	1–10	g) Beseitigung des Verzugs	43–52a
		3. Rechtshängigkeit	53, 54
1. Zweck	1, 2	4. Voller Monatsunterhalt (Abs. 1 S. 2)	55–57
2. Systematische Stellung	3–10	a) Zweck	56
a) Grundsätze	3, 4	b) Eingeschränkte Rückwirkung	57
b) Anwendungsbereich	5–7	5. Übergeleitete und übergegangene Unterhaltsansprüche	58–62
c) Regelungszusammenhang	8, 9	a) Grundsätze	58
d) Rechtsnatur	10	b) Rechtswahrungsanzeige	59, 60
II. Nachforderung (Abs. 1)	11–62	c) Wirkung	61, 62
1. Aufforderung zur Auskunftserteilung	12–18	III. Sonderbedarf (Abs. 2 Nr. 1)	63–94
a) Anwendungsbereich	12, 13	1. Abgrenzung	63–65
b) Grundsätze	14	2. Anspruchsvoraussetzungen	66–81
c) Einzelfragen	15–18	a) Unregelmäßigkeit	67–74
2. Schuldnerverzug	19–52a	b) Außergewöhnlich hoch	75–78
a) Anwendungsbereich	19	c) Angemessene Lastenverteilung	79–81
b) Mahnung (§ 286 Abs. 1)	20–32	3. Allgemeine Voraussetzungen	82–84
c) Verzug ohne Mahnung (§ 286 Abs. 2)	33, 34	a) Bedürftigkeit und Leistungsfähigkeit	82
d) Entbehrlichkeit der Mahnung	35–37	b) Entstehungszeitpunkt des Anspruchs	83, 84
e) Verschulden	38, 39		
f) Wirkungen des Verzugs	40–42		

	Rn.		Rn.
4. Einzelfälle	85–91	IV. Verhinderung (Abs. 2 Nr. 2)	95–99
a) Säuglingserstausstattung	86	1. Rechtliche Gründe (Nr. 2 a)	96–98
b) Kinderzimmereinrichtung	87	a) Zeitliche Lücke	96, 97
c) Musikinstrument	88	b) Forderungsübergang	98
d) Krankheit, Behinderung	89, 90	2. Tatsächliche Gründe (Nr. 2 b)	99
e) Sonstiges	91	V. Unbillige Härte (Abs. 3)	100–106
5. Verfahrensfragen	92–94	1. Person des Pflichtigen (S. 1)	100–103
a) Darlegungs- und Beweislast	92	2. Ersatzansprüche Dritter (S. 2)	104–106
b) Antragsart	93	VI. Beweislast	107, 108
c) Frist	94	VII. Verzinsung	109–112

I. Zweck und systematische Stellung

1. Zweck. Zweck der Vorschrift ist eine Konzentration des Unterhalts auf die **Gegenwart**; nur 1 für sie kann Unterhalt, seinem Zweck entsprechend, im Regelfall verlangt werden *("in praeteritum non vivitur")*. Eine Befriedigung von in der Vergangenheit entstandenen Bedürfnissen ist danach nicht möglich,[1] sofern der Pflichtige nicht vorher in Verzug gesetzt (s. Rn. 19–52) oder der Anspruch rechtshängig gemacht worden ist (s. Rn. 53, 54).

Das Erfordernis einer vorangegangenen Mahnung beruht auf der **Schutzfunktion** für den Pflich- 2 tigen,[2] der vor einer finanziell stark belasteten Inanspruchnahme in Form zu lange zurückliegender Zeiträume bewahrt und in die Lage versetzt werden soll, sich auf die von ihm zu erfüllende Unterhaltspflicht einzustellen.[3] Für den Berechtigten hat die Vorschrift die Konsequenz, dass – in Abweichung vom Schuldrecht, wo eine späte Geltendmachung der Forderung allenfalls zu Gegenrechten (Verjährung, Verwirkung) führt – der Unterhaltsanspruch erlischt, soweit nicht besondere rechtswahrende Handlungen vom Berechtigten vorgenommen worden sind.[4]

2. Systematische Stellung. a) Grundsätze. Die Vorschrift beschränkt sich darauf, die *Aus-* 3 *nahmen* von dem Grundsatz, dass Unterhalt nur für die Gegenwart und nicht für die Vergangenheit verlangt werden kann, zu formulieren;[5] solche Ausnahmen hat das Gesetz – im Interesse des Berechtigten – im Falle besonderer Sachlagen vorgesehen.[6] Nach diesen Ausnahmen kann:
– Sonderbedarf ein Jahr lang ohne Einschränkungen rückwirkend geltend gemacht werden (Abs. 2 4 Nr. 1),
– auch allgemeiner Unterhalt zeitlich unbegrenzt verlangt werden, wenn der Berechtigte aus rechtlichen oder aus tatsächlichen Gründen, die in den Verantwortungsbereich des Pflichtigen fallen, an der Geltendmachung des Anspruchs gehindert war (Abs. 2 Nr. 2), wobei unbillige Härten für den Pflichtigen zu einer Modifizierung der rückwirkenden Geltendmachung führen können (Abs. 3),
– Unterhalt dann, wenn es weder um Sonderbedarf noch um Störungen bei der Geltendmachung geht, für die Vergangenheit ab dem Zeitpunkt gefordert werden, zu dem das Vertrauen des Pflichtigen, nicht in Anspruch genommen zu werden, zerstört worden ist. Dies kann (Abs. 1 S. 1) geschehen sein
– durch die Aufforderung, zum Zwecke des Unterhalts über Einkünfte und Vermögen Auskunft zu erteilen,
– durch Schuldnerverzug,
– durch Rechtshängigkeit des Unterhaltsanspruchs.

b) Anwendungsbereich. aa) Direkt. Vor Erlass der zum 1. 7. 1998 in Kraft getretenen 5 Familienreformgesetze (s. Vor § 1601 Rn. 6; § 1610 Rn. 4, 5)[7] konnte Unterhalt für die Vergangenheit grundsätzlich nicht verlangt werden, ausnahmsweise nur bei Verzug oder ab Rechtshängigkeit. Durch die Neufassung des § 1613 Abs. 1 wurden erheblich erweiterte Möglichkeiten geschaffen. Seitdem kann Unterhalt für die Vergangenheit bereits **ab dem Auskunftsbegehren** beantragt werden, welches mit dem Ziel der Geltendmachung eines Unterhaltsanspruchs gestellt wird (s. Rn. 15, 16). Ab dem Zeitpunkt des Zugangs dieses Begehrens wird der Pflichtige vom Gesetzgeber nicht

---

[1] *Schwab/Borth* Rn. 1209.
[2] Sie erscheint wichtiger als die Schutzfunktion für den Berechtigten, der nach der Ansicht von *Köhler* in der 3. Aufl. (Rn. 1) durch das Mahnungserfordernis zu einer alsbaldigen Meldung genötigt wird.
[3] *Schwab/Borth* IV Rn. 1209; *Johannsen/Henrich/Graba* Rn. 1.
[4] BGH FamRZ 1984, 775; *Johannsen/Henrich/Graba* Rn. 1.
[5] *Palandt/Brudermüller* Rn. 1.
[6] *Schwab/Borth* IV Rn. 1209.
[7] *Schwab/Borth* IV Rn. 17; *Schwab/Motzer* III Rn. 9.

§ 1613 6–8   Abschnitt 2. Titel 3. Unterhaltspflicht

mehr als schutzwürdig angesehen, weil er seine Einkommensverhältnisse kennt und ggf. Rücklagen bilden muss.[8] Obwohl durch das KindUG herbeigeführt, gilt die Neuregelung des § 1613 nicht nur für den Kindesunterhalt, sondern den gesamten Verwandtenunterhalt, des Weiteren kraft Verweisung (§§ 1661 Abs. 4 S. 4, 1360 a Abs. 3) auch beim Trennungs- und Familienunterhalt. Damit war die Stufenmahnung[9] *hier* entbehrlich geworden,[10] zunächst nicht dagegen beim nachehelichen Unterhalt, auf den die damalige Neuregelung unverständlicherweise[11] nicht erstreckt worden war, so dass *dort* nach § 1585b Voraussetzung für eine rückwirkende Geltendmachung von Unterhalt entweder Rechtshängigkeit oder Verzug war. Diese sachwidrige Ungleichbehandlung wurde durch das **UnterhRÄndG** beseitigt, so dass die Regelungen des § 1613 Abs. 1 *einheitlich* für alle Unterhaltsansprüche gelten.[12] S. auch Rn. 28.

6   **bb) Analog.** Die genannten Grundsätze gelten auch für Schadensersatzansprüche wegen positiver Vertragsverletzung innerhalb des Unterhaltsrechtsverhältnisses, des Weiteren für familienrechtliche Ausgleichsansprüche.[13] Daneben kommt eine Anwendung auf Ansprüche aus GoA oder ungerechtfertigter Bereicherung in Betracht.[14] Trotz Fehlens einer entsprechenden Verweisung in § 1615l Abs. 3 S. 4 ist die Vorschrift auch auf den Unterhaltsanspruch der nicht verheirateten Mutter anzuwenden.[15]

7   **cc) Vertraglicher Unterhalt.** Hier sind §§ 1613, 1585 b Abs. 2 *nicht* anwendbar; denn ein Schuldner, der sich seiner Verpflichtung bewusst ist, bedarf keines Schutzes vor einer unerwarteten Inanspruchnahme.[16] Da Grund und Höhe des Unterhalts vertraglich klargestellt sind, ist keine Mahnung erforderlich, um den Schuldner auf seine Leistungspflicht hinzuweisen. Die Einschränkung durch die Jahresfrist (§ 1585b Abs. 3) gilt aber auch hier; der Gläubiger muss sich also um eine zeitnahe Realisierung seines Anspruchs kümmern,[17] damit die Belastung des Schuldners nicht zu groß wird.[18] Zwecks Verwirklichung muss der Anspruch also innerhalb der Jahresfrist rechtshängig gemacht werden, ein bloßes VKH-Gesuch ist für Rechtshängigkeit (s. Rn. 53, 54) nicht ausreichend;[19] der Zugang des VKH-Gesuchs ist aber als verzugsbegründende Mahnung zu sehen.[20] Zum Verzug ohne Mahnung (§ 286 Abs. 2) s. Rn. 33, 34.

8   **c) Regelungszusammenhang.** Das Gesetz zur Beschleunigung fälliger Zahlungen[21] hat für den Verzug bei Geldforderungen durch Einfügung von § 284 Abs. 3 aF = § 286 Abs. 3[22] eine Sonderregelung eingeführt.[23] Der Barunterhalt gehört zu den wiederkehrenden Leistungen (§ 258 ZPO); hier bleibt es dabei, dass der Schuldner im Falle der Versäumung einer kalendermäßig bestimmten Leistungszeit (s. Rn. 33, 34) automatisch in Verzug gerät. Der Gesetzgeber hat erkennbar übersehen, dass nicht alle Unterhaltsverpflichtungen kalendermäßig bestimmt sind.[24] Eine solche Kalenderfälligkeit besteht bei Unterhaltsansprüchen nicht schon deshalb, weil der Unterhalt monatlich im Voraus zu zahlen ist (§ 1612 Abs. 3).[25] Soweit keine Kalenderfälligkeit vorliegt, müsste nach der Systematik der Neuregelung § 286 Abs. 3 S. 1 zur Anwendung kommen.[26] Weshalb es aber gesetzgeberisches Ziel gewesen sein sollte, ausgerechnet dem Unterhaltsberechtigten, dem der

---

[8] BT-Drucks. 13/7338 S. 31.
[9] S. dazu *Heiß/Heiß* in *Heiß/Born* Kap. 7 Rn. 22; *Born* in *Heiß/Born* Kap. 22 Rn. 63.
[10] Vgl. *Palandt/Brudermüller* Rn. 6.
[11] So mit Recht *Wendl/Gerhardt* § 6 Rn. 100.
[12] BT-Drucks. 16/1830 S. 21 f.; *Viefhues* in *Viefhues/Mieczko* Rn. 521.
[13] BGH FamRZ 1989, 850, 852; 1988, 834; 1984, 775; OLG Köln OLGR 1993, 25; *Büttner/Niepmann/Schwamb* Rn. 256.
[14] BGH FamRZ 1994, 775; *Palandt/Brudermüller* Rn. 1.
[15] *Palandt/Brudermüller* Rn. 16; **aA** FamRefK/*Häußermann* Rn. 10.
[16] BGH FamRZ 1989, 150, 152; 1987, 472; 1983, 352, 354; OLG Schleswig OLGR 1996, 91; OLG Bremen FamRZ 1996, 886; *Wendl/Gerhardt* § 6 Rn. 134.
[17] In der Praxis wird selbst bei Vorliegen der formalen Voraussetzungen für weit in die Vergangenheit zurückreichende Unterhaltsforderungen die Bedürftigkeit des Berechtigten besonders genau hinterfragt; denn er muss ohne den Unterhalt, den er jetzt verlangt, damals irgendwie sein Auskommen gefunden haben.
[18] *Büttner/Niepmann/Schwamb* Rn. 268.
[19] OLG Schleswig FamRZ 1988, 961; *Born* in *Heiß/Born* Kap. 22 Rn. 75; *Büttner/Niepmann/Schwamb* Rn. 258.
[20] BGH FamRZ 1992, 920; 1990, 283, 285; OLG Hamm OLGR 1999, 157.
[21] Vom 30. 3. 2000, BGBl. I S. 330; s. dazu aus unterhaltsrechtlicher Sicht *Büttner* FamRZ 2000, 921 sowie *Wohlgemuth* FF 2000, 185.
[22] S. dazu *Palandt/Grüneberg* § 286 Rn. 1.
[23] Zu Einzelheiten s. *Palandt/Grüneberg* § 286 Rn. 25.
[24] *Palandt/Grüneberg* § 286 Rn. 25.
[25] OLG Karlsruhe FamRZ 1981, 384; *Palandt/Grüneberg* § 286 Rn. 22; *Born* in *Heiß/Born* Kap. 22 Rn. 70.
[26] *Medicus* DNotZ 2000, 256; *Büttner* FamRZ 2000, 921; *Palandt/Grüneberg* § 286 Rn. 25.

Unterhalt sogar im Voraus zusteht (§ 1612 Abs. 3 S. 1), diesen Unterhalt für 30 Tage zu entziehen und die Zahlung dann zusätzlich von – gänzlich unterhaltsfremden – Rechtsinstituten wie Rechnung oder gleichwertiger Zahlungsaufforderung abhängig zu machen, ist nicht ersichtlich;[27] im Gegenteil sollte es für Dauerschuldverhältnisse bei der bisherigen Regelung des § 284 Abs. 2 bleiben.[28]

Da im Falle einer der gesetzlichen Zweckrichtung zuwiderlaufenden übermäßig weiten Fassung der Norm eine teleologische Reduktion auf den beabsichtigten Anwendungsbereich möglich ist, kann davon ausgegangen werden, dass für eine nicht kalendermäßig bestimmte Unterhaltspflicht auch weiterhin § 286 Abs. 1 gilt und somit § 286 Abs. 3 S. 1 auch im Rahmen der Auslegung des § 1613 Abs. 1 nicht anzuwenden ist. Nur hierdurch können Widersprüche vermieden werden, die daraus entstehen, dass der Verzug im Rahmen der §§ 286 ff. in erster Linie Sekundäransprüche erzeugt, während er in § 1613 Abs. 1 Tatbestandsvoraussetzung für den Primäranspruch auf rückständigen Unterhalt ist. Es erscheint unvereinbar, den Unterhaltsanspruch einerseits in seiner Entstehung 30 Tage hinauszuschieben (§ 286 Abs. 3 S. 1) und andererseits gleichzeitig eine Rückwirkung auf den Monatsersten (s. Rn. 55–57) anzunehmen (§ 1613 Abs. 1 S. 2). **9**

d) Rechtsnatur. Der auf Nachholung der Unterhaltsleistung gerichtete, die Vergangenheit betreffende Anspruch ist im Falle von Barbedarf der originäre Erfüllungsanspruch; dagegen kann es im Falle von nachzuholendem Betreuungsunterhalt nur um Schadensersatz gehen.[29] **10**

II. Nachforderung (Abs. 1)

Für den Anspruch auf rückständigen Unterhalt nach Auskunftsverlangen, Verzug und Rechtshängigkeit sieht das Gesetz (Abs. 1) drei Varianten vor, die sich teilweise überschneiden. Geschuldet ist voller Monatsunterhalt (Abs. 1 S. 2), was wegen des Wegfalls der Notwendigkeit zu tageweiser Ausrechnung[30] zu einer Verfahrensvereinfachung führt. Bei übergeleiteten und übergegangenen Unterhaltsansprüchen bestehen Besonderheiten. **11**

1. Aufforderung zur Auskunftserteilung. a) Anwendungsbereich. Die Neuregelung des § 1613 gilt nicht nur für den Kindesunterhalt, sondern den gesamten Verwandtenunterhalt, des Weiteren kraft Verweisung (§§ 1661 Abs. 4 S. 4, 1360 a Abs. 3) auch beim Trennungs- und Familienunterhalt. Die Regelung erfasst somit Unterhaltsansprüche des Kindes, solche der Eltern gegen das Kind, Unterhaltsansprüche der Kindesmutter gegen den Erzeuger des Kindes (§ 1615l)[31] sowie Ansprüche auf Trennungs- und Familienunterhalt. **12**

Es war ebenso überraschend wie unverständlich,[32] dass für den nachehelichen Unterhalt zunächst *keine* Neuregelung geschaffen worden ist, so dass hier vorübergehend die bisherigen Grundsätze im Rahmen von § 1585b galten. Aufgrund des UnterhRÄndG gelten die Regelungen des § 1613 Abs. 1 nunmehr aber einheitlich für *alle* Unterhaltsansprüche (s. Rn. 5 aE), so dass die Notwendigkeit einer Stufenmahnung entfallen ist.[33] **13**

b) Grundsätze. Ab dem Zeitpunkt der Aufforderung zur Auskunft (zur Zweckrichtung s. Rn. 2) muss der Pflichtige mit einer Inanspruchnahme auf Unterhalt rechnen, so dass er sich durch Rücklagenbildung darauf einstellen kann.[34] Der Berechtigte muss keine Stufenklage erheben,[35] was die Möglichkeit einer außergerichtlichen Einigung offenhalten soll.[36] **14**

c) Einzelfragen. aa) Zweckbindung. Bei einer Stufenmahnung ist der Zusammenhang zwischen begehrter Auskunft und noch zu beziffendem Unterhalt ohne weiteres ersichtlich. Die diesbezügliche Rechtsprechung ist mit der Änderung des § 1613 Abs. 1 durch das KindUG in die gesetzliche Regelung übernommen worden.[37] Zur Auslösung der Wirkungen des § 1613 reicht also ein allgemeines Auskunftsverlangen nicht aus;[38] vielmehr muss der Berechtigte deutlich machen, **15**

---

[27] Vgl. *Palandt/Grüneberg* § 286 Rn. 25.
[28] BT-Drucks. 14/2752 S. 11.
[29] *Palandt/Brudermüller* Rn. 1.
[30] Diese ist allerdings beim nachehelichen Unterhalt bestehen geblieben (OLG Saarbrücken NJW 2008, 304), weil § 1585b bedauerlicherweise in die Gesetzesänderung mit einbezogen worden ist. S. aber jetzt Rn. 13.
[31] *Wendl/Gerhardt* § 6 Rn. 107; aA FamRefK/*Häußermann* Rn. 10.
[32] *Wendl/Gerhardt* § 6 Rn. 100.
[33] *Palandt/Diederichsen* 1613 Rn. 7.
[34] BT-Drucks. 13/7338 S. 31; *Büttner/Niepmann/Schwamb* Rn. 255.
[35] Auch nicht mehr im Falle des nachehelichen Unterhalts, s. Rn. 5, 13.
[36] BT-Drucks. 13/7338 S. 31; vgl. *Palandt/Brudermüller* Rn. 4.
[37] *Schwab/Borth* IV Rn. 1213.
[38] *Palandt/Brudermüller* Rn. 3.

dass er die Auskunft „zum Zwecke" der Geltendmachung des Unterhaltsanspruchs benötigt, konkret also für die Bezifferung seines späteren Unterhaltsantrags.[39] Eine Leistung von Unterhalt braucht allerdings nicht sogleich gefordert zu werden.[40]

16 Die Auskunftsaufforderung lässt **Nachforderungen** auch dann zu, wenn der Pflichtige auf Grund einer falschen Berechnung des Gläubigers zahlt.[41] Zur nachträglichen Erhöhung von Unterhalt nach vorübergehender Antragsreduzierung s. Rn. 29–31.

17 **bb) Zugang.** Die Aufforderung muss dem Pflichtigen zugehen (§ 133 Abs. 1). Hierfür trägt der Berechtigte die Beweislast.[42] Im vereinfachten Verfahren (s. § 1612a Rn. 48–75) hilft § 648 Abs. 1 S. 3, 2. Halbsatz.[43]

18 **cc) Weitergehende Folgen.** Soweit Sekundäransprüche, zB Zinsen (s. Rn. 40–42) an die Inverzugsetzung geknüpft sind, wird diese durch die bloße Auskunftsaufforderung nicht ersetzt.[44]

19 **2. Schuldnerverzug. a) Anwendungsbereich.** Die Regelung betrifft – anders als der Verzug auf Grund Auskunftsaufforderung (s. Rn. 12–18) – alle Unterhaltsrechtsverhältnisse.

20 **b) Mahnung (§ 286 Abs. 1).** Der Verzug des Schuldners setzt regelmäßig eine Mahnung nach Eintritt der Fälligkeit voraus. Eine vorher ausgesprochene Mahnung ist wirkungslos;[45] zulässig ist es aber, die Mahnung mit der die Fälligkeit begründenden Handlung zu verbinden.[46] Nur bei einem Wechsel der Anspruchsidentität ist eine neue Mahnung erforderlich,[47] beispielsweise im Rahmen der Geltendmachung von Trennungs- und nachehelichem Unterhalt.[48] Nach dem eindeutigen Wortlaut des § 286 Abs. 1 S. 1 kommt der Schuldner nur durch eine *nach* Eintritt der Fälligkeit ausgesprochene Mahnung in Verzug. Da vor Rechtskraft der Scheidung noch kein fälliger Anspruch auf nachehelichen Unterhalt besteht,[49] ist eine vorher ausgesprochene Mahnung wirkungslos und bleibt es auch nach Eintritt der Rechtskraft.[50] Die aus der fehlenden Identität von Trennungs- und nachehelichem Unterhalt[51] folgende Notwendigkeit, nachehelichen Unterhalt gesondert geltend zu machen, entfällt nicht durch die prozessuale Ausdehnung des zunächst über den Trennungsunterhalt begonnenen Rechtsstreits auch auf den nachehelichen Unterhalt.[52] Eine Mahnung nach Rechtskraft ist entbehrlich dann, wenn der Schuldner deutlich gemacht hat, solchen Unterhalt nicht zahlen zu wollen;[53] zur sogenannten Selbstmahnung s. Rn. 35.

21 Zur Vermeidung der zeitlichen „Lücke" sollte der nacheheliche Unterhalt im Scheidungsverbund geltend gemacht[54] oder während der Trennungszeit eine einstweilige Anordnung (§ 246 FamFG)[55] erwirkt werden, die – in Durchbrechung des Grundsatzes der Nichtidentität von Trennungs- und nachehelichem Unterhalt[56] – auch nach der Scheidung fortwirkt, bis eine anderweitige Regelung (§ 56 FamFG) wirksam wird.[57] Aufgrund der relativ komplizierten gesetzlichen Regelung im Zusammen-

---

[39] *Wendl/Gerhardt* § 6 Rn. 107; *Schwab/Borth* IV Rn. 1213.
[40] *Johannsen/Henrich/Graba* § 1613 Rn. 3. Auch in Bezug auf Altersvorsorgeunterhalt reicht das Auskunftsverlangen aus, BGH NJW 2007, 511; s. dazu LMK 2007, 213, 214 *(Born)*.
[41] *Frerix* FamRZ 2000, 1046; *Palandt/Brudermüller* Rn. 3; **aA** AG Wesel FamRZ 2000, 1045.
[42] *Palandt/Brudermüller* Rn. 3 aE.
[43] BT-Drucks. 13/7338 S. 58.
[44] *Johannsen/Henrich/Graba* § 1613 Rn. 3.
[45] BGH NJW 1992, 1956.
[46] BGHZ 103, 64.
[47] BGH NJW 1992, 1956.
[48] OLG Hamm FamRZ 1989, 634.
[49] BGH FamRZ 1992, 920.
[50] BGH FamRZ 1988, 370.
[51] BGH FamRZ 1981, 242.
[52] OLG Hamm FamRZ 1998, 1512. ZT wird allerdings vertreten, dass eine Mahnung über nachehelichen Unterhalt schon vor Rechtskraft der Scheidung möglich (OLG Celle FamRZ 1991, 1202) und überhaupt nicht erforderlich sein soll, wenn die Eheleute kurz vor der Rechtskraft der Scheidung über den nachehelichen Unterhalt verhandelt haben (OLG Karlsruhe FamRZ 1990, 70).
[53] OLG Hamm OLGR 1997, 80.
[54] Zu Einzelheiten s. *Schwab/Borth* IV Rn. 1217, der auf die Merkwürdigkeit hinweist, dass die gerichtliche *Geltendmachung* des nachehelichen Unterhalts als eines erst zukünftig fällig werdenden Anspruchs im Verbundverfahren zulässig ist, nach BGH eine *Mahnung* desselben Unterhalts dagegen auch im Verbundverfahren nicht zulässig sein soll. De lege ferenda wird deshalb zu Recht eine gesetzliche Regelung der Möglichkeit gefordert, den nachehelichen Unterhalt schon während des Scheidungsverfahrens anzumahnen (Empfehlung des 13. DFGT FamRZ 2000, 273 unter B. I. 2.; *Büttner/Niepmann/Schwamb* Rn. 263 Fn. 460).
[55] Zu Einzelheiten *Born* in *Heiß/Born* Kap. 25 Rn. 65 ff.
[56] BGH FamRZ 1981, 242.
[57] Durch Fortgeltung der vorläufigen Regelung soll ein vorübergehend regelungsloser Zustand vermieden werden (BGH FamRZ 1981, 242, 243). Die Wirksamkeit der anderweitigen Regelung ist erst ab deren Rechtskraft anzunehmen (BGH NJW 2000, 740); zu Einzelheiten s. ausführlich *Born* in *Heiß/Born* Kap. 25 Rn. 199 ff.

hang mit dem Eintritt der Rechtskraft[58] und der dadurch entstehenden Unklarheiten in Bezug auf den genauen Zeitpunkt der Rechtskraft soll verhindert werden, dass eine unwirksame oder verspätete Mahnung übersandt und dadurch der benötigte Unterhalt nicht sogleich ab Scheidung geschuldet wird.[59]

aa) Grundsätze. Sie sind ausgerichtet an dem Grundgedanken (s. Rn. 1), wonach Unterhalt 22 wesensgemäß zur Bestreitung des *laufenden* Lebensbedarfs dient und die Befriedigung von Bedürfnissen aus vergangener Zeit an sich nicht möglich ist, so dass prinzipiell nicht die Notwendigkeit einer Fortgeltung darauf beruhender Ansprüche besteht. Der Pflichtige soll in die Lage versetzt werden, sich auf die ihm drohenden Belastungen einzustellen.[60] Demgemäß muss die Mahnung den Zeitpunkt angeben, ab dem Unterhalt gefordert wird;[61] auch die Höhe des geforderten Betrages muss bekannt gegeben werden.[62] Nicht erforderlich sind dagegen Fristsetzung oder Androhung bestimmter Folgen;[63] die Mahnung muss auch nicht erkennen lassen, dass das Ausbleiben der Leistung Folgen haben werde.[64] Die Mahnung muss an den Pflichtigen gerichtet sein. Sie bedarf keiner Form, so dass sie wirksam auch mündlich oder fernmündlich erklärt werden kann.[65]

Geht es um **Kindesunterhalt**, so ist im Falle der *Minderjährigkeit* die Mahnung durch den gesetz- 23 lichen Vertreter auszusprechen, der das Kind in Obhut hat (§ 1629 Abs. 2) bzw. Sorgerechtsinhaber ist.[66] Durch den nicht sorgeberechtigten Elternteil kann eine Mahnung nur ausnahmsweise ausgesprochen werden.[67] Bei einem Sorgerechtswechsel ist eine vorher erklärte Mahnung unwirksam, auch wenn sich das Kind zu diesem Zeitpunkt bereits in der Obhut dieses Elternteils befand; denn die Mahnung ist eine Handlung mit rechtsgeschäftlichem Charakter, für die § 180 gilt.[68] Eine Mahnung durch einen Vertreter ohne Vertretungsmacht ist unwirksam.[69] Das *volljährige* Kind muss dagegen selbst mahnen.[70]

Für eine Mahnung ausreichend ist die Übersendung eines **Verfahrenskostenhilfegesuchs**[71] 24 ebenso wie die Zustellung eines Antrags auf Erlass einer **einstweiligen Anordnung**.[72] Aus der Antragstellung (§§ 49 ff., 246 ff. FamFG) kann auf einen bestimmten Rechtsverfolgungswillen geschlossen werden; am Eintritt der Verzugswirkung ändert sich also nichts durch die Abweisung des Antrags auf einstweilige Anordnung,[73] weil die materiell-rechtlichen Wirkungen der Mahnung nicht von den prozessualen Regelungen nach §§ 49 ff., 246 ff. FamFG abhängig sind.[74]

Ist der Unterhalt **vertraglich** geregelt, scheidet die Anwendung der Vorschrift aus, weil der 25 Schuldner Art und Umfang seiner Inanspruchnahme kennt und deshalb nicht schutzbedürftig ist (s. Rn. 7); bei Vereinbarung der Zahlungspflicht in einem Unterhaltsvergleich ist deshalb eine Mahnung grundsätzlich entbehrlich.[75]

bb) Bestimmt und eindeutig. Zu ihrer Wirksamkeit erfordert die Mahnung eine der Höhe 26 nach bestimmte und eindeutige Leistungsaufforderung.[76] Für den Regelfall wird man die genaue ziffernmäßige Angabe des geforderten Betrages verlangen müssen,[77] auch wenn diese Angabe ausnahmsweise dann entbehrlich ist, sofern dem Pflichtigen nach Inhalt der Mahnung und gesamten Umständen klar ist, welcher genaue Unterhaltsbetrag von ihm gefordert wird.[78] Dafür, dass der

---

[58] Zu Einzelheiten s. *Born* in *Heiß/Born* Kap. 24 Rn. 107 ff.
[59] BGH FamRZ 1992, 920.
[60] BGH FamRZ 1992, 920; 1989, 150, 152.
[61] OLG Karlsruhe FamRZ 1998, 742.
[62] BGH FamRZ 1982, 887, 890.
[63] *Born* in *Heiß/Born* Kap. 22 Rn. 60.
[64] OLG Hamm NJW-RR 1992, 668.
[65] BGH FamRZ 1993, 1055.
[66] OLG Düsseldorf FamRZ 2000, 442; *Wendl/Gerhardt* § 6 Rn. 126.
[67] KG FamRZ 1989, 537.
[68] OLG Bremen FamRZ 1995, 1515.
[69] OLG Düsseldorf FamRZ 2000, 442; OLG Koblenz NJW-RR 1992, 1093.
[70] OLG München FamRZ 1995, 1293; *Palandt/Brudermüller* Rn. 4; *Born* in *Heiß/Born* Kap. 22 Rn. 62.
[71] BGH FamRZ 1992, 920; 1990, 283, 285; OLG Hamm OLGR 1999, 157.
[72] BGH FamRZ 1995, 725; 1983, 352, 354.
[73] BGH FamRZ 1995, 725.
[74] *Schwab/Borth* IV Rn. 1210 aE.
[75] OLG München FamRZ 1995, 1293; *Born* in *Heiß/Born* Kap. 22 Rn. 60 aE; *Büttner/Niepmann/Schwamb* Rn. 268.
[76] BGH FamRZ 1985, 155, 157; 1984, 163; 1982, 887, 890.
[77] BGH FamRZ 1984, 163; *Schwab/Borth* IV Rn. 1210; *Wendl/Gerhardt* § 6 Rn. 122.
[78] *Büttner/Niepmann/Schwamb* Rn. 260. Dies gilt auch für eine Mahnung unter einer Bedingung (OLG Hamm OLGR 2000, 72). Eine Fristsetzung ist ebenso wenig nötig wie die Androhung bestimmter Folgen (*Born* in *Heiß/Born* Kap. 22 Rn. 60), so dass die Mahnung nicht erkennen lassen muss, dass das Ausbleiben der Leistung Folgen haben werde (OLG Hamm NJW-RR 1992, 668; OLG Bamberg FamRZ 1988, 1083, 1084).

Schuldner weiß, welcher Unterhaltsbetrag von ihm verlangt wird,[79] ist aber nicht ausreichend, dass er den geschuldeten Unterhalt erst nach Inanspruchnahme fachlicher Beratung ziffernmäßig ermitteln oder den Mindestbedarf über die Regelbetragsverordnung feststellen kann.[80] Auch die Mitteilung der maßgebenden Unterhaltsrichtlinie ist nicht ausreichend.[81] Das Fehlen einer Unterhaltsberechnung ist unschädlich, weil Verzug nur die Leistungsbestimmung verlangt.[82]

27 Bei **Gläubigermehrheit**, zB bei Geltendmachung von Trennungs- und Kindesunterhalt in einem Verfahren oder einer Forderung für mehrere Kinder, liegt wirksamer Verzug nur bei Forderung konkreter *Einzelbeträge* vor. Die Mahnung enthält eine der Höhe nach bestimmte und eindeutige Leistungsaufforderung also nur dann, wenn der für den jeweiligen Gläubiger geforderte Unterhaltsbetrag konkret beziffert wird.[83] Bei späterer, anderweitiger Aufteilung auf die einzelnen Gläubiger fehlt es deshalb am Verzug.[84] Befinden sich die Unterhaltsansprüche verschiedener Gläubiger zueinander in einem **Abhängigkeitsverhältnis**, zB bei Ehegatten- und Kindesunterhalt, so ist es zweckmäßig, im Rahmen eines Hilfsantrags eine andere Verurteilung zu begehren.[85]

28 cc) **Stufenmahnung.** Trotz grundsätzlicher Entbehrlichkeit bei den meisten Unterhaltsarten (s. Rn. 5) blieb die Stufenmahnung im Rahmen des nachehelichen Unterhalts erforderlich, weil § 1585b von der Neufassung des § 1613 zum 1. 7. 1998 nicht erfasst wurde.[86] Bei der Stufenmahnung handelt es sich üblicherweise um ein Schreiben, welches zusätzlich zu dem Auskunftsverlangen auch die – unbezifferte – Aufforderung enthält, den sich aus der Auskunft ergebenden Unterhalt zu zahlen.[87] Verzug wird begründet in Höhe des sich aus der Auskunft ergebenden Unterhaltsbetrages.[88] Es kommt dem Pflichtigen nicht zugute, dass der Berechtigte seine Forderung ohne die Auskunft nicht beziffern kann.[89] Seit der Reform vom 1. 1. 2008 (s. dazu 5. Aufl., Vor § 1601 Rn. 28 ff.) gilt § 1613 Abs. 1 auch beim nachehelichen Unterhalt (§ 1585b Abs. 2); somit ist die Stufenmahnung auch hier – und damit generell – entbehrlich (s.o. Rn. 5 aE).

29 dd) **Zu viel/zu wenig.** Ist der im Mahnschreiben geforderte Unterhalt *überhöht*, so ist das unschädlich; Verzug tritt in der geschuldeten Höhe ein,[90] auch bei beträchtlicher Überhöhung.[91] Denn der (sonst im Schuldrecht geltende) Grundsatz, dass bei unverhältnismäßig hoher Mehrforderung eine Mahnung nach Treu und Glauben als nicht rechtswirksam angesehen wird,[92] findet im Unterhaltsrecht wegen der dortigen Schwierigkeiten der Berechnung keine Anwendung,[93] insbesondere vor dem Hintergrund, dass der Gläubiger im Zweifel auch zur Annahme von Minderleistungen bereit ist.[94] Auch wenn das Fehlen einer Unterhaltsberechnung unschädlich ist, weil Verzug nur die Leistungsbestimmung verlangt,[95] führt eine erhebliche Zuvielforderung nicht zur Unwirksamkeit der Mahnung, wenn sie erkennen lässt, wie der Gläubiger den Unterhalt berechnen will und

---

[79] BGH FamRZ 1984, 163.
[80] BGH FamRZ 1984, 163; *Wendl/Gerhardt* § 6 Rn. 123; *Born* in *Heiß/Born* Kap. 22 Rn. 64.
[81] *Palandt/Grüneberg* § 284 Rn. 19; **aA** OLG Karlsruhe FamRZ 1980, 917.
[82] *Wendl/Gerhardt* § 6 Rn. 127 aE; *Born* in *Heiß/Born* Kap. 22 Rn. 68; **aA** OLG Frankfurt FamRZ 1987, 1144.
[83] OLG Hamm FamRZ 1995, 106; *Born* in *Heiß/Born* Kap. 22 Rn. 56, 60 aE.
[84] OLG Hamm NJW-RR 1997, 962.
[85] Der Fall wird praktisch, wenn die Ehefrau bei der Berechnung des Kindesunterhalts von der Einstufung des Ehemannes in eine bestimmte Tabellenstufe ausgeht und ihren Unterhalt dann nach Abzug der entsprechenden Tabellensätze (inzwischen: der Zahlbetrages, s. § 1612b Rn. 32 Fn. 97) berechnet. Zu weiteren Einzelheiten und einem *Muster* für einen entsprechenden Hilfsantrag s. *Born* in *Heiß/Born* Kap. 22 Rn. 83. Zu beachten ist auch das Verbot widersprüchlichen Verhaltens; s. dazu OLG Hamm FamRZ 2000, 888; 1998, 561.
[86] *Wendl/Gerhardt* § 6 Rn. 100, 101; *Born* in *Heiß/Born* Kap. 22 Rn. 422.
[87] Zu Einzelheiten der Stufenmahnung s. *Heiß/Heiß* in *Heiß/Born* Kap. 7 Rn. 22; *Born* in *Heiß/Born* Kap. 22 Rn. 63.
[88] *Büttner/Niepmann/Schwamb* Rn. 261.
[89] BGH FamRZ 1990, 283, 285. Die Auffassung, im Falle einer aus Zeitgründen noch nicht geschuldeten Auskunft (§ 1605 Abs. 2) trete kein Verzug durch Stufenmahnung ein (so OLG Düsseldorf FamRZ 1993, 593), ist nicht überzeugend, sofern materiell ein höherer Unterhalt geschuldet war (*Büttner/Niepmann/Schwamb* Rn. 261).
[90] BGH FamRZ 1982, 887, 890.
[91] *Born* in *Heiß/Born* Kap. 22 Rn. 68.
[92] BGH NJW 1991, 1286, 1288.
[93] *Wendl/Gerhardt* § 6 Rn. 127.
[94] BGH FamRZ 1983, 352, 355; *Born* in *Heiß/Born* Kap. 22 Rn. 68. Die Annahme einer Unschädlichkeit der Zuvielforderung nur unter der Voraussetzung, dass sie sich „im gewöhnlichen Rahmen" hält (*Schwab/Borth* IV Rn. 1210), hilft in der Praxis nicht weiter. Hilfreicher ist ein Abstellen auf die Frage, ob der angemahnte Betrag derart außerhalb des nach den Einkommensverhältnissen prognostizierbaren Rahmens liegt, dass keine Warnwirkung für den Schuldner mehr angenommen werden kann (*Schwab/Borth* IV Rn. 1210).
[95] *Wendl/Gerhardt* § 6 Rn. 127 aE; *Born* in *Heiß/Born* Kap. 22 Rn. 68 aE; **aA** OLG Frankfurt FamRZ 1987, 1144.

der in der Mahnung enthaltene Berechnungsfehler für den anwaltlich vertretenen Schuldner ohne weiteres erkennbar ist.[96]

Wird der in der Sache berechtigte Unterhalt mit der Mahnung *unterschritten*, begründet dies keinen Verzug auf einen höheren als den verlangten Betrag; für die Geltendmachung höheren Unterhalts ist deshalb eine erneute Mahnung erforderlich.[97] 30

Hat der Berechtigte nach in bestimmter Höhe ausgesprochener Mahnung anschließend seine Forderung reduziert, zB in Form eines niedrigeren Klageantrags, wird mit der Rechtshängigkeit dieses Antrags ein über diesen Betrag hinausgehender Zahlungsverzug für die Zukunft hinfällig,[98] so dass für höheren Unterhalt grundsätzlich eine erneute Mahnung erforderlich ist.[99] 31

ee) Ersetzende und ähnliche Wirkung. Wie sonst nur bei Klageerhebung oder Zustellung eines Mahnbescheides (§ 286 Abs. 1 S. 2) ist mahnungsersetzende Wirkung auch im Falle der Ausübung des Bestimmungsrechts (§ 1612 Abs. 2 S. 2) gegeben,[100] nicht dagegen im Falle der Einleitung eines Strafverfahrens nach § 170 StGB.[101] Mahnungsähnliche Wirkung kommt der Rechtswahrungsanzeige zu; zu Einzelheiten s. Rn. 59, 60. 32

c) Verzug ohne Mahnung (§ 286 Abs. 2). Aus dem Umstand, dass Unterhalt monatlich im Voraus (§ 1612 Abs. 3) zu zahlen ist, kann eine – die Mahnung ersetzende – Kalenderfälligkeit nicht hergeleitet werden.[102] Die Voraussetzung, dass dem Pflichtigen auch ohne Mahnung seine Schuld ihrer Existenz wie ihrem Umfang nach bekannt ist, ist insbesondere bei **vertraglicher Regelung** des Unterhalts erfüllt;[103] denn dadurch sind Grund und Höhe des Unterhalts klargestellt.[104] Der Schuldner muss deshalb nicht vor unerwarteter Inanspruchnahme geschützt werden.[105] 33

Gleiches gilt im Falle der **Einstellung freiwilliger Leistungen,** die der Schuldner bisher erbracht hat. Hierin wird eine ernsthafte und endgültige Verweigerung gesehen;[106] zur bloßen Nichtleistung von Unterhalt s. dagegen sogleich Rn. 35. 34

d) Entbehrlichkeit der Mahnung. Sie richtet sich nach Treu und Glauben. Verspricht der Pflichtige von sich aus Zahlungen in bestimmter Höhe, kann darin eine **Selbstmahnung** gesehen werden, die eine Mahnung durch den Berechtigten entbehrlich macht.[107] In der bloßen Nichtleistung von Unterhalt wird dagegen keine – die Mahnung entbehrlich machende – Unterhaltsverweigerung gesehen,[108] so dass strenge Anforderungen zu stellen sind[109] und zweifelsfrei feststehen muss, dass sich der Schuldner über das Erfüllungsverlangen des Gläubigers hinwegsetzen will.[110] Dies wird bei plötzlicher Einstellung bisher regelmäßig erbrachter Zahlungen (s. Rn. 34)[111] ebenso angenommen wie beim Verlassen der Familie durch den Schuldner ohne mahnfähige Anschrift,[112] der telefonischen Erklärung, den verlangten höheren Unterhalt nicht zu zahlen[113] oder bei Ablehnung der Erteilung der verlangten Auskunft mit dem Hinweis, keinen Unterhalt zu schulden.[114] *Nicht* entbehrlich ist die Mahnung dagegen dann, wenn der bisher die Kinder betreuende Elternteil aus der Wohnung unter Zurücklassung der Kinder auszieht und dadurch keine Betreuungsleistungen mehr erbringt.[115] 35

---

[96] OLG Braunschweig FamRZ 1999, 1453.
[97] BGH FamRZ 1990, 283, 285; *Schwab/Borth* IV Rn. 1210; *Born* in *Heiß/Born* Kap. 22 Rn. 69; *Wendl/Gerhardt* § 6 Rn. 128.
[98] OLG Hamm FamRZ 1999, 513.
[99] OLG Hamm FamRZ 1989, 1303; *Born* in *Heiß/Born* Kap. 22 Rn. 66; aA OLG Hamm OLGR 2000, 361. Dort wird – für den Gläubiger großzügig – eine auch die Vergangenheit erfassende erneute Antragserhöhung für wirksam gehalten, sofern weniger als 2 Jahre vergangen sind.
[100] OLG Hamburg FamRZ 1993, 102.
[101] BGH NJW 1987, 1149.
[102] OLG Karlsruhe FamRZ 1981, 384; *Born* in *Heiß/Born* Kap. 22 Rn. 70.
[103] *Wendl/Gerhardt* § 6 Rn. 134; *Büttner/Niepmann/Schwamb* Rn. 268.
[104] BGH FamRZ 1989, 150, 152; 1987, 472; 1983, 352, 354.
[105] BGH FamRZ 1989, 150; 1987, 472; OLG Schleswig OLGR 1996, 91; OLG Bremen FamRZ 1996, 886.
[106] BGH FamRZ 1983, 352, 354; OLG Köln FamRZ 1999, 531; *Born* in *Heiß/Born* Kap. 22 Rn. 72.
[107] BGH NJW 2008, 1216; OLG Köln NJW-RR 2000, 73 (Zusage höheren Kindesunterhalts); OLG Zweibrücken FamRZ 1997, 1301; *Büttner/Niepmann/Schwamb* Rn. 262; bedenklich OLG Frankfurt FamRZ 2000, 113, wonach die Erklärung der grundsätzlichen Bereitschaft nicht ausreichen soll.
[108] BGH FamRZ 1983, 352, 355.
[109] *Wendl/Gerhardt* § 6 Rn. 135.
[110] BGH NJW 1996, 1814.
[111] BGH FamRZ 1983, 352, 354; OLG Köln FamRZ 1999, 531.
[112] OLG Schleswig FamRZ 1985, 734.
[113] BGH FamRZ 1993, 1055.
[114] *Wendl/Gerhardt* § 6 Rn. 135.
[115] OLG München FamRZ 1997, 313.

§ 1613 36–42 Abschnitt 2. Titel 3. Unterhaltspflicht

36 Der **Eintritt des Verzugs** liegt erst in dem Zeitpunkt, zu dem die Weigerung erklärt wurde; die davorliegende Zeit wird dagegen nicht erfasst.[116]

37 Solange die anspruchsbegründenden Voraussetzungen fortbestehen, ist periodisch **keine Wiederholung** der Mahnung erforderlich;[117] etwas anderes gilt im Fall der wesentlichen Änderung der Verhältnisse.[118] Auch wenn es den einmal in Verzug befindlichen Schuldner nicht befreit, wenn der Berechtigte seinerseits eine von ihm verlangte Auskunft nicht oder nur verspätet erteilt,[119] ist zu beachten, dass dem Pflichtigen bei Weigerung der Vorlage notwendiger Belege durch das in Ausbildung befindliche Kind ein Zurückbehaltungsrecht hinsichtlich des Unterhalts zustehen kann (s. § 1610 Rn. 250).

38 **e) Verschulden.** Verzug tritt nur ein, soweit die Verzögerung der Leistung auf einem Umstand beruht, den der Schuldner zu vertreten hat (§ 287). Der Schuldner hat für eigenes Verschulden ebenso einzustehen wie für das seiner Erfüllungsgehilfen und gesetzlichen Vertreter (§ 278 S. 1). Weil sehr strenge Voraussetzungen zu beachten sind, wird ein unverschuldeter Irrtum des Schuldners über die **Rechtslage** nur in seltenen Fällen angenommen.[120] So wird der Pflichtige nicht durch seine unrichtige Annahme entlastet, wegen Zusammenwohnens der Bedürftigen mit einem neuen Lebensgefährten keinen Unterhalt zahlen zu müssen;[121] er wird nicht einmal durch das Vertrauen auf in gerichtlichen Urteilen enthaltene Rechtsauffassungen entlastet, sofern er mit abweichender Beurteilung durch andere Gerichte oder den BGH rechnen muss.[122] Auch sein Glaube an eine endgültige Verneinung der Unterhaltspflicht nach Ablehnung eines Antrags auf einstweilige Anordnung wird nicht geschützt, (s. Rn. 24),[123] weil der Pflichtige auf Grund nur summarischer Prüfung im Eilverfahren mit einer abweichenden Entscheidung im ordentlichen Erkenntnisverfahren zu rechnen hat.[124]

39 Ausnahmsweise *unverschuldet* ist es, wenn dem Schuldner der Wohnungswechsel des Berechtigten nicht bekannt ist[125] oder der Berechtigte die Unkenntnis des Pflichtigen über die Höhe des Anspruchs selbst verschuldet hat. Gleiches gilt bei nur vorübergehender zufälliger Verhinderung, Bewusstlosigkeit oder schwerer Erkrankung des Schuldners.

40 **f) Wirkungen des Verzugs.** Sie ergeben sich aus §§ 286 ff. Als *Primäranspruch* ist der Unterhalt für die Vergangenheit zu zahlen, weil der Verzug nach Abs. 1 erst tatbestandsmäßig die Zahlungspflicht des Schuldners normiert;[126] zum vollen Monatsunterhalt (Abs. 1 S. 2) s. Rn. 55–57.

41 Als *Sekundäranspruch* ist zusätzlich der Verzugsschaden (§ 286) zu ersetzen. Durch die beim nachehelichen Unterhalt geltende Zeitschranke des § 1585b Abs. 3 wird der Anspruch nicht begrenzt; die Vorschrift betrifft nur die Erfüllungsleistung und Schadenersatz wegen Nichterfüllung, enthält dagegen keine Regelung zum Verzugsschaden.[127]

42 Damit können **Verzugszinsen** auch im Unterhaltsrecht verlangt werden,[128] und zwar nicht nur in Bezug auf Unterhaltsrückstände,[129] sondern ab jeweiliger Fälligkeit auch für den laufenden Unterhalt.[130] Dies gilt nicht nur bei Inanspruchnahme von Bankkredit,[131] sondern auch unabhängig hiervon,[132] weil § 288 Abs. 1 gesetzliche unwiderlegliche Vermutungen eines Mindestschadens enthält[133] und es nicht gerechtfertigt ist, den säumigen Schuldner gegenüber anderen Schuldner zu begünstigen und dem Berechtigten die Beweislast für den Schaden aufzuerlegen.[134] Die **Zinserhö-**

---

[116] BGH FamRZ 1985, 155, 157; *Wendl/Gerhardt* § 6 Rn. 135 aE.
[117] BGH FamRZ 1988, 370 m. Anm. *Schmitz* 700.
[118] OLG Bamberg FamRZ 1990, 1235.
[119] LG Freiburg FamRZ 1983, 1165.
[120] BGH FamRZ 1983, 352, 355.
[121] *Wendl/Gerhardt* § 6 Rn. 137.
[122] BGH FamRZ 1985, 155, 158.
[123] BGH FamRZ 1983, 353, 355.
[124] *Schwab/Borth* IV Rn. 1214.
[125] *Schwab/Borth* IV Rn. 1214.
[126] *Palandt/Brudermüller* Rn. 3, 5.
[127] OLG Hamm FamRZ 1995, 613; *Schwab/Borth* IV Rn. 1224; *Born* in *Heiß/Born* Kap. 22 Rn. 75.
[128] OLG Frankfurt FamRZ 1985, 704; *Palandt/Brudermüller* Rn. 13; **aA** OLG Celle FamRZ 1983, 525.
[129] BGH FamRZ 1985, 155, 158; OLG Hamm FamRZ 1985, 604.
[130] BGH FamRZ 1987, 352; *Schwab/Borth* IV Rn. 1224; *Born* in *Heiß/Born* Kap. 22 Rn. 73.
[131] BGH FamRZ 1992, 1064; 1988, 478, 480; 1987, 352.
[132] OLG Hamm FamRZ 1985, 604; 1984, 478; OLG München FamRZ 1984, 310; OLG Hamburg FamRZ 1984, 87; OLG Stuttgart FamRZ 1984, 1105.
[133] BGH NJW 1979, 540.
[134] *Büttner/Niepmann/Schwamb* Rn. 269, gegen OLG Celle FamRZ 1983, 525 m. Anm. *Brüggemann*.

Unterhalt für die Vergangenheit 43–47 § 1613

hung durch Änderung des § 288 Abs. 1,[135] wonach 5% über dem jeweiligen Basiszinssatz gefordert werden können, findet auf Grund der Geltung des Gesetzes für alle Geldschulden[136] auch auf Unterhaltsschulden Anwendung.[137] Das unterhaltsrechtliche **Aufrechnungsverbot** (§§ 394 BGB, 850 b ZPO)[138] gilt auch gegenüber Zinsansprüchen.[139]

g) Beseitigung des Verzugs. aa) Grundsätze. Die Verzugsfolgen können grundsätzlich nur 43 durch Partei*vereinbarung*, zB einen Erlassvertrag (§ 397), beseitigt werden, also nicht einseitig.[140] Ein die Verzugsfolgen rückwirkend durch Vertrag beseitigender Erlass in Form eines **Verzichtes** kann aber auch durch schlüssiges Verhalten der Parteien zustande kommen;[141] auch eine Verwirkung (s. Rn. 46–51) ist in diesem Zusammenhang denkbar.[142]

Die bloße Nichtgeltendmachung der vorher angemahnten Forderung reicht dagegen nicht aus; 44 denn es ist gerade Sinn der Mahnung, den Anspruch zu erhalten.[143] Ein Wegfall des Verzugs kommt aber dann in Betracht, wenn sich der Berechtigte stillschweigend mit einem niedrigeren Unterhaltsbetrag zufrieden gibt[144] oder einen entsprechend reduzierten **Zahlungsantrag** stellt. Ein über diesen Betrag hinausgehender Zahlungsverzug wird für die Zukunft hinfällig, auch wenn vorher ein höherer Betrag angemahnt worden ist.[145]

Mit der **Antragsrücknahme** enden die Mahnungswirkungen.[146] Zum Unterlassen eines Antrags 45 nach vorangegangener Mahnung s. Rn. 44. Auch durch die Abweisung eines Antrags auf Erlass einer **einstweiligen Anordnung** werden die Verzugsfolgen nicht beseitigt, selbst bei anschließend unterlassener Antragstellung binnen 6 Monaten.[147] Im Falle zu langer Untätigkeit kommt aber eine Verwirkung (s. Rn. 46–51) der Verzugsfolgen in Betracht.

bb) Verwirkung. Der Gläubiger kann sich bei Vorliegen besonderer Umstände nach Treu und 46 Glauben nicht mehr auf die Verzugsfolgen berufen, sofern eine Verwirkung anzunehmen ist.[148] Wird Unterhalt trotz wirksamer Mahnung erst nach Jahren gerichtlich geltend gemacht, kann im Falle des Vorliegens besonderer Zeit- und Umstandsmomente eine illoyal verspätete Geltendmachung[149] und damit Verwirkung anzunehmen sein.[150] Eine generelle Aussage in Bezug auf die Höhe der an das Zeitmoment zu stellenden Anforderungen[151] kann nicht getroffen werden, weil sich Zeit- und Umstandsmomente wechselseitig beeinflussen mit der Folge, dass bei relativ kurzer Zeit strengere Anforderungen an die Erfüllung des Umstandsmoments zu stellen sind;[152] das Zeitmoment ist auch für sich allein nicht aussagekräftig, weil bei bloßem Zeitablauf ausschließlich die gesetzlichen Verjährungsfristen gelten.[153]

Verwirkung ist umso seltener anzunehmen, je kürzer die Verjährungsfrist ist.[154] Diese beträgt bei 47 Unterhalt 3 Jahre (§§ 197 Abs. 2, 195), ist aber beim Trennungsunterhalt bis zur Scheidung und beim Kindesunterhalt bis zur Volljährigkeit gehemmt (§ 207 Abs. 1 S. 2 Nr. 2), wodurch sie sich

---

[135] Zum 1. 5. 2000 durch das Gesetz zur Beschleunigung fälliger Zahlungen vom 30. 3. 2000, BGBl. I S. 330; s. Fn. 20.
[136] Zur hier vertretenen Einschränkung des § 286 Abs. 3 s. Rn. 33, 34.
[137] BGH NJW 2008, 2710; *Büttner/Niepmann/Schwamb* Rn. 269.
[138] Zur Ausnahme bei verweigerter Vorlage ausbildungsbezogener Belege durch das Kind s. § 1610 Rn. 250.
[139] OLG Hamm FamRZ 1988, 952; *Büttner/Niepmann/Schwamb* Rn. 269 aE.
[140] BGH FamRZ 1995, 725; 1988, 478; 1987, 40; *Wendl/Gerhardt* § 6 Rn. 140; *Büttner/Niepmann/Schwamb* Rn. 264.
[141] BGH FamRZ 1987, 40, 42; *Wendl/Gerhardt* § 6 Rn. 140.
[142] BGH FamRZ 1996, 1067, 1068; 1988, 370.
[143] OLG Hamm FamRZ 1990, 520; 1989, 310; 1989, 1303.
[144] OLG Hamm FamRZ 1989, 310; es müssen aber Anhaltspunkte für einen Verzichtswillen vorliegen.
[145] OLG Hamm FamRZ 1999, 513; *Born* in *Heiß/Born* Kap. 22 Rn. 73 aE; einschränkend – zu Gunsten des Berechtigten – dagegen OLG Hamm OLGR 2000, 361, wonach die erneute Erhöhung des Anspruchs nach zwischenzeitlicher Reduzierung auch für die Vergangenheit unschädlich sein soll, soweit weniger als 2 Jahre vergangen sind. In diesem Sinne s. auch KG FamRZ 2005, 1854.
[146] BGH FamRZ 1983, 352, 354; *Schwab/Borth* IV Rn. 1218.
[147] BGH FamRZ 1995, 725.
[148] BGH FamRZ 2007, 453; 1995, 725; 1988, 478, 479; 1988, 370, 372.
[149] *Johannsen/Henrich/Graba* § 1613 Rn. 11.
[150] BGH FamRZ 1988, 370, 372; 1988, 478, 480; 1982, 898; KG FamRZ 1994, 771; *Schwab/Borth* IV Rn. 1220; *Wendl/Gerhardt* § 6 Rn. 142 ff.
[151] Gegen strenge Anforderungen sprechen sich aus *Wendl/Gerhardt* § 6 Rn. 143, *Schwab/Borth* IV Rn. 1220 sowie *Heiß/Heiß* in *Heiß/Born* Kap. 7 Rn. 63.
[152] *Büttner/Niepmann/Schwamb* Rn. 272.
[153] Insoweit unscharf OLG Schleswig OLGR 1998, 160.
[154] *Wendl/Gerhardt* § 6 Rn. 143.

§ 1613 48–50   Abschnitt 2. Titel 3. Unterhaltspflicht

nicht auswirkt.[155] Als Kriterium zur Beurteilung des **Zeitmoments** besser geeignet ist die Frage, inwieweit vom Gläubiger Bemühungen um eine zeitnahe Durchsetzung seines Anspruchs zu erwarten sind.[156] In der Praxis sind dementsprechend die zeitlichen Angaben stark schwankend. Eine Verwirkung für rückständige Zeiträume kam nach früherem Recht vor Ablauf einer aus § 212 Abs. 2 aF hergeleiteten 6-Monatsfrist[157] bis hin zum Ablauf eines Jahres[158] regelmäßig nicht in Betracht; inzwischen verjähren Unterhaltsrückstände erst in 30 Jahren (s. Rn. 52). Dass der Schuldnerschutz (s. Rn. 2) für mehr als ein Jahr zurückliegende Zeiträume besonders beachtet wird, zeigt die *Jahresgrenze* beim nachehelichen Unterhalt (§ 1585b Abs. 3) ebenso wie beim Sonderbedarf (§ 1613 Abs. 2 Nr. 1); sie kann deshalb auch sonst bei der Beurteilung einer Verwirkung durch Zeitablauf als Orientierung herangezogen werden.[159] Aus den dargestellten Gründen (s. Rn. 46) ist eine feste Grenze als Kriterium ungeeignet;[160] längere Zeiträume[161] hängen regelmäßig mit den besonderen Umständen des Einzelfalles zusammen. Bei Unterhaltsansprüchen spricht vieles dafür, an das Zeitmoment keine strengen Anforderungen zu stellen.[162]

48 Beim **Umstandsmoment** ist zu prüfen, ob der Berechtigte durch sein Verhalten beim Pflichtigen ein schützenswertes Vertrauen dahin geschaffen hat, er werde den Unterhalt nicht in Anspruch nehmen.[163] Es kann erfüllt sein, wenn der – selbst verdienende – Bedürftige den Trennungsunterhalt erst nach der Scheidung einklagt[164] oder nach der letzten Mahnung mehrere Jahre untätig bleibt,[165] erst recht dann, wenn Unterhaltsrückstände erst 7 Jahre nach Einstellung der Unterhaltszahlungen gefordert werden.[166] Wird dagegen fehlende Unterhaltszahlung regelmäßig beanstandet und macht der Berechtigte deutlich, dass er auch weiterhin auf der Zahlung des Rückstandes besteht, fehlt das Umstandsmoment.[167]

49 Beim **Kindesunterhalt** rechtfertigt die besondere Schutzbedürftigkeit des minderjährigen Kindes eine stärkere Berücksichtigung der 3jährigen Verjährungsfrist, so dass sich der Schuldner im Zweifel nicht mit Erfolg auf die Erfüllung des Umstandsmoments berufen kann.[168] Angesichts des Zweckes der Verjährungshemmung (§ 204) erscheint es nicht sachgerecht, wenn sich das Kind das Verhalten seines gesetzlichen Vertreters verwirkungsbegründend ohne weiteres anrechnen lassen müsste.[169]

50 Systematisch ist es nicht gerechtfertigt, im Rahmen der Verwirkung von rückständigen **titulierten Unterhaltsansprüchen** andere Maßstäbe[170] anzulegen als sonst.[171] Entscheidend ist ein etwaiges Vertrauen des Pflichtigen darauf, trotz vorliegender Titulierung nicht zahlen zu müssen. Es erscheint bedenklich, einen Vertrauensschutz allein aus nicht durchgeführter Zwangsvollstreckung herzuleiten: Zum einen geht das Gesetz von freiwilliger Erfüllung aus und gibt dem Berechtigten die Möglichkeit der Zwangsvollstreckung an die Hand, wenn das nicht geschieht; zum anderen

---

[155] BGH FamRZ 1988, 370, 372; OLG Brandenburg FamRZ 2000, 1044. S. Rn. 52.
[156] *Wendl/Gerhardt* § 6 Rn. 143. Ein baldiges Einklagen eines angemahnten Unterhaltsrückstandes ist nicht erforderlich (OLG Köln FamRZ 2000, 1434). Durch den gesetzlichen Übergang des Anspruchs (s. u. Rn. 58 ff.) wird dessen Rechtsnatur nicht verändert, KG NJW-RR 2010, 879,881.
[157] BGH FamRZ 1995, 725.
[158] BGH FamRZ 1988, 370, 372; OLG Schleswig NJWE-FER 2000, 27; zur Abgrenzung s. OLG Karlsruhe FamRZ 2005, 1855 (Verwirkung bejaht bei 1,5–7,5 Jahren). Nach BGH FamRZ 2007, 453 (m. Anm. *Büttner*) kann auch ein – per Stufenklage zunächst als Auskunftsantrag verfolgter und damit rechtshängig gewordener – Unterhaltsanspruch für die Zeit von einem Jahr vor Bezifferung verwirkt werden, wenn er nicht spätestens ein Jahr nach dem Auskunftsurteil beziffert wird.
[159] *Wendl/Gerhardt* § 6 Rn. 142 aE.
[160] So aber *Wendl/Gerhardt* § 6 Rn. 143 aE unter Hinweis auf BGH FamRZ 1988, 370, 372.
[161] OLG Hamm NJW-RR 1998, 510: 5 Jahre; OLG Frankfurt FamRZ 1999, 1163: 7 Jahre.
[162] BGH FamRZ 2007, 453, 455 mit Anm. *Büttner; Heiß/Heiß* in *Heiß/Born* Kap. 7 Rn. 58.
[163] BGH FamRZ 1988, 370, 372; OLG Schleswig FamRZ 2008, 2057; *Büttner/Niepmann/Schwamb* Rn. 272; *Heiß/Heiß* in *Heiß/Born* Kap. 7 Rn. 60, 64.
[164] BGH FamRZ 1988, 370, 372.
[165] OLG Hamm FamRZ 1996, 1239; OLG Naumburg FamRZ 1996, 1239.
[166] OLG Frankfurt FamRZ 1999, 1163.
[167] BGH FamRZ 1988, 478, 480; *Wendl/Gerhardt* § 6 Rn. 144 aE.
[168] *Schwab/Borth* IV Rn. 1221 unter Hinweis auf OLG München FamRZ 1982, 90; *Johannsen/Henrich/Graba* Rn. 10; aA OLG Düsseldorf FamRZ 1989, 776; KG FamRZ 1994, 771. S. OLG Celle FamRZ 2008, 2230 zur Frage der Verwirkung von rückständigem Minderjährigenunterhalt nach Eintritt der Volljährigkeit.
[169] OLG München FamRZ 1982, 90; *Johannsen/Henrich/Graba* § 1613 Rn. 11; aA OLG Düsseldorf FamRZ 1989, 776. Bedenklich AG Tempelhof-Kreuzberg FamRZ 2000, 1044, das dem Kind über § 278 den fehlenden anwaltlichen Vortrag zu einem entgeltlichen Praktikum zurechnet.
[170] Für *geringere* Anforderungen sprechen sich aus BGH FamRZ 1999, 1422; OLG Frankfurt FamRZ 1999, 1163; ein *strengerer* Maßstab wird gefordert von *Wendl/Gerhardt* § 6 Rn. 146.
[171] OLG Stuttgart FamRZ 1999, 859; *Büttner/Niepmann/Schwamb* Rn. 273.

würde der rechtsuntreue Schuldner besser gestellt als derjenige, der titulierte Forderungen freiwillig zahlt. Für die Annahme einer Verwirkung müssen deshalb neben fehlender Zwangsvollstreckung *zusätzliche* Umstände hinzukommen, um ein schützenswertes Vertrauen aufseiten des Pflichtigen zu begründen.[172]

Im Rahmen des **Umfangs** der Verwirkung ist entscheidend, bis zu welchem Zeitpunkt die Zeit- und Umstandsmomente erfüllt sind. Aus einer Verwirkung von Ansprüchen in der Vergangenheit kann kein zukünftiger Ausschluss bis zu erneuter Mahnung oder Inverzugsetzung hergeleitet werden.[173] **51**

cc) **Verjährung.** Als regelmäßig wiederkehrende Leistungen verjähren Forderungen auf **laufenden Unterhalt** nach §§ 197 Abs. 2, 195 innerhalb der regelmäßigen Verjährungsfrist von 3 Jahren (zum Fristbeginn s. § 199). Das Merkmal der regelmäßigen Wiederkehr[174] bezieht sich nicht auf die Gleichmäßigkeit des Betrages, sondern die Zeit, auch im Falle von Ansprüchen auf teilweise Rückgewähr.[175] Es ist unerheblich, ob sich die Verpflichtung aus dem Gesetz oder einem Rechtsgeschäft ergibt;[176] dies entspricht dem Grundsatz, dass zB in einem Vergleich im Zweifel der gesetzliche Unterhaltsanspruch ausgestaltet und konkretisiert, aber nicht neu begründet wird.[177] **52**

Dagegen unterliegen **titulierte Forderungen** gem. § 197 Abs. 1 Nr. 3–5 einer Verjährungsfrist von 30 Jahren, ebenso Unterhaltsrückstände, weil § 197 Abs. 2 nur *zukünftige* Leistungen betrifft.[178] Von dieser Regelung sind auch Ansprüche auf **Sonderbedarf** nach § 1613 Abs. 2 erfasst.[179] Beim Kindesunterhalt ist die Verjährung bis zur Volljährigkeit gehemmt (§ 207 Abs. 1 S. 2 Nr. 2), beim Trennungsunterhalt bis zur Scheidung (§ 207 Abs. 1 S. 1). Ein Unvermögen zur Aufbringung der Verfahrenskosten kann als verjährungshemmende höhere Gewalt (§ 206) anzusehen sein,[180] nicht aber bei fehlendem Weiterbetreiben des Verfahrenskostenhilfegesuchs.[181] Mit Zugang des die Verfahrenskostenhilfe verweigernden Beschlusses endet die verjährungshemmende Wirkung des Gesuchs, sofern der Anspruchsteller nicht innerhalb von zwei Wochen Beschwerde einlegt oder sein Rechtsmittel nicht weiter betreibt.[182] Eine Rechtshängigkeit des Stufenantrags (s. Rn. 15, 16) unterbricht die Verjährung des – noch unbezifferten – Leistungsanspruchs in jeder Höhe;[183] der bloße Auskunftsantrag[184] ist dagegen nicht ausreichend.[185] **52a**

3. **Rechtshängigkeit.** Der rechtshängige Unterhaltsanspruch (§§ 261, 262, 696 Abs. 3, 700 Abs. 2 ZPO) kann auch für die Vergangenheit verlangt werden. Rechtshängigkeit tritt ein mit förmlicher Zustellung des Antrags (§§ 253 Abs. 1, 261 Abs. 1 ZPO), bei Geltendmachung erst im Laufe des Verfahrens (zB in Form einer Unterhaltserhöhung) ab Zustellung im Verfahren oder Antragstellung im Termin (§ 261 Abs. 2 ZPO). Der Vorteil des Stufenantrags liegt hinsichtlich des Verzugs darin, dass trotz der noch nicht vorgenommenen Bezifferung bereits mit Zustellung die Rechtshängigkeit des gesamten Verfahrens (also auch des späteren Zahlungsantrags) eintritt.[186] **53**

Die Übersendung eines **Verfahrenskostenhilfegesuchs** lässt dagegen – auch im Falle der Beifügung eines Antragsentwurfs[187] – keine Rechtshängigkeit eintreten.[188] Die Zusendung dieses Antrags hat aber mahnungsgleiche Wirkung mit der Folge, dass ab Eingang Verzug anzunehmen ist (s. **54**

---

[172] *Büttner/Niepmann/Schwamb* Rn. 273. Im Ergebnis zu weitgehend BGH FamRZ 1999, 1422, weil sich der Entscheidung ein Vertrauenstatbestand nicht entnehmen lässt. Bejaht wird eine stillschweigende Abänderung, wenn der Berechtigte zwei Jahre lang geringeren als in notarieller Urkunde titulierten Unterhalt entgegengenommen hat, OLG Hamm FamRZ 1999, 1665. Zur Notwendigkeit eines Verzichtswillens s. Rn. 43–45.
[173] *Büttner/Niepmann/Schwamb* Rn. 274; **aA** OLG Düsseldorf OLGR 1998, 205. Zur Problematik des niedrigeren Zahlungsantrags nach vorangegangener höherer Mahnung s. Rn. 29–31.
[174] BGH NJW 2001, 1063; s. *Büttner* FamRZ 2002, 361; *Mansel* NJW 2002, 89.
[175] BGH NJW 2006, 364.
[176] BGH NJW 2006, 364.
[177] BGH FamRZ 1993, 569; 1987, 1011; *Born* in *Heiß/Born* Kap. 23 Rn. 206.
[178] OLG Dresden OLGR-NL 2006, 178; *Bergjan/Wermes* FamRZ 2004, 1087; *Palandt/Ellenberger* § 197 Rn. 10.
[179] *Palandt/Ellenberger* § 197 Rn. 10; anders noch nach früherem Recht, s. BGHZ 103, 167.
[180] *Johannsen/Henrich/Graba* § 1613 Rn. 10; *Wendl/Gerhardt* § 6 Rn. 150.
[181] BGH FamRZ 1991, 170.
[182] BGH FamRZ 1991, 545.
[183] BGH FamRZ 1995, 797.
[184] Zur Abgrenzung vom Stufenantrag s. Rn. 15.
[185] OLG Celle NJW-RR 1995, 1411.
[186] BGH FamRZ 1990, 283, 285; *Born* in *Heiß/Born* Kap. 23 Rn. 530; *Johannsen/Henrich/Graba* § 1613 Rn. 6; *Wendl/Gerhardt* § 6 Rn. 106; *Schwab/Borth* IV Rn. 1212.
[187] *Wendl/Gerhardt* § 6 Rn. 106.
[188] BGH FamRZ 1990, 283, 285.

Rn. 22–25).[189] Die Rechtshängigkeit des Unterhaltsanspruchs endet – ebenso wie die Wirkung des Verzugs – durch Antragsrücknahme.[190]

55 **4. Voller Monatsunterhalt (Abs. 1 S. 2).** Aufgrund der Fassung des Abs. 1 S. 2 durch das KindUG kann bei Mahnung, Stufenmahnung oder Rechtshängigkeit eines Unterhaltsanspruchs Erfüllung oder Schadenersatz für den gesamten Monat verlangt werden, also ab dem Ersten des Monats, in dem Auskunftsersuchen oder Mahnung zugegangen sind bzw. Rechtshängigkeit eingetreten ist. Die frühere Rechtsprechung des BGH[191] ist damit überholt.[192]

56 **a) Zweck.** Ziel ist eine vereinfachte Berechnung des Unterhalts.[193] Im Rahmen seines Anwendungsbereichs[194] entfällt damit die frühere lästige monatsanteilige Berechnung.

57 **b) Eingeschränkte Rückwirkung.** Voraussetzung für die Rückwirkung auf den Ersten des Monats ist aber, dass der Unterhaltsanspruch für den **gesamten** Monat besteht, in welchem die Verzugsvoraussetzungen (bzw. Auskunftsverlangen oder Rechtshängigkeit) bewirkt worden sind;[195] die Rückwirkung tritt also nicht ein, wenn der Unterhaltsanspruch erst im Verlauf des fraglichen Monats entsteht.[196] Dies liegt daran, dass es sich bei Abs. 1 S. 2 nicht um eine anspruchsbegründende, sondern lediglich zur Erleichterung der Durchsetzung eines schon bestehenden Anspruchs bestimmte Vorschrift handelt, was aus Abs. 1 S. 2, 2. Halbsatz folgt.[197] Für die Geburt eines Kindes im Verlauf des Monats[198] liegt dies eher auf der Hand als für den Eintritt der Folgen von Verzug bzw. Auskunftsverlangen oder Rechtshängigkeit. Hier greift die anteilige Berechnung zB bei Übergang von Familienunterhalt (§§ 1360, 1360 a) zu Trennungsunterhalt (§ 1361 Abs. 1) oder von Trennungsunterhalt zu nachehelichem Unterhalt (§§ 1569 ff.).[199]

58 **5. Übergeleitete und übergegangene Unterhaltsansprüche. a) Grundsätze.** Unterhalt für die Vergangenheit konnte, abgesehen von den Regelungen nach BGB, nach Zahlung von Sozialhilfe oder Ausbildungsförderung auch im Falle einer *Überleitung*[200] verlangt werden, sofern der Pflichtige von der Leistungsgewährung durch Rechtswahrungsanzeige unverzüglich unterrichtet wurde.[201] Die Regelungen von SGB XII und BAföG[202] sehen einen **Übergang** kraft Gesetzes vor,[203] soweit nicht in Teilbereichen Überleitung vorgesehen ist.[204]

59 **b) Rechtswahrungsanzeige.** Sie eröffnet dem Träger der staatlichen Sozialleistung – ohne die Notwendigkeit einer vorhergehenden Mahnung – eine weitere *selbständige Möglichkeit* zu einer rückwirkenden Inanspruchnahme des Pflichtigen.[205] Es handelt sich nicht um einen Verwaltungsakt,[206] sondern um eine privatrechtliche Erklärung.[207] Trotz gleicher Rechtsfolgen wie bei der verzugsbegründenden Mahnung und vergleichbarer Warnfunktion für den Pflichtigen (s. Rn. 2)

---
[189] *Wendl/Gerhardt* § 6 Rn. 106, 125.
[190] *Palandt/Brudermüller* Rn. 6.
[191] FamRZ 1990, 283. Danach war der Rechtsgedanke der §§ 1361 Abs. 4 S. 3, 1585, Abs. 1 S. 3, 760 Abs. 3 nicht entsprechend anwendbar.
[192] *Schwab/Borth* IV Rn. 1211 am Anf.; *Büttner/Niepmann/Schwamb* Rn. 263.
[193] BT-Drucks. 13/7338 S. 58; Stellungnahme des Rechtsausschusses BT-Drucks. 13/9596 S. 34.
[194] Der -anders als früher – nunmehr auch den nachehelichen Unterhalt erfasst, s. Rn. 5 aE.
[195] *Palandt/Brudermüller* Rn. 5.
[196] *Schwab/Borth* IV Rn. 1211.
[197] *Schwab/Borth* IV Rn. 1211 aE.
[198] *Palandt/Brudermüller* Rn. 5.
[199] *Schwab/Borth* IV Rn. 1211 unter Hinw. auf nur anteiligen Kindesunterhalt bei vorheriger Abdeckung durch Familienunterhalt.
[200] §§ 90, 91 BSHG aF, § 37 Abs. 4 BAföG aF.
[201] Der Pflichtige konnte allerdings nur für die Zeit ab Erlass des Sozialhilfebescheides in Anspruch genommen werden, BGH FamRZ 1985, 793. Zum Erfordernis der Unverzüglichkeit s. BGH FamRZ 1990, 510, 511; 1989, 1054, 1055; s. auch Rn. 61.
[202] S. eingehend zu § 91 BSHG *Schwab/Borth* IV Rn. 621 ff.; zu den BAföG-Vorschriften aaO IV Rn. 335, 414, 635. S. auch § 1610 Rn. 275–289; zu dem seit 1. 4. 2001 geltenden AföRG s. BT-Drucks. 14/4731 S. 7 sowie § 1610 Rn. 277.
[203] Dies gilt für Sozialhilfe (§ 94 Abs. 1 S. 1 SGB XII), Unterhaltsvorschuss für minderjährige Kinder (§ 7 Abs. 1 S. 1 UVG) und Ausbildungsförderung (§ 37 Abs. 1 BAföG). S. § 1602 Rn. 30, 41, 46.
[204] S. dazu § 1602 Rn. 31. Zur Aufgabe der Überleitung durch das Kinder- und Jugendhilfeweiterentwicklungsgesetz s. BGH NJW-RR 2007, 505, Tz. 29.
[205] BGH FamRZ 1989, 1054; *Wendl/Gerhardt* § 6 Rn. 110; *Johannsen/Henrich/Graba* § 1613 Rn. 5. Ausführlich zur Geltendmachung des Unterhaltsanspruchs durch den Sozialhilfeträger *Hußmann* in *Heiß/Born* Kap. 16 Rn. 239 ff.
[206] BGH FamRZ 1983, 895, 896.
[207] BGH FamRZ 1985, 586; *Wendl/Klinkhammer* § 8 Rn. 82.

unterliegt sie nicht den gleichen Bestimmtheitsanforderungen,[208] muss also weder die Höhe der Aufwendungen angeben[209] noch die Forderung an den Schuldner beziffern.[210] Das frühere Erfordernis des unverzüglichen Zugangs ist bei Leistung von Sozialhilfe entfallen; nötig ist hier nur noch eine schriftliche Mitteilung der Hilfegewährung (§ 94 Abs. 4 S. 1 SGB XII).[211] Die Anforderungen im Rahmen der sonstigen Zahlungen sind unterschiedlich.[212] Grund für diese eingeschränkten Erfordernisse ist der Umstand, dass durch die Mitteilung der staatlichen Unterstützung des Bedürftigen ein etwaiges Vertrauen des Pflichtigen darauf, seine Dispositionen über seine Lebensführung würden nicht durch Unterhaltspflichten berührt, zerstört wird.[213]

Beim nachehelichen Unterhalt hat der Sozialhilfeträger die Jahresfrist (§ 1585b Abs. 3) zu beachten; Erfüllung oder Schadensersatz wegen Nichterfüllung können für eine mehr als ein Jahr vor Rechtshängigkeit liegende Zeit nur verlangt werden, sofern anzunehmen ist, dass der Pflichtige sich der Leistung absichtlich entzogen hat.[214] Dies ist anzunehmen, wenn er eine zeitnahe Durchsetzung des Unterhaltsanspruchs durch zweckgerichtetes Verhalten verhindert oder erschwert hat.[215] Allein eine Einstellung der Zahlungen reicht nicht aus.[216] Im Falle einer Titulierung des Anspruchs durch Urteil gilt bei Abänderungsanträgen außerdem die Zeitschranke des § 238 Abs. 3 FamFG.[217] 60

c) Wirkung. Bis zur Änderung des § 91 Abs. 3 S. 1 BSHG zum 1. 8. 1996[218] war Unverzüglichkeit der schriftlichen Anzeige erforderlich, um dem Leistungsträger schon für die Zeit ab Bewilligung eine Inanspruchnahme des Pflichtigen zu ermöglichen; als unverzüglich galt ein Zeitraum von ca. 2 Monaten zwischen Hilfegewährung und Erlass der Rechtswahrungsanzeige.[219] Nach jetzt geltendem Recht kann der Sozialhilfeträger den Schuldner **erst ab Zugang** der Anzeige in Anspruch nehmen,[220] was das frühere Kriterium der Unverzüglichkeit naturgemäß entbehrlich gemacht hat. Damit ist die Zeit zwischen Antragstellung und Zugang der Rechtswahrungsanzeige von einer Erstattung ausgenommen, sofern der Pflichtige nicht vorher in Verzug gesetzt worden ist.[221] Dafür ist allerdings schon die Mitteilung der Hilfegewährung ausreichend, so dass eine rückwirkende Inanspruchnahme auch dann möglich ist, wenn der Pflichtige zunächst nur über Vorausleistungen informiert und der Sozialhilfebescheid erst später erlassen worden ist.[222] Der Zugang hat verzugsbegründende Wirkung auch dann, wenn der Sozialhilfeträger Vorausleistung erbringt und die Sozialhilfe erst später endgültig bewilligt wird.[223] 61

Die Streitfrage, ob nach unverzüglicher Rechtswahrungsanzeige eine Rückwirkung bis zum Zeitpunkt der Bewilligung von Sozialhilfe[224] oder nur bis zum Zeitpunkt des Erlasses des Bewilligungsbescheides[225] anzunehmen sei, beruhte auf der – gegenüber dem heutigen Zustand großzügigeren – Möglichkeit einer Inanspruchnahme des Schuldners für die Vergangenheit und erschien deshalb einschränkungsbedürftig; sie ist jetzt überholt.[226] 62

---

[208] BGH FamRZ 1983, 895, 896. Zu den diesbezüglichen Anforderungen an die Mahnung s. Rn. 26, 27.
[209] BGH FamRZ 1985, 586.
[210] BGH FamRZ 1983, 895; *Wendl/Klinkhammer* § 8 Rn. 82.
[211] Zu Einzelheiten s. *Wendl/Klinkhammer* § 8 Rn. 82; *Hußmann* in *Heiß/Born* Kap. 16 Rn. 244 f.
[212] Vgl. §§ 10, 92 Abs. 2, 94 Abs. 5 SGB VIII; s. dazu auch BGH NJW-RR 2007, 505, Tz. 25. Seit April 2006 können für laufende Unterhaltsansprüche die Eltern vom Träger der Kinder- und Jugendhilfe nur noch zu dem öffentlich-rechtlichen Kostenbeitrag nach der Kostenbeitragsverordnung herangezogen werden. Nach § 10 Abs. 2 SGB VIII sind unterhaltspflichtige Personen gem. § 90 bis 97 SGB VIII an den Kosten für Leistungen und vorläufige Maßnahmen zu beteiligen. S. auch § 7 Nr. 2 UVG; § 37 Abs. 4 Nr. 2 BAföG.
[213] BGH FamRZ 1983, 895, 896; *Wendl/Gerhardt* § 6 Rn. 111.
[214] *Wendl/Klinkhammer* § 8 Rn. 82; *Wendl/Gerhardt* § 6 Rn. 114, 117.
[215] BGH FamRZ 1996, 1067, 1068; 1989, 150, 152; 1987, 1014. Dies gilt auch bei Übergang auf den Sozialhilfeträger, OLG Köln OLGR 1996, 230; FamRZ 1983, 178.
[216] OLG Köln FamRZ 1997, 426.
[217] *Büttner/Niepmann/Schwamb* Rn. 267. Ausführlich zur Zeitschranke des § 238 Abs. 3 FamFG s. *Born* in *Heiß/Born* Kap. 23 Rn. 321 ff.
[218] Zu Einzelheiten s. *Hußmann* in *Heiß/Born* Kap. 16 Rn. 239 ff.
[219] BGH FamRZ 1989, 1054, 1055; *Hußmann* in *Heiß/Born* Kap. 16 Rn. 242.
[220] *Wendl/Klinkhammer* § 8 Rn. 82; *Hußmann* in *Heiß/Born* Kap. 16 Rn. 243; OLG Hamburg NJW 1994, 2903; OLG Oldenburg FamRZ 1994, 1557; *Büttner/Niepmann/Schwamb* Rn. 655 zu (6).
[221] *Künkel* FamRZ 1996, 1509, 1513; *Wendl/Gerhardt* § 6 Rn. 112.
[222] *Wendl/Gerhardt* § 6 Rn. 113; *Wendl/Klinkhammer* § 8 Rn. 82.
[223] *Wendl/Klinkhammer* § 8 Rn. 82.
[224] *Johannsen/Henrich/Graba* § 1613 Rn. 5 aE.
[225] BGH FamRZ 1989, 1054, 1055.
[226] *Hußmann* in *Heiß/Born* Kap. 16 Rn. 243; *Wendl/Scholz* § 8 Rn. 82; unentschieden *Künkel* FamRZ 1996, 1509, 1513.

III. Sonderbedarf (Abs. 2 Nr. 1)

63 **1. Abgrenzung.** Unterhalt umfasst den gesamten Lebensbedarf (§§ 1578 Abs. 1 S. 2, 1610 Abs. 2), der sich aus dem laufenden Bedarf einerseits und dem Sonderbedarf andererseits zusammensetzt. Ein Mehrbedarf (s. § 1610 Rn. 74–76) ist bei der Bemessung des laufenden Bedarfs zu berücksichtigen, sofern er nicht als Sonderbedarf anzusehen ist.[227] Sonderbedarf ist nach der Legaldefinition in Abs. 2 Nr. 1 ein „unregelmäßiger außergewöhnlich hoher Bedarf"; damit unterscheidet sich der Sonderbedarf durch das Merkmal der **Unregelmäßigkeit** vom Regelbedarf und vom Mehrbedarf.[228] Aus der gesetzlichen Definition ergibt sich eine Bemessung des laufenden Unterhalts dahin, dass der Berechtigte damit alle Bedürfnisse abzudecken hat, sofern sie nicht unregelmäßig und außergewöhnlich hoch sind.[229] In der Praxis macht die Abgrenzung Schwierigkeiten deshalb, weil der laufende Bedarf üblicherweise nicht konkret unter Berücksichtigung aller vorhersehbaren[230] Bedürfnisse, sondern weitgehend schematisiert bestimmt wird (s. § 1610 Rn. 64, 74).

64 Für beide Parteien hat die Abgrenzung große **praktische Bedeutung:** Der *Berechtigte* kann einen Sonderbedarf für die Vergangenheit[231] ohne Verzug oder Rechtshängigkeit verlangen, was für ihn günstig ist; die Geltendmachung eines höheren laufenden Bedarfs durch Abänderungsantrag (§ 238 FamFG) unterliegt den dortigen Einschränkungen (§ 238 Abs. 2, 3 FamFG).[232] Für den *Pflichtigen* bedeutet die Anerkennung eines Sonderbedarfs die Gefahr einer Störung der angemessenen Verteilung der verfügbaren Mittel zu Gunsten des Berechtigten; deshalb kommt häufig eine Beteiligung des Berechtigten an den Kosten des Sonderbedarfs in Betracht (s. Rn. 80), und auch im Rahmen des Sonderbedarfs ist zu beachten, dass der Pflichtige nur bis zur Grenze seiner Leistungsfähigkeit in Anspruch genommen werden kann (s. Rn. 82).

65 Die Abgrenzung zwischen laufendem Bedarf und Sonderbedarf gilt für alle Unterhaltsrechtsverhältnisse, weil Abs. 2 sowohl beim Trennungsunterhalt (§§ 1360a Abs. 3, 1361 Abs. 4) wie beim nachehelichen Unterhalt (§ 1585b Abs. 1) für entsprechend anwendbar erklärt und in der Vorschrift ein allgemeiner Rechtsgedanke gesehen wird.[233]

66 **2. Anspruchsvoraussetzungen.** Neben den tatbestandlichen Voraussetzungen der Unregelmäßigkeit (s. Rn. 67–75) und der außergewöhnlichen Höhe (s. Rn. 75–78) ist als ungeschriebenes Tatbestandsmerkmal zu untersuchen, ob bei Anerkennung eines Sonderbedarfs noch eine angemessene Lastenverteilung zwischen dem Pflichtigen und dem Berechtigten (s. Rn. 79–81) vorliegt.[234]

67 **a) Unregelmäßigkeit.** Ein Bedarf ist unregelmäßig, wenn er plötzlich auftritt, also nicht mit Wahrscheinlichkeit vorauszusehen war und deshalb bei der Bemessung des laufenden Unterhalts[235] nicht berücksichtigt werden konnte;[236] ein „laufender Sonderbedarf" ist deshalb ausgeschlossen.[237]

68 **aa) Fehlende Berücksichtigungsfähigkeit.** Entscheidend ist nicht, ob die Ausgabe von den Parteien tatsächlich vorausgesehen worden und Gegenstand der Erörterung im Verfahren oder bei Vergleichsabschluss gewesen *ist,* sondern, ob sie – bei objektiver Betrachtungsweise – hätte einkalkuliert werden *können.*[238] Nach der Art dieses Bedarfs darf eine vorausschauende Bedarfsplanung sowie eine Bildung von Rücklagen aus dem laufenden Unterhalt nicht möglich gewesen sein.[239] Zur Darlegungs- und Beweislast s. Rn. 92. Das Beispiel der Kosten für Kommunion oder Konfirmation macht deutlich, dass die Voraussehbarkeit allein als Abgrenzungskriterium ungeeignet ist: Nach Geburt und Taufe ist relativ sicher zu erwarten, dass eines der genannten Ereignisse irgendwann ansteht; wird die Unterhaltsrente Jahre vorher festgesetzt, kommt eine Berücksichtigung solcher Kosten aber nicht in Betracht.[240]

---

[227] OLG Hamm FamRZ 1994, 1281; *Büttner/Niepmann/Schwamb* Rn. 322.
[228] *Erdrich* in *Scholz/Stein* K Rn. 100.
[229] *Büttner/Niepmann/Schwamb* Rn. 317.
[230] Zur Prognose s. § 1612 Rn. 102.
[231] Unter Beachtung der Jahresfrist, s. Rn. 94.
[232] Zu Einzelheiten s. *Born* in *Heiß/Born* Kap. 23 Rn. 228 ff., 321 ff.
[233] BGH FamRZ 1983, 29. Zur Notwendigkeit einer einheitlichen Entscheidung über laufenden Bedarf und Sonderbedarf (sonst: unzulässiges Teilurteil) s. OLG Brandenburg FamRZ 2000, 899.
[234] *Büttner/Niepmann/Schwamb* Rn. 326; *Wendl/Scholz* § 6 Rn. 10 f.
[235] In Form des Regelbedarfs, einschließlich des regelmäßigen Mehrbedarfs.
[236] BGH FamRZ 1982, 145.
[237] *Büttner/Niepmann/Schwamb* Rn. 327.
[238] BT-Drucks. V/2370 S. 42; OLG Karlsruhe OLGR 1998, 164; OLG Köln NJWE-FER 1999, 55; FamRZ 1986, 593.
[239] OLG Dresden FamRZ 2000, 1046; *Büttner/Niepmann/Schwamb* Rn. 327.
[240] *Erdrich* in *Scholz/Stein* K Rn. 101; *Wendl/Scholz* § 6 Rn. 4. Zu Säuglingsausstattung und Kinderzimmereinrichtung s. Rn. 86, 87.

bb) Materielles Recht. Bei allen Versuchen einer begrifflichen Abgrenzung darf man nicht 69
aus dem Auge verlieren, dass eine materiell gerechte Verteilung der zusätzlichen Belastung erforderlich ist. Selbst in den mittleren, erst recht in den unteren Gruppen der Düsseldorfer Tabelle reicht
der Unterhalt nicht aus, um beispielsweise durch Versicherungsleistungen nicht gedeckte Zahnarztkosten von etlichen 1000 Euro durch Rücklagen aus dem laufenden Unterhalt zu bezahlen. Eine
Inanspruchnahme des barunterhaltspflichtigen Elternteils muss in erster Linie von seiner Leistungsfähigkeit und der Höhe der Kosten abhängen, nicht aber von der nicht einfach zu entscheidenden[241]
Frage, ob eine Kalkulierbarkeit vorausschauend möglich gewesen wäre.[242]

Ein tatsächlich unregelmäßig aufgetretener Bedarf kann nicht „fiktiv" auf einen längeren Zeit- 70
raum umgelegt und dadurch zu einem regelmäßigen Bedarf gemacht werden.[243]

cc) Information des Pflichtigen. Der Berechtigte hat den Verpflichteten so rechtzeitig über 71
den zusätzlichen Bedarf zu unterrichten, dass der Pflichtige sich darauf einstellen kann;[244] es handelt
sich um eine Obliegenheit des Berechtigten, nicht um eine zusätzliche Anspruchsvoraussetzung.[245]
Bei fehlender Möglichkeit zur Rücklagenbildung aufseiten des Pflichtigen als Folge fehlender Information durch den Berechtigten kann Anspruchsverlust eintreten.[246]

dd) Einzelfragen. Wann ein zunächst plötzlich aufgetretener Bedarf regelmäßig zu werden 72
beginnt, ist nur schwer zu beantworten. Bei aller Kasuistik[247] sollte sozusagen als **„Testfrage"** im
Auge behalten werden, ob die Ausgabe bei der Bemessung des laufenden Unterhalts hätte berücksichtigt werden *können*. Der Berechtigte würde doppelt benachteiligt, wenn ihm bei der aktuellen
Geltendmachung des Sonderbedarfs entgegengehalten würde, er habe sie schon bei der Bestimmung
des laufenden Unterhalts in Ansatz bringen können, dies aber dort abzulehnen mit der Begründung,
die Kosten stünden nicht hinreichend sicher fest.[248] Dies spricht für eine eher weite Auslegung des
Begriffs der Unregelmäßigkeit; unangemessene Ergebnisse können durch die zusätzlichen Kriterien
der außergewöhnlichen Höhe (s. Rn. 75–78) und der angemessenen Lastenverteilung (s. Rn. 79–
81) vermieden werden.[249]

So wird **kein Sonderbedarf** angenommen bei langfristig notwendigen oder durch Nachlässigkeit 73
selbst verschuldeten Nachhilfestunden,[250] ebenso bei dauerhaftem Besuch einer Kindertagesstätte.[251] Altersbedingter Dauerzustand schließt die Anerkennung von Altenpflegekosten als Sonderbedarf aus,[252] während die Betreuervergütung nach plötzlicher Notwendigkeit einer Betreuerbestellung Sonderbedarf sein kann.[253] Wegen Voraussehbarkeit werden Umgangskosten,[254] Kosten für
Schüleraustausch[255] (s. § 1610 Rn. 110) und Kosten für ein Auslandsstudium[256] nicht als Sonderbedarf berücksichtigt.

Als **Sonderbedarf anerkannt** werden Nachhilfestunden dann, wenn ihre Notwendigkeit auf 74
einem plötzlichen Leistungsabfall des Kindes beruht[257] oder nur eine vorübergehende Inanspruch-

---

[241] Möglicherweise erst nach Einholung eines Sachverständigengutachtens.
[242] Bei nicht rechtzeitig eingeleitetem Abänderungsantrag würde der Berechtigte leer ausgehen, *Büttner/Niepmann/Schwamb* Rn. 280 aE.
[243] BGH FamRZ 1982, 145.
[244] OLG Hamm FamRZ 1994, 1281; OLG Hamburg FamRZ 1991, 109.
[245] *Büttner/Niepmann/Schwamb* Rn. 328; *Henrich* FamRZ 1991, 109 gegen OLG Hamburg (Fn. 244).
[246] *Büttner/Niepmann/Schwamb* Rn. 328.
[247] S. dazu die tabellarische Übersicht bei *Büttner/Niepmann/Schwamb* Rn. 335.
[248] *Büttner/Niepmann/Schwamb* Rn. 330.
[249] Ausführlich *Vogel* FamRZ 1991, 1134.
[250] OLG Hamm FamRZ 2007, 77; OLG Düsseldorf NJW-RR 2005, 1529; OLG Hamm FamRZ 1991, 857; OLG Frankfurt FamRZ 1983, 941; OLG Braunschweig FamRZ 1995, 1010.
[251] BGH NJW 2009, 1816 m. Anm. *Maurer* unter Aufgabe der bis dahin anderslautenden Rspr.; s. dazu § 1610 Rn. 75, Fn. 206.
[252] LG Hagen FamRZ 1989, 1330; AG Hamburg FamRZ 1991, 1086; **aA** AG Hagen FamRZ 1988, 755.
[253] OLG Nürnberg NJWE-FER 1999, 293. Weil die Frage einer Pflegebedürftigkeit der Eltern im Alter regelmäßig nicht vorhersehbar ist, wird konsequenterweise auch eine Prägung der ehelichen Lebensverhältnisse durch entsprechende Kosten abgelehnt, OLG Hamm OLGR 1997, 277. Zur Bestimmung des Bedarfs im Falle unerwarteter Entwicklungen *Born* FamRZ 1999, 541 ff., allgemein zu den ehelichen Lebensverhältnissen nach § 1578 s. *Borth* FamRZ 2001, 193 ff.
[254] *Büttner/Niepmann/Schwamb* Rn. 324, 329.
[255] *Büttner/Niepmann/Schwamb* Rn. 330; ausbildungsbedingte Notwendigkeit wird bezweifelt von OLG Naumburg FamRZ 2000, 444.
[256] OLG Schleswig OLGR 2005, 646 (für ein Schuljahr im Ausland); OLG Hamm FamRZ 1994, 1281; s. § 1610 Rn. 238; s. *Büttner/Niepmann/Schwamb* Rn. 360.
[257] OLG Köln FamRZ 1999, 531; AG Viechtach FamRZ 1991, 1223.

§ 1613   75–78   Abschnitt 2. Titel 3. Unterhaltspflicht

nahme notwendig ist.²⁵⁸ Gleiches gilt bei schwankenden schulischen Leistungen, weil dann Nachhilfestunden nicht kalkulierbar sind.²⁵⁹ Klassenfahrten²⁶⁰ hängen nach Art und Ausgestaltung von Entscheidungen im jeweiligen Schuljahr ab,²⁶¹ so dass ihre Kosten nicht im Voraus eingeplant werden können. Dies kann bei Studienfahrten, die im jeweiligen Fach typisch sind, anders sein.²⁶² Kommunion und Konfirmation sind zwar im Grundsatz vorhersehbar, liegen aber regelmäßig in weiter Ferne, so dass die entsprechenden Kosten nicht im Rahmen der laufenden Unterhaltsrente berücksichtigt werden können (s. Rn. 72); deshalb ist Sonderbedarf zu bejahen.²⁶³ Zur Notwendigkeit der kumulativen Betrachtung des Merkmals der Unregelmäßigkeit mit den weiteren Kriterien s. Rn. 79–81, zur Darlegungs- und Beweislast s. Rn. 92.

75   **b) Außergewöhnlich hoch.** Auch mit diesem weiteren Tatbestandsmerkmal des Abs. 2 lässt sich eine sichere Abgrenzung zwischen laufendem Bedarf und Sonderbedarf (s. Rn. 63–65) nicht treffen.

76   **aa) Relative Prüfung.** Weil es auch um die Belastung des Pflichtigen geht (s. Rn. 64), ist nicht in erster Linie die absolute Höhe des Bedarfs entscheidend, sondern sein *Verhältnis* zu den für den laufenden Bedarf zur Verfügung stehenden Mitteln.²⁶⁴ Naturgemäß sind dann bei gehobenen Lebensverhältnissen auch zusätzliche unregelmäßige Aufwendungen eher aus dem laufenden Unterhalt zu bestreiten²⁶⁵ als im Falle bescheidener Verhältnisse, weil dort der Tabellenunterhalt in den unteren Gruppen allenfalls den Grundbedarf deckt und schon kleinere Zusatzausgaben nicht durch Rücklagen bestritten werden können.²⁶⁶ Hier kann die Höhe des als Sonderbedarf geltend gemachten Betrages eine größere Rolle spielen.²⁶⁷ Eine Inanspruchnahme des Pflichtigen für Sonderbedarf wird oft an seiner fehlenden Leistungsfähigkeit scheitern; zu diesem Merkmal s. Rn. 82.

77   Die Häufigkeit der Ausgabe ist ebenfalls von Bedeutung: Eine einmalige, nicht besonders hohe Ausgabe ist eher vom laufenden Unterhalt zu bestreiten als Ausgaben, die relativ kurz hintereinander anfallen.²⁶⁸

78   **bb) Existenzminimum.** Es wird inzwischen für Kinder²⁶⁹ auf Grund der Neufassung des § 1612a (s. § 1612a Rn. 21–48) mit dem doppelten steuerlichen Kinderfreibetrag (§ 1612a Abs. 1 S. 2) angenommen. Eine – sonst im Rahmen der angemessen Lastenverteilung (s. Rn. 79–81) regelmäßig zu prüfende – Beteiligung des Berechtigten am Sonderbedarf scheidet hier aus, weil der Berechtigte mit dem Existenzminimum keine zusätzlichen Aufwendungen tragen kann; bei höherem Kindesunterhalt kommt eine Beteiligung des betreuenden Elternteils am Sonderbedarf nach den Umständen des Einzelfalles²⁷⁰ in Betracht.²⁷¹ Zur Darlegungs- und Beweislast s. Rn. 107, zur kumulativen Prüfung der weiteren Merkmale s. Rn. 79–81.

---

²⁵⁸ OLG Köln NJW 1999, 295.
²⁵⁹ OLG Düsseldorf FamRZ 1981, 75.
²⁶⁰ Ausführlich dazu *Vogel* FamRZ 1991, 1134; die divergierende Rechtsprechung ist unter dem Stichwort „Ausbildungsbereich", dargestellt bei *Büttner/Niepmann/Schwamb* Rn. 335. Zur aktuell divergierenden Rechtsprechung siehe **bejahend** OLG Hamm FamRZ 2003, 1585; OLG Köln FamRZ 1999, 531; OLG Braunschweig FamRZ 1995, 1010; AG Detmold FamRZ 2000, 1435 (auch wenn im Fall eines hohen laufenden Unterhalts); dagegen **verneinend** OLG Hamm FamRZ 2007, 77; 2001, 444 (Begründung: Vorhersehbarkeit); OLG Zweibrücken FamRZ 2001, 444; OLG Thüringen FamRZ 1997, 448 (bei günstigen Einkommensverhältnissen des Schuldners).
²⁶¹ In Nordrhein-Westfalen zB von einer Abstimmung der Eltern und einer Bereitschaft der Lehrer, die uU auf Reisekostenersatz verzichten müssen.
²⁶² LG Kleve DAVorm. 1973, 311 für ein Geographiestudium; ablehnend OLG Hamm NJW 2011, 1087 für 2wöchige Reise nach China.
²⁶³ OLG Dresden FuR 2000, 122; OLG Hamm FamRZ 1993, 995; OLG Köln FamRZ 1990, 89; OLG Düsseldorf FamRZ 1990, 1144; OLG Karlsruhe FamRZ 1991, 1349; *Büttner/Niepmann/Schwamb* Rn. 330; *Wendl/Scholz* § 6 Rn. 16; aA OLG Karlsruhe FamRZ 1995, 1009; NJW/RR 1991, 1348; OLG Hamm FamRZ 1991, 1332; 1989, 311; KG FamRZ 1987, 306; OLG München OLGR 1992, 59.
²⁶⁴ BVerfG FamRZ 1999, 1342 (Anspruch auf Säuglingserstausstattung bejaht unter Hinweis auf Regelunterhalt unter Existenzminimum); BGH FamRZ 1982, 145; OLG Hamm FamRZ 1993, 995; OLG Karlsruhe FamRZ 1992, 1317; NJW-RR 1993, 905; OLGR 1998, 164. Zur Säuglingsausstattung s. Rn. 86.
²⁶⁵ OLG Karlsruhe OLGR 2000, 10.
²⁶⁶ *Erdrich* in *Scholz/Stein* K Rn. 102; *Wendl/Scholz* § 6 Rn. 5; *Büttner/Niepmann/Schwamb* Rn. 331.
²⁶⁷ *Erdrich* in *Scholz/Stein* K Rn. 102.
²⁶⁸ *Erdrich* in *Scholz/Stein* K Rn. 102.
²⁶⁹ Für Ehegatten ist der BGH – trotz nachhaltiger Kritik – längere Zeit bei der Ablehnung eines Mindestbedarfs geblieben; s. jetzt § 1610 Rn. 65 aE.
²⁷⁰ Insbesondere unter Berücksichtigung der Frage, ob dieser Elternteil eigene Einkünfte aus Erwerbstätigkeit oder Vermögen hat.
²⁷¹ *Erdrich* in *Scholz/Stein* K Rn. 102 aE.

Unterhalt für die Vergangenheit 79–84 § 1613

c) **Angemessene Lastenverteilung.** Es handelt sich um ein ungeschriebenes Tatbestandsmerkmal, das neben den gesetzlich genannten Kriterien der Unregelmäßigkeit und der außergewöhnlichen Höhe zu prüfen ist.[272] 79

aa) **Aufteilung.** Abgesehen von Fällen, in denen dem Berechtigten nur das Existenzminimum zur Verfügung steht (s. Rn. 78), ist regelmäßig unter Berücksichtigung des Verhältnisses zwischen verlangtem Betrag und laufendem Bedarf (s. Rn. 76, 77) die Notwendigkeit einer Beteiligung des Berechtigten an der Finanzierung des Sonderbedarfs zu prüfen[273] und zur Wahrung einer angemessenen Relation oft zu bejahen.[274] Bei *Ehegatten* kommt eine Beteiligung des Berechtigten besonders bei Vorhandensein von Vermögen in Betracht,[275] auch wenn dieses im Rahmen des laufenden Unterhalts nicht einzusetzen ist.[276] Bei *Kindern* ergibt sich die Notwendigkeit einer solchen Beteiligung vielfach daraus, dass der Pflichtige nur eingeschränkt leistungsfähig ist.[277] Der Berechtigte muss dann ggf. versuchen, eine Finanzierung des Sonderbedarfs über das Sozialamt[278] zu erreichen. In Betracht kommt eine Beteiligung des betreuenden Elternteils[279] auf der Grundlage der beiderseitigen Erwerbs- und Vermögensverhältnisse (§ 1606 Abs. 3 S. 1); allein deshalb, weil Betreuungsunterhalt erbracht wird, ist eine Beteiligung am Sonderbedarf nicht ausgeschlossen.[280] Dem Umstand, dass Betreuung geleistet wird, kann durch wertende Veränderung des Haftungsanteils (s. § 1610 Rn. 107, 116 aE) Rechnung getragen werden.[281] 80

bb) **Alleinhaftung.** Sie ist berechtigt, wenn der Pflichtige Teile seines Einkommens zur Vermögensbildung einsetzt; diese ist dann zunächst einzuschränken, bevor über eine Beteiligung des Berechtigten nachgedacht werden kann, weil es im Falle von erhöhtem Bedarf bei unterstelltem weiteren Zusammenleben sicherlich auch nicht anders gemacht worden wäre.[282] Berechtigt ist eine Alleinhaftung des Pflichtigen für den Sonderbedarf auch bei Vorhandensein von nichtprägenden Einkünften,[283] zB bei sogenanntem Karrieresprung[284] oder im Falle der Berücksichtigung der Einkünfte des Berechtigten nach der Anrechnungsmethode.[285] 81

3. **Allgemeine Voraussetzungen. a) Bedürftigkeit und Leistungsfähigkeit.** Auch für den Sonderbedarf gelten die allgemeinen unterhaltsrechtlichen Regeln, so dass für die Zuerkennung eines Anspruchs Bedürftigkeit des Berechtigten und Leistungsfähigkeit des Pflichtigen erforderlich sind. Dem Pflichtigen muss beim Kindesunterhalt jedenfalls der notwendige Selbstbehalt nach den Tabellen und Leitlinien verbleiben (s. § 1610 Rn. 99–106), ebenfalls beim Trennungsunterhalt; beim nachehelichen Unterhalt ist § 1581 zu beachten. 82

b) **Entstehungszeitpunkt des Anspruchs.** Sonderbedarf kann verlangt werden, sobald seine Grundlage feststeht und eine Bezifferung der Höhe nach möglich ist.[286] Wird dagegen auf den Zeitpunkt abgestellt, in dem die Kosten dem Berechtigten in Rechnung gestellt werden,[287] müsste der Berechtigte den Aufwand vorfinanzieren[288] und könnte eine wirksame Mahnung erst anschließend aussprechen, was zu eng erscheint.[289] 83

Im Falle rechtzeitiger Information durch den Berechtigten (s. Rn. 71) kommt es auf das Vorhandensein der Leistungsfähigkeit zum Zeitpunkt der Entstehung des Sonderbedarfsanspruchs an; ausrei- 84

---

[272] *Büttner/Niepmann/Schwamb* Rn. 326, 332; *Wendl/Scholz* § 6 Rn. 10 f.
[273] *Wendl/Scholz* § 6 Rn. 10 ff.; *Büttner/Niepmann/Schwamb* Rn. 332.
[274] BGH FamRZ 1982, 145, 147; vgl. OLG Stuttgart FamRZ 1988, 207; OLG Karlsruhe FamRZ 1988, 202.
[275] *Wendl/Scholz* § 6 Rn. 11.
[276] *Wendl/Gerhardt* § 4 Rn. 463. Zu Einzelheiten beim Ehegattenunterhalt s. *Wendl/Scholz* § 6 Rn. 10–12; *Erdrich* in *Scholz/Stein* K Rn. 109.
[277] *Büttner/Niepmann/Schwamb* Rn. 331.
[278] Vgl. *Hußmann* in *Heiß/Born* Kap. 16 Rn. 5.
[279] BGH FamRZ 1998, 286; 1983, 689.
[280] *Wendl/Scholz* § 6 Rn. 13; § 2 Rn. 418 ff., 462.
[281] *Wendl/Klinkhammer* § 2 Rn. 436.
[282] *Büttner/Niepmann/Schwamb* Rn. 332.
[283] *Wendl/Scholz* § 6 Rn. 12.
[284] Dazu ausführlich *Born* MDR 1999, 1101.
[285] *Wendl/Scholz* § 6 Rn. 12; *Wendl/Gutdeutsch* § 4 Rn. 810 f.
[286] OLG Karlsruhe OLGR 2000, 10; *Büttner/Niepmann/Schwamb* Rn. 333; *Schwab/Borth* IV Rn. 134 am Anfang.
[287] OLG Karlsruhe FamRZ 1992, 1317; 1990, 88, 89.
[288] *Wendl/Scholz* § 6 Rn. 8.
[289] *Büttner/Niepmann/Schwamb* Rn. 333.

chend ist aber auch ein Eintritt der Leistungsfähigkeit bis zum Zeitpunkt der Fälligkeit.[290] Tritt die Leistungsfähigkeit dagegen erst später ein, resultiert daraus eine Nachzahlungspflicht nicht.[291]

85 **4. Einzelfälle.** Zur Abgrenzung des Sonderbedarfs von sonstigem Bedarf anhand des Kriteriums der Unregelmäßigkeit s. Rn. 67–75. Im Rahmen der Kasuistik[292] steht bei der nachfolgenden Darstellung der Kindesunterhalt[293] im Vordergrund.

86 **a) Säuglingserstausstattung.** Auch hier sind Geburt des Kindes und Notwendigkeit entsprechender Anschaffungen sicherlich vorhersehbar. Aus Kindesunterhalt können aber keine Rücklagen gebildet werden, weil das noch nicht geborene Kind keinen Unterhaltsanspruch hat[294] und demgemäß der durch die Geburt ausgelöste Mehrbedarf für das Kind immer plötzlich und unerwartet ist.[295] Die gegenteilige Ansicht,[296] die unregelmäßigen Bedarf mit der Begründung verneint, die Aufwendungen stünden nach Art und Höhe sowie Zeitpunkt schon vorher fest, führt im Ergebnis zu einem ungerechtfertigten Abstellen auf die Verhältnisse der Mutter. Deren Beteiligung an den Kosten der Erstausstattung kommt aber nur ausnahmsweise[297] in Betracht, so dass jedenfalls in angemessenem Rahmen Sonderbedarf anzunehmen ist.[298] Es ist unerheblich, ob das Kind ehelich oder unehelich geboren ist.[299]

87 **b) Kinderzimmereinrichtung.** Eine Vorhersehbarkeit – mit der Folge, dass *kein* Sonderbedarf anzunehmen ist – ist jedenfalls dann zu bejahen, wenn zum Zeitpunkt der Schaffung des Ausgangstitels die baldige Notwendigkeit einer Veränderung der Einrichtung des Zimmers feststeht.[300] Entscheidend wird aber auch hier regelmäßig die Frage sein, ob angesichts von Anspruchsentstehung einerseits und Zeitpunkt des Ausgangstitels andererseits eine damalige Geltendmachung möglich gewesen wäre (s. Rn. 68).

88 **c) Musikinstrument.** Eine Anerkennung als Sonderbedarf ist zweifelhaft jedenfalls dann, wenn ein teures Instrument für ein begabtes Kind oder einen Musikstudenten zur Debatte steht;[301] denn Begabung zeigt sich in der Regel nicht plötzlich, und beim Studium ist die Notwendigkeit der Instrumentenanschaffung vorhersehbar. Sofern man gleichwohl Sonderbedarf bejahen will, ist eine rechtzeitige Information des Pflichtigen durch den Berechtigten (s. Rn. 71) erforderlich.[302]

89 **d) Krankheit, Behinderung.** Die umfangreiche Kasuistik[303] lässt kaum hinreichende Ansätze für zur Differenzierung geeignete Kriterien erkennen. So wird Sonderbedarf *bejaht* für Brille[304] und mehrjährige kieferorthopädische Behandlung.[305] Das ist richtig, denn Augenveränderungen und kieferorthopädische Behandlungen hängen regelmäßig von – nicht einzuplanenden – verschiedenen Faktoren wie wachstumsbedingten Veränderungen und früherem Behandlungserfolg ab.[306] Anzu-

---

[290] *Büttner/Niepmann/Schwamb* Rn. 333.
[291] KG FamRZ 1993, 501; OLG Köln FamRZ 1986, 593; *Wendl/Scholz* § 6 Rn. 7; **aA** *Schwab/Borth* IV Rn. 134.
[292] Vgl. die tabellarische Übersicht bei *Büttner/Niepmann/Schwamb* Rn. 335. Zur Notwendigkeit der Einzelfallprüfung s. OLG Karlsruhe FamRZ 2000, 1046.
[293] Zum Sonderbedarf beim Ehegattenunterhalt s. *Wendl/Scholz* § 6 Rn. 10–12; *Erdrich* in *Scholz/Stein* K Rn. 109.
[294] *Erdrich* in *Scholz/Stein* K Rn. 106. S. aber § 1615o Rn. 12 zur Möglichkeit eines Verfügungsantrages schon vor der Geburt.
[295] OLG Oldenburg NJW-RR 1999, 1163; OLG Nürnberg FamRZ 1993, 995; OLG Hamm FamRZ 1980, 478; LG Stuttgart FamRZ 1993, 994; LG Zweibrücken FamRZ 1991, 479.
[296] LG Hanau DAVorm. 1995, 1080; LG Bochum FamRZ 1991, 1477; LG Düsseldorf FamRZ 1975, 279 m. abl. Anm. *Büdenbender*.
[297] Bei Vorhandensein von Einkünften oder Vermögen.
[298] BVerfG FamRZ 1999, 1342; *Wendl/Scholz* § 6 Rn. 15 m. zutr. Hinw. darauf, dass das Kind erst mit der Geburt Anspruch auf Unterhalt hat und deshalb keine Rücklagen bilden kann; *Erdrich* in *Scholz/Stein* K Rn. 106. Nach OLG Koblenz NJW-RR 2009, 1305 sind pauschal 1000 € anzusetzen.
[299] BVerfG FamRZ 1999, 1342.
[300] OLG Koblenz FamRZ 1982, 424 für den Fall des zu klein gewordenen Kinderbettes; AG Würzburg FamRZ 1981, 79 für die Neuausstattung eines Kinderzimmers; altersbedingte Änderungen in der Zimmereinrichtung sind danach vorhersehbar.
[301] Ablehnend OLG Frankfurt FamRZ 1995, 631 (Musikstudent) und AG Karlsruhe FamRZ 1988, 207 (Klavier).
[302] *Wendl/Scholz* § 6 Rn. 17.
[303] S. dazu die tabellarische Übersicht bei *Büttner/Niepmann/Schwamb* Rn. 335 zum Stichwort „Gesundheitsbereich".
[304] OLG Hamm FamRZ 1993, 996; nicht dagegen für Brillenaufpreis (AG Ulm FamRZ 1984, 415).
[305] OLG Celle FamRZ 2008, 1884; OLG Köln FamRZ 2003, 251; OLG Karlsruhe FamRZ 1992, 1317.
[306] OLG Karlsruhe FamRZ 1992, 1317; OLG Düsseldorf FamRZ 1981, 76.

nehmen ist Sonderbedarf auch für psychiatrische Einzeltherapie eines Kassenpatienten,[307] medizinische oder heilpädagogische Behandlung[308] oder medizinisch verordneten Kuraufenthalt.[309] Anerkannt wird auch die Anschaffung spezieller Bettwäsche wegen Hausstaubmilbenallergie[310] oder die behinderungsbedingte Anschaffung einer Schreibmaschine.[311]

Dagegen wird Sonderbedarf *verneint* bei Kosten im Zusammenhang mit normalen Kinderkrankheiten[312] und bei Zahnbehandlung jedenfalls im Falle längerfristiger Behandlung,[313] des Weiteren bei Altenpflegekosten.[314] **90**

e) Sonstiges. Hier kann auf die weiterführende Spezialliteratur[315] verwiesen werden. Um nur beispielhaft einige Fälle herauszugreifen: während Sonderbedarf *verneint* wird für Kosten einer Konfirmation[316] oder für Nachhilfestunden (s. Rn. 73),[317] kann er bei Lernschwierigkeiten in Gestalt der Kosten für die Anschaffung eines Computers[318] oder bei Kosten für eine Klassenfahrt zu *bejahen* sein;[319] s. oben Rn. 74. **91**

5. Verfahrensfragen. a) Darlegungs- und Beweislast. Durch das gesetzliche Tatbestandsmerkmal „außergewöhnlich" (s. Rn. 75–78) kommt zum Ausdruck, dass die laufende Unterhaltsrente die Regel und der Sonderbedarf die Ausnahme sein soll.[320] Dies dient auch einer Beruhigung und Befriedung des Verhältnisses von Unterhaltsgläubiger und -schuldner, welches durch häufige Zusatzforderungen Störungen erfahren und belastet werden kann.[321] Damit schützt sich auch die Justiz berechtigterweise vor allzu häufiger Inanspruchnahme durch Kleinigkeiten, ähnlich wie durch die Wesentlichkeitsgrenze im Rahmen des Abänderungsantrags nach § 238 FamFG.[322] Zur Situation bei Fällen des Existenzminimums s. Rn. 78. **92**

b) Antragsart. Bei vorliegendem Titel über laufenden Unterhalt ist der Mehrbedarf durch Abänderungsantrag,[323] der Sonderbedarf dagegen durch Zusatzantrag geltend zu machen,[324] was mit dem Unterschied zwischen Mehrbedarf und Sonderbedarf (s. Rn. 63–65) zusammenhängt. **93**

c) Frist. Sonderbedarf kann ein Jahr nach seiner Entstehung (Abs. 2 S. 1) ohne das Vorliegen von Verzug oder Rechtshängigkeit verlangt werden.[325] **94**

IV. Verhinderung (Abs. 2 Nr. 2)

Durch die Neufassung des Abs. 2 Nr. 2 wurde die früher für den Unterhalt des nichtehelichen Kindes geltende Regelung (§ 1615d aF) für den gesamten Verwandtenunterhalt, den Familien- und Trennungsunterhalt sowie für Ansprüche nach § 1615l übernommen. Der Berechtigte kann danach für die Vergangenheit ohne die Einschränkungen des Abs. 1 Erfüllung verlangen nicht nur bei Sonderbedarf (s. Rn. 63–94), sondern auch dann, wenn er aus rechtlichen oder tatsächlichen, in die Verantwortung des Pflichtigen fallenden Gründen an einer Geltendmachung des Unterhaltsanspruchs gehindert war. **95**

---

[307] OLG Saarbrücken FamRZ 1989, 1224; **aA** OLG Düsseldorf FamRZ 2001, 444 (Mehrbedarf im Falle längerer Behandlung).
[308] OLG Hamm DAVorm. 1978, 746.
[309] OLG Köln FamRZ 1986, 593.
[310] OLG Karlsruhe FamRZ 1992, 850.
[311] OLG Köln FamRZ 1990, 310.
[312] DIV-Gutachten DAVorm. 1987, 632.
[313] OLG Zweibrücken FamRZ 1984, 169; **aA** KG FamRZ 1993, 561.
[314] OLG Hamm FamRZ 1996, 1218.
[315] *Büttner/Niepmann/Schwamb* Rn. 335; *Erdrich* in *Scholz/Stein* K Rn. 103 f.; s. auch *Wendl/Scholz* § 6 Rn. 17 f. und *Palandt/Brudermüller* Rn. 11.
[316] BGH NJW 2006, 1509.
[317] OLG Düsseldorf NJW-RR 2005, 1529.
[318] OLG Hamm NJW 2004, 858.
[319] OLG Hamm FamRZ 2003, 1585; 1992, 346; **aA** OLG Hamm FamRZ 2001, 444; OLG Zweibrücken FamRZ 2001, 444.
[320] *Wendl/Scholz* § 6 Rn. 6; *Erdrich* in *Scholz/Stein* K Rn. 100.
[321] BGH FamRZ 1984, 470, 472; 1982, 145.
[322] Zu Einzelheiten s. *Born* in *Heiß/Born* Kap. 23 Rn. 158 ff., 189; *Graba* Rn. 296.
[323] OLG Hamm FamRZ 1994, 1281.
[324] *Wendl/Scholz* § 6 Rn. 3; *Erdrich* in *Scholz/Stein* K Rn. 100 aE. Da aber auch Sonderbedarf zum gesamten Lebensbedarf gehört (s. Rn. 63), liegt bei isolierter Entscheidung über den laufenden Bedarf ein unzulässiger Teilbeschluss vor (OLG Brandenburg FamRZ 2000, 899).
[325] *Büttner/Niepmann/Schwamb* Rn. 319; *Erdrich* in *Scholz/Stein* K Rn. 110.

§ 1613 96–102   Abschnitt 2. Titel 3. Unterhaltspflicht

96   **1. Rechtliche Gründe (Nr. 2 a). a) Zeitliche Lücke.** Hauptanwendungsbereich für die Vorschrift ist der Unterhalt für das **nichteheliche Kind.** Unterhalt kann hier erst ab Anerkennung (§ 1594 Abs. 1) oder Feststellung der Vaterschaft (§ 1600d)[326] geltend gemacht werden, auch wenn der Anspruch schon mit der Geburt des Kindes entsteht und fällig wird.[327] Im Rahmen der rückwirkenden Durchsetzung des Unterhaltsanspruchs ist weder Verzug noch Rechtshängigkeit erforderlich. Dem Anspruch auf Nachzahlung des rückständigen Unterhalts steht weder Verjährung (§ 207 Abs. 1 S. 2)[328] noch Verwirkung entgegen.[329]

97   Entsteht der Anspruch dagegen erst nach Anerkennung oder Feststellung der Vaterschaft, gilt Abs. 1.[330] Bei Tod des Pflichtigen[331] richtet sich die Forderung gegen den Nachlass.[332]

98   **b) Forderungsübergang.** Soweit ein anderer unterhaltspflichtiger Verwandter oder der Ehegatte statt des Pflichtigen der Mutter oder dem Kind Unterhalt gewährt hat, geht deren Unterhaltsanspruch auf ihn über (§§ 1607 Abs. 3, 1615l Abs. 3); für diesen Anspruch gilt Abs. 2 direkt bzw. entsprechend (§ 1615l Abs. 3 S. 4).[333] Rückständiger Unterhalt kann also auch nach Forderungsübergang verlangt werden.[334]

99   **2. Tatsächliche Gründe (Nr. 2 b).** Typischer Regelungsgegenstand ist der Fall, dass sich der Schuldner seiner Unterhaltspflicht entzieht, zB durch Umzug an einen unbekannten Ort oder durch Aufenthalt im Ausland.[335] Steht dagegen der Aufenthalt fest, gilt Abs. 1.[336] Notwendig ist weder ein Verschulden noch ein Bezug zur Unterhaltspflicht; ausreichend ist eine Zurechnung des Umstandes zum Lebensbereich des Pflichtigen. Ist dies zu bejahen, kann das Kind ohne die Einschränkungen des Abs. 1 Unterhalt für die Vergangenheit verlangen. §§ 1607 Abs. 2, 1615l Abs. 3 gelten auch hier.[337] Die Vorschrift ist auch bei Verschweigen einer wesentlichen Gehaltserhöhung durch den Pflichtigen anzuwenden.[338]

V. Unbillige Härte (Abs. 3)

100   **1. Person des Pflichtigen (S. 1).** Gegenüber den für den Berechtigten erleichterten Möglichkeiten, Unterhalt für die Vergangenheit zu verlangen (Abs. 2 Nr. 2), stellt Abs. 3 zu Gunsten des Pflichtigen ein **Korrektiv** dar;[339] die Vorschrift beruht auf dem Rechtsgedanken des § 1615l aF.[340]

101   Der **Anwendungsbereich** der Härteregelung beschränkt sich auf Ansprüche auf rückständigen Unterhalt im Sinne von Abs. 2 Nr. 2, also solche, an deren rechtzeitiger Geltendmachung der Berechtigte aus rechtlichen (s. Rn. 96–98) oder tatsächlichen Gründen (s. Rn. 99) gehindert war; in anderen Fällen ist der Schuldner auf Vollstreckungsschutz angewiesen, sofern der Gläubiger nicht mit Stundung oder Ratenzahlung (s. Rn. 103) einverstanden ist.[341]

102   **Kriterien** im Rahmen der Frage nach unbilliger Härte sind sämtliche Umstände auf beiden Seiten,[342] insbesondere die wirtschaftliche Lage des Pflichtigen sowie die Höhe des insgesamt geschuldeten Unterhalts,[343] daneben aber auch die Frage, ab wann der Pflichtige mit einer Inanspruchnahme zu rechnen hatte[344] und sonstige Gründe für ein Zustandekommen des hohen Rück-

---

[326] Hier kommt den pränatalen Feststellungsmethoden gesteigerte Bedeutung zu; s. OLG Schleswig MDR 2000, 397 m. Anm. *Born.*
[327] BT-Drucks. 13/7338 S. 31; *Palandt/Brudermüller* Rn. 13.
[328] BGHZ 76, 293 zu § 204 S. 2 aF.
[329] OLG München FamRZ 1986, 405.
[330] OLG Frankfurt a. M. FamRZ 2011, 227; LG München FamRZ 1974, 473; *Palandt/Brudermüller* Rn. 13 aE.
[331] S. § 1586b; zur Erbenhaftung s. *Wendl/Bömelburg* § 4 Rn. 125; *Schwab/Borth* IV Rn. 1240 ff.
[332] AG Weinheim DAVorm. 1978, 797; *Büttner/Niepmann/Schwamb* Rn. 169.
[333] *Palandt/Brudermüller* Rn. 13 aE.
[334] *Schwab/Borth* IV Rn. 1226.
[335] OLG Frankfurt a. M. FamRZ 2011, 227; AG Tempelhof-Kreuzberg FamRZ 2010, 737; *Schwab/Borth* IV Rn. 1226 aE; *Palandt/Brudermüller* Rn. 14; *Büttner/Niepmann/Schwamb* Rn. 266; unklar *Johannsen/Henrich/Graba* Rn. 13 a aE, der bei Auslandsaufenthalt Abs. 1 für einschlägig hält.
[336] *Palandt/Brudermüller* Rn. 14 aE.
[337] *Palandt/Brudermüller* Rn. 14 aE.
[338] OLG Bremen OLGR 1999, 150, das eine Schadenersatzpflicht nach § 826 BGB annimmt.
[339] *Palandt/Brudermüller* Rn. 15.
[340] Neben dem Regelungsbereich des Abs. 2 kommt Verwirkung in Betracht; s. Rn. 46–51.
[341] *Johannsen/Henrich/Graba* § 1613 Rn. 16.
[342] *Johannsen/Henrich/Graba* § 1613 Rn. 16.
[343] *Schwab/Borth* IV Rn. 1227.
[344] LG Ulm FamRZ 1995, 633; LG Heilbronn DAVorm. 1981, 301.

standes.³⁴⁵ Bei der Anspruchsbeschränkung handelt es sich um eine materiell-rechtliche Einwendung.³⁴⁶

Bei den Rechtsfolgen, die das Gericht von Amts wegen auswählt,³⁴⁷ ist zu differenzieren. Wird **103** unbillige Härte *bejaht*, kommen Stundung, Ratenzahlung und ausnahmsweise³⁴⁸ Erlass³⁴⁹ in Betracht.³⁵⁰ Wird unbillige Härte dagegen *verneint*, kommt wegen der Ausschließlichkeit der Vorschrift keine Anwendung des § 242 in Betracht.³⁵¹

2. Ersatzansprüche Dritter (S. 2). Der Härteeinwand ist zu Gunsten des Pflichtigen auch **104** zu berücksichtigen, sofern dieser von einem Dritten, der statt seiner Unterhalt gewährt hat, in Anspruch genommen wird.³⁵² Der Einwand gilt unabhängig davon, ob der Ersatzanspruch auf gesetzlichem Anspruchsübergang (§ 1607 Abs. 3 S. 1, 2) oder auf GoA oder ungerechtfertigter Bereicherung beruht.³⁵³

Da eine Billigkeitsentscheidung zu treffen ist, können wirtschaftliche und sonstige Verhältnisse **105** des Pflichtigen wie des Dritten berücksichtigt werden.³⁵⁴

Trotz Fehlens einer Verweisung in § 1615l Abs. 3 S. 4 gilt die Härteregelung auch für den Unter- **106** haltsanspruch der nicht verheirateten Mutter.³⁵⁵

VI. Beweislast

Da der Berechtigte alle Voraussetzungen des Unterhaltsanspruchs darzulegen und zu beweisen **107** hat, gilt dies auch für die Voraussetzungen des Verzugs. Der Pflichtige muss darlegen und ggf. beweisen, dass die gegen ihn sprechenden Vermutungen nicht zutreffen.³⁵⁶

Die Voraussetzungen des Härteeinwandes (Abs. 3) hat ebenfalls der Pflichtige darzulegen und ggf. **108** zu beweisen; denn er beruft sich im Rahmen des Abs. 3 auf eine Ausnahme gegenüber dem allgemeinen Grundsatz nach Abs. 2.³⁵⁷

VII. Verzinsung

Verzugszinsen für einen **Unterhaltsrückstand** können, gestaffelt nach Fälligkeitszeitpunkt, nicht **109** nur bei Inanspruchnahme von Bankkredit,³⁵⁸ sondern auch unabhängig davon verlangt werden.³⁵⁹ Die Gegenmeinung³⁶⁰ übersieht, dass § 288 Abs. 1 die gesetzliche unwiderlegliche Vermutung eines Mindestschadens enthält³⁶¹ und kein Grund für eine Privilegierung des säumigen Unterhaltsschuldners gegenüber anderen Schuldnern sowie eine Belastung des Berechtigten mit dem Schadensnachweis ersichtlich ist.³⁶² Die Verzinsungspflicht gilt auch für Anlagezinsen.³⁶³

Die **Erhöhung** der Verzugszinsen durch die Änderung des § 288 Abs. 1 S. 1³⁶⁴ gilt auch für **110** Unterhaltsschulden.³⁶⁵

---

³⁴⁵ *Schwab/Borth* IV Rn. 1227.
³⁴⁶ *Johannsen/Henrich/Graba* § 1613 Rn. 16.
³⁴⁷ *Palandt/Brudermüller* Rn. 15.
³⁴⁸ Bei erheblich erschwerten Voraussetzungen; vorab ist zu prüfen, ob nicht Stundung oder Herabsetzung ausreichen.
³⁴⁹ Bejaht von LG Göttingen FamRZ 1985, 199 (dauernde Arbeitslosigkeit, Unterhaltspflicht gegenüber 5 Personen).
³⁵⁰ Zur Insolvenz s. *Schwab/Borth* IV Rn. 1130 ff. Zu Ansprüchen des Scheinvaters gegen den leiblichen Vater OLG Schleswig FamRZ 2007, 2102.
³⁵¹ *Schwab/Borth* IV Rn. 1227.
³⁵² Unklar *Johannsen/Henrich/Graba* § 1613 Rn. 16, der davon spricht, dass die Anspruchsbeschränkung auch für den Dritten gilt.
³⁵³ *Palandt/Brudermüller* Rn. 16; aA *Brüggemann* FamRZ 1971, 143.
³⁵⁴ BT-Drucks. 13/7338 S. 32; *Palandt/Brudermüller* Rn. 16.
³⁵⁵ *Palandt/Brudermüller* Rn. 16 aE; *Staudinger/Engler* (2000) Rn. 16; aA FamRefK/*Häußermann* Rn. 10.
³⁵⁶ *Schwab/Borth* IV Rn. 1228.
³⁵⁷ *Schwab/Borth* IV Rn. 1228.
³⁵⁸ BGH FamRZ 1992, 1064; 1988, 478, 480; 1987, 352.
³⁵⁹ OLG Hamm FamRZ 1985, 604; 1984, 478; OLG München FamRZ 1984, 310; OLG Hamburg FamRZ 1984, 87; OLG Stuttgart FamRZ 1984, 1105.
³⁶⁰ OLG Celle FamRZ 1983, 525 m. Anm. *Brüggemann*; *ders.*, FS Bosch, 1976, S. 89, 96 ff.
³⁶¹ BGH NJW 1979, 540.
³⁶² *Büttner/Niepmann/Schwamb* Rn. 269.
³⁶³ *Büttner/Niepmann/Schwamb* Rn. 269.
³⁶⁴ Zum 1. 5. 2000 durch das Gesetz zur Beschleunigung fälliger Zahlungen vom 30. 3. 2000, BGBl. I S. 330; s. dazu *Büttner* FamRZ 2000, 921; *Medicus* DNotZ 2000, 256.
³⁶⁵ Zu Einschränkungen bei der Anwendung der Neuregelung s. Rn. 8, 9.

§ 1614 1–3 Abschnitt 2. Titel 3. Unterhaltspflicht

111 Das Aufrechnungsverbot (§§ 394 BGB, 850 b ZPO) gilt auch gegenüber Zinsansprüchen.[366]
112 Auch für **laufenden Unterhalt** besteht eine Verzinsungspflicht,[367] *nicht* dagegen für Sonderbedarf.

§ 1614 Verzicht auf den Unterhaltsanspruch; Vorausleistung

(1) Für die Zukunft kann auf den Unterhalt nicht verzichtet werden.

(2) Durch eine Vorausleistung wird der Verpflichtete bei erneuter Bedürftigkeit des Berechtigten nur für den im § 760 Abs. 2 bestimmten Zeitabschnitt oder, wenn er selbst den Zeitabschnitt zu bestimmen hatte, für einen den Umständen nach angemessenen Zeitabschnitt befreit.

Schrifttum: *Bergerfurth,* Unterhaltsverzicht und Kindeswohl, AP Fach 11, S. 301; *Bergschneider,* Zum Formerfordernis nach der Neuregelung des § 1585c BGB im UnterhRÄndG, FamRZ 2008, 17; *Büttner,* Grenzen ehevertraglicher Gestaltungsmöglichkeiten, Brühler Schriften zum Familienrecht, Band 10, S. 26 = FamRZ 1998, 1; *Christian,* Mahnung, Stundung, Verzicht und Verwirkung im Unterhaltsrecht, DAVorm. 1986, 1; 115; *Giesing,* Gerichtlicher Vergleich in Unterhaltssachen, FamRZ 1980, 761; *Hampel,* Der Unterhaltsverzicht unter Ehegatten bei bestehender oder später eintretender Hilfsbedürftigkeit der Frau, FamRZ 1960, 421; *Krenzler,* Vereinbarungen bei Trennung und Scheidung, Beck'sche Musterverträge, 2. Aufl. 1995; *Meder,* Der Unterhaltsverzicht im Spannungsfeld von Privatautonomie und öffentlichem Interesse, FamRZ 1993, 12; *Wilhelm,* Der Befreiungsanspruch, FuR 2000, 353. S. auch Schrifttum vor § 1585c.

Übersicht

	Rn.		Rn.
I. Zweck und systematische Stellung	1–5	a) Spielraum	6–9
1. Zweck	1	b) Form	10, 11
2. Systematische Stellung	2–5	c) Zeitpunkt	12
a) Art des Unterhalts	2–4	2. Freistellungsvereinbarungen	13
b) Umfang	5	III. Vorausleistungen (Abs. 2)	14–19
II. Verzichtsverbot (Abs. 1)	6–13	1. Vorauszahlungsrisiko	14–18
1. Verzicht	6–12	2. Beweislast	19

I. Zweck und systematische Stellung

1 **1. Zweck.** Das zwingende[1] Verbot, auf künftigen Unterhalt zu verzichten, besteht sowohl im individuellen Interesse des Berechtigten wie im öffentlichen Interesse;[2] dort sollen Manipulationen zum Nachteil des Sozialamtes verhindert werden, denn die Sicherstellung des Unterhalts der Familie liegt im Allgemeinen öffentlichen Interesse.[3]

2 **2. Systematische Stellung. a) Art des Unterhalts.** Das Verzichtsverbot (Abs. 1) gilt nur für gesetzliche, nicht dagegen für vertragliche Unterhaltsansprüche.[4]

3 **aa) Trennungs- und Kindesunterhalt.** Über §§ 1360a Abs. 3, 1361 Abs. 4 S. 4 erfasst das Verzichtsverbot des Abs. 1 den Familien- und Getrenntlebensunterhalt[5] und den Kindesunterhalt.[6] Durch die umfangreiche Gesetzesreform zum 1. 7. 1998 (s. Vor § 1601 Rn. 6) hat sich die Situation für **nichteheliche Kinder** geändert. Bis dahin konnte mit dem Vater sowie seinen Verwandten über den zukünftigen Unterhalt eine Abfindungsregelung getroffen werden (§ 1615e Abs. 1 aF); das ist

---
[366] OLG Hamm FamRZ 1988, 952.
[367] BGH FamRZ 1987, 352; *Born* in *Heiß/Born* Kap. 22 Rn. 73.
[1] *Palandt/Brudermüller* Rn. 3.
[2] *Johannsen/Henrich/Graba* Rn. 1.
[3] *Schwab/Borth* IV Rn. 1259.
[4] *Schwab/Borth* IV Rn. 1259 aE. Zur Annahme, dass es sich bei vertraglicher Regelung des Unterhalts im Zweifel um eine Ausgestaltung des gesetzlich geschuldeten Unterhalts handelt, s. BGH FamRZ 1991, 673, 674; 1984, 874; *Wendl/Wönne* § 6 Rn. 600.
[5] *Schwab/Borth* IV Rn. 1259.
[6] *Schwab/Borth* V Rn. 12.

jetzt nicht mehr möglich, weil es der Gleichstellung dieser Kinder mit ehelichen Kindern widerspricht.[7]

bb) Nachehelicher Unterhalt. Ein diesbezüglicher Verzicht ist von dem Verbot des Abs. 1 **4** *nicht* erfasst, sondern unterliegt nur den allgemeinen Schranken der §§ 134, 138[8] (s. § 1585c Rn. 21–26).[9] Grund ist nicht etwa ein höheres Maß der Vorhersehbarkeit der künftigen Entwicklung,[10] sondern eine stärkere Betonung der Vertragsfreiheit aus Gründen von Rechtsklarheit und Rechtssicherheit.[11] Hierdurch wird auch dem Gedanken der wirtschaftlichen Eigenverantwortung nach der Scheidung (§ 1569) Rechnung getragen.[12]

b) Umfang. Das Verzichtsverbot (Abs. 1) erfasst nur den Unterhalt für die **Zukunft**; ein Ver- **5** zicht für gegenwärtigen und vergangenen Unterhalt bleibt damit zulässig,[13] falls keine Rechte Dritter verletzt werden.[14]

II. Verzichtsverbot (Abs. 1)

1. Verzicht. a) Spielraum. Vereinbarungen über die Höhe des gesetzlichen Unterhalts sind **6** wirksam, soweit sie sich im Rahmen des gesetzlichen Spielraums halten.

aa) Kriterien. Maßstab ist die *Angemessenheit* des Unterhalts (§§ 1361, 1610),[15] so dass Abwei- **7** chungen möglich sind.[16] Zweifelhaft ist, wo die Grenze zwischen noch zulässiger Abweichung und einem unzulässigen Verzicht liegt; dies ist von Bedeutung besonders deshalb, weil sich das Verzichtsverbot auch auf Teilverzichte[17] und Verzichte für einen bestimmten zukünftigen Zeitabschnitt erstreckt.[18] Der Gläubiger kann an einer früheren Unterhaltsvereinbarung nur dann festgehalten werden, wenn sie – im Rahmen eines engen Beurteilungsspielraums – seinen Unterhaltsanspruch noch bis in die Gegenwart zutreffend festlegt. Eine schlüssige Begründung des gegenwärtigen Anspruchs ist ausreichend; zusätzlicher Vortrag zu einem aktuellen Eingreifen von § 1614 kann dagegen nicht gefordert werden.[19]

Die Vereinbarung ist wirksam, solange die Höhe des angemessenen Unterhalts (§§ 1361, 1610) **8** geregelt wird, wozu auch Fälle beschränkten Unterhalts auf Grund mangelnder Leistungsfähigkeit gehören.[20] Der Angemessenheitsrahmen kann nach unten ausgeschöpft werden.[21] Entscheidend sind allein die *objektiven* Umstände, die zu einer Verkürzung des gesetzlich zustehenden Unterhalts führen; nicht entscheidend ist dagegen, ob den Beteiligten der Verzichtscharakter bewusst ist.[22] Zu einem unzulässigen Verzicht führt schon die Erschwerung der Möglichkeit, bei veränderten Verhältnissen eine Erhöhung zu verlangen[23] oder nur für einen bestimmten zukünftigen Zeitabschnitt keinen Unterhalt zu fordern.[24] Schließlich ist die Unwirksamkeit auch unabhängig davon, ob es sich um einen entgeltlichen (Abfindung) oder unentgeltlichen Verzicht handelt.[25]

---

[7] BT-Drucks. 13/7335 S. 33; *Schwab/Borth* IV Rn. 1259. Die Anpassung von SGB VIII § 59 Abs. 1 S. 1 Nr. 3 ist offenbar übersehen worden.
[8] Übersicht bei *Büttner/Niepmann/Schwamb* Rn. 161.
[9] Die schon seit längerem geforderte **Beurkundungspflicht** (Empfehlungen des 12. DFGT FamRZ 1998, 473, 474 = Brühler Schriften Band 10, S. 112) ist inzwischen Gesetz geworden in Form der Einfügung von Satz 2 in § 1585c; s. dazu *Bergschneider* FamRZ 2008, 17; s. auch *Born* NJW 2008, 1, 6; *Bosch* FF 2007, 293, 299. S. Rn. 10.
[10] Es ist nur gegeben bei Vereinbarungen anlässlich oder nach Scheidung, nicht aber bei vorsorgenden Vereinbarungen, *Wendl/Wönne* § 6 Rn. 613, 614.
[11] BT-Drucks. 7/650 S. 149.
[12] Vgl. *Palandt/Brudermüller* § 1585c Rn. 1.
[13] *Johannsen/Henrich/Graba* § 1614 Rn. 3.
[14] *Schwab/Borth* IV Rn. 1259 aE.
[15] *Schwab/Borth* IV Rn. 1259.
[16] *Johannsen/Henrich/Graba* § 1614 Rn. 3.
[17] RG JW 1902 Beilage 220; OLG Oldenburg FamRZ 1979, 333. S. auch Rn. 9.
[18] *Schwab/Borth* IV Rn. 1259.
[19] OLG Karlsruhe FamRZ 2007, 77 (LS.).
[20] *Schwab/Borth* IV Rn. 1259.
[21] BGH FamRZ 1984, 997, 999.
[22] *Wendl/Wönne* § 6 Rn. 611.
[23] BGH FamRZ 1984, 997, 999. Zur Unbegründetheit einer auf Auskunft gerichteten Klage auch bei vorangegangenem unzulässigen Verzicht auf Trennungsunterhalt s. OLG Köln FamRZ 2000, 609 m. Anm. *Bergschneider*.
[24] *Schwab/Borth* IV Rn. 1259.
[25] *Palandt/Brudermüller* Rn. 1.

§ 1614 9–13   Abschnitt 2. Titel 3. Unterhaltspflicht

9   **bb) Grenzen.** Auch wenn die Rechtsprechung mit Prozentsätzen von 20–33% arbeitet,[26] erscheint es sachgerechter, keine feste Grenze zu bilden, sondern nach den Umständen des Einzelfalles zu entscheiden.[27]

10 **b) Form.** Aufgrund der Ergänzung des § 1585c durch das UnterhRÄndG gilt für vor Scheidungsrechtskraft geschlossene Vereinbarungen zum nachehelichen Unterhalt[28] seit dem 1. 1. 2008 die Notwendigkeit **notarieller Form**.[29] Eine Nichtigkeit bei Verstoß gegen das Verzichtsverbot gilt unabhängig von der Form, in der verzichtet wurde,[30] selbst bei vormundschaftsgerichtlich (bzw. familiengerichtlich) genehmigtem Vertrag.[31] Es muss ein Erlass*vertrag* geschlossen werden, eine einseitige Erklärung reicht nicht.[32] Auch wenn ein solcher Verzichtsvertrag durch schlüssiges Handeln zustande kommen kann, ist zur Feststellung eines rechtsgeschäftlichen Aufgabewillens des Gläubigers ein eindeutiges Verhalten erforderlich, welches vom Erklärungsgegner als Aufgabe des Rechts verstanden werden kann.[33] Die bloße Nichtgeltendmachung des Unterhalts reicht dafür nicht aus,[34] und zwar auch dann nicht, wenn es über längere Zeit geschieht.[35] Auch Absichtserklärungen des Berechtigten gegenüber Dritten sind kein annahmefähiges Vertragsangebot gegenüber dem Pflichtigen;[36] im Zweifel kann kein Verzichtswille vermutet werden.[37] An einer Berechtigung des Pflichtigen, trotz der 3jährigen Verjährungsfrist aus langer Untätigkeit des Berechtigten auf rechtsgeschäftlichen Verzichtswillen schließen zu dürfen, fehlt es auch dann, wenn der gesetzliche Vertreter des minderjährigen Kindes den Tatbestand gesetzt hat, der dem Kind zugerechnet werden soll.[38] Zu Freistellungsvereinbarungen zwischen den Eltern s. Rn. 13.

11 In einer langjährigen Entgegennahme eines niedrigeren als (in notarieller Urkunde) titulierten Unterhalts ist im Einzelfall eine einverständliche Abänderung gesehen worden;[39] für die Zukunft kann das Kind dagegen nicht an einem jahrelang zu niedrig gezahlten Unterhalt festgehalten werden, weil er sich nach den objektiven Einkommensverhältnissen richtet.[40]

12 **c) Zeitpunkt.** Für die Frage der Nichtigkeit ist der Zeitpunkt des Vertragsschlusses entscheidend.[41] Da die objektiven Umstände maßgebend sind (s. Rn. 7), kommt es auf die Vorstellungen der Parteien im Rahmen der Frage des Verzichts nicht an.[42] Eine zunächst (noch) wirksame Vereinbarung kann deshalb unwirksam *werden*, sobald Bedürftigkeit des Berechtigten eintritt.

13 **2. Freistellungsvereinbarungen.** S. dazu zunächst § 1606 Rn. 42–45. Vereinbarungen der Eltern über den Kindesunterhalt[43] entfalten nur zwischen ihnen Rechtswirkungen, lassen aber den gesetzlichen Anspruch des Kindes unberührt.[44] Die Freistellung des einen Elternteils durch den anderen von der Inanspruchnahme durch das Kind ist nicht schon deshalb sittenwidrig (§ 138), weil sie mit einem übereinstimmenden Vorschlag der Sorgerechtsübertragung auf den freistellenden

---

[26] OLG Hamm OLGR 2000, 70: $1/3$ ist regelmäßig Verstoß; OLG Köln FamRZ 1983, 750: im Einzelfall Verstoß bei 20%, regelmäßig bei $1/3$; BGH FamRZ 1984, 997, 999: Möglichkeit des Verstoßes bei 20–33%, die genaue Höhe wird im Ergebnis offen gelassen.
[27] Empfehlung des 12. DFGT, FamRZ 1998, 473, 474 = Brühler Schriften Band 10, S. 112.
[28] Da rechtlich und wirtschaftlich eine Wechselwirkung mit Kindesunterhalt, Trennungsunterhalt und Ansprüchen aus § 1615l besteht, ist (mit *Borth* FamRZ 2006, 813, 817) wenig einsichtig, weshalb beim Formerfordernis differenziert werden sollte.
[29] S. *Bergschneider* FamRZ 2008, 17; *Born* NJW 2008, 1, 6; *Bosch* FF 2007, 293, 299.
[30] *Palandt/Brudermüller* Rn. 1.
[31] RGZ 50, 96.
[32] OLG Stuttgart FamRZ 1999, 1136; *Büttner/Niepmann/Schwamb* Rn. 160.
[33] *Wendl/Wönne* § 6 Rn. 615.
[34] OLG Stuttgart OLGR 1999, 411.
[35] BGH FamRZ 1981, 763; OLG München FamRZ 1982, 90; *Johannsen/Henrich/Graba* § 1614 Rn. 3; *Schwab/Borth* IV Rn. 1259.
[36] OLG Stuttgart FamRZ 1999, 1136, 1138.
[37] *Wendl/Wönne* § 6 Rn. 615.
[38] BGH FamRZ 1988, 898; AG Offenburg FamRZ 1990, 195.
[39] OLG Hamm FamRZ 1999, 1665.
[40] *Büttner/Niepmann/Schwamb* Rn. 196; **aA** zu Unrecht OLG Brandenburg OLGR 2000, 38, wonach das Kind eine Änderung seiner bisherigen Lebensstellung darlegen soll.
[41] OLG Hamm FamRZ 1996, 116; OLG Düsseldorf FamRZ 1996, 734.
[42] Dagegen durchaus bei der Beurteilung der Frage, welche tatsächlichen Umstände Geschäftsgrundlage der Unterhaltsvereinbarung gewesen sind und welche Veränderungen deshalb zu einer Anpassung des Vertrages führen können, BGH FamRZ 1979, 201; OLG Karlsruhe FamRZ 1997, 366.
[43] S. dazu *Wilhelm* FuR 2000, 353; OLG Brandenburg FamRZ 2003, 1965 m. Anm. *Bergschneider*. Nach BGH FamRZ 2009, 768 kann aus einer von den Eltern vereinbarten Begrenzung des Kindesunterhalts nicht o. w. auf ein (konkludentes) Freistellungsversprechen der betreuenden Mutter geschlossen werden.
[44] BGH FamRZ 1987, 934; *Johannsen/Henrich/Graba* § 1614 Rn. 4.

Elternteil verbunden ist,[45] allerdings dann, wenn dadurch eine Zustimmung des anderen Elternteils zur Sorgerechtsübertragung,[46] ein Verzicht[47] oder die Nichtausübung des Umgangsrechts[48] erreicht werden soll; denn hier wird das Kind als „Tauschobjekt" für die Freistellung benutzt.[49] Eine Nichtigkeit wegen Verstoßes gegen das Verzichtsverbot (§§ 134, 1614) scheidet dagegen aus,[50] weil die Freistellungsvereinbarung im Außenverhältnis zwischen Kind und freigestelltem Elternteil wirkungslos ist und der Elternteil ohne Einschränkung verurteilt werden kann.[51] Aus der Vereinbarung hat der in Anspruch genommene Elternteil allerdings einen Anspruch auf Erstattung und auf Freistellung.[52] Eine Anpassung von Freistellungsvereinbarungen ist nach den Grundsätzen zur Geschäftsgrundlage vorzunehmen.[53]

III. Vorausleistungen (Abs. 2)

1. Vorauszahlungsrisiko. Die Vorschrift bestimmt in Form der umständlichen, noch aus der früheren Fassung des § 1612 Abs. 2 stehengebliebenen Verweisung auf § 760 Abs. 2, dass der Pflichtige auf eigene Gefahr handelt, wenn er im Voraus Unterhalt für **mehr als drei Monate** zahlt. Denn dann muss er unter Umständen nachzahlen, sofern der Berechtigte erneut Geld für seinen Lebensunterhalt braucht, zum Beispiel wegen Verlustes, Verschwendung oder unrichtiger Einteilung. 14

In Abweichung von dem Grundsatz des monatlich geschuldeten Unterhalts (§ 1612 Abs. 3 S. 1) gewährt § 1612 Abs. 2 S. 1 den einem minderjährigen Kind gegenüber unterhaltspflichtigen Eltern die **Bestimmungsmöglichkeit**, auch eine längere Frist zu wählen; zum Bestimmungsrecht im Übrigen s. § 1612 Rn. 21–70. Hier tritt befreiende Wirkung nur ein, sofern der gewählte Zeitabschnitt angemessen war. 15

Die Vorschrift wird kaum praktisch. Für minderjährige Kinder ist eine Vorausleistung für mehr als einen Monat in der Regel nicht angemessen. Für volljährige Kinder mag das im Falle von Auslandsreisen im Grundsatz anders sein.[54] Andererseits ist auch ein Geldtransfer ins Ausland heutzutage kein besonderes Problem, und Bargeldlosigkeit dominiert zunehmend schon aus Sicherheitsgründen. 16

Da der nacheheliche Unterhalt der einschränkenden Vorschrift nicht unterliegt (s. Rn. 4), kann sich der Pflichtige hier durch Vorausleistungen beliebig lange im Voraus befreien, sofern die Zweckbestimmung für Unterhalt eindeutig ist. 17

Eine hinterlegte **Sicherheit** befreit den Pflichtigen nur, wenn das Kind den hinterlegten Betrag auch erhält.[55] 18

2. Beweislast. Sie liegt beim Pflichtigen für eine wirksame, auf Wunsch des Berechtigten geleistete Vorauszahlung auf Unterhalt,[56] während der Bedürftige einen Verstoß gegen das Vorauszahlungsverbot beweisen muss.[57] 19

§ 1615 Erlöschen des Unterhaltsanspruchs

(1) Der Unterhaltsanspruch erlischt mit dem Tode des Berechtigten oder des Verpflichteten, soweit er nicht auf Erfüllung oder Schadensersatz wegen Nichterfüllung für die Vergangenheit oder auf solche im Voraus zu bewirkende Leistungen gerichtet ist, die zur Zeit des Todes des Berechtigten oder des Verpflichteten fällig sind.

(2) Im Falle des Todes des Berechtigten hat der Verpflichtete die Kosten der Beerdigung zu tragen, soweit ihre Bezahlung nicht von dem Erben zu erlangen ist.

---

[45] BGH FamRZ 1989, 499; 1986, 444.
[46] OLG Hamburg FamRZ 1984, 1223.
[47] OLG Karlsruhe FamRZ 1983, 417.
[48] BGH NJW 1984, 1951.
[49] *Johannsen/Henrich/Graba § 1614* Rn. 4.
[50] OLG Hamm FamRZ 1999, 163; OLG Stuttgart FamRZ 1992, 716.
[51] BGH NJW 1986, 1168.
[52] *Palandt/Brudermüller* § 1606 Rn. 19; s. OLG Jena NJW-RR 2008, 1678 (Erfüllungsübernahme).
[53] OLG Köln NJW-RR 1995, 1474; OLG Braunschweig FamRZ 1982, 91.
[54] So *Köhler* in der 3. Aufl. Rn. 5.
[55] OLG Koblenz NJW-RR 1990, 264.
[56] OLG Frankfurt FamRZ 1986, 996.
[57] *Johannsen/Henrich/Graba* § 1614 Rn. 7.

§ 1615 1–7   Abschnitt 2. Titel 3. Unterhaltspflicht

I. Höchstpersönlicher Anspruch (Abs. 1)

1 **1. Anspruchsende.** Die Unterhaltsansprüche aus §§ 1601 ff. haben ihren Rechtsgrund im Verwandtschaftsverhältnis. Wegen der daraus folgenden höchstpersönlichen Natur erlischt der Unterhaltsanspruch grundsätzlich mit dem Tod der Partei.[1] Dies entspricht dem Grundsatz der Gegenwartsbezogenheit (s. § 1613 Rn. 1). Daraus folgt eine – aktive und passive – Unvererblichkeit des Unterhaltsanspruchs; zur Ausnahme beim nachehelichen Unterhalt s. Rn. 3. Dies gilt nach § 528 Abs. 1 S. 3 auch für die Abwendungsbefugnis des Beschenkten gegenüber dem verarmten Schenker.[2] Mit dem Tod des Pflichtigen entsteht ein neuer Unterhaltsanspruch gegen den nächstrangig (§ 1606) haftenden Verwandten.[3]

2 Die Regelung gilt für den Verwandtenunterhalt (§ 1360a Abs. 3) und für den Trennungsunterhalt (§ 1361 Abs. 4 S. 4), für den nachehelichen Unterhalt beim Tod des Berechtigten (§ 1586 Abs. 1),[4] auch für den Versorgungsausgleich (§ 1587e Abs. 2); zum nachehelichen Unterhalt bei Tod des Pflichtigen s. Rn. 3.

3 **2. Ausnahmen. a) Nachehelicher Unterhalt.** Hier geht die Unterhaltspflicht als Nachlaßverbindlichkeit auf die Erben des verstorbenen Pflichtigen über (§ 1586b Abs. 1 S. 1),[5] auch bei vertraglicher Regelung des Unterhalts.[6] Der Grund für diese unterschiedliche Regelung liegt darin, daß der geschiedene Ehegatte – anders als der verheiratete – am Nachlaß des verstorbenen Ehegatten nicht beteiligt wird, keinen Pflichtteilsanspruch erlangt und auch keine familienrechtlichen, anderweitigen Unterhaltsansprüche hat, während die erbrechtlichen Ansprüche des verheirateten Ehegatten – wirtschaftlich betrachtet – ein Äquivalent für den verlorenen Unterhalt darstellen.[7] Für den geschiedenen Ehegatten ist damit der Übergang der Unterhaltspflicht auf den Nachlaß des verstorbenen Pflichtigen ein Ausgleich für den Verlust erbrechtlicher Ansprüche,[8] was auch angesichts der im Unterhaltsrecht nach §§ 1569 ff. zum Ausdruck kommenden nachehelichen Solidarität gerechtfertigt ist.[9] Aus demselben Grund ist dies für den Anspruch der nichtehelichen Mutter gegen den Kindesvater auf Aufwendungsersatz aus Anlaß der Geburt ähnlich geregelt (§ 1615l Abs. 3 S. 5). Praktische Bedeutung erhält die Regelung nur, wenn der Pflichtige hinreichendes Vermögen hinterlassen hat.[10]

4 Verfahrensrechtlich führt der Tod einer Partei zur **Unterbrechung des Verfahrens** (§ 239 ZPO). Im Falle anwaltlicher Vertretung ist der Prozeß auf Antrag auszusetzen (§ 246 Abs. 1 ZPO).[11]

5 **b) Schadensersatz und Rückstände.** Ansprüche auf bereits fällige Leistungen (s. § 1612 Rn. 98–111) oder Unterhalt für die Vergangenheit (§ 1613) fallen, je nachdem, wer stirbt, in den Nachlaß des Berechtigten (§ 1922) oder des Pflichtigen (§ 1967).[12]

6 **3. Monatsprinzip.** Einheitlich für Trennungs- und Verwandtenunterhalt (§§ 1361 Abs. 4 S. 3, 1612 Abs. 3 S. 2) wie für nachehelichen Unterhalt (§ 1586 Abs. 2 S. 2) gilt der Grundsatz, daß der Anspruch nicht am Todestag endet, sondern erst mit dem Ende des Sterbemonats. Dies hat auch praktische Gründe,[13] weil gewisse Kosten zunächst noch weiterlaufen (s. § 1612 Rn. 108–111; vgl. auch § 1613 Rn. 55–57).

II. Beerdigungskosten (Abs. 2)

7 **1. Haftung. a) Verwandte.** Für die Kosten der Beerdigung des Berechtigten haftet vorrangig der Erbe des Pflichtigen (§ 1968); sofern die Kosten von ihm nicht zu erhalten sind oder kein Vermögen vorhanden ist,[14] besteht eine Haftung des Pflichtigen.[15] Eine entsprechende Regelung gilt für die nichteheliche Mutter (§ 1615m).

---

[1] *Johannsen/Henrich/Graba* Rn. 1.
[2] OLG Düsseldorf FamRZ 1984, 887.
[3] *Johannsen/Henrich/Graba* § 1615 Rn. 3.
[4] *Schwab/Borth* IV Rn. 1229.
[5] *Wendl/Bömelburg* § 4 Rn. 125.
[6] *Heiß/Heiß* in *Heiß/Born* Kap. 4 Rn. 38.
[7] *Palandt/Brudermüller* § 1586b Rn. 1.
[8] BT-Drucks. 7/650 S. 151.
[9] *Schwab/Borth* IV Rn. 1240; zur Kritik *Roessink* FamRZ 1990, 924.
[10] *Schwab/Borth* IV Rn. 1240.
[11] *Born* in *Heiß/Born* Kap. 22 Rn. 399 ff.
[12] *Palandt/Brudermüller* Rn. 1.
[13] *Schwab/Borth* IV Rn. 1229.
[14] LG Dortmund NJW-RR 1996, 775.
[15] *Palandt/Brudermüller* Rn. 2.

Anspruchsberechtigt ist derjenige, der die Kosten tatsächlich getragen hat. War dies zunächst der **8** Pflichtige, kann er vom Erben (§§ 1968, 677 f., 812 ff.) oder vom deliktisch Ersatzpflichtigen (§ 844 Abs. 1) Erstattung verlangen.[16] In Betracht kommt auch ein Anspruch der Eltern untereinander aus § 683.[17] Der Ausfall des Erben muß nicht durch eine Vorausklage bewiesen werden; es reicht vielmehr der Nachweis, daß der Erbe nichts hat und auch der Nachlaß nicht ausreicht, jedenfalls eine Zwangsvollstreckung keinen Erfolg verspricht.[18]

b) Geschiedene. Anders als nach altem Eherecht[19] besteht für den geschiedenen Ehegatten – **9** auch subsidiär – keine Haftung für die Beerdigungskosten; vielmehr haften ausschließlich die Erben (§ 1968).[20] Nach der amtlichen Begründung[21] gehören die Aufwendungen für eine Sterbeversicherung zum Lebensbedarf, während die Kosten der Beerdigung selbst dazu nicht gezählt werden können (s. § 1612 Rn. 111).

2. Umfang. Art, Umfang und damit auch Kosten richten sich nach den Verhältnissen des **10** Verstorbenen (§ 1610).[22] Dies gilt für die Auswahl von Sarg und Grabstein ebenso wie für die Grabschrift.[23] Kosten der Grabpflege sind in keinem Fall vom Pflichtigen zu tragen,[24] ebensowenig Beiträge für eine Sterbeversicherung, weil diese – auch nicht in entsprechender Anwendung von § 1578 Abs. 3 zum Vorsorgeunterhalt – nicht zum Lebensbedarf zählen.[25]

Da eine § 69 Abs. 2 EheG aF entsprechende Regelung, wonach der Pflichtige auch die (grund- **11** sätzlich vom Erben nach § 1968 zu tragenden) Beerdigungskosten zu übernehmen hatte, bewußt nicht in § 586 aufgenommen worden ist,[26] scheidet eine entsprechende Anwendung von § 1615 Abs. 2 auf den geschiedenen Ehegatten aus.[27] Als sonstige Familienstreitsache fällt das Verfahren in die **Zuständigkeit** des FamFG (§ 266 Abs. 1 Nr. 4 FamFG).

III. Beweislast

Für Abs. 1 hat der Anspruchsteller zu beweisen, daß es sich um im Todeszeitpunkt fälligen Unter- **12** halt handelt. Für Abs. 2 muss er beweisen, dass eine Bezahlung vom Erben nicht zu erlangen ist.[28]

Untertitel 2. Besondere Vorschriften für das Kind und seine nicht miteinander verheirateten Eltern

§ 1615a Anwendbare Vorschriften

Besteht für ein Kind keine Vaterschaft nach § 1592 Nr. 1, § 1593 und haben die Eltern das Kind auch nicht während ihrer Ehe gezeugt oder nach seiner Geburt die Ehe miteinander geschlossen, gelten die allgemeinen Vorschriften, soweit sich nicht anderes aus den folgenden Vorschriften ergibt.

Da die früheren besonderen Vorschriften für das nichteheliche Kind und seine Mutter **1** (§§ 1615b bis k)[1] seit dem 1. 7. 1998 aufgehoben sind,[2] verwies die – übrig gebliebene –

---

[16] *Johannsen/Henrich/Graba* § 1615 Rn. 4.
[17] AG Neustadt FamRZ 1995, 731; *Palandt/Brudermüller* Rn. 2.
[18] *Baumgärtel/Laumen* Rn. 2.
[19] § 69 Abs. 2 EheG; s. *Schwab/Borth* IV Rn. 1230.
[20] *Schwab/Borth* IV Rn. 1230.
[21] BT-Drucks. 7/650 S. 150.
[22] *Johannsen/Henrich/Graba* § 1615 Rn. 4.
[23] RGZ 139, 393, 395.
[24] *Johannsen/Henrich/Graba* § 1615 Rn. 4.
[25] *Soergel/Häberle* Rn. 8; *RGRK/Cuny* Rn. 13; § 1586 Rn. 8; anders BT-Drucks. 7/650 S. 150.
[26] BT-Drucks. 7/650 S. 150.
[27] *Staudinger/Engler* (2000) Rn. 3; *Soergel/Häberle* Rn. 8; *RGRK/Cuny* Rn. 13; **aA** *Palandt/Brudermüller* Rn. 1 (entspr. Anwendbarkeit mit Einschränkungen).
[28] *Johannsen/Henrich/Graba* § 1615 Rn. 5.
[1] S. dazu *Köhler* in der 3. Aufl.
[2] Durch Art. 1 Nr. 16 KindUG, einschließlich der Regelunterhaltsverordnungen vom 27. 6. 1970 mit den dazu ergangenen Anpassungsverordnungen und der Verordnung zur Festsetzung des Regelbedarfs in dem in Art. 3 des Einigungsvertrages genannten Gebiet vom 25. 9. 1995, BGBl. I S. 1190 durch Art. 6 KindUG.

§ 1615l

Vorschrift für den Unterhalt des Kindes praktisch nur noch auf § 1615o Abs. 1. Auch diese Vorschrift wurde inzwischen aufgehoben, ihr Inhalt wurde in § 247 FamFG geregelt.

§§ 1615b bis 1615k *(weggefallen)*

§ 1615l Unterhaltsanspruch von Mutter und Vater aus Anlass der Geburt

(1) ¹Der Vater hat der Mutter für die Dauer von sechs Wochen vor und acht Wochen nach der Geburt des Kindes Unterhalt zu gewähren. ²Dies gilt auch hinsichtlich der Kosten, die infolge der Schwangerschaft oder der Entbindung außerhalb dieses Zeitraums entstehen.

(2) ¹Soweit die Mutter einer Erwerbstätigkeit nicht nachgeht, weil sie infolge der Schwangerschaft oder einer durch die Schwangerschaft oder die Entbindung verursachten Krankheit dazu außerstande ist, ist der Vater verpflichtet, ihr über die in Absatz 1 Satz 1 bezeichnete Zeit hinaus Unterhalt zu gewähren. ²Das Gleiche gilt, soweit von der Mutter wegen der Pflege oder Erziehung des Kindes eine Erwerbstätigkeit nicht erwartet werden kann. ³Die Unterhaltspflicht beginnt frühestens vier Monate vor der Geburt und besteht für mindestens drei Jahre nach der Geburt. ⁴Sie verlängert sich, solange und soweit dies der Billigkeit entspricht. ⁵Dabei sind insbesondere die Belange des Kindes und die bestehenden Möglichkeiten der Kinderbetreuung zu berücksichtigen.

(3) ¹Die Vorschriften über die Unterhaltspflicht zwischen Verwandten sind entsprechend anzuwenden. ²Die Verpflichtung des Vaters geht der Verpflichtung der Verwandten der Mutter vor. ³§ 1613 Abs. 2 gilt entsprechend. ⁴Der Anspruch erlischt nicht mit dem Tode des Vaters.

(4) ¹Wenn der Vater das Kind betreut, steht ihm der Anspruch nach Absatz 2 Satz 2 gegen die Mutter zu. ²In diesem Falle gilt Absatz 3 entsprechend.

Schrifttum: *Born,* Betreuungsunterhalt nach neuem Recht – die ersten Erfahrungen, FF 2009, 92; *ders.,* Betreuungsunterhalt nach neuem Recht – eine Zwischenbilanz nach 2 Jahren, FF 2010, 179; 2010, 231; *Büdenbender,* Der Unterhaltsanspruch des Vaters des nichtehelichen Kindes gegen die Kindesmutter, FamRZ 1998, 129; *Büttner,* Unterhalt für die nichteheliche Mutter, FamRZ 2000, 781; *Budzikiewicz,* Einheitlicher Betreuungsunterhalt bei ehelicher und außerehelicher Kindschaft, NJW 2007, 3536; *Dieckmann,* Kein nachehelicher Unterhaltsanspruch gegen den Erben nach Erb- oder Pflichtteilsverzicht – eine Erwiderung, FamRZ 1999, 1029; *Ehinger,* Unterhaltsansprüche in der nichtehelichen Lebensgemeinschaft, FPR 2001, 25; *Ehinger/Rasch,* Nachehelicher Unterhalt und Betreuungsunterhalt der nichtehelichen Mutter nach dem Regierungsentwurf zum UnterhRÄndG FamRB 2007, 46; *Finger,* Internationale Kindesentführung, FuR 2005, 493; *Götz,* Unterhalt für volljährige Kinder 2007; *Graba,* Bedarf und Dauer des Betreuungsunterhalts nach § 1615l BGB, NJW 2008, 3105; *Huber,* Unterhaltsverpflichtung des nicht ehelichen Vaters gegenüber Kind und Mutter, FPR 2005, 1989; *Luthin,* Neueres zum Betreuungsunterhalt der unverheirateten Mutter, FamRB 2005, 116; *Mehrle,* Zum Bedarf des Unterhaltsberechtigten nach §§ 1610, 1615 l BGB, FamRZ 2010, 510; *Meier,* Betreuungsunterhalt gem. § 1570 und § 1615l BGB nach der Unterhaltsrechtsreform, FamRZ 2008, 101; *Menne,* Der Betreuungsunterhalt nach § 1615l BGB im Regierungsentwurf zum UnterhRÄndG, FamRZ 2007, 173; *Peschel-Gutzeit,* Der neue Betreuungsunterhalt – Ende des Altersphasenmodells, FPR 2008, 24; *Peschel-Gutzeit/Jenkel,* Gleichstellung von ehelichen und nichtehelichen Kindern – Altfälle, FuR 1996, 129; *Puls,* Der Betreuungsunterhalt der Mutter eines nichtehelichen Kindes, FamRZ 1998, 865; *Roth,* Die aktuelle Bedeutung des Art. 6 V GG für das Recht des nichtehelichen Kindes, FamRZ 1991, 139; *Schilling,* § 1615l nach der Reform, FPR 2008, 27; *ders.,* § 1615l im Spiegel der höchstrichterlichen Rechtsprechung, FamRZ 2006, 1; *Scholz-Uhle,* „Eingetragene Lebenspartnerschaft" und Grundgesetz, NJW 2001, 393; *Schumann,* Zur Gleichbehandlung ehelicher und nichtehelicher Eltern-Kind-Verhältnisse, FF 2007, 227; *Schürmann,* Art. 6 Abs. 5 GG – wohin führt die Gleichstellung ehelicher und nichtehelicher Kinder?, FF 2007, 235; *Schwab,* Eingetragene Lebenspartnerschaft – ein Überblick, FamRZ 2001, 385; *Sell* Kinderbetreuungseinrichtungen in der Republik, FPR 2009, 101; *Wellenhofer,* Die Unterhaltsrechtsreform nach dem Urteil des BVerfG zum Betreuungsunterhalt, FamRZ 2007, 1282; *Wever,* Unterhalt bei Betreuung nichtehelicher Kinder – der neu gestaltete § 1615l BGB, FamRZ 2008, 553; *ders.,* Betreuungsunterhalt nach § 1615l BGB, FF 2000, 20; *ders.,* Zur unterschiedlichen Ausgestaltung des Betreuungsunterhalts nach § 1615l und § 1570 BGB, FF 2005, 174; *Wohlgemuth,* Der Unterhaltstatbestand des § 1615l BGB – wohin führt die Entwicklung?, FuR 2007, 195; *Zimmermann,* Die Verlängerung des Anspruchs nach § 1615l Abs. 1 BGB, FPR 2009, 97.

Übersicht

	Rn.		Rn.
I. Zweck und systematische Stellung	1–6	2. Pflege und Erziehung des Kindes (Abs. 2 S. 2)	30–32
1. Zweck	1	a) Zweck	30
2. Systematische Stellung	2–6	b) Inhalt	31
a) Entwicklung	2	c) Beweislast	32
b) Regelungsbereich	3–4	3. Dauer (Abs. 2 S. 3)	33–36
c) Inhalt	5	a) Regelfall 3 Jahre (Abs. 2 S. 3)	33
d) Verfassungsrecht	6	b) Verlängerung nach Billigkeit (Abs. 2 S. 4, 5)	34–36
II. Reform durch das UnterhRÄndG	7–14	**V. Allgemeines Unterhaltsrecht (Abs. 3)**	37–64
1. Grundgedanken der Neuregelung	7	1. Regeln des Verwandtenunterhalts (Abs. 3 S. 1)	37–50
2. Änderungen	8–14	a) Bedarf	38–42
a) Erleichterte Verlängerung	8–13	b) Bedürftigkeit	43–46
b) Rang des Unterhaltsanspruchs	14	c) Leistungsfähigkeit	47–50
III. Unterhalt und Kosten aus Anlass der Geburt (Abs. 1)	15–25	2. Konkurrenzen und Rangverhältnisse	51–59
1. Unterhalt (Abs. 1 S. 1)	15–18	a) Mehrere Verpflichtete	52–57
a) Dauer	15	b) Mehrere Berechtigte	58
b) Allgemeine Voraussetzungen	16–18	c) Verfahrenskostenvorschuss	59
2. Kosten (Abs. 1 S. 2)	19–25	3. Unterhalt für die Vergangenheit	60, 61
a) Dauer	19	4. Tod des Vaters (Abs. 3 S. 3)	62
b) Umfang	20–23	5. Verjährung	63
c) Allgemeine Voraussetzungen	24, 25	6. Verwirkung	64
IV. Erweiterter Unterhalt (Abs. 2)	26–36	**VI. Unterhaltsanspruch des Vaters gegen die Mutter (Abs. 4)**	65–68
1. Schwangerschaft oder Krankheit (Abs. 2 S. 1)	28, 29		

I. Zweck und systematische Stellung

1. Zweck. Er geht in zwei Richtungen: Zum einen soll die Mutter einen Ausgleich erhalten für die besonderen physischen und psychischen Belastungen durch die nichteheliche Schwangerschaft, insbesondere in der kritischen Phase vor und nach der Entbindung;[1] zum anderen soll die Regelung indirekt zur Förderung einer gedeihlichen Entwicklung des Kindes beitragen,[2] indem dessen persönliche Betreuung durch die Mutter gesichert wird.[3]   **1**

2. Systematische Stellung. a) Entwicklung. Wegen der steigenden Zahl nichtehelicher Partnerschaften werden auch mehr Kinder nichtehelich geboren[4] mit der Folge zunehmender Bedeutung einer Unterhaltsregelung. Nach anfänglicher Beschränkung auf ein Jahr ab Entbindung wurde der Anspruchszeitraum auf Grund mehrfacher Gesetzesänderung[5] auf drei Jahre ab Entbindung verlängert mit weiterer Verlängerungsmöglichkeit bei grober Unbilligkeit einer Anspruchsversagung (Abs. 2 S. 3 aF).[6] Schon seit längerem[7] besteht die zugunsten des nichtehelichen Vaters durch Abs. 5 geschaffene Möglichkeit, bei Betreuung des Kindes seinerseits einen Anspruch auf Betreuungsunterhalt (Abs. 2 S. 2) gegen die Mutter geltend zu machen.   **2**

b) Regelungsbereich. aa) Kind. Voraussetzung des Anspruchs ist (entsprechend der Überschrift vor § 1615a), dass die Eltern des Kindes nicht miteinander verheiratet sind. Das Kind muss also **nichtehelich** sein, wobei die Nichtehelichkeit nicht rechtskräftig festgestellt oder anerkannt sein muss;[8] es ist ausreichend, wenn der in Betracht kommende Mann die Vaterschaft nicht bestrei-   **3**

---

[1] BGH FamRZ 1998, 541, 542.
[2] *Brüggemann* FamRZ 1971, 140.
[3] *Wendl/Bömelburg* § 7 Rn. 10.
[4] Zu statistischen Daten s. FPR 2001, 68.
[5] Zunächst durch das Schwangeren- und Familienhilfeänderungsgesetz vom 21. 8. 1995 (BGBl. I S. 1050), sodann durch das KindRG vom 16. 12. 1997 (BGBl. I S. 2942); zu Einzelheiten s. *Schwab/Borth* IV Rn. 1412; *Wendl/Scholz* § 6 Rn. 2. Zur Änderung durch das UnterhRÄndG s. Rn. 7–14.
[6] Kritisch zur Begrenzung auf drei Jahre *Peschel-Gutzeit/Jenkel* FuR 1996, 129, 136; zur Gesetzesentwicklung s. *Büdenbender* FamRZ 1998, 129; krit. gegenüber weiterer Ausdehnung der Ansprüche *Dieckmann* FamRZ 1999, 1029, 1034. Zur Vorrangigkeit des Anspruchs auf Familienunterhalt AG Vechta FamRZ 2007, 1840.
[7] Aufgrund des KindRG vom 16. 12. 1997 (BGBl. I S. 2942).
[8] OLG Zweibrücken FamRZ 1998, 554.

§ 1615l 3a–7

tet.⁹ Auch ein *nacheheliches* gemeinsames Kind von früher miteinander verheirateten Eltern löst nur einen Anspruch nach § 1615l aus.¹⁰

3a **bb) Umfang.** Zu unterscheiden sind drei Alternativen:
– der sogenannte „kleine Anspruch"¹¹ umfasst *Unterhalt* im Zeitraum 6 Wochen vor bis 8 Wochen nach der Geburt (Abs. 1 S. 1);
– zusätzlich zu ersetzen sind *Kosten*, die infolge Schwangerschaft oder Entbindung außerhalb des genannten Zeitraums entstehen (Abs. 1 S. 2);
– der „erweiterte"¹² Unterhaltsanspruch (Abs. 2) unterscheidet hinsichtlich der Gründe für eine Bedürftigkeit nach solchen aufseiten der Mutter (Schwangerschaft oder Krankheit, Abs. 2 S. 1) und aufseiten des Kindes (Kindesbetreuung, Abs. 2 S. 2).

4 Die sich nach Abs. 1 ergebenden Ansprüche gelten naturgemäß nur für die Mutter, während der aus Betreuung hergeleitete Anspruch (Abs. 2 S. 2) auch beim Vater entstehen kann (Abs. 5 S. 1).

5 **c) Inhalt.** Es handelt sich – anders als bei den Beerdigungskosten (§ 1615m) – um echte Unterhaltsansprüche, so dass die Vorschriften zum Verwandtenunterhalt entsprechend anzuwenden sind (Abs. 3 S. 1) mit der Folge, dass als allgemeine Tatbestandsvoraussetzungen Bedürftigkeit des Berechtigten und Leistungsfähigkeit des Pflichtigen vorliegen müssen.¹³ Die Mutter kann nach § 1614 auf ihren Anspruch aus § 1615l für die Zukunft nicht wirksam verzichten;¹⁴ eine Verwirkung richtet sich allein nach § 1611.¹⁵

6 **d) Verfassungsrecht.** Trotz der erweiterten (s. Rn. 2) zeitlichen Ausdehnung des Anspruchs wurden zu Recht **Bedenken** gegen die Verfassungsgemäßheit erhoben im Hinblick darauf, dass von der nichtehelichen Mutter grundsätzlich¹⁶ verlangt wurde, die persönliche Betreuung des *nichtehelichen* Kindes nach drei Jahren aufzugeben, während bei *ehelichen* Kindern diese Betreuungsbefugnis regelmäßig zumindest bis zum vollendeten 8. Lebensjahr des Kindes gegeben war.¹⁷ Konsequenz war eine frühzeitige Entlassung des nichtehelichen Vaters aus der Unterhaltspflicht zum Nachteil der Allgemeinheit und des Kindes, dem bei öffentlicher Unterstützung regelmäßig geringere Mittel zufließen als bei einer weiterbestehenden Unterhaltspflicht des Vaters.¹⁸ Diesen Bedenken wurde – ausgelöst durch eine Entscheidung des BVerfG – jetzt Rechnung getragen, s. Rn. 7.

II. Reform durch das UnterhRÄndG.

7 **1. Grundgedanken der Neuregelung.** Die ursprüngliche Fassung der Neuregelung von Abs. 2 S. 3 bezweckte die weitere *Annäherung* der Betreuungsunterhaltsansprüche geschiedener bzw. getrennt lebender Eltern einerseits und nicht verheirateter Eltern andererseits im Hinblick auf den Unterhaltszeitraum. Die nochmalige Änderung trägt – wie in § 1570 Abs. 1 – der Entscheidung des BVerfG¹⁹ Rechnung in der Weise, dass nunmehr eine *Gleichstellung* vorliegt. Die Dauer des Anspruchs wegen der Betreuung des Kindes richtet sich somit beim nichtehelichen Kind künftig nach denselben Grundsätzen wie beim ehelichen Kind und ist gleich lang ausgestaltet.²⁰ Bei der Aufhebung von Abs. 3 S. 3 handelt es sich um eine durch die Neuregelung der unterhaltsrechtlichen Rangordnung (§ 1609) bedingte Folgeänderung.²¹

---

⁹ OLG Düsseldorf FamRZ 1995, 690; *Palandt/Brudermüller* Rn. 2; *Heiß/Heiß* in *Heiß/Born* Kap. 14 Rn. 5; **aA** OLG Hamm FamRZ 1989, 619.
¹⁰ BGH FamRZ 1989, 426 unter Ablehnung von Ansprüchen aus §§ 1570, 1576; *Palandt/Brudermüller* Rn. 2; *Büttner/Niepmann/Schwamb* Rn. 214; s. auch § 1593 S. 1. Die Vorschrift gilt auch für vor Inkrafttreten der Bestimmung geborene Kinder, AG Euskirchen FamRZ 2002, 191.
¹¹ *Heiß/Heiß* in *Heiß/Born* Kap. 14 Rn. 2.
¹² Auch als „außerordentlicher" Unterhaltsanspruch bezeichnet, s. *Heiß/Heiß* in *Heiß/Born* Kap. 14 Rn. 4.
¹³ AG Mannheim FamRZ 1998, 117; *Palandt/Brudermüller* Rn. 20; *Heiß/Heiß* in *Heiß/Born* Kap. 14 Rn. 7; *Schwab/Borth* IV Rn. 1414.
¹⁴ *Heiß/Heiß* in *Heiß/Born* Kap. 14 Rn. 7.
¹⁵ *Heiß/Heiß* in *Heiß/Born* Kap. 14 Rn. 8.
¹⁶ Vorbehaltlich der Verlängerungsmöglichkeit bei Unbilligkeit im Sinne von Abs. 2 S. 3.
¹⁷ *Büttner* FamRZ 2000, 781 ff.; *Müller* DAVorm. 2000, 829, 836; *Wellenhofer-Klein* FuR 1999, 448 ff.; *Peschel-Gutzeit/Jenkel* 1996, 136 ff.; *Frenz* NJW 1992, 1597; *Roth* FamRZ 1991, 139; *Puls* FamRZ 1998, 865, 867.
¹⁸ *Heiß/Heiß* in *Heiß/Born* Kap. 14 Rn. 9; differenzierend *Schwab/Borth* IV Rn. 1371.
¹⁹ NJW 2007, 1735 m. Anm. *Caspary* = FamRZ 2007, 965 m. Anm. *Born* 973 und *Maier* 1076.
²⁰ BT-Drucks. 16/6980 S. 8. S. *Wever* FamRZ 2008, 553, 558; *Meier* FamRZ 2008, 101; *Born* NJW 2008, 1, 3; *Bosch* FF 2007, 293, 301.
²¹ BT-Drucks. 16/1830 S. 30.

2. Änderungen. a) Erleichterte Verlängerung. Der Gesetzgeber hat daran festgehalten, **8** dass der Betreuungsunterhaltsanspruch des nicht verheirateten[22] Elternteils grundsätzlich drei Jahre nach der Geburt des Kindes endet. Die Möglichkeit, ausnahmsweise auch danach Unterhalt zu verlangen, ist durch die gesetzliche Neuregelung erleichtert worden.

aa) Festhalten am Dreijahres-Zeitraum. Keinem Elternteil wird in dieser Zeit eine **9** Erwerbstätigkeit zugemutet (Abs. 2 S. 3). An der Befristung hat der Gesetzgeber festgehalten, weil an den Dreijahres-Zeitraum zahlreiche sozialstaatliche Leistungen und Regelungen anknüpfen mit der Folge, dass – bei gebotener typisierender Betrachtung – eine Fremdbetreuung des Kindes nach Ablauf dieses Zeitraums regelmäßig möglich ist und vielfach auch tatsächlich stattfindet, ohne dass sich dies zum Nachteil des Kindes auswirken würde. So hat das Kind ab dem vollendeten dritten Lebensjahr einen Anspruch auf einen Kindergartenplatz (§ 24 SGB VIII), und für einen Hilfebedürftigen ist eine Erwerbstätigkeit zumutbar, soweit die Betreuung eines drei Jahre alten Kindes in einer Tageseinrichtung sichergestellt ist (§ 10 Abs. 1 Nr. 3 SGB II).[23]

Den ursprünglichen Überlegungen des Gesetzgebers, den nachehelichen Unterhaltsanspruch **10** durch die grundsätzlich längere Dauer der Unterhaltspflicht stärker auszugestalten und dies mit dem zusätzlichen Schutzzweck der nachehelichen Solidarität und der (tatsächlich und rechtlich) unterschiedlichen Situation verheirateter und nicht verheirateter Eltern zu begründen,[24] hat das BVerfG eine deutliche Absage erteilt, indem darauf abgestellt wird, dass durch die ungleiche Dauer des *elterlichen* Unterhaltsanspruchs das nichteheliche *Kind* zurückgesetzt werde.[25] Als Argument für eine unterschiedliche Behandlung hat das BVerfG weder die große Bandbreite unterschiedlicher Lebensgestaltungen noch den Aspekt der nachwirkenden ehelichen Solidarität akzeptiert; nach seiner Ansicht spielt die Art der *elterlichen* Beziehung für einen allein wegen Betreuung eines *Kindes* gewährten Unterhaltsanspruchs keine Rolle. Soweit der BGH[26] die nacheheliche Solidarität als Grund für die längere Anspruchsdauer von § 1570 erwähnt habe, sei er die Antwort darauf schuldig geblieben, weshalb die Unterhaltsdauer auch nach seiner eigenen Rechtsprechung allein am Kindesalter ausgerichtet werde.[27]

bb) Absenkung des Maßstabs. Nach bisherigem Recht kam eine Verlängerung des **11** Anspruchs auf Betreuungsunterhalt über drei Jahre hinaus nur bei „grober" Unbilligkeit in Betracht (s. Rn. 26 in der 4. Auflage); nunmehr ist die Schwelle, ab der die Zeitgrenze durchbrochen werden kann, abgesenkt worden dadurch, dass **bloße Unbilligkeit ausreicht**. Damit ist nicht mehr erforderlich, dass die Versagung des Anspruchs dem Gerechtigkeitsempfinden in unerträglicher Weise widersprechen müsste[28] (s. Rn. 26 in der Vorauflage). Wann die Versagung eines weiteren Betreuungsunterhalts unbillig ist, kann vom Gericht nur auf Grund einer umfassenden Abwägung unter Berücksichtigung aller Umstände des konkreten Einzelfalls bestimmt werden. In erster Linie sind dabei *kindbezogene* Belange von Bedeutung; durch das vom Gesetz verwendete Wort „insbesondere" ist es aber möglich, auch *elternbezogene* Belange zu berücksichtigen, des Weiteren sonstige Umstände, die geeignet sind, eine Durchbrechung der Dreijahresgrenze zu rechtfertigen.[29] Gewichtige elternbezogene Gründe für einen längeren Unterhaltsanspruch liegen zB dann vor, wenn die Eltern in einer dauerhaften Lebensgemeinschaft mit einem gemeinsamen Kinderwunsch gelebt und sich hierauf eingestellt haben.[30] Damit kann die Verlängerungsmöglichkeit in Betracht kommen, wenn ein Elternteil zum Zwecke der Kindesbetreuung im Einvernehmen mit dem anderen Elternteil seine Erwerbstätigkeit aufgegeben hat oder wenn ein Elternteil mehrere gemeinsame Kinder betreut; auch die Dauer der Lebensgemeinschaft kann ein Gradmesser für gegenseitiges Vertrauen und ein Einstehen wollen füreinander sein. Damit haben die Gerichte genügend Spielraum für eine dem Einzelfall gerecht werdende Lösung, auch im Hinblick auf eine mögliche Begrenzung des Unterhaltsanspruchs der Höhe nach oder in zeitlicher Hinsicht, wenn Unterhalt über die Dreijahres-Grenze hinaus zu leisten ist.[31]

---

[22] Anderenfalls gelten §§ 1360, 1361 (Trennungszeit) bzw. § 1570 (nach der Scheidung).
[23] Eingehend zu Kinderbetreuungseinrichtung *Sell* FPR 2009, 101.
[24] BT-Drucks. 16/1830 S. 31 unter Hinweis auf BGH FamRZ 2005, 347, 349.
[25] Kritisch zu diesem – vom BVerfG (Fn. 19) als entscheidend angesehenen – Anknüpfungspunkt *Graba* FF 2007, 246, 250. S. auch *Schumann* FF 2007, 227; *Schürmann* FF 2007, 235.
[26] NJW 2006, 2687 = FamRZ 2006, 1362 m. Anm. *Schilling*.
[27] Zu Zweifeln an der Berechtigung dieser Kritik s. *Born* FamRZ 2007, 973.
[28] BT-Drucks. 16/1830 S. 31.
[29] BT-Drucks. 16/1830 S. 31.
[30] BT-Drucks. 16/6980 S. 9 unter Hinweis auf BGHZ 168, 245 = FamRZ 2006, 1362.
[31] OLG Düsseldorf FamRZ 2005, 1772, 1775.

12 Eine weitere Annäherung findet im Übrigen aber auch durch die **Verschärfung der Anforderungen** an die Erwerbsobliegenheit für den **geschiedenen Ehegatten** als Folge des UnterhRÄndG und der dadurch eingetretenen Änderung verschiedener Vorschriften statt.[32] Zu erwähnen sind hier die stärkere Betonung der nachehelichen Eigenverantwortung (§ 1569), die geänderte Rechtsprechung zu § 1570 und die dort formulierten Grenzen, ab welchem Kindesalter dem betreuenden Elternteil eine (Teil-) Erwerbstätigkeit zugemutet werden kann;[33] schließlich die erhöhten Anforderungen an die Erwerbsobliegenheit des geschiedenen Ehegatten (§ 1574).

13 cc) **Beweislast.** Sie liegt beim Antragsteller dafür, dass die Versagung des verlängerten Unterhalts unbillig ist.[34]

14 b) **Rang des Unterhaltsanspruchs.** Diese Regelung, in der bisher der Rang des Betreuungsunterhaltsanspruchs festgelegt wurde, ist durch die Neufassung von § 1609 entbehrlich geworden. Diese Vorschrift ist über die Verweisung in Abs. 3 S. 1 anwendbar. Danach steht der Anspruch eines nichtehelichen Elternteils auf Betreuungsunterhalt im **zweiten Rang**. Wegen des Sachzusammenhangs gilt das für sämtliche in § 1615l geregelten Ansprüche.[35]

III. Unterhalt und Kosten aus Anlass der Geburt (Abs. 1)

15 1. **Unterhalt (Abs. 1 S. 1). a) Dauer.** Im Rahmen dieses „kleinen" Anspruchs ist vom Vater Unterhalt für insgesamt 14 Wochen zu gewähren, aufgeteilt in 6 Wochen vor und 8 Wochen nach der Geburt.

16 b) **Allgemeine Voraussetzungen.** Das Kind muss nichtehelich sein (s. Rn. 3). Die Höhe richtet sich auf Grund der entsprechenden Anwendung des Verwandtenunterhalts (Abs. 2 S. 1) nach der Lebensstellung des Betreuenden (s. Rn. 30, 31).

17 Im Rahmen der **Bedürftigkeit** (s. Rn. 43–46) sieht der „kleine" Unterhaltsanspruch – anders als der „erweiterte" Anspruch (Abs. 2 S. 1) – *keine Kausalität* zwischen Schwangerschaft/Entbindung einerseits und Bedürftigkeit andererseits vor.[36] Der Anspruch besteht also auch dann, wenn die Mutter schon vorher aus anderen Gründen (Krankheit, fehlende Beschäftigungsmöglichkeit auf dem Arbeitsmarkt, Betreuung eines anderen Kindes) nicht erwerbstätig sein konnte.[37] Grund dieser Privilegierung ist die Zielsetzung (s. Rn. 1), die nichteheliche Mutter in der kritischen Phase vor und nach der Geburt auch im Interesse des Kindes von jeder Tätigkeit freizustellen und abzusichern.[38] Hat sich eine früher verheiratete nichteheliche Mutter nach Scheidung nicht um den Fortbestand ihres Versicherungsschutzes gekümmert, wurde ihr nach altem Recht der Einwand unzulässiger Rechtsausübung entgegengehalten;[39] wegen der Geltung des Verwandtenunterhalts über Abs. 3 ist jetzt § 1611 einschlägig, dessen Voraussetzungen in einem solchen Fall nicht vorliegen dürften.[40]

18 Aufgrund der in Abs. 3 angeordneten Geltung der allgemeinen Vorschriften des Verwandtenunterhalts bleibt Anspruchsvoraussetzung gleichwohl eine tatsächliche Bedürftigkeit; ein Anspruch scheidet deshalb immer dann aus, wenn die Bedürftigkeit durch tatsächliches oder anrechenbares Einkommen aufgehoben ist, zB bei Lohnfortzahlung oder Krankenkassenleistungen (s. Rn. 43); deshalb hat der Anspruch in der Praxis kaum Bedeutung.[41] Zu den bei Betreuung weiterer Kinder entstehenden, teilweise schwierigen Kausalitäts- und Rangfragen s. Rn. 51–59.

---

[32] S. *Born* NJW 2008, 1; *Bosch* FF 2007, 293.
[33] BT-Drucks. 16/1830 S. 32. Damit wird der Kritik am herkömmlichen „Altersphasenmodell" (vgl. OLG Karlsruhe NJW 2004, 523, 524; *Ebert* JR 2003, 182, 187; *Wever* FF 2005, 174, 177 f.; *Peschel-Gutzeit* FF 2005, 296, 301; *Schilling* [Anm.] FamRZ 2006, 1368, 1369; *Hohmann-Dennhardt* FF 2007, 174) Rechnung getragen; das Modell kann als abgeschafft betrachtet werden (BGH NJW 2009, 1956; 2009, 1876; *Born* FF 2011, 431; FF 2010, 179, 188; *ders.* NJW 2008, 1, 8; *Borth* FamRZ 2008, 2, 9); es ist verstärkt auf den Einzelfall abzustellen (*Gerhardt* FuR 2008, 9, 10). Mit *Meier* FamRZ 2008, 101, 102 ist dabei auch auf die Lebenswirklichkeit alleinerziehender Eltern und die daraus resultierenden Rahmenbedingungen für die Vereinbarkeit von Erwerbstätigkeit und Betreuung zu achten.
[34] *Wever* FamRZ 2008, 553, 556; *Vielhues* ZFE 2008, 44, 47; *Peschel-Gutzeit* FPR 2008, 24, 27; *Palandt/Brudermüller* Rn. 28 aE.
[35] BT-Drucks. 16/1830 S. 32.
[36] *Schwab/Borth* IV Rn. 1415 am Anf.; *Heiß/Heiß* in *Heiß/Born* Kap. 14 Rn. 15.
[37] BGH FamRZ 1998, 541; OLG Hamm FamRZ 1991, 979.
[38] BGH FamRZ 1998, 541, 542.
[39] LG Landshut MDR 1991, 1175.
[40] *Wendl/Bömelburg* § 7 Rn. 90.
[41] *Büttner/Niepmann/Schwamb* Rn. 213.

2. Kosten (Abs. 1 S. 2). a) Dauer.
Vom Gesetz ausdrücklich ausgenommen ist hier der den "kleinen" Unterhaltsanspruch betreffende Zeitraum von 14 Wochen; dort entstehende Kosten sind im Rahmen von Abs. 1 S. 1 geltend zu machen.[42]

b) Umfang. Hier ist zwischen den mit Schwangerschaft und Entbindung unmittelbar verbundenen Kosten und sonstigen, sich daraus nur mittelbar ergebenden Aufwendungen zu unterscheiden.

aa) Unmittelbare Kosten. Durch Schwangerschaft verursacht sind Kosten für Schwangerschaftsgymnastik[43] und Umstandskleidung,[44] bei schwieriger Schwangerschaft auch Kosten einer Haushaltshilfe.[45] Durch die Entbindung verursacht wird der Aufwand für Arzt, Hebamme,[46] Klinikaufenthalt und Arzneimittel; bei schwieriger Geburt können Kosten für Pflege und Haushaltshilfe hinzukommen. Zur Behandlung der mit einem Schwangerschaftsabbruch verbundenen Kosten s. § 1615n Rn. 7. Die sich auf das *Kind* selbst beziehenden Aufwendungen, zB in Gestalt entsprechender Krankenhauskosten[47] oder Säuglingsausstattung,[48] gehören nicht hierher,[49] sondern sind dessen Sonderbedarf (s. § 1613 Rn. 63–94).[50]

bb) Mittelbare Kosten. Kausal auf Entbindung und anschließende Kindesbetreuung zurückzuführen sind beispielsweise Kosten, die einer selbständig tätigen Mutter für Praxis- oder Betriebsvertretung entstehen. Die nach altem Recht gebotene Differenzierung zwischen bloßem Entschädigungs-[51] und Unterhaltsanspruch ist entfallen.[52]

Wegen der Ausgestaltung als *Unterhalts*anspruch kann sich auch der Kostenersatzanspruch nach Abs. 1 S. 2 nur auf den Lebensbedarf gem. § 1610 Abs. 1, 2 erstrecken, so dass der Ausfall der aus selbständiger Tätigkeit erzielten Einkünfte zu ersetzen ist, aber nichts darüber hinaus; denn das Unterhaltsrecht sieht keine Ansprüche mit entschädigungsgleichem Charakter vor,[53] abgesehen davon, dass angesichts des Vorrangs von Abs. 1 S. 1 gegenüber Abs. 1 S. 2 nicht das als Kosten qualifiziert werden kann, was schon als Unterhalt geschuldet wird.[54]

c) Allgemeine Voraussetzungen. Der Anspruch auf Kostenersatz stellt einen auf die Mutter bezogenen Spezialfall des Sonderbedarfs[55] dar, der – anders als früher (§ 1615k aF)[56] – Bedürftigkeit der Berechtigten und Leistungsfähigkeit des Pflichtigen voraussetzt. Die Gesetzesänderung hatte unter anderem das Ziel, den Anspruch als Unterhaltsanspruch zu qualifizieren,[57] der übertragen, vererbt und bedingt gepfändet werden kann.[58] Bei Vorleistung durch das Sozialamt geht er auf dieses über.[59] Soweit nach §§ 93 SGB XII kein Anspruchsübergang stattfindet und auf Grund der Subsidiarität der Sozialhilfe (§ 2 Abs. 2 S. 1 SGB XII) der Anspruch grundsätzlich geltend gemacht werden kann, steht einer doppelten Geltendmachung desselben Bedarfs der Einwand unzulässiger Rechtsausübung entgegen.[60] Bei Vorleistung durch nachrangige Verwandte lässt sich ein Ersatzanspruch in entsprechender Anwendung des § 1607 Abs. 2[61] jedenfalls bei fehlender Möglichkeit der

---

[42] *Wendl/Bömelburg* § 7 Rn. 82; unscharf *Schwab/Borth* IV Rn. 1423.
[43] *Schwab/Borth* IV Rn. 1421.
[44] LG Hamburg FamRZ 1983, 301; AG Krefeld FamRZ 1985, 1181.
[45] *Köhler* in der 3. Aufl. Rn. 2 zu § 1615k aF.
[46] OLG Naumburg FamRZ 2007, 580 (auch bei Anfallen außerhalb der Zeitgrenze, s. Rn. 15).
[47] LG Aachen FamRZ 1986, 1040.
[48] LG Amberg FamRZ 1997, 964; LG Düsseldorf FamRZ 1975, 279.
[49] *Schwab/Borth* IV Rn. 1421; *Wendl/Bömelburg* § 7 Rn. 87.
[50] Zur Kasuistik bei der Säuglingserstausstattung s. *Büttner/Niepmann/Schwamb* Rn. 335, Stichwort „Kleidungskosten".
[51] LG Hamburg FamRZ 1983, 301 m. Anm. *Büdenbender*.
[52] *Wendl/Bömelburg* § 7 Rn. 87.
[53] *Schwab/Borth* IV Rn. 1422.
[54] *Palandt/Brudermüller* Rn. 6; **aA** LG Hamburg FamRZ 1983, 301. Anerkannt wird ein Anspruch dann, wenn die Erhaltung der Erwerbsquelle ein Nebeneffekt ist (OLG München NJW-RR 2006, 586 für gewinnmindernde Zahlung von Umsatzprovisionen durch eine Maklerin).
[55] Dessen Entstehen ist konkret darzulegen und zu beweisen, auf verauslagte Pauschalen kann die Behörde nicht verweisen (KG FamRZ 2007, 77).
[56] S. dazu *Wendl/Bömelburg* § 7 Rn. 87.
[57] BT-Drucks. 13/7338 S. 32. Ein Anspruch auf außergerichtliche Titulierung besteht nicht (OLG Hamm NJW 2007, 1758).
[58] *Thomas/Putzo* § 850b ZPO Rn. 8; *Palandt/Brudermüller* Rn. 6 aE; *Heiß/Heiß* in *Heiß/Born* Kap. 14 Rn. 7.
[59] BVerwG NJW 1990, 401.
[60] *Wendl/Scholz* § 8 Rn. 126; *Wendl/Bömelburg* § 7 Rn. 89.
[61] *Palandt/Brudermüller* Rn. 6 aE.

Inanspruchnahme auf Grund noch nicht festgestellter Vaterschaft, aber auch ein Rückgriff auf GoA und Bereicherungsrecht vertreten.[62]

25 Während sich im Rahmen der Bedürftigkeit durch die Neufassung des Gesetzes nichts an der Subsidiarität des Entschädigungsanspruchs geändert hat mit der Folge eines fehlenden Anspruchs bei Übernahme der Kosten durch Arbeitgeber oder Krankenversicherung,[63] ist bei der **Leistungsfähigkeit** (s. Rn. 34) insofern eine Änderung eingetreten, als sie – wie bei jedem anderen Unterhaltsanspruch – Anspruchsvoraussetzung ist, während dies früher (§ 1615k aF) nicht der Fall war.[64] Die Höhe richtet sich nach der Lebensstellung des Bedürftigen (s. Rn. 38), so dass die Lebensstellung der Mutter auch die jeweilige Pflegeklasse im Krankenhaus bestimmt.[65]

IV. Erweiterter Unterhalt (Abs. 2)

26 Hinsichtlich der besonderen Gründe, die der Mutter – über die durch Abs. 1 gezogenen Grenzen hinaus – bei mangelnder Erwerbstätigkeit als Folge der Schwangerschaft einen erweiterten Anspruch auf Unterhalt geben können, unterscheidet das Gesetz zwei Alternativen: Im ersten Fall liegen die besonderen Gründe (in Form von Schwangerschaft oder einer mit Schwangerschaft/Entbindung zusammenhängenden Krankheit, Abs. 2 S. 1) bei der Mutter, im zweiten Fall (in Gestalt von Pflege oder Erziehung, Abs. 2 S. 2) beim Kind. Die Unterscheidung ist bedeutsam besonders beim **Kausalitätserfordernis**:
– Im Rahmen von Abs. 2 S. 1 ist *Mitursächlichkeit* von Schwangerschaft/Krankheit für die fehlende Erwerbstätigkeit erforderlich;[66] daher besteht kein Anspruch, wenn die Mutter eine Arbeit schon aus anderen Gründen unterlassen hat;
– bei Abs. 2 S. 2 ist dagegen *keine Kausalität* erforderlich; ein Anspruch besteht somit auch dann, wenn die Mutter schon vor der Geburt des nichtehelichen Kindes arbeitslos war oder wegen eines anderen Kindes keine Tätigkeit ausgeübt hat.

27 In beiden Fällen ist ein **objektives Element** zu überprüfen (Abs. 2 S. 1: „außer Stande"; Abs. 2 S. 2: „erwartet werden kann"). Da wegen der grundsätzlichen Befristung des Anspruchs auf drei Jahre (zur ausnahmsweisen Verlängerung bei Unbilligkeit s. Rn. 34, 35) kleine Kinder betroffen sind, besteht im Rahmen von Abs. 2 S. 2 faktisch eine Entschließungsfreiheit der Mutter zu Gunsten der Kindesbetreuung.[67]

28 **1. Schwangerschaft oder Krankheit (Abs. 2 S. 1).** Anspruchsvoraussetzung ist eine fehlende Erwerbstätigkeit wegen Schwangerschaft oder einer Krankheit, die *Folge* von Schwangerschaft oder Entbindung ist; erforderlich ist **Mitursächlichkeit** (s. Rn. 18).

29 Die **Beweislast** trägt die Mutter.[68] Hat sie vor Eintritt der Schwangerschaft gearbeitet, ist anzunehmen, dass sie ohne die Schwangerschaft berufstätig geblieben wäre.[69]

30 **2. Pflege und Erziehung des Kindes (Abs. 2 S. 2). a) Zweck.** Entsprechend der grundsätzlichen Zielrichtung der Vorschrift (s. Rn. 1) war Zweck der vor einigen Jahren vorgenommenen Neuregelung[70] eine Angleichung der Anspruchsvoraussetzungen an § 1570 mit dem Ziel, auch das Kind nicht miteinander verheirateter Eltern jedenfalls in den ersten drei Lebensjahren in den Genuss der persönlichen Betreuung durch die Mutter kommen zu lassen.[71] Da der Anspruch an die Betreuung des Kindes – und damit, anders als nach Abs. 1 oder Abs. 2 S. 1 – nicht an Schwangerschaft

---

[62] *Schwab*/*Borth* IV Rn. 1420. Gegen eine analoge Anwendung des § 1607 Abs. 2 *Gernhuber*/*Coester-Waltjen* § 59 Rn. 24 Fn. 28.
[63] *Wendl*/*Bömelburg* § 7 Rn. 88.
[64] Es handelte sich um einen – von der Leistungsfähigkeit des Vaters unabhängigen – Entschädigungsanspruch eigener Art, s. *Köhler* in der 3. Aufl. zu § 1615k aF Rn. 4.
[65] *Wendl*/*Bömelburg* § 7 Rn. 86. Bei einem Abstellen auf die Lebensstellung beider Eltern (so *Köhler* in der 3. Aufl. zu § 1615k Rn. 1 unter Hinw. auf § 1615c aF) wird übersehen, dass sich durch die Lebensstellung der Mutter nicht ändert und die Vorschrift nur den Kindesunterhalt betraf.
[66] BGH FamRZ 1998, 541, 543; *Wendl*/*Bömelburg* § 7 Rn. 18.
[67] *Wendl*/*Bömelburg* § 7 Rn. 21; differenzierend *Schwab*/*Borth* IV Rn. 1384.
[68] *Heiß*/*Heiß* in *Heiß*/*Born* Kap. 14 Rn. 32.
[69] Zur Bedarfsprägung durch Hausfrauentätigkeit und Kinderbetreuung BGH NJW 2001, 2554 = FamRZ 2001, 986 unter Aufgabe seiner bisherigen Rechtsprechung.
[70] Zur Entwicklung s. Rn. 2.
[71] BT-Drucks. 13/1850 S. 24. Demgegenüber hing nach früherer Regelung der Anspruch von dem Nachweis ab, dass eine anderweitige Möglichkeit der Kindesbetreuung nicht bestand, BGHZ 93, 123, 127. Inzwischen ist durch das UnterhRÄndG – infolge einer Entscheidung des BVerfG (Fn. 19) – eine vollständige Gleichstellung eingetreten; s. dazu *Born* NJW 2008, 1, 3; *Bosch* FF 2007, 293, 301. Von „weitreichendem Gleichklang" spricht *Meier* FamRZ 2008, 101.

oder Entbindung gebunden ist, kommt er über Abs. 4 auch für den Vater in Betracht (s. Rn. 64–67).

b) Inhalt. Das objektive Element, wonach notwendig ist, dass eine Erwerbstätigkeit wegen 31 Pflege oder Erziehung „nicht erwartet werden kann", ist in gleicher Weise zu verstehen wie bei § 1570 (s. dort Rn. 8–15).[72] In der Praxis besteht hinsichtlich der Betreuung eine Entschließungsfreiheit der Mutter (s. Rn. 19),[73] zumal hier **keine Kausalität** erforderlich ist (s. Rn. 18).[74] Damit kann von einem bisher nicht erwerbstätigen Elternteil, zB einer Studentin oder einem Studenten, eine Erwerbstätigkeit nicht erwartet werden, sofern er das Kind tatsächlich betreut. Zur Frage fiktiver Einkünfte s. Rn. 43.

c) Beweislast. Bei fehlender Erwerbstätigkeit der Mutter im Falle der Kindesbetreuung muss 32 der Vater die besonderen Umstände darlegen und beweisen, die eine Ausnahme von der Regel zumutbar erscheinen lassen sollen.[75]

3. Dauer (Abs. 2 S. 3). a) Regelfall 3 Jahre (Abs. 2 S. 3). Entsprechend der beabsichtigten 33 Verbesserung der Betreuungsbedingungen[76] umfasst der Anspruch – einheitlich für Abs. 2 S. 1 und Abs. 2 S. 2 – die Zeit bis zur Vollendung des dritten Lebensjahres des Kindes;[77] die Vorverlegung der Unterhaltspflicht auf 4 Monate vor der Geburt beschränkt sich auf Ansprüche nach Abs. 2 S. 1,[78] weil ein Kind naturgemäß erst ab seiner Geburt betreut werden kann.[79] Abs. 2 S. 3 ist auch anwendbar auf Fälle, in denen die frühere Jahresfrist bei Inkrafttreten der Vorschrift (1. 10. 1995) schon abgelaufen war,[80] ebenfalls bei unechter Rückwirkung, wenn die frühere Jahresfrist am 1. 10. 1995 noch nicht abgelaufen war.[81]

b) Verlängerung nach Billigkeit (Abs. 2 S. 4, 5). Diese positive Billigkeitsklausel greift 34 ein, sofern die Beendigung des Unterhalts insbesondere unter Berücksichtigung der Kindesbelange unbillig wäre; entsprechend der Regelung zum nachehelichen Unterhalt nach § 1576 musste die Versagung des Anspruchs dem Gerechtigkeitsempfinden bisher in unerträglicher Weise widersprechen,[82] inzwischen aber nicht mehr (s. Rn. 11). Da Ziel der Gesetzesänderung die Vermeidung von – bei starrer Befristung auftretenden – Härten war, zB bei einem behinderten Kind,[83] andererseits aber die Einführung einer Billigkeitsklausel ohne Befristung des Betreuungsunterhalts abgelehnt wurde,[84] ist die Verlängerungsmöglichkeit als **Ausnahmefall** anzusehen, der nur bei besonderen Umständen gegeben sein wird[85] und nicht im Wege einstweiliger Anordnung vorgenommen werden kann.[86] Die Darlegungs- und Beweislast liegt bei der Mutter.[87] Die Möglichkeit der Verlängerung richtet sich nach Billigkeit (Abs. 2 S. 4). Den Kindesbelangen (s. Rn. 35) kommt dabei entscheidende Bedeutung zu, weil ja und entsprechende Betreuungsmöglichkeiten „insbesondere" zu berücksichtigen sind (Abs. 2 S. 5). Die Formulierung bedeutet gleichzeitig, dass auch andere (namentlich elternbezogene) Gründe eine Rolle spielen können[88] (s. Rn. 36).

---

[72] Zur Gleichbehandlung des Merkmals s. *Schwab/Borth* IV Rn. 1384.
[73] *Wendl/Bömelburg* § 7 Rn. 21.
[74] BGH FamRZ 1998, 541, 543; OLG Hamm FamRZ 1997, 632.
[75] OLG Hamm FamRZ 1997, 632; *Wendl/Bömelburg* § 7 Rn. 26.
[76] BT-Drucks. 13/4899 S. 47.
[77] Eine Befristung vor Vollendung des 3. Lebensjahres kommt jedenfalls dann nicht in Betracht, wenn im Zeitpunkt der Entscheidung keine hinreichend sichere Prognose für eine Anspruchsverlängerung nach Abs. 2 S. 4 besteht (OLG Koblenz NJW 2009, 1974; s. aber OLG Bremen NJW 2008, 1745; OLG Brandenburg NJW-RR 2010, 874).
[78] *Palandt/Brudermüller* Rn. 8.
[79] Dies übersieht *Schwab/Borth* IV Rn. 1426.
[80] BVerfG FamRZ 2003, 662; **aA** OLG Braunschweig FamRZ 1999, 186.
[81] KG NJW-RR 2000, 809.
[82] *Schwab/Borth* IV Rn. 1427.
[83] BT-Drucks. 13/4899 S. 89; s. Rn. 35.
[84] *Puls* FamRZ 1998, 865, 872.
[85] Die nicht lediglich deshalb angenommen werden können, weil Zwillinge zu betreuen sind, OLG Düsseldorf FamRZ 2005, 234. S. auch *Wendl/Bömelburg* § 7 Rn. 26. Erkennbar großzügig OLG Frankfurt FamRZ 2000, 1522 durch Bejahung widersprüchlichen Verhaltens wegen fehlender Ermöglichung eines – früher geplanten – Studiums neben Kinderbetreuung.
[86] BVerfG NJW 2006, 1339; vgl. *Schilling* FamRZ 2006, 1368. S. aber die Möglichkeit der Anordnung nach §§ 246, 247 Abs. 1 FamFG.
[87] OLG Nürnberg NJW 2003, 3065; *Schwab/Borth* IV Rn. 1427.
[88] BT-Drucks. 16/6980 S. 22; BGH NJW 2010, 1138 = FamRZ 2010, 1422 m. Anm. *Löhnig/Preisner*, Zur zwischenzeitlichen Weiterbildung mit anschließender Arbeitslosigkeit s. OLG Brandenburg FamRZ 2010, 1915. *Meier* FamRZ 2008, 101; *Born* NJW 2008, 1, 4; *Bosch* FF 2007, 293, 301.

35 Beim **Kind** kann die Unbilligkeit daraus resultieren, dass es unter dauerhafter[89] Beeinträchtigung oder Behinderung leidet[90] oder aus einer Vergewaltigung der Mutter durch den Vater stammt.[91] Nicht geeignet sind dagegen kleinere Erkrankungen des Kindes wie Grippe oder Husten, selbst wenn sie vorübergehend eine häusliche Betreuung erfordern. Bei schwereren Erkrankungen kommt eine zeitliche Befristung im Falle der Voraussehbarkeit der Dauer in Betracht;[92] prinzipiell sind auch dauerhafte Unterhaltsleistungen denkbar, zB bei besonderer, behinderungsbedingter Pflegebedürftigkeit.[93] Die besonderen Belange des Kindes können auch später als 3 Jahre nach der Geburt auftreten.[94]

36 **Elternbezogene** Belange liegen vor, wenn die Eltern in einer dauerhaften Lebensgemeinschaft mit einem gemeinsamen Kinderwunsch gelebt und sich hierauf eingestellt haben.[95] Gleiches gilt bei einvernehmlicher Aufgabe der Erwerbstätigkeit eines Elternteils zugunsten von Kinderbetreuung.[96] Bei der **Mutter** kann (vorübergehende oder dauerhafte, aber auch absehbare[97]) Erkrankung im Falle ihrer Auswirkung auf die Betreuung des Kindes ein Grund für die Verlängerung sein; dagegen kann aus der Billigkeitsklausel – gerade auch wegen ihres Ausnahmecharakters – kein Folgeunterhalt hergeleitet werden, zB bei betreuungsbedingtem Abbruch einer Ausbildung,[98] oder bei Schwierigkeiten, eine mit Kinderbetreuung vereinbare Arbeit zu finden.[99] Eine Unbilligkeit kann sich auch aus in der Person des **Vaters** liegenden Umständen ergeben, etwa bei besonders günstigen wirtschaftlichen Verhältnissen auf seiner Seite oder dann, wenn er sich mit früherem Verhalten in Widerspruch gesetzt hat.[100] In Betracht kommen auch längeres nichteheliches Zusammenleben[101] oder eine Finanzierung der Ausbildung des einen Elternteils durch den anderen.[102]

V. Allgemeines Unterhaltsrecht (Abs. 3)

37 **1. Regeln des Verwandtenunterhalts (Abs. 3 S. 1).** Auf Grund der einheitlichen Ausgestaltung als echte Unterhaltsansprüche[103] (s. Rn. 5) ist es konsequent, dass eine entsprechende Anwendung der Vorschriften über den Verwandtenunterhalt angeordnet ist. Deshalb besteht auch im Rahmen von § 1615l – anders als beim Kindesunterhalt – kein Anspruch gegen den Schuldner auf außergerichtliche Titulierung.[104]

38 **a) Bedarf. aa) Halbteilung.** Maßgebend ist die – durch den Halbteilungsgrundsatz begrenzte[105] – Lebensstellung des anspruchstellenden Elternteils. Zu Grunde zu legen ist das Einkommen, das die unterhaltsberechtigte Mutter ohne die Geburt des Kindes zur Verfügung hätte, wobei eigenes Einkommen zuzüglich Unterhalt nicht höher sein können als der Betrag, der dem Kindesvater verbleibt.[106] Zum Mindestbedarf s. Rn. 42.

---

[89] Bedenklich deshalb die Bejahung des Merkmals bei Notwendigkeit der Eingewöhnung in den Kindergarten, OLG Celle FamRZ 2002, 636.
[90] ZB bei einer Langzeittherapie wegen motorischer Defizite, OLG Düsseldorf FamRZ 2003, 184. S. auch BT-Drucks. 13/4899 S. 89; *Schwab/Borth* IV Rn. 1427.
[91] *Wendl/Bömelburg* § 7 Rn. 62; zu weiteren Fallgruppen s. *Puls* FamRZ 1999, 865, 872.
[92] *Schwab/Borth* IV Rn. 1427; zu denken ist etwa an eine Chemotherapie oder Rehabilitation nach einem Unfall.
[93] OLG Hamm NJW 2005, 297 (bei rheumatischer Polyarthritis); *Palandt/Brudermüller* Rn. 16; *Schwab/Borth* IV Rn. 1427 aE.
[94] *Palandt/Brudermüller* Rn. 16 aE; *Erman/Holzhauer* Rn. 17.
[95] BGH NJW 2008, 3125 = FamFR 2008, 1830 m. Anm. *Maurer;* s. dazu *Graba* NJW 2008, 3105, *Fiedler* FPR 2008, 518 sowie *Born* LMK 268057; BGHZ 168, 245 = NJW 2006, 2687 = FamRZ 2006, 1362. Bei rund 2-jähriger Beziehung verneint von OLG Bremen FamRZ 2010, 1917.
[96] *Born* NJW 2008, 1, 4.
[97] OLG Schleswig FamRZ 2004, 975.
[98] *Schwab/Borth* IV Rn. 1427 unter Hinweis auf § 1575 Abs. 1. S. aber OLG Nürnberg NJW 2010, 1084 (Fortsetzung des Studiums).
[99] OLG Nürnberg NJW 2003, 3065. S. aber *Meier* FamRZ 2008, 101, 102, der eine Berücksichtigung der Lebenswirklichkeit alleinerziehender Elternteile und eine angemessene Lastenverteilung zwischen beiden Eltern fordert. S. dazu auch Fn. 33 und den dortigen Hinweis auf das „modifizierte" Altersphasenmodell.
[100] *Wendl/Bömelburg* § 7 Rn. 57, 60.
[101] BGH NJW 2008, 3125 = FamRZ 2008, 1830 m. Anm. *Maurer;* OLG Düsseldorf FamRZ 2005, 1772; vgl. *Wever/Schilling* FamRZ 2002, 581. S. auch *Born* NJW 2008, 1, 4.
[102] *Büttner/Niepmann/Schwamb* Rn. 214.
[103] BT-Drucks. 13/7338 S. 32.
[104] OLG Hamm NJW 2007, 1758.
[105] BGH NJW 2005, 818 = FamRZ 2005, 442 m. Anm. *Schilling* 445; **aA** OLG Düsseldorf NJW-RR 2008, 379 = FamRZ 2008, 87 = FuR 2007, 581 (Begrenzung nur durch Leistungsfähigkeit).
[106] BGH (Fn. 105); *Wever/Schilling* FamRZ 2002, 581, 585; *Schilling* FamRZ 2006, 1; **aA** *Büttner* FamRZ 2000, 781, 783 f.

bb) Keine Teilhabe an Lebensstellung des anderen Elternteils.

Dogmatisch spricht mehr **39** dafür, eine solche Teilhabe nicht zu ermöglichen; denn auch bei früherer nichtehelicher Lebensgemeinschaft zwischen den Eltern gilt nicht § 1578, sondern § 1610. Der zum früheren Rechtszustand bestehende Meinungsstreit, ob nach § 1615l Abs. 2 voller Bedarf oder nur Einkommensverlust zu ersetzen ist,[107] ist wegen der in Abs. 3 S. 1 vorgenommenen Verweisung auf den Verwandtenunterhalt (§ 1610) eigentlich nur iSd. vollen Bedarfs zu beantworten.[108] Der **BGH** hat sich zu dieser Frage inzwischen konkret geäußert dahin, dass es selbst im Falle eines Zusammenlebens vor der Geburt nur auf die Einkünfte der Mutter ankommt, die sie ohne die Geburt des Kindes hätte, nicht aber auf die Einkünfte des Kindesvaters;[109] dann kann der Bedarf konsequenterweise auch nicht durch den Halbteilungsgrundsatz begrenzt sein.[110] Einer früheren – jetzt überholten - Entscheidung[111] liess sich nichts Konkretes entnehmen, weil sich der BGH – ohne Auseinandersetzung mit der gegenteiligen Ansicht – nur kurz auf die Gesetzeslage bezogen hat. Seinem Hinweis darauf, die – das Unterhaltsmaß für den nichtehelichen Vater bestimmende – Lebensstellung der Mutter könne auch durch ihre ehelichen Lebensverhältnisse als geschiedene Ehefrau geprägt sein,[112] wird man wegen (noch)[113] vorliegender Privilegierung der Ehe aber nicht iS einer Gleichsetzung mit einer nichtehelichen Lebensgemeinschaft und entsprechender Bedarfsprägung auch durch die Einkünfte des Partners verstehen können.

Allerdings kann in den Fällen, in denen die Kindeseltern in **eheähnlicher Lebensgemeinschaft** **40** zusammen gelebt und (allein oder überwiegend) von den Einkünften des Kindesvaters gewirtschaftet haben, in Form elternbezogener Gründe (s. Rn. 36) wegen eines evtl. Vertrauenstatbestandes eine Anspruchsverlängerung in Betracht kommen.[114]

cc) Höhe.

Der Verdienstausfall stellt einen Anhaltspunkt für die Höhe des Anspruchs dar;[115] **41** ein Mindestbedarf besteht in Höhe des Existenzminimums.[116] Beim **Vorsorgeunterhalt** ist zu differenzieren: Während Kranken- und Pflegeversicherung allgemeinen Lebensbedarf darstellen[117] und deshalb zusätzlich zu zahlen sind,[118] soweit dieser Aufwand nicht auf Grund eigener, während der Mutterschaftszeit fortgeführter Krankenversicherung schon gedeckt ist, kann Altersvorsorgeunterhalt nicht verlangt werden,[119] weil die entsprechende Sonderregelung für den Ehegattenunterhalt (§§ 1361 Abs. 1 S. 2, 1578 Abs. 3) erkennbar nicht auf § 1615l ausgedehnt werden sollte.[120] Bejaht wird zum Teil ein Anspruch auf Taschengeld.[121]

Hat es **keine frühere Erwerbstätigkeit** gegeben, lässt sich der Bedarf den unterhaltsrechtlichen **42** Leitlinien[122] entnehmen; überwiegend wird auf die Lebensstellung des betreuenden Elternteils abgestellt. Bei einer Lebensstellung der Mutter *unterhalb* des notwendigen Selbstbehalts kann der notwendige Eigenbedarf angesetzt werden.[123]

---

[107] Zum Meinungsstreit s. *Wendl/Pauling*, 5. Aufl. § 6 Rn. 764, Fn. 46.
[108] Vgl. zu den mittelbaren Kosten Rn. 22, 23.
[109] BGH NJW 2008, 3125 m. Bspr. *Graba* 3105 = FamRZ 2008, 1830 m. Anm. *Maurer*. Die Entscheidung BGH NJW 2007, 2409 = FamRZ 2007, 1003 m. Anm. *Schilling* betrifft den Sonderfall, dass die Mutter verheiratet ist und neben dem nichtehelichen gleichzeitig auch ein eheliches Kind betreut; dann sind für den Bedarf der Mutter auch im Rahmen des § 1615l die ehelichen Lebensverhältnisse maßgebend, selbst wenn sie unter den Mindestbedarfsätzen liegen.
[110] OLG Düsseldorf NJW-RR 2008, 379; **aA** BGH NJW 2005, 818 = FamRZ 2005, 442.
[111] BGH FamRZ 1998, 541, 544.
[112] BGH FamRZ 1998, 541, 544. Nach OLG Koblenz NJW 2009, 1974 kann wegen dieser Anknüpfung der Anspruch nach § 1615l den Anspruch der verheirateten Mutter auf Zahlung von Betreuungsunterhalt übersteigen.
[113] Das Gesetz zur Beendigung der Diskriminierung gleichgeschlechtlicher Gemeinschaften/Lebenspartnerschaften vom 16. 2. 2001, BGBl. I S. 266 (s. dazu *Schwab* FamRZ 2001, 385; *Scholz/Uhle* NJW 2001, 393) ist als Regelungsmodell für nichteheliche Partnerschaften nicht von Interesse; dort wird in der Regel gerade kein Netz von Rechten und Pflichten entsprechend einer Ehe gewünscht (*Ehinger* FPR 2001, 25, 29).
[114] BGH NJW 2008, 3125 = FanRZ 2008, 1830 m. Anm. *Maurer*.
[115] OLG Naumburg FamRZ 2001, 1321; OLG Bremen FamRZ 2000, 636 (Prägung durch ein vor der Schwangerschaft durch Tätigkeit als Chefsekretärin nachhaltig erzieltes Einkommen).
[116] BGH NJW 2010, 937 m. Anm. *Hoppenz* = FamRZ 2010, 357 m. Anm. *Maier* und *Graba* FF 2010, 150.
[117] OLG Saarbrücken FamRZ 1999, 382; *Puls* FamRZ 1998, 865, 873; *Büttner* FamRZ 1995, 193, 197; Empfehlungen des 13. DFGT FamRZ 2000, 274.
[118] OLG München NJW-RR 2006, 586; *Palandt/Brudermüller* Rn. 22; *Puls* FamRZ 1998, 865, 873; **aA** OLG Hamm NJW 2005, 297.
[119] *Büttner* FamRZ 2000, 784; *Wever* FF 2000, 23; **aA** *Erman/Holzhauer* Rn. 19.
[120] *Puls* FamRZ 1998, 865, 873; *Wendl/Bömelburg* § 7 Rn. 111; differenzierend *Schwab/Borth* IV Rn. 1419 unter Hinweis auf die Höhe der Entgeltpunkte nach der Kindererziehungszeit.
[121] LG Tübingen FamRZ 2002, 556.
[122] Aktuelle Übersicht bei www.heiss-born.de sowie Beilage zu NJW 2010, Heft 12; 2008 Heft 10; 2007, Heft 32, ebenso FamRZ 2008, 215, 333; 2007, 1373.
[123] BGH FamRZ 2010, 357 m. Anm. *Maier*; FamRZ 2010, 444; *Palandt/Brudermüller* Rn. 21 aE.

43 b) Bedürftigkeit. aa) Einkünfte. Trotz des Umstandes, dass der Anspruch keine Kausalität zwischen Schwangerschaft/Entbindung und Bedürftigkeit erfordert (s. Rn. 17), besteht ein Unterhaltsanspruch nur bei *tatsächlich vorliegender* Bedürftigkeit,[124] scheidet also immer im Umfang bedarfsdeckender Einkünfte aus. Dies ist etwa der Fall bei Bezug von Mutterschaftsgeld und von Leistungen der Krankenkasse,[125] des Weiteren bei Lohnfortzahlung. Gleiches gilt für *fiktive* Einkünfte, zB in Form der Anrechnung geldwerter Versorgungsleistungen wegen Zusammenlebens mit einem Partner analog § 850h ZPO.[126] Im Falle des Zusammenlebens hat die Frau die Darlegungs- und Beweislast dafür, dass solche Versorgungsleistungen nicht erbracht werden;[127] wegen fehlender unterhaltsrechtlicher Gleichstellung dieser Einkünfte mit solchen aus Erwerbstätigkeit ist das fiktive Entgelt auch bei Kindesbetreuung in vollem Umfang bedarfsmindernd zu berücksichtigen.[128] Voraussetzung für eine Anrechnung ist aber eine hinreichende Leistungsfähigkeit des Partners.[129] Fiktive Einkünfte kommen auch bei Vorhandensein von Vermögen in Betracht.[130] Die Mutter kann nicht schon wegen beengter finanzieller Verhältnisse auf Seiten des Vaters oder der Bereitschaft von Vater oder Verwandten zur Kindesbetreuung auf eine Erwerbstätigkeit verwiesen werden.[131]

44 bb) Überobligatorische Tätigkeit. Auch im Rahmen des § 1615l BGB bestimmt sich die Streitfrage, ob und in welchem Umfang sich die unterhaltsberechtigte Mutter Einkünfte aus überobligatorischer Tätigkeit auf ihren Bedarf anrechnen lassen muss, auf der Grundlage von § 1577 Abs. 2.[132] Grund ist die – jetzt auch vom Gesetzgeber bestätigte (s. Rn. 11, 12) – Angleichung an § 1570 BGB, was sich auch im Wortlaut beider Vorschriften zeigt.[133] Überobligatorisch ist das Einkommen regelmäßig[134] während der ersten drei Lebensjahre des Kindes, weil die nichteheliche Mutter hier auch nach Ansicht des BGH[135] jederzeit zur Aufgabe einer Berufstätigkeit im Interesse von Pflege und Erziehung des Kindes berechtigt ist. Anrechnungsfrei bleibt erzieltes Einkommen, soweit der geschuldete Unterhalt wegen beschränkter Leistungsfähigkeit des Pflichtigen nicht den vollen Bedarf der Kindesmutter deckt.[136] Nach dem Halbteilungsgrundsatz (s. Rn. 38) wird der Bedarf *begrenzt* auf den dem Pflichtigen verbleibenden Betrag;[137] bleibt dem Pflichtigen also nur der Selbstbehalt, reduziert sich der Bedarf der Kindesmuter entsprechend.[138] Wegen des Aspektes des „schlafenden Wertes"[139] kann aber keine dauerhafte Bedarfssenkung angenommen werden, zumal der Bedarf eine dynamische Größe darstellt.[140]

45 Liegen die erzielten Einkünfte **höher** als zur Deckung des vollen Bedarfs erforderlich, wird eine Anrechnung nach Billigkeit vorgenommen, nach aktueller Vorgabe des BGH[141] allerdings nicht pauschal, sondern unter Berücksichtigung der besonderen Umstände des Einzelfalles. Hier sind zunächst die konkreten Betreuungskosten abzusetzen,[142] weiter der Erwerbstätigenbonus, soweit er nicht ohnehin vorweg abgezogen wurde. Von Bedeutung ist auch die Motivation für die Erwerbstätigkeit der Kindesmutter, so dass es einen Unterschied macht, ob sie aus freien Stücken weitergear-

---

[124] BGH FamRZ 1998, 541, 542; *Schwab/Borth* IV Rn. 1417.
[125] *Büttner/Niepmann/Schwamb* Rn. 215.
[126] OLG Koblenz OLGR 2000, 144; OLG Bremen OLGR 1999, 368; LG Oldenburg FamRZ 1990, 1034; *Schwab/Borth* IV Rn. 1417 aE. Zu fiktiven Einkünften der Kindesmutter im Verhältnis zu ihrem geschiedenen Ehemann s. OLG Hamm NJW 2008, 2049 m. Anm. *Born*.
[127] BGH NJW 1995, 1148, 1150.
[128] OLG Hamm NJW-RR 1997, 645.
[129] BGH FamRZ 1989, 487; 1987, 1011. Zu weiteren Einzelheiten s. *Schwab/Borth* IV Rn. 1054 ff.
[130] *Heiß/Heiß* in *Heiß/Born* Kap. 14 Rn. 57 f.
[131] *Wever/Schilling* FamRZ 2002, 581, 582 mwN.
[132] BGH NJW 2005, 818 = FamRZ 2005, 442, 444 m. Anm. *Schilling* 445; OLG Hamburg FamRZ 2005, 927.
[133] Der Anspruch besteht danach jeweils dem Grunde nach, „soweit" von der Mutter „wegen der Pflege oder Erziehung" des Kindes „eine Erwerbstätigkeit nicht erwartet werden kann".
[134] Zu möglichen Ausnahmen s. *Wever/Schilling* FamRZ 2002, 581, 582.
[135] NJW 2005, 818 = FamRZ 2005, 442, 444. Nach BGH NJW 2008, 3125 = FamRZ 2008, 1830 m. Anm. *Maurer* ist bei der Bemessung der Erwerbsobliegenheit zu beachten, ob der neben oder nach Erziehung und Betreuung in staatlichen Einrichtungen verbleibende Anteil an Betreuung und Erziehung iVm. einer vollschichtigen Tätigkeit zu einer überobligatorischen Belastung führen würde.
[136] OLG Hamburg FamRZ 2005, 927, 929; *Wever/Schilling* FamRZ 2002, 581, 586 f.
[137] BGH FamRZ 2005, 442, 443.
[138] *Schilling* FamRZ 2006, 1, 2; **aA** OLG Hamburg FamRZ 2005, 927, 929 f.
[139] Vgl. dazu *Born* FamRZ 2002, 1603, 1609; *ders.* FF 2001, 183, 187.
[140] BGH FamRZ 1992, 1045, 1047; 1990, 283, 285; BGH NJW 2006, 1654 = FamRZ 2006, 683; *Born* NJW 2007, 26; *ders.* FamRZ 1999, 541.
[141] FamRZ 2005, 442, 444; zum *ehelichen* Betreuungsunterhaltsanspruch s. BGH FamRZ 2005, 1154, 1156.
[142] BGH FamRZ 2005, 1154, 1156.

beitet oder eine Tätigkeit auf Grund wirtschaftlicher Notlage aufgenommen hat.[143] Im Rahmen der Billigkeitsprüfung spricht es zu Gunsten der Kindesmutter, wenn sie das überobligatorisch erzielte Einkommen benötigt, um ihren früheren Lebensstandard wiederherzustellen.[144] Dass sie unter Umständen *mehr* zur Verfügung hat, als es ihrem vollen Bedarf entspricht,[145] und es damit zu einer Durchbrechung des Halbteilungsgrundsatzes kommt, erfordert keine Billigkeitskorrektur, solange sich die Abweichung vom Halbteilungsprinzip noch als „maßvoll" herausstellt;[146] denn dies kann bei besonderen Leistungen des Berechtigten[147] durchaus dem Gerechtigkeitsempfinden entsprechen.[148]

cc) Erziehungsgeld. Durch einen Bezug von Erziehungsgeld tritt keine Minderung der 46 Bedürftigkeit ein, weil einer Anrechnung die anders lautende gesetzgeberische Vorgabe entgegensteht.[149] Auch die Höhe des Erziehungsgeldes indiziert den Zuschusscharakter, der gegen eine Bedarfsdeckung spricht.[150] Zu weiteren Einzelheiten s. § 1602 Rn. 42, 43, § 1603 Rn. 44; zur Berücksichtigung bei Verwirkung s. § 1611 Rn. 26.

c) Leistungsfähigkeit. aa) Grundsätze. Üblicherweise ist der Kindesvater betroffen; bei 47 einem betreuungsbedingten Anspruch des Vaters nach Abs. 2 S. 2 über Abs. 4 kann aber auch die Leistungsfähigkeit der Kindesmutter von Bedeutung sein. In erster Linie ist auf die *tatsächlichen* Verhältnisse abzustellen; bei Verletzung von Erwerbsobliegenheiten kommt ein *fiktiver* Ansatz nach § 1603 in Betracht.[151] Der Unterhaltsanspruch der Kindesmutter kann aber nicht höher sein als die Hälfte des unterhaltsrechtlich relevanten Einkommens des Vaters, was hier schon früher in der Vorauflage (s. Rn. 34) vertreten wurde und inzwischen vom BGH[152] bestätigt worden ist (s. Rn. 38). Beim Vermögen ist – anders als im Rahmen des nachehelichen Unterhalts (§ 1581 S. 2) – im Verwandtenunterhalt eine allgemeine Billigkeitsgrenze nicht vorgesehen,[153] so dass grundsätzlich auch der Stamm des Vermögens einzusetzen ist (s. § 1603 Rn. 60). Einschränkungen einer Verwertungsobliegenheit ergeben sich aus dem Gebot der Berücksichtigung sonstiger Verpflichtungen des Schuldners und der Grenze des wirtschaftlich nicht mehr vertretbaren Nachteils.[154] Bei einem Studenten ohne Berufsausbildung im Regelstudium ist die Leistungsunfähigkeit beachtlich.[155]

bb) Selbstbehalt. Der Praxis, dem Unterhaltsschuldner im Rahmen von § 1615l regelmäßig 48 den angemessenen bzw. großen Selbstbehalt zu belassen,[156] hat der BGH[157] jetzt eine Absage erteilt. Er hat einen Betrag angesetzt, der **mittig** zwischen dem angemessenen (§ 1603 Abs. 1) und dem notwendigen Selbstbehalt (§ 1603 Abs. 2) liegt.[158] Dies wird zu Recht auch damit begründet, dass der Selbstbehalt nicht einheitlich und unabhängig vom Zweck des jeweiligen Unterhaltsanspruchs bemessen werden kann.[159] Zweck ist es sowohl im Rahmen von § 1570 wie von § 1615l Abs. 2, der Kindesmutter während der ersten drei Lebensjahre Pflege und Erziehung des Kindes zu ermöglichen; da der Schuldner eine Unterschreitung seines angemessenen Selbstbehaltes im Rahmen von § 1570 hinnehmen muss, spricht dies für eine Gleichbehandlung bei nichtehelicher Vaterschaft.[160] Der gegen die Entscheidung des BGH erhobenen Kritik[161] ist insoweit zuzustimmen, als der geringe Selbstbehalt des (getrennt lebenden oder geschiedenen) Ehegatten durch die (nach-)eheliche Solidarität geboten ist, während dieses Argument gegenüber einem Partner einer nichtehelichen Lebensge-

---

[143] BGH FamRZ 2005, 442, 444. Ausführlich zu den Kriterien für die Billigkeitsabwägung *Meier* FamRZ 2008, 101, 103.
[144] *Schilling* FamRZ 2006, 1, 3.
[145] Was *Büttner* FamRZ 2000, 781, 783 ohnehin für unschädlich hält.
[146] *Gerhardt* FamRZ 2005, 1158, 1159; *Schilling* FamRZ 2006, 1, 3 unter 1 c).
[147] Vgl. dazu *Born* FamRZ 1997, 129 („Ist der Fleißige der Dumme?").
[148] OLG Hamburg FamRZ 2005, 927, 929.
[149] BVerfG FamRZ 2000, 1149 mwN; OLG München FamRZ 1999, 1166. Zu weiteren Einzelheiten, auch zur Gegenansicht, s. Rn. 33 Fn. 98 in der Vorauflage.
[150] *Wendl/Bömelburg* § 7 Rn. 126.
[151] OLG Düsseldorf FamRZ 1989, 1226, 1228. Zur Berücksichtigung von Schulden OLG Stuttgart FamRZ 2007, 1839.
[152] NJW 2005, 818; **aA** OLG Düsseldorf NJW-RR 2008, 379.
[153] BGH FamRZ 1998, 367, 369; 1989, 170; 1986, 48, 50.
[154] BGH FamRZ 1986, 48, 50; zu Einzelheiten s. *Wendl/Pauling*, 5. Aufl. § 2 Rn. 623; *Schwab/Borth* IV Rn. 1179, 1181 f.
[155] OLG Frankfurt FamRZ 1982, 734.
[156] S. dazu Rn. 34 in der 4. Auflage; s. auch die weit. Nachw. in BGH FamRZ 2005, 354, 355.
[157] NJW 2005, 500 = FamRZ 2005, 354.
[158] BGH NJW 2005, 500 = FamRZ 2005, 354, 356; BGH FamRZ 2005, 347 m. Anm. *Schilling* 351 und *Graba* 353; FamRZ 2005, 357. Nach D. II. der Düsseldorfer Tabelle sind 1050 € zu berücksichtigen.
[159] So auch BGH NJW 2006, 1654 sowie dazu *Born* NJW 2007, 26, 29, jeweils zum Ehegattenunterhalt.
[160] *Schilling* FamRZ 2006, 1, 3.
[161] *Graba* FamRZ 2005, 353.

§ 1615l 49–52 Abschnitt 2. Titel 3. Unterhaltspflicht

meinschaft nicht greift; deutlich wird andererseits, dass angesichts der Angleichungsbestrebungen des Gesetzgebers (s. Rn. 7, 8) auch der Hinweis des BGH[162] auf den gemeinsamen Schutzzweck der Betreuungsunterhaltsansprüche überzeugt und eine gleiche Bemessung des Selbstbehalts rechtfertigt.[163]

49 cc) Kindergeld. Klargestellt ist inzwischen vom BGH[164] auch, dass der dem unterhaltspflichtigen Vater zustehende hälftige Kindergeldanteil auch im Rahmen von § 1615l nicht zum unterhaltsrelevanten Einkommen zählt, so dass – in Gleichbehandlung mit dem Ehegattenunterhalt[165] – gewährleistet ist, dass das Kindergeld allen Eltern (verheiratet oder nicht) bei der Bewältigung ihrer Unterhaltslast zu Gute kommt.[166]

50 dd) Tod des Elternteils. Beim Tod des Vaters (bzw. der pflichtigen Mutter) erlöschen die Ansprüche *nicht* (Abs. 3 S. 5), anders als sonst im Verwandtenunterhalt (§ 1615 Abs. 1). Damit tritt nachrangige Haftung der Erben ein (§ 1967), auch wenn der Vater vor der Geburt des Kindes gestorben ist (§ 1615n).

51 **2. Konkurrenzen und Rangverhältnisse.** Nachfolgend wird vom Grundfall des Unterhaltsanspruchs der Mutter gegen den Vater ausgegangen. Soweit über Abs. 4 S. 1 betreuungsbedingte Ansprüche des Vaters (Abs. 2 S. 2) in Betracht kommen, gelten die Ausführungen auch zu seinen Gunsten.

52 **a) Mehrere Verpflichtete. aa) Anteilige Haftung.** Die Haftung des Vaters des nichtehelichen Kindes im Verhältnis zum Ehemann der Mutter wird vom Gesetz nicht geregelt. Nach früherem Meinungsstreit in Literatur und Rechtsprechung[167] hat der BGH[168] für den Fall der Konkurrenz zwischen den Ansprüchen aus § 1615l und dem Anspruch auf Trennungsunterhalt (§ 1361) einen **Gleichrang** angenommen und für den Haftungsgrad auf eine entsprechende Anwendung von § 1606 Abs. 3 S. 1 verwiesen.[169] Trotz Gleichrangs lassen sich sachgerechte Ergebnisse bei fallbezogener entsprechender Anwendung des § 1606 Abs. 3 S. 1 erzielen, weil der Haftungsgrad nicht schematisch (nur nach den Erwerbs- und Vermögensverhältnissen der beiden Pflichtigen), sondern *fallbezogen* zu bestimmen ist.[170] Anteilige Haftung besteht auch bei Betreuung mehrerer nichtehelicher Kinder[171] oder bei Konkurrenz mit § 1570[172] vor dem Hintergrund der Zweckrichtung, eine persönliche Betreuung des Kindes sicherzustellen.[173] Gleiches muss dann gelten, wenn neben § 1615l zunächst § 1361 steht und sich nach Scheidung in § 1570 fortsetzt.[174] Steht § 1615l neben ehelichen Unterhaltsansprüchen *ohne Kindesbetreuung,* sprach bisher ebenfalls mehr dafür, auch hier eine anteilige Haftung zuzulassen.[175] Denn der Mutter stehen mit Kindesvater und Ehemann zwei Unterhaltsschuldner gegenüber, von denen keiner von einer gesetzlichen Primärhaftung betroffen ist,[176] so dass sie ihr iSv. § 1606 Abs. 3 S. 1 „gleich nahe" stehen; dies sprach grundsätzlich für anteilige Haftung.[177] Zur neuen Rangordnung nach § 1609 und dem Vorrang des auf Kindesbetreu-

---

[162] FamRZ 2005, 354.
[163] So auch *Schilling* FamRZ 2006, 1, 3/4.
[164] FamRZ 2005, 347, 350 f.
[165] BGH FamRZ 2000, 1492, 1494; 1997, 806, 809.
[166] Was konsequenterweise auch im Rahmen der Bedürftigkeit des Berechtigten zu beachten ist, *Schilling* FamRZ 2006, 1, 4 in Fn. 55; **aA** *Eschenbruch/Wohlgemuth* Rn. 4023 a.
[167] S. dazu Rn. 37, Fn. 109 in der Vorauflage.
[168] NJW 2007, 2409; 2005, 502; FamRZ 1998, 541, 543.
[169] Unter Hinweis auf einen Ausschluss von § 1608 durch die Sonderbestimmung des Abs. 3 S. 2 (damit keine vorrangige Haftung des Ehemannes) sowie auf eine ungerechtfertigte Privilegierung des nichtehelichen Vaters bei Gleichrang des Ehemannes mit den in Abs. 3 S. 2 genannten Verwandten.
[170] BGH FamRZ 1998, 541, 544. Anteilige Haftung besteht auch dann, wenn das von anderem Mann abstammende Kind den ehelichen Lebensverhältnissen zuzuordnen ist (KG FamRZ 2001, 29).
[171] BGH FamRZ 2005, 357, 358.
[172] BGH NJW 2007, 2409 = FamRZ 2007, 1303 mit Anm. *Schilling*.
[173] *Palandt/Brudermüller* Rn. 27; vgl. *Schwab/Borth* IV Rn. 186, 1417; *Heiß/Heiß* in *Heiß/Born* Kap. 14 Rn. 67; Empfehlungen des 15. DFGT, AK 3, Brühler Schriften S. 77; *Wever/Schilling* FamRZ 2002, 581, 587.
[174] *Schilling* FamRZ 2006, 1, 4 in Fn. 68.
[175] **Dafür:** KG FamRZ 2001, 29; OLG Hamm FamRZ 2000, 637 (LS.); *Wendl/Pauling* 6. Aufl. § 6 Rn. 769; s. jetzt § 7 Rn. 36; *Wever/Schilling* FamRZ 2002, 581, 589; *Johannsen/Henrich/Graba* § 1615 Rn. 19; *Heiß/Heiß* in *Heiß/Born* Kap. 14 Rn. 67; differenzierend OLG Bremen NJW 2004, 1601, 1602 (nur für den Fall eines – trotz Ausübung der dem Ehemann gegenüber obliegenden Erwerbstätigkeit – verbleibenden ungedeckten Bedarfs); **gegen** anteilige Haftung: *Kleffmann* FuR 1999, 205, 212; *Eschenbruch/Wohlgemuth* Rn. 4034; im Ergebnis auch *Büttner* FamRZ 2000, 781, 785, der von „Überlagerung" des ehelichen Anspruchs spricht.
[176] *Wever/Schilling* FamRZ 2002, 581, 589.
[177] *Schilling* FamRZ 2006, 1, 5 unter Hinweis darauf, dass der Gesichtspunkt der nachehelichen Solidarität auch in nicht auf Kindesbetreuung beruhenden nachehelichen Unterhaltstatbeständen zum Ausdruck kommt.

ung gestützten Anspruchs s. dort Rn. 17. Die seltene Fallgestaltung, in der die Mutter nach ihrer Heirat ein Kind von einem anderen Mann bekommt, aber weiter mit ihrem Ehemann zusammenlebt, soll hier nicht näher untersucht werden.[178]

Kommt es zu einer **Heirat** der Kindesmutter nach der Geburt des nichtehelichen Kindes, nimmt der BGH[179] *keine anteilige Haftung* des Kindesvaters neben dem Ehemann der Mutter an unter Hinweis darauf, dass bei analoger Anwendung des § 1586 Abs. 1 der Anspruch aus § 1615l erlösche. Dies wird damit begründet, dass angesichts eines Entfallens selbst des „stärkeren" Unterhaltsanspruchs aus § 1570 BGB aus der Sicht des Pflichtigen **erst Recht** der „schwächere" Anspruch aus § 1615l Abs. 2 entfallen müsse.[180] Der dagegen erhobenen Kritik[181] ist insofern zuzustimmen, als eine analoge Anwendung des § 1586 Abs. 1 auf den Anspruch aus § 1615l schon deshalb ausscheiden muss, weil diese Vorschrift keinen Unterfall des ehelichen Betreuungsunterhaltsanspruchs darstellt und es damit hier nichts gibt, was einer (nach-)ehelichen Solidarität vergleichbar wäre und was hier entfallen könnte. Nachvollziehbar ist die Argumentation dagegen, soweit der BGH auf die **Betreuungssituation** im Rahmen beider Vorschriften abstellt; hier kommt eine analoge Anwendung von § 1586 Abs. 1 auch im Rahmen der „schwächeren" Vorschrift durchaus in Betracht.[182] In der Sache ist allerdings zweifelhaft, ob nicht der Gesichtspunkt der **Kindesbelange** zumindest in den ersten drei Jahren einem kompletten Wegfall des Anspruchs entgegensteht.[183] **53**

Zur **Durchführung** der anteiligen Haftung ist eine **zweistufige Betrachtung** vorzunehmen: In der ersten Stufe sind die *Haftungsanteile* auf der Basis der Erwerbs- und Vermögensverhältnisse zu bestimmen; in der zweiten Stufe können dann *weitere Umstände* wie zB Anzahl, Alter, Entwicklung und Betreuungsbedürftigkeit der einzelnen Kinder berücksichtigt werden.[184] Damit kann der jeweiligen Verantwortung der Väter flexibel Rechnung getragen werden.[185] Wenn die Mutter keine ehelichen Kinder zu betreuen hat, kommt eine Alleinhaftung des nichtehelichen Vaters in Betracht.[186] Sofern auch bei angemessener Erwerbstätigkeit auf Seiten der Kindesmutter ein restlicher ungedeckter Unterhaltsbedarf verbleibt, haftet der Ehegatte neben dem anderen Elternteil anteilig.[187] Auf die Sonderfrage der Haftung, wenn die Kindesmutter ihren ehelichen Unterhaltsanspruch verwirkt und dann darauf verzichtet hat, soll hier nicht näher eingegangen werden.[188] **54**

Die **Beweislast** für die Haftungsanteile liegt bei der Mutter;[189] ist die Kindesmutter nicht zur Darlegung der Einkommensverhältnisse des anteilig mithaftenden Vaters im Stande, kann ihr ein Unterhaltsanspruch nicht zuerkannt werden.[190] Bei erschwerter Rechtsverfolgung gegen den Vater (§ 1607 Abs. 2 analog) kommt eine Ersatzhaftung des Ehemannes in Betracht.[191] **55**

bb) Vorrangige Vaterhaftung (Abs. 3 S. 2). Der Vater des nichtehelichen Kindes haftet vor den Eltern und den Verwandten der Mutter. Somit muss sich die Mutter in erster Linie an den Vater halten und kann *ihre Eltern* erst in Anspruch nehmen, wenn der Vater weder tatsächlich noch fiktiv leistungsfähig ist;[192] eine Inanspruchnahme *seiner Eltern* scheidet dagegen aus.[193] Neben dem Fall der Leistungsunfähigkeit des Vaters greift die Ersatzhaftung der Eltern der Mutter dann ein, wenn die Rechtsverfolgung gegen den Vater im Inland erheblich erschwert oder ausgeschlossen ist.[194] Die Eltern haften nur nach den Vorschriften, die für sie im Verhältnis zur Kindesmutter **56**

---

[178] S. dazu *Schilling* FamRZ 2006, 1, 5.
[179] FamRZ 2005, 347.
[180] BGH FamRZ 2005, 347, 349.
[181] *Graba* FamRZ 2005, 353, 354.
[182] *Schilling* FamRZ 2006, 1, 4.
[183] *Schilling* FamRZ 2006, 1, 4 zu V. 1.
[184] OLG Hamm NJW 2005, 297; *Wendl/Bömelburg* § 7 Rn. 173; *Wever/Schilling* FamRZ 2002, 581, 588 mit ausführlichem Berechnungsbeispiel.
[185] BGH FamRZ 1998, 541, 544.
[186] OLG Bremen NJW 2004, 1601, 1602; *Wever/Schilling* FamRZ 2002, 581, 589; *Büttner* FamRZ 2000, 781, 785 („Überlagerung").
[187] OLG Bremen NJW 2004, 1601, 1602; OLG Hamm FamRZ 2000, 637 (LS.); *Wever/Schilling* FamRZ 2002, 581, 589.
[188] Dazu *Schilling* FamRZ 2006, 1, 6 mwN.
[189] OLG Zweibrücken FuR 2000, 438; *Palandt/Brudermüller* Rn. 35 aE.
[190] OLG Koblenz NJW-RR 2005, 1457.
[191] BGH FamRZ 1998, 541, 544; *Wendl/Wönne* § 2 Rn. 914; § 7 Rn. 178, 179. Gegenüber dem Ehemann kann auf Seiten der Kindesmutter eine fiktive Fortschreibung früher erzielter Einkünfte in Betracht kommen (OLG Hamm FamRZ 2000, 637).
[192] OLG Fankfurt a. M. NJW 2009, 3105; OLG Düsseldorf FamRZ 1989, 1226, 1228; *Wendl/Bömelburg* § 7 Rn. 177; *Palandt/Brudermüller* Rn. 29.
[193] OLG Nürnberg FamRZ 2001, 512; *Palandt/Brudermüller* Rn. 29.
[194] *Palandt/Brudermüller* Rn. 29.

§ 1615l 57–61   Abschnitt 2. Titel 3. Unterhaltspflicht

gelten, in der Regel also nach § 1602 Abs. 1.[195] Ein späterer Regress der – nachrangig, aber aus eigener Unterhaltspflicht haftenden – Eltern und Verwandten bei später wiedereintretender Leistungsfähigkeit des Vaters scheidet aus,[196] etwa nach überstandener Krankheit oder Abschluss einer Ausbildung.

57 Die **Beweislast** für die Leistungsunfähigkeit des Vaters liegt bei der Mutter.[197] Die vorrangige Vaterhaftung besteht nach Abs. 3 S. 2 analog auch gegenüber dem geschiedenen Ehemann der Mutter, wenn dieser aus anderen Gründen als nach § 1570 unterhaltspflichtig ist;[198] sie reicht aber nicht über den Zeitraum von Abs. 1 und die Einschränkungen von Abs. 2 hinaus.[199]

58 **b) Mehrere Berechtigte.** Der frühere Abs. 3 S. 3 aF ist gestrichen worden. Nach der Neuregelung der Rangordnung in § 1609 ist in der zweiten Rangstufe ein Gleichrang aller Elternteile vorgesehen, die wegen Betreuung eines Kindes unterhaltsberechtigt sind unabhängig davon, ob der Berechtigte mit dem Schuldner verheiratet ist oder war (s. § 1609 Rn. 17, 18).

59 **c) Verfahrenskostenvorschuss.** Im Rahmen des Bedarfs (s. Rn. 38 ff.) ist umstritten, ob die Mutter den Vater auf Zahlung eines Verfahrenskostenvorschusses in Anspruch nehmen kann. Während größere Teile von Rechtsprechung und Literatur einen solchen Anspruch bejaht haben,[200] hat inzwischen der BGH[201] einen solchen Anspruch ausdrücklich **verneint** und eine entsprechende Anwendung von § 1360a Abs. 4 lediglich in solchen Fällen nicht ausgeschlossen, in denen die Unterhaltspflicht mit derjenigen zwischen Ehegatten vergleichbar ist.[202] Die Ansicht, unter Verwendung des „erst Recht-Argumentes" die Vorschusspflicht hier deshalb abzulehnen, weil sie zwischen geschiedenen Eheleuten auch im Rahmen eines Betreuungsunterhaltsanspruchs nach § 1570 nicht besteht,[203] ist im Ergebnis nicht überzeugend, weil nach der Absicht des Gesetzgebers eine Annäherung der Maßstäbe vorgenommen (s. Rn. 11, 12) und die persönliche Betreuung des Kindes jedenfalls in seinen drei ersten Lebensjahren abgesichert werden soll, auch unter Einbeziehung des nichtehelichen Vaters in eine stärkere Verantwortung hierfür.[204] Dies rechtfertigt jedenfalls in solchen Fällen einen Anspruch auf Prozesskostenvorschuss.[205]

60 **3. Unterhalt für die Vergangenheit.** Wegen der Verweisung auf § 1613 Abs. 2 wird auf die dortige Kommentierung Bezug genommen. Als *rechtlicher* Grund, aus dem der Unterhalt nicht geltend gemacht werden konnte, ist insbesondere die Vaterschaftsfeststellung anzusehen, als *tatsächlicher* Grund ein unbekannter Aufenthalt des Vaters oder ein Aufenthalt im Ausland.[206] Unterhalt kann damit verlangt werden, bevor die Vaterschaft anerkannt oder festgestellt ist, also auch noch nachträglich für Zeiträume, die vor Anerkennung oder Feststellung liegen.[207] Auch die Regelungen zur Stufenmahnung (§ 1613 Abs. 1) sowie zum Auskunfts- und Belegansspruch der Mutter hinsichtlich von Einkommen und Vermögen des Vaters (§ 1605 Abs. 1) gelten entsprechend.[208]

61 Als **Sonderbedarf** kommt typischerweise die Erstausstattung des Säuglings in Betracht.[209] Sofern die Mutter mit der Durchsetzung ihres Anspruchs auf rückständigen Unterhalt gem. § 1613 Abs. 2 Nr. 2 länger als ein Jahr wartet, muss sie mit einem Verwirkungseinwand des Vaters rechnen;[210] der Zeitfaktor ist außerdem auch bei der Billigkeitsprüfung nach § 1613 Abs. 3 zu berücksichtigen.[211]

---

[195] *Schilling* FamRZ 2006, 1, 6 unter VI. mit weiteren Ausführungen zu der Frage, inwieweit sich die Mutter auch gegenüber ihren Eltern darauf berufen kann, das Kind selbst betreuen zu wollen.
[196] *Schwab/Borth* IV Rn. 1431.
[197] KG FamRZ 1998, 556; *Palandt/Brudermüller* Rn. 35.
[198] OLG Koblenz FamRZ 1981, 92.
[199] OLG Düsseldorf FamRZ 1995, 690; *Palandt/Brudermüller* Rn. 35; *Schwab/Borth* IV Rn. 1432.
[200] OLG München FamRZ 2002, 1219; *Johannsen/Henrich/Graba* 4. Aufl. Rn. 12; *Heiß/Heiß* in *Heiß/Born* Kap. 14 Rn. 75; *Gießler*, Vorläufiger Rechtsschutz in Ehe-, Familien- und Kindschaftssachen, Rn. 683; *Göppinger/Wax/Maurer* Rn. 1227; MünchKommZPO/*Wax* § 127a Rn. 9; differenzierend *Eschenbruch/Wohlgemuth*, Der Unterhaltsprozess, Rn. 4015 c; *Caspary* NJW 2005, 2577. 2578; aA *Büttner* FamRZ 2000, 781, 786; *Kalthoener/Büttner/Wrobel-Sachs* Rn. 359; *Erman/Hammermann* Rn. 22; *Musielak/Borth* § 127a ZPO Rn. 8.
[201] BGH FamRZ 2005, 883, 885.
[202] BGH FamRZ 2005, 883, 885.
[203] MAH FamR/*Wever* § 11 Rn. 127.
[204] BGH FamRZ 2005, 347, 348; 2005, 354, 355.
[205] *Schilling* FamRZ 2006, 1, 10.
[206] *Heiß/Heiß* in *Heiß/Born* Kap. 14 Rn. 70.
[207] *Palandt/Brudermüller* Rn. 23; *Wendl/Bömelburg* § 7 Rn. 198; *Schwab/Borth* IV Rn. 1392.
[208] *Schwab/Borth* IV Rn. 1392; *Heiß/Heiß* in *Heiß/Born* Kap. 14 Rn. 69.
[209] BVerfG FamRZ 1999, 1342; OLG Oldenburg NJW-RR 1999, 1163; OLG Nürnberg FamRZ 1993, 995; *Heiß/Heiß* in *Heiß/Born* Kap. 14 Rn. 71; Übersicht zur Kasuistik bei *Büttner/Niepmann/Schwamb* Rn. 335, Stichwort „Kleidungskosten".
[210] OLG Jena NJW-RR 2002, 1154, 1155.
[211] BT-Drucks. 13/7338 S. 32.

Somit besteht kein besonderes Bedürfnis dafür, der Verweisung in Abs. 3 S. 4 eine besondere Bedeutung beizumessen,[212] so dass der Meinungsstreit dazu[213] dahinstehen kann.

4. Tod des Vaters (Abs. 3 S. 3). Er lässt den Unterhaltsanspruch – im Gegensatz zur allgemeinen Regel des § 1615 – *nicht* erlöschen; vielmehr geht die Haftung auf die Erben über. Dies gilt nach § 1615n (zu Einzelheiten s. dort) auch für den Fall, dass der Vater noch vor Geburt des Kindes stirbt. Dies zeigt, dass der Anspruch nicht auf einem der Verwandtschaft nachgebildeten Verhältnis beruht (dies wäre mit dem Tod eines Beteiligten beendet), sondern auf der vorangegangenen und mit ihren Folgen fortdauernden Schwängerung. 62

5. Verjährung. Die frühere Sonderregelung in Abs. 4 (s. dazu Rn. 43 in der 4. Auflage) ist durch das Schuldrechtsmodernisierungsgesetz aufgegeben worden. Nunmehr gilt für sämtliche Ansprüche aus § 1615l die regelmäßige Verjährungsfrist von **drei Jahren** (§ 195); s. auch § 1613 Rn. 52. Die grundsätzliche Verlängerung für familienrechtliche Ansprüche (§ 197 Abs. 1 Nr. 2) gilt nicht für Unterhaltsansprüche (§ 197 Abs. 2) und somit auch nicht hier. Die Verjährung beginnt unabhängig von der Möglichkeit der früheren Geltendmachung des Anspruchs nicht vor Anerkennung oder Feststellung der Vaterschaft, §§ 1594 Abs. 1, 1600 d Abs. 4. Eine Hemmung richtet sich nach §§ 203 ff.; zur nachträglichen Geltendmachung s. Rn. 60. 63

6. Verwirkung. Maßgebliche Bestimmung ist – aufgrund der Verweisung in Abs. 3 S. 1 - § 1611 BGB, der keine Regelung zur verfestigten Lebensgemeinschaft enthält. Trotz der Hinweise in Rechtsprechung[214] und Schrifttum[215] auf die – trotz gebotener[216] Ausgleichung – nicht unerheblichen Unterschiede hat der Gesetzgeber von der Möglichkeit einer Neugestaltung[217] keinen Gebrauch gemacht mit der Folge, dass es bei der Verweisung auf den Verwandtenunterhalt geblieben ist und eine Verwirkung somit nur bei Vorliegen der Voraussetzungen des § 1611 in Betracht kommt,[218] während eine (auch analoge) Anwendung des § 1579 Nr. 2 ausscheidet.[219] Diese Differenzierung überzeugt nicht in Fällen einer länger bestehenden nichtehelichen Lebensgemeinschaft,[220] zumal dadurch eine – der verfassungsgerichtlichen Vorgabe (s. Rn. 7) widersprechende – Besserstellung eines nichtehelich geborenes Kind betreuenden Elternteils gegenüber einer geschiedenen Ehefrau eintritt.[221] 64

VI. Unterhaltsanspruch des Vaters gegen die Mutter (Abs. 4)

Der durch das KindUG[222] neu eingeführte Abs. 4 (Abs. 5 aF) trägt dem Umstand Rechnung, dass eine Betreuung des nichtehelichen Kindes auch durch den Vater vorgenommen werden kann.[223] Die Verweisung auf mögliche Ansprüche umfasst naturgemäß nicht solche aus Abs. 1 und Abs. 2 S. 1 (der Vater kann nicht schwanger werden); er erstreckt sich aber auf den betreuungsbedingten Anspruch nach Abs. 2 S. 2. Gem. Abs. 4 S. 2 gilt Abs. 3 entsprechend. 65

Maßgeblich für den Anspruch ist die **tatsächliche Betreuung** des Kindes durch den Vater, nicht dagegen die Sorgerechtsregelung, missbräuchliche Fälle eines väterlichen „Faustrechts" einmal ausgenommen. Zwar steht der Mutter bei Fehlen einer gemeinsamen Sorgeerklärung (§ 1626a Abs. 1 Nr. 1) die elterliche Sorge für das nichteheliche Kind grundsätzlich allein zu (§ 1626a Abs. 2). 66

---

[212] *Schilling* FamRZ 2006, 1, 9.
[213] Für rückwirkende Geltendmachung ohne Verzug: OLG Schleswig NJW 2003, 3715; für die Geltung der einjährigen Ausschlussfrist für den gesamten Unterhaltsanspruch der Mutter: *Göppinger/Maurer* Rn. 1260; *Wendl/Bömelburg* § 7 Rn. 199; für die Anwendung von § 1613 insgesamt und ohne Modifikationen: MAH FamR/*Wever* § 11 Rn. 107; *Staudinger/Engler* Rn. 28.
[214] BGH NJW 2005, 500; 1998, 1309.
[215] *Peschel-Gutzeit* FPR 2005, 344; *Schilling* FPR 2005, 513, 515.
[216] Vorgegeben durch BVerfG NJW 2007, 1735 m. Anm. *Caspary* = FamRZ 2007, 965 m. Anm. *Born* 973 und *Maier* 1076, s. o. Rn. 7.
[217] Gefordert u. a. von *Wever* FamRZ 2008, 553, 561 f.; *Schwab* FamRZ 2007, 1053, 1056; *Menne* FamRZ 2007, 173, 177; *Wellenhofer* FamRZ 2007, 2282, 2287.
[218] ZB bei massiver und fortgesetzter Vereitelung des Umgangs, BGH FamRZ 2007, 882; OLG Nürnberg FamRZ 1994, 1393; OLG München FamRZ 2006, 1605; OLG Schleswig FamRZ 2003, 688 und FamRZ 2004, 808.
[219] OLG Nürnberg NJW 2011, 939; BeckOK BGB/*Reinken* § 1615l Rn. 40; *Schilling* FPR 2005, 513 Fn. 33.
[220] Kritisch gegen die Auffassung des OLG Nürnberg deshalb *Griesche* FamFR 2011, 51, der sich ebenso für eine analoge Anwendung von § 1579 Nr. 2 ausspricht wie *Schwab/Borth* Teil V Rn. 1605, 1608 und MAH FamR/*Schnitzler/Wever* Rn. 111, 148.
[221] *Erman/Hammermann* Rn. 48 f.; *Griesche* FamFR 2011, 51.
[222] Durch Artikel 1 Nr. 5 KindUG; s. Vor § 1601 Rn. 6.
[223] Ausführlich zu Abs. 4 (= Abs. 5 aF) *Büdenbender* FamRZ 1998, 129 ff.

Auch angesichts der Unerheblichkeit der Sorgerechtsregelung im Rahmen von § 1606 Abs. 3 S. 2,[224] der Vorrangigkeit der Obhut (§ 1606 Rn. 41) und der Bedeutung des Kinderschutzes[225] liefe eine Versagung des Anspruchs gegenüber dem betreuenden Vater auf eine formal gerechtfertigte, in der Sache aber unbillige Diskriminierung hinaus.[226] Der Meinungsstreit wird entschärft, wenn man für eine Rechtmäßigkeit der väterlichen Betreuung nicht zwingend eine Sorgeerklärung (§ 1626a Abs. 1 Nr. 1) fordert, sondern einen fehlenden ausdrücklichen und beachtlichen Widerspruch der Mutter gegen die Betreuung durch den Vater ausreichen lässt.

67 Der **einstweilige Rechtsschutz** richtet sich nicht nach § 1615o Abs. 2, sondern nur nach § 940 ZPO bzw. jetzt nach §§ 246, 247 Abs. 1 FamFG.[227]

68 Aufgrund der angesichts der geringen Kindesalters zu vermutenden Unzumutbarkeit einer Erwerbstätigkeit steht dem Kindesvater – ebenso wie der Mutter im Falle dortiger Betreuung (s. Rn. 27) – faktisch eine Entschließungsfreiheit zu Gunsten der Kindesbetreuung zu, auch wenn er vorher erwerbstätig war.[228]

§ 1615m Beerdigungskosten für die Mutter

Stirbt die Mutter infolge der Schwangerschaft oder der Entbindung, so hat der Vater die Kosten der Beerdigung zu tragen, soweit ihre Bezahlung nicht von dem Erben der Mutter zu erlangen ist.

I. Zweck und systematische Stellung

1 **1. Zweck.** Er besteht in der Entlastung der unterhaltspflichtigen Ehegatten und Verwandten (Eltern) der Mutter, die nicht zugleich Erben sind, von den allein vom Vater des nichtehelichen Kindes zu verantwortenden Kosten. Seit dem Inkrafttreten des BGB war diese Frage streitig.[1] Die Vorschrift stellt klar, dass diese Kosten zu den „Folgen der Schwangerschaft" gehören.

2 **2. Systematische Stellung.** Anders als bei den „echten" Unterhaltsansprüchen nach § 1605l Abs. 1 und Abs. 2 (s. § 1615l Rn. 5) handelt es sich hier um eine reine Erstattungsforderung. Mangels Verweis auf die Regel des Verwandtenunterhalts sind hier Leistungsfähigkeit und Bedürftigkeit keine Tatbestandsvoraussetzungen.[2]

II. Haftung

3 **1. Grund.** Bei einem schwangerschafts- oder entbindungsbedingten Tod der Mutter besteht eine gegenüber deren Erben nachrangige Haftung des Vaters des nichtehelichen Kindes.

4 **a) Personen.** Bei einem Tod der nichtehelichen Mutter infolge Schwangerschaft oder Entbindung haftet der Erbe der Mutter vorrangig (§ 1968); nur wenn eine Bezahlung von dort nicht zu erlangen ist, greift die subsidiäre Haftung des Vaters des nichtehelichen Kindes ein.[3] Gläubiger der Forderung ist derjenige, der die Kosten tatsächlich getragen hat.[4]

5 Die Haftung des Vaters ist subsidiär nur gegenüber den Erben der Mutter, geht aber allen sonstigen Verwandten und dem Ehemann der Mutter vor. Deshalb besteht für die Kostenhaftung folgende Reihenfolge:
– der Erbe (§ 1968),
– der nichteheliche Vater (§ 1615m),
– der Ehemann der Mutter (§§ 1608, 1615),
– die Verwandten der Mutter (§§ 1606, 1615 Abs. 2),
– der Träger der Sozialhilfe (§ 74 SGB XII).

6 Dementsprechend geht der Anspruch auch auf den nachrangig Haftenden unter den Voraussetzungen des § 1607 Abs. 2 über, also auch auf den Vater, der rein tatsächlich die Kosten trotz Leis-

---

[224] *Palandt/Brudermüller* § 1606 Rn. 20.
[225] *Büdenbender* FamRZ 1998, 129, 134.
[226] *Palandt/Brudermüller* Rn. 33; *Büdenbender* FamRZ 1998, 129, 134.
[227] *Büdenbender* FamRZ 1998, 129, 138; *Palandt/Brudermüller* Rn. 34.
[228] *Büdenbender* FamRZ 1998, 129, 135.

[1] *Mumm* „Recht" 1901, 253 ff. einerseits, LG Tilsit sowie LG Bückeburg JW 1911, 383 andererseits.
[2] *Wendl/Bömelburg* § 7 Rn. 210.
[3] *Schwab/Borth* IV Rn. 1395.
[4] *Staudinger/Engler* (2000) Rn. 12; *Mutschler* Rn. 1; *Brüggemann* FamRZ 1971, 149; *Gernhuber/Coester-Waltjen* § 59 Rn. 24.

tungsfähigkeit des Erbes getragen hat.⁵ Bei Nichtvorliegen der besonderen Voraussetzungen des § 1607 Abs. 2 entsteht ein Anspruch aus GoA (§§ 683, 679) oder Bereicherung (§§ 812 ff.).

b) Kausalität. Der Tod der Mutter des nichtehelichen Kindes muss als Folge von Schwangerschaft oder Entbindung eingetreten sein. Eine **Mitursächlichkeit** reicht aus, sofern nicht ein vorsätzlicher Eingriff eine eigene Ursächlichkeit in Lauf gesetzt hat.

Auch ein **Schwangerschaftsabbruch** kann aber im Einzelfall als Folge der Schwangerschaft im Sinne dieser Vorschrift angesehen werden. Eine Kostenhaftung des Vaters ist anzunehmen, wenn der Abbruch mit seiner Zustimmung,⁶ erst recht aber auf seine Veranlassung vorgenommen worden ist.⁷ Gleiches gilt bei medizinisch oder eugenisch indiziertem Abbruch (§ 218a StGB), weil es in der Alleinverantwortung der – beratenen – Mutter liegt, das Kind auszutragen.⁸ Dagegen kommt *keine* Kostentragungspflicht in Betracht im Falle eines nur sozial indizierten Abbruchs,⁹ erst Recht nicht bei Ablehnung des Abbruchs oder ausdrücklichem Kindeswunsch aufseiten des Vaters.¹⁰ Wegen der Kosten bei Tot- oder Fehlgeburt s. § 1615n Rn. 7.

2. Höhe. Sie bestimmt sich – ebenso wie die Ansprüche nach § 1615l (s. dort Rn. 16, 17) – nach der Lebensstellung der Mutter.¹¹ Der Anspruch umfasst die Kosten für Sarg, Grabstein und Grabschrift,¹² nicht dagegen für die Grabpflege¹³ (s. § 1615 Rn. 10).

§ 1615n Kein Erlöschen bei Tod des Vaters oder Totgeburt

¹Die Ansprüche nach den §§ 1615l, 1615m bestehen auch dann, wenn der Vater vor der Geburt des Kindes gestorben oder wenn das Kind tot geboren ist. ²Bei einer Fehlgeburt gelten die Vorschriften der §§ 1615l, 1615m sinngemäß.

I. Zweck und systematische Stellung

1. Zweck. Zur Absicherung ihres Schwangerschafts- und Entbindungsrisikos sollen der Mutter ihre Ansprüche – abweichend vom Grundsatz des § 1615 – auch bei Tod des Vaters und – darüber hinaus – auch dann erhalten werden, wenn das Kind nicht lebend geboren wird.

2. Systematische Stellung. Entsprechend der Regelung für den *Unterhalt* der Mutter (§ 1615l Abs. 3 S. 5) ändert der Tod des Vaters unabhängig vom Todeszeitpunkt auch in Bezug auf die *sonstigen Ansprüche* aus § 1615l und der Ansprüche aus § 1615m nichts an seiner – auf seine Erben übergehenden – Verpflichtung zum Kostenersatz.¹ Der Anspruchserhalt besteht alternativ bei Tod des Vaters vor der Geburt des Kindes und bei Totgeburt des Kindes.

II. Erhalt der Ansprüche (S. 1)

1. Erbenhaftung. Der Tod des Vaters lässt – unabhängig von seinem Zeitpunkt – seine Verpflichtung, Entbindungskosten und damit zusammenhängende weitere Aufwendungen sowie Unterhalt für die Mutter (§ 1615l) sowie Beerdigungskosten für sie (§ 1615m) oder das Kind (S. 1) zu tragen, unberührt. Gleichgültig ist auch, wie alt oder reif der Embryo ist, wenn es zur „Geburt" oder zum Abort kommt. Die Haftung geht auf die Erben des Vaters über (§ 1967).

2. Vaterschaftsfeststellung. Sofern bei Tod des Vaters die Vaterschaft nicht schon vorher und vor der Geburt des Kindes anerkannt worden ist (§ 1594 Abs. 4), muss sie gerichtlich festgestellt werden.²

---

⁵ Nach aA, so von *Gernhuber/Coester-Waltjen* § 59 Rn. 24 sowie *Staudinger/Engler* § 1615m Rn. 13 kann derselbe Anspruch allerdings aus § 1615m selbst hergeleitet werden.
⁶ RGRK/*Mutschler* Rn. 2. Großzügiger *Staudinger/Engler* (2000) Rn. 5, der grundsätzlich allein auf die Verursachung der Schwangerschaft durch den Vater abstellt.
⁷ *Schwab/Borth* IV Rn. 1380; *Gernhuber/Coester-Waltjen* § 59 Rn. 21.
⁸ RGRK/*Mutschler* Rn. 7; *Soergel/Häberle* Rn. 2.
⁹ *Schwab/Borth* IV Rn. 1380 aE.
¹⁰ AG Brühl FamRZ 1985, 107; *Staudinger/Engler* (2000) Rn. 6.
¹¹ *Palandt/Brudermüller* Rn. 1.
¹² RGZ 139, 393, 395; 160, 256.
¹³ RGZ 139, 393; *Gernhuber/Coester-Waltjen* § 59 Rn. 24.
¹ *Palandt/Brudermüller* Rn. 1.
² Der nach § 844 für den Tod des nichtehelichen Vaters in Anspruch Genommene gehört zum Kreis der Anhörungsberechtigten.

§ 1615o   Abschnitt 2. Titel 3. Unterhaltspflicht

Hier helfen in erster Linie die stark verbesserten medizinischen Aufklärungsmöglichkeiten (s. § 1615o Rn. 15), daneben die Vermutungen der §§ 1600c Abs. 1, 1600 d Abs. 2; zu Einzelheiten s. dort.

5   Bei **Totgeburt** des Kindes und fehlender Anerkennung der Vaterschaft ist die Vaterschaftsfeststellung rechtlich zulässig und biologisch möglich. Die für Lebendgeburten maßgebende gesetzliche Empfängniszeit (§ 1600d Abs. 3) ist für eine Totgeburt nicht einschlägig; sie ist vielmehr im Einzelfall nach den biologischen Reifezeichen der Totgeburt zu ermitteln.[3] Die Vaterschaftsfeststellung ist inzidenter im Prozess der Mutter auf Zahlung der zeitlich begrenzten Unterhaltsrente oder im entsprechenden Verfahren der nach § 1615m Ersatzberechtigten vorzunehmen.[4]

6   **3. Umfang. a) Kosten der Totgeburt.** Hierzu zählen zunächst die Kosten der Entbindung für Mutter und Fötus (Arzt-, Klinik- und Laborkosten), des Weiteren die Kosten für die Bestattung der Leibesfrucht.[5]

7   **b) Abtreibung.** Hier gelten die gleichen Grundsätze wie bei § 1615m (s. dort Rn. 7, 8), auch wenn „Entbindung" und Unterhalt wegen „entbindungsbedingter" Bedürftigkeit nicht vorliegen.[6] Denn es ist kein Grund dafür ersichtlich, in Bezug auf den Tod des Kindes anders zu verfahren als beim Tod der Mutter.

8   **c) Fristen.** Die Fristen des § 1615l berechnen sich nach dem Zeitpunkt der Totgeburt. Zwar entfällt eine Versorgung des Kindes im Sinne von § 1615l Abs. 2 S. 2. Gerade im Falle einer Totgeburt liegen aber physische und psychische Störungen der Mutter mit der Folge von Ansprüchen aus § 1615l ohne weiteres nahe.

III. Fehlgeburt (S. 2)

9   Die Vorschrift ordnet eine sinngemäße Geltung von §§ 1615l und 1615 m im Falle einer Fehlgeburt an. Diese Regelung beseitigt *unterhaltsrechtlich* die nach Personenstandsrecht vorliegende Differenzierung zwischen Tot- und Fehlgeburt. Nach den dortigen Vorschriften[7] ist als *Totgeburt* nur ein Embryo von mindestens 35 cm Länge anzusehen; ansonsten liegt eine – nicht eintragungsfähige – *Fehlgeburt* vor. Die umstrittene Frage, ob bei einer Fehlgeburt, die personenstandsrechtlich nicht als „Geburt" registriert wird, überhaupt eine „Person" vorhanden ist,[8] für die Ansprüche der Mutter gegeben sein können, hat damit unterhaltsrechtlich keine Bedeutung. Denn hier können auf Grund der gesetzlichen Gleichstellung im Falle der Fehlgeburt Ansprüche ebenso gegeben sein wie bei Totgeburt. Das Alter des Embryos ist ohne Bedeutung, so dass Ansprüche auch durch eine nur wenige Wochen alte Fehlgeburt begründet werden können.

§ 1615o *(aufgehoben)*

Die Vorschrift wurde aufgehoben. Sie betraf die einstweilige Verfügung als Sicherung der Ansprüche von Kind und Mutter für die Zeit ihrer besonderen Schutzbedürftigkeit vor und nach der Geburt. Der Inhalt der Vorschrift ist nunmehr in § 247 FamFG geregelt. Zu Einzelheiten wird auf die Kommentarliteratur[1] sowie einschlägige Handbücher[2] verwiesen.

---

[3] *Odersky* III 3 c. Zu Einzelheiten der Bestattung (mit Bundesländer-Vergleich) *Rixen* FamRZ 1994, 417.
[4] *Staudinger/Engler* (2000) Rn. 11; RGRK/*Mutschler* Rn. 6; *Gernhuber/Coester/Waltjen* § 59 Rn. 21 Fn. 25, Rn. 30.
[5] *Erman/Hammermann* Rn. 3; *Gernhuber/Coester-Waltjen* § 59 Rn. 21.
[6] Vgl. AG Brühl FamRZ 1985, 107; AG Brake FamRZ 1976, 288.
[7] § 29 AusführungsVO zum Personenstandsgesetz vom 25. 2. 1977 (BGBl. I S. 377) iVm. § 264 Abs. 1 der Dienstanweisung für Standesbeamte und ihre Aufsichtsbehörden. S. dazu *Ullmann* DAVorm. 1992, 1047; zur Bestattung *Rixen* FamRZ 1994, 417.
[8] S. zu der früheren Diskussion *Gernhuber/Coester-Waltjen* § 59 Rn. 21.
[1] *Keidel/Giers*; MünchKommZPO/*Dötsch*; *Bumiller/Harders*; *Horndasch/Viefhues/Roßmann*.
[2] *Born* in *Heiß/Born* Kap. 25 Rn. 123 ff.

Titel 4. Rechtsverhältnis zwischen den Eltern und dem Kind im Allgemeinen

Vorbemerkungen

Schrifttum: S. vor Rn. 6.

Übersicht

	Rn.		Rn.
I. Der 4. Titel	1–4	2. Gesetzgebungsgeschichte	6
1. Systematik	1, 2	3. Prinzipien des Namensrechts und Grundlinien der gesetzlichen Regelung	7, 8
a) Keine abschließende Regelung	1	4. Begriffe	9–13
b) Kein einheitliches Programm	2	a) Familienname	9
2. Inhalt	3	b) Geburtsname	10
3. Eltern-Kind-Verhältnis	4	c) Aktuell geführter Name, Gebrauchsname	11
II. Kindesnamensrecht	5–13	d) Echte und unechte Doppelnamen	12
1. Allgemeines	5	e) Ehemalige Adelsbezeichnungen	13

I. Der 4. Titel

1. Systematik. a) Keine abschließende Regelung. Der Wortlaut der Überschrift und die 1 systematische Stellung des Titels legen den Schluss nahe, hier seien sämtliche Vorschriften über das Eltern-Kind-Verhältnis versammelt, welche nicht auf die Minderjährigkeit des Kindes und das Bestehen des Sorgerechts auf Seiten der Eltern abstellen (5. Titel), sondern allgemein für minderjährige wie volljährige Kinder unabhängig vom Bestehen elterlicher Sorge gelten. Für das frühere Recht bildete die Zusammenfassung von Normen, welche unabhängig vom ehelichen oder ne. Status der Kinder galten, eine weitere, wenngleich bloß partielle Klammer gegenüber den spezielleren Vorschriften über die elterliche Sorge im 5. und 6. Titel (dazu 3. Aufl. Rn. 3); insoweit ist die Klammerfunktion des 4. Titels indes entfallen, denn seit dem KindRG differenzieren selbst die Vorschriften über den Kindesnamen tatbestandlich nicht mehr nach dem Status des Kindes.[1] Auch sonst trifft das Verhältnis eines allgemeinen Teils des Kindschaftsrechts zum besonderen des 5. Titels nicht zu: Zum einen finden sich allgemeine Vorschriften in diesem Sinne auch an anderer Stelle, so in den **ergänzenden familienrechtlichen Vorschriften** über die Abstammung (§§ 1591 ff.), den Unterhalt (§§ 1601 ff.) und die Annahme an Kindes statt (§§ 1741 ff.), während die Vorschriften über die Vormundsbestellung (§§ 1776 ff.) seit dem Betreuungsgesetz 1992 nur noch minderjährige Kinder betreffen; weitere **allgemeine Normen** dieser Art sind außerhalb des Familienrechts geregelt, vgl. zB §§ 8, 11 (Wohnsitz), §§ 104 ff. (Wirksamkeit von Rechtsgeschäften), § 207 Abs. 1 S. 2 Nr. 2 (Verjährungshemmung) sowie die Vorschriften über das gesetzliche Erb- und Pflichtteilsrecht (§§ 1924 ff., 2303). Daneben gibt es noch eine Reihe weiterer Vorschriften über das Eltern-Kind-Verhältnis **außerhalb des BGB**, so insbes. Vorschriften über das Zeugnisverweigerungsrecht (§ 383 Abs. 1 Nr. 3 ZPO, § 52 Abs. 1 Nr. 3 StPO) sowie über die Staatsangehörigkeit des Kindes (StAG).

b) Kein einheitliches Programm. Zum anderen enthalten die Vorschriften des 4. Titels 2 entgegen seiner Überschrift kein einheitliches Programm, vielmehr lassen sich hier Gruppen bilden: Die durch das KindRG reformierten Vorschriften über den Kindesnamen gelten überwiegend nur für minderjährige Kinder (außer § 1617b Abs. 2 und § 1617c) und hängen (außer §§ 1616, 1617 c Abs. 1, 2 Nr. 1) sogar tatbestandlich vom Bestehen der elterlichen Sorge für diese ab; dagegen erfassen die §§ 1618a, 1619, 1624 und 1625 auch volljährige Kinder und § 1620 gar nur solche, jeweils aber unabhängig von den Sorgerechtsverhältnissen. Lediglich die §§ 1618a, 1619, 1624 und 1625 sind daher wirklich allgemeine Normen iS der Titelüberschrift.

2. Inhalt. Der Inhalt des 4. Titels hat seit seinen Anfängen grundlegende Änderungen erfahren 3 (dazu 3. Aufl. Rn. 2). Die häufigsten Modifikationen hat in den letzten Jahren das Kindesnamensrecht erlebt (Rn. 6). Neben diesem (§§ 1616 bis 1618) sind Regelungsgegenstände des 4. Titels die Dienstleistungspflicht des Kindes (§ 1619), eine Schenkungsvermutung bei Kindesaufwendungen für

---

[1] Das kann freilich nicht darüber hinwegtäuschen, dass einige Normen inhaltlich trotz ihres insoweit neutralen Gesetzeswortlauts nach wie vor praktisch nur die Fallgruppe von Kindern miteinander nicht verheirateter Eltern betreffen, wie vor allem § 1617a (s. dort Rn. 1).

den elterlichen Haushalt (§ 1620) und die Gewährung einer Ausstattung (§§ 1624, 1625). Die durch das SorgeRG eingefügte Vorschrift des § 1618a soll eine Grundnorm für die Eltern-Kind-Beziehungen darstellen, deren Bedeutung als Leitbild über den 4. Titel hinausreicht und sogar – freilich konkretisierungsbedürftige – Rechtspflichten begründet. Nicht zum Normenbestand des 4. Titels gehört das Recht des **Kindesvornamens** (Rn. 5).

4 **3. Eltern-Kind-Verhältnis.** Die §§ 1616 bis 1625 gehen vom Eltern-Kind-Verhältnis iS des BGB aus. Das ist die rechtlich anerkannte Elternschaft, sei sie biologisch durch Abstammung vermittelt (§§ 1591 ff.), sei sie durch Adoption begründet (§ 1754). Seit der Abschaffung der statusmäßigen Unterschiede von Kindern durch das KindRG spielt es für die grundsätzliche Anwendbarkeit der Vorschriften keine Rolle mehr, ob die Eltern des Kindes miteinander verheiratet sind oder nicht. Dagegen erfassen diese Normen nach ihrem Wortlaut weder die **rein biologische**, rechtlich (noch) nicht feststehende Elternschaft, die inzwischen immerhin in § 1600 Abs. 1 Nr. 2, Abs. 2, 3 und allgemein in § 1685 Abs. 2 anerkannt ist, noch das Phänomen bloßer **sozialer** oder **psychologischer Elternschaft**, obgleich die Rechtsstellung von **Pflegeeltern** durch das KindRG deutlich aufgewertet worden ist (vgl. Erl. § 1688). Das Rechtsverhältnis zwischen **Stiefeltern und Stiefkindern** ist noch nicht als Elternschaft im Rechtssinne anerkannt, wiewohl es durch das KindRG (vgl. §§ 1682, 1685 Abs. 2, § 1688 Abs. 4) erstmals ausdrücklich normiert worden ist, und der neue § 1687b gesteht dem Stiefelternteil sogar das „kleine Sorgerecht" zu (s. dort). Ebenfalls nicht im 4. Titel geregelt sind die Rechtsverhältnisse zwischen dem Kind und einem/einer Dritten, mit dem/der ein Elternteil in einer registrierten **Lebenspartnerschaft** iS des § 1 LPartG zusammenlebt. Eine unmittelbare Anwendbarkeit der Vorschriften des LPartG scheidet aus, wiewohl § 9 Abs. 1 bis 4 LPartG dem homosexuellen Lebenspartner eines Elternteils gleichfalls das „kleine Sorgerecht" gewährt;[2] im Hinblick auf die Möglichkeit eines Lebenspartnerschaftsnamens (§ 3 LPartG) können sich jedoch mittelbare Auswirkungen auf das Kindesnamensrecht ergeben (s. dort).

II. Kindesnamensrecht

Schrifttum: *Arndt*, Die Geschichte und Entwicklung des familienrechtlichen Namensrechts in Deutschland unter Berücksichtigung des Vornamensrechts, 2003; *Coester*, Neues Familiennamensrecht, FuR 1994, 1; *ders.*, Das Kind muss einen Namen haben, Jura 2007, 348; *Diederichsen*, Die Reform des Kindschafts- und Beistandschaftsrechts, NJW 1998, 1977; *Dutta*, Die Inzidentprüfung der elterlichen Sorge bei Fällen mit Auslandsbezug – eine Skizze, StAZ 2010, 193; *Gaaz*, Ausgewählte Probleme des Eheschließungs- und Kindschaftsrechts, StAZ 1998, 241, 247; *Hepting*, Regelungszwecke und Regelungswidersprüche im Namensrecht, StAZ 1996, 1; *ders.*, Grundlinien des aktuellen Familiennamensrechts, FPR 2002, 115; *Klippel*, Der zivilrechtliche Schutz des Namens, 1985; *Liermann*, Abschied von der Legitimation nichtehelicher Kinder, StAZ 1999, 321; *Michalski*, Kindesnamensrecht, FamRZ 1997, 977; *Pintens*, Name und Menschenrechtskonvention, FS D. Henrich, 2000, S. 451; *Raschauer*, Namensrecht: Eine systematische Darstellung des geltenden österreichischen und des geltenden deutschen Rechts, Wien 1978; *v. Sachsen Gessaphe*, Internationales Privatrecht und UN-Kaufrecht, 2. Aufl. 2007; *ders.*, Der Betreuer als gesetzlicher Vertreter für eingeschränkt Selbstbestimmungsfähige, Modell einer mehrstufigen Prüfung der Eingangsschwelle der Betreuung und des Einwilligungsvorbehalts, 1999; *v. Spoenla-Metternich*, Namenserwerb, Namensführung und Namensänderung unter Berücksichtigung von Namensbestandteilen, 1997; *Sturm*, Der Kindesname national und international, FS G. Lüke 1997, S. 809; *ders.*, Europäisches Namensrecht im Dritten Jahrtausend, FS D. Henrich, 2000, S. 611; *Sturm/Sturm*, Der minderjährige Elternteil und der Name seines Kindes, FS A. Wacke, 2001, S. 487; *Thomas*, Öffentlich-rechtliche Namensänderungen, StAZ 2010, 33; *Wagenitz*, Neues Recht in alten Formen. Zum Wandel des Kindesnamensrechts, FamRZ 1998, 1545; *Willutzki*, Kindesnamensrecht nach der Kindschaftsrechtsreform, KindPrax 1999, 83.

5 **1. Allgemeines.** Die §§ 1616 bis 1618 regeln den Erwerb des **Familiennamens** durch das Kind und dessen mögliche spätere Änderungen. Der Erwerb des **Vornamens** ist dagegen nicht gesetzlich normiert, sondern wird aus dem elterlichen Sorgerecht abgeleitet (§ 1616 Rn. 4, eingehend Erl. Nach § 1618). Außerhalb der §§ 1616 ff. bestehen weitere namensrechtliche Vorschriften, welche für den Kindesnamen von unmittelbarer Bedeutung sind: Zu nennen sind §§ 1355, 1757, Art. 224 § 3 EGBGB, § 3, 9 Abs. 5 f. LPartG und die Kollisionsnormen der Art. 10, 47 EGBGB; neben diesen privatrechtlichen Regelungen bestehen öffentlichrechtliche, vor allem in PStG über die Namensbeurkundung und im NamensÄndG, welche die Änderung des einmal erworbenen Vor- oder Familiennamens bei Vorliegen besonderer Gründe normieren, daneben in § 94 BVFG und in § 2 S. 2 MindNamÄndG (zu beiden § 1617c Rn. 27 ff.). Durch zahlreiche Reformen der letzten Jahre (Rn. 6) hat die privatrechtliche Regelung inzwischen einen Grad an Komple-

---

[2] Näher dazu *Muscheler* StAZ 2006, 189 ff.

xität erreicht, welcher außerhalb jedes Verhältnisses zur eigentlichen Bedeutung der Materie im Alltagsleben steht.[3]

2. Gesetzgebungsgeschichte. Die Vorschriften über den Kindesnamen waren ursprünglich einfach ausgestaltet, da der Familienname des Vaters sowohl bez. des Ehenamens als auch bez. des Kindesnamens maßgeblich gewesen war. Der fortschreitende Wunsch nach Gleichberechtigung zwischen den Geschlechtern und damit auch zwischen den Ehegatten brachte notwendigerweise eine Abkehr von diesem Ansatz zugunsten eines Wahlrechts der Eheleute bez. des Ehenamens mit sich, welche auf den Kindesnamen überwirkte (§ 1355 Rn. 1 f.). Der Name ne. Kinder wurde dagegen entsprechend dem damaligen Leitbild der Alleinsorge der Mutter von dieser abgeleitet, ergänzt durch die Einbenennungsmöglichkeit des § 1618. Eine entscheidende Zäsur brachte dann das **FamNamRG** von 1994, welches den letzten Mannesvorrang in § 1355 durch Aufgabe der Pflicht zum Ehenamen beseitigte und dadurch mittelbar eine größere tatbestandliche Differenzierung hinsichtlich des Namens ehelicher Kinder erforderlich machte. Nur vier Jahre danach hat das **KindRG** erneut gravierende Umwälzungen herbeigeführt, diesmal unmittelbar der Vorschriften über den Kindesnamen. Die Zielsetzung des KindRG, die nach dem NEhelG verbliebene normative Differenzierung zwischen ehelichen und ne. Kindern auch auf dem Gebiet des Kindesnamensrechts zu beseitigen, machte eine weitgehende Neukonzeption der §§ 1616 ff. durch Wahl insoweit neutraler Tatbestandsmerkmale nötig (Rn. 8). Trotz des zur Schau gestellten legislatorischen Perfektionismus weist die Regelung des Kindesnamensrechts tatbestandliche Unklarheiten und Lücken sowie – weit gravierender – zahlreiche Wertungswidersprüche (Rn. 8) auf. Für weitere Unruhe haben mittelbar die Bestimmungen des LPartG und vor allem die Neuregelung des Ehenamensrechts von 2005 mit der Möglichkeit der Bestimmung erheirateter Namen zum Ehenamen einer neuen Ehe (Erl. § 1355) gesorgt, unmittelbar hat es kleinere Änderungen durch das KindRVerbG (§ 1618 Rn. 1) sowie redaktionelle durch das PStRG gegeben. Freilich lassen die Inkongruenzen des neuen Ehenamensrechts (§ 1355 Rn. 43, 45) weitere Reformen mit Auswirkungen auch auf den Kindesnamen erwarten.

3. Prinzipien des Namensrechts und Grundlinien der gesetzlichen Regelung. Der Name einer Person soll zum einen deren **Abstammung** kennzeichnen. Eng damit verwandt ist die Verdeutlichung der Zugehörigkeit zu einer bestimmten Familie; diese verlangt nach **Namenseinheit** in der Familie.[4] Beides ist Ausdruck der **sozialen Zuordnungsfunktion** des Namens.[5] Diese Namensfunktion hat gegenwärtig ihre vormals vorrangige Position eingebüßt: Die familiäre Zuordnung zu einer bestimmten Familie ist durch die Aufgabe des Zwangs zum Ehenamen erschwert worden, denn bei fehlender Einigung der Eheleute ist nur noch die Zuordnung zu einem Elternteil möglich; und diese Lage stellt sich bei außerhalb einer Ehe geborenen Kindern ohnehin ein. Daneben soll der Name die Person als Individuum identifizieren, zum einen zur Unterscheidung von anderen Individuen,[6] zum anderen zur eigenen Identifikation des Namensträgers;[7] insoweit ist der Name durch das allgemeine **Persönlichkeitsrecht** des Namensträgers geschützt (Art. 2 Abs. 1 iVm. Art. 1 Abs. 1 GG).[8] Diese gegenwärtig vorherrschende **Identifikationsfunktion** verlangt nach **Kontinuität** des Namens, so dass dieser nicht jeder Änderung der Verhältnisse anzupassen ist.[9] Zwischen der sozialen Zuordnungsfunktion, welche bei Wechseln in den Sorgerechts- oder sonstigen familiären Verhältnissen nach einer Namensänderung verlangt, und der Kontinuität erheischenden Identifikationsfunktion kommt es also zu Spannungen. Zunehmend wird der Name als Mittel der **Selbstdarstellung** der eigenen Person entdeckt,[10] jedenfalls im Vornamensrecht geht dies oftmals zu Lasten des Kindes. Dem kommt der Gesetzgeber dadurch entgegen, dass er den Eltern weitreichende **Dispositionsbefugnisse** über den eigenen Namen (§ 1355) oder den des Kindes (§§ 1617, 1617 a Abs. 2, 1617 b Abs. 1, 1617 c Abs. 1, 1618) gewährt.

Diese Namensprinzipien bestimmen in unterschiedlicher Weise die **Grundlinien** der gegenwärtigen **gesetzlichen Regelung:** Leitbild ist ganz offensichtlich die Namenseinheit in der Familie, denn bei Vorliegen eines **Ehenamens** der Eltern wird dieser ungeachtet der Sorgerechtsverhältnisse

---

[3] Kritisch daher auch *Hepting* StAZ 1996, 1 ff.; *ders.* FPR 2002, 115, 120 f.; *Coester* Jura 2007, 348, 354; *Staudinger/Coester* (2007) Rn. 4.
[4] *Raschauer* S. 22 f.; vgl. auch BVerfG NJW 1991, 2822 = FamRZ 1991, 1161.
[5] Dazu näher *Klippel* S. 361 ff.; *Hepting* StAZ 1996, 1, 2 f.; *ders.* FPR 2002, 115 f.; *Coester* Jura 2007, 348 f.
[6] So bereits RGZ 91, 350, 352.
[7] Zu beidem *Klippel* S. 355 f.
[8] Zu den Namensprinzipien einschl. des persönlichkeitsrechtlichen Schutzes BVerfGE 104, 373, 385 ff. = NJW 2002, 1256, 1257 = FamRZ 2002, 306, 308, s. a. Erl. § 1355 Rn. 2 ff.
[9] Dem folgend BayVGH BeckRS 2011, 46548 Tz. 7; wie hier *Hepting* StAZ 1996, 1, 2; *Soergel/Heinrich* § 12 Rn. 3.
[10] *Hepting* StAZ 1996, 1, 3; *Klippel* S. 358; s. Erl. § 1355 Rn. 2, 43.

zum Kindesnamen, selbst noch bei nachträglicher Bestimmung eines solchen (§§ 1616, 1617 c Abs. 1); die Verbindung des Kindesnamens mit dem elterlichen Ehenamen ist weitgehend unwandelbar, denn der Kindesname folgt – außer im Falle einer Einbenennung (§ 1618, § 9 Abs. 5 LPartG) – nur Änderungen des Ehenamens, Änderungen der Sorgerechtslage oder die einseitige Aufgabe des Ehenamens durch einen Elternteil bleiben unberücksichtigt (§ 1617c Rn. 16). Ähnlich hoch schätzt der Gesetzgeber die durch **Einbenennung** bewirkte Namenseinheit in der Stieffamilie ein, denn auch hier ist eine Änderung des solcherart erworbenen Kindesnamens nur möglich, soweit der Ehename sich ändert oder eine erneute Einbenennung erfolgt (§ 1618 Rn. 31 ff.). Die Anbindung an den Ehenamen der Eltern oder der Stieffamilie wird grundsätzlich der sozialen Zuordnungsfunktion des Namens gerecht; Ausnahmen davon bestehen insoweit, als die Anbindung nicht den Fortbestand der Elternehe voraussetzt und im Interesse der Namenskontinuität der Kindesname nicht alle Veränderungen der familiären oder sorgerechtlichen Lage widerspiegelt. Die Namensführung des Kindes ist in diesen Fällen mittelbar (§ 1355 Abs. 2) oder unmittelbar (bei Einbenennung) von einem elterlichen Dispositionsakt abhängig. Haben die Eltern (noch) keinen Ehenamen, so kommt es für den Kindesnamen maßgeblich auf die **elterliche Sorge** an: Bei originärer Alleinsorge tritt der Erwerb des Namens des berechtigten Elternteils kraft Gesetzes ein (§ 1617a), ansonsten setzt der Namenserwerb einen Dispositionsakt voraus, bei gemeinsamer Sorge beider Eltern (§§ 1617, 1617 b Abs. 1, § 1618 S. 1 Alt. 2), bei alleiniger des berechtigten Elternteils (§ 1617a Abs. 2, § 1618 S. 1 Alt. 1), bei Anfechtung der Scheinvaterschaft kommt es – außer bei Kleinstkindern – auf den Willen des Kindes an (§ 1617b Abs. 2); teils ist die Mitwirkung des nicht bestimmungsbefugten Elternteils als – teils ersetzbare – Einwilligung konzipiert (§§ 1617a Abs. 2, 1618 S. 3, 4). In diesen Fallgruppen leitet sich der Kindesname einseitig vom Namen eines Elternteils ab, so dass regelmäßig nur partielle Namenseinheit zu diesem herstellbar ist. Die Anbindung an das Sorgerecht machte es im Sinne der sozialen Zuordnungsfunktion des Namens nötig, Sorgerechtswechsel auf den Kindesnamen durchschlagen zu lassen; im Interesse der Namenskontinuität hat der Gesetzgeber dies jedoch nur beim Wechsel von der alleinigen zur gemeinsamen Sorge unmittelbar zulassen wollen, nicht jedoch umgekehrt (§ 1617b Rn. 1). Änderungen des einseitigen elterlichen Bezugnamens wirken sich nach § 1617c Abs. 2 Nr. 2 bedingt auf den Kindesnamen aus (s. dort Rn. 19 f.). Außerhalb dieses Regelungsschemas steht die Einbenennung, denn diese knüpft zwar an das Sorgerecht an, nimmt aber an der Privilegierung des Ehenamens teil, wiewohl dieser hier nicht der den Eltern und dem Kind gemeinsame Name ist. Da **Änderungen des Geburtsnamens** das Persönlichkeitsrecht des Kindes tangieren, setzen sie ab Vollendung des fünften Lebensjahres dessen Einverständnis voraus (§ 1617c Abs. 1). Dieses teils unvermittelte Nebeneinander konträrer Namensprinzipien führt zu erheblichen Problemen und Inkongruenzen der gesetzlichen Regelung.[11] Gerade die rechtspolitisch verfehlten Möglichkeiten der Weitergabe fortgeführter oder wieder angenommener erheirateter Namen stellen die eigene Selbstdarstellung über die Kennzeichnung der abstammungsmäßigen Wahrheit; dadurch wird nicht nur eine wesentliche Namensfunktion konterkariert, vielmehr geht dies zu Lasten des darin nicht konsentierenden Namensspenders, ohne notwendigerweise dem Wohle des Kindes zu entsprechen. Der elterlichen Dispositionsbefugnis entspricht nur eingeschränkt ein Verfügungsrecht des Kindes beim Anschluss an Namenswechsel der Eltern.[12] Die nahe liegenden Möglichkeiten, dem Kind angesichts der zahllosen Wertungswidersprüche der gesetzlichen Regelung ein eigenes Entscheidungsrecht nach Erreichen der Volljährigkeit zuzugestehen (§ 1617c Rn. 34) oder dem Dilemma der nur partiellen Zuordnung des Kindes bei fehlendem Ehenamen der Eltern durch Zulassung von Doppelnamen abzuhelfen (§ 1617 Rn. 35), hat der Gesetzgeber nicht aufgreifen wollen.

9 4. Begriffe. a) Familienname. ist der personenstandsrechtlich zu führende Name, der gem. § 21 Abs. 1 Nr. 1, 4 PStG in das Geburtenregister einzutragen ist. Dieser ist gleichbedeutend mit dem Zu- oder **Nachnamen** iSd. allgemeinen Sprachgebrauchs, im Unterschied zum **Vornamen** (dazu Rn. 5, Erl. Nach § 1618). Obgleich der Begriff des Familiennamens nur in § 1355 auftaucht, sind die Begriffe „Geburtsname" oder „Name" in §§ 1616 ff. gleichbedeutend (§ 1355 Rn. 7).[13] Im personenstandsrechtlichen Sinne ist Familienname der Oberbegriff für Geburts-, Ehe- und Begleitnamen; zu den beiden letzteren § 1355 Rn. 6, 10. Kein Familienname ist grundsätzlich ein davon abweichender Gebrauchsname (dazu Rn. 11). Zum grundsätzlichen Ausschluss ausländischer Namenszusätze mit geringer Kennzeichnungsfunktion (zB Singh, Kaur) als Familiennamen bei Geltung deutschen Rechts, Erl. § 1355 Rn. 7.

---

[11] Dazu *Hepting* StAZ 1996, 1, 2; *ders.* FPR 2002, 115, 119 f.; *Coester* Jura 2007, 348 ff.
[12] Soweit das Anschlussmodell des § 1617c Abs. 1 unmittelbar oder kraft Verweisung (§ 1617a Abs. 2 S. 4, § 1617b Abs. 1 S. 4 und Abs. 2 S. 3, § 1617c Abs. 2, § 1618 S. 6, § 9 Abs. 5 S. 2 LPartG) zur Anwendung gelangt.
[13] Vgl. *Gaaz/Bornhofen* § 27 PStG Rn. 68.

b) Geburtsname. ist der gem. § 59 Abs. 1 Nr. 1 PStG in die Geburtsurkunde sowie gem. § 21 **10** Abs. 1 Nr. 1 PStG in das Geburtenregister einzutragende Familienname des Kindes. Nachgeburtliche Änderungen desselben nach § 1617a Abs. 2, §§ 1617b, c, durch substituierende Einbenennung (§ 1618 S. 1), durch Adoption (§ 1757) oder nach dem NamensÄndG sind im Geburtenregister fortzuschreiben, nicht jedoch Änderungen durch Bestimmung eines Ehenamens bzw. Lebenspartnerschaftsnamens (§ 3 LPartG) oder durch Hinzufügung eines Begleitnamens (§ 1355 Abs. 4, 5 S. 2, § 1618 S. 2, § 3 Abs. 2 LPartG);[14] kein bloßer Begleitname ist jedoch der bei Adoption nach § 1757 Abs. 4 S. 1 Nr. 2 dem neuen Familiennamen hinzugefügte bisherige Familienname des Angenommenen, vielmehr wird der zusammengesetzte Name neuer Geburtsname des Angenommenen.[15] Der neue Name mutiert dann zum Geburtsnamen. Geburtsname ist also der **ohne jede Ehe** bzw. Lebenspartnerschaft **geführte Familienname.**

c) Aktuell geführter Name, Gebrauchsname. Verschiedentlich stellt das Gesetz nicht auf **11** den Geburtsnamen, sondern auf den zu einem bestimmten Zeitpunkt geführten Namen ab (§ 1355 Abs. 2, 4, 5, §§ 1617 Abs. 1, 1617 a Abs. 1). Gemeint ist der personenstandsrechtlich zu führende Name, ob er tatsächlich vom Namensträger geführt wird, ist unerheblich. Dies kann der Geburtsname oder ein davon abweichender, durch Ehe (§ 1355) oder Lebenspartnerschaft (§ 3 LPartG) erworbener Name sein. Nicht erfasst wird demgegenüber ein entgegen den gesetzlichen Namenserwerbstatbeständen bloß faktisch geführter **Künstler-** oder **Gebrauchsname.** Solche Pseudonyme oder Wahlnamen können zwar den Schutz des § 12 genießen (Erl. § 12 Rn. 10 ff.), doch stellen sie keine Familiennamen dar, obgleich deren Verwendung gesellschaftlich durchaus üblich ist. Allerdings kann das rein tatsächliche Führen eines Gebrauchsnamens über längere Zeit entgegen den gesetzlichen Namenserwerbstatbeständen vom Schutz des allgemeinen Persönlichkeitsrechts umfasst sein, wenn er über einen nicht unbedeutenden Zeitraum die Persönlichkeit des Trägers tatsächlich mitbestimmt hat und ein entsprechender Vertrauenstatbestand vorliegt.[16]

d) Echte und unechte Doppelnamen. Besteht der Familienname aus mehreren Bestandteilen, **12** so spricht man von einem Doppel- oder mehrgliedrigen Namen, im Gegensatz zum eingliedrigen Namen. Hier gilt es zu unterscheiden: Werden **mehrgliedrige Namen** herkömmlich als einheitliche Namen empfunden, so können sie wie eingliedrige Namen problemlos zum Kindesnamen bestimmt werden (§ 1617 Rn. 16); das gilt für vormalige Adelsbezeichnungen (zB Prinz von Preußen, Graf von Brockdorff-Rantzau), Hofnamen (zB Meier auf der Heide, Schulze zur Wiesche) oder unselbständige Namensbestandteile wie Mac (schottisch), oder De, Di oder Del (romanische Sprachen).[17] **Echte Doppelnamen** sind zusammengesetzte Namen, die eine grundsätzlich untrennbare Einheit bilden (aber § 1355 Rn. 28). Sie können durch Geburt, nachgeburtliche Namensänderung oder Eheschließung erworben und regelmäßig nur insgesamt auf Kinder übertragen werden; hierzu gehört insbes. auch der durch Adoption nach § 1757 Abs. 4 S. 1 Nr. 2 aus dem neuen und dem bisherigen Familiennamen zusammengesetzte Name des Angenommenen.[18] **Unechte Doppelnamen** entstehen dadurch, dass einem Namen ein weiterer hinzugefügt wird und diese Verbindung vom Namensträger wieder aufgelöst werden kann, wie dies bei der Beifügung eines Begleitnamens zu einem Ehe- (§ 1355 Abs. 4 S. 4) bzw. Lebenspartnerschaftsnamen (§ 3 Abs. 2 LPartG) oder der additiven Einbenennung (§ 1618 Rn. 16) der Fall ist. Allerdings kann ein unechter Doppelname zum echten mutieren, wenn er außerhalb der Fälle des § 1616 als aktuell geführter Name eines Elternteils zum Kindesnamen wird.

e) Ehemalige Adelsbezeichnungen. sind gem. Art. 109 Abs. 3 S. 2 WRV iVm. Art. 123 **13** Abs. 1 GG Bestandteile des Familiennamens[19] und werden nach dem Vornamen geführt (Nr. A 1.3.3 S. 1 PStG-VwV, zB Ernst August Prinz von …). Sie werden bei Erwerb vor Inkrafttreten der Weimarer Verfassung (14. 8. 1919) seit diesem Zeitpunkt nach bürgerlichem Recht erworben und verloren.[20] Kinder erhalten eine von den Eltern als Ehenamen geführte vormalige Adelsbezeichnung nach Maßgabe des § 1616 als Geburtsnamen, ansonsten richtet sich der Erwerb nach §§ 1617 bis 1618. Aus dem Sinn des Art. 109 Abs. 3 S. 2 WRV, vormals Adeligen ihre adeligen Namen, so wie sie am Stichtag bestanden, als bürgerliche Namen zu erhalten, folgt, dass es für die Art der Namensführung entscheidend auf das frühere Adelsrecht ankommt und zum Stichtag Versteinerung des

---

[14] Zum Ehenamen *Gaaz/Bornhofen* § 27 PStG Rn. 68.
[15] Erl. § 1757 Rn. 30; *Staudinger/Frank* (2007) § 1757 Rn. 25 mwN.
[16] BVerfG NJWE-FER 2001, 193 = StAZ 2001, 207, 208; bestätigend BVerfG NJW 2007, 671.
[17] BT-Drucks. 12/3163 S. 16.
[18] *Staudinger/Frank* (2007) § 1757 Rn. 25 mwN.
[19] StRspr., BVerwGE 23, 344, 345.
[20] RGZ 103, 190, 194; BayObLG FamRZ 1980, 445; allgM.

§ 1616 1   Abschn. 2. Titel 4. Rechtsverhältnis zw. den Eltern u. dem Kind

damaligen Namens eingetreten ist.[21] Deshalb sind bereits vor dem Stichtag längere Zeit nicht mehr geführte Adelsbezeichnungen nicht Namensbestandteil geworden[22] und können somit nicht nach §§ 1616 ff. auf Kinder übergehen. Da es für die Art der Namensführung auf das frühere Adelsrecht ankommt, ist es durchaus konsequent, dass Frauen die vormalige Adelsbezeichnung durch Deklination des männlichen Titels in die weibliche Form führen,[23] und so verfährt auch die standesamtliche Praxis (Nr. A 1.3.3 S. 2 PStG-VwV); aus demselben Grunde kann die männliche Bezeichnung „Ritter von" auf weibliche Namensträger nur ohne den Zusatz „Ritter" übergehen.[24] Die Versteinerung zum Stichtag sollte nur bedeuten, dass der zu diesem Zeitpunkt geführte Titel in dieser Form zum bürgerlichen Namen werden sollte. Beim sog. persönlichen Adel widerstreiten das Prinzip der Versteinerung im Stichtag und die Orientierung am vormaligen Adelsrecht, nach welchem der Titel gerade nicht erblich sein sollte; der zweite Gedanke wird durch die Intention des Art. 109 Abs. 3 S. 2 Halbs. 2 WRV, eine Entstehung neuer Adelsnamen gerade zu verhindern, noch verstärkt, weshalb ein vor dem Stichtag verliehener persönlicher Adel nicht als Geburtsname auf das Kind übergehen kann,[25] ebenso wenig frühere Primogentitel (zB Fürst von …);[26] beides entspricht standesamtlicher Praxis (Nr. A 1.3.3 S. 4 f. PStG-VwV). Ein Erwerb ehemaliger Adelsbezeichnungen durch öffentlichrechtliche Namensänderung ist daher nur ganz ausnahmsweise zulässig, vgl. § 1617c Rn. 28.

§ 1616 Geburtsname bei Eltern mit Ehenamen

Das Kind erhält den Ehenamen seiner Eltern als Geburtsnamen.

Schrifttum: S. Vor § 1616 vor Rn. 5.

Übersicht

	Rn.		Rn.
I. Allgemeines	1–4	3. Rechtsfolgen	11, 12
1. Gesetzgebungsgeschichte	1	a) Automatischer Namenserwerb	11
2. Normzweck	2	b) Auswirkungen einer Änderung des Ehenamens	12
3. Internationale Menschenrechte	3	4. Bedeutung	13
4. Vor- und Rufname	4	5. Einzelfragen	14
II. Der Ehename als Geburtsname des Kindes	5–14	III. Intertemporales Recht	15–17
1. Begriff	5	1. Zum KindRG	15, 16
2. Erwerbsvoraussetzungen	6–10	a) Grundregel	15
a) Maßgeblicher Zeitpunkt	7	b) Perpetuierung von Doppelnamen	16
b) Elternschaft	8	2. Recht der neuen Bundesländer	17
c) Bezug zur Elternehe	9	IV. Internationales Privatrecht	18, 19
d) Tod des Vaters oder der Eltern vor der Geburt	10	1. Grundregeln	18
		2. Doppelnamen	19
		V. Würdigung	20

I. Allgemeines

1   **1. Gesetzgebungsgeschichte.** Die Vorschrift entspricht inhaltlich § 1616 Abs. 1 idF durch das FamNamRG, während die durch dieses eingefügten Abs. 2 bis 4 durch das KindRG inhaltlich weitgehend in den neuen § 1617 eingestellt wurden. Der Ehename geht also weiterhin auf die

---

[21] Dazu *Staudinger/Habermann* (2004) § 12 Rn. 53 mwN; zur Entstehungsgeschichte der Norm *v. Spoenla-Metternich* S. 119 ff.
[22] KG StAZ 1999, 38 ff.; OLG Hamm FamRZ 2007, 1168.
[23] RGZ 113, 107, 112 ff.; BayObLGZ 1967, 62, 67; BayObLG NJW-RR 2003, 289, 290; OLG Düsseldorf NJWE-FER 1997, 127 = StAZ 1997, 178; für inkonsequent halten dies *Staudinger/Coester* (2007) § 1616 Rn. 8; *Staudinger/Voppel* (2007) § 1355 Rn. 35; dagegen vehement *v. Spoenla-Metternich* S. 130–138, 151–154.
[24] OLG Düsseldorf NJWE-FER 1997, 127 = StAZ 1997, 178.
[25] BayObLGZ 1967, 62, 67; BayObLG StAZ 1981, 186 f. und 1984, 339; *Erman/Michalski/Döll* § 1616 Rn. 5 a; *Staudinger/Coester* (2007) § 1616 Rn. 8; *Palandt/Heinrichs/Ellenberger* § 12 Rn. 6; *Soergel/Heinrich* § 12 Rn. 6; *Staudinger/Habermann* (2004) § 12 Rn. 55 mwN; aA die 3. Aufl. (*Hinz*) sowie *v. Spoenla-Metternich* S. 148 f.
[26] Näher dazu *Staudinger/Habermann* (2004) § 12 Rn. 56 mwN.

Kinder über, doch fehlt in der Neufassung die Bezugnahme auf den ehelichen Status des Kindes. Dies ist Ausdruck der allgemeinen Zielsetzung des KindRG, rechtliche Anknüpfungen an den Status des Kindes zu vermeiden.[1] Die Änderung beschränkt sich jedoch nicht auf eine rein terminologische Bereinigung, sondern bewirkt eine Ausweitung des Anwendungsbereichs der Norm im Vergleich zum früheren Recht (Rn. 6 ff.).

2. Normzweck. Durch die Anknüpfung an den Ehenamen der Eltern bestätigt die Vorschrift den Grundsatz der **Namenseinheit in der Familie**, welcher gemäß der gesellschaftlichen Funktion des Namens die Zugehörigkeit des Namensträgers zu einer Familie durch Abstammung und den familiären Zusammenhang dokumentieren soll.[2] Für Eheleute ist die Namenseinheit zumindest als gesetzliches Leitbild noch immer in § 1355 Abs. 1 verankert, wenngleich sie im Zuge der gleichberechtigungskonformen und das Persönlichkeitsrecht jedes Ehegatten an seinem bisherigen Namen wahrenden Ausgestaltung der Regelung erheblich aufgeweicht worden ist (§ 1355 Rn. 2), so dass nicht alle ehelichen Kinder notwendig einen mit ihren Eltern übereinstimmenden Namen erhalten; entscheiden sich die miteinander verheirateten Eltern gegen einen Ehenamen, so müssen sie den Namen eines von ihnen zum Namen gemeinsamer Kinder bestimmen, § 1617. Namenseinheit in der ehelichen Familie tritt also nicht mehr automatisch ein, sondern ist mittelbar von einer entsprechenden, auch stillschweigenden **Disposition der Eltern** abhängig (§ 1355 Rn. 12); diese kann sogar noch Jahre nach Eheschließung erfolgen und bewirkt dann eine Änderung des bisherigen Namens des Kindes, ab dessen sechstem Lebensjahr freilich nur, wenn es sich gem. § 1617c Abs. 1 der Namensänderung anschließt. Entscheiden sich die Eltern für einen Ehenamen, dann haben sie bezüglich des Kindesnamens kein Wahlrecht.[3] In § 1616 – ergänzt durch § 1617c Abs. 1 – gibt der Gesetzgeber zu erkennen, dass er ungeachtet der sozio-demographischen Veränderungen am Vorbild der ehelichen Familie mit einheitlichem Familiennamen festhält. Dies zeigt sich zum einen an der systematischen Stellung der Norm, zum anderen daran, dass diese neben der stets erforderlichen Abstammung allein an den Ehenamen der Eltern anknüpft und nicht an deren Sorgerecht, wie §§ 1617, 1617 a. Allerdings kann die Vorschrift sogar Kinder aus aufgelösten Ehen erfassen (Rn. 8 f.), so dass die Namenseinheit zwischen Eltern und Kind selbst das Auseinanderbrechen der ehelichen Familie und das Ende des gemeinsamen Sorgerechts der Eltern zu überdauern vermag, wenn diese nur ihren Ehenamen nach § 1355 Abs. 5 S. 1 fortführen. Eine besondere Ausprägung des Gedankens der Namenseinheit enthalten die intertemporalen Vorschriften des Art. 224 § 3 Abs. 2 bis 6 EGBGB (Rn. 15 f.).

3. Internationale Menschenrechte. Obgleich weder das GG noch die EMRK und die GRC eine ausdrückliche Bestimmung über die Namensgebung enthalten, ist der Name doch als Mittel der persönlichen Identifizierung und der Zuordnung zu einer Familie vom allgemeinen Persönlichkeitsrecht (Art. 2 Abs. 1 iVm. Art. 1 Abs. 1 GG)[4] bzw. vom Schutz des Privat- und Familienlebens in Art. 8 EMRK[5] und Art. 7 GRC[6] umfasst. Die Verknüpfung des Namens des minderjährigen Kindes mit dem von den Eltern gewählten Ehenamen steht im Einklang mit Art. 6 Abs. 1 GG[7] und dem europäischen Grundrechtsstandard. Das Recht des Kindes auf einen Namen von Geburt an aus Art. 7 Abs. 1 UN-Kinderrechtskonvention wird durch §§ 1616 bis 1617 a umgesetzt.[8]

4. Vor- und Rufname. Die Erteilung des Vornamens wird nicht von §§ 1616 bis 1618 geregelt, ebenso wenig der daraus abgeleitete Rufname. Vielmehr ist das Recht zur Auswahl und Bestimmung eines Vornamens Teil der grundgesetzlich gewährleisteten elterlichen Sorge (Art. 6 GG, § 1626 Abs. 1 S. 2) und sollte daher bei dieser kommentiert werden. Wegen des Zusammenhangs zu dem

---

[1] BT-Drucks. 13/4899 S. 70.
[2] Vgl. Vor § 1616 Rn. 7 sowie BVerfG NJW 1991, 2822 = FamRZ 1991, 1161 f.; näher dazu *Hepting* StAZ 1996, 1, 2 f.; *Klippel* S. 361 ff.; *Raschauer* S. 22 f.
[3] Ein solches hatte zB gefordert *Schwenzer* 59. DJT A 58 f.
[4] BVerfGE 104, 373, 387 = NJW 2002, 1256, 1257 = FamRZ 2002, 306, 308.
[5] EuGHMR 22. 2. 1994 Nr. 16213/90 (Burghartz v. CH) ÖJZ 1994, 559, 560; 6. 12. 2001 Nr. 31178/96 (Petersen v. Deutschland) NJW 2003, 1921, 1922 = FamRZ 2002, 1017, 1018; 6. 5. 2008 Nr. 33572/02 (Freifrau von Rehlingen v. Deutschland) StAZ 2008, 375, 377; näher dazu *Pintens*, FS Henrich, S. 454 ff.; auch rechtsvergleichend *Gaaz* StAZ 2008, 365, 366 ff.
[6] EuGH 12. 5. 2011 C-391/09 (Runevič-Vardyn und Wardyn v. Vilniaus miesto savivaldybės administracija u. a.) BeckRS 2011, 80519 Tz. 66; 22. 12. 2010 C-208/09 (Sayn-Wittgenstein v. Landeshauptmann von Wien) BeckEuRS 2010, 554007 Tz. 52 = StAZ 2011, 77.
[7] BVerfGE 104, 373, 391 = NJW 2002, 1256, 1258 f. = FamRZ 2002, 306, 309 f.
[8] In diesem Sinn zum früheren Recht *Bethke*, Das Übereinkommen der Vereinten Nationen über die Rechte des Kindes und seine Umsetzung in der Bundesrepublik Deutschland, 1996, S. 73; die Konvention ist seit 15. Juli 2010 in Deutschland ohne Vorbehalt anwendbar.

§ 1616 5–8   Abschn. 2. Titel 4. Rechtsverhältnis zw. den Eltern u. dem Kind

durch §§ 1616 bis 1618 normierten Familiennamen des Kindes wird es hier gleichwohl nach diesen Vorschriften erläutert, s. Erl. **Nach § 1618**.

II. Der Ehename als Geburtsname des Kindes

5   **1. Begriff.** Der Ehename der Eltern, den das Kind nach § 1616 als Geburtsnamen erhält, ist nach der Legaldefinition des § 1355 Abs. 1 S. 1 der von den **Ehegatten gemeinsam geführte Familienname** (zum Begriff § 1355 Rn. 6). Seit der Reform durch das Gesetz zur Änderung des Ehe- und Lebenspartnerschaftsnamensrechts von 2005 (BGBl. I S. 203) führen die zahllosen Wahl- und Kombinationsmöglichkeiten der Ehenamensbildung (s. Erl. § 1355) zu einer entsprechenden Vielfalt möglicher Kindesnamen nach § 1616: Ehename kann gem. § 1355 Abs. 2 nicht nur der **Geburtsname** des Vaters oder der Mutter sein, sondern auch ein davon abweichender **aktuell geführter Name** eines von beiden (zu den Begriffen Vor § 1616 Rn. 10 f.). Dadurch kann das Kind den aus einer Vor(vor)ehe eines Elternteils stammenden, von dessen früherem, mit dem Kind nicht verwandten Ehegatten abgeleiteten Ehenamen erwerben. Denkbar ist sogar, dass der **Lebenspartnerschaftsname** (§ 3 LPartG) eines Elternteils aus einer früheren homosexuellen Lebenspartnerschaft zum Ehenamen bestimmt wird und so auf die Kinder übergeht. Hat ein Elternteil dem Ehenamen nach § 1355 Abs. 4 einen **Begleitnamen** hinzugefügt, so überträgt dieser sich als persönlicher Namenszusatz nicht nach § 1616 auf Kinder (§ 1355 Rn. 10, 30). Anders ist die Lage dagegen, wenn die Eltern den aus einem erheirateten Ehenamen bzw. Lebenspartnerschaftsnamen und einem diesem beigefügten Begleitnamen zusammengesetzten **unechten Doppelnamen** eines von ihnen zum Ehenamen bestimmen; dadurch mutiert dieser zum echten Doppelnamen und geht ungeteilt auf das Kind über (§ 1355 Rn. 15 f.). Eine isolierte Bestimmung des Begleitnamens zum Ehenamen ist nicht möglich, doch kann dies im Ergebnis über die Wahlmöglichkeiten aus § 1355 Abs. 4 und 5 erreicht werden (§ 1355 Rn. 15, 36). Zu weiteren Möglichkeiten, einseitige mehrgliedrige Namen eines Ehegatten zum Ehenamen und so mittelbar zum Kindesnamen zu bestimmen, § 1355 Rn. 14. Demgegenüber können die Eltern nicht einen aus ihren beiden bisherigen Namen **zusammengesetzten Doppelnamen** zum Ehenamen bestimmen und über § 1616 auf ihre Kinder übertragen (§ 1355 Rn. 17). Abweichendes kann sich bei Geltung ausländischen Rechts ergeben; zudem konnten Kinder unter der vom BVerfG vor Inkrafttreten des FamNamRG geschaffenen Übergangsregelung einen aus den Elternnamen zusammengesetzten Namen erwerben.[9] Führen die Eltern bei Geburt des Kindes noch keinen Ehenamen, so richtet sich der Kindesname nach §§ 1617, 1617 a; einer nachträglichen Ehenamensbestimmung folgt der Kindesname nach Maßgabe des § 1617c Abs. 1 nach. Grundsätzlich behalten die Ehegatten den Ehenamen gem. § 1355 Abs. 5 S. 1 selbst nach Auflösung der Ehe bei; auf danach geborene Kinder geht er über, sofern er von beiden Elternteilen fortgeführt wird (Rn. 8).

6   **2. Erwerbsvoraussetzungen.** Voraussetzungen für den Namenserwerb des Kindes nach § 1616 sind, dass im Zeitpunkt der Geburt die Elternschaft rechtlich feststeht und die Eltern einen Ehenamen führen, weil sie jedenfalls vor der Geburt verheiratet waren. Anders als in den Fällen der §§ 1617, 1617 a kommt es auf das elterliche Sorgerecht nicht an.[10]

7   **a) Maßgeblicher Zeitpunkt.** Die Tatbestandsvoraussetzungen müssen im Zeitpunkt der Geburt des Kindes vorliegen, wie sich aus dem Regelungszusammenhang mit § 1617, § 1617a Abs. 1, § 1617c ergibt.[11] Wird der Ehename erst nach der Geburt bestimmt (§ 1355 Abs. 3 S. 2), so hat das Kind im Regelfall der gemeinsamen Sorge seiner verheirateten Eltern bereits bei Geburt seinen Namen nach § 1617 erhalten, bei Alleinsorge eines Elternteils nach § 1617a. Die nachträgliche Wahl eines Ehenamens erstreckt sich auf das Kind nur *ex nunc* nach Maßgabe des § 1617c Abs. 1; erfolgt sie indes noch vor Beurkundung der Kindesgeburt, so ist der Ehename aus praktischen Gründen gleich als Geburtsname des Kindes einzutragen.[12] Ausnahmsweise hat dies auch noch nach Beurkundung der Kindesgeburt zu gelten, wenn die verheirateten, gemeinsam sorgeberechtigten Eltern bis zur nachträglichen Bestimmung eines Ehenamens dem Kind keinen Namen nach § 1617 erteilt haben und auch keine Ersatzbestimmung nach § 1617 Abs. 2 S. 4 erfolgt ist (§ 1617 Rn. 13).

8   **b) Elternschaft.** Der Ehename muss von den Eltern des Kindes bei dessen Geburt geführt werden und zudem die Abstammung des Kindes von beiden Elternteilen feststehen. Die Elternschaft ergibt sich bei bestehender Ehe aus §§ 1591, 1592 Nr. 1 sowie bei Auflösung der Ehe durch den Tod des Vaters aus § 1593 (aber Rn. 10). Ist bei der Geburt des Kindes ein Scheidungsantrag anhän-

---
[9] BVerfGE 84, 9, 23 f. = NJW 1991, 1602, 1604; s. Erl. Rn. 16 und Art. 224 § 3 EGBGB Rn. 4 ff.
[10] Unzutreffend daher NK-BGB/*Löhnig/Czeguhn* Rn. 6.
[11] *Lipp/Wagenitz* Rn. 5.
[12] *Henrich/Wagenitz/Bornhofen* Rn. 12, § 1617 Rn. 6; *Staudinger/Coester* (2007) Rn. 10; *Hepting* Rn. IV-265.

gig und hat ein anderer Mann es nach Maßgabe des § 1599 Abs. 2 anerkannt, so hat das Kind zunächst gleichwohl den Ehenamen der Mutter und ihres Ehemannes nach § 1616 erworben; mit rückwirkendem Wegfall der Vaterschaft gem. § 1599 Abs. 2 S. 3 kommt eine Änderung des Kindesnamens nach § 1617b Abs. 2 analog in Betracht (s. dort Rn. 19).[13] Ist die Ehe der Eltern vorgeburtlich geschieden worden und führen sie den Ehenamen fort, so kann die Vaterschaft des vormaligen Ehemannes der Mutter auf pränatalem Anerkenntnis beruhen (§ 1592 Nr. 2, § 1594 Abs. 4); wird die Vaterschaft jedoch erst nach der Geburt anerkannt oder nach § 1592 Nr. 3, § 1600d festgestellt, so hat das Kind bereits einen Geburtsnamen nach § 1617a Abs. 1, selbst wenn seine geschiedenen Eltern den Ehenamen weiterführen. Mit Wirksamkeit von Anerkenntnis oder Feststellungsurteil wird der ursprüngliche Geburtsname im Interesse der Namenseinheit zwischen beiden Eltern und dem Kind nach § 1617c Abs. 1 S. 1 durch deren Ehenamen verdrängt; erfolgen Anerkenntnis oder Feststellung der Vaterschaft allerdings erst, nachdem das Kind das fünfte Lebensjahr vollendet hat, so tritt die Rechtsfolge nur bei entsprechender Beteiligung des Kindes ein.[14]

c) Bezug zur Elternehe. Da die Vorschrift einen Ehenamen der Eltern voraussetzt und ein solcher nur während deren Ehe bestimmt worden sein kann, könnte man daran denken, die Norm erfasse trotz des Fortfalls des Adjektivs „ehelich" allein eheliche Kinder.[15] Allerdings ist nach dem Willen des Gesetzgebers das **Fortbestehen der Ehe** der Eltern bei der Geburt des Kindes **nicht notwendig,** sondern nur, dass die Eltern vor der Geburt verheiratet waren und im Zeitpunkt der Geburt den durch diese Ehe begründeten Ehenamen fortführen.[16] Die Ehe der Eltern kann also im Zeitpunkt der Geburt des Kindes durch Scheidung aufgelöst worden sein, sofern beide Elternteile den aus ihrer vormals bestehenden Ehe herrührenden Ehenamen zu diesem Zeitpunkt gem. § 1355 Abs. 5 S. 1 fortführen; es handelt sich nach wie vor um den Ehenamen (§ 1355 Rn. 33). Für das Überwirken des danach fortgeführten Ehenamens ist keine zeitliche Befristung vorgesehen. Das gilt selbst dann, wenn einer der Elternteile nach Scheidung eine eingetragene Lebenspartnerschaft iSd. § 1 LPartG eingeht. Führt bei der Geburt hingegen nur noch ein Elternteil den vormaligen Ehenamen, so handelt es sich nicht mehr um den gemeinsam geführten Ehenamen der Eltern, so dass § 1616 nicht einschlägig ist. Ob die Eltern bei Aufhebung ihrer Ehe durch Urteil gem. § 1313 ihren Ehenamen fortführen, ist umstritten (dazu § 1355 Rn. 34); wird die Ehe erst nach der Kindesgeburt aufgehoben, behält das Kind den von den Eltern übernommenen Ehenamen jedenfalls bei.

d) Tod des Vaters oder der Eltern vor der Geburt. Umstritten ist der Fall, dass die Ehe durch den Tod des Vaters vor der Geburt des Kindes aufgelöst worden ist, wenn die Eltern einen Ehenamen geführt hatten. Nach einer Ansicht erwirbt das Kind den von den Eltern geführten Ehenamen nach § 1616, ungeachtet des Todes des Vaters, denn für die Vorschrift genüge das Feststehen der Abstammung nach § 1593 S. 1, 2 iVm. § 1592 Nr. 1 und das Führen eines Ehenamens durch die Eltern; der maßgebliche Anknüpfungszeitpunkt der Geburt werde durch § 1593 S. 1 auf den Empfängniszeitraum vorverlagert, doch müsse die Mutter den Ehenamen gem. § 1355 Abs. 5 jedenfalls bei der Geburt noch führen.[17] Nach der Gegenansicht ist hingegen § 1617a Abs. 1 anwendbar, denn mit dem Tod des Ehemannes sei die Mutter gem. § 1680 Abs. 1 allein sorgeberechtigt, und den vormaligen Ehenamen führe sie zwar weiter, aber nicht mehr als gemeinsamen iSd. § 1355 Abs. 1, sondern als individuellen Familiennamen; nur so sei es nach dem System des § 1617c Abs. 2 problemlos möglich, dass sich das Kind einem späteren Namenswechsel der Mutter anschließt, während der Ehename als solcher nach Auflösung der Ehe unwandelbar wird.[18] Entgegen der in der 4. Aufl. vertretenen Ansicht ist der ersten Meinung der Vorzug zu geben, da das Tatbestandsmerkmal des Ehenamens gegenüber den auf die elterliche Sorge abstellenden Tatbeständen privilegiert ist, wie der Blick auf §§ 1616, 1617 c Abs. 1, 2 Nr. 1 zeigt. Ebenso ist beim höchst seltenen Fall des Todes beider Elternteile bei Geburt[19] zu entscheiden.[20]

---

[13] Insoweit ungenau AG Kleve StAZ 2011, 215; für einen automatischen Wechsel in den Mutternamen aus § 1617a Abs. 1 hingegen *Henrich/Wagenitz/Bornhofen* Rn. 6, wie hier aber *dies.,* § 1617b Rn. 70, 74.
[14] Ebenso *Bamberger/Roth/Enders* Rn. 20; für Anwendung des § 1616 hingegen *Henrich/Wagenitz/Bornhofen* Rn. 9; *Staudinger/Coester* (2007) Rn. 4; in diese Richtung *Erman/Michalski/Döll* Rn. 4.
[15] So *Erman/Michalski/Döll* Rn. 3.
[16] So ausdr. BT-Drucks. 13/4899 S. 90 zu § 1616; *Staudinger/Coester* (2007) Rn. 2, 12 f.
[17] *Henrich/Wagenitz/Bornhofen* Rn. 7, 14; FamRefK/*Wax* Rn. 3; *Palandt/Diederichsen* Rn. 1; *Rauscher* FamR Rn. 914; wohl auch *Lipp/Wagenitz* Rn. 2.
[18] *Staudinger/Coester* (2007) Rn. 17; *Gernhuber/Coester-Waltjen* § 54 Rn. 5; NK-BGB/*Löhnig/Czeguhn* Rn. 5; jetzt auch *Bamberger/Roth/Enders* Rn. 21.1.
[19] Möglich bei Tod der Mutter während des Geburtsvorganges oder gar bei Schwangerschaft einer hirntoten Mutter, zu letzterem AG Herbruck FamRZ 1992, 1471 *(Erlanger Baby).*
[20] Wie hier *Henrich/Wagenitz/Bornhofen* Rn. 45; aA (Anwendung des § 1617) hingegen *Staudinger/Coester* (2007) § 1617a Rn. 12.

§ 1616 11–17   Abschn. 2. Titel 4. Rechtsverhältnis zw. den Eltern u. dem Kind

11   **3. Rechtsfolgen. a) Automatischer Namenserwerb.** Bei Vorliegen der tatbestandlichen Voraussetzungen tritt der Namenserwerb automatisch ein, ein elterliches Namensbestimmungsrecht besteht dann nicht (Rn. 2). Das gilt selbst dann, wenn das Kind, welches seinen Namen nach § 1616 erwirbt, schon ein oder mehrere vollbürtige Geschwister hat, deren Name nach § 1617 bestimmt worden ist, weil die Eltern zum Zeitpunkt ihrer Geburt noch keinen Ehenamen geführt hatten. Das Prinzip der Namenseinheit unter Geschwistern greift hier nicht (§ 1617 Rn. 22); zur Wiederherstellung der Namenseinheit in der Gesamtfamilie bleibt der Weg über § 1617c Abs. 1.

12   **b) Auswirkungen einer Änderung des Ehenamens.** Mit dem Erwerb des Ehenamens als Geburtsname des Kindes trennt sich das rechtliche Schicksal beider Namen.[21] Änderungen des Ehenamens erstrecken sich auf letzteren nur unter bestimmten Voraussetzungen: Für familienrechtlich bedingte Änderungen des Ehenamens der Eltern ist dies in § 1617c Abs. 2 Nr. 1 (s. dort) angeordnet; das gilt zB für den Fall, dass der namensgebende Ehegatte adoptiert wird (§ 1757 Abs. 3). Geht der namensgebende Elternteil eine neue Ehe bzw. eine Lebenspartnerschaft ein, so regeln § 1618 bzw. § 9 Abs. 5 LPartG die Möglichkeit der Einbenennung des Kindes durch diesen Elternteil und dessen neuen Ehegatten bzw. Lebenspartner unter Verweis auf das Anschlusserfordernis des Kindes aus § 1617c Abs. 1. Auch eine öffentlichrechtliche Namensänderung wirkt sich nicht automatisch auf den Kindesnamen aus (§ 1617c Rn. 28). Dagegen ist das **einseitige Ausscheren** eines Elternteils aus dem Namensverbund der Familie ohne Einfluss auf den Kindesnamen (§ 1617c Rn. 15 f.).

13   **4. Bedeutung.** § 1616 regelt den Familiennamen des Kindes im Sinne eines der freien Wahl und Abänderung entzogenen festen Namens,[22] im Gegensatz zu einem bloßen Gebrauchsnamen (dazu Vor § 1616 Rn. 11). Der so erworbene Ehename der Eltern hat für das Kind die Bedeutung eines subjektiven Rechts (vgl. Erl. zu § 12). Eine Pflicht zur Führung dieses Namens ergibt sich aus dem öffentlichen (Namens-)Recht (§ 111 Abs. 1 OWiG) sowie aus dem Personenstandsrecht (§ 21 Abs. 1 Nr. 1 PStG).

14   **5. Einzelfragen.** Enthält der Ehename der Eltern eine ehemalige **Adelsbezeichnung,** so geht diese nach § 1616 auf das Kind über, Erl. Vor § 1616 Rn. 13. Für **Findelkinder** und sonstige Personen, deren Personenstand nicht feststellbar ist, wird der Familienname gem. §§ 24 f. PStG durch die Verwaltungsbehörde bestimmt.

III. Intertemporales Recht

15   **1. Zum KindRG. a) Grundregel.** Gem. Art. 224 § 3 Abs. 1 S. 1 EGBGB behält das vor Inkrafttreten des KindRG (1. 7. 1998) geborene Kind einen nach früherem Recht begründeten Geburtsnamen bei. Hierin manifestiert sich der Grundsatz der Namenskontinuität, verbunden mit dem Vertrauensgrundsatz, doch können die Eltern nach den in Abs. 1 S. 2 in Bezug genommenen Vorschriften eine Diskontinuität der Namensführung des Kindes erreichen. Der regelungstechnische Grundtatbestand des Abs. 1 S. 1 kann zur Namensverschiedenheit von Geschwistern führen, wenn deren Geburtsdatum teils vor, teils nach dem Stichtag liegt; dem können die Eltern durch Namensänderung bei vor dem Stichtag geborenen Kindern in gewissem Rahmen abhelfen (Erl. Art. 224 § 3 EGBGB Rn. 3).

16   **b) Perpetuierung von Doppelnamen.** Eine Namensverschiedenheit von Geschwistern kann sich insbes. dann einstellen, wenn ein oder mehrere gemeinsame Kinder vor Inkrafttreten des FamNamRG (1. 4. 1994) nach der durch das BVerfG geschaffenen Übergangslösung als Geburtsnamen einen aus den Namen beider Eltern zusammengesetzten Doppelnamen erhalten hatten, während nach diesem Stichtag geborene Geschwister keinen Doppelnamen mehr erwerben konnten. Aus Art. 224 § 3 Abs. 5 S. 1 EGBGB lässt sich nämlich folgern, dass der Doppelname von vor dem Stichtag geborenen Kindern entgegen der sonstigen Zielsetzung des FamNamRG perpetuiert wird. Art. 224 § 3 Abs. 2 bis 6 EGBGB sieht nun eine Reihe von Vorschriften vor, um daraus resultierende „Namensverschiedenheiten unter Geschwistern zu vermeiden oder zu beseitigen".[23] Näher dazu Erl. Art. 224 § 3 EGBGB.

17   **2. Recht der neuen Bundesländer.** Dazu 4. Aufl. Erl. Art. 234 § 10 EGBGB.

---

[21] Dazu *Gaaz* StAZ 2000, 357, 358.
[22] *Raschauer* S. 22.
[23] BT-Drucks. 13/8511 S. 80.

IV. Internationales Privatrecht

1. Grundregeln. Vgl. Erl. zu Art. 10 EGBGB, insbes. Rn. 100, 103 ff. In Fällen mit Auslandsbezug beurteilt sich der Name des Kindes gem. der Grundregel des Art. 10 Abs. 1 EGBGB nach dessen Heimatrecht, selbst wenn der Namenserwerb sich als mittelbare Folge einer (früheren) Ehe der Eltern darstellt.[24] Für deutsche Kinder kommen danach die §§ 1616 ff. zur Anwendung, selbst wenn das Kind im Ausland geboren ist oder neben der deutschen eine ausländische Staatsangehörigkeit besitzt, letzteres wegen Art. 5 Abs. 1 S. 2 EGBGB. Ist danach § 1616 einschlägig, so ist allerdings der Ehename iS dieser Norm als Vorfrage gesondert anzuknüpfen.[25] In solchen Fällen führt die unselbständige Anknüpfung[26] nach deutschem IPR als der lex causae hinsichtlich der Ehegatten für jeden von ihnen gem. Art. 10 Abs. 1 EGBGB zu dessen Heimatrecht, sofern sie nicht von der Rechtswahlbefugnis des Art. 10 Abs. 2 EGBGB Gebrauch gemacht haben. Bei Unionsbürgern gebietet eine europarechtskonforme Auslegung die unselbständige Anknüpfung derartiger Vorfragen.[27] Eine Frage der Qualifikation ist es dann, ob der vom gewählten (ausländischen) Sachrecht vorgesehene oder von den Ehegatten danach wirksam bestimmte Familienname als Ehename iSv. § 1616 aufzufassen ist.[28] Für Kinder ohne deutsche Staatsangehörigkeit richtet sich der Name hingegen grundsätzlich nach deren ausländischem Heimatrecht, doch kann eine dabei auftretende Vorfrage hinsichtlich der Namensführung der Eltern nach deutschem materiellen Recht zu beurteilen sein. Nicht zuletzt um Probleme aus der Anwendbarkeit unterschiedlicher materieller Namensnormen für die Mitglieder einer Familie zu vermeiden oder zu beseitigen, ermöglicht Art. 10 Abs. 3 EGBGB den Eltern eine von der Regelanknüpfung des Abs. 1 abweichende Rechtswahl bezüglich der Namensführung des Kindes.[29] Einige Angleichungsprobleme beim Wechsel vom vormals ausländischen zum nun deutschen Namensstatut (zB keine Unterscheidung zwischen Vor- und Familiennamen, unbekannte Namensbestandteile) regeln speziell für Aussiedler § 94 BVFG[30] und allgemein Art. 47 EGBGB.[31] Zum Einfluss der europäischen Grundfreiheiten auf die Namensführung in Sachverhalten mit Bezug zum EU-Ausland, Erl. Art. 10 EGBGB Rn. 140 ff.

2. Doppelnamen. Besondere Probleme bereitet die Frage, inwieweit im spanischen Rechtskreis[32] übliche Doppelnamen bei Maßgeblichkeit deutschen Rechts als Kindesnamensstatut auf Kinder übergehen können. Nach dem insoweit maßgeblichen § 1616 erhält das Kind den Ehenamen der Eltern, sofern diese einen solchen führen. Haben Verlobte, von denen einer nur Deutscher und der andere jedenfalls auch Spanier oder Angehöriger eines anderen Staates ist, welcher dem spanischen Modell folgt, die Ehe in Deutschland geschlossen, so können sie sich gem. Art. 10 Abs. 2 Nr. 1 EGBGB vor dem Standesamt für die Maßgeblichkeit deutschen Namensrechts hinsichtlich des in der Ehe zu führenden Namens entscheiden und nach § 1355 Abs. 2 den Geburtsnamen des ausländischen Verlobten zum Ehenamen bestimmen. In der Rspr. herrschte Uneinigkeit über die Frage, ob bei Bestimmung des Geburtsnamens des dem spanischen Rechtskreis entstammenden Ehegatten dessen aus dem jeweiligen ersten *apellido* seiner Eltern zusammengesetzter Familienname insgesamt oder ob nur der erste *apellido* zum Ehenamen werde.[33] Dieses Qualifikationsproblem hat der BGH nun zu Recht im Sinne der ersten Variante entschieden.[34] Die Konsequenz daraus ist, dass das Kind aus einer solchen Ehe über § 1616 den derart gebildeten Doppelnamen eines Elternteils als Ehenamen der Eltern erlangt.[35] Wird für die Namensführung in der Ehe hingegen das Recht

---

[24] *Palandt/Thorn* Art. 10 EGBGB Rn. 9; s. a. Erl. Art. 10 EGBGB Rn. 28 f.
[25] Wie hier *Staudinger/Hepting* (2007) Art. 10 EGBGB Rn. 397.
[26] Erl. Art. 10 EGBGB Rn. 26; *v. Sachsen Gessaphe* IPR 3. Kap. E II 2 c; *Kropholler* IPR § 32 IV 2 b mwN; aA *Staudinger/Hepting* (2007) Art. 10 EGBGB Rn. 125; AnwK-BGB/*Mankowski* Art. 10 EGBGB Rn. 19; *Palandt/Thorn* Art. 10 EGBGB Rn. 2 mwN.
[27] Dazu *Wall* StAZ 2011, 37, 41 ff.
[28] Zur Qualifikation *Staudinger/Hepting* (2007) Art. 10 EGBGB Rn. 19; zu Spannungen speziell bei Bestimmung des Kindesnamens ebd., Rn. 220 ff.
[29] Zum Bezug der Rechtswahl auf die Namensführung AG Tübingen StAZ 2001, 112 f., allgemein zur Neuregelung des Art. 10 Abs. 3 EGBGB s. dort Rn. 118 ff. sowie weitergehend *Staudinger/Hepting* (2007) Art. 10 EGBGB Rn. 421 ff.
[30] Dazu *Palandt/Thorn* Art. 10 EGBGB Rn. 10.
[31] Dazu *Henrich* StAZ 2007, 197 ff.
[32] Die in der Lit. häufig anzutreffende Beschränkung auf deutsch-spanische Fälle greift zu kurz, zumal Doppelnamen auch außerhalb Spaniens weit verbreitet sind, wie gerade der vom BGH (StAZ 1999, 206 = IPRax 2000, 428 m. Anm. *Hepting/Bauer* ebd. S. 394 ff.) entschiedene Fall (deutsch-peruanische Ehe) belegt.
[33] Zum Streitstand und dessen Entwicklung *Staudinger/Hepting* (2007) Art. 10 EGBGB Rn. 31 ff.; zur Bildung des Familiennamens im spanischen Recht *v. Sachsen Gessaphe* IPRax 1991, 107, 111.
[34] BGH StAZ 1999, 206 = IPRax 2000, 428.
[35] So bereits OLG Düsseldorf StAZ 1995, 41 f.; in diesem Sinne auch *Hepting/Bauer* IPRax 2000, 394 ff. sowie *Staudinger/Hepting* (2007) Art. 10 EGBGB Rn. 31 ff., 35.

§ 1617   Abschn. 2. Titel 4. Rechtsverhältnis zw. den Eltern u. dem Kind

des ausländischen Ehegatten gewählt, so ist ein Übergang seines Doppelnamens auf das Kind über § 1616 nicht möglich, da nach spanischem Recht kein gemeinsam geführter Familienname der Ehegatten besteht;[36] dann kann der Doppelname aber im Wege der Namensbestimmung nach § 1617 Abs. 1 auf das Kind übertragen werden. Darüber hinaus bleibt es den Eltern unbenommen, den Kindesnamen abweichend von der Regelanknüpfung des Art. 10 Abs. 1 EGBGB nach Abs. 3 Nr. 1 dem Heimatrecht des ausländischen Ehegatten zu unterstellen, so dass das Kind nach spanischem Recht oder dem Recht eines diesem Modell folgenden Staates einen aus den ersten *apellidos* seiner Eltern zusammengesetzten Namen erhält.

V. Würdigung

20   Die Vorschrift schert einerseits aus der allgemeinen Konzeption des Kindesnamensrechts aus, indem sie im Interesse der Namenseinheit in der Familie nicht an die Verteilung der elterlichen Sorge anknüpft; andererseits vermeidet sie die Anbindung an den ehelichen Status des Kindes, weil sie sogar Fälle bereits aufgelöster Familieneinheit erfasst. Zu Problemen führt die über § 1617c perpetuierte Verknüpfung des Kindesnamens mit dem Ehenamen, wenn dieser von den Eltern nicht mehr als gemeinsamer Familienname geführt wird (§ 1617c Rn. 16 f.).

§ 1617 Geburtsname bei Eltern ohne Ehenamen und gemeinsamer Sorge

(1) [1] Führen die Eltern keinen Ehenamen und steht ihnen die Sorge gemeinsam zu, so bestimmen sie durch Erklärung gegenüber dem Standesamt den Namen, den der Vater oder die Mutter zur Zeit der Erklärung führt, zum Geburtsnamen des Kindes. [2] Eine nach der Beurkundung der Geburt abgegebene Erklärung muss öffentlich beglaubigt werden. [3] Die Bestimmung der Eltern gilt auch für ihre weiteren Kinder.

(2) [1] Treffen die Eltern binnen eines Monats nach der Geburt des Kindes keine Bestimmung, überträgt das Familiengericht das Bestimmungsrecht einem Elternteil. [2] Absatz 1 gilt entsprechend. [3] Das Gericht kann dem Elternteil für die Ausübung des Bestimmungsrechts eine Frist setzen. [4] Ist nach Ablauf der Frist das Bestimmungsrecht nicht ausgeübt worden, so erhält das Kind den Namen des Elternteils, dem das Bestimmungsrecht übertragen ist.

(3) Ist ein Kind nicht im Inland geboren, so überträgt das Gericht einem Elternteil das Bestimmungsrecht nach Absatz 2 nur dann, wenn ein Elternteil oder das Kind dies beantragt oder die Eintragung des Namens des Kindes in ein deutsches Personenstandsregister oder in ein amtliches deutsches Identitätspapier erforderlich wird.

Schrifttum (s. a. Vor § 1616 vor Rn. 5): *Diederichsen*, Die Reform des Kindschafts- und Beistandschaftsrechts, NJW 1998, 1977; *Sturm*, Der Kindesname national und international, FS G. Lüke, 1997, S. 809.

Übersicht

	Rn.		Rn.
I. Allgemeines	1–7	b) Ausgestaltung der Sorge	10
1. Normzweck und -struktur	1–5	c) Spätere Veränderungen der Sorgerechtslage	11
a) Elterliches Bestimmungsrecht	1–3	d) Vereinfachungen bei Änderung vor Geburtseintrag	12
b) Entkoppelung von der ehelichen Geburt	4	e) Regelungslücken bei fehlender Namensbestimmung	13
c) Partielle Namenseinheit	5		
2. Verfassungskonformität	6	III. Namensbestimmung durch die Eltern (Abs. 1)	14–23
3. Internationale Menschenrechte	7	1. Wahlmöglichkeiten	14–17
II. Anwendungsbereich	8–13	a) Allgemeine Optionen	14
1. Kein Ehename bei Geburt	8	b) Doppelnamen	15, 16
2. Gemeinsame Sorge bei Geburt	9–13	c) Isolierte Bestimmung eines Begleitnamens	17
a) Anwendungsfälle im maßgeblichen Zeitpunkt	9		

[36] Zur Namensführung spanischer Eheleute *v. Sachsen Gessaphe* IPRax 1991, 107, 111.

	Rn.		Rn.
2. Namensbestimmung	18–20	3. Rechtsfolge	26
a) Bestimmungsrecht, Rechtsnatur und Vertretung	18	4. Namenserwerb nach Fristsetzung	27, 28
		a) Fristsetzung	27
b) Wirksamkeit und Form der Erklärung	19	b) Gesetzlicher Namenserwerb	28
c) Wirkung	20	5. Verfahren	29
3. Namenseinheit unter Geschwistern	21, 22	6. Sonderregelung bei Geburt im Ausland	30
4. Einzelfragen	23		
IV. Gerichtliche Übertragung des Bestimmungsrechts (Abs. 2, 3)	24–30	V. Weitere Fragen	31, 32
1. Voraussetzungen	24	1. Intertemporales Recht	31
2. Übertragungsentscheidung	25	2. Internationales Privatrecht	32
		VI. Würdigung	33–36

I. Allgemeines

1. Normzweck und -struktur. a) Elterliches Bestimmungsrecht. Als Konsequenz aus 1 der Forderung des BVerfG[1] nach einer gleichheitssatzkonformen Ausgestaltung des Ehenamens durch Aufgabe des Vorranges des Mannesnamens hatte das FamNamRG die Namensverschiedenheit von Ehegatten bei unterbliebener Ehenamensbestimmung zugelassen (vgl. § 1355 Rn. 1 f.). Infolgedessen musste der Gesetzgeber den Namen ehelicher Kinder bei Namensverschiedenheit der Eltern regeln. In § 1616 Abs. 2 bis 4 idF des FamNamRG entschied er sich dafür, den Eltern die Wahl zu überlassen, den Namen eines welchen von ihnen sie zum Kindesnamen bestimmen. Diese Vorschriften sind weitgehend in § 1617 aufgegangen. Insoweit regelt die Norm als ersten Grundfall den Familiennamen von **Kindern, deren Eltern verheiratet sind oder waren,** die aber **keinen Ehenamen** iS des § 1355 Abs. 1 S. 1 führen.

Dagegen hatten ne. Kinder früher ex lege den Namen ihrer Mutter erhalten und konnten den 2 des Vaters nur nachträglich durch einseitige Einbenennung oder Legitimation bekommen;[2] dies war Ausdruck des Ausschlusses des Vaters von der elterlichen Sorge für ne. Kinder gewesen. Mit der Beseitigung der Ungleichbehandlung ehelicher und ne. Kinder auch in Bezug auf das Namensrecht und der Einräumung zumindest der Möglichkeit eines Mitsorgerechts für den ne. Vater (§ 1626a) durch das KindRG[3] übertrug dieses die bisherige Lösung für eheliche Kinder namensverschiedener Eltern auf den namensmäßig vergleichbaren Fall von Kindern, deren Eltern nicht miteinander verheiratet sind; letztere erlangen damit erstmals ein gemeinsames Bestimmungsrecht über den Geburtsnamen des Kindes. Somit regelt § 1617 als zweiten Grundfall die Namensführung von **Kindern, deren Eltern nicht miteinander verheiratet sind oder waren.**

Dem elterlichen Bestimmungsrecht entspricht kein Mitspracherecht des Kindes. Wird der 3 Namenserwerb des Kindes von einem elterlichen Bestimmungsrecht abhängig gemacht, so hat dies zwangsläufig zur Folge, dass das Kind von der Geburt bis zur Ausübung der Bestimmungsbefugnis **keinen Namen** hat, sofern die Eltern nicht eine pränatale Namensbestimmung getroffen haben (Rn. 20). Um einem längeren namenlosen Zustand vorzubeugen, kann das Gericht nach § 1617 Abs. 2 S. 3, 4 eine Namensbestimmung erzwingen. Für Probleme, welche sich aus dem namenlosen Zwischenstadium ergeben, hält das Gesetz freilich keine Regelung bereit (s. Rn. 13).

b) Entkoppelung von der ehelichen Geburt. Die tatbestandliche Vereinheitlichung der 4 beiden Grundfälle verlangte nach einer Neudefinierung der Anknüpfungspunkte, denn der Wunsch, auch terminologisch die Unterscheidung zwischen ehelichen und ne. Kindern aufzugeben, zwang zur Vermeidung eines Bezugs auf den Status des Kindes.[4] An Stelle dessen traten die neutralen Begriffe eines **fehlenden Ehenamens** und der **gemeinsamen elterlichen Sorge;** diese erschweren indes das Verständnis der Norm: Das Fehlen eines Ehenamens ist für den ersten Grundfall zutreffend, weil es ermöglicht die Abgrenzung zu § 1616; für den zweiten erscheint er dagegen befremdlich,[5] da Eltern, die nicht verheiratet sind oder waren, keinen Ehenamen führen können. Und das zweite Merkmal wurde gewählt, weil das Namensbestimmungsrecht Ausfluss der elterlichen Sorge ist.[6] Ein gemeinsames Bestimmungsrecht setzt demnach gemeinsame Sorge voraus, und diese

---
[1] BVerfGE 84, 9, 21 = NJW 1991, 1602, 1603.
[2] Zum alten Recht zB *Coester* FuR 1994, 1, 6 ff.
[3] Vgl. BT-Drucks. 13/4899 S. 70.
[4] Vgl. BT-Drucks. 13/4899 S. 76.
[5] Kritisch dazu insbes. *Diederichsen* NJW 1998, 1977, 1981.
[6] BT-Drucks. 13/4899 S. 70, 90.

kann es seit dem KindRG auch für nicht miteinander verheiratete Eltern geben. Die Abgrenzung auf Grund der beiden gesetzlichen Kriterien stellt sich alles andere als einfach dar (Rn. 8 ff.).[7]

5 **c) Partielle Namenseinheit.** Die Vorschrift setzt bei den Eltern Namensverschiedenheit voraus: Bei nicht verheirateten Eltern ist sie rechtlich vorgegeben,[8] bei miteinander verheirateten Eltern dagegen Ausdruck namensrechtlicher Selbstbestimmung und der damit verbundenen Selbstdarstellung (§ 1355 Rn. 2). Das Gesetz überlässt es in erster Linie der autonomen Entscheidung der Eltern, wessen Namen das Kind erwerben solle. Die **Dynamisierung** des Ehenamens findet also ihr Pendant beim Kindesnamen, nun indes nicht mehr beschränkt auf eheliche Kinder. Dadurch wird die Namenseinheit in der Generationenfolge nurmehr partiell verwirklicht. Demgegenüber postuliert § 1617 Abs. 1 S. 3, dass die einmal getroffene Entscheidung zugunsten eines Kindesnamens für alle weiteren Kinder bindend ist. Die Vorschrift bezweckt also auf der vertikalen Ebene Namenseinheit wenigstens zwischen einem Elternteil und den Kindern sowie auf der horizontalen zwischen diesen untereinander; letztere wird allerdings nicht so konsequent verfolgt, wie der Normtext dies vermuten lässt (Rn. 21 f.). Diese Zwecke sollen durch die gegenläufige Kombination von privatautonomer Namenswahl der Eltern für das eine Kind und (partiellem) Ausschluss einer solchen Wahl für weitere Kinder erreicht werden. Den Weg zu einer weitergehenden Namenseinheit in der Kleinfamilie hat sich der Gesetzgeber selbst verbaut, indem er das Namensbestimmungsrecht gleichheitssatzkonform ausgestalten, den gangbaren Ausweg über die Bildung von Doppelnamen aber nicht gehen wollte (Rn. 35). Zudem gibt der Gesetzgeber die propagierte Identifikationsfunktion des Kindesnamen durch die Wahl derart variabler Anknüpfungspunkte wie dem aktuell geführten Elternnamen (Rn. 14 ff.) und der elterlichen Sorge (Rn. 9 ff.) selbst ein stückweit preis.[9] Die Regelung des § 1617 ist infolge dieser zahlreichen Wertungswidersprüche inkongruent (Rn. 34 ff.).

6 **2. Verfassungskonformität.** Die Koppelung der Namensbestimmung an die elterliche Sorge ist verfassungskonform.[10] Das Bundesverfassungsgericht hat das **Verbot der Doppelnamensgebung** in § 1617 Abs. 1 für **verfassungskonform** erklärt, weil der Gesetzgeber dadurch zulässigerweise die Bildung von Namensketten verhindert habe, um so die Identifikationsfunktion des Namens zu wahren. Die gesetzgeberische Entscheidung, dies durch eine Beschränkung des Namensbestimmungsrechts der jetzigen Elterngeneration und nicht durch eine solche der nachfolgenden Elterngenerationen zu tun, sei zwar verfassungsrechtlich nicht geboten, aber auch nicht zu beanstanden, obgleich durch einen Doppelnamen die familiäre Zugehörigkeit des Kindes besser als durch die Wahl des Namens nur eines Elternteiles ausgedrückt werde.[11] Zu der ebenfalls umstrittenen Frage, inwieweit die **gerichtliche Übertragungsbefugnis** aus § 1617 Abs. 2, 3 gegen Art. 6 Abs. 2, 3 GG verstoße, hat das Bundesverfassungsgericht hingegen nicht Stellung genommen; die Kritik an dieser Befugnis ist zwar teilweise durchaus berechtigt (vgl. Rn. 25, 35), doch vermag sie nicht, das Verdikt der Verfassungswidrigkeit zu stützen. Schließlich hatte das Bundesverfassungsgericht die wohl nicht bessere Lösung eines Losentscheides vorgeschlagen.[12] Auch die von § 1617 Abs. 1 S. 3 bewirkte Beschränkung der **elterlichen Namensbestimmung** auf das **erste Kind** (Rn. 21) ist verfassungsrechtlich weder im Hinblick auf Art. 6 Abs. 2 GG, Art. 3 Abs. 2, 3 S. 1 GG, noch auf das Persönlichkeitsrecht der Eltern zu beanstanden; der Gesetzgeber durfte vielmehr die familiäre Zusammengehörigkeit von Geschwistern durch einen einheitlichen Familiennamen darstellen, um so dem von Art. 6 Abs. 1 GG gewährleisteten Prinzip der Einheit der Familie Rechnung zu tragen.[13]

7 **3. Internationale Menschenrechte.** Vgl. § 1616 Rn. 3. Das Verbot, den Kindern einen aus den Namen beider Eltern gebildeten Doppelnamen zu erteilen, verstößt weder gegen Art. 8 noch gegen Art. 14 EMRK, zumal dem nationalen Gesetzgeber angesichts der bestehenden Unterschiede zwischen den Rechtsordnungen der Konventionsstaaten ein weiter Beurteilungsspielraum bei Ausgestaltung des Namensrechts zusteht.[14] Mit dem unabhängig vom Geschlecht den Eltern eingeräumten Bestimmungsrecht wird die Regelung den Postulaten aus Art. 8 und 14 EMRK iVm. Art. 5 des 7. Zusatzprotokolls zur EMRK gerecht;[15] zugleich entspricht die Vorschrift dem Gebot

---

[7] Kritisch auch *Diederichsen* NJW 1998, 1977, 1981; *Willutzki* KindPrax 1999, 83.
[8] Freilich können die Eltern zufälligerweise gleich lautende Familiennamen haben, zB Müller/Müller.
[9] Wie hier BayObLG FamRZ 2005, 1010, 1011.
[10] BVerfG FamRZ 2008, 496, 497.
[11] BVerfGE 104, 373 = NJW 2002, 1256 = FamRZ 2002, 306; kritisch dazu *Sacksofsky* FPR 2002, 121.
[12] BVerfGE 84, 9, 24 = NJW 1991, 1602, 1604.
[13] BVerfG NJW 2002, 2861 = FamRZ 2002, 877.
[14] EuGHMR 6. 5. 2008 Nr. 33572/02 (Freifrau von Rehlingen v. Deutschland) StAZ 2008, 375, 377 f.; dazu auch rechtsvergleichend *Gaaz* StAZ 2008, 365 ff.
[15] Ebenso *Sturm*, FS Lüke, S. 827; vgl. auch EuGHMR 6. 5. 2008 Nr. 33572/02 (Freifrau von Rehlingen v. Deutschland) StAZ 2008, 375, 377 f.; näher dazu *Pintens*, FS Henrich, S. 454 f.

rechtlicher Gleichstellung ehelicher und ne. Kinder aus Art. 14 iVm. Art. 8 EMRK.[16] Damit steht die Regelung auch im Einklang mit den entsprechenden Bestimmungen der Art. 7, 20, 21 GRC (vgl. Erl. § 1616 Rn. 3).

II. Anwendungsbereich

1. Kein Ehename bei Geburt. Dieses Merkmal betrifft nur Eltern, die verheiratet sind oder **8** waren (Rn. 1 aE, 4). **Maßgeblicher Zeitpunkt** für das Fehlen des Ehenamens ist die Geburt des Kindes, wie sich insbes. aus § 1617 Abs. 1 S. 2 ergibt. Die Vorschrift greift, wenn die Eltern bei Kindsgeburt verheiratet sind und eine Ehenamensbestimmung unterlassen haben, so dass jeder Elternteil nach § 1355 Abs. 1 S. 3 seinen bisherigen Namen fortführt. Bestimmen sie einen Ehenamen erst nach der Geburt des Kindes, so kann dieser nur nach Maßgabe des § 1617c Abs. 1 den - meist nach § 1617a Abs. 1 - bereits erworbenen Kindesnamen verdrängen (aber Rn. 12 f.). Ist die Ehe bereits aufgelöst, so greift § 1617 - vorbehaltlich des Feststehens der Elternschaft (Rn. 9) - nicht nur, wenn die Eltern während der Ehe keinen Ehenamen geführt haben, sondern auch dann, wenn die Eltern zwar einen Ehenamen geführt hatten, nach Scheidung dessen gemeinsame Fortführung aber beendet haben: durch Rückkehr mindestens eines von ihnen zu einem früheren Namen nach § 1355 Abs. 5 S. 2 oder durch Erwerb eines neuen Ehe- bzw. Lebenspartnerschaftsnamens infolge Eheschließung bzw. Eingehung einer eingetragenen Lebenspartnerschaft mit einem Dritten. Für den Fortfall des früheren Ehenamens kommen weitere namensändernde Sachverhalte in Betracht (zB durch Adoption oder nach dem NamensÄndG).

2. Gemeinsame Sorge bei Geburt. a) Anwendungsfälle im maßgeblichen Zeit- 9 punkt. Für die Beurteilung der Sorgerechtsverhältnisse kommt es ebenfalls auf den Zeitpunkt der Geburt des Kindes an.[17] Implizite Voraussetzung ist das Feststehen der **Elternschaft**. Bei Eltern, die miteinander verheiratet sind, steht sie nach §§ 1591, 1592 Nr. 1 fest;[18] zum Fall des § 1599 Abs. 2 s. Erl. § 1616 Rn. 8, § 1617b Rn. 19. Sind die Eltern hingegen bei Kindsgeburt nicht verheiratet, und dem steht der Fall der vorgeburtlichen Scheidung oder Eheaufhebung gleich, so muss die Vaterschaft pränatal anerkannt (§ 1592 Nr. 2, § 1594 Abs. 4) worden sein. Miteinander verheiratete Eltern haben im Regelfall die **Sorge** gemeinsam inne, nur ganz ausnahmsweise kann sie bei Kindsgeburt einem Elternteil allein zustehen, wenn das Sorgerecht des anderen ruht (§ 1675),[19] er an dessen Ausübung verhindert ist (§ 1678 Abs. 1 Halbs. 1) oder gestorben ist (§ 1980 Abs. 1); die Bestimmung des Kindesnamens erfolgt dann kraft Gesetzes nach § 1617a Abs. 1, ohne dass dem sorgeberechtigten Elternteil ein Wahlrecht zustünde. Zum Fehlen des Sorgerechts beider Elternteile, Rn. 18. Bei nicht miteinander verheirateten Eltern ergibt sich eine gemeinsame Sorge bei Geburt hingegen nur bei vorgeburtlicher Sorgeerklärung gem. § 1626a Abs. 1 Nr. 1, § 1626b Abs. 2, ansonsten hat die Mutter gem. § 1626a Abs. 2 die Alleinsorge, zumal eine pränatale gerichtliche Übertragungsentscheidung nach der Übergangsregelung des BVerfG zu §§ 1626a Abs. 1 Nr. 1, 1672 Abs. 1[20] nicht möglich erscheint, so dass das Kind nach § 1617a Abs. 1 schon einen Geburtsnamen hat, mit der Möglichkeit einer Neubestimmung nach § 1617b Abs. 1 (s. aber Rn. 12). Schon allein mangels Elternschaft begründet das „kleine Sorgerecht" iSv. § 1687b, § 9 Abs. 1 bis 4 LPartG kein Namensbestimmungsrecht nach § 1617.

b) Ausgestaltung der Sorge. Im Zeitpunkt der Geburt muss das Sorgerecht den Eltern **10** gemeinsam zustehen. In den dargelegten Anwendungsfällen gemeinsamer Sorge (Rn. 9) können die Eltern gleichwohl bei Geburt getrennt leben; § 1687 gibt zu keiner anderen Beurteilung Anlass, weil die Namensbestimmung eine Angelegenheit von erheblicher Bedeutung iSv. Abs. 1 ist, für welche es gemeinsamer Kompetenz verbleibt.[21] An sich genügt es für die Namensbestimmungsbefugnis des § 1617 Abs. 1, wenn die Personensorge oder Namensbestimmung umfassender Ausschnitt daraus beiden Eltern zusteht.[22] Gleichwohl sind Fälle einer nur partiellen gemeinsamen Sorge kaum vorstellbar:[23] Bei miteinander verheirateten Eltern wäre hierfür eine gerichtliche Entscheidung nach § 1671 oder §§ 1666 f. nötig, die jedoch regelmäßig erst nach der

---
[16] Zu diesem Gebot *v. Sachsen Gessaphe* FamRZ 1999, 1107, 1109.
[17] OLG Frankfurt FGPrax 2005, 122, 123; *Staudinger/Coester* (2007) Rn. 9; zu Besonderheiten bei Minderjährigkeit eines Elternteils *Sturm/Sturm*, FS Wacke, S. 492 ff.
[18] Eine pränatale Vaterschaftsanfechtung scheidet aus, OLG Rostock FamRZ 2007, 1675.
[19] Ebenso *Lipp/Wagenitz* Rn. 9; *Staudinger/Coester* (2007) Rn. 8; aA *Henrich/Wagenitz/Bornhofen* Rn. 9 (für Anwendbarkeit des § 1617). Zum Sonderfall des § 1673 Abs. 2 s. u. Rn. 18.
[20] BVerfG NJW 2010, 3008 Tz 71 ff.; näher dazu Erl. § 1626a Rn. 3e ff.
[21] Ebenso *Staudinger/Coester* (2007) Rn. 6.
[22] Insoweit zutreffend *Staudinger/Coester* (2007) Rn. 7.
[23] Insoweit undeutlich *Staudinger/Coester* (2007) Rn. 7; vgl. auch Erl. Rn. 11.

§ 1617   11–13   Abschn. 2. Titel 4. Rechtsverhältnis zw. den Eltern u. dem Kind

Geburt möglich ist, so dass im maßgeblichen Zeitpunkt uneingeschränkte gemeinsame Sorge besteht;[24] ein vorgeburtlicher Teilentzug elterlicher Sorge durch vorläufige Anordnung nach §§ 1666 f. ist nur unter ganz außergewöhnlichen Umständen denkbar und wird im Hinblick auf die verschärfte Verhältnismäßigkeitsprüfung[25] dann noch am ehesten bei einem Totalversagen beider potentiell sorgeberechtigter Eltern in Frage kommen.[26] Bei im Zeitpunkt der Geburt nicht miteinander verheirateten Eltern wird die gemeinsame Sorge durch pränatale Erklärung iS des § 1626a Abs. 1 Nr. 1 konstitutiv[27] und umfassend begründet, eine originäre Beschränkung ist nicht möglich;[28] eine Anfechtung der Vaterschaft wirkt frühestens ab Geburt des Kindes.[29]

11   c) **Spätere Veränderungen der Sorgerechtslage.** Veränderungen können sich dadurch einstellen, dass das Sorgerecht oder der für die Namensbestimmung relevante Teil (Rn. 10) sich von gemeinsamer zu alleiniger Innehabung oder umgekehrt wandelt. Haben die Eltern **nachgeburtlich** die **gemeinsame (Teil-)Sorge** erlangt, nachdem diese ursprünglich einem Elternteil allein zugestanden hatte, so wird der Anwendungsbereich des § 1617 dadurch nicht eröffnet, denn das Kind führt bereits kraft Gesetzes einen Geburtsnamen, sei es nach § 1617a oder ausnahmsweise nach § 1616, wenn die Eltern bei Geburt einen Ehenamen hatten, nicht aber die gemeinsame Sorge (Rn. 9); inwieweit dann eine Anpassung des Kindesnamens an die neue Sorgerechtslage möglich ist, beurteilt sich nach § 1617b Abs. 1, bei Bestimmung eines Ehenamens indes nach § 1617c Abs. 1. Komplexer ist die umgekehrte Situation, dass aus einer ursprünglich gemeinsamen **nachgeburtlich** eine **alleinige (Teil-)Sorge** wird, durch Entscheidung nach §§ 1671 f., Tod eines Elternteils, (partiellen) Entzug oder Ruhen seines Sorgerechts. Das Kind hat dann meist schon einen Geburtsnamen, sei es nach § 1616, sei es durch wirksame Namensbestimmung nach § 1617 Abs. 1 oder 2; zu einer Regelungslücke bei unterbliebener Namensbestimmung, Rn. 13. Der bloße Verlust des gemeinsamen (Teil-)Sorgerechts begründet keine Änderungsmöglichkeit für den Kindesnamen. In beiden Fällen zeigt sich, dass der Kindesname ungeachtet seiner Anknüpfung an das elterliche Sorgerecht nicht jedem Wechsel desselben nachfolgt (vgl. § 1617b Rn. 1). Zum Wegfall beider Elternteile vor Ausübung des Bestimmungsrechts, Rn. 18.

12   d) **Vereinfachungen bei Änderung vor Geburtseintrag.** Zur Vermeidung eines unnötigen bürokratischen Mehraufwandes sollen in der Praxis Änderungen des Kindesnamens zwischen der Geburt und deren Eintragung, welche nach §§ 1616 ff. an sich eintreten müssten, nicht berücksichtigt werden, vielmehr soll die Eintragung des Kindes in das Geburtenregister gleich mit dem zu diesem Zeitpunkt maßgeblichen Namen erfolgen (Nr. 21.1 S. 3 f. PStG-VwV):[30] Das gilt für die nachträgliche Begründung der gemeinsamen Sorge durch Sorgeerklärung nach § 1626a Abs. 1 Nr. 1, nachfolgende Heirat nach § 1626a Abs. 1 Nr. 2 oder eine Übertragungsentscheidung nach der Übergangsregelung des BVerfG zu §§ 1626a Abs. 1 Nr. 1, 1672 Abs. 1[31]; für den kurzen Zeitraum zwischen der Geburt und ihrer Beurkundung ist ein namenloser Zustand des Kindes hinnehmbar.[32] Für eine erst nach Eintragung begründete gemeinsame Sorge nicht verheirateter Eltern bleibt es hingegen beim Geburtsnamen iSv. § 1617a mit der Möglichkeit der Anpassung nach § 1617b Abs. 1. Führen Eheleute im Zeitpunkt der Geburt noch keinen Ehenamen, bestimmen sie diesen jedoch noch vor dem Geburtseintrag, so wird dieser als Kindesname iS des § 1616 eingetragen (§ 1616 Rn. 7).

13   e) **Regelungslücken bei fehlender Namensbestimmung.** Eine solche tritt zum einen auf, wenn Eltern ohne Ehenamen bei Kindesgeburt die gemeinsame Sorge hatten, diese sich aber **nachgeburtlich** in die **alleinige (Teil-)Sorge** eines Elternteils wandelt, ohne dass die Eltern bislang

---

[24] Vgl. Erl. § 1626 Rn. 19; *Erman/Michalski/Döll* § 1617a Rn. 4; sehr zurückhaltend zu vorgeburtlichen Maßnahmen nach § 1666 s. Erl. dazu Rn. 42 f.
[25] Dazu *Erman/Michalski/Döll* § 1666 Rn. 30.
[26] Die von *Coester* in *Staudinger* (2007) § 1617a Rn. 7 iVm. § 1666 Rn. 83 (2009) in Bezug genommene Entscheidung KG Berlin FamRZ 1981, 590 betraf einen Fall, in dem die Eltern, die zu lebenslänglicher Haft wegen jeweils begangener Morde an eigenen Kindern im Säuglingsalter verurteilt waren, in der Haft ein Kind gezeugt hatten, für welches die Unterinstanz ihnen im Wege vorläufiger Anordnung die Personensorge entzogen hatte; verallgemeinerungsfähig dürfte dieser Fall schwerlich sein, zumal hier unter dem Blickwinkel des Verhältnismäßigkeitsgrundsatzes ohne eine andere Entscheidung kaum möglich erschien, vgl. die Anm. von *Luthin* FamRZ 1981, 592.
[27] Zur Rechtsnatur der Sorgeerklärung ebenso Erl. § 1626a Rn. 12; unzutreffend *Lipp* FamRZ 1998, 65, 71.
[28] *Palandt/Diederichsen* § 1626a Rn. 9 mwN.
[29] OLG Rostock FamRZ 2007, 1675.
[30] Dazu *Gaaz/Bornhofen*, § 21 PStG Rn. 16, 18.
[31] BVerfG NJW 2010, 3008 Tz. 71 ff.; näher dazu Erl. § 1626a Rn. 3e ff.
[32] Ebenso *Staudinger/Coester* (2007) Rn. 9; *Henrich/Wagenitz/Bornhofen* Rn. 19; *Bamberger/Roth/Enders* Rn. 2; offensichtlich anders OLG Frankfurt FGPrax 2005, 122, 123, 124: keine unmittelbare Anwendung des § 1617, sondern lediglich Verzicht auf Eintragung des zuvor erworbenen, aber vor Eintragung wieder geänderten Namens.

eine Namensbestimmung nach § 1617 getroffen hätten: § 1616 ist nicht einschlägig, und § 1617a Abs. 1 greift tatbestandlich nicht ein, denn diese Vorschrift stellt auf die Alleinsorge im Zeitpunkt der Geburt ab. Dann übt der jetzt allein sorgeberechtigte Elternteil das Bestimmungsrecht aus § 1617 alleine aus, weil das Namensbestimmungsrecht Ausfluss des Sorgerechts (Rn. 18) und mit diesem tatbestandlich in § 1617 verknüpft ist.[33] Umstritten ist die Lage, wenn gemeinsam sorgeberechtigte Eltern nach Geburtseintrag einen **Ehenamen** bestimmen, ohne zuvor den Kindesnamen nach § 1617 Abs. 1 festgelegt zu haben. Die Monatsfrist des § 1617 Abs. 2 S. 1 ist keine Ausschlussfrist (Rn. 24), und bei fehlender Bereitschaft der Eltern hat es letztlich das Gericht in der Hand, wann es dem namenlosen Zustand durch Fristsetzung nach Abs. 2 S. 3, 4 ein Ende setzt. Unternimmt das Gericht nichts, so führt das Kind eben keinen Geburtsnamen (Rn. 3). § 1617c Abs. 1 S. 1 passt hier nicht, denn diese Vorschrift setzt einen zu ändernden Geburtsnamen voraus, an dem es gerade fehlt.[34] Man könnte indes verlangen, dass die Eltern zunächst einen Kindesnamen nach § 1617 bestimmen und das Kind dann dem Ehenamen nach § 1617c Abs. 1 nachfolgt, doch erscheint dies allzu formalistisch. Im Hinblick auf die Privilegierung des Ehenamens durch §§ 1616, 1617 c Abs. 1, 2 Nr. 1 ist es daher vorzugswürdig, die nachgeburtliche Ehenamensbestimmung gem. § 1616 auf das noch namenlose Kind übergehen zu lassen, zumal diese Rechtsfolge am ehesten dem Elternwillen entsprechen wird; mangels anderer Regelung wirkt diese Bestimmung *ex tunc*.[35] **Stirbt das Kind** vor der Namensbestimmung oder der Wahl eines Ehenamens durch die Eltern, so ist eine posthume Namensbestimmung zuzulassen, sofern die Voraussetzungen des § 1617 zu Lebzeiten des Kindes vorlagen,[36] wie sich schon aus der Regelung für in der Geburt gestorbene Kinder (§ 21 Abs. 2 PStG) ergibt; anders als bei diesen muss bei lebendgeborenen Kindern eine gerichtliche Übertragungsentscheidung bei Nichteinigung der Eltern möglich sein. Dem kann nicht der Fall gleichgesetzt werden, dass ein Kind nicht miteinander verheirateter Eltern vor Abgabe der Sorgerechtserklärung iSv. § 1626a Abs. 1 Nr. 1 stirbt, denn das Kind hat dann bereits kraft Gesetzes nach §§ 1617a Abs. 1, 1626 a Abs. 2 den Namen der Mutter, und eine posthume Namensänderung scheitert an der fehlenden Rechtsfähigkeit des Kindes.[37]

III. Namensbestimmung durch die Eltern (Abs. 1)

1. Wahlmöglichkeiten. a) Allgemeine Optionen. Das Wahlrecht der Eltern beschränkt 14 sich auf den personenstandsrechtlich **aktuell zu führenden Familiennamen** (zum Begriff Vor § 1616 Rn. 11) des Vaters oder der Mutter; ein anders lautender, bloß faktisch geführter **Gebrauchsname** steht dagegen grundsätzlich nicht zur Wahl, sofern nicht ein persönlichkeitsrechtlich geschützter Vertrauenstatbestand begründet worden ist (dazu Vor § 1616 Rn. 11). Maßgeblich ist der im Zeitpunkt der **Abgabe der namensbestimmenden Erklärung** geführte Name. Ändert sich der Name eines Elternteils nachgeburtlich, so ist nur der bei Namensbestimmung zu führende Name relevant; anderenfalls würde der Zweck des § 1617, zwischen namensgebendem Elternteil und Kind zumindest partielle Namenseinheit herzustellen, verfehlt. Angesichts der weiteren Dynamisierung des Ehenamens in § 1355 steht den Eltern eine große Bandbreite an Namen zur Wahl: Wählbar ist der **Geburtsname** eines Elternteils (Vor § 1616 Rn. 10), sofern dieser noch nicht durch einen abweichenden Ehe- oder Lebenspartnerschaftsnamen überlagert oder durch Hinzufügung eines Begleitnamens verändert worden ist. Waren die Eltern vor der Namensbestimmung verheiratet, ist ihre Ehe jedoch im Zeitpunkt der Namensbestimmung aufgelöst, so kann auch der **frühere Ehename** der Eltern zur Wahl stehen, wenn ein Elternteil diesen nach § 1355 Abs. 5 S. 1 weiterführt, der andere nicht (sonst § 1616), sofern sie noch die gemeinsame Sorge innehaben;[38] dabei kann die Ehe vor (Rn. 9) oder nach der Geburt des Kindes aufgelöst worden sein. Schließlich kann ein Elternteil einen **erheirateten Ehenamen** aus einer (Vor-)Vorehe mit einem Dritten nach deren Auflösung nach § 1355 Abs. 5 weiterführen oder wiederannehmen, selbst wenn er inzwischen mit dem anderen Elternteil des zu benennenden Kindes verheiratet ist, ohne mit diesem einen Ehenamen zu führen (s. § 1355 Rn. 15 f.). Dadurch, dass § 1617 auf den im Erklärungszeitpunkt geführten Namen abstellt, kann ein mehrfach verheirateter Elternteil durch Ausnutzen der Optionen

---

[33] Ebenso *Henrich/Wagenitz/Bornhofen* Rn. 18, 42 ff.; *Staudinger/Coester* (2007) Rn. 11; *Erman/Michalski* Rn. 8; *Bamberger/Roth/Enders* Rn. 3.
[34] *Henrich/Wagenitz/Bornhofen* § 1617c Rn. 7.
[35] Ebenso *Staudinger/Coester* (2007) § 1616 Rn. 10; aA *Henrich/Wagenitz/Bornhofen* Rn. 7, anders hingegen *dies.* § 1617c Rn. 12 f.
[36] Wie hier *Lipp/Wagenitz* Rn. 27; *Staudinger/Coester* (2007) Rn. 16.
[37] Vgl. BayObLG BayObLGR 2000, 69 ff. = StAZ 2000, 370 ff.
[38] Wie hier *Henrich/Wagenitz/Bornhofen* Rn. 30; offensichtlich übersehen von *Staudinger/Coester* (2007) Rn. 22.

§ 1617   15, 16   Abschn. 2. Titel 4. Rechtsverhältnis zw. den Eltern u. dem Kind

des § 1355 sogar noch nachgeburtlich zu einem seiner früheren Ehenamen zurückkehren und diesen so für den Kindesnamen wählbar stellen. Die Wahl des einseitigen Ehenamens eines Elternteils ist sogar dann möglich, wenn das Kind aus einer außerehelichen Verbindung stammt, der Namensträger den Ehenamen in seiner bestehenden Ehe mit einem Dritten, von dem das Kind nicht abstammt, führt, sofern die Eltern vorgeburtlich die gemeinsame Sorge über das Kind begründet hatten.[39] Das zum erheirateten Ehenamen Gesagte gilt für den von einem Elternteil aus einer früheren **eingetragenen Lebenspartnerschaft** mit einem(r) Dritten erworbenen Lebenspartnerschaftsnamen (§ 3 LPartG) entsprechend. Schließlich meint der aktuell zu führende Name auch den durch **additive Einbenennung** nach § 1618 S. 2 Halbs. 1 aus dem Geburtsnamen und dem Ehenamen der Stieffamilie gebildeten unechten Doppelnamen eines Elternteils (s. dort Rn. 16). Die in diesen Fällen eintretende Übertragung des Namens eines mit dem Kind nicht verwandten Dritten ist überaus befremdlich (dazu Rn. 34).

15   **b) Doppelnamen.** Wie beim Ehenamen (§ 1355 Rn. 11, 14, 17) ist zwischen dem einseitigen mehrgliedrigen Namen eines Elternteils und einem aus den Namen beider Elternteile zusammengesetzten Doppelnamen zu unterscheiden. Ebenso wie § 1355 Abs. 2 (s. dort Rn. 17) will § 1617 Abs. 1 S. 1 die Neubildung von Doppelnamen vermeiden, da Familiennamen im deutschen Recht grundsätzlich **eingliedrig** sein sollen.[40] Daher lässt § 1617 Abs. 1 S. 1 nur die Wahl des Namens des Vaters *oder* der Mutter zu und schließt dadurch implizit aus, dass die Eltern dem Kind einen aus ihren Namen **zusammengesetzten Doppelnamen** erteilen können. Der Gesetzgeber des FamNamRG befürchtete, dass sich sonst das Ordnungsgefüge der Familiennamen innerhalb weniger Generationen tiefgreifend verändern könne.[41] Außerdem schreckte er vor praktischen Problemen im Rechtsverkehr und bei der Registerführung zurück.[42] Das Verbot der Doppelnamensgebung ist verfassungskonform (Rn. 6), obgleich fragwürdig: Zum einen ist es angesichts der zahlreichen Möglichkeiten, den einseitigen Doppelnamen eines Elternteils zu wählen (Rn. 16), inkonsequent; überdies kann das Kind sogar einen aus den Elternnamen zusammengesetzten Doppelnamen erhalten, sei es nach der vom BVerfG vor Inkrafttreten des FamNamRG geschaffenen Übergangsregelung,[43] sei es bei Geltung ausländischen Rechts oder selbst bei Geltung deutschen Namensrechts für deutsche Staatsangehörige, sofern die europäischen Grundfreiheiten die Anerkennung eines im EU-Ausland erworbenen Doppelnamens verlangen.[44] Zum anderen ist die Rechtfertigung des Verbotes nicht stichhaltig (dazu Rn. 35). Neuerdings können die Eltern das Verbot der Doppelnamensbildung dadurch aufweichen, dass sie dem Kind den Namen des Elternteils, den das Kind nicht als Familiennamen führen soll, als Vornamen erteilen, sofern dies nicht dessen Wohl gefährdet (dazu Nach § 1618 Rn. 13).

16   Davon zu unterscheiden sind die Fälle, in denen ein Elternteil bereits einen **einseitigen mehrgliedrigen Familiennamen** führt. Unproblematisch wählbar sind solche Namen, die herkömmlich als einheitliche Namen empfunden werden; gleiches gilt für einseitige **echte Doppelnamen** eines jeden Elternteils (zu den Begriffen Vor § 1616 Rn. 12). Letztere können nur ungetrennt auf Kinder übertragen werden.[45] Durch das Gesetz zur Änderung des ehe- und Lebenspartnerschaftsnamensrechts von 2005 (BGBl. I S. 203) ist die frühere Streitfrage, ob der aus einem erheirateten Ehe- und einem Begleitnamen gebildete **unechte Doppelname** eines Elternteils zum Kindesnamen bestimmt werden kann (4. Aufl. Rn. 17 f.), geklärt worden: Dass ein solcher unechter Doppelname eines Ehegatten zum Ehenamen erklärt werden kann, hat das Reformgesetz von 2005 eindeutig klargestellt (dazu § 1355 Rn. 15); und der Gesetzgeber dieses Reformgesetzes ist wie selbstverständlich davon ausgegangen, dass dies auch für die Bestimmung des Kindesnamens nach § 1617 Abs. 1 gelte, zumal das Gesetz in beiden Fällen auf den aktuell geführten Namen abstelle.[46] Da § 1617 Abs. 1 ebenso wie § 1355 Abs. 2 auf den im Zeitpunkt der Namensbestimmung aktuell geführten Namen abstellen, lässt sich eine Ungleichbehandlung beider schwerlich begründen. Das BVerfG geht denn auch von der nun bestehenden Möglichkeit der Weitergabe eines solcherart gebildeten Doppelna-

---

[39] Ebenso *Lipp/Wagenitz* Rn. 12.
[40] BVerfGE 104, 373, 388 = NJW 2002, 1256, 1258 = FamRZ 2002, 306, 309; *Staudinger/Voppel* (2007) § 1355 Rn. 67.
[41] BT-Drucks. 12/5982 S. 17 f.; *Schwab* FamRZ 1992, 1015 ff.; zust. *Gaaz* StAZ 2006, 157, 164; kritisch zu Doppelnamen auch *Rauscher* FamR Rn. 256; zu den Beratungen anlässlich des FamNamRG s. *Wagenitz/Bornhofen* § 1355 Rn. 41 ff., 44; *Arndt* S. 98 ff.
[42] *Wagenitz/Bornhofen* § 1355 Rn. 42.
[43] BVerfGE 84, 9, 23 f. = NJW 1991, 1602, 1604; s. Erl. § 1616 Rn. 16 und Art. 224 § 3 EGBGB Rn. 4 ff.
[44] EuGH 14. 10. 2008 - C-353/06, NJW 2009, 135 - Grunkin u.a./Standesamt Niebüll; bestätigend OLG München NJW-RR 2010, 660 = IPRax 2010, 452, dazu *Wall* IPRax 2010, 433 ff.
[45] *Henrich/Wagenitz/Bornhofen* Rn. 38.
[46] BT-Drucks. 15/3979 S. 7.

mens über § 1617 Abs. 1 aus.[47] Die Eltern können daher den einseitigen unechten Doppelnamen eines Elternteils, der sich aus einem erheirateten Ehenamen bzw. Lebenspartnerschaftsnamen und einem diesem beigefügten Begleitnamen zusammensetzt, ungetrennt zum Kindesnamen bestimmen; dieser mutiert dann in der Person des Kindes zum echten Doppelnamen.[48] Gleiches gilt für den durch **additive Einbenennung** nach § 1618 S. 2 Halbs. 1 aus dem Geburtsnamen und dem Ehenamen der Stieffamilie gebildeten unechten Doppelnamen eines Elternteils (s. dort Rn. 16). Freilich bleiben die in der 4. Aufl. Rn. 17 geäußerten Bedenken hiergegen bestehen.

c) Isolierte Bestimmung eines Begleitnamens. Nicht möglich ist dagegen die isolierte 17 Bestimmung nur des Begleitnamens eines Elternteils, sei es ein dem Ehenamen nach § 1355 Abs. 4, 5 S. 2 hinzugefügter oder durch additive Einbenennung nach § 1618 S. 2 erworbener. Die Vorschrift stellt nämlich eindeutig auf den im Zeitpunkt der Erklärung personenstandsrechtlich zu führenden Namen ab, und das ist nur der aus Ehe- und Begleitname gebildete unechte Doppelname des Namensträgers, während der Begleitname reiner persönlicher Namenszusatz ist.[49] Freilich können die Eltern einen dem Ehenamen hinzugefügten Begleitnamen dadurch doch zur Wahl stellen, dass der ihn führende Elternteil den unechten Doppelnamen ablegt – ggf. verbunden mit einem Widerruf der Beifügung des Begleitnamens nach § 1355 Abs. 4 S. 4 – und den dem Begleitnamen zu Grunde liegenden Namen (Geburtsname oder früherer Ehename) nach § 1355 Abs. 5 S. 2 vor der Bestimmung des Kindesnamens wieder annimmt (dazu Erl. § 1355 Rn. 15, 36).

2. Namensbestimmung. a) Bestimmungsrecht, Rechtsnatur und Vertretung. 18 S. Rn. 1 bis 3. Nach der eindeutigen Wertung des KindRG ist das Bestimmungsrecht Teil der elterlichen Sorge (Rn. 4), speziell der Personensorge. Diese Sichtweise findet in der tatbestandlichen Verknüpfung der Namenserwerbstatbestände der §§ 1617 ff. mit der elterlichen Sorge ihren Ausdruck. Die Ausnahme des § 1616 ist historisch bedingt und Überbleibsel des Versuches, die volle Namenseinheit in der Familie zu wahren. Das Bestimmungsrecht ist **höchstpersönlich.** Es kann auch nicht durch einen Betreuer der volljährigen Eltern oder eines Elternteils ausgeübt werden, denn die Ausübung elterlicher Sorge kann nicht Gegenstand einer Betreuung sein.[50] Bei Geschäftsunfähigkeit eines Elternteils fehlt es wegen §§ 1673 Abs. 1, 1675 an dem Merkmal gemeinsamer Sorge, und sind beide Eltern geschäftsunfähig, so ruht ohnehin ihr Sorgerecht (Rn. 9). Im Falle ihrer Verhinderung ist ein Pfleger für das Kind zu bestellen (§ 1909), ansonsten ein Vormund; der gesetzliche Vertreter des Kindes (§ 1793) übt das Bestimmungsrecht analog § 1617 aus.[51] Ein minderjähriger Elternteil nimmt das Bestimmungsrecht nach § 1673 Abs. 2 selbst wahr und bedarf hierzu nicht der Zustimmung seines gesetzlichen Vertreters,[52] sondern lediglich der Mitwirkung des gesetzlichen Vertreters des Kindes, regelmäßig des anderen Elternteils, nach Maßgabe des § 1673 Abs. 2 S. 3. Bei seiner Ausübung haben die Eltern das Kindeswohl zu beachten und sich um eine einvernehmliche Entscheidung zu bemühen (§ 1627).

b) Wirksamkeit und Form der Erklärung. Die Bestimmung des Kindesnamens geschieht 19 durch namensgestaltende, amtsempfangsbedürftige Willenserklärungen der Eltern,[53] welche gemeinsam oder getrennt abgegeben werden können, aber jedenfalls **gleich lautend** sein müssen; sie sind bedingungs- und befristungsfeindlich. Die Namensbestimmung wird bei Vorliegen der übrigen Wirksamkeitsvoraussetzungen mit Zugang der Erklärung(en) beim Standesamt **wirksam,**[54] bei pränataler Erklärung (Rn. 20) frühestens ab Geburt, und ist dann grundsätzlich unwiderruflich und **unanfechtbar,** sofern nicht ein ganz offensichtlicher Irrtum oder ein grober Verfahrensmangel vorliegt,[55] doch

---

[47] BVerfGE 123, 90 = NJW 2009, 1657 Tz. 33.
[48] *Staudinger/Coester* (2007) Rn. 23; *Henrich/Wagenitz/Bornhofen* Rn. 36; *Gernhuber/Coester-Waltjen* § 54 Rn. 13; NK-BGB/*Löhnig/Czeguhn* Rn. 17; jetzt auch *Bamberger/Roth/Enders* Rn. 5.1; aA *Palandt/Diederichsen* Rn. 5.
[49] S. a. Erl. § 1355 Rn. 10, 15, 30; im Ergebnis ebenso *Bamberger/Roth/Enders* Rn. 5; *Palandt/Diederichsen* Rn. 5; *Gernhuber/Coester-Waltjen* § 54 Rn. 13; *Rauscher* FamR Rn. 918; aA *Staudinger/Coester* (2007) Rn. 24; *Henrich/Wagenitz/Bornhofen* Rn. 39 f.; NK-BGB/*Löhnig/Czeguhn* Rn. 17.
[50] *v. Sachsen Gessaphe* Betreuer S. 157 f.; vgl. Erl. Rn. 11; in diesem Sinne *Frank* StAZ 2008, 265, 266; zu weiteren Einzelfällen *Staudinger/Coester* (2007) Rn. 31 f.
[51] *Henrich/Wagenitz/Bornhofen* Rn. 18, 45; *Staudinger/Coester* (2007) Rn. 11, 31.
[52] *Staudinger/Coester* (2007) Rn. 30; *Henrich/Wagenitz/Bornhofen* Rn. 73 f.; vgl. *Sturm/Sturm,* FS Wacke, S. 501 ff.; unzutreffend daher *Lipp/Wagenitz* Rn. 36.
[53] *Henrich/Wagenitz/Bornhofen* Rn. 63.
[54] BayObLG FamRZ 1997, 234.
[55] OLG Naumburg FamRZ 1997, 1234 ff.; allgemein zu namensbestimmenden Erklärungen BayObLG NJW-RR 1998, 1015 f.; OLG Zweibrücken NJWE-FER 2001, 4 = StAZ 2000, 79; BeckRS 2011, 14519; zu § 1617: *Bamberger/Roth/Enders* Rn. 12; *Palandt/Diederichsen* Rn. 6; aA *Henrich/Wagenitz/Bornhofen* Rn. 75; *Staudinger/Coester* (2007) Rn. 33.

§ 1617 20–22 Abschn. 2. Titel 4. Rechtsverhältnis zw. den Eltern u. dem Kind

wird man aus Praktikabilitätsgründen eine Korrektur bis zur Eintragung in die Personenstandsbücher zulassen müssen.[56] Zur Berichtigung einer unrichtigen Eintragung des erteilten Namens in das Geburtenregister, s. Rn. 20. Hinsichtlich der **Form** unterscheidet § 1617 Abs. 1 S. 2 danach, ob die Erklärung bis zur Beurkundung der Geburt oder danach abgegeben wird. Im ersten Fall ist die Erklärung gegenüber dem Standesamt formlos möglich,[57] im zweiten Fall hingegen eine öffentlich beglaubigte Erklärung iSd. § 129 erforderlich; auch kann der Standesbeamte die schriftliche Erklärung der Eltern beglaubigen oder beurkunden, § 45 Abs. 1 S. 1 Nr. 1 PStG.[58] Unwirksam ist die Bestimmung des von einem Elternteil entgegen den gesetzlichen Namenserwerbstatbeständen geführten (zB Gebrauchsname, aber Rn. 14) oder nach Abs. 1 nicht zur Wahl stehenden Namens (zB aus den Namen beider gebildeter Doppelname, Rn. 15), so dass dann eine gerichtliche Übertragungsentscheidung nach Abs. 2 nötig wird (Rn. 24).

20   c) **Wirkung.** Durch die wirksame Namensbestimmung erwirbt das Kind den erteilten Namen als Geburtsnamen; die Eintragung im Geburtenregister (§ 21 Abs. 1 Nr. 1 PStG) hat nur deklaratorische Bedeutung; eine nachweislich unrichtige Eintragung kann unter den Voraussetzungen der §§ 47 f. PStG berichtigt werden. Der Namenserwerb tritt rückwirkend auf den Zeitpunkt der Geburt ein. Die Namensbestimmung ist sogar vorgeburtlich möglich und wird dann mit der Geburt des lebenden Kindes wirksam.[59] Spätere Namensänderungen des namensspendenden Elternteils können nach Maßgabe des § 1617c Abs. 1, Abs. 2 Nr. 2 den Kindesnamen beeinflussen, Änderungen des Namens des anderen Elternteils hingegen nicht mehr; dessen Name kann indes gem. § 1617c Abs. 1 noch dadurch auf das Kind übergehen, dass die Eltern diesen nachträglich zum Ehenamen bestimmen.

21   **3. Namenseinheit unter Geschwistern.** Die für das erste Kind getroffene Namenswahl gilt gem. Abs. 1 S. 3 auch für dessen weitere vollbürtige Geschwister; das trifft für eine elterliche Bestimmung nach § 1617 Abs. 1, 2 ebenso zu wie für den automatischen Erwerb nach Fristablauf gem. Abs. 2 S. 4.[60] Dadurch soll jedenfalls unter den Geschwistern das Prinzip der Namenseinheit gewahrt bleiben und auf Kinder unverheirateter Eltern ausgedehnt werden.[61] Die damit verbundene Beschränkung der Wahlfreiheit der Eltern für nachgeborene Geschwister ist vor allem im Hinblick auf die Kundgabe der familiären Zugehörigkeit der Geschwister verfassungskonform (Rn. 6).[62] Bei Vorliegen der tatbestandlichen Voraussetzungen führt die Vorschrift zu einem Namenserwerb **kraft Gesetzes.** Durch Verweisung wird sie auf andere Fälle ausgedehnt: Die Namensbestimmung für ein leibliches Kindes nach § 1617 Abs. 1 bindet auch hinsichtlich später **adoptierter** Kinder (§ 1757 Abs. 2 S. 1 Halbs. 2)[63] wie umgekehrt.[64] Gem. § 1617b Abs. 1 S. 4 ist bei einer Namensneubestimmung nach dieser Vorschrift § 1617 Abs. 1 S. 3 gleichfalls zu beachten, selbst wenn die Eltern von diesem Recht innerhalb der Frist des § 1617b Abs. 1 nicht Gebrauch machen (§ 1617b Rn. 13). Nur wenn die **Tatbestandsvoraussetzungen des § 1617** (gemeinsame Sorge ohne Ehenamen) bzw. einer hierauf verweisenden Norm (§§ 1757 Abs. 2, 1617 b Abs. 1) erfüllt sind, kann die Bindungswirkung des § 1617 Abs. 1 S. 3 greifen.[65]

22   Eine **weitergehende Bindungswirkung** ist grundsätzlich **abzulehnen:** Weder vermag eine Namensbestimmung für ein Kind nach § 1617 Abs. 1, 2 den gesetzlichen Namenserwerb für nachgeborene Kinder nach §§ 1616, 1617 a Abs. 1 oder eine Namensbestimmung kraft alleiniger Sorge (§ 1617a Abs. 2) zu verhindern;[66] noch sind die Eltern durch den nach den gesetzlichen Erwerbstatbeständen der §§ 1616, 1617 a Abs. 1 oder durch Namensbestimmung nach § 1617a Abs. 2[67] von

---

[56] So auch die gerichtliche Praxis, vgl. die in Fn. 55 zit. Entscheidungen.
[57] Eingefügt durch den RA, dazu BT-Drucks. 13/8511 S. 73.
[58] Eine bloße Erklärung zu gerichtlichem Protokoll genügt nicht, sofern diese nicht im Rahmen eines gerichtlichen Vergleichs erfolgt, zu § 1618 S. 5 OLG Hamm StAZ 2011, 181, 182.
[59] FamRefK/*Wax* Rn. 5; *Bamberger/Roth/Enders* Rn. 2.
[60] *Staudinger/Coester* (2007) Rn. 37, 85; *Erman/Michalski/Döll* Rn. 11; näher dazu *Henrich/Wagenitz/Bornhofen* Rn. 91.
[61] BT-Drucks. 13/4899 S. 90; bestätigend BayObLG FamRZ 2005, 1010, 1011.
[62] Für eine Wahlmöglichkeit der Eltern auch hier hingegen zB *Schwenzer* 59. DJT A 59.
[63] OLG Hamm OLGR Hamm 2001, 11 = FGPrax 2001, 20; BayObLG FamRZ 2005, 1010, 1011.
[64] Näher dazu *Henrich/Wagenitz/Bornhofen* Rn. 87 f.
[65] Zu §§ 1617, 1617 b Abs. 1 OLG Hamm FamRZ 2005, 1009; bestätigend *Henrich/Wagenitz/Bornhofen* Rn. 89; *Bamberger/Roth/Enders* Rn. 13.
[66] OLG Hamm FamRZ 2005, 1009 (zu § 1617a Abs. 1 und 2); s. a. OLG Karlsruhe NJW-RR 2006, 441, 442; ebenso *Bamberger/Roth/Enders* Rn. 15.
[67] OLG Karlsruhe NJW-RR 2006, 441, 442; OLG Düsseldorf FGPrax 2006, 69, 70 = FamRZ 2006, 1226, 1228.

einem früheren Kind erworbenen Namen für weitere Geschwister gebunden.[68] Das Postulat der Namenseinheit von Geschwistern bezieht sich nach Wortlaut und Systematik des § 1617 Abs. 1 S. 3 eindeutig nur auf die in dieser Norm bezeichneten oder durch Verweisungsnormen erfassten Tatbestände der Namensbestimmung.[69] Dass dadurch das Ziel der Namenseinheit nicht in allen Fällen erreicht werden kann, ist eine Konsequenz der Regelungswidersprüche, welche sich aus der gleichzeitigen Verfolgung unterschiedlicher Namensprinzipien in §§ 1616 ff. ergeben. Das Gesetz gibt den Eltern mit §§ 1617b, c und § 1618 andere Mittel an die Hand, um die Namenseinheit unter den Geschwistern herzustellen. Allerdings ist anzuerkennen, dass die Regelungswidersprüche der §§ 1616 ff. in engen Grenzen zu **Korrekturen** des hier gefundenen Ergebnisses zwingen:[70] Grundsätzlich gilt § 1617 Abs. 1 S. 3 nicht für ältere Geschwister des Kindes, dessen Name nach dieser Vorschrift bestimmt wird, weil die Nichtanwendung keine Durchbrechung eines erfolgten Namenserwerbs rechtfertigt; etwas anderes gilt nur dann, wenn die älteren Geschwister noch keinen Namen erworben haben, zB mangels elterlicher Bestimmung nach § 1617.[71] Die für ein erstes Kind getroffene Namenswahl entfaltet keine Bindungswirkung für andere Geschwister, wenn sich der Name des namensspendenden Elternteils danach anders als durch Eheschließung geändert (§ 1617c Abs. 2 Nr. 2) und das erste Kind sich dieser Namensänderung nicht angeschlossen hat; die privatautonome Namensentscheidung des ersten Kindes kann dann nicht die Herstellung der (partiellen) Namenseinheit zwischen Elternteil und den weiteren Geschwistern hindern.[72] Ebenfalls nicht gebunden sind die Eltern, wenn das Kind, dessen Name nach § 1617 bestimmt wurde, vor der Geburt eines zweiten stirbt.[73]

4. Einzelfragen. Zur **Bedeutung** des von den Eltern bestimmten Namens s. § 1616 Rn. 13. 23 Enthält der von den Eltern oder nach § 1617 Abs. 2 S. 4 bestimmte Name eine ehemalige **Adelsbezeichnung**, so überträgt sich diese grundsätzlich auf das Kind und seine Geschwister, Vor § 1616 Rn. 13. Zur Namensführung von **Findelkindern** s. § 1616 Rn. 14.

IV. Gerichtliche Übertragung des Bestimmungsrechts (Abs. 2, 3)

1. Voraussetzungen. Unterlassen die Eltern binnen eines Monats seit der Geburt die Bestim- 24 mung des Kindesnamens, so hat das Standesamt dies dem FamG mitzuteilen (§ 168a Abs. 2 FamFG). Dem Unterlassen steht eine unwirksame Namensbestimmung der Eltern (Rn. 19) gleich, wenn sie etwa einen aus ihren Namen gebildeten Doppelnamen auswählen.[74] Die Monatsfrist des Abs. 2 S. 1 ist keine Ausschlussfrist;[75] sie soll den Eltern Zeit für eine Einigung lassen und diese zugleich beflügeln; sie löst auch nicht automatisch die Übertragungsentscheidung des FamG aus, vielmehr ist dieses gem. § 160 Abs. 1 S. 1 FamFG zunächst gehalten, auf eine einvernehmliche Bestimmung durch die Eltern hinzuwirken. Bis zur Entscheidung des Gerichts bleiben die Eltern gemeinsam bestimmungsbefugt. Eine gerichtliche Entscheidung erübrigt sich, wenn zwischenzeitlich ein anderweitiger Namenserwerb eingetreten ist (s. Rn. 13). Im Augenblick der Entscheidung müssen die Grundvoraussetzungen des Bestimmungsrechts aus Abs. 1 (gemeinsames Sorgerecht, kein Ehename) noch gegeben sein.[76] Für den Sonderfall der Ausübung des Bestimmungsrechts durch den allein sorgeberechtigt gewordenen Elternteil (Rn. 13) ist diese Regelung entsprechend anzuwenden, nicht hingegen bei Wahrnehmung durch den Vormund oder Pfleger des Kindes.[77]

2. Übertragungsentscheidung. Unter den genannten Voraussetzungen überträgt das FamG 25 das Bestimmungsrecht gem. § 1617 Abs. 2 S. 1 einem Elternteil. Es trifft zwar die Namenswahl nicht selbst, doch ergeht die Entscheidung im Hinblick auf die Namen der Eltern und damit doch mittelbar über den Namen. Für die Entscheidung enthält § 1617 Abs. 2 **keine Kriterien.** Bei der Namensbestimmung handelt es sich um einen Akt elterlicher Personensorge. Für Meinungsverschie-

---

[68] Im Ergebnis ebenso *Henrich/Wagenitz/Bornhofen* Rn. 90 ff.; teils anders *Staudinger/Coester* (2007) Rn. 46 ff.
[69] Vgl. auch FamRefK/*Wax* Rn. 4; aA pauschal *Willutzki* KindPrax 1999, 83, 84; differenzierter *Lipp/Wagenitz* Rn. 49 f.
[70] Näher dazu *Henrich/Wagenitz/Bornhofen* Rn. 90 ff.; *Staudinger/Coester* (2007) Rn. 41 ff.
[71] Ebenso *Bamberger/Roth/Enders* Rn. 13; weniger deutlich *Henrich/Wagenitz/Bornhofen* Rn. 84; weitergehend *Staudinger/Coester* (2007) Rn. 37.
[72] *Staudinger/Coester* (2007) Rn. 43; *Henrich/Wagenitz/Bornhofen* Rn. 98 ff.
[73] *Michalski* FamRZ 1997, 981; FamRefK/*Wax* Rn. 4; *Staudinger/Coester* (2007) Rn. 41; *Bamberger/Roth/Enders* Rn. 15; aA *Henrich/Wagenitz/Bornhofen* Rn. 85.
[74] BayObLG FamRZ 1996, 236; LG München StAZ 1999, 174 f. = FamRZ 1999, 1447; Palandt/*Diederichsen* Rn. 8.
[75] *Erman/Michalski/Döll* Rn. 10; FamRefK/*Wax* Rn. 6; *Lipp/Wagenitz* Rn. 63.
[76] Näher dazu *Staudinger/Coester* (2007) Rn. 65 ff.
[77] *Staudinger/Coester* (2007) Rn. 67 f.

denheiten zwischen Eltern bei solchen Akten gilt an sich § 1628, und hier bietet der Auffangtatbestand des § 1697a, welcher generell eine am Kindeswohl orientierte gerichtliche Entscheidung fordert, den Maßstab; diese Vorschriften sind jedoch auf die Entscheidung nach § 1617 Abs. 2 aus systematischen Gründen nicht unmittelbar anwendbar. Eine analoge Anwendung erscheint nicht zuletzt im Hinblick auf die allgemeine Geltung des **Kindeswohls** als Rechtsprinzip angezeigt, zumal die elterliche Entscheidung sich gleichfalls daran auszurichten hat (Rn. 18).[78] Für die Entscheidung nach § 1617 Abs. 2 S. 1 taugt dieses Merkmal allerdings nur in eingeschränktem Maße als Entscheidungshilfe;[79] gegenüber den häufig genannten Auswahlkriterien ist Skepsis angebracht:[80] Nach welchem objektiven Maßstab soll zB ein vermeintlich gebräuchlicher Massenname gegenüber einem weniger gebräuchlichen zurücktreten, ein vermeintlich anzüglicher Name abgewehrt werden, der aber eine familiär reiche (zB Hondecoeter)[81] oder regionale Tradition hat (zB Eutermoser), und überhaupt der Richter implizit einen Namen besser als den anderen befinden, sofern sich nicht eindeutig aus dem konkreten Sachverhalt Argumente aus dem Kindeswohl für den einen oder anderen ergeben? Solche Umstände können sein: Anfeindungen oder Spott aus der Lebensumwelt der Familie auf Grund eines der Namen;[82] in der Familie hierüber empfundene Scham; familiäre Probleme, welche aus der mittelbaren Wahl eines von einem Dritten nach § 1355 Abs. 1 S. 2 bzw. § 3 Abs. 1 LPartG abgeleiteten elterlichen Namens resultieren, wenn dieser mit der Weitergabe seines Namens nicht einverstanden ist. Keineswegs vermag die subjektive Vorstellung des Richters über den abstrakt höheren Wert eines Namens die Entscheidung zu legitimieren. Mit der Ablehnung der Bildung von Doppelnamen und eines Losentscheides[83] hat der Gesetzgeber die unliebsame Entscheidung letztlich auf den Richter abgeschoben, ohne ihm den Weg zu weisen.[84]

26 **3. Rechtsfolge.** Mit dem Wirksamwerden des Übertragungsbeschlusses steht das Namensbestimmungsrecht dem begünstigten Elternteil alleine zu, dem anderen wird es dadurch entzogen. Der Begünstigte hat es nach Maßgabe des § 1617 Abs. 2 S. 2 iVm. Abs. 1 auszuüben, und dabei stehen ihm die ursprünglichen Optionen offen (s. Rn. 14 ff.), wiederum bezogen auf den Zeitpunkt der namensbestimmenden Erklärung; insbes. kann er auch den Namen des nicht mehr bestimmungsbefugten Elternteiles wählen. Die gerichtliche Übertragung ist endgültig, mit wirksamer Ausübung oder fruchtlosem Ablauf einer vom FamG nach § 1617 Abs. 2 S. 3 gesetzten Frist erlischt das Bestimmungsrecht. Übt der nach Abs. 2 S. 1 befugte Elternteil das Recht nicht aus, so kann das FamG die Befugnis nicht ohne weiteres übertragen, sondern ist auf die gesetzliche Lösung nach Abs. 2 S. 3, 4 beschränkt. Stirbt der Begünstigte jedoch zwischenzeitlich oder verliert er sein Sorgerecht, so geht die Bestimmungsbefugnis mit dem Sorgerecht auf den anderen Elternteil über.[85] Den Eltern bleibt es freilich unbenommen, auch nach Übertragung der Befugnis auf einen von ihnen eine gemeinsame Entscheidung zu suchen; gleichwohl erlangt dabei nur die Erklärung des bestimmungsbefugten Elternteils rechtliche Bedeutung.[86]

27 **4. Namenserwerb nach Fristsetzung. a) Fristsetzung.** Durch Fristsetzung kann das FamG den bestimmungsbefugten Elternteil unter Druck setzen, von seiner Befugnis Gebrauch zu machen, um das Kind nicht längere Zeit ohne Namen zu lassen. Nach dem Wortlaut des § 1617 Abs. 2 S. 3 steht eine Fristsetzung, die zusammen mit dem Übertragungsbeschluss oder danach erfolgen kann, im Ermessen des Gerichts. Sind diesem konkrete Umstände bekannt, dass der bestimmungsbefugte Elternteil von seinem Recht nicht oder in unzulässiger Form Gebrauch machen wird, oder sind solche Umstände bereits eingetreten, so reduziert sich der Ermessensspielraum gegen Null, denn eine fortdauernde Namenslosigkeit des Kindes widerspricht öffentlichen Interessen.[87] Eine

---

[78] Im Ergebnis ebenso *Palandt/Diederichsen* Rn. 8; *Erman/Michalski/Döll* Rn. 12; *Bamberger/Roth/Enders* Rn. 18; *Staudinger/Coester* (2007) Rn. 73.
[79] Ebenso *Henrich/Wagenitz/Bornhofen* Rn. 123.
[80] Vgl. zu teils divergierenden Auswahlkriterien *Erman/Michalski/Döll* Rn. 12; *Lipp/Wagenitz* Rn. 69; *Staudinger/Coester* (2007) Rn. 73.
[81] Name eines bedeutenden niederländischen Malers des 17. Jahrhunderts, in Abwandlungen auch hierzulande üblich.
[82] So OLG Bamberg 2. 2. 2000, 2 UF 327/99 (Juris), zu § 1618 S. 4: Psychische Belastungen wegen Ähnlichkeit des Namens mit Tierbezeichnung.
[83] Diese Möglichkeiten hatte der ursprüngliche Gesetzentwurf zum FamNamRG noch vorgesehen, BT-Drucks. 12/3163 S. 13, de lege ferenda dafür *Sturm*, FS Henrich, S. 618.
[84] Wie hier kritisch zur Regelung *Sturm*, FS Lüke, S. 814; kritisch auch zB *Henrich/Wagenitz/Bornhofen* Rn. 123.
[85] *Henrich/Wagenitz/Bornhofen* Rn. 130; *Staudinger/Coester* (2007) Rn. 78.
[86] Dazu *Erman/Michalski/Döll* Rn. 16 f.
[87] Zu letzterem OLG Köln NJWE-FER 1998, 102.

Fristverlängerung ist möglich, Wiedereinsetzung in den vorigen Stand bei Fristversäumnis hingegen nicht.[88]

b) Gesetzlicher Namenserwerb. Ist die vom FamG nach § 1617 Abs. 2 S. 3 gesetzte Frist 28 ohne wirksame Namensbestimmung abgelaufen, so weist das Gesetz dem Kind den Namen zu, welchen der bestimmungsbefugte Elternteil zu jenem Zeitpunkt führt, Abs. 2 S. 4. Für eine weitere elterliche Namensbestimmung oder gerichtliche Entscheidung ist dann kein Raum mehr.[89] Der gesetzliche Namenserwerb entfaltet Bindungswirkung für den Namen weiterer Geschwister (Rn. 21).

5. Verfahren. Für die Übertragung der Namensbestimmungsbefugnis ist das Familiengericht 29 ausschließlich zuständig, § 151 Nr. 1 FamFG iVm. § 1617 Abs. 2 S. 1. Das Verfahren richtet sich nach §§ 151 ff. FamFG, zuständig ist der Richter, § 14 Abs. 1 Nr. 5 RPflG. Die Entscheidung ergeht im Regelfall des § 1617 Abs. 2 von Amts wegen, im Sonderfall des Abs. 3 hingegen teils nur auf Antrag (Rn. 30).

6. Sonderregelung bei Geburt im Ausland. Ist das Kind im Ausland geboren und unter- 30 liegt dessen Namenserwerb deutschem Recht (s. Rn. 32), so setzt eine Übertragungsentscheidung nach Abs. 2 den Antrag eines Elternteiles oder des Kindes voraus; von Amts wegen ist sie möglich, wenn die Eintragung des Kindesnamens in deutschen Personenstandsbüchern oder Identitätspapieren erforderlich wird. Im Übrigen gilt für im Ausland geborene Kinder gleichfalls der Vorrang der gemeinsamen elterlichen Bestimmung nach § 1617 Abs. 1; nehmen die Eltern eine solche nicht vor und trifft das Gericht keine Entscheidung nach Maßgabe des Abs. 3, so hat das Kind im Inland keinen Namen.

V. Weitere Fragen

1. Intertemporales Recht. Für vor dem 1. 7. 1998 geborene Kinder gilt die Übergangsvor- 31 schrift des Art. 224 § 3 EGBGB; im Interesse der Namenseinheit von Geschwistern kann aber ein danach fortbestehender Doppelname eines älteren Kindes die Eltern dazu berechtigen, durch Namensbestimmung einem nach dem 1. 7. 1998 geborenen Kind gleichfalls diesen Doppelnamen zu erteilen (s. § 1616 Rn. 15 f., Erl. Art. 224 § 3 EGBGB).

2. Internationales Privatrecht. Unabhängig davon, ob ein Kind im In- oder Ausland gebo- 32 ren ist, richtet sich dessen Name in Fällen mit Auslandsberührung gem. Art. 10 Abs. 1 EGBGB nach seinem Heimatrecht. Welchen Namen die Eltern führen, beurteilt sich für diese nach ihrem jeweiligen Heimatrecht, Art. 10 Abs. 1 EGBGB, vorbehaltlich einer Rechtswahl nach Abs. 2; lebt einer der Elternteile in einer eingetragenen homosexuellen Lebenspartnerschaft, so ist Art. 10 Abs. 2 über Art. 17 b Abs. 2 S. 1 analog anwendbar. Für Doppelstaater mit auch deutscher Staatsangehörigkeit ist aus der Sicht deutscher Gerichte nach Art. 5 Abs. 1 S. 2 EGBGB nur deutsches Recht maßgeblich. Deshalb kann ein Kind, welches neben der deutschen die US-Staatsangehörigkeit besitzt, nicht wirksam einen Doppelnamen durch elterliche Bestimmung nach dem dann einschlägigen § 1617 erhalten.[90] Den Eltern bleibt die Möglichkeit der Wahl des auf den Kindesnamen anzuwendenden Rechts nach Art. 10 Abs. 3 EGBGB. Zum Einfluss der europäischen Grundfreiheiten auf die Namensführung in Sachverhalten mit Bezug zum EU-Ausland, Erl. Art. 10 EGBGB Rn. 140 ff. Ist deutsches Recht Kindesnamensstatut, so ist die Vorfrage nach dem Bestehen gemeinsamer Sorge unselbständig anzuknüpfen[91] nach Art. 21 EGBGB, sofern keine in Deutschland anerkennungsfähige ausländische Sorgerechtsentscheidung vorliegt; bei Entscheidungen aus EU-Mitgliedsstaaten richtet sich dies nach der EheVO II.[92] In Ermangelung einer solchen Entscheidung beurteilt sich die elterliche Sorge mit Inkrafttreten des KSÜ für Deutschland zum 1. 1. 2011[93] freilich nach dessen Kollisionsnormen in Art. 17 ff.[94] Insgesamt dazu s. § 1616 Rn. 18 f., Erl. Art. 10 EGBGB, insbes. Rn. 103 ff.

---

[88] OLG Hamm FamRZ 2004, 731.
[89] OLG Hamm FamRZ 2004, 731; kritisch *Diederichsen* NJW 1998, 1977, 1981 Fn. 53.
[90] BayObLG FamRZ 2000, 56 f.
[91] Erl. Art. 10 EGBGB Rn. 26; *v. Sachsen Gessaphe* IPR 3. Kap. E II 2 c; *Kropholler* IPR § 32 IV 2 b mwN; aA *Dutta* StAZ 2010, 193, 200; *Staudinger/Hepting* (2007) Art. 10 EGBGB Rn. 125; *AnwK-BGB/Mankowski* Art. 10 EGBGB Rn. 19; *Palandt/Thorn* Art. 10 EGBGB Rn. 2 mwN.
[92] Eingehend dazu *Dutta* StAZ 2010, 193, 194 ff.
[93] BGBl. 2010 II S. 1527.
[94] Dazu *Dutta* StAZ 2010, 193, 200 ff.

VI. Würdigung

33 Durch die Verknüpfung des Namensbestimmungsrechts mit der gemeinsamen elterlichen Sorge und der Konfliktregel des § 1617 Abs. 2 hält das Gesetz eine Regelung bereit, welche den Geboten der Gleichberechtigung der Eltern und der Gleichstellung ehelicher und ne. Kinder gerecht wird.[95] Der Preis hierfür sind jedoch Schwierigkeiten bei Verständnis und Anwendung der Norm, wodurch die Tradition übermäßiger Kompliziertheit im deutschen Namensrecht fortgesetzt wird.[96] Solange sich die Eltern über die Erteilung des Kindesnamens einigen, ist das Modell weithin brauchbar; es entspricht dem Trend der **Dynamisierung des Namens** durch parteiautonome Wahlmöglichkeiten.

34 Zu besonderen Problemen führt jedoch die Option, den jeweils im Entscheidungszeitpunkt aktuell geführten Namen eines jeden Elternteils zu wählen, zumal dadurch der Zugriff auf **erheiratete Namen** eröffnet wird. Einerseits dient dies der zumindest partiellen Namenseinheit zwischen einem Elternteil und den Kindern, andererseits kann es aber zu erheblichen Spannungen mit der vormals bestimmenden sozialen Funktion des Namens, die Abstammung und die Zugehörigkeit zu einer Familie zu bezeichnen,[97] führen. Die früher zum Ehenamensrecht bestehenden Wertungswidersprüche (4. Aufl. Rn. 35) sind durch die Erweiterung der Wahlmöglichkeiten auf den jeweils aktuell geführten Namen beider Ehegatten in § 1355 Abs. 2 nF beseitigt worden. Gleichwohl wird durch die Weitergabe eines einseitig erheirateten Namens, der sich von einem früheren Ehegatten ableitet, diesem namensmäßig eine nicht bestehende Verwandtschaft angedichtet;[98] besonders grotesk erscheint dies, wenn ein Elternteil den Geburtsnamen seines gegenwärtigen Ehegatten als Ehenamen führt und diesen nach § 1617 auf ein Kind überträgt, welches aus einer außerehelichen Beziehung zu einem Dritten stammt, sofern die Kindeseltern nur gem. § 1626a Abs. 1 Nr. 1 vorgeburtlich die gemeinsame Sorge für das Kind begründet haben.[99] Für die Zwecke des § 1355 Abs. 2 hat das BVerfG dem Persönlichkeitsrecht des ursprünglichen Namensinhabers im Interesse des gewünschten frauenpolitischen Ergebnisses kaum Beachtung geschenkt (§ 1355 Rn. 4). Dem kann nicht gefolgt werden: Die Weitergabe des von einem früheren Ehegatten bzw. Lebenspartner erheirateten Namens an mit ihm nicht verwandte Kinder kann selbst gegen dessen Willen geschehen, während die „einseitige Einbenennung" nach § 1617a Abs. 2 die Zustimmung des anderen Elternteils und die „echte" Einbenennung nach § 1618 bzw. § 9 Abs. 5 LPartG diejenige des Stiefelternteils erfordert. Weitere Wertungsgesichtspunkte sprechen gegen die Regelung: Die Namenseinheit zwischen Eltern ohne Ehenamen und deren Kindern ist bloß partiell möglich. Gerade in den problematischen Fällen eines mehrfach verheirateten Elternteils ist es die Regelung des § 1355 Abs. 4, 5 selbst, welche angesichts der darin angelegten Dynamisierung eines austauschbaren und der freien Wahl überlassenen Ehenamens dessen identitätsstiftende Kontinuität für die Ehegatten und damit mittelbar für die Kinder in Frage stellt. Letztlich bestätigen die Wahlmöglichkeiten des § 1617 Abs. 1 und des § 1355 Abs. 2 die zu beobachtende Tendenz, den Namen als Mittel der **Selbstdarstellung** zu sehen (Vor § 1616 Rn. 7, § 1355 Rn. 2, 43). Dies kann durchaus zu einem **name-shopping** führen, wie zahlreiche Beispiele belegen, in denen der wohlklingendere Name aus Vor- oder Vorvorehen auserkoren wird, um gesellschaftliches Prestige oder geschäftliche Vorteile zu erlangen.

35 Für den Fall, dass die Eltern **keine Einigung über den Namen** erzielen können, erscheint die Regelung des § 1617 als problematisch. Als Ausweg hätte die Bildung eines aus den Namen der Eltern gebildeten Doppelnamens zur Verfügung gestanden, doch wollte der Gesetzgeber seine Abneigung hiergegen nicht aufgeben. Für die Zulassung der Bildung eines aus den Namen der Eltern **zusammengesetzten Doppelnamens** spricht schon, dass das geltende Verbot im Widerspruch zu den immer weiterreichenden Möglichkeiten steht, einseitige elterliche Doppelnamen zum Kindesnamen zu bestimmen (Rn. 16). Wichtiger aber ist, dass ein solcher Doppelname die familiäre Einheit am sinnfälligsten nach außen zum Ausdruck bringt,[100] dem Gleichheitsgebot genügt und

---

[95] Insoweit lobend daher *Sturm*, FS Lüke, S. 827.
[96] Zu letzterem *Hepting* StAZ 1996, 1; *ders*. StAZ 1999, 133, 134 ff.; *Staudinger/Coester* (2007) Vor § 1616 Rn. 4.
[97] Zu diesen Funktionen Vor § 1616 Rn. 7; speziell zur letzteren *Hepting* StAZ 1996, 1, 2 f.; *Klippel* S. 361 ff.; kritisch dazu *v. Spoenla-Metternich* S. 83.
[98] Kritisch daher auch *Erman/Michalski/Döll* Rn. 7 f.; NK-BGB/*Löhnig/Czeguhn* Rn. 16; wohl ebenso FamRefK/*Wax* Rn. 3; schon zum alten Recht *Wacke* StAZ 1994, 209, 212 f.; offensichtlich anders *Sturm* StAZ 1994, 370, 374.
[99] Kritisch dazu offenbar auch *Henrich/Wagenitz/Bornhofen* Rn. 39 Fn. 18.
[100] So auch *Diederichsen* NJW 1998, 1977, 1981; *Schwenzer* 59. DJT A 58; NK-BGB/*Löhnig/Czeguhn* Rn. 18; *Staudinger/Coester* (2007) Rn. 25.

eine Konfliktentscheidung über den Kindesnamen vermeidet.[101] Die praktischen Probleme für den Rechtsverkehr und die Registerführung ließen sich bewältigen, wenn man die Zulassung auf zweigliedrige Namen beschränkte; ohnehin treten echte und unechte Doppelnamen auf Grund der widersprüchlichen namensrechtlichen Regelungen immer häufiger auf. Freilich können dann Streitigkeiten zwischen den Eltern über die Reihenfolge ihrer Namen im Kindesnamen auftreten, zudem wird dieser sich in der Generationenfolge notwendigerweise ändern. In jedem Fall sollte den Kindern bei Erreichen der Volljährigkeit das Recht eingeräumt werden, die Reihenfolge der Namen umzustellen. Dass die Probleme aus zusammengesetzten Doppelnamen lösbar sind, zeigt seit langem das spanische Recht (vgl. Art. 109 Código Civil).[102]

Angesichts der zahlreichen Wertungswidersprüche und Probleme des geltenden Ehe- und Kindesnamensrechts ist indes eine **radikale Neuorientierung** erforderlich: Würde der **Ehename abgeschafft** (dafür § 1355 Rn. 45), so behielte jeder Ehegatte seinen bisherigen Namen bei, eine Weitergabe erheirateter Namen Dritter, die mit dem Kind nicht verwandt sind, wäre damit ausgeschlossen. Für den Kindesnamen wäre dann eine Entscheidung nach § 1617 Abs. 1 zu fällen, ggf. mit der Möglichkeit einer Doppelnamensbildung aus den elterlichen Namen, welche jedoch die Bildung von Namensketten verhindert, wie dies im geltenden französischen Namensrecht der Fall ist (Art. 311–21 bis 311–24 Code Civil).[103] Weitergehend ist ein Wahlrecht des Kindes bei Erreichen der Volljährigkeit zu fordern, ob und in welcher Reihenfolge es den Doppelnamen beibehalten[104] oder den Namen welches Elternteils es führen möchte. **36**

§ 1617a Geburtsname bei Eltern ohne Ehenamen und Alleinsorge

(1) Führen die Eltern keinen Ehenamen und steht die elterliche Sorge nur einem Elternteil zu, so erhält das Kind den Namen, den dieser Elternteil im Zeitpunkt der Geburt des Kindes führt.

(2) ¹Der Elternteil, dem die elterliche Sorge für ein unverheiratetes Kind allein zusteht, kann dem Kind durch Erklärung gegenüber dem Standesamt den Namen des anderen Elternteils erteilen. ²Die Erteilung des Namens bedarf der Einwilligung des anderen Elternteils und, wenn das Kind das fünfte Lebensjahr vollendet hat, auch der Einwilligung des Kindes. ³Die Erklärungen müssen öffentlich beglaubigt werden. ⁴Für die Einwilligung des Kindes gilt § 1617c Abs. 1 entsprechend.

Schrifttum: S. Vor § 1616 vor Rn. 5.

Übersicht

	Rn.		Rn.
I. Allgemeines	1–4	b) Spätere Veränderungen der Sorgerechtslage	9
1. Normzweck	1–3	c) Erstreckung auf Geschwister?	10
a) Grundsatz des Abs. 1	1	**III. Erteilung des Namens des nichtsorgeberechtigten Elternteils (Abs. 2)**	11–28
b) Korrekturmöglichkeit nach Abs. 2	2	1. Originärer Namenserwerb oder Namensänderung	11
c) Partielle Namenseinheit	3	2. Voraussetzungen	12–20
2. Verfassung und internationale Menschenrechte	4	a) Alleinsorge bei Namensbestimmung	12
II. Gesetzlicher Namenserwerb nach dem Grundsatz des Abs. 1	5–10	b) Kein Ehename	13
1. Voraussetzungen	5–7	c) Kindesname nach Abs. 1	14, 15
a) Kein Ehename	5	d) Rechtsfähiges, minderjähriges und lediges Kind	16–18
b) Alleinsorge im maßgeblichen Zeitpunkt	6	e) Existenz des anderen Elternteils	19, 20
c) Regelungslücke bei fehlender elterlicher Sorge	7	3. Namensbestimmung	21–24
2. Rechtsfolgen	8–10	a) Bestimmungsrecht, Rechtsnatur und Vertretung	21
a) Automatischer Namenserwerb	8		

---

[101] Ebenso *Henrich/Wagenitz/Bornhofen* Rn. 29; *Sacksofsky* FPR 2004, 371, 375; näher dazu *Arndt* S. 135 f.
[102] Dazu *Flägel* StAZ 1995, 229, 231 f.; kritisch dazu *Arndt* S. 150 ff.; zu weiteren ausländischen Vergleichsmodellen und den dabei auftretenden Problemen ebd., S. 147 ff.; *Sturm*, FS Lüke, S. 825 ff.
[103] Dazu *Nast* StAZ 2004, 292 f.; *Sperling* StAZ 2011, 43 ff.
[104] So Art. 109 Abs. 4 span. Código Civil.

§ 1617a   1, 2   Abschn. 2. Titel 4. Rechtsverhältnis zw. den Eltern u. dem Kind

	Rn.		Rn.
b) Erteilungsfähiger Name	22	6. Wirksamwerden und Wirkung der Namensbestimmung	28
c) Erteilungsfähiger Name bei Wechsel der Alleinsorge auf den anderen Elternteil	23	**IV. Weitere Fragen**	29–31
d) Modalitäten der Erklärung	24	1. Bedeutung des Namens und sonstige Einzelfragen	29
4. Einwilligung des anderen Elternteils	25, 26		
a) Zweck	25	2. Intertemporales Recht	30
b) Rechtsnatur und Modalitäten	26	3. Internationales Privatrecht	31
5. Erfordernis der Kindeseinwilligung	27	**V. Würdigung**	32

I. Allgemeines

1 **1. Normzweck. a) Grundsatz des Abs. 1.** Nach diesem erwirbt ein Kind, das unter alleiniger Sorge eines Elternteils steht, kraft Gesetzes dessen Namen, sofern die Eltern keinen Ehenamen führen, da sonst § 1616 greift. Damit vervollständigt die Vorschrift die Regelung der §§ 1616, 1617 für den originären Namenserwerb des Kindes, teilweise ergänzt durch Abs. 2 (Rn. 2), und knüpft diesen konsequent an das Fehlen der für jene maßgeblichen Kriterien an. Hinter dieser Formulierung wird der eigentliche Anwendungsbereich der Vorschrift wiederum eher verdeckt. Inhaltlich übernimmt sie nämlich § 1617 Abs. 1 S. 1 aF: Danach erhielt das ne. Kind kraft Gesetzes den Namen seiner Mutter; damit war schon damals mittelbarer Anknüpfungspunkt das alleinige Sorgerecht, denn dieses stand nach § 1705 S. 1 aF kraft Gesetzes der Mutter zu. Ergänzend hierzu galt für eheliche Kinder, deren Eltern keinen Ehenamen führten und die unter alleiniger Sorge eines Elternteils standen, dass dieser das elterliche Recht der Namenswahl alleine ausübte, wiewohl dies in § 1616 Abs. 2 aF nicht ausdrücklich vorgeschrieben war.[1] Dem Grundansatz des neuen Kindesnamensrechts gemäß wird die Anknüpfung des Namenserwerbs an die elterliche Sorge nun ausdrücklich verankert. Zur Überwindung der früheren tatbestandlichen Differenzierung zwischen ehelichen und ne. Kindern weist die Vorschrift eine vom Status des Kindes unabhängige Formulierung auf; diese vermag aber nicht zu verdecken, dass die Vorschrift im wesentlichen Kinder von Eltern, die nicht miteinander verheiratet sind, erfasst und sich somit weitgehend mit dem Anwendungsbereich des § 1617 Abs. 1 aF deckt.[2]

2 **b) Korrekturmöglichkeit nach Abs. 2.** Entgegen der Regelung in § 1617 konnte der Gesetzgeber sich für die von § 1617a erfassten Sachverhalte nicht zu einem Wahlrecht des allein Sorgeberechtigten bez. des Kindesnamens durchringen, weil er die damit verbundene Disposition des einen Elternteils über den Namen des anderen nicht zulassen wollte.[3] Gleichwohl sieht § 1617a Abs. 2 im Ergebnis ein solches Wahlrecht vor, dessen Ausübung freilich durch die Einwilligung des anderen Elternteils bedingt ist. Diese Regelung tritt damit funktionell an die Stelle der früheren **einseitigen Einbenennung** durch den ne. Vater (§ 1618 Abs. 1 S. 1 Alt. 2 aF), weshalb sie ursprünglich der Einbenennungsnorm des § 1618 als Abs. 2 angefügt werden sollte;[4] dagegen wird die Funktion der fortgefallenen Legitimationstatbestände jetzt überwiegend von § 1617b erfüllt.[5] Um den schon dem früheren Recht immanenten Zusammenhang zwischen gesetzlichem Namenserwerb des ne. Kindes nach § 1617 Abs. 1 aF und der Korrekturmöglichkeit durch nachfolgende einseitige Einbenennung zu verdeutlichen, sind aber beide Tatbestände schließlich in § 1617a systematisch verknüpft worden; überdies soll dadurch das zwischen beiden bestehende Regel-Ausnahmeverhältnis zum Ausdruck kommen.[6] Offenbar wollte der Gesetzgeber die frühere Einbenennung sachlich unverändert übernehmen und lediglich gesetzestechnisch in das neue System des Kindesnamensrechts einbetten:[7] Aus diesem Grunde wurde das Namensbestimmungsrecht von dem nach altem Recht nicht sorgeberechtigten ne. Vater auf den Inhaber der Alleinsorge übertragen und umgekehrt das diesem früher eingeräumte Einwilligungsrecht jetzt jenem zugestanden. Dieser Wechsel in der Bestimmungsbefugnis bedingte, dass die Option zugunsten des Namens des anderen, nicht sorgeberechtigten Elternteils ausfallen musste, um im Regelfall der früheren einseitigen Einbenennung zu gleichen Ergebnissen zu gelangen. Eine weitere Anpassung

---

[1] BT-Drucks. 13/4899 S. 90.
[2] Im Ergebnis ebenso *Palandt/Diederichsen* Rn. 3; *Erman/Michalski/Döll* Rn. 1.
[3] BT-Drucks. 13/4899 S. 91.
[4] Vgl. § 1618 Abs. 2 idF des RegE, BT-Drucks. 13/4899 S. 92.
[5] Zu letzterem näher *Liermann* StAZ 1999, 321, 322 ff.; unzutreffend insoweit *Palandt/Diederichsen* Rn. 6.
[6] Zur Umstellung der im RegE in § 1618 Abs. 2 enthaltenen Regelung nach § 1617a Abs. 2 durch den RA, BT-Drucks. 13/8511 S. 73.
[7] Vgl. dazu den RegE, BT-Drucks. 13/4899 S. 92; s. dazu auch *v. Sachsen Gessaphe* LMK 2006, 176266.

erforderte die tatbestandliche Gleichstellung ehelicher und ne. Kinder durch Wahl einer neutralen Formulierung, welche hier Kindern verheirateter Eltern zu Gute kommt. Diese Intentionen des Gesetzgebers finden im Wortlaut der Norm indes nicht hinreichenden Ausdruck (vgl. Rn. 11, 23).

c) Partielle Namenseinheit. Der Namenserwerb des Kindes vom allein sorgeberechtigten Elternteil stellt wenigstens zu diesem Namenseinheit her. Damit zeichnet das Namensrecht nur die derartigen Sorgerechtskonstellationen im Regelfall zu Grunde liegende soziale Wirklichkeit nach, dass nämlich nicht miteinander verheiratete Eltern, die auch keine Sorgerechtserklärung abgegeben haben, nicht in Familiengemeinschaft leben, sondern dass diese sich auf das Kind und – regelmäßig – dessen Mutter beschränkt. Wird die Familiengemeinschaft nachträglich begründet, so sehen die §§ 1617b, 1617 c die Möglichkeit vor, den Kindesnamen der neuen Situation anzupassen. Demgegenüber kann die in § 1617a Abs. 2 eröffnete Möglichkeit, dem Kind den Namen des anderen Elternteils zu geben, zu einer Abkoppelung des Kindesnamens von der gelebten Familiengemeinschaft führen. Freilich kann sich eine vergleichbare Situation auch bei einer Namensbestimmung nach § 1617 einstellen, wenn nämlich die Eltern getrennt leben und das Kind nach dem Residenzmodell des § 1687 überwiegend nicht beim namensspendenden, sondern bei dem anderen Elternteil lebt. In beiden Situationen manifestiert sich ein **Vorrang der elterlichen Dispositionsmacht** über den Kindesnamen vor der Namenseinheit in der gelebten Familiengemeinschaft. Nach dem Normtext ist diese Dispositionsmacht jedoch für die Fälle eingeschränkt, in denen nachgeburtlich ein Wechsel des alleinigen Sorgerechts auf den anderen Elternteil stattgefunden hat, denn dieser kann dem Kind jetzt nicht seinen eigenen Namen erteilen; hier war dem Gesetzgeber die Namenskontinuität wichtiger (vgl. aber Rn. 23). 3

2. Verfassung und internationale Menschenrechte. Die § 1617a Abs. 1 zu Grunde liegende gesetzliche Zuweisung der Alleinsorge an die Mutter (§ 1626a Abs. 2), wenn diese mit dem Vater des Kindes nicht verheiratet ist und beide keine Sorgeerklärung abgegeben haben, ist verfassungsgemäß[8] und auch mit der EMRK vereinbar.[9] Da § 1617a Abs. 1 lediglich die auf den Kindesnamenserwerb bezogene Konsequenz daraus zieht, ist ein Verstoß gegen das Elternrecht aus Art. 6 GG und das allgemeine Persönlichkeitsrecht des anderen Elternteils nicht ersichtlich, zumal es die Korrekturmöglichkeiten nach § 1617a Abs. 2 und §§ 1617b Abs. 1, 1617 c gibt.[10] Eine nach § 1617a Abs. 2 mögliche Namensänderung tangiert das allgemeine Persönlichkeitsrecht des Kindes an seinem bisherigen Namen als Teil seiner Identität[11] sowie dessen Recht auf Achtung seines Privat- und Familienlebens.[12] Das Persönlichkeitsrecht des Kindes an seinem bisherigen Namen wird jedoch durch das Erfordernis seiner Zustimmung (§ 1617a Abs. 2 S. 4) hinreichend gewahrt; zugleich entspricht dieses dem Postulat des Art. 12 UN-Kinderrechtskonvention. Die Beschränkung der Namensbestimmung nach § 1617a Abs. 2 auf minderjährige Kinder (Rn. 17) ist gleichfalls verfassungsgemäß, insbes. gibt es kein Recht des Kindes auf Wahl des eigenen Namens aus Art. 2 Abs. 1 iVm. Art. 1 Abs. 1 GG,[13] und das Elternrecht auf Namensbestimmung aus Art. 6 Abs. 1, 2 GG überdauert nicht den Eintritt der Volljährigkeit des Kindes.[14] Im Übrigen zur Vereinbarkeit mit der EMRK, der GRC und der UN-Kinderrechtskonvention, § 1616 Rn. 3. 4

II. Gesetzlicher Namenserwerb nach dem Grundsatz des Abs. 1

1. Voraussetzungen. a) Kein Ehename. Diese negative Voraussetzung betrifft nur Eltern, die im maßgeblichen Zeitpunkt der Geburt des Kindes miteinander verheiratet sind oder waren. Zu den Anwendungsfällen s. Erl. § 1617 Rn. 8, s. a. § 1616 Rn. 9. 5

---

[8] BVerfG NJW 2003, 955 = FamRZ 2003, 285; NJW 2010, 3008 = FamRZ 2010, 1403 Tz. 38 ff.
[9] EuGHMR 3. 12. 2009 Nr. 22028/04, NJW 2010, 501 = FamRZ 2010, 103 Tz. 54 f. - Zaunegger v. Deutschland.
[10] AA wohl *v. Münch/Kunig/Coester-Waltjen* Art. 6 GG Rn. 80.
[11] Zum Schutz des bisherigen Namens vor Entzug oder auferlegter Änderung durch das allgemeine Persönlichkeitsrecht, BVerfGE 84, 9, 22 = NJW 1991, 1602, 1603; BVerfGE 104, 373, 387, 392 = NJW 2002, 1256, 1257, 1259 = FamRZ 2002, 306, 308, 310.
[12] Zu Art. 8 EMRK, EuGHMR 22. 2. 1994 Nr. 16213/90, ÖJZ 1994, 559, 560 - Burghartz v. CH; 6. 12. 2001 Nr. 31178/96, NJW 2003, 1921, 1922 = FamRZ 2002, 1017, 1018 - Petersen v. Deutschland; 6. 5. 2008 Nr. 33572/02, StAZ 2008, 375, 377 - Freifrau von Rehlingen v. Deutschland; näher dazu *Pintens*, FS Henrich, S. 454 ff.; zu Art. 7 GRC angedeutet in EuGH 22. 12. 2010 C-208/09, BeckEuRS 2010, 554007 Tz. 52 = StAZ 2011, 77 - Sayn-Wittgenstein v. Landeshauptmann von Wien; s.a. Art. 8 Abs. 1 UN-Kinderrechtskonvention.
[13] BVerfGE 104, 373, 392 = NJW 2002, 1256, 1259 = FamRZ 2002, 306, 310; FamRZ 2008, 496.
[14] BVerfG FamRZ 2008, 496, 497; BayObLG FPR 2003, 88 = FamRZ 2002, 1729.

§ 1617a 6–9 Abschn. 2. Titel 4. Rechtsverhältnis zw. den Eltern u. dem Kind

6 **b) Alleinsorge im maßgeblichen Zeitpunkt.** Für die Beurteilung der Sorgerechtsverhältnisse kommt es auf den Zeitpunkt der Geburt des Kindes an, wie sich aus dem Wortlaut der Norm ergibt. Implizite Voraussetzung hierfür ist das Feststehen der **Elternschaft** des allein sorgeberechtigten Elternteils in diesem Zeitpunkt: Im Vordergrund steht der Fall der nach § 1591 feststehenden Kindesmutter, die bei der Kindesgeburt **nicht** mit dem Kindesvater **verheiratet** ist oder war, und die mit dem Vater auch keine pränatale Sorgeerklärung gem. § 1626a Abs. 1 Nr. 1, § 1626b Abs. 2 abgegeben hat; nach der verfassungskonformen (Rn. 4) Grundregel des § 1626a Abs. 2 hat sie kraft Gesetzes dann die Alleinsorge. Dem ist der Fall gleichzusetzen, dass die Eltern zwar verheiratet gewesen waren, das Kind aber nach Scheidung oder Aufhebung der Ehe geboren wird und der Ehemann der Mutter die Vaterschaft nicht pränatal, sondern erst nachgeburtlich anerkannt hat; zum Fall des § 1599 Abs. 2 s. Erl. § 1616 Rn. 8, § 1617b Rn. 19. Bei **miteinander verheirateten** Eltern, die keinen Ehenamen führen (sonst § 1616), kann die Alleinsorge eines von ihnen im maßgeblichen Zeitpunkt nur ganz ausnahmsweise vorkommen (s. § 1617 Rn. 9 f.). Das bloße Getrenntleben der Eheleute im Zeitpunkt der Geburt vermag im Hinblick auf § 1687 keine Alleinsorge zu begründen; und eine gerichtliche Übertragung des Sorgerechts oder jedenfalls des die Namensbestimmung umfassenden Ausschnittes daraus (§ 1617 Rn. 10) nach § 1671 findet erst nach der Geburt statt, so dass nicht § 1617a, sondern § 1617 einschlägig ist.[15] Dass einem der beiden potentiell gemeinsam sorgeberechtigten Elternteile vorgeburtlich die elterliche Sorge in dem bezeichneten Umfang durch vorläufige Anordnung nach §§ 1666 f. entzogen wird, ist nur in ganz besonders gearteten Fällen denkbar und kann daher nur im absoluten Ausnahmefall zur Anwendung des § 1617a führen.[16]

7 **c) Regelungslücke bei fehlender elterlicher Sorge.** In seltenen Fällen ist es denkbar, dass bei der Kindesgeburt keine elterliche Sorge besteht, weil bei beiden Eltern Gründe für ein Ruhen der Sorge (§ 1673) oder eine Ausübungsverhinderung (§ 1678 Abs. 1 S. 1 Halbs. 1) vorliegen oder dies für einen von ihnen der Fall ist, während der andere bereits tot ist. Sogar der Fall des Todes von Vater und Mutter bei Geburt ist heutzutage vorstellbar.[17] Für solche Sachverhalte bestehen gesetzliche Regeln für Eltern, die einen Ehenamen geführt hatten, weil dann § 1616 greift,[18] und für Findelkinder (§§ 24 f. PStG); beide Male kommt es auf die elterliche Sorge nicht an. Ansonsten liegt dagegen eine Regelungslücke vor, welche dadurch zu schließen ist, dass dem gesetzlichen Vertreter des Kindes, wie in den Fällen eines nachgeburtlichen Ausfalls der Eltern, das Namensbestimmungsrecht des § 1617 eingeräumt wird.[19]

8 **2. Rechtsfolgen. a) Automatischer Namenserwerb.** Liegen die vorbezeichneten Voraussetzungen vor, so erwirbt das Kind den vom allein sorgeberechtigten Elternteil im Zeitpunkt der Geburt geführten Namen kraft Gesetzes. Für eine Namenswahl ist vorbehaltlich des Abs. 2 kein Raum. Erworben wird nicht notwendig der Geburtsname, sondern im Interesse der partiellen Namenseinheit mit dem sorgeberechtigten Elternteil dessen personenstandsrechtlich **aktuell zu führender Familienname** (Vor § 1616 Rn. 11, § 1617 Rn. 14 ff.). Dies kann sein (vgl. § 1617 Rn. 14 ff.): der Geburtsname; der Ehename aus einer früheren Ehe mit dem anderen Elternteil, sofern der allein sorgeberechtigte ihn noch führt, der andere jedoch nicht; oder ein erheirateter Ehename aus einer (Vor-)Vorehe des allein sorgeberechtigten Elternteils. Ist letzterer mit einem Begleitnamen verbunden, so erwirbt das Kind diesen unechten Doppelnamen, da es der vom maßgeblichen Elternteil aktuell zu führende Name ist; dieser mutiert in der Person des Kindes zum echten Doppelnamen (§ 1617 Rn. 16). Das zum erheirateten Ehenamen Gesagte gilt für den von einem Elternteil aus einer früheren eingetragenen Lebenspartnerschaft mit einem(r) Dritten erworbenen Lebenspartnerschaftsnamen (§ 3 LPartG) entsprechend. Das Kind erwirbt sogar den im Wege additiver Einbenennung gem. § 1618 S. 2 Halbs. 1 aus dem Geburtsnamen und dem Ehenamen der Stieffamilie gebildeten unechten Doppelname des Elternteils als dessen aktuell geführten Namen (§ 1618 Rn. 16).

9 **b) Spätere Veränderungen der Sorgerechtslage.** Die nachgeburtliche Begründung gemeinsamer Sorge berührt den kraft Gesetzes nach § 1617a Abs. 1 erfolgten Namenserwerb nicht; eine Anpassung des Kindesnamens mit Wirkung ex nunc ist lediglich unter den Voraussetzungen

---

[15] Im Ergebnis wie hier *Erman/Michalski/Döll* Rn. 4; *Henrich/Wagenitz/Bornhofen* Rn. 11; aA *Staudinger/Coester* (2007) Rn. 8, der die Möglichkeit pränataler Entscheidungen nach § 1671 befürwortet; ungenau *Palandt/Diederichsen* Rn. 3.
[16] Näher zu diesen Sorgerechtsfragen insgesamt Erl. § 1617 Rn. 10 f.
[17] Bei Tod der Mutter während des Geburtsvorganges oder gar bei Schwangerschaft einer hirntoten Mutter, zu letzterem AG Herbruck FamRZ 1992, 1471 *(Erlanger Baby)*.
[18] S. Erl. § 1616 Rn. 10; aA *Staudinger/Coester* (2007) Rn. 11 f.
[19] *Staudinger/Coester* (2007) Rn. 11 ff.; zum Vergleichsfall bei § 1617 s. dort Erl. Rn. 18.

der § 1617b Abs. 1, § 1617c Abs. 1 möglich. Wird die namensändernde Bestimmung nach diesen Vorschriften allerdings noch vor Eintragung des Kindes im Geburtenregister vorgenommen, so wird nur der dadurch erworbene Name eingetragen (s. § 1617 Rn. 12). Wird umgekehrt aus einer originär gemeinsamen die alleinige Sorge eines Elternteils, so kommt es nicht zur Anwendung des § 1617a, vielmehr verbleibt es beim elterlichen Bestimmungsrecht aus § 1617, welches nach dem Übergang der alleinigen Sorge auf einen Elternteil nur noch diesem zusteht (s. dort Rn. 11, 13). Geht schließlich die Alleinsorge nachgeburtlich von dem einen auf den anderen Elternteil über, so hat dies nach dem Regelungssystem der §§ 1617a Abs. 2, 1617 b, 1617 c und 1618 für sich allein keine Auswirkung auf den Kindesnamen, eine Namensneubestimmung durch den anderen Elternteil ist nur unter den weiteren Voraussetzungen des § 1617a Abs. 2 möglich (s. Rn. 21).

c) Erstreckung auf Geschwister? Der gesetzliche Erwerbstatbestand des § 1617a Abs. 1 wird nicht durch eine vorherige Namensbestimmung bei einem anderen Kind verdrängt und entfaltet seinerseits keine Bindungswirkung für nachgeborene Kinder (s. § 1617 Rn. 22, s. a. § 1617b Rn. 13). **10**

III. Erteilung des Namens des nichtsorgeberechtigten Elternteils (Abs. 2)

1. Originärer Namenserwerb oder Namensänderung. Während die §§ 1616, 1617 und **11** 1617 a Abs. 1 den originären Namenserwerb regeln und die §§ 1617b, 1617 c und 1618 die Möglichkeiten späterer Namensänderung aufführen, liegt § 1617a Abs. 2 an der Schnittstelle zwischen beiden Regelungsbereichen: Die Namensbestimmung nach dieser Vorschrift kann sowohl einen originären Namenserwerb als auch eine Namensänderung bewirken, wiewohl dies im Wortlaut nicht deutlich wird. Ersteres ist bei wirksamer vorgeburtlicher Namensbestimmung (Rn. 16) der Fall. Liegt diese dagegen einschließlich der dazu erforderlichen Erklärungen erst nach Eintragung der Geburt dem Standesamt vor, so hat das Kind bereits nach § 1617a Abs. 1 einen Geburtsnamen; die konsentierte Namensbestimmung bewirkt hier also eine Namensänderung, die lediglich *ex nunc* eintritt. Allein für eine derartige namensändernde Bestimmung kann das Erfordernis einer Zustimmung des Kindes aus § 1617a Abs. 2 S. 4 iVm. § 1617c Abs. 1 einschlägig sein.

2. Voraussetzungen. a) Alleinsorge bei Namensbestimmung. Aus dem Wortlaut der **12** Norm folgt, dass es auf die Alleinsorge (Rn. 6) im Zeitpunkt der Abgabe der namenserteilenden Erklärung ankommt. Implizit muss die **Abstammung** des Kindes vom bestimmungsbefugten Elternteil gem. §§ 1591 ff. feststehen. Eine nach Abgabe der namenserteilenden Erklärung und vor Wirksamwerden der Namensbestimmung (Rn. 28) erfolgende Änderung der Sorgerechtsverhältnisse bleibt unberücksichtigt.[20]

b) Kein Ehename. Der Anwendungsbereich des § 1617a Abs. 2 wird über den Wortlaut der **13** Norm hinaus durch den notwendigen systematischen Bezug zu Abs. 1 konkretisiert. Daraus folgt, dass die Eltern im Augenblick der Namensbestimmung keinen Ehenamen führen dürfen.[21]

c) Kindesname nach Abs. 1. Aus dem Systemzusammenhang zu Abs. 1 wird deutlich, dass **14** Abs. 2 für den Fall konzipiert ist, dass das Kind bereits einen nach Abs. 1 erworbenen Namen hat; Abs. 2 dient nämlich der Korrektur einer gesetzlichen Namenszuweisung nach Abs. 1.[22] Dieser Zusammenhang und damit das Vorbestehen eines Kindesnamens entfällt freilich bei originärem Namenserwerb (Rn. 11, 16). Im Regelfall hat die Vorschrift demnach die der früheren einseitigen Einbenennung entsprechende Situation im Auge, dass das ursprüngliche Alleinsorgerecht eines Elternteils diesem nicht zusteht und er dem Kind nachträglich den Namen des anderen Elternteils geben will (Rn. 2). Dem ist der Fall gleichzustellen, dass der Name des allein sorgeberechtigten Elternteils, der nach § 1617a Abs. 1 auf das Kind übergegangen war, sich zwischenzeitlich geändert hat und diese Änderung sich gem. § 1617c Abs. 2 Nr. 2 auf den Kindesnamen erstreckt. Ebenso ist § 1617a Abs. 2 anwendbar, wenn das Kind bislang den Namen des Scheinvaters nach § 1616 oder § 1617 getragen hat und diese namensrechtliche Zuordnung nach Feststellung der Nichtvaterschaft gem. § 1617b Abs. 2 beseitigt wird; dann führt das Kind kraft Gesetzes rückwirkend den Mutternamen bei Geburt, und diese Situation entspricht dem Tatbestand des § 1617a Abs. 1.[23]

---

[20] *Henrich/Wagenitz/Bornhofen* Rn. 94.
[21] BayObLG FGPrax 2004, 119, 120 = FamRZ 2004, 1227, 1228; *Lipp/Wagenitz* Rn. 17; implizit *Palandt/Diederichsen* Rn. 1.
[22] *Lipp/Wagenitz* Rn. 18; *Henrich/Wagenitz/Bornhofen* Rn. 34 f.; *Staudinger/Coester* (2007) Rn. 24; s. a. Erl. Rn. 2.
[23] Zu diesen beiden Fällen: *Lipp/Wagenitz* Rn. 19; *Henrich/Wagenitz/Bornhofen* Rn. 35 ff.; weitergehend *Staudinger/Coester* (2007) Rn. 24.

§ 1617a 15, 16   Abschn. 2. Titel 4. Rechtsverhältnis zw. den Eltern u. dem Kind

15   Aus dem Systemzusammenhang der Norm folgt umgekehrt, dass Abs. 2 auf folgende Situationen **nicht anwendbar** ist: Das Kind hat den Ehenamen seiner Eltern von Anfang an nach § 1616 oder jedenfalls vor dem maßgeblichen Zeitpunkt nach § 1617c Abs. 1 erworben, selbst wenn ein Elternteil diesen nicht mehr führen sollte.[24] Hatten die Eltern, die keinen Ehenamen führen, ursprünglich gemeinsam das Sorgerecht inne und steht dieses zumindest bez. der Namensbestimmung nun einem von ihnen allein zu, so hatten sie bei der Kindesgeburt das Bestimmungsrecht aus § 1617. Haben sie davon Gebrauch gemacht, so führt das Kind bereits einen Namen, und die **elterliche Dispositionsbefugnis** ist damit **ausgeschöpft**; eine Anpassung an die neue Sorgerechtslage über § 1617a Abs. 2 ist nicht möglich.[25] Haben sie noch nicht davon Gebrauch gemacht, so bewirkt der Übergang zur Alleinsorge, dass das Bestimmungsrecht aus § 1617 jetzt dem allein sorgeberechtigten Elternteil zusteht, so dass für eine Bestimmung nach § 1617a Abs. 2 ebenfalls kein Raum bleibt (§ 1617 Rn. 13). Die namensrechtliche Dispositionsbefugnis ist überdies in zwei weiteren Fallgruppen bereits ausgeschöpft, so dass dann eine Namensbestimmung nach § 1617a Abs. 2 ausscheidet: Das gilt zum einen nach einer substituierenden Einbenennung des Kindes durch einen Elternteil und dessen mit dem Kind nicht verwandten Ehegatten nach § 1618 S. 1 bzw. Lebenspartner nach § 9 Abs. 5 S. 1 LPartG. Dadurch wird der neue Geburtsname des Kindes – vorbehaltlich einer weiteren Einbenennung – grundsätzlich unwandelbar fixiert, ungeachtet dessen, von welchem Elternteil sich der Kindesname vor Einbenennung abgeleitet hat (§ 1618 Rn. 31);[26] legt der Elternteil den dem Kind nach § 1618 erteilten Ehenamen (bzw. Lebenspartnerschaftsnamen nach § 9 Abs. 5 LPartG) ab, so kann er dem Kind somit nicht mehr nach § 1617a Abs. 2 den Namen des anderen Elternteils erteilen.[27] Zum anderen gilt dies, wenn von der Befugnis nach § 1617a Abs. 2 schon einmal Gebrauch gemacht worden ist, indem der ursprünglich allein sorgeberechtigte Elternteil dem Kind den Namen des anderen erteilt hat; im Interesse der Namenskontinuität kann letzterer nach einem Sorgerechtswechsel **keine Rückbenennung** des Kindes vornehmen.[28] Eine Rückbenennung ist – auch ohne Sorgerechtswechsel – nur ausnahmsweise nach **§ 3 NamensÄndG** möglich, sofern dies zum Wohl des Kindes erforderlich ist, weil sonst so schwerwiegende Nachteile zu gewärtigen sind oder eine Namensänderung für das Kind so erhebliche Vorteile bringt, dass verständigerweise die Aufrechterhaltung des Namensbandes zu dem namensgebenden Elternteil nicht zumutbar erscheint.[29] Es zeigt sich hier erneut, dass die Regelung der §§ 1616 ff. zahlreiche Widersprüchlichkeiten aufweist und *de lege lata* jedenfalls nicht jeder Sorgerechtswechsel namensmäßig nachgezeichnet werden soll (s. § 1617b Rn. 1).

16   **d) Rechtsfähiges, minderjähriges und lediges Kind.** Implizite Voraussetzung ist die **Rechtsfähigkeit des Kindes** im Zeitpunkt des Wirksamwerdens der Namensbestimmung. Eine posthume Bestimmung nach dem Tod des lebend geborenen Kindes scheidet deshalb grundsätzlich aus, zumal das Kind nach § 1617a Abs. 1 bereits einen Namen hatte.[30] Demgegenüber ist eine originäre Namensbestimmung bereits **vor der Geburt** des Kindes durch den potentiell allein sorgeberechtigten Elternteil möglich, sofern die Einwilligung des anderen Elternteils vor diesem Zeitpunkt erteilt wird; die Namensbestimmung wirkt dann ab Geburt des Kindes.[31] Für die standesamtliche Praxis (Nr. 21.1 S. 4 PStG-VwV) kann dem der Fall gleichgestellt werden, dass Namensbestimmung und wirksame Einwilligung jedenfalls vor der Eintragung der Geburt erfolgen (vgl. § 1617 Rn. 12).[32] Zuständig ist das Standesamt, welches es gem. § 45 Abs. 2 S. 1 PStG für den Geburtseintrag sein wird.

---

[24] *Henrich/Wagenitz/Bornhofen* Rn. 39.
[25] *Henrich/Wagenitz/Bornhofen* Rn. 40.
[26] BGHZ 157, 277, 281 f. = NJW 2004, 1108 f. m. abl. Anm. *Coester* LMK 2004, 66; dem für den Fall der „nachziehenden" Einbenennung folgend OLG Frankfurt BeckRS 2005, 07642 = StAZ 2005, 201.
[27] Ebenso *Lipp/Wagenitz* Rn. 18; *Bamberger/Roth/Enders* Rn. 7; teils anders *Staudinger/Coester* (2007) Rn. 24, der zwischen einer Einbenennung, bei der sich der Name des Kindes nach § 1617a Abs. 1 namensgebenden Elternteils durch die (neue) Eheschließung geändert hat, und einer solchen, bei welcher das Kind ursprünglich den Namen des anderen Elternteils getragen hatte, differenzieren möchte; insoweit offen gelassen bei *Henrich/Wagenitz/Bornhofen* Rn. 42 f.
[28] *Staudinger/Coester* (2007) Rn. 25; *Henrich/Wagenitz/Bornhofen* Rn. 41.
[29] OVG Bremen 6. 4. 2005, 1 A 29/05 (Juris) = FamRZ 2005, 1927 (LS.); BayVGH BeckRS 2010, 54195 Tz. 4 mwN; s. a. Erl. § 1617 Rn. 34.
[30] BayObLG BayObLG-Rp. 2000, 69 ff. = StAZ 2000, 370; *Lipp/Wagenitz* Rn. 38; *Bamberger/Roth/Enders* Rn. 9; im Ergebnis ebenso *Palandt/Diederichsen* Rn. 8; für eine Ausnahme bei alsbaldigem Tode des Kindes nach der Geburt dagegen LG Hannover BeckRS 2009, 25794; *Staudinger/Coester* (2007) Rn. 29; *Henrich/Wagenitz/Bornhofen* Rn. 93.
[31] Implizit BayObLG BayObLG-Rp. 2000, 69 ff. = StAZ 2000, 370; wie hier *Staudinger/Coester* (2007) Rn. 28; *Henrich/Wagenitz/Bornhofen* Rn. 91.
[32] Dazu *Gaaz/Bornhofen* § 21 PStG Rn. 16, 18.

Die Abgabe der namenserteilenden Erklärung ist nur solange möglich, als das Kind noch **min-** 17
derjährig ist; der Ausschluss volljähriger Kinder ergibt sich schon aus dem Normtext, welcher auf
das Bestehen der elterlichen Sorge abstellt.[33] Wird das Kind zwischen Abgabe der namenserteilenden Erklärung und deren Zugang volljährig, so schadet dies nach dem Gedanken des § 130 Abs. 2
nicht.[34] Dem Kind nach Erlangung der Volljährigkeit ein Wahlrecht zu verwehren, ist zwar *de lege
lata* hinzunehmen,[35] erscheint aber im Hinblick auf die durch § 1617c eröffnete Möglichkeit, sich
noch nach diesem Zeitpunkt einer elterlichen Namensänderung anzuschließen, als nicht schlüssig.[36]

Weiterhin muss das Kind **unverheiratet** sein, zumal § 1303 Abs. 2 die Ehefähigkeit vorverlegt. 18
Der Sinn dieses Erfordernisses liegt nicht etwa in der Vermeidung einer Erstreckung der Namensbestimmung auf den Ehegatten des Kindes,[37] denn dies ergibt sich bereits daraus, dass der Verweisungsbefehl des Abs. 2 S. 4 nicht § 1617c Abs. 3 erfasst. Das Erfordernis erklärt sich historisch aus der
Übernahme des Modells der einseitigen Einbenennung aus § 1618 Abs. 1 S. 1 Alt. 2 aF. Inhaltlich
korrespondiert es mit der Einschränkung der tatsächlichen Personensorge der Eltern für verheiratete
minderjährige Kinder nach § 1633,[38] da die Namensbestimmung hierzu zählt (Erl. § 1626 Rn. 33).
Unverheiratet bedeutet also, dass das Kind bei Wirksamwerden der Namensbestimmung eine Ehe
noch nicht eingegangen sein darf; nach Auflösung einer Ehe des minderjährigen Kindes lebt das
elterliche Namensbestimmungsrecht daher nicht wieder auf.[39]

e) Existenz des anderen Elternteils. Aus dem Regelungszusammenhang der §§ 1616 ff. 19
folgt, dass der Namenserwerb nur von einem Elternteil möglich ist, dessen **Elternschaft rechtlich
feststeht**.[40] Im Regelfall des § 1617a Abs. 2 ist die Mutter wegen § 1626a Abs. 2 bestimmungsbefugt, so dass die Abstammung des Kindes vom Vater feststehen muss. Bei originärem Namenserwerb
durch pränatale Bestimmung ist daher ein ebenfalls pränatales Vaterschaftsanerkenntnis nötig (§ 1592
Nr. 2, § 1594 Abs. 4); freilich wird dann vielfach zugleich eine pränatale Sorgeerklärung vorliegen,
so dass der Anwendungsbereich des § 1617a nicht eröffnet ist. Bei späterer Änderung des Kindsnamens nach Abs. 2 muss die Vaterschaft nach §§ 1592 f. feststehen.

Beim **Ausfall des anderen Elternteils** ist zu differenzieren: Die zur Namenserteilung gem. 20
§ 1617a Abs. 2 S. 2 erforderliche Zustimmung ist nicht möglich, wenn der andere Elternteil gestorben ist, denn die Vorschrift sieht eine Ersetzung oder die Entbehrlichkeit der Zustimmung nicht
vor;[41] anders ist dies zu beurteilen, wenn es infolge Todes des bis dahin allein sorgeberechtigten
Elternteils zu einem Wechsel der Alleinsorge auf den anderen Elternteil kommt, Rn. 23 aE. Stirbt
der andere Elternteil nach Erteilung der Zustimmung, aber vor Wirksamwerden der Namensbestimmung, so ist kein Grund ersichtlich, warum die zuvor wirksam erklärte Erteilung seines Namens
nicht mehr zur Wirkung gelangen soll. Zum Fall der Geschäftsunfähigkeit des anderen Elternteils,
s. Rn. 26.

3. Namensbestimmung. a) Bestimmungsrecht, Rechtsnatur und Vertretung. Aus 21
dem Normzweck des § 1617a Abs. 2, lediglich Korrekturen des gesetzlichen Namenserwerbs nach
Abs. 1 zu ermöglichen (Rn. 2), folgt, dass die Bestimmungsbefugnis dem im Zeitpunkt der Namensbestimmung allein sorgeberechtigten Elternteil lediglich dann zusteht, wenn das Kind nach Abs. 1
oder den damit vergleichbaren Tatbeständen dessen Namen führt (Rn. 14 f.). Tritt nachgeburtlich
ein **Wechsel des Alleinsorgerechts** ein, so bedeutet dies: Der ursprünglich allein sorgeberechtigte
Elternteil ist nicht mehr bestimmungsbefugt, und der andere, jetzt allein sorgeberechtigte erlangt das
Bestimmungsrecht nur, wenn das Kind nach Abs. 1 oder dem damit vergleichbaren Tatbestand
seinen Namen führt; ein namensmäßiges Nachzeichnen eines Sorgerechtswechsels ist also bloß
bedingt möglich. Stand die Alleinsorge ursprünglich einem Elternteil zu und ist sie im maßgeblichen
Zeitpunkt ausnahmsweise (§ 1680 Abs. 2 S. 2, Abs. 3) nicht auf den anderen Elternteil, sondern auf

---

[33] BayObLG FPR 2003, 88, 89 = FamRZ 2002, 1729; FGPrax 2004, 119, 120 = FamRZ 2004, 1227, 1228;
BayVGH FamRZ 2010, 1815 Tz. 8; *Palandt/Diederichsen* Rn. 8.
[34] Ebenso *Staudinger/Coester* (2007) Rn. 27; *Henrich/Wagenitz/Bornhofen* Rn. 96; NK-BGB/*Löhnig/Czeguhn*
Rn. 8; aA BayObLG FGPrax 2004, 119, 120 = FamRZ 2004, 1227, 1228; LG München StAZ 2004, 72, 74 f.;
Palandt/Diederichsen Rn. 8; *Bamberger/Roth/Enders* Rn. 9.
[35] BayObLG FPR 2003, 88, 89 = FamRZ 2002, 1729; FGPrax 2004, 119, 120 = FamRZ 2004, 1227, 1228;
zur Verfassungsmäßigkeit s. Erl. Rn. 4.
[36] Kritisch auch *Staudinger/Coester* (2007) Rn. 27.
[37] So aber *Palandt/Diederichsen* Rn. 7; *Staudinger/Coester* (2007) Rn. 30.
[38] *Staudinger/Coester* (2007) Rn. 30.
[39] Im Ergebnis wie hier *Staudinger/Coester* (2007) Rn. 30; *Palandt/Diederichsen* Rn. 7; *Henrich/Wagenitz/Bornhofen* Rn. 45.
[40] Selbstverständlich muss auch dessen Identität feststehen, LG Kiel StAZ 2011, 185 f.
[41] *Lipp/Wagenitz* Rn. 32; *Henrich/Wagenitz/Bornhofen* Rn. 74; *Staudinger/Coester* (2007) Rn. 32; *Bamberger/
Roth/Enders* Rn. 10; aA FamRefK/*Wax* Rn. 4; *Gernhuber/Coester-Waltjen* § 54 Rn. 23.

§ 1617a 22, 23 Abschn. 2. Titel 4. Rechtsverhältnis zw. den Eltern u. dem Kind

einen **Vormund** oder **Pfleger** des Kindes übergegangen, so übt dieser jetzt das Namensbestimmungsrecht aus.[42] Das Bestimmungsrecht ist **höchstpersönlich**, ein minderjähriger Elternteil übt es selbst, allein und ohne Mitwirkung des gesetzlichen Vertreters des Kindes aus,[43] eine Ausübung durch einen Betreuer des volljährigen Elternteils scheidet aus; im Übrigen gelten die Ausführungen zu § 1617 sinngemäß, s. dort Rn. 18.

22 **b) Erteilungsfähiger Name.** Erteilbar ist allein der Name des nicht bestimmungsbefugten („anderen") Elternteils (aber Rn. 23). Zu den erteilungsfähigen Namen § 1617 Rn. 14 ff. Maßgeblich ist der **im Zeitpunkt des Wirksamwerdens der Namensbestimmung** personenstandsrechtlich aktuell zu führende Name. Dies ergibt sich daraus, dass die gesetzlichen Erwerbstatbestände der §§ 1616, 1617 a Abs. 1 auf den Namen bei der Kindesgeburt abstellen, während für die elterliche Namensbestimmung des § 1617 Abs. 1 S. 1 der im Erklärungszeitpunkt geführte Name maßgeblich ist. Keine Stütze im Gesetz findet die Ansicht, erteilungsfähig sei nur der bei Geburt *und* Namensbestimmung geführte Name.[44] Der damit wohl intendierte Ausschluss der Übertragung erheirateter Namen mag zwar wünschenswert sein (s. § 1617 Rn. 34), lässt sich auf diesem Wege aber nicht erreichen. Erteilungsfähig sind danach selbst erheiratete Ehe- oder Lebenspartnerschaftsnamen (§ 3 LPartG), ggf. als unechte Doppelnamen kombiniert mit einem Begleitnamen, im Wege additiver Einbenennung aus dem Geburtsnamen und dem Ehenamen der Stieffamilie gebildete unechte Doppelnamen oder durch Adoption erworbene Namen des anderen Elternteils, nicht dagegen ein aus den Namen der Eltern gebildeter Doppelname oder isoliert der bloße Begleitname (§ 1617 Rn. 14 ff.).

23 **c) Erteilungsfähiger Name bei Wechsel der Alleinsorge auf den anderen Elternteil.** Nach dem eindeutigen Normtext kann dem Kind bloß der Name des anderen Elternteils erteilt werden. Wechselt die Alleinsorge nachgeburtlich auf den anderen Elternteil über, so kann dieser dem Kind danach nur den Namen des ersten, aus dieser Sicht nun anderen Elternteils geben, nicht hingegen seinen eigenen. Nach Ansicht des *BGH* lässt sich die Erteilung des eigenen Namens nicht einmal im Falle des **Todes des vormals allein sorgeberechtigten Elternteils** auf eine entsprechende Anwendung der Vorschrift stützen, weil der Gesetzgeber insoweit eine bewusste Entscheidung getroffen habe, für diesen Fall der Namenskontinuität des Kindes Vorrang vor einem namensmäßigen Nachzeichnen des Sorgerechtswechsels zu gewähren.[45] Dem ist nicht zu folgen: Die Vorschrift tritt funktionell teilweise an die Stelle der früheren einseitigen Einbenennung des nichtehelichen Kindes durch seinen Vater, doch gestaltet sie wegen der Regelanknüpfung des neuen Kindesnamensrechts an die elterliche Sorge das Bestimmungsrecht gesetzestechnisch umgekehrt aus, indem dieses jetzt dem allein sorgeberechtigten Elternteil zukommt und dem anderen – im Regelfall dem Vater – ein Einwilligungsrecht bleibt. Im Ergebnis haben die Eltern somit ein gemeinsames Bestimmungsrecht, um die nach § 1617a Abs. 1 automatische Namenszuweisung bei Geburt des Kindes korrigieren zu können. Dieser Wechsel in der Bestimmungsbefugnis bedingt, dass die Option zu Gunsten des Namens des anderen, nicht sorgeberechtigten Elternteils ausfallen musste, um im Regelfall der früheren einseitigen Einbenennung zu gleichen Ergebnissen zu gelangen (Rn. 2). Für den Fall eines nachgeburtlichen Wechsels der Alleinsorge auf den anderen Elternteil sah § 1617b Abs. 2 idF des RegE ein ergänzendes Namensneubestimmungsrecht vor, um Namenseinheit zwischen dem Kind und dem jetzt sorgeberechtigten Elternteil zu ermöglichen, doch ist dies im Interesse der Namenskontinuität des Kindes nicht Gesetz geworden.[46] Insoweit ist dem *BGH* zuzustimmen. Andererseits hat der Gesetzgeber die bisherige einseitige Einbenennung sachlich unverändert übernehmen und lediglich gesetzestechnisch in das neue Kindesnamensrecht mit seiner – außerhalb §§ 1616, 1617 c Abs. 1 – Regelanknüpfung an die elterliche Sorge einbetten wollen.[47] Die Streichung des § 1617b Abs. 2 der Entwurfsfassung durch den RA hat jedoch zu einer erheblichen Verengung der früheren einseitigen Einbenennung geführt, ohne dass der RA sich hinreichend mit dieser Frage auseinandergesetzt hätte.[48] Überdies führte die wortlautgetreue Anwendung der Vorschrift zu erheblichen Wertungswidersprüchen: Bei gleich bleibenden Sorgerechtsverhältnissen

---

[42] *Henrich/Wagenitz/Bornhofen* Rn. 52 f.
[43] *Frank* StAZ 2008, 265 ff.; dem folgend *Bamberger/Roth/Enders* Rn. 8.
[44] So aber *Palandt/Diederichsen* Rn. 10.
[45] BGH NJW 2005, 3498 = FamRZ 2005, 1984, m. abl. Anm. *v. Sachsen Gessaphe* LMK 2006, 176266, unter Aufhebung von BayObLG FGPrax 2004, 235 = FamRZ 2005, 126; ebenso bereits OLG Bremen FamRZ 2003, 1687; OLG Celle StAZ 2002, 366; dem folgend *Staudinger/Coester* (2007) Rn. 21 ff.; *Palandt/Diederichsen* Rn. 6; *Bamberger/Roth/Enders* Rn. 14.
[46] Auf Intervention des RA, BT-Drucks. 13/8511 S. 73.
[47] BT-Drucks. 13/4899 S. 92.
[48] Näher dazu BayObLG FGPrax 2004, 235 = FamRZ 2005, 126; *v. Sachsen Gessaphe* LMK 2006, 176266.

erlaubt sie eine Änderung des gesetzlich erworbenen Kindesnamens in den Namen des nicht sorgeberechtigten Elternteils, obgleich das Kind mit diesem häufig nicht zusammenleben wird; erlangt dieser Elternteil hingegen nachgeburtlich die Alleinsorge, so kann er dem Kind nicht seinen Namen erteilen, obgleich es dann in der Regel mit ihm zusammenleben wird. Es handelt sich dabei um eine von vielen Inkongruenzen des geltenden Kindesnamensrechts. Um in Fällen der hier diskutierten Art die Herstellung der Namenseinheit in der gelebten Familie zu ermöglichen und der sozialen Zuordnungsfunktion des Namens gerecht zu werden, ist eine **analoge Anwendung** der Vorschrift angezeigt.[49] Dem steht nicht der Systemzusammenhang der Norm entgegen, denn der Name des später allein sorgeberechtigt gewordenen anderen Elternteils ist dem Kind gleichfalls nicht bereits nach deren Abs. 1 zugewiesen, so dass eine Vergleichbarkeit mit der Normsituation des Abs. 2 durchaus gegeben ist. Die analoge Anwendung der Vorschrift scheitert auch nicht am Erfordernis der Einwilligung des anderen Elternteils, weil dieses für diesen Fall mit dessen Tod entfällt.[50]

d) Modalitäten der Erklärung. Die namenserteilende Erklärung bedarf stets öffentlicher Beglaubigung. Im Übrigen gelten hinsichtlich ihres Zugangs, Wirksamwerdens und der Wirksamkeit einschl. der Unanfechtbarkeit der Namensbestimmung[51] sowie der Unwirksamkeit der Bestimmung eines unzulässigen Namens die Ausführungen zu § 1617 Abs. 1 sinngemäß (s. dort Rn. 19).

4. Einwilligung des anderen Elternteils. a) Zweck. Dieses Erfordernis entspringt dem Bestreben des Gesetzgebers, eine Disposition des einen Elternteils über den Namen des anderen zu vermeiden (Rn. 2). Ungeachtet des konstruktiven Unterschiedes ist die Namenserteilung im Ergebnis damit wie in § 1617 vom Einvernehmen beider Elternteile abhängig (Rn. 2, 23). Die Rechtfertigung dieser Regelung erscheint allerdings fraglich: Da dem anderen Elternteil das Sorgerecht fehlt, kann das Zustimmungserfordernis lediglich dem Schutz des Persönlichkeitsrechts an seinem Namen dienen. Damit kontrastiert aber auffallend, dass der Gesetzgeber die Weitergabe des erheirateten Ehenamens eines Elternteils an die Kinder zulässt, ohne dies von der Zustimmung des Dritten abhängig zu machen, von dem der Name in einer früheren oder gar gegenwärtigen Ehe erworben wurde und mit dem das Kind nicht verwandt ist (§ 1617 Rn. 34). Das Kindeswohl gegen die Benennung des Kindes nach seinem anderen Elternteil zu bemühen, trägt nicht.[52] Am ehesten dürfte die unreflektierte Übernahme des Modells der einseitigen Einbenennung (Rn. 2) den Hintergrund der Regelung darstellen.

b) Rechtsnatur und Modalitäten. Trotz der Wortwahl des Gesetzes handelt es sich um eine Zustimmung, die ebenso nach der namenserteilenden Erklärung abgegeben werden kann. Sie ist wie die Namenserteilungserklärung **höchstpersönlicher** Natur. Da die Einwilligung jedoch keine Frage der elterlichen Sorge, sondern der Wahrung des Persönlichkeitsrechts des anderen Elternteils ist, kommt hier – anders als bei der Namenserteilungserklärung (Rn. 21) – eine gesetzliche Vertretung des geschäftsunfähigen anderen Elternteils durch einen Betreuer in Betracht, sofern dessen Aufgabenkreis dies umfasst;[53] die bloße Betreuerbestellung lässt aber die Erteilungskompetenz des geschäftsfähigen Elternteils unberührt. Ein minderjähriger Elternteil kann die Einwilligung ohne Zustimmung seines gesetzlichen Vertreters erteilen.[54] Im Übrigen gelten zu Form, Zugang und Wirksamwerden die Ausführungen zum Namensbestimmungsrecht sinngemäß (Rn. 24). Eine Ersetzung der Einwilligung bei deren Verweigerung oder bei Tod des berechtigten Elternteils scheidet grundsätzlich aus (Rn. 20, aber Rn. 23).

5. Erfordernis der Kindeseinwilligung. Erfolgt die Namenserteilung durch pränatale Erklärungen der Eltern, so ist der Namenserwerb des Kindes originär, seiner Zustimmung bedarf es dann schon deshalb nicht (Rn. 11, 16). In den übrigen Fällen hat die Namenserteilung dagegen die Wirkung einer Namensänderung; zur Wahrung des Persönlichkeitsrechts des Kindes bedarf sie daher nach Abs. 2 S. 4 gem. § 1617c Abs. 1 seiner Zustimmung, wenn sie nach Vollendung seines fünften Lebensjahres erfolgt (dazu § 1617c Rn. 7 ff.).

---

[49] BayObLG FGPrax 2004, 235 = FamRZ 2005, 126; für eine Analogie zu § 1618, LG Bremen NJW-RR 2000, 669 = StAZ 1999, 337 f.; wie hier *v. Sachsen Gessaphe* LMK 2006, 176266; *Henrich/Wagenitz/Bornhofen* Rn. 50; weitergehend NK-BGB/*Löhnig/Czeguhn* Rn. 6.
[50] BayObLG FGPrax 2004, 235 = FamRZ 2005, 126.
[51] Speziell für die Erklärung nach § 1617a Abs. 2 OLG Zweibrücken BeckRS 2011, 14519.
[52] So aber *Lipp/Wagenitz* Rn. 31 und *Henrich/Wagenitz/Bornhofen* Rn. 68; wie hier dagegen OLG Karlsruhe NJW-RR 2006, 441, 442 = StAZ 2006, 211, 212; *Staudinger/Coester* (2007) Rn. 36.
[53] *Bamberger/Roth/Enders* Rn. 10; im Ergebnis ebenso *Henrich/Wagenitz/Bornhofen* Rn. 71 f.
[54] Vgl. § 1617 Rn. 18; wie hier *Frank* StAZ 2008, 265, 267; *Staudinger/Coester* (2007) Rn. 37; *Bamberger/Roth/Enders* Rn. 10; *Sturm/Sturm*, FS Wacke, S. 494 ff., 501 ff.; aA *Lipp/Wagenitz* Rn. 32; *Henrich/Wagenitz/Bornhofen* Rn. 73.

28 6. Wirksamwerden und Wirkung der Namensbestimmung. Die Namenserteilung wird mit Zugang der letzten der hierzu erforderlichen, formgerechten Erklärungen beim Standesamt **wirksam.** Bis dahin können die Erklärungen noch widerrufen werden. Die Eintragung im Geburtenregister (§ 21 Abs. 1 Nr. 1 PStG) hat nur deklaratorische Bedeutung; eine nachweislich unrichtige Eintragung kann unter den Voraussetzungen der §§ 47 f. PStG berichtigt werden. Hinsichtlich der **Wirkungen** ist zu unterscheiden: Im Falle pränataler Bestimmung erwirbt das Kind unter Verdrängung des gesetzlichen Erwerbstatbestandes des § 1617a Abs. 1 den erteilten Namen als Geburtsnamen, sofern die Erteilungserklärung und die Zustimmung des anderen Elternteils jedenfalls vor Eintragung der Geburt zugegangen sind; in den anderen Fällen wird der nach Abs. 1 kraft Gesetzes oder nach den vergleichbaren Tatbeständen (Rn. 14 f.) erworbene Name durch die wirksam gewordene Namensbestimmung nachträglich mit Wirkung *ex nunc* geändert, den ursprünglichen Namen verliert das Kind dadurch.[55] Die Namenserteilung nach dieser Vorschrift entfaltet **keine Bindungswirkung für nachgeborene Geschwister** (§ 1617 Rn. 22). Ändert sich der Name des anderen Elternteils nachträglich, so erstreckt sich dies auf den Kindesnamen nach Maßgabe des § 1617c Abs. 2 Nr. 2, sofern die Eltern keinen Ehenamen bestimmen (dann § 1617c Abs. 1); nachträgliche Änderungen der Sorgerechtsverhältnisse werden hingegen nur dann nachgezeichnet, wenn das Kind den Namen des Scheinvaters erhalten hat und die Nichtvaterschaft rechtskräftig festgestellt ist (§ 1617b Abs. 2).

IV. Weitere Fragen

29 1. Bedeutung des Namens und sonstige Einzelfragen. Zur **Bedeutung** des kraft Gesetzes erworbenen (Abs. 1) oder vom sorgeberechtigten Elternteil bestimmten Namens (Abs. 2) s. § 1616 Rn. 13. Enthält dieser Name eine ehemalige **Adelsbezeichnung,** so überträgt sich diese grundsätzlich mit auf das Kind (Nr. A 1.3.3 S. 3 PStG-VwV), Vor § 1616 Rn. 13. Zur Namensführung von **Findelkindern** s. § 1616 Rn. 14. Zur Möglichkeit der **öffentlichrechtlichen Namensänderung** des nach § 1617a Abs. 2 bestimmten Namens s. § 1617c Rn. 27.

30 2. Intertemporales Recht. Für vor dem 1. 7. 1998 geborene Kinder gilt die Übergangsvorschrift des Art. 224 § 3 EGBGB, wonach der zuvor erworbene Geburtsname bestehen bleibt; allerdings eröffnet Art. 224 § 3 Abs. 1 S. 2 EGBGB die Möglichkeit, diesen Namen gem. den dort in Bezug genommenen Vorschriften nach diesem Zeitpunkt noch zu ändern. S. Erl. § 1616 Rn. 15 f., Art. 224 § 3 EGBGB.

31 3. Internationales Privatrecht. Der Name des Kindes beurteilt sich in Fällen mit Auslandsberührung gem. Art. 10 Abs. 1 EGBGB nach dessen Heimatrecht, vorbehaltlich einer abweichenden Rechtswahl der Eltern nach Art. 10 Abs. 3 EGBGB. Das nachgeburtlich gewählte Recht bestimmt rückwirkend den gesetzlichen Namenserwerb im Zeitpunkt der Geburt, bei Wahl deutschen Rechts gilt also § 1617a Abs. 1.[56] Wählt die ausländische Mutter für den Kindesnamen deutsches Recht, so erwirbt das Kind den ausländischen, geschlechtsspezifisch abgewandelten Namen der Mutter in dieser Form, wenn die Mutter nicht von der durch Art. 47 Abs. 2 iVm. Abs. 1 Nr. 4 EGBGB eröffneten Option einer Angleichung Gebrauch gemacht hat.[57] Wählt der allein sorgeberechtigte Elternteil nach Art. 10 Abs. 3 S. 1 Nr. 1 EGBGB sein Heimatrecht, so verstößt dies selbst dann nicht gegen den deutschen ordre public, wenn dieses Recht keine § 1617a Abs. 2 entsprechenden Einwilligungserfordernisse zu Gunsten des anderen Elternteils vorsieht.[58] Dem von Art. 10 EGBGB bestimmten Recht unterliegt auch die Erstreckung nachträglicher Änderung des elterlichen Bezugsnamens. Zum Einfluss der europäischen Grundfreiheiten auf die Namensführung in Sachverhalten mit Bezug zum EU-Ausland, Erl. Art. 10 EGBGB Rn. 140 ff. Ist deutsches Recht Kindesnamensstatut, so ist die Vorfrage nach dem Bestehen der Alleinsorge eines Elternteils unselbständig anzuknüpfen[59] nach Art. 21 EGBGB, sofern keine in Deutschland anerkennungsfähige ausländische Sorgerechtsentscheidung vorliegt; bei Entscheidungen aus EU-Mitgliedsstaaten richtet sich dies nach der EheVO II.[60] In Ermangelung einer solchen Entscheidung beurteilt sich die elterliche Sorge mit

---

[55] Ohne die hier vorgenommene Differenzierung, *Willutzki* KindPrax 1999, 83, 85; *Lipp/Wagenitz* Rn. 27; *Staudinger/Coester* (2007) Rn. 41.
[56] OLG Hamm 2. 9. 2010, I-15 Wx 213/10, I-15 Wx 455/10, 15 Wx 213/10, 15 Wx 455/10 Tz. 18 (Juris).
[57] OLG München NJW-RR 2008, 1680.
[58] AG Halle 11. 1. 2011, 65 III 19/10 Tz. 3 (Juris).
[59] Erl. Art. 10 EGBGB Rn. 26; *v. Sachsen Gessaphe* IPR 3. Kap. E II 2 c; *Kropholler* IPR § 32 IV 2 b mwN; aA *Dutta* StAZ 2010, 193, 200; *Staudinger/Hepting* (2007) Art. 10 EGBGB Rn. 125; AnwK-BGB/*Mankowski* Art. 10 EGBGB Rn. 19; *Palandt/Thorn* Art. 10 EGBGB Rn. 2 mwN.
[60] Eingehend dazu *Dutta* StAZ 193, 194 ff.

Inkrafttreten des KSÜ für Deutschland zum 1. 1. 2011[61] freilich nach dessen Kollisionsnormen in Art. 16 ff.[62] Insgesamt dazu s. § 1616 Rn. 18 f., Erl. Art. 10 EGBGB, insbes. Rn. 103 ff. (originärer Namenserwerb), 123 ff. (Namensänderung).

V. Würdigung

Die Anknüpfung an die alleinige Sorge wird für den Regelfall der Regelung des § 1626a Abs. 2 **32** gerecht und ist nach der Neukonzeption des Kindesnamensrechts konsequent, sie entspricht überdies dem früheren Recht (Rn. 1); dass dadurch nur partielle Nameneinheit entsteht, ist als Konsequenz der familiären Situation des Kindes hinzunehmen. Die nach dem Wortlaut des Abs. 2 befremdliche Begrenzung der Wahlmöglichkeiten der Eltern auf den Namen des jeweils anderen Teils selbst für den Fall des Todes des bislang allein sorgeberechtigten Elternteils wird durch eine Analogiebildung sinnfällig geschlossen (Rn. 23).

§ 1617b Name bei nachträglicher gemeinsamer Sorge oder Scheinvaterschaft

(1) ¹Wird eine gemeinsame Sorge der Eltern erst begründet, wenn das Kind bereits einen Namen führt, so kann der Name des Kindes binnen drei Monaten nach der Begründung der gemeinsamen Sorge neu bestimmt werden. ²Die Frist endet, wenn ein Elternteil bei Begründung der gemeinsamen Sorge seinen gewöhnlichen Aufenthalt nicht im Inland hat, nicht vor Ablauf eines Monats nach Rückkehr in das Inland. ³Hat das Kind das fünfte Lebensjahr vollendet, so ist die Bestimmung nur wirksam, wenn es sich der Bestimmung anschließt. ⁴§ 1617 Abs. 1 und § 1617c Abs. 1 Satz 2 und 3 und Abs. 3 gelten entsprechend.

(2) ¹Wird rechtskräftig festgestellt, dass ein Mann, dessen Familienname Geburtsname des Kindes geworden ist, nicht der Vater des Kindes ist, so erhält das Kind auf seinen Antrag oder, wenn das Kind das fünfte Lebensjahr noch nicht vollendet hat, auch auf Antrag des Mannes den Namen, den die Mutter im Zeitpunkt der Geburt des Kindes führt, als Geburtsnamen. ²Der Antrag erfolgt durch Erklärung gegenüber dem Standesamt, die öffentlich beglaubigt werden muss. ³Für den Antrag des Kindes gilt § 1617c Abs. 1 Satz 2 und 3 entsprechend.

Schrifttum (s. a. Vor § 1616 vor Rn. 5): *Gaaz*, Verdeckte Namensänderungen, StAZ 2000, 357.

Übersicht

	Rn.		Rn.
I. Allgemeines	1–4	3. Neubestimmung des Namens	12–17
1. Gesetzgebungsgeschichte	1	a) Bestimmungsrecht, Rechtsnatur und Vertretung	12
2. Normzweck	2, 3	b) Einschränkungen durch § 1617 Abs. 1 S. 3	13
a) Elterliche Disposition bei Sorgerechtswechsel (Abs. 1)	2	c) Befristung und weitere Modalitäten der Erklärung	14, 15
b) Optionale Namenskorrektur bei Scheinvaterschaft (Abs. 2)	3	d) Anschlusserklärung des Kindes	16
3. Internationale Menschenrechte	4	e) Wirkungen	17
II. Namensänderung bei nachträglicher Begründung gemeinsamer Sorge (Abs. 1)	5–17	III. Namensänderung bei Scheinvaterschaft (Abs. 2)	18–30
1. Voraussetzungen	5–9	1. Voraussetzungen	18, 19
a) Vorhandener Kindesname nach § 1617a Abs. 1	5–8	a) Vom Scheinvater abgeleiteter Geburtsname des Kindes	18
b) Begründung gemeinsamer Sorge	9	b) Rechtskräftige Feststellung der Nichtvaterschaft und verwandte Fälle	19
2. Wahlmöglichkeiten	10, 11	2. Antragserfordernis	20–25
a) Allgemein	10	a) Bedeutung	20
b) Wahl des Namens des bislang allein sorgeberechtigten Elternteils	11	b) Antragsberechtigung	21–23

---

[61] BGBl. 2010 II S. 1527.
[62] Dazu *Dutta* StAZ 2010, 193, 200 ff.

§ 1617b 1, 2   Abschn. 2. Titel 4. Rechtsverhältnis zw. den Eltern u. dem Kind

	Rn.		Rn.
c) Antragstellung	24, 25	**IV. Weitere Fragen**	31–33
3. Wirksamwerden und Wirkungen	26–30	1. Bedeutung des Namens und sonstige Einzelfragen	31
a) Grundsatz	26		
b) Vom Scheinvater abgeleiteter Ehename als Mutternarme	27	2. Intertemporales Recht	32
c) Nachgeburtliche Änderungen des Mutternamens	28, 29	3. Internationales Privatrecht	33
d) Erstreckung auf den Ehe- oder Lebenspartnerschaftsnamen des Kindes	30	**V. Würdigung**	34, 35

I. Allgemeines

1 **1. Gesetzgebungsgeschichte.** Die durch das KindRG eingeführte Vorschrift regelt in ihren beiden Absätzen zwei grundverschiedene Tatbestände einer Namensänderung: Abs. 1 ermöglicht das namensmäßige Nachzeichnen eines Wechsels von alleinigem zu gemeinsamem Sorgerecht der Eltern, Abs. 2 hingegen eine Anpassung an die abstammungsmäßige Wirklichkeit. Dieses unvermittelte Nebeneinander erklärt sich daraus, dass die Vorschrift nach dem RegE einen weiteren Absatz enthalten sollte, welcher das namensmäßige Nachzeichnen eines Wechsels von gemeinsamer zu alleiniger Sorge der Eltern und damit den umgekehrten Fall des Abs. 1 regeln sollte; eine Ausnahme hiervon sollte bei Sorgerechtswechseln durch gerichtliche Entscheidung nach § 1671 aus Anlass der Trennung der Eltern gelten, um den Kindesnamen nicht in den Elternstreit einzubeziehen.[1] Damit hätte die Vorschrift die Fälle einer Namensänderung im Gefolge von Sorgerechts- oder Abstammungsänderungen zusammengefasst und so von den anderen Tatbeständen einer Namensänderung durch Erklärung nach § 1617a Abs. 2, nachträglichen Erwerb eines elterlichen Ehenamens (§ 1617c) oder Einbenennung in der Stieffamilie (§ 1618) abgegrenzt. Dieser ursprüngliche Abs. 2 wurde jedoch nicht Gesetz, da derart umfangreiche Ausnahmen vom Grundsatz der Namenskontinuität nicht zugelassen werden sollten.[2] Dies hat dazu geführt, dass Sorgerechtswechsel bei den Eltern sich grundsätzlich nur noch in den Fällen des § 1617b Abs. 1 unmittelbar auf den Kindesnamen auswirken können, ausnahmsweise auch in denen des § 1617a Abs. 2 (s. dort Rn. 21).

2 **2. Normzweck. a) Elterliche Disposition bei Sorgerechtswechsel (Abs. 1).** Die Vorschrift soll den Eltern bei einem Wechsel von alleiniger zu gemeinsamer Sorge eine Neubestimmung des Namens, den das Kind kraft Gesetzes nach § 1617a Abs. 1 führt, ermöglichen; sie eröffnet ihnen nachträglich die Wahlmöglichkeiten, welche § 1617 Abs. 1 bei originärer gemeinsamer Sorge vorsieht. In erster Linie betrifft sie damit nicht miteinander verheiratete Eltern, die durch spätere Heirat (§ 1626a Abs. 1 Nr. 2) oder Sorgeerklärung (§ 1626a Abs. 1 Nr. 1) die gemeinsame Sorge begründen. Im ersten Fall tritt die Vorschrift somit an die Stelle der früheren Legitimation ne. Kinder durch nachfolgende Eheschließung (§ 1720 Abs. 2 aF). Entsprechend der Neukonzeption der elterlichen Sorge durch das KindRG musste dem der Fall der Erlangung gemeinsamer Sorge durch nicht miteinander verheiratete Eltern gleichgestellt werden; deshalb wurde die frühere Anknüpfung an die legitimierende Eheschließung oder die Ehelicherklärung ersetzt durch die für den Kindesnamen – außerhalb der Fälle der §§ 1616, 1617 c Abs. 1, 1618 – nunmehr relevanten Kriterien der gemeinsamen Sorge und des Nichtführens eines Ehenamens.[3] Mit der eingeräumten elterlichen Änderungsoption entspricht die Norm der Grundtendenz des neuen Kindesnamensrechts, der **elterlichen Disposition** Vorrang einzuräumen, vor allem, wenn diese mit der gemeinsamen Sorge korrespondiert (§§ 1616, 1617, 1617 c Abs. 1). Allerdings wird dadurch die sonst erstrebte **Namenskontinuität** des Kindes teilweise aufgegeben. Andererseits erhalten Eltern so die Möglichkeit, eine bislang unterschiedliche Namensführung ihrer Kinder zu vereinheitlichen (s. Rn. 6). Die elterliche Disposition wird zudem durch das Persönlichkeitsrecht des Kindes an seinem bisher geführten, es kennzeichnenden Namen beschränkt, indem eine altersmäßig abgestufte Mitwirkung des Kindes vorgeschrieben wird.[4] Hintergrund der Regelung dürfte es sein, dass der Gesetzgeber das Leitbild gemeinsamer Sorge auch im Namensrecht privilegieren wollte, wenn sich schon das vorrangige Ziel der durch den Ehenamen begründeten Nameneinheit in der Familie (§§ 1616, 1617 c Abs. 1) wegen der Namensverschiedenheit der Eltern nicht erreichen lässt.[5]

---

[1] Dazu BT-Drucks. 13/4899 S. 91.
[2] RA BT-Drucks. 13/8511 S. 73.
[3] Hierzu und zu verbliebenen Lücken gegenüber dem alten Recht Liermann StAZ 1999, 321, 322 f.
[4] BT-Drucks. 13/4899 S. 91.
[5] Vgl. *Wagenitz* FamRZ 1998, 1545, 1552; näher *Staudinger/Coester* (2007) Rn. 3; zu den hier kollidierenden Namensprinzipien vgl. Vor § 1616 Rn. 7.

b) Optionale Namenskorrektur bei Scheinvaterschaft (Abs. 2). Die Vorschrift ermöglicht es dem Kind, welches namensmäßig seinem Scheinvater zugeordnet war, nach rechtskräftiger Feststellung der Nichtvaterschaft diese Zuordnung aufzulösen. Damit soll es die Konsequenz aus der durch den Namen fehlerhaft indizierten Abstammung zum Scheinvater ziehen können, um einen Namen zu führen, welcher die wirklichen Abstammungsverhältnisse offenbart. Gegenüber dem früheren Recht stellt dies insoweit eine Änderung dar, als der Namenswechsel **nicht** mehr **automatisch** eintritt; der frühere Rechtszustand zwang nämlich gerade ältere Kinder, diesem Automatismus im Wege öffentlichrechtlicher Namensänderung mit Wirkung für die Zukunft zu entgehen.[6] Zur Wahrung des Kontinuitätsinteresses des Kindes macht das neue Recht den rückwirkenden Namenswechsel deshalb von dessen Antrag abhängig; für Kleinkinder wird dem Scheinvater alternativ ein solches Antragsrecht eingeräumt, da jenen noch keine schützenswerten Persönlichkeitsinteressen am Erhalt ihres Namens zugebilligt werden.[7] Die **Dispositionsmacht** über den Namen wird also auf das **Kind** übertragen; außer bei Kleinkindern muss das Interesse des Scheinvaters an der Auflösung des eine falsche Abstammung kennzeichnenden Namensbandes zu dem Kind demnach hinter dessen Kontinuitäts- und Selbstbestimmungsinteressen zurücktreten. Einen automatischen Namenswechsel des Kindes gibt es über den Wortlaut der Norm hinaus auch nicht in anderen Fällen (dazu Rn. 19).

3. Internationale Menschenrechte. Eine Namensänderung nach § 1617b Abs. 1 oder 2 tangiert das allgemeine Persönlichkeitsrecht des Kindes an seinem bisherigen Namen als Teil seiner Identität[8] sowie dessen Recht auf Achtung seines Privat- und Familienlebens.[9] Das Persönlichkeitsrecht des Kindes an seinem bisherigen Namen wird im Falle des Abs. 1 durch das Erfordernis seiner Zustimmung (§ 1617b Abs. 1 S. 4) und im Falle des Abs. 2 durch sein Antragsrecht hinreichend gewahrt; das hilfsweise dem Scheinvater zugebilligte Antragsrecht für Kleinstkinder widerspricht dem nicht, da in diesem Alter eine schützenswerte Identifikation des Kindes mit seinem Namen noch nicht anzunehmen ist (Rn. 3, 23). Zugleich wird die Regelung dem Postulat des Art. 12 UN-Kinderrechtskonvention gerecht. Im Fall des § 1617b Abs. 2 wird zusätzlich das Recht des Scheinvaters auf Lösung der namensmäßigen Zuordnung zu dem von ihm nicht abstammenden Kind, welches ebenfalls von Art. 8 Abs. 1 EMRK gewährt wird, berührt;[10] die vom Gesetzgeber vorgesehene differenzierende Lösung im Hinblick auf die widerstreitenden Interessen des Scheinvaters und des Kindes (Rn. 23) enthält implizit einen Vorrang des Kindeswohles und dürfte sich damit im Rahmen des dem nationalen Gesetzgeber zugestandenen Gestaltungsspielraums (vgl. § 1617 Rn. 7) bewegen.[11]

II. Namensänderung bei nachträglicher Begründung gemeinsamer Sorge (Abs. 1)

1. Voraussetzungen. a) Vorhandener Kindesname nach § 1617a Abs. 1. Eine Bestimmung nach § 1617b Abs. 1 stellt die Änderung eines bereits geführten Kindesnamens dar. Nach der Vorstellung des Gesetzgebers sollten die Fälle erfasst sein, in denen das Kind auf Grund der ebenfalls vorausgesetzten vorherigen Alleinsorge eines Elternteils (Rn. 9) einen nach § 1617a erworbenen Namen führt.[12] **Anwendbar** ist die Vorschrift also, wenn das Kind kraft Gesetzes den Namen des bei Geburt allein sorgeberechtigten Elternteils nach § 1617a Abs. 1 führt, und in den vergleichbaren Sachverhalten, in denen sich eine Änderung dieses Bezugsnamens nach § 1617c Abs. 2 Nr. 2 auf den Kindesnamen erstreckt oder das Kind nach § 1617b Abs. 2 rückwirkend den Mutternamen erhält (§ 1617a Rn. 14); zur Anwendbarkeit auf Altfälle s. Rn. 32.

Vom Anwendungsbereich implizit **ausgeschlossen** sind somit die Fälle, in denen die Eltern bei Geburt des Kindes einen **Ehenamen** geführt haben, obgleich nur einem von ihnen die Sorge zustand, und sie jetzt die gemeinsame Sorge begründen; denn die Anknüpfung des § 1616 an den Ehenamen ist

---

[6] Dazu BT-Drucks. 13/4899 S. 91; zum früheren Rechtszustand *Henrich/Wagenitz/Bornhofen* Rn. 53 f.
[7] BT-Drucks. 13/4899 S. 91.
[8] Zum Schutz des bisherigen Namens vor Entzug oder auferlegter Änderung durch das allgemeine Persönlichkeitsrecht, BVerfGE 84, 9, 22 = NJW 1991, 1602, 1603; BVerfGE 104, 373, 387, 392 = NJW 2002, 1256, 1257, 1259 = FamRZ 2002, 306, 308, 310.
[9] Zu Art. 8 EMRK, EuGHMR 22. 2. 1994 Nr. 16213/90, ÖJZ 1994, 559, 560 - Burghartz v. CH; 6. 12. 2001 Nr. 31178/96, NJW 2003, 1921, 1922 = FamRZ 2002, 1017, 1018 - Petersen v. Deutschland; 6. 5. 2008 Nr. 33572/02, StAZ 2008, 375, 377 - Freifrau von Rehlingen v. Deutschland; näher dazu *Pintens*, FS Henrich, S. 454 ff.; zu Art. 7 GRC angedeutet in EuGH 22. 12. 2010 C-208/09, BeckEuRS 2010, 554007 Tz. 52 = StAZ 2011, 77 - Sayn-Wittgenstein v. Landeshauptmann von Wien; s.a. Art. 8 Abs. 1 UN-Kinderrechtskonvention.
[10] Vgl. *Golsong/Karl/Wildhaber*, Internationaler Kommentar zur Europäischen Menschenrechtskonvention (April 1992) Art. 8 EMRK Rn. 174.
[11] Vgl. dazu *Pintens*, FS Henrich, S. 453, 455.
[12] BT-Drucks. 13/4899 S. 91.

§ 1617b 7, 8 Abschn. 2. Titel 4. Rechtsverhältnis zw. den Eltern u. dem Kind

unabhängig von den Sorgerechtsverhältnissen (s. dort Rn. 6). Ebenfalls unanwendbar ist die Vorschrift, wenn die Eltern zwar nachträglich die gemeinsame Sorge durch Eheschließung erlangen (§ 1626a Abs. 1 Nr. 2), zugleich aber einen Ehenamen bestimmen, weil dann § 1617c Abs. 1 als lex specialis vorgeht.[13] Damit ist Einklang mit dem früheren Recht hergestellt (§ 1720 Abs. 2 aF).

7   Des Weiteren ist eine Namensbestimmung nach § 1617b Abs. 1 **nach erfolgter Namensbestimmung** ausgeschlossen, vorbehaltlich der Regelung des Art. 224 § 3 Abs. 1 EGBGB für Altfälle (Rn. 32). Nach dem Regelungssystem der §§ 1616 ff. soll ein elterliches Namensbestimmungsrecht im Interesse der Kontinuität des Kindesnamens nämlich möglichst nur **einmal** ausgeübt werden: Ausgeschlossen ist eine Neubestimmung nach der Vorschrift somit bei einer vorangegangenen Bestimmung nach **§ 1617 Abs. 1** oder **Abs. 2**,[14] wenn die ursprünglich gemeinsame Sorge nach einem zwischenzeitlichen Wechsel wiederbegründet wird. Strittig ist das Verhältnis zu einer vorangegangenen Benennung des Kindes nach **§ 1617a Abs. 2**: Hier haben die Eltern zwar nicht in Ausübung gemeinsamer Sorge gehandelt, aber doch eine einvernehmliche Abänderung der sonst nach § 1617a Abs. 1 kraft Gesetzes eintretenden oder erfolgten Namensführung des Kindes herbeigeführt. Allerdings besteht ein Bedarf zur Korrektur einer solchen Namensbestimmung, wenn gemeinsame Kinder der Eltern auf Grund verschiedener Namenserwerbstatbestände unterschiedliche Namen führen, zB eines nach § 1617a Abs. 1 den Mutternamen, ein anderes nach § 1617a Abs. 2 den Vaternamen.[15] Da die spätere Namensbestimmung nach § 1617a Abs. 2 keine Bindungswirkung für andere Geschwister entfaltet (§ 1617a Rn. 28), könnten die Eltern nach Erlangung gemeinsamer Sorge Namenseinheit unter den Geschwistern nur durch Heirat unter Bestimmung eines Ehenamens erzielen (§ 1617c Abs. 1), wenn ihnen eine Neubestimmung nach § 1617b Abs. 1 verwehrt bliebe; daher ist selbst bei vorangegangener Namensbestimmung nach § 1617a Abs. 2 eine Namensneubestimmung nach § 1617b Abs. 1 zuzulassen.[16]

8   Strittig ist vor allem das **Verhältnis zu § 1618** bei vorangegangener Einbenennung des Kindes durch einen Elternteil und dessen mit dem Kind nicht verwandten Ehegatten, wenn erst danach die gemeinsame Sorge der Eltern begründet wird. Der *BGH* legt die Änderungsmöglichkeiten des durch Einbenennung bestimmten Kindesnamens zu Recht sehr eng aus und begrenzt diese auf den durch § 1618 S. 6 in Bezug genommenen § 1617c oder eine weitere Einbenennung in einer neuerlichen Ehe des namensgebenden Elternteils. Durch die Einbenennung werde der neue Geburtsname des Kindes grundsätzlich **unwandelbar** fixiert, ungeachtet dessen, von welchem Elternteil sich der Kindesname vor Einbenennung abgeleitet hat (§ 1618 Rn. 31).[17] § 1617b Abs. 1 betrifft zwar nicht das Überwirken einer Änderung des elterlichen Bezugsnamens auf das Kind, sondern will den Eltern bei nachgeburtlicher Begründung gemeinsamer Sorge erstmals das gemeinsame Namensbestimmungsrecht eröffnen, welches ihnen bei anfänglicher gemeinsamer Sorge nach § 1617 zugestanden hätte; die Vorschrift nimmt dabei eine Änderung des Kindesnamens in Kauf (Rn. 2).[18] Die Regelung der Einbenennung in § 1618 ist aber als in sich abgeschlossen zu betrachten, für welche die nachträgliche Begründung gemeinsamer Sorge keine Durchbrechung zu begründen vermag; dies zeigt sich bereits daran, dass § 1618 S. 6 – im Gegensatz zu § 1617b Abs. 1 S. 4 – nicht lediglich auf die „formellen" Anschlussregelungen des § 1617c, sondern insgesamt auf diese Vorschrift verweist und somit deren materielle Änderungsvoraussetzungen mit erfasst. Damit stellt sich gar nicht erst die Frage, inwieweit die Einbenennung als Akt gemeinsamer Namensbestimmung der Eltern aufzufassen ist oder nicht, vielmehr schließt eine vorherige Einbenennung eine Namensneubestimmung nach § 1617b Abs. 1 stets aus.[19] Hier zeigt sich wiederum, dass im Interesse der Namenskontinuität des Kindes nicht jeder Wechsel in den Sorgerechtsverhältnissen namensmäßig nachgezeichnet werden soll. Die vorstehenden Ausführungen gelten für eine Einbenennung nach **§ 9 Abs. 5 LPartG** sinngemäß.

---

[13] BT-Drucks. 13/4899 S. 91.
[14] *Staudinger/Coester* (2007) Rn. 6.
[15] Beispiel hierfür in OLG Karlsruhe NJW-RR 2006, 441.
[16] Ebenso *Henrich/Wagenitz/Bornhofen* Rn. 6, 11 ff., 14; *Staudinger/Coester* (2007) Rn. 7; *Palandt/Diederichsen* Rn. 3; aA noch die 4. Aufl. Rn. 7; *Wagenitz* FamRZ 1998, 1545, 1549; *Lipp/Wagenitz* Rn. 7; im Ergebnis ebenso *Willutzki* KindPrax 1999, 83, 85; nun auch *Bamberger/Roth/Enders* Rn. 3, 3.1.
[17] BGHZ 157, 277, 281 f. = NJW 2004, 1108 f. m. abl. Anm. *Coester* LMK 2004, 66; dem für den Fall der „nachziehenden" Einbenennung folgend OLG Frankfurt BeckRS 2005 07642 = StAZ 2005, 201.
[18] Insoweit zutreffend OLG Brandenburg StAZ 2007, 206, 207.
[19] Im Ergebnis ebenso *Lipp/Wagenitz* Rn. 8; aA OLG Brandenburg StAZ 2007, 206; nun auch *Bamberger/Roth/Enders* Rn. 2, 2.2; teils anders *Henrich/Wagenitz/Bornhofen* Rn. 15 ff.; *Staudinger/Coester* (2007) Rn. 8, die zwischen einer Einbenennung, bei der sich der Name des nach § 1617a Abs. 1 namensgebenden Elternteils durch die (neue) Eheschließung geändert hat, und einer solchen, bei welcher das Kind ursprünglich den Namen des anderen Elternteils getragen hatte, differenzieren wollen, mit Unterschieden im Einzelnen; vgl. dazu auch § 1618 Rn. 31 f.

b) Begründung gemeinsamer Sorge. Aus dem vorstehenden Erfordernis eines vorhandenen 9 Kindesnamens nach § 1617a Abs. 1 oder den vergleichbaren Tatbeständen folgt, dass die gemeinsame Sorge **nachgeburtlich** begründet sein muss. Implizites Erfordernis ist zunächst das Feststehen der **Abstammung** des Kindes nach §§ 1591 ff. von beiden Elternteilen (dazu § 1617 Rn. 9). Regelmäßig betrifft die Vorschrift somit Kinder, deren Eltern bei der Geburt nicht miteinander verheiratet sind[20] oder deren Ehe bei der Geburt bereits aufgelöst war. Die gemeinsame Sorge wird in diesen Fällen durch die spätere (erneute) Eheschließung der Eltern (§ 1626a Abs. 1 Nr. 2), eine gemeinsame Sorgeerklärung (§ 1626a Abs. 1 Nr. 1) oder eine Übertragungsentscheidung nach der Übergangsregelung des BVerfG zu §§ 1626a Abs. 1 Nr. 1, 1672 Abs. 1[21] begründet. Nur ganz ausnahmsweise erfasst die Vorschrift bei Geburt noch verheirateter Eltern (§ 1617a Rn. 6), deren gemeinsame Sorge erst durch den Wegfall der Hinderungsgründe iSv. §§ 1673, 1678 Abs. 1 Halbs. 1, einen Aufhebungsakt nach § 1696 Abs. 2 oder eine gerichtliche Entscheidung nach § 1672 Abs. 2 entsteht. Die gemeinsame Sorge muss noch bei Ausübung der Bestimmungsbefugnis bestehen, ein zwischenzeitlich eingetretener Sorgerechtswechsel bewirkt deren Erlöschen; eines Überganges dieser Befugnis auf den allein sorgeberechtigt gewordenen Elternteil bedarf es nicht, denn das Kind führt ja, anders als bei § 1617, schon einen Namen.[22]

2. Wahlmöglichkeiten. a) Allgemein. Die elterliche Dispositionsmacht entspricht derjeni- 10 gen in § 1617 Abs. 1, wie der Verweis in Abs. 1 S. 4 verdeutlicht; die Ausführungen dazu gelten daher sinngemäß (s. dort Rn. 14 ff.). Zur Wahl stehen die von Vater oder Mutter im **Zeitpunkt der Namensbestimmung** personenstandsrechtlich aktuell zu führenden Namen (vgl. Vor § 1616 Rn. 11), nicht hingegen zu diesem Zeitpunkt nicht mehr geführte Namen, weil das Ziel der wenigstens partiellen Namenseinheit mit einem Elternteil sonst nicht erreichbar wäre. Durch die nachgeburtliche Bestimmung kann das Kind den Namen des anderen Elternteils erhalten, den es bislang nicht geführt hat; meist ist dies der vormals nicht sorgeberechtigte Elternteil.

b) Wahl des Namens des bislang allein sorgeberechtigten Elternteils. Wegen des 11 Anknüpfungszeitpunktes könnte jedoch sogar der **aktuell geführte Name** des bislang allein sorgeberechtigten Elternteils, von dem das Kind seinen Namen nach § 1617a Abs. 1 ableitet, gewählt werden, wenn dieser sich zwischenzeitlich geändert hat. Angesichts der Sonderregeln in § 1617c Abs. 1 (nachträgliche Ehenamenswahl) und Abs. 2 Nr. 2 (Änderungen des elterlichen Bezugsnamens, der nicht Ehename ist) bleibt hierfür allenfalls die Änderung des Bezugsnamens infolge **Eheschließung** oder Eingehung einer eingetragenen **Lebenspartnerschaft** des namensgebenden Elternteils mit einem **Dritten**.[23] Die Anwendbarkeit des § 1617b Abs. 1 ist indes ausgeschlossen, wenn das Kind den in der neuen Ehe bzw. Lebenspartnerschaft seines (vormals) namensgebenden Elternteils bestimmten Ehenamen (bzw. Lebenspartnerschaftsnamen) im Wege der **Einbenennung** nach § 1618 bzw. § 9 Abs. 5 LPartG erworben hat (Rn. 8). Ist das Kind hingegen **nicht einbenannt** worden, so ist für die Namensbestimmung nach § 1617b Abs. 1 der Schutzzweck des § 1618 bzw. § 9 Abs. 5 LPartG zu beachten, den Stiefelternteil vor ungewollter Weitergabe seines Namens an Stiefkinder zu bewahren (§ 1618 Rn. 4). Nun hindert die Ehe bzw. Lebenspartnerschaft eines Elternteils mit einem Dritten zwar nicht den Eintritt gemeinsamer Sorge der Kindeseltern (zB nach § 1626a Abs. 2 Nr. 1); es widerspräche jedoch diesem Schutzzweck, wenn die Eltern ihr gemeinsames Sorgerecht dazu nutzen könnten, dem Kind den vom Namen des neuen Ehegatten bzw. Lebenspartners des einen Elternteils abgeleiteten Ehe- bzw. Lebenspartnerschaftsnamen zu erteilen, unabhängig oder gar gegen den Willen des neuen Ehegatten bzw. Lebenspartners. Mit der Auflösung der Stiefehe bzw. Lebenspartnerschaft endet allerdings der durch § 1618 bzw. § 9 Abs. 5 LPartG vermittelte Schutz. Der vormals mit dem Dritten verheiratete Elternteil kann den iSv. § 1355 Abs. 5 erheirateten Namen im Einvernehmen mit dem anderen Elternteil an die gemeinsamen Kinder weitergeben;[24] das gilt für den vom Lebenspartner „erheirateten" Lebenspartnerschaftsnamen entsprechend. Einem Wechsel kann das Kind selbst nach Maßgabe des Anschlussmechanismus des § 1617c Abs. 1 einen Riegel vorschieben (s. Rn. 16).

3. Neubestimmung des Namens. a) Bestimmungsrecht, Rechtsnatur und Vertre- 12 **tung.** Das Bestimmungsrecht ist Teil der Personensorge und höchstpersönlich, ein minderjähriger Elternteil übt es selbst aus, die Ausübung durch einen Betreuer des volljährigen Elternteils scheidet

---

[20] Davon ging auch der BRat in seiner Stellungnahme aus, BT-Drucks. 13/4899 S. 150.
[21] BVerfG NJW 2010, 3008 Tz. 71 ff.; näher dazu Erl. § 1626a Rn. 3e ff.
[22] *Lipp/Wagenitz* Rn. 14; zur vergleichbaren Lage bei § 1617 s. dort Erl. Rn. 11.
[23] Eingehend dazu *Henrich/Wagenitz/Bornhofen* Rn. 23 ff.
[24] *Lipp/Wagenitz* Rn. 11; ihm folgend *Staudinger/Coester* (2007) Rn. 16 f.; *Bamberger/Roth/Enders* Rn. 5.1; aA *Henrich/Wagenitz/Bornhofen* Rn. 25.

§ 1617b 13, 14

aus; näher dazu Erl. § 1617 Rn. 18. Können sich die Eltern nicht auf einen Namen verständigen, so gibt es keine Möglichkeit einer gerichtlichen Intervention; ein Bedarf hierfür besteht nicht, denn ohne Einigung der Eltern behält das Kind seinen bereits geführten Namen bei.

13   b) Einschränkungen durch § 1617 Abs. 1 S. 3. Die Verweisung auf diese Vorschrift hat eine Einschränkung der Wahlmöglichkeiten der Eltern bei nachträglicher Begründung gemeinsamer Sorge zur Folge: Haben sie bereits für ein Kind den Namen nach § 1617 (Abs. 1 und 2) oder § 1617b Abs. 1 bestimmt, so sind sie hinsichtlich der Namensgebung für dessen Geschwister gebunden, sofern diese ebenfalls der gemeinsamen Sorge unterliegen;[25] dies gilt jedoch nicht bei einem Namenserwerb des ersten Kindes nach anderen Vorschriften. Insoweit sind die Ausführungen zu § 1617 Abs. 1 S. 3, auf welchen § 1617b Abs. 1 S. 4 verweist, sinngemäß anwendbar (s. § 1617 Rn. 21 f.). Dies hat folgende Auswirkungen: Führen sämtliche Kinder ohnehin **gleiche Namen**, so scheidet nach Erlangung gemeinsamer Sorge eine Neubestimmung des Namens der nachgeborenen aus, da diesen nicht ein vom ersten Kind abweichender Name erteilt werden kann. Bei **Namensverschiedenheit** der Kinder erstreckt sich hingegen der nach § 1617 bzw. § 1617b Abs. 1 bestimmte Name eines Kindes mit Begründung der gemeinsamen Sorge kraft Gesetzes auf seine nachgeborenen Geschwister, so dass es für letztere zu einer Änderung ihres nach anderen Vorschriften (§ 1617a Abs. 1, 2) erworbenen Namens kommt. Insoweit durchbricht der Gedanke der Namenseinheit auf der horizontalen Ebene den Grundsatz der Namenskontinuität.[26] Allerdings ist das Namenskontinuität erheischende Persönlichkeitsrecht der anderen Geschwister zu beachten, wie die Verweisung des § 1617b Abs. 1 S. 4 auf § 1617c Abs. 1 S. 2 und 3, Abs. 3 klarstellt: ab Vollendung des fünften Lebensjahres findet eine Namensänderung nur mit Zustimmung des Kindes statt.[27] Eine die Bindungswirkung des § 1617 Abs. 1 S. 3 auslösende implizite Namensneubestimmung liegt selbst dann vor, wenn die Eltern bei nachgeburtlicher Begründung gemeinsamer Sorge für ein Kind eine Neubestimmung von dessen Namen nach Ablauf der Dreimonatsfrist **unterlassen;**[28] dies gilt aber nicht, wenn die gemeinsame Sorge hinsichtlich mehrerer namensverschiedener Kinder gleichzeitig begründet wird, deren Name ändert sich nur bei expliziter Ausübung des Rechts aus § 1617b Abs. 1.[29]

14   c) Befristung und weitere Modalitäten der Erklärung. Die namenserteilende Erklärung bedarf stets öffentlicher Beglaubigung. Im Übrigen gelten hinsichtlich ihres Zugangs und Wirksamwerdens sowie zur Unwirksamkeit der Bestimmung eines unzulässigen Namens die Ausführungen zu § 1617 Abs. 1 sinngemäß (s. dort Rn. 19). Eine wichtige Abweichung besteht insoweit, als die Ausübung des Neubestimmungsrechts auf drei Monate **befristet** ist. Im Hinblick darauf, dass die Vorschrift überwiegend nicht oder erst später miteinander verheiratete Eltern betrifft, sah der Gesetzgeber die Notwendigkeit einer gegenüber § 1617 Abs. 1 verlängerten Frist.[30] Anders als dort handelt es sich hier um eine **Ausschlussfrist,** denn im Interesse der Stabilität des Kindesnamens soll möglichst schnell Klarheit über die Auswirkungen eines Sorgerechtswechsels hierauf bestehen.[31] Aus diesem Grunde müssen auch sämtliche Voraussetzungen der Namensbestimmung bei Fristablauf vorliegen, vor allem die hierzu erforderlichen Erklärungen der Eltern und des Kindes dem Standesamt zugehen.[32] Die Frist beginnt mit Begründung der gemeinsamen Sorge (Rn. 9) und endet drei Monate danach (§§ 187, 188 Abs. 2),[33] unabhängig von der Kenntnis der Eltern hiervon.[34] Eine Sonderregel enthält § 1617b Abs. 1 S. 2 für den Fall, dass mindestens ein Elternteil bei Fristbeginn seinen gewöhnlichen Aufenthalt im Ausland hat,[35] sofern deutsches Recht maßgeblich ist (Rn. 33).

---

[25] OLG Hamm FamRZ 2005, 1009 f.
[26] Zum Widerstreit dieser Grundsätze OLG Karlsruhe NJW-RR 2006, 441, 442.
[27] OLG Hamm FamRZ 2005, 1009, 1010; FamRefK/*Wax* Rn. 7; *Staudinger/Coester* (2007) Rn. 14; *Bamberger/Roth/Enders* Rn. 7.1; vgl. auch *Lipp/Wagenitz* Rn. 12.
[28] BayObLG NJWE-FER 2001, 255 = FamRZ 2001, 856 (zum Übergangsrecht nach Art. 224 § 3 EGBGB); OLG Hamm FamRZ 2005, 1009, 1010; offen gelassen in OLG Karlsruhe NJW-RR 2006, 441; OLG Düsseldorf FamRZ 2006, 1226; wie hier *Staudinger/Coester* (2007) § 1617 Rn. 49; *Bamberger/Roth/Enders* Rn. 7.1; *Palandt/Diederichsen* Rn. 5; aA *Henrich/Wagenitz/Bornhofen* Rn. 95 f.
[29] *Staudinger/Coester* (2007) § 1617 Rn. 49; für diese Konstellation im Ergebnis ebenso OLG Karlsruhe NJW-RR 2006, 441, 442; *Henrich/Wagenitz/Bornhofen* § 1617 Rn. 95.
[30] Stellungnahme des BRates, BT-Drucks. 13/4899 S. 150.
[31] OLG Düsseldorf FamRZ 2004, 1134; OLG Frankfurt StAZ 2004, 272; AG Regensburg StAZ 1999, 374 f.
[32] Implizit OLG Düsseldorf FGPrax 2006, 69, 70 = FamRZ 2006, 1226, 1227; *Henrich/Wagenitz/Bornhofen* Rn. 46.
[33] Näher zur Fristberechnung *Palandt/Diederichsen* Rn. 6; ergänzend *Staudinger/Coester* (2007) Rn. 19 f.
[34] OLG Düsseldorf FGPrax 2006, 69, 70 = FamRZ 2006, 1226, 1227.
[35] Kritisch zum Begriff des gewöhnlichen Aufenthaltes *Staudinger/Coester* (2007) Rn. 20.

Eine ungeschriebene Befristung ergibt sich daraus, dass die Vorschrift auf die elterliche Sorge 15 abstellt, der nur **minderjährige** Kinder unterliegen können. Die Namensbestimmung muss also vor Eintritt der Volljährigkeit des Kindes erfolgen; wird das Kind zwischen Namenserteilung und deren Wirksamwerden volljährig, so schadet dies nach dem Gedanken des § 130 Abs. 2 nicht.[36]

d) Anschlusserklärung des Kindes. Die Neubestimmung bewirkt eine Änderung des 16 Namens des Kindes und bedarf daher seiner Zustimmung, um dessen Namenskontinuität forderndes Persönlichkeitsrecht zu wahren. Nach dem System des § 1617c Abs. 1, auf welches § 1617b Abs. 1 S. 3 und 4 Bezug nimmt, ist der Anschluss des Kindes nur nötig, wenn die Namensbestimmung nach Vollendung seines fünften Lebensjahres erfolgt; und dann ist nach dem Alter des Kindes zu differenzieren. Dazu und zu den Modalitäten der Anschlusserklärung, s. § 1617c Rn. 10 f. Die Anschlusserklärung muss ebenfalls innerhalb der Dreimonatsfrist des § 1617b Abs. 1 S. 1 dem Standesamt zugehen (Rn. 14).

e) Wirkungen. Mit fristgerechtem Zugang sämtlicher hierzu erforderlicher und wirksamer 17 Erklärungen beim Standesamt wird die Namensbestimmung wirksam, bis dahin sind die Erklärungen widerruflich. Dadurch ändert sich der Geburtsname des Kindes für die Zukunft. Die Eintragung im Geburtenregister (§ 21 Abs. 1 Nr. 1 PStG) hat nur deklaratorische Bedeutung; eine nachweislich unrichtige Eintragung kann unter den Voraussetzungen der §§ 47 f. PStG berichtigt werden. Ist das minderjährige (Rn. 15) Kind verheiratet (§ 1303 Abs. 2) und hat es seinen Geburtsnamen im Einvernehmen mit seinem Ehegatten zum Ehenamen bestimmt, so erstreckt sich die Neubestimmung seines Geburtsnamens von nun auf den Ehenamen, wenn auch der Ehegatte sich ihr formgerecht gegenüber dem Standesamt anschließt, § 1617b Abs. 1 S. 4 iVm. § 1617c Abs. 3. Wird hingegen als Ehename der Geburtsname des anderen Ehegatten geführt, so wird dieser durch die Neubestimmung nicht tangiert. Für die Anschlusserklärung des Ehegatten gilt die Dreimonatsfrist nicht. Dagegen vermag eine Neubestimmung des Kindesnamens nach § 1617b Abs. 1 nicht einen Lebenspartnerschaftsnamen iSv. § 3 LPartG zu tangieren, da die Eingehung einer eingetragenen Lebenspartnerschaft mit Minderjährigen gem. § 1 Abs. 3 Nr. 1 LPartG ausgeschlossen ist.

III. Namensänderung bei Scheinvaterschaft (Abs. 2)

1. Voraussetzungen. a) Vom Scheinvater abgeleiteter Geburtsname des Kindes. Der 18 Geburtsname des Kindes muss vom Familiennamen eines Mannes abgeleitet sein, der in der Vergangenheit durch eheliche Geburt (§ 1592 Nr. 1 oder iVm. § 1593), Anerkenntnis (§ 1592 Nr. 2) oder gerichtliche Feststellung der Vaterschaft (§ 1592 Nr. 3) als Vater des Kindes galt. Führte das Kind hingegen bislang einen vom Familiennamen der Mutter abgeleiteten Namen, so drückt dieser die Abstammungsverhältnisse zutreffend aus, so dass die Feststellung der Nichtvaterschaft ohne namensmäßige Auswirkungen bleibt. Familienname des Scheinvaters kann sein: dessen Geburtsname; ein erheirateter Ehename aus einer Ehe mit einer anderen Frau als der Mutter des Kindes oder mit einem gleichgeschlechtlichen Partner abgeleiteter Lebenspartnerschaftsname iS des § 3 LPartG oder ein aus Ehe- bzw. Lebenspartnerschaftsname und einem beigefügten Begleitnamen gebildeter unechter Doppelname, nicht jedoch der isolierte Begleitname (dazu § 1617 Rn. 14 ff.). Der Kindesname kann sich in folgenden **Fallgestaltungen** vom Namen des Scheinvaters ableiten: Scheinvater und Mutter waren miteinander verheiratet und hatten seinen vorehelichen Namen nach § 1355 Abs. 2 zum Ehenamen bestimmt, so dass das Kind diesen nach § 1616 oder § 1617c Abs. 1 erworben hatte (vgl. Rn. 27).[37] Hatten die Mutter und der Scheinvater hingegen keinen Ehenamen bestimmt, so kann das Kind gleichwohl dessen Namen nach § 1617 Abs. 1 oder 2 oder durch Neubestimmung nach § 1617b Abs. 1 erhalten haben, sofern es im maßgeblichen Zeitpunkt aus damaliger Sicht unter gemeinsamer Sorge gestanden war. Ganz ausnahmsweise kann das Kind den Namen des Scheinvaters nach § 1617a Abs. 1 erworben haben; schließlich kommt ein Erwerb durch Erteilung nach § 1617a Abs. 2 in Betracht. Hat sich der **Name des Scheinvaters** seit seinem Erwerb durch das Kind **gewandelt** und hat sich das Kind einem solchen Wandel gem. § 1617c Abs. 2 angeschlossen, so bleibt § 1617b Abs. 2 anwendbar. Gleiches gilt, wenn das Kind sich dem Wandel nicht angeschlossen hat oder ihm ein Anschluss gesetzlich verwehrt war,[38] denn es leitet seinen Namen dann immer noch vom Namen des Scheinvaters ab, wenngleich in einer früheren Form.[39]

---

[36] Ebenso *Lipp/Wagenitz* Rn. 17; *Henrich/Wagenitz/Bornhofen* Rn. 36; s. a. Erl. § 1617a Rn. 17.

[37] Ebenso *Staudinger/Coester* (2007) Rn. 26; *Henrich/Wagenitz/Bornhofen* Rn. 67; NK-BGB/*Löhnig/Czeguhn* Rn. 7; aA *Palandt/Diederichsen* Rn. 9.

[38] Bei einer Namensänderung, welche nach dem Regelungssystem der §§ 1617a Abs. 2, 1617 b, 1617 c und 1618 eine Nachfolge des Kindesnamens entweder generell oder mangels erforderlicher Zustimmungserklärungen anderer Beteiligter nicht zulässt; s. dazu die jeweiligen Erl. zu diesen Vorschriften.

[39] Dazu näher *Staudinger/Coester* (2007) Rn. 27 f.

19 **b) Rechtskräftige Feststellung der Nichtvaterschaft und verwandte Fälle.** Basierte die Scheinvaterschaft des Mannes, von dem das Kind seinen Namen ableitet, auf der Ehelichkeitsvermutung (§ 1592 Nr. 1 oder iVm. § 1593) oder auf einem Anerkenntnis (§ 1592 Nr. 2), so muss deren Nichtbestehen gem. § 1599 Abs. 1 auf Anfechtung rechtskräftig festgestellt sein; eine Anfechtung wirkt frühestens ab Geburt des Kindes.[40] Dem steht es gleich, wenn die gerichtliche Vaterschaftsfeststellung (§ 1592 Nr. 3 iVm. § 1600d) durch Nichtigkeits- oder Restitutionsklage (§ 185 FamFG, § 48 Abs. 2 FamFG iVm. §§ 578 ff. ZPO) aufgehoben wird. Obgleich die Vorschrift den Fall nicht erwähnt, ist sie ebenfalls anzuwenden, wenn ein Kind in eine Ehe, aber nach Anhängigkeit des Scheidungsantrages geboren wird und ein anderer Mann als der Ehemann der Mutter mit dessen Zustimmung in der Frist des § 1599 Abs. 2 die Vaterschaft anerkennt; das Kontinuitätsinteresse des Kindes an seinem Namen verbietet auch hier einen automatischen Namenswechsel (s. Rn. 3).[41]

20 **2. Antragserfordernis. a) Bedeutung.** Da die Feststellung der Nichtvaterschaft rückwirkend das Vater-Kind-Verhältnis beseitigt, kann das Kind an sich keinen vom Nichtvater abgeleiteten Namen mehr haben, sondern nur noch den Namen, den die Mutter im Zeitpunkt der Geburt geführt hat. Um dem Persönlichkeitsrecht des Kindes an seinem bisherigen Namen Rechnung zu tragen, findet der Wechsel zum Mutternamen aber nicht automatisch, sondern nur auf Antrag des Kindes oder hilfsweise des Vaters statt (Rn. 3). Ohne Antrag behält das Kind also den vom Scheinvater abgeleiteten Familiennamen bei, und dieser folgt auch Wechseln des Bezugsnamens nach § 1617c Abs. 2. Die Herstellung einer der abstammungsmäßigen Wirklichkeit und den zwischenzeitlich eingetretenen Veränderungen der Sorgerechtsverhältnisse entsprechenden Namensführung des Kindes setzt demgegenüber stets einen Antrag nach § 1617b Abs. 2 voraus: Den Ehenamen der wirklichen Eltern[42] oder den Namen des leiblichen Vaters kann das Kind nur über den Umweg des Geburtsnamens der Mutter und anschließende Namensänderung nach § 1617c Abs. 1 bzw. §§ 1617a Abs. 2, 1617b Abs. 1 erlangen.[43]

21 **b) Antragsberechtigung.** Diese steht dem **Kind** selbst vor Vollendung des fünften Lebensjahres oder nach Erlangung der Volljährigkeit zu, zumal eine tatbestandliche Verknüpfung mit der elterlichen Sorge nicht stattfindet. Eine Befristung der Antragstellung nach Feststellung der Nichtvaterschaft ist nicht vorgesehen.

22 Dagegen räumt das Gesetz der **Mutter kein Antragsrecht** ein, obgleich sie durchaus ein Interesse an Herstellung einer abstammungskonformen Namensführung des Kindes haben kann; sie wird vielmehr auf ihre regelmäßig bestehende Rolle als gesetzliche Vertreterin (§ 1626a Abs. 2) des antragsberechtigten minderjährigen Kindes verwiesen.[44] Hierin liegt eine Inkongruenz zum eigenständigen Antragsrecht der Mutter bez. der den Namenswechsel auslösenden Anfechtung der Vaterschaft (§ 1600).[45]

23 Für die **Antragsberechtigung des Scheinvaters** differenziert das Gesetz: Diese steht ihm neben dem stets berechtigten Kinde nur dann zu, wenn das Kind bei Vorliegen der Tatbestandsvoraussetzungen noch nicht das fünfte Lebensjahr vollendet hat. In diesem Lebensstadium nimmt der Gesetzgeber eine schützenswerte Identifikation des Kleinkindes mit seinem Familiennamen noch nicht an, so dass er hier dem Interesse des Scheinvaters an Auflösung der namensmäßigen Zuordnung des Kindes den Vorzug vor den gegenläufigen Kontinuitäts- und Selbstbestimmungsinteressen des Kindes einräumt.[46] Ab dem sechsten Lebensjahr wird dieser Konflikt hingegen umgekehrt entschieden und dem Scheinvater ein Antragsrecht daher verwehrt. Hieraus ergibt sich eine Befristung des Antragsrechts des Scheinvaters bis zur Vollendung des fünften Lebensjahres des Kindes.

24 **c) Antragstellung.** Bei dem Antrag handelt es sich um eine höchstpersönliche Willenserklärung, die dem Standesamt in öffentlich beglaubigter Form zugehen muss (§ 1617b Abs. 2 S. 2). Für das im Zeitpunkt der Antragstellung **volljährige Kind** gilt: Es stellt den Antrag selbst, sofern es nicht geschäftsunfähig ist; dann ist dessen Betreuer zuständig, sofern die Namensführung zu seinem Aufgabenkreis gehört; steht das geschäftsfähige Kind insoweit unter Einwilligungsvorbehalt (§ 1903), so handelt es mit Zustimmung des Betreuers.[47] Bei **minderjährigen Kindern** ist gem. § 1617b

---

[40] OLG Rostock FamRZ 2007, 1675.
[41] Ungenau daher AG Kleve StAZ 2011, 215; wie hier *Henrich/Wagenitz/Bornhofen* Rn. 70, 74 (anders freilich *dies.*, § 1616 Rn. 6); *Staudinger/Coester* (2007) Rn. 24, 29; NK-BGB/*Löhnig/Czeguhn* Rn. 8; *Hepting* Rn. V-635.
[42] Ebenso *Gaaz* StAZ 2000, 357, 362 f. sowie *ders.* StAZ 2001, 74; aA *v. Bargen* StAZ 2001, 73 f.; *Staudinger/Coester* (2007) Rn. 37: für Überwirkung des Ehenamens direkt nach § 1617c Abs. 1.
[43] S. u. Rn. 27 ff.; insgesamt dazu *Lipp/Wagenitz* Rn. 22 ff.
[44] *Palandt/Diederichsen* Rn. 11; vgl. auch FamRefK/*Wax* Rn. 13.
[45] Dazu NK-BGB/*Löhnig/Czeguhn* Rn. 11.
[46] BT-Drucks. 13/4899 S. 91; *Staudinger/Coester* (2007) Rn. 31 mwN.
[47] *v. Sachsen Gessaphe* Betreuer S. 156 f. in Fn. 155 und 157.

Abs. 2 S. 3 iVm. § 1617c Abs. 1 S. 2 zu differenzieren: Für das alters- oder zustandsbedingt geschäftsunfähige Kind (§ 104 Nr. 1 bzw. Nr. 2 iVm. § 105 Abs. 1) ist allein der gesetzliche Vertreter zuständig, regelmäßig also die Mutter (§ 1626a Abs. 2); Kinder zwischen sieben und dreizehn Jahren können den Antrag selbst mit Zustimmung des gesetzlichen Vertreters stellen, daneben besteht für diesen eine Alternativzuständigkeit (§ 107); zwischen vierzehn und siebzehn Jahren kann das Kind den Antrag nur selbst stellen und bedarf hierzu der Zustimmung seines gesetzlichen Vertreters. Im Übrigen gelten hinsichtlich Wirksamkeit des Antrages die Ausführungen zu § 1617 entsprechend (s. dort Rn. 19; s. a. unten Rn. 26).

Für die Antragstellung durch den volljährigen **Scheinvater** gilt das zum volljährigen Kind 25 Gesagte sinngemäß, für diejenige durch den minderjährigen gelten ebenfalls die allgemeinen Regeln, zumal der Verweis auf § 1617c Abs. 1 sich nicht hierauf bezieht.[48]

3. Wirksamwerden und Wirkungen. a) Grundsatz. Der formgerechte Antrag wird mit 26 Zugang beim zuständigen Standesamt wirksam; ist die Zustimmung eines gesetzlichen Vertreters erforderlich, so tritt die Wirksamkeit erst mit deren Vorliegen ein. Die Eintragung im Geburtenregister (§ 21 Abs. 1 Nr. 1 PStG) hat nur deklaratorische Bedeutung; eine nachweislich unrichtige Eintragung kann unter den Voraussetzungen der §§ 47 f. PStG berichtigt werden. Der Antrag bewirkt den *rückwirkenden Erwerb* des Namens, den die Mutter im Zeitpunkt der Kindesgeburt geführt hatte, unter Verlust des bisher geführten Kindesnamens. Mit dieser Regelung ist der rückwirkenden Beseitigung der Vaterschaft Rechnung getragen, denn ohne Vater hätte das Kind bei Geburt ebenfalls den Mutternamen nach § 1617a Abs. 1 erhalten.[49] Wegen der tatbestandlichen Ähnlichkeit zu dieser Norm kann der rückwirkend erworbene Kindesname mit Wirkung *ex nunc* geändert werden: durch Namenserteilung nach § 1617a Abs. 2 (s. dort Rn. 14), durch Heirat mit dem wahren Kindesvater unter Bestimmung seines Namens zum Ehenamen nach § 1617c Abs. 1, nach sonstiger Begründung gemeinsamer Sorge mit dem wahren Vater durch nachträgliche Namensbestimmung nach § 1617b Abs. 1 (s. Rn. 5 ff.); die Heirat eines Dritten oder Eingehung einer Lebenspartnerschaft mit einer Dritten unter Bildung eines Ehe- bzw. Lebenspartnerschaftsnamens allein bewirkt wegen § 1617c Abs. 2 Nr. 2 hingegen keine Namensänderung des Kindes, sofern dieses nicht nach § 1618 bzw. § 9 Abs. 5 LPartG einbenannt wird.

b) Vom Scheinvater abgeleiteter Ehename als Muttername. Erwirbt das Kind den von 27 seiner Mutter im Zeitpunkt seiner Geburt geführten Namen rückwirkend, so ist die Anwendbarkeit der Vorschrift fraglich, wenn das Kind seinen bisherigen Namen gem. § 1616 von dem zum Ehenamen bestimmten Geburtsnamen seines Scheinvaters ableitet. Das Kind erwürbe dann nämlich diesen Ehenamen als den bei seiner Geburt von der Mutter geführten Familiennamen, es herrschte Identität zwischen beiden Namen. Hatte die Mutter diesem zum damaligen Zeitpunkt einen Begleitnamen hinzugefügt gehabt, so erwirbt das Kind diesen unechten Doppelnamen. Gleichwohl macht ein Antrag nach § 1617b Abs. 2 hier Sinn, denn die rechtliche Grundlage für die Namensführung des Kindes ändert sich *(verdeckte Namensänderung)*:[50] Während der nach § 1616 erworbene Kindesname nach § 1617c Abs. 2 Nr. 1 Änderungen des Ehenamens folgt, nicht aber dessen einseitiger Aufgabe durch die Mutter nach § 1355 Abs. 5, handelt es sich bei dem nach § 1617b Abs. 2 erworbenen Namen um den zum **individuellen Familiennamen** der Mutter gewordenen Ehenamen. Der Kindesname folgt dann auch Änderungen des Mutternamens gem. § 1617c Abs. 2 Nr. 2 nach, vorbehaltlich eines nötigen Anschlusses des Kindes, also auch dem nachgeburtlichen Beifügung eines Begleitnamens oder der Aufgabe des früheren Ehenamens durch Wiederannahme des Geburts- oder eines früheren Ehenamens nach § 1355 Abs. 5.[51]

c) Nachgeburtliche Änderungen des Mutternamens. Der Antrag stellt das Kind namens- 28 mäßig so, als hätte es seinen Namen nach § 1617a Abs. 1 von der Mutter erworben. Damit folgt der Kindesname nachgeburtlichen Änderungen des mütterlichen Bezugsnamens nach § 1617c Abs. 2 Nr. 2, selbst wenn diese vor Stellung des Antrages aus § 1617b Abs. 2 eingetreten sind.[52] Eine Namensverschiedenheit zwischen Mutter und Kind, welche durch die rückwirkende Anknüpfung an den Mutternamen zum Zeitpunkt der Geburt entsteht, kann also umgehend korrigiert und dadurch die Namenseinheit zum aktuellen Mutternamen hergestellt werden. Besonders wichtig ist dies für den in Rn. 27 geschilderten Fall, dass die Mutter nach Scheidung vom Scheinvater den

---

[48] Dazu *Henrich/Wagenitz/Bornhofen* Rn. 82.
[49] Dazu *Henrich/Wagenitz/Bornhofen* Rn. 87 ff.
[50] So *Gaaz* StAZ 2000, 357, 361 f.
[51] *Gaaz* StAZ 2000, 357, 361 f.; *Henrich/Wagenitz/Bornhofen* Rn. 92; *Staudinger/Coester* (2007) Rn. 39; verkannt von *Palandt/Diederichsen* Rn. 13.
[52] LG Köln StAZ 2002, 11 f.; *Gaaz* StAZ 2000, 357, 361 f.; *Henrich/Wagenitz/Bornhofen* Rn. 91; *Staudinger/Coester* (2007) Rn. 40 mwN.

§ 1617b 29–33   Abschn. 2. Titel 4. Rechtsverhältnis zw. den Eltern u. dem Kind

vormaligen Ehenamen aufgibt. Ändert sich der Bezugsname aber durch eine neue Eheschließung der Mutter mit einem Dritten, so wird dadurch der Kindesname vorbehaltlich einer Einbenennung nach § 1618 nicht tangiert.

29   Die Erstreckung nachgeburtlicher Änderungen des mütterlichen Bezugsnamens setzt eine nach Alter gestaffelte **Mitwirkung des Kindes** voraus. Da das Mitwirkungserfordernis das Persönlichkeitsrecht des Kindes an seinem bislang geführten Namen schützen soll, wie der Verweis des § 1617b Abs. 2 S. 3 auf § 1617c Abs. 1 S. 2 klarstellt, kommt es auf dessen Mitwirkung im **Zeitpunkt** des durch den wirksamen Antrag herbeizuführenden **Namenswechsels** an; erst dann stellt sich die Frage, ob das Kind in Wahrnehmung der ihm je nach seinem Alter durch § 1617c Abs. 1 eingeräumten namensrechtlichen Selbstbestimmung den ihm kraft Gesetzes nach § 1617b Abs. 2 zugewiesenen Namen der Mutter (fort-)führen oder sich einer zwischenzeitlich eingetretenen Änderung dieses Bezugsnamens anschließen möchte. Abzustellen ist also auf das Alter des Kindes im Zeitpunkt des Wirksamwerdens des Namenswechsels nach § 1617b Abs. 2 und nicht auf dasjenige im Zeitpunkt des mütterlichen Namenswechsels.[53] Ist das Kind dann noch nicht fünf Jahre alt, so erwirbt es den geänderten Mutternamen automatisch, ansonsten gilt die abgestufte Mitwirkung nach § 1617c Abs. 1 S. 2.

30   d) **Erstreckung auf den Ehe- oder Lebenspartnerschaftsnamen des Kindes.** Der Wechsel zum Namen der Mutter erfasst nur den Geburtsnamen des Kindes. Ist das Kind bei Wirksamwerden des Wechsels verheiratet und hat es seinen Geburtsnamen im Einvernehmen mit seinem Ehegatten zum Ehenamen bestimmt, so erstreckt sich die Änderung seines Geburtsnamens nur dann auf den Ehenamen, wenn auch der Ehegatte sich ihr anschließt. Das gilt sinngemäß für den Fall, dass das Kind in einer eingetragenen Lebenspartnerschaft lebt und sein Geburtsname gem. § 3 LPartG zum Lebenspartnerschaftsnamen bestimmt worden ist. Bei der Verweisung des § 1617b Abs. 2 S. 3 auf § 1617c Abs. 1 S. 3 handelt es sich offensichtlich um ein redaktionelles Versehen, da die verwiesene Regelung bereits in § 1617b Abs. 2 S. 2 enthalten ist, so dass der Verweis sinnvollerweise nur auf § 1617c Abs. 3 bezogen werden kann.[54]

IV. Weitere Fragen

31   1. **Bedeutung des Namens und sonstige Einzelfragen.** Zur **Bedeutung** des durch elterliche Bestimmung (Abs. 1) oder auf Antrag kraft Gesetzes erworbenen (Abs. 2) Namens s. § 1616 Rn. 13. Enthält dieser Name eine ehemalige **Adelsbezeichnung,** so überträgt sich diese grundsätzlich mit auf das Kind, Vor § 1616 Rn. 13. Zur Namensführung von **Findelkindern** s. § 1616 Rn. 14.

32   2. **Intertemporales Recht.** Für vor dem 1. 7. 1998 geborene Kinder gilt die Übergangsvorschrift des Art. 224 § 3 EGBGB, wonach der zuvor erworbene Geburtsname bestehen bleibt; allerdings eröffnet Art. 224 § 3 Abs. 1 S. 2 EGBGB die Möglichkeit, diesen Namen nach dem Stichtag bei Begründung gemeinsamer Sorge gem. § 1617b Abs. 1 neu zu bestimmen[55] oder durch Antrag nach § 1617b Abs. 2 zu ändern. Begründen die Eltern eines vor dem Stichtag geborenen Kindes danach die gemeinsame Sorge und treffen dabei innerhalb der Frist des § 1617b Abs. 1 S. 1 keine neue Namensbestimmung, so kann darin eine in analoger Anwendung des § 1617 Abs. 1 S. 3 bindende Namensbestimmung für nachgeborene Geschwister liegen, um eine sonst drohende Namensverschiedenheit der Geschwister zu vermeiden, weil dies dem Normzweck des Art. 224 § 3 EGBGB widerspräche.[56] Näher dazu Erl. § 1616 Rn. 15 f., Art. 224 § 3 EGBGB.

33   3. **Internationales Privatrecht.** Der Name des Kindes beurteilt sich in Fällen mit Auslandsberührung gem. Art. 10 Abs. 1 EGBGB nach dessen Heimatrecht, vorbehaltlich einer abweichenden Rechtswahl der Eltern nach Art. 10 Abs. 3 EGBGB. Diesem Recht unterliegt auch die Erstreckung einer nachträglichen Änderung des elterlichen Bezugsnamens. Zum Einfluss der europäischen Grundfreiheiten auf die Namensführung in Sachverhalten mit Bezug zum EU-Ausland, Erl. Art. 10 EGBGB Rn. 140 ff. Ist deutsches Recht Kindesnamensstatut, so ist die Vorfrage nach dem Bestehen gemeinsamer Sorge unselbständig anzuknüpfen[57] nach Art. 21 EGBGB, sofern keine in Deutschland

---

[53] Ebenso *Staudinger/Coester* (2007) Rn. 42; zur Frage des Anschlusses bei mehreren Namensänderungen der Mutter ebd., Rn. 43; aA *Henrich/Wagenitz/Bornhofen* Rn. 91.
[54] *Henrich/Wagenitz/Bornhofen* Rn. 94; *Staudinger/Coester* (2007) Rn. 45.
[55] Vgl. BayObLG FamRZ 2000, 55 f. = StAZ 1999, 331, 332.
[56] BayObLG NJWE-FER 2001, 255 = FamRZ 2001, 856.
[57] Erl. Art. 10 EGBGB Rn. 26; *v. Sachsen Gessaphe* IPR 3. Kap. E II 2 c; *Kropholler* IPR § 32 IV 2 b mwN; aA *Dutta* StAZ 2010, 193, 200; *Staudinger/Hepting* (2007) Art. 10 EGBGB Rn. 125; AnwK-BGB/*Mankowski* Art. 10 EGBGB Rn. 19; *Palandt/Thorn* Art. 10 EGBGB Rn. 2 mwN.

anerkennungsfähige ausländische Sorgerechtsentscheidung vorliegt; bei Entscheidungen aus EU-Mitgliedsstaaten richtet sich dies nach der EheVO II.[58] In Ermangelung einer solchen Entscheidung beurteilt sich die elterliche Sorge mit Inkrafttreten des KSÜ für Deutschland zum 1. 1. 2011[59] freilich nach dessen Kollisionsnormen in Art. 16 ff.[60] Die für § 1617b Abs. 2 relevante Vorfrage nach der Anfechtung der Vaterschaft beurteilt sich nach Art. 20 EGBGB,[61] das KSÜ ist insoweit nicht anwendbar, Art. 4 lit. a KSÜ. Insgesamt dazu s. § 1616 Rn. 18 f., Erl. Art. 10 EGBGB, insbes. Rn. 123 ff.

V. Würdigung

Die Vorschrift weist wiederum eine Reihe von **Wertungswidersprüchen** auf. Sie verdeutlicht, dass der Gesetzgeber konträre Namensprinzipien verfolgt und nicht hinreichend miteinander hat harmonisieren können. In Abs. 1 stehen sich elterliche Dispositionsmacht über den Kindesnamen und das Streben nach dessen Kontinuität entgegen. Letzteres manifestiert sich besonders in der nur beschränkten Anpassung des Kindesnamens an Veränderungen der Sorgerechtsverhältnisse oder des elterlichen Bezugsnamens (Rn. 1). Diese Durchbrechung wird durch die soziale Funktion des Namens nur bedingt gerechtfertigt, denn eine Neubestimmung des Kindesnamens vermag zwar den familiären Zusammenhang zu dem bislang nicht sorgeberechtigten Elternteil zu verdeutlichen, wegen des Verbotes der Doppelnamensbildung jedoch um den Preis der Aufgabe der Zuordnung zum bisherigen Sorgerechtsinhaber. Weitere Widersprüche offenbaren sich darin, dass § 1618 einerseits den Stiefelternteil gegen die Weitergabe seines Namens an das mit ihm nicht verwandte Stiefkind schützt und daraus eine Schranke für die Bestimmungsmöglichkeiten nach § 1617b Abs. 1 zu folgern ist (Rn. 11); dagegen wird dem früheren oder gegenwärtigen Ehegatten oder gleichgeschlechtlichen Lebenspartner iSv. § 1 LPartG dieser Schutz gegen die Weitergabe seines Namens an mit ihm nicht verwandte Kinder nach den §§ 1617, 1617 a vorenthalten, ebenso nach § 1617b Abs. 1 nach Auflösung der Ehe oder Lebenspartnerschaft (Rn. 11 aE). In Abs. 2 wird das Persönlichkeitsrecht des Scheinvaters – außer bei Kleinstkindern – denen des Kindes ohne weiteres untergeordnet (Rn. 23). Befremdlich ist es dabei, dass der Mutter kein eigenes Antragsrecht zusteht (Rn. 22). 34

Die Entscheidung des Gesetzgebers, § 1617b Abs. 2 idF des RegE nicht zu übernehmen, führt zu weiteren Inkongruenzen im geltenden Kindesnamensrecht; das gilt insbes. für die unwandelbare Anbindung des Kindesnamens an den durch Einbenennung erlangten Namen (§ 1618 Rn. 31). Trotzdem weist die Begrenzung der Möglichkeiten einer Nachfolge des Kindesnamens in Änderungen der elterlichen Sorgerechts- und Familienverhältnisse in die richtige Richtung: Die neutrale Formulierung der Kindesnamensstatbestände und den Wechsel zur Anknüpfung an die elterliche Sorge bedingt. Angesichts der wachsenden Instabilität familiärer Beziehungen kann es aber zu häufigen Wechseln der Sorgerechtsverhältnisse kommen. Die damit für die Kinder zwangsläufig verbundene Instabilität kann nicht noch dadurch erhöht werden, dass der ihrer Identifikation dienende Familienname jeden dieser Wechsel mitzumachen hat. Die Bindungs- und Familienunfähigkeit einzelner Eltern hat der Gesetzgeber nicht in allen Zügen namensmäßig nachzuvollziehen; das Zulassen eines *name-shopping* über § 1617 iVm. § 1355 Abs. 5 war hier schon der falsche Weg (dazu § 1617 Rn. 34). 35

§ 1617c Name bei Namensänderung der Eltern

(1) ¹Bestimmen die Eltern einen Ehenamen, nachdem das Kind das fünfte Lebensjahr vollendet hat, so erstreckt sich der Ehename auf den Geburtsnamen des Kindes nur dann, wenn es sich der Namensgebung anschließt. ²Ein in der Geschäftsfähigkeit beschränktes Kind, welches das 14. Lebensjahr vollendet hat, kann die Erklärung nur selbst abgeben; es bedarf hierzu der Zustimmung seines gesetzlichen Vertreters. ³Die Erklärung ist gegenüber dem Standesamt abzugeben; sie muss öffentlich beglaubigt werden.

(2) Absatz 1 gilt entsprechend,
1. wenn sich der Ehename, der Geburtsname eines Kindes geworden ist, ändert oder

---
[58] Eingehend dazu *Dutta* StAZ 193, 194 ff.
[59] BGBl. 2010 II S. 1527.
[60] Dazu *Dutta* StAZ 2010, 193, 200 ff.
[61] Näher zu den dabei auftretenden Problemen *Staudinger/Hepting* (2007) Art. 10 EGBGB Rn. 478 ff.

§ 1617c 1   Abschn. 2. Titel 4. Rechtsverhältnis zw. den Eltern u. dem Kind

2. wenn sich in den Fällen der §§ 1617, 1617 a und 1617 b der Familienname eines Elternteils, der Geburtsname eines Kindes geworden ist, auf andere Weise als durch Eheschließung oder Begründung einer Lebenspartnerschaft ändert.

(3) Eine Änderung des Geburtsnamens erstreckt sich auf den Ehenamen oder den Lebenspartnerschaftsnamen des Kindes nur dann, wenn sich auch der Ehegatte oder der Lebenspartner der Namensänderung anschließt; Absatz 1 Satz 3 gilt entsprechend.

Schrifttum (s. a. **Vor § 1616 vor Rn. 5**): *Gaaz*, Verdeckte Namensänderungen, StAZ 2000, 357; *Schmitz/Bauer*, Spannungsverhältnis zwischen bürgerlich-rechtlicher Namenskontinuität und öffentlich-rechtlicher Namensänderung bei Scheidungskindern, StAZ 2001, 99.

Übersicht

	Rn.		Rn.
I. Allgemeines	1–4	3. Änderungen des Familiennamens des namensgebenden Elternteils (Abs. 2 Nr. 2)	18–21
1. Gesetzgebungsgeschichte	1	a) Individueller Familienname eines Elternteils als Kindesname	18
2. Normzweck und Regelungssystem	2, 3	b) Änderung des Bezugsnamens	19
a) Wahrung der Namenseinheit	2	c) Keine Namensänderung infolge Eheschließung	20
b) Widerstreitende Namenskontinuität	3	d) Keine Namensänderung infolge Begründung einer Lebenspartnerschaft	21
3. Internationale Menschenrechte	4	4. Rechtsfolgen	22
II. Nachträgliche Bestimmung eines Ehenamens (Abs. 1)	5–12	**IV. Erstreckung einer Namensänderung auf den Ehe- oder Lebenspartnerschaftsnamen des Kindes (Abs. 3)**	23–26
1. Voraussetzungen	5, 6	1. Normzweck	23
a) Bisheriger Geburtsname des Kindes	5	2. Tatbestand	24, 25
b) Nachträgliche Bestimmung des Ehenamens	6	a) Erstreckung auf den Geburtsnamen des Kindes	24
2. Erstreckung auf den Kindesnamen	7–12	b) Erstreckung auf den Ehe- oder Lebenspartnerschaftsnamen	25
a) Grundsatz	7	3. Rechtsfolgen	26
b) Automatischer Erwerb beim noch nicht fünfjährigen Kind	8	**V. Die Namensänderung nach anderen Gesetzen**	27–30
c) Notwendiger Anschluss des älteren Kindes	9	1. Spezialgesetzliche Regelungen	27–29
d) Altersstufen	10	a) NamensÄndG	27, 28
e) Anschlusserklärung	11	b) § 94 BVFG, Art. 47 EGBGB	29
f) Keine Befristung der Anschlusserklärung	12	2. § 2 S. 2 MindNamÄndG iVm. § 1617c	30
III. Auswirkungen einer Änderung des elterlichen Bezugsnamens (Abs. 2)	13–22	**VI. Weitere Fragen**	31–33
1. Normzweck und Regelungssystem	13	1. Bedeutung des Namens und sonstige Einzelfragen	31
2. Änderungen des Ehenamens (Abs. 2 Nr. 1)	14–17	2. Intertemporales Recht	32
a) Ehename als Geburtsname des Kindes	14	3. Internationales Privatrecht	33
b) Änderung des Bezugsnamens	15	**VII. Würdigung**	34
c) Regelungslücken?	16, 17		

I. Allgemeines

1   **1. Gesetzgebungsgeschichte.** Vorläufer der durch das KindRG eingeführten Vorschrift ist § 1616a idF des FamNamRG. Der Abs. 1 beider Normen ist fast inhaltsgleich.[1] Das Ziel des KindRG, rechtliche Unterschiede zwischen ehelichen und ne. Kindern aufzugeben, machte es notwendig, die vormals in § 1616a und § 1617 Abs. 2 bis 4 aF getrennt geregelten Auswirkungen eines elterlichen Namenswechsels auf den Kindesnamen in § 1617c jetzt unabhängig vom Status des Kindes einheitlich zu normieren.[2] Das LPartG und die Möglichkeit der Wahl eines einheitlichen

---

[1] Näher dazu 4. Aufl. Rn. 1.
[2] BT-Drucks. 13/4899 S. 92.

Lebenspartnerschaftsnamens (§ 3 LPartG) machte eine Anpassung des Normtextes erforderlich (Rn. 21).

2. Normzweck und Regelungssystem. a) Wahrung der Namenseinheit. Die Vor- 2 schrift betrifft **drei Fälle** eines Anschlusses des Kindesnamens an Änderungen des elterlichen Bezugsnamens: Gehen die namensverschiedenen Eltern nachträglich zu einem Ehenamen über, so folgt dem der Kindesname nach Maßgabe des Abs. 1; die Vorschrift ergänzt somit die Privilegierung des elterlichen Ehenamens aus § 1616 und verdeutlicht dadurch das Festhalten des Gesetzgebers am Idealbild der ehelichen Familie mit einheitlichem Familiennamen (§ 1616 Rn. 2). Auf dieser Linie liegt die Erstreckung einer Änderung des Ehenamens auf den davon abgeleiteten Kindesnamen nach Abs. 2 Nr. 1. Geht es in diesen Fällen um das Herstellen oder Aufrechterhalten der Namenseinheit zwischen Eltern und Kind, so betrifft Abs. 2 Nr. 2 Fälle einer bereits originär oder jedenfalls im Zeitpunkt der Änderung des Bezugsnamens nurmehr partiellen Namenseinheit zwischen dem Kind und bloß einem Elternteil; diese soll durch Anschluss an die erfolgte Änderung des Bezugsnamens gewahrt werden.

b) Widerstreitende Namenskontinuität. Dagegen ist in anderen als den in Abs. 1 und 2 3 normierten Fällen einer Änderung des Bezugsnamens eine Anpassung des Kindesnamens bewusst ausgeschlossen. Es sollte eben nicht jeder Sorgerechts- oder Namenswechsel auf den Kindesnamen durchschlagen (vgl. § 1617b Rn. 1), doch führt dies gerade zu einer Reihe von Wertungswidersprüchen (Rn. 34). Darin offenbart sich der grundlegende Widerspruch zwischen der gesellschaftlichen Funktion des Familiennamens, welche nach einer Anpassung des Namens an geänderte familiäre Situationen verlangt, und seiner Namenskontinuität fordernden Identifizierungsfunktion (Vor § 1616 Rn. 7). Soweit die Vorschrift eine Anpassung des Kindesnamens an Veränderungen des elterlichen Bezugsnamens zulässt, macht es diese im Interesse der Wahrung des Persönlichkeitsrechts des Kindes an seinem bestehenden Namen grundsätzlich von seiner Zustimmung abhängig; dieses Erfordernis ist angesichts der wachsenden Selbstbestimmungsfähigkeit des Kindes (vgl. § 1626 Abs. 2) altersmäßig abgestuft. Die Regelung des Abs. 3 dient ebenfalls dem Schutz des Persönlichkeitsrechts, dieses Mal indes des Ehe- oder Lebenspartners des Kindes (dazu Rn. 23).

3. Internationale Menschenrechte. Insoweit gelten die Ausführungen zu § 1617a Rn. 4 4 sowie § 1617b Rn. 4 sinngemäß.

II. Nachträgliche Bestimmung eines Ehenamens (Abs. 1)

1. Voraussetzungen. a) Bisheriger Geburtsname des Kindes. Der Wortlaut stellt auf 5 einen im Zeitpunkt der Bestimmung eines Ehenamens durch die Eltern bereits vorhandenen Geburtsnamen des Kindes ab. Implizit ist damit gesagt, dass die Eltern bislang eine solche Bestimmung noch nicht getroffen hatten, gleich aus welchem Grunde. Der Geburtsname des Kindes kann auf einen originären Erwerb nach § 1617 bei gemeinsamer Sorge der Eltern oder nach § 1617a bei alleiniger Sorge eines Elternteils, einen späteren Erwerb nach § 1617a Abs. 2 oder § 1617b, einen überwirkenden Namenswechsel nach § 1617c Abs. 2 Nr. 2 oder eine Einbenennung nach § 1618 zurückgehen. Hatte das Kind im Augenblick der Ehenamensbestimmung durch die Eltern noch **keinen Geburtsnamen,** so erwirbt es den elterlichen Ehenamen unmittelbar nach § 1616 (s. dort Rn. 7, § 1617 Rn. 13).

b) Nachträgliche Bestimmung des Ehenamens. Seit dem KindRG können Eltern ab 6 Schließung der Ehe und, solange diese währt, jederzeit einen Ehenamen bestimmen (§ 1355 Rn. 1, 19). Wie schon bei § 1616 kommt es nicht auf die Sorgerechtsverhältnisse an. Der Anwendungsbereich ist eröffnet, wenn die bei Geburt des Kindes miteinander verheirateten Eltern einen Ehenamen nachträglich bestimmen oder erst später die Ehe unter Bestimmung eines Ehenamens schließen; in der zweiten Variante setzt die Vorschrift die frühere Legitimation fort (§ 1720 Abs. 1 aF). Sie greift sogar, wenn die Eltern nach der Geburt heiraten und erst einige Zeit später einen Ehenamen wählen, selbst wenn sie zuvor auf Grund ihrer mit Heirat begründeten gemeinsamen Sorge den Kindesnamen nach § 1617b Abs. 1 neu bestimmt hatten oder hätten können.[3] Nach ihrem Wortlaut betrifft die Vorschrift eine Änderung des Kindesnamens in den neu bestimmten Ehenamen; implizit setzt sie demnach voraus, dass das Kind zuvor einen davon verschiedenen Namen hatte. Bei **äußerer Namensidentität,** wenn der vom Kind geführte Geburtsname eines Elternteils zum Ehenamen wird, erwirbt das Kind diesen trotzdem nach § 1617c Abs. 1, weil sich die rechtliche Grundlage der

---

[3] *Staudinger/Coester* (2007) Rn. 6; *Henrich/Wagenitz/Bornhofen* Rn. 11; missverständlich BT-Drucks. 13/4899 S. 92.

Namensführung ändert: Künftige Änderungen des Ehenamens schlagen dann nämlich nur noch nach § 1617c Abs. 2 Nr. 1 und nicht nach dessen Nr. 2 auf den Kindesnamen durch.[4]

7   **2. Erstreckung auf den Kindesnamen. a) Grundsatz.** Rechtsfolge der nachträglichen Bestimmung des Ehenamens ist dessen Erstreckung auf den Geburtsnamen des Kindes. Diesbezüglich unterscheidet das Gesetz: Hatte das Kind das fünfte Lebensjahr bei Ehenamensbestimmung noch nicht vollendet, so tritt der Erwerb des Ehenamens automatisch ein, war das Kind hingegen bereits älter gewesen, so ist der Namenserwerb von einer in ihren Anforderungen nach dem Alter gestaffelten Anschlusserklärung des Kindes abhängig. Der Grund für diese Differenzierung liegt darin, dass der Gesetzgeber eine schützenswerte Identifikation des unter fünfjährigen Kleinkindes mit seinem Familiennamen noch nicht annimmt (§ 1617b Rn. 23), zumal die Herstellung voller Namenseinheit mit den Eltern der Kennzeichnung der familiären Integration dient. Bei fünfjährigen und älteren Kindern sieht das Gesetz hingegen eine unterschiedlich intensive Mitwirkung vor, um deren Persönlichkeitsrecht am bisherigen Namen zu schützen (Rn. 3). Hinsichtlich des **maßgeblichen Zeitpunktes** ist zu unterscheiden: **Ob** eine Anschlusserklärung des Kindes nötig ist oder nicht, das Kind also älter oder jünger als fünf ist, bestimmt sich nach dem Zeitpunkt der wirksamen Ehenamensbestimmung durch die Eltern (Rn. 8); welche **altersabhängigen Anforderungen** an eine danach nötige Anschlusserklärung zu stellen sind, richtet sich hingegen nach dem Zeitpunkt der Anschlusserklärung (Rn. 10).[5] Der Erwerb des Ehenamens tritt bei Vorliegen sämtlicher Voraussetzungen *ex nunc* ein und ersetzt erst von da an den früheren Geburtsnamen des Kindes. Hatte das Kind bis zur nachträglichen Bestimmung des Ehenamens noch keinen Geburtsnamen, so erwirbt es den Ehenamen ausnahmsweise *ex tunc* nach § 1616 (Rn. 6).

8   **b) Automatischer Erwerb beim noch nicht fünfjährigen Kind.** Aus Abs. 1 S. 1 im Umkehrschluss folgt, dass das noch nicht fünfjährige Kind den Ehenamen automatisch und zeitgleich mit dessen wirksamer Bestimmung iSv. § 1355 Abs. 1 bis 3 erwirbt.[6] Maßgeblicher Zeitpunkt zur Beurteilung des Alters ist somit derjenige der Ehenamensbestimmung. Ist das Kind davor gestorben, so ist der Ehename nach dem Gedanken des § 21 Abs. 2 S. 2 PStG auf Wunsch der Eltern im Geburtenregister einzutragen.[7]

9   **c) Notwendiger Anschluss des älteren Kindes.** Aus Abs. 1 folgt weiter, dass sich der Ehename auf Kinder, die fünf Jahre und älter sind, nur mit deren Zustimmung erstreckt. Freilich ist es beim noch geschäftsunfähigen Kind praktisch der gesetzliche Vertreter, der die Entscheidung hierüber trifft; und beim unter vierzehnjährigen beschränkt geschäftsfähigen Kind kontrolliert er sie jedenfalls und kann die Namenserstreckung durch Verweigerung seiner Einwilligung so letztlich verhindern (s. Rn. 10). Eine Blockade des Anschlusses ist dadurch allerdings im Regelfall wohl nur selten zu befürchten, da die Eltern dann gesetzliche Vertreter sind (§§ 1626, 1626 a, 1627) und ein Interesse an der Herstellung der Namenseinheit mit den eigenen Kindern haben dürften, wenn sie schon mit der nachträglichen Wahl eines Ehenamens den Anlass dazu geliefert haben; anders kann es vor allem dann sein, wenn zwischen Ehenamenswahl und Anschlussbegehren des Kindes ein längerer Zeitraum liegt und sich zwischenzeitlich die Familieneinheit aufgelöst hat (Rn. 12). Bei Streit der Eltern ist eine gerichtliche Intervention gem. § 1628 möglich,[8] bei Totalverweigerung im Notfall ein Teilentzug des Vertretungsrechts (§ 1629 Abs. 2 S. 3, § 1796).[9] Bei **äußerer Namensidentität** zwischen bisherigem Kindesnamen und neuem elterlichen Ehenamen ist zur Vermeidung systemwidriger Ergebnisse auf das Anschlusserfordernis zu **verzichten**, so dass der Kindesname kraft Gesetzes nach § 1617c Abs. 1 eine neue rechtliche Grundlage erhält (Rn. 6 aE).[10]

10 **d) Altersstufen.** Die Anforderungen an die Anschlusserklärung des Kindes, welches das fünfte Lebensjahr vollendet hat, sind nach Altersstufen gestaffelt. Maßgeblicher Zeitpunkt für die Einordnung in eine dieser Stufen ist das **Wirksamwerden der Anschlusserklärung.** Aus § 1617c Abs. 1 S. 1 und 2 iVm. § 104 Nr. 1 folgt, dass für das **fünf- und sechsjährige Kind** allein der gesetzliche Vertreter zustimmungsbefugt ist, und gleiches gilt für ältere, aber geschäftsunfähige Kinder (§ 104

---

[4] *Gaaz* StAZ 2000, 357, 358 f.; *Henrich/Wagenitz/Bornhofen* Rn. 14; *Staudinger/Coester* (2007) Rn. 8; zum Wegfall des Anschlusserfordernisses s. Erl. Rn. 9; vgl. auch § 1617b Rn. 27.
[5] Diese Differenzierung offensichtlich übersehen bei *Palandt/Diederichsen* Rn. 3; *Bamberger/Roth/Enders* Rn. 4.
[6] Zum insoweit inhaltsgleichen § 1616a Abs. 1 aF LG Kiel FamRZ 1996, 1564 f. = StAZ 1996, 333.
[7] *Staudinger/Coester* (2007) Rn. 7; vgl. Erl. § 1617 Rn. 13; aA AG Lübeck StAZ 2002, 244; *Palandt/Diederichsen* Rn. 3; *Hepting* Rn. V-684.
[8] Allgemein für Entscheidungen über den Namen OLG Karlsruhe BeckRS 2008, 03669; OLG Stuttgart StAZ 2011, 51; speziell zu § 1617c Abs. 1: *Michalski* FamRZ 1997, 977, 984; ihm folgend *Staudinger/Coester* (2007) Rn. 12; *Henrich/Wagenitz/Bornhofen* Rn. 20; *Hepting* Rn. V-686.
[9] *Staudinger/Coester* (2007) Rn. 13 mwN.
[10] *Staudinger/Coester* (2007) Rn. 11; dem folgend *Gaaz* StAZ 2000, 357, 359; aA *Hepting* Rn. V-688.

Nr. 2 iVm. § 105 Abs. 1). Bei beschränkt geschäftsfähigen Kindern ist zu unterschieden: **Sieben- bis Dreizehnjährige** können die Erklärung selbst mit Zustimmung ihres gesetzlichen Vertreters abgeben, daneben besteht für diesen eine Alternativzuständigkeit (§§ 106 ff.); dagegen sind **Vierzehn- bis Siebzehnjährige** allein zustimmungsbefugt, sie bedürfen hierzu aber ebenfalls der Einwilligung ihres gesetzlichen Vertreters (§ 1617c Abs. 1 S. 2). Das geschäftsfähige, **volljährige Kind** kann die Erklärung infolge ihrer höchstpersönlichen Natur nur selbst abgeben; steht es insoweit unter Einwilligungsvorbehalt (§ 1903), so handelt es mit Zustimmung seines Betreuers; ist es geschäftsunfähig, dann kann nur ein Betreuer handeln, sofern die Namensführung zu dessen Aufgabenkreis gehört.[11]

e) Anschlusserklärung. Diese bedarf stets öffentlicher Beglaubigung (Abs. 1 S. 3); im Übrigen gelten hinsichtlich Rechtsnatur, Zugang und Wirksamwerden die Ausführungen zu § 1617 Abs. 1 sinngemäß (s. dort Rn. 18 f.). Insbesondere ist die Erklärung höchstpersönlich und daher von jedem von mehreren Kindern einer Familie gesondert zu erteilen, so dass es bei divergierenden Entscheidungen zu **Namensverschiedenheit von Geschwistern** kommen kann; § 1617 Abs. 1 S. 3 gilt nicht entsprechend.[12] Die Zustimmung des gesetzlichen Vertreters bedarf zwar nach § 182 Abs. 2 nicht der für die Anschlusserklärung vorgeschriebenen Form, doch ist ebenfalls Zugang beim Standesamt zu fordern.[13]

f) Keine Befristung der Anschlusserklärung. Für die Anschlusserklärung besteht keine Frist, so dass sie noch lange Zeit nach der Ehenamensbestimmung möglich ist. Deshalb kann das volljährig gewordene Kind eine elterliche Blockadehaltung (Rn. 9) durch Nachholung der Erklärung aufbrechen. Außerdem können sich die Verhältnisse durch Auflösung der Elternehe oder Änderungen des Bezugsnamens gewandelt haben. Nach dem Wortlaut knüpft die Vorschrift tatbestandlich allein an die nachgeburtliche Bestimmung eines Ehenamens an, nicht jedoch an den Fortbestand der Elternehe oder die Fortführung des Ehenamens im Zeitpunkt der Anschlusserklärung. Dies eröffnete dem Kind die Möglichkeit, sich einem vor längerer Zeit von seinen Eltern bestimmten Ehenamen anzuschließen, selbst wenn deren Ehe aufgelöst ist oder der Ehename von einem von ihnen oder gar von beiden nicht mehr geführt wird.[14] Dem kann so nicht gefolgt werden. Das Merkmal „Ehename" begegnet sowohl auf der Tatbestands- als auch auf der Rechtsfolgenseite. Ein **Ehename** iS des § 1355 Abs. 1 als gemeinsam geführter Familienname der Eltern muss also **Gegenstand der Erstreckung** sein. Diese systematische Auslegung wird durch eine teleologische Betrachtung gestützt: Normzweck ist es, Eltern und Kind die gegenüber den übrigen Namenserwerbstatbeständen privilegierte Herstellung familiärer Namenseinheit, wenn schon nicht originär (§ 1616), dann wenigstens nachträglich zu ermöglichen. Wo diese Rechtsfolge nicht mehr eintreten kann, scheidet ein Anschluss des Kindes nach dieser Vorschrift folglich aus: Evident ist dies, wenn keiner der Elternteile mehr den in Frage stehenden Ehenamen führt.[15] Trägt nur noch ein Elternteil diesen Namen, so ist zu differenzieren: Ist die Namenseinheit der Eltern lediglich durch den Tod eines Elternteils aufgehoben worden, so ist der Anschluss des Kindes mit dem Normzweck vereinbar, denn das Kind kann Namenseinheit zum lebenden und posthum zum gestorbenen Elternteil herstellen; entsprechend ist beim Tod beider Eltern bez. des bis dahin geführten Ehenamens zu entscheiden. Hat hingegen der andere Elternteil etwa nach Scheidung gem. § 1355 Abs. 5 oder gar durch Eingehung einer erneuten Ehe einen anderen Familiennamen angenommen, so ist die Herstellung der Namenseinheit zwischen Eltern und Kind nicht mehr erzielbar, ein Anschluss des Kindes scheidet dann aus.[16]

III. Auswirkungen einer Änderung des elterlichen Bezugsnamens (Abs. 2)

1. Normzweck und Regelungssystem. Abs. 2 regelt **zwei Grundtatbestände**, in denen eine inhaltliche Änderung des elterlichen Bezugsnamens auf den bestehenden Kindesnamen überwirkt: **Nr. 1** betrifft **Änderungen** des zum Kindesnamen gewordenen **Ehenamens**. Während Abs. 1 die nachträgliche Herstellung von Namenseinheit zwischen Eltern und Kind durch postnatale

---

[11] v. Sachsen Gessaphe Betreuer S. 156 f. in Fn. 155 und 157; für den Fall des Einwilligungsvorbehalts vgl. auch Nr. 45.1 S. 3 PStG-VwV; unzutreffend insoweit Staudinger/Coester (2007) Rn. 18, denn es geht hier nicht um Ausübung elterlicher Sorge des betreuten Kindes.
[12] Staudinger/Coester (2007) Rn. 10.
[13] Henrich/Wagenitz/Bornhofen Rn. 27; ungenau Palandt/Diederichsen Rn. 4.
[14] So Henrich/Wagenitz/Bornhofen Rn. 30 f.; Lipp/Wagenitz Rn. 13.
[15] Ebenso Staudinger/Coester (2007) Rn. 20; NK-BGB/Löhnig/Czeguhn Rn. 4; entgegen den in Fn. 14 Zitierten.
[16] Dem grundsätzlich folgend, aber nicht hinreichend differenzierend NK-BGB/Löhnig/Czeguhn Rn. 4; aA Henrich/Wagenitz/Bornhofen Rn. 31; Lipp/Wagenitz Rn. 13; Staudinger/Coester (2007) Rn. 20.

Bestimmung eines elterlichen Ehenamens normiert, setzt Abs. 2 Nr. 1 die bestehende Namenseinheit in der (Stief-)Familie voraus, doch ändert sich der diese bezeichnende Ehename als solcher. Der Anwendungsbereich ergibt sich aus der Abgrenzung zu den Anwendungsfällen des Abs. 2 Nr. 2 und einem Vergleich mit der Vorgängerregelung des § 1616a Abs. 2 aF. Maßgebliches Abgrenzungskriterium ist die Änderung des Ehenamens: Grundsätzlich ist dies nach § 1355 Abs. 1 S. 1 der von den Ehegatten gemeinsam geführte Familienname, der nach §§ 1616, 1617 c Abs. 1 auf deren Kinder überwirkt und so gemeinsamer Familienname in der Familie wird. Erfasst wird darüber hinaus die Änderung des Ehenamens eines Elternteils, den dieser zusammen mit seinem Ehegatten, der nicht Elternteil des Kindes ist, führt und der dem Kind im Wege der Einbenennung (§ 1618) erteilt worden ist. Dies folgt daraus, dass in § 1617c Abs. 2 Nr. 1 nur vom Ehenamen die Rede ist, während § 1616a Abs. 2 aF noch auf den Ehenamen der Eltern abstellte.[17] Das ist auch sachgerecht, denn durch die Einbenennung soll die Integration des Stiefkindes in die Stieffamilie gerade namensmäßig nach außen kundgetan werden; dann soll es Änderungen des mit seinem leiblichen und dem Stiefelternteil gemeinsam geführten Namens wie Kinder aus dieser Verbindung folgen. In den Fällen des Abs. 2 Nr. 1 muss es sich also um die Änderung entweder des beiden Elternteilen gemeinsamen Ehenamens iSd. § 1355 Abs. 1 S. 1 oder des dem Kind im Wege der Einbenennung erteilten einseitigen Ehenamens eines Elternteils handeln, den das Kind bereits trägt. Zweck dieser Norm ist es nämlich, das Kind nicht dadurch aus der vorbestehenden Namenseinheit mit seinen (Stief-)Eltern abzukoppeln, dass ihm die Folge in einen Wechsel des gemeinsamen Namens verwehrt wird, sondern diese Namenseinheit zu wahren. Demgegenüber regelt **Nr. 2** Änderungen des zum Kindesnamen gewordenen **individuellen Familiennamens** eines Elternteils: Bei namensverschiedenen Eltern greift das Gesetz auf diesen als Hilfsanknüpfung für den Kindesnamenserwerb zurück, um wenigstens partielle Namenseinheit zu einem Elternteil herzustellen (§§ 1617, 1617 a, 1617 b). Änderungen eines solchen, zum Kindesnamen gewordenen individuellen Familiennamens erstrecken sich nach § 1617c Abs. 2 Nr. 2 auf den Kindesnamen, um die partielle Namenseinheit zu wahren. Dass der individuelle Familienname des namensgebenden Elternteils zugleich ein aus einer früheren Ehe nach § 1355 Abs. 5 fortgeführter Ehename ist, macht ihn aber nicht zu einem Ehenamen iS des § 1355 Abs. 1; gleiches gilt für den von einem Elternteil in einer Ehe mit einem Dritten geführten Ehenamen, sofern dieser dem Kinde nicht durch Einbenennung erteilt worden ist (dann Nr. 1). In diesen beiden Fällen unterliegt eine Änderung des einseitigen Ehenamens nicht § 1617c Abs. 2 Nr. 1, sondern der Nr. 2.[18] Hier zeigt sich die **Doppelnatur des Ehenamens** als den Ehegatten gemeinsamer, nicht einseitig änderbarer Name, der zugleich individueller Familienname des nicht namensgebenden Ehegatten wird und in dieser Eigenschaft einseitig geändert werden kann.[19] Nur unter die Nr. 2 fällt ein Lebenspartnerschaftsname als elterlicher Bezugsname, da ein solcher nur mittelbar nach §§ 1617 bis 1617 b zum Kindesnamen werden kann. Schließlich ist in beiden Varianten des Abs. 2 zusätzlich der Anschlussmechanismus des Abs. 1 zu beachten (Rn. 22).

14 **2. Änderungen des Ehenamens (Abs. 2 Nr. 1). a) Ehename als Geburtsname des Kindes.** Die Vorschrift erfasst die Fälle, in denen das Kind mit Geburt (§ 1616), nachträglich (§ 1617c Abs. 1) oder nach früherem Recht den gemeinsamen Ehenamen seiner Eltern erhalten hat. Dem gleichzustellen ist der Erwerb des Ehenamens der Adoptiveltern (§ 1757 Abs. 1) sowie des einseitigen Ehenamens, den ein Elternteil mit einem Stiefelternteil führt und den das Kind im Wege der Einbenennung nach § 1618 erhalten hat (s. Rn. 13). Eine restriktive Anwendung der Nr. 1 nur auf Kinder, die vor der Einbenennung den Namen des anderen Elternteils geführt haben, während bei Ableitung des vorherigen Namens vom in der Stiefehe lebenden Elternteil Nr. 2 greifen soll, findet im Gesetz keine Stütze.[20] Sofern das Kind durch Adoption (§ 1757 Abs. 4 S. 1 Nr. 2) oder Einbenennung (§ 1618 S. 2) einen aus dem Ehenamen der Adoptiveltern bzw. des mit dem Stiefelternteil lebenden Elternteils und dem eigenen, bisherigen Geburtsnamen zusammengesetzten Doppelnamen führt, erstreckt sich eine Änderung des ersteren nur auf den davon abgeleiteten Teil des Kindesnamens.[21] Im Übrigen ist die Vorschrift auf Kinder, die einen aus den Geburtsnamen beider

---

[17] Im Ergebnis ebenso BGHZ 157, 277 = NJW 2004, 1108 = LMK 2004, 66 m. abl. Anm. *Coester*; *Henrich/Wagenitz/Bornhofen* Rn. 42; kritisch dazu *Hepting* Rn. V-699; aA OLG Dresden StAZ 2001, 341; *Bamberger/Roth/Enders* Rn. 6; *Palandt/Diederichsen* Rn. 6.

[18] BGHZ 157, 277 = NJW 2004, 1108 = LMK 2004, 66; *Lipp/Wagenitz* Rn. 22; *Henrich/Wagenitz/Bornhofen* Rn. 41; *Staudinger/Coester* (2007) Rn. 28.

[19] Dazu *Gaaz* StAZ 2000, 357 f.; s. a. Erl. § 1355 Rn. 6, 14, 21.

[20] Entgegen *Staudinger/Coester* (2007) Rn. 27; dies lässt sich auch wohl kaum mit BGHZ 157, 277 = NJW 2004, 1108 = LMK 2004, 66 vereinbaren.

[21] *Staudinger/Coester* (2007) Rn. 26.

Eltern zusammengesetzten Doppelnamen führen, nicht anwendbar, da es dann am nötigen gemeinsamen Namen von Eltern und Kind fehlt.[22]

b) Änderung des Bezugsnamens. Der Ehename muss sich in seiner Eigenschaft als **gemeinsamer Name** des Kindes und seiner Eltern bzw. im Falle der Einbenennung eines Elternteils und des Stiefelternteils geändert haben. Das ist zum einen der Fall, wenn sich der zum Ehenamen gewordene Geburtsname eines Elternteils nach familienrechtlichen Tatbeständen (§§ 1617b, 1617 c Abs. 1, 2, § 1757) ändert und dessen Ehegatte sich dieser Änderung anschließt (§ 1617c Abs. 3, § 1757 Abs. 3). Zum anderen kann der Ehename nach übergangsrechtlichen Vorschriften (Rn. 32), auf Grund späterer Rechtswahl (Rn. 33) oder nach dem MindNamÄndG (Rn. 30) geändert worden sein. **Nicht anwendbar** ist § 1617c Abs. 2 Nr. 1 auf Änderungen des Ehenamens nach § 94 BVFG sowie bezüglich minderjähriger Kinder nach den Vorschriften des NamensÄndG, weil diese Gesetze Sondernormen für die Erstreckung auf den Kindesnamen vorsehen (Rn. 27 f.); dies gilt jedoch nicht, wenn die Änderung des Ehenamens nach dem NamensÄndG erfolgt, wenn das Kind zu diesem Zeitpunkt bereits volljährig ist, weil § 4 NamensÄndG insoweit keine Regelung trifft.[23] Vor allem ist die Vorschrift unanwendbar, wenn ein Elternteil den bislang gemeinsam geführten Ehenamen **einseitig** dadurch **ändert**, dass er ihm einen Begleitnamen hinzufügt (§ 1355 Abs. 4), oder **aufgibt**, indem er zu einem früheren Namen zurückkehrt (§ 1355 Abs. 5 S. 2) oder durch Eheschließung mit einem Dritten dessen Geburtsnamen als neuen Ehenamen erwirbt. In diesen Fällen wird nicht der Ehename als (Stief-)Eltern und Kind gemeinsamer Familienname modifiziert, sondern ein Elternteil gibt den zu seinem individuellen Familiennamen erworbenen Ehenamen auf oder ändert ihn. Nach der gesetzlichen Konzeption werden diese Fälle auch nicht von Abs. 2 Nr. 2 erfasst, denn es liegt keine Änderung des Bezugsnamens vor, den das Kind einseitig von einem Elternteil erworben hat.[24]

c) Regelungslücken? Für zwei Fallgruppen wird diese Rechtslage als misslich empfunden. Zum einen betrifft dies Kinder, deren Geburtsname sich vom Ehenamen der (Stief-)Eltern ableitet, wenn nach Scheidung der (Stief-)Elternehe der das Kind betreuende Elternteil gem. § 1355 Abs. 5 S. 2 den bisherigen Ehenamen zugunsten eines früheren Namens ablegt **(Scheidungshalbwaisen)**. § 1617c Abs. 2 verwehrt dem Kind die Herstellung der Namenseinheit zu dem ihn versorgenden Elternteil, da sich der Ehename nicht geändert hat (Abs. 2 Nr. 1) und auch kein Fall des Abs. 2 Nr. 2 vorliegt.[25] Dieses Ergebnis ist jedoch *de lege lata* hinzunehmen.[26] Es entspricht dem Willen des Gesetzgebers, der eine Ausdehnung des Streits um die elterliche Sorge auf den Kindesnamen vermeiden wollte (§ 1617b Rn. 1). Außerdem manifestiert sich hier erneut die Grundhaltung des neuen Rechts, dass zwar die elterliche Sorge Anknüpfungsmerkmal ist, im Interesse der Kontinuität des Kindesnamens aber nicht jeder Sorgerechtswechsel auf diesen durchschlagen solle. Die namensmäßige Privilegierung des Ehenamens als gemeinsamer Familienname überdauert solche Wechsel. Der Gesetzgeber hat den Grundsatz der Namenskontinuität zudem in § 1618 verdeutlicht und Durchbrechungen desselben nur in den eng umgrenzten Ausnahmetatbeständen der § 1617a Abs. 2, §§ 1617b, 1617 c und 1618 zulassen wollen.[27] Von einer ausfüllungsbedürftigen Lücke kann also nicht gesprochen werden.[28] Die Regelung in §§ 1616 bis 1618 ist jedoch nicht abschließend, so dass in Härtefällen, die von der aus der Namensverschiedenheit resultierenden normalen Konfliktsituation erheblich abweichen, eine öffentlichrechtliche Namensänderung möglich bleibt (dazu

---

[22] *Staudinger/Coester* (2007) Rn. 29; dem folgend *Henrich/Wagenitz/Bornhofen* Rn. 43; zu solchen Fällen vgl. § 1616 Rn. 5, 16, 19; § 1617 Rn. 15 f.

[23] KG FGPrax 2001, 193; dem folgend *Staudinger/Coester* (2007) Rn. 35; aA AG Bielefeld StAZ 2004, 369 f.

[24] Unmissverständlich dazu BGHZ 157, 277, 280 f. = NJW 2004, 1108; ebenso OLG Düsseldorf FGPrax 2000, 145 = FamRZ 2000, 1181 f.; LG Fulda FamRZ 2000, 689; *Gaaz* StAZ 2000, 357, 358; *Henrich/Wagenitz/Bornhofen* Rn. 45 ff.

[25] Eindeutig BGHZ 157, 277 = NJW 2004, 1108 = LMK 2004, 66; BVerwGE 116, 28 = NJW 2002, 2406 = FamRZ 2002, 1104; BVerwG NJW 2002, 2410 = StAZ 2002, 244; kritisch dazu *Gaaz* StAZ 1998, 241, 247 f.; *Staudinger/Coester* (2007) Rn. 32 mwN; befürwortend dagegen mit guten Gründen *Schmitz/Bauer* StAZ 2001, 99, 103 f.

[26] BGHZ 157, 277 = NJW 2004, 1108 = LMK 2004, 66; BVerwGE 116, 28 = NJW 2002, 2406 = FamRZ 2002, 1104; BVerwG NJW 2002, 2410 = StAZ 2002, 244; BayVGH StAZ 2001, 214, 215; BayObLG FamRZ 2001, 49 f. = StAZ 2000, 299 f.; OLG Düsseldorf FGPrax 2000, 145 = FamRZ 2000, 1181 f.; *Schmitz/Bauer* StAZ 2001, 99, 102, 104; *Henrich/Wagenitz/Bornhofen* Rn. 45 ff.; *Lipp/Wagenitz* Rn. 21 f.; *Staudinger/Coester* (2007) Rn. 32; *Palandt/Diederichsen* Rn. 7; *Bamberger/Roth/Enders* Rn. 8; nun auch *Erman/Michalski/Döll* Rn. 14.

[27] RA BT-Drucks. 13/8511 S. 73; näher dazu BayVGH StAZ 2001, 214, 215; BayObLG FamRZ 2001, 49 f. = StAZ 2000, 299 f.

[28] Ausdrücklich BVerwGE 116, 28 = NJW 2002, 2406 = FamRZ 2002, 1104; eingehend dazu BayObLG FamRZ 2001, 49 f. = StAZ 2000, 299 f.; *Schmitz/Bauer* StAZ 2001, 99, 104.

§ 1617c 17–20   Abschn. 2. Titel 4. Rechtsverhältnis zw. den Eltern u. dem Kind

Rn. 27 f.).[29] Nach der Gesetzeslage gilt Entsprechendes, wenn dem Kind im Wege der **Einbenennung** der von dem mit ihm lebenden Elternteil und dessen Ehegatten geführte Ehename erteilt worden ist, der Elternteil diesen aber nun ändert oder aufhebt (§ 1618 Rn. 34).

17   Als problematisch empfunden wird auch die Festschreibung des Ehenamens als Bezugsname für den Kindesnamen, wenn **ein Elternteil** bereits **gestorben** ist und der nun regelmäßig alleinsorgeberechtigt gewordene andere Elternteil (§ 1680 Abs. 1 oder 3) den als individuellen Familiennamen fortgeführten Ehenamen (§ 1355 Abs. 5 S. 1) ändern will. Mit der Auflösung der Ehe wird der Ehename als solcher unwandelbar (§ 1355 Rn. 33); einer Änderung des vormals gemeinsamen, nun einseitigen Ehenamens kann das Kind nicht nachfolgen, da der Anwendungsbereich der Abs. 2 Nr. 2 nicht eröffnet ist (Rn. 13, 15). Die dadurch bedingte Namensverschiedenheit zwischen der übriggebliebenen elterlichen Bezugsperson und dem Kind mag befremdlich sein, ist jedoch Konsequenz des gesetzgeberischen Willens und der im Regelungssystem der §§ 1616 ff. enthaltenen Wertungswidersprüche: Für die hier diskutierte Situation sollte § 1617b Abs. 2 idF des RegE zwar eine Erstreckung des elterlichen Namenswechsels auf das Kind ermöglichen, doch ist dieser Vorschlag gerade zur Wahrung der Kontinuität des Kindesnamens nicht Gesetz geworden;[30] darin wird deutlich, dass der Gesetzgeber den zum Kindesnamen gewordenen Ehenamen von Wechseln in den Sorgerechtsverhältnissen entkoppeln und ihm dadurch in besonderem Maße Kontinuität verleihen wollte. Diese Entscheidung ist *de lege lata* hinzunehmen.[31] Auch hier bleibt in den engen Grenzen des § 3 Abs. 1 NamensÄndG eine Abhilfemöglichkeit (Rn. 27 f.).

18   **3. Änderungen des Familiennamens des namensgebenden Elternteils (Abs. 2 Nr. 2). a) Individueller Familienname eines Elternteils als Kindesname.** Der Anwendungsbereich der Nr. 2 wird in Abgrenzung zu demjenigen der Nr. 1 verdeutlicht (Rn. 13): Es geht hier um das Nachfolgen des Kindes in Änderungen des Bezugsnamens, welchen das Kind **einseitig** vom individuellen Familiennamen eines Elternteils ableitet. Ob es sich dabei um den Geburtsnamen oder einen aus einer anderen Verbindung als mit dem anderen Elternteil erheirateten Ehe- oder Lebenspartnerschaftsnamen dieses Elternteils handelt, ist unerheblich. Letztlich wird somit schon beim Erwerb des Kindesnamens kraft Gesetzes oder elterlicher Bestimmung darüber entschieden, ob dieser Änderungen des individuellen Familiennamens eines Elternteils folgt.[32] Der Kindesname kann nach den in Abs. 2 Nr. 2 aufgeführten Tatbeständen der §§ 1617, 1617a, 1617b erworben worden sein, doch gibt es noch weitere Rechtsgrundlagen für den Erwerb eines einseitigen Elternnamens:[33] Er kann auf früherem Recht, intertemporalen Normen (Rn. 32) oder ausländischem Recht (Rn. 33) basieren.

19   **b) Änderung des Bezugsnamens.** Der individuelle Familienname des Elternteils, von dem der Geburtsname des Kindes sich einseitig ableitet, muss sich geändert haben. Hierfür kommen in Betracht:[34] Änderungen des elterlichen Geburtsnamens nach den familienrechtlichen Tatbeständen der § 1617a Abs. 2, §§ 1617b, 1617 c, 1618, 1757; das Ablegen des bisher aus einer anderen Verbindung als mit dem anderen Elternteil erheirateten Ehenamens nach § 1355 Abs. 5 S. 2 oder eines bisher geführten, vom homosexuellen Lebenspartner abgeleiteten Namens nach § 3 Abs. 3 S. 2 LPartG; das Hinzufügen eines Begleitnamens nach § 1355 Abs. 4, 5. Erfasst werden Änderungen des Bezugsnamens nach dem MindNamÄndG (Rn. 30), nicht hingegen nach § 94 BVFG sowie bezüglich minderjähriger Kinder nach den Vorschriften des NamensÄndG, weil diese Gesetze Sondernormen für die Erstreckung auf den Kindesnamen vorsehen (Rn. 27 f.); dies gilt jedoch nicht, wenn die Änderung des Bezugsnamens nach dem NamensÄndG erfolgt, aber das Kind zu diesem Zeitpunkt bereits volljährig ist, weil § 4 NamensÄndG insoweit keine Regelung trifft.[35]

20   **c) Keine Namensänderung infolge Eheschließung.** Der einseitige elterliche Bezugsname muss sich „auf andere Weise als durch Eheschließung" geändert haben. Die Norm ist missverständlich formuliert, denn durch die Eheschließung allein ändert sich der Name des Ehegatten nicht (vgl. § 1355 Abs. 1 S. 3). Der Sinn erschließt sich aus dem Wortlaut der Vorläufernorm des § 1616a Abs. 2 S. 2 aF, wonach die Erstreckung einer Änderung des Familiennamens des Elternteils infolge Eheschließung ausscheide. Nicht gemeint ist damit die Bestimmung eines Ehenamens in der Ehe

---

[29] BVerwGE 116, 28 = NJW 2002, 2406 = FamRZ 2002, 1104.
[30] BT-Drucks. 13/4899 S. 91; vgl. auch Erl. § 1617b Rn. 1.
[31] *Henrich/Wagenitz/Bornhofen* Rn. 49; NK-BGB/*Löhnig/Czeguhn* Rn. 5; aA *Staudinger/Coester* (2007) Rn. 36.
[32] *Henrich/Wagenitz/Bornhofen* Rn. 51.
[33] Näher *Henrich/Wagenitz/Bornhofen* Rn. 52 ff.
[34] Zu weiteren Anwendungsfällen *Henrich/Wagenitz/Bornhofen* Rn. 58 f.; *Staudinger/Coester* (2007) Rn. 40.
[35] Wohl auch *Staudinger/Coester* (2007) Rn. 40; zur vergleichbaren Lage bei § 1617c Abs. 2 Nr. 1 s. Erl. Rn. 15.

mit dem anderen Elternteil, da dieser Fall von § 1617c Abs. 1 erfasst ist. Alleiniger Anwendungsfall ist somit eine spätere **Eheschließung** des namensgebenden Elternteils **mit einem Dritten** bei Wahl eines gemeinsamen Ehenamens. Die Erstreckung dieses Namens auf den bestehenden Kindesnamen ist in § 1618 speziell geregelt und soll zum Schutz des Persönlichkeitsrechts des Stiefelternteils vor Weitergabe seines Namens an mit ihm nicht verwandte Kinder nur mit seinem Willen möglich sein. Dieser Schutz soll nicht durch eine lediglich vom Kind zu konsentierende Erstreckung nach § 1617c Abs. 2 Nr. 2 umgangen werden.[36] Er steht in eklatantem Widerspruch zur völligen Missachtung des Persönlichkeitsrechts eines Dritten, dessen Name als erheirateter Ehename (§ 1355 Abs. 5) an mit ihm nicht verwandte einseitige Kinder seines früheren oder gar gegenwärtigen Ehegatten weitergegeben werden kann.[37]

d) Keine Namensänderung infolge Begründung einer Lebenspartnerschaft. Der einseitige elterliche Bezugsname kann sich auch durch Begründung einer homosexuellen Lebenspartnerschaft ändern, wenn der Name des Partners des namensgebenden Elternteils zum Lebenspartnerschaftsnamen iSv. § 3 Abs. 1 LPartG bestimmt wird. Ohne die ausdrückliche Ausklammerung dieser Fallgruppe von den Erstreckungstatbeständen des § 1617c Abs. 2 Nr. 2 würde eine solche Änderung des elterlichen Bezugsnamens auf den Kindesnamen überwirken. Der Gesetzgeber wollte aber eine erleichterte Namensänderung infolge Begründung einer Lebenspartnerschaft gerade ausschließen.[38] Allerdings bleibt dem namensgebenden Elternteil und dessen homosexuellem Partner die Möglichkeit, das Kind in den Lebenspartnerschaftsnamen gem. § 9 Abs. 5 LPartG einzubenennen. 21

4. Rechtsfolgen. Der Verweis auf Abs. 1 bedeutet, dass eine von Abs. 2 Nr. 1 oder Nr. 2 erfasste Änderung des elterlichen Bezugsnamens nur nach Maßgabe des dort vorgeschriebenen **Anschlussmodells** mit Wirkung *ex nunc* auf den Geburtsnamen des Kindes überwirkt: Für das noch nicht fünfjährige Kind tritt der Wechsel automatisch mit der Änderung des elterlichen Bezugsnamens ein, für ältere Kinder hingegen erst mit Wirksamwerden ihrer Anschlusserklärung und der ggf. dazu nötigen Zustimmung des gesetzlichen Vertreters. Im Übrigen gelten die Ausführungen zu Abs. 1 sinngemäß (Rn. 7 ff.). 22

IV. Erstreckung einer Namensänderung auf den Ehe- oder Lebenspartnerschaftsnamen des Kindes (Abs. 3)

1. Normzweck. Ist der Geburtsname des Kindes bereits gem. § 1355 Abs. 2 zum Ehenamen in einer Ehe des Kindes bestimmt worden, so verschmelzen beide Namen nicht miteinander, vielmehr bleibt der zum Ehenamen gewordene Geburtsname latent erhalten und bewahrt seine rechtliche Eigenständigkeit, ebenso wie umgekehrt der Ehename gegenüber dem ihm zu Grunde liegenden Geburtsnamen eigenständig ist. Änderungen des Geburtsnamens lassen den Ehenamen daher grundsätzlich unberührt (§ 1355 Rn. 14, 21). Gleiches gilt für den dem Ehenamen nachgebildeten Lebenspartnerschaftsnamen. Erstreckt sich eine Änderung des elterlichen Bezugsnamens nach § 1617c Abs. 1 oder 2 auf den Geburtsnamen eines Kindes, den dieses mit seinem Ehegatten zum Ehenamen bzw. mit seinem Lebenspartner zum Lebenspartnerschaftsnamen bestimmt hat, so wird dieser dadurch nicht automatisch mit geändert. Da dem anderen Ehegatten bzw. Lebenspartner am so gebildeten gemeinsamen Namen ebenfalls ein **Persönlichkeitsrecht** zusteht, welches sein Interesse an der Beibehaltung dieses Namens als seines individuellen Familiennamens schützt, bedarf es zu dessen Änderung des Einvernehmens beider Eheleute bzw. beider Lebenspartner. Dies ist der Zweck des § 1617c Abs. 3, der über Verweisungen in § 1617b Abs. 1 und 2 und § 1618 S. 6 auch für andere Modifikationen des zum Ehe- oder Lebenspartnerschaftsnamen gewordenen Geburtsnamens eines Kindes gilt. 23

2. Tatbestand. a) Erstreckung auf den Geburtsnamen des Kindes. Der Normtext gibt den Regelungsinhalt nur verkürzt wieder. Zu unterscheiden ist nämlich zwischen der bloßen Änderung des Geburtsnamens des Kindes und deren Erstreckung auf den Ehenamen der Ehegatten bzw. den Lebenspartnerschaftsnamen der Lebenspartner. Die Erstreckung kann nur eintreten, wenn sich der Geburtsname desjenigen Ehegatten bzw. Lebenspartners ändert, von dem sich der gemeinsame Name ableitet. Sie setzt dann gem. Abs. 3 das Einverständnis des anderen Ehegatten bzw. Lebenspartners voraus. Ohne dieses bewirkt die Anschlusserklärung des Kindes an den elterlichen Namenswechsel lediglich dessen Erstreckung auf den eigenen Geburtsnamen, nicht auch auf den daraus 24

---
[36] *Lipp/Wagenitz* Rn. 28; *Henrich/Wagenitz/Bornhofen* Rn. 60; *Bamberger/Roth/Enders* Rn. 11, 11.1, wenngleich kritisch; ebenfalls kritisch und teilweise anders als hier *Staudinger/Coester* (2007) Rn. 41 ff.; zum geschichtlichen Hintergrund der Regelung *Coester* Jura 2007, 348, 352 f.
[37] Zu dieser Möglichkeit Erl. § 1617 Rn. 14, zur Kritik daran ebd. Rn. 34.
[38] BT-Drucks. 14/3751 S. 45.

abgeleiteten Ehe- bzw. Lebenspartnerschaftsnamen. Ändert sich hingegen der Geburtsname des nicht namensspendenden Ehegatten bzw. Lebenspartners, so bleibt der Ehe- bzw. Lebenspartnerschaftsname hiervon unberührt, ein Mitwirkungsbedarf entsteht nicht. Hierin wird erneut die bereits dargelegte rechtliche Selbständigkeit beider Namen deutlich. Die bloße Änderung des vom Kind zwar gegenwärtig nicht geführten, aber latent vorhandenen Geburtsnamens kann für dessen Wiederannahme nach Auflösung der Ehe bzw. Lebenspartnerschaft von Bedeutung sein (§ 1355 Abs. 5 bzw. § 3 Abs. 3 LPartG, s. Erl. § 1355 Rn. 36).

25 **b) Erstreckung auf den Ehe- oder Lebenspartnerschaftsnamen.** Für die Anschlusserklärung des Ehegatten bzw. Lebenspartners an einen Wechsel des Geburtsnamens des Kindes sieht das Gesetz **keine Befristung** vor. Aus der Rechtsnatur der Ehenamens ergibt sich eine solche nur insoweit, als der Ehename nach Auflösung der Ehe durch Tod eines Ehegatten oder Scheidung unwandelbar wird und einem Anschluss somit nicht mehr offen steht.[39] Hieraus können sich Probleme ergeben, wenn der Ehegatte sich erst längere Zeit nach Abgabe der Anschlusserklärung des mit ihm verheirateten Kindes dessen Namenswechsel anschließen möchte und das Kind dies dann trotz fortbestehender Ehe – etwa bei deren Zerrüttung – nicht mehr will. Um in solchen Fällen zu vermeiden, dass der Namenswechsel in der Vorgeneration gegen den Willen des verheirateten Kindes durch dessen Ehegatten auf den Ehenamen erstreckt wird, wollen manche eine auf die Änderung des bloßen Geburtsnamens beschränkte Anschlusserklärung des Kindes zulassen; ein Anschluss seines Ehegatten hieran wäre dann nicht möglich.[40] Durch die Wahl eines gemeinsamen Ehenamens kann dem verheirateten Kind aber kein einseitiges Dispositionsrecht über diesen zugebilligt werden; und eine einseitige Nachfolge in Änderungen des elterlichen Bezugsnamens nach § 1617c Abs. 1 und 2 ist dem Kind nach Scheitern seiner Ehe möglich, da jener unbefristet und mithin auch nach diesem Zeitpunkt erklärt werden kann. Dem Problem einer nachfolgenden Anschlusserklärung des anderen Ehegatten zur Unzeit kann nur dadurch abgeholfen werden, dass das betroffene Kind auf eine gemeinsame Abgabe seiner Anschlusserklärung und der seines Ehegatten dringt, wie sie in der standesamtlichen Praxis verlangt wird.[41] Diese Ausführungen gelten für die Erstreckung auf den Lebenspartnerschaftsnamen des Kindes entsprechend.

26 **3. Rechtsfolgen.** Die Ausführungen zur Anschlusserklärung des Kindes (Rn. 11) gelten für diejenige seines Ehegatten bzw. Lebenspartners hinsichtlich Rechtsnatur sowie Form und Zugang (Abs. 3 Halbs. 2 iVm. Abs. 1 S. 3) sinngemäß. Der Anschluss wird wirksam, wenn beide Erklärungen formgerecht zugegangen sind, und erfasst nur den aus dem geänderten Geburtsnamen abgeleiteten Ehe- bzw. Lebenspartnerschaftsnamen, nicht hingegen einen vom anderen Ehegatten bzw. Lebenspartner diesem etwa hinzugefügten Begleitnamen.

V. Die Namensänderung nach anderen Gesetzen

27 **1. Spezialgesetzliche Regelungen. a) NamensÄndG** (dazu vgl. insgesamt § 12 Rn. 203 ff.).[42] Zunächst fasste die Rspr. die Regelung des Kindesnamens im BGB als abschließend auf, so dass selbst für die Fälle der **Scheidungshalbwaisen** (Rn. 16) oder des **Todes eines Elternteils** (Rn. 17) eine Erstreckung des Namenswechsels des das Kind versorgenden Elternteils nach § 1355 Abs. 5 S. 2 auf den Kindesnamen im Wege der öffentlichrechtlichen Namensänderung grundsätzlich ausgeschlossen war.[43] Das Kindesnamensrecht des BGB steht zwar nach wie vor nicht generell zur Disposition des § 3 Abs. 1 NamensÄndG;[44] eine Namensänderung nach dieser Vorschrift stellt den Ausnahmefall dar und setzt ein sich von vergleichbaren Fällen deutlich abhebendes Interesse an der begehrten Namensänderung voraus.[45] Seit einer Grundsatzentscheidung des BVerwG von 2002[46] wird eine öffentlichrechtliche Namensänderung in den beiden aufgezeigten

---

[39] Ebenso *Lipp/Wagenitz* Rn. 34; *Henrich/Wagenitz/Bornhofen* Rn. 69; für den Tod eines Ehegatten aA *Staudinger/Coester* (2007) Rn. 50; zu letzterem vgl. Erl. Rn. 17.
[40] *Lipp/Wagenitz* Rn. 32 f.; *Henrich/Wagenitz/Bornhofen* Rn. 68.
[41] Ebenso *Staudinger/Coester* (2007) Rn. 48; *Hepting* Rn. V-733.
[42] Zur Namensänderung nach diesem Gesetz *Thomas* StAZ 2010, 33 ff.
[43] Dazu 4. Aufl. Rn. 27; in diesem Sinne VGH Baden-Württemberg FamRZ 2001, 1551; OVG Lüneburg NJW 2000, 3151 = StAZ 2000, 305; VG Ansbach NJW 2000, 452 f.; für Stiefkindfälle (§ 1618 Rn. 34) bestätigend OVG Münster FamRZ 2000, 698; VG Düsseldorf NJW 1999, 1730; FamRZ 2000, 1183; dazu *Gaaz* StAZ 1998, 241, 247 f.; zur Entwicklung der Rspr. *Beck* FPR 2002, 138, 139 ff.
[44] BayVGH FamRZ 2010, 1815, 1816; BeckRS 2010, 54195 Tz. 4.
[45] OVG Lüneburg FamRZ 2009, 47; zum prinzipiellen Vorrang des Namensrechts des BGB auch *Thomas* StAZ 2010, 33, 34 mwN.
[46] BVerwGE 116, 28 = NJW 2002, 2406 = FamRZ 2002, 1104; bestätigt BVerwG NJW 2002, 2410 = StAZ 2002, 244; dazu *Beck* FPR 2002, 138, 140 ff.; *Wittinger* NJW 2002, 2371 ff.

Fallgruppen jedoch für zulässig erachtet. Für die Zwecke des § 3 Abs. 1 NamensÄndG ist im Hinblick auf die Wertungen des § 1618 S. 4 (s. dort Rn. 21 ff.) danach zu unterscheiden, ob der andere Elternteil in die Namensänderung des Kindes einwilligt oder nicht.[47] **Ohne Einwilligung** muss sie auch bei angemessener Berücksichtigung der für die Beibehaltung des bisherigen Namens sprechenden Gründe auf Grund einer Einzelfallwürdigung für das **Kindeswohl erforderlich** sein. Dies ist nicht schon dann der Fall, wenn die Namensänderung dem Kind die aus der Namensverschiedenheit zu dem es versorgenden Elternteil resultierenden Unannehmlichkeiten ersparen soll, vielmehr müssen sonst schwerwiegende Nachteile zu gewärtigen sein oder die Namensänderung für das Kind solche erheblichen Vorteile mit sich bringen, dass verständigerweise die Aufrechterhaltung des Namensbandes zum anderen Elternteil nicht zumutbar erscheint.[48] Bei **Einwilligung** des anderen Elternteils und des über fünfjährigen Kindes spreche jedoch eine **widerlegliche Vermutung** dafür, dass die Namensänderung im Interesse des Kindeswohls erforderlich sei; Art. 6 Abs. 2 GG lasse sich die Erwägung entnehmen, dass Eltern regelmäßig ihre Namensentscheidung am Kindeswohl ausgerichtet haben.[49] Einer von allen Beteiligten konsentierten Namensänderung wird also bei Scheidungshalbwaisen keine ernsthafte Hürde mehr im Wege stehen. Damit ist auch insoweit Gleichklang mit der Regelung der Einbenennung von Stiefkindern erreicht. Diese Grundsätze sind gleichfalls auf den Fall anzuwenden, dass ein Kind, das ursprünglich den Namen des allein sorgeberechtigten Elternteils nach § 1617a Abs. 1 führte und dann nach **§ 1617a Abs. 2** den Namen des anderen Elternteils erhalten hatte, nun die Rückkehr zum ersten Namen beantragt.[50] Offen bleibt, ob diese Rspr. auf andere Fälle, wie den des Todes eines Elternteils, auszudehnen sei. Geringere Anforderungen gelten demgegenüber für die Namensänderung eines in Dauerpflege und Vormundschaft des Jugendamtes stehenden Kindes in den Familiennamen der **Pflegeeltern**, hierfür genügt, dass diese dem Kindeswohl förderlich ist und überwiegende Interessen an der Beibehaltung des bisherigen Namens nicht entgegenstehen.[51]

Eine **Namensänderung der Eltern** nach §§ 3, 3a NamensÄndG erstreckt sich nach § 4 NamensÄndG regelmäßig auf das minderjährige Kind. Voraussetzungen hierfür sind, dass das Kind den jetzt geänderten Bezugsnamen, der vom Ehenamen der Eltern bzw. vom individuellen Familiennamen eines Elternteils abgeleitet ist, bislang geführt hat, den Eltern bzw. dem namensgebenden Elternteil die elterliche Sorge zusteht und die ändernde Entscheidung nichts Gegenteiliges anordnet.[52] Für das volljährige Kind gilt indes § 4 NamensÄndG nicht, insoweit ist § 1617c Abs. 2 Nr. 1 (Rn. 15) bzw. Nr. 2 (Rn. 19) zu beachten. Ein Erwerb vormaliger **Adelsbezeichnungen** im Wege öffentlichrechtlicher Namensänderung ist nach dem Normzweck des Art. 109 Abs. 3 S. 2 Halbs. 2 WRV, eine Entstehung neuer Adelsnamen zu verhindern (Vor § 1616 Rn. 13), außerhalb der Fälle des § 3a NamensÄndG grundsätzlich zu vermeiden und daher nur ausnahmsweise zulässig.[53]

b) § 94 BVFG, Art. 47 EGBGB. Sondernormen bestehen für **Namensänderungen Vertriebener** deutscher Volkszugehörigkeit durch Annahme der deutschsprachigen Form ihres Familiennamens und sonstige Anpassungen desselben gem. § 94 BVFG.[54] Die Vorschrift regelt Angleichungsprobleme beim Wechsel vom vormals ausländischen zum nun deutschen Namensstatut (zB keine Unterscheidung zwischen Vor- und Familiennamen, unbekannte Namensbestandteile).[55] Die Erstreckung derartiger Änderungen auf den Kindesnamen ist in § 94 Abs. 1 S. 3 und 4 BVFG geregelt und setzt eine dem Anschlussmodell des § 1617c Abs. 1 vergleichbare Mitwirkung des Kindes, welches das fünfte Lebensjahr vollendet hat, voraus. Eine allgemeine Regelung derartiger Angleichungsprobleme beim Wechsel vom ausländischen zum deutschen Namensstatut enthält Art. 47 EGBGB, dessen Abs. 3 den § 1617c für entsprechend anwendbar erklärt.[56]

---

[47] Dazu und zum Folgenden BVerwGE 116, 28, 35 ff. = NJW 2002, 2406, 2408 ff. = FamRZ 2002, 1104, 1106 ff.; dem folgend zB OVG Brandenburg FamRZ 2004, 1399, 1401; BayVGH BeckRS 2010, 54195 Tz. 4; eingehend dazu *Thomas* StAZ 2010, 33, 36 ff.
[48] Näher dazu mit Einzelfällen aus der Rspr. *Thomas* StAZ 2010, 33, 37 f.
[49] BVerwG NJW 2002, 2410 = StAZ 2002, 244.
[50] BayVGH BeckRS 2010, 54195 Tz. 4 mwN.
[51] OVG Münster StAZ 2011, 19; das FamG hat den entsprechenden Antrag des Jugendamtes grs. zu genehmigen, OLG Hamm NJOZ 2011, 1120.
[52] Näher zu Voraussetzungen und Verfahren *Staudinger/Coester* (2007) Rn. 33 ff. mwN.
[53] St. Rspr. BVerwG StAZ 1997, 310 f.; bestätigt OVG Hamburg StAZ 2007, 46 ff. mwN; BayVGH StAZ 2007, 370; VG Berlin StAZ 2010, 268; vgl. § 12 Rn. 222; *Raschauer* S. 218; näher dazu *Wagner-Kern*, Staat und Namensänderung, 2002, S. 385 ff.; aA *v. Spoenla-Metternich* S. 139 ff.
[54] BGBl. 2007 I S. 1902.
[55] Dazu *Palandt/Thorn* Art. 47 EGBGB Rn. 3 f.; zur Unwiderruflichkeit einer Erklärung nach dieser Vorschrift OLG München StAZ 2007, 239.
[56] Art. 2 Nr. 15 lit. b des Gesetzes zur Reform des Personenstandsrechts v. 19. 2. 2007, BGBl. I 122, in Kraft seit 24. 5. 2007 gem. Art. 4, 7 des Gesetzes v. 16. 5. 2007, BGBl. I 748; dazu *Henrich* StAZ 2007, 197 ff.

§ 1617c 30–33   Abschn. 2. Titel 4. Rechtsverhältnis zw. den Eltern u. dem Kind

30   **2. § 2 S. 2 MindNamÄndG iVm. § 1617c.** Für **Angehörige nationaler Minderheiten deutscher Staatsangehörigkeit**[57] sieht das Minderheiten-Namensänderungsgesetz[58] einige Sondernormen für die Namensänderung vor, sofern für die Betroffenen deutsches Namensrecht anwendbar ist (dazu sub Rn. 33). Nach § 1 dieser Vorschrift können Betroffene durch Erklärung gegenüber dem Standesamt ihren Familiennamen in eine der Sprache der eigenen nationalen Minderheit oder Volksgruppe entsprechende Form ändern. Eine solche Namensänderung erstreckt sich gem. § 2 S. 2 MindNamÄndG nach Maßgabe des § 1617c auf den Kindesnamen; dazu Nr. A 1.3.7 PStG-VwV.

VI. Weitere Fragen

31   **1. Bedeutung des Namens und sonstige Einzelfragen.** Zur **Bedeutung** des durch Anschluss an die Änderung des elterlichen Bezugsnamens erworbenen Kindesnamen s. § 1616 Rn. 13. Enthält der geänderte Bezugsname eine ehemalige **Adelsbezeichnung,** so überträgt sich diese grundsätzlich mit auf das Kind, Vor § 1616 Rn. 13. Zur Namensführung von **Findelkindern** s. § 1616 Rn. 14.

32   **2. Intertemporales Recht.** Für vor dem 1. 7. 1998 geborene Kinder gilt die Übergangsvorschrift des Art. 224 § 3 EGBGB, wonach der zuvor erworbene Geburtsname bestehen bleibt; die Änderung eines solchen Namens beurteilt sich jedoch gem. Art. 224 § 3 Abs. 1 S. 2 EGBGB nach § 1617c idF des KindRG, wenn die Voraussetzungen für den Namenswechsel nach dieser Vorschrift erst nach dem Stichtag erfüllt sind.[59] Führte ein Kind nach der vom BVerfG bis zum Inkrafttreten des FamNamRG erlassenen Übergangsregelung einen aus den Namen der Eltern gebildeten Doppelnamen, so wirkt sich die nach dem Stichtag eintretende Änderung des individuellen Familiennamens eines Elternteils nach § 1617c Abs. 2 Nr. 2 dergestalt auf den Doppelnamen des Kindes aus, dass der vom geänderten Bezugsnamen abgeleitete Teil sich ebenfalls ändert. Infolge der Übergangsregelung des Art. 224 § 3 Abs. 3, 4 EGBGB gilt das auch für jüngere Geschwister, auf welche die Eltern den Doppelnamen des vorgeborenen Kindes übertragen haben.[60] Näher dazu Erl. § 1616 Rn. 15 f., Art. 224 § 3 EGBGB.

33   **3. Internationales Privatrecht.** Der Name des Kindes einschließlich der Möglichkeit einer Erstreckung von Änderungen des elterlichen Bezugsnamens beurteilt sich in Fällen mit Auslandsberührung gem. Art. 10 Abs. 1 EGBGB nach dessen Heimatrecht, vorbehaltlich einer abweichenden Rechtswahl der Eltern für den Kindesnamen nach Art. 10 Abs. 3 EGBGB; mittelbar können miteinander verheiratete Eltern den Kindesnamen durch Wahl des für sie geltenden Namensstatuts nach Art. 10 Abs. 2 EGBGB beeinflussen. Die Änderung des elterlichen Bezugsnamens richtet sich ihrerseits nach dem (den) Heimatrecht(en) der Eltern oder des namensgebenden Elternteils (Art. 10 Abs. 1 EGBGB), miteinander verheiratete Eltern können eine Änderung durch nachträgliche Rechtswahl gem. Art. 10 Abs. 2 EGBGB bewirken.[61] Für die Erstreckung einer Änderung des elterlichen Bezugsnamens auf den Kindesnamen sieht Art. 10 Abs. 2 S. 3 EGBGB eine kryptische Bezugnahme auf § 1617c vor: Unterliegt der Kindesname deutschem Namensrecht, so gelten die Voraussetzungen dieser Vorschrift, insbes. das Anschlusserfordernis des Abs. 1, ohnehin; bei ausländischem Namensstatut beurteilen sich die Voraussetzungen der Namenserstreckung hingegen nach diesem.[62] Freilich kann bei ursprünglicher Geltung ausländischen Namensrechts durch Änderung

---

[57] Rahmenübereinkommen zum Schutz nationaler Minderheiten vom 1. 2. 1995 (BGBl. 1997 II S. 1418); nach der Erklärung der BRepD bei dessen Zeichnung gehören hierzu die Dänen deutscher Staatsangehörigkeit und die Angehörigen des sorbischen Volkes deutscher Staatsangehörigkeit; darüber hinaus findet das Übk. Anwendung auf die Volksgruppen der Friesen und der Sinti und Roma deutscher Staatsangehörigkeit.

[58] Art. 2 Zustimmungsgesetz zum Rahmenübereinkommen des Europarates zum Schutz nationaler Minderheiten v. 1. 2. 1995 (BGBl. 1997 II S. 1408) zur Umsetzung der in Art. 11 Abs. 1 des Übk. festgelegten Verpflichtung; dazu *Goßmann* in *Blumenwitz/Gornig* (Hrsg.), Rechtliche und politische Perspektiven deutscher Minderheiten und Volksgruppen, 1995, S. 63 ff., 68.

[59] Dazu LG Fulda FamRZ 2000, 689: Anschließungserklärung des einbenannten Kindes an Namenswechsel der Mutter nach dem Stichtag.

[60] Dazu *Henrich/Wagenitz/Bornhofen* Rn. 59; zur Perpetuierung von Doppelnamen nach dieser Regelung s. Erl. § 1616 Rn. 16.

[61] *Staudinger/Hepting* (2007) Art. 10 EGBGB Rn. 348 ff.

[62] OLG Frankfurt StAZ 2008, 10; *Staudinger/Hepting* (2007) Art. 10 EGBGB Rn. 521; Erl. Art. 10 EGBGB Rn. 138 f.; im Grundsatz ebenso, aber die Verweisung auf § 1617c berücksichtigend, wenn das ausländische Namensstatut zu dieser Frage schweigt, *Bamberger/Roth/Mäsch* Rn. 56 f.; *Soergel/Schurig* Art. 10 EGBGB Rn. 75 f.; aA *Palandt/Thorn* Art. 10 EGBGB Rn. 18.

Einbenennung § 1618

der Staatsangehörigkeit oder nachträgliche erstmalige Rechtswahl nach Art. 10 Abs. 3 EGBGB[63] deutsches Namensrecht und damit § 1617c zum Zuge kommen. Zu Sonderregeln für Angleichungsprobleme beim Statutenwechsel vom ausländischen zum deutschen Namensrecht in § 94 BVFG bzw. Art. 47 EGBGB, Erl. Rn. 29. Die Erstreckung einer Änderung des Geburtsnamens des Kindes auf den Ehe- oder Lebenspartnerschaftsnamen unterliegt dem(n) für den Namen beider Ehegatten bzw. Lebenspartner maßgeblichen Recht(en); für den Ehenamen s. Erl. § 1355 Rn. 42. Vgl. im Übrigen § 1616 Rn. 18 f. und Erl. Art. 10 EGBGB, insbes. Rn. 136 ff.

VII. Würdigung

Die Vorschrift gibt zu einer Reihe von Schwierigkeiten Anlass. Diese lassen sich teils mit den **34** Mitteln der Auslegung lösen (zB Rn. 12); teils sollte eine klarere Gesetzesfassung Verbesserungen bringen (dazu Rn. 24 f.). Das Kernproblem der Vorschrift liegt allerdings in der in Abs. 2 vorgenommenen, rigoros unterschiedlichen Behandlung der Fälle, in denen das Kind seinen Namen von einem Ehenamen ableitet, gegenüber denjenigen, in denen es ihn nur einseitig auf den individuellen Familiennamen eines Elternteils zurückführt. Die Unwandelbarkeit im ersten Fall gegenüber einer einseitigen Änderung des Ehenamens auf Elternseite ist indes hinzunehmen, weil das Interesse des Kindes an der Kontinuität seines Namens einem allzu häufigen Namenswechsel entgegensteht; zudem bleibt die Kennzeichnung der Abstammung jedenfalls von einem Elternteil gewahrt, und nichts anderes geschähe, wenn man einen Wechsel auf den Namen des nach Scheidung alleinsorgeberechtigten Elternteil gestattete. Die dadurch eintretende Namensverschiedenheit zwischen dem Kind und dem für es sorgenden Elternteil ist kein zwingendes Argument hiergegen. Die Ausweglosigkeit der gegenwärtigen Regelung sollte jedoch überdacht werden; es ist nicht einzusehen, wieso nicht das Kind selbst wenigstens ab Erlangung einer gewissen Reife mit oder allein darüber entscheiden solle, welchen der beiden elterlichen Bezugsnamen es denn führen wolle, entsprechend der Regelung für die Fälle des Abs. 2 Nr. 1. Problematischer erscheint die gegenwärtige unwandelbare Verknüpfung des Kindes mit einem Stiefehenamen (dazu § 1618 Rn. 31, 38). Insgesamt stellt sich die Frage, ob es wirklich erstrebenswert ist, in dem von der gegenwärtigen Regelung zugelassenen Rahmen oder sogar darüber hinaus häufige Beziehungswechsel der Eltern als Anlass für Änderungen des Kindesnamens zu nehmen: Fälle aus der Rspr. zeigen,[64] dass dadurch binnen weniger Jahre ein Kind mehrfach gezwungen wäre, seinen doch die persönliche Identität kennzeichnenden Namen zu wechseln, wiewohl mit der zunehmenden Instabilität von Familiengemeinschaften Namensverschiedenheiten in diesen keine Seltenheit mehr sind und daher von der Gesellschaft zunehmend als gegeben hingenommen werden (§ 1618 Rn. 21, 31).[65]

§ 1618 Einbenennung

¹Der Elternteil, dem die elterliche Sorge für ein unverheiratetes Kind allein oder gemeinsam mit dem anderen Elternteil zusteht, und sein Ehegatte, der nicht Elternteil des Kindes ist, können dem Kind, das sie in ihren gemeinsamen Haushalt aufgenommen haben, durch Erklärung gegenüber dem Standesamt ihren Ehenamen erteilen. ²Sie können diesen Namen auch dem von dem Kind zur Zeit der Erklärung geführten Namen voranstellen oder anfügen; ein bereits zuvor nach Halbsatz 1 vorangestellter oder angefügter Ehename entfällt. ³Die Erteilung, Voranstellung oder Anfügung des Namens bedarf der Einwilligung des anderen Elternteils, wenn ihm die elterliche Sorge gemeinsam mit dem den Namen erteilenden Elternteil zusteht oder das Kind seinen Namen führt, und, wenn das Kind das fünfte Lebensjahr vollendet hat, auch der Einwilligung des Kindes. ⁴Das Familiengericht kann die Einwilligung des anderen Elternteils ersetzen, wenn die Erteilung, Voranstellung oder Anfügung des Namens zum Wohl des Kindes erforderlich ist. ⁵Die Erklärungen müssen öffentlich beglaubigt werden. ⁶§ 1617c gilt entsprechend.

---

[63] Die Rechtswahl nach Art. 10 Abs. 3 EGBGB ist bindend, Erl. Art. 10 EGBGB Rn. 116; *Bamberger/Roth/Mäsch* Art. 10 EGBGB Rn. 72, 48; *Staudinger/Hepting* (2007) Art. 10 EGBGB Rn. 326, 328 (zu Art. 10 Abs. 2 EGBGB); insoweit unzutreffend daher OLG Frankfurt StAZ 2008, 10.
[64] Vgl. zB den Fall in OLG Dresden StAZ 2000, 341 ff.
[65] Ähnlich *Schmitz/Bauer* StAZ 2001, 99, 104.

§ 1618   1

Abschn. 2. Titel 4. Rechtsverhältnis zw. den Eltern u. dem Kind

Schrifttum (s. a. Vor § 1616 vor Rn. 5): *Gaaz,* Probleme der Einbenennung nach § 1618 BGB, FPR 2002, 125; *Oelkers/Kreutzfeldt,* Die Ersetzung der Einwilligung nach § 1618 S. 4 BGB, FamRZ 2000, 645; *Pieper,* Namensänderungen von Stiefkindern und Scheidungshalbwaisen, FuR 2003, 394; *v. Sachsen Gessaphe,* Nachbesserungen im Familienrecht – eine unendliche Geschichte, NJW 2002, 1853; *Schmitz/Bauer,* Spannungsverhältnis zwischen bürgerlich-rechtlicher Namenskontinuität und öffentlich-rechtlicher Namensänderung bei Scheidungskindern, StAZ 2001, 99; *Willutzki,* § 1618 – eine schwierige Aufgabe für alle, KindPrax 2000, 76; *Zwißler,* Probleme bei der Einbenennung, § 1618 BGB, FPR 2004, 64.

Übersicht

	Rn.		Rn.
I. Allgemeines	1–6	3. Möglichkeiten der Einbenennung	15, 16
1. Gesetzgebungsgeschichte	1	a) Substituierende	15
2. Normzweck	2–5	b) Additive	16
a) Namensmäßige Integration in die Stieffamilie	2	**IV. Erforderliche Einwilligungen**	17–28
b) Mitbestimmungsrecht des anderen Elternteils	3	1. Einwilligung des anderen Elternteils (S. 3)	17–27
c) Mitwirkung des Ehegatten	4	a) Voraussetzungen	17–19
d) Erstreckung auf Lebenspartnerschaften	5	b) Rechtsnatur und Modalitäten der Erklärung	20
3. Verfassung und internationale Menschenrechte	6	c) Gerichtliche Ersetzung (S. 4)	21–27
		2. Einwilligung des Kindes	28
II. Tatbestandliche Voraussetzungen	7–12	**V. Wirksamwerden und Wirkungen**	29–33
1. (Mit-)Sorgerecht des einbenennenden Elternteils	7	1. Wirksamwerden	29
2. Ehename aus Ehe mit einem Dritten	8, 9	2. Wirkungen	30–33
a) Ehe mit einem Dritten	8	a) Grundsatz	30
b) Ehename	9	b) Spätere Änderungen	31–33
3. Aufnahme in gemeinsamen Haushalt	10	**VI. Weitere Fragen**	34–37
4. Rechtsfähiges, minderjähriges und lediges Kind	11	1. Zulässigkeit öffentlichrechtlicher Namensänderung	34
5. Bisheriger Kindesname	12	2. Bedeutung des Namens und sonstige Einzelfragen	35
III. Namenserteilung	13–16	3. Intertemporales Recht	36
1. Namensbestimmungsrecht, Rechtsnatur und Vertretung	13	4. Internationales Privatrecht	37
2. Modalitäten der Erklärungen	14	**VII. Reformvorhaben und Würdigung**	38

I. Allgemeines

1   **1. Gesetzgebungsgeschichte.** Die Vorschrift baut auf § 1618 aF auf, hat aber in der Neufassung durch das KindRG wesentliche Neuerungen erfahren:[1] Der Anwendungsbereich wurde einerseits erweitert, indem die vormals nur bei ne. Kindern mögliche Einbenennung unter den gleichen Voraussetzungen bei Kindern aus einer aufgelösten Vorehe des allein sorgeberechtigten Elternteils zugelassen wurde,[2] andererseits eingeschränkt durch den Wegfall der einseitigen Einbenennung durch den nicht sorgeberechtigten Vater; die als funktionsäquivalenter Ersatz hierfür im RegE als Abs. 2 vorgesehene Regelung[3] ist jetzt in § 1617a Abs. 2 eingestellt (vgl. § 1617a Rn. 2). Des Weiteren wurde als mildere Alternative zur Verdrängung des bisherigen Kindesnamens die Bildung eines aus diesem und dem in der Stieffamilie geführten Ehenamen zusammengesetzten Doppelnamens ermöglicht[4] und das Erfordernis der Einwilligung des anderen Elternteils und des Kindes in die Einbenennung neu geregelt.[5] Schon bald hatte sich die Beschränkung der Einbenennungsmöglichkeit auf Kinder, die unter Alleinsorge eines neu verheirateten Elternteils stehen, als planwidrige Lücke erwiesen, welche die Rspr. durch analoge Anwendung der Vorschrift auf Kinder unter gemeinsamer Sorge ihrer Eltern schloss (dazu 4. Aufl. Rn. 8).[6] Durch Art. 1 Nr. 3 KindRVerbG wurde die Vorschrift daher dahingehend modifiziert, dass sie nun ausdrücklich den Fall gemeinsamer

---

[1] Näher dazu *Gaaz* FPR 2002, 125 f.
[2] BT-Drucks. 13/4899 S. 92.
[3] BT-Drucks. 13/4899 S. 92.
[4] RA BT-Drucks. 13/8511 S. 73 f.
[5] BT-Drucks. 13/4899 S. 92, durch den RA verschärft, BT-Drucks. 13/8511 S. 73 f.
[6] S. a. *v. Sachsen Gessaphe* NJW 2002, 1853, 1854.

Einbenennung   2, 3 § 1618

Sorge der Eltern erfasst und für diesen Fall eine Einwilligung des anderen Elternteils stets erforderlich ist. Um bei gemeinsamer Sorge eine Einbenennung ohne Integration in die einbenennende Familie zu vermeiden, wurde das klarstellende Tatbestandsmerkmal der Aufnahme des Kindes in den gemeinsamen Haushalt dieser Familie eingeführt.[7] Nicht aufgegriffen wurde dagegen die Anregung, eine Rückbenennung des Kindes nach Scheidung der Ehe des Elternteils mit dem Stiefelternteil zuzulassen.[8] Die in der Erstfassung des LPartG ausgeschlossene Einbenennung des Kindes durch einen Elternteil und dessen homosexuellen Lebenspartner in den von diesen geführten Lebenspartnerschaftsnamen aus § 3 LPartG (dazu 4. Aufl. Rn. 3) ist durch § 9 Abs. 5 LPartG idF des LPartÜG fast inhaltsgleich zugelassen worden.[9]

2. Normzweck. a) Namensmäßige Integration in die Stieffamilie. Die Vorschrift **2** bezweckt, die namensmäßige Integration einseitiger Kinder eines Elternteils in die durch dessen Ehe mit einem Dritten begründete „Stieffamilie" zu fördern und diese schon zuvor für ne. Kinder bestehende Möglichkeit auf eheliche Kinder auszudehnen.[10] Diese tatbestandliche Erweiterung wird nicht nur dem generellen Anliegen des KindRG gerecht, jegliche Differenzierung zwischen ehelichen und ne. Kindern zu vermeiden, hier zugunsten ersterer. Vielmehr hat der Gesetzgeber dadurch auf ein dringendes Bedürfnis der Praxis reagiert,[11] denn vormals ließ sich in diesen Fällen eine Einbenennung lediglich über eine öffentlichrechtliche Namensänderung unter extensiver Auslegung des Merkmales eines wichtigen Grundes iSv. § 3 NamensÄndG erreichen;[12] dieser Weg wird durch die Neuregelung versperrt (vgl. aber Rn. 34). Die Erweiterung des Adressatenkreises durch das KindRVerbG auf Kinder, die unter gemeinsamer Sorge ihrer Eltern stehen, machte im Lichte des Normzwecks der namensmäßigen Integration in die Stieffamilie jedoch eine tatbestandliche Präzisierung der Vorschrift erforderlich, denn sonst hätte in dieser Konstellation jeder der Elternteile bei Eingehung einer neuen Ehe mit einem Dritten das Kind einbenennen können. In Übereinstimmung mit §§ 1682, 1685 Abs. 2 wird die Einbenennungsmöglichkeit daher auf Fälle einer echten Integration des Kindes in die Stieffamilie begrenzt, indem die Vorschrift zusätzlich die **Aufnahme** des Kindes in den **gemeinsamen Haushalt der Stieffamilie** verlangt (Rn. 10).[13] Der Normzweck wird dadurch erreicht, dass der Ehename der Ehegatten einheitlich auf deren gemeinsame wie die jeweiligen einseitigen, in der neuen Familie lebenden Kinder übergeht, im ersten Fall kraft Gesetzes (§ 1616), im zweiten abhängig von einem entsprechenden Willensakt (§ 1618). Dadurch kennzeichnet der Kindesname zwar nicht mehr die wirkliche Abstammung, sondern die **soziale Elternschaft,** doch ist dies als Ausdruck der faktischen Integration des Kindes in die Stieffamilie an sich legitim. Die Vorschrift überträgt das gesetzliche Leitbild der Namenseinheit in der durch bestehende oder vormalige Ehe vermittelten Familie (§§ 1616, 1617 c Abs. 1) auf Stieffamilien, welche ebenfalls durch Eheschließung entstehen, wenngleich sie sich aus unterschiedlichen Teilfamilien zusammensetzen. Die rechtstechnische Verknüpfung mit dem Ehenamen der Stieffamilie macht den Kindesnamen nach den Regelungsmechanismus des § 1617c Abs. 2 aber ebenso wie in den Fällen der §§ 1616, 1617 c Abs. 1 insoweit **unwandelbar,** als das Kind einer einseitigen Modifikation des Ehenamens durch seinen Elternteil nach Auflösung der Stiefehe nicht nachfolgen kann (Rn. 31). Inhaltlich kann es sich bei der Einbenennung um eine **Namensneubestimmung** handeln, wenn das Kind zuvor noch gar keinen (Rn. 11 f.) oder einen vom anderen Elternteil abgeleiteten Namen geführt hat; hat das Kind dagegen bislang den Namen des einbenennenden Elternteils getragen, so stellt die Einbenennung einen abweichend von § 1617c Abs. 2 Nr. 2 geregelten Sonderfall der **Erstreckung einer Namensänderung** des namensgebenden Elternteils auf den Kindesnamen durch konstitutiven Akt dar.[14]

b) Mitbestimmungsrecht des anderen Elternteils. Nach dem System der §§ 1617, 1617 a **3** Abs. 2 soll eine einseitige Namensbestimmung durch einen Elternteil im Regelfall nicht möglich sein; § 1618 S. 3 sieht daher über das Erfordernis der Einwilligung des anderen Elternteils letztlich ein gleichberechtigtes Mitbestimmungsrecht der Eltern in Bezug auf den Kindesnamen vor. Seit der

---

[7] BT-Drucks. 14/8131 S. 8; näher dazu *v. Sachsen Gessaphe* NJW 2002, 1853, 1854.
[8] Die Anregung in der Stellungnahme der BReg, BT-Drucks. 14/2096 S. 10, wurde vom RA verworfen, BT-Drucks. 14/8131 S. 8; zum Gesetzgebungsverfahren *Peschel-Gutzeit* FPR 2002, 285 f.
[9] Art. 1 Nr. 4 b LPartÜG.
[10] RegE BT-Drucks. 13/4899 S. 92.
[11] RegE BT-Drucks. 13/4899 S. 92.
[12] *Willutzki* KindPrax 2000, 76; zum früheren Rechtszustand *Wagner-Kern*, Staat und Namensänderung, 2002, 402 f.
[13] BT-Drucks. 14/8131 S. 8.
[14] Hierauf seine Differenzierung zwischen nachziehender und erteilender Einbenennung stützend, *Staudinger/Coester* (2007) Rn. 3, 42 ff.

Neufassung durch das KindRVerbG (Rn. 1) ist dieses Mitbestimmungsrecht differenziert ausgestaltet: Soweit das Kind seinen Namen von dem anderen, mit ihm bei Einbenennung nicht zusammenlebenden Elternteil ableitet, schützt das Einwilligungserfordernis dessen Interesse am **Fortbestand des namensrechtlichen Bandes** zum Kind als – faktisch teils letztem – Kennzeichen der Verbundenheit zu diesem; es dient nicht der Kontrolle der Namensbestimmung durch den hierzu befugten Elternteil.[15] Im Falle gemeinsamer Sorge der Eltern wird eine Mitbestimmung des anderen Elternteils hingegen notwendig von dessen **Mitsorgerecht** aus §§ 1626, 1687 Abs. 1 gefordert, da die Namensbestimmung eine Angelegenheit von erheblicher Bedeutung ist;[16] leitet das Kind seinen Namen von diesem Elternteil ab, so ist der erstgenannte Normzweck daneben zusätzlich beachtlich. Die Einwilligung kann freilich in allen Fällen nach Maßgabe des S. 4 gerichtlich ersetzt werden. Voraussetzung hierfür sollte zunächst in Anlehnung an die frühere Rspr. zu § 3 NamensÄndG die Kindeswohldienlichkeit der Einbenennung sein,[17] doch wurde dieses Erfordernis auf Intervention des Rechtsausschusses enger gefasst,[18] was Anlass zu einer reichhaltigen Judikatur gegeben hat (Rn. 21 ff.).

4   c) **Mitwirkung des Ehegatten.** Die notwendige Mitwirkung des Ehegatten des bestimmungsbefugten Elternteils dient der Wahrung des **Persönlichkeitsrechts** an seinem Namen gegen dessen nicht konsentierte Weitergabe auf mit ihm nicht verwandte Kinder. Im Vergleich zur sonst vom Gesetz völlig außer Acht gelassenen Rechtsposition Dritter bei der Weitergabe erheirateter Namen[19] erscheint diese plötzliche Rücksichtnahme systemwidrig und befremdlich.[20] Außerhalb der Vorschrift ist der Stiefelternteil gem. § 1687b gerade auf ein „kleines" Mitsorgerecht begrenzt. Erklärlich wird die Rücksichtnahme jedoch aus dem primären Normzweck, die Integration des Kindes in die Stieffamilie zu fördern: Diese könnte behindert werden, wenn dem Stiefelternteil durch die Aufnahme des Stiefkindes in den neuen Hausstand unmittelbar erhebliche Rechtspflichten aufgebürdet würden, und hierzu gehört auch die ohne oder gegen seinen Willen mögliche Weitergabe seines Namens.[21]

5   d) **Erstreckung auf Lebenspartnerschaften.** Durch § 9 Abs. 5 LPartG idF des LPartÜG von 2005 ist die im LPartG ursprünglich nicht vorgesehene Möglichkeit eingeführt worden, dass ein Elternteil und dessen homosexuelle(r) Lebenspartner(in) das Kind, welches sie in ihren gemeinsamen Haushalt aufgenommen haben, unter den gleichen Voraussetzungen wie nach § 1618 (Rn. 7 ff.) in den von ihnen geführten Lebenspartnerschaftsnamen iSd. § 3 LPartG einbenennt. Diese Regelung erstreckt das Leitbild der Namenseinheit auf irreguläre Familien und trägt dadurch zu einer weiteren Erosion dieses Leitbildes bei, welches vormals der ehelichen Familie vorbehalten war (§ 1616 Rn. 2). Wie bei der Einbenennung nach § 1618 (Rn. 2 aE) kann es sich um eine Namensneubestimmung oder eine sonst durch § 1617c Abs. 2 Nr. 2 ausgeschlossene Erstreckung einer Änderung des einseitigen elterlichen Bezugsnamens handeln. Nach Neufassung des § 9 Abs. 5 S. 1 LPartG zum 1. 1. 2009[22] ist die Einbenennung nunmehr gegenüber dem Standesamt zu erklären. Insgesamt dazu Erl. § 9 LPartG.

6   3. **Verfassung und internationale Menschenrechte.** Der durch eine Einbenennung mögliche Namenswechsel des Kindes tangiert dessen allgemeines Persönlichkeitsrecht an seinem bisherigen Namen als Teil seiner Identität[23] sowie dessen Recht auf Achtung seines Privat- und Familienlebens.[24] Das Persönlichkeitsrecht des Kindes an seinem bisherigen Namen wird jedoch durch das Erfordernis seiner Zustimmung (§ 1618 S. 3, 6 iVm. § 1617c) hinreichend gewahrt;[25] zugleich ent-

---

[15] BT-Drucks. 13/4899 S. 92.
[16] *v. Sachsen Gessaphe* NJW 2002, 1853, 1854; s. a. Erl. § 1617 Rn. 10.
[17] Zu dieser Parallele *Willutzki* KindPrax 2000, 76 f.
[18] BT-Drucks. 13/8511 S. 74.
[19] Dazu Erl. § 1355 Rn. 15, § 1617 Rn. 14, 34; § 1617a Rn. 25; § 1617b Rn. 10 f., 34; § 1617c Rn. 20.
[20] Kritisch insbes. *Staudinger/Coester* (2007) § 1617c Rn. 42; *Henrich/Wagenitz/Bornhofen* Rn. 29.
[21] Ähnlich *Henrich/Wagenitz/Bornhofen* Rn. 29.
[22] Art. 2 Abs. 18 Nr. 3 PStRG, BGBl. 2007 I S. 122.
[23] Zum Schutz des bisherigen Namens vor Entzug oder auferlegter Änderung durch das allgemeine Persönlichkeitsrecht, BVerfGE 84, 9, 22 = NJW 1991, 1602, 1603; BVerfGE 104, 373, 387, 392 = NJW 2002, 1256, 1257, 1259 = FamRZ 2002, 306, 308, 310.
[24] Zu Art. 8 EMRK, EuGHMR 22. 2. 1994 Nr. 16213/90, ÖJZ 1994, 559, 560 - Burghartz v. CH; 6. 12. 2001 Nr. 31178/96, NJW 2003, 1921, 1922 = FamRZ 2002, 1017, 1018 - Petersen v. Deutschland; 6. 5. 2008 Nr. 33572/02, StAZ 2008, 375, 377 - Freifrau von Rehlingen v. Deutschland; näher dazu *Pintens*, FS Henrich, S. 454 ff.; zu Art. 7 GRC angedeutet in EuGH 22. 12. 2010 C-208/09, BeckEuRS 2010, 554007 Tz. 52 = StAZ 2011, 77 - Sayn-Wittgenstein v. Landeshauptmann von Wien; s.a. Art. 8 Abs. 1 UN-Kinderrechtskonvention.
[25] OLG Braunschweig StAZ 1996, 329.

spricht dieses dem Postulat des Art. 12 UN-Kinderrechtskonvention. Weder aus der Sicht des Grundgesetzes[26] noch des Art. 8 Abs. 1 EMRK[27] ist die Entbehrlichkeit der Einwilligung des anderen Elternteils, wenn dieser nicht sorgeberechtigt ist und das Kind vor der Einbenennung nicht dessen Namen getragen hat, zu beanstanden. Dagegen ist das Recht des anderen Elternteils auf Achtung seines Familienlebens aus Art. 8 Abs. 1 EMRK tangiert, wenn das Kind bislang seinen Namen getragen hatte und nun in einen anderen Namen einbenannt werden soll;[28] dem trägt jedoch regelmäßig das Erfordernis seiner Einwilligung Rechnung. Doch selbst die Möglichkeit gerichtlicher Ersetzung dieser Einwilligung stößt im Hinblick darauf, dass das Merkmal der Erforderlichkeit eine eingehende Güterabwägung verlangt (dazu Rn. 21), nicht auf Bedenken;[29] umgekehrt verlangt der verfassungsrechtliche Schutz der Eltern-Kind-Beziehung gerade eine hohe Schwelle der Erforderlichkeit für die Ersetzung der Einwilligung.[30] Der durch additive Einbenennung bewirkte **Doppelname** des Kindes (Rn. 16) stellt keine verfassungswidrige Ungleichbehandlung im Verhältnis zu Eltern dar, die ihrem Kind nach §§ 1616 ff. keinen Doppelnamen geben können; dass das Kind seinen bisherigen, die Abstammung von seinen Eltern kennzeichnenden Namen behalten darf, dient seinem Persönlichkeitsschutz.[31] Keinen verfassungsrechtlichen Bedenken begegnet es überdies, dass durch die Einbenennung der Kindesname grundsätzlich verfestigt wird und nach Auflösung der Stiefehe ein Anschluss des Kindes an eine einseitige Namensänderung des mit ihm lebenden Elternteils nicht möglich ist (dazu Rn. 31).[32] Die Beschränkung der Namensbestimmung auf minderjährige Kinder (Rn. 11) ist verfassungsgemäß, denn das Elternrecht auf Namensbestimmung aus Art. 6 Abs. 1, 2 GG überdauert nicht den Eintritt der Volljährigkeit des Kindes.[33] Im Übrigen gelten zur Vereinbarkeit mit dem Grundgesetz, der EMRK, der GRC und der UN-Kinderrechtskonvention die Ausführungen zu § 1617a Rn. 4 sowie § 1617b Rn. 4 sinngemäß.

II. Tatbestandliche Voraussetzungen

1. (Mit-)Sorgerecht des einbenennenden Elternteils. Eine Einbenennung ist auch nach der Neufassung durch das KindRVerbG nur möglich, wenn dem einbenennenden Elternteil zumindest das Mitsorgerecht für das Kind zusteht, sei es in Form der **Alleinsorge**, sei es als **gemeinsame Sorge** neben dem anderen Elternteil. Unerheblich ist, worauf die Allein- oder Mitsorge (vormalige Ehe, gemeinsame Sorgerechtserklärung, gerichtliche Entscheidung) zurückgeht. Denkbar ist eine bloß partielle Alleinsorge des einbenennenden Elternteils, sofern ihm allein die Personensorge oder jedenfalls ein die Namensbestimmung umfassender Ausschnitt hieraus verbleibt (vgl. § 1617 Rn. 10).[34] Umgekehrt ist eine auf diese Bereiche beschränkte gemeinsame Sorge vorstellbar. Auf die Abgrenzung zwischen alleiniger oder gemeinsamer Sorge kommt es im Hinblick auf das Einwilligungserfordernis des S. 3 an (vgl. Rn. 17 f.). Bei gemeinsamer Sorge überträgt § 1618 die **Bestimmungsbefugnis über den Kindesnamen** bez. der konkreten Bestimmung in Form der Einbenennung allein auf denjenigen Elternteil, welcher in seiner Person die Tatbestandsvoraussetzungen der Norm erfüllt. 7

2. Ehename aus Ehe mit einem Dritten. a) Ehe mit einem Dritten. Die Vorschrift setzt die Ehe des (mit-)sorgeberechtigten Elternteils mit einem Dritten, von dem das Kind nicht abstammt, voraus. Diese muss im Zeitpunkt des Wirksamwerdens der Einbenennung noch bestehen und somit einerseits bereits geschlossen,[35] andererseits aber noch nicht durch Scheidung oder Tod des Ehegatten[36] aufgelöst sein, sonst scheidet eine Einbenennung mangels Ehegatten aus und lässt 8

---
[26] Vgl. zum früheren, eine Mitwirkung des anderen Elternteils überhaupt nicht vorsehenden Recht, BVerfG NJW 1993, 583 = FamRZ 1992, 1284 f.; StAZ 1992, 375 f. sowie OLG Braunschweig StAZ 1996, 329.
[27] EuGHMR 6. 12. 2001, NJW 2003, 1921, 1922 = FamRZ 2002, 1017, 1018 - Petersen v. Deutschland; dazu *Brückner* FPR 2005, 200, 204.
[28] EuKMR 20. 5. 1996, StAZ 2001, 39, 41 = Rogl v. Deutschland; EuGHMR 6. 12. 2001, NJW 2003, 1921, 1922 = FamRZ 2002, 1017, 1018 - Petersen v. Deutschland.
[29] Zum Grundgesetz BGH FPR 2002, 411, 412 = FamRZ 2002, 1331, 1332; zu Art. 8 Abs. 1 EMRK in diese Richtung EuKMR 20. 5. 1996, StAZ 2001, 39, 41 - Rogl v. Deutschland.
[30] BGH FPR 2002, 411 = FamRZ 2002, 1331.
[31] BVerfG NJW 2002, 1256, 1260 = FamRZ 2002, 306, 311; zust. *Gaaz* FPR 2002, 125, 128.
[32] Keine verfassungsrechtlichen Bedenken geäußert von BGHZ 157, 277 = NJW 2004, 1108 = LMK 2004, 66 m. abl. Anm. *Coester*; wie hier BayObLG FamRZ 2001, 49 f. = StAZ 2000, 299 f.; OLG Düsseldorf FGPrax 2000, 145 = FamRZ 2000, 1181 f.; s. a. Erl. § 1617c Rn. 16 f. mwN; aA *Coester* Jura 2007, 348, 353.
[33] BVerfG FamRZ 2008, 496, 497; BayObLG FPR 2003, 88 = FamRZ 2002, 1729.
[34] Vgl. AG Lemgo FamRZ 1999, 1382; näher zur partiellen Alleinsorge Erl. § 1617 Rn. 10 f.; *Staudinger/Coester* (2007) Rn. 8.
[35] Als Voraussetzung einer Ersetzungsentscheidung: OLG Karlsruhe FamRZ 2000, 1437.
[36] OLG Zweibrücken NJOZ 2005, 265 = FamRZ 2004, 1747.

§ 1618   9, 10   Abschn. 2. Titel 4. Rechtsverhältnis zw. den Eltern u. dem Kind

sich der Normzweck der Integration in die Stieffamilie nicht mehr verwirklichen.[37] Nach Wortlaut und Systematik der Vorschrift gilt nichts anderes für den Tod des bestimmungsbefugten Elternteils.[38]

9   **b) Ehename.** Der einbenennende Elternteil und dessen Ehegatte müssen nach § 1355 Abs. 1, 2 einen Ehenamen bestimmt haben, denn sonst fehlt es an einem in der Stieffamilie einheitlichem Namen; das Kind folgt dann Änderungen des elterlichen Bezugsnamens gem. § 1617c Abs. 2, die Erteilung des Namens des Stiefelternteils ist nicht möglich.[39] Die bloße Absicht späterer Bestimmung eines Ehenamens ist nicht ausreichend.[40] Der Ehename kann aus dem Geburtsnamen oder dem aktuell geführten Namen entweder – typischerweise – des Stiefelternteils oder des bestimmungsbefugten Elternteils abgeleitet sein und somit sogar der erheiratete Name eines von beiden aus einer Vorehe oder homosexuellen Lebenspartnerschaft sein (vgl. § 1616 Rn. 5). Eine Einbenennung in den vom bestimmungsbefugten Elternteil abgeleiteten Ehenamen macht dann Sinn, wenn der voreheliche Name des Elternteils nicht identisch mit dem bisherigen Kindesnamen ist. Bei **äußerer Identität mit dem vorehelichen Namen des Elternteils** ist eine Einbenennung in diesen jedoch ausgeschlossen, denn der Normzweck, Namensidentität in der Stieffamilie zu schaffen, ist dann bereits erfüllt.[41] Anders als in den Fällen des § 1617c Abs. 1 (s. dort Rn. 6) ist die Umstellung der rechtlichen Grundlage des Kindesnamens hier nicht wünschenswert, da sie nach § 1617c Abs. 2 dessen Versteinerung zur Folge hätte und dem Kind bei Auflösung der Stieffamilie den Anschluss an Änderungen des elterlichen Bezugsnamens verschlösse. Nach dem eindeutigen Wortlaut der Norm geht nur der Ehename auf das Kind über, selbst wenn der namensgebende Teil diesen mit einem **Begleitnamen** führt; ist dies der bestimmungsbefugte Elternteil, so kann dessen unechter Doppelname infolge der Kombinationsmöglichkeiten des S. 2 im Ergebnis gleichwohl auf das Kind übergehen.[42]

10   **3. Aufnahme in gemeinsamen Haushalt.** Dieses Tatbestandsmerkmal ist durch das KindRVerbG eingefügt worden und soll den Anwendungsbereich auf die Fälle einer echten Integration in die Stieffamilie begrenzen (Rn. 1 f.). Vor dieser Reform wurde dieser Zweck bereits durch die Beschränkung des Einbenennungsrechts auf den allein sorgeberechtigten Elternteil erreicht: Wurde das Kind von diesem Elternteil in eine neue Ehe mit einem Dritten mitgebracht, so lebte es im Regelfall ohnehin mit diesem Elternteil zusammen. Durch die Erstreckung der Vorschrift auf Kinder, deren getrennt lebenden Eltern die Sorge gemeinsam zusteht, macht das Erfordernis hingegen Sinn, wenn nämlich der mit dem Kind nicht zusammen lebende Elternteil (ebenfalls) einen Dritten heiratet. Eine Einbenennung soll dann ausgeschlossen sein, weil sie nicht einer namensmäßigen Integration des Kindes in seine neue soziale Familie diente und damit der Normzweck verfehlt würde;[43] auch soll ein Missbrauch zur Erlangung besonders klangvoller Namen verhindert werden.[44] Das Kriterium gilt nun ungeachtet dessen, ob dem einbenennungswilligen Elternteil die Allein- oder Mitsorge zusteht; für den Grundtatbestand des § 1618 S. 1 ist vielmehr entscheidend, mit welchem Elternteil und dessen neuem Ehegatten das Kind eine Haushaltsgemeinschaft bildet. Dieser Elternteil ist dann für die Einbenennung **bestimmungsbefugt** iSd. Vorschrift, der nicht mit dem Kind zusammenlebende ist der andere Elternteil. Zwischen dem Elternteil und dessen Ehegatten muss **häusliche Gemeinschaft** iSd. § 1567 Abs. 1 bestehen, weil sie tatsächlich in derselben Wohnung ihren Lebensmittelpunkt haben, und das Kind muss in diese aufgenommen sein und somit ebenfalls darin seinen Lebensmittelpunkt haben; dem steht eine zeitweise Drittbetreuung, wie eine vorübergehende Unterbringung in einer Jugendhilfeeinrichtung,[45] nicht entgegen, schon aber eine überwiegende alleinige Betreuung durch einen Elternteil, dessen Ehegatten oder einen Dritten. Lebt das Kind mit einem Elternteil zusammen, dieser aber getrennt von dessen neuem Ehegatten, so scheidet eine Einbenennung daher ungeachtet der Einwilligung des Ehegatten aus.[46] Überdies muss die Aufnahme rechtmäßig erfolgt sein, mithin unter Beachtung eines Aufenthaltsbestimmungsrechts des anderen Elternteils.[47] Das Vorliegen der Aufnahme in den Haushalt ist vom Standesamt zu

---

[37] *Lipp/Wagenitz* Rn. 6; *Henrich/Wagenitz/Bornhofen* Rn. 10; *Hepting* Rn. V-851; *Staudinger/Coester* (2007) Rn. 10; *Zwißler* FPR 2004, 64, 65.
[38] Ebenso *Henrich/Wagenitz/Bornhofen* Rn. 10; für analoge Anwendung auf diesen Fall hingegen *Staudinger/Coester* (2007) Rn. 10 aE.
[39] *Gaaz* FPR 2002, 125, 127 f.
[40] OLG Hamm FamRZ 2000, 1437.
[41] *Zwißler* FPR 2004, 64, 65; *Palandt/Diederichsen* Rn. 7; *Bamberger/Roth/Enders* Rn. 3.1; wohl auch *Staudinger/Coester* (2007) Rn. 11.
[42] *Staudinger/Coester* (2007) Rn. 11.
[43] Rn. 2; *v. Sachsen Gessaphe* NJW 2002, 1853, 1854; *Knittel* FF 2003, 14, 17.
[44] Stellungnahme der BReg BT-Drucks. 14/2096 S. 10.
[45] AG Saarbrücken StAZ 2010, 51.
[46] OLG Zweibrücken BeckRS 2011, 22457.
[47] Näher dazu *Bamberger/Roth/Enders* Rn. 4.1; dem folgend *Henrich/Wagenitz/Bornhofen* Rn. 16.

prüfen und wird regelmäßig durch Vorlage der Meldebescheinigung nachgewiesen; bei fehlerhafter Annahme dieser Voraussetzung ist die Einbenennung unwirksam und ein dahingehender Eintrag in das Geburtenregister zu berichtigen.[48]

4. Rechtsfähiges, minderjähriges und lediges Kind. Implizite Voraussetzung ist die **Rechtsfähigkeit** des Kindes im Zeitpunkt des Wirksamwerdens der Einbenennung, weshalb eine posthume Einbenennung ausscheidet.[49] Grundsätzlich möglich ist eine **pränatale** Einbenennung durch die im Zeitpunkt der Namensbestimmung unverheiratete Mutter als potentiell allein sorgeberechtigtem Elternteil (§ 1626a Abs. 2) sowie bei potentiell gemeinsam sorgeberechtigten Eltern bei pränatalem Vaterschaftsanerkenntnis und Sorgerechtserklärung (§§ 1592 Nr. 2, 1594 Abs. 4 und §§ 1626a Abs. 1 Nr. 1, 1626 b Abs. 2), wenngleich dies im letzten Fall wenig wahrscheinlich sein dürfte; dann müssen die Einbenennungserklärung und die ggf. erforderliche Einwilligung des anderen Elternteils ebenfalls vorgeburtlich dem Standesamt gegenüber erklärt worden sein. Die Einbenennung bewirkt dann abweichend vom Regelfall des § 1618 einen **originären Namenserwerb** mit Wirkung ab der Geburt des Kindes (Rn. 30). Allerdings bereitet das Merkmal der Aufnahme in den gemeinsamen Haushalt mit dem Ehegatten des einbenennenden Elternteils Schwierigkeiten; man wird es genügen lassen, wenn diese im Zeitpunkt der Geburt einen gemeinsamen Haushalt führen und eine Aufnahme des Kindes in denselben beabsichtigt ist. Die Abgabe der Einbenennungserklärung ist nur solange möglich, als das Kind noch **minderjährig** ist; der Ausschluss volljähriger Kinder ergibt sich schon aus dem Normtext, welcher auf das Bestehen der elterlichen Sorge abstellt (näher § 1617a Rn. 17).[50] Es genügt die Abgabe der namenserteilenden Erklärung vor Eintritt der Volljährigkeit, selbst wenn nötige Zustimmungen erst danach erfolgen.[51] Überdies muss das Kind **ledig** sein, zumal § 1303 Abs. 2 die Ehefähigkeit vorverlegt, selbst wenn die Ehe vor Eintritt der Volljährigkeit wieder aufgelöst ist (dazu § 1617a Rn. 18).[52]

5. Bisheriger Kindesname. Während § 1618 Abs. 1 S. 1 aF noch voraussetzte, dass das Kind bisher kraft Gesetzes den Namen der Mutter führte, schweigt § 1618 S. 1 nF zur Frage des bisherigen Kindesnamens. Hieraus ist zu folgern, dass dieser vom Vater oder der Mutter abgeleitet sein kann, gleich nach welchem Erwerbstatbestand der §§ 1616 bis 1617 c.[53] Im Falle pränataler Einbenennung (Rn. 11) kann es sogar an einem vorherigen Geburtsnamen fehlen, ebenso bei unterbliebener Bestimmung eines Kindesnamens nach § 1617 (dazu § 1617 Rn. 13, § 1617c Rn. 5).[54] Eine Einschränkung gilt freilich bei äußerer Identität mit dem vorehelichen Namen des bestimmungsbefugten Elternteils (Rn. 9).

III. Namenserteilung

1. Namensbestimmungsrecht, Rechtsnatur und Vertretung. Der Normtext legt den Schluss auf ein gemeinsames Namensbestimmungsrecht des bestimmungsbefugten Elternteils und seines Ehegatten nahe. Gleichwohl steht dieses als Teil der elterlichen Sorge nur ersterem zu, wie sich aus der tatbestandlichen Verknüpfung mit dessen Allein- oder Mitsorgerecht und dem Zusammenhang mit dem Regelungssystem der §§ 1617 bis 1617 b ergibt.[55] § 1687b räumt dem Stiefelternteil jetzt zwar die sog. kleine Sorgerecht ein, das Namensbestimmungsrecht fällt aber nicht hierunter.[56] Seine Mitwirkung dient dem Schutz seines Persönlichkeitsrechts an dem zum Individualnamen erworbenen Ehenamen (Rn. 4) und entspricht inhaltlich einer **Zustimmung** zur Namenserteilung durch seinen Ehegatten.[57] Das Bestimmungsrecht ist **höchstpersönlich,** ein minderjähriger Elternteil übt es selbst, allein und ohne Mitwirkung des gesetzlichen Vertreters des Kindes aus,[58] eine Ausübung durch einen Betreuer des volljährigen Elternteils scheidet aus; im Übrigen gelten die Ausführungen zu § 1617 sinngemäß, s. dort Rn. 18.

2. Modalitäten der Erklärungen. Die für die Namenserteilung nötigen Erklärungen des bestimmungsbefugten Elternteils und seines Ehegatten sind amtsempfangsbedürftig und bedürfen

---

[48] *Bamberger/Roth/Enders* Rn. 4; *Henrich/Wagenitz/Bornhofen* Rn. 17.
[49] Ebenso *Staudinger/Coester* (2007) Rn. 6; *Henrich/Wagenitz/Bornhofen* Rn. 9; s. a. Erl. § 1617a Rn. 16.
[50] VG Hamburg BeckRS 2005, 24368.
[51] *Henrich/Wagenitz/Bornhofen* Rn. 8; *Staudinger/Coester* (2007) Rn. 6.
[52] Ebenso *Gaaz* FPR 2002, 125, 127.
[53] *Gaaz* FPR 2002, 125, 127; *Henrich/Wagenitz/Bornhofen* Rn. 18 f.
[54] Ebenso *Henrich/Wagenitz/Bornhofen* Rn. 19.
[55] Implizit bestätigend BGH NJW-RR 2000, 665 = LM Nr. 3 = FamRZ 1999, 1648.
[56] Zur vergleichbaren Frage im Rahmen des § 1687 s. Erl. § 1617 Rn. 10.
[57] *Lipp/Wagenitz* Rn. 10; *Henrich/Wagenitz/Bornhofen* Rn. 28; *Staudinger/Coester* (2007) Rn. 14.
[58] Zur vergleichbaren Lage bei § 1617a Abs. 2 *Frank* StAZ 2008, 265 ff.

gem. § 1618 S. 5 öffentlicher Beglaubigung durch einen Notar (§ 129) oder einen Standesbeamten (§ 45 Abs. 1 S. 1 Nr. 6 PStG), eine Erklärung zu gerichtlichem Protokoll genügt hierfür nicht, sofern sie nicht im Rahmen eines gerichtlichen Vergleiches nach § 127 erfolgt.[59] Die Erklärungen müssen weder zeitgleich noch gemeinsam abgegeben werden, doch gleich lautend sein.[60] Im Übrigen gelten hinsichtlich ihres Zugangs, Wirksamwerdens und Widerrufs die Ausführungen zu § 1617 sinngemäß (s. dort Rn. 19), sofern sich für den Stiefelternteil aus dem Fehlen elterlicher Sorge für das Kind nichts anderes ergibt.[61] Der Standesbeamte darf die nach S. 5 nötige Beurkundung der Erklärungen nicht davon abhängig machen, dass zuvor die fehlende Einwilligung des anderen Elternteils durch Entscheidung des FamG ersetzt worden ist.[62]

15 **3. Möglichkeiten der Einbenennung. a) Substituierende.** Der Ehename kann dem Kind **anstelle** seines bisherigen Namens erteilt werden. War dies der Name des nicht bestimmungsbefugten Elternteils oder steht das Kind unter gemeinsamer Sorge seiner Eltern, so ist das Einwilligungserfordernis des § 1618 S. 3 zu beachten (Rn. 17). Im ersten Fall ist dabei zu bedenken, dass die Einbenennung die namensmäßigen Bindungen des nicht bestimmungsbefugten Elternteils zu seinem Kind zerschneidet (Rn. 21, 23).

16 **b) Additive.** Um eine Fortwirkung der namensmäßigen Bindungen des Kindes an seine Eltern zu ermöglichen und ansonsten drohende elterliche Konflikte abzubauen, sieht die Vorschrift die Möglichkeit vor, dem Kind den neuen Ehenamen **zusätzlich** zu seinem bisherigen Namen zu erteilen. Der so entstehende Doppelname soll zugleich die familiäre Situation des Kindes kennzeichnen.[63] Der bestimmungsbefugte Elternteil hat an sich die Auswahl zwischen beiden Varianten der Einbenennung; gleichwohl kann die Bereitschaft des anderen Elternteils, der additiven, nicht aber der substituierenden zuzustimmen, die Wahl mittelbar beeinflussen, denn Gerichte sind dann wenig geneigt, dessen Zustimmung zu einer gleichwohl erklärten substituierenden Einbenennung zu ersetzen (Rn. 23). Umstritten ist, ob durch eine additive Einbenennung ein echter oder **unechter Doppelname** des Kindes entsteht. Der Normtext gibt keine eindeutige Antwort hierauf. Die Annahme eines echten Doppelnamens kontrastierte indes mit der sonstigen Abneigung des Gesetzgebers hiergegen, die in § 1355 Abs. 2 (s. dort Rn. 17) und § 1617 (s. dort Rn. 15) ihren Ausdruck gefunden hat. Aus § 1618 S. 2 Halbs. 2 ergibt sich, dass auch der Gesetzgeber den hinzugefügten Ehenamen der Stieffamilie als Begleitnamen ansieht, da nach dieser Vorschrift ein früher solcherart erworbener Name bei erneuter additiver Einbenennung entfällt. Schließlich ist eine restriktive Auslegung angezeigt, um eine sonst aus der verfehlten Regelung der § 1617c Abs. 2 iVm. § 1618 resultierende Verfestigung des unechten Doppelnamens selbst nach Auflösung der Stiefehe im Interesse des Kindes abzuschwächen. Der dem bisherigen Kindesnamen hinzugefügte Ehename aus der Stiefehe hat also den Charakter eines **Begleitnamens** iS des § 1355 Abs. 4 (s. dort Rn. 10), der zusammengesetzte Name ist unechter Doppelname.[64] Die Streitfrage hat indes wesentlich an Bedeutung verloren, denn der durch additive Einbenennung erworbene unechte Doppelname **mutiert** zum **echten Doppelnamen,** wenn das Kind ihn in einer Ehe bzw. Lebenspartnerschaft als aktuell geführten Namen zum Ehe- bzw. Lebenspartnerschaftsnamen bestimmt (zum Ehenamen § 1355 Rn. 15) oder er als solcher auf dessen Kinder übergeht (§§ 1617, 1617 a, 1617 b, 1617 c Abs. 1).[65]

IV. Erforderliche Einwilligungen

17 **1. Einwilligung des anderen Elternteils (S. 3). a) Voraussetzungen.** Der Einwilligung des nicht bestimmungsbefugten Elternteils bedarf es nach der Neufassung der Vorschrift stets, wenn das Kind unter gemeinsamer Sorge seiner Eltern steht, bei Alleinsorge des bestimmungsbefugten Elternteils hingegen nur, wenn das Kind seinen bisherigen Namen vom anderen Elternteil ableitet. Ein darüber hinausgehendes Mitspracherecht des anderen Elternteils besteht nicht. In beiden Fällen gilt das Einwilligungserfordernis sowohl für die substituierende als auch für die additive Einbenennung; zum Verhältnis beider Einbenennungsarten für die Erforderlichkeit der Einbenennung nach S. 4, Rn. 23. Bei **Alleinsorge** eines Elternteils bedarf es der Einwilligung des nicht sorgeberechtig-

---

[59] Zu letzterem OLG Hamm StAZ 2011, 181, 182, wenngleich kritisch zur Gesetzeslage.
[60] *Palandt/Diederichsen* Rn. 12.
[61] Näher dazu *Henrich/Wagenitz/Bornhofen* Rn. 30 ff.
[62] OLG Hamm FGPrax 2000, 190 ff. = StAZ 2000, 213, 214 f. = FamRZ 2000, 1182 (LS.); s. auch Rn. 20.
[63] Zu beidem BT-Drucks. 13/8511 S. 73 f.
[64] Erl. Vor § 1616 Rn. 12; ebenso *Staudinger/Coester* (2007) Rn. 18; *Palandt/Diederichsen* Rn. 4; *Bamberger/ Roth/Enders* Rn. 17; aA NK-BGB/*Löhnig/Czeguhn* Rn. 16; *Henrich/Wagenitz/Bornhofen* Rn. 25; *Hepting* Rn. V-874 ff.
[65] *Staudinger/Coester* (2007) Rn. 20; im Ergebnis ebenso für den Ehenamen *Henrich/Wagenitz/Bornhofen* Rn. 25; zur Weitergabe als Kindesname s. Erl. § 1617 Rn. 15 f., § 1617a Rn. 8.

Einbenennung 18–20 § 1618

ten Elternteils nur bei **Namensidentität** zwischen diesem und dem Kind, denn dieses Erfordernis bezweckt lediglich den Schutz bestehender namensmäßiger Bindungen zwischen beiden (Rn. 3). Maßgeblich ist die Identität zwischen den aktuell geführten Namen von Kind und anderem Elternteil, selbst wenn diese zu einem früheren Zeitpunkt nicht bestanden haben mag.[66] Das ist sogar dann der Fall, wenn der andere Elternteil einen aus dem Geburtsnamen des jetzt allein sorgeberechtigten Elternteils abgeleiteten Ehenamen fortführt.[67] Nicht notwendig ist volle Namensidentität, wenn etwa das Kind seinen Namen aus dem früheren Ehenamen seiner Eltern herleitet und der andere Elternteil diesen zusammen mit einem Begleitnamen als unechten Doppelnamen fortführt.[68] Eine vorbestehende Namensidentität kann im Zeitpunkt der Einbenennung entfallen sein, weil der andere Elternteil den zuvor mit dem bestimmungsbefugten geführten Ehenamen, der nach § 1616 auf das Kind übergegangen war, aufgegeben oder eine sonstige Änderung seines Namens stattgefunden hat, die nach § 1617c nicht auf den Kindesnamen übergewirkt hat, wie vor allem bei Erwerb eines anderen Ehe- bzw. Lebenspartnerschaftsnamens in einer neuen Ehe oder Lebenspartnerschaft mit einem Dritten.

Demgegenüber ist die Einwilligung des nicht bestimmungsbefugten Elternteils bei **gemeinsamer** 18 **Sorge** der Eltern stets erforderlich. Das Einwilligungserfordernis folgt hier bereits aus dem Mitsorgerecht des anderen Elternteils, da die Namensbestimmung gem. § 1687 I 1 eine Angelegenheit von erheblicher Bedeutung ist (Rn. 3). Auf eine vorbestehende Namensidentität zum Kind kommt es hingegen nicht an. Bei Meinungsverschiedenheiten zwischen den gemeinsam sorgeberechtigten Eltern greift die Ersetzungsregel des § 1618 S. 4 als Spezialnorm gegenüber den allgemeinen Regeln (§ 1628).[69]

Der **Tod des anderen Elternteils** im Zeitpunkt der namenserteilenden Erklärung steht einer 19 Einbenennung nicht entgegen. Umstritten ist aber, ob dann das Einwilligungserfordernis bezüglich des anderen Elternteils entfällt oder gleichwohl eine Ersetzungsentscheidung nach § 1618 S. 4 zu ergehen hat:[70] Für letzteres wird angeführt, dass der andere Elternteil selbst über seinen Tod hinaus noch schützenswerte Interessen am Fortbestand des Namensbandes zu seinem Kind haben könne; bei der dann allein möglichen Ersetzungsentscheidung habe das Gericht das mutmaßliche Interesse des gestorbenen Elternteils zu ermitteln.[71] Dem kann aber mit der hM in Rspr. und Lehre nicht gefolgt werden, denn das Mitbestimmungsrecht des anderen Elternteils kann nur von diesem ausgeübt werden, und mit dessen Tod erledigt sich der Normzweck der Wahrung der namensmäßigen Bindungen zum Kind.[72] Bei lediglich **unbekanntem Aufenthalt** dieses Elternteils bleibt es hingegen beim Erfordernis seiner Einwilligung und ggf. ihrer Ersetzung.[73]

b) Rechtsnatur und Modalitäten der Erklärung. Trotz der Wortwahl des Gesetzes kann 20 die Einwilligung ebenso nach der namenserteilenden Erklärung abgegeben werden.[74] Wie diese ist sie höchstpersönliche, form- und amtsempfangsbedürftige (S. 5, 6) Willenserklärung, so dass die Ausführungen zu jener, insbes. zu Zugang, Wirksamwerden und Widerruf, sinngemäß gelten (Rn. 13 f.). Allerdings ist hinsichtlich der Möglichkeit **gesetzlicher Vertretung** zu unterscheiden: Ist der andere Elternteil geschäftsunfähig, so fehlt es wegen §§ 1673 Abs. 1, 1675, 1678 Abs. 1 bereits am Merkmal gemeinsamer Sorge; es bleibt dann also nur der Fall der Namensidentität mit dem

---

[66] Ebenso *Henrich/Wagenitz/Bornhofen* Rn. 54.
[67] *Lipp/Wagenitz* Rn. 14.
[68] Zu weiteren Beispielsfällen *Staudinger/Coester* (2007) Rn. 22; *Henrich/Wagenitz/Bornhofen* Rn. 46 ff.
[69] OLG Rostock MDR 2007, 592, 593; *Schomburg* KindPrax 2002, 75, 77 f.
[70] Die entsprechende Vorlagefrage des BayObLG (BayObLGZ 2002, 288 = NJOZ 2002, 2673 = FamRZ 2002, 1734) hat der BGH wegen gewechselter Rechtsansicht des vom BayObLG divergierenden OLG Zweibrücken (einerseits [3. Senat] FamRZ 1999, 1372 = StAZ 1999, 241, andererseits [5. Senat] FamRZ 2000, 696) nicht angenommen, FGPrax 2004, 282 = FamRZ 2004, 1868.
[71] OLG Zweibrücken [3. Senat] FamRZ 1999, 1372 = StAZ 1999, 241; OLG Hamm FGPrax 2000, 190 ff. = StAZ 2000, 213, 214 f. = FamRZ 2000, 1182 (LS.); ebenso *Lipp/Wagenitz* Rn. 17; *Henrich/Wagenitz/Bornhofen* Rn. 68.
[72] BayObLG BayObLGZ 2004, 174 = FamRZ 2005, 388 mwN und eingehender Begründung; BayObLGZ 2002, 288 = NJOZ 2002, 2673 = FamRZ 2002, 1734; OLG Frankfurt NJW-RR 2001, 1443 = FamRZ 2002, 260; OLG Zweibrücken [5. Senat] FamRZ 2000, 696 f.; OLG Stuttgart OLGR Stuttgart 2000, 414 = FamRZ 2001, 566; AG Limburg StAZ 2000, 81; AG Kiel StAZ 2000, 21 f.; AG Lübeck StAZ 2000, 22; AG Bremen StAZ 1999, 242; jetzt auch OLG Hamm FamRZ 2008, 180 (LS.); *Zwißler* FPR 2004, 64, 66; FamRefK/*Wax* Rn. 5; *Bamberger/Roth/Enders* Rn. 5, 5.2; *Palandt/Diederichsen* Rn. 20; *Staudinger/Coester* (2007) Rn. 24; wohl auch *Gaaz* FPR 2002, 125, 131 f.
[73] OLG Hamm FamRZ 2000, 695; *Klüsener* Rpfleger 2002, 233, 235; *Gaaz* FPR 2002, 125, 132; *Zwißler* FPR 2004, 64, 66; *Bamberger/Roth/Enders* Rn. 5; *Staudinger/Coester* (2007) Rn. 24.
[74] BayObLG FamRZ 2000, 252 f. = StAZ 1999, 236 f.; *Gaaz* FPR 2002, 125, 130; *Zwißler* FPR 2004, 64, 67; *Staudinger/Coester* (2007) Rn. 25; aA AG München StAZ 2000, 268; *Palandt/Diederichsen* Rn. 14.

§ 1618 21 Abschn. 2. Titel 4. Rechtsverhältnis zw. den Eltern u. dem Kind

Kind als Grund einer Einwilligung, und diese stellt sich nicht als Ausübung der dem Elternteil ja fehlenden elterlichen Sorge dar, so dass ein Betreuer für ihn diese Erklärung abgeben kann, sofern sein Aufgabenkreis dies umfasst.[75] Die bloße Betreuerbestellung lässt aber die Einwilligungszuständigkeit des geschäftsfähigen anderen Elternteils unberührt. Ein minderjähriger Elternteil kann die Einwilligung ohne Zustimmung seines gesetzlichen Vertreters erteilen.[76]

21 c) **Gerichtliche Ersetzung (S. 4). aa) Maßstab der Erforderlichkeit.** Die Einwilligung des anderen Elternteils kann das FamG ersetzen, wenn die Einbenennung zum Wohl des Kindes erforderlich ist. Der Begriff der Erforderlichkeit für das Kindeswohl anstelle der bloßen Kindeswohldienlichkeit stellt eine Verschärfung der Eingriffsvoraussetzungen in § 1618 S. 4 gegenüber dem Rechtszustand vor dem KindRG[77] dar, welche dem ausdrücklichen Zweck dient, die Bindung des Kindes an den nicht bestimmungsbefugten Elternteil zu unterstreichen.[78] Stets setzt die Ersetzungsentscheidung eine umfassende **Abwägung der Interessen** der beiden Elternteile und des Kindes voraus, welche grundsätzlich gleichwertig sind:[79] Diese muss auf Grund konkreter Umstände ergeben, dass das Kindeswohl ohne Einbenennung gefährdet ist und diese daher **unerlässlich** ist, um Schäden von dem Kind abzuwenden.[80] Angesichts dieser hohen Schwelle stellt die Ersetzung der Einwilligung die **Ausnahme** dar.[81] Auch wenn es im Regelfall dem Wohl des Kindes entspricht, denselben Namen zu tragen wie die Stieffamilie, in der es jetzt lebt, so beruht diese Bewertung des Kindeswohls doch regelmäßig ihrerseits auf einer Abwägung einander widerstreitender Interessen des Kindes. Einerseits ist die **Integration in die Stieffamilie** ein wichtiger Kindesbelang, doch gehört die durch die Einbenennung zu behebende Namensverschiedenheit inzwischen zur gesellschaftlichen Wirklichkeit, zumal sie vom Gesetz auch sonst in Kauf genommen wird (§§ 1617 ff.); überdies ist sie zwangsläufige Folge instabiler Familienverhältnisse.[82] Deshalb hat das mit der Einbenennung verfolgte Ziel der Herstellung von Namenseinheit an Bedeutung verloren.[83] Andererseits ist auch die **Kontinuität der Namensführung** des Kindes ein wesentlicher Kindeswohlaspekt, welche geradezu ein Leitmotiv der Regelung darstellt.[84] Deren Bedeutung reicht weit über das Kindesalter hinaus und darf daher nicht allein aus der Perspektive der aktuellen familiären Situation beurteilt werden; es genügt demnach nicht, dass die Einbenennung der Integration des Kindes bloß förderlich ist,[85] oder, dass umgekehrt die Namensverschiedenheit dem Kind bloße Unannehmlichkeiten bereitet.[86] Bei alledem ist zudem zu berücksichtigen, dass ein Scheitern der Stiefehe häufig vorkommen kann[87] und das Kind dann wegen der eingetretenen Verfestigung seines durch Einbenennung erlangten Namens einem Namenswechsel seines bestimmungsbefugten Elternteils nicht folgen kann und daher zu keinem Elternteil mehr namensmäßig verbunden sein wird.[88] Als weiteres Argument hat die Rspr. den Normzweck der **Bewahrung des Namensbandes** zwischen dem nicht bestimmungsbefugten Elternteil und dem Kind angeführt, weil dieses der für das Kindeswohl

---

[75] *Henrich/Wagenitz/Bornhofen* Rn. 56, 32; *Bamberger/Roth/Enders* Rn. 5.2; allgemein zur Zuständigkeit des Betreuers zur Erteilung familienrechtlicher Zustimmungen *v. Sachsen Gessaphe* Betreuer S. 144 f.; aA FamRefK/ *Wax* Rn. 5.
[76] *Henrich/Wagenitz/Bornhofen* Rn. 57; implizit *Staudinger/Coester* (2007) Rn. 35 iVm. § 1617 Rn. 30.
[77] Zu § 3 NamensÄndG hatte das BVerwG auf die bloße Förderlichkeit abgestellt, zB BVerwGE 100, 148 = NJW 1996, 2247; zusammenfassend zum Streitstand in der damaligen Rspr. der VGe, VG Düsseldorf NJW 1999, 1730, 1732; dazu auch *Gaaz* FPR 2002, 125, 126.
[78] BGH NJW 2002, 300 = FamRZ 2002, 94; FPR 2002, 267 = FamRZ 2002, 1330; FPR 2002, 411 = FamRZ 2002, 1331; NJW 2005, 1779 = FamRZ 2005, 889.
[79] Dazu und zum Folgenden BGH NJW 2002, 300 = FamRZ 2002, 94; FPR 2002, 267 = FamRZ 2002, 1330; FPR 2002, 411 = FamRZ 2002, 1331; NJW 2005, 1779 = FamRZ 2005, 889.
[80] Bestätigend zB OLG Hamm BeckRS 2011, 07429; kritisch zu dieser Formulierung, da diese über der Schwelle der Erforderlichkeit liege, jedoch OLG Naumburg FGPrax 2001, 240; *Staudinger/Coester* (2007) Rn. 27.
[81] OLG Koblenz FamRZ 2009, 439; OLG Hamm FamRZ 2004, 1748, 1749; OLG München NJW-RR 2000, 667 f.; vgl. auch OLG Bamberg OLGR Bamberg 2000, 352; OLG Nürnberg NJWE-FER 2000, 279 f. = FamRZ 2001, 49 (LS); OLG Saarbrücken ZfJ 2000, 437 f.; *Oelkers/Kreutzfeldt* FamRZ 2000, 645; *Bamberger/ Roth/Enders* Rn. 9.1.; *Pieper* FuR 2003, 394, 397.
[82] In diese Richtung auch BGH NJW 2002, 300 = FamRZ 2002, 94; FPR 2002, 411 = FamRZ 2002, 1331; OLG Bremen FamRZ 2010, 1816, 1817; s. auch *Pieper* FuR 2003, 394, 396 f.
[83] Ähnlich OLG Bremen FamRZ 2010, 1816, 1817; OLG Düsseldorf FamRZ 2000, 691 f. und 1182; OLG Braunschweig StAZ 2000, 16; OLG Hamm FamRZ 1999, 1380 f.; VG Berlin FamRZ 2001, 571, 572; *Oelkers/ Kreutzfeldt* FamRZ 2000, 645, 648 mwN; *Schmitz/Bauer* StAZ 2001, 99, 104; *Palandt/Diederichsen* Rn. 18.
[84] OVG Brandenburg FamRZ 2004, 1399, 1401; ähnlich OLG Bremen FamRZ 2010, 1816, 1817.
[85] Ausdrücklich BGH FPR 2002, 411 = FamRZ 2002, 1331.
[86] BGH FPR 2002, 267 = FamRZ 2002, 1330.
[87] Zweitehen weisen für mindestens einen Partner weise gegenüber Erstehen ein um 38% höheres Scheidungsrisiko auf, *Wagner/Weiß* ZfSoz 32 (2003), 29, 39 ff., Statistik S. 41; s. a. Erl. Rn. 31.
[88] OLG Düsseldorf FamRZ 2000, 691 f. und 1182; ähnlich OLG Bremen FamRZ 2010, 1816, 1817.

wichtigen Aufrechterhaltung der Beziehung zwischen beiden diene, vor allem wenn der Kontakt zu diesem Elternteil weitgehend abgebrochen sei und durch die Einbenennung als nach außen sichtbarer endgültiger Ablösung von ihm verfestigt würde.[89] Da eine **additive** Einbenennung das Namensband bewahrt, stellt sie sich gegenüber einer **substituierenden** als das weniger stark eingreifende Mittel dar; sofern eine additive Einbenennung in Betracht kommt, ist die Erforderlichkeit einer substituierenden daher stets abzulehnen (Rn. 23).[90] Seit der Reform durch das KindRVerbG erfasst das Einwilligungserfordernis indes auch Fälle, in denen dem nicht bestimmungsbefugten Elternteil die Mitsorge über das Kind zusteht, ohne dass zwischen beiden Namensidentität bestehen müsste. Doch selbst bei **fehlender Namensidentität** des nicht bestimmungsbefugten Elternteils mit seinem Kind ist die **Eingriffsschwelle nicht geringer**:[91] Zwar versagt dann das Argument der Namensidentität, doch bleibt das Interesse des Kindes an der Kontinuität seines Namens ein beachtlicher Abwägungsfaktor, zu welchem noch das **Mitsorgerecht** des nicht bestimmungsbefugten Elternteils hinzutritt.[92] Die **Beweislast** für das Vorliegen der Voraussetzungen der Einwilligungsersetzung trägt derjenige Elternteil, der die Einbenennung beantragt, so dass nicht der andere seine Verweigerung zu rechtfertigen hat.[93]

In der **Rspr.** finden sich zur Umschreibung der Erforderlichkeit ständig wiederkehrende Formulierungen, die allzu vage sind und daher erst in ihrer Konkretisierung an Hand der Einzelfallumstände (dazu Rn. 24 ff.) Gestalt erhalten:[94] Die Einwilligungsersetzung sei nur dann erforderlich, wenn anderenfalls schwerwiegende Nachteile für das Kind zu befürchten wären, oder positiv ausgedrückt, wenn die Einbenennung zumindest einen so erheblichen Vorteil für das Kind darstelle, dass ein verständig und das Wohl seines Kindes besorgter Elternteil nicht auf der Erhaltung des Namensbandes bestehen würde.[95] Die Namensverschiedenheit zur Stieffamilie müsse über bloße Unannehmlichkeiten hinaus eine **außerordentliche Belastung** für das Kind darstellen.[96] Die Bezugnahme auf das Kindeswohl zwinge zur Berücksichtigung der Bindungen des Kindes an den anderen Elternteil, weshalb eine Einbenennung ausscheide, wenn zwischen dem Kind und dem leiblichen Vater eine **tragfähige Beziehung** bestehe.[97] Das solcherart konkretisierte Kriterium der Erforderlichkeit der Einbenennung bedeutet eine hohe Schwelle für eine Ersetzungsentscheidung, weshalb eine solche nur bei Vorliegen besonders schwerwiegender Einzelfallumstände, welche über das bloße Faktum der Namensverschiedenheit in der Stieffamilie hinausgehen, zu treffen ist. Das Wohl des Kindes müsse die Änderung des Familiennamens auch bei angemessener Berücksichtigung der für die Beibehaltung des bisherigen Namens sprechenden Gründe gebieten.[98] Welche Anforderungen hierbei zu stellen sind, bestimmt sich auch nach dem Gewicht der jeweils im Einzelfall entgegenstehenden Belange.

bb) Verhältnis der Einbenennungsvarianten. Im Hinblick auf den Parameter der Erforderlichkeit erscheint die **substituierende** Einbenennung gegenüber der **additiven** als der schwerwiegendere Eingriff in das Recht des nicht bestimmungsbefugten Elternteils sowie des Interesses des Kindes an Namenskontinuität und Aufrechterhaltung seiner Bindungen zu diesem Elternteil.[99] Gerade bei Namensidentität mit dem nicht bestimmungsbefugten Elternteil zerschneidet erstere das Namensband zu diesem vollständig, während letztere dem Kind die namensmäßige Identifikation und Zuordnung zu beiden Elternteilen gestattet und keinem von beiden ein völliges namensmäßiges Zurücktreten abverlangt.[100] Doch auch bei fehlender Namensidentität ist zu beachten, dass die

---

[89] BGH NJW 2002, 300, 301 = FamRZ 2002, 94, 95; NJW 2005, 1779, 1780 = FamRZ 2005, 889, 890.
[90] BGH NJW 2002, 300, 301 = FamRZ 2002, 94, 95; OLG Brandenburg BeckRS 2009, 18751; OLG Köln FamRZ 2006, 1872 (LS.) = BeckRS 2006, 09821; näher Erl. Rn. 23.
[91] Ebenso *Bamberger/Roth/Enders* Rn. 13; aA OLG Bamberg NJW-RR 2008, 1243.
[92] OLG Rostock MDR 2007, 592.
[93] OLG Köln FamRZ 2006, 1872 (LS.) = BeckRS 2006, 09821; OLG Brandenburg BeckRS 2009, 18751.
[94] Kritisch auch *Staudinger/Coester* (2007) Rn. 27.
[95] BGH NJW 2002, 300, 301 = FamRZ 2002, 94, 95.
[96] BGH NJW 2002, 300, 301 = FamRZ 2002, 94, 95; OLG Rostock MDR 2007, 592; OLG Naumburg OLGR Naumburg 2006, 392.
[97] OLG Naumburg OLGR Naumburg 2006, 392; OLG München FPR 2003, 139; OVG Brandenburg FamRZ 2004, 1399, 1402; *Palandt/Diederichsen* Rn. 18.
[98] BVerwGE 116, 28 = NJW 2002, 2406 = FamRZ 2002, 1104; OVG Brandenburg FamRZ 2004, 1399, 1401.
[99] Im Ergebnis ebenso BGH NJW 2002, 300, 301 = FamRZ 2002, 94, 95; FPR 2002, 267 = FamRZ 2002, 1330; OLG Bremen FamRZ 2010, 1816; OLG Brandenburg BeckRS 2009, 18751; OLG Köln FamRZ 2006, 1872 (LS) = BeckRS 2006, 09821; FamRZ 2003, 630; OLG Stuttgart NJW-RR 2004, 1447; ebenso *Staudinger/ Coester* (2007) Rn. 28; *Palandt/Diederichsen* Rn. 18; NK-BGB/*Löhnig/Czeguhn* Rn. 12; aA *Bamberger/Roth/Enders* Rn. 9, 9.3.
[100] OLG Stuttgart NJW-RR 2004, 1447, 1448.

§ 1618 24   Abschn. 2. Titel 4. Rechtsverhältnis zw. den Eltern u. dem Kind

ersetzende Einbenennung für das Kind eine völlige Namensänderung bewirkt, während ihm sein bisheriger Name bei einer additiven zumindest teilweise erhalten bleibt. Allerdings ist im Antrag auf substituierende Einbenennung derjenige auf additive nicht als minus enthalten, vielmehr handelt es sich dabei um ein **aliud,** weshalb das Gericht nicht aus Gründen der Erforderlichkeit von sich aus die fehlende Zustimmung zu einer nicht beantragten additiven Einbenennung ersetzen kann.[101] Freilich kann und muss es im Rahmen seiner Verpflichtung, auf eine gütliche Einigung hinzuwirken (Rn. 27), die Beteiligten regelmäßig auf die Alternative einer additiven statt der beantragten substituierenden Einbenennung hinweisen,[102] umso mehr, wenn der andere Elternteil mit dieser Kombinationslösung einverstanden wäre.[103] Gehen der bestimmungsbefugte Elternteil und dessen Ehegatte nicht darauf ein, so wird das FamG die beantragte Einwilligungsersetzung regelmäßig wegen des weniger eingreifenden Mittels der bloß additiven Einbenennung abzulehnen haben, sofern nicht gewichtige Gründe für eine substituierende sprechen.[104] Vorbeugend kann der auf eine substituierende Einbenennung gerichtete Ersetzungsantrag mit einem auf eine additive gerichteten Hilfsantrag verbunden werden.[105] Ein Automatismus zu Gunsten der additiven Einbenennung ist damit indes nicht verbunden, denn auch diese muss für das Kindeswohl erforderlich sein; so kann sie daran scheitern, dass die durch das Verhalten des bestimmungsbefugten Elternteils gefährdete Bindung des Kindes zum anderen Elternteils zusätzlich geschwächt würde.[106]

24   **cc) Einzelkriterien.** Ein wichtiger Abwägungsfaktor ist das gegenwärtige und zu prognostizierende Bestehen einer tragfähigen **Beziehung zwischen nicht bestimmungsbefugtem Elternteil und Kind,**[107] zumal deren Aufrechterhaltung verfassungsrechtlich geschützt ist (Rn. 6). Besonderes Gewicht kommt dabei einem vorbestehenden Namensband als äußerem Zeichen dieser Beziehung zu. Das Fehlen einer hinreichenden Beziehung zum anderen Elternteil allein genügt indes nicht, um die Erforderlichkeit der Einbenennung zu begründen.[108] Hierfür spielen vielmehr das persönliche Verhalten gegenüber dem Kind sowie die Regelmäßigkeit der Unterhaltsleistungen eine Rolle. Der tatsächliche Abbruch der Umgangskontakte muss nachweislich auf den nicht bestimmungsbefugten Elternteil zurückgehen[109] und sich als ein Zeichen von Desinteresse darstellen,[110] der Wunsch nach Erhaltung des Namensbandes lediglich vorgeschoben sein;[111] das ist nicht der Fall, wenn dabei eine Blockadehaltung des bestimmungsbefugten Elternteils[112] oder des Kindes selbst[113] eine Rolle spielt und der andere Elternteil sich um Kontakte bemüht hatte.[114] Die Einbenennung darf gerade nicht zu einer weiteren Abschwächung letzter noch bestehender Kontakte zum anderen Elternteil führen.[115] Die kontinuierliche Nichterfüllung der Unterhaltspflichten indiziert eine fehlerhafte Einstellung des anderen Elternteils zum Kind,[116] sofern sie nicht auf dessen Leistungsunfähigkeit zurück-

---

[101] BGH FPR 2002, 267 = FamRZ 2002, 1330; NJW 2005, 1779, 1781 = FamRZ 2005, 889, 891.
[102] BGH FPR 2002, 267, 268 = FamRZ 2002, 1330, 1331 (hier wegen negativer Haltung der Antragstellerin verneint); s. auch OLG Stuttgart NJW-RR 2004, 1447.
[103] Für eine solche Praxis auch *Diederichsen* NJW 1998, 1977, 1982.
[104] OLG Celle FamRZ 1999, 1374 f.; OLG Rostock FamRZ 2000, 695 f.; in diese Richtung auch die in Fn. 99 zit. Entscheidungen.
[105] OLG Stuttgart NJW-RR 2004, 1447; *Staudinger/Coester* (2007) Rn. 28.
[106] BGH FPR 2002, 267, 268 = FamRZ 2002, 1330, 1331.
[107] OLG Naumburg OLGR Naumburg 2006, 392; OLG Köln FamRZ 2006, 1872 (LS.) = BeckRS 2006, 09821; OLG München FPR 2003, 139; *Palandt/Diederichsen* Rn. 18; näher dazu *Staudinger/Coester* (2007) Rn. 30.
[108] BGH NJW 2002, 300, 301 = FamRZ 2002, 94, 95; FPR 2002, 267 = FamRZ 2002, 1330; dem folgend OLG Hamm BeckRS 2011, 07429; OLG Brandenburg BeckRS 2009, 18751; OLG Köln BeckRS 2006, 09821; OLG Naumburg OLGR Naumburg 2006, 392; dazu *Gaaz* FPR 2002, 125, 132.
[109] OLG Köln BeckRS 2006, 09821.
[110] OLG Köln BeckRS 2006, 09821; OLG Naumburg OLGR Naumburg 2006, 392; OVG Brandenburg FamRZ 2004, 1399, 1402.
[111] OLG Naumburg OLGR Naumburg 2006, 392; OVG Brandenburg FamRZ 2004, 1399, 1402; VG Aachen BeckRS 2006, 25308.
[112] BGH FPR 2002, 267, 268 = FamRZ 2002, 1330, 1331; OLG Oldenburg FamRZ 2000, 693 f.; OLG Hamm FamRZ 1999, 736; FamRZ 1999, 1380 f.; OLG Nürnberg NJW-RR 1999, 1450 f. = FamRZ 1999, 1379 f.; zu letzterem auch OLG Stuttgart FuR 2000, 266 f.; anders wohl OLG Dresden FamRZ 1999, 1378 f.; wie hier auch *Oelkers/Kreutzfeldt* FamRZ 2000, 645, 648; *Willutzki* KindPrax 2000, 76, 78; *Staudinger/Coester* (2007) Rn. 30.
[113] OLG Naumburg OLGR Naumburg 2006, 392.
[114] BGH FPR 2002, 411, 412 = FamRZ 2002, 1331, 1332; OLG Naumburg OLGR Naumburg 2006, 392.
[115] BGH NJW 2002, 300 = FamRZ 2002, 94; FPR 2002, 267 = FamRZ 2002, 1330; FPR 2002, 411 = FamRZ 2002, 1331; NJW 2005, 1779 = FamRZ 2005, 889; dem folgend etwa OLG Hamm BeckRS 2011, 07429.
[116] OLG Oldenburg FamRZ 2000, 694 = EzFamR aktuell 2000, 69 ff.; einschränkend OLG Düsseldorf FamRZ 2000, 691 f. und 1182; vgl. auch die in Fn. 117 zit. Entscheidungen.

Einbenennung 25 § 1618

geht.[117] Der bloße Wunsch des bestimmungsbefugten Elternteils, sich endgültig von seinem früheren Leben abzugrenzen, ist für sich genommen kein tragfähiges Argument;[118] die Ablehnung einer vom anderen Elternteil konsentierten additiven statt der beantragten ersetzenden Einbenennung seitens des bestimmungsbefugten Elternteils deutet auf eine derartige Einstellung hin.[119] Überhaupt ist die Einwilligungsersetzung nicht dazu geeignet, den elterlichen Streit um das Kind fortzusetzen.[120]

Des Weiteren kommt es maßgeblich auf die **Interessenlage des Kindes** an. Zu berücksichtigen sind die Dauer und Intensität der faktischen Integration in die Stieffamilie,[121] aber auch deren noch nicht hinreichende Stabilität.[122] Dabei kann einerseits der langjährige faktische, aber unrechtmäßige Gebrauch des in der Stieffamilie geführten Namens die Erforderlichkeit der Einbenennung begründen,[123] andererseits die gelungene Integration in die Stieffamilie ohne Namensänderung deren Verneinung rechtfertigen.[124] Bei einem Kleinkind spielt die namensmäßige Integration in die Stieffamilie noch keine große Rolle, da es meist nur mit dem Vornamen angesprochen wird.[125] Gegen eine Einbenennung kann das Interesse des Kindes an Kennzeichnung seiner geographischen Herkunft und Abstammung sprechen.[126] Aus dem Namen resultierende außergewöhnliche Belastungen für das Kind können eine Einbenennung im Einzelfall legitimieren,[127] jedenfalls dann, wenn sie Krankheitswert erlangen;[128] allerdings reichen hierfür bloße Hänseleien im Kindergarten bzw. in der Schule[129] oder das bloße Unbehagen über die Namensverschiedenheit[130] nicht aus. Bei der Prüfung des Kindeswohles spielt der **Kindeswille** ebenfalls eine Rolle, doch ist dabei nach Alter und Reife des Kindes zu differenzieren,[131] wobei keine starren Altersgrenzen gezogen werden können;[132] vielmehr kommt es darauf an, inwieweit das Kind einerseits die Tragweite einer Namensänderung einzusehen vermag[133] und andererseits sein Wille gerade in der Konfliktsituation zwischen den Eltern nicht fremdbestimmt ist.[134] Der bloße Wunsch des bestimmungsbefugten Elternteils, seines neuen Ehegatten und des über fünfjährigen Kindes nach Einbenennung ist für sich allein indes unzureichend, da er von § 1618 ohnehin vorausgesetzt wird.[135] Dass die Namensverschiedenheit für das Kind unverständlich sei, zeige lediglich ein Versagen des bestimmungsbefugten Elternteils, dem Kind die Gründe hierfür zu erklären.[136]

---

[117] OLG Hamm FamRZ 1999, 736; FamRZ 1999, 1380 f.; ähnlich OLG Koblenz FamRZ 2000, 690; OLG Köln FamRZ 2006, 1872 (LS.) = BeckRS 2006, 09821; OVG Brandenburg 20. 11. 2003, 4 A 277/02 Tz. 55 (Juris), insoweit nicht abgedruckt in FamRZ 2004, 1399.
[118] BGH FPR 2002, 267, 268 = FamRZ 2002, 1330, 1331; OLG Oldenburg NJW 2000, 367 f. = FamRZ 1999, 1381 f.; bestätigend *Oelkers/Kreutzfeldt* FamRZ 2000, 645, 648.
[119] BGH NJW 2005, 1779, 1781 = FamRZ 2005, 889, 890.
[120] *Staudinger/Coester* (2007) Rn. 30.
[121] OLG Düsseldorf FamRZ 2000, 691 f. und 1182; *Oelkers/Kreutzfeldt* FamRZ 2000, 645, 648.
[122] OLG Bremen FamRZ 2010, 1816, 1817 (neue Ehe dauert erst 17 Monate, davor bereits Trennung der jetzigen Ehegatten).
[123] OLG Koblenz NJWE-FER 2000, 112 = FamRZ 2000, 692.
[124] BGH FPR 2002, 411, 412 = FamRZ 2002, 1331, 1332; kritisch dazu *Staudinger/Coester* (2007) Rn. 32; zur Irrelevanz der bloßen Namensverschiedenheit des Kindes in der Stieffamilie s. auch Rn. 21.
[125] OLG Bremen FamRZ 2010, 1816.
[126] OLG Frankfurt EzFamR aktuell 2000, 230 = NJWE-FER 2000, 205 (Kind russischer Einwanderer).
[127] OLG Bamberg 2. 2. 2000, 2 UF 327/99 (Juris): Psychische Belastungen wegen Ähnlichkeit des Namens mit Tierbezeichnung.
[128] BGH NJW 2005, 1779, 1781 = FamRZ 2005, 889, 890.
[129] BGH FPR 2002, 267 = FamRZ 2002, 1330, 1331; OLG Brandenburg NJOZ 2003, 112, 114 = FamRZ 2003, 631 (LS); OVG Brandenburg FamRZ 2004, 1399, 1401.
[130] BGH NJW 2002, 300, 301 = FamRZ 2002, 94, 95; OLG Rostock MDR 2007, 592; OLG Naumburg OLGR Naumburg 2006, 392; OLG Hamm FamRZ 2004, 1748, 1749.
[131] Zweifel an hinreichender Ernsthaftigkeit des Kindeswillens etwa in OLG Rostock FamRZ 2000, 695 f. (10-jähriges Kind); OLG Oldenburg NJW 2000, 367 f. = FamRZ 1999, 1381 f. (Kinder unter zwölf Jahren); OLG Brandenburg NJOZ 2003, 112, 114 = FamRZ 2003, 631 (LS); ebenso *Oelkers/Kreutzfeldt* FamRZ 2000, 645, 648.
[132] Ebenso *Staudinger/Coester* (2007) Rn. 34.
[133] OLG Stuttgart NJW-RR 2004, 1447, 1448; OLG Brandenburg NJOZ 2003, 112, 114; OLG Köln FamRZ 2002, 637.
[134] OLG München NJW-RR 2000, 667 f.; OLG Köln FamRZ 2002, 637; OLG Brandenburg NJOZ 2003, 112, 114; OLG Hamm FamRZ 2004, 1748, 1749; VG Freiburg BeckRS 2005, 20270.
[135] BGH FPR 2002, 267 = FamRZ 2002, 1330, 1331.
[136] BGH FPR 2002, 267 = FamRZ 2002, 1330, 1331; NJW 2005, 1779, 1780 = FamRZ 2005, 889; OLG Brandenburg NJOZ 2003, 112, 114; OLG Köln BeckRS 2006, 09821; OLG Naumburg OLGR Naumburg 2006, 392.

26 In die Abwägung einzubeziehen ist überdies, inwieweit die Einbenennung die **Namenseinheit zu Geschwistern** tangiert, indem sie die vorbestehende zu leiblichen Geschwistern aufhebt[137] oder umgekehrt die zu Halb- oder Stiefgeschwistern in der neuen Familie erst begründet, doch genügt dies allein nicht zur Begründung der Erforderlichkeit der Einbenennung.[138]

27 **dd) Verfahren.** Das FamG entscheidet über die Einwilligungsersetzung als Kindschaftssache iSd. §§ 111 Nr. 2, 151 Nr. 1 FamFG. Die sachliche Zuständigkeit richtet sich nach § 23a Abs. 1 Nr. 1 GVG, die örtliche nach § 152 FmFG; funktional zuständig ist der Rechtspfleger.[139] Das Verfahren wird durch **Antrag** eingeleitet,[140] welcher den Verfahrensgegenstand festlegt, weshalb das Gericht nicht die Einwilligung statt zu einer substituierenden bloß zu einer additiven Einbenennung ersetzen kann (Rn. 23). Im Ersetzungsverfahren sind das Kind (§ 159 FamFG), die Eltern (§ 160 FamFG) sowie das Jugendamt (§ 162 Abs. 1 FamFG) anzuhören, erstere wegen § 26 FamFG grundsätzlich persönlich, um sich einen unmittelbaren Eindruck zu verschaffen,[141] sonst liegt ein schwerer Verfahrensfehler vor.[142] Der neue Ehegatte des einbenennenden Elternteils ist zwar nicht Beteiligter,[143] sollte aber zur Sachverhaltsaufklärung gem. § 26 FamFG gleichwohl persönlich angehört werden.[144] Ein Interessengegensatz zwischen nicht konsentierendem Elternteil und Kind ist bei der Ersetzungsentscheidung nahe liegend, so dass dem Kind dann ein **Verfahrenspfleger** zu bestellen ist (§ 158 Abs. 2 Nr. 1 FamFG).[145] Das FamG hat auf eine einvernehmliche Lösung hinzuwirken (§ 156 FamFG).[146] Die Entscheidung setzt nach § 26 FamFG eine eingehende Ermittlung und Abwägung der relevanten Umstände (Rn. 21 ff.) voraus und ist zu begründen.[147] Rechtsmittel ist die Beschwerde nach § 58 Abs. 1 FamFG. Das Kind hat kein eigenes Beschwerderecht gegen die ablehnende Entscheidung.[148]

28 **2. Einwilligung des Kindes.** Da die Einbenennung zu einem Namenswechsel des Kindes führt, verweist § 1618 S. 3 Halbs. 2, S. 6 zum Schutz des Persönlichkeitsrechts des Kindes, welches das fünfte Lebensjahr vollendet hat, an seinem bisherigen Namen auf den Anschlussmechanismus des § 1617c. Für die danach erforderliche Einwilligung des Kindes gelten die Ausführungen hierzu entsprechend (§ 1617c Rn. 7 ff.), eine gerichtliche Ersetzung ist nicht möglich.

V. Wirksamwerden und Wirkungen

29 **1. Wirksamwerden.** Die Namenserteilung wird mit Zugang der letzten der hierzu erforderlichen, formgerechten Erklärungen und Zustimmungen beim zuständigen Standesamt wirksam; bis dahin können die Erklärungen noch widerrufen werden. Die Eintragung im Geburtenregister (§ 21 Abs. 1 Nr. 1 PStG) hat nur deklaratorische Bedeutung; eine nachweislich unrichtige Eintragung kann unter den Voraussetzungen der §§ 47 f. PStG berichtigt werden.

30 **2. Wirkungen. a) Grundsatz.** Bei Vorliegen aller Voraussetzungen tritt der Erwerb des erteilten Ehenamens mit Wirkung *ex nunc* ein. Bei substituierender Einbenennung erwirbt das Kind diesen zum Geburtsnamen unter Verlust seines bisher geführten Geburtsnamens, bei bloß additiver hingegen tritt der Ehename als Begleitname (Rn. 16) zum bisherigen Geburtsnamen hinzu. Hatte das Kind jedoch bei Einbenennung noch keinen Namen (Rn. 11 f.), so erwirbt es mit dieser **originär** einen neuen Namen;[149] eine additive Einbenennung scheidet dann mangels beizubehaltenden

---

[137] OLG Koblenz FamRZ 2000, 690; OLG Köln FamRZ 1999, 734.
[138] OLG Celle NJW-RR 2000, 667; OLG Dresden FamRZ 1999, 1378 f.; OLG Köln BeckRS 2006, 09821.
[139] BGH NJW 2002, 300, 301; *Hepting* Rn. V-905, wenngleich kritisch dazu; kritisch auch *Willutzki* KindPrax 2000, 76, 78; es besteht kein Richtervorbehalt bei gemeinsamer Sorge, entgegen *Lang* FPR 2010, 23, 27, unter fälschlicher Berufung auf *Heistermann* FamRZ 2003, 279, 280; dem folgend *Bamberger/Roth/Enders* Rn. 14.
[140] OLG Stuttgart FamRZ 1999, 1375 f.; *Henrich/Wagenitz/Bornhofen* Rn. 70.
[141] Noch zum FGG: OLG Saarbrücken FamRZ 2009, 1334; OLG Oldenburg FamRZ 2000, 693 f.; OLG Bamberg NJW-RR 2000, 600; OLG Karlsruhe FamRZ 2004, 831; OLG Frankfurt OLGR Frankfurt 2006, 69; näher dazu *Oelkers/Kreutzfeldt* FamRZ 2000, 645, 646.
[142] Noch zum FGG: OLG Saarbrücken FamRZ 2009, FamRZ 2009, 1334; OLG Frankfurt OLGR Frankfurt 2006, 69; OLG Hamm FamRZ 2004, 1748, 1749.
[143] OLG Brandenburg FamRZ 2002, 1059.
[144] *Bamberger/Roth/Enders* Rn. 14; aA NK-BGB/*Löhnig/Czeguhn* Rn. 13 unter fälschlicher Berufung auf OLG Brandenburg FamRZ 2002, 1059; noch zum FGG wie hier: *Klüsener* Rpfleger 2002, 233, 239; *Henrich/Wagenitz/Bornhofen* Rn. 71.
[145] Zum FGG: OLG Rostock FamRZ 2000, 695 f.; *Oelkers/Kreutzfeldt* FamRZ 2000, 645, 646 mwN.
[146] Zum FGG ebenso OLG Naumburg OLGR Naumburg 2001, 14 f.; *Staudinger/Coester* (2007) Rn. 37.
[147] OLG Rostock FamRZ 2000, 695 f.; OLG Naumburg OLGR Naumburg 2001, 14 f.
[148] OLG Nürnberg NJWE-FER 2000, 279 f. = FamRZ 2001, 49 (LS); OLG Brandenburg BeckRS 2009, 18751.
[149] *Staudinger/Coester* (2007) Rn. 6; *Henrich/Wagenitz/Bornhofen* Rn. 9, 74; s. a. Erl. § 1617a Rn. 16.

Kindesnamens aus. Die Einbenennung hat wegen ihres höchstpersönlichen Charakters für jedes von mehreren Kindern gesondert zu erfolgen, so dass es zur **Namensverschiedenheit von Geschwistern** kommen kann, insbes. wenn eines seine erforderliche Einwilligung nicht erteilt; § 1617 Abs. 1 S. 3 gilt nicht entsprechend.

b) Spätere Änderungen. aa) Bei substituierender Einbenennung nimmt der Kindesname an Änderungen des stiefelterlichen Ehenamens teil (§ 1617c Abs. 2 Nr. 1). Ansonsten ist die Verknüpfung des Kindesnamens mit dem aus dem Geburtsnamen des Stiefelternteils abgeleiteten Ehenamen **unwandelbar;** Änderungen des elterlichen Bezugsnamens bei Auseinanderbrechen der Stieffamilie ermöglichen nach dem Regelungssystem der § 1617a Abs. 2, §§ 1617b, 1617c keine Neubestimmung des Kindesnamens (vgl. § 1617c Rn. 15 ff.).[150] Problematisch erscheint dies insbes. dann, wenn der Elternteil nach Auflösung der Stiefehe durch Scheidung oder Tod seines Ehegatten nach § 1355 Abs. 5 zu einem früher geführten Namen zurückkehren will (vgl. § 1617c Rn. 16 f.). Nach der gesetzlichen Regelung kann das Kind diesem Namenswechsel nicht folgen: Zu einer neuerlichen Namensbestimmung kann es nur durch erneute Eheschließung des Elternteils kommen, sei es mit dem anderen Elternteil nach Maßgabe des § 1617c Abs. 1, sei es mit einem Dritten mit nachfolgender Einbenennung (Rn. 33); als letzter Ausweg bleibt die öffentlichrechtliche Namensänderung (Rn. 34).[151] Dieser **Ausschluss einer Rückbenennung** ist zwar unbefriedigend, denn er kann dazu führen, dass das Kind nach Scheitern der Stiefehe an einem Namen festgehalten wird, den keiner der Eltern und Vollgeschwister mehr trägt (s. a. § 1617c Rn. 16). Und die spätere Auflösung von Stieffamilien ist eine durchaus nahe liegende Möglichkeit, denn sie weisen tendenziell eine erhöhte Instabilität auf (Rn. 21). Die unliebsame Regelung kann allerdings nicht dadurch umgangen werden, dass man eine nach Auflösung der Stiefehe erfolgende Namensänderung des bestimmungsbefugten Elternteils, von dem das Kind seinen Namen vor dieser Ehe abgeleitet hatte, trotz der Einbenennung nach § 1617c Abs. 2 Nr. 2 entgegen dessen eindeutigem Wortlaut auf den Kindesnamen überwirken lässt.[152] Eine solche Differenzierung danach, ob das Kind ursprünglich den Namen des bestimmungsbefugten (nachziehende Einbenennung) oder des anderen Elternteils (ersetzende Einbenennung) getragen hat, um wenigstens in der ersten Fallgruppe ein Nachziehen des Kindes über § 1617c Abs. 2 Nr. 2 zu ermöglichen, findet im Gesetz keine Stütze.[153] Insbes. kann die frühere Rspr. des BayObLG, welche einen Anschluss des Kindes an eine derartige Namensänderung der Mutter für möglich erachtete,[154] nicht als Argument herangezogen werden, denn der Gesetzgeber des KindRG hat die von § 1617 Abs. 2, 3 aF abweichende Formulierung des § 1617c Abs. 2 in Kenntnis des früheren Meinungsstreits gewählt.[155] Der RA hat die im RegE noch weitergehenden Möglichkeiten einer Nachfolge des Kindes in Namensänderungen des bestimmungsbefugten Elternteils bewusst im Interesse der Namenskontinuität des ersteren beschnitten, und dieser Gedanke hat auch in § 1618 zu Modifizierungen gegenüber dem ursprünglichen Entwurf geführt.[156] *De lege lata* ist der durch Einbenennung erworbene Kindesname also nicht durch eine einseitige Namensänderung des bestimmungsbefugten Elternteils abänderbar, wenngleich hier *de lege ferenda* eine Änderung wünschenswert wäre; in Ausnahmefällen bleibt nur die Möglichkeit einer öffentlichrechtlichen Namensänderung (s. Rn. 34).[157]

bb) Bei additiver Einbenennung hat das Kind einen aus seinem früheren Geburtsnamen und dem durch Einbenennung erlangten Ehenamen zusammengesetzten unechten Doppelnamen. Änderungen des Bezugsnamens erstrecken sich jeweils nur auf denjenigen Teilnamen, der vom geänderten Bezugsnamen abgeleitet ist. Ist dies der durch Einbenennung erlangte Ehename, so erfolgt die Erstreckung nach § 1617c Abs. 2 Nr. 1. Ändert sich hingegen der für den fortgeführten

---

[150] Ausdrücklich BGHZ 157, 277 = NJW 2004, 1108 = LMK 2004, 66 m. abl. Anm. *Coester*.
[151] BGHZ 157, 277 = NJW 2004, 1108 = LMK 2004, 66 m. abl. Anm. *Coester*; OLG Frankfurt StAZ 2005, 201 = FamRZ 2005, 1927 (LS); OLG Hamm FGPrax 2002, 176 = FamRZ 2002, 1731; OLG Oldenburg FamRZ 2000, 693 f. (obiter dictum); VG Hamburg BeckRS 2005, 24368; *Schmitz/Bauer* StAZ 2001, 99, 105; *Wagenitz* FamRZ 1998, 1545, 1550; *Palandt/Diederichsen* Rn. 26; *Lipp/Wagenitz* Rn. 22; *Henrich/Wagenitz/Bornhofen* Rn. 74; *Bamberger/Roth/Enders* Rn. 20; wohl auch *Gaaz* FPR 2002, 125, 132 f.; aA OLG Dresden StAZ 2000, 341; *Staudinger/Coester* (2007) Rn. 42 ff. mwN; dem folgend *Zwißler* FPR 2004, 64, 67.
[152] So aber OLG Dresden StAZ 2000, 341 ff., mit unhaltbarer Begründung; *Staudinger/Coester* (2007) Rn. 42 ff.; dem folgend *Zwißler* FPR 2004, 64, 67.
[153] So aber *Staudinger/Coester* (2007) Rn. 44 f.
[154] BayObLG NJW-RR 1998, 220 ff. = BayObLGZ 1997, 253 ff. = FamRZ 1998, 316 ff. mwN zum damaligen Streitstand.
[155] Ähnlich LG Fulda FamRZ 2000, 689; wie hier *Henrich/Wagenitz/Bornhofen* Rn. 74; *Gaaz* FPR 2002, 125, 132 f.; im Ergebnis ebenso *Lipp/Wagenitz* Rn. 22; *Palandt/Diederichsen* Rn. 26.
[156] Dazu RA BT-Drucks. 13/8511 S. 73 f.; § 1617c Rn. 16 f.
[157] Ebenso BGHZ 157, 277, 282 = NJW 2004, 1108, 1109.

§ 1618 33, 34 Abschn. 2. Titel 4. Rechtsverhältnis zw. den Eltern u. dem Kind

vormaligen Geburtsnamen maßgebliche Bezugsname, so ist danach zu differenzieren, auf welcher Grundlage dieser zum Kindesnamen geworden war: Bei Erwerb als Ehename (§§ 1616, 1617 c Abs. 1) ist eine Erstreckung nach § 1617c Abs. 2 Nr. 1 praktisch ausgeschlossen, da die Elternehe aufgelöst ist; bei Erwerb als individueller Familienname eines Elternteils (§§ 1617 bis 1617 b) ist § 1617c Abs. 2 Nr. 2 einschlägig.[158] Der nach § 1618 S. 2 Halbs. 1 hinzugefügte Ehename ist lediglich Begleitname (Rn. 16), der im Falle erneuter Einbenennung nach Halbs. 2 der Norm ohne weiteres dem dadurch hinzugefügten neuen Teilnamen weichen muss. Im Hinblick hierauf und auf die Widerrufsmöglichkeit des § 1355 Abs. 4 S. 4 erscheint es demgegenüber befremdlich, das Kind nach Auflösung der Stiefehe an diesem Begleitnamen festzuhalten, wenn keine erneute Einbenennung erfolgt ist. Aus dem Rechtsgedanken beider Vorschriften ist daher zu folgern, dass der sorgeberechtigte Elternteil dann die Hinzufügung des Begleitnamens widerrufen können; dieses Recht kann nicht dem Kind zustehen, da die §§ 1616 ff. das Namensbestimmungsrecht direkt oder indirekt den Eltern und nicht dem Kind zuweisen, dieses vielmehr auf Mitwirkungsrechte beschränkt ist.[159]

33 **cc) Durch erneute Einbenennung.** Dadurch, dass die Einbenennung als Grund einer Änderung des Kindesnamens aus dem Regelungsmechanismus des § 1617c Abs. 2 herausgenommen ist, kann auch eine erneute Einbenennung zu einem Namenswechsel des Kindes führen.[160] Bestätigt wird dies durch § 1618 S. 2 Halbs. 2 insoweit, als danach bei einer erneuten additiven Einbenennung der durch eine vormalige hinzugefügte Ehename durch den neuen als Begleitname ersetzt wird. Auf die Aufeinanderfolge zweier substituierender Einbenennungen lässt sich dies übertragen, so dass der zuerst erworbene Ehename durch die erneute Einbenennung verdrängt wird.[161] Die zweite Volleinbenennung setzt sich auch gegenüber dem unechten Doppelnamen aus einer früheren additiven Einbenennung durch, während der durch frühere Volleinbenennung erworbene Name bei einer nachfolgenden additiven Einbenennung fortgeführt und durch den neuen Ehenamen zum unechten Doppelnamen erweitert wird.[162] Schließlich ist es denkbar, dass nach Auflösung der Stiefehe ein Sorgerechtswechsel zum anderen Elternteil stattfindet und dieser dem Kind durch **gegenläufige Einbenennung** nun den Ehenamen aus seiner Ehe mit einem Dritten erteilt. Hier wird die mit dem Wegfall des § 1617b Abs. 2 idF des RegE (s. dort Rn. 1) zum Grundsatz gewordene Linie, den Kindesnamen nicht Wechseln der Sorgerechtszuständigkeit folgen zu lassen, erstaunlicherweise durchbrochen. Diese Durchbrechung ist zwangsläufige Folge der verfehlten Regelung des § 1617c Abs. 2 iVm. § 1618, welche Namenswechsel infolge Einbenennung aus der sonst restriktiven Erstreckungsregelung für Änderungen des Bezugsnamens herausnimmt. Bei wiederverheiratungsfreudigen Eltern wird kontinuierlichen Namenswechseln des Kindes bedingt dadurch entgegengewirkt, dass der andere Elternteil jedenfalls dem erstmaligen Verlust seines Bezugsnamens zuzustimmen hat, im Übrigen durch das Einwilligungserfordernis des älteren Kindes selbst.

VI. Weitere Fragen

34 **1. Zulässigkeit öffentlichrechtlicher Namensänderung.** Zwar ist eine öffentlichrechtliche Namensänderung im Anwendungsbereich der bürgerlichrechtlichen Namensvorschriften der §§ 1616 ff. nicht grundsätzlich ausgeschlossen (dazu § 1617c Rn. 27). Die Einbenennung eines Kindes durch einen Elternteil und dessen neuen Ehegatten, von dem das Kind nicht abstammt, ist indes durch § 1618 abschließend geregelt; ein Bedarf für eine öffentlichrechtliche Namensänderung zur Erzielung dieses Ergebnisses oder zur Korrektur der Regelung des § 1618 besteht somit grundsätzlich nicht.[163] Etwas anderes kann gelten, soweit die bürgerlichrechtliche Regelung einen Sachverhalt nicht erfasst, wie das BVerwG für Scheidungshalbwaisen anerkannt hat.[164] Die Zulässigkeit einer öffentlichrechtlichen Namensänderung stellt sich insbes. für die **Rückbenennung** einmal einbenannter Kinder infolge eines Namenswechsels des bestimmungsbefugten Elternteils nach Auflösung der Stiefehe; diese ist durch das Zusammenspiel der §§ 1618, 1617 c Abs. 2 Nr. 1 und 2 explizit

---
[158] *Staudinger/Coester* (2007) Rn. 46.
[159] Insoweit anders als *Staudinger/Coester* (2007) Rn. 48.
[160] Im Ergebnis ebenso *Palandt/Diederichsen* Rn. 27; *Coester* Jura 2007, 348, 353; *Henrich/Wagenitz/Bornhofen* Rn. 27.
[161] *Staudinger/Coester* (2007) Rn. 49.
[162] *Staudinger/Coester* (2007) Rn. 50; zu ersterem auch *Henrich/Wagenitz/Bornhofen* Rn. 27.
[163] Eingehend dazu OVG Münster FamRZ 2000, 698 f.; VG Hamburg BeckRS 2005, 24368; VG Düsseldorf NJW 1999, 1730, 1732; FamRZ 2000, 1183; VG Dresden StAZ 2000, 81, 83; *Gaaz* StAZ 1998, 241, 248; *Zwißler* FPR 2004, 64, 65; *Schmitz/Bauer* StAZ 2001, 99, 105; *Staudinger/Coester* (2007) Rn. 2; *Henrich/Wagenitz/Bornhofen* Rn. 61; *Bamberger/Roth/Enders* Rn. 1; *Pieper* FuR 2003, 394, 397 f.
[164] BVerwGE 116, 28 = NJW 2002, 2406 = FamRZ 2002, 1104; bestätigt BVerwG NJW 2002, 2410 = StAZ 2002, 244; näher dazu Erl. § 1617c Rn. 27.

Einbenennung 35–37 § 1618

ausgeschlossen (Rn. 31). Eine Korrektur dieser gesetzlichen Wertung kann grundsätzlich nicht über eine öffentlichrechtliche Namensänderung erreicht werden.[165] Gleichwohl muss dieser Weg in besonderen Härtefällen dieser Art, die von der aus der Namensverschiedenheit zum bestimmungsbefugten Elternteil resultierenden normalen Konfliktsituation erheblich abweichen, ausnahmsweise offen bleiben.[166] Es handelt sich dabei um eine Einzelfallentscheidung, bei welcher das Tatbestandsmerkmal des wichtigen Grundes im Lichte des § 1618 S. 4 auszulegen ist.[167] Allerdings wird sich die Rspr. des BVerwG zu Scheidungshalbweisen[168] hierauf übertragen lassen, so dass bei **Einwilligung** des anderen Elternteils und des über fünfjährigen Kindes eine **widerlegliche Vermutung** dafür spricht, dass die Namensänderung im Interesse des Kindeswohls erforderlich ist; Art. 6 Abs. 2 GG ist die Erwägung zu entnehmen, dass Eltern regelmäßig ihre Namensentscheidung am Kindeswohl ausgerichtet haben.[169] Einer von allen Beteiligten konsentierten Namensänderung stehen folglich bei der Rückbenennung eines vormals einbenannten Kindes keine ernsthaften Hürden mehr im Wege.

2. Bedeutung des Namens und sonstige Einzelfragen. Zur **Bedeutung** des durch Einbenennung erworbenen Ehenamens s. § 1616 Rn. 13. Enthält dieser eine ehemalige **Adelsbezeichnung**, so überträgt sich diese grundsätzlich mit auf das Kind, Vor § 1616 Rn. 13. Zur Namensführung von **Findelkindern** s. § 1616 Rn. 14. 35

3. Intertemporales Recht. Für vor dem 1. 7. 1998 geborene Kinder gilt die Übergangsvorschrift des Art. 224 § 3 EGBGB, wonach der zuvor erworbene Geburtsname bestehen bleibt, doch beurteilt sich die Änderung eines solchen Namens gem. Art. 224 § 3 Abs. 1 S. 2 EGBGB nach § 1618 idF des KindRG, wenn die Voraussetzungen für die Einbenennung nach dieser Vorschrift erst nach dem Stichtag erfüllt sind. Vgl. im Übrigen die Erl. zu § 1616 Rn. 15 f., Art. 224 EGBGB Rn. 3. 36

4. Internationales Privatrecht. Die Möglichkeit der Änderung des Kindesnamens durch Einbenennung und die Befugnis hierzu beurteilen sich in Fällen mit Auslandsberührung nach der Grundregel des Art. 10 Abs. 1 EGBGB nach dem Heimatrecht des Kindes, allerdings kann der Inhaber der elterlichen Sorge eine davon abweichende Rechtswahl nach Art. 10 Abs. 3 EGBGB treffen;[170] von besonderer Bedeutung ist dabei die Befugnis, über Art. 10 Abs. 3 Nr. 3 EGBGB sogar für eheliche Kinder das Heimatrecht des Stiefelternteils zu bestimmen.[171] Soweit die Einbenennung auf Grund eines Renvoi des nach Art. 10 Abs. 1 EGBGB berufenen Rechts oder einer abweichenden Rechtswahl nach Art. 10 Abs. 3 EGBGB nicht dem Heimatrecht des Kindes unterliegt, beurteilen sich notwendige Zustimmungen gem. Art. 23 EGBGB jedenfalls nach diesem Recht, hilfsweise nach deutschem Recht;[172] das gilt für die gerichtliche Ersetzung einer nötigen Einwilligung ebenfalls.[173] Ist deutsches Recht Kindesnamensstatut, so ist die Vorfrage nach dem Bestehen alleiniger oder gemeinsamer Sorge unselbständig anzuknüpfen[174] nach Art. 21 EGBGB, sofern keine in Deutschland anerkennungsfähige ausländische Sorgerechtsentscheidung vorliegt; bei Entscheidungen aus EU-Mitgliedsstaaten richtet sich dies nach der EheVO II.[175] In Ermangelung einer solchen Entscheidung beurteilt sich die elterliche Sorge mit Inkrafttreten des KSÜ für Deutschland zum 1. 1. 2011[176] freilich nach dessen Kollisionsnormen in Art. 16 ff.[177] Zur gesonderten Anknüpfung der Vorfrage, ob der bestimmungsbefugte Elternteil mit seinem Ehegatten einen Ehenamen führt, gelten die Ausführungen zum elterlichen Ehenamen sinngemäß (§ 1616 Rn. 18). 37

---

[165] VG Hamburg BeckRS 2005, 24368.
[166] BGHZ 157, 277, 282 = NJW 2004, 1108, 1109; VG Hamburg BeckRS 2005, 24368; VG Dresden StAZ 2000, 81, 83; VG Berlin FamRZ 2001, 571, 572; offengelassen von OVG Münster FamRZ 2000, 698 f.; grds. dafür *Gaaz* FPR 2002, 125, 132 f.; *Henrich/Wagenitz/Bornhofen* Rn. 62.
[167] VG Hamburg BeckRS 2005, 24368; VG Dresden StAZ 2000, 81, 83; anders noch VG Düsseldorf NJW 1999, 1730, 1732 (für Kindeswohl förderlich); NK-BGB/*Löhnig/Czeguhn* Rn. 22; *Henrich/Wagenitz/Bornhofen* Rn. 62.
[168] BVerwG NJW 2002, 2410 = StAZ 2002, 244; dazu § 1617c Rn. 27.
[169] Ebenso *Henrich/Wagenitz/Bornhofen* Rn. 62.
[170] Erl. Art. 10 EGBGB Rn. 130 f.; *Staudinger/Hepting* (2007) Art. 10 EGBGB Rn. 484 f., 487 f.
[171] Dazu BT-Drucks. 13/4899 S. 137, Erl. Art. 10 EGBGB Rn. 131.
[172] Beispiele dazu bei *Staudinger/Henrich* (2008) Art. 23 EGBGB Rn. 13 f.
[173] OLG Frankfurt EzFamR aktuell 2000, 230 = NJWE-FER 2000, 205.
[174] Erl. Art. 10 EGBGB Rn. 26; *v. Sachsen Gessaphe* IPR 3. Kap. E II 2 c; *Kropholler* IPR § 32 IV 2 b mwN; aA *Dutta* StAZ 2010, 193, 200; *Staudinger/Hepting* (2007) Art. 10 EGBGB Rn. 125; AnwK-BGB/*Mankowski* Art. 10 EGBGB Rn. 19; *Palandt/Thorn* Art. 10 EGBGB Rn. 2 mwN.
[175] Eingehend dazu *Dutta* StAZ 193, 194 ff.
[176] BGBl. 2010 II S. 1527.
[177] Dazu *Dutta* StAZ 2010, 193, 200 ff.

Nach § 1618 1   Abschn. 2. Titel 4. Rechtsverhältnis zw. den Eltern u. dem Kind

Zum Einfluss der europäischen Grundfreiheiten auf die Namensführung in Sachverhalten mit Bezug zum EU-Ausland, Erl. Art. 10 EGBGB Rn. 140 ff. Insgesamt dazu § 1616 Rn. 18 f., Erl. Art. 10 EGBGB, insbes. Rn. 130 f.

VII. Reformvorhaben und Würdigung

38 Die Vorschrift weist im Zusammenspiel mit den übrigen Namenserwerbstatbeständen **Ungereimtheiten** auf, welche nach einer Korrektur verlangen: Das gilt insbes. für die weithin unwandelbare Anbindung des Kindes an den durch die Einbenennung erworbenen Namen, welche vor allem eine **Rückbenennung** des Kindes nach einem Scheitern der Stiefehe ausschließt (Rn. 31). Die Namenskontinuität des Kindes ist zwar ein hoch zu veranschlagendes Ziel; es erleidet aber nach der gegenwärtigen Regelung derart viele und nicht logisch zwingende Durchbrechungen, dass es gerade für den Fall des Scheiterns der Stiefehe nicht ersichtlich ist, wieso hier keine Durchbrechung möglich sein soll.[178] Jedenfalls mit Erreichen der Volljährigkeit sollte das Kind selbst darüber entscheiden können, ob es der Namenskontinuität oder der – zumindest partiellen – Kennzeichnung seiner Abstammung den Vorzug geben möchte. Der verbleibende Ausweg einer öffentlichrechtlichen Namensänderung erscheint wenig befriedigend.

Nach § 1618
Das Recht des Kindesvornamens

Schrifttum (s. a. Vor § 1616 vor Rn. 5): *Arndt*, Die Geschichte und Entwicklung des familienrechtlichen Namensrechts in Deutschland unter Berücksichtigung des Vornamensrechts, 2003; *Diederichsen*, Das Recht der Vornamensgebung, NJW 1981, 705; *ders.*, Vornamensgebung als Aufgabe für den Gesetzgeber, FS Henrich, 2000, S. 101; *Grünberger*, Von Bernhard Markus Antoinette zu Anderson Bernd Peter. Von der Ordnungsfunktion und der Identifikationsfunktion des Vornamens, AcP 207 (2007), 314; *Nappenbach*, Das Recht der Vornamenserteilung, StAZ 1998, 337; *Seibicke*, Wie viele Vornamen braucht der Mensch?, StAZ 2005, 230; *Wendt*, Eingriff in das Recht der Vornamenswahl, FPR 2010, 12.

Übersicht

	Rn.		Rn.
I. Allgemeines	1–3	2. Wirkungen der Erteilung	7, 8
1. Bedeutung	1, 2	a) Widerruflichkeit	7
a) Vorname	1	b) Berichtigung der Eintragung im	
b) Rufname	2	Geburtenbuch/-register	8
2. Rechtliche Entwicklung	3	3. Auswahl des Vornamens	9–18
II. Die Vornamenserteilung	4–19	a) Maßstab und Grenzen	9
1. Bestimmungsrecht	4–6	b) Konkretisierung des Kindeswohlmaßstabs	10–18
a) Erteilungszuständigkeit	4		
b) Ausübung	5	4. Änderung des Vornamens, insbes. bei Transsexualität	19
c) Gerichtliche Entscheidung beim Scheitern der Elterneinigung	6	**III. Internationales Privatrecht**	20

I. Allgemeines

1   **1. Bedeutung. a) Vorname.** Der Vorname dient dazu, der Individualität seines Trägers Ausdruck zu verleihen, seine eigene Identität zu finden und zu entwickeln, ihn zu bezeichnen, von anderen Personen mit demselben Familiennamen zu unterscheiden.[1] Im Gegensatz dazu kennzeichnet der Familienname die Zugehörigkeit des Namensträgers zu einer Familie. Die individuelle Kennzeichnungsfunktion ist betroffen, soweit einem Kind eine Mehrzahl von Vornamen, ein mit einem Nachnamen verwechselbarer oder sonst die Identifikation erschwerender Vorname erteilt werden soll (Rn. 11 ff.). Darüber hinaus ist die innerfamiliäre Unterscheidungsfunktion angesprochen, wenn in einer Familie zwei Kinder denselben Vornamen erhalten (Rn. 11). Die in der standesamtlichen Praxis noch immer verlangte Geschlechtskennzeichnung (hierzu Rn. 15) wird in letzter

---

[178] Kritisch dazu auch *Staudinger/Coester* (2007) Rn. 4 f.; *Gaaz* FPR 2002, 125, 133.
[1] BVerfGE 104, 373, 385 = NJW 2002, 1256, 1257; NJW 2006, 1414, 1415 = FamRZ 2005, 2049, 2050; NJW 2009, 663 Tz. 12; siehe auch BGHZ 30, 132, 135 = NJW 1959, 1581; näher zu diesen Funktionen *Klippel* S. 458 ff.; *Arndt* S. 166 ff.; zur Geschichte des Vornamensrechts ebd. S. 158 ff.; *Grünberger* AcP 207 (2007), 314, 320 f.

Zeit durch die zunehmende Wahl ausländischer oder frei erfundener Vornamen, welche das Geschlecht nicht mehr eindeutig kennzeichnen, aufgeweicht. Vom Vornamen iS des Personenstandsrechts ist ein bloßer **Gebrauchsname** zu unterscheiden (vgl. § 1355 Rn. 9); allerdings ist das rein tatsächliche Führen eines vom Geburtseintrag abweichenden Vornamens vom Schutz des allgemeinen Persönlichkeitsrechts umfasst, wenn er über einen nicht unbedeutenden Zeitraum die Persönlichkeit des Trägers tatsächlich mitbestimmt hat und ein entsprechender Vertrauenstatbestand vorliegt (s. Rn. 8, 19).[2]

b) Rufname. Einen Rufnamen im Rechtssinne gibt es nicht, vielmehr steht es im jederzeitigen Belieben des Sorgeberechtigten oder – nach Erreichen der Volljährigkeit – des Namensträgers, den Rufnamen aus den zulässigerweise geführten Vornamen neu zu bestimmen.[3] Eine besondere Kennzeichnung im Geburtenregister ist unzulässig.[4]

2. Rechtliche Entwicklung. Anders als beim Familiennamen gibt es für die Vornamensgebung **keine gesetzliche Regelung**. Der Erwerb des Vornamens erfolgt nicht kraft Gesetzes, vielmehr obliegt dessen Erteilung den Eltern kraft elterlicher Sorge. Sollte der Vorname ehedem an eine Familientradition anknüpfen oder eine bes. Beziehung zu anderen, als Vorbild oder Leitbild ausgewählten Trägern desselben Namens kenntlich machen, so ist in den letzten Jahren zunehmend ein Hang zur Wahl bislang unüblicher oder gar frei erfundener Vornamen zu beobachten, wenngleich dieser Trend teilweise wieder zurückgeht.[5] Angesichts dieser gesellschaftlichen Entwicklung und des Fehlens einer gesetzlichen Regelung stellt sich die Frage nach den Kriterien und Grenzen für die Ausübung des elterlichen Bestimmungsrechts. Die Rspr. hatte lange versucht, Auswüchsen der Vornamensgebung mit Hilfe gewohnheitsrechtlicher Regeln zu begegnen. Die hierfür herausgebildeten Begrenzungsfaktoren der allgemeinen Sitte und Ordnung machten indes das Kind zum reinen Objekt elterlicher Entscheidung (dazu 4. Aufl. Rn. 9). Zudem hatte dies zu einer schier uferlosen und teils uneinheitlichen Rspr. und standesamtlichen Praxis geführt. Demgegenüber betont das Bundesverfassungsgericht nun die grundsätzliche Freiheit der Eltern bei der Vornamenswahl und setzt dieser nur dort Grenzen, wo deren Ausübung das Kindeswohl zu beeinträchtigen droht (Rn. 9); sogar das grundsätzliche Gebot der Wahl geschlechtsbezogener Vornamen ist gefallen (Rn. 15). Überhaupt sind das Bundesverfassungsgericht und die obergerichtliche Rspr. bestrebt, die Konturen des Vornamensrechts zu präzisieren und weitgehend zu liberalisieren, und dies hat in der Praxis seinen Niederschlag gefunden.[6]

II. Die Vornamenserteilung

1. Bestimmungsrecht. a) Erteilungszuständigkeit. Nach allgM ist das Recht zur Auswahl und Bestimmung eines Vornamens Teil der grundrechtlich gewährleisteten elterlichen Sorge (Art. 6 Abs. 2 GG, § 1626 Abs. 1 S. 2).[7] Dieses steht bei miteinander verheirateten Eltern im Regelfall beiden gemeinsam zu, bei nicht miteinander verheirateten indes nur, sofern sie im Zeitpunkt der Namensbestimmung nach § 1626a Abs. 1 oder auf Grund gerichtlicher Übertragungsentscheidung nach der Übergangsregelung des BVerfG zu §§ 1626a Abs. 1 Nr. 1, 1672 Abs. 1[8] die gemeinsame Sorge innehaben. Zwischen Geburt und Namensbestimmung können Änderungen der Sorgerechtsverhältnisse eintreten. Für die gemeinsame Zuständigkeit zur Vornamensbestimmung müssen die Eltern im Ausübungszeitpunkt jedenfalls die Personensorge oder einen die Namensbestimmung umfassenden Ausschnitt daraus gemeinsam innehaben.[9] Steht die elterliche Sorge – gleich aus welchem Grunde[10] – zumindest in dem bezeichneten Umfang dagegen einem Elternteil alleine zu, so ist dieser allein bestimmungsbefugt. Für **Findelkinder** und sonstige Personen, deren Personenstand nicht feststellbar ist, wird der Vorname gem. §§ 24 f. PStG durch die Verwaltungsbehörde bestimmt. Ein ausnahmsweise vornamensloser Erwachsener ist selbst bestimmungsbefugt.[11]

---

[2] Allgemein zu Gebrauchsnamen BVerfG NJWE-FER 2001, 193 = StAZ 2001, 207, 208 speziell zum Vornamen OLG Hamm StAZ 2007, 175; LG Köln StAZ 2003, 113.
[3] OLG Düsseldorf NJW-RR 1998, 1462 = StAZ 1998, 343; näher dazu *Arndt* S. 171; *Diederichsen*, FS Henrich, S. 116 f.; *Seibicke* StAZ 2005, 230.
[4] *Hepting* Rn. IV-357; *Staudinger/Coester* (2007) § 1616 Rn. 32 mwN.
[5] Zu Entwicklungstendenzen der Vornamensgebung *Löhnig* FPR 2010, 27 ff.
[6] Zu dieser Entwicklung *Hepting* Rn. IV-374 ff.; *Wendt* FPR 2010, 12 ff.
[7] BVerfGE 104, 373, 385 = NJW 2002, 1256, 1257; NJW 2004, 1586 = FamRZ 2004, 522; NJW 2006, 1414, 1415 = FamRZ 2005, 2049, 2050; NJW 2009, 663 Tz. 12.
[8] BVerfG NJW 2010, 3008 Tz. 71 ff.; näher dazu Erl. § 1626a Rn. 3e ff.
[9] Vgl. Erl. § 1617 Rn. 9 ff., mit der Maßgabe, dass es auf das Nichtführen eines Ehenamens nicht ankommt.
[10] Vgl. Erl. § 1617a Rn. 6, mit der Maßgabe, dass es auf das Nichtführen eines Ehenamens nicht ankommt.
[11] *Jauß* StAZ 1997, 214; *Soergel/Heinrich* § 12 Rn. 94; *Staudinger/Coester* (2007) § 1616 Rn. 25 aE.

5 **b) Ausübung.** Bei gemeinsamer Erteilungszuständigkeit erfolgt die Bestimmung durch formlose Einigung der Eltern.[12] Bei Alleinzuständigkeit eines Elternteils genügt dessen einseitige Bestimmung, die aber nach außen erkennbar werden muss, weshalb auf die Anzeige an das Standesamt abzustellen ist.[13] Die Einigung der Eltern bzw. die einseitige Bestimmung durch den insoweit allein zuständigen Elternteil ist für die Vornamenserteilung konstitutiv. Diese ist in beiden Fällen zwar spätestens einen Monat nach Beurkundung der Geburt dem Standesamt anzuzeigen (§§ 18, 22 PStG) und vom Standesbeamten in das Geburtenregister einzutragen; dem Bestimmungsrecht entspricht also eine Pflicht, deren Erfüllung notfalls nach § 69 PStG erzwingbar ist.[14] Der Eintragung kommt jedoch lediglich deklaratorische Bedeutung zu.[15] Sie begründet nach § 54 Abs. 1 PStG die Vermutung, dass sich die gemeinsam bestimmungsbefugten Eltern auf den/die eingetragenen Vornamen geeinigt haben, doch ist diese Vermutung widerlegbar (§ 54 Abs. 3 S. 1 PStG).[16] Im Berichtigungsverfahren ist zu ermitteln, ob der Eintragung eine wirksame Einigung der Eltern zu Grunde lag; ist dies nicht der Fall, so ist die Eintragung unrichtig und nach §§ 47 f. PStG zu berichtigen (Rn. 8). Einigen sich die Eltern schon vor der Geburt des Kindes, so ist die Vornamenserteilung aufschiebend bedingt durch dessen Lebendgeburt.[17] Nach § 21 Abs. 2 PStG besteht die Möglichkeit, den Vornamen eines tot geborenen Kindes zu registrieren.

6 **c) Gerichtliche Entscheidung beim Scheitern der Elterneinigung.** Kommt eine Einigung der Eltern nicht zustande, so überträgt das FamG gem. § 1628 auf Antrag die Entscheidungszuständigkeit nach Maßgabe des Kindeswohls einem Elternteil.[18] Wird eine solche Entscheidung während der Anhängigkeit einer Ehesache (§ 121 FamFG) erforderlich, so sollte die Erteilungszuständigkeit für den Vornamen wegen dessen grundsätzlicher Bedeutung nicht im Wege einstweiliger Anordnung nach § 49 FamFG auf einen Elternteil übertragen werden.[19]

7 **2. Wirkungen der Erteilung. a) Widerruflichkeit.** Mit der Einigung der Eltern bzw. der einseitigen Bestimmung durch den allein hierzu befugten Elternteil wird die Vornamenserteilung wirksam. Bis zur Eintragung des solcherart bestimmten Vornamens behalten die Eltern (bzw. der Elternteil) ihr (sein) Bestimmungsrecht und können (kann) diesen daher noch abändern oder ergänzen. Mit dem Zeitpunkt seiner Eintragung wird der Vorname jedoch öffentlichrechtlich verfestigt und somit grundsätzlich für die Lebenszeit **unabänderlich,**[20] ungeachtet späterer Änderungen der Sorgerechtslage, aber vorbehaltlich einer Berichtigung (Rn. 8) oder Änderung nach besonderen Vorschriften (Rn. 19). Eine die Berichtigung ermöglichende Unrichtigkeit des Eintrags in das Geburtenregister ist grundsätzlich **unanfechtbar,** sofern nicht ein ganz offensichtlicher Irrtum besteht,[21] jedenfalls nicht bei einem bloßen Motivirrtum.[22]

8 **b) Berichtigung der Eintragung im Geburtenbuch/-register.** Diese ist zulässig, wenn das Geburtenregister nachweislich[23] von Anfang an dadurch unrichtig ist, dass ein anderer Name als der wirksam erteilte eingetragen ist. Das ist der Fall, wenn die richtige Namensanzeige vom Standesbeamten unrichtig beurkundet ist, oder wenn die Anzeige zwar richtig beurkundet ist, aber nicht dem wahren Willen des berechtigten Namensgebers entsprach,[24] also auch bei Übergehung

---

[12] BayObLG StAZ 1995, 106, 107.
[13] *Staudinger/Coester* (2007) § 1616 Rn. 26.
[14] Näher *Diederichsen* NJW 1981, 705, 706.
[15] BayObLG StAZ 1999, 331, 332; OLG Köln StAZ 2010, 244, 245; *Nappenbach* StAZ 1998, 337; *Gaaz/Bornhofen* § 21 PStG Rn. 21; aA *Hepting* Rn. IV-370 f. (elterliche Namensbestimmung und deckungsgleiche Eintragung im Geburtenregister).
[16] BayObLG StAZ 1995, 106.
[17] *Diederichsen* NJW 1981, 705, 706; *Staudinger/Coester* (2007) § 1616 Rn. 26.
[18] OLG Dresden OLG-NL 2004, 164; *Staudinger/Coester* (2007) § 1616 Rn. 24 mwN.
[19] So noch zur Vorgängerregelung der §§ 606, 620 aF ZPO: OLG Celle StAZ 1963, 276; *Diederichsen* NJW 1981, 705, 706; *Soergel/Heinrich* § 12 Rn. 94; *Staudinger/Coester* (2007) § 1616 Rn. 25.
[20] BGHZ 29, 256, 257 f. = NJW 1959, 1029; BayObLG StAZ 1999, 331; BayVGH StAZ 1997, 383 f.; *Erman/Michalski/Döll* § 1616 Rn. 15; *Soergel/Heinrich* § 12 Rn. 95; *Gaaz/Bornhofen* § 21 PStG Rn. 21; *Staudinger/Coester* (2007) § 1616 Rn. 27 mwN.
[21] Allgemein zum Ausschluss der Anfechtung bei Erklärungen zur Namenswahl und -bestimmung BayObLGZ 1997, 323 = NJW-RR 1998, 1015, 1016; OLG Zweibrücken NJWE-FER 2001, 4 = FamRZ 2000, 1361 mwN; s. a. Erl. § 1355 Rn. 19 und § 1617 Rn. 19; dagegen für eine grundsätzliche Anwendbarkeit der §§ 119 ff., AG Mannheim StAZ 1960, 323; ebenso *Staudinger/Coester* (2007) § 1616 Rn. 27.
[22] AG Mannheim StAZ 1960, 323; *Diederichsen* NJW 1981, 705, 712.
[23] Die Unrichtigkeit muss zur vollen Überzeugung des Gerichts feststehen, OLG Köln StAZ 2007, 178; StAZ 2010, 244, 245.
[24] BayObLG StAZ 1999, 331; OLG Köln StAZ 2010, 244 (Schreibfehler der Eltern); *Nappenbach* StAZ 1998, 337.

eines zur Namensgebung berechtigten Elternteils.[25] Eine Berichtigung wegen unrichtiger Schreibweise ist stets möglich, doch sind an den Nachweis der Unrichtigkeit strenge Anforderungen zu stellen.[26] Unrichtig ist die Eintragung außerdem, wenn ein unzulässiger Name erteilt worden ist oder die Eltern auf Grund falscher Information durch das Standesamt dem Kind einen Namen gegeben haben, den sie ihm eigentlich gar nicht hatten geben wollen.[27] In diesen Fällen haben die Eltern ihr Bestimmungsrecht nicht verbraucht und können es erneut ausüben.[28] Die Berichtigung setzt nach § 48 Abs. 1 PStG gerichtliche Anordnung voraus; antragsberechtigt sind die Aufsichtsbehörde sowie die Eltern und das Kind als Beteiligte. Die Berichtigung ist trotz ursprünglicher Unrichtigkeit des Eintrages ausgeschlossen, wenn dieser zwischenzeitlich richtig geworden ist, etwa dadurch, dass die Unrichtigkeit auf eine anfänglich unwirksame, weil einseitige Bestimmung eines Elternteils zurückgeht, dieser aber nunmehr allein bestimmungsbefugt ist.[29] Dagegen ist eine Berichtigung möglich, selbst wenn die Eltern den eingetragenen Vornamen jahrelang unbeanstandet hingenommen haben;[30] das Antragsrecht aus § 48 Abs. 2 PStG wird nämlich grundsätzlich nicht durch Zeitablauf ausgeschlossen.[31] Strittig ist, ob das persönlichkeitsrechtlich geschützte langjährige Führen eines Vornamens, der vom ursprünglich richtig eingetragenen abweicht (**Gebrauchsname,** Rn. 1), zu einer Berichtigung nach diesen Vorschriften berechtigt oder hierfür eine Namensänderung nach § 11 NamensÄndG (Rn. 19) erforderlich ist.[32] Zu widersprechenden Einträgen im deutschen und ausländischen Personenstandsregister des Heimatlandes des Kindes, Rn. 20.

3. Auswahl des Vornamens. a) Maßstab und Grenzen. Das Bundesverfassungsgericht hat das Recht der Eltern bestätigt, dem Kind in freier gemeinsamer Wahl einen Vornamen zu bestimmen, den es sich selbst noch nicht geben kann, und es in Art. 6 Abs. 2 GG verortet. Allerdings führt elterlicher Erfindungsreichtum bei der Vornamensgebung vielfach zu Exzessen, indem Eltern ihre Kinder zum Spielball ihrer ideologischen oder religiösen Vorstellungen oder schlicht ihres Geltungsdranges machen.[33] Das Elternrecht ist aber wesentlich ein Recht im Interesse des Kindes, dessen Persönlichkeitsrecht (Art. 2 Abs. 1 iVm. Art. 1 Abs. 1 GG) durch die Vornamensgebung ebenfalls berührt ist, weil dieser für seine Persönlichkeitsentwicklung besondere Bedeutung zukommt.[34] Der Staat ist daher auf Grund seines Wächteramtes aus Art. 6 Abs. 2 S. 2 GG verpflichtet, das Kind vor einer verantwortungslosen Namenswahl durch die Eltern zu schützen. Das elterliche Wahlrecht findet jedoch allein dort seine **Grenzen,** wo seine Ausübung das **Kindeswohl zu beeinträchtigen droht.**[35] Für weitergehende Beschränkungen ist damit kein Raum, so dass auch keine Rede davon sein kann, die Verfassung gebiete ein völliges Zurücktreten elterlicher Eigeninteressen;[36] umgekehrt gewährt Art. 2 Abs. 1 GG den Eltern nicht ein von der Sorgeverantwortung für das Kind gelöstes Recht, bei der Namenswahl ihre eigene Persönlichkeit zu entfalten.[37] Vielmehr ist eine **Abwägung** zwischen dem Elterninteresse an der Wahl des konkreten Vornamens und einer möglichen Gefährdung des Kindeswohls vorzunehmen,[38] wobei den Gerichten ein gewisser Ermessensspielraum bleibt.[39] Ob ein Vorname das Kindeswohl gefährden kann, ist im Hinblick auf das allgemeine Verständnis im sozialen Umfeld des betroffenen Kindes zu beurteilen.[40] Diese Rspr. des Bundesver-

---

[25] OLG Zweibrücken StAZ 1980, 194 f.; AG Berlin-Schöneberg StAZ 1997, 39.
[26] Zu deren Voraussetzungen BayObLG StAZ 2000, 147; OLG Köln StAZ 2010, 244 f.; vgl. auch LG Münster StAZ 1997, 38.
[27] Zu letzterem AG Gießen StAZ 2010, 48, 49 (Hinzufügung eines zweiten, das Geschlecht eindeutig kennzeichnenden Namens nach entsprechender, inhaltlich falscher Aufforderung durch das Standesamt); LG Saarbrücken StAZ 2011, 244.
[28] OLG Düsseldorf StAZ 2010, 11, 12.
[29] Vgl. OLG Zweibrücken StAZ 1980, 194.
[30] OLG Köln StAZ 2010, 244, 245; aA AG Lübeck StAZ 2007, 179.
[31] BayObLG StAZ 1995, 106; in diesem Sinne auch OLG Köln StAZ 2010, 244, 245.
[32] Für ersteres LG Köln StAZ 2003, 113; *Staudinger/Coester* (2007) § 1616 Rn. 80; für letzteres OLG Hamm StAZ 2007, 175; implizit auch *Thomas* StAZ 2010, 33, 36; die Relevanz des als Gebrauchsnamen geschützten Vornamens wohl verkennend VG Düsseldorf StAZ 2009, 277.
[33] Vgl. *Nappenbach* StAZ 1998, 337, 339 mwN; *Dörner* StAZ 1980, 170; *Gernhuber/Coester-Waltjen* § 54 Rn. 36.
[34] BVerfGE 24, 119, 144; 104, 373, 392 = NJW 2002, 1256, 1257; NJW 2006, 1414, 1415 = FamRZ 2005, 2049, 2051; NJW 2009, 663 Tz. 13.
[35] BVerfGE 104, 373, 385 = NJW 2002, 1256, 1257; NJW 2004, 1586 = FamRZ 2004, 522; NJW 2006, 1414, 1415 = FamRZ 2005, 2049, 2050; NJW 2009, 663 Tz. 12; näher zum Kindeswohlmaßstab *Grünberger* AcP 207 (2007), 314, 321 ff.
[36] So aber *Gernhuber/Coester-Waltjen* § 54 Rn. 36 mwN.
[37] BVerfGE 104, 373, 392 = NJW 2002, 1256, 1259.
[38] BVerfG NJW 2006, 1414, 1415 = FamRZ 2005, 2049, 2050.
[39] BVerfG NJW 2004, 1586 = FamRZ 2004, 522.
[40] Eingehend dazu *Hepting* Rn. IV-401 ff.

fassungsgerichts hat sich inzwischen auch instanzgerichtlich weithin durchgesetzt.[41] Reine **öffentliche Interessen** oder gar die bloße **Ungebräuchlichkeit** eines Namens vermögen somit Beschränkungen des elterlichen Wahlrechts nicht mehr zu rechtfertigen.[42] Darüber hinaus ist die **Geschlechtsbezogenheit** des Vornamens keine positive Voraussetzung mehr, vielmehr ist der gewählte Vorname nur dann unzulässig, wenn er „ dem Kind offensichtlich und nach keiner Betrachtungsweise die Möglichkeit bietet, sich an Hand" dessen „mit seinem Geschlecht zu identifizieren".[43] Diese neue Linie des Bundesverfassungsgerichts wird sich noch durchsetzen müssen.[44] Die bislang aus der Identifikations- und Kennzeichnungsfunktion des Vornamens (Rn. 1) abgeleiteten Grenzen werden sich vielfach mit dem Schutz des Kindeswohls decken.[45] Das gilt für Vornamen, welche das Kind in seinem gesellschaftlichen Umfeld herabsetzen oder verächtlich machen, es der allgemeinen Lächerlichkeit preisgeben oder in seiner Persönlichkeitsentfaltung beeinträchtigen. Stets ist jedoch im Einzelfall nachzuweisen, dass die Verletzung der Namensfunktionen zugleich eine Beeinträchtigung des Kindeswohls bewirkt. Für die bislang typischerweise als nicht erteilungsfähig angesehenen Vornamen bedeutet dies eine Umkehr des Regel-Ausnahme-Verhältnisses: Grundsätzlich sind sie erteilungsfähig, sofern nicht auf Grund der Einzelfallumstände eine konkrete Kindeswohlbeeinträchtigung festgestellt wird.

10   b) **Konkretisierung des Kindeswohlmaßstabs. aa) Namenserfindungsrecht und Wahl ausländischer Vornamen.** Das Recht der Eltern zur freien Vornamenswahl schließt die Wahl reiner **Phantasienamen** sowie im Ausland gebräuchlicher Vornamen ein, soweit dadurch nicht das Kindeswohl im Einzelfall beeinträchtigt wird.[46] Schon lange anerkannt ist zudem, dass Eltern sogar bei Fehlen eines jeglichen Auslandsbezugs im **Ausland** gebräuchliche Vornamen erteilen können, selbst wenn diese hierzulande unbekannt sind;[47] eine Eindeutschung ist nicht nötig,[48] aber den Eltern erlaubt. Für die Wahl ausländischer Vornamen wie für deren Eindeutschung gilt der Kindeswohlmaßstab; zu Grenzen in Bezug auf die Geschlechtskennzeichnung, s. Rn. 15. Unzulässig ist danach eine gewaltsame Eindeutschung (zB Weronic statt Veronique, Schanett statt Jeanette), welche das Kind den Gefahren der Lächerlichkeit preisgibt.[49] Das Erfindungsrecht der Eltern wird eine weitere Liberalisierung der gerichtlichen Anerkennungspraxis völlig neuartiger Vornamen mit sich bringen, wie zB Uragano,[50] Kioma,[51] Tanisha,[52] Windsbraut,[53] Sundance.[54] Man mag diese Entwicklung bedauern,[55] sie ist aber Folge der aufgezeigten grundrechtlichen Wertungen (Rn. 9), des Fehlens einer diese konkretisierenden Gesetzgebung und des Wandels der gesellschaftlichen Vorstellungen.

11   bb) **Eignung zur individuellen Kennzeichnung und Unterscheidung.** Aus der Ordnungsfunktion des Vornamens zur individuellen Kennzeichnung der Person wurde abgeleitet, in einer Familiengemeinschaft verbiete sich die mehrmalige Vergabe **identischer Vornamen** innerhalb einer Generation.[56] Im Hinblick auf den neuen Maßstab der Kindeswohlgefährdung kann hieran allenfalls dann festgehalten werden, wenn Geschwister denselben Vornamen ohne weitere Unterscheidungskriterien erhalten; solche sind ein weiterer, anders lautender Vorname oder ein

---

[41] Ganz deutlich BGH NJW 2008, 2500 Tz. 14.
[42] BVerfG NJW 2006, 1414, 1415 = FamRZ 2005, 2049, 2050; KG Berlin FGPrax 2006, 160; LG Bonn StAZ 2006, 362; ebenso *Grünberger* AcP 207 (2007), 314, 323; anders noch die 4. Aufl. Rn. 9.
[43] BVerfG NJW 2009, 663 Tz. 17 unter ausdrücklicher Berufung auf *Grünberger* AcP 207 (2007), 314, 335.
[44] Noch auf den Geschlechtsbezug abstellend zB OLG Düsseldorf StAZ 2010, 11,12.
[45] Ebenso *Gernhuber/Coester-Waltjen* § 54 Rn. 36; ähnlich *Arndt* S. 176 f.
[46] Für Phantasienamen ebenso BGH NJW 2008, 2500 Tz. 18; *Bamberger/Roth/Enders* § 1616 BGB Rn. 8; wie hier *Gernhuber/Coester-Waltjen* § 54 Rn. 37.
[47] Anerkannt seit BGHZ 73, 239, 242 = NJW 1979, 2469; zust. *Nappenbach* StAZ 1998, 337, 339; *Staudinger/Coester* (2007) § 1616 Rn. 76 mwN.
[48] Zulässig daher Dominique für einen Jungen, AG Karlsruhe StAZ 1988, 329 f.; ebenso Zoë mit Trema, OLG München StAZ 2011, 15 ff.
[49] *Arndt* S. 201 mit weiteren Beispielen; ebenso *Henrich/Wagenitz/Bornhofen* A. III. Rn. 46; im Ergebnis ebenso *Hepting* Rn. IV-456.
[50] BayObLG StAZ 1997, 207 f.
[51] OLG Düsseldorf NJW-RR 1998, 1462 = StAZ 1998, 343.
[52] AG Marburg StAZ 1996, 47.
[53] LG Ravensburg StAZ 1985, 166.
[54] LG Saarbrücken NJWE-FER 2001, 283 = FPR 2001, 399; weitere Beispiele bei *Staudinger/Coester* (2007) § 1616 Rn. 74.
[55] Insbes. *Diederichsen,* FS Henrich, S. 110 ff.
[56] BayObLG StAZ 1986, 38; LG Mainz StAZ 1987, 18; AG Augsburg StAZ 1984, 130; AG Tübingen StAZ 1996, 336; *Diederichsen* NJW 1981, 705, 709; *Nappenbach* StAZ 1998, 337, 338; *Staudinger/Coester* (2007) § 1616 Rn. 56 mwN.

Das Recht des Kindesvornamens 12, 13   **Nach § 1618**

zulässiger Namenszusatz (zu letzterem Rn. 14).[57] Im ersten Fall ist es hinnehmbar, dass die Wahl des Rufnamens unter mehreren Vornamen nach Belieben geändert werden kann und eine hinreichende Unterscheidung im Rechtsverkehr daher nicht sichergestellt ist; man wird davon ausgehen können, dass die Geschwister schon im Eigeninteresse auf unterschiedlichen Rufnamen bestehen werden.

Die elterliche Wahlfreiheit umfasst auch die dem Kind zu erteilende **Zahl der Vornamen**. Allerdings wird vielfach behauptet, ab einer gewissen Anzahl werde die Identifikationsfunktion des Vornamens beeinträchtigt, und die Eltern entzögen sich ihrer Bestimmungspflicht.[58] Dem kann so nicht gefolgt werden: Gründe der Praktikabilität (Registrierungsprobleme) allein vermögen einen Eingriff in das Elternrecht des Art. 6 Abs. 2 GG nicht zu rechtfertigen;[59] und die Eigenidentifikation des Kindes wird durch den Rufnamen sichergestellt.[60] Zwingende Vorgaben über die Zahl der Vornamen lassen sich dem Grundgesetz nicht entnehmen, vielmehr können die Grenzen des elterlichen Freiheitsrechts nicht durch Pauschalisierungen, sondern nur durch Einzelfallabwägung gezogen werden.[61] Allzu restriktive Begrenzungen etwa auf vier Vornamen[62] sind daher unhaltbar;[63] unter besonderen Umständen (Familientradition)[64] kann die Zahl durchaus höher, aber auch niedriger anzusetzen sein, letzteres bspw., wenn die Kombination von Fremdartigkeit und Zahl der Vornamen (Chenekwahow, Migiskau, Nikapi-Hun-Nizeo, Alessandro, Majim, Chayara, Inti, Ernesto, Prithibi, Kioma, Pathar, Henriko) für das Kind erheblich belästigend wirkt.[65] Aus den dargelegten Gründen kann die Zulässigkeit mehrerer Vornamen nicht entscheidend dadurch bestimmt werden, ob durch Bindestrich verbundene Vornamen als ein oder zwei Vornamen zu zählen sind.[66] 12

Ob **Nachnamen** als Vornamen erteilt werden können, ist nun ebenfalls allein am Maßstab einer möglichen Beeinträchtigung des Kindeswohls zu messen; die fehlende Kennzeichnungskraft eines solchen Vornamens und dessen Verwechselbarkeit mit einem Nachnamen reichen hierfür nicht, vielmehr hat das Gericht Feststellungen zu einer daraus konkret drohenden Kindeswohlgefährdung zu treffen.[67] Eine solche Gefährdung mag im Einzelfall bei fehlender Identifikationsmöglichkeit zu bejahen sein (zB Schmitz);[68] zu verneinen ist sie jedoch, wenn das Kind weitere eindeutige Vornamen erhält, weil der Sorgeberechtigte bzw. das Kind der Verwechslungsgefahr durch Wahl eines dieser zum Rufnamen entgehen kann.[69] Damit ist die Wahl des vom Kind nicht geführten einseitigen Familiennamens eines Elternteils (zB Lütke) als Vorname für sich allein nicht anstößig, selbst wenn dadurch der falsche Eindruck eines aus den Namen beider Eltern zusammengesetzten und damit rechtlich unzulässigen Doppelnamens entstehen sollte.[70] Die Grenze ist auch hier erreicht, wenn das Kind durch den als Vornamen erteilten Familiennamen der Gefahr der Lächerlichkeit oder sonstiger schwerer Nachteile ausgesetzt wird, was bei besonders typischen Familiennamen (zB Müller, Mayer, Schmidt) der Fall sein dürfte.[71] Daher kann der bisherige generelle Ausschluss als solcher erkennbarer ausländischer Familiennamen (Cezanne, Hemingway, Puschkin)[72] nicht aufrecht erhalten werden. Bei der Beurteilung der Kindeswohlbeeinträchtigung spielen der Sprachgebrauch, echte Familientraditionen und örtliche Gepflogenheiten weiter eine Rolle. Eine solche Übung ist für die 13

---

[57] Wie hier *Hepting* Rn. IV-464 f.; aA *Henrich/Wagenitz/Bornhofen* A. III. Rn. 51.
[58] OLG Düsseldorf NJW-RR 1998, 1462 = StAZ 1998, 343; *Diederichsen,* FS Henrich, S. 103; *Seibicke* StAZ 2005, 230 f.; *Henrich/Wagenitz/Bornhofen* A. III. Rn. 64.
[59] Dazu *Wendt* FPR 2010, 12, 15.
[60] Ebenfalls auf den Rufnamen abstellend *Hepting* Rn. IV-458; *Wendt* FPR 2010, 12, 15; kritisch hierzu *Bamberger/Roth/Enders* § 1616 BGB Rn. 9.2.
[61] BVerfG NJW 2004, 1586 = FamRZ 2004, 522.
[62] So OLG Düsseldorf NJW-RR 1998, 1462 = StAZ 1998, 343; zust. *Staudinger/Coester* (2007) § 1616 Rn. 58.
[63] Ebenso AG Berlin-Schöneberg StAZ 1980, 198; gegen jegliche abstrakte Zahlenfestlegung *Wendt* FPR 2010, 12, 15; *Soergel/Heinrich* § 12 Rn. 103.
[64] OLG Köln StAZ 1988, 82; bestätigend *Seibicke* StAZ 2005, 230 f.
[65] Allein aus diesem Grunde war die Entscheidung des OLG Düsseldorf (NJW-RR 1998, 1462) daher im Ergebnis zutreffend.
[66] Differenzierend auch *Staudinger/Coester* (2007) § 1616 Rn. 58; anders noch *Diederichsen,* FS Henrich, S. 103.
[67] BVerfG NJW 2006, 1414 = FamRZ 2005, 2049; dem folgend BGH NJW 2008, 2500 Tz. 18 ff.; verkannt von AG München StAZ 2007, 179 (Lindbergh); zust. *Wendt* FPR 2010, 12, 13 f.; *Hepting* Rn. IV-418 ff.; aA *Henrich/Wagenitz/Bornhofen* A. III. Rn. 47.
[68] BGH NJW 2008, 2500 Tz. 18; die vom BGH angesprochene Entscheidung des OLG Köln (FPR 2002, 571) hatte nicht auf das Kindeswohl als alleinigen Maßstab abgestellt gehabt; für die Wahl des vom Familiennamen abgeleiteten Vornamens Bock neben weiteren Vornamen eine solche Gefährdung hingegen verneinend OLG Frankfurt NJW-RR 2011, 1013, 1014.
[69] BGH NJW 2008, 2500 Tz. 22.
[70] BGH NJW 2008, 2500 Tz. 19 ff.
[71] *Hepting* Rn. IV-423 f.
[72] OLG Karlsruhe StAZ 1998, 298 (Cezanne); OLG Düsseldorf StAZ 1985, 250 (Hemingway).

Erteilung von Familiennamen von Vorfahren als **Zwischennamen** in Ostfriesland (zB ten Dornkaat)[73] und Schleswig (zB Cajus Katte)[74] anerkannt. Nach diesen Grundsätzen sind im Ausland übliche Zwischennamen – vor allem in den USA gebräuchliche, aus dem Familiennamen von Vorfahren gebildete *middle names* – nun regelmäßig als Vornamen erteilungsfähig, unabhängig davon, ob hierfür deutsches Recht gilt, sofern nicht im Einzelfall Umstände für eine konkrete Beeinträchtigung des Kindeswohls sprechen.[75]

14 Wegen Untauglichkeit zur individuellen Kennzeichnung wurden bislang (frühere) in- oder ausländische **Adelstitel**[76] oder unpersönliche **Anredeformen** (Herr, Kumpel)[77] wegen der Gefahr von Missverständnissen als Vornamen abgelehnt, ebenso bloße **Namenszusätze** ohne Namensqualität wie „jr.", „junior" oder Ordnungszahlen,[78] sofern letztere nicht einer langen Familientradition entsprechen;[79] zu Sachbezeichnungen, Rn. 17. In dieser Pauschalität lassen sich diese Verbote nicht mehr halten, vielmehr kommt es auf eine Kindeswohlbeeinträchtigung im Einzelfall an. Danach wird man etwa „Junior" als zulässig ansehen,[80] nicht jedoch sonstige unpersönliche Anreden oder Adelstitel, sofern diese zu Missverständnissen und damit zu Belastungen für das Kind Anlass geben.[81]

15 cc) **Geschlechtskennzeichnung.** Bislang galt, dass Vornamen das Geschlecht des Namensträgers hinreichend kenntlich machen: Jungen sollen nur männliche, Mädchen nur weibliche Vornamen erhalten. Begründet wurde dies damit, dass die Namensgebung die natürliche Ordnung der Geschlechter wiederzugeben habe[82] und das geltende Recht sowohl im Personenstandsrecht (§ 21 Abs. 1 Nr. 1 und 3 PStG)[83] als auch im Transsexuellengesetz[84] davon ausgehe, dass Personen geschlechtsspezifische Vornamen tragen. Das Bundesverfassungsgericht hat klargestellt, dass sich daraus keine Begrenzung der elterlichen Wahlfreiheit auf einen geschlechtsbezogenen Vornamen ableiten lasse; die Grenze sei vielmehr erst dann erreicht, wenn das **Kindeswohl gefährdet** sei, weil „der gewählte Vorname dem Kind offensichtlich und nach keiner Betrachtungsweise die Möglichkeit bietet, sich anhand des Vornamens mit seinem Geschlecht zu identifizieren."[85] Damit ist ein Paradigmenwechsel verbunden: Der Vorname muss nicht mehr hinreichend über das eigene Geschlecht informieren (positiver Geschlechtsbezug), sondern darf dessen Träger nicht jegliche Identifikation mit seinem Geschlecht unmöglich machen (**negativer Geschlechtsbezug**).[86] Die Wahl eines **geschlechtsneutralen** Vornamens ist damit problemlos möglich, ohne dass diesem ein das Geschlecht eindeutig bezeichnender Vorname beigefügt werden müsste.[87] Dagegen sind nach den Vorgaben des Bundesverfassungsgerichts eindeutig **geschlechtswidrige Vornamen** nicht erteilungsfähig. Maßgeblich für die Abgrenzung zwischen geschlechtsneutralen und –widrigen Vornamen ist weder deren geographische noch kulturelle oder religiöse Herkunft, sondern das allgemeine Verständnis davon im sozialen Umfeld des betroffenen Kindes.[88] Angesichts des aufgezeigten Para-

---

[73] BGHZ 29, 256.
[74] OLG Zweibrücken StAZ 1983, 31.
[75] KG Berlin FGPrax 2006, 160 (Christiansdottir als isländischer Beiname); ebenso für den Vatersnamen nach slawischem Gebrauch: LG Frankfurt/Main StAZ 2009, 338 (in weiblicher Form Galinova); AG Bielefeld StAZ 2009, 339 (Michaelowitsch); verkannt von AG München StAZ 2007, 179 (Lindbergh).
[76] OLG Zweibrücken StAZ 1993, 79 (Lord); OLG Hamburg StAZ 1965, 75 (Princess Anne).
[77] *Hepting* Rn. IV-436.
[78] *Staudinger/Coester* (2007) § 1616 Rn. 63 mwN.
[79] LG Frankfurt a. M. NJW-RR 1990, 1094 für die im vormaligen Fürstenhaus Reuss seit dem 12. Jahrhundert übliche fortschreitende Nummerierung des in der Familie für männliche Mitglieder stets gleich lautenden Vornamens Heinrich durch Zusatz römischer Ordnungszahlen.
[80] *Wendt* FPR 2010, 12, 15; *Hepting* Rn. IV-409; anders noch AG Hamburg StAZ 1980, 198.
[81] So auch *Hepting* Rn. IV-436 f.; für grundsätzliche Wählbarkeit deutscher „Adelstitel" hingegen *Wendt* FPR 2010, 12, 14.
[82] BGHZ 30, 132 = NJW 1959, 1581; BGHZ 73, 239 = NJW 1979, 2469; dem folgend zB OLG Frankfurt StAZ 1998, 146; OLG Hamm StAZ 1998, 322; OLG München StAZ 2007, 122; im Ergebnis ebenso *Diederichsen*, FS Henrich, S. 112 ff.; *Nappenbach* StAZ 1998, 337, 338; *Soergel/Heinrich* § 12 Rn. 97; näher dazu *Arndt* S. 194 ff.; kritisch zu dieser Begründung *Staudinger/Coester* (2007) § 1616 Rn. 46 mwN; aA *v. Spoenla-Metternich* S. 46 ff., 55; eingehend und kritisch dazu *Grünberger* AcP 207 (2007), 314, 325 ff.
[83] Dazu BGHZ 30, 132 = NJW 1959, 1581; BGHZ 73, 239 = NJW 1979, 2469; kritisch dazu *Staudinger/Coester* (2007) § 1616 Rn. 46; *Grünberger* AcP 207 (2007), 314, 328 f.
[84] Vgl. §§ 1, 8 Abs. 2 Transsexuellengesetz, dazu sub Rn. 19, *Soergel/Heinrich* § 12 Rn. 97; kritisch dazu *Grünberger* AcP 207 (2007), 314, 330 f.
[85] BVerfG NJW 2009, 663 Tz. 17 unter ausdrücklicher Berufung auf *Grünberger* AcP 207 (2007), 314, 335.
[86] *Grünberger* AcP 207 (2007), 314, 331 ff., 335; dem folgend *Hepting* Rn. IV-391; ähnlich schon *Staudinger/Coester* (2007) § 1616 Rn. 47 ff.
[87] Ebenso *Grünberger* AcP 207 (2007), 314, 336; *Hepting* Rn. IV-411.
[88] Eingehend dazu *Hepting* Rn. IV-401 ff.; gegen eine Erforschung der Namensherkunft auch *Wendt* FPR 2010, 12, 13.

digmenwechsels kann man das frühere Postulat, dass geschlechtswidrige Vornamen nicht einmal neben anderen, einer geschlechtlichen Identifikation nicht entgegenstehenden Vornamen erteilt werden könnten,[89] nicht mehr aufrecht erhalten.[90] Damit werden die bisherigen Ausnahmefälle (Maria für Buben[91] und Fürchtegott für Mädchen[92] neben weiteren, „eindeutigen Vornamen) zur Normalität. Auch sonstige vormalige Problemfälle der Einordnung als eindeutig männlich oder weiblich werden durch die Formel vom negativen Geschlechtsbezug entschärft; das gilt insbes. für ausländische Vornamen und Phantasienamen: So sind für Buben die Vornamen Danny,[93] Lenny,[94] Luka oder Luca,[95] Nikita,[96] Kimi,[97] für Mädchen Julin[98] oder Kiran,[99] für beide Geschlechter Simone, Andrea oder Nicola[100] zulässig.[101] Bei Zweifeln, ob der gewünschte Vorname geschlechtswidrig ist, sollten die Eltern dem Kind, einen weiteren, das Geschlecht kennzeichnenden oder wenigstens neutralen Vornamen geben.

dd) Beispielsfälle das Kindeswohl beeinträchtigender Vornamen. Vornamen können 16 das Kind der allgemeinen **Lächerlichkeit** preisgeben und seinem Wohl dadurch schaden. Das kann auf alltägliche Gegenstandsbezeichnungen (Rn. 17) oder alberne Namensverstümmelungen wie Fifi zutreffen, bei üblichen Kurzformen wie Heinz, Fritz, Alex und sogar Dodo und Mimi[102] wird dies dagegen kaum der Fall sein. Eine Einzelfallbetrachtung hat auch bei unüblichen Schreibweisen stattzufinden; danach kann das Weglassen des Bindestriches (Heinzotto) bei zusammengesetzten Vornamen lächerlich wirken, ebenso bestimmte Phantasienamen (zB Mechipchamueh).[103] Abzuwarten bleibt, inwieweit es der Rspr. gelingen wird, die bisher kaum nachvollziehbaren Differenzierungen hinsichtlich der Lächerlichkeit von Phantasienamen (als Mädchenname zB unzulässig Borussia,[104] zulässig aber Bavaria[105]) oder Assoziationen zu Märchen- oder Filmgestalten (zulässig Momo,[106] Pumuckl,[107] Winnetou,[108] Pebbles[109] und Speedy,[110] nicht aber Verleihnix[111] und Schröder[112]) zu Gunsten einer einheitlichen und maßstabskonformen Linie zu überwinden.

Dass ein Vorname einer **Gegenstandsbezeichnung** entspricht, macht ihn für sich allein nicht 17 unzulässig, sondern nur, wenn durch dessen Erteilung eine Gefährdung des Kindeswohls zu befürchten ist. Die Liberalisierung der Anschauungen schlägt sich in der Rspr. nieder: So werden weithin Blumenbezeichnungen (Erika, Viola oder Oleander) und zunehmend auch geographische (Taiga, Chelsea) und andere naturwissenschaftliche Bezeichnungen (Sonne,[113] November[114]) zugelassen, während andere unzulässig sein sollen (Moewe[115] oder Pfefferminze[116]). Auch für sonstige Gegen-

---

[89] BGHZ 30, 132 = NJW 1959, 1581; BGHZ 73, 239 = NJW 1979, 2469; BayObLG StAZ 1986, 38; OLG Hamm NJW-RR 2005, 874; *Arndt* S. 196; näher dazu *Staudinger/Coester* (2007) § 1616 Rn. 52, 54 f. mwN.
[90] *Grünberger* AcP 207 (2007), 314, 336; anders wohl *Wendt* FPR 2010, 12, 13;
[91] BGHZ 30, 132 = NJW 1959, 1581; BayObLG StAZ 1986, 38; *Staudinger/Coester* (2007) § 1616 Rn. 54 mwN.
[92] OLG Hamburg StAZ 1967, 15.
[93] AG Bielefeld StAZ 2008, 108.
[94] AG Gießen StAZ 2010, 48.
[95] OLG Hamm FGPrax 2005, 209, 210 = NJW-RR 2005, 874, 875; OLG Celle FamRZ 2008, 180 (LS.); zu restriktiv hingegen, da allein auf die kroatische Herkunft bezogen, OLG Frankfurt FGPrax 2004, 283, 284 = StAZ 2005, 14.
[96] LG Siegen StAZ 2010, 14 f., freilich unter Berufung auf die russische Herkunft.
[97] LG Bielefeld StAZ 2009, 81.
[98] OLG Schleswig StAZ 2009, 80.
[99] BVerfG NJW 2009, 633 Tz. 18 entgegen OLG München StAZ 2007, 122.
[100] Zu diesen drei Fällen *Hepting* Rn. IV-414.
[101] Zu weiteren Beispielen *Bamberger/Roth/Enders* § 1616 BGB Rn. 9.3.
[102] Anders *Diederichsen* NJW 1981, 705, 709; *Staudinger/Coester* (2007) § 1616 Rn. 60.
[103] LG Gießen StAZ 1999, 44: unzulässig.
[104] Wegen Assoziation mit einem Fußballverein, AG Kassel StAZ 1997, 240.
[105] AG München StAZ 1981, 276.
[106] BayObLG StAZ 1981, 23, 26.
[107] OLG Zweibrücken StAZ 1983, 346: zulässig.
[108] AG Darmstadt StAZ 1975, 134: Tillmann Winnetou sei zulässig.
[109] Gestalt aus „Familie Feuerstein", AG Bayreuth StAZ 1993, 356.
[110] Gestalt aus „Schweinchen Dick", OLG Karlsruhe StAZ 1998, 344, jedoch nicht als alleiniger Vorname, abl. Anm. *Seibicke* StAZ 1999, 45.
[111] AG Krefeld StAZ 1990, 200: unzulässig.
[112] Gestalt aus „Peanuts", AG Darmstadt StAZ 1982, 281.
[113] BayObLG StAZ 1994, 315.
[114] LG Bonn StAZ 2006, 362 = FamRZ 2007, 302 (LS.).
[115] BayObLG StAZ 1986, 247.
[116] AG Traunstein StAZ 1997, 40.

standsbezeichnungen ist das Bild uneinheitlich: So sollen trotz ihrer Assoziation zu Markenprodukten Prestige[117] und Fanta[118] zulässig sein, ebenso River[119] oder gar Jazz,[120] nicht aber Traktora,[121] Grammophon.[122] Jedenfalls zulässig ist die Verbindung eines gebräuchlichen Vornamens mit einer Sachbezeichnung (Emma Tiger[123] bzw. Emelie-Extra[124]); nur deshalb wurden Sonne, Prestige und Jazz zugelassen.[125]

18 Schließlich können Namen, welche **Assoziationen** zu bestimmten religiösen, politischen oder kulturellen **Persönlichkeiten** wecken, für das Kind belastend wirken. Hier gilt es indes, ebenfalls eine konkrete Kindeswohlgefährdung festzustellen. Die bloße Tatsache, dass es sich dabei um vornamensuntaugliche Nachnamen handelt, steht der Namenswahl nicht entgegen, vielmehr muss diese konkret eine Kindeswohlgefährdung befürchten lassen (Rn. 13). So wurde der Ausschluss des Vornamens Martin-Luther-King u. a. mit der Gefahr späterer Nachteile für das Kind aus der politischen Plakatwirkung begründet.[126] Im Übrigen kommt es darauf an, inwieweit der Vorname als deutliches Bekenntnis zu einer bestimmten Anschauung der Eltern aufgefasst wird und daraus dem Kind Nachteile erwachsen können. Auch hier ist ein Wandel der Anschauungen feststellbar und auf das allgemeine Verständnis im sozialen Umfeld des betroffenen Kindes abzustellen.[127] War früher der Vorname Che als unzulässig angesehen worden, so trifft dies heute wohl nur auf die Verbindung Che Guevara zu.[128] Der im spanischen Sprachkreis gebräuchliche Vorname Jesus ist hierzulande inzwischen akzeptiert.[129] Fragwürdig ist dagegen die Zulassung des arabischen Vornamens Djehad unter Berufung auf muslimische Rechtsgelehrte, obgleich dieser in der deutschen Umgebung des Kindes wohl überwiegend mit dem infolge des islamistischen Terrors negativ besetzten Gebot des „Heiligen Krieges" gleichgesetzt wird.[130]

19 **4. Änderung des Vornamens, insbes. bei Transsexualität.** Der Vorname wird mit dessen richtiger Eintragung unabänderlich (Rn. 7 f.); ein gerade im Hinblick auf elterliche Auswüchse dringend wünschenswertes Neubestimmungsrecht des Kindes nach Erreichen der Volljährigkeit ist leider bislang nicht vorgesehen.[131] Eine von der Berichtigung eines falschen Eintrags zu unterscheidende spätere Änderung durch Hinzufügen[132] oder Weglassen einzelner Vornamen oder Abwandlung der Schreibweise ist nur in den durch Gesetz bestimmten Fällen möglich. Gemeint sind Änderungen im Geburtenregister und weiteren Personenstandsbüchern, nicht hingegen die jederzeit mögliche neue Auswahl eines Rufnamens (Rn. 2) oder Änderung bloßer Gebrauchsnamen (Rn. 1); ist der vom ursprünglich richtig eingetragenen Vornamen abweichende Gebrauchsname durch langjähriges Führen persönlichkeitsrechtlich geschützt, so kommt jedoch eine Namensänderung in diesen nach § 11 NamensÄndG in Betracht, sofern man hierfür nicht eine Berichtigung nach § 48 PStG genügen lässt (s. Rn. 8 aE). Nach Verfestigung des Vornamens sind Änderungen nur zulässig:[133] bei Adoption des Kindes (§ 1757 Abs. 4 S. 1 Nr. 1), nach § 11 iVm. § 3 NamensÄndG[134] (zB Zufügung eines Taufnamens aus religiöser Überzeugung),[135] den Vorschriften des MindNamÄndG (dazu § 1617c Rn. 30) oder des § 94 BVFG (§ 1617c Rn. 29) sowie nach einem Statutenwechsel (Rn. 20).

[117] OLG Schleswig StAZ 1998, 288; *Staudinger/Coester* (2007) § 1616 Rn. 72; ablehnend *Henrich/Wagenitz/Bornhofen* A. III. Rn. 49.
[118] LG Köln StAZ 1999, 147: da zugleich afrikanischer Vorname.
[119] LG Berlin StAZ 1998, 208.
[120] Abzulehnen AG Dortmund StAZ 1999, 149.
[121] LG Münster NJW 1965, 1232.
[122] LG Hamburg StAZ 1973, 165; zu weiteren Beispielen *Staudinger/Coester* (2007) § 1616 Rn. 72 mwN.
[123] OLG Celle OLGR Celle 2005, 31.
[124] OLG Schleswig NJOZ 2004, 582 = StAZ 2003, 334.
[125] Dazu oben Fn. 107, 111 und 114, respektive.
[126] Das LG Oldenburg StAZ 1990, 262, daneben hat es diese Namenswahl abgelehnt, weil es sich um einen Familiennamen handele und drei Namen durch Bindestriche verbunden würden.
[127] Eingehend dazu *Hepting* Rn. IV-401 ff.; IV-443.
[128] *Hepting* Rn. IV-440 f.
[129] Zulässig: OLG Frankfurt StAZ 1999, 173; kritisch dazu *Seibicke* StAZ 1999, 167 ff.; unzulässig: LG Mönchengladbach StAZ 1985, 166; AG Bielefeld StAZ 1964, 165; *Staudinger/Coester* (2007) § 1616 Rn. 69.
[130] KG StAZ 2009, 271; zu Recht kritisch dazu *Hepting* Rn. IV-442 f.; *Wall* NJOZ 2010, 2344, 2346.
[131] Zu entsprechenden Vorschlägen de lege ferenda *Grünberger* AcP 207 (2007), 314, 338 f.; *Dethloff* § 12 Rn. 27; *Wagenitz* FamRZ 1998, 1545, 1553; für ein derartiges Neubestimmungsrecht auch *Henrich/Wagenitz/Bornhofen* A. III. Rn. 22, 29 aE.
[132] BayObLG StAZ 1999, 331.
[133] Dazu *Henrich/Wagenitz/Bornhofen* A. III. Rn. 73 ff.
[134] Zu den auch für die Änderung von Familiennamen geltenden § 3 NamensÄndG vgl. Erl. § 1617c Rn. 27 f.; speziell zur Änderung des Vornamens näher *Thomas* StAZ 2010, 33, 35 f.; *Staudinger/Coester* (2007) § 1616 Rn. 82 f.
[135] BVerwG StAZ 2003, 240 = FamRZ 2003, 1553 (LS.).

Die Ersetzung eines männlichen durch einen weiblichen Vornamen und umgekehrt in den Fällen von **Transsexualität** richtet sich nach dem Transsexuellengesetz (TSG).[136] Bei der kleinen Lösung (§§ 1 bis 7 TSG) kann die transsexuelle Person die Änderung ihres bisherigen Vornamens in einen des anderen Geschlechts beantragen, ohne sich zuvor einer Geschlechtsumwandlung unterzogen haben zu müssen; die Änderung erfolgt durch Gerichtsbeschluss. Bei der großen Lösung (§§ 8 ff. TSG) – die eine irreversible Geschlechtsumwandlung voraussetzt – wird auf Antrag der Geschlechtseintrag im Geburtenregister und der bisherige Vorname in den im Antrag bezeichneten Vornamen des anderen Geschlechts geändert. Bereits nach der Vornamensänderung der kleinen Lösung hat die transsexuelle Person Anspruch darauf, mit dem neuen Vornamen angesprochen zu werden.[137] Obgleich bei der kleinen Lösung keine Geschlechtsumwandlung erfolgt, sind frühere **Adelsbezeichnungen** als Bestandteil des Familiennamens dem im neuen Vornamen ausgedrückten gefühlten Geschlecht entsprechend abzuändern.[138]

III. Internationales Privatrecht

Das auf die Befugnis zur Vornamensgebung und deren Voraussetzungen anwendbare Recht beur- 20 teilt sich ebenso wie für den Familiennamen gemäß der Grundregel des Art. 10 Abs. 1 EGBGB nach dem Heimatrecht des Kindes als seinem Personalstatut (vgl. Erl. § 1616 Rn. 18), eine abweichende Rechtswahl ist gem. Art. 10 Abs. 3 EGBGB nicht möglich.[139] Danach kommt deutsches Recht zur Anwendung, wenn das Kind zumindest auch (Art. 5 Abs. 1 S. 2 EGBGB) die deutsche Staatsangehörigkeit besitzt. Allerdings führt der bloß optionale und vorläufige Erwerb der deutschen Staatsangehörigkeit iSv. § 4 Abs. 3 StAG nicht gem. Art. 5 Abs. 1 S. 2 EGBGB zur Verdrängung der daneben bestehenden ausländischen Staatsangehörigkeit des Kindes, so dass die Vornamenserteilung sich dann nach dem ausländischen Heimatrecht des Kindes richtet.[140] Bei einem hier geborenen ausländischen Kind kann es nach dem maßgeblichen Heimatrecht auf die Eintragung im deutschen Geburtenregister ankommen, so dass eine davon abweichende nachträgliche Eintragung im Personenstandsregister des Heimatlandes unerheblich ist.[141] Einige Angleichungsprobleme beim Wechsel vom vormals ausländischen zum nun deutschen Namensstatut (zB keine Unterscheidung zwischen Vor- und Familiennamen, unbekannte Namensbestandteile) regeln speziell für Aussiedler § 94 BVFG[142] und allgemein Art. 47 EGBGB.[143] Zum Einfluss der europäischen Grundfreiheiten auf die Namensführung in Sachverhalten mit Bezug zum EU-Ausland, Erl. Art. 10 EGBGB Rn. 140 ff. Durch die Liberalisierung des materiellen deutschen Vornamensrechts ist die Gefahr echter Konfliktfälle wohl eher gering.

§ 1618a Pflicht zu Beistand und Rücksicht

Eltern und Kinder sind einander Beistand und Rücksicht schuldig.

Schrifttum: *Coester*, 15 Jahre Beistand und Rücksicht im deutschen Kindschaftsrecht, Festgabe für Schnyder, 1995, S. 101; *Eidenmüller*, Der Auskunftsanspruch des Kindes gegen seine Mutter auf Benennung des leiblichen Vaters – BVerfGE 96, 56, JuS 1998, 789; *Gernhuber*, Eltern und Kinder sind einander Beistand und Rücksicht schuldig, FS Müller-Freienfels, 1986, S. 159; *Knöpfel*, Beistand und Rücksicht zwischen Eltern und Kindern (§ 1618a BGB), FamRZ 1985, 554; *Lüderitz*, §§ 1611, 1618 a BGB: Plädoyer für eine Kooperation zwischen Eltern und Kindern, FS Gaul, 1997, S. 411; *Muscheler/Bloch*, Das Recht auf Kenntnis der genetischen Abstammung und der Anspruch des Kindes gegen die Mutter auf Nennung des leiblichen Vaters, FPR 2002, 339; *Schwab*, Beistand und Rücksicht. Zu den Auswirkungen einer Rechtsmaxime, Festgabe für Schnyder, 1995, S. 647; *Stefula*, Zu den allgemeinen familiären Beistandspflichten, ÖJZ 2005, 609.

---

[136] Näher dazu *Hepting* Rn. IV-972 ff., zur Vornamensänderung nach § 1 TSG ebd., Rn. V-958 ff.
[137] BVerfG NJW 1997, 1632 = StAZ 1997, 270 m. Anm. *Geisler*.
[138] BayObLG NJW-RR 2003, 289 = FamRZ 2003, 1016 zu einer Namensänderung nach § 1 TSG.
[139] BayObLG BayObLGR 2000, 47 = StAZ 2000, 235; KG Berlin FGPrax 1999, 101 = StAZ 1999, 171; LG Gießen StAZ 1999, 147; *Palandt/Thorn* Art. 10 EGBGB Rn. 19 mwN; *Staudinger/Hepting* (2007) Art. 10 EGBGB Rn. 522 mwN; aA *Henrich/Wagenitz/Bornhofen* C. Rn. 247.
[140] LG Karlsruhe StAZ 2001, 111.
[141] OLG Hamm StAZ 2007, 175 zum türkischen Recht.
[142] Dazu *Palandt/Thorn* Art. 10 EGBGB Rn. 10.
[143] Dazu *Henrich* StAZ 2007, 197 ff.

Übersicht

	Rn.		Rn.
I. Allgemeines	1–3	b) Rücksicht	9
1. Normzweck	1, 2	2. Normanwendung	10–16
2. Internationale Menschenrechte	3	a) Interpretationshilfe	10
		b) Begrenzung subjektiver Rechte	11
II. Anwendungsbereich	4–6	c) Lückenfüllung oder Rechtsfortbildung	12
1. Normadressaten	4	d) Pflichtenbegründung	13
2. Nicht miteinander verheiratete Eltern und deren Kinder	5	e) Einklagbare und erzwingbare Rechtspflichten	14
3. Analoge Anwendung	6	f) Wirkungen gegenüber Dritten	15
III. Norminhalt und Kriterien der Normanwendung	7–16	g) Auswirkungen im öffentlichen Recht	16
1. Norminhalt	7–9	**IV. Verfahrensrecht**	17
a) Beistand	8	**V. Internationales Privatrecht**	18

I. Allgemeines

1. Normzweck. Zwischen historischem und teleologisch ermitteltem Normzweck herrscht eine auffallende Diskrepanz. Dem Gesetzgeber des SorgeRG schwebte offenbar eine Gemengelage vor: In erster Linie sollte die Vorschrift „Grundnorm für die gegenseitigen Beziehungen der Familienmitglieder" sein, welche **Leitbildfunktion** als Ausdruck des Gedankens der **Familiensolidarität** habe; sie verlange ein partnerschaftliches Zusammenleben in der Familie in Verantwortung füreinander und solle für die Gegenseitigkeit von Leistung und Anspruch im Verhältnis zwischen den Generationen ähnlich prägend wirken wie § 1353 Abs. 1 S. 2 für die Ehe.[1] Mit dieser Wechselseitigkeit der Rechte und Pflichten sollte die Vorschrift ein Gegengewicht zu der starken Betonung der Kindesrechte durch das SorgeRG bilden.[2] Zugleich sollte sie aber nur Leitlinien ohne unmittelbare Rechtsfolgen aufstellen,[3] was für einen programmatischen Charakter mit Appellfunktion spricht.[4] Vorbild war Art. 272 schweiz. ZGB.[5]

Normcharakter und -funktion werden gegenwärtig unterschiedlich beurteilt: Für manche ist die Vorschrift ausbaufähige Grundnorm des Familienrechts,[6] andere stehen ihrem praktischen Nutzen skeptisch gegenüber.[7] Einigkeit besteht zunächst insoweit, dass die Vorschrift auch – konkretisierungsbedürftige – **Rechtspflichten** begründet, indem sie sittliche Pflichten zu rechtlichen umgestaltet.[8] Die abw. Vorstellung des Gesetzgebers ist weder mit dem Wortlaut („... sind... schuldig") noch mit dem historischen Vorbild des Art. 272 schweiz. ZGB[9] oder der erwarteten Leitbildfunktion iSv. § 1353 vereinbar. Andererseits sollte die Norm nicht etwa den Bereich des Sittlichen in der Familie voll verrechtlichen, so dass es nach wie vor Pflichten gibt, die nur sittlich-moralische und keine rechtlichen sind.[10] Sobald die Norm über eine bloße Interpretationsmaxime (Rn. 10) hinaus als Rechtsgrundsatz zur Begründung unmittelbarer Rechtspflichten oder Begrenzung subjektiver

---

[1] Bericht des RA BT-Drucks. 8/2788 S. 36, 43; zust. BSG NJW 1990, 1558 f.; zum Gedanken der Familiensolidarität *Schwab* FamRZ 1997, 521; *van Els* DAVorm. 1991, 123, 126 f.

[2] Bericht des RA BT-Drucks. 8/2788 S. 36; *Knöpfel* FamRZ 1985, 554.

[3] Bericht des RA BT-Drucks. 8/2788 S. 36, 43.

[4] So sollte die Norm der „Stärkung der Familienautonomie als auch der Abwehr von Gefahren für die Familie als Institution" dienen, Bericht des RA BT-Drucks. 8/2788 S. 43; kritisch dazu *Gernhuber*, FS Müller-Freienfels, S. 164 f.

[5] Bericht des RA BT-Drucks. 8/2788 S. 43; dazu *Jayme* FamRZ 1981, 221, 225 f.; zu vergleichbaren ausländischen Regelungen, welche die untersuchte Norm nicht direkt beeinflusst haben, *Staudinger/Coester* (2007) Rn. 2; speziell zu § 137 Abs. 2 ABGB *Stefula* ÖJZ 2005, 609.

[6] Eine Wirkung als „goldene Regel" der Eltern-Kind-Beziehungen prognostizierte *Bosch* FamRZ 1980, 739, 748; positiv auch: *Knöpfel* FamRZ 1985, 554, 565; *van Els* DAVorm. 1991, 123, 127; differenzierend *Coester*, Festgabe Schnyder, S. 118 ff.

[7] *Derleder* KJ 1997, 277, 288; *Gernhuber*, FS Müller-Freienfels, S. 159 ff., 191.

[8] BGHZ 125, 206, 214 = LM § 765 Nr. 91 (9/1994) = NJW 1994, 1278, 1280; BGH LM § 765 Nr. 90 (9/1994) = NJW 1994, 1341, 1343; BGH NJW 2004, 3109, 3110; insoweit unrichtig AG Regensburg FamRZ 1993, 1240: nur sittliche Pflicht; vgl. aber auch Rn. 13 ff.

[9] Dieses ist Quelle von Rechtspflichten, *Honsell/Vogt/Geiser* ZGB I, 4. Aufl. 2010, Art. 272 Rn. 3 ff. bearb. v. *Schwenzer*.

[10] *Soergel/Strätz* Rn. 3; vor einer Überdehnung des Norminhalts warnt vor allem *Gernhuber*, FS Müller-Freienfels, S. 185 ff.

Rechte herangezogen wird, ist eine Verdichtung der sittlichen zur Rechtspflicht im Hinblick auf besondere Einzelfallumstände erforderlich (Rn. 11 ff.). Dies kann sogar zur Bejahung einklagbarer und durchsetzbarer Rechtspflichten führen (Rn. 14); unterhalb dieser Schwelle kann der Verstoß gegen familiäre Solidaritätspflichten zumindest mittelbare Sanktionen nach sich ziehen (Rn. 11). Die Norm entfaltet in der Rechtspraxis also durchaus Wirkungen, wenngleich sie vielmals lediglich als Zusatzargument fungiert, doch vermag sie selbst dann die Auslegung speziellerer Normen zu beeinflussen;[11] besonders deutlich wird dies in der Rspr. zum Unterhaltsrecht (Rn. 10 ff.). Angesichts der durch die umfassenden Reformen der letzten Jahre noch erhöhten Regelungsdichte im Familienrecht (zB § 1685 Abs. 1) ist ihre Funktion als Generalklausel jedenfalls begrenzt. Wegen der durch das KindRG erfolgten weiteren einseitigen Hervorhebung der Kindesrechte und Elternpflichten (zB § 1626 Abs. 1 S. 1; § 1684 Abs. 1) erscheinen ihre historische Zielsetzung und Leitbildfunktion jetzt allerdings etwas verwässert; als Grundsatznorm sollte sie daher in der Praxis dazu genutzt werden, um einer zu einseitigen Sichtweise des Eltern-Kind-Verhältnisses entgegenzuwirken, soweit das bestehende Recht hierzu Freiräume lässt.[12]

2. Internationale Menschenrechte. Der Normzweck des § 1618a deckt sich mit internationalen Menschenrechtspostulaten, wie sie für das Verhältnis zu minderjährigen Kindern speziell in der UN-Kinderrechtskonvention formuliert sind (insbes. Art. 3 Abs. 2, Art. 5 und Art. 29 Abs. 1 lit. c);[13] und den Erfordernissen des Art. 8 Abs. 1 EMRK und wohl auch der Parallelnorm des Art. 7 GRC nach einer Abwägung widerstreitender Interessen von Eltern und minderjährigen Kindern[14] wird die Handhabung des § 1618a gerecht (Rn. 10 ff.). Diese Postulate erfassen aber weithin das Sorge- und Umgangsrecht,[15] so dass sich daraus kaum konkrete Vorgaben für die Auslegung des § 1618a gewinnen lassen (vgl. aber Rn. 14).

II. Anwendungsbereich

1. Normadressaten. Dies sind Eltern und Kinder, letztere unabhängig von ihrem Alter und familiären Status (Rn. 5); auf Sorgerechtsverhältnisse oder die Zugehörigkeit zum elterlichen Hausstand (arg. e § 1619) kommt es nicht an.[16] Nach der systematischen Stellung der Norm im Vierten Titel ist Voraussetzung ein Eltern-Kind-Verhältnis im Sinne des BGB. Wegen § 1754 wird dieses auch durch Adoption vermittelt, besteht aber nicht im Verhältnis zu Pflege-,[17] Schwieger- oder Stiefkind (vgl. Rn. 6). Andererseits wollen einige die Vorschrift jedenfalls mittelbar auf das Verhältnis unter Geschwistern anwenden, weil sich Pflichten zu Beistand und Rücksicht zugunsten der Geschwister jederzeit als mittelbarer Beistand für den dadurch entlasteten Elternteil rechtfertigen lassen;[18] dem kann im Hinblick auf das in der Norm verkörperte Leitbild der Familiensolidarität (Rn. 1) zugestimmt werden, sofern die vermittelnde Beziehung eine zwischen Eltern und Kind im dargelegten Sinne ist.[19] Nach dem Standort der Vorschrift kann ihrer Ausdehnung auf die Beziehung zwischen Großeltern und Enkeln hingegen nicht gefolgt werden, selbst wenn das Modell des schweiz. Rechts dies anders sehen mag;[20] die Frage ist durch die Anerkennung eines Umgangsrechts (§ 1626 Abs. 3, § 1685 Abs. 1) jetzt ohnehin entschärft worden.

---

[11] Zu letzterem *Lüderitz,* FS Gaul, S. 411 ff., 420.

[12] In diese Richtung schon *Coester,* Festgabe Schnyder, S. 120.

[13] Zu diesen *Dorsch,* Die Konvention der Vereinten Nationen über die Rechte des Kindes, 1994, S. 103 ff., 185 ff.

[14] *Fahrenhorst,* Familienrecht und Europäische Menschenrechtskonvention: Das Ehe- und Familienrecht der Bundesrepublik Deutschland und seine Vereinbarkeit mit der Europäischen Konvention zum Schutz der Menschenrechte und Grundfreiheiten – dargestellt anhand von ausgewählten Beispielen, 1994, S. 276, 279 ff.; zum Gebot des Interessenausgleichs *Meyer-Ladewig* Art. 8 EMRK Rn. 58.

[15] Dazu *Brötel,* Die Defizite im deutschen Kindschaftsrecht, gemessen an der Europäischen Menschenrechtskonvention, in *Koeppel* (Hrsg.), Kindschaftsrecht und Völkerrecht im europäischen Kontext, 1996 (Schriftenreihe Familie und Recht, 15) S. 50 ff.; rechtsvergleichend *v. Sachsen Gessaphe* FamRZ 1999, 1107, 1108 f., 1114 f.

[16] Bericht des RA BT-Drucks. 8/2788 S. 43.

[17] AA *Staudinger/Coester* (2007) Rn. 25; dem folgend NK-BGB/*Löhnig/Czeguhn* Rn. 3.

[18] *Knöpfel* FamRZ 1985, 554, 559 f.; *Bamberger/Roth/Enders* Rn. 2.1; AG Arnsberg FamRZ 1996, 1435 f.; für unmittelbare Wirkung hingegen: *Palandt/Diederichsen* Rn. 2; *Soergel/Strätz* Rn. 2; insgesamt ablehnend: *Erman/Michalski/Döll* Rn. 3; NK-BGB/*Löhnig/Czeguhn* Rn. 2; *Gernhuber,* FS Müller-Freienfels, S. 170 ff.

[19] Weitergehend *Knöpfel* FamRZ 1985, 554, 560: jede Art von Geschwistern; zur ablehnenden Haltung im österreichischen Recht *Stefula* ÖJZ 2005, 609, 616 ff.; in der Praxis gibt es Entscheidungen im hier dargelegten Sinne, s. Erl. Rn. 11 am Anfang.

[20] Ebenso *Gernhuber,* FS Müller-Freienfels, S. 173; NK-BGB/*Löhnig/Czeguhn* Rn. 2; aA mit Hinweis zum schweiz. Recht *Staudinger/Coester* (2007) Rn. 26; zurückhaltend für mittelbare Geltung *Bamberger/Roth/Enders* Rn. 2.1; in Österreich ist diese Beziehung hingegen von § 137 Abs. 2 ABGB erfasst, *Stefula* ÖJZ 2005, 609, 615 f.

§ 1618a 5–8   Abschn. 2. Titel 4. Rechtsverhältnis zw. den Eltern u. dem Kind

5   **2. Nicht miteinander verheiratete Eltern und deren Kinder.** Der mit der Kindesmutter nicht verheiratete Vater, dessen Vaterschaft feststeht, ist gleichfalls Träger des Elternrechts aus Art. 6 Abs. 2 GG, wenngleich es dem Gesetzgeber unbenommen bleibt, bei der normativen Ausgestaltung dieser Vater-Kind-Beziehung auf deren rechtstatsächliche Besonderheiten Rücksicht zu nehmen.[21] Das KindRG hat dem Rechnung getragen, indem es zum einen die statusmäßigen Unterschiede zwischen ehelichen und ne. Kindern weithin beseitigt und zum anderen dem mit der Kindesmutter nicht verheirateten Vater die Erlangung des (Mit-)Sorgerechts (§ 1626a) erleichtert hat, wenngleich die Regelung noch verfassungsrechtliche Defizite aufweist.[22] Überdies ist die konkrete tatsächliche und rechtliche Ausgestaltung der Vater-Kind-Beziehung (Zusammenleben, Sorgerecht) im Rahmen der stets nötigen Konkretisierung des Pflichtengehalts der Vorschrift im Hinblick auf die Umstände des Falles ohnehin zu berücksichtigen (Rn. 7).

6   **3. Analoge Anwendung.** Nach § 1793 Abs. 1 S. 3 ist § 1618a auf das Verhältnis des Vormundes zum Mündel entsprechend anwendbar.[23] Dagegen scheidet eine analoge Anwendung in anderen Fällen mangels ausdrücklicher Anordnung aus: Für das Verhältnis von Betreuer und Betreutem folgt dies aus § 1908i Abs. 1 S. 1. Lebt ein Elternteil mit seinem Kind in einer **gleichgeschlechtlichen Lebenspartnerschaft** iS des § 1 LPartG, so erlangt der andere Partner dadurch zwar gem. § 9 LPartG ein kleines Sorgerecht, und dieses räumt § 1687b dem **Stiefelternteil** ebenfalls ein; überdies wird die Rechtsposition des Ehegatten bzw. Lebenspartners des Elternteils durch §§ 1682, 1685 Abs. 2 noch weiter verstärkt. Gleichwohl ist eine analoge Anwendung des § 1618a in diesen Fällen abzulehnen:[24] Das Gesetz verwehrt Lebenspartner und Stiefelternteil terminologisch nach wie vor die Elternschaft im Rechtssinn (Vor § 1616 Rn. 4).[25] Obgleich dem Gesetzgeber des KindRG und des Gesetzes zur Beendigung der Diskriminierung gleichgeschlechtlicher Gemeinschaften die Diskussion um die Einbeziehung jedenfalls von Stiefeltern bekannt war, hat er eine analoge Anwendung des § 1618a auf die diskutierten Fallgruppen – anders als für Vormünder – nicht ausdrücklich vorgeschrieben, und den Motiven lässt sich eine dahingehende Willensrichtung nicht entnehmen.[26] Dies ist nicht von ungefähr geschehen, denn die Vormund ersetzt die Eltern als Inhaber der elterlichen Sorge weithin, während der Stiefelternteil bzw. der homosexuelle Lebenspartner nach § 1687b bzw. § 9 LPartG lediglich ergänzend zum allein sorgeberechtigten Elternteil tätig werden darf und darüber hinaus nur in engen Grenzen eine eigene Rechtsstellung gegenüber dem Kind ihres Partners erlangt. Außerdem rechtfertigt die Einräumung des kleinen Sorgerechts allein keine analoge Anwendung des § 1618a, da es hierfür auf die Sorgerechtsverhältnisse gerade nicht ankommt (Rn. 4). Freilich kann durchaus eine sittliche Pflicht zur wechselseitigen Rücksichtnahme zwischen dem Kind eines Elternteils und dessen Ehegatten oder homosexuellen Lebenspartner bestehen.[27]

III. Norminhalt und Kriterien der Normanwendung

7   **1. Norminhalt.** Dieser ist die Verpflichtung zu Beistand und Rücksicht. Deren Gehalt konkretisiert sich nach den jeweiligen Lebensumständen, weshalb zwischen voll- und minderjährigen Kindern sowie nach dem Alter, dem Gesundheitszustand, dem Zusammenleben der Betroffenen und ihren übrigen Verhältnissen zu differenzieren ist.[28] Die Verpflichtungen sind grundsätzlich wechselseitig, abhängig von ihrer Konkretisierung im Einzelfall: Sie treffen beim Kleinkind zunächst die Eltern, mit zunehmendem Alter wächst das Kind als Korrelat zu seiner wachsenden Selbständigkeit iSv. § 1626 Abs. 2 seinerseits in Beistandspflichten gegenüber den Eltern hinein.

8   **a) Beistand.** Das ist jede aktive Unterstützung innerhalb der Familie. Die Beistandspflicht zielt insbes. auf solche Akte innerfamiliärer Hilfe, die nicht spezialgesetzlich geregelt sind (zB § 685

---

[21] BVerfGE 92, 158, 176 ff. = FamRZ 1995, 789, 792 ff. = NJW 1995, 2155, 2156 ff.; BVerfGE 107, 150, 175 = NJW 2003, 955, 958 = FamRZ 2003, 285, 289.
[22] Vgl. BVerfG NJW 2010, 3008 ff; dazu *Huber/Möll* FamRZ 2011, 765 ff.
[23] Eingeführt durch BtÄndG; dazu *Staudinger/Engler* (2004) § 1800 Rn. 17; übersehen von *Erman/Michalski/Döll* Rn. 3; *Palandt/Diederichsen* Rn. 2.
[24] Für Stiefeltern im Ergebnis wie hier *Soergel/Strätz* Rn. 2; *Staudinger/Coester* (2007) Rn. 25, anders aber im Fall eines kleinen Sorgerechts nach § 1687b Abs. 1, 2 bzw. § 9 LPartG; anders für den Fall der Verbleibensanordnung nach § 1682 NK-BGB/*Löhnig/Czeguhn* Rn. 4; jedenfalls für mittelbare Geltung *Knöpfel* FamRZ 1985, 554, 559; zurückhaltend hierfür *Bamberger/Roth/Enders* Rn. 2.1; weitergehend *Erman/Michalski/Döll* Rn. 3.
[25] Dem folgend *Muscheler* FamR Rn. 581.
[26] Vgl. BT-Drucks. 13/4899 S. 104 f., 108; BT-Drucks. 13/8511 S. 75; BT-Drucks. 14/3751 S. 39, 45.
[27] Zum Stiefeltern-Kind-Verhältnis vgl. OLG Saarbrücken NJW-RR 1996, 813 f.; für weitergehende Rechtsbeziehungen vgl. Erl. § 1353.
[28] BayObLG FamRZ 2000, 976, 977 = NJWE-FER 1999, 318, 319.

Abs. 2, §§ 1619 f.) und sich normativer Detailregelung entziehen. Meist werden hierfür iS der vom Gesetzgeber hervorgehobenen Verantwortung füreinander (Rn. 1) in Anlehnung an die eheliche Solidarität (vgl. § 1353 Abs. 1 S. 2) genannt: psychische Unterstützung bei Alltagsproblemen und in Krankheits- und Notsituationen; Verpflichtung, den anderen vor Selbsttötung oder vor Straftaten zu bewahren; Hilfe bei Alkoholismus oder Drogensucht, bei Schwangerschaft oder bei Entlassung aus dem Strafvollzug.[29] Hierbei handelt es sich jedoch zunächst um rein sittliche Postulate, die sich erst durch das Hinzutreten besonderer Einzelfallumstände zu Rechtspflichten verdichten.[30]

b) Rücksicht. Die Pflicht zur Rücksicht hat ihr Vorbild ebenfalls in der ehelichen Solidarität 9 (§ 1353 Abs. 1 S. 2). Rücksichtnahme ist das Zurückstellen eigener Wünsche und Rechtspositionen hinter die Bedürfnisse der Familie oder einzelner Familienmitglieder, was wechselseitige Achtung als Grundlage der Rücksicht einschließt; hierzu gehört die Verpflichtung, eigene Ansprüche gegen ein Familienmitglied (zeitweise) nicht geltend zu machen.[31] Bei den gängigen Beispielen hierfür (Verzicht auf selbständige Urlaubsreise; Einschränkung des Radio- oder Fernsehkonsums bei Krankheit eines Familienmitglieds etc.) muss die Grenze zum bloß Sittlichen überschritten sein (Rn. 8). Soweit die Rspr. gerade im Unterhaltsrecht Folgerungen aus der Rücksichtnahmepflicht zieht, lassen sich die erzielten Ergebnisse freilich weithin aus den Unterhaltsvorschriften selbst ableiten und wirkt die Berufung hierauf lediglich verstärkend (näher Rn. 10 ff.). Wenig ergiebig ist es, aus der Vorschrift eine Verpflichtung der minderjährigen Kinder zur Befolgung von Anordnungen der Eltern in Ausübung ihres Sorgerechts abzuleiten, weil es schon an deren effektiver Durchsetzbarkeit fehlt.[32]

2. Normanwendung. a) Interpretationshilfe. Die Anwendung des § 1618a wird durch 10 dessen unterschiedliche Funktionen als Generalklausel bestimmt. Im Vordergrund steht die Funktion als Interpretationshilfe für die Auslegung anderer Vorschriften oder zur Ermessensausübung (s. a. Rn. 16). Auf zivilrechtlichem Gebiet findet sich außer zur Bürgschaft naher Angehöriger (Rn. 15) insbes. zur Konkretisierung der wechselseitigen Rücksichtnahmepflicht im **Unterhaltsrecht** eine reichhaltige Judikatur (s. a. Rn. 11 f.). So werden zur Bestimmung der Unterhaltspflicht für eine angemessene Berufsausbildung iSv. § 1610 Abs. 2 sowie bei wesentlicher Änderung der für die Unterhaltspflicht relevanten Umstände iSv. § 238 FamFG aus § 1618a Informations-[33] und Beratungspflichten[34] des volljährigen Kindes gegenüber dem unterhaltspflichtigen Elternteil abgeleitet; die Verletzung der Rücksichtnahmepflicht durch nicht zielstrebigen Ausbildungsverlauf seitens des Kindes ist iSv § 1610 Abs. 2 zu beachten.[35] Das volljährige Kind hat auf die finanziellen Belange der unterhaltspflichtigen Eltern Rücksicht zu nehmen und im Hinblick darauf eigene Interessen zurückzustellen: Im Einzelfall besteht daher kein Unterhaltsanspruch für eine Zweitausbildung;[36] und eine vom Kind ohne triftige Gründe einseitig herbeigeführte Erhöhung des Unterhaltsbedarfs durch Auszug aus der elterlichen Wohnung ist unbeachtlich.[37] Für das minderjährige Kind, das an keiner Ausbildung teilnimmt, wird aus der Vorschrift eine Erwerbsobliegenheit abgeleitet, welche an sich bereits aus § 1602 folgt.[38] Für die elterliche Bestimmung über die Art der Unterhaltsgewährung (Natural- oder Barunterhalt) verlangt schon der Wortlaut des § 1612 Abs. 2 S. 1 nach einer Berücksichtigung der Kindesbelange, doch ist dies im Sinne des § 1618a als ein Gebot zur wechselseitigen Rücksichtnahme zu verstehen (§ 1612 Rn. 10), so dass zu prüfen ist, wessen Interessen unter Würdigung der maßgebenden Umstände gewichtiger erscheinen; je anerkennenswerter die Belange der einen Seite sind, umso eher wird es der anderen in der Regel zumutbar sein, sich hierauf einzulas-

---

[29] ZB *Erman/Michalski/Döll* Rn. 8; *Rauscher* FamR Rn. 935.
[30] ZB BayObLG NJW-RR 1993, 1361 f.: Verpflichtung der Tochter, welche mit Mutter in Miteigentümergemeinschaft steht, zur Übernahme der dieser daraus persönlich obliegenden Streupflicht wegen alters- und gebrechlichkeitsbedingter Beistandspflicht.
[31] BayObLGZ 1992, 358 = NJW-RR 1993, 336 f. für die Duldungspflichten des Vaters bei baulichen Veränderungen durch Kinder bei Wohnungsmiteigentum, hier verneint; s. a. *Knöpfel* FamRZ 1985, 554, 565; *Schwab* FamR Rn. 510; *Rauscher* FamR Rn. 935.
[32] So aber *Münzenberg*, Der Anspruch der Sorgeberechtigten auf Befolgung von Anordnungen und deren Durchsetzung gegenüber dem Kind als Träger eigener Rechte, 1997, S. 30 ff., 165 ff.
[33] Für die zweite Variante AG Hersbruck FamRZ 1985, 633, 635.
[34] So zu § 1610 Abs. 2, OLG Frankfurt FamRZ 1984, 193; OLG Stuttgart FamRZ 1991, 1472, 1474; s. auch BayObLG FamRZ 1987, 1298, 1301.
[35] AG Kassel FamRZ 2005, 1006 (LS.); eine solche Obliegenheit bestätigend OLG Brandenburg NJW-RR 2011, 725, 727.
[36] OLG Frankfurt FamRZ 1997, 694 zu § 1610 Abs. 2.
[37] OLG Köln FamRZ 1982, 834 f. (Wegzug volljähriger Tochter zu ihrem Freund); OLG Frankfurt FamRZ 1983, 1156.
[38] Zur Ableitung aus § 1618a OLG Brandenburg NJOZ 2006, 652.

§ 1618a 11, 12   Abschn. 2. Titel 4. Rechtsverhältnis zw. den Eltern u. dem Kind

sen.[39] Im Unterhaltsrechtsstreit zwischen volljährigem Kind und nicht mit diesem zusammen lebenden unterhaltspflichtigen Elternteil kann sich daher die Bestimmung des letzteren durchsetzen, so dass das Kind verpflichtet ist, während des Studiums nicht beim anderen Elternteil, sondern am Studienort zu leben;[40] umgekehrt darf von der elterlichen Bestimmung abgewichen werden, wenn im Einzelfall die Abwägung zu Gunsten des volljährigen Kindes ausfällt.[41]

11 **b) Begrenzung subjektiver Rechte.** § 1618a kann als Rechtsgrundsatz die Begrenzung subjektiver Rechte begründen (s. a. Rn. 16).[42] So ist ein Geschwister verpflichtet, einem anderen den Zutritt zu dem in seiner Eigentumswohnung lebenden gemeinsamen Elternteil zu gewähren,[43] und nicht berechtigt, der Mutter die zum Besuch eines anderen Bruders notwendige Durchquerung seines Grundstücks zu verwehren.[44] Die begrenzende Funktion kommt teils in den vorerwähnten Entscheidungen zum Unterhaltsrecht zum Ausdruck (s. Rn. 13 f.), soweit darin das elterliche Bestimmungsrecht oder der Unterhaltsanspruch des Kindes eingeschränkt werden.[45] Insoweit stellt sich die Begrenzung subjektiver Rechte als mittelbare Sanktion aus dem Verstoß gegen familiäre Solidaritätspflichten aus § 1618a dar.[46] In diesen Kontext fällt auch die Begrenzung der Geltendmachung von Ansprüchen unter Verwandten (Rn. 9). Die Schrankenfunktion des § 1618a setzt stets eine Abwägung der wechselseitigen Solidaritätspflichten und sonstigen widerstreitenden Kindes- und Elterninteressen voraus.[47] Dagegen ist § 1611 Abs. 1 entgegen früheren Entscheidungen alleiniger Maßstab, um zu beurteilen, unter welchen besonderen Umständen die hartnäckige Kontaktverweigerung eines volljährigen Kindes zu dem getrennt von ihm lebenden, unterhaltspflichtigen Elternteil eine vorsätzliche schwere Verfehlung darstellt; § 1618a vermag diesen Maßstab nicht zu Lasten des Kindes zu verschieben.[48] Allerdings hat der BGH die Vorschrift zur Konkretisierung einer umgekehrten schweren Verfehlung der Mutter gegenüber ihrer Tochter bejaht, weil jene diese im Kleinkindalter bei den Großeltern zurückgelassen und seither kaum mehr Kontakt zu ihr aufgenommen habe.[49]

12 **c) Lückenfüllung oder Rechtsfortbildung.** Soweit § 1618a zur Lückenfüllung oder gar Rechtsfortbildung im Familienrecht herangezogen werden soll, zwingt seine Leitbildfunktion (dazu Rn. 1 f.) zur Zurückhaltung: Eine abschließende gesetzliche Regelung der jeweiligen Materie ist vorrangig. Über den Umweg des § 1618a dürfen eindeutige gesetzgeberische Entscheidungen (kein Geschwisterunterhalt) nicht umgekehrt werden, und präzise umschriebene Pflichtenregelungen, wie die des § 1619, sind nicht durch Rückgriff auf § 1618a beiseite zu drängen. Eine nach § 1619 mangels Zugehörigkeit zum elterlichen Hausstand gegenüber dem bloß umgangsberechtigten Elternteil grundsätzlich nicht bestehende Mitarbeitspflicht lässt sich daher über § 1618a nur unter besonderen Umständen begründen (s. § 1619 Rn. 6 aE). Ebenso wenig kann auf diesem Wege eine Pflicht der Eltern hergeleitet werden, bei Aufnahme in den Haushalt des (volljährigen) Kindes in dessen Hausstand oder Gewerbe dauerhaft Dienste zu erbringen, es sei denn, diese wäre durch besondere Umstände wie zB eine unabweisbare Notlage bedingt.[50] Zur Lückenfüllung (s. Rn. 13 ff.) wird die Vorschrift etwa im Unterhaltsrecht herangezogen, um im Rahmen des § 1603 das Vorliegen eines unterhaltsrechtlichen Fehlverhaltens beim Wechsel des unterhaltsverpflichteten Elternteiles in eine geringer entlohnte Tätigkeit zu bewerten.[51]

---

[39] BGH NJW 2009, 1742 Tz. 28 m. zust. Anm. *Born* = FPR 2009, 242 Tz. 28 m. zust. Anm. *Peschel-Gutzeit*; so auch *Coester*, Festgabe Schnyder, S. 110.
[40] So BGH NJW 2009, 1742 Tz. 28 ff. m. zust. Anm. *Born* = FPR 2009, 242 Tz. 28 m. zust. Anm. *Peschel-Gutzeit*.
[41] Übergang vom Bar- zum Naturalunterhalt durch nicht mit dem Kind wohnenden Elternteil abgelehnt: KG Berlin FamRZ 2006, 60; BayObLG NJWE-FER 1999, 318 = FamRZ 2000, 976; auf Grund anderer Einzelfallumstände jedoch gegenteilig entschieden, BayObLG FamRZ 1987, 1298 ff.
[42] *Coester*, Festgabe Schnyder, S. 119; *Schwab*, Festgabe Schnyder, S. 650.
[43] AG Arnsberg FamRZ 1996, 1435 f.
[44] AG Gießen BeckRS 2010, 23268.
[45] *Schwab*, Festgabe Schnyder, S. 650; angedeutet bei *Coester*, Festgabe Schnyder, S. 119.
[46] S. *Lüderitz*, FS Gaul, S. 420.
[47] So etwa BayObLG FamRZ 2000, 976, 977 = NJWE-FER 1999, 318, 319.
[48] BGH FamRZ 1995, 475 f.; OLG Frankfurt FamRZ 1995, 1513 f.; OLG Köln FamRZ 1996, 1101; so bereits AG Regensburg FamRZ 1993, 1240; *Coester*, Festgabe Schnyder, S. 111 f.; eingehend *Meder* FuR 1995, 23, 29 ff. m. zahlr. Nachw. Anders aber vor allem OLG Bamberg NJW 1992, 1112 ff.; zust. *Schütz* FamRZ 1992, 1138 f.; s. a. *Lüderitz*, FS Gaul, S. 420.
[49] BGH NJW 2004, 3109, 3110; bestätigend BGH NJW 2010, 3714 Tz. 32.
[50] OLG Bamberg FamRZ 1985, 308 f., bestätigt vom BGH, vgl. ebd. S. 310, m. abl. Anm. *Coester* FamRZ 1985, 956: Das Gegenseitigkeitsprinzip des § 1618a hätte eine analoge Anwendung des § 1619 auf die Eltern geboten; s. § 1619 Rn. 7.
[51] OLG Karlsruhe FamRZ 1993, 836 f.

d) **Pflichtenbegründung.** Zurückhaltung ist insbes. angebracht, wenn § 1618a im Wege der 13 Lückenfüllung oder Rechtsfortbildung zur Pflichtenbegründung verwendet wird. Paradigmatisch hierfür ist die Frage, inwieweit sich aus der Beistandspflicht ein Anspruch volljähriger Kinder gegen die Eltern oder umgekehrt auf **Aufnahme in den Haushalt** ergibt. Ein solcher kann allenfalls im Hinblick auf besondere Umstände des Einzelfalles bejaht werden, welche bei Abwägung der widerstreitenden Interessen eine Aufnahmepflicht und deren Dauer zwingend gebieten.[52] So ist regelmäßig ein Anspruch des volljährigen Kindes auf Unterkunft im elterlichen Haushalt zu verneinen, doch wirkt sich die Rücksichtnahmepflicht insoweit aus, als für das Räumungsverlangen der Eltern eine angemessene Frist vorzusehen ist.[53] Für einen umgekehrten Aufnahmeanspruch der Eltern sind gleichfalls nur Notsituationen wie Pflegebedürftigkeit vorstellbar; selbst dann ist eine entsprechende Rechtspflicht des volljährigen Kindes zunächst gegen die den Eltern obliegende Rücksichtnahmepflicht auf dessen Belange (Beruf, Wohnsituation) abzuwägen und wird vielfach der Rücksichtnahmepflicht des Kindes gegen seinen Ehegatten aus § 1353 oder gegen seine eigenen Kinder aus § 1626 weichen müssen. Sofern nach dem Gesagten auf Grund außergewöhnlicher Umstände eine Verpflichtung zur Aufnahme des volljährigen Kindes durch die Eltern oder umgekehrt anzunehmen ist, steht einer Vollstreckung nach §§ 112 Nr. 3, 266 Abs. 1 Nr. 4,[54] 120 Abs. 1 FamFG iVm. § 888 Abs. 1 ZPO nicht § 120 Abs. 3 FamFG analog entgegen,[55] zumal die Bejahung einer solchen Verpflichtung eine Abwägung der widerstreitenden Interessen voraussetzt.[56] Aus § 1618a hat die Rspr. weitere Pflichten abgeleitet: Bei für das volljährige Kind nachteiligen Rechtsgeschäften mit einem Elternteil treffen diesen Aufklärungspflichten, deren Verletzung nach § 280 Abs. 1, § 311 Abs. 2 schadensersatzpflichtig machen kann;[57] und das volljährige Kind ist verpflichtet, Unterhaltszahlungen eines Elternteils an den anderen Elternteil, dem gegen ersteren ein familienrechtlicher Ausgleichsanspruch zusteht (dazu § 1606 Rn. 43 ff.), weiterzuleiten.[58]

e) **Einklagbare und erzwingbare Rechtspflichten.** Die pflichtenbegründende Funktion 14 des § 1618a stößt insbes. dann auf Bedenken, wenn sie zur Annahme einklagbarer und erzwingbarer Rechtspflichten führen soll. Im Hinblick auf die Regelungsdichte im Familienrecht wird dies der Ausnahmefall bleiben. Die Rspr. hat aus § 1618a einen einklagbaren **Anspruch des Kindes, dessen Eltern bei seiner Geburt nicht miteinander verheiratet waren,** gegen seine Mutter **auf Auskunft** über Namen und Adresse des leiblichen Vaters begründet, da insoweit eine Gesetzeslücke besteht,[59] und dies ist in der Literatur weithin auf Zustimmung gestoßen.[60] Damit wird dem Postulat des Art. 7 Abs. 1 UN-Kinderrechtskonvention (Recht auf Kenntnis der Eltern, Rn. 3) und dem Recht auf Achtung des Privatlebens aus Art. 8 EMRK und Art. 7 GRC, welches ein Recht auf Kenntnis der eigenen Identität und damit der Identität der Eltern beinhaltet,[61] Rechnung getragen. Um einer ausufernden Anwendung dieser Norm als Anspruchsgrundlage entgegenzuwirken, ist eine durch Grundrechte geschützte Interessenlage des Anspruchsberechtigten zu fordern. Das Kind hat ein durch Art. 6 Abs. 5 GG und das allgemeine Persönlichkeitsrecht geschütztes Recht auf Kenntnis seiner Abstammung.[62] Neben dem ideellen Interesse des Kindes

---

[52] Näher dazu *Erman/Michalski/Döll* Rn. 9 ff.; *Rauscher* FamR Rn. 938.
[53] AG Gladbeck FamRZ 1991, 980.
[54] Zur Einordnung der Ansprüche aus § 1618a unter § 266 Abs. 1 Nr. 4 FamFG OLG Zweibrücken NJW-RR 2011, 584; MünchKommZPO/*Erbarth* § 266 FamFG Rn. 129.
[55] Für die vergleichbare Situation der auf § 1353 Abs. 1 gestützten Aufnahme eines Ehegatten in die Wohnung des anderen, welche nicht direkt der Wiederherstellung der ehelichen Lebensgemeinschaft dient, ebenso OLG Hamm MDR 1965, 577; ebenso *Keidel/Weber* § 120 FamFG Rn. 19.
[56] AA *Staudinger/Coester* (2007) Rn. 40; *Erman/Michalski/Döll* Rn. 9.
[57] OLG Düsseldorf OLGR Düsseldorf 2000, 265 = FamRZ 2000, 1594 (LS.): Veranlassung des Kindes zur Erbteilsübertragung auf den Vater ohne nennenswerte Gegenleistung.
[58] OLG Düsseldorf 6. 3. 2003, II-3 WF 190/02 (Juris); OLG Naumburg NJW-RR 2007, 728.
[59] OLG Hamm FamRZ 1991, 1229; LG Passau NJW 1988, 144; LG Münster FamRZ 1990, 1031; NJW 1999, 726 = FamRZ 1999, 1441; AG Passau FamRZ 1987, 1309, 1311; AG Gemünden DAVorm. 1990, 705; AG Duisburg DAVorm. 1992, 1129; diese Rspr. ist vom BVerfG nicht beanstandet worden, vor allem BVerfGE 96, 56, 62 = NJW 1997, 1769 f. = FamRZ 1997, 869, 870; ablehnend hingegen: AG Schwetzingen DAVorm. 1992, 88, 91; AG Rastatt FamRZ 1996, 1299 (Anspruch aus § 242); Herleitung aus § 1618a oder § 242 offengelassen: LG Bremen FamRZ 1998, 1039 f.; eingehend zum Auskunftsanspruch und seiner Herleitung *Muscheler/Bloch* FPR 2002, 339, 346 ff.
[60] *Muscheler/Bloch* FPR 2002, 339, 347 f.; *Eidenmüller* JuS 1998, 789, 791 f.; *Palandt/Brudermüller* Vor § 1591 Rn. 2; *Staudinger/Coester* (2007) Rn. 47 ff., 49; *Staudinger/Rauscher* (2011) Einl. zu §§ 1589 ff. Rn. 119; *Bamberger/Roth/Enders* Rn. 5; *Gernhuber/Coester-Waltjen* § 54 Rn. 67; eher ablehnend hingegen *Frank/Helms* FamRZ 1997, 1258, 1262.
[61] EuGHMR EuGRZ 2003, 584, 589 ff. = NJW 2003, 2145, 2146 ff.; FamRZ 2006, 1354.
[62] BVerfG NJW 1988, 144 ff.; BVerfGE 79, 256 ff. = NJW 1989, 891 ff. = FamRZ 1989, 255 ff.; BVerfGE 96, 56; eingehend dazu *Muscheler/Bloch* FPR 2002, 339, 343 ff.

§ 1618a 15 Abschn. 2. Titel 4. Rechtsverhältnis zw. den Eltern u. dem Kind

an der Kenntnis seines Vaters dient der Auskunftsanspruch regelmäßig der Durchsetzung von Unterhalts- und Erbansprüchen, die sonst mangels Feststellbarkeit des Vaters zu scheitern drohen; aus § 1618a schuldet die Mutter dem Kind Beistand auch bei der Geltendmachung derartiger Ansprüche. Dem steht die Verpflichtung des Kindes zur Rücksicht auf Belange der Mutter entgegen. Der Mutter stehen für ihre Weigerung, den Vater zu benennen, die Grundrechte auf informationelle Selbstbestimmung und Schutz der Intimsphäre zur Seite.[63] Nach dem BVerfG setzt der Auskunftsanspruch eine Abwägung dieser widerstreitenden Interessen im Einzelfall voraus, wobei ein genereller Vorrang des Kindesrechts nicht besteht.[64] Zu Recht wird dem entgegengehalten, dass nur gravierende Gründe für ein Schweigen der Mutter dem grundsätzlich gegebenen Anspruch des Kindes entgegenstehen können, wozu die Tatsache der anderweitigen Verheiratung des biologischen Vaters nicht ausreicht, weshalb ihr insoweit die Darlegungslast obliegt;[65] ist dagegen die Frage, ob die Mutter den Vatersnamen kennt, nicht aufklärbar, so geht dies zu Lasten des Kindes, weil die Mutter sonst zur Abgabe einer Erklärung sogar gezwungen werden könnte (§§ 112 Nr. 3, 266 Abs. 1 Nr. 4, 120 Abs. 1 FamFG iVm. § 888 Abs. 1 ZPO), von der nicht feststeht, dass sie tatsächlich in ihrem Kenntnisbereich steht.[66] Die Abwägung kann durchaus ergeben, dass der Anspruch im Einzelfall zu verneinen ist.[67] Allerdings wird die Durchsetzbarkeit dieses Anspruchs von einigen unter Hinweis auf die Ähnlichkeit zu den in § 1353 normierten Pflichten in analoger Anwendung des § 120 Abs. 3 FamFG verneint, es sei sittlich anstößig, den Widerstand der Mutter gegen die Auskunftserteilung mit Zwangsgeld oder gar Haft brechen zu wollen.[68] Dem kann jedoch nicht gefolgt werden: Das Grundrecht der Mutter auf informationelle Selbstbestimmung und Wahrung ihrer Intimsphäre vermag nicht einen generellen Ausschluss der Zwangsvollstreckung zu rechtfertigen, denn eine eingehende, einzelfallbezogene Abwägung der widerstreitenden Grundrechte ist nach dem Gesagten für den materiellen Auskunftsanspruch tatbestandsbegründend und hat somit bereits im Erkenntnisverfahren stattzufinden; die Durchsetzung des so festgestellten Anspruchs kann aber nicht durch eine erneute Abwägung derselben Grundrechte im Verfahren der Zwangsvollstreckung negiert werden.[69]

15 **f) Wirkungen gegenüber Dritten.** Mit noch größerer Zurückhaltung sind anspruchsbegründende oder -begrenzende Wirkungen der Pflichten aus § 1618a gegenüber Dritten anzunehmen: Aus der internen Beistandspflicht zwischen dem volljährigen Kind und seinem Vater wird ein absolutes Kontaktaufnahmerecht iS des § 823 Abs. 1 abgeleitet, welches gegenüber der mit dem Vater zusammenwohnenden Stiefmutter wirke;[70] damit wird gewissermaßen die Regelung des § 1684 Abs. 3 S. 1 auf einen Anspruch volljähriger Kinder auf Umgang mit den Eltern mit Drittwirkung ausgedehnt. Eine mittelbare Drittwirkung der Beistandspflicht ergibt sich über die Abwägung der widerstreitenden Interessen von Mieter und Vermieter, wenn der Vermieter wegen Eigenbedarfs kündigt, um seine pflegebedürftige Mutter persönlich pflegen zu können.[71] In diesem Kontext ist besonders die Rspr. des BGH zur **Sittenwidrigkeit von Bürgschaftsverträgen** zwischen Kreditinstituten und volljährigen Kindern zugunsten ihrer Eltern zu erwähnen. Der BGH nimmt Sittenwidrigkeit solcher Verträge an, wenn die Bürgschaft die wirtschaftliche Leistungsfähigkeit des Kindes auf Dauer übersteigt und seine Eltern es zu deren Abschluss unter

---

[63] Zu Beweggründen der Mutter *Muscheler/Bloch* FPR 2002, 339, 346.
[64] BVerfGE 96, 56, 63; krit. dazu *Muscheler/Bloch* FPR 2002, 339, 349 f.; *Niemeyer* FuR 1998, 41 f.; *Starck* JZ 1997, 779 f.; *Eidenmüller* JuS 1998, 789 f.; vgl. die durch das BVerfG aufgehobene Entscheidung des LG Münster FamRZ 1990, 1031 und dessen erneute Entscheidung, FamRZ 1999, 1441.
[65] Insbes. *Muscheler/Bloch* FPR 2002, 339, 349 f. sowie die in der Vornote Genannten.
[66] Nur insoweit eine Beweislastregel aufstellend OLG Köln FamRZ 1994, 1197 f.; wie hier *Muscheler/Bloch* FPR 2002, 339, 349 f.; *Eidenmüller* JuS 1998, 789, 792.
[67] So zB OLG Hamm FamRZ 1991, 1229 (begründete Besorgnis der Mutter, bei Nennung des Vaters ihre Arbeitsstelle zu verlieren); AG Schwetzingen DAVorm. 1992, 88 (frühere Prostitution der Mutter).
[68] AG Schwetzingen DAVorm. 1992, 88, 91; dem folgend LG Münster NJW 1999, 3787 f.; *Frank/Helms* FamRZ 1997, 1258, 1261 f.
[69] Ähnlich BGH NJW 2008, 2919 Tz. 9, 14 ff.; OLG Hamm NJW 2001, 1870 f.; eingehend und rechtsvergleichend die Vollstreckbarkeit befürwortend *Brückner*, Die Vollstreckbarkeit des Auskunftsanspruchs des Kindes gegen seine Mutter auf Nennung des leiblichen Vaters, 2003; wie hier *Muscheler/Bloch* FPR 2002, 339, 350 f.; *Walker* JZ 2000, 316, 317; *Staudinger/Coester* (2007) Rn. 51; *Staudinger/Rauscher* (2011) Einl. zu §§ 1589 ff. Rn. 105; ähnlich *Coester*, Festgabe Schnyder, S. 106 Fn. 23, sowie *Eidenmüller* JuS 1998, 789, 792; im Ergebnis die Vollstreckbarkeit ebenfalls bejahend OLG Köln FamRZ 1994, 1197 f.; OLG Bremen JZ 2000, 314 ff.; LG Passau NJW 1988, 144; *Palandt/Brudermüller* Vor § 1591 Rn. 2; *Bamberger/Roth/Enders* Rn. 7.1; *Bamberger/Roth/Hahn* § 1591 Rn. 21; NK-BGB/*Löhnig/Czeguhn* Rn. 7.
[70] KG FamRZ 1988, 1044 = NJW-RR 1988, 1226; zusätzlich aber auf das allgemeine Persönlichkeitsrecht und Art. 6 Abs. 1 GG gestützt.
[71] LG Arnsberg WuM 1990, 19.

Verstoß gegen ihre Rücksichtnahmepflicht aus § 1618a veranlasst haben; dieser Pflichtverstoß der Eltern als Hauptschuldnern sei dem Kreditinstitut als sittenwidriges Verhalten zurechenbar, sofern es ihn erkannt oder sich dieser Erkenntnis bewusst verschlossen habe.[72] Diese Begründung unter Berufung auf § 1618a ist zu Recht auf verbreitete Kritik gestoßen:[73] Es geht nicht um ein aus einem Rechtsverstoß der Eltern abgeleitetes Unrecht des Kreditinstituts, vielmehr ist die Sittenwidrigkeit aus der Schutzbedürftigkeit des Bürgen und dem Verhalten des Kreditinstituts zu begründen; für die Schutzbedürftigkeit mag die emotionale Bindung des bürgenden Kindes zum Hauptschuldner eine Rolle spielen, doch trifft dies bei anderen Konstellationen wie zwischen Partnern einer nichtehelichen Lebensgemeinschaft, zwischen Geschwistern oder Stiefelternteil und Stiefkind gleichfalls zu; die Rspr. hat sich in diesen Fällen denn auch nicht der gekünstelten Zurechnung über einen Verstoß des Hauptschuldners gegen seine Pflichten aus § 1618a bzw. § 1353 bedient.[74] Nicht von ungefähr hat das BVerfG auf eine Ableitung seiner Bürgschaftsrechtsprechung aus diesen Vorschriften verzichtet.[75] Allenfalls lässt sich der Gedanke aus § 1618a zur Konkretisierung des Sittenverstoßes iS des § 138 Abs. 1 heranziehen.[76]

g) Auswirkungen im öffentlichen Recht. Darüber hinaus kann das Leitbild der Familie 16 als Beistandsgemeinschaft aus § 1618a Auswirkungen im öffentlichen Recht zeitigen, indem es die Auslegung von Rechtsvorschriften und die Ausübung des Verwaltungsermessens beeinflusst. In der Praxis geht es dabei häufig um die die Auslegung von Begriffen des Sozialrechts im Lichte der Vorschrift.[77] Das BVerfG hat die Vorschrift ergänzend zu Art. 6 Abs. 1 GG herangezogen, um den Schutz des Briefverkehrs zwischen erwachsenem Untersuchungshäftling und seinen Eltern festzulegen;[78] oder, um das Ermessen der Ausländerbehörde auf Erteilung einer Aufenthaltsgenehmigung zu verdichten, wenn ein adoptierter ausländischer Erwachsener seine pflegebedürftige Adoptivmutter regelmäßig pflegt, auch wenn beide keine Hausgemeinschaft bilden und die Pflege von professionellen Kräften besorgt werden könnte.[79] Überdies soll das Leitbild des § 1618a sogar bei der Verhältnismäßigkeitsprüfung von Grundrechtseinschränkungen volljähriger Kinder zu berücksichtigen sein.[80] Zu weit geht es, die Beiordnung eines Elternteils als Rechtsanwalt nach § 121 Abs. 2 ZPO unter Berufung auf die Beistandspflicht zu versagen.[81]

IV. Verfahrensrecht

Ein Rechtsstreit unmittelbar über Rechte und Pflichten aus der Vorschrift ist eine sonstige Familiensache iSd. §§ 111 Nr. 10, 112 Nr. 3, 266 Abs. 1 Nr. 4 FamFG, für welche das AmtsG, Abteilung FamG (§ 23b GVG), gem. § 23a Abs. 1 Nr. 1 GVG sachlich zuständig ist;[82] das gilt auch für den Auskunftsanspruch des ne. Kindes gegen seine Mutter (Rn. 14).[83] § 1618a beeinflusst die Darle-

---

[72] BGHZ 125, 206, 214 = LM § 765 Nr. 91 (9/1994) = NJW 1994, 1278, 1280; BGH LM § 765 Nr. 90 (9/1994) = NJW 1994, 1341, 1343; BGH LM § 765 Nr. 110 (2/1997) = NJW 1997, 52 ff.; BGH NJW 2004, 3109, 3110; in diese Richtung geht auch OLG München NJW-RR 1995, 1439 f., wenn dort ein stillschweigender Ausschluss der Komplementärhaftung eines volljährigen Kindes mit Wirkung gegenüber dem Gesellschaftsgläubiger iSv. § 128 S. 2 HGB in Zusammenhang mit einem Verstoß des Vaters gegen § 1618a begründet wird.
[73] ZB *Tiedtke* EWiR 1994, 447 f.; *Bydlinski* WuB I F 1 a Bürgschaft 5.94; *Schwab*, Festgabe Schnyder, S. 654 ff.; im Grunde auch *Coester*, Festgabe Schnyder, S. 114 f.
[74] Für Lebensgefährten BGH NJW 2000, 1182, 1184; für Geschwister BGH NJW 1998, 597; für das Stiefverhältnis OLG Saarbrücken NJW-RR 1996, 813 f.
[75] Vgl. BVerfGE 89, 214 = NJW 1994, 36; BVerfG NJW 1994, 2749 = FamRZ 1995, 23; wie hier *Schwab*, Festgabe Schnyder, S. 656.
[76] Weitergehend wohl *Coester*, Festgabe Schnyder, S. 115.
[77] So ist beim Begriff der Wie-Beschäftigten iSd. § 2 Abs. 2 S. 1 SGB VII die erhöhte Erwartung an die Hilfsbereitschaft in der Familie zu beachten, BSG NJW 1990, 1558, 1559 (zu § 539 RVO); LSG Bayern BeckRS 2009, 51123; BeckRS 2009, 55266; dem folgend LSG Hessen BeckRS 2011, 70089; BeckRS 2011, 71024; andererseits fehlt es an einem Beschäftigungsverhältnis iSd § 77 Abs. 1 S. 1 SGB XI bei nach § 1618a geschuldeten Pflegeleistungen, BSGE 84, 1, 5 f.; zu weiteren Beispielen *Staudinger/Coester* (2007) Rn. 20 ff.
[78] BVerfG NJW 1981, 1943 = NStZ 1981, 315.
[79] BVerfG NJW 1990, 895 = FamRZ 1990, 363; ebenso bei notwendiger Betreuung eines Elternteils durch ein ausländisches volljähriges Kind VGH Mannheim VBlBW 2004, 312 = FamRZ 2004, 1967 (LS.).
[80] So für die gesetzlich vorgesehene Information der Eltern volljähriger Schüler über schwerwiegende schulische Vorkommnisse, welche das informationelle Selbstbestimmungsrecht der Schüler berührt, VerfGH Rheinland-Pfalz NJW 2005, 410, 413 f.; kritisch dazu *Bamberger/Roth/Enders* Rn. 4.
[81] So auch OVG Saarlouis BeckRS 2010, 57036 m. abl. Anm. Mayer FD-RVG 2011, 313238.
[82] Ungenau insoweit *Bamberger/Roth/Enders* Rn. 6; NK-BGB/*Löhnig/Czeguhn* Rn. 11.
[83] Damit erledigt sich der frühere Streit um dessen vermögensrechtliche Natur, *Staudinger/Rauscher* (2011) Einl. zu §§ 1589 ff. Rn. 130.

§ 1619   1   Abschn. 2. Titel 4. Rechtsverhältnis zw. den Eltern u. dem Kind

gungs- und Beweislast im Unterhaltsprozess;[84] zu derjenigen beim Auskunftsanspruch auf Nennung des Vaters sowie zu dessen Vollstreckbarkeit, Rn. 14.

V. Internationales Privatrecht

18   Die wechselseitigen Verpflichtungen von Eltern und Kindern iSv. § 1618a beurteilen sich in Sachverhalten mit Auslandsberührung nach dem durch Art. 21 EGBGB berufenen Recht, sofern keine staatsvertraglichen Sonderregeln (zB für den Unterhalt) greifen oder das deutsche IPR für Einzelfragen eine Sonderanknüpfung vorsieht; vgl. Erl. zu Art. 21 EGBGB, insbes. Rn. 21. Das KSÜ ist nicht einschlägig, da es weder um Schutzmaßnahmen noch um die elterliche Sorge (Rn. 4) geht.

§ 1619 Dienstleistungen in Haus und Geschäft

Das Kind ist, solange es dem elterlichen Hausstand angehört und von den Eltern erzogen oder unterhalten wird, verpflichtet, in einer seinen Kräften und seiner Lebensstellung entsprechenden Weise den Eltern in ihrem Hauswesen und Geschäft Dienste zu leisten.

Schrifttum: *Bydlinski*, Lohn- und Kondiktionsansprüche aus zweckverfehlenden Arbeitsleistungen, FS Wilburg, 1965, S. 45 ff.; *Enderlein*, Die Dienstpflicht des Hauskindes als Folge seiner Unterhaltsgemeinschaft mit den Eltern, AcP 200 (2000), 565; *Fenn*, Die Mitarbeit in den Diensten Familienangehöriger, 1970.

Übersicht

	Rn.
I. Allgemeines	1–3
1. Normzweck	1, 2
2. Internationale Menschenrechte	3
II. Voraussetzungen	4–10
1. Begriff des „Kindes"	4
2. Zugehörigkeit zum elterlichen Hausstand	5, 6
3. Analoge Anwendung	7
4. Erziehung oder Unterhaltsgewährung durch die Eltern	8–10
a) Erziehung des Kindes	9
b) Unterhaltsgewährung	10
III. Der elterliche Dienstleistungsanspruch und die Dienstleistungspflicht des Kindes	11–21
1. Dienstleistungsanspruch	11–15
a) Recht der Eltern	11
b) Ausübung	12
c) Durchsetzung	13
d) Haftung des Kindes	14
e) Schutz bei Körperverletzung oder Tötung	15
2. Inhalt und Zielrichtung des Anspruchs, Art und Umfang der Dienste	16–19
a) Dienste in Hauswesen oder Geschäft	17, 18
b) Umfang	19
3. Schutz des Kindes	20, 21
IV. Die wirtschaftlichen Folgen	22–30
1. Arbeitsertrag	22
2. Freiwillige elterliche Geldzuwendungen	23
3. Enttäuschte Vergütungserwartungen	24–28
a) Der Weg des BAG	25
b) Der Weg des BGH	26
c) Kritik	27
d) Stellungnahme	28
4. Beihilfe zur Existenzgründung	29
5. Schutz der Gläubiger des Kindes	30
V. Die Überlagerung familienrechtlicher Mitarbeit durch gesellschafts- und arbeitsrechtliche Vereinbarungen	31–33
1. Gesellschaftsvertrag	31
2. Arbeitsvertrag	32, 33
VI. Internationales Privatrecht	34

I. Allgemeines

1   **1. Normzweck.** Zum Normverständnis ist die Sicht des historischen Gesetzgebers unverzichtbar:[1] Er begründete die Dienstleistungspflicht des Kindes mit dessen „familienrechtlicher Abhängigkeit". Diese wurzelt zum einen in der Zugehörigkeit zum elterlichen Hausstand, zum anderen ist

---

[84] So bzgl. der Berufung auf eine Barunterhaltspflicht des anderen Elternteils aus § 1603 Abs. 2 S. 3 OLG Hamm NJOZ 2006, 3149, 3150 = FamRZ 2006, 1479, 1480.
[1] So auch BGHZ 137, 1, 5 ff. = BGH LM Nr. 8 = NJW 1998, 307, 308 f.

für minderjährige Kinder das Erziehungsrecht der Eltern maßgeblich, für volljährige hingegen die Gewährung von Unterhalt durch die Eltern.[2] Findet die Dienstpflicht minderjähriger Kinder im elterlichen Sorgerecht noch eine Rechtfertigung, so versagt diese bei volljährigen. Die Vorschrift begründet eine rein familienrechtliche Pflicht zur Leistung von Diensten,[3] welche sich für volljährige mehr noch als für minderjährige Kinder als (nicht notwendig äquivalenter) Ausgleich für die Aufnahme in den Haushalt der Eltern und die Alimentierung durch sie darstellt; letztere sind jedoch nicht als Gegenleistungen iSd. §§ 320 ff. anzusehen,[4] vielmehr werden die Dienste grundsätzlich unentgeltlich erbracht, sofern keine abweichende vertragliche Abrede zwischen den Beteiligten besteht (dazu Rn. 31 ff.).[5]

Die Vorschrift erscheint heutzutage einigermaßen problematisch.[6] Ihr Anwendungsbereich beschränkt sich in sachlicher Hinsicht weithin auf die Fälle des § 845 (s. dort Rn. 4 ff.), ganz ausnahmsweise auch auf § 844 Abs. 2 (Rn. 15); in persönlicher Hinsicht wird er vor allem wegen der Ausgrenzung der Beziehung zwischen Stiefelternteil und -kind (Rn. 7) als zu eng empfunden.[7] Die Norm bietet keine klare Handhabe für die Grenzziehung zwischen familienrechtlicher Mitarbeit und arbeits- oder gesellschaftsrechtlicher Vertragsgestaltung, vgl. Rn. 31 ff. Außerdem entspricht sie nicht mehr dem Leitbild der Familie im gegenwärtigen Recht, wie es vor allem in § 1618a (s. dort Rn. 1 f.) zum Ausdruck kommt: Dieses setzt an die Stelle eines familiären Herrschaftsverhältnisses gerade den Gedanken wechselseitiger Solidarität. § 1619 bringt diesen Gedanken bei richtigem Verständnis (Rn. 1) insoweit zum Ausdruck, als die Dienstpflicht des Kindes Korrelat für elterliche „Leistungen" (Erziehung, selbst ungeschuldeter Unterhalt) sein soll; zugleich werden Inhalt und Umfang der zu leistenden Dienste durch das Gebot wechselseitiger Rücksichtnahme aus § 1618a konkretisiert (Rn. 12, 16). Allerdings normiert § 1619 die für eine echte Wechselseitigkeit erforderliche umgekehrte Dienstpflicht der in den Haushalt der Kinder aufgenommenen Eltern nicht (Rn. 7).

2. Internationale Menschenrechte. Die in § 1619 normierte Dienstleistungspflicht des Kindes tangiert auf den ersten Blick die in Art. 32 **UN-Kinderrechtskonvention** normierte Schutzgarantie gegen wirtschaftliche Ausbeutung von Kindern, doch betrifft diese nur Arbeitsleistungen auf vertraglicher Grundlage und gerade nicht den Fall unbezahlter Familienarbeit.[8] Und dem Kindesrecht auf Ruhe und Freizeit aus Art. 31 der Konvention wird die deutsche Handhabung der Kindespflicht gerecht (vgl. Rn. 16, 19 f.).[9] Art. 8 Abs. 1 **EMRK**[10] verlangt nach einer Abwägung widerstreitender Interessen von Eltern und minderjährigen Kindern, und diesem Postulat kommt das deutsche Recht dadurch nach, dass § 1618a zur Begrenzung der Kindespflichten aus § 1619 heranzuziehen ist.[11] Die Dienstleistungspflicht des Kindes fällt nicht unter das Verbot der Pflichtarbeit in Art. 4 Abs. 2 EMRK, da an diesen Begriff hohe Anforderungen zu stellen sind, wie sich bereits aus dem Ausschlusstatbestand des Art. 4 Abs. 3 lit. d ergibt; weitergehende Vorgaben lassen sich der EMRK nicht entnehmen.

II. Voraussetzungen

1. Begriff des „Kindes". Dieser wird durch das Vorliegen einer **Eltern-Kind-Beziehung iSd. BGB** zwischen Verpflichtetem und Anspruchsinhaber bestimmt, welches durch Abstammung (§§ 1591 ff.) oder Adoption (§ 1754) vermittelt wird (Vor § 1616 Rn. 4), nicht aber im Verhältnis zu anderen Verwandten, Pflege- oder Stiefeltern besteht (Rn. 7). Auf Familienstatus oder -stand des

---

[2] Mot. IV S. 715 (zu § 1499 des Entwurfes).
[3] BGHZ 137, 1, 4 ff. = LM Nr. 8 = NJW 1998, 307, 308 f.; in diesem Sinne auch *Dethloff* § 12 Rn. 33; für eine stärker unterhaltsrechtliche Deutung hingegen *Enderlein* AcP 200 (2000), 565, 574 ff., mit kritischer Würdigung des Meinungsstandes zur Funktion der Kindespflicht, ebd. S. 571 ff. mwN.
[4] BGH LM § 1617 Nr. 1 a = FamRZ 1960, 101; RGZ 99, 112, 114 f.; *Erman/Michalski/Döll* Rn. 11.
[5] BGH LM § 1617 Nr. 1 a = FamRZ 1960, 101; 1973, 298 f.; BGHZ 137, 1, 4 ff. = BGH LM Nr. 8 = NJW 1998, 307, 308 f.; *Fenn* S. 31; *Staudinger/Coester* (2007) Rn. 48; gegen das Kriterium der Unentgeltlichkeit *Enderlein* AcP 200 (2000), 565, 582.
[6] Kritisch dazu zB: *Gernhuber/Coester-Waltjen* § 55 Rn. 1; *Derleder* KJ 1997, 277, 288; zutreffend differenzierend *Rauscher* FamR Rn. 939; *Schwab* FamR Rn. 590 f.
[7] Für deren Einbeziehung de lege ferenda: *von der Weiden* FuR 1991, 249, 255.
[8] Dazu *Dorsch*, Die Konvention der Vereinten Nationen über die Rechte des Kindes, 1994, S. 221 f.
[9] Kritisch allerdings zum gesetzlichen Schutz bei Jugendarbeit, *Bethke*, Das Übereinkommen der Vereinten Nationen über die Rechte des Kindes und seine Umsetzung in der Bundesrepublik Deutschland, 1996, S. 132.
[10] Zur Parallelvorschrift des Art. 7 GRC s. § 1616 Rn. 3.
[11] Zur Korrespondenz des § 1618a mit Art. 8 EMRK, vgl. dort Rn. 3, zur Relevanz des § 1618a als Zumutbarkeitskriterium im Rahmen des § 1619 u. Rn. 12, 16, 19.

Kindes kommt es nicht an, auf das Alter nur insoweit, als bloß das minderjährige erzogen werden kann; insoweit spielen Sorgerechtsverhältnisse eine Rolle (Rn. 9).

2. Zugehörigkeit zum elterlichen Hausstand. Diese liegt vor, wenn das Kind dort den Mittelpunkt seiner Lebensbeziehungen hat. Kriterien dafür sind, dass es hier wohnt und verköstigt wird, doch muss es nicht ständig bei den Eltern wohnen; nach den Umständen des Einzelfalles unterbricht sogar eine längere Abwesenheit die Zugehörigkeit zum Hausstand nicht (zB auswärtiges Studium, Bundeswehraufenthalt oder Betreuung einer externen Betriebsstelle), wie auch umgekehrt das bloße Wohnen unzureichend sein kann.[12] Hat das Kind eine eigene Wohnung genommen und verrichtet es täglich für wenige Stunden Hilfeleistungen im elterlichen Hausstand, so gehört es diesem nicht mehr an.[13]

Für die Eigenschaft als „elterlicher" Haushalt ist wiederum die Eltern-Kind-Beziehung iSd. BGB (Rn. 4) maßgeblich: Elterlicher Haushalt ist im Regelfall die Wohnung der Eltern idS, diejenige nur eines Elternteils dann, wenn der andere gestorben ist oder infolge Scheidung bzw. aus sonstigen Gründen getrennt lebt. Bei getrennt Lebenden kommt es darauf an, bei welchem der Elternteile das Kind seinen Lebensmittelpunkt hat, unabhängig davon, ob die Eltern des Kindes miteinander verheiratet sind oder nicht. Der bloße kurzfristige Aufenthalt (Wochenenden, Ferien) des minderjährigen Kindes im Rahmen des Umgangsrechts begründet noch keinen Lebensmittelpunkt, so dass sich eine über eine reine sittliche Pflicht hinausgehende Mitarbeitspflicht gegenüber dem umgangsberechtigten Elternteil allenfalls unter besonderen Umständen auf § 1618a stützen lässt;[14] anders ist freilich bei einem echten alternierenden Residenzmodel zu entscheiden, bei dem das Kind abwechselnd gleich lange Zeiträume bei jedem Elternteil verbringt.

3. Analoge Anwendung. Nach § 1793 Abs. 1 S. 3 ist § 1619 auf das Verhältnis des **Vormundes** zum (minderjährigen) Mündel, wenn er diesen längere Zeit bei sich aufgenommen hat und ihn erzieht (§ 1800 iVm. § 1631), entsprechend anwendbar.[15] Für das Verhältnis von Betreuer und notwendig volljährigem Betreuten gilt das nicht, § 1908i Abs. 1 S. 1. Auch scheidet eine analoge Anwendung der Vorschrift bei **Aufnahme in den Haushalt anderer Personen** selbst bei Vorliegen aller sonstigen Tatbestandsvoraussetzungen aus; Standort, Wortlaut der Norm und deren historische Auslegung (Rn. 1) stehen einer derartigen extensiven Anwendung entgegen. Unproblematisch trifft dies auf die Aufnahme durch Onkel, Tante oder Großeltern zu,[16] aber auch auf die mit Pflegeeltern,[17] dem **Stiefelternteil** oder dem **gleichgeschlechtlichen Lebenspartner** (§ 1 LPartG) eines Elternteils des Kindes begründete Hausgemeinschaft (vgl. § 1618a Rn. 6).[18] Daher erbringt das Kind im Haushalt von Eltern- und Stiefelternteil seine Dienste ersterem.[19] Dies gilt auch, wenn das Kind die Mutter nach § 1619 bei der Erfüllung ihrer Pflichten aus einer Innengesellschaft mit dem Stiefvater unterstützt, wobei es gleichgültig ist, ob die Erträge solcher Arbeit dem Stiefvater zugute kommen.[20] Freilich bleibt der Ausweg über die vertragliche Vereinbarung von Dienstleistungspflichten in der Stieffamilie. Außerdem kann die Dienstleistung an derartige Personen einer sittlichen Pflicht entsprechen, welche einem bereicherungsrechtlichen Ausgleichsanspruch entgegensteht (§ 814 2. Alt.).[21] Die Vorschrift regelt nicht den umgekehrten Fall einer **Dienstpflicht der Eltern,** wenn diese in den Haushalt eines (volljährigen) Kindes aufgenommen sind; eine analoge Anwendung hierauf scheitert an der mangelnden Vergleichbarkeit der Lage:[22] ein Erziehungsrecht des Kindes gibt es nicht, und unterhaltsrechtlich ist die Lage ebenfalls eine andere,[23] schon allein im Hinblick

---

[12] RGZ 142, 178, 181 ff.; OLG Jena BeckRS 2010, 4224 mwN; *Fenn* S. 137 ff.; *Bamberger/Roth/Enders* Rn. 3; *Staudinger/Coester* (2007) Rn. 21.
[13] OLG Nürnberg VersR 1992, 188 f.
[14] Ähnlich *Gernhuber/Coester-Waltjen* § 55 Rn. 3 bei Fn. 8; aA *Rauscher* FamR Rn. 940 (Ferienaufenthalt als Hausstandszugehörigkeit).
[15] Eingeführt durch BtÄndG; dazu *Staudinger/Engler* (2004) § 1800 Rn. 16.
[16] Zu den Großeltern ebenso *Erman/Michalski/Döll* Rn. 2; *Bamberger/Roth/Enders* Rn. 2; aA *Staudinger/Coester* (2007) Rn. 17.
[17] Ebenso *Staudinger/Coester* (2007) Rn. 17 aE.
[18] Ebenso *Erman/Michalski/Döll* Rn. 2; *Bamberger/Roth/Enders* Rn. 2; *Staudinger/Coester* (2007) Rn. 18; *Muscheler* FamR Rn. 584; aA ohne Begründung *Palandt/Diederichsen* Rn. 2.
[19] OLG Nürnberg FamRZ 1960, 119 f. m. krit. Anm. *Gernhuber*; fälschlich für eine Einbeziehung von Stiefkindern gedeutet von *Palandt/Diederichsen* Rn. 2.
[20] BGH FamRZ 1967, 618, 620.
[21] *Staudinger/Coester* (2007) Rn. 19.
[22] Erl. § 845 Rn. 4; OLG Bamberg FamRZ 1985, 308 f., bestätigt vom BGH, vgl. ebd. S. 310; *Bamberger/Roth/Enders* Rn. 2; *Rauscher* FamR Rn. 938 f.; aA *Coester* FamRZ 1985, 956; *Gernhuber/Coester-Waltjen* § 55 Rn. 2; NK-BGB/*Löhnig/Czeguhn* Rn. 2.
[23] Zu den Unterschieden des Kindesunterhalts gegenüber den allgemeinen Unterhaltsregeln *Schwab* FamR Rn. 834 ff.

auf das elterliche Bestimmungsrecht des § 1612 Abs. 2. Eine Dienstpflicht der Eltern lässt sich allenfalls in engen Grenzen aus § 1618a ableiten (s. dort Rn. 12), doch führt dies nicht zu Ansprüchen aus § 845, so dass dann nur der Weg über § 844 Abs. 2 bleibt, der wegen § 1601 regelmäßig erfüllt sein wird.

4. Erziehung oder Unterhaltsgewährung durch die Eltern. Diese Voraussetzungen gelten alternativ neben der Zugehörigkeit zum elterlichen Haushalt: Das erste Erfordernis erfasst nur **Minderjährige**, das zweite schließt **Volljährige** ein (Rn. 1). 8

a) Erziehung des Kindes. Dieses Merkmal erfordert, dass zumindest einem Elternteil, der mit dem Kind im gemeinsamen Haushalt lebt, die tatsächliche Personensorge zusteht, vgl. §§ 1626 Abs. 1, 1626 a, 1631 Abs. 1.[24] Die Vorschrift stellt auf das Erziehungsrecht ab und nicht auf die elterliche Sorge in vollem Umfang oder auch nur auf den vollen, Vertretungsmacht umfassenden Inhalt der Personensorge.[25] 9

b) Unterhaltsgewährung. Weiter erforderlich ist Unterhaltsgewährung durch die Eltern bzw. den Elternteil, in dessen Haushalt das Kind lebt; diese kann nach § 1619 sowohl freiwillige als auch gesetzlich gebotene Leistung sein.[26] Die Dienstleistungspflicht muss sich als Ausgleich hierfür darstellen, doch ist dies nicht iS eines Äquivalenzverhältnisses zu verstehen (Rn. 1); ob der Unterhalt den Arbeitsleistungen des Kindes wertmäßig entspricht, ist daher unerheblich, selbst wenn das Kind „faktisch der Ernährer der Familie ist".[27] Auch hat der BGH klargestellt, dass es nicht darauf ankommt, ob das Kind wesentlich von den Eltern unterhalten werde, sondern auf das Bestehen eines familienrechtlichen Abhängigkeitsverhältnisses.[28] Ein solches ist idR zu bejahen, wenn das im elterlichen Haushalt lebende Kind dem elterlichen Betrieb seine volle Arbeitskraft zur Verfügung stellt, ohne zugleich einer davon unabhängigen, entlohnten Erwerbstätigkeit nachzugehen, doch kann die Unentgeltlichkeit im Einzelfall im Hinblick auf eine anderslautende Abrede zwischen Eltern und Kind zu verneinen sein.[29] Umgekehrt verneint der BGH dieses Kriterium, wenn das Kind seine volle Arbeitskraft für eine anderweitige entgeltliche Erwerbstätigkeit einsetzt, selbst wenn es daneben im elterlichen landwirtschaftlichen Betrieb gegen Kost und Logis durch die Eltern mitarbeitet; mit Aufnahme der eigenständigen Erwerbstätigkeit sei das Kind aus dem besonderen familiären Abhängigkeitsverhältnis, welches § 1619 voraussetze, ausgeschieden.[30] Dem kann so nicht gefolgt werden:[31] Das von der Vorschrift geforderte Abhängigkeitsverhältnis wird im Tatbestand durch das Zusammenspiel faktischer elterlicher Leistungen (Zugehörigkeit zum Hausstand und tatsächliche Unterhaltsleistungen) einerseits und Dienstleistungen des Kindes andererseits gekennzeichnet, welches die Unentgeltlichkeit letzterer begründet. Zutreffend ist, dass ein Unterhalten des Kindes nicht mehr gegeben ist, wenn dieses seine Lebensbedürfnisse weithin aus eigenem, außerhalb des elterlichen Betriebes erworbenem Einkommen bestreitet, wiewohl es bei den Eltern wohnt und von ihnen verköstigt wird;[32] insoweit handeln die Eltern freigiebig. Das Kind mag im Gegenzug moralisch zur Hilfe in der Freizeit verpflichtet sein;[33] das Einkommen aus der selbständigen Erwerbstätigkeit kann aber für den eigenen Lebensbedarf zu gering sein, so dass das Kind hinsichtlich des Restes durchaus auf den elterlichen Unterhalt angewiesen bleibt. Diese Situation ist gerade kennzeichnend für die in der Gerichtspraxis so häufigen Fälle der Mitarbeit im landwirtschaftlichen Betrieb. Hier ist eine Aufspaltung der Arbeit vorzunehmen und für den Teil, der im elterlichen Betrieb erbracht wird und dem insoweit Unterhaltsleistungen der Eltern gegenüberstehen, eine Kindespflicht iSv. § 1619 anzunehmen; nur diese Betrachtungsweise wird der sozialen Wirklichkeit gerecht.[34] 10

---

[24] *Soergel/Strätz* Rn. 4; *Staudinger/Coester* (2007) Rn. 25.
[25] Missverständlich insoweit *Palandt/Diederichsen* Rn. 2; *Erman/Michalski/Döll* Rn. 4.
[26] Mot. IV S. 715 f.
[27] BGH NJW 1991, 1226 f.
[28] BGHZ 137, 1, 7 f. = BGH LM Nr. 8 = NJW 1998, 307, 308 f. mwN zum früheren Streitstand; anders wohl *Bamberger/Roth/Enders* Rn. 4.
[29] BGHZ 137, 1, 7 f. = BGH LM Nr. 8 = NJW 1998, 307, 309.
[30] BGHZ 137, 1, 8 = BGH LM Nr. 8 = NJW 1998, 307, 309; im Ergebnis ebenso LG Trier Schaden-Praxis 1999, 341 f.
[31] Kritisch auch *Coester-Waltjen* Anm. zu BGH LM Nr. 8; sowie die Anm. zu BGHZ 137, 1 = BGH LM Nr. 8 = NJW 1998, 307 von *Gernhuber* JZ 1998, 365 f.; *Grunsky* EWiR 1998, 263 f.
[32] Ebenso *Grunsky* EWiR 1998, 263 f. und *Gernhuber* JZ 1998, 365 f.
[33] Kritisch dazu offensichtlich *Gernhuber* JZ 1998, 365 f.
[34] Ausdrücklich dagegen BGHZ 137, 1, 9 = BGH LM Nr. 8 = NJW 1998, 307, 309; wie hier für eine Aufspaltung hingegen *Gernhuber* JZ 1998, 365 f. und *Grunsky* EWiR 1998, 263 f.

III. Der elterliche Dienstleistungsanspruch und die Dienstleistungspflicht des Kindes

11 **1. Dienstleistungsanspruch. a) Recht der Eltern.** Anspruchsberechtigt sind nach § 1619 lediglich die Eltern oder der Elternteil (Rn. 6 f.), bei denen bzw. dem die Tatbestandsvoraussetzungen vorliegen. Der Anspruch ist höchstpersönlich und damit weder übertragbar noch vererblich und unterliegt gem. § 194 Abs. 2 nicht der Verjährung.

12 **b) Ausübung.** Aus der Dienstberechtigung des § 1619 folgt, dass Eltern bzw. der berechtigte Elternteil den Dienstleistungsanspruch durch **einseitige rechtsgestaltende Anordnungen** (Weisungen) ausüben.[35] Dabei haben sie gem. § 1618a auf die Belange des Kindes, zB dessen Ausbildung oder sonstige eigene Erwerbstätigkeit, Rücksicht zu nehmen (§ 1631; s. a. Rn. 16); missbräuchliche oder willkürliche Weisungen sind unwirksam und brauchen nicht befolgt zu werden.[36] Über den Schutz des Kindes, vgl. Rn. 20 f.

13 **c) Durchsetzung.** Zur Durchsetzung des Anspruchs gegenüber dem minderjährigen Kind steht den Eltern nach allgM sowohl die Anwendung angemessener Erziehungsmittel (§ 1631 Rn. 5, 17 ff.) als auch – auf Antrag – Unterstützung des FamG gem. § 1631 Abs. 3 offen, letztere freilich nur dann, wenn es um die Ausübung der Personensorge und nicht nur um die Verwirklichung elterlicher Rechtsansprüche geht.[37] Gegenüber volljährigen Kindern versagen solche Mittel; eine Entscheidung im Verfahren als sonstige Familiensache iSd. §§ 111 Nr. 10, 112 Nr. 3, 266 Abs. 1 Nr. 4 FamFG verspricht mangels Vollstreckbarkeit (§ 120 Abs. 3 FamFG analog) wenig praktischen Erfolg.[38] Die Eltern können mittelbaren Zwang durch Kürzung geschuldeten Unterhalts ausüben, ein völliger Entzug scheitert aber am fehlenden Gegenseitigkeitszusammenhang (Rn. 1) zur Dienstpflicht;[39] für nicht geschuldeten Unterhalt ist diese Einschränkung hingegen nicht zu machen.

14 **d) Haftung des Kindes.** Im Rahmen der Dienstleistungspflicht darf die Haftung des Kindes gegenüber den Eltern nicht strenger bemessen werden als deren Haftung gegenüber dem Kind; dieses haftet daher mangels ausdrücklicher Bestimmung analog §§ 1359, 1664 Abs. 1 wie in eigenen Angelegenheiten (§ 277), da die Eltern von ihrem Kind schwerlich mehr verlangen können, als sie ihm mitgegeben haben.[40] Hinzu kommt, dass eine Abwälzung elterlicher Verantwortung auf das Kind verhindert werden muss.[41]

15 **e) Schutz bei Körperverletzung oder Tötung.** Die Eltern bzw. der dienstberechtigte Elternteil erfahren durch § 845 umfassenden Schutz bei Körperverletzung oder Tötung des dienstpflichtigen Kindes;[42] zur umgekehrten Lage bei Tötung des Dienste im Haushalt des Kindes erbringenden Elternteils, vgl. Rn. 7 aE. Ein Anspruch der Eltern nach dieser Vorschrift scheidet aus, wenn das Kind seine Dienste auf arbeits- oder gesellschaftsvertraglicher Grundlage erbrachte.[43] Kindesdienste können ganz vereinzelt auch als Unterhaltsleistung an die bedürftigen Eltern anzusehen sein, so dass § 844 Abs. 2 anwendbar ist.[44] Für die familienrechtliche Grundlage der Dienstleistungspflicht kommt es nicht darauf an, ob dem Kind für diese einen späteren Zeitpunkt die Betriebsübergabe versprochen war.[45] Nach dem Wortlaut des § 845 („wenn der Verletzte... verpflichtet war") und als arg. e contrario aus § 844 Abs. 2 hängt die Ersatzpflicht davon ab, dass die Dienstleistungspflicht bereits

---

[35] Für volljährige Kinder zweifelnd *Enderlein* AcP 200 (2000), 565, 580 f.
[36] Näher dazu *Erman/Michalski/Döll* Rn. 9.
[37] Zutr. *RGRK/Wenz* Rn. 16.
[38] Zum FamG *Bamberger/Roth/Enders* Rn. 9; *Gernhuber/Coester-Waltjen* § 55 Rn. 4; noch zum Vorgängerrecht *Enderlein* AcP 200 (2000), 565, 581; *Erman/Michalski/Döll* Rn. 9 („nur symbolische Bedeutung"); *Staudinger/Coester* (2007) Rn. 42.
[39] *Erman/Michalski/Döll* Rn. 9; *Staudinger/Coester* (2007) Rn. 42; gegen eine Kürzungssanktion *Enderlein* AcP 200 (2000), 565, 581 f.; dem folgend *Bamberger/Roth/Enders* Rn. 9; *Fenn* S. 129.
[40] *Dethloff* § 12 Rn. 36; *Erman/Michalski/Döll* Rn. 8; *Staudinger/Coester* (2007) Rn. 36.
[41] *Erman/Michalski/Döll* Rn. 8.
[42] *Enderlein* AcP 200 (2000), 565, 589 ff. will stattdessen auf § 844 abstellen.
[43] Zu ersterem BGH NJW 1991, 1226 f. mwN; OLG Jena BeckRS 2010, 4224; zu letzterem BGH NJW 2001, 971, 973; zur Abgrenzung u. Rn. 32 f.
[44] *Kropholler* FamRZ 1969, 241, 251; *Fenn* S. 171 ff.; *Gernhuber/Coester-Waltjen* § 55 Rn. 9; *Erman/Michalski/Döll* Rn. 23; *Rauscher* FamR Rn. 944; zu weitgehend *Enderlein* AcP 200 (2000), 565, 589 ff. sowie *Kilian* NJW 1969, 2007; aA BGH NJW 1969, 2005; Erl. § 845 Rn. 6 (*Wagner*), Weimar JR 1981, 316, 317; *Soergel/Beater* § 844 Rn. 14; *Erman/Schiemann* § 845 Rn. 3, wenngleich er eine Schutzlücke sieht.
[45] BGH LM § 1617 Nr. 1 a = FamRZ 1960, 101.

im Zeitpunkt der Schädigung bestand.[46] Die Ersatzpflicht umfasst den Ausfall der Kindesdienste bis zu dem – nach § 287 ZPO zu ermittelnden – Zeitpunkt, zu dem die Mitarbeitspflicht voraussichtlich geendet hätte;[47] bei einem volljährigen Kind ist dabei sorgfältig zu prüfen, wie lange es bereit gewesen wäre, künftig weiterhin allein auf familienrechtlicher Grundlage Dienste zu leisten.[48] Bei Verletzung des Kindes besteht der – abgeleitete – elterliche Ersatzanspruch nur, soweit eigene Ansprüche des Kindes wegen Aufhebung oder Beeinträchtigung seiner Arbeitskraft gem. § 842 nicht erhoben werden;[49] der elterliche Anspruch entfällt, soweit der Verletzte seine Arbeitskraft durch zumutbare Erwerbstätigkeit im außerfamiliären Bereich verwerten kann.[50]

2. Inhalt und Zielrichtung des Anspruchs, Art und Umfang der Dienste. Inhalt und Zielrichtung des Anspruchs ergeben sich daraus, dass die Dienste den Eltern in ihrem Hauswesen oder Geschäft zu leisten sind; Art und Umfang der Leistungspflichten richten sich nach den körperlichen und geistigen Fähigkeiten und der Lebensstellung des Kindes. Die Vielfalt denkbarer Fallgestaltungen verbietet eine präzisere abstrakte Festlegung der geschuldeten Dienste und der für ihr Ausmaß geltenden Zumutbarkeitskriterien.[51] Bei minderjährigen Kindern gehen die Erfordernisse ordnungsgemäßer Berufsausbildung (§§ 1631a, 1610 Abs. 2) dem Anspruch aus § 1619 stets vor, zudem haben die Eltern deren wachsende Selbständigkeit (§ 1626 Abs. 2) sowie allgemein das Kindeswohl (Rn. 20) zu berücksichtigen. Weitere Grenzen ergeben sich unabhängig vom Alter der Kinder aus dem Gebot zu wechselseitigem Beistand und Rücksicht aus § 1618a; gegenüber dem volljährigen Kind ist insbes. auf dessen Ausbildung, eigene Erwerbstätigkeit und Lebensplanung Rücksicht zu nehmen (s. a. Rn. 2, 12).

a) Dienste in Hauswesen oder Geschäft. Dies können – namentlich beim volljährigen Kind – ganz unterschiedliche Tätigkeiten sowohl körperlicher als auch geistiger Art[52] sein. Maßgebend ist zum einen der Bedarf der dienstberechtigten Eltern, der durch die konkreten Umstände wie die Art ihres Berufs oder Geschäfts bedingt ist, aber auch durch Krankheit oder sonstige Notlagen erhöht sein kann; so besteht bei Berufstätigkeit beider Eltern eine erhöhte Mitarbeitspflicht.[53] Zum anderen ist auf die Fähigkeiten und Kenntnisse des mitarbeitspflichtigen Kindes abzustellen. Entscheidend ist, „ob die Dienste in den Rahmen des Hauswesens oder Geschäfts der Eltern fallen", ohne dass es darauf ankäme, ob die Stellung des Kindes „in dem Hauswesen oder dem Geschäft mehr oder weniger selbständig, ob sie leitend oder nur untergeordnet ist und ob sie die Arbeitskraft des Kindes vollständig oder nur teilweise in Anspruch nimmt",[54] so dass § 1619 nach allgM auch auf sog. höhere Dienste Anwendung findet. Solche Möglichkeiten vielgestaltiger Pflichtmitarbeit dürfen aber nicht darüber hinwegtäuschen, dass die Mitarbeit erwachsener Hauskinder im elterlichen Betrieb auf rein familienrechtlicher Grundlage in den letzten Jahren selten geworden ist, was bei einer Prüfung dienst- oder arbeitsvertraglicher Grundlagen (Rn. 31 ff.) zu berücksichtigen ist.

Die Dienstleistungspflicht ist tatbestandlich auf **elterliches Hauswesen** und **Geschäft** beschränkt; deshalb fallen Dienste an der Person der Eltern, zB deren Behandlung durch die hausangehörige, als Ärztin tätige Tochter, nicht unter § 1619.[55] Geschäft ist jede selbständig ausgeübte Erwerbstätigkeit, auch in der Landwirtschaft und im freien Beruf.[56] Darunter fällt ebenfalls die – freilich praktisch seltene – Mitarbeit des Kindes im Geschäftsbetrieb einer Personengesellschaft, an welcher der Dienstberechtigte beteiligt ist, selbst wenn der Arbeitsertrag sogar außenstehenden Mitgesellschaftern zugute kommt.[57] Bei abhängiger Arbeit des Dienstberechtigten besteht eine Mitarbeitspflicht regelmäßig nicht, da die Mithilfe dann dem Arbeitgeber zusteht, doch sind bei erfolgsbezogenem Entgelt Ausnahmen hiervon denkbar.[58]

b) Umfang. Nur in einer **seinen Kräften und seiner Lebensstellung entsprechenden Weise** ist das Kind zu Dienstleistungen verpflichtet. Durch das darin enthaltene Kriterium der

---
[46] Erl. § 845 Rn. 7; OLG Celle NZV 1997, 232; OLG München OLGZ 1965, 28 ff. = NJW 1965, 1439; KG NJW 1967, 1090; *Weimar* JR 1981, 316; *Erman/Michalski/Döll* Rn. 23; *Soergel/Strätz* Rn. 6; aA *Gernhuber/Coester-Waltjen* § 55 Rn. 9 Fn. 33.
[47] BGH FamRZ 1966, 347 f.
[48] Erl. § 845 Rn. 10; BGH NJW 1991, 1226 f.
[49] *Rauscher* FamR Rn. 944.
[50] BGHZ 69, 380 = NJW 1978, 159; näher dazu Erl. § 845 Rn. 12.
[51] *Fenn* S. 142, 154.
[52] *Fenn* S. 142; *Erman/Michalski/Döll* Rn. 8.
[53] BGH LM § 844 Abs. 2 Nr. 46 = NJW 1972, 1716, 1718.
[54] RGZ 162, 116, 119; zust. *Fenn* S. 144.
[55] *Staudinger/Coester* (2007) Rn. 29; *Rauscher* FamR Rn. 941.
[56] BGH LM § 1356 Nr. 15 = FamRZ 1967, 449 f. (zu § 1356 Abs. 2 aF); *Fenn* S. 145 ff.
[57] Vgl. BGH FamRZ 1967, 618, 620; *Staudinger/Coester* (2007) Rn. 31; *Fenn* S. 151 ff., jeweils mwN.
[58] Näher dazu *Fenn* S. 145 ff.

Zumutbarkeit werden die nach dem elterlichen Bedarf und den Fähigkeiten des Kindes an sich geschuldeten Dienste begrenzt; daneben sind die allgemeinen Schranken (Rn. 16) zu beachten. Bei Minderjährigen bestimmt sich die Zumutbarkeitsgrenze nach individuell unterschiedlichen Faktoren wie Alter, Gesundheitszustand, körperlichen und geistigen Fähigkeiten, Leistungsfähigkeit, Schulausbildung.[59] Eine zeitliche Begrenzung der Mithilfe im Haushalt ist nach § 1 Abs. 2 Nr. 2 JArbSchG nicht vorgesehen (s. Rn. 20); die in der Rspr. vereinzelt genannten Stundenzahlen sind wohl einzelfallbezogen.[60] Für die regelmäßige Mitarbeit im Betrieb sind hingegen detaillierte zeitliche Grenzen gezogen (Rn. 20). Der Maßstab der **Lebensstellung** des Kindes bezieht sich auf die vom Kind erreichte Selbständigkeit im Beruf oder in der Ausbildung,[61] dürfte aber angesichts der Unbeachtlichkeit willkürlicher oder missbräuchlicher Inanspruchnahme von Kindesdiensten (vgl. Rn. 12) kaum noch selbständige Bedeutung erlangen.

20   **3. Schutz des Kindes.** Das Recht zur Inanspruchnahme von Diensten **Minderjähriger** darf nur in den Grenzen des mit dem Kindeswohl Vereinbaren ausgeübt werden;[62] Missbräuchen tritt das FamG mit Maßnahmen nach § 1666 Abs. 1 entgegen (allgM). Dienst- und Arbeitsleistungen Minderjähriger iSv. § 1619 unterliegen zudem den Vorschriften des **JArbSchG**. Ausgeschlossen ist deren Anwendung nach § 1 Abs. 2 Nr. 1 b sowie Nr. 2 JArbSchG lediglich für einen kleinen Bereich gelegentlicher geringfügiger Hilfeleistungen[63] sowie für die Beschäftigung durch die Personensorgeberechtigten im Familienhaushalt,[64] worunter in der Landwirtschaft Haus und Hof zu verstehen sind.[65] Für 13- bis 15-jährige Kinder sind gem. § 5 Abs. 3 S. 2 Nr. 1 JArbSchG iVm. § 2 KindArbSchV[66] leichte Tätigkeiten mit Einwilligung des Personensorgeberechtigten zulässig, in der Landwirtschaft nur bis zu drei Stunden täglich. Der Arbeitseinsatz 15- bis 18-Jähriger ist viel großzügiger geregelt (§§ 8 ff. JArbSchG). In diesem weiten Rahmen wurde für einen 17-jährigen Gymnasiasten eine Verpflichtung zu maximal zehn Wochenstunden Mitarbeit im landwirtschaftlichen Betrieb festgelegt.[67] Bei **Berufsausbildung** des Kindes durch die Eltern gilt das BBiG; gem. § 10 Abs. 3 BBiG sind die Eltern beim Abschluss des Berufsbildungsvertrags vom Verbot des Insichgeschäftes (§ 181) befreit.

21   **Erwachsene Kinder,** welche den Voraussetzungen des § 1619 unterliegen, werden gegen übermäßige Ausnutzung ihrer Arbeitskraft durch die Unbeachtlichkeit missbräuchlicher oder willkürlicher Weisungen geschützt (vgl. Rn. 12). Im Übrigen können sie sich der Dienstpflicht jederzeit durch Verlassen des elterlichen Hausstandes entziehen[68] oder auf den Abschluss eines Dienst- bzw. Arbeitsvertrages hinwirken. Soweit die Eltern dem Kind unterhaltspflichtig sind, können sie dessen Verbleib im Haus allerdings durch Bestimmung iSd. § 1612 Abs. 2 S. 1 verlangen, so dass das Kind, welches dennoch auszieht, seinen Unterhaltsanspruch teilweise verlieren kann (dazu § 1612 Rn. 63).

IV. Die wirtschaftlichen Folgen

22   **1. Arbeitsertrag.** Der Arbeitsertrag, welcher durch die Mitarbeit des Kindes erzielt wird, steht den Eltern bzw. dem dienstberechtigten Elternteil auf Grund des § 1619 zu, ohne Rücksicht auf die Wertrelation von Arbeit und Unterhalt;[69] über die Begünstigung Dritter bei gesellschaftsvertraglichen Regelungen, vgl. Rn. 7, 18. Kommt der elterliche Erwerb nicht schon auf anderem Wege (§ 164) zustande, so ist das Kind zur Herausgabe und Übertragung verpflichtet.[70]

23   **2. Freiwillige elterliche Geldzuwendungen.** Pflichtmitarbeit ist unentgeltlich. Freiwillige elterliche Geldzuwendungen an das mitarbeitende Kind außerhalb von dienst- und arbeitsvertraglichen Vereinbarungen werden sich meist nur auf ein Taschengeld beschränken und sind dann nach

---

[59] BGH LM § 844 Abs. 2 Nr. 46 = NJW 1972, 1716, 1718.
[60] So die Begrenzung auf sieben Stunden wöchentlich für den Sohn oder die Tochter einer in einfachen Verhältnissen lebenden Familie ab Vollendung des 14. Lebensjahres in BGH FamRZ 1973, 535 ff.; ab 12 Jahren in OLG Oldenburg NZV 2010, 156, 158; die gleiche zeitliche Begrenzung als Mindestzahl für einen Volljährigen benannt in LSG NRW BeckRS 9999 09826.
[61] Vgl. dazu das Beispiel des studierenden Bäckersohnes bei *Erman/Michalski/Döll* Rn. 8.
[62] BGH LM § 844 Abs. 2 Nr. 46 = NJW 1972, 1716, 1718.
[63] Regelmäßige Mitarbeit unterfällt dagegen diesem Gesetz, MünchArbR/*Anzinger* § 309 Rn. 14; näher zu den im Text erwähnten Ausnahmetatbeständen ebd., Rn. 13 ff.
[64] Dazu MünchArbR/*Anzinger* § 309 Rn. 16.
[65] MünchArbR/*Anzinger* § 309 Rn. 16.
[66] Verordnung über den Kinderarbeitsschutz v. 23. 6. 1998, BGBl. I S. 1508.
[67] OLG Celle NJOZ 2004, 4584 = NZV 2006, 95.
[68] BGH NJW 1991, 1226, 1227.
[69] BGH LM § 1617 Nr. 1 a = FamRZ 1960, 101; *Erman/Michalski/Döll* Rn. 11; *Soergel/Strätz* Rn. 11; *Staudinger/Coester* (2007) Rn. 46.
[70] *Soergel/Strätz* Rn. 11; *Staudinger/Coester* (2007) Rn. 46.

allgM bloße Unterhaltsleistung. Erst bei einer über den angemessenen Unterhalt hinausreichenden Zahlung stellt sich die Frage nach der Anwendbarkeit des Schenkungsrechts und der Abgrenzung zum gegenseitigen Vertrag: Die pflichtgemäße Dienstleistung kann causa elterlicher Zuwendung sein, dies aber nur bei angemessenem Verhältnis zur Leistung, während höhere Zahlungen Schenkungen sein können.[71] Allerdings liegt bei leistungsgerechter Bezahlung der Dienste ein starkes Indiz für eine dienst- oder arbeitsvertragliche Regelung vor, insbes. wenn die Dienste den Rahmen des § 1619 übersteigen (vgl. Rn. 32 f.).

3. Enttäuschte Vergütungserwartungen. Enttäuschte Vergütungserwartungen des erwachsenen hausangehörigen Kindes spielen insbes. in der Landwirtschaft immer wieder eine Rolle: Arbeitet das Kind nach Eintritt der Volljährigkeit unter Verzicht auf günstige Erwerbsmöglichkeiten und ggf. über den Rahmen des § 1619 hinaus weiterhin im elterlichen Betrieb mit, aber in der erkennbaren Erwartung späterer Geschäftsübertragung, Hofübernahme oder Erbschaft, und wird diese Erwartung enttäuscht, so stellt sich die Frage nach einem Ausgleich für die erbrachte Arbeit. Eine ausdrückliche gesetzliche Regelung sieht § 2057a für den Fall vor, dass die Erwartung durch anderweitige Erbeinsetzung beim Tod des dienstberechtigten Elternteils frustriert wird; allerdings hat diese Vorschrift einen begrenzten Anwendungsbereich, da sie nur bei gesetzlicher Erbfolge und der dieser vergleichbaren Lage des § 2052 greift und vollends versagt, wenn sich das Fehlschlagen der Kindeserwartungen schon zu Lebzeiten der Eltern herausstellt. Über die Notwendigkeit eines Ausgleichs für so motivierte Mitarbeit besteht allenthalben Einigkeit, doch werden dabei unterschiedliche Lösungswege beschritten:

a) Der Weg des BAG. Das BAG wählt den Weg über einen **Vergütungsanspruch nach § 612**.[72] Dabei zieht es für die Fälle hausangehöriger und gem. § 1619 mitarbeitspflichtiger Kinder die gleichen Grundsätze wie für sonstige unentgeltlich mitarbeitende Personen heran: Für die Annahme eines Vergütungsanspruches aus § 612 Abs. 1, 2 sind danach regelmäßige Arbeitsleistungen erforderlich, die im Hinblick auf eine – später – fehlgegangene Vergütungserwartung ohne oder gegen unterwertige Bezahlung erbracht worden sind, sofern zwischen der Erwartung und der fehlenden oder zu geringen Entlohnung ein unmittelbarer Zusammenhang besteht.[73] Hierfür genüge es, dass die künftige Übertragung des in Aussicht gestellten Vermögenswertes beiderseitiger oder gar einseitiger Erwartung entspreche, wenn der Dienstberechtigte dies jedenfalls erkannt habe oder hätte erkennen müssen.[74] Demgemäß stehe die aus § 2302 folgende Ungültigkeit des Versprechens künftiger Erbeinsetzung einem solchen Anspruch nicht entgegen.[75] Der Vergütungsanspruch, dessen Höhe sich nach § 612 Abs. 2 bestimmt, wird sofort fällig (§ 614) und unterliegt der Regelverjährung des § 199 Abs. 1, doch fingiert das BAG dessen Stundung bis zum Erbfall;[76] die Zusage späterer Vergütung sei aber jederzeit frei widerruflich mit der Folge des Verjährungsbeginns.[77]

b) Der Weg des BGH. Demgegenüber gewähren der BGH[78] und ein Teil der Lehre[79] in diesen Fällen **Bereicherungsansprüche** nach § 812 Abs. 1 S. 2, 2. Halbs. (condictio ob rem). Für

---

[71] Soergel/Strätz Rn. 10; Staudinger/Coester (2007) Rn. 49; aA Fenn S. 218.
[72] Offensichtlich dem folgend Palandt/Diederichsen Rn. 5; ErfK/Preis § 612 Rn. 13, 21 ff; für eine dienstvertragliche Lösung auch Reuter/Martinek S. 166 ff.
[73] Vgl. einerseits – zu Kindesansprüchen – BAG AP § 612 Nr. 24 m. zust. Anm. Diederichsen; AP § 612 Nr. 28 m. krit. Anm. Beuthien, der die Abgrenzung zum familienrechtlichen Dienstleistungsverhältnis nach § 1619 vermisst; andererseits zB BAG AP § 612 Nr. 15 (eheähnliches Verhältnis); AP § 612 Nr. 20 (Mitarbeit auf dem Hof der Cousine), AP § 612 Nr. 23 (Mitarbeit im Betrieb des Onkels).
[74] BAG AP § 612 Nr. 24 (Fall des § 1619).
[75] BAG AP § 612 Nr. 15, 20, 23.
[76] BAG AP § 612 Nr. 20 m. zust. Anm. Hueck = NJW 1963, 2188 m. krit. Anm. Merkert zur Verjährungsfrage in NJW 1964, 122.
[77] BAG NJW 1978, 444.
[78] BGH LM § 1617 Nr. 1 a = FamRZ 1960, 101 f.; LM § 196 Nr. 12 = NJW 1965, 1224 = FamRZ 1965, 317 (dazu aber auch anschließend im Text); BGH FamRZ 1965, 430; 1966, 25, 26; BGH LM § 2330 Nr. 2 = FamRZ 1967, 214 f.; BGH WM 1970, 90; BGH LM § 845 Nr. 20 = NJW 1972, 429 = FamRZ 1972, 87; BGH FamRZ 1973, 298 f.
[79] NK-BGB/v. Sachsen Gessaphe § 812 Rn. 58; v. Sachsen Gessaphe „Mitarbeit in Ehe und Familie", in: Ergänzbares Lexikon des Rechts, Stand 2003, Gruppe 16/540; Enderlein AcP 200 (2000), 565, 584 ff.; Erl. § 812 Rn. 388 f.; Fenn S. 227 ff. sowie in FamRZ 1968, 291, 295 ff.; Günther, Das Rechtsverhältnis zwischen Bauer und mitarbeitendem Sohn, 1966, S. 28; Bydlinski, FS Wilburg, S. 45 ff.; Damrau FamRZ 1969, 581; Kropholler FamRZ 1969, 241, 250; Gernhuber/Coester-Waltjen § 55 Rn. 12 f.; Erman/Michalski/Döll Rn. 12 f.; RGRK/Wenz Rn. 20; allgemein dazu: Medicus/Petersen Rn. 692; Medicus/Lorenz SchR II Rn. 1144; Bamberger/Roth/Wendehorst § 812 Rn. 90; Erman/Buck-Heeb § 812 Rn. 55; vorsichtig Esser/Weyers BT/2 § 49 II S. 67; von einem anderen Standpunkt aus sachgerechte Lösungen über das Bereicherungsrecht einräumend auch Larenz/Canaris II 2 § 68 II 2 c.

die Annahme einer Zweckabrede ist demgemäß eine ausdrückliche Vereinbarung über den später zu vollziehenden Ausgleich nicht erforderlich; vielmehr genügt es, wenn dem Berechtigten die Erwartung des Kindes bekannt war und er dieser bei Entgegennahme der Dienste nicht widersprach.[80] Das familienrechtliche Verhältnis als Grundlage der Dienstleistung wird weder durch das Versprechen einer künftigen Entschädigung noch durch etwaige Ausgleichsansprüche in Frage gestellt.[81] Allerdings hat der BGH seine Rspr. derjenigen des BAG (Rn. 25) angepasst,[82] freilich nur zum Teil,[83] wie vielfach verkannt wird:[84] Er hat nämlich lediglich klargestellt, dass die enttäuschte Vergütungserwartung des mitarbeitenden Kindes bei Vorliegen eines schuldrechtlichen Arbeitsverhältnisses nicht über Bereicherungsrecht, sondern über einen Vergütungsanspruch aus § 612 auszugleichen sei; hat der Arbeitsleistung des Kindes hingegen kein schuldrechtlicher Vertrag mit den Eltern zu Grunde gelegen, so bleibt es bei der Maßgeblichkeit des Bereicherungsrechts, und diese Haltung wird durch die nachfolgenden Entscheidungen des BGH belegt.[85] In diesem Zusammenhang spielt es eine Rolle, dass der BGH weder eine unentgeltliche Mitarbeit iSv. § 1619 noch einen Dienstvertrag vermutet (Rn. 32). Für die Differenzierung zwischen beiden Fallgruppen kommt es nicht darauf an, ob ein Erbeinsetzungsversprechen vorlag, da der BGH ein solches ausdrücklich im Zusammenhang mit bereicherungsrechtlich abzuwickelnden Sachverhalten schildert.[86] Die verjährungsrechtlichen Erwägungen des BGH (dazu 4. Aufl. Rn. 29) sind durch die Verallgemeinerung der Regelverjährung in § 199 Abs. 1 idF des SMG, der jetzt sowohl der Bereicherungs- als auch der dienstvertragliche Anspruch unterliegen, obsolet geworden; allerdings bleiben verjährungsrechtliche Unterschiede bestehen, denn bezüglich des Dienstleistungsanspruches beginnt die Verjährung mit dessen sofortiger Fälligkeit (§ 614), während der Fristlauf des Bereicherungsanspruchs erst einsetzt, sobald die endgültige Verfehlung des Zuwendungszweckes feststeht.[87] Eine weitergehende Harmonisierung hat nicht stattgefunden, denn das BAG wendet § 612 auch auf Fälle eines Fehlschlagens bloßer Erwartungen ohne vertragliche Grundlage an (Rn. 25), während für den BGH hier die Domäne der condictio ob rem liegt.

27 **c) Kritik.** Die Unterschiedlichkeit der Lösungswege beider Bundesgerichte ist unbefriedigend, weil der in seinen Erwartungen enttäuschte Mitarbeitende so vor die Alternative gestellt wird, ob er es für aussichtsreicher erachtet, Bereicherungsansprüche vor dem ordentlichen Gericht oder Ansprüche aus § 612 vor dem ArbG geltend zu machen, überdies mit dem Risiko der Abweisung bzw. Verweisung, wenn das angerufene Gericht der jeweils anderen Meinung zuneigt. In der Sache bestehen gegen die Rspr. des BAG erhebliche Bedenken: Zunächst ist der Ansatz über § 612 Abs. 1, 2 dogmatisch unhaltbar, denn diese Norm setzt einen wirksamen Vertrag voraus, welcher eine Lücke hinsichtlich der Vergütung und ihrer Höhe aufweist, während in den Fällen fehlgeschlagener Erwartung die Vergütung (spätere Hofübergabe oder Erbeinsetzung) durchaus klar ist.[88] Umso mehr ist dieser Weg verfehlt, wenn Eltern und Kind im Einzelfall für die § 1619 übersteigende Mitarbeit eine stillschweigende Abrede über die Unentgeltlichkeit oder eine geringfügige Entlohnung getroffen haben.[89] Manche wollen daher stattdessen die Regeln über faktische Arbeitsverhältnisse heranziehen.[90] Schließlich lässt sich aus der Übernahmeerwartung allein nicht auf das Vorliegen eines entgeltlichen Arbeitsverhältnisses schließen, vielmehr ist es eine Frage des Einzelfalles, ob nicht doch eine Mitarbeit auf familienrechtlicher Grundlage gewollt war.[91] Schließlich muss das BAG den schnelleren Verjährungseintritt gegenüber dem bereicherungsrechtlichen Anspruch mit einer weiteren Fiktion einer Stundung überbrücken. Ungeachtet der dogmatischen Bedenken ließen sich die Unterschiede in der Rspr. der Bundesgerichte dadurch überwinden, dass in der Judikatur der Zivilgerichte an die Annahme einer dienst- oder arbeitsvertraglichen Abrede einheitlich und nicht nur

---

[80] BGH LM § 1617 Nr. 1 a = FamRZ 1960, 101 f.
[81] BGH LM § 1617 Nr. 1 a = FamRZ 1960, 101 f. sowie in FamRZ 1965, 317, 319; 1973, 298 f.; zustimmend *Enderlein* AcP 200 (2000), 565, 583 f.
[82] BGH LM § 196 Nr. 12 = NJW 1965, 1224 = FamRZ 1965, 317.
[83] Differenzierend auch *Staudinger/S. Lorenz* (2007) § 812 Rn. 107.
[84] So zB Erl. § 612 Rn. 13 *(Müller-Glöge)*.
[85] BGH FamRZ 1973, 298 f.; BGH WM 1970, 90.
[86] BGH LM § 196 Nr. 12 = NJW 1965, 1224 = FamRZ 1965, 317.
[87] NK-BGB/*v. Sachsen Gessaphe* § 812 Rn. 58, 208.
[88] NK-BGB/*v. Sachsen Gessaphe* § 812 Rn. 58; *Larenz/Canaris* II 2 § 68 II 2 c; ablehnend auch *Enderlein* AcP 200 (2000), 565, 585.
[89] In diese Richtung *Medicus/Lorenz* SchR II Rn. 1144.
[90] *Larenz/Canaris* II 2 § 68 II 2 c; *Staudinger/Coester* (2007) Rn. 54; *Rauscher* FamR Rn. 943.
[91] S. a. BSGE 3, 30 = NJW 1957, 155; BSG SozR 5070 § 14 WGSVG Nr. 15; BSG NZS 2001, 429 = NJWE-FER 2000, 302.

für den Ausgleich enttäuschter Vergütungserwartungen geringe Anforderungen gestellt würden;[92] dies führte aber zu einer Preisgabe der engen Kriterien, welche außerhalb der Zweckverfehlungsfälle für die Abgrenzung zwischen familienrechtlicher Mitarbeit und Arbeitsverhältnis entwickelt worden sind (vgl. Rn. 33), und machte in letzter Konsequenz § 1619, jedenfalls bei Volljährigen, weithin obsolet.

d) Stellungnahme. Angesichts aller dieser Bedenken sollte deshalb der dogmatisch überzeugenderen bereicherungsrechtlichen Lösung der Vorzug gegeben werden: Zum einen passen die tatbestandlichen Voraussetzungen der condictio ob rem auf diese Fallgruppe,[93] zum anderen kann auf diesem Wege den Besonderheiten des Einzelfalles besser Rechnung getragen werden.[94] Die Bereicherung liegt in der Zuwendung der Arbeitskraft, deren Wert nach § 818 Abs. 2 zu ersetzen ist, wobei es weder auf die Ersparnis von Aufwendungen für eine Ersatzkraft noch – wegen § 820 – auf den Einwand des nachträglichen Wegfalls der Bereicherung ankommt.[95] Die zur Anwendung des § 612 führende Annahme einer Entgeltabrede stellt vielfach lediglich eine bloße Fiktion dar,[96] welche durch eine Stundungsfiktion ergänzt wird; steuer- und sozialversicherungsrechtliche Folgewirkungen bleiben unberücksichtigt.[97] 28

4. Beihilfe zur Existenzgründung. War dem mitarbeitenden Kind eine Beihilfe zur Existenzgründung zugesagt, so liegt darin ein Ausstattungsversprechen, welches gem. § 1624 nicht der Form des § 518 bedarf, sofern die Ausstattung das den Umständen, insbes. den elterlichen Vermögensverhältnissen entsprechende Maß nicht übersteigt. Überschreitet die Ausstattungszusage dieses Maß, so liegt auch dann kein formbedürftiges Schenkungsversprechen vor, wenn die Beteiligten keine unentgeltliche Zuwendung iSv. § 516 Abs. 1 bezweckten (§ 1624 Rn. 12), sondern zB einen Ausgleich dafür, dass das Kind auf dem elterlichen Hofe jahrelang seine volle Arbeitskraft einsetzte; Erben haften für die Erfüllung dieser rechtsgeschäftlichen Verpflichtung, deren Inhalt und Umfang ggf. durch ergänzende Vertragsauslegung nach §§ 157, 242 unter Berücksichtigung von Dauer sowie Wert der Dienste und Leistungsfähigkeit des Hofes zu ermitteln ist.[98] War eine Ausstattung mit landwirtschaftlichem Inventar versprochen und ergreift das Kind später einen Beruf, für den eine solche Sachausstattung nicht in Betracht kommt, so ist der Ausgleich in Geld zu leisten. 29

5. Schutz der Gläubiger des Kindes. Gläubiger des mitarbeitenden Kindes werden in der Zwangsvollstreckung durch § 850h Abs. 2 ZPO geschützt. Die Vorschrift fingiert bei ständiger unentgeltlicher oder unverhältnismäßig gering gelohnter Arbeit[99] zugunsten des Vollstreckungsgläubigers einen Anspruch auf angemessene Vergütung und setzt keine Lohnverschleierungsabsicht voraus. Sie gilt nicht nur für unter Wert entlohnte Arbeitsverhältnisse, sondern grundsätzlich auch für eine Mitarbeit nach § 1619, obgleich hierfür eine Vergütung weder üblich noch geschuldet ist; entscheidend ist, ob abgesehen von den familiären Bindungen für einen objektiven Betrachter eine üblicherweise zu vergütende Tätigkeit vorliegt.[100] Die familienrechtliche Pflicht kann diese Fiktion nicht ausschließen, bei der Bemessung der fiktiven angemessenen Vergütung gem. § 850h Abs. 2 S. 2 ZPO jedoch mindernd zu berücksichtigen sein, um Unbilligkeiten zu vermeiden.[101] 30

V. Die Überlagerung familienrechtlicher Mitarbeit durch gesellschafts- und arbeitsrechtliche Vereinbarungen

1. Gesellschaftsvertrag. Ein Gesellschaftsvertrag zwischen Eltern und mitarbeitendem Kind ist in der Praxis selten[102] und nur dann anzunehmen, wenn die Beteiligten zumindest durch schlüssiges 31

---

[92] Hierfür offensichtlich *Staudinger/S. Lorenz* (2007) § 812 Rn. 107.
[93] Zu diesen statt aller NK-BGB/*v. Sachsen Gessaphe* § 812 Rn. 47 ff.
[94] *Fenn* S. 234; *Bydlinski*, FS Wilburg, S. 63 ff., 74 ff.
[95] *Fenn* S. 232 f.; *Larenz/Canaris* II 2 § 68 II 2 c.
[96] Vgl. *Fenn* FamRZ 1968, 291, 295 ff. mwN; *Beuthien* Anm. zu BAG AP § 612 Nr. 28; *Medicus/Lorenz* SchR II Rn. 1144.
[97] *Fenn* FamRZ 1968, 291, 296.
[98] BGH FamRZ 1965, 430 f.; *Erman/Michalski/Döll* Rn. 13.
[99] Bei der Feststellung der angemessenen Vergütung für eine nicht oder zu gering vergütete Arbeitsleistung ist vom Tariflohn oder der sonst üblichen Vergütung für solche Dienstleistungen auszugehen, *Zöller/Stöber* § 850h ZPO Rn. 5, 7 mwN.
[100] BGH NJW 1979, 1600, 1602; LAG Frankfurt/M. AP § 850h ZPO Nr. 11 = NJW 1965, 2075; *Musielak/Becker* § 850h ZPO Rn. 15; *Zöller/Stöber* § 850h ZPO Rn. 7; *Stein/Jonas/Brehm* § 850h ZPO Rn. 27 mwN; zust. *Enderlein* AcP 200 (2000), 565, 599 ff.; vgl. ferner *Fenn* AcP 167 (1967), 111 ff; gegen eine Anwendung des § 850h ZPO *Bamberger/Roth/Enders* Rn. 12; wohl auch *Staudinger/Coester* (2007) Rn. 60.
[101] LAG Frankfurt/M AP § 850h ZPO Nr. 11 = NJW 1965, 2075; *Zöller/Stöber* § 850h ZPO Rn. 7.
[102] NK-BGB/*Löhnig* Rn. 11; *Soergel/Strätz* Rn. 17; tendenziell anders offensichtlich OLG Celle NJW-RR 1990, 1478 sowie *Gernhuber/Coester-Waltjen* § 55 Rn. 5.

Verhalten den Willen bekunden, über die aus der Familiengemeinschaft folgenden Rechte und Pflichten hinaus eine bes. rechtliche Bindung einzugehen, kraft derer jeder vom anderen die Förderung eines gemeinsamen Zweckes nicht nur erwarten, sondern beanspruchen kann.[103] Eindeutige Umstände müssen auf ein solches Gesellschaftsverhältnis hinweisen:[104] Leitende Tätigkeit des volljährigen Kindes im elterlichen Geschäft, der Umfang seiner Vertretungsmacht und eine voraussichtliche Erbenstellung besagen für sich allein nichts.

32 **2. Arbeitsvertrag.** Die Überlagerung familienrechtlicher Mitarbeit durch Arbeitsvertrag ist grundsätzlich nicht ausgeschlossen: Die Beteiligten sind nach allgM nicht gehindert, die Mitarbeit des hausangehörigen Kindes ausdrücklich oder stillschweigend auf eine arbeitsvertragliche Grundlage zu stellen. Fehlt eine klare Abrede, so kommt es für die rechtliche Einordnung der Kindesmitarbeit auf den feststellbaren Willen der Beteiligten auf Grund einer offenen Würdigung der gesamten Einzelfallumstände an.[105] Dabei gibt es weder eine Vermutung zugunsten einer familienrechtlichen Ausgestaltung der Mitarbeit[106] noch umgekehrt eine solche, dass von einer dienstvertraglichen Grundlage auszugehen ist, wenn das Kind durch seine Arbeit praktisch der Ernährer der Familie ist.[107] Insoweit spielt die gewandelte Verkehrsanschauung iSd. § 157 für die Würdigung des Verhaltens der Beteiligten eine Rolle. Unter dem Einfluss wirtschaftlicher und sozialer Wandlungen ist auch in bäuerlichen Verhältnissen die Mitarbeit erwachsener Hauskinder auf rein familienrechtlicher Grundlage selten geworden.[108] Trotzdem ist gerade in der Landwirtschaft nicht von einer derartigen Änderung der Verhältnisse auszugehen, dass bei Mitarbeit eines volljährigen Kindes stets eine Vermutung zugunsten einer arbeitsrechtlichen Regelung spräche;[109] eine solche Annahme würde der Tatsache nicht gerecht, dass vielfach die unentgeltliche Mitarbeit von Hauskindern für das Überleben des Hofes erforderlich ist.[110] Es bleibt also festzuhalten, dass es für die mitunter schwierige Abgrenzung zwischen familiärer und arbeitsvertraglicher Mithilfe auf die Willensrichtung im Einzelfall ankommt, und diese ist weitgehend Sache tatrichterlicher Würdigung.[111]

33 Maßgebend für die Abgrenzung ist, ob nach den gesamten Umständen des Einzelfalles ein abhängiges Beschäftigungsverhältnis mit Entgeltzahlung vorliegt oder ob nur Mithilfe auf Grund der Familienzugehörigkeit geleistet wird. Das bloße Fehlschlagen einer Vergütungserwartung reicht für die Annahme eines Arbeitsverhältnisses nicht aus,[112] ebenso wenig ein nur „pro forma" abgeschlossener Ausbildungs-[113] oder Arbeitsvertrag.[114] Andererseits setzt ein Arbeitsverhältnis keineswegs besondere, nur ausnahmsweise vorliegende Umstände voraus.[115] Sicherstes Anzeichen für ein Arbeitsverhältnis ist der Bezug periodischen Entgelts. Das ist der Fall, wenn das Kind nicht nur, wie idR bei familiärer Mitarbeit, neben freier Kost, Wohnung und Kleidung im Rahmen des Unterhalts geringe Barbeträge (Taschengeld) erhält, sondern neben freiem Unterhalt laufend solche festen Barbezüge, die sich dem ortsüblichen oder tariflichen Barlohn vergleichbarer fremder Arbeitskräfte nähern;[116] in steuerrechtlicher Hinsicht maßgeblich ist danach das Kriterium der Fremdüblichkeit der Leistungen.[117] Für die zivilrechtliche Beurteilung kann aber bei Vorliegen einer Lohnabsprache selbst eine geringere als die fremdübliche Entlohnung genügen.[118] Ein weiteres beachtliches Anzeichen ist

---

[103] BGH FamRZ 1966, 25; 1972, 558 f.; vgl. aber auch BFH AP § 611 Nr. 1: Arbeitsverhältnis zwischen Eltern und Kindern zur gesellschaftsrechtlichen Gewinnbeteiligung des mitarbeitenden Sohnes in der Landwirtschaft.
[104] BGH RzW 1968, 128.
[105] BGH NJW 1991, 1226 f. mwN; bestätigend BGHZ 137, 1, 7 = BGH LM Nr. 8 = NJW 1998, 307, 309; OLG Jena BeckRS 2010, 4224.
[106] BGH FamRZ 1972, 87 f.; 1973, 298 f.; BGH NJW 1991, 1226 f. mwN; BGHZ 137, 1, 7 = BGH LM Nr. 8 = NJW 1998, 307, 308 f.
[107] BGH NJW 1991, 1226 f.
[108] BGH LM § 845 Nr. 20 = NJW 1972, 429 = FamRZ 1972, 87 f.; 1973, 298 f.; OLG Celle NJW-RR 1990, 1478; vgl. auch BSG AP § 611 Nr. 1.
[109] LG Kiel FamRZ 1989, 1172 f.; eher für eine derartige Vermutung nach Abschluss der Ausbildung, OLG Celle NJW-RR 1990, 1478; dem folgend OLG Jena BeckRS 2010, 4224.
[110] Angedeutet bei *Coester-Waltjen* Anm. zu BGH LM Nr. 8 = BGHZ 137, 1 = NJW 1998, 307; dem werden OLG Celle NJW-RR 1990, 1478 und OLG Jena BeckRS 2010, 4224 nicht gerecht.
[111] Ebenso BGH NJW 1991, 1226 f.
[112] BGH LM § 1617 Nr. 1 a = FamRZ 1960, 101; vgl. Rn. 27 ff.
[113] BGH NJW 1991, 1226 f.
[114] OLG Köln VersR 1991, 1292 f.: Vertragliche Gestaltung zur Aufnahme in die Sozialversicherung.
[115] BGH FamRZ 1973, 298 f.
[116] BSG SozR 5070 § 14 WGSVG Nr. 15.
[117] BFH DStZ 1999, 756 f.
[118] OLG Köln VersR 1991, 1292 f.

darin zu sehen, dass die dem Kind gezahlten Bezüge als Betriebsausgaben verbucht und Lohnsteuer sowie Sozialversicherungsbeiträge abgeführt werden.[119] Weitere, häufig angeführte Faktoren[120] weisen hingegen eine geringere Aussagekraft auf: Das gilt für den Umfang der Mitarbeit, das Alter des Kindes und die Schwierigkeit der Arbeitsleistung.[121] Hier bedarf es stets einer Würdigung dieser Umstände im Gesamtkontext des Einzelfalles. Die Tatsache, dass die Arbeitskraft des Kindes eine fremde Arbeitskraft ersetzt, vermag für sich allein ein Arbeitsverhältnis nicht zu begründen,[122] zumal die Mitarbeit selbst dann, wenn das Kind praktisch der Ernährer der Familie ist, unter § 1619 subsumiert wird (Rn. 32 bei Fn. 105).

VI. Internationales Privatrecht

Die Dienstpflicht des Kindes iSv. § 1619 beurteilt sich in Sachverhalten mit Auslandsberührung 34 nach dem durch Art. 21 EGBGB berufenen Recht, sofern keine staatsvertraglichen Sonderregeln (zB für den Unterhalt) greifen oder das autonome deutsche IPR für Einzelfragen eine Sonderanknüpfung vorsieht; vgl. Erl. zu Art. 21 EGBGB, insbes. Rn. 21. Gegenüber minderjährigen Kindern beruht die Dienstpflicht freilich auf zumindest tatsächlicher elterlicher Personensorge und beurteilt sich daher ab Inkrafttreten des KSÜ für Deutschland zum 1. 1. 2011[123] nach dessen Kollisionsnormen in Art. 16 ff;[124] für volljährige Kinder gilt das KSÜ hingegen nicht, Art. 2 KSÜ. Zu einem **Normenmangel** kann es führen, wenn deutsches Recht gem. Art. 4 oder 14 Rom II-VO Deliktsstatut ist, im Rahmen des § 845 für die Vorfrage der Dienstleistungspflicht aber an eine ausländische Rechtsordnung (hier belgisches Recht) anzuknüpfen ist, welche eine vergleichbare familienrechtliche Dienstleistungspflicht des Hauskindes nicht kennt. Dieser Normenmangel ist im Wege der Anpassung zu lösen, um dem Anspruchsinhaber das zu gewähren, was ihm bei isolierter Anwendung jeder der beteiligten Rechtsordnungen zustünde.[125]

§ 1620 Aufwendungen des Kindes für den elterlichen Haushalt

Macht ein dem elterlichen Hausstand angehörendes volljähriges Kind zur Bestreitung der Kosten des Haushalts aus seinem Vermögen eine Aufwendung oder überlässt es den Eltern zu diesem Zwecke etwas aus seinem Vermögen, so ist im Zweifel anzunehmen, dass die Absicht fehlt, Ersatz zu verlangen.

I. Normzweck

§ 1620 enthält nach allgM eine **gesetzliche Auslegungsregel**,[1] welche Streitigkeiten darüber 1 vorbeugen soll, ob eine derartige Aufwendung oder die Überlassung von Vermögen in der Erwartung späteren Ersatzes vorgenommen worden ist oder nicht.[2] Erstrebt wird eine „Bereicherung der Eltern ohne Ausgleich, weil das Kind in seinen Leistungen häufig nur ein Äquivalent für jene Vorteile sehen wird, die ihm durch die Eingliederung in den elterlichen Haushalt zufließen".[3] Ähnliche Regelungen enthalten § 685 Abs. 2 (Rn. 5) sowie § 1360b. Aus der Vorschrift lässt sich keine allgemeine Vermutung für den Schenkungscharakter von Leistungen unter nahen Angehörigen ableiten.[4]

II. Anwendungsbereich

1. Voraussetzungen. Voraussetzungen der Vorschrift sind die Volljährigkeit des Kindes (zur 2 Verwendung von Vermögenseinkünften des minderjährigen Kindes im elterlichen Haushalt vgl.

---

[119] OLG Köln VersR 1991, 1292 f.; vgl. auch BSG SozR 5070 § 14 WGSVG Nr. 15; *Gernhuber/Coester-Waltjen* § 55 Rn. 6.
[120] Vgl. BSG SozR 5070 § 14 WGSVG Nr. 15.
[121] BFH/NV 1994, 861 f.; *Gernhuber/Coester-Waltjen* § 55 Rn. 6.
[122] Wie hier *Gernhuber/Coester-Waltjen* § 55 Rn. 6 Fn. 22 mwN.
[123] BGBl. 2010 II S. 1527.
[124] Dazu *Dutta* StAZ 2010, 193, 200 ff.
[125] OLG Köln FamRZ 1995, 1200 f.: Hier durch Angleichung der deutschen und belgischen materiellen Schadensersatznormen; vgl. dazu Erl. Einl. IPR Rn. 593 ff.
[1] RG HRR 1933 Nr. 1423.
[2] Prot. IV S. 545, 228.
[3] *Gernhuber/Coester-Waltjen* § 55 Rn. 16.
[4] BGH NJW 1995, 1349, 1350; OLG Koblenz NJOZ 2005, 935, 938.

§ 1649 Abs. 2), dessen Zugehörigkeit zum elterlichen Hausstand (§ 1619 Rn. 5 f.) sowie Aufwendungen oder Überlassung von Vermögen zur Bestreitung der Kosten des Haushalts. Aus diesem Grunde gilt § 1620 nicht, wenn Aufwendungen für das elterliche Geschäft oder zur Deckung solcher Schulden erbracht worden sind, die außer Zusammenhang mit der Haushaltsführung stehen.[5] Gleichgültig ist hingegen, ob die Mittel des Kindes aus dessen Vermögen, Arbeitseinkommen oder Geschäftserträgen stammen.

3 **2. Aufwendungsbegriff.** Aufwendungen sind gemeinhin freiwillige Leistungen, doch sollte das Gewicht in diesem Kontext nicht allzu sehr auf die Freiwilligkeit der Kindesbeiträge gelegt werden:[6] Nach allgM scheiden Dienstleistungen des Kindes (vgl. zu diesen Erl. § 1619 sowie § 1618a Rn. 8 Fn. 30) zwar aus, doch hindern vertragliche Abreden mit den Eltern, welche diesen einen Leistungsanspruch verschaffen, die Anwendung der Bestimmung nicht.[7] Solche Ansprüche besagen nichts über eine Rückzahlungspflicht, sofern eine solche sich nicht der konkreten Vereinbarung entnehmen lässt; wo sich dies eindeutig feststellen lässt, ist für § 1620 ohnehin kein Raum, in Zweifelsfällen hingegen gibt diese Vorschrift den Ausschlag gegen eine Rückzahlungspflicht. Die Freiwilligkeit ist also nur iS eines Fehlens gesetzlicher Unterhalts- oder sonstiger Leistungspflichten (etwa aus § 1618a) zu verstehen.

III. Wirkungen

4 **1. Geltung der Auslegungsregel „im Zweifel".** Die Auslegungsregel gilt nur im Zweifel, dann also, wenn die stets maßgebenden Umstände des Einzelfalles keine zuverlässige Klärung der Frage gestatten, ob ein Ersatzanspruch begründet werden sollte oder nicht. Eine Schenkungsvermutung stellt diese Norm nicht auf, weshalb es zu deren Entkräftung keines ausdrücklichen Rückforderungsvorbehaltes des Kindes bedarf.[8] Angesichts des in Rn. 1 erwähnten Äquivalenzgedankens ist bei der Zahlung von angemessenem „Kostgeld" jeder Ersatzanspruch nach dem Leistungszweck von vornherein ausgeschlossen.[9] Andererseits kann zB die unverhältnismäßige Höhe der Zahlungen Indiz dafür sein, dass Ersatz geleistet werden soll.[10] Gewährte das Kind in der irrtümlichen Annahme des Bestehens einer gesetzlichen Verpflichtung Unterhalt, so steht der Mangel der Schenkungsabsicht fest; für § 1620 ist kein Raum.[11]

5 **2. Abhängigkeit von der Art der Rechtsbeziehungen.** Bleiben im zuvor genannten Sinne Zweifel, so hängen die Wirkungen der Auslegungsregel von der Art der Rechtsbeziehungen ab, auf Grund derer die Aufwendungen erbracht wurden:[12] Vereinbarungen zwischen Eltern und Kind sind dann nach § 1620 iS eines Vertrages ohne Rückgewährpflicht zu verstehen. Wurde das Kind als Geschäftsführer ohne Auftrag tätig, so greift bei Leistungen zum elterlichen Unterhalt bereits § 685 Abs. 2 ein, wonach die freigiebige Absicht im Zweifel vermutet wird (ähnlich § 1360b für Zuvielleistungen eines Ehegatten zum Familienunterhalt; bei gesetzlich geschuldeten Unterhaltsleistungen besteht ohnehin kein Ersatzanspruch). Bei sonstigen Fällen auftragloser Geschäftsführung ist die Auslegungsregel des § 1620 im Rahmen des § 685 Abs. 1 anzuwenden und wird so auf einen Ausschluss der Rückzahlungspflicht hinausführen; fehlt es an den Geschäftsführungsvoraussetzungen, so bleibt das Kindesverhalten als Schenkungsangebot auszulegen.

IV. Internationales Privatrecht

6 In Sachverhalten mit Auslandsberührung beurteilt sich das Bestehen einer Schenkungsvermutung nach dem durch Art. 21 EGBGB berufenen Recht, sofern keine staatsvertraglichen Sonderregeln (zB für den Unterhalt) greifen oder das autonome deutsche IPR für Einzelfragen eine Sonderanknüpfung vorsieht; vgl. Erl. zu Art. 21 EGBGB, insbes. Rn. 21. Das KSÜ ist insoweit nicht einschlägig.

---

[5] RGZ 74, 139, 140.
[6] So aber *Erman/Michalski/Döll* Rn. 2; *Palandt/Diederichsen* Rn. 1.
[7] In diesem Sinne auch *Gernhuber/Coester-Waltjen* § 55 Rn. 16.
[8] RG JW 1909, 660, 661 (zu § 1429 aF); *Soergel/Strätz* Rn. 2.
[9] *Staudinger/Coester* (2007) Rn. 5.
[10] *Gernhuber/Coester-Waltjen* § 55 Rn. 17; *Palandt/Diederichsen* Rn. 1; *Soergel/Strätz* Rn. 2 sowie *Staudinger/Coester* (2007) Rn. 6.
[11] *Gernhuber/Coester-Waltjen* § 55 Rn. 17; *Rauscher* FamR Rn. 947.
[12] Dazu eingehend *Gernhuber/Coester-Waltjen* § 55 Rn. 16.

§§ 1621–1623 *(weggefallen)*

§ 1624 Ausstattung aus dem Elternvermögen

(1) Was einem Kind mit Rücksicht auf seine Verheiratung oder auf die Erlangung einer selbständigen Lebensstellung zur Begründung oder zur Erhaltung der Wirtschaft oder der Lebensstellung von dem Vater oder der Mutter zugewendet wird (Ausstattung), gilt, auch wenn eine Verpflichtung nicht besteht, nur insoweit als Schenkung, als die Ausstattung das den Umständen, insbesondere den Vermögensverhältnissen des Vaters oder der Mutter, entsprechende Maß übersteigt.

(2) Die Verpflichtung des Ausstattenden zur Gewährleistung wegen eines Mangels im Recht oder wegen eines Fehlers der Sache bestimmt sich, auch soweit die Ausstattung nicht als Schenkung gilt, nach den für die Gewährleistungspflicht des Schenkers geltenden Vorschriften.

Schrifttum: *Jakob,* Die Ausstattung (§ 1624 BGB) – ein familienrechtliches Instrument moderner Vermögensgestaltung?, AcP 207 (2007), 198; *Kerscher/Tanck,* Zuwendungen an Kinder zur Existenzgründung. Die „Ausstattung" als ausgleichspflichtiger Vorausempfang, ZEV 1997, 354; *Knodel,* Die Ausstattung, eine zeitgemäße Gestaltungsmöglichkeit?, ZErb 2006, 225; *Sailer,* Die Ausstattung als Rechtsgrund von Überlassungsverträgen, NotBZ 2002, 81.

Übersicht

	Rn.		Rn.
I. Normzweck und -struktur	1	IV. Die Rechtswirkungen: Ausstattung und Schenkungsrecht	11, 12
II. Die Ausstattung	2–6	1. Angemessene Ausstattung	11
1. Durch unmittelbare Zuwendung oder Zuwendungsversprechen	2	2. Übermäßige Ausstattung	12
2. Parteien	3	V. Zur Behandlung der Ausstattung in anderen rechtlichen Zusammenhängen	13–19
3. Gegenstand	4	1. Ehegüterrecht	13
4. Zuwendungsanlass und -zweck	5	2. Betreuungsrecht	14
5. Angemessenheit	6	3. Erbrecht	15
III. Das Ausstattungsversprechen	7–10	4. Insolvenz- und Anfechtungsrecht	16
1. Wesen und Form	7	5. Steuerrecht	17
2. Modalitäten	8	6. Sozialrecht	18
3. Zweckverfehlung	9	7. Internationales Privatrecht	19
4. Übertragbarkeit und Pfändbarkeit des Ausstattungsanspruchs	10		

I. Normzweck und -struktur

Die Ausstattung ist eine Zuwendung der Eltern an ihr Kind, welche im Hinblick auf die in § 1624 bezeichneten Zwecke getätigt wird und aus diesem Grunde gegenüber anderen Zuwendungen im Eltern-Kind-Verhältnis eine Sonderbehandlung erfährt.[1] Regelmäßig erfolgt sie ohne Gegenleistung, eine solche kann aber je nach den Einzelfallumständen, zB bei vorweggenommener Erbfolge (Rn. 5), unschädlich sein.[2] Selbst bei Unentgeltlichkeit unterscheidet sich die Ausstattung von der Schenkung durch den von Abs. 1 bestimmten besonderen Zuwendungszweck, den Kindern eine **Starthilfe** zur Existenzgründung und -sicherung zu gewähren, und vom Unterhalt im Fehlen einer gesetzlichen Verpflichtung.[3] Strittig ist, ob jedenfalls eine **sittliche Verpflichtung** der Eltern anzu-

---

[1] Zu Vorgeschichte und jetzigem Normverständnis *Kerscher/Tanck* ZEV 1997, 354 f.; eingehend zu letzterem *Jakob* AcP 207 (2007), 199 ff., 216 ff.
[2] Näher dazu *Jakob* AcP 207 (2007), 220 f.; dem folgend *Palandt/Diederichsen* Rn. 2; hingegen Unentgeltlichkeit voraussetzend *Gernhuber/Coester-Waltjen* § 56 Rn. 7; *Soergel/Strätz* Rn. 2.
[3] *Kerscher/Tanck* ZEV 1997, 354 f.; *Jakob* AcP 207 (2007), 217 f. mwN; zum Fehlen einer Rechtspflicht bereits Mot. IV S. 717 f.

nehmen ist.[4] Diese Streitfrage bedarf nur dort einer Lösung, wo es zur Problembewältigung konkret darauf ankommt;[5] denkbar ist dies im Einzelfall etwa nach § 1375 Abs. 2 Nr. 1 (Rn. 13, s. a. Rn. 16 f.). Die Ausstattung ist also Ausdruck gesetzlich anerkannter Familiensolidarität und bildet eine familienrechtliche *causa sui generis*.[6] Erfüllt eine elterliche Zuwendung den Charakter einer Ausstattung iSd. Abs. 1, so spielt deren **Angemessenheit** lediglich hinsichtlich ihrer **Rechtswirkungen** eine Rolle; auch soweit sie übermäßig ist, bleibt sie Ausstattung.[7] Die angemessene Ausstattung unterliegt – bis auf die Gewährleistung nach Abs. 2 – nicht dem Schenkungsrecht, deren überschießender Teil hingegen schon (Rn. 12). Diese Unterscheidung ist im Hinblick auf die teils strengen Vorschriften des Schenkungsrechts (§§ 518, 1804) von großer rechtlicher und praktischer Bedeutung (Rn. 6). Darüber hinaus bestehen für die Ausstattung weitere Sonderregeln im Familien-, Erbrecht u. a., für die es nur teilweise auf die eben getroffene Unterscheidung ankommt (Rn. 13 ff.). Die Vorschrift hat außerhalb der Fälle, in denen dem Kind eine Berufsausbildung ermöglicht werden soll (vgl. § 1610 Abs. 2), durchaus noch **praktische Relevanz**,[8] vor allem bei Übergabeverträgen für landwirtschaftliche oder sonstige Betriebe; im Hinblick auf den grundsätzlichen Ausschluss von Pflichtteilsergänzungsansprüchen gegen den Bedachten aus §§ 2325 ff. ist sie als Instrument der Vorsorge für den Todesfall besonders geeignet.[9] Ihre Bedeutung könnte künftig zunehmen, da die Ausstattung Eltern eine Möglichkeit bietet, die Kinder – die nicht selbst sozialhilfebedürftig sind – ohne Zugriffsmöglichkeit der Sozialbehörden abzusichern (Rn. 6, 18), insolvenzfest ist sie hingegen nicht (Rn. 16).[10]

II. Die Ausstattung

2   **1. Durch unmittelbare Zuwendung oder Zuwendungsversprechen.** Die Ausstattung kann durch unmittelbare Gewährung der zugewendeten Vorteile erfolgen, dem Vollzug kann aber auch ein Ausstattungsversprechen als Kausalvertrag vorgeschaltet werden. Im ersten Fall besteht kein gesetzlicher Anspruch auf eine Ausstattung, zumal der in §§ 1621 bis 1623 aF vorgesehene Anspruch auf Aussteuer zugunsten von Töchtern als gleichheitswidrig entfallen ist; eine Ausnahme gilt lediglich im Anwendungsbereich der HöfeO (BGBl. 1976 I S. 1933) nach deren § 12 Abs. 6. Dagegen wird ein schuldrechtlicher Anspruch auf Ausstattung durch entsprechendes Versprechen begründet (Rn. 7 f.).

3   **2. Parteien.** Allein die mit Rücksicht auf Zwecke des Abs. 1 vorgenommene Zuwendung eines Elternteils an das Kind ist Ausstattung; maßgeblich ist das Bestehen einer Eltern-Kind-Beziehung iS des BGB (vgl. § 1618a Rn. 4 ff.), weshalb weder Stiefkinder noch Enkel oder sonstige Angehörige Begünstigte sein können;[11] etwas anderes gilt jedoch im Rahmen des § 2050 Abs. 1 (Rn. 15). Dritte können weder als Ausstattungsgeber noch als Ausstattungsnehmer Partei sein.[12] Ein Versprechen, das die Eltern gegenüber dem Verlobten der Tochter abgeben, kann jedoch meist dahin verstanden werden, dass die Verbindlichkeit zugunsten der Tochter begründet werden soll (§ 328).[13] An dem als Ausstattung Erlangten erwirbt das verheiratete Kind regelmäßig Alleineigentum, sofern nicht im Einzelfall Miteigentum des Ehegatten begründet werden soll.[14]

---

[4] Dafür Mot. IV S. 718; *Dölle* II § 90 V 2; *Erman/Michalski/Döll* Rn. 8; zurückhaltend *Rauscher* FamR Rn. 948; aA *Jakob* AcP 207 (2007), 218; *Gernhuber/Coester-Waltjen* § 56 Rn. 7, wonach statt einer sittlichen Verpflichtung nur die mit der Familiengemeinschaft verbundene sittliche Idee geblieben sei; ebenso *Henrich* § 18 IV 3 b.

[5] Wie hier OLG Karlsruhe BeckRS 2011, 10421; *Staudinger/Coester* (2007) Rn. 4; differenzierend wohl auch *Soergel/Strätz* Rn. 3.

[6] *Gernhuber/Coester-Waltjen* § 56 Rn. 7; *Staudinger/Coester* (2007) Rn. 1; *Jakob* AcP 207 (2007), 200; *Kerscher/Tanck* ZEV 1997, 354.

[7] *Kerscher/Tanck* ZEV 1997, 355; *Sailer* NotBZ 2002, 82; *Jakob* AcP 207 (2007), 216.

[8] Dazu *Langenfeld* JuS 1998, 321 f.; *Langenfeld/Günther*, Grundstückszuwendungen zur lebzeitigen Vermögensnachfolge, 6. Aufl. 2009, Kap. 7, Rn. 40; *Sailer* NotBZ 2002, 81 ff.; *Fröhler*, BWNotZ 2010, 94; zu einseitig daher *Soergel/Strätz* Rn. 2; *Palandt/Diederichsen* Rn. 1.

[9] *Sailer* NotBZ 2002, 82, 85 f.

[10] Zu den Gestaltungsmöglichkeiten näher *Kerscher/Tanck* ZEV 1997, 354 ff.; *Sailer* NotBZ 2002, 81 ff.; *Jakob* AcP 207 (2007), 223 f.

[11] OLG Zweibrücken v. 18. 12. 1997, 5 UF 166/95 (Juris): nicht Großeltern; *Jakob* AcP 207 (2007), 201; *Sailer* NotBZ 2002, 81; *Bamberger/Roth/Enders* Rn. 2; *Staudinger/Coester* (2007) Rn. 7, wenngleich kritisch zum Ausschluss von Enkeln.

[12] Für ersteres RGZ 62, 273, 275; s. a. *Rauscher* FamR Rn. 949.

[13] RGZ 67, 204, 206; KG FamRZ 1963, 449, 451; näher dazu *Staudinger/Coester* (2007) Rn. 8.

[14] OLG Köln FamRZ 1986, 703.

3. Gegenstand. kann jede **Vermögensmehrung** sein,[15] die zu den in Abs. 1 bezeichneten **4** Zwecken vorgenommen wird. Zur Beihilfe zur Existenzgründung als Ausgleich für langjährige Mitarbeit auf dem elterlichen Hof, Erl. § 1619 Rn. 29. Arbeitsleistungen der Eltern für das Kind stellen nur dann eine Vermögensmehrung dar, wenn eine sonst anfallende Vergütung hierfür entfällt.[16] Mögliche Ausstattungsgegenstände sind: Übertragung des Eigentums an beweglichen[17] oder unbeweglichen Sachen oder des Schadensfreiheitsrabatts einer PKW-Versicherung,[18] Abschluss einer Lebensversicherung zu Gunsten des Kindes,[19] Einrichtung eines Betriebes, Zuschüsse iSv. § 2050 Abs. 2,[20] Renten,[21] Gewährung freier Wohnung,[22] schuldrechtliche Grundstücksnutzungsrechte,[23] auch die Bezahlung der Schulden des Schwiegersohns, um so den Bestand der Ehe zu sichern,[24] Einräumung einer stillen Teilhaberschaft,[25] Aufnahme in eine Gesellschaft bürgerlichen Rechts, aber nur, wenn darin tatsächlich eine Zuwendung liegt.[26]

4. Zuwendungsanlass und -zweck. Die Verheiratung oder Existenzgründung des Kindes als **5** Zuwendungsanlass muss „nur in der gemäßigten Form der Rücksicht gegeben sein"; es kommt also nicht darauf an, ob die Ehe erst geschlossen werden soll oder schon geschlossen ist (vgl. §§ 1374 Abs. 2, 1477 Abs. 2, aber auch Rn. 8 f.), ob die Lebensstellung erst geschaffen werden soll oder schon begründet ist, solange die notwendige Zwecksetzung gegeben ist.[27] Diese liegt in der Begründung oder Erhaltung eines ehelichen Haushaltes (Wirtschaft) oder einer selbständigen Lebensführung. So können Zuwendungen zur Vergrößerung des Geschäfts einer Erhaltung der wirtschaftlichen Selbständigkeit dienen.[28] Unschädlich ist es, wenn der Ausstattende mit der Zuwendung neben dem gesetzlichen **weitere Zwecke** verfolgt, solange diese jenem untergeordnet sind.[29] Typisch hierfür sind Hofübergabeverträge, selbst wenn sie zugleich die Erbfolge vorwegnehmen sollen und der Übernehmer hierfür „Gegenleistungen" (Wohnrecht, Versorgung im Alter) zusagt.[30] Die Gleichstellung des Kindes mit anderen bisher bevorzugten Abkömmlingen darf zwar nicht alleiniger, kann aber mitwirkender Beweggrund sein;[31] die Ausstattung kann dazu bestimmt sein, dem Kind eine auskömmlichere Lebensführung zu ermöglichen, selbst wenn der Ausstattende daneben in unsicheren Zeiten Vorsorge treffen oder Steuern sparen will.[32] Außerdem braucht die Zuwendung zum angestrebten Zweck nicht objektiv erforderlich zu sein; entscheidend ist nur, dass sie nicht das den Umständen, insbesondere den Lebensverhältnissen der Eltern entsprechende Maß übersteigt.[33] Dagegen ist eine Ausstattung abzulehnen, wenn die Zuwendung **ohne Rücksicht** auf den gesetzlichen Zweck dem Kind lediglich Schutz vor dringlicher Not gewährt[34] oder überwiegend den Interessen des Zuwendenden dient (Erhaltung seines Anwesens für die Familie).[35] Bei Unaufklärbarkeit des Zweckes einer größeren elterlichen Zuwendung liegt die Deutung als Ausstattung nahe.[36]

5. Angemessenheit. Dem Merkmal der Angemessenheit kommt entscheidende Bedeutung **6** zu, da es für die Betroffenen darüber entscheidet, ob die Ausstattung den Vorschriften des Schenkungsrechts unterliegt; auch wenn sie übermäßig ist, bleibt sie Ausstattung (s. Rn. 11 f.). Maßgeblich ist nicht das Bedürfnis des Empfängers, sondern die **Sichtweise des Gebers** im Zeitpunkt des Versprechens bzw. der Hingabe der Ausstattung sowie dessen Vermögenssituation vor und nach der

---

[15] *Gernhuber/Coester-Waltjen* § 56 Rn. 6; *Kerscher/Tanck* ZEV 1997, 354.
[16] BGH NJW 1987, 2816; LG Marburg FamRZ 2004, 1099, 1100; *Gernhuber/Coester-Waltjen* § 56 Rn. 6.
[17] ZB Wohnungseinrichtung, OLG Köln FamRZ 1986, 703.
[18] LG Münster FamRZ 2005, 1906.
[19] OLG Düsseldorf NJW-RR 2004, 1082.
[20] RGZ 67, 204, 207.
[21] RGZ 79, 266.
[22] Näher *Kerscher/Tanck* ZEV 1997, 354 f.
[23] RGZ 121, 13; RG SeuffA 74 Nr. 69.
[24] RG JW 1912, 913.
[25] RG JW 1938, 2971.
[26] OLG Hamburg MDR 1978, 670 f. Zu weiteren Beispielen *Staudinger/Coester* (2007) Rn. 9 f.
[27] *Gernhuber/Coester-Waltjen* § 56 Rn. 2 mwN.
[28] RG JW 1910, 237.
[29] OLG Karlsruhe BeckRS 2011, 10421; instruktiv dazu *Jakob* AcP 207 (2007), 218 ff.
[30] OLG Stuttgart FamRZ 2005, 62 = MittBayNot. 2005, 229 m. iE zust. Anm. *Böhmer* aaO, 232 ff.; ähnlich OLG Karlsruhe BeckRS 2011, 10421.
[31] BGHZ 44, 91, 92 f. = NJW 1965, 2056 = FamRZ 1965, 502; KG FamRZ 1963, 449, 451.
[32] RG SeuffA 83 Nr. 73.
[33] BGHZ 44, 91, 92 f. = NJW 1965, 2056 = FamRZ 1965, 502; OLG Düsseldorf NJW-RR 2004, 1082.
[34] OLG Hamburg HansGZ 1917 B 247.
[35] BayObLG Rpfleger 2003, 649 = FamRZ 2003, 1967 (LS.).
[36] OLG Karlsruhe BeckRS 2011, 10421; AG Stuttgart FamRZ 1999, 655 f. = NJW-RR 1999, 1449 f.

Zuwendung,[37] zumal das Gesetz selbst die Vermögensverhältnisse der Eltern in den Vordergrund rückt. Ergänzend sind die weiteren Fallumstände zu berücksichtigen. Entscheidend ist weniger, was den Eltern nach der Zuwendung bleibt, ob der Empfänger im Hinblick darauf zu großzügig bedacht ist oder die „Gegenleistung" etwa bei vorweggenommener Erbfolge im Verhältnis dazu unausgewogen ist;[38] es kommt vielmehr darauf an, inwieweit die Zuwendung die bisherige selbständige Lebensgestaltung der Eltern erheblich beeinträchtigt oder ihre Altersvorsorge gefährdet.[39] Soweit dies nicht der Fall ist, kann die Ausstattung also durchaus großzügig sein. Bei vorweggenommener Erbfolge und vergleichbaren Fällen ist zu prüfen, inwieweit die „Gegenleistung" (Wohnrecht, Versorgung im Alter) hinter den absehbaren Bedürfnissen des Gebers auch zu dessen künftiger Altersversorgung zurückbleibt; eine Äquivalenz von Zuwendung und Gegenleistung ist nicht erforderlich. Ist die Altersversorgung danach gesichert, so ist die Ausstattung für die gebenden Eltern dem Zugriff der Sozialbehörden entzogen (Rn. 18). Modifiziert wird dieser Maßstab bei § 1908 (Rn. 14).

III. Das Ausstattungsversprechen

7 **1. Wesen und Form.** Wird die Ausstattung nicht unmittelbar gewährt, so kann ein **klagbarer Anspruch** hierauf durch Vertrag begründet werden. Das Versprechen kann auch Gegenstand eines Vertrages zu Gunsten des Kindes iSd. §§ 328 ff. sein, zB durch Einsetzung des Kindes als versicherte und bezugsberechtigte Person in einem Lebensversicherungsvertrag.[40] Das Versprechen einer angemessenen Ausstattung ist **grundsätzlich formfrei,** das einer übermäßigen unterliegt hingegen Schenkungsrecht (Rn. 12) und damit § 518. Angemessene Versprechen sind nur dann formbedürftig, wenn der Ausstattungsgegenstand dies erfordert, so zB bei der Verpflichtung zur Grundstücksübereignung (§ 311b Abs. 1), die aber bei Formverstoß in einen lebenslänglichen Nießbrauch umgedeutet werden kann.[41] Bei den praktisch wichtigen Verpflichtungen zur Zahlung eines laufenden Zuschusses entfällt das Formbedürfnis des § 761 idR schon deshalb, weil kein selbständiges Stammrecht geschaffen werden soll, sondern die Zusage unter dem mit einer Leibrente nicht zu vereinbarenden Vorbehalt gleich bleibender Verhältnisse steht.[42] Steht der zuwendende Elternteil unter Betreuung, ist § 1908 zu beachten (Rn. 14); ein minderjähriges Kind kann ein Ausstattungsversprechen nach § 107 ohne Zustimmungserfordernis annehmen.

8 **2. Modalitäten.** Das anlässlich der Verheiratung erklärte Versprechen kann der Eheschließung vorangehen oder nachfolgen.[43] Solange aber die Eheschließung oder die Erlangung einer selbständigen Lebensstellung noch nicht in greifbare Nähe gerückt sind, wird die Ankündigung einer künftigen Zuwendung kein verbindliches Versprechen darstellen.[44] Je nach Lage des Einzelfalles kann eine dauernde Zuschussgewährung von der stillschweigenden Voraussetzung abhängen, dass die Bedürftigkeit des Berechtigten und die günstige Vermögenslage des Verpflichteten fortdauern;[45] bei Zusage einer Kapitalzahlung kommt ein solcher Vorbehalt gleich bleibender Leistungsfähigkeit bis zur Erfüllung nur ausnahmsweise in Betracht.[46] Eine Einigung über die konkrete Verwendung der Ausstattungssumme ist nicht erforderlich.[47]

9 **3. Zweckverfehlung.** Wird der mit einer Ausstattung verbundene Zweck verfehlt, so kann die Erfüllung des entsprechenden Versprechens verweigert bzw. eine bereits erfolgte Zuwendung zurückgefordert werden. Entscheidend ist die Auslegung des konkreten Ausstattungszweckes. Meist geht es dabei um Versprechen anlässlich einer Eheschließung: Diese werden hinfällig, wenn die vorgesehene Ehe nicht zustande kommt[48] oder vor Entrichtung des zugesagten Kapitals nach kurzer Dauer geschieden wird.[49] Ist die Zuwendung hingegen bereits erfolgt und die Ehe zustande gekommen, so ist der Zuwendungszweck erreicht, selbst wenn es zu einer späteren Trennung oder Schei-

---

[37] *Böhmer* MittBayNot. 2005, 232, 233; *Jakob* AcP 207 (2007), 222.
[38] Anders zu letzterem aber OLG Stuttgart FamRZ 2005, 62 = MittBayNot. 2005, 229 m. insoweit abl. Anm. *Böhmer* aaO, 232, 233; wie hier *Jakob* AcP 207 (2007), 222.
[39] Ähnlich *Staudinger/Coester* (2007) Rn. 13; *Bamberger/Roth/Enders* Rn. 5, 5.1; *Böhmer* MittBayNot. 2005, 232, 233; *Jakob* AcP 207 (2007), 222.
[40] OLG Düsseldorf NJW-RR 2004, 1082; vgl. auch LG Münster FamRZ 2005, 1906; s. o. bei Fn. 19.
[41] RGZ 110, 392.
[42] RGZ 111, 286 f.; *Gernhuber/Coester-Waltjen* § 56 Rn. 13–15.
[43] RG JW 1906, 426 f.
[44] KG FamRZ 1963, 449, 451.
[45] RG JW 1916, 588; vgl. auch BGHZ 44, 91, 92 f. = NJW 1965, 2056 = FamRZ 1965, 502.
[46] RGZ 141, 358, 360; zu bedingten Versprechen auch *Staudinger/Coester* (2007) Rn. 15.
[47] OLG Düsseldorf NJW-RR 2004, 1082.
[48] RG SeuffA 77 Nr. 7; allgM.
[49] KG FamRZ 1963, 449, 451 f.; allgM.

dung kommt.⁵⁰ Freilich wird die Auslegung im Einzelfall vielfach eine auf den Fortbestand der Ehe gerichtete stillschweigende Vereinbarung oder eine entsprechende Bedingung des Versprechens ergeben;⁵¹ für Rentenversprechen wird ein solcher stillschweigender Vorbehalt idR zu bejahen sein. Für den Fall der bloßen Trennung ist allerdings zu beachten, dass das Scheitern der Ehe noch nicht feststeht; solange dies nicht der Fall ist, ist das Schicksal des Ausstattungsversprechens noch nicht endgültig entschieden.⁵² Ist der eheliche Hausstand noch nicht begründet worden, so wird dem Versprechenden idR ein Leistungsverweigerungsrecht einzuräumen sein.⁵³ Freilich darf dieser sich nicht unter Hinweis auf jedwedes Zerwürfnis der Ehegatten seiner Verpflichtung entziehen; an die Prüfung der Zweckverfehlung, in die Zumutbarkeitskriterien einfließen, sind strenge Anforderungen zu stellen. Eine Anfechtung des Ausstattungsversprechens wegen Zweckverfehlung oder Irrtums über die Eigenschaften des Verlobten oder des Ehegatten scheidet aus,⁵⁴ hingegen ist die Anfechtung nach § 123 möglich.⁵⁵ Soweit danach eine Zweckverfehlung vorliegt, sind **Rückforderungs- und Leistungsverweigerungsrechte** nicht auf § 812 Abs. 1 S. 2 Fall 2,⁵⁶ sondern auf eine Störung der Geschäftsgrundlage (§ 313) zu stützen.⁵⁷

4. Übertragbarkeit und Pfändbarkeit des Ausstattungsanspruchs. Der rechtsgeschäft- 10 lich begründete Anspruch ist übertragbar.⁵⁸ Rechtsgeschäftliche Übertragungsverbote (§ 399) hindern die Pfändbarkeit nach § 851 Abs. 2 ZPO nicht.⁵⁹

IV. Die Rechtswirkungen: Ausstattung und Schenkungsrecht

1. Angemessene Ausstattung. Die nach Rn. 6 angemessene Ausstattung unterliegt nicht den 11 Vorschriften über die Schenkung, mit Ausnahme der in § 1624 Abs. 2 ausdrücklich für anwendbar erklärten §§ 523, 524 über die Gewährleistung bei Rechts- und Sachmängeln: Für die wirksame Begründung des Versprechens gilt nicht das Formerfordernis des § 518, die Zuwendung verbleibt grundsätzlich (aber Rn. 9) endgültig beim Empfänger, da §§ 519, 520, 528, 530 nicht anwendbar sind, und kann vom Betreuer nach § 1908 versprochen oder gewährt werden, ohne Rücksicht auf § 1804 (dazu Rn. 14). Dieser Ausschluss umfasst ebenfalls die §§ 525 bis 527,⁶⁰ doch lässt sich eine im Ergebnis vergleichbare Verknüpfung der Ausstattung mit einer Auflage durch entsprechende Parteivereinbarung erreichen. Auch sonstige, auf Schenkungen bezogene Vorschriften sind ausgeschlossen, zB § 2113 Abs. 2 S. 1, §§ 2287, 2325, 2327.⁶¹ Hinsichtlich anderer Rechtswirkungen kommt es teils auf die Angemessenheit an (zB § 1375 Abs. 2 S. 1), teils nicht (zB § 1374 Abs. 2, § 2050 Abs. 1); dazu Erl. Rn. 13 ff.

2. Übermäßige Ausstattung. Überschreitet die Ausstattung das nach den Umständen Ange- 12 messene, so bleibt sie Ausstattung (Rn. 1), „gilt" aber hinsichtlich ihres überschießenden Teiles nach Abs. 1 als Schenkung, hinsichtlich des angemessenen Teils hingegen nicht; für den überschießenden Teil handelt es sich um eine Rechtsgrundverweisung auf § 516 (vgl. Erl. dazu). Der Eheschluss selbst vermag die Unentgeltlichkeit einer Übermaßausstattung nicht zu beseitigen.⁶² Für den überschießenden Teil ist die Form des § 518 zu beachten, widrigenfalls Teilnichtigkeit eintritt; das Schicksal des restlichen Ausstattungsversprechens beurteilt sich nach § 139: Bei teilbaren Versprechen ist der angemessene Teil im Zweifel gültig, bei vorweggenommener Erbfolge ist hingegen von Unteilbarkeit und damit Gesamtnichtigkeit auszugehen.⁶³ Im Übrigen gelten die Vorschriften des Schen-

---

⁵⁰ RG WarnR 1920 Nr. 98; OLG Celle NdsRpfl. 1959, 247; *Jakob* AcP 207 (2007), 204 Fn. 20; *Soergel/Strätz* Rn. 15; *Staudinger/Coester* (2007) Rn. 20 mwN; *Gernhuber/Coester-Waltjen* § 56 Rn. 8.
⁵¹ In diesem Sinne KG FamRZ 1963, 449, 451 f.; *Gernhuber/Coester-Waltjen* § 56 Rn. 8; *Staudinger/Coester* Rn. 20.
⁵² Näher dazu *Staudinger/Coester* (2007) Rn. 21.
⁵³ *Jakob* AcP 207 (2007), 204.
⁵⁴ OLG München OLGRspr. 32, 11, 13.
⁵⁵ RG LZ 1923, 318.
⁵⁶ So aber RG SeuffA 77 Nr. 7.
⁵⁷ NK-BGB/*v. Sachsen Gessaphe* § 812 Rn. 59; *Bamberger/Roth/Enders* Rn. 6, 6.2; *Erman/Michalski/Döll* Rn. 8; *Palandt/Diederichsen* Rn. 2; *Soergel/Strätz* Rn. 15; *Rauscher* FamR Rn. 951; *Staudinger/Coester* (2007) Rn. 24 mwN; wohl auch *Jakob* AcP 207 (2007), 204 Fn. 19.
⁵⁸ BGHZ 44, 91, 92 f. = NJW 1965, 2056 = FamRZ 1965, 502.
⁵⁹ RG Recht 1923 Nr. 1020.
⁶⁰ Hierüber besteht heutzutage Einvernehmen, *Soergel/Strätz* Rn. 4; wie hier *Staudinger/Coester* (2007) Rn. 27; implizit *Gernhuber/Coester-Waltjen* § 56 Rn. 7; aA früher RG JW 1929, 2594.
⁶¹ *Staudinger/Coester* (2007) Rn. 27 mit weiteren Beispielen; teils anders zu §§ 2325, 2327 *Jakob* AcP 207 (2007), 206 ff.; dazu Rn. 15.
⁶² Näher 4. Aufl. Rn. 12; ebenso *Staudinger/Coester* (2007) Rn. 29 mwN.
⁶³ *Bamberger/Roth/Enders* Rn. 7; *Böhmer* MittBayNot. 2005, 232, 234.

kungsrechts und diejenigen, die auf die Ausstattung Bezug nehmen, ohne nach deren Angemessenheit zu differenzieren.

V. Zur Behandlung der Ausstattung in anderen rechtlichen Zusammenhängen

13 **1. Ehegüterrecht.** Die von einem Ehegatten nach Eintritt der **Zugewinngemeinschaft** erworbene Ausstattung wird bei Ermittlung des Zugewinns dem Anfangsvermögen zugerechnet, § 1374 Abs. 2. Gibt ein Ehegatte eine Ausstattung, so ist sie dem Endvermögen dann nicht zuzurechnen, wenn sie im Einzelfall „einer sittlichen Pflicht oder einer auf den Anstand zu nehmenden Rücksicht entsprochen hat" (§ 1375 Abs. 2 Nr. 1), was bei einer angemessenen Ausstattung wohl meist der Fall sein wird.[64] Das Recht der **Gütergemeinschaft** regelt in §§ 1444, 1466, 1499 Nr. 3, wem die Kosten einer Ausstattung im Innenverhältnis zur Last fallen; in § 1477 Abs. 2 wird bestimmt, wie die empfangene Ausstattung bei der Auseinandersetzung zu behandeln ist.

14 **2. Betreuungsrecht.** Zunehmende Bedeutung erlangt die Genehmigungsfähigkeit von Ausstattungen eines **betreuten Elternteils** nach § 1908, so bei Hofübergabe. Da der Betreuer eine Schenkung demgegenüber nur in den sehr engen Grenzen von § 1908i Abs. 2 iVm. § 1804 S. 2 tätigen könnte, kommt es entscheidend auf das Abgrenzungskriterium der Angemessenheit an, denn eine übermäßige Ausstattung unterliegt – bei Vorliegen der Voraussetzungen des § 516 – ebenfalls diesen Grenzen. Die Angemessenheit ist nicht allein nach § 1624 zu bewerten, vielmehr sind der (mutmaßliche) Wille des Betreuten und dessen erkennbare langfristige Vermögensinteressen zu berücksichtigen.[65]

15 **3. Erbrecht.** Die Ausstattung aus dem Elternvermögen (vgl. § 1625) ist, ungeachtet dessen, ob sie angemessen oder übermäßig ist, bei Berechnung des gesetzlichen Erbteils nach § 2050 Abs. 1 ausgleichspflichtig; im Falle des Abs. 2 findet jedoch eine Begrenzung auf übermäßige Zuwendungen statt. Zu beachten ist, dass für die Zwecke des § 2050 Abs. 1 abweichend von § 1624 Abkömmlinge und mithin auch Enkel als Ausstattungsempfänger in Betracht kommen.[66] Zudem sind Ausstattungen bei der Pflichtteilsberechnung nach §§ 2315, 2316 zu berücksichtigen, übermäßige lösen zudem Pflichtteilsergänzungsansprüche nach §§ 2325 ff. aus.[67] Ein Ausstattungsversprechen entfällt nicht schon deshalb, weil es bis zum Tode des Versprechenden unerfüllt blieb und dieser vom Versprechensempfänger mitbeerbt wird; es wird selbst dann nicht ohne weiteres gegenstandslos, wenn das Versprechen auch dem Zweck einer Gleichstellung mit Vorempfängen der Geschwister diente, der nach dem Erbfall über § 2050 erreicht werden kann.[68]

16 **4. Insolvenz- und Anfechtungsrecht.** Die Übertragung einer Ausstattung in Gläubigerbenachteiligungsabsicht ist nach § 133 InsO bzw. § 3 AnfG anfechtbar. Umstritten ist, ob der Anspruch aus einem angemessenen Ausstattungsversprechen eine Forderung aus unentgeltlicher Leistung darstellt, die im Insolvenzverfahren nach § 39 Abs. 1 Nr. 4 InsO benachteiligt ist[69] und deshalb der Anfechtung nach § 134 Abs. 1 InsO bzw. § 4 Abs. 1 AnfG unterliegt.[70] Der Begriff „unentgeltlich" im Insolvenz- und Anfechtungsrecht ist im Interesse des Gläubigerschutzes in einem weiteren Sinne als in § 516 zu verstehen, wie schon die restriktive Neufassung der Ausnahmetatbestände in § 134 Abs. 2 InsO und § 4 Abs. 2 AnfG verdeutlicht; auf die Streitfrage einer sittlichen Elternpflicht (Rn. 1) kommt es nicht an. Nach richtiger Ansicht sind selbst angemessene Ausstattungen daher als

---

[64] Näher dazu *Jakob* AcP 207 (2007), 205 f. mwN; differenzierend auch *Staudinger/Coester* (2007) Rn. 4; ähnlich *Erman/Budzikiewicz* § 1375 Rn. 8 (regelmäßig); wohl auch *Bamberger/Roth/Mayer* § 1375 Rn. 39; enger dagegen *Rauscher* FamR Rn. 948 (nur ausnahmsweise); auf die Wertverhältnisse abstellend *Palandt/Brudermüller* § 1375 Rn. 26; in jedem Fall für Annahme einer sittlichen Pflicht hingegen noch 4. Aufl.; wohl auch *Staudinger/Thiele* (2007) § 1375 Rn. 26.

[65] OLG Stuttgart FamRZ 2005, 62 = MittBayNot. 2005, 229 m. zust. Anm. *Böhmer* aaO, 232, 233 f.; eingehend dazu *Jakob* AcP 207 (2007), 213 ff.; s. a. Erl. § 1908 Rn. 7.

[66] Erl. § 2050 Rn. 15; instruktiv dazu OLG Karlsruhe BeckRS 2011, 10421.

[67] Insgesamt dazu *Jakob* AcP 207 (2007), 206 ff., der allerdings für außerhalb eines intakten Familienverbandes vorgenommene angemessene Ausstattungen eine analoge Anwendung der §§ 2325 ff. für möglich hält; speziell zu § 2050, *Schindler* ZEV 2006, 389, 390 ff.

[68] Dazu BGHZ 44, 91, 92 f. = NJW 1965, 2056 = FamRZ 1965, 502.

[69] Dafür *Jaeger/Henckel* § 39 InsO Rn. 32; vgl. auch Fn. 69; dagegen MünchKommInsO/*Ehricke* § 39 InsO Rn. 24; *Kübler/Prütting/Bork/Preuß* § 39 InsO Rn. 23; *Nerlich/Römermann/Andres* InsO § 39 InsO Rn. 9.

[70] Dafür: *Staudinger/Coester* (2007) Rn. 4; eingehend *Jakob* AcP 207 (2007), 211 ff. mwN; zu § 4 AnfG LG Tübingen ZInsO 2005, 781 m. zust. Anm. *Malitz*; zu § 134 InsO: MünchKommInsO/*Kirchhof* § 134 InsO Rn. 37; *Kübler/Prütting/Bork/Bork* § 134 InsO Rn. 58; *Uhlenbruck/Hirte* § 134 InsO Rn. 41; *Palandt/Diederichsen* Rn. 2; dagegen: *Erman/Michalski/Döll* Rn. 12.

Ausstattung aus dem Kindesvermögen 1 **§ 1625**

unentgeltlich iSd. Vorschriften zu werten und bei Überschreiten der Grenzen der § 134 Abs. 2 InsO bzw. § 4 Abs. 2 AnfG anfechtbar.

5. Steuerrecht. Im Steuerrecht stellt die Ausstattung für die **zuwendenden Eltern** grundsätzlich keine außerordentliche Belastung (§ 33 EStG) dar, weil keine sittliche Verpflichtung zur Ausstattung anerkannt wird, auch nicht, wenn die Eltern entgegen ihrer Pflicht zur Gleichbehandlung von Söhnen und Töchtern einer Tochter keine angemessene Berufsausbildung zuteil werden ließen;[71] in besonderen Ausnahmefällen ist eine Berücksichtigung gleichwohl denkbar, zB wenn eine Tochter unter Verzicht auf eigene Ausbildung dem verwitweten oder geschiedenen Vater den Haushalt führt und die Geschwister versorgt, für eine eigene Ausbildung dadurch aber zu alt geworden ist.[72] Für den **Empfänger** ist die Ausstattung wie eine Schenkung nur bei Überschreiten der Freibeträge zu versteuern.[73] 17

6. Sozialrecht. Insoweit ist zu differenzieren: Auf Seiten der **gebenden Eltern** ist selbst eine Ausstattung, die diese in zeitlichem Zusammenhang zu ihrem Antrag auf Arbeitslosengeld II ihrem Kind gewähren, von den Sozialbehörden bei der Bewertung ihres Vermögens nicht zu berücksichtigen und steht einem übergeleiteten Rückforderungsanspruch aus § 528 Abs. 1 entgegen, soweit sie insbes. nach den Vermögensverhältnissen der Eltern nicht übermäßig ist.[74] Schlechter sieht es dagegen auf Seiten des **empfangenden Kindes** aus, wenn dieses Arbeitslosengeld II erhalten möchte, weil dann die engen Grenzen des § 12 SGB II zu beachten sind.[75] 18

7. Internationales Privatrecht. Die Regelung von Ausstattungsansprüchen der Kinder gegen die Eltern beurteilt sich in Sachverhalten mit Auslandsberührung nach dem durch Art. 21 EGBGB berufenen Recht, sofern keine staatsvertraglichen Sonderregeln (zB für den Unterhalt) greifen (Art. 21 EGBGB Rn. 21);[76] das KSÜ ist insoweit nicht einschlägig. Dabei kann es auf die Abgrenzung zur Schenkung, welche dem Vertragsstatut (Art. 3 ff. Rom I-VO) unterliegt, ankommen; die dann erforderliche Qualifikation ist nach allgemeinen Regeln vorzunehmen. 19

§ 1625 Ausstattung aus dem Kindesvermögen

¹**Gewährt der Vater einem Kind, dessen Vermögen kraft elterlicher Sorge, Vormundschaft oder Betreuung seiner Verwaltung unterliegt, eine Ausstattung, so ist im Zweifel anzunehmen, dass er sie aus diesem Vermögen gewährt.** ²**Diese Vorschrift findet auf die Mutter entsprechende Anwendung.**

Die **Auslegungsregel** kommt den Eltern bei der Herausgabe des von ihnen verwalteten Kindesvermögens zugute: Nach § 1625 ist eine Ausstattung (dazu § 1624 Rn. 1) dann im Zweifel auf dieses Vermögen anrechenbar; dies erleichtert den Eltern bei minderjährigen Kindern die Rechnungslegung nach § 1698. Die Vorschrift gilt nur für Fälle elterlicher Vermögensverwaltung kraft Gesetzes (§§ 1626 Abs. 1, 1896, 1915), nicht aber, wenn das – volljährige – Kind freiwillig sein Vermögen elterlicher Verwaltung unterstellt hat. Die Nennung der Vormundschaft geht fehl, da Eltern diese über minderjährige Kinder (§ 1773) nicht zustehen kann. 1

---

[71] BFH BB 1987, 2081 = HFR 1987, 216; zur Anwendung der Grundsätze über die Besteuerung vorweggenommener Erbfolge auf die Ausstattung *Theilacker* BWNotZ 1997, 101 ff., 105.
[72] Anm. zu BFH HFR 1987, 216, 217; vgl. auch *Knodel* ZErb 2006, 225 f.
[73] *Knodel* ZErb 2006, 226.
[74] Noch zur Arbeitslosenhilfe: LSG Bayern 25. 2. 2005 – L 8 AL 376/04 (Juris); SG Dortmund 26. 6. 2003 – S 27 AL 108/02 (Juris); zum neuen Recht: *Knodel* ZErb 2006, 225.
[75] *Knodel* ZErb 2006, 226.
[76] Strittig, wie hier Erl. Art. 21 EGBGB Rn. 21; *Staudinger/Henrich* (2008) Art. 21 EGBGB Rn. 78 mwN.

Titel 5. Elterliche Sorge

Vorbemerkungen

Schrifttum zur Kindschaftsrechtsreform von 1997/1998 (Auswahl): *Dörndorfer,* Familienrechtsreformkommentar (FamRefK), 1998; *Greßmann,* Neues Kindschaftsrecht, 1998; *Haibach/Haibach,* Das neue Kindschaftsrecht, 1998; *Lipp/Wagenitz,* Das neue Kindschaftsrecht, 1999; *v. Luxburg,* Das neue Kindschaftsrecht, 1998; *Mühlens/Kirchmeier/Greßmann/Kittel,* Das neue Kindschaftsrecht, 2. Aufl. 1998; *Regler,* Das Rechtsverhältnis der nicht verheirateten Eltern bei gemeinsamem Sorgerecht für nichteheliche Kinder, Diss. Regensburg 1999.

Übersicht

	Rn.		Rn.
I. Bedeutung des Fünften Titels	1, 2	III. Verfahren	15–20
1. Regelungsbereich	1	1. Familiengerichtsbarkeit	15–17
2. Aufbau	2	2. Einzelfragen	18–20
II. Wichtige Stationen der neueren Entwicklungsgeschichte	3–14	IV. Elterliche Sorge und Grundrechte	21, 22
1. SorgeRG	3	1. Grundgesetz	21
2. UN-Übereinkommen über die Rechte des Kindes	4–6	2. Europäische Menschenrechtskonvention (EMRK)	22
3. Reform des Kindschaftsrechts 1997/1998	7–14	V. Internationales Privatrecht	23

I. Bedeutung des Fünften Titels

1. Regelungsbereich. Das Recht der elterlichen Sorge wurde durch die große Kindschaftsrechtsreform von 1997/1998 grundlegend umgestaltet. Der Fünfte Titel enthält jetzt die Vorschriften über die elterliche Sorge sowohl für – in der früheren Terminologie des Gesetzes gesprochen – „eheliche" als auch für „nichteheliche" Kinder. Der frühere Sechste Titel mit den besonderen Vorschriften über die elterliche Sorge bei nichtehelichen Kindern wurde dementsprechend aufgehoben. Den Begriff der „Nichtehelichkeit" verwenden die §§ 1626 ff. seit dem KindRG nicht mehr. Wo für diese Kinder Sonderregelungen erforderlich sind, stellt das Gesetz darauf ab, dass „die Eltern bei der Geburt des Kindes nicht miteinander verheiratet sind" (vgl. § 1626a Abs. 1).

2. Aufbau. Der Fünfte Titel umfasst die §§ 1626 bis 1698b. § 1626 enthält die Grundnorm zur elterlichen Sorge. Die §§ 1626a bis 1626e enthalten die – nach wie vor erforderlichen – Sonderregeln für diejenigen Kinder, deren Eltern zum Zeitpunkt der Geburt (der Kinder) nicht miteinander verheiratet sind, insbesondere die Regelungen über die durch das KindRG neu eingefügte Figur der Sorgeerklärung, die allerdings durch eine Entscheidung des BVerfG von 2010 inzwischen modifiziert wurden und in nächster Zeit reformiert werden sollen (vgl. § 1626a Rn. 3). In den §§ 1627 bis 1630 werden allgemeine Regeln über die Ausübung und den Umfang der elterlichen Sorge getroffen, darunter auch die Vorschriften über die gesetzliche Vertretung (§ 1629) und über die Beschränkung der Haftung Minderjähriger (§ 1629a). Die §§ 1631 bis 1633 enthalten nähere Regelungen zur Personensorge, die §§ 1638 bis 1649 zur Vermögenssorge. § 1664 regelt die Haftung der Eltern, §§ 1666 bis 1667 die Eingriffsmöglichkeiten des FamG bei einer Gefährdung des Kindeswohls. Die Vorschriften über die Übertragung der elterlichen Sorge bei Getrenntleben der Eltern sind in den §§ 1671, 1672 enthalten; auch hier ergaben sich im Jahr 2010, wie bei den §§ 1626a ff., Änderungen (vgl. § 1672 Rn. 1 ff.). §§ 1673 bis 1682 regeln Störungen bei der Ausübung der elterlichen Sorge. Schließlich enthalten die §§ 1684 bis 1698b weitere Einzelvorschriften, darunter die Regelung des Umgangsrechts (§§ 1684 ff.), die Regelung über die Abänderung gerichtlicher Entscheidungen (§ 1696) und die Festlegung des Gerichts auf das Kindeswohl als allgemeines Prinzip (§ 1697a).

II. Wichtige Stationen der neueren Entwicklungsgeschichte[1]

1. SorgeRG. Das SorgeRG, in Kraft seit dem 1. 1. 1980, hat das Recht der Eltern-Kind-Beziehung grundlegend verändert. Gesetzgeberischer Ansatz war die Erkenntnis, dass das Kindschaftsrecht des BGB in der Terminologie und in der Ausgestaltung verschiedener Vorschriften nur

---

[1] Zur Entstehungsgeschichte ausführlich: *Staudinger/Peschel-Gutzeit* Rn. 1 ff.

Vorbemerkung 4–7 **Vor § 1626**

noch unvollkommen dem modernen Verständnis über das Verhältnis von Eltern und Kindern sowie über ihre gegenseitigen Rechte und Pflichten entsprach.[2] Programmatischer Ausdruck dieser Modernisierung des Kindschaftsrechts war die Abkehr vom Begriff „elterliche Gewalt", den der BGH[3] schon 1976 eine wenig passende Reminiszenz an das römische Recht genannt hatte, und die Hinwendung zum Fürsorgefunktionen indizierenden Begriff „elterliche Sorge". Ebenso prägend wie dieser Begriffswandel war das Bestreben, dem Kind mit zunehmender Reife zunehmend mehr Möglichkeiten zu selbständigem Handeln einzuräumen, um so die Heranbildung zur Eigenverantwortlichkeit zu fördern. Zu den Einzelheiten vgl. 3. Aufl. Rn. 4 ff.

2. UN-Übereinkommen über die Rechte des Kindes. Das UN-Übereinkommen über 4 die Rechte des Kindes v. 20. 11. 1989[4] enthält sorgerechtsrelevante Regeln vor allem in den Art. 3, 9 und 18. Art. 3 Abs. 1 betont die Vorrangigkeit des Kindeswohls als Maßstab für alle kindesbezogenen Maßnahmen. Art. 9 Abs. 1, 2 erlegt den Vertragsstaaten die Verpflichtung auf sicherzustellen, dass das Kind nicht gegen den Willen seiner Eltern von diesen getrennt wird und lässt Ausnahmen hiervon nur für den Fall zu, dass die Trennung zum Wohl des Kindes notwendig ist und in einem ordnungsgemäßen (genauer bestimmten) Verfahren angeordnet wurde. Gem. Art. 9 Abs. 3 achten die Vertragsstaaten das Recht des von einem oder beiden Elternteilen getrennten Kindes, regelmäßige persönliche Beziehungen und unmittelbare Kontakte zu beiden Elternteilen zu pflegen, soweit dies nicht dem Wohl des Kindes widerspricht. Nach Art. 18 schließlich bemühen sich die Vertragsstaaten nach besten Kräften, die Anerkennung des Grundsatzes sicherzustellen, dass beide Elternteile gemeinsam für die Erziehung und Entwicklung des Kindes verantwortlich sind.

Die Konvention wurde von der Bundesrepublik Deutschland am 26. 1. 1990 unterzeichnet. Am 5 21. 2. 1992 wurde das entsprechende Vertragsgesetz verkündet.[5] Nach Hinterlegung der Ratifikationsurkunde ist das Übereinkommen am 5. 4. 1992 in Deutschland **in Kraft** getreten. Die Bundesregierung hatte ursprünglich durch weitreichende **Vorbehalte** versucht, die unmittelbare Anwendung der Konvention im innerstaatlichen Recht auszuschließen:[6] Die Bundesrepublik werde die Konvention zwar zum Anlass nehmen, Reformen in die Wege zu leiten, insbesondere im Hinblick auf die elterliche Sorge für nichteheliche Kinder. Sie erkläre aber zugleich, dass das Übereinkommen innerstaatlich keine unmittelbare Anwendung finde. Die Bundesrepublik sei der Auffassung, dass aus Art. 18 Abs. 1 nicht abgeleitet werden könne, das elterliche Sorgerecht für nichteheliche Kinder stehe bei Getrenntleben der Eltern automatisch und ohne Berücksichtigung des Kindeswohls im Einzelfall beiden Eltern zu. Die Bundesrepublik erkläre darum, dass die Bestimmungen der Konvention die Vorschriften des innerstaatlichen Rechts über die gesetzliche Vertretung Minderjähriger bei der Wahrnehmung ihrer Rechte, über das Sorge- und Umgangsrecht bei ehelichen Kindern und über die familien- und erbrechtlichen Verhältnisse nichtehelicher Kinder nicht berühre; dies gelte ungeachtet der geplanten Neuordnung des Rechts der elterlichen Sorge, deren Ausgestaltung in das Ermessen des innerstaatlichen Gesetzgebers gestellt bleibe. Zu weiteren Einzelheiten des Vorbehalts vgl. BGBl. 1992 II S. 990 ff.

Die Bundesrepublik hat die **Vorbehalte** im Jahr 2010 **zurückgenommen**.[7] Inwieweit dies 6 Auswirkungen auf die Vorschriften über die elterliche Sorge haben wird, ist noch nicht abschließend geklärt. Im Grundsatz dürfte aber davon auszugehen sein, dass etwaige Widersprüche des früheren Sorgerechts zu den Bestimmungen der Konvention seit der Kindschaftsrechtsreform von 1997/1998 (dazu sogleich) beseitigt sind.[8]

3. Reform des Kindschaftsrechts 1997/1998. Im Jahr 1998 wurde das deutsche Kind- 7 schaftsrecht grundlegend reformiert.[9] Die Reform war in vier Gesetze geteilt: KindRG,[10] Beistand-

---

[2] Vgl. BT-Drucks. 8/2788 S. 1.
[3] BGHZ 66, 334 = NJW 1976, 1540 f.
[4] Abgedruckt u. a. in BGBl. 1992 II S. 122 ff.; FamRZ 1992, 253 ff. Vgl. dazu zB *Baer* FuR 1990, 192 ff.; dies. NJW 1993, 2209 ff.; *Stöcker* RdJB 1991, 75 ff.; *Struck* ZfJ 1990, 613 ff.; *Dorsch*, Die Konvention der Vereinten Nationen über die Rechte des Kindes, 1994.
[5] Gesetz zu dem Übereinkommen vom 20. November 1989 über die Rechte des Kindes v. 17. 2. 1992, BGBl. II S. 121. Vgl. dazu *Stöcker* FamRZ 1992, 245 ff.; *Münning* ZfJ 1992, 553 ff.
[6] Vgl. Bekanntmachung über das Inkrafttreten des Übereinkommens über die Rechte des Kindes v. 10. 7. 1992, BGBl. II S. 990. Zur völkerrechtlichen Zulässigkeit der Vorbehalte vgl. *Stöcker* FamRZ 1992, 245, 251 f.; *Baer* NJW 1993, 2209, 2210; *Wolf* ZRP 1991, 374 ff.; *Ullmann* FamRZ 1992, 892, 893 f.; *Feßmann* S. 140 mwN.
[7] http://treaties.un.org/doc/Publication/CN/2010/CN.861.2010-Eng.pdf; CN.467.2010-Eng.pdf; CN.464.2010-Eng.pdf.
[8] Vgl. schon *Finger* ZfJ 1999, 451 (mit Hinweis auf mögliche Widersprüche im Ausländerrecht und bei Flüchtlingskindern). Vgl. aber auch *Wabnitz* ZKJ 2010, 428.
[9] Zur Lit. vgl. die Schrifttumshinweise Vor § 1626.
[10] Gesetz zur Reform des Kindschaftsrechts (Kindschaftsrechtsreformgesetz – KindRG) v. 16. 12. 1997, BGBl. I S. 2942.

schaftsG,[11] ErbGleichG[12] und KindUG.[13] Die für das Recht der elterlichen Sorge maßgeblichen Änderungen ergeben sich im Wesentlichen aus dem **KindRG**.

8 Grundanliegen des Reformgesetzgebers waren im Bereich des Sorgerechts die **Gleichstellung ehelicher und nichtehelicher Kinder** und die Ermöglichung einer **gemeinsamen elterlichen Sorge** unabhängig davon, ob die Eltern miteinander verheiratet sind oder waren.[14] Die Reform reagiert damit auch auf Vorgaben des Bundesverfassungsgerichts. Im Jahr 1982 hat das Bundesverfassungsgericht die Regelung des § 1671 Abs. 4 S. 1 aF, wonach die elterliche Sorge bei Trennung und Scheidung der Eltern einem Elternteil allein zu übertragen war, für verfassungswidrig erklärt.[15] Verfassungswidrig war es nach Ansicht des BVerfG auch, dass nicht miteinander verheiratete Eltern keine gemeinsame Sorge erlangen können, soweit es sich um nichteheliche Kinder geht, die mit den Eltern zusammenleben.[16]

9 Diese Zielsetzungen verwirklicht das KindRG dadurch, dass es nicht miteinander verheirateten Eltern die Möglichkeit einräumt, über die Abgabe sog. **Sorgeerklärungen** die gemeinsame Sorge für ihre Kinder zu begründen (§§ 1626a bis 1626e). Das Ziel einer gemeinsamen elterlichen Sorge auch nach Scheitern der elterlichen Beziehung verwirklicht die Reform durch die Neufassung des § 1671: Demnach lässt das **Getrenntleben der Eltern** ebenso wie die Scheidung die bisher bestehende Verteilung der elterlichen Sorge zunächst unberührt: Hatten die Eltern bis zur Trennung die gemeinsame elterliche Sorge inne – sei es weil sie miteinander verheiratet waren (§ 1626 Abs. 1 oder § 1626a Abs. 1 Nr. 2), sei es weil sie gem. § 1626a Abs. 1 Nr. 1 Sorgeerklärungen abgegeben hatten – so bleibt es auch nach ihrer Trennung grundsätzlich bei dieser Verteilung. Erst auf Antrag eines Ehegatten kann das FamG die elterliche Sorge einem Elternteil allein übertragen (§ 1671). Maßgeblich für die Möglichkeit eines Antrags nach § 1671 ist dabei allein das Getrenntleben der Eltern.[17] Auf die Scheidung kommt es für die Regelung des § 1671 nicht an.[18] Für diejenigen Fälle, in denen ein **Scheidungsverfahren** anhängig ist, hat das KindRG durch die Neufassung des § 623 ZPO (Verbund von Scheidungs- und Folgesachen, nunmehr aufgehoben und in § 137 FamFG geregelt) den Zwangsverbund für das Sorgerechtsverfahren aufgehoben. Das FamG wird grundsätzlich nur noch tätig, wenn ein Elternteil einen entsprechenden Antrag stellt (Ausnahmen zB §§ 1666, 1696).[19]

10 Die konkrete **Ausgestaltung** der nach der Trennung fortbestehenden gemeinsamen Sorge erfolgt durch den neuen § 1687: Nur Angelegenheiten von erheblicher Bedeutung bedürfen demnach des elterlichen Einvernehmens (§ 1687 Abs. 1 S. 1); im Streitfall muss hier das FamG entscheiden (§ 1628). Die Entscheidung in Angelegenheiten des täglichen Lebens steht dagegen demjenigen Elternteil zu, bei dem sich das Kind nach der Trennung rechtmäßig aufhält (§ 1687 Abs. 1 S. 2 bis 5).[20]

11 Ein weiteres Charakteristikum ist die **Stärkung der Elternverantwortung,** die mit einer Zurückdrängung gerichtlicher Kontrollbefugnisse verbunden ist. Deutlich wird dies insbesondere an der Regelung des **§ 1671 Abs. 2 Nr. 1** für den Fall der Trennung der Eltern, denen die elterliche Sorge gemeinsam zusteht: Grundsätzlich bleibt es bei der gemeinsamen Sorge beider Elternteile. Sind sich die Eltern jedoch darüber einig, dass einem von ihnen nun die Alleinsorge zustehen soll, so muss das FamG diesem gemeinsamen Elternwillen auf Antrag Rechnung tragen, ohne eine Kindeswohlprüfung vornehmen zu können. Das Gericht kann nur dann eingreifen, wenn das Kind das vierzehnte Lebensjahr vollendet hat und widerspricht oder wenn eine Kindeswohlgefährdung iSd. § 1666 zu befürchten ist. In ähnlicher Weise betont das Gesetz die Autonomie des gemeinsamen Elternwillens im Rahmen der elterlichen Sorge von Kindern, deren Eltern nicht miteinander verheiratet sind: Die gemeinsame Abgabe von Sorgeerklärungen (**§§ 1626a ff.**) führt grundsätzlich ohne Kindeswohlprüfung zur gemeinsamen Sorge. Die Grenze wird auch hier erst bei Vorliegen einer Kindeswohlgefährdung erreicht.

---

[11] Gesetz zur Abschaffung der gesetzlichen Amtspflegschaft und Neuordnung des Rechts der Beistandschaft (Beistandschaftsgesetz) v. 4. 12. 1997, BGBl. I S. 2846.
[12] Gesetz zur erbrechtlichen Gleichstellung nichtehelicher Kinder (Erbrechtsgleichstellungsgesetz – ErbgleichG) v. 16. 12. 1997, BGBl. I S. 2968.
[13] Gesetz zur Vereinheitlichung des Unterhaltsrechts minderjähriger Kinder (Kindesunterhaltsgesetz – KindUG) v. 6. 4. 1998, BGBl. I S. 666.
[14] Vgl. *Diederichsen* NJW 1998, 1977, 1978.
[15] BVerfGE 61, 358.
[16] BVerfGE 84, 168.
[17] Vgl. zum Ganzen BT-Drucks. 13/4899 S. 60 ff.; *Schwab/Wagenitz* FamRZ 1997, 1377, 1379.
[18] Zur Möglichkeit des Verbundes mit der Scheidung vgl. § 623 Abs. 1 S. 1, Abs. 2 S. 1 Nr. 1 ZPO (nun § 137 FamFG).
[19] Vgl. dazu *Oelkers* ZfJ 1999, 263, 265; *Diederichsen* NJW 1998, 1977, 1985 f.
[20] Vgl. BT-Drucks. 13/4899 S. 61 ff.; *Schwab/Wagenitz* FamRZ 1997, 1377, 1380.

Grundlegende Änderungen hat auch die Regelung des **Umgangsrechts** (jetzt §§ 1626 Abs. 3, 12 1684 ff.) erfahren. Das Umgangsrecht ist nicht mehr (ausschließlich) als Elternrecht ausgestaltet, sondern grundsätzlich auch als Recht des Kindes, und zwar unabhängig vom Status des Kindes als ehelich oder nichtehelich. Das Gesetz stellt darüber hinaus klar, dass der Umgang mit wichtigen anderen Bezugspersonen als den Eltern zum Wohl des Kindes gehört.[21]

Das KindRG hat die Rechtsgrundlagen für gerichtliche Eingriffe in Fällen der **Gefährdung des** 13 **Kindeswohls (§§ 1666 ff.)** neu strukturiert, ohne wesentliche inhaltliche Änderungen vorzunehmen. Es hat außerdem die subsidiäre Übernahme der Sorge durch den nicht mit der Mutter verheirateten Vater bei Ausfall der Mutter als Sorgeberechtigte erleichtert (**§§ 1678 ff.).** Besonders hinzuweisen ist auch auf den neuen **§ 1697a**, der das Kindeswohl als entscheidendes Kriterium für alle gerichtlichen Entscheidungen über die elterliche Sorge festlegt. Zu **weiteren Änderungen** im Bereich des materiellen Rechts vgl. die Kommentierung zu den einzelnen Vorschriften. Zum Verfahrensrecht vgl. Rn. 25 ff.

Das KindRG ist am 1. 7. 1998 **in Kraft getreten** (Art. 17 § 1 KindRG). Zu den **Übergangsvor-** 14 **schriften** vgl. Art. 15 KindRG, den neu eingefügten Art. 224 EGBGB und die Kommentierungen zu den einzelnen Vorschriften, insbes. zu § 1671.

III. Verfahren

1. Familiengerichtsbarkeit. Verfahren aus dem Bereich der elterlichen Sorge (iwS) sind seit 15 dem 1. 9. 2009 (vgl. zum Inkrafttreten und zur Übergangsregelung näher Art. 111 f. FGG-RG[22]) im FamFG geregelt. Verfahren betreffend die elterliche Sorge, das Umgangsrecht und die Kindesherausgabe sind dabei Kindschaftssachen (§ 151 Nr. 1-3 FamFG), welche wiederum Familiensachen iSd. § 111 Nr. 2 FamFG sind. Verfahren über aus dem Eltern-Kind-Verhältnis oder aus dem Umgangsrecht herrührende Ansprüche sind grundsätzlich „sonstige Familiensachen" (§ 266 Abs. 1 Nr. 4, 5 FamFG). Zuständig ist grundsätzlich das FamG.

Die örtliche Zuständigkeit für Kindschaftssachen ergibt sich aus §§ 152 ff. FamFG. Grundsätzlich 16 ist danach das Gericht zuständig, in dessen Bezirk das Kind seinen gewöhnlichen Aufenthalt hat (§ 152 Abs. 2 FamFG). Während der Anhängigkeit einer Ehesache besteht, wenn es um gemeinsame Kinder geht, grundsätzlich eine ausschließliche Zuständigkeit des Gerichts, bei dem die Ehesache anhängig ist (§§ 152 Abs. 1, 153 FamFG); zur Einbeziehung in den Verbund vgl. § 137 Abs. 3 FamFG. Sonderregeln enthalten die §§ 152 Abs. 3-4, 154 FamFG.

Die Entscheidung trifft entweder der Richter oder der Rechtspfleger, nach den in §§ 3, 14 RPflG 17 festgelegten Abgrenzungsgrundsätzen. Statthaftes **Rechtsmittel** ist die Beschwerde, die in §§ 58 ff. FamFG näher ausgestaltet ist. Die Beschwerdeberechtigung ergibt sich idR aus § 59 FamFG. Das Kind kann das Beschwerderecht unter den Voraussetzungen des § 60 FamFG im eigenen Namen ausüben. In bestimmten Fällen ist die Rechtsbeschwerde statthaft (§§ 70-75 FamFG).

2. Einzelfragen. Gem. § 158 FamFG hat das Gericht dem minderjährigen Kind für ein seine 18 Person betreffendes Verfahren in Kindschaftssachen einen **Verfahrensbeistand** zu bestellen, soweit dies zur Wahrnehmung seiner Interessen erforderlich ist. Diese Regelung ersetzt den früheren § 50 FGG (Verfahrenspfleger) und verwirklicht den Gedanken der sog. Anwalts des Kindes.[23] Sie soll vom Gesetzgeber gesehene Defizite bei der Wahrung der Interessen des Kindes im Verfahren beheben, die insbesondere dann bestehen können, wenn zwischen dem Kind und den gesetzlichen Vertretern erhebliche Interessengegensätze bestehen (§ 158 Abs. 2 Nr. 1), sodass die Gefahr besteht, dass die gesetzlichen Vertreter die Interessen des Kindes nicht (ausreichend) in das Verfahren einbringen. § 158 Abs. 2 FamFG nennt bestimmte Fallgruppen, in denen die Bestellung eines Beistandes in der Regel erforderlich ist. Durch die Bestellung des Beistands nach § 158 FamFG wird dem Kind eine Vertrauensperson an die Seite gestellt, die allein dessen Interessenwahrnehmung im Verfahren zur Aufgabe hat.[24] § 158 Abs. 3 S. 4 FamFG stellt klar, dass die Entscheidung über den Verfahrensbeistand nicht selbständig anfechtbar ist. Die Rechtsstellung des Verfahrensbeistands ist nun ebenfalls ausdrücklich geregelt: Er ist gem. § 158 Abs. 3 S. 2 FamFG Verfahrensbeteiligter. Er ist nicht gesetzli-

---

[21] Vgl. dazu *Oelkers* ZfJ 1999, 263 f.; *Diederichsen* NJW 1998, 1977, 1986 f.; *Moritz* JA 1998, 704, 710 ff.; ausführlich *Rauscher* FamRZ 1998, 329 ff.
[22] Vgl. MünchKommZPO/*Pabst* Art. 111, 112 FGG-RG; *Keidel/Engelhardt* Art. 111, 112 FGG-RG; *Hartmann* NJW 2009, 2655; *Kemper* FPR 2010, 69; *Krause* FPR 2010, 76; *Götz* NJW 2010, 897.
[23] Vgl. BVerfG NJW 2003, 3544, 3544; *Büttner* FamRZ 1998, 585, 590; grundlegend hierzu *Grüttner* ZKJ 2006, 61; ders. Rpfleger 2006, 345.
[24] Vgl. BT-Drucks. 13/4899 S. 129 f.; OLG Naumburg FGPrax 2003, 264, 264; OLG Köln FamRZ 2006, 1057, 1058; OLG Hamburg FamRZ 2001, 34, 34; vgl. aber auch OLG Zweibrücken FamRZ 2002, 627 sowie OLG Karlsruhe FamRZ 2002, 1660, 1661; OLG Koblenz KindPrax 2003, 25, 25 f.

cher Vertreter des Kindes, § 158 Abs. 4 S. 6 FamFG, ist aber im Interesse des Kindes zur Einlegung von Rechtsmitteln berechtigt, § 158 Abs. 4 S. 5 FamFG.

19 Die **Anhörung** des Kindes[25] und der Eltern in Kindschaftssachenverfahren wird in den §§ 159, 160 FamFG geregelt, die Mitwirkung der Pflegeperson und des Jugendamtes in § 161 FamFG bzw. § 162 FamFG. § 155 FamFG sieht für bestimmte Kindschaftssachen ein **Vorrang- und Beschleunigungsgebot** vor. Die allgemeine Pflicht zur Verwirklichung effektiven Grundrechtsschutzes ist darüber hinaus prägend für das gesamte Sorgerechtsverfahren.[26] Gem. § 156 ist in bestimmten Kindschaftssachen auf ein **Einvernehmen** hinzuwirken.

20 Die **Vollstreckung** gerichtlicher Entscheidungen in Kindschaftssachen richtet sich ggf. nach §§ 86 ff. FamFG. **Der einstweilige Rechtsschutz** durch einstweilige Anordnungen des Familiengerichts richtet sich nach §§ 49 ff. FamFG.

IV. Elterliche Sorge und Grundrechte

21 1. **Grundgesetz.** Zu Art. 6 GG vgl. Einl. FamR Rn. 192 ff. Das verfassungsrechtlich geschützte Elternrecht aus Art. 6 Abs. 2 GG und das familienrechtliche Recht der elterlichen Sorge decken sich zwar in weiten Teilen,[27] sind jedoch nicht zwingend identisch. Art. 6 Abs. 2 GG „versteinert" nicht etwa das geltende Recht der elterlichen Sorge, sondern lässt dem Gesetzgeber einen – je nach Lebensbereich und Alter des Kindes unterschiedlich großen – Spielraum für die konkrete Ausgestaltung der elterlichen Sorge.[28] Der Begriff „Pflege und Erziehung" in Art. 6 Abs. 2 GG ist weiter zu verstehen als im BGB: Er beschränkt sich nicht etwa auf die Personensorge oder auf das Sorgerecht allgemein, sondern umfasst den Gesamtbereich der elterlichen Verantwortung; dazu gehört auch die Unterhaltspflicht.[29] Zum Teil wird aus dem naturrechtlichen Charakter des Elternrechts bzw. aus der Formulierung des Art. 6 Abs. 2 S. 2 GG, dass die staatliche Gemeinschaft über die „Betätigung" der elterlichen Pflege und Erziehung wacht, abgeleitet, dass der Staat den Eltern die elterliche Sorge nicht ihrer Substanz nach entziehen, sondern sie nur in der Ausübung beschränken könne. Der zT anders lautende Wortlaut der Vorschriften des BGB müsse im Wege der Auslegung auf eine Entziehung der Ausübung beschränkt werden.[30] Diese Ansicht ist abzulehnen; sie lässt sich nicht zwingend begründen.[31] Es bleibt deshalb bei der wortlautgetreuen Auslegung der §§ 1626 ff.

22 2. **Europäische Menschenrechtskonvention (EMRK).** Die EMRK und die Rechtsprechung des Europäischen Gerichtshofs für Menschenrechte prägen das Recht der elterlichen Sorge in immer stärkerem Maß. Deutsche Gerichte haben die EMRK, so das BVerfG „wie anderes Gesetzesrecht des Bundes im Rahmen methodisch vertretbarer Auslegung zu beachten und anzuwenden".[32] Nach Ansicht des BVerfG enfaltet eine Entscheidung des Europäischen Gerichtshofs für Menschenrechte (EGMR) Bindungswirkung für „alle staatlichen Organe und verpflichtet diese grundsätzlich, im Rahmen ihrer Zuständigkeit und ohne gegen die Bindung an Gesetz und Recht zu verstoßen (...) einen fortdauernden Konventionsverstoß zu beenden und einen konventionsgemäßen Zustand herzustellen."[33] Auf den konkreten Einfluß von EMRK und EGMR wird jeweils bei den entsprechenden Vorschriften eingegangen.

V. Internationales Privatrecht

23 Zum internationalen Privatrecht vgl. die Kommentierung zu Art. 21 nF EGBGB und der entsprechenden Anhänge. Die Rechtslage ist hier zunehmend von vorrangigen Staatsverträgen und EU-Rechtsakten geprägt.

---

[25] Hierzu Carl/*Eschweiler* NJW 2005, 1681 ff.; vgl. zum Kindesalter im Hinblick auf die Anhörung EGMR FamRZ 2006, 997, 997; OLG Brandenburg FamRZ 2003, 624, 624 f.; OLG Dresden NJWE-FER 2001, 218, 219.
[26] Vgl. BVerfG FamRZ 2002, 1021, 1022 f.; zur Untätigkeitsbeschwerde wegen zu langer Verfahrensdauer BVerfG NJW 2001, 961, 961 f.; EuGMR FuR 2007, 410; OLG Karlsruhe JAmt 2004, 51, 51; OLG Brandenburg FamRZ 2009, 906; OLG München FamRZ 2009, 1420.
[27] Vgl. auch BVerfG FamRZ 2009, 1389.
[28] *Gernhuber/Coester-Waltjen* § 5 Rn. 40; *Staudinger/Peschel-Gutzeit* § 1626 Rn. 4.
[29] Vgl. BVerfG FamRZ 2001, 343, 347; jurisPK-BGB/*Schwer/B. Hamdan* § 1626 Rn. 1; *Schwab* FamRZ 2001, 349.
[30] *Beitzke* FamRZ 1958, 9; *Soergel/Strätz* § 1626 Rn. 5; *Erman/Michalski/Döll* Vor § 1626 Rn. 18 ff.
[31] Vgl. dazu ausführlich die 3. Aufl. § 1626 Rn. 12 ff.; *Gernhuber/Coester-Waltjen* § 5 Rn. 41; *Staudinger/Peschel-Gutzeit* § 1626 Rn. 7.
[32] BVerfG NJW 2009, 1133, 1134 Rn. 24.
[33] BVerfG NJW 2005, 2685, 2688.

§ 1626 Elterliche Sorge, Grundsätze

(1) ¹Die Eltern haben die Pflicht und das Recht, für das minderjährige Kind zu sorgen (elterliche Sorge). ²Die elterliche Sorge umfasst die Sorge für die Person des Kindes (Personensorge) und das Vermögen des Kindes (Vermögenssorge).

(2) ¹Bei der Pflege und Erziehung berücksichtigen die Eltern die wachsende Fähigkeit und das wachsende Bedürfnis des Kindes zu selbständigem verantwortungsbewusstem Handeln. ²Sie besprechen mit dem Kind, soweit es nach dessen Entwicklungsstand angezeigt ist, Fragen der elterlichen Sorge und streben Einvernehmen an.

(3) ¹Zum Wohl des Kindes gehört in der Regel der Umgang mit beiden Elternteilen. ²Gleiches gilt für den Umgang mit anderen Personen, zu denen das Kind Bindungen besitzt, wenn ihre Aufrechterhaltung für seine Entwicklung förderlich ist.

Schrifttum: *Belling,* Das Selbstbestimmungsrecht Minderjähriger bei medizinischen Eingriffen: eine rechtsvergleichende Studie zum amerikanischen, englischen, französischen und deutschen Recht, 1994; *Bosch,* Grundsatzfragen des Beweisrechts, 1963; *Hinz,* Kindesschutz als Rechtsschutz und elterliches Sorgerecht, 1976; *Müller-Freienfels,* Die Vertretung beim Rechtsgeschäft, 1955.

Übersicht

	Rn.		Rn.
I. Normzweck	1–5	b) Tatsächliche Personensorge	33
1. Grundnorm (Abs. 1)	1–3	c) Vertretung	34–36
a) Funktionen	1	d) Insbesondere: Eigenzuständigkeiten	
b) Wandlungen	2, 3	des Kindes	37–54
2. Elterliche Pflichten (Abs. 2)	4	3. Vermögenssorge	55–60
3. Umgang (Abs. 3)	5	a) Inhalt	55
II. Inhaltsbestimmung und Rechtscharakter der elterlichen Sorge	6–15	b) Erfasstes Vermögen	56, 57
		c) Vertretung	58
1. Inhaltsbestimmung	6	d) Besitz	59
2. Rechtscharakter	7–12	e) Beschränkungen und Haftung	60
a) Subjektives Recht mit Pflichtenbindung – Pflichtrecht	7	**V. Heranführung des Kindes zu selbständigem verantwortungsbewusstem Handeln, Abs. 2**	61–66
b) Absolutes Recht	8–11	1. Allgemeines	61–63
c) Kein sozialrechtliches Amt	12	a) Leitbild	61
3. Unverzichtbarkeit, Unübertragbarkeit	13–15	b) Wirkung	62
III. Zuweisung der elterlichen Sorge an die Eltern (Abs. 1 S. 1)	16–24	c) Verfassungsmäßigkeit	63
		2. Einzelerläuterungen	64–66
1. Voraussetzungen	16	a) Anwendungsbereich	64
2. Stellung der Eltern	17, 18	b) Inhalt	65, 66
3. Zeitliche Grenzen	19–24	**VI. Grundsatznorm zum Umgang (Abs. 3)**	67–73
a) Beginn	19	1. Bedeutung	67–69
b) Beendigung und Beschränkung	20–24	2. Personenkreis	70–73
IV. Der Umfang elterlicher Sorge: Personen- und Vermögenssorge, Abs. 1 S. 2	25–60	a) Eltern (S. 1)	70, 71
		b) Andere Bezugspersonen (S. 2)	72, 73
1. Allgemeines	25–31	**VII. Der Schutz elterlicher Sorge**	74–76
a) Personen- und Vermögenssorge, Vertretung und tatsächliche Sorge	25–27	1. Abwehrrechte	74
b) Interpretationsleitlinien	28	2. Deliktische Schadensersatzansprüche	75, 76
c) Grenze: Eigene Zuständigkeiten des Minderjährigen	29–31	**VIII. Haftungsprobleme**	77–79
2. Personensorge	32–54	1. Allgemeines	77
a) Inhalt	32	2. Einzelfragen	78, 79

I. Normzweck

1. Grundnorm (Abs. 1). a) Funktionen. § 1626 Abs. 1 erfüllt zwei Funktionen: Erstens **1** weist die Vorschrift die elterliche Sorge den Eltern des Kindes zu (S. 1). Diese Zuweisung gilt grundsätzlich sowohl für diejenigen Eltern, die bei der Geburt des Kindes miteinander verheiratet sind, als auch für diejenigen Eltern, die zu diesem Zeitpunkt nicht miteinander verheiratet sind; für Letztere enthalten allerdings die §§ 1626a bis e zusätzliche Regelungen. Die zweite Funktion des Abs. 1 liegt darin, den Inhalt und die Grundkonzeption der elterlichen Sorge zu definieren (Legaldefinition in S. 1; S. 2).

2   b) **Wandlungen.** Die Vorschrift des § 1626 Abs. 1 hat in jüngerer Zeit tief greifende Wandlungen durchlaufen. Das SorgeRG vollzog den Begriffswechsel von der elterlichen Gewalt zur elterlichen Sorge und gab dafür sowie für die Teilbereiche Personen- und Vermögenssorge Legaldefinitionen. Der Begriff elterliche Sorge sollte mehr als bisher den Inhalt der Elternverantwortung gegenüber dem Kind und den Pflichtcharakter der elterlichen Rechtsstellung betonen.[1] Er sollte auch die aus dem früheren Begriff der „elterlichen Gewalt" resultierende Gefahr von Missverständnissen ausschließen: Insbesondere sollte klargestellt werden, dass die Eltern die Beziehungen zu ihren Kindern nicht ohne Rücksicht auf Alter, Reife und Verstand durch einseitige Anordnungen gestalten können und dass körperliche Züchtigung keineswegs notwendiger Bestandteil der Erziehung ist.[2] Der neue Begriff wies deutlicher als der alte auf die Fürsorgefunktion elterlicher Verantwortung hin (Rn. 6) und eignete sich überdies besser als Oberbegriff für die Teilbereiche der Personen- und Vermögenssorge.

3   Die Neufassung des Abs. 1 durch das KindRG betont den Pflichtcharakter der elterlichen Sorge noch stärker: „das Recht und die Pflicht" (aF) wurden zu „die Pflicht und das Recht". Der Gesetzgeber ging davon aus, dass diese Betonung der Pflichten der Lebenswirklichkeit entspreche. Auch sollte der Tendenz entgegengewirkt werden, den Begriff der elterlichen Sorge auf ein „Sorgerecht" zu verkürzen.[3] Außerdem bezeichnet das KindRG als Träger der elterlichen Sorge nicht mehr den Vater und die Mutter, sondern „die Eltern". Damit soll die Gemeinsamkeit der elterlichen Sorge verdeutlicht werden.[4]

4   **2. Elterliche Pflichten (Abs. 2).** Abs. 2 konkretisiert die mit der elterlichen Sorge verbundenen Pflichten der Eltern: Danach ist bei der Pflege und Erziehung des Kindes – also im Kernbereich der Personensorge (Rn. 32 sowie § 1631 Rn. 2) – der wachsenden Fähigkeit und dem wachsenden Bedürfnis des Kindes nach selbständigem verantwortungsbewusstem Handeln Rechnung zu tragen. Darüber hinaus – also auch im Bereich der Vermögenssorge – sind Angelegenheiten der elterlichen Sorge je nach dem Entwicklungsstand des Kindes mit ihm zwecks einvernehmlicher Regelung zu besprechen. Damit normiert Abs. 2 ein der Heranbildung des Kindes zur eigenverantwortlichen Persönlichkeit förderliches **Erziehungsverhalten** und folgt der These von den bereits vor dem reifebedingt wandelnden Intensität elterlicher Rechte und Pflichten, die schon vor dem SorgeRG in Rspr. und Schrifttum zur elterlichen Gewalt vertreten worden ist.[5] Zugleich wird mit diesem Erziehungsverhalten mittelbar das **Erziehungsziel** der Heranführung zu Selbständigkeit und Verantwortungsbewusstsein erstmals im Gesetz festgelegt (Rn. 61).

5   **3. Umgang (Abs. 3).** Der durch das KindRG neu eingefügte Abs. 3 enthält einen allgemeinen Grundsatz dahingehend, dass der Umgang mit den Eltern und mit anderen wichtigen Bezugspersonen in der Regel dem Wohl des Kindes dient.[6] Damit stellt das Gesetz klar, dass es beim Umgangsrecht nicht in erster Linie um die Befriedigung von Elterninteressen geht, sondern um das Wohl des Kindes.[7] Zur konkreten Bedeutung des Abs. 3 vgl. Rn. 67 ff.

II. Inhaltsbestimmung und Rechtscharakter der elterlichen Sorge

6   **1. Inhaltsbestimmung.** Elterliche Sorge ist Fürsorge für das Kind.[8] Der Begriff „Fürsorge" wurde durch das SorgeRG zwar nicht ins Gesetz aufgenommen, weil er zu sehr an andere Rechtsbereiche erinnert.[9] Doch Abs. 1 S. 1 definiert elterliche Sorge als die Pflicht und das Recht, für das minderjährige Kind zu sorgen, und lässt so die begriffsimmanente Fürsorgefunktion elterlicher Sorge hervortreten. Fürsorge als aktiv unterstützendes Tun ist mehr als Schutz. Die Einordnung der elterli-

---

[1] Beschlussempfehlung und Bericht des Rechtsausschusses, 6. Ausschuss, BT-Drucks. 8/2788 S. 36, 43 f.
[2] Beschlussempfehlung (Fn. 1) S. 36.
[3] Vgl. BT-Drucks. 13/4899 S. 93.
[4] Vgl. BT-Drucks. 13/4899 S. 93.
[5] Vgl. BVerfGE 24, 119, 144 = NJW 1968, 2233; BGH NJW 1974, 1947, 1949.
[6] Vgl. BT-Drucks. 13/4899 S. 93.
[7] Vgl. FamRefK/*Rogner* § 1626 Rn. 7.
[8] *Gernhuber/Coester-Waltjen* § 57 Rn. 26 f.; *Staudinger/Peschel-Gutzeit* Rn. 3.
[9] Beschlussempfehlung (Fn. 1) S. 43.

chen Sorge als „Schutzverhältnis"[10] mit ihrer tendenziellen Beschränkung auf eine bloße Bewahrung des Kindes vor Gefahren ist deshalb zu eng.

2. Rechtscharakter. a) Subjektives Recht mit Pflichtbindung – Pflichtrecht. Die 7
elterliche Sorge ist nach allgM ein subjektives Recht der Eltern.[11] Sie begründet im Interesse des Kindes aber auch **elterliche Pflichten gegenüber dem Kind,** ist also pflichtgebundenes Recht[12] bzw. Pflichtrecht.[13] Diese Pflichten stehen dem subjektiven Recht nicht als Schranken gegenüber, sondern sind ihm als Pflichtgehalt gleichgewichtig immanent. Daraus ergibt sich die besondere Eigenart dieses subjektiven Rechts: Es ist ein **Pflichtrecht,** bei dem mit jeder elterlichen Befugnis die Pflicht korrespondiert, diese Befugnis zum Wohle des Kindes auszuüben und so die Grundlage für die Entwicklung des Kindes zu einer selbständigen Persönlichkeit zu legen.[14] Aus der Tatsache, dass den Eltern nach allgM Pflichten gegenüber dem Kind obliegen und alle elterlichen Rechte pflichtgebunden, also zum Wohle des Kindes auszuüben sind, folgt, dass das Kind seinen Eltern als Träger eines Rechts auf pflichtgemäße Ausübung der elterlichen Sorge gegenüber tritt.[15]

b) Absolutes Recht. Nach hM[16] ist die elterliche Sorge ein absolutes Recht der Eltern, dessen 8
Verletzung eine Haftung aus § 823 Abs. 1 begründen kann. Im Gesetz zeigt sich der Charakter der elterlichen Sorge als absolutes Recht konkret in der Vorschrift des § 1632, die in Abs. 1 und Abs. 2 die Rechte der Eltern auf Herausgabe des Kindes und auf Bestimmung seines Umgangs mit Wirkung gegenüber jedermann ausstattet.[17] § 1632 ist also Ausdruck des allgemeinen Rechtsgedankens, dass die elterliche Sorge ein absolutes Recht ist. Darüber hinaus spricht für die Einordnung als absolutes Recht, dass die elterliche Sorge andernfalls gegenüber Störungen durch Dritte nur unvollkommen geschützt wäre.[18]

Die Tatsache, dass die Eltern bei der Ausübung der elterlichen Sorge ihrerseits dem Wohl des 9
Kindes verpflichtet sind (s. Rn. 7), spricht nicht gegen die Einordnung als absolutes Recht. Diese Pflichtenbindung betrifft nur das Verhältnis zwischen den Eltern und dem Kind. Ihre Verletzung eröffnet ggf. dem Staat die Möglichkeit, auf Grund seines Wächteramts (Art. 6 Abs. 2 GG) einzugreifen. Die Pflichtenbindung stellt aber nicht die absolute Geltung des Rechts der elterlichen Sorge gegenüber Dritten in Frage. Die elterliche Sorge ist deshalb ein Recht mit wechselseitig verpflichtender Innenwirkung im Verhältnis zwischen Sorgerechtsinhaber und Kind, das zugleich absolute Außenwirkung gegenüber Dritten entfaltet, um den durch die Sorgerechtsbeziehung geprägten Lebensbereich zu schützen.[19]

Der deliktsrechtliche Schutz des absoluten Rechts der elterlichen Sorge stößt erst dort auf Gren- 10
zen, wo seine Gewährung mit dem Wohl des Kindes nicht vereinbar wäre.[20] Zum ersatzfähigen Schaden vgl. Rn. 76.

Die Charakterisierung der elterlichen Sorge als subjektives Recht nötigt nicht zwingend dazu, 11
die elterliche Sorge in das System der subjektiven Vermögensrechte einzuordnen. Eine derartige Einordnung ist auch nicht angebracht. Sie wäre mit der Pflichtenbindung der Eltern gegenüber dem Kind, das keinesfalls bloßes Objekt der elterlichen Sorge ist, nicht vereinbar. Deshalb ist es besser, die elterliche Sorge als ein subjektives und absolutes Recht sui generis zu begreifen, das nicht in die herkömmlichen Kategorien der subjektiven Rechte des Vermögensrechts eingeordnet werden kann.[21]

c) Kein sozialrechtliches Amt. Mit dem eben geschilderten System korrespondierender 12
Elternpflichten und Kinderrechte ist es nicht vereinbar, elterliche Sorge unter Vernachlässigung gerade des privatrechtlichen, diese Gegenüberstellung allein ermöglichenden Aspekts als sozialrecht-

---

[10] Vgl. die Begriffswahl in BGHZ 66, 334, 337 = NJW 1976, 1540 f. = FamRZ 1976, 446, 447; BGHZ 73, 131, 138 = NJW 1979, 813.
[11] BGHZ 66, 334, 337 = NJW 1976, 1540 = FamRZ 1976, 446, 447; *Gernhuber/Coester-Waltjen* § 57 Rn. 1; *Staudinger/Peschel-Gutzeit* Rn. 19; *Erman/Michalski/Döll* Rn. 1; NK-BGB/*Rakete-Dombek* Rn. 2.
[12] *Erman/Michalski/Döll* Rn. 3; *Dethloff* § 13 Rn. 3.
[13] *Staudinger/Peschel-Gutzeit* Rn. 19.
[14] Vgl. BGHZ 66, 334, 337 = NJW 1976, 1540 f.; BGH NJW 1974, 1947, 1949 im Anschluss an *Gernhuber* FamRZ 1962, 89; *Gernhuber/Coester-Waltjen* § 57 Rn. 25; NK-BGB/*Rakete-Dombek* Rn. 2.
[15] *Gernhuber* FamRZ 1962, 89, 90; 1973, 229, 232 Fn. 19; *Gernhuber/Coester-Waltjen* § 57 Rn. 25; *Hinz* S. 23; *Staudinger/Peschel-Gutzeit* Rn. 19; RGRK/*Wenz* Rn. 3.
[16] BGHZ 111, 168, 172 f. = NJW 1990, 2060, 2061; *Staudinger/Peschel-Gutzeit* Rn. 20; jurisPK-BGB/*Schwer/B. Hamdan* Rn. 10; *Erman/Michalski/Döll* Rn. 1 f.
[17] Vgl. BGHZ 111, 168, 172 f. = NJW 1990, 2060, 2061.
[18] Vgl. BGHZ 111, 168, 173 = NJW 1990, 2060, 2061.
[19] BGHZ 111, 168, 173 = NJW 1990, 2060, 2061.
[20] Vgl. BGHZ 111, 168, 173 = NJW 1990, 2060, 2061.
[21] *Gernhuber/Coester-Waltjen* § 57 Rn. 26.

liches Amt[22] zu begreifen. „Gläubiger" der Kindeswohlgebundenheit ist nicht der Staat, sondern das Kind selbst.[23]

13 **3. Unverzichtbarkeit, Unübertragbarkeit.** Elterliche Sorge ist wegen ihres Pflichtgehalts und wegen des Leitsatzes, dass Kontinuität in der Sorgebeziehung in der Regel dem Wohl des Kindes dient, in allen ihren Bestandteilen grundsätzlich unverzichtbar[24] und – als höchstpersönliches Recht – unübertragbar.[25] Allerdings sieht das Gesetz in einigen Fällen Ausnahmen vor, in denen die Eltern mit einem übereinstimmenden Vorschlag, also einem kontrollierten Dispositionsakt, auf die Innehabung der elterlichen Sorge (teilweise) verzichten bzw. diese (teilweise) übertragen können, so zB im Fall des § 1671 Abs. 2 oder bei § 1630 Abs. 3.[26] Bei der **Adoption** wird die verfassungsrechtliche Elternstellung im Hinblick auf ein bestimmtes Kind übertragen (Vor § 1741 Rn. 18); die elterliche Sorge endet bzw. „ruht" mit der Einwilligung zur Adoption oder ihrer Ersetzung (§ 1751 Rn. 3).

14 Darüber hinaus kann die elterliche Sorge, insbes. die tatsächliche Personensorge, durch formlosen Vertrag **der Ausübung nach** übertragen werden (zB beim Dauer-Pflegevertrag oder bei der Internatserziehung).[27] Derartige Abreden sind jederzeit frei widerruflich;[28] entgegenstehende Vereinbarungen sind gem. § 138 Abs. 1 nichtig,[29] gleichgültig, ob sie sachliche Beschränkungen für den Widerruf enthalten, diesen also zB vom Vorliegen eines wichtigen Grundes abhängig machen,[30] oder ob sie dem Inhaber elterlicher Sorge für den Fall des Widerrufs Vermögensnachteile auferlegen.[31] Die Folgen der Unwirksamkeit solcher Vereinbarungen bestimmen sich nach § 139.[32] Sittenwidrig ist ferner die Gewährung eines Entgelts für die Überlassung der Ausübung elterlicher Sorge.[33]

15 Der Sorgeberechtigte kann auch das Jugendamt ermächtigen, an seiner Stelle für das Kind tätig zu werden. Vor Inkrafttreten des KJHG war das Jugendamt allerdings nicht verpflichtet, auf Grund einer solchen Ermächtigung die Personen- oder Vermögenssorge auszuüben, und zwar auch dann nicht, wenn der Sorgeberechtigte zu einer das Kindeswohl nicht gefährdenden Ausübung der elterlichen Sorge außerstande war.[34] Dies dürfte sich durch den mit dem KJHG eingeführten Rechtsanspruch auf die sog. „Hilfen zur Erziehung" (§§ 27 ff. SGB VIII) geändert haben.[35]

III. Zuweisung der elterlichen Sorge an die Eltern (Abs. 1 S. 1)

16 **1. Voraussetzungen.** § 1626 Abs. 1 weist die elterliche Sorge für minderjährige Kinder den Eltern zu. Voraussetzung ist also, dass es sich um ein minderjähriges Kind handelt (s. auch Rn. 19 ff.) und dass die Elternstellung feststeht (für die Mutter nach § 1591, für den Vater nach §§ 1592 ff.; für Adoptiveltern gelten die §§ 1752, 1754; s. auch § 1626b Rn. 13 ff.). Wenn die Eltern des Kindes bei dessen Geburt nicht miteinander verheiratet waren, stellen die §§ 1626a bis e zusätzliche Voraussetzungen für den Eintritt der gemeinsamen Sorge auf. Stiefeltern obliegt diese Sorge für die Kinder ihres Ehegatten nicht; § 1687b weist ihnen jedoch ein „kleines Mitsorgerecht" zu. Das Gleiche gilt für den eingetragenen Lebenspartner des Alleinsorgeberechtigten, § 9 LPartG.[36]

17 **2. Stellung der Eltern.** Abs. 1 S. 1 weist die elterliche Sorge den Eltern **gemeinsam** zu; es handelt sich um gemeinsame elterliche Sorge. Dies hat das KindRG besonders betont, indem es als Träger der elterlichen Sorge die „Eltern" bezeichnet, und nicht, wie nach der alten Fassung, den Vater und die Mutter.

---

[22] So aber *Müller-Freienfels* S. 179 ff., 354 ff.; *Habscheid* FamRZ 1957, 109, 111; wie hier *Gernhuber/Coester-Waltjen* § 57 Rn. 25.
[23] Vgl. *Gernhuber/Coester-Waltjen* § 57 Rn. 25.
[24] RGZ 60, 266, 268; BayObLG FamRZ 1976, 232, 2340; *Staudinger/Peschel-Gutzeit* Rn. 25; *Soergel/Strätz* Rn. 6; *Hammer* FamRZ 2005, 1209, 1211 (mwN).
[25] *Gernhuber/Coester-Waltjen* § 57 Rn. 15; *Staudinger/Peschel-Gutzeit* Rn. 24.
[26] *Gernhuber/Coester-Waltjen* § 57 Rn. 15; NK-BGB/*Rakete-Dombek* Rn. 2.
[27] OLG München HRR 1936 Nr. 263; *Gernhuber/Coester-Waltjen* § 57 Rn. 18; *Soergel/Strätz* Rn. 7.
[28] RG WarnR 1928 Nr. 132; BayObLGZ 1909, 433, 440; BayObLG JW 1934, 911; OLG München HRR 1936 Nr. 263; *Gernhuber/Coester-Waltjen* § 57 Rn. 18; *Staudinger/Peschel-Gutzeit* Rn. 29.
[29] *Gernhuber/Coester-Waltjen* § 57 Rn. 18; *Staudinger/Peschel-Gutzeit* Rn. 29 und die folgenden Fn.
[30] RG WarnR 1920 Nr. 17 (gegen RG LZ 1919, 698); BayObLGZ 1927, 238, 240.
[31] RG WarnR 1917 Nr. 172; BayObLGZ 1927, 238, 240; s. auch RG HRR 1940 Nr. 1105.
[32] RG WarnR 1917 Nr. 172; BayObLGZ 1927, 238, 240; *Gernhuber/Coester-Waltjen* § 57 Rn. 18.
[33] RG WarnR 1913 Nr. 183.
[34] LG Berlin DAVorm. 1985, 90 f. im Anschluss an KG FamRZ 1979, 1060 f.
[35] Vgl. *Staudinger/Peschel-Gutzeit* Rn. 28.
[36] *Dethloff* § 13 Rn. 44 ff.

Die gemeinsame Sorge der Eltern kann theoretisch, soweit es an die konkrete Ausgestaltung der 18 Rechtsstellung von Vater und Mutter geht, in zweierlei Weise verstanden werden: entweder iS einer beiden Elternteilen gemeinschaftlich zustehenden einheitlichen Berechtigung[37] oder iS zweier selbständiger Rechte, die lediglich in ihrer Ausübung aneinander gebunden sind. Die hM vertritt zu Recht die letztere Ansicht und vermeidet auf diese Weise unangebrachte Verwechslungen mit vermögensrechtlichen Gesamtberechtigungen.[38] Demnach weist Abs. 1 S. 1 jedem Elternteil eine **selbständige** elterliche Sorge mit den dazu gehörenden Rechten und Pflichten zu. Jeder Elternteil ist also Inhaber der elterlichen Sorge. Es ist von selbständigen Rechtsstellungen auszugehen, die „durch Ausübungsbindungen in jener Balance gehalten werden, die für eine gradlinige Betreuung des Kindes erforderlich ist".[39] Väterliche und mütterliche Sorge sind dabei zwar grundsätzlich inhaltsgleich, können sich aber bei situationsbedingten Änderungen der Anforderungen an Vater und Mutter auch voneinander unterscheiden.[40] Die elterliche Sorge verpflichtet jenseits der Ausübungsbindungen insbes. zur **Überwachung** des anderen Elternteils in den Grenzen der Zumutbarkeit.[41]

3. Zeitliche Grenzen. a) Beginn. Elterliche Sorge beginnt mit der Geburt des Kindes, wie 19 sich mittelbar aus § 1626a Abs. 1 („bei der Geburt") ergibt; eine Sorgerechtsübertragung für ein noch nicht geborenes Kind ist deshalb grundsätzlich nicht möglich.[42] Vorwirkungen sind in § 1912 Abs. 2 geregelt, Nachwirkungen in §§ 1698a, 1698 b. Im Falle der Adoption kommt es auf den Annahmebeschluss an, §§ 1752, 1754.

b) Beendigung und Beschränkung. Unter elterlicher Sorge steht nach Abs. 1 S. 1 das min- 20 derjährige Kind. Beendigungsgründe und Beschränkungen ergeben sich danach zunächst in der Person des Kindes, können sich freilich auch aus der Situation der Eltern herleiten.

Elterliche Sorge endet mit der Volljährigkeit des Kindes, also mit Vollendung des 18. Lebensjahres 21 (§ 2). Beendigungsgrund ist ferner der Tod des Kindes (vgl. § 1698b). Die Eheschließung eines Minderjährigen (vgl. § 1303) führt zu der in 1633 geregelten Beschränkung der elterlichen Personensorge.

Beendigungsgründe auf Seiten eines Elternteils sind dessen Tod (§ 1680), ferner die Todeserklä- 22 rung oder die Feststellung des Todeszeitpunkts nach den Vorschriften des Verschollenheitsgesetzes (§§ 1677, 1681) sowie die familiengerichtliche Übertragung auf den anderen Teil bei Getrenntleben (§§ 1671, 1672). Die elterliche Sorge endet ferner, wenn das Kind von einem Dritten adoptiert wird (vgl. § 1755); zur Rückübertragung der elterlichen Sorge auf die leiblichen Eltern bei Aufhebung des Annahmeverhältnisses vgl. § 1764 Abs. 4. Nicht zu ihrem Ende führen die Bestellung eines Beistandes gem. §§ 1712, 1716 oder eines Verfahrensbeistands bzw. Verfahrenspflegers sowie Maßnahmen der Jugendhilfe.

Der Verlust von Teilbereichen der elterlichen Sorge kann kraft gerichtlicher Anordnung gem. 23 §§ 1666 ff. eintreten. Nach diesen Vorschriften ist seit Inkrafttreten des KindRG auch der Fall der Insolvenz eines Elternteils zu behandeln; die frühere Vorschrift des § 1670 wurde gestrichen.

Die elterliche Sorge eines Elternteils ruht bei Geschäftsunfähigkeit (§ 1673 Abs. 1) und 24 beschränkter Geschäftsfähigkeit (§ 1673 Abs. 2, allerdings Fortbestand einer beschränkten Personensorge), ferner dann, wenn das FamG feststellt, dass er sein Recht auf längere Zeit tatsächlich nicht ausüben kann (§ 1674 Abs. 1), und schließlich vom Zeitpunkt der Einwilligung in die Adoption an (§ 1751 Abs. 1, 2). Beim Ruhen der elterlichen Sorge verliert der betroffene Elternteil die Befugnis zu ihrer Ausübung (§ 1675); die weiteren Folgen regeln sich nach §§ 1674 Abs. 2, 1678, 1751 Abs. 1.

IV. Der Umfang elterlicher Sorge: Personen- und Vermögenssorge, Abs. 1 S. 2

1. Allgemeines. a) Personen- und Vermögenssorge, Vertretung und tatsächliche 25 **Sorge.** Nach Abs. 1 S. 2 umfasst die elterliche Sorge zwei Teilbereiche: die Personensorge (insbes. §§ 1631 bis 1633) und die Vermögenssorge (insbes. §§ 1638 bis 1646, 1649, 1698 bis 1698 b). Perso-

---

[37] OLG Schleswig FamRZ 1965, 224, 226 spricht vom „ungeteilten einen Elternrecht".
[38] *Gernhuber/Coester-Waltjen* § 57 Rn. 3; *Staudinger/Peschel-Gutzeit* Rn. 33; *Soergel/Strätz* Rn. 8; s. aber auch *Erman/Michalski/Döll* Rn. 11.
[39] *Gernhuber/Coester-Waltjen* § 57 Rn. 3.
[40] *Staudinger/Peschel-Gutzeit* Rn. 34.
[41] OLG Nürnberg FamRZ 1963, 367, 368; *Donau* MDR 1958, 9; *Gernhuber* FamRZ 1962, 89, 95; *Staudinger/Peschel-Gutzeit* § 1627 Rn. 7.
[42] Vgl. AG Lüdenscheid FamRZ 2005, 51, 52 (unter Hinweis auf mögliche Einzelmaßnahmen nach § 1666 und §§ 1912, 1712 ff.).

nen- und Vermögenssorge sind Teilrechte innerhalb des komplexen Rechts der elterlichen Sorge.[43] Beide Sondergebiete umschließen jeweils sowohl die gesetzliche Vertretung des Kindes (vgl. § 1629) als auch die tatsächliche Sorge für das Kind. Zwischen diesen Bereichen ergeben sich Abgrenzungsprobleme:

26 Die Grenzziehung zwischen **Personensorge und Vermögenssorge** ist unscharf. Hieraus können praktische Schwierigkeiten erwachsen, wenn das FamG nach §§ 1666 ff., 1671, 1672, 1680 die Teilgebiete – womöglich in weiterer Aufsplitterung – verschiedenen Elternteilen zugewiesen hat. Nur selten stellt das Gesetz ausdrücklich klar, welche Befugnisse oder Pflichten welchem Teilrecht innerhalb der elterlichen Sorge zuzuordnen sind, vgl. zB für die Personensorge §§ 1631, 1632, §§ 1, 3 RelKErzG.

27 Die Unterscheidung zwischen Vertretung und tatsächlicher Sorge erlangt dort Bedeutung, wo das Gesetz beide Bereiche verschiedenen Personen zuweist; idR geschieht dies durch eine besondere Regelung für die Vertretung, vgl. zB §§ 1303 Abs. 3, 4, 1633, 1673 Abs. 2 S. 2, § 77 Abs. 3, 4 StGB. Im Einzelnen ist hier vieles unklar und umstritten. Richtigerweise wird man folgendermaßen abzugrenzen haben: Die **Vertretung** umfasst den gesamten Bereich, in dem es darum geht, für das Kind Rechtswirkungen nach außen herbeizuführen.[44] Sie beschränkt sich also nicht auf die Stellvertretung ieS (dh. auf das rechtsgeschäftliche Handeln im Namen des Kindes), sondern erfasst auch die Vornahme rechtsgeschäftsähnlicher Handlungen und die Vornahme der sog. „amtsähnlichen Handlungen" (vgl. Rn. 34). Zu beachten ist, dass allein mit der Einordnung als „Vertretung" noch keine zwingende Antwort auf die Frage gegeben ist, ob die betreffende Handlungsmacht beiden Elternteilen gemeinsam oder einem allein zusteht bzw. ob die Handlung im Namen des Kindes zu erfolgen hat oder auch im eigenen Namen vorgenommen werden kann (vgl. dazu Erl. zu § 1629 Rn. 11 ff.). Für die **tatsächliche Sorge** bleibt nach dieser Grenzziehung derjenige Bereich der Fürsorge, in dem es nicht um rechtliche Außenwirkungen für das Kind geht.

28 **b) Interpretationsleitlinien.** Interpretationsleitlinien für die Anwendung der §§ 1626 ff. sind der allgemeinen Inhaltsbestimmung der elterlichen Sorge zu entnehmen: Das Recht der elterlichen Sorge ist den Eltern nicht zur Verfolgung eigennütziger Interessen, sondern vielmehr zum Schutz des Kindes und zur Förderung seines Wohls und seiner Entwicklung gegeben worden.[45] Förderung von Kindeswohl und -entwicklung heißt nach Abs. 2 Heranführung zu Selbstbestimmungsfähigkeit und Eigenverantwortung.

29 **c) Grenze: Eigene Zuständigkeiten des Minderjährigen.** Die elterliche Sorge stößt auf Grenzen, wo die Rechtsordnung dem Minderjährigen eigene Zuständigkeiten zubilligt. Als allgemeine Leitlinie sollte hier im Lichte des Abs. 2 gelten: Je mehr das Kind zu einer eigenständigen Persönlichkeit reift und je größer die Einsichtsfähigkeit in die Folgen seiner Entscheidung ist, desto näher liegt die Annahme einer Eigenzuständigkeit des Kindes. Selbstverständlich sind bei der Abwägung auch die Bedeutung und die Risiken der ausstehenden Entscheidung zu berücksichtigen (vgl. Rn. 61). Soweit danach der Minderjährige zu selbständigen Entscheidungen befugt ist, kann von Teilmündigkeiten gesprochen werden.[46]

30 **Gesetzliche Teilmündigkeiten** des Minderjährigen gibt es sowohl im Bereich der persönlichen als auch im Bereich der vermögensrechtlichen Angelegenheiten. Sie können dem Minderjährigen eine unbeschränkte Eigenzuständigkeit geben oder seine Eigenzuständigkeit an die Zustimmung des gesetzlichen Vertreters binden. Beispiele:

Im Bereich persönlicher Angelegenheiten ohne Zustimmung des gesetzlichen Vertreters: für die Ablehnung einer Erziehung in einem anderen als dem bisherigen religiösen Bekenntnis von der Vollendung des 12. Lebensjahres an (§ 5 S. 2 RelKErzG) und für den Bekenntniswechsel von der Vollendung des 14. Lebensjahres an (§ 5 S. 1 RelKErzG); für den Antrag des minderjährigen, mindestens 16-jährigen Verlobten auf Befreiung von dem Erfordernis der Ehemündigkeit (§ 1303 Abs. 2); für die Prozessfähigkeit des Minderjährigen in Ehesachen (§ 125 Abs. 1 FamFG); bei der Annahme als Kind für die Einwilligung von Seiten eines minderjährigen, in seiner Geschäftsfähigkeit beschränkten Elternteils (§§ 1747, 1750 Abs. 3) sowie für das 14-jährige Kind für den Widerruf der Einwilligung zur Adoption (§ 1746 Abs. 2);

---

[43] *Gernhuber/Coester-Waltjen* § 57 Rn. 4.
[44] Vgl. *Gernhuber/Coester-Waltjen* § 57 Rn. 4; *Palandt/Diederichsen* Rn. 16; *Soergel/Strätz* § 1629 Rn. 3.
[45] So BGHZ 66, 334, 337 = NJW 1976, 1540 f.
[46] *Gernhuber/Coester-Waltjen* § 57 Rn. 78; *Staudinger/Peschel-Gutzeit* Rn. 77. Zur Kritik an der mehr oder minder zufälligen Zuweisung solcher Eigenzuständigkeiten und dem daraus resultierenden Bild einer „relativ plumpen" elterlichen Sorge, die einer Verfeinerung de lege ferenda durchaus zugänglich wäre": *Gernhuber/Coester-Waltjen* § 57 Rn. 78; s. auch *Staudinger/Peschel-Gutzeit* Rn. 77 ff.; NK-BGB/*Rakete-Dombek* Rn. 26.

Im Bereich vermögensrechtlicher Angelegenheiten ohne Zustimmung des gesetzlichen Vertreters: im Erbrecht für die Errichtung eines öffentlichen Testaments in der Form der §§ 2232, 2233 Abs. 1 vom 16. Lebensjahr an (§§ 2229 Abs. 1, 2, 2247 Abs. 4), als Erblasser für die Anfechtung eines Erbvertrages oder den Rücktritt (§§ 2290 Abs. 2, 2296 Abs. 1 S. 2), für den Widerruf wechselbezüglicher Verfügungen im gemeinschaftlichen Testament (§§ 2271 Abs. 1, 2296), für den Abschluss eines Erbverzichtvertrages als Erblasser (§ 2347 Abs. 2); hierher gehört auch die partielle unbeschränkte Geschäftsfähigkeit infolge von Ermächtigungen nach §§ 112, 113;

Im Bereich persönlicher Angelegenheiten nur mit Zustimmung des gesetzlichen Vertreters: bei der Annahme als Kind für dessen Einwilligung, sofern es 14 Jahre alt und nicht geschäftsunfähig ist (§ 1746 Abs. 1 S. 3); ebenso bei den im Namensrecht erforderlichen Einwilligungen des (über 14-jährigen) Kindes (§§ 1617c, 1617a, 1617b, 1618);

Im Bereich vermögensrechtlicher Angelegenheiten nur mit Zustimmung des gesetzlichen Vertreters: im Ehegüterrecht für den Abschluss eines Ehevertrages (§ 1411 Abs. 1 S. 1); im Erbrecht für den Abschluss eines Erbvertrages in den Grenzen des § 2275 Abs. 2, 3.

31 Über die gesetzlichen Fälle hinaus hat die Rechtsprechung dem Minderjährigen in weiteren Fällen **Selbst- bzw. Mitbestimmungsrechte** zugesprochen, insbesondere in den folgenden Bereichen: Ausbildung und Berufswahl, medizinische Versorgung, prozessuale Weigerungsrechte; vgl. dazu Rn. 37 ff.

32 **2. Personensorge. a) Inhalt.** Die Sorge für die Person des Kindes umfasst nach § 1631 Abs. 1 insbesondere das Recht und die Pflicht, das Kind zu pflegen, zu erziehen, zu beaufsichtigen und seinen Aufenthalt zu bestimmen, ferner gem. § 1632 das Recht, den Umgang des Kindes zu bestimmen und die Herausgabe des widerrechtlich vorenthaltenen Kindes zu verlangen; vgl. Erl. zu §§ 1631, 1632. Einigkeit besteht darüber, dass diese Aufzählung nicht erschöpfend ist: Die Personensorge ist vielmehr das umfassende Pflichtrecht, für die Erhaltung, Förderung und Entwicklung des Kindes zu sorgen und es zu einer eigenverantwortlichen und gemeinschaftsfähigen Persönlichkeit zu erziehen.[47] Die Erziehung ist das umfassendste Element der Personensorge und als solches mit vielen weiteren Einzelbefugnissen der Eltern unablösbar verbunden.[48] Von großer Bedeutung ist auch die Ausbildung des Kindes, für die § 1631a konkrete Leitlinien vorgibt. Personensorge meint ferner im Wortsinne die Sorge für das leibliche und geistige Wohl und Gedeihen des Kindes,[49] mithin das Recht und die Pflicht, „unmittelbar für die Person des Kindes jede denkbare und erforderliche tatsächliche und rechtliche Fürsorge zu entfalten".[50] Aus der Personensorge resultiert ferner eine Vielzahl konkreter Elternbefugnisse und -pflichten, die nicht abschließend aufgezählt werden können.

33 **b) Tatsächliche Personensorge.** Auch im Rahmen der Personensorge gilt die Unterscheidung zwischen tatsächlicher Sorge und gesetzlicher Vertretung. Zum Bereich der tatsächlichen Personensorge gehören beispielsweise:[51] die in den §§ 1631 bis 1632 geregelten Pflichten und Befugnisse; die Erteilung des Vornamens (§§ 21 f. PStG);[52] die Bestimmung des Nachnamens gem. §§ 1617 ff.; die Geburtsanzeige (§§ 18 f. PStG); die ärztliche Betreuung für das Kind; die Entscheidung über den Abbruch lebenserhaltender Maßnahmen (vgl. § 1666 Rn. 81 Fn. 254)[53]; die Bestimmung über die religiöse Erziehung (§§ 1, 3 RelKErzG); beim Tod des Kindes auch die Entscheidung über Art und Ort der Bestattung[54]; die Entscheidung über die Veröffentlichung von Fotos des Kindes im Internet.[55]

34 **c) Vertretung.** Zu der Vertretung des Kindes in Personensorgesachen gehört jede Rechtshandlung, die nach außen hin Rechtswirkungen in Bezug auf das Kind erzeugt, und zwar nicht nur in privatrechtlichen, sondern auch in öffentlichrechtlichen Rechtsbeziehungen.[56] Die Vertretung in persönlichen Angelegenheiten umfasst zB die Mitwirkung bei der Annahme als Kind (§ 1746) sowie bei deren Aufhebung (§ 1762), bei der Anerkennung der Vaterschaft (§ 1596 Abs. 1) bzw. bei der Zustimmung dazu (§ 1596 Abs. 2), bei der Vaterschaftsanfechtung (§ 1600a Abs. 3), bei der Anschließung des Kindes an die nachträgliche Namensänderung (§§ 1617b, 1617c) und bei der Einbenen-

---
[47] *Gernhuber/Coester-Waltjen* § 62 Rn. 1.
[48] *Gernhuber/Coester-Waltjen* § 62 Rn. 4; NK-BGB/*Rakete-Dombek* Rn. 11.
[49] *Dethloff* § 13 Rn. 59.
[50] *Dölle* II § 92 I 1.
[51] Vgl. *Palandt/Diederichsen* Rn. 9 ff.; *Erman/Michalski/Döll* Rn. 15.
[52] BVerfG NJW 2004, 1586, 1586 ff.
[53] Vgl. BVerfG FamRZ 2007, 2046 m. Anm. *Spickhoff* (2047 f.).
[54] AG Biedenkopf FamRZ 1999, 736.
[55] Vgl. näher AG Menden NJW 2010, 1614.
[56] *Dölle* II § 92 I 4 a; *Erman/Michalski/Döll* Rn. 16.

§ 1626   35–39   Abschnitt 2. Titel 5. Elterliche Sorge

nung (§ 1618). Ferner rechnet hierzu die Vertretung in Rechtsstreitigkeiten, welche persönliche Kindesangelegenheiten betreffen, nach zutreffender hM[57] auch bei Unterhaltsanträgen. Hierzu gehören schließlich auch solche Handlungen, die die Eltern für das Kind im eigenen Namen (bzw. aus eigener Verpflichtung heraus) und deshalb nicht im strengen Sinne als Vertreter des Kindes vornehmen und die häufig als sog. „amtsähnliche Handlungen"[58] bezeichnet werden: zB Zustimmungen nach den §§ 107 ff.; Erfüllung öffentlichrechtlicher Pflichten gegenüber Standesamt, Schule, Meldebehörde etc.; Erklärungen zur Staatsangehörigkeit; Stellung eines Strafantrags (vgl. § 77 Abs. 3, 4 StGB).[59]

35   Die **Berufsausbildung,** dh. die Wahl des Berufes und der Ausbildungsstätte sowie die Begründung des Ausbildungsverhältnisses einschließlich der Vertretung in Rechtsstreitigkeiten aus dem Berufsausbildungsverhältnis,[60] gehört als Teil der Erziehung (§ 1631 Abs. 1) zur Personensorge.[61] Soweit jedoch mit der gewählten Ausbildungsart Aufwendungen aus dem Kindesvermögen verbunden sind, fällt die Berufsausbildung zugleich in den Bereich der Vermögenssorge, wie auch generell Erziehungsmaßnahmen unter dieser Voraussetzung beiden Teilbereichen elterlicher Sorge zuzurechnen sind.[62] Nach den Umständen des Einzelfalles bestimmt sich auch, ob die **Verwendung der Ausbildungsvergütung** (bzw. des Arbeitsverdienstes, vgl. dazu auch Rn. 56) zur Personen- oder Vermögenssorge oder zu beiden Gebieten gehört: Eine Verwendung für den Kindesunterhalt berührt nur die Personensorge; wird der Unterhalt aus anderen Mitteln bestritten und fließen die Arbeitseinkünfte entspr. dem Zweck des § 1649 Abs. 1 dem Kindesvermögen zu, so unterliegen sie insoweit der Vermögenssorge, und für die Personensorge verbleibt nur die Entscheidung über die Belassung von Teilbeträgen als Taschengeld, weil sich darin erzieherische und unterhaltsrechtliche Elemente verbinden.[63]

36   Wenn die tatsächliche Personensorge und die Vertretung verschiedenen Personen zustehen und zwischen ihnen Meinungsverschiedenheiten entstehen, löst das Gesetz die Abgrenzungsprobleme auf unterschiedliche Weise: Zum Teil erhält der Inhaber der tatsächlichen Sorge den Vorrang, jedenfalls gegenüber einem als Vertreter fungierenden Vormund oder Pfleger (zB § 1673 Abs. 2 S. 3 Halbs. 1; § 3 Abs. 1 RelKErzG). Zum Teil steht beiden Sorgeinhabern ein gleichrangiges, eigenständiges Recht zu (zB § 77 Abs. 3, 4 StGB; 1303 Abs. 3). Andernfalls sind Konflikte gem. § 1628 (vgl. § 1673 Abs. 2 S. 3 Halbs. 2) bzw. gem. § 1630 Abs. 2 (ggf. analog, vgl. Erl. dort) vom FamG zu entscheiden.

37   **d) Insbesondere: Eigenzuständigkeiten des Kindes.** In Personensorgeangelegenheiten bedarf es schließlich einer Grenzziehung zwischen den Rechten der Eltern und Eigenzuständigkeiten (Teilmündigkeiten) des heranwachsenden Kindes (vgl. auch Rn. 29 ff.), und zwar vornehmlich bei ärztlicher Behandlung und bei Ausübung des Zeugnisverweigerungsrechts:

38   **aa) Ärztliche Behandlung.** Bei der ärztlichen Behandlung des Kindes ist zwischen der Frage der rechtfertigenden Einwilligung hinsichtlich des ärztlichen Eingriffs und dem Abschluss des Behandlungsvertrages zu unterscheiden.

39   **(1) Rechtfertigende Einwilligung hinsichtlich des ärztlichen Eingriffs.**[64] Der ärztliche Eingriff stellt nach hM eine Verletzung des Körpers bzw. der Gesundheit des Kindes dar, die zu einer Haftung aus § 823 führen kann.[65] Der Eingriff bedarf deshalb zu seiner Rechtfertigung einer Einwilligung. Diese Einwilligung ist nach hM keine Einwilligung iSd. § 183 und auch keine rechtsgeschäftliche Willenserklärung wie die Zustimmung zu einem Rechtsgeschäft, sondern eine „Gestattung oder Ermächtigung zur Vornahme tatsächlicher Handlungen, die in den Rechtskreis des Gestattenden eingreifen".[66] Deshalb sind darauf die §§ 107 ff. nicht unmittelbar anwendbar. Eine

---

[57] Vgl. NK-BGB/*Rakete-Dombek* Rn. 17; *Erman/Michalski/Döll* Rn. 16 mwN.
[58] Vgl. *Siebert* NJW 1955, 1, 2; *Soergel/Strätz* § 1629 Rn. 7; *Staudinger/Peschel-Gutzeit* Rn. 59; kritisch zu dieser Bezeichnung: 3. Aufl. Rn. 31; *Gernhuber/Coester-Waltjen* § 57 Rn. 65 Fn. 137.
[59] Vgl. § 1629 Rn. 8; *Gernhuber/Coester-Waltjen* § 57 Rn. 65; *Soergel/Strätz* § 1629 Rn. 7; jurisPK-BGB/*Schwer/B. Hamdan* Rn. 19 f.
[60] LAG Hannover BB 1951, 813 m. zust. Anm. *Siebert*.
[61] RGZ 129, 18, 21 = JW 1931, 1348 m. zust. Anm. *Feuchtwanger* JW 1932, 1351; *Soergel/Strätz* § 1630 Rn. 5, § 1631a Rn. 4; *Staudinger/Peschel-Gutzeit* Rn. 67; aA BayObLGZ 1913, 470, 475 ff.: wegen der vermögensrechtlichen Folgen der Berufswahl seien stets Personen- und Vermögenssorge betroffen, dagegen zutr. *Soergel/Strätz* § 1631a Rn. 4.
[62] *Staudinger/Peschel-Gutzeit* Rn. 67; *Soergel/Strätz* § 1630 Rn. 5; NK-BGB/*Rakete-Dombek* Rn. 15.
[63] Vgl. *Staudinger/Peschel-Gutzeit* Rn. 68.
[64] Vgl. dazu ausführlich *Belling* S. 103 ff.; *ders.* FuR 1990, 68 ff.
[65] Vgl. 3. Aufl. § 823 Rn. 358 ff.
[66] BGHZ 29, 33, 36; BGH NJW 1964, 1177 f.; BGHZ 105, 45, 47 f.; *Erman/Michalski/Döll* Rn. 16a f.; *Soergel/Strätz* § 1629 Rn. 6; s. auch *Gernhuber/Coester-Waltjen* § 57 Rn. 79.

analoge Anwendung[67] dieser Vorschriften kommt allenfalls insoweit in Betracht, als es der Zweck der §§ 107 ff., der Minderjährigenschutz, zwingend gebietet. Dies ist nach einer Grundsatzentscheidung des BGH,[68] der sich die hM[69] angeschlossen hat, grundsätzlich nicht der Fall, wenn der Minderjährige nach seiner geistigen und sittlichen Reife die Bedeutung und die Tragweite des Eingriffs zu beurteilen vermag, wenn er also eine ausreichende Einsichtsfähigkeit hat. In diesen Fällen kann der Minderjährige also grundsätzlich mit rechtfertigender Wirkung in den ärztlichen Eingriff einwilligen.

Noch nicht abschließend geklärt ist allerdings, ob diese Formel von der Einsichtsfähigkeit des Kindes allein über die Wirksamkeit der Einwilligung entscheiden soll, oder ob die Einwilligung des einsichtsfähigen Kindes nur unter zusätzlichen Kautelen ausreichen soll. Der BGH hat in einer späteren Entscheidung die frühere Grundsatzentscheidung dahingehend präzisiert bzw. eingeschränkt, dass eine Einwilligung des Minderjährigen nicht ausreichend sei, wenn es sich um einen nicht unwichtigen Eingriff handle und die vorherige Einwilligung der Eltern problemlos möglich sei.[70] Der BGH berücksichtigte dabei auch, dass im vorliegenden Fall die (16-jährige) Minderjährige von der Volljährigkeitsgrenze (damals 21 Jahre) noch weit entfernt war, während der Minderjährige in der früheren Grundsatzentscheidung nur wenige Monate von diesem Zeitpunkt entfernt war.

Stellungnahme: Richtigerweise kommt es allein auf die Frage an, ob der Minderjährige für den betreffenden Eingriff eine ausreichende Einsichtsfähigkeit besitzt. Bei der Prüfung dieses Kriteriums ist insbesondere die Schwere des Eingriffs zu berücksichtigen: Je schwerwiegender bzw. gefährlicher der Eingriff, desto höhere Anforderungen sind an die Einsichtsfähigkeit zu stellen. Bei der Prüfung, ob der Minderjährige die nötige Reife besitzt, fließt in der Regel auch das Alter des Minderjährigen ein; eine starre Altersgrenze gibt es jedoch nicht. Die Beurteilung der Einsichtsfähigkeit obliegt in erster Linie dem Arzt.[71] Im Zweifel ist bei der Annahme der nötigen Einsichtsfähigkeit Zurückhaltung angebracht: Nur bei unbedeutenden Eingriffen wird man überhaupt davon ausgehen können, dass ein Minderjähriger die nötige Einsichtsfähigkeit haben kann.[72] In den meisten Fällen wird deshalb die Einwilligung der Eltern allein schon wegen des Fehlens der nötigen Einsichtsfähigkeit des Minderjährigen erforderlich sein.

Wenn sich jedoch im Einzelfall herausgestellt hat, dass der Minderjährige für den konkreten Eingriff die nötige Einsichtsfähigkeit hat, sollte man nicht noch zwingend darauf abstellen, ob die Einwilligung der Eltern rechtzeitig zu erlangen wäre. Dann nämlich hat der Minderjährige für diesen Bereich die nötige „Teilmündigkeit" (s. Rn. 29 ff.) und kann deshalb selbständig über den Eingriff entscheiden; die aus der Personensorge resultierende Stellung der Eltern tritt insoweit zurück.[73] Auch die ärztliche Aufklärungspflicht besteht in diesem Fall in erster Linie dem Minderjährigen gegenüber. Die Eltern haben allerdings ein Recht auf Information über den Eingriff und über die sich daraus für das weitere Leben des Minderjährigen ergebenden Konsequenzen; denn sie müssen als Personensorgeberechtigte nach dem Eingriff die Voraussetzungen dafür schaffen bzw. dafür sorgen, dass der Minderjährige den Anweisungen des Arztes folgt.[74]

Wenn der Minderjährige die erforderliche Reife hat, steht ihm konsequenterweise auch das Recht zu, den Eingriff zu **verweigern,** selbst wenn die Eltern dem Eingriff zustimmen (Vetorecht).[75] Hier ist zu beachten, dass die Schwelle der erforderlichen Einsichtsfähigkeit in die Folgen einer Ablehnung des Eingriffs niedriger liegen kann als bei der Zustimmung zum Eingriff.

Ist im konkreten Fall die Einwilligung der Eltern erforderlich, so ist es in erster Linie deren Entscheidung, ob sie die Einwilligung erteilen oder nicht. Die Grenze ihrer Entscheidungsautonomie liegt bei § 1666. Wenn das Wohl des Kindes gefährdet wird, muss das FamG korrigierend eingreifen. Ein derartiger Fall wäre zB gegeben, wenn sich die Eltern aus religiösen Gründen not-

---

[67] Vgl. dazu *Gernhuber/Coester-Waltjen* § 57 Rn. 79.
[68] BGHZ 29, 33, 36; s. auch BGH NJW 1964, 1177 f.
[69] Vgl. § 823 Rn. 736 mwN; *Gernhuber/Coester-Waltjen* § 57 Rn. 79; *Erman/Michalski/Döll* Rn. 16a.; *Staudinger/Peschel-Gutzeit* Rn. 96; *Soergel/Strätz* Rn. 6. Zu einzelnen Differenzierungen *Belling* S. 108 f.
[70] BGH NJW 1972, 335, 337; ähnlich BayObLG FamRZ 1987, 87, 89; OLG Hamm NJW 1998, 3424 f.; Vor § 104 Rn. 89; *Bosch* FamRZ 1959, 202, 203. Ob es auf die Frage der rechtzeitigen Einholbarkeit der elterlichen Zustimmung ankomme, hatte BGHZ 29, 33, 37 offen gelassen.
[71] *Staudinger/Peschel-Gutzeit* Rn. 94.
[72] Vgl. *Staudinger/Peschel-Gutzeit* Rn. 93; *Kern* NJW 1994, 753, 755.
[73] Vgl. dazu *Staudinger/Peschel-Gutzeit* Rn. 93 ff.; *Belling* FuR 1990, 68, 76 f.
[74] Vgl. *Belling* FuR 1990, 68, 76 f.
[75] Vgl. BGH NJW 2007, 217, 218, Rn. 8 (relativ indizierter Eingriff mit erheblichen Folgen für die künftige Lebensgestaltung); § 823 Rn. 736 mwN zum Streitstand; *Gernhuber/Coester-Waltjen* § 57 Rn. 80; *Soergel/Strätz* § 1629 Rn. 6.

wendigen Maßnahmen zur Heilung des Kindes widersetzen.[76] Zu konkreten Fällen vgl. Erl. zu § 823, Rn. 736 ff.

45 **(2) Abschluss des Behandlungsvertrages.** Eine andere Frage ist es, ob der Minderjährige wirksam einen Behandlungsvertrag abschließen kann. Hier handelt es sich um eine Willenserklärung, auf die die Vorschriften der §§ 107 ff. unmittelbar Anwendung finden. In der Regel ist deshalb die Zustimmung der Eltern erforderlich.[77] Die geschilderte beschränkte Fähigkeit des Minderjährigen zur tatsächlichen Einwilligung in den Eingriff findet also de lege lata keine Entsprechung im rechtsgeschäftlichen Bereich. Deshalb wird diese Art der Eigenzuständigkeit des Minderjährigen im praktischen Ergebnis häufig leer laufen.[78]

46 Wenn die Eltern den Behandlungsvertrag nicht im Namen des Kindes, sondern im eigenen Namen abschließen, kommt idR ein Vertrag zugunsten Dritter zustande, der dem Kind nach §§ 328 ff. ggf. eigene Schadensersatzansprüche verleiht.[79]

47 **(3) Schwangerschaftsabbrüche.** Umstritten ist die Behandlung von Schwangerschaftsabbrüchen minderjähriger Mütter. In der Rechtsprechung überwiegt wohl die Ansicht, die Minderjährige könne über die Einwilligung in den Schwangerschaftsabbruch auch bei entsprechender geistiger Reife nicht allein entscheiden, sondern bedürfe der Zustimmung ihrer gesetzlichen Vertreter,[80] jedenfalls für den wirksamen Abschluss des entsprechenden Behandlungsvertrages.[81] Die Zustimmung der gesetzlichen Vertreter könne aber in Ausnahmefällen gem. § 1666 Abs. 3 ersetzt werden.[82] In der Literatur ist die Frage umstritten.[83] Bei Zugrundelegung der hier für ärztliche Eingriffe allgemein vertretenen Ansicht (s. Rn. 39 ff.) wird angesichts der Bedeutung des Eingriffs in der Regel die Zustimmung der Eltern bereits für die rechtfertigende Einwilligung erforderlich sein, die in Ausnahmefällen gem. § 1666 Abs. 3 ersetzt werden kann.[84]

48 Anders ist die Lage, wenn die Minderjährige einen Schwangerschaftsabbruch **ablehnt,** die Eltern dagegen auf einen Abbruch drängen und die Zustimmung dazu erteilen. Hier ist an die erforderliche Einsichtsfähigkeit der Minderjährigen ein niedrigerer Maßstab anzulegen: Grundsätzlich ist die Entscheidung der minderjährigen Mutter, das Kind auszutragen und den Eingriff abzulehnen, zu respektieren.[85]

49 **bb) Zeugnisverweigerungsrecht.** Über die Ausübung des Zeugnisverweigerungsrechts (§§ 383 ff. ZPO, §§ 52 ff. StPO) enthält die StPO in § 52 Abs. 2, 3 eine Regelung, die nach hM für den Zivilprozess entsprechend gilt.[86]

50 Danach entscheidet der Minderjährige in alleiniger Zuständigkeit über eine Aussage, wenn er nach seiner – vom Prozessgericht[87] zu beurteilenden – **Verstandesreife** die Bedeutung des Zeugnisverweigerungsrechts hinreichend zu erfassen vermag (vgl. § 52 Abs. 2 S. 1 StPO).[88] Die Gegen-

---

[76] Vgl. *Belling* FuR 1990, 68, 74; zu strafrechtlichen Aspekten dieser Situation OLG Hamm FamRZ 1968, 221.
[77] BGHZ 29, 33, 37; *Erman/Michalski/Döll* Rn. 16b; *Staudinger/Peschel-Gutzeit* Rn. 103.
[78] Vgl. *Staudinger/Peschel-Gutzeit* Rn. 103 ff.; *Belling* S. 140, der deshalb den Rechtsgedanken des § 1631a Abs. 2 S. 2 auf Fälle übertragen will, in denen die Eltern die Entscheidung des Minderjährigen übergehen und daraus eine Beeinträchtigung der Gesundheit des Kindes erwächst; *Gernhuber/Coester-Waltjen* § 57 Rn. 80, auch zu der Situation des in der gesetzlichen Krankenversicherung erfassten Jugendlichen; zu Letzterem auch *Coester* FamRZ 1985, 982, 986.
[79] BGH VersR 1955, 279 f.; OLG Celle VersR 1955, 408 f.; § 328 Rn. 33.
[80] OLG Hamm NJW 1998, 3424; aA AG Schlüchtern NJW 1988, 832.
[81] AG Celle FamRZ 1987, 738, 739; LG München I FamRZ 1979, 850, 851; s. dazu aber *Moritz* ZfJ 1999, 92, 94 f.
[82] Vgl. AG Neukirchen FamRZ 1988, 876; LG Köln FamRZ 1987, 257.
[83] Vgl. zB *Moritz* ZfJ 1999, 92; *Scherer* FamRZ 1997, 589; *Siedhoff* FamRZ 1998, 8; *Belling* S. 116 f.; *Belling/Eberl* FuR 1995, 287; *Schwerdtner* NJW 1999, 1525; *Gernhuber/Coester-Waltjen* § 57 Rn. 111; *Staudinger/Peschel-Gutzeit* Rn. 98 ff.
[84] Vgl. zur Problematik etwa OLG Naumburg FamRZ 2004, 1806, 1806; *Palandt/Diederichsen* Rn. 13 mwN.
[85] Vgl. *Belling/Eberl* FuR 1995, 287, 290; *Belling* S. 149; *Staudinger/Peschel-Gutzeit* Rn. 99; *Siedhoff* FamRZ 1998, 8 mwN.
[86] § 383 ZPO Rn. 8 ff.; *Staudinger/Peschel-Gutzeit* § 1629 Rn. 98 ff.
[87] Vgl. aber auch OLG Naumburg vom 25. 8. 2005 – 14 UF 64/05, nv (Entscheidung durch Ermittlungsrichter bzw. den im Ermittlungsverfahren tätigen Staatsanwalt).
[88] *Erman/Michalski/Döll* Rn. 19 ff.; *Soergel/Strätz* § 1629 Rn. 18; *Staudinger/Peschel-Gutzeit* § 1629 Rn. 98 ff.; s. auch OLG Stuttgart FamRZ 1965, 515, 516 f.; BayObLG FamRZ 1966, 644, 645 ff. = NJW 1967, 206; BayObLG FamRZ 1998, 257; OLG Naumburg vom 25. 8. 2005 – 14 UF 64/05, recherchiert über juris; OLG Brandenburg FamRZ 2010, 843.

meinung,[89] die das Entscheidungsrecht des Minderjährigen pauschal von der Vollendung des 14. Lebensjahres abhängig macht, ist de lege lata nicht zu vertreten.[90]

Beim Fehlen der zu eigenverantwortlicher Entscheidung befähigenden Verstandesreife darf der 51 Minderjährige nur vernommen werden, wenn er zur Aussage bereit ist *und* der gesetzliche Vertreter der Aussage zustimmt (vgl. § 52 Abs. 2 S. 1 StPO); der Minderjährige kann also gegen seinen Willen selbst dann nicht zur Aussage gezwungen werden, wenn sein gesetzlicher Vertreter der Aussage zustimmt. Kind und gesetzliche(r) Vertreter sind vor jeder Vernehmung über ihr Recht zu belehren und können den Verzicht darauf auch während der Vernehmung widerrufen (§ 52 Abs. 3 StPO). Auch diese Vorschriften gelten für den Zivilprozess analog (vgl. Rn. 49). Die gesetzliche Vertretung bei der Entscheidung über das Zeugnisverweigerungsrecht ist idR Vertretung in Personensorgesachen, es sei denn, der Rechtsstreit betrifft Vermögensrechte des Kindes[91] (nicht jedoch den Unterhalt, vgl. Rn. 34).

Ist im Strafprozess ein gesetzlicher **Vertreter selbst Beschuldigter,** so kann er über die Aus- 52 übung des Zeugnisverweigerungsrechts nicht entscheiden (§ 52 Abs. 2 StPO). Steht die Vertretung beiden Elternteilen zu, so ist nach der genannten Vorschrift (Halbs. 2) auch der nicht beschuldigte Elternteil von der Vertretung des nicht hinreichend einsichtsfähigen Kindes ausgeschlossen.[92] Wenn die Eltern demnach über die Entscheidung über die Ausübung des Zeugnisverweigerungsrechts ausgeschlossen sind, ist gem. §§ 1693, 1909 durch das FamG ein Ergänzungspfleger zu bestellen.[93]

Im **Ehescheidungsrechtsstreit** der Eltern sind beide Elternteile als Prozessparteien nach dem 53 Rechtsgedanken des § 52 Abs. 2 Halbs. 2 StPO und der §§ 1629 Abs. 2 S. 1, 1795 Abs. 2, 181 von der Entscheidung über die Verweigerung des Zeugnisses ausgeschlossen.[94] Das Gleiche gilt, wenn nur ein Elternteil Prozesspartei ist;[95] auch dies lässt sich auf den Rechtsgedanken des § 52 Abs. 2 Halbs. 2 StPO stützen, und zwar nicht nur für den dort ausdrücklich genannten Fall, dass den Eltern die Sorge gemeinsam zusteht, sondern auch für den Fall, dass der nicht am Prozess beteiligte Elternteil alleiniger Inhaber der elterlichen Sorge ist.[96] Dagegen geht es zu weit, auch bei Beteiligung anderer, in § 1795 Abs. 1 Nr. 1, 2 genannter Personen (zB Eltern oder andere Kinder des gesetzlichen Vertreters) einen automatischen Ausschluss der Vertretungsmacht anzunehmen.[97] Diese Fälle werden von dem Rechtsgedanken des § 52 StPO nicht erfasst. Hier bleibt ggf. nur die Möglichkeit der Entziehung gem. § 1629 Abs. 2 S. 3 durch das FamG.

Für das Recht zur Verweigerung einer **körperlichen Untersuchung** oder der Entnahme von 54 **Blutproben** gelten die Regeln des § 52 Abs. 2 S. 2, Abs. 3 StPO gem. § 81c Abs. 3 StPO entspr.; § 81c Abs. 3 S. 3–5 StPO stellt sicher, dass in Eilfällen erforderliche Maßnahmen alsbald getroffen werden können, deren Ergebnis dann aber nur mit Einwilligung des gesetzlichen Vertreters prozessual verwertbar ist.[98]

3. Vermögenssorge. a) Inhalt. Das Recht und die Pflicht, für das Vermögen des Kindes zu 55 sorgen, schließt alle tatsächlichen und rechtlichen Maßnahmen ein, welche darauf gerichtet sind, das Kindesvermögen zu erhalten, zu verwerten und zu vermehren.[99] Die Eltern sind grundsätzlich zu unentgeltlicher Verwaltung des Kindesvermögens verpflichtet. Der BGH[100] lässt aber offen, ob dies auch für die Leitung eines ererbten Erwerbsgeschäfts gilt und inwieweit hier Zumutbarkeitsgrenzen gelten.

b) Erfasstes Vermögen. Der elterlichen Vermögenssorge unterliegendes Vermögen sind nicht 56 nur Anlagewerte (Grundbesitz, Wertpapiere), sondern auch die Einkünfte daraus und grundsätzlich

---

[89] *Bosch* S. 25 ff., 46 ff.
[90] OLG Stuttgart FamRZ 1965, 515 f.; BayObLG FamRZ 1966, 644, 645 ff. = NJW 1967, 206, 207 ff.; *Erman/Michalski/Döll* Rn. 19; *Staudinger/Peschel-Gutzeit* § 1629 Rn. 104.
[91] *Staudinger/Peschel-Gutzeit* Rn. 59.
[92] OLG Hamm OLGZ 1972, 157; OLG Naumburg vom 25. 8. 2005 – 14 UF 64/05 (juris; aA (Bestimmungsrecht des nicht belasteten Elternteils) OLG Stuttgart NJW 1971, 2237 ff.; dagegen jedoch *Schoene* NJW 1972, 930; *Erman/Michalski/Döll* Rn. 20.
[93] Vgl. zur Zuständigkeit *Palandt/Diederichsen* Vor § 1909 Rn. 5. Die Pflegerbestellung darf nicht zu einer unzulässigen Einflussnahme auf das kindliche Aussageverhalten führen, vgl. OLG Brandenburg FamRZ 2010, 843.
[94] Vgl. schon OLG Stuttgart FamRZ 1965, 515, 517; die an §§ 1629 Abs. 2 S. 3, 1796 anknüpfende Begr. des BayObLG FamRZ 1966, 644 ist angesichts der Entscheidung des Gesetzgebers für den „automatisch" eintretenden Ausschluss der Vertretung in § 52 Abs. 2 StPO kaum mehr zu rechtfertigen.
[95] § 383 ZPO Rn. 10; *Staudinger/Peschel-Gutzeit* § 1629 Rn. 108.
[96] S. auch KK-StPO/*Senge* § 52 Rn. 29.
[97] So aber § 383 ZPO Rn. 10 *(Damrau)*.
[98] Vgl. etwa OLG Naumburg vom 27. 10. 2004 – 14 UF 176/04, recherchiert über juris.
[99] Vgl. *Staudinger/Peschel-Gutzeit* Rn. 64; *Erman/Michalski/Döll* Rn. 17.
[100] BGHZ 58, 14, 39 = NJW 1972, 574.

§ 1626 57–61 Abschnitt 2. Titel 5. Elterliche Sorge

(vgl. Rn. 35) auch die Einnahmen, die das Kind durch seine Arbeit oder einen ihm nach § 112 gestatteten selbständigen Betrieb eines Erwerbsgeschäfts erwirbt, arg. ex § 1649 Abs. 1. Aber hier gelten mehrere Einschränkungen: Zum einen können die Ermächtigungen gem. §§ 112, 113 mit einer stillschweigenden (General-)Einwilligung iSv. § 107 für die Verwendung der Einkünfte verbunden sein; die Regel ist dies freilich nicht.[101] Zum anderen umfasst die Ermächtigung zum Betrieb eines selbständig betriebenen Erwerbsgeschäfts die Verwendung der Einnahmen für diesen Betrieb, sodass diese Beträge nicht der elterlichen Vermögenssorge unterliegen.[102] Die zur Eingehung eines Dienst- oder Arbeitsverhältnisses erteilte Ermächtigung nach § 113 deckt regelmäßig zugleich die Eröffnung eines Gehaltskontos, aber nicht notwendig alle Verfügungen darüber.[103] Soweit die Eltern den Arbeitsverdienst des Kindes einziehen oder über die Geschäftserträge verfügen, richtet sich die Verwendung nach §§ 1649, 1642.

57   **Verwaltungsfreies,** dh. elterlicher Verwaltung entzogenes Vermögen kann das Kind nach § 1638 von Todes wegen oder durch unentgeltliche Zuwendung unter Lebenden erwerben, vgl. Erl. dort; zur Verwaltung nach Anordnungen des Zuwendenden vgl. § 1639. Verwaltungsfrei sind auch die dem Kind nach § 110 überlassenen Beträge.[104]

58   **c) Vertretung.** Auch im Rahmen der Vermögenssorge ist grundsätzlich zwischen tatsächlicher Sorge und gesetzlicher Vertretung zu unterscheiden. Allerdings spielt der Bereich der rein tatsächlichen Sorge nur eine geringe Rolle, weil wegen des rechtsgeschäftlichen Bezugs der meisten Vermögenssorgemaßnahmen idR von einer Vertretungshandlung auszugehen ist.[105] Die Vertretung des Kindes in Angelegenheiten der Vermögenssorge umfasst alle Bereiche, in denen im Rahmen der Vermögenssorge rechtsgeschäftliche oder prozessuale Handlungen erforderlich sind.

59   **d) Besitz.** Die tatsächliche Vermögenssorge umfasst insbes. das Recht, die zum Kindesvermögen gehörigen Sachen in Besitz zu nehmen;[106] dies lässt sich im Wege des Gegenschlusses aus § 1698 Abs. 1 ableiten, der die Rückgabe nach Beendigung der elterlichen Sorge regelt. Die Eltern sind als unmittelbare Besitzer kraft der elterlichen Sorge Besitzmittler für das Kind. Dieses gesetzliche Besitzmittlungsverhältnis reicht für eine Übereignung an das Kind nach § 930 aus.[107] Dieses aus der Vermögenssorge folgende Recht der Eltern gilt nicht für persönliche Sachen des heranwachsenden Kindes, soweit sie zu einem Bereich gehören, in welchem das Kind entspr. den für die Personensorge charakteristischen Regeln (Rn. 29 ff.) zunehmend Selbstbestimmungsfähigkeit entfaltet.

60   **e) Beschränkungen und Haftung.** Beschränkungen der elterlichen Vertretungsmacht in Vermögenssorgesachen ergeben sich aus § 1629 Abs. 2 iVm. §§ 1795, 1796, ferner aus §§ 1638 ff., vgl. Erl. dort. Die Haftung der Eltern richtet sich nach § 1664, vgl. Erl. dort.

V. Heranführung des Kindes zu selbständigem verantwortungsbewusstem Handeln, Abs. 2

61   **1. Allgemeines. a) Leitbild.** Abs. 2 ist eine Grundsatznorm, die ein Leitbild für die elterliche Erziehung vorgibt.[108] Die Pflichten, die Abs. 2 den Eltern auferlegt, dienen dazu, das Kind schrittweise auf jene Selbständigkeit und jenes Verantwortungsbewusstsein vorzubereiten, das es bei Volljährigkeitseintritt erreicht haben soll.[109] Abs. 2 S. 1 konkretisiert die Pflicht zu Beistand und Rücksicht aus § 1618a für das Verhalten der Eltern bei der Pflege und Erziehung ihres minderjährigen Kindes und bedeutet systematisch eine Ausfüllung der in § 1631 Abs. 1 geregelten Rechte und Pflichten aus der Personensorge. Abs. 2 S. 2 dagegen handelt generell von der elterlichen Sorge. Soweit nach S. 1 Fähigkeit und Bedürfnis der Kinder zu selbständigem verantwortungsbewusstem Handeln zu berücksichtigen sind oder soweit Argumenten des Kindes nach S. 2 Rechnung zu tragen ist, tritt die elterliche Sorge zugunsten einer Anleitung des Kindes zur **Eigenverantwortlichkeit** zurück (vgl. auch Rn. 29 ff.). Der Wandel der Intensität elterlicher Sorge, der in der Vergangenheit

---

[101] *Erman/Michalski/Döll* Rn. 18; jurisPK-BGB/*Schwer/B. Hamdan* Rn. 22; aA NK-BGB/*Rakete-Dombek* Rn. 12; für die Zulässigkeit einer Generaleinwilligung eingehend *Scherner* FamRZ 1976, 673.
[102] KG KGJ 37, 43; *Erman/Michalski/Döll* Rn. 18; Palandt/*Diederichsen* Rn. 19.
[103] Vgl. dazu BGH LM § 990 Nr. 12 = NJW 1962, 1056; *Capeller* BB 1961, 453; *Scheerer* BB 1971, 981; *Staudinger/Peschel-Gutzeit* Rn. 66; s. auch Erl. zu § 113.
[104] NK-BGB/*Rakete-Dombeck* Rn. 12.
[105] *Staudinger/Peschel-Gutzeit* Rn. 64.
[106] Vgl. BGH NJW 1989, 2542, 2544; jurisPK-BGB/*Schwer/B. Hamdan* Rn. 23; *Erman/Michalski/Döll* Rn. 17.
[107] BGH NJW 1989, 2542, 2543 f.; NK-BGB/*Rakete-Dombek* Rn. 12; *Dethloff* § 13 Rn. 113.
[108] Zur Normqualität vgl. 3. Aufl. Rn. 58.
[109] Vgl. Beschlussempfehlung (Fn. 1) S. 34.

Elterliche Sorge, Grundsätze 62–65 § 1626

häufig eher als Schranke einer übertriebenen und deshalb entwicklungsgefährdenden Inanspruchnahme elterlicher Befugnisse verstanden wurde, stellt sich in § 1626 Abs. 2 als bewusste Selbstbeschränkung der Eltern zur Förderung der Persönlichkeitsentwicklung ihres Kindes dar und erhält damit einen neuen, der gesetzlichen Betonung verstärkter Elternverantwortung angepassten Akzent. Mit Abs. 2 ist ein über Jahrzehnte hinweg auf Gehorsam und Unterwerfung unter den Willen der Eltern ausgerichteter Erziehungsstil gesetzlich untersagt und durch eine partnerschaftliche Erziehung abgelöst worden.[110]

b) Wirkung. Abs. 2 enthält keine Rechtsfolgen und keine Sanktionen. Insbesondere gibt die **62** Vorschrift dem Kind nicht die Möglichkeit, die Einhaltung des in Abs. 2 vorgesehenen Leitbildes gerichtlich gegen die Eltern durchzusetzen. Allerdings ist das Leitbild des Abs. 2 immer dann zu berücksichtigen, wenn das FamG im Rahmen einer von ihm aus anderem Anlass zu treffenden Entscheidung (zB nach §§ 1671 f., 1684 Abs. 3) auf das Kindeswohl abstellen muss. Außerdem ist es denkbar, dass ein schwerwiegender und dauerhafter Verstoß der Eltern gegen das Leitbild des Abs. 2 ein Eingreifen des FamG nach § 1666 rechtfertigt.[111]

c) Verfassungsmäßigkeit. Die Verfassungsmäßigkeit des Abs. 2 ist zu Unrecht mit der Begr. **63** angegriffen worden, der Staat dürfe wegen Art. 6 Abs. 2, 3 GG um der elterlichen Erziehungspriorität willen kein Erziehungsverfahren als der Persönlichkeitsentwicklung des Kindes am besten entsprechend dekretieren: Nur das „Ob" der elterlichen Erziehungsberechtigung sei staatlich zu regeln, nicht das „Wie" ihrer Ausübung.[112] Diese Auffassung ist nicht haltbar; ihr steht schon entgegen, dass die Heranführung des Kindes zu selbständig verantwortungsbewusstem Handeln bereits vor dem SorgeRG von der Rspr. auch des BVerfG als Ziel der elterlichen Erziehungsaufgabe anerkannt war.[113] Diese Rspr. hat ihre Grundlage in der Privatrechtsordnung, die jungen Menschen mit Vollendung des 18. Lebensjahres volle Geschäfts- und Deliktsfähigkeit zuweist und so notwendig das Erlernen der dazu erforderlichen Fähigkeiten durch schrittweise Einübung voraussetzt.[114] Auch entspricht die Erziehung des Minderjährigen zu einer eigenverantwortlichen Persönlichkeit dem in Art. 1, 2 GG zum Ausdruck kommenden Menschenbild des GG.[115] Vor diesem Hintergrund statuiert die von Abs. 2 geforderte Berücksichtigung wachsender Fähigkeiten und Bedürfnisse des Kindes zu selbständigem verantwortungsbewusstem Handeln ein verfassungsrechtlich unbedenkliches **formales Erziehungsziel**:[116] Die Vorschrift besagt nichts darüber, wie die Verhaltensweisen der 18-Jährigen inhaltlich geprägt sein müssen, sondern sie beschränkt sich auf Verhaltensnormen, die den Eltern sagen, dass sie die Eigenverantwortlichkeit des Kindes so fördern sollen, dass das Kind bei Volljährigkeit selbständig und eigenverantwortlich handeln kann. Dass mit dem formalen Erziehungsziel zwangsläufig zugleich ein daran ausgerichteter **Erziehungsstil** normiert wird, ändert nichts an der Verfassungsmäßigkeit. Rechtlich ist das fremdnützige (Rn. 5) Sorgerecht auf „allmähliche Verflüchtigung" angelegt, darauf also, „in allen Lebensbereichen, für die der Rechtsverkehr keine standardisierten Maßstäbe benötigt, im Einzelfall in bestimmten Schüben elterliche Fremdbestimmung durch Selbstbestimmung zu ersetzen."[117]

2. Einzelerläuterungen. a) Anwendungsbereich. Der Anwendungsbereich des Abs. 2 ist **64** für S. 1 und S. 2 unterschiedlich geregelt: **S. 1** gilt „bei der Pflege und Erziehung" des Kindes, also in den von § 1631 Abs. 1 an erster und zweiter Stelle genannten Kernbereichen der Personensorge. Der Normtext darf um des Normzwecks willen nicht zu eng interpretiert werden: Ist Beaufsichtigung nur die negativ-verbietende Komplementärfunktion zur positiv-anleitenden Erziehung und als solche zugleich eine vom Erziehungszweck bestimmte Erziehungsaufgabe (§ 1631 Rn. 7), so muss Abs. 2 S. 1 auch und gerade für die elterliche Aufsicht gelten, deren Abbau mit wachsender Reife des Kindes notwendige Voraussetzung für dessen Heranführung zu selbständigem verantwortungsbewusstem Handeln ist.[118] Demgegenüber gilt **S. 2** für den gesamten Bereich der elterlichen Sorge, also auch für die Vermögenssorge.

b) Inhalt. Wenn **Abs. 2 S. 1** von den Eltern die Berücksichtigung der wachsenden Fähigkeit **65** und des wachsenden Bedürfnisses zu selbständigem verantwortungsbewusstem Handeln verlangt, ist

---

[110] OLG Karlsruhe FamRZ 1989, 1322 = NJW 1989, 2398.
[111] Vgl. *Erman/Michalski/Döll* Rn. 25; *Palandt/Diederichsen* Rn. 22; *Soergel/Strätz* Rn. 39.
[112] *Schmitt-Glaeser* DÖV 1978, 629, 634; *ders.*, Das elterliche Erziehungsrecht in staatlicher Reglementierung, 1980, S. 59.
[113] BVerfGE 24, 119, 144 = NJW 1968, 2233, 2235; BGH NJW 1974, 1947, 1949.
[114] Vgl. *Lüderitz* AcP 178 (1978), 263, 274 ff.
[115] *Staudinger/Peschel-Gutzeit* Rn. 115.
[116] *Lüderitz* AcP 178 (1978), 263, 275.
[117] *Gernhuber/Coester-Waltjen* § 57 Rn. 84.
[118] BGH LM § 832 Nr. 12 = NJW 1980, 1044 f.

damit gemeint, dass die Eltern diese Fähigkeit und dieses Bedürfnis anerkennen[119] und beidem bei der Pflege und Erziehung durch ein aktiv-förderndes Verhalten Rechnung tragen sollen. Berücksichtigung bedeutet also nicht, dass die Eltern stets dem Kindeswillen zu folgen haben, sondern dass sie das Kind an der Suche nach geeigneten Pflege- und Erziehungsmaßnahmen beteiligen, dass sie maW nicht über den Kopf des Kindes hinweg entscheiden dürfen.[120] Dies gilt freilich nur, soweit die Fähigkeit und das Bedürfnis des Kindes zu selbstverantwortlichem Handeln reichen. Es kommt also darauf an, ob das Kind selbst handeln kann und will. Die dafür erforderliche Beurteilungsfähigkeit ist als selbstverständliche Voraussetzung in Abs. 2 S. 1 nicht eigens erwähnt worden.[121] Liegen diese Erfordernisse vor, so müssen die Eltern dem Selbständigkeitsverlangen des Kindes schrittweise Raum geben und eigene Erziehungsinteressen insoweit zurückstellen.

66   Abs. 2 S. 2 ergänzt und erweitert die Regelung des S. 1 durch Gebote zur Gesprächsbereitschaft und zum Bemühen um die Herstellung von Einvernehmen mit dem Kind. Das Gespräch dient dazu, sein Verständnis und seine Einsicht zu wecken.[122] Ihm soll verdeutlicht werden, „warum die Eltern welche Entscheidung anstreben. Nach Möglichkeit soll das Einvernehmen zum bewussten und gewollten Mitwirken gewonnen werden. Es soll also bei entsprechendem Entwicklungsstand des Kindes nicht mehr nur angeordnet und befohlen werden. Wo allerdings trotz Bemühens ein Einverständnis nicht zu erzielen ist, werden die Eltern aus ihrer Verantwortung heraus allein entscheiden müssen."[123] Einvernehmen bedeutet danach tatsächliche Übereinstimmung oder Zurückstellen der eigenen Meinung, hat also mit einem Vertrag nichts zu tun[124] und erzeugt auch keine rechtliche Bindung iSv. § 1356 Abs. 1, sondern lediglich faktische Vertrauenstatbestände.[125] Abs. 2 S. 2 entbindet die Eltern nicht von der Pflicht, gegen den Willen des Kindes zu entscheiden bzw. eine „einvernehmlich" gefundene Lösung zu ändern, wenn dies im Interesse des Kindes angezeigt ist.[126] Es deckt also keine nur um des Friedens willen eingegangenen, faulen Kompromisse, die dem Kindeswohl nicht entsprechen.[127] Die Pflichten zur Diskussionsbereitschaft und zum Bemühen um Einvernehmen gelten für die gesamte elterliche Sorge, schließen also Pflege und Erziehung des Kindes iSv. Abs. 2 S. 1 ebenso ein wie alle übrigen Bereiche der Personensorge und auch die Vermögenssorge, in der das Kind wegen seiner Minderjährigkeit idR nicht selbstverantwortlich iSv. S. 1 handeln kann. Der Entwicklungsstand des Kindes ist in Abs. 2 S. 2 anders als in S. 1 ausdrücklich als Schranke genannt. Die Eltern haben danach das Kind *je nach Alter und Reife* mit seinen Angelegenheiten vertraut zu machen und an den Entscheidungen darüber zu beteiligen.

VI. Grundsatznorm zum Umgang (Abs. 3)

67   **1. Bedeutung.** Der durch das KindRG neu eingefügte Abs. 3 enthält einen allgemeinen Grundsatz: Der Umgang mit den Eltern und anderen wichtigen Erziehungspersonen dient in der Regel dem Wohl des Kindes.[128] Zum Normzweck vgl. Rn. 5. Die Vorschrift ordnet selbst keine konkreten Rechtsfolgen an. Weder ergibt sich daraus ein Recht des Kindes auf Umgang, noch begründet die Vorschrift ein solches Recht für die Eltern bzw. die anderen Bezugspersonen. Die konkreten Umgangsrechte und -pflichten ergeben sich vielmehr aus §§ 1684 ff.[129] Zur Neuregelung des Umgangsrechts infolge des Änderungsgesetzes von 2004[130] und der Entscheidung des BVerfG vom 9. 4. 2003[131] vgl. Rn. 73 und § 1685 Rn. 10.

68   Die rechtstechnische Bedeutung des Abs. 3 besteht darin, dass bei jeder Vorschrift, die eine Kindeswohlprüfung vorsieht, der in Abs. 3 enthaltene Grundsatz zu berücksichtigen ist. Konkret

---

[119] Vgl. Beschlussempfehlung (Fn. 1) S. 34.
[120] Vgl. OLG Karlsruhe FamRZ 1989, 1322 = NJW 1989, 2398, 2399; *Palandt/Diederichsen* Rn. 22; jurisPK-BGB/*Schwer/B. Hamdan* Rn. 24.
[121] Beschlussempfehlung (Fn. 1) S. 44.
[122] Gesetzentwurf der Bundesregierung, BT-Drucks. 7/2060 S. 17.
[123] Beschlussempfehlung (Fn. 1) S. 44 f.; *Staudinger/Peschel-Gutzeit* Rn. 123.
[124] *Staudinger/Peschel-Gutzeit* Rn. 123.
[125] *Staudinger/Peschel-Gutzeit* Rn. 123.
[126] *Palandt/Diederichsen* Rn. 22; NK-BGB/*Rakete-Dombek* Rn. 25.
[127] *Erman/Michalski/Döll* Rn. 23.
[128] Vgl. BT-Drucks. 13/4899 S. 93.
[129] Vgl. OLG Bamberg FamRZ 1999, 810; BT-Drucks. 13/4899 S. 93; *Palandt/Diederichsen* Rn. 23; *Schwab/Wagenitz* FamRZ 1997, 1377, 1381; s. auch *Rauscher* FamRZ 1998, 329, 331 ff.
[130] Gesetz zur Änderung der Vorschriften über die Anfechtung der Vaterschaft und das Umgangsrecht von Bezugspersonen des Kindes, zur Registrierung von Vorsorgeverfügungen und zur Einführung von Vordrucken für die Vergütung von Berufsbetreuern v. 23. 4. 2002, BGBl. I S. 598.
[131] BVerfG NJW 2003, 2151 = FamRZ 2003, 816.

Elterliche Sorge, Grundsätze 69–74 § 1626

bedeutet das zB, dass eine Vereitelung des Umgangs im Einzelfall zu gerichtlichen Maßnahmen nach § 1666 führen kann.[132] Zur Bedeutung des Abs. 3 im Rahmen des § 1685 vgl. Rn. 72 f.

Darüber hinaus hat Abs. 3 insofern programmatische Bedeutung, als klargestellt werden soll, dass 69 es beim Umgang nicht lediglich um die Befriedigung von Elterninteressen geht, sondern insbesondere auch um das Interesse des Kindes.[133]

2. Personenkreis. a) Eltern (S. 1). Abs. 3 unterscheidet zwischen Eltern (S. 1) und anderen 70 Bezugspersonen (S. 2). Der Umgang mit beiden Elternteilen dient in der Regel dem Wohl des Kindes (S. 1); besondere Voraussetzungen müssen hier nicht vorliegen. Erfasst wird von S. 1 jeder Elternteil; es kommt nicht darauf an, wem die elterliche Sorge zusteht. Auch wenn die Eltern getrennt leben, kann von einem verantwortungsvollen Sorgeberechtigten erwartet werden, dass er die Kontakte des Kindes zum anderen Elternteil nicht nur zulässt, sondern diese auch fördert.[134]

Allerdings gilt dies nur „in der Regel". Es kann also Einzelfälle geben, in denen der Umgang 71 mit den Eltern nicht dem Wohl des Kindes dient; meistens wird es sich dabei um Situationen handeln, in denen ein Eingreifen des FamG gem. § 1684 Abs. 4 gerechtfertigt ist.[135]

b) Andere Bezugspersonen (S. 2). S. 2 bestimmt, dass dem Wohl des Kindes auch der 72 Umgang mit anderen Personen dienen kann. Dieser erhält allerdings nur dann das Prädikat der Kindeswohldienlichkeit, wenn das Kind zu diesen Personen Bindungen besitzt, deren Aufrechterhaltung für seine Entwicklung förderlich ist.[136]

Die Vorschrift ist weiter gefasst als § 1685 Abs. 2, der nur enge Bezugspersonen des Kindes erfasst, 73 die für das Kind Verantwortung tragen oder getragen haben. Zwar ist die Diskrepanz zwischen beiden Vorschriften geringer geworden, seit die Fassung des § 1685 Abs. 2 durch das Lebenspartnerschaftsgesetz[137] und zuletzt durch das Änderungsgesetz von 2004[138] erweitert wurde, doch besteht immer noch keine volle Übereinstimmung, weil § 1626 Abs. 3 S. 2 nicht auf die „engen" Bezugspersonen mit der in § 1685 Abs. 2 beschriebenen Bindung beschränkt ist. Unter § 1626 Abs. 3 S. 2 können etwa auch bloße Bekannte des Kindes,[139] Nachbarn, Lehrer oder Freunde fallen.[140] Teilweise wird die Ansicht vertreten, unter dem Begriff „Bindung" sei auch die leibliche Abstammung zu verstehen; dementsprechend könne § 1626 Abs. 3 S. 2 den Umgang des Enkelkindes mit dem leiblichen Großelternteil erfassen, wenn etwa nach einer Adoption des Enkelkindes durch Dritte das Verwandtschaftsverhältnis zwischen Großelternteil und Kind erloschen sei.[141] Andererseits gibt es Rechtsprechung, die im Verhältnis zwischen Kind und Großeltern nur dann von einer (widerleglichen) Vermutung der Kindeswohldienlichkeit ausgeht, wenn zwischen Kind und Großmutter bereits eine Bindung besteht.[142] Die von § 1626 Abs. 3 S. 2, nicht hingegen von § 1685 erfassten Personen haben zwar keinen Anspruch auf Umgang gem. § 1685. Der sorgeberechtigte Elternteil hat aber bei seiner Entscheidung über den Umgang des Kindes den in Abs. 3 S. 2 enthaltenen Grundsatz zu berücksichtigen, dass der Umgang mit diesen Personen in der Regel im Wohl des Kindes liegt, wenn es zu ihnen Bindungen hat, deren Aufrechterhaltung seiner Entwicklung förderlich ist.

VII. Der Schutz elterlicher Sorge

1. Abwehrrechte. Als subjektives Recht mit absoluter Außenwirkung (Rn. 7 f.) gewährt die 74 elterliche Sorge bei störenden Eingriffen Dritter Abwehrrechte gem. §§ 1004, 12 analog.[143] Es gelten die allgemeinen Voraussetzungen für derartige Unterlassungsansprüche (vgl. Erl. zu § 1004). Insbesondere genügt eine objektiv widerrechtliche Beeinträchtigung der elterlichen Sorge; auf ein Verschulden kommt es nicht an.

---

[132] BT-Drucks. 13/4899 S. 93; FamRefK/*Rogner* Rn. 7.
[133] BT-Drucks. 13/4899 S. 68; FamRefK/*Rogner* Rn. 7; VG Schleswig FamRZ 2003, 1047, 1048.
[134] OLG München FamRZ 2003, 1957, 1957.
[135] Vgl. FamRefK/*Rogner* Rn. 8.
[136] Vgl. BT-Drucks. 13/4899 S. 93.
[137] Gesetz zur Beendigung der Diskriminierung gleichgeschlechtlicher Lebenspartnerschaften v. 16. 2. 2001, BGBl. I S. 266.
[138] Gesetz zur Änderung der Vorschriften über die Anfechtung der Vaterschaft und das Umgangsrecht von Bezugspersonen des Kindes, zur Registrierung von Vorsorgeverfügungen und zur Einführung von Vordrucken für die Vergütung von Berufsbetreuern v. 23. 4. 2004, BGBl. I S. 598.
[139] Vgl. *Rauscher* FamRZ 1998, 329, 336.
[140] Palandt/*Diederichsen* Rn. 24.
[141] OLG Rostock FamRZ 2005, 744, 744.
[142] OLG Naumburg FamRZ 2005, 2011 (LS.); OLG Köln FamRZ 2008, 2147 (LS.).
[143] *Gernhuber/Coester-Waltjen* § 57 Rn. 59; *Staudinger/Peschel-Gutzeit* Rn. 21.

§ 1626a   Abschnitt 2. Titel 5. Elterliche Sorge

75 **2. Deliktische Schadensersatzansprüche.** Aufgrund der Anerkennung der elterlichen Sorge als absolutes Recht mit Außenwirkung (Rn. 7 ff.) können sich bei widerrechtlichen und schuldhaften Eingriffen Schadensersatzansprüche aus § 823 Abs. 1 ergeben. Voraussetzung für einen Schadensersatzanspruch ist allerdings, dass es sich um einen unmittelbaren Eingriff in die elterliche Sorge handelt, zB die Beeinträchtigung des Aufenthaltsbestimmungsrechts durch Entziehung des Kindes. Nicht ausreichend sind rein mittelbare Einwirkungen, zB eine Verletzung des Kindes, welche die Eltern in pflichtgemäßer Ausübung ihrer elterlichen Sorge zum Abbruch des gemeinsamen Urlaubs veranlasst.[144]

76 Ersatzfähig sind alle durch die Rechtsgutsverletzung adäquat-kausal verursachten Vermögenseinbußen.[145] Dies sind insbesondere diejenigen Kosten, welche die Eltern aufwenden müssen, um die Wirkungen des schädigenden Eingriffs rückgängig zu machen bzw. auszugleichen, bei einer Entführung des Kindes durch den nicht sorgeberechtigten Elternteil also zB die Kosten für die Ermittlung des Aufenthalts des Kindes (zB Detektivkosten)[146] und für dessen Rückführung. Grundsätzlich wird die Ersatzfähigkeit nicht dadurch ausgeschlossen, dass der geschädigte Elternteil die betreffenden Maßnahmen von sich aus eingeleitet hat, ohne zunächst auf gesetzlich vorgesehene gerichtliche Maßnahmen (zB nach § 47 FamFG) zu vertrauen. Allerdings gilt auch für solche Aufwendungen die allgemeine Adäquanzgrenze: Ersatzfähig sind sie nur insoweit, als sie nach Art und Umfang aus (ex-ante) Sicht eines verständigen Menschen in der Lage des geschädigten Elternteils erforderlich erscheinen.[147]

VIII. Haftungsprobleme

77 **1. Allgemeines.** Vgl. zur elterlichen Haftung gegenüber dem Kind Erl. zu § 1664 sowie zu den Ansprüchen bei Verletzung oder Tötung des Kindes Erl. zu §§ 842 bis 845 und § 1619 Rn. 15. Bei Schädigung Dritter durch das Kind haften die Eltern nur nach § 832; § 1626 ist kein Schutzgesetz iSd. § 823 Abs. 2, das eine Haftung gegenüber Dritten begründen könnte.[148]

78 **2. Einzelfragen.** Gem. § 278 haftet das Kind innerhalb bestehender Schuldverhältnisse für ein Verschulden der Eltern als der gesetzlichen Vertreter. Erleidet das Kind einen Schaden, so muss es sich unter bestimmten Voraussetzungen nach §§ 254 Abs. 2 S. 2, 278 das Mitverschulden des gesetzlichen Vertreters bei der Schadensentstehung bzw. bei der Schadensminderung zurechnen lassen. Zu den (umstrittenen) Einzelheiten vgl. Erl. zu § 254 Rn. 78, 140 ff.[149]

79 Für **unerlaubte Handlungen** der Eltern braucht das Kind nicht einzustehen, weil die Eltern keine Verrichtungsgehilfen des Kindes iSd. § 831 sind;[150] dies gilt auch für eine Verletzung der Verkehrssicherungspflicht.[151]

§ 1626a Elterliche Sorge nicht miteinander verheirateter Eltern; Sorgeerklärungen[1]

(1) Sind die Eltern bei der Geburt des Kindes nicht miteinander verheiratet, so steht ihnen die elterliche Sorge dann gemeinsam zu, wenn sie
1. erklären, dass sie die Sorge gemeinsam übernehmen wollen (Sorgeerklärungen), oder
2. einander heiraten.

(2) Im Übrigen hat die Mutter die elterliche Sorge.

---

[144] *Gernhuber/Coester-Waltjen* § 57 Rn. 61-64 Fn. 131 mwN; *Staudinger/Peschel-Gutzeit* Rn. 23; *Weimar* MDR 1962, 7; aA LG Bremen MDR 1961, 599.
[145] BGHZ 111, 168, 175 = NJW 1990, 2060, 2061.
[146] Vgl. BGHZ 111, 168, 174 f. = NJW 1990, 2060, 2061.
[147] BGHZ 111, 168, 175 ff. = NJW 1990, 2060, 2061 f.; *Gernhuber/Coester-Waltjen* § 57 Rn. 61-64.
[148] RGZ 150, 312; 57, 239; *Gernhuber/Coester-Waltjen* § 57 Rn. 43-45; NK-BGB/*Rakete-Dombek* Rn. 22.
[149] Vgl. ferner *Gernhuber/Coester-Waltjen* § 57 Rn. 33 ff.; *Staudinger/Peschel-Gutzeit* § 1629 Rn. 161 ff.
[150] *Gernhuber/Coester-Waltjen* § 57 Rn. 36; *Soergel/Strätz* Rn. 24; *Staudinger/Peschel-Gutzeit* § 1629 Rn. 182.
[151] *Soergel/Strätz* Rn. 24; *Staudinger/Peschel-Gutzeit* § 1629 Rn. 182.
[1] Siehe hierzu BVerfG, Beschluss v. 21. Juli 2010 – 1 BvR 420/09, FamRZ 2010, 1403:
1. § 1626a Absatz 1 Nummer 1 idF des Kindschaftsrechtsreformg sind mit Artikel 6 Absatz 2 des Grundgesetzes unvereinbar.
2. Bis zum Inkrafttreten einer gesetzlichen Neuregelung ist § 1626a mit der Maßgabe anzuwenden, dass das Familiengericht den Eltern auf Antrag eines Elternteils die elterliche Sorge oder einen Teil der elterlichen Sorge gemeinsam überträgt, soweit zu erwarten ist, dass dies dem Kindeswohl entspricht. (…)

Beschluss des BVerfG v. 21. 7. 2010 – 1 BvR 420/09:
(...) Bis zum Inkrafttreten einer gesetzlichen Neuregelung ist § 1626a des Bürgerlichen Gesetzbuches mit der Maßgabe anzuwenden, dass das Familiengericht den Eltern auf Antrag eines Elternteils die elterliche Sorge oder einen Teil der elterlichen Sorge gemeinsam überträgt, soweit zu erwarten ist, dass dies dem Kindeswohl entspricht. (...)

Übersicht

	Rn.		Rn.
I. Normzweck und Systematik	1, 2	f) Wirksamkeitsvoraussetzungen	13–15
II. Korrektur der Vorschrift durch das BVerfG	3–3i	g) Keine weiteren Voraussetzungen für den Eintritt der gemeinsamen Sorge	16–18
1. Verfassungsrechtliche Bedenken gegen die bisherige Vorschrift	3a	h) Folgen	19
2. Entscheidung des Bundesverfassungsgerichts von 2003	3b	i) Beendigung der gemeinsamen Sorge	20, 21
3. Die Entscheidung des EuGHMR in der Sache Zaunegger	3c, 3d	2. Gemeinsame Sorge durch Heirat (Abs. 1 Nr. 2)	22–26
4. Die Reaktion des BVerfG: Verfassungswidrigkeit der § 1626a Abs. 1 Nr. 1 und § 1672 Abs. 1 BGB	3e–3i	**IV. Alleinsorge der Mutter (Abs. 2)**	27–34
		1. Alleinsorge der Mutter im Zeitpunkt der Geburt des Kindes	27–29
III. Gemeinsame Sorge beider Elternteile (Abs. 1)	4–26	2. Nach der Geburt des Kindes eintretende Alleinsorge der Mutter	30
1. Gemeinsame Sorge durch Abgabe von Sorgeerklärungen (Abs. 1 Nr. 1)	4–21	3. Inhalt und Ausübung	31–34
a) Inhalt der Sorgeerklärung	4, 5	**V. Familiengerichtliche Begründung der gemeinsamen Sorge gemäß der Übergangsregelung des BVerfG**	35–42
b) Partielle Sorgeerklärung?	6–9	1. Die konkreten Vorgaben des BVerfG	36, 37
c) Abgabe und Wirksamwerden der Sorgeerklärung	10, 11	2. Abgrenzung der beiden Übergangsregelungen	38, 39
d) Rechtsnatur	12	3. Antrag auf familiengerichtliche Begründung der gemeinsamen Sorge	40–42
e) Grundsätzlich kein Anspruch	12a		

I. Normzweck und Systematik

§ 1626a regelt, wem die elterliche Sorge zusteht, wenn die Eltern bei der Geburt des Kindes **1** nicht verheiratet waren. Abs. 1 nennt die beiden Fälle, in denen die elterliche Sorge beiden Eltern gemeinsam zusteht. Liegt keiner dieser Fälle vor, so weist Abs. 2 die elterliche Sorge der Mutter zu. Grundnorm für die Verteilung der elterlichen Sorge ist also Abs. 2: Grundsätzlich steht die elterliche Sorge der Mutter zu. Abs. 1 regelt dagegen den Sonderfall, nämlich die gemeinsame elterliche Sorge, die nur dann eintritt, wenn beide Elternteile Sorgeerklärungen abgeben (Abs. 1 Nr. 1) oder einander heiraten (Abs. 1 Nr. 2). Hinzu tritt seit einer Entscheidung des BVerfG von 2010 gewissermaßen als Abs. 3 die Möglichkeit, dass das Familiengericht den Eltern auf Antrag eines Elternteils die elterliche Sorge oder einen Teil der elterlichen Sorge gemeinsam überträgt, soweit zu erwarten ist, dass dies dem Kindeswohl entspricht (vgl. Rn. 3 ff. und 35 ff.).

Konkret bedeutet dies: Waren die Eltern bei der Geburt des Kindes nicht miteinander verheiratet, **2** steht die elterliche Sorge mit der Geburt automatisch der Mutter zu, wenn nicht bereits vor der Geburt wirksame Sorgeerklärungen nach Abs. 1 Nr. 1 abgegeben wurden. Die Eltern haben dann – nach dem bisherigen Wortlaut der Vorschrift – zwei Möglichkeiten, von der Alleinsorge der Mutter zur gemeinsamen Sorge zu gelangen, nämlich über die nachgeburtliche Abgabe von Sorgeerklärungen (Abs. 1 Nr. 1) oder durch Heirat (Abs. 1 Nr. 2); hinzu kommt aufgrund der Entscheidung des BVerfG von 2010 die Möglichkeit der Begründung gemeinsamer Sorge durch das FamG (vgl. Rn. 3 ff. und 35 ff.). Haben die (nicht miteinander verheirateten) Eltern dagegen vor der Geburt des Kindes wirksame Sorgeerklärungen abgegeben (vgl. § 1626b Abs. 2), so tritt mit der Geburt automatisch die gemeinsame Sorge beider Elternteile ein (Abs. 1 Nr. 1). Auch im Rahmen der §§ 1626a bis e gelten die beiden allgemeinen Voraussetzungen für den Eintritt elterlicher Sorge: die Minderjährigkeit des Kindes und die feststehende Elternschaft (s. § 1626 Rn. 16).

II. Korrektur der Vorschrift durch das BVerfG

3 Das BVerfG hat in Entscheidung von 2010 (u.a.) die Vorschrift des § 1626a in ihrer derzeitigen Form für mit Art. 6 Abs. 2 GG unvereinbar erklärt und entschieden, dass sie bis zum Inkrafttreten einer gesetzlichen Neuregelung mit der Maßgabe anzuwenden ist, dass das Familiengericht den Eltern auf Antrag eines Elternteils die elterliche Sorge oder einen Teil der elterlichen Sorge gemeinsam überträgt, soweit zu erwarten ist, dass dies dem Kindeswohl entspricht. Weil eine gesetzliche Neuregelung bisher nicht vorliegt (Stand: 1. Juli 2011), geht die Kommentierung von der **verfassungsgerichtlich** vorgegebenen **Übergangsregelung** aus. Die danach bestehende familiengerichtliche Regelungsbefugnis ist gewissermaßen als **Abs. 3** der Vorschrift zu lesen;[2] ihre konkrete Bedeutung wird unten erörtert (Rn. 35 ff.). An dieser Stelle soll der verfassungsrechtliche Hintergrund der Entscheidung des BVerfG kurz skizziert werden.

3a **1. Verfassungsrechtliche Bedenken gegen die bisherige Vorschrift.** Nach dem (bisherigen) Wortlaut des § 1626a hat die Mutter eine starke Stellung. Der Weg zur gemeinsamen Sorge – und damit zur Beteiligung des Vaters als (Mit-)Sorgeberechtigtem – führt grundsätzlich nur über ihr Einverständnis. Wenn der Mutter gemäß § 1626a Abs. 2 die Alleinsorge für das Kind zusteht, kann der Vater ohne das Einverständnis der Mutter nur in eng begrenzten Sonderfällen und nur nach einer gerichtlichen Prüfung des Kindeswohls Inhaber des Sorgerechts werden: wenn die Mutter stirbt (§ 1680 Abs. 2),[3] wenn ihre elterliche Sorge dauerhaft ruht (§ 1678 Abs. 2) oder wenn der Mutter die elterliche Sorge wegen einer Gefährdung des Kindeswohls entzogen wurde (§§ 1666, 1666 a iVm. § 1680 Abs. 3, Abs. 2 S. 2). Liegt keiner dieser Sonderfälle vor, so kann der Vater die (Mit-)Sorge nur mit dem Einverständnis der Mutter erlangen, sei es dass sie zur Abgabe einer Sorgeerklärung bereit ist, sei es dass sie im Fall des Getrenntlebens einer gerichtlichen Übertragung auf den Vater zustimmt (§ 1672 Abs. 1). Die Mutter hat also ein weit reichendes **Vetorecht** gegen die Beteiligung des (nicht mit ihr verheirateten) Vaters an der elterlichen Sorge. Gegen diese starke Stellung der Mutter gegenüber dem Vater des Kindes wurden schon früh aus verfassungsrechtlicher Sicht Bedenken angemeldet. Es sei mit dem Elternrecht des Vaters aus Art. 6 Abs. 2 GG nicht vereinbar, dass der Vater im Normalfall keine Möglichkeit habe, allein aus Erwägungen des Kindeswohls und ohne das Einverständnis der Mutter die elterliche Sorge zu erlangen.[4] Der BGH dagegen hielt die Regelung für verfassungsgemäß.[5]

3b **2. Entscheidung des Bundesverfassungsgerichts von 2003.** Das Bundesverfassungsgericht[6] hielt die Regelung im Jahr 2003 – vom Fehlen einer Übergangsregel für bestimmte Altfälle abgesehen[7] – für „derzeit" verfassungsgemäß. Es verstoße nicht gegen die Verfassung, dass ein Kind, dessen Eltern bei seiner Geburt nicht miteinander verheiratet waren, zunächst sorgerechtlich allein der Mutter zugeordnet werde, weil das Kindeswohl eine sichere Zuordnung des Kindes bei seiner Geburt erfordere und nicht generell davon ausgegangen werden könne, dass nicht miteinander verheiratete Eltern in häuslicher Gemeinschaft lebten und gemeinsam die Verantwortung für das Kind übernehmen wollten.[8] Ein Verfassungsverstoß liege „derzeit" auch nicht darin, dass der Zugang des Vaters zur elterlichen Sorge von der Zustimmung der Mutter abhänge. Dies begründet das Gericht mit folgenden Überlegungen: Die gemeinsame elterliche Sorge setze ein Mindestmaß an Übereinstimmung zwischen den Eltern voraus; fehle es daran, könne die gemeinsame elterliche Sorge dem Wohl des Kindes zuwiderlaufen, weil die Gefahr bestehe, dass der Elternkonflikt auf dem Rücken des Kindes ausgetragen werde. Bei miteinander verheirateten Eltern könne diese Willensübereinstimmung auf Grund der Eheschließung unterstellt werden. Bei nicht miteinander verheirateten Eltern hingegen könne nicht generell von dem Bestehen einer sozialen Beziehung zwischen ihnen und dem Kind ausgegangen werden; es fehle deshalb an der Basis für eine entsprechende Unterstellung des Kooperationswillens. Deshalb habe sich der Gesetzgeber in diesen Fällen in zulässiger Weise

---
[2] *Huber/Möll* FamRZ 2011, 765, 768.
[3] Vgl. hierzu auch BVerfG FamRZ 2006, 385.
[4] Vgl. Vorauß. Rn. 37 ff.; *Schumann* FamRZ 2000, 389 ff.; *Coester* DEuFamR 1999, 3, 7 f.; *Coester* FamRZ 1995, 1245, 1247 f.; *Staudinger/Coester* § 1672 Rn. 9 f.; *Lipp* FamRZ 1998, 65, 70; *Diederichsen* NJW 1998, 1977, 1983; *Finger* ZfJ 2000, 183; jeweils mwN.
[5] BGH FamRZ 2001, 907, 909 ff.
[6] BVerfG FamRZ 2003, 285, m. Anm. *Henrich* FamRZ 2003, 359; zur Vorgeschichte vgl. AG Korbach FamRZ 2000, 629; AG Groß-Gerau FamRZ 2000, 631. Vgl. auch BVerfG FamRZ 2003, 1447, m. Anm. *Coester* FamRZ 2004, 87.
[7] Diese wurde inzwischen mit Art. 224 § 2 Abs. 3–5 EGBGB geschaffen; vgl. dazu Art. 224 § 2 EGBGB Rn. 11 ff.; *Staudinger/Coester* Rn. 35; *Höfelmann* FamRZ 2004, 6; zur Verfassungsmäßigkeit der Übergangsvorschrift BGH NJW 2008, 662.
[8] BVerfG FamRZ 2003, 285, 287 f.

darauf beschränkt, die gemeinsame elterliche Sorge dann vorzusehen, wenn die Eltern den Kooperationswillen durch die Abgabe von Sorgeerklärungen zum Ausdruck bringen. Der Gesetzgeber habe dabei davon ausgehen dürfen, dass eine Mutter, die mit Vater und Kind zusammenlebe, die Zustimmung nur aus schwerwiegenden Gründen des Kindeswohls verweigere, und nicht etwa nur zur Festigung einer Machtposition. Das BVerfG stellte jedoch klar, dass für den Fall, dass sich diese Annahme als falsch herausstelle, ein Verfassungsverstoß (Art. 6 Abs. 2 GG, möglicherweise auch Art. 6 Abs. 5, Art. 3 Abs. 1 GG) gegeben sei. Es legte deshalb dem Gesetzgeber die Pflicht auf, die Entwicklung zu beobachten und ggf. mit einer Korrektur der gesetzlichen Regelung zu reagieren.[9]

3. Die Entscheidung des EuGHMR in der Sache Zaunegger. Der Gerichtshof sieht in diesem Zusammenhang **Art. 8 EMRK** betroffen, der das Recht auf Achtung des Privat- und Familienlebens schützt. Der Begriff „Familie" sei nicht auf Beziehungen innerhalb einer ehelichen Gemeinschaft beschränkt, sondern erfasse auch faktische Familienbeziehungen, wenn die Beteiligten außerhalb einer Ehe zusammenleben. Ein Kind, das aus einer solchen Beziehung hervorgehe, sei ab seiner Geburt Teil dieses Familienverbandes.[10] Ob zwischen dem Kind und seinem Vater eine familiäre Beziehung bestehe, sei eine Frage des Einzelfalls.[11] Der Gerichtshof bejahte im konkreten Fall das Vorliegen einer familiären Bindung zwischen dem Vater und seiner Tochter.[12] Damit lag in der Zurückweisung des vom Vater vor den deutschen Gerichten gestellten Antrags auf Übertragung des gemeinsamen Sorgerechts ein Eingriff in das Recht des Vaters auf Achtung seines Familienlebens iSd. Art. 8 EMRK.

Dies ebnete den Weg zur Prüfung des Diskriminierungsverbots des **Art. 14 EMRK**. Der Gerichtshof führte aus, dass die diesem Verfahren vorhergehenden Gerichtsentscheidungen sowie die ihnen zu Grunde liegende Gesetzgebung den Antragsteller als Vater eines nichtehelichen Kindes bei der Übertragung der elterlichen Sorge im Vergleich zur Mutter und zu verheirateten Vätern ungleich behandeln.[13] Das entscheidende Argument dafür war wohl, dass bei nichtehelichen Vätern grundsätzlich keine Möglichkeit besteht, gegen den Willen der Mutter über eine kindeswohlorientierte gerichtliche Prüfung zur gemeinsamen elterlichen Sorge zu gelangen, während bei ehelichen Kindern (oder bei Kindern, deren Eltern Sorgeerklärungen abgegeben haben) die gemeinsame elterliche Sorge bestehe, die auch nach einer Trennung der Eltern nur mittels einer gerichtlichen Kindeswohlprüfung aufgehoben werden könne.[14] Pointiert fasste der Gerichtshof zusammen: „Entscheidend ist deshalb, dass die gemeinsame Sorge gegen den Willen der Mutter eines außerhalb einer Ehe geborenen Kindes *prima facie* als nicht dem Kindeswohl entsprechend angesehen wird."[15] Der Gerichtshof hielt diese Ungleichbehandlung nicht für gerechtfertigt. Zwar räumte der Gerichtshof ein, dass nichteheliche Kinder in unterschiedliche Lebensverhältnisse hineingeboren werden und es daher bei fehlenden Sorgeerklärungen beider Elternteile zum Schutz des Kindeswohls und aus Gründen der Rechtssicherheit gerechtfertigt sein könne, der Mutter die Alleinsorge zu übertragen.[16] Doch rechtfertigt dies seiner Ansicht nach nicht die Tatsache, dass der Vater ohne den Willen der Mutter grundsätzlich keine Möglichkeit hat, über eine kindeswohlorientierte gerichtliche Entscheidung zur gemeinsamen Sorge zu gelangen. Weder könne davon ausgegangen werden, dass eine Mutter ihre Zustimmung zur gemeinsamen Sorge nur dann verweigere, wenn schwerwiegende Gründe für diese Entscheidung vorliegen, die vom Kindeswohl getragen sind.[17] Noch könne man davon ausgehen, dass kindeswohlgefährdende Streitigkeiten zwischen den Eltern die Beziehungen zwischen nichtehelichen Vätern und ihren Kindern generell kennzeichneten; im konkreten Fall sei dies auch nicht so gewesen.[18] Der allgemeine Ausschluss der gerichtlichen Überprüfung der ursprünglichen Alleinsorge der Mutter stehe deshalb in keinem Verhältnis zu dem damit verfolgten Zweck des Schutzes des Kindeswohls.[19]

4. Die Reaktion des BVerfG: Verfassungswidrigkeit der § 1626a Abs. 1 Nr. 1 und § 1672 Abs. 1 BGB. Am 21. Juli 2010 erklärte das Bundesverfassungsgericht in der oben genann-

---

[9] BVerfG FamRZ 2003, 285, 288 ff.; zu prozessualen Folgefragen für die Beschwerdebefugnis im Sorgerechtsstreit vgl. OLG Hamm FamRZ 2006, 1467, 1467 f.
[10] Vgl. EGMR Urt. v. 26. 5. 1994 – 16969/90, Serie A, Bd. 290, S. 17, Rn. 44 - Keegan/Irland.
[11] Vgl. EGMR Urt. v. 1. 6. 2004 – 45582/99, Slg. 2004-IV, Rn. 36 - Lebbink/Niederlande.
[12] EGMR Urt. v. 3. 12. 2009, NJW 2010, 501, 502, Rn. 39 - Zaunegger/Deutschland.
[13] EGMR Urt. v. 3. 12. 2009, NJW 2010, 501, 503, Rn. 48 - Zaunegger/Deutschland.
[14] EGMR Urt. v. 3. 12. 2009, NJW 2010, 501, 504, Rn. 46 - Zaunegger/Deutschland.
[15] EGMR Urt. v. 3. 12. 2009, NJW 2010, 501, 504, Rn. 46 - Zaunegger/Deutschland.
[16] EGMR Urt. v. 3. 12. 2009, NJW 2010, 501, 502, Rn. 54, 55 - Zaunegger/Deutschland.
[17] EGMR Urt. v. 3. 12. 2009, NJW 2010, 501, 502, Rn. 58 - Zaunegger/Deutschland.
[18] EGMR Urt. v. 3. 12. 2009, NJW 2010, 501, 503, Rn. 56 f. - Zaunegger/Deutschland.
[19] Schilderung der Entscheidung nach *Huber/Möll* FamRZ 2011, 765, 766 f.

ten Entscheidung die Regelungen in § 1626a Abs. 1 Nr. 1 und § 1672 Abs. 1 BGB für unvereinbar mit dem Elternrecht des Vaters aus Art. 6 Abs. 2 GG.[20]

3f Das BVerfG ging zunächst davon aus,[21] dass die **grundsätzliche Zuordnung der Alleinsorge** für ein nichteheliches Kind **zur Mutter** nicht zu beanstanden sei: Aufgrund der Vielzahl familiärer Konstellationen könne im Zeitpunkt der Geburt des Kindes nicht generell davon ausgegangen werden, dass das Kind einen Vater hat, dem es rechtlich zugeordnet werden kann und der bereit ist, Verantwortung für das Kind zu tragen. Das Kindeswohl verlange jedoch, dass das Kind ab seiner Geburt eine Person hat, die rechtsverbindlich in dessen Interesse handeln kann. Die Mutter sei die einzige Bezugsperson, die das Kind bei seiner Geburt sicher vorfindet und die aufgrund von § 1591 BGB als Elternteil feststeht.[22] Als Konsequenz aus dieser Aussage hielt das BVerfG weiter fest, dass es das Elternrecht aus Art. 6 Abs. 2 GG nicht gebiete, dem (feststehenden) Vater eines nichtehelichen Kindes generell kraft Gesetzes die Mitsorge einzuräumen. Zwar sei eine solche Ausgestaltung verfassungsrechtlich zulässig (wenn jeder Elternteil die Möglichkeit einer kindeswohlorientierten gerichtlichen Überprüfung habe), aber eben auch nicht erforderlich.

3g Das **Elternrecht des Vaters** aus Art. 6 Abs. 2 GG wird nach Ansicht des BVerfG aber dadurch verletzt, dass der Mutter faktisch ein **Vetorecht** zusteht, das nicht ausreichend gerichtlich anhand des Kindeswohls überprüft werden kann. Die Möglichkeit, dass nach § 1666 BGB in Fällen der Gefährdung des Kindeswohls eine gerichtliche Übertragung der elterlichen Sorge auf den Vater erfolgen könne, ist nach Ansicht des Gerichts nicht geeignet, eine andere Bewertung zu rechtfertigen, weil auch danach dem Vater der Zugang zur elterlichen Sorge nicht grundsätzlich eröffnet werde. § 1666 BGB sei keine Norm, die auf einen Ausgleich der elterlichen Rechte abziele, sondern nur eine Eingriffsnorm des Staates, die der Ausübung seines Wächteramtes diene.[23] Indem die Beteiligung des Vaters an der elterlichen Sorge also vom Willen der Mutter abhängig gemacht werde, setze der Gesetzgeber das Elternrecht des Vaters in unverhältnismäßiger Weise generell hinter dem Elternrecht der Mutter zurück, ohne dass dies durch die Wahrung des Kindeswohls geboten sei.[24]

3h In Bezug auf **§ 1626a BGB** stellte das Gericht auf zwei weitere Punkte ab. Zum einen trage die dem § 1626a BGB zu Grunde liegende Prämisse nicht, weil sie im Gesetz nicht konsequent durchgehalten werde. Diese Prämisse lautet, dass der Streit über das Sorgerecht auf mangelnde Kooperationsbereitschaft der Eltern schließen lasse, was wiederum bedeute, dass eine gemeinsame Sorge dem Kindeswohl nicht dienlich sei. Der Vorwurf des Gerichts an den Gesetzgeber geht in diesem Zusammenhang dahin, dass im Rahmen des § 1671 BGB auch bei fehlender Willensübereinstimmung der Eltern (konkret: über den Antrag eines Elternteils auf Übertragung der Alleinsorge nach gemeinsamer elterlicher Sorge) die konkrete Entscheidung über die weitere Zuweisung der Sorge von einer Kindeswohlprüfung abhänge, ohne dass der andere Elternteil ein Vetorecht habe.[25] Zum anderen nahm das Gericht Bezug auf seine frühere Entscheidung zu § 1626a BGB aus dem Jahr 2003, in dem es dem Gesetzgeber eine Beobachtungspflicht auferlegt hatte.[26] Das Gericht stellte nunmehr fest, dass die dem geltenden Recht zugrunde liegende Annahme, die Mutter verweigere ihre Zustimmung zur gemeinsamen Sorge nur aus Gründen des Kindeswohls, sich auf der Grundlage der statistischen Daten nicht bestätigt habe.[27] Das BVerfG erklärte § 1626a jedoch nicht für nichtig, sondern erließ eine Übergangsregelung, die die verfassungsgemäße Anwendung der Vorschrift durch die Fachgerichte gewährleisten solle, ohne einer gesetzlichen Neuregelung vorzugreifen; diese wird unten (Rn. 35) näher erläutert.

3i Das BVerfG erklärte weiter auch die Vorschrift des **§ 1672** in ihrer bisherigen Fassung für verfassungswidrig und erließ eine entsprechende Übergangsregelung (vgl. § 1672 Rn. 3 ff.). Leben die Eltern eines nichtehelichen Kindes getrennt und steht die elterliche Sorge allein der Mutter zu, hat der Vater die Möglichkeit, die Übertragung der Alleinsorge auf ihn zu beantragen. Nach § 1672 Abs. 1 BGB bedarf es hierzu jedoch ebenfalls der Zustimmung der Mutter. Auch in dieser Regelung sieht das Gericht einen schwerwiegenden Eingriff in das Elternrecht des Vaters, der unverhältnismäßig und nicht sachlich gerechtfertigt ist. Auch hier verwirft das BVerfG das Argument, dass die verweigernde Haltung der Mutter gerade die mangelnde Kooperation der Elternteile demonstrie-

---

[20] BVerfG FamRZ 2010, 1403 ff.
[21] Schilderung der Entscheidung nach *Huber/Möll* FamRZ 2011, 765, 767 f.
[22] BVerfG FamRZ 2010, 1403, 1405, Rn. 40.
[23] BVerfG FamRZ 2010, 1403, 1406, Rn. 48.
[24] BVerfG FamRZ 2010, 1403, 1407, Rn. 56.
[25] BVerfG FamRZ 2010, 1403, 1408, Rn. 57.
[26] BVerfG FamRZ 2003, 285 ff.
[27] BVerfG FamRZ 2010, 1403, 1405, Rn. 36.

re[28], mit dem Hinweis darauf, dass der Gesetzgeber in § 1671 BGB selbst davon ausgehe, dass eine fehlende Kooperation der Eltern ein Grund dafür sei, das Sorgerecht einem Elternteil allein zu übertragen.[29] Das Gericht stellte allerdings ebenfalls heraus, dass es einen schwerwiegenden Eingriff in das Elternrecht der Mutter darstelle, wenn ihr das Sorgerecht zur Gänze entzogen werde.[30] Um dem Elternrecht der Mutter hinreichend Rechnung zu tragen, sei die Übertragung der Alleinsorge auf den Vater nur gerechtfertigt, wenn es zur Wahrung des väterlichen Elternrechts keine andere Möglichkeit gebe und wenn für die Übertragung gewichtige Kindeswohlgründe vorliegen. Konkret sei es daher geboten, zunächst die Möglichkeit einer gemeinsamen Sorgetragung der Eltern in Erwägung zu ziehen.[31]

III. Gemeinsame Sorge beider Elternteile (Abs. 1)

1. Gemeinsame Sorge durch Abgabe von Sorgeerklärungen (Abs. 1 Nr. 1). 4
a) Inhalt der Sorgeerklärung. Die bei der Geburt des Kindes nicht miteinander verheirateten Eltern erlangen das gemeinsame Sorgerecht, wenn jeder von ihnen eine Sorgeerklärung abgibt. Nr. 1 legt den Inhalt dieser Sorgeerklärungen in einer Legaldefinition fest: Die Eltern müssen erklären, dass sie die Sorge gemeinsam übernehmen wollen. Der genaue Wortlaut ist dabei unerheblich. Entscheidend ist allein, dass die Eltern ihren Willen zur Übernahme der gemeinsamen Sorge klar zum Ausdruck bringen.[32]

Die Sorgeerklärungen müssen **bestimmt** sein. Sie müssen sich auf ein genau bezeichnetes Kind 5 beziehen. Dieses Erfordernis kann insbesondere bei vor der Geburt abgegebenen Sorgeerklärungen (§ 1626b Abs. 2) zu Problemen führen (s. § 1626b Rn. 16 f.).

b) Partielle Sorgeerklärung? Die Sorgeerklärung kann **nicht auf einzelne Teile** der elterli- 6 chen Sorge beschränkt werden. Die Eltern haben es also im Rahmen des § 1626a nicht in der Hand, die gemeinsame Sorge nur für bestimmte Bereiche herbeizuführen und es für andere Bereiche (beispielsweise die Bestimmung des Aufenthalts des Kindes oder die Verwaltung des Vermögens) bei der Alleinsorge der Mutter zu belassen.[33] Die Unzulässigkeit einer derartigen partiellen Sorgeerklärung ergibt sich nicht etwa aus der in § 1626b Abs. 1 angeordneten Bedingungsfeindlichkeit der Sorgeerklärung, sondern unmittelbar aus der Legaldefinition des § 1626a Abs. 1 Nr. 1. Die Vorschrift spricht davon, dass die Eltern „die Sorge" übernehmen. Diese ist in § 1626 Abs. 1 als umfassende Sorge definiert. Die Regelung ist auch nicht lückenhaft. Denn an anderer Stelle (insbesondere bei §§ 1671 f.) eröffnet das Gesetz die Möglichkeit, die elterliche Sorge ganz oder zum Teil zu übertragen (s. dazu Rn. 7). Deshalb ist davon auszugehen, dass die Sorgeerklärung in Abs. 1 bewusst so ausgestaltet ist, dass sie sich nur auf die gesamte elterliche Sorge beziehen kann.[34]

Teilweise wird allerdings die Ansicht vertreten, § 1626a Abs. 1 ermögliche auch die Abgabe einer 7 partiellen Sorgeerklärung. Zur Begründung wird auf die Regelung des § 1672 verwiesen, die es den Eltern ermögliche, einvernehmlich die gerichtliche Übertragung eines Teils der elterlichen Sorge von der Mutter auf den Vater zu beantragen (§ 1672 Abs. 1) und für den so übertragenen Teil anschließend die Begründung von gemeinsamer Sorge zu erwirken (§ 1672 Abs. 2). Es gebe keinen Grund, warum man es den Eltern bei der primären Verteilung des Sorgerechts im Rahmen des § 1626a verwehren solle, dieses Ergebnis zu erreichen.[35]

Diese Ansicht ist nicht überzeugend. Sie ließe sich angesichts des eindeutigen Wortlauts des 8 § 1626a nur im Wege der Analogie begründen. Es fehlt insofern aber an einer Lücke im Gesetz. Die Vorschrift des § 1672 (ebenso diejenige des § 1671) zeigt gerade, dass das Gesetz die Möglichkeit der teilweisen Begründung bzw. Übertragung der elterlichen Sorge grundsätzlich gesehen und geregelt hat. Aus der Tatsache, dass § 1626a Abs. 1 Nr. 1 diese Möglichkeit nicht vorsieht, muss man deshalb schließen, dass das Gesetz die partielle Sorgeerklärung nicht zulassen wollte. Auch von den Wertungen her ist die Parallele zu §§ 1671 f. nicht zwingend. Die Vorschriften der §§ 1671 f. gelten für den Fall der Trennung der Eltern. In diesen Fällen kann ein praktisches Bedürfnis daran bestehen, bestimmte Bereiche der elterlichen Sorge auf den Elternteil allein zu übertragen, bei dem das Kind gewöhnlich lebt. Dies wird in den Fällen des § 1626a jedenfalls in der Regel nicht der Fall sein.

---

[28] BVerfG FamRZ 2010, 1403, 1409, Rn. 64.
[29] BVerfG FamRZ 2010, 1403, 1409, Rn. 64.
[30] BVerfG FamRZ 2010, 1403, 1409, Rn. 66.
[31] Schilderung der Entscheidung nach *Huber/Möll* FamRZ 2011, 765, 767 f.
[32] FamRefK/*Rogner* Rn. 6.
[33] Vgl. dazu auch OLG Düsseldorf FamRZ 2008, 1552.
[34] Nunmehr ausdrücklich BGH NJW 2008, 662, 666; noch offen gelassen in BGH FamRZ 2001, 907, 909; vgl. hierzu *Schwab* DNotZ 1998, 437, 450; *Schwab* FamR Rn. 605; *Palandt/Diederichsen* Rn. 9.
[35] *Zimmermann* DNotZ 1998, 404, 419.

§ 1626a 9–13   Abschnitt 2. Titel 5. Elterliche Sorge

Dass es de lege ferenda sinnvoll erscheinen mag, den Eltern auch im Rahmen des § 1626a die Flexibilität einer partiellen Sorgeerklärung zu gewähren, etwa für den Fall, dass die Eltern von vornherein nicht vorhaben, zusammen zu leben, ist eine andere Frage (s. Rn. 9). De lege lata bleibt festzustellen, dass die §§ 1671 f. eine – typisiert betrachtet – andere Situation vor Augen haben als § 1626a. Es fehlt deshalb auch an der für die Analogie notwendigen Vergleichbarkeit beider Sachverhalte.

9   **De lege ferenda** wird vorgeschlagen, den Eltern auch bei der primären Verteilung der elterlichen Sorge mehr Flexibilität zu gewähren und ihnen die Abgabe partieller Sorgeerklärungen zu ermöglichen.[36] In der Tat spricht einiges dafür, die im KindRG angelegte Stärkung der Elternautonomie auch auf die Bestimmung der Reichweite der gemeinsamen Sorge durchschlagen zu lassen. Andererseits ist zu berücksichtigen, dass die den verheirateten Eltern zustehende Sorge nach der gegenwärtigen Gesetzeslage auch nicht teilbar ist.[37] Aus Gründen der Gleichbehandlung wäre dann zu erwägen, ob nicht auch verheirateten Eltern ähnliche Flexibilisierungsmöglichkeiten zugestanden werden müssten. Ob sich eine Ungleichbehandlung damit rechtfertigen ließe, bei nicht verheirateten Eltern sei die Wahrscheinlichkeit des Getrenntlebens und damit das Bedürfnis nach flexiblen Lösungen größer, erscheint zweifelhaft.

10   **c) Abgabe und Wirksamwerden der Sorgeerklärung.** Aus dem Wortlaut des Abs. 1 Nr. 1 ergibt sich, dass jeder Elternteil eine Sorgeerklärung abgeben muss. Nicht erforderlich ist dagegen, dass die Sorgeerklärungen gemeinsam abgegeben werden. Die Eltern können die Sorgeerklärungen also getrennt (und sogar vor verschiedenen Notaren bzw. Jugendämtern, vgl. dazu § 1626d Rn. 3) abgeben. Allerdings müssen die Sorgeerklärungen beider Elternteile ihrem objektiven Inhalt nach gleich sein.[38] Zur verfassungsrechtlichen Vereinbarkeit des Erfordernisses übereinstimmender Sorgerechtserklärungen nach Nr. 1 vgl. Rn. 36 ff.

11   Die Sorgeerklärung ist nicht empfangsbedürftig.[39] Sie wird deshalb mit ihrer Abgabe wirksam. Die Sorgeerklärung richtet sich auch nicht an den anderen Elternteil. Haben Vater und Mutter eine Sorgeerklärung abgegeben, entsteht zwischen ihnen nicht etwa ein Vertrag. Vielmehr handelt es sich um „parallel laufende Erklärungen" beider Elternteile.[40]

12   **d) Rechtsnatur.** Die dogmatische Einordnung der Sorgeerklärung ist umstritten. *Lipp*[41] betrachtet sie als einseitige Bereitschaftserklärung, die einen bereits vorhandenen Status, nämlich die Elternschaft iSd. Art. 6 Abs. 2 GG, konkretisiert. Die Funktion der Sorgeerklärung liegt seiner Ansicht nach nicht darin, Recht zu schaffen, sondern darin, die Ausübung einer bereits vorhandenen Rechtsposition (Elternschaft) zu konkretisieren. Überwiegend betrachtet man die Sorgeerklärung dagegen als (einseitige) rechtsgestaltende Willenserklärung.[42] Diese Ansicht ist vorzugswürdig. Zwar ist es richtig, dass die Sorgeerklärung den Elternstatus nicht begründen, sondern lediglich dessen Ausgestaltung modifizieren kann. Doch stellt sich die Lage anders dar, wenn man nicht auf die Elternschaft, sondern auf die elterliche Sorge als solche abstellt:[43] Die gemeinsame Sorge beider Elternteile entsteht erst durch die Abgabe zweier Sorgeerklärungen. Insofern ist die Sorgeerklärung also auf die unmittelbare Herbeiführung von Rechtsfolgen gerichtet.

12a   **e) Grundsätzlich kein Anspruch.** Die Sorgeerklärung ist ein höchstpersönlicher Akt (vgl. § 1626c Abs. 1). Es besteht grundsätzlich kein Anspruch darauf, dass der andere Teil eine Sorgeerklärung abgibt; zur verfassungsrechtlichen Problematik vgl. Rn. 35 ff. Eine Ausnahme zu diesem Grundsatz bildet die gerichtliche Ersetzung der Sorgeerklärung für Altfälle nach der Übergangsregelung des Art. 224 § 2 Abs. 3–5 EGBGB.[44]

13   **f) Wirksamkeitsvoraussetzungen.** Die einzelnen Voraussetzungen für die Wirksamkeit einer Sorgeerklärung ergeben sich aus dem Zusammenspiel der §§ 1626a bis d mit § 1626e. § 1626e bestimmt, dass die Sorgeerklärung nur dann unwirksam ist, wenn sie den Anforderungen der vorstehenden Vorschriften nicht entspricht. Die §§ 1626a bis d stellen also grundsätzlich eine abschließende

---

[36] Vgl. *Coester* DEuFamR 1999, 3, 8 f.; *Lipp* FamRZ 1998, 65, 72 f.; *Heumann* FuR 2003, 293, 295. In diese Richtung auch die Stellungnahme des Deutschen Familiengerichtstages zum Entwurf des KindRG FamRZ 1997, 337, 338.
[37] Vgl. FamRefK/*Rogner* Rn. 12 f.
[38] Vgl. NK-BGB/*Rakete-Dombek* Rn. 14; jurisPK-BGB/*Schwer/B. Hamdan* Rn. 5.
[39] *Schwab/Wagenitz* FamRZ 1997, 1377, 1379; FamRefK/*Rogner* Rn. 8; NK-BGB/*Rakete-Dombek* Rn. 10.
[40] *Schwab* FamR Rn. 606.
[41] *Lipp* FamRZ 1998, 65, 71.
[42] *Zimmermann* DNotZ 1998, 404, 416 f.; Palandt/*Diederichsen* Rn. 6.
[43] Vgl. *Zimmermann* DNotZ 1998, 404, 416 f.
[44] Vgl. hierzu NK-BGB/*Rakete-Dombek* Rn. 27 ff.; *Höfelmann* FamRZ 2004, 65; zur Vereinbarkeit dieser Übergangsregelung mit den Grundrechten des Vaters sowie Art. 8, 14 EMRK BGH NJW 2008, 662.

Regelung der Unwirksamkeitsgründe und der Wirksamkeitsvoraussetzungen auf.[45] Ausnahmen dazu bestehen nur bei geschäftsunfähigen Elternteilen (s. § 1626e Rn. 7 ff.) und im Hinblick auf § 1666 (teleologische Reduktion des Anwendungsbereichs der §§ 1626a bis d; s. § 1626b Rn. 24, § 1626e Rn. 5). Die von einem Elternteil allein abgegebene Sorgeerklärung ist **widerruflich**, solange nicht der andere Elternteil auch eine entsprechende Sorgeerklärung abgegeben hat.[46] Auf den Widerruf finden die für die Sorgeerklärung geltenden Vorschriften entsprechende Anwendung. Die Vorschrift des § 1626e steht der Widerrufsmöglichkeit nicht entgegen, weil es sich beim Widerruf nicht um einen Fall der Unwirksamkeit handelt.[47]

Im Einzelnen ergeben sich daraus folgende **Wirksamkeitsvoraussetzungen:** 14
(1) Abgabe einer Sorgeerklärung: (a) mit dem Inhalt des § 1626a Abs. 1 Nr. 1; (b) ohne Bedingung oder Zeitbestimmung (§ 1626b Abs. 1) und ohne Widerruf (vgl. Rn. 13); (c) durch beide Elternteile, wobei die Elternschaft beider Elternteile nach den §§ 1591 ff. feststehen muss (vgl. § 1626b Rn. 13 ff.); (d) höchstpersönlich (§ 1626c Abs. 1); und (e) in der Form des § 1626d Abs. 1.
(2) Geschäftsfähigkeit beider Elternteile oder beschränkte Geschäftsfähigkeit und Zustimmung iSd. § 1626c Abs. 2 (zur Problematik der geschäftsunfähigen Elternteile s. § 1626e Rn. 7 ff.).
(3) Keine vorangehende gerichtliche Entscheidung über die elterliche Sorge gem. §§ 1671, 1672, 1696 (§ 1626b Abs. 3) bzw. § 1666 (vgl. Erl. zu § 1626b Rn. 24).

Weitere Wirksamkeitsvoraussetzungen gibt es nicht. Insbesondere ist es **nicht erforderlich,** dass 15 die Abgabe der Sorgeerklärungen amtlich registriert oder gerichtlich bestätigt wird. Ebenso wenig ist die Zustimmung des Kindes oder – außerhalb eines Verfahrens nach § 1666 – dessen Anhörung erforderlich;[48] allerdings dürfte sich aus dem Rechtsgedanken des § 1626 Abs. 2 ergeben, dass die Eltern das Kind ggf. altersangemessen in den Entscheidungsprozess einbeziehen.[49] Das Gesetz verlangt von den Eltern auch nicht, dass sie ihre Vorstellungen von der konkreten Ausübung der Sorge für das Kind in einem Sorgeplan festhalten. Im Gegenteil: Es ist angesichts des § 1626b Abs. 1 problematisch, inwieweit freiwillig getroffene begleitende Vereinbarungen neben der Sorgeerklärung möglich sind (vgl. § 1626b Rn. 4 ff.). Die Abgabe von Sorgeerklärungen unterliegt keiner Frist. Allerdings können die Sorgeerklärungen ihr Ziel, die gemeinsame elterliche Sorge, nur erreichen, solange das Kind noch minderjährig ist. Eine nach Eintritt der Volljährigkeit des Kindes abgegebene Sorgeerklärung ginge ins Leere, weil die elterliche Sorge für das Kind nur während dessen Minderjährigkeit besteht (s. § 1626 Rn. 20). Im Übrigen kann die Sorgeerklärung jederzeit, auch bereits vor der Geburt (§ 1626b Abs. 2; vgl. § 1626b Rn. 11 ff.), jedoch erst nach Zeugung des Kindes (vgl. § 1626b Rn. 16), abgegeben werden.[50]

g) Keine weiteren Voraussetzungen für den Eintritt der gemeinsamen Sorge. Der 16 Eintritt der gemeinsamen Sorge hängt allein davon ab, dass beide Elternteile eine wirksame Sorgeerklärung abgeben (zu den Wirksamkeitsvoraussetzungen s. Rn. 14). Weitere Voraussetzungen sieht das Gesetz nicht vor. So ist es nicht erforderlich, dass die Eltern zusammenleben.[51] Die Amtl. Begr. führt dazu aus, die Eltern könnten gute Gründe haben, gerade im Interesse des Kindes die Suche nach einer familiengerechten Wohnung nicht zu übereilen.[52] Leben die Eltern getrennt, so führt dies gemäß § 1687 Abs. 1 S. 2 lediglich dazu, dass in Angelegenheiten des täglichen Lebens derjenige Elternteil die alleinige Entscheidungsbefugnis hat, bei dem das Kind sich gewöhnlich aufhält (vgl. zu den Einzelheiten Erl. zu § 1687).[53] Auch führt das Getrenntleben der Eltern dazu, dass unter bestimmten weiteren Voraussetzungen eine gerichtliche Übertragung der elterlichen Sorge nach § 1671 möglich wird. Doch ändert dies nichts an der Tatsache, dass zunächst die gemeinsame Sorge beider Elternteile eintritt.

Das Gesetz sieht für die Begründung der gemeinsamen Sorge durch die Abgabe von Sorgeerklä- 17 rungen **keine Kindeswohlprüfung** vor. Das Jugendamt ist zwar verpflichtet, der Mutter Beratung und Unterstützung anzubieten (§ 52a Abs. 1 SGB VIII), darf aber die Abgabe der Sorgeerklärungen selbst keiner Kindeswohlprüfung unterziehen. Auch das Familiengericht nimmt eine solche Prüfung

---

[45] Vgl dazu auch OLG Düsseldorf FamRZ 2008, 1552 für die Nichtanwendbarkeit des § 139 BGB; OLG Köln FamRZ 2010, 906 für die Nichtanwendbarkeit des § 117 BGB, diesbezüglich aA *Witteborg* S. 221.
[46] *Palandt/Diederichsen* Rn. 7; *Lipp/Wagenitz* Rn. 10 und ebd. § 1626e Rn. 3; *Hammer* FamRZ 2005, 1209, 1216.
[47] Vgl. *Lipp/Wagenitz* Rn. 10 und ebd. § 1626e Rn. 3.
[48] NK-BGB/*Rakete-Dombek* Rn. 19.
[49] Vgl. *Staudinger/Coester* Rn. 52 und ihm folgend in: jurisPK-BGB/*Schwer/B. Hamdan* Rn. 8.
[50] BGH NJW 2004, 1595, 1595 ff.; NK-BGB/*Rakete-Dombek* Rn. 14; vgl. auch § 1626b Rn. 12 ff.
[51] Vgl. BT-Drucks. 13/4899 S. 59.
[52] BT-Drucks. 13/4899 S. 58.
[53] Vgl. NK-BGB/*Rakete-Dombek* Rn. 18; *Schwab* DNotZ 1998, 437, 451.

nicht vor. Es wird im Rahmen der §§ 1626a bis e mit der Sache ohnehin nicht befasst.[54] Erst wenn das Verhalten die Schwelle des § 1666 überschreitet und das Wohl des Kindes gefährdet, kann das Familiengericht eingreifen. Unterhalb dieser Grenze können die Eltern die gemeinsame Sorge im Rahmen der §§ 1626a bis e durch die Abgabe von Sorgeerklärungen frei begründen. Nach Ansicht des Gesetzgebers wäre eine verpflichtende Kindeswohlprüfung Ausdruck eines nicht gerechtfertigten Misstrauens gegenüber denjenigen Eltern, die zur gemeinsamen Übernahme der elterlichen Verantwortung bereit sind. Auch liege darin eine ungerechtfertigte Ungleichbehandlung gegenüber ehelichen Kindern, bei denen die gemeinsame Sorge beider Elternteile kraft Gesetzes ohne Kindeswohlprüfung eintrete.[55]

18   Der Entstehung der gemeinsamen Sorge steht es auch nicht entgegen, wenn ein Elternteil oder beide mit einem anderen Partner **verheiratet** sind. Der Gesetzgeber hat diese Fallgruppe gesehen und bewusst entschieden, dass es nicht darauf ankommt, ob die Eltern „anderweitig" verheiratet sind.[56]

19   **h) Folgen.** Sobald beide Elternteile für ihr minderjähriges Kind eine wirksame Sorgeerklärung abgegeben haben, tritt ohne weiteres die gemeinsame Sorge ein, und zwar grundsätzlich (nur) in dem Umfang, in dem der Mutter die elterliche Sorge zustand (vgl. näher § 1626 Rn. 20 ff., sowie zur Fallgruppe der Eheschließung § 1626a Rn. 22 ff.). Entscheidender Zeitpunkt ist die Abgabe der späteren Erklärung.[57] Wenn die Sorgeerklärungen bereits vor der Geburt des Kindes abgegeben wurden (§ 1626b Abs. 2), tritt mit der Geburt des Kindes automatisch die gemeinsame Sorge der Eltern ein, ohne dass vorher (für eine logische Sekunde) die Alleinsorge der Mutter gem. Abs. 2 bestanden hätte. Das so begründete Mitsorgerecht des Vaters ist eigenständig, insbesondere leitet es sich weder von der Mutter ab noch ist es von ihr abhängig, und grundsätzlich umfassend.[58] Eine Einschränkung erfährt es nur in dem Fall und in dem Umfang, in dem es auch der Mutter nur partiell zusteht.[59]

20   **i) Beendigung der gemeinsamen Sorge.** Steht den Eltern die gemeinsame Sorge nach § 1626a Abs. 1 Nr. 1 zu, so genießt sie weit reichenden Bestandsschutz. Der Weg (zurück) zur Alleinsorge ist nur in bestimmten Fällen möglich. Im Einzelnen sind dies: die Begründung der Alleinsorge durch das FamG bei Getrenntleben der Eltern (nach § 1671);[60] beim Tod eines Elternteils der kraft Gesetzes eintretende Übergang der elterlichen Sorge auf den anderen Elternteil nach § 1680 Abs. 1; die Entziehung der elterlichen Sorge eines Elternteils nach §§ 1666, 1666 a und die daraus resultierende Alleinsorge des anderen Elternteils nach § 1680 Abs. 3 iVm. Abs. 1. Von diesen Fällen des völligen Übergangs der elterlichen Sorge als solcher auf einen Elternteil allein sind die Fälle des § 1678 Abs. 1 Halbs. 1 zu unterscheiden, in denen lediglich die *Ausübung* der elterlichen Sorge auf einen Elternteil übergeht, weil der andere Elternteil an der Ausübung verhindert ist oder seine Sorge ruht. Dieses alleinige Ausübungsrecht des anderen Elternteils erlischt mit dem Wegfall der Verhinderung bzw. des Ruhensgrundes.[61]

21   Der Weg des § 1626a Abs. 1 Nr. 1 zur gemeinsamen Sorge ist also ein „Weg ohne Wiederkehr"[62] in dem Sinne, dass die Eltern nicht ohne weiteres durch bloßes (in bestimmter Form kundgegebenes) Einverständnis zur Alleinsorge zurückkehren können. Vielmehr setzt dies jeweils bestimmte Situationen voraus (Getrenntleben, Tod, Verhinderung).

22   **2. Gemeinsame Sorge durch Heirat (Abs. 1 Nr. 2).** Die bei der Geburt des Kindes nicht miteinander verheirateten Eltern können die gemeinsame Sorge gem. Abs. 1 Nr. 2 auch dadurch erlangen, dass sie einander heiraten (§§ 1310 bis 1312). Mit dem Zeitpunkt der Eheschließung verwandelt sich die bis dahin bestehende Alleinsorge der Mutter (Abs. 2) kraft Gesetzes in die gemeinsame Sorge beider Ehegatten. Dies geschieht jedoch nur in dem **Umfang,** in dem die elterliche Sorge der Mutter vor der Eheschließung zustand: Wurde der Mutter vor der Eheschließung die elterliche Sorge nach § 1666 teilweise entzogen, sodass ihr nur noch ein beschränktes Sorgerecht zustand, so tritt der Vater mit der Eheschließung nur in dieses beschränkte Sorgerecht ein.[63] Zu

---
[54] Vgl. *Schwab* DNotZ 1998, 437, 451.
[55] BT-Drucks. 13/4899 S. 59.
[56] Vgl. BT-Drucks. 13/4899 S. 59.
[57] *Schwab* FamR Rn. 611.
[58] NK-BGB/*Rakete-Dombek* Rn. 20; *Staudinger/Coester* Rn. 65.
[59] NK-BGB/*Rakete-Dombek* Rn. 13, 23; *Staudinger/Coester* Rn. 66.
[60] Vgl. AG Fürstenfeldbruck FamRZ 2002, 117.
[61] *Staudinger/Coester* § 1678 Rn. 11.
[62] *Schwab* DNotZ 1998, 437, 453.
[63] Vgl. BGH FamRZ 2005, 1469, 1470; OLG Nürnberg FamRZ 2000, 1035 f.; *Palandt/Diederichsen* Rn. 9; NK-BGB/*Rakete-Dombek* Rn. 9; *Bamberger/Roth/Veit* Rn. 13. Vgl. aber auch *Staudinger/Coester* Rn. 26 ff.

einer unbeschränkten (gemeinsamen oder alleinigen) Sorge kann der Vater in diesem Fall über §§ 1680 Abs. 3 iVm. Abs. 2 S. 2 oder über § 1696 gelangen.

Die Möglichkeit, über die Eheschließung zur gemeinsamen Sorge zu gelangen, unterliegt nicht 23 den Beschränkungen, die in § 1626b Abs. 3 für die Abgabe von Sorgeerklärungen vorgesehen sind. Die Eheschließung führt also auch dann zur gemeinsamen Sorge, wenn bereits eine gerichtliche Entscheidung über die elterliche Sorge nach den §§ 1671, 1672 getroffen oder eine solche Entscheidung nach § 1696 Abs. 1 geändert wurde. Daraus ergeben sich folgende **Fallkonstellationen:**

Waren die Eltern des Kindes bereits früher verheiratet und wurde anlässlich ihrer Scheidung die 24 elterliche Sorge einem Ehegatten gem. § 1671 allein übertragen, so können die Eltern wegen § 1626b Abs. 3 keine wirksamen Sorgeerklärungen mehr abgeben, wohl aber über § 1626 Abs. 1 Nr. 2 durch eine erneute Eheschließung zur gemeinsamen Sorge zurückkehren.[64] Es kommt dann zu keiner gerichtlichen oder behördlichen Kindeswohlprüfung. Darin unterscheidet sich der Weg über § 1626 Abs. 1 Nr. 2 von der Möglichkeit, die gerichtliche Übertragung gemäß § 1696 zu ändern.

Ähnlich verhält es sich bei nicht miteinander verheirateten Eltern, wenn das FamG bei ihrer 25 Trennung die Alleinsorge gem. § 1672 von der Mutter auf den Vater übertragen hat. Auch hier erhalten die Eltern, wenn sie sich versöhnen und einander heiraten, gem. § 1626a Abs. 1 Nr. 2 die gemeinsame Sorge. Zwar wäre hier die Rückkehr zur gemeinsamen Sorge auch über eine Entscheidung des Familiengerichts nach § 1672 Abs. 2 möglich, doch hinge dies von einer Kindeswohlprüfung ab.

Anders ist es, wenn sich die Eltern dauerhaft getrennt haben, ohne eine Ehescheidung zu erwir- 26 ken. Hat hier das Familiengericht einem Ehegatten gem. § 1671 die Alleinsorge zugesprochen, so können die Eltern im Versöhnungsfall nicht über die Eheschließung zur gemeinsamen Sorge zurückkehren; sie sind ja noch verheiratet. In diesem Fall bleibt ihnen nur der Weg über die allgemeine Änderungsvorschrift des § 1696.

IV. Alleinsorge der Mutter (Abs. 2)

1. Alleinsorge der Mutter im Zeitpunkt der Geburt des Kindes. Abs. 2 ist trotz seiner 27 Formulierung („im Übrigen") die eigentliche Grundnorm für die Zuweisung der elterlichen Sorge im Rahmen des § 1626a. Waren die Eltern bei der Geburt des Kindes nicht miteinander verheiratet, so steht die elterliche Sorge grundsätzlich allein der Mutter zu, es sei denn einer der Fälle des Abs. 1 liegt vor. Nur wenn die Eltern wirksame Sorgeerklärungen abgeben (Abs. 1 Nr. 1) oder einander heiraten (Abs. 1 Nr. 2), kommt es zur gemeinsamen Sorge.

Abs. 2 bezieht sich auf den **Zeitpunkt** der Geburt des Kindes und setzt, wie die gesamte Vor- 28 schrift des § 1626a, voraus, dass die Eltern zu diesem Zeitpunkt nicht miteinander verheiratet sind. Aus dem Zusammenspiel von Abs. 2 und Abs. 1 ergibt sich für den Zeitpunkt der Geburt Folgendes: Gemeinsame elterliche Sorge besteht nur, wenn die Eltern von der Möglichkeit des § 1626b Abs. 2 Gebrauch gemacht haben und bereits vor der Geburt wirksame Sorgeerklärungen abgegeben haben. In allen anderen Fällen besteht (zunächst) Alleinsorge der Mutter.

Die nach § 1626a Abs. 2 eingetretene Alleinsorge der Mutter **endet** in folgenden Fällen: mit der 29 Begründung gemeinsamer Sorge durch die Abgabe von Sorgeerklärungen (Abs. 1 Nr. 1) oder durch Eheschließung (Abs. 1 Nr. 2); mit der gerichtlichen Übertragung der Alleinsorge auf den Vater nach § 1672 im Fall des Getrenntlebens; mit der gerichtlichen Übertragung der Alleinsorge auf den Vater im Fall des Todes der Mutter (§ 1680 Abs. 1 S. 2. S. 2) oder im Fall der Entziehung der elterlichen Sorge (§ 1680 Abs. 3); mit dem Entzug der elterlichen Sorge gemäß §§ 1666, 1666 a Abs. 2.

2. Nach der Geburt des Kindes eintretende Alleinsorge der Mutter. Die Alleinsorge 30 der Mutter kann auch nach der Geburt des Kindes eintreten. Grundlage dafür ist dann aber *nicht* § 1626a Abs. 2. Diese Fälle setzen voraus, dass die Eltern zunächst nach § 1626a Abs. 1 Nr. 1 oder Nr. 2 die gemeinsame Sorge hatten. Die Alleinsorge der Mutter kann dann eintreten entweder durch gerichtliche Übertragung nach § 1671 (für den Fall des Getrenntlebens) oder kraft Gesetzes nach § 1680 Abs. 1 und Abs. 3, wenn der Vater stirbt oder ihm die Sorge entzogen wird.

3. Inhalt und Ausübung. Die nach § 1626a Abs. 2 eintretende Alleinsorge der Mutter umfasst 31 alle Rechte und Pflichten, die mit der elterlichen Sorge verbunden sind. Anders als vor dem Inkrafttreten des KindRG wird der Mutter kein Amtspfleger kraft Gesetzes zur Seite gestellt. Allerdings kann die Mutter für die in § 1712 genannten Bereiche die Bestellung eines Beistands beantragen.[65]

---

[64] Vgl. OLG Düsseldorf FamRZ 2010, 385; *Palandt/Diederichsen* Rn. 8. AA *Palandt/Diederichsen*, 69. Aufl. Rn. 5 unter Hinweis auf § 1626b Abs. 3 BGB, der allerdings an § 1626a Abs. 1 Nr. 1 anknüpft.
[65] Vgl. *Schwab* DNotZ 1998, 437, 449.

32 Wenn der Mutter die alleinige elterliche Sorge zusteht, ist der **Vater** von der Ausübung der Sorge ausgeschlossen. Ihm bleiben dann nur das Umgangsrecht (§ 1684) und das Informationsrecht (§ 1686).[66]

33 Für die Alleinsorge der Mutter gelten die allgemeinen Vorschriften über das **Ruhen** der elterlichen Sorge (§§ 1673 ff.). Wenn die elterliche Sorge der Mutter ruht, geht deren Ausübung nicht etwa automatisch auf den Vater über, wie sich aus § 1678 Abs. 1 Halbs. 2, Abs. 2 ergibt. Vielmehr bedarf es einer Entscheidung des Familiengerichts. Dieses kann dem Vater die elterliche Sorge gemäß § 1678 Abs. 2 übertragen, wenn keine Aussicht besteht, dass der Grund des Ruhens wegfällt und die Übertragung dem Wohl des Kindes dient.

34 Zum Nachweis der Alleinsorge der Mutter vgl. § 1626d Rn. 8.

V. Familiengerichtliche Begründung der gemeinsamen Sorge gemäß der Übergangsregelung des BVerfG

35 Das BVerfG sah davon ab, § 1626a Abs. 1 und § 1672 BGB für nichtig zu erklären. Denn dadurch wäre ein Rechtszustand entstanden, der von der verfassungsmäßigen Ordnung noch weiter entfernt wäre als der bisherige,[67] weil nicht miteinander verheiratete Eltern keine gemeinsame Sorge für ihr Kind begründen könnten, selbst wenn sie es wollten. Stattdessen traf der Senat eine Übergangsregelung zu beiden Vorschriften, welche die verfassungsgemäße Rechtsanwendung der Fachgerichte gewährleistet, ohne der gesetzlichen Neuregelung vorzugreifen oder diese zu erschweren.

36 **1. Die konkreten Vorgaben des BVerfG.** Das BVerfG hat folgende Übergangsregeln getroffen: § 1626a ist bis zum Inkrafttreten einer Neuregelung mit der Maßgabe anzuwenden, „dass das Familiengericht den Eltern auf Antrag eines Elternteils die elterliche Sorge oder einen Teil der elterlichen Sorge gemeinsam überträgt, soweit zu erwarten ist, dass dies dem Kindeswohl entspricht."[68] § 1672 ist übergangsweise mit der Maßgabe anzuwenden, „dass das Familiengericht dem Vater auf Antrag eines Elternteils die elterliche Sorge oder einen Teil der elterlichen Sorge überträgt, soweit eine gemeinsame elterliche Sorge nicht in Betracht kommt und zu erwarten ist, dass dies dem Kindeswohl am besten entspricht."[69]

37 Beide Übergangsregelungen hängen in gewisser Hinsicht zusammen. Der Grundgedanke ist offensichtlich, dass zunächst eine gemeinsame Sorgeberechtigung in Betracht gezogen werden soll. Nur wenn anzunehmen ist, dass die Übertragung der Alleinsorge auf den Vater dem Kindeswohl am besten entspricht, ist diese auch ohne Zustimmung der Mutter vorzunehmen.[70]

38 **2. Abgrenzung der beiden Übergangsregelungen.** Für das konkrete Verhältnis der beiden Übergangsregelungen zueinander und zu den bereits existierenden Vorschriften der § 1626a BGB und § 1672 BGB ergibt sich daraus, wie zusammen mit *Möll* bereits an anderer Stelle ausgeführt,[71] Folgendes: Die Übergangsregelung zu **§ 1626a** ist **als Abs. 3** dieser Vorschrift **zu lesen**. Dies ergibt sich daraus, dass das BVerfG die vorläufige Übergangsregelung in den Entscheidungsgründen eindeutig „in Ergänzung" zu § 1626a BGB anordnet.[72] Dieser ergänzende Charakter gilt nach dem Wortlaut der Entscheidungsgründe auch für die Übergangsvorschrift, die sich auf **§ 1672** bezieht.[73] Allerdings liegen die Dinge hier wohl etwas komplizierter. Der ergänzende Charakter bedeutet mE, dass die zweite Übergangsvorschrift unabhängig davon gilt, ob die Eltern getrennt leben iSd. § 1672 Abs. 1 BGB. Konkret gilt sie also auch dann, wenn bei gemeinsam lebenden Eltern der Vater die Übertragung der Alleinsorge auf sich beantragt. Hierfür spricht nicht nur der Wortlaut der Übergangsregelung, sondern auch die Tatsache, dass das Erfordernis des nicht nur vorübergehenden Getrenntlebens in § 1672 BGB verhindern sollte, dass gemeinsam lebende Eltern die Alleinsorge von der Mutter auf den Vater übertragen statt die – für das Kind im KindRG als grundsätzlich vorteilhaft erachtete – gemeinsame Sorge durch Sorgeerklärungen zu begründen.[74] Um diese Zielsetzung zu verwirklichen, ist es jetzt nicht mehr nötig, auf das Getrenntleben der Eltern abzustellen.

---

[66] Vgl. FamRefK/*Rogner* Rn. 19.
[67] Vgl. BVerfG NVwZ 2008, 183, 190.
[68] BVerfG FamRZ 2010, 1403, 1410, Rn. 75.
[69] BVerfG FamRZ 2010, 1403, 1410, Rn. 76.
[70] *Huber/Möll* FamRZ 2011, 765, 768.
[71] *Huber/Möll* FamRZ 2011, 765, 768 f.
[72] BVerfG FamRZ 2010, 1403, 1410, Rn. 75.
[73] BVerfG FamRZ 2010, 1403, 1410, Rn. 76.
[74] Vgl. BT-Drucks. 13/4899 S. 100; *Palandt/Diederichsen* § 1672 Rn. 2.

Denn die Übergangsregelung verlangt vom Gericht ohnehin, dass es zunächst prüft, ob eine gemeinsame elterliche Sorge in Betracht kommt.[75]

Wenn man dieser Ansicht folgt, bedeutet dies für die **Abgrenzung zwischen den beiden** 39 **Übergangsregelungen**, dass es nicht darauf ankommt, ob die Eltern bei Antragstellung zusammen oder (nicht nur vorübergehend) getrennt leben, sondern darauf, ob der Vater die Alleinsorge oder die Begründung der gemeinsamen Sorge beantragt; im ersteren Fall gilt die vorläufige 1672-Regelung,[76] im zweiten Fall die vorläufige 1626a-Regelung.[77]

3. Antrag auf familiengerichtliche Begründung der gemeinsamen Sorge. Nach der 40 eben entwickelten Abgrenzung greift die vom BVerfG zu § 1626a entwickelte Übergangsregel dann ein, wenn ein Elternteil den **Antrag** auf Begründung der gemeinsamen Sorge stellt. Der Antrag kann sich auf einen Teil der elterlichen Sorge beschränken. Antragsberechtigt sind beide Elternteile. In der Regel wird der Vater den Antrag stellen. Allerdings kann es auch Fälle geben, in denen die Mutter die gemeinsame Sorge beantragen möchte, etwa dann, wenn der Vater weder bereit ist, sie zu heiraten, noch bereit ist, eine Sorgeerklärung abzugeben.[78]

Dem Antrag auf Begründung der gemeinsamen Sorge ist stattzugeben, „soweit zu erwarten ist, 41 dass dies **dem Kindeswohl entspricht**".[79] Zur Kindeswohlprüfung nach dieser Übergangsregelung stellt das BVerfG fest, der gewählte Prüfungsmaßstab solle sicherstellen, dass die Belange des Kindes maßgeblich Berücksichtigung finden, jedoch die Zugangsvoraussetzungen zur gemeinsamen Sorge nicht zu hoch angesetzt werden.[80] Die konkrete Einordnung dieses Entscheidungsmaßstabs wird in der Praxis Schwierigkeiten bereiten.[81] Ausgangspunkt der praktischen Anwendung muss die Aussage des BVerfG sein, dass die Zugangsvoraussetzungen zur gemeinsamen Sorge nicht zu hoch gesetzt werden dürfen. In die gleiche Richtung weist der Vergleich zu der Übergangsvorschrift zu § 1672, welche den Weg zur Alleinsorge von einem strengeren Maßstab abhängig macht („dem Kindeswohl am besten entspricht"). Der Wortlaut der Übergangsregel zu § 1626a scheint am ehesten demjenigen des bisherigen § 1672 Abs. 1 zu ähneln, doch ist mit Parallelen Vorsicht geboten, weil es beim bisherigen § 1672 Abs. 1 um die Begründung der Alleinsorge ging, und weil diese Vorschrift vom BVerfG auch für verfassungswidrig erachtet wird. Ein Kriterium lässt sich immerhin der Begründung der Entscheidung des BVerfG entnehmen, die feststellt, dass die Ausübung der gemeinsamen Verantwortung ein Mindestmaß an Übereinstimmung zwischen den Eltern erfordere. Fehle es daran und seien die Eltern zur Kooperation weder bereit noch in der Lage, könne die gemeinsame Sorge dem Kindeswohl zuwiderlaufen.[82] Allerdings wird man allein der Tatsache, dass sich die Eltern nicht über die Begründung der gemeinsamen Sorge über Sorgeerklärungen (oder Heirat) einigen können, nicht entnehmen können, dass es an der erforderlichen Konsensbereitschaft fehle; sonst wäre die Übergangsvorschrift zur Begründung einer gemeinsamen Sorge sinnlos. Letztlich liegt die Bürde der Entscheidung im Einzelfall bei den Gerichten, die sich an den üblichen Kriterien der Kindeswohlprüfung (vgl. zB die Kommentierung zu § 1697a, 1671) zu orientieren und dabei die Vorgaben des BVerfG zu berücksichtigen haben.[83]

Das gerichtliche Verfahren unterliegt m.E. den Vorschriften über **Kindschaftssachen** (§§ 151 ff. 42 FamFG). Bei ablehnender Entscheidung des Familiengerichts sollte dem nichtsorgeberechtigten Vater im Lichte der Entscheidung des BVerfG – anders als nach früher hM zu § 20 FGG aF[84] – eine **Beschwerdeberechtigung** iSd. § 59 FamFG iVm. den Übergangsregeln des BVerfG zustehen.[85] Gleiches müsste dann im Ergebnis für die Mutter gelten, deren Antrag abgelehnt wird.

---

[75] *Huber/Möll* FamRZ 2011, 765, 768.
[76] Zu weiteren Fragen in Bezug auf die Übergangsregelung zu § 1672 vgl. *Huber/Möll* FamRZ 2011, 765, 768 f.
[77] *Huber/Möll* FamRZ 2011, 765, 768 f.
[78] *Palandt/Diederichsen* § 1626 Rn. 10.
[79] BVerfG FamRZ 2010, 1403, 1410, Rn. 75.
[80] BVerfG FamRZ 2010, 1403, 1410, Rn. 75.
[81] Vgl. *Palandt/Diederichsen* § 1626 Rn. 10.
[82] BVerfG FamRZ 2010, 1403, 1407, Rn. 50.
[83] Vgl. OLG Rostock FamRZ 2011, 1660 (§ 1671 Abs. 2 Nr. 2 „spiegelbildlich"); vgl. auch AG Freiburg FamRZ 2011, 1658; AG Saarbrücken 40 F 69/11 v. 30. 2. 2011 (juris); KG FamRZ 2011, 1659; KG FamRZ 2011, 1661; OLG Brandenburg FamRZ 2011, 1662.
[84] Vgl. dazu BGH FamRZ 2009, S. 220 ff.
[85] So (zur Übergangsregel zu § 1672) OLG Naumburg FamRZ 2010, 1918; OLG Brandenburg NJW 2010, 3245; *Rixe*, Anm. zu OLG Brandenburg, FamFR 2010, 426. Vgl. *Huber/Möll* FamRZ 2011, 765, 769. Offen gelassen (vor der Entscheidung des BVerfG, aber nach derjenigen des EuGMR) BGH NJW-RR 2010, 1369 f. Das OLG Celle verneinte eine Beschwerdeberechtigung des Vaters aus § 59 Abs. 1 FamFG, NJW-RR 2011, 220 f. Siehe hierzu auch *Böhne* FamFR 2010, 402.

§ 1626b Besondere Wirksamkeitsvoraussetzungen der Sorgeerklärung

(1) Eine Sorgeerklärung unter einer Bedingung oder einer Zeitbestimmung ist unwirksam.

(2) Die Sorgeerklärung kann schon vor der Geburt des Kindes abgegeben werden.

(3) Eine Sorgeerklärung ist unwirksam, soweit eine gerichtliche Entscheidung über die elterliche Sorge nach den §§ 1671, 1672 getroffen oder eine solche Entscheidung nach § 1696 Abs. 1 geändert wurde.

Übersicht

	Rn.		Rn.
I. Unzulässigkeit von Bedingung und Zeitbestimmung (Abs. 1)	1–11	2. Abstammung	13–15
1. Normzweck und Funktionsweise	1	3. Bestimmtheit	16, 17
2. Bedingung, Zeitbestimmung	2, 3	III. Unwirksamkeit nach gerichtlicher Entscheidung über die Zuweisung der elterlichen Sorge (Abs. 3)	18–25
3. Begleitende Vereinbarungen	4–9		
a) Zulässigkeit	4–7		
b) Bindungswirkung	8, 9	1. Normzweck	18, 19
4. Partielle Sorgeerklärung	10	2. Anwendungsbereich	20–24
5. Sonderregel in Abs. 2	11	a) Fallgruppen	20–23
II. Zeitpunkt der Sorgeerklärung (Abs. 2)	12–17	b) Andere gerichtliche Entscheidungen	24
1. Regelung	12	3. Unwirksamkeit	25

Die Vorschrift regelt einzelne Wirksamkeitsvoraussetzungen bzw. Unwirksamkeitsgründe für die Sorgeerklärung iSd. § 1626a Abs. 1 Nr. 1. Weitere Voraussetzungen finden sich in den §§ 1626c und d. Zur Systematik und zum abschließenden Charakter der §§ 1626b bis e vgl. § 1626a Rn. 13, § 1626e Rn. 6 ff.

I. Unzulässigkeit von Bedingung und Zeitbestimmung (Abs. 1)

1. Normzweck und Funktionsweise. Abs. 1 bestimmt, dass die Sorgeerklärung unwirksam ist, wenn sie unter einer Bedingung oder einer Zeitbestimmung abgegeben wird. Die Regelung dient dem Wohl des Kindes. Es würde dem Interesse des Kindes an der Kontinuität und der Stabilität seiner persönlichen Beziehungen widersprechen, wenn die Zuweisung der elterlichen Sorge zeitlich befristet erfolgen könnte oder von einem künftigen, ungewissen Ereignis abhinge.[1] Abs. 1 erreicht dieses Ziel, indem er bei Vorliegen einer derartigen Bedingung oder Zeitbestimmung der gesamten Sorgeerklärung die Wirksamkeit versagt.[2]

2. Bedingung, Zeitbestimmung. Unter den Begriff der Bedingung iSd. Abs. 1 fällt sowohl die aufschiebende (§ 158 Abs. 1) als auch die auflösende (§ 158 Abs. 2) Bedingung. Nicht von § 1626 Abs. 1 erfasst, und damit zulässig, ist die reine Rechtsbedingung;[3] vgl. Rn. 15. Die Definition der Zeitbestimmung richtet sich nach § 163. Eine solche liegt also vor, wenn für die Wirkung der Sorgeerklärung ein Anfangs- oder ein Endtermin bestimmt worden ist.

Eine unzulässige (und zur Unwirksamkeit der Sorgeerklärung führende) Zeitbestimmung wäre es beispielsweise, wenn die Eltern die gemeinsame Sorge nur für eine „Probezeit" herbeiführen wollen, nach deren Ablauf wieder die Alleinsorge der Mutter eintreten soll, falls sich der Vater als Sorgeberechtigter nicht bewährt hat.[4] Die Eltern können auch nicht vereinbaren, dass die Sorgeerklärung nur so lange gelten soll, wie ihre nichteheliche Lebensgemeinschaft andauert. Darin liegt eine auflösende Bedingung iSd. § 158 Abs. 2, die gem. Abs. 1 zur Unwirksamkeit der gesamten Sorgeerklärung führt. Wenn die Eltern nach der Trennung eine Änderung der Zuweisung der elterlichen Sorge erreichen wollen, bleibt ihnen nur der Weg über die familiengerichtliche Entscheidung nach § 1671 bzw. (falls einschlägig) der vom BVerfG entwickelten Übergangsvorschrift zu § 1672 (vgl. § 1626a Rn. 3e-i; 35 ff.; § 1672 Rn. 5. ff.).[5]

---

[1] BT-Drucks. 13/4899 S. 94.
[2] Vgl. *Palandt/Diederichsen* Rn. 1; NK-BGB/*Rakete-Dombek* Rn. 2.
[3] *Staudinger/Coester* Rn. 4; jurisPK-BGB/*Schwer/B. Hamdan* Rn. 2.
[4] BT-Drucks. 13/4899 S. 94.
[5] NK-BGB/*Rakete-Dombek* Rn. 3; aus rechtspolitischer Sicht kritisch *Coester* DEuFamR 1999, 3, 8.

3. Begleitende Vereinbarungen. a) Zulässigkeit. Probleme bereitet die Frage, inwieweit 4
die Eltern Vereinbarungen treffen können, um die Einzelheiten der Wahrnehmung der elterlichen
Sorge zu regeln. Denkbar wären etwa Vereinbarungen über den Aufenthalt des Kindes, über die
Ausübung der elterlichen Sorge für den Fall der Trennung der Eltern oder darüber, wie der Umgang
der Eltern mit dem Kind im Einzelnen ausgestaltet werden soll.[6]

Klar ist zunächst, dass solche Vereinbarungen nicht Bestandteil der Sorgeerklärung selbst sein 5
können. Das ergibt sich bereits aus der Legaldefinition der Sorgeerklärung in § 1626a Abs. 1 Nr. 1.[7]
In Betracht kommen also nur begleitende Vereinbarungen neben der eigentlichen Sorgeerklärung.
Auch für diese Abreden ist jedoch die in Abs. 1 angeordnete Bedingungsfeindlichkeit zu beachten:
Wenn die Eltern den Abschluss oder die Einhaltung der begleitenden Vereinbarung zur Bedingung
für die Wirksamkeit der Sorgeerklärung machen, ist nach Abs. 1 die gesamte Sorgeerklärung
unwirksam. Ob die Eltern eine solche Bedingung wollten, ist Auslegungsfrage. Allerdings ist im
Zweifel davon auszugehen, dass keine derartige Bedingung gewollt war.[8] Trotzdem sollten die
Eltern, um sicherzugehen, in der begleitenden Vereinbarung feststellen, dass die Wirksamkeit der
Sorgeerklärung nicht von der Einhaltung oder vom Zustandekommen der begleitenden Vereinbarung abhängen soll (sog. Unabhängigkeitsklausel).[9]

Umgekehrt steht es den Eltern frei, die Wirksamkeit der begleitenden Vereinbarung von der 6
Wirksamkeit der Sorgeerklärung abhängig zu machen. Eine derartige Bedingung der begleitenden
Vereinbarung fällt nicht unter Abs. 1.[10]

Unter Beachtung dieser Grundsätze sind begleitende Vereinbarungen über die Wahrnehmung 7
der elterlichen Sorge also zulässig und beeinträchtigen nicht die Wirksamkeit der Sorgeerklärung
selbst.

b) Bindungswirkung. Eine andere Frage ist jedoch, inwieweit derartige begleitende Vereinbarungen rechtliche Bindungswirkung für die Eltern bzw. für die Gerichte entfalten. In der Literatur 8
wird überwiegend vorgeschlagen, diesen Vereinbarungen grundsätzlich vertragliche Bindungswirkung beizumessen, die auch vom FamG (in Verfahren nach §§ 1671, 1628 oder 1696) zu beachten
sei. Diese Bindungswirkung unterliege folgenden Grenzen: Zum einen stehe sie unter dem Vorbehalt der Anpassung der Vereinbarung an veränderte Verhältnisse oder Bedürfnisse des Kindes. Zum
anderen dürfe die Bindungswirkung nicht zu einer Beeinträchtigung des Kindeswohls führen.[11]
Konkret wird für die Kindeswohlprüfung als Maßstab derjenige des § 1696 vorgeschlagen. Die
begleitende Vereinbarung hätte demnach keine bindende Wirkung, wenn „triftige, das Kindeswohl
nachhaltig berührende Gründe" entgegenstünden.[12]

Die Frage lässt sich nicht generell beantworten. Praktische Bedeutung erlangt sie vor allem, wenn 9
ein Elternteil sich nicht mehr an die getroffene Vereinbarung halten will. Der daraus resultierende
Elternkonflikt muss dann letztlich vom Gericht entschieden werden. Hierfür gibt es drei Ansatzpunkte: den Elternstreit nach § 1628, die Übertragung der Alleinsorge bei Getrenntleben der Eltern
nach § 1671 oder die Änderung getroffener Anordnungen nach § 1696. Für jede dieser Normen ist
die Frage nach der Bindungswirkung der begleitenden Vereinbarung gesondert zu beantworten (vgl.
§ 1628 Rn. 17; § 1671 Rn. 115; § 1696 Rn. 16).

4. Partielle Sorgeerklärung. Kein Anwendungsfall des Abs. 1 ist die Regel, dass eine partielle 10
Sorgeerklärung nicht möglich ist, dass die Eltern also die Begründung der gemeinsamen Sorge nicht
auf bestimmte Teilbereiche beschränken können. Denn eine derartige Begrenzung wäre weder eine
Bedingung noch eine Zeitbestimmung iSd. Abs. 1. Die Unzulässigkeit partieller Sorgeerklärungen
ergibt sich vielmehr aus der Legaldefinition des § 1626a Abs. 1 Nr. 1 (s. § 1626a Rn. 6 ff.).

5. Sonderregel in Abs. 2. Eine Sonderregelung zu Abs. 1 stellt in gewissem Umfang Abs. 2 11
dar, der die Abgabe der Sorgeerklärung vor der Geburt ermöglicht. Zu diesem Zeitpunkt steht noch
nicht fest, ob es tatsächlich zur Geburt des Kindes kommen wird. Insofern hängt jede vor der Geburt
abgegebene Sorgeerklärung in gewisser Weise vom Eintritt eines ungewissen Ereignisses ab. Wenn
Abs. 2 vorgeburtliche Sorgeerklärungen trotzdem ermöglicht, so muss das bedeuten, dass die in
Abs. 1 angeordnete Bedingungsfeindlichkeit insofern keine Geltung haben soll. Andernfalls bliebe
für Abs. 2 kein praktischer Anwendungsbereich.

---

[6] Vgl. *Schwab* DNotZ 1998, 437, 454 f.
[7] S. auch BT-Drucks. 13/4899 S. 93.
[8] NK-BGB/*Rakete-Dombek* Rn. 2.
[9] NK-BGB/*Rakete-Dombek* Rn. 2; *Staudinger/Coester* Rn. 5; *Schwab* DNotZ 1998, 437, 455.
[10] NK-BGB/*Rakete-Dombek* Rn. 2; *Schwab* DNotZ 1998, 437, 455.
[11] *Coester* DEuFamR 1999, 3, 9 f.; *Schwab* DNotZ 1998, 437, 455; *Zimmermann* DNotZ 1998, 404, 418, 423 f.; im Rahmen des § 1671 gegen eine Bindungswirkung *Johannsen/Henrich/Jaeger* § 1671 Rn. 24 ff.
[12] *Coester* DEuFamR 1999, 3, 10.

§ 1626b 12–16 Abschnitt 2. Titel 5. Elterliche Sorge

II. Zeitpunkt der Sorgeerklärung (Abs. 2)

12 **1. Regelung.** Abs. 2 bestimmt, dass die Sorgeerklärung auch schon vor der Geburt des Kindes abgegeben werden kann. Haben die Eltern dies wirksam getan, so tritt für das Kind mit der Geburt die gemeinsame elterliche Sorge ein. Grundsätzlich gelten für die vorgeburtliche Sorgeerklärung die gleichen Wirksamkeitsvoraussetzungen wie für die nachgeburtliche.

13 **2. Abstammung.** Voraussetzung ist insbesondere, dass die Abstammung des Kindes von den Eltern feststeht (s. § 1626a Rn. 14; § 1626 Rn. 16). **Mutter** eines Kindes ist die Frau, die es geboren hat (§ 1591). Diese Voraussetzung ist, streng genommen, vor der Geburt noch nicht erfüllt und eine „Anerkennung" der Mutterschaft kennt das deutsche Recht – von Ausnahmefällen für Fälle mit Auslandsberührung abgesehen (§ 27 Abs. 2 PStG) – nicht. Trotzdem muss die Abgabe einer pränatalen Sorgeerklärung durch die Mutter möglich sein, weil für § 1626b Abs. 2 sonst praktisch kein Anwendungsbereich bliebe. Es genügt deshalb für die von § 1626a vorausgesetzte Mutterschaft, wenn die Schwangerschaft eingetreten ist.[13]

14 Die Abstammung des Kindes vom **Vater** können die Eltern dadurch klären, dass der Vater die Vaterschaft anerkennt und die Mutter zustimmt. Beides ist vor der Geburt zulässig (§§ 1594 Abs. 4, 1595 Abs. 3). Die Möglichkeit der Abgabe pränataler Sorgeerklärungen ergänzt insofern die Erleichterung der pränatalen Vaterschaftsanerkennung, die das KindRG dadurch bewirkt hat, dass an die Stelle der Zustimmung des Kindes, die durch einen Pfleger abgegeben werden musste (§§ 1600c aF, 1912 Abs. 1 S. 2), die Zustimmung der Mutter getreten ist.[14]

15 Ist die Mutter mit einem anderen Mann verheiratet, würde dieser bei der Geburt des Kindes als dessen Vater gelten. Grundsätzlich kann der leibliche Vater deshalb die Sorgeerklärung erst wirksam abgeben, wenn die Vaterschaft des Ehemanns erfolgreich angefochten wurde und er selbst die Vaterschaft anerkannt hat (bzw. eine Feststellung nach § 1600d erfolgt ist). In bestimmten Fällen ist jedoch nach hM auch schon früher die Abgabe einer wirksamen Sorgeerklärung möglich. Der BGH[15] hat dies in einem Fall zugelassen, in dem ein Scheidungsantrag gestellt wurde, das Kind bei dessen Anhängigkeit noch nicht geboren war und der leibliche Vater nach § 1599 Abs. 2 die Vaterschaft anerkannte. Eine bis zum Abschluss des Scheidungsverfahrens abgegebene Sorgeerklärung sei in diesem Fall – ähnlich wie die Vaterschaftsanerkennung – zwar schwebend unwirksam, nicht aber nichtig. Mit Rechtskraft der Ehescheidung würden sowohl die Anerkennung der Vaterschaft als auch die Sorgeerklärung rückwirkend auf den Zeitpunkt der Geburt des Kindes wirksam. Die Bedingungsfeindlichkeit von Anerkennung und Sorgeerklärung stehe diesem Ergebnis nicht entgegen, weil es sich um die bloße Rechtsbedingung der Beseitigung der Vaterschaft des Ehemanns handle.[16] Dem ist mE zuzustimmen; soweit in der 4. Aufl. eine abweichende Meinung vertreten wurde, wird diese aufgegeben. Mit *Coester*[17] ist über die vom BGH entschiedene Fallgestaltung hinaus der Grundsatz aufzustellen, dass die (Abstammungserklärung und) Sorgeerklärung schon vor der endgültigen Aufhebung der Vaterschaft des Ehemanns der Mutter abgegeben werden können, wenn der erklärende leibliche Vater zunächst alle ihm offen stehenden Möglichkeiten zur Etablierung seiner rechtlichen Vaterschaft eingeleitet hat (etwa Anerkennung, Anfechtung). In diesen Fällen stehen beide Erklärungen unter einer zulässigen Rechtsbedingung, sind zunächst schwebend unwirksam und werden mit der Beseitigung der rechtlichen Vaterschaft des Ehemanns rückwirkend wirksam.

Aufgrund der Bedingungsfeindlichkeit der Sorgeerklärung (Abs. 1) kann der leibliche Vater die Sorgeerklärung allerdings nach wie vor nicht im Voraus für den Fall des Feststehens seiner eigenen Vaterschaft wirksam abgeben. An dieser Rechtslage ändert auch Abs. 2 nichts. Diese Vorschrift besagt nur, dass die *Abgabe* der Sorgeerklärung vor der Geburt erfolgen kann. Sie befreit nicht etwa vorgeburtliche Sorgeerklärungen von den allgemeinen Wirksamkeitsvoraussetzungen.[18]

16 **3. Bestimmtheit.** Auch die pränatale Sorgeerklärung muss dem Bestimmtheitsgrundsatz (s. § 1626a Rn. 5) genügen. Sie muss sich auf ein bestimmtes Kind beziehen. Aus diesem Grund kann eine Sorgeerklärung vor der Zeugung des Kindes nicht wirksam abgegeben werden.[19] Unwirksam wäre deshalb auch eine Sorgeerklärung, die für alle aus der Beziehung zwischen den Lebenspartnern entstehenden Kinder oder für ein nach dem Zeitpunkt des Eintritts der Geburt bestimmtes Kind

---

[13] *Schwab* DNotZ 1998, 437, 450.
[14] BT-Drucks. 13/4899 S. 94.
[15] BGH FamRZ 2004, 802; dazu *Coester* LMK 2004, 107; ebenso OLG Stuttgart FamRZ 2008, 539, 540.
[16] Vgl. BGH FamRZ 2004, 802 f., in Anlehnung an *Staudinger/Coester* Rn. 11 ff.; ebenso NK-BGB/*Rakete-Dombek* Rn. 2, 6; *Johannsen/Henrich/Jaeger* Rn. 3; *Palandt/Diederichsen* Rn. 4.
[17] *Staudinger/Coester* Rn. 11 ff.
[18] *Palandt/Diederichsen* Rn. 1; vgl. hierzu auch die Anm. von *Coester* LKM 2004, 107.
[19] *Zimmermann* DNotZ 1998, 404, 417; *Schwab* DNotZ 1998, 437, 450.

(zB das erstgeborene Kind) gelten soll. Unwirksam sind diese vor Zeugung abgegebenen Sorgeerklärungen also bereits wegen fehlender Bestimmtheit. Im Übrigen würde auch ein Verstoß gegen die Bedingungsfeindlichkeit der Sorgeerklärung (Abs. 1) vorliegen, weil die Sorgeerklärung für den Fall eines ungewissen Ereignisses (Schwangerschaft) abgegeben würde. Eine nach der Zeugung, aber vor der Geburt abgegebene Sorgeerklärung dagegen ist nicht gemäß Abs. 1 unwirksam, weil Abs. 2 insofern eine Spezialregelung darstellt (s. Rn. 11).

Fragen in Bezug auf das Bestimmtheitserfordernis ergeben sich auch dann, wenn die Eltern 17 die Sorgeerklärung während der Schwangerschaft für das erwartete Kind abgeben und die Mutter anschließend Mehrlinge zur Welt bringt. In diesem Fall deckt sich der Inhalt der Sorgeerklärung zwar nicht genau mit der Bezugsperson. Die hM geht aber dennoch davon aus, dass sich die pränatale Sorgeerklärung auf alle Kinder aus dieser Schwangerschaft erstreckt.[20]

III. Unwirksamkeit nach gerichtlicher Entscheidung über die Zuweisung der elterlichen Sorge (Abs. 3)

1. Normzweck. Abs. 3 bestimmt, dass eine Sorgeerklärung unwirksam ist, soweit über die 18 elterliche Sorge eine gerichtliche Entscheidung gemäß §§ 1671, 1672 vorliegt oder eine solche Entscheidung gemäß § 1696 Abs. 1 abgeändert wurde. Zweck dieser Vorschrift ist es, das Interesse des Kindes an der Kontinuität seiner Sorgebeziehungen zu wahren. Wenn das Familiengericht nach einer Prüfung des Kindeswohls (die von jeder der in Abs. 3 genannten Vorschriften vorausgesetzt wird, wenn auch mit unterschiedlichen Maßstäben) die ursprünglich gegebene Verteilung der elterlichen Sorge geändert und die Sorge neu zugewiesen hat, soll diese Regelung einen gewissen Bestandsschutz genießen. Das Gesetz will ein „Hin und Her" der elterlichen Sorge vermeiden.[21] Mit dieser Zielsetzung wäre es nicht vereinbar, wenn die Eltern die gerichtliche Zuweisung einfach durch die Abgabe von Sorgeerklärungen nach § 1626a korrigieren könnten, ohne dass eine erneute gerichtliche Kindeswohlprüfung stattfände.

Aus **rechtspolitischer Sicht** wird die Regelung des Abs. 3 kritisiert. Der Vorwurf lautet, sie 19 schränke die Elternautonomie zu sehr ein. Ihr liege die zu pessimistische Einschätzung zugrunde, dass Eltern, die mit ihrer elterlichen Verantwortung einmal nicht fertig geworden seien und deshalb die Entscheidung nach §§ 1671 f. herbeigeführt haben, auch künftig nicht zu einer den Interessen des Kindes entsprechenden Zuweisung der elterlichen Sorge in der Lage sein würden.[22] Dieser Einwand ist jedoch nicht überzeugend. Es geht bei Abs. 3 weniger um das Misstrauen gegenüber den Eltern als vielmehr um die Wahrung des Kindesinteresses an der Kontinuität seiner Sorgebeziehungen (s. Rn. 18). Anlass zur Kritik könnte allenfalls die Tatsache geben, dass das Gesetz die Sperrwirkung nicht konsequent durchführt, sondern den Eltern mit der Eheschließung ein Instrument anbietet, auch nach einer gerichtlichen Entscheidung nach §§ 1671, 1672 oder 1696 Abs. 1 ohne erneute gerichtliche Kindeswohlprüfung zur gemeinsamen Sorge zu gelangen (§ 1626a Abs. 1 Nr. 2, s. § 1626a Rn. 23 ff.). Doch ist diese Ungleichbehandlung gerechtfertigt. Denn die Eheschließung der Eltern lässt auf eine größere Stabilität schließen als die bloße Einigung über die Begründung des gemeinsamen Sorgerechts.

2. Anwendungsbereich. a) Fallgruppen. Die Regelung des § 1626b Abs. 3 betrifft nur den 20 Sorgerechtserwerb über die Sorgeerklärung, nicht jedoch den Sorgerechtserwerb kraft Eheschließung.[23] Die Sperre des Abs. 3 tritt ein, soweit eine gerichtliche Entscheidung nach § 1671 oder § 1672 vorliegt oder wenn eine solche Entscheidung nach § 1696 Abs. 1 geändert wurde; nach einer solchen Entscheidung sollte sich der Urkundsbeamte bei den Eltern erkundigen.[24] Das Gleiche muss gelten, wenn eine gerichtliche Entscheidung nach der vom BVerfG aufgestellten Übergangsregel zu § 1672 ergangen ist (vgl. § 1626a Rn. 3e-i; 35 ff., § 1672 Rn. 5 ff.). Betrifft die gerichtliche Entscheidung nur einen Teil der elterlichen Sorge, so ist nur dieser einer Sorgeerklärung entzogen.[25]

Im Einzelnen sind folgende Fallgestaltungen denkbar:

(1) Fallgruppe 1 (Wege aus der nach § 1671 begründeten Alleinsorge): Zunächst stand die 21 elterliche Sorge beiden Elternteilen gemeinsam zu, sei es weil sie miteinander verheiratet waren (wenn bereits bei der Geburt: § 1626 Abs. 1; wenn erst nach der Geburt: § 1626a Abs. 1 Nr. 2), sei

---

[20] NK-BGB/*Rakete-Dombek* Rn. 5; *Staudinger/Coester* Rn. 9. Anders noch die Voraufl.
[21] Vgl. BT-Drucks. 13/4899 S. 94.
[22] Stellungnahme des Deutschen Familiengerichtstages zum Entwurf des KindRG FamRZ 1997, 337, 339. S. auch FamRefK/*Rogner* Rn. 8.
[23] *Staudinger/Coester* § 1626a Rn. 20 ff. (verfassungsrechtliche Privilegierung der Ehe).
[24] So *Staudinger/Coester* Rn. 14 mwN, der jedoch eine Verpflichtung der Elternteile zu förmlicher Versicherung zu Recht ablehnt. Vgl. auch NK-BGB/*Rakete-Dombek* Rn. 7 mwN, auch zur aA.
[25] NK-BGB/*Rakete-Dombek* Rn. 7; *Staudinger/Coester* Rn. 14.

§ 1626b 22–24 Abschnitt 2. Titel 5. Elterliche Sorge

es weil sie gemäß § 1626a Abs. 1 Nr. 1 Sorgeerklärungen abgegeben hatten. Anschließend trennten sich die Eltern und das Familiengericht übertrug einem Elternteil gemäß § 1671 die Alleinsorge. Wenn die Eltern sich danach versöhnen und zur gemeinsamen Sorge zurückkehren wollen, ist zu unterscheiden: Wenn die Eltern sich nicht haben scheiden lassen, kommt die Abgabe von Sorgeerklärungen nach § 1626a Abs. 1 Nr. 1 nicht in Betracht; dieser Weg steht ausweislich des Eingangssatzes des § 1626a Abs. 1 nur nicht miteinander verheirateten Eltern zu. Wenn die Ehe der Eltern geschieden wurde, wäre die Abgabe von Sorgeerklärungen gemäß § 1626a zwar grundsätzlich möglich, scheitert aber an § 1626b Abs. 3. Denn die gerichtliche Übertragung der Alleinsorge nach § 1671 sperrt die Abgabe einer erneuten Sorgeerklärung. Den Eltern bleiben zwei Möglichkeiten: Entweder sie gehen den (beschwerlichen und einer strengen Kindeswohlprüfung durch das Familiengericht unterworfenen) Weg über die allgemeine Änderungsvorschrift des § 1696 oder sie heiraten einander erneut und begründen die gemeinsame Sorge gemäß § 1626a Abs. 1 Nr. 2, ohne sich einer gerichtlichen Kindeswohlprüfung unterziehen zu müssen.

22 **(2) Fallgruppe 2 (Wege aus der nach § 1672 Abs. 1 begründeten Alleinsorge):** Die Eltern waren nie miteinander verheiratet. Die elterliche Sorge stand deshalb gemäß § 1626a Abs. 2 allein der Mutter zu. Die Eltern trennten sich (oder hatten von vornherein nicht zusammengelebt) und das FamG übertrug die Alleinsorge gemäß § 1672 Abs. 1 auf den Vater. Nun versöhnen sich die Eltern und wollen zur gemeinsamen Sorge zurückkehren. Auch hier versperrt ihnen § 1626b Abs. 3 den einfachen Weg über die Sorgeerklärung. Allerdings sieht § 1672 Abs. 2 die Möglichkeit einer gerichtlichen Begründung der gemeinsamen Sorge durch das FamG vor. Außerdem steht in diesen Fällen auch die Änderungsmöglichkeit des § 1696 Abs. 1 zur Verfügung. Es gibt keine Regel des Inhalts, dass das FamG im Rahmen des § 1696 Abs. 1 auf den „Rückweg" zur Rechtslage vor der Erstentscheidung (hier: Alleinsorge der Mutter) beschränkt sei.[26] Schließlich können die Eltern auch hier ohne gerichtliche Überprüfung zur gemeinsamen Sorge gelangen, indem sie einander heiraten (§ 1626a Abs. 1 Nr. 2). Dieser Weg wird von § 1626b Abs. 3 nicht versperrt. Entsprechendes muss mE gelten, wenn das Gericht die Alleinsorge des Vaters auf Grundlage der verfassungsgerichtlichen Übergangsregel zu § 1672 begründet hat. Auch hier sollten gerichtliche Änderungsbefugnisse nach § 1672 Abs. 2 bzw. § 1696 bestehen,[27] während die Rückkehr zur gemeinsamen Sorge durch Sorgeerklärungen wegen § 1626b Abs. 3 ausgeschlossen sein sollte.

23 **(3) Fallgruppe 3 (Wege aus der nach § 1696 Abs. 1 begründeten Alleinsorge):** Die Alleinsorge eines Elternteils kann auch auf einer Änderungsentscheidung gemäß § 1696 Abs. 1 beruhen, durch welche die ursprünglich nach § 1671 oder § 1672 dem einen Elternteil übertragene Alleinsorge jetzt dem anderen Elternteil übertragen wird.[28] Auch eine derartige Entscheidung nach § 1696 Abs. 1 fällt unter den Anwendungsbereich des § 1626b Abs. 3 und sperrt die Abgabe von Sorgeerklärungen. Auch hier steht den Eltern wieder der Weg über die Heirat (§ 1626a Abs. 1 Nr. 2) offen. In dem Sonderfall des § 1672 Abs. 2 S. 2 steht auch die gerichtliche Entscheidung nach § 1672 Abs. 2 S. 1 zur Verfügung (s. § 1672 Rn. 26).

24 **b) Andere gerichtliche Entscheidungen.** Andere als die in Abs. 3 genannten gerichtlichen Entscheidungen stehen der Abgabe von Sorgeerklärungen nicht entgegen. Das betrifft insbesondere Maßnahmen gemäß **§ 1666.** Allerdings setzt die wirksame Abgabe von Sorgeerklärungen in diesem Fall voraus, dass die entsprechende Maßnahme iSd. § 1666 vorher gemäß § 1696 Abs. 2 aufgehoben wurde.[29] Nur diese Lösung entspricht dem Sinn und Zweck des § 1666. Wenn das Gericht auf Grund einer Gefährdung des Kindeswohls in die Elternautonomie eingreift, kann es nicht im Belieben der Eltern stehen, diese Maßnahmen zu korrigieren bzw. rückgängig zu machen. Allerdings bereitet die dogmatische Begründung des Aufhebungserfordernisses gewisse Schwierigkeiten. Denn die §§ 1626a bis d enthalten keine Anordnung der Unwirksamkeit für den Fall, dass die Eltern Sorgeerklärungen abgeben, obwohl eine Maßnahme iSd. § 1666 ergangen ist und (noch) nicht nach § 1696 Abs. 2 aufgehoben wurde. Und § 1626e schließt andere Unwirksamkeitsgründe aus. Die Lösung des Problems muss deshalb auf der Konkurrenzebene erfolgen. Man wird § 1666 in dem Sinne als vorrangige Sonderregelung qualifizieren müssen, dass die gesamten Vorschriften der §§ 1626a bis e über die Sorgeerklärung von vornherein nicht anwendbar sind, soweit den Eltern die elterliche Sorge gemäß § 1666 entzogen wurde. Es handelt sich dabei um eine **teleologische Reduktion** des Anwendungsbereichs der §§ 1626a bis e, die auf den übergeordneten Wertungen des § 1666 beruht.[30]

---

[26] Vgl. zu dieser Frage *Huber, P.* FamRZ 1999, 1625, 1626; *Palandt/Diederichsen* § 1672 Rn. 7. S. aber auch *Ewers* FamRZ 1999, 477, 479.
[27] Vgl. näher *Huber/Möll* FamRZ 2011, 765, 769.
[28] Vgl. *Palandt/Diederichsen* Rn. 3.
[29] Vgl. BGH FamRZ 2005, 1469, 1470; NK-BGB/*Rakete-Dombek* Rn. 7; BT-Drucks. 13/4899 S. 94.
[30] Im Ergebnis ebenso NK-BGB/*Rakete-Dombek* Rn. 7; *Staudinger/Coester* Rn. 15.

3. Unwirksamkeit. Eine Sorgeerklärung, die unter Verstoß gegen Abs. 3 abgegeben wurde, ist 25 unwirksam. Sie kann deshalb die elterliche Sorge nach § 1626a Abs. 1 Nr. 1 nicht begründen. Abs. 3 gilt jedoch nur für die Sorgeerklärung. Er findet keine Anwendung auf die Begründung der gemeinsamen Sorge durch die Eheschließung der Eltern (§ 1626a Abs. 1 Nr. 2).

§ 1626c Persönliche Abgabe; beschränkt geschäftsfähiger Elternteil

(1) Die Eltern können die Sorgeerklärungen nur selbst abgeben.

(2) ¹Die Sorgeerklärung eines beschränkt geschäftsfähigen Elternteils bedarf der Zustimmung seines gesetzlichen Vertreters. ²Die Zustimmung kann nur von diesem selbst abgegeben werden; § 1626b Abs. 1 und 2 gilt entsprechend. ³Das Familiengericht hat die Zustimmung auf Antrag des beschränkt geschäftsfähigen Elternteils zu ersetzen, wenn die Sorgeerklärung dem Wohl dieses Elternteils nicht widerspricht.

Übersicht

	Rn.		Rn.
I. Ausschluss der Stellvertretung (Abs. 1)	1	b) Beschränkte Geschäftsfähigkeit	9
II. Sorgeerklärung durch beschränkt Geschäftsfähige (Abs. 2)	2–16	3. Zustimmung	10–14
1. Regelungszusammenhang und Normzweck	2–7	a) Anwendbare Regeln	10
2. Anwendungsbereich	8, 9	b) Ersetzung der Zustimmung (Abs. 2 S. 3)	11–14
a) Sorgeerklärung	8	4. Folgen	15, 16
		a) Vorliegen der Zustimmung	15
		b) Fehlen der Zustimmung	16

I. Ausschluss der Stellvertretung (Abs. 1)

Die Eltern müssen die Sorgeerklärung selbst abgeben. Eine Stellvertretung ist ausgeschlossen. Der 1 Grund für diese Regelung liegt in dem höchstpersönlichen Charakter und in der erheblichen Bedeutung der Sorgeerklärung.[1] Ein Verstoß gegen diese Vorschrift führt zur Unwirksamkeit der Sorgeerklärung. Dies ergibt sich aus Abs. 1 iVm. § 1626e.

II. Sorgeerklärung durch beschränkt Geschäftsfähige (Abs. 2)

1. Regelungszusammenhang und Normzweck. Abs. 2 regelt die Abgabe der Sorgeerklä- 2 rung eines beschränkt geschäftsfähigen Elternteils. Dieser bedarf zur Abgabe der Sorgeerklärung der Zustimmung seines gesetzlichen Vertreters.

Die Vorschrift steht in Zusammenhang mit **§ 1673 Abs. 2**. Dort ist geregelt, welche **Folgen** es 3 für die elterliche Sorge hat, wenn ein Elternteil beschränkt geschäftsfähig ist: Grundsätzlich ruht die elterliche Sorge des beschränkt Geschäftsfähigen (§ 1673 Abs. 2 S. 1). An seine Stelle tritt gemäß § 1678 Abs. 1 der andere Elternteil. Ist dieser ebenfalls beschränkt geschäftsfähig (oder geschäftsunfähig), so gilt auch für ihn § 1673 (Ruhen der elterlichen Sorge). In diesem Fall wird für das Kind gemäß § 1773 Abs. 1 ein Vormund bestellt. Von dieser Regelung gibt es in § 1673 Abs. 2 S. 2 eine Ausnahme: Dem beschränkt geschäftsfähigen Elternteil steht die Personensorge zu, allerdings nur neben dem gesetzlichen Vertreter (also dem anderen Elternteil bzw. dem Vormund) und ohne die Vertretungsbefugnis für das Kind (Abs. 2 S. 2 letzter Halbs.).[2]

Abs. 2 regelt, wie der beschränkt Geschäftsfähige eine Sorgeerklärung iSd. § 1626a Abs. 1 Nr. 1 4 abgeben kann. Dies ist in zweierlei Hinsicht von **Bedeutung:** Zum einen kann die Sorgeerklärung dem beschränkt geschäftsfähigen Elternteil selbst die eben geschilderte beschränkte elterliche Sorge für das Kind verschaffen, wenn er sie bisher noch nicht innehatte. Zum anderen kann die Sorgeerklärung des beschränkt Geschäftsfähigen erforderlich sein, um dem anderen Elternteil die elterliche Sorge über § 1626a Abs. 1 Nr. 1 zu verschaffen. Im Einzelnen kommen folgende **Fallgestaltungen** in Betracht:[3]

---
[1] BT-Drucks. 13/4899 S. 94; BGH FamRZ 2001, 907, 908.
[2] *Staudinger/Coester* § 1626a Rn. 70 ff.
[3] Vgl. FamRefK/*Rogner* Rn. 5 ff.

5 (1) Die Mutter ist voll geschäftsfähig, der Vater beschränkt geschäftsfähig; sie haben bisher keine Sorgeerklärungen abgegeben. Hier steht die elterliche Sorge gemäß § 1626a Abs. 2 der Mutter allein zu. Geben Vater und Mutter wirksame Sorgeerklärungen ab, so entsteht gemeinsame Sorge beider Elternteile. Der Vater ist allerdings gemäß § 1673 Abs. 2 auf die (gemeinsame) Personensorge ohne Vertretungsbefugnis beschränkt. Im Übrigen ruht seine elterliche Sorge und wird insoweit allein von der Mutter wahrgenommen (§ 1678 Abs. 1). In dieser Fallgestaltung unterliegt die vom beschränkt geschäftsfähigen Vater abgegebene Sorgeerklärung, die ihm die beschränkte Personensorge beschert, den Voraussetzungen des § 1626c Abs. 2.

6 (2) Die Mutter ist beschränkt geschäftsfähig, der Vater voll geschäftsfähig; sie haben bisher keine Sorgeerklärungen abgegeben. Hier steht die elterliche Sorge zwar gemäß § 1626a Abs. 2 der Mutter zu, doch ruht die Sorge gemäß § 1673 Abs. 2 S. 1. Der Mutter steht gemäß § 1673 Abs. 2 S. 2 nur die – der Vertretungsmacht entkleidete – Personensorge zu, und zwar zusammen mit dem gesetzlichen Vertreter des Kindes. Gemäß § 1678 Abs. 1 S. 2 ist dies hier nicht der Vater, weil die Sorge der Mutter nach § 1626a Abs. 2 allein zustand. Vielmehr erhält das Kind gemäß § 1773 Abs. 1 einen Vormund, der die beschränkte Personensorge zusammen mit der Mutter und die elterliche Sorge im Übrigen allein wahrnimmt.[4] Geben Vater und Mutter nun wirksame Sorgeerklärungen ab, so erhalten beide die gemeinsame Sorge für das Kind: Für die Mutter bleibt diese gemäß § 1673 Abs. 2 beschränkt. Dem Vater steht die elterliche Sorge im Bereich der beschränkten Personensorge gemäß § 1673 Abs. 2 S. 2 zusammen mit der Mutter zu, im Übrigen gemäß § 1678 Abs. 1 S. 1 allein. Die Vormundschaft endet gemäß § 1882 iVm. § 1773. In dieser Fallgestaltung unterliegt die Sorgeerklärung der Mutter, die dem Vater die elterliche Sorge verschafft, den Voraussetzungen des § 1626c Abs. 2.

7 (3) Mutter und Vater sind beschränkt geschäftsfähig, sie haben bisher noch keine Sorgeerklärungen abgegeben. In diesem Fall müssten beide Sorgeerklärungen den Anforderungen des § 1626c Abs. 2 genügen. Sind sie wirksam, so erwerben die Eltern gemeinsam die beschränkte Personensorge, während die elterliche Sorge im Übrigen von einem Vormund (§ 1773 Abs. 1) wahrgenommen wird.

8 **2. Anwendungsbereich. a) Sorgeerklärung.** Die Vorschrift bezieht sich nur auf die Sorgeerklärung iSd. § 1626a Abs. 1 Nr. 1. Sie gilt nicht für den Erwerb der gemeinsamen Sorge über die Eheschließung mit dem anderen Elternteil (§ 1626a Abs. 1 Nr. 2). Allerdings unterliegt auch die Eheschließung durch den Minderjährigen in modifizierter Form der Zustimmung des gesetzlichen Vertreters (§ 1303). Die Amtl. Begr. zieht diese Parallele heran, um das Zustimmungserfordernis in Abs. 2 wertungsmäßig zu begründen.[5] Allerdings bezieht sie sich dabei auf § 3 EheG, der einen echten Einwilligungsvorbehalt vorsah, der aber inzwischen durch § 1303 zu einem auf triftige Gründe beschränkten Widerspruchsrecht modifiziert wurde.

9 **b) Beschränkte Geschäftsfähigkeit.** Die Vorschrift setzt voraus, dass der die Sorgeerklärung abgebende Elternteil in der Geschäftsfähigkeit beschränkt ist. Dies richtet sich nach § 106 iVm. § 2. § 1626c Abs. 2 gilt seinem Wortlaut nach nicht für Geschäftsunfähige iSd. § 104. Er ist auf Sorgeerklärungen Geschäftsunfähiger nach der hier vertretenen Ansicht auch nicht analog anzuwenden, vgl. dazu § 1626e Rn. 12 ff.

10 **3. Zustimmung. a) Anwendbare Regeln.** Der gesetzliche Vertreter muss der Sorgeerklärung des beschränkt Geschäftsfähigen zustimmen (Abs. 2 S. 1). Aus dem Hinweis der Amtl. Begr.[6] auf die Parallelwertung zu § 3 EheG aF wurde in den Vorauflagen gefolgert, dass unter Zustimmung iSd. § 1626c Abs. 2 nur die vorherige Zustimmung, also die Einwilligung, zu verstehen sei, sodass eine nachträgliche Genehmigung (§ 184) nicht ausreiche. Diese Auffassung wird zugunsten der Gegenauffassung[7], die auch die nachträgliche Genehmigung zulässt, aufgegeben. Die Zustimmung richtet sich grundsätzlich nach den §§ 182, 183. Allerdings enthalten die §§ 1626c ff. einige Sonderregeln: Die Zustimmung kann nur vom gesetzlichen Vertreter selbst abgegeben werden (§ 1626c Abs. 2 S. 2 Halbs. 1). Sie ist also ein höchstpersönliches Rechtsgeschäft, die Stellvertretung ist unzulässig. Über die Verweisung in § 1626c Abs. 1 S. 2 letzter Halbs. finden auch § 1626b Abs. 1 und Abs. 2 Anwendung: Die Zustimmung ist somit bedingungs- und befristungsfeindlich, kann aber schon vor der Geburt des Kindes abgegeben werden. § 1626d Abs. 1 unterwirft auch die Zustim-

---

[4] Gemäß § 1678 Abs. 2 kann das Familiengericht die elterliche Sorge dem Vater übertragen, wenn dies dem Wohl des Kindes dient.
[5] BT-Drucks. 13/4899 S. 95.
[6] BT-Drucks. 13/4899 S. 95.
[7] *Staudinger/Coester* Rn. 8; NK-BGB/*Rakete-Dombek* Rn. 3 f.

mung des gesetzlichen Vertreters der Form der öffentlichen Beurkundung und § 1626e erstreckt den abschließenden Charakter der Unwirksamkeitsgründe auch auf die Zustimmung.

b) Ersetzung der Zustimmung (Abs. 2 S. 3). aa) Voraussetzungen. Wenn der gesetzliche Vertreter die Zustimmung nicht erteilt, kann sie unter bestimmten Voraussetzungen durch das FamG ersetzt werden (Abs. 2 S. 3). Voraussetzung dafür ist zunächst ein entsprechender **Antrag**. Wie sich eindeutig aus dem Wortlaut der Vorschrift ergibt, kann diesen Antrag nur der beschränkt geschäftsfähige Elternteil stellen, nicht auch der andere Elternteil.[8] Zweite Voraussetzung für eine Ersetzung der Zustimmung durch das FamG ist, dass die Sorgeerklärung dem Wohl des beschränkt geschäftsfähigen Elternteils nicht widerspricht. 11

Als Maßstab für diese **Kindeswohlprüfung** will die Amtl. Begr. die Kriterien heranziehen, die bei der gerichtlichen Ersetzung der Zustimmung im Eheschließungsrecht gelten (§ 1303 Abs. 3, früher § 3 Abs. 3 EheG).[9] Demnach kommt es darauf an, ob „triftige Gründe" gegen die Wirksamkeit der Sorgeerklärung des beschränkt Geschäftsfähigen vorliegen. Für die genauere Bestimmung derartig triftiger Gründe kann man in gewissem Umfang auf die zu § 1303 Abs. 3[10] bzw. § 3 Abs. 3 EheG[11] entwickelten Grundsätze zurückgreifen. Dabei ist jedoch zu berücksichtigen, dass es bei § 1626c nicht um die Gründung einer Familie geht, sondern um die Übernahme elterlicher Verantwortung. Im Vordergrund stehen deshalb persönliche Eigenschaften, insbesondere Reife und Eignung für die Ausübung der elterlichen Sorge. Wirtschaftliche Gesichtspunkte spielen demgegenüber eine untergeordnete Rolle. 12

Problematisch ist, ob nur solche triftigen Gründe in Betracht kommen, die in der Person des beschränkt geschäftsfähigen Elternteils liegen, oder auch solche, die in der Person des anderen Elternteils liegen. In Anlehnung an die herrschende Meinung zu § 3 Abs. 3 EheG wird die Ansicht vertreten, dass auch bei § 1626c Abs. 2 S. 3 beide Elternteile in Betracht zu ziehen seien (str.).[12] Dieser Ansicht ist mit der Maßgabe zuzustimmen, dass es letztendlich allein auf das Wohl des beschränkt geschäftsfähigen Elternteils ankommt. Die „störende" Eigenschaft des anderen Elternteils muss also so geartet sein, dass sie im Falle einer durch Sorgeerklärungen herbeigeführten gemeinsamen Ausübung der elterlichen Sorge das Wohl des beschränkt geschäftsfähigen Elternteils beeinträchtigen würde.[13] 13

bb) Verfahren. Für die Ersetzung der Zustimmung ist das FamG ausschließlich zuständig (§§ 111 Nr. 2, 151 Nr. 1 FamFG iVm. § 1626c Abs. 2 S. 3). Die örtliche Zuständigkeit folgt aus § 152 Abs. 2 FamFG. Funktionell zuständig ist der Richter (§ 14 Abs. 1 Nr. 12 lit. b RPflG). Gegen die Entscheidung des FamG findet die (befristete) Beschwerde gemäß §§ 58 ff. FamFG statt. 14

4. Folgen. a) Vorliegen der Zustimmung. Wenn der gesetzliche Vertreter die Zustimmung erteilt oder das Familiengericht die Zustimmung gemäß Abs. 2 S. 3 ersetzt hat, ist die Sorgeerklärung des beschränkt geschäftsfähigen Elternteils wirksam. Wenn zusätzlich eine wirksame Sorgeerklärung des anderen Elternteils vorliegt, erhalten die Eltern gemäß § 1626a Abs. 1 Nr. 1 die gemeinsame Sorge. Die Zustimmung des gesetzlichen Vertreters hat jedoch keinen Einfluss auf die Frage der Ausübung der elterlichen Sorge. Diese unterliegt weiterhin den allgemeinen Vorschriften. Insbesondere gelten für den beschränkt geschäftsfähigen Elternteil die Beschränkungen des § 1673 Abs. 2 (vgl. dazu im Einzelnen Rn. 3). Die Zustimmung nach § 1626c Abs. 2 verhilft den Eltern also nur zu der Möglichkeit, über die Abgabe von Sorgeerklärungen Inhaber der elterlichen Sorge zu werden, hat aber keinen Einfluss auf die Beschränkung der Befugnisse, die das Gesetz den beschränkt geschäftsfähigen Sorgerechtsinhabern auferlegt. 15

b) Fehlen der Zustimmung. Wenn der gesetzliche Vertreter die Zustimmung verweigert und auch keine gerichtliche Ersetzung nach Abs. 2 S. 3 vorliegt, ist die Sorgeerklärung des beschränkt geschäftsfähigen Elternteils unwirksam. Das ergibt sich aus § 1626c Abs. 2 iVm. § 1626e. Unabhängig davon, ob der andere Elternteil eine wirksame Sorgeerklärung abgegeben hat, können die Eltern also die gemeinsame Sorge nicht auf dem Weg über § 1626a Abs. 1 Nr. 1 erreichen, sondern nur indem sie einander heiraten (§ 1626a Abs. 1 Nr. 2). Allerdings ist dabei das Widerspruchsrecht des gesetzlichen Vertreters (§ 1303 Abs. 3) zu beachten. 16

---

[8] Vgl. *Palandt/Diederichsen* Rn. 3; FamRefK/*Rogner* Rn. 10.
[9] BT-Drucks. 13/4899 S. 95.
[10] Vgl. § 1303 Rn. 19 ff.; ebenso *Palandt/Diederichsen* Rn. 3; jurisPK-BGB/*Schwer/B. Hamdan* Rn. 6 f.; aA *Staudinger/Coester* Rn. 11.
[11] Vgl. dazu *Palandt/Diederichsen*, 57. Aufl. 1998, § 3 EheG Rn. 7.
[12] FamRefK/*Rogner* Rn. 11; *Palandt/Diederichsen* Rn. 3; aA NK-BGB/*Rakete-Dombek* Rn. 6; *Staudinger/Coester* Rn. 10.
[13] Im Ergebnis wohl ähnlich NK-BGB/*Rakete-Dombek* Rn. 6; *Staudinger/Coester* Rn. 10.

§ 1626d Form; Mitteilungspflicht

(1) Sorgeerklärungen und Zustimmungen müssen öffentlich beurkundet werden.

(2) Die beurkundende Stelle teilt die Abgabe von Sorgeerklärungen und Zustimmungen unter Angabe des Geburtsdatums und des Geburtsorts des Kindes sowie des Namens, den das Kind zur Zeit der Beurkundung seiner Geburt geführt hat, dem nach § 87c Abs. 6 Satz 2 des Achten Buches Sozialgesetzbuch zuständigen Jugendamt zum Zwecke der Auskunftserteilung nach § 58a des Achten Buches Sozialgesetzbuch unverzüglich mit.

I. Form (Abs. 1)

1 **1. Normzweck und Anwendungsbereich.** Abs. 1 stellt ein besonderes Formerfordernis auf: Sorgeerklärungen und Zustimmungen müssen öffentlich beurkundet werden. Die Vorschrift erfasst zum einen die Sorgeerklärung iSd. § 1626a Abs. 1 Nr. 1 und zum anderen die Zustimmung durch den gesetzlichen Vertreter, die gemäß § 1626c Abs. 2 für die Sorgeerklärung eines beschränkt geschäftsfähigen Elternteils erforderlich ist. Zweck der Vorschrift ist es, den Eltern (bzw. bei der Zustimmung deren gesetzlichen Vertretern) die Tragweite der abzugebenden Erklärung vor Augen zu führen und ihnen eine sorgfältige Belehrung darüber zu sichern.[1]

2 Die Wahrung der durch Abs. 1 vorgeschriebenen Form ist konstitutive **Wirksamkeitsvoraussetzung** für die Sorgeerklärung. Ist die Form nicht gewahrt, so ist die Sorgeerklärung unwirksam (§ 1626e iVm. § 1626d Abs. 1).

3 **2. Öffentliche Beurkundung.** Die Vorschrift schreibt die öffentliche Beurkundung vor. Zuständig für die öffentliche Beurkundung ist zum einen der Notar (§ 20 Abs. 1 BNotO). Zum anderen hat das KindRG auch der Urkundsperson beim Jugendamt die Möglichkeit eröffnet, Sorgeerklärungen zu beurkunden (§ 59 Abs. 1 S. 1 Nr. 8 SGB VIII). Zuständig dafür ist jedes Jugendamt, also nicht etwa nur das Jugendamt, in dessen Bereich die Eltern oder das Kind ihren gewöhnlichen Aufenthalt haben (§ 87e SGB VIII). Die Amtl. Begr. rechtfertigt die Erweiterung der Beurkundungsbefugnis auf das Jugendamt damit, dass auch die Bediensteten des Jugendamts über die Bedeutung von Sorgeerklärungen hinreichend belehren können.[2] § 127a ist anwendbar: ein gerichtlicher Vergleich kann also die notarielle Beurkundung ersetzen.[3]

4 Die Befugnis des Jugendamts zur Beurkundung erfasst nach § 59 Abs. 1 S. 1 Nr. 8 SGB VIII nicht nur die Sorgeerklärung, sondern auch die Zustimmung iSd. § 1626c Abs. 2.

5 Das Verfahren der Beurkundung, insbesondere auch die Belehrung,[4] richten sich nach dem Beurkundungsgesetz, und zwar sowohl bei der Beurkundung durch den Notar (§ 1 Abs. 1 BeurkG) als auch bei der Beurkundung durch das Jugendamt (§ 1 Abs. 2 BeurkG).

II. Mitteilung an das Jugendamt und Nachweisproblematik (Abs. 2)

6 **1. Zweck.** Abs. 2 verpflichtet die beurkundende Stelle, die Abgabe von Sorgeerklärungen und Zustimmungen dem Jugendamt mitzuteilen. Die Vorschrift steht in engem Zusammenhang mit der in § 58a SGB VIII vorgesehenen Auskunftserteilung durch das Jugendamt.

7 § 58a SGB VIII lautet: „Sind keine Sorgeerklärungen nach § 1626a Abs. 1 Nr. 1 des Bürgerlichen Gesetzbuchs abgegeben worden und ist keine Sorgeerklärung nach Artikel 224 § 2 Abs. 3 des Einführungsgesetzes zum Bürgerlichen Gesetzbuche ersetzt worden, kann die Mutter von dem nach § 87c Abs. 6 Satz 1 zuständigen Jugendamt unter Angabe des Geburtsdatums und des Geburtsortes des Kindes oder des Jugendlichen sowie des Namens, den das Kind oder der Jugendliche zur Zeit der Beurkundung seiner Geburt geführt hat, darüber eine schriftliche Auskunft verlangen."

8 Beide Vorschriften dienen dazu, der Mutter im Rechtsverkehr den Nachweis ihrer Alleinsorge und damit ihrer Vertretungsbefugnis zu erleichtern. Ein Bedürfnis für eine solche Nachweismöglichkeit besteht deshalb, weil wegen der Möglichkeit, dass auch nicht miteinander verheiratete Paare über § 1626a Abs. 1 Nr. 1 die gemeinsame Sorge erlangen, im Rechtsverkehr nicht mehr ohne weiteres davon ausgegangen werden kann, dass eine unverheiratete Mutter die Alleinsorge für ihr Kind hat.[5] Diesen Nachweis ihrer Alleinsorge soll der Mutter die in § 58a SGB VIII vorgesehene

---

[1] Vgl. BT-Drucks. 13/4899 S. 95; FamRefK/*Rogner* Rn. 2; *Knittel* ZfJ 2000, 140, 141.
[2] BT-Drucks. 13/4899 S. 95. Für den Standesbeamten gilt dies der Amtl. Begr. (ebd.) zufolge nicht in gleicher Weise. Deshalb versagt das Gesetz dem Standesbeamten die Befugnis zur Beurkundung der Sorgeerklärung.
[3] Vgl. BGH NJW 2011, 2360, 2362 (Rn. 34 f.).
[4] Vgl. NK-BGB/*Rakete-Dombek* Rn. 3.
[5] BT-Drucks. 13/4899 S. 60, 141; FamRefK/*Rogner* § 58a SGB VIII Rn. 2 f.

Auskunftserteilung über die Nichtabgabe von Sorgeerklärungen (Negativattest) ermöglichen. Damit die Jugendämter dieser Auskunfts- und Bestätigungspflicht nachkommen können, sieht § 1626d Abs. 2 vor, dass sie von der Abgabe von Sorgeerklärungen benachrichtigt werden müssen.[6]

2. Einzelheiten. Zur Mitteilung an das Jugendamt verpflichtet ist die jeweils beurkundende 9 Stelle. Mitzuteilen sind die Abgabe von Sorgeerklärungen und die Abgabe von Zustimmungen iSd. § 1626c Abs. 2. Dabei sind das Geburtsdatum, der Geburtsort des Kindes und der Name, den es zur Zeit der Beurkundung seiner Geburt geführt hat, anzugeben. Das Abstellen auf den Zeitpunkt der Geburt soll im Fall eines späteren Namenswechsels die Zuordnung der Sorgeerklärung zu dem Kind ermöglichen.[7] Die Mitteilung muss unverzüglich erfolgen, also ohne schuldhaftes Zögern (vgl. § 121). Adressat der Mitteilung ist das Jugendamt, das für den Geburtsort des Kindes zuständig ist (§ 87c Abs. 6 S. 2 SGB VIII). Liegt der Geburtsort des Kindes im Ausland, so ist die Mitteilung an das Jugendamt des Landes Berlin zu richten (§ 87c Abs. 6 S. 2 Halbs. 2 iVm. § 88 Abs. 1 S. 2 SGB VIII). Dieses Jugendamt ist dann gemäß § 87c Abs. 6 S. 3 SGB VIII verpflichtet, dem für die Auskunftserteilung an die Mutter zuständigen Jugendamt am Ort des gewöhnlichen (ggf. einfachen) Aufenthalts der Mutter (§ 87c Abs. 6 S. 1 iVm. § 87c Abs. 1 SGB VIII) darüber Auskunft zu geben, ob Mitteilungen iSd. § 1626d Abs. 2 vorliegen. Für pränatale Sorgeerklärungen, die erst mit der Geburt des Kindes Wirksamkeit erlangen, erscheint es vorzugswürdig, die Mitteilungspflicht zunächst bis zur Geburt des Kindes und der Bekanntgabe des Geburtsortes auszusetzen, um die einheitliche Zuordnung von im Inland geborenen Kindern zum Jugendamt des Geburtsorts nicht zu durchbrechen.[8]

Die ordnungsgemäße Mitteilung iSd. § 1626d Abs. 2 ist eine bloße **Ordnungsvorschrift**. Ein 10 Verstoß führt nicht zur Unwirksamkeit der Sorgeerklärung.[9] Zwar bestimmt § 1626e, dass die Sorgeerklärung und Zustimmung (nur, aber eben auch) unwirksam sind, wenn sie den Erfordernissen der vorstehenden Vorschriften nicht genügen. Doch erfasst diese Sanktion nicht den Fall der Verletzung der Mitteilungspflicht iSd. § 1626d Abs. 2. Das ergibt sich zunächst daraus, dass § 1626e darauf abstellt, ob die Sorgeerklärung (bzw. die Zustimmung) *als solche* gegen die §§ 1626a ff. verstößt. Die Sorgeerklärung (bzw. Zustimmung) selbst ist aber auch dann einwandfrei, wenn die beurkundende Stelle anschließend ihrer Mitteilungspflicht an das Jugendamt nicht nachkommt. Außerdem spricht dafür auch die Formulierung der einzelnen Vorschriften der §§ 1626a ff. Während in den §§ 1626b bis 1626d Abs. 1 davon die Rede ist, die Sorgeerklärung „müsse" bestimmte Anforderungen erfüllen oder „könne nur" von bestimmten Personen abgegeben werden, bestimmt § 1626d Abs. 2 lediglich, dass die Abgabe von Sorgeerklärungen mitgeteilt wird.

3. Nachweisfragen. a) Alleinsorge der Mutter. Das in § 1626d und § 58a SGB VIII vorge- 11 sehene Modell zur Erleichterung des Nachweises der Alleinsorge der Mutter ist nicht unproblematisch.[10] Denn das vom Jugendamt ausgestellte Negativattest bestätigt lediglich, dass bis zum Zeitpunkt seiner Ausstellung keine Sorgeerklärungen abgegeben wurden. Es gibt keine Auskunft darüber, ob nach diesem Zeitpunkt wirksame Sorgeerklärungen abgegeben wurden, die zur gemeinsamen Sorge geführt haben. Der Vertragspartner, der sich der – aus der Alleinsorge resultierenden – Alleinvertretungsbefugnis der Mutter sicher sein will, muss deshalb eine aktuelle Auskunft des Jugendamts verlangen.

Der Negativnachweis ist auch dann zu erteilen, wenn nur die Sorgeerklärung einer Seite vorliegt 11 oder zwar beide Seiten eine solche abgegeben haben, diese jedoch mit offenkundigen Mängeln behaftet sind.[11] Demgegenüber ist nach überwiegender Ansicht der Nachweis – über den Gesetzeswortlaut hinaus – dann zu versagen, wenn das Jugendamt Kenntnis von einer die Alleinsorge der Mutter modifizierenden gerichtlichen Entscheidung (etwa §§ 1672 Abs. 1, 1678 Abs. 2, 1680 Abs. 3) hat; ansonsten müsste es „sehenden Auges eine irreführende Bescheinigung" ausstellen.[12]

b) Gemeinsame Sorge. Haben die nicht miteinander verheirateten Eltern über die Abgabe 12 von Sorgeerklärungen die gemeinsame Sorge erlangt, so können sie dies durch Ausfertigungen der entsprechenden Urkunden (vgl. § 1626d Abs. 1) nachweisen.[13]

---

[6] Vgl. *Palandt/Diederichsen* Rn. 3.
[7] BT-Drucks. 13/4899 S. 95.
[8] Ebenso NK-BGB/*Rakete-Dombek* Rn. 5; *Staudinger/Coester* Rn. 10; aA *Wiesner* ZfJ 1998, 269, 274 (sofortige Mitteilung an das Jugendamt Berlin).
[9] *Palandt/Diederichsen* Rn. 3; FamRefK/*Rogner* Rn. 7; NK-BGB/*Rakete-Dombek* Rn. 5.
[10] Zur Kritik vgl. *Schwab* DNotZ 1998, 437, 452.
[11] NK-BGB/*Rakete-Dombek* Rn. 6; *Staudinger/Coester* Rn. 14.
[12] *Staudinger/Coester* Rn. 14 mwN; *Sturm/Sturm* StAZ 1998, 305, 309; aA *Wiesner* SGB VIII § 58a Rn. 11.
[13] BT-Drucks. 13/4899 S. 60; vgl. auch NK-BGB/*Rakete-Dombek* Rn. 6.

§ 1626e Unwirksamkeit

Sorgeerklärungen und Zustimmungen sind nur unwirksam, wenn sie den Erfordernissen der vorstehenden Vorschriften nicht genügen.

Übersicht

	Rn.		Rn.
I. Normzweck	1, 2	a) Problemstellung	7
II. Unwirksamkeitsgründe	3–5	b) Streitstand	8–11
III. Abschließende Regelung	6–22	c) Stellungnahme	12–20
1. Sorgeerklärung durch Geschäftsunfähige	7–20	2. Willensmängel	21, 22
		IV. Folgen der Unwirksamkeit	23, 24

I. Normzweck

1 Die Vorschrift des § 1626e enthält zwei Regelungen. Zum einen ordnet sie eine **Sanktion** an: Eine Sorgeerklärung (bzw. Zustimmung), die den „vorstehenden Vorschriften" – gemeint sind die §§ 1626a bis d – nicht entspricht, ist unwirksam. Dogmatisch ergibt sich diese Sanktionswirkung aus dem Zusammenspiel von § 1626e mit den einzelnen Vorschriften der §§ 1626a bis d.

2 Zum anderen verleiht § 1626e den in §§ 1626a bis d genannten Unwirksamkeitsgründen **abschließenden Charakter**. „Nur" die Verletzung der dort genannten Voraussetzungen führt zur Unwirksamkeit der Sorgeerklärung (bzw. Zustimmung). Ein Rückgriff auf andere Unwirksamkeitsgründe soll demnach ausgeschlossen sein. § 1626e verleiht der Sorgeerklärung also in weitem Umfang Bestandsschutz.[1] Zweck dieser abschließenden Regelung der Unwirksamkeitsgründe ist die Wahrung der Rechtssicherheit:[2] Der Rechtsverkehr soll sich darauf verlassen können, dass nur die in den §§ 1626a bis d genannten Gründe die Wirksamkeit der Sorgeerklärung beeinträchtigen können.

II. Unwirksamkeitsgründe

3 Aus § 1626e iVm. §§ 1626a bis d ergeben sich folgende Gründe für die **Unwirksamkeit** einer Sorgeerklärung (bzw. Zustimmung): **(1)** Fehlende Elternschaft. Aus § 1626a folgt, dass nur die Eltern des Kindes Sorgeerklärungen abgeben können. Mutter ist die Frau, die das Kind geboren hat (§ 1591). Vater ist der bei der Geburt des Kindes mit der Mutter verheiratete Mann (§ 1592 Nr. 1) oder derjenige, der die Vaterschaft anerkannt hat oder dessen Vaterschaft gerichtlich festgestellt ist (§ 1592 Nr. 2, 3). Gibt ein Mann die Sorgeerklärung für ein Kind ab, das noch als Kind eines anderen gilt (zB nach § 1592 Nr. 1 oder Nr. 2), so ist diese Sorgeerklärung möglicherweise lediglich schwebend unwirksam (str., vgl. § 1626b Rn. 15); **(2)** Abgabe unter Bedingung oder Zeitbestimmung (vgl. § 1626b Abs. 1); **(3)** Vorherige gerichtliche Regelung iSd. § 1626b Abs. 3; **(4)** Keine persönliche Abgabe (§ 1626c Abs. 1); **(5)** Abgabe durch beschränkt geschäftsfähigen Elternteil ohne Zustimmung iSd. § 1626c Abs. 2; **(6)** Formverstoß (§ 1626d Abs. 1).

4 **Kein** Unwirksamkeitsgrund ist der Verstoß gegen die Mitteilungspflicht des § 1626d Abs. 2. Es handelt sich dabei um eine bloße Ordnungsvorschrift (s. § 1626d Rn. 10). Zum Widerruf der Sorgeerklärung vgl. § 1626a Rn. 13.

5 Hinzuweisen ist auf die **teleologische Reduktion** des Anwendungsbereichs der §§ 1626a bis e im Hinblick auf § 1666: Die §§ 1626a bis e gelten von vornherein nicht, soweit den Eltern die elterliche Sorge nach § 1666 entzogen und diese Maßnahme nicht aufgehoben wurde. Dogmatisch handelt es sich dabei allerdings nicht um einen Fall der Unwirksamkeit der Sorgeerklärung – dies wäre mit dem Charakter des § 1626e als abschließende Regelung unvereinbar – sondern um eine teleologische Reduktion des Anwendungsbereichs der §§ 1626a bis e auf der Konkurrenzebene (s. § 1626b Rn. 24).

III. Abschließende Regelung

6 § 1626e stellt nach dem Willen des Gesetzgebers eine abschließende Regelung der Unwirksamkeitsgründe dar. Der Rückgriff auf andere Unwirksamkeitsgründe soll demnach ausgeschlossen werden.[3] Dies wirft im Hinblick auf verschiedene Fallgruppen Probleme auf.

---

[1] Vgl. *Schwab* DNotZ 1998, 437, 453.
[2] BT-Drucks. 13/4899 S. 95.
[3] BT-Drucks. 13/4899 S. 95.

Unwirksamkeit 7–13 § 1626e

1. Sorgeerklärung durch Geschäftsunfähige. a) Problemstellung. Die §§ 1626a bis e 7
enthalten keine ausdrückliche Regelung für den Fall, dass ein Elternteil, der (gemäß § 104 Nr. 2)
geschäfts*un*fähig ist, eine Sorgeerklärung abgibt. Das Zustimmungserfordernis des § 1626c Abs. 2
bezieht sich nur auf beschränkt Geschäftsfähige. Streng systematisch betrachtet wäre die Sorgeerklärung eines geschäftsunfähigen Elternteils als wirksam zu betrachten, weil keiner der in § 1626e
genannten Unwirksamkeitsgründe der §§ 1626a bis d vorliegt und der Rückgriff auf andere Unwirksamkeitsgründe wegen des abschließenden Charakters des § 1626e ausgeschlossen ist. Dieses Ergebnis
wäre insofern ungewöhnlich, als das Gesetz bei dem – gegenüber dem Geschäftsunfähigen weniger
schutzbedürftigen – beschränkt Geschäftsfähigen die Zustimmung des gesetzlichen Vertreters verlangt, dem schutzbedürftigeren Geschäftsunfähigen dagegen die Sorgeerklärung ohne besondere
Kautelen ermöglicht. Über die Lösung des Problems herrscht Streit.

b) Streitstand. Eine Ansicht hält die Sorgeerklärung eines Geschäftsunfähigen für **unwirk-** 8
sam.[4] Begründet wird dies mit einem Redaktionsversehen des Gesetzgebers,[5] aus dem Sinn und
Zweck des § 1626c Abs. 2[6] oder mit der Wertung des § 1673 Abs. 1 (es sei widersprüchlich, wenn
der Geschäftsunfähige zwar die Voraussetzungen für die Innehabung der elterlichen Sorge schaffen,
diese dann jedoch nicht ausüben könne).[7]

Die Gegenansicht[8] hält die Sorgeerklärung eines Geschäftsunfähigen für **wirksam**. Sie sieht kein 9
Bedürfnis für eine Korrektur dieses aus der Systematik der §§ 1626a bis d folgenden Ergebnisses.
Dogmatisch wird diese Ansicht mit der Unterscheidung zwischen Innehabung und Ausübung der
elterlichen Sorge begründet. Nur die Ausübung der elterlichen Sorge durch einen Geschäftsunfähi-
gen werde vom Gesetz beschränkt (§ 1673 Abs. 1). Die Innehabung der elterlichen Sorge (dh. deren
Begründung durch die Abgabe von Sorgeerklärungen) dagegen unterliege keinen Beschränkungen.
Dies sei wertungsmäßig gerechtfertigt, weil andernfalls die nicht miteinander verheirateten Eltern
gegenüber den bei der Geburt des Kindes miteinander verheirateten Eltern benachteiligt würden.
Auch zu § 1626c Abs. 2 ergebe sich kein unauflösbarer Wertungswiderspruch. Das Zustimmungser-
fordernis sei dort gerechtfertigt, weil – anders als bei Geschäftsunfähigen – bei beschränkt Geschäfts-
fähigen die elterliche Sorge nicht in vollem Umfang ruhe: Gemäß § 1673 Abs. 2 stehe ihnen die
Ausübung einer beschränkten Personensorge zu. Diesem „Mehr" bei der Ausübung der elterlichen
Sorge entspreche die strengere Voraussetzung des § 1626d Abs. 2 für die Erlangung der elterlichen
Sorge.[9]

Eine **vermittelnde Ansicht** will geschäftsunfähigen Elternteilen die wirksame Abgabe von Sor- 10
geerklärungen ermöglichen, wenn ihr gesetzlicher Vertreter zustimmt.[10]

Schließlich wird vertreten, für die Sorgeerklärungen gemäß §§ 1626a bis e sei von einem besonde- 11
ren Maßstab auszugehen, nämlich der **„genuinen Sorgegeschäftsfähigkeit".**[11] In Anlehnung an
die Lehre von der Ehegeschäftsfähigkeit zu § 2 EheG aF (bzw. § 1304)[12] müsste man demnach
darauf abstellen, ob der betreffende Elternteil die nötige Einsichtsfähigkeit besaß, um das Wesen
der Übernahme der elterlichen Sorge zu erfassen, und ob er in der Lage war, insofern eine freie
Willensentscheidung zu treffen.

c) Stellungnahme. aa) Fallgruppen. Die Problematik stellt sich in zwei verschiedenen Fall- 12
konstellationen. **Fallgruppe (1): Geschäftsunfähig ist der Vater.** In diesem Fall dient seine Sorgeerklärung dazu, sich selbst die elterliche Mitsorge zu verschaffen; kann er keine wirksame Sorgeerklärung abgeben, besteht Alleinsorge der Mutter. **Fallgruppe (2): Geschäftsunfähig ist die
Mutter.** Hier dienen die Sorgeerklärungen dazu, dem voll geschäftsfähigen Elternteil (Vater) die
(Mit-)Sorge zu verschaffen. Die geschäftsunfähige Mutter würde durch ihre Sorgeerklärung also
dazu beitragen, dass sie selbst ihr Alleinsorgerecht verliert, und zwar de facto völlig: zwar steht ihr
rechtlich die Mitsorge zu, aber praktisch wird die Ausübung ihrer Befugnisse nach den §§ 1673 ff.
ruhen und die alleinige Ausübung dem Vater zustehen.

bb) Ausgangspunkt: Schutzbedürftigkeit des Geschäftsunfähigen. Der richtige Aus- 13
gangspunkt für die Lösung des Problems ist die Tatsache, dass das Gesetz in § 1626c Abs. 2 eine

---

[4] *Schwab* FamR Rn. 609; *Schwab* DNotZ 1998, 437, 453; *Zimmermann* DNotZ 1998, 404, 417 f.
[5] Vgl. *Schwab* DNotZ 1998, 437, 453.
[6] *Schwab* FamR Rn. 609.
[7] *Zimmermann* DNotZ 1998, 404, 417 f.
[8] *Dickerhof-Borello* FuR 1998, 70 ff., 157 ff.
[9] *Dickerhof-Borello* FuR 1998, 157, 161 ff.
[10] NK-BGB/*Rakete-Dombek* § 1626c Rn. 9; jurisPK-BGB/*Schwer/B. Hamdan* § 1626c Rn. 3; *Staudinger/Coes-
ter* § 1626c Rn. 14; *Sturm/Sturm* StAZ 1998, 305, 307, Fn. 28.
[11] *Lipp* FamRZ 1998, 65, 71; *Lipp/Wagenitz* Rn. 6 f.
[12] Vgl. BayObLG FamRZ 1997, 294; § 1304 Rn. 4.

Regelung zum Schutz des beschränkt Geschäftsfähigen vorgesehen hat. Dies spricht grundsätzlich dafür, auch dem Geschäfts*un*fähigen einen gewissen Schutz zukommen zu lassen.

14 Diese Überlegung kann man nicht mit dem von der oben (Rn. 9) geschilderten Ansicht vorgebrachten Argument entkräften, der Geschäftsunfähige sei auf der Ebene der Ausübung der elterlichen Sorge ausreichend geschützt. Diese Argumentation übersieht, dass damit von den vorhin angeführten Fallgruppen nur die erste Fallgruppe erfasst wird, also diejenige, in welcher der geschäftsunfähige Vater durch die Sorgeerklärung erst die elterliche (Mit-)Sorge erwirbt. In den Fällen der zweiten Fallgruppe dagegen bietet § 1673 Abs. 1 keinen Schutz, also in den Fällen, in denen die Mutter durch die Abgabe der Sorgeerklärung ihre elterliche Sorge jedenfalls de facto an den Vater verliert. Im Übrigen ist diese Ansicht auch dann nicht überzeugend, wenn man sich auf die erste Fallgruppe beschränkt. Dem Hinweis auf die bei beschränkter Geschäftsfähigkeit weiter bestehende beschränkte Personensorge und dem daraus gezogenen Schluss, es gebe hier auf der Ebene der Innehabung der elterlichen Sorge kein Schutzbedürfnis, lässt sich entgegnen, dass § 1673 Abs. 2 diese Sorgeberechtigung nur „neben dem gesetzlichen Vertreter" gewährt. Das Gesetz hat also den Schutz des beschränkt Geschäftsfähigen auch auf der Ebene der Ausübung der elterlichen Sorge verwirklicht. Deshalb ergibt sich aus der Ausübungsregelung des § 1673 Abs. 2 für den beschränkt Geschäftsfähigen kein *besonderes* (für den Geschäftsunfähigen nicht bestehendes) Schutzbedürfnis auf der Ebene der Innehabung (bzw. Erlangung) der elterlichen Sorge. Die Diskrepanz zwischen der Regelung des § 1626c Abs. 2 für den beschränkt Geschäftsfähigen und der (von dieser Ansicht angenommenen) Schutzlosigkeit des Geschäftsunfähigen lässt sich auf diese Weise also nicht rechtfertigen.

15 cc) **Planwidrige Lücke.** Wenn das Gesetz also bei den §§ 1626a bis e eine besondere Schutzvorschrift für den beschränkt Geschäftsfähigen vorsieht, muss dies andere Gründe haben. Diese können nur darin liegen, dass der beschränkt Geschäftsfähige eben auch im Hinblick auf die bloße Innehabung der elterlichen Sorge für schutzbedürftig erachtet wurde, ohne dass es auf die Frage der Ausübung ankam. Daraus ergibt sich, dass das Gesetz in den §§ 1626a bis e insofern planwidrig lückenhaft ist, als für den – noch schutzbedürftigeren – Geschäftsunfähigen keine besondere Schutzvorschrift vorgesehen ist und § 1626e abschließenden Charakter beansprucht.

16 dd) **Anwendung der §§ 104, 105.** Diese Lücke ist durch Analogie oder durch eine entsprechende teleologische Reduktion des § 1626e zu schließen. Die Frage lautet dann nur, ob man die §§ 104, 105 heranzieht und damit dem Geschäftsunfähigen jegliche Möglichkeit nimmt, eine wirksame Sorgeerklärung abzugeben, oder ob man in Anlehnung an die dritte Ansicht eine Sorgeerklärung unter bestimmten Kautelen zulässt. ME sollte man die für derartige Fälle vorgesehenen allgemeinen Regeln der **§§ 104, 105** anwenden und der Sorgeerklärung des Geschäftsunfähigen die Wirksamkeit versagen. Dieser Weg führt zu angemessenen praktischen Ergebnissen. Zwar blockiert die absolute Nichtigkeit der Sorgeerklärung nach § 105 analog den über die Sorgeerklärungen führenden Weg des Vaters zur elterlichen Sorge, wenn einer der beiden Elternteile geschäftsunfähig ist. Doch sind die praktischen Folgen gering. In der Fallgruppe 1, in der Vater selbst der Geschäftsunfähige ist, wird dies in praktischer Hinsicht keine großen Auswirkungen haben, weil seine Sorgeberechtigung gemäß § 1673 Abs. 1 ohnehin ruhen würde. In der zweiten Fallgruppe, in der die Mutter geschäftsunfähig ist, führt diese Lösung letztendlich nicht zum endgültigen sorgerechtlichen „Aus" für den Vater: Weil hier nämlich wegen der Geschäftsunfähigkeit der Mutter deren Sorge ruht, kann dem Vater vom Familiengericht nach § 1678 Abs. 2 die elterliche Sorge übertragen werden, wenn dies dem Wohl des Kindes dient. Dogmatisch lässt sich dieses Ergebnis über eine **teleologische Reduktion des § 1626e** erreichen: Die Ausschlusswirkung dieser Vorschrift erstreckt sich nicht auf den Nichtigkeitsgrund des § 105 Abs. 1. Die Anwendbarkeit des § 105 auf die Sorgeerklärung ergibt sich nach hM bereits daraus, dass es sich bei der Sorgeerklärung um eine echte Willenserklärung handelt (s. § 1626a Rn. 12). Betrachtet man die Sorgeerklärung dagegen nicht als Willenserklärung, so müsste man § 105 analog anwenden.

17 Demgegenüber würde eine mit Kautelen versehene Möglichkeit zur Abgabe einer Sorgeerklärung zu Systemwidrigkeiten führen. So würde die analoge Anwendung des § 1596 Abs. 1 S. 3, also die Abgabe der Sorgeerklärung durch den gesetzlichen Vertreter[13] mit gerichtlicher Genehmigung, mit dem Grundsatz der Höchstpersönlichkeit der Sorgeerklärung kollidieren (§ 1626c Abs. 1). Und eine Analogie zu § 1626c Abs. 2, also die Bindung an die Zustimmung des gesetzlichen Vertreters ohne gerichtliche Kontrolle, verträgt sich nicht mit dem ansonsten im Gesetz verfolgten Prinzip, den Geschäftsunfähigen stärker zu schützen als den bloß in seiner Geschäftsfähigkeit Beschränkten.

18 ee) **Ergebnis.** Die von einem geschäftsunfähigen Elternteil abgegebene Sorgeerklärung ist gem. **§ 105 Abs. 1 nichtig.** Die Vorschrift des **§ 1626e** ist für diesen Fall auf Grund der oben geschilderten Wertungen im Wege der **teleologischen Reduktion** einzuschränken.

---

[13] Bei einem Minderjährigen der Vormund (§ 1773), bei einem Volljährigen der Betreuer (§ 1902).

Dieser Ansatz schließt es nicht aus, im Sinne der Lehre von der Sorgegeschäftsfähigkeit (s. 19
Rn. 11) bei der Bestimmung der Geschäftsunfähigkeit zu prüfen, ob sich die Störung der Geistestätigkeit gerade auch auf den Bereich der mit der Übernahme der elterlichen Sorge verbundenen Verantwortung erstreckt, und ggf. eine partielle Geschäftsfähigkeit für den Bereich der elterlichen Sorge zu bejahen.

Daraus ergeben sich folgende Konsequenzen: Wenn der Vater geschäftsunfähig ist **(Fallgruppe 1)** 20
und deshalb gem. § 105 Abs. 1 (analog) keine wirksame Sorgeerklärung abgegeben hat, bleibt die Mutter gemäß § 1626a Abs. 2 alleinige Inhaberin der elterlichen Sorge. Wenn die Mutter geschäftsunfähig ist **(Fallgruppe 2)** und deshalb gem. § 105 Abs. 1 (analog) keine wirksame Sorgeerklärung abgegeben hat, steht ihr die elterliche Sorge mangels Vorliegens zweier wirksamer Sorgeerklärungen grundsätzlich allein zu (§ 1626a Abs. 2). Allerdings ruht ihre Sorgeberechtigung (und -verpflichtung) gemäß §§ 1673 Abs. 1, 1675. Der Vater kann in diesem Fall die elterliche (Allein-)Sorge für das Kind grundsätzlich nur über § 1678 Abs. 2 erlangen, dh. durch familiengerichtliche Übertragung mit Kindeswohlprüfung. Für Sonderfälle wie Trennung der Eltern oder Tod der Mutter gelten die dafür vorgesehenen besonderen Vorschriften (zB §§ 1672 Abs. 1, 1680 Abs. 2 S. 2).

2. Willensmängel. § 1626e versperrt seinem klaren Wortlaut nach auch die Anwendung der 21
Vorschriften über die Anfechtung infolge von Willensmängeln (§§ 119 ff.).[14] Die Unwirksamkeit der Sorgeerklärung kann sich nur aus den §§ 1626a bis d ergeben, nicht aus den allgemeinen Vorschriften über Willenserklärungen. Anders als bei den Vorschriften über die Geschäftsunfähigkeit kann man in Bezug auf die Willensmängel auch nicht davon ausgehen, dass hier eine planwidrige Regelungslücke vorliegt, die durch Analogie geschlossen werden könnte. Denn während sich aus § 1626c Abs. 2 entnehmen lässt, dass das Gesetz bei Mängeln der Geschäftsfähigkeit sehr wohl Vorsorge treffen wollte und die Regelung der Geschäftsunfähigkeit offenbar vergessen hat, ergeben sich aus den §§ 1626a bis d keine Anhaltspunkte dafür, dass die Sorgeerklärung in irgendeiner Form von einer Prüfung auf Willensmängel abhängen soll. In der Amtl. Begr. wird der Ausschluss der Berufung auf Willensmängel sogar ausdrücklich aufgeführt.[15]

Der Ausschluss erfasst insbesondere die Anfechtung wegen Inhalts- und Erklärungsirrtums (§ 119 22
Abs. 1, str.)[16] und wegen Irrtums über verkehrswesentliche Eigenschaften (§ 119 Abs. 2). Nach überwiegender Meinung wird jedoch die Anfechtung wegen arglistiger Täuschung oder widerrechtlicher Drohung (§ 123) nicht erfasst; sie soll dieser Ansicht nach möglich bleiben, allerdings aus Gründen der Rechtssicherheit nur ex nunc wirken.[17]

IV. Folgen der Unwirksamkeit

Wenn die Sorgeerklärung eines Elternteils unwirksam ist, können die Eltern die gemeinsame 23
Sorge nicht über § 1626a Abs. 1 Nr. 1 erlangen; die elterliche Sorge steht dann gemäß § 1626a Abs. 2 der Mutter allein zu. Den Eltern, die zur gemeinsamen Sorge gelangen wollen, bleibt in diesen Fällen die Möglichkeit des § 1626a Abs. 1 Nr. 2, nämlich die Eheschließung (soweit sie die nötige Ehegeschäftsfähigkeit haben).[18]

Die überwiegende Meinung geht davon aus, dass die Mitwirkung des Vaters auf Grund der 24
vermeintlichen gemeinsamen Sorge die Handlungen der Mutter nicht unwirksam macht. Auf Basis der Grundsätze zu faktischen Rechtsverhältnissen bliebe der rechtliche Bestand abgeschlossener Vorgänge grundsätzlich unangetastet (Ausnahme: Namenserteilung nach § 1617b, diese sei vorbehaltlich des Persönlichkeitsschutzes des Kindes gemäß § 1617c Abs. 1 analog unwirksam).[19]

§ 1627 Ausübung der elterlichen Sorge

¹Die Eltern haben die elterliche Sorge in eigener Verantwortung und in gegenseitigem Einvernehmen zum Wohle des Kindes auszuüben. ²Bei Meinungsverschiedenheiten müssen sie versuchen, sich zu einigen.

---

[14] Vgl. BT-Drucks. 13/4899 S. 95; FamRefK/*Rogner* Rn. 2. Kritisch *Palandt/Diederichsen* Rn. 1.
[15] BT-Drucks. 13/4899 S. 95.
[16] AA NK-BGB/*Rakete-Dombek* Rn. 3 bzgl. des Erklärungsirrtums; *Rauscher* Rn. 976.
[17] Vgl. *Staudinger/Coester* Rn. 3 mwN; NK-BGB/*Rakete-Dombek* Rn. 3; *Rauscher* Rn. 976; *Witteborg*, S. 225. AA die 4. Aufl.; *Bamberger/Roth/Veit* Rn. 3.
[18] Vgl. § 1304 Rn. 4.
[19] NK-BGB/*Rakete-Dombek* Rn. 4; *Staudinger/Coester* Rn. 4; jurisPK-BGB/*Schwer/B. Hamdan* Rn. 3; ähnlich *Palandt/Diederichsen* Rn. 2.

Übersicht

	Rn.		Rn.
I. Normzweck	1, 2	b) Folgen	6, 7
1. Bedeutungswandel	1	c) Vereinbarte Funktionsteilung	8–11
2. Leitbildfunktion	2	d) Ausführung gemeinsam beschlossener Elternmaßnahmen	12
II. Der Grundsatz des S. 1	3–16	e) Eil- und Notfälle	13
1. Anwendungsbereich	3	f) Abredewidrige oder eigenmächtige Maßnahmen	14–16
2. Ausübung in eigener Verantwortung	4		
3. Ausübung in gegenseitigem Einvernehmen	5–16	**III. Der Elternkonflikt und die Pflicht zum Einigungsversuch, S. 2**	17
a) Bedeutung	5		

I. Normzweck

1. Bedeutungswandel. Bei ihrer Einführung durch das GleichberG (Art. 1 Nr. 22) betonte die Vorschrift zwar eine Pflicht zu einvernehmlicher, mithin gleichberechtigter Ausübung elterlicher Sorge, dies aber im Gegensatz zum Entscheidungs- („Stichentscheid") und Vertretungsvorrecht des Vaters nach §§ 1628, 1629 Abs. 1 aF. Die Entscheidung des BVerfG, welche die letzteren Vorschriften wegen Verstoßes gegen Art. 3 Abs. 2 GG für nichtig erklärte,[1] veränderte zugleich die Bedeutung des § 1627: Anstatt eines Appells an die väterliche Einsicht enthält die Bestimmung nunmehr grundlegende Aussagen über die gleichberechtigte Wahrnehmung der elterlichen Sorge durch Vater und Mutter.[2]

2. Leitbildfunktion. § 1627 S. 1 hat heute in verschiedener Hinsicht Leitbildfunktion. Erstens verdeutlicht die Vorschrift, dass die elterliche Sorge beiden sorgeberechtigten Elternteilen gleichrangig und gleichberechtigt (bzw. -verpflichtet) zusteht, unabhängig von Trennung oder Scheidung.[3] Zweitens gibt sie als Leitbild für die Ausübung der elterlichen Sorge den Grundsatz vor, dass eine gemeinsame und einverständliche Sorge dem Wohl des Kindes am besten entspricht.[4] Drittens stellt sie durch das Abstellen auf die eigenverantwortliche Ausübung der elterlichen Sorge den Vorrang der Elternverantwortung gegenüber staatlichen Eingriffen klar.[5]

II. Der Grundsatz des S. 1

1. Anwendungsbereich. § 1627 S. 1 gilt nur insoweit, als beiden Elternteilen die elterliche Sorge gemeinsam zusteht; andernfalls wäre die Verpflichtung zu einer einvernehmlichen Wahrnehmung sinnlos.[6] Innerhalb der gemeinsamen Sorge erfasst S. 1 den gesamten Bereich der elterlichen Sorge, also Personensorge und Vermögenssorge.

2. Ausübung in eigener Verantwortung. Ausübung in eigener Verantwortung meint nicht äußerliche Verantwortung iSv. Haftung nach §§ 1664, 832, sondern die rechtliche und moralische Pflicht zur selbständigen Prüfung aller Maßnahmen und Entscheidungen elterlicher Sorge auf ihre Vereinbarkeit mit dem Kindeswohl.[7] Gerade diese gleichmäßige Elternverantwortung erfordert entspr. gleichrangige Elternrechte und wird so zur Grundlage elterlicher Gleichberechtigung. Zugleich betont die Vorschrift mit der elterlichen Eigenverantwortung die Pflichtgebundenheit elterlicher Sorge[8] bis hin zur Überwachung des anderen Elternteils in den Grenzen der Zumutbarkeit.[9] S. auch Rn. 2.

3. Ausübung in gegenseitigem Einvernehmen. a) Bedeutung. Die Pflicht zur Ausübung der elterlichen Sorge im gegenseitigen Einvernehmen ist die Konsequenz aus den Ausübungsbindungen, denen Vater und Mutter als Inhaber gleichrangiger und gleichgerichteter Parallelrechte unterliegen (vgl. § 1626 Rn. 18). Dabei ist hervorzuheben, dass § 1627 S. 1 keine gemeinschaftliche

---

[1] BVerfGE 10, 59 = NJW 1959, 1483 = FamRZ 1959, 416.
[2] *Staudinger/Peschel-Gutzeit* Rn. 2.
[3] *Erman/Michalski/Döll* Rn. 1; *Soergel/Strätz* Rn. 3.
[4] *Staudinger/Peschel-Gutzeit* Rn. 3.
[5] *Soergel/Strätz* Rn. 2.
[6] *Staudinger/Peschel-Gutzeit* Rn. 4; *Soergel/Strätz* Rn. 3.
[7] *JurisPK-BGB/Schwer/B. Hamdan* Rn. 2; *Soergel/Strätz* Rn. 4; *Staudinger/Peschel-Gutzeit* Rn. 6.
[8] *Soergel/Strätz* Rn. 3 sowie § 1626 Rn. 2.
[9] *Staudinger/Peschel-Gutzeit* Rn. 7.

Ausübung elterlicher Sorge verlangt,[10] sondern eben nur eine einvernehmliche Ausübung, welche je nach der familiären Situation unterschiedliche Bedeutung hat und nichts daran ändert, dass jeder Elternteil dem Kind als selbständiger Inhaber der elterlichen Sorge gegenübertritt, freilich in Verwirklichung gemeinsamer Erziehungsgrundsätze.

b) Folgen. Für den Bereich der Willensbildung ergibt sich aus S. 1, dass elterliches Zusammenwirken in gemeinsamer Beratung mit gemeinsamer Entscheidung jedenfalls in allen **wichtigen** Angelegenheiten geboten ist.[11] „Wichtig" ist eine Angelegenheit insbes. dann, wenn die einmal beschlossene Maßnahme nicht oder nur schwer rückgängig gemacht werden könnte, zB Schul- und Berufswahl, religiöse Erziehung, Aufenthaltsbestimmung, Entscheidung über eine Operation. Das Einvernehmen kann dann jeweils auch in der Zuweisung der Sachentscheidung in die Zuständigkeit eines Elternteils bestehen.[12]

Bei den **alltäglichen** Fürsorge- und Erziehungsmaßnahmen dagegen ist das Postulat gemeinsamer Entscheidungsfindung bloße Richtlinie,[13] die Bedeutung erlangt, wenn in Konflikten um Alltagsfragen unterschiedliche Auffassungen über die Erziehungsrichtung hervortreten. Denn solange die Eltern über die Erziehungsgrundsätze einig sind, wird dieses Einvernehmen auch für jeden Elternteil die Befugnis einschließen, Entscheidungen des täglichen Lebens allein zu treffen.[14] Auf diese Weise kann es praktisch vielfach stillschweigend oder verabredungsgemäß zur Funktionsteilung für bestimmte Bereiche elterlicher Sorge kommen.[15]

c) Vereinbarte Funktionsteilung. Eine vereinbarte Funktionsteilung bedeutet jedoch nicht, dass die Aufgabenbereiche der beiden Elternteile völlig voneinander getrennt werden. Vielmehr muss der selbständig handelnde Elternteil **Rücksicht** auf den mutmaßlichen Willen des anderen nehmen. Er darf die Möglichkeit des Alleinhandelns nicht zur Durchsetzung von Ansichten missbrauchen, von denen er weiß oder annehmen muss, dass sie den Vorstellungen des anderen zuwiderlaufen.[16] Umgekehrt entbindet eine Funktionsübertragung auf den anderen Elternteil nicht von der Pflicht zu dessen Überwachung.[17]

Die **Elterneinigung** über die Berechtigung eines Elternteils zu selbständigem Handeln hat ebenso wie die Herstellung des Einvernehmens bei gemeinsamer Willensbildung über Angelegenheiten der elterlichen Sorge nur dann rechtsgeschäftlichen Charakter, wenn damit die Abgabe von Willenserklärungen für das Kind vorbereitet wird.[18] Die Regeln über Bevollmächtigung bzw. Zustimmung kommen nur in diesen engen Grenzen bevorstehender oder bereits vollzogener Kindesvertretung in Betracht. Für die übrigen Bereiche der elterlichen Sorge dagegen passt die Einordnung als Rechtsgeschäft nicht. Hier ist vielmehr von einer familienrechtlichen Einigung sui generis[19] auszugehen, die zwar grundsätzlich auch den Regeln über Rechtsgeschäfte unterliegt,[20] aber zT – insbesondere bei der Frage des Widerrufs (s. sogleich) – besonderen familienrechtlichen Eigengesetzlichkeiten folgt.

Aus der Eigenverantwortung jedes Elternteils und der daraus abzuleitenden Pflicht zur Überwachung des anderen Teils ergibt sich nach hM, dass die Einigung grundsätzlich jederzeit **frei widerruflich** ist und keinem Elternteil die Mitwirkung in einem bisher dem anderen überlassenen Wirkungsbereich verwehrt werden darf.[21] Eine Bindung an die Einigung (und damit einen Ausschluss des einseitigen Widerrufs) gibt es nur in engen Ausnahmefällen: wenn die ursprünglich gemeinsam beschlossene Maßnahme bereits eingeleitet ist,[22] wenn – oft gleichbedeutend – die Aufhebung des elterlichen Einvernehmens das Kindeswohl beeinträchtigen könnte oder wenn der Widerruf missbräuchlich ist, zB bloße Schikane gegenüber dem anderen Elternteil.

Es ist auch nicht angebracht, den Widerruf auf einen begründeten Anlass zu beschränken[23] oder eine Begründung für das Abgehen vom früheren Einvernehmen zu fordern: Elternverantwortung

---

[10] *Staudinger/Peschel-Gutzeit* Rn. 11; *Erman/Michalski/Döll* Rn. 1.
[11] *Soergel/Strätz* Rn. 5; *Palandt/Diederichsen* Rn. 1; *Erman/Michalski/Döll* Rn. 3.
[12] *Erman/Michalski/Döll* Rn. 4; vgl. aber auch *Dölle* II § 91 III 2 d.
[13] *Erman/Michalski/Döll* Rn. 3.
[14] Vgl. *Soergel/Strätz* Rn. 5.
[15] *Palandt/Diederichsen* Rn. 2; NK-BGB/*Rakete-Dombek* Rn. 4.
[16] Vgl. *Erman/Michalski/Döll* Rn. 7.
[17] *Erman/Michalski/Döll* Rn. 3.
[18] *Gernhuber/Coester-Waltjen* § 58 Rn. 12.
[19] S. aber *Gernhuber/Coester-Waltjen* § 58 Rn. 12: geschäftsähnliche Handlung.
[20] *Gernhuber/Coester-Waltjen* § 58 Rn. 12; abw. 3. Aufl. Rn. 8.
[21] *Staudinger/Peschel-Gutzeit* Rn. 17; *Soergel/Strätz* Rn. 5; im Ergebnis auch *Gernhuber/Coester-Waltjen* § 58 Rn. 14 ff.; aA *Erman/Michalski/Döll* Rn. 6 (Widerruf nur bei begründetem Anlass; *Gernhuber* FamRZ 1965, 227 f. Anm. zu OLG Schleswig FamRZ 1965, 224 (Aufhebung nur durch neue Einigung der Eltern).
[22] *Soergel/Strätz* Rn. 5; *Gernhuber/Coester-Waltjen* § 58 Rn. 16.
[23] So *Erman/Michalski/Döll* Rn. 6.

umfasst ungeachtet des Prinzips der Stetigkeit in der Erziehung auch das Recht und die Pflicht zur Überprüfung eigener Entschlüsse unabhängig davon, ob eine veränderte Situation eingetreten ist.[24] Und eine Begründungspflicht schafft zum Nachteil des Kindes nur das Risiko einer Benachteiligung desjenigen Elternteils, der damit überfordert wird, weil er sich schlechter als der andere zu artikulieren vermag.[25] Allerdings schließt die Anerkennung eines solchen Rechts zum Widerruf ohne Angabe von Gründen keineswegs die Pflicht aus, sich nunmehr um eine neue Einigung mit dem anderen Elternteil zu bemühen. Entscheidend ist, dass die Ansicht des Elternteils, der seine Meinung geändert hat, derjenigen des anderen Teils vom Zeitpunkt dieser Klarstellung an gleichrangig gegenübersteht, mithin zu sachlicher Auseinandersetzung zwingt und nicht bis zur Herbeiführung einer neuen Einigung praktisch unbeachtlich bleibt.[26]

12 **d) Ausführung gemeinsam beschlossener Elternmaßnahmen.** Bei der Ausführung gemeinsam beschlossener Elternmaßnahmen reicht das Tätigwerden bloß eines Elternteils auch dann aus, wenn es einer rechtsgeschäftlichen Vertretung des Kindes bedarf, sofern nur vorab eine Übereinstimmung im Willen stattgefunden hat und die nach außen wirkende Erklärung mit Ermächtigung bzw. Zustimmung des anderen Elternteils abgegeben wird. Die für die Kindesvertretung maßgebenden Grundsätze der Gesamtvertretung erlauben wechselseitige Ermächtigungen, und zwar auch stillschweigend oder durch schlüssiges Verhalten;[27] dabei wird in einer alleinigen Aufgabenzuweisung an ein Elternteil idR auch eine stillschweigende Bevollmächtigung liegen.[28] Zurückhaltung bei der Verwendung dieser Rechtsinstitute ist jedoch umso mehr geboten, je bedeutsamer die zu regelnden Angelegenheiten für das Kind sind.[29]

13 **e) Eil- und Notfälle.** In Eil- und Notfällen (zB beim Unfall des Kindes) hat der allein erreichbare Elternteil selbständige Handlungsmacht, und zwar entweder bei tatsächlicher Verhinderung des anderen Teils gem. § 1678 Abs. 1, gem. § 1629 Abs. 1 S. 4 oder nach dem in den §§ 744 Abs. 2, 1454, 2038 Abs. 1 S. 2 zum Ausdruck kommenden allgemeinen Rechtsgrundsatz der Durchbrechung gemeinschaftlicher Handlungsmacht in Eilfällen.[30]

14 **f) Abredewidrige oder eigenmächtige Maßnahmen.** Abredewidrig oder ohne das erforderliche Einvernehmen vorgenommene Maßnahmen eines Elternteils sind gegenüber dem anderen Teil pflichtwidrig. Soweit es möglich und – gerade auch im Hinblick auf das Wohl des Kindes – angebracht ist, kann der andere Teil Rückgängigmachung der Maßnahmen verlangen.[31] Die Maßnahme selbst bleibt aber bis zu einer evtl. Rückgängigmachung grundsätzlich wirksam.[32] Können sich die Eltern nicht einigen, kommt eine Entscheidung des FamG gem. § 1628 in Betracht.

15 Gegenüber dem Kind begründet der Verstoß eines Elternteils gegen § 1627 nach hM keine Pflichtwidrigkeit. Eine unter Verstoß gegen diese Vorschrift ergangene Maßnahme ist ihm gegenüber also wirksam.[33] Allenfalls dann, wenn das Verhalten der Eltern zu einer Kindeswohlgefährdung führt, kommt ein Einschreiten gem. § 1666 in Betracht.[34] Darüber hinaus hat das Kind keine Möglichkeit, gegenüber seinen Eltern die Einhaltung des § 1627 durchzusetzen.

16 Über die Folgen einer Alleinvertretung unter Verstoß gegen den Gesamtvertretungsgrundsatz oder des Handelns eines Elternteils als Gesamtvertreter ohne Ermächtigung des anderen Teils bei der rechtsgeschäftlichen Vertretung des Kindes vgl. § 1629 Rn. 40.

III. Der Elternkonflikt und die Pflicht zum Einigungsversuch, S. 2

17 Bei Meinungsverschiedenheiten der Eltern wird diesen von S. 2 eine Pflicht zum Einigungsversuch auferlegt. Dabei muss jeder Elternteil der Ansicht des anderen Rechnung tragen und das Leitprinzip des Kindeswohls seiner Entscheidung darüber zugrunde legen, welche Ansicht den Vorrang verdient oder welcher Kompromiss möglich ist.[35] Die Pflicht zum Einigungsversuch erfährt ihre Maßstäbe aus der Bindung an das Kindeswohl und aus der Eigenverantwortung jedes Elternteils,

---

[24] Vgl. *Staudinger/Peschel-Gutzeit* Rn. 17.
[25] Vgl. *Staudinger/Peschel-Gutzeit* Rn. 17.
[26] *Soergel/Strätz* Rn. 5; *Staudinger/Peschel-Gutzeit* Rn. 17.
[27] *Erman/Michalski/Döll* Rn. 4; s. auch BayObLG FamRZ 1956, 89; 1961, 176 f.; vgl. auch § 1629 Rn. 33 f.
[28] *Soergel/Strätz* Rn. 5.
[29] *Dölle* II § 91 III 2 d.
[30] *Gernhuber/Coester-Waltjen* § 58 Rn. 5.
[31] *Soergel/Strätz* Rn. 8; *Staudinger/Peschel-Gutzeit* Rn. 22.
[32] *Erman/Michalski/Döll* Rn. 8.
[33] *Soergel/Strätz* Rn. 9; *Staudinger/Peschel-Gutzeit* Rn. 22.
[34] *Erman/Michalski/Döll* Rn. 8.
[35] *Erman/Michalski/Döll* Rn. 10.

welche auch zu Überlegungen darüber zwingt, ob nicht eine Elterneinigung der Entscheidung einer familienfremden Stelle vorzuziehen ist.[36] Scheitert der Einigungsversuch, so kann unter den Voraussetzungen des § 1628 in Angelegenheiten von erheblicher Bedeutung für das Kind eine Entscheidung des FamG herbeigeführt werden.

§ 1628 Gerichtliche Entscheidung bei Meinungsverschiedenheiten der Eltern

[1] **Können sich die Eltern in einer einzelnen Angelegenheit oder in einer bestimmten Art von Angelegenheiten der elterlichen Sorge, deren Regelung für das Kind von erheblicher Bedeutung ist, nicht einigen, so kann das Familiengericht auf Antrag eines Elternteils die Entscheidung einem Elternteil übertragen.** [2] **Die Übertragung kann mit Beschränkungen oder mit Auflagen verbunden werden.**

Übersicht

	Rn.		Rn.
I. Normzweck	1, 2	b) Konkreter situativer Bezug	10–12
1. Lösung eines Elternkonflikts in wichtigen Kindesangelegenheiten	1	c) Erhebliche Bedeutung	13–15
2. Entwicklung	2	III. Entscheidung des FamG	16–27
II. Voraussetzungen familiengerichtlicher Konfliktregelung	3–15	1. Entscheidungsinhalt	16–22
		a) Übertragung der Entscheidung	16
1. Allgemeines: Familienautonomie, Subsidiarität	3	b) Entscheidungsmaßstab	17, 17a
		c) Kindeswohlwidrigkeit beider Vorschläge	18
2. Antragserfordernis	4, 5	d) Beschränkungen und Auflagen, Abs. 1 S. 2	19–21
3. Vorangegangener Einigungsversuch	6	e) Änderungen	22
4. Besondere Entscheidungszuständigkeiten	7	2. Zuständigkeit	23
5. Sachliche Voraussetzungen	8–15	3. Verfahren	24–27
		a) Allgemeines	24, 25
a) Angelegenheiten der elterlichen Sorge	8, 9	b) Rechtsmittel, Wirksamwerden	26
		c) Einstweilige Anordnungen	27

I. Normzweck

1. Lösung eines Elternkonflikts in wichtigen Kindesangelegenheiten. Die Vorschrift 1 regelt die Lösung eines Elternkonflikts in wichtigen Kindesangelegenheiten. In unmittelbarer Anknüpfung an § 1627 S. 2 trifft § 1628 Vorsorge für den Fall, dass die dort geforderte Elterneinigung nicht zustande kommt und die streitige Angelegenheit der elterlichen Sorge für das Kind von erheblicher Bedeutung ist. Auf Antrag eines Elternteils überträgt dann das FamG einem Elternteil die Entscheidung. Damit erfährt die in §§ 1626 Abs. 1, 1627 vorgesehene gemeinsame Innehabung der elterlichen Sorge durch Vater und Mutter die notwendige Ergänzung für das Fehlschlagen des Prozesses innerfamiliärer elterlicher Meinungsbildung in solchen Angelegenheiten, die um des Kindes willen nicht unentschieden bleiben dürfen.

2. Entwicklung. § 1628 idF des SorgeRG hat eine Gesetzeslücke geschlossen: Die frühere, 2 vom GleichberG eingeführte Fassung der Vorschrift sah bei Nichteinigung der Eltern ein Entscheidungsrecht des Vaters vor, gemildert nur durch Einschränkungen dahin, dass die Mutter eine vormundschaftsgerichtliche Übertragung der Entscheidung in einzelnen Angelegenheiten beantragen konnte, wenn das Verhalten des Vaters in bes. bedeutsamen Angelegenheiten dem Wohl des Kindes widersprach oder wenn die ordnungsgemäße Verwaltung des Kindesvermögens dies erforderte. Ferner konnte die Mutter eine Übertragung der Entscheidung in den persönlichen und vermögensrechtlichen Angelegenheiten des Kindes dann erwirken, wenn der Vater beharrlich seine Verpflichtung verletzte, bei Meinungsverschiedenheiten den Versuch einer gütlichen Einigung zu machen und bei seinen Entscheidungen auf die Auffassung der Mutter Rücksicht zu nehmen, und wenn eine Übertragung der Entscheidungszuständigkeit auf die Mutter dem Wohl des Kindes entsprach. Diese Regelung und die daran anknüpfende Vertretungsvorschrift des § 1629 Abs. 1 sind vom BVerfG durch Urteil vom 29. 7. 1959 wegen Verstoßes gegen den Grundsatz der Gleichberechti-

---

[36] *Erman/Michalski/Döll* Rn. 10; *Soergel/Strätz* Rn. 6.

gung von Mann und Frau (Art. 3 Abs. 2 GG) für nichtig erklärt worden.[1] Die so entstandene Gesetzeslücke ist bis zum 31. 12. 1979 in einer wohl schon gewohnheitsrechtlich legitimierten Rspr.[2] dergestalt ausgefüllt worden, dass in den im Interesse des Kindes notwendig entscheidungsbedürftigen Elternkonflikten das VormG entschied, wenn ein Elternteil dies beantragte. Dem Gericht wurde insoweit keine eigene Sachkompetenz, sondern nur eine Kompetenz-Kompetenz zugebilligt; es trat also der dem Kindeswohl dienlicheren Elternmeinung bei, indem es dem Elternteil, der diese Meinung vertrat, die Entscheidung der fraglichen Angelegenheit übertrug. Die vom BVerfG geschaffene Situation entsprach derjenigen in der Zeit vom Wirksamwerden des Gleichberechtigungsgrundsatzes am 1. 4. 1953 (Art. 117 Abs. 1 GG) bis zum Inkrafttreten des GleichberG am 1. 7. 1958, sodass die damalige Rspr. zur Kompetenz des VormG erneut Bedeutung erlangte. Die Neufassung des § 1628 durch das SorgeRG lehnte sich weitgehend an diese von der hM gebilligten Rechtsprechungsgrundsätze an. Das KindRG hat die Zuständigkeit vom VormG auf das FamG verlagert.

II. Voraussetzungen familiengerichtlicher Konfliktregelung

3   **1. Allgemeines: Familienautonomie, Subsidiarität.** Nach dem Grundsatz der Familienautonomie müssen Meinungsverschiedenheiten zwischen den Eltern in erster Linie innerhalb der Familie beigelegt werden.[3] Alle Einzelfragen der familiengerichtlichen Entscheidungskompetenz werden deshalb vom Grundsatz der Subsidiarität bestimmt, wonach in erster Linie die Familie als kleinere Gemeinschaft wirken soll und mit staatlichen Mitteln erst einzugreifen ist, wenn dies unausweichlich wird.[4] Dementsprechend ist ein FamG im Falle der Uneinigkeit der Eltern nur berechtigt, einem Elternteil die Entscheidungskompetenz über die betreffende Angelegenheit zu übertragen, sodass es die ihm nach § 1628 eingeräumte Kompetenz überschreitet, wenn es seine eigene Entscheidung an die Stelle der elterlichen Entscheidung setzt (vgl. Rn. 16).[5]

4   **2. Antragserfordernis.** Nur auf **Antrag** wenigstens **eines Elternteils** wird das FamG tätig, wobei der Antrag die nicht einigungsfähigen Angelegenheiten bestimmt bezeichnen muss.[6] Die Notwendigkeit des Antrags als Verfahrenseinleitungsvoraussetzung findet ihre Rechtfertigung darin, dass „den Eltern die Entscheidung darüber zu überlassen ist, wie sie ihre Meinungsverschiedenheiten bei Ausübung der elterlichen Sorge bereinigen wollen, solange das Wohl des Kindes nicht gefährdet ist".[7] Daraus folgt zugleich, dass ein Einschreiten des FamG von Amts wegen nach wie vor nur dann – aber auch immer dann – in Betracht kommt, wenn die elterliche Uneinigkeit zugleich eine Gefährdungssituation iSv. §§ 1666 ff. schafft, der das FamG dann nach diesen letzteren Vorschriften zu begegnen hat.[8]

5   Ein **Antragsrecht des Kindes** ist im Gesetz nicht vorgesehen[9] und war auch nach bisheriger Rechtslage nicht anerkannt. Die Versagung des Antragsrechts lässt sich nur mit der in der vorigen Rn. wiedergegebenen Begr. rechtfertigen, dass es allein Sache der Eltern sei, wie sie ihre Meinungsverschiedenheiten beilegen, solange Kindeswohl und Kindesvermögen nicht gefährdet sind; die in § 1626 Abs. 2 angeordnete Elternpflicht, das Kind je nach seinem Entwicklungsstand in Sorgerechtsentscheidungen zu beteiligen (§ 1626 Rn. 61), hätte zwar eher für die Einräumung des Antragsrechts gesprochen, vermag für sich allein aber keine generellen Bedenken gegen die gesetzliche Regelung zu begründen. Verfahrensrechtlich inkonsequent ist es jedoch, auch dem über 14-jährigen, beschränkt geschäftsfähigen Kind das Antragsrecht in solchen Elternkonflikten zu versagen, die seine Person betreffen:[10] In diesen Angelegenheiten kann nämlich das Kind nach § 60 S. 1, S. 3 FamFG selbständig Beschwerde einlegen.[11] De lege lata steht einem Antragsrecht des Kindes jedoch der eindeutige Wortlaut des § 1628 entgegen.

6   **3. Vorangegangener Einigungsversuch.** Die Entscheidung der in Abs. 1 näher bezeichneten Elternkonflikte setzt voraus, dass sich die Eltern nicht einigen können; das FamG darf mithin

---

[1] BVerfGE 10, 59 = NJW 1959, 1483 = FamRZ 1959, 416; über Stellungnahmen dazu vgl. 1. Aufl. § 1628 Fn. 1.
[2] Vgl. 1. Aufl. § 1627 Rn. 16.
[3] Beschlussempfehlung und Bericht des Rechtsausschusses (6. Ausschuss), BT-Drucks. 8/2788 S. 46.
[4] BVerfGE 10, 59, 83 = NJW 1959, 1483, 1486; *Erman/Michalski/Döll* Rn. 3.
[5] Vgl. BVerfG FamRZ 2003, 511, 511.
[6] NK-BGB/*Rakete-Dombek* Rn. 8; ggf. kommt die Umdeutung eines falsch formulierten Antrags in Betracht, vgl. hierzu *van Els* FamRZ 2005, 2076.
[7] Beschlussempfehlung (Fn. 3) S. 46.
[8] *Erman/Michalski/Döll* Rn. 4; *Soergel/Strätz* Rn. 8.
[9] Zur Auseinandersetzung darüber im Gesetzgebungsverfahren vgl. *Franz* FamRZ 1974, 571, 573 f.
[10] *Hinz* S. 46 ff.
[11] Vgl. *Erman/Michalski/Döll* Rn. 14; *Soergel/Strätz* Rn. 8, 15; *Staudinger/Peschel-Gutzeit* Rn. 31 ff.

Gerichtliche Entscheidung bei Meinungsverschiedenheiten der Eltern 7–9 § 1628

nur entscheiden, wenn die Eltern zuvor den ernsthaften Einigungsversuch unternommen haben, zu dem sie nach § 1627 S. 2 verpflichtet sind. Dies erklärt sich ebenso wie das Antragserfordernis aus der Subsidiarität familiengerichtlichen Handelns (Rn. 3). Bittet ein Elternteil um Entscheidung des FamG, bevor sich die Eltern ernstlich um Einigung bemüht haben, so muss das FamG zunächst auf eine Einigung hinwirken. Dies ergibt sich nach Inkrafttreten des KindRG nicht mehr aus § 1628 selbst – der frühere Abs. 2 wurde gestrichen –, sondern mittlerweile aus § 156 FamFG, demzufolge das FamG in jeder Lage des Verfahrens auf ein Einvernehmen der Parteien hinzuwirken hat.[12] Dem Wortlaut zufolge gilt § 156 FamFG zwar nur in Sorgerechtsverfahren bei Trennung oder Scheidung der Eltern, doch dürfte die Vorschrift analog auf andere Sorgerechtsverfahren anzuwenden sein.[13]

4. Besondere Entscheidungszuständigkeiten. Soweit bes. Entscheidungszuständigkeiten 7
für Elternstreitigkeiten bestehen, gehen sie der allg. Konfliktentscheidungsnorm des § 1628 vor.[14] Derartige Sondervorschriften bestehen insbes. für die Regelung des Umgangs mit dem Kind (§ 1684 Abs. 3), für die religiöse Erziehung (§ 2 RelKErzG),[15] für die Einwilligung in die Adoption (§§ 1747 f.)[16] und für die Eheschließung des Minderjährigen[17] (§ 1303 Abs. 2 bis 4).

5. Sachliche Voraussetzungen. a) Angelegenheiten der elterlichen Sorge. Der famili- 8
engerichtlichen Konfliktregelung unterliegen nach Abs. 1 Elternkonflikte in Angelegenheiten der elterlichen Sorge, also solche über die Personen- und Vermögenssorge (§ 1626 Abs. 1 S. 2). Das Sorgerecht muss in der streitigen Frage beiden Elternteilen zustehen;[18] dabei reicht es aus, wenn der Elternstreit zB die Kosten der Kindesausbildung und damit die Personen- und Vermögenssorge angeht (§ 1626 Rn. 35) und einem Elternteil nur einer der betroffenen Teilbereiche des Sorgerechts zusteht. Immer muss es sich um Elternkonflikte handeln. Konflikte mit dem (Ergänzungs-)Pfleger werden nach § 1630 Abs. 2 ausgetragen; Meinungsverschiedenheiten zwischen Eltern und Kind fallen nicht in den Anwendungsbereich des § 1628, sondern werden nach §§ 1631b, 1666 ff. entschieden.[19] Im Konflikt geschiedener Eltern darüber, wer von ihnen dem volljährigen Kind Barunterhalt und wer Naturalunterhalt zu leisten hat, ist § 1628 weder unmittelbar noch analog anwendbar, weil es sich nicht um eine Streitigkeit über die Ausübung der elterlichen Sorge handelt.[20]

Probleme bereitet die Behandlung von **Schwangerschaftsabbrüchen**. Konkret geht es um die- 9
jenigen Fälle, in denen die Mutter die Schwangerschaft gegen den Willen des Vaters (und Ehemannes) abbrechen will. Dann stellt sich die Frage, ob der Vater gem. § 1628 eine familiengerichtliche Übertragung der Entscheidung über den Schwangerschaftsabbruch auf sich selbst erreichen kann. Die hM verneint dies zu Recht, wenn auch mit unterschiedlichen Begründungen.[21] Richtigerweise wird man die Nichtanwendbarkeit des § 1628 in diesen Fällen nicht auf das formale Argument stützen können, die elterliche Sorge beginne erst mit der Geburt des Kindes.[22] Denn die Eltern trifft für den nasciturus eine Fürsorgepflicht (vgl. § 1912 Abs. 2) als Vorwirkung der elterlichen Sorge; auf diese Fürsorgepflicht finden die Vorschriften über die elterliche Sorge entsprechende Anwendung.[23] Die Anwendung des § 1628 ist vielmehr deshalb ausgeschlossen, weil diese Vorschrift voraussetzt, dass den Eltern in der konkreten Frage Entscheidungsspielraum zusteht. Ein derartiger Spielraum steht jedoch in der Frage des Schwangerschaftsabbruchs jedenfalls dem Vater nicht zu: Entweder ist der Abbruch nach den §§ 218 ff. StGB nicht erlaubt bzw. nicht straffrei: Dann haben weder der Vater noch die Mutter Entscheidungsspielraum. Oder es besteht nach den §§ 218 ff. StGB die Möglichkeit eines straffreien Schwangerschaftsabbruchs. Dann hat die Rechtsordnung die Entscheidung aber allein der Mutter zugewiesen; diese ihrem Persönlichkeitsrecht Rechnung tragende Entscheidungsfreiheit muss auch im Rahmen des Zivilrechts respektiert werden. Dem Vater bleibt also auch hier kein Entscheidungsspielraum, er kann deshalb nicht gem. § 1628 die Übertra-

---

[12] Vgl. *Staudinger/Peschel-Gutzeit* Rn. 37 f.; weitergehend *Erman/Michalski/Döll* Rn. 8, der einen erfolglosen Eignungsversuch vor dem JA fordert.
[13] NK-BGB/*Kaiser* Rn. 19.
[14] *Soergel/Strätz* Rn. 5; NK-BGB/*Rakete-Dombek* Rn. 3, 6.
[15] Vgl. AG Weilburg FamRZ 2003, 1308; NK-BGB/*Rakete-Dombek* Rn. 3.
[16] Vgl. dazu auch *Soergel/Strätz* Rn. 4; *Gernhuber/Coester-Waltjen* § 58 Rn. 22.
[17] Vgl. *Palandt/Diederichsen* Rn. 2.
[18] *Soergel/Strätz* Rn. 4; *Staudinger/Peschel-Gutzeit* Rn. 14, 16.
[19] *Soergel/Strätz* Rn. 4.
[20] AA LG Bielefeld FamRZ 1981, 74 (analoge Anwendung beim volljährigen Kind); *Soergel/Strätz* Rn. 4.
[21] *Coester-Waltjen* NJW 1985, 2175; *Gernhuber/Coester-Waltjen* § 57 Rn. 10; *Staudinger/Peschel-Gutzeit* Rn. 20; *Staudinger/Coester* § 1666 Rn. 22 ff., 26 f.; *Soergel/Strätz* § 1626 Rn. 11; s. auch *Harrer* ZfJ 1989, 238; *Bienwald* FamRZ 1985, 1096.
[22] So aber NK-BGB/*Rakete-Dombek* Rn. 3; *Staudinger/Peschel-Gutzeit* Rn. 20.
[23] Vgl. *Gernhuber/Coester-Waltjen* § 57 Rn. 9; *Soergel/Strätz* § 1626 Rn. 11.

gung der Entscheidung auf sich verlangen.[24] Ihm bleibt ggf. nur die Möglichkeit, eine Entscheidung des FamG gem. § 1666 anzuregen.[25]

10 **b) Konkreter situativer Bezug.** Die familiengerichtliche Entscheidungskompetenz ist in Abs. 1 auf „**einzelne** Angelegenheiten oder eine **bestimmte Art** von Angelegenheiten" begrenzt. Diese Beschränkung bedeutet, dass sich die Anrufung des FamG und dessen Entscheidung immer auf eine bestimmte einzelne Frage oder einen bestimmten abgrenzbaren Fragenkomplex beziehen muss.[26] Die genaue Grenzziehung ist schwierig. Zu berücksichtigen ist dabei der systematische Zusammenhang des § 1628 mit ähnlichen Vorschriften des BGB: Je weiter man den Anwendungsbereich des § 1628 fasst, desto näher geraten die Wirkungen einer nach § 1628 ergangenen Entscheidung an einen Teilentzug der elterlichen Sorge. Vor einen Teilentzug setzt das BGB jedoch in §§ 1666 ff. deutlich höhere Hürden als vor die Einzelentscheidung nach § 1628. Um diese strengen Voraussetzungen der §§ 1666 ff. nicht auszuhöhlen, ist es erforderlich, den Anwendungsbereich des § 1628 eng zu fassen.[27] Für eine enge Auslegung spricht auch der Grundsatz der Subsidiarität (vgl. Rn. 3). § 1628 ermöglicht deshalb nur Entscheidungen, die punktuell-sachbezogene Konflikte[28] auflösen sollen, die maW einen konkreten Bezug zu einem bestimmten Einzelfall haben (konkreter situativer Bezug).[29] Die familiengerichtliche Konfliktregelung des § 1628 darf demnach zwar für einen mit einem bestimmten Lebensverhältnis zusammenhängenden Fragenkomplex begehrt und gewährt werden, zB für die Erledigung aller mit einem umstr. Ausbildungsverhältnis verknüpften Angelegenheiten, auch wenn deren Wahrnehmung über einen längeren Zeitraum hinweg wegen eines absehbaren elterlichen Dauerstreits Folgeentscheidungen nach sich ziehen wird. Unstatthaft wäre es aber, die gesamte Ausbildung eines Kindes mit allen noch gar nicht absehbaren Folgeentscheidungen einem Elternteil zu übertragen.[30]

11 Besondere Probleme wirft das Verhältnis des § 1628 zu der Vorschrift des **§ 1671** auf. Gem. § 1671 besteht nach einer Trennung der Eltern die Möglichkeit, einem Elternteil (die gesamte oder) einen Teil der elterlichen Sorge allein zu übertragen; die Hürden des § 1671 sind dafür wiederum höher als in § 1628 (vgl. § 1671 Abs. 2 Nr. 2: „dem Wohl des Kindes am besten entspricht").[31] In der Rechtsprechung wird eine genaue Abgrenzung zT für überflüssig gehalten, da die Vorschriften „in ihrer praktischen Anwendung einander sehr nahe gerückt" seien.[32] Doch kann die Abgrenzung angesichts der sachlichen und sprachlichen Unterschiede nach wie vor Bedeutung haben. ME ist von folgenden Grundsätzen auszugehen: Vor einer Trennung der Eltern kann § 1671 von vornherein keine Anwendung finden; hier gilt § 1628, allerdings aus den o. a. Gründen (Rn. 10) auch hier mit der gebotenen Zurückhaltung, also nur bei einem konkreten situativen Bezug. Nach einer erfolgten Trennung ist bei Einigkeit der Eltern nach § 1671 Abs. 2 Nr. 1 vorzugehen; § 1628 passt insoweit ohnehin nicht, weil er eine Meinungsverschiedenheit voraussetzt. Sind sich die Eltern nicht einig, so ist zu beachten, dass die Hürde für eine Teilentziehung nach § 1671 Abs. 2 Nr. 2 höher liegt als für eine Entscheidung nach § 1628. Auch hier gilt also der Grundsatz der engen Auslegung des § 1628, konkretisiert durch das Erfordernis des konkreten situativen Bezugs: § 1628 kann hier also nur dann Anwendung finden, wenn es sich um punktuell-sachbezogene Konflikte handelt; im Übrigen bleibt nur die Möglichkeit des § 1671 Abs. 2 Nr. 2.[33] Ist der konkrete situative Bezug gegeben, spricht allerdings der Gedanke des geringstmöglichen Eingriffs dafür, nur nach § 1628 zu entscheiden, es sei denn, der Antragsteller begehrt ausdrücklich eine Entscheidung nach § 1671 Abs. 2 Nr. 2.[34]

12 Praktisch relevant wird die Problematik vor allem beim Recht zur Bestimmung des **Aufenthalts** des Kindes.[35] Hier ergeben sich folgende Fallgruppen: Wenn sich die (gemeinsam sorgeberechtigten) Eltern bereits getrennt haben und für die Zukunft eine generelle Regelung des Aufenthaltsbestim-

---

[24] Vgl. zum Ganzen *Staudinger/Coester* § 1666 Rn. 25 ff.; *Gernhuber/Coester-Waltjen* § 57 Rn. 10.
[25] Vgl. dazu *Staudinger/Coester* § 1666 Rn. 27 f.
[26] Beschlussempfehlung (Fn. 3) S. 46.
[27] Vgl. OLG Zweibrücken FamRZ 2001, 186; *Palandt/Diederichsen* Rn. 3; *Gernhuber/Coester-Waltjen* § 58 Rn. 21.
[28] Vgl. *Staudinger/Coester* § 1671 Rn. 57.
[29] OLG Zweibrücken FamRZ 2001, 186; OLG Brandenburg JAmt 2005, 47, 48.
[30] Vgl. OLG Hamm FamRZ 1966, 209 f.; *Gernhuber/Coester-Waltjen* § 58 Rn. 23; NK-BGB/*Rakete-Dombek* Rn. 5.
[31] Vgl. *Schwab* FamRZ 1998, 457, 468.
[32] OLG Bamberg FamRZ 2003, 1403, 1403.
[33] *Staudinger/Coester* § 1671 Rn. 57; *Staudinger/Peschel-Gutzeit* Rn. 15; auch *Palandt/Diederichsen* Rn. 3; vgl. auch OLG Bamberg FamRZ 2003, 1403; AG Holzminden FamRZ 2002, 560 ff.
[34] Vgl. dazu i. E. *Staudinger/Coester* § 1671 Rn. 58, vgl. auch BGH FamRZ 2005, 1167, 1168; AG Holzminden FamRZ 2002, 560 ff.
[35] Vgl. Rn. 13; *Schwab* FamRZ 1998, 457, 467 f.; *Staudinger/Peschel-Gutzeit* Rn. 29; siehe aber auch OLG Zweibrücken FamRZ 2001, 186.

mungsrechts anstreben, gelten die eben genannten Grundsätze zur Abgrenzung von § 1671 und § 1628.³⁶ Wenn die Eltern eine Trennung beabsichtigen, sie aber noch nicht verwirklicht haben und für die Zeit bis zu einer gerichtlichen Entscheidung iSd. § 1671 eine Regelung des Aufenthaltsbestimmungsrechts wünschen, steht ihnen der Weg des § 1628 offen: Der konkrete situative Bezug ist gegeben, weil es um die konkrete Situation bis zur Trennung bzw. Entscheidung gem. § 1671 geht.³⁷ Wenn dagegen die Eltern überhaupt keine Trennung beabsichtigen, wird ein Streit über das Recht zur Bestimmung des Aufenthalts in aller Regel nur mit Bezug auf konkrete Situationen auftreten, zB über die Frage, ob das Kind in einem Internat untergebracht werden soll oder nicht. Auch in diesem Fall ist § 1628 anwendbar.

c) **Erhebliche Bedeutung.** Die Anrufung des FamG steht den Eltern nur dann offen, wenn 13 die Regelung der streitigen Angelegenheiten „für das Kind von erheblicher Bedeutung ist". Mit diesem Erfordernis soll verhindert werden, dass die Eltern auch wegen belangloser Meinungsverschiedenheiten das FamG anrufen und ihre Verantwortung auf dieses abwälzen.³⁸ Ob eine Angelegenheit erhebliche Bedeutung hat, hängt nach dem Gesetzeswortlaut von den Auswirkungen auf das Kind ab. Jedenfalls kann man die erhebliche Bedeutung nicht allein deshalb bejahen, weil sich die Eltern nicht einigen können.³⁹ Es gelten ähnliche Grundsätze wie bei § 1687 Abs. 1 S. 1, 3.⁴⁰ Ein Entscheidungsparameter ist, ob die Entscheidung die kindliche Entwicklung auf Dauer bestimmen dürfte.⁴¹

Weil das SorgeRG die Erheblichkeitsschwelle herabgesetzt und damit die Entscheidungsbefugnis 14 des Gerichts erweitert hat, bleibt die vor dem SorgeRG ergangene Rechtsprechung als Maßstab jedenfalls insoweit beachtlich, als sie die Regelungsbedürftigkeit bejaht hat. Zu den regelungsbedürftigen Angelegenheiten *können* zB Streitigkeiten über folgende Fragen gehören: Vaterschaftsanfechtung;⁴² Aufenthaltsbestimmung;⁴³ Berufsausbildung;⁴⁴ Auswahl oder Wechsel der Schule⁴⁵ bzw. der Kindertagesstätte;⁴⁶ Änderung des Familiennamens;⁴⁷ Antrag auf Auszahlung des anteiligen Sozialgeldes an den Umgang ausübenden Elternteil,⁴⁸ nicht hingegen die Entscheidung über eine professionelle Lernhilfe (wie zB Nachhilfeunterricht) für das Kind;⁴⁹ Unterbringung im Landschulheim oder im Elternhaus;⁵⁰ Wahl des Vornamens;⁵¹ ärztliche Behandlung (jedenfalls dann, wenn sie über Routineuntersuchungen und häufig vorkommende, nicht ungewöhnliche Erkrankungen wie Erkältungen und gewöhnliche Kinderkrankheiten hinausgeht) und Impfschutz;⁵² Vornahme einer Genitalverstümmelung;⁵³ Umgang des Kindes mit Dritten nach § 1685;⁵⁴ Anlegung eines größeren Kindesvermögens⁵⁵ bzw. Inanspruchnahme des familienrechtlichen Verwendungsrechts

---

³⁶ Vgl. aber auch OLG Celle FamRZ 2011, 488 (Anwendung des § 1628 BGB für Übertragung des Aufenthaltsbestimmungsrechts) m. krit. Anm. der FamRZ-Redaktion ebd.
³⁷ Vgl. NK-BGB/*Rakete-Dombek* Rn. 5 mwN; *Staudinger/Peschel-Gutzeit* Rn. 15; vgl. zur Problematik allg. auch *Vogel* FamRZ 2005, 65, 69.
³⁸ Beschlussempfehlung (Fn. 3) S. 46; OLG München FamRZ 2008, 1103.
³⁹ OLG München FamRZ 2008, 1103; *Palandt/Diederichsen* Rn. 4; *Soergel/Strätz* Rn. 9.
⁴⁰ Vgl. OLG Brandenburg JAmt 2005, 47, 48; NK-BGB/*Rakete-Dombek* Rn. 9 f.
⁴¹ Vgl. OLG Brandenburg NJOZ 2008, 2663 (im konkreten Fall dann aber eher restriktiv, vgl. sogleich im Text).
⁴² BGH FamRZ 2009, 861; OLG Dresden FamRZ 2009, 1330; OLG Brandenburg FamRZ 2008, 1270 (LS.).
⁴³ Vgl. OLG Frankfurt/M. FamRZ 1961, 125; LG Stuttgart NJW 1961, 273; OLG Stuttgart FamRZ 1999, 39; *Staudinger/Peschel-Gutzeit* Rn. 29; *Soergel/Strätz* Rn. 9; s. auch BGHZ 20, 313 = NJW 1956, 1148.
⁴⁴ OLG Hamm FamRZ 1966, 209; OLG Celle FamRZ 1955, 213.
⁴⁵ BVerfG FamRZ 2003, 511, 511; OLG Naumburg FamRZ 2011, 308; OLG Schleswig FamRZ 2011, 1304. OLG Brandenburg JAmt 2005, 47, 48; AG Lemgo FamRZ 2004, 49; LG Berlin FamRZ 1982, 839; AG *Wennigsen/Deister* FamRZ 1961, 485.
⁴⁶ OLG Brandenburg JAmt 2005, 47, 48; OLG Frankfurt FamRZ 2009, 894 (LS.); *Staudinger/Peschel-Gutzeit* Rn. 29; einschränkend aber OLG Brandenburg NJOZ 2008, 2663 (Wechsel der Ausbildungsstätte grds. nur dann von erheblicher Bedeutung, wenn damit ein Wechsel der Ausbildungs*form* einhergeht, nicht jedoch dann, wenn aus Kostengründen oder Gründen der damit verbundenen Bequemlichkeit).
⁴⁷ OLG Stuttgart FamRZ 2011, 305.
⁴⁸ OLG Hamm FamRZ 2011, 821.
⁴⁹ OLG Naumburg FamRZ 2006, 1058.
⁵⁰ AG Hamburg FamRZ 1961, 123; vgl. auch OLG Brandenburg JAmt 2005, 47.
⁵¹ Vgl. OLG Frankfurt/M. FamRZ 1957, 55.
⁵² Vgl. KG FamRZ 2006, 142, 142; OLG Bamberg FamRZ 2003, 1403; *Staudinger/Peschel-Gutzeit* Rn. 29.
⁵³ Vgl. *Wüstenberg* FamRZ 2007, 692, 693.
⁵⁴ OLG Dresden FamRZ 2005, 1275; OLG Thüringen FamRZ 2009, 894 (LS.).
⁵⁵ *Soergel/Strätz* Rn. 9.

gem. § 1649 Abs. 2 (ebd. Rn. 20); Ausschlagen einer Erbschaft;[56] evtl. Reisen und Auslandsaufenthalte.[57] Von erheblicher Bedeutung sind ferner die meisten Fragen zur religiösen Erziehung des Kindes,[58] so etwa, ob ein Kind getauft wird, nicht hingegen, wann die Taufe stattfinden soll.[59] Hier ist der Vorrang des RelKErzG zu beachten (vgl. Rn. 7).

15 Streiten die Eltern um Fragen, deren Regelung **ohne erhebliche Bedeutung für das Kind** ist, so hat das FamG eine Entscheidung abzulehnen.[60] Andernfalls läge die elterliche Sorge letztlich nicht mehr bei den Eltern, sondern beim Richter. Solche Konflikte bleiben unentschieden – mit der Folge, dass jeder Elternteil gegenüber den vom anderen Elternteil geplanten Maßnahmen in Bagatellsachen eine Art Vetorecht hat.[61]

III. Entscheidung des FamG

16 **1. Entscheidungsinhalt. a) Übertragung der Entscheidung.** In Abs. 1 S. 1 ist die „Übertragung der Entscheidung" auf einen Elternteil vorgesehen. Dies muss nicht der den Antrag stellende Elternteil sein.[62] Das FamG hat **keine eigene Sachentscheidung** zu treffen, sondern hat lediglich die Möglichkeit, die Entscheidungsbefugnis für eine einzelne Angelegenheit oder für eine bestimmte Art von Angelegenheiten einem Elternteil zuzuweisen.[63] Das FamG hat mithin keine eigene Sachkompetenz, sondern – aus Gründen der Subsidiarität, Rn. 3 – nur eine **Kompetenz-Kompetenz:**[64] Das Gericht hat umfassend zu prüfen, welcher Elternteil am besten geeignet ist, eine am Kindeswohl ausgerichtete Entscheidung zu treffen. Es hat dabei zwar die jeweiligen Vorstellungen der Eltern am Maßstab des Kindeswohls zu messen und entsprechend zu berücksichtigen, darf aber nicht seine eigene Auffassung über die beste Lösung im Wege einer eigenen Sachentscheidung durchsetzen. Tut es Letzteres, so verstößt es nicht nur gegen § 1628, sondern auch gegen das Elternrecht aus Art. 6 Abs. 2 S. 1 GG.[65] Hierbei ist ein materieller Maßstab anzulegen, kein formeller. Eine Verletzung von § 1628 bzw. Art. 6 Abs. 2 S. 1 GG liegt deshalb auch dann vor, wenn das Gericht bei einem Streit der Eltern über die Wahl der Schule zwar die Entscheidungsbefugnis der Mutter überträgt, diese Befugnis jedoch konkret auf die Einschulung an einer bestimmten Schule beschränkt.[66] Das FamG darf grundsätzlich von sich aus keinen Mittelweg zwischen den beiden Positionen beschreiten.[67] Es kommt auch nicht darauf an, ob das FamG den für besser erachteten Elternvorschlag für die optimale Lösung hält.[68] **Systematisch** bewirkt die rechtsgestaltende Entscheidung des FamG keine Ersetzung der Zustimmung des widerstrebenden Elternteils zu einem etwa vom anderen beabsichtigten Rechtsgeschäft, sondern vielmehr eine Übertragung der alleinigen elterlichen Sorge in der fraglichen Angelegenheit auf einen anderen Elternteil,[69] also eine Durchbrechung des Grundsatzes gemeinsamer, gleichberechtigter Innehabung der elterlichen Sorge. Soweit das FamG einem Elternteil die Entscheidungszuständigkeit überträgt, steht diesem nach § 1629 Abs. 1 S. 3 auch die **alleinige Vertretung** des Kindes zu.[70]

---

[56] OLG Hamm FamRZ 2003, 172.
[57] Vgl. etwa OLG Karlsruhe FamRZ 2008, 1368 (abhängig von der Situation im geplanten Reisegebiet und von den persönlichen Verhältnissen der Familie); OLG Hamburg BeckRS 2011, 20661 (Reise zu Verwandten nach Kasachstan); OLG Köln FamRZ 2005, 644, 645; OLG Dresden FamRZ 2005, 1275; AG Heidenheim FamRZ 2003, 1404; AG Freising FamRZ 2004, 968 (LS.); AG Rosenheim FamRZ 2004, 49, 50.
[58] Vgl. BGH FamRZ 2005, 1167, 1168; AG Osnabrück FamRZ 2005, 645 (LS.); AG Weilburg FamRZ 2003, 1308; vgl. auch *Streitwieser* ZKJ 2006, 141; *Vellmer*, Religiöse Kindererziehung und religiös begründete Konflikte in der Familie, Diss. Göttingen 2009, S. 154 ff.; OLG Düsseldorf FamRZ 2010, 1255; OLG Oldenburg FamRZ 2010, 1256.
[59] AG Lübeck FamRZ 2003, 549.
[60] Vgl. OLG München FamRZ 2008, 1103; AG Lübeck FamRZ 2003, 549; OLG Köln FamRZ 1967, 293.
[61] *Gernhuber/Coester-Waltjen* § 58 Rn. 20.
[62] NK-BGB/*Rakete-Dombek* Rn. 12.
[63] Beschlussempfehlung (Fn. 3) S. 46; *Staudinger/Peschel-Gutzeit* Rn. 41.
[64] BVerfG FamRZ 2003, 511, 511; OLG Bamberg FamRZ 2003, 1403, 1404; *Gernhuber/Coester-Waltjen* § 58 Rn. 23. Vgl. aus der Rspr. zur früheren Rechtslage BVerfGE 10, 59, 86 = NJW 1959, 1483, 1486; OLG Frankfurt/M. FamRZ 1966, 209 f.; OLG Köln FamRZ 1967, 293; ferner *Soergel/Strätz* Rn. 11; *Erman/Michalski/Döll* Rn. 13.
[65] BVerfG FamRZ 2003, 511, 511.
[66] BVerfG FamRZ 2003, 511, 511. Im konkreten Fall ist im Tatbestand von weiteren Auflagen die Rede. ME war der entscheidende Gesichtspunkt jedoch, dass das Gericht faktisch die konkrete Schule bestimmte.
[67] Abweichungen sind bei reinen Summenentscheidungen zulässig, vgl. *Soergel/Strätz* Rn. 11; *Erman/Michalski/Döll* Rn. 13.
[68] *Staudinger/Peschel-Gutzeit* Rn. 43.
[69] Vgl. NK-BGB/*Rakete-Dombek* Rn. 12; *Staudinger/Peschel-Gutzeit* Rn. 42.
[70] Vgl. *Söpper* Anm. zu AG Lübeck FamRZ 2003, 1035, 1036.

b) Entscheidungsmaßstab. Maßstab für die Entscheidung des Gerichts ist das **Wohl des** 17
Kindes, vgl. § 1697a.[71] Dies ergibt sich aus der Generalklausel des § 1697a, die durch das KindRG eingefügt wurde und den vorher in § 1628 selbst enthaltenen Hinweis auf das Kindeswohl als Entscheidungsmaßstab entbehrlich machte.[72] Das Kindeswohl ist nicht nur der Maßstab dafür, welchem Elternteil die Entscheidung zu übertragen ist, sondern auch für die Frage, ob das Gericht überhaupt eine Übertragung vornehmen oder den Antrag abweisen soll.[73] Haben die Eltern früher eine begleitende Vereinbarung über die Wahrnehmung der elterlichen Sorge in den jetzt streitigen Punkten getroffen, stellt sich die Frage, ob sie sich im Verfahren nach § 1628 daran festhalten lassen müssen (vgl. § 1626b Rn. 8 f.). Im Rahmen des § 1628 ist der überwiegenden Lehre zu folgen, die eine begrenzte Bindungswirkung bejaht (vgl. § 1626b Rn. 8), und zwar unabhängig davon, ob die Eltern bei der Geburt des Kindes miteinander verheiratet waren oder nicht.

Ein Grundsatz, nach dem es dem Kindeswohl in der Regel nicht entspreche, die Entscheidung 17a
dem Elternteil zu übertragen, bei dem sich das Kind nicht **überwiegend aufhält,** lässt sich mE nicht aufstellen.[74] Allerdings kann es bei der konkreten Abwägung zugunsten des betreuenden Elternteils eine Rolle spielen, dass dieser ganz überwiegend von den Folgen der zu treffenden Entscheidung betroffen ist (etwa bei der Entscheidung über die Einschulung oder einen Schulwechsel).[75]

c) Kindeswohlwidrigkeit beider Vorschläge. Wird im Einzelfall keiner der beiden Elternvor- 18
schläge den Interessen des Kindes gerecht, so hat das FamG den Antrag abzuweisen; eine Übertragung findet dann nicht statt.[76] Eine eigene Sachentscheidung darf das Gericht auch hier nur treffen, wenn die Voraussetzungen der §§ 1666 ff. gegeben sind, wenn also eine Gefährdung des Kindeswohls vorliegt;[77] dies wird freilich bei Kindeswohlwidrigkeit beider Vorschläge häufig der Fall sein.[78] Für eine über §§ 1666 ff. hinausgehende eigene Sachentscheidungsbefugnis des FamG in Eilfällen[79] oder bei reinen Rechtsfragen[80] ist angesichts des Wortlauts des § 1628 und des systematischen Zusammenhangs mit § 1666 (Rn. 10) kein Raum.[81]

d) Beschränkungen und Auflagen, Abs. 1 S. 2. Mit der Zulassung von **Beschränkungen** 19
wird verdeutlicht, dass Abstriche von einem an sich gebilligten Elternvorschlag vorgenommen werden dürfen, wenn der andere Elternteil in Einzelpunkten stichhaltige Bedenken erhebt.[82] Das Entscheidungsergebnis beruht dann – wie stets – auf einer eigenen Würdigung des FamG, enthält aber keine eigene Sachentscheidung iS einer von den Eltern gar nicht erwogenen Konfliktlösung.[83] So hat zB das OLG Frankfurt/M.[84] die Verbindung der von beiden Elternteilen vorgeschlagenen Vornamen für zulässig gehalten.

Auflagen können angeordnet werden, wenn ein vom FamG gebilligter Elternvorschlag der Kon- 20
trolle bedarf: Hat zB der andere Elternteil Grund zu bezweifeln, ob der vom Gericht bevorzugte Vorschlag auch durchgeführt werden wird (zB Schulanmeldung, ärztliche Versorgung), so kann das FamG dem unterstützten Elternteil aufgeben, die Durchführung der Maßnahme dem Gericht anzuzeigen.[85]

Beschränkungen und Auflagen sind **abhängige Gestaltungsmittel,** die ihre Grundlage im 21
Elternvorschlag haben und dessen Verwirklichung dienen. Auf dem Umweg über derartige Anordnungen darf der Elternvorschlag jedoch nicht so weitgehend abgeändert werden, dass praktisch an

---

[71] Vgl. BVerfG FamRZ 2003, 511, 511; KG FamRZ 2006, 142.
[72] *Palandt/Diederichsen* Rn. 6; BT-Drucks. 13/4899 S. 95.
[73] BT-Drucks. 13/4899 S. 95.
[74] Vgl. etwa die konkrete Entscheidung in KG FamRZ 2006, 142 (Impfungen: Übertragung auf den nicht betreuenden Elternteil, gestützt ua darauf, dass dieser eine eindeutige Haltung zu dieser Frage und immer wieder auf einer Klärung bestanden habe, während die Haltung des betreuenden Elternteils schwankend gewesen sei); aA aber AG Osnabrück FamRZ 2005, 645.
[75] Vgl. AG Lemgo FamRZ 2004, 49; OLG Schleswig FamRZ 2011, 1304 („regelmäßig").
[76] NK-BGB/*Rakete-Dombek* Rn. 12; *Palandt/Diederichsen* Rn. 7; *Staudinger/Peschel-Gutzeit* Rn. 44.
[77] *Palandt/Diederichsen* Rn. 7; *Erman/Michalski/Döll* Rn. 13.
[78] *Gernhuber/Coester-Waltjen* § 58 Rn. 23 Fn. 46; *Staudinger/Peschel-Gutzeit* Rn. 44; s. auch *Lange* NJW 1959, 1889, 1891.
[79] So wohl *Dölle* II § 91 III 2 d.
[80] So *Beitzke* JR 1959, 401, 404.
[81] Vgl. *Erman/Michalski/Döll* Rn. 13.
[82] Beschlussempfehlung (Fn. 3) S. 46.
[83] Bedenken wegen einer Annäherung an die Sachentscheidung aber bei *Gernhuber/Coester-Waltjen* § 58 Rn. 25.
[84] FamRZ 1957, 55.
[85] Beschlussempfehlung (Fn. 3) S. 46.

§ 1629 Abschnitt 2. Titel 5. Elterliche Sorge

seine Stelle eine Entscheidung des Gerichts tritt (vgl. Rn. 16); auf eine ausdrückliche Regelung dieses Inhalts verzichtete der Gesetzgeber, weil er der Ansicht war, dies ergebe sich ohnehin aus dem Zweck der Vorschrift.[86] Abs. 1 S. 2 bedeutet eine Möglichkeit, die Härte der Entscheidung für denjenigen Elternteil zu mildern, der mit seinem Vorschlag unterlegen ist.[87]

22 e) **Änderungen.** Die vom FamG getroffene Konfliktlösung ist Surrogat des von § 1627 geforderten freiwilligen Einvernehmens und steht als solches zur **Disposition der Eltern,** die sich jederzeit auf eine Ausführung des „unterlegenen" Elternvorschlages oder einer dritten Lösung verständigen können.[88] Als familiengerichtliche Anordnung unterliegt die Entscheidungszuweisung der **Abänderungsbefugnis** des Gerichts gem. § 1696.[89] Die Nichteinhaltung von Auflagen kann Anlass zu der Prüfung geben, ob ein Änderungsbedürfnis vorliegt.

23 **2. Zuständigkeit.** Das KindRG hat die Zuständigkeit vom VormG auf das FamG verlagert. Die Entscheidung obliegt dem Richter (§ 14 Abs. 1 Nr. 5 RPflG). Die Entscheidung ist eine Kindschaftssache betreffend die elterliche Sorge, § 151 Nr. 1 FamFG.[90] Örtlich zuständig ist damit das Gericht am Ort des Wohnsitzes des Kindes (§ 152 Abs. 2 FamFG). Bei Anhängigkeit einer Scheidungssache besteht eine ausschließliche örtliche Zuständigkeit des Gerichts der Ehesache nach § 152 Abs. 1 FamFG.

24 **3. Verfahren. a) Allgemeines.** Zum Antrag als Verfahrenseinleitungsvoraussetzung und zur Antragsberechtigung vgl. Rn. 4 f. Zur Pflicht des Gerichts, auf ein Einvernehmen hinzuwirken, vgl. Rn. 6.

25 Die Eltern sind anzuhören (§ 160 FamFG), und zwar in Personensorgeangelegenheiten persönlich (§ 160 Abs. 1 S. 1 FamFG); daneben ist das Kind nach Maßgabe des § 159 FamFG zu hören.[91] Für die Verfahrenskosten gilt § 81 FamFG.

26 **b) Rechtsmittel, Wirksamwerden.** Rechtsmittel gegen die Entscheidung ist nunmehr die Beschwerde gem. § 58 FamFG. Zur Beschwerdeberechtigung vgl. § 59 f. FamFG.

Das Wirksamwerden ist in § 40 FamFG geregelt. Hier sollte – wie zuvor in § 621a Abs. 1 S. 1 ZPO – auf die Bekanntgabe (§ 40 Abs. 1 FamFG) abgestellt werden und eine Analogie zu § 40 Abs. 3 FamFG – zuvor § 53 Abs. 1 FGG – abgelehnt werden.[92]

27 **c) Einstweilige Anordnungen.** Nach §§ 49 ff. FamFG kann die gerichtliche Übertragung der Entscheidungskompetenz – wie in allen FamFG-Verfahren – auch im Wege der einstweiligen Anordnung ergehen.

§ 1629 Vertretung des Kindes

(1) ¹Die elterliche Sorge umfasst die Vertretung des Kindes. ²Die Eltern vertreten das Kind gemeinschaftlich; ist eine Willenserklärung gegenüber dem Kind abzugeben, so genügt die Abgabe gegenüber einem Elternteil. ³Ein Elternteil vertritt das Kind allein, soweit er die elterliche Sorge allein ausübt oder ihm die Entscheidung nach § 1628 übertragen ist. ⁴Bei Gefahr im Verzug ist jeder Elternteil dazu berechtigt, alle Rechtshandlungen vorzunehmen, die zum Wohl des Kindes notwendig sind; der andere Elternteil ist unverzüglich zu unterrichten.

(2) ¹Der Vater und die Mutter können das Kind insoweit nicht vertreten, als nach § 1795 ein Vormund von der Vertretung des Kindes ausgeschlossen ist. ²Steht die elterliche Sorge für ein Kind den Eltern gemeinsam zu, so kann der Elternteil, in dessen Obhut sich das Kind befindet, Unterhaltsansprüche des Kindes gegen den anderen Elternteil geltend machen. ³Das Familiengericht kann dem Vater und der

---

[86] Beschlussempfehlung (Fn. 3) S. 46; NK-BGB/*Rakete-Dombek* Rn. 13; kritisch *Staudinger/Peschel-Gutzeit* Rn. 46 ff.
[87] *Soergel/Strätz* Rn. 13.
[88] *Gernhuber/Coester-Waltjen* § 58 Rn. 24.
[89] *Bamberger/Roth/Veit* Rn. 12, aA *Staudinger/Peschel-Gutzeit* Rn. 51.
[90] MünchKommZPO/*Heilmann* § 151 FamFG Rn. 16.
[91] *Bamberger/Roth/Veit* Rn. 12; OLG Rostock FamRZ 2007, 1835; vgl. auch BVerfG NJW 2003, 1031, 1032; vgl. auch *Staudinger/Peschel-Gutzeit* Rn. 39.
[92] MünchKommZPO/*Ulrici* § 40 FamFG Rn. 12; *Keidel/Meyer-Holz* § 40 FamFG Rn. 44.

Vertretung des Kindes 1, 2 § 1629

Mutter nach § 1796 die Vertretung entziehen; dies gilt nicht für die Feststellung der Vaterschaft.

(2a) Der Vater und die Mutter können das Kind in einem gerichtlichen Verfahren nach § 1598a Abs. 2 nicht vertreten.

(3) ¹Sind die Eltern des Kindes miteinander verheiratet, so kann ein Elternteil, solange die Eltern getrennt leben oder eine Ehesache zwischen ihnen anhängig ist, Unterhaltsansprüche des Kindes gegen den anderen Elternteil nur im eigenen Namen geltend machen. ²Eine von einem Elternteil erwirkte gerichtliche Entscheidung und ein zwischen den Eltern geschlossener gerichtlicher Vergleich wirken auch für und gegen das Kind.

Übersicht

	Rn.		Rn.
I. Normzweck	1–6	3. Die Ausschlusstatbestände	46–54
1. Gesamtvertretung als Bestandteil elterlicher Sorge	1–3a	a) Abstrakter Charakter; Ausnahme bei lediglich rechtlichem Vorteil	47–49
2. Verfassungsrechtliche Grenzen	4, 5	b) Anwendungsbereich	50–53
a) Übermäßige finanzielle Verpflichtungen	4	c) Insbesondere: Elternschenkungen	54
b) Vertretung des Kindes im Verfassungsbeschwerdeverfahren	5	V. Entziehung des Vertretungsrechts (Abs. 2 S. 3)	55–70
		1. Anwendungsbereich	55
3. Entstehungsgeschichte	6	2. Entscheidungsmaßstab	56, 57
II. Anwendungsbereich	7–10	3. Folgen	58–61
1. Vertretung	7, 8	4. Keine Entziehung für die Feststellung der Vaterschaft (Abs. 2 S. 3 Halbs. 2)	62–65
2. Verhältnis zur elterlichen Sorge	9, 10	a) Normzweck	62
III. Gesamtvertretung (Abs. 1)	11–40	b) Anwendungsbereich	63–65
1. Grundsatz	11–18	5. Einzelfälle	66–69
a) Allgemeines	11	6. Zuständigkeit und Verfahren	70
b) Stellvertretung ieS	12–16	VI. Vertretungsausschluss im gerichtlichen Verfahren zur Durchsetzung der Abstammungsuntersuchung (Abs. 2 a)	71
c) Amtsähnliche Handlungen	17, 18		
2. Ausnahmen vom Gesamtvertretungsgrundsatz	19–39		
a) Kraft Gesetzes	20–31	VII. Geltendmachung von Unterhaltsansprüchen des Kindes (Abs. 2 S. 2; Abs. 3)	72–98
b) Sachgebotene Durchbrechungen	32		
c) Ausnahmen kraft elterlicher Vereinbarung	33–38	1. Allgemeines	72, 73
d) Unterhalt	39	2. Alleinvertretungsrecht (Abs. 2 S. 2)	74–82
3. Rechtsfolge bei Verstoß	40	a) Voraussetzungen	74–78
IV. Ausschluss des Vertretungsrechts (Abs. 2 S. 1)	41–54	b) Rechtsfolge	79–81
		c) Ende	82
1. Verhältnis zu Abs. 2 S. 3	41	3. Verfahrensstandschaft bei Trennung und Scheidung (Abs. 3 S. 1)	83–98
2. Allgemeines zu Abs. 2 S. 1	42–45	a) Anwendungsbereich	83–91
		b) Folgen	92–98

I. Normzweck

1. Gesamtvertretung als Bestandteil elterlicher Sorge. Die Vorschrift regelt die gesetzliche Vertretung, die gem. **Abs. 1 S. 1** Bestandteil der elterlichen Sorge ist. Nach dem Grundsatz des Abs. 1 S. 2 obliegt die gesetzliche Vertretung den Eltern idR als Gesamtvertretung. Alleinvertretung gilt nach Abs. 1 S. 3 bei Alleinsorge oder Alleinzuständigkeit kraft familiengerichtlicher Entscheidung nach § 1628; außerdem gibt der durch das KindRG neu eingefügte Abs. 1 S. 4 jedem Elternteil ein Notvertretungsrecht. Abs. 1 verwirklicht auf diese Weise den Grundsatz der gemeinsamen und gleichberechtigten Sorge beider Elternteile für den Bereich der gesetzlichen Vertretung. Die in S. 3 und S. 4 vorgesehenen Ausnahmen sind auf besondere Fallgestaltungen zugeschnitten und beziehen daraus ihre Rechtfertigung.

Der Grundsatz der Gesamtvertretung erfährt in **Abs. 2** bis **Abs. 3** Ausnahmen und Durchbrechungen: Abs. 2 S. 1, 3 regelt mittels Verweisung auf §§ 1795, 1796 den Ausschluss von der Vertre- 2

§ 1629 3–6   Abschnitt 2. Titel 5. Elterliche Sorge

tung bzw. deren Entziehung durch das FamG. Diese Regelung dient dem Schutz des Kindes in Fällen, in denen die Vertretung durch die Eltern seinen Interessen zuwiderlaufen könnte.

3   **Abs. 2 S. 2 und Abs. 3** enthalten besondere Regeln für die Geltendmachung von Unterhaltsansprüchen des Kindes gegen den anderen Elternteil. Abs. 2 S. 2 gibt – bei gemeinsamer Sorge – demjenigen Elternteil, in dessen Obhut sich das Kind befindet, das Alleinvertretungsrecht für die Geltendmachung von Unterhaltsansprüchen gegen den anderen Elternteil. Die Vorschrift dient der effektiven Durchsetzung der Unterhaltsansprüche des Kindes.[1] Sie gilt seit der Neufassung durch das KindRG unabhängig davon, ob die Eltern verheiratet, geschieden oder getrennt sind. Allerdings ordnet Abs. 3 bei miteinander verheirateten Eltern eine gesetzliche Verfahrensstandschaft an, solange sie getrennt leben oder eine Ehesache zwischen ihnen anhängig ist: Der vertretungsberechtigte Elternteil kann die Ansprüche nur im eigenen Namen geltend machen. Diese Regel soll verhindern, dass das Kind als Partei in das konfliktträchtige Scheidungsverfahren der Eltern hineingezogen wird.[2]

3a   Schließlich sieht § 1629 **Abs. 2 a** eine Spezialregelung vor, welche die §§ 1629 Abs. 2, 1795, 1796 verdrängt.

4   **2. Verfassungsrechtliche Grenzen. a) Übermäßige finanzielle Verpflichtungen.** Mit der Anordnung des gesetzlichen Vertretungsrechts der Eltern soll insbes. verhindert werden, dass Kinder Verträge abschließen, die nicht in ihrem wohlverstandenen Interesse liegen. Soweit sich Fremdbestimmung der Kinder danach als Minderjährigenschutz darstellt, entspricht dies dem Kindeswohl. Nach einem Beschluss des BVerfG vom 13. 5. 1986[3] ist es mit dem allgemeinen Persönlichkeitsrecht Minderjähriger (Art. 2 Abs. 1 iVm. Art. 1 Abs. 1 GG) jedoch nicht vereinbar, dass Eltern ihre Kinder kraft der elterlichen Vertretungsmacht aus § 1629 bei Fortführung eines ererbten Handelsgeschäfts in ungeteilter Erbengemeinschaft finanziell unbegrenzt über den Umfang des ererbten Vermögens hinaus verpflichten können – mit der Folge, dass die Kinder bei Volljährigkeit „nicht mehr als nur eine scheinbare Freiheit" erreichen und keine Möglichkeit haben, ihr weiteres Leben selbst und ohne unzumutbare Belastungen zu gestalten, die sie nicht zu verantworten haben. Der Gesetzgeber hat darauf mit dem Minderjährigenhaftungsbeschränkungsgesetz reagiert, das in § 1629a eine Haftungsbeschränkung für Minderjährige vorsieht (vgl. Erl. zu § 1629a).

5   **b) Vertretung des Kindes im Verfassungsbeschwerdeverfahren.** Nach einem weiteren Beschluss des BVerfG vom 18. 6. 1986[4] hat der Staat wegen seiner sich aus Art. 6 Abs. 2 S. 2 und Art. 2 Abs. 1 GG ergebenden Schutzpflichten für sorgerechtliche Verfahren auch in verfahrensrechtlicher Hinsicht normative Regelungen zu schaffen, die eine hinreichende Berücksichtigung der grundrechtlichen Stellung des betroffenen Kindes garantieren. Konkret geht es um die Frage, wie das Kind im Verfassungsbeschwerdeverfahren vertreten werden kann, wenn die Eltern wegen eines möglichen Interessenkonflikts an der Vertretung gehindert sind. Nach Ansicht des BVerfG ist für das Kind idR ein Ergänzungspfleger nach § 1909 Abs. 1 zu bestellen.[5] Seit der Einführung des § 50 FGG war grundsätzlich auch die Bestellung eines Verfahrenspflegers denkbar; § 158 FamFG sieht jetzt die Möglichkeit vor, einen Verfahrensbeistand zu bestellen.

6   **3. Entstehungsgeschichte.** § 1629 Abs. 1 idF des GleichberG ordnete die Alleinvertretung des Kindes durch den Vater an. Diese Vorschrift ist vom BVerfG durch Urteil vom 29. 7. 1959[6] wegen Verstoßes gegen Art. 3 Abs. 2 GG für nichtig erklärt worden. Nach dem Wegfall der verfassungswidrigen Norm stand fest, dass für die Vertretung des Kindes die allgemeinen Grundsätze der §§ 1626, 1627 gelten, die Eltern das Kind also gemeinsam vertreten.[7] Das SorgeRG hat in Abs. 1 jene Praxis kodifiziert und so § 1629 um die seit 20 Jahren fehlende Aussage über den Grundsatz der Gesamtvertretung vervollständigt. Die gesetzliche Anerkennung des Gesamtvertretungsprinzips wurde ausdrücklich damit begründet, dass dies der gemeinschaftlichen Ausübung der elterlichen Sorge durch beide Elternteile und ihrer Verpflichtung zu gegenseitigem Einvernehmen ebenso entspreche wie dem Gleichberechtigungsgrundsatz.[8] Die Bestimmungen darüber, dass der Elternteil, der das Kind in seiner Obhut hat, dessen Unterhaltsanspruch gegen den anderen Elternteil allein geltend machen kann, beruhen auf dem 1. EheRG und sollen mit der Verfahrensstandschaft (früher: Prozessstandschaft) während des Scheidungsverfahrens das Kind aus dem Ehescheidungsverfahren

---

[1] Vgl. *Staudinger/Peschel-Gutzeit* Rn. 323.
[2] FamRefK/*Rogner* Rn. 6, 4; *Palandt/Diederichsen* Rn. 30.
[3] BVerfGE 72, 155 = NJW 1986, 1859.
[4] BVerfG FamRZ 1986, 871, 873 f.; vgl. dazu *Staudinger/Peschel-Gutzeit* Rn. 122.
[5] Vgl. BVerfG FamRZ 1986, 871, 873 f.; 1989, 31, 32; 1999, 85, 87 = NJW 1999, 631, 632.
[6] BVerfGE 10, 59 = NJW 1959, 1483 = FamRZ 1959, 416.
[7] AllgM, vgl. nur BGHZ 48, 228, 235; OLG Frankfurt/M. NJW 1962, 52; OLG Hamm NJW 1959, 2215 f.
[8] Beschlussempfehlung und Bericht des Rechtsausschusses (6. Ausschuss), BT-Drucks. 8/2788 S. 47.

Vertretung des Kindes 7–10 § 1629

heraushalten.[9] Das SorgeRG hatte indes für die Zeit des Getrenntlebens nur ein Alleinvertretungsrecht vorgesehen und das gesetzliche Prozessführungsrecht auf die Dauer der Anhängigkeit einer Scheidungssache beschränkt. Das UÄndG erweiterte diese Regelung dahingehend, dass Unterhaltsansprüche des Kindes generell auch während des Getrenntlebens und während der Anhängigkeit einer Ehesache nur in gesetzlicher Prozessstandschaft (jetzt: Verfahrensstandschaft) von dem Elternteil geltend zu machen sind, der allein personensorgeberechtigt ist oder in dessen Obhut das Kind lebt. Das KindRG schließlich passte die Regelung der Abs. 2 S. 2, Abs. 3 S. 1 dem neugeregelten Kindschaftsrecht an, das nicht miteinander verheirateten Eltern erweiterte Möglichkeiten gemeinsamer Sorge gibt.

II. Anwendungsbereich

1. Vertretung. § 1629 erfasst den gesamten Bereich der elterlichen Sorge, also die Vermögens- 7 sorge und die Personensorge. Der Begriff der Vertretung ist nach der hier vertretenen Ansicht weit zu verstehen: Er beschränkt sich nicht auf die Stellvertretung ieS, sondern erfasst alle Handlungen mit rechtlicher Außenwirkung für das Kind.[10]

Dazu gehören insbes. auch die sog. **amtsähnlichen Handlungen,** also diejenigen Angelegenhei- 8 ten des Kindes, welche die Eltern wahrnehmen, weil sie ihnen in ihrer Eigenschaft als gesetzliche Vertreter zugewiesen sind. Darunter fallen zB die Zustimmungen gem. §§ 107 ff., die Einwilligung zur Adoption (§ 1747), der Widerspruch zur Eheschließung des Minderjährigen (§ 1303), die verfahrensrechtlichen Antrags- und Beschwerderechte (zB § 59 FamFG, § 298 StPO, § 13 Nr. 8 a BVerfGG),[11] die Stellung des Strafantrages bei einer Straftat gegen das Kind (§ 77 Abs. 3, 4 StGB), die Zustimmung zur Zeugenaussage gem. § 52 Abs. 2 StPO, die Erfüllung öffentlichrechtlicher Meldepflichten, auch die Schulanmeldung. In diesen Fällen liegt keine Stellvertretung ieS vor, weil die Eltern eine ihnen selbst obliegende Aufgabe für das Kind vornehmen, nicht aber Erklärungen im Namen des Kindes abgeben wollen. Dieser Bereich wird zT nicht unter die Vertretungsvorschrift des § 1629 eingeordnet, sondern als allgemeine Verpflichtung aus der elterlichen Sorge iSd. § 1626 betrachtet, deren Ausübung sich nach den §§ 1627 f. richte.[12] Überzeugender erscheint es, auch die amtsähnlichen Handlungen unter den Begriff der Vertretung iSd. § 1629 zu fassen, diesen Begriff also weit zu verstehen.[13] Im praktischen Ergebnis werden sich die beiden Ansichten nicht wesentlich unterscheiden, weil ungeachtet der rechtlichen Einordnung unter §§ 1626 bis 1628 oder unter § 1629 die Besonderheiten der amtsähnlichen Handlungen zu berücksichtigen sind, nämlich die Ausübung im eigenen Namen und die großzügige Durchbrechung des Gesamtvertretungsgrundsatzes.

2. Verhältnis zur elterlichen Sorge. Aus Abs. 1 S. 1 ergibt sich, dass die Vertretung des 9 Kindes an die elterliche Sorge geknüpft ist. Sie steht den Eltern also nur insoweit zu, als ihnen die elterliche Sorge zusteht. Ein Elternteil beispielsweise, dem infolge einer gerichtlichen Teilübertragung die Personensorge, nicht aber die Vermögenssorge zusteht, hat nur für den Bereich der Personensorge Vertretungsmacht. Aufgrund besonderer Vorschriften bzw. gerichtlicher Anordnung kann es Fälle geben, in denen dem grundsätzlichen Inhaber der elterlichen Sorge nur die tatsächliche Sorge zusteht, nicht aber die Vertretung (zB § 1673 Abs. 2 S. 2; umgekehrt: § 1633). Auch ist zu beachten, dass es Fälle gibt, in denen sich die elterliche Sorge auf bestimmte Angelegenheiten nicht erstreckt, so zB bei Pflegerbestellung gem. § 1630 Abs. 1 bzw. bei Übertragung an eine Pflegeperson gem. § 1630 Abs. 3. Soweit die Rechtsordnung dem Minderjährigen eigene Handlungszuständigkeiten bzw. Teilmündigkeiten zubilligt und die elterliche Sorge insoweit zurückdrängt (§ 1626 Rn. 29 ff.), erfasst dies auch die Vertretungsmacht. Für den Verfahrensbeistand stellt § 158 Abs. 4 S. 6 FamFG nunmehr klar, dass dieser für das jeweilige Verfahren nicht zum gesetzlichen Vertreter wird.[14]

Soweit jedoch dem Inhaber der elterlichen Sorge die Vertretungsmacht zusteht, ist sie grundsätz- 10 lich **unbeschränkt.**[15] Allerdings sieht das Gesetz in bestimmten Fällen vor, dass eine familiengerichtliche Genehmigung erforderlich ist (vgl. §§ 112, 1484 Abs. 2 S. 2, 1491 Abs. 3, 1492 Abs. 3,

---

[9] BT-Drucks. 7/650 S. 176.
[10] Vgl. *Gernhuber/Coester-Waltjen* § 58 Rn. 29; § 1626 Rn. 34, 58.
[11] Vgl. BVerfG FamRZ 2001, 1285, vgl. dazu ferner *Walter* FamRZ 2001, 1 ff.
[12] Vgl. *Staudinger/Peschel-Gutzeit* Rn. 17 ff.; jurisPK-BGB/*Schwer/B. Hamdan* Rn. 5; NK-BGB/*Kaiser* Rn. 13 f.
[13] So *Soergel/Strätz* Rn. 7; für §§ 107 ff. auch *Schwab* FamR Rn. 629.
[14] MünchKommZPO/*Schuhmann* § 158 FamFG Rn. 35; *Keidel/Engelhardt* § 158 FamFG Rn. 39; s. auch BT-Drucks. 16/6308 S. 240.
[15] Zu haftungsrechtlichen Konsequenzen des Missbrauchs elterlicher Vertretungsmacht *Steenbuck* FamRZ 2007, 1064.

§ 1629   11–17   Abschnitt 2. Titel 5. Elterliche Sorge

1517 Abs. 2, 1639 Abs. 2, 1643 bis 1645, 2290 Abs. 3 S. 2, 2291 Abs. 1 S. 2, 2347 Abs. 1 S. 1, Abs. 2 S. 2).

III. Gesamtvertretung (Abs. 1)

11   **1. Grundsatz. a) Allgemeines.** Gem. Abs. 1 S. 2 Halbs. 1 vertreten die Eltern das Kind grundsätzlich gemeinschaftlich, es besteht also Gesamtvertretung. Gesamtvertretung bedeutet, dass nur beide Elternteile zusammen befugt sind, im Namen des Kindes Rechtsgeschäfte vorzunehmen und Rechtsstreitigkeiten zu führen.[16] Die Ausgestaltung als Gesamtvertretung liegt im Interesse des Kindes, weil sie das Kind vor Schäden aus gegensätzlichem Elternhandeln bewahrt und Elternverantwortung überdies dadurch bindet, dass kein Elternteil Außenwirkungen erzielen kann, welche der andere nicht billigt.[17] Gesamtvertretung erfordert nicht, dass die Eltern gemeinsam und gleichzeitig tätig werden; möglich ist auch eine getrennte und nacheinander erfolgende Erklärungsabgabe sowie das Handeln nur eines Elternteils mit Zustimmung des anderen.[18] Der Grundsatz der Gesamtvertretung gilt für den gesamten Bereich der Vertretung im Rahmen der elterlichen Sorge, ist also nicht auf die Stellvertretung ieS beschränkt. Allerdings ist für jede Fallgruppe gesondert zu überprüfen, ob eine Ausnahme von der Gesamtvertretung angebracht ist (s. Rn. 19 ff.). Das Gleiche gilt für die Frage, inwieweit die Eltern im eigenen Namen handeln dürfen. Auch hier ergibt sich allein aus der Einordnung als Vertretungshandlung noch keine zwingende Antwort. Im Einzelnen gilt Folgendes:

12   **b) Stellvertretung ieS.** Handeln die Eltern als Stellvertreter ieS, vertreten sie das Kind also bei der Abgabe von Willenserklärungen bzw. beim Abschluss von Rechtsgeschäften, so gelten grundsätzlich die allgemeinen Regeln des Stellvertretungsrechts. § 1629 hat hier vor allem die Funktion, den sorgeberechtigten Eltern die Vertretungsmacht zu verschaffen und deren Ausübung zu regeln. Für diesen Bereich gilt ferner grundsätzlich die Regel des Abs. 1 S. 2, also die Gesamtvertretung; zu den Ausnahmen vgl. Rn. 19 ff.

13   Aus den allgemeinen Vorschriften des Stellvertretungsrechts ergibt sich, dass die Eltern hier grundsätzlich nur dann Rechtswirkungen für das Kind erzielen, wenn sie im Namen des Kindes handeln **(Offenkundigkeitsprinzip).** Eine verdeckte Stellvertretung ist also grundsätzlich ausgeschlossen; das ist inzwischen hM.[19] Es gibt keinen Grund, für die gesetzliche Vertretung iSd. § 1629 generell vom Offenkundigkeitsprinzip abzuweichen: Die Schutzbedürftigkeit des anderen Vertragspartners, der durch das Offenkundigkeitsprinzip Rechnung getragen werden soll (vgl. Erl. zu § 164 Rn. 14), verringert sich nicht allein deshalb, weil es sich um gesetzliche Vertretung gem. § 1629 handelt.[20]

14   Dem Interesse des Kindes, aus den durch die Eltern im eigenen Namen geschlossenen Geschäften berechtigt zu werden bzw. von ihnen zu profitieren, kann auf andere Weise Rechnung getragen werden: ZT wird es sich um einen Vertrag zugunsten des Kindes oder mit Schutzwirkung für das Kind handeln. Bei Alltagsgeschäften wird eine unmittelbare Berechtigung des Kindes häufig nicht erforderlich sein, weil die Eltern das Kind – etwa im Rahmen der Unterhaltsgewährung – in natura an den Früchten des rechtsgeschäftlichen Handelns im eigenen Namen teilhaben lassen.[21]

15   Eine Ausnahme vom Offenkundigkeitsprinzip gilt – in Übereinstimmung mit der hM im Stellvertretungsrecht (vgl. § 164 Rn. 47 ff.) – beim sog. Geschäft für den, den es angeht. Hier wird das Kind auch dann berechtigt und verpflichtet, wenn die Eltern nicht in seinem Namen handeln.[22]

16   Diese für die Stellvertretung ieS geschilderten Grundsätze gelten auch für die Vertretung des Kindes im **Prozess.**[23]

17   **c) Amtsähnliche Handlungen.** Im Bereich der sog. amtsähnlichen Handlungen ergeben sich Besonderheiten: Erstens können (bzw. müssen) die Eltern diese Handlungen im eigenen Namen vornehmen;[24] per definitionem handelt es sich ja um Aufgaben, deren Erfüllung das Gesetz den

---

[16] Vgl. § 164 Rn. 84, s. auch BVerfG FamRZ 2005, 429.
[17] *Gernhuber/Coester-Waltjen* § 58 Rn. 29; *Soergel/Strätz* Rn. 8.
[18] NK-BGB/*Kaiser* Rn. 15; RGRK/*Wenz* Rn. 10.
[19] *Gernhuber/Coester-Waltjen* § 57 Rn. 68; *Staudinger/Peschel-Gutzeit* Rn. 22; RGRK/*Wenz* Rn. 5 ff.; s. auch BGH FamRZ 1987, 934 f.; aA in Teilbereichen: *Dölle* II § 94 II 1; *Soergel/Strätz* Rn. 4.
[20] Vgl. dazu *Staudinger/Peschel-Gutzeit* Rn. 24 f.; *Dethloff* § 13 Rn. 11.
[21] Vgl. RGRK/*Wenz* Rn. 7.
[22] Vgl. *Staudinger/Peschel-Gutzeit* Rn. 27; weitergehend *Erman/Michalski/Döll* Rn. 7: generell bei Rechtsgeschäften des täglichen Lebens; zur Ausnahme in Form der Surrogationsvorschrift des § 1646 vgl. *Staudinger/Peschel-Gutzeit* Rn. 28.
[23] RGZ 146, 231; *Staudinger/Peschel-Gutzeit* Rn. 21; *Erman/Michalski/Döll* Rn. 7; *Soergel/Strätz* Rn. 5; zT aA OLG Jena OLGE 11, 298.
[24] *Palandt/Diederichsen* Rn. 1; RGRK/*Wenz* Rn. 8; NK-BGB/*Kaiser* Rn. 13.

Vertretung des Kindes 18–26 **§ 1629**

Eltern selbst auferlegt hat, und nicht dem Kind. Der Offenkundigkeitsgrundsatz gilt dabei schon deshalb nicht, weil es sich nicht um eine Stellvertretung iSd. §§ 164 ff. handelt; die Einordnung unter § 1629 spielt insoweit also keine Rolle.

Die zweite Besonderheit betrifft die Gesamtvertretungsregel. Diese gilt, soweit die betreffende 18 Rechtsvorschrift nichts anderes vorsieht, grundsätzlich auch für die amtsähnlichen Handlungen.[25] Allerdings macht die hM hier eine besondere Ausnahme: Ungeachtet dessen, ob eine der allgemeinen Ausnahmen vom Gesamtvertretungsgrundsatz vorliegt, gilt jedenfalls dann Alleinvertretung, wenn ein Elternteil lediglich einer öffentlichrechtlichen Pflicht nachkommt, deren Erfüllung ihm keinerlei Entscheidungsspielraum lässt, wie zB bei der Befolgung von Meldepflichten.[26]

2. Ausnahmen vom Gesamtvertretungsgrundsatz. Der Grundsatz der Gesamtvertretung 19 erfährt in verschiedener Hinsicht Durchbrechungen:

a) Kraft Gesetzes. aa) Empfangsvertretung (Abs. 1 S. 2 Halbs. 2). Ist gegenüber dem 20 Kind eine Willenserklärung abzugeben, so genügt die Abgabe gegenüber einem Elternteil (Abs. 1 S. 2 Halbs. 2). Für die Empfangsvertretung bei der Willenserklärung gilt also Alleinvertretung.[27] Eine ähnliche Regelung findet sich für die Zustellung gerichtlicher Schriftstücke in § 170 Abs. 3 ZPO.

bb) Alleinige Ausübungs- bzw. Entscheidungszuständigkeit (Abs. 1 S. 3). Gem. 21 § 1629 Abs. 1 S. 3 vertritt ein Elternteil das Kind allein, soweit er die elterliche Sorge allein ausübt oder ihm die Entscheidung gem. § 1628 übertragen ist. Die Vorschrift ist iwS Ausfluss des Grundsatzes, dass die elterliche Vertretungsmacht nur soweit reicht, als dem betreffenden Elternteil die elterliche Sorge zusteht (vgl. Rn. 9). Darauf, wer die Obhut über das Kindes hat, kommt es dann – anders als nach § 1629 Abs. 2 S. 2 (s. dazu Rn. 74) – nicht an.[28]

Die alleinige Ausübung der elterlichen Sorge durch einen Elternteil kann sich insbesondere aus 22 § 1638 Abs. 3 (Ausschluss der Vermögenssorge eines Elternteils, vgl. § 1638 Rn. 20),[29] §§ 1675, 1678 Abs. 1 Halbs. 1 (Ruhen der elterlichen Sorge des anderen Elternteils), aus § 1687 Abs. 1 S. 2 (bei Getrenntleben Alleinentscheidungsbefugnis des betreuenden Elternteils in Angelegenheiten des täglichen Lebens) oder aus einer entsprechenden gerichtlichen Anordnung (zB gem. §§ 1666 ff., gem. § 1671 oder gem. § 1696) ergeben.

Wenn einem Elternteil die elterliche Sorge **als Ganzes** (und nicht nur ihre Ausübung) allein 23 zusteht, so steht ihm auf Grund eines Erst-recht-Schlusses aus Abs. 1 S. 3 Halbs. 1 die alleinige Vertretungsmacht zu. Auch diese Fälle können kraft Gesetzes (zB §§ 1680 Abs. 1, 1681 Abs. 1, 1666 ff. iVm. 1680 Abs. 3) oder kraft gerichtlicher Übertragung (zB gem. §§ 1671, 1672, 1680 Abs. 2, 1696) eintreten.

Abs. 1 S. 3 Halbs. 2 zieht aus gem. § 1628 erfolgten Übertragung der Entscheidungskompe- 24 tenz auf einen Elternteil die logische Konsequenz: Es besteht Alleinvertretung dieses Elternteils.

cc) Notvertretungsrecht (Abs. 1 S. 4). Gem. Abs. 1 S. 4 Halbs. 1 ist bei Gefahr im Verzug 25 jeder Elternteil dazu berechtigt, alle Rechtshandlungen vorzunehmen, die zum Wohl des Kindes notwendig sind. Diese Vorschrift wurde durch das KindRG eingefügt. Inhaltlich war nach hM aber auch schon vorher ein entsprechendes Notvertretungsrecht anerkannt. Es stützte sich auf eine Analogie zu §§ 744 Abs. 2, 1454, 2038 Abs. 1 S. 2. Für diese Analogie fehlt es nun an der erforderlichen Regelungslücke, weil Abs. 1 S. 4 Halbs. 1 diesen Fall regelt.[30] Ist das minderjährige Kind in den Haushalt des nicht sorgeberechtigten Elternteils gewechselt und verlangt Letzterer vom sorgeberechtigten Elternteil Unterhalt, so ist der sorgeberechtigte Elternteil (= Unterhaltsbeklagter) wegen offenkundigen Interessenkonflikts nach §§ 1629 Abs. 2 S. 1, 1795 Abs. 2, 181 analog von der Vertretung des Kindes ausgeschlossen, sodass es für die Geltendmachung des Unterhaltsanspruchs der Bestellung eines Ergänzungspflegers für das Kind bedarf (§ 1909 Abs. 1 S. 1).[31]

Dem Wortlaut nach steht das Notvertretungsrecht jedem Elternteil zu. Aus der systematischen 26 Einordnung im Rahmen des § 1629 und aus den Materialien[32] ergibt sich jedoch, dass das Notvertretungsrecht des § 1629 Abs. 1 S. 4 grundsätzlich das Bestehen gemeinsamer elterlicher Sorge voraussetzt (zu § 1687a sogleich).[33] Dagegen hängt das Notvertretungsrecht nicht davon ab, ob die

---

[25] Vgl. *Soergel/Strätz* Rn. 9; *Staudinger/Peschel-Gutzeit* Rn. 20; aA NK-BGB/*Kaiser* Rn. 13 f.
[26] *Soergel/Strätz* Rn. 7; im Ergebnis auch *Gernhuber/Coester-Waltjen* § 58 Rn. 33.
[27] Vgl. *Palandt/Diederichsen* Rn. 15.
[28] Vgl. OLG Koblenz FamRZ 2002, 562.
[29] Vgl. OLG Karlsruhe FamRZ 2004, 968.
[30] Vgl. BT-Drucks. 13/4899 S. 96.
[31] OLG Koblenz FamRZ 2007, 412.
[32] BT-Drucks. 13/4899 S. 96.
[33] *Johannsen/Henrich/Jaeger* Rn. 4.

§ 1629 27–32

Eltern miteinander verheiratet sind, ob sie getrennt leben oder ob einem von ihnen (im Rahmen der elterlichen Sorge, s. oben) das Alleinvertretungsrecht auf Grund anderer Vorschriften zusteht.[34] Das Notvertretungsrecht kann sich also auch gegenüber einem Alleinvertretungsrecht des anderen Elternteils durchsetzen. Die Vorschrift gilt gem. § 1688 Abs. 1 S. 3 entsprechend für die Pflegeperson bei der Familienpflege[35] und gem. § 1687 Abs. 1 S. 5 bei getrennt lebenden Ehegatten; letztere Verweisung ist allerdings überflüssig, weil § 1629 Abs. 1 S. 4 diese Fälle ohnehin erfassen würde. Über § 1687a iVm. § 1687 Abs. 1 S. 5 kann das Notvertretungsrecht in bestimmten Fällen auch einem Elternteil zustehen, der nicht Inhaber der elterlichen Sorge ist.

27 Das Notvertretungsrecht greift nur bei **Gefahr im Verzug**. Dieser Begriff ist aus dem Strafprozessrecht bzw. dem Sicherheitsrecht entlehnt. Er kann nicht losgelöst von den weiteren Voraussetzung des Abs. 1 S. 4 gesehen werden, dass nur solche Rechtshandlungen zulässig sind, die zum Wohl des Kindes notwendig sind. Demnach setzt das Notvertretungsrecht voraus, dass dem Kind erhebliche (insbes. gesundheitliche und wirtschaftliche) Nachteile drohen, deren Abwendung ein sofortiges Eingreifen erforderlich macht, und dass die vorherige Einholung der Zustimmung des anderen Ehegatten den Zweck der Maßnahme gefährden würde. Wenn dagegen ohne eine Gefährdung der Wirksamkeit der betreffenden Maßnahmen die Kontaktaufnahme zum anderen Elternteil möglich ist, greift Abs. 1 S. 4 nicht ein.[36] Der Begriff der „Rechtshandlung" beschränkt sich nicht auf den Abschluss von Rechtsgeschäften, sondern ist iSv. „Maßnahmen mir rechtlicher Wirkung" zu verstehen. Er umfasst insbesondere auch die Einwilligung in ärztliche Behandlungen und Eingriffe. An die dem handelnden Elternteil obliegende Prognoseentscheidung dürfen keine zu hohen Anforderungen gestellt werden. Wenn er irrtümlich das Vorliegen von Gefahr im Verzug annimmt, sollte man das Notvertretungsrecht in Anwendung des Rechtsgedankens des § 680 bejahen, wenn der Irrtum nicht auf grober Fahrlässigkeit beruht.[37]

28 Ein besonderes Problem ergibt sich, wenn die grundsätzliche Notwendigkeit einer bestimmten Maßnahme, insbesondere eines ärztlichen Eingriffs, **seit Längerem bekannt** war, die Lage sich aber während der Abwesenheit bzw. Unerreichbarkeit eines sorgeberechtigten Elternteils so verschlechtert hat, dass nun sofortiges Handeln geboten ist.

29 ZT wird vertreten, dass das Notvertretungsrecht nicht greift, wenn die Notwendigkeit der Maßnahme vorher absehbar war.[38] Dies kann aber dann nicht gelten, wenn auf Grund einer Änderung der Situation nun tatsächlich Gefahr im Verzug ist, wie im eben geschilderten Fall: Hier muss das Notvertretungsrecht eingreifen, auch wenn die grundsätzliche (aber zeitlich noch nicht dringende) Notwendigkeit der Maßnahme bereits früher bekannt war. Die eben geschilderten Aussagen sind also lediglich eine Konkretisierung der ohnehin im Gesetz genannten Voraussetzung, dass Gefahr im Verzug sein muss: Sie verdeutlichen, dass Gefahr im Verzug idR solange nicht anzunehmen ist, als der andere sorgeberechtigte Elternteil noch rechtzeitig erreicht werden kann.

30 Ähnliches gilt für die Aussage, dass das Notvertretungsrecht nicht dazu benutzt werden darf, einer bereits geäußerten Meinung oder Entscheidung des anderen vertretungsbefugten Elternteils zuwiderzuhandeln.[39] Auch dies kann nicht gelten, wenn sofortiges Handeln geboten ist, nur eine einzige Maßnahme Abhilfe verspricht und sich der andere Elternteil gerade gegen diese Maßnahme ausgesprochen hat. In einem derartigen Fall müsste der andere Elternteil ohnehin damit rechnen, dass sich eine Entscheidung des FamG gem. § 1628 oder § 1666 über seinen Standpunkt hinwegsetzt. Das Wohl des Kindes hat hier eindeutig Vorrang.

31 Gem. Abs. 1 S. 4 Halbs. 2 ist der andere Elternteil von der in Notvertretung getroffenen Rechtshandlung unverzüglich (ohne schuldhaftes Zögern, § 121) zu **unterrichten**. Entstehen für die Vornahme der betreffenden Notvertretungshandlung Aufwendungen, so richten sich die Ausgleichsansprüche nach den allgemeinen Regeln (insbes. Unterhaltsrecht, GoA, ungerechtfertigte Bereicherung); Abs. 1 S. 4 enthält hierfür keine Regelung.

32 **b) Sachgebotene Durchbrechungen.** Aus Sachgründen können weitere Durchbrechungen des Gesamtvertretungsgrundsatzes angebracht sein. So ist es vom Interesse des Kindes her sachgerecht, dass ein Willensmangel, der nur in der Person eines Elternteils vorliegt, zur Anfechtung des Rechtsgeschäfts ausreicht.[40] Ähnlich wird nach hM im Bereich der Wissenszurechnung verfahren,

---

[34] *Palandt/Diederichsen* Rn. 18.
[35] Das entsprechende, früher in § 38 Abs. 1 Nr. 5 KJHG geregelte Notvertretungsrecht wurde deshalb durch das KindRG gestrichen (Art. 13 Nr. 6 KindRG); vgl. FamRefK/*Rogner* § 38 SGB VIII Rn. 1.
[36] Vgl. *Palandt/Diederichsen* Rn. 18.
[37] *Johannsen/Henrich/Jaeger* Rn. 4.
[38] Vgl. NK-BGB/*Kaiser* Rn. 36; FamRefK/*Rogner* § 1629 Rn. 3; *Palandt/Diederichsen* Rn. 18.
[39] Vgl. *Palandt/Diederichsen* Rn. 18.
[40] RGRK/*Wenz* Rn. 12; Erman/*Michalski/Döll* Rn. 6.

Vertretung des Kindes 33–37 § 1629

hier allerdings im Ergebnis zum Nachteil des Kindes: Dem Kind wird bereits die Kenntnis bzw. das Kennenmüssen eines vertretungsberechtigten Elternteils zugerechnet.[41]

c) Ausnahmen kraft elterlicher Vereinbarung. aa) Ermächtigung. Die Gesamtvertre- 33 tung schließt nicht aus, dass ein Elternteil den anderen autorisiert, allein für das Kind zu handeln.[42] Entgegen früherer Auffassung liegt darin keine Bevollmächtigung, die zum Handeln im Namen des Kindes und zugleich im Namen des anderen Elternteils in seiner Stellung als Sorgeberechtigter und damit zu mittelbarer Untervertretung führen würde, sondern eine Ermächtigung analog § 125 Abs. 2 S. 2 HGB, die in allen Fällen der Gesamtvertretung zulässig ist.[43] Diese Ermächtigung erweitert die Gesamtvertretungsmacht des Ermächtigten punktuell zur Einzelvertretungsmacht.[44] Der Ermächtigte braucht also nicht (auch) im Namen des anderen Elternteils zu handeln.[45] Er braucht nach außen hin auch nicht auf die erteilte Ermächtigung hinzuweisen.[46]

Das **Zustandekommen** der Ermächtigung richtet sich weiterhin nach den Regeln, die für 34 die vermeintliche Bevollmächtigung praxisnah aufgestellt worden sind: Die Ermächtigung kann ausdrücklich oder stillschweigend erfolgen; stillschweigende Erteilung setzt aber voraus, dass der Ermächtigende sich seiner Vertretungsmacht bewusst ist und die Handlungsmacht des anderen Elternteils erweitern will.[47] Haben die Eltern eine Aufgabenteilung vereinbart, wird darin idR eine entsprechende stillschweigende Ermächtigung zur Alleinvertretung zu sehen sein.[48] Die Annahme einer Ermächtigung kraft Rechtsscheins – ähnlich den Grundsätzen über die Anscheins- und die Duldungsvollmacht – ist möglich, aber mit Zurückhaltung zu handeln.[49] So wird eine „Anscheins-Ermächtigung" idR nur dann in Betracht kommen, wenn der am Geschäftsabschluss unbeteiligte Elternteil nicht nur geschwiegen, sondern besonderen Anlass zu der Annahme gegeben hat, er habe den anderen Teil zu alleinigem Handeln legitimiert.[50] Eine Ermächtigung infolge Duldung kommt idR nur in Betracht, wenn es ein Elternteil über einen gewissen Zeitraum hinweg fortgesetzt hinnimmt, dass der andere bei der Ausübung der elterlichen Sorge allein handelt.[51]

Wenn es um die **ärztliche Behandlung** eines minderjährigen Kindes in Routinefällen (leichtere 35 Behandlungen) geht, kann der Arzt nach Ansicht des BGH typischerweise darauf vertrauen, dass der mit dem Kind beim Arzt vorsprechende Elternteil auf Grund einer konkreten Absprache oder einer allgemeinen Funktionsaufteilung der Eltern ermächtigt ist, die erforderliche Einwilligung für den ärztlichen Eingriff allein abzugeben. Geht es dagegen um ärztliche Eingriffe schwererer Art mit nicht unbedeutenden Risiken für das Kind, liegt eine entsprechende Ermächtigung nicht von vornherein nahe. Hier muss sich der Arzt besonders vergewissern, dh. er muss nachfragen, ob der anwesende Elternteil die Ermächtigung des anderen Elternteils hat und wie weit diese reicht. Allerdings darf er dann grundsätzlich darauf vertrauen, dass der erschienene Elternteil ihm wahrheitsgemäß Auskunft gibt.[52]

In Anwendung der eben geschilderten Grundsätze ist auch davon auszugehen, dass bei **Rechtsge-** 36 **schäften des täglichen Lebens,** die ein Elternteil allein abschließt, der Rechtsschein einer stillschweigenden Bevollmächtigung gegeben ist.[53]

Die Ermächtigung kann jederzeit **widerrufen** werden; eine unwiderrufliche Ermächtigung wäre 37 mit der Eigenverantwortung jedes Elternteils unvereinbar.[54] Ferner ist die Ermächtigung auf einzelne Geschäfte oder auf einen Kreis von Rechtsgeschäften zu **beschränken.** Die Zulässigkeit einer Generalermächtigung würde zur Umgehung des Gesamtvertretungsgrundsatzes führen; auch besteht

---

[41] *Gernhuber/Coester-Waltjen* § 58 Rn. 32; *Staudinger/Peschel-Gutzeit* Rn. 39; vgl. auch BGHZ 20, 149, 153; BGHZ 62, 166, 173; OLG Frankfurt/M. FamRZ 1992, 181, 182.
[42] BGHZ 105, 45, 48 ff. = NJW 1988, 2946, 2947 = FamRZ 1988, 1142, 1143 f.; *Gernhuber/Coester-Waltjen* § 58 Rn. 30; *Staudinger/Peschel-Gutzeit* Rn. 41 ff.
[43] *Gernhuber/Coester-Waltjen* § 58 Rn. 30; *Staudinger/Peschel-Gutzeit* Rn. 42 ff.; s. auch BGH NJW-RR 1986, 778; aA (Bevollmächtigung): RGRK/*Wenz* Rn. 13; wohl auch LAG Düsseldorf FamRZ 1967, 47, 49; *Soergel/Strätz* Rn. 12; NK-BGB/*Kaiser* Rn. 22 f.
[44] *Gernhuber/Coester-Waltjen* § 58 Rn. 30; § 164 Rn. 82; vgl. dazu auch BGHZ 64, 72, 75 = NJW 1975, 1117.
[45] *Staudinger/Peschel-Gutzeit* Rn. 42 f.
[46] LAG Düsseldorf FamRZ 1967, 47, 49.
[47] RGRK/*Wenz* Rn. 14.
[48] *Staudinger/Peschel-Gutzeit* Rn. 45.
[49] *Staudinger/Peschel-Gutzeit* Rn. 46.
[50] Vgl. BGH FamRZ 1963, 134, 136; LAG Düsseldorf FamRZ 1967, 47, 50; *Soergel/Strätz* Rn. 12.
[51] LAG Düsseldorf FamRZ 1967, 47, 49.
[52] Vgl. dazu BGHZ 105, 45, 49 f. = NJW 1988, 2946, 2947 = FamRZ 1988, 1142, 1143.
[53] Anders *Soergel/Strätz* Rn. 12.
[54] RGRK/*Wenz* Rn. 16; vgl. auch § 1627 Rn. 10.

§ 1629 38–42

dafür kein Bedürfnis, weil § 1678 für den „Ausfall" eines vertretungsberechtigten Elternteils ausreichend Vorsorge trifft.[55]

38 **bb) Bevollmächtigung.** Die Anerkennung einer Ermächtigung im eben genannten Sinne schließt es nicht aus, dass die Eltern das Institut der Bevollmächtigung wählen.[56] Ein gesamtvertretungsberechtigter Elternteil kann dem anderen eine Untervollmacht erteilen, allein für das Kind zu handeln. Der so bevollmächtigte Elternteil handelt dann sowohl im Namen des Kindes als auch im Namen des anderen Elternteils.

39 **d) Unterhalt.** Besonderheiten bestehen bei der Geltendmachung von Unterhaltsansprüchen des Kindes (Abs. 2 S. 2, Abs. 3). S. dazu Rn. 72 ff.

40 **3. Rechtsfolge bei Verstoß.** Alleinvertretung unter Verstoß gegen den Gesamtvertretungsgrundsatz oder Handeln eines Elternteils als Gesamtvertreter ohne Ermächtigung des anderen führt zur entspr. Anwendung der §§ 177 ff.: Willenserklärungen sind schwebend unwirksam. Der übergangene Elternteil kann sie jedoch genehmigen. Die Genehmigung kann idR gegenüber dem handelnden Elternteil erklärt werden, vgl. § 177 Abs. 2; sie bedarf grundsätzlich nicht der für das Rechtsgeschäft vorgeschriebenen Form, § 182 Abs. 2.[57] Der handelnde Elternteil ist gem. §§ 177, 178 an seine Erklärung gebunden;[58] seine Haftung bei Verweigerung der Genehmigung bestimmt sich nach § 179. Für einseitige Rechtsgeschäfte gilt § 180. Unheilbar nichtig ist das im Namen des Kindes getätigte Rechtsgeschäft hingegen, wenn es den handelnden Eltern überhaupt an Vertretungsmacht fehlt, etwa weil ihnen nach § 1666 die elterliche Sorge entzogen wurde. Dasselbe gilt für vom Vertreter abgegebene höchstpersönliche Willenserklärungen des Kindes.[59]

IV. Ausschluss des Vertretungsrechts (Abs. 2 S. 1)

41 **1. Verhältnis zu Abs. 2 S. 3.** Abs. 2 S. 1 regelt den kraft Gesetzes eintretenden Ausschluss der Vertretungsmacht, Abs. 2 S. 3 dagegen die gerichtliche Entziehung der Vertretungsmacht. Beide Vorschriften unterscheiden sich in ihrer Zweckrichtung: Der Ausschluss der Vertretungsmacht, den § 1629 Abs. 2 S. 1 durch Verweisung auf § 1795 regelt, begegnet **abstrakten** Gefährdungssituationen für die Kindesinteressen. Die Entziehung der Vertretungsmacht, die in § 1629 Abs. 2 S. 3 durch Verweisung auf § 1796 vorgesehen ist, begegnet dagegen **konkreten** Interessenkollisionen und kann deshalb nicht Gegenstand abstrakter gesetzlicher Regelung sein, sondern unterliegt familiengerichtlicher Würdigung. Beide Vorschriften gelten unabhängig davon, ob die Eltern miteinander verheiratet sind.[60] Sie sind keine abschließende Regelung; die Vertretungsmacht kann auch nach anderen Vorschriften ausgeschlossen sein, zB nach § 52 Abs. 2 S. 2 StPO für die Entscheidung über die Ausübung des Zeugnisverweigerungsrechts.[61]

42 **2. Allgemeines zu Abs. 2 S. 1.** Die Ausschlusswirkungen des Abs. 2 S. 1 treffen nach ganz hM nicht nur jeweils den Elternteil, der von einem Ausschlussgrund iSd. § 1629 Abs. 2 S. 1 konkret betroffen ist, sondern zugleich auch den anderen Teil, führen also zum **Ausschluss elterlicher Vertretungsmacht schlechthin.**[62] Dies ergibt sich zwar nicht eindeutig aus dem Wortlaut des § 1629 Abs. 2 S. 1, wohl aber aus einer teleologischen Auslegung der Vorschrift: Die Gefährdung der Kindesinteressen auf Grund von Interessenkollisionen bei den Eltern besteht in vergleichbarer Weise, wenn der Ehegatte des ausgeschlossenen Elternteils für das Kind handelt.[63] Auch systematisch lässt sich dieses Ergebnis rechtfertigen: Denn § 1678 Abs. 1 sieht ein Fortbestehen der Ausübung der elterlichen Sorge beim nicht verhinderten Elternteil nur bei einer tatsächlichen Verhinderung bzw. beim Ruhen der elterlichen Sorge vor, nicht dagegen für den Ausschluss der Vertretungsmacht gem. § 1629 Abs. 2.[64] Für den Bereich des § 1795 Abs. 1 Nr. 1 schließlich ergibt sich der Ausschluss (auch) des anderen Elternteils bereits aus dieser Vorschrift.

---

[55] Vgl. *Staudinger/Peschel-Gutzeit* Rn. 49; abw. *Soergel/Strätz* Rn. 12: nur die unwiderrufliche Generalvollmacht ist als Verzicht auf wesentliche Bestandteile der elterlichen Sorge unzulässig.
[56] *Gernhuber/Coester-Waltjen* § 58 Rn. 30.
[57] NK-BGB/*Kaiser* Rn. 26; *Soergel/Strätz* Rn. 13.
[58] *Gernhuber/Coester-Waltjen* § 58 Rn. 31; *Soergel/Strätz* Rn. 13.
[59] NK-BGB/*Kaiser* Rn. 25.
[60] *Palandt/Diederichsen* Rn. 20.
[61] Vgl. BayObLG NJW 1998, 614.
[62] BGH NJW 1972, 1708; OLG Hamm FamRZ 1993, 1122, 1123; BayObLG FamRZ 1960, 33 (zu § 1795 Abs. 1) und FamRZ 1976, 168 (LS.) = MittBayNot. 1974, 155 (zu § 181); KG FamRZ 1974, 380.
[63] Vgl. BGH NJW 1972, 1708.
[64] Vgl. *Soergel/Strätz* Rn. 25.

Nach § 1909 Abs. 1 ist deshalb ein **Pfleger** zu bestellen; die Eltern sind gem. § 1909 Abs. 2 zur **43** Anzeige an das FamG verpflichtet.

Nimmt ein sorgeberechtigter Elternteil Rechtsgeschäfte für das Kind vor, obwohl er gem. § 1629 **44** Abs. 2 S. 1 von der Vertretung ausgeschlossen ist, so gelten die allgemeinen Regeln über die **Vertretung ohne Vertretungsmacht**. Die Rechtsgeschäfte sind schwebend unwirksam. Die Genehmigung (§ 177) erteilt entweder der Pfleger oder das volljährig bzw. geschäftsfähig gewordene Kind selbst.[65]

Eine **Befreiung** von den Ausschlussregeln ist nicht möglich.[66] Zu den sich aus § 1629 Abs. 2 **45** S. 2 ergebenden Ausnahmen vgl. unten Rn. 77, 79.

3. Die Ausschlusstatbestände. Abs. 2 S. 1 überträgt die gem. § 1795 für den Vormund beste- **46** henden Ausschlussgründe auf die Eltern. Gem. §§ 1629 Abs. 2 S. 1, 1795 Abs. 2 gilt demnach für die Eltern zunächst das allgemeine Verbot des Selbstkontrahierens (§ 181). Außerdem sind sie in den drei Fallgruppen des § 1795 Abs. 1 von der Vertretung ausgeschlossen, grob gesagt also bei Rechtsgeschäften zwischen ihren Ehegatten bzw. bestimmten Verwandten und dem Kind (Nr. 1), bei bestimmten, den Eltern zugutekommenden Rechtsgeschäften (Nr. 2) und bei Rechtsstreitigkeiten in Bezug auf diese beiden Fallgruppen (Nr. 3). Zu den Einzelheiten vgl. § 1795 Rn. 34 ff.

a) Abstrakter Charakter; Ausnahme bei lediglich rechtlichem Vorteil. §§ 1629 Abs. 2 **47** S. 1 iVm. 1795 setzen nicht voraus, dass die Interessen des vertretenen Kindes im betreffenden Fall konkret gefährdet sind. Der Grund für diese Vorschriften liegt vielmehr darin, dass in den dort beschriebenen Fällen die abstrakte Möglichkeit einer Interessenkollision besteht.[67] Das bedeutet zweierlei:

Erstens kann der gesetzliche Ausschluss der §§ 1629 Abs. 2 S. 1, 1795 nicht auf diejenigen Fälle **48** erstreckt werden, die unter keine der dort genannten Fallgruppen fallen, und zwar selbst dann nicht, wenn im konkreten Fall eine tatsächliche Gefährdung der Interessen des Kindes gegeben ist; hier kommt nur eine gerichtliche Entziehung gem. §§ 1629 Abs. 2 S. 3, 1796 in Betracht.

Zweitens kann ein gem. §§ 1629 Abs. 2 S. 1, 1795 gegebener Ausschluss von der Vertretung nicht **49** mit der Begründung außer Acht gelassen werden, es liege im konkreten Fall keine Gefährdung der Kindesinteressen vor. Allerdings macht die hM hiervon unter Berufung auf den Rechtsgedanken des § 107 zu Recht eine Ausnahme in denjenigen Fällen, in denen das betreffende Rechtsgeschäft dem Kind **lediglich rechtliche Vorteile** bringt (teleologische Reduktion);[68] in Betracht kommt dies idR nur in den Fällen des § 1795 Abs. 1 Nr. 1 und Abs. 2. Die Ausnahme für lediglich rechtlich vorteilhafte Geschäfte gilt unabhängig davon, ob das Kind geschäftsunfähig oder beschränkt geschäftsfähig ist;[69] s. auch § 181 Rn. 15, § 1795 Rn. 30; § 107 Rn. 27 ff. (zum Begriff „lediglich rechtlicher Vorteil").

b) Anwendungsbereich. Alle von Abs. 2 S. 1 zur Anwendung berufenen Vorschriften bezie- **50** hen sich entweder auf die Vornahme von Rechtsgeschäften (§ 1795 Abs. 1 Nr. 1, 2, Abs. 2 iVm. § 181) oder auf die Vertretung in Rechtsstreitigkeiten (§ 1795 Abs. 1 Nr. 3). Außerhalb dieses Bereichs findet Abs. 2 S. 1 keine Anwendung; hier kommt allenfalls eine Teilentziehung gem. Abs. 2 S. 3 in Betracht.[70]

Der Begriff des **Rechtsgeschäfts** iSd. § 1795 ist jedoch **weit** zu verstehen. Er umfasst grundsätz- **51** lich sowohl einseitige als auch zweiseitige Rechtsgeschäfte und auch die Zustimmung der Eltern zu Rechtsgeschäften, die das Kind geschlossen hat. Ein Rechtsgeschäft (iSd. §§ 1795 Abs. 1 Nr. 1, Abs. 2, 181) kann selbst dann vorliegen, wenn die Erklärung des Vertreters nicht gegenüber dem Kind selbst abgegeben wird, sondern gegenüber einer Behörde oder einem Gericht, sofern das Geschäft unmittelbar darauf abzielt, die Rechtsposition des Vertreters oder des Kindes zu beeinflussen (Bsp.: Testamentsanfechtung gegenüber dem Nachlassgericht).[71]

Kein Rechtsgeschäft ist aber die Entscheidung darüber, ob die beim Tode eines Elternteils **52** entstandenen Pflichtteilsansprüche der ehelichen Kinder gegen den zum Alleinerben eingesetzten

---

[65] NK-BGB/*Kaiser* Rn. 65.
[66] BGHZ 21, 229, 234 = NJW 1956, 1433; BGH FamRZ 1961, 473, 475; RGZ 71, 162, 165 f.
[67] Vgl. BGHZ 21, 229, 230 f. = NJW 1956, 1433; BGHZ 50, 8, 11; Staudinger/*Peschel-Gutzeit* Rn. 186; Palandt/*Diederichsen* Rn. 21.
[68] Vgl. nur BGH NJW 1975, 1885 = FamRZ 1975, 480 (zu § 1795 Abs. 1 Nr. 1); BGHZ 94, 232, 234 ff. = NJW 1985, 2407; BGHZ 59, 236, 240 = NJW 1972, 2262 (zu § 181); BayObLG FamRZ 2004, 1055, 1056; BayObLG NJW 1998, 3574, 3575 f. = BayObLGZ 1998, 139, 143; s. auch § 181 Rn. 15, § 1795 Rn. 30.
[69] BayObLG NJW 1998, 3574, 3575 = BayObLGZ 1998, 139, 143.
[70] Vgl. NK-BGB/*Kaiser* Rn. 61.
[71] RGZ 143, 350, 352; s. auch KG JFG 12, 117 = JW 1935, 1439; BayObLG 1951, 456: Erklärung gegenüber dem Grundbuchamt; Staudinger/*Peschel-Gutzeit* Rn. 262.

Inhaber der elterlichen Sorge geltend gemacht werden sollen; der Interessengegensatz zwischen überlebendem Elternteil und Kindern kann aber zur Anwendung der §§ 1629 Abs. 2 S. 3, 1796 führen.[72] Kein Rechtsgeschäft in diesem Sinne ist auch die Ausschlagung der Erbschaft; hier bieten jedoch § 1629 Abs. 2 S. 3 und § 1643 Abs. 2 ausreichenden Schutz.[73] Ebenso wenig ist Rechtsgeschäft die Erklärung des gesetzlichen Vertreters, das Vorkaufsrecht im Hinblick auf einen bestimmten Kaufvertrag nicht ausgeübt zu haben.[74]

53 Keine Rechtsgeschäfte im Sinne der §§ 1629 Abs. 2 S. 1, 1795 sind **Verfahrenshandlungen.** Soweit diese nicht im Rahmen eines Prozesses vorgenommen werden und deshalb nicht unter § 1795 Abs. 1 Nr. 3 fallen, werden sie also von § 1795 nicht erfasst; es bleibt dann nur die Möglichkeit einer Entziehung gem. §§ 1629 Abs. 2 S. 3, 1796. Dies gilt zB nach der adoptionsrechtlichen Umstellung vom Vertrags- auf das Dekretsystem (vgl. Vor § 1741 Rn. 15 f.) für die Einwilligung des Kindes in die Stiefvateradoption (§ 1746); diese kann also – vorbehaltlich einer Entziehung gem. Abs. 2 S. 3 iVm. § 1796 – von der Mutter erklärt werden.[75] Eine Verfahrenshandlung in diesem Sinne ist auch die Anmeldung zum Handelsregister.[76]

54 c) **Insbesondere: Elternschenkungen.** Die eben geschilderten Grundsätze entscheiden auch über die Wirksamkeit von Schenkungen, die Eltern an ihre nicht voll geschäftsfähigen Kinder machen wollen: Grundsätzlich sind die Eltern gem. § 1629 Abs. 2 S. 1 iVm. § 1795 Abs. 1 Nr. 1 bzw. §§ 1795 Abs. 2, 181 für die Annahme der Schenkung bzw. für die Annahmeerklärung bzgl. des Verfügungsgeschäfts von der Vertretung des Kindes ausgeschlossen. Etwas anderes gilt nur dann, wenn das Geschäft für das Kind lediglich rechtlich vorteilhaft ist. Zur Frage des lediglich rechtlichen Vorteils vgl. Erl. zu § 107 Rn. 27 ff.; § 1795 Rn. 30.[77]

V. Entziehung des Vertretungsrechts (Abs. 2 S. 3)

55 1. **Anwendungsbereich.** Zum Verhältnis zwischen Ausschluss und Entziehung der Vertretungsmacht vgl. zunächst Rn. 41. Die Entziehungsmöglichkeit ergänzt die formalen Ordnungsvorschriften der §§ 181, 1795: Sie kommt nicht in Betracht, wenn die Vertretungsmacht schon von Gesetzes wegen fehlt,[78] sondern ermöglicht einen Schutz des Kindes dann, wenn dessen Interessen zu denen der Eltern, eines von den Eltern vertretenen Dritten oder der in § 1795 Abs. 1 Nr. 1 genannten Personen in einem erheblichen Gegensatz stehen, welcher von den formalen Kriterien der §§ 181, 1795 nicht erfasst wird. Vornehmlich sind das Fälle, in denen dem Kind Ansprüche gegen die Eltern zustehen oder in denen es mit ihnen an einer Rechtsgemeinschaft beteiligt ist.[79] § 1796 Abs. 1 gestattet nur eine Entziehung der **Vertretung** für einzelne Angelegenheiten oder für einen bestimmten Kreis von Angelegenheiten. Der Begriff der Vertretung ist hier jedoch weit zu verstehen. Er ist nicht auf die tatsächliche Durchsetzung von Ansprüchen gegen die Eltern beschränkt, sondern kann auch die Entscheidung darüber umfassen, ob solche Ansprüche überhaupt geltend gemacht werden sollen. Eine engere Auslegung würde die Vorschrift im praktischen Ergebnis weitgehend leer laufen lassen.[80]

56 2. **Entscheidungsmaßstab.** Es gilt der Entscheidungsmaßstab des § 1796 Abs. 2: Demnach soll die Entziehung nur erfolgen, wenn das Interesse des Kindes zu den Interessen der Eltern oder eines von ihnen vertretenen Dritten oder einer der in § 1795 Abs. 1 Nr. 1 bezeichneten Personen in erheblichem Gegensatz steht. Ein **erheblicher Gegensatz** ist gegeben, wenn das eine Interesse nur auf Kosten des anderen Interesses durchgesetzt werden kann und die Gefahr besteht, dass die sorgeberechtigten Eltern das Kindesinteresse nicht genügend berücksichtigen können.[81] Es genügt nicht, dass sich Eltern (bzw. andere von § 1796 erfasste Personen) und Kind auf zwei Seiten gegenüberstehen. Erforderlich ist, dass darüber hinaus im konkreten Einzelfall besondere Anhaltspunkte

---

[72] BayObLGZ 1963, 132, 134 = FamRZ 1963, 578.
[73] Vgl. BayObLG Rpfleger 1983, 482; *Coing* NJW 1985, 6; aA *Heldrich*, FS Lorenz, S. 97 ff.; *Buchholz* NJW 1993, 1161.
[74] BayObLG FamRZ 1965, 441.
[75] BGH LM § 1746 Nr. 1 = NJW 1980, 1746 = FamRZ 1980, 675; OLG Schleswig DAVorm. 1979, 440 f.; LG Berlin FamRZ 1977, 660; LG Bonn NJW 1977, 2168; aA § 1795 Rn. 23.
[76] BayObLGZ 1970, 133, 134.
[77] Vgl. auch BGH NJW 2005, 415.
[78] Vgl. *Soergel/Damrau* § 1796 Rn. 1 mwN.
[79] Vgl. *Gernhuber/Coester-Waltjen* § 61 Rn. 49.
[80] *Gernhuber/Coester-Waltjen* § 61 Rn. 46 ff. mwN, dort auch zur Interessenabwägung und zur Möglichkeit der Bestellung eines „Überlegungspflegers"; enger RGZ 144, 246, 250 f.
[81] Vgl. OLG Karlsruhe FamRZ 2004, 51, 51; BayObLG FamRZ 1999, 737, 738; OLG Stuttgart FamRZ 1983, 831; *Soergel/Strätz* Rn. 37; *Palandt/Diederichsen* § 1796 Rn. 2.

für einen Interessengegensatz im oben genannten Sinne vorliegen.[82] Der äußerlich nur bei einem Elternteil vorhandene Interessengegensatz kann wegen gleichgelagerten eigenen Interesses auch zur Entziehung der Vertretung beim anderen Elternteil führen.[83] Umgekehrt wird der erhebliche Gegensatz grundsätzlich nicht allein dadurch beseitigt, dass die Eltern die zum Interessenkonflikt führende Rolle nicht allein, sondern zusammen mit einem Dritten ausüben, wie etwa in dem Fall, in dem ein alleinvertretungsberechtigter Elternteil als gesetzlicher Vertreter des Kindes und als Mitvollstrecker bei der Vollstreckung eines zugunsten des Kindes lautenden Testaments handelt.[84] Das FamG hat wie bei allen Eingriffen in das Elternrecht den **Grundsatz der Verhältnismäßigkeit** zu wahren.[85] Eine Entziehung ist demnach dann nicht angebracht, wenn die Eltern trotz eines möglichen Interessenwiderstreits in der Lage sind, eine dem Wohl des Kindes entsprechende Entscheidung zu treffen.[86] Bei der Entscheidung des FamG über die Entziehung ist auch der Gesichtspunkt des Familienfriedens zu berücksichtigen, der dafür sprechen kann, Ansprüche gegen die Eltern nicht geltend zu machen.[87] Eine Entziehung darf nach Ansicht des BGH auch dann nicht angeordnet werden, wenn durch die Bestellung eines Verfahrensbeistands für eine wirksame Interessenvertretung Sorge getragen werden kann, was bei Verfahren, welche die Person des Kindes betreffen, der Fall sei (vgl. unten Rn. 60 mit Nachw.)

Nach hM handelt es sich bei der Entscheidung gem. § 1796 um eine Ermessensentscheidung.[88] 57 Richtigerweise muss man Abs. 1 und Abs. 2 des § 1796 zusammen betrachten und davon ausgehen, dass es sich bei dem Begriff des erheblichen Interessengegensatzes um einen unbestimmten Rechtsbegriff handelt, der voll revisibel ist.[89]

3. Folgen. Wenn das FamG einen erheblichen Interessengegensatz iSd. § 1796 festgestellt hat, 58 entzieht es dem betroffenen Elternteil die Vertretungsmacht für den betreffenden Bereich. § 1796 ermöglicht allerdings nur die Entziehung der Vertretung für einzelne Angelegenheiten oder für einen bestimmten Kreis von Angelegenheiten, nicht dagegen die Entziehung der Vertretung insgesamt; Letzteres ist nur gem. §§ 1666 ff. möglich.[90]

Nach zutreffender hM muss das FamG die Frage einer Entziehung der Vertretung **für jeden** 59 **Elternteil gesondert** prüfen und die Entziehung auf einen Elternteil beschränken, wenn in der Person des anderen Elternteils kein Grund für eine Entziehung gegeben ist.[91] In diesem Fall erlangt der andere Elternteil gem. § 1680 Abs. 3 iVm. Abs. 1 **Alleinvertretungsmacht.** Seit Inkrafttreten des KindRG, das § 1680 Abs. 1 S. 2 aF gestrichen hat, gibt es keine Möglichkeit mehr, auf Grund einer einfachen Kindeswohlprüfung abweichende Maßnahmen zu treffen, etwa für den gem. § 1796 ausgeschlossenen Elternteil einen zusätzlichen Pfleger als Gesamtvertreter zu bestellen und auf diese Weise die Alleinvertretung des anderen Elternteils zu verhindern. Eine von § 1680 abweichende Regelung ist jetzt nur nach §§ 1666 ff. möglich.[92]

Wird bei gemeinsamer elterlicher Sorge beiden Elternteilen bzw. bei Alleinsorge dem allein 60 sorgeberechtigten Elternteil die Vertretung gem. §§ 1629 Abs. 2 S. 3, 1796 entzogen, so ist für die Vertretung des Kindes gem. § 1909 ein **Pfleger** zu bestellen. Gem. § 1796 können die Anordnung der Pflegschaft und die Auswahl des Pflegers vom FamG vorgenommen werden. Umstritten war, ob die Beteiligtenstellung des Minderjährigen im Kindschaftsverfahren (§§ 7, 9 FamFG) es erfordert, pauschal einen Pfleger zu bestellen, oder ob insoweit auch ein Verfahrensbeistand (§ 158 FamFG) ausreicht, obwohl dieser von der gesetzlichen Vertretung des Kindes ausgeschlossen ist, § 158 Abs. 4 S. 6 FamFG.[93] Der BGH[94] hat sich im Grundsatz letzterer Ansicht angeschlossen. Die Bestellung

---

[82] Vgl. BGH NJW 1979, 345, 347; OLG Stuttgart FamRZ 1983, 830; *Palandt/Diederichsen* Rn. 24 ff.
[83] OLG Karlsruhe FamRZ 2004, 51.
[84] OLG Nürnberg FamRZ 2002, 272.
[85] OLG Karlsruhe FamRZ 2004, 51, 51 f.
[86] OLG Karlsruhe FamRZ 2004, 51, 52; OLG Stuttgart FamRZ 1983, 830, 831; BayObLG FamRZ 1999, 737, 738.
[87] BayObLG FamRZ 1963, 578 f.; BayObLGZ 1961, 277, 283; OLG Frankfurt/M. FamRZ 1964, 154 f.; *Erman/Michalski/Döll* Rn. 22.
[88] Vgl. BGH LM § 1796 Nr. 1 = NJW 1975, 345, 347; OLG Hamm FamRZ 1963, 580, 581.
[89] Vgl. § 1796 Rn. 3; *Gernhuber/Coester-Waltjen* § 61 Rn. 49 Fn. 98; *Staudinger/Peschel-Gutzeit* Rn. 283.
[90] NK-BGB/*Kaiser* Rn. 81; *Staudinger/Peschel-Gutzeit* Rn. 280; *Palandt/Diederichsen* § 1796 Rn. 5.
[91] *Gernhuber/Coester-Waltjen* § 61 Rn. 52; *Soergel/Strätz* Rn. 38; *Erman/Michalski/Döll* Rn. 23; aA noch die 3. Aufl. Rn. 30; s. aber auch OLG Hamm FamRZ 1993, 1122, 1123.
[92] Vgl. FamRefK/*Rogner* § 1680 Rn. 9; BT-Drucks. 13/4899 S. 103.
[93] Vgl. dazu: einerseits OLG Oldenburg FamRZ 2010, 660 (Verfahrensbeistand genügt nicht); andererseits OLG Stuttgart FamRZ 2010, 1166; OLG Koblenz FamRZ 2010, 1919 (keine pauschale Notwendigkeit der Bestellung eines Ergänzungspflegers).
[94] BGH FamRZ 2011, 1788.

§ 1629   61–65

eines Verfahrensbeistands sei ein milderes Mittel, das eine Entziehung der elterlichen Vertretungsbefugnis und die Anordnung einer Ergänzungspflegschaft entbehrlich machen könne.

61 Ob eine gem. § 1909 durch das FamG vorgenommene Pflegerbestellung konkludent die Entziehung der Vertretung nach § 1629 Abs. 2 S. 3 enthalten kann, ist unklar.[95]

62 **4. Keine Entziehung für die Feststellung der Vaterschaft (Abs. 2 S. 3 Halbs. 2). a) Normzweck.** Gem. Abs. 2 S. 3 Halbs. 2 gilt die Regelung des ersten Halbsatzes, also die Entziehungsbefugnis gem. § 1796, nicht für die Feststellung der Vaterschaft. Diese Vorschrift wurde zum 1. Juli 1998 durch das BeistandschG eingefügt. Sie steht in engem Zusammenhang mit der durch das BeistandschG bewirkten Abschaffung der Amtspflegschaft für nichteheliche Mütter: Der Gesetzgeber befürchtete, dass es in fast allen Fällen, in denen die Mutter die Vaterschaftsfeststellung nicht nachdrücklich betreibt und keine Beistandschaft beantragt, auf Grund des formalen Interessengegensatzes zwischen ihr und dem Kind (Recht auf Kenntnis der eigenen Abstammung) zu einer Entziehung gem. § 1629 Abs. 2 S. 3 kommen würde. Auf diese Weise wären die mit der Aufhebung der Amtspflegschaft verbundenen Vorteile faktisch weitreichend entwertet worden. Deshalb fügte das BeistandschG die Ausnahmevorschrift des § 1629 Abs. 2 S. 3 Halbs. 2 ein und nahm die Vaterschaftsfeststellung von der Entziehungsmöglichkeit aus. Den Schutz des Kindes sieht der Gesetzgeber ausreichend durch die Möglichkeit einer (Teil-)Entziehung gem. § 1666 gewahrt, die weiterhin möglich ist.[96] Bei der Entscheidung gem. § 1666 ist das Recht des Kindes auf Kenntnis der eigenen Abstammung[97] ausreichend zu berücksichtigen.[98] Andererseits kann es im Einzelfall auch gute Gründe für ein Absehen von der Vaterschaftsfeststellung geben; denkbar ist dies zB bei Zeugung durch Inzest oder Vergewaltigung.[99] Vgl. zum Ausschluss des Vertretungsrechts im gerichtlichen Verfahren zur Durchsetzung der Abstammungsuntersuchung (§ 1598a Abs. 2) § 1629 Abs. 2 a, hierzu Rn. 71.

63 **b) Anwendungsbereich.** Obwohl der Normzweck in erster Linie auf die nichteheliche Mutter ausgerichtet ist, gilt der Ausschlusstatbestand des Abs. 2 S. 3 Halbs. 2 auch für verheiratete Eltern. Dies ergibt sich aus dem Wortlaut, der keine Beschränkung auf nichteheliche Kinder vorsieht, sowie aus der systematischen Einordnung in § 1629, der für verheiratete und nicht verheiratete Eltern gleichermaßen gilt. Vaterschaftsanerkennungen bei Kindern, deren Eltern bei ihrer Geburt miteinander verheiratet sind, werden allerdings nur in Ausnahmefällen in Betracht kommen, etwa bei Identitätszweifeln oder wenn ein nichteheliches Kind adoptiert wird, ohne dass vorher die Vaterschaft festgestellt wird.[100]

64 Abs. 2 S. 3 Halbs. 2 bezieht sich auf die Feststellung der Vaterschaft gem. § 1600d. Dem eindeutigen Wortlaut nach **nicht** erfasst ist die **Vaterschaftsanfechtung** (§§ 1599 ff.). Nach wohl überwiegender Meinung besteht auch kein Grund für eine analoge Anwendung des Abs. 2 S. 3 Halbs. 2 auf die Vaterschaftsanfechtung, weil bei dieser die Gefahr typisiert abstrakter Interessenkonflikte nicht in gleicher Weise bestehe wie bei der Vaterschaftsfeststellung, sodass die ratio des Abs. 2 S. 3 Halbs. 2 nicht passe.[101] Zur demnach möglichen Entscheidung des FamG über die Entziehung der Vertretung für die (Entscheidung über die Durchführung bzw. die Durchführung einer) Vaterschaftsanfechtung vgl. § 1600a Rn. 9 ff.

65 Bei der Prüfung des erheblichen Interessengegensatzes darf nicht ohne weiteres auf die frühere Rspr. zur Ehelichkeitsanfechtung zurückgegriffen werden. Folgende Anhaltspunkte sind jedoch denkbar: Es kann gegen die Vaterschaftsanfechtung sprechen, wenn das Kind mit der Mutter und dem rechtlichen Vater in einer intakten sozialen Familie lebt[102] und zu erwarten ist, dass dies so bleibt.[103] Anders ist es, wenn die Ehe der Mutter mit dem Scheinvater (der gegen den Willen der Mutter die Bestellung eines Pflegers für die Vaterschaftsanfechtung angeregt hat) inzwischen geschieden ist und das Kind bei seiner Mutter, vielleicht sogar zusammen mit dem (angeblich) wahren Vater lebt.[104] Auch liegt in derartigen Konstellationen ein erheblicher Interessengegensatz vor, wenn die Mutter die Vaterschaftsanfechtung durch den – von ihr geschiedenen – Scheinvater ablehnt, um

---

[95] Vgl. NK-BGB/*Rohde* § 1909 Rn. 18.
[96] BT-Drucks. 13/892 S. 16 f., 30, 34; *Palandt/Diederichsen* Rn. 28; krit. *Gaul* FamRZ 1997, 1452 f.
[97] Vgl. BVerfG FamRZ 1997, 869; OLG Stuttgart FamRZ 1983, 831.
[98] *Palandt/Diederichsen* Rn. 28.
[99] Vgl. BT-Drucks. 13/892 S. 34 f.; *Palandt/Diederichsen* Rn. 28; FamRefK/*Rogner* Rn. 5.
[100] BT-Drucks. 13/892 S. 29.
[101] *Staudinger/Rauscher* § 1600a Rn. 38; letztlich offen gelassen, aber in der Tendenz für eine Erstreckung des Abs. 2 S. 3 Halbs. 2 auf die Anfechtung, BayObLG FamRZ 1999, 737, 739; zuletzt offen gelassen BGH NJW 2009, 1496. Vgl. zur Problematik ausführlich *Staudinger/Peschel-Gutzeit* Rn. 92 ff.; NK-BGB/*Kaiser* Rn. 85.
[102] Vgl. BGH NJW 1975, 345 f.; so auch *Chr. Huber* FamRZ 2006, 1425, 1426 für den Fall der Einwilligung in einen Vaterschaftstest.
[103] *Staudinger/Rauscher* § 1600a Rn. 47.
[104] OLG Hamm OLGZ 1986, 25, 29 f.

dessen Unterhaltsverpflichtung aufrechtzuerhalten und die eigene Unterhaltsbelastung gering zu halten;[105] in diesem Fall wird idR das Interesse des Kindes an der Kenntnis seiner Abstammung den Vorrang erhalten müssen.[106]

5. Einzelfälle. Die im Folgenden dargestellten Einzelfälle aus der Rspr.[107] können lediglich einen groben Eindruck vermitteln, wie die Vorschriften der §§ 1629 Abs. 2 S. 3, 1796 in der Praxis gehandhabt wurden. Sie sind auf den jeweiligen Einzelfall bezogen und lassen sich deshalb nicht als abstrakte Regeln verallgemeinern.

Ein erheblicher Interessengegensatz wurde zB bejaht: bei der – mangels eigener Reife nicht vom Kind selbst zu treffenden – Entscheidung über die Ausübung eines Zeugnisverweigerungsrechts im Ehescheidungsprozess der Eltern;[108] bei der Ausschlagung einer Erbschaft für das Kind, wenn durch die Ausschlagung der vertretungsberechtigte Elternteil Erbe wird,[109] oder bei der Beantragung eines Erbscheins, wenn der vertretungsberechtigte Elternteil davon ausgeht, selbst Alleinerbe geworden zu sein.[110]

Wenn nach dem Tod eines Ehegatten der überlebende Ehegatte Alleinerbe ist und es darum geht, ob dieser die Kinder bei der Entscheidung über die Geltendmachung von Pflichtteilsansprüchen vertreten kann, darf nicht in jedem Fall von einem erheblichen Interessengegensatz iSd. § 1796 ausgegangen werden. Vielmehr müssen auch hier im Einzelfall besondere Umstände hinzukommen; bei der Entscheidung ist auch der Gesichtspunkt des Familienfriedens zu berücksichtigen, insbesondere der Gedanke, dass die Geltendmachung des Anspruchs das Verhältnis der Kinder zum überlebenden Elternteil belasten und auf diese Weise letztlich für die Kinder nachteilig sein könnte.[111] Ähnliches gilt, wenn der verstorbene Ehegatte dem Kind ein Vermächtnis ausgesetzt hat, für die Wahrnehmung der Rechte aus diesem Vermächtnis gegenüber dem überlebenden und allein erbenden Ehegatten.[112]

Abgelehnt wurde der erhebliche Interessengegensatz in einem Fall, in dem die Eltern selbst eine Pflegschaft für die Durchführung eines Arzthaftungsprozesses des Kindes u. a. mit dem Argument begehrten, sie könnten in einem von ihnen als gesetzlicher Vertreter geführten Prozess nicht als Zeugen auftreten.[113]

6. Zuständigkeit und Verfahren. Das zuständige FamG bestimmt sich nach § 152 FamFG; die Entscheidung trifft der Rechtspfleger, § 3 Nr. 2 a RPflG.[114] Er wird von Amts wegen tätig. Gegen die Entscheidung des FamG findet die Beschwerde statt (§ 58 FamFG). Zur Beschwerdeberechtigung vgl. Vor § 1626 Rn. 17.

VI. Vertretungsausschluss im gerichtlichen Verfahren zur Durchsetzung der Abstammungsuntersuchung (Abs. 2 a)

Als lex specialis verdrängt der 2008 neu eingeführte § 1629 Abs. 2 a in seinem Anwendungsbereich die §§ 1629 Abs. 2, 1795, 1796 und ordnet einen Vertretungsausschluss an.[115] Der Anwendungsbereich umfasst das gerichtliche Verfahren zur Ersetzung der verweigerten Einwilligung in eine genetische Abstammungsuntersuchung samt gerichtlicher Duldungsanordnung bzgl. hierfür notwendiger medizinischer Maßnahmen vor dem Familiengericht (§ 1598a Abs. 2; vgl. Erl. dort).[116] Nach §§ 1693, 1909 Abs. 1 ist stets ein Ergänzungspfleger zu bestellen.[117] Auf diese Weise soll ein unwiderleglich vermuteter Interessenkonflikt verhindert werden, der bei der gerichtlichen Durchsetzung der Abstammungserklärung aus der Betroffenheit eigener, möglicherweise denen des Kindes zuwider laufender Interessen der Eltern resultiert. Im außergerichtlichen Bereich gilt die Vorschrift nicht. Hier bleibt es bei der Einzelfallkompetenz des FamG nach §§ 1629 Abs. 2 S. 3, 1796, bei Vorliegen eines erheblichen Interessengegensatzes dem vertretungsberechtigten Elternteil die Vertretungsmacht für die konkrete Entscheidung zu entziehen.[118]

---

[105] OLG Hamm OLGZ 1986, 25, 30 f.; *Staudinger/Rauscher* § 1600a Rn. 48.
[106] Vgl. zu weiteren Fällen *Staudinger/Rauscher* § 1600a Rn. 45 ff.
[107] S. dazu auch *Soergel/Strätz* Rn. 37; *Palandt/Diederichsen* Rn. 26.
[108] BayObLG NJW 1967, 209; OLG Stuttgart FamRZ 1965, 525.
[109] BayObLG FamRZ 1984, 200 (LS.); vgl. auch KG FamRZ 2010, 1171; OLG Köln FamRZ 2011, 231.
[110] OLG Köln FamRZ 2001, 430, 430 f.
[111] Vgl. BayObLG FamRZ 1963, 578 f.; 1989, 540, 541.
[112] OLG Hamm FamRZ 1969, 660.
[113] OLG Hamm Rpfleger 1984, 270.
[114] Bedenken dagegen äußert *Jansen* FGG § 35 Rn. 94.
[115] Vgl. RegBegr. BT-Drucks. 16/6561 S. 15; hierzu *Borth* FPR 2007, 384.
[116] Ausführlich zu Verfahrensfragen im Zusammenhang mit § 1598a BGB *Borth* FPR 2007, 381.
[117] Vgl. RegBegr. BT-Drucks. 16/6561 S. 13, 15.
[118] Vgl. RegBegr. BT-Drucks. 16/6561 S. 15.

VII. Geltendmachung von Unterhaltsansprüchen des Kindes (Abs. 2 S. 2; Abs. 3)

72 **1. Allgemeines.** § 1629 Abs. 2 S. 2 und Abs. 3 enthalten besondere Regeln für die Geltendmachung von Unterhaltsansprüchen des Kindes gegen die Eltern (§§ 1601 ff.). Konkret geht es darum, ob bzw. wie ein Elternteil diese Unterhaltsansprüche des Kindes **gegen den anderen Elternteil** geltend machen kann. Grundsätzlich steht die Geltendmachung von Unterhaltsansprüchen des Kindes dem Inhaber der Personensorge zu. Will jedoch ein personensorgeberechtigter Elternteil derartige Ansprüche des Kindes gegen den anderen Elternteil geltend machen, so ergeben sich Probleme: Wenn die Eltern miteinander verheiratet sind, ist der die Ansprüche geltend machende Elternteil gem. § 1629 Abs. 2 S. 1 iVm. § 1795 Abs. 1 Nr. 1, 3 grundsätzlich von der Vertretung ausgeschlossen. Unabhängig davon, ob die Eltern miteinander verheiratet sind, scheitert die Geltendmachung allein durch einen Elternteil, wenn die elterliche Sorge beiden Elternteilen gemeinsam zusteht, am Grundsatz der Gesamtvertretung, der grundsätzlich einverständliches Handeln verlangt. **§ 1629 Abs. 2 S. 2** hat die Funktion, diese Schwierigkeiten zu überwinden, um im Interesse des Kindes eine effektive Durchsetzung seiner Unterhaltsansprüche gerade in Krisenfällen (Trennung oder Streit der Eltern) zu gewährleisten; insbesondere soll vermieden werden, dass ein Pfleger bestellt werden muss bzw. dass der betreuende Elternteil in ein Sorgerechtsverfahren nach § 1671 getrieben wird.[119] Deshalb gibt die Vorschrift bei gemeinsamer Sorge beider Elternteile demjenigen Elternteil, in dessen Obhut sich das Kind befindet, das Recht, die Unterhaltsansprüche des Kindes gegen den anderen Elternteil geltend zu machen. Diese Regelung ist also eine Ausnahme sowohl zum Grundsatz der Gesamtvertretung als auch zu den Ausschlusstatbeständen des § 1629 Abs. 2 S. 1 iVm. § 1795.

73 **§ 1629 Abs. 3** enthält eine besondere Regelung für diejenigen Fälle, in denen die Eltern miteinander verheiratet sind, aber getrennt leben bzw. eine Ehesache zwischen ihnen anhängig ist. Hier kann ein Elternteil Unterhaltsansprüche des Kindes gegen den anderen Elternteil nur im eigenen Namen geltend machen, also im Wege der **Verfahrensstandschaft**. Zweck dieser Regelung ist es zu verhindern, dass das Kind als Partei in den Scheidungsstreit der Eltern hineingezogen wird.

74 **2. Alleinvertretungsrecht (Abs. 2 S. 2). a) Voraussetzungen. aa) Gemeinsame Sorge.** Das Alleinvertretungsrecht setzt voraus, dass die elterliche Sorge für das Kind den Eltern gemeinsam zusteht.[120] Es spielt keine Rolle, worauf der Eintritt der gemeinsamen Sorge beruht: Ehe (§§ 1626 bzw. 1626a Abs. 1 Nr. 2), Sorgeerklärungen (§ 1626a Nr. 1) oder gerichtliche Anordnung (zB §§ 1672 Abs. 2, 1696). Es kommt für die Anwendbarkeit der Vorschrift auch nicht unmittelbar darauf an, ob die Eltern sich getrennt haben oder ob ihre Ehe geschieden wurde.[121] Denn Voraussetzung ist lediglich das Bestehen gemeinsamer Sorge. Solange diese trotz der Trennung bzw. Scheidung fortbesteht, was nach der Neuregelung durch das KindRG grundsätzlich der Fall ist, bleibt § 1629 Abs. 2 S. 2 seinem eindeutigen Wortlaut nach anwendbar. Lassen sich die Eltern also scheiden, so kann der betreuende Elternteil die Barunterhaltsansprüche des Kindes gegen den anderen Elternteil durchsetzen, ohne dass zunächst gem. § 1671 eine Übertragung der Alleinsorge auf ihn herbeigeführt oder ein Ergänzungspfleger bestellt werden muss.[122]

75 Die derzeitige Fassung der Vorschrift beruht auf dem **KindRG**. Vorher war das Alleinvertretungsrecht auf diejenigen Fälle beschränkt, in denen die Eltern getrennt lebten bzw. zwischen ihnen eine Ehesache anhängig war, ohne dass bereits eine Regelung der Personensorge getroffen worden war. Jetzt wird ihr Anwendungsbereich durch das alleinige Abstellen auf das Vorliegen gemeinsamer Sorge erweitert. Damit hat das KindRG auch eine vorher bestehende Streitfrage entschieden, nämlich ob das Alleinvertretungsrecht auch nach der Ehescheidung weiter gilt, solange noch keine von der gemeinsamen Sorge abweichende Regelung über die Personensorge getroffen ist.[123] Die Antwort lautet jetzt: Die Ehescheidung ist für den Fortbestand der gemeinsamen Sorge und damit für das Alleinvertretungsrecht aus § 1629 Abs. 2 S. 2 grundsätzlich unbeachtlich. Nur wenn nach § 1671

---

[119] Vgl. nur BT-Drucks. 13/4899 S. 96; *Staudinger/Peschel-Gutzeit* Rn. 323; *Johannsen/Henrich/Jaeger* Rn. 2 f.

[120] Zu der – durchaus erwägenswerten – Frage, ob die Regelung des Abs. 2 S. 2 analog anzuwenden ist, wenn die Ehe (noch) besteht, dem klagenden Elternteil aber die alleinige elterliche Sorge übertragen wurde, vgl. *Staudinger/Peschel-Gutzeit* Rn. 339.

[121] Vgl. LG München I FamRZ 1999, 875, 876; jurisPK-BGB/*Schwer/B. Hamdan* Rn. 63.

[122] Vgl. *Palandt/Diederichsen* Rn. 31.

[123] Für Alleinvertretungsrecht gem. § 1629 Abs. 2 S. 2 analog die hM, zB: OLG Düsseldorf FamRZ 1997, 1095; OLG Hamm (12. FamS) FamRZ 1998, 313, 314; OLG Hamm (11. ZS) FamRZ 1998, 313 (LS.) = DAVorm. 1998, 529; OLG Hamm (13. ZS) FamRZ 1998, 379; OLG Frankfurt/M. (1. FamS) FamRZ 1995, 754; OLG Frankfurt/M. (3. FamS) FamRZ 1996, 888; für Alleinvertretungsrecht gem. § 1629 Abs. 1 S. 3 analog OLG Stuttgart FamRZ 1986, 595 ff.; dogmatische Konstruktion offen gelassen bei OLG Karlsruhe FamRZ 1998, 563. Gegen Alleinvertretungsrecht und für § 1628 bzw. Pflegerbestellung OLG Frankfurt/M. (2. ZS) FamRZ 1993, 228; s. auch OLG Bamberg FamRZ 1996, 1091; AG Landstuhl FamRZ 1998, 313.

Vertretung des Kindes   76, 77   § 1629

(oder einer anderen Vorschrift) die gemeinsame Sorge beendet wird, fällt auch das Alleinvertretungsrecht aus § 1629 Abs. 2 S. 2 weg.[124]

bb) Obhut. Das Alleinvertretungsrecht steht demjenigen Elternteil zu, in dessen Obhut sich das   76
Kind befindet. Lässt sich ein Schwerpunkt nicht ermitteln, greift § 1629 Abs. 2 S. 2 nicht ein.[125]
Der dem BGB fremde Begriff der Obhut ist § 51 Abs. 2 JWG (jetzt § 42 SGB VIII) entlehnt und
stellt auf die tatsächlichen Betreuungsverhältnisse ab: Das Kind befindet sich in der Obhut desjenigen
Elternteils, der schwerpunktmäßig und vorrangig für das Kind sorgt und sich um dessen Unterhalt
kümmert.[126] Maßgebend ist, wer die elementaren Lebensbedürfnisse des Kindes nach Pflege, Verköstigung, Kleidung, ordnender Gestaltung des Tagesablaufs und ständig abrufbereiter emotionaler
Zuwendung befriedigt oder sichert.[127] Es kommt nicht zwingend darauf an, ob bzw. in welcher
Form der Elternteil mit dem Kind zusammenlebt. Auch wenn er das Kind bei einem Dritten
unterbringt und auf diese Weise seinen Unterhalt sicherstellt (zB in einem Internat oder bei Verwandten), kann er die Obhut über das Kind innehaben; dies gilt insbesondere dann, wenn er regelmäßigen Umgang mit dem Kind und seinen Betreuungspersonen pflegt;[128] es schadet dann auch
nicht, wenn die für die Unterbringung anfallenden Kosten vom Jugendhilfeträger übernommen
werden.[129] Ebenso wenig verliert der tatsächlich betreuende Elternteil die Obhut dadurch, dass er
eine freiwillige Beistandschaft (§§ 1727 ff.) in Anspruch nimmt,[130] oder dadurch, dass der andere
Elternteil bei Engpässen „einspringt" und Aufgaben übernimmt, die in etwa denen einer Umgangsbefugnis nach erfolgter Sorgerechtsregelung entsprechen.[131] Ferner wird ein Obhutsverhältnis durch
einen (auch längeren) Ferienaufenthalt des Kindes beim anderen Elternteil nicht begründet.[132]

Leben die Eltern getrennt in verschiedenen Wohnungen und haben sie sich auf das sog. **Eingliederungsmodell**[133] geeinigt – das Kind lebt absprachegemäß zeitlich überwiegend in der Wohnung   77
des einen Elternteils, hält aber intensiven Kontakt zum anderen Elternteil, indem es in regelmäßigen
Abständen zeitweise in dessen Wohnung lebt – so hat der erstere Elternteil die Obhut inne; denn
diese liegt bei demjenigen Elternteil, der den Schwerpunkt der tatsächlichen Erziehung und Betreuung trägt.[134] Praktizieren die Eltern das sog. **Wechselmodell,** bei dem das Kind in – möglichst
gleichlangen Phasen – abwechselnd bei jeweils dem einen und dem anderen Elternteil lebt, und lässt
sich (im Zeitpunkt der Antragstellung)[135] kein Schwerpunkt der tatsächlichen Betreuung ermitteln,
so hat kein Elternteil die Obhut iSd. § 1629 Abs. 2 S. 2 inne. In diesem Fall muss derjenige Elternteil,
der den anderen für barunterhaltspflichtig hält, entweder eine gerichtliche Übertragung gem. § 1628
oder die Bestellung eines Pflegers für das Kind herbeiführen.[136] Die **Abgrenzung** richtet sich
danach, ob bei einem der beiden Elternteile der **Schwerpunkt der Betreuung** lokalisiert werden
kann; die **Darlegungs- und Beweislast** trifft denjenigen, der sich auf die Obhut beruft.[137] Hier
sind die Ansichten kontrovers: So sah es der BGH[138] – anders als etwa das KG[139] – für die Annahme
eines Schwerpunkts als ausreichend an, dass die Betreuungszeit zwischen den Eltern im Verhältnis
von $^2/_3$ zu $^1/_3$ aufgeteilt war, und hielt den zu $^2/_3$ betreuenden Elternteil für alleinvertretungsbefugt.
Nach Ansicht anderer Gerichte soll es für die Annahme einer überwiegenden Betreuung ausreichen,
dass der Anteil des einen Elternteils an der Betreuung den des anderen Elternteils geringfügig übersteigt.[140] ME sollte man hier aus Gründen der Praktikabilität und der Gewährleistung des Vereinfa-

---

[124] Vgl. dazu BT-Drucks. 13/4899 S. 96; FamRefK/*Rogner* Rn. 4; *Palandt/Diederichsen* Rn. 31.
[125] *Staudinger/Peschel-Gutzeit* Rn. 335; *Johannsen/Henrich/Jaeger* Rn. 6; vg. auch BGH FamRZ 2006, 1015.
[126] BGH FamRZ 2006, 1015, 1016; OLG Düsseldorf FamRZ 1988, 1092; OLG Frankfurt/M. FamRZ 1992, 575; OLG Stuttgart FamRZ 1995, 1168 (LS.); OLG Bamberg FamRZ 1985, 632; OLG Hamburg FamRZ 2001, 1235; KG FamRZ 2003, 53, 53; *Palandt/Diederichsen* Rn. 31; *Staudinger/Peschel-Gutzeit* Rn. 334 ff.; *Johannsen/Henrich/Jaeger* Rn. 6.
[127] OLG Hamburg FamRZ 2001, 1235; KG FamRZ 2003, 53, 53.
[128] Vgl. OLG Brandenburg FamRZ 2009, 1228.
[129] OLG Bamberg FamRZ 1985, 632, 633; s. auch *Staudinger/Peschel-Gutzeit* Rn. 334; vgl. aber auch OLG Stuttgart NJW 2005, 1382, 1383.
[130] Vgl. OLG Stuttgart FamRZ 1995, 1168 (LS.).
[131] OLG Frankfurt/M. FamRZ 1992, 575 f.; *Palandt/Diederichsen* Rn. 32; NK-BGB/*Kaiser* Rn. 41.
[132] OLG Köln FamRZ 2005, 1852 (LS.).
[133] Vgl. *Oelkers/Kasten* FamRZ 1993, 18, 20.
[134] Vgl. BGH FamRZ 2006, 1015, 1016; *Johannsen/Henrich/Jaeger* Rn. 6.
[135] OLG München FamRZ 2003, 248, 249.
[136] BGH FamRZ 2006, 1015, 1016; *Johannsen/Henrich/Jaeger* Rn. 6; NK-BGB/*Kaiser* Rn. 41.
[137] Vgl. OLG München FamRZ 2003, 248, 249.
[138] BGH FamRZ 2006, 1015, 1016.
[139] KG FamRZ 2003, 53.
[140] OLG Düsseldorf FamRZ 2001, 1235 (LS.); AG Freiburg FamRZ 2006, 567 f. (53% Betreuungszeit); ebenso jurisPK-BGB/*Schwer/B. Hamdan* Rn. 65.

chungszwecks der Vorschrift keine strengen Anforderungen an die Annahme eines Schwerpunkts der Betreuung anlegen. Die großzügige Linie in der Rspr. verdient deshalb den Vorzug.

78 Leben die Eltern noch in **derselben Wohnung,** so schließt dies nicht zwingend aus, dass ein Elternteil die Obhut über das Kind hat. Auch hier kommt es darauf an, ob sich ein Elternteil schwerpunktmäßig um die tatsächliche Betreuung und Erziehung des Kindes kümmert. Der Umfang der Erwerbstätigkeit der Elternteile (Vollbeschäftigung des einen, keine oder Teilzeitbeschäftigung des anderen Elternteils) mag hier ein gewisses Indiz bilden.[141] Entscheidend ist jedoch in jedem Einzelfall, wer die elementaren Lebensbedürfnisse des Kindes befriedigt, sodass es sein kann, dass ein Elternteil, der zwar nur halbtags arbeitet, sich aber häufig außerhalb der Ehewohnung aufhält, für sich keine schwerpunktmäßige Betreuung in Anspruch nehmen kann.[142]

79 **b) Rechtsfolge. aa) Allgemeines.** Der die Obhut innehabende Elternteil kann gem. § 1629 Abs. 2 S. 2 die Unterhaltsansprüche des Kindes gegen den anderen Elternteil geltend machen. Das bedeutet zunächst, dass der so berechtigte Elternteil insoweit abweichend vom Grundsatz des § 1629 Abs. 1 S. 1 Alleinvertretungsmacht hat; der andere Elternteil ist von der Vertretung ausgeschlossen.[143] Darüber hinaus befreit die Vorschrift den die Obhut innehabenden Elternteil von den Ausschlussgründen der §§ 1629 Abs. 2 S. 1, 1795 Abs. 1, 2, 181.[144]

80 **bb) Reichweite.** Das Alleinvertretungsrecht des § 1629 Abs. 2 S. 2 hat nach hM einen **weiten Anwendungsbereich.** Es erfasst sowohl die gerichtliche als auch die außergerichtliche[145] Geltendmachung der Unterhaltsansprüche des Kindes.[146] Die gerichtliche Geltendmachung umfasst dabei sowohl die Aktiv- als auch die Passivvertretung bei allen Streitigkeiten über die Unterhaltsansprüche des Kindes gegen den anderen Elternteil, also auch bei Abänderungsanträgen, Verfahren des einstweiligen Rechtsschutzes oder negativen Feststellungsanträgen des anderen Elternteils.[147] Andere Rechtsakte als die Geltendmachung von Unterhalt für das Kind werden jedoch nicht erfasst, etwa der Abschluss von (Rück-)Abtretungsvereinbarungen mit dem Sozialhilfeträger.[148]

81 Der gem. § 1629 Abs. 2 S. 2 alleinvertretungsberechtigte Elternteil muss die Ansprüche grundsätzlich **im Namen des Kindes** geltend machen.[149] Eine Ausnahme hiervon enthält § 1629 Abs. 3 S. 1 für die gerichtliche Geltendmachung bei verheirateten Eltern während des Getrenntlebens bzw. der Anhängigkeit einer Ehesache (vgl. Rn. 83 ff.).

82 **c) Ende.** Das Alleinvertretungsrecht endet in dem Moment, in dem seine Voraussetzungen wegfallen, insbesondere also dann, wenn keine gemeinsame Sorge mehr besteht (etwa infolge einer gerichtlichen Übertragung nach § 1671),[150] oder dann, wenn der betreffende Elternteil nicht mehr die Obhut über das Kind innehat.[151] Hatte der alleinvertretungsberechtigte Elternteil vor dem Wegfall der Voraussetzungen des § 1629 Abs. 2 S. 2 bereits einen Antrag gestellt, so wird dieser unzulässig, und zwar nicht nur für den Zeitraum ab Wegfall des Alleinvertretungsrechts, sondern insgesamt, dh auch für die bis dahin aufgelaufenen Unterhaltsrückstände.[152] Der dann alleinvertretungsberechtigte Elternteil ist dann berechtigt, den (zulässigerweise begonnenen) Rechtsstreit als „Abwicklungsmaßnahme" gem. § 91a ZPO (anwendbar gem. §§ 112, 113 FamFG) für erledigt zu erklären.[153]

83 **3. Verfahrensstandschaft bei Trennung und Scheidung (Abs. 3 S. 1). a) Anwendungsbereich. aa) Gerichtliche Geltendmachung.** Abs. 3 S. 1 ordnet in bestimmten Fällen zwingend eine Verfahrensstandschaft auf der **Aktivseite** an: Wenn die Eltern des Kindes miteinander verheiratet sind und sie getrennt leben oder zwischen ihnen eine Ehesache anhängig ist, können sie Unterhaltsansprüche des Kindes nur im eigenen Namen geltend machen. Der die Ansprüche geltend machende Elternteil ist also als Verfahrensstandschafter selbst Prozesspartei. Zum Normzweck vgl. Rn. 1 ff.

---

[141] Vgl. OLG Düsseldorf FamRZ 1988, 1092; NK-BGB/*Kaiser* Rn. 41; aA AG Groß-Gerau FamRZ 1991, 1466.
[142] OLG Hamburg FamRZ 2001, 1235.
[143] *Staudinger/Peschel-Gutzeit* Rn. 340; *Johannsen/Henrich/Jaeger* Rn. 7.
[144] Vgl. *Staudinger/Peschel-Gutzeit* Rn. 340.
[145] Vgl. OLG Hamburg FamRZ 1981, 490; aA *Langenfeld* NJW 1981, 2377, 2378.
[146] *Staudinger/Peschel-Gutzeit* Rn. 341; *Johannsen/Henrich/Jaeger* Rn. 7; *Soergel/Strätz* Rn. 44.
[147] *Staudinger/Peschel-Gutzeit* Rn. 340; *Soergel/Strätz* Rn. 42.
[148] AG Lüdenscheid FamRZ 2002, 1207.
[149] LG München I FamRZ 1999, 875, 876; *Staudinger/Peschel-Gutzeit* Rn. 341; *Johannsen/Henrich/Jaeger* Rn. 7; *Erman/Michalski/Döll* Rn. 19.
[150] Vgl. aber oben Rn. 85 und *Staudinger/Peschel-Gutzeit* Rn. 339.
[151] Vgl. hierzu OLG Koblenz FamRZ 2007, 412.
[152] Vgl. OLG Hamm FamRZ 1990, 890; *Johannsen/Henrich/Jaeger* Rn. 8, 11; *Staudinger/Peschel-Gutzeit* Rn. 338.
[153] OLG Köln FamRZ 2005, 1999; vgl. dazu näher *Norpoth* FamRZ 2007, 514.

Vertretung des Kindes   84–89 **§ 1629**

Die Vorschrift des Abs. 3 S. 1 erfasst nur diejenigen Fälle, in denen ein Elternteil Unterhaltsan- 84
sprüche des Kindes gegen den anderen Elternteil gerichtlich geltend macht; sie gilt nicht für die
außergerichtliche Geltendmachung.[154] Unter die gerichtliche Geltendmachung in diesem Sinne
fallen auch Verfahren des einstweiligen Rechtsschutzes, soweit diese zur Unterhaltsgewährung führen
können,[155] sowie die Vollstreckung aus dem Unterhaltstitel (s. Rn. 96).

Über den Wortlaut hinaus erfasst die Vorschrift des Abs. 3 S. 1 im Hinblick auf ihren Norm- 85
zweck, das Kind als Partei aus dem Scheidungsstreit der Eltern herauszuhalten, auch die gerichtliche
Vertretung des Kindes auf der **Passivseite,** also zB als Beklagter in einem Abänderungsverfahren
(§§ 238 f. FamFG) oder bei einem negativen Feststellungsantrag des anderen Elternteils.[156]

bb) Alleinvertretung. Die Verfahrensstandschaft gem. § 1629 Abs. 3 S. 1 für die Geltendma- 86
chung von Unterhaltsansprüchen des Kindes gegen den anderen Elternteil setzt zunächst voraus,
dass der antragstellende Elternteil insoweit zur Alleinvertretung befugt ist. Es spielt keine Rolle, ob
die Alleinvertretungsmacht auf einer gerichtlichen Übertragung oder auf der Obhutsregelung des
§ 1629 Abs. 2 S. 2 beruht.[157] Eine Beistandschaft gem. § 1712 Abs. 1 Nr. 2 ändert seit der Neuregelung durch das BeistandschG wegen § 1716 S. 1 nichts an der Vertretungsmacht der Eltern.[158] Im
Verfahren ist allerdings § 234 FamFG zu beachten: Wird das Kind durch das Jugendamt als Beistand
vertreten, so ist die Vertretung durch den sorgeberechtigten Elternteil ausgeschlossen.[159]

cc) Ehe. § 1629 Abs. 3 S. 1 idF des KindRG setzt voraus, dass die Eltern des Kindes miteinander 87
verheiratet sind. Das KindRG hat die Beschränkung auf miteinander verheiratete Elternteile eingeführt, weil die Beibehaltung der früheren Fassung dazu geführt hätte, dass die Regelung auch auf
nicht miteinander verheiratete Eltern, bei denen nach dem KindRG gemeinsame Sorge bestehen
kann, Anwendung gefunden hätte, obwohl die ratio der Vorschrift, das Kind als Partei aus dem
Scheidungsverfahren herauszuhalten, in diesen Fällen nicht greifen würde.[160]

dd) Trennung oder Anhängigkeit einer Ehesache. Abs. 3 S. 1 greift ein, wenn die Eltern 88
getrennt leben (§ 1567) bzw. wenn zwischen ihnen eine Ehesache (§ 121 FamFG) anhängig ist. In
diesem Zeitpunkt beginnt die gesetzliche Verfahrensstandschaft. Die Fallgruppe der Anhängigkeit
einer Ehesache erfasst die Verfolgung der Unterhaltsansprüche des Kindes sowohl innerhalb als auch
außerhalb des Scheidungsverbundverfahrens.[161]

Grundsätzlich besteht die von Abs. 3 S. 1 angeordnete Verfahrensstandschaft hier, solange die Ehesa- 89
che anhängig ist.[162] Wird die **Entscheidung über die Ehescheidung** nach der Einleitung des Verfahrens über den Kindesunterhalt **rechtskräftig,** so führt dies nicht zwingend zum Ende der Verfahrensstandschaft gem. Abs. 3 S. 1: Die Verfahrensstandschaft dauert über den Eintritt der Rechtskraft der
Scheidung hinaus bis zum Abschluss des Unterhaltsprozesses fort, wenn die elterliche Sorge oder die
Vertretungsbefugnis für die Geltendmachung der Unterhaltsansprüche des Kindes keinem anderen als
dem bisherigen Verfahrensstandschafter übertragen worden ist;[163] stützen lässt sich dies auf eine Analogie zu § 265 Abs. 2 S. 1 ZPO.[164] Derartige Fälle kommen insbesondere dann in Betracht, wenn die
Unterhaltssache vom Scheidungsverfahren abgetrennt wurde[165] oder wenn lediglich die Entscheidung
über den Kindesunterhalt, nicht aber die Entscheidung über den Scheidungsausspruch angefochten

---

[154] Vgl. *Staudinger/Peschel-Gutzeit* Rn. 344; NK-BGB/*Kaiser* Rn. 52; *Johannsen/Henrich/Jaeger* Rn. 9 (Rückschluss aus Abs. 3 S. 2, der sich nur auf gerichtliche, nicht auch auf außergerichtliche Vergleiche bezieht; andererseits aber verzugsbegründende Wirkung einer außergerichtlichen Mahnung, die ein alleinvertretungsberechtigter
Elternteil im eigenen Namen gegenüber dem anderen Elternteil ausspricht).
[155] Vgl. *Staudinger/Peschel-Gutzeit* Rn. 366; NK-BGB/*Kaiser* Rn. 52; *Palandt/Diederichsen* Rn. 38; s. auch
OLG Düsseldorf FamRZ 1994, 111.
[156] OLG Naumburg FamRZ 2003, 1115; OLG Zweibrücken FamRZ 1986, 1237; KG FamRZ 1988, 313,
314; OLG Stuttgart DAVorm. 1990, 900, 903; *Rogner* NJW 1994, 3325; *Erman/Michalski/Döll* Rn. 20; *Johannsen/
Henrich/Jaeger* Rn. 10.
[157] *Palandt/Diederichsen* Rn. 34; *Johannsen/Henrich/Jaeger* Rn. 9.
[158] Zur früheren Rechtslage vgl. KG NJW 1998, 2062 = FamRZ 1998, 378; KG DAVorm. 1998, 242; OLG
Brandenburg FamRZ 1998, 1121.
[159] Vgl. *Palandt/Diederichsen* § 1716 Rn. 2.
[160] Vgl. BT-Drucks. 13/4899 S. 96; FamRefK/*Rogner* Rn. 6.
[161] BGH FamRZ 1983, 474, 475 = LM Nr. 9 = NJW 1983, 2084; OLG Hamm FamRZ 1980, 1060; OLG
Saarbrücken FamRZ 1982, 952; *Rogner* NJW 1994, 3325, 3326; aA – nur bei Geltendmachung als Folgesache –
OLG Köln FamRZ 1981, 489; OLG Düsseldorf FamRZ 1981, 687.
[162] Vgl. OLG Frankfurt/M. FamRZ 1980, 1059; OLG Karlsruhe FamRZ 1980, 1059.
[163] BGH FamRZ 1990, 283, 284 = NJW-RR 1990, 323; OLG Hamm FamRZ 1998, 379; NK-BGB/*Kaiser*
Rn. 49; *Staudinger/Peschel-Gutzeit* Rn. 353 ff.
[164] *Gießler* FamRZ 1994, 800, 801 f.
[165] OLG Düsseldorf FamRZ 1987, 1183, 1184.

wird.¹⁶⁶ Der bereits bisher als Verfahrensstandschafter handelnde Elternteil kann in diesen Fällen also den Prozess fortführen; es ist nicht nötig, dass das Kind selbst als Partei in den Prozess eintritt. Anders ist es jedoch, wenn der alleinvertretungsberechtigte Elternteil ein Verfahren gegen den anderen Elternteil erst nach Rechtskraft der Scheidung einleitet: Hier greift die Verfahrensstandschaft gem. § 1629 Abs. 3 S. 1 nicht ein, das Kind ist selbst Partei und wird durch den betreffenden Elternteil vertreten.¹⁶⁷

90 **ee) Ende.** Die Verfahrensstandschaft gem. § 1629 Abs. 3 S. 1 endet, wenn ihre Voraussetzungen nicht mehr vorliegen. Dies ist der Fall, wenn der antragstellende Elternteil die elterliche Sorge oder sein Alleinvertretungsrecht für den Kindesunterhalt (§ 1629 Abs. 2 S. 2) verliert. In diesem Fall wird der von ihm gestellte Antrag unzulässig, und zwar insgesamt und nicht nur für den Zeitraum ab Wegfall der elterlichen Sorge bzw. des Alleinvertretungsrechts.¹⁶⁸ Die Verfahrensstandschaft für Unterhaltsansprüche des Kindes gegen den anderen Elternteil erlischt ferner, wenn rechtskräftig festgestellt wird, dass das Kind nicht von ihm abstammt.¹⁶⁹

91 Wenn das Kind während des von seinem vertretungsberechtigten Elternteil gem. § 1629 Abs. 3 S. 1 geführten Unterhaltsrechtsstreits **volljährig** wird, erlischt die Verfahrensstandschaft, und zwar auch hier mit Rückwirkung für das gesamte Verfahren, also auch für die bereits fällig gewordenen Unterhaltsansprüche.¹⁷⁰ Nach hM kommt es zu einem Parteiwechsel kraft Gesetzes, der keiner Zustimmung des Gegners bedarf; das Kind tritt automatisch als Partei in den Rechtsstreit ein.¹⁷¹ Das Kind führt den Rechtsstreit in dem Stand weiter, in dem er sich zum Zeitpunkt des Eintritts der Volljährigkeit befunden hat; dies ergibt sich aus § 1629 Abs. 3 S. 2.¹⁷² Wird das Kind vor Eintritt der Rechtskraft volljährig, kann es selbständig Rechtsmittel einlegen.¹⁷³ Umgekehrt müssen ab diesem Zeitpunkt Rechtsmittel des zur Zahlung von Kindesunterhalt verurteilten Beklagten unmittelbar gegen das Kind eingelegt werden.¹⁷⁴

92 **b) Folgen. aa) Verfahrensstandschaft.** Die von Abs. 3 S. 1 angeordnete Verfahrensstandschaft ist **zwingend**. Der vertretungsberechtigte Elternteil *muss* den Unterhaltsanspruch des Kindes im eigenen Namen geltend machen; er kann nicht als Vertreter des Kindes auftreten und im fremden Namen handeln. Eine zwischen den Eltern geschlossene Freistellungsvereinbarung über den Kinderunterhalt lässt die Antragsbefugnis des zur Freistellung verpflichteten Ehegatten auf Zahlung des Kindesunterhalts unberührt, weil das Kind ein schützenswertes Interesse daran hat bzw. haben kann, den Unterhaltsanspruch tituliert zu bekommen.¹⁷⁵

93 Der beantragende Elternteil ist als Verfahrensstandschafter selbst **Partei,** und zwar grundsätzlich mit allen sich daraus ergebenden Konsequenzen. Deshalb kann beispielsweise der auf Kindesunterhalt in Anspruch genommene Elternteil seinen Ehegattenunterhaltsanspruch gegen den antragstellenden Elternteil im Wege des Gegenantrags geltend machen.¹⁷⁶ Für die Gewährung von **Verfahrenskostenhilfe** kommt es nach Ansicht des BGH auf die Einkommens- und Vermögensverhältnisse des antragstellenden Elternteils an, nicht hingegen auf die Bedürftigkeit des Kindes.¹⁷⁷

94 Allerdings wird der antragstellende Elternteil nicht etwa Inhaber der geltend gemachten Forderung des Kindes (sodass etwa eine Aufrechnung mit dieser Forderung gegen Zugewinnansprüche

---

¹⁶⁶ OLG Bamberg FamRZ 1979, 448 (LS.); OLG Hamburg FamRZ 1984, 706, 708.
¹⁶⁷ Vgl. NK-BGB/*Kaiser* Rn. 49.
¹⁶⁸ OLG Hamm FamRZ 1990, 890 f.; OLG München FamRZ 1997, 1493 f.; *Johannsen/Henrich/Jaeger* Rn. 8, 11; *Staudinger/Peschel-Gutzeit* Rn. 338; s. auch *Gießler* FamRZ 1994, 800, 803 f.
¹⁶⁹ OLG Düsseldorf FamRZ 1987, 1162.
¹⁷⁰ BGH FamRZ 1983, 474, 475 = LM Nr. 9 = NJW 1983, 2084; BGH FamRZ 1990, 283, 284; OLG München FamRZ 1996, 422; *Gießler* FamRZ 1994, 800, 802; *Johannsen/Henrich/Jaeger* Rn. 12; jurisPK-BGB/ *Schwer/B. Hamdan* Rn. 80.
¹⁷¹ BGH FamRZ 1983, 474, 475; 1985, 471, 473; OLG München FamRZ 1996, 422; *Rogner* NJW 1994, 3325, 3326 (auch zu den prozessualen Konsequenzen); *Gießler* FamRZ 1994, 800, 802; *Staudinger/Peschel-Gutzeit* Rn. 361; aA (Kind muss Eintritt erklären) *Johannsen/Henrich/Jaeger* Rn. 12; *Schwab/Maurer/Barth* I Rn. 532, 367. Zur Abtrennung vom Scheidungsverbund (§§ 623 Abs. 1 S. 2, 628 Abs. 1 S. 2 ZPO) vgl. *Gießler* FamRZ 1994, 800, 802.
¹⁷² *Gießler* FamRZ 1994, 800, 802.
¹⁷³ Vgl. BGH FamRZ 1990, 283, 284; OLG Zweibrücken FamRZ 1989, 194, 195; *Gießler* FamRZ 1994, 800, 802; *Staudinger/Peschel-Gutzeit* Rn. 363.
¹⁷⁴ OLG Zweibrücken FamRZ 1997, 1166 (LS.); NK-BGB/*Kaiser* Rn. 57; s. aber *Rogner* NJW 1994, 3325, 3328: Einlegung möglich sowohl gegen den bisher prozessführungsbefugten Elternteil als auch gegen das Kind.
¹⁷⁵ OLG Stuttgart FamRZ 2006, 866.
¹⁷⁶ OLG Köln FamRZ 1995, 1497.
¹⁷⁷ BGH FamRZ 2005, 1164, 1166 f.; BGH FamRZ 2006, 32, 33; ebenso bereits OLG Bamberg NJW 2005, 1286; OLG Köln FamRZ 1993, 1472, 1473; OLG Hamm FamRZ 1991, 1208; *Palandt/Diederichsen* Rn. 39; aA *(Kind)* OLG Frankfurt/M. FamRZ 1994, 1041 f.; OLG Bamberg FamRZ 1994, 635; OLG Dresden FamRZ 1997, 1287; OLG Stuttgart MDR 1999, 41; kritisch NK-BGB/*Kaiser* Rn. 59; aA (Kind und Elternteil) OLG Koblenz FamRZ 1988, 637; 3. Aufl. Rn. 37.

des anderen Elternteils mangels Gegenseitigkeit nicht zulässig ist).[178] Auch unterliegen die vom vertretungsberechtigten Elternteil als Verfahrensstandschafter eingeklagten Unterhaltsbeträge nach Ansicht des BGH einer **treuhandartigen Zweckbindung** zugunsten des Kindes und sind als solche gegen den Zugriff persönlicher Gläubiger des Verfahrensstandschafter-Elternteils geschützt.[179]

bb) Wirkungserstreckung. Gem. Abs. 3 S. 2 wirken die von einem Elternteil erwirkten gerichtlichen Entscheidungen und zwischen den Eltern geschlossene gerichtliche Vergleiche auch für und gegen das Kind. Diese Wirkungserstreckung bleibt auch dann weiter bestehen, wenn die Voraussetzungen für die Verfahrensstandschaft wegfallen.[180] Entscheidungen idS sind nicht nur Beschlüsse, sondern auch einstweilige Anordnungen.[181] Nicht erfasst werden dem eindeutigen Wortlaut der Vorschrift nach außergerichtliche Vergleiche; hier kann eine Wirkung für bzw. gegen das Kind nur nach allgemeinen bürgerlich-rechtlichen Grundsätzen eintreten (Vertrag zugunsten Dritter; Stellvertretung).[182]

cc) Vollstreckung.[183] Der Elternteil, der als Verfahrensstandschafter gem. § 1629 Abs. 3 einen Vollstreckungstitel erwirkt hat, kann grundsätzlich die Zwangsvollstreckung aus dem Titel betreiben (§ 120 FamFG, §§ 724 f. ZPO), solange der Titel nicht gem. § 727 ZPO auf das Kind umgeschrieben wird.[184] Im Einzelnen ist Einiges umstr. **ME** gilt Folgendes: Der Wegfall der Voraussetzungen für die Verfahrensstandschaft führt per se nicht zwingend dazu, dass dem im Titel als Gläubiger genannten Elternteil die Vollstreckungsklausel verweigert werden darf.[185] Er rechtfertigt allerdings die Umschreibung des Titels auf das Kind gem. **§ 727 ZPO**; der Übergang der Prozessführungsbefugnis auf eine andere Person ist nämlich nach hM einer Rechtsnachfolge im Sinne dieser Vorschrift vergleichbar und rechtfertigt ihre analoge Anwendung.[186] Der aus dem Titel zur Zahlung des Kindesunterhalts verpflichtete andere Elternteil kann den Wegfall der Voraussetzungen der Verfahrensstandschaft des im Titel als Gläubiger genannten Elternteils nach zutr. hM[187] im Wege der **Vollstreckungsabwehrklage (§ 767 ZPO)** geltend machen; dies gilt unabhängig davon, ob der Wegfall der Voraussetzungen der Verfahrensstandschaft auf dem Eintritt der Volljährigkeit des Kindes beruht,[188] auf dem Wegfall des Obhutsverhältnisses iSd. § 1629 Abs. 2 S. 2[189] oder auf der Rechtskraft des Scheidungsurteils.[190] Erwogen wird lediglich, ob das Rechtsschutzbedürfnis für die Vollstreckungsabwehrklage fehlt, wenn der Verfahrensstandschafter-Elternteil nach Wegfall der Verfahrensstandschaft die alleinige elterliche Sorge für das Kind erhält und deshalb den Titel als Vertreter für das Kind vollstrecken lassen müsste, sodass der Titelschuldner mit befreiender Wirkung ohnehin nur an ihn leisten kann.[191] Der Titelgläubiger kann die Vollstreckungsabwehrklage des Titelschuldners nicht damit abwehren, dass er den auf ihn lautenden Titel für den Kindesunterhalt auf einen ihm möglicherweise zustehenden familienrechtlichen Ausgleichsanspruch für vergangene Unterhaltszahlungen umzuwidmen versucht; die Auswechslung titulierter Ansprüche ist nicht zulässig.[192]

---

[178] OLG Naumburg FamRZ 2001, 1236.
[179] BGH FamRZ 1991, 295, 296 f.; *Schwab/Maurer/Barth* I Rn. 538.
[180] Vgl. *Schwab/Maurer/Barth* I Rn. 536; aA in einem Teilbereich (verzugsbegründende Mahnung) beim Prozessvergleich OLG München FamRZ 1995, 1293; dagegen zu Recht *Krause* FamRZ 1996, 307 f.
[181] *Staudinger/Peschel-Gutzeit* Rn. 373 ff.; *Palandt/Diederichsen* Rn. 38.
[182] Vgl. *Erman/Michalski/Döll* Rn. 20 b; NK-BGB/*Kaiser* Rn. 53.
[183] Vgl. dazu *Hochgräber* FamRZ 1996, 272.
[184] Vgl. etwa BGH FamRZ 1991, 295, 296; KG FamRZ 1984, 505; OLG Hamburg FamRZ 1984, 927, 928; *Hochgräber* FamRZ 1996, 272; *Johannsen/Henrich/Jaeger* Rn. 13; *Staudinger/Peschel-Gutzeit* Rn. 379; NK-BGB/*Kaiser* Rn. 54 f.
[185] OLG Köln FamRZ 1985, 626; *Staudinger/Peschel-Gutzeit* Rn. 381 ff.; *Schwab/Maurer/Barth* I Rn. 537; abw. OLG Frankfurt/M. FamRZ 1994, 453 (ausnahmsweise Ablehnung der Klauselerteilung, wenn sich aus dem Titel oder sonstigen Umständen ergibt, dass die elterliche Vertretungsmacht entfallen ist, so etwa bei zwischenzeitlichem Eintritt der Volljährigkeit des Kindes).
[186] Vgl. OLG Köln FamRZ 1985, 626; OLG Hamm FamRZ 2000, 1590; *Hochgräber* FamRZ 1996, 272; § 727 ZPO Rn. 9; *Staudinger/Peschel-Gutzeit* Rn. 379 f.
[187] § 767 ZPO Rn. 66; *Becker-Eberhardt* ZZP 104 (1991), 413, 431; *Hochgräber* FamRZ 1996, 272; *Johannsen/Henrich/Jaeger* Rn. 13; *Staudinger/Peschel-Gutzeit* Rn. 386; NK-BGB/*Kaiser* Rn. 56; s. auch die in den folgenden Fn. zitierte Rspr.; aA OLG Frankfurt/M. FamRZ 1983, 1268 (Erinnerung).
[188] Vgl. OLG Brandenburg FamRZ 1997, 509; OLG Hamm FamRZ 1992, 843; OLG Oldenburg FamRZ 1992, 844; OLG Celle FamRZ 1992, 842 f.; s. auch OLG Köln FamRZ 1995, 308 (Vollstreckungsabwehrklage erfolglos bei Abtretung der titulierten Unterhaltsforderung vom volljährig gewordenen Kind an den Titelgläubiger); OLG München FamRZ 1990, 653.
[189] Vgl. OLG München FamRZ 1997, 1493 f.
[190] Vgl. OLG Köln FamRZ 1985, 626.
[191] Vgl. *Hochgräber* FamRZ 1996, 272, 273; *Becker-Eberhardt* ZZP 104 (1991), 413, 432.
[192] *Johannsen/Henrich/Jaeger* Rn. 13; *Hochgräber* FamRZ 1996, 272, 273.

§ 1629a Abschnitt 2. Titel 5. Elterliche Sorge

97 Hat der eine Elternteil, gegen den der andere Elternteil nach § 1629 Abs. 3 erfolgreich geklagt hatte, auf das Konto des anderen Elternteils gezahlt, um damit seine, gegenüber dem Kind bestehende Unterhaltsschuld zu begleichen, so kann der Unterhaltsschuldner diesen Zahlungsbetrag nicht wegen anderer Forderungen als Vollstreckungsgläubiger pfänden. Denn die Kontoforderung des anderen Elternteils, in die der Unterhaltsschuldner vollstrecken will, unterliegt wegen ihres treuhänderischen Charakters einer besonderen Zweckbindung, die entsprechend § 851 Abs. 1 ZPO iVm. § 399 BGB zur Unpfändbarkeit dieser Forderung führt.[193]

98 dd) **Abänderungsanträge.** Bei Abänderungsverfahren (§§ 238 f. FamFG) ist zu unterscheiden: In der Regel werden sie nach Wegfall der Voraussetzungen der Verfahrensstandschaft beantragt werden. Dann sind sie in jedem Fall durch bzw. gegen das Kind selbst zu erheben, und zwar auch dann, wenn der Titel (noch) nicht auf das Kind umgeschrieben ist.[194] Wird die Abänderung dagegen beantragt, solange die Verfahrensstandschaft noch besteht, insbesondere also vor Rechtskraft der Scheidung, muss das Abänderungsverfahren sowohl aktiv als auch passiv von dem berechtigten Elternteil als Verfahrensstandschafter geführt werden.[195]

§ 1629a Beschränkung der Minderjährigenhaftung

(1) [1] Die Haftung für Verbindlichkeiten, die die Eltern im Rahmen ihrer gesetzlichen Vertretungsmacht oder sonstige vertretungsberechtigte Personen im Rahmen ihrer Vertretungsmacht durch Rechtsgeschäft oder eine sonstige Handlung mit Wirkung für das Kind begründet haben, oder die auf Grund eines während der Minderjährigkeit erfolgten Erwerbs von Todes wegen entstanden sind, beschränkt sich auf den Bestand des bei Eintritt der Volljährigkeit vorhandenen Vermögens des Kindes; dasselbe gilt für Verbindlichkeiten aus Rechtsgeschäften, die der Minderjährige gemäß §§ 107, 108 oder § 111 mit Zustimmung seiner Eltern vorgenommen hat oder für Verbindlichkeiten aus Rechtsgeschäften, zu denen die Eltern die Genehmigung des Familiengerichts erhalten haben. [2] Beruft sich der volljährig Gewordene auf die Beschränkung der Haftung, so finden die für die Haftung des Erben geltenden Vorschriften der §§ 1990, 1991 entsprechende Anwendung.

(2) Absatz 1 gilt nicht für Verbindlichkeiten aus dem selbständigen Betrieb eines Erwerbsgeschäfts, soweit der Minderjährige hierzu nach § 112 ermächtigt war, und für Verbindlichkeiten aus Rechtsgeschäften, die allein der Befriedigung seiner persönlichen Bedürfnisse dienten.

(3) Die Rechte der Gläubiger gegen Mitschuldner und Mithaftende, sowie deren Rechte aus einer für die Forderung bestellten Sicherheit oder aus einer deren Bestellung sichernden Vormerkung werden von Absatz 1 nicht berührt.

(4) [1] Hat das volljährig gewordene Mitglied einer Erbengemeinschaft oder Gesellschaft nicht binnen drei Monaten nach Eintritt der Volljährigkeit die Auseinandersetzung des Nachlasses verlangt oder die Kündigung der Gesellschaft erklärt, ist im Zweifel anzunehmen, dass die aus einem solchen Verhältnis herrührende Verbindlichkeit nach dem Eintritt der Volljährigkeit entstanden ist; Entsprechendes gilt für den volljährig gewordenen Inhaber eines Handelsgeschäfts, der dieses nicht binnen drei Monaten nach Eintritt der Volljährigkeit einstellt. [2] Unter den in Satz 1 bezeichneten Voraussetzungen wird ferner vermutet, dass das gegenwärtige Vermögen des volljährig Gewordenen bereits bei Eintritt der Volljährigkeit vorhanden war.

Schrifttum: *H. Roth,* Die Einrede des Bürgerlichen Rechts, 1988.

[193] BGH FamRZ 2006, 860, 861.
[194] BGH LM ZPO § 323 Nr. 35 = NJW 1983, 1976 = FamRZ 1983, 806; OLG Karlsruhe FamRZ 1980, 1058 f. und 1149; OLG Frankfurt/M. FamRZ 1980, 1059; OLG Hamm FamRZ 1980, 1060; FamRZ 1981, 589; FamRZ 1990, 1375; OLG Köln FamRZ 1995, 1503 f. (LS.); *Staudinger/Peschel-Gutzeit* Rn. 388; *Palandt/Diederichsen* Rn. 42.
[195] KG FamRZ 1988, 313, 314; *Staudinger/Peschel-Gutzeit* Rn. 390; NK-BGB/*Kaiser* Rn. 58; *Palandt/Diederichsen* Rn. 42.

Übersicht

	Rn.		Rn.
I. Normzweck	1–5	4. Unterschiede zur beschränkten Erbenhaftung	36, 37
1. Schutz durch Haftungsbeschränkung	1–4	a) Keine Inventarerrichtung	36
2. Überblick	5	b) Rechtsfolgenverweisung	37
II. Voraussetzungen der Haftungsbeschränkung	6–25	5. Befriedigung der Gläubiger	38–58
1. Verbindlichkeiten aus Rechtsgeschäften oder sonstigen Handlungen der Eltern oder sonstiger vertretungsberechtigter Personen (Abs. 1 S. 1 Halbs. 1 Alt. 1)	7–18	a) Altverbindlichkeiten, die unter die Haftungsbeschränkung des § 1629a Abs. 1 fallen	39–48
a) Rechtsgeschäft oder sonstige Handlungen der Eltern	8–14	b) Neuverbindlichkeiten	49–54
b) Gleichstellung sonstiger vertretungsberechtigter Personen	15–18	c) Sonderfälle	55–58
2. Erwerb von Todes wegen (Abs. 1 S. 1 Halbs. 1 Alt. 2)	19, 20	6. Auswirkungen auf gegenseitige Verträge	59–62
3. Eigene Geschäfte des Minderjährigen (Abs 1 S. 1 Halbs. 2 Alt. 1)	21	**V. Unbeschränkte Haftung von Mitschuldnern, Mithaftenden und Sicherheiten (Abs. 3)**	63–66
4. Gerichtlich genehmigte Rechtsgeschäfte (Abs. 1 S. 1 Halbs. 2 Alt. 2)	22, 23	1. Normzweck	63
5. Maßgeblicher Zeitpunkt	24	2. Reichweite	64–66
6. Nicht erfasste Bereiche	25	**VI. Vermutungen zugunsten des Gläubigerschutzes bei Gesamthandsgemeinschaften und Handelsgeschäften (Abs. 4)**	67–81
III. Ausnahmen (Abs. 2)	26–30	1. Normzweck	67–69
1. Erwerbsgeschäft (§ 112)	27	2. Vermutung des Entstehens der Verbindlichkeit nach Eintritt der Volljährigkeit (Abs. 4 S. 1)	70–77
2. Befriedigung persönlicher Bedürfnisse	28–30	a) Fortdauernde Beteiligung an Erbengemeinschaft oder Gesellschaft (Halbs. 1)	70–75
IV. Rechtsfolge: Haftungsbeschränkung – Anwendung der §§ 1990, 1991 (Abs. 1 S. 2)	31–62	b) Weiter betriebenes Handelsgeschäft (Halbs. 2)	76, 77
1. Einrede	31, 32	3. Vermutung des Vermögenserwerbs vor Eintritt der Volljährigkeit (Abs. 4 S. 2)	78–81
2. Prozessuale Folgen	33, 34	**VII. Inkrafttreten**	82
3. Geltung des Auftragsrechts	35		

I. Normzweck

1. Schutz durch Haftungsbeschränkung. Die durch das MHbeG v. 25. 8. 1998 eingefügte **1** Vorschrift dient dem Schutz des Minderjährigen davor, dass er in Folge der gesetzlichen Vertretungsmacht seiner Eltern mit erheblichen Schulden in die Volljährigkeit entlassen wird. Der Gesetzgeber ist damit einer Aufforderung des **BVerfG** nachkommen. Dieses hatte es mit Beschluss vom 13. 5. 1986 für unvereinbar mit dem allgemeinen Persönlichkeitsrecht Minderjähriger erklärt, dass Eltern ihre Kinder kraft ihrer elterlichen Vertretungsmacht bei der Fortführung eines ererbten Handelsgeschäfts in ungeteilter Erbengemeinschaft finanziell unbegrenzt verpflichten können.[1] Zwar seien Nachwirkungen der elterlichen Sorge nach Eintritt der Volljährigkeit nicht generell inakzeptabel. Der Gesetzgeber müsse aber dafür Sorge tragen, dass dem volljährig Gewordenen Raum bleibe, um sein weiteres Leben selbst und ohne unzumutbare Belastungen zu gestalten, die er nicht zu verantworten habe. Diese Möglichkeit bleibe dem Minderjährigen jedoch verschlossen, wenn er als Folge der Vertretungsmacht seiner Eltern mit erheblichen Schulden in die Volljährigkeit entlassen werde.[2]

Konkret stellte das BVerfG mit Gesetzeskraft fest, dass § 1629 Abs. 1 iVm. § 1643 Abs. 1 insoweit **2** nicht mit Art. 2 Abs. 1 iVm. Art. 1 Abs. 1 GG vereinbar ist, als danach Eltern im Zusammenhang mit der Fortführung eines zum Nachlass gehörenden Handelsgeschäfts ohne familiengerichtliche Genehmigung Verbindlichkeiten zu Lasten ihrer minderjährigen Kinder eingehen können, die über deren Haftung mit dem ererbten Vermögen hinausgehen. Das BVerfG zeigte **zwei Lösungswege**

---

[1] BVerfGE 72, 155 = NJW 1986, 1859 = FamRZ 1986, 769; vgl. dazu aus der umfangreichen Literatur zB: M. *Wolf* AcP 187 (1987), 319; *Reuter* AcP 192 (1992), 108; *Ramm* NJW 1989, 1708; K. *Schmidt* NJW 1989, 1712; *Hertwig* FamRZ 1987, 124; *Peschel-Gutzeit* FamRZ 1993, 1009; *Laum/Dylla-Krebs*, FS Vieregge, S. 513.
[2] BVerfGE 72, 155, 173 = NJW 1986, 1859, 1860.

zur Beseitigung dieses Verfassungsverstoßes auf: Zum einen die Fortschreibung des Kataloges derjenigen Geschäfte, die gem. § 1643 iVm. §§ 1821, 1822 familiengerichtlicher Genehmigung bedürfen; zum anderen die Einführung einer Haftungsbeschränkung zugunsten des Kindes.[3]

3 Der Gesetzgeber hat sich für das Modell der **Haftungsbeschränkung** entschieden. Die gesetzestechnisch einfachere Lösung über eine Erweiterung des Katalogs der gem. §§ 1643, 1821, 1822 genehmigungsbedürftigen Geschäfte hat der Gesetzgeber aus folgenden Erwägungen heraus abgelehnt: Erstens würde der Katalog zwangsläufig Lücken aufweisen. Zweitens bereite die familiengerichtliche Genehmigung der Fortführung des ererbten Handelsgeschäfts durch den Minderjährigen dem Gericht erhebliche praktische Probleme, weil sie eine Prognose über die künftige Entwicklung des Geschäfts voraussetze, die idR ein Sachverständigengutachten erfordere; die daraus resultierenden Verzögerungen seien weder im Interesse der gesetzlichen Vertreter noch im Interesse der Geschäftspartner. Auch könne der Weg über die Genehmigung den Minderjährigen nicht verlässlich vor einer Überschuldung schützen. Denn die nach der familiengerichtlichen Genehmigung betriebenen Geschäfte des Betriebs brächten immer auch das Risiko erheblicher Verluste mit sich. Dies lasse sich nur verhindern, indem man alle laufenden Geschäfte dem Erfordernis einer familiengerichtlichen Genehmigung unterwerfe, was wiederum zu einer nicht hinnehmbaren Störung der Geschäftstätigkeit der Unternehmen führen und die Gerichte erheblich belasten würde.[4] Den Bedenken, die sich gegen das Haftungsbeschränkungsmodell aus dem Gedanken des **Schutzes der Gläubiger und des Rechtsverkehrs** ergeben,[5] begegnet der Gesetzgeber, indem er zugunsten der Gläubiger in Abs. 4 Vermutungstatbestände sowie im Handels- und Gesellschaftsrecht Publizitätspflichten statuiert.[6] Ergänzt wird das Haftungsbeschränkungsmodell des § 1629a durch das Recht des volljährig Gewordenen zur außerordentlichen Kündigung der Gesellschaft (§ 723 Abs. 1).

4 Der Gesetzgeber ist bei der Ausgestaltung des Minderjährigenschutzes vor Überschuldung in einigen Punkten über die zwingenden Vorgaben des BVerfG hinausgegangen, etwa bei der Bestimmung des Kreises der unter die Beschränkung fallenden Verbindlichkeiten oder beim gesellschaftsrechtlichen Kündigungsrecht.[7] Andererseits wird er dafür kritisiert, sich nur auf die haftungsrechtlichen Folgen der gesetzlichen Vertretung beschränkt und andere existenzbedrohende Bereiche wie die Deliktshaftung Jugendlicher außer Acht gelassen zu haben.[8] De lege lata ist jedoch von der derzeitigen Fassung des § 1629a auszugehen.

5 **2. Überblick.** § 1629a **Abs. 1** enthält die grundsätzliche Definition des Kreises der Verbindlichkeiten, bei denen die Möglichkeit einer Haftungsbeschränkung besteht (S. 1) und regelt die Art und Weise der Geltendmachung der Haftungsbeschränkung durch Verweis auf die Vorschriften der §§ 1990, 1991 (S. 2). **Abs. 2** nimmt bestimmte Verbindlichkeiten von der Möglichkeit der Haftungsbeschränkung aus. **Abs. 3** stellt klar, dass die Möglichkeit der Haftungsbeschränkung für das volljährig gewordene Kind nicht Dritten zugutekommen soll, die aus der betreffenden Verbindlichkeit mitverpflichtet sind oder hierfür Sicherheit geleistet haben.[9] **Abs. 4** schließlich dient dem Gläubigerschutz bei Erbengemeinschaft, Gesellschaft und Betrieb eines Handelsgeschäfts: Mit Hilfe zweier Vermutungen soll den Risiken begegnet werden, die sich daraus ergeben, dass der volljährig Gewordene seine Position im Geschäftsleben weiter innehaben kann, ohne auf die Möglichkeit der Haftungsbeschränkung zu verzichten.[10]

II. Voraussetzungen der Haftungsbeschränkung

6 § 1629a beschränkt die Haftung des Kindes für bestimmte Verbindlichkeiten auf den Bestand des bei Eintritt der Volljährigkeit vorhandenen Vermögens. Die Vorschrift unterscheidet dabei vier Fallgruppen (s. Rn. 7 bis 23); andere als die dort genannten Verbindlichkeiten fallen nicht unter die Haftungsbeschränkung. Abs. 2 nimmt bestimmte Verbindlichkeiten von der Haftungsbegrenzung aus (s. Rn. 26 bis 30). Die Voraussetzungen für die Haftungsbeschränkung ergeben sich aus § 1629a selbst. Die Verweisung auf §§ 1990, 1991 ist keine Rechtsgrund-, sondern eine Rechtsfolgenverweisung (vgl. Rn. 37).

---

[3] BVerfGE 72, 155, 174 = NJW 1986, 1859, 1861.
[4] Vgl. dazu Amtl. Begr. BT-Drucks. 13/5624 S. 6 f.
[5] Zu Missbrauchsgefahren vgl. etwa *Müller-Feldhammer* FamRZ 2002, 13, 14 ff.
[6] Amtl. Begr. BT-Drucks. 13/5624 S. 7.
[7] Vgl. *Habersack* FamRZ 1999, 1, 4, 6 f.
[8] Vgl. *Goecke* NJW 1999, 2305; *Klüsener* Rpfleger 1999, 55, 59; *Palandt/Diederichsen* Rn. 2. S. auch BVerfG NJW 1998, 3557.
[9] Vgl. Amtl. Begr. BT-Drucks. 13/5624 S. 13.
[10] Vgl. Amtl. Begr. BT-Drucks. 13/5624 S. 13.

1. Verbindlichkeiten aus Rechtsgeschäften oder sonstigen Handlungen der Eltern oder sonstiger vertretungsberechtigter Personen (Abs. 1 S. 1 Halbs. 1 Alt. 1).
Erfasst sind zunächst Verbindlichkeiten, welche die Eltern im Rahmen ihrer gesetzlichen Vertretungsmacht oder sonstige vertretungsberechtigte Personen im Rahmen ihrer Vertretungsmacht durch Rechtsgeschäft oder eine sonstige Handlung mit Wirkung für das Kind begründet haben.

a) Rechtsgeschäft oder sonstige Handlungen der Eltern. aa) Rechtsgeschäfte.
Rechtsgeschäfte iS dieser Vorschrift werden idR Verträge sein. Der Begriff der „durch Rechtsgeschäft" begründeten Verbindlichkeiten erfasst in erster Linie die Primärhaftung auf Erfüllung. Nur diese Pflichten werden unmittelbar durch das Rechtsgeschäft bzw. den Vertrag selbst begründet. Die Sekundärhaftung dagegen beruht auf der Begehung von Pflichtverletzungen, also auf „sonstigen Handlungen".[11]

Die Verbindlichkeit muss **im Rahmen der gesetzlichen Vertretungsmacht der Eltern mit Wirkung für das Kind** begründet worden sein. Das Abstellen auf das Vorliegen der Vertretungsmacht ist neben der Voraussetzung, dass die Verbindlichkeit mit Wirkung für das Kind herbeigeführt werden muss, überflüssig, weil bei Fehlen der Vertretungsmacht ohnehin keine Verpflichtung für das Kind begründet würde.[12] Bedeutung kann diese Voraussetzung deshalb allenfalls insofern erlangen, als sie nur solche Verbindlichkeiten zu erfassen scheint, welche die Eltern kraft ihrer *gesetzlichen* Vertretungsmacht eingehen, nicht aber solche, die sie für das Kind kraft rechtsgeschäftlicher Vertretungsmacht eingehen. Diese Problematik stellt sich insbesondere bei Personengesellschaften. Aufgrund des Normzwecks des § 1629a ist dabei davon auszugehen, dass § 1629a analog anzuwenden ist, wenn die Eltern kraft rechtsgeschäftlicher Vertretungsmacht handeln;[13] vgl. dazu ausführlich Rn. 17 f.

bb) Sonstige Handlungen.
Durch die Einbeziehung „sonstiger Handlungen" wollte der Gesetzgeber insbesondere solche Verpflichtungen erfassen, die auf Realakten der Eltern beruhen, die dem Kind über § 278 zugerechnet werden; denn auch derartige Verbindlichkeiten träfen das Kind ohne eigenes Zutun allein als Folge des elterlichen Vertretungsrechts und seien geeignet, zu erheblichen Belastungen zu führen.[14]

Hauptanwendungsfall wird die **(Sekundär-)Haftung für Pflichtverletzungen der Eltern** sein (s. oben). Voraussetzung für die Haftungsbeschränkung ist, dass durch die betreffende Handlung eine Verbindlichkeit mit Wirkung für das Kind begründet wurde. Daraus folgt, dass nur solche Handlungen erfasst werden, für die das Kind nach den allgemeinen Zurechnungsnormen einstehen muss. In Betracht kommt insbesondere die Zurechnung des Verhaltens der Eltern gem. § 278.[15] Diese setzt voraus, dass zwischen dem Kind und dem durch das elterliche Handeln Geschädigten bereits eine Sonderverbindung iSd § 278 bestand, aus der Pflichten entstanden sind, welche die Eltern verletzt haben.[16] Ob diese Sonderverbindung rechtsgeschäftlichen oder gesetzlichen Ursprungs war, ist unerheblich.[17] Daraus ergibt sich konkret Folgendes:

Verletzen die Eltern schuldhaft Pflichten aus einem für das Kind geschlossenen **Vertrag** und haften sie deshalb auf Schadensersatz, so kann sich das volljährig gewordene Kind auf die Haftungsbeschränkung des § 1629a Abs. 1 berufen: Die Pflichtverletzung stellt eine „sonstige Handlung" dar; der Vertrag begründet die Sonderverbindung, welche die Anwendung der Zurechnungsnorm des § 278 rechtfertigt und deshalb die „Wirkung" dieser Handlung auf das Kind erstreckt. Entsprechendes gilt für die Haftung der Eltern aus §§ 311 Abs. 2, 280, 241 Abs. 2 (c. i. c.) oder §§ 280, 241 Abs. 2 (früher: pVV), wenn die haftungsbegründende Sonderbeziehung zwischen dem Dritten und dem Kind bestand.[18]

Erfüllen die Eltern **gesetzlich begründete Verbindlichkeiten** des Kindes gegenüber Dritten, etwa aus Delikts- oder Bereicherungsrecht, nicht rechtzeitig oder nicht ordnungsgemäß, so werden die daraus resultierenden Schadensersatzverpflichtungen des Kindes ebenfalls von § 1629a erfasst, weil *diese* Pflichtverletzung der Eltern im Rahmen der durch das Gesetz begründeten Verbindlichkeit des Kindes erfolgte.[19]

---

[11] Vgl. *Habersack* FamRZ 1999, 1, 4.
[12] Vgl. *Muscheler* WM 1998, 2271, 2280; *Behnke* NJW 1998, 3078, 3079; *Erman/Michalski/Döll* Rn. 4.
[13] NK-BGB/*Kaiser* Rn. 12; *Staudinger/Coester* Rn. 18.
[14] Amtl. Begr. BT-Drucks. 13/5624 S. 13; vgl. NK-BGB/*Kaiser* Rn. 13; *Staudinger/Coester* Rn. 23.
[15] *Habersack* FamRZ 1999, 1, 4; *Klüsener* Rpfleger 1999, 55, 56; *Erman/Michalski/Döll* Rn. 4.
[16] Vgl. *Klüsener* Rpfleger 1999, 55, 56 Fn. 12; *Palandt/Grüneberg* § 278 Rn. 2 ff.
[17] *Habersack* FamRZ 1999, 1, 4; *Klüsener* Rpfleger 1999, 55, 56 Fn. 12.
[18] Vgl. *Bittner* FamRZ 2000, 325, 327.
[19] Vgl. *Habersack* FamRZ 1999, 1, 4.

14 Begehen die **Eltern** dagegen gegenüber Dritten **eigenständige**, nicht mit einer Sonderverbindung zwischen dem Dritten und dem Kind in Verbindung stehende, **haftungsbegründende Handlungen**, so scheitert eine (Mit-)Haftung des Kindes idR an den Voraussetzungen des § 831, weil die Eltern nicht die Verrichtungsgehilfen des Kindes sind. Für eine Haftungsbeschränkung gem. § 1629a besteht dann weder Raum noch Bedürfnis.[20]

15 **b) Gleichstellung sonstiger vertretungsberechtigter Personen.** Die Haftungsbeschränkung für die eben geschilderten Arten von Verbindlichkeiten tritt nicht nur dann ein, wenn sie von den Eltern begründet werden, sondern auch dann, wenn sie von sonstigen vertretungsberechtigten Personen im Rahmen ihrer Vertretungsmacht[21] mit Wirkung für das Kind begründet werden. Darunter fallen insbesondere Testamentsvollstrecker, Mitgesellschafter oder Prokuristen bzw. sonstige Bevollmächtigte von Personengesellschaften, denen der Minderjährige angehört, und andere für den Minderjährigen vertretungsberechtigte Personen,[22] also zB auch solche, denen der Minderjährige mit Einwilligung der Eltern (§ 111) Vollmacht erteilt hat.[23] Zu § 1793 Abs. 2 vgl. Erl. dort.

16 Die **ratio** dieser Erstreckung des Haftungsprivilegs auf andere vertretungsberechtigte Personen liegt in dem Gedanken, dass es für den Minderjährigen im Ergebnis unerheblich ist, über welche rechtliche Konstruktion er mit erheblichen Verbindlichkeiten belastet wird.[24] Außerdem hielt der Gesetzgeber insbesondere bei Personengesellschaften eine Beschränkung auf Verbindlichkeiten, die durch die Eltern begründet wurden, für problematisch: Zum einen fürchtete er die Umgehung des Haftungsprivilegs dadurch, dass statt der Eltern stets andere vertretungsberechtigte Personen für die Gesellschaft handeln würden. Zum anderen sah er erhebliche Abgrenzungsschwierigkeiten für den Fall, dass die Eltern als geschäftsführungsberechtigte Mitgesellschafter nicht nur ein aus der elterlichen Sorge abgeleitetes, sondern auch ein gesellschaftsrechtliches Vertretungsrecht haben.[25]

17 Auch hier setzt die Vorschrift voraus, dass die handelnde Person als Vertreter für das Kind aufgetreten ist. Dies wirft Probleme auf, wenn der Minderjährige **Gesellschafter** einer **OHG** oder einer **KG** ist. Nach hM wird hier nämlich durch das Handeln der vertretungsberechtigten Personen die Gesellschaft selbst als rechtsfähige Einheit vertreten, nicht dagegen der einzelne Gesellschafter, der lediglich gem. § 128 HGB (ggf. iVm. § 161 Abs. 2 HGB) für die Verbindlichkeiten der Gesellschaft einstehen muss.[26] Allerdings sprechen sowohl die Intentionen des Gesetzgebers als auch der Zweck der Erstreckung des Haftungsprivilegs auf sonstige Personen (s. Rn. 16) dafür, auch diese Fälle unter § 1629a Abs. 1 S. 1 zu fassen.[27] Denn an die Personenhandelsgesellschaften hat der Gesetzgeber gerade gedacht, als er die Erstreckung auf sonstige Personen eingeführt hat.[28] Zwar lässt sich die personengesellschaftsrechtliche Haftung aus § 128 HGB (ggf. iVm. § 161 Abs. 2 HGB) nicht mehr unter den Wortlaut des § 1629a Abs. 1 S. 1 fassen, weil die für die Gesellschaft begründeten Verbindlichkeiten nicht unmittelbar „mit Wirkung" für den einzelnen Gesellschafter begründet werden. Doch ist angesichts des geschilderten Normzwecks eine analoge Anwendung des § 1629a geboten. Entsprechendes gilt für die Mitgliedschaft des Minderjährigen in einer **Partnerschaftsgesellschaft** (vgl. § 8 Abs. 1 PartGG).[29] Angesichts der nunmehr gefestigten Rspr. und der ihr folgenden ganz hM zur akzessorischen Haftung der Gesellschafter einer **Außen-GbR** entspr. § 128 HGB für Gesellschaftsverbindlichkeiten ist auch insoweit § 1629a analog anzuwenden.[30]

18 Wenn die **Eltern** als vertretungsberechtigte Gesellschafter einer Personengesellschaft eine Verbindlichkeit für den Minderjährigen bzw. dessen Haftung für diese Verbindlichkeit begründet haben, ergeben sich weitere Probleme in Bezug auf die von § 1629a vorausgesetzte Vertretungsmacht. Der

---

[20] Vgl. *Habersack* FamRZ 1999, 1, 4; *Klüsener* Rpfleger 1999, 55, 56.
[21] Krit. zur Erforderlichkeit dieser Voraussetzung *Muscheler* WM 1998, 2271, 2280; *Staudinger/Coester* Rn. 24; vgl. auch Rn. 16 f.
[22] Amtl. Begr. BT-Drucks. 13/5624 S. 8; *Palandt/Diederichsen* Rn. 7; NK-BGB/*Kaiser* Rn. 10; *Staudinger/Coester* Rn. 19.
[23] *Staudinger/Coester* Rn. 20; *Behnke* NJW 1998, 3078, 3079.
[24] Amtl. Begr. BT-Drucks. 13/5624 S. 8; NK-BGB/*Kaiser* Rn. 10.
[25] Amtl. Begr. BT-Drucks. 13/5624 S. 8.
[26] Vgl. *Habersack* FamRZ 1999, 1, 3; *Schlegelberger/K. Schmidt* HGB § 125 Rn. 1 ff.
[27] NK-BGB/*Kaiser* Rn. 11; *Staudinger/Coester* Rn. 20; *Habersack* FamRZ 1999, 1, 3 (auch zur Notwendigkeit eines Firmenzusatzes gem. § 19 Abs. 2 HGB); *Grunewald* ZIP 1999, 597 f. (auch zur Haftung der Gesellschaft für Verbindlichkeiten aus unerlaubten Handlungen nicht vertretungsberechtigter Personen); aA *Klumpp* ZEV 1998, 409, 411.
[28] Amtl. Begr. BT-Drucks. 13/5624 S. 8.
[29] *Habersack* FamRZ 1999, 1, 3.
[30] § 714 Rn. 34; jurisPK-BGB/*Schwer/B. Hamdan* Rn. 4; vgl. BGH NJW 2001, 1056, 1061; NJW 2003, 1803, 1804 ff.; NJW-RR 2006, 1268, 1269 f.; *Staudinger/Habermeier* Vor § 705 Rn. 35; *K. Schmidt* GesR § 60 III 2, S. 1790; zur früheren Auffassung vgl. 3. Aufl. § 714 Rn. 23 ff.; *Jauernig/Stürner* § 705 Rn. 1; wohl auch *Staudinger/Coester* Rn. 20.

Wortlaut der Vorschrift setzt nämlich bei den Eltern voraus, dass sie im Rahmen ihrer *gesetzlichen* Vertretungsmacht handeln, während die zweite Alternative zwar auch gewillkürte Vertretungsmacht genügen lässt, aber ein Handeln *sonstiger* Personen verlangt. Die ratio der Erweiterung auf die sonstigen Personen und das Ziel des Gesetzgebers, derartige Abgrenzungsschwierigkeiten zu vermeiden (vgl. Rn. 16), sprechen jedoch dafür, dem volljährig Gewordenen die Haftungsbeschränkung des § 1629a auch in diesen Fällen zu gewähren.[31] Rechtstechnisch handelt es sich auch hier um eine Analogie zu § 1629a.

2. Erwerb von Todes wegen (Abs. 1 S. 1 Halbs. 1 Alt. 2).

Die Haftungsbeschränkung 19 erstreckt sich auch auf solche Verbindlichkeiten, die auf Grund eines während der Minderjährigkeit erfolgten Erwerbs von Todes wegen entstanden sind. Dieser Regelung liegt folgende Überlegung zugrunde: Die aus dem Anfall der Erbschaft an das Kind resultierenden Verbindlichkeiten können erhebliche Ausmaße annehmen und für das volljährig gewordene Kind in ähnlicher Weise wirken wie rechtsgeschäftlich begründete Verbindlichkeiten, sodass der durch § 1629a angestrebte Schutz auch hier greifen muss. Ohne gesonderte Erwähnung des Erwerbs von Todes wegen würde die Vorschrift aber weitgehend keine Anwendung finden, weil diese Verbindlichkeiten auf dem Anfall der Erbschaft beruhen, also in der Regel unabhängig von einem Rechtsgeschäft oder einer sonstigen (aktiven) Handlung der Eltern entstehen, sondern durch das bloße Unterlassen der Ausschlagung innerhalb der betreffenden Frist (§§ 1943 f.).[32]

Die **erbrechtlichen Möglichkeiten der Haftungsbeschränkung** (§§ 1975 ff.) werden durch 20 die Haftungsbeschränkung des § 1629a nicht berührt. § 1629a bietet dem Minderjährigen bei Eintritt der Volljährigkeit vielmehr eine „zweite Chance" zur Haftungsbeschränkung für den Fall, dass beim Anfall der Erbschaft die Ausschlagung oder die Möglichkeiten der §§ 1975 ff. versäumt wurden.[33] Mittelbar kann dies auch den Eltern zugutekommen, etwa im Hinblick auf etwaige Schadensersatzpflichten aus § 1664 wegen des Unterlassens rechtzeitiger Maßnahmen zur Vermeidung der Verbindlichkeiten aus der Erbschaft.[34]

3. Eigene Geschäfte des Minderjährigen (Abs. 1 S. 1 Halbs. 2 Alt. 1).

Nach Abs. 1 21 S. 1 Halbs. 2 Alt. 1 gilt die Haftungsbeschränkung auch für Verbindlichkeiten aus Rechtsgeschäften, die der Minderjährige gemäß §§ 107, 108 oder § 111 mit Zustimmung seiner Eltern vorgenommen hat. Unterscheidungsmerkmal zu den Fällen des S. 1 Halbs. 1 Alt. 1 ist, dass dort die Eltern das Rechtsgeschäft vorgenommen haben, hier dagegen der Minderjährige selbst. Zweck dieser Regelung ist es zu verhindern, dass die Regelung über die Haftungsbeschränkung dadurch umgangen wird, dass der Geschäftspartner eine Vornahme des Geschäfts durch die Eltern für das Kind ablehnt und darauf besteht, dass das Kind das Geschäft mit Zustimmung der Eltern selbst abschließt.[35]

4. Gerichtlich genehmigte Rechtsgeschäfte (Abs. 1 S. 1 Halbs. 2 Alt. 2).

Diese Vor- 22 schrift stellt klar,[36] dass die Haftungsbeschränkung sich auch auf Verbindlichkeiten aus Rechtsgeschäften erstreckt, zu denen die Eltern die Genehmigung des FamG erhalten haben. Gemeint sind diejenigen Rechtsgeschäfte, für welche die Eltern gem. § 1643 Abs. 1 iVm. § 1821 Nr. 1, 3, 5, 8 bis 11 gerichtlicher Genehmigung bedürfen.

Die Einbeziehung auch der bereits durch das Gericht genehmigten Geschäfte verfolgt das **Ziel**, 23 den Schutz des Minderjährigen zu vervollständigen. Zwar prüft das FamG bereits bei der Genehmigung gem. § 1643, ob die Interessen des Minderjährigen durch den Abschluss des betreffenden Rechtsgeschäfts gewahrt bleiben. Doch sah der Gesetzgeber insbesondere bei Schuldverhältnissen mit längerer Laufzeit Schutzlücken. Außerdem hielt er das Haftungsbeschränkungsmodell auch generell für besser geeignet als das Modell der vorherigen gerichtlichen Genehmigung. Aus diesen Gründen erstreckte er die Haftungsbeschränkung des § 1629a auch auf bereits familiengerichtlich genehmigte Rechtsgeschäfte.[37]

---

[31] *Muscheler* WM 1998, 2271, 2280.
[32] Amtl. Begr. BT-Drucks. 13/5624 S. 13; *Palandt/Diederichsen* Rn. 4; *Staudinger/Coester* Rn. 26; *Erman/Michalski/Döll* Rn. 5.
[33] *Erman/Michalski/Döll* Rn. 5; NK-BGB/*Kaiser* Rn. 17.
[34] Vgl. *Habersack* FamRZ 1999, 1, 5.
[35] Amtl. Begr. BT-Drucks. 13/5624 S. 13. Zur Problematik der elterlichen Einwilligung in ein Rechtsgeschäft, dessen Umfang bedingt ist durch die künftige Inanspruchnahme der Leistung *Staudinger/Coester* Rn. 25; *Derlender/Thielbar* NJW 2006, 3233.
[36] Vgl. *Staudinger/Coester* Rn. 22; *Klüsener* Rpfleger 1999, 55, 56.
[37] Amtl. Begr. BT-Drucks. 13/5624 S. 13, 8; *Palandt/Diederichsen* Rn. 5; jurisPK-BGB/*Schwer/B. Hamdan* Rn. 11. Krit. dazu hinsichtlich der Genehmigungserfordernisse gem. §§ 1643, 1821, 1822 Nr. 1, 8 bis 10 *Habersack* FamRZ 1999, 1, 4; ähnlich *Klumpp* ZEV 1998, 409, 412.

§ 1629a 24–28

24 **5. Maßgeblicher Zeitpunkt.** Die Haftungsbeschränkung gem. § 1629a erfasst solche Verbindlichkeiten, die **vor Eintritt der Volljährigkeit begründet** worden sind (sog. Altverbindlichkeiten). Dies ist ausdrücklich nur in Abs. 1 S. 1 Halbs. 1 Alt. 1 ausgesprochen, während in Abs. 1 S. 1 Halbs. 2 eine ausdrückliche Regelung des Zeitpunktes fehlt und Abs. 1 S. 1 Halbs. 1 Alt. 2 für die Fälle des Erwerbs von Todes wegen von der „Entstehung" der Forderung spricht. Dem Normzweck, den Minderjährigen von denjenigen Haftungsrisiken zu befreien, die sich auf Grund der Tätigkeit der (nicht von ihm bestellten) Vertreter ergeben, entspricht aber nur eine Auslegung, die in allen Fallgruppen allein darauf abstellt, ob die betreffende Verbindlichkeit während der Minderjährigkeit begründet wurde.[38] Es kommt also nur darauf an, ob der **Rechtsgrund** für die Verbindlichkeit in dieser Zeit gelegt wurde; die tatsächliche Entstehung, der Eintritt der Fälligkeit oder der Eintritt der Durchsetzbarkeit der betreffenden Forderung gegen das Kind sind unerheblich.[39] Verbindlichkeiten des Minderjährigen aus Dauerschuldverhältnissen fallen deshalb unter die Möglichkeit der Haftungsbeschränkung, wenn das Dauerschuldverhältnis als solches vor Eintritt der Volljährigkeit begründet wurde, selbst wenn die einzelne Forderung erst nach diesem Zeitpunkt fällig wird.[40] Die Interessen des Vertragspartners können gewahrt werden, indem man ihm bei Geltendmachung der Haftungsbeschränkung[41] bzw. bereits bei Eintritt der Volljährigkeit[42] ein Kündigungsrecht aus wichtigem Grund zugesteht (§ 314).[43]

25 **6. Nicht erfasste Bereiche.** Die Möglichkeit der Haftungsbeschränkung besteht nicht für solche Verbindlichkeiten, die nicht unter die eben beschriebenen Fallgruppen fallen. Dazu gehören insbesondere Verbindlichkeiten aus eigenen deliktischen Handlungen des Minderjährigen bzw. aus der eigenhändigen Verwirklichung von Gefährdungshaftungstatbeständen, kraft Gesetzes entstandenen Herausgabepflichten und Unterhaltspflichten. Hierfür haftet das Kind also auch nach Eintritt der Volljährigkeit unbeschränkt.[44] Außerdem greift die Haftungsbeschränkung nicht für die sog. Neuverbindlichkeiten, also für diejenigen Verbindlichkeiten, die erst nach Eintritt der Volljährigkeit entstanden sind; vgl. dazu Rn. 49. Zu beachten sind ferner die in Abs. 2 vorgesehenen Ausnahmen (dazu sogleich).

III. Ausnahmen (Abs. 2)

26 Abs. 2 nimmt zwei Arten von Verbindlichkeiten von der Möglichkeit einer Haftungsbeschränkung gem. Abs. 1 aus: Verbindlichkeiten aus dem selbständigen Betrieb eines Erwerbsgeschäfts, soweit der Minderjährige hierzu nach § 112 ermächtigt war, und Verbindlichkeiten, die allein der Befriedigung der persönlichen Bedürfnisse des Minderjährigen dienen.

27 **1. Erwerbsgeschäft (§ 112).** Soweit der gesetzliche Vertreter den Minderjährigen mit Genehmigung des Familiengerichts gem. § 112 Abs. 1 S. 1 zum selbständigen Betrieb eines Erwerbsgeschäfts ermächtigt hat, kann sich der Minderjährige für die daraus resultierenden Verbindlichkeiten nicht auf die Haftungsbeschränkung des Abs. 1 berufen **(Abs. 2 Alt. 1)**. Diese Regel ist die logische Konsequenz aus der Tatsache, dass § 112 in diesen Fällen den Minderjährigen für die mit der Führung des Erwerbsgeschäfts verbundenen Angelegenheiten als unbeschränkt geschäftsfähig betrachtet. Der Minderjährige muss sich dann auch hinsichtlich der Haftung entsprechend behandeln lassen.[45]

28 **2. Befriedigung persönlicher Bedürfnisse.** Nicht unter die Möglichkeit der Haftungsbeschränkung fallen ferner Verbindlichkeiten aus Rechtsgeschäften, die allein der Befriedigung seiner persönlichen Bedürfnisse dienten **(Abs. 2 Alt. 2)**. Die Vorschrift erfasst entsprechend den Intentionen des Gesetzgebers nicht nur Kleingeschäfte des täglichen Lebens (zB Kauf von Nahrungsmitteln oder Schulbedarf), sondern auch größere Geschäfte, die für Minderjährige der jeweiligen Altersstufe typisch oder jedenfalls nicht ungewöhnlich sind (zB Kauf eines Fahrrads, Kleinkraftrads oder Com-

---

[38] *Habersack* FamRZ 1999, 1, 4; NK-BGB/*Kaiser* Rn. 6.
[39] *Habersack* FamRZ 1999, 1, 4; *Staudinger/Coester* Rn. 48.
[40] *Habersack* FamRZ 1999, 1, 4; NK-BGB/*Kaiser* Rn. 7; *Staudinger/Coester* Rn. 48. Das gilt jedoch nicht für Verbindlichkeiten, die im Rahmen eines Altvertrags durch Handlungen des Volljährigen entstehen oder bei Bestätigung oder konstitutiver Veränderung der Altschuld; vgl. hierzu *Staudinger/Coester* Rn. 48; *Fomferek* NJW 2004, 410, 412.
[41] Vgl. Amtl. Begr. BT-Drucks. 13/5624 S. 9.
[42] In diese Richtung *Habersack* FamRZ 1999, 1, 4; aA NK-BGB/*Kaiser* Rn. 7.
[43] JurisPK-BGB/*Schwer/B. Hamdan* Rn. 8; ausführlich hierzu *Staudinger/Coester* Rn. 70.
[44] *Palandt/Diederichsen* Rn. 12; differenzierend NK-BGB/*Kaiser* Rn. 20.
[45] Amtl. Begr. BT-Drucks. 13/5624 S. 13; *Palandt/Diederichsen* Rn. 10; kritisch *Muscheler* WM 1998, 2271, 2282, der § 1629a Abs. 2 Alt. 1 sogar für verfassungswidrig hält.

Beschränkung der Minderjährigenhaftung 29–32 § 1629a

puters).[46] In diesen Fällen bedarf der Minderjährige nach Ansicht des Gesetzgebers keines Schutzes, weil ihm der Gegenwert des Geschäftes unmittelbar zugutekomme und keine unzumutbaren finanziellen Belastungen drohten.[47] Angesichts dieses Normzwecks erscheint es geboten, die Vorschrift im Wege der **teleologischen Reduktion** nicht auf solche Ausnahmefälle anzuwenden, in denen dem Minderjährigen der Gegenwert nicht zugute gekommen ist bzw. ihm erhebliche finanzielle Belastungen drohen (sog. Großgeschäfte, etwa der Kauf einer Eigentumswohnung, eines PKWs oder vergleichbarer Luxusgüter);[48] der Ausschluss gem. Abs. 2 gilt dann nicht, sodass sich der Minderjährige auf die Haftungsbeschränkung des Abs. 1 berufen kann.

Generell ist die Ausnahmevorschrift des Abs. 2 Alt. 2 **restriktiv** auszulegen.[49] Insbesondere dürfen der Wortlaut der Vorschrift („seiner") und die Verwendung eines aus dem Unterhaltsrecht bekannten Begriffs („persönliche Bedürfnisse", vgl. § 1360a Abs. 1) nicht dazu verleiten, allein auf den konkret betroffenen Minderjährigen und dessen – möglicherweise extrem hohen oder extrem niedrigen Lebensstandard – abzustellen. Aus den Gesetzesmaterialien (vgl. soeben Rn. 28) ergibt sich eindeutig, dass es auf die typischen Bedürfnisse eines Minderjährigen dieser Altersstufe ankommt. Geboten ist also eine **typisierend-generelle** Auslegung.[50] 29

Grundsätzlich gilt der Ausschluss gem. Abs. 2 auch für solche Geschäfte zur Befriedigung persönlicher Bedürfnisse, die durch **Kreditaufnahme** finanziert werden, unabhängig davon, ob es sich um über den Zeitpunkt der Volljährigkeit hinausreichende Ratenzahlungen handelt oder um die (teilweise oder ganze) Rückzahlung eines Darlehens nach diesem Zeitpunkt.[51] Auch bei **Dauerschuldverhältnissen** kommt die Ausnahme des Abs. 2 S. 2 zur Geltung, zB beim Fahrschulvertrag.[52] Ärztliche Behandlungen fallen nach der Rspr.[53] insoweit unter Abs. 2, als sie den medizinischen Mindestschutz, der sich danach bemisst, ob die Krankenkasse die Kosten vollständig übernimmt, nicht überschreiten. Aufwändige Heilbehandlungen, die diese Grenze überschreiten, fallen hingegen nicht unter Abs. 2. 30

IV. Rechtsfolge: Haftungsbeschränkung – Anwendung der §§ 1990, 1991 (Abs. 1 S. 2)

1. Einrede. Für Verbindlichkeiten, die den Voraussetzungen des Abs. 1 S. 1 genügen und nicht unter einen der Ausnahmetatbestände des Abs. 2 fallen, ist gem. Abs. 1 S. 1 die Haftung des Kindes auf den Bestand des bei Eintritt der Volljährigkeit vorhandenen Vermögens beschränkt. Abs. 1 S. 2 regelt, auf welche Art und Weise diese Haftungsbeschränkung zur Wirkung gelangt: Es gibt kein amtliches Liquidationsverfahren. Der volljährig Gewordene muss sich vielmehr auf die Haftungsbeschränkung berufen; es handelt sich also um eine Einrede. Macht der volljährig Gewordene sie geltend, so finden die für die Haftung des Erben geltenden Vorschriften der §§ 1990, 1991 entsprechende Anwendung: Der volljährig Gewordene kann die Befriedigung der Altgläubiger insoweit verweigern, als der Bestand des bei Eintritt der Volljährigkeit vorhandenen Vermögens nicht ausreicht. Dem Kind wird auf diese Weise bei Eintritt der Volljährigkeit die Möglichkeit eines finanziellen Neubeginns eröffnet. Im ungünstigsten Fall hat es – unter Berücksichtigung der Haftungsbeschränkung – zu diesem Zeitpunkt den Vermögensstand „Null". 31

Die Geltendmachung dieser Einrede ist zeitlich **unbefristet** möglich;[54] zu möglichen Bereicherungsansprüchen vgl. Rn. 48. Der volljährig Gewordene kann auf die Einrede der Haftungsbeschränkung aus §§ 1629a, 1990 **verzichten**. Der Verzicht auf eine Einrede ist nach hM gem. § 144 analog eine nicht empfangsbedürftige Willenserklärung.[55] Ein Verzicht auf die Einrede der Haftungsbeschränkung ist anzunehmen, wenn der volljährig Gewordene gem. § 108 Abs. 3 ein schwebend unwirksames Geschäft in dem Bewusstsein der Möglichkeit der Haftungsbeschränkung genehmigt.[56] 32

---

[46] Amtl. Begr. BT-Drucks. 13/5624 S. 13; *Palandt/Diederichsen* Rn. 11; *Erman/Michalski/Döll* Rn. 9; vgl. dagegen AG Leipzig FamRZ 2008, 84 m. Anm. *Bischof/Loescher* bei aufwändiger kieferorthopädischer Heilbehandlung.
[47] Amtl. Begr. BT-Drucks. 13/5624 S. 13.
[48] So im Ergebnis auch *Habersack* FamRZ 1999, 1, 5; NK-BGB/*Kaiser* Rn. 24; *Staudinger/Coester* Rn. 35 ff.
[49] Vgl. *Muscheler* WM 1998, 2271, 2282 f.; ebenso *Steenbuck* FamRZ 2007, 1064, 1065.
[50] *Muscheler* WM 1998, 2271, 2283; NK-BGB/*Kaiser* Rn. 24.
[51] *Palandt/Diederichsen* Rn. 11; NK-BGB/*Kaiser* Rn. 25; *Dethloff* § 13 Rn. 130.
[52] *Klüsener* Rpfleger 1999, 55, 57 Fn. 22.
[53] Vgl. AG Leipzig FamRZ 2008, 84.
[54] *Staudinger/Coester* Rn. 49; vgl. *Habersack* FamRZ 1999, 1, 5; *Bittner* FamRZ 2000, 325, 329.
[55] *H. Roth* S. 148.
[56] Vgl. dazu *Löwisch* NJW 1999, 1002, 1003; s. auch *Christmann* ZEV 1999, 416, 419; ausführlich hierzu *Staudinger/Coester* Rn. 50 mwN.

§ 1629a 33–37 Abschnitt 2. Titel 5. Elterliche Sorge

33 **2. Prozessuale Folgen.** Wenn der volljährig gewordene Schuldner die Einrede erhebt, kann das Prozessgericht in zweierlei Weise verfahren:[57] Die erste Möglichkeit besteht darin, **selbst über die Berechtigung der Einrede zu entscheiden.** Hält das Gericht die Voraussetzungen der Haftungsbeschränkung gem. § 1629a für gegeben, so muss es die gegen den Schuldner gerichtete Klage wegen Erschöpfung abweisen oder, falls noch Gegenstände des Altvermögens vorhanden sind und ein entsprechender Antrag gestellt wird, den Schuldner zur Duldung der Zwangsvollstreckung in diese Gegenstände verurteilen.

34 Die zweite Möglichkeit besteht darin, den Schuldner mit dem **Vorbehalt der Haftungsbeschränkung** zu verurteilen. In diesem Fall muss der Schuldner die Haftungsbeschränkung im Zwangsvollstreckungsverfahren geltend machen, und zwar gem. §§ 786, 780 Abs. 1, 785 ZPO mit der **Vollstreckungsabwehrklage** gem. § 767 ZPO.[58] Ermöglicht wird diese Vorgehensweise durch das MHbeG, das § 786 ZPO auf die Haftungsbeschränkung des § 1629a erweitert hat. Erforderlich dafür ist gem. § 780 Abs. 1 ZPO, dass dem Schuldner die Haftungsbeschränkung im Urteil tatsächlich vorbehalten wurde.[59] Probleme könnten sich daraus in denjenigen Fällen ergeben, in denen der **Titel** gegen den Schuldner bereits **während seiner Minderjährigkeit** erwirkt wurde. Dann war ein Vorbehalt im Leistungsurteil nämlich noch nicht möglich. Doch ist für die in § 780 Abs. 1 ZPO unmittelbar geregelte Erbenhaftung anerkannt, dass der Erbe die Haftungsbeschränkung des § 1990 auch ohne Vorbehalt iSd. § 780 Abs. 1 ZPO geltend machen kann, wenn gegen ihn aus einem Titel vollstreckt wird, der noch gegen den Erblasser erwirkt wurde.[60] Über § 786 ZPO gelten diese Grundsätze auch für die Haftungsbeschränkung des § 1629a. Deshalb kann der volljährig Gewordene bei einem noch gegen ihn als Minderjährigen ohne Vorbehalt ergangenen Urteil die Haftungsbeschränkung nach § 1629a mit der Vollstreckungsabwehrklage gem. §§ 786, 785, 767 ZPO geltend machen.[61]

35 **3. Geltung des Auftragsrechts.** Wenn der volljährig gewordene Schuldner von seinem Recht zur Haftungsbeschränkung Gebrauch macht, so ist er den Gläubigern für die Verwaltung des bei Eintritt der Volljährigkeit vorhandenen Vermögens wie ein Beauftragter verantwortlich. Dies ergibt sich aus der Verweisungskette der §§ 1629a Abs. 1 S. 2, 1991 Abs. 1, 1978 Abs. 1 S. 1, 662 ff. Da die Geltendmachung der Einrede nicht fristgebunden ist, kann sich diese Verwaltung des bei Volljährigkeit vorhandenen Vermögens und damit die Geltung des Auftragsrechts über einen längeren Zeitraum erstrecken. Den volljährig Gewordenen treffen u. a. die Auskunfts- und Rechenschaftspflicht des § 666 und die Herausgabepflicht des § 667. Andererseits steht ihm auch der Aufwendungsersatzanspruch des § 670 zu.[62] Zu seinen wichtigsten Aufgaben gehört die Befriedigung der Alt- und der Neugläubiger und die korrekte Abgrenzung von Alt- und Neuvermögen (dazu Rn. 38). Verletzt der volljährig gewordene Schuldner die sich aus seiner Stellung als Beauftragter ergebenden Pflichten schuldhaft, so haftet er grundsätzlich aus § 280 Abs. 1 auf Schadensersatz.

36 **4. Unterschiede zur beschränkten Erbenhaftung. a) Keine Inventarerrichtung.** § 1629a Abs. 1 S. 1 verweist nur auf die §§ 1990, 1991, nicht dagegen auf die Vorschrift des § 1993 über die Inventarerrichtung. Der Gesetzgeber hat bewusst auf die Vorteile einer zwingenden Inventarerrichtung, nämlich die Erleichterung der Feststellung von Vermögensbestand und Haftungsumfang, verzichtet. Seiner Ansicht nach hätte die Einführung einer Inventarisierung zu einer übermäßigen Belastung der Gerichte geführt; den Interessen der Gläubiger sei mit dem über §§ 1629a Abs. 1 S. 2, 1991 Abs. 1, 1978 Abs. 1 anwendbaren Auskunfts- und Rechenschaftsanspruch aus § 666 ausreichend gedient.[63] Allerdings liegt es im Interesse des volljährig Gewordenen, selbständig ein Verzeichnis über das bei Volljährigkeit vorhandene Vermögen anzulegen, um in späteren Prozessen den ihm obliegenden Nachweis des Eintritts der Voraussetzungen der Haftungsbeschränkung zu erleichtern.[64]

37 **b) Rechtsfolgenverweisung.** Anders als die §§ 1975 ff. knüpft § 1629a den Eintritt der Haftungsbeschränkung nicht daran, dass ein amtliches Liquidationsverfahren im Sinne der Nachlassver-

---

[57] Vgl. dazu Amtl. Begr. BT-Drucks. 13/5624 S. 9, 15; *Habersack* FamRZ 1999, 1, 5; § 780 ZPO Rn. 10 ff.; NK-BGB/*Kaiser* Rn. 29.
[58] Amtl. Begr. BT-Drucks. 13/5624 S. 9; *Habersack* FamRZ 1999, 1, 5.
[59] NK-BGB/*Kaiser* Rn. 29; *Staudinger/Coester* Rn. 51.
[60] § 780 Rn. 4; *Zöller/Stöber* § 780 Rn. 9; Amtl. Begr. BT-Drucks. 13/5624 S. 15.
[61] Amtl. Begr. BT-Drucks. 13/5624 S. 15; *Habersack* FamRZ 1999, 1, 5; *Steenbuck* FamRZ 2007, 1064, 1066.
[62] *Staudinger/Coester* Rn. 58; vgl. *Bittner* FamRZ 2000, 325, 328.
[63] Amtl. Begr. BT-Drucks. 13/5624 S. 9 f.
[64] Amtl. Begr. BT-Drucks. 13/5624 S. 10; *Bittner* FamRZ 2000, 325, 329.

waltung bzw. der Nachlassinsolvenz durchgeführt wird.[65] Auch setzt die Einrede der Haftungsbeschränkung aus § 1629a nicht voraus, dass das Altvermögen des volljährig Gewordenen dürftig ist, also über keine nennenswerten Aktiva verfügt. Wenn also sein Altvermögen zwar überschuldet ist, aber **erhebliche Aktiva** umfasst, greift die Möglichkeit der Haftungsbeschränkung nach § 1629a ein (vgl. aber auch Rn. 53). Dies wäre bei der Beschränkung der Erbenhaftung nach § 1990 anders: Dort ist die Einrede der Haftungsbeschränkung nur dann gegeben, wenn der Nachlass nicht ausreicht, um die Kosten der Nachlassverwaltung bzw. des Nachlassinsolvenzverfahrens zu decken.[66] Dogmatisch ist die Verweisung in § 1629a Abs. 1 S. 2 auf § 1990 Abs. 1 also eine Rechtsfolgenverweisung; die Voraussetzungen für den Eintritt der Haftungsbeschränkung nach § 1629a finden sich in § 1629a, nicht in § 1990.[67]

5. Befriedigung der Gläubiger. Bei der Frage, in welcher Weise der volljährig gewordene 38 Schuldner seine Gläubiger zu befriedigen hat, ist nach hM zwischen Alt- und Neuverbindlichkeiten einerseits und zwischen Alt-[68] und Neuvermögen andererseits zu unterscheiden. Altverbindlichkeiten sind solche, die vor dem Eintritt der Volljährigkeit des Schuldners begründet wurden, Neuverbindlichkeiten solche, die danach begründet wurden. Altvermögen ist das bei Eintritt der Volljährigkeit vorhandene Vermögen des Schuldners, Neuvermögen das nach diesem Zeitpunkt erworbene Vermögen.[69] Die gegenständliche Unterscheidung zwischen Alt- und Neuvermögen wird von *K. Schmidt* mit beachtlichen Gründen angegriffen, der für ein System einer summenmäßigen Beschränkung der Haftung plädiert.[70] De lege lata freilich scheint hierfür kein Raum zu sein.[71] Die folgende Kommentierung geht deshalb von der überwiegend vertretenen Unterscheidung zwischen Alt- und Neuvermögen aus. Für die Zwecke der wegen § 1629a Abs. 1 S. 2 gebotenen Anwendung von Vorschriften aus dem Recht der beschränkten Erbenhaftung entspricht das Altvermögen dem Nachlass, das Neuvermögen dem Eigenvermögen des Erben. Im Einzelnen ergeben sich folgende Fallgruppen:

a) Altverbindlichkeiten, die unter die Haftungsbeschränkung des § 1629a Abs. 1 39 fallen. aa) Beschränkung auf das Altvermögen. Wenn der Schuldner gegen vor Eintritt seiner Volljährigkeit begründete Verbindlichkeiten die Einrede der §§ 1629a, 1990 erhebt, haftet er für diese Verbindlichkeiten nur mit dem Altvermögen;[72] vgl. Rn. 31. Dies gilt auch dann, wenn sein Neuvermögen ausreichen würde, um sämtliche Altverbindlichkeiten zu erfüllen; denn § 1629a gewährt die Möglichkeit der Haftungsbeschränkung unabhängig vom Stand des Neuvermögens.[73]

Zum Altvermögen des volljährig gewordenen Kindes gehören auch **Ansprüche gegen die** 40 **Eltern** aus § 1664 wegen deren Pflichtverletzungen bei der Ausübung der elterlichen Sorge. Derartige Ansprüche des Kindes können insbesondere dann bestehen, wenn die Eltern für das damals noch minderjährige Kind riskante Geschäfte abgeschlossen haben, die zwar keiner Genehmigung nach § 1643 bedurften, aber trotzdem bei pflichtgemäßer Ausübung der elterlichen Sorge nicht hätten geschlossen werden dürfen.[74] Auf derartige Ansprüche des Kindes können die Altgläubiger also zugreifen.

Gem. §§ 1629a Abs. 1 S. 2, 1990 Abs. 1 S. 2 hat der Schuldner das Altvermögen zum Zwecke 41 der Befriedigung des Gläubigers **im Wege der Zwangsvollstreckung** herauszugeben; vgl. Erl. zu § 1990 Rn. 13. Anders als nach hM bei § 1990 umfasst die Herausgabepflicht des volljährig gewordenen im Rahmen des § 1629a richtigerweise nicht die gem. § 811 ZPO unpfändbaren Gegenstände.[75]

Aus §§ 1629a, 1990 folgt nicht etwa, dass die Begleichung der Altverbindlichkeiten nur im Wege 42 der Duldung der Zwangsvollstreckung erfolgen könnte. Der Schuldner kann vielmehr auch **freiwillig** mit befreiender Wirkung erfüllen.[76] Dies kann für den Schuldner **Risiken** bergen, wenn das Altvermögen nicht mehr über genügend liquide Mittel verfügt und der Schuldner einen Gläubiger

---

[65] Vgl. *Habersack/Schneider* FamRZ 1997, 649, 654 f.; *Habersack* FamRZ 1999, 1, 5; kritisch *Dauner-Lieb* ZIP 1996, 1818, 1821 ff.
[66] Vgl. *Bittner* FamRZ 2000, 325, 329.
[67] *Staudinger/Coester* Rn. 53 ff.; vgl. dazu *Behnke* NJW 1998, 3078, 3080; *Christmann* ZEV 1999, 416, 418.
[68] Anderer Ausdruck: Volljährigkeitsvermögen, vgl. *Bittner* FamRZ 2000, 325, 327 ff.
[69] Vgl. NK-BGB/*Kaiser* Rn. 33; *Staudinger/Coester* Rn. 54.
[70] *K. Schmidt*, FS Derleder, S. 601 ff.
[71] Anders allerdings *K. Schmidt*, FS Derleder, S. 601, 622 ff.
[72] *Bittner* FamRZ 2000, 325, 329 f.; *Habersack* FamRZ 1999, 1, 5.
[73] *Bittner* FamRZ 2000, 325, 330.
[74] Vgl. *Behnke* NJW 1998, 3078, 3082.
[75] NK-BGB/*Kaiser* Rn. 34; *Staudinger/Coester* Rn. 56; vgl. dazu ausführlich *Muscheler* WM 1998, 2271, 2286; s. auch *Christmann* ZEV 1999, 416, 418.
[76] *Bittner* FamRZ 2000, 325, 331; *Palandt/Weidlich* § 1990 Rn. 8.

durch Überlassung einzelner Vermögensgegenstände befriedigt. Gibt er diese Gegenstände nämlich unter Wert weg, so kann er dafür den Altgläubigern wegen der Schmälerung des diesen als Haftungsgrundlage dienenden Altvermögens aus § 280 auf Schadensersatz haften (vgl. Rn. 35), und zwar mit seinem Neuvermögen, weil es sich um eine nach Eintritt der Volljährigkeit begründete Verbindlichkeit handelt. Dieses Risiko kann der Schuldner vermeiden, indem er mit den Gläubigern eine Vollstreckungsvereinbarung trifft, wonach diese die betreffenden Gegenstände im Wege der Zwangsvollstreckung (zB über einen Titel gem. § 794 Abs. 1 Nr. 5 ZPO) oder (bei Fehlen eines Titels) im Wege der öffentlichen Versteigerung zu verwerten haben.[77]

43 **bb) Präventions- bzw. Prioritätsprinzip.** Anders als im amtlichen Liquidationsverfahren bei der beschränkten Erbenhaftung gilt für die Befriedigung der Gläubiger im Rahmen des § 1629a nicht der Gleichbehandlungsgrundsatz, sondern das Prioritäts- bzw. Präventionsprinzip. Das Gesetz schreibt dem Schuldner hier **grundsätzlich keine Rangfolge** für die Befriedigung der Gläubiger vor, wie sich auch aus der Verweisung der §§ 1629a Abs. 1 S. 2, 1991 Abs. 1 auf § 1979 ergibt.[78] Es bleibt also dem Schuldner überlassen, welche Altgläubiger er zuerst befriedigt. Sobald der Punkt erreicht ist, an dem das Altvermögen aufgebraucht ist, gehen noch nicht befriedigte Gläubiger leer aus, wenn der Schuldner die Einrede gem. §§ 1629a, 1990 erhebt. Der Schuldner haftet diesen Gläubigern auch nicht auf Schadensersatz; denn ihn trifft eben grundsätzlich keine Verpflichtung, die Verbindlichkeiten in einer bestimmten Reihenfolge zu tilgen oder alle Forderungen gleich zu behandeln und ggf. zu quoteln.[79]

44 Eine **Ausnahme** von diesem Grundsatz sehen §§ 1629a Abs. 1 S. 2, 1991 Abs. 3 vor. Daraus ergibt sich nach hM, dass **Urteilsgläubiger** anderen Gläubigern vorgehen, dass also der Schuldner solche Gläubiger, die gegen ihn bereits eine rechtskräftige Verurteilung erlangt haben, vorrangig befriedigen muss, sobald er weiß bzw. wissen muss, dass das Altvermögen nicht zur Befriedigung aller Gläubiger ausreichen wird.[80] Wenn er gegen diese Verpflichtung verstößt und infolgedessen die Forderungen eines Urteilsgläubigers wegen Erschöpfung des Altvermögens nicht erfüllt werden können, macht er sich diesen Urteilsgläubigern gegenüber schadensersatzpflichtig; vgl. zu diesen Schadensersatzansprüchen Rn. 46.[81]

45 **cc) Tilgung mit Mitteln des Neuvermögens.** Wenn der Schuldner auf sein Neuvermögen zugreift, um Altverbindlichkeiten zu tilgen, steht ihm ein **Aufwendungsersatzanspruch** aus §§ 1629a, 1991 Abs. 1, 1978 Abs. 3, 670 zu, der sich **gegen das Altvermögen** richtet.[82] Entsprechend der hM zum parallelen Anspruch des Erben[83] muss auch dieser Anspruch des volljährig Gewordenen den Ansprüchen der Urteilsgläubiger iSd. § 1991 Abs. 3 gleichgestellt werden. Der volljährig Gewordene darf diesen eigenen Anspruch also vor allen anderen Gläubigern aus dem Altvermögen erfüllen.[84]

46 **dd) Ersatzansprüche der Altgläubiger.** Die Altgläubiger können gegen den Schuldner Schadensersatzansprüche aus § 280 haben, wenn dieser schuldhaft die Pflichten aus seiner einem Beauftragten gleichgestellten Stellung (§§ 1629a Abs. 1 S. 2, 1991 Abs. 1, 1678 Abs. 1, 662 ff.) verletzt. Dies ist insbesondere dann der Fall, wenn der volljährig gewordene Schuldner Neuverbindlichkeiten aus dem Altvermögen befriedigt hat;[85] aus dem Haftungsbeschränkungssystem des § 1629a ergibt sich nämlich die Verpflichtung des volljährig gewordenen Schuldners, das Altvermögen für die Erfüllung der Altverbindlichkeiten zu reservieren (vgl. Rn. 49). Ein weiterer Fall für eine derartige Schadensersatzhaftung des Schuldners ist die Verletzung des Vorrangs der Urteilsgläubiger aus § 1991 Abs. 3 (vgl. Rn. 44) oder die Weggabe von Gegenständen des Altvermögens unter Wert (vgl. Rn. 42).

47 Für diese Schadensersatzansprüche steht den Altgläubigern das **Neuvermögen** des Schuldners als Haftungsgrundlage zur Verfügung.[86] Die Einrede aus §§ 1629a, 1990 greift hier nicht, weil es

---

[77] *Bittner* FamRZ 2000, 325, 331; *Palandt/Weidlich* § 1990 Rn. 8.
[78] *Staudinger/Coester* Rn. 59 f.; vgl. auch *Christmann* ZEV 1999, 416, 418.
[79] *Bittner* FamRZ 2000, 325, 330; *Habersack* FamRZ 1999, 1, 6; *Habersack/Schneider* FamRZ 1997, 649, 654.
[80] Vgl. *Muscheler* WM 1998, 2271, 2286; *Christmann* ZEV 1999, 416, 418; vgl. auch BGHZ 122, 297, 308 = NJW 1993, 1851, 1854; § 1991 Rn. 8; *Palandt/Weidlich* § 1991 Rn. 4; NK-BGB/*Kaiser* Rn. 37; *Bittner* FamRZ 2000, 325, 330; aA *Staudinger/Marotzke* § 1991 Rn. 17.
[81] *Bittner* FamRZ 2000, 325, 330.
[82] *Bittner* FamRZ 2000, 325, 330; für die Anwendung von § 1979 *Staudinger/Coester* Rn. 65.
[83] Vgl. § 1991 Rn. 8; *Staudinger/Marotzke* § 1991 Rn. 19.
[84] Vgl. *Muscheler* WM 1998, 2271, 2287; *Bittner* FamRZ 2000, 325, 330.
[85] Vgl. *Habersack* FamRZ 1999, 1, 5 f.; *Habersack/Schneider* FamRZ 1997, 649, 654; *Bittner* FamRZ 2000, 325, 331.
[86] *Bittner* FamRZ 2000, 325, 331; NK-BGB/*Kaiser* Rn. 46; *Staudinger/Coester* Rn. 67.

sich nicht um Verbindlichkeiten handelt, die vor Eintritt der Volljährigkeit des Schuldners begründet wurden. Die Ansprüche beruhen ja auf der nach diesem Zeitpunkt erfolgten Verwaltung des Vermögens. Es handelt sich bei diesen Schadensersatzansprüchen also um Neuverbindlichkeiten.[87]

ee) Bereicherungsausgleich. Hat der volljährig gewordene Schuldner die Forderungen eines 48 Gläubigers aus dem Neuvermögen erfüllt und erhebt er danach die Einrede aus §§ 1629a, 1990, so besteht – entsprechend der zur Einrede des § 1990 hM[88] – grundsätzlich die Möglichkeit einer bereicherungsrechtlichen Rückforderung des an den Gläubiger Geleisteten nach § 813.[89] Allerdings wird ein entsprechender Anspruch des volljährig Gewordenen häufig an § 814 scheitern, weil der volljährig Gewordene bei Leistung von der Möglichkeit der Haftungsbeschränkung wusste. Von dieser grundsätzlichen Anwendbarkeit der §§ 813, 814 ist offenbar auch der Gesetzgeber ausgegangen, als er durch Art. 3 Abs. 2 MHbeG die bereicherungsrechtliche Rückforderung für bis zum 31. 12. 1998 erfüllte Verbindlichkeiten ausschloss; in diesen Fällen wäre ein Bereicherungsanspruch nämlich nicht an § 814 gescheitert, weil die entsprechende gesetzliche Regelung bei der Zahlung noch nicht in Kraft war.

b) Neuverbindlichkeiten. aa) Grundregel. Grundsätzlich darf der volljährig Gewordene 49 seine Neuverbindlichkeiten **nur** aus dem **Neuvermögen** befriedigen und dafür nicht auf das Altvermögen zugreifen.[90] Dies ergibt sich aus dem von § 1629a gewährten System der Haftungsbeschränkung, das die Altgläubiger auf das Altvermögen verweist und deshalb konsequenterweise einer Separierung von Alt- und Neuvermögen mit dem Ziel der Erhaltung des Altvermögens für die Altgläubiger bedarf. Für die schuldhafte Verletzung dieses Grundsatzes haftet der Schuldner mit seinem Neuvermögen auf Schadensersatz (vgl. Rn. 46).

Nicht unter diesen Grundsatz fallen **Aufwendungsersatzansprüche des volljährig Geworde-** 50 **nen** aus seiner Tätigkeit als Verwalter des Altvermögens (vgl. Rn. 35). Diese Ansprüche darf er auch gegen das Altvermögen geltend machen, wobei er einem Urteilsgläubiger iSd. § 1991 Abs. 3 gleichzustellen ist, sodass er seine Ansprüche vor allen anderen Gläubigern befriedigen darf, ohne sich haftbar zu machen (vgl. Rn. 45 zur Tilgung von Altverbindlichkeiten aus dem Neuvermögen). Eine Ausnahme besteht ferner für **Verbindlichkeiten,** die der volljährig Gewordene **im Rahmen der ordnungsgemäßen Verwaltung** des Altvermögens gegenüber Dritten eingeht; auch hier haften sowohl das Alt- als auch das Neuvermögen (vgl. Rn. 57).

bb) Vollstreckung. Ausgehend von dem eben geschilderten Grundsatz, dass der Schuldner an 51 seine Neugläubiger nicht aus dem Altvermögen leisten darf, stellt sich die Frage, ob der Schuldner berechtigt und ggf. verpflichtet ist, zwangsvollstreckungsrechtliche **Zugriffe der Neugläubiger** auf Gegenstände des Altvermögens zu **verhindern.**

Im Rahmen des § 1990 ist die Parallelproblematik umstritten. Einer Ansicht nach kann der Erbe 52 der Vollstreckung von Eigengläubigern in den Nachlass gemäß § 784 Abs. 2 ZPO analog mit der Vollstreckungsabwehrklage nach § 767 ZPO entgegentreten.[91] Die Gegenansicht lehnt dies ab, gibt aber den Nachlassgläubigern einen bereicherungsrechtlichen Ersatzanspruch gegen den Erben, für den dieser mit seinem Eigenvermögen haftet.[92]

Unabhängig von dem Streit bei § 1990 muss man dem Schuldner im Rahmen des § 1629a 53 die **Vollstreckungsabwehrklage analog §§ 784 Abs. 2, 767 ZPO** zugestehen und aus seiner beauftragtengleichen Stellung die (schadensersatzbewehrte, s. Rn. 46) Pflicht ableiten, sie gegen eine Vollstreckung der Neugläubiger in das Altvermögen zu erheben.[93] Die Alternative, ein Bereicherungsanspruch der Altgläubiger gegen das Neuvermögen des Schuldners, wäre häufig wertlos, weil das Neuvermögen unmittelbar nach dem Eintritt der Volljährigkeit null beträgt und nicht selten nur geringfügig anwächst. Umgekehrt bringt die Abwehr des Vollstreckungszugriffs der Neugläubiger

---

[87] Keine Rolle spielt im Rahmen des § 1629a die Verweisung des § 1991 auf § 1978 Abs. 2. Die dort angeordnete Fiktion der Nachlasszugehörigkeit dient dazu, die Geltendmachung dieser Ansprüche von den einzelnen Nachlassgläubigern auf den Verwalter zu verlagern. Eine derartige Verlagerung ist sinnlos, wenn es keine amtliche Verwaltung des betreffenden Vermögens gibt, wie bei § 1629a der Fall. Vgl. *Palandt/Weidlich* § 1978 Rn. 4; s. andererseits aber auch *Muscheler* WM 1998, 2271, 2285; *Christmann* ZEV 1999, 416, 418.
[88] Vgl. OLG Stuttgart NJW-RR 1989, 1283; § 1991 Rn. 11; *Staudinger/Marotzke* § 1990 Rn. 40; aA *H. Roth* S. 63 ff.
[89] *Staudinger/Coester* Rn. 66; aA *Löwisch* NJW 1999, 1002, 1003.
[90] *Habersack* FamRZ 1999, 1, 6; *Bittner* FamRZ 2000, 325, 331; *Habersack/Schneider* FamRZ 1997, 649, 654 f.; NK-BGB/*Kaiser* Rn. 39.
[91] § 1990 Rn. 7; *Palandt/Weidlich* § 1990 Rn. 6; *Soergel/Stein* § 1990 Rn. 9.
[92] *Staudinger/Marotzke* § 1990 Rn. 28; s. auch Erl. zu § 1990 Rn. 7.
[93] NK-BGB/*Kaiser* Rn. 39; *Staudinger/Coester* Rn. 62 ff.; *Bittner* FamRZ 2000, 325, 331; *Klumpp* ZEV 1998, 409, 414; *Habersack* FamRZ 1999, 1, 5; aA *Muscheler* WM 1998, 2271, 2286.

§ 1629a 54–58   Abschnitt 2. Titel 5. Elterliche Sorge

den Altgläubigern jedenfalls dann praktischen Nutzen, wenn das Altvermögen zwar per saldo überschuldet ist, aber trotzdem nennenswerte Aktiva aufweist. In diesen beiden Punkten unterscheidet sich die Lage bei § 1629a von derjenigen bei § 1990.[94] Allerdings ist die Erhebung der Vollstreckungsabwehrklage durch den Schuldner rechtsmissbräuchlich, wenn feststeht, dass das Altvermögen zur Befriedigung aller Altverbindlichkeiten des Schuldners ausreicht; in diesem Fall besteht kein Bedürfnis und keine Rechtfertigung dafür, den Neugläubigern den Zugriff auf das Altvermögen zu verweigern.[95]

54   cc) Aufrechnung. Umstritten ist, ob ein Neugläubiger gegen eine Forderung, die zu den Aktiva des Altvermögens gehört, aufrechnen darf.[96] § 390 S. 1 steht dem nicht entgegen, weil der Forderung des Neugläubigers die Einrede aus §§ 1629a, 1990 nicht entgegengehalten werden kann. Die für eine Abwehr des Vollstreckungszugriffs des Neugläubigers auf das Altvermögen sprechenden Überlegungen (s. Rn. 53) gelten aber auch hier und stehen einer Aufrechnung grundsätzlich entgegen. Nur so wird den Altgläubigern die nötige Haftungsgrundlage erhalten.[97] Von diesem Grundsatz kann man in den seltenen Fällen eine Ausnahme machen, in denen feststeht, dass das Altvermögen zur Tilgung aller Altverbindlichkeiten ausreichen wird.

55   c) Sonderfälle. aa) Altverbindlichkeiten, die gem. § 1629a Abs. 2 nicht unter die Haftungsbeschränkung fallen. Gläubiger von Altverbindlichkeiten, die gem. § 1629a Abs. 2 nicht unter die Haftungsbeschränkung des Abs. 1 fallen, können sowohl auf das Alt- als auch auf das Neuvermögen des Schuldners zugreifen. Die Zugriffsmöglichkeit auf das Altvermögen ergibt sich ohne weiteres daraus, dass die Einrede des Abs. 1 nicht besteht. Eine Beschränkung dieser Gläubiger auf das Neuvermögen würde sie in der Regel schlechter stellen als die unter die Haftungsbeschränkung des Abs. 1 fallenden Gläubiger, weil das Neuvermögen nach Eintritt der Volljährigkeit von Null aufgebaut werden muss, während sich im Altvermögen trotz der Überschuldung erhebliche Aktiva befinden können. Die von Abs. 2 vorgesehene Befreiung dieser Gläubiger von der Haftungsbeschränkung des § 1629a würde sich also im praktischen Ergebnis ins Gegenteil verkehren.[98]

56   Wenn der volljährig gewordene Schuldner diese Gläubiger aus dem Altvermögen befriedigt, um das (ihm verbleibende) Neuvermögen zu schonen, schmälert er die Haftungsmasse für die Altgläubiger. Dies ist aber, von den Möglichkeiten einer Anfechtung nach dem AnfG abgesehen, hinzunehmen und führt insbesondere nicht zu Schadensersatz- oder Bereicherungsansprüchen der Altgläubiger gegen den Schuldner. Denn das Gesetz gibt dem Schuldner grundsätzlich keine Reihenfolge für die Befriedigung der Gläubiger vor.[99]

57   bb) Verbindlichkeiten, die der volljährig Gewordene in ordnungsgemäßer Verwaltung des Altvermögens eingeht. Wenn der volljährig Gewordene auf Grund seiner beauftragtengleichen Stellung (vgl. Rn. 35) im Rahmen der ordnungsgemäßen Verwaltung des Altvermögens Verbindlichkeiten eingeht, so haften den Gläubigern dieser Verbindlichkeiten sowohl das Neu- als auch das Altvermögen.[100] Zwar handelt es sich auf Grund des Zeitpunkts ihrer Begründung bzw. Entstehung um Neuverbindlichkeiten, bei denen der Schuldner nach der hier vertretenen Ansicht grundsätzlich verpflichtet ist, einen Vollstreckungszugriff der Gläubiger auf das Altvermögen abzuwehren (vgl. Rn. 53). Doch beruht diese Verpflichtung auf dem Gedanken des Schutzes der Altgläubiger vor einer Schmälerung der ihnen zur Verfügung stehenden (auf das Altvermögen beschränkten) Haftungsmasse. Diese Schutzüberlegungen zugunsten des Altvermögens und der Altgläubiger sind dann nicht mehr gerechtfertigt, wenn es um Verbindlichkeiten geht, die gerade aus der ordnungsgemäßen Verwaltung dieses Altvermögens resultieren. Deshalb können die Gläubiger dieser Verbindlichkeiten ungehindert auch auf das Altvermögen zugreifen. Der Schuldner ist frei, diese Verbindlichkeiten entweder aus dem Alt- oder aus dem Neuvermögen zu tilgen (vgl. Rn. 50).

58   cc) Insolvenz. Entsprechend der hM[101] zur Einrede des § 1990 im Gesamtinsolvenzverfahren des Erben kann bei Eröffnung eines Insolvenzverfahrens über das Vermögen des volljährig Gewordenen der Insolvenzverwalter die Einrede aus § 1629a geltend machen.[102]

---

[94] Vgl. dazu ausführlich *Bittner* FamRZ 2000, 325, 331.
[95] *Habersack* FamRZ 1999, 1, 5; *Habersack/Schneider* FamRZ 1997, 649, 655; *Bittner* FamRZ 2000, 325, 331.
[96] Die besondere Regelung des § 1970 wird von §§ 1629a, 1990 nicht in Bezug genommen.
[97] NK-BGB/*Kaiser* Rn. 40; Staudinger/*Coester* Rn. 64; aA *Muscheler* WM 1998, 2271, 2287; *Bittner* FamRZ 2000, 325, 331 f.
[98] NK-BGB/*Kaiser* Rn. 38; vgl. auch *Bittner* FamRZ 2000, 325, 332.
[99] NK-BGB/*Kaiser* Rn. 38; Staudinger/*Coester* Rn. 59; vgl. auch *Bittner* FamRZ 2000, 325, 332.
[100] *Bittner* FamRZ 2000, 325, 332.
[101] Vgl. § 1990 Rn. 10; Staudinger/*Marotzke* § 1990 Rn. 44.
[102] Vgl. dazu ausführlich *Bittner* FamRZ 2000, 325, 333 mwN.

6. Auswirkungen auf gegenseitige Verträge.

[103] Für die Frage, welche Auswirkungen die Haftungsbeschränkung nach § 1629a auf gegenseitige Verträge hat, ist zu unterscheiden:

Ist der Vertrag **von beiden Seiten noch nicht erfüllt** worden, so kann der Vertragspartner des volljährig Gewordenen die Einrede aus § 320 erheben, wenn sich der volljährig Gewordene auf die Einrede der Haftungsbeschränkung beruft und gleichzeitig den eigenen Anspruch geltend macht. Denn die Beschränkung der Haftung auf das bei Volljährigkeit vorhandene Vermögen ändert nichts daran, dass die Leistungsverpflichtung des volljährig Gewordenen grundsätzlich weiter besteht.[104]

Für den Fall, dass der **Vertragspartner vorleistungspflichtig** ist und der volljährig Gewordene sich auf die Haftungsbeschränkung des § 1629a beruft, ist zugunsten des Vertragspartners § 321 analog anzuwenden, weil die Gefährdung des Anspruchs des Vertragspartners durch die Haftungsbeschränkung einer Gefährdung durch eine Verschlechterung der Vermögensverhältnisse gleichsteht. Voraussetzung für die analoge Anwendung des § 321 ist allerdings, dass der volljährig Gewordene die Einrede der Haftungsbeschränkung tatsächlich erhoben hat; die bloße Möglichkeit der Erhebung dieser Einrede genügt nicht.[105]

Wenn der **Vertragspartner bereits erfüllt** hat und der volljährig Gewordene die Einrede der Haftungsbeschränkung erhebt und die ihm obliegende Leistung verweigert, muss man dem Vertragspartner ein Rücktrittsrecht vom Vertrag aus § 323 zugestehen (str.).[106] Probleme bereitet die juristische Konstruktion dieser Lösung. ME sollte man aus teleologischen Gründen davon ausgehen, dass die Einrede nach §§ 1629a, 1990 der Forderung des Vertragspartners nicht die „Fälligkeit" iSd. § 323 Abs. 1 nimmt. Der volljährig Gewordene ist insofern nicht schutzwürdig. Denn die Vorschrift des § 1629a soll ihn nur davor bewahren, überschuldet in die Volljährigkeit einzutreten. Sie hat nicht die Funktion, ihn generell davor zu schützen, an ihn erbrachte Leistungen herausgeben zu müssen. Auf ein Vertretenmüssen kommt es für das Rücktrittsrecht nach § 323 nach der Schuldrechtsreform ohnehin nicht mehr an. Die Fristsetzung wird häufig nach § 323 Nr. 1 bzw. § 326 Abs. 5 entbehrlich sein.[107] Gegenüber etwaigen Schadensersatzansprüchen aus §§ 280 ff. bzw. Wertersatzansprüchen wegen Unmöglichkeit der Herausgabe des Geleisteten (§ 346) greift die Haftungsbeschränkung des § 1629a dagegen wieder durch, weil sie ihren Grund in der Nichterfüllung einer Altverbindlichkeit haben. Angesichts dieser Lage gibt es keinen Grund, den volljährig Gewordenen unter Berufung auf die Einrede der §§ 1629a, 1990 vor dem Rücktrittsrecht des Vertragspartners aus § 326 zu bewahren. Diese Einrede verhindert also nicht, dass der volljährig Gewordene in Verzug gerät.[108]

V. Unbeschränkte Haftung von Mitschuldnern, Mithaftenden und Sicherheiten (Abs. 3)

1. Normzweck. Abs. 3 dient der Klarstellung, dass die Berufung des volljährig Gewordenen auf die Haftungsbeschränkung des § 1629a **nicht Dritten zugutekommen** soll, die aus der betreffenden Verbindlichkeit mithaften oder dafür Sicherheit geleistet haben.[109] Die Haftungsbeschränkung soll eben nur den Minderjährigen schützen, nicht auch etwaige Interzessionsschuldner. Für akzessorische Sicherheiten wie die Bürgschaft war eine besondere Regelung erforderlich, weil andernfalls der Sicherungsgeber die Einreden des Hauptschuldners geltend machen könnte (vgl. § 768).[110] § 1629a ist insoweit vorrangige Sondervorschrift. Soweit die Sicherungsgeber die dem Hauptschuldner zustehenden Einreden ohnehin nicht geltend machen könnten, wie zB beim Schuldbeitritt (§ 425), hat § 1629a dagegen nur deklaratorischen Charakter. Der Gesetzgeber hielt jedoch eine allgemeine Klarstellung für erforderlich, weil für Dritte allein die vor der Haftungsbeschränkung des § 1629a geschützte Bestellung von Sicherheiten den Abschluss von Geschäften mit dem Minderjährigen kalkulierbar erscheinen lässt.[111]

2. Reichweite. Abs. 3 erfasst **jede** Form der Mitschuld und der Mithaftung, unabhängig davon, ob sie gleichstufig oder akzessorisch ausgestaltet ist, zB Bürgschaft, Gesamtschuld, gemeinschaftliche

---

[103] Vgl. dazu *Löwisch* NJW 1999, 1002.
[104] NK-BGB/*Kaiser* Rn. 47; *Löwisch* NJW 1999, 1002.
[105] *Löwisch* NJW 1999, 1002 f.; *Staudinger/Coester* Rn. 69 f., auch zur Problematik bei Dauerschuldverhältnissen.
[106] Vgl. *Löwisch* NJW 1999, 1002, 1003; NK-BGB/*Kaiser* Rn. 49; aA (kein Rücktrittsrecht, weil die rechtlichen Voraussetzungen der §§ 323 ff. nicht erfüllt sind) *Staudinger/Coester* Rn. 72.
[107] Vgl. NK-BGB/*Kaiser* Rn. 49.
[108] So im Ergebnis auch *Löwisch* NJW 1999, 1002, 1003.
[109] Amtl. Begr. BT-Drucks. 13/5624 S. 13.
[110] *Erman/Michalski/Döll* Rn. 10; NK-BGB/*Kaiser* Rn. 42.
[111] Vgl. Amtl. Begr. BT-Drucks. 13/5624 S. 13.

Schuld, Schuldübernahme, Garantie etc.[112] Erfasst werden ferner die für die unter Abs. 1 fallende Forderung bestellten Sicherheiten, und zwar unabhängig davon, ob es sich um Mobiliar- oder Immobiliarsicherheiten handelt und unabhängig davon, ob sie akzessorisch ausgestaltet sind oder nicht. Schließlich fallen unter Abs. 3 auch Vormerkungen.

65 Gem. Abs. 3 werden die Rechte der Gläubiger aus diesen Sicherungsmitteln von Abs. 1 nicht berührt. Der Mithaftende bzw. Sicherungsgeber haftet also in diesen Fällen auch dann unbeschränkt, wenn der Hauptschuldner seine Haftung gem. § 1629a Abs. 1 beschränken kann. **Anders** ist es, wenn in der Person des Mithaftenden bzw. Sicherungsgebers selbst die Voraussetzungen des § 1629a Abs. 1 vorliegen, zB wenn für die Schuld des minderjährigen Kindes sein ebenfalls minderjähriger Bruder eine Bürgschaft abgibt; dann steht auch ihm die Einrede aus dieser Vorschrift zu.

66 Abs. 3 steht insofern zur **Disposition** der Parteien, als der Mithaftende bzw. Sicherungsgeber mit dem Dritten vereinbaren können, dass ihre Haftung dem Umfang nach auf die Haftung des Hauptschuldners (unter Einbeziehung von dessen Beschränkungsmöglichkeit gem. Abs. 1) beschränkt ist. Doch steht es nicht in ihrer Macht, die Beschränkungsmöglichkeit für den Minderjährigen selbst abzubedingen.[113]

VI. Vermutungen zugunsten des Gläubigerschutzes bei Gesamthandsgemeinschaften und Handelsgeschäften (Abs. 4)

67 **1. Normzweck.** Abs. 4 enthält eine Sonderregelung zum **Schutz der Gläubiger** von Verbindlichkeiten des Minderjährigen aus Gemeinschaftsverhältnissen (Erbengemeinschaft, Personengesellschaft) und aus dem Betrieb eines einzelkaufmännischen Handelsgeschäfts. Die besondere Schutzbedürftigkeit dieser Gläubiger ergibt sich daraus, dass der Gesetzgeber sich – entgegen anderer Vorschläge in der Literatur[114] und im Gesetzgebungsverfahren[115] – dazu entschlossen hat, die Haftungsbeschränkung des § 1629a nicht davon abhängig zu machen, dass der Minderjährige seine Beteiligung an dem betreffenden Gemeinschaftsverhältnis beendet bzw. seine einzelkaufmännische Tätigkeit aufgibt; der Gesetzgeber wollte auf diese Weise einen Zwang zur Liquidation gesunder Unternehmen vermeiden.[116] Infolge dieser Ausgestaltung des § 1629a ergibt sich keine klare Zäsur zwischen den Alt- und den Neuverbindlichkeiten.[117] Die Gläubiger laufen Gefahr, dass der Minderjährige einerseits versucht, möglichst viele Verbindlichkeiten als Altverbindlichkeiten zu deklarieren, um sich die Möglichkeit der Haftungsbeschränkung zu sichern, und andererseits darauf abzielt, die vorhandenen Aktiva als Neuvermögen darzustellen, um sie dem Zugriff der Altgläubiger zu entziehen.

68 Ziel der beiden Vermutungen des Abs. 4 ist es, die Gläubiger vor diesen Risiken zu schützen.[118] Gem. **Abs. 4 S. 1** wird vermutet, dass die aus der Beteiligung an der Gemeinschaft bzw. aus dem Handelsgeschäft entstandenen Verbindlichkeiten Neuverbindlichkeiten sind, wenn nicht der volljährig Gewordene sein Engagement binnen drei Monaten nach Eintritt der Volljährigkeit aufgibt. Für die Gläubiger hat dies den Vorteil, dass die Haftungsbeschränkung des § 1629a nicht greifen kann, weil sie nur für Altverbindlichkeiten gilt. Gem. **Abs. 4 S. 2** wird in diesem Fall ferner vermutet, dass das gegenwärtige Vermögen des Schuldners bereits bei Eintritt der Volljährigkeit vorhanden war. Diese Vermutung zielt auf diejenigen Fälle ab, in denen dem volljährig gewordenen Schuldner die Widerlegung der ersten Vermutung gelingt, indem er zeigt, dass die betreffenden Verbindlichkeiten Altverbindlichkeiten sind. Dann kann er sich zwar grundsätzlich auf die Haftungsbeschränkung des § 1629a berufen, doch sorgt die zweite Vermutung dafür, dass den Altgläubigern eine möglichst große Haftungsmasse zur Verfügung steht.

69 Aus der Entstehungsgeschichte der Vorschrift[119] ergibt sich eindeutig, dass es sich rechtstechnisch um **Vermutungen** handelt, auch wenn die Formulierung des Gesetzestextes („im Zweifel anzunehmen") insofern etwas unklar ist.[120] Aus rechtspolitischer Sicht werden die Vermutungen des Abs. 4

---

[112] *Palandt/Diederichsen* Rn. 14.
[113] NK-BGB/*Kaiser* Rn. 42; *Staudinger/Coester* Rn. 39; *Peschel-Gutzeit* FPR 2006, 455, 459.
[114] Vgl. *M. Wolf* AcP 187 (1987), 319, 337 ff.
[115] Vgl. Entwürfe der Freien und Hansestadt Hamburg und des Bundesjustizministeriums (abgedruckt bei *Laum/Dylla-Krebs*, FS Vieregge, S. 513, 521 ff.).
[116] Vgl. Amtl. Begr. BT-Drucks. 13/5624 S. 10 f., 13 f.
[117] Vgl. *Palandt/Diederichsen* Rn. 15.
[118] Vgl. Amtl. Begr. BT-Drucks. 13/5624 S. 10 f.; *Habersack* FamRZ 1999, 1, 6; s. auch *Palandt/Diederichsen* Rn. 15 f.; *Erman/Michalski/Döll* Rn. 11 ff.
[119] Amtl. Begr. BT-Drucks. 13/5624 S. 10 f., 13 f.
[120] Vgl. NK-BGB/*Kaiser* Rn. 50.

als überflüssig kritisiert, weil sie lediglich Ausdruck der ohnehin bestehenden Beweislastverteilung seien.[121]

2. Vermutung des Entstehens der Verbindlichkeit nach Eintritt der Volljährigkeit 70 **(Abs. 4 S. 1). a) Fortdauernde Beteiligung an Erbengemeinschaft oder Gesellschaft (Halbs. 1). aa) Allgemeines.** Mit dem Begriff „Gesellschaft" sind Personengesellschaften gemeint, also die BGB-Gesellschaft, die OHG oder die KG.[122] Die Vermutung greift nur dann ein, wenn der volljährig gewordene Schuldner nicht binnen drei Monaten nach Eintritt der Volljährigkeit die Kündigung der Gesellschaft erklärt. Das MHbeG hat durch die Neufassung des § 723 Abs. 1 S. 2 bis 6 ein entsprechendes Kündigungsrecht auch für auf bestimmte Zeit eingegangene Gesellschaften sichergestellt, indem es die Vollendung des 18. Lebensjahres als wichtigen Grund für die Kündigung nennt (§ 723 Abs. 1 S. 3 Nr. 2 nF). Für die Auflösung der OHG (und damit auch der KG, § 161 Abs. 2 HGB) aus wichtigem Grund muss diese gesetzliche Wertung gleichfalls gelten.[123]

Ist der volljährig Gewordene Mitglied einer **Erbengemeinschaft**, so greift die Vermutung, wenn 71 er nicht binnen drei Monaten nach Eintritt der Volljährigkeit die Auseinandersetzung des Nachlasses verlangt. Die Auseinandersetzung kann er gem. § 2042 grundsätzlich jederzeit verlangen. Allerdings kann sie auf Grund einer Anordnung des Erblassers ausgeschlossen sein (§ 2044 Abs. 1 S. 1). Auch in diesem Fall kann der volljährig Gewordene jedoch gem. §§ 2044 Abs. 1 S. 2, 749 Abs. 2, 3 die Auseinandersetzung verlangen, wenn ein wichtiger Grund vorliegt. Auch hier muss die in § 723 Abs. 1 S. 3 Nr. 2 nF zum Ausdruck gekommene Wertung zur Geltung kommen: Der Eintritt der Volljährigkeit ist ein wichtiger Grund im Sinne des § 749 Abs. 2, weil der Minderjährige sich nur durch die Beendigung des Gemeinschaftsverhältnisses die volle, durch die Vermutungen des § 1629a Abs. 4 unbeeinträchtigte, Wirksamkeit der Haftungsbeschränkung sichern kann.[124]

Die dreimonatige **Frist** wird in beiden Fällen gewahrt, wenn der volljährig Gewordene innerhalb 72 dieses Zeitraums die entsprechende Erklärung wirksam abgibt, also das Auseinandersetzungsverlangen bzw. die Kündigungserklärung. Nicht erforderlich ist, dass die Auseinandersetzung in dieser Zeit vollzogen wird.[125]

bb) Umfang. Abs. 4 S. 1 erfasst **alle Verbindlichkeiten** des Minderjährigen unabhängig davon, 73 ob sie gegenüber den übrigen Gesamthändern im Innenverhältnis bestehen oder gegenüber Dritten im Außenverhältnis.[126]

cc) Folge. Liegen die Voraussetzungen des Abs. 4 S. 1 vor, so wird vermutet, dass die betreffen- 74 den Verbindlichkeiten nach dem Eintritt der Volljährigkeit entstanden sind. Dies hat zur Folge, dass die Haftungsbeschränkung des § 1629a nicht eingreifen kann, weil sie nur für die Altverbindlichkeiten aus der Zeit vor dem Eintritt der Volljährigkeit gilt.

dd) Widerlegbarkeit. Die Vermutung des Abs. 4 S. 1 ist widerlegbar.[127] Die Widerlegung der 75 Vermutung gelingt dem volljährig Gewordenen dann, wenn er, zB durch Belege oder mit Hilfe eines bei Eintritt der Volljährigkeit errichteten Inventars, nachweisen kann, dass die betreffende Verbindlichkeit bereits vor Eintritt der Volljährigkeit entstanden ist. Dagegen liegt, streng genommen, keine Widerlegung der Vermutung vor, wenn der volljährig Gewordene innerhalb der Drei-Monats-Frist die Kündigung der Gesellschaft erklärt bzw. die Auseinandersetzung der Erbengemeinschaft verlangt. In diesem Fall fehlt es vielmehr schon am Vorliegen der Voraussetzungen für das Eingreifen der Vermutung.

b) Weiter betriebenes Handelsgeschäft (Halbs. 2). Die Vermutung des Abs. 4 S. 1 greift 76 auch dann, wenn der volljährig gewordene Inhaber eines Handelsgeschäfts dieses nicht binnen drei Monaten nach Eintritt der Volljährigkeit einstellt (Abs. 4 S. 1 Halbs. 2). Für die Verbindlichkeiten aus dem Betrieb des Handelsgeschäfts wird also gem. Abs. 4 S. 1 **vermutet,** dass sie nach

---

[121] *Staudinger/Coester* Rn. 76; vgl. auch *Muscheler* WM 1998, 2271, 2284; *Habersack* FamRZ 1999, 1, 6; *Behnke* NZG 1999, 244, 245.
[122] Zu den Auswirkungen des MHbeG allgemein vgl. *Reimann* DNotZ 1999, 179; *Grunewald* ZIP 1999, 597; *Behnke* NZG 1999, 244; *Habersack* FamRZ 1999, 1; *Dauner-Lieb* ZIP 1996, 1818; ausführlich zum Ganzen *Staudinger/Coester* Rn. 81 ff.
[123] Vgl. Amtl. Begr. BT-Drucks. 13/5624 S. 10; *Habersack* FamRZ 1999, 1, 6.
[124] *Erman/Michalski/Döll* Rn. 14; *Palandt/Diederichsen* Rn. 18; s. auch Amtl. Begr. BT-Drucks. 13/5624 S. 10: jedenfalls dann, wenn sich die Erbengemeinschaft wirtschaftlich betätigt.
[125] *Palandt/Diederichsen* Rn. 18; jurisPK-BGB/*Schwer/B. Hamdan* Rn. 25.
[126] *Palandt/Diederichsen* Rn. 17.
[127] Amtl. Begr. BT-Drucks. 13/5624 S. 10 f., 13 f.; *Palandt/Diederichsen* Rn. 16.

Eintritt der Volljährigkeit entstanden sind und deshalb nicht unter die Möglichkeit der Haftungsbeschränkung fallen. Die Vermutung ist, ebenso wie diejenige aus Abs. 4 S. 1 Halbs. 1, **widerlegbar**.[128]

77 Die Vermutung greift nicht, wenn der volljährig Gewordene das Handelsgeschäft innerhalb von drei Monaten nach Eintritt der Volljährigkeit **einstellt**. Einstellung in diesem Sinne ist die endgültige Aufgabe des Gewerbebetriebs. Es kommt nicht darauf an, ob innerhalb der Drei-Monats-Frist die Firma im Handelsregister gelöscht bzw. ob die Liquidation des Unternehmens abgeschlossen ist.[129] Die Einstellung des einzelkaufmännischen Handelsgeschäfts liegt grundsätzlich allein in der Macht des volljährig Gewordenen. Probleme können sich jedoch ergeben, wenn der volljährig Gewordene – wie in der Entscheidung des BVerfG vom 13. Mai 1986[130] – Mitglied einer **ungeteilten Erbengemeinschaft** ist, die das Handelsgeschäft betreibt. Hier muss der volljährig Gewordene, wenn er sich mit seinem Wunsch nach Geschäftsaufgabe in der Erbengemeinschaft nicht durchsetzen kann, entsprechend den oben (Rn. 71) geschilderten Grundsätzen die Auseinandersetzung der Erbengemeinschaft verlangen und auf diese Weise mittelbar die Einstellung der Geschäftsaktivitäten herbeiführen.[131]

78 **3. Vermutung des Vermögenserwerbs vor Eintritt der Volljährigkeit (Abs. 4 S. 2).** Unter den in Abs. 4 S. 1 bezeichneten Voraussetzungen wird gem. Abs. 4 S. 2 ferner vermutet, dass das gegenwärtige Vermögen des volljährig Gewordenen bereits bei Eintritt der Volljährigkeit vorhanden war. Diese Vermutung hat also die gleichen Voraussetzungen wie S. 1: Der volljährig Gewordene muss Mitglied einer Erbengemeinschaft bzw. Gesellschaft oder Inhaber eines Handelsgeschäfts sein und diese Stellung nicht innerhalb von drei Monaten nach Eintritt der Volljährigkeit aufgegeben haben. Erfasst werden alle Verbindlichkeiten, die sich aus dieser Stellung des volljährig Gewordenen ergeben.

79 Die Vermutung des Vermögenserwerbs vor Eintritt der Volljährigkeit dient dem **Schutz der Altgläubiger** in den Fällen, in denen dem volljährig Gewordenen die **Widerlegung** der Vermutung des Abs. 1 S. 1 gelungen ist.[132] Die betreffenden Verbindlichkeiten sind dann Altverbindlichkeiten und unterliegen grundsätzlich der Möglichkeit der Haftungsbeschränkung gem. § 1629a. Um den Altgläubigern in diesem Fall eine möglichst große Haftungsmasse zu sichern, wird vermutet, dass das gegenwärtige Vermögen bereits bei Eintritt der Volljährigkeit vorhanden war und deshalb den Altgläubigern zur Verfügung steht.[133]

80 Dieser allein auf die Altgläubiger bezogene Schutzzweck spricht dafür, die Vermutung des Abs. 4 S. 2 im Wege einer **teleologischen Reduktion** auf das Verhältnis des Schuldners zu den Altgläubigern zu beschränken und die Vermutung **Neugläubigern** gegenüber **nicht** zur Anwendung zu bringen. Andernfalls würden die Neugläubiger unangemessen benachteiligt, weil infolge der Vermutung das gesamte gegenwärtige Vermögen als Altvermögen gelten würde und ihr Zugriff auf das Altvermögen vom Schuldner abgewehrt werden kann (vgl. Rn. 39).[134]

81 Auch diese Vermutung ist **widerlegbar**. Der volljährig Gewordene muss dazu nachweisen, dass sein gegenwärtiges Vermögen bzw. bestimmte Teile daraus erst nach Eintritt der Volljährigkeit erworben wurden. Dies kann zB durch eine Inventarerrichtung bei Eintritt der Volljährigkeit oder aber auch einfach durch Belege über Erwerb bzw. Veräußerung von Vermögensteilen geschehen.[135]

VII. Inkrafttreten

82 § 1629a ist mit dem MHbeG am 1. 1. 1999 in Kraft getreten. Die Vorschrift erfasst grundsätzlich auch solche Verpflichtungen, die vor diesem Zeitpunkt entstanden bzw. tituliert worden sind. Aus Art. 3 Abs. 1 MHbeG ergibt sich, dass der volljährig Gewordene die Haftungsbeschränkung bis zum 1. 7. 1999 auch ohne Vorbehalt im Urteil erheben kann; diese Regel betrifft die Geltendmachung in der Zwangsvollstreckung. Gem. Art. 3 Abs. 2 MHbeG sind Ansprüche aus ungerechtfertigter Bereicherung wegen bis zum 31. 12. 1998 erfüllter Verbindlichkeiten ausgeschlossen.

---

[128] Amtl. Begr. BT-Drucks. 13/5624 S. 10 f., 13 f.
[129] *Palandt/Diederichsen* Rn. 19.
[130] S. Fn. 1.
[131] Amtl. Begr. BT-Drucks. 13/5624 S. 10.
[132] *Behnke* NJW 1998, 3078, 3081; *Palandt/Diederichsen* Rn. 20.
[133] Vgl. *Palandt/Diederichsen* Rn. 20; Amtl. Begr. BT-Drucks. 13/5624 S. 11, 14.
[134] NK-BGB/*Kaiser* Rn. 52; vgl. *Habersack* FamRZ 1999, 1, 6; s. auch *Reimann* MittBayNot 1998, 326, 327.
[135] Vgl. *Muscheler* WM 1998, 2271, 2284; *Palandt/Diederichsen* Rn. 20.

§ 1630 Elterliche Sorge bei Pflegerbestellung oder Familienpflege

(1) Die elterliche Sorge erstreckt sich nicht auf Angelegenheiten des Kindes, für die ein Pfleger bestellt ist.

(2) Steht die Personensorge oder die Vermögenssorge einem Pfleger zu, so entscheidet das Familiengericht, falls sich die Eltern und der Pfleger in einer Angelegenheit nicht einigen können, die sowohl die Person als auch das Vermögen des Kindes betrifft.

(3) [1] Geben die Eltern das Kind für längere Zeit in Familienpflege, so kann das Familiengericht auf Antrag der Eltern oder der Pflegeperson Angelegenheiten der elterlichen Sorge auf die Pflegeperson übertragen. [2] Für die Übertragung auf Antrag der Pflegeperson ist die Zustimmung der Eltern erforderlich. [3] Im Umfang der Übertragung hat die Pflegeperson die Rechte und Pflichten eines Pflegers.

Übersicht

	Rn.		Rn.
I. Normzweck	1, 2	3. Zuständigkeit und Verfahren	13, 14
II. Einschränkung der elterlichen Sorge durch Pflegerbestellung (Abs. 1)	3–5	IV. Die Übertragung von Angelegenheiten der elterlichen Sorge auf eine Pflegeperson bei Familienpflege (Abs. 3)	15–33
1. Gründe für die Bestellung eines Pflegers	3	1. Allgemeines	15
2. Einschränkung der elterlichen Sorge	4	2. Voraussetzungen	16–23
3. Rechtsstellung des Pflegers	5	a) Familienpflege iSd. § 1630 Abs. 3	16–19
III. Die familiengerichtliche Entscheidung von Meinungsverschiedenheiten zwischen Eltern und Pfleger (Abs. 2)	6–14	b) Antrag	20–22
		c) Einverständnis der Pflegeperson	23
1. Voraussetzungen	6–9	3. Entscheidung des FamG	24–27
a) Wortlaut	6, 7	a) Anordnung einer Übertragung	24
b) Analoge Anwendung	8, 9	b) Umfang der Übertragung	25–27
2. Entscheidung von Meinungsverschiedenheiten	10–12	4. Rechtsfolgen	28–32
a) Grundsätze	10	a) Wirkung (Abs. 3 S. 3)	28, 29
b) Gemeinsame Sorge beider Elternteile	11, 12	b) Aufhebung	30
		c) Auswirkungen einer Verbleibensanordnung gem. § 1632 Abs. 4	31
		d) Aufwendungsersatz und Vergütung	32
		5. Zuständigkeit und Verfahren	33

I. Normzweck

Die **Abs. 1 und 2,** die auf dem GleichberG beruhen, regeln das Verhältnis der **Rechtsmacht** 1 **von Eltern und Pfleger** generell für alle diejenigen Fälle, in denen die von § 1626 Abs. 1 festgelegten Elternzuständigkeiten für Personen- und Vermögenssorge durch Bestellung eines Pflegers durchbrochen werden: Nach Abs. 1 werden Elternrechte und -pflichten insoweit verdrängt. Bei nebeneinander bestehenden Zuständigkeiten von Eltern und Pfleger für Personen- und Vermögenssorge entscheidet (seit der Zuständigkeitsverlagerung durch das KindRG) das FamG nach Abs. 2 über Meinungsverschiedenheiten, die beide Teilbereiche der elterlichen Sorge berühren.

Der vom SorgeRG eingeführte **Abs. 3** soll die ordnungsgemäße Betreuung desjenigen Kindes 2 gewährleisten, das von den Eltern für längere Zeit in **Familienpflege** gegeben worden ist. Abs. 3 ermöglicht die Übertragung von Angelegenheiten der elterlichen Sorge auf die Pflegeperson. Bis zum Inkrafttreten des KindRG war dies nur auf Antrag der Eltern möglich. Weil die Eltern von dieser Möglichkeit in der Praxis kaum Gebrauch machten, räumt das KindRG der Pflegeperson ein eigenes Antragsrecht ein, knüpft die Übertragung in diesem Fall allerdings an die Zustimmung der Eltern (S. 2 nF).[1]

II. Einschränkung der elterlichen Sorge durch Pflegerbestellung (Abs. 1)

1. Gründe für die Bestellung eines Pflegers. Die Bestellung eines Pflegers (vgl. dazu Erl. zu 3 § 1909) kann unterschiedliche Gründe haben, zB: Interessenwiderstreit formalen oder inhaltlichen

---

[1] Stellungnahme des Bundesrates, BT-Drucks. 13/4899 S. 152; FamRefK/*Rogner* Rn. 2; s. auch *Salgo* FamRZ 1999, 337, 341 f.

Charakters (§ 1629 Abs. 2 S. 1, 3), Ausschluss der Verwaltung eines dem Kind zugewendeten Vermögens durch Anordnung des Zuwendenden (§§ 1638, 1909 Abs. 1 S. 2), pflichtwidriges Verhalten eines Inhabers elterlicher Sorge (§§ 1666 ff.) oder Verhinderung beider Eltern (§ 1693). Wird eine Pflegschaft erforderlich, so haben die Eltern dies dem FamG unverzüglich anzuzeigen, § 1909 Abs. 2. Je nach diesen verschiedenartigen Bestellungsanlässen fällt der Wirkungskreis des Pflegers unterschiedlich aus. Keine Pflegerbestellung erfolgt dagegen, wenn bei Ausfall eines Elternteils dem anderen Elternteil kraft Gesetzes die elterliche Sorge bzw. deren Ausübung allein zusteht (vgl. §§ 1678 bis 1681).

4 **2. Einschränkung der elterlichen Sorge.** Die Angelegenheiten des Kindes, für die ein Pfleger bestellt ist, sind gem. Abs. 1 der elterlichen Personen- und Vermögenssorge entzogen. Der Ausschluss der Eltern reicht also soweit wie der Wirkungskreis des Pflegers und wirkt unabhängig davon, ob die Pflegerbestellung in Übereinstimmung mit den gesetzlichen Vorschriften oder zu Unrecht erfolgt ist.[2] Der Ausschluss gilt regelmäßig sowohl für die tatsächliche Sorge als auch für das Recht zur Vertretung des Kindes einschließlich etwaiger Beschwerdebefugnisse. Maßgebend ist aber jeweils der konkrete Aufgaben- bzw. Wirkungsbereich, der dem Pfleger übertragen ist. Wurde die Pflegschaft beispielsweise auf Grund eines Ausschlusses der elterlichen Vertretungsmacht gem. §§ 1629 Abs. 2 S. 1, 1795 Abs. 2, 181 bestellt, so erstreckt sich die Pflegschaft, und damit auch der Ausschluss der Eltern gem. § 1630 Abs. 1, nur auf die Vertretung des Kindes, nicht dagegen auf die tatsächliche Vermögenssorge. Anders kann es bei einer Pflegerbestellung infolge einer Entziehung gem. §§ 1629 Abs. 2 S. 3, 1796 sein.

5 **3. Rechtsstellung des Pflegers.** Die Rechtsmacht des Pflegers richtet sich gem. § 1915 Abs. 1 nach §§ 1773 ff.; dementsprechend gelten die dort in §§ 1793 ff., insbesondere in §§ 1821 f., geregelten Erfordernisse gerichtlicher Genehmigung und nicht die Regeln der §§ 1642 ff.[3] Ein Recht zur Benennung des Pflegers besteht nur für die Drittzuwendungen des § 1638 nach §§ 1917, 1909 Abs. 1 S. 2; im Übrigen ist ein solches Recht durch § 1916 ausgeschlossen. Handelt der Pfleger, der das Kind beim Grundstückserwerb gegenüber dem Vater vertritt, in Unkenntnis der bei diesem vorliegenden Gläubigerbenachteiligungsabsicht, so kann die Veräußerung gleichwohl über eine analoge Anwendung des § 166 Abs. 2 anfechtbar sein.[4] Die Pflegschaft endet bei Beendigung der elterlichen Sorge (§ 1918 Abs. 1) oder mit Erledigung der Einzelnen dem Pfleger übertragenen Angelegenheit (§ 1918 Abs. 3). Sie ist aufzuheben, wenn der Grund für ihre Anordnung weggefallen ist (§ 1919) oder nicht vorgelegen hat.[5] Mit dem Ende bzw. mit der Aufhebung der Pflegschaft endet auch der Ausschluss der Eltern von der elterlichen Sorge.[6]

III. Die familiengerichtliche Entscheidung von Meinungsverschiedenheiten zwischen Eltern und Pfleger (Abs. 2)

6 **1. Voraussetzungen. a) Wortlaut.** Der Wortlaut des Abs. 2 lässt eine gerichtliche Entscheidung unter zwei Voraussetzungen zu. Erstens müssen **Personen- und Vermögenssorge** zwischen den Eltern bzw. einem Elternteil einerseits und dem Pfleger andererseits **aufgeteilt** sein, also die Vermögenssorge dem Pfleger, die Personensorge den Eltern (bzw. einem Elternteil) zustehen oder umgekehrt.

7 Zweitens müssen zwischen den Eltern (bzw. dem berechtigten Elternteil) und dem Pfleger nicht überbrückbare **Meinungsverschiedenheiten** über eine Angelegenheit bestehen, die sowohl die Person als auch das Vermögen des Kindes betrifft. Derartige Meinungsverschiedenheiten können sich insbesondere im Zusammenhang mit Ausbildung und Berufswahl ergeben, wenn Entscheidungen auf diesen Gebieten, die grundsätzlich dem Personensorgeberechtigten obliegen, Aufwendungen aus dem Kindesvermögen erforderlich machen und deshalb zugleich den Vermögenssorgeberechtigten angehen; wenn das Kind dagegen kein eigenes Vermögen hat, ist die Vermögenssorge nicht berührt und § 1630 Abs. 2 nicht anwendbar.[7] Ferner gehören hierher Streitigkeiten darüber, welche Beträge für den Kindesunterhalt dem Kindesvermögen zu entnehmen sind; die Grundsätze des § 1649 Abs. 1 S. 1 sind dann vom FamG bei der Entscheidung zu berücksichtigen (vgl. Rn. 10).[8]

---

[2] NK-BGB/*Rakete-Dombek* Rn. 5; BayObLGZ 1906, 553, 558.
[3] *Palandt/Diederichsen* Rn. 4; *Erman/Michalski/Döll* Rn. 2; *Staudinger/Peschel-Gutzeit* Rn. 14.
[4] BGHZ 38, 65 ff. = NJW 1962, 2251.
[5] BayObLGZ 1921, 95; *Erman/Michalski/Döll* Rn. 2; s. auch § 1919 Rn. 3; NK-BGB/*Rakete-Dombek* Rn. 7.
[6] *Palandt/Diederichsen* Rn. 4.
[7] Vgl. RGZ 129, 18, 21 f. = JW 1931, 1348; KG Recht 1919 Nr. 936; *Staudinger/Peschel-Gutzeit* Rn. 20; *Soergel/Strätz* Rn. 5.
[8] BayObLG FamRZ 1975, 219 f.

Ob Unterhaltszahlungen an das Kind in voller Höhe zu verbrauchen oder teilweise auf ein Sparbuch anzulegen sind, betrifft dagegen als Frage der Unterhaltsverwendung nur die Personensorge.[9] Werden die Unterhaltsbeträge dagegen angelegt, so gehören sie zum Kindesvermögen, sodass ihre Verwendung idR beide Bereiche berührt.[10] Die Verwendung von Unfallrenten nach dem verstorbenen Vater berührt sowohl die Personen- als auch die Vermögenssorge.[11]

b) Analoge Anwendung. Nach allgM enthält § 1630 Abs. 2 einen allgemeinen Rechtsgrundsatz und ist in allen Fällen analog anzuwenden, in denen die Personen- und die Vermögenssorge verschiedenen Personen zustehen und eine Meinungsverschiedenheit über eine Angelegenheit auftritt, die beide Bereiche berührt.[12] § 1630 Abs. 2 gilt deshalb analog für derartige Meinungsverschiedenheiten zwischen Vater und Mutter, wenn infolge gerichtlicher Zuweisung dem einen die Personensorge und dem anderen die Vermögenssorge zusteht. Eine analoge Anwendung kommt nach hM ferner in Betracht, wenn dem Pfleger (bzw. der anderen, mit den Eltern konkurrierenden Person, zB dem Vormund) nicht die gesamte Vermögens- oder Personensorge zusteht, sondern nur ein Teil davon. Dies ist zB der Fall, wenn der Pfleger infolge einer Bestimmung iSd. § 1638 nur für einen Teil des Vermögens verwaltungsberechtigt ist und dieser Teil für den Bereich der Personensorge herangezogen werden soll.[13] § 1630 Abs. 2 gilt auch dann analog, wenn zwischen dem nach § 1673 Abs. 2 S. 2 beschränkt personensorgeberechtigten minderjährigen Elternteil und dem vermögensverwaltenden Vormund eine Meinungsverschiedenheit auftritt, die Personen- und Vermögenssorge betrifft. Anders ist es, wenn nur die Personensorge betroffen ist: Dann fehlt es an einer Meinungsverschiedenheit iSd. § 1630 Abs. 2; außerdem greift die spezielle Regelung des § 1673 Abs. 2 S. 3.[14]

Eine analoge Anwendung des § 1630 Abs. 2 kommt dagegen nicht in Betracht, wenn nur innerhalb der Personensorge oder innerhalb der Vermögenssorge eine gespaltene Zuständigkeit besteht (hM, str.).[15] Ebenso scheidet eine analoge Anwendung aus, wenn die Meinungsverschiedenheit jeweils nur den Bereich der Personensorge oder nur den Bereich der Vermögenssorge betrifft.[16]

2. Entscheidung von Meinungsverschiedenheiten. a) Grundsätze. Die Entscheidung von Meinungsverschiedenheiten durch das FamG ist Beitritt zur Meinung der Eltern oder des Pflegers entsprechend der für den Elternstreit iSd. § 1628 beschriebenen Konfliktlösung (vgl. dort Rn. 16), also nicht eine eigene, die Meinungsverschiedenheiten ignorierende Sachentscheidung; vermittelnde Lösungen beim Streit um Geldsummen sind jedoch zulässig.[17] Die Entscheidung ersetzt gleichsam die Zustimmung desjenigen, dem das FamG nicht gefolgt ist.[18] Das FamG hat bei der Entscheidung, wem es beitritt, ggf. die im Gesetz für die betreffende Frage vorgegebenen Wertungen zu beachten, zB diejenigen des § 1649 Abs. 1 S. 1 bei der Entscheidung darüber, welche Beträge für den Kindesunterhalt dem Kindesvermögen zu entnehmen sind.[19]

b) Gemeinsame Sorge beider Elternteile. Wird die elterliche Sorge, soweit nicht der Pfleger zuständig ist, von beiden Elternteilen gemeinsam ausgeübt, so sind verschiedene Fallgruppen zu unterscheiden: Wenn die Eltern beide übereinstimmend anderer Meinung als der Pfleger sind, gelten die soeben ausgeführten Grundsätze für die Entscheidung des FamG.

Wenn die Eltern jedoch **untereinander verschiedene Ansichten** haben, dergestalt, dass entweder **(a)** einer der Meinung des Pflegers zustimmt oder **(b)** jeder eine eigene, von den Vorstellungen des Pflegers abw. Auffassung vertritt, kann es dazu kommen, dass ein Elternstreit nach § 1628 und ein Streit nach § 1630 Abs. 2 zu entscheiden sind. Die Entscheidung des Elternstreits folgt dann grundsätzlich den bei § 1628 (Rn. 16 ff.) dargelegten Regeln. Das FamG wird aber um der notwendigen Einheitlichkeit des Ergebnisses willen die beiden Verfahren verbinden, mit allen drei Beteiligten gemeinsam verhandeln und einheitlich entscheiden, damit nicht eine Elterneinigung zustande gebracht wird, die später wieder zugunsten der Meinung des Pflegers aufgegeben werden muss.[20] Bei Misslingen einer gütlichen Einigung lässt sich eine „zweistufige" Entscheidung nicht immer

---

[9] OLG München JFG 15, 134, 137 f.
[10] *Soergel/Strätz* Rn. 5; aA 3. Aufl. Rn. 6.
[11] BayObLGZ 1910, 1, 2.
[12] Vgl. nur RGZ 129, 18, 21; *Soergel/Strätz* Rn. 8; *Staudinger/Peschel-Gutzeit* Rn. 22.
[13] *Palandt/Diederichsen* Rn. 7; *Staudinger/Peschel-Gutzeit* Rn. 22; *Soergel/Strätz* Rn. 8.
[14] *Palandt/Diederichsen* Rn. 7.
[15] RGZ 129, 18; *Soergel/Strätz* Rn. 8; aA *Staudinger/Peschel-Gutzeit* Rn. 22.
[16] Vgl. *Soergel/Strätz* Rn. 8, jurisPK-BGB/*Schwer/B. Hamdan* Rn. 9.
[17] *Erman/Michalski/Döll* Rn. 5; *Gernhuber/Coester-Waltjen* § 60 Rn. 37.
[18] *Erman/Michalski/Döll* Rn. 5; *Palandt/Diederichsen* Rn. 8.
[19] BayObLG FamRZ 1975, 219, 220.
[20] *Soergel/Strätz* Rn. 7; *Erman/Michalski/Döll* Rn. 6.

vermeiden. Will das FamG im Falle (a) dem Elternteil Recht geben, der die Meinung des Pflegers nicht teilt, so muss es zu dessen Gunsten sowohl den Elternstreit (§ 1628) als auch den Konflikt mit dem Pfleger (Abs. 2) entscheiden; will es dagegen dem Pfleger beitreten, so entscheidet es den Elternstreit zugunsten desjenigen, der sich dem Pfleger angeschlossen hat, wodurch dann zugleich der Eltern-Pfleger-Konflikt beseitigt, eine Entscheidung nach Abs. 2 also entbehrlich wird.[21] Unterstützt das FamG im Falle (b) die Meinung eines Elternteils, so verfährt es wie bei der ersten Alternative im Falle (a); will es dem Pfleger Recht geben, so lässt es den Elternstreit unentschieden und regelt den Eltern-Pfleger-Konflikt nach Abs. 2.[22]

13 **3. Zuständigkeit und Verfahren.** Seit Inkrafttreten des KindRG ist für Entscheidungen nach Abs. 2 das FamG zuständig. Die örtliche Zuständigkeit richtet sich nach § 152 FamFG; die Entscheidung trifft der Richter, § 14 Abs. 1 Nr. 5 RPflG.

14 Das **Verfahren** wird nur auf Antrag eingeleitet. Das Recht zur Antragstellung steht jedem Elternteil und dem Pfleger selbständig zu. Die Mitwirkung des Jugendamtes ist nun durch § 162 FamFG vorgeschrieben. Eltern und Kind sind nach Maßgabe der §§ 159, 160 FamFG zu hören. Für die Frage des Wirksamwerdens der Entscheidung gelten die Ausführungen zu § 1628 (vgl. dort Rn. 28). Statthaftes Rechtsmittel gegen die Entscheidung des FamG ist die Beschwerde nach § 58 FamFG.[23] Beschwerderechte namens des Kindes stehen jedem Elternteil und dem Pfleger zu;[24] das Kind kann sein Beschwerderecht unter den Voraussetzungen des § 60 FamFG selbst ausüben.[25] Die Eltern können nach § 59 FamFG auch im eigenen Namen beschwerdeberechtigt sein.

IV. Die Übertragung von Angelegenheiten der elterlichen Sorge auf eine Pflegeperson bei Familienpflege (Abs. 3)

15 **1. Allgemeines.** Abs. 3 ermöglicht die Übertragung von Angelegenheiten der elterlichen Sorge auf Pflegepersonen, die das Kind längere Zeit in Familienpflege haben. Die Vorschrift soll sicherstellen, dass das Kind von der bzw. den Pflegepersonen ordnungsgemäß betreut werden kann. Dem gleichen Ziel dient die durch das KindRG neu gefasste Vorschrift des § 1688, welche die entsprechende Regel des § 38 SGB VIII aF in das BGB eingliedert. § 1688 gibt der Pflegeperson bei längerer Familienpflege das Entscheidungs- und Vertretungsrecht in Angelegenheiten des täglichen Lebens. Dieses – von den Inhabern der elterlichen Sorge ausschließbare (§ 1688 Abs. 3) – Recht ermöglicht also eine effektive Betreuung des Kindes in Alltagsangelegenheiten, während die Übertragung nach § 1630 Abs. 3 weiter reichen kann und auch bestandsfester ist, weil sie nicht durch einfache Erklärung der Sorgeberechtigten widerrufen werden kann, sondern nur durch gerichtliche Rückübertragung (vgl. Rn. 30).

16 **2. Voraussetzungen. a) Familienpflege iSd. § 1630 Abs. 3. aa) Eltern.** Die Übertragung gem. Abs. 3 setzt zunächst voraus, dass die Eltern das Kind für längere Zeit in Familienpflege gegeben haben. Da diese Maßnahme zur Personensorge gehört, reicht es aus, wenn derjenige Elternteil tätig geworden ist, dem die Personensorge allein zusteht.

17 **bb) Familienpflege.** Der Begriff der Familienpflege ist im BGB nicht definiert. Er geht zurück auf § 27 JWG aF und wird – ebenso wie der Begriff der Pflegeperson – in §§ 33, 44 SGB VIII erwähnt. Der dort verwendete Begriff ist nicht identisch mit demjenigen des BGB, kann aber Anhaltspunkte für dessen Auslegung geben.[26] Hingegen spricht vieles dafür, den Begriff in § 1630 Abs. 3 ebenso auszulegen wie in §§ 1632 Abs. 4, 1685 Abs. 2, 1688.[27] Im Einzelnen gilt mE Folgendes:

18 Familienpflege setzt zunächst voraus, dass das Kind außerhalb seiner Herkunftsfamilie bei der Pflegeperson bzw. den Pflegepersonen[28] in familienähnlicher Weise und Unterbringung lebt.[29] Eine Unterbringung in einem Heim oder einer Anstalt genügt diesen Anforderungen nur in Ausnahmefällen, nämlich dann, wenn Versorgung, Erziehung und Betreuung ein familienähnliches Gepräge

---

[21] Erman/Michalski/Döll Rn. 7.
[22] Vgl. Erman/Michalski/Döll Rn. 6; NK-BGB/*Rakete-Dombek* Rn. 11; *Staudinger/Peschel-Gutzeit* Rn. 25 ff.
[23] NK-BGB/*Rakete-Dombek* Rn. 12.
[24] Näher dazu *Keidel/Meyer-Holz* § 59 FamFG Rn. 30 ff.
[25] Vgl. *Keidel/Meyer-Holz* § 60 FamFG Rn. 10.
[26] Vgl. BGH FamRZ 2001, 1449, 1451; *Staudinger/Peschel-Gutzeit* Rn. 37; für strengere Anlehnung noch 3. Aufl. Rn. 12.
[27] Vgl. BGH FamRZ 2001, 1449, 1451.
[28] Zur Übertragung auf mehrere Pflegepersonen ausführlich AG Ibbenbüren FamRZ 2009, 1331.
[29] BGH FamRZ 2001, 1449, 1451.

aufweisen, sodass der Charakter der Einrichtung als Heim völlig zurücktritt.[30] Die Familienpflege muss außerhalb des Elternhauses stattfinden; das Kind soll also nicht bei den Eltern, sondern bei der Pflegefamilie leben. Familienpflege kann sowohl durch Verwandte und Verschwägerte als auch durch Dritte erfolgen.[31] Es genügt „jedes faktische Pflegeverhältnis familienähnlicher Art", sodass Abs. 3 weder einen Pflegevortrag, noch voraussetzt, dass die Pflegeperson die nach § 44 SGB VIII notwendige Pflegeerlaubnis besitzt.[32] Schließlich muss es sich in aller Regel um Vollzeitpflege handeln, nicht um bloße Tagespflege iSd. § 23 SGB VIII.[33] Die Grenzen sind hier jedoch schwer zu ziehen; idR wird man verlangen müssen, dass das Kind jedenfalls regelmäßig und für längere Abschnitte Tag und Nacht bei der Pflegefamilie lebt.[34]

cc) Längere Zeit. Die Familienpflege muss für längere Zeit bestehen. Ausschlaggebend dafür ist nicht, ob die Pflege schon längere Zeit gedauert hat, sondern ob sie nach den Vorstellungen der Eltern (bzw. des allein personensorgeberechtigten Elternteils) längere Zeit dauern soll. Die bereits abgelaufene Dauer kann jedoch Indizwirkung für eine längerfristig geplante Fortdauer haben.[35] Als konkrete Richtwerte werden Zeiträume von drei Monaten[36] oder von mindestens sechs Monaten[37] genannt.[38] Jedoch ist eine abstrakte Festlegung nicht angebracht. Maßgeblich sind immer die Umstände des Einzelfalls, insbesondere die Frage, ob der geplante Pflegezeitraum solange währt, dass das Kind zur Pflegefamilie und deren sozialem Umfeld engere Bindungen entwickeln kann.[39]

b) Antrag. Das FamG darf die Übertragung gem. Abs. 3 nur auf Antrag vornehmen. **Antragsberechtigt** sind gem. Abs. 3 S. 1 Alt. 1 die **Eltern**. Voraussetzung für die Antragsbefugnis ist, dass den Eltern bzw. dem den Antrag stellenden Elternteil die elterliche Sorge für diejenigen Angelegenheiten zusteht, die der Pflegeperson übertragen werden sollen.[40] Wenn insofern Alleinvertretungsbefugnis eines Elternteils besteht, ist dieser Elternteil allein antragsberechtigt.[41] Ist den Eltern die Personensorge entzogen, so kann das FamG die Pflegeperson nach § 1909 unmittelbar zum Pfleger bestellen; dies gilt auch, wenn ein Vormund das Kind in Pflege gegeben hat und wegen der fehlenden Verweisung in § 1800 seinerseits an der Antragstellung nach § 1630 Abs. 3 S. 1 gehindert ist.[42] Steht die Personensorge beiden Elternteilen zu und will nur einer die Übertragung von Sorgerechtsangelegenheiten auf die Pflegeperson herbeiführen, so ist dieser Elternstreit zunächst nach § 1628 zu entscheiden.[43] Dabei sind jedoch die dort gezogenen Grenzen zu beachten (vgl. § 1628 Rn. 10), sodass ein Elternstreit über eine Antragstellung nach § 1630 Abs. 3 idR nicht zulässig ist, wenn der Umfang der angestrebten Übertragung so groß ist, dass es sich faktisch um eine Teilentziehung der elterlichen Sorge handeln würde.

Nach der Neufassung der Vorschrift durch das KindRG sind gem. Abs. 3 S. 1 Alt. 2 auch die **Pflegepersonen** antragsberechtigt.[44] Allerdings erfordert Abs. 3 S. 2 in diesem Fall für die Übertragung die Zustimmung der Eltern. Zum Normzweck vgl. Rn. 1.

Der **Antrag** selbst ist nicht nur formelle Voraussetzung für die Einleitung des Verfahrens, sondern begrenzt zugleich auch den Rahmen der vom Gericht ggf. vorzunehmenden Übertragung. Deshalb muss darin deutlich zum Ausdruck gebracht werden, welche Angelegenheiten übertragen werden sollen.[45] Nach der Gesetzesformulierung kann eine Übertragung von Angelegenheiten sowohl der Perso-

---

[30] Vgl. OLG Hamm NJW 1985, 3029 f.; *Staudinger/Peschel-Gutzeit* Rn. 38; *Siedhoff* FPR 1996, 66; *Schlüter/Liedmeier* FPR 1990, 122, 123; aA (keine Familienpflege) LG Frankfurt/M. FamRZ 1984, 729; *Soergel/Strätz* § 1631 Rn. 24; NK-BGB/*Rakete-Dombek* Rn. 14.
[31] Vgl. *Staudinger/Peschel-Gutzeit* Rn. 39 mwN; s. auch BayObLG NJW 1984, 2168 = FamRZ 1984, 98, 100; BayObLG FamRZ 1991, 1080, 1082 (zu § 1632 Abs. 4).
[32] *Staudinger/Peschel-Gutzeit* Rn. 40; s. auch BGH FamRZ 2001, 1449, 1451; BayObLG NJW 1984, 2168; OLG Hamm NJW 1985, 3029, 3030 (zu § 1632 Abs. 4).
[33] Vgl. in diese Richtung BGH FamRZ 2001, 1449, 1451.
[34] Vgl. dazu *Staudinger/Peschel-Gutzeit* Rn. 37 ff.; vgl. auch BGH FamRZ 2001, 1449, 1451; BayObLG NJW 1984, 2168.
[35] *Staudinger/Peschel-Gutzeit* Rn. 41 ff.
[36] *Soergel/Strätz* Rn. 9.
[37] *Belchaus* Rn. 5.
[38] S. auch 3. Aufl. Rn. 14: im Hinblick auf § 44 Abs. 1 Nr. 4 SGB VIII jedenfalls nicht bei weniger als acht Wochen. Vgl. dazu auch AG Ibbenbüren FamRZ 2009, 1331.
[39] NK-BGB/*Rakete-Dombek* Rn. 14; *Staudinger/Peschel-Gutzeit* Rn. 41.
[40] Zur Frage, ob ein unter Betreuung stehender Elternteil zur Antragstellung nach § 1630 Abs. 3 der Zustimmung seines Betreuers gemäß § 1903 Abs. 1 bedarf, vgl. *Groß* KindPrax 2001, 50.
[41] OLG Braunschweig FamRZ 2002, 118; *Staudinger/Peschel-Gutzeit* Rn. 45.
[42] *Baer* FamRZ 1982, 221, 229.
[43] *Soergel/Strätz* Rn. 9; jurisPK-BGB/*Schwer/B. Hamdan* Rn. 18; aA *Staudinger/Peschel-Gutzeit* Rn. 46.
[44] Vgl. dazu *Salgo* FamRZ 1999, 337, 341 f.; NK-BGB/*Rakete-Dombek* Rn. 15.
[45] *Staudinger/Peschel-Gutzeit* Rn. 44.

§ 1630 23–29

nen- als auch der Vermögenssorge begehrt werden; freilich werden Pflegeverhältnis und Normzweck (Rn. 1) idR nur zur Übertragung von Zuständigkeiten für die persönliche Sphäre des Kindes Anlass geben. Der Antrag kann auch nach längerer Dauer des Pflegeverhältnisses noch gestellt werden.[46]

23 **c) Einverständnis der Pflegeperson.** Eine Übertragung nach Abs. 3 setzt nach zutr. hM ferner das Einverständnis der Pflegeperson(en) voraus, auch wenn dies sich aus dem Wortlaut der Vorschrift nicht ergibt.[47]

24 **3. Entscheidung des FamG. a) Anordnung einer Übertragung.** Der Wortlaut des Abs. 3 sagt, dass das FamG die Übertragung vornehmen „kann". Daraus folgt jedoch kein freier Ermessensspielraum des Gerichts. Es handelt sich vielmehr um pflichtgebundenes Ermessen.[48] Richtschnur ist dabei das Kindeswohl (vgl. § 1697a). Eine Übertragung auf mehrere Pflegepersonen (zB die zwei Pflegeeltern) ist zulässig.[49]

25 **b) Umfang der Übertragung.** Für den Umfang, in dem Angelegenheiten der elterlichen Sorge auf die Pflegeperson übertragen werden dürfen, gibt das Gesetz keine Anhaltspunkte. Fest steht nur, dass der vom Antrag vorgegebene Rahmen nicht überschritten werden darf. Innerhalb dieses Rahmens richtet sich der zulässige Umfang einer Übertragung von Sorgerechtsangelegenheiten nach dem Normzweck ordnungsgemäßer Kindesbetreuung (Rn. 2) und dem Kindeswohl (vgl. § 1697a). Maßgebend ist, was dem Kindeswohl in der konkreten Lebenssituation dienlich ist.[50] Die Gegenansicht, wonach eine Übertragung nur insoweit zulässig ist, als dies für das Kindeswohl erforderlich ist,[51] verkennt, dass Abs. 3 keinen dem § 1628 Abs. 1 vergleichbaren Erheblichkeitsvorbehalt aufweist und es Sache der Eltern ist zu entscheiden, wie weit sie sich bei ihrer Sorgetätigkeit der Hilfe Dritter bedienen.[52] Soweit die Inpflegegabe selbst nicht gegen das Kindeswohl verstößt, besteht kein Anlass, den auf eine dem Kind dienliche rechtliche Abschirmung des Pflegeverhältnisses – und damit auf Schmälerung der eigenen Sorgerechtsbefugnisse – gerichteten Elternwillen einer Erforderlichkeitskontrolle zu unterziehen.[53]

26 Richtigerweise sind auch Angelegenheiten, die Grundentscheidungen im Bereich von Schule, Berufsausbildung oder Religion betreffen, nicht von einer Übertragung nach Abs. 3 ausgeschlossen.[54] Selbst eine Übertragung der gesamten Personensorge muss aus den vorstehenden Gründen möglich sein, wenn sie dem Kindeswohl dient.[55] In bestimmten Fällen kann sogar die Übertragung der gesamten elterlichen Sorge (genauer: aller Angelegenheiten der elterlichen Sorge) angebracht sein (str.).[56]

27 Beantragen die Eltern aus Gründen, die in der konkreten Lebenssituation gerechtfertigt sind, eine **Befristung der Übertragung** von Sorgerechtsangelegenheiten auf die Pflegeperson, so hat sich das FamG daran zu halten, soweit nicht Erwägungen aus §§ 1666, 1666 a entgegenstehen.

28 **4. Rechtsfolgen. a) Wirkung (Abs. 3 S. 3).** Gem. Abs. 3 S. 3 haben die Pflegepersonen im Umfang der Übertragung die Rechte und Pflichten eines Pflegers. Die Eltern sind insoweit von der Wahrnehmung der elterlichen Sorge ausgeschlossen (§ 1630 Abs. 1). Bestehen Meinungsverschiedenheiten in einem Punkt, der sowohl eine übertragene Angelegenheit als auch die den Eltern verbliebenen Sorgerechtszuständigkeiten betrifft, so entscheidet gem. § 1630 Abs. 2 das FamG.

29 Die Pflegepersonen erhalten durch die Übertragung nicht die förmliche Stellung eines Pflegers. Dem Charakter einer förmlichen Pflegschaft steht neben dem Gesetzeswortlaut der Umstand entgegen, dass die Übertragung nur auf Antrag und mit Zustimmung der sorgeberechtigten Elternteile erfolgt.[57] Der in Abs. 3 S. 3 enthaltene Verweis auf die Vorschriften des Pflegschaftsrechts erfasst deshalb nur diejenigen Vorschriften, die nicht gerade die förmliche Stellung des Pflegers betreffen;

---

[46] *Baer* FamRZ 1982, 221, 229; *Staudinger/Peschel-Gutzeit* Rn. 45.
[47] *Gleißl/Suttner* FamRZ 1982, 122, 123; *Schwab*, Gutachten für den 54. DJT, A 63 ff., 95; *Staudinger/Peschel-Gutzeit* Rn. 47; kritisch *Windel* FamRZ 1997, 713, 721.
[48] Vgl. *Erman/Michalski/Döll* Rn. 9; aA (Ablehnung nur, wenn Übertragung rechtswidrig oder gegen den Zweck des Abs. 3 verstoßend) *Staudinger/Peschel-Gutzeit* Rn. 50 f.; *NK-BGB/Rakete-Dombek* Rn. 18.
[49] Ausführlich, auch zu den Kriterien, AG Ibbenbüren FamRZ 2009, 1331.
[50] *NK-BGB/Rakete-Dombek* Rn. 18; *Schwab* (Fn. 47) A 96 ff. Vgl. auch KG FamRZ 2006, 1291, 1292.
[51] *Soergel/Strätz* Rn. 9; *Erman/Michalski/Döll* Rn. 12; *Belchaus* Rn. 8.
[52] KG FamRZ 2006, 1291, 1292; *Schwab* (Fn. 47) A 97.
[53] Vgl. ausführlich *Schwab* (Fn. 47) A 97 f.
[54] *Staudinger/Peschel-Gutzeit* Rn. 54; aA *Soergel/Strätz* Rn. 9.
[55] KG FamRZ 2006, 1291, 1292 unter Verweis auf *Baer* FamRZ 1982, 221, 229 f.; OLG Braunschweig FamRZ 2002, 118; ebenso: *Schwab* (Fn. 47) A 102.
[56] Vgl. KG FamRZ 2006, 1291; AG Ibbenbüren FamRZ 2009, 1331. AA *Windel* FamRZ 1997, 713, 722; RGRK/*Wenz* Rn. 19; OLG Thüringen FamRZ 2009, 992.
[57] OLG Stuttgart FamRZ 2006, 1290, 1291.

anders formuliert: Anwendbar sind nur diejenigen Vorschriften, die mit der Stellung eines nicht zwangsweise durch das Gericht, sondern lediglich vom Gericht mit Zustimmung der Eltern und der Pflegeperson Beauftragten im Einklang stehen, wie zB die Vorschriften über den Aufwendungsersatz (vgl. Rn. 32).[58]

b) Aufhebung. Da die durch Übertragung begründete Rechtsmacht der Pflegeperson auf dem Willen der Eltern beruht, muss sie auf Antrag der Eltern bzw. bei Wegfall ihrer Zustimmung zur Übertragung aufgehoben werden, sofern die Aufhebung nicht zu einer Kindeswohlgefährdung iSd. § 1666 führen würde.[59] Die Rechtsmacht der Pflegeperson ist ferner rückgängig zu machen, wenn diese selbst eine Aufhebung beantragt;[60] denn eine Aufrechterhaltung gegen den Willen der Pflegeperson brächte dem Kind mehr Schaden als Nutzen. Schließlich ist die Sorgerechtsübertragung nach den allg. Grundsätzen des § 1696 auch dann – von Amts wegen – aufzuheben, wenn der Fortbestand das Kindeswohl gefährdet.[61] 30

c) Auswirkungen einer Verbleibensanordnung gem. § 1632 Abs. 4. Verlangen die Eltern von der Pflegeperson die Herausgabe des Kindes, so liegt darin idR ein Antrag auf Aufhebung der Übertragung der betreffenden Sorgeangelegenheiten an die Pflegeperson, dem an sich stattgegeben werden müsste (vgl. Rn. 30). Wenn das FamG jedoch zur Vermeidung einer Gefährdung des Kindeswohls gem. § 1632 Abs. 4 das Verbleiben des Kindes bei der Pflegeperson anordnet, so müssen der Pflegeperson auch die bisher übertragenen Befugnisse verbleiben. Nach hM wird dies durch eine familiengerichtliche Regelung nach § 1666 erreicht.[62] Für das Entscheidungsrecht der Pflegeperson in Angelegenheiten des täglichen Lebens ist die Frage in § 1688 Abs. 4 ausdrücklich geregelt: Dieses Entscheidungsrecht kann nach Ergehen einer Verbleibensanordnung gem. § 1632 Abs. 4 nur durch eine familiengerichtliche Anordnung eingeschränkt oder ausgeschlossen werden. 31

d) Aufwendungsersatz und Vergütung. Entstehen der Pflegeperson aus der Übertragung der Rechte und Pflichten eines Pflegers Aufwendungen, kann sie diese gemäß § 1630 Abs. 3 S. 3 iVm. §§ 1915 Abs. 1, 1835 ff. ersetzt verlangen. Über die Bewilligung der Aufwandsentschädigung entscheidet das FamG.[63] 32

5. Zuständigkeit und Verfahren. Seit Inkrafttreten des KindRG ist für die Übertragung nach Abs. 3 das FamG zuständig. Die örtliche Zuständigkeit richtet sich nach § 152 FamFG; die Entscheidung trifft nach § 14 Abs. 1 Nr. 4 RPflG der Richter. Unter den Voraussetzungen der §§ 159 ff. FamFG sind Eltern, Kind, Pflegeperson und Jugendamt zu hören. 33

§ 1631 Inhalt und Grenzen der Personensorge

(1) Die Personensorge umfasst insbesondere die Pflicht und das Recht, das Kind zu pflegen, zu erziehen, zu beaufsichtigen und seinen Aufenthalt zu bestimmen.

(2) ¹Kinder haben ein Recht auf gewaltfreie Erziehung. ²Körperliche Bestrafungen, seelische Verletzungen und andere entwürdigende Maßnahmen sind unzulässig.

(3) Das Familiengericht hat die Eltern auf Antrag bei der Ausübung der Personensorge in geeigneten Fällen zu unterstützen.

Übersicht

	Rn.		Rn.
I. Normzweck	1	2. Pflege	3
II. Pflege, Erziehung, Beaufsichtigung und Aufenthaltsbestimmung (Abs. 1)	2–15	3. Erziehung, Erziehungsmittel	4, 5
		4. Beaufsichtigung	6–14
1. Die Personensorge im Allgemeinen	2	a) Schutzrichtung	6
		b) Aufsicht und Erziehung	7

---

[58] OLG Stuttgart FamRZ 2006, 1290, 1291.
[59] Vgl. OLG Celle FamRZ 2011, 1664, 1665; *Gleißl-Suttner* FamRZ 1982, 122, 124; *Staudinger/Peschel-Gutzeit* Rn. 59; *Soergel/Strätz* Rn. 9; *Erman/Michalski/Döll* Rn. 9; differenzierend *Windel* FamRZ 1997, 713, 722.
[60] *Gleißl-Suttner* FamRZ 1982, 122, 124; *Staudinger/Peschel-Gutzeit* Rn. 60; kritisch *Windel* FamRZ 1997, 713, 722.
[61] *Gleißl-Suttner* FamRZ 1982, 122, 124; *Staudinger/Peschel-Gutzeit* Rn. 60; NK-BGB/*Rakete-Dombek* Rn. 21.
[62] Vgl. *Windel* FamRZ 1997, 713, 723; 3. Aufl. Rn. 25.
[63] OLG Stuttgart FamRZ 2006, 1290, 1291.

	Rn.		Rn.
c) Maß der gebotenen Aufsicht	8–13	4. Sanktionen und Rechtsfolgen	30–39
d) Übertragung auf Dritte	14	a) Appellfunktion des § 1631 Abs. 2	30
5. Aufenthaltsbestimmung	15	b) Allgemeine zivilrechtliche Rechtsfolgen	31–39
III. Recht auf gewaltfreie Erziehung und Unzulässigkeit entwürdigender Erziehungsmaßnahmen (Abs. 2)	16–39	IV. Familiengerichtliche Unterstützung der Eltern bei Ausübung der Personensorge (Abs. 3)	40–45
1. Entwicklung der Norm	16	1. Anwendungsbereich	40
2. Recht auf gewaltfreie Erziehung (S. 1)	17–19	2. Voraussetzungen	41, 42
		a) Antrag	41
3. Verbot bestimmter Erziehungsmaßnahmen (S. 2)	20–29a	b) Unterstützung „in geeigneten Fällen"	42
a) Körperliche Bestrafungen	21–24	3. Inhalt gerichtlicher Unterstützungsmaßnahmen	43, 44
b) Seelische Verletzungen	25	a) Vorrang spezialgesetzlicher Regelungen	43
c) Andere entwürdigende Maßnahmen	26–28		
d) Übertragung an Dritte	29	b) Schmales Betätigungsfeld für § 1631 Abs. 3	44
e) Kein allgemeines Bestrafungsverbot	29a	4. Verfahren	45

I. Normzweck

1 Die Vorschrift enthält mehrere Aussagen zur Personensorge: **Abs. 1** zählt den wesentlichen Inhalt des Personensorgerechts auf; das KindRG hat hier zur Betonung des Pflichtencharakters der elterlichen Sorge die Reihenfolge der Wörter „Recht und Pflicht" umgekehrt. **Abs. 2** idF des Gesetzes zur Ächtung der Gewalt in der Erziehung und zur Änderung des Kindesunterhaltsrechts v. 2. 11. 2000 (BGBl. I S. 1479) stellt klar, dass Kinder ein Recht auf gewaltfreie Erziehung haben, und erklärt körperliche Bestrafungen, seelische Verletzungen und andere entwürdigende Maßnahmen für unzulässig. Die Vorschrift dient aber weniger dazu, unmittelbar konkrete Rechtsfolgen bzw. Sanktionen herbeizuführen, sondern soll vielmehr auf eine Bewusstseinsänderung bei den Eltern abzielen.[1] **Abs. 3** schließlich stellt den Eltern familiengerichtliche Unterstützung bei der Ausübung der Personensorge in Aussicht.

II. Pflege, Erziehung, Beaufsichtigung und Aufenthaltsbestimmung (Abs. 1)

2 **1. Die Personensorge im Allgemeinen.** Die Personensorge als eines der beiden Teilgebiete elterlicher Sorge (§ 1626 Abs. 1 S. 2, vgl. Erl. dort Rn. 32 ff.) umfasst alle persönlichen Angelegenheiten des Kindes. Sie schließt gem. § 1629 Abs. 1 das Recht zur Vertretung des Kindes in diesem Bereich ein. Der Zusatz „insbesondere" zeigt, dass die Personensorge über die in Abs. 1 genannten Rechte und Pflichten hinausreicht. Sie ist vielmehr das umfassende Pflichtrecht, für die Erhaltung, Förderung und Entwicklung des Kindes zu sorgen und es zu einer eigenverantwortlichen und gemeinschaftsfähigen Persönlichkeit zu erziehen (vgl. § 1626 Rn. 32). Zur Beratung und Unterstützung durch das Jugendamt vgl. § 18 SGB VIII.

3 **2. Pflege.** Die Pflege des Kindes zielt auf die Sorge für die körperliche Existenz. Pflege ist in erster Linie Betreuung des Kindes durch Fürsorge für seine Ernährung, Gesundheit und Bekleidung, zielt aber darüber hinaus auch auf die geistige und seelische Entwicklung.[2]

4 **3. Erziehung, Erziehungsmittel.** Erziehung ist die Sorge für die geistige, sittliche und körperliche Entwicklung des Kindes.[3] Die Erziehung deckt sich also teilw. mit der Pflege. Beide Begriffe sind weder verfassungs- noch bürgerlichrechtlich klar unterscheidbar. Sie umschreiben in ihrem Ineinandergreifen die zentrale Aufgabe der Personensorge, das Kind an die Fähigkeit zu selbständigen verantwortungsbewusstem Handeln iSd. formalen Erziehungsziels des § 1626 Abs. 2 S. 1 (vgl. dort Rn. 61) heranzuführen. Die Eltern sind verpflichtet, ihre Kinder so zu erziehen, dass diese „später als Volljährige in der Gesellschaft bestehen können und in der Lage sind, sich in eigener Verantwortung ein lebenswertes Leben zu gestalten".[4] Das setzt das Ermöglichen von Bildung und Ausbildung voraus, wobei in Angelegenheiten der Ausbildung und des Berufs nach § 1631a S. 1

---

[1] Vgl. BT-Drucks. 14/1247 S. 7.
[2] Vgl. Soergel/Strätz Rn. 3; NK-BGB/Rakete-Dombek Rn. 6.
[3] Vgl. jurisPK-BGB/Schwer/B. Hamdan Rn. 2; Palandt/Diederichsen Rn. 2.
[4] OLG Hamm FamRZ 1974, 136, 137.

insbesondere auf Eignung und Neigung des Kindes Rücksicht zu nehmen ist; zu den Einzelfragen vgl. § 1631a Rn. 5 ff. Das Erziehungsrecht der Eltern hat Vorrang gegenüber dem Staat (Art. 6 Abs. 2 S. 1 GG); dies schließt jedoch öffentlichrechtliche Schranken nicht aus (zB Schulpflicht).[5]

Elterliche **Erziehungsmittel** sind zB Ermahnungen, Verweise, Ausgehverbot oder Taschengeldentzug. Sie können grundsätzlich von jedem Elternteil in eigener Entscheidung angewandt werden, weil jeder Elternteil dem Kind als selbständige Erzieherpersönlichkeit gegenübertritt (vgl. § 1627 Rn. 5). Über die Unzulässigkeit entwürdigender Erziehungsmittel gem. Abs. 2 vgl. Rn. 16 ff. 5

4. Beaufsichtigung. a) Schutzrichtung. Elterliche Aufsicht iSd. § 1631 Abs. 1 soll das Kind 6 vor Selbstgefährdung und vor Gefährdungen durch Dritte schützen. Verletzungen der elterlichen Aufsichtspflicht können gegenüber dem Kind zur Haftung nach § 1664 führen. Dagegen dient die Aufsichtspflicht des § 1631 Abs. 1 nicht dem Schutz Dritter vor Gefährdungen, die von dem Kind ausgehen. Allerdings haften die Eltern Dritten gegenüber aus § 832. Die sich daraus ergebende Aufsichtspflicht der Eltern ist jedoch deliktischer Natur und hat ihre Grundlage nicht in § 1631 Abs. 1.[6] Zur Konkretisierung der Aufsichtspflicht im Einzelfall vgl. Rn. 8 ff.

b) Aufsicht und Erziehung. Beaufsichtigung und Erziehung sind eng miteinander verbunden. 7 Gegenüber dem Kind übernimmt Beaufsichtigung die negativ-verbietende Komplementärfunktion zur positiv-anleitenden Erziehung, ist also zugleich Erziehungsaufgabe und wird bestimmt vom Wohlergehen des Kindes und vom Erziehungsziel des § 1626 Abs. 2. Insbesondere tritt die Elternaufsicht mit zunehmendem Alter des Kindes gegenüber dessen Geheimbereich (Tagebücher, Briefe, sonstige Manuskripte) immer weiter zurück und reduziert sich auf Fälle begründeten Verdachts einer Fehlentwicklung oder unrechtmäßigen Dritteinflusses[7] (vgl. dazu § 1632 Abs. 2 sowie § 1666 Abs. 1 S. 1).

c) Maß der gebotenen Aufsicht. Trotz der unterschiedlichen Schutzrichtungen der Aufsichtspflicht iSd. § 1631 Abs. 1 und derjenigen des § 832 können die zu § 832 herausgearbeiteten Kriterien grundsätzlich auch bei der Bestimmung des Inhalts der Aufsichtspflicht iSd. § 1631 herangezogen werden.[8] Die Anforderungen richten sich nach Alter, Eigenart und Verständigkeit des Kindes ebenso wie nach den konkreten Überwachungsmöglichkeiten durch die Eltern: Ausschlaggebend ist, was verständige Eltern unter den gegebenen Umständen nach vernünftigen Anforderungen hätten tun müssen.[9] Zu berücksichtigen ist dabei auch der Erfolg bisheriger Aufsichts- und Erziehungsmaßnahmen: Je geringer dieser ist, desto intensiver muss die Aufsicht sein.[10] Zu beachten sind ferner die allgemeinen Leitsätze für die Ausübung der elterlichen Sorge: Die Einflussnahme der Eltern soll mit zunehmender Eigenverantwortlichkeit des Kindes zurücktreten. Die Förderung des Entwicklungsprozesses des Kindes erfordert es, dem Kind einen gewissen Freiraum zu geben, innerhalb dessen es „Neuland entdecken"[11] und sich an Gefahrenlagen gewöhnen[12] kann; übermäßiges Fernhalten von Gefahren (overprotection) ist ebenso schädlich wie übermäßige Überwachung.[13] Andererseits erhöht sich das Maß der geschuldeten Aufsicht mit der Gefahrträchtigkeit der konkreten Situation: Spielen Kinder in der Nähe von Straßen oder in der Nähe gefährlicher Gegenstände, ist mehr Aufsicht angebracht als innerhalb eines abgegrenzten, risikoarmen Bereichs.[14] 8

Letztlich kann die genaue Bestimmung von Maß und Intensität der Aufsichtspflicht immer nur im konkreten **Einzelfall** erfolgen. Deshalb liefern allgemeine Aussagen ebenso wie Entscheidungen der Rechtsprechung nur Anhaltspunkte. Bei der individuellen Entscheidung darüber, ob die Eltern ihre Aufsichtspflicht verletzt haben, ist jedoch zugunsten der Eltern immer zu berücksichtigen, dass ihnen ein gewisser **Freiraum** vertretbarer pädagogischer Maßnahmen gelassen werden muss.[15] 9

Bei der Aufsicht über einen fast 18-jährigen Sohn hat der BGH[16] ausgeführt, dass die Grenzen 10 zu berücksichtigen sind, die der Beaufsichtigung eines fast volljährigen Kindes naturgemäß gesetzt sind: Um nicht den Kontakt zum Jugendlichen zu verlieren, könne es uU angezeigt sein, keine allzu

---

[5] *Soergel/Strätz* Rn. 4; *Palandt/Diederichsen* Rn. 2; NK-BGB/*Rakete-Dombek* Rn. 5.
[6] Vgl. *Gernhuber/Coester-Waltjen* § 62 Rn. 29; RGRK/*Wenz* Rn. 14; *Staudinger/Salgo* Rn. 34.
[7] *Gernhuber/Coester-Waltjen* § 57 Rn. 86-88.
[8] *Gernhuber/Coester-Waltjen* § 62 Rn. 26; zurückhaltend *Staudinger/Salgo* Rn. 35.
[9] Vgl. BGH FamRZ 1984, 984; FamRZ 1996, 600; OLG München FamRZ 1997, 740; RGRK/*Wenz* Rn. 16; *Soergel/Strätz* Rn. 15; *Staudinger/Salgo* Rn. 45; NK-BGB/*Rakete-Dombek* Rn. 8.
[10] BGH FamRZ 1980, 235, 236; FamRZ 1984, 984, 985; *Staudinger/Salgo* Rn. 43.
[11] Vgl. BGH FamRZ 1984, 984, 985 (Kinder im Alter von 8 bis 9 Jahren).
[12] *Gernhuber/Coester-Waltjen* § 62 Rn. 30.
[13] *Staudinger/Salgo* Rn. 43.
[14] Vgl. *Staudinger/Salgo* Rn. 47; NK-BGB/*Rakete-Dombek* Rn. 8.
[15] Vgl. BGH FamRZ 1980, 235, 236.
[16] BGH FamRZ 1980, 235, 236.

große Strenge walten zu lassen und nicht auf strikter Einhaltung elterlicher Weisungen zu bestehen; die voraussehbare Erfolglosigkeit einer Maßnahme könne deren Anordnung untunlich machen.

11 Hatte die Mutter ihr 4-jähriges Kind ermahnt, das Dreirad nur auf dem Spielplatz hinter dem Haus zu benutzen, und vergewisserte sie sich in kurzen Abständen über die Einhaltung dieser Weisung, so hat sie ihre Aufsichtspflicht nicht verletzt, wenn sich gleichwohl kurz darauf ein Unfall auf dem Bürgersteig ereignet: Die Möglichkeit zum Spiel im Freien muss Kindern dieser Altersstufe erhalten bleiben, ihrer Überwachung sind natürliche Grenzen gesetzt, und ständige Beobachtung kann nicht verlangt werden.[17]

12 Zu berücksichtigen ist auch die **Eigenart** des Kindes: Ein zu üblen Streichen neigendes, Erziehungsschwächen aufweisendes Kind muss anders als das „normal" veranlagte Kind beim Spiel außerhalb der elterlichen Wohnung so überwacht werden, dass jederzeitiges Eingreifen möglich ist.[18] Entspr. unterschiedlich sind die Vorkehrungen, welche die Eltern gegen eine missbräuchliche Benutzung von Zündhölzern treffen müssen: Verbote und äußere Zugangshindernisse reichen beim verständigen 12-jährigen Kind, nicht aber bei demjenigen, das sich über elterliche Gebote schon hinweggesetzt hat und zum Zündeln neigt.[19] Es übersteigt die Anforderungen an die Aufsichtspflicht von Eltern, von ihnen zu verlangen, einem noch nicht sieben Jahre alten Kind durch geeignete Maßnahmen das Verbot des psychischen Beistandleistens beim gefährlichen Spiel anderer – hier Spiel mit Zündhölzern, Kerze und Papier auf dem Dachboden – zu vermitteln.[20] Gesteigerte Anforderungen gelten dann, wenn die Eltern dem Kind **gefährliche Gegenstände** wie ein Luftgewehr überlassen: Dann muss der sonst zuverlässige 15-jährige Sohn wiederholt und eindringlich ermahnt werden, das Gewehr nie auf einen Menschen zu richten, es nie ohne Prüfung für ungeladen zu halten und nach jedem Gebrauch darauf zu untersuchen, ob nicht ein Geschoss im Lauf steckt.[21] Solange eine solche eindringliche Unterweisung nicht stattgefunden hat, müssen die Eltern durch sichere Verwahrung gewährleisten, dass das Gewehr nur unter Aufsicht eines Elternteils benutzt wird.[22] Der Inhaber einer Gas-, Schreckschuss- und Alarmpistole verletzt seine Aufsichtspflicht, wenn er die mit einer Kartusche geladene Waffe so ablegt, dass er sie nicht ständig im Auge behält und ein Minderjähriger sie unbemerkt an sich nehmen kann.[23] Eine Verletzung der Aufsichtspflicht wird auch dann angenommen, wenn die Eltern ihr sechs Jahre altes Kind nicht eindringlich auf die Gefahren hinweisen, die beim Umgang mit Spielzeugpistolen insbes. dann drohen, wenn anstelle der zugehörigen Pfeile mit Saugnäpfen Stöcke oder andere Gegenstände verwendet werden; angesichts der Verbreitung solcher Spielzeuge soll dies sogar dann gelten, wenn das Kind selbst solche Spielzeugwaffen nicht besitzt.[24] Besonders hohe Anforderungen sind ferner dann an die elterliche Aufsichtspflicht zu stellen, wenn das Kind **auf nächtlichen Streiftouren erhebliche Straftaten** begeht. Die Eltern haben hier grundsätzlich geeignete Absperrmaßnahmen zu treffen, um das Kind am Verlassen der elterlichen Wohnung zu hindern, soweit dies den Eltern nach den jeweiligen Verhältnissen auch tatsächlich möglich und zumutbar ist.[25]

13 Gewöhnung des Kindes an die **Gefahren des Straßenverkehrs** gehört zu den Erziehungsaufgaben der Eltern. Nehmen Kinder im schulpflichtigen Alter zwischen sieben und zehn Jahren mit Roller oder Fahrrad am Straßenverkehr teil, so ist dies unbedenklich, sofern die Kinder ihre Fahrzeuge ausreichend beherrschen und über Verkehrsregeln und Gefahren für sich und andere gründlich belehrt worden sind; ständige Beaufsichtigung ist unter diesen Voraussetzungen nur geboten, wenn das Kind zu unbesonnenem Verhalten neigt. Bei jüngeren Kindern ist ständige Beaufsichtigung dagegen regelmäßig erforderlich.[26]

14 **d) Übertragung auf Dritte.** Eine Übertragung der Aufsichtspflicht auf Dritte, insbes. auf Personen bzw. Institutionen, bei denen sich das Kind aufhält (zB Kindergarten, Schule, Internat) ist grundsätzlich möglich. Allerdings werden die Eltern dadurch nicht völlig von ihren Pflichten befreit. Sie trifft eine Pflicht zur sorgfältigen Auswahl der neuen Aufsichtsperson. Außerdem können sich

---

[17] BGH FamRZ 1964, 84 f.; OLG Köln FamRZ 1962, 124 f.; *Soergel/Strätz* Rn. 15.
[18] Vgl. OLG Köln FamRZ 1962, 124 f.; s. auch BGH FamRZ 1996, 600 f.; OLG München FamRZ 1997, 740 f.; *Soergel/Strätz* Rn. 15.
[19] BGH FamRZ 1996, 600 f.; BayObLG NJW 1975, 2020; s. auch OLG Koblenz RuS 1995, 413; OLG Schleswig NJW-RR 1999, 606.
[20] BGH FamRZ 1990, 1214, 1216.
[21] OLG Nürnberg FamRZ 1963, 367.
[22] BGH FamRZ 1962, 116 f.
[23] BGH FamRZ 1990, 1214 (LS.).
[24] OLG Düsseldorf NJW-RR 1998, 98.
[25] Vgl. näher OLG Koblenz FamRZ 2002, 1340 (LS. zu § 832).
[26] BGH VersR 1969, 44 f.

im Einzelfall Pflichten zur Kontrolle, zur Rückfrage oder zur Erteilung von Weisungen ergeben.[27] In der Einladung zu einem von den Eltern gestalteten Kindergeburtstag liegt nach hM ein Angebot zur vertraglichen Übernahme der Aufsicht durch die Eltern oder von diesen eingesetzte Hilfspersonen.[28]

5. Aufenthaltsbestimmung. Die Bestimmung des Aufenthalts ist die Wahl von Wohnort und Wohnung, nicht die Begründung des Kindeswohnsitzes, die sich nach § 11 richtet, vgl. Erl. dort. Das Recht zur Bestimmung des Kindesaufenthalts ist die notwendige Voraussetzung sowohl für die Wahrnehmung von Pflege und Erziehung des Kindes als auch für dessen Beaufsichtigung. Ferner ist das Aufenthaltsbestimmungsrecht Grundlage des in § 1632 geregelten Anspruchs auf Kindesherausgabe, und es erlaubt den Eltern, das Kind in Internaten oder sonst auswärts zu Zwecken des Schulbesuchs oder der Berufsausbildung unterzubringen. Eine Unterbringung des Kindes, die mit Freiheitsentziehung verbunden ist, bedarf nach § 1631b der Genehmigung des FamG.

III. Recht auf gewaltfreie Erziehung und Unzulässigkeit entwürdigender Erziehungsmaßnahmen (Abs. 2)

1. Entwicklung der Norm. Abs. 2 wurde ursprünglich vom **SorgeRG** eingefügt und erklärte entwürdigende Erziehungsmaßnahmen für unzulässig. Die Vorschrift wurde angesichts des Leitbilds der Erziehung des Kindes zu einem selbständigen und eigenverantwortlichen Menschen für notwendig gehalten, weil entwürdigende Erziehungsmaßnahmen der Ausbildung von Selbstachtung und Selbstwertgefühl im Wege stehen.[29] Der mit der Einführung von Abs. 2 darüber hinaus verfolgte Zweck, den Unterschied zwischen erlaubten und verbotenen Erziehungsmaßnahmen aufzuzeigen, wurde aber nach verbreiteter Auffassung nicht erreicht.[30] Nach kontroversen Diskussionen im Gesetzgebungsverfahren[31] versuchte der Gesetzgeber im **KindRG** eine Präzisierung zu erreichen. Die Vorschrift lautete nun: „Entwürdigende Erziehungsmaßnahmen, insbesondere körperliche und seelische Misshandlungen, sind unzulässig." Ein – teilweise gefordertes – absolutes Gewaltverbot hat der Gesetzgeber jedoch im KindRG (noch) nicht eingeführt.[32] Im **Gesetz zur Ächtung der Gewalt in der Erziehung und zur Änderung des Kindesunterhaltsrechts** vom 2. 11. 2000 (BGBl. I S. 1479) ging der Gesetzgeber noch einen Schritt weiter: Der neue S. 1 der Vorschrift stellt nun fest, dass Kinder ein Recht auf gewaltfreie Erziehung haben. S. 2 modifiziert die seit dem KindRG geltende Fassung insofern, als nun „körperliche Bestrafungen, seelische Verletzungen und andere entwürdigende Maßnahmen" unzulässig sind. Diese Änderung des § 1631 Abs. 2 ist am 8. 11. 2000 in Kraft getreten.[33]

2. Recht auf gewaltfreie Erziehung (S. 1). Die Neuregelung in S. 1 beschränkt sich nicht etwa darauf, den Eltern eine gewaltfreie Erziehung zu *gebieten*. Sie gibt den Kindern vielmehr ein *Recht* auf gewaltfreie Erziehung. Aus der Begründung lassen sich für diese Vorgehensweise zwei Motive entnehmen: Zum einen soll dadurch verdeutlicht werden, dass die gewaltfreie Erziehung um des einzelnen Kindes wegen festgeschrieben wird; das Kind soll „als Person mit eigener Würde und als Träger von Rechten und Pflichten die Achtung seiner Persönlichkeit auch von den Eltern verlangen" können.[34] Zum anderen befürchtete der Gesetzgeber, ein bloßes Gebot zur gewaltfreien Erziehung könne von den Eltern nicht ernst genug genommen werden, etwa mit der Begründung, es handle sich dabei um einen zwar staatlich gebotenen, aber bei ihrem Kind konkret nicht durchführbaren Erziehungsstil.[35]

Allerdings versteht der Gesetzgeber selbst das „Recht" in S. 1 nicht als ein unmittelbar einklagbares Recht im Sinne eines Anspruchs. Vielmehr soll die Festschreibung der gewaltfreien Erziehung als Kindesrecht – ebenso wie die Vorgängerregelung des § 1631 Abs. 2 aF – in erster Linie auf eine Bewusstseinsänderung der Eltern hinwirken. Dies zeigt sich konkret daran, dass sich an den möglichen Sanktionen für einen Verstoß gegen § 1631 Abs. 2 nach dem Willen des Gesetzgebers nichts ändern soll (dazu sogleich). Die Tatsache, dass die bisherige Fassung des § 1631 Abs. 2 durch die

---
[27] Vgl. BGH LM § 832 Nr. 8 c = NJW 1968, 1672 = FamRZ 1968, 454; *Staudinger/Salgo* Rn. 42.
[28] BGH FamRZ 1988, 58 (LS.) = NdsRpfleger 1987, 232; s. auch BGH NJW 1968, 1874 = FamRZ 1968, 587.
[29] Vgl. BT-Drucks. 8/2788 S. 35.
[30] Vgl. Stellungnahme des Bundesrates, BT-Drucks. 13/4899 S. 152 f.; FamRefK/*Rogner* Rn. 3.
[31] Vgl. Stellungnahme des Bundesrates, BT-Drucks. 13/4899 S. 152 f.; Gegenäußerung der Bundesregierung, BT-Drucks. 13/4899 S. 168; *Greßmann* Rn. 171 ff.
[32] Gegenäußerung der Bundesregierung, BT-Drucks. 13/4899 S. 168; *Greßmann* Rn. 177 ff.
[33] Vgl. Art. 5 Abs. 1 S. 1 des Gesetzes vom 2. 11. 2000, verkündet am 7. 11. 2000 (BGBl. I S. 1479).
[34] BT-Drucks. 14/1247 S. 5.
[35] BT-Drucks. 14/1247 S. 5.

ausdrückliche Festlegung des Prinzips der Gewaltfreiheit und durch dessen Ausgestaltung als Recht des Kindes „verschärft" wurde, stellt sich deshalb als Versuch des Gesetzgebers dar, die Zielsetzung der Gewaltfreiheit in der Kindererziehung nun noch deutlicher und dringlicher ins Bewusstsein der Bevölkerung zu bringen. Dementsprechend sieht das Gesetz als flankierende Maßnahme auch vor, auf die Änderung und ihre Gründe durch eine bundesweite Informationskampagne aufmerksam zu machen.[36]

19 Dem Appellcharakter des S. 1 entspricht es, wenn der Gesetzgeber klarstellt, dass der Begriff der gewaltfreien Erziehung nicht an den strafrechtlichen Gewaltbegriff anknüpft. Was gewaltfreie Erziehung iSd. bürgerlichen Rechts ist (bzw. nicht ist), wird vielmehr – in gewissem Umfang – durch Satz 2 konkretisiert.[37] Nicht gewaltfrei ist also jedenfalls eine Erziehung, die körperliche Bestrafungen, seelische Verletzungen und andere entwürdigende Maßnahmen enthält.

20 **3. Verbot bestimmter Erziehungsmaßnahmen (S. 2).** Satz 2 erklärt körperliche Bestrafungen, seelische Verletzungen und andere entwürdigende Maßnahmen für unzulässig. Diese Vorschrift orientiert sich an der seit dem KindRG geltenden Fassung des § 1631 Abs. 2, führt inhaltlich jedoch zu einigen Unterschieden.

21 **a) Körperliche Bestrafungen.** Das Gesetz spricht jetzt nicht mehr von körperlichen Misshandlungen, sondern von körperlichen Bestrafungen. Hierin liegt eine Verschärfung gegenüber der bisherigen Rechtslage. In der Begründung heißt es ausdrücklich, dass jegliche Art der körperlichen Bestrafung unzulässig ist, auch wenn sie nicht die Intensität einer Misshandlung erreicht.[38] Der Grund für diese Verschärfung liegt darin, dass jede Art körperlicher Bestrafung für das Kind eine Demütigung bedeutet, die der Gesetzgeber ihm ersparen will.[39] Die Diskussion darüber, ob das Recht zur körperlichen Züchtigung mit der Erziehungsaufgabe untrennbar verbunden und deshalb keine entwürdigende Maßnahme sei,[40] hat sich mit der Neuregelung endgültig erledigt. Es gelten vielmehr die folgenden Grundsätze:

22 Die Begrenzung der Unzulässigkeit auf „Bestrafungen" macht deutlich, dass nicht jede Form körperlicher Einwirkung erfasst wird.[41] Körperliche Einwirkung ist vielmehr nur dann unzulässig, wenn sie als **Sanktion** für ein Fehlverhalten des Kindes vorgenommen wird. Die Fälle, in denen das Baby auf dem Wickeltisch oder das Kind vor der roten Ampel festgehalten wird, fallen also nicht unter das Unzulässigkeitsverdikt des Satzes 2, weil sie präventiv der Vermeidung von Gefahren für das Kind oder Dritte dienen,[42] vgl. auch Rn. 24.

23 Fraglich ist, ob die bisher teilweise als noch zulässig erachtete[43] Bestrafung durch **„leichte" Formen** körperlicher Einwirkungen (also etwa der Klaps auf das Gesäß, das feste Zugreifen am Oberarm oder die – mE auch nach bisheriger Rechtslage schon problematische – „leichte" Ohrfeige) jetzt unzulässig sind. Es kommt nicht darauf an, ob die körperliche Einwirkung für das Kind entwürdigend ist. Unzulässig ist nach der eindeutigen Fassung des Gesetzes die Verknüpfung von Strafe mit körperlicher Einwirkung auf das Kind. Die Gegenansicht entspricht auch nicht den Intentionen des Gesetzgebers, der jede Form der körperlichen Bestrafung als demütigend für das Kind einordnet.[44]

24 Diesen Grundsätzen zufolge sind körperliche Einwirkungen auf das Kind zu **präventiven** Zwecken von dem ersten Verbotstatbestand des Satzes 2 nicht erfasst. Dessen ungeachtet sind sie aber nur bei strenger Wahrung des Verhältnismäßigkeitsgrundsatzes zulässig. Wenn sie diese Grenzen überschreiten, fallen sie unter den dritten Fall des Satzes 2, nämlich die anderen entwürdigenden Maßnahmen. Praktisch wird dies dazu führen, dass nur „passive" Präventionsmaßnahmen wie das Fest- bzw. Zurückhalten oder das Wegziehen zulässig sind, nicht aber die vorsorglich verabreichte Tracht Prügel oder auch nur die vorsorgliche Ohrfeige, selbst wenn sie nur „leicht" ist.[45]

---

[36] BT-Drucks. 14/1247 S. 7.
[37] BT-Drucks. 14/1247 S. 7; *Heger/Schomburg* Kind-Prax 2000, 171, 172. AA *Hoyer* FamRZ 2001, 521, 523 (Anlehnung an den – engeren – strafrechtlichen Gewaltbegriff).
[38] BT-Drucks. 14/1247 S. 8.
[39] BT-Drucks. 14/1247 S. 8.
[40] Vgl. zB *Erman/Michalski/Döll*, 10. Aufl. 2000, Rn. 8; *Soergel/Strätz* Rn. 11; vgl. auch *Gernhuber/Coester-Waltjen* § 57 Rn. 90. Zur rechtspolitischen Entwicklung *Staudinger/Salgo* Rn. 72 ff.
[41] BT-Drucks. 14/1247 S. 8; s. auch *Peschel-Gutzeit* FPR 2000, 231. Vgl. ferner OLG Thüringen FamRZ 2003, 1319, 1320 („Pobisse").
[42] *Knödler* ZKJ 2007, 58, 65 spricht veranschaulichend von „körperlicher Bewahrung" statt „körperlicher Bestrafung".
[43] FamRefK/*Rogner* Rn. 6.
[44] Vgl. auch *Huber/Scherer* FamRZ 2001, 797, 799; insgesamt zur (straf-)rechtlichen Beurteilung von Ohrfeigen und „Klapsen" *Riemer* ZJJ 2005, 403, 404.
[45] Ebenso NK-BGB/*Rakete-Dombek* Rn. 12; *Staudinger/Salgo* Rn. 86; *Huber/Scherer* FamRZ 2001, 797, 799.

b) Seelische Verletzungen. Die Neuregelung erklärt seelische Verletzungen für unzulässig. 25 Der Gesetzgeber hielt den in der bisherigen Fassung verwendeten Begriff der seelischen Misshandlung für zu eng.[46] Auch hier gilt also, dass nicht nur Extremfälle von der Unzulässigkeit erfasst werden. Entscheidend ist – anders als bei der Fallgruppe der Bestrafung, wo es auf den Zweck der Handlung ankommt – der Verletzungserfolg, nämlich die Verletzung des Kindes in seinem seelischen Wohlergehen. Erfasst werden sollen insbesondere kränkende und herabsetzende Verhaltensweisen, etwa das Bloßstellen vor Freunden oder in der Schulklasse. Auch extreme Kälte im Umgang mit dem Kind kann zu seelischen Verletzungen im Sinne dieser Vorschrift führen.[47]

c) Andere entwürdigende Maßnahmen. Im Unterschied zur bisherigen Fassung beschränkt 26 sich die Vorschrift nicht auf Erziehungsmaßnahmen, sondern auf alle Maßnahmen der Eltern. Der Gesetzgeber will damit klarstellen, dass entwürdigende Maßnahmen auch dann unzulässig sind, wenn sie nicht zu Erziehungszwecken eingesetzt werden.

Notwendig ist die eigenständige Aufzählung der entwürdigenden Maßnahmen nach Ansicht des 27 Gesetzgebers insbesondere deshalb, weil die Fallgruppe der seelischen Verletzung auf den eingetretenen Erfolg abstellt. Treffen die Eltern Maßnahmen, die objektiv geeignet sind, zu seelischen Verletzungen zu führen, im konkreten Fall aber nicht zu solchen Verletzungen geführt haben, etwa weil das Kind besonders unsensibel ist oder weil das Kind von den Maßnahmen der Eltern überhaupt nichts erfahren hat (zB Bloßstellen gegenüber Dritten in Abwesenheit des Kindes), so liegt kein Fall einer „seelischen Verletzung" iSd. § 1631 Abs. 2 S. 2 Alt. 2 vor. Diese Lücke wird mit der dritten Fallgruppe geschlossen: Derartige Maßnahmen fallen als „andere entwürdigende Maßnahmen" unter das Unzulässigkeitsverdikt des § 1631 Abs. 2 S. 2 Alt. 3.

Grundsätzlich kann für die Bestimmung des Begriffs der entwürdigenden Maßnahmen auf das 28 **bisherige Recht** zurückgegriffen werden.[49] Als entwürdigend sind demnach Maßnahmen einzustufen, die das kindliche Selbstbewusstsein und Ehrgefühl verletzen oder gefährden.[50] Die Entwürdigung kann in der Art der Maßnahme, im Ausmaß oder der Dauer oder den Begleitumständen begründet sein.[51] Die üblicherweise angeführten Beispiele (Bloßstellen vor Dritten, Nacktausziehen, Einsperren im Dunkeln, langdauerndes Nichtsprechen mit dem Kind, Zwingen des Kindes, sich in der Öffentlichkeit mit einem Schild zu zeigen, das auf die Verfehlung hinweist[52]) werden allerdings nach der Neufassung idR bereits zu seelischen Verletzungen führen, sodass als Hauptanwendungsfall tatsächlich der vom Gesetzgeber ins Auge gefasste Fall bleibt, in dem die ihrer Art nach entwürdigende Maßnahme im konkreten Fall nicht zu einer seelischen Verletzung geführt hat.

d) Übertragung an Dritte. Soweit nach den eben ausgeführten Grundsätzen überhaupt Maß- 29 nahmen mit unmittelbarer körperlicher Wirkung gegen das Kind zulässig sind, kann die Befugnis dazu Dritten im Zusammenhang mit einer Ausübung von Erziehungsbefugnissen übertragen werden.[53] Jedenfalls in Bezug auf harmlose Maßnahmen, wie das Festhalten, wird man dabei idR von einer stillschweigenden Übertragung ausgehen können.[54] Entsprechendes gilt für Pflegeeltern und – jedenfalls für die harmloseren Maßnahmen – auch für sonstige Pflegepersonen. Die Übertragung von Erziehungsbefugnissen ist jederzeit widerruflich, vgl. § 1626 Rn. 14. **Ohne elterliche Übertragung** haben Dritte kein Recht zur Züchtigung iS einer körperlichen Ahndung kindlicher Ungezogenheit, auch nicht kraft mutmaßlicher Einwilligung der Personensorgeberechtigten oder in entspr. Anwendung von Grundsätzen der Geschäftsführung ohne Auftrag oder des § 127 StPO (heute hM).[55] Unabhängig davon kann ein gewaltsames Einschreiten Dritter gegen fremde Kinder in Maßen nach allgemeinen Notwehr- und Nothilfegrundsätzen gerechtfertigt sein; diese Fälle haben letztlich mit dem Züchtigungsrecht als Ahndung kindlicher Ungezogenheit nichts zu tun.

e) Kein allgemeines Bestrafungsverbot. § 1631 Abs. 2 spricht kein allgemeines „Bestra- 29a fungsverbot" aus. Andere als die in der Vorschrift genannten Sanktionen bleiben deshalb unberührt, etwa Ermahnungen und Tadel, Taschengeldentzug, Fernsehverbot etc.[56]

---

[46] Vgl. BT-Drucks. 14/1247 S. 8.
[47] BT-Drucks. 14/1247 S. 8; Huber/Scherer FamRZ 2001, 797, 799.
[48] BT-Drucks. 14/1247 S. 8; Staudinger/Salgo Rn. 88 f.; Huber/Scherer FamRZ 2001, 797, 799.
[49] BT-Drucks. 14/1247 S. 8.
[50] Vgl. zB 3. Aufl. Rn. 19 f.; Erman/Michalski/Döll Rn. 9; Palandt/Diederichsen, 59. Aufl. 2000, Rn. 9; NK-BGB/Rakete-Dombek Rn. 14.
[51] OLG Thüringen FamRZ 2003, 1319, 1320; Palandt/Diederichsen § 1631 Rn. 7.
[52] Vgl. 3. Aufl. Rn. 21; Erman/Michalski/Döll Rn. 9; Kunz ZfJ 1990, 52 ff.; s. auch – aus heutiger Sicht inakzeptabel – BGH NJW 1953, 1440.
[53] Gernhuber/Coester-Waltjen § 57 Rn. 93; Staudinger/Salgo Rn. 90; NK-BGB/Rakete-Dombek Rn. 4.
[54] Vgl. RG JW 1917, 656.
[55] Vgl. OLG Saarbrücken NJW 1963, 2379 mit ausführlicher Widerlegung älterer Gegenmeinungen; Gernhuber/Coester-Waltjen § 57 Rn. 93 f.
[56] Knödler ZKJ 2007, 58, 60; jurisPK-BGB/Schwer/B. Hamdan Rn. 30; s. oben Rn. 5.

30 **4. Sanktionen und Rechtsfolgen. a) Appellfunktion des § 1631 Abs. 2.** Der Gesetzgeber zielt mit der Neufassung des § 1631 Abs. 2 in erster Linie auf eine Bewusstseinsänderung bei den Eltern ab, nicht dagegen darauf, unmittelbar einklagbare Rechte des Kindes zu begründen.[57] In der Begründung zum Gesetzentwurf heißt es, bei Verstößen gegen § 1631 Abs. 2 solle den Eltern in erster Linie Hilfe bei der Bewältigung von Konflikt- und Krisensituationen angeboten werden. Gemeint sind damit die bereits bisher bestehenden Möglichkeiten der Jugendhilfe nach SGB VIII.[58] § 1631 Abs. 2 sieht deshalb unmittelbar keine Sanktionen für den Fall vor, dass die Eltern gegen die dort verankerten Gebote verstoßen. Allerdings kann die Vorschrift bei der Prüfung allgemeiner zivilrechtlicher Sanktionen mittelbar eine Rolle spielen.

31 **b) Allgemeine zivilrechtliche Rechtsfolgen. aa) §§ 1666 f.** Wenn die Eltern gegen die in § 1631 Abs. 2 festgelegten Grundsätze verstoßen, kann ein Eingreifen des FamG gem. §§ 1666 f. geboten sein. Die unmittelbaren Voraussetzungen dafür ergeben sich jedoch aus den §§ 1666 f.; insbesondere muss im konkreten Einzelfall festgestellt werden, dass ein Sorgerechtsmissbrauch und eine Kindeswohlgefährdung iS dieser Vorschriften vorliegen. Es gibt also **keinen Automatismus** dergestalt, dass ein Verstoß der Eltern gegen das Gewaltverbot des § 1631 Abs. 2 BGB zwingend zum Eingreifen des FamG nach §§ 1666 f. BGB führt.[59] Allerdings weist die Gesetzesbegründung zutreffend darauf hin, dass die in § 1631 Abs. 2 festgelegten Wertentscheidungen vom FamG bei der Prüfung der Voraussetzungen der §§ 1666 f. zu **berücksichtigen** sind. Gleichzeitig wird jedoch auch darauf hingewiesen, dass die Schwelle der Kindeswohlgefährdung auch hier unverändert gilt, sodass „vereinzelt gebliebene körperliche Bestrafungen in der Regel keine familiengerichtlichen Maßnahmen auslösen".[60] Diesen Aussagen ist insofern zuzustimmen, als vereinzelte körperliche Bestrafungen nicht reflexartig zum Eingreifen des FamG führen dürfen. Doch ändert dies nichts daran, dass körperliche Bestrafungen nach der (jetzt eindeutigen) Wertentscheidung des Gesetzes unzulässig sein sollen und deshalb im Rahmen der Abwägung bei §§ 1666 f. größeres Gewicht erhalten müssen als bisher.[61]

32 **bb) Zivilrechtliche Unterlassungs- bzw. Leistungsansprüche.** Vor der Neuregelung des Jahres 2000 betrachtete die hM § 1666 als spezielle und vorrangige Sonderregelung gegenüber den allgemeinen zivilrechtlichen Ansprüchen des Kindes auf Unterlassung sorgerechtswidrigen (bzw. sorgepflichtwidrigen) Verhaltens der Eltern bzw. auf pflichtgerechte Ausübung der elterlichen Sorge durch die Eltern.[62] Derartige Unterlassungs- oder Leistungsansprüche kann das Kind also nicht geltend machen. Sanktionen für elterliches Fehlverhalten auf diesem Gebiet sollen sich allein aus den §§ 1666 f., insbesondere unter Wahrung der dort verlangten strengen Erfordernisse für gerichtliches Eingreifen, ergeben können.[63]

33 Durch die **Neufassung** des § 1631 Abs. 2 hat sich hieran mE nichts geändert. Etwas anderes ergibt sich nicht etwa daraus, dass Abs. 2 Satz 1 als subjektives Recht des Kindes ausgestaltet ist. Zwar könnte sich aus der Formulierung als „Recht" ein Wortlautargument ergeben, das für die Zulassung entsprechender Unterlassungs- oder sogar Verpflichtungsansprüche spricht. Doch ist der Wortlaut nicht allein bestimmend für den konkreten Inhalt des neuen § 1631 Abs. 2. Entsprechend den allgemeinen Auslegungsgrundsätzen müssen auch Systematik, Teleologie und Entstehungsgeschichte der Vorschrift beachtet werden:

34 Die **Entstehungsgeschichte** dokumentiert eindeutig den Willen des Gesetzgebers, mit der Neuformulierung keine weitergehenden Leistungsansprüche für das Kind zu begründen. Dies ergibt sich eindeutig aus der Begründung zum Gesetzentwurf.[64] Bereits aus diesem Grund erscheint es nicht überzeugend, aus der Bezeichnung als „Recht" zwingend zu schließen, dass es sich um einen unmittelbar mit den allgemeinen Instrumentarien klageweise durchsetzbaren Anspruch handeln muss.

35 Hinzu kommt eine weitere Überlegung: Die Verdrängung der allgemeinen zivilrechtlichen Ansprüche wurde auch bisher nicht aus dem Wortlaut des § 1631 hergeleitet, sondern auf der **Konkurrenzebene**: §§ 1666 f. wurden als „leges speciales" für die Verwirklichung der in § 1631 aufgestellten Wertentscheidungen und Verbote betrachtet. Angesichts der Unsicherheiten bei der Bestim-

---

[57] Vgl. BT-Drucks. 14/1247 S. 7; *Heger/Schomburg* Kind-Prax 2000, 171, 172; *Huber/Scherer* FamRZ 2001, 797, 799.
[58] Vgl. dazu ausführlich BT-Drucks. 14/1247 S. 5 f.
[59] *Huber/Scherer* FamRZ 2001, 797, 800. Zum früheren Recht vgl. *Moritz* JA 1998, 704, 709 f.
[60] BT-Drucks. 14/1247 S. 5.
[61] *Huber/Scherer* FamRZ 2001, 797, 800.
[62] Vgl. *Staudinger/Coester* § 1666 Rn. 10 f.; *Palandt/Diederichsen* Rn. 6; s. auch *Hinz* S. 22 ff.
[63] Vgl. *Staudinger/Coester* § 1666 Rn. 12.
[64] BT-Drucks. 14/1247 S. 5.

mung des Instituts der „lex specialis" erscheint es zwar angebrachter, von einer „abschließenden Regelung" der §§ 1666 f. zu sprechen, die – im Ergebnis wie eine lex specialis – gegenüber den allgemeinen zivilrechtlichen Ansprüchen Ausschlusswirkung entfaltet. Dies ändert jedoch nichts daran, dass die Begründung dieser Ausschlusswirkung nur mit Hilfe von **Wertungen** erfolgen kann und auch erfolgt ist: Zum einen mit der existenziellen Verbindung von Eltern und Kind in der Familiengemeinschaft, deren Komplexität durch die Gewährung allgemeiner zivilrechtlicher Ausgleichsansprüche gestört werde. Zum anderen mit der Wertentscheidung, dass die Ausfüllung des Begriffs des Kindeswohls in erster Linie den Eltern obliege, sodass staatlicher Rechtsschutz erst bei Erreichung einer hohen Eingriffsschwelle stattfinden könne, nämlich bei Bestehen einer Kindeswohlgefährdung iSd. § 1666. Unterhalb dieser Schwelle liegende Beeinträchtigungen seiner Individualinteressen seien vom Kind im Hinblick auf den übergreifenden Vorteil der familiären Eingebundenheit und Integrität hinzunehmen. Und schließlich mit der verfahrensrechtlichen Erwägung, dass das allgemeine Streitverfahren der ZPO dem Fürsorgebedürfnis des Kindes nicht in gleicher Weise entspreche wie das Verfahren der freiwilligen Gerichtsbarkeit bei § 1666.[65]

Diese Wertungsgesichtspunkte, die bisher den Ausschluss der allgemeinen zivilrechtlichen **36** Ansprüche durch die §§ 1666 f. gerechtfertigt haben, werden durch die Änderung des Wortlauts des § 1631 Abs. 2 **nicht berührt**. Sie behalten nach wie vor ihre Gültigkeit. Auch dies spricht dafür, es bei der bisher geltenden Regel zu belassen: Demnach kann das Kind gegen seine Eltern bei Verstößen gegen § 1631 Abs. 2 **keine allgemeinen zivilrechtlichen Unterlassungs- oder Verpflichtungsansprüche** geltend machen. Die einzige Form des Rechtsschutzes ist insofern in §§ 1666 f. geregelt (bei deren Anwendung das FamG allerdings die in § 1631 Abs. 2 zum Ausdruck kommende Wertentscheidung berücksichtigen muss, vgl. oben Rn. 31).

cc) **Schadensersatzansprüche.** Für die Schadensersatzansprüche des Kindes gegen seine **37** Eltern wegen deren Verletzungen ihrer Sorgepflicht gelten die bisherigen Regeln weiter: Die Eltern haften dem Kind für Verletzungen ihrer Sorgepflicht nach **§ 1664**[66] für die diligentia quam in suis. Wenn durch eine nach § 1631 Abs. 2 unzulässige Maßnahme beim Kind eine Rechtsgutsverletzung iSd. **§ 823 Abs. 1** eingetreten ist, kommen auch Schadensersatzansprüche aus dieser Vorschrift in Betracht; auf den Haftungsmaßstab ist in diesem Fall nach zutr. Ansicht § 1664 anzuwenden, wenn – wie regelmäßig in den hier behandelten Fällen – ein innerer Zusammenhang des deliktischen Verhaltens mit der elterlichen Sorge gegeben ist.[67]

Derartige Schadensersatzansprüche des Kindes gegen seine Eltern werden mE **nicht** durch die **38** §§ 1666 f. **verdrängt**. Die Ausschlusswirkung der §§ 1666 f. erfasst lediglich die auf Unterlassung oder Leistung (in Form pflichtgerechter Ausübung der elterlichen Sorge) gerichteten Primäransprüche, nicht dagegen die auf Schadensersatz gerichteten Sekundäransprüche.[68] Dafür spricht die Erwägung, dass die §§ 1666 f. ein Äquivalent nur für den Primärrechtsschutz bieten, aber keine Grundlage für Sekundärrechtsschutz in Form von Schadensersatz geben. Angesichts der Tatsache, dass in unmittelbarer Nachbarschaft zu § 1666 eine Regel über den (vor allem bei Schadensersatzansprüchen relevanten) Haftungsmaßstab getroffen wird (§ 1664), kann man auch nicht davon ausgehen, dass § 1666 über seinen eigenen Wirkungsbereich hinaus auch Ausschlusswirkung auch für Schadensersatzansprüche anordnen soll. Vielmehr ist davon auszugehen, dass der vom Gesetz auch hierfür erforderlich gehaltene Schutz der Familiengemeinschaft vor unangebrachter gerichtlicher Intervention allein durch die in § 1664 vorgesehene Haftungsmilderung verwirklicht wird.[69]

Angesichts dieser (nur von § 1664 beschränkten) „Offenheit" des Rechts der elterlichen Sorge **39** gegenüber Schadensersatzansprüchen spricht auch nichts dagegen, § 1631 Abs. 2 in seiner neuen Fassung als **Schutzgesetz** iSd. § 823 Abs. 2 zu verstehen. Den nötigen individualschützenden Charakter[70] hat die Norm jedenfalls seit der Ausgestaltung des Grundsatzes der gewaltfreien Erziehung als Recht des Kindes.[71]

IV. Familiengerichtliche Unterstützung der Eltern bei Ausübung der Personensorge (Abs. 3)

1. **Anwendungsbereich.** Familiengerichtliche Unterstützung wird den Eltern gem. Abs. 3 idF **40** des SorgeRG für den gesamten Bereich der Personensorge in Aussicht gestellt, nicht mehr nur –

---

[65] Vgl. *Staudinger/Coester* § 1666 Rn. 11.
[66] Zur Frage, ob § 1664 selbst die Anspruchsgrundlage ist, vgl. § 1664 Rn. 1.
[67] Vgl. § 1664 Rn. 9; *Soergel/Strätz* § 1664 Rn. 4; *Erman/Michalski/Döll* § 1664 Rn. 6; *Schwab* FamR Rn. 692; s. auch *Gernhuber/Coester-Waltjen* § 57 Rn. 37 ff.; aA (keine Einwirkung des § 1664) 3. Aufl. § 1664 Rn. 6; OLG Düsseldorf NJW 1978, 891; *Jauernig/Berger* § 1664 Rn. 6.
[68] Vgl. *Gernhuber/Coester-Waltjen* § 57 Rn. 101; *Palandt/Diederichsen* Rn. 6.
[69] *Huber/Scherer* FamRZ 2001, 797, 801.
[70] Vgl. dazu *Soergel/Zeuner* § 823 Rn. 289 ff.; *Staudinger/Hager* § 823 Rn. G 19 ff.
[71] *Huber/Scherer* FamRZ 2001, 797, 801.

wie nach dem früheren Gesetzestext – für die Erziehung des Kindes. Diese Ausweitung des Anwendungsbereichs wird aber angesichts der vielfältigen besonderen gerichtlichen Regelungszuständigkeiten in Sorgerechtsangelegenheiten kaum erhebliche praktische Auswirkungen haben.

41 **2. Voraussetzungen. a) Antrag.** Familiengerichtliche Unterstützung wird, ihrer Funktion gemäß, nur auf Antrag gewährt. Zur Antragstellung ist berechtigt, wer die Personensorge innehat, idR also nur beide Elternteile gemeinsam und ein Elternteil allein nur dann, wenn er aus besonderen Gründen allein Inhaber des Personensorgerechts ist.[72] Dieses Ergebnis folgt zwingend daraus, dass eine Antragsberechtigung eines jeden der beiden gemeinsam personensorgeberechtigten Elternteile § 1628 leer laufen ließe; stellt also nur einer dieser gemeinsam Personensorgeberechtigten den Antrag, so ist zunächst nach § 1628 zu verfahren.[73] Der Antrag ist jederzeit widerruflich.[74] Das FamG darf über den Antrag nicht hinausgehen, wohl aber dahinter zurückbleiben und eine neue Antragstellung anregen.[75]

42 **b) Unterstützung „in geeigneten Fällen".** Das FamG hat die Eltern „in geeigneten Fällen" zu unterstützen, nicht mehr, wie vor dem SorgeRG, durch „geeignete Maßregeln". Dadurch soll „hervorgehoben werden, dass das FamG ein Tätigwerden ablehnen kann, wenn es dies für unzweckmäßig oder im Interesse des Kindes nicht für geboten hält".[76] Maßgeblich für eine Anordnung nach § 1631 Abs. 3 ist also immer, ob eine solche dem Wohl des Kindes dient;[77] eigene Interessen oder Bedürfnisse der Eltern sind nie maßgebend.[78] Das FamG hat insoweit eine eigene Prüfungsbefugnis. Es ist also nicht darauf beschränkt, seine Mitwirkung nur dann zu verweigern, wenn das Elternverlangen rechtsmissbräuchlich iSv. § 1666 erscheint.[79] Diese freiere Stellung des FamG entspricht seiner allein unterstützenden Funktion, die sich von der Ausübung des staatlichen Wächteramts (zB nach §§ 1666, 1666 a) durch Antragsabhängigkeit und Handlungsermessen statt bloßen Auswahlermessens unterscheidet.

43 **3. Inhalt gerichtlicher Unterstützungsmaßnahmen. a) Vorrang spezialgesetzlicher Regelungen.** Spezialgesetzliche Regelungen, insbesondere hinsichtlich der Ausübung des staatlichen Wächteramts, haben Vorrang vor der unterstützenden Tätigkeit nach Abs. 3. Unzulässig ist deshalb etwa eine Kindesunterbringung unter Umgehung von §§ 1666, 1666 a in einer Pflegefamilie, ebenso die Anordnung von mit Freiheitsentziehung verbundener Unterbringung unter Umgehung von § 1631b. Auch die Kindesherausgabepflicht gem. § 1632 folgt eigenen Regeln; zu den Einzelheiten vgl. § 1632 Rn. 4 ff. Alle diese Vorschriften dürfen nicht durch ein Verfahren nach Abs. 3 umgangen werden.[80]

44 **b) Schmales Betätigungsfeld für § 1631 Abs. 3.** Für Abs. 3 verbleibt danach im Ergebnis ein schmales Betätigungsfeld: Das FamG kann Ermahnungen und Verwarnungen aussprechen, zB zur Bekräftigung elterlicher Umgangsverbote. Es kann das persönliche Erscheinen des Minderjährigen anordnen.[81] Ferner darf das FamG die Eltern bei der Ermittlung des Kindesaufenthalts unterstützen.[82] Unzulässig sind im Rahmen von § 1631 Abs. 3 solche Anordnungen des FamG, welche sich auf eine auch nur kurze, stundenweise Bestrafung des Kindes oder auf seine körperliche Züchtigung richten.[83] Alle familiengerichtlichen Maßnahmen werden wegen § 1633 bei Eheschließung des Minderjährigen gegenstandslos.[84]

45 **4. Verfahren.** Das KindRG hat die Zuständigkeit vom VormG auf das FamG verlagert (§ 621 Abs. 1 Nr. 1 ZPO aF, jetzt § 111 Nr. 2 FamFG). Die örtliche Zuständigkeit richtet sich nach § 152 FamFG; die Entscheidung obliegt dem Rechtspfleger, §§ 3 Nr. 2 a RPflG[85] mit Ausnahme der dem Richter vorbehaltenen Maßnahmen iSd. § 14 RPflG. Anzuhören sind die Eltern und das

---

[72] *Staudinger/Salgo* Rn. 94; differenzierend *Gernhuber/Coester-Waltjen* § 57 Rn. 95; *RGRK/Wenz* Rn. 22; jedem Elternteil ein Antragsrecht zubilligend *NK-BGB/Rakete-Dombek* Rn. 16; *Palandt/Diederichsen* Rn. 10.
[73] *Staudinger/Salgo* Rn. 94; *Soergel/Strätz* Rn. 25.
[74] *Soergel/Strätz* Rn. 25; *Staudinger/Salgo* Rn. 94; *RGRK/Wenz* Rn. 22.
[75] Vgl. *Staudinger/Salgo* Rn. 95.
[76] Beschlussempfehlung und Bericht des Rechtsausschusses (6. Ausschuss), BT-Drucks. 8/2788 S. 48 f.
[77] Vgl. *Staudinger/Salgo* Rn. 95; *RGRK/Wenz* Rn. 23.
[78] BayObLG Recht 1920 Nr. 1905.
[79] So aber OLG Neustadt FamRZ 1964, 575 f.
[80] Vgl. *Gernhuber/Coester-Waltjen* § 57 Rn. 97; *Soergel/Strätz* Rn. 26.
[81] BayObLG MDR 1952, 240; *Soergel/Strätz* Rn. 26; *Palandt/Diederichsen* Rn. 10.
[82] KG KGJ 47, 35; *Schnitzerling* FamRZ 1957, 291, 292; *Soergel/Strätz* Rn. 26.
[83] BayObLG MDR 1952, 240; *Gernhuber/Coester-Waltjen* § 57 Rn. 97; *Soergel/Strätz* Rn. 26.
[84] BayObLGZ 1961, 183 = FamRZ 1962, 77 (LS.).
[85] Vgl. *Staudinger/Salgo* Rn. 105; *Soergel/Strätz* Rn. 28; aA *Richter* § 14 Abs. 1 Nr. 5 RPflG; *FamRefK/Rogner* Rn. 11.

Inhalt und Grenzen der Personensorge   45 § 1631

Kind, §§ 159 f. FamFG, ggf. auch eine Pflegeperson, § 161 FamFG. Die Anhörung des Jugendamts ist in § 162 FamFG vorgeschrieben. Das Jugendamt kann nach § 50 SGB VIII mit der Ausführung familiengerichtlicher Anordnungen betraut werden. Statthaftes Rechtsmittel ist seit Inkrafttreten des FamFG die Beschwerde nach § 58 FamFG. Zur Beschwerdeberechtigung vgl. vor § 1626 Rn. 27.

Anhang zu § 1631

Gesetz über die religiöse Kindererziehung (RelKErzG)

Vom 15. Juli 1921
(RGBl. S. 939; BGBl. III 404-9)

Vorbemerkungen

Das Recht zur religiösen Erziehung des Kindes ist **Teil des allgemeinen Erziehungsrechts** und damit der Personensorge, vgl. § 1631 Abs. 1 BGB und § 1 S. 1. Es hat im RelKErzG eine Sonderregelung erfahren, welche als Bundesrecht fortgilt. Das Gesetz steht mit dem Grundrechtskatalog des GG in Einklang.[1] Es verwirklichte früh den Gedanken eines stufenweisen Heranreifens des Kindes zur Selbstbestimmung:[2] Von Vollendung des 10. Lebensjahres an ist das Kind zu hören, wenn ein Elternstreit um die religiöse Erziehung vor dem FamG ausgetragen wird oder eine Entscheidung über das Bestimmungsrecht von Vormund oder Pfleger zu treffen ist (§§ 2 Abs. 3 S. 5, 3 Abs. 2 S. 5). Von Vollendung des 12. Lebensjahres an darf das Kind nicht mehr gegen seinen Willen in einem anderen Bekenntnis als bisher erzogen werden. Von Vollendung des 14. Lebensjahres an entscheidet es selbst, zu welchem religiösen Bekenntnis es sich halten will (§ 5). Auch der Grundsatz freier, jederzeit widerruflicher Elterneinigung (§ 1) hat frühzeitig Gleichberechtigungsgrundsätze und moderne Vorstellungen von der Ausübung elterlicher Sorge vorweggenommen. Für ausführlichere Darstellungen vgl.: die 3. Aufl.; *Staudinger/Salgo* im Anschluss an § 1631; *Jestaedt,* Das elterliche Erziehungsrecht im Hinblick auf Religion, in: *Listl/Pirson* (Hrsg.), Handbuch des Staatskirchenrechts der Bundesrepublik Deutschland, 2. Bd., 1996; *Engelmann,* Kommentar zum RelKErzG, 1922.

§ 1 [Einigung der Eltern]

¹Über die religiöse Erziehung eines Kindes bestimmt die freie Einigung der Eltern, soweit ihnen das Recht und die Pflicht zusteht, für die Person des Kindes zu sorgen. ²Die Einigung ist jederzeit widerruflich und wird durch den Tod eines Ehegatten gelöst.

1 **1. Normzweck.** Die Vorschrift betont dreierlei: Das Recht zur ersten Festlegung des religiösen Bekenntnisses folgt aus der Innehabung der Personensorge; die Personensorgeberechtigten müssen sich über die religiöse Erziehung einigen; ihre Einigung ist frei widerruflich. Über die Folgen des Fehlens einer Einigung vgl. § 2.

2 **2. Einzelfragen.** Die religiöse Erziehung des Kindes (S. 1) beginnt – bei den christlichen Konfessionen – mit der Taufe. Das Recht zur Bestimmung über die religiöse Erziehung endet als autoritative Entscheidungsbefugnis mit Vollendung der in § 5 angeführten Altersstufen im dort bezeichneten Umfang.

3 Die Befugnis zur Bestimmung über die religiöse Erziehung des Kindes steht den **personensorgeberechtigten** Elternteilen zu, über § 1754 Abs. 1 BGB ggf. auch den Adoptiveltern. Ist einem Elternteil die Personensorge entzogen (§§ 1666 ff., 1680 BGB) oder ruht sie (§§ 1673 Abs. 1, 1674 Abs. 1, 1675 BGB), so bestimmt der andere grundsätzlich allein, vgl. aber § 2 Abs. 2. Pflegeeltern steht das Bestimmungsrecht zu, wenn ihnen gem. § 1630 Abs. 3 BGB (auch) die religiöse Kindererziehung übertragen wurde. Ob der **Elterneinigung** rechtsgeschäftlicher Charakter beigemessen wird oder nicht, ist praktisch gleichgültig; entscheidend ist, dass die Einigung **jederzeit widerruflich** ist (S. 2). Die Elterneinigung kann vor oder nach der Kindesgeburt zustande kommen. Sie kann

---

[1] *Maunz/Dürig/Maunz* Art. 7 Rn. 83 f.
[2] *Gernhuber/Coester-Waltjen* § 62 Rn. 8.
[1] Vgl. BGHZ 21, 340, 351 f.

ausdrücklich oder stillschweigend (zB durch wissentliche Duldung der Taufe in einem bestimmten Bekenntnis) erfolgen.[2] Durch den Tod eines Elternteils wird die Einigung gelöst (S. 2).[3]

§ 2 [Mangel der Einigung; Änderungen]

(1) Besteht eine solche Einigung nicht oder nicht mehr, so gelten auch für die religiöse Erziehung die Vorschriften des Bürgerlichen Gesetzbuchs über das Recht und die Pflicht, für die Person des Kindes zu sorgen.

(2) Es kann jedoch während bestehender Ehe von keinem Elternteil ohne die Zustimmung des anderen bestimmt werden, daß das Kind in einem anderen als dem zur Zeit der Eheschließung gemeinsamen Bekenntnis oder in einem anderen Bekenntnis als bisher erzogen, oder daß ein Kind vom Religionsunterricht abgemeldet werden soll.

(3) [1] Wird die Zustimmung nicht erteilt, so kann die Vermittlung oder Entscheidung des Familiengerichts beantragt werden. [2] Für die Entscheidung sind, auch soweit ein Mißbrauch im Sinne des § 1666 des Bürgerlichen Gesetzbuchs nicht vorliegt, die Zwecke der Erziehung maßgebend. [3] Vor der Entscheidung sind die Ehegatten sowie erforderlichenfalls Verwandte, Verschwägerte und die Lehrer des Kindes zu hören, wenn es ohne erhebliche Verzögerung oder unverhältnismäßige Kosten geschehen kann. [4] Der § 1779 Abs. 3 Satz 2 des Bürgerlichen Gesetzbuchs findet entsprechende Anwendung. [5] Das Kind ist zu hören, wenn es das zehnte Jahr vollendet hat.

1. Normzweck. § 2 trifft in Abs. 1 Vorsorge für Fälle fehlender Elterneinigung und enthält in Abs. 2 Regeln über die Änderung der bisherigen Religionserziehung, die heute im Grunde obsolet sind. Abs. 3 befasst sich mit der (jetzt familien-)gerichtlichen Regelung des Elternstreits. 1

2. Fehlen einer Elterneinigung (Abs. 1). Die Vorschrift gilt sowohl dann, wenn eine Elterneinigung nie bestanden hat, als auch in Fällen des Widerrufs gem. § 1 S. 2. Die Verweisung auf die für die Personensorge maßgebenden Bestimmungen bedeutet heute, dass die Eltern gem. § 1627 S. 2 BGB versuchen müssen, sich zu einigen. Scheitert der Einigungsversuch, so entscheidet auf Antrag (vgl. § 7 S. 2) das FamG nach den zu § 1628 BGB entwickelten Grundsätzen; dies ergibt sich aus Abs. 3 und aus der Verweisung des Abs. 1 auf die §§ 1626 ff. BGB. 2

3. Bedeutung des Abs. 2. Die Zustimmungsregelung hatte einleuchtende Gründe, solange die Verweisung des Abs. 1 auf die Personensorgevorschriften des BGB bedeutete, dass der Vater das Konfessionsbestimmungsrecht innehatte; Abs. 2 diente dann zugunsten des Kindes und der religiösen Überzeugung der Mutter dem Schutz eines „Status-quo-Prinzips".[1] Nach Beseitigung dieser gleichheitswidrigen Zuständigkeitsverteilung ist die Regelung des Abs. 2 nicht nur ihres Normzwecks beraubt, sondern kann auch zu praktisch unhaltbaren Konsequenzen führen, nämlich dazu, dass ein Elternteil, dem das Recht zur Personensorge allein zusteht, während bestehender Ehe für einen Bekenntniswechsel oder für die Abmeldung des Kindes vom Religionsunterricht weiterhin die Zustimmung des anderen Elternteils bzw. eine familiengerichtliche Entscheidung benötigt, auch wenn dem anderen Teil die Personensorge gem. § 1666 BGB entzogen wurde, wenn er sie nach § 1671 BGB verloren hat oder wenn sie ruht (§§ 1673 ff. BGB). In derartigen Fällen sollte man im Wege einer teleologischen Reduktion die Vorschrift des § 2 nicht anwenden.[2] 3

4. Vermittlung oder Entscheidung des Familiengerichts (Abs. 3). Abs. 3 bezieht sich zunächst auf das Fehlen der Zustimmung nach Abs. 2. Die Vorschrift hat aber in den Sätzen 2 bis 5 auch darüber hinaus Bedeutung für diejenigen Fälle, in denen sich die Eltern nicht über die religiöse Erziehung des Kindes einigen können. Sie ergänzt insoweit mit der über die Verweisung in Abs. 1 anwendbaren Regelung des Elternstreits in § 1628 BGB. 4

Die Entscheidung ist dem Richter vorbehalten, § 14 Abs. 1 Nr. 11 RPflG. 5

---

[2] Vgl. *Staudinger/Salgo* Rn. 7.
[3] Zu der Frage einer Bestimmung im Wege letztwilliger Verfügung vgl. BGHZ 5, 57, 61, *Staudinger/Salgo* Rn. 9.
[1] *Bosch* FamRZ 1959, 406, 411.
[2] So im Ergebnis auch *Staudinger/Salgo* Rn. 3; *Gernhuber/Coester-Waltjen* § 62 Rn. 10.

6 Im Rahmen des Verfahrens über einen Elternstreit über die religiöse Erziehung des Kindes hat das Gericht die in § 2 Abs. 3 S. 2 bis 5 festgelegten Grundsätze zu berücksichtigen. Dies gilt nicht nur für die verfahrensrechtlichen Grundsätze (zB die Anhörung gem. Abs. 3 S. 5, die zusätzlich zu den allgemeinen Vorschriften über die Anhörung tritt), sondern auch für den dort vorgesehenen Entscheidungsmaßstab, nämlich die Zwecke der Erziehung, die freilich im Wesentlichen mit dem Kriterium des Kindeswohls übereinstimmen werden.[3] Im konkreten Einzelfall muss das Verhältnis der betreffenden Ehe bzw. Familie zu einer bestimmten Religion ermittelt werden. Dabei kann zB der Grundsatz der Kontinuität für die Beibehaltung einer bisher ausgeübten Religionszugehörigkeit sprechen. Auch können zB Familientraditionen und örtliche Gegebenheiten eine Rolle spielen.[4]

§ 3 [Vormund, Pfleger]

(1) Steht dem Vater oder der Mutter das Recht und die Pflicht, für die Person des Kindes zu sorgen, neben einem dem Kinde bestellten Vormund oder Pfleger zu, so geht bei einer Meinungsverschiedenheit über die Bestimmung des religiösen Bekenntnisses, in dem das Kind erzogen werden soll, die Meinung des Vaters oder der Mutter vor, es sei denn, daß dem Vater oder der Mutter das Recht der religiösen Erziehung auf Grund des § 1666 des Bürgerlichen Gesetzbuchs entzogen ist.

(2) ¹Steht die Sorge für die Person eines Kindes einem Vormund oder Pfleger allein zu, so hat dieser auch über die religiöse Erziehung des Kindes zu bestimmen. ²Er bedarf dazu der Genehmigung des Familiengerichts. ³Vor der Genehmigung sind die Eltern sowie erforderlichenfalls Verwandte, Verschwägerte und die Lehrer des Kindes zu hören, wenn es ohne erhebliche Verzögerung oder unverhältnismäßige Kosten geschehen kann. ⁴Der § 1779 Abs. 3 Satz 2 des Bürgerlichen Gesetzbuchs findet entsprechende Anwendung. ⁵Auch ist das Kind zu hören, wenn es das zehnte Lebensjahr vollendet hat. ⁶Weder der Vormund noch der Pfleger können eine schon erfolgte Bestimmung über die religiöse Erziehung ändern.

Die Vorschrift regelt die Befugnisse von Vormund und Pfleger in Bezug auf die Bestimmung der religiösen Kindererziehung unterschiedlich je nachdem, ob die Personensorge wenigstens einem Elternteil neben dem Vormund bzw. Pfleger zusteht (Abs. 1) oder ob dem Vormund bzw. Pfleger die Personensorge allein zusteht (Abs. 2).

§ 4 [Verträge über die religiöse Erziehung]

Verträge über die religiöse Erziehung eines Kindes sind ohne bürgerliche Wirkung.

Die Vorschrift ergänzt den Grundsatz des § 1 S. 2 durch die Feststellung, dass Verträge über die religiöse Erziehung „ohne bürgerliche Wirkung", dh. nichtig sind.

§ 5 [Entscheidungsrecht des Kindes]

¹Nach der Vollendung des vierzehnten Lebensjahrs steht dem Kinde die Entscheidung darüber zu, zu welchem religiösen Bekenntnis es sich halten will. ²Hat das Kind das zwölfte Lebensjahr vollendet, so kann es nicht gegen seinen Willen in einem anderen Bekenntnis als bisher erzogen werden.

1 **1. Normzweck.** Die Vorschrift verwirklicht iVm. § 2 Abs. 3 S. 5 und § 3 Abs. 2, wonach das Kind von der Vollendung des 10. Lebensjahres an im familiengerichtlichen Verfahren gehört werden

---
[3] Vgl. *Staudinger/Salgo* Rn. 10.
[4] Vgl. *Staudinger/Salgo* Rn. 10 mwN.

muss, den Grundsatz stufenweisen Heranreifens zur Selbstbestimmung im religiösen Bereich, vgl. vor § 1.

2. 14-jähriges Kind (S. 1). Das Recht des 14-jährigen Kindes, selbst zu entscheiden, zu welchem Bekenntnis es sich halten will (S. 1), bedeutet, dass das Kind mit Vollendung des 14. Lebensjahres volle Geschäfts- und Prozessfähigkeit für alle mit der religiösen Erziehung zusammenhängenden Fragen erlangt.[1] Vorausgesetzt wird nur, dass das Kind zu diesem Zeitpunkt beschränkt geschäftsfähig ist. Eine Überprüfung seiner geistigen Reife oder seiner inneren Beweggründe findet nicht statt.[2] Der Jugendliche hat das Recht zum Kirchenaustritt, und zwar nicht nur dann, wenn er sich einem anderen Bekenntnis anschließt, sondern auch dann, wenn er überhaupt keinem Bekenntnis mehr angehören möchte.[3] Auch über die Teilnahme am Religionsunterricht entscheidet das 14-jährige Kind selbständig.[4] Es kann sich auch darauf beschränken, dem bisherigen, rechtlich einwandfrei oder nicht bestimmten Bekenntnis weiterhin anzugehören, aber frei über die Teilnahme am Religionsunterricht und an Gottesdiensten und Kulthandlungen zu bestimmen.[5]

Entscheidungen des Kindes nach S. 1 können mündlich oder schriftlich, ausdrücklich oder stillschweigend gegenüber dem gesetzlichen Vertreter, dem FamG oder der Schule erklärt werden.[6] Der Wille des Kindes muss aber so in Erscheinung getreten sein, dass die ernstliche Absicht, eine Entscheidung iSv. S. 1 zu treffen, aus dem Verhalten hervorgeht.[7]

3. 12-jähriges Kind (S. 2). Das 12-jährige Kind darf nach S. 2 nicht gegen seinen Willen in einem anderen Bekenntnis als bisher erzogen werden. Die Regelung ist Ausdruck des Ziels der Kontinuität in der religiösen Erziehung und soll verhindern, dass das Kind in Gewissensnöte gerät. Maßgeblich ist, in welchem Bekenntnis das Kind bisher tatsächlich erzogen wurde; ob dieses Bekenntnis rechtlich einwandfrei bestimmt worden ist, bleibt gleichgültig, weil der Gewissenszwang bei einer Änderung der gleiche wäre.[8] Das Kind kann sich wegen § 6 auch widersetzen, wenn es bis zum 12. Lebensjahr in einer nicht bekenntnismäßigen Weltanschauung erzogen wurde und nun religiös konfessionell erzogen werden soll.[9]

§ 6 [Erziehung in einer Weltanschauung]

Die vorstehenden Bestimmungen finden auf die Erziehung der Kinder in einer nicht bekenntnismäßigen Weltanschauung entsprechende Anwendung.

Die Bestimmung wird dem Grundrechtssatz der Glaubens- und Gewissensfreiheit (Art. 4 Abs. 1 GG) dadurch gerecht, dass sie nicht bekenntnismäßige Weltanschauungen den religiösen, konfessionell gebundenen Bekenntnissen gleichstellt. Der Begriff der Weltanschauung iSv. § 6 ist im weitesten Sinne zu verstehen und schließt auf der Grundlage der Wertneutralität des Staates eine freireligiöse Erziehung ebenso ein[1] wie jede sonstige Lehre, die Vorstellungen von Zusammenhängen der Weltordnung und Daseinszwecke zu vermitteln sucht.[2]

§ 7 [Zuständigkeit des Familiengerichts]

[1] Für Streitigkeiten aus diesem Gesetz ist das Familiengericht zuständig. [2] Ein Einschreiten von Amts wegen findet dabei nicht statt, es sei denn, daß die Voraussetzungen des § 1666 des Bürgerlichen Gesetzbuchs vorliegen.

---

[1] Vgl. *Staudinger/Salgo* Rn. 4.
[2] Vgl. *Staudinger/Salgo* Rn. 4.
[3] *Staudinger/Salgo* Rn. 4.
[4] *Gernhuber/Coester-Waltjen* § 62 Rn. 9; *Staudinger/Salgo* Rn. 7 mN auch zu abw. Ansichten.
[5] Vgl. BGHZ 21, 340, 351. Zu der Frage, ob sich aus § 5 S. 1 das Recht ergibt, selbst wirksam in eine religiöse Beschneidung einzuwilligen, ablehnend *Putzke* NJW 2008, 1568, 1570, Anm. zu OLG Frankfurt NJW 2008, 1568 (das die Frage obiter und in anderem Zusammenhang anspricht).
[6] Vgl. BayObLGZ 1961, 228, 238; *Staudinger/Salgo* Rn. 8.
[7] RGRK/*Wenz* Rn. 4.
[8] *Staudinger/Salgo* Rn. 9 (str., vgl. Nachw. in der 3. Aufl.).
[9] *Staudinger/Salgo* Rn. 9.
[1] LG Mannheim FamRZ 1966, 517.
[2] RGRK/*Wenz* Rn. 6; *Staudinger/Salgo* Rn. 2.

Mit Inkrafttreten des FamFG wurde die vorherige Zuständigkeit des VormG durch die des FamG ersetzt und damit die zuvor bestehende Diskrepanz zu den Vorschriften der §§ 1626 ff. BGB, welche schon seit dem KindRG eine Zuständigkeit des FamG vorsehen, aufgelöst.

§ 8 [Aufhebung des Landesrechts]

Alle diesem Gesetz entgegenstehenden Bestimmungen der Landesgesetze sowie Artikel 134 des Einführungsgesetzes zum Bürgerlichen Gesetzbuch werden aufgehoben.

§ 9 [Frühere Verträge]

Vom Abdruck wird abgesehen.

§ 10 [Weitere Übergangsbestimmung]

Vom Abdruck wird abgesehen.

§ 11 [Inkrafttreten]

Das Gesetz tritt am 1. Januar 1922 in Kraft.

Die vorstehenden Vorschriften der §§ 8 bis 11 sind heute bedeutungslos.[1]

---

[1] Vgl. *Staudinger/Salgo* Rn. 1.

§ 1631a Ausbildung und Beruf

¹In Angelegenheiten der Ausbildung und des Berufs nehmen die Eltern insbesondere auf Eignung und Neigung des Kindes Rücksicht. ²Bestehen Zweifel, so soll der Rat eines Lehrers oder einer anderen geeigneten Person eingeholt werden.

Übersicht

	Rn.		Rn.
I. Normzweck	1, 2	4. Einholen des Rats einer geeigneten Person bei Zweifeln (S. 2)	10–14
II. Anwendungsbereich	3–15	a) Art der Zweifel	11
1. Beruf	3	b) Unsicherheit über moderne Berufsbilder	12
2. Ausbildung	4	c) Geeignete Personen	13
3. Rechtspflicht zur Rücksichtnahme auf Eignung und Neigung des Kindes (S. 1)	5–9	d) Sollvorschrift	14
a) Eignung	6, 6a	5. Sanktionslücke bei leichten Verstößen gegen die Pflichten aus Abs. 1	15
b) Pflicht zur Rücksichtnahme	7–9		

I. Normzweck

Die durch das SorgeRG eingeführte Vorschrift soll die Grundsätze verdeutlichen, die bei den "für das ganze Leben des Kindes wichtigen Entscheidungen in Angelegenheiten der Ausbildung und des Berufs zu beachten sind".[1] Sie **ergänzt** die durch § 1626 Abs. 2 statuierte allgemeine Pflicht zur Berücksichtigung der Vorstellungen des Kindes um die Aussage, dass bei der Wahl der Ausbildung und des Berufs der Eignung und der Neigung des Kindes besondere Bedeutung zukommen. Damit soll verhindert werden, dass die Eltern aus falschem Prestigedenken oder als Ersatz für eigene unerfüllte Berufswünsche oder aus sonstigen Gründen das Kind zu einem beruflichen Werdegang zwingen, auf dem es schließlich scheitern muss.[2] Neben § 1631a gelten in Ausbildungs- und Berufswahlangelegenheiten sowohl die insbesondere für die Erziehung des Kindes beachtliche Vorschrift des § 1626 Abs. 2 S. 1 als auch die für alle Sorgerechtsangelegenheiten maßgebliche Regel des § 1626 Abs. 2 S. 2, sodass die Eltern bei der Ausbildungs- und Berufswahl dem Selbständigkeitsstreben ihres Kindes Rechnung zu tragen und ihre Entscheidung mit ihm zu besprechen haben.[3] Demgegenüber setzt § 1631a einen neuen, zusätzlichen Akzent: Die Elternentscheidung über Ausbildungs- und Berufswahl wird nicht nur an die Beteiligung des Kindes an dieser Entscheidung gebunden, sondern an die zusätzlichen, objektivierbaren Momente der Eignung und Neigung des Kindes.[4] § 1631a ist also eine sachgebotene Ergänzung des § 1626 Abs. 2 um **objektiv nachprüfbare Kriterien** für eine Entscheidung, die für das Kind lebensgestaltende Bedeutung hat. 1

Das SorgeRG hatte in einem zweiten Absatz die Möglichkeit einer vormundschaftsgerichtlichen Entscheidung in denjenigen Fällen eingeführt, in denen die Eltern offensichtlich gegen das Rücksichtnahmegebot des Abs. 1 verstoßen und deshalb zu befürchten ist, dass die Entwicklung des Kindes nachhaltig und schwer beeinträchtigt wird. Das **KindRG** hat diese Vorschrift wieder gestrichen. Nach Ansicht des Gesetzgebers wird der erforderliche Schutz der Kindesinteressen in gleicher Weise durch den neu gefassten § 1666 gewährleistet: Auch § 1666 erlaube die Korrektur offensichtlicher und schwerwiegender elterlicher Fehleinschätzungen. Die Eingriffsschwelle sei bei § 1666 (nF) gleich hoch wie bei § 1632 Abs. 2 aF.[5] 2

II. Anwendungsbereich

1. Beruf. Beruf ist jede dauerhafte Tätigkeit, die darauf abzielt, eine Lebensgrundlage für sich oder auch für Angehörige zu schaffen oder zu erhalten.[6] 3

2. Ausbildung. Der Begriff Ausbildung zielt auf die Entwicklung von Begabungen und Anlagen zu speziellen Fertigkeiten, die für die Ausübung bestimmter Tätigkeiten Voraussetzung sind.[7] 4

---

[1] Beschlussempfehlung und Bericht des Rechtsausschusses (6. Ausschuss), BT-Drucks. 8/2788 S. 37.
[2] Beschlussempfehlung (Fn. 1) S. 37.
[3] Vgl. Beschlussempfehlung (Fn. 1) S. 49.
[4] Vgl. *Knöpfel* FamRZ 1977, 600, 608; *Gernhuber/Coester-Waltjen* § 62 Rn. 5-7.
[5] BT-Drucks. 13/4899 S. 115; kritisch dazu FamRefK/*Rogner* Rn. 2.
[6] *Soergel/Strätz* Rn. 5.
[7] Vgl. das Stichwort „Ausbildung" in der Brockhaus-Enzyklopädie, Bd. 2.

Ausbildung reicht also über die Vorbildung zu einem Beruf hinaus.[8] Sie umfasst zunächst die schulische Bildung des Kindes, soweit und sobald in diesem Bereich Wahl- und Entscheidungsmöglichkeiten bestehen, vornehmlich also vom Überschreiten des Grundschulalters an. Mit zunehmendem Alter des Kindes wird die Art der Schulausbildung als Voraussetzung für eine qualifizierte Berufsausbildung zugleich zu einer Vorentscheidung über den künftigen beruflichen Werdegang, wie auch sonst Entscheidungen über eine berufsspezifische Ausbildung immer zugleich die künftige Berufswahl in engerem oder weiterem Rahmen festlegen. Zu den berufsspezifischen Ausbildungsangelegenheiten zählen sowohl (Erst-)Entscheidungen über Ausbildungsziel, Ausbildungsgang und Ausbildungsstätte als auch solche Entscheidungen, welche den zunächst eingeschlagenen Bildungsweg ganz oder teilweise ändern. Über den schulischen und beruflichen Werdegang hinaus schließt Ausbildung aber auch die Entfaltung musischer, intellektueller, sportlicher oder technischer Fähigkeiten (zB Führerschein, Musikinstrument, Segeln) ein.

5 **3. Rechtspflicht zur Rücksichtnahme auf Eignung und Neigung des Kindes (S. 1).** Als Rechtsfolge begründet S. 1 eine Rechtspflicht[9] der Eltern, in Ausbildungs- und Berufsangelegenheiten „insbesondere auf Eignung und Neigung des Kindes Rücksicht [zu] nehmen".

6 **a) Eignung.** Die Eignung des Kindes bedeutet dessen Befähigung, also ein eher objektives Moment der Begabung und Anlagen einschließlich der für die vorgesehene Ausbildung – und eine künftige Bewährung im Beruf – erforderlichen psychischen und physischen Eigenschaften.[10] Mit **Neigung** sind dagegen eher die Kindesvorlieben und -interessen iS positiver emotioneller Zuwendung gemeint, ein „Hingezogensein" zu einer bestimmten Schulausbildung, bestimmten Tätigkeiten oder Berufen.[11] Die Intensität der Neigung und die Eignung zur Ausübung bestimmter Tätigkeiten entsprechen einander keineswegs generell, sodass bei vorhandener Neigung nicht ohne weiteres auf entsprechende Eignung – und umgekehrt – zu schließen ist.

6a Ob die für die Ausbildung oder einen Beruf erforderliche Eignung vorliegt, lässt sich zB anhand von Schulzeugnissen, Auskunft von Lehrern oder Ausbildern, medizinischen oder psychologischen Gutachten, Tests usw. ermitteln; dabei geht es um die Überprüfung gegenwärtig feststellbarer Fähigkeiten und Anlagen darauf, ob sie voraussichtlich den Anforderungen einer bestimmten Schulart oder eines bestimmten Berufs genügen werden.[12] Beständigkeit und Ernsthaftigkeit eines Berufs- bzw. Ausbildungswunsches iS einer Neigung des Kindes lassen sich ebenfalls oft mit geeigneten psychologischen Verfahren überprüfen.

7 **b) Pflicht zur Rücksichtnahme.** Die Elternpflicht zur Rücksichtnahme insbesondere auf Eignung und Neigung des Kindes soll gewährleisten, dass diese Gesichtspunkte bei der Wahl von Ausbildung und Beruf eine wesentliche Rolle spielen.[13] Die frühzeitige richtige Wahl des Bildungswegs reicht in ihrer Bedeutung weit über andere Angelegenheiten der Personensorge hinaus.[14] Die geforderte Rücksichtnahme bedeutet zunächst die Bereitschaft zu Gespräch und Auseinandersetzung mit dem Kind (insofern deckungsgleich mit § 1626 Abs. 2). Sie beschränkt sich nicht auf ein Gewährenlassen, sondern erfordert auch aktive Unterstützung und – im unterhaltsrechtlichen Rahmen – auch finanzielle Hilfe.[15]

8 Die Rücksichtnahmepflicht ist grundsätzlich an keine Altersgrenze gebunden. Doch ist ähnlich wie bei § 1626 Abs. 2 der **Entwicklungsstand** des Kindes jedenfalls insoweit zu berücksichtigen, als es um die Rücksichtnahme auf Neigungen geht. Zu berücksichtigen sind nur solche Neigungen des Kindes, die verständlicher Art, schutzwürdiger Art sind und eine gewisse Beständigkeit erkennen lassen.[16] Bloße vorübergehende Launen sind nicht maßgeblich.

9 Der einschränkende Zusatz, wonach „**insbesondere**" Eignung und Neigung zu berücksichtigen seien, relativiert diese entscheidungserheblichen Gesichtspunkte insoweit, als diese nicht die einzigen Entscheidungskriterien zu sein brauchen: So können angesichts der Elternpflicht zur Finanzierung einer angemessenen Vorbildung zu einem Beruf gem. § 1610 Abs. 2 Kostenüberlegungen eine Rolle spielen. Weitere Faktoren der Elternentscheidung sind beispielsweise der Gesundheitszustand des Kindes, ggf. auch derjenige anderer Familienmitglieder, die zeitliche Belastung, die Entfernung zur

---

[8] Vgl. *Soergel/Strätz* Rn. 5; *Palandt/Diederichsen* Rn. 1.
[9] *Staudinger/Salgo* Rn. 9.
[10] JurisPK-BGB/*Schwer/B. Hamdan* Rn. 7; *Staudinger/Salgo* Rn. 13.
[11] *Staudinger/Salgo* Rn. 14; NK-BGB/*Rakete-Dombek* Rn. 2; *Belchaus* Rn. 7.
[12] *Belchaus* Rn. 7.
[13] Beschlussempfehlung (Fn. 1) S. 49.
[14] Vgl. *Knöpfel* FamRZ 1977, 600, 608.
[15] *Bamberger/Roth/Veit* Rn. 33.; *Staudinger/Salgo* Rn. 9.
[16] Vgl. Beschlussempfehlung (Fn. 1) S. 49; *Soergel/Strätz* Rn. 6.

Ausbildungsstätte sowie die mit Beruf oder Ausbildung verbundenen Unfallgefahren und – mit Vorsicht – die voraussichtlichen Chancen auf dem Arbeitsmarkt.[17]

4. Einholen des Rats einer geeigneten Person bei Zweifeln (S. 2). Bestehen in Angelegenheiten der Ausbildung und des Berufs Zweifel, so soll nach S. 2 der Rat eines Lehrers oder einer anderen geeigneten Person eingeholt werden. Die Gesetzesfassung stellt klar, dass ein Dritter nicht nur beigezogen werden soll, wenn die Eltern untereinander oder im Verhältnis zum Kind dessen Eignung und Neigung unterschiedlich einschätzen, sondern auch dann, wenn in der gemeinsamen Einschätzung Unsicherheiten bestehen.[18] 10

a) Art der Zweifel. Die Zweifel können sich nach dem Gesetzeswortlaut sowohl auf die Eignung iSv. Begabung oder Befähigung des Kindes beziehen als auch auf dessen Neigung iS einer eher subjektiv-emotionalen Komponente (vgl. Rn. 5). Die Zweifel bzw. Unsicherheiten können unterschiedliche Ursachen haben: Hierher gehören insbesondere die Fälle, in denen die Eltern unsicher sind, weil sie keinerlei Anhaltspunkte für Eignung und Neigung des Kindes zu entdecken vermögen, ein Auseinanderfallen von Eignung und Neigung befürchten, die Dauerhaftigkeit geäußerter Kindesvorstellungen bezweifeln oder die Eignung und Neigung des Kindes für den von diesem gewünschten Bildungsweg bzw. die insoweit bestehenden Berufsaussichten nicht zu überschauen vermögen. 11

b) Unsicherheit über moderne Berufsbilder. Für alle zuvor genannten Situationen gilt die Aussage der Amtl. Begr., wonach es zur Feststellung von Eignung und Neigung zwar erforderlich ist, den Ausbildungsgang und das Berufsbild zu kennen, zu denen das Kind geeignet sein könnte und für die es Neigung haben sollte, die Eltern aber angesichts der geringen Durchschaubarkeit und der schnellen Entwicklung der modernen Industriegesellschaft vielfach überfordert sind, wenn sie für ihr Kind und mit diesem einen Ausbildungsweg und ein Berufsziel wählen sollen, sodass die Einholung des Rats Dritter als sachgebotene Konsequenz erscheint.[19] Dieser Argumentation ist uneingeschränkt zu folgen: *Schwab* hat schon 1972 darauf hingewiesen, dass die Häufigkeit des Berufswechsels ein soziales Problem darstelle und der Mangel an sachorientierter Berufsentscheidung nicht in erster Linie darauf beruhe, dass sich die Eltern über berechtigte Ausbildungswünsche ihrer Kinder hinwegsetzen, sondern die Hauptursachen für missglückte Berufsentscheidungen in fehlender Information über die Berufsmöglichkeiten, irrationalen Berufsbildern und Einstellungen zur Berufswahl liegen, letztlich also auf Begrenzungen des Entscheidungshorizonts zurückgehen.[20] 12

c) Geeignete Personen. Zum Ausgleich des in der vorigen Rn. beschriebenen Informationsdefizits sieht S. 2 die Einholung des Rats eines Lehrers oder einer anderen geeigneten Person vor. Den Eltern bleibt hier Spielraum: Der beizuziehende Dritte kann zB ein Lehrer, ein Verwandter oder ein Berufsberater sein. Wenn sich die Unklarheiten auf Eignung oder Neigung des Kindes beziehen, sollte der Berater das Kind gut kennen. Wenn es um Zweifel über Berufsbild und Berufsaussichten geht, kommen insbes. Beratungsstellen der Bundesagentur für Arbeit in Betracht.[21] 13

d) Sollvorschrift. Die Beiziehung eines Dritten ist als Sollvorschrift formuliert, bleibt also bloße Empfehlung.[22] Allerdings kann im Einzelfall die Nichtbeachtung des Rats eines Berufsberaters zusätzlich zur Missachtung von Eignung oder Neigung des Kindes ein Indiz für die Korrekturbedürftigkeit der Elternentscheidung iSd. § 1666 darstellen.[23] 14

5. Sanktionslücke bei leichten Verstößen gegen die Pflichten aus Abs. 1. Nachdem Abs. 1 keine eigenen Sanktionen für die Nichtbeachtung der hier aufgestellten Regeln vorsieht und § 1666 erst bei krassen Fehlentscheidungen der Eltern einen Eingriff des FamG rechtfertigt, bleiben leichte Verstöße gegen die in Abs. 1 normierten Grundsätze ohne rechtliche Folgen. 15

§ 1631b Mit Freiheitsentziehung verbundene Unterbringung

¹**Eine Unterbringung des Kindes, die mit Freiheitsentziehung verbunden ist, bedarf der Genehmigung des Familiengerichts.** ²**Die Unterbringung ist zulässig, wenn sie zum Wohl des Kindes, insbesondere zur Abwendung einer erheblichen**

---

[17] Vgl. *Strätz* FamRZ 1975, 541, 549.
[18] Beschlussempfehlung (Fn. 1) S. 49.
[19] Beschlussempfehlung (Fn. 1) S. 37.
[20] AcP 172 (1972), 266, 284.
[21] Vgl. *Soergel/Strätz* Rn. 8.
[22] Beschlussempfehlung (Fn. 1) S. 37; *Staudinger/Salgo* Rn. 16.
[23] Vgl. zu § 1666 Abs. 1 aF OLG Karlsruhe FamRZ 1974, 661 f.

Selbst- oder Fremdgefährdung, erforderlich ist und der Gefahr nicht auf andere Weise, auch nicht durch andere öffentliche Hilfen, begegnet werden kann. ³Ohne die Genehmigung ist die Unterbringung nur zulässig, wenn mit dem Aufschub Gefahr verbunden ist; die Genehmigung ist unverzüglich nachzuholen.

Übersicht

	Rn.		Rn.
I. Normzweck	1	III. Genehmigungspflicht und Genehmigung	10–20
II. Anwendungsbereich	2–9	1. Vorherige Genehmigung (S. 1)	10–15
1. Unterbringung des Kindes	2, 3	a) Entscheidungsmaßstab (S. 2)	11–13
		b) Genehmigungsentscheidung	14, 15
2. Freiheitsentziehung	4	2. Ausnahme: Nachträgliche Genehmigung (S. 3)	16, 17
3. Freiheitsbeschränkungen	5	3. Rücknahme der Genehmigung	18
4. Die sog. unterbringungsähnlichen Maßnahmen	6–9	4. Genehmigungsverfahren (§ 167 FamFG, §§ 312 ff. FamFG)	19, 20

I. Normzweck

1   Die mit Freiheitsentziehung verbundene Unterbringung eines Kindes ist eine Maßnahme von besonders einschneidender Tragweite. Die vom **SorgeRG** eingeführte Norm des § 1631b soll durch das Mittel der gerichtlichen Genehmigung gewährleisten, dass die Eltern ihr Kind nicht in eine geschlossene Einrichtung verbringen, wenn bei sinnvoller Wahrnehmung des Erziehungsrechts eine Problemlösung auf weniger schwerwiegende Weise erreicht werden kann.¹ Das **KindRG** hat die Zuständigkeit vom VormG auf das FamG verlagert. Das **Gesetz zur Erleichterung familiengerichtlicher Maßnahmen bei Gefährdung des Kindeswohls**² von 2008 konkretisierte den Entscheidungsmaßstab der Norm durch die Einfügung des neuen S. 2. Das **FGG-RG**³ strich den früheren S. 3 der Vorschrift, der jetzt in § 1696 Abs. 2 enthalten ist. Der Wortlaut des § 1631b wurde ursprünglich nahezu vollständig aus § 1800 Abs. 2 aF übernommen, der die Unterbringung des Mündels durch den Vormund regelte; § 1800 verweist heute umgekehrt auf §§ 1631 bis 1633. Die zu § 1800 Abs. 2 aF ergangene Rechtsprechung kann deshalb auch für § 1631b herangezogen werden.⁴ Daran dürfte sich durch die Konkretisierung durch das Gesetz von 2008 im Grundsatz nichts geändert haben. Bedenken gegen die Verfassungsmäßigkeit des § 1631b, die sich darauf stützen, dass das Elternrecht durch das Genehmigungserfordernis übermäßig eingeschränkt werde,⁵ sind unbegründet: Zwar kann das FamG dann, wenn Eltern ihr Kind „abschieben" wollen, idR auch nichts anderes tun, als eine Fremdplatzierung anzuordnen, diese kann aber immerhin geeigneter sein als die von den Eltern in Aussicht genommene.⁶ Und schließlich ist eine Erziehung unter den Bedingungen der Freiheitsentziehung ein so starker Eingriff in die Kindesentwicklung, dass eine gerichtliche Genehmigung, die zB nach § 1643 Abs. 1 iVm. § 1821 Abs. 1 Nr. 1 unstr. für jede Verfügung über eine Kindeshypothek gefordert wird, hier schwerlich von Verfassungs wegen verboten sein kann. Das Genehmigungserfordernis rechtfertigt sich also letztlich aus der **besonderen Schutzwürdigkeit** eines Kindes angesichts einer drohenden Unterbringung mit Freiheitsentziehung.⁷

II. Anwendungsbereich

2   **1. Unterbringung des Kindes.** Eine Unterbringung iSd. § 1631b liegt vor, wenn die Eltern für das Kind einen ständigen Aufenthalt außerhalb des Elternhauses vorsehen, zB in einer Anstalt, in einem Heim oder in einem Krankenhaus.⁸ Die Unterbringung muss auf eine gewisse Dauer

---

¹ Beschlussempfehlung und Bericht des Rechtsausschusses (6. Ausschuss), BT-Drucks. 8/2788, S. 38 zu 3.2.
² Gesetz vom 4. 7. 2008, BGBl. I S. 1188. Dazu RegE BT-Drucks. 16/6815.
³ Gesetz vom 17. 12. 2008, BGBl. I S. 2586. Dazu RegE BT-Drucks. 16/6308 S. 345.
⁴ Vgl. Beschlussempfehlung BT-Drucks. 8/2788 S. 51; *Soergel/Strätz* Rn. 3.
⁵ Vgl. *Schmitt-Glaeser*, Das elterliche Erziehungsrecht in staatlicher Reglementierung, 1980, S. 58 f.; s. auch Beschlussempfehlung BT-Drucks. 8/2788 S. 51; vgl. auch BVerfGE 10, 302 = NJW 1960, 811, worin ausdrücklich offen gelassen wurde, ob Art. 104 Abs. 2 S. 2 GG auch für Freiheitsentziehungen kraft elterlicher Aufenthaltsbestimmungen gelte.
⁶ *Soergel/Strätz* Rn. 2.
⁷ Vgl. *Staudinger/Salgo* Rn. 4; *Gernhuber/Coester-Waltjen* § 7 Rn. 11 f.
⁸ *Soergel/Strätz* Rn. 4; NK-BGB/*Rakete-Dombek* Rn. 2.

ausgerichtet sein,[9] was jedoch die Anwendung des § 1631b bei einem von vornherein zeitlich begrenzten Aufenthalt, zB anlässlich einer Entziehungskur in einer Suchtklinik, ebenso wenig ausschließt wie bei einer Verbringung zu längerfristiger Beobachtung und Behandlung in eine sonstige therapeutische Klinik. Nicht unter § 1631b fallen Maßnahmen innerhalb des eigenen Elternhauses, auch wenn sie mit einer Freiheitsentziehung verbunden sind (zB Hausarrest); hier ist ggf. familiengerichtliches Eingreifen über §§ 1666 f. möglich.[10]

Auf die Gründe für die Unterbringung kommt es nicht an.[11] Auch eine Hilfe zur Erziehung **3** in einer Einrichtung über Tag und Nacht (Heimerziehung) nach § 34 SGB VIII kann eine Unterbringung iSd. § 1631b darstellen und schließt nicht automatisch die Befugnis zu freiheitsentziehenden Maßnahmen ein, sondern bedarf dafür vielmehr der richterlichen Genehmigung gem. § 1631b.[12]

2. Freiheitsentziehung. Eine Freiheitsentziehung liegt vor, wenn die persönliche Bewegungs- **4** freiheit des Kindes gegen seinen natürlichen Willen[13] allseitig und umfassend beeinträchtigt wird, insbesondere durch Einschließen oder Einsperren.[14] Dies ist idR der Fall bei einer Unterbringung in einem geschlossenen psychiatrischen Krankenhaus oder in einer geschlossenen Abteilung eines Heims oder eines solchen Krankenhauses.[15] Die Möglichkeit der Kontaktaufnahme mit Personen außerhalb der Einrichtung schließt den Charakter als Freiheitsentziehung nicht aus.[16] Mit einer Einweisung zu einer stationären Kur in einer Fachklinik für Suchtkrankheiten oder Klinik zur Rehabilitation wird idR eine Freiheitsentziehung verbunden sein.[17]

3. Freiheitsbeschränkungen. Keine Freiheitsentziehung iSv. § 1631b sind bloße Freiheitsbe- **5** schränkungen, dh. solche Maßregeln, die angesichts des Alters des Kindes und der Umstände seiner Unterbringung angemessen und üblich sind und im Rahmen der allgemeinen Erziehungs- und Aufsichtspflicht liegen (zB in der Hausordnung des Internats enthaltene Ausgehverbote für bestimmte Zeiten).[18] Die Grenze zwischen Freiheitsentziehung und bloßer Freiheitsbeschränkung ist fließend. Zu berücksichtigen sind insbesondere die Intensität und die Dauer des Eingriffs.[19] Auch verschiebt sich die Grenze mit zunehmendem Kindesalter: Was für das Kleinkind noch Freiheitsbeschränkung ist, kann für den Jugendlichen Freiheitsentzug sein.[20]

4. Die sog. unterbringungsähnlichen Maßnahmen. Umstritten ist, wie diejenigen Fälle **6** zu behandeln sind, in denen sich das Kind in einer offenen (also keine generellen, freiheitsentziehenden Maßnahmen treffenden) Klinik aufhält, in denen dem Kind aber durch mechanische Vorrichtungen, Medikamente o. ä. seine persönliche Bewegungsfreiheit individuell über einen längeren Zeitraum oder regelmäßig entzogen wird. Beispiele sind die regelmäßige Fixierung des Kindes durch einen Bauchgurt am Stuhl tagsüber oder die Eingitterung seines Bettes. In der Rechtsprechung vor Inkrafttreten des BtG wurden diese sog. unterbringungsähnlichen Maßnahmen überwiegend als freiheitsentziehend iSd. §§ 1800, 1631 b behandelt, allerdings in Fällen, in denen es um erwachsene Mündel ging, nicht um Kinder.[21]

Im Betreuungsrecht hat das BtG in § 1906 Abs. 4 die unterbringungsähnlichen Maßnahmen **7** einer freiheitsentziehenden Unterbringung ausdrücklich gleichgestellt. Bei § 1631b dagegen fehlt eine solche ausdrückliche Gleichstellung. **Umstritten** ist, ob die Gleichstellungsvorschrift des **§ 1906 Abs. 4** auf die Fälle des § 1631b **analog** anzuwenden ist. Eine Ansicht verneint dies.[22] Zur Begründung wird darauf verwiesen, es liege keine Gesetzeslücke vor, weil der Gesetzgeber

---

[9] OLG Düsseldorf NJW 1963, 397, 398; *Soergel/Strätz* Rn. 4; RGRK/*Wenz* Rn. 5; aA *Staudinger/Salgo* Rn. 11; jurisPK-BGB/*Schwer/B. Hamdan* Rn. 2.
[10] Vgl. *Staudinger/Salgo* Rn. 12; *Soergel/Strätz* Rn. 4.
[11] *Soergel/Strätz* Rn. 5; RGRK/*Wenz* Rn. 5.
[12] Vgl. BT-Drucks. 11/5948 S. 72; OLG Celle NJW 1964, 552; OLG Düsseldorf NJW 1964, 397, 398; *Gernhuber/Coester-Waltjen* § 62 Rn. 23; *Staudinger/Salgo* Rn. 16 f.; aA *Arnold* FamRZ 1963, 484.
[13] Vgl. LG Berlin FamRZ 1991, 365, 367; krit. zum Abstellen auf den Willen des Kindes *Gollwitzer/Rüth* FamRZ 1996, 1388 ff.
[14] Vgl. OLG Düsseldorf NJW 1963, 397, 398; RGRK/*Wenz* Rn. 6; *Soergel/Strätz* Rn. 6 f.; NK-BGB/*Rakete-Dombek* Rn. 3.
[15] OLG Düsseldorf NJW 1963, 397 f.
[16] Vgl. § 1800 Rn. 25; *Soergel/Strätz* Rn. 6; aA wohl Beschlussempfehlung BT-Drucks. 8/2788 S. 51.
[17] Vgl. Beschlussempfehlung BT-Drucks. 8/2788 S. 51.
[18] OLG Düsseldorf NJW 1963, 397, 398; *Soergel/Strätz* Rn. 6; NK-BGB/*Rakete-Dombek* Rn. 4.
[19] Vgl. LG Berlin FamRZ 1991, 365, 367; jurisPK-BGB/*Schwer/B. Hamdan* Rn. 4.
[20] *Gernhuber/Coester-Waltjen* § 62 Rn. 21.
[21] LG Berlin FamRZ 1991, 365; AG Frankfurt/M. FamRZ 1988, 1209; aA AG Recklinghausen FamRZ 1988, 653: lediglich freiheitsbeschränkend.
[22] LG Essen FamRZ 1993, 1347 f.; *Bienwald* Betreuungsrecht § 1906 Rn. 28 ff.

im BtG bewusst auf eine Erstreckung auf § 1631b verzichtet habe und die Regelung der Unterbringung von Kindern unberührt habe lassen wollen. Auch greife eine Erstreckung des Genehmigungsvorbehalts zu stark in das elterliche Erziehungsrecht ein, weil auch alltägliche Maßnahmen der Erziehung (kleiner) Kinder darunter fallen würden.[23] Fehlverhalten der Eltern müsse über § 1666 korrigiert werden.

8 Die Gegenansicht[24] wendet § 1906 Abs. 4 im Rahmen des § 1631b analog an und verlangt deshalb auch bei unterbringungsähnlichen Maßnahmen eine familiengerichtliche Genehmigung. ME ist dies vorzugswürdig. Die Beeinträchtigung der persönlichen Bewegungsfreiheit durch derartige Maßnahmen trifft ein Kind grundsätzlich in gleichem Maße wie einen Erwachsenen. Der Schutzzweck des Genehmigungserfordernisses und seiner Erstreckung auf unterbringungsähnliche Maßnahmen erfasst also Minderjährige und Erwachsene grundsätzlich gleichermaßen. Dieser teleologische Gesichtspunkt hat für die Frage der Analogie Vorrang vor – zumal zu dieser konkreten Problematik nicht eindeutigen – Äußerungen im Gesetzgebungsverfahren. Auch das elterliche Erziehungsrecht wird durch die Analogie zu § 1906 Abs. 4 nicht über Gebühr eingeschränkt. Denn die Vorschrift greift nur dann, wenn der Betreute bzw. das Kind sich nicht zu Hause aufhält, sondern in einer Anstalt. Häusliche Maßnahmen wie das Schutzgitter vor dem Bett des Kleinkindes oder das Ausgangsverbot aus erzieherischen Gründen bleiben also nach wie vor genehmigungsfrei. Erfasst werden nur Maßnahmen, die während des Aufenthalts des Kindes in derartigen Anstalten oder Institutionen erfolgen. Auch dort wird man allerdings von einer echten Freiheitsentziehung dann nicht sprechen können, wenn das Kind ohnehin nicht zur selbständigen Fortbewegung in der Lage ist; das Schutzgitter vor dem Bett des Babys bleibt also auch im Krankenhaus genehmigungsfrei.[25]

9 Unabhängig von diesem Streit gilt jedoch, dass die Vornahme solcher Maßnahmen innerhalb einer bereits genehmigten freiheitsentziehenden Unterbringung in einer geschlossenen Klinik eine **neue Stufe** des Freiheitsentzugs darstellen kann, die von der bisherigen Genehmigung nicht gedeckt ist und deshalb neuer Genehmigung bedarf (vgl. § 1906 Rn. 9 f.).

III. Genehmigungspflicht und Genehmigung

10 **1. Vorherige Genehmigung (S. 1).** § 1631b erfordert grundsätzlich, dass die Genehmigung des FamG vorab erteilt wird. Dies ergibt sich mittelbar aus S. 3, der eine nachträgliche Genehmigung nur für bestimmte Ausnahmefälle vorsieht.

11 **a) Entscheidungsmaßstab (S. 2).** Die Unterbringung ist gem. § 1931b S. 2 zulässig, wenn sie aus Gründen des Kindeswohls, insbesondere zur Abwendung einer erheblichen Selbst- oder Fremdgefährdung, erforderlich ist und der Gefahr nicht auf andere Weise, auch nicht durch andere öffentliche Hilfen, begegnet werden kann. Dieser Satz der Vorschrift wurde durch das Gesetz zur Erleichterung familiengerichtlicher Maßnahmen bei Gefährdung des Kindeswohls[26] von 2008 zur Konkretisierung eingefügt; nach dem Willen des Gesetzgebers diente dies vor allem der Rechtssicherheit und der Beseitigung von Zweifeln bei der praktischen Anwendbarkeit der Vorschrift.[27] Es ist deshalb davon auszugehen, dass die vor der Änderung geltenden Maßstäbe im Grundsatz weiter gelten, jedenfalls insoweit als sie mit der Neuformulierung in Einklang stehen.

12 Maßstab für die Entscheidung des FamG über die Genehmigung der Unterbringung ist das **Kindeswohl**. Dies ergibt sich aus dem Wortlaut der Vorschrift (S. 2) sowie allgemein aus § 1697a; zu beachten sind außerdem die Grundrechtsgarantien (insbesondere) der Art. 2 Abs. 2 S. 2, 104 Abs. 1 S. 1 GG. Der Gesetzgeber hat angesichts der Vielschichtigkeit der Thematik davon abgesehen, Gründe für eine Unterbringung abschließend aufzuzählen; er hat sich vielmehr darauf beschränkt, einen möglichen Grund beispielhaft zu nennen:[28] Erforderlich sein kann die Unterbringung insbe-

---

[23] Vgl. BT-Drucks. 11/4528 S. 82.
[24] *Dodegge* FamRZ 1993, 1348 f.; *Staudinger/Salgo* Rn. 14 f.; *Palandt/Diederichsen* Rn. 2.
[25] NK-BGB/*Rakete-Dombek* Rn. 4. Im Übrigen ist mE aus dogmatischer Sicht zu bedenken, dass es bei isolierter (also die Vorschrift des § 1906 Abs. 4 außer Acht lassender) Betrachtung des Begriffs der Freiheitsentziehung iSd. § 1631b vertretbar erschiene, die sog. unterbringungsähnlichen Maßnahmen darunter zu fassen: Wenn bereits die verschlossenen Haustüren genügen, wird man erst recht die Fesselung an das Bett, vgl. LG Berlin FamRZ 1991, 365, 368. Es geht also streng genommen nicht um die Frage, ob § 1906 Abs. 4 auf § 1631b analog anzuwenden ist, sondern vielmehr darum, ob die Einführung des § 1906 Abs. 4 zu einer Beschränkung des Begriffs der Freiheitsentziehung iSd. § 1631b geführt hat. So auch *Gernhuber/Coester-Waltjen* § 62 Rn. 22 Fn. 45.
[26] Gesetz vom 4. 7. 2008, BGBl. I S. 1188. Dazu RegE BT-Drucks. 16/6815.
[27] RegE BT-Drucks. 16/6815 S. 14.
[28] Vgl. RegE BT-Drucks. 16/6815 S. 14.

sondere zur Abwendung einer erheblichen Selbst[29]- oder Fremdgefährdung. Im Fall der Fremdgefährdung ergibt sich die Kindeswohlgefährdung daraus, dass das Kind sich sonst dem Risiko von Notwehrmaßnahmen, Ersatzansprüchen und Prozessen aussetzt.[30] Eigen- und Fremdgefährdung können also eng miteinander verbunden sein.[31] Nicht zulässig ist vor dem Hintergrund dieses Entscheidungsmaßstabs nach zutreffender Ansicht des Gesetzgebers eine Unterbringung allein zu Zwecken der Sanktionierung.[32]

Die Unterbringung ist nach dem Wortlaut von S. 2 die **ultima ratio**.[33] Sie ist nur zulässig, wenn 13 der Gefahr nicht auf andere Weise[34], etwa auch durch öffentliche Hilfen[35], begegnet werden kann. Das FamG hat also bei der Entscheidung über die Erteilung der Genehmigung immer den **Verhältnismäßigkeitsgrundsatz** streng zu beachten.[36] Das Ausmaß der drohenden Kindeswohlgefährdung ist mit den Nachteilen der Freiheitsentziehung abzuwägen. Das bedeutet auch, dass die Unterbringung nur für die kürzeste angemessene Zeit genehmigt werden darf.[37] Die Anforderungen an die Verhältnismäßigkeit steigen mit längerer Dauer der geschlossenen Unterbringung; dabei ist allerdings auch die Wahrscheinlichkeit, dass das Kind im Rahmen dieser Unterbringung erzieherisch erreicht werden kann, zu berücksichtigen.[38] Eine schärfere Unterbringungsform darf nicht genehmigt werden, wenn eine mildere ausreicht, um die Gefahren wirkungsvoll auszuschließen.[39]

b) Genehmigungsentscheidung. Dem FamG steht eine umfassende Kontrollbefugnis zu: 14 Es hat seine Prüfung sowohl darauf zu erstrecken, ob angesichts der Kindeswohlgefährdung eine Unterbringung mit Freiheitsentzug unerlässlich ist oder minder eingreifende Mittel ausreichen (vgl. Rn. 12 f.), als auch darauf, ob bei Unvermeidbarkeit einer solchen Unterbringung gerade die von den Eltern in Aussicht genommene Unterbringung dem Wohl des Minderjährigen gerecht wird. Gegenstand der Entscheidung ist allerdings allein die von den Eltern beabsichtigte Unterbringung.[40] Das FamG kann also nicht einerseits eine freiheitsentziehende Unterbringung grundsätzlich genehmigen, aber die von den Eltern vorgeschlagene Form verwerfen und eine andere Form an deren Stelle setzen. Allenfalls kann es eine kürzere Dauer als von den Eltern vorgeschlagen genehmigen. Darüber hinausgehende Abänderungen des Elternvorschlags sind nur nach § 1666 möglich.[41]

Der Inhalt der Entscheidung, durch die eine freiheitsentziehende Unterbringungsmaßnahme 15 genehmigt wird, richtet sich nach § 323 FamFG (welcher über § 167 FamFG anwendbar ist). Zum Verfahren vgl. Rn. 19 f.

2. Ausnahme: Nachträgliche Genehmigung (S. 3). Grundsätzlich ist eine freiheitsentzie- 16 hende Unterbringung des Kindes ohne vorherige Genehmigung unzulässig. Ausnahmsweise ist eine solche Unterbringung ohne vorangegangene Genehmigung gem. § 1631b S. 3 Halbs. 1 jedoch dann zulässig, wenn mit dem Aufschub Gefahr verbunden wäre. Dies ist dann der Fall, wenn die vom Kind ausgehende Eigen- oder Fremdgefährdung akut ist, eine vorherige Genehmigung des FamG nicht mehr rechtzeitig eingeholt werden kann und auch eine vorläufige Unterbringung kraft einstweiliger Anordnung nach §§ 331 ff. FamFG nicht mehr rechtzeitig möglich ist.[42]

In diesen Fällen ist die Genehmigung jedoch gem. § 1631b S. 3 Halbs. 2 **unverzüglich**, dh. ohne 17 schuldhaftes Zögern (§ 121 Abs. 1 S. 1), nachzuholen. Konkret bedeutet das für die Eltern, dem FamG die freiheitsentziehende Unterbringung des Kindes unverzüglich anzuzeigen und die Entscheidung über die nachträgliche Genehmigung anzuregen.[43]

---

[29] NK-BGB/*Rakete-Dombek* Rn. 6 nennt hier als denkbare Anwendungsfälle u.a.: ausgeprägt depressiv-selbstmordgefährdetes Verhalten; Drogenabhängigkeit; auch die nicht krankhafte vorsätzliche Selbstgefährdung wie S-Bahn-Surfen oder das Verhalten so genannter Crash-Kids, mit dem entwendeten Autos durch Straßen rasen.
[30] Vgl. RegE BT-Drucks. 16/6815 S. 14; *Soergel/Strätz* Rn. 9; s. auch BayObLG FamRZ 1982, 199.
[31] Vgl. RegE BT-Drucks. 16/6815 S. 14.
[32] RegE BT-Drucks. 16/6815 S. 14.
[33] Vgl. dazu auch BayObLG FamRZ 1992, 105; NK-BGB/*Rakete-Dombek* Rn. 6; *Staudinger/Salgo* Rn. 22 ff.
[34] *Palandt/Diederichsen* Rn. 4 nennt zB die Herausnahme des Kindes aus dem kriminellen Umfeld durch Unterbringung bei entfernt wohnenden Verwandten.
[35] *Palandt/Diederichsen* Rn. 4 nennt zB freiwillige Hilfen zur Erziehung (SGB VIII) oder Unterbringung in einer offenen Anstalt.
[36] Vgl. BVerfG FamRZ 2007, 1627 f.; OLG Saarbrücken FamRZ 2010, 1920; BayObLG FamRZ 1963, 661 f.; jurisPK-BGB/*Schwer/B. Hamdan* Rn. 13.
[37] RegE BT-Drucks. 16/6815 S. 14; NK-BGB/*Rakete-Dombek* Rn. 7.
[38] Vgl. OLG Saarbrücken FamRZ 2010, 1920.
[39] Vgl. BVerfG FamRZ 2007, 1627 f.; BayObLG FamRZ 1982, 199; s. auch Rn. 11.
[40] Vgl. OLG Brandenburg FamRZ 2004, 815, 816 f.
[41] *Soergel/Strätz* Rn. 8.
[42] Vgl. *Staudinger/Salgo* Rn. 19; NK-BGB/*Rakete-Dombek* Rn. 10; *Soergel/Strätz* Rn. 11.
[43] Vgl. RGRK/*Wenz* Rn. 8; *Staudinger/Salgo* Rn. 19.

RelKErzG § 1631b 18–20

18 **3. Rücknahme der Genehmigung.** Das FamG hat die Genehmigung zurückzunehmen, wenn eine Gefahr für das Wohl des Kindes nicht mehr besteht oder die Erforderlichkeit der Maßnahme entfallen ist. Dies ergibt sich seit dem FGG-RG aus der neu gefassten Vorschrift des § 1696 Abs. 2. Die entsprechende Regel in § 1631b S. 4 aF wurde im Gegenzug gestrichen. Um dieser Pflicht nachzukommen, muss das FamG auf Antrag oder von Zeit zu Zeit von Amts wegen auch ohne besonderen Anlass überprüfen, ob die genehmigte Unterbringung noch weiter notwendig ist.[44] Eine ähnliche Regelung enthält § 330 FamFG.

19 **4. Genehmigungsverfahren (§ 167 FamFG, §§ 312 ff. FamFG).** Im Verfahren ist den Grundrechtsgarantien des Art. 104 Abs. 1 S. 1 GG Rechnung zu tragen.[45] Der für die Genehmigung nach § 1631b erforderliche Antrag kann grundsätzlich nur von demjenigen gestellt werden, dem das Aufenthaltsbestimmungsrecht zusteht.[46] Im Verfahren sind gemäß § 167 Abs. 1 S. 1 FamFG die für Unterbringungssachen nach § 312 Nr. 1 FamFG geltenden Vorschriften anzuwenden, allerdings mit den in § 167 Abs. 2-6 vorgesehenen Besonderheiten. Zuständig für die Genehmigung nach § 1631b ist das **FamG**, wie auch durch die Einordnung als Kindschaftssache (§ 151 Nr. 6 FamFG) klargestellt wird. Dies gilt nicht nur, wenn § 1631b isoliert zur Anwendung kommt, sondern auch, wenn § 1631b über die Verweisungsnorm des § 1800 zur Anwendung gelangt, vgl. § 151 Abs. 1 Nr. 6 FamFG. Die örtliche Zuständigkeit bestimmt sich nach §§ 167 Abs. 1 S. 1, 313 FamFG. Bezüglich der funktionellen Zuständigkeit ist § 3 Nr. 2 lit. a RPflG verfassungs- und systemkonform auszulegen: Aufgrund des freiheitsentziehenden Charakters kann nicht der Rechtspfleger, sondern nur der Richter zuständig sein (Art. 104 Abs. 2 S. 1 GG; § 4 Abs. 2 Nr. 2 Halbs. 1 RPflG), sodass § 3 Nr. 2 lit. a RPflG trotz fehlenden Vorbehalts in § 14 RPflG keine Zuständigkeit des Rechtspflegers begründet.[47] Im Verfahren gibt es umfassende **Anhörungspflichten,** die sich grundsätzlich aus § 167 Abs. 1 iVm. §§ 319 ff., ggf. auch § 160 FamFG, ergeben; allerdings sind ggf. die in § 167 FamFG enthaltenden Sonderregeln vorrangig zu beachten (zB § 167 Abs. 4 FamFG).[48] Besondere Bedeutung hat die persönliche Anhörung des Kindes (§ 319 FamFG), die sich nicht in der Gewährung bloßen rechtlichen Gehörs erschöpft, sondern vorrangig dazu dient, dem Gericht einen persönlichen Eindruck von dem Betroffenen und der Art der Erkrankung zu verschaffen, damit es in den Stand gesetzt wird, ein klares und umfassendes Bild von der Persönlichkeit des Betroffenen zu gewinnen und seiner Pflicht zu genügen, den ärztlichen Gutachten[49] (vgl. § 321 FamFG, bezüglich der Qualifikation des Sachverständigen beachte § 167 Abs. 6 FamFG) richterliche Kontrolle entgegenzusetzen.[50] Darüber hinaus dürfte die Bestellung eines Verfahrensbeistands – der gem. § 167 Abs. 1 S. 2 an die Stelle des Verfahrenspflegers tritt – nach § 317 FamFG stets erforderlich sein.[51] Im Fall des § 167 Abs. 2 sind die Gerichte zur gegenseitigen Information verpflichtet.

20 Statthaftes **Rechtsmittel** gegen die Endentscheidung des FamG über die Genehmigung der Unterbringung ist die Beschwerde gem. § 58 FamFG. Aus § 167 Abs. 3 FamFG ergibt sich, dass die Verfahrensfähigkeit und damit auch die Beschwerdeberechtigung dem Minderjährigen erst mit Vollendung des 14. Lebensjahres zusteht. Unter den Voraussetzungen der §§ 331 ff. FamFG kann das FamG eine **einstweilige Anordnung** erlassen. Auch hier ist § 167 Abs. 4 FamFG zu beachten, sodass insbesondere eine persönliche, mündliche Anhörung der personensorgeberechtigten Elternteile zu erfolgen hat.[52] Die Anhörung eines nicht-sorgeberechtigten Elternteils ist nach § 160 FamFG geboten, es sei denn, dass von der Anhörung eine Aufklärung nicht erwartet werden kann (§ 160 Abs. 2 S. 2 FamFG) oder schwer wiegende Gründe iSd § 160 Abs. 3 FamFG vorliegen.[53] Die durch eine einstweilige Anordnung genehmigte Unterbringung ist anfechtbar (str.).[54]

---

[44] *Staudinger/Salgo* Rn. 28; RGRK/*Wenz* Rn. 13; *Palandt/Diederichsen* Rn. 5; aA (Überprüfung von Amts wegen nur aus gegebenem Anlass) *Soergel/Strätz* Rn. 12.
[45] BVerfG FamRZ 2007, 1627, 1628 f.
[46] BVerfG FamRZ 2007, 1627, 1628.
[47] MünchKommZPO/*Heilmann* § 151 FamFG Rn. 43.
[48] Ausführlich zur Bedeutung der Anhörungspflicht *Staudinger/Salgo* Rn. 39 f.
[49] Einzelheiten hierzu jurisPK-BGB/*Schwer/B. Hamdan* Rn. 34; *Staudinger/Salgo* Rn. 26 f. mwN.
[50] Vgl. zur verfassungsrechtlichen Bedeutung der Anhörung des betroffenen Kindes BVerfG FamRZ 2007, 1627, 1628 f.
[51] NK-BGB/*Rakete-Dombek* Rn. 11; *Staudinger/Salgo* Rn. 36 ff. mwN.
[52] Vgl. OLG Naumburg FamRZ 2010, 1919 (§ 167 Abs. 4 FamFG als lex specialis gegenüber (§ 167 Abs. 1 S. 1 iVm.) §§ 312 ff. FamFG).
[53] Vgl. OLG Naumburg FamRZ 2010, 1351.
[54] Vgl. OLG Celle FamRZ 2010, 1167 (§§ 167 Abs. 1, 312 Nr. 1 ff. FamFG (Geltung der Vorschriften über die Unterbringung Volljähriger, also auch §§ 38 Abs. 1 S. 1, 51 Abs. 2 S. 1, 58 Abs. 1 FamFG) als lex specialis zu § 57 FamFG); OLG Naumburg FamRZ 2011, 749 (LS.); OLG Dresden BeckRS 2010, 11050 = JAmt 2010, 249; OLG Frankfurt a. M. FamRZ 2010, 907; aA OLG Koblenz FamRZ 2010, 908.

§ 1631c Verbot der Sterilisation

¹Die Eltern können nicht in eine Sterilisation des Kindes einwilligen. ²Auch das Kind selbst kann nicht in die Sterilisation einwilligen. ³§ 1909 findet keine Anwendung.

I. Normzweck

Die vom BtG mit Wirkung vom 1. 1. 1992 eingeführte Vorschrift soll eine Sterilisation Minderjähriger **generell ausschließen.**[1] Sie erreicht dies, indem sie eine wirksame Einwilligung in die Sterilisation ausschließt und damit mittelbar auch dem Arzt die Vornahme der Sterilisation untersagt.[2] Der Regelung liegt die Erwägung zugrunde, dass es wegen der auf Ausnahmefälle beschränkten Vorschriften über die Sterilisation volljähriger Betreuter (§§ 1899 Abs. 2, 1905) dahin kommen könnte, dass bei behinderten Kindern die Sterilisation „vorsorglich" schon während der Minderjährigkeit durchgeführt wird, obwohl sich doch während der Minderjährigkeit Erforderlichkeit und Auswirkungen der Sterilisation besonders schwer beurteilen lassen.[3]

1

II. Einzelerläuterungen

Die Regelung des **S. 1** stellt eine Begrenzung der elterlichen Sorge dar: Wegen der schwierigen Überschaubarkeit von Erforderlichkeit und Auswirkungen der Sterilisation wird den Eltern die Rechtsmacht genommen, in die Sterilisation einzuwilligen. Um der Wahrung des generellen Verbots willen stellt **S. 2** klar, dass die Sterilisation auch nicht auf Grund einer eigenen Einwilligung des Minderjährigen selbst durchgeführt werden darf. Die sonst für die Einwilligung eines Minderjährigen in ärztliche Eingriffe geltenden Grundsätze finden hier also keine Anwendung.[4]

2

Nach **S. 3** ist die Anwendung des § 1909 ausgeschlossen. Es darf also auch kein Ergänzungspfleger mit dem Aufgabenkreis der Einwilligung in die Sterilisation des Kindes bestellt werden. Dem Vormund ist eine solche Einwilligung schon durch die Verweisung in § 1800 versagt.

3

Nicht unter das Einwilligungsverbot des § 1631c fällt eine erforderliche Heilbehandlung, die als Nebenfolge eine Sterilität verursachen kann bzw. verursacht.[5]

4

§ 1632 Herausgabe des Kindes; Bestimmung des Umgangs; Verbleibensanordnung bei Familienpflege

(1) Die Personensorge umfasst das Recht, die Herausgabe des Kindes von jedem zu verlangen, der es den Eltern oder einem Elternteil widerrechtlich vorenthält.

(2) Die Personensorge umfasst ferner das Recht, den Umgang des Kindes auch mit Wirkung für und gegen Dritte zu bestimmen.

(3) Über Streitigkeiten, die eine Angelegenheit nach Absatz 1 oder 2 betreffen, entscheidet das Familiengericht auf Antrag eines Elternteils.

(4) Lebt das Kind seit längerer Zeit in Familienpflege und wollen die Eltern das Kind von der Pflegeperson wegnehmen, so kann das Familiengericht von Amts wegen oder auf Antrag der Pflegeperson anordnen, dass das Kind bei der Pflegeperson verbleibt, wenn und solange das Kindeswohl durch die Wegnahme gefährdet würde.

Schrifttum: *Goldstein/Freud/Solnit,* Diesseits des Kindeswohls, 1982; *Schwab/Zenz,* Soll die Rechtsstellung der Pflegekinder unter bes. Berücksichtigung des Familien-, Sozial- und Jugendrechts neu geregelt werden?, Gutachten A zum 54. DJT, 1982.

---

[1] Vgl. BT-Drucks. 11/4528 S. 107.
[2] Vgl. HK-BUR/*Rink* Rn. 1.
[3] BT-Drucks. 11/4528 S. 76; krit. *Kern/Hiersche* MedR 1995, 463, 467.
[4] Vgl. *Staudinger/Salgo* Rn. 4; NK-BGB/*Rakete-Dombek* Rn. 4.
[5] *Staudinger/Salgo* Rn. 7; HK-BUR/*Rink* Rn. 4; s. auch *Kern/Hiersche* MedR 1995, 463, 465, 467; genauso wenig gilt § 1631c für Maßnahmen zur Vereindeutigung des Geschlechts, vgl. *Rothärmel* MedR 2006, 274, 282; *Finke/Höhne,* Intersexualität bei Kindern, 2008, S. 57 f.

Übersicht

	Rn.		Rn.
I. Normzweck	1–3	3. Rückführungsanspruch bei Kindesentführung im Inland?	33, 34
II. Anspruch auf Kindesherausgabe gegen Dritte (Abs. 1, 3)	4–23	4. Verfahren	35, 36
1. Allgemeines	4	IV. Schutz des Pflegekindes vor Wegnahme aus der Pflegefamilie (Abs. 4)	37–61
2. Anspruchsinhaber	5–8	1. Allgemeines	37–39
3. Adressat und Voraussetzungen der Herausgabeverpflichtung	9–13	2. Voraussetzungen für eine Verbleibensanordnung	40–53
a) Vorenthalten	10	a) Familienpflege seit längerer Zeit	40, 41
b) Widerrechtlichkeit	11, 12	b) Herausgabeverlangen der Eltern	42
c) Kindeswohlprüfung	13	c) Gefährdung des Kindeswohls	43–53
4. Verfahren	14–23	3. Entscheidung: Verbleibensanordnung	54–61
a) Zuständigkeit	14	a) Von Amts wegen oder auf Antrag der Pflegeperson	54
b) Antrag	15	b) Kein Ermessen	55
c) Inhalt	16	c) Verhältnismäßigkeitsgrundsatz	56, 57
d) Anhörung	17	d) Dauer	58
e) Vollstreckung	18–20	e) Verhältnis zu §§ 1666 f	59
f) Rechtsmittel	21	f) Rückführung zu den Pflegepersonen	60
g) Einstweiliger Rechtsschutz	22	g) Verfahren	61
h) Herausgabe der zum persönlichen Gebrauch des Kindes bestimmten Sachen	23	V. Bestimmung des Umgangs des Kindes mit Dritten (Abs. 2, 3)	62–71
III. Anspruch auf Kindesherausgabe gegen den anderen Elternteil	24–36	1. Allgemeines	62
1. Allgemeines	24	2. Inhalt des Umgangsbestimmungsrechts	63, 64
2. Voraussetzungen	25–32	3. Schranken	65–68
a) Alleiniges Aufenthaltsbestimmungsrecht	25–27	a) Gesetzliche Schranken	65
b) Kindeswohlprüfung	28–32	b) Allgemeine Schranken	66–68
		4. Gerichtliche Durchsetzung (Abs. 3)	69–71

I. Normzweck

1 Die Vorschrift ergänzt die Regeln der §§ 1631 ff. über die Personensorge durch einen **Anspruch auf Kindesherausgabe** (Abs. 1, 3, 4) und ein **Recht zur Bestimmung des Kindesumgangs** (Abs. 2, 3). Der Anspruch auf Kindesherausgabe folgt aus dem elterlichen Aufenthaltsbestimmungsrecht (§ 1631 Abs. 1),[1] das Recht zur Bestimmung des Kindesumgangs aus dem elterlichen Aufsichts- und Erziehungsrecht (§ 1631 Abs. 1). Beide Rechte sind Ausprägungen der absoluten Außenwirkung der elterlichen Sorge und dienen der Durchsetzung der mit der Personensorge verbundenen Rechtsposition.[2]

2 Abs. 3 regelt die **gerichtliche Durchsetzung** der Ansprüche. Das KindRG hat die Zuständigkeit für alle Streitigkeiten aus Abs. 1 und Abs. 2 dem FamG zugewiesen. Vor Inkrafttreten des KindRG war das FamG nur für die Herausgabeansprüche gegenüber dem anderen Elternteil zuständig, für Herausgabeansprüche gegen Dritte dagegen das VormG. Diese Unterscheidung ist für die Zuständigkeitsfrage heute nicht mehr von Bedeutung.

3 Abs. 4 verbessert den Schutz der **Pflegekinder:** Sie sollen gegen eine Herausnahme aus dem Pflegeverhältnis geschützt werden, wenn sie den leiblichen Eltern entfremdet sind und in der Pflegefamilie eine Bezugswelt gefunden haben, deren Auflösung das persönliche, insbesondere das seelische Kindeswohl gefährden würde.[3] Dieser Schutz wird nach Abs. 4 dadurch bewerkstelligt, dass das FamG ein Verbleiben bei der Pflegeperson anordnen kann, wenn und solange das Kindeswohl durch die Wegnahme gefährdet wäre. Diese Norm ist verfassungsgemäß.[4]

II. Anspruch auf Kindesherausgabe gegen Dritte (Abs. 1, 3)

4 **1. Allgemeines.** Abs. 1 begründet den Anspruch des bzw. der Personensorgeberechtigten auf Herausgabe des Kindes. Die Bezeichnung als Herausgabeanspruch darf nicht dazu verleiten, sich bei

---

[1] BVerfGE 68, 176 = NJW 1985, 423.
[2] Vgl. *Gernhuber/Coester-Waltjen* § 57 Rn. 46.
[3] Beschlussempfehlung und Bericht des Rechtsausschusses (6. Ausschuss), BT-Drucks. 8/2788 S. 40.
[4] BVerfG (Fn. 1).

der Auslegung an der sachenrechtlichen Vindikation des § 985 zu orientieren. Es handelt sich vielmehr um einen besonderen Herausgabeanspruch personenrechtlicher Art, bei dem das Kind nicht lediglich bloßes Objekt des Herausgabeverlangens ist.[5] Aus diesem Grund kommt zB eine analoge Anwendung der Besitzschutzvorschriften der §§ 859 ff. nicht in Betracht.[6]

2. **Anspruchsinhaber.** Abs. 1 weist den Herausgabeanspruch dem bzw. den Inhabern der Personensorge zu. Konkret kommt es auf die **tatsächliche Personensorge** an und dabei auf das **Aufenthaltsbestimmungsrecht** (§ 1631 Abs. 1).[7] Fallen also tatsächliche Personensorge und Vertretungsbefugnis auseinander, so ist der Inhaber der tatsächlichen Personensorge herausgabeberechtigt. Ist dem tatsächlich Personensorgeberechtigten das Recht zur Aufenthaltsbestimmung entzogen worden, so steht ihm auch der Herausgabeanspruch nicht mehr zu; herausgabeberechtigt ist dann vielmehr derjenige, dem das Aufenthaltsbestimmungsrecht übertragen wurde, zB der Pfleger.[8] Über § 1800 ist § 1632 auch auf den Vormund anwendbar, sodass auch diesem der Herausgabeanspruch zustehen kann.[9]

Steht beiden Elternteilen die **Personensorge gemeinsam** zu, so kann der Herausgabeanspruch auch nur von beiden geltend gemacht werden,[10] dies freilich auch dergestalt, dass einer dieses Recht mit Zustimmung des anderen ausübt.[11] Der Anspruch richtet sich deshalb regelmäßig auf Herausgabe an beide Eltern.[12] Sind die Eltern jedoch einig, dass einer im Einvernehmen mit dem anderen gegen den Dritten vorgeht, so kann er Herausgabe des Kindes an sich allein verlangen.[13]

Steht die Personensorge beiden Eltern gemeinsam zu und sind sie sich **nicht** darüber **einig,** ob das Kind von einem Dritten herausverlangt werden soll, so besteht kein Anspruch des die Herausgabe verlangenden Elternteils. In solchen Fällen muss vielmehr zunächst eine Entscheidung des FamG gem. § 1628 herbeigeführt werden,[14] ggf. auch eine einstweilige Anordnung des FamG nach §§ 49 ff. FamFG.

Steht die Personensorge **einem Elternteil allein** zu, so ist dieser allein berechtigt, die Herausgabe des Kindes zu verlangen.

3. **Adressat und Voraussetzungen der Herausgabeverpflichtung.** Die Herausgabeverpflichtung trifft nach Abs. 1 denjenigen, der das Kind den Eltern bzw. einem Elternteil widerrechtlich vorenthält.

a) **Vorenthalten.** Vorenthalten wird das Kind nicht schon dann, wenn ein Dritter dem Bestimmungsrecht der Eltern mit völliger Passivität begegnet, wenn er zB einem selbständig entscheidenden Kind durch Gewährung von Unterkunft und Verpflegung Gelegenheit gibt, seinen Eltern nicht zu folgen.[15] Erforderlich ist vielmehr, dass die Verwirklichung des Aufenthaltsbestimmungsrechts der Eltern erschwert wird,[16] zB durch Verheimlichung des Kindesaufenthalts, durch Weitergabe des Kindes[17] oder durch dessen nachhaltige Beeinflussung gegen den Sorgeberechtigten.[18]

b) **Widerrechtlichkeit.** Grundsätzlich ist die Vorenthaltung des Kindes gegenüber dem aufenthaltsbestimmungsbefugten Personensorgeberechtigten widerrechtlich. Die Widerrechtlichkeit entfällt nur dann, wenn der auf Herausgabe des Kindes in Anspruch Genommene gleichrangig zur Bestimmung des Aufenthalts befugt ist oder wenn ein rechtfertigender Grund für die Vorenthaltung gegeben ist.[19] Eine derartige Rechtfertigung kann sich zB aus dem öffentlichen Recht ergeben (zB infolge Schulpflicht, Fürsorgeerziehung, Strafhaft), ferner aus einer gerichtlichen Entscheidung, zB

---

[5] *Gernhuber/Coester-Waltjen* § 57 Rn. 47; *Staudinger/Salgo* Rn. 5.
[6] OLG Düsseldorf FamRZ 1974, 99; KG NJW 1970, 149.
[7] *Soergel/Strätz* Rn. 5; jurisPK-BGB/*Schwer/B. Hamdan* Rn. 2.
[8] BayObLG NJW-RR 1990, 1287, 1288 = FamRZ 1990, 1379, 1381 f.; *Münder* NJW 1986, 811, 813; *Erman/Michalski/Döll* Rn. 3.
[9] Vgl. BayObLG FamRZ 1991, 1080, 1081 f.; OLG Brandenburg FamRZ 2000, 1038.
[10] BayObLGZ 1984, 162, 165 (auch für den Fall des scheinehelichen Kindes); LG Köln FamRZ 1955, 215; *Beitzke* JR 1959, 401, 404; für den Regelfall auch *Paulick* FamRZ 1958, 1, 5; *Palandt/Diederichsen* Rn. 3; aA *Soergel/Strätz* Rn. 5 (aber auch danach muss dem Antragsteller zumindest mit dem Ehegatten das Aufenthaltsbestimmungsrecht zustehen).
[11] OLG Celle FamRZ 1970, 201; NK-BGB/*Rakete-Dombek* Rn. 3.
[12] *Soergel/Strätz* Rn. 5.
[13] OLG Celle FamRZ 1970, 201.
[14] Vgl. BayObLG FamRZ 1984, 1144; RGRK/*Wenz* Rn. 5; *Soergel/Strätz* Rn. 5.
[15] OLG Düsseldorf NJW 1968, 453 f.; LG Köln FamRZ 1972, 376 m. zahlr. Nachw.
[16] OLG Düsseldorf NJW 1968, 453, 454; *Gernhuber/Coester-Waltjen* § 57 Rn. 49; *Soergel/Strätz* Rn. 6.
[17] RG WarnR 1933 Nr. 43.
[18] RG Recht 1917 Nr. 2023; OLG Zweibrücken FamRZ 1983, 297 (zu einem Herausgabeanspruch gegen den anderen Elternteil).
[19] Vgl. RGRK/*Wenz* Rn. 7; NK-BGB/*Rakete-Dombek* Rn. 6.

RelKErzG § 1632 12–16 Abschnitt 2. Titel 5. Elterliche Sorge

einer Verbleibensanordnung nach § 1632 Abs. 4. Ursprüngliches Elterneinverständnis mit dem Kindesaufenthalt bei Dritten ist wegen der Unverzichtbarkeit des Elternrechts und des Prinzips der Eigenverantwortung jedes Elternteils jederzeit widerruflich und kann dann vom Zeitpunkt des Widerrufs an zu einem Zustand rechtswidrigen Vorenthaltens führen; dabei liegt im Herausgabeverlangen idR ein konkludenter Widerruf des Einverständnisses.[20] Ein Zurückbehaltungsrecht iSd. § 273 gibt es gegenüber dem Herausgabeanspruch aus § 1632 nicht.[21]

12 In der Rechtsprechung wurde die Widerrechtlichkeit zT unter Rückgriff auf den Grundsatz von Treu und Glauben verneint, wenn das Herausgabeverlangen **rechtsmissbräuchlich** war, zB weil die Eltern damit nicht die Fürsorge für das Wohl des Kindes, sondern ausschließlich oder vorwiegend eine Kränkung des Antragsgegners oder sonstige unlautere Zwecke verfolgten.[22] Seitdem das SorgeRG jedoch das Kindesherausgabeverfahren in die freiwillige Gerichtsbarkeit verlagert hat, ist der zutreffende dogmatische Anhaltspunkt dafür nicht mehr die Widerrechtlichkeit, sondern die Kindeswohlprüfung (vgl. dazu sogleich).[23]

13 c) **Kindeswohlprüfung.** Seitdem das SorgeRG die Entscheidungszuständigkeit für Herausgabeverlangen gegen Dritte vom Prozessgericht auf das VormG übertragen und den Herausgabestreit auf diese Weise in das Verfahren der freiwilligen Gerichtsbarkeit verlagert hat, ist entgegen der früheren Rspr. auch das **Kindeswohl** zum Maßstab für die Rechtmäßigkeit geworden.[24] Darin hat sich durch die im KindRG erfolgte Zuweisung der Zuständigkeit an das FamG nichts geändert. Das FamG hat deshalb in jedem Herausgabestreit die Voraussetzungen der §§ 1666 f. daraufhin zu prüfen, ob das Herausgabeverlangen zu einer Gefährdung des Kindeswohls führen kann.[25] Dabei hat es auch diejenigen Gesichtspunkte zu berücksichtigen, die das Herausgabeverlangen als rechtsmissbräuchlich erscheinen lassen (vgl. Rn. 12). Zu der weitergehenden Kindeswohlprüfung bei Herausgabeansprüchen gegen den anderen Elternteil vgl. Rn. 31 ff.

14 4. **Verfahren. a) Zuständigkeit.** Das KindRG hat die Zuständigkeit für Herausgabeverfahren gegen Dritte vom VormG auf das **FamG** verlagert (nunmehr geregelt in §§ 111 Nr. 2, 151 Nr. 3 FamFG), sodass für alle Herausgabeverfahren einheitlich das FamG zuständig ist,[26] und zwar auch dann, wenn der Vormund die Herausgabeklage erhebt.[27] Die örtliche Zuständigkeit richtet sich für isolierte Herausgabeverfahren gegen Dritte nach § 152 Abs. 2 FamFG; zur Abgabe an das Gericht der Ehesache vgl. § 153 FamFG. Die Entscheidung obliegt dem Richter, § 14 Abs. 1 Nr. 8 RPflG. Falls erforderlich, ist für das Kind ein Verfahrensbeistand zu bestellen, § 158 FamFG.[28]

15 b) **Antrag.** Gem. Abs. 3 Halbs. 2 entscheidet das FamG über eine Herausgabestreitigkeit iSv. Abs. 1 auf Antrag eines Elternteils. Die Formulierung ist missverständlich: Stehen Personensorge bzw. Aufenthaltsbestimmungsrecht nämlich beiden Elternteilen gemeinsam zu, so müssen beide den Antrag nach Abs. 3 Halbs. 2 stellen. Ein Elternteil allein kann Kindesherausgabe nur dann verlangen, wenn er Alleininhaber des Aufenthaltsbestimmungsrechts ist, oder wenn er mit Zustimmung des anderen Elternteils handelt, vgl. dazu ausführlich Rn. 5 ff.

16 c) **Inhalt.** Der Inhalt des Herausgabeantrages bestimmt sich nach den Umständen des Einzelfalles bzw. nach den Anstalten, die der Dritte zur Beeinträchtigung des elterlichen Aufenthaltsbestimmungsrechts unternommen hat (Rn. 10);[29] dafür bleiben die für das Herausgabeverfahren vor dem Prozessgericht nach dem bis zum 31. 12. 1979 geltenden Rechtszustand entwickelten Grundsätze maßgebend: Der Dritte ist nicht nur verpflichtet, die Abholung des Kindes zu dulden, sondern er muss die einer Verwirklichung des Elternrechts entgegenstehenden, von ihm selbst geschaffenen Hindernisse und Schwierigkeiten beseitigen.[30] Dazu gehört zB die Rückführung des entführten

---

[20] BayObLG FamRZ 1976, 232, 234; *Erman/Michalski/Döll* Rn. 4; RGRK/*Wenz* Rn. 9; *Soergel/Strätz* Rn. 7.
[21] OLG Stuttgart FamRZ 1972, 264, 266; *Staudinger/Salgo* Rn. 17; *Soergel/Strätz* Rn. 7.
[22] Vgl. BayObLG NJW-RR 1990, 1287, 1288 = FamRZ 1990, 1379, 1381; KG FamRZ 1965, 448, 450; OLG Celle FamRZ 1970, 201; s. auch OLG Stuttgart FamRZ 1972, 264.
[23] *Staudinger/Salgo* Rn. 18; RGRK/*Wenz* Rn. 7; aA wohl *Soergel/Strätz* Rn. 7.
[24] Vgl. BVerfGE 68, 176 = NJW 1985, 423; BayObLGZ 1984, 98, 100 f.; s. auch BayObLG NJW-RR 1990, 1287, 1288 = FamRZ 1990, 1379, 1381.
[25] Beschlussempfehlung (Fn. 3); *Soergel/Strätz* Rn. 5.
[26] Vgl. FamRefK/*Rogner* Rn. 8.
[27] Dies war vor dem KindRG umstritten, vgl. 3. Aufl. Rn. 16; 3. Aufl. § 621 ZPO Rn. 46 ff.; *Staudinger/Salgo* Rn. 27.
[28] Vgl. BVerfG FamRZ 2006, 1261 bei konkreten Zweifeln an der Vertretung der Interessen des Kindes durch die Eltern.
[29] *Gernhuber/Coester-Waltjen* § 57 Rn. 56.
[30] RG WarnR 1918 Nr. 190; 1933 Nr. 43; NK-BGB/*Rakete-Dombek* Rn. 2.

oder verschleppten Kindes,[31] die Aufklärung der Eltern über den verheimlichten Aufenthaltsort[32] und das Unterlassen unzulässiger Beeinflussung.[33] In der Praxis wird der Antrag vielfach nur auf Herausgabe des Kindes gerichtet und in dieser Form für zulässig erachtet;[34] zur Herausgabe an nur einen Elternteil oder an beide vgl. Rn. 5 ff.

d) Anhörung. Die Anhörung von Kind und Eltern richtet sich nach §§ 159, 160 FamFG, die Anhörung der Pflegeperson nach § 161 FamFG.[35] Das Jugendamt ist nach § 162 FamFG anzuhören; idR ist es geboten, zusätzlich das Jugendamt am Wohnsitz des sorgeberechtigten Elternteils anzuhören, bei dem sich das Kind nicht aufhält.[36] Hat der Sorgeberechtigte wieder geheiratet und beabsichtigt er, das Kind in die neue Familie aufzunehmen, so ist zusätzlich zu den Anhörungen gem. §§ 159 ff. FamFG auch der Ehegatte des sorgeberechtigten Elternteils anzuhören.[37] Eine Anhörung desjenigen, der das Kind den Eltern widerrechtlich vorenthält, wird nach § 26 FamFG wegen der Schranken des Herausgabeanspruchs bei Gefährdung des Kindeswohls stets auch dann erforderlich sein, wenn § 161 FamFG mangels längerer Zeit dauernder Familienpflege nicht anwendbar ist. 17

e) Vollstreckung. Die Vollstreckung der Herausgabeanordnung **gegenüber dem Herausgabepflichtigen** erfolgt nach §§ 88 ff. FamFG.[38] Sie setzt einen Herausgabebeschluss nach § 1632 voraus; die bloße Zuweisung des Aufenthaltsbestimmungsrechts ist keine ausreichende Vollstreckungsgrundlage.[39] Die Anwendung **unmittelbaren Zwangs** ist nur in den von § 90 FamFG gezogenen Grenzen zulässig. Bei Vollziehung der Herausgabeanordnung, insbesondere bei der Anwendung von Gewalt, ist der **Verhältnismäßigkeitsgrundsatz** streng zu beachten. Es ist ständig zu berücksichtigen, ob der Vollziehung Erwägungen des Kindeswohls entgegenstehen. Aus Rücksicht auf das Kind ist grundsätzlich äußerst behutsam vorzugehen.[40] 18

Zu beachten ist, dass das **Betreten einer Wohnung** durch Vollstreckungsbeamte, um dort dem herausgabeunwilligen Inhaber der Wohnung das Kind wegzunehmen, eine Durchsuchung iSd. Art. 13 Abs. 2 GG darstellt, die – außer bei Vorliegen von Gefahr im Verzug – nur durch den Richter angeordnet werden darf. Die richterliche Anordnung muss mit der erforderlichen Sicherheit erkennen lassen, wozu die Vollstreckungsorgane befugt sind und was der Wohnungsinhaber dulden muss.[41] Mit § 91 FamFG hat der Gesetzgeber eine ausdrückliche gesetzliche Grundlage für die Durchsuchung der Wohnung geschaffen. Verfassungsrechtliche Bedenken bestehen jedoch noch hinsichtlich der Nichtbeachtung des Zitiergebotes.[42] 19

Mit der Regelung des § 90 Abs. 2 FamFG hat der Gesetzgeber eine ausdrückliche Ermächtigungsgrundlage für die Anwendung **unmittelbaren Zwangs gegen das Kind** geschaffen.[43] § 90 Abs. 2 S. 1 FamFG verbietet eine Anwendung unmittelbaren Zwangs gegen ein Kind, wenn die Herausgabe die Ausübung des Umgangsrechts ermöglichen soll. Im Übrigen ist die Anwendung unmittelbaren Zwangs nur zulässig, wenn dies unter Berücksichtigung des Kindeswohls gerechtfertigt ist und eine Durchsetzung der Verpflichtung mit milderen Mitteln nicht möglich ist, § 90 Abs. 2 S. 2 FamFG. Hier ist abzuwägen, ob eine Herausgabe, obwohl sie gegen den Widerstand des Kindes vorgenommen wird, dem Kindeswohl besser gerecht wird als ein Verbleib bei der herausgabepflichtigen Person.[44] Dabei ist im Hinblick auf § 1626 Abs. 2 S. 1 dem Willen des Kindes mit zunehmendem Alter immer stärkeres Gewicht beizumessen.[45] Insbesondere ab dem 14. Lebensjahr ist es bedenklich, den festgefügten Willen des Kindes mit Gewalt zu brechen;[46] eine starre Altersgrenze gibt es jedoch nicht. Außerdem ist zu berücksichtigen, dass allein die Tatsache der Anwendung 20

---

[31] BayObLG DAVorm. 1984, 912, 914; KG JW 1925, 377 leitete eine solche Verpflichtung nur aus § 823 Abs. 1, 2 iVm. § 235 StGB her, nicht aus § 1632; dagegen mit Recht *Dölle* II § 92 I 3 b; *Gernhuber* § 57 Rn. 56.
[32] RG WarnR 1933 Nr. 43.
[33] RG Recht 1917 Nr. 2023.
[34] *Erman/Michalski/Döll* Rn. 7; *Soergel/Strätz* Rn. 8, 17.
[35] OLG Frankfurt/M. FamRZ 1981, 813 f.
[36] BayObLGZ 1987, 17 = FamRZ 1987, 619.
[37] BayObLGZ 1987, 17 = FamRZ 1987, 619.
[38] *Gernhuber/Coester-Waltjen* § 57 Rn. 57; *Keidel/Giers* § 88 FamFG Rn. 3.
[39] *Staudinger/Salgo* Rn. 37.
[40] Vgl. BGH FamRZ 1983, 1008, 1013; OLG Hamburg FamRZ 1994, 1128.
[41] BVerfG FamRZ 2000, 411, 412; OLG Zweibrücken FamRZ 2004, 1592, 1593.
[42] *Keidel/Giers* § 91 FamFG Rn. 1; *Hammer* FPR 2008, 413, 417.
[43] *Keidel/Giers* § 90 FamFG Rn. 9; kritisch zur Vorschrift *Salgo* FPR 2008, 401, 406. Zum Streitstand vor der Reform vgl. Voraufl.
[44] *Keidel/Giers* § 90 FamFG Rn. 10.
[45] BT-Drucks. 16/6308, S. 218; BayObLG FamRZ 1984, 1259, 1262; vgl. allgemein auch BVerfG FamRZ 2008, 1737.
[46] Vgl. *Staudinger/Coester* § 1666 Rn. 291; *Palandt/Diederichsen* Rn. 7.

unmittelbaren Zwangs als solche bereits nachteilige Folgen für die Persönlichkeit des Kindes haben kann. Schließlich ist der Grundsatz des milderen Mittels streng zu beachten: IdR wird die Anwendung unmittelbaren Zwangs noch nicht erforderlich sein, solange das FamG noch keinen Versuch unternommen hat, das Kind freiwillig zur Rückkehr zu bewegen, insbesondere in einem auf ein Rückkehrgebot gerichteten Verfahren nach § 1632 Abs. 3.[47]

21 **f) Rechtsmittel.** Statthaftes Rechtsmittel ist grundsätzlich die Beschwerde gem. § 58 FamFG.

22 **g) Einstweiliger Rechtsschutz.** Der einstweilige Rechtsschutz richtet sich nach §§ 49 ff. FamFG.

23 **h) Herausgabe der zum persönlichen Gebrauch des Kindes bestimmten Sachen.**
Mit der Kindesherausgabe (§ 1632) konnte das FamG nach dem früheren § 50d FGG aF durch einstweilige Anordnung zugleich die **Herausgabe der zum persönlichen Gebrauch des Kindes bestimmten Sachen** (zB Kleidung, Spielzeug) regeln, und zwar ohne Rücksicht auf die Eigentumsverhältnisse;[48] die endgültige Klärung und Verwirklichung der Eigentumsverhältnisse blieb einem ordentlichen Prozess überlassen. Eine entsprechende Regel hat der Gesetzgeber nicht in das FamFG übernommen. Mit *Diederichsen* ist jedoch davon auszugehen, dass dies nicht auf einer bewussten Entscheidung gegen eine solche Anordnungskompetenz beruht. Deshalb sollte man davon ausgehen, dass das FamG weiterhin die Herausgabe der zum persönlichen Gebrauch des Kindes bestimmten Sachen im Wege der einstweiligen Anordnung nach §§ 49 ff. FamFG anordnen kann. Sinnvoll ist es dann auch, ggf. im Wege einer Annexkompetenz die Vollstreckung einer solchen Anordnung den §§ 88 ff. FamFG zu unterwerfen, und nicht über § 95 Abs. 1 Nr. 1 FamFG den Vorschriften der ZPO.[49]

III. Anspruch auf Kindesherausgabe gegen den anderen Elternteil

24 **1. Allgemeines.** Der Anspruch auf Herausgabe des Kindes aus § 1632 Abs. 1, 3 kann auch gegenüber dem anderen Elternteil geltend gemacht werden. Grundsätzlich gelten auch dafür die in Rn. 9 ff. geschilderten Grundsätze. Anders als das gegen Dritte gerichtete Herausgabeverlangen ist der Elternstreit jedoch strukturell stets ein Konflikt um einen Bestandteil der elterlichen Sorge[50] zwischen aktuell oder zumindest potentiell (zB §§ 1680, 1681; 1626 a Abs. 1, 1672) gleichmäßig Berechtigten. Daraus ergeben sich einige Besonderheiten.

25 **2. Voraussetzungen. a) Alleiniges Aufenthaltsbestimmungsrecht.** Voraussetzung ist zunächst, dass der die Herausgabe verlangende Elternteil *alleiniger* Inhaber des Aufenthaltsbestimmungsrechts ist,[51] etwa weil ihm generell die elterliche Sorge allein zusteht oder weil ihm ein das Aufenthaltsbestimmungsrecht umfassender Teilbereich der elterlichen Sorge allein zusteht, zB infolge einer gerichtlichen Entscheidung nach § 1628, § 1666, § 1680 Abs. 3, §§ 1671 f. Steht das Aufenthaltsbestimmungsrecht dagegen (noch) beiden Elternteilen zu, so handelt der die Kinder vorenthaltende Ehegatte nicht „widerrechtlich" iSd. § 1632 Abs. 1.[52] Der Grund dafür liegt darin, dass bei gemeinsamem Aufenthaltsbestimmungsrecht auch das einseitige Rückführungsverlangen gegen den Grundsatz der gemeinsamen Ausübung verstoßen würde.[53] Es entsteht also eine „widerrechtliche Patt-Situation", die grundsätzlich nur durch eine Sorgerechtsentscheidung gelöst werden kann. Anders ist die Situation in Hinblick auf die Befugnis zur Antragstellung nach § 1632 zu beurteilen: Um eine gerichtliche Klärung zu ermöglichen, sollte man hier davon ausgehen, dass einer der beiden sorgeberechtigten Elternteile den Antrag allein stellen kann, wenn der andere Elternteil nicht zur Mitwirkung bereit ist.[54]

26 Problematisch ist, ob sich darüber hinaus ein Herausgabeanspruch des nicht allein aufenthaltsbestimmungsberechtigten Elternteils auf eine zwischen den Eltern geschlossene **Vereinbarung** stützen lässt. Das AG Bad Iburg bejaht diese Frage in weit reichendem Umfang: Ein Elternteil sei gegenüber dem anderen auch dann herausgabeberechtigt, wenn zwischen ihnen während des Zusammenlebens eine verbindliche Einigung über den Lebensmittelpunkt der Kinder getroffen wurde und der andere

---

[47] *Scherer* ZfJ 1999, 86, 90.
[48] Vgl. *Staudinger/Salgo* Rn. 40; *Keidel/Kuntze/Winkler/Engelhardt* FGG § 50d Rn. 2.
[49] Vgl. zum Ganzen *Palandt/Diederichsen* Rn. 8; *Keidel/Giers* § 88 FamFG Rn. 3, § 95 FamFG Rn. 5.
[50] *Soergel/Strätz* Rn. 11; NK-BGB/*Rakete-Dombek* Rn. 4.
[51] OLG Nürnberg FamRZ 2000, 369, 370; *Staudinger/Salgo* Rn. 10; *Soergel/Strätz* Rn. 11; *Huber*, FS Schwab, 2005, S. 793, 798.
[52] *Staudinger/Salgo* Rn. 10, 15.
[53] Vgl. *Staudinger/Salgo* Rn. 15.
[54] Vgl. OLG Brandenburg FamRZ 2007, 1350, 1351.

Elternteil eigenmächtig davon abweicht, indem er die Kinder nach der Trennung an einen anderen Ort verbringt. Eine solche Vereinbarung könne auch stillschweigend erfolgen.[55]

ME ist die Frage differenziert zu beantworten:[56] Einerseits ist zu beachten, dass es um diejenigen **27** Fälle geht, in denen beide Elternteile (noch) gemeinsam das Aufenthaltsbestimmungsrecht innehaben, sodass nach dem oben (Rn. 25) geschilderten Grundsatz kein Herausgabeanspruch besteht. Andererseits erscheint es nicht abwegig, zu Lasten des die Kinder vorenthaltenden Elternteils zu berücksichtigen, dass er nicht nur gegen den Grundsatz der gemeinsamen Ausübung des Aufenthaltsbestimmungsrechts verstößt, sondern auch gegen eine vertragliche Vereinbarung. Möglich ist dies jedoch nur dann, wenn zweifelsfrei und eindeutig feststeht, dass die Eltern **auch für den Fall der Trennung** eine verbindliche Vereinbarung des Inhalts getroffen haben, dass das Kind **vorerst** (dh. bis zu einer gerichtlichen Regelung des Kindesaufenthalts) bei demjenigen Elternteil verbleiben soll, der am bisherigen Lebensmittelpunkt bleibt. An eine konkludent geschlossene Vereinbarung sind dabei sehr hohe Anforderungen zu stellen. Keinesfalls kann man eine solche Vereinbarung für die Trennungszeit einfach aus der – fast selbstverständlichen – Tatsache ableiten, dass sich die Eltern während des Zusammenlebens einig waren, mit den Kindern an ihrem damaligen Lebensmittelpunkt zu leben.[57] In diesen engen Grenzen erscheint es vertretbar, den Herausgabeanspruch auf eine Vereinbarung der Eltern zu stützen (vgl. auch Rn. 34).

b) Kindeswohlprüfung. Das Herausgabeverfahren ist jedoch nicht lediglich eine Art Vollstre- **28** ckungsverfahren zu einer vorangegangenen Sorgerechtsentscheidung bzw. gesetzlichen Zuteilung der elterlichen Sorge. Eine Herausgabeanordnung setzt vielmehr eine erneute, am Kindeswohl orientierte Prüfung voraus.[58] Besonderheiten ergeben sich im Hinblick auf den **Umfang** der Kindeswohlprüfung. Einerseits darf sich das Gericht nicht auf die Prüfung der hohen Eingriffsschwelle des § 1666 beschränken, die Herausgabe also nur dann verweigern, wenn sie zu einer Kindeswohlgefährdung iS dieser Vorschrift führen würde.[59] Vielmehr muss das Gericht eine positive Kindeswohlprüfung vornehmen. Es darf die Herausgabe des Kindes nur anordnen, wenn dies mit dem Wohl des Kindes vereinbar ist.[60] Hierin unterscheidet sich das Herausgabeverlangen gegen den anderen Elternteil von den Herausgabeansprüchen gegen Dritte (vgl. Rn. 13).

Andererseits ist die Kindeswohlprüfung eingeschränkt, wenn dem Herausgabeverlangen eine **29** gerichtliche **Sorgerechtsregelung vorausgegangen** ist. Diese Sorgerechtsregelung beruht ihrerseits auf einer umfassenden Kindeswohlprüfung. Es ist nicht Aufgabe des Herausgabeverfahrens, diese Prüfung neu aufzurollen. Deshalb besteht weitgehend Einigkeit, dass die Kindeswohlprüfung im Rahmen des Herausgabeverfahrens einzuschränken ist.[61] Im Wesentlichen erstreckt sie sich deshalb auf folgende Punkte:[62]

(1) Das Gericht hat zu entscheiden, ob die (grundsätzlich gebilligte) Herausgabe des Kindes an **30** den aufenthaltsbestimmungsberechtigten Elternteil **aufgeschoben** werden muss, weil sie im gegenwärtigen Moment mit dem Kindeswohl nicht vereinbar wäre (zB aus gesundheitlichen Gründen oder im Hinblick auf die aktuelle Ausbildung des Kindes).

(2) Das Gericht hat ferner zu prüfen, ob nach der Sorgerechtsentscheidung neue, das Kindeswohl **31** nachhaltig berührende Umstände eingetreten sind, welche die **Abänderung** der Sorgerechtsentscheidung notwendig machen würden und einer Herausgabeanordnung entgegenstehen.[63] Dabei genügt es, wenn die betreffenden Umstände zZ der Sorgerechtsregelung schon existent, dem Gericht aber nicht bekannt waren.[64] Das Gericht untersucht hier also, ob die Voraussetzungen für eine Abänderung der Sorgerechtsentscheidung nach § 1696 vorliegen. Es muss aber nicht zunächst ein Abänderungsverfahren durchführen und auf dessen Ergebnis warten, sondern kann das Herausgabe-

---

[55] AG Bad Iburg FamRZ 2000, 1036, unter Berufung auf OLG Stuttgart FamRZ 1999, 39, 40. Konsequenterweise hält das AG Bad Iburg in diesem Fall auch eine vorläufige Anordnung auf Kindesrückführung für möglich; vgl. dazu Rn. 33 ff. Vgl. auch Hammer FamRZ 2005, 1209, 1216 f.; NK-BGB/*Rakete-Dombek* Rn. 6.
[56] Vgl. *Huber*, FS Schwab, 2005, S. 793, 798 f.
[57] In diesem Punkt erscheint die Entscheidung des AG Bad Iburg zu weitgehend.
[58] Vgl. OLG Brandenburg FamRZ 2007, 1350, 1351; OLG Düsseldorf FamRZ 1981, 601; Soergel/Strätz Rn. 11; *Huber*, FS Schwab 2005, S. 793, 799 f.
[59] *Gernhuber/Coester-Waltjen* § 57 Rn. 53; Soergel/Strätz Rn. 11; aA OLG Stuttgart FamRZ 1975, 106, 107.
[60] Vgl. OLG Brandenburg FamRZ 2007, 1350, 1351; OLG Hamm NJW-RR 1991, 329 = FamRZ 1991, 102; OLG Bamberg FamRZ 1980, 620, 621; OLG Düsseldorf FamRZ 1981, 601.
[61] OLG Düsseldorf FamRZ 1981, 601; OLG Hamm NJW-RR 1991, 329 = FamRZ 1991, 102; Soergel/Strätz Rn. 11; *Staudinger/Salgo* Rn. 10 f.
[62] Vgl. OLG Düsseldorf FamRZ 1981, 601.
[63] OLG Brandenburg FamRZ 2007, 1350, 1351; vgl. auch OLG Bamberg FamRZ 1980, 620 f.
[64] KG FamRZ 1971, 585 f.; offen gelassen von OLG Düsseldorf FamRZ 1981, 601 f.

verlangen sofort abweisen, wenn es die Voraussetzungen des § 1696 für gegeben hält;[65] allerdings muss das Gericht diese im Rahmen des Herausgabeverlangens erlangte Erkenntnis zum Anlass nehmen, parallel oder anschließend ein echtes Verfahren zur Abänderung nach § 1696 einzuleiten.[66]

32 (3) Schließlich ist hier nochmals Raum für eine Überprüfung des Herausgabeverlangens am Maßstab des **§ 1666**: Wenn das Herausgabeverlangen wegen einer Gefährdung des Kindeswohls missbräuchlich ist, darf die Herausgabe nicht angeordnet werden. Etwas weiter hat jüngst das OLG Brandenburg formuliert: Es fehle an einem widerrechtlichen Vorenthalten, wenn das Herausgabeverlangen selbst einen Rechtsmissbrauch darstelle, was dann anzunehmen sei, wenn Anlass zu der Befürchtung bestehe, dass das Kind durch die Trennung und den Umgebungswechsel einen gesundheitlichen oder seelischen Schaden erleiden würde.[67]

33 **3. Rückführungsanspruch bei Kindesentführung im Inland?** Haben beide Elternteile die elterliche Sorge inne und nimmt der eine dem anderen das Kind weg, zB anlässlich der Trennung, so besteht nach **innerstaatlichem Recht kein Grundsatz** dahingehend, dass das Kind stets zunächst ohne Prüfung des Kindeswohls zurückgebracht werden müsste. Der Ehegatte, der die Kinder mitgenommen hat, handelt nicht widerrechtlich iSd. § 1632 Abs. 1, weil er selbst (Mit-)Inhaber der elterlichen Sorge und damit des Aufenthaltsbestimmungsrechts ist. Er verstößt zwar gegen seine Verpflichtungen aus § 1627, doch bleibt dies nach dem System der §§ 1627 ff. sanktionslos. Im Gegenteil: Die Mitnahme der Kinder wird den ausziehenden Ehegatten im Sorgerechtsverfahren nach §§ 1671 f. idR begünstigen, weil der Gesichtspunkt der Kontinuität für ein Verbleiben der Kinder bei ihm sprechen wird und weil er sich andererseits bei einem Belassen der Kinder in der bisherigen Familienwohnung dem Vorwurf ausgesetzt sehen würde, er stelle sein Trennungsinteresse über das Wohl der Kinder.[68] Das geltende innerstaatliche Recht bietet also dem ausziehenden Ehegatten Anreize, die Kinder mit sich zu nehmen. Der andere Ehegatte kann in diesen Fällen den Herausgabeanspruch nach § 1632 nur dann mit Erfolg geltend machen, wenn ihm das Aufenthaltsbestimmungsrecht nach §§ 1671 f. bzw. im Wege einer einstweiligen Anordnung übertragen wurde; beides setzt eine gerichtliche Kindeswohlprüfung voraus. Einen automatischen Rückführungsanspruch ohne vorherige volle Kindeswohlprüfung kennt das BGB also nicht.[69]

34 Anders ist es im **internationalen Bereich**. Das Haager Übereinkommen über zivilrechtliche Aspekte der Kindesentführung v. 25. 10. 1980 (BGBl. 1990 II S. 206) sieht in derartigen Fällen die gerichtliche Anordnung der sofortigen Rückführung des Kindes vor, die nicht von einer vollen Kindeswohlprüfung abhängt, sondern in dieser Hinsicht auf die Prüfung beschränkt ist, ob die Rückführung dem Kind schwerwiegenden Schaden zufügen würde oder sonst unzumutbar wäre.[70] ZT wird vertreten, diesen **Rechtsgedanken** des Haager Übereinkommens auf das **innerstaatliche Recht** zu übertragen und aus § 1632 einen entsprechenden Anspruch auf sofortige Rückführung des Kindes abzuleiten.[71] Dies ist jedenfalls de lege lata **abzulehnen**.[72] Der Gesetzgeber hätte die Möglichkeit gehabt, einen solchen Rückführungsanspruch anlässlich des KindRG einzuführen und den Wortlaut des § 1632 entsprechend zu ergänzen. Er hat dies nicht getan, obwohl das Haager Übereinkommen in Deutschland seit 1990 in Kraft ist. Es handelt sich also beim Fehlen eines Rückführungsanspruchs um eine bewusste Lücke, die nicht im Wege der Analogie zu schließen ist. Allerdings gibt es eine Möglichkeit, in bestimmten Situationen auf anderem Weg zu **ähnlichen Ergebnissen** zu gelangen, nämlich dann, wenn der die Kinder wegbringende Elternteil gegen eine entsprechende **Vereinbarung** verstoßen hat (vgl. Rn. 27). In diesem Fall kann der andere Elternteil den Herausgabeanspruch nach § 1632 Abs. 1 trotz des Weiterbestehens des gemeinsamen Aufenthaltsbestimmungsrechts geltend machen und ggf. mit Hilfe einer vorläufigen Anordnung durchsetzen.[73]

---

[65] Vgl. OLG Brandenburg FamRZ 2007, 1350, 1351; OLG Düsseldorf FamRZ 1981, 601 f.; KG FamRZ 1971, 585, 587; aA (Abweisung des Herausgabeverlangens nur ggf. durch einstweilige Anordnung, iÜ Abwarten der Abänderungsentscheidung, OLG Stuttgart OLGZ 1966, 471; *Soergel/Strätz* Rn. 11.
[66] *Erman/Michalski/Döll* Rn. 9a; s. auch OLG Düsseldorf FamRZ 1981, 601 f.
[67] OLG Brandenburg FamRZ 2007, 1350, 1351, allerdings unter Bezugnahme auf BayObLG FamRZ 1990, 1379, wo wiederum auf einen Missbrauch abgestellt wird, der unter § 1666 fällt.
[68] Vgl. *Gutdeutsch/Rieck* FamRZ 1998, 1488, 1489.
[69] Vgl. *Soergel/Strätz* Rn. 11; *Huber*, FS Schwab, 2005, S. 793, 800.
[70] Vgl. im einzelnen Art. 12 f. des Übereinkommens.
[71] AG Bad Iburg FamRZ 2000, 1036 f.; *Gutdeutsch/Rieck* FamRZ 1998, 1488, 1489; vorsichtig in diese Richtung auch *Gernhuber/Coester-Waltjen* § 57 Rn. 53; *Staudinger/Salgo* Rn. 15; s. auch AG Groß-Gerau NJW-RR 1995, 1222: Haager Übereinkommen als Konkretisierung der „allgemeinen Rechtsidee", dass ein Elternteil, der unter Verletzung des Sorgerechts des anderen Elternteils gemeinsame Kinder entführt, bei der Sorgerechtsregelung anlässlich der Trennung bzw. Scheidung erst dann als der für die elterliche Sorge besser geeignete Elternteil in Betracht kommt, wenn er die Kinder zurückgegeben hat.
[72] OLG Karlsruhe FamRZ 1999, 951; *Huber*, FS Schwab, 2005, S. 793, 804 f.
[73] Vgl. *Huber*, FS Schwab, 2005, S. 793, 806 f.

Herausgabe des Kindes; Umgang; Verbleibensanordnung   35–40   § 1632 RelKErzG

4. Verfahren. Zuständig für das Herausgabeverlangen gegenüber dem anderen Elternteil ist das 35
FamG (Abs. 3). Dies war auch schon vor Inkrafttreten des KindRG der Fall. Die Kindesherausgabe
ist Kindschaftssache, § 151 Abs. 1 Nr. 3 FamFG. Die örtliche Zuständigkeit richtet sich demzufolge
nach § 152 f. FamFG. Das FamG kann **einstweilige Anordnungen** nach §§ 49 ff. FamFG erlassen
(vgl. dazu Rn. 22). Die Anhängigkeit eines Hauptsacheverfahrens ist nach FamFG nicht mehr erforderlich.[74] Zur Vollstreckung s. Rn. 18 ff., zum Verfahren allgemein s. Rn. 14 ff.
Statthaftes **Rechtsmittel** ist grundsätzlich die Beschwerde (§ 58 FamFG).   36

IV. Schutz des Pflegekindes vor Wegnahme aus der Pflegefamilie (Abs. 4)

1. Allgemeines. Abs. 4 soll das **Pflegekind** davor **schützen,** aus der Pflegefamilie herausge- 37
nommen zu werden, wenn dies zu einer Gefährdung des Kindeswohls führen würde. Konkreter
wird teilweise formuliert, das Pflegekind solle vor einer Herausgabe zur Unzeit geschützt werden;
die Bindungen zur Pflegefamilie sollen geschützt werden, wenn eine Entfremdung zu den leiblichen
Eltern eingetreten ist.[75] Deshalb sieht die Vorschrift vor, dass das FamG in diesem Fall anordnen
kann, dass das Kind bei der Pflegeperson verbleibt. Das KindRG hat die Zuständigkeit vom VormG
auf das FamG verlagert und die Voraussetzungen neu formuliert.

Aus **verfassungsrechtlicher** Sicht sind verschiedene Gesichtspunkte zu berücksichtigen: zum   38
einen der Grundrechtsschutz der Eltern nach Art. 6 GG, insbesondere das Elternrecht aus Art. 6
Abs. 2 und 3 GG; zum anderen das Persönlichkeitsrecht des Kindes selbst (Art. 2 iVm. Art. 1 GG);
und schließlich die verfassungsrechtliche Position der Pflegeeltern: diesen steht zwar grundsätzlich
nicht das Elternrecht aus Art. 6 Abs. 2 GG zu, wohl aber – jedenfalls bei länger dauernder Familienpflege – der Schutz des Art. 6 Abs. 1 GG.[76] Zu berücksichtigen ist dabei, dass das BVerfG das
Elternrecht aus Art. 6 Abs. 2 S. 1 GG einem Großelternteil zugesprochen hat, der zugleich Vormund
des Kindes war.[77] Im Widerstreit zwischen den Eltern bzw. Großeltern einerseits und den Pflegeeltern andererseits kommt grundsätzlich den Eltern (bzw. subsidiär den Großeltern) der Vorrang zu.[78]
Beiden Grundrechtspositionen steht jedoch das Wohl des Kindes gegenüber, das nach Art. 6 Abs. 2
GG bei Interessenkollisionen zwischen dem Kind und seinen Eltern sowie den Pflegeeltern letztlich
bestimmend sein muss.[79] Das Kindeswohl gebietet es, neue gewachsene Bindungen des Kindes zu
seinen Pflegepersonen zu berücksichtigen und das Kind aus seiner neuen Pflegefamilie nur herauszunehmen, wenn die körperlichen, geistigen oder seelischen Beeinträchtigungen des Kindes als Folge
der Trennung von seinen bisherigen Bezugspersonen (den Pflegeeltern) unter Berücksichtigung der
Grundrechtsposition des Kindes noch hinnehmbar sind.[80] Die verfassungsrechtliche Dreieckskonstellation erfordert für den mit einer Verbleibensanordnung verbundenen Eingriff in das Elternrecht
eine einzelfallbezogene Abwägung, deren Maßstab die Vorschrift des § 1632 Abs. 4 – verfassungsrechtlich unbedenklich[81] – an dem Begriff der Kindeswohlgefährdung ausrichtet. Daraus ergibt sich
mE, dass keinesfalls schematische Entscheidungen zugunsten des Elternrechts getroffen werden dürfen. Vielmehr ist stets das Kindeswohl zur obersten Leitschnur der Entscheidung zu machen; letztlich
gilt: Kindeswohl geht vor Elternrecht!

Wegen der Orientierung am Kindeswohl ist die in Abs. 4 vorgesehene Möglichkeit des Erlasses 39
einer Verbleibensanordnung auch **nicht abdingbar.** Eine zwischen den leiblichen Eltern und den
Pflegepersonen beschlossene Vereinbarung, dass das Kind ohne gerichtliche Kontrollmöglichkeit
jederzeit zurückgefordert werden kann, ist nach § 138 Abs. 1 nichtig.[82]

2. Voraussetzungen für eine Verbleibensanordnung. a) Familienpflege seit längerer   40
Zeit. Die Voraussetzung einer Familienpflege für längere Zeit wird auch in § 1630 Abs. 3 aufgestellt.
Grundsätzlich kann auf die für **§ 1630 Abs. 3** geltenden Begriffsbestimmungen zurückgegriffen

---
[74] *Gernhuber/Coester-Waltjen* § 57 Rn. 54; BT-Drucks. 16/6308 S. 167, S. 199.
[75] Vgl. OLG Koblenz FamRZ 2005, 1923; KG FamRZ 2005, 1923 (LS.).
[76] Vgl. zum Ganzen BVerfG FamRZ 2010, 865; FamRZ 2006, 1593, 1594; FamRZ 2005, 783; FamRZ 2004, 771, 772; NJW 1989, 519 ff. = FamRZ 1989, 31 ff.; BVerfGE 68, 176 = NJW 1985, 423; BGH FamRZ 2005, 975, 976; OLG Karlsruhe FamRZ 2004, 722, 722; OLG Karlsruhe Hamm FamRZ 2007, 659, 660; FamRZ 2003, 1858, 1859; OLG Brandenburg FamRZ 2004, 720 (LS.). Vgl. auch *Niemeyer*, FS Benda, S. 185, 187 ff.; *Salgo* FamRZ 1999, 337, 338 ff.; *Fahrenhorst* FamRZ 1996, 454, 460 (auch zur EMRK).
[77] BVerfG FamRZ 2004, 771, 771. Vgl. auch OLG Karlsruhe FamRZ 2005, 1501, 1502.
[78] Vgl. BVerfGE 79, 51, 60 = FamRZ 1989, 31; BVerfG FamRZ 1993, 1045.
[79] BVerfG FamRZ 2010, 865; BVerfGE 68, 176 = NJW 1985, 423 f.; BVerfG FamRZ 1999, 1417, 1418; BVerfGE 56, 363, 383 = NJW 1981, 1201, 1202.
[80] BVerfG FamRZ 2010, 865 f.
[81] BVerfGE 68, 176 = NJW 1985, 423, 424.
[82] OLG Hamm DAVorm. 1981, 922, 926; *Siedhoff* FPR 1996, 66, 68.

werden (vgl. § 1630 Rn. 17 ff.). Insbesondere gilt auch hier, dass es auf die rechtliche Wirksamkeit des Pflegeverhältnisses nicht ankommt und dass Familienpflege auch durch Verwandte oder Verschwägerte ausgeübt werden kann.[83] Erfasst werden alle seit längerer Zeit bestehenden Pflegeverhältnisse familienähnlicher Art, unabhängig davon, wem das Aufenthaltsbestimmungsrecht jeweils zusteht und welche Maßnahmen nach dem Jugendhilferecht dem Pflegeverhältnis ggf. zugrunde liegen.[84] Auch die Adoptionspflege des § 1744 stellt eine Familienpflege iSd. § 1632 Abs. 4 dar.[85] Zu ergänzen ist hier, dass das KindRG in §§ 1682, 1685 die Voraussetzungen für entsprechende Verbleibensanordnungen in Stieffamilien (iwS) geschaffen hat (vgl. Erl. dort), sodass insoweit kein Bedürfnis mehr für eine analoge Anwendung des § 1632 Abs. 4 besteht.[86]

41 Allerdings ergeben sich aus der besonderen Schutzrichtung des § 1632 Abs. 4 auch **Abweichungen** bei der Begriffsbestimmung: So kommt es – anders als bei § 1630 Abs. 3 – nicht darauf an, wie lange das Pflegeverhältnis nach den Vorstellungen der Eltern dauern soll, sondern darauf, ob das Pflegeverhältnis im Einzelfall bereits so lange gedauert hat, dass eine Auflösung Gefahr für das Kindeswohl brächte. Maßgebend dafür ist, inwieweit das Kind den leiblichen Eltern entfremdet ist, weil es im Pflegeverhältnis eine neue Bezugswelt gefunden und Bindungen entwickelt hat.[87] Das Einfinden in eine neue Bezugswelt braucht sich nicht unbedingt auf die Pflegeperson selbst zu beziehen, sondern kann auch im Verhältnis zu Pflegegeschwistern oder in der schulischen Eingewöhnung begründet sein.[88] Da es auf die Integration des Kindes in die Pflegefamilie ankommt, ist auf die **kindlichen Zeitvorstellungen** abzustellen, die von denen der Erwachsenen abweichen und in Relation zum Kindesalter stehen:[89] Für das jüngere Kind kann eine halbjährige Familienpflege im Verhältnis zur bisherigen Lebensdauer eine „längere Zeit" iSv. Abs. 4 bedeuten, während es bei einem älteren Kind anders sein kann, weil dieser Zeitraum als weniger lang empfunden wird und weniger einschneidend auf die Kindesentwicklung einwirkt.[90] Angesichts des Normzwecks bleibt auch eine längere Pflegedauer dann unberücksichtigt, wenn sich das Kind nicht eingelebt hat.[91]

42 **b) Herausgabeverlangen der Eltern.** Abs. 4 stellt darauf ab, dass „die Eltern das Kind von der Pflegeperson wegnehmen wollen". Die Verbleibensanordnung nach Abs. 4 ist deshalb schon bei ernstlicher Ankündigung des Herausgabeverlangens zulässig, nicht erst bei dessen gerichtlicher Geltendmachung.[92] Das Recht aus Abs. 4 bezweckt nur den Schutz vor der dauerhaften Wegnahme des Kindes, faktisch also vor einer Beendigung des Pflegeverhältnisses; deshalb kann das Begehren der Eltern nach einem – auch dauerhaft wiederkehrenden – Umgangsrecht von den Pflegeeltern nicht nach § 1632 Abs. 4 angegriffen werden.[93] Vgl. auch Rn. 54.

Ist das Aufenthaltsbestimmungsrecht zuvor nach § 1630 Abs. 3 auf die Pflegeperson übertragen worden, so können die Eltern Kindesherausgabe nicht ohne vorherige oder gleichzeitige Aufhebung jener Anordnung verlangen, wobei die Übertragung freilich auf elterlichen Antrag stets aufzuheben ist (§ 1630 Rn. 30). Abs. 4 gilt entsprechend, wenn der **Vormund** oder der **Pfleger** das Kind von der Pflegeperson herausverlangt; dies ergibt sich aus § 1800 (ggf. iVm. § 1915 Abs. 1).[94]

43 **c) Gefährdung des Kindeswohls. aa) Neufassung durch das KindRG.** Das KindRG hat die Voraussetzungen für den Erlass einer Verbleibensanordnung neu formuliert: Maßgeblich für die Verbleibensanordnung ist allein, ob die Wegnahme zu einer Gefährdung des Kindeswohls führen würde. Die Bezugnahme auf die Voraussetzungen des § 1666 ist ebenso entfallen wie der besondere Hinweis auf Anlass und Dauer der Familienpflege. Der Gesetzgeber wollte damit jedoch lediglich

---

[83] BayObLGZ 1984, 98, 100 f. = NJW 1984, 2168; BayObLG Rpfleger 1982, 225 f.; OLG Frankfurt/M. FamRZ 1983, 1163 f.; 1983, 1164 f.; *Baer* FamRZ 1982, 221, 223; *Siedhoff* FPR 1996, 66; *Palandt/Diederichsen* Rn. 10; *Soergel/Strätz* Rn. 24; s. auch AG Tübingen FamRZ 1988, 428: Familienpflege beim nichtehelichen Vater.
[84] BayObLG FamRZ 1998, 1040, 1041; NK-BGB/*Rakete-Dombek* Rn. 16.
[85] OLG Brandenburg FamRZ 2000, 1038, 1039.
[86] Vgl. FamRefK/*Rogner* Rn. 2 ff. und § 1632 Rn. 5.
[87] Vgl. OLG Frankfurt/M. FamRZ 2004, 720, 721; BayObLG FamRZ 1998, 1040, 1041; OLG Braunschweig ZBlJugR 1983, 311 f.; *Schlüter/Liedmeier* FuR 1990, 122, 123; *Palandt/Diederichsen* Rn. 11.
[88] *Palandt/Diederichsen* Rn. 13; *Soergel/Strätz* Rn. 26.
[89] Vgl. OLG Hamm FamRZ 2007, 659, 660: Das Erfordernis der „längeren Zeit" sei „nicht absolut, sondern kinderpsychologisch" zu verstehen; OLG Köln FamRZ 2009, 989; OLG Köln FamRZ 2007, 658.
[90] OLG Celle FamRZ 1990, 191; BayObLG FamRZ 1991, 1080, 1082; 1998, 1040, 1041; *Staudinger/Salgo* Rn. 66 ff.; *Baer* FamRZ 1982, 221, 223; *Siedhoff* FPR 1996, 66, 67.
[91] *Palandt/Diederichsen* Rn. 11.
[92] *Soergel/Strätz* Rn. 29; NK-BGB/*Rakete-Dombek* Rn. 18. Vgl. auch – wohl noch weiter – OLG Celle FamRZ 2007, 659 (LS.): schon dann, wenn der Sorgeberechtigte das Kind zwar gegenwärtig nicht aus der Pflegefamilie herausnehmen will, aber nicht zu einer verbindlichen Erklärung bezüglich des Verbleibens bereit ist. Vgl. aber auch AG Ludwigslust FamRZ 2010, 2084.
[93] BGH FamRZ 2005, 975, 977; vgl. auch OLG Naumburg FamRZ 2006, 1292.
[94] *Baer* FamRZ 1982, 221, 223.

die vorher bereits in der Rechtsprechung anerkannten Grundsätze übernehmen, nicht dagegen neue Wertungen einführen.[95] Die Bezugnahme auf § 1666 hielt er für entbehrlich, weil die dort genannten zusätzlichen Eingriffsvoraussetzungen (zB missbräuchliche Ausübung der elterlichen Sorge oder Vernachlässigung des Kindes) in der Gerichtspraxis nicht konsequent als Voraussetzung für die Verbleibensanordnung gefordert wurden. Der Hinweis auf Art und Dauer der Familienpflege ist nach Ansicht des Gesetzgebers entbehrlich, weil diese Umstände im Rahmen der Kindeswohlprüfung ohnehin zu berücksichtigen seien und die längere Dauer der Familienpflege bereits als Voraussetzung für die Verbleibensanordnung aufgeführt werde.[96]

bb) Entscheidungsmaßstab. Voraussetzung für die Verbleibensanordnung ist, dass durch die Wegnahme das **Wohl des Kindes gefährdet** würde. Maßgeblicher **Zeitpunkt** für die Bewertung ist derjenige der Entscheidung über das Herausgabeverlangen der Eltern. Die hM[97] **unterscheidet** danach, ob das Herausgabeverlangen der Rückführung des Kindes zu seinen leiblichen Eltern dienen soll oder der Verbringung zu einer anderen Pflegeperson. Die dem Kind zumutbare Risikogrenze sei weiter zu ziehen, wenn es um die Rückführung zu den Eltern bzw. zu einem Elternteil gehe. Diese Differenzierung verdient im Grundsatz Zustimmung, weil sie dem Ziel der Förderung des Aufwachsens in der Herkunftsfamilie dient. Die Großeltern sind dabei den Eltern gleichzustellen.[98] Allerdings muss auch im Verhältnis des Kindes zu seinen leiblichen Eltern berücksichtigt werden, dass im Bereich des Art. 6 Abs. 2 GG das Wohl des Kindes immer den Richtpunkt bildet und deshalb bei Interessenkonflikten zwischen dem Kind und seinen Eltern letztlich bestimmend sein muss.[99]

Für den Fall, dass mit dem Herausgabebegehren das Kind zu seinen **Eltern** zurückkehren soll, hat das **BVerfG** in einer Entscheidung aus dem Jahr 2010 die anwendbaren Maßstäbe konkretisiert.[100] Demnach gilt Folgendes: Zwar darf das Prognoserisiko in Bezug auf etwaige Schädigungen des Kindes infolge eines etwaigen Wechsels nicht dazu führen, dass die Herausgabe immer schon dann ausgeschlossen ist, wenn das Kind in den Pflegeeltern seine „sozialen" Eltern gefunden hat. Wenn nach § 1632 Abs. 4 eine Rückführung zu den leiblichen Eltern beantragt wird, ist deshalb ein größeres Maß an Unsicherheit über mögliche Beeinträchtigungen des Kindes hinnehmbar als bei einem bloßen Wechsel der Pflegefamilie (vgl. dazu Rn. 46). Die Risikogrenze ist allerdings auch im Fall der Entscheidung über eine Rückführung zu den Eltern überschritten, wenn im Einzelfall mit überwiegender Wahrscheinlichkeit nicht auszuschließen ist, dass die Trennung des Kindes von seinen Pflegeeltern psychische oder physische Schädigungen nach sich ziehen kann. Denn ein solches Risiko ist für das Kind nicht hinnehmbar.[101] In Bezug auf die mit der Verfassungsbeschwerde angegriffene Entscheidung des OLG konkretisiert das BVerfG diesen allgemeinen Maßstab im Folgenden weiter. Das OLG hatte sich darauf gestützt, dass laut des Sachverständigen nicht genau vorhergesagt werden könne, ob bzw. mit welcher Wahrscheinlichkeit das Kind aufgrund des Bindungsabbruchs psychische Störungen entwickeln werde, und dass immerhin auch „erhebliche Chance" bestehe, dass das Kind sich unauffällig verhalten könnte oder auftretende Auffälligkeiten jedenfalls nicht das Ausmaß einer Erkrankung annehmen würden. Dieser Maßstab wird nach Auffassung des BVerfG der Bedeutung des Kindeswohls nicht gerecht.[102] Aus dieser Entscheidung des BVerfG kann man entnehmen, dass eine Verbleibensanordnung jedenfalls dann angezeigt ist, wenn der Eintritt von Störungen beim Kind überwiegend wahrscheinlich ist, jedoch die Restmöglichkeit verbleibt, dass diese Störungen nicht eintreten.[103]

ME könnte man die Kritik des BVerfG an dem vom OLG angelegten Maßstab auch so verstehen, dass es nicht einmal der überwiegenden Wahrscheinlichkeit von Schädigungen bedarf, sondern dass eine Verbleibensanordnung bereits dann gerechtfertigt sein kann, wenn nur eine „erhebliche Chance" besteht, dass Schädigungen auftreten.[104] Ob dies allerdings tatsächlich die Auffassung des BVerfG ist,

---
[95] Vgl. BT-Drucks. 13/4899 S. 96.
[96] BT-Drucks. 13/4899 S. 96.
[97] BVerfG FamRZ 2004, 771 f.; FamRZ 2005, 783, 784; NJW 1988, 125, 126; OLG Karlsruhe FamRZ 2005, 1501; OLG Hamm FamRZ 2007, 659, 660; OLG Köln FamRZ 2007, 658; OLG Brandenburg FamRZ 2007, 851, 853; OLG Brandenburg FamRZ 2006, 1697 (LS.).
[98] BVerfG FamRZ 2004, 771, 771; OLG Karlsruhe FamRZ 2005, 1501, 1502.
[99] BVerfG FamRZ 2010, 865.
[100] BVerfG FamRZ 2010, 865 ff.
[101] So leicht umformuliert die Aussage des BVerfG FamRZ 2010, 865 f.
[102] BVerfG FamRZ 2010, 865, 866 f. Demnach wäre zB auch die Entscheidung OLG Hamm FamRZ 2010, 40 äußerst bedenklich, wenn nicht sogar unzutreffend; kritisch zu dieser zu Recht auch *Heilmann* FamRZ 2010, 41 ff.
[103] So auch das BVerfG FamRZ 2010, 865 f. Vgl. auch OLG Frankfurt FamRZ 2011, 382 (Nr. 263); AG Wuppertal FamRZ 2011, 1665.
[104] Großzügiger im Hinblick auf die Verbleibensanordnung auch *Siedhoff* NJW 1994, 616, 619; *ders.* FPR 1996, 66, 67: Verbleibensanordnung immer bereits dann, wenn bloße Möglichkeit einer Kindeswohlgefährdung besteht.

kann nicht mit Sicherheit behauptet werden. ME sollte man aber angesichts des Grundsatzes des Vorrangs des Kindeswohls an eine Verbleibensanordnung keine zu hohen Anforderungen stellen. Die vor der Entscheidung des BVerfG häufig (und auch in der Vorauﬂ.) vertretene Auffassung, dass eine Verbleibensanordnung grundsätzlich voraussetze, dass eine Kindeswohlgefährdung mit ziemlicher Sicherheit zu erwarten ist,[105] ist jedenfalls mE mit der neuen Entscheidung des BVerfG nicht vereinbar und wird aufgegeben. Ebenfalls nicht mehr haltbar und aufzugeben ist mE die Aussage, dass die Schwelle für eine Verbleibensanordnung genauso hoch liege wie bei § 1666.[106] Allerdings dürfte es auch nach der Entscheidung des BVerfG angesichts des eindeutigen Wortlauts des § 1632 dabei bleiben, dass der Herausgabeanspruch nicht von einer positiven Kindeswohlprüfung abhängig gemacht werden darf.[107] Auch die Tatsache allein, dass die Trennung von den Pflegeeltern für das Kind eine erhebliche psychische Belastung bedeutet, genügt nicht für eine Verbleibensanordnung, weil dann die Zusammenführung von Kind und Eltern immer dann ausgeschlossen wäre, wenn das Kind in den Pflegeeltern seine „sozialen Eltern" gefunden hätte.[108] Eine Verbleibensanordnung ist nicht bereits deshalb angebracht, weil das Kind bei den Pflegeeltern (auch) gut versorgt wird.[109] Auch die Tatsache, dass die Pflegeeltern besser zur Betreuung des Kindes geeignet sind als die Eltern, rechtfertigt für sich genommen nicht den Erlass einer Verbleibensanordnung gem. § 1632 Abs. 4.[110]

46 Anders ist die Situation bei der Herausgabe zum Zwecke des Wechsels der **Pflegefamilie**. Diese darf nur dann erfolgen, wenn mit hinreichender Sicherheit auszuschließen ist, dass der Wegnahme aus der Pflegefamilie zu Schädigungen führen kann.[111] Anders formuliert: Dient die Herausgabe dem Wechsel der Pflegefamilie, genügt für eine Verbleibensanordnung bereits die Möglichkeit einer Kindeswohlgefährdung.[112] Steht die Vormundschaft über das Kind noch nicht fest, und beabsichtigt das Jugendamt als vorläufig bestellter Vormund, das Kind von der Bereitschaftspflege in eine Dauerpflegefamilie zu geben, kann nach Ansicht des OLG Hamm bereits das Bestreben, dem Kind einen später möglicherweise wieder rückgängig zu machenden Aufenthaltswechsel zu ersparen, für eine Verbleibensanordnung sprechen; bis zur endgültigen Entscheidung sei allein entscheidend, durch welche Maßnahme das Kind am wenigsten beeinträchtigt werde.[113]

47 Das BVerfG hat sich in einer weiteren Entscheidung mit der Frage befasst, welcher Maßstab anzulegen ist, wenn das Herausgabeverlangen zwar einen Wechsel der Pflegefamilie ermöglichen, das neue Pflegeverhältnis aber zu einer **Adoption** des Kindes führen soll. Das BVerfG billigte die angegriffene Entscheidung, die nicht den sonst für einen Wechsel der Pflegefamilie geltenden strengen Maßstab an das Herausgabebegehren angelegt hatte und dies mit den rechtlichen und menschlichen Vorteilen einer Adoption für das Kind begründet hatte. Das BVerfG war bereit, vorübergehende psychische Beeinträchtigungen des Kindes hinzunehmen, wenn die vorgesehenen Adoptiveltern geeignet seien, dem Kind über diese Trennungsfolgen hinwegzuhelfen.[114] Die Entscheidung ist auf berechtigte Kritik gestoßen[115] und sollte als stark auf den vorliegenden Einzelfall bezogen eingeordnet werden.[116]

48 **cc) Einzelfallentscheidung.** Die Entscheidung darüber, ob die Wegnahme von der Pflegeperson das Kindeswohl gefährden würde, ist für jeden Einzelfall gesondert zu treffen. In der Regel setzt

---

[105] So OLG Karlsruhe FamRZ 2005, 1501, 1502; aA früher schon *Siedhoff* NJW 1994, 616, 619; *ders.* FPR 1996, 66, 67; kritisch zur Differenzierung auch *Lakies* ZfJ 1998, 129, 132.
[106] So aber wohl (wenn auch zT vor der Entscheidung des BVerfG): BT-Drucks. 13/4899 S. 96; *Palandt/Diederichsen* Rn. 13; OLG Frankfurt/M. FamRZ 2009, 1499.
[107] *Soergel/Strätz* Rn. 25; *Palandt/Diederichsen* Rn. 13; missverständlich: OLG Hamm FamRZ 2003, 1858, 1859; LG Frankfurt/M. FamRZ 1982, 1120, 1122.
[108] BVerfG FamRZ 2006, 1593, 1594; FamRZ 2005, 783, 784; FamRZ 2004, 771, 772. So auch BVerfG FamRZ 2010, 865.
[109] BayObLG FamRZ 1984, 817, 818.
[110] *Palandt/Diederichsen* Rn. 13; *Soergel/Strätz* Rn. 26.
[111] Vgl. BVerfG NJW 1988, 125, 126; FamRZ 2004, 771, 772; OLG Hamm FamRZ 2011, 1666; BayObLG FamRZ 1991, 1080, 1082; OLG Bremen FamRZ 2003, 54; OLG Köln FamRZ 2007, 658. Vgl. auch OLG Rostock FamRZ 2001, 1633 (Anordnung der Rückführung zu den bisher betreuenden Pflegeeltern im Wege des einstweiligen Rechtsschutzes); ebenso NK-BGB/*Rakete-Dombek* Rn. 20.
[112] So wohl auch OLG Karlsruhe FamRZ 2005, 1501, 1502; vgl. aber auch OLG Bremen FamRZ 2003, 54, 55.
[113] Vgl. OLG Hamm FamRZ 2003, 54.
[114] BVerfGE 79, 51, 66 f. = NJW 1989, 519, 520 f. = FamRZ 1989, 31, 34.
[115] Vgl. 3. Aufl. Rn. 22; *Siedhoff* NJW 1994, 616, 620 f.; *Dietzen* NJW 1989, 2519 f.; *Lakies* FamRZ 1990, 698, 702 f. Vgl. auch BayObLG FamRZ 1991, 1080 ff., wo in einem ähnlichen Fall der strengere Maßstab angelegt wurde, das Herausgabeverlangen also daran geknüpft wurde, dass eine Kindeswohlgefährdung mit hinreichender Sicherheit ausgeschlossen werden könne; die Entscheidung des BVerfG wird dort nicht erwähnt.
[116] Vgl. *Siedhoff* NJW 1994, 616, 622.

dies voraus, dass für den konkreten Fall ein **psychologisches Gutachten** eingeholt wird; es genügt nicht, auf allgemeine Erkenntnisse der psychologischen Wissenschaft zu verweisen.[117] Allerdings schadet es nicht, wenn das Gutachten von einem Verfahrensbeteiligten vorgelegt wird.[118] Das Abweichen von einem derartigen fachpsychologischen Gutachten bedarf daher einer eingehenden Begründung und des Nachweises eigener Sachkunde des Gerichts.[119] In Ausnahmefällen kann der Rückgriff auf ein Gutachten entbehrlich sein;[120] doch ist hier äußerste Vorsicht geboten.

dd) Kriterien. Ungeachtet der Tatsache, dass das Gericht in jedem Einzelfall eine gesonderte Abwägung vorzunehmen hat, lassen sich gewisse allgemeine Kriterien herausarbeiten, die bei dieser Abwägung eine Rolle spielen können. So sind beispielsweise die körperliche und geistige Verfassung des Kindes, seine Bindungen an die bisherigen Bezugspersonen sowie die Persönlichkeit (etwa Erziehungseignung, Bindungstoleranz) der bisherigen und der möglichen künftigen Bezugspersonen von Bedeutung.[121] 49

Persönliche Defizite der neuen Obhutsperson können also ebenso wie Mängel des vorgesehenen Lebensbereichs für den Erlass einer Verbleibensanordnung sprechen.[122] Derartige Defizite sind nicht nur dann relevant, wenn sie so gravierend sind, dass sie die Erziehungseignung dieser Personen völlig ausschließen, sondern auch unterhalb dieser Schwelle.[123] Berücksichtigt werden können zB eigene psychische Probleme der leiblichen Eltern bzw. der neuen Obhutspersonen[124] oder deren Überforderung infolge der Betreuung anderer Kinder.[125] Gegen die Herausgabe spricht es, wenn sich die leiblichen Eltern und das Kind einander entfremdet haben, weil sich die Eltern jahrelang nicht um das Kind gekümmert haben.[126] Auch Defizite anderer Personen als der neuen Obhutspersonen können gegen eine Herausgabe sprechen, wenn das Kind ihnen ausgesetzt wäre (zB drohende Misshandlungen durch Stiefvater).[127] Ein starkes soziales Gefälle zwischen den leiblichen und den Pflegeeltern reicht dagegen – jedenfalls für sich allein genommen – nicht aus.[128] Zu berücksichtigen sind umgekehrt auch entsprechende Defizite der bisherigen Bezugspersonen.[129] 49a

Ein weiteres Kriterium ist die **Intensität der Bindungen** des Kindes an die Pflegeeltern oder auch an sonstige Bezugspersonen im Umfeld der Pflegefamilie (Pflegegeschwister, evtl. auch Freunde oder Nachbarn[130]): Einerseits spricht eine starke Bindung an die Pflegefamilie für eine Verbleibensanordnung.[131] Andererseits kann es dem Kindeswohl und der angemessenen Berücksichtigung des Elternrechts (Art. 6 Abs. 2 GG) entsprechen, eine **Verfestigung des Pflegeverhältnisses** zu vermeiden, insbesondere wenn dies zu einer Entfremdung des Kindes von der Herkunftsfamilie führt und eine Rückführung dorthin immer unwahrscheinlicher macht;[132] vgl. dazu auch Rn. 57 (Verhältnismäßigkeit). 49b

Auch der **Wille des Kindes** ist zu beachten,[133] und zwar umso stärker, je älter das Kind ist; das BayObLG hat zB eine Verbleibensanordnung im Fall einer 16-Jährigen im Wesentlichen auf deren eindeutige und verständig erscheinende Ablehnung einer Rückkehr zu den leiblichen Eltern gestützt 50

---

[117] Vgl. BayObLG FamRZ 1991, 1080, 1082; ähnlich OLG Celle FamRZ 2002, 1356, 1357; *Siedhoff* NJW 1994, 616, 618; *Soergel/Strätz* Rn. 25.
[118] OLG Frankfurt/M. FamRZ 1983, 1164.
[119] BVerfG FamRZ 1999, 1417, 1418; s. auch BGH NJW 1997, 1446 f.
[120] Vgl. BayObLG FamRZ 1998, 1040, 1041 f. Dort ergab sich die Kindeswohlgefährdung im Wesentlichen daraus, dass das bereits 16-jährige Mädchen die Rückkehr zu den Eltern entschieden ablehnte und das Gericht umfassende Ermittlungen angestellt hatte.
[121] Vgl. zu den Kriterien OLG Schleswig, FamRZ 2009, 2015; OLG Karlsruhe FamRZ 2004, 722; OLG Hamm FamRZ 2007, 659, 660; OLG Frankfurt/M. FamRZ 1980, 826, 827.
[122] Vgl. *Soergel/Strätz* Rn. 27; *Palandt/Diederichsen* Rn. 14.
[123] Vgl. OLG Frankfurt/M. FamRZ 1983, 1163, 1164.
[124] BayObLG NJW 1988, 2381, 2382.
[125] BayObLG DAVorm. 1985, 335, 336; OLG Schleswig DAVorm. 1980, 574.
[126] Vgl. BayObLG FamRZ 1974, 137, 139; *Soergel/Strätz* Rn. 27. Vgl. auch OLG Frankfurt FamRZ 2011, 382 (Nr. 262).
[127] OLG Frankfurt/M. FamRZ 1981, 308 f.; *Soergel/Strätz* Rn. 27; *Palandt/Diederichsen* Rn. 14.
[128] *Soergel/Strätz* Rn. 26; *Palandt/Diederichsen* Rn. 14; s. auch OLG Düsseldorf FamRZ 1994, 1541, 1542.
[129] Vgl. etwa OLG Brandenburg FamRZ 2007, 851, 852 f.
[130] Vgl. *Palandt/Diederichsen* Rn. 13.
[131] Vgl. OLG Karlsruhe FamRZ 2004, 722; OLG Naumburg FamRZ 2002, 1274; AG Kamenz FamRZ 2005, 124. S. auch OLG Frankfurt/M. FamRZ 2002, 1277, 1278.
[132] Vgl. BVerfG FamRZ 2004, 771, 772; BVerfG NJW 1985, 423, 424 (im Anschluss an Dt. BTag, 8. Wahlperiode, 56. Sitzung des Rechtsausschusses, Sten. Prot. S. 87); OLG Karlsruhe FamRZ 2005, 1501, 1502 (unter Hinweis auf EuGHMR FamRZ 2002, 1393, 1397); OLG Köln DAVorm. 1998, 141, 142; OLG Hamm FamRZ 1998, 447, 448. S. aber auch die Nachw in der vorigen Fn.
[133] Vgl. etwa OLG Celle FamRZ 2002, 1356, 1357; OLG Frankfurt/M. FamRZ 2002, 1277, 1278. Vgl. aber auch OLG Zweibrücken FamRZ 2011, 571.

und im konkreten Fall sogar die Einholung eines Sachverständigengutachtens für nicht erforderlich gehalten.[134]

51 Trotz der Streichung der diesbezüglichen Hinweise durch das KindRG sind Anlass und Dauer der Familienpflege bei der Kindeswohlprüfung zu beachten; das KindRG wollte insofern keine sachliche Änderung bewirken.[135] Bei der Berücksichtigung des **Anlasses** der Familienpflege[136] ist darauf abzustellen, aus welchen Gründen das Kind in Pflege gegeben worden ist: Handelten die Eltern in einer unverschuldeten Notsituation, bedingt etwa durch Krankheit, unzulängliche Wohnverhältnisse oder Zwang zu ganztägiger Berufstätigkeit oder aus sonst nachvollziehbaren Gründen (längerer Auslandsaufenthalt), so wird das Vorliegen der Voraussetzungen einer Kindeswohlgefährdung weniger leicht zu bejahen sein als in solchen Fällen, in denen das Kind aus Gleichgültigkeit, weil es lästig wurde oder aus sonst missbilligenswerten Erwägungen in Pflege gegeben wurde.[137] Auf die rechtlich einwandfreie Inpflegegabe mit Pflegevertrag und Pflegeerlaubnis kommt es dagegen nicht an.[138] Für eine Verbleibensanordnung spricht es zB, wenn ein 14-jähriges Kind wegen grober Misshandlungen und allgemein verständnislosem Verhalten seiner Eltern Zuflucht bei den Pflegeeltern gesucht hat, bei denen es früher bereits mehrere Jahre gelebt hatte.[139] Darüber hinaus ist natürlich die Tatsache, dass das Kind bei den leiblichen Eltern vor der Inobhutnahme Misshandlungen erleiden musste, grundsätzlich ein Indiz für ein Gewaltrisiko und damit ein Argument für eine Verbleibensanordnung.[140] Hier muss das Gericht mit besonderer Sorgfalt prüfen, ob eine fortdauernde Gefahrenlage besteht. Allein der Verweis auf die Einstellung des strafrechtlichen Ermittlungsverfahrens (bei dem ohnehin andere Untersuchungsmaßstäbe gelten als im familiengerichtlichen Kinderschutzverfahren) genügt hierfür nicht.[141]

52 Ein bedeutender Faktor im Rahmen der Abwägung ist die **Dauer** des Pflegeverhältnisses. Je länger das Pflegeverhältnis bestanden hat, desto größer ist die Wahrscheinlichkeit, dass das Kind zu den Pflegepersonen Bindungen aufgebaut hat, deren Auflösung zu psychischen Problemen führen kann.[142] Dabei sind die ersten Lebensmonate (6–12 Monate) von entscheidender Bedeutung für den Aufbau der primären Bindung des Kindes (Aufbau eines „Urvertrauens").[143] Zum Teil werden in der Literatur Richtwerte vorgeschlagen, die etwa besagen, dass bei Kindern, die zurzeit ihrer Unterbringung bis zu drei Jahre alt waren, nach maximal zwölf Monaten die Bindung an die leiblichen Eltern nicht mehr als die wichtigere gegenüber derjenigen an die Betreuungspersonen angesehen werden dürfe und dass das Gleiche bei Kindern über drei Jahren nach einer Betreuungsdauer von 24 Monaten der Fall sei.[144] Derartige Richtwerte sind mit Vorsicht zu genießen. Sie dürfen keinesfalls dazu führen, die gebotene Einzelfallprüfung und -abwägung oder die Einholung des psychologischen Gutachtens zu ersetzen.[145] Sie sollten eher als Anhaltspunkte in dem Sinne verstanden werden, dass bei Ablauf der betreffenden Fristen eine besonders kritische Prüfung des Herausgabeverlangens auf eine Kindeswohlgefährdung geboten ist.

53 Als kindeswohlgefährdende Kriterien auf Seiten des **Kindes** sind beispielsweise zu berücksichtigen: Psychosomatische Beschwerden, autoaggressive Verhaltensweisen, Verhaltens- und Leistungsstörungen, sozialer Rückzug, Störung der emotionalen Beziehungen, massiver Loyalitätskonflikt, Traumatisierung.[146]

54 **3. Entscheidung: Verbleibensanordnung. a) Von Amts wegen oder auf Antrag der Pflegeperson.** Das FamG entscheidet über den Erlass einer Verbleibensanordnung entweder von Amts wegen oder auf Antrag der Pflegeperson (Abs. 4). Das Vorgehen von Amts wegen schließt eine Entscheidung auf Anregung des Jugendamts oder Dritter ein. In zeitlicher Hinsicht ist Voraussetzung für das Tätigwerden des FamG, dass die Eltern ihre Absicht zur Wegnahme des Kindes kundgetan haben. Es ist nicht erforderlich, dass sie das Herausgabeverlangen bereits rechtshängig gemacht haben. Daher ist ein Rechtsschutzbedürfnis des Antragenden bereits dann anzunehmen,

---

[134] BayObLG FamRZ 1998, 1040, 1041 f. Vgl. aber auch OLG Zweibrücken FamRZ 2011, 571.
[135] BT-Drucks. 13/4899 S. 96.
[136] Vgl. zB BayObLG FamRZ 2001, 563 f.
[137] *Belchaus* Rn. 19; *Simon* JuS 1979, 752, 754.
[138] BayObLG DAVorm. 1985, 701, 704; OLG Frankfurt/M. FamRZ 1983, 1163; 1164 f.
[139] BayObLG FamRZ 1982, 1239; *Soergel/Strätz* Rn. 27.
[140] Vgl. BVerfG FamRZ 2010, 865, 866.
[141] BVerfG FamRZ 2010, 865, 866.
[142] Vgl. OLG Frankfurt/M. FamRZ 2004, 720; *Siedhoff* NJW 1994, 616, 617.
[143] Vgl. OLG Frankfurt/M. FamRZ 2004, 720, 721, m. Anm. von *Doukkani-Bördner* FamRZ 2004, 721, 722.
[144] *Goldstein/Freud/Solnit* S. 47; zur frühkindlichen Situation vgl. auch die Umfrage von *Klußmann* DAVorm. 1985, 170 ff.; s. auch 3. Aufl. Rn. 26.
[145] OLG Frankfurt/M. FamRZ 1983, 297, 298; s. auch *Schwab/Zenz* S. 120 f., 128 f.
[146] Vgl. zB OLG Karlsruhe FamRZ 2004, 722, 723.

wenn entweder in einem anderen Verfahren mit der Anordnung der Herausgabe des Kindes mit einiger Wahrscheinlichkeit oder mit dem Herausgabeverlangen des (künftigen) Sorgerechtsinhabers ernsthaft zu rechnen ist.[147] Vgl. auch Rn. 42.

b) Kein Ermessen. Nach dem Wortlaut des Abs. 4 „kann" das FamG eine Verbleibensanord- 55 nung treffen. Diese Formulierung bedeutet jedoch nicht, dass dem FamG insoweit ein Ermessensspielraum verbleibt. Wenn die Voraussetzungen für eine Verbleibensanordnung (insbesondere eine nach Güterabwägung festgestellte Kindeswohlgefährdung durch das Herausgabeverlangen) vorliegen, muss das FamG diese erlassen.[148]

c) Verhältnismäßigkeitsgrundsatz. Bei der Entscheidung über den Erlass oder die Ableh- 56 nung einer Verbleibensanordnung hat das FamG den Verhältnismäßigkeitsgrundsatz zu beachten[149] und sich um eine Konkordanz der verschiedenen Grundrechte zu bemühen.[150] Dogmatisch lässt sich dies damit begründen, dass der Verhältnismäßigkeitsgrundsatz in § 1666a Ausdruck gefunden hat und dass die Entscheidung über die Verbleibensanordnung sich an den Voraussetzungen der §§ 1666 ff. orientiert.[151]

Bei **Erlass einer Verbleibensanordnung** dient der Verhältnismäßigkeitsgrundsatz dazu, den 57 Eingriff in das Elternrecht aus Art. 6 Abs. 2 GG abzumildern. Er verpflichtet deshalb das FamG zu prüfen, inwieweit die Auswirkungen der Verbleibensanordnung auf die leiblichen Eltern durch eine **Besuchs- und Umgangsregelung**, ggf. in Verbindung mit einer Befristung der Verbleibensanordnung, entschärft werden können.[152] Ziel einer derartigen Umgangsregelung ist es, den Kontakt zwischen den leiblichen Eltern und dem Kind wiederherzustellen bzw. zu verbessern und auf diese Weise die Grundlage für die spätere Verwirklichung der in GG und BGB angelegten Wertentscheidung des Überwechselns des Kindes zu seinen leiblichen Eltern zu schaffen.[153] Angesichts dieser Zielsetzung ist die Ansicht zutreffend, derzufolge § 1632 Abs. 4 weniger der Gewährleistung eines dauerhaften Verbleibens bei der Pflegeperson diene als vielmehr der Vermeidung einer Herausnahme zur Unzeit;[154] auch in Bezug auf diesen Grundsatz muss freilich gelten, dass oberste Leitschnur das Kindeswohl ist, sodass auch ein dauerhaftes Verbleiben des Kindes in der Pflegefamilie möglich sein muss.[155] Die dogmatische Grundlage für die Umgangs- bzw. Besuchsregelung ist in § 1684 Abs. 2, 3 zu sehen; es gelten die für das Umgangsrecht iSd. §§ 1684 f. entwickelten Grundsätze.[156] Um das Ziel der allmählichen Gewöhnung des Kindes an die leiblichen Eltern zu erreichen, kann das FamG ggf. einem Dritten (zB dem Jugendamt) als Pfleger gem. § 1666 das Aufenthaltsbestimmungs- und Erziehungsrecht übertragen und ihm gestatten, die schrittweise Zusammenführung von Eltern und Kind zu verwirklichen.[157] Bei **Ablehnung einer Verbleibensanordnung** äußert sich der Verhältnismäßigkeitsgrundsatz darin, dass das FamG zu prüfen hat, ob der bisherigen Pflegeperson Besuchs- und Umgangsrechte iSd. § 1685 zuzusprechen sind.[158]

d) Dauer. Das FamG kann die Verbleibensanordnung ohne zeitliche Begrenzung ausspre- 58 chen.[159] Es hat nicht die Möglichkeit, eine Prognoseentscheidung darüber abzugeben, wie lange die Voraussetzungen des Abs. 4 (noch) vorliegen werden, und die Geltungsdauer der Verbleibensan-

---

[147] OLG Brandenburg FamRZ 2006, 1432.
[148] *Staudinger/Salgo* Rn. 81; *Soergel/Strätz* Rn. 26; *Schlüter/Liedmeier* FuR 1990, 122, 128.
[149] BVerfG FamRZ 2006, 1593, 1594; OLG Hamburg FamRZ 1989, 420, 421; BayObLG FamRZ 2001, 563 f.; AG Kamenz FamRZ 2005, 124; *Siedhoff* NJW 1994, 616, 619 f.; *Palandt/Diederichsen* Rn. 14; s. auch BVerfG NJW 1982, 1379 (zu § 1666).
[150] BVerfG FamRZ 2006, 1593, 1595.
[151] Vgl. *Siedhoff* NJW 1994, 616, 619.
[152] Vgl. BVerfG FamRZ 2004, 771, 772; s. auch OLG Karlsruhe FamRZ 2004, 722, 723.
[153] OLG Hamburg FamRZ 1989, 420, 421; BayObLG NJW 1998, 2381, 2382 f.; FamRZ 1998, 1040, 1042; 1989, 817, 818; OLG Köln DAVorm. 1998, 140, 142; OLG Hamm FamRZ 1998, 447, 449; s. auch OLG Karlsruhe FamRZ 2004, 722, 723; OLG Naumburg FamRZ 2007, 665, 670; OLG Brandenburg FamRZ 2009, 61; *Siedhoff* NJW 1994, 616, 619; *Soergel/Strätz* Rn. 28; *Palandt/Diederichsen* Rn. 15, 16. Vgl. auch EuGHMR FamRZ 2002, 1393, 1396 - *Kutzner/Deutschland*; EuGHMR FamRZ 2004, 1456, 1458 ff. - *Görgülü/Deutschland*; EuGHMR FamRZ 2005, 585, 587 ff. - *Haase/Deutschland*.
[154] Vgl. OLG Köln DAVorm. 1998, 141, 142; BT-Drucks. 8/2788 S. 52; *Soergel/Strätz* Rn. 28; *Palandt/Diederichsen* Rn. 9; s. aber auch etwa OLG Karlsruhe FamRZ 2004, 722, 723.
[155] Vgl. *Staudinger/Salgo* Rn. 98. Vgl. auch EuGHMR FamRZ 2002, 1393, 1396, Nr. 67 - *Kutzner/Deutschland*.
[156] Vgl. BayObLG FamRZ 1998, 1040, 1042.
[157] Vgl. BayObLG FamRZ 1978, 135, 136 f.
[158] BayObLG FamRZ 1984, 817, 818; OLG Naumburg FamRZ 2007, 1351 f. (LS.); *Soergel/Strätz* Rn. 28; *Palandt/Diederichsen* Rn. 15.
[159] BayObLG FamRZ 2001, 563, 564.

ordnung entsprechend zu befristen. Andererseits sind Befristungen im Einzelfall denkbar, ggf. in Kombination mit entsprechenden Umgangsregelungen (vgl. Rn. 57). Unabhängig davon gilt als Grundsatz, dass die Verbleibensanordnung nur solange in Geltung bleiben darf, wie die Voraussetzungen des Abs. 4, insbes. die Kindeswohlgefährdung, vorliegen; dies ergibt sich bereits aus der Formulierung „wenn und solange" in Abs. 4. Die Verbleibensordnung ist eine kindesschutzrechtliche Maßnahme im Sinne des § 1696 Abs. 2 BGB[160] und somit aufzuheben, wenn das Kindeswohl nicht mehr gefährdet oder ihre Erforderlichkeit nicht mehr gegeben ist. Gemäß § 166 Abs. 2 FamFG hat das FamG in angemessenen Abständen zu überprüfen, ob die Voraussetzungen für eine Verbleibensanordnung nach wie vor gegeben sind. Wenn es zu dem Ergebnis gelangt, dass dies nicht mehr der Fall ist, zB weil sich das Kind durch die zusammen mit der Verbleibensanordnung getroffene Umgangsregelung wieder an seine leiblichen Eltern gewöhnt hat, so hat es die Verbleibensanordnung aufzuheben (§ 1696 Abs. 2). Auch Änderungen, etwa der Umgangsregelung, sind möglich (§ 1696 Abs. 1).

59 **e) Verhältnis zu §§ 1666 f.** Die Verbleibensanordnung nach § 1632 Abs. 4 ist gegenüber einem Entzug der elterlichen Sorge oder auch nur des Aufenthaltsbestimmungsrechts gem. §§ 1666 f. das mildere Mittel und damit gem. § 1666a vorrangig.[161] Grundsätzlich darf also eine entsprechende Entziehungsmaßnahme iSd. § 1666 nicht angeordnet werden, wenn die Verbleibensanordnung nach § 1632 Abs. 4 ausreicht, um eine Kindeswohlgefährdung auszuschließen. Ausnahmsweise kann es jedoch zur Vermeidung einer Kindeswohlgefährdung geboten sein, über die Verbleibensanordnung hinaus nach § 1666 weitergehende Eingriffe in die elterliche Sorge der Eltern vorzunehmen. So kann etwa ein Entzug des Personensorgerechts in Betracht kommen, wenn die Eltern die ihnen verbliebenen Personensorgebefugnisse dazu nutzen, das den Pflegepersonen zustehende Aufenthaltsbestimmungsrecht mit „Sperrfeuer" zu belegen, etwa indem sie versuchen, das Kind aus dem Kindergarten oder der Schule abzumelden, in die es gerade geht.[162] Wenn feststeht, dass das Kind dauerhaft bei den Pflegepersonen verbleiben wird, kann im Interesse des Kindes eine über die Befugnisse des § 1688 hinausgehende Verfestigung der rechtlichen Befugnisse der Pflegepersonen durch Übertragung der Personensorge bzw. Teilen davon angebracht sein.[163]

60 **f) Rückführung zu den Pflegepersonen.** Das FamG kann im Verfahren gem. § 1632 Abs. 4 den Erlass einer Verbleibensanordnung mit der Anordnung der Rückführung des Kindes zu den Pflegepersonen verbinden, wenn die eigenmächtige Wegnahme des Kindes von den Pflegepersonen durch die Eltern in einem unmittelbaren Zusammenhang mit dem Verfahren über die Verbleibensanordnung steht.[164] Dies ermöglicht beispielsweise die Rückführung des Kindes zur Pflegefamilie, wenn die Eltern das Kind während der Anhängigkeit des Verfahrens über die Verbleibensanordnung anlässlich eines Besuches bei sich behalten haben.[165] Auch hier gelten, wenn es um den Wechsel der Pflegefamilie geht und nicht um die Rückkehr zu den leiblichen Eltern, die oben (Rn. 46) beschriebenen Erleichterungen für die Verbleibensanordnung bzw. für die Anordnung der Rückführung zur bisherigen Pflegefamilie.[166]

61 **g) Verfahren.** Das Verfahren auf Erlass einer Verbleibensanordnung betrifft die Kindesherausgabe und ist eine Kindschaftssache iSd. § 151 Nr. 3 FamFG.[167] Die örtliche Zuständigkeit richtet sich nach § 152 FamFG. Es entscheidet der Richter (§ 14 Abs. 1 Nr. 8 RPflG). Zu beachten sind insbesondere § 161 FamFG für die Mitwirkung der Pflegepersonen, § 162 FamFG für die Mitwirkung des Jugendamtes und die gem. § 158 FamFG in der Regel erforderliche Bestellung eines Verfahrensbeistands für das Kind. Die Verbleibensanordnung ist eine kindesschutzrechtliche Maßnahme iSd. § 1696 Abs. 2, die entsprechend zu überprüfen und ggf. aufzuheben ist (vgl. § 166 FamFG). Statthaftes **Rechtsmittel** ist auch hier die Beschwerde gem. § 58 FamFG. Die Beschwerde

---

[160] NK-BGB/*Harms*, § 1696 Rn. 47; *Palandt/Diederichsen* § 1696 Rn. 9.
[161] BVerfG FamRZ 1989, 145, 146; OLG Frankfurt FamRZ 2011, 382; KG FamRZ 2005, 1923 (LS.); BayObLG FamRZ 2001, 563; DAVorm. 1982, 611, 614 f.; 1983, 78, 82 f.; OLG Hamm FamRZ 1995, 1507, 1508; *Siedhoff* FamRZ 1995, 1254, 1255; *Staudinger/Coester* § 1666 Rn. 40; *Palandt/Diederichsen* Rn. 15.
[162] Vgl. *Staudinger/Coester* § 1666 Rn. 50; *Siedhoff* FamRZ 1995, 1254, 1255; s. auch OVG Lüneburg FamRZ 1998, 707, 708.
[163] Vgl. OLG Hamm FamRZ 1995, 1507, 1508; *Staudinger/Coester* § 1666 Rn. 50, 226; *Siedhoff* FamRZ 1995, 1254, 1256; s. auch OLG Hamm FamRZ 1998, 447, 449.
[164] BayObLG FamRZ 1997, 223, 224; *Siedhoff* NJW 1994, 616, 617; *Schlüter/Liedmeier* FuR 1990, 122, 124; *Soergel/Strätz* Rn. 24; s. auch OLG Köln DAVorm. 1998, 140, 142; OLG Hamm NJW 1985, 3029, 3030; OLG Frankfurt/M. FamRZ 1983, 1164; BayObLG NJW 1994, 668; OLG Hamm NJW 1985, 3029.
[165] Vgl. aber einschränkend *Schlüter/Liedmeier* FuR 1990, 122, 124: anders wenn die Eltern das Kind zunächst freiwillig von der Pflegefamilie zu Umgangszwecken an die leiblichen Eltern herausgegeben haben.
[166] Vgl. dazu OLG Rostock FamRZ 2001, 1633.
[167] MünchKommZPO/*Heilmann* § 151 FamFG Rn. 36.

der nach § 59 FamFG beschwerdeberechtigten[168] Pflegeeltern wird auch dann nicht gegenstandslos, wenn das Kind sich inzwischen nicht mehr bei ihnen aufhält, sondern bei den Eltern, die es den Pflegeeltern entzogen haben.[169] Der Erlass einer **einstweiligen Anordnung** richtet sich nach § 49 FamFG (vgl. Rn. 22).[170] Die **Gestaltung des Verfahrens** hat unter Berücksichtigung der oben (Rn. 38) geschilderten Grundrechtspositionen zu erfolgen. Das Gericht ist daher gehalten, die Beteiligten zu befragen oder anderweitige Ermittlungen anzustellen. In diesem Zusammenhang kann insbesondere eine Eltern-Kind-Exploration geboten sein, um die Lebensverhältnisse der Herkunftsfamilie und die persönlichen Lebensperspektiven des Kindes zu eruieren.[171]

V. Bestimmung des Umgangs des Kindes mit Dritten (Abs. 2, 3)

1. Allgemeines. Die Vorschrift des Abs. 2 wurde durch das SorgeRG eingefügt. Inhaltlich brachte dies nichts Neues: Das Recht der Eltern, den Umgang des Kindes auch mit Wirkung für und gegen Dritte zu bestimmen, war auch vorher schon anerkannt. Durch die ausdrückliche Aufnahme dieses Rechts in § 1632 sollte vielmehr ein verfahrensrechtliches Ziel erreicht werden, nämlich die Zuweisung der gerichtlichen Auseinandersetzungen an das VormG und in das Verfahren der freiwilligen Gerichtsbarkeit.[172] Das KindRG hat die Zuständigkeit auf das FamG verlagert (Abs. 3).

2. Inhalt des Umgangsbestimmungsrechts. Der Vorschrift des Abs. 2 liegt der Gedanke zugrunde, dass die Eltern das Recht und die Pflicht haben, den Umgang des Kindes mit anderen Personen zu überwachen, schädliche Einflüsse Dritter nach Möglichkeit zu verhindern und das Kind vor Belästigungen zu schützen.[173] Diese Befugnis ist Teil des Erziehungs- und Aufsichtsrechts[174] der Eltern und gehört zum Bereich der tatsächlichen Personensorge.[175] Steht die elterliche Sorge den Eltern gemeinsam zu, so müssen sie die Bestimmung des Umgangs grundsätzlich gemeinsam treffen. Können sie sich nicht einigen, steht ihnen der Weg über § 1628 offen.[176] Leben die Eltern getrennt, so gehört die Bestimmung des Umgangs in den Routinefällen des Alltags zu den Angelegenheiten des täglichen Lebens, die § 1687 Abs. 1 S. 2, 3 demjenigen Elternteil zuweist, bei dem sich das Kind (rechtmäßigerweise) gewöhnlich aufhält.[177] In schwerwiegenderen Fällen bleibt es dagegen beim Erfordernis des Einvernehmens.

Das Umgangsbestimmungsrecht wird idR durch **Weisungen und Umgangsverbote**[178] ausgeübt, die sowohl gegenüber dem Kind als auch gegenüber Dritten ergehen können. Es umfasst sowohl den persönlichen Kontakt mit dem Kind als auch briefliche, telefonische oder computergestützte Kontakte.[179] Bei Letzteren ist allerdings das Recht des Kindes auf Privatsphäre zu beachten, sodass die mit dem Umgangsbestimmungsrecht einhergehende Kontrollbefugnis der Eltern idR auf eine äußere Kontrolle des Schrift-, SMS- bzw. Telefonverkehrs beschränkt ist, vor allem also auf die Prüfung, mit wem das Kind kommuniziert, während eine inhaltliche Kontrolle nur bei Verdacht auf Straftaten oder schwerwiegende Eingriffe in das Kindeswohl zulässig ist.[180] Nicht unter das Umgangsbestimmungsrecht fallen elterliche Bestimmungen über Zeiten und Orte des Ausgehens, den Besuch von Lokalen etc.; diese Bestimmungsbefugnisse beruhen unmittelbar auf §§ 1626, 1631.[181]

3. Schranken. Das Umgangsbestimmungsrecht der Eltern (bzw. der Personensorgeberechtigten) ist nicht schrankenlos. Die Grenzen ergeben sich entweder aus dem Gesetz (unten a) oder aus allgemeinen Regeln der elterlichen Sorge (unten b).

a) Gesetzliche Schranken. Gesetzliche Schranken ergeben sich insbesondere aus dem Umgangsrecht. Das KindRG hat die Umgangsrechte von Personen, denen keine eigene Sorgebe-

---
[168] Vgl. OLG Köln FamRZ 1999, 314, 315; vgl. zur Beschwerdeberechtigung auch OLG Hamm FamRZ 2011, 1666.
[169] BayObLG FamRZ 1997, 223, 224; NJW-FER 1999, 233 f.; OLG Frankfurt/M. FamRZ 1983, 1164.
[170] Vgl. auch zum früheren Rechtszustand (vorläufige Anordnung) AG Kamenz FamRZ 2005, 124.
[171] BVerfG FamRZ 2006, 1593, 1594 f.
[172] BT-Drucks. 8/2788 S. 51.
[173] BT-Drucks. 8/2788 S. 51; AG Bad Säckingen FamRZ 2002, 689, 690.
[174] BayObLG FamRZ 1995, 497; *Soergel/Strätz* Rn. 13.
[175] *Soergel/Strätz* Rn. 13; *Palandt/Diederichsen* Rn. 18 f.; AG Bad Säckingen FamRZ 2002, 689, 690; s. auch OLG Nürnberg FamRZ 1959, 71.
[176] *Palandt/Diederichsen* Rn. 18; *Schwab* FamR Rn. 664.
[177] *Schwab* FamR Rn. 664.
[178] Vgl. zB BayObLG FamRZ 1995, 497.
[179] BayObLG FamRZ 1995, 497; *Palandt/Diederichsen* Rn. 19; *Soergel/Strätz* Rn. 14; NK-BGB/*Rakete-Dombek* Rn. 14; *Söpper* FamRZ 2002, 73 f.
[180] Vgl. *Dethloff* § 13 Rn. 94.
[181] *Palandt/Diederichsen* Rn. 19; *Soergel/Strätz* Rn. 14.

RelKErzG § 1632 66–69 Abschnitt 2. Titel 5. Elterliche Sorge

rechtigung zusteht, gestärkt, vgl. §§ 1626 Abs. 3, 1684 f. Die sich aus diesen Vorschriften ergebenden Umgangsrechte bzw. Wertungen sind auch im Rahmen des § 1632 Abs. 2 und ggf. im Rahmen des gerichtlichen Verfahrens (Abs. 3) zu berücksichtigen.[182]

66   **b) Allgemeine Schranken.** Es besteht Einigkeit darüber, dass das Umgangsrecht darüber hinaus allgemeinen Schranken unterliegt. Umstritten sind dagegen die Herleitung und der konkrete Umfang dieser Schranken, insbesondere die Frage, ob die Grenze erst bei einem auf der Ebene von § 1666 anzusiedelnden Missbrauch liegt oder darunter.[183]

67   ME ist folgender Ansatz der richtige: Selbstverständlich findet das Umgangsbestimmungsrecht seine Grenze an der **Missbrauchsschranke** des § 1666. Allerdings ist im Rahmen der Prüfung des § 1666 das in **§ 1626 Abs. 2** zum Ausdruck gekommene Leitbild der Erziehung des Kindes zu einer **eigenverantwortlichen Persönlichkeit** zu berücksichtigen:[184] Die Eltern haben bei der Ausübung des Umgangsbestimmungsrechts das Kommunikationsgebot des § 1626 Abs. 2 S. 2 und das wachsende Bedürfnis des Kindes zu eigenverantwortlichem Handeln zu beachten. Je älter das Kind ist, desto mehr Freiraum haben ihm die Eltern bei der Ausgestaltung seines Umgangs einzuräumen. Insbesondere bei Kindern, die sich der Volljährigkeitsgrenze nähern, wird man deshalb verlangen müssen, dass sich ein von den Eltern ausgesprochenes Umgangsverbot auf triftige und sachliche Gründe stützen kann, ohne ihnen freilich eine volle Beweisverpflichtung für die Schädlichkeit des betreffenden Umgangs aufzuerlegen, die sie im Vorhinein idR überhaupt nicht erfüllen könnten.[185]

68   Die Eltern müssen also im konkreten Fall eine **Abwägung** treffen. Dabei ist einerseits zu berücksichtigen, dass der Umgang mit Dritten, gerade auch mit Personen anderen Geschlechts,[186] erforderlich ist, um die für das spätere Leben als Volljähriger nötige soziale Kompetenz zu erwerben. Andererseits sind die möglichen Gefahren zu berücksichtigen, die sich aus dem Umgang mit Dritten ergeben können (zB Verführung zu Verhaltensweisen, die den Erziehungszielen der Eltern entgegenstehen; Entwicklung von psychischen Abhängigkeiten, zB durch Sekten).[187] Eine starre Altersgrenze kann es nicht geben.[188] Die ausbildungsbedingte wirtschaftliche Abhängigkeit des Kindes von den Eltern sollte grundsätzlich keine Auswirkungen auf die Grenzen bei der elterlichen Rechts zur Umgangsbestimmung haben.[189] Den Umgang mit dem Verlobten dürfen die Eltern nicht völlig unterbinden.[190] Auch ein völliges Verbot des Umgangs mit Freunden aus schulischen Gründen ist idR nicht zulässig.[191] Beispiele für Verbotsgründe aus der (z.T. älteren) Rechtsprechung (ohne Stellungnahme zu den Entscheidungsergebnissen): Rauschgiftmilieu;[192] Verurteilung zu einer zweijährigen Freiheitsstrafe wegen Raubes;[193] Verschiebung der Lebensphasen;[194] Gefahr gleichgeschlechtlicher Betätigung;[195] Verbot des Umgangs des Kindes mit den Großeltern, weil diese den elterlichen Erziehungsvorrang nicht genügend respektieren und weil das Kind aus den erheblichen Spannungen und Feindseligkeiten zwischen Eltern und Großeltern herausgehalten werden soll;[196] Umgangsverbot mit Drittem, weil dieser sich planvoll und zielgerichtet in familienersetzender Weise als „Ersatzvater" zu etablieren sucht und dem Kind gegenüber auch so auftritt.[197]

69   **4. Gerichtliche Durchsetzung (Abs. 3).** Gem. Abs. 3 entscheidet bei Streitigkeiten über das Umgangsbestimmungsrecht iSd. Abs. 2 das FamG auf Antrag eines Elternteils. Dies gilt sowohl für Streitigkeiten der Eltern untereinander als auch für Anordnungen gegenüber Dritten, insbesondere für Umgangsverbote.[198] Auch gegenüber dem Kind können, zusätzlich zu den (in den Grenzen der §§ 1631

---

[182] *Schwab* FamR Rn. 664; *Palandt/Diederichsen* Rn. 20.
[183] Vgl. OLG Frankfurt/M. NJW 1979, 2052; OLG Bremen FamRZ 1977, 555; *Scherer* ZfJ 1999, 86, 87 ff.; *Palandt/Diederichsen* Rn. 20 mwN; *Soergel/Strätz* Rn. 15.
[184] Vgl. *Staudinger/Coester* § 1666 Rn. 152, 156; NK-BGB/*Rakete-Dombek* Rn. 15; AG Bad Säckingen FamRZ 2002, 689, 690.
[185] Vgl. AG Bad Säckingen FamRZ 2002, 689; *Staudinger/Coester* § 1666 Rn. 156; *Palandt/Diederichsen* Rn. 20; *Schwab* FamR Rn. 664; *Soergel/Strätz* Rn. 15.
[186] Vgl. LG Wiesbaden FamRZ 1974, 663; *Staudinger/Salgo* Rn. 22 ff.
[187] Vgl. *Palandt/Diederichsen* Rn. 20.
[188] *Soergel/Strätz* Rn. 15.
[189] LG Wiesbaden FamRZ 1974, 663; *Soergel/Strätz* Rn. 15; aA OLG Hamm FamRZ 1974, 136.
[190] LG Saarbrücken NJW 1970, 327.
[191] Vgl. LG Wiesbaden FamRZ 1974, 663.
[192] OLG Hamm FamRZ 1974, 136.
[193] KG MDR 1960, 497.
[194] OLG Nürnberg FamRZ 1959, 71.
[195] LG Berlin FamRZ 1985, 519.
[196] BayObLG FamRZ 1995, 497, 498.
[197] AG Flensburg BeckRS 2011, 21102.
[198] Vgl. zB BayObLG FamRZ 1995, 497.

Personensorge für verheirateten Minderjährigen   1, 2 § 1633 RelKErzG

Abs. 2, 1666) möglichen unmittelbaren Durchsetzungsmaßnahmen der Eltern, gerichtliche Umgangsanordnungen erlassen werden.[199] Nicht erfasst werden von Abs. 3 Schadensersatzansprüche der Eltern gegen Dritte aus § 823 Abs. 1 wegen Verletzung des absoluten Rechts der elterlichen Sorge.[200]

Das Gericht entscheidet auf **Antrag** eines Elternteils. Bei Anordnungen gegenüber Dritten gilt das oben (Rn. 6 f.) zu den Herausgabeansprüchen Gesagte: Bei gemeinsamer Sorge ist grundsätzlich ein Antrag beider Elternteile oder jedenfalls die Zustimmung des anderen Elternteils erforderlich.[201] Können sich die Eltern nicht einigen, ist zunächst nach § 1628 zu verfahren. Dritte haben nach dem eindeutigen Wortlaut des Abs. 3 kein Antragsrecht. Der Gesetzgeber fürchtete, ein derartiges Antragsrecht könne als Mitspracherecht familienfremder Dritter in Angelegenheiten der Personensorge missverstanden werden.[202] Der Ausschluss eines Antragsrechts für betroffene Dritte dient also der Wahrung des Vorrangs der Elternverantwortung.[203] 70

Das KindRG hat die **Zuständigkeit** vom VormG auf das FamG verlagert (vgl. Rn. 1), Abs. 3 iVm. § 151 Nr. 2 FamFG. Es entscheidet der Richter (§ 14 Abs. 1 Nr. 7 RPflG). Die örtliche Zuständigkeit richtet sich nach § 152 FamFG. Im Verfahren muss das Jugendamt nach Maßgabe des § 162 FamFG angehört werden. Statthaftes Rechtsmittel ist die Beschwerde nach § 58 FamFG. Die Vollstreckung richtet sich nach §§ 86 ff. FamFG. 71

§ 1633 Personensorge für verheirateten Minderjährigen

Die Personensorge für einen Minderjährigen, der verheiratet ist oder war, beschränkt sich auf die Vertretung in den persönlichen Angelegenheiten.

I. Normzweck

Gem. § 1303 Abs. 1 soll die Ehe nicht vor Eintritt der Volljährigkeit eingegangen werden. Gem. § 1303 Abs. 2 kann jedoch das FamG auf Antrag von dieser Vorschrift Befreiung erteilen, wenn der Antragsteller das 16. Lebensjahr vollendet hat und sein künftiger Ehegatte volljährig ist. In derartigen Fällen kann also auch ein 16- oder 17-Jähriger die Ehe schließen. Welche Folgen dies für die elterliche Sorge hat, regelt § 1633: Die Eheschließung führt für die Eltern zum Verlust der tatsächlichen Personensorge, und zwar zu einem endgültigen Verlust, der selbst dann bestehen bleibt, wenn die Ehe noch während der Minderjährigkeit des einen Partners wieder aufgelöst wird. Die Vorschrift beruht auf dem VolljG von 1974 und wurde durch das SorgeRG von 1979 dessen Sprachgebrauch angepasst. 1

II. Die Auswirkungen der Eheschließung Minderjähriger auf die elterliche Sorge im Einzelnen

1. Personensorge. Einschränkungen erfährt nur die Personensorge: Sie ist auf die **Vertretung** in persönlichen Angelegenheiten beschränkt. Das bedeutet, dass den Eltern die tatsächliche Sorge nicht mehr zusteht. Ihnen stehen also insbesondere die in § 1631 Abs. 1 genannten Rechte und Pflichten zur Erziehung, Beaufsichtigung und Aufenthaltsbestimmung nicht mehr zu,[1] weil eine solche tatsächliche Fürsorge mit den Rechten und Pflichten des Jugendlichen aus der Eheschließung (§§ 1353 ff.) unvereinbar wäre.[2] Die aus der tatsächlichen Personensorge resultierenden Rechte und Pflichten gehen nicht etwa auf den (volljährigen, vgl. § 1303 Abs. 2) Ehegatten über. Vielmehr gelten für das **Verhältnis der Ehegatten** untereinander ausschließlich die §§ 1353 ff. Der Minderjährige steht in tatsächlicher Hinsicht einem Volljährigen gleich.[3] Die Eltern haben zwar gem. § 1684 Abs. 1 grundsätzlich weiterhin ein Recht auf **Umgang** mit dem Kind.[4] Doch wird dieses Recht von den sich aus §§ 1353 ff. ergebenden Pflichten des Kindes als Ehegatten überlagert. Nach den §§ 1353 ff. richtet sich insbesondere die Frage, ob und inwieweit der Ehegatte Einwendungen gegen den tatsächlichen Kontakt zwischen Eltern und minderjährigem Ehegatten erheben kann;[5] 2

---
[199] *Palandt/Diederichsen* Rn. 21.
[200] *Soergel/Strätz* Rn. 19.
[201] *Soergel/Strätz* Rn. 19.
[202] BT-Drucks. 8/2788 S. 52.
[203] *Soergel/Strätz* Rn. 19.
[1] OLG Hamm FamRZ 1973, 148, 150; NK-BGB/*Rakete-Dombek* Rn. 2.
[2] Vgl. LG Darmstadt NJW 1965, 1235.
[3] Vgl. *Staudinger/Peschel-Gutzeit* Rn. 8 ff.; *Erman/Michalski/Döll* Rn. 2.
[4] Vgl. *Palandt/Diederichsen* Rn. 3.
[5] *Soergel/Strätz* Rn. 4; wohl auch *Staudinger/Peschel-Gutzeit* Rn. 10; s. aber auch *Erman/Michalski/Döll* Rn. 2.

allerdings ist hier im Zweifel davon auszugehen, dass der minderjährige Ehegatte mit seinen Eltern Umgang pflegen darf und dass sein Ehegatte nur dann widersprechen darf, wenn sich aus diesen Kontakten schwerwiegende Störungen für das Eheleben ergeben würden.

3 Keinen Einfluss hat § 1633 auf die elterliche Sorge für die aus der Ehe des Minderjährigen hervorgehenden **Kinder**; die Folgen der Minderjährigkeit eines Elternteils sind insoweit in den §§ 1673 Abs. 2, 1678 Abs. 1 geregelt.

4 Die Beschränkung der Personensorge gem. § 1633 tritt mit der Eheschließung des Minderjährigen ein. Ist zu diesem Zeitpunkt ein Verfahren zur Regelung der elterlichen Sorge anhängig, so hat es sich insoweit teilweise erledigt.[6] Zu beachten ist, dass zu der den Eltern verbliebenen gesetzlichen Vertretung in Personensorgeangelegenheiten auch die Geltendmachung von Unterhaltsansprüchen gegen den anderen Ehegatten gehört; allerdings ist bei Anhängigkeit einer Ehesache der minderjährige Ehegatte gem. § 125 FamFG selbst verfahrensfähig.[7]

5 **2. Vermögenssorge.** Auf die Vermögenssorge hat § 1633 keine Auswirkungen. Sie verbleibt grundsätzlich in tatsächlicher und vertretungsrechtlicher Hinsicht bei den Eltern. Einschränkungen ergeben sich jedoch aus § 1411 Abs. 1, wonach ein in der Geschäftsfähigkeit beschränkter Ehegatte einen Ehevertrag nur selbst (aber mit Zustimmung des gesetzlichen Vertreters) schließen kann, sowie aus § 1649 Abs. 2 S. 2, wonach die Befugnis der Eltern zur Verwendung von Vermögenseinkünften des Kindes für den Familienunterhalt mit der Eheschließung des Kindes erlischt. Zur Herausgabepflicht bzgl. des Kindesvermögens nach Eintritt der Volljährigkeit vgl. § 1698. Benötigt der volljährige Ehegatte in vermögensrechtlichen Angelegenheiten die Zustimmung des minderjährigen Partners, so muss er sich an dessen Eltern als die gesetzlichen Vertreter wenden.[8] In der Einwilligung zur Eheschließung kann aber zugleich eine Einwilligung zum Abschluss vermögensrechtlicher Geschäfte liegen, zB für einen Mietvertrag.[9]

6 **3. Meinungsverschiedenheiten zwischen Eltern und Kind.** Bei Meinungsverschiedenheiten zwischen Eltern und Kind in Angelegenheiten, welche Vermögens- und Personensorge gleichzeitig betreffen, ist gem. **§ 1630 Abs. 2 analog** eine Entscheidung des FamG herbeizuführen.[10] Zur Stellung eines Strafantrages ist der verheiratete Minderjährige entspr. § 77 Abs. 3, 4 StGB neben dem Vertreter in der Personensorge selbständig berechtigt.[11]

7 **4. Auflösung der Ehe.** Eine Auflösung der Ehe vor Eintritt der Volljährigkeit ändert nichts am Wegfall der tatsächlichen Personensorge. Dies ergibt sich eindeutig aus dem Wortlaut der Vorschrift („ist oder war"). Nach Eintritt der Volljährigkeit des Kindes ist die elterliche Sorge ohnehin erloschen.

§§ 1634 bis 1637 *(weggefallen)*

(§ 1634 aufgehoben durch Art. 1 Nr. 48 KindRG v. 16. 12. 1997; §§ 1635 bis 1637 aufgehoben durch § 84 EheG v. 6. 7. 1938 – vgl. auch § 78 EheG v. 20. 2. 1946 – und ersetzt durch §§ 74, 75 EheG 1946; an deren Stelle sind nach Art. 1 Nr. 22 GleichberG v. 18. 6. 1957 die §§ 1634, 1671 getreten, welche vom 1. EheRG v. 14. 6. 1976 geändert worden sind und vom SorgeRG v. 10. 5. 1979 ihre jetzige Fassung erhalten haben.)

§ 1638 Beschränkung der Vermögenssorge

(1) Die Vermögenssorge erstreckt sich nicht auf das Vermögen, welches das Kind von Todes wegen erwirbt oder welches ihm unter Lebenden unentgeltlich zugewendet wird, wenn der Erblasser durch letztwillige Verfügung, der Zuwendende bei der Zuwendung bestimmt hat, dass die Eltern das Vermögen nicht verwalten sollen.

---

[6] OLG Hamm FamRZ 1973, 148, 150; *Soergel/Strätz* Rn. 4.
[7] *Bamberger/Roth/Veit* Rn. 2.
[8] *Erman/Michalski/Döll* Rn. 3; *Staudinger/Peschel-Gutzeit* Rn. 13 f.
[9] Vgl. dazu *Weimar* ZMR 1967, 353 f.; *Hummel* ZMR 1968, 257 ff.; *Staudinger/Peschel-Gutzeit* Rn. 14.
[10] *Soergel/Strätz* Rn. 5; *Staudinger/Peschel-Gutzeit* Rn. 15; *Palandt/Diederichsen* Rn. 2.
[11] *Staudinger/Peschel-Gutzeit* Rn. 11.

Beschränkung der Vermögenssorge 1–5 § 1638 RelKErzG

(2) Was das Kind auf Grund eines zu einem solchen Vermögen gehörenden Rechts oder als Ersatz für die Zerstörung, Beschädigung oder Entziehung eines zu dem Vermögen gehörenden Gegenstands oder durch ein Rechtsgeschäft erwirbt, das sich auf das Vermögen bezieht, können die Eltern gleichfalls nicht verwalten.

(3) ¹Ist durch letztwillige Verfügung oder bei der Zuwendung bestimmt, dass ein Elternteil das Vermögen nicht verwalten soll, so verwaltet es der andere Elternteil. ²Insoweit vertritt dieser das Kind.

Übersicht

	Rn.		Rn.
I. Normzweck	1, 2	2. Folgen	11–19
		a) Ausschluss der Eltern von der Vermögenssorge, Pflegerbestellung	11–14
II. Ausschluss beider Eltern (Abs. 1, 2)	3–19	b) Einzelheiten	15–19
1. Voraussetzungen	3–10	III. Ausschluss eines Elternteils (Abs. 3)	20, 21
a) Erwerb von Todes wegen, unentgeltliche Zuwendung unter Lebenden	3–5		
b) Bestimmung eines Verwaltungsausschlusses durch den Zuwendenden	6–10	IV. Surrogationsprinzip (Abs. 2)	22
		V. Übergangsrecht	23

I. Normzweck

Die §§ 1638 bis 1649 stellen Einzelregelungen für die **Vermögenssorge** auf. Am Beginn steht 1 eine Durchbrechung des allgemeinen Prinzips: Die Abs. 1 bis 3 ermöglichen Ausnahmen von der allgemeinen Regel des § 1626 Abs. 1 S. 2, wonach die elterliche Vermögenssorge grundsätzlich das gesamte Kindesvermögen ergreift und in ihren Einzelbefugnissen beiden Elternteilen gemeinsam zusteht. Die elterliche Vermögenssorge kann für Vermögenswerte **ausgeschlossen** werden, welche das Kind von Todes wegen oder durch unentgeltliche Zuwendungen unter Lebenden erwirbt. Der Ausschluss erfolgt durch die Bestimmung, dass die Eltern das Vermögen nicht verwalten sollen, und zwar ersterenfalls durch letztwillige Verfügung, letzterenfalls bei der Zuwendung.

Die Vorschrift ist durch Art. 1 Nr. 22 GleichberG der gemeinsamen Verwaltungszuständigkeit 2 beider Elternteile angepasst worden. Das SorgeRG hat den in § 1626 Abs. 1 S. 2 definierten Begriff Vermögenssorge (dazu § 1626 Rn. 55 ff.) an die Stelle der früheren Bezeichnung Vermögensverwaltung gesetzt.

II. Ausschluss beider Eltern (Abs. 1, 2)

1. Voraussetzungen. a) Erwerb von Todes wegen, unentgeltliche Zuwendung unter 3 **Lebenden.** Erste Voraussetzung ist, dass das Kind von Todes wegen oder durch unentgeltliche Zuwendung unter Lebenden Vermögen erhalten hat. Der Begriff des **Erwerbs von Todes wegen** umfasst seinem klaren Wortlaut nach neben der testamentarischen, der erbvertraglichen (vgl. aber Rn. 7) und der gesetzlichen Erbfolge[1] auch den Erwerb durch Vermächtnis und den Erwerb über den Pflichtteilsanspruch, obwohl es beim Erwerb über das Pflichtteilsrecht bzw. im Wege der gesetzlichen Erbfolge an der für die anderen Fallgruppen typischen Freiwilligkeit der Zuwendung des Erblassers fehlt.[2]

Eine **unentgeltliche Zuwendung unter Lebenden** liegt vor, wenn das Kind dafür kein Entgelt 4 zu leisten hat und keinen Rechtsanspruch auf die Zuwendung hat.[3] Dabei ist maßgeblich, ob das Kind *gegenüber dem Zuwendenden* einen Anspruch hat, sodass bei schenkweiser Zuwendung der Bezugsberechtigung aus einem Vertrag zugunsten Dritter (zB Lebensversicherungsvertrag) an das Kind eine unentgeltliche Zuwendung iSd § 1638 vorliegt, obwohl das Kind gegen den Versprechenden einen eigenen Anspruch aus §§ 328 ff. hat.[4]

An die Person des Zuwendenden stellt § 1638 Abs. 1 keine besonderen Anforderungen. Erfasst 5 werden neben Zuwendungen Verwandter und Dritter insbesondere auch Zuwendungen, die ein Elternteil selbst dem Kind macht. Allerdings wird er in diesen Fällen in der Regel nicht beide

---

[1] BayObLG FamRZ 1962, 522, 523.
[2] OLG Hamm FamRZ 1969, 662; *Staudinger/Engler* Rn. 7; *Soergel/Strätz* Rn. 6; *Frenz* DNotZ 1995, 908, 914; *Busse* MittRhNotK 1998, 225, 234; *Damrau* ZEV 1998, 90.
[3] *Staudinger/Engler* Rn. 15; NK-BGB/*Rakete-Dombek* Rn. 4.
[4] Vgl. *Damrau* ZEV 1998, 352.

Elternteile (und damit auch sich selbst) von der Verwaltung ausschließen, sondern nur den anderen Elternteil (Abs. 3). S. dazu Rn. 21.

6 **b) Bestimmung eines Verwaltungsausschlusses durch den Zuwendenden.** Der Zuwendende muss bestimmt haben, dass die Eltern das zugewendete Vermögen nicht verwalten sollen. Unerheblich ist, ob er dafür überzeugende Gründe hat oder nicht. Die Anordnung eines Ausschlusses steht im Belieben bzw. in der Willkür des Zuwendenden.[5]

7 Für die Modalitäten dieser Bestimmung ist zu unterscheiden: Im Falle des **Erwerbs von Todes wegen** muss die Bestimmung durch letztwillige Verfügung iSd. § 1937 getroffen werden. In Betracht kommt dabei nicht nur die Verfügung durch Testament, sondern auch eine einseitige Verfügung des Erblassers im Rahmen eines Erbvertrags (§ 2299). Nicht zulässig ist dagegen die Bestimmung durch vertragsmäßige Verfügung im Rahmen eines Erbvertrags.[6] Der Wortlaut des § 1638 Abs. 1 verlangt nicht, dass der Ausschluss in derselben Verfügung bestimmt wird wie die Anordnung der Zuwendung.[7] Im Falle des Erwerbs durch **Zuwendung unter Lebenden** schreibt § 1638 Abs. 1 keine besondere Form vor. Der Verwaltungsausschluss kann also durch einfache Willenserklärung bestimmt werden, auch durch konkludentes Verhalten.[8] Allerdings verlangt die Vorschrift hier, dass diese Bestimmung „bei" der Zuwendung erfolgt, also zur gleichen Zeit. Ein nachträglicher Ausschluss ist deshalb nicht möglich bzw. wirkungslos.[9]

8 Die Bestimmung des Ausschlusses braucht nicht ausdrücklich zu erfolgen. Es genügt, dass der Wille des Zuwendenden, die Eltern oder einen Elternteil von der Verwaltung auszuschließen, in einer letztwilligen Verfügung bzw. in einer Willenserklärung anlässlich der Zuwendung, wenn auch nur unvollkommen, zum Ausdruck kommt.[10] Es handelt sich um eine **Auslegungsfrage**. So kann in der Enterbung der Eltern des Minderjährigen je nach den letztwillig erklärten Beweggründen des Erblassers zugleich die Anordnung liegen, dass das nunmehr dem minderjährigen Enkel als Erben zufallende Vermögen nicht vom Ausgeschlossenen verwaltet werden soll, und zwar selbst dann, wenn die Enkel nicht vom Erblasser testamentarisch eingesetzt wurden, sondern (infolge der Enterbung des Kindes des Erblassers) kraft gesetzlicher Erbfolge erben.[11] Andererseits neigen manche Gerichte dazu, in Fällen, in denen der Erblasser einen Elternteil enterbt und von der „Nutznießung" des dem Kind zugewendeten Vermögens ausgeschlossen hat, keinen Ausschluss iSd. § 1638 anzunehmen, sondern eine bloße Verwaltungsbeschränkung iSd. § 1639 in Form des Ausschlusses der Verwendungsbefugnis nach § 1649 Abs. 2.[12] Für das Vorliegen eines Ausschlusses nach § 1638 spricht es, wenn der Erblasser für die Verwaltung des Erbteils des Minderjährigen oder des Nachlasses andere Personen als dessen Eltern bestimmt[13] oder wenn bei einer unentgeltlichen Zuwendung unter Lebenden der Leistende sich selbst die Verwaltung vorbehält, sich also als Pfleger iSd. §§ 1917 Abs. 1, 1909 Abs. 1 S. 2 benennt.[14]

9 Allein aus der Anordnung einer **Testamentsvollstreckung** durch den Erblasser folgt nicht zwingend, dass die Eltern gemäß § 1638 von der Verwaltung des Vermögens ausgeschlossen sein sollen. Auch hier kommt es auf die Umstände des Einzelfalls an.[15] Dies soll auch dann gelten, wenn es sich um eine Dauertestamentsvollstreckung iSd. § 2209 S. 1 Halbs. 2 handelt.[16] Zwar werde die elterliche Vermögenssorge durch die Befugnisse des Testamentsvollstreckers ähnlich weit reichend ausgeschaltet wie bei einer Anordnung nach § 1638 Abs. 1. Doch gebe es auch Unterschiede zwischen beiden Rechtsinstituten; so könne die Testamentsvollstreckung in den Fällen der §§ 2225 ff. vorzeitig enden und auf diese Weise zur Wiederherstellung der elterlichen Vermögenssorge führen.[17] Allerdings kann es aus Sicht des Erblassers ratsam sein, neben der Anordnung der Testamentsvollstreckung den Ausschluss gemäß § 1638 anzuordnen, um die Eltern des Kindes von der Ausübung der Kontrollbefugnisse auszuschließen, die dem Kind gegenüber dem Testamentsvollstrecker zustehen. S. dazu unten Rn. 18.

---

[5] *Gernhuber/Coester-Waltjen* § 61 Rn. 4.
[6] Vgl. *Frenz* DNotZ 1995, 908, 915; *Staudinger/Engler* Rn. 12.
[7] Vgl. *Staudinger/Engler* Rn. 12.
[8] *Gernhuber/Coester-Waltjen* § 61 Rn. 4.
[9] KG FamRZ 1962, 432, 435; *Gernhuber/Coester-Waltjen* § 61 Rn. 4 (Fn. 13); *Staudinger/Engler* Rn. 14.
[10] BayObLG FamRZ 1989, 1342, 1343; 1964, 522; *Staudinger/Engler* Rn. 11; *NK-BGB/Rakete-Dombek* Rn. 3; *Frenz* DNotZ 1995, 908, 915.
[11] BayObLG FamRZ 1964, 522 (LS.).
[12] BayObLG Rpfleger 1982, 180 (LS.) = BayObLGZ 1982, 86; LG Dortmund NJW 1959, 2264 (LS.).
[13] Vgl. BayObLG FamRZ 1989, 1342, 1344; OLG Braunschweig OLGRspr. 26, 300, 301.
[14] Vgl. OLG München JFG 21, 181, 187 f.
[15] BayObLG FamRZ 1989, 1342, 1343 f.; LG Dortmund NJW 1959, 2264 f.; *Frenz* DNotZ 1995, 908, 915.
[16] Vgl. LG Dortmund NJW 1959, 2264 f.
[17] Vgl. LG Dortmund NJW 1959, 2264 f.

Die Bestimmung nach Abs. 1 kann unter einer **Bedingung** oder **Zeitbestimmung** getroffen 10 werden, zB für den Fall der Wiederverheiratung des sorgeberechtigten Elternteils.[18]

2. Folgen. a) Ausschluss der Eltern von der Vermögenssorge, Pflegerbestellung. 11
Für dasjenige Vermögen, das dem Minderjährigen unter den Voraussetzungen des § 1638 Abs. 1 zugewendet wird, ist die Vermögenssorge der Eltern vollständig ausgeschlossen, und zwar einschließlich der gesetzlichen Vertretung.[19] Wird die Verwaltungsbefugnis gemäß § 1638 Abs. 1 beiden Elternteilen entzogen, so entsteht sog. verwaltungsfreies Vermögen. Gem. § 1909 Abs. 1 S. 2 ist ein Pfleger zu bestellen, der diejenigen Angelegenheiten wahrnimmt, an deren Besorgung die Eltern verhindert sind. Die Eltern sind nach § 1909 Abs. 2 anzeigepflichtig. Der Zuwendende hat gemäß § 1917 Abs. 1 ein Benennungsrecht, das jedoch gemäß § 1917 Abs. 1 Halbs. 2 iVm. § 1778 übergangen werden kann.[20] Zur Benennung bzw. Bestellung des ausgeschlossenen Elternteils als Pfleger vgl. § 1917 Rn. 4.

Der Ausschluss der elterlichen Vermögenssorge wirkt **von Anfang an,** nicht erst ab Pflegerbestel- 12 lung.[21] Das ergibt sich eindeutig aus dem Wortlaut des § 1638. Die Ergänzungspflegschaft tritt an die Stelle der elterlichen Vermögenssorge und endet somit zwingend mit der Volljährigkeit des Betroffenen; eine abweichende Bestimmung bei der Zuwendung durch Rechtsgeschäft unter Lebenden ist unwirksam.[22]

Wenn die Eltern Verwaltungshandlungen vornehmen, obwohl sie von der Vermögenssorge ausge- 13 schlossen sind, so richten sich die Folgen im Außenverhältnis nach den **§§ 177 ff.**, im Innenverhältnis nach den **§§ 677 ff.**[23]

Die Ausschlusswirkung des § 1638 beschränkt sich auf die **Verwaltung.** In haftungsrechtlicher 14 Hinsicht begründet § 1638 dagegen kein Sondervermögen. Die Gläubiger des Kindes können also auch dann auf das zugewendete Vermögen zugreifen, wenn ihre Forderung von den Eltern (im Innenverhältnis auf Grund von § 1638 unbefugt, im Außenverhältnis dagegen wirksam) begründet wurde.[24]

b) Einzelheiten. Der Ausschluss des § 1638 erstreckt sich nicht auf die Entscheidung über die 15 **Annahme** oder **Ausschlagung der Zuwendung** durch das Kind. Diese Entscheidung steht also den Eltern als den Inhabern der elterlichen Sorge zu und nicht dem Pfleger.[25] Denn das Recht zur Annahme oder Ausschlagung einer Zuwendung kann über die wirtschaftliche Bedeutung hinaus einschneidende Folgen für die persönlichen Verhältnisse und für die persönliche Entwicklung des Kindes haben. Für diesen Bereich sind die Eltern als Inhaber der elterlichen Sorge zuständig. Eingriffe des zuwendenden Dritten brauchen sie insofern nicht zu dulden.[26]

Der Ausschluss von der Verwaltungsbefugnis nach § 1638 nimmt dem sorgeberechtigten Elternteil 16 nicht die Berechtigung, im Namen des Kindes gegen die Auswahl des Pflegers **Beschwerde** einzulegen.[27] Eine Beschwerdeberechtigung im eigenen Namen steht dem nach § 1638 ausgeschlossenen Elternteil insoweit jedoch nicht zu.[28] Gegen die Anordnung der Pflegschaft selbst muss man den in ihrer Vermögenssorge beeinträchtigten Eltern jedoch das Recht zugestehen, mit der Beschwerde geltend zu machen, dass die Voraussetzungen für einen Ausschluss von der Verwaltung nach § 1638 nicht vorliegen.

Der Entzug der elterlichen Verwaltungsbefugnis bedeutet stets auch einen Ausschluss der Verwen- 17 dungsbefugnis nach **§ 1649 Abs. 2,**[29] da sich diese Vorschrift nur auf Einkünfte aus dem von den Eltern verwalteten Vermögen bezieht.[30]

Die nach § 1638 von der Verwaltung ausgeschlossenen Eltern können für das Kind keinen Antrag 18 gemäß § 2227 auf Entlassung des für das zugewendete Vermögen zuständigen **Testamentsvollstre-**

---

[18] Vgl. KG FamRZ 1962, 432, 435.
[19] Vgl. BGH NJW 1989, 984; *Frenz* DNotZ 1995, 908, 911.
[20] Vgl. BayObLG FamRZ 1997, 1289, 1290; NK-BGB/*Rakete-Dombek* Rn. 5.
[21] OLG Frankfurt/M. FamRZ 1997, 1115, 1116; BayObLG Rpfleger 1977, 253; BayObLG OLGRspr. 30, 78; *Gernhuber/Coester-Waltjen* § 61 Rn. 5 Fn. 16; *Soergel/Strätz* Rn. 10.
[22] OLG Hamm FamRZ 2010, 1997.
[23] *Soergel/Strätz* Rn. 12; jurisPK-BGB/*Schwer* Rn. 13.
[24] *Gernhuber/Coester-Waltjen* § 61 Rn. 5.
[25] *Gernhuber/Coester-Waltjen* § 61 Rn. 5; *Staudinger/Engler* Rn. 16; *Soergel/Strätz* Rn. 10; *Erman/Michalski/Döll* Rn. 9; *Palandt/Diederichsen* Rn. 2; *Merkel* MDR 1964, 113; OLG Karlsruhe FamRZ 1965, 573 f.; offen gelassen in BGH NJW 1989, 984, 985. AA BayObLG OLGE 30, 78; *Frenz* DNotZ 1995, 908, 912 ff.
[26] Vgl. *Staudinger/Engler* Rn. 16; NK-BGB/*Rakete-Dombek* Rn. 6.
[27] BayObLG FamRZ 1997, 1289, 1290; BayObLG Rpfleger 1977, 253 = FamRZ 1977, 751 (LS).
[28] BayObLG Rpfleger 1977, 253 = FamRZ 1977, 751 (LS.); BayObLGZ 25, 193, 195; *Soergel/Strätz* Rn. 9.
[29] *Staudinger/Engler* Rn. 21.
[30] NK-BGB/*Rakete-Dombek* Rn. 8; *Zöllner* FamRZ 1959, 393, 395.

ckers stellen.³¹ Der dafür zuständige Pfleger kann jedoch einen solchen Antrag rückwirkend genehmigen, auch noch im dritten Rechtszug.³² Entsprechendes muss für die anderen Kontrollbefugnisse gegenüber dem Testamentsvollstrecker gelten.³³

19 Die Eltern können infolge des § 1638 für das Kind auch keinen Antrag gemäß § 2353 auf Erteilung eines **Erbscheins** für das durch letztwillige Verfügung zugewendete Vermögen stellen.³⁴

III. Ausschluss eines Elternteils (Abs. 3)

20 Der **Zuwendende** kann bestimmen, dass nicht beide Eltern von der Verwaltung des (durch letztwillige Verfügung oder unentgeltlich unter Lebenden) zugewendeten Vermögens ausgeschlossen sein sollen, sondern nur ein Elternteil. Für die Voraussetzungen gelten die oben in Rn. 3 ff. ausgeführten Grundsätze. Die Folgen regelt Abs. 3: Der andere Elternteil verwaltet das betreffende Vermögen allein und vertritt das Kind insoweit allein, selbst wenn die Eltern über das übrige Kindesvermögen das gemeinsame Sorgerecht haben.³⁵ Er ist dann auch allein verantwortlich (§ 1664).³⁶

21 Abs. 3 ermöglicht es einem **Elternteil**, dem Kind eine Zuwendung zu machen und zu bestimmen, dass der andere Elternteil von der Verwaltung der Zuwendung ausgeschlossen sein soll (s. oben Rn. 5). In diesem Fall erwirbt der zuwendende Elternteil die alleinige Verwaltungs- und Vertretungsbefugnis für das zugewendete Vermögen.³⁷

IV. Surrogationsprinzip (Abs. 2)

22 Nach Abs. 2 gilt für das der Vermögenssorge entzogene Vermögen das Surrogationsprinzip. Es soll die Vermögenserhaltung und die Fortdauer des Verwaltungsausschlusses gewährleisten und steht zur Disposition des Zuwendenden: Dieser kann also die Anwendung des Abs. 2 ausschließen.³⁸ Wegen der Einzelheiten zu den einzelnen Surrogationstatbeständen vgl. die Erl. zu § 1418 Abs. 2 Nr. 3.

V. Übergangsrecht

23 Für Bestimmungen iSv. Abs. 1, die vor dem 1. 7. 1958 getroffen worden sind, vgl. Art. 8 Abs. 1 Nr. 9 GleichberG.³⁹

§ 1639 Anordnungen des Erblassers oder Zuwendenden

(1) Was das Kind von Todes wegen erwirbt oder was ihm unter Lebenden unentgeltlich zugewendet wird, haben die Eltern nach den Anordnungen zu verwalten, die durch letztwillige Verfügung oder bei der Zuwendung getroffen worden sind.

(2) Die Eltern dürfen von den Anordnungen insoweit abweichen, als es nach § 1803 Abs. 2, 3 einem Vormund gestattet ist.

I. Normzweck

1 Die Vorschrift stellt eine folgerichtige **Ergänzung des § 1638** dar: Kann das, was das Kind von Todes wegen oder durch unentgeltliche Zuwendung unter Lebenden erwirbt (vgl. dazu § 1638 Rn. 3 ff.), der elterlichen Vermögenssorge gänzlich entzogen werden, so muss der Erblasser bzw. Zuwendende es auch in der Hand haben, das übertragene Vermögen zwar zur Verwaltung der Eltern zu unterstellen, diese aber zur Beachtung bestimmter Anordnungen zu verpflichten. Die Vorschrift wurde durch das **KindRG** geändert: Die nach der aF in Abs. 1 S. 2 vorgesehene Eingriffsmöglichkeit des Vormundschaftsgerichts wurde gestrichen, s. Rn. 8.

---

³¹ BGH NJW 1989, 984.
³² BGH NJW 1989, 984, 985.
³³ *Frenz* DNotZ 1995, 908, 915; *Damrau* ZEV 1998, 90, 91; *Busse* MittRhNotK 1998, 225, 234.
³⁴ OLG Frankfurt/M. FamRZ 1997, 1115, 1116.
³⁵ OLG Karlsruhe FamRZ 2004, 968.
³⁶ *Soergel/Strätz* Rn. 11.
³⁷ *Staudinger/Engler* Rn. 29; *Frenz* DNotZ 1995, 908, 915 f.
³⁸ *Staudinger/Engler* Rn. 36; *Soergel/Strätz* Rn. 8; *NK-BGB/Rakete-Dombek* Rn. 5.
³⁹ Dazu *Krüger/Breetzke/Nowack* Art. 8 I Nr. 9 GleichberG Rn. 1 f.

II. Voraussetzungen, Inhalt und Folgen

1. Voraussetzungen. Der Anwendungsbereich der Vorschrift entspricht im Wesentlichen demjenigen des § 1638 (vgl. § 1638 Rn. 3 ff.): Es muss ein Erwerb des Kindes von Todes wegen oder durch unentgeltliche Zuwendung unter Lebenden erfolgt sein und der Erblasser (bzw. der Zuwendende) muss durch letztwillige Verfügung oder durch Willenserklärung bei der Zuwendung eine Anordnung über die Verwaltung des zugewendeten Vermögens getroffen haben. Wie die Bestimmung nach § 1638 Abs. 1 kann auch die Anordnung gem. Abs. 1 S. 1 von einem zuwendenden Elternteil ausgesprochen werden.[1]

2. Inhalt. Es muss erkennbar sein, dass der Erblasser (bzw. der Zuwendende) eine bindende Anordnung über die Verwaltung des zugewendeten Vermögens treffen wollte; bloße Wünsche reichen nicht aus.[2] Durch Anordnung des Zuwendenden kann insbes. die Verwendungsbefugnis nach § 1649 Abs. 2 ausgeschlossen werden.[3]

3. Folgen. a) Verbindlichkeit. Die Anordnungen des Erblassers (bzw. des Zuwendenden) sind für die Eltern grundsätzlich verbindlich (Ausnahme: Abs. 2, s. Rn. 6). Sie führen aber nicht dazu, dass die Eltern an der Ausübung ihrer aus der Vermögenssorge resultierenden Aufgaben verhindert iSd. § 1909 sind. Der Bestellung eines Pflegers nach § 1909 bedarf es deshalb nicht.[4]

Die Anordnungen des Zuwendenden (bzw. Erblassers) beschränken **nicht** die **Vertretungsmacht** der Eltern im Außenverhältnis.[5] Deshalb beeinträchtigt die unberechtigte Abweichung von einer Anordnung nicht die Wirksamkeit der elterlichen Rechtshandlung. Sie kann aber gegenüber dem Kind die Schadensersatzpflicht gemäß § 1664 begründen.

b) Abweichungen. Die Eltern dürfen von den Anordnungen nur in den in **Abs. 2** genannten Fällen (§ 1803 Abs. 2 u. 3) abweichen. Von den bei unentgeltlichen Zuwendungen unter Lebenden ausgesprochenen Anordnungen dürfen die Eltern zu Lebzeiten des Zuwendenden nur mit dessen Zustimmung abweichen, § 1803 Abs. 3 S. 1; die Zustimmung kann durch das Familiengericht nur in den Sonderfällen des § 1803 Abs. 3 S. 2 ersetzt werden. Nach dem Tode des Zuwendenden gilt für seine Verwaltungsanordnungen die allgemeine, auch auf die im Wege der letztwilligen Verfügung getroffenen Anordnungen des Erblassers anwendbare Regel des § 1803 Abs. 2, wonach Abweichungen mit Genehmigung des Familiengerichts statthaft sind, wenn die Befolgung der Anordnung das Interesse des Kindes gefährdet.

c) § 1638 Abs. 2. Der Surrogationsgrundsatz des § 1638 Abs. 2 gilt auch für Anordnungen gemäß § 1639.[6]

III. Gerichtliche Eingriffsbefugnisse

Das **KindRG** hat Abs. 1 S. 2 aF gestrichen. Diese Vorschrift gab dem Vormundschaftsgericht auf, die erforderlichen Maßregeln zu treffen, wenn die Eltern den Anordnungen nicht nachkamen. Der Reformgesetzgeber sah für § 1639 Abs. 1 S. 2 kein Bedürfnis mehr, weil er die Eingriffsbefugnis aus **§§ 1666 ff.** auf den Bereich der Vermögenssorge ausgedehnt hat.[7] Die Kontrolle der Befolgung der Anordnungen iSd. § 1639 erfolgt jetzt also über §§ 1666 ff., und zwar durch das Familiengericht. Fraglich ist dabei, ob dies auch zu einer Änderung bei der **Eingriffsschwelle** geführt hat. § 1639 Abs. 1 S. 2 aF erlaubte das gerichtliche Eingreifen bereits dann, wenn die Eltern die Anordnungen des Zuwendenden nicht beachteten. § 1666 Abs. 1 u. 2 dagegen erlauben Eingriffe im Bereich der Vermögenssorge nur bei einer Gefährdung des Vermögens des Kindes. Die Amtl. Begr. ist zwiespältig. Einerseits heißt es, das geltende Recht solle durch die Zusammenfassung der Rechtsgrundlagen für die gerichtlichen Eingriffe nicht angetastet werden.[8] Andererseits wird konkret zu § 1639 Abs. 1 S. 2 darauf hingewiesen, die Vorschrift habe in der Praxis kaum Bedeutung erlangt und sei entbehrlich.[9] Angesichts des klaren Wortlauts des § 1666 erscheint es nicht vertretbar, auf das Eingriffserfor-

---

[1] Staudinger/Engler Rn. 2.
[2] JurisPK-BGB/Schwer Rn. 2; Staudinger/Engler Rn. 5.
[3] BayObLGZ 1982, 86, 88 = Rpfleger 1982, 180: Ausschluss der Nutznießung ist kein Ausschluss des Verwaltungsrechts, sondern bloße Beschränkung der Verwaltung iSv. § 1639; vgl. auch Zöllner FamRZ 1959, 393, 395.
[4] Vgl. BayObLG Rpfleger 1982, 180.
[5] Staudinger/Engler Rn. 10; NK-BGB/Rakete-Dombek Rn. 3.
[6] Staudinger/Engler Rn. 9; Soergel/Strätz Rn. 3.
[7] Vgl. BT-Drucks. 13/4899 S. 65, 115; FamRefK/Rogner § 1666 Rn. 3.
[8] BT-Drucks. 13/4899 S. 64.
[9] BT-Drucks. 13/4899 S. 65, 115.

dernis der Vermögensgefährdung zu verzichten und bereits die bloße Nichtbefolgung der Anordnungen durch die Eltern ausreichen zu lassen.[10] Allerdings kann man bei der Prüfung der Vermögensgefährdung den Rechtsgedanken des § 1666 Abs. 2 Alt. 3 heranziehen. Zwar betrifft diese Vorschrift direkt nur gerichtliche Anordnungen, doch erlaubt es der Rechtsgedanke dieser Vorschrift jedenfalls, den Verstoß der Eltern gegen Anordnungen iSd. § 1638 Abs. 1 als **Indiz** für eine Vermögensgefährdung heranzuziehen.

§ 1640 Vermögensverzeichnis

(1) ¹Die Eltern haben das ihrer Verwaltung unterliegende Vermögen, welches das Kind von Todes wegen erwirbt, zu verzeichnen, das Verzeichnis mit der Versicherung der Richtigkeit und Vollständigkeit zu versehen und dem Familiengericht einzureichen. ²Gleiches gilt für Vermögen, welches das Kind sonst anläßlich eines Sterbefalls erwirbt, sowie für Abfindungen, die anstelle von Unterhalt gewährt werden, und unentgeltliche Zuwendungen. ³Bei Haushaltsgegenständen genügt die Angabe des Gesamtwertes.

(2) Absatz 1 gilt nicht,
1. wenn der Wert eines Vermögenserwerbes 15 000 Euro nicht übersteigt oder
2. soweit der Erblasser durch letztwillige Verfügung oder der Zuwendende bei der Zuwendung eine abweichende Anordnung getroffen hat.

(3) Reichen die Eltern entgegen Absatz 1, 2 ein Verzeichnis nicht ein oder ist das eingereichte Verzeichnis ungenügend, so kann das Familiengericht anordnen, dass das Verzeichnis durch eine zuständige Behörde oder einen zuständigen Beamten oder Notar aufgenommen wird.

Übersicht

	Rn.		Rn.
I. Entstehungsgeschichte und Normzweck	1, 2	b) Befreiung der Eltern durch den Zuwendenden (Nr. 2)	10
II. Voraussetzungen der Inventarisierungspflicht	3–10	III. Umfang und Reichweite der Inventarisierungspflicht	11–20
1. Vermögenserwerb des Kindes aus einem der in Abs. 1 genannten Gründe	3–7	1. Entstehungszeitpunkt	11
a) Erwerb von Todes wegen (Abs. 1 S. 1)	4	2. Inhalt und Umfang der Inventarisierungspflicht	12–19
b) Sonstiger Erwerb anlässlich eines Sterbefalls (Abs. 1 S. 2 Alt. 1)	5	a) Grundsätze	12–15
c) Abfindungen, die anstelle von Unterhalt gewährt werden (Abs. 1 S. 2 Alt. 2)	6	b) Einzelfälle	16–19
d) Unentgeltliche Zuwendungen (Abs. 1 S. 2 Alt. 3)	7	3. Form	20
2. Verwaltungsbefugnis der Eltern	8	IV. Familiengerichtliche Maßnahmen – öffentliches Inventar (Abs. 3)	21–25
3. Kein Ausschluss nach Abs. 2	9, 10	1. Überblick	21
a) Wertgrenze (Nr. 1)	9	2. Erzwingung der Inventarisierung	22
		3. Öffentliches Inventar (Abs. 3)	23, 24
		4. Maßnahmen gem. §§ 1666, 1667	25

I. Entstehungsgeschichte und Normzweck

1 § 1640 erlegt den vermögenssorgeberechtigten Eltern unter bestimmten Voraussetzungen eine **Inventarisierungspflicht** auf: Wenn das Kind in bestimmter Weise Vermögen erwirbt, müssen die Eltern darüber ein Verzeichnis erstellen und beim Familiengericht einreichen. Die Vorschrift hat sich im Laufe ihrer Geschichte mehrmals geändert. Ursprünglich sah das BGB in § 1640 eine Verzeichnungspflicht des Vaters für das beim Tode der Mutter vorhandene oder später anfallende Kindesvermögen vor. Diese Vorschrift wurde durch das GleichberG aufgehoben und durch § 1682 abgelöst, wonach diese Pflicht jeden Elternteil nach dem Tode des anderen traf. Das SorgeRG ersetzte § 1682 durch einen neuen § 1640, der die Inventarisierungspflicht zugleich erweiterte und

---

[10] So aber *Staudinger/Engler* Rn. 4.

einschränkte: Diese Pflicht knüpfte nicht mehr an den Tod eines Elternteils an, sondern entstand immer dann, wenn das Kind von Todes wegen, anlässlich eines Sterbefalles, als Abfindung an Stelle von Unterhalt oder durch unentgeltliche Zuwendung Vermögen im Wert von mehr als 10 000 DM erwarb. Das KindRG[1] von 1998 schließlich modifizierte die Vorschrift erneut: Die Wertgrenze wurde auf 30 000 DM heraufgesetzt, die gerichtliche Zuständigkeit vom Vormundschaftsgericht auf das Familiengericht verlagert und Absatz 4 der Vorschrift gestrichen, der dem Vormundschaftsgericht die Möglichkeit eröffnete, dem Elternteil, der gegen die Inventarisierungspflicht verstieß, die Vermögenssorge zu entziehen. Im Jahr 2000 wurde in Abs. 2 Nr. 1 die bisherige Wertgrenze von 30 000 DM auf eine Grenze von 15 000 Euro umgestellt.[2]

Die in § 1640 nF vorgesehene Verzeichnungspflicht soll zu einem „wirksameren **Schutz der Vermögensinteressen des Kindes** beitragen",[3] den Eltern Gelegenheit geben, sich klarzumachen, welche Rechtspositionen in Bezug auf die durch den Erwerb des Kindes neu eingetretene Vermögenslage bestehen, und die Erfüllung der Rechenschafts- und Herausgabepflichten aus § 1698 vorbereiten.[4]

II. Voraussetzungen der Inventarisierungspflicht

1. Vermögenserwerb des Kindes aus einem der in Abs. 1 genannten Gründe. Die Inventarisierungspflicht des § 1640 tritt nur ein, wenn das Kind unter den in Abs. 1 genannten Umständen Vermögen erwirbt. Die Eltern haben nicht (wie im Fall der Wiederverheiratung eines Elternteils, § 1683) das gesamte Kindesvermögen aufzuzeichnen, sondern nur das vom Kind neu erworbene Vermögen, und auch dies nur dann, wenn einer der Erwerbsgründe des Abs. 1 vorliegt. Diese Erwerbsgründe sind:

a) Erwerb von Todes wegen (Abs. 1 S. 1). Diese Fallgruppe erfasst die Fälle der gesetzlichen Erbfolge (§§ 1924 ff.), der testamentarisch (§ 1937) oder durch Erbvertrag (§ 1941) bestimmten Erbfolge und den Erwerb des Kindes als Vermächtnisnehmer (§ 1939) oder Pflichtteilsberechtigter (§ 2303).[5]

b) Sonstiger Erwerb anlässlich eines Sterbefalls (Abs. 1 S. 2 Alt. 1). Darunter können entsprechende Renten (zB aus § 844 Abs. 2) und Schadensersatzansprüche ebenso fallen wie Leistungen aus einer Lebensversicherung bzw. ähnliche Zuwendungen gem. § 331[6] oder Leistungen, die an das Kind in Erfüllung einer Auflage (§ 1940) erbracht werden, die der Erblasser einem Erben oder Vermächtnisnehmer gemacht hat.[7] Hierher gehören auch Abfindungen nach § 843 Abs. 3, die der (über § 844 Abs. 2 S. 1 Halbs. 2 möglichen) Abfindung von Schadensersatzansprüchen wegen Tötung eines Unterhaltsverpflichteten (§ 844 Abs. 2) dienen.

c) Abfindungen, die anstelle von Unterhalt gewährt werden (Abs. 1 S. 2 Alt. 2). Hierunter fielen nach der Rechtslage vor dem Inkrafttreten des KindRG vor allem Leistungen gem. §§ 1615e, 1705 S. 2 aF an das nichteheliche Kind (heute noch für Altfälle relevant). In Betracht kommen bei minderjährigen Ehegatten auch Unterhaltsverträge nach § 1585c. Bei Abfindungen nach § 843 Abs. 3 ist zu unterscheiden: Soweit sie der Abfindung von Unterhaltsansprüchen nach § 844 Abs. 2 dienen, stellen sie einen „sonstigen Erwerb anlässlich eines Todesfalls" dar (s. Rn. 5). Soweit die Abfindung sich auf einen Ersatzanspruch des Kindes wegen Minderung seiner Erwerbstätigkeit (§ 843 Abs. 1) bezieht, fällt sie nicht unter die Inventarisierungspflicht, weil es sich dann nicht um Unterhalt handelt, sondern um einen besonders gestalteten Schadensersatzanspruch.[8]

d) Unentgeltliche Zuwendungen (Abs. 1 S. 2 Alt. 3). Der Begriff der „unentgeltlichen Zuwendung" lehnt sich an die gleich lautende Formulierung in § 1638 an. Erfasst werden deshalb alle Zuwendungen, die das Kind unentgeltlich und ohne Rechtsanspruch erwirbt.[9] Darunter fallen insbesondere Schenkungen unter Lebenden (§§ 516 ff.), Schenkungen von Todes wegen (§ 2301) und Ausstattungen (§ 1624).[10]

---

[1] Vgl. BT-Drucks. 13/4899 S. 97.
[2] Gesetz über Fernabsatzverträge und andere Fragen des Verbraucherrechts sowie zur Umstellung von Vorschriften auf Euro v. 27. 6. 2000, BGBl. I S. 897; dazu *Schwab* FamRZ 2000, 1207.
[3] BT-Drucks. 8/2788 S. 38.
[4] *Palandt/Diederichsen* Rn. 1; *NK-BGB/Rakete-Dombek* Rn. 1.
[5] Vgl. *Staudinger/Engler* Rn. 7; *Palandt/Diederichsen* Rn. 3, § 1638 Rn. 2.
[6] Vgl. BT-Drucks. 8/2788 S. 56.
[7] *Staudinger/Engler* Rn. 8; *Palandt/Diederichsen* Rn. 3; *NK-BGB/Rakete-Dombek* Rn. 4.
[8] Vgl. zu dieser Problematik *Staudinger/Engler* Rn. 9; *Soergel/Strätz* Rn. 4.
[9] Vgl. BT-Drucks. 8/2788 S. 56.
[10] Vgl. *Staudinger/Engler* Rn. 10; *Palandt/Diederichsen* Rn. 3; *Belchaus* Rn. 6.

8 **2. Verwaltungsbefugnis der Eltern.** Die Inventarisierungspflicht setzt weiter voraus, dass das vom Kind unter den eben genannten Umständen erworbene Vermögen der Verwaltung der Eltern unterliegt. Nicht zur Erstellung des Verzeichnisses verpflichtet ist also ein Elternteil, dem die Vermögenssorge nicht (mehr) zusteht (zB infolge §§ 1671 f., 1666 f.), dessen Vermögenssorge ruht (§§ 1673 f.) oder der zwar Inhaber der Vermögenssorge ist, dem aber die Verwaltung des betreffenden Vermögens nicht zusteht (zB nach § 1638 oder bei Testamentsvollstreckung, § 2205, wenn ein anderer als Testamentsvollstrecker eingesetzt ist; ist der betreffende Elternteil selbst Testamentsvollstrecker, unterliegt er hingegen der Inventarisierungspflicht des § 1640).[11]

9 **3. Kein Ausschluss nach Abs. 2.** Abs. 2 beschränkt die Inventarisierungspflicht in zweierlei Hinsicht:

a) Wertgrenze (Nr. 1). Die Inventarisierungspflicht nach Abs. 1 besteht nicht, wenn der Wert des Vermögenserwerbs des Kindes 15 000 Euro nicht übersteigt (vgl. zur Erhöhung der Wertgrenze und zur Umstellung auf Euro Rn. 1). Aus dem Wortlaut der Nr. 1 ergibt sich eindeutig, dass es für die Wertgrenze jeweils auf den einzelnen Erwerb ankommt. Unberücksichtigt bleibt, ob das Kind bereits früher Vermögen in der in Abs. 1 beschriebenen Art erworben oder ansonsten Vermögen hat.[12] Wenn also das Kind bereits früher ein Vermögen iHv. 14 000 Euro erworben hat und jetzt wiederum 14 000 Euro erwirbt, so entsteht in keinem Fall eine Inventarisierungspflicht. Fällt dem Kind aus demselben Anlass Vermögen auf Grund verschiedener Erwerbstatbestände iSd. Abs. 1 zu (zB als Erbe und als Begünstigter einer Lebensversicherung), so handelt es sich jedoch um *einen* Vermögensanfall; die auf die einzelnen Erwerbsgründe entfallenden Beträge sind also zusammenzurechnen.[13] Für die Wertberechnung maßgebend ist der Verkehrswert des erworbenen Vermögens nach Abzug der mit dem Vermögen verbundenen Verbindlichkeiten.[14]

10 **b) Befreiung der Eltern durch den Zuwendenden (Nr. 2).** Keine Inventarpflicht besteht nach Abs. 2 Nr. 2 ferner bei Befreiung der Eltern durch den Zuwendenden bzw. den Erblasser. Die Regelung soll wie § 1638 und § 1639 dem Willen des Erblassers und des Zuwendenden hinreichend Rechnung tragen.[15] Zu dem Erfordernis, dass der Ausschluss der Verzeichnungspflicht „durch letztwillige Verfügung" oder „bei der Zuwendung" erfolgen muss, vgl. § 1638 Rn. 7. Der dort zum Nachteil elterlicher Verwaltungsbefugnisse befürwortete Auslegungsspielraum muss bei einem elternfreundlichen Inventarerlass ebenfalls gelten. Die Inventarausschlussgründe des Abs. 2 Nr. 2 dürfen deshalb nicht zu eng ausgelegt werden: Für die Schenkung von Todes wegen muss eine Befreiung durch letztwillige Verfügung ausreichen, ebenso für jede vertragliche Drittbegünstigung des Kindes (§ 331) eine mit dem begünstigenden Geschäft erklärte Befreiung.

III. Umfang und Reichweite der Inventarisierungspflicht

11 **1. Entstehungszeitpunkt.** Die Inventarpflicht entsteht von Gesetzes wegen, dh. ohne besondere Aufforderung durch das FamG.[16] Der Entstehungszeitpunkt richtet sich nach den positiven (Rn. 3 ff.) und negativen (Rn. 9 f.) Voraussetzungen der Verzeichnungspflicht. Maßgebend ist grundsätzlich der **Anfall eines Vermögenserwerbs** iSv. Abs. 1 S. 1, 2.[17] Das ist zB bereits der Erbfall (§ 1922), nicht erst die Auskehr des Überschusses an das Kind bei Auseinandersetzung unter den Miterben; denn schon der Erwerb der Miterbenstellung ist ein durch die Verzeichnungspflicht zu schützender Vermögenserwerb. Wegen der negativen Voraussetzungen des Abs. 2 hängt die Entstehung der Inventarpflicht aber zusätzlich von der **Kenntnis** der Eltern darüber ab, ob der Vermögenserwerb des Kindes die Wertgrenze (Nr. 1) übersteigt oder Befreiung iSd. Nr. 2 erteilt ist.[18] Die dabei gebotene Berücksichtigung einzelfallbedingter Umstände bei der Bestimmung des Entstehungszeitpunktes ist wichtig wegen der nach Abs. 3 möglichen Sanktionen bei Nichteinreichung des Inventars (Rn. 23 f.): Die Eltern sind nach Abs. 1, 2 einerseits nicht zur Einreichung eines Vermögensverzeichnisses „auf Verdacht" verpflichtet, solange sie einen Erwerb im Werte von über 15 000 Euro zwar für möglich halten, aber keine hinreichenden Anhaltspunkte dafür haben. Sie dürfen andererseits um des Schutzzweckes (Rn. 1) willen die Einreichung bei

---
[11] KG JW 1934, 1293 f.; *Staudinger/Engler* Rn. 5; NK-BGB/*Rakete-Dombek* Rn. 2.
[12] *Palandt/Diederichsen* Rn. 4.
[13] *Soergel/Strätz* Rn. 5; *Staudinger/Engler* Rn. 14.
[14] Vgl. *Staudinger/Engler* Rn. 15; *Soergel/Strätz* Rn. 5.
[15] Vgl. BT-Drucks. 7/2060 S. 26.
[16] KGJ 20 A 225, 227; *Palandt/Diederichsen* Rn. 5.
[17] *Palandt/Diederichsen* Rn. 5.
[18] Vgl. *Staudinger/Engler* Rn. 27 f.

ausreichenden Anhaltspunkten für eine Überschreitung der Wertgrenze nicht mit der Begründung unterlassen, sicher bestimmbar sei der Wert des Kindeserwerbs erst bei Abschluss der Erbschaftsauseinandersetzung oder bei sonstiger Realisierung des zugewendeten Vermögensgegenstandes.

2. Inhalt und Umfang der Inventarisierungspflicht. a) Grundsätze. Es ist nur der jeweilige Erwerb zu verzeichnen, nicht das gesamte, ggf. bereits früher aus Anlässen gem. Abs. 1 erworbene Kindesvermögen. In diesem Rahmen sind aber alle Gegenstände aufzuführen, die zu dem erworbenen Vermögen gehören. Die Vermögensgegenstände sind grundsätzlich so detailliert zu kennzeichnen, dass ihre Identität einwandfrei feststeht; bei Forderungen müssen zB außer Schuldner, Betrag und Rechtsgrund auch Verzinsung, etwaige Zinsrückstände und Rückzahlungsbedingungen angegeben werden, ebenso die Urkunden, durch welche diese Vermögensrechte nachgewiesen werden, also etwa Sparbücher, Bausparverträge, Versicherungspolicen – jeweils mit Konto- bzw. Vertragsnummer – sowie Schuldscheine.[19]

Gemäß **Abs. 1 S. 3** genügt bei Haushaltsgegenständen die Angabe des Gesamtwerts. Eine Einzelaufstellung ist insoweit nicht erforderlich. Der Begriff der Haushaltsgegenstände richtet sich grundsätzlich nach den zu § 1369 entwickelten Grundsätzen (vgl. § 1369 Rn. 6 ff.). Abweichend hiervon sind jedoch wertvolle Einzelgegenstände (zB Kunstwerke, Flügel, KfZ) für die Zwecke des § 1640 Abs. 1 S. 3 nicht als Haushaltsgegenstände einzuordnen. Sie müssen deshalb einzeln verzeichnet werden.[20]

Inwieweit unabhängig von Abs. 1 S. 3 der **Wert** der verzeichneten Gegenstände angegeben werden muss, wird aus dem Wortlaut der Vorschrift nicht klar. Grundsätzlich ist davon auszugehen, dass die Eltern auch den Wert der einzelnen Gegenstände anzugeben haben. Allerdings ist es ihnen nicht zuzumuten, Sachverständige zu befragen. Deshalb genügt es, wenn die Eltern den Wert angeben, der den betreffenden Gegenständen ihrer eigenen Schätzung nach zukommt.[21]

Ob neben den Aktiva des erworbenen Vermögens auch die damit verbundenen **Passiva** zu verzeichnen sind, ist umstritten. Überwiegend geht man davon aus, dass die Angabe der Passiva zwar möglich (und ratsam) ist, nicht aber geboten.[22] Dieser Ansicht ist zuzustimmen.[23]

b) Einzelfälle. Steht dem Kind ein Pflichtteilsanspruch zu, weil ein Elternteil Alleinerbe nach dem anderen geworden ist, so hat der Überlebende den Pflichtteilsanspruch unter Mitteilung des reinen Nachlassbestandes sowie des Kindesanteils in das Vermögensverzeichnis aufzunehmen und die Anspruchshöhe auf Grund eigener Ermittlungen und Berechnungen ziffernmäßig anzugeben; ein Nachlassverzeichnis sowie die zur Berechnung dienenden Schätzungen und Nachweise können dagegen nur nach § 2314 verlangt werden.[24] Wird dagegen der überlebende Elternteil (befreiter) Vorerbe und das Kind Nacherbe, so muss das Vermögensverzeichnis nicht nur den Wert des Pflichtteilsanspruchs enthalten, sondern auch die Nachlassbestandteile; denn dem Kind stehen in diesem Fall alternativ der betagte Anspruch auf den Nachlass oder der Pflichtteilsanspruch zu.[25]

Ebenso bedarf es der vollständigen Nachlassverzeichnung, wenn der überlebende Ehegatte Testamentsvollstrecker für den auf die Kinder übergegangenen Nachlass des Verstorbenen wird.[26]

Bei fortgesetzter Gütergemeinschaft ist lediglich zu verzeichnen, was das Kind aus dem Vorbehalts- und Sondergut des verstorbenen Elternteils erbt; im Übrigen genügt die Anzeige, dass die Gemeinschaft fortgesetzt wird.[27]

Bei einer durch Erbfolge erworbenen Beteiligung des Kindes an einer OHG oder KG muss der überlebende Elternteil, auch wenn er das Gesamthandsvermögen nicht verwaltet,[28] den Umfang dieser Beteiligung angeben und das letzte Inventar sowie die letzte Bilanz einreichen.[29] Das Gleiche gilt für Anteile an einer Gesellschaft des bürgerlichen Rechts.[30]

3. Form. Eine besondere Form wird für das Vermögensverzeichnis nicht gefordert, sodass eine private schriftliche Aufzeichnung ausreicht, die gem. Abs. 1 S. 1 mit der Versicherung der Vollständigkeit und Richtigkeit versehen dem FamG eingereicht werden muss.

---

[19] Vgl. *Belchaus* Rn. 5; *Soergel/Strätz* Rn. 6.
[20] Vgl. *Soergel/Strätz* Rn. 6; *Staudinger/Engler* Rn. 18.
[21] Vgl. *Staudinger/Engler* Rn. 17.
[22] *Staudinger/Engler* Rn. 19; *Soergel/Strätz* Rn. 6.
[23] AA 3. Aufl. Rn. 18; s. auch *RGRK/Adelmann* Rn. 7.
[24] Vgl. RGZ 80, 65, 66 f.; BayObLGZ 1963, 132, 135 f. = FamRZ 1963, 578 f.; OLG Hamburg SeuffA 66 Nr. 14.
[25] RGZ 65, 142, 144 f.; OLG Hamm FamRZ 1969, 660 f.
[26] KG JFG 1934 Nr. 8 S. 48 = JW 1934, 1293 f.
[27] BayObLG JFG 1, 55, 57.
[28] Vgl. KGJ 36 A 38.
[29] *Soergel/Strätz* Rn. 7.
[30] *Staudinger/Engler* Rn. 20.

IV. Familiengerichtliche Maßnahmen – öffentliches Inventar (Abs. 3)

21 **1. Überblick.** Die Möglichkeiten für gerichtliches Eingreifen wurden durch das KindRG modifiziert. Gestrichen wurde der frühere Abs. 4, der es dem Vormundschaftsgericht erlaubte, unter bestimmten Voraussetzungen dem Elternteil, der die Inventarisierungspflicht nicht erfüllte, die Vermögenssorge zu entziehen. Geblieben ist die Möglichkeit, die Aufnahme eines öffentlichen Inventars anzuordnen (Abs. 3). Die Zuständigkeit dafür wurde jedoch vom Vormundschaftsgericht auf das Familiengericht (Rechtspfleger, §§ 3 Nr. 2 a, 14 RPflG) verlagert. Zur örtlichen Zuständigkeit vgl. § 152 FamFG (Verfahren betreffend die elterliche Sorge, § 151 Nr. 1 FamFG[31]). Davon abgesehen kann das Familiengericht auch versuchen, die Erfüllung der Inventarisierungspflicht zu erzwingen (dazu sogleich Rn. 22).

22 **2. Erzwingung der Inventarisierung.** Wenn die Eltern ihrer mit dem Anfall des Vermögenserwerbs des Kindes entstandenen Inventarisierungspflicht (zB aus Unkenntnis des § 1640) nicht nachkommen, kann das Familiengericht nach den allgemeinen Regeln des Verfahrens der freiwilligen Gerichtsbarkeit versuchen, die Erfüllung dieser Pflicht zu erzwingen. Voraussetzung dafür ist, dass das Familiengericht von dem Vermögenserwerb iSd. § 1640 Abs. 1 Kenntnis erlangt. Diesem Zweck dienen die in §§ 356, 168 a, 22 a FamFG vorgesehenen Anzeige- und Mitteilungspflichten insbesondere des Standesbeamten und des Nachlassgerichts. Alle Fälle des § 1640 Abs. 1 werden damit allerdings nicht erfasst. Für den Rest wird es vom Zufall abhängen, ob das Familiengericht von den relevanten Vorgängen erfährt. Hat das Familiengericht Kenntnis von einem möglicherweise einschlägigen Vermögenserwerb des Kindes erlangt, so wird es gemäß § 26 FamFG von Amts wegen ermitteln, ob die Voraussetzungen für eine Inventarisierungspflicht gemäß § 1640 Abs. 1, 2 vorliegen. Ist dies der Fall, kann es die Eltern unter Fristsetzung zur Erstellung des Verzeichnisses auffordern und ggf. mit den in § 35 FamFG vorgesehenen Zwangsmitteln[32] vorgehen. Der Verhältnismäßigkeitsgrundsatz ist dabei stets zu beachten.[33]

23 **3. Öffentliches Inventar (Abs. 3).** Wenn die Eltern entgegen ihren Pflichten aus Abs. 1 und 2 kein (den Anforderungen genügendes, vgl. dazu Rn. 12 ff.) Inventar einreichen, kann das Familiengericht gem. Abs. 3 die Aufnahme eines sog. öffentlichen Inventars durch einen Notar oder eine zuständige Behörde bzw. einen zuständigen Beamten anordnen. Aus Gründen der **Verhältnismäßigkeit** muss das Familiengericht diese Maßnahme vorher androhen und den Eltern Gelegenheit geben, ihrer Inventarisierungspflicht in vollem Umfang nachzukommen.[34] Allerdings wird man nicht verlangen können, dass das Familiengericht vorher auch zu den Zwangsmitteln des § 35 FamFG greift.

24 **Zuständig** für die Aufnahme des Inventars sind gem. § 20 Abs. 1 S. 2 BNotO die Notare. Gem. §§ 61 Abs. 1 Nr. 2 BeurkG, 486 Abs. 2 FamFG sind daneben landesrechtliche Zuständigkeitsregelungen möglich. Wegen der **Kosten** vgl. §§ 80 ff. FamFG. Die Kosten der Inventarisierung als solcher (vgl. § 52 KostO) trägt das Kind: Nachdem in §§ 1667 Abs. 4 ausdrücklich bestimmt ist, dass die Kosten von Vermögensschutzmaßnahmen demjenigen Elternteil zur Last fallen, der sie durch sein Verhalten veranlasst hat, liegt mangels solcher auslösenden Momente auf Seiten der Eltern bei § 1640 ein Umkehrschluss dahin nahe, dass das an der Inventaraufnahme allein interessierte Kind diese Kosten zu tragen hat.[35]

25 **4. Maßnahmen gem. §§ 1666, 1667.** Grundsätzlich stehen dem Familiengericht auch die Eingriffsmöglichkeiten gemäß §§ 1666, 1667 zur Verfügung. Wenn die Eltern ihrer Inventarisierungspflicht aus § 1640 nicht nachkommen, verletzen sie eine mit der Vermögenssorge verbundene Pflicht. Gemäß § 1666 Abs. 2 Alt. 2 liegt darin in der Regel eine Gefährdung des Vermögens des Kindes, die – unter Beachtung des Verhältnismäßigkeitsgrundsatzes – Maßnahmen nach § 1666 Abs. 1 iVm. § 1667 rechtfertigen kann.[36] Als äußerstes Mittel kommt dabei auch die Entziehung der Vermögenssorge in Betracht.[37] Aufgrund dieser Eingriffsmöglichkeiten hielt der Gesetzgeber des KindRG die in § 1640 Abs. 4 aF vorgesehene Entziehungsbefugnis für entbehrlich und strich diese Vorschrift.[38]

---

[31] MünchKommZPO/*Heilmann* § 151 FamFG Rn. 20.
[32] Hk-BGB/*Schulze*/*Kemper* Rn. 4; NK-BGB/*Rakete-Dombek* Rn. 12.
[33] Vgl. zum Ganzen BayObLG FamRZ 1994, 1191, 1192; OLG Hamm FamRZ 1969, 660 f.; *Staudinger*/*Engler* Rn. 27 f.
[34] *Soergel*/*Strätz* Rn. 9; *Palandt*/*Diederichsen* Rn. 8; NK-BGB/*Rakete-Dombek* Rn. 12.
[35] Vgl. *Staudinger*/*Engler* Rn. 38; *Belchaus* Rn. 11; *Palandt*/*Diederichsen* Rn. 8. AA (Eltern bzw. überlebender Elternteil) *Soergel*/*Strätz* Rn. 9.
[36] Vgl. *Palandt*/*Diederichsen* § 1666 Rn. 44.
[37] *Palandt*/*Diederichsen* § 1667 Rn. 4 ff., 8; *Staudinger*/*Engler* Rn. 32 ff.
[38] BT-Drucks. 13/4899 S. 97; FamRefK/*Rogner* § 1640 Rn. 3.

§ 1641 Schenkungsverbot

¹Die Eltern können nicht in Vertretung des Kindes Schenkungen machen. ²Ausgenommen sind Schenkungen, durch die einer sittlichen Pflicht oder einer auf den Anstand zu nehmenden Rücksicht entsprochen wird.

I. Normzweck

§ 1641 bestimmt, dass die Eltern aus dem Vermögen des Kindes nur solche Schenkungen vornehmen können, die einer sittlichen Pflicht oder der auf den Anstand zu nehmenden Rücksicht entsprechen. Das entspricht dem auch in §§ 1804, 2113 Abs. 2, 2205 S. 3 ausgesprochenen allgemeinen Verbot, fremdnützig und rechenschaftspflichtig verwaltetes Vermögen unbeschränkt durch unentgeltliche Zuwendungen zu vermindern. 1

Die Vorschrift dient dem **Schutz des Kindesvermögens,** und zwar in weitem Umfang. Insbesondere schließt sie nicht nur Schenkungen aus, die von den Eltern selbst erklärt werden, sondern auch die elterliche Zustimmung zu Schenkungen, die von dem Kind erklärt werden.[1] Zu den Wirkungen im Einzelnen vgl. Rn. 7 ff. Eine Umgehung des § 1641 S. 1 durch Pflegerbestellung scheitert an §§ 1915, 1804.[2] 2

II. Voraussetzungen des S. 1

1. Begriff der Schenkung. Was Schenkung ist, richtet sich nach § 516, vgl. Erl. dort. Im Rahmen des § 1641 wird gelegentlich die Einigung über die Unentgeltlichkeit problematisch: Sie fehlt, wenn auch nur eine Partei zu erkennen gibt, dass auf die Zuwendung ein Rechtsanspruch bestehe.[3] Sie fehlt dagegen nicht bereits dann, wenn die Zuwendung im irrigen Glauben an eine Gegenleistung bewirkt wird,[4] und erst recht nicht, wenn die Beteiligten davon ausgehen, dass der Zuwendung eine sittliche oder Anstandsverpflichtung zugrunde liege.[5] Im letzteren Fall kommt aber S. 2 in Betracht. 3

2. Einzelfragen. Der vom Minderjährigen erklärte Erlass einer Schadensersatzforderung fällt auch dann unter den Schenkungsbegriff, wenn der beschädigte Gegenstand mit Mitteln iSv. § 110 erworben ist.[6] Ob die Einräumung eines Vorrangs vor einem dem Kind zustehenden Grundpfandrecht Schenkung ist, hängt nach der Rspr. von den Umständen des Einzelfalles ab.[7] Der **Rangrücktritt** hat danach keinen Schenkungscharakter, wenn er eine Kreditaufnahme zur Wertverbesserung des Grundstücks ermöglicht, welche auch eine schlechtere Rangstelle wieder als gesichert erscheinen lässt, oder wenn zum Ausgleich der Sicherungsminderung besondere neue Sicherheiten bestellt werden. Der ggf. durch Zwischenverfügung (§ 18 GBO) zu fordernde[8] Nachweis, dass ein Rangrücktritt keine Schenkung darstellt, bedarf nur bei Zweifeln an der Richtigkeit der Form des § 29 GBO; die Anforderungen an diesen Nachweis sind geringer als diejenigen an die Darlegung der Entgeltlichkeit in den Fällen der §§ 2113 Abs. 2, 2205 S. 3, weil der in § 1641 verwendete Schenkungsbegriff enger ist.[9] Für die Bestellung einer Sicherheit aus dem Kindesvermögen gelten ähnliche Grundsätze: Eine Schenkung liegt dann nicht vor, wenn dem Kind eine gleichwertige Gegenleistung zufließt.[10] 4

§ 1641 schließt es auch aus, dass die Eltern eine vom Kind selbst vorgenommene Schenkung genehmigen.[11] 5

3. Nicht betroffene Verfügungen. Schenkungen aus dem Gesamthandsvermögen einer OHG, an der das Kind beteiligt ist, werden durch § 1641 nicht berührt, wenn der Elternteil als 6

---

[1] *Gernhuber/Coester-Waltjen* § 61 Rn. 12; *Dölle* II § 94 III 2 a.
[2] *Gernhuber/Coester-Waltjen* § 61 Rn. 12.
[3] RGZ 125, 380, 383; NK-BGB/*Rakete-Dombek* Rn. 3.
[4] RGZ 105, 246, 248 f.
[5] RGZ 125, 380, 383 (mit Klarstellung früherer, missverständlicher Aussagen des RG); RGZ 80, 217 f.; *Staudinger/Engler* Rn. 8; aA *Soergel/Strätz* Rn. 2.
[6] OLG Stuttgart FamRZ 1969, 39, 40.
[7] RGZ 48, 133, 136; OLG Celle OLG Rspr. 8, 75; KG DNotZ 1927, 530; KG JW 1937, 2597 (auch zur Aufgabe eines Sicherungsrechts).
[8] KG DNotZ 1927, 530.
[9] Vgl. KG JW 1937, 2597; *Staudinger/Engler* Rn. 5.
[10] Vgl. 3. Aufl. § 516 Rn. 6 f.; *Schütz* JR 1964, 453 f. Zur unentgeltlichen Preisgabe einer Sicherheit vgl. KG HRR 1937 Nr. 1500.
[11] OLG Stuttgart FamRZ 1969, 39, 40; *Gernhuber/Coester-Waltjen* § 61 Rn. 12.

vertretungsberechtigter Gesellschafter handelt und nicht kraft seiner elterlichen Vermögenssorge.[12] Ebenso wenig hindert § 1641 die Eltern daran, die Verpflichtung aus einem rechtswirksamen Schenkungsversprechen zu erfüllen, die im Wege des Erbgangs auf das Kind übergegangen ist.[13]

III. Folgen verbotswidrigen Handelns

7 **1. Nichtigkeit.** Gegen § 1641 S. 1 verstoßende Schenkungen sind **nichtig**. Über diese Rechtsfolge besteht weitgehend Einigkeit.[14] Rechtstechnisch betrachtet die hM § 1641 als ein Verbotsgesetz iSd. § 134.[15] Die Nichtigkeit gem. §§ 1641, 134 erfasst in jedem Fall das Verpflichtungsgeschäft. Sie erstreckt sich idR auch auf das **Verfügungsgeschäft**, weil das Verbot des § 1641 gerade auch die Vermögensverschiebung selbst verhindern soll.[16] Nicht unter das Verbot des § 1641 fällt die Erfüllung eines wirksamen Schenkungsversprechens (das etwa auf das Kind als Erben übergegangen ist). Denn Sinn des § 1641 ist es nur, das Vermögen des Kindes vor Schmälerung durch unentgeltliche Weggabe zu bewahren, nicht dagegen, die Eltern an der Erfüllung wirksamer Verbindlichkeiten zu hindern und so das Kind uU Ersatzansprüchen auszusetzen.[17]

8 Die Nichtigkeit ist **nicht heilbar**. § 177 findet keine Anwendung. Das (volljährig gewordene) Kind kann also die von den Eltern vorgenommene Schenkung nicht nachträglich genehmigen und wirksam machen; ihm bleibt nur die Neuvornahme der Schenkung, die keine Rückwirkung entfaltet.[18] Auch eine etwaige Genehmigung der Schenkung durch das Familiengericht kann die in Verstoß gegen § 1641 erfolgte Schenkung nicht wirksam machen.[19]

9 Aus der Nichtigkeit ergeben sich ggf. **Rückgewährungsansprüche** nach §§ 985, 812. Die Vorschrift des § 932 hilft dem Beschenkten nicht, weil sie nur den guten Glauben an das Eigentum des Veräußernden schützt, nicht dagegen den guten Glauben an das Nichtvorliegen eines gesetzlichen Verbots. Anders, wenn die Eltern im eigenen Namen aus dem Kindesvermögen Geschenke machen: Dann kann der Beschenkte bei gutem Glauben an das Eigentum der Eltern nach § 932 Eigentum erwerben, aber einer Herausgabepflicht nach § 816 Abs. 1 S. 2 unterliegen.[20]

10 **2. Haftung.** Die Haftung der pflichtwidrig handelnden Eltern bestimmt sich gegenüber dem Kind nach § 1664 und den Vorschriften über die unerlaubte Handlung, gegenüber dem Beschenkten nach § 523.[21]

IV. Pflicht- und Anstandsschenkungen (S. 2)

11 **1. Regelungszweck.** Pflicht- und Anstandsschenkungen sind von dem Verbot des S. 1 ausgenommen. Denn solche Schenkungen liegen grundsätzlich auch im Interesse des Kindes und jedenfalls nicht außerhalb des Zweckes der Vermögensverwaltung.[22] Dies gilt jedoch nur, soweit sie sich in angemessenen Schranken halten. Da die Vorschrift aber keinerlei quantitative oder objektbezogene Grenzen vorsieht, könnte sie bei extensiver Auslegung zu einer mit dem Gesetzeszweck unvereinbaren Weggabe ganzer Vermögenskomplexe führen.[23] Deshalb ist bei der Auslegung der Tatbestandsvoraussetzungen des Satzes 2 Zurückhaltung geboten.

12 **2. Voraussetzungen im Einzelnen.** Unter sittlicher Pflicht iSv. Satz 2 ist nicht die Betätigung der allgemeinen Nächstenliebe zu verstehen.[24] Verlangt wird vielmehr eine besondere, aus den

---

[12] RGZ 125, 380 f.; *Gernhuber/Coester-Waltjen* § 61 Rn. 12, § 60 Rn. 82.
[13] *Gernhuber/Coester-Waltjen* § 61 Rn. 14–16; *Staudinger/Engler* Rn. 7; *Dölle* II § 94 III 2 a.
[14] Vgl. *Gernhuber/Coester-Waltjen* § 61 Rn. 12; *Staudinger/Engler* Rn. 15; *Erman/Michalski/Döll* Rn. 1; *Dölle* II § 94 III 2 a. Anders *Canaris* JZ 1987, 993, 999: Nichtigkeit der Rechtsfolgenseite des § 1641 wegen Verfassungsverstoßes (Übermaßverbot) und verfassungskonforme Lückenfüllung durch analoge Anwendung des § 1822 (vormundschaftliche Genehmigung).
[15] *Gernhuber/Coester-Waltjen* § 61 Rn. 12; *Schwab* FamR Rn. 682; *Erman/Michalski/Döll* Rn. 1.
[16] Vgl. *Palandt/Ellenberger* § 134 Rn. 13.
[17] *Gernhuber/Coester-Waltjen* § 61 Rn. 14–16; *Staudinger/Engler* Rn. 7; NK-BGB/*Rakete-Dombek* Rn. 4.
[18] Vgl. dazu *Gernhuber/Coester-Waltjen* § 61 Rn. 12; *Staudinger/Engler* Rn. 16; *Dölle* § 94 III 2 a.
[19] BayObLG OLGRspr. 32, 19; *Gernhuber/Coester-Waltjen* § 61 Rn. 12.
[20] *Staudinger/Engler* Rn. 17 ff.; *Erman/Michalski/Döll* Rn. 3.
[21] Vgl. *Erman/Michalski/Döll* Rn. 3; *Staudinger/Engler* Rn. 17; NK-BGB/*Rakete-Dombek* Rn. 6.
[22] *Staudinger/Engler* Rn. 11.
[23] Vgl. *Gernhuber/Coester-Waltjen* § 61 Rn. 13.
[24] S. aber *Gernhuber/Coester-Waltjen* § 61 Rn. 11 Fn. 28 zur Herausbildung sozialer Standards, die im Rahmen des § 1641 S. 2 zu beachten sind.

konkreten Umständen des Einzelfalles erwachsende, in den Geboten der Sittlichkeit wurzelnde Verpflichtung.²⁵

Für das Vorliegen einer auf den Anstand zu nehmenden Rücksicht wird auf die Anschauungen sozial Gleichgestellter abgestellt. Brächte eine Unterlassung des Geschenks eine Einbuße in deren Anerkennung, so wird die Anstandsrücksicht bejaht,²⁶ zB bei Geschenken zu persönlichen Festen oder Feiertagen.

§ 1642 Anlegung von Geld

Die Eltern haben das ihrer Verwaltung unterliegende Geld des Kindes nach den Grundsätzen einer wirtschaftlichen Vermögensverwaltung anzulegen, soweit es nicht zur Bestreitung von Ausgaben bereitzuhalten ist.

I. Normzweck

Barvermögen des Kindes soll nicht untätig liegen bleiben. Die Vorschrift begründet deshalb eine Pflicht zur Anlegung des zum Kindesvermögen gehörenden Geldes, soweit es nicht nach Halbs. 2 zur Bestreitung von Ausgaben benötigt wird. Maßstab der Anlegungspflicht sind die **Grundsätze wirtschaftlicher Vermögensverwaltung,** die bei größtmöglicher Sicherheit auf bestmöglichen Ertrag zielen (s. dazu Rn. 6). Dieser Maßstab galt schon immer für die Anlage in Sachwerten. Für die Anlegung von Kindesgeld in Forderungen und Wertpapieren dagegen beschränkte § 1642 aF die Eltern auf die mündelsicheren Forderungen und Wertpapiere der §§ 1807, 1808 aF, sofern nicht das VormG eine andere Anlegung gestattete. Diese Beschränkungen erwiesen sich als unzweckmäßig und wurden häufig unterlaufen.¹ Das SorgeRG hat sie beseitigt, um den Eltern eine freiere Stellung bei der Anlegung von Geld des Kindes einzuräumen.² § 1642 gilt jetzt also sowohl für die Geldanlage in Forderungen und Wertpapieren als auch für die Anlage in Sachwerten. Die Grundsätze wirtschaftlicher Vermögensverwaltung sind allg. **Richtschnur für die Anlegung des Kindesvermögens** und präzisieren die mit der Vermögenssorge verbundenen Pflichten iSv. § 1667 Abs. 1.

II. Die Pflicht zur Anlegung von Barvermögen des Kindes nach den Grundsätzen wirtschaftlicher Vermögensverwaltung

1. Anlegungspflicht. a) Allgemeines. Ziel der Elternpflicht ist die längerfristige Investierung des Kindesgeldes zur Erhaltung und Mehrung des Kindesvermögens. Die Pflicht zur Anlegung ist deshalb nicht nur eine einmalige Pflicht zur Erstanlage, sondern eine fortdauernde Verpflichtung, die Pflichten zur Überprüfung und ggf. Änderung³ der bereits getätigten Geldanlagen einschließt. Aus dem Charakter der Vermögenssorge als fremdnütziger Verwaltung mit dem Ziel der Bewahrung des Kindesvermögens zum Nutzen des Kindes ergibt sich für die Eltern außerdem die Pflicht, das Vermögen des Kindes nicht für eigene Zwecke zu verwenden.⁴

b) Vermögenssorge. Die Vorschrift regelt die Anlegung des von den Eltern verwalteten Geldes, setzt also voraus, dass die Eltern die Vermögenssorge innehaben und nicht an besondere Anordnungen gem. § 1639 gebunden sind; derartige Anordnungen haben Vorrang vor § 1642.⁵

---

²⁵ RGZ 70, 15, 19 sowie 383, 386; OLG Köln OLGZ 1969, 263, 265; *Staudinger/Engler* Rn. 12; *Soergel/Strätz* Rn. 3. Zum Verzicht auf eine Wohnrechts-Dienstbarkeit, wenn deren Aufrechterhaltung in einer veränderten Situation nur noch eine ungerechtfertigte Bevorzugung vor anderen Abkömmlingen bedeuten würde, vgl. OLG Köln OLGZ 1969, 263, 266 ff.; zur sittlichen Pflicht, den drohenden wirtschaftlichen Zusammenbruch des elterlichen Betriebes abzuwenden und so den Familienunterhalt zu sichern, vgl. OLG Karlsruhe LZ 1917, 1281.
²⁶ RGZ 98, 323, 326; *Staudinger/Engler* Rn. 13.
¹ Vgl. 1. Aufl. Rn. 13 f.; *Klotz,* Die rechtstatsächliche und rechtspolitische Bedeutung der Vorschriften über die Anlage von Mündelgeld, 1966.
² BT-Drucks. 8/2788 S. 57.
³ *Soergel/Strätz* Rn. 2.
⁴ OLG Köln FamRZ 1997, 1351 f.; AG Nordhorn FamRZ 2002, 341, 342.
⁵ *Staudinger/Engler* Rn. 12.

RelKErzG § 1642 4–9 Abschnitt 2. Titel 5. Elterliche Sorge

4   **c) Geld.** Geld des Kindes ist das Barvermögen, gleichgültig, woher es stammt. Darunter fallen zB auch an das Kind geleistete Schmerzensgeldzahlungen Dritter[6] oder die Überschüsse aus einer Impfschadensrente.[7]

5   **d) Ausnahme bei Ausgaben.** Keine Anlegungspflicht besteht, soweit das Geld zur Bestreitung von Ausgaben bereitzuhalten ist, **Halbs. 2.** Dazu rechnen neben Heilbehandlungskosten insbes. auch die Mittel für den Unterhalt, und zwar im Rahmen des § 1649 Abs. 2 auch für den Unterhalt der Eltern und der minderjährigen unverheirateten Geschwister des Kindes.[8]

6   **2. Maßstab. a) Die Grundsätze einer wirtschaftlichen Vermögensverwaltung.** Die Grundsätze einer wirtschaftlichen Vermögensverwaltung sind betriebswirtschaftlicher Art.[9] Maßgebend für pflichtgemäßes Elternhandeln ist aber nicht der neueste betriebswirtschaftliche Erkenntnisstand, sondern es kommt darauf an, ob die Anschauungen der Zeit über sichere und rentable Anlagen aus der Sicht einer wirtschaftlich denkenden Privatperson (nicht einer Finanzfachkraft) beachtet worden sind.[10] Dabei sind neben der Rentabilität (Erträge und steuerliche Folgen) und der Sicherheit auch die Liquidität der Anlage in die Abwägung einzubeziehen.[11] Bei größeren Vermögen ist eine Streuung der Anlagearten erforderlich. Die Heranziehung eines Vermögensberaters kann bei größeren Vermögen geboten sein, wenn die eigenen Fähigkeiten und Kenntnisse der Eltern zur Beurteilung nicht ausreichen.[12] Indiz für die Notwendigkeit bzw. Vertretbarkeit einer Beratung ist das Verhältnis der Beratungskosten zu den Vermögenserträgen.

7   **b) Sicherheit geht vor Rendite.** Elterliche Vermögenssorge ist fremdnützige Vermögensverwaltung. Eigennützig ist sie nur hinsichtlich der Verwendung der Erträge für den eigenen Unterhalt, § 1649 Abs. 2. Die letztere Vorschrift iVm. § 1698 zwingt dazu, Sicherheit vor Rendite zu stellen: Die Eltern sind – in der vom BayObLG formulierten Reihenfolge – verpflichtet, das Geld des Kindes „sicher und grundsätzlich gewinnbringend anzulegen".[13] Ihnen sind nur Kapitalanlagen gestattet, die nach den für die einzelnen Anlagearten bestehenden Bewertungsgrundsätzen als sicher gelten; unter den sicheren Anlagen ist dann nach der Ertragshöhe auszuwählen.[14] Allerdings ist den Eltern angesichts der bei der Wahl der Anlageform erforderlichen Prognoseentscheidungen ein gewisser Ermessensspielraum einzuräumen. Als Leitlinie gilt, dass die Eltern bei Spekulationsgeschäften nicht das gleiche Risiko wie bei Geschäften mit ihrem eigenen Vermögen eingehen dürfen, dass sie sich aber andererseits, jedenfalls bei großen Vermögen, auch nicht automatisch und ohne Prüfung anderer Alternativen mit der Mindestrendite von Sparguthaben mit gesetzlicher Kündigungsfrist zufrieden geben dürfen.[15]

8   **c) Größere Verantwortung.** Das Haftungsrisiko der Eltern, § 1664, und das Risiko familiengerichtlicher Maßnahmen (§§ 1666 Abs. 1, 1667) werden durch § 1642 idF des SorgeRG insofern erhöht, als die Eltern nicht mehr darauf vertrauen dürfen, eine iSv. § 1807 mündelsichere Anlage sei in jedem Falle pflichtgemäß.[16] Die Anlage eines größeren Betrages auf einem Sparkonto mit gesetzlicher Kündigungsfrist, also zum Spareckzins, kann nach § 1642 pflichtwidrig sein,[17] wenn eine solche Anlage auch vom Standpunkt eines „wirtschaftlich denkenden" privaten Beobachters (Rn. 6) offensichtlich „wirtschaftlich unvernünftig" ist und sich deshalb als Fehlgebrauch elterlichen Ermessens darstellt (sog. „Ermessensunterschreitung"). Die größere Entscheidungsfreiheit, die die Eltern durch § 1642 idF des SorgeRG gewonnen haben, geht mit größerer Verantwortung einher.

9   **d) Genehmigung.** Für bestimmte Geldanlagen bzw. für Verfügungen darüber bedürfen die Eltern einer familiengerichtlichen Genehmigung, § 1643 Abs. 1 iVm. §§ 1821, 1822.[18] Über den Rahmen des § 1643 Abs. 1 hinaus besteht jedoch keine Möglichkeit, für riskante Geschäfte zur Vermeidung der Haftung eine gerichtliche Genehmigung einzuholen:[19] Nach Aufhebung des

---
[6] OLG Düsseldorf FamRZ 1992, 1097 f.
[7] OLG Hamm FamRZ 1974, 31 f.
[8] *Staudinger/Engler* Rn. 6; NK-BGB/*Rakete-Dombek* Rn. 2.
[9] *Gernhuber/Coester-Waltjen* § 63 Rn. 23.
[10] LG Kassel FamRZ 2003, 626, 626; *Palandt/Diedrichsen* Rn. 1; jurisPK-BGB/*Schwer* Rn. 4.
[11] LG Kassel FamRZ 2003, 626, 626 f.; *Palandt/Diedrichsen* Rn. 1; jurisPK-BGB/*Schwer* Rn. 5.
[12] Vgl. *Staudinger/Engler* Rn. 7; *Palandt/Diedrichsen* Rn. 1.
[13] BayObLG FamRZ 1983, 528, 530.
[14] *Gernhuber/Coester-Waltjen* § 63 Rn. 25-27; *Staudinger/Engler* Rn. 8 f.; NK-BGB/*Rakete-Dombek* Rn. 3.
[15] Vgl. ähnlich LG Kassel FamRZ 2003, 626, 627.
[16] AA aber *Belchaus* Rn. 4.
[17] Vgl. *Gernhuber/Coester-Waltjen* § 63 Rn. 23.
[18] S. zB OLG Frankfurt/M. NJW-RR 1999, 1236.
[19] *Staudinger/Engler* Rn. 16. Zur Problematik ausführlich *Quack*, FS Rebmann, S. 771.

§ 1642 Abs. 2 aF, der § 1811 entsprach, fehlt dafür die gesetzliche Grundlage, und die Eltern können nicht beliebig eigenes Haftungsrisiko auf den Staat verlagern.

III. Sanktionen bei Nichterfüllung der Anlegungspflicht

1. Haftung der Eltern. Die Eltern haben bei der Ausübung der Anlegungspflicht für die eigenübliche Sorgfalt einzustehen (§ 1664 Abs. 1). Insoweit haften sie dem Kind aus § 1664 Abs. 1 für verursachte Schäden.[20]   10

2. Familiengerichtliche Maßnahmen. Familiengerichtliche Maßnahmen nach §§ 1666 Abs. 1, 1667 sind geboten, wenn infolge einer Verletzung der mit der Vermögenssorge verbundenen Pflichten, zu denen auch die Anlegungspflicht aus § 1642 gehört, das Vermögen des Kindes gefährdet wird. Insbesondere kann das FamG gemäß § 1667 Abs. 2 anordnen, das Geld in bestimmter Weise anzulegen. Vgl. die Erl. zu § 1667.   11

§ 1643 Genehmigungspflichtige Rechtsgeschäfte

(1) Zu Rechtsgeschäften für das Kind bedürfen die Eltern der Genehmigung des Familiengerichts in den Fällen, in denen nach § 1821 und nach § 1822 Nr. 1, 3, 5, 8 bis 11 ein Vormund der Genehmigung bedarf.

(2) ¹Das Gleiche gilt für die Ausschlagung einer Erbschaft oder eines Vermächtnisses sowie für den Verzicht auf einen Pflichtteil. ²Tritt der Anfall an das Kind erst infolge der Ausschlagung eines Elternteils ein, der das Kind allein oder gemeinsam mit dem anderen Elternteil vertritt, so ist die Genehmigung nur erforderlich, wenn dieser neben dem Kind berufen war.

(3) Die Vorschriften der §§ 1825, 1828 bis 1831 sind entsprechend anzuwenden.

Schrifttum: *Schrade,* Die rechtlichen Grenzen der Entscheidung des Vormundschaftsgerichts im Rahmen von § 1643 BGB, 1993.

Übersicht

	Rn.		Rn.
I. Normzweck und Allgemeines	1–4	3. Ausnahmen von der Genehmigungspflicht	16–25
1. Normzweck	1	a) Überblick	16
2. Zwingende Bedeutung der Vorschrift	2	b) Ausnahme: Genehmigungsfreiheit (Abs. 2 S. 2)	17–20
3. Entstehungsgeschichte	3	c) Gegenausnahmen	21–25
4. Verfassungsrechtliche Problematik	4	IV. Die Genehmigung durch das Familiengericht	26–46
II. Die nach Abs. 1 genehmigungsbedürftigen Rechtsgeschäfte	5–11	1. Begriff und Rechtsnatur	26–28
1. Genehmigungsbedürftigkeit	5–10	2. Maßstab	29–32
a) Genehmigungsbedürftigkeit gem. § 1643 Abs. 1 iVm. § 1821	6–8	a) Grundsätze	29–31
b) Genehmigungsbedürftigkeit gem. § 1643 Abs. 1 iVm. § 1822 Nr. 1, 3, 5, 8 bis 11	9, 10	b) Ermessensspielraum – Überprüfung im Beschwerderechtszug	32
2. Anwendbarkeit auf eine Zustimmung zu Rechtsgeschäften Minderjähriger	11	3. Zeitpunkt und Umfang der Genehmigung	33–35
III. Die nach Abs. 2 genehmigungsbedürftigen Rechtsgeschäfte: Erbschafts- und Vermächtnisausschlagung, Verzicht auf einen Pflichtteil	12–25	4. Wirkung der Genehmigung	36–41
		a) Wirksamwerden der Genehmigung	36
		b) Folgen	37–41
		5. Verfahren	42–46
1. Überblick	12	a) Zuständigkeit	42
2. Genehmigungsbedürftigkeit gem. Abs. 2 S. 1	13–15	b) Rechtsmittel	43–46
		V. Haftungsfolgen beim Fehlen der Genehmigung oder bei unterbliebener Ausnutzung derselben	47, 48

---

[20] Vgl. BayObLG FamRZ 1983, 528, 530; OLG Düsseldorf FamRZ 1992, 1097; AG Nordhorn FamRZ 2002, 341, 341 f.

I. Normzweck und Allgemeines

1. 1. Normzweck. Die Vorschrift dient dem **Schutz der Vermögensinteressen** des Kindes. Sie ist eine Ausnahme vom Grundsatz der elterlichen Autonomie, die die gesamte Vertretungsmacht für das Kind beinhaltet.[1] Für bestimmte Rechtsgeschäfte, die die Vermögensverhältnisse des Kindes erheblich beeinflussen können, bedürfen die Eltern der Genehmigung des Familiengerichts. Welche Geschäfte zu dieser Kategorie gehören, überlässt das Gesetz nicht einer Abwägung der Bedeutung des Geschäfts im Einzelfall. Aus Gründen der Rechtssicherheit gibt es in § 1643 vielmehr einen **Katalog** von genehmigungsbedürftigen Geschäften. Die Vorschrift definiert die genehmigungsbedürftigen Geschäfte zum Teil eigenständig (Abs. 2), zum Teil in Anlehnung an Genehmigungserfordernisse aus dem Vormundschaftsrecht (Abs. 1); allerdings überträgt Abs. 1 nur einen Teil der für Rechtsgeschäfte des Vormunds oder Pflegers (§ 1915) geltenden Genehmigungserfordernisse auf die Eltern, stellt diese also im Ergebnis freier als Vormund und Pfleger. Über § 1643 hinaus gibt es auch in anderen Vorschriften Genehmigungserfordernisse (zB §§ 1639 Abs. 2, 1644, 1645).[2]

2. 2. Zwingende Bedeutung der Vorschrift. § 1643 ist zwingendes Recht. Anordnungen nach § 1639 vermögen hieran nichts zu ändern.[3]

3. 3. Entstehungsgeschichte. Nach den gleichberechtigungsbedingten Änderungen durch das GleichberG erfuhr die Vorschrift durch das SorgeRG eine inhaltliche Änderung: Die Genehmigungspflicht wurde auf die Fälle des § 1821 Abs. 1 Nr. 5 erstreckt, um eine Gefährdung des Kindesvermögens durch kreditfinanzierten Grundstückserwerb zu verhindern (s. Rn. 7).[4] Das KindRG hat die Zuständigkeit für die Genehmigung vom Vormundschaftsgericht auf das Familiengericht verlagert (Art. 1 Nr. 46 KindRG).

4. 4. Verfassungsrechtliche Problematik. Nach einem Beschluss des BVerfG vom 13. 5. 1986 waren § 1629 Abs. 1 iVm. § 1643 Abs. 1 (aF) insoweit unvereinbar mit Art. 2 Abs. 1 iVm. Art. 1 Abs. 1 GG, als danach Eltern im Zusammenhang mit der Fortführung eines zu einem Nachlass gehörenden Handelsgeschäfts ohne vormundschaftsgerichtliche Genehmigung Verbindlichkeiten zu Lasten ihrer minderjährigen Kinder eingehen konnten, die über deren Haftung mit dem ererbten Vermögen hinausgingen.[5] Der Gesetzgeber hat diesen Bedenken durch die Einführung des § 1629a über die Beschränkung der Minderjährigenhaftung Rechnung getragen (vgl. Erl. dort) und den § 1643 in diesem Zusammenhang unverändert gelassen. Aufgrund dieser Regelung bestehen keine Bedenken mehr gegen die Verfassungsmäßigkeit der §§ 1629, 1643.

II. Die nach Abs. 1 genehmigungsbedürftigen Rechtsgeschäfte

5. 1. Genehmigungsbedürftigkeit. Abs. 1 bestimmt die Genehmigungsbedürftigkeit bestimmter Rechtsgeschäfte in Anlehnung an die vormundschaftsrechtlichen Genehmigungserfordernisse der §§ 1821, 1822 Nr. 1, 3, 5, 8–11. Zu den Voraussetzungen dieser Vorschriften vgl. i. e. die **Erl. zu §§ 1821, 1822**. An dieser Stelle genügt ein Überblick über die einzelnen Fallgruppen:

6. a) Genehmigungsbedürftigkeit gem. § 1643 Abs. 1 iVm. § 1821. Die Genehmigungsbedürftigkeit nach § 1821 erfasst bestimmte Grundstücksgeschäfte (bzw. Geschäfte über Schiffe und Schiffsbauwerke, Nr. 3): Verfügungen über ein Grundstück oder ein Recht an einem Grundstück (Nr. 1); Verfügungen über grundstücksbezogene Forderungen (Nr. 2); auf derartige Verfügungen gerichtete Verpflichtungsgeschäfte (Nr. 4); auf den entgeltlichen Erwerb solcher Rechte gerichtete Verträge (Nr. 5).

7. Die Fälle des **§ 1821 Abs. 1 Nr. 5** wurden erst durch das SorgeRG in die Genehmigungsbedürftigkeit nach § 1643 Abs. 1 einbezogen. Diese Ausweitung der gerichtlichen Präventivkontrolle über die elterliche Vermögenssorge wird in der Amtl. Begr. wie folgt erläutert: Die bisherige Genehmigungsfreiheit von Grundstückserwerbsgeschäften habe dazu geführt, dass in den Fällen einer Aufbringung des Kaufpreises durch Aufnahme von Geld auf den Kredit des Kindes das Gericht in dem dafür gem. §§ 1643 Abs. 1, 1822 Nr. 8 erforderlichen Genehmigungsverfahren „vor vollendete

---

[1] OLG Zweibrücken FamRZ 2001, 181, 182.
[2] Weitere Beispiele bei *Staudinger/Engler* Rn. 4. Zum Normzweck im Allgemeinen vgl. auch *Schrade* S. 28 ff.
[3] *Staudinger/Engler* Rn. 3; *Soergel/Strätz* Rn. 2; *NK-BGB/Rakete-Dombek* Rn. 1.
[4] Außerdem wurde Abs. 2 S. 2 redaktionell an den Gesamtvertretungsgrundsatz des § 1629 Abs. 1 S. 2 Halbs. 1 angepasst. Zur Entstehungsgeschichte des § 1643 vgl. *Schrade* S. 16 ff.
[5] BVerfGE 72, 155 = FamRZ 1986, 769 = NJW 1986, 1859 unter Aufhebung von BGH FamRZ 1985, 173 = NJW 1985, 136; zur letzteren Entscheidung vgl. *Damrau* NJW 1985, 2236; *John* JZ 1985, 246; *K. Schmidt* NJW 1985, 138 f.

Tatsachen gestellt und zur Erteilung der Genehmigung praktisch gezwungen [gewesen sei], um das Kind nicht etwaigen Ersatzansprüchen des Verkäufers auszusetzen". Eine Beschränkung der Genehmigungspflicht auf diese rechtspolitisch bedenklichen Fälle des fremdfinanzierten entgeltlichen Grundstückserwerbs erschien nach der Amtl. Begr. mit Rücksicht auf das Verkehrsinteresse nicht durchführbar, weil die Fremdfinanzierung für den Verkäufer ebenso wenig erkennbar sei wie für das Grundbuchamt und ein Fehlen der Genehmigung zu schwebender Unwirksamkeit des Kaufvertrages und damit zu unerträglicher, weil schwer behebbarer Rechtsunsicherheit führen würde.[6] Der Genehmigungstatbestand der §§ 1643 Abs. 1, 1821 Abs. 1 Nr. 5 erfasst allein das **schuldrechtliche** Grundgeschäft, nicht die dingliche Rechtsänderung. Das Grundbuchamt darf deshalb die Eintragung der dinglichen Rechtsänderung nicht mit der Begründung verweigern, es fehle an der gem. §§ 1643 Abs. 1, 1821 Abs. 1 Nr. 5 erforderlichen Genehmigung.[7]

Zur Reichweite der **Ausnahme** für Verfügungen über Grundpfandrechte in § 1821 Abs. 2 vgl. 8 § 1821 Rn. 24.[8] Zur Genehmigungsbedürftigkeit von Grundstücksgeschäften durch eine GbR mit minderjährigen Gesellschaftern vgl. § 1821 Rn. 20.[9]

b) Genehmigungsbedürftigkeit gem. § 1643 Abs. 1 iVm. § 1822 Nr. 1, 3, 5, 8 bis 9 **11.** Über die Verweisung auf bestimmte Ziffern des § 1821 werden folgende Fallgruppen erfasst: Geschäfte über Vermögensgesamtheiten (Nr. 1); Gesellschaftsverträge und Erwerbsgeschäfte (Nr. 3)[10] – zur Fortführung eines ererbten Handelsgeschäfts durch einen Elternteil und die minderjährigen Kinder vgl. Rn. 1 und § 1629a; bestimmte Verträge mit langer Bindung (Nr. 5); riskante Geschäfte (Nr. 8 bis 11).

§ 1822 Nr. 12 **(Vergleich)** wird von § 1643 Abs. 1 nicht in Bezug genommen.[11] Jedoch bedürfen 10 Vergleiche trotz dieses Ausschlusses von § 1822 Nr. 12 dann einer Genehmigung, wenn sie sich ihrem Gegenstand nach als ein aus sonstigen Gründen genehmigungspflichtiges Geschäft darstellen, zB als Verfügung über ein Grundstück iSd. § 1821 Abs. 1 Nr. 1.[12]

2. Anwendbarkeit auf eine Zustimmung zu Rechtsgeschäften Minderjähriger. Die 11 Vorschrift erfasst neben Rechtsgeschäften, die die Eltern im Namen des Kindes vornehmen, auch die elterliche Zustimmung zu Rechtsgeschäften, die der Minderjährige selbst vornimmt.[13] Überlassen ihm die Eltern Vermögensgegenstände, welche sie nur mit familiengerichtlicher Genehmigung veräußern dürfen, so gilt § 1644. Eine Ermächtigung zum selbständigen Betrieb eines Erwerbsgeschäfts oder zur Eingehung eines Dienst- oder Arbeitsverhältnisses schließt die Genehmigungsbedürftigkeit nicht aus, §§ 112 Abs. 1 S. 2, 113 Abs. 1 S. 2.

III. Die nach Abs. 2 genehmigungsbedürftigen Rechtsgeschäfte: Erbschafts- und Vermächtnisausschlagung, Verzicht auf einen Pflichtteil

1. Überblick. Die Bedeutung des Abs. 2 zeigt sich bei einem Vergleich mit den entsprechenden 12 Vorschriften aus dem Vormundschaftsrecht. Vormund und Pfleger (§ 1915) benötigen für die Ausschlagung einer dem Kind angefallenen Erbschaft oder eines Vermächtnisses sowie für den Verzicht auf einen Pflichtteil gem. § 1822 Nr. 2 stets die gerichtliche Genehmigung des FamG. Die Eltern unterliegen nach § 1643 Abs. 2 S. 1 zwar grundsätzlich ebenfalls diesem Genehmigungszwang, genießen aber kraft der Ausnahmeregelung des Abs. 2 S. 2 bezüglich der Ausschlagung erhebliche Erleichterungen: Fällt die Erbschaft (oder das Vermächtnis) dem Kind erst infolge elterlicher Ausschlagung an, so können die Eltern auch für das Kind ohne Genehmigung ausschlagen, sofern nicht der ausschlagende Elternteil neben dem Kind berufen war.

2. Genehmigungsbedürftigkeit gem. Abs. 2 S. 1. Genehmigungsbedürftig sind nach dem 13 Wortlaut des Abs. 2 S. 1 die Ausschlagung einer Erbschaft (§§ 1942 ff.)[14], die Ausschlagung eines Vermächtnisses (§§ 2176 ff.) und der Verzicht auf den Pflichtteil (§§ 2346 ff.). Die Vorschrift gilt

---

[6] Vgl. Beschlussempfehlung und Bericht des Rechtsausschusses (6. Ausschuss), BT-Drucks. 8/2788 S. 57.
[7] BayObLG NJW-RR 1990, 87.
[8] Vgl. auch *Gernhuber/Coester-Waltjen* § 60 Rn. 97 ff.
[9] Vgl. etwa OLG Koblenz FamRZ 2003, 249, 249 f.; OLG Schleswig FamRZ 2003, 55, 56; Wertenbruch FamRZ 2003, 1714; *Pluskat* FamRZ 2004, 677 ff.
[10] Zur Schenkung von Gesellschaftsanteilen an Minderjährige ausführlich *Weinbrenner* FPR 2009, 265; s. a. OLG Frankfurt FamRZ 2009, 620 und OLG Bremen FamRZ 2009, 621.
[11] Vgl. OLG Koblenz FamRZ 1992, 464.
[12] RGZ 133, 259; *Soergel/Strätz* Rn. 5.
[13] *Soergel/Strätz* Rn. 2; *Erman/Michalski/Döll* Rn. 1.
[14] Nicht hingegen nach OLG Koblenz FamRZ 2008, 1031 das Verstreichenlassen der Ausschlagungsmöglichkeit.

wegen § 1922 Abs. 2 auch für die Ausschlagung eines Erbteils. Aus § 1957 Abs. 1 ist abzuleiten, dass die Anfechtung der Annahme einer Ausschlagung der Erbschaft gleichzustellen ist. Gleiches muss für die Anfechtung der Annahme eines Vermächtnisses gelten, auch wenn die Verweisungsvorschrift des § 2180 Abs. 3 sich nicht auf § 1957 bezieht.[15]

14   Nicht unter die Genehmigungspflicht des Abs. 2 fällt dagegen die Annahme einer Erbschaft (§ 1943)[16] oder eines Vermächtnisses (§ 2180).[17]

15   Die Grundsätze des Abs. 2 gelten auch für die Nacherbschaft (vgl. Rn. 20).[18]

16   **3. Ausnahmen von der Genehmigungspflicht. a) Überblick.** Abs. 2 S. 2 sieht eine Ausnahme von der Genehmigungsbedürftigkeit vor, wenn der Anfall an das Kind erst infolge der Ausschlagung eines vertretungsberechtigten Elternteils eintritt (Rn. 17 ff.). Abs. 2 S. 2 Halbs. 2 sieht dazu eine Gegenausnahme für den Fall vor, dass der ausschlagende Elternteil neben dem Kind berufen war (Rn. 21). Schließlich erfordert auch der Normzweck des Abs. 2 Ausnahmen von der Genehmigungsfreiheit (Rn. 23 ff.).

17   **b) Ausnahme: Genehmigungsfreiheit (Abs. 2 S. 2).** Die Ausschlagung bedarf keiner familiengerichtlichen Genehmigung, wenn der Anfall an das Kind erst infolge der Ausschlagung eines Elternteils eintritt, der das Kind allein oder gemeinsam mit dem anderen Elternteil vertritt. Die Vorschrift hat den Fall im Auge, dass die Erbschaft zunächst dem (vertretungsberechtigten) Elternteil anfällt, dieser sie ausschlägt, und die Erbschaft infolgedessen an das Kind als den nächsten Erbberechtigten fällt. In dieser Situation hatte der betreffende Elternteil zunächst ein eigenes Interesse daran, die Vor- und Nachteile einer Annahme der Erbschaft sorgfältig zu prüfen. Wenn er sich für die Ausschlagung entscheidet, kann man in der Regel davon ausgehen, dass die Erbschaft insgesamt nachteilig wäre. Deshalb ist nicht zu befürchten, dass dem Kind ein Nachteil droht, wenn der betreffende Elternteil die Erbschaft anschließend ohne familiengerichtliche Kontrolle auch für das Kind ausschlagen kann.[19] Sinn und Zweck der Ausnahme in Abs. 2 S. 2 ist es also, der Tatsache gerecht zu werden, dass in diesen Fällen typischerweise **keine Interessenkollision** zwischen dem Elternteil und dem Kind auftritt.

18   Die vom SorgeRG eingeführte Fassung des Abs. 2 S. 2 hat die Vorschrift an die **Gesamtvertretung** des Kindes durch beide Elternteile gem. § 1629 Abs. 1 S. 2 Halbs. 1 angepasst. In der Amtl. Begr. heißt es dazu,[20] dass bei Ausschlagung beider Elternteile für das Kind davon ausgegangen werden könne, „dass eine Benachteiligung des Kindes auch dann nicht zu besorgen ist, wenn die Erbschaft dem Kind lediglich durch Ausschlagung eines Elternteils anfällt". Dem ist zuzustimmen: Beruhte Abs. 2 S. 2 nach der ursprünglichen Gesetzesfassung auf der Überlegung, dass die Genehmigungspflicht durch die Wirtschaftlichkeitsprüfung hinreichend aufgewogen würde, die der von dem Kind berufene alleinvertretungsberechtigte Elternteil vor der eigenen Ausschlagung anzustellen pflegte, so verstärkt der seit 1959 geltende Gesamtvertretungsgrundsatz (vgl. § 1629 Rn. 11 ff.) diesen Kindesschutz dadurch, dass seitdem auch der andere, nicht erbrechtlich bedachte Elternteil vor der Ausschlagung für das Kind prüfen muss, ob diese sachgerecht ist. Das Bedürfnis für eine familiengerichtliche Genehmigung ist also noch geringer als in den Fällen der Alleinvertretung durch den ausschlagenden Elternteil.

19   Darüber hinaus dient die Norm der Entlastung des Gerichts und soll verhindern, dass dieses, um sich der Prüfung des Nachlassbestandes und der damit verbundenen Verantwortung zu entziehen, im Zweifel dazu neigt, die Genehmigung zur Ausschlagung zu versagen.[21]

20   Abs. 2 S. 2 gilt auch dann, wenn der Elternteil als Nacherbe und zugleich für das Kind als den Ersatznacherben ausschlägt, was gem. § 2142 Abs. 1 schon vor Eintritt des Nacherbfalls zulässig ist (vgl. Rn. 15).[22]

21   **c) Gegenausnahmen. aa) Abs. 2 S. 2 Halbs. 2.** Gem. Abs. 2 S. 2 Halbs. 2 ist für die Ausschlagung die Genehmigung dann erforderlich, wenn der ausschlagende Elternteil neben dem Kind als Erbe berufen war. Beispiel: Vater und Kind beerben nebeneinander die Mutter, sodass eine Ausschlagung des Vaters das Kind zum Alleinerben macht.[23] Hier ist die durch den Vater vorgenommene Ausschlagung für das Kind gem. Abs. 2 S. 2 Halbs. 2 genehmigungspflichtig. Allerdings ließe

---

[15] Vgl. *Staudinger/Engler* Rn. 34.
[16] BayObLG FamRZ 1997, 126, 127; OLG Koblenz FamRZ 2008, 1031.
[17] *Staudinger/Engler* Rn. 33.
[18] *Staudinger/Engler* Rn. 41; *Erman/Michalski/Döll* Rn. 22; *Gernhuber/Coester-Waltjen* § 60 Rn. 93 Fn. 181.
[19] Vgl. *Gernhuber/Coester-Waltjen* § 60 Rn. 93; *Staudinger/Engler* Rn. 35 ff.
[20] Beschlussempfehlung (Fn. 1) S. 57.
[21] Vgl. Mot. V S. 515; *Staudinger/Engler* Rn. 37.
[22] Vgl. KG RJA 17, 37, 39 f. = KGJ 53, 33, 37; *Soergel/Strätz* Rn. 7; *Staudinger/Engler* Rn. 41.
[23] *Belchaus* Rn. 6.

Genehmigungspflichtige Rechtsgeschäfte　　　　　22–28　§ 1643 RelKErzG

sich die Genehmigungsbedürftigkeit auch ohne die in Halbs. 2 vorgesehene Gegenausnahme begründen: Wenn das Kind nämlich ohnehin „neben" dem Vater berufen ist, erwirbt es die Erbschaft nicht erst „infolge der Ausschlagung" durch den Vater.[24]

Anders ist es in den Fällen zulässiger **Teilausschlagung** (§ 1951 Abs. 1). Führt erst diese Teilausschlagung zu einem Anfall an das Kind neben dem Elternteil, so bestehen im Hinblick auf den Normzweck (vorherige Prüfung des Vaters genau für diese Erbteile) keine Bedenken dagegen, dass dieser Erbteil für das Kind genehmigungsfrei ausgeschlagen wird. Dogmatisch lässt sich das damit begründen, dass hier kein Fall des Halbs. 2 vorliegt, weil das Kind nicht „neben" dem Elternteil berufen war.[25] 22

bb) Normzweck. Aus dem Normzweck des Abs. 2 (Rn. 17) ergeben sich weitere Ausnahmen von der Genehmigungsfreiheit:[26] 23

Schlägt ein Elternteil als Testamentserbe und für sein testamentarisch zum **Ersatzerben** eingesetztes Kind aus, um damit die Voraussetzungen für den Eintritt der eigenen gesetzlichen Erbfolge zu schaffen, so bedarf die für das Kind erklärte Ausschlagung der Genehmigung, weil der Elternteil gerade nicht im Hinblick auf die Unwirtschaftlichkeit des Nachlasses endgültig ausscheidet. Das mag zwar im Einzelfall dazu führen, dass der ausschlagende Elternteil, der sich nicht zuvor einer Genehmigung für die Ausschlagung der Ersatzerbschaft des Kindes vergewissert, den Nachlass an das Kind verliert, obgleich dies niemand gewollt hatte; schwerer wiegt jedoch, dass Eltern- und Kindesinteresse in solchen Fällen keineswegs gleichgerichtet sind, das Kind vielmehr seine Ersatzerbenstellung endgültig zugunsten der gesetzlichen Erbfolge des Elternteils verlieren würde.[27] 24

Eine Genehmigung ist ferner erforderlich, wenn ein Elternteil die infolge seiner eigenen Ausschlagung mehreren Kindern angefallene Erbschaft für **einzelne Kinder** gleichfalls ausschlägt, für eines der Kinder aber annimmt; denn der Elternteil handelt hier nicht, um eine als nachteilig bewertete Erbschaft von den Kindern ebenso wie von sich selbst schlechthin fernzuhalten, sondern um die Erbschaft in eine bestimmte Richtung zu lenken.[28] 25

IV. Die Genehmigung durch das Familiengericht

1. Begriff und Rechtsnatur. Für die Genehmigung iSd. § 1643 gelten im Wesentlichen die gleichen Grundsätze wie für die Genehmigung nach den §§ 1821 ff. § 1643 Abs. 3 ordnet die Geltung der §§ 1825, 1828 bis 1831 an. Vgl. deshalb zunächst die Erl. dort, insbes. zu § 1828. 26

Genehmigung iSv. § 1643 ist demnach abweichend von dem für Willenserklärungen geltenden Sprachgebrauch des BGB (§§ 183, 184 Abs. 1) sowohl die vor Geschäftsabschluss erklärte familiengerichtliche Zustimmung als auch die nachträgliche Billigung;[29] zu den einzelnen Fallgestaltungen vgl. Rn. 38 ff. 27

Die Genehmigung gem. §§ 1643, 1821 ff. ist ein **Akt der freiwilligen Gerichtsbarkeit,** der keine Elemente einer privatrechtlichen Willenserklärung enthält.[30] Die Gegenansicht, derzufolge die Genehmigung Eigenschaften eines gerichtlichen Akts und eines Rechtsgeschäfts in sich vereine,[31] ist nicht zutreffend und wird heute nur noch vereinzelt vertreten. Aus ihrer Rechtsnatur als Akt der freiwilligen Gerichtsbarkeit folgt, dass auf die Genehmigung die Vorschriften des BGB über die Willensmängel weder direkt noch analog anwendbar sind.[32] Geändert werden kann die (gerichtliche Verfügung über die) Genehmigung deshalb allenfalls im Rahmen der gerichtlichen Änderungsbefugnis nach § 48 FamFG.[33] 28

---

[24] Vgl. *Dölle* II § 94 IV 6; *Staudinger/Engler* Rn. 40; *Soergel/Strätz* Rn. 6. S. auch BayObLG FamRZ 1983, 834 f. = BayObLGZ 1983, 9, 12.
[25] *Dölle* II § 94 IV 6, bei Fn. 55.
[26] Vgl. *Gernhuber/Coester-Waltjen* § 60 Rn. 93 f.
[27] Vgl. OLG Frankfurt/M. NJW 1955, 466 und OLGZ 70, 81 = FamRZ 1969, 658; *Gernhuber/Coester-Waltjen* § 60 Rn. 94; *Dölle* II § 94 IV 6; *Staudinger/Engler* Rn. 39; *Engler* FamRZ 1972, 7 f.; *Soergel/Strätz* Rn. 8; *Erman/Michalski/Döll* Rn. 22; *Palandt/Diederichsen* Rn. 2.
[28] *Engler* FamRZ 1972, 7, 8 f.; *Staudinger/Engler* Rn. 38; *Soergel/Strätz* Rn. 8; *Gernhuber/Coester-Waltjen* § 60 Rn. 95; vgl. auch LG Osnabrück NotBZ 2007, 419.
[29] Vgl. 3. Aufl. § 1828 Rn. 4; *Staudinger/Engler* Rn. 57; RG WarnR 1959 Nr. 59; KG JFG 14, 246, 248; KG MDR 1966, 238.
[30] Vgl. 3. Aufl. § 1828 Rn. 4 ff.; *Staudinger/Engler* Rn. 46 f.; NK-BGB/*Rakete-Dombek* Rn. 14; *Gernhuber/Coester-Waltjen* § 60 Rn. 42; *Erman/Saar* § 1828 Rn. 4.
[31] Vgl. RGZ 137, 324, 345; 121, 30, 36; 71, 162, 170.
[32] Vgl. 3. Aufl. § 1828 Rn. 5 ff.; *Staudinger/Engler* Rn. 47 f.; *Gernhuber/Coester-Waltjen* § 60 Rn. 42; *Erman/Saar* § 1828 Rn. 4; RGRK/*Adelmann* Rn. 23; *Dölle* II § 128 VI 1; *Habscheid* FamRZ 1957, 109, 112 f.; für analoge Anwendung aber *Müller-Freienfels,* Die Vertretung im Rechtsgeschäft, S. 386 ff.
[33] Vgl. 3. Aufl. § 1828 Rn. 5 ff.; NK-BGB/*Rakete-Dombek* Rn. 17; *Staudinger/Engler* Rn. 48; *Gernhuber/Coester-Waltjen* § 60 Rn. 42.

§ 1643 29–34

29 **2. Maßstab. a) Grundsätze.** Maßstab der familiengerichtlichen Entscheidung über die Genehmigung eines Rechtsgeschäfts ist das **Kindeswohl**. Dies ergibt sich seit dem KindRG aus dem neu eingefügten § 1697a, war aber auch vorher schon anerkannt.[34] Maßgeblich ist dabei nicht das rein finanzielle Interesse des Kindes, sondern vielmehr, ob das genehmigungsbedürftige Rechtsgeschäft in seinem Gesamtinteresse liegt.[35] Erhebliche immaterielle Nachteile, also insbes. eine Schädigung des Ansehens des Kindes in seiner Umgebung, dürfen nicht gegen wirtschaftliche Vorteile dergestalt „verrechnet" werden, dass dem Kind die Hinnahme jener Nachteile zugemutet wird, wenn nur die wirtschaftlichen Vorteile groß genug sind.[36] Zu den Einzelheiten vgl. Erl. zu §§ 1821, 1822.

30 Das Kindeswohl als Entscheidungsmaxime gewinnt auch dann Bedeutung, wenn **Zweifel an der Wirksamkeit** des genehmigungsbedürftigen Rechtsgeschäfts bestehen (vgl. auch Erl. zu § 1828 Rn. 22): Zwar hat das FamG bei offenbarer Nichtigkeit des Geschäfts die Genehmigung schon aus diesem Grunde abzulehnen.[37] Bei heilbarer Nichtigkeit oder sonstigen Zweifeln sollte aber die Genehmigung (wenn das Geschäft im Übrigen dem Kindeswohl förderlich ist) erteilt werden, weil sie dem Kind einen Vorteil bringt: Stellt sich das Geschäft als wirksam heraus, profitiert das Kind davon. Stellt es sich als unwirksam heraus, so ändert die gerichtliche Genehmigung daran nichts; sie geht dann ins Leere. Durch die Versagung der Genehmigung würde dem Kind dagegen die Chance auf das möglicherweise wirksame Geschäft endgültig entzogen und den zur endgültigen Klärung einer solchen Streitfrage zuständigen Gerichten der streitigen Gerichtsbarkeit vorgegriffen.[38]

31 Die Berücksichtigung des Kindeswohls bewirkt indes keine Rechtfertigung vom Gesetz nicht gebilligter Entscheidungsmodalitäten. So darf eine Genehmigung zur Grundstücksveräußerung (§ 1643 Abs. 1, § 1821 Abs. 1 Nr. 1) nur dann an die **Bedingung bzw. Auflage** geknüpft werden, dass die Eltern eine bestimmte Anlageform für den Kaufpreis zu wählen haben, wenn die Voraussetzungen der §§ 1666, 1667 Abs. 2 vorliegen.[39]

32 **b) Ermessensspielraum – Überprüfung im Beschwerderechtszug.** Nach der hM in der **Rechtsprechung** handelt es sich bei der Genehmigungsentscheidung des Gerichts um eine Ermessensentscheidung, die in der Rechtsbeschwerdeinstanz nur beschränkt nachprüfbar ist.[40] Die **hL**[41] und das OLG Karlsruhe (Freiburg)[42] dagegen sehen in dem Kriterium des Wohls des Kindes einen unbestimmten Rechtsbegriff, dessen richtige Anwendung auch durch das Rechtsbeschwerdegericht voll überprüfbar ist. Diese Ansicht ist vorzugswürdig (vgl. Erl. zu § 1828 Rn. 15). Denn der Begriff des Kindeswohls und seine konkreten Ausprägungen werden auch in anderen Vorschriften als unbestimmte Rechtsbegriffe aufgefasst.[43] Das Rechtsbeschwerdegericht ist deshalb – wie auch sonst bei unbestimmten Rechtsbegriffen – zwar an die tatrichterliche Tatsachenfeststellung gebunden (soweit sie verfahrensmäßig einwandfrei festgestellt wurde); die Bewertung dieser Tatsachen im Rahmen der Prüfung des Begriffs des Kindeswohls darf es aber voll überprüfen.

33 **3. Zeitpunkt und Umfang der Genehmigung.** Die Genehmigung kann vor oder nach der Vornahme des zu genehmigenden Geschäfts erteilt werden. Allerdings ist zu beachten, dass die nachträgliche Genehmigung bei einseitigen Rechtsgeschäften gem. §§ 1643 Abs. 3, 1831 grundsätzlich nicht zur Wirksamkeit des Geschäfts führt, also im Ergebnis keinen Sinn ergibt.

34 Die Genehmigung erstreckt sich auf das Geschäft mit dem Inhalt, mit dem es dem Gericht unterbreitet wurde. Bei der vorherigen Genehmigung gilt der Grundsatz, dass das Geschäft geneh-

---

[34] Vgl. OLG Frankfurt/M. OLGZ 70, 81, 84 = FamRZ 1969, 658; OLG Bremen FamRZ 1962, 209; *Gernhuber/Coester-Waltjen* § 60 Rn. 59.
[35] Vgl. BayObLG FamRZ 1986, 196 f.; OLG Zweibrücken FamRZ 2001, 181, 182; OLG Bremen NJW-RR 1999, 876, 877; OLG Frankfurt/M. NJW-RR 1999, 1236, 1237; OLG Bremen FamRZ 1962, 209; KG OLGRspr. 43, 380; 32, 20; OLG Hamm BB 1983, 791 = FamRZ 1983, 648 (LS.).
[36] OLG Karlsruhe (Freiburg) FamRZ 1973, 378, 380; ähnlich schon KG OLGRspr. 43, 380.
[37] *Staudinger/Engler* Rn. 51; *Gernhuber/Coester-Waltjen* § 60 Rn. 60; KG JFG 14, 249, 251; s. auch BayObLG FamRZ 1989, 92, 94.
[38] BayObLG MDR 1963, 502 f.; FamRZ 1976, 539, 544; *Staudinger/Engler* Rn. 51; *Gernhuber/Coester-Waltjen* § 60 Rn. 60; NK-BGB/*Rakete-Dombek* Rn. 15.
[39] OLG Frankfurt/M. FamRZ 1963, 453 f. (Einzahlung auf ein Sperrkonto); NJW 1953, 67; LG Frankenthal FamRZ 1979, 176 (mündelsichere Anlage).
[40] BayObLG FamRZ 1981, 196, 197; 1989, 540, 541; 1990, 208, 209 = Rpfleger 1989, 455; OLG Bremen FamRZ 1962, 209; s. auch BGH FamRZ 1986, 970, 972.
[41] Vgl. § 1828 Rn. 15; *Gernhuber/Coester-Waltjen* § 60 Rn. 59 Fn. 128; *Schrade* S. 115 ff.
[42] OLG Karlsruhe (Freiburg) FamRZ 1973, 378, 379.
[43] Vgl. OLG Hamm FamRZ 1998, 447, 448 („Missbrauch des Sorgerechts", „Gefährdung des Kindeswohls"); BayObLG FamRZ 1981, 814, 816; *Staudinger/Coester* § 1666 Rn. 65 ff.

migt werden kann, sofern dessen wesentlicher Inhalt feststeht und dem FamG bekannt ist.[44] Nur so weit reicht dann auch die Genehmigungswirkung. Zu Einzelheiten vgl. die Erl. zu § 1828 Rn. 9 ff.

Die Genehmigung des schuldrechtlichen Geschäfts umfasst regelmäßig auch das Erfüllungsgeschäft und umgekehrt.[45] 35

4. Wirkung der Genehmigung. a) Wirksamwerden der Genehmigung. Die Genehmigung wird gemäß § 40 Abs. 2 FamFG erst mit Rechtskraft wirksam. 36

b) Folgen. Von dem Wirksamwerden der gerichtlichen Genehmigung ist die Frage zu trennen, wie bzw. wann das genehmigte Rechtsgeschäft wirksam wird. Hier ist wiederum zwischen Verträgen und einseitigen Rechtsgeschäften einerseits und zwischen vorheriger und nachträglicher Genehmigung andererseits zu unterscheiden. 37

aa) Wirksamkeit von Verträgen. Bei **vorheriger** Genehmigung ist der Vertrag von Anfang an, also mit seinem Abschluss, wirksam, wenn er sich im Rahmen der Genehmigung hält (s. Rn. 34). 38

Wurde der Vertrag von den Eltern **ohne vorherige Genehmigung** durch das FamG geschlossen, so ist er zunächst schwebend unwirksam.[46] Seine Wirksamkeit hängt dann von der nachträglichen Genehmigung durch das FamG ab. Für diese gilt über die Verweisung des Abs. 3 die Vorschrift des § 1829 entsprechend. Gem. § 1829 Abs. 1 S. 2 wird die Genehmigung gegenüber dem anderen Teil erst dann wirksam, wenn sie ihm durch die Eltern mitgeteilt wird. Dieses Mitteilungserfordernis dient dem Schutz des Kindes: Die Eltern erhalten eine letzte Chance, das bereits genehmigte Geschäft nochmals zu überdenken und ggf. auf seine wirksame Vornahme zu verzichten, indem sie dem anderen Teil die Genehmigung nicht mitteilen.[47] Teilen sie dem Vertragspartner die Genehmigung mit, wird diese auch ihm gegenüber wirksam. Damit wird auch der Vertrag mit Rückwirkung auf den Zeitpunkt des Vertragsschlusses wirksam (vgl. im Einzelnen Erl. zu § 1828 Rn. 29, § 1829 Rn. 22).[48] Steht schon zZ der Entscheidung fest, dass der ges. Vertreter dem Rechtsgeschäft nicht zustimmt und die gerichtliche Genehmigung folglich dem Gegner nicht mitteilen wird, so darf diese nicht mehr erteilt werden.[49] 39

Nach § 1829 Abs. 3 (iVm. § 1643 Abs. 3) tritt die Genehmigung des volljährig gewordenen Kindes an die Stelle derjenigen des FamG;[50] vgl. die Erl. zu § 1829 Rn. 31 ff. 40

bb) Wirksamkeit einseitiger Rechtsgeschäfte. Für einseitige Rechtsgeschäfte gilt über § 1643 Abs. 3 die Vorschrift des § 1831 entsprechend. § 1831 bindet die Wirksamkeit einseitiger Rechtsgeschäfte stets an die **vorherige** Genehmigung. Eine nachträgliche Genehmigung bleibt also grds. wirkungslos (s. Rn. 33 und Erl. zu § 1831). Die Vorschrift des § 1831 S. 1 gilt auch für amtsempfangsbedürftige Erklärungen. Bei der Erbschaftsausschlagung reicht es jedoch aus, wenn die Genehmigung dem Nachlassgericht innerhalb der Ausschlagungsfrist des § 1944 nachgewiesen wird.[51] Wird die Genehmigung innerhalb der Frist beantragt, aber nicht rechtzeitig erteilt, so stellt diese Verzögerung für den gesetzlichen Vertreter eine Verhinderung infolge höherer Gewalt dar (§§ 1944 Abs. 2 S. 2, 3, 203 Abs. 2); der Ablauf der Ausschlagungsfrist ist gehemmt, bis der gesetzliche Vertreter die Genehmigung erhält.[52] 41

5. Verfahren. a) Zuständigkeit. Zuständig für die Erteilung der gem. § 1643 erforderlichen Genehmigung ist seit dem Inkrafttreten des KindRG nicht mehr das Vormundschaftsgericht, sondern das Familiengericht, §§ 23b Abs. 1 S. 2 Nr. 2 GVG, § 111 Nr. 2, § 151 Nr. 1 FamFG.[53] Die örtliche Zuständigkeit richtet sich nach § 152 FamFG. Funktionell zuständig ist der Rechtspfleger (§ 3 Nr. 2 a RPflG); der frühere Richtervorbehalt in § 14 Nr. 9 RPflG (aF) wurde durch das BtG mit Wirkung zum 1. 1. 1992 gestrichen (Art. 3 Nr. 2 c BtG). 42

---

[44] BayObLG FamRZ 1983, 92 mwN; FamRZ 1976, 539, 544.
[45] Vgl. BayObLGZ 1985, 43, 46; RGZ 130, 148, 150 f.; *Dölle* II § 128 II 2 b aa.
[46] *Gernhuber/Coester-Waltjen* § 60 Rn. 52; NK-BGB/*Rakete-Dombek* Rn. 19.
[47] Vgl. *Gernhuber/Coester-Waltjen* § 60 Rn. 52.
[48] *Gernhuber/Coester-Waltjen* § 60 Rn. 52.
[49] BayObLG FamRZ 1977, 141, 144.
[50] Vgl. OLG Hamm NJW-RR 1992, 1186, 1187: konkludente Genehmigung möglich, setzt aber voraus, dass sich der volljährig Gewordene der schwebenden Unwirksamkeit bewusst war oder zumindest mit der Möglichkeit schwebender Unwirksamkeit rechnete. S. auch OLG Koblenz VersR 1991, 209.
[51] Vgl. RGZ 118, 145, 148; BGH FamRZ 1966, 504.
[52] BayObLGZ 1983, 9, 12 f.; OLG Frankfurt/M. FamRZ 1966, 259 mwN; aA *Gernhuber/Coester-Waltjen* § 60 Rn. 49, die es wegen der so entstehenden Ungewissheit über den Ablauf der Ausschlagungsfrist für besser halten, die Ausschlagung auszuschließen, aber dem Kind Amtshaftungsansprüche zu gewähren.
[53] MünchKommZPO/*Heilmann* § 151 FamFG Rn. 21.

43 b) **Rechtsmittel.** Die vom Gericht erteilte Genehmigung des Rechtsgeschäfts wird nach § 40 Abs. 2 FamFG erst mit Rechtskraft wirksam. Ein Vorbescheid, durch den angekündigt wird, eine beantragte Genehmigung nicht zu erteilen, ist unzulässig.[54]

44 Statthaftes Rechtsmittel ist die **Beschwerde**, §§ 58 ff. FamFG. Es gilt eine verkürzte Beschwerdefrist von zwei Wochen, § 63 Abs. 2 Alt. 2 FamFG.

45 Das Beschwerderecht steht bei **Versagung** der Genehmigung sowohl dem Kind, gesetzlich vertreten durch die Eltern, als auch den Eltern im eigenen Namen zu (§ 59 Abs. 1 FamFG).[55] Der Geschäftsgegner dagegen ist hier nur in Ausnahmefällen beschwerdeberechtigt. Ein solcher Fall liegt insbesondere dann vor, wenn eine bereits erteilte Genehmigung aufgehoben wird, nachdem sie dem Geschäftsgegner gegenüber gem. §§ 1643 Abs. 3, 1829 Abs. 1 S. 2 wirksam und damit gem. § 48 Abs. 3 FamFG unabänderlich geworden ist.[56] Ein weiterer Fall, in dem der Geschäftsgegner ausnahmsweise gegen die Versagung der Genehmigung beschwerdeberechtigt ist, liegt vor, wenn der Geschäftsgegner vorbringt, das vom Familiengericht zu Unrecht für genehmigungsbedürftig gehaltene Rechtsgeschäft sei in Wirklichkeit nicht genehmigungsbedürftig gewesen; in diesem Fall würde nämlich durch die (unnötige und unrichtige) gerichtliche Versagung der Anschein erweckt, das Rechtsgeschäft sei unwirksam.[57]

46 Gegen die **Erteilung** der Genehmigung haben Kind und Eltern dagegen grundsätzlich kein Recht zur Beschwerde. Denn die Möglichkeit, von der Genehmigung keinen Gebrauch zu machen, bietet idR ausreichenden Schutz.[58]

V. Haftungsfolgen beim Fehlen der Genehmigung oder bei unterbliebener Ausnutzung derselben

47 Wird die Genehmigung versagt, gilt sie gem. § 1829 Abs. 2 als verweigert oder machen die Eltern oder der vertretungsberechtigte Elternteil davon keinen Gebrauch, so ist das Kind zur **Rückgewähr** ihm bereits zugeflossener Leistungen nach Bereicherungsgrundsätzen verpflichtet.[59]

48 Mit Rücksicht auf den Zweck des § 1829 Abs. 1 S. 2 (s. Rn. 39) macht sich der gesetzliche Vertreter *nicht* (aus culpa in contrahendo) schadensersatzpflichtig, wenn er sich entschließt, die Genehmigung gar nicht zu beantragen oder nach Erteilung von deren Mitteilung an den Geschäftsgegner abzusehen. Entsprechendes gilt, wenn der gesetzliche Vertreter zur Versagung der Genehmigung durch den Vortrag hindernder Argumente beiträgt (zB Vortrag späterer günstigerer Grundstückskaufangebote).[60]

§ 1644 Überlassung von Vermögensgegenständen an das Kind

Die Eltern können Gegenstände, die sie nur mit Genehmigung des Familiengerichts veräußern dürfen, dem Kind nicht ohne diese Genehmigung zur Erfüllung eines von dem Kind geschlossenen Vertrags oder zu freier Verfügung überlassen.

1 **1. Normzweck.** Die Bedeutung der Vorschrift liegt in der Klarstellung, dass § 1643 nicht auf dem Wege des § 110 umgangen werden kann.[1] Eine derartige Umgehung würde drohen, wenn die Eltern dem Minderjährigen Gegenstände, die unter die Genehmigungspflicht des § 1643 fallen, frei überlassen könnten und der Minderjährige infolgedessen gem. § 110 wirksam Verträge abschließen und erfüllen könnte, ohne die Genehmigung der Eltern und des Familiengerichts einholen zu müssen. Für Vormund und Pfleger (§ 1915) gilt die entsprechende Vorschrift des § 1824.

2 **2. Wirkung.** Wenn die Eltern gegen § 1644 verstoßen und ohne die erforderliche Genehmigung handeln, so bewirkt die Vorschrift, dass die in § 110 vorgesehene Rechtsfolge nicht eintritt:

---

[54] Vgl. OLG Brandenburg FamRZ 2008, 425; NK-BGB/*Rakete-Dombek* Rn. 17.
[55] Vgl. OLG Frankfurt/M. FamRZ 2004, 713, 713 f.; BayObLG FamRZ 1981, 196 f.; *Staudinger/Engler* Rn. 62; NK-BGB/*Rakete-Dombek* Rn. 17.
[56] Vgl. noch zu § 55, 62 FGG BayObLG FamRZ 1981, 196 f.; LG Fulda Rpfleger 2002, 206; *Jansen* FGG § 20 Rn. 47 mwN; s. auch BayObLG FamRZ 1964, 526 f.; 1977, 141 f.
[57] BayObLG FamRZ 1964, 526 f.; 1977, 141 f.; OLG Hamm FamRZ 1984, 1036 f.
[58] BayObLG MDR 1963, 502; *Jansen* FGG § 20 Rn. 32, 48 m. zahlr. Nachw.; *Soergel/Strätz* Rn. 12. S. aber auch 3. Aufl. § 1828 Rn. 39; vgl. *Keidel/Meyer-Holz* § 59 FamFG Rn. 45.
[59] RGZ 81, 261, 264 ff.; *Erman/Michalski/Döll* Rn. 36.
[60] BGHZ 54, 71, 73 ff. = FamRZ 1970, 401 f.; s. auch RG JW 1921, 1237.
[1] Vgl. BayObLGZ 1917, 124, 128; *Staudinger/Engler* Rn. 1; *Erman/Michalski/Döll* Rn. 1; RGRK/*Adelmann* Rn. 1.

Das von dem Minderjährigen geschlossene Rechtsgeschäft ist nicht nach § 110 wirksam; seine Wirksamkeit richtet sich nach §§ 107, 108, wobei die elterliche Zustimmung wieder genehmigungsbedürftig ist.² § 1644 ist also eine vorrangige Sondervorschrift zu § 110.

Die in Verstoß gegen § 1644 erfolgte Überlassung an das Kind führt nicht dazu, dass die Vermögenssorge der Eltern in Bezug auf den betreffenden Gegenstand erlischt.³   3

3. Verfahren. Die Zuständigkeit für die Entscheidung über die Genehmigung wurde durch das   4
KindRG (Art. 1 Nr. 46) vom Vormundschaftsgericht auf das Familiengericht verlagert. Die örtliche Zuständigkeit richtet sich jetzt nach § 152 FamFG. Die Entscheidung obliegt nach § 3 Nr. 2 a RPflG dem Rechtspfleger; der frühere Richtervorbehalt in § 14 Abs. 1 Nr. 9 RPflG wurde durch das BtG mit Wirkung zum 1. 1. 1992 gestrichen (Art. 3 Nr. 2 c BtG). Gegen die Entscheidung findet die Beschwerde gem. §§ 58 ff. (beachte § 63 Abs. 2) FamFG statt.

§ 1645 Neues Erwerbsgeschäft

Die Eltern sollen nicht ohne Genehmigung des Familiengerichts ein neues Erwerbsgeschäft im Namen des Kindes beginnen.

I. Normzweck

Die Vorschrift beruht auf der Erwägung, dass die Neugründung eines im Namen des Kindes zu   1
betreibenden Erwerbsgeschäfts außerhalb der gewöhnlichen Vermögensverwaltung liegt und idR mit Gefahr für das Kind verbunden ist. Ferner soll verhindert werden, dass bei Kreditunwürdigkeit der Eltern ein Geschäft auf den Namen des Kindes eröffnet wird.¹

§ 1645 ist bloße **Ordnungsvorschrift,** wie schon der Wortlaut („sollen") zeigt.² Als solche ist   2
die Vorschrift schwächstes Glied einer **Gruppe von Vorschriften,** welche den Minderjährigen vor dem mit einem Erwerbsgeschäft verbundenen Risiko bewahren soll: §§ 1643 Abs. 1, 1822 Nr. 3 stellen zwingende Genehmigungserfordernisse auf für den entgeltlichen Erwerb eines Erwerbsgeschäfts und für den Abschluss eines Gesellschaftsvertrages, der zum Betrieb eines solchen Geschäfts eingegangen wird, ferner für den Pachtvertrag über einen gewerblichen Betrieb. Die in § 112 Abs. 1 vorgesehene elterliche Ermächtigung zum selbständigen Betrieb eines Erwerbsgeschäfts ist nur mit familiengerichtlicher Genehmigung wirksam; die so erweiterte Geschäftsfähigkeit des Minderjährigen findet nach § 112 Abs. 1 S. 2 ihre Schranken in §§ 1643, 1821, 1822.

Alle diese Vorschriften haben jeweils **unterschiedliche Zielrichtungen:** Eine nach § 1645   3
erteilte Genehmigung kann nicht diejenige ersetzen, die von §§ 1643 Abs. 1, 1822 Nr. 3 verlangt wird,³ weil die letzteren Bestimmungen auch auf eine Kontrolle der Anlage des Kindesvermögens abstellen und nicht nur auf den Schutz vor dem Risiko eines Erwerbsgeschäfts. Umgekehrt umfasst jedoch die nach §§ 1643 Abs. 1, 1822 Nr. 3 erteilte Genehmigung eine möglicherweise nach § 1645 erforderliche Genehmigung.⁴ Dagegen kann die nach § 112 Abs. 1 S. 1 erteilte familiengerichtliche Genehmigung, welche die Geschäftsfähigkeit des Minderjährigen erweitert, eine gemäß § 1645 erforderliche familiengerichtliche Genehmigung nicht ersetzen.⁵

II. Voraussetzungen

Im Gegensatz zum weiter reichenden, auch die Auflösung eines Erwerbsgeschäfts umfassenden   4
§ 1823 zielt § 1645 nur auf den **Beginn** eines **neuen Erwerbsgeschäfts** im Namen des Kindes, setzt also die Aufnahme einer auf selbständigen Erwerb gerichteten, berufsmäßig ausgeübten Tätigkeit voraus.⁶

Ob auch die **Fortführung** eines dem Kind unentgeltlich zugefallenen Erwerbsgeschäfts einer   5
Genehmigung nach § 1645 bedarf, ist im Einzelnen str.: Nach einer Auffassung soll jede Fortführung

---

² Vgl. *Staudinger/Engler* Rn. 3; NK-BGB/*Rakete-Dombek* Rn. 3.
³ *Staudinger/Engler* Rn. 6.
¹ *Gernhuber/Coester-Waltjen* § 60 Rn. 120; *Staudinger/Engler* Rn. 1; *Erman/Michalski/Döll* Rn. 1; RGRK/*Adelmann* Rn. 1; Mot. IV S. 768.
² Vgl. *Erman/Michalski/Döll* Rn. 1; RGRK/*Adelmann* Rn. 6; jurisPK-BGB/*Schwer* Rn. 4.
³ RGRK/*Adelmann* Rn. 2; *Erman/Michalski/Döll* Rn. 2.
⁴ *Erman/Michalski/Döll* Rn. 2; enger RGRK/*Adelmann* Rn. 2.
⁵ Vgl. RGRK/*Adelmann* Rn. 2.
⁶ RGZ 133, 7, 11; allgM.

eines Erwerbsgeschäfts genehmigungsfrei sein.[7] Nach aA soll dies zwar für die Fortführung eines ererbten Geschäfts gelten, die Betriebsaufnahme bei einem dem Kind schenkungsweise zugewandten Erwerbsgeschäft soll dagegen § 1645 unterliegen.[8] Dazu ist zu sagen: In Betracht kann angesichts des eindeutigen Wortlauts der Vorschrift allenfalls eine analoge Anwendung kommen. Seit der Einführung des § 1629a besteht jedoch die für eine solche Analogie erforderliche Regelungslücke nicht mehr: § 1629a bietet ausreichenden Schutz vor den Haftungsrisiken, die sich für den Minderjährigen aus der elterlichen Fortführung eines Erwerbsgeschäfts ergeben.[9]

III. Die familiengerichtliche Genehmigung

6 1. **Kindeswohl als Maßstab.** Maßstab für die Erteilung der Genehmigung ist das Kindeswohl (§ 1697a). Das FamG hat zu prüfen, ob nicht die Geschäftsgründung in Wahrheit nur Fortführung elterlicher Geschäfte unter dem Namen des Kindes ist, zu dessen und der Gläubiger Nachteil.[10] Ferner sollte auf die Fähigkeit des Minderjährigen abgestellt werden, das Geschäft nach Erreichen der Volljährigkeit selbständig zu führen; wird der junge Erwachsene diesen Anforderungen voraussichtlich nicht gewachsen sein, so ist die Genehmigung zu versagen.[11]

7 Die Entscheidungskriterien legen es nahe, den Minderjährigen vor der Entscheidung nach § 159 Abs. 1 S. 2, Abs. 2 FamFG persönlich **anzuhören**.[12]

8 2. **Verfahren.** Das KindRG hat die Zuständigkeit vom VormG auf das FamG verlagert. Die örtliche Zuständigkeit richtet sich nach § 152 FamFG. Die Entscheidung obliegt dem Rechtspfleger, § 3 Nr. 2 a RPflG. Gegen die Entscheidung findet die Beschwerde gem. §§ 58 ff. FamFG statt.

9 3. **Folgen fehlender Genehmigung.** Das Fehlen der Genehmigung beeinträchtigt weder die Wirksamkeit der Geschäftsgründung noch die Gültigkeit der im Geschäftsbetrieb abgeschlossenen Verträge. Es hindert auch nicht die Erlangung der Kaufmannseigenschaft durch das Kind, denn § 1645 ist nur Ordnungsvorschrift (Rn. 2).[13]

10 Das Registergericht darf deshalb die Firmeneintragung grundsätzlich nicht vom Nachweis der familiengerichtlichen Genehmigung abhängig machen;[14] das Genehmigungserfordernis würde andernfalls entgegen § 1645 zur zwingenden Voraussetzung wirksamer Geschäftsgründung. Bedenken hinsichtlich einer Verletzung von Kindesinteressen sollte das Registergericht dem FamG jedoch mitteilen.

11 4. **§§ 1666 ff., 1664.** Die Nichteinhaltung des § 1645 kann zu familiengerichtlichen Maßregeln nach §§ 1666 ff. führen. Ferner können Ersatzansprüche gem. § 1664 bestehen.

§ 1646 Erwerb mit Mitteln des Kindes

(1) ¹Erwerben die Eltern mit Mitteln des Kindes bewegliche Sachen, so geht mit dem Erwerb das Eigentum auf das Kind über, es sei denn, dass die Eltern nicht für Rechnung des Kindes erwerben wollen. ²Dies gilt insbesondere auch von Inhaberpapieren und von Orderpapieren, die mit Blankoindossament versehen sind.

(2) Die Vorschriften des Absatzes 1 sind entsprechend anzuwenden, wenn die Eltern mit Mitteln des Kindes ein Recht an Sachen der bezeichneten Art oder ein anderes Recht erwerben, zu dessen Übertragung der Abtretungsvertrag genügt.

---

[7] NK-BGB/*Rakete-Dombek* Rn. 3; *Staudinger/Engler* Rn. 8 (es sei denn, die Fortführung geschieht unter Änderungen, die einer Neugründung gleichkommen).
[8] *Soergel/Strätz* Rn. 2; weitergehend *K. Schmidt* NJW 1985, 138, 139.
[9] NK-BGB/*Rakete-Dombek* Rn. 3; *Staudinger/Engler* Rn. 8 ff.
[10] RGRK/*Adelmann* Rn. 5; *Staudinger/Engler* Rn. 12, 1.
[11] Vgl. *Staudinger/Engler* Rn. 12; NK-BGB/*Rakete-Dombek* Rn. 5.
[12] *Staudinger/Engler* Rn. 13.
[13] Vgl. *Staudinger/Engler* Rn. 14 ff.; NK-BGB/*Rakete-Dombek* Rn. 7.
[14] KG OLGRspr. 1, 286, 288; *Gernhuber/Coester-Waltjen* § 60 Rn. 119; *Staudinger/Engler* Rn. 15; aA *Erman/Michalski/Döll* Rn. 1; *Soergel/Strätz* Rn. 3.

Übersicht

	Rn.		Rn.
I. Normzweck	1	4. Ausschluss des Surrogationsprinzips nach Abs. 1 S. 1 Halbs. 2	9–11
II. Voraussetzungen	2–11	III. Rechtsfolgen	12–16
1. Handeln im eigenen Namen	2, 3	1. Übergang des Eigentums auf das Kind	12–14
2. Gegenständliche Beschränkung	4, 5	2. Anspruch im Falle des Erwerbs für eigene Rechnung	15
3. Erwerb mit Mitteln des Kindes	6–8	3. Grundstückserwerb mit Kindesmitteln	16

I. Normzweck

Zur Erhaltung des Kindesvermögens unterstellt § 1646 die elterliche Vermögenssorge zwingend dem Prinzip der **Mittelsurrogation** (im Gegensatz zur Gegenstandssurrogation des § 1370).[1] Das Prinzip wird nicht lückenlos durchgeführt; der Anwendungsbereich ist enger, als es nach dem Wortlaut scheint (Rn. 2, 4). Soweit die Vorschrift aber eingreift, bewirkt sie im Erwerbsgeschäft ex lege eine Subjektsänderung: An die Stelle der rechtsgeschäftlich als Erwerber bezeichneten Eltern tritt das Kind, dem so die Geltendmachung evtl. wesentlich schlechterer Übertragungs- oder Ersatzansprüche erspart wird.[2] Die praktische Bedeutung des § 1646 ergibt sich daraus, dass die Eltern häufig ihr eigenes und das Kindesvermögen als Einheit behandeln.[3]

II. Voraussetzungen

1. Handeln im eigenen Namen. § 1646 setzt voraus, dass die Eltern im eigenen Namen mit Mitteln und für Rechnung des Kindes handeln. Werden sie dagegen im Namen des Kindes tätig, so erwirbt das Kind schon nach § 164 iVm. den einschlägigen Vorschriften Eigentum; für eine Anwendung des Surrogationsgrundsatzes ist kein Raum. Die systematische Bedeutung des § 1646 liegt vielmehr gerade darin, dass die Voraussetzungen der mittelbaren Stellvertretung mit den Rechtsfolgen der unmittelbaren verknüpft werden.[4]

Hat nur einer der beiden gesamtvertretungsberechtigten Elternteile (§§ 1626, 1629) unter den og. Voraussetzungen ein Geschäft für das Kind abgeschlossen, so hängt die Wirksamkeit vom Einverständnis des anderen Teils ab;[5] das Kind kann darauf einen Anspruch haben, damit sich der Rechtserwerb nach § 1646 vollendet.[6]

2. Gegenständliche Beschränkung. Die Anwendung der Vorschrift ist gegenständlich beschränkt. Sie erfasst nur den Erwerb von beweglichen Sachen (Abs. 1 S. 1), Inhaberpapieren sowie mit einem Blankoindossament versehenen Orderpapieren (Abs. 1 S. 2, vgl. Art. 11, 13 WG; Art. 14, 16 ScheckG; §§ 68 Abs. 1 AktG, 363 ff. HGB), ferner gem. Abs. 2 den Erwerb von Rechten hieran (Pfandrecht, Nießbrauch) sowie den Erwerb solcher Rechte, zu deren Übertragung ein formloser Abtretungsvertrag (§§ 398, 413) genügt. Das schließt den Forderungserwerb ein (vgl. auch Rn. 8); §§ 412, 406 bis 410 finden zugunsten des Schuldners entspr. Anwendung.[7]

Nicht anwendbar ist die Vorschrift mithin auf den Erwerb von Rechten, deren Übertragung einer besonderen Form bedarf, vgl. zB § 15 Abs. 3 GmbHG für den Geschäftsanteil (notarielle Beurkundung). Auch der **Grundstückserwerb** fällt nicht unter § 1646; das Verkehrsinteresse an der Richtigkeit von Grundbucheintragungen hat Vorrang vor dem Kindesinteresse an der Vermögenserhaltung.[8] Das Kind erlangt vielmehr nur einen Anspruch auf Übereignung des mit seinen Mitteln erworbenen Grundstücks, vgl. dazu Rn. 16.

3. Erwerb mit Mitteln des Kindes. Ein Erwerb mit Mitteln des Kindes liegt vor, wenn die Eltern die an den Veräußerer zu entrichtende Gegenleistung dem Kindesvermögen entnehmen oder

---

[1] *Gernhuber/Coester-Waltjen* § 63 Rn. 15; *Staudinger/Engler* Rn. 2.
[2] *Gernhuber/Coester-Waltjen* § 63 Rn. 17.
[3] *Erman/Michalski/Döll* Rn. 1.
[4] *Gernhuber/Coester-Waltjen* § 63 Rn. 16.
[5] RGRK/*Adelmann* Rn. 9; *Staudinger/Engler* Rn. 15 f.; vgl. aber auch zu einem anderen Ansatz NK-BGB/*Rakete-Dombek* Rn. 5.
[6] *Staudinger/Engler* Rn. 15.
[7] *Staudinger/Engler* Rn. 17; NK-BGB/*Rakete-Dombek* Rn. 5.
[8] *Gernhuber/Coester-Waltjen* § 63 Rn. 15; *Staudinger/Engler* Rn. 8.

wenn sie eine Forderung des Kindes einziehen.[9] Gelder, welche das Kind dem Vertretungsberechtigten zur Vornahme von Anschaffungen zuwendet, sind bei deren Vollzug Kindesmittel iSv. § 1646.[10]

7 Wird die Gegenleistung teils aus dem Vermögen des Kindes, teils aus dem der Eltern aufgebracht, so erwirbt das Kind Miteigentum im Verhältnis seines Anteils.[11] Dabei ist jedoch eine wirtschaftliche Betrachtungsweise geboten:[12] Stammen beim Kreditgeschäft die gesamte Barzahlung sowie zusätzliche, vom Käufer zu tragende Kosten aus dem geschützten Vermögen, so kann Surrogation in vollem Umfang eintreten.[13] Der Anspruch auf die Versicherungssumme aus einem von den Eltern abgeschlossenen Versicherungsvertrag über eine zum Eigentum des Kindes gehörige Sache steht diesem jedoch nur dann zu, wenn auch die Prämien aus seinem Vermögen gezahlt wurden.[14]

8 Abs. 2 zeigt, dass die Verwendung von Kindesmitteln nicht auf die Erbringung von Geldleistungen beschränkt ist: Auch die Veräußerung einer im Eigentum des Kindes stehenden Sache mit der Folge eines Erwerbs der Kaufpreisforderung gehört hierher, denn es ist gleichgültig, ob die Eltern eine bereits bestehende Forderung mit Mitteln des Kindesvermögens erwerben oder ob sie die Forderung auf diese Weise neu begründen.[15]

9 **4. Ausschluss des Surrogationsprinzips nach Abs. 1 S. 1 Halbs. 2.** Gem. Abs. 1 S. 1 Halbs. 2 ist die Anwendung des Surrogationsprinzips ausgeschlossen, wenn die im eigenen Namen (Rn. 2) handelnden Eltern trotz Verwendung von Kindesmitteln nicht für Rechnung des Kindes handeln wollen. Der von § 1646 erstrebte Rechtserwerb des Kindes findet danach seine Schranke am **Willen der Eltern;**[16] Surrogation setzt elterliche Bereitschaft dazu voraus.

10 Im Streitfall kommt dem Kind jedoch eine aus dem Zusammenhang des Abs. 1 S. 1 herzuleitende **Beweislastregelung** zugute: Die Vorschrift stellt eine Vermutung dafür auf, dass die Eltern für Rechnung des Kindes tätig werden wollten; der Gegenbeweis obliegt dem, der sich auf den Elternerwerb beruft.[17] Zu den Rechtsfolgen bei erfolgreichem Nachweis elterlichen Eigenerwerbs vgl. Rn. 15.

11 Waren beide Elternteile am Geschäft beteiligt, wollte aber nur einer von ihnen nicht für das Kind erwerben, so liegt es im Sinne des Kindesschutzes, am Wortlaut des Abs. 1 S. 1 Halbs. 2 festzuhalten und den Eintritt der Surrogation zu bejahen.[18]

III. Rechtsfolgen

12 **1. Übergang des Eigentums auf das Kind.** Unter den zuvor genannten Voraussetzungen geht das Eigentum – oder die Inhaberschaft an dem Recht iSv. Abs. 1 S. 2 – mit dem Erwerb auf das Kind über (Abs. 1 S. 1). Nach heute hM vollzieht sich dieser Rechtsübergang **ohne elterlichen Durchgangserwerb;**[19] das entspricht dem Kindesinteresse (Rn. 1) ebenso wie dem Grundsatz, dass § 1646 die Anwendung des § 164 Abs. 2 auf den Rechtserwerb ausschließt.[20] Zum Erwerb von Bruchteilseigentum bei anteiliger Verwendung von Kindes- und Elternmitteln vgl. Rn. 7.

13 Für den **Besitz** enthält § 1646 keine Regelung. Es gelten die allg. Vorschriften. IdR erwerben die Eltern den unmittelbaren Besitz als Besitzmittler für das Kind, das mittelbarer Besitzer (§ 868) wird.

14 **Subjektive** Elemente des Erwerbsgeschäfts sind aus der Sicht der Eltern zu beurteilen. Dies folgt bereits daraus, dass die Eltern gegenüber dem Veräußerer als Vertragspartner auftreten, nicht dagegen aus der – ohnehin unzutreffenden – Annahme, das Kind werde Rechtsnachfolger der Eltern.[21]

---

[9] KG OLGRspr. 22, 258; *Gernhuber/Coester-Waltjen* § 63 Rn. 18 f.
[10] OLG Frankfurt/M. Recht 1906 Nr. 2862.
[11] AllgM, vgl. RGZ 152, 349, 355 (zu § 1381 aF); *Staudinger/Engler* Rn. 13.
[12] RGZ 126, 114, 117; 152, 349, 350 (beide zu § 1381 aF); *Staudinger/Engler* Rn. 14.
[13] RGZ 126, 114, 117; zurückhaltend *Staudinger/Engler* Rn. 14.
[14] *Gernhuber/Coester-Waltjen* § 63 Rn. 18 f.; *Soergel/Strätz* Rn. 2.
[15] *Dölle* II § 94 V 1.
[16] *Gernhuber/Coester-Waltjen* § 63 Rn. 16.
[17] RGZ 126, 114, 117 (zu § 1381 aF); *Dölle* II § 94 V 1; *Gernhuber/Coester-Waltjen* § 63 Rn. 16 Fn. 31; *Soergel/Strätz* Rn. 3; *RGRK/Adelmann* Rn. 11.
[18] *Beitzke* JR 1959, 401, 404; *Soergel/Strätz* Rn. 3. AA (Miteigentum des Kindes und des für eigene Rechnung handelnden Elternteils) *Gernhuber/Coester-Waltjen* § 63 Rn. 16 Fn. 31; diese für die Verwendung von Mitteln unterschiedlicher Vermögensherkunft passende Lösung (Rn. 7) ist jedoch abzulehnen, weil der Text eine dem Kind günstigere Folge zulässt.
[19] *Gernhuber/Coester-Waltjen* § 63 Rn. 15; *Erman/Michalski/Döll* Rn. 4; *Soergel/Strätz* Rn. 2; *Staudinger/Engler* Rn. 12; aA die ältere Literatur, zB *Dölle* II § 94 V 2.
[20] *Erman/Michalski/Döll* Rn. 2.
[21] So aber *Dölle* II § 94 V 2.

2. Anspruch im Falle des Erwerbs für eigene Rechnung. Wollten die Eltern trotz Verwendung von Kindesmitteln für eigene Rechnung erwerben, so tritt keine Ersetzung ein (Rn. 9); die Eltern werden Rechtsinhaber. Das Kind hat dann aufgrund des Rechts auf pflichtgemäße Ausübung der elterlichen Sorge (§ 1626 Rn. 7) Anspruch auf Übertragung des erworbenen Rechts bzw. wahlweise auf Ersatz der verbrauchten Beträge.[22] Bei Insolvenz der Eltern ist das Kind mit diesem Anspruch lediglich Insolvenzgläubiger (§ 38 InsO),[23] während es beim Surrogationserwerb gem. § 47 InsO aussondern kann. 15

3. Grundstückserwerb mit Kindesmitteln. Auf den Erwerb von Grundstücken findet § 1646 keine Anwendung (s. Rn. 5), eine Surrogation findet also nicht statt. Wenn die Eltern ein Grundstück mit Mitteln des Kindes (aber im eigenen Namen, sonst ja schon § 164, vgl. Rn. 2) ein Grundstück erworben haben, hat das Kind gegen die Eltern einen Übereignungsanspruch. Dieser Anspruch ergibt sich aus dem Recht des Kindes auf pflichtgemäße Ausübung der Vermögenssorge durch die Eltern (vgl. § 1626 Rn. 7). Für eine analoge Anwendung des § 1646 besteht deshalb mangels einer Regelungslücke kein Raum.[24] 16

§ 1647 *(weggefallen)*

(§ 1647 aufgehoben durch Art. 1 Nr. 22 GleichberG v. 18. 6. 1957)

§ 1648 Ersatz von Aufwendungen

Machen die Eltern bei der Ausübung der Personensorge oder der Vermögenssorge Aufwendungen, die sie den Umständen nach für erforderlich halten dürfen, so können sie von dem Kind Ersatz verlangen, sofern nicht die Aufwendungen ihnen selbst zur Last fallen.

I. Normzweck

1. Übertragung der Grundsätze des § 670. Die Vorschrift überträgt die Grundsätze des § 670 auf elterliche Aufwendungen im Bereich der Personen- und Vermögenssorge. Ersatzansprüche bestehen aber nur, sofern die Aufwendungen nicht im Rahmen der Unterhaltspflicht (§§ 1601 ff.) von den Eltern selbst zu tragen sind, Halbs. 2. Da die typischen Aufwendungen für das Kind (zB Arzthonorare; sportliche, musikalische Ausbildung) i. Allg. von der Unterhaltspflicht umfasst sind, wird die Regel des § 1648 in der Praxis zur Ausnahme.[1] Vgl. dazu auch § 1649. 1

2. § 1648 und die allgemeinen Vorschriften. Soweit die Eltern kraft Sorgerechts tätig werden, kommen neben § 1648 grundsätzlich Ansprüche aus §§ 677 ff. nicht in Betracht; sorgeberechtigte und -pflichtige Eltern handeln für ihr Kind nicht als Geschäftsführer „ohne Auftrag".[2] Die allgemeinen Regeln (insbes. §§ 677 ff.) greifen vielmehr nur zugunsten desjenigen Elternteils, der für das Kind Aufwendungen macht, obwohl ihm nicht einmal tatsächliche Sorgebefugnisse zustehen.[3] 2

II. Voraussetzungen

1. Erforderliche Aufwendungen im Rahmen der elterlichen Sorge. Die Eltern müssen bei der Ausübung der Personen- oder der Vermögenssorge Aufwendungen gemacht haben. Ersatzberechtigt sollte auch der die elterliche Sorge tatsächlich ausübende Elternteil sein, auch wenn ihm rechtlich die elterliche Sorge nicht zusteht.[4] Aufwendung ist die freiwillige Aufopferung von 3

---

[22] Vgl. *Erman/Michalski/Döll* Rn. 2; *Soergel/Strätz* Rn. 3; s. auch BGHZ 6, 1, 2 f. = NJW 1952, 779; RGZ 152, 349, 356 (beide zu § 1381 aF).
[23] *Palandt/Diederichsen* Rn. 1.
[24] S. auch *Staudinger/Engler* Rn. 8; *NK-BGB/Rakete-Dombek* Rn. 2, allerdings trifft die Eltern im Rahmen der pflichtgemäßen Vermögenssorgeausübung die Pflicht, das Grundstück wie Eigentum des Kindes zu behandeln.
[1] Vgl. *Gernhuber/Coester-Waltjen* § 57 Rn. 31.
[2] *Gernhuber/Coester-Waltjen* § 57 Fn. 46; *Erman/Michalski/Döll* Rn. 3; *Soergel/Strätz* Rn. 3; *Staudinger/Engler* Rn. 3; offen gelassen in RGZ 65, 162, 164.
[3] *Staudinger/Engler* Rn. 16; *Erman/Michalski/Döll* Rn. 6; *Palandt/Diederichsen* Rn. 1; *RGRK/Adelmann* Rn. 2.
[4] *NK-BGB/Rakete-Dombek* Rn. 2; *Staudinger/Engler* Rn. 16.

Vermögenswerten im Interesse eines anderen;[5] vgl. im Einzelnen, auch zum Anspruchsumfang, die Erl. zu §§ 256, 257 sowie zu § 670.

4 Ersatzfähig sind gem. § 1648 und entspr. § 670 nicht nur die objektiv notwendigen Vermögensopfer, sondern diejenigen, welche die Eltern nach den Umständen für erforderlich halten durften. Maßstab elterlicher Sorgfalt ist nach allgemeiner Meinung § 1664.[6] Im Rahmen der Prüfung der Angemessenheit ist auf die Vermögensverhältnisse des Kindes abzustellen.[7]

5 Nicht ersatzfähig sind Dienste eines Elternteils, welche dieser im Rahmen seines Berufes oder Gewerbes dem Kind erbringt (Umkehrschluss aus § 1835 Abs. 3); damit scheiden Ansprüche eines Elternteils aus, der als Arzt, Handwerker, Lehrer oder Rechtsanwalt für das Kind tätig geworden ist, und zwar auch hinsichtlich des Zeitaufwandes.[8]

6 **2. Entfallen des Aufwendungsersatzanspruchs.** Der Aufwendungsersatzanspruch der Eltern besteht nicht, sofern ihnen die betreffenden Aufwendungen „selbst zur Last fallen" (letzter Halbs.). Unter diese Ausschlussvorschrift fallen **Unterhaltsleistungen,** zu denen die Eltern gemäß §§ 1601 ff. verpflichtet sind (vgl. Rn. 1).[9] Für Aufwendungen, die ihrer Art nach Unterhaltsgewährung darstellen, die aber nach den §§ 1601 ff. nicht geschuldet werden, greift die widerlegliche Vermutung des § 685 Abs. 2 ein, wonach den Eltern regelmäßig die Absicht fehlt, Ersatz zu verlangen.[10]

7 **Außerhalb** des Anwendungsbereichs **der Unterhaltsleistungen** gilt der Grundsatz, dass kein Aufwendungsersatzanspruch besteht, wenn die Eltern für ihr Vermögensopfer von vornherein keinen Ersatz verlangen wollten.[11] Der Elternverzicht muss sich freilich anhand der Umstände des Einzelfalls nachweisen lassen, denn § 685 Abs. 2 ist außerhalb des Bereichs der Unterhaltsleistungen nicht anwendbar.[12]

8 Allerdings kann sich der Ausschluss des Ersatzanspruchs auch aus dem Rechtsgedanken des § 534 ergeben, insbesondere bei Gelegenheitsgeschenken.[13] Außerdem kann durch die Eltern gem. §§ 1629 Abs. 2, 1795 Abs. 2, 181 auch mit Wirkung für das Kind ein (für das Kind lediglich vorteilhafter) Erlassvertrag (§ 397) geschlossen werden.[14]

III. Geltendmachung elterlicher Aufwendungsersatzansprüche

9 Soweit die Eltern nach den geschilderten Grundsätzen Aufwendungsersatz beanspruchen können, steht die Fortdauer der elterlichen Sorge einer Geltendmachung dieser Ansprüche nicht entgegen.[15] Die Eltern dürfen ihnen gebührende Beträge dem Kindesvermögen entnehmen, da eine Verbindlichkeit des Kindes zu erfüllen ist (§§ 1629 Abs. 2, 1795 Abs. 2, 181 Halbs. 1).[16]

IV. Haftung

10 Soweit die Eltern aus dem Vermögen des Kindes Aufwendungen tätigen, für die sie gemäß § 1648 vom Kind Ersatz zu verlangen nicht berechtigt wären, verletzen sie ihre Pflicht zur Vermögenssorge und haften aus § 1664.[17]

§ 1649 Verwendung der Einkünfte des Kindesvermögens

(1) ¹Die Einkünfte des Kindesvermögens, die zur ordnungsmäßigen Verwaltung des Vermögens nicht benötigt werden, sind für den Unterhalt des Kindes zu verwen-

---

[5] Vgl. BGHZ 59, 327; BGH NJW 1960, 1568.
[6] JurisPK-BGB/*Schwer* Rn. 4; *Soergel/Strätz* Rn. 2; *Staudinger/Engler* Rn. 6.
[7] BGH FamRZ 1998, 367, 368; *Staudinger/Engler* Rn. 6; NK-BGB/*Rakete-Dombek* Rn. 3.
[8] *Erman/Michalski/Döll* Rn. 4; *Staudinger/Engler* Rn. 12; *Soergel/Strätz* Rn. 2; aA *Gernhuber/Coester-Waltjen* § 57 Rn. 32.
[9] AG Nordhorn FamRZ 2002, 341, 342.
[10] BGH FamRZ 1998, 367, 368; *Staudinger/Engler* Rn. 3; NK-BGB/*Rakete-Dombek* Rn. 4; skeptisch zur Anwendbarkeit des § 685 die 3. Aufl. Rn. 6; *Soergel/Strätz* Rn. 3; s. auch *Gernhuber/Coester-Waltjen* § 57 Rn. 32.
[11] BGH FamRZ 1998, 367, 368; AG Nordhorn FamRZ 2002, 341, 342 (bei Urlaubsreise).
[12] BGH FamRZ 1998, 367, 368.
[13] BGH FamRZ 1998, 367, 368.
[14] *Gernhuber/Coester-Waltjen* § 57 Rn. 32.
[15] *Staudinger/Engler* Rn. 13.
[16] *Gernhuber/Coester-Waltjen* § 57 Rn. 31; RGRK/*Adelmann* Rn. 7; *Soergel/Strätz* Rn. 2; *Staudinger/Engler* Rn. 15.
[17] Vgl. AG Nordhorn FamRZ 2002, 341, 342 f.

den. ² Soweit die Vermögenseinkünfte nicht ausreichen, können die Einkünfte verwendet werden, die das Kind durch seine Arbeit oder durch den ihm nach § 112 gestatteten selbständigen Betrieb eines Erwerbsgeschäfts erwirbt.

(2) ¹ Die Eltern können die Einkünfte des Vermögens, die zur ordnungsmäßigen Verwaltung des Vermögens und für den Unterhalt des Kindes nicht benötigt werden, für ihren eigenen Unterhalt und für den Unterhalt der minderjährigen unverheirateten Geschwister des Kindes verwenden, soweit dies unter Berücksichtigung der Vermögens- und Erwerbsverhältnisse der Beteiligten der Billigkeit entspricht. ² Diese Befugnis erlischt mit der Eheschließung des Kindes.

Übersicht

	Rn.
I. Normzweck	1–5
1. Fremdnützigkeit der Vermögenssorge, aber Angleichung des Lebenszuschnitts in der Familie	1
2. Funktionen im Einzelnen	2–5
a) Abs. 1	3
b) Abs. 2	4
c) Verhinderung missbräuchlicher Inanspruchnahme des Verwendungsrechts	5
II. Allgemeine Anwendungsvoraussetzungen	6–8
1. Verwaltungszuständigkeit eines Elternteils	6
2. Bestellung eines Vermögenspflegers oder Beistands	7
3. Trennung, Scheidung	8
III. Zum Begriff der Vermögenseinkünfte	9, 10
IV. Abs. 1 S. 1: Die Verwendung der Vermögenseinkünfte zur ordnungsgemäßen Vermögensverwaltung und für den Kindesunterhalt	11–16
1. In erster Linie: Verwendung zur ordnungsgemäßen Vermögensverwaltung	11–13

	Rn.
2. In zweiter Linie: Verwendung für den Kindesunterhalt	14–16
V. Abs. 1 S. 2: Die Verwendung von Arbeitseinkommen und Einkünften aus selbständigem Betrieb eines Erwerbsgeschäfts für die ordnungsgemäße Vermögensverwaltung und den Kindesunterhalt	17, 18
1. Voraussetzung für eine Heranziehung der Einkunftsarten nach Abs. 1 S. 2	17
2. Subsidiäre Verwendung von Arbeits- und Geschäftseinkünften	18
VI. Abs. 2: Die Verwendung der Vermögenseinkünfte für den Unterhalt von Eltern und Geschwistern	19–30
1. Einschränkung der Pflichten aus § 1642 mit dem Ziel einer Aufbesserung des Familienunterhalts	19–21
2. Voraussetzungen	22–29
3. Erlöschen des Verwendungsrechts (Abs. 2 S. 2)	30
VII. Rechenschaftspflicht der Eltern	31
VIII. Rückforderung der gem. § 1649 Abs. 2 S. 1 zugunsten von Eltern und Geschwistern verwendeten Vermögenseinkünfte	32–34

I. Normzweck

1. Fremdnützigkeit der Vermögenssorge, aber Angleichung des Lebenszuschnitts 1
in der Familie. § 1649 idF des Art. 1 Nr. 22 GleichberG ist an die Stelle der Regeln über die väterliche Nutznießung getreten, welche gem. Art. 3 Abs. 2, 117 Abs. 1 GG seit dem 1. 4. 1953 elterliche Nutznießung bedeuteten. Nachdem über die gleichmäßige Rechtszuständigkeit beider Elternteile Einigkeit bestand, war die gesetzliche Beseitigung dieses Elternrechts keineswegs mehr unverzichtbarer Vollzug des Gleichberechtigungsgrundsatzes.[1] Die Gesetzesänderung brachte vielmehr zum Ausdruck, dass eine – wenngleich vielfach beschränkte – eigennützige Verwaltung des Kindesvermögens mit den gewandelten Vorstellungen vom Inhalt der elterlichen Sorge unvereinbar ist.[2] § 1649 dient heute also der Verwirklichung des Grundsatzes der **Fremdnützigkeit der Vermögenssorge**. Der den Eltern nach Abs. 2 S. 1 verbliebene Restbestand früherer Befugnisse greift den Grundsatz fremdnütziger Vermögensverwaltung nicht an, weil diese von Billigkeitsgesichtspunkten abhängige Ausnahmeregelung weit entfernt ist vom Leitbild des alten Rechts, welches Nutznießung auch um der Stärkung der elterlichen Autorität willen als Bestandteil der elterlichen Sorge verstand. Demgegenüber verfolgt **Abs. 2 S. 1** heute das Ziel, einem zu starken Gefälle des Lebens-

---

[1] Vgl. *Bosch* in Anm. zu BGH FamRZ 1957, 50; *Staudinger/Engler* Rn. 8.
[2] *Staudinger/Engler* Rn. 9; RGRK/*Adelmann* Rn. 1 f.; *Soergel/Strätz* Rn. 1; s. auch *Gernhuber/Coester-Waltjen* § 63 Rn. 1; *Dölle* II § 94 VII 1, 2.

standards innerhalb der Familien entgegenzuwirken und auf diese Weise Störungen des **Familienfriedens** zu vermeiden.³

2 **2. Funktionen im Einzelnen.** Die Vorschrift behandelt in Abs. 1 S. 1 und in Abs. 2 die Verwendung der Einkünfte aus dem Kindesvermögen, in Abs. 1 S. 2 ferner die Verwendung derjenigen Einkünfte, welche das Kind durch seine Arbeit oder durch den ihm nach § 112 gestatteten selbständigen Betrieb eines Erwerbsgeschäfts erzielt.

3 a) **Abs. 1.** Abs. 1 ergänzt § 1602 (Unterhaltsanspruch des minderjährigen unverheirateten Kindes, soweit Vermögenseinkünfte und Arbeitseinkommen nicht ausreichen) sowie § 1642 (Anlegung nach den Grundsätzen wirtschaftlicher Vermögensverwaltung, soweit Geld des Kindes nicht zur Bestreitung von Ausgaben bereitzuhalten ist) um die **Klarstellung** einer in beiden Vorschriften (teilweise) offen gebliebenen Frage: Welche Einkünfte des Kindes – aus Vermögen, Arbeit oder selbständigem Betrieb eines Erwerbsgeschäfts – sind in welcher Reihenfolge zu welchen Zwecken – Vermögensverwaltung, Kindesunterhalt – zu verwenden?⁴

4 b) **Abs. 2.** Über diesen Rahmen ergänzender Klarstellung geht Abs. 2 hinaus: Die zu letzteren Zwecken nicht benötigten Vermögenseinkünfte des Kindes dürfen die Eltern für ihren eigenen Unterhalt und für den Unterhalt minderjähriger unverheirateter Geschwister des Kindes verwenden, soweit dies der Billigkeit entspricht. Damit werden für die Ertragsquelle „Vermögenseinkünfte" auch solche Verwendungszwecke gebilligt, welche über die Wahrnehmung unmittelbarer Kindesinteressen hinausreichen. Die Eltern haben insoweit ein **familienrechtliches Verwendungsrecht eigener Art.**⁵

5 c) **Verhinderung missbräuchlicher Inanspruchnahme des Verwendungsrechts.** Mit Rücksicht auf dieses Verwendungsrecht des Abs. 2 stellt Abs. 1 die Regel auf, dass zunächst die Vermögenseinkünfte und nicht das Arbeitseinkommen für den Unterhalt des Kindes zu verwenden seien. Dadurch wird verhindert, dass die Eltern den Unterhalt des Kindes aus dessen Arbeitsverdienst bestreiten und die Vermögenseinkünfte für sich selbst und die Geschwister verbrauchen. Abs. 1 regelt damit im Ergebnis die Voraussetzungen des Verwendungsrechts nach Abs. 2.⁶

II. Allgemeine Anwendungsvoraussetzungen

6 **1. Verwaltungszuständigkeit eines Elternteils.** Aus der systematischen Stellung der Vorschrift folgt, dass sie nur anwendbar ist, wenn zumindest einem Elternteil die tatsächliche Vermögenssorge zusteht. Auf die Vertretungsmacht kommt es dagegen nicht an.⁷ In den Fällen des § 1638 ist diese Voraussetzung nicht erfüllt.⁸ Das Verwendungsrecht nach Abs. 2 kann auch durch Anordnungen des Zuwendenden gem. § 1639 für Einkünfte aus dem zugewendeten Vermögen ausgeschlossen werden.⁹

7 **2. Bestellung eines Vermögenspflegers oder Beistands.** Ist für das Kind ein Vermögenspfleger bestellt und besteht zwischen ihm und dem personensorgeberechtigten Elternteil Streit über die Höhe des aus den Vermögenseinkünften zu bestreitenden Kindesunterhalts, so muss bei der nach § 1630 Abs. 2 zu treffenden Entscheidung der Grundsatz des § 1649 Abs. 1 S. 1 entspr. angewendet werden.¹⁰ Das Verwendungsrecht des Abs. 2 S. 1 besteht in diesem Falle nicht.¹¹

8 **3. Trennung, Scheidung.** Dauernde Trennung und Scheidung der Eltern schließen das Verwendungsrecht des Abs. 2 nicht aus,¹² vgl. aber Rn. 30.

---

³ Vgl. BayObLG FamRZ 1975, 219 f.; *Staudinger/Engler* Rn. 12.
⁴ *Erman/Michalski/Döll* Rn. 1; *Staudinger/Engler* Rn. 13.
⁵ *Zöllner* FamRZ 1959, 393, 394; *Soergel/Strätz* Rn. 13; inhaltlich wohl gleichbedeutend *Staudinger/Engler* Rn. 12: beschränktes, zweckgebundenes Nutzniessungsrecht.
⁶ *Zöllner* FamRZ 1959, 393, 394; *Staudinger/Engler* Rn. 11, 13.
⁷ *Dölle* II § 94 VII 3 a; *Erman/Michalski/Döll* Rn. 2; *Soergel/Strätz* Rn. 2.
⁸ AllgM; vgl. § 1638 Rn. 11.
⁹ *Erman/Michalski/Döll* Rn. 2; *Staudinger/Engler* Rn. 26; vgl. § 1639 Rn. 3.
¹⁰ Vgl. BayObLG FamRZ 1975, 219 f.; *Soergel/Strätz* Rn. 2; s. auch *Staudinger/Engler* Rn. 15: unmittelbare Anwendung.
¹¹ BayObLG FamRZ 1975, 219 f.; *Staudinger/Engler* Rn. 24.
¹² *Zöllner* FamRZ 1959, 393, 395; *Soergel/Strätz* Rn. 2.

III. Zum Begriff der Vermögenseinkünfte

Unter Vermögenseinkünften sind sämtliche Geldeinkünfte des Kindes zu verstehen; unter anderem werden auch Zinseinkünfte erfasst.[13] Der Begriff hat **in Abs. 1 eine andere Bedeutung als in Abs. 2** und in § 1602 Abs. 2.[14] Einkünfte iSv. § 1649 Abs. 1 sind die (Brutto-)Einnahmen, denn nach dem Wortlaut sollen hieraus zunächst die bei ordnungsgemäßer Verwaltung anfallenden Kosten und Lasten gedeckt werden (Rn. 10). Dem elterlichen Verwendungsrecht des Abs. 2 unterliegen dagegen nur diejenigen Einkünfte, welche weder für die ordnungsgemäße Verwaltung noch für den Kindesunterhalt benötigt werden, also die Reineinkünfte abzüglich der für den Kindesunterhalt verbrauchten Beträge. 9

Abs. 1 soll demnach zugleich sicherstellen, dass die Vermögenseinnahmen in erster Linie zur ordnungsgemäßen Vermögensverwaltung eingesetzt werden.[15] Unter diesem Gesichtspunkt muss auch § 1602 Abs. 2 ausgelegt werden: Versteht man als Vermögenseinkünfte iSd. letzteren Bestimmung nur die Einnahmen abzüglich der – möglicherweise pflichtwidrig in zu geringem Umfang – *tatsächlich aufgewandten* Verwaltungskosten,[16] so wird das Kind zum Nachteil für die Erhaltung und Vermehrung seiner Vermögenssubstanz zu früh auf den Unterhalt aus seinen Vermögenseinkünften verwiesen. § 1649 Abs. 1 korrigiert § 1602 Abs. 2 durch die Klarstellung, dass die Vermögenseinkünfte einem Unterhaltsanspruch des Kindes erst dann entgegengehalten werden können, wenn bei *ordnungsgemäßer Verwaltung* ein *Überschuss* verbleibt.[17] 10

IV. Abs. 1 S. 1: Die Verwendung der Vermögenseinkünfte zur ordnungsgemäßen Vermögensverwaltung und für den Kindesunterhalt

1. In erster Linie: Verwendung zur ordnungsgemäßen Vermögensverwaltung. Einkünfte des Kindesvermögens sind in erster Linie für Zwecke der ordnungsgemäßen Vermögensverwaltung zu verwenden. Was dazu erforderlich ist, richtet sich nach den Umständen des Einzelfalles. Abs. 1 S. 1 umfasst nicht nur die Kosten der Vermögensverwaltung wie zB Zinsen, Versicherungen, Bankspesen, Depotgebühren, Reparaturen, Ersatzbeschaffungen, Ausgaben für ertragssteigernde Maßnahmen sowie Prozesskosten, sondern auch die öffentlichen und privatrechtlichen Lasten des Vermögens, also auch alle mit der jeweiligen Einkunftsart zusammenhängenden Abgaben, wie zB Vermögens- und Einkommensteuer bzw. die auf das Kindesvermögen entfallenden Anteile.[18] 11

Verluste aus einem Erwerbsgeschäft oder einer Beteiligung daran sind regelmäßig zunächst aus den im folgenden Geschäftsjahr erzielten Überschüssen auszugleichen.[19] 12

Auch die Bildung offener oder stiller **Rücklagen** kann nach den Grundsätzen ordnungsgemäßer Vermögensverwaltung geboten sein.[20] 13

2. In zweiter Linie: Verwendung für den Kindesunterhalt. In zweiter Linie sind Vermögenseinkünfte für den Kindesunterhalt zu verwenden. 14

Die Bestimmung soll verhindern, dass die Eltern vom Verwendungsrecht des Abs. 2 S. 1 zum Schaden des Kindes Gebrauch machen, vgl. Rn. 5. Die Eltern sind dadurch freilich nicht gehindert, die Einkünfte des Vermögens der Substanz zuzuführen und den Kindesunterhalt aus eigenen Mitteln zu bestreiten.[21] Vgl. aber auch anschließend Rn. 16. 15

Bei Verwendung der Vermögenseinkünfte für den Kindesunterhalt ist § 1602 Abs. 2 zu berücksichtigen, wonach das Kind keinen Unterhaltsanspruch gegen die Eltern hat, wenn es sich aus seinen Einkünften unterhalten kann. Es geht hier also nicht um die Bestimmung der Höhe einer Unterhaltspflicht, sondern um die **Maßstäbe**, nach denen für den Unterhalt eines vermögenden 16

---

[13] AG Nordhorn FamRZ 2002, 341, 342 f.
[14] *Zöllner* FamRZ 1959, 393, 394; *Staudinger/Engler* Rn. 16 ff.; *Soergel/Strätz* Rn. 8.
[15] Vgl. RGRK/*Adelmann* Rn. 6 ff.
[16] *Staudinger/Engler* Rn. 16.
[17] Zutr. im Ergebnis *Dölle* II § 94 VII 3 c Fn. 137 (mit fraglichen Verweisen auf *Staudinger/Engler* und *Zöllner*); s. zur Problematik auch *Zöllner* FamRZ 1959, 393, 394. Zur Frage der Anwendbarkeit von § 1649 auf dem Kind zustehendes Schmerzensgeld und Einkünfte daraus vgl. OLG Düsseldorf FamRZ 1992, 1097, 1098.
[18] Vgl. im Einzelnen *Zöllner* FamRZ 1959, 393, 394 ff.; *Dölle* II § 94 VII 3 b; *Erman/Michalski/Döll* Rn. 5; *Soergel/Strätz* Rn. 6; *Staudinger/Engler* Rn. 17.
[19] *Staudinger/Engler* Rn. 17; *Erman/Michalski/Döll* Rn. 5; *Soergel/Strätz* Rn. 6; abw. *Zöllner* FamRZ 1959, 393, 396: Streckung des Verlustausgleichs auf mehrere Jahre nach Billigkeitsgesichtspunkten möglich; ebenfalls abstellend auf Billigkeitsgesichtspunkte jurisPK-BGB/*Schwer* Rn. 4.
[20] *Staudinger/Engler* Rn. 17; *Erman/Michalski/Döll* Rn. 5.
[21] *Soergel/Strätz* Rn. 9; *Staudinger/Engler* Rn. 14.

Kindes dessen eigene Mittel bereitzustellen sind.[22] Folgende Gesichtspunkte sind gegeneinander abzuwägen:[23] Einerseits ist der **Zweck des Abs. 2** zu berücksichtigen: Die Eltern sollen unter bestimmten Umständen Einkünfte des Kindesvermögens für den Unterhalt (bestimmter) anderer Familienmitglieder verwenden dürfen, um die Entstehung eines zu starken Gefälles des Lebensstandards innerhalb der Familie zu verhindern (vgl. Rn. 1). Andererseits dürfen sich die Eltern aber auch nicht völlig über die **Wertung des Abs. 1 S. 1** hinwegsetzen und das vermögende Kind unter allen Umständen auf diejenigen Beträge beschränken, welche es auch ohne eigene Einkünfte als Unterhalt verlangen könnte. In Zweifelsfällen müssen dem Kind die besseren Chancen seiner höheren Vermögenseinkünfte eröffnet werden; § 1610 Abs. 2 kann insoweit als Orientierungshilfe dienen. Das Interesse der Eltern und Geschwister an einer Aufbesserung ihrer Lebenshaltung gem. Abs. 2 S. 1 hat dann zurückzutreten. So wird man beispielsweise nicht verlangen können, dass das vermögende Kind auf ein – mit seinen Vermögenseinkünften finanzierbares – Hochschulstudium verzichtet, um über Verwendungen gemäß Abs. 2 den allgemeinen Lebensstandard seiner Familie anzuheben.[24]

V. Abs. 1 S. 2: Die Verwendung von Arbeitseinkommen und Einkünften aus selbständigem Betrieb eines Erwerbsgeschäfts für die ordnungsgemäße Vermögensverwaltung und den Kindesunterhalt

17 **1. Voraussetzung für eine Heranziehung der Einkunftsarten nach Abs. 1 S. 2.** Die in Abs. 1 S. 2 genannten Einkunftsarten sind für die in S. 1 aufgeführten Verwendungszwecke erst dann heranzuziehen, wenn die Vermögenseinkünfte dazu nicht ausreichen. Die Regeln des Abs. 1 S. 1 iVm. S. 2 präzisieren damit § 1602 Abs. 2: Das Kind kann bei zureichenden Mitteln sowohl aus den Vermögenseinkünften als auch aus dem Arbeitseinkommen stets verlangen, dass sein Unterhalt aus der ersteren Ertragsquelle bestritten wird.[25] Ziel dieser Vorschrift ist es zu verhindern, dass die Eltern das Arbeitseinkommen des Kindes für dessen Unterhalt heranziehen, um auf diese Weise im Rahmen des Abs. 2 Raum dafür zu schaffen, die Vermögenseinkünfte des Kindes für ihren eigenen Unterhalt bzw. für den Unterhalt der anderen Kinder heranzuziehen.[26]

18 **2. Subsidiäre Verwendung von Arbeits- und Geschäftseinkünften.** Decken die Vermögenseinkünfte nicht oder nicht völlig den Bedarf für ordnungsgemäße Vermögensverwaltung und den Kindesunterhalt, so *können* dafür die Arbeits- oder Geschäftseinkünfte verwendet werden. Die Eltern haben also Wahlmöglichkeiten: Verwenden sie diese Einkünfte für Ausgaben der Vermögensverwaltung, so müssen sie für den Kindesunterhalt gem. § 1602 Abs. 2 selbst aufkommen; wird aus dem Arbeitsentgelt der Unterhalt bestritten, so bleiben für die Verwaltungsausgaben nur Mittel der Vermögenssubstanz.[27]

VI. Abs. 2: Die Verwendung der Vermögenseinkünfte für den Unterhalt von Eltern und Geschwistern

19 **1. Einschränkung der Pflichten aus § 1642 mit dem Ziel einer Aufbesserung des Familienunterhalts.** Über den Grundgedanken und die Qualifikation der elterlichen Verwendungsbefugnis vgl. Rn. 1, 4. Das Verwendungsrecht der Eltern schränkt deren Pflichten aus § 1642 ein und zielt auf eine Aufbesserung des Familienunterhalts. Es darf jedoch nicht mit einem eigenständigen Unterhaltsanspruch der Eltern gegen das Kind verwechselt werden; vgl. Rn. 26.[28]

20 Steht beiden Elternteilen die Vermögenssorge zu, so müssen sie sich über die Ausübung der Befugnis aus § 1649 Abs. 2 einigen; bei Meinungsverschiedenheiten kann das FamG gem. § 1628 einem Elternteil die Entscheidung übertragen.[29] Dabei bleibt zu beachten, dass die Inanspruchnahme der Kindeseinkünfte nach hM im **Ermessen der Eltern** steht.[30] Auch die Geschwister können nicht verlangen, von den Eltern aus Mitteln des wohlhabenden Kindes begünstigt zu wer-

---

[22] RGRK/*Adelmann* Rn. 7; jurisPK-BGB/*Schwer* Rn. 5; *Staudinger*/*Engler* Rn. 20.
[23] Vgl. zum Folgenden: *Staudinger*/*Engler* Rn. 20; Erman/*Michalski*/*Döll* Rn. 6; RGRK/*Adelmann* Rn. 7; s. auch BayObLG FamRZ 1975, 219.
[24] *Staudinger*/*Engler* Rn. 20; jurisPK-BGB/*Schwer* Rn. 6.
[25] *Soergel*/*Strätz* Rn. 8; RGRK/*Adelmann* Rn. 8.
[26] Vgl. Rn. 5; *Staudinger*/*Engler* Rn. 21; NK-BGB/*Rakete-Dombek* Rn. 5.
[27] Vgl. Erman/*Michalski*/*Döll* Rn. 9; *Staudinger*/*Engler* Rn. 22.
[28] Vgl. OLG Celle FamRZ 1987, 1038, 1041.
[29] *Staudinger*/*Engler* Rn. 27; vgl. § 1628 Rn. 14.
[30] Vgl. Gernhuber/Coester-Waltjen § 63 Rn. 3; Erman/*Michalski*/*Döll* Rn. 11; *Staudinger*/*Engler* Rn. 25.

Verwendung der Einkünfte des Kindesvermögens   21–28   § 1649 RelKErzG

den.[31] Lediglich in besonders krassen Ausnahmefällen kann es einen Sorgerechtsmissbrauch iSd. § 1666 darstellen, wenn die Eltern eine Verwendung der Vermögenseinkünfte zugunsten eines der Geschwister unterlassen.[32]

Das Verwendungsrecht des § 1649 Abs. 2 ist unübertragbar und unpfändbar.[33]   21

2. Voraussetzungen. Nur Vermögenseinkünfte, welche weder zur ordnungsgemäßen Verwal- 22 tung des Vermögens noch für den Unterhalt des Kindes benötigt werden, sind der Verwendung zu Zwecken des Abs. 2 zugänglich, vgl. Rn. 4. Mit der Bemessung des für ein vermögendes Kind vorgesehenen Unterhalts entscheiden die Eltern also zugleich über das Ausmaß der für sie selbst und die Geschwister verbleibenden Mittel. Die Eltern dürfen jedoch sicher nicht die eigene Lebenshaltung und diejenige der Geschwister verbessern, das Kind aber von den Vorteilen seiner eigenen Einkünfte ausschließen, vgl. Rn. 16.[34]

Nur für die **Eltern und die minderjährigen unverheirateten Geschwister** dürfen überschüs- 23 sige Vermögenseinkünfte verwendet werden. Die hM stellt auf Blutsverwandtschaft ab, bezieht also Halbgeschwister in den Anwendungsbereich der Norm ein, nicht jedoch Stiefeltern und Stiefgeschwister. Dagegen kommt es mangels ausdrücklicher gesetzlicher Beschränkung nicht darauf an, ob die zum begünstigten Personenkreis zählenden Familienmitglieder mit dem Kind in häuslicher Gemeinschaft zusammenleben.[35] Beides mag mit dem Ziel einer Angleichung der Lebensverhältnisse in der Familie nicht ohne weiteres vereinbar sein, ist aber angesichts des eindeutigen Wortlauts der Vorschrift hinzunehmen.

Durch **Adoption** begründete Verwandtschaftsverhältnisse iSv. §§ 1754 ff. unterliegen § 1649 24 Abs. 2.

Zugunsten **volljähriger** oder **verheirateter Geschwister** ist § 1649 Abs. 2 nicht entspr. 25 anwendbar.[36]

Nur für den **Unterhalt** der von Abs. 2 S. 1 begünstigten Familienmitglieder dürfen Kindesmittel 26 verwendet werden. Der Begriff des Unterhalts ist hier jedoch weiter als in §§ 1601 ff. Die Verwendungsbefugnis der Eltern gem. Abs. 2 geht über das Maß dessen hinaus, was sie ggf. als gesetzlichen Unterhaltsanspruch gegen das Kind geltend machen könnten. Die Eltern können also Überschusseinkünfte aus dem Vermögen des Kindes über die unterhaltsrechtlichen Grenzen der §§ 1601 ff. hinaus für den Familienunterhalt verwenden. Zweck des Abs. 2 ist es ja gerade, eine stärkere Belastung des vermögenden Kindes zur Annäherung des Lebensstandards in der Familie durch Aufbesserung des Familienunterhalts zu ermöglichen.[37] Deshalb darf das Verwendungsrecht des § 1649 Abs. 2 auch nicht von elterlicher Bedürftigkeit abhängig gemacht werden.[38] Die Grenze der Verwendungsbefugnis wird jedoch überschritten, wenn es nicht mehr um die Aufbesserung des Familienunterhalts geht, sondern um die Anschaffung von Vermögensgegenständen für Eltern oder Geschwister des vermögenden Kindes.[39]

Entscheidend ist, ob die Verwendung der Kindeseinkünfte zum zuvor bezeichneten Zweck unter 27 Berücksichtigung der Vermögens- und Erwerbsverhältnisse der Beteiligten der **Billigkeit** entspricht. Es bedarf also besonderer Prüfung, ob die finanziellen Verhältnisse der Beteiligten billigerweise eine Inanspruchnahme von Kindeseinkünften rechtfertigen. Daran wird es regelmäßig fehlen, wenn die Eltern selbst vermögend sind. Dann dürfen sie idR auch nicht auf unterschiedliche Einkünfte der Kinder abstellen,[40] sondern müssen Überschüsse gem. § 1642 ansammeln.[41] Etwas anderes kann sich nur ausnahmsweise in dem von *Zöllner* erwähnten Beispielsfall unterschiedlicher Rentabilität von Eltern- und Kindesvermögen ergeben.[42]

Bedeutsam ist neben dem allgemeinen Vergleich der Einkünfte immer auch der **konkrete Ver-** 28 **wendungszweck:** Aufwendungen in einer besonderen, zB krankheitsbedingten, Notlage oder für die Ausbildung eines besonders begabten Kindes werden dem Billigkeitserfordernis eher gerecht als

---

[31] *Erman/Michalski/Döll* Rn. 11; *Soergel/Strätz* Rn. 13.
[32] *Donau* MDR 1957, 709, 711; *Krüger/Breetzke/Nowack* Rn. 1; RGRK/*Adelmann* Rn. 19; *Soergel/Strätz* Rn. 13; aA *Zöllner* FamRZ 1959, 393, 394 Fn. 10; *Staudinger/Engler* Rn. 25.
[33] *Soergel/Strätz* Rn. 13.
[34] S. auch *Staudinger/Engler* Rn. 23, 20; *Erman/Michalski/Döll* Rn. 6 f.
[35] *Zöllner* FamRZ 1959, 393, 395; RGRK/*Adelmann* Rn. 17; *Soergel/Strätz* Rn. 11; *Staudinger/Engler* Rn. 32; *Gernhuber/Coester-Waltjen* § 63 Rn. 3; aA *Krüger/Breetzke/Nowack* Rn. 9.
[36] AllgM; abw. *Krüger/Breetzke/Nowack* Rn. 12.
[37] *Gernhuber/Coester-Waltjen* § 63 Rn. 3; *Staudinger/Engler* Rn. 23.
[38] Ganz hM, vgl. *Staudinger/Engler* Rn. 23; abw. nur *Paulick* FamRZ 1958, 1, 6.
[39] *Staudinger/Engler* Rn. 23; *Soergel/Strätz* Rn. 14.
[40] *Soergel/Strätz* Rn. 15; s. auch *Staudinger/Engler* Rn. 33.
[41] *Dölle* II § 94 VII 3 e; *Erman/Michalski/Döll* Rn. 6.
[42] *Zöllner* FamRZ 1959, 393, 396 f.; zust. *Erman/Michalski/Döll* Rn. 7.

allgemeine Zuschüsse zum Lebensunterhalt.[43] Auch die Tatsache, dass der haushaltsführende Elternteil (§ 1360 S. 2) ohne Rückgriff auf die Kindesmittel zu einer Erwerbstätigkeit verpflichtet wäre, kann berücksichtigt werden.[44]

29 Vorrang hat jedoch im Zweifel das **Interesse des wohlhabenden Kindes**. Die für seinen Unterhalt und insbes. eine seiner Begabung entsprechende Ausbildung erforderlichen Mittel dürfen ihm nicht versagt werden (Rn. 16). Vermögenseinkünfte eines schwerbehinderten Kindes, das wahrscheinlich zeitlebens auf fremde Hilfe angewiesen sein wird, sind nicht für den elterlichen Unterhalt zu verwenden, sondern zur Vermehrung des Kapitals, damit das Kind aus dessen Erträgen in Zukunft einmal seinen Unterhalt bestreiten kann.[45]

30 **3. Erlöschen des Verwendungsrechts (Abs. 2 S. 2).** Das Verwendungsrecht erlischt gem. Abs. 2 S. 2 mit der Eheschließung des Kindes; durch die Auflösung dieser Ehe wird daran nichts geändert.[46] Weitere Erlöschensgründe ergeben sich beim Fortfall der allgemeinen Anwendungsvoraussetzungen (Rn. 6 ff.), also nicht nur bei Volljährigkeit des Kindes, sondern auch dann, wenn beide Elternteile die Vermögensverwaltung verlieren (zB nach §§ 1666 ff.) oder an deren Ausübung gehindert sind (§§ 1673 ff.); bei Rückerlangung der Verwaltungszuständigkeit entsteht das Verwendungsrecht von Neuem.[47]

VII. Rechenschaftspflicht der Eltern

31 Über die Einkünfte des Kindesvermögens sind die Eltern nach § 1698 Abs. 2 bei Beendigung oder Ruhen der elterlichen Sorge nur insoweit rechenschaftspflichtig, als Grund zu der Annahme besteht, dass sie die „Nutzungen" (gleichbedeutend mit den „Einkünften" iSv. § 1649)[48] entgegen § 1649 verwendet haben. Über Arbeitseinkünfte und dementsprechend auch über die gleichgestellten Erträge aus selbständigem Erwerbsgeschäft ist dagegen gemäß § 1698 Abs. 1 uneingeschränkt Rechenschaft abzulegen.[49]

VIII. Rückforderung der gem. § 1649 Abs. 2 S. 1 zugunsten von Eltern und Geschwistern verwendeten Vermögenseinkünfte

32 Da mit der Verwendung von Kindesmitteln nach § 1649 Abs. 2 S. 1 keine Unterhaltsleistungen an die Eltern (Rn. 19) und erst recht keine Unterhaltsleistungen an die nicht unterhaltsberechtigten Geschwister erbracht werden, kommt es auf das generelle Rückforderungsverbot für solche Leistungen nicht an.

33 Der Rechtsgrund für die bestimmungsgemäße Verwendung von **Vermögenseinkünften** des Kindes für Eltern und Geschwister liegt vielmehr in § 1649 Abs. 2 S. 1.[50] Bereicherungsansprüche bestehen also nur dann, wenn diese Einkünfte unter Verstoß gegen § 1649 von den Eltern für sich selbst oder die Geschwister verwendet wurden. Handelten die Eltern in Kenntnis der mangelnden Berechtigung zu eigenen Gunsten, so ist § 819 anwendbar; daneben kann eine Schadensersatzpflicht bestehen (Haftungsmaßstab: § 1664).[51] Ansprüche gegen die Geschwister werden idR an § 818 Abs. 3 scheitern.[52]

34 Eine Verwendung von **Arbeitseinkommen** oder **Geschäftserträgen** des Kindes zugunsten von Eltern oder Geschwistern findet in § 1649 Abs. 2 S. 1 keine Grundlage und keinen Rechtsgrund; es kann deshalb grundsätzlich ein Bereicherungsanspruch bestehen, für den die in Rn. 33 genannten Grundsätze gelten. Daneben besteht eine Schadensersatzpflicht der Eltern.[53]

---

[43] *Soergel/Strätz* Rn. 15.
[44] Vgl. dazu *Soergel/Strätz* Rn. 15.
[45] OLG Celle FamRZ 1987, 1038, 1041.
[46] *Soergel/Strätz* Rn. 16; *Staudinger/Engler* Rn. 35.
[47] *Soergel/Strätz* Rn. 16; *Staudinger/Engler* Rn. 36; NK-BGB/*Rakete-Dombek* Rn. 11.
[48] *Krüger/Breetzke/Nowack* § 1698 Rn. 6.
[49] Vgl. LG Krefeld FamRZ 1965, 281 f.; *Soergel/Strätz* Rn. 4. Vgl. § 1698.
[50] *Zöllner* FamRZ 1959, 393, 397; *Gernhuber/Coester-Waltjen* § 63 Rn. 3; *Erman/Michalski/Döll* Rn. 12; RGRK/*Adelmann* Rn. 23; *Soergel/Strätz* Rn. 17; *Staudinger/Engler* Rn. 42; zweifelnd *Bosch* FamRZ 1957, 189, 195; aM *Paulick* FamRZ 1958, 1, 6, der die Rückforderung gegenüber den Geschwistern nach § 814 ausschließen will.
[51] *Zöllner* FamRZ 1959, 393, 397; *Erman/Michalski/Döll* Rn. 13; *Palandt/Diederichsen* Rn. 6.
[52] Vgl. *Soergel/Strätz* Rn. 18; *Erman/Michalski/Döll* Rn. 13.
[53] *Erman/Michalski/Döll* Rn. 8, 13; NK-BGB/*Rakete-Dombek* Rn. 12.

§§ 1650 bis 1663 (weggefallen)

(§§ 1650 bis 1663 aufgehoben durch Art. 1 Nr. 22 GleichberG v. 18. 6. 1957)

§ 1664 Beschränkte Haftung der Eltern

(1) Die Eltern haben bei der Ausübung der elterlichen Sorge dem Kind gegenüber nur für die Sorgfalt einzustehen, die sie in eigenen Angelegenheiten anzuwenden pflegen.

(2) Sind für einen Schaden beide Eltern verantwortlich, so haften sie als Gesamtschuldner.

Übersicht

	Rn.		Rn.
I. Normzweck	1, 2	d) Aufsichtspflicht	11, 12
II. Haftung und Haftungsmaßstab (Abs. 1)	3–16	e) Mitverschulden	13
		f) Vertragsbeziehung	14
1. Überblick	3–5	g) Elternhaftung für Dritte	15
2. Anwendungsbereich	6–15	3. Umkehrung des § 1664	16
a) Allgemeines	6	III. Gesamtschuldnerische Elternhaftung und Ausgleichspflicht (Abs. 2)	17–19
b) Verhältnis zu deliktischen Ansprüchen	7–9		
c) Straßenverkehr	10	IV. Geltendmachung	20, 21

I. Normzweck

Die Vorschrift regelt die Haftung der Eltern gegenüber dem Kind; das Gesetz stellt diese Haftungsregelung an den Anfang der Bestimmungen über den Rechtsschutz des Kindes (§§ 1666 ff.). Als Bestandteil dieses Rechtsschutzsystems hat § 1664 eine Personen- und Vermögenssorge umfassende Doppelfunktion: Dem Wortlaut nach geht es nur um eine Festlegung des **Maßstabes der Sorgfaltspflichten** für die Haftung der Eltern wegen einer Schädigung des Kindes bei Ausübung der elterlichen Sorge, also um eine Haftungserleichterung ähnlich derjenigen, welche § 1359 für die Erfüllung der sich aus dem ehelichen Verhältnis ergebenden Pflichten vorsieht. Daraus folgt aber wenigstens dem Grundsatz nach auch, dass die Eltern dem Kind nur für schuldhafte Schadenszufügung haften. Darüber hinaus ist § 1664 nach hM zugleich selbständige **Anspruchsgrundlage** für Schadensersatzansprüche des Kindes gegen die Eltern.[1]   1

Die Reduzierung der Elternhaftung auf das Maß der in eigenen Angelegenheiten angewandten Sorgfalt bis zur Grenze grober Fahrlässigkeit (§ 277) ist wertungsmäßig bedenklicher als die Parallelvorschrift des § 1359: Die Abhängigkeit des Kindes ist größer, seine Stellung im Familienverband eine andere als diejenige des Ehegatten, denn das Kind hat sich seine Eltern nicht ausgesucht.[2] Die Haftungsbeschränkung kann nicht einfach mit dem allgemeinen Hinweis gerechtfertigt werden, dass die Familiengemeinschaft eine Haftungs- oder Schicksalsgemeinschaft[3] sei. Als Rechtfertigung und damit als Ratio für die Vorschrift bleibt deshalb nur das Anliegen, **das innerfamiliäre Leben möglichst wenig zu stören.**[4]   2

II. Haftung und Haftungsmaßstab (Abs. 1)

1. Überblick. Haftungsgrundlage und Haftungsmaßstab des Abs. 1 gelten **bei Ausübung der elterlichen Sorge** durch die Eltern. Die Vorschrift setzt also Innehabung elterlicher Sorge bzw. eines Teilbereichs davon voraus. Haftungsvoraussetzungen sind ferner ein **pflichtwidriges, das**   3

---

[1] OLG Köln FamRZ 1997, 1351; AG Nordhorn FamRZ 2002, 341, 341; *Erman/Michalski/Döll* Rn. 1; *Palandt/Diederichsen* Rn. 1; *Soergel/Strätz* Rn. 2; s. auch OLG Hamm NJW 1993, 542; OLG Düsseldorf FamRZ 1992, 1097; aA (Haftung aus einer durch die elterliche Sorge begründeten Sonderbeziehung früher als kindschaftsrechtliche Parallele zur pVV, nun über §§ 280, 241 Abs. 2) *Gernhuber/Coester-Waltjen* § 57 Rn. 37; *Staudinger/Engler* Rn. 6 f.; *Dethloff* § 13 Rn. 7.
[2] *Gernhuber/Coester-Waltjen* § 57 Rn. 37.
[3] So aber *Soergel/Strätz* Rn. 2; *RGRK/Adelmann* Rn. 2.
[4] *Gernhuber/Coester-Waltjen* § 57 Rn. 37.

Kind schädigendes Handeln innerhalb dieser Elternzuständigkeit sowie das Vertretenmüssen nach dem in §§ 1664, 277 genannten Maßstab.[5] Im Rahmen des § 1664 haften die Eltern nur für eigenübliche Sorgfalt, sog. diligentia quam in suis; die Anforderungen sind also individuell bestimmt, sog. culpa in concreto, sodass eine Haftung des üblicherweise gewissenhaften Elternteils eher zu bejahen ist als eine Ersatzpflicht desjenigen, der eigene Angelegenheiten und gleichartige des Kindes oberflächlich zu behandeln pflegt.[6] Schranken dieser individuellen Vorwerfbarkeit sind gem. § 277 grobe Fahrlässigkeit und Vorsatz, wofür es auf objektive Kriterien ankommt.[7] § 1664 ist unabdingbar.

4 Aus der Regelung des Abs. 2, der die gesamtschuldnerische Haftung nur für den Fall vorsieht, dass beide Elternteile verantwortlich sind, lässt sich ableiten, dass jeder Elternteil grundsätzlich nur für **eigene** Pflichtverletzungen einzustehen hat. Eine Haftung für die Pflichtverletzungen des anderen Elternteils trifft ihn grundsätzlich nicht; § 278 ist insofern nicht anwendbar.[8] Allerdings gilt auch hier, dass jeder Elternteil nach dem Prinzip der individuellen Elternverantwortung in gewissen Grenzen zur Überwachung der Ausübung der elterlichen Sorge durch den anderen Elternteil verpflichtet ist (vgl. § 1627 Rn. 4) und für die Verletzung dieser Überwachungspflicht selbst nach § 1664 haftet.[9] Zur Haftung für Dritte vgl. Rn. 15.[10]

5 Die Haftungsprivilegierung des § 1664 ist auf den Elternteil, dem die elterliche Sorge nicht zusteht, **analog** anzuwenden, wenn er eine „faktische" Sorge ausübt, etwa weil sich das Kind – zB im Rahmen der Ausübung des Umgangsrechts – längere Zeit bei ihm aufhält.[11] Nicht in Betracht kommt eine analoge Anwendung dagegen zugunsten anderer Personen als der Eltern, selbst wenn diese Personen das Kind in ähnlicher Weise wie ein Personensorgeberechtigter tatsächlich betreuen.[12] Denn hier fehlt es an der besonderen familienrechtlichen Ausprägung des Verhältnisses zwischen Kind und Schädiger, das von § 1664 vorausgesetzt wird.[13]

6 **2. Anwendungsbereich. a) Allgemeines.** Für Schäden des Kindes gilt § 1664 ohne Rücksicht darauf, ob Elternpflichten zur **tatsächlichen oder rechtlichen** Wahrnehmung von Kindesinteressen auf dem Gebiet der Personen- oder Vermögenssorge verletzt wurden, zB durch zu spätes Hinzuziehen eines Arztes oder durch Abschluss eines unvorteilhaften Vertrages im Namen des Kindes.[14]

7 **b) Verhältnis zu deliktischen Ansprüchen.** Wenn die Eltern das Kind unter Verletzung ihrer aus der elterlichen Sorge resultierenden Pflichten schädigen, werden häufig auch die Voraussetzungen für Ansprüche des Kindes aus Deliktsrecht (insbes. § 823) gegeben sein. Die grundsätzliche Anwendbarkeit des § 823 wird durch die Regelung des § 1664 nicht in Frage gestellt. Umstritten ist jedoch, ob die in § 1664 vorgesehene Haftungsmilderung für die Eltern auch im Rahmen des deliktischen Anspruchs Geltung hat, maW ob sie auf den deliktischen Anspruch „einwirkt".

8 Eine (noch in der 3. Aufl. Rn. 6 vertretene) Ansicht[15] lehnt die Einwirkung des § 1664 auf das Deliktsrecht ab, weil § 1664 wegen seiner problematischen Ratio (Rn. 1) restriktiv auszulegen sei.

9 Die – inzwischen wohl überwiegende – Gegenansicht wendet die Haftungsmilderung des **§ 1664 auf Deliktsansprüche** jedenfalls dann an, wenn – wie meistens[16] – ein **innerer Zusammenhang** des deliktischen Verhaltens mit der elterlichen Sorge gegeben ist.[17] Dieser Ansicht ist zu folgen. Für sie sprechen Wortlaut und Systematik der Vorschrift: § 1664 ist als allgemeine Haftungsbeschränkung

---

[5] *Bamberger/Roth/Veit* Rn. 6; *Dethloff* § 13 Rn. 7; vgl. auch jurisPK-BGB/*Schwer* Rn. 3 ff.
[6] RGRK/*Adelmann* Rn. 6; *Staudinger/Engler* Rn. 30 f.
[7] *Staudinger/Engler* Rn. 31; vgl. *Steenbuck* FamRZ 2007, 1064, 1066 f. für den Fall des Missbrauchs des elterlichen Vertretungsrechts.
[8] *Staudinger/Engler* Rn. 20 ff.; *Soergel/Strätz* Rn. 5; *Gernhuber/Coester-Waltjen* § 57 Rn. 41.
[9] OLG Köln FamRZ 1997, 1351, 1352; *Dölle* II § 92 I 5; *Erman/Michalski/Döll* Rn. 1; NK-BGB/*Rakete-Dombek* Rn. 3.
[10] *Staudinger/Engler* Rn. 23 ff.; *Soergel/Strätz* Rn. 5; NK-BGB/*Rakete-Dombek* Rn. 4.
[11] BGHZ 103, 338, 345 = BGH FamRZ 1988, 810, 812; *Palandt/Diederichsen* Rn. 2; *Soergel/Strätz* Rn. 3; *Staudinger/Engler* Rn. 19.
[12] BGH NJW 1996, 53 f.
[13] BGH NJW 1996, 53, 54.
[14] Vgl. nur OLG Köln FamRZ 1997, 1351; *Staudinger/Engler* Rn. 15 f.
[15] OLG Düsseldorf NJW 1978, 891; *Dölle* II § 92 I 5; *Jauernig/Berger* Rn. 6; s. auch RGZ 75, 251, 254.
[16] Vgl. aber RGRK/*Adelmann* Rn. 12: kein innerer Zusammenhang bei Schädigung des Kindes infolge Verletzung der allgemeinen Streupflicht durch die Eltern.
[17] *Soergel/Strätz* Rn. 4; RGRK/*Adelmann* Rn. 12; *Erman/Michalski/Döll* Rn. 6; *Palandt/Diederichsen* Rn. 3; *Schwab* FamR Rn. 692. Aus der Rspr.: OLG Hamm NJW 1993, 542, 543; OLG Düsseldorf NJW-RR 1999, 1042; OLG Hamm NJW-RR 1994, 415 (jeweils ohne ausdrücklichen Hinweis auf das Vorliegen eines „inneren Zusammenhangs"; allerdings war dieser jeweils unproblematisch gegeben); s. auch BGHZ 103, 338, 345 f. = FamRZ 1988, 810, 812. Ohne ausdrückliche Erwähnung des Erfordernisses eines „inneren Zusammenhangs" auch *Gernhuber/Coester-Waltjen* § 57 Rn. 40; *Fuchs* NZV 1998, 7, 10.

formuliert und nicht ausdrücklich auf die Haftung aus der Sonderbeziehung der elterlichen Sorge beschränkt. Derartige Haftungserleichterungen sind idR auf umfassende Wirkung angelegt.[18] Die Regelung des § 1664 würde weitgehend leer laufen, wenn sie nicht auch auf (mit der elterlichen Sorge in innerem Zusammenhang stehende) unerlaubte Handlungen Anwendung fände. Auch ist diese Ansicht mit der hier vertretenen Erklärung der Ratio des § 1664 vereinbar: Denn der innerfamiliäre Friede würde durch den Streit über deliktische Ansprüche in gleicher Weise gestört wie durch den Streit über Ansprüche, die sich auf § 1664 als Anspruchsgrundlage stützen. Schließlich spricht für diese Ansicht die Interessenlage der Parteien: Das geschädigte Kind ist auch ohne einen Schadensersatzanspruch den Eltern gegenüber durch deren Unterhaltspflicht geschützt. Die Eltern dagegen können für ihre Schadensersatzhaftung idR keinen Versicherungsschutz erlangen.[19]

c) **Straßenverkehr.** Keine Anwendung findet das Haftungsprivileg des § 1664, wenn die Eltern 10 ihr Kind im Straßenverkehr bei der Führung eines Kraftfahrzeugs verletzen. In diesen Fällen gelten die vom BGH für die Verletzung von Ehegatten zu § 1359 aufgestellten Regeln[20] auch für das Kind:[21] Die Straßenverkehrsregeln lassen keinen Spielraum für individuelle Sorglosigkeit und niemand darf sich darauf berufen, er pflege sie gewöhnlich zu verletzen.

d) **Aufsichtspflicht.** Es ist umstritten, ob das Haftungsprivileg des § 1664 Anwendung findet, 11 wenn die Pflichtverletzung der Eltern in einer Verletzung ihrer Aufsichtspflicht (§ 1631 Rn. 6 ff.) liegt. Einer (auch in der 3. Aufl. vertretenen) Ansicht nach ist dies nicht der Fall, weil der Schutzzweck der Aufsichtspflicht eine objektive Bestimmung der Pflichtanforderungen verlange.[22]

Überzeugender ist jedoch die Gegenansicht, derzufolge das Haftungsprivileg des **§ 1664** auch auf 12 Verletzungen der Aufsichtspflicht **Anwendung** findet. Dafür spricht der Wortlaut des § 1664, der keinen Ausschluss von Aufsichtspflichtverletzungen erkennen lässt. Es ist nicht anzunehmen, dass das Gesetz in § 1664 eine Haftungsmilderung für die Ausübung der elterlichen Sorge anordnet und einen zentralen Bereich dieser elterlichen Sorge, nämlich die Aufsichtspflicht, davon ausnehmen will, ohne dies ausdrücklich anzuordnen.[23]

e) **Mitverschulden.** Wegen des Mitverschuldens der Eltern vgl. § 1626 Rn. 78. 13

f) **Vertragsbeziehung.** Erleidet das Kind Schäden im Rahmen einer Vertragsbeziehung zu den 14 Eltern, so sind nach allgM die dafür geltenden Haftungsnormen maßgebend, nicht § 1664.[24]

g) **Elternhaftung für Dritte.** Die Elternhaftung für Dritte bestimmt sich unterschiedlich je 15 nachdem, ob diesen die Ausübung elterlicher Befugnisse übertragen ist (zB beim Internatsaufenthalt und bei Betrauung eines Vermögensverwalters) oder ob Dritte wegen besonderer Fachkunde zu Aufgaben herangezogen werden, welche die Eltern allein nicht bewältigen können (Arzt, Handwerker, Rechtsanwalt): Ersterenfalls haften die Eltern ohne eigenes Verschulden entspr. § 278, letzterenfalls sind sie nach dem Maßstab des § 1664 für sorgfältige Auswahl und – soweit möglich – Überwachung verantwortlich.[25]

3. **Umkehrung des § 1664.** Eine Umkehrung des § 1664 gilt im Rahmen des § 1619: Das 16 dienstleistungspflichtige Kind haftet den Eltern nicht nach strengeren Regeln als diese dem Kind.[26]

III. Gesamtschuldnerische Elternhaftung und Ausgleichspflicht (Abs. 2)

Wenn beide Elternteile für einen Schaden verantwortlich sind, haften sie als Gesamtschuldner 17 (Abs. 2). Die Gesamtschuld setzt also voraus, dass jeden Elternteil eine Haftung trifft (vgl. Rn. 4). Dabei spielt es keine Rolle, ob beide Elternteile aus § 1664 haften oder ob einen von ihnen eine

---

[18] Vgl. OLG Hamm NJW 1993, 542, 543; OLG Düsseldorf NJW-RR 1999, 1042.
[19] Vgl. OLG Hamm NJW 1993, 542, 543; *Fuchs* NZV 1998, 7, 10.
[20] BGHZ 53, 352, 355 = NJW 1970, 1271, 1272; BGHZ 61, 101, 104 f.; vgl. § 1359 Rn. 16 f.
[21] OLG Hamm NJW 1993, 542, 543; *Soergel/Strätz* Rn. 4; *Staudinger/Engler* Rn. 36; *RGRK/Adelmann* Rn. 14; s. auch OLG Düsseldorf NJW-RR 1999, 1042.
[22] OLG Stuttgart VersR 1980, 952; LG Hanau NJW 1984, 74; 3. Aufl. Rn. 6; *Staudinger/Engler* Rn. 33; *Dethloff* § 13 Rn. 8.
[23] Vgl. OLG Karlsruhe FamRZ 2009, 707; OLG Düsseldorf NJW-RR 1999, 1042 f.; OLG Hamm NJW 1993, 542, 543; OLG Hamm NJW-RR 1994, 415; *Soergel/Strätz* Rn. 4; *Palandt/Diederichsen* Rn. 3; *Fuchs* NZV 1998, 7, 10.
[24] *Soergel/Strätz* Rn. 4; *Palandt/Diederichsen* Rn. 4; *Staudinger/Engler* Rn. 38.
[25] Vgl. *Erman/Michalski/Döll* Rn. 7; *Soergel/Strätz* Rn. 2; *Palandt/Diederichsen* Rn. 2; *RGRK/Adelmann* Rn. 7 f.; *Staudinger/Engler* Rn. 23 ff. (mit der bedenkenswerten Einschränkung, dass die Eltern dann nicht nach § 278 haften, wenn die Hilfsperson eigenübliche Elternsorgfalt angewandt hat).
[26] *Staudinger/Engler* Rn. 13; vgl. auch § 1619 Rn. 13.

§ 1666 Abschnitt 2. Titel 5. Elterliche Sorge

Haftung auf einer anderen Grundlage (insbes. §§ 823 ff.) trifft.[27] Die Gesamtschuld tritt nicht ein, wenn ein Elternteil wegen der Haftungsmilderung des § 1664 Abs. 1 nicht haftet.[28]

18 Im **Innenverhältnis** richtet sich der Ausgleich zwischen gesamtschuldnerisch haftenden Eltern nach § 426. Bei der Bemessung der Ausgleichspflicht sind – anders als bei der Frage, ob eine Elternpflicht überhaupt besteht (vgl. Rn. 3) – elterliche Aufgabenteilungen zu berücksichtigen,[29] ebenso die sonstigen haftungsbegründenden Umstände, insbes. unterschiedliche Verschuldensgrade.[30]

19 Sind an einer Schädigung des Kindes ein **Dritter** und die Eltern beteiligt, so wird die Haftung des Dritten nach der neueren Rechtsprechung nicht dadurch berührt, dass die Eltern wegen des milderen Haftungsmaßstabs des § 1664 dem Kind nicht haften; dem Dritten steht in diesem Fall auch kein – fingierter – Ausgleichsanspruch gegen die Eltern zu.[31]

IV. Geltendmachung

20 Solange das Kind unter elterlicher Sorge steht, müssen Ersatzansprüche gegen die Eltern durch einen **Pfleger** geltend gemacht werden (§§ 1929 Abs. 2 S. 1, 1795 Abs. 1 Nr. 1, 3).[32] Die Verjährung ist während der Minderjährigkeit gehemmt, §§ 207 Abs. 1 S. 2 Nr. 2, 209.

21 Im Prozess trägt das Kind die **Beweislast** für die elterliche Pflichtverletzung. Den Eltern dagegen obliegt der Nachweis, dass sie mit der in eigenen Angelegenheiten üblicherweise angewandten Sorgfalt gehandelt haben.[33] Die Geltendmachung eines u. a. auf § 1664 BGB gestützten Ersatzanspruchs ist eine Familiensache nach § 266 Abs. 1 Nr. 4 FamFG.[34]

§ 1665 *(aufgehoben durch Art. 1 Nr. 22 GleichberG v. 18. 6. 1957 und ersetzt durch § 1693)*

§ 1666 Gerichtliche Maßnahmen bei Gefährdung des Kindeswohls

(1) Wird das körperliche, geistige oder seelische Wohl des Kindes oder sein Vermögen gefährdet und sind die Eltern nicht gewillt oder nicht in der Lage, die Gefahr abzuwenden, so hat das Familiengericht die Maßnahmen zu treffen, die zur Abwendung der Gefahr erforderlich sind.

(2) In der Regel ist anzunehmen, dass das Vermögen des Kindes gefährdet ist, wenn der Inhaber der Vermögenssorge seine Unterhaltspflicht gegenüber dem Kind oder seine mit der Vermögenssorge verbundenen Pflichten verletzt oder Anordnungen des Gerichts, die sich auf die Vermögenssorge beziehen, nicht befolgt.

(3) Zu den gerichtlichen Maßnahmen nach Absatz 1 gehören insbesondere
1. **Gebote, öffentliche Hilfen wie zum Beispiel Leistungen der Kinder- und Jugendhilfe und der Gesundheitsfürsorge in Anspruch zu nehmen,**
2. **Gebote, für die Einhaltung der Schulpflicht zu sorgen,**
3. **Verbote, vorübergehend oder auf unbestimmte Zeit die Familienwohnung oder eine andere Wohnung zu nutzen, sich in einem bestimmten Umkreis der Wohnung aufzuhalten oder zu bestimmende andere Orte aufzusuchen, an denen sich das Kind regelmäßig aufhält,**
4. **Verbote, Verbindung zum Kind aufzunehmen oder ein Zusammentreffen mit dem Kind herbeizuführen,**

---

[27] *Staudinger/Engler* Rn. 44.
[28] Vgl. *Staudinger/Engler* Rn. 45; NK-BGB/*Rakete-Dombek* Rn. 14.
[29] *Soergel/Strätz* Rn. 6; *Staudinger/Engler* Rn. 47.
[30] *Staudinger/Engler* Rn. 47.
[31] BGHZ 103, 338, 344 ff. = FamRZ 1988, 810, 812 unter Aufgabe von BGHZ 35, 317 = FamRZ 1962, 60; s. auch OLG Hamm NJW 1993, 542, 543; NJW-RR 1994, 415; OLG Düsseldorf NJW-RR 1999, 1042, 1043. Dazu § 426 Rn. 66; *Staudinger/Engler* Rn. 48 ff.; *Gernhuber/Coester-Waltjen* § 57 Rn. 42. Zu den Regressfragen, wenn zwischen dem Dritten und den Eltern im konkreten Fall tatsächlich ein Gesamtschuldverhältnis besteht, vgl. *Fuchs* NZV 1998, 7, 11; BGHZ 73, 190.
[32] Vgl. BayObLG FamRZ 1983, 528, 530; *Staudinger/Engler* Rn. 41.
[33] Vgl. nur *Soergel/Strätz* Rn. 2; *Staudinger/Engler* Rn. 42.
[34] LG Ellwangen FamRZ 2011, 739.

Gerichtliche Maßnahmen bei Gefährdung des Kindeswohls § 1666

5. die Ersetzung von Erklärungen des Inhabers der elterlichen Sorge,
6. die teilweise oder vollständige Entziehung der elterlichen Sorge.

(4) In Angelegenheiten der Personensorge kann das Gericht auch Maßnahmen mit Wirkung gegen einen Dritten treffen.

Schrifttum: *Abramowski*, Staatliche Schutzmaßnahmen für Kinder ausländischer Eltern, Diss. Göttingen 1991; *Andrae*, Internationales Familienrecht, 2. Aufl. 2006; *Balloff*, Der Kindeswohlgefährdungsbegriff bei internationalen Rückführungsfällen in HKÜ-Verfahren aus rechtspsychologischer Sicht, FPR 2004, 309; *Baltz*, Ächtung der Gewalt in der Erziehung, ZfJ 2000, 210; *Becker*, Neues elterliches Sorgerecht, ZBlJugR 1978, 300; *Beitzke*, Nochmals zur Reform des elterlichen Sorgerechts, FamRZ 1979, 3; *Belchaus*, Elterliches Sorgerecht, 1980; *ders.* Neuregelung des Rechts der elterlichen Sorge, ZblJugR 1979, 325; *Belling/Eberl*, Der Schwangerschaftsabbruch bei Minderjährigen, FuR 1995, 287; *Belling/Eberl/Michlik*, Das Selbstbestimmungsrecht Minderjähriger bei medizinischen Eingriffen, 1994; *Belling*, Der Schwangerschaftsabbruch bei Minderjährigen – Eine ungelöste Aufgabe des Gesetzgebers, FS Bub, 2007, S. 455; *Bettermann*, Die freiwillige Gerichtsbarkeit im Spannungsfeld zwischen Verwaltung und Rechtsprechung, FS Lendt, 1957, S. 17; *Bienwald*, Zur Beteiligung des Mannes bei der Entscheidung über den straffreien Schwangerschaftsabbruch seiner Ehefrau – Bemerkungen zum Beschluß des AG Köln FamRZ 1985, 519, FamRZ 1985, 1096; *Bosch*, Volljährigkeit – Ehemündigkeit – Elterliche Sorge, FamRZ 1973, 489; *Brüggemann*, Elterliche Vermögenssorge – alte und neue Fragen, ZBlJugR 1980, 53; *Bumiller/Harders*, FamFG Freiwillige Gerichtsbarkeit-Kommentar, 9. Aufl. 2009; *Bussmann*, Das Recht auf gewaltfreie Erziehung aus juristischer und empirischer Sicht, FPR 2002, 289; *Carl*, Die Aufklärung des Verdachts eines sexuellen Mißbrauchs in familien- und vormundschaftsgerichtlichen Verfahren, FamRZ 1995, 1183; *Certain*, Übertragung des Aufenthaltsbestimmungsrechts als ausreichende Maßnahme nach § 1666 BGB, ZBlJugR 1968, 104; *Coester*, Das Kindeswohl als Rechtsbegriff, 1983; *ders.*, Die Bedeutung des Kinder- und Jugendhilfegesetzes (KJHG) für das Familienrecht, FamRZ 1991, 253; *ders.*, Kinderschutz – Übersicht zu den typischen Gefährdungslagen und aktuellen Problemen, FPR 2009, 549; *Coester-Waltjen*, Der Schwangerschaftsabbruch und die Rolle des künftigen Vaters, NJW 1985, 2175; *dies.*, Die Berücksichtigung der Kindesinteressen in der neuen EG-Verordnung Brüssel II a, FamRZ 2005, 241; *Czerner*, Der Schutz des ungeborenen Kindes vor der eigenen Mutter durch zeitliche Vorverlagerung zivil- und strafrechtlicher Regelungen? – Überlegungen zum Abschlussbericht „Familiengerichtliche Maßnahmen bei Gefährdung des Kindeswohls" vom 14. Juli 2009 bei Alkoholembryopathie, ZKJ 2010, 220; *Deutsch/Spickhoff*, Medizinrecht, 6. Aufl. 2008; *Diederichsen*, Zur Reform des Eltern-Kind-Verhältnisses, FamRZ 1978, 461; *ders.*, Die Neuregelung des Rechts der elterlichen Sorge, NJW 1980, 1; *Diehl*, Vollstreckung nach dem Gewaltschutzgesetz und andere Vollstreckungsmaßnahmen im Beisein von Kindern, FPR 2008, 426; *Diemer/Schoreit*, JGG, 5. Aufl. 2008; *Dierks (Hrsg.) et al.*, Therapieverweigerung bei Kindern und Jugendlichen, 1995; *Ehringfeld*, Eltern-Kind-Konflikte in Ausländerfamilien, Diss. Bremen 1997; *Eichenhofer*, Das neue Kinder- und Jugendhilferecht, JuS 1992, 279; *Engelhardt*, Offene Fragen zum Verfahrenspfleger für das Kind (§ 50 FGG), FamRZ 2001, 525; *Enzmann/Wetzels*, Das Ausmaß häuslicher Gewalt und die Bedeutung innerfamiliärer Gewalt für das Sozialverhalten von jungen Menschen aus kriminologischer Sicht, FPR 2001, 246; *Erichsen*, Elternrecht-Kindeswohl-Staatsgewalt: Zur Verfassungsmäßigkeit staatlicher Einwirkungsmöglichkeiten auf die Kindererziehung, 1985; *Ernst*, Der Maßnahmenkatalog des § 1666 BGB, FPR 2008, 602; *ders.*, Familiengerichtliche Maßnahmen bei Kindeswohlgefährdung, FPR 2011, 195; *Fegeler*, Der Maßstab des Wohls des Kindes, des Mündels, des Pfleglings und des Betreuten bei der gerichtlichen Kontrolle ihrer Interessenvertreter, Diss. Münster 1999; *Fehnemann*, Das Verschuldensprinzip in § 1666 BGB und die Rechtsprechung des Bundesverfassungsgerichts, ZfJ 1984, 157; *Fieseler/Hannemann*, Gefährdete Kinder – Staatliches Wächteramt versus Elternautonomie, ZKJ 2006, 117; *Finke*, Die rechtlichen Grundlagen der Sachverständigentätigkeit in der Familiengerichtsbarkeit nach der Kindschaftsrechtsreform vom 1. 7. 1998, FPR 2003, 503; *Gernhuber*, Kindeswohl und Elternwille, FamRZ 1973, 229; *Gernhuber/Coester-Waltjen*, Familienrecht, 6. Aufl. 2010; *Giesen*, Familienreform zum Wohl des Kindes? Bemerkungen zum Sorgerechtsentwurf und zum neuen Ehescheidungsfolgenrecht, FamRZ 1977, 594; *ders.*, Kindesmißhandlung?, 1979; *Gottschalk*, Boykottierter Umgang – zwangsweise Durchsetzung von Umgangsregelungen und Grenzen staatlicher Interventionsmöglichkeiten, FPR 2007, 308; *Häfele*, Seelisch erkrankte Eltern und Kindeswohlgefährdung, FPR 2003, 307; *Happe*, Hat sich das JWG auch ohne Jugendhilfereform überlebt?, FamRZ 1981, 635; *ders.*, Anordnung von Hilfe zur Erziehung durch das Vormundschaftsgericht?, Jugendwohl 1994, 92; *Heistermann*, Eilverfahren im Sorge- und Umgangsbereich nach dem FamFG, FPR 2009, 281; *Hessler*, Vorurteilsbelastete Ansichten zum Kindeswohl. Ergebnis mangelnder Sorgfalt und fehlender Wissenschaftlichkeit bei der Untersuchung und Darstellung zum Kindeswohl in Verbindung mit den Glaubenslehren der Religionsgemeinschaft der Zeugen Jehovas, Sonderdruck RSG 2005, 293; *Hinz*, Kindesschutz als Rechtsschutz und elterliches Sorgerecht, 1976; *ders.*, Zu den Voraussetzungen der Trennung eines gesunden Kindes von seinen behinderten Eltern, NJW 1983, 377; *Höhne*, Gerichtliche Kontrolle elterlicher Fehlentscheidungen, Diss. Frankfurt/M. 1974; *Hoerster*, Ein Lebensrecht für die menschliche Leibesfrucht?, JuS 1989, 172; *Höflinger*, Bei Partnerschaftsgewalt kein elterliches Umgangsrecht nach der Trennung, ZfJ 2004, 63; *Hohmann-Dennhardt*, Kindeswohl und Elternrecht – Rechtsverhältnis von Eltern und Kindern, FPR 2008, 476; *Hummel*, Zum Phänomen des Vater-Tochter-Inzests, ZfJ 1996, 417; *Jansen*, Freiwillige Gerichtsbarkeit, 2. Aufl. 1969; *Janzen*, Das Kinderrechteverbesserungsgesetz, FamRZ 2002, 785; *Keidel*, FamFG – Kommentar zum Gesetz über das Verfahren in Familiensachen und den Angelegenheiten der freiwilligen Gerichtsbarkeit, 16. Aufl. 2009; *Keidel/Kuntze/Winkler*, Freiwillige Gerichtsbarkeit – Kommentar zum FGG, 15. Aufl. 2003; *Kellner*, Die Ächtung der Gewalt in der Erziehung nach neuem Recht NJW 2001, 796; *Kretzschmar/Meysen*, Reform des Familienverfahrensrechts, FPR 2009, 1; *Krüger*, Rechtliche Fragen der Intersexualität bei Minderjährigen, in *Höhne/Finke* (Hrsg.) Intersexualität bei Kindern 2008, S. 55 ff.; *Kühne/Kluck*, Sexueller Mißbrauch –

forensisch-psychologische und psychodiagnostische Aspekte, FamRZ 1995, 981; *Kunz,* Zum Züchtigungsrecht der Eltern, ZfJ 1990, 52; *Lipp/Wagenitz,* Das neue Kindschaftsrecht, 1999; *Longino,* Die Pflegekinderadoption, Heidelberg 1998; *Looschelders,* Die Europäisierung des internationalen Verfahrensrechts für Entscheidungen über die elterliche Verantwortung, JR 2006, 45; *Löhnig/Heiß,* Die Neuregelung des einstweiligen Rechtsschutzes nach dem FamFG, FamRZ 2009, 1101; *Lüderitz,* Die Rechtsstellung ehelicher Kinder nach Trennung ihrer Eltern im künftigen Recht der Bundesrepublik Deutschland, FamRZ 1975, 605; *Luthin,* Zur Neuregelung des elterlichen Sorgerechts, FamRZ 1979, 986; *Malik,* Die Grenzen der elterlichen Vermögenssorge, Diss. Münster 1999; *Meier,* Verstoßen die sog. „Leihmütterverträge" gegen die guten Sitten im Sinne des § 138 Abs. 1 BGB?, ZfJ 1985, 270; *Metzger,* Standards der Rechtsprechung an psychologische Gutachten im familiengerichtlichen Verfahren, FPR 2008, 273; *Meysen,* Neuerungen im zivilrechtlichen Kinderschutz, NJW 2008, 2673; *Mittenzwei,* Die Rechtsstellung des Vaters zum ungeborenen Kind, AcP 187 (1987), 247; *Moritz,* Bedeutung des Elternvotums für den Abbruch der Schwangerschaft Minderjähriger, ZfJ 1999, 92; *Mühlens et al.,* Das neue Kindschaftsrecht, 1998; *Müller, Gerda,* Die Neuregelung des Rechts der elterlichen Sorge, DRiZ 1979, 169; *Münder,* Ansprüche auf Leistungen im Jugendhilferecht, ZfJ 1991, 285; *ders.,* Probleme des Sorgerechts – bei psychisch kranken und geistig behinderten Eltern – exemplarisch für den Kindesschutz bei Kindeswohlgefährdung, FuR 1995, 89; *ders.,* Verhältnis zwischen Hilfen nach dem SGB VIII und familiengerichtlichen Maßnahmen nach § 1666 BGB, FPR 2003, 280; *Muscheler,* Familienrecht, 2006; *Musielak/Borth,* Familiengerichtliches Verfahren: FamFG-Kommentar, 2009; *Nebendahl,* Selbstbestimmungsrecht und rechtfertigende Einwilligung des Minderjährigen bei medizinischen Eingriffen, MedR 2009, 197; *Oberloskamp/Lewe,* Risikoeinschätzung bei möglicher Kindeswohlgefährdung - Umsetzung des § 8a SGB VIII im Kontext des FamFG, FPR 2009, 553; *Oelkers/Kraeft,* Sorgerechtsübertragung auf einen Zeugen Jehovas?, FuR 1997, 161; *Ollmann,* Schadensersatz wegen Mißbrauchsverdächtigung?, ZfJ 1996, 486; *ders.,* Eltern, Kind und Staat in der Jugendhilfe, FamRZ 1992, 388; *Parzeller/Dettmeyer/et al.,* Körperliche Misshandlung und sexueller Missbrauch von Kindern und Jugendlichen – Rechtliche Vorgaben im Zivil- und Sozialrecht, Rechtsmedizin 2010, 155; *Pfeiffer/Lehmkuhl/Frank,* Psychische Langzeitfolgen von Kindesmisshandlung, FPR 2001, 282; *Putzke,* Die strafrechtliche Relevanz der Beschneidung von Knaben, FS Herzberg, 2008, S. 669; *Raack,* Kinderschutz im gerichtlichen Verfahren, KindPrax 2002, 39; *ders.,* Rechtliche Maßnahmen und Entscheidungsspielräume des Familiengerichts bei Schulabsenz von Kindern und Jugendlichen, FPR 2007, 478; *Rakete-Dombeck,* Die familienrechtliche Betreuung von mißbrauchsverdächtigen Eltern, AnwBl. 1997, 469; *dies.,* Das familienpsychologische Sachverständigengutachten aus anwaltlicher Sicht, FPR 2003, 508; *Rauscher,* Das Umgangsrecht im Kindschaftsrechtsreformgesetz, FamRZ 1998, 329; *ders.,* Familienrecht, 2. Aufl. 2008; *Reiserer,* Schwangerschaftsabbruch durch Minderjährige im vereinten Deutschland, FamRZ 1991, 1136; *Röchling,* Vormundschaftsgerichtliches Eingriffsrecht und KJHG, Diss. Hagen 1997; *ders.,* Verurteilt die Eingriffsschwelle des § 1748 viele Kinder zu dauerhafter Elternlosigkeit?, ZfJ 2000, 214; *ders.,* Die Stellung des Jugendamtes im familiengerichtlichen Verfahren, ZfJ 2004, 257; *ders.,* Überlegungen zum Entwurf eines Gesetzes des Freistaates Bayern vom 3. 5. 2006 zur Änderung des § 1666 und weitere Vorschriften, FamRZ 2006, 1732; *ders.,* Anmerkungen zum Abschlussbericht der Arbeitsgruppe „Familiengerichtliche Maßnahmen bei Gefährdung des Kindeswohls" v. 17. 11. 2006, FamRZ 2007, 431; *ders.,* Neue Aspekte zu Kinderschutz und Kindeswohl? – Zum Entwurf eines „Gesetzes zur Erleichterung familiengerichtlicher Maßnahmen bei Gefährdung des Kindeswohls", FamRZ 2007, 1775; *ders.,* Das Gesetz zur Erleichterung familiengerichtlicher Maßnahmen bei Gefährdung des Kindeswohls, FamRZ 2008, 1495; *Rosenboom/Rotax,* Ein kleiner Meilenstein auf dem Weg zum besseren Kindesschutz, ZRP 2008, 1; *Rösner/Schade,* Der Verdacht auf sexuellen Mißbrauch von Kindern, FamRZ 1993, 1133; *Roth/Döring,* Zur geplanten Revision des Haager Minderjährigenschutzabkommens von 1961, FuR 1999, 195; *Rünz,* Die Entscheidungsmöglichkeiten des Vormundschaftsgerichts gemäß § 1666a BGB, Diss. Mainz 1988; *Sachs,* Grundgesetz, 5. Aufl. 2009; *Salgo,* Pflegekindschaft und Staatsintervention, 1987; *Scherer,* Schwangerschaftsabbruch bei Minderjährigen und elterliche Zustimmung, FamRZ 1997, 589; *ders.,* Aufenthalts- und Umgangsbestimmungsrecht der Eltern contra Selbstbestimmungsrecht des Kindes?, ZfJ 1999, 86; *Schlüter,* Familienrecht, 13. Aufl. 2009; *Schmidt-Glaeser,* Die Eltern als Fremde, DÖV 1978, 629; *Schulz,* Inkrafttreten des Haager Kinderschutzübereinkommens v. 19. 10. 1996 für Deutschland am 1. 1. 2011, FamRZ 2011, 156; *dies.,* Haager Kinderschutzübereinkommen von 1996: Im Westen nichts Neues, FamRZ 2006, 1309; *dies.,* Internationale Regelungen zum Sorge- und Umgangsrecht, FPR 2004, 299; *Schumann,* Das Erörterungsgespräch bei möglicher Kindeswohlgefährdung, FPR 2011, 203; *Schönke/Schröder* Strafgesetzbuch, 28. Aufl. 2010; *Schulz/Hauß* (Hrsg.), Handkommentar Familienrecht, 2008; *Schumann,* Elterliche Sorge nicht miteinander verheirateter Eltern auf dem Prüfstand, FPR 2010, S. 222; *Schütz,* Probleme der gerichtlichen Prüfung des Mißbrauchsvorwurfs in Familiensachen, AnwBl. 1997, 466; *Schwab,* Familienrecht, 18. Aufl. 2010; *Schwerdtner,* Mehr Rechte für das Kind – Fluch oder Segen für die elterliche Sorge, NJW 1999, 1525; *Seier,* Reform des § 1666 BGB und Verfassungsschutz, FPR 2008, 483; *Siedhoff,* Konkurrenzprobleme zwischen § 1666 Abs. 1 S. 1 BGB und § 1632 Abs. 4 BGB, FamRZ 1995, 1254; *Siehr,* Das neue Haager Übereinkommen von 1996 über den Schutz von Kindern, RabelsZ 62 (1998), 464; *Simitis/Rosenkötter/Vogel/Boost-Muss/Fromann/Hopp/Koch/Zenz,* Kindeswohl – Eine interdisziplinäre Untersuchung über seine Verwirklichung in der vormundschaftsgerichtlichen Praxis, 1979; *Simon,* Das neue elterliche Sorgerecht, JuS 1979, 752; *Socha,* Probleme des einstweiligen Rechtsschutzes nach dem FamFG am Beispiel der Kindschaftssachen, FamRZ 2010, 947; *Solomon,* Brüssel II a – Die neuen europarechtlichen Regeln zum internationalen Verfahrensrecht in Fragen der elterlichen Verantwortung, FamRZ 2004, 1409; *Söppner,* Kinder und häusliche Gewalt aus dem Blickwinkel der Verfahrenspflegschaft, FPR 2001, 269; *Streitwieser,* Sorgerechtsregelung bei Uneinigkeit der Eltern über die religiöse Erziehung ihres Kindes, ZKJ 2006, 141; *Stürner,* Die Unverfügbarkeit ungeborenen menschlichen Lebens und die menschliche Selbstbestimmung, JZ 1990, 709; *Tiedemann,* Aids – Familienrechtliche Probleme, NJW 1988, 729; *Trenczek,* Inobhutnahme – Krisenintervention und Schutzgewährung durch die Jugendhilfe §§ 8a, 42 SGB VIII, 2. Aufl. 2008; *Trockel,* Die Einwilligung Minderjähriger in den ärztlichen Heileingriff, NJW 1972, 1493; *Undeutsch,* Die Untersuchung mit dem Polygraphen („Lügendetektor") – eine wissenschaftliche Methode zum Nachweis der Unschuld,

§ 1666 Gerichtliche Maßnahmen bei Gefährdung des Kindeswohls

FamRZ 1996, 329; *Veit*, Das Gesetz zur Erleichterung familiengerichtlicher Maßnahmen bei Gefährdung des Kindeswohls im Überblick, FPR 2008, 598; *Vogel*, Die Ersetzung von Erklärungen des Inhabers der elterlichen Sorge, FPR 2008, 617; *Wabnitz*, Mitwirkung der Jugendhilfe im familiengerichtlichen Verfahren, ZfJ 2000, 336; *Weinreich*, Das Stiefkind in der HausratsVO und im Gewaltschutzgesetz, FPR 2004, 88; *Wiesner*, Die Kompetenz des Vormundschaftsgerichts bei der Abwendung von Gefahren für das Kindeswohl – Bemerkungen zur Auslegung und Anwendung von § 1666a BGB, ZBlJugR 1981, 509; *ders.*, Das Kinder- und Jugendhilfegesetz unter besonderer Berücksichtigung familienunterstützender und -ergänzender Leistungen, FuR 1990, 325; *ders.*, Schutzauftrag des Jugendamtes bei Kindeswohlgefährdung, FPR 2007, 6; *ders.*, Rechtliche Grundlagen, in: *Wiesner-Zarbock* (Hrsg.), Das neue Kinder- und Jugendhilfegesetz (KJHG) und seine Umsetzung in die Praxis, 1991, S. 1 ff.; *ders.*, SGB VIII – Kinder- und Jugendhilfe, 3. Aufl. 2006; *ders.*, Schutzauftrag des Jugendamtes bei Kindeswohlgefährdung, FPR 2007, 6; *ders.*, Leistungen der Kinder- und Jugendhilfe nach dem SGB VIII, FPR 2008, 608; *Will*, Der Anwalt des Kindes im Sorgerechtsverfahren – Garant des Kindeswohls?, ZfJ 1998, 1; *Willutzki*, Kindeswohl zwischen Elternrecht und staatlichem Wächteramt, DAVorm. 2000, 377; *ders.*, Kindschaftssachen im neuen FamFG – Ein Überblick, FPR 2009, 327; *Wölk*, Der minderjährige Patient in der ärztlichen Behandlung, MedR 2001, 80; *Zentralkomitee der deutschen Katholiken*, Stellungnahme zum Entwurf eines Gesetzes zur Neuregelung des Rechts der elterlichen Sorge, FamRZ 1977, 610; *Zenz*, Kindesmißhandlung und Kindesrechte, 1979; *Zorn*, Das Recht der elterlichen Sorge, 2. Aufl. 2008; *Zimmermann*, Das neue FamFG, 2009.

Übersicht

	Rn.		Rn.
A. Normzweck	1–5	**XII. Maßnahmen nach JGG**	26
I. Konkretisierung des Wächteramtes der staatlichen Gemeinschaft	1, 2	**XIII. Internationale Schutzbestimmungen**	27–33
II. Entstehungsgeschichte	3, 4	1. Die sog. Brüssel II a-VO und das Haager Kindesschutzübereinkommen	27–32
III. Verfassungsmäßigkeit	5	2. Weitere internationale Rechtsquellen	33
B. Abgrenzung/Verhältnis zu anderen Vorschriften	6–33	**C. Die Tatbestandsvoraussetzungen des § 1666**	34–148
I. § 1666 im System des rechtlichen Kindesschutzes	6	I. Allgemeines	34
II. Das Verhältnis von § 1666 zu §§ 1671, 1672	7–11	II. Verzicht auf ein „elterliches Erziehungsversagen"	35–37
1. § 1671	7–10	III. Anwendungsbereich	38–119
2. § 1672	11	1. Sorgerechtsinhaber	38
III. Meinungsstreit der Eltern	12	2. Kind	39–41
IV. Ruhen der elterlichen Sorge	13	a) Geborenes Kind	39
V. Tod eines Elternteils	14	b) Ungeborenes Kind	40, 41
VI. Ersetzung der Einwilligung in eine Adoption	15	3. Kindeswohl	42–47
		a) Definition	42–44
VII. Ersetzung der elterlichen Einwilligung bei Heirat des minderjährigen Kindes	16	b) Beachtlichkeit des Kindeswillens	45–47
		4. Gefährdung des Kindeswohls	48–115
VIII. Sonstige familienrechtliche Kindesschutzbestimmungen	17–21	a) Definition	48–52
		b) Besonderheiten ausländischer Familien	53–56
1. §§ 1629 Abs. 2 iVm. 1795	17	c) Fallgruppen	57–115
2. § 1631a	18	5. Die Subsidiaritätsklausel	116–119
3. § 1631b	19	a) Allgemeines und Voraussetzungen	116
4. § 1632 Abs. 4	20	b) Tatsachenfeststellung	117–119
5. § 1682	21	**IV. Schutz des Kindesvermögens, § 1666 Abs. 1, 2. Var. BGB**	120–148
IX. SGB VIII	22, 23	1. Allgemeines	120
1. Fehlen gerichtlicher Eingriffsbefugnisse	22	2. Anforderungen an die elterliche Vermögensfürsorge	121
2. Jugendamtsbefugnisse	23	3. Der Vermögensbegriff	122–124
X. Landesrechtliche Bestimmungen	24	4. Die Gefährdung des Kindesvermögens	125–147
XI. Strafrechtlicher Kindesschutz, §§ 170 ff., 174, 176 ff., 180, 225, 235 StGB	25	a) Allgemeines	125, 126
		b) Die Regelbeispiele des Abs. 2	127–147
		5. Subsidiarität	148

§ 1666

	Rn.		Rn.
D. Die Rechtsfolgen des § 1666: Maßnahmen des Familiengerichts	149–211	**IV. Weitere Abwehrmaßnahmen**	202–207
I. Allgemeine Richtlinien für das gerichtliche Einschreiten	149–164	1. Im Bereich der Personensorge	202
1. Maßnahmenkatalog des Abs. 3	149–151	2. Im Bereich der Vermögenssorge	203–207
a) Gesetzgeberische Erwägungen	150	a) Gesetzlich nicht geregelte Abwehrmaßnahmen	204
b) Kritik	151	b) Dinglicher Arrest	205
2. Auswahlermessen: Ausrichtung am Kindeswohl	152–154	c) Familiengerichtliche Maßnahmen gegen Dritte	206, 207
3. Verhältnismäßigkeit	155–160	**V. Vorläufige Maßnahmen**	208
a) Allgemeines	155, 156	**VI. Maßnahmen mit Wirkung gegen einen Dritten, Abs. 4**	209–211
b) Die einzelnen Elemente des Verhältnismäßigkeitsgrundsatzes	157–160	1. Allgemeines	209, 210
4. Dauer	161	2. Umgangsverbote	211
5. Folgen familiengerichtlicher Eingriffe	162–164	**E. Verfahren**	212–259
II. Allgemeines zu den Maßnahmen	165–167	**I. Zuständigkeit des Familiengerichts**	212
1. Im Bereich der Personensorge	165	**II. Verfahrensgrundsätze**	213–231
2. Im Bereich der Vermögenssorge	166, 167	1. Einleitung des Verfahrens	213, 214
III. Maßnahmenkatalog des Abs. 3	168–201	2. Amtsermittlungsgrundsatz	215–222
1. Gebote zur Inanspruchnahme öffentlicher Hilfen, Nr. 1	170–178	3. Rechtliches Gehör	223
a) Allgemeines	170, 171	4. Anhörungspflichten	224–229
b) Leistungen der Kinder- und Jugendhilfe, SGB VIII	172–177	5. Erörterung der Kindeswohlgefährdung	230
c) Leistungen der Sozialhilfe, SGB XII	178	6. Vorrangs- und Beschleunigungsgebot	231
2. Gebote zur Sorge um die Einhaltung der Schulpflicht, Nr. 2	179, 180	**III. Verfahrensrechtliche Stellung des Kindes**	232, 233
3. Nutzungs- und Aufenthalts- sowie Kontaktverbote, Nr. 3, 4	181–189	**IV. Einstweiliger Rechtsschutz**	234–240
a) Allgemeines	181–183	1. Voraussetzungen	234–236
b) Wohnungsausweisung, Nr. 3	184–187	2. Verfahrensrechtliches	237–240
c) Weitere Maßnahmen nach Nr. 3	188	**V. Änderung und Aufhebung familiengerichtlicher Entscheidungen**	241, 242
d) Kontaktverbote, Nr. 4	189	**VI. Vollzug familiengerichtlicher Entscheidungen**	243–246a
4. Ersetzung von Erklärungen der Sorgerechtsinhaber, Nr. 5	190, 191	**VII. Rechtsmittel**	247–258
5. Teilweise oder vollständige Entziehung der elterlichen Sorge, Nr. 6	192–201	1. Befristete Beschwerde	247–255
a) Im Bereich der Personensorge	194–199	a) Beschwerdebefugnis	247–251
b) Im Bereich der Vermögenssorge	200, 201	b) Der Amtsermittlungsgrundsatz	252–255
		2. Rechtsbeschwerde	256–258
		VIII. Kosten	259

A. Normzweck

I. Konkretisierung des Wächteramtes der staatlichen Gemeinschaft

1 § 1666 als Ausprägung des staatlichen Wächteramtes aus Art. 6 Abs. 2 S. 2 GG setzt den Verfassungsauftrag des Kindesschutzes auf der Ebene des bürgerlichen Rechts um. Die Norm beschränkt das Elternrecht aus Art. 6 Abs. 2 S. 1 GG und markiert die Grenze, ab der der Staat zur Wahrung des Kindeswohles einschreiten darf.[1] Die Vorschrift hat doppelte Grundrechtsrelevanz: Wenn der Staat zum Schutze des Kindeswohls tätig wird, greift er zugleich in das grundgesetzlich geschützte Elternrecht auf Pflege und Erziehung aus Art. 6 Abs. 2 S. 1 GG ein.[2] Von den dabei geltenden allgemeinen

---

[1] Vgl. *Bamberger/Roth/Veit* Rn. 1; *Staudinger/Coester* Rn. 3; *Hohmann-Dennhardt* FPR 2008, 476, 477.

[2] Zum Verfassungsrecht Vor § 1626 Rn. 31. Daneben ist bei staatlichen Eingriffen in das Familienleben auch der Schutzbereich des Art. 8 EMRK tangiert, vgl. OLG Hamm FamRZ 2010, 1742; OLG Saarbrücken FamRZ 2010, 1092, 1093 sowie *Palandt/Diederichsen* Rn. 2.

Grundrechtsschranken ist insbesondere der **Verhältnismäßigkeitsgrundsatz** zu beachten, der in § 1666a zusätzlich eine bürgerlich-rechtliche Ausprägung gefunden hat (vgl. die Erl. dort).

§ 1666 bezweckt den Schutz des Kindes gegen ein solches **Eltern- oder Drittverhalten** im Bereich der Personen- und der Vermögenssorge,[3] das sein **Wohl gefährdet**. Die Norm gestattet deshalb **familiengerichtliche Eingriffe** in das Recht der elterlichen Sorge und auch Maßnahmen gegen Dritte, Abs. 4. Eingriffe in das elterliche Persönlichkeitsrecht sind hingegen nicht erfasst. Das Familiengericht kann daher auf Grundlage des § 1666 weder eine psychiatrische Untersuchung[4] noch eine psychotherapeutische Behandlung[5] anordnen. Auf der Rechtsfolgenseite wird § 1666 von § 1666a und § 1667 ergänzt, die konkrete Vorgaben für das Tätigwerden des Gerichts enthalten (vgl. die Erl. dort). Regelungen über Eingriffe in die elterliche Sorge finden sich darüber hinaus in verschiedenen familienrechtlichen Einzelbestimmungen, etwa in den §§ 1628, 1671 f., 1693, die § 1666 teils als leges speciales vorgehen, zum Teil aber auch daneben anwendbar sind.[6]

II. Entstehungsgeschichte

§ 1666 wurde zunächst am 16. 12. 1997 im Zuge des **KindschaftsRG**[7] neu strukturiert, wodurch die Bedeutung der Norm als **zentrale Kindeschutzbestimmung** des BGB noch deutlicher hervortrat.[8] Eine inhaltliche Änderung der Rechtslage strebte der Gesetzgeber mit dieser Neufassung nicht an. Vielmehr sollte der Kindesschutz gem. §§ 1666, 1667 aF übersichtlicher gestaltet werden.[9] Hierzu wurde der in § 1667 aF separat geregelte **Schutz des Kindesvermögens** in den Tatbestand von § 1666 aufgenommen, so dass die Norm seitdem ebenso wie § 1626 Abs. 1 S. 2 die beiden Elemente des Sorgerechtsbegriffes in sich vereint.[10] Die möglichen **Gefährdungsursachen** sind unverändert geblieben, ebenso das sog. elterliche **Gefahrabwendungsprimat** in Abs. 1. Abs. 2 enthält in der Neufassung durch das KindschaftsRG eine Aufzählung von Tatbeständen, bei deren Verwirklichung eine Gefährdung des **Kindesvermögens** in der Regel vorliegt.[11] Die **gerichtliche Ersetzungsbefugnis** ging im damaligen Abs. 3 auf. Der Abs. 4 nF entspricht dem früheren Abs. 1 S. 2. **Verfahrensrechtlich** ist schließlich die Verlagerung der gerichtlichen Zuständigkeit im Zuge der Kindschaftsreform bedeutsam: Während nach der alten Gesetzesfassung die Kompetenz für Eingriffe in die elterliche Sorge beim **Vormundschaftsgericht** lag, ist nunmehr das **Familiengericht** ausschließlich zuständig, § 111 FamFG. Dies hat u. a. Konsequenzen für den **Instanzenzug**.[12]

Schließlich wurde § 1666 in seinen **Abs. 1** und **3** am 4. 7. 2008 sowohl tatbestandlich als auch auf Rechtsfolgenseite durch das „Gesetz zur Erleichterung familiengerichtlicher Maßnahmen bei Gefährdung des Kindeswohls" (vom 4. 7. 2008, BGBl. I S. 1188 ff.) novelliert.[13] Der Gesetzesinitiative ging eine Häufung von Misshandlungen und Vernachlässigungen sowie Gewalttaten gegen Kinder, insbesondere im Jahre 2006, voraus. Deshalb ist die Regierungskoalition mit der Einsetzung einer **Experten-Arbeitsgruppe** „Familiengerichtliche Maßnahmen bei Gefährdung des Kindeswohls" einem Auftrag aus dem Koalitionsvertrag gefolgt, Möglichkeiten zu eruieren, auf erzieherische Defizite und deren Folgen besser als bisher reagieren zu können. Diese Arbeitsgruppe legte am 17. 11. 2006 ihren Abschlussbericht vor,[14] der Grundlage für den **Regierungsentwurf**[15] vom 24. 10. 2007 und schließlich für die Gesetzesreform[16] wurde. Zum einen sind **Tatbestandshürden abgebaut worden,** um ein frühzeitiges Einschalten der Familiengerichte zu ermöglichen und Kau-

---

[3] Zur Neustrukturierung der Norm im Zuge der Kindschaftsreform vgl. Rn. 3.
[4] BGH NJW 2010, 1351, 1352 = FamRZ 2010, 720, 721 mit Anm. *Stößer,* der allerdings die Verpflichtung zur Duldung der Untersuchung als milderes Mittel gegenüber einer Trennung vom Kind ansieht und sich daher für ein weites Verständnis der Ermächtigungsgrundlage ausspricht. Zu den weiteren Möglichkeiten des Gerichts in diesem Fall vgl. Rn. 215.
[5] BVerfG NJW 2011, 1661, 1662 = FamRZ 2011, 179, 180; OLG Saarbrücken NJW-RR 2010, 146. Dies soll aber nicht gelten, wenn die Behandlung im Schwerpunkt der Abwendung von Gefahren für das Kind dient, vgl. dazu die Anm. von *Brosius-Gersdorf* FamFR 2009, 171.
[6] Zur Abgrenzung näher Rn. 7–21.
[7] Vgl. zum früheren Rechtszustand Vor § 1626 Rn. 11 f. mwN.
[8] Zum vorherigen Rechtszustand vgl. 3. Aufl., Rn. 3.
[9] Vgl. BT-Drucks. 13/4899 S. 64 f.
[10] Krit. *Palandt/Diederichsen* 58. Aufl. 1999, Rn. 11; *ders.* NJW 1998, 1977, 1985.
[11] Zu deren rechtstheoretischer Einordnung vgl. Rn. 127.
[12] Zum Verfahrensrecht vgl. Rn. 212 ff.
[13] Im Überblick *Veit* FPR 2008, 598 f.
[14] http://www.bmj.bund.de/files/-/1515/AbschlussberichKindeswohl.pdf (14. 5. 2008); hierzu *Röchling* FamRZ 2007, 431 ff.
[15] BT-Drucks. 16/6815; hierzu *Röchling* FamRZ 2007, 1775 ff., *Rosenboom/Rotax* ZRP 2008, 1 ff.
[16] Vgl. BT-Drucks. 16/6815 in der Fassung der Beschlussempfehlung des Rechtsausschusses, BT-Drucks. 16/8914.

salitätsproblemen zwischen Elternverhalten und Kindeswohlgefährdung zu begegnen. Hierfür ist das Tatbestandsmerkmal des sog. „elterlichen Erziehungsversagens", worunter die missbräuchliche Ausübung der elterlichen Sorge, durch Vernachlässigung des Kindes ebenso wie unverschuldetes Versagen fiel, aus dem Normtext des Abs. 1 gestrichen worden. Zum anderen hat der Gesetzgeber eine **Konkretisierung der Rechtsfolgen** des § 1666 durch Aufnahme eines **Maßnahmenkatalogs** vorgenommen, welcher u. a. erzieherische Weisungen vorsieht.[17] Die Novelle weist Ähnlichkeiten zum Gesetzesantrag des Freistaats Bayern vom 3. 5. 2006[18] auf, spricht sich allerdings gegen Vermutungstatbestände der Kindeswohlgefährdung auf der Tatbestandsseite aus. Nach dem Inkrafttreten der Novelle trat die Arbeitsgruppe erneut zusammen, um erste Erfahrungen mit dem neuen Gesetz auszutauschen und die Erforderlichkeit weiterer gesetzlicher Änderungen zu prüfen. Der Abschlussbericht wurde am 2. September 2009 im Bundeskabinett vorgestellt.[19]

III. Verfassungsmäßigkeit

5   Die Verfassungsmäßigkeit des § 1666 idF des SorgeRG vom 18. 7. 1979,[20] dh. des Vor-Vorläufers der jetzigen Fassung, wurde vom BVerfG 1981 auch insoweit ausdrücklich bejaht, als Kinder selbst bei **unverschuldetem Versagen** der Eltern von der Familie getrennt werden können.[21] Die Entscheidung betont ferner vor allem den in § 1666a positiv-rechtlich geregelten Grundsatz der **Verhältnismäßigkeit**. Die Trennung des Kindes von seiner Familie ist deshalb als stärkster Eingriff in das Elternrecht nur dann mit dem Grundgesetz vereinbar, wenn einer Gefährdung des Kindeswohles nicht auf andere Weise begegnet werden kann.[22] Verfassungsrechtliche Bedenken gegen die Möglichkeit familiengerichtlichen Einschreitens gegen die Eltern anlässlich einer Kindeswohlgefährdung durch eventuelle Dritte[23] sind im Wege verfassungskonformer,[24] dh. restriktiver Norminterpretation zu überwinden.[25]

B. Abgrenzung/Verhältnis zu anderen Vorschriften

I. § 1666 im System des rechtlichen Kindesschutzes

6   Das vierte Buch des BGB enthält eine Reihe weiterer Vorschriften, die gleichfalls gesetzliche oder gerichtliche Eingriffe in das elterliche Sorgerecht vorsehen. Darüber hinaus finden sich auch im sonstigen positiven Recht Normen und/oder Normenkomplexe, deren gemeinsamer Sinn und Zweck im Schutz des Kindeswohles besteht. Für manche dieser Fälle ist das Verhältnis zu § 1666 nicht eindeutig.

II. Das Verhältnis von § 1666 zu §§ 1671, 1672

7   **1. § 1671.** Bei nicht nur vorübergehendem **Getrenntleben der Eltern** kann das Familiengericht gem. § 1671 auf Antrag das vorherige **gemeinsame Sorgerecht** einem der Elternteile ganz oder teilweise allein übertragen. Die Vorschrift knüpft damit regelmäßig an eine andere Konfliktsituation als § 1666 an. Hieraus folgt, dass § 1671 der Generalklausel des § 1666 insoweit als **Sondervorschrift** vorgeht, als die mit der dauernden Trennung der Eltern verbundene Kindeswohlgefährdung bereits durch Maßnahmen des Familiengerichts nach § 1671 zu beseitigen ist.[26] Hier reicht

---

[17] Weisungen des Familiengerichts an das Kind in Anlehnung an § 10 JGG sollten nicht aufgenommen werden, da aus systematischer Sicht § 1666 nur eine Grundlage für Anordnungen an Eltern oder Dritte, nicht hingegen für Weisungen an das Kind selbst ist, BT-Drucks. 16/6815 S. 11; Gesamtüberblick vgl. *Palandt/Diederichsen* Rn. 4.
[18] Entwurf eines Gesetzes zur Änderung des § 1666 BGB u. weiterer Vorschriften, BR-Drucks. 296/06. Er sah noch eine tatbestandliche Ergänzung vor. Eine Kindeswohlgefährdung sollte nach dem Entwurf bei wiederholt schwerwiegendem Verstoß (eines Kindes/Jugendlichen) gegen Strafgesetze, aber auch bei Vorliegen von Anzeichen einer drohenden Abhängigkeit von Betäubungsmitteln u. anderen Suchtmitteln vermutet werden; s. hierzu auch die krit. Anmerkungen von *Röchling* FamRZ 2006, 1732, 1738 f.
[19] www.bmj.bund.de/files/-/3908/Abschlussbericht_Kindeswohl_Juli2009.pdf (10. 01. 2011). Der Bericht behandelt (ab S. 32 ff.) insbesondere auch die Frage der Gefährdung des Wohls des ungeborenen Kindes, vgl. dazu noch Rn. 40 ff.
[20] Hierzu 3. Aufl. Vor § 1626 Rn. 4 ff.
[21] BVerfG NJW 1982, 1379; dazu *Hinz* NJW 1983, 377.
[22] Zur Verfassungsmäßigkeit der Reform vom 4. 7. 2008 vgl. *Seier* FPR 2008, 483, 486 ff.
[23] *Palandt/Diederichsen* Rn. 2 u. *ders.* NJW 1980, 1, 6 f.
[24] *Diederichsen* NJW 1980, 1, 6 f.
[25] Vgl. Rn. 103 zur Kindeswohlgefährdung durch Drittverhalten.
[26] So auch *Staudinger/Coester* Rn. 38 f.; *Schwab* Rn. 746.

uU die Ablehnung eines Antrages gem. § 1671 Abs. 1 aus, falls die Kindeswohlgefährdung durch die Übertragung der elterlichen Sorge auf den antragstellenden Elternteil ausgelöst würde.

Raum für gerichtliche Maßnahmen gem. Abs. 1 eröffnet dagegen **§ 1671 Abs. 3**, wonach einem **8** Antrag gem. § 1671 Abs. 1 dann nicht stattzugeben ist, wenn die elterliche Sorge auf Grund anderer Vorschriften abweichend geregelt werden muss. Hierin liegt ein „stillschweigender" Verweis auf die §§ 1666, 1666 a.[27] Daraus folgt jedoch kein genereller Vorrang des § 1666 bei allen Kindeswohlgefährdungen.[28] Vielmehr weicht das Familiengericht von einem Elternvorschlag im Rahmen des Verfahrens gem. § 1671 nur ab, wenn die Kindeswohlgefährdung durch die Übertragung der elterlichen Sorge auf einen Elternteil nicht abgewendet werden kann,[29] also insbesondere dann, wenn sie von **beiden Elternteilen** ausgeht.

Der Anwendungsbereich des § 1666 gegenüber § 1671 verengt sich noch einmal dadurch, dass **9** § 1671 Abs. 2 Nr. 2 bereits eine Kindeswohlprüfung verlangt und damit eine Anwendung des § 1666 erübrigt. Das eigentliche Konkurrenzproblem konzentriert sich damit auf § 1671 Abs. 2 Nr. 1,[30] weil dieser Tatbestand keine Prüfung des Kindeswohls verlangt. Die Bindung des Gerichts an den übereinstimmenden Antrag entfällt, wenn die Voraussetzungen des § 1666 Abs. 1 gegeben sind. Sofern der Kindeswiderspruch beachtlich ist und kein neuer Antrag gestellt wird, eröffnet § 1671 Abs. 3 wiederum den Weg zu § 1666 Abs. 1.[31]

Maßnahmen des Familiengerichts gem. Abs. 1 sind ferner nicht durch § 1671 ausgeschlossen, **10** wenn sie nach ihrer Intensität keine echten Eingriffe in das Recht der elterlichen Sorge darstellen, zB im Falle von bloßen Ermahnungen, Ge- oder Verboten.[32] Entsprechende Anordnungen können also auch nach einer Sorgerechtsentscheidung des Familiengerichts gem. § 1671 noch auf § 1666 gestützt werden, sofern die Sorgerechtsentscheidung nicht gem. § 1696 geändert werden muss.

2. § 1672. Die Vorschrift, der tatbestandsmäßig die **alleinige Kindessorge eines Elternteils** **11** in den Fällen der §§ 1626a und 1672 Abs. 2 bei **dauerndem Getrenntleben** zugrunde liegt, ermöglicht dem bisher nicht sorgeberechtigten Vater, die Alleinsorge zu erlangen.[33] Ferner kann die gemeinsame Sorge begründet werden, wenn zuvor bereits eine Übertragung des Sorgerechts nach Abs. 1 der Vorschrift stattgefunden hatte, Abs. 2. In der ersten Variante bestehen keine Konkurrenzprobleme zu § 1666, weil ein solcher Schritt dem Kindeswohl dienen muss, § 1672 Abs. 1 S. 2.[34] Entsprechendes gilt aber auch für die Begründung der gemeinsamen elterlichen Sorge gem. § 1672 Abs. 2 S. 1: Hier sorgen sowohl das Erfordernis der Zustimmung des anderen Elternteils als auch die obligatorische gerichtliche Kindeswohlprüfung für einen ausreichenden Schutz. Treten Kindeswohlgefährdungen **nach** Begründung der gemeinsamen elterlichen Sorge gem. § 1672 Abs. 2 ein, so kann das Familiengericht durch Maßnahmen auf Antrag im Wege des § 1671 oder sonst gem. § 1666 Abs. 1 reagieren.[35] Das Gleiche gilt, wenn sich Kindeswohlgefährdungen nach einer Übertragung auf den Vater gem. § 1672 Abs. 1 ergeben.[36]

III. Meinungsstreit der Eltern

Meinungsverschiedenheiten der Eltern bei der Ausübung der elterlichen Sorge müssen diese in **12** erster Linie selbst aus der Welt schaffen, § 1627. Erst wenn sie scheitern, kann das Familiengericht gem. § 1628 auf Antrag einem Elternteil die Entscheidung übertragen. Das Verfahren gem. § 1628 gewährleistet wegen seiner notwendigen Ausrichtung am Kindeswohl, § 1697a, ausreichenden Schutz. Das Gericht überträgt **kindeswohlgerechte Entscheidungen** einem Elternteil allein. Mit dem Kindeswohl nicht zu vereinbarende Vorschläge lehnt es ab.[37] Stellt sich allerdings im Verfahren

---

[27] BT-Drucks. 13/4899 S. 99 f.; *Palandt/Diederichsen* § 1671 Rn. 25.
[28] Daher zumindest missverständlich *Jauernig/Berger* §§ 1666–1667 Rn. 2.
[29] *Palandt/Diederichsen* Rn. 7; *Schlüter* Rn. 358.
[30] *Staudinger/Coester* Rn. 39 f.; *Schlüter* Rn. 358 aE.
[31] Ausf. *Staudinger/Coester* § 1671 Rn. 20, 262 ff.
[32] *Erman/Michalski/Döll* Rn. 2 mwN; zu den möglichen Maßnahmen des FamG gem. § 1666 vgl. Rn. 152 ff.
[33] BVerfG NJW 2010, 3008 hat die Regelung, dass der Vaters eines nichtehelichen Kindes ohne Zustimmung der Mutter generell von der Sorgetragung für sein Kind ausgeschlossen ist (§§ 1626a Abs. 1 Nr. 1, 1672 Abs. 1) und nicht gerichtlich überprüfen lassen kann, ob es aus Gründen des Kindeswohls angezeigt ist, ihm zusammen mit der Mutter die Sorge für sein Kind einzuräumen oder ihm an Stelle der Mutter die Alleinsorge für das Kind zu übertragen, für verfassungswidrig erklärt (vgl. dazu auch EGMR NJW 2010, 501).
[34] Vgl. *Staudinger/Coester* Rn. 46.
[35] Vgl. *Staudinger/Coester* Rn. 47.
[36] Die Unterschiede eines familiengerichtlichen Vorgehens gem. § 1672 u. § 1666 verdeutlicht noch einmal AG Tempelhof-Kreuzberg FamRZ 2002, 568.
[37] *Palandt/Diederichsen* § 1628 Rn. 6; zur Handhabe bei Uneinigkeit der Eltern über die religiöse Erziehung ihres Kindes BGH FamRZ 2005, 1167 f.

heraus, dass die Spannungen der Eltern bereits zu einer Kindeswohlgefährdung iSv. Abs. 1 geführt haben, muss das Familiengericht von Amts wegen tätig werden und die erforderlichen Maßnahmen treffen.[38] § 1628 entfaltet also keine Sperrwirkung gegenüber § 1666.

IV. Ruhen der elterlichen Sorge

13 Einschränkungen in der Ausübung der elterlichen Sorge – ohne Erlöschen derselben, vgl. § 1675 – ergeben sich bei deren **Ruhen**, namentlich bei Einschränkungen der **Geschäftsfähigkeit** oder bei **tatsächlichem Hindernis** (Abwesenheit, Krankheit), §§ 1673, 1674. Die Rechtsfolgen richten sich danach, ob dem verhinderten Sorgeberechtigten das Sorgerecht allein (dann: § 1678 Abs. 1 2. HS oder Abs. 2, ggf. § 1773) oder zusammen mit dem anderen Elternteil (dann: § 1678 Abs. 1 1. HS) zusteht. Bei **Verhinderung beider Elternteile** hat das Familiengericht von Amts wegen gem. § 1693 vorzugehen. Soweit in Fällen tatsächlicher Verhinderung, etwa bei Strafhaft oder Trunksucht des Sorgeberechtigten,[39] zugleich eine Kindeswohlgefährdung in Betracht kommt, wird das Verhältnis zu § 1666 problematisch.[40] Die Normen haben unterschiedliche Eingriffsschwellen; insbesondere sehen die §§ 1673, 1674 keine dem § 1666a vergleichbare Verhältnismäßigkeitsprüfung vor. Im Falle einer geistigen Behinderung, die zur Geschäftsunfähigkeit oder zur beschränkten Geschäftsfähigkeit führt, § 1673 Abs. 1, Abs. 2 S. 1, wäre also der Verlust der elterlichen Sorge unausweichlich (vgl. dazu aber Rn. 132). Die Lösung des Konkurrenzproblems liegt entweder in einer entsprechenden Anwendung des § 1666a im Rahmen der §§ 1673, 1674[41] oder in einem generellen Anwendungsvorrang des § 1666 in Überschneidungsfällen.[42] Praktisch führen beide Lösungen zu demselben Ergebnis.

V. Tod eines Elternteils

14 Die §§ 1680, 1681 regeln die Beendigung der elterlichen Sorge bei **Tod** und Todeserklärung eines sorgeberechtigten Elternteils. Bestand vor diesem Ereignis **gemeinsame Sorge,** so erwirbt der **überlebende Elternteil** die elterliche Sorge gem. § 1680 Abs. 1 kraft Gesetzes allein. Bei **Alleinsorge** des verstorbenen oder für Tod erklärten Elternteils kann das Familiengericht diese unter den Voraussetzungen des § 1680 Abs. 2 dem **überlebenden Elternteil** übertragen. Berührungspunkte zu § 1666 können sich ergeben, wenn und soweit eine Gefährdung des Kindeswohles nach Übergang der elterlichen Sorge auf den überlebenden Elternteil gem. § 1680 Abs. 1 zu befürchten ist. Das Familiengericht muss dann nachträglich gem. Abs. 1 die erforderlichen Maßnahmen treffen.[43] In den Fällen des § 1680 Abs. 2 verhindert dagegen bereits die erneute gerichtliche Kindeswohlprüfung Gefährdungen durch den nicht sorgeberechtigten Elternteil, so dass für einen Rückgriff auf § 1666 idR kein Bedürfnis besteht. Bei erst **nachträglich** entstehenden Gefährdungslagen kommen wiederum Maßnahmen nach § 1666 in Betracht.

VI. Ersetzung der Einwilligung in eine Adoption

15 Einen besonders intensiven Eingriff in das Elternrecht stellt die gerichtliche Ersetzung der elterlichen Einwilligung in die Adoption gem. § 1748 dar. Die Norm knüpft wie § 1666 aF an **elterliches Fehlverhalten** gegenüber dem Kind an (Störung der Eltern-Kind-Beziehung, besonders schwerer Pflichtverstoß, schwere psychische Störung), so dass tatbestandliche Überschneidungen vor der Reform denkbar erschienen. Da die Wirkungen einer Annahme des Kindes gegen den Willen der Eltern jedoch sogar über diejenigen eines möglichen Sorgerechtsentzuges gem. Abs. 1 hinausgehen, war und ist § 1748 als **Spezialfall** gegenüber § 1666 anzusehen. Die Voraussetzungen einer Einwilligungsersetzung sind daher auch nach einem Sorgerechtsentzug auf der Grundlage des § 1666 gesondert zu prüfen.[44] Kein Konkurrenzproblem besteht in den Fällen des § 1748 Abs. 4, weil dem betroffenen nichtehelichen Vater das Sorgerecht niemals zugestanden hat.[45]

---

[38] *Palandt/Diederichsen* § 1628 Rn. 7.
[39] Vgl. *Palandt/Diederichsen* § 1674 Rn. 1 m. weit. Bsp.
[40] Vgl. hierzu BayObLG 1981, 595, 597; OLG Hamm FamRZ 1996, 1029, 1030.
[41] Hierfür wohl LG Berlin FamRZ 1988, 1308, 1310 zu § 1674; zur analogen Anwendung des § 1666a vgl. § 1666a Rn. 1.
[42] *Staudinger/Coester* Rn. 55.
[43] *Staudinger/Coester* Rn. 45.
[44] OLG Hamm ZfJ 1984, 364, 366 f.; AG Kerpen ZfJ 1985, 470, 471; zu den unterschiedlich hohen Anforderungen für ein familiengerichtliches Tätigwerden gem. § 1748 u. § 1666 und den daraus resultierenden Problemen im Bereich der Familienpflege *Longino* S. 59 ff.
[45] *Staudinger/Coester* Rn. 56.

VII. Ersetzung der elterlichen Einwilligung bei Heirat des minderjährigen Kindes

Einen speziellen Konflikt aus der Eltern-Kind-Beziehung regelt § 1303 Abs. 3, wenn der Sorge- **16** rechtsinhaber dem **Befreiungsantrag** eines heiratswilligen minderjährigen Kindes nach Abs. 2 widerspricht. Die **Ersetzungsbefugnis** des Familiengerichts verdrängt § 1666.[46]

VIII. Sonstige familienrechtliche Kindesschutzbestimmungen

1. §§ 1629 Abs. 2 iVm. 1795. Bei erheblicher Kollision von Eltern- und Kindesinteressen im **17** Bereich der **gesetzlichen Vertretung** genießt das Kind familiengerichtlichen Schutz gem. § 1629 Abs. 2 S. 3, 1796 (vgl. dazu § 1629 Rn. 62 ff.). Da die Eingriffsschwelle für familiengerichtliche Maßnahmen im Hinblick auf das elterliche Vertretungsrecht gem. § 1629 Abs. 2 S. 3 niedriger ist als bei § 1666, besteht ein grundsätzlicher **Anwendungsvorrang** dieser Normen.[47] Weitergehende Eingriffe, zB die gänzliche Entziehung des elterlichen Vertretungsrechts (vgl. Rn. 192 u. 195), sind aber auf der Grundlage des § 1666 Abs. 1 möglich. Eine Verbindung zwischen § 1629 und § 1666 besteht insoweit, als auch im Sorgerechtsverfahren gem. § 1666 eine Entziehung des Vertretungsrechts beider Elternteile wegen erheblicher Interessenkollision gem. §§ 1629 Abs. 2 S. 3, 1796 in Betracht kommt.[48]

2. § 1631a. Die Norm verpflichtet die Eltern, in Angelegenheiten der **Ausbildung und des** **18** **Berufes** auf Eignung und Neigung des Kindes Rücksicht zu nehmen (vgl. § 1631a Rn. 5). Bei Verstößen greift das Familiengericht nunmehr auf der Grundlage von Abs. 1 ein; die Befugnisnorm in § 1631 Abs. 2 aF wurde im Zuge des KindschaftsRG vom 16. 12. 1997[49] gestrichen, weil ihre Notwendigkeit neben § 1666 entfallen war.

3. § 1631b. Gegen eine nicht erforderliche und deshalb missbräuchliche, mit Freiheitsentziehung **19** verbundene **Unterbringung** wird das Kind durch das Genehmigungserfordernis des § 1631b geschützt. Der **missbräuchliche Unterbringungsantrag** eines Elternteiles oder beider Eltern kann Anlass für Maßnahmen gem. §§ 1666, 1666 a sein.[50]

4. § 1632 Abs. 4. Die **Verbleibensanordnung** des Familiengerichts im Herausgabestreit zwi- **20** schen Eltern und **Pflegeeltern** gem. § 1632 Abs. 4 stellt eine Sonderregelung gegenüber § 1666 dar.[51] Dies ist durch die Neuregelung der Bestimmung im KindschaftsRG vom 16. 12. 1997, die die frühere Verweisung auf die Voraussetzungen des § 1666[52] beseitigt hat, noch deutlicher geworden. Soweit eine durch die beantragte Wegnahme drohende Kindeswohlgefährdung[53] dadurch abgewehrt werden kann, bedarf es grds. keiner zusätzlichen Maßnahmen gem. Abs. 1.[54] Jedoch greift § 1666 ein, wenn darüber hinausgehende Störungen des Pflegeverhältnisses durch die Eltern unterbunden werden müssen, etwa durch eine Entziehung des Sorgerechts[55] oder des Umgangsrechts,[56] bzw. wenn die Gefährdung des Kindeswohls nur durch einen unbefristeten Verbleib in der Pflegefamilie sichergestellt werden kann.[57] Ein Vorgehen gem. § 1632 Abs. 4 ist auch dann erforderlich, wenn mangels Sorgeerklärung für ein Kind unverheirateter Eltern keine gemeinsame Sorge besteht, das Kind aber jedenfalls vorübergehend beim Vater verbleiben soll.[58] Hieran zeigt sich, dass die schwache Rechtsposition nichtehelicher Väter jedenfalls gegenwärtig derjenigen von Pflegeeltern

---

[46] *Palandt/Diederichsen* Rn. 3.
[47] Vgl. BayObLG FamRZ 1994, 1196, 1197; *Staudinger/Coester* Rn. 48.
[48] OLG Frankfurt/M. FamRZ 1980, 927.
[49] Vgl. BT-Drucks. 13/4899 S. 65 u. 115; vgl. dazu Rn. 3.
[50] AA *Staudinger/Coester* Rn. 48; Maßnahmen nach §§ 1666, 1666 a sind auch dann erforderlich, wenn das Jugendamt einen Antrag nach § 1631b stellt, das Aufenthaltsbestimmungsrecht aber den Kindeseltern obliegt, vgl. BVerfG NJW 2007, 3560 ff.
[51] OLG Hamm NJW-RR 2010, 1373; *Palandt/Diederichsen* § 1632 Rn. 15; *Soergel/Strätz* §§ 1666/1666 a Rn. 10; zu dem Konflikt iE vgl. Rn. 159 u. 196.
[52] Hierzu *Lipp/Wagenitz* § 1632 Rn. 2; ferner § 1632 Rn. 43.
[53] Der Gefährdungsmaßstab entspricht dem des § 1666. Im Vordergrund steht nicht der einmalige Vorgang des Umzugs, sondern inwieweit eine langfristige Verlagerung der Beziehungen des Kindes mit seinem Wohl vereinbar ist, vgl. OLG Frankfurt/M. FamRZ 2009, 1499.
[54] BayObLG DAVorm. 1983, 78, 81 ff.; OLG Frankfurt/M. FamRZ 2011, 382; OLG Hamm NJW-RR 2010, 1373, 1374; OLG Köln FamRZ 2009, 989; *Palandt/Diederichsen* § 1632 Rn. 15.
[55] OLG Bamberg DAVorm. 1987, 664 ff.
[56] AG Karlsruhe DAVorm. 1978, 386; zum Ganzen auch *Siedhoff* FamRZ 1995, 1254 ff.
[57] OLG Hamm NJW-RR 2010, 1373; FamRZ 2010, 1747, 1749.
[58] Vgl. AG Fulda FamRZ 2002, 900 m. Anm. *Doukkani-Bördner*.

entspricht.[59] Von einer Auseinandersetzung zwischen Pflegeeltern und Eltern ist die Konstellation zu unterscheiden, dass ein Kind auf Initiative des Jugendamtes als Inhaber des Aufenthaltsbestimmungsrechts in einer **anderen** Pflegefamilie untergebracht werden soll. Hier gilt § 1632 Abs. 4 über die Verweisvorschriften der §§ 1915 Abs. 1, 1800 entsprechend.[60]

21 5. § 1682. Die **Verbleibensanordnung** gem. § 1682 zum Schutz der **Stieffamilie**[61] ähnelt derjenigen gem. § 1632 Abs. 4, so dass die vorstehenden Grundsätze entsprechend gelten.[62] Zu einer Anwendung des § 1666 im Rahmen der von § 1682 erfassten Fälle kommt es zusätzlich, wenn das Herausgabeverlangen des sorgeberechtigten Elternteils mit Rücksicht auf das Kindeswohl nicht nur kurzfristig, sondern dauerhaft ungerechtfertigt erscheint. Dann kann das Familiengericht gem. §§ 1666, 1666 a die elterliche Sorge ganz oder teilweise entziehen.[63]

IX. SGB VIII

22 1. **Fehlen gerichtlicher Eingriffsbefugnisse.** Die Leistungen der **Kinder- und Jugendhilfe** nach dem achten Buch des SGB (KJHG) stehen in keinem Konkurrenz-, sondern in einem **Komplementärverhältnis** zu § 1666.[64] Sie **unterstützen** Eltern, auch wenn die Eingriffsschwelle des Abs. 1 noch nicht überschritten wird, und sollen jungen Menschen ein Hineinwachsen in die Gesellschaft erleichtern.[65] Da der Leistungskatalog des SGB VIII auf **freiwilliger Inanspruchnahme** der Personensorgeberechtigten beruht (arg. § 27 SGB VIII), kann Hilfe zur Erziehung gegen ihren Willen nur noch nach Abs. 1, Abs. 3 Nr. 1 angeordnet werden.[66] Die Leistungen nach SGB VIII behalten dabei Bedeutung auf der Rechtsfolgenseite des § 1666. So kann das Familiengericht als „erforderliche Maßnahme" iSv. Abs. 1 den Eltern die Weisung erteilen, vom Jugendamt angebotene Hilfen nach Maßgabe der §§ 27 ff. SGB VIII in Anspruch zu nehmen,[67] Abs. 3 Nr. 1. § 1666a Abs. 1 normiert darüber hinaus aus Gründen der Verhältnismäßigkeit einen **Vorrang öffentlicher Hilfen** gegenüber einer Trennung des Kindes von der elterlichen Familie.[68]

23 2. **Jugendamtsbefugnisse.** Das Jugendamt ist vorwiegend, aber nicht ausschließlich Dienstleister. Insbesondere der seinen Schutzauftrag konkretisierende § 8a SGB VIII[69] verdeutlicht, dass Jugendamt und Familiengericht im Rahmen staatlicher Wächterfunktion eine **Verantwortungsgemeinschaft** für das Kindeswohl bilden. Bei einer Gefährdung kommt der Jugendhilfe hierbei im Einzelfall eine schwierige Doppelrolle zu: Wenn in dringenden Fällen Kooperation in Form von Hilfsangeboten (§ 8a Abs. 1 S. 3 SGB VIII) nicht ausreicht, sind auch interventionelle Maßnahmen gegen den Willen der Eltern möglich.[70] So darf das Jugendamt etwa ohne Rücksicht auf elterliche Zustimmung und ohne familiengerichtliche Regelung gem. Abs. 1 in den Fällen der §§ 8 Abs. 3 und 8a Abs. 3 S. 2, 42 SGB VIII tätig werden. § 8 Abs. 3 SGB VIII ermöglicht es Kindern und Jugendlichen (vgl. § 7 Abs. 1 SGB VIII) sich ohne Kenntnis des Personensorgeberechtigten vom Jugendamt **beraten zu lassen,** wenn die Beratung „auf Grund einer Not- und Konfliktlage erfor-

---

[59] Zu diesbezüglichen verfassungsrechtlichen Problemen vgl. u. a. BVerfG NJW 2003, 954; BGH KindPrax 2001, 124 sowie oben Rn. 11.
[60] Vgl. OLG Rostock FamRZ 2001, 1633. Zu der Problematik, ob der bloße Entzug des Aufenthaltsbestimmungsrechts den Eltern gleichzeitig das Recht nimmt, Leistungen der Jugendhilfe für ihr Kind zu beantragen, vgl. BVerwG JAmt 2002, 668 = NJW 2002, 232; DIJuF-Gutachten JAmt 2001, 76.
[61] Zur ratio legis vgl. BT-Drucks. 13/4899 S. 104.
[62] So auch *Staudinger/Coester* Rn. 52.
[63] *Palandt/Diederichsen* § 1682 Rn. 3.
[64] Zur Neuordnung des Kinder- und Jugendhilferechts durch das KJHG vgl. 3. Aufl. Vor § 1626 Rn. 9 a. Das KJHG hat die Erziehungsbeistandschaft, § 57 JWG, und die Fürsorgeerziehung, §§ 64 ff. JWG, abgeschafft und auf eigenständige gerichtliche Eingriffstatbestände in die elterliche Sorge verzichtet.
[65] Vgl. BT-Drucks. 11/5948 S. 1.
[66] So auch schon nach aF *Wiesner* FuR 1990, 325/331; *Palandt/Diederichsen* Einf. Vor § 1626 Rn. 20; BT-Drucks. 11/5948 S. 66 f.
[67] Auch nach aF *Staudinger/Coester* Rn. 220; *Palandt/Diederichsen,* 67. Aufl. 2008, § 1666a Rn. 1; vgl. Rn. 188; *Wiesner* FPR 2008, 608, 609 ff.
[68] Vgl. § 1666a Rn. 2 – Zur Frage der Anordnungsbefugnis des Familiengerichts gegenüber dem Jugendamt bezüglich der Erziehungshilfen vgl. Rn. 175.
[69] Die Vorschrift wurde eingeführt durch das Gesetz zur Weiterentwicklung der Kinder- und Jugendhilfe v. 8. 9. 2005 (KICK), BGBl. I S. 2729. Eine Erweiterung des § 8a Abs. 1 S. 2SGB VIII im Rahmen eines neuen Bundeskinderschutzgesetzes hinsichtlich verpflichtender Hausbesuche des Jugendamtes zur Gefährdungseinschätzung (vgl. BT-Drucks. 16/12429, S. 9) scheiterte zunächst, wird aber in der aktuellen Legislaturperiode weiterverfolgt (vgl. dazu den Gesetzentwurf der Bundesregierung, BT-Drucks.17/6256, S. 21).
[70] Vgl. *Staudinger/Coester* Rn. 17 ff; *Gernhuber/Coester-Waltjen* § 57 Rn. 102; *Oberloskamp/Lewe* FPR 2009, 553, 556.

derlich ist, und solange durch die Mitteilung an den Personensorgeberechtigten der Beratungszweck vereitelt würde". Die daneben vorgesehene **Sofortmaßnahme** der **Inobhutnahme** eines Kindes oder Jugendlichen bedeutet nach der Neufassung vornehmlich dessen vorläufige Unterbringung, §§ 8a Abs. 3 S. 2, 42 Abs. 1 S. 2 1. HS SGB VIII. Eine entsprechende Verpflichtung des Jugendamtes besteht, wenn das Kind oder der Jugendliche darum bittet, Abs. 1 S. 1 Nr. 1 aaO, oder eine dringende Gefahr für das Wohl des Kindes sie erfordert, Abs. 1 S. 1 Nr. 2 aaO. Im letzteren Fall kommt auch die Wegnahme eines Kindes oder Jugendlichen von einer anderen Person als zweite Form der Inobhutnahme, Abs. 1 S. 2 2. HS aaO, in Betracht. Zu einer solchen sog. **Herausnahme** des Kindes war das Jugendamt in der vorherigen Fassung des § 43 SGB VIII befugt, wenn es sich mit Zustimmung des Personensorgeberechtigten bei einer anderen Person oder in einer anderen Einrichtung aufhielt und Tatsachen bekannt wurden, welche die Annahme rechtfertigten, dass die Voraussetzungen des Abs. 1 vorlagen.[71] Damit besteht eine gesetzliche Grundlage für die Inobhutnahme eines Kindes oder Jugendlichen aus dem Einflussbereich des Personensorgeberechtigten selbst.[72] Die Anwendung unmittelbaren Zwangs bleibt aber dem polizeilichen Vollzugsdienst vorbehalten, vgl. § 42 Abs. 6 SGB VIII. **Dauerhafte Maßnahmen** gegen den Willen der Eltern werden allerdings erst durch § 1666 legitimiert.[73]

X. Landesrechtliche Bestimmungen

Vereinzelt existieren auf Landesebene **öffentlich-rechtliche Spezialnormen**, die ebenfalls dem Kindesschutz iwS dienen. So gestattet etwa Art. 7 BayLStVG die Verhängung von Maßnahmen gegen Eltern, wenn deren Kinder auf Grund unzureichender Beaufsichtigung und Erziehung straffällig werden.[74] Art. 14 Abs. 1 BayGDVG regelt verpflichtende Vorsorgeuntersuchungen für alle Kinder. In anderen Bundesländern existieren vergleichbare Vorschriften oder werden jedenfalls diskutiert.[75]

XI. Strafrechtlicher Kindesschutz, §§ 170 ff., 174, 176 ff., 180, 225, 235 StGB

Der bürgerlich-rechtliche Kindesschutz wird durch die **strafrechtlichen Kindesschutznormen** des StGB ergänzt. Eine tatbestandliche Nähe zu § 1666 weisen insbesondere § 170 StGB, Verletzung der Unterhaltspflicht, § 171 StGB, Verletzung der Fürsorge- und Erziehungspflicht, und § 225 StGB, Misshandlung von Schutzbefohlenen, auf. Die Verwirklichung dieser Straftatbestände hat deshalb **Indizwirkung** für eine Kindeswohlgefährdung. Der Verhinderung kindeswohlgefährdenden Verhaltens dienen ferner § 174 StGB (sexueller Missbrauch von Schutzbefohlenen), § 176 StGB (sexueller Missbrauch von Kindern), § 180 StGB (Förderung sexueller Handlungen Minderjähriger) sowie § 235 StGB (Entziehung Minderjähriger). Die Eltern haben außerdem als Garanten iSv. § 13 StGB strafrechtlich für das Wohl ihres Kindes einzustehen.[76]

XII. Maßnahmen nach JGG

Im **Jugendstrafverfahren** kann der Richter gem. §§ 9 ff. JGG **Erziehungsmaßregeln** gegen jugendliche Straftäter verhängen. Neben Weisungen iSv. §§ 9 Nr. 1, 10 JGG kommen Erziehungshilfen in Betracht, nämlich **Erziehungsbeistandschaft** iSv. § 30 SGB VIII oder **Heimerziehung** gem. § 34 SGB VIII.[77] Gem. § 53 JGG darf der Strafrichter dem Familiengericht Auswahl und Anordnung von Erziehungsmaßregeln überlassen und ihm die Sache hierzu überweisen.[78]

XIII. Internationale Schutzbestimmungen

1. Die sog. Brüssel II a-VO und das Haager Kindesschutzübereinkommen. Bei **Auslandsbezug** richtet sich die Zuständigkeit des Gerichtes nicht nur nach den §§ 99 ff. FamFG, sondern

---

[71] *Coester* FamRZ 1991, 253, 258 f.; zum Verhältnis von §§ 42, 43 SGB VIII aF zu §§ 1666, 1666 a s. DIJuF-Gutachten vom 8. 5. 2000, DAVorm. 2000, 389.
[72] Vgl. *Fieseler/Hannemann* ZKJ 2006, 117, 120.
[73] OLG Köln NJW-RR 2001, 221, 222; NK-BGB/*Rakete-Dombek* Rn. 1.
[74] Näher *Staudinger/Coester* Rn. 2.
[75] Vgl. *Netzer*, Zulässigkeit ärztlicher Pflichtbehandlungen an Kindern, (Diss. 2011 bisher unveröffentlicht).
[76] Vgl. hierzu *Schönke/Schröder/Stree* § 13 StGB Rn. 18 mwN; zu den Aufgaben und einem möglichen „Case-Management" des Familiengerichts, insbesondere bei sexuellem Missbrauch und körperlicher Misshandlung, vgl. *Raack* KindPrax 2002, 39. Er zeigt u. a. auf, wie in der Praxis Vielfachvernehmungen traumatisierter Kinder vermieden, etwaige Interventionen geplant und die zahlreichen Hilfen zum Wohl des Kindes zusammengeführt werden können.
[77] *Erman/Michalski/Döll* Rn. 35.
[78] Näher zum Verfahren *Diemer/Schoreit* § 53 Rn. 11.

es gilt ergänzend die sog. **Brüssel II a-VO**[79] (EG-Verordnung Nr. 2201/2003 vom 27. 11. 2003), die am 1. 3. 2005 in Kraft getreten ist und die **innerhalb der Mitgliedstaaten der EU**[80] gem. Art. 1 Abs. 1 b) sowie Abs. 2 die internationale Zuständigkeit für alle Entscheidungen über die elterliche Verantwortung primär regelt, vgl. Art. 60 lit. a. Danach ist vorrangig auf den **gewöhnlichen** (Art. 8),[81] letztlich nach Art. 13 auf den **schlichten Aufenthalt** des Kindes[82] abzustellen, sofern keine Vereinbarung über die Zuständigkeit von den Parteien gem. Art. 12 getroffen worden sind.[83]

28 Dem im Verhältnis zu Vertragsstaaten außerhalb der EU geltenden **Haager Minderjährigenschutzabkommen [MSA]** vom 5. 10. 1961 (BGBl. 1971 II S. 219) kommt immer weniger Bedeutung zu.[84] Es wurde zum 1. 1. 2011 durch das Haager Übereinkommen über die Zuständigkeit, das anzuwendende Recht, die Anerkennung, Vollstreckung und Zusammenarbeit auf dem Gebiet der elterlichen Verantwortung und der Maßnahmen zum Schutz von Kindern vom 19. 10. 1996 (BGBl. 2009 II S. 602), kurz **Haager Kindesschutzübereinkommen [KSÜ]**, weitgehend abgelöst (Art. 51 KSÜ).[85] Da die unterzeichnenden Vertragsstaaten aber nicht identisch sind, behält das MSA zB noch im Verhältnis zur Türkei Relevanz.[86]

29 Das KSÜ enthält in Kapitel II zunächst Regelungen zur **internationalen Zuständigkeit**. Wie bereits nach Art. 1 MSA sind grundsätzlich die Behörden des Vertragsstaates zuständig, in dem das Kind seinen gewöhnlichen Aufenthalt hat (Art. 5 Abs. 1 KSÜ). Gem. Art. 8 KSÜ kann die Behörde des Aufenthaltsstaates ausnahmsweise der Behörde eines anderen Vertragsstaates (auch des Heimatstaates des Kindes) die Zuständigkeit antragen, wenn diese aus ihrer Sicht besser zur Beurteilung des Kindeswohls in der Lage wäre. In dringenden Fällen kann - ähnlich Art. 9 MSA - eine Zuständigkeit der Gerichte des schlichten Aufenthaltsortes des Kindes begründet werden (Art. 11 KSÜ).

30 Auf das Nebeneinander von Aufenthalts- und Heimatzuständigkeit im Rahmen des MSA reagiert das KSÜ mit einer **Stärkung des Aufenthaltsprinzips**. Dies wird etwa dadurch deutlich, dass die internationale Zuständigkeit nicht mehr - wie im Fall des Art. 3 MSA - zugunsten gesetzlicher Gewaltverhältnisse nach dem Heimatrecht eingeschränkt wird.[87]

31 Im Gegensatz zur Brüssel IIa-VO sieht das KSÜ daneben Regelungen zur Bestimmung des **anwendbaren Rechts** vor. Entsprechend Art. 2 MSA statuiert auch Art. 15 KSÜ dabei grundsätzlich das **Gleichlaufprinzip**. Wenn also deutsche Gerichte nach KSÜ zuständig sind, wenden diese ihr eigenes innerstaatliches Recht, also ggf. auch § 1666, an. Soweit es der Schutz der Person oder des Vermögens des Kindes erfordert, können sie jedoch ausnahmsweise auch auf das Recht des Staates zurückgreifen, zu dem der Sachverhalt eine enge Verbindung hat (Art. 15 Abs. 2 KSÜ).

32 Ob zur Bestimmung des anwendbaren Rechts Art. 15 KSÜ auch dann einschlägig ist, wenn die Zuständigkeit eines deutschen Gerichts nicht aus dem KSÜ, sondern aus der Brüssel IIa-VO folgt, wurde bereits im Rahmen von Art. 2 MSA unterschiedlich beurteilt.[88] Der europäische Gesetzgeber hat die Ratifikation des KSÜ ausdrücklich befürwortet. Dem widerspräche es, in den besagten Fällen auf die nationale Kollisionsnorm des Art. 21 EGBGB zurückzugreifen und somit den Regelungen des KSÜ nur einen geringen Anwendungsbereich zu überlassen.[89]

33 **2. Weitere internationale Rechtsquellen.** Zu erwähnen bleiben das **Haager Abkommen** über die zivilrechtlichen Aspekte internationaler Kindesentführung vom 25. 10. 1980[90] sowie das

---

[79] Teilweise auch Brüssel II-VO 2003 oder EheVO II genannt.
[80] Mit Ausnahme Dänemarks, vgl. Art. 2 Nr. 3 Brüssel II a-VO. Allerdings gilt die Brüssel II a-VO für dänische Kinder mit gewöhnlichem Aufenthalt im Mitgliedstaat Deutschland, s. Art. 21 Anh. I EGBGB Rn. 121.
[81] Unter dem gewöhnlichen Aufenthalt ist der Ort zu verstehen, der Ausdruck einer gewissen sozialen und familiären Integration des Kindes ist, vgl. *Ernst* FPR 2011, 195, 198.
[82] Auffällig ist die fehlende Definition des Kindesbegriffs, Näheres dazu *Siehr* Art. 21 Anh. I EGBGB Rn. 27.
[83] Zu innerstaatlichen Ausführungsvorschriften vgl. Internationales Familienrechtsverfahrensgesetz, Gesetz zur Aus- und Durchführung bestimmter Rechtsinstrumente auf dem Gebiet des internationalen Familienrechts, BGBl. 2005 I S. 162.
[84] *Palandt/Thorn* Anh. zu Art. 24 EGBGB Rn 7; vgl. aber OLG Köln BeckRS 2011, 02990; zum MSA vgl. 5. Aufl. Rn. 28 ff.
[85] Gem. Art. 61 Abs. 2 lit. a KSÜ ergibt sich der Zeitpunkt des Inkrafttretens für Deutschland aus der Hinterlegung der Ratifikationsurkunde am 17. 9. 2010. Die bis zum 5. 6. 2010 geplante gemeinsame Hinterlegung aller noch nicht beigetretenen EU-Staaten scheiterte, vgl. *Rauscher/Pabst* NJW 2010, 3487, 3494; zur verzögerten Ratifizierung vgl. auch *Schulz* FamRZ 2006, 1309, 1311. Zum KSÜ vgl. bereits *Siehr* RabelsZ 62 [1998], 464 ff.
[86] Eine Liste der Vertragsstaaten findet sich unter www.hcch.net.
[87] Zu den verschiedenen Theorien im Hinblick auf die Auswirkungen des Art. 3 MSA für die internationale Zuständigkeit vgl. 5. Aufl. Rn. 30 ff.
[88] Vgl. *Ernst* FPR 2011, 195, 198; *Looschelders* JR 2006, 45, 47 f.; *Schulz* FamRZ 2011, 156, 159 sowie 5. Aufl. Rn. 29.
[89] *Palandt/Thorn* Art. 24 EGBGB Anh. Rn. 14.
[90] BGBl. 1990 II S. 206; hierzu *Palandt/Thorn* Art. 24 EGBGB Anh. Rn. 19 ff.; *Andrae* § 6 Rn. 10; aus rechtspsychologischer Sicht *Balloff* FPR 2004, 309 ff.

Europäische Übereinkommen über die Anerkennung und Vollstreckung von Entscheidungen über das Sorgerecht für Kinder und die Wiederherstellung des Sorgeverhältnisses vom 20. 5. 1980.[91] Schließlich enthält die **UN-Kinderrechtskonvention [KRK]** aus dem Jahre 1989, die in der BRD seit 1992 in Kraft ist, den Gestaltungsauftrag an die Vertragsstaaten, alle geeigneten Gesetzgebungs- und Verwaltungsmaßnahmen zum Schutz des Kindeswohles zu treffen.[92] Aufgrund des von der BRD erklärten Vorbehaltes, dass das Übereinkommen innerstaatlich keine unmittelbare Anwendung findet (BGBl. 1992 II S. 990), konnten bisher vor deutschen Gerichten keine einklagbaren Rechte des Einzelnen abgeleitet werden.[93] Die Bundesregierung hat diese Erklärung mit Schreiben vom 15. Juli 2010 nun zurückgenommen.[94] Damit gelten die Konvention und insbesondere der Kindeswohlvorrang des Art. 3 Abs. 1 KRK erstmals unbeschränkt.[95]

C. Die Tatbestandsvoraussetzungen des § 1666

I. Allgemeines

§ 1666 bildet eine einheitliche Eingriffsgrundlage für **familiengerichtliche** Maßnahmen zum **34** Schutz sowohl des **Kindeswohles** als auch des **Kindesvermögens**.[96] Die Norm kommt immer dann zum Zuge, wenn Eingriffe in die elterliche Sorge nicht durch andere Vorschriften spezielle Regelungen erfahren (vgl. Rn. 6 ff.). Sie erfordert eine **Kindeswohlgefährdung** (Person oder Vermögen). Die Eingriffsbefugnis des Familiengerichtes knüpft § 1666 ferner daran, dass die Eltern **nicht gewillt** oder **nicht in der Lage** sind, die Gefahr selbst abzuwenden. Als **Rechtsfolge** ermächtigt Abs. 1 das Familiengericht, die zur Abwendung der Gefahr **erforderlichen Maßnahmen** zu treffen. Eine beispielhafte Auflistung möglicher Maßnahmen findet sich in dem neu gefassten Abs. 3.[97] Ferner hat das Gericht bei seiner Entscheidung die Ergänzungsvorschriften der §§ 1667, 1666 a sowie allgemeine Grundsätze, insbesondere das Prinzip der Verhältnismäßigkeit, zu beachten (im Einzelnen vgl. Rn. 155 ff.).

II. Verzicht auf ein „elterliches Erziehungsversagen"

Während der Tatbestand früher ein elterliches Fehlverhalten (Sorgerechtsmissbrauch, Vernachlässi- **35** gung oder unverschuldetes Versagen) bzw. ein das Kindeswohl gefährdendes Verhalten eines Dritten voraussetzte, nimmt der neu gefasste Abs. 1[98] vom Erfordernis eines „elterlichen Erziehungsversagens" Abstand. Der Abbau dieser nach Ansicht des Gesetzgebers unnötigen Tatbestandshürde bezweckt, durch stärkere Betonung des Kindeswohles den Schutz gefährdeter Kinder zu verbessern.[99] Um „Schutzlücken" zu verhindern, dürfe allein die Gefährdung des Kindes den entscheidenden Anknüpfungspunkt für staatliche Maßnahmen darstellen.[100] Der Verzicht auf die häufig problematische Feststellung eines konkreten elterlichen Fehlverhaltens sowie eines Ursachenzusammenhangs zwischen diesem und der Kindeswohlgefährdung ermögliche eine frühe Anrufung und ein zeitnahes Handeln des Familiengerichtes.[101] Schließlich verhindere die Neufassung, dass der darin enthaltene Vorwurf die Kooperationsbereitschaft der Eltern beeinträchtige.[102]

Der Verzicht auf das „elterliche Erziehungsversagen" erledigt eine Vielzahl von Meinungsver- **36** schiedenheiten. Da nunmehr alleine eine Kindeswohlgefährdung staatliche Eingriffe in das Erziehungsrecht rechtfertigt, stellen sich künftig die Fragen nach einem **schuldhaften** oder **pflichtwid-**

---

[91] BGBl. 1990 II S. 220; vgl. hierzu *Palandt/Thorn* Art. 24 EGBGB Anh. Rn. 53; *Andrae* § 6 Rn. 11.
[92] *Mühlens* S. 25; zu den rechtlichen Vorgaben *Parzeller/Dettmeyer/et. al.* Rechtsmedizin 2010, 147.
[93] OVG Schleswig NordÖR 2000, 124.
[94] Pressemitteilung des Bundesministeriums für Justiz vom 15. 7. 2010 (www.bmj.bund.de).
[95] Detailliert zu den Folgen *Lorz*, Nach der Rücknahme der deutschen Vorbehaltserklärung: Was bedeutet die uneingeschränkte Verwirklichung des Kindeswohlvorrangs nach der UN-Kinderrechtskonvention im deutschen Recht?, abrufbar unter: www.national-coalition.de/pdf/PDFs_16_09_10/Expertise_Prof_Lorz_Kindeswohl.pdf.
[96] *Lipp/Wagenitz* § 1632 Rn. 2.
[97] Durch Gesetz zur Erleichterung familiengerichtlicher Maßnahmen bei Gefährdung des Kindeswohls v. 4. 7. 2008, BGBl. I S. 1188 ff.
[98] Gesetz zur Erleichterung familiengerichtlicher Maßnahmen bei Gefährdung des Kindeswohls v. 4. 7. 2008, BGBl. I S. 1188 ff.; s.o. Rn. 4.
[99] Begründung zum Regierungsentwurf BT-Drucks. 16/6815 S. 1, 10.
[100] Begründung zum Regierungsentwurf BT-Drucks. 16/6815 S. 10.
[101] Begründung zum Regierungsentwurf BT-Drucks. 16/6815 S. 10, 14; krit. *Röchling* FamRZ 2007, 1775, 1776 ff. sowie *Veit* FPR 2008, 598, 599 f.; zu alternativen Lösungsansätzen vgl. *Zorn* Rn. 310.
[102] Begründung zum Regierungsentwurf aaO.

rigen Elternverhalten, einer **Erziehungsunfähigkeit** sowie eines **Kausalzusammenhangs** zwischen Erziehungsversagen und Kindeswohlgefährdung nicht mehr.[103]

37   Andererseits wurde durch Streichung der Fallgruppen des Abs. 1 aF eine für die Rechtsanwendung wesentliche **Orientierungshilfe** aufgegeben.[104] Dementsprechend war das Erfordernis eines „elterlichen Erziehungsversagens" bereits in der Vergangenheit, insbesondere im Vorfeld des KindschaftsRG vom 16. 12. 1997, diskutiert, aber aus Gründen der Bestimmtheit der Norm beibehalten worden.[105] Um eine Einbuße an **Rechtssicherheit** trotz Ausgestaltung des Abs. 1 als Generalklausel zu verhindern, wird sich die Rechtsanwendung bei der Feststellung einer Kindeswohlgefährdung auch künftig an der **umfangreichen Rechtsprechung** orientieren, die im Laufe der Jahre zu den einzelnen Kategorien elterlichen Fehlverhaltens ergangen ist.[106]

III. Anwendungsbereich

38   **1. Sorgerechtsinhaber.** § 1666 ermöglicht Maßnahmen gegen **jeden Sorgerechtsinhaber**, beschränkt sich also nicht auf die leiblichen Eltern.[107] Es ist ferner nicht notwendig, dass das Sorgerecht der betreffenden Person vollständig zusteht. Abs. 1 berechtigt das Familiengericht auch dann zu Eingriffen, wenn die Kindeswohlgefährdung den ihr zustehenden Teil des Sorgerechts betrifft. Als mögliche Adressaten richterlichen Handelns kommen demnach zunächst beide Elternteile des Kindes in Betracht, aber auch **sonstige Sorgeberechtigte**, unabhängig davon, auf Grund welcher Vorschrift sie die elterliche Sorge ausüben (etwa §§ 1626, 1626 a Abs. 1 Nr. 1, 1672, 1673, 1678 Abs. 2, 1680), ferner **Adoptiveltern**, § 1754 Abs. 3.[108] Für Sorgerechtsverstöße des **Vormundes** und des **Pflegers** gilt § 1666 entsprechend, vgl. § 1837 Abs. 4 und §§ 1909, 1915 Abs. 1 S. 1. Die lediglich analoge Anwendung hat **verfahrensrechtliche Auswirkungen**.[109] Bei Ausübung der elterlichen Sorge durch einen Vormund bleiben allerdings spezielle gerichtliche Eingriffsbefugnisse unberührt, etwa gem. § 1837 Abs. 2. § 1666 erfasst hingegen keine Sorgerechtsverletzungen der **Pflegeeltern**, für die § 1630 Abs. 2, 3 gilt.[110] Sie können aber Kindeswohlgefährdungen durch die leiblichen Eltern geltend machen.[111] Personen, die lediglich **tatsächliche Einwirkungsmöglichkeiten** auf das Kind haben (zB Geschwister, Stiefeltern), fallen unter die Ermächtigung des Abs. 4.[112]

39   **2. Kind. a) Geborenes Kind.** Die Vorschrift setzt voraus, dass das Wohl eines **Kindes** gefährdet ist, eine Einordnung, die sich aus den §§ 1, 2 ergibt. Der Status des Kindes beginnt grundsätzlich mit der Vollendung der **Geburt** und endet mit Eintritt der **Volljährigkeit** oder mit dem vorherigen **Tod**. Letzterer erledigt das Verfahren vor dem Familiengericht gem. § 1666 in der Hauptsache.[113] Zwar setzt sich danach die elterliche Sorge noch als **Totensorgerecht** der nächsten Angehörigen fort,[114] aber es liegt dann nicht mehr die spezielle Situation der Gefährdung des Kindeswohles vor, die § 1666 erfasst. Vielmehr steht das postmortale Personensorgerecht im Vordergrund und folgt den gleichen Regeln wie beim Tode eines Erwachsenen. Dies gilt auch für die Entscheidung über eine Organspende.

40   **b) Ungeborenes Kind.** Probleme bereitet die Anwendung des § 1666 auf den **nasciturus**.[115] Die Wortauslegung spricht gegen seine Einbeziehung in den Schutzbereich.[116] Andererseits ist zu berücksichtigen, dass das BGB selbst Rechtspositionen des ungeborenen Kindes kennt, sei es in

---

[103] Zum Streitstand nach alter Rechtslage vgl. 4. Aufl. Rn. 34 ff.
[104] So auch *Röchling* FamRZ 2007, 431, 433.
[105] Vgl. die Begründung zum Regierungsentwurf BT-Drucks. 13/4899 S. 64 f.
[106] S. u. Rn. 57 ff.
[107] *Staudinger/Coester* Rn. 20.
[108] BayObLG FamRZ 1999, 1155; *Erman/Michalski/Döll* Rn. 5; *Soergel/Strätz* Rn. 3; *Staudinger/Coester* Rn. 20; vgl. hierzu OLG München JFG 15, 177 sowie kraft Verweisung Vormund und Pfleger, §§ 1837 Abs. 4, 1915 Abs. 1 S. 1; vgl. auch OLG Köln FamRZ 2009, 724.
[109] *Keidel/Sternal* § 22 FamFG Rn. 41 f.; zum Verfahren insgesamt vgl. Rn. 212 ff.
[110] *Soergel/Strätz* Rn. 3.
[111] OLG Hamm FamRZ 1994, 391.
[112] Zu Maßnahmen gegen ausländische Elternteile gem. § 1666 vgl. Rn. 27 ff. u. Rn. 53 ff.
[113] *Keidel/Sternal* § 22 FamFG Rn. 36.
[114] *Staudinger/Coester* Rn. 21.
[115] Vgl. dazu den Abschlussbericht 2009 der BMJ-Arbeitsgruppe Kindeswohl (o. Rn. 4), S. 32 ff. sowie *Czerner* ZKJ 2010, 220 ff.
[116] 3. Aufl. Rn. 36 a; gegen AG Celle FamRZ 1987, 738 f. mit zust. Anm. *Geiger* FamRZ 1987, 1177; *Mittenzwei* MedR 1988, 43, sowie abl. Anm. *Vennemann* FamRZ 1987, 1068 f.; weit. Nachw. aus der älteren Rspr. bei *Staudinger/Coester* Rn. 22. Eine Anwendbarkeit des § 1666 auf den nasciturus wird in einem DIJuF-Gutachten (JAmt 2002, 248) mit der Begründung abgelehnt, dass die elterliche Sorge mit Geburt des Kindes entstehe und Eingriffe folglich auch erst dann möglich seien. Jedoch hält das DIJuF eine sog. „Vorratsentscheidung" für rechtmäßig, durch die die elterliche Sorge im Zeitpunkt der Geburt entzogen wird.

§ 1923 Abs. 2, § 1912 Abs. 1 oder in § 844 Abs. 2 S. 2.[117] Viele andere Gesetze gehen ebenfalls vom Schutz des ungeborenen Lebens aus, zB das Strafrecht in den §§ 218 ff. StGB und nicht zuletzt das Embryonenschutzgesetz vom 13. 12. 1990 (BGBl. I S. 46). Vor allem aber hat auch das **BVerfG** in mehreren Entscheidungen die Schutzwürdigkeit des ungeborenen Lebens betont.[118] Wenngleich die Grenze des möglichen Wortsinns erreicht ist, bleibt daher festzuhalten, dass das ungeborene Kind unter § 1666 fällt.[119]

Allerdings besteht bis heute Unklarheit darüber, ob das Familiengericht der Mutter Verhaltensweisen **während der Schwangerschaft** auferlegen kann, um das Kindeswohl zu schützen.[120] Rechtsprechung zu dieser Frage ist nicht ersichtlich. Dass solche Maßnahmen grundsätzlich nicht ausgeschlossen sind, bedarf keiner näheren Begründung, wenn man das ungeborene Kind unter § 1666 fasst (vgl. Rn. 40). Allerdings wird man der Mutter einen großen Ermessensspielraum in der eigenen Lebensführung einräumen müssen. Das Kind unterliegt während der Schwangerschaft wie in seinem späteren Leben (vgl. Rn. 44) einem Risiko bezüglich seiner Eltern. Es geht nicht darum, ihm über § 1666 eine optimale Schwangerschaft zu ermöglichen, sondern nur Gefährdungen für seine Entwicklung abzuwenden. Drogenkonsum, Alkoholmissbrauch (sog. Alkoholembryopathie) und Sportarten, die die Gefahr von Fehlgeburten oder Schädigungen des ungeborenen Kindes drastisch vergrößern, könnten jedoch Eingriffe des Familiengerichtes begründen, wenngleich die praktischen Möglichkeiten begrenzt sein dürften.[121] Ein Rauchverbot für die Mutter eines geborenen Kindes hat die Rechtsprechung[122] bisher abgelehnt, so dass bezweifelt werden muss, ob man während der Schwangerschaft abweichend entscheiden würde. Anders als im Fall der Abtreibung des Embryos (vgl. §§ 218 ff. StGB), bleibt die bloße Schädigung also mangels ausgleichender Regelung dem Belieben der schwangeren Mutter überlassen.[123] Die vom Bundesjustizministerium eingesetze Arbeitsgruppe hat 2009 in ihrem Abschlussbericht dem Gesetzgeber vorgeschlagen, künftig zumindest in den Hilfekatalog des SGB VIII Angebote, die sich ausdrücklich an schwangere Frauen und werdende Eltern richten, aufzunehmen.[124] Besondere Bedeutung hat die Fragestellung, ob der Körper einer klinisch toten schwangeren Frau bis zur Reife des nasciturus versorgt werden soll. Hier gebührt aber dem Lebensrecht des ungeborenen Kindes Vorrang vor dem postmortalen Persönlichkeitsrecht der Toten.[125] Dafür spricht auch, dass im Bereich der Transplantation die kurzfristige Erhaltung eines hirntoten Menschen zur Konservierung lebenswichtiger Organe akzeptiert wird.[126]

3. Kindeswohl. a) Definition. Gegenstand der Gefährdung ist in Abs. 1 das „Kindeswohl", dh. das „körperliche, geistige oder seelische Wohl".[127] Das **seelische Wohl** wurde durch das SorgeRG vom 18. 7. 1979 eingefügt.[128] Auch vorher haben die Vormundschaftsgerichte jedoch bereits psychische Gefährdungen der Kindesentwicklung beachtet, nicht zuletzt, weil sie in einer Wechselwirkung zur physischen Beeinträchtigung stehen.[129]

Zum Kindeswohl zählt die Möglichkeit, zu einer **selbständigen** und **verantwortungsbewussten Person** heranwachsen zu können, § 1626 Abs. 2, vor allem auch die Fähigkeit zum Zusammen-

---

[117] *Staudinger/Bienwald* § 1912 Rn. 1; nach *Czerner* ZKJ 2010, 220, 223 handele es sich hierbei nur um Spezialregelungen. Kinder im Sinne des Zivilrechts seien grundsätzlich nur geborene Kinder.
[118] BVerfGE 88, 203 ff. = NJW 1993, 1751, 1753; BVerfGE 39, 135 f. = NJW 1975, 573 f.; vgl. auch *Stürner* JZ 1990, 709, 718 ff.; krit. zum Lebensrecht des nasciturus *Hoerster* JuS 1989, 172 ff.
[119] NK-BGB/*Rakete-Dombek* Rn. 4; *Gernhuber/Coester-Waltjen* § 57 IX Rn. 113; *Johannsen/Henrich/Büte* Rn 6; aA *Czerner* ZKJ 2010, 220, 223 ff, der sowohl eine direkte als auch analoge Anwendung ablehnt und sich für die Schaffung eines § 1666b BGB ausspricht.
[120] Zu den Maßnahmen des Familiengerichtes im Allgemeinen vgl. Rn. 149 ff.
[121] Vgl. den Abschlussbericht 2009 der BMJ-Arbeitsgruppe Kindeswohl (o. Rn. 4), S. 37 f. Mit der Frage, welche Maßnahmen neben einem Vorgehen gem. § 1666 noch zum Schutz des ungeborenen Kindes bei Drogenmissbrauch durch die Mutter in Betracht kommen, beschäftigt sich das DIJuF-Gutachten JAmt 2001, 34. Als denkbar, wenn auch wenig Erfolg versprechend, werden bei Vorliegen der entsprechenden Voraussetzungen eine Pflegschaft für die Leibesfrucht, § 1912, die Betreuung der Mutter, § 1896, oder ein Vorgehen nach dem einschlägigen Landesrecht über die Unterbringung psychisch Kranker erachtet.
[122] BayObLG FamRZ 1993, 1350 ff.
[123] *Coester* FPR 2009, 549, 551; zum Schwangerschaftsabbruch vgl. auch u. Rn. 65 ff.
[124] Abschlussbericht 2009 der BMJ-Arbeitsgruppe Kindeswohl (o. Rn 4), S. 38; wegen deren Unverbindlichkeit bezeichnet *Czerner* ZKJ 2010, 220, 226 dies aber als unzureichend. Zu den Hilfen nach SGB VIII vgl. auch o.Rn. 22 f.
[125] Vgl. *Gernhuber/Coester-Waltjen* § 57 Rn. 114.
[126] Besondere Relevanz für den Schutz des nasciturus im Rahmen des § 1666 besteht beim Schwangerschaftsabbruch; vgl. dazu Rn. 63 ff.
[127] Ausf. zum Kindeswohlbegriff AG Dann FamRZ 2008, 1879 f.; *Balloff* FPR 2004, 309, 310 ff.
[128] Zur Gesetzesentwicklung vgl. 3. Aufl. Vor § 1626 Rn. 3 ff.
[129] Vgl. iE zur älteren Rspr. 3. Aufl. Rn. 22.

§ 1666 44–48   Abschnitt 2. Titel 5. Elterliche Sorge

leben in der Gemeinschaft, vgl. § 1 Abs. 1 SGB VIII. **Stabilität** und **Kontinuität** der Beziehungen zum Sorgeberechtigten sind dabei ein wesentlicher Faktor, wie das Gesetz an verschiedenen Stellen zeigt, zB in den §§ 1632 Abs. 4, 1666 a, 1682, 1684 Abs. 4, 1685. Daneben erlangen die **Vorstellungen des Kindes** mit zunehmendem Alter erhebliche Bedeutung. Dies verdeutlichen neben § 1626 Abs. 2 auch § 1631a und § 1671 Abs. 2 Nr. 1.

44 Die **Elterninteressen** hingegen sind einerseits vom Kindeswohl abzugrenzen und treten andererseits bei einer Kollision beider Interessensphären hinter denen des Kindes zurück. Gleichwohl beeinflussen sich Eltern- und Kindesinteresse in zweierlei Hinsicht. §§ 1618a und 1619 begründen **Pflichten des Kindes** im Familienverband, so dass die Verwirklichung ausschließlich seiner eigenen Interessen nicht ausschlaggebend für die Kindeswohlbeurteilung sein kann. § 1612 zeigt ebenfalls, dass sich ein Minderjähriger grundsätzlich in die Familie einfügen muss. Insoweit steht den Eltern ein erheblicher Gestaltungsspielraum hinsichtlich ihrer Lebensverhältnisse zu, so dass dem Minderjährigen nicht über § 1666 die „besten Eltern" verschafft werden können.[130]

45 b) **Beachtlichkeit des Kindeswillens.** Mit zunehmendem Alter des Kindes hat sein **Wille** immer stärkere Bedeutung für die Feststellung des Kindeswohls.[131] Dies hat den Gesetzgeber in § 159 FamFG bewogen, in allen Verfahren, in denen Personen- oder Vermögenssorgeentscheidungen zu treffen sind, grundsätzlich eine **Anhörung** des Kindes anzuordnen.[132] Der Kindeswille beeinflusst bzw. begrenzt ferner auf der Rechtsfolgenseite die Maßnahmen des Familiengerichtes. Eine Ausnahme von seiner Beachtlichkeit sehen die Gerichte in Fällen der **Manipulation**.[133]

46 Soweit die Rechtsprechung für die Beachtlichkeit des Kindeswillens nicht selten eine „**vernünftige Begründung**" fordert,[134] wirkt dieses Kriterium deshalb problematisch, weil es auf einem Vorverständnis beruht, bei emotionalen Entscheidungen häufig ohnehin untauglich ist und bei Volljährigen auch nicht verlangt wird.[135] Geht allerdings der Kindeswille auf **Selbstschädigung**, so deutet dies auf seine Unbeachtlichkeit hin,[136] weil dem Minderjährigen die Einsichtsfähigkeit und Reife für seine Entscheidung fehlen.

47 Sehr kontrovers wird die Frage diskutiert, ob vor Eintritt der Volljährigkeit der **Kindeswille allein entscheidend** sein kann, so dass eine Elternbeteiligung bei zentralen Entscheidungen gar nicht mehr stattfindet. Darüber streitet man vor allem im Zusammenhang mit **Heileingriffen** und **Schwangerschaftsabbrüchen**,[137] während kleinere Entscheidungskonflikte jedenfalls nicht zu den Gerichten gelangt sind, sondern offenbar von den Eltern nach Maßgabe der §§ 1626 Abs. 2 und 1631 a selbst geregelt werden. Die Spannweite des Meinungsstandes reicht von **Alleinentscheidungsrecht der Eltern** vor Eintritt der Volljährigkeit bis zu einem **Alleinentscheidungsrecht des Jugendlichen**, wobei die Altersgrenze wiederum unterschiedlich beurteilt wird.[138]

48 4. **Gefährdung des Kindeswohls. a) Definition.** Die Kindeswohlgefährdung iSv. Abs. 1 liegt dann vor, wenn eine **gegenwärtige**[139] oder zumindest **unmittelbar bevorstehende Gefahr** für die Kindesentwicklung abzusehen ist, die bei ihrer Fortdauer eine **erhebliche Schädigung** des körperlichen, geistigen oder seelischen Wohls des Kindes mit ziemlicher Sicherheit **voraussehen lässt**.[140] An den Grad der Wahrscheinlichkeit dieser Gefährdung sind umso geringere Anforderun-

---

[130] BVerfGE 60, 79, 94; BVerfG NJW 2010, 2333, 2335; FamRZ 2008, 2185, 2186; OLG Köln NJW-RR 2011, 729, 730; OLG Hamm FamRZ 2010, 1742; FamRZ 2010, 1091; FamRZ 2006, 1476, 1477; OLG Brandenburg FamRZ 2009, 994, 995; FamRZ 2009, 63; FamRZ 2008, 713; s. auch NK-BGB/*Rakete-Dombek* Rn. 9 u. Rn. 42; PWW/*Ziegler* Rn. 3: Kein Anspruch des Kindes auf „Idealeltern".

[131] BVerfGE 55, 171; BVerfG NJW 1981, 217 f. zu § 1671; OLG Hamm FamFR 2011, 239; OLG Frankfurt/M. FamRZ 2009, 990.

[132] Vgl. Rn. 224 ff. u. zu § 50b FGG aF BVerfGE 55, 171, 182: entspricht einem verfassungsrechtlichen Gebot.

[133] OLG Frankfurt/M. FamRZ 2009, 990, 991; NJOZ 2005, 3605 ff.; OLG München FamRZ 2003, 1957; OLG Dresden FamRZ 2003, 397; AG Dann FamRZ 2008, 1879, 1881; ausf. *Fegeler* 84 ff.; *Staudinger/Coester* Rn. 79 f.

[134] Dazu BGH FamRZ 1980, 131, 133; OLG Bamberg FamRZ 1998, 1462; FamRZ 1989, 890, 891; OLG Düsseldorf FamRZ 1994, 1277.

[135] *Fegeler* S. 86.

[136] OLG Bamberg ZfJ 1996, 194, 196; aA *Fegeler* S. 87.

[137] Vgl. dazu Rn. 63 ff. zum Schwangerschaftsabbruch u. Rn. 77 ff. zu Heileingriffen.

[138] Vgl. aber auch AG Hannover FamRZ 2000, 1241: 15-jährige lehnt Rückkehr zu ihrer Mutter kategorisch ab (Adoleszenz-Konflikt als Grund für die Entziehung der Personensorge).

[139] OLG Brandenburg FamRZ 2008, 1556; AG Meschede FamRZ 1997, 958; zum Begriff der Gegenwärtigkeit vgl. auch KK-FamR/*Ziegler* Rn. 3. Jedenfalls scheidet ein rückwirkender Entzug der elterlichen Sorge aus, wenn lediglich Anhaltspunkte für eine Kindeswohlgefährdung während eines abgeschlossenen Zeitraumes in der Vergangenheit bestanden haben, vgl. OLG Zweibrücken FamRZ 2011, 571.

[140] BVerfG NJW 2010, 2333; FamRZ 2009, 1897, 1898; FamRZ 2009, 1472; BGH FamRZ 2010, 720, 721 = NJW 2010, 1351, 1352; FamRZ 1956, 350; BayObLG in stRspr., zuletzt DAVorm. 1983, 78, 81; OLG

gen zu stellen, je größer und gewichtiger der drohende Schaden ist. Eine abstrakte Gefährdung reicht jedoch nicht aus.[141] Um die konkrete Situation festzustellen, muss sich das Familiengericht unter Ausnutzung seiner Erkenntnismöglichkeiten ein Bild von den gegenwärtigen Verhältnissen des Kindes machen und dann versuchen, sich dessen Zukunft vorzustellen.[142]

Der Richter hat die Gefährdung unabhängig davon zu beurteilen, ob das Sorgerecht verheirateten, geschiedenen oder nicht verheirateten Eltern zusteht. Das KindschaftsRG vom 16. 12. 1997 und die dadurch entstandenen neuen Sorgerechtsvorschriften zeigen die Entscheidung des Gesetzgebers, verschiedene Sorgerechtsformen gleichermaßen anzuerkennen.[143] Bei der Frage, wem das Sorgerecht zu übertragen ist, wird das Kindeswohl berücksichtigt; danach gilt ein einheitlicher Gefährdungsbegriff für alle Sorgerechtsformen.[144] **49**

Die Gefährdung muss **nachhaltig und schwerwiegend** sein.[145] Dies folgt daraus, dass der Vorrang elterlicher Sorge vor staatlicher Einmischung in Art. 6 Abs. 2 S. 1 GG ebenso wie in § 1666a Abs. 1 S. 1 aE und in § 1 Abs. 2 SGB VIII vorgeschrieben ist.[146] Es bedeutet konkret, dass das Kind **keinen Schutz** vor **sämtlichen Verhaltensweisen** seiner Eltern erlangen kann, die unter **objektiven Gesichtspunkten zu missbilligen** sind.[147] **50**

Dazu gehört, dass ein Kind nicht über § 1666 Abs. 1 vor einer **ungesunden Ernährungsweise** durch die Eltern geschützt werden kann. Die Rechtsprechung hat auch das **Rauchen** der Eltern grds. nicht als Gefährdung des Kindeswohls angesehen, es sei denn, das Passivrauchen stellt für das Kind auf Grund außergewöhnlicher Veranlagungen oder Krankheit (zB Asthma) eine besondere gesundheitliche Belastung dar.[148] Ob diese Rechtsprechung ungeachtet der immer häufigeren Rauchverbote in Gaststätten, Verkehrsmitteln, öffentlichen Gebäuden, etc. Bestand haben kann, bleibt abzuwarten. Einen **Wohnsitzwechsel** der Eltern muss das Kind in Kauf nehmen, vor allem im jüngeren Lebensalter (vgl. dazu Rn. 91). Desgleichen hat man die Zugehörigkeit der Eltern zu einer **Religionsgemeinschaft** oder Sekte dann nicht als Kindeswohlgefährdung bewertet, wenn das Kind nicht über die religiöse Betätigung hinaus von den prägenden Grundlagen der Glaubensgemeinschaft betroffen ist.[149] Ferner erachtete die Rechtsprechung den Aufenthalt der Sorgerechtsinhaber in einer **alternativen Wohngemeinschaft** nicht ohne weiteres als **Kindeswohlgefährdung**, auch nicht in einer sog. „sexualisierten Atmosphäre".[150] Anders wäre bei **Geschlechtsverkehr in Gegenwart des Kindes** zu entscheiden.[151] **51**

Eine Kindeswohlgefährdung wurde bejaht, als ein Sorgeberechtigter das Jugendamt ganz oder teilweise zur Ausübung der elterlichen Sorge „**ermächtigt**" hatte, das **Jugendamt** mit dieser „Übernahme" aber nicht einverstanden war.[152] Umgekehrt entschied man bei einem Sorgeberechtigten, der sich zwar in der Vergangenheit nicht um das Kind gekümmert hatte, es aber dann in die **Pflege** einer dazu geeigneten **Großmutter** gab.[153] Sofern das Kind nach seiner Geburt in einer **52**

Saarbrücken NJW-RR 2010, 146, 147; FamRZ 2010, 1092, 1093; OLG Düsseldorf FamRZ 2010, 308; OLG Hamm FamRZ 2010, 1742; FamRZ 2006, 1476; vgl. auch *Bamberger/Roth/Veit* Rn. 4 f., sowie *Scherer* ZfJ 1999, 86, 89; krit. zum Gefährdungsbegriff *Röchling* FamRZ 2007, 431 ff.
[141] OLG Karlsruhe NJW 2009, 3521 = FamRZ 2009, 1599 zur Gefahr der Genitalverstümmelung bei Reise des Kindes nach Äthiopien.
[142] Hk-FamR/*Rakete-Dombek* Rn. 10; ähnlich Hk-BGB/*Kemper* Rn. 2.
[143] Zur Personsorge des nichtehelichen Vaters vgl. auch BVerfG FamRZ 1995, 789 ff., wo allerdings keine völlige Gleichbehandlung gefordert wird.
[144] *Staudinger/Coester* Rn. 90; vgl. aber AG Melsungen FamRZ 1993, 108, 110.
[145] Vgl. dazu BVerfGE 60, 79, 91; BVerfG FamRZ 2010, 2333, 2334; FamRZ 2008, 492; 2010, 528; OLG Köln NJW-RR 2011, 729; OLG Stuttgart FamRZ 2010, 1090, 1091; OLG Bremen FamRZ 2010, 821; OLG Brandenburg FamRZ 2009, 63; BayObLG FamRZ 1998, 1044, 1045; FamRZ 1997, 954, 955; FamRZ 1993, 1350, 1351; FamRZ 1993, 846, 847.
[146] BVerfGE 60, 79, 94; vgl. auch *Trenczek* S. 125 f., nach dem aus einem – präventiven – Bedarf nach Erziehungshilfen iSd §§ 27 ff. SGB VIII nicht auf eine Kindeswohlgefährdung geschlossen werden kann.
[147] BVerfG FamRZ 2008, 492; OLG Köln NJW-RR 2011, 729, 730.
[148] BayObLG FamRZ 1993, 1350, 1351.
[149] Zur Verweigerung medizinischer Heileingriffe aus religiösen Gründen vgl. Rn. 80; Zugehörigkeit zur Bagwan-Sekte reicht nicht, OLG Hamburg FamRZ 1985, 1284, ebenso wenig Zugehörigkeit zu den Zeugen Jehovas, OLG Saarbrücken FamRZ 1996, 561; AG Meschede FamRZ 1997, 958; *Palandt/Diederichsen* Rn. 18; vgl. aber auch OLG Frankfurt/M. zit. bei *Abel* NJW 1997, 426, 428 Fn. 18 und *Oelkers/Kraeft* FuR 1997, 161 m. krit. Auseinandersetzung bei *Hessler* Sonderdruck RSG 2005, 293 ff. mwN aus der Rspr.; zur Scientology-Sekte OLG Frankfurt/M. FamRZ 1997, 573; dazu *Abel* NJW 1997, 426, 428; AG Tempelhof-Kreuzberg FamRZ 2009, 987.
[150] OLG Stuttgart FamRZ 1985, 1470, 1471: einmaliger Vorgang; vgl. aber auch BayObLG FamRZ 1996, 1031: sexuelle Freizügigkeit der Mutter.
[151] Vgl. BGH NStZ 1995, 178 zu § 170d StGB aF; *Staudinger/Coester* Rn. 125.
[152] KG FamRZ 1979, 1060 f.
[153] LG Freiburg FamRZ 1985, 95, 96; vgl. Rn. 99 ff.

Strafanstalt verbleibt (vgl. §§ 80, 142 StVollzG), ist im Einzelfall und vor allem altersbedingt abzuwägen, ob dadurch sein **Wohl** gefährdet wird. Ab dem 2. Lebensjahr werden Isolationsschäden befürchtet, die evtl. die Nachteile einer Trennung von den Eltern überwiegen.[154]

53 b) **Besonderheiten ausländischer Familien.** In den Zusammenhang des elterlichen Erziehungsprivilegs gem. Art. 6 Abs. 2 S. 1 GG gehören auch Besonderheiten, die sich in ausschließlich oder gemischt **ausländischen Familien** durch ihren abweichenden kulturellen, sozialen oder religiösen Hintergrund ergeben.[155] Damit muss sich ein Kind grundsätzlich abfinden, weil das Aufwachsen in der eigenen Familie prinzipiell dem Kindeswohl mehr entspricht als eine Trennung von ihr. Deshalb sind Reglementierungen der **Alltagsgestaltung,** zB durch Bekleidungsvorschriften, Rauch- oder Schminkverbote, noch nicht ohne weiteres kindeswohlgefährdend.[156] Anders verhält es sich, wenn die Eltern das Kind auf diese Weise unter Missachtung des § 1626 Abs. 2 **völlig isolieren.**[157] Außerdem gibt es eine Reihe typischer Konflikte, die regelmäßig aus den Vorgaben des **islamischen Rechtes** abgeleitet werden, insbesondere bezüglich der Erziehung von Töchtern. Dazu zählen zunächst die teilweise schwerwiegenden körperlichen **Züchtigungen,** die unabhängig von der Herkunft der Eltern regelmäßig als Kindeswohlgefährdung anzusehen sind (vgl. im Einzelnen Rn. 59). Daneben treten Einschränkungen der **sozialen Kontakte.**[158] Hierher gehört auch, dass Mädchen der Kontakt zu gleichaltrigen Jungen verboten wird, und die Eltern sie auch den Aufenthalt und die Mithilfe im Haushalt beschränken. Dies soll auf die spätere Stellung als Hausfrau und Mutter vorbereiten sowie die geschlechtliche Unversehrtheit bis zur Eheschließung gewährleisten.[159] Solche Verhaltensweisen sind jedenfalls dann Kindeswohlgefährdungen, wenn sie zur **Isolation** führen.[160]

54 Weitere Restriktionen – wiederum in erster Linie für weibliche Jugendliche – finden sich im Bereich schulischer **Ausbildung und Berufswahl.** Bezüglich der **Schulpflicht** bestehen keine Unterschiede zwischen ausländischen und inländischen Jugendlichen.[161] Hinsichtlich der **Berufswahl** ist § 1631a zu beachten, der auf **Eignung** und **Neigung** abstellt.[162] Diese Kriterien sind je nach Kulturkreis jedoch nicht immer entscheidend.[163] Vielmehr steht teilweise das Sozialprestige des jeweiligen Berufes im Vordergrund, teilweise auch die Familienplanung, evtl. unter Berücksichtigung der Rückkehr in das Heimatland.[164] Daneben wird wiederum insbesondere **weiblichen Jugendlichen** im Hinblick auf die spätere Heirat manchmal eine Berufsausbildung vollständig verweigert.[165] Hinsichtlich der Kindeswohlgefährdung ist in allen Fällen zu beachten, dass die Eltern einen gewissen Ermessensspielraum haben, aber die Vorgaben des § 1631a nicht außer Acht lassen darf. Besondere Bedeutung kommt dem **Kindeswillen** zu, da die Entscheidung im heranwachsenden Alter, regelmäßig nach dem 10. Schuljahr, getroffen werden muss (vgl. Rn. 45). Hat sich der/die Jugendliche stark an die hiesigen Gegebenheiten angepasst und verlangt nach einer selbstgewählten Ausbildung, so kommt dem zwar nicht die alleinige, wohl aber entscheidende Bedeutung zu, und die Weigerung der Eltern stellt häufig eine Kindeswohlgefährdung dar.[166]

55 Diese Gesichtspunkte gelten auch für den Konflikt, der häufig durch die geplante **Rückkehr der Eltern in ihr Heimatland** entsteht. Unstreitig stellt die Rückkehr zum Zwecke der **Zwangsheirat** eine Kindeswohlgefährdung dar.[167] Der Tatbestand des Abs. 1 ist ebenso verwirklicht, wenn dem

---

[154] LG Freiburg FamRZ 1985, 95, 96.
[155] *Coester* FPR 2009, 549, 551. Insgesamt *Ehringfeld*; zum Verfahren vgl. Rn. 27 ff.
[156] Ausf. *Abramowski* S. 210 ff.
[157] AG Korbach FPR 2003, 334, 335; *Abramowski* S. 216; *Staudinger/Coester* Rn. 142.
[158] Vgl. zum Aufenthaltsbestimmungs- und Umgangsrecht der Eltern Rn. 85 ff. u. 91 ff.; ferner BayObLG FamRZ 1991, 1218, 1220; FamRZ 1984, 1259, 1260 f.
[159] Vgl. BayObLG FamRZ 1993, 229, 230 und ausf. *Abramowski* S. 130 ff.
[160] Vgl. BayObLG FamRZ 1993, 229, 230: auch mit einer Darstellung, wie insoweit Druck auf ein 15-jähriges türkisches Mädchen ausgeübt wurde.
[161] Vgl. *Abramowski* S. 188 ff.; ferner KG NJW 1985, 68, wo ein 15-jähriges türkisches Mädchen wiederholt vom Schulbesuch abgehalten wurde, um die Hausarbeiten für ihre kranke Mutter zu übernehmen, während in Wirklichkeit aber nur die islamischen Erziehungsziele verwirklicht werden sollten.
[162] Vgl. auch Rn. 105 ff.
[163] Ausf. *Abramowski* S. 168 ff.
[164] *Abramowski* S. 185.
[165] Vgl. OLG Köln NJW-RR 2001, 221; KG FamRZ 1985, 97, 98; LG Berlin FamRZ 1983, 947 m. Anm. *John* FamRZ 1983, 1274.
[166] OLG Köln NJW-RR 2001, 221; *Abramowski* S. 187; *Staudinger/Coester* Rn. 165.
[167] *Staudinger/Coester* Rn. 164; *ders.* FPR 2009, 549, 552; *John* FamRZ 1983, 1274; *Scherer* ZfJ 1999, 87, 92; nicht entscheidungserheblich für AG Ingolstadt IPRax 1992, 326, 327: Dort waren Schläge und die versuchte Einweisung in eine geschlossene psychiatrische Klinik die Grundlage für den Eingriff gem. § 1666; ausf. *Abramowski* S. 161 ff., auch zu den Zahlen der Beeinflussung von Töchtern durch die Familie (S. 162). Die Bundesregie-

Kind im Falle einer Rückkehr in sein Heimatland die **Beschneidung** droht.[168] Nicht ausreichend ist hingegen der bloße Wohnsitzwechsel, da die Eltern das Aufenthaltsbestimmungsrecht haben.[169] Ein Eingriff auf der Grundlage des Abs. 1 kommt in erster Linie dann in Betracht, wenn das Kind in Deutschland in seinem Umfeld fest verankert erscheint und kurz vor Eintritt der Volljährigkeit steht,[170] allerdings unter Berücksichtigung des Umstandes, ob der Minderjährige für diesen (kurzen) Zeitraum entsprechend untergebracht werden kann.[171] Dementsprechend hat die Rechtsprechung es abgelehnt, einen 17-jährigen Jungen gegen seinen Willen in die Türkei zu seinem Vater zurückzuführen. Vorangegangen war, dass sich der Sohn auf Wunsch des Vaters bereits einmal in die Türkei begeben hatte, und der Vater dann in die Bundesrepublik zurückgekehrt war, jetzt aber erneut in die Türkei reisen wollte. Dies hätte einen dritten Aufenthaltsortswechsel des Jugendlichen in kurzer Zeit mit sich gebracht.[172]

Zusammenfassend lässt sich feststellen, dass ethnische Besonderheiten von Familien als sozialer 56 Hintergrund ebenso Beachtung finden, wie spezifische Faktoren in deutschen Familien zu berücksichtigen sind, die die Lebensumstände eines Kindes prägen. Der Staat hat unabhängig von der Herkunft des Kindes eine Wächterfunktion aus Art. 6 Abs. 2 S. 2 GG. Religion und kultureller Hintergrund bilden damit „die Umstände des Einzelfalles", die das Familiengericht bei der Beurteilung der Kindeswohlgefährdung und bei der Auswahl der zu treffenden Maßnahmen beachten muss. Die Ansicht, die eine Tolerierung ausländischer Erziehungsmaßstäbe bis zur Grenze des „ordre public" des Art. 6 EGBGB bzw. 22 KSÜ (16 MSA) akzeptiert, ist abzulehnen. Sie trifft nur zu, wenn es um die Anerkennung fremden Rechtes geht, während hier die Berücksichtigung ausländischer Herkunft bei der Anwendung deutschen Rechtes in Frage steht.[173]

c) Fallgruppen. Die Ausgestaltung des Abs. 1 als **Generalklausel**[174] kann im Einzelfall zu 57 **Rechtsunsicherheit** hinsichtlich der Feststellung einer **Gefährdung** des **körperlichen, geistigen** oder **seelischen Wohls** des Kindes führen (s. Rn. 37). Eine **Orientierungshilfe** bieten sowohl die auf Grundlage des Abs. 1 aF entwickelte Rechtsprechung als auch die einschlägigen Literaturquellen zum **Sorgerechtsmissbrauch,** zur **Vernachlässigung,** zum **unverschuldeten Versagen** sowie zum kindeswohlgefährdenden **Drittverhalten.** Da die Gesetzesreform einen verstärkten Schutz gefährdeter Kinder bezweckt (s. Rn. 35), müssen die von Abs. 1 aF erfassten **Fallgruppen** auch nach neuer Rechtslage als reaktionspflichtige Kindeswohlgefährdungen angesehen werden.[175]

aa) Misshandlung. Als schwerwiegenden Eingriff nicht nur in das körperliche, sondern regel- 58 mäßig auch in das seelische Wohlergehen stellen **Kindesmisshandlungen** stets einen Anwendungsfall des Abs. 1 dar.[176] Das Problem steht in engem Zusammenhang mit § 1631 Abs. 2, der die Einschränkung von Erziehungsmaßnahmen im Rahmen des Personensorgerechts regelt. Das SorgeRG vom 18. 7. 1979 hatte 1980 die Fassung eingeführt „Entwürdigende Erziehungsmaßnahmen, insbesondere körperliche und seelische Misshandlungen, sind unzulässig". Der Gesetzgeber wählte die Formulierung, „um mit einer Verstärkung des allgemeinen Bewusstseins zu einer angstfreien, auf unangemessene Repressionen verzichtenden Erziehung, die Vielfalt darauf abzielender pädagogischer Erkenntnisse auf breiter Ebene langfristig durchzusetzen".[177] Im Zuge der Entstehung des KindschaftsRG vom 16. 12. 1997 wurde ausführlich über die **gewaltfreie Erziehung** diskutiert,

---

rung hat einen Gesetzentwurf vorgelegt, der zur Bekämpfung der Zwangsheirat u.a. die Schaffung eines eigenen Straftatbestandes vorsieht, vgl. BT-Drucks. 17/4401.
[168] BGH NJW 2005, 672 ff.; Zur Problematik s. auch o. Rn. 48 Fn. 162; zur Eingriffsbefugnis des Familiengerichts im Falle medizinisch nicht indizierter Beschneidung *Putzke*, FS Herzberg, S. 669, 708, Fn. 216.
[169] Vgl. Rn. 91 ff.
[170] *Abramowski* S. 205.
[171] Vgl. zum Ganzen *Staudinger/Coester* Rn. 166.
[172] BayObLG FamRZ 1997, 954, 955.
[173] AA wohl LG Berlin FamRZ 1983, 943 ff. und 947; wie hier *Staudinger/Coester* Rn. 164.
[174] Durch Gesetz zur Erleichterung familiengerichtlicher Maßnahmen bei Gefährdung des Kindeswohls v. 4. 7. 2008, BGBl. I S. 1188 ff.
[175] Diese Gruppen sind allerdings nicht abschließend, vgl. speziell zu den Fällen von „häuslicher Gewalt" und „Stalking"unter den Elternteilen *Ernst* FPR 2011, 195, 196.
[176] OLG Hamm FamRZ 2010, 1091, 1092; *Coester* FPR 2009, 549, 550; zu den zT schwerwiegenden psychischen und physischen Folgen der Kindesmisshandlung vgl. OLG Stuttgart KindPrax 2002, 97: „psychosozialer Minderwuchs"; *Pfeiffer/Lehmkuhl/Frank* FPR 2001, 28 ff.; die erhöhten Risiken einer delinquenten Entwicklung von misshandelten Jugendlichen untersuchen *Enzmann/Wetzels* FPR 2001, 246 ff.; zur Kindesmisshandlung in Gestalt des sog. „MünchhausenbyproxySyndroms" OLG Celle FamRZ 2006, 1478 mit Anm. *Luthin*; OLG Dresden FamRZ 2006, 712 f.; *Mertens* NJOZ 2009, 1665 ff.; s. auch Hk-FamR/*Rakete-Dombek* Rn. 10. Zu einer möglichen Kindeswohlgefährdung durch das bloße „Miterleben" von häuslicher Gewalt unter den Eltern vgl. OLG Köln FamRZ 2011, 571; *Ernst* FPR 2011, 195, 196.
[177] BT-Drucks. 8/2788 S. 35.

§ 1666   59–61   Abschnitt 2. Titel 5. Elterliche Sorge

die vor allem der **Bundesrat** forderte.[178] Ein entsprechender Antrag konnte sich jedoch deshalb nicht durchsetzen, weil man – wie der Bericht des Rechtsausschusses wiedergibt[179] – eine zu starke Eingrenzung des Erziehungsrechtes der Eltern fürchtete. Verfassungsrechtliche Bedenken traten hinzu. Auch in der Literatur fanden sich nur wenige Stimmen für ein generelles Verbot von Körperstrafen.[180] Das Recht der Kinder auf **gewaltfreie Erziehung** wurde dennoch im Jahre 2000 in § 1631 Abs. 2 nach kontroverser Diskussion anerkannt, allerdings ohne dass Rechtsfolgen bei einer Verletzung vorgesehen wären.[181] Dennoch kann die Entscheidung des Gesetzgebers im Rahmen des § 1666 Abs. 1 nicht folgenlos bleiben. Die frühere Betrachtungsweise, wonach Körperstrafen **im Rahmen des Erziehungszweckes** nicht als Kindeswohlgefährdung angesehen wurden,[182] lässt sich nicht mehr halten. Daraus folgt zwar noch nicht, dass in Zukunft jede körperliche Einwirkung eine Kindeswohlgefährdung darstellt.[183] Aber die Schwelle, deren Überschreitung einen solchen Tatbestand auslöst, ist deutlich niedriger geworden. Man kann also sicher davon ausgehen, dass die zum früheren Rechtszustand ergangenen Entscheidungen in vergleichbaren Fällen jetzt umso eher Maßnahmen des Familiengerichtes hervorrufen werden.[184] Nach Ansicht des Gesetzgebers soll dabei allerdings nach wie vor die Hilfe für Kinder und Eltern im Vordergrund stehen.[185] In diesem Zusammenhang bleibt schließlich darauf hinzuweisen, dass es auch eine Kindeswohlgefährdung darstellt, wenn der andere Sorgerechtsinhaber einer Gewaltanwendung gegen das Kind nicht entgegentritt.[186]

59   Die geschilderten Grundsätze gelten unabhängig von der **Nationalität der Sorgerechtsinhaber**.[187] Dies mag für die Betroffenen deshalb schwer zu akzeptieren sein, weil die Körperstrafe als Erziehungsmittel unterschiedlich eingeschätzt wird, und einige fremde Kulturkreise Züchtigungsrechte begründen. Sicher ist auch, dass man deren Wertvorstellungen bei der Auslegung von Generalklauseln (Kindeswohl) in gewissem Maß berücksichtigen muss.[188] Wenn das Gesetz aber ausdrücklich – wie bei der Neufassung des § 1631 Abs. 2 – eine Tendenzwende im Hinblick auf gewaltfreie Erziehung einleiten will, bleibt für unterschiedliche Vorstellungen insoweit kein Raum.[189] Auch der früher teilweise vorgenommenen Differenzierung von Gewaltanwendung nach dem Lebensalter des Kindes[190] kommt nach der Gesetzesnovelle keine Bedeutung mehr zu.

60   Schließlich können nicht nur körperliche Misshandlungen, sondern auch **seelische Verletzungen** und andere **entwürdigende Maßnahmen** eine Kindeswohlgefährdung begründen, spielen aber in der Rechtsprechung kaum eine Rolle.[191]

61   **bb) Sexueller Missbrauch.** Dass der **sexuelle Missbrauch** von Kindern eine besonders schwere Form der Kindeswohlgefährdung darstellt, bedarf keiner näheren Begründung,[192] da er zumindest ohne „seelische Verletzungen" iSd. § 1631 Abs. 2 kaum denkbar erscheint. Das Problem liegt in der **Beweislage**. Seitdem Väter vermehrt das Sorgerecht wünschen, wird die Behauptung sexuellen Missbrauchs auch als Waffe im Sorgerechtsstreitverfahren eingesetzt. Man spricht sogar vom „Missbrauch des Missbrauchs".[193] Untersuchungen aus den 90er Jahren des vergangenen Jahr-

---

[178] BT-Drucks. 13/4899 S. 152 f.
[179] BT-Drucks. 13/8511 S. 64 f.
[180] Vgl. *Fegeler* S. 94 ff. mwN.
[181] Eingehende Problemdarstellung in der Begründung des Rechtsausschusses BT-Drucks. 14/1247 S. 3 ff.; zur Gesetzesentstehung vgl. auch *Baltz* ZfJ 2000, 210; *Kellner* NJW 2001, 796; ausf. empirische Analysen zum Recht auf gewaltfreie Erziehung finden sich bei *Bussmann* FPR 2002, 289 ff.
[182] Vgl. 3. Aufl. Rn. 32; zuletzt *Scherer* ZfJ 1999, 86, 90; krit. *Staudinger/Coester* Rn. 98 f.
[183] Vgl. BT-Drucks. 14/1247 S. 5; zur Rechtsfolge der Neuregelung *Huber/Scherer* FamRZ 2001, 797.
[184] Vgl. die Nachw. in der 3. Aufl. Rn. 32; ferner BayObLG FamRZ 1999, 178; Misshandlungen (ohne Einzelheiten im Tatbestand); FamRZ 1997, 572 f.: wiederholte Misshandlungen; FamRZ 1994, 975: übermäßige körperliche Züchtigung einer 13-jährigen durch ihre Mutter ohne nähere Einzelheiten im Tatbestand; FamRZ 1993, 229 f.: körperliche Züchtigung einer 15-jährigen durch Misshandlungen und Verletzungen mit einem Schraubenzieher; FamRZ 1992, 90 f.: übermäßige körperliche Züchtigung; LG Bochum ZfJ 1993, 212 f.: Prügel der Mutter u. „Ausrasten des Vaters" unter Alkoholeinfluss.
[185] Vgl. Rn. 153; BT-Drucks. 14/1247 S. 5 ff.
[186] BayObLG FamRZ 1994, 1413; Hk-FamR/*Rakete-Dombek* Rn. 11.
[187] AA LG Berlin FamRZ 1983, 943 f.; vgl. auch BayObLG FamRZ 1984, 1259 f.: Akzeptanz bis zur Grenze des ordre public; *Scherer* ZfJ 1999, 86; wie hier *Staudinger/Coester* Rn. 97; *Trenczek* S. 128.
[188] Vgl. Art. 6 EGBGB und Rn. 53 ff.
[189] Zur alten Fassung vgl. § 1631 Rn. 16 ff., wie hier schon BayObLG FamRZ 1993, 229 ff.; OLG Düsseldorf NJW 1985, 1291.
[190] Vgl. die Nachw. bei *Staudinger/Coester* (2000) Rn. 66.
[191] Vgl. BGH NJW 1953, 1440; ebenso auch *Kunz* ZfJ 1990, 52 ff.
[192] *Coester* FPR 2009, 549, 550; LG Köln FamRZ 1992, 712; vgl. zu den tatsächlichen Hintergründen auch *Menne*, Hinw. zu Rechtsfragen bei Kindesmisshandlung und sexuellem Missbrauch, ZfJ 1993, 291, 294.
[193] *Rakete-Dombek* AnwBl. 1997, 469, 473.

hunderts haben gezeigt, dass die Zahl der Gutachten zum sexuellen Missbrauch sich innerhalb von zehn Jahren prozentual nahezu verzehnfacht hat[194] und die gerichtlichen Maßnahmen – regelmäßig vorläufige Anordnungen (vgl. Rn. 234 ff.) – oftmals auf wenig überprüften Verdachtsmomenten beruhten.[195] Teilweise wurde dafür plädiert, zu Gunsten des Verdächtigten Polygraphen als Beweismittel zuzulassen, andere verweisen auf den Einsatz von Sachverständigen.[196] Eine generelle Lösung dieses schwierigen Problems gibt es nicht, jedoch ist auf Folgendes hinzuweisen:

Während im **Strafverfahren** die **Unschuldsvermutung** gilt, steht in Abs. 1 das Kindeswohl im Vordergrund.[197] Bei dessen Beurteilung ist zu bedenken, dass die Trennung vom Elternhaus und der gewohnten Umgebung einen sehr schwerwiegenden Eingriff darstellt, wenn sich die entsprechenden Vorwürfe später als unzutreffend erweisen.[198] Um dies zu vermeiden, muss das Gericht die ihm zugänglichen Erkenntnismöglichkeiten gem. § 26 FamG vollständig ausschöpfen, vor allem die **Beteiligten** und insbesondere auch den **Vater anhören**.[199] Erst dann vermag sich das Familiengericht eine Meinung zu bilden. Die alleinige Heranziehung des Jugendamtsberichtes reicht selbst im Verfahren vorläufiger Anordnungen nicht aus.[200] Sollten Zweifel bleiben, muss der Richter abwägen, was für das Kind das Beste ist. Dabei hat er zu beachten, dass die Kindeswohlgefährdung nicht zwingend auf einen unbewiesenen Verdacht gestützt werden muss, sondern sich aus der Gesamtschau der Umstände ergeben kann, so dass es letztlich für die Notwendigkeit einer Maßnahme uU gar nicht mehr darauf ankommt, ob der sexuelle Missbrauch vorlag.[201]

cc) Schwangerschaftsabbruch. Da der nasciturus nach Abs. 1 geschützt wird,[202] kann sich der Abbruch der Schwangerschaft als reaktionspflichtige Gefährdung des Kindeswohles darstellen. Dabei ist zwischen der Schwangerschaft einer **volljährigen** und einer **minderjährigen Mutter** zu differenzieren.

(1) Volljährige Mutter. Ist die **Mutter volljährig,** geht es allein darum, ob familiengerichtliche Maßnahmen gegen den Schwangerschaftsabbruch getroffen werden sollen. Die **Austragung** des Kindes gefährdet sein Wohl im Rechtssinne selbst dann nicht, wenn es möglicherweise behindert zur Welt kommt.[203]

Der **Schwangerschaftsabbruch** stellt hingegen die denkbar intensivste Form der Kindeswohlgefährdung dar,[204] so dass das Familiengericht einschreiten müsste, wenn es das ungeborene Kind in gleicher Weise schützen wollte wie das geborene. Dem steht aber entgegen, dass die §§ 218 ff. StGB unter bestimmten Voraussetzungen Schwangerschaftsabbrüche entweder nicht für rechtswidrig erklären oder jedenfalls nicht unter Strafe stellen. Zwar waren die Bindungswirkungen dieser Regelungen für den zivilrechtlichen Schutz des ungeborenen Kindes lange Zeit umstritten. Aber nach der Entscheidung des BVerfG[205] kann daran kein Zweifel mehr bestehen.[206] Dies gilt insbesondere für die **medizinisch-soziale** und die fristgebundene **kriminologische Indikation** des § 218a Abs. 2, 3 StGB, die darüber hinaus jedoch auch für das sog. **Beratungskonzept** gelten sollte, §§ 218a Abs. 1, 219 StGB, und zwar auch ohne dass das Familiengericht die Richtigkeit der Indikation überprüfen könnte. Lediglich die formellen Voraussetzungen der **Beratungsbescheinigung** gem. §§ 218a Abs. 1 Nr. 1, 219 Abs. 2 S. 2 StGB müssen gegeben sein. Die Konflikte zwischen dem Persönlichkeitsrecht der Frau einerseits und dem Lebensrecht des Kindes andererseits sind bei diesen Regelungen berücksichtigt worden. Deshalb wäre es nicht einsichtig, über zivilrechtliche Vorschrif-

---

[194] Vgl. iE: *Rakete-Dombek* AnwBl. 1997, 469, 470 mwN; ferner *Schütz* AnwBl. 1997, 466 ff.; allg. zur Kindesmissbrauchsverdächtigung auch *Ollmann* ZfJ 1996, 486 ff.
[195] Vgl. etwa den Sachverhalt zu OLG Bamberg NJW 1995, 1684 oder OLG Düsseldorf NJW 1995, 1970; BayObLG NJW 1992, 1971 f.
[196] Gegen den Einsatz von Polygraphen OLG Bremen Streit 2001, 122; *Schütz* AnwBl. 1997, 466, 468; *Undeutsch* FamRZ 1996, 329 ff.
[197] Vgl. Rn. 34, 42; *Staudinger/Coester* Rn. 100; aA offenbar LG Köln FamRZ 1992, 712, 713, wo das Kind allerdings von den Eltern bereits getrennt in Familienpflege untergebracht war und es nur noch um eine Umgangsbegrenzung ging. Wie hier: OLG Düsseldorf FamRZ 1992, 205, bezüglich des Umgangsverbotes gegen den wegen sexuellen Missbrauchs verdächtigten zweiten Ehemanns der Kindesmutter; vgl. dazu AG Düsseldorf FamRZ 1995, 499; *Carl* FamRZ 1995, 1183, 1191; *Storsberg* FamRZ 1994, 1543.
[198] Aus psychologischer Sicht vgl. *Kühne/Kluck* FamRZ 1995, 981 mit statistischen Angaben; ähnlich auch *Carl* FamRZ 1995, 1183 ff.; *Rösner/Schade* FamRZ 1993, 1133 ff.; weitere Literatur bei *Hummel* ZfJ 1996, 417.
[199] Zu § 50a FGG aF AG Düsseldorf DAVorm. 1995, 1005, 1007; zur Anhörung Rn. 224 ff.
[200] Vgl. dazu *Ollmann* FamRZ 1997, 321, 322.
[201] *Storsberg* FamRZ 1994, 1543.
[202] S.o. Rn. 40 ff.
[203] *Gernhuber/Coester-Waltjen* § 57 IX Rn. 8.
[204] Vgl. aber auch den krit. Ansatz von *Hoerster* JuS 1989, 172 ff.
[205] BVerfGE 88, 203 ff. = NJW 1993, 1751 ff.
[206] Eingehend *Staudinger/Coester* Rn. 25 ff.

ten Zustände zu verändern, die das Strafrecht nach langer Auseinandersetzung und Überprüfung durch das BVerfG detailliert geregelt hat.[207] Die früheren Differenzen, die meist die allgemeine Notlagenindikation betrafen, haben sich durch die Neufassung des Gesetzes im Schwangeren- und Familienhilfeänderungsgesetz vom 21. 8. 1995 erledigt.[208] Damit bleibt für Maßnahmen des Familiengerichtes gem. § 1666 nur Raum, wo entweder die Abtreibung strafbar wäre oder aber die Strafbarkeit nur an der mangelnden Schuld der Mutter bzw. an einem Strafausschließungsgrund scheitert, § 218a Abs. 4 StGB.[209] Soweit also das Strafrecht der Mutter die Entscheidung überlässt, muss das Zivilrecht dem folgen.[210] Die mit der Abtreibung verbundene „Kindeswohlgefährdung" des nasciturus ist dann wegen der gesetzgeberischen Grundentscheidung hinzunehmen.

66 **(2) Minderjährige Mutter.** Schwieriger gestaltet sich die Rechtslage bei einer **minderjährigen Mutter,** da das Kindeswohl des ungeborenen Kindes mit ihrem eigenen kollidiert. Dabei ist zum einen von Bedeutung, ob sich Sorgerechtsinhaber und minderjährige Mutter bezüglich der geplanten Abtreibung in Übereinstimmung befinden oder nicht, zum anderen, ob der Wille darauf abzielt, das Kind auszutragen oder abzutreiben.

67 Sofern Sorgeberechtigte und minderjährige Tochter die **Austragung** des Kindes **übereinstimmend** wollen, kann ein Eingreifen des Familiengerichtes nur in Betracht kommen, wenn die Fortsetzung der Schwangerschaft den Tatbestand des § 218a Abs. 2 StGB erfüllen würde, also Leib oder Leben der Schwangeren auf andere Weise nicht geschützt werden können.[211] Dann allerdings sollte das Familiengericht auch nicht gehindert sein, unter Berücksichtigung des Grundsatzes der Verhältnismäßigkeit als letztes Mittel einen Schwangerschaftsabbruch anzuordnen.[212]

68 Wenn beide, dh. Personensorgeberechtigte und minderjährige Mutter den **Schwangerschaftsabbruch** wollen, entfaltet das System der §§ 218 ff. StGB Wirkung. In den Fällen des straflosen Schwangerschaftsabbruchs gem. § 218a Abs. 2, 3 StGB kann die auf der Grundlage des Zivilrechts zusätzlich erforderliche Einwilligung der Eltern nicht die Rechtsfolgen des Abs. 1 auslösen. Das Gleiche gilt auch in den Fällen des § 218a Abs. 1 StGB, dh. beim Beratungsmodell, da Eltern und Kind gemeinsam von einem Letztentscheidungsrecht Gebrauch machen, das ihnen der Staat einräumt.[213] Nur wenn eine Abtreibung strafbar wäre oder aber die Strafbarkeit allein an der fehlenden Schuld der Mutter scheitert, bzw. ihr nur ein persönlicher Strafausschließungsgrund des § 218a Abs. 4 StGB zur Seite steht, muss das Familiengericht zum Schutz des nasciturus tätig werden, dessen Schutzbedürfnis dann in den Vordergrund tritt.[214]

69 Schwieriger ist die Situation bei **Divergenzen zwischen Sorgerechtsberechtigten und minderjähriger Mutter.** Die Frage, wem das Entscheidungsrecht zusteht, ob ausgetragen oder abgetrieben werden soll, wird unterschiedlich beantwortet.[215] Die Meinungen reichen von der Notwendigkeit einer gemeinsamen Entscheidung bis hin zum Alleinentscheidungsrecht der Eltern oder der minderjährigen Mutter.[216]

70 Bei der Lösung ist zu berücksichtigen, dass das BGB selbst das Sorgerecht der Eltern gem. § 1626 Abs. 1 bis zum **Eintritt der Volljährigkeit,** § 2, vorsieht.[217] Es gibt zwar Beschränkungen und Ausübungsgrenzen, zB in den §§ 1626 Abs. 2, 1631 Abs. 2 und eben auch in § 1666, aber **keine**

---

[207] Wie hier AG Schlüchtern NJW 1998, 832; *Staudinger/Coester* Rn. 33; aA *Mittenzwei* AcP 187 (1987), 247, 270, 282 f.
[208] Zur älteren Lit. vgl. *Staudinger/Coester* Rn. 35.
[209] *Stürner* JZ 1990, 709, 723; so auch *Staudinger/Coester* Rn. 34; *Gernhuber/Coester-Waltjen* § 57 Rn. 112; aA für § 218a Abs. 4 StGB AG Schlüchtern NJW 1998, 832.
[210] So im Ergebnis auch 3. Aufl. Rn. 36 a.
[211] *Staudinger/Coester* Rn. 115.
[212] Dagegen *Scherer* FamRZ 1997, 589, 594; zweifelnd *Staudinger/Coester* Rn. 115; für den Fall mangelnder Einsichtsfähigkeit *Schönke/Schröder/Eser* § 218a StGB Rn. 61; zum Vollzug familiengerichtlicher Entscheidungen vgl. Rn. 246.
[213] *Staudinger/Coester* Rn. 113; aA *Moritz* ZfJ 1999, 92, 98; *Scherer* FamRZ 1997, 589, 593.
[214] AG Celle MedR 1988, 41 mit zust. Anm. *Mittenzwei*; *Deutsch/Spickhoff* Rn. 741 m. Fn. 51.
[215] Vgl. dazu auch § 1626 Rn. 47 f.; § 823 Rn. 738. In Spanien ist die Frage nicht minder umstritten: Die dort 2010 verabschiedete Reform des Abtreibungsgesetzes ermöglicht nun minderjährigen Müttern mit Erreichung des 16. Lebensjahres die alleinige Entscheidung ohne Zustimmung der Eltern. Diese müssen lediglich informiert werden, wovon aber in einigen Ausnahmefällen abgewichen werden kann, vgl. Art. 13 Abs. 4 Ley Orgánica de salud sexual y reproductiva y de la interrupción voluntaria del embarazo 2/2010 de 3 de marzo 2010, Boletín Oficial del Estado (BOE), Núm. 55 de 4 de marzo de 2010, Sec. I, Pág. 21001 a 21014. Die konservative Opposition hat dagegen am 1. 6. 2010 Verfassungsbeschwerde eingereicht.
[216] Nachw. bei *Fegeler* S. 125 ff.; ferner bei *Nebendahl* MedR 2009, 197, 198 und *Scherer* FamRZ 1997, 589, 590; ausf. zur Problematik *Belling*, FS Bub, S. 455, 481 ff.
[217] OLG Hamm NJW 1998, 3424, 3425; *Belling/Eberl* FuR 1995, 287, 291; *Scherer* FamRZ 1997, 589, 591 f.; ZfJ 1999, 86 ff.

Gerichtliche Maßnahmen bei Gefährdung des Kindeswohls 71–74 § 1666

vorzeitige Beendigung. Andererseits fordert § 1626 Abs. 2 die Eltern auf, der wachsenden Reife des Kindes Rechnung zu tragen.[218] Mangels Rechtsfolgenbestimmung ist diese Norm dahingehend zu verstehen, dass der Gesetzgeber den Eltern als Leitbild vorgeben wollte, eine einvernehmliche Regelung mit heranwachsenden Kindern herbeizuführen.[219] Ein Verlust ihres Entscheidungsrechtes kann man der Vorschrift hingegen nicht entnehmen. Dennoch wird ein Alleinentscheidungsrecht der Minderjährigen bei entsprechender Einsichtsfähigkeit teilweise bejaht.[220] Wann diese vorliegt, bleibt allerdings umstritten.[221] Manche schlagen unter Hinweis auf § 5 RelKErzG das Alter von 14 Jahren vor,[222] manche in Anlehnung an § 1303 Abs. 2 16 Jahre,[223] andere stellen auf die entsprechende Reife im Einzelfall ab.[224]

Das BGB kennt allerdings kein Verfahren zur Feststellung dieser **Einsichtsfähigkeit.** Es verwendet den Begriff zwar in § 828 Abs. 3. Die **deliktische Einsichtsfähigkeit** erlangt ihre praktische Bedeutung aber regelmäßig in einem Haftungsprozess und unterliegt dort den normalen Beweisregeln. Die Aufnahme einer entsprechenden Vorschrift in das Kindschaftsrecht wurde im Rahmen des SorgeRG vom 18. 7. 1979 trotz eines dahingehenden Vorschlages abgelehnt.[225] Dies zeigt eine bewusste Entscheidung des Gesetzgebers gegen eine partielle Aufgabe des elterlichen Sorgerechts vor Eintritt der Volljährigkeit. 71

Der Begriff der Einsichtsfähigkeit hat im Übrigen im **Strafrecht** Bedeutung, wo die **Einwilligung** des einsichtsfähigen Minderjährigen als **Rechtfertigungsgrund** u. a. für die mit einem ärztlichen Heileingriff verbundene Körperverletzung angesehen wird.[226] Diese nicht am Kindeswohl orientierte Fragestellung ist jedoch im Rahmen des § 1666 nicht aussagekräftig. Dort geht es um die **Rechtfertigung** eines Arztes, hier um die **Beschränkung der Personensorge.** Daraus folgt, dass das Gesetz keine Grundlage für ein Alleinentscheidungsrecht des Minderjährigen enthält. 72

Dies steht auch in Einklang mit dem **Verfassungsrecht.**[227] Der in diesem Zusammenhang verwendete Begriff der **Grundrechtsmündigkeit** führt iRd. § 1666 nicht weiter. Man versteht darunter eine allmählich einsetzende Fähigkeit des Kindes, seine Grundrechte selbst wahrzunehmen. Der Begriff ist jedoch weder im Grundgesetz verankert noch allgemein anerkannt.[228] Wenn das Kind überhaupt ein Alleinentscheidungsrecht in persönlichen Angelegenheiten hat, gründet sich dies auf das allgemeine Persönlichkeitsrecht, das spätestens mit der Geburt entsteht. Aber auch dafür gilt der einfache **Gesetzesvorbehalt der verfassungsmäßigen Ordnung.**[229] Die Vorschriften des BGB über die elterliche Personensorge in den §§ 1626 ff. konkretisieren den elterlichen Erziehungsrecht des Art. 6 Abs. 2 S. 1 GG und füllen damit den Gesetzesvorbehalt kindeswohlorientiert aus.[230] Bei so verstandener Ausübung der elterlichen Sorge liegt auch eine Verletzung der **Menschenwürde** gem. Art. 1 Abs. 1 GG fern.[231] Zwar hat das BVerfG entschieden, die Personensorge der Eltern trete bei zunehmender Reife des Kindes zurück.[232] Es wollte damit aber nur dem Gesetzgeber ermöglichen, Teilmündigkeitsregelungen zu schaffen. So ist es vielfach auch geschehen, allerdings nicht im Recht der Personensorge: § 1626 abs. 2 schließt das Sorgerecht der Eltern gerade nicht aus.[233] 73

Die entgegengesetzte Betrachtungsweise steht außerdem vor dem Problem, wie der notwendige **Arzt- bzw. Krankenhausvertrag** geschlossen werden könnte, wenn die minderjährige Mutter den Schwangerschaftsabbruch verlangt, während die Eltern ihn ablehnen.[234] Hierzu reicht eine Erklä- 74

---

[218] *Belling/Eberl* FuR 1995, 287, 291.
[219] *Scherer* FamRZ 1997, 589, 591 mit Verweis auf BT-Drucks. 8/2788 S. 45.
[220] *Staudinger/Coester* Rn. 101; *Belling/Eberl* FuR 1995, 287, 292; *Schwerdtner* NJW 1999, 1525, 1526.
[221] Ausf. *Scherer* FamRZ 1997, 589, 590; *Scherer* nimmt ein Alleinentscheidungsrecht der Mutter zur Austragung in Analogie zu § 5 RelKEG an, FamRZ 1997, 589, 593.
[222] *Reiserer* FamRZ 1991, 1136, 1140.
[223] *Trockel* NJW 1972, 1493, 1496; vgl. auch *Schönke/Schröder/Eser* § 218a StGB Rn. 61 mit zahlreichen Nachw.
[224] AG Schlüchtern NJW 1998, 832; *Schwerdtner* NJW 1999, 1525, 1526 mwN; wohl auch *Moritz* ZfJ 1999, 92, 97.
[225] BT-Drucks. 8/2788 S. 4 f. und 45; ausf. zum Problem *Belling/Eberl/Michlik* S. 115 ff.
[226] *Schönke/Schröder/Eser* § 218a StGB Rn. 61.
[227] BVerfGE 79, 51, 61 = NJW 1989, 519 zum allgemeinen Persönlichkeitsrecht des Minderjährigen.
[228] *Dreier* Grundgesetz Band I, 2. Aufl. 2004, Vorb. Rn. 114; *Sachs* Vor Art. 1 Rn. 75; *Jarass/Pieroth*, 11. Aufl. 2011, Art. 19 Rn. 1 f.; teilweise wird der Begriff für die Prozessfähigkeit des Minderjährigen im Verfassungsbeschwerdeverfahren verwendet, so *Dreier* aaO; abl. *Sachs* aaO.
[229] Vgl. *Sachs/Murswiek* Art. 2 Rn. 103.
[230] BVerfGE 75, 201, 218 f. = NJW 1988, 125, 126.
[231] Vgl. *Fegeler* S. 72 ff.
[232] BVerfGE 59, 360, 387 f. = NJW 1982, 1375, 1376.
[233] Dem zustimmend *Nebendahl* MedR 2009, 197, 200.
[234] Vgl. zur parallelen Problematik bei Heileingriffen Rn. 77 ff. und BGHZ 29, 33, 37; LG München I NJW 1980, 646; *RGRK/Nüßgens* § 823 Anh. II Rn. 70; *Fegeler* S. 125.

§ 1666   75–78   Abschnitt 2. Titel 5. Elterliche Sorge

rung der minderjährigen Mutter allenfalls im Bereich gesetzlicher Krankenversorgung, dh. wenn die ärztliche Maßnahme als Sozialleistung beansprucht werden kann, § 36 SGB I. Dann genügt ein Alter von 15 Jahren zur Anspruchsberechtigung.[235] Bei privater Krankenversorgung hilft nur ein Verfahren nach Abs. 3 Nr. 5.

75   Insgesamt zeigt sich, dass die Annahme eines **Alleinentscheidungsrechts** des Minderjährigen vor Eintritt der Volljährigkeit nicht in das System des BGB passt.[236] Da aber seiner zunehmenden Reife und Eigenverantwortlichkeit gem. § 1626 Abs. 2 Rechnung zu tragen ist, muss eine **gemeinsame Entscheidung** der Beteiligten herbeigeführt werden.[237] Diese Lösung hat den Vorteil, dass eine Einschaltung des Familiengerichtes erreicht werden kann; sie wäre ausgeschlossen, wenn die Personensorge der Eltern nicht mehr bestehen würde.

76   Ob Austragung oder Schwangerschaftsabbruch dann in Betracht kommen, ist nach den gleichen Grundsätzen zu beurteilen, wie sie auch bei übereinstimmenden Willen der Sorgerechtsinhaber und der minderjährigen Mutter gelten.[238] Der Richter hat die notwendige Erklärung der Eltern gegebenenfalls gem. Abs. 3 Nr. 5 zu ersetzen, wenn er auf Antrag der Eltern oder auf Anregung sonstiger Personen eingeschaltet wird.[239] Das Gericht muss bei seiner Anordnung die oben dargestellten Vorgaben des Strafrechts beachten und in diesem Rahmen die Kindeswohlgefährdung ausräumen. Dies sollte in erster Linie durch den Versuch geschehen, eine einvernehmliche Regelung herbeizuführen. Nur soweit die Voraussetzungen des § 218a Abs. 2 StGB vorliegen, muss das Gericht die Gefahr für die Mutter beseitigen, notfalls auch gegen ihren Willen. Bei den jüngeren OLG-Entscheidungen[240] zu Abs. 1 aF überzeugt nicht, dass im Falle des § 218a Abs. 1 StGB unter Hinweis auf die Rechtswidrigkeit der Abtreibung ein Sorgerechtsverstoß durch die verweigerte Zustimmung der Eltern kategorisch abgelehnt wurde, ohne die Folgen der ausbleibenden Abtreibung für die Kindsmutter zu berücksichtigen. Es erscheint vielmehr angebracht, eine reaktionspflichtige Kindeswohlgefährdung dann anzunehmen, wenn die Ablehnung der Sorgeberechtigten weder auf Gewissensgründen beruht, noch der Schwangeren geeignete sowie zumutbare Hilfsangebote im Hinblick auf die spätere Versorgung des Kindes gemacht werden.[241]

77   dd) **Medizinische Betreuung.** Die Problematik der Kindeswohlgefährdung stellt sich weiterhin im Zusammenhang mit **medizinischen Maßnahmen.** Schwierigkeiten entstehen regelmäßig auch hier nicht, wenn Kind und Eltern eine übereinstimmende Auffassung vertreten, sei es, einen Heileingriff vornehmen zu lassen oder nicht, sei es, die belastende Behandlung, zB die Chemotherapie im Falle der Krebserkrankung, fortzusetzen oder zu beenden. Eine generelle gerichtliche Überprüfung findet dann – anders als im Betreuungsrecht gem. § 1904 – nicht statt.[242] Aber auch in den Fällen, in denen Kinder und Eltern unterschiedlicher Ansicht sind, werden die Gerichte offenbar nicht häufig konsultiert, wenn das 1995 bei den Vormundschaftsgerichten der Freien und Hansestadt Hamburg festgestellte Bild weiterhin aussagekräftig ist.[243]

78   Ein zentrales Problem liegt – ebenso wie beim Schwangerschaftsabbruch (vgl. Rn. 63 ff.) – bei der **eigenen Entscheidung des/der Minderjährigen.** Der Unterschied besteht darin, dass Heilbehandlungen nur das Kind selbst betreffen, während beim Schwangerschaftsabbruch zugunsten oder zulasten des ungeborenen Kindes entschieden wird. Die Rechtslage zu dieser Problematik ist kontrovers.[244] Ausgehend von BGHZ 29, 33, 36 wird in der Literatur teilweise die Ansicht vertreten, bei bestehender Einsichtsfähigkeit sei dem Minderjährigen ein Alleinentscheidungsrecht zuzubilligen.[245] Nach der hier befürworteten Auffassung besteht ein **gemeinsames Entscheidungs-**

---

[235] *Staudinger/Coester* Rn. 153 mwN.
[236] LG München I NJW 1980, 646; *Staudinger/Hager* § 823 Rn. I 97; *Gernhuber/Coester-Waltjen* § 57 Rn. 80; *Nebendahl* MedR 2009, 197, 200 f.
[237] Vgl. AG Celle NJW 1987, 2308; aA neben den o. a. LG München I NJW 1980, 646; AG Schlüchtern FamRZ 1998, 968.
[238] Vgl. Rn. 67; ein anderes Modell entwickelt *Scherer* FamRZ 1997, 589 ff.; krit. dazu *Siedhoff* FamRZ 1998, 8 mit Replik von *Scherer* FamRZ 1998, 11.
[239] Zur Antragsbefugnis vgl. Rn. 213 f.
[240] OLG Naumburg FPR 2004, 512 f.; OLG Hamm NJW 1998, 3424, 3425.
[241] *Belling*, FS Bub, S. 455, 482 ff.
[242] *Dierks/Diederichsen* S. 101 f.
[243] *Dierks/Schertzinger* S. 120.
[244] Vgl. dazu *Laufs/Katzenmeier/Lipp*, Arztrecht, 6. Aufl. 2009, Rn. V. 41; *Laufs/Kern/Ulsenheimer*, Handbuch des Arztrechts, 4. Aufl. 2010, § 139 Rn 45.
[245] *Deutsch/Spickhoff* Rn. 789; *Kern* NJW 1994, 753, 755 f.; zust. *Bender* MedR 1999, 260, 264; *Kothe* AcP 185 (1985), 105, 143 ff.; *Wölk* MedR 2001, 80, 83 ff. *Laufs/Uhlenbruck/Laufs*, Handbuch des Arztrechts, 3. Aufl. 2002, § 66 Rn. 9 empfiehlt dem Arzt, die Einwilligung der Eltern jedenfalls einzuholen, soweit die Schweigepflicht nicht entgegensteht. Eine zusätzliche Einwilligung der gesetzlichen Vertreter neben der Einwilligung des Minderjährigen verlangen hingegen BGH NJW 1972, 335, 337; RGRK/*Nüßgens* § 823 Anh. II Rn. 72; *Soergel/*

recht von Eltern und Kind, damit das Familiengericht und damit auch seine Aufklärungsmittel in den Ablauf einbezogen werden können.[246] Dies entlastet auch den Arzt, der im Streit um die Einwilligungsfähigkeit des Minderjährigen die **Beweislast** für dieses Tatbestandsmerkmal trägt, etwa im Arzthaftungsprozess.[247]

Bei Meinungsverschiedenheiten zwischen den Sorgeberechtigten ist neben § 1666 auch § 1628 **79** zu beachten. Letzterer stellt in Fällen, in denen die Auffassung eines Elternteils dem Kindeswohl entspricht, die speziellere Eingriffsbefugnis dar.

Einzelfälle: Die **verweigerte Zustimmung** der Eltern zu einer objektiv erforderlichen und **80** „gefahrlosen" Operation stellt sich als Kindeswohlgefährdung dar. Dazu gehört — was die Praxis bisher am meisten beschäftigt hat —, dass erforderliche **Bluttransfusionen** nicht aus religiöser Überzeugung verhindert werden dürfen.[248] Solche Tatbestände rechtfertigen auch eine **einstweilige Anordnung**.[249] Die Sachverhalte wurden regelmäßig von Zeugen Jehovas vor die Gerichte getragen, nach deren Lehre von der Heiligkeit des Blutes der Tod einer Fremdblutspende vorzuziehen ist.[250] Der Minderjährige kann gem. § 8 Abs. 1 Nr. 1 a) TPG nicht wirksam in eine **Lebendorganspende** einwilligen. Demzufolge können die Eltern ihn im Rahmen ihrer Personensorge auch nicht wirksam vertreten. Eine entgegenstehende Einwilligung des Sorgerechtsinhabers rechtfertigt Maßnahmen des Familiengerichts gemäß Abs. 1.[251]

Außerhalb dieses Bereiches sind **Gefahren** und **Erfolgsaussichten** eines Eingriffs oder einer **81** Heilbehandlung gegeneinander **abzuwägen**.[252] Der Vorrang elterlicher Sorge begründet für die Sorgerechtsinhaber einen gewissen Spielraum bei der Entscheidung, da der Staat als Folge seiner bloßen Überwachungsfunktion auf die Nachvollziehbarkeit der Begründungen beschränkt ist.[253] Dementsprechend kann der Familienrichter nicht ohne weiteres die Entscheidung der Sorgerechtsinhaber übergehen.[254] Viel hängt vom Einzelfall ab, etwa von den Heilungschancen und der Belastung durch den Eingriff oder die Heilbehandlung.[255]

Das Kindeswohl ist ferner gefährdet, wenn die stationäre Behandlung **psychischer Erkrankun- 82 gen** von den Sorgeberechtigten abgelehnt wird,[256] auch wenn psychiatrische Untersuchungen zu deren Feststellung verweigert werden.[257] Ebenso hat die Rechtsprechung den Tatbestand des Abs. 1 aF bei einem **schlecht ernährten Säugling** bejaht, dessen Einweisung in die Klinik die Eltern verhindern wollten.[258] Uneinsichtigkeiten bei der Befolgung ärztlich angeordneter **Medikation** gehören ebenfalls in diesen Zusammenhang.[259]

Diagnosemaßnahmen dürfen die Eltern nicht verweigern, jedenfalls soweit sie sich nach den **83** Erkenntnissen der Medizin als gefahrlos darstellen.[260] **Risikobehaftete Diagnosemaßnahmen**

Zeuner § 823 Rn. 231; *Staudinger/Hager* § 823 Rn. I 97; *Hessler/Glockentin* MedR 2000, 419, 422; nach § 823 Rn. 669 überwiegt im Falle eines Dissenses der Wille des Minderjährigen, wenn er bei entspr. Reife und Einsicht gegen den Willen seiner Eltern entscheidet; für ein Vetorecht des Minderjährigen bei lediglich relativ indizierten Eingriffen BGH VersR 2007, 66, 67.

[246] Vgl. Rn. 75 f.; *Nebendahl* MedR 2009, 179, 203 und wohl auch *Dierks/Diederichsen* S. 98; zum Vollzug familiengerichtlicher Entscheidungen vgl. Rn. 246.

[247] *Dierks/Diederichsen* S. 98; *Rothärmel/Wolfslast/Fegert* MedR 1999, 293, 295.

[248] OLG Celle NJW 1995, 792 f.; OLG Hamm FamRZ 1968, 221; vgl. auch BVerwG NVwZ 2001, 924 f.; Hk-FamR/*Raktete-Dombek* Rn. 10; *Bender* MedR 1999, 260, 265; krit. Stellungnahme von *Hessler/Glockentin* MedR 2000, 419 ff.; dazu wieder *Bender* MedR 2000, 422 f.

[249] Vgl. dazu iE Rn. 234 ff.

[250] *Oelkers/Kraeft* FuR 1997, 161, 164; die bloße Sektenzugehörigkeit reicht allerdings für die Annahme einer Kindeswohlgefährdung nicht aus, vgl. Rn. 51 und OLG Oldenburg NJW 1997, 2962 mit zust. Anm. von *Hessler* NJW 1997, 2930; OLG Saarbrücken FamRZ 1996, 561; BayObLG FamRZ 1976, 43, 45.

[251] Vgl. dazu *Walter* FamRZ 1998, 201 ff.

[252] *Dierks/Diederichsen* S. 106 ff.; *Dierks/Scherzinger* S. 126.

[253] Speziell zur Problematik operativer Eingriffe bei Intersexualität des Kindes *Finke/Höhne/Krüger*, Intersexualität bei Kindern, 55, 59.

[254] *Dierks/Diederichsen* S. 108; zum Ermessensspielraum der Eltern, lebenserhaltende medizinische Maßnahmen bei einem im Koma liegenden Kind zu beenden vgl. OLG Hamm NJW 2007, 2704 ff. m. Anm. *Balloff*. Wie bei derartigen Entscheidungen von Erwachsenen für sich selbst (§§ 1901a f. BGB), muss auch eine entsprechende Entscheidung der Eltern für ihr entscheidungsunfähiges Kind möglich sein. Die Kindeswohlgefährdung besteht in diesen Fällen allerdings nicht im Tod des Kindes, sondern erst in der unvertretbaren und missbräuchlichen Interpretation der Kindesinteressen durch die Eltern, vgl. *Coester* FPR 2009, 549, 550.

[255] Vgl. *Dierks/Tautz* S. 23 ff. mit Zusammenstellung schwerwiegender Fälle aus der Praxis.

[256] BayObLG FamRZ 1984, 829 f.

[257] BayObLG ZfJ 1996, 106, 107; FamRZ 1991, 214 u. KG FamRZ 1972, 646.

[258] AG Kamen DAVorm. 1995, 258 f.

[259] KG NJW-RR 1990, 716 für eine Sorgerechtsentscheidung; vgl. dazu *Dierks/Schertzinger* S. 124.

[260] *Dierks/Diederichsen* S. 105; für den Aids-Test bei Anhaltspunkten für eine Infizierung des Minderjährigen *Tiedemann* NJW 1988, 729, 735.

§ 1666 84–87 Abschnitt 2. Titel 5. Elterliche Sorge

sind vom Familiengericht gegen den Widerstand der Personensorgeberechtigten zu veranlassen, wenn die Eltern der darauf aufbauenden Behandlung wegen ihrer Erfolgschancen ebenso zustimmen müssten.[261]

84 Demgegenüber wird durch die Ablehnung **kosmetischer Operationen** das Kindeswohl regelmäßig nicht gefährdet, jedenfalls wenn der zu Grunde liegende Umstand keine besonders starke **seelische Beeinträchtigung** des Kindes mit sich bringt.[262] Gleiches gilt, wenn die Eltern einer **gerichtspsychologischen Begutachtung** zustimmen[263] oder **Impfungen** verweigern, die ärztlicherseits nur empfohlen werden. Man wird aber dieses Ergebnis auch auf **gesetzlich vorgeschriebene Impfungen** ausdehnen können, die der Volksgesundheit dienen, weil insofern das Infektionsschutzgesetz spezielle Eingriffsbefugnisse vorsieht.[264] Etwas anderes könnte allenfalls gelten, wenn die Eltern bei Fernreisen Kinder in gefährdete Gebiete mitnähmen, ohne die erforderlichen Schutzimpfungen vornehmen zu lassen.[265] Offen gelassen wurde die Frage, ob eine **Blutentnahme** zum Zwecke der **Vaterschaftsfeststellung** bei einem Kind über Abs. 1 erzwungen werden kann, wenn die Mutter die Zustimmung verweigert, weil die Möglichkeit von Zwangsmaßnahmen im insoweit spezielleren § 178 Abs. 2 FamFG geregelt sind.[266]

85 ee) **Umgangsbeschränkungen.** Das Kindeswohl kann ferner durch **Umgangsuntersagungen** beeinträchtigt werden. Hierbei steht das Interesse des Kindes an der Kontaktaufnahme zu Bezugspersonen im Spannungsverhältnis zum **Umgangsbestimmungsrecht** des Sorgerechtsinhabers gem. § 1632 Abs. 2. Aus § 1626 Abs. 3 iVm. §§ 1684, 1685 lässt sich jedoch seit dem KindschaftsRG vom 16. 12. 1997 deutlicher als vorher entnehmen, dass der Gesetzgeber dem Umgang des Kindes mit Bezugspersonen zentrale Bedeutung beimisst, weil die persönliche Bindung die Entwicklung eines Kindes maßgeblich beeinflusst.[267] Eine Kindeswohlgefährdung, welche ein Einschreiten des Familiengerichtes gem. Abs. 1 erforderlich macht, ist aus diesem Grunde immer dann zu bejahen, wenn dem Kind der Umgang zum besagten Personenkreis **ohne sachlichen Grund** untersagt wird.[268] Dies gilt insbesondere dann, wenn der sorgeberechtigte Elternteil durch die von ihm ausgehende Umgangsvereitelung zu einer Entfremdung des Kindes vom anderen Elternteil beiträgt.[269]

86 Der früher häufige Streit, inwieweit dem Kind nahe stehenden Personen unter dem Aspekt des Kindeswohls ein Umgangsrecht zusteht,[270] muss daher seit der Reform der §§ 1684, 1685 Abs. 1 nicht mehr entschieden werden.[271] Zu erwägen ist in diesem Zusammenhang außerdem die Möglichkeit der Anordnung einer Umgangspflegschaft gem. § 1684 Abs. 3 S. 3, welche seit 1. 9. 2009 eine beschleunigte Durchsetzung von Umgangskonflikten ermöglicht, da die hohe Schwelle der Kindeswohlgefährdung nach Abs. 1 nicht erreicht sein muss (arg. ex § 1685 Abs. 3). Sie stellt ein milderes Mittel als ein Sorgerechtsentzug dar.[272]

87 Die Vorschriften zeigen aber, dass die jetzt geregelte Rechtsposition der betroffenen Personengruppen **nur kindeswohlabhängig** ausgeübt werden kann.[273] Das dort (§ 1684 Abs. 3, 4; § 1685

---

[261] *Dierks/Diederichsen* S. 106; dazu auch KG FamRZ 1970, 491 für eine neurologische Untersuchung bei dem Verdacht einer Hirnschädigung.
[262] *Staudinger/Coester* Rn. 102.
[263] BayObLG FamRZ 1987, 87.
[264] *Staudinger/Coester* Rn. 104.
[265] *Staudinger/Coester* Rn. 104.
[266] Zu § 372a ZPO aF vgl. OLG Karlsruhe NJOZ 2007, 412 sowie OLG München FamRZ 1997, 1170.
[267] OLG Köln NJW-RR 2010, 1375; zum Umgangszwang vgl. BVerfG NJW 2008, 1287.
[268] Vgl. BayObLG FamRZ 1984, 614; DAVorm. 1983, 377; DAVorm. 1982, 360, 363; DAVorm. 1982, 600, 602; OLG Köln NJW-RR 2010, 1375; OLG Frankfurt/M. FamRZ 2001, 638, 639; FamRZ 1998, 1042, 1443; LG Kassel FamRZ 1997, 1552; *Bamberger/Roth/Veit* Rn. 6.4; Hk-FamR/*Rakete-Dombek* Rn. 10; *Gottschalk* FPR 2007, 308, 310; aA *Scherer* ZfJ 1999, 86, 88.
[269] Sog. „PA-Syndrom"; OLG Koblenz FamRZ 2008, 1973 ff.; vgl. OLG Zweibrücken NJW-RR 2007, 730 ff.; OLG Frankfurt/M. NJOZ 2005, 3605 ff.; FamRZ 2001, 638; OLG Dresden FamRZ 2003, 397; OLG Brandenburg JAmt 2002, 205 m. abl. Anm. *Meysen*; OLG Karlsruhe JAmt 2002, 135; ausf. zum „PAS" auch AG Fürstenfeldbruck FamRZ 2002, 118.
[270] Die §§ 1684, 1685 zeigen, dass jedenfalls der von § 1626 Abs. 3 betroffene Personenkreis keinen Anspruch hat, also auch der nichteheliche Lebenspartner nicht. Hier kann § 1666 helfen; vgl. OLG Zweibrücken FamRZ 1999, 1161, 1162.
[271] Vor der Reform wurde besagtes Umgangsrecht teilweise auf den Familienbegriff des Art. 6 Abs. 1 GG gestützt, s. BayObLG FamRZ 1984, 614 mwN; andere zogen zur Begründung Art. 8 Abs. 1 EMRK heran, vgl. OLG Frankfurt/M. FamRZ 1998, 1042.
[272] BT-Drucks. 16/6308 S. 345; OLG Hamm FamRZ 2010, 1926. Zur Neuregelung *Zivier* ZKJ 2010, 306.
[273] Vgl. BT-Drucks. 13/4899 S. 106 f.: „begrenztes Umgangsrecht"; OLG Köln FamRZ 1998, 695; *Rauscher* FamRZ 1998, 329 ff.; § 1684 steht im Zusammenhang mit der Aufhebung des § 1634, vgl. BT-Drucks. aaO.

Abs. 1, 3) **spezialgesetzlich** geregelte Kindeswohl ist vom Familiengericht also zu prüfen, wenn die Anspruchsinhaber ihr Recht geltend machen, etwa bei entsprechenden Umgangsverboten der Sorgerechtsinhaber.

Daneben bleiben aber Maßnahmen auf der Grundlage des Abs. 1 möglich, wenn der **Sorge- 88 rechtsinhaber** dem Kind den **Umgang** zu seinen Bezugspersonen **erschwert** oder vereitelt, während diese Bezugspersonen von sich aus nicht tätig werden.

Einzelfälle: Die Gerichte haben es nicht als ausreichende Begründung für ein **Umgangsverbot** 89 angesehen, dass es **Spannungen zwischen Eltern und Großeltern** gab, obwohl die Großeltern sogar eine Strafanzeige gegen die Kindesmutter erstattet hatten.[274] Entsprechende Grundsätze sind anzuwenden, wenn es sich um andere Personen handelt, zu denen der Minderjährige eine besondere Beziehung hat, etwa zu Gleichaltrigen. Auch durch unbegründete **Ausgehverbote** ist das Kindeswohl uU gefährdet.[275] Diese können jedoch dann berechtigt sein, wenn die Sorgerechtsinhaber verpflichtet sind, schädlichen Umgang des Kindes zu verhindern.[276]

Keine Kindeswohlgefährdung aufgrund eines **Sorgerechtsmissbrauchs** gem. **Abs. 1 aF** wurde 90 angenommen, als eine Mutter durch eine „**neurotische Fehlhaltung**" dem Vater jeglichen Umgang mit einem Kleinkind verwehrte, es aber im Übrigen ordnungsgemäß betreute.[277] Das **Nichteinhalten einer Umgangsvereinbarung** der Kindesmutter mit dem nichtehelichen Vater hat man ebenfalls nicht als tatbestandsmäßig angesehen, es sei denn, dieses ruft einen Loyalitätskonflikt auf Seiten des Kindes hervor.[278] Entsprechendes gilt für Umgangsuntersagungen durch die Mutter mit der Begründung, **mit einem neuen Partner eine Familie aufgebaut** zu haben, deren Zusammenleben durch die Existenz „zweier Väter" gestört wurde.[279] Auch wurde der Tatbestand des Abs. 1 bei einem Umgangsverbot mit den Großeltern verneint, die den elterlichen **Erziehungsvorrang nicht beachten** wollten.[280] Die gleiche Entscheidung trafen die Gerichte, als das Kind in einem Alter, in dem auf seinen Willen Rücksicht zu nehmen ist,[281] selbst den **Kontakt zu den Großeltern verweigerte**.[282]

ff) Ausübung des Aufenthaltsbestimmungsrechts. § 1631 Abs. 1 weist dem Inhaber des 91 Personensorgerechtes u. a. auch das **Aufenthaltsbestimmungsrecht** zu, da die **Kontinuität** seiner Erziehung auch in **räumlicher Hinsicht** für die Förderung eines Kindes besondere Bedeutung hat.[283] Der Wechsel seiner Umgebung kann für ein Kind zu einer Belastung durch Umstellungsschwierigkeiten führen.[284] Dennoch erfüllt nicht jeder **Wohnsitzwechsel** der Eltern den Tatbestand des § 1666 Abs. 1 (vgl. Rn. 55). Im Falle des **häufigen Wohnsitzwechsels** kann jedoch ein Einschreiten des Familiengerichts auf Grundlage des Abs. 1 geboten sein.[285]

Meist geht es aber darum, dass der Sorgerechtsinhaber das Kind aus seiner **gewohnten Umge-** 92 **bung** herausnehmen will, wozu ihm § 1631 Abs. 1 grundsätzlich das Recht gibt. Die Rechtsprechung hat es jedoch als sorgerechtsmissbräuchlich erachtet, dass die Mutter das Kind abrupt aus dem väterlichen Haushalt entfernte.[286]

Die meisten Konflikte treten zwischen leiblichen **Eltern** und **Pflegeeltern** auf. Sie beruhen 93 darauf, dass § 1632 Abs. 4[287] das Aufenthaltsbestimmungsrecht der Sorgerechtsinhaber bei längerem Aufenthalt des Kindes in **Familienpflege** beschränkt, wenn der Verbleib bei der Pflegeperson dem Kindeswohl besser entspricht[288] als die Rückkehr zu den Eltern. Diese Vorschrift soll das Pflegekind

---

[274] OLG Frankfurt/M. FamRZ 1998, 1040, 1043; LG Kassel FamRZ 1997, 1552.
[275] OLG Köln FamRZ 1996, 1027, 1028: Kein Besuch und kein Ausgang nach 18.00 Uhr für eine 16 jährige.
[276] OLG Hamm FamRZ 1997, 1550, 1551; Einzelheiten dazu vgl. § 1632 Rn. 62 ff.
[277] BayObLG FamRZ 1998, 1044.
[278] BayObLG FamRZ 1997, 1108; OLG Brandenburg FamRZ 2007, 577 ff.; zum Loyalitätskonflikt des Kindes wegen starker Bindungsintoleranz der Mutter vgl. OLG Hamm FamRZ 2007, 1677 f. sowie um drohenden Konflikt wegen der Unfähigkeit der Mutter, dem Kind einen unbeschwerten Umgang mit dem auch sorgeberechtigten Vater zu ermöglichen vgl. OLG München FamRZ 2007, 1902 f.
[279] LG Köln FamRZ 1996, 433.
[280] BayObLG FamRZ 1984, 614; DAVorm. 1982, 359, 363; KG OLGZ 1970, 297, 300.
[281] Zur Beachtlichkeit des Kindeswillens vgl. Rn. 45 ff.
[282] OLG Frankfurt/M. FamRZ 1998, 1042, 1043: Beachtlichkeit des Kindeswillen eines 9 jährigen; LG Kassel FamRZ 1997, 1552.
[283] Vgl. *Fegeler* S. 141 und *Dickmeis* ZfJ 1991, 164, 165.
[284] KG NJW-RR 2005, 878 ff.: Kindeswohlgefährdung durch häufigen Aufenthaltswechsel zwischen Vater und Mutter.
[285] BayObLG FamRZ 1994, 781 [LS].
[286] BayObLG Rpfleger 1992, 346 mwN; AG München DAVorm. 1995, 1004.
[287] Vgl. zum Verhältnis der Normen Rn. 20.
[288] Eltern, denen das Personensorgerecht entzogen wurde, können der Unterbringung des Kindes in einer Pflegefamilie nicht mehr widersprechen, OLG Düsseldorf FamRZ 1997, 105.

§ 1666   94–100   Abschnitt 2. Titel 5. Elterliche Sorge

schützen (vgl. § 1632 Rn. 3). Der Herausgabeanspruch der Sorgerechtsberechtigten darf also nur zu dessen Wohl geltend gemacht werden,[289] nicht im Elterninteresse. Ein dagegen verstoßendes Verhalten kann die Rechtsfolgen des Abs. 1 auslösen.[290]

94   Dabei ist oft schwierig zu entscheiden, inwieweit allein der **längere Aufenthalt** in der Familienpflege einen Grund darstellt, das Kind dort zu belassen. Das Gesetz selbst geht nicht davon aus, dass jede Trennung für längere Zeit eine Kindeswohlgefährdung darstellt, wie die Formulierung des § 1632 Abs. 4 zeigt. Dennoch wurde die **vollständige Eingliederung** des Kindes in die Pflegefamilie als Grund dafür angesehen, einen Antrag auf Rückübertragung des Aufenthaltsbestimmungsrechtes durch die Sorgerechtsinhaber abzulehnen.[291] Andere Gerichte maßen selbst dem **mehrjährigen Aufenthalt** in der Pflegefamilie keine entscheidende Bedeutung bei.[292]

95   Das **BVerfG**[293] hat das Problem in erster Linie dem einfachen Gesetzgeber, aber auch den Gerichten zugewiesen. Damit kann eine Entscheidung nur im Einzelfall unter Berücksichtigung aller Umstände getroffen werden. Bei der Frage, ob ein **Herausgabeverlangen** durch den Sorgerechtsinhaber zu einer Kindeswohlgefährdung führt, muss man etwa berücksichtigen, inwieweit trotz Familienpflege immer noch Kontakte zu den leiblichen Eltern bestanden, die den Wechsel für das Kind erträglich erscheinen lassen.[294] Auch der **Kindeswille** (vgl. dazu Rn. 45 ff.) ist von zentraler Bedeutung, obwohl sich das Kind häufig in einem Loyalitätskonflikt befindet.

96   Einer Abwägung der Rechtspositionen von leiblichen Eltern und Pflegeeltern kommt dagegen weniger Bedeutung zu, wenngleich **Art. 6 Abs. 2 S. 1 GG** dem Erziehungsrecht leiblicher Eltern Vorrang einräumt.[295] Dieser Aspekt entscheidet den Konflikt zwischen den Beteiligten aber allenfalls, wenn das Kind den Wechsel zurück zu den leiblichen Eltern ohne Gefährdung seines Wohls verkraftet. Dabei gilt der Grundsatz, dass es für das Kind das Beste ist, bei seinen leiblichen Eltern aufzuwachsen, in derartigen Situationen deshalb regelmäßig nicht, weil es dann nicht zur Familienpflege gekommen wäre.[296] Die Abstammung allein gibt deshalb nicht den Ausschlag.[297]

97   Die Rechtsprechung hat den Tatbestand des Abs. 1 als erfüllt angesehen, als der Vater seine 16-jährige Tochter grundlos aus dem Hause verwiesen hatte, worauf sie ein Jahr lang mit Zustimmung der Eltern bei einer Pflegefamilie untergebracht war. Danach verweigerte sie die Rückkehr.[298]

98   Anders wurde entschieden, als der leibliche Vater die **Auswanderung** seines schwerkranken Kindes mit den Pflegeeltern verhindern wollte.[299]

99   Entsprechende Grundsätze wie im Verhältnis zwischen Eltern und Pflegeeltern wurden auch angewendet, wenn das Kind längere Zeit bei der Großmutter lebte und dann in einer Pflegefamilie untergebracht werden sollte.[300] Der Aufenthalt bei den **Großeltern** war nach Ansicht des Gerichts als Familienpflege im Sinne des § 1632 Abs. 4 zu bewerten. Schließlich hat man Großeltern, die ein Kind in Pflege hatten, das Aufenthaltsbestimmungsrecht für schulische Angelegenheiten entzogen, weil sie der notwendigen Unterbringung des Kindes in einem Schulheim widersprachen.[301]

100   **gg) Vernachlässigung.** Ferner hat das Familiengericht auch nach Streichung des „elterlichen Erziehungsversagens" in denjenigen Fällen Maßnahmen iSd Abs. 1, 3 zu ergreifen, welche nach

---

[289] OLG Schleswig DAVorm. 1980, 574; LG Hof DAVorm. 1981, 213; LG Oldenburg DAVorm. 1980, 954; allg. zum Umgangsrecht vgl. auch § 1626 Rn. 5.
[290] OLG Hamm FamRZ 1995, 1507; OLG Düsseldorf NJW-RR 1994, 1288, 1289; dazu auch *Scherer* ZfJ 1999, 86, 88.
[291] LG Aurich FamRZ 1998, 449; AG Kamenz FamRZ 2005, 124; vgl. auch OLG Stuttgart FamRZ 2005, 1273, 1274; die Pflegeeltern sind im Sorgerechtsentzugsverfahren nicht antragsberechtigt, aber anzuhören, OLG Köln FamRZ 2000, 1241.
[292] BayObLG FamRZ 1998, 450, 451, auch zur Erheblichkeit des Kindeswillens; FamRZ 1995, 626, 628; vgl. auch OLG Hamm FamRZ 1997, 1550, wo der Verbleibensanordnung gem. § 1632 Abs. 4 der Vorrang vor einem Sorgerechtseingriff gegeben wurde. Dies entspricht dem Prinzip der Verhältnismäßigkeit, vgl. dazu Rn. 155 ff.
[293] NJW 1994, 183.
[294] BayObLG FamRZ 1995, 626, 628; OLG Hamm FamRZ 1998, 447, 448.
[295] BayObLG FamRZ 1995, 626, 628; demgegenüber mag die Stärke des elterlichen Erziehungsrechtes die Dauer der Familienpflege beeinflussen, so dass darauf zu achten ist, dass sich die Beziehung zu den Pflegeeltern nicht (unnötig) so verfestigt, dass die Rückkehr zu den leiblichen Eltern unmöglich gemacht wird: OLG Hamm FamRZ 1998, 447, 448; FamRZ 1995, 1507; DAVorm. 1991, 1080, 1088.
[296] Vgl. aber BayObLG FamRZ 1995, 626, 628; OLG Hamm FamRZ 1998, 447, 448; FamRZ 1995, 1507 unter Hinweis auf BVerfG NJW 1985, 423, 424.
[297] So auch OLG Hamm FamRZ 1998, 447, 448.
[298] BayObLG FamRZ 1998, 1040.
[299] OLG Karlsruhe NJW-RR 1994, 1229.
[300] BayObLG FamRZ 1991, 1080.
[301] BayObLG FamRZ 1999, 1154.

Gerichtliche Maßnahmen bei Gefährdung des Kindeswohls   101–105   § 1666

früherer Rechtslage den Tatbestand der **Vernachlässigung** ausfüllten. Hierunter fallen insbesondere Unzulänglichkeiten in der **persönlichen Betreuung,** dh. mangelhafte Pflege, Ernährung und Bekleidung, Aufsicht und Fürsorge,[302] aber auch **Verletzungen der Vermögenssorgepflichten,** zB wenn die Eltern die Vertretung des Kindes während eines längeren Auslandsaufenthaltes nicht garantieren,[303] oder die Unterhaltspflicht verletzen, vgl. Abs. 2.[304] Zu beachten ist allerdings, dass die **Beurteilungsmaßstäbe** bei der Prüfung einer Kindeswohlgefährdung nicht zu eng angelegt werden dürfen.[305] Das **Milieu der Eltern,** in dem ein Kind aufwächst und dessen positiven und negativen Gegebenheiten es ausgesetzt ist, muss Berücksichtigung finden. Andernfalls würde bestimmten Bevölkerungsschichten, zB Absolventen von Sonderschulen, Sozialhilfeempfängern, Bewohnern von Obdachlosenunterkünften und ähnlichen Personen das Personensorgerecht uU grundsätzlich abgesprochen. Dies wäre offensichtlich rechtswidrig. Es geht deshalb nicht an, eine Kindeswohlgefährdung allein aufgrund des Umstandes zu bejahen, dass dem Kind etwa in einer Pflegefamilie günstigere Entwicklungsmöglichkeiten geboten werden könnten (vgl. Rn. 93 ff.).

Einzelfälle: Bereits zu Anfang der 90er Jahre des vergangenen Jahrhunderts wurde es nicht als 101 Vernachlässigung angesehen, dass die Mutter sich in einer **nichtehelichen Lebensgemeinschaft** befand.[306] Ebenso stellt es keine Vernachlässigung dar, wenn das Kind ordnungsgemäß – etwa während der Arbeitszeit – **bei dritten Personen untergebracht** wird.[307] Auch das **Unterlassen einer religiösen Erziehung** erfüllt den Tatbestand nicht.[308] Schließlich stellt auch der **Läusebefall** des Kindes – selbst wenn er mehrfach auftritt – nicht ohne weiteres eine zum Sorgerechtsentzug berechtigende Vernachlässigung dar.[309]

Demgegenüber wurde eine Vernachlässigung angenommen, weil die Kindesmutter **häufig** ihre 102 **Partner** und den **Wohnsitz wechselte** sowie ein **Alkoholproblem** hatte, wodurch die Versorgung nicht mehr gewährleistet werden konnte.[310] **Tätliche Auseinandersetzungen** unter Alkoholeinfluss des Vaters mit Verletzungen der Mutter, die die Versorgung der Kinder verhinderten, wurden ebenfalls als tatbestandsmäßig angesehen.[311] Die **Weigerung, die Kinder ärztlich untersuchen** zu lassen, **die unterlassene Anmeldung zum Kindergarten** trotz entsprechender Aufforderung durch den Sozialdienst, die **emotionale Vernachlässigung der Kinder** und **mangelnde Zuwendung** beurteilten die Gerichte ebenfalls in ihrer Summe als Vernachlässigung.[312]

hh) Drittverhalten. Bis zur Neufassung des Abs. 1[313] wurde das **Verhalten eines Dritten** 103 neben dem „elterlichen Erziehungsversagen" als mögliche Gefährdungsursache aufgeführt.[314] Da sich die gerichtliche Prüfung nach Streichung der Fallgruppen des Abs. 1 aF allein am Vorliegen einer Kindeswohlgefährdung orientiert, erübrigt sich eine Differenzierung zwischen einem Fehlverhalten der Eltern oder eines Dritten auf Ebene des Tatbestandes.[315] Diese kann jedoch im Rahmen der **Rechtsfolgen** relevant werden (vgl. Rn. 149 ff.).

ii) Sonstige Fälle der Kindeswohlgefährdung. Auch in anderen Fällen, die nach früherer 104 Rechtslage als Fallgruppe des **Sorgerechtsmissbrauchs** diskutiert wurden, kann das Kindeswohl gefährdet sein.

Außer im Rahmen der Auswahl eines **Vornamens,** der dem Kind offensichtlich und nach keiner 105 Betrachtungsweise die Möglichkeit bietet, sich mit seinem Geschlecht zu identifizieren,[316] kommt ein Einschreiten des Familiengerichts in Betracht, wenn die Eltern im Hinblick auf die **Ausbildung** nicht gem. § 1631a S. 1 auf Eignung und Neigung des Kindes Rücksicht nehmen, indem sie es entweder in eine **ungeeignete Schulform oder Ausbildung** drängen oder es andererseits von

---

[302] KK-FamR/*Ziegler* Rn. 20.
[303] OLG Köln FamRZ 1992, 1093, 1094; zur Vermögenssorge vgl. auch Rn. 120 ff.
[304] OLG Düsseldorf FamRZ 1964, 456.
[305] LG Mannheim DAVorm. 1964, 9; zust. *Soergel/Strätz* Rn. 29, vgl. zur Gefährdung des Kindeswohls Rn. 48 ff.
[306] BayObLG ZfJ 1990, 313 f.
[307] BayObLG ZfJ 1990, 313 f.; JFG 7, 57; OLG Stuttgart JFG 9, 47.
[308] Ebenso *Soergel/Strätz* Rn. 27, vgl. auch Rn. 51 u. 107 f.
[309] OLG Hamm FamRZ 2002, 691 f.
[310] BayObLG NJW 1999, 293; AG Kamen DAVorm. 1995, 996 f.
[311] LG Leipzig DAVorm. 1996, 620 f.
[312] OLG Hamm FamRZ 2000, 1239; DAVorm. 1991, 1080; zur emotionalen Vernachlässigung vgl. auch OLG Oldenburg DAVorm. 1998, 934; weit. Bsp. bei *Trenczek* S. 136.
[313] Durch Gesetz zur Erleichterung familiengerichtlicher Maßnahmen bei Gefährdung des Kindeswohls v. 4. 7. 2008, BGBl. I S. 1188 ff.; s. o. Rn. 4.
[314] Vgl. iE 5. Aufl. Rn. 123 f.
[315] Begründung zum Regierungsentwurf BT-Drucks. 16/6815 S. 14; vgl. auch *Meysen* NJW 2008, 2673.
[316] BVerfG NJW 2009, 663; *Wendt* FPR 2010, 12.

§ 1666   106–112   Abschnitt 2. Titel 5. Elterliche Sorge

einer **geeigneten abhalten**. Ein **sachlicher Grund** für ein derartiges Verhalten liegt aber zum Beispiel darin, dass in bestimmten Bereichen **keinerlei Berufschancen** bestehen.[317]

106   In diesen Zusammenhang gehört ferner, dass die Eltern für den **Schulbesuch** ihrer Kinder zu sorgen haben.[318] Die Möglichkeiten des **Schulzwanges**[319] stehen einem Vorgehen gem. Abs. 1, 3 Nr. 2 (s. Rn. 179) nicht entgegen, wenn die Eltern dieser Verpflichtung nicht Rechnung tragen.[320] Das Kindeswohl kann auch dadurch gefährdet werden, dass die Eltern keine Behandlung des Kindes gegen seine **krankhafte Schulangst** einleiten.[321]

107   In **Religionsangelegenheiten** verbietet Art. 4 GG den Gerichten grundsätzlich Eingriffe in das Personensorgerecht, die sich allein auf die **Zugehörigkeit** zu einer Religionsgemeinschaft gründen.[322] Gem. § 5 S. 1 RelKErzG kann darüber hinaus das Kind mit 14 Jahren seine Religion frei wählen. Maßnahmen des Familiengerichtes sind demgemäß nur erforderlich, wenn die Sorgerechtsinhaber mit dem Kind vor dessen 14. Lebensjahr in eine Glaubensgemeinschaft eintreten, die das Kindeswohl gefährdet.[323] Bejaht wurde der Tatbestand des Sorgerechtsmissbrauchs gem. Abs. 1 aF aber vor allem bei einem schroffen und nicht vorbereiteten **Religionswechsel** der Eltern.[324]

108   Hat das Kind das **14. Lebensjahr** vollendet, so kommen elterliche Maßnahmen gegen einen Glaubenswechsel des Kindes nur noch dann in Frage, wenn es sich nicht um ein religiöses Bekenntnis iSd. § 5 RelKErzG handelt. Allerdings müssen die Eltern weiterhin ihr Aufenthaltsbestimmungsrecht so ausüben, dass Kindeswohlgefährdungen vermieden werden, also zB verhindern, dass das Kind in das Haus einer Sekte übersiedelt. In den gleichen Zusammenhang gehört der Schutz vor **Gesundheitsgefährdungen**, die bei bestimmten Weltanschauungen vorhanden sein mögen, zB durch Fasten oder Drogenkonsum.[325]

109   Eine Gefährdung des Kindeswohls kann auch darin liegen, dass der Sorgerechtsinhaber die **Kinderbetreuung übertreibt**. Dies hat uU zur Folge, dass die Entwicklung des Kindes durch Isolierung und fehlenden Kontakt mit Dritten negativ beeinflusst wird.[326]

110   Die Notwendigkeit familiengerichtlicher Maßnahmen versteht sich von selbst, wenn das Kind zu **strafbaren Handlungen** oder etwa zur **Prostitution** angehalten oder seine Arbeitskraft über den Rahmen der §§ 1618a, 1619 hinaus ausgenutzt wird (**Ausbeutung**).[327]

111   Die von der Mutter verweigerte **Anfechtung des Vaterschaftsanerkenntnisses** wurde nach alter Rechtslage als Sorgerechtsmissbrauch angesehen, wenn die Feststellung der Vaterschaft für das Kindeswohl unerlässlich ist.[328] Das Problem ist seit dem KindschaftsRG vom 16. 12. 1997 in § 1600a Abs. 4 geregelt. Eine Maßnahme nach § 1666 gegen die Mutter, welche den Namen des Vaters verschweigt, erscheint unter verfassungsrechtlichen Gesichtspunkten gerechtfertigt, lässt sich doch aus dem Recht des Kindes auf informationelle Selbstbestimmung (Art. 2 Abs. 1 iVm. Art. 1 Abs. 1 GG) ein entsprechender Auskunftsanspruch herleiten.[329]

112   Ebenfalls wurde ein Sorgerechtsmissbrauch bejaht, als ein Vater seine 16-jährige Tochter zwang, in der allein von ihnen bewohnten 2-Zimmerwohnung mit ihm in einem Bett zu schlafen.[330] Dies

---

[317] Neuere Rspr. zu dieser Frage ist jedoch nicht ersichtlich, so dass man nur auf die ältere zu § 1631a Abs. 2 aF in der 3. Aufl. hinweisen kann. Zur Problematik auch *Zorn* Rn. 317.
[318] BGH FamRZ 2008, 45 ff.; OLG Köln FamRZ 1992, 1093, 1094 mwN; hier kommen auch Geldbußen in Betracht, vgl. BayObLG NJW 1984, 928; OLG Koblenz NJW-RR 2005, 1164, 1165; OLG Düsseldorf ZfJ 1996, 533; insbesondere unter Berücksichtigung verfassungsrechtlicher Aspekte OLG Hamm NJW 2006, 237 ff., OLG Brandenburg NJW 2006, 235 ff. sowie *Raack* FPR 2007, 478, 480 ff.; *Palandt/Diederichsen* Rn. 19; zur Abmeldung von der Schule vgl. BayObLG ZfJ 1996, 106, 107; OLG Karlsruhe FamRZ 1974, 661.
[319] Vgl. OLG Düsseldorf ZfJ 1996, 533.
[320] BayObLGZ 1983, 231, 238; *Staudinger/Coester* Rn. 137.
[321] BayObLG ZfJ 1996, 106 f.
[322] So auch *Streitwieser* ZKJ 2006, 141, 142 insbesondere unter Rückgriff auf das aus Art. 4 Abs. 1 GG folgende staatliche Neutralitätsgebot; vgl. auch Rn. 51.
[323] BayObLG NJW 1963, 590, 591.
[324] BayObLG NJW 1963, 590, 591.
[325] Vgl. *Staudinger/Coester* Rn. 127. Zu Angstzuständen, die durch Einflussnahme der Eltern auf die Willensfreiheit des Kindes hinsichtlich des Besuches von Scientology-Veranstaltungen hervorgerufen werden vgl. AG Tempelhof-Kreuzberg FamRZ 1987, 987.
[326] BayObLG FamRZ 1987, 1080; vgl. auch FamRZ 1997, 387 f.; OLG Frankfurt/M. NJOZ 2005, 3605 ff.; OLG Köln FamRZ 1996, 1027; AG Moers ZfJ 1986, 113 ff.
[327] Vgl. BayObLG FamRZ 1984, 1259 f. und DAVorm. 1981, 898 f.; OLG Dresden FamRZ 2003, 1038, ferner die Kommentierung zu den genannten §§.
[328] Vgl. OLG Karlsruhe FamRZ 1991, 1337, 1338.
[329] Vgl. nur BVerfGE 108, 82, 105 sowie BVerfG NJW 2007, 753; *Staudinger/Rauscher* Einl. §§ 1589 ff. Rn. 84 ff. und ausf. *Palandt/Diederichsen* Vor § 1591 Rn. 2.
[330] OLG Köln FamRZ 1996, 1027.

ist dahingehend verallgemeinerungsfähig, dass die **Intimsphäre eines Kindes** mit zunehmendem Alter in immer stärkerem Maße berücksichtigt und respektiert werden muss.[331]

Eine **Orientierungshilfe** bei der Feststellung einer Kindeswohlgefährdung bieten schließlich die Fälle, welche im Rahmen des Abs. 1 aF dem Auffangtatbestand des **unverschuldeten Versagens** zugeordnet wurden.[332] 113

Eine wichtige Fallgruppe bilden zunächst die **Alkohol-**[333] sowie die **Drogenabhängigkeit** der Sorgeberechtigten.[334] Meist gehen damit **chaotische Wohnverhältnisse** einher.[335] Auch häufige **Streitigkeiten** und **Schlägereien** zwischen den Eltern in Gegenwart des Kindes sowie **Straftaten gegen den anderen Elternteil** können zu einer Gefährdung des Kindeswohles führen.[336] Dies gilt ferner bei Unreife, totaler **Abhängigkeit** vom Kindesvater und dadurch bedingter **Erziehungsunfähigkeit**.[337] Schließlich können familiengerichtliche Maßnahmen erforderlich werden, wenn die Sorgeberechtigten die **Bedürfnislage ihrer Kinder** über einen langen Zeitraum hinweg **missachten**, etwa wenn sie sich überhaupt **nicht** in ihre Kinder **hineinversetzen** können und **keinen emotionalen Zugang** zu ihnen finden.[338] 114

Zuletzt stellt sich die Frage, inwiefern **Erkrankungen der Eltern** das Kindeswohl gefährden und damit Maßnahmen nach Abs. 1 rechtfertigen können. Die **Infektion** beider Eltern mit **Aids-Viren** soll ohne konkrete Ansteckungsgefahr des Kindes keine Trennung von den Eltern begründen können.[339] Eine wichtige Fallgruppe liegt weiterhin im Bereich **psychischer Krankheiten** bzw. **geistiger Behinderungen** der Eltern.[340] In der Obhut kranker oder psychisch auffälliger Eltern können Kinder belassen werden, falls ihnen nichts zustößt oder sie dort nicht gefährdet sind.[341] Soweit es um geistig behinderte Eltern geht, hat das **BVerfG** ausgeführt, es handle sich um einen Umstand, den das Kind grundsätzlich hinnehmen müsse, selbst wenn es dadurch in seiner Entwicklung benachteiligt werde.[342] Seine Trennung von den Eltern könne man allein damit nicht begründen.[343] Regelmäßig werden die in diesem Bereich notwendigen Maßnahmen der Gerichte auf § 1666 gestützt, während die ebenfalls in Betracht kommenden §§ 1673, 1674 in der Praxis offenbar wenig Bedeutung haben.[344] Insgesamt fällt auf, dass diesbezügliche Probleme meist ohne förmliches Verfahren gelöst werden.[345] 115

5. Die Subsidiaritätsklausel. a) Allgemeines und Voraussetzungen. Als weitere Voraussetzung familiengerichtlicher Maßnahmen zur Abwehr von Kindeswohlgefährdungen muss festgestellt werden, dass die Eltern nicht gewillt oder nicht in der Lage sind, die Gefahr abzuwenden. Das zusätzliche Eingriffskriterium in Form einer Subsidiaritätsklausel stellt eine **negative Tatbestandsvoraussetzung** dar.[346] Mit ihr soll gewährleistet werden, dass gerichtliche Maßnahmen nur dann und in dem Maße ergriffen werden, wie sie bei **Gesamtwürdigung des Elternverhaltens** vor 116

---

[331] Staudinger/Coester Rn. 157.
[332] Vgl. 5. Aufl. § 1666 aF Rn. 115 ff.
[333] BayObLG ZBlJugR 1983, 302; DAVorm. 1981, 901; OLG Brandenburg JAmt 2001, 556; OLG Hamm DAVorm. 1996, 280; LG Berlin DAVorm. 1980, 143; AG Kamen DAVorm. 1995, 258, 259.
[334] OLG Bremen MDR 2011, 665; LG Frankfurt/M. FamRZ 1983, 530.
[335] LG Berlin DAVorm. 1980, 143, 145.
[336] BayObLG DAVorm. 1981, 901; OLG Hamm FamRZ 1996, 1029: Vater tötet Mutter; LG Leipzig DAVorm. 1996, 620, 622.
[337] BayObLG NJW 1999, 293, 294. Zur „Erziehungsunfähigkeit" vgl. auch OLG Frankfurt FamRZ 2011, 489; OLG Hamm FamRZ 2010, 1745 sowie OLG Saarbrücken FamRZ 2010, 1092 : „Mangelnde Erziehungseignung".
[338] OLG Brandenburg FamRZ 2008, 1556 f.; AG München FamRZ 2002, 690.
[339] Vgl. OLG Hamm NJW 1989, 2336; Staudinger/Coester Rn. 116; Tiedemann NJW 1988, 729, 730.
[340] Vgl. dazu OLG Brandenburg FGPrax 2008, 103; OLG Hamm FamRZ 2006, 1478 f.: extreme psychische Belastungssituation der Mutter; LG Berlin FamRZ 1988, 1308, 1310: Vater debil u. Mutter zwischen Debilität u. Imbezilität; LG Berlin DAVorm. 1980, 143; : BayObLG FamRZ 1999, 318 ff.: körperlicher und seelischer Ausnahmezustand, ständige Erkrankungen; auch eine nur in Schüben auftretende psychische Erkrankung kann die Entziehung der Personensorge rechtfertigen, vgl. OLG München FamRZ 2004, 1597; FamRZ 1997, 956: Psychose, Schizophrenie; FamRZ 1996, 1031: Schizophrenie; FamRZ 1995, 1438: Psychose; FamRZ 1995, 948, 950: Depressionen; FamRZ 1995, 502, 503: psychische Erkrankung, Antriebsschwäche, mangelnde Anteilnahme, Vater inhaftiert; zum Zusammenhang zwischen seelischen Erkrankungen und Kindeswohlgefährdung auch aus psychiatrischer Sicht Häfele FPR 2003, 307 ff.
[341] OLG Stuttgart FamRZ 2010, 1090, 1091.
[342] BVerfGE 60, 79 ff. = NJW 1982, 1379: Mutter, Schwachsinn 1. bis 2. Grad; Vater, erheblich minderbegabt u. Epileptiker.
[343] BVerfG NJW 1982, 1379, 1381.
[344] Ausf. Münder FuR 1995, 89 ff.
[345] Münder FuR 1995, 89, 93.
[346] AllgM: vgl. Staudinger/Coester Rn. 169; aA Schlüter Rn. 404.

§ 1666 117–120   Abschnitt 2. Titel 5. Elterliche Sorge

und während des familiengerichtlichen Verfahrens einerseits und unter Berücksichtigung der Prognose des Familienrichters für die Zukunft des Kindes andererseits notwendig erscheinen. Sie sind es nicht, wenn die Bereitschaft und Fähigkeit der Eltern zur Beseitigung eingetretener Beeinträchtigungen feststeht, ebenso bei **Fehlen einer Wiederholungsgefahr.**[347] Die Gesetzesformulierung legt also besonderen Wert auf die **subsidiäre Gefahrenabwehrzuständigkeit** des Staates, die auch nach elterlichem Fehlverhalten sinnvoll bleibt: Wer seinen Pflichten in der Vergangenheit nicht nachgekommen ist, hat sich damit noch nicht endgültig als unfähig oder unwillig zur Folgenbeseitigung erwiesen.[348] Hierzu sind vielmehr im Einzelfall genaue Feststellungen zu treffen.[349] Demnach muss die Familiengericht in einer Weise vorgehen, die verhindert, dass die Eltern „übergangen" werden. Stattdessen soll es die Sorgerechtsinhaber zur **Selbsthilfe** bewegen.[350] Auf Grund der Geltung des **Verhältnismäßigkeitsgrundsatzes** im Rahmen des § 1666 (vgl. Rn. 155 ff.) einerseits und durch § 1666a andererseits kommt der Subsidiaritätsklausel jedoch eine vergleichsweise geringe Bedeutung zu.[351]

117   b) **Tatsachenfeststellung.** In **tatsächlicher Hinsicht** müssen der **mangelnde Wille** und die **mangelnde Fähigkeit** der Eltern zur Gefahrenabwehr neben der Kindeswohlgefährdung **festgestellt** werden, wobei Letztere selbst ein Indiz für ihre Fortdauer ist. Die **Eltern** sind im Rahmen der **Anhörung** dazu ausführlich zu befragen, § 160 FamFG, und zwar uU auch vom Beschwerdegericht, wenn die bisherige Aktenlage nicht verdeutlicht, welche Möglichkeiten zur Abwendung der Gefahr mit ihnen erörtert wurden und welchen Eindruck sie dabei hinterlassen haben.[352] Dabei kommt es nicht auf die elterlichen Motive an. **Hilflosigkeit** steht vielmehr der **Unwilligkeit** oder **Unfähigkeit** zur Wahrnehmung der Personensorge gleich.[353] Diese Betrachtungsweise folgt aus dem Vorrang der Kindeswohlbewahrung für das Vorgehen des Familiengerichtes.

118   Hinweise auf **mangelnde Abwendungsmöglichkeiten** der Eltern ergeben sich oft aus deren bisherigem Verhalten, insbesondere auch aus der Einstellung zum **Angebot öffentlicher Hilfen,** dessen Vorrang aus § 1666a Abs. 1 S. 1 folgt. Die Einschätzung kann dazu führen, dass das Familiengericht sofort tätig werden muss, so dass es nicht erst zu einer für das Kind uU gefährlichen Übergangszeit kommt. Etwas anderes gilt, wenn die Eltern zB erst vom Gericht auf das kindesgefährdende Verhalten eines Dritten aufmerksam gemacht wurden.[354]

119   Die **Wiederholungsgefahr** bzw. Fortdauer der Kindeswohlgefährdung wurde angenommen und die Abwendungsmöglichkeit der Eltern verneint, wenn diese **Alkohol- und Drogenabhängigkeit** immer wieder erlagen.[355] In derartigen Fällen, also bei **dauerhaften Verhaltensweisen,** erwähnen die Gerichte in ihren Begründungen oft nicht einmal die Möglichkeit einer Gefahrabwendung durch die Eltern. Meist handelt es sich um Situationen, in denen auf Grund des Vorverhaltens der Eltern eine Änderung nicht mehr zu erwarten und den Kindern deshalb ein Abwarten auch nicht zuzumuten ist. Insgesamt scheint das negative Tatbestandsmerkmal der Subsidiaritätsklausel eine größere dogmatische als praktische Bedeutung zu haben.

IV. Schutz des Kindesvermögens, § 1666 Abs. 1, 2. Var. BGB

120   1. **Allgemeines.** Das KindschaftsRG vom 16. 12. 1997 hat die familiengerichtlichen Maßnahmen zum Schutz des Kindesvermögens in § 1666 integriert (vgl. Rn. 3). Zuvor ermächtigte § 1666 aF lediglich zu Personensorgemaßnahmen, während das Kindesvermögen im Wesentlichen über § 1667 geschützt wurde.[356] Grundlegende inhaltliche Änderungen waren damit nach dem Willen des Gesetzgebers[357] nicht verbunden.[358] Der Wegfall einiger Eingriffstatbestände im Bereich

---

[347] OLG Frankfurt/M. NJW 1981, 2524; vgl. auch OLG Brandenburg FamRZ 2008, 1557, 1558; aA *Schlüter* Rn. 404.
[348] *Trenczek* S. 126.
[349] Vgl. OLG Düsseldorf NJW 1995, 1970; *Gernhuber* Familienrecht, 3. Aufl. 1980, § 49 VIII 3.
[350] *Bamberger/Roth/Veit* Rn. 11; *Palandt/Diederichsen* Rn. 37; BT-Drucks. 8/2788 S. 59.
[351] Eine Streichung wurde anlässlich des KindschaftsRG vom 16. 12. 1997 zwar erneut diskutiert, im Ergebnis aber abgelehnt, BT-Drucks. 13/4899 S. 64 f.
[352] Zu § 50a FGG aF BayObLG FamRZ 1981, 1105; FamRZ 1980, 1150 f.; zum Verfahren vgl. Rn. 212 ff.
[353] Hk-FamR/*Rakete-Dombek* Rn. 11; *Fieseler/Hannemann* ZKJ 2006, 117, 119; *Trenczek* S. 137.
[354] Vgl. KG NJW 1985, 68, 70 f.; *Soergel/Strätz* Rn. 34.
[355] BayObLG FamRZ 1995, 948, 950; OLG Oldenburg FamRZ 1999, 38; OLG Frankfurt/M. FamRZ 1983, 530.
[356] Vgl. zu den Einzelheiten § 1667 Rn. 2 ff. Zur Frage, ob der Begriff des Kindeswohls ausschließlich einen personenrechtlichen Bezug aufweist oder auch den Bereich der Vermögenssorge bestimmt vgl. *Malik* S. 103 ff.
[357] BT-Drucks. 13/4899 S. 64.
[358] BayObLG NJW 1999, 293, 294; FamRZ 1999, 316, 317.

der Vermögenssorge durch die Neuregelung (vgl. § 1667 Rn. 3) rechtfertigt keine andere Beurteilung,[359] da diese von der Generalklausel des neuen Abs. 1 erfasst werden.[360]

2. Anforderungen an die elterliche Vermögensfürsorge. Die Anforderungen an die elterliche Vermögenssorge sind in den §§ 1626, 1639–1646 und 1649 geregelt. Gem. § 1642 hat sich die Vermögensverwaltung an **wirtschaftlichen Grundsätzen** zu orientieren. Über den Wortlaut der Norm hinaus gilt dieser Anlagemaßstab nicht nur für Geld und Wertpapiere, sondern für das **gesamte Vermögen.**[361] Was als wirtschaftliche Vermögensverwaltung gilt, richtet sich nach der **Verkehrsanschauung.** Sinn und Zweck einer jeden Vermögensanlage müssen die **Sicherung und Mehrung** des Kindesvermögens sein,[362] damit das Kind bei Eintritt der Volljährigkeit darauf zurückgreifen kann.[363] Von den Eltern dürfen allerdings keine speziellen Anlagekenntnisse erwartet werden, so dass nur der Wissensstand eines **wirtschaftlich denkenden Laien** den Maßstab ihres Handelns bildet.[364] Eine wichtige Aufgabe der Eltern besteht darin, zwischen Sicherheits- und Gewinninteressen abzuwägen (vgl. § 1828 Rn. 20). Gewinnbringende und damit zur Mehrung des Kindesvermögens geeignete Anlageformen sind nicht selten risikobehaftet, während insgesamt im Vordergrund der Elternüberlegungen eine **sichere Vermögensanlage** unter Vermeidung finanzieller Risiken stehen sollte.[365] Sofern sie ganz sichergehen wollen, können sie eine **mündelsichere Anlageform** gem. §§ 1806, 1807 wählen, die in jedem Fall den Anforderungen des § 1642 entspricht.

3. Der Vermögensbegriff. Der **Vermögensbegriff** umfasst alle dem Kind zustehenden Vermögenswerte (vgl. § 1626 Rn. 55 ff.). Dazu gehören sämtliche **Anlagewerte,** vor allem mobiliare und immobiliare **Sachwerte** sowie das **Barvermögen,** aber auch die daraus jeweils gewonnenen **Früchte** und **Zinsen.**[366] Forderungen des Kindes gegen Dritte oder gegen die Eltern werden ebenfalls erfasst.[367] Ferner stellen die dem Kind zustehenden **Unterhaltsansprüche** schützenswerte Vermögenswerte dar; gleiches gilt für **Rentenansprüche.**[368] Schließlich gehört auch das vom Kind aus abhängiger und selbständiger Arbeit erworbene **Entgelt** zum Vermögen.[369]

Vermögensschutzmaßnahmen gem. Abs. 1 setzen stets voraus, dass das betreffende Kindesvermögen der **elterlichen Verwaltung** unterliegt. Greifen die Eltern in einen Vermögensbestandteil ein, der nicht ihrer Verwaltung unterliegt, kann dagegen nur allgemeiner zivilrechtlicher Rechtsschutz erlangt werden.[370]

Von dem Grundsatz, dass sich die Vermögenssorge auf das **gesamte Kindesvermögen** erstreckt, sind folgende praktisch bedeutsame **Ausnahmen** zu erwähnen: Das vom Minderjährigen **von Todes wegen erworbene** oder ihm **unter Lebenden unentgeltlich zugewandte Vermögen** unterliegt dann nicht der elterlichen Vermögenssorge, wenn der Erblasser oder Zuwendende dies gem. § 1638 Abs. 1 bestimmt hat (vgl. § 1638 Rn. 6 ff.). Auf Mittel, die die Eltern ihrem Kind gem. § 110 zur **freien Verfügung** überlassen, erstreckt sich ihre Vermögenssorge ebenfalls nicht. Entsprechendes gilt für Vermögen, das das Kind im Rahmen eines **eigenen Erwerbsgeschäfts** gemäß § 112 erworben hat und im Unternehmen belässt.[371]

4. Die Gefährdung des Kindesvermögens. a) Allgemeines. Die Anordnung vermögenssorgerechtlicher Maßnahmen setzt eine **Gefährdung** des Kindesvermögens im Sinne einer **gegenwärtigen Gefahr** voraus.[372] Dieser **unbestimmte Rechtsbegriff** unterliegt der tatrichterlichen

---

[359] AA *Staudinger/Coester* Rn. 178.
[360] BT-Drucks. 13/4899 S. 64, 97.
[361] BayObLG FamRZ 1983, 528, 530; *Soergel/Strätz* § 1642 Rn. 3; vgl. auch § 1642 Rn. 1 ff.
[362] *Schlüter* Rn. 370.
[363] *Fegeler* S. 103.
[364] Vgl. § 1642 Rn. 6; *Soergel/Strätz* § 1642 Rn. 2.
[365] *Fegeler* S. 103; zu Abwägungsfragen vgl. auch *Malik* S. 197 ff.
[366] BayObLG FamRZ 1989, 1215, 1216.
[367] BayObLG FamRZ 1982, 640.
[368] OLG Hamm FamRZ 1974, 31.
[369] KG JFG 14, 426; *Palandt/Diederichsen* § 1626 Rn. 18.
[370] *Staudinger/Coester* Rn. 187.
[371] Zur Frage der vermögenssorgerechtlichen Behandlung nicht betriebsgebundener Einnahmen sowie zur Frage der Verfügungsbefugnis des Minderjährigen über die auf seinem Gehaltskonto eingehenden Beträge aus unselbständiger Arbeit oder Ausbildung vgl. § 1626 Rn. 55 ff.
[372] BayObLG FamRZ 1994, 1191, 1192; FamRZ 1991, 1339, 1340; FamRZ 1989, 652 f.; *Erman/Michalski/Döll* Rn. 23; Hk-FamR/*Rakete-Dombek* Rn. 14; KK-FamR/*Ziegler* Rn. 36; *Palandt/Diederichsen* Rn. 24; RGRK/*Adelmann* § 1667 Rn. 6; *Soergel/Strätz* § 1667 Rn. 3; *Staudinger/Coester* Rn. 190.

§ 1666 126–132 Abschnitt 2. Titel 5. Elterliche Sorge

Würdigung und der vollen Nachprüfung durch das Beschwerdegericht.[373] Das Kindesvermögen muss in seiner **Gesamtheit** gefährdet sein, die Verletzung einzelner Vermögensinteressen reicht also idR nicht aus.[374]

126 Eine **Vermögensgefährdung** ist unter Berücksichtigung der **Umstände des Einzelfalls**[375] anzunehmen, wenn der Eintritt eines Schadens als wahrscheinliche oder zumindest nahe liegende Möglichkeit erscheint. Eine unzureichende oder gar schädigende Vermögensverwaltung in der Vergangenheit[376] erfüllt den Gefahrbegriff ebenso wenig wie die bloße Möglichkeit einer künftigen Vermögensgefährdung.[377] In zweifelhaften Fällen muss eine eingehende Klärung des Vermögens- und Schuldenstandes gem. § 26 FamFG vorgenommen werden,[378] zunächst unter dem Aspekt, ob überhaupt Kindesvermögen vorhanden ist.[379]

127 **b) Die Regelbeispiele des Abs. 2. aa) Einordnung.** Um dem Familiengericht **Leitkriterien** zur Feststellung einer Vermögensgefährdung zu geben, hat der Gesetzgeber in Abs. 2 drei **Regelbeispielsfälle** eingeführt. Sie greifen im Wesentlichen die in § 1666 Abs. 3 aF und § 1667 Abs. 1 und 5 aF enthaltenen Eingriffsvoraussetzungen auf,[380] sind im Gegensatz dazu jedoch nicht abschließend. Nach der Neuregelung kommt dem Regelbeispielsfall „nur noch" eine **widerlegbare Indizwirkung** für eine Vermögensgefährdung zu, die jedoch **keine prozessuale Vermutungswirkung** begründet. Letztere widerspricht dem gem. § 26 FamFG im familiengerichtlichen Verfahren geltenden **Amtsermittlungsgrundsatz.** Die Eltern müssen also nicht beweisen, dass keine Vermögensgefährdung vorliegt.[381]

128 In **vergleichbaren Fällen** kann sie daher angenommen werden, auch ohne dass ein Regelbeispiel verwirklicht wurde.[382] Verbleiben Zweifel, so gibt allerdings die **Indizwirkung** des Abs. 2 uU den Ausschlag.

129 Die drei in Abs. 2 aufgeführten **Gefährdungsvarianten** stellen also **keine echten Tatbestandsvoraussetzungen** für familiengerichtliche Anordnungen zum Schutze des Kindesvermögens dar.[383] Bei der Gestaltung des neuen Abs. 2 hat sich der Gesetzgeber vielmehr für eine flexible Tatbestandsgestaltung durch Regelbeispiele entschieden, um ein Höchstmaß an **Einzelfallgerechtigkeit** zu erzielen.

130 Dies lassen sowohl der **Wortlaut** als auch die **amtliche Begründung** erkennen.[384] Das rechtsstaatliche Gebot, Eingriffe in das elterliche Sorgerecht auf notwendige Fallgestaltungen zu beschränken, spricht nicht gegen eine solche Auslegung.[385]

131 Die entgegengesetzte Betrachtungsweise verstößt gegen den **Willen des Gesetzgebers,** der durch das KindschaftsRG vom 16. 12. 1997 den Schutz der Kindesinteressen erweitern wollte.[386] Die offene Gestaltung des Tatbestandes mit Regelbeispielen erlaubt es, jegliche Vermögensgefährdung zu erfassen, ohne dass es einer ausufernden Kasuistik bedarf (vgl. Rn. 143 ff.). Ferner lässt sich allein auf diese Weise erklären, dass der Gesetzgeber bei der Einführung des Abs. 2 darauf verzichten konnte, die in § 1667 aF enthaltenen Beispielsfälle des **elterlichen Vermögensverfalls** und der **drohenden Verletzung von Vermögensbetreuungspflichten** in die Neufassung aufzunehmen.[387]

132 **bb) Verletzung der elterlichen Unterhaltspflicht.** Bei diesem Regelbeispiel ist grundsätzlich von einer Gefährdung des Kindesvermögens auszugehen. Damit stellt der Gesetzgeber klar, dass eine **Verletzung der Unterhaltspflicht** nicht nur zu einer Gefährdung des **Kindeswohls,** sondern

---
[373] BayObLG ZBlJugR 1983, 302, 307; BayObLG FamRZ 1998, 450 zum Begriff des Kindeswohls; aA BayObLG FamRZ 1977, 144, 147.
[374] Vgl. auch NK-BGB/*Rakete-Dombek* Rn. 14; sofern allerdings dadurch die Vermögenslage des Kindes insgesamt beeinträchtigt wird, genügt auch die Verletzung einzelner Interessen: KK-FamR/*Ziegler* Rn. 38.
[375] BayObLG DAVorm. 1989, 153, 156.
[376] *Staudinger/Coester* Rn. 190.
[377] BayObLG FamRZ 1999, 316, 317.
[378] Vgl. BayObLG Recht 1914 Nr. 2683 zu § 12 FGG aF.
[379] LG Münster DAVorm. 1981, 604.
[380] BT-Drucks. 13/4899 S. 97.
[381] So früher *Palandt/Diederichsen* bis zur 66. Aufl. 2007 Rn. 37; *Staudinger/Coester* Rn. 192; wie hier *Zorn* Rn. 323.
[382] *Staudinger/Coester* Rn. 191; aA früher *Palandt/Diederichsen*, 66. Aufl. 2007, Rn. 37; PWW/*Ziegler* Rn. 15.
[383] Zust. NK-BGB/*Rakete-Dombek* Rn. 15; KK-FamR/*Ziegler* Rn. 35; *Staudinger/Coester* Rn. 192; aA *Palandt/Diederichsen*, 66. Aufl. 2007, Rn. 37, jetzt jedoch zust. *Palandt/Diederichsen* Rn. 23.
[384] Vgl. BT-Drucks. 13/4899 S. 97.
[385] So früher aber *Palandt/Diederichsen*, 66. Aufl. 2007, Rn. 37, jetzt *Palandt/Diederichsen* Rn. 23.
[386] BT-Drucks. 13/4899 S. 29.
[387] BT-Drucks. 13/4899 S. 97; *Staudinger/Coester* Rn. 192; vgl. Rn. 143.

Gerichtliche Maßnahmen bei Gefährdung des Kindeswohls 133–138 **§ 1666**

auch zu einer **Vermögensbeeinträchtigung** führen kann. Die Neufassung betont den **Schutz des Kindesvermögens** stärker als Abs. 3 aF.[388] Der Schutz des **Kindeswohls** gegen eine aus der Verletzung der Unterhaltspflicht erwachsende Gefährdung wird jetzt ausschließlich über Abs. 1 gewährleistet.[389] Ob bei Verletzung der Unterhaltspflicht allein Maßnahmen zum Schutz des Vermögens oder darüber hinaus auch Anordnungen zum Schutz des Kindeswohls zu treffen sind, steht im **Ermessen des Gerichts.**

Das Regelbeispiel ist erfüllt, wenn der Schuldner den erforderlichen Unterhalt ganz oder teilweise 133 nicht gewährt,[390] sofern es dadurch zu einer zukünftigen Gefährdung des Kindesvermögens kommt. Das Erfordernis **künftiger Gefährdung** folgt aus Abs. 1, wonach als Voraussetzung familiengerichtlichen Eingreifens die Eltern nicht gewillt oder in der Lage sein dürfen, die Gefahr abzuwenden.[391] Eine ausdrückliche Klarstellung dieser Tatsache iSd Abs. 3 aF war daher überflüssig.[392]

Geschützt wird der aus §§ 1601 ff., 1610 folgende **gesetzliche Unterhaltsanspruch** des Kindes 134 gegen seine Eltern, auch wenn diese ihn vertraglich konkretisiert haben.[393] Dabei ist es belanglos, ob der Betreuungs- oder Barunterhalt nicht geleistet wird.[394] Eine Verletzung des Rechts auf Unterhaltsgewährung hat man zB auch darin gesehen, dass einem Jugendlichen, der ein eigenes Arbeitseinkommen erzielte bzw. eine Ausbildungsvergütung erhielt, aus diesen Einkünften keine für den Lebensbedarf ausreichenden Mittel zur Verfügung gestellt wurden.[395]

Aus dem **Umkehrschluss** zu den Voraussetzungen des Abs. 1 ergibt sich, dass es an einer Gefähr- 135 dung des Unterhalts fehlt, wenn die Eltern künftig bereit und fähig sind, den Unterhalt zu leisten[396] oder dafür Sorge tragen, dass er durch die Unterbringung bei Pflegeeltern oder durch öffentliche Mittel gesichert wird.[397] Der Umstand allein, dass Dritte oder die öffentliche Hand von sich aus den Unterhalt des Kindes sicherstellen, reicht dagegen nicht aus.[398]

Erbringt allein ein Elternteil den Unterhalt, so verletzt der andere Teil seine entsprechende Ver- 136 pflichtung erst, wenn er trotz **Aufforderung** nicht leistet.[399] Unterschiedlich beurteilt man, ob die verweigerte Unterhaltsleistung dann keine Verletzung des Kindesrechts darstellt, wenn der verpflichtete Sorgeberechtigte deshalb nicht zahlt, weil er erfolglos die **Herausgabe des Kindes** von einem betreuenden Dritten verlangt. Manche meinen, dass man vom Verpflichteten nicht verlangen könne, die Vorenthaltung des Kindes durch Unterhaltszahlungen zu unterstützen.[400] Damit wird dem Sorgeberechtigten ein Druckmittel zur Durchsetzung seiner Interessen an die Hand gegeben, obwohl das Kindeswohl uU geschädigt wird. Ein Kind bedarf aber eines gesicherten Unterhaltes unabhängig davon, ob ein Dritter seine Herausgabe ungerechtfertigt verweigert oder nicht. Statt ihm den Unterhalt zu verweigern, muss der unterhaltspflichtige Sorgerechtsinhaber vielmehr seinen Anspruch auf Herausgabe des Kindes gem. §§ 89 ff. FamFG vollstrecken.[401]

Eine Unterhaltspflichtverletzung wird ferner nicht dadurch ausgeschlossen, dass die Eltern 137 **rechtsirrtümlich, aber entschuldbar** der Meinung sind, sie seien **nicht unterhaltspflichtig.**[402] Der Wille des Gesetzgebers, durch die Abschaffung überflüssiger Tatbestandshürden im Rahmen des Abs. 1 einen effektiveren Kindesschutz zu ermöglichen (vgl. Rn. 4), muss auch bei der Auslegung der Regelbeispiele des Abs. 2 Beachtung finden.

Eltern, die ihre Unterhaltspflicht verletzen, legen ferner die **Vermutung** nahe, dass sie ihren 138 Pflichten aus § 1649 nicht hinlänglich nachkommen, sondern vielmehr dazu neigen, das Kindesver-

---

[388] Vgl. *Bamberger/Roth/Veit* Rn. 14.
[389] *Staudinger/Coester* Rn. 193.
[390] KG RJA 8, 86, 88.
[391] *Schlüter* Rn. 406; vgl. zu dieser Subsidiaritätsklausel Rn. 116 ff.
[392] BT-Drucks. 13/4899 S. 97.
[393] *Palandt/Diederichsen* Rn. 26.
[394] *Brüggemann* ZBlJugR 1980, 53, 68.
[395] Vgl. KG JFG 14, 423, 26 f.; *Erman/Michalski/Döll* Rn. 23; *Soergel/Strätz* Rn. 47.
[396] *Staudinger/Coester* Rn. 196.
[397] BayObLG DAVorm. 1989, 153, 155 f.; *Staudinger/Coester* Rn. 195.
[398] So auch *Bamberger/Roth/Veit* Rn. 14.1; KK-FamR/*Ziegler* Rn. 41; aA OLG Frankfurt/M. FamRZ 1983, 530 – gestützt auf die Entscheidung BayObLG DAVorm. 1981, 131, 136 f. u. OLG Düsseldorf DAVorm. 1977, 751 f., die aber zu § 1748 Abs. 1 und damit zur Frage nach einer „gröblichen" Pflichtverletzung ergangen sind.
[399] BayObLG FamRZ 1964, 638 f.; KGJ 37, A 44 f.; *Soergel/Strätz* Rn. 47, noch zu § 1666 Abs. 3 aF.
[400] OLG Hamm FamRZ 1973, 40, 41 f.; OLG Düsseldorf FamRZ 1968, 89, 90.
[401] Im Ergebnis zustimmend, aber ohne nähere Begründung: *Staudinger/Coester* Rn. 195. Vgl. zum Verfahren nach § 33 FGG aF BayObLG ZfJ 1996, 106, 107; *Gottschalk* FPR 2007, 308 f.
[402] So auch *Staudinger/Coester* Rn. 194: Rechtsirrtum stets unbeachtlich; aA *Palandt/Diederichsen*, 66. Aufl. 2007, Rn. 41: Tatbestand nicht erfüllt bei entschuldbarem Irrtum; jetzt doch zust.: *Palandt/Diederichsen* Rn. 26.

§ 1666 139–144

mögen zu eigennützigen Zwecken zu verwenden. Dies darf andererseits nicht grundsätzlich unterstellt werden, sondern hängt im Einzelfall vom Umfang der Pflichtverletzung ab.[403]

139 **cc) Verletzung der mit der Vermögenssorge verbundenen Pflichten.** Die zweite Variante entspricht im Wesentlichen dem Tatbestand des § 1667 Abs. 1 aF (vgl. dazu Rn. 120). Die weggefallenen Gefährdungsmerkmale der drohenden Verletzung von Vermögenssorgepflichten und des elterlichen Vermögensverfalls werden von der Generalklausel des Abs. 1 erfasst[404] und bestehen als Fallgruppen außerhalb der Regelbeispiele weiterhin fort (vgl. im Einzelnen Rn. 143 ff.).

140 Welche **Pflichten** mit der Vermögenssorge verbunden sind und welche Anforderungen ihre **ordnungsgemäße Wahrnehmung** stellt, regeln die §§ 1639–1646, 1649 (vgl. Rn. 121). Nicht jeder Verstoß löst eine Vermögensgefährdung aus. Dies folgt aus der Ausgestaltung des Gefährdungsmerkmals als Regelbeispiel. Auf der Grundlage der zu § 1667 Abs. 1 aF ergangenen Rechtsprechung kann man aber davon ausgehen, dass in der Regel eine Vermögensgefährdung besteht, wenn das **Kindesvermögen vermindert** bzw. **ordnungswidrig verbraucht** wird.[405] Dies ist zB der Fall, wenn die Eltern den **Erlös aus dem Verkauf** eines dem Kind gehörenden Grundstücks für das Unternehmen des Vaters oder – unter Verstoß gegen § 1649 Abs. 1 – für den eigenen Unterhalt verwenden.[406] Gleiches gilt, wenn das Kindesvermögen dazu dient, **Schulden** der Eltern **zu tilgen** oder wenn ein **Sparguthaben** des Kindes von den Eltern **abgehoben** und das Geld für eigene Zwecke verwendet wird.[407] Das Kindesvermögen ist darüber hinaus regelmäßig bereits dann gefährdet, wenn die Eltern übliche Möglichkeiten der Vermögensmehrung nicht nutzen,[408] zB Geld nicht wirtschaftlich anlegen oder eine zulässige und angemessene **Mieterhöhung** bei der Vermietung bzw. Verpachtung von Grundstücken im Eigentum des Kindes nicht vornehmen.[409] In Zweifelsfällen muss das Gericht die Gefährdung durch eine eingehende Klärung des Vermögens- und Schuldenstandes gem. § 26 FamFG feststellen.[410] Ein Verstoß der Eltern gegen die Vermögenssorgepflichten kann, solange das Kind minderjährig ist, von diesem nicht gebilligt werden, so dass seine **Zustimmung unbeachtlich** bleibt.[411]

141 **dd) Nichtbefolgung gerichtlicher Anordnungen.** Nach der dritten Variante liegt eine Vermögensgefährdung vor, wenn die Eltern den praktisch wichtigen **Anordnungen** gem. § 1640 Abs. 1 und § 1667 Abs. 1–3 keine Folge leisten. Solche Maßnahmen werden jedoch regelmäßig erst erforderlich, wenn die Eltern ihre Vermögensbetreuungspflichten nicht freiwillig und ausreichend erfüllen. So setzt zB die häufig ergehende Anordnung eines **Vermögensverzeichnisses** gem. § 1640 Abs. 3 voraus, dass die Eltern es – entgegen ihrer Verpflichtung aus § 1640 Abs. 1 – nicht von sich aus errichtet haben. Die Nichterfüllung derartiger Verpflichtungen stellt also ein starkes Indiz für eine Vermögensgefährdung dar.

142 Maßnahmen auf Grund von § 1667 Abs. 1–3 setzen ihrerseits bereits eine **Vermögensgefährdung** iSd. Abs. 1 voraus, zB durch die Verletzung der Unterhaltspflicht. Wird etwa daraufhin gem. § 1667 Abs. 1 S. 1 ein Vermögensverzeichnis angeordnet und leisten die Sorgerechtsinhaber dieser Aufforderung nicht Folge, so kommt als nächster Schritt – auf der Grundlage des Abs. 1 – die Anordnung eines zumindest teilweisen **Entzuges der Vermögenssorge** in Betracht.[412]

143 **ee) Sonstige das Kindesvermögen gefährdende Verhaltensweisen.** Da Abs. 2 keine abschließende Regelung trifft, gibt es **weitere Fallgruppen** der Vermögensgefährdung. Praktisch bedeutsam sind dabei die in § 1667 Abs. 1 aF noch ausdrücklich normierten Tatbestände der **drohenden Verletzung von Vermögensbetreuungspflichten** und des **elterlichen Vermögensverfalls**. Die erstgenannte Gefährdungsursache macht deutlich, dass die Grenzen zwischen einer **drohenden** und einer **bereits verwirklichten** elterlichen Pflichtverletzung fließend sind, beide aber abgedeckt werden müssen, um keine Schutzlücken entstehen zu lassen.

144 Als **Regelbeispiele** kommen die Fallgruppen deshalb **nicht** in Betracht, weil ihnen **keine ausreichende Indizwirkung** für eine Vermögensgefährdung zukommt. Dies zeigt die Abschaffung des § 1670, der bestimmte, dass die Vermögenssorge mit Eröffnung des Konkursverfahrens über das elterliche Vermögen endete. Da nach Auffassung des Gesetzgebers selbst diese stärkste Form des

---

[403] Zust. *Staudinger/Coester* Rn. 196; aA wohl *Palandt/Diederichsen*, 66. Aufl. 2007, Rn. 41.
[404] BT-Drucks. 13/4899 S. 27.
[405] BayObLG FamRZ 1994, 1191, 1192, FamRZ 1991, 1339, 1340; DAVorm. 1989, 153, 156.
[406] OLG Frankfurt/M. FamRZ 1963, 453 f.; ähnlich KG Recht 1923 Nr. 1355.
[407] BayObLG FamRZ 1989, 1215, 1216.
[408] BayObLG DAVorm. 1989, 153, 156; so auch KK-FamR/*Ziegler* Rn. 37.
[409] BayObLG FamRZ 1983, 528, 530; vgl. auch *Staudinger/Coester* Rn. 198.
[410] Zu § 12 FGG aF vgl. BayObLG Recht 1914 Nr. 2683 u. Rn. 126.
[411] BayObLG FamRZ 1994, 1191, 1193.
[412] *Palandt/Diederichsen* Rn. 28.

Vermögensverfalls nicht mehr zwingend zum Ende der Vermögenssorge führt, wurde klargestellt, dass aus eigenem Vermögensverfall nicht mehr generell die Ungeeignetheit der Eltern zur Wahrung der Vermögensinteressen des Kindes folgt.[413] Dieser Gedanke gilt ebenso für die Verletzung von Vermögensbetreuungspflichten.

Die Rechtsprechung hat es allerdings als tatbestandsmäßige **drohende Verletzung der Vermö-** 145 **gensbetreuungspflicht** angesehen, dass für einen in sehr beengten wirtschaftlichen Verhältnissen lebenden Elternteil auf Grund seiner Labilität (wegen Alkoholabhängigkeit) ein besonderer Anreiz bestand, das Kindesvermögen anzugreifen.[414] Steht nach Sachverhaltsaufklärung fest, dass eine hinreichende Pflichtverletzung droht, so sind familiengerichtliche Maßnahmen sogar schon dann möglich, wenn der Elternteil seine Vermögenssorgepflicht deshalb nicht verletzen konnte, weil ihm zB die Verwaltung des Kindesvermögens (noch) nicht zustand.[415]

Unter **Vermögensverfall** ist der fortschreitende Rückgang des elterlichen Vermögens zu verste- 146 hen, den zB **Wechselproteste,** fruchtlose **Vollstreckungen** oder die Abgabe einer **Offenbarungsversicherung**[416] indizieren. Das Familiengericht muss allerdings dennoch die Gefährdung des Kindesvermögens in jedem Einzelfall feststellen,[417] zB dadurch, dass das Kindesvermögen von den Gläubigern der Eltern angegriffen wird oder ihnen Zwangsvollstreckungsmaßnahmen drohen, die das Kindesvermögen in Mitleidenschaft ziehen können.[418] Dies wurde auch bejaht, wenn der Vermögenserwerb des Kindes erst künftig erfolgt, zB durch Erbfolge.[419]

ff) Die Gefährdung des Kindesvermögens durch das Verhalten Dritter. Auch diese 147 Vermögensgefährdung wird von der Generalklausel des Abs. 1 erfasst. Allerdings stellt der durch das KindschaftsRG vom 16. 12. 1997 neu eingefügte Abs. 4 klar, dass das Familiengericht keine Maßnahmen gem. §§ 1666, 1667 **gegen** den **Dritten selbst** anordnen darf. Hier bleibt es nach der amtlichen Begründung bei den allgemeinen Vorschriften.[420]

5. Subsidiarität. Für Maßnahmen im Bereich der Vermögenssorge gilt ebenfalls als Vorausset- 148 zung, dass die Eltern nicht in der Lage oder willens sind, die Gefahr vom Kindesvermögen abzuwenden. Hierzu kann auf die Ausführungen zur Personensorge verwiesen werden, da insoweit keine Unterschiede bestehen (vgl. im Einzelnen Rn. 116 ff.).

D. Die Rechtsfolgen des § 1666: Maßnahmen des Familiengerichts

I. Allgemeine Richtlinien für das gerichtliche Einschreiten

1. Maßnahmenkatalog des Abs. 3. Das Familiengericht hat nach Abs. 1 bei Gefährdung 149 des Kindeswohls die zur Gefahrabwendung **erforderlichen Maßnahmen** zu treffen. Diese offene Formulierung eröffnet eine Vielfalt gerichtlicher Gestaltungsmöglichkeiten, die – mit Ausnahme der Ersetzung der Erklärungen des Inhabers der elterlichen Sorge in Abs. 3 aF – vor der Gesetzesnovelle 2008 nicht ausdrücklich genannt wurden.[421] Eine Konkretisierung erfolgt noch immer durch die ergänzenden Vorschriften § 1666a und § 1667 sowie allgemeine Grundsätze.

a) Gesetzgeberische Erwägungen. Nachdem festgestellt wurde,[422] dass Familiengerichte 150 häufig zu spät und dann überwiegend mit dem Ziel angerufen werden, den Eltern das Sorgerecht

---
[413] BT-Drucks. 13/4899 S. 115 f.; *Staudinger/Coester* Rn. 202. Zum Entzug der Vermögenssorge bei insolventer Mutter vgl. zudem KG FamRZ 2009, 2102.
[414] BayObLG ZBlJugR 1983, 302, 307.
[415] BayObLG ZBlJugR 1983, 302, 307.
[416] BayObLG FamRZ 1989, 1215, 1216.
[417] *Palandt/Diederichsen* Rn. 29; *Staudinger/Coester* Rn. 202.
[418] Vgl. RGRK/*Adelmann* § 1667 Rn. 6.
[419] KG RJA 8, 90 f.
[420] BT-Drucks. 13/4899 S. 97; vgl. ferner § 1667 Rn. 13 ff. zum praxisrelevanten Sperrvermerk für Bankkonten.
[421] Neugefasst durch Gesetz zur Erleichterung familiengerichtlicher Maßnahmen bei Gefährdung des Kindeswohls v. 4. 7. 2008, BGBl. I S. 1188 ff.
[422] Von der Arbeitsgruppe „Familiengerichtliche Maßnahmen bei Gefährdung des Kindeswohls", der Experten aus den Familiengerichten, der Kinder- und Jugendhilfe und Vertreter betroffener Verbände angehörten. Diese Arbeitsgruppe wurde vor dem Hintergrund der besorgniserregenden Fälle von Kindesvernachlässigung und Kinder- und Jugenddelinquenz im März 2006 von dem Bundesjustizministerin eingesetzt und veröffentlichte ihren Abschlussbericht am 17. 11. 2006.

§ 1666 151–153   Abschnitt 2. Titel 5. Elterliche Sorge

zu entziehen,[423] während die Gerichte andere Gestaltungsmöglichkeiten nicht genügend nutzten, hat der Gesetzgeber die **Rechtsfolgen** des § 1666 im Zuge der letzten Gesetzesnovelle[424] **konkretisiert**. Durch exemplarische Aufzählung möglicher Maßnahmen in Abs. 3 nF wollte er klarstellen, welche Eingriffe unterhalb der Schwelle der Sorgerechtsentziehung möglich sind, um Jugendämtern und Familiengerichten die Breite des Handlungsspektrums zu verdeutlichen, damit weniger eingriffsintensive Maßnahmen ergriffen werden.[425] Damit sollte zum Zwecke effektiven Kinderschutzes eine frühzeitige Einschaltung der Familiengerichte verbunden sein.[426] Ob die erwartete familiengerichtlicher Verfahren wegen Kindeswohlgefährdung eintritt,[427] ob die beispielhafte Aufzählung der Schutzmaßnahmen, die auch bereits nach altem Recht möglich waren, tatsächlich zur Änderung der Praxis führen wird, lässt sich noch nicht beantworten.[428]

151   **b) Kritik.** ZT wurde im Zuge der Gesetzesänderung an Abs. 3 mit dem Argument Kritik geübt, diese Neuerung führe zur Verschiebung der originären Verantwortung des Jugendamtes auf die Familiengerichte. Der Gesetzgeber hielt dem entgegen, dass die Wahrnehmung des Kindeswohlschutzes Jugendhilfeträger und Familiengericht als Verantwortungsgemeinschaft[429] gleichermaßen obliege.[430] Überdies biete der Maßnahmenkatalog nur eine Orientierung und unterstütze das Jugendamt. Davon werde weder der Verantwortungsbereich des Jugendamtes noch der des Familiengerichtes berührt.[431] Dem kann zugestimmt werden; eine Verschiebung von Verantwortlichkeiten geht mit Abs. 3 nicht einher.

152   **2. Auswahlermessen: Ausrichtung am Kindeswohl.** Die Vielfalt denkbarer Kindeswohlgefährdungen schließt schematisierte Gefahrenabwehrmaßnahmen aus. Deshalb räumt § 1666 dem Familiengericht ein **Auswahlermessen** ein.[432] Das Maßnahmenspektrum[433] reicht von **Ermahnungen, Ge- und Verboten** bis hin zur teilweisen oder vollständigen **Entziehung der Personensorge**. Sogar die **Trennung** des Kindes von der elterlichen Familie kommt in Betracht. Eine Grenze besteht darin, dass die richterliche Verantwortung nicht durch Entzug der Personensorge und Bestellung des Jugendamtes als Pfleger vollständig auf dieses verlagert werden darf. Dadurch entstünde im Widerspruch zum Gesetz eine Kompetenzverschiebung an die Exekutive. Deshalb muss der Richter zumindest die Grundrichtung der Gefahrenabwehrmaßnahme vorgeben,[434] also zB entscheiden, ob ein Kind in einem Heim untergebracht werden soll, das angemessene therapeutische Möglichkeiten anbietet. Die Auswahl der konkreten Einrichtung kann dann vom Jugendamt getroffen werden.[435]

153   Der Grundsatz der **Verhältnismäßigkeit** setzt dem Auswahlermessen weitere Grenzen, die vom Familiengericht zu beachten sind und für die Trennung des Kindes von der elterlichen Familie bzw. die Entziehung der gesamten Personensorge noch einmal gesondert in § 1666a normiert sind.[436] Stets muss sich die gerichtliche Maßnahme am **Kindeswohl** orientieren. Das Kind hat ein Recht auf Lebensbedingungen, die ihm ein gesundes und ungefährdetes Aufwachsen ermöglichen.[437] Die Erkenntnis, dass einem Kind am besten in seiner eigenen Familie geholfen wird,[438] bedingt, dass

---

[423] Nach Untersuchungen in der Praxis rufen Jugendämter das Familiengericht in 79,2% mit dem Ziel an, die elterliche Sorge ganz oder teilweise zu entziehen, während nur in 4,2% der Fälle um eine Information des Gerichts oder ein Gespräch mit den Eltern und in 8,3% um die Anordnung einer niedrigschwelligen Maßnahme geht; vgl. BT-Drucks 16/6815 S. 9. Die Zahl der gestellten Anträge auf Sorgerechtsentzug stieg im Jahr 2007 verglichen mit dem Vorjahr um 18,5% und mit dem Jahr 2005 sogar um 30% an; vgl. Pressemitteilung des Statistischen Bundesamtes Nr. 261 vom 18. 7. 2008. Zu Zahlen daraufhin angeordneter Sorgerechtsentziehungen s. u. Rn. 193.
[424] Gesetz zur Erleichterung familiengerichtlicher Maßnahmen bei Gefährdung des Kindeswohls v. 4. 7. 2008, BGBl. I S. 1188 ff.
[425] BT-Drucks. 16/6815 S. 11 f.; *Meysen* NJW 2008, 2673, 2674.
[426] Vgl. BT-Drucks. 16/6815 S. 6.
[427] BT-Drucks. 16/6815 S. 15.
[428] Dies bezweifeln *Rosenboom/Rotax* ZRP 2008, 1, 2; krit. auch *Röchling* FamRZ 2008, 1495, 1496, 1497; *Zorn* Rn. 325.
[429] So auch *Ernst* FPR 2008, 602, 604.
[430] Zum Kinderschutz als Aufgabe von Jugendamt und Familiengericht vgl. auch *Wiesner* FPR 2007, 6, 8.
[431] BT-Drucks. 16/6815 S. 17.
[432] BayObLGZ 33 (1983), 231, 238; BayObLG FamRZ 1999, 318, 319; FamRZ 1997, 956, 957; FamRZ 1993, 229, 231; DAVorm. 1984, 1048, 1054; FamRZ 1983, 78, 82;FamRZ 1983, 381, 385; vgl. zB § 938 Abs. 1 ZPO. Zu den strukturellen Merkmalen richterlicher Gefahrenabwehr *Hinz* Kindesschutz S. 25 f.
[433] *Rünz* S. 11 ff.; Einzelheiten s. u. Rn. 165 ff.
[434] Ausf. *Zenz* S. 362 ff.
[435] Ebenso *Zenz* S. 366; zur eigenen Antragsbefugnis des Jugendamtes vgl. Rn. 23.
[436] *Zenz* S. 368; dazu Rn. 165 sowie die Erläuterungen zu § 1666a.
[437] BVerfGE 24, 119, 145 = NJW 1968, 2233; vgl. Rn. 42 ff.
[438] *Simitis*, FS Müller-Freienfels, S. 579, 609: Der Konflikt betrifft alle Familienmitglieder, nicht nur das Kind.

der Staat **zunächst** für eine **Verbesserung der familiären Situation** zu sorgen hat,[439] sei es durch einfache Unterstützungsmaßnahmen wie etwa **Entlastung bei der Haushaltsführung**, sei es durch weitergehende Hilfen, zB die **sozialpädagogische Familienhilfe** gem. § 31 SGB VIII. Dass sich dabei der Blick auf die gesamte Familie und nicht nur auf das gefährdete Kind richtet, kommt auch in § 37 Abs. 1 SGB VIII zum Ausdruck und lässt sich mit den Worten „**Hilfe vor Eingriff**"[440] zusammenfassen.

Das Familiengericht hat zwei **Fehler** zu vermeiden, die sich aus dem Grundsatz der **Verhältnismäßigkeit** und der **Kindeswohlorientierung** ergeben können. Einerseits besteht die Gefahr, zum vermeintlich Besten des Kindes zu stark in die Familie einzugreifen und so den elterlichen Erziehungsvorrang aus Art. 6 Abs. 2 S. 1 GG ebenso wie die Kindesrechte zu verletzen. Andererseits dürfen nicht zur Wahrung der Elternrechte immer neue Therapie- und Hilfsversuche unternommen werden, die dem Kind über einen allzu langen Zeitraum hinweg geordnete Verhältnisse vorenthalten.[441] Gleiches gilt, wenn das Gericht zu lange zögert, das Kind endgültig anderweitig unterzubringen, um den Eltern die Chance zu geben, es zurück zu gewinnen.[442]

3. Verhältnismäßigkeit. a) Allgemeines. Alle Maßnahmen des Familiengerichtes müssen **verhältnismäßig** sein. Dies ordnet § 1666a für die **Trennung des Kindes** von der elterlichen Familie und die **Entziehung der gesamten Personensorge** ausdrücklich an (§ 1666a Rn. 2). Aber auch im Übrigen verlangt die Formulierung in Abs. 1, das Familiengericht treffe die „erforderlichen" Maßnahmen, den Verhältnismäßigkeitsgrundsatz zu beachten.[443] Nicht zuletzt ist er deshalb anwendbar, weil das Familiengericht bei Maßnahmen gem. Abs. 1 in die **Elternrechte** gem. Art. 6 Abs. 2 S. 1 GG bzw. die **Kindesrechte** gem. Art. 1, 2 GG eingreift, dh. in verfassungsrechtliche Positionen.[444] Denn der Umstand, dass das Gericht zum Wohl des Kindes handelt, ist keine Frage des Eingriffs an sich, sondern nur seiner Rechtfertigung.

Die **Verhältnismäßigkeitsprüfung** ist mit Blick auf die Kindesrechte einerseits und die Elternrechte andererseits für beide Seiten getrennt vorzunehmen. Sie unterscheidet sich hinsichtlich der Angemessenheit einer Maßnahme grundsätzlich: Auf **Seiten des Kindes** sind die Folgen gerichtlichen Handelns und die des Nicht-Eingreifens gegeneinander abzuwägen. Im Hinblick auf die **Eltern** stehen sich die Beeinträchtigung ihrer Rechte und die voraussichtliche Verbesserung der Kindessituation gegenüber. Am Ende hat die Abwägung stets **kindeswohlorientiert** zu erfolgen, vgl. § 1697a.[445] Es ist bei einer Entscheidung gem. § 1666 nicht entscheidend, wer die Schuld daran trägt, dass zwischen den Eltern und ihrem Kind ein schwerwiegender Konflikt besteht.[446]

b) Die einzelnen Elemente des Verhältnismäßigkeitsgrundsatzes. Inhaltlich umfasst der Verhältnismäßigkeitsgrundsatz die Prüfung von **Geeignetheit, Erforderlichkeit** und **Angemessenheit**[447] einer Maßnahme.[448]

Auf die **Eignung** ist deshalb Rücksicht zu nehmen, weil andernfalls keine objektive Verbesserung der Kindessituation eintreten kann;[449] ungeeignete Maßnahmen sind also nicht erforderlich.[450] Deshalb verbieten sich zB die Entziehung (von Teilen) der Personensorge und die Trennung des Kindes von der Familie, wenn das Kind jegliche Erziehungshilfe verweigert und auch das Jugendamt keine Möglichkeit einer positiven Persönlichkeitsentwicklung sieht.[451] Stehen keine geeigneten Maßnahmen zur Verfügung, so folgt in teleologischer Reduktion des Tatbestandes, dass er keine Rechtsfolgen auslöst.[452]

---

[439] Vgl. auch den Fall BVerfGE 60, 79 = NJW 1982, 1379; *Coester* FamRZ 1991, 253, 259. Zu einzelnen Maßnahmen zur Verbesserung der familiären Situation vgl. *Wiesner* SGB VIII § 37 Rn. 22.
[440] *Wiesner* SGB VIII § 37 Rn. 2; *Coester* FamRZ 1991, 253, 259.
[441] Hk-FamR/*Rakete-Dombek* Rn. 22; näher zu dieser Problematik § 1666a Rn. 3 f.
[442] So KG FamRZ 1985, 526; OLG Frankfurt/M. FamRZ 1983, 531.
[443] BT-Drucks. 8/2788 S. 59; allg. zur Verhältnismäßigkeit familiengerichtlicher Entscheidungen auch *Zenz* S. 368 ff.; *Weber* NJW 1997, 2787, 2792.
[444] Vgl. zu nachteiligen Folgen eines gerichtlichen Eingriffs für das Kind OLG Hamm FamRZ 2000, 1239; zu verfassungsrechtlichen Anforderungen an Eingriffe in das Elternrecht aus Art. 6 Abs. 2 S. 1 GG vgl. BVerfG FamRZ 2002, 1021 ff.
[445] *Staudinger/Coester* § 1666a Rn. 6; vgl. auch OLG Hamm DAVorm. 1991, 1079, 1087.
[446] EuGHMR FamRZ 2006, 1817; OLG Köln JAmt 2001, 247.
[447] Auch Verhältnismäßigkeit ieS; *Palandt/Diederichsen* Rn. 36 und *Sachs* Art. 20 Rn. 154; „Proportionalität".
[448] Zum Verhältnismäßigkeitsgrundsatz vgl. *Sachs* Art. 20 Rn. 145 ff., 149.
[449] Geeignet und damit erforderlich können nur Maßnahmen sein, die die Kindessituation objektiv verbessern, so OLG Naumburg FamRZ 2002, 1274 ff.
[450] BayObLG FamRZ 1997, 1108, 1109; *Zenz* S. 373 f.; *Wiesner* ZBlJugR 1981, 509, 517.
[451] BayObLG FamRZ 1995, 948, 949 f.
[452] *Staudinger/Coester* Rn. 212.

159 Von mehreren denkbaren Maßnahmen ist nur diejenige **erforderlich,** die die **geringste Beeinträchtigung** mit sich bringt.[453] Dementsprechend darf den Eltern mit einem unumgänglichen Entzug der gesamten Personensorge nicht gleichzeitig auch die Vermögenssorge genommen werden, wenn dafür kein besonderer Anlass besteht.[454] Einer **Entziehung** des **gesamten** Personen- oder Vermögenssorgerechts geht der Entzug von **Teilbereichen,** zB des Aufenthaltsbestimmungsrechtes oder des Rechts der Umgangsbestimmung, vor.[455] Gegenüber dem Entzug von Teilbereichen kann die **Ersetzung einzelner Erklärungen** der Eltern gem. Abs. 3 vorrangig sein, zB bei der Verweigerung von Heileingriffen.[456] Das Gleiche gilt für **Verbleibensanordnungen** gem. § 1632 Abs. 4 bzw. § 1682. Die Letzteren bieten sich insbes. anstelle eines Eingriffs in das Aufenthaltsbestimmungsrecht an.[457] Bei einer **Trennung** von den Eltern sollte im Hinblick auf die Erforderlichkeit der Maßnahme in Betracht gezogen werden, ob wenigstens die einzelnen **Geschwister** zusammen bleiben können.[458] **Kinder- und Jugendhilfeleistungen** sind uU im Verhältnis zur möglichen Maßnahme des Familiengerichtes das mildere Mittel. Das Problem liegt allerdings darin, dass das Jugendamt – wenngleich nach umstrittener Auffassung – mangels Anordnungskompetenz des Familiengerichtes nicht zu ihrer Durchführung verpflichtet werden kann.[459]

160 Die Prüfung der **Angemessenheit** der Maßnahme verlangt eine **Abwägung** zwischen dem angestrebten **Ziel,** dh. der Abwendung der Kindeswohlgefährdung, und dem erforderlichen **Eingriff** in die Eltern- bzw. Kindesrechte aus Art. 6 Abs. 2 S. 1 GG und Art. 1, 2 GG. Danach scheiden alle Maßnahmen aus, die die Eltern und das Kind stärker beeinträchtigen als die Untätigkeit des Familiengerichtes.[460] **Auf Seiten der Eltern** ist eine – kindeswohlorientierte (vgl. Rn. 156) – Abwägung zwischen der Beeinträchtigung ihrer Rechte und der erzielbaren Verbesserung für das Kind vorzunehmen. **Auf Seiten des Kindes** hat das Familiengericht zu berücksichtigen, dass jegliche Maßnahme, zB die Trennung von den Eltern, erhebliche negative Konsequenzen in psychischer Hinsicht haben und damit auch eine Beeinträchtigung seiner Rechte nach sich ziehen kann.[461]

161 **4. Dauer.** Die Dauer familiengerichtlicher Maßnahmen hat sich ebenfalls am **Verhältnismäßigkeitsgrundsatz** (Rn. 155 ff.) zu orientieren. Sie dürfen nur so lange aufrechterhalten werden, wie eine Gefahr für das Kindeswohl besteht (§ 1696 Abs. 2) und sie zu ihrer Abwehr geeignet, erforderlich und angemessen sind. Wenn sich seit der Entscheidung entweder die tatsächlichen Verhältnisse geändert haben oder Umstände zutage treten, die eine andere rechtliche Beurteilung des Sachverhaltes erfordern, muss die Entscheidung abgeändert werden.[462] Die Überprüfung und eventuelle Aufhebung erfolgt gem. § 1696 **von Amts wegen.**[463] Eine **Befristung** oder **Bedingung** der Maßnahmen bereits bei Erlass **scheidet** demgegenüber aus **Rechtssicherheitsgründen aus.** Dagegen spricht die Tatsache, dass ein Ende der Gefährdung nicht mit Sicherheit vorhergesehen werden kann.[464] Bei der Überprüfung gem. § 1696 Abs. 2, 3 ist zu fragen, ob die Maßnahme nicht

---

[453] Vgl. OLG Köln FamRZ 1995, 1027; OLG Karlsruhe NJW-RR 1994, 1229, 1230; *Sachs* Art. 20 Rn. 152.

[454] BayObLG NJW 1999, 293, 294; FamRZ 1999, 179, 180 f.; 316, 317; FamRZ 1990, 1132, 1133; der Entzug beider Teilbereiche bedarf daher einer gesonderten Begründung, vgl. BayObLG FamRZ 1996, 1352; s. a. § 1667 Rn. 3.

[455] OLG Hamm FamRZ 1997, 1550; OLG Düsseldorf DAVorm. 1996, 902, 903; zum Aufenthaltsbestimmungsrecht vgl. OLG Celle FamRZ 2007, 1265; vgl. zu einzelnen, gegenüber der Entziehung der gesamten Personensorge milderen Maßnahmen § 1666a Rn. 13 ff.

[456] Vgl. OLG Köln NJW-RR 2001, 221, 222; OLG Zweibrücken FamRZ 1999, 521; OLG Hamm NJW 1998, 3424; OLG Celle NJW 1995, 792; zur Ersetzung elterlicher Erklärungen bei Heileingriffen allg. *Dierks/Diederichsen* S. 97 ff. und Rn. 77 ff. u. 191.

[457] ZB BayObLG FamRZ 2001, 563; FamRZ 1990, 1132, 1133; OLG Frankfurt/M. FamRZ 2000, 1037, 1038; OLG Hamm FamRZ 1998, 447, 448; FamRZ 1995, 1507, 1508; DAVorm. 1991, 1079, 1087 f.; OLG Karlsruhe FamRZ 1994, 1544, 1545; *Siedhoff* FamRZ 1995, 1254, 1255; zu Grundrechtsverletzungen bei Pflegeeltern durch eine Ablehnung der Entziehung des Sorgerechts auf Seiten der leiblichen Eltern vgl. BVerfG FamRZ 1993, 1045. UU reicht allerdings eine Verbleibensanordnung nicht aus, die Kindeswohlgefährdung abzuwenden, so dass der Entzug des Aufenthaltsbestimmungsrechtes erforderlich ist, vgl. ausf. hierzu KG NJW-RR 2005, 878.

[458] *Götzinger/Pechstein* ZfJ 1985, 477 ff.

[459] Vgl. Rn. 175 ff. Zu milderen Maßnahmen gegenüber einer Entziehung der Personensorge insgesamt bzw. gegenüber der Trennung des Kindes von der elterlichen Familie vgl. auch § 1666a Rn. 13 ff. u. 23 f. Zum Verhältnis der beiden Maßnahmen untereinander s. ebenfalls § 1666a Rn. 7 f.

[460] Vgl. zB BGH NJW-RR 1996, 1264, 1265 f.; BayObLG FamRZ 1998, 1044, 1045; AG Fürth FamRZ 2001, 1089 f.

[461] *Zenz* S. 371; vgl. auch OLG Frankfurt/M. FamRZ 2001, 1086, 1087.

[462] BayObLG FamRZ 1997, 956.

[463] ZB BayObLG FamRZ 1990, 1132, 1134.

[464] BayObLG NJW 1952, 320; OLG Karlsruhe FamRZ 2005, 1272; OLG Frankfurt/M. FamRZ 1974, 538, 540; ebenso *Erman/Michalski/Döll* Rn. 17; *Staudinger/Coester* Rn. 238. Zur Problematik vorläufiger Maßnahmen Rn. 208 u. Rn. 234 ff.

nach Wegfall der ursprünglichen Gefährdungsursache auf Grund anderer Umstände aufrechterhalten werden muss.[465]

5. Folgen familiengerichtlicher Eingriffe. Entzieht das Familiengericht den Eltern Teile des Sorgerechts, so hat es für die entsprechenden Angelegenheiten gem. § 1909 Abs. 1 S. 1 die **Ergänzungspflegschaft** anzuordnen, bei der Entziehung des gesamten Sorgerechts die **Vormundschaft** gem. § 1773 Abs. 1.[466] Wenn das Familiengericht nur die Personensorge, nicht aber die Vermögenssorge entzieht, kommt wiederum lediglich eine Pflegschaft in Betracht.[467] Bei Ausübung der elterlichen Sorge durch einen Vormund oder Pfleger gilt § 1666 über § 1837 Abs. 4 bzw. §§ 1915 Abs. 1, 1909 entsprechend.

Sofern bei **gemeinsamer Sorge** nur einem Elternteil das Sorgerecht ganz oder teilweise entzogen wird, steht es gem. § 1680 Abs. 3 iVm. Abs. 1 dem anderen Elternteil allein zu. Allerdings stellt sich dann die Frage, ob der Sorgerechtsentzug bei einem Elternteil schon die Kindeswohlgefährdung abwendet, oder ob der andere Elternteil nicht einen so starken Einfluss ausübt, dass dem Sorgeberechtigten die Ausübung der elterlichen Sorge zum Wohle des Kindes unmöglich ist.[468]

Gesetzlich nicht eindeutig geregelt und daher umstritten ist der Fall, in dem einer gem. § 1626a Abs. 2 BGB **alleinsorgeberechtigten Mutter** die elterliche Sorge völlig oder teilweise entzogen wird. Es stellt sich die Frage, ob der Vater des Kindes die elterliche Sorge bei Heirat mit der Mutter oder einer Sorgeerklärung nach § 1626a Abs. 1 Nr. 1, 2 insgesamt oder nur in dem Umfang erhält, in dem sie die Mutter innehatte. Nach der sog. „Substanztheorie"[469] wird lediglich die Ausübung, nicht aber die elterliche Sorge als solche entzogen.[470] Demnach würde die Mutter also auch nach staatlichen Eingriffen auf der Grundlage des § 1666 die Substanz der elterlichen Sorge behalten und dem Vater durch die Sorgeerklärung zur uneingeschränkten Sorgeberechtigung verhelfen können.[471] Dagegen spricht aber die mangelnde Erwähnung der Entziehung elterlicher Sorge in § 1626b Abs. 3. Sie zeigt, dass der Gesetzgeber im Falle eines (teilweisen) Sorgerechtsentzugs gem. § 1666 die Sorgeerklärung der Mutter als unwirksam ansieht, also offenbar davon ausgeht, dass ihr nicht nur die **Ausübung** der elterlichen Sorge **entzogen** wurde, sondern eben doch deren **Substanz**. Dogmatisch lässt sich diese Auffassung mit einem Vorrang des § 1666 gegenüber den §§ 1626a–e erklären. Der Vater kann nach einem (teilweisen) Entzug des Sorgerechts der Mutter ein (unbeschränktes) Sorgerecht also weder durch Heirat noch durch Sorgeerklärung erlangen,[472] sondern nur über eine Entscheidung des Familiengerichts gem. § 1680 Abs. 3 Var. 2 iVm. Abs. 2 S. 2.[473]

II. Allgemeines zu den Maßnahmen

1. Im Bereich der Personensorge. Wegen des **Auswahlermessens** (vgl. Rn. 152 f.) ist das Spektrum familiengerichtlicher Gefahrenabwehrmaßnahmen weit. Sie sind nicht inhaltlich abschließend darstellbar und sollten in der Praxis auch nicht durch Routine schematisiert werden.[474] Vielmehr ist jede Maßnahme unter Beachtung der aufgezeigten allgemeinen Grundsätze (vgl. Rn. 152 ff.) und der Umstände des Einzelfalles zu bestimmen. U. a. sind **Ermahnungen, Ge- und Verbote** sowie echte **Eingriffe in die elterliche Sorge** möglich. Insoweit kommt der **Entzug** von Teilbereichen[475] der Personensorge oder sogar der gesamten elterlichen Sorge in Betracht. Dieser kann jedoch nur über eine Entscheidung bezüglich aller Teilbereiche erfolgen, da das Gesetz

---

[465] OLG Düsseldorf FamRZ 1992, 205; zum Fall der Entziehung des Aufenthaltsbestimmungsrechtes und Unterbringung des Kindes in einer Pflegefamilie vgl. OLG Stuttgart FamRZ 2005, 1273 f. sowie OLG Karlsruhe FamRZ 2005, 1501 f.
[466] Für die Bestellung und Überwachung des Pflegers bzw. Vormundes ist (ausschließlich) das Familiengericht (vor dem 1. 9. 2009: Vormundschaftsgericht) zuständig; vgl. hierzu OLG Karlsruhe FamRZ 2007, 742.
[467] BayObLG FamRZ 1999, 316, 318; 1999, 179, 181; 1997, 1553.
[468] Vgl. zur Beeinflussung des einen Elternteiles durch den anderen allg. BayObLG NJW 1999, 293, 294.
[469] Vgl. *Ollmann* JAmt 2001, 515, 516 mwN.
[470] So *Erman/Michalski/Döll* Rn. 15; aA *Bamberger/Roth/Veit* Rn. 23.
[471] Für ein ungeschmälertes Sorgerecht *Schulz* JAmt 2001, 411; *Staudinger/Coester* § 1626a Rn. 26.
[472] Überwiegende Auffassung, vgl. BGH NJW 2005, 2456, 2457 mwN; KG JAmt 2003, 606 [zur Sorgeerklärung]; OLG Nürnberg FamRZ 2000, 1035, 1036 [zur Heirat]; DIJuF-Gutachten JAmt 2001, 231, 233 u. 412; zweifelnd *Ollmann* JAmt 2001, 515.
[473] BGH NJW 2005, 2456, 2457: „Indem das Familiengericht der Mutter zuvor das Sorgerecht entzogen hatte, ohne es zugleich nach § 1680 Abs. 2 iVm. Abs. 3 BGB dem Vater zu übertragen, hat es auch über dessen Sorgerecht entschieden."; OLG Nürnberg FamRZ 2000, 1035.
[474] Krit. dazu *Münder* FuR 1995, 89, 96 f.
[475] ZB BayObLG FamRZ 1999, 1154.

§ 1666 166–170 Abschnitt 2. Titel 5. Elterliche Sorge

keine Grundlage für einen globalen Eingriff bietet.[476] Auch der **Umgang** kann über § 1666 geregelt werden.[477] **Ermahnungen** u. ä. dürften nur in den seltensten Fällen einen ausreichenden Kindesschutz gewährleisten.[478] Bei einer **Trennung** des Kindes von der elterlichen Familie und vollständiger Entziehung der **Personensorge** ist § 1666a zu beachten.[479] Der Schutz des Kindeswohls kann ferner **Maßnahmen** erfordern, die in den **kindesunabhängigen Persönlichkeitsbereich der Eltern** eingreifen,[480] zB das Verbot an ein Elternteil, den Partner einer außerehelichen Beziehung mit in den ehelichen Haushalt aufzunehmen.[481] Elterliches Privatleben und Erziehungsverhalten lassen sich kaum voneinander trennen; Eltern sind stets Vorbild ihrer Kinder.[482]

166 **2. Im Bereich der Vermögenssorge.** Auch im Bereich der Vermögenssorge folgt die familiengerichtliche Kompetenz zur Anordnung erforderlicher Gefahrenabwehrmaßnahmen aus Abs. 1. Das Gericht kann dabei (insbes.) auf den Katalog des § 1667 Abs. 1–3 zurückgreifen (vgl. § 1667 Rn. 1, 7 ff.). Daneben sind aber weitere Anordnungen zum Vermögensschutz möglich,[483] wobei in der Praxis die einschneidenden Maßnahmen des **teilweisen** oder **gänzlichen Entzugs der Vermögenssorge** im Vordergrund stehen.

167 Abs. 1 verlangt die **zur Gefahrenabwehr erforderlichen Maßnahmen.** Dem Familiengericht wird also auch hier **Auswahlermessen** eingeräumt;[484] wegen der Einzelheiten kann auf die Ausführungen zur **Personensorge** verwiesen werden (vgl. Rn. 165). Vor dem KindschaftsRG vom 16. 12. 1997 brachte § 1667 Abs. 5 aF durch seine systematische Stellung zum Ausdruck, dass weniger einschneidenden Maßnahmen gem. § 1667 Vorrang vor dem Entzug der Vermögenssorge einzuräumen war. Diese Funktion hat nun § 1666 Abs. 2, 3. Var. übernommen,[485] der zunächst **gerichtliche Anordnungen** verlangt, allerdings nicht mit der Folge, dass der Entzug der Vermögenssorge diesen gegenüber subsidiär wäre. Seit dem Wegfall der Stufenfolge gefahrenabwehrender Maßnahmen durch das SorgeRG vom 18. 7. 1979 kann in schweren Fällen also sofort die Entziehung der Vermögenssorge angeordnet werden.[486]

III. Maßnahmenkatalog des Abs. 3

168 Die in Abs. 3 **Nr. 1–4** aufgezählten Maßnahmen betreffen die **Personensorge,** während das Gericht die in **Nr. 5–6** genannten **auch** im Bereich der **Vermögenssorge** anordnen kann.

169 Die **Ge- und Verbote** in Nr. 1–4 sind mit den Zwangsmitteln der **§§ 89 ff. FamFG vollstreckbar.**[487] Ihr Nichtbefolgen ist in aller Regel aber auch Anlass zur Prüfung weiterer gerichtlicher Interventionen.[488] Wird Maßnahmen nicht Folge geleistet, kann allerdings das Familiengericht die elterliche Sorge entziehen. Die sofortige Entziehung der elterlichen Sorge kommt nur in Betracht, wenn Grund zur Annahme besteht, dass weniger intensive Anordnungen zur Abwendung der Kindeswohlgefährdung nicht ausreichen.[489]

170 **1. Gebote zur Inanspruchnahme öffentlicher Hilfen, Nr. 1. a) Allgemeines.** Das Gericht kann nach Abs. 3 Nr. 1 das Gebot aussprechen, öffentliche Hilfen, zB **Leistungen der Kinder- und Jugendhilfe** (etwa Erziehungsberatung, soziale Trainingskurse, Kindertagesbetreuungsplatz) sowie der **Gesundheitsfürsorge** (Früherkennungs-/Vorsorgeuntersuchungen) in Anspruch zu nehmen. In Betracht kommen zudem sonstige Gebote, Weisungen und Auflagen wie

---

[476] BayObLG NJW 1999, 293, 294; FamRZ 1999, 316, 317; FamRZ 1996, 1352; FamRZ 1993, 846, 847; FamRZ 1990, 1132, 1133.
[477] OLG Zweibrücken FamRZ 1999, 1161; OLG Hamm FamRZ 1997, 1550. Zum Fall der Anordnung eines zeitlich eingeschränkten begleiteten Umgangs eines Vaters mit dem Kind vgl. OLG Oldenburg FamRZ 2005, 925 ff. Den ungerechtfertigten Umgangsrechtsausschluss eines nichtsorgeberechtigten Vaters behandelt BVerfG FamRZ 2005, 1057.
[478] *Staudinger/Coester* Rn. 219; *Röchling* S. 243; *Wiesner* ZBlJugR 1981, 509, 512.
[479] S. Erläuterungen dort.
[480] Das wurde allerdings von BayObLG FamRZ 1993, 1350, 1351 im Ergebnis verneint.
[481] OLG Hamm JMBl. NRW 1962, 243.
[482] Näher zu dieser Problematik *Staudinger/Coester* Rn. 230. Zu Maßnahmen mit Wirkung gegen Dritte sowie zur Ersetzung elterlicher Erklärungen s. Rn. 206 f., 190 f. Zur Problematik vorläufiger Maßnahmen s. Rn. 208 bzw. Rn. 234 ff. Zur Trennung des Kindes von der elterlichen Familie und zum Entzug der gesamten Personensorge s. § 1666a Rn. 10 ff. u. 25 ff.
[483] *Schlüter* Rn. 407.
[484] Vgl. OLG Neustadt a. d. Weinstraße MDR 1955, 479 f.
[485] BT-Drucks. 13/4899 S. 97.
[486] BT-Drucks. 8/2788 S. 60.
[487] Zu § 33 FGG aF krit. *Rosenboom/Rotax* ZRP 2008, 1, 2; *Röchling* FamRZ 2007, 431, 433.
[488] BT-Drucks. 16/6815 S. 12.
[489] BT-Drucks. 16/6815 S. 12.

etwa das Absolvieren eines Antigewalttrainings oder eines Kurses über Säuglingspflege.[490] Wie auch § 1666a Abs. 1 S. 1 klarstellt, gilt der Grundsatz des **Vorrangs öffentlicher Hilfen** vor gerichtlichen Interventionen (vgl. § 1666a Rn. 3 ff.).

Mit Aufnahme dieser Maßnahmen in den exemplarischen Katalog des Abs. 3 beabsichtigte der **171** Gesetzgeber eine frühzeitige und stärkere Einwirkung auf Eltern, um diese anzuhalten, öffentliche Hilfen zur Wiederherstellung ihrer Elternkompetenz in Anspruch zu nehmen.[491] So darf das Gericht die Eltern zB anweisen, **Früherkennungsuntersuchungen** vorzunehmen, um auf körperliche oder geistige Fehlentwicklungen des Kindes rechtzeitig zu reagieren.[492] Anzeichen einer Vernachlässigung oder sonstigen Form der Kindeswohlgefährdung werden so bereits früh erkannt. In Fällen, in denen das Kind verglichen mit Gleichaltrigen deutliche Entwicklungsstörungen aufweist, kann das Gericht etwa die Weisung erteilen, eine **Erziehungsberatung** oder einen **Kindergartenplatz** anzunehmen.[493] Fehlt es an der Bereitschaft der Eltern zur Zusammenarbeit mit einer Erziehungsberatungsstelle, ist eine Anordnung nach Abs. 3 Nr. 1 zur Abwendung der Kindeswohlgefährdung nicht geeignet und damit unverhältnismäßig.[494]

b) Leistungen der Kinder- und Jugendhilfe, SGB VIII. Grundsätzlich ergänzen die Leis- **172** tungen der Kinder- und Jugendhilfe nach dem 8. Buch des SGB (KJHG) § 1666 und sollen der **Wiederherstellung der elterlichen Kompetenz** auf freiwilliger Basis dienen, bevor es zur Kindeswohlgefährdung kommt (s. Rn. 22 f.). Auch wenn eine solche bereits gegeben ist, kann das Gericht den Eltern gebieten, Leistungen der Kinder- und Jugendhilfe, insbes. die **Hilfe zur Erziehung** nach §§ 27 ff. SGB VIII,[495] in Anspruch zu nehmen. Somit besteht nicht nur die Möglichkeit, Hilfen anzubieten, sondern auch vom Familiengericht anordnen zu lassen.

aa) Allgemeines. Die für die Abwehr von Kindeswohlgefahren maßgeblichen Leistungen der **173** Kinder- und Jugendhilfe finden sich in erster Linie in den **§§ 11–40 SGB VIII**.[496] Praktisch sind die öffentlichen Hilfen jedoch idR bereits vor dem familiengerichtlichen Eingriff gescheitert.[497] Der Grund liegt darin, dass der Anspruch des Personensorgeberechtigten auf **Hilfe zur Erziehung**, § 27 Abs. 1 SGB VIII, weitaus geringere Erfordernisse hat als ein Eingriff auf Grund einer Kindeswohlgefährdung iSd. Abs. 1.[498] Das für die öffentlichen Hilfen zuständige **Jugendamt** ist bzgl. der im Vorfeld des gerichtlichen Verfahrens erbrachten Leistungen gem. § 50 Abs. 2 SGB VIII **berichtspflichtig**.[499] Da es ein **Auswahlermessen** hat, beschränkt sich die Prüfungspflicht des Gerichtes auf Ermessensfehler und die Frage einer Verletzung von Mitwirkungsbefugnissen des Personensorgeberechtigten. Im Übrigen schafft das Gericht die nötigen sorgerechtlichen Voraussetzungen für die Durchführung der Jugendhilfemaßnahmen.[500]

Selbst wenn die Gefahr für das Kindeswohl nur durch familiengerichtliche Eingriffe abzuwenden **174** ist, kommt der **Kinder- und Jugendhilfe** uU erhebliche Bedeutung zu. Sofern das Kind zB von seiner Familie getrennt werden muss, ist der Staat verpflichtet, **helfende Nachsorge** zu betreiben, dh. die Herkunftsfamilie des Kindes möglichst so weit zu stabilisieren, dass das Kind zurückkehren kann,[501] vgl. §§ 37 Abs. 1, 33 S. 1, 34 Nr. 1 SGB VIII. Dort wird ihm am Besten geholfen, allerdings nur, soweit die Erfolgsaussichten entsprechender Maßnahmen innerhalb eines vertretbaren Zeitraumes eintreten können. Andernfalls muss das Kind eine dauerhafte Lebensperspektive – außerhalb

---

[490] Vgl. *Ernst* FPR 2008, 602, 604, der in diesem Zusammenhang problematisiert, ob das Familiengericht einem Elternteil die Auflage aussprechen kann, sich einer Therapie zu unterziehen.
[491] BT-Drucks. 16/6815 S. 6.
[492] BT-Drucks. 16/6815 S. 12. Untersuchungen zur Früherkennung von Krankheiten, die die – körperliche oder geistige – Kindesentwicklung gefährden, stellen ein Angebot des Gesundheitswesens dar, um kindliche Fehlentwicklungen frühzeitig zu erkennen und ihnen durch vorbeugende Maßnahmen zu begegnen, vgl. BT-Drucks. 16/6815 S. 18.
[493] Vgl. BT-Drucks. 16/6815 S. 12.
[494] Vgl. zur Anordnung einer videogestützten Interaktionsdiagnostik OLG Bremen FamRZ 2010, 821 f., wonach „zumindest eine gewisse Wahrscheinlichkeit" für die Zusammenarbeit bestehen müsse.
[495] Vgl. dazu *Wiesner* FPR 2008, 608, 610 ff.
[496] Einen Überblick über das SGB VIII – meist nach dem Gesetz zu seiner Einführung als KJHG bezeichnet – und die einzelnen Hilfsmaßnahmen gibt *Wiesner* FuR 1990, 325, 329 ff.; *ders.* FPR 2007, 6 ff.; vgl. auch *Eichenhofer* JuS 1992, 279; *Ollmann* FamRZ 1992, 388; *Wiesner* FPR 2008, 608, 609 ff. Zum Verhältnis zwischen Hilfen nach dem SGB VIII und familiengerichtlichen Maßnahmen nach § 1666 vgl. *Münder* FPR 2003, 280 ff.
[497] Vgl. zB BayObLG NJW 1999, 293; FamRZ 1995, 502, 503.
[498] *Wiesner* SGB VIII § 27 Rn. 18; *ders.* FPR 2007, 6, 11.
[499] Zur Berichtspflicht vgl. *Röchling* ZfJ 2004, 257, 258.
[500] AG Kamen DAVorm. 1995, 996, 999 f.
[501] BayObLG NJW 1992, 1971, 1972; ZBlJugR 1983, 308, 311; OLG Köln FamRZ 1996, 1027; OLG Hamm DAVorm. 1986, 806, 807; FamRZ 1983, 647, 648; OLG Oldenburg FamRZ 1981, 811, 813; LG Bochum ZfJ 1993, 212 f.; *Heilmann* ZfJ 2000, 41, 45.

§ 1666 175–178   Abschnitt 2. Titel 5. Elterliche Sorge

seiner Ursprungsfamilie – erhalten, § 37 Abs. 1 S. 2–4 SGB VIII. Das Familiengericht hat die Eltern ggf. zur Annahme der entsprechenden Hilfen anzuhalten oder sogar zu verpflichten,[502] solange dies nicht der notwendigen Freiwilligkeit bei der Inanspruchnahme der Leistungen[503] zuwider läuft. Zudem besteht gem. Abs. 3 die Möglichkeit, den Elternantrag, § 27 SGB VIII, zu ersetzen oder den Eltern das Antragsrecht zu entziehen.[504]

175 **bb) Anordnungskompetenz des Familiengerichts gegenüber dem Jugendamt.** Ergibt sich im familiengerichtlichen Verfahren bei der **Verhältnismäßigkeitsprüfung** der Maßnahme, dass als mildere Mittel zur Abwendung der Gefahr für das Kindeswohl Leistungen der Kinder- und Jugendhilfe in Betracht kommen, so stellt sich die Frage nach der **Anordnungskompetenz** des Gerichtes. Vertritt das Jugendamt eine andere Meinung als dieses oder findet es sich zur Durchführung aus finanziellen, tatsächlichen oder sonstigen Gründen nicht bereit, so müsste der Richter ohne entsprechende Befugnisse zum härteren und somit grds. **unverhältnismäßigen Eingriff** wählen. Dies widerspricht dem verfassungsrechtlich verbürgten Verhältnismäßigkeitsprinzip.[505] Als Lösungen kämen einerseits eine **Anordnungskompetenz des Familiengerichts** gegenüber dem Jugendamt,[506] andererseits die **Verpflichtung der Sorgeberechtigten** durch das Familiengericht, **selbst** gegen das Jugendamt – uU im Wege vorläufigen Rechtsschutzes – vorzugehen in Betracht, um so die entsprechende Maßnahme zu erzwingen.[507]

176 Eine **Anordnungskompetenz** des Familiengerichts gegenüber dem Jugendamt bedürfte aber wegen des **Gewaltenteilungsprinzips** und der Garantie **kommunaler Selbstverwaltung** gem. Art. 28 GG[508] einer **Rechtsgrundlage. Das gilt** unabhängig davon, ob man eine solche Rechtsgrundlage nur auf Normen beschränken will, die als Muss- oder Sollvorschriften einen Anspruch bzw. einen sog. „Regelrechtsanspruch"[509] der Begünstigten begründen[510] oder nicht. Eine entsprechende Regelung fehlt jedoch und sie kann mangels Bestimmtheit weder aus § 1666a in Verbindung mit dem staatlichen Wächteramt,[511] noch durch Auslegung anderer Vorschriften gewonnen werden.[512]

177 Ein Handeln des Jugendamtes ist somit nur über **verwaltungsgerichtliche Schritte der Sorgeberechtigten** selbst erzwingbar.[513] Sollten diese dazu unwillig oder unfähig sein, muss das Familiengericht die **Personensorge** in entsprechendem Umfang **entziehen** und auf einen **Pfleger** übertragen, der die etwaigen Ansprüche geltend macht. Mangels Ermächtigungsgrundlage liegt darin die einzige Lösung, auch wenn sie umständlich erscheint.[514] Praktisch einfacher ist die vom Gesetz u.a. in § 50 SGB VIII vorgesehene **kooperative Zusammenarbeit** zwischen Jugendamt und Familiengericht,[515] zu der beide gemeinsam auf Grund der staatlichen Wächteraufgabe aus Art. 6 Abs. 2 S. 2 GG verpflichtet sind.[516]

178 **c) Leistungen der Sozialhilfe, SGB XII.** Unter „öffentliche Hilfen" iSd. Abs. 3 Nr. 1 fallen neben den ausdrücklich Genannten auch Leistungen der Sozialhilfe, die (mittelbar) zur

---

[502] *Röchling* S. 239 f.
[503] *Münder u. a.*, Frankfurter LPK-KJHG, 4. Aufl. 2003, Einl. Rn. 10; *Röchling* S. 220.
[504] BayObLG FamRZ 1995, 502, 503; FamRZ 1997, 572; zu den Konsequenzen einer Entziehung des Aufenthaltsbestimmungsrechtes für die Beantragung/Inanspruchnahme von Leistungen nach dem SGB VIII vgl. OLG Düsseldorf FamRZ 1997, 105; LG Darmstadt FamRZ 1995, 143.
[505] Dazu *Sachs* Art. 20 Rn. 145 ff.
[506] OLG Frankfurt/M. DAVorm. 1993, 943 m. Anm. *Dickmeis*; *Erman/Michalski/Döll* Rn. 15; *Coester* FamRZ 1991, 253, 260; vgl. *Staudinger/Coester* § 1666a Rn. 13; *Röchling* ZfJ 2004, 257, 260.
[507] *Wiesner* SGB VIII Vor § 27 Rn. 31, 34; *ders.* ZBlJugR 1981, 509, 512 ff.; *Röchling* S. 238 ff.; *Rünz* S. 150 ff.; *Happe* Jugendwohl 1994, 92.
[508] Zu diesen beiden Aspekten vgl. *Rünz* S. 120 ff., 128 ff. u. 122 f., 145 ff., allerdings einen Eingriff in Art. 28 GG verneinend.
[509] Begriff nach *Münder* ZfJ 1991, 285, 288.
[510] So aber *Hinz* Kindesschutz Rn. 53 a ff.
[511] So aber *Coester* FamRZ 1991, 253, 260.
[512] Eine ausf. und abl. Auseinandersetzung mit dem nicht mehr geltenden § 48c JWG sowie § 1666a findet sich bei *Rünz* S. 127 ff.; ebenfalls *Röchling* S. 238 ff.; *Wiesner* ZBlJugR 1981, 509, 512 ff.; auch praktische Probleme berücksichtigend *ders.* SGB VIII Vor § 27 Rn. 32, 34.
[513] Vgl. *Wiesner* SGB VIII Vor § 27 Rn. 31; *Röchling* S. 239.
[514] Kritik in der 3. Aufl. Rn. 53 a.
[515] Konflikte und Abstimmungsdefizite zwischen Familiengerichten und Jugendhilfe beklagt *Meysen* JAmt 2002, 277. Mit dem Verhältnis von Jugendämtern und Familiengerichten – insbes. auch in tatsächlicher (nicht rechtlicher) Hinsicht – beschäftigen sich *Münder/Mutke/Schone*, Kindeswohl zwischen Jugendhilfe und Justiz, Münster 2000; s. dazu *Meysen* JAmt 2001, 330. Zur Mitwirkung des Jugendamtes im Verfahren vgl. ferner *Lohrentz* KindPrax 2001, 43, 46 f. *Ernst* FPR 2008, 602, 604 beschreibt das Verhältnis zwischen Familiengericht und Jugendamt als „Verantwortungsgemeinschaft in Rollenklarheit".
[516] Dazu auch *Wabnitz* ZfJ 2000, 336, 343; *Wiesner* SGB VIII Vor § 27 Rn. 35.

Abwehr von Gefahren für das Kindeswohl geeignet sind.[517] Der Gesetzgeber hat das gebotene Mittel nicht vom Aufwand, sondern allein vom Elternrecht und Kindeswohl abhängig gemacht.[518] In Betracht kommt u.a. die **Unterstützung bei der Haushaltsführung** gem. § 70 SGB XII[519] (vgl. auch §§ 20 SGB VIII, 38 SGB V), die gem. Abs. 2 die **Betreuung von Haushaltsangehörigen**, also von betroffenen Kindern, einschließt, zB durch Säuglingspflege, Beaufsichtigung der Schulaufgaben und die Versorgung mit regelmäßigen Mahlzeiten.[520] Derartige Hilfen sind insbes. bei **Vernachlässigung** des Kindes eine Alternative zur Trennung von der Familie.

2. Gebote zur Sorge um die Einhaltung der Schulpflicht, Nr. 2. Gem. Abs. 3 Nr. 2 kann das Familiengericht Gebote aussprechen, um für die Einhaltung der **Schulpflicht** zu sorgen. In Betracht kommt zum einen die Auflage an die Eltern, Kontakt zu den Lehrern aufzunehmen. Ebenfalls zulässig erscheint das Gebot, das Kind regelmäßig zur Schule zu bringen.[521] Ob die verbindliche Anweisung des Gerichts geeignet ist, die Kindeswohlgefährdung zu beenden, wird bezweifelt.[522] Die mögliche Durchsetzung der angeordneten Gebote mit den Zwangsmitteln der §§ 89 ff. FamFG räumt diese Zweifel kaum aus. Die in § 89 Abs. 3 FamFG vorgesehene **Androhung und Festsetzung eines Zwangsgeldes** von bis zu 25 000 € führt bei Familien, die überdurchschnittlich häufig in schwierigen wirtschaftlichen Verhältnissen leben, nicht unbedingt zu einer großen Akzeptanz gerichtlicher Weisungen. Das Zwangsgeld lässt sich auch nicht in Haft umwandeln, wenn es nicht beizutreiben ist.[523] Entscheidend für die Wirksamkeit niederschwelliger Gebote bleibt damit vielmehr der Zeitpunkt der Anweisungen. Wird das Gericht erst nach langer, erfolgloser Intervention durch das Jugendamt eingeschaltet, dient auch das in § 157 FamFG vorgesehene **Erziehungsgespräch** nur noch selten als Warnung an die Eltern. Dieses Gespräch, an dem Richter, Eltern, Jugendamt und in geeigneten Fällen auch das Kind teilnehmen sollen und das über die öffentlichen Hilfen, aber auch die Folgen ihrer Nichtannahme aufklärt, hilft nur, wenn es zeitnah erfolgt, nachdem der Schulbesuch abbricht oder unregelmäßig wird. Zu begrüßen ist deshalb das ins Gesetz aufgenommene **Beschleunigungsgebot** des § 155 FamFG, wonach ein Erörterungstermin bei Kindeswohlverfahren spätestens einen Monat nach Beginn des Verfahrens stattfinden muss. Die Position des Jugendamtes wird durch den 2005 in Kraft getretenen § 8a SGB VIII[524] gestärkt, der bereits bei **Anhaltspunkten** für die **Gefährdung** des Kindeswohls erlaubt, das Familiengericht einzuschalten. Bei rechtzeitiger und enger Zusammenarbeit von Schulen, Jugendamt und Familiengerichten führen weniger eingriffsintensive Gebote des Gerichts eher zum Erfolg als Zwangsgeld, das regelmäßig nicht bezahlt werden kann.[525]

Erweisen sich niederschwellige Maßnahmen als ungeeignet, um den Schulbesuch zu normalisieren oder hält sie das Gericht – etwa bei vollständiger Schulverweigerung aus religiösen oder weltanschaulichen Gründen – von vornherein für unangemessen, ist zunächst ein **einstweiliger Teilsorgerechtsentzug** geboten. In diesen Fällen wird ein **Ergänzungspfleger** mit dem Wirkungskreis der „Sicherstellung der Beschulung und Ausbildung" bestellt.[526] Das weitere Vorgehen hängt von der Kooperationsbereitschaft der Eltern ab.

3. Nutzungs- und Aufenthalts- sowie Kontaktverbote, Nr. 3, 4. a) Allgemeines. Abs. 3 Nr. 3 und 4 übernehmen die Rechtsfolgen des § 1 Abs. 1 S. 3 Nr. 1–5 GewSchG. Der leicht abweichende Wortlaut ist auf redaktionelle Änderungen zurückzuführen, was in der Gesetzesbegründung ausdrücklich angegeben wird, die Rechtsfolgen seien dem **Gewaltschutzgesetz** entnommen.[527] Wie § 1 GewSchG dienen daher auch die Maßnahmen in Abs. 3 Nr. 3 und 4 dem präventiven zivilrechtlichen Schutz für Opfer von Gewalttaten, Bedrohungen oder Nachstellungen, wobei unter „Opfer" nach Sinn und Zweck von § 1666 aber nur Kinder zu verstehen sind.

Das Familiengericht hat durch Nr. 3 und 4 bereits ein weites Maßnahmenspektrum und ist dabei im Gegensatz zum Gewaltschutzgesetz auch **nicht an den Antrag** des Opfers gebunden. Unter

---

[517] Vgl. noch zu der unter dem BSHG geltenden Rechtslage *Rünz* S. 85.
[518] BT-Drucks. 8/2788 S. 60.
[519] Früher § 70 BSHG: Zum 1. 1. 2005 wurden die Bestimmungen des bis dahin geltenden Bundessozialhilfegesetzes (BSHG) im Zuge des Gesetzes zur Einordnung des Sozialhilferechts in das Sozialgesetzbuch (BGBl. 2003 I S. 3022) durch die Vorschriften des SGB XII abgelöst.
[520] *Wiesner* ZBlJugR 1981, 509, 516; weitere Maßnahmen bei *Rünz* S. 85 ff.
[521] *Ernst* FPR 2008, 602, 604.
[522] Zu § 33 FGG aF krit. *Röchling* FamRZ 2007, 431 ff.; *Rosenboom/Rotax* ZRP 2008, 1 ff.
[523] BayObLG FamRZ 1993, 823; *Keidel/Zimmermann* § 35 FamFG Rn. 42.
[524] Ausf. zu § 8a SGB VIII vgl. *Wiesner* FPR 2007, 6, 9 ff. sowie *Trenczek* S. 173 ff.
[525] Vgl. auch *Raak* FPR 2007, 478 ff.
[526] OLG Brandenburg NJW 2006, 235; OLG Koblenz NJW-RR 2005, 1164; Brühler Schriften zum FamR, 16. Dt. Familiengerichtstag, Bd. 14, 2006, S. 134 ff.; *Meysen* NJW 2008, 2673, 2674; *Raak* FPR 2007, 478 ff.
[527] BT-Drucks. 16/6815 S. 11.

Beachtung des Grundsatzes der Verhältnismäßigkeit muss bei mehreren möglichen Maßnahmen diejenige eintreten, durch die der Wiederholungsgefahr am ehesten begegnet wird und die gleichzeitig am wenigsten in die Rechte des Täters eingreift.

183 Soweit diese Anordnungen das Umgangsrecht des Elternteils bzw. des Kindes beschränken, sind zusätzlich die Voraussetzungen des § 1684 Abs. 4 zu beachten.[528] Zur Möglichkeit der Umgangspflegschaft (vgl. Rn. 86).

184 **b) Wohnungsausweisung, Nr. 3. aa) Allgemeines.** Nach Abs. 3 Nr. 3 darf das Familiengericht das Verbot erlassen, vorübergehend oder auf unbestimmte Zeit die Familienwohnung oder eine andere Wohnung zu nutzen. Diese sog. **„Wegweisung"** (auch „go-order" genannt) eines gefährdenden Erwachsenen aus dem Umfeld des Kindes war bereits vor Änderung des § 1666[529] als Maßnahme nach Abs. 1 bzw. 4 möglich. Der Gesetzgeber hatte die Wohnungsausweisung sogar schon 2002 in § 1666a aufgenommen.[530] Dies bot sich in systematischer Hinsicht deshalb an, weil § 1666a im Gegensatz zu § 1666 schon damals konkrete Maßnahmen auflistete.[531] Ziel der Aufnahme ins Gesetz war – ähnlich wie heute – nicht die Erweiterung des Maßnahmenkatalogs, sondern eine Bewusstseinsänderung der gerichtlichen Praxis. Nach Auffassung des Gesetzgebers machten die Gerichte nämlich von der Wohnungsausweisung zu wenig Gebrauch.[532] Der Schutz des Kindes wurde vielmehr durch Trennung und Unterbringung des Kindes in einem Heim oder einer Pflegefamilie realisiert.[533]

185 Die Neufassung des § 1666[534] und Aufnahme der Wegweisung in Abs. 3 Nr. 3 soll nach Ansicht des Gesetzgebers die Richter zur Ausschöpfung ihres Handlungspotenzials anregen.[535] Ob dieses Ziel erreicht wird, lässt sich zum jetzigen Zeitpunkt noch nicht beurteilen. Zweifel begründet die Tatsache, dass seit Aufnahme der Ausweisung in § 1666a kein signifikanter Anstieg gerichtlicher Wegweisungen von Elternteilen zu verzeichnen ist. Zudem wird beobachtet, dass die mit dem Kind zurückbleibende Person eine solche familiengerichtliche Maßnahme häufig nicht unterstützt oder auch nur akzeptiert, weil sie sich nicht von ihrem Partner trennen will.[536]

186 **bb) Adressaten.** Die gerichtliche Wohnungsausweisung kann sich zunächst gegen einen Elternteil richten und diesem die Nutzung der Familienwohnung untersagen. Aber auch Dritte, zB Lebensgefährten, Verwandte oder auch Außenstehende sind taugliche Adressaten einer derartigen Anordnung.[537] Sie dürfen nicht nur aus der von dem Kind mitbenutzten Wohnung, sondern darüber hinaus auch einer von dem Kind gar nicht frequentierten Wohnung (zB im selben Haus oder in der Nachbarschaft) verwiesen werden, sofern sie von dort aus das Kindeswohl gefährden (ausf. s. Rn. 209 f.).

187 **cc) Dauer.** Die Ausweisung ist „vorübergehend" oder „auf unbestimmte Zeit" auszusprechen. Die Dauer orientiert sich an Verhältnismäßigkeitserwägungen und hängt davon ab, ob die Chance auf eine Normalisierung der Verhältnisse besteht. Eine befristete Wohnungsausweisung bietet sich auch im Falle einer negativen Zukunftsprognose an, um eine anderweitige Lösung, zB eine Fremdunterbringung des Kindes, vorzubereiten. Nach § 1666a Abs. 1 S. 3 soll bei der Bemessung der Dauer einer Maßnahme insbes. berücksichtigt werden, ob dem Betroffenen ein dingliches oder mietvertragliches Nutzungsrecht an der Wohnung bzw. dem Grundstück zusteht. Ist der Auszuweisende Eigentümer oder sonst dinglich Berechtigter, scheidet den Gesetzesmaterialien zufolge eine „Wegweisung" auf unbestimmte Zeit „grundsätzlich" aus.[538] In einem solchen Fall muss dem Kind und dem mit ihm verbleibenden Elternteil vielmehr mittel- bzw. langfristig zugemutet werden, eine neue Wohnung zu suchen, wenn sich für die Gefährdungssituation keine andere Lösung findet.[539] Im Übrigen sind alle länger dauernden familiengerichtlichen Maßnahmen gem. § 1696 Abs. 3 in

---

[528] BT-Drucks. 14/8131 S. 9; *Janzen* FamRZ 2002, 785, 789.
[529] Durch Gesetz zur Erleichterung familiengerichtlicher Maßnahmen bei Gefährdung des Kindeswohls v. 4. 7. 2008, BGBl. I S. 1188 ff.
[530] Im Zuge des Gesetzes zur weiteren Verbesserung von Kinderrechten v. 9. 4. 2002, BGBl. I S. 1239 ff.
[531] BT-Drucks. 14/8131 S. 9.
[532] BT-Drucks. 14/8131 S. 9.
[533] BT-Drucks. 14/8131 S. 8.
[534] Durch Gesetz zur Erleichterung familiengerichtlicher Maßnahmen bei Gefährdung des Kindeswohls v. 4. 7. 2008, BGBl. I S. 1188 ff.
[535] BT-Drucks. 16/6815 S. 11; *Wiesner* FPR 2007, 6 ff.
[536] *Janzen* FamRZ 2002, 785, 788; *Höflinger* ZfJ 2004, 63, 66 krit. zudem die zunehmende Tendenz, Frauenhäuser unter Hinweis auf die Möglichkeit der Wohnungswegweisung schließen zu lassen.
[537] Vgl. *Staudinger/Coester* § 1666a Rn. 27.
[538] Zum Ganzen BT-Drucks. 14/8131 S. 9.
[539] *Staudinger/Coester* § 1666a Rn. 27 mwN.

angemessenen Zeitabständen zu überprüfen. Dies betrifft insbes. die „Wegweisung" auf unbestimmte Zeit.

c) Weitere Maßnahmen nach Nr. 3. Neben der Wohnungsausweisung hat das Gericht die Möglichkeit, flankierende Maßnahmen zu treffen. Gem. Abs. 3 Nr. 3 kann es dem betroffenen Elternteil zB verbieten, sich in einem bestimmten Umkreis der Wohnung aufzuhalten, der unter Beachtung der örtlichen Verhältnisse – etwa der Bebauungsdichte – genau festzulegen ist.[540] Außerdem besteht die Möglichkeit, dem Täter nach Abs. 3 Nr. 3 zu untersagen, bestimmte andere Orte, an denen sich das Kind regelmäßig aufhält, aufzusuchen, etwa Schule und Kindergarten, aber auch öffentlich zugängliche Orte,[541] die wiederum genau zu bezeichnen sind. Bei Bedarf wird das Verbot auf bestimmte Tageszeiten beschränkt.[542]

d) Kontaktverbote, Nr. 4. Abs. 3 Nr. 4 ermächtigt das Gericht, dem aus der Wohnung gewiesenen Elternteil zu untersagen, Verbindung zum Kind aufzunehmen. Dieses Kontaktverbot kann sich auf alle denkbaren Kommunikationsmittel wie Telefon, Mobiltelefon, Telefax, Internet/e-mail usw. beziehen. Einen Auffangtatbestand stellt letztlich das Verbot dar, ein Zusammentreffen mit dem Kind herbeizuführen. Darunter fällt auch die Anordnung, unverzüglich einen näher zu bestimmenden Abstand zum Kind einzunehmen, falls es zu einer zufälligen Begegnung kommt.[543]

4. Ersetzung von Erklärungen der Sorgerechtsinhaber, Nr. 5. Diese Maßnahme wurde als einzige bereits vor Inkrafttreten des Gesetzes zur Erleichterung familiengerichtlicher Maßnahmen bei Gefährdung des Kindeswohls (vom 4. 7. 2008, BGBl. I S. 1188 ff.) in Abs. 3 genannt.

Wollen oder können die Sorgerechtsinhaber eine Willenserklärung oder sonstige Erklärung nicht abgeben, die zur Abwehr einer Kindeswohlgefährdung nötig erscheint, so hat das Familiengericht gem. Abs. 3 Nr. 5 die Möglichkeit, diese zu ersetzen. Dazu bedarf es nicht der Bestellung eines Ergänzungspflegers gem. § 1909 Abs. 1.[544] Abs. 3 Nr. 3 stellt also systematisch eine **spezialgesetzliche Ausweitung** der Kompetenz des Familiengerichts gem. § 1693 dar. Die Einwilligung in **Heileingriffe** und **ärztliche Untersuchungen** hat in diesem Zusammenhang besondere praktische Bedeutung, ebenso der Abschluss des entsprechenden **Arztvertrages**.[545] Aber auch die verweigerte oder nicht mögliche Zustimmung zu sonstigen **Rechtsgeschäften** des Kindes und **Anträgen** auf Leistungen der Kinder- und Jugendhilfe gem. SGB VIII[546] kann eine Ersetzung gem. Abs. 3 erforderlich werden lassen. Der Anwendungsbereich der Vorschrift ist nicht auf die Personensorge beschränkt, sondern erstreckt sich auch auf die Vermögenssorge.[547] Die Erklärung gilt mit Wirksamkeit der gerichtlichen Verfügung als abgegeben, § 40 Abs. 1 FamFG.[548]

5. Teilweise oder vollständige Entziehung der elterlichen Sorge, Nr. 6. Das Gericht kann nach Abs. 3 Nr. 6 entweder Teilbereiche der elterlichen Sorge, zB das Aufenthaltsbestimmungsrecht oder das Vertretungsrecht, oder aber die gesamte elterliche Sorge entziehen, wobei der Grundsatz der Verhältnismäßigkeit zu wahren ist.[549]

Vor der Novellierung des Gesetzes[550] ordnete das Gericht in ca. 60 % der Fälle den teilweisen oder vollständigen Entzug der elterlichen Sorge an und schöpfte damit die Vielfalt der in Abs. 1 vorgesehenen Eingriffsmaßnahmen (s. Rn. 168 ff.) nicht aus.[551] Dabei stieg die Zahl der Sorgerechtsentzüge in den vergangen Jahren auch deutlich an.[552] Inwieweit Gerichte in Zukunft verstärkt

---

[540] BT-Drucks. 14/5429 S. 29.
[541] BT-Drucks. 14/5429 S. 29.
[542] PWW/*Weinreich* § 1 GewSchG Rn. 15.
[543] BT-Drucks. 14/5429 S. 29.
[544] Seit dem SorgeRG vom 18. 7. 1979, BGBl. I S. 1061; s. a. BT-Drucks. 7/2060 S. 29. Vgl. auch *Vogel* FPR 2008, 617.
[545] ZB OLG Brandenburg FamRZ 2008, 2147 [Ersetzung der Zustimmung zur psychologischen Begutachtung]; OLG Zweibrücken FamRZ 1999, 521; OLG Hamm NJW 1998, 3424; OLG Celle NJW 1995, 792; *Dierks/Diederichsen* S. 97 ff.; s. a. Rn. 77 ff. Zu Schwangerschaftsabbrüchen s. Rn. 63 ff.
[546] Vgl. dazu *Vogel* FPR 2008, 617.
[547] Vgl. *Vogel* FPR 2008, 617, 618, der als Beispiel die Kündigung von Mietverhältnissen in einem dem Kind gehörenden Haus nennt.
[548] Zum Konkurrenzverhältnis von § 1666 und § 1748 vgl. Rn. 15 bzw. 199.
[549] Die gesamte Personensorge darf nur entzogen werden, wenn andere Maßnahmen erfolglos geblieben sind; vgl. OLG Köln FamRZ 2008, 1553 f.; OLG Karlsruhe FamRZ 2007, 576; s. § 1666a.
[550] Gesetz zur Erleichterung familiengerichtlicher Maßnahmen bei Gefährdung des Kindeswohls v. 4. 7. 2008, BGBl. I S. 1188 ff.
[551] Vgl. BT-Drucks. 16/6815 S. 9.
[552] Die Zahl der Sorgerechtsentzüge stieg nach Angaben des Statistischen Bundesamtes im Jahr 2009 im Vergleich zum Jahr 2005 deutschlandweit um 40 % an vgl. Pressemitteilung des Statistischen Bundesamtes Nr. 021 v. 24. 5. 2011.

§ 1666   194–197   Abschnitt 2. Titel 5. Elterliche Sorge

das Spektrum möglicher Eingriffsmaßnahmen ausschöpfen und sich damit an diesen Zahlen etwas durch die Novellierung des § 1666 ändern wird, bleibt abzuwarten.[553]

194 **a) Im Bereich der Personensorge. aa) Entzug der gesamten Personensorge.** Die Rechtsposition „elterliche Sorge" kann zwecks Gefahrabwendung vollständig entzogen werden, allerdings nur unter Beachtung des § 1666a Abs. 2 (vgl. dazu § 1666a Rn. 25 ff.). Ein solcher vollständiger Entzug folgt nicht schon aus der **Trennung** (ausf. dazu § 1666a Rn. 10 ff.) des Kindes von der elterlichen Familie. Diese geht vielmehr mit dem Verlust des Aufenthaltsbestimmungsrechtes als Teil der Personensorge einher, wenn auch eine praktische Unterscheidung der Entziehung der gesamten Personensorge und der Trennung des Kindes von der Familie teilweise unklar ist (dazu § 1666a Rn. 7 f.). Auf der anderen Seite bringt der Entzug der gesamten Personensorge regelmäßig[554] eine Trennung des Kindes von seiner Familie mit sich.

195 Eine Entziehung der **gesamten** Personensorge liegt vor, wenn die Sorgeberechtigten durch die gerichtliche Maßnahme beide Teilbereiche, dh. die **tatsächliche Sorge** für die Person des Kindes und das **Vertretungsrecht** gem. §§ 1626 Abs. 1 S. 2, 1629 Abs. 1 S. 1[555] verlieren. Bereits beim Verlust des erstgenannten Teilbereiches kommt es idR zugleich zur **Trennung** des Kindes von den Eltern und damit zu einer Maßnahme gem. § 1666a Abs. 1.[556] Zieht das Familiengericht die Entziehung der **gesamten Personensorge** in Betracht, so muss es klären, ob dazu keine Alternative besteht und was mit dem Kind geschehen soll. Eine Verlagerung aller weiteren Entscheidungen auf den gem. § 1909 Abs. 1 S. 1 zu bestellenden **Pfleger** ist nicht zulässig.[557] Wird den Eltern zwar die gesamte Personen-, nicht aber die Vermögenssorge entzogen, so bestellt das Gericht keinen **Vormund,** sondern ebenfalls nur einen **Pfleger.**[558]

196 **bb) Entzug des Aufenthaltsbestimmungsrechts.** Das **Aufenthaltsbestimmungsrecht** als wichtiges Element der Personensorge, § 1631 Abs. 1, darf durch das Familiengericht **eingeschränkt** oder gänzlich **entzogen** werden,[559] und zwar auch **vorübergehend,** etwa zu Untersuchungszwecken.[560] Eine Entziehung ist idR mit der **Trennung** des Kindes von seinen Eltern oder dem Aufrechterhaltung verbunden.[561] Das Familiengericht muss aus Gründen der **Verhältnismäßigkeit vorrangig** die **Einschränkung** des Aufenthaltsbestimmungsrechts anordnen, zB dahingehend, dass lediglich die Rückkehr ins Elternhaus verboten wird,[562] wobei aber der Verhältnismäßigkeitsgrundsatz und damit das Gebot des geringstmöglichen Eingriffs nicht zur Folge hat, dass im Zweifel eine unsichere aber mildere Maßnahme gewählt werden muss.[563] Dem Eingriff in das Aufenthaltsbestimmungsrecht geht außerdem als mildere Maßnahme eine **Verbleibensanordnung** gem. § 1632 Abs. 4 vor, wenn sich das Kind bei einer Pflegeperson befindet.[564] Ausreichend für den Entzug des Aufenthaltsbestimmungsrechtes ist jedoch nicht, dass das Kind bei Pflegeeltern besser aufgehoben sein würde als bei den leiblichen Eltern, da es **keinen Anspruch** des Kindes **auf die bestmöglichen Eltern** gibt.[565]

197 Die **gerichtliche Einwirkung** auf das Aufenthaltsbestimmungsrecht wehrt uU zwar zunächst die Gefahr für das Kindeswohl ab, kann sich aber auf Dauer als **ungenügend** erweisen. Für die Erziehung und Betreuung des Kindes ist deshalb nötig, dass **Pflegepersonen** in einem Heim oder Familien ausreichende **Befugnisse** erhalten, vor allem bei längerem oder voraussichtlich sogar endgültigem Entzug des elterlichen Aufenthaltsbestimmungsrechtes. Deren in § 1688 Abs. 1, 2 begrün-

---

[553] Diese Frage lässt auch *Meysen* NJW 2008, 2673, 2674 unbeantwortet. Vgl. dazu auch Rn. 150.
[554] AA 3. Aufl. Rn. 13: Stets.
[555] *Erman/Michalski/Döll* § 1626 Rn. 14; *Soergel/Strätz* § 1626 Rn. 12.
[556] Vgl. zB OLG Frankfurt/M. FamRZ 1983, 530 f.; zum Verhältnis von Abs. 1 und 2 s. § 1666a Rn. 7 f.
[557] *Zenz,* Kindesmisshandlung und Kindesrechte, 1979, S. 362 ff.; *Wiesner* ZBlJugR 1981, 509, 520.
[558] BayObLG FamRZ 1997, 1553.
[559] ZB BayObLG FamRZ 1999, 1154; FamRZ 1997, 954; FamRZ 1995, 502; FamRZ 1995, 948; FamRZ 1995, 1437, 1438; FamRZ 1994, 1411; AG Kamen DAVorm. 1995, 258.
[560] BayObLG ZfJ 1996, 106; vgl. zur Dauer auch Rn. 161.
[561] Vgl. zB BayObLG ZfJ 1996, 106; FamRZ 1994, 975; AG Kamen DAVorm. 1995, 258; zu den Konsequenzen einer Entziehung des Aufenthaltsbestimmungsrechtes für die Beantragung/Inanspruchnahme von Leistungen nach dem SGB VIII OLG Düsseldorf FamRZ 1997, 105; LG Darmstadt FamRZ 1995, 143.
[562] Vgl. dazu BayObLG FamRZ 1965, 280 u. *Palandt/Diederichsen* Rn. 41.
[563] Vgl. ausf. hierzu KK-FamR/*Ziegler* Rn. 54 mwN.
[564] OLG Frankfurt/M. FamRZ 2011, 382; FamRZ 2000, 1037, 1038; OLG Karlsruhe FamRZ 1994, 1544, 1545; *Siedhoff* FamRZ 1995, 1254, 1255; *Palandt/Diederichsen* Rn. 36; zu den Voraussetzungen einer Verbleibensanordnung s. OLG Frankfurt/M. FamRZ 2004, 720 f. m. Anm. *Doukkani-Bördner;* OLG Karlsruhe FamRZ 2004, 722 f.; zur Tragung von Sachverständigenkosten OLG Celle FamRZ 2004, 390 f. m. Anm. *Hoffmann.*
[565] OLG Brandenburg FamRZ 2009, 994 ff.; OLG Hamm FamRZ 2006, 1476, 1477; FamRZ 2004, 1664; OLG Frankfurt/M. JAmt 2003, 39; vgl. zu einem anders gelagerten Fall, in dem das Kind in der Pflegefamilie belassen wurde OLG Frankfurt/M. FamRZ 2003, 1317 f. m. Anm. *Doukkani-Bördner.*

dete Entscheidungsrechte reichen sowohl vom Umfang her als auch wegen der Widerrufsmöglichkeit gem. § 1688 Abs. 3 nicht aus. Das Familiengericht ist deshalb gehalten, in Anbetracht seiner Grundrechte aus Art. 1, 2 GG „positiv die Lebensbedingungen für ein gesundes Aufwachsen des Kindes zu schaffen"[566] – und zwar uU außerhalb der Herkunftsfamilie.[567] Dem Willen von Jugendlichen – insbes. kurz vor der Volljährigkeit – kommt dabei besondere Bedeutung zu.[568]

Der bloße **Entzug des Aufenthaltsbestimmungsrechtes** mit dem Ziel, die Unterbringung **198** des Kindes in einer Pflegefamilie zu gewährleisten, nimmt den Sorgerechtsinhabern nicht die Entscheidungsmöglichkeit über die Inanspruchnahme von **Jugendhilfeleistungen.** Daraus folgt, dass sie jederzeit ihr etwaiges Einverständnis mit der Unterbringung des Kindes in der Pflegefamilie zurückziehen können. Dadurch wird die gewährte Hilfe rechtswidrig.[569] Dieser Situation ist uU durch einen gleichzeitigen Entzug des Rechts auf Entscheidung über die Inanspruchnahme von Hilfen zur Erziehung vorzubeugen. Der Auffassung,[570] die Übertragung des Aufenthaltsbestimmungsrechtes räume dem Berechtigten gleichzeitig die Befugnis ein, Erziehungshilfen nach §§ 27 f. SGB VIII zu beantragen, ist nicht zuzustimmen. Beide Tatbestände unterscheiden sich deutlich.[571] In rechtlicher Hinsicht gilt es somit zu beachten, dass die Übertragung des Aufenthaltsbestimmungsrechtes allein dem Berechtigten noch keine weiteren Befugnisse verschafft, so dass diese ausdrücklich in der Entscheidung angeordnet werden müssen.[572]

Wenn auf andere Weise die Kindeswohlgefährdung nicht beseitigt werden kann, hat das Gericht **199** im Interesse des Kindes die **Adoption** anzustreben.[573] An die Ersetzung der notwendigen elterlichen Zustimmung stellt § 1748 allerdings höhere Anforderungen als § 1666 an einen familiengerichtlichen Eingriff zur Gefahrenabwehr.[574] Daher mag ein **Sorgerechtsentzug** gem. § 1666 gerechtfertigt sein, ohne dass die Voraussetzungen des § 1748 erfüllt sind.[575] Diesen Kindern bleibt dann allerdings eine dauerhafte und gesicherte Entwicklungsperspektive mangels Adoption vorenthalten.

b) Im Bereich der Vermögenssorge. Der Entzug der Vermögenssorge gründet sich nach **200** dem Wegfall des § 1667 Abs. 5 aF auf die Generalklausel des Abs. 1. Ihre vollständige Entziehung stellt das **letzte Mittel des Vermögensschutzes** dar,[576] so dass dem Ermessensgebrauch besondere Bedeutung zukommt.[577] Bei gleicher Geeignetheit ist der **teilweise Entzug der Vermögenssorge** vorrangig. Zur Abwehr einer Vermögensgefährdung reicht es beispielsweise auch schon aus, den Eltern die **Verwaltung** eines Mietshauses zu **entziehen**[578] oder **Vermächtnisansprüche** der Kinder **geltend zu machen,** wenn der überlebende Ehegatte diese Ansprüche weder erfüllt noch sicherstellt.[579] Bei **ungenügender Inventarisierung** des Kindesvermögens gem. § 1667 Abs. 1 S. 1, 2 sind zunächst Anordnungen gem. Abs. 1 S. 3 der Norm in Betracht zu ziehen. Erst wenn daraufhin kein Verzeichnis eingereicht wird, kommt der Entzug der Vermögenssorge in Betracht.[580] Grundsätzlich sollte darüber hinaus bei gen. §§ 89 ff. FamFG erzwingbaren Maßnahmen (vgl. § 1667 Rn. 11, 14, 21, 27) die Vermögenssorge erst entzogen werden, wenn die **Androhung eines Zwangsgeldes** erfolglos geblieben ist,[581] wobei der effektive Schutz des Kindesvermögens aber stets Vorrang hat.[582]

Bei **Entziehung** der Vermögenssorge wird mit der familiengerichtlichen Anordnung dieser Sor- **201** gerechtsbereich idR sowohl in **tatsächlicher** als auch in **rechtlicher Hinsicht** aufgehoben. Die **teilweise Entziehung** der Vermögenssorge kann aber auf **einzelne Vermögensgegenstände** des

---

[566] BVerfGE 24, 119, 145.
[567] Vgl. dazu ebenfalls § 37 Abs. 1 SGB VIII; *Certain* ZBlJugR 1968, 104; *Longino* S. 79.
[568] BayObLG FamRZ 1997, 954.
[569] BVerwG FamRZ 2002, 668; DIJuF-Gutachten JAmt 2001, 76.
[570] OLG Frankfurt/M. JAmt 2001, 90 m. abl. Anm. *Meysen* mwN.
[571] Vgl. auch das DIV-Gutachten DAVorm. 1997, 393.
[572] AA LG Darmstadt FamRZ 1995, 1435, 1436.
[573] *Wiesner* SGB VIII § 37 Rn. 29; *Salgo* S. 370; Problemdarstellung bei *Longino* S. 1.
[574] *Staudinger/Coester* Rn. 227; *Longino* S. 81; einschränkend *Röchling* ZfJ 2000, 214, 217.
[575] OLG Hamm ZfJ 1984, 364; OLG Frankfurt/M. FamRZ 1983, 531; AG Kerpen ZfJ 1985, 470; *Longino* S. 81; *Zenz* S. 358 ff.; *Coester* FamRZ 1991, 253, 259 f.; einschränkend *Röchling* ZfJ 2000, 214.
[576] BayObLG FamRZ 1983, 528, 530; FamRZ 1979, 71, 73; OLG Frankfurt/M. NJW-RR 2005, 1382; OLG München Beschl. v. 20. 12. 1999, Az. 16 UF 1616/99 (unveröff.); LG Münster DAVorm. 1981, 604; *Soergel/Strätz* § 1667 Rn. 10 zur alten Rechtslage.
[577] BayObLG FamRZ 1994, 1191, 1192; FamRZ 1991, 1339, 1341.
[578] BayObLG FamRZ 1983, 528, 530.
[579] BayObLG FamRZ 1982, 640.
[580] Vgl. KG HRR 1935, Nr. 17.
[581] Zu § 33 FGG aF LG Münster DAVorm. 1981, 604; vgl. auch BayObLG FamRZ 1979, 71, 73 zu § 1669 aF.
[582] *Soergel/Strätz* § 1667 Rn. 10.

Kindes beschränkt werden. Ging die **Gefährdung** des Kindesvermögens **nur von einem der** beiden **vermögenssorgeberechtigten Elternteile** aus, so kommt dennoch ein Entzug dieser Rechtsposition bei beiden Elternteilen in Betracht, wenn der andere seine Überwachungspflicht unzureichend erfüllt hat.[583] Zur Begründung lässt sich zunächst das Verhältnis von Abs. 1 und Abs. 2 in § 1667 aF heranziehen. Seit der Neufassung im KindschaftsRG vom 16. 12. 1997 folgt die mögliche Inanspruchnahme beider Elternteile daraus, dass § 1667 Abs. 1 sie gemeinsam uneingeschränkt verpflichtet, während § 1666 Abs. 1 nur eine Vermögensgefährdung durch den Sorgerechtsinhaber verlangt. Sorgerechtsinhaber, die die Vermögenssorge verloren haben, müssen über das Kindesvermögen **Rechnung legen** und es **herausgeben,** vgl. § 1698. Zudem entfällt das **Verwendungsrecht** aus § 1649 Abs. 2.[584]

IV. Weitere Abwehrmaßnahmen

202 **1. Im Bereich der Personensorge.** Mögliche Maßnahmen im Bereich der Personensorge finden sich in den Ausführungen zu § 1666a (vgl. § 1666a Rn. 10 ff.).

203 **2. Im Bereich der Vermögenssorge.** Exemplarische Maßnahmen bei Gefährdung des Kindesvermögens sind in den Anmerkungen zu § 1667 erläutert (vgl. § 1667 Rn. 1 ff.).

204 **a) Gesetzlich nicht geregelte Abwehrmaßnahmen.** Zu den Beispielen zulässiger, aber gesetzlich **ungeregelter Gefahrenabwehrmaßnahmen** gehört die Anordnung, einen **geeigneten Prozessbevollmächtigten** zu bestellen, um das Kindesvermögen vor einer Gefährdung durch sachwidrige Prozessführung des vertretungsberechtigten Elternteils zu bewahren.[585] Das Familiengericht hat dagegen keine Befugnis, den Inhaber der elterlichen Sorge bindend anzuweisen, Kindesrechte klageweise geltend zu machen.[586] Es besteht hingegen die Möglichkeit, ihn unter Verweis auf die Subsidiaritätsklausel in Abs. 1 darauf hinzuweisen, dass anderenfalls gerichtliche Maßnahmen im Hinblick auf die Vermögenssorge anstehen. Praxisrelevant ist die **Hinterlegungsanordnung** ausstehender Grundstückserlöse. Eine **Veräußerungsgenehmigung** darf das Gericht allerdings nicht schon im Voraus vom Nachweis einer bestimmten Kaufpreisanlegung abhängig machen (vgl. § 1643 Rn. 29, 5 f.). In schwereren Fällen kann die Vertretungsmacht der Eltern beschränkt werden, indem für alle **Verpflichtungs- und Verfügungsgeschäfte** die Zustimmung eines **Pflegers** angeordnet wird. Eine solche Maßnahme kommt in ihrer Wirkung dem Entzug der Vermögenssorge nahe, so dass sie nur im Falle ihrer Verhältnismäßigkeit (vgl. Rn. 155 ff.) angeordnet werden darf, dann allerdings auch im Wege **einstweiliger Anordnung.**[587]

205 **b) Dinglicher Arrest.** Zum Schutz des Kindesvermögens ist ein **dinglicher Arrest** in das **Elternvermögen** zulässig. Die Rechtsgrundlage dafür enthält allerdings nicht Abs. 1, sondern sie folgt aus §§ 916 ff. ZPO.[588] Die Voraussetzungen für einen dinglichen Arrest können neben denen des Abs. 1 – also auch unabhängig davon – vorliegen. Das Arrestgesuch gem. §§ 916 ff. ZPO stellt selbst keine von Amts wegen anzuordnende familiengerichtliche Maßnahme dar. Vielmehr ist dem Minderjährigen hierzu ein **Verfahrenspfleger** zu bestellen. Bereits das RG hat in dem Fall, dass dem Kind ein **betagter Leistungsanspruch** gegen den Sorgerechtsinhaber zustand und zu befürchten war, letzterer werde durch Verschwendung von Vermögensgegenständen die künftige Vollstreckung zumindest wesentlich erschweren, einen Arrestantrag des Pflegers neben der gerichtlichen Anordnung von Vermögenssorgemaßnahmen mit der Begründung für zulässig erachtet, dass die Entziehung der Vermögenssorge allein nur unzulänglichen Schutz biete.[589]

206 **c) Familiengerichtliche Maßnahmen gegen Dritte.** Die Anordnung familiengerichtlicher Maßnahmen gegen Dritte ist in Abs. 4 geregelt. Nach der eindeutigen Gesetzesformulierung besteht keine Kompetenz des Gerichts, in Angelegenheiten der Vermögenssorge **unmittelbar Maßnahmen gegen Dritte** zu treffen. Damit wollte der Gesetzgeber verhindern, dass das Familiengericht durch zu umfassende Anordnungsmöglichkeiten die Vermögenssorge mehr oder weniger selbständig ausübt.[590] Eine von Dritten ausgehende Gefährdung des Kindesvermögens kann daher nur mit allgemeinen zivilrechtlichen und zivilprozessualen Mitteln abgewehrt werden.[591]

---
[583] *Staudinger/Coester* Rn. 245; vgl. § 1627 Rn. 8.
[584] Vgl. 1. Aufl. § 1667 Rn. 6.
[585] So bereits KG JFG 22, 174, 177 = DR 1941, 1073.
[586] KG HRR 1937, 1088; vgl. zu einer ähnlichen Problematik o. Rn. 175 ff.
[587] OLG Hamm ZBlJugR 1953, 253; zur einstweiligen Anordnung vgl. iÜ Rn. 234 ff.
[588] *Staudinger/Coester* Rn. 248.
[589] RG JW 1907, 203.
[590] *Palandt/Diederichsen* Rn. 46; *Staudinger/Coester* Rn. 249.
[591] BT-Drucks. 13/4899 S. 97.

Nach Sinn und Zweck des Abs. 4 sind jedoch bei Kindeswohlgefährdungen, die sowohl seine **207 persönlichen** als auch seine **Vermögensangelegenheiten** betreffen, in teleologischer Ausweitung der Norm Maßnahmen unmittelbar gegenüber Dritten zuzulassen.[592] Gleiches gilt aber auch in Fällen, in denen wegen Eilbedürftigkeit, Fristwahrung o. ä. nur so ein effektiver Kinderschutz gewährleistet werden kann.[593]

V. Vorläufige Maßnahmen

Zu vorläufigen Maßnahmen des Familiengerichtes im Rahmen des § 1666 vgl. die Ausführungen **208** zum einstweiligen Rechtsschutz (s. dazu Rn. 234 ff.).

VI. Maßnahmen mit Wirkung gegen einen Dritten, Abs. 4

1. Allgemeines. Abs. 4 ermöglicht dem Familiengericht, zur Abwehr von Gefahren für das **209** Kindeswohl auch Maßnahmen mit **Wirkung gegen einen Dritten** zu treffen. Dieser wird **Verfahrensbeteiligter**[594] und ist demzufolge **anzuhören**.[595] Wie sich aus dem systematischen Zusammenhang mit den Abs. 1–3 ergibt, fallen unter den Begriff des Dritten iSd. Vorschrift all diejenigen Personen, die gegenüber dem Kind **nicht sorgeberechtigt** sind. Dazu können auch die **biologischen Eltern** zählen, zB der mit der Mutter nicht verheiratete Vater, der (noch) keine Sorgeerklärung gem. § 1626a Abs. 1 Nr. 1 abgegeben hat. Ebenso ist eine **psychiatrische Klinik** als Dritter einzuordnen, wenn sie die Aufnahme des Kindes grundlos verweigert.[596] Eine **Obhutsbeziehung** zum gefährdeten Kind verlangt das Gesetz nicht. Es reicht vielmehr aus, dass der Dritte in irgendeiner Form auf die Familie einwirkt.[597] Der Zweck der Norm liegt darin, durch Anordnung gefahrenabwehrender Maßnahmen seitens des Familiengerichts den Eltern ein eigenes gerichtliches Vorgehen gegen Dritte zu ersparen.[598] Bei derartigen Maßnahmen hat das Familiengericht – wie auch sonst – den Verhältnismäßigkeitsgrundsatz (vgl. Rn. 155 ff.) zu beachten. Der Grundrechtseingriff auf Seiten des Dritten und die Folgen einer Untätigkeit für das Kind müssen gegeneinander abgewogen werden. Ferner ist die Schwere der Maßnahmen gegen den Dritten zu denkbaren Maßnahmen gegen die Eltern in Bezug zu setzen.

Zum **Schutz des Elternrechtes** gem. Art. 6 Abs. 2 S. 1 GG haben familiengerichtliche **Anordnungen gegen Dritte** grundsätzlich **Vorrang**.[599] Eine Ausnahme gilt aus **Verhältnismäßig- 210 keitserwägungen** allerdings dann, wenn die Kindeswohlgefährdung durch die Sorgerechtsinhaber unverhältnismäßig leichter zu beseitigen wäre als durch den Dritten (vgl. Rn. 157 ff. u. 209 f.). Abgesehen von diesem Sonderfall kommen Eingriffe in die Personensorge nur in Betracht, wenn anzunehmen ist, ohne sie würden die gegen die Dritten verhängten Maßnahmen nicht ausreichen,[600] etwa weil die Sorgerechtsinhaber weiterhin eine vom Familiengericht untersagte Kontaktmöglichkeit eröffnen oder jedenfalls nicht verhindern.[601] Ohne Belang ist, ob die Eltern sich pflichtgemäß um Gefahrabwendung bemüht haben oder nicht.[602] Auch die von ihnen ungenutzte Möglichkeit der Geltendmachung eigener Ansprüche bleibt außer Betracht.[603]

2. Umgangsverbote. Als Maßnahmen des Familiengerichts mit Wirkung gegen einen Dritten **211** kommen insbes. **Umgangsverbote** in Betracht. Der Umgang mit dem Kind umfasst in erster Linie die Möglichkeit der **persönlichen Begegnung** durch Sprechen bzw. Schreiben und Sehen.[604] Die Unterbindung des Umgangs erfolgt deshalb vor allem durch **Kontakt- und sonstige Einwir-**

---

[592] *Staudinger/Coester* Rn. 249; zu dem Sonderfall eines unmittelbar gegenüber einer Bank anzuordnenden Kontosperrvermerks vgl. § 1667 Rn. 13 ff.
[593] *Staudinger/Coester* Rn. 249.
[594] BT-Drucks. 8/2788 S. 59; zum Beteiligtenbegriff im FamFG-Verfahren s. *Musielak/Borth* § 7 FamFG Rn. 3 ff.
[595] *Keidel/Sternal* § 26 FamFG Rn. 37 f.; vgl. zur Anhörung Rn. 224 ff.
[596] AG Kassel DAVorm. 1996, 411.
[597] BT-Drucks. 8/2788 S. 59.
[598] BT-Drucks. 8/2788 S. 59; vgl. dazu Rn. 206 f.
[599] *Bamberger/Roth/Veit* Rn. 9.1; Hk-FamR/*Rakete-Dombek* Rn. 22; vgl. iE Rn. 206 f.
[600] OLG Düsseldorf NJW 1995, 1970.
[601] Vgl. OLG Zweibrücken NJW 1994, 1741; ähnlich *Soergel/Strätz* Rn. 31; weiter BayObLG FamRZ 1995, 948, 950; vgl. ferner BayObLG FamRZ 1994, 1413: Gefährdung durch Stiefvater; OLG Düsseldorf NJW 1995, 1970 f.
[602] AA *Erichsen/Reuter* S. 71; wie hier *Staudinger/Coester* Rn. 91.
[603] OLG Zweibrücken NJW 1994, 1741; *Zorn* Rn. 326.
[604] *Erman/Michalski/Döll* § 1684 Rn. 8; *Palandt/Diederichsen* § 1684 Rn. 3, 14; zum Umgangsbestimmungsrecht der Eltern vgl. Rn. 85 ff.

§ 1666 212–214   Abschnitt 2. Titel 5. Elterliche Sorge

kungsverbote iSv. Abs. 3 Nr. 3 und 4. Das Familiengericht kann zB den **Wegzug** eines Dritten aus der Umgebung des Kindes anordnen oder dem Vermieter der elterlichen Wohnung aufgeben, einen das Kind gefährdenden Hausmeister zu ersetzen (sog. **„go-order"**).[605] Die Anordnung von **Umgangsverboten** durch das Familiengericht ist auf der Grundlage des § 1632 Abs. 2, 3 ebenfalls möglich, erfordert dort allerdings gem. § 1632 Abs. 3 den **Antrag** mindestens eines Elternteiles. Schließlich sind gem. Abs. 4 auch **Kontaktgebote** denkbar.[606] Zu nennen sind als Maßnahme gegen Dritte insbes. auch Verhaltenspflichten, die dem Täter eines sexuellen Kindesmissbrauchs auferlegt werden können.[607]

E. Verfahren

I. Zuständigkeit des Familiengerichts

212   Die **sachliche Zuständigkeit** des Familiengerichts folgt aus §§ 23b GVG, 111 Nr. 2, 151 Nr. 1 FamFG.[608] Die **örtliche Zuständigkeit** wurde mit dem Ziel der Zuständigkeitskonzentration in § 152 FamFG umfassend neu geregelt. Ist bereits eine **Ehesache** vor einem deutschen Gericht **anhängig**, bestimmt § 152 Abs. 1 FamFG die ausschließliche Zuständigkeit dieses Gerichts auch für die Kindschaftssache. Andernfalls richtet sich die örtliche Zuständigkeit gem. § 152 Abs. 2 FamFG nach dem **gewöhnlichen Aufenthaltsort** des Kindes. § 152 Abs. 3 FamFG bestimmt als Auffangtatbestand die Zuständigkeit des Gerichts, in dessen Bezirk das **Fürsorgebedürfnis** bekannt wird.[609] Die Entscheidung obliegt gem. § 14 Nr. 2 RPflG dem **Richter**. In Fällen mit Auslandsberührung (vgl dazu Rn. 27 ff., 53 ff.) regeln Art. 8 ff. Brüssel II a-VO bzw. Art. 5 ff. KSÜ (entspricht Art. 1 ff. MSA)[610] die **internationale Zuständigkeit**.[611]

II. Verfahrensgrundsätze

213   **1. Einleitung des Verfahrens.** Das Familiengericht schreitet um der Effektivität des Kindesschutzes willen **von Amts wegen** ein, Abs. 1. § 8a Abs. 3 S. 1 HS. 1 SGB VIII[612] begründet eine **Anzeigepflicht des Jugendamtes** bei Kindeswohlgefährdungen. Das Jugendamt muss also das Gericht anrufen, wenn es dessen Tätigwerden für erforderlich hält.[613] „Anträge" Dritter stellen rechtlich **Anregungen**[614] zum Einschreiten dar, aber keine Sachanträge im formellen Sinne.[615] Praktisch gehen sie von Lehrern,[616] Stiefeltern, Verwandten oder Nachbarn[617] aus.

214   Ersucht das **Kind** um familiengerichtlichen Schutz, so liegt hierin ebenfalls nur eine Anregung. Obwohl Jugendliche nach Vollendung des **14. Lebensjahres** unter den Voraussetzungen des § 60 FamFG in allen ihre Person betreffenden Angelegenheiten selbständig **beschwerdebefugt** sind, **fehlt** ihnen die **Antragsbefugnis**.[618] Soweit deren Notwendigkeit betont wird,[619] steht dem entge-

---

[605] OLG Zweibrücken NJW 1994, 1741; AG Berlin-Tiergarten Streit 1992, 89, 90 f.; AG Berlin-Wedding WuM 1992, 470 f.; vgl. auch Rn. 184.
[606] *Staudinger/Coester* 13. Bearb. 2000 Rn. 191.
[607] Vgl. auch § 1 Abs. 1 GewSchG (beachte aber im Verhältnis zu sorgeberechtigten Personen § 3 Abs. 1 GewSchG). ZB kann dem Täter untersagt werden, den Wohnort des Kindes zu betreten oder Kontakt zu einem der Antragsteller aufzunehmen, vgl. OLG Zweibrücken FamRZ 1994, 976 ff.; KK-FamR/*Ziegler* Rn. 66.
[608] Zum 1. 9. 2009 ist das G. über das Verfahren in Familiensachen und in den Angelegenheiten der freiwilligen Gerichtsbarkeit (FamFG), BGBl. 2008, Teil 1 Nr. 61, S. 2586 in Kraft getreten. Die Rspr. in den Fn. zu den Rn. 212–260 bezieht sich auf das FGG, sofern nicht anders vermerkt; zu den Auswirkungen des FamFG im Überblick *Willutzki* FPR 2009, 327 ff.
[609] *Keidel/Engelhardt* § 152 FamFG Rn. 1; MünchKomm/*Heilmann* § 152 FamFG Rn. 1 ff.
[610] Zum Geltungsbereich des MSA vgl Rn. 28.
[611] Vgl. BGH DAVorm. 1993, 77 f.; *Weber* NJW 1997, 2787, 2794; ausf. Rn. 27.
[612] Bis zum 30. 9. 2005 noch § 50 Abs. 3 S. 1 SGB VIII; danach wurde die Vorschrift in den neu geschaffenen § 8a Abs. 3 S. 1 HS. 1 SGB VIII verschoben.
[613] IE *Wabnitz* ZfJ 2000, 336, 338.
[614] Zum Begriff der Anregung vgl. *Kollhosser*, Zur Stellung und zum Begriff des Verfahrensbeteiligten im Erkenntnisverfahren der freiwilligen Gerichtsbarkeit, 1970, 303 ff.
[615] BayObLG FamRZ 1993, 1350, 1351; vgl. ferner *Oelkers* FamRZ 1997, 779, 785; auch bei formellen „Anträgen" sind Dritte keine Kostenschuldner: BayObLG FamRZ 1997, 959, 960.
[616] SchlHOLG SchlHA 1957, 280.
[617] OLG Celle FamRZ 2004, 1879 (m. krit. Anm. *Fabricius-Brand*): Eine Antragsbefugnis nach § 1666 steht Bekannten und Nachbarn des Kindes nicht zu, so dass sie keine Verfahrensbeteiligte sind und ihnen keine Prozesskostenhilfe gewährt werden kann.
[618] OLG Stuttgart Justiz 1962, 293 (insoweit nicht aufgegeben in FamRZ 1974, 538, 540); LG Kassel FamRZ 1970, 597; LG Stuttgart FamRZ 1961, 325 f.; *Staudinger/Coester* Rn. 262; *Bumiller/Harders* § 60 FamFG Rn. 4.
[619] So schon 3. Aufl. Rn. 63.

gen, dass weder das BGB noch das FamFG[620] entsprechende Vorschriften kennen.[621] Das praktische Bedürfnis ist auch nicht sehr groß, da eine Anregung des Jugendlichen das Familiengericht zur Prüfung der Angelegenheit und damit uU auch zur Einleitung eines Verfahrens zwingt, § 26 FamFG.[622] Lediglich im Falle der Untätigkeit des Gerichtes kann es entscheidend sein, ob der Minderjährige über eine Antragsberechtigung verfügt oder nur anregen darf.[623]

2. Amtsermittlungsgrundsatz. Das Familiengericht hat **Ermittlungen** gem. § 26 FamFG **215 von Amts wegen** anzustellen. Über den **Umfang** dieser Aufklärungs- und Ermittlungspflicht entscheidet der Richter im Einzelfall nach **pflichtgemäßem Ermessen.**[624] Ungeachtet der **Pflicht zur Wahrheitsermittlung**[625] ist das Gericht grds. weder gezwungen, allen Beweisanträgen der Beteiligten nachzugehen, noch alle sonst denkbaren Möglichkeiten zur Sachverhaltserforschung auszuschöpfen.[626] Die Aufklärungspflicht reicht vielmehr nur soweit, wie das Vorbringen der Beteiligten oder der festgestellte Sachverhalt dazu Anlass geben.[627] In **Kindschaftssachen** sind jedoch hohe Anforderungen an die tatricherliche Sachaufklärung zu stellen, insb. bei Verfahren betreffend die Entziehung der elterlichen Sorge. Aus dem Wächteramt des Staates folgt die richterliche Pflicht, sämtliche zur Verügung stehenden Aufklärungs- und Prüfungsmöglichkeiten auszuschöpfen, um den Sachverhalt im Interesse des Kindeswohls aufzuklären.[628]

Das Familiengericht darf andererseits **nicht** die notwendige **Aufklärung** unter Verzicht auf **216** eigene Tätigkeit ausschließlich einem **Sachverständigen** oder dem **Jugendamt überlassen.**[629] Dies gilt insbes, wenn einer der Beteiligten die Richtigkeit der Jugendamtsberichte in Zweifel zieht.[630] Diese haben die Bedeutung der Stellungnahme einer sachverständigen Behörde,[631] sind jedoch nicht dazu bestimmt, als Beweismittel der gerichtlichen Entscheidung zugrunde gelegt zu werden.[632]

Eine Ausnahme gilt für den Erlass **einstweiliger Anordnungen,** der bloße **Glaubhaftmachung 217** der Anordnungsgründe erfordert, § 51 Abs. 1 S. 2 FamFG.[633] Im Eilverfahren sind also die an das Familiengericht gestellten Anforderungen reduziert; dennoch muss das Gericht auch hier alle zur Verfügung stehenden Aufklärungs- und Prüfungsmöglichkeiten ausschöpfen. Die Anforderungen daran wachsen mit der Intensität des in Aussicht genommenen Grundrechtseingriffs.[634] Etwaige mildere Mittel zur Abwendung der Gefahr sind in die Überlegungen einzubeziehen.

In Verfahren, in denen gegen den Sorgerechtsinhaber der Vorwurf des **Sorgerechtsmissbrauchs 218** erhoben wurde, hat die Rspr. besonders die Pflicht des Richters betont, den Sachverhalt so schnell und so weit wie möglich durch eigene Ermittlungen aufzuklären.[635]

Es liegt grundsätzlich im **pflichtgemäßen Ermessen** des Tatrichters, ob sich das Familiengericht **219** mit **formlosen Ermittlungen** gem. § 26 FamFG begnügt oder ob es ein **förmliches Beweisverfahren** nach den Vorschriften der ZPO gem. §§ 30, 29 FamFG durchführt.[636] Ein förmliches Beweisverfahren ist im Falle gestzlicher Anordnung zwingend, § 30 Abs. 2 FamFG. Allerdings soll auch dann, wenn die Richtigkeit einer Tatsache, auf deren Feststellung das Gericht maßgeblich seine Entscheidung stützen will, ausdrücklich von einem Beteiligten bestritten wird, ebenfalls eine förmliche Beweisaufnahme über die Richtigkeit der Tatsachenbehauptung stattfinden, § 30 Abs. 3

---

[620] Sowie vor dem 1. 9. 2009 das FGG.
[621] OLG Hamm FamRZ 1973, 446, 448; *Keidel/Meyer-Holz* § 60 FamFG Rn. 6 ff.
[622] OLG Hamm FamRZ 1974, 29 f.; LG Kassel FamRZ 1970, 597.
[623] Vgl. dazu *Keidel/Kuntze/Kahl* § 19 FGG Rn. 8.
[624] BayObLG ZfJ 1996, 106, 107.
[625] *Keidel/Sternal* § 26 FamFG Rn. 12 mwN.
[626] BayObLG FamRZ 1991, 214, 215.
[627] BGHZ 40, 54, 57 = NJW 1963, 1972; BayObLG FamRZ 1976, 43, 45 mwN.
[628] Vgl. BGH NJW 2010, 1351, 1353. Danach kommt etwa in Betracht, einen seine Begutachtung verweigernden Elternteil in Anwesenheit eines Sachverständigen gerichtlich anzuhören und zu diesem Zweck das persönliche Erscheinen anzuordnen sowie ggf. gem. § 33 FamFG durchzusetzen.
[629] BVerfG JAmt 2002, 307; OLG Stuttgart FamRZ 1978, 827 f.; zust. *Erman/Michalski/Döll* Rn. 28; *Soergel/Strätz* Rn. 55.
[630] BayObLGZ 1925, 36, 37 f.
[631] KG FamRZ 1960, 500 f.; zu den Ermittlungen und dem Bericht des Jugendamtes instruktiv *Danzig,* Kindschaftsrecht, 1974, S. 177 ff.
[632] KGJ 38 A 86 sowie KG FamRZ 1965, 158, 160.
[633] MünchKomm/*Soyka* § 51 FamFG Rn. 3.
[634] BVerfG JAmt 2002, 307, 308 f.
[635] OLG Düsseldorf NJW 1995, 1970; AG Düsseldorf FamRZ 1995, 498, 499; zur schwierigen Beweislage bei sexuellem Missbrauch vgl. auch Rn. 61, 62.
[636] Zu dem Beweisverfahren nach FGG BayObLG NJW-RR 1996, 583; OLG Düsseldorf FamRZ 1968, 260; KG NJW 1961, 2066; *Keidel/Kuntze/Schmidt* § 12 FGG Rn. 79.

FamFG. Aber auch wenn das Gericht formlos Zeugen vernimmt, hat es gem. § 29 Abs. 3 FamFG die §§ 376 und 383 ff. ZPO zu beachten. Die **Nachprüfung** der richterlichen Entscheidung beschränkt sich deshalb idR auf **Ermessensfehler.** Sie sind zB bejaht worden, wenn angesichts der Sachlage formlose Ermittlungen nicht als genügende Aufklärung des Sachverhalts angesehen wurden, deshalb also eine förmliche Beweisaufnahme geboten war.[637] Davon muss das Gericht vor allem ausgehen, wenn die geplante Entscheidung einen besonders **schweren Eingriff** in die elterliche Sorge darstellt.[638]

220 Die **Beteiligten** haben das Recht, in der **Beweisaufnahme Fragen zu stellen.**[639] Gem. § 30 Abs. 4 FamFG ist ihnen darüber hinaus die Gelegenheit zur Stellungnahme zu dem Ergebnis einer förmlichen Beweisaufnahme zu geben, soweit dies zur Sachverhaltsaufklärung oder der Gewährung rechtlichen Gehörs erforderlich ist. Das **Gericht** muss die dort getroffenen **Feststellungen** oder Erklärungen in geeigneter Weise **niederlegen,** zB in einem Protokoll, einem Aktenvermerk oder auch in den Gründen der Entscheidung.[640]

221 Weder § 1666 noch § 26 bzw. §§ 30, 29 FamFG iVm. den dort genannten Vorschriften der ZPO enthalten eine Rechtsgrundlage für die Anordnung einer **Untersuchung gegen den Willen des Betroffenen.**[641] Die Einwilligung in eine psychologische Begutachtung vermag der Minderjährige selbst abzugeben, wenn er die Tragweite seiner Entscheidung überblickt. Etwas anderes gilt hingegen, wenn die Erstellung des Gutachtens einen körperlichen Eingriff verlangt.[642] Allerdings kann das Gericht nach Abs. 3 vorgehen, wenn mit dieser Maßnahme eine Kindeswohlgefährdung festgestellt werden soll. Ferner existiert keine gesetzliche Grundlage kraft derer ein **Elternteil** gezwungen werden könnte, sich körperlich oder psychiatrisch untersuchen zu lassen und zu diesem Zweck bei einem Sachverständigen zu erscheinen.[643]

222 Nach der Rspr. dürfen zwar die **stationäre Untersuchung** und **Begutachtung** des Kindes in einer jugendpsychiatrischen Klinik angeordnet werden, allerdings nicht gegen den Willen der Sorgeberechtigten.[644] Deren fehlende Zustimmung lässt sich durch das Familiengericht aber wiederum nach Abs. 3 ersetzen.[645]

223 **3. Rechtliches Gehör.** Der Grundsatz des **rechtlichen Gehörs** gem. Art. 103 Abs. 1 GG verlangt vom Richter, den Verfahrensbeteiligten alle Tatsachen mitzuteilen, die der Entscheidung zugrunde gelegt werden sollen,[646] um ihnen die Möglichkeit der Stellungnahme zu geben.[647] Verstößt das Gericht dagegen, so ist die Ursächlichkeit dieses an sich bestehenden Verfahrensmangels zu verneinen, wenn ein Schriftsatz mit tatsächlichem Vorbringen zwar unberücksichtigt blieb, für die Entscheidung aber auch nicht erheblich war.[648]

224 **4. Anhörungspflichten.** Das Familiengericht hat gem. §§ 159–160 FamFG die **Eltern** und das **Kind,** welches das vierzehnte Lebensjahr vollendet hat, anzuhören,[649] ebenso einen **Dritten,** von dessen Verhalten eine Kindesgefährdung ausgeht und gegen den Maßnahmen gem. Abs. 4 getroffen werden sollen. Darüber hinaus kann das Gericht gem. § 161 Abs. 1 FamFG im Interesse des Kindes evtl. die Pflegeperson hinzuziehen. Im Falle des § 161 Abs. 2 FamFG muss die Pflegeper-

---

[637] OLG Düsseldorf FamRZ 1968, 260.
[638] OLG Düsseldorf FamRZ 1968, 260; zur Untersuchung mit einem Polygraphen: *Undeutsch* FamRZ 1996, 329 ff.
[639] BayObLG NJW 1962, 2114; *Bumiller/Harders* § 30 FamFG Rn. 3 f.
[640] BayObLG NJW-RR 1994, 1225, 1226; *Keidel/Weber* § 128 FamFG Rn. 7 zur persönlichen Anhörung.
[641] OLG Stuttgart FamRZ 1976, 167 f.; FGG und ZPO (damalige Fassung) enthalten keine Ermächtigungsgrundlagen zur Begutachtung der Verfahrensbeteiligten in Sorgerechts- und Umgangsrechtssachen: OLG Frankfurt/M. FamRZ 2001, 638 sowie OLG Koblenz FamRZ 2000, 1233 = NJW-RR 2001, 4.
[642] Vgl. zu dem parallelen Problem bei ärztlichen Heileingriffen auch Rn. 80 f.
[643] BVerfG FamRZ 2011, 179; FamRZ 2009, 944; FPR 2003, 569. Allerdings ist das Familiengericht nicht daran gehindert, den die Begutachtung verweigernden Elternteil unter Anwesenheit eines Sachverständigen gerichtlich anzuhören, vgl. BGH NJW 2010, 1351 ff.
[644] BayObLG FamRZ 1995, 501; OLG Zweibrücken DAVorm. 1999, 139; OLG Karlsruhe FamRZ 1993, 1479; OLG Stuttgart FamRZ 1976, 167 f. Die Anordnung erfordert unter den Voraussetzungen des § 1631b zusätzlich eine Genehmigung des Familiengerichts nach dieser Vorschrift und gem. §§ 312 ff. FamFG (§§ 70 ff. FGG aF). Vgl. zur Einwilligung des Minderjährigen in einen Schwangerschaftsabbruch oder Heileingriff Rn. 66 ff. u. 80 ff.
[645] BayObLG FamRZ 1995, 501; OLG Zweibrücken DAVorm. 1999, 139; OLG Karlsruhe FamRZ 1993, 1479.
[646] OLG Hamm FamRZ 1974, 29 f.
[647] KG FamRZ 1965, 158, 160.
[648] BayObLG FamRZ 1990, 903 (LS).
[649] Vgl. dazu ferner für vorläufige Anordnungen Rn. 238 sowie für das Beschwerdeverfahren Rn. 253.

son angehört werden, wenn das Kind seit längerer Zeit in **Familienpflege** lebt. Ebenso ist das **Jugendamt** anzuhören, § 162 Abs. 1 FamFG.

Eine Anhörungspflicht gegenüber dem Kind, das das vierzehnte Lebensjahr noch nicht vollendet **225** hat, besteht gem. § 159 Abs. 2 FamFG, wenn die Neigungen, Bindungen oder der Wille des Kindes für die Entscheidung von Bedeutung sind oder die persönliche Anhörung des Kindes aus sonstigen Gründen angezeigt ist. Die Anhörung dient neben der Sachverhaltsaufklärung dazu, dem Richter einen **persönlichen Eindruck** von dem Betreffenden zu verschaffen.[650]

Die Verpflichtung des Richters sich durch die **Anhörung des Kindes**[651] über dessen **Wünsche**, **226** **Neigungen** und **Bindungen zu** informieren,[652] folgt auch aus dem **allgemeinen Persönlichkeitsrecht** des Kindes.[653] Selbst die Anhörung von **Kleinkindern** ist damit grundsätzlich geboten.[654] Insbesondere kann der bisherigen Gegenansicht,[655] nach der von der Anhörung zB 6-[656] und 3-jähriger Kinder[657] abgesehen werden sollte, weil dem noch ungefestigten Willen von Kindern dieser Altersstufe keine Bedeutung beizumessen sei, nun der Wortlaut des § 159 Abs. 2 FamFG entgegengesetzt werden, der sich speziell mit der persönlichen Anhörung des Kindes unter vierzehn Jahren befasst. Die Gegenansicht hat darüber hinaus verkannt, dass es nach § 50b Abs. 1 FGG aF nicht nur auf den Kindeswillen ankam, sondern auch darauf, dass das Gericht zur Sachverhaltsfeststellung einen unmittelbaren Eindruck von dem Kind verschaffen konnte.[658] Anhörung kann in diesem Zusammenhang also Anschauung bedeuten. Ab dem **14. Lebensjahr** schreibt das Gesetz in § 159 FamFG die **persönliche Anhörung** des Minderjährigen vor, in vermögensrechtlichen Angelegenheiten allerdings gem. § 159 Abs. 1 S. 2 FamFG nicht zwingend. Davor ist das Kind unter den Voraussetzungen des § 159 Abs. 2 FamFG persönlich anzuhören.[659] Bei der Kindesanhörung hat der Richter im Hinblick darauf, dass ggf. **strafrechtliche Vorwürfe** gegen den Vater erhoben werden, das Zeugnisverweigerungsrecht aus § 52 Abs. 2 StPO zu beachten.[660] Dies erlangt in der Praxis vor allem dann Relevanz, wenn gegen den Vater der Vorwurf des sexuellen Missbrauchs oder der Kindesmisshandlung erhoben wird.

Der Richter darf insgesamt von einer **Anhörung des Kindes** gem. § 159 Abs. 3 FamFG nur **227** aus **schwerwiegenden Gründen absehen,** zB wenn die psychische Belastung dem Wohl eines vorgeschädigten Kindes nicht dienlich wäre[661] oder sein Gesundheitszustand auf Grund der seelischen Anspannung beeinträchtigt würde.[662]

Der Familienrichter muss gem. § 160 Abs. 1 S. 2 FamFG ferner die **Sorgerechtsinhaber per- 228 sönlich anhören**.[663] Von der Anhörung kann allein auf Grund schwerwiegender Gründe gem. § 160 Abs. 3 FamFG abgesehen werden. Auch den **nicht sorgeberechtigten Elternteil** hört das Gericht an, es sei denn, es handelt sich um eine sonstige Kindschaftssache und es ist keine Aufklärung von der Anhörung zu erwarten, § 160 Abs. 2 S. 2 FamFG. Ebenso sind die **Pflegeeltern** in einem Verfahren zu hören, das den Entzug der elterlichen Sorge zum Gegenstand hat.[664]

Schließlich ist gem. § 162 Abs. 1 S. 1 FamFG das **Jugendamt** zu hören,[665] sofern es im Verfahren **229** um die **Person** des Kindes geht, während für rein vermögensrechtliche Angelegenheiten keine Anhörungspflicht besteht.[666] Sollten allerdings die vermögensrechtlichen Angelegenheiten die künf-

---

[650] BayObLG FamRZ 1995, 500, 501; VerfG Berlin FamRZ 2001, 849; OLG Hamm FamRZ 1999, 36; OLG Düsseldorf FamRZ 1994, 1541, 1542; *Rauscher*, 2. Aufl. 2008, Rn. 1139.
[651] Anregungen für das Vorgehen bei Anhörung von Kindern als Zeugen häuslicher Gewalt bei *Salzgeber/Stadler* FPR 2001, 287.
[652] OLG Frankfurt/M. FamRZ 1997, 571.
[653] *Oelkers* FamRZ 1997, 779, 786.
[654] BayObLG FamRZ 1997, 1429 und FamRZ 1983, 948 für 3-jähriges Kind; OLG Frankfurt/M. FamRZ 1997, 571; vgl. *Fehmel* DAVorm. 1981, 170 f.; *Luthin* FamRZ 1981, 111, 113 sowie 1149 f.
[655] Zu den verschiedenen Auffassungen vgl. *Weber* NJW 1997, 2787, 2793.
[656] BayObLG DAVorm. 1981, 814 f.; DAVorm. 1981, 901, 904 f.
[657] BayObLG DAVorm. 1983, 381, 386; OLG Saarbrücken DAVorm. 2000, 689; aA OLG Brandenburg FamRZ 2003, 624: Persönliche Anhörung ab einem Mindestalter von 3 Jahren.
[658] BVerfGE 55, 171, 180.
[659] OLG Hamm FamRZ 1996, 421, 422.
[660] AG Düsseldorf FamRZ 1995, 498 f. für den FG-Richter.
[661] LG Leipzig DAVorm. 1996, 620, 622.
[662] OLG Hamm FamRZ 1999, 37.
[663] BayObLG FamRZ 1995, 500, 501; OLG Oldenburg FamRZ 1999, 35 f.; OLG Hamm FamRZ 1999, 36; OLG Düsseldorf FamRZ 1994, 1541; AG Düsseldorf FamRZ 1995, 498, 499.
[664] OLG Köln FamRZ 2000, 1241.
[665] Mit der Reichweite von § 49a FGG aF (nunmehr in § 162 FamFG geregelt), den in der Praxis gewonnenen Erfahrungen, mit der Anhörung des Jugendamtes auf Grund dieser Vorschrift sowie einem etwaigen Reformbedürfnis beschäftigt sich *Kaufmann* ZfJ 2001, 8.
[666] BT-Drucks. 16/6308 S. 241.

tige Lebensplanung des Kindes beeinflussen, ist das Jugendamt anzuhören, weil die Angelegenheit dann nicht mehr ausschließlich vermögensrechtlicher Art ist. Unterbleibt die notwendige Anhörung wegen Gefahr in Verzug, ist sie gem. § 162 Abs. 1 S. 2 FamFG unverzüglich nachzuholen. Der aus der unterbliebenen Anhörung resultierende Verfahrensverstoß führt in den übrigen Fällen wegen seiner möglichen Ursächlichkeit für die angefochtene Entscheidung regelmäßig zu deren Aufhebung und Zurückverweisung, weil dann neue Tatsachenprüfungen stattfinden müssen.[667] Das gilt sogar für den Fall, dass das Familiengericht oder aber das Beschwerdegericht im Übrigen eingehende und sorgfältige Ermittlungen durchgeführt und danach ein Einschreiten nach § 1666 abgelehnt hat.[668]

230 **5. Erörterung der Kindeswohlgefährdung.** Während die Anhörung nach §§ 1666, 1666 a, § 160 Abs. 1 S. 2 FamFG der Aufklärung des Sachverhalts verbunden mit der Gewährung rechtlichen Gehörs dient, verfolgt die seit der Novelle von 2008 vorgesehene Erörterung der Kindeswohlgefährdung nach § 157 Abs. 1 FamFG ein anderes Ziel. Als Verfahrensabschnitt vor der Entscheidung, der aber mit der Anhörung verbunden werden kann, sollen dort „mögliche" Gefährdungen des Kindeswohls durch öffentliche Hilfen abgewendet werden. Hierzu finden sich die Beteiligten, Eltern, Jugendamt und in geeigneten Fällen auch das Kind zusammen.[669] Durch Hinweis auf denkbare Konsequenzen und Darlegung der Ernsthaftigkeit der Lage versucht der Richter, die Kooperationsbereitschaft der Eltern zu fördern.[670] Es ist aber nicht zu übersehen, dass das Familiengericht auch schon in der persönlichen Anhörung nach § 160 Abs. 1 S. 2 FamFG dieses Ziel erreichen kann, da es ein milderes Mittel gegenüber Maßnahmen nach §§ 1666, 1666 a darstellt.[671] Bemerkenswert erscheint, dass die Eingriffsschwelle für ein Tätigwerden des Familiengerichts bereits auf eine **mögliche** Gefährdung vorverlegt wurde, um die frühzeitige Anrufung der Familiengerichte gerade in den Fällen zu fördern, in denen eine niedrigschwellige familiengerichtliche Maßnahme für den Hilfeprozess sinnvoll und notwendig ist.[672]

231 **6. Vorrangs- und Beschleunigungsgebot.** Einer regelmäßigen Verfahrensverzögerung wirkt das in § 155 FamFG[673] verankerte Vorrangs- und Beschleunigungsgebot entgegen. Beide Gebote dienen dem Kindeswohl und tragen dem kindlichen Zeitempfinden Rechnung, um beispielsweise nicht kurze Phasen der Entfremdung zur Bezugsperson aus Sicht des Kindes als endgültig erscheinen zu lassen. Dabei verbietet sich jede schematische Handhabung. Im Einzelfall kann daher sogar ausnahmsweise ein Zuwarten anstelle eines sofortigen Eingreifens erforderlich sein.[674] Ein früher Erörterungstermin nach § 155 Abs. 2 FamFG, der innerhalb eines Monats nach Beginn des Verfahrens stattfinden soll und lediglich aus zwingenden Gründen verlegt werden kann,[675] dient dazu, eine Eskalation eines vermeintlichen Elternkonflikts oder ein Festfahren der elterlichen Positionen zu vermeiden.[676] Dabei hat das Gericht das persönliche Erscheinen der Eltern zum Termin anzuordnen, Abs. 3. Stets muss es nach § 157 Abs. 3 FamFG im Verfahren wegen Gefährdung des Kindeswohls unverzüglich den Erlass einer einstweiligen Anordnung prüfen, um ggf. Maßnahmen zur Gefahrenabwehr zeitnah ergreifen zu können. Bei einstweiligen Anordnungen ist gem. § 51 Abs. 2 S. 2 FamFG eine mündliche Verhandlung entbehrlich.

III. Verfahrensrechtliche Stellung des Kindes

232 Das Kind ist im erstinstanzlichen Verfahren grundsätzlich **nicht formell Beteiligter**.[677] Der mindestens **14-jährige Jugendliche** darf allerdings im Hinblick auf sein Beschwerderecht gem. § 60 FamFG bereits im erstinstanzlichen Verfahren mitwirken,[678] zB Fragen in der Beweisaufnahme stellen. Er kann so eine ihm ungünstige Entscheidung, gegen die er ein Beschwerderecht hätte, von

---

[667] Zum Prüfungsumfang der Rechtsmittelinstanz vgl. Rn. 257.
[668] Vgl. OLG Hamm FamRZ 1974, 29 f. zum VormG (mwN OLG Celle FamRZ 1961, 33 zum VormG).
[669] Vgl. auch *Röchling* FamRZ 2008, 1495, 1497; *Schumann* FPR 2011, 203; *Willutzki* FPR 2009, 327, 329.
[670] Vgl. BT-Drucks. 16/6815 S. 12, 17.
[671] Zur Recht krit. *Rosenboom/Rotax* ZRP 2008, 1, 2.
[672] BT-Drucks. 16/6815 S. 15; *Trenczek* S. 148; *Meysen* NJW 2008, 2673, 2675 f.; *Rosenboom/Rotax* ZRP 2008, 1, 2 f.
[673] Eingefügt durch G. zur Erleichterung familiengerichtlicher Maßnahmen bei Gefährdung des Kindeswohls v. 4. 7. 2008, BGBl. I S. 1189, s.o. Rn. 4.
[674] BT-Drucks. 16/6815 S. 12, 16.
[675] *Rosenboom/Rotax* ZRP 2008, 1, 3 vermissen eine gleichlautende Verpflichtung der beteiligten Jugendämter.
[676] Vgl. BT-Drucks. 16/6815 S. 12.
[677] *Keidel/Engelhardt* § 158 FamFG Rn. 1.
[678] *Keidel/Meyer-Holz* § 60 FamFG Rn. 13; *Staudinger/Coester* Rn. 262.

vornherein abwenden.[679] Nur ein solches Verständnis der prozessualen Rechte Minderjähriger trägt ihrem verfassungsmäßigen Anspruch auf staatlichen Schutz bei elterlichem Versagen Rechnung.[680] Denn zum Anspruch gehört auch das Recht auf seine prozessuale Ausübung.[681] Dementsprechend besteht gem. § 158 Abs. 2 Nr. 2 FamFG die Möglichkeit des Familiengerichts, dem Minderjährigen dafür einen **Verfahrensbeistand** zu bestellen.[682] Dieser „**Kindesanwalt**"[683] soll sicherstellen, dass die eigenständigen Interessen des Jugendlichen im Verfahren Geltung erlangen.[684] Der Umfang des **Aufgabenbereichs** eines Verfahrensbeistands, der selbst als Beteiligter gilt (§§ 7, 158 Abs. 3 S. 2 FamFG),[685] wird unterschiedlich weit gezogen. Dies spielt aus dessen Sicht nicht zuletzt für den Umfang des abrechenbaren Zeitaufwandes eine wichtige Rolle. Eine Ansicht zählt die Ermittlung des objektiven Kindeswohls durch Explorationen und Gespräche mit den Verfahrensbeteiligten zu den Aufgaben des Beistands,[686] während die Gegenauffassung den Aufgabenkreis ansonsten[687] erheblich enger zieht, weil im Verfahrensbeistand ein subjektiver Interessenvertreter des Kindes gesehen wird, der allein dessen Willen, nicht auch sein objektives Wohl, zu ermitteln habe. Der letzten Ansicht ist zu folgen. Deshalb gehört die Aufstellung eines Hilfeplanes oder die Vermittlung zwischen den Elternteilen nicht zu seiner Tätigkeit.[688]

Im Hinblick auf die **Rechtsstellung des Minderjährigen im Verfahren** ist ferner darauf hinzuweisen, dass das Familiengericht die Eltern durch **Versagung der Akteneinsicht** gem. § 13 FamFG daran hindern kann, die **Identität der Pflegeeltern** zu erfahren, wenn die Offenlegung eine nachhaltige Gefährdung für die Entwicklung des Kindes bedeuten würde.[689] In den gleichen Zusammenhang gehört, dass das Familiengericht den **Aufenthaltspfleger** durch einstweilige Anordnung ermächtigen darf, dem Elternteil, der sein Aufenthaltsbestimmungsrecht verloren hat, den **Aufenthalt** des Kindes zu **verschweigen**.[690]

IV. Einstweiliger Rechtsschutz

1. Voraussetzungen. Mit Inkrafttreten der §§ 49 ff. FamFG[691] zum 1. 9. 2009 wurde der einstweilige Rechtsschutz umfassend **neu konzipiert**.[692] Neben einer Stärkung des Eilrechtsschutzes durch **Beschleunigung** und **Vereinfachung** des Verfahrens bezweckte der Gesetzgeber unter weitgehender Orientierung an den Vorschriften der §§ 916 ff. ZPO eine **Harmonisierung** der Verfahrensordnungen.[693] Deshalb ist das Verfahren auf Erlass einer einstweiligen Anordnung selbständig und nicht mehr von der Anhängigkeit der Hauptsache abhängig, § 51 Abs. 3 S. 1 FamFG. Bezüglich der Zulässigkeitsvoraussetzungen unterscheidet das Gesetz zwischen **Antragsverfahren**

---

[679] OLG München FamRZ 1978, 614, 617 (zu § 1634); vgl. MünchKomm/*Pabst* § 7 FamFG Rn. 5 zur Beteiligtenstellung des von § 57 FGG aF erfassten Personenkreises u. zur Übertragbarkeit dieses Satzes auf das Amtsverfahren nach § 1666; *Hinz* Kindesschutz S. 46 ff.; *Soergel/Strätz* Rn. 54; aA LG Kassel FamRZ 1970, 597.
[680] Vgl. *Hinz* Kindesschutz S. 56 ff.
[681] Vgl. *Franz* FamRZ 1964, 571; *Hinz* Kindesschutz S. 56 ff.
[682] Vormals „Verfahrenspfleger" genannt; BT-Drucks. 13/4899 S. 71 u. 76; OLG Hamm FamRZ 2001, 850; abl. *Will* ZfJ 1998, 1 ff. Ohne die Bestellung eines Verfahrensbeistands ist eine (auch teilweise) Entziehung der elterlichen Sorge unzulässig, OLG Naumburg FGPrax 2005, 213. UU kann es sogar die Grundrechte des Kindes verletzen, wenn das Gericht ihm keinen Verfahrensbeistand bestellt, vgl. BVerfG FamRZ 2005, 1657 f. Zur Bestellung eines Verfahrensbeistands bei Geschwistern vgl. FamRZ 2010, 322 f.
[683] OLG Koblenz FamRZ 2005, 1923, 1924: „Sprachrohr des Kindes".
[684] BT-Drucks. 13/4899 S. 76; OLG Köln FamRZ 2001, 845; vgl. *Will* ZfJ 1998, 1, 4; hängt die gerichtliche Entscheidung allerdings ganz überwiegend von der Erziehungsfähigkeit der Eltern ab, kann von der Bestellung des Verfahrenspflegers abgesehen werden, vgl. OLG Koblenz FamRZ 2005, 1923.
[685] *Zimmermann*, Das neue FamFG, Rn. 362 mwN; aA früher zB *Bassenge/Roth* FGG § 50 Rn. 12.
[686] OLG Zweibrücken FamRZ 2002, 627; missverständlich von „wahren Kindeswillen" sprechend.
[687] OLG Köln FamRZ 2000, 1307 (LS) = NJW-RR 2001, 74; OLG Brandenburg FamRZ 2001, 692 sowie MDR 2001, 573; OLG Braunschweig FamRZ 2001, 776; OLG Hamburg FamRZ 2001, 34 = JAmt 2001, 144; KG FamRZ 2000, 1300 = NJW-RR 2001, 73.
[688] Mit der Rechtsstellung und den Aufgaben des Verfahrenspflegers beschäftigte sich das BVerfG FamRZ 2004, 1267. Vgl. zum Aufgabenbereich und zur Vergütung ferner OLG Dresden FamRZ 2003, 877 ff. sowie zur Verfahrenspflegervergütung OLG Stuttgart FamRZ 2004, 1305 ff. Weitere offene Fragen im Zusammenhang mit dem Verfahrenspfleger behandelt *Engelhardt* FamRZ 2001, 525. Zur häuslichen Gewalt aus dem Blickwinkel der Verfahrenspflegschaft *Söpper* FPR 2001, 269.
[689] OLG Stuttgart FamRZ 1985, 525.
[690] Gegen eine solche Entscheidung ist die weitere Beschwerde zulässig: BayObLG FamRZ 1977, 752.
[691] Gesetz über das Verfahren in Familiensachen und in den Angelegenheiten der freiwilligen Gerichtsbarkeit v. 17. 12. 2008, BGBl. I S. 2586.
[692] Zur alten Rechtslage vgl. 5. Aufl. Zum Wesentlichen der Neuregelung s. *Löhnig/Heiß* FamRZ 2009, 1101 ff.
[693] Vgl. BT-Drucks. 16/6308, S. 199.

nach § 23 FamFG und **Amtsverfahren** nach § 24 FamFG.[694] **Kindschaftssachen** nach §§ 1666, 1666a setzen **keinen** verfahrenseinleitenden **Antrag** voraus (Rn. 213 f.), so dass eine einstweilige Anordnung auch **von Amts wegen** erlassen werden kann. Nach **§ 157 Abs. 3 FamFG** ist das Gericht in Kindschaftssachen nach §§ 1666, 1666a verpflichtet, **unverzüglich** den Erlass einer einstweiligen Anordnung zu prüfen. Eine einstweilige Anordnung soll ferner auch erwogen werden, wenn es im frühen 1. Termin zu keiner einvernehmlichen Problemlösung kommt (§ 156 Abs. 3 S.1) oder wenn in Umgangssachen der Umgang während der Teilnahme an einer zeitaufwendigen Beratung oder Begutachtung geregelt werden soll (§ 156 Abs. 3 S. 2).

235 Der für den Erlass einer einstweiligen Anordnung erforderliche **Anordnungsbedarf** ist zu bejahen, wenn die summarische Prüfung eine **Kindeswohlgefährdung** ergibt.[695] Ferner bedarf es eines **Anordnungsgrundes**, dh. des dringenden Bedürfnisses nach einer sofortigen familiengerichtlichen Regelung oder Sicherung. Dieses liegt regelmäßig vor, wenn ein Zuwarten bis zur Entscheidung in einer etwaigen Hauptsache nicht ohne Eintritt erheblicher Nachteile möglich wäre.[696] Zulässig ist dann uU sogar die **Entziehung der gesamten Personensorge**, wenn die Kindeswohlgefährdung nicht anders abwendbar ist.[697] Allerdings gebietet der **Amtsermittlungsgrundsatz** auch im summarischen Verfahren eine intensive Sachverhaltsaufklärung, gerade wenn die Maßnahme auf die (wenn auch nur vorläufige) Herausnahme des Kindes aus seiner Familie gerichtet ist.[698] Der **Verhältnismäßigkeitsgrundsatz** darf dabei nicht außer Betracht bleiben.[699] Nach wie vor kommen nur **vorläufige** Maßnahmen in Betracht (§ 49 Abs. 1 FamFG). Die endgültige Entscheidung darf also nicht vorweg genommen werden.

236 Sowohl die **Sorgerechtsinhaber** als auch **Dritte** iSv. Abs. 4 können **Adressat** der einstweiligen Anordnung sein.[700]

237 **2. Verfahrensrechtliches.** Die §§ 49 ff. FamFG enthalten für das Familiengericht keine Vorgaben, ob und zu welchem Zeitpunkt ein **Hauptsacheverfahren** von Amts wegen eingeleitet werden soll. Ein Teil des Schrifttums stellt darauf ab, ob der Anlass für das Einschreiten des Gerichts nach Erlass der einstweiligen Anordnung noch fortbesteht.[701] Nur bei fortbestehendem **Regelungsbedürfnis** sei eine Hauptsacheentscheidung erforderlich. Diese Unterscheidung bietet für die Praxis allerdings keinen verlässlichen Maßstab.[702] Überzeugender ist dagegen, auf die „**besseren Erkenntnismöglichkeiten**" im Hauptsacheverfahren abzustellen.[703] Sofern etwa gem. Abs. 1 Nr. 6 das Sorgerecht ganz oder teilweise entzogen werden soll, ist idR die Einholung eines Sachverständigengutachtens erforderlich.[704] Diese Erkenntnismöglichkeit bietet nur das Hauptsacheverfahren, sodass dieses von Amts wegen einzuleiten ist.

238 Grundsätzlich ist eine **Anhörung** sowohl der **Sorgeberechtigten** als auch des **Kindes** vor Erlass der gerichtlichen Maßnahme erforderlich, §§ 159, 160 FamFG. Bei **Gefahr im Verzug** kann hiervon zunächst abgesehen werden. Sie muss jedoch unverzüglich nachgeholt werden, §§ 159 Abs. 3 S. 2, 160 Abs. 4 FamFG,[705] spätestens im **Beschwerdeverfahren.**[706] Dies gilt vor allem in dem praktisch wichtigen Fall der Kindeswohlgefährdung durch **sexuellen Missbrauch** (vgl. Rn. 61 f.).

239 Die vom Gericht getroffene einstweilige Anordnung unterliegt **keiner zeitlichen Begrenzung,**[707] sofern diese nicht gerichtlich festgesetzt wurde.[708] Allerdings hebt die **Rechtskraft** der Entscheidung im Hauptsacheverfahren die einstweilige Anordnung auf (§ 56 Abs. 1 FamFG).[709] Einstweilige Anordnungen nach § 1666 sind schließlich auch **Schutzmaßnahmen iSv. Art. 20 Abs. 1 Brüssel II a-VO bzw. Art. 1, 8 MSA,** die ausländischen Kindern den Schutz des deutschen Familienrechts gewähren.[710]

---

[694] Ausf. dazu *Heistermann* FF 2009, 281, 284; *Socha* FamRZ 2010, 947, 948.
[695] IE *Staudinger/Coester* Rn. 307; ferner *Kretzschmar/Meysen* FPR 2009, 1, 3.
[696] BT-Drucks. 16/6308 S. 199.
[697] BVerfG NJW 1994, 1208; BayObLG FamRZ 1994, 975. Das für den vorläufigen Rechtsschutz erforderliche Eilbedürfnis wird nicht bereits durch eine Umgangsvereitelung begründet, KG FamRZ 2010, 1749.
[698] So auch *Heistermann* FF 2009, 281, 284.
[699] BVerfG NJW 1995, 1970; NJW 1994, 1208, 1209; vgl. iE Rn. 155 ff.
[700] Zu § 1666 aF: AG Wedding WuM 1992, 470 f.
[701] *Keidel/Giers* FamFG § 51 Rn. 24.
[702] Mit überzeugender Begründung *Socha* FamRZ 2010, 947, 948.
[703] *Prütting/Helms/Stößer* FamFG, § 52 Rn. 1.
[704] Vgl. BVerfG FamRZ 2009, 1897.
[705] OLG Celle NJW 1995, 792, 793; OLG Düsseldorf FamRZ 1994, 1541.
[706] BayObLG FamRZ 1985, 100 f.; FamRZ 1985, 635 f. mwN.
[707] OLG Köln FamRZ 1996, 1027.
[708] Eine solche Festsetzung wird idR empfohlen, vgl. *Löhnig/Heiß* FamRZ 2009, 1101, 1103 mwN.
[709] Vgl. *Johannsen/Henrich/Althammer* § 56 FamFG Rn. 6.
[710] BayObLG FamRZ 1982, 1118 f.; FamRZ 1977, 473 f.; zur Brüssel II a-VO u. zum MSA ausf. Rn. 27 ff.

Grds sind Entscheidungen im Verfahren der einstweiligen Anordnung in Familiensachen nicht **240** anfechtbar, § 57 S.1 FamFG. Gegen eine erstinstanzliche Entscheidung kann aber die **Beschwerde** gem. § 57 S. 2 FamFG statthaft sein, wenn aufgrund **mündlicher Erörterung** über eine der in **§ 57 S. 2 Nr. 1 – 5** abschließend aufgezählten Sachen entschieden wurde.[711] Die Beschwerde ist gem. § 64 Abs. 1 FamFG bei dem Gericht einzulegen, das die Entscheidung erlassen hat (Familiengericht). Beschwerdegericht ist das Oberlandesgericht, § 119 Abs. 1 Nr. 1 a GVG. Eine **bereits vollzogene** einstweilige Anordnung kann das Beschwerdegericht nur **aus schwerwiegenden Gründen abändern**,[712] weil das Kind für seine Entwicklung vor allem auch **Kontinuität** benötigt.[713]

V. Änderung und Aufhebung familiengerichtlicher Entscheidungen

Entscheidungen zum Sorge- und Umgangsrecht erwachsen nicht in materielle Rechtskraft. Das **241** Familiengericht kann sie ändern, weil die Fürsorge gegenüber einem Minderjährigen Vorrang vor der Endgültigkeit einer Entscheidung des Gerichts hat.[714] Auch außerhalb des Bereichs einstweiliger Anordnungen richtet sich die Aufhebung familiengerichtlicher Entscheidungen stets nach § 1696. Die Vorschrift berücksichtigt eine **veränderte Sachlage** und ermöglicht die **Anpassung** daran oder die **Aufhebung** aus Gründen des sachlichen Rechts. Wenn die Vorteile einer Änderung die Nachteile deutlich überwiegen, liegt ein triftiger Änderungsgrund vor.[715] Gem. § 166 Abs. 2 FamFG besteht bei **länger andauernden Maßnahmen** eine **Prüfungspflicht** des Gerichts. Hat das Gericht von Maßnahmen nach den §§ 1666–1667 abgesehen, soll es seine Entscheidung in angemessenem Zeitabstand, idR nach drei Monaten, überprüfen, § 166 Abs. 3 FamFG. Die Überprüfungsmöglichkeit wirkt der Gefahr entgegen, dass es – entgegen der Annahme des Gerichts – nicht gelingt, die Gefährdung für das Kind abzuwenden und das Gericht hiervon nichts erfährt. Dagegen ist nach der Gesetzesbegründung keine „Dauerkontrolle" der Familie bezweckt.[716]

Nachdem das KindschaftsRG vom 16. 12. 1997 gegen gerichtliche **Endentscheidungen**, die **242** nunmehr in § 38 Abs. 1 FamFG legaldefiniert sind, als Rechtsmittel die **befristete Beschwerde** eingeführt hat (vgl. Rn. 248), ist die freie Abänderungsbefugnis des Gerichtes gem. § 48 Abs. 1 FamFG (§ 18 Abs. 1 FGG aF) durch § 68 Abs. 1 S. 2 FamFG (§§ 18 Abs. 2 FGG aF) ausgeschlossen.

VI. Vollzug familiengerichtlicher Entscheidungen

Grundsätzlich ergeben sich hinsichtlich der **Vollziehung** familiengerichtlicher Entscheidungen **243** gem. §§ 86 ff. FamFG keine Besonderheiten. Das Gericht kann also den Adressaten durch Anordnung von **Ordnungsgeld** anhalten, dem Beschluss nachzukommen, sofern seine Befolgung ausschließlich von seinem Willen abhängt.[717] Eine Ordnungsgeldfestsetzung kommt demnach nicht in Betracht, wenn die ernstlich gewollte Vornahme der Handlung an unüberwindlichen Hindernissen scheitert.[718] Während § 89 FamFG die Anordnung von Ordnungsmitteln in Form von Ordnungsgeld und nötigenfalls **Ordnungshaft** regelt, befasst sich § 90 FamFG mit der Möglichkeit der **Gewaltanwendung** zur Durchsetzung gerichtlicher Entscheidungen. Die im Rahmen des § 33 FGG aF diskutierten Probleme haben sich auch mit der Neuregelung in den §§ 86 ff. FamFG nicht erledigt.[719]

Ein beachtliches Sonderproblem stellt sich, wenn der Vollzug der familiengerichtlichen Entschei- **244** dung **Gewaltanwendung gegen das Kind** verlangt, etwa durch die Polizei oder den Gerichtsvollzieher. Die hM in der Literatur versagt unter Berufung auf Art. 2 Abs. 1 GG den staatlichen Organen eine **gewaltsame Durchsetzung** familiengerichtlicher Beschlüsse **gegen den Widerstand des Minderjährigen**.[720] Die Rspr. und andere Stimmen der Literatur erlauben hingegen die zwangs-

---

[711] MünchKomm/*Soyka* § 57 Rn. 5; *Musielak/Borth* § 57 FamFG Rn. 1a ff.
[712] OLG Hamm FamRZ 2006, 1478; OLG Brandenburg FamRZ 2004, 210; OLG Dresden MDR 2003, 633; OLG Köln NJW 1999, 224.
[713] Vgl. § 1696 Rn. 19 f.; zur Kontinuität auch Rn. 43.
[714] BVerfG FamRZ 2005, 783.
[715] OLG Köln FamRZ 2005, 1276; wünscht das Kind einen Wechsel der Betreuungsverhältnisse, spricht sich das OLG Hamm FamRZ 2005, 746 gegen eine hohe Änderungsschwelle aus.
[716] So BT-Drucks. 16/6308 S. 243; zweifelnd *Rosenboom/Rotax* ZRP 2008, 1, 2, ob nicht diese Prüfungsmöglichkeit – sogar ohne konkreten Anlass – zu einer unverhältnismäßigen Benachteiligung des Elternrechts gegenüber dem staatlichen Wächteramt führe.
[717] Die Ordnungsgeldandrohung muss verhältnismäßig sein, wobei nicht erforderlich ist, dass bereits eine Zuwiderhandlung erfolgt ist oder ein schuldhaftes Verhalten vorliegt, OLG Köln OLGR 2004, 258.
[718] S. zur Zwangsgeldfestsetzung *Keidel/Zimmermann* § 35 FamFG Rn. 34 ff. mwN.
[719] *Diehl* FPR 2008, 426, 429.
[720] *Palandt/Diederichsen* § 1632 Rn. 9; *Lempp* FamRZ 1986, 1061 ff.

§ 1666 245–248   Abschnitt 2. Titel 5. Elterliche Sorge

weise Überwindung des Kindeswillens; jedoch setze das **allgemeine Persönlichkeitsrecht** des Kindes dem gewaltsamen Vollzug der Entscheidung Grenzen.[721] Nach dieser Betrachtungsweise, die keinen festen Maßstab bietet, ist es mit Art. 2 Abs. 1 GG unvereinbar, dass sich der Sorgeberechtigte mit gerichtlicher Hilfe gegen den festen Willen eines älteren Kindes durchsetzt.[722]

245 Die vorhandenen Entscheidungen betreffen regelmäßig die **Herausgabevollstreckung** des Anspruchs der Eltern aus § 1632 Abs. 1 (vgl. dazu die Erläuterungen zu § 1632). Insofern kann man auf die gesetzgeberische Wertung des § 1671 Abs. 2 Nr. 1 zurückgreifen, der dem Kindeswillen bei Kindern, die älter als **14 Jahre alt** sind, entscheidende Bedeutung beimisst.[723]

246 Im Übrigen stellt die gewaltsame Durchsetzung familiengerichtlicher Beschlüsse einen besonders tief greifenden Eingriff in das **Persönlichkeitsrecht** des Minderjährigen dar. Andererseits dient die Vollstreckung gerichtlicher Maßnahmen der Durchsetzung des materiellen Rechts.[724] § 90 Abs. 2 FamFG zeigt, dass der Gesetzgeber Gewaltanwendung gegen ein Kind nicht grundsätzlich ausgeschlossen hat, sondern sie nur verbietet, wenn der Zweck darin besteht, das **Umgangsrecht** auszuüben. Insbesondere erlaubt Abs. 2 S. 2 gerade die Anwendung unmittelbaren Zwangs unter bestimmten Voraussetzungen. Unter Beachtung des Grundsatzes der **Verhältnismäßigkeit** können also Beschlüsse notfalls auch unter Gewaltanwendung gegen den Minderjährigen durchgesetzt werden. Dies kommt allerdings ausschließlich in solchen Fällen in Betracht, in denen **schwerste Gefahren** abgewendet werden sollen, also eine sehr **schwerwiegende Gesundheitsgefährdung** oder der **Tod des Kindes** zu befürchten wäre.[725] Hieran ist zB zu denken, wenn die Fortsetzung einer Schwangerschaft das Leben der minderjährigen Mutter ernsthaft gefährdet (vgl. Rn. 66 ff.), oder wenn der Minderjährige einen lebensrettenden Heileingriff verweigert (vgl. Rn. 80 ff.). Teilt man die Ansicht, dass minderjährigen Kindern in solchen Situationen kein Alleinentscheidungsrecht zukommt, und hält man die Beteiligung der Eltern und damit auch die des Familiengerichtes für richtig, dann darf das Gericht den Vollzug der Entscheidung nicht unterlassen. Es braucht keine nähere Ausführung, dass diese Betrachtungsweise in der Praxis Probleme bereitet und alles versucht werden sollte, zunächst eine Einigung mit dem betreffenden Jugendlichen herbeizuführen. Vor allem gilt, dass die entsprechende Anordnung des Gerichts gem. § 90 Abs. 1 FamFG eine Entscheidung iSd. § 1697a darstellt, so dass auch dabei das **Kindeswohl** im Vordergrund steht und von einer gewaltsamen Vollstreckung etwa dann abzusehen ist, wenn die Suizidgefahr höher als die Gesundheitsgefahr eingeschätzt werden muss. Ein grundsätzlicher Verzicht auf Vollstreckung würde aber den familiengerichtlichen Entscheidungen ihre Konsequenz nehmen.

246a Im Falle der Beschwerde gegen eine familiengerichtliche Entscheidung kann das Beschwerdegericht von Amts wegen oder auf Antrag gem. § 64 Abs. 3 FamFG die Vollziehung vorläufig aussetzen. Eine **Aussetzung** kommt bei Kindschaftssachen insbesondere in Betracht, wenn die Beschwerde Aussicht auf Erfolg hat und die angegriffene Entscheidung eine Herausnahme des Kindes aus dem elterlichen Haushalt vorsieht, sodass bei einem Erfolg der Beschwerde ein für das Kind schädlicher Beziehungswechsel droht.[726]

VII. Rechtsmittel

247 **1. Befristete Beschwerde. a) Beschwerdebefugnis.** Gegen **Endentscheidungen** des **Familiengerichts** auf Grundlage des **Abs. 1** ist die **befristete Beschwerde** zum **OLG** statthaft, §§ 58 Abs. 1, 63, 64 FamFG, § 119 Abs. 1 Nr. 1 GVG. Dies gilt entsprechend über die Verweisung des § 1837 Abs. 4 bzw. der §§ 1915, 1909 BGB auf § 1666, wenn Streit über die Entziehung oder Beschränkung der Personensorge beim Vormund und Pfleger besteht.

248 Der mindestens **14 jährige Jugendliche** kann sie in allen seine Person betreffenden Angelegenheiten gem. § 60 Abs. 1 FamFG **selbständig** einlegen, unabhängig davon, ob eine Maßnahme nach § 1666 abgelehnt oder angeordnet wird.[727] Die Beschwerdebefugnis der durch die Maßnahme beeinträchtigten **Eltern** folgt aus § 59 Abs. 1 FamFG, weil sie in ihrem Sorgerecht betroffen sind.

---

[721] BGH FamRZ 1975, 273, 276; BayObLGZ 1974, 317; BayObLG FamRZ 1997, 954, 956; FamRZ 1984, 932, 933; *Staudinger/Coester* Rn. 291.
[722] BGH FamRZ 1975, 273, 276; BayObLG FamRZ 1997, 954, 956 für 17-jähriges Kind; *Staudinger/Coester* Rn. 291 mwN.
[723] Zur Beachtlichkeit des Kindeswillens vgl. Rn. 45 ff.
[724] *Knöpfel* FamRZ 1985, 1211, 1215.
[725] Schwangerschaftsabbruch gegen den Willen der minderjährigen Mutter in Fällen des § 218a Abs. 2 StGB.
[726] Vgl. BVerfG FamRZ 2010, 528; allg. zur Aussetzung der Vollziehung *Musielak/Borth* § 64 FamFG Rn. 5.
[727] AA OLG Düsseldorf ZKJ 2011, 185, das eine Beschwerdebefugnis verneint, wenn das Gericht eine Maßnahme nach § 1666 anordnet. Zum einen berücksichtigt die Entscheidung nicht § 60 S.1 FamFG, zum anderen überzeugt sie aber auch in der Sache nicht. Sofern in die elterliche Sorge zu Unrecht eingegriffen wird, ist das Kindeswohl ebenso betroffen wie wenn eine entsprechende Maßnahme abgelehnt wird.

Hierin liegt der notwendige **unmittelbare Eingriff** in ein **subjektives Recht** des Beschwerdeführers.[728] Eine Beschwerdebefugnis steht aber ausnahmsweise auch dem **nicht sorgeberechtigten Vater** zu, wenn der allein sorgeberechtigten Mutter das Sorge- oder Aufenthaltsbestimmungsrecht entzogen und sein Antrag auf Übertragung des Sorgerechts abgelehnt wird. In diesem Falle ergibt sich das subjektive Recht aus § 1680 Abs. 3, Abs. 2 S. 2.[729] Die zuvor nicht unumstrittene Rechtsmittelberechtigung des **Jugendamtes**[730] ergibt sich nun aus §§ 162 Abs. 3 S. 2 FamFG, obwohl es nicht in „seinen" Rechten betroffen ist.[731]

Dem früher in § 57 Abs. 1 Nr. 8, 9 FGG genannten Personenkreis steht kein Beschwerderecht (mehr[732]) zu. Zu den betreffenden Personen zählten zB Pflegeeltern,[733] Stiefeltern[734] sowie bei Ablehnung oder Aufhebung einer Maßregel gem. § 1666 Verwandte und Verschwägerte des Kindes.[735] Die Beschwerdeberechtigung sollte nach dem Willen des Gesetzgebers auf den in §§ 59, 60 FamFG genannten Personenkreis beschränkt werden,[736] um den Eintritt der **formellen Rechtskraft** familiengerichtlicher Entscheidungen sicherzustellen.[737] Eine Beschwerdebefugnis auf der Grundlage des § 59 FamFG (§ 20 FGG aF) kommt aber uU für **Pflegeeltern** in Betracht.[738] Denn Art. 6 Abs. 1, 3 GG schützt die auf Dauer angelegte, gewachsene Beziehung zwischen ihnen und dem Kind,[739] so dass eine Verletzung ihrer subjektiven Rechte nicht generell ausgeschlossen erscheint.[740]

Lange Zeit umstritten war die **Beschwerdefähigkeit** der Entscheidung, durch die ein **Verfahrensbeistand** bestellt wird.[741] Nach mittlerweile herrschender Rspr. ist die Bestellung eines Verfahrenspflegers eine nicht anfechtbare Zwischenverfügung des Gerichts.[742] Der Beistand kann im Interesse des Kindes Rechtsmittel gem. § 158 Abs. 4 S. 5 FamFG in eigenem Namen einlegen, obwohl auch er nicht in „seinen" Rechten betroffen ist.

Das **Rechtsschutzbedürfnis**, welches für die Zulässigkeit der weiteren Beschwerde in gleicher Weise erforderlich ist wie für die Erstbeschwerde, fehlt, wenn kein Anlass besteht, die Vorentscheidung aufzuheben.[743] **Erledigung des Verfahrens** tritt durch den **Vollzug** der angefochtenen Entscheidung ein, falls der erstinstanzliche Beschluss keinen weiteren Regelungsinhalt hat.[744]

b) Der Amtsermittlungsgrundsatz. Der Amtsermittlungsgrundsatz gem. § 26 FamFG gilt auch im **Beschwerdeverfahren**.[745] Das **OLG** tritt vollständig an die Stelle des Familiengerichts[746]

---

[728] BGH NJW 1999, 3718, 3719; dies gilt nach hM nicht für den Kindesvater, der nicht Mitinhaber der elterlichen Sorge ist, vgl. BGH FamRZ 2009, 220 f.; OLGR Frankfurt 2006, 437. Ob an dieser Rspr. auch nach den Urteilen des EuGHMR vom 3. 12. 2009 (FamRZ 2010, 103) – wonach die Bundesrepublik Deutschland Väter außerehelich geborener Kinder beim Zugang zur (gemeinsamen) elterlichen Sorge diskriminiert – und des BVerfG vom 21. 7. 2010 (FamRZ 2010, 1403), weiterhin festgehalten werden kann, ist zweifelhaft, vgl. dazu *Schumann* FF 2010, 222.

[729] BGH FamRZ 2010, 1242; OLG Celle FamRZ 2011, 121, 122.

[730] BayObLG FamRZ 1989, 652, 653.

[731] OLG Köln FamRZ 2001, 1087, 1088; *Bumiller/Harders* § 162 FamFG Rn. 4; *Staudinger/Coester* Rn. 301.

[732] Zu der Rechtslage vor dem KindschaftsRG v. 16. 12. 1997 vgl. 3. Aufl. Rn. 70.

[733] Beschwerdebefugnis: OLG Hamm FamRZ 1994, 391 f.; aA BGH NJW 1999, 3718 ff. = FamRZ 2000, 219 ff.; NJW 2004, 102.

[734] Beschwerdebefugnis: BayObLG FamRZ 1996, 1352 f.

[735] Vgl. zum mangelnden Beschwerderecht der Großeltern BGH NJW-RR 2011, 434 mwN.

[736] BT-Drucks. 13/11035 S. 26 f.

[737] Der Gesetzgeber wollte die unmittelbar Beteiligten schützen, wenn die entsprechenden Familiensachen im Verbund als Scheidungsfolgesache zu verhandeln wären, vgl. BT-Drucks. 13/11035 S. 26 f.

[738] So auch *Bamberger/Roth/Veit* Rn. 28; aA BGH FamRZ 2005, 975; FamRZ 2004, 102; NJW 1999, 3718, 3719 für die Sorgerechtsübertragung.

[739] BVerfGE 79, 51, 59; 68, 176, 187; BGH NJW 1999, 3718, 3719; OLG Brandenburg FamRZ 2004, 720: „Zur Pflegefamilie des Kindes kann eine gewachsene Bindung entstehen, die durch Art. 6 Abs. 1 GG geschützt wird."

[740] Die Entscheidung, wem die elterliche Sorge zusteht, bedeutet allein allerdings noch keinen unmittelbaren Eingriff in die Rechtsstellung der Pflegeeltern: BGH NJW 1999, 3718, 3719.

[741] Dagegen OLG Naumburg FamRZ 2001, 170 = NJW-RR 2000, 1532; OLG Zweibrücken FamRZ 2001, 170; OLG Brandenburg FamRZ 2000, 1295 = NJW-RR 2001, 76; dafür OLG Stuttgart FamRZ 2001, 39; OLG Hamburg FamRZ 2001, 34 = JAmt 2001, 144; OLG Dresden FamRZ 2000, 1296; OLG Düsseldorf FamRZ 2000, 1298; OLG Karlsruhe FamRZ 2000, 1296 = NJW-RR 2001, 78; KG NJW 2000, 2596; ausf. *Engelhardt* FamRZ 2001, 525, 528.

[742] Vgl. OLG München FamRZ 2005, 635; OLG Köln FamRZ 2005, 221; OLG Hamburg FamRZ 2005, 221; OLG Zweibrücken FamRZ 2004, 1980.

[743] BayObLG FamRZ 1990, 551 f.

[744] OLG Düsseldorf DAVorm. 1992, 878, 879.

[745] *Bumiller/Harders* § 26 FamFG Rn. 15; *Keidel/Sternal* § 26 FamFG Rn. 82.

[746] Zur früheren Zuständigkeit des LG BGH NJW 1954, 554; BayObLG FamRZ 1990, 1150 f.

und **überprüft** das **gesamte Sach- und Rechtsverhältnis,** wie es sich im Zeitpunkt seiner Entscheidung darstellt, einschließlich der **Zweckmäßigkeitserwägungen.**[747] Das Beschwerdegericht verletzt seine Ermittlungspflicht indessen nicht, wenn es sich auf umfangreiche und ordnungsgemäße Ermittlungen des Familiengerichts stützt.[748] Denn eine Wiederholung ist nur geboten, soweit der Beschwerdevortrag neue entscheidungserhebliche Tatsachen enthält[749] oder das Beschwerdegericht die Glaubwürdigkeit eines Zeugen abweichend beurteilt.[750]

253 Auch im Beschwerdeverfahren besteht grundsätzlich eine **Anhörungspflicht** seitens des Gerichts.[751] Die unterlassene Anhörung des **Kindes,** der **Eltern** sowie des **Jugendamtes** stellt in zweiter Instanz demnach ebenfalls einen wesentlichen Verfahrensmangel dar.[752] Diese Pflicht zur nochmaligen Anhörung dient neben der erneuten Gewährung rechtlichen Gehörs insbes. der Sachverhaltsaufklärung.[753]

254 Das **Beschwerdegericht** kann deshalb nur in begründeten **Ausnahmefällen** von der **Anhörung absehen,**[754] zB weil die erstinstanzlichen ordnungsgemäßen Anhörungen erst kurze Zeit zurückliegen und keine neuen Tatsachen oder rechtlichen Gesichtspunkte existieren.[755] Dazu muss sich aus dem Anhörungsprotokoll des Familiengerichts oder aus dem sonstigen Akteninhalt ergeben, welchen Eindruck die Eltern hinsichtlich ihrer Fähigkeit zur Ausübung der elterlichen Sorge hinterlassen haben. Denn nur dann kann das Beschwerdegericht unter Verwertung der tatsächlichen Erkenntnisse des Familiengerichts als zweite Tatsacheninstanz an dessen Stelle treten.[756]

255 Neben der **erneuten Anhörung** hat das **Beschwerdegericht** eine Ermessensentscheidung darüber zu treffen, ob ggf. ein neuer **Sachverständigenbeweis** erhoben werden soll. Dies ist der Fall, wenn ein im erstinstanzlichen Verfahren erstattetes Gutachten grobe Mängel aufweist oder ein neuer Sachverständiger über Forschungsmittel verfügt, die denen des früheren Gutachters überlegen sind.[757] Das Gleiche gilt, wenn das Gutachten von unzutreffenden tatsächlichen Voraussetzungen ausgeht.[758]

256 **2. Rechtsbeschwerde.** Gegen die Entscheidung der zweiten Instanz ist die **weitere Beschwerde** (Rechtsbeschwerde) zum **BGH** (nur) statthaft, wenn entweder das **OLG** (Beschwerdegericht) **oder** der **BGH** (Rechtsbeschwerdegericht) – auf Beschwerde gegen die Nichtzulassung – sie **zugelassen** hat, § 70 FamFG.

257 Der **Beschwerdeführer** kann das Rechtsmittel gem. § 72 Abs. 1 S. 2 FamFG ausschließlich auf eine **Rechtsverletzung** stützen. Das Rechtsbeschwerdegericht darf gem. § 74 Abs. 3 S. 4 FamFG iVm. § 559 ZPO grundsätzlich keine neuen Tatsachen berücksichtigen.[759] Ihre Feststellung obliegt allein den unteren Instanzen.[760] Eine dahingehende Nachprüfung durch den BGH beschränkt sich darauf, ob die angefochtene Entscheidung wesentliche Umstände unberücksichtigt lässt, § 26 FamFG, die Würdigung gegen Denkgesetze verstößt oder ob Schlüsse gezogen wurden, die mit einer feststehenden Auslegungsregel oder mit der allgemeinen Lebenserfahrung unvereinbar sind. Bei **vorläufigen Anordnungen** kommt die Prüfung hinzu, ob das Gericht die Anforderungen an die Glaubhaftmachung vernachlässigt bzw. überspannt hat.[761]

---

[747] Das Beschwerdegericht kann auch vorläufige Anordnungen erlassen: OLG Hamm FamRZ 1995, 1209, 1210.
[748] BayObLG NJW-RR 1991, 777, 779.
[749] BayObLG NJW-RR 1991, 777, 778 f.
[750] Vgl. BGH NJW 1968, 1138; 1976, 1742; *Keidel/Sternal* § 26 FamFG Rn. 35.
[751] Für die Eltern: BayObLG NJW-RR 1994, 1225, 1226; OLG Oldenburg FamRZ 1999, 35 f.; OLG Hamm FamRZ 1999, 36 f.; für das Kind: BayObLG FamRZ 1997, 1429, 1430; FamRZ 1992, 1212 (LS); für das Jugendamt: BayObLG FamRZ 1987, 87 f.
[752] OLG Düsseldorf NJW 1995, 1970.
[753] Vgl. BayObLG FamRZ 1980, 1150 f.
[754] OLG Oldenburg FamRZ 1999, 35, 36; OLG Hamm FamRZ 1999, 36, 37; s. a. Rn. 221 u. 230 zu den Ausnahmefällen in der ersten Instanz.
[755] OLG Düsseldorf NJW 1995, 1970; BayObLG FamRZ 1997, 1429, 1430; FamRZ 1985, 635 f.; FamRZ 1984, 933 f.; DAVorm. 1982, 351; DAVorm. 1981, 901, 903; FamRZ 1980, 1150 f.
[756] BayObLG FamRZ 1997, 1429, 1430; NJW-RR 1994, 1225, 1226; FamRZ 1980, 1150 f.; OLG Düsseldorf NJW 1995, 1970, 1971.
[757] BayObLGZ 1982, 309, 315; BayObLG FamRZ 1984, 929 f.
[758] BayObLG FamRZ 1988, 1313 (LS) zum VormG und LG.
[759] Die gegenteilige Auffassung, nach der neue Tatsachen bei einer Entscheidung, die gem. § 18 Abs. 1 FGG aF nicht in materieller Rechtskraft erwächst, zu berücksichtigen sind, vgl. OLG Karlsruhe FamRZ 1977, 148, war seit dem KindschaftsRG v. 16. 12. 1997 wegen § 18 Abs. 2 FGG aF hinfällig.
[760] BayObLG DAVorm. 1996, 626, 628.
[761] KG FamRZ 1990, 1021, 1023.

Die **unbestimmten Rechtsbegriffe** des Normtatbestands unterliegen jedoch uneingeschränkt 258
der Nachprüfung des Rechtsbeschwerdegerichts im Hinblick darauf, ob die vom Tatrichter getroffenen Tatsachenfeststellungen die jeweilige rechtliche Schlussfolgerung zulassen.[762]

VIII. Kosten

Nach der Umstellung von Aktgebühren (vgl. § 94 Abs. 1 Nr. 3 KostO aF) auf pauschale Verfah- 259
rensgebühren zum 1. 9. 2009 durch das FamGKG (Gesetz über Gerichtskosten in Familiensachen, Art. 2 G. v. 17. 12. 2008, BGBl. I S. 2586, 2666) ergibt sich die **Kostenentscheidung** nunmehr aus Nr. 1310 des Kostenverzeichnisses der Anlage 1 zu § 3 Abs. 2 FamGKG bzw. aus den Nr. 1314, 1316 für **Rechtsmittelverfahren**. Minderjährigen können Kosten in diesem Verfahren, soweit diese ihre Person betreffen, nicht auferlegt werden (vgl. §§ 21 Abs. 1 Satz 2 Nr. 3 FamGKG, 81 Abs. 3 FamFG). Die Gewährung von **Verfahrenskostenhilfe** richtet sich nach §§ 76 Abs. 1 FamFG, 114 ff. ZPO.[763]

§ 1666a Grundsatz der Verhältnismäßigkeit; Vorrang öffentlicher Hilfen

(1) ¹**Maßnahmen, mit denen eine Trennung des Kindes von der elterlichen Familie verbunden ist, sind nur zulässig, wenn der Gefahr nicht auf andere Weise, auch nicht durch öffentliche Hilfen, begegnet werden kann.** ²**Dies gilt auch, wenn einem Elternteil vorübergehend oder auf unbestimmte Zeit die Nutzung der Familienwohnung untersagt werden soll.** ³**Wird einem Elternteil oder einem Dritten die Nutzung der vom Kind mitbewohnten oder einer anderen Wohnung untersagt, ist bei der Bemessung der Dauer der Maßnahme auch zu berücksichtigen, ob diesem das Eigentum, das Erbbaurecht oder der Nießbrauch an dem Grundstück zusteht, auf dem sich die Wohnung befindet; Entsprechendes gilt für das Wohnungseigentum, das Dauerwohnrecht, das dingliche Wohnrecht oder wenn der Elternteil oder Dritte Mieter der Wohnung ist.**

(2) **Die gesamte Personensorge darf nur entzogen werden, wenn andere Maßnahmen erfolglos geblieben sind oder wenn anzunehmen ist, dass sie zur Abwendung der Gefahr nicht ausreichen.**

Schrifttum: *Coester*, Die Bedeutung des Kinder- und Jugendhilfegesetzes (KJHG) für das Familienrecht, FamRZ 1991, 253; *Diederichsen*, Die Neuregelung des Rechts der elterlichen Sorge, NJW 1980, 1; *Ehinger*, Die Regelung der elterlichen Sorge bei psychischer Erkrankung eines Elternteils oder beider Eltern im Überblick, FPR 2005, 253; *Eichenhofer*, Das neue Kinder- und Jugendhilferecht, JuS 1992, 279; *Grziwotz*, Schutz vor Gewalt in Lebensgemeinschaften und vor Nachstellung, NJW 2002, 872; *Hermann*, Verfassungsrechtliche Überlegungen zum Verhältnis von staatlichem Wächteramt und Jugendhilfe, ZfJ 2000, 41; *Hermann*, Die Umsetzung des „Gewaltschutzgesetzes" in das Landespolizeirecht, NJW 2002, 3062; *Hinz*, Zu den Voraussetzungen der Trennung eines gesunden Kindes von seinen behinderten Eltern, NJW 1983, 377; *Klinkhardt*, Jugendhilferechtliche Maßnahmen zum Schutz vor Gewalt, FPR 2001, 264; *Klussmann*, Das Pflegekind Janina in Glanz und Elend, ZfJ 1988, 478; *Knittel*, Kinderrechteverbesserungsgesetz verabschiedet, JAmt 2002, 50; *Oberloskamp*, Der Schutz von Kindern nach dem Gewaltschutzgesetz und Kinderrechteverbesserungsgesetz einerseits und den Vorschriften der §§ 1666, 1666 a anderseits, FPR 2003, 285; *Ollmann*, Eltern, Kind und Staat in der Jugendhilfe, FamRZ 1992, 388; *Peschel-Gutzeit*, Das Kinderrechteverbesserungsgesetz – KindRVerbG – vom 9. 4. 2002, FPR 2002, 285; *dies.*, Gesetz zur Verbesserung des zivilgerichtlichen Schutzes bei Gewalttaten und Nachstellungen sowie zur Erleichterung der Überlassung der Ehewohnung bei Trennung, FPR 2001, 243; *Röchling*, Vormundschaftsgerichtliches Eingriffsrecht und KJHG, Diss. Hagen 1997; *Roth*, Das Kinderrechteverbesserungsgesetz, JZ 2002, 651; *Rünz*, Die Entscheidungsmöglichkeiten des Vormundschaftsgerichts gemäß § 1666a, Diss. Mainz 1988; *Sachs*, Grundgesetz, 5. Aufl. 2009; *v. Sachsen Gessaphe*, Nachbesserungen im Familienrecht – eine unendliche Geschichte, NJW 2002, 1853; *Schellhorn/Schellhorn/Hohm*, SGB XII – Sozialhilfe, 17. Aufl. 2006; *Schumacher*, Mehr Schutz bei Gewalt in der Familie, FamRZ 2002, 645; *dies.*, Der Regierungsentwurf eines Gesetzes zur Verbesserung des zivilgerichtlichen Schutzes bei Gewalttaten und Nachstellungen sowie zur Erleichterung der Überlassung der Ehewohnung bei Trennung, FamRZ 2001, 953; *Wiesner*, Die Kompetenz des Vormundschaftsgerichts bei der Abwendung von Gefahren für das Kindeswohl – Bemerkungen zur Auslegung und Anwendung von § 1666a

---

[762] Vgl. zB zur Gefährdung des Kindeswohls BayObLG DAVorm. 1996, 626, 628; ZBlJugR 1983, 308, 310; OLG Frankfurt/M. FamRZ 1984, 614; zum Sorgerechtsmissbrauch OLG Zweibrücken FamRZ 1984, 931; OLG Karlsruhe FamRZ 1974, 661 f.; ferner *Staudinger/Coester* Rn. 304.
[763] Vgl. dazu OLG Frankfurt FamRZ 2010, 1094 f.

§ 1666a 1, 2   Abschnitt 2. Titel 5. Elterliche Sorge

BGB, ZBlJugR 1981, 509; *ders.*, Das Kinder- und Jugendhilfegesetz unter besonderer Berücksichtigung familienunterstützender und -ergänzender Leistungen, FuR 1990, 325; *Wiesner u. a.*, SGB VIII – Kinder- und Jugendhilfe, 3. Aufl. 2006. Siehe im Übrigen das Schrifttum zu § 1666.

Übersicht

	Rn.		Rn.
I. Normzweck	1–9	**III. Trennung durch Wohnungsausweisung eines Elternteils oder Dritten, Abs. 1 S. 2 und 3**	18–24
1. Anwendungsbereich. Ergänzungsfunktion	1	1. Maßnahme nach § 1666 Abs. 1, 3 Nr. 3: Trennung durch Wohnungsausweisung eines Elternteils oder Dritten	18–22
2. Betonung des Verhältnismäßigkeitsgrundsatzes	2	a) Allgemeines	18, 19
3. Vorrang öffentlicher Hilfen	3–5	b) Wohnungsausweisung als besondere Form der Trennung	20
a) Allgemeines	3, 4	c) Adressaten	21
b) Hilfsangebote nach SGB VIII (KJHG) und SGB XII (SHG)	5	d) Dauer	22
4. Verfassungsmäßigkeit	6	2. Vorrang anderer Maßnahmen bzw. öffentlicher Hilfen	23, 24
5. Normstruktur	7–9	**IV. Entziehung der gesamten Personensorge, Abs. 2**	25–27
II. Trennung des Kindes von der elterlichen Familie, Abs. 1 S. 1	10–17	1. Maßnahme nach § 1666 Abs. 1, 3 Nr. 6: Entziehung der gesamten Personensorge	25
1. Maßnahme nach § 1666 Abs. 1: Trennung von der elterlichen Familie	10–12	2. Erfolg- oder Aussichtslosigkeit anderer Maßnahmen bzw. öffentlicher Hilfen	26, 27
a) Elterliche Familie	11	a) Allgemeines	26
b) Trennung	12	b) Insbesondere zur Aussichtslosigkeit	27
2. Vorrang anderer Maßnahmen	13–15		
3. Vorrang öffentlicher Hilfen	16, 17		

I. Normzweck

1 **1. Anwendungsbereich. Ergänzungsfunktion.** Der durch das SorgeRG vom 18. 7. 1979 eingefügte und durch das KindRVerbG vom 9. 4. 2002 erweiterte § 1666a[1] stellt systematisch eine unselbständige Ergänzungsnorm zu § 1666 dar.[2] Die schärfsten Maßnahmen des Familiengerichtes bei der Gefährdung des Kindeswohls gem. § 1666 Abs. 1, 3 Nr. 3, nämlich die Trennung des Kindes von der elterlichen Familie durch **Herausnahme** des Kindes aus dem Familienverbund gem. § 1666a Abs. 1 S. 1 bzw. durch **Wohnungsausweisung** eines Elternteils gem. § 1666a Abs. 1 S. 2, 3 und der **Entzug** der **gesamten Personensorge**, § 1666a Abs. 2, sind demzufolge zusätzlich an den Voraussetzungen des § 1666a zu messen.[3] Die Norm ist auf die vergleichbaren Tatbestände der §§ 1632 Abs. 4, 1673 und 1748 analog anzuwenden.[4] Gemäß § 1837 Abs. 4 gilt sie zudem entsprechend für den Vormund und über § 1915 auch für den Pfleger.

2 **2. Betonung des Verhältnismäßigkeitsgrundsatzes.** Durch § 1666a wird das verfassungsrechtliche Prinzip der **Verhältnismäßigkeit**[5] besonders hervorgehoben,[6] das allerdings ohnehin für sämtliche Maßnahmen des Familiengerichts gilt (vgl. § 1666 Rn. 155 ff.). Daher hält man § 1666a zT für überflüssig;[7] er hat jedoch zumindest die Funktion einer ausdrücklichen Verknüpfung von Maßnahmen des Familiengerichts mit öffentlichen Hilfen.[8] Zudem schafft er in Erweiterung des

---

[1] SorgeRG vom 18. 7. 1979 (BGBl. I S. 1061); KindRVerbG vom 9. 4. 2002 (BGBl. I S. 1239); ausf. zu den hierdurch bewirkten Änderungen s. u. Rn. 18 ff.

[2] *Palandt/Diederichsen* Rn. 1; *Röchling* S. 27 f.; *Wiesner* ZBlJugR 1981, 509. Zu den Veränderungen des § 1666 in seinen Abs. 1 und 3 sowohl auf Tatbestands- als auch auf Rechtsfolgenseite durch das „Gesetz zur Erleichterung familiengerichtlicher Maßnahmen bei Gefährdung des Kindeswohls" v. 4. 7. 2008 s. § 1666 Rn. 4; insbes. zu dem gesetzlich nun aufgeführten Maßnahmenkatalog s. § 1666 Rn. 149. § 1666a selbst ist dabei unverändert geblieben.

[3] Zu vorläufigen Maßnahmen durch das Familiengericht s. § 1666 Rn. 208, 234 ff.

[4] BayObLG ZBlJugR 1983, 308, 311; *Staudinger/Coester* Rn. 3.

[5] Dazu *Sachs* Art. 20 GG Rn. 145 ff.

[6] BT-Drucks. 8/2788 S. 59 f.; BVerfGE 60, 79, 89 f. = NJW 1982, 1379; dazu AG Kamen DAVorm. 1995, 258, 261; *Erman/Michalski/Döll* Rn. 1; *Palandt/Diederichsen* Rn. 1; *Hinz* NJW 1983, 377, 378; *Oberloskamp* FPR 2003, 285, 288.

[7] BT-Drucks. 8/2788 S. 60 (Stellungnahme der Ausschussminderheit); *Bosch* FamRZ 1980, 739, 740; KK-FamR/*Ziegler* Rn. 1; PWW/*Ziegler* betont die rein deklaratorische Funktion. Zum Meinungsstand ausf. *Röchling* S. 83 ff. sowie *Rünz* S. 2 ff.

[8] *Röchling* S. 278 ff.; *Rünz* S. 111 ff.; *Wiesner* ZBlJugR 1981, 509, 512; zu den öffentlichen Hilfen s. Rn. 5 u. 16 ff.

§ 26 FamFG **besondere Prüfpflichten** sowie spezielle **Begründungs-** und **Legitimierungspflichten** für die Entscheidungen des Familiengerichts, deren Missachtung mit der Beschwerde angegriffen werden kann.[9] Das Gericht muss darlegen, dass und weshalb der Kindeswohlgefährdung nicht durch **öffentliche Hilfen** zu begegnen war und dass es auch **mildere familiengerichtliche Maßnahmen** erwogen hat.[10] Eine Stellungnahme zu diesen öffentlichen Hilfen ist auch schon vom **Jugendamt** bei seiner **Anhörung** gem. § 162 Abs. 1 S. 1 FamFG, § 50 Abs. 1 S. 2, 2 SGB VIII abzugeben.[11]

3. Vorrang öffentlicher Hilfen. a) Allgemeines. Abs. 1 begründet ein **Vorrangverhältnis** 3 von öffentlichen **Hilfen** gegenüber **Eingriffen** durch das Familiengericht. Er verknüpft somit die gerichtliche Gefahrenabwehr mit Sozialleistungen. Obwohl Abs. 2 keine entsprechende Formulierung enthält, gilt derselbe Grundsatz auch dort (vgl. dazu Rn. 26). Dies entspricht einer Forderung des **BVerfG** aus dem Jahre 1968: Man müsse „nach Möglichkeit zunächst versuchen, durch helfende, unterstützende, auf Herstellung oder Wiederherstellung eines verantwortungsgerechten Verhaltens der natürlichen Eltern gerichtete Maßnahmen" das Kindeswohl zu gewährleisten. Gerichtliche Eingriffe seien nur zu rechtfertigen, „wenn solche Maßnahmen nicht genügen".[12] Ebenso bekräftigte auch der **Europäische Menschenrechtsgerichtshof** den Vorrang pädagogischer Fördermaßnahmen vor einem gerichtlichen Eingreifen (in diesem Falle der Trennung des Kindes von der Familie) vor dem Hintergrund einer drohenden Verletzung des Art. 8 EMRK.[13] Zwar billigt der EGMR den nationalen Behörden einen großen Ermessensspielraum zu, um die Notwendigkeit einer Betreuungsübernahme für das Kind zu beurteilen. Letztlich behält er sich jedoch eine strenge Kontrolle von Einschränkungen der Eltern- bzw. Kindesrechte sowie der getroffenen Schutzmaßnahmen vor.[14] Gibt das **Familiengericht** auf Grund seiner Abwägung öffentlichen Hilfen den Vorrang, muss es diese konkret **beschreiben** und ihre **Erfolgsaussichten begründen**.[15]

Dem Gedanken: „**öffentliche Hilfe vor gerichtlicher Maßnahme**" liegt die Erkenntnis 4 zugrunde, dass das Kindeswohl grundsätzlich am besten durch **Hilfe in der Familie** geschützt wird.[16] Schwerwiegende Eingriffe sind deshalb so weit wie möglich zu vermeiden,[17] manchmal allerdings mit der Gefahr, dass das Gericht so lange immer neue Therapie- und Hilfsmöglichkeiten in Betracht zieht, bis das Kind wegen fehlender Kontinuität und mangels gesicherter Familienbindung irreparable Schäden erleidet.[18] Problematisch ist es ferner, wenn das Gericht mit der endgültigen Unterbringung zugunsten von Rückgewinnungschancen der Eltern übermäßig lange zögert.[19] Ein häufiger Wechsel der Pflegefamilie oder eine Heimunterbringung[20] mit dem Ziel, den Aufbau persönlicher Bindungen des Kindes zugunsten der späteren Rückführung in seine Ursprungsfamilie zu vermeiden, verletzt seine Grundrechte. Der bei der Abwägung ausschlaggebende Faktor ist das **Kindeswohl**;[21] sie muss also „kindeswohlorientiert" vorgenommen werden.[22] Dementsprechend verlangt zB auch § 37 Abs. 1 S. 2–4 SGB VIII, dass dem Kind die Rückkehr in die Familie innerhalb

---

[9] BVerfG FamRZ 1989, 145, 146; BayObLG FamRZ 1994, 1411, 1412; FamRZ 1994, 975; FamRZ 1992, 90, 91; FamRZ 1991, 1218, 1220; FamRZ 1985, 100, 101; *Staudinger/Coester* Rn. 2; *Rünz* S. 113.
[10] BayObLG FamRZ 1999, 316, 317; FamRZ 1996, 1352, 1353; FamRZ 1994, 975; MDR 1991, 971, 972; FamRZ 1985, 100 f.; DAVorm. 1983, 381, 386; DAVorm. 1981, 901, 903 f.; bestätigend BGH NJW 2005, 672, 674.
[11] Ausf. hierzu *Röchling* ZfJ 2004, 257 ff. zu § 49a FGG aF.
[12] BVerfGE 24, 119 = NJW 1968, 2233, 2335; vgl. auch LG Berlin FamRZ 1988, 1308.
[13] EGMR ZfJ 2002, 288 = FamRZ 2002, 1393.
[14] Vgl. EGMR NJW 2004, 3401, 3404 f.; zur nach Art. 20 Abs. 3 GG gebotenen Berücksichtigung der Entscheidungen des EGMR sowie der EMRK selbst durch deutsche Gerichte s. BVerfG NJW 2004, 3407.
[15] OLG Hamm DAVorm. 1986, 540, 542; *Staudinger/Coester* Rn. 22.
[16] *Simitis*, FS Müller-Freienfels, 1986, S. 579, 609: Der Konflikt betrifft alle Familienmitglieder, nicht nur das Kind; vgl. auch OLG Hamm FamRZ 1983, 647 u. Rn. 153 zu § 1666.
[17] BayObLG MDR 1991, 971, 972; zu weitgehend oder ohne gebotene Abwägung: OLG Schleswig SchlHA 1988, 84; aufgehoben durch BVerfG FamRZ 1989, 145 f.; BayObLG DAVorm. 1985, 914, 917 u. DAVorm. 1985, 335, 337 f.; FamRZ 1984, 928 f. u. FamRZ 1984, 421, 422; richtig abwägend hingegen OLG Köln NJW-RR 2001, 221, 222; OLG Oldenburg FamRZ 1999, 38; BayObLG FamRZ 1997, 572 f. sowie FamRZ 1997, 1553, 1554.
[18] Dazu *Coester* FamRZ 1991, 253, 259; *Klussmann* ZfJ 1988, 478. Zweifelhaft insofern die Entscheidungen KG FamRZ 1985, 526 (vgl. auch die Anm. des einsendenden Richters sowie die Anm. von *Frank* FamRZ 1985, 966); BayObLG DAVorm. 1983, 381; OLG Frankfurt FamRZ 1983, 531.
[19] So OLG Brandenburg FamRZ 2004, 720; KG FamRZ 1985, 526; OLG Frankfurt FamRZ 1983, 531; gegen „immer neue Bewährungschancen für die Eltern" *Ehinger* FPR 2005, 253, 256.
[20] BVerfG NJW 1988, 125.
[21] Vgl. § 1666 Rn. 152; ebenso *Staudinger/Coester* Rn. 4 f.
[22] *Staudinger/Coester* Rn. 6; vgl. auch OLG Frankfurt/M FamRZ 2001, 1086; OLG Hamm DAVorm. 1991, 1079, 1087.

§ 1666a 5–9　　Abschnitt 2. Titel 5. Elterliche Sorge

eines „**vertretbaren**" **Zeitraumes** ermöglicht werden soll. Andernfalls ist eine „**dauerhafte**" Lebensperspektive außerhalb der Ursprungsfamilie zu erarbeiten.

5　**b) Hilfsangebote nach SGB VIII (KJHG) und SGB XII (SHG).** Die Sozialleistungen, die dem Kind vorrangig vor Eingriffen in seine Familie zugute kommen sollen, sind im **SGB VIII** verankert.[23] Neben die spezifischen Hilfen des SGB VIII treten die allgemeinen Leistungen der **Sozialhilfe** nach dem **SGB XII**,[24] mit denen das Kindeswohl mittelbar geschützt werden kann.[25]

6　**4. Verfassungsmäßigkeit.** § 1666a ist **verfassungsgemäß**.[26] Dies galt, soweit die Vorschrift gemeinsam mit § 1666 Abs. 1 S. 1 die **Trennung** eines Kindes von der elterlichen Familie selbst bei **unverschuldetem Fehlverhalten** der Eltern erlaubte, auch schon vor dem Verzicht auf das elterliche Erziehungsversagen durch das „Gesetz zur Erleichterung familiengerichtlicher Maßnahmen bei Gefährdung des Kindeswohls" vom 4. 7. 2008.[27] Bei der Anwendung dieses Tatbestandes ist jedoch im Hinblick auf die Schwere des Eingriffs der Grundsatz der Verhältnismäßigkeit besonders zu wahren.[28]

7　**5. Normstruktur.** Das Verhältnis der beiden Abs. zueinander, insbes. die Rangfolge von Anordnungen nach Abs. 1 S. 1 und Abs. 2, ist unklar. Das Gericht muss vor der Entziehung der gesamten Personensorge, so die amtliche Begründung zur ursprünglichen Fassung nach dem SorgeRG vom 18. 7. 1979,[29] „zunächst versuchen, etwa durch Ermahnungen, Gebote und Verbote oder – unter den besonderen Voraussetzungen des Abs. 1 (nunmehr Abs. 1 S. 1) – durch anderweitige Unterbringung, die Gefahr abzuwehren". Offenbar hat der Rechtsausschuss somit Maßnahmen nach Abs. 1 S. 1, also selbst die **Trennung** des Kindes von der elterlichen Familie, generell für milder gehalten als die Entziehung der gesamten Personensorge gem. Abs. 2. Diese Betrachtungsweise ist zwar **rechtlich** deshalb zutreffend, weil die Trennung nur den Verlust des Aufenthaltsbestimmungsrechtes als **Teil der Personensorge** bedeutet. **Faktisch** führt aber das Herauslösen des Kindes aus der Familie uU zu einer schwereren Belastung für die Beteiligten als eine Entziehung der Rechtsposition „elterliche Sorge". Dem entspricht, dass Art. 6 Abs. 3 GG den **faktischen Trennungsbegriff** zugrunde legt und auch das BVerfG dieser Betrachtungsweise folgt: Die Trennung sei der „stärkste vorstellbare Eingriff".[30] Daraus folgt, dass entgegen der Auffassung des Rechtsausschusses kein absoluter Vorrang von Maßnahmen nach Abs. 1 gegenüber denjenigen aus Abs. 2 besteht, sondern vielmehr im Einzelfall unter Verhältnismäßigkeitsaspekten abgewogen werden muss.

8　In **praktischer Hinsicht** sind die **Trennung des Kindes** von der elterlichen Familie und die **Entziehung der gesamten Personensorge** allerdings nicht immer klar zu unterscheiden.[31] Der Entzug der gesamten Personensorge bringt regelmäßig[32] eine Trennung des Kindes von seiner Familie mit sich (vgl. auch § 1666 Rn. 195). Andererseits sind Fälle, in denen ein Kind von seiner Familie getrennt werden muss, meist so schwerwiegend, dass zugleich die elterliche Personensorge in ihrer Gesamtheit[33] zu entziehen ist. Dann sind Abs. 1 S. 1 und 2 nebeneinander anzuwenden. Dies hat allerdings keine praktischen Konsequenzen, weil bezüglich ihres Grundgedankens, dh. der besonderen Betonung der Verhältnismäßigkeitsprüfung und des Vorranges anderer milderer Maßnahmen, insbes. öffentlicher Hilfen, vor gerichtlicher Intervention, Identität besteht.[34]

9　Mit der **Wohnungsausweisung** eines Elternteils nach Abs. 1 S. 2 iVm. § 1666 Abs. 3 Nr. 3 hat der Gesetzgeber einen **Unterfall der Trennung** von Kind und Familie näher geregelt.[35] Auch

---

[23] Vor Inkrafttreten des SGB VIII im Jahre 1991 war § 1666a in Ermangelung eines sozialrechtlichen Hilfesystems lediglich Programmsatz, *Coester* FamRZ 1991, 253, 259. Zum SGB VIII allg. *Eichenhofer* JuS 1992, 279; *Ollmann* FamRZ 1992, 388; *Wiesner* FuR 1990, 325. Zu den einzelnen Angeboten § 1666 Rn. 172 ff.

[24] Zum 1. 1. 2005 wurden die Bestimmungen des bis dahin geltenden Bundessozialhilfegesetzes (BSHG) im Zuge des Gesetzes zur Einordnung des Sozialhilferechts in das Sozialgesetzbuch (BGBl. 2003 I S. 3022) durch die Vorschriften des SGB XII abgelöst.

[25] Vgl. Rn. 17 sowie *Rünz* S. 85 ff., zwar noch zu den Bestimmungen des BSHG, inhaltlich aber weiterhin von Bedeutung; zu den einzelnen Angeboten § 1666 Rn. 178.

[26] BVerfGE 60, 79 = NJW 1982, 1379; dazu *Hinz* NJW 1983, 377.

[27] BVerfG zum Gesetz zur Erleichterung familiengerichtlicher Maßnahmen bei Gefährdung des Kindeswohls v. 4. 7. 2008, s. BGBl. I S. 1188 ff., vgl. § 1666 Rn. 5.

[28] BVerfG NJW 1982, 1379, 1380; vgl. auch OLG Köln FamRZ 1996, 1027; OLG Karlsruhe NJW 1989, 2398, 2399.

[29] BT-Drucks. 8/2788 S. 60.

[30] BVerfG NJW 1982, 1379, 1380.

[31] *Wiesner* ZBlJugR 1981, 509 f.

[32] AA 3. Aufl. Rn. 13: Stets.

[33] Zu den einzelnen Elementen der Personensorge vgl. § 1666 Rn. 165, 192 ff.

[34] *Staudinger/Coester* Rn. 3.

[35] Vgl. zu dieser Einordnung AnwK-BGB/*Rakete-Dombek* Rn. 4; Hk-BGB/*Kemper* Rn. 4; ausf. Rn. 18 ff. sowie § 1666 Rn. 184 ff.

diesem Vorgang werden, ähnlich der Herausnahme des Kindes aus dem Familienverbund und dem Entzug der gesamten Personensorge, besonders einschneidende Wirkungen zugeschrieben.[36] Da das Kind allerdings mit dem anderen Elternteil in der ihm vertrauten Umgebung bleiben kann, stellt eine derartige Entscheidung regelmäßig das im Vergleich zu Maßnahmen nach Abs. 1 S. 1 und Abs. 2 mildere Mittel dar. Sie kommt jedoch kraft ausdrücklicher gesetzlicher Anordnung ebenfalls erst dann in Betracht, wenn der Gefahr nicht durch öffentliche Hilfen o. Ä. zu begegnen ist.

II. Trennung des Kindes von der elterlichen Familie, Abs. 1 S. 1

1. Maßnahme nach § 1666 Abs. 1: Trennung von der elterlichen Familie. Der Tatbestand des Abs. 1 S. 1 setzt eine Maßnahme gem. § 1666 Abs. 1, 3 Nr. 3 oder Nr. 6 voraus, die mit einer **Trennung des Kindes** von der **elterlichen Familie** verbunden ist.[37] Dabei handelt es sich um die **Herauslösung** des Kindes aus seinen genetischen (biologischen) oder durch Adoption begründeten **Familienbeziehungen**, soweit diese als **Sorgerechtsbeziehung** bestehen.[38] Letzteres ergibt sich nicht aus dem Wortlaut der Norm, sondern aus dem systematischen Zusammenhang mit § 1666.

a) Elterliche Familie. Demnach findet Abs. 1 S. 1 mangels einer elterlichen Familie **keine Anwendung**, wenn das Kind einem zwar biologischen, aber **nicht sorgeberechtigten Elternteil** entzogen wird, so zB dem nicht mit der Mutter verheirateten Vater, der (noch) keine Sorgeerklärung gem. § 1626a Abs. 1 Nr. 1 abgegeben hat.

b) Trennung. In Bezug auf die **Trennung** kommt es wie im Rahmen von Art. 6 Abs. 3 GG auf die **tatsächlichen Verhältnisse** an.[39] Sofern das Familiengericht damit in **rechtlicher** Hinsicht zugleich die Entziehung der **gesamten Personensorge** verbindet, hat es neben Abs. 1 S. 1 noch Abs. 2 zu beachten.[40] Eine „Trennung" iSd. Vorschrift liegt auch dann vor, wenn den Eltern das **Aufenthaltsbestimmungsrecht** als wichtiges Element der Personensorge (§ 1631 Abs. 1) genommen wird, aber das **Umgangsrecht** verbleibt.[41] Dabei macht es keinen Unterschied, ob sich die Trennung als unmittelbare oder mittelbare Folge der richterlichen Anordnung darstellt, ferner, ob die Eltern selbst die Trennung herbeigeführt haben, so dass sie dann vom Gericht lediglich aufrechterhalten wird.[42]

2. Vorrang anderer Maßnahmen. Als Ausprägung des **Verhältnismäßigkeitsgrundsatzes** erfordert Abs. 1 S. 1 für die Trennung des Kindes von seiner Familie die Prüfung der **Geeignetheit, Erforderlichkeit** und **Angemessenheit** dieser Maßnahme.[43] Das Familiengericht muss also feststellen, dass seine Anordnung die Kindeswohlgefährdung überhaupt abzuwenden vermag,[44] andere, mildere Maßnahmen zu diesem Zweck nicht ausreichen, und die Trennung im Vergleich zur Schwere der abzuwendenden Gefährdung nicht außer Verhältnis steht.[45]

Vorrangige mildere Mittel sind u.a. dem exemplarischen Maßnahmenkatalog des § 1666 Abs. 3 zu entnehmen. Neben **öffentlichen Hilfen** iSd. § 1666 Abs. 3 Nr. 1 (vgl. Rn. 5 u. 16 ff.; s. auch § 1666 Rn. 170 ff.) kommen u.a. **Mahnungen, Auflagen, Ge-** und **Verbote** und **Eingriffe** in **Teilbereiche** der elterlichen Sorge, zB der Entzug des Vertretungsrechts in Betracht.[46] In zeitlicher Hinsicht ist vor einer **endgültigen** eine **vorläufige Trennung** in Betracht zu ziehen, uU auch, um eine Gefährdung des Kindeswohls und geeignete Gegenmaßnahmen durch **stationäre Untersuchungen** abzuklären.[47] Oft genügt es, dass anstelle des Kindes der gefährdende Elternteil aus der Familienwohnung entfernt wird,[48] nunmehr auf der Grundlage des § 1666 Abs. 1, 3 Nr. 3, oder

---

[36] S. BT-Drucks. 14/8131 S. 9.
[37] Ausf. zur Maßnahme des § 1666 Abs. 1, 3 Nr. 3 Rn. 184 ff., zu § 1666 Abs.1, 3 Nr. 6 Rn. 192 ff.
[38] *Wiesner* ZBlJugR 1981, 509 f.
[39] BVerfGE 24, 119 = NJW 1968, 2233; vgl. Rn. 7.
[40] Zum Verhältnis von Abs. 1 S. 1 und 2 vgl. Rn. 7 f.
[41] BayObLG FamRZ 1995, 1438.
[42] BVerfGE 68, 176, 187; BVerfG FamRZ 1989, 145, 147. Für die Trennung des Kindes von der Pflegefamilie beachte § 1632 Abs. 4; zu dessen Verhältnis zu § 1666 vgl. dort Rn. 20 u. 196.
[43] *Sachs* Art. 20 GG Rn. 149; *Heilmann* ZfJ 2000, 41, 44 ff.; s. a. AG Kamen DAVorm. 1995, 996, 998; allg. zur Geltung des Verhältnismäßigkeitsgrundsatzes iRd. § 1666 s. dort Rn. 155 ff.
[44] Dies war zB nicht der Fall bei BayObLG FamRZ 1995, 948; OLG Koblenz FamRZ 2008, 1973.
[45] Dies gilt nach EGMR NJW 2004, 3401, 3405 f. in besonderem Maße bei der extrem einschneidenden Übernahme eines Kindes in staatliche Obhut direkt nach dessen Geburt.
[46] Zum Spektrum familiengerichtlicher Maßnahmen gem. § 1666 vgl. dort Rn. 165 ff. sowie *Rünz* S. 11 ff.
[47] BayObLG ZfJ 1996, 106.
[48] AG Ratzeburg FPR-Service 8/9/1995 Nr. 8; zur stufenweisen Rückführung vgl. OLG Celle FamRZ 2003, 549, 550 f.

dass der Richter Dritte, von denen die Gefährdung ausgeht, durch entsprechende Maßnahmen vom Kind fernhält,[49] sog. „Wegweisungen" nach § 1666 Abs. 1, 3 Nr. 3 und 4, Abs. 4 iVm. § 1666a Abs. 1 S. 2.[50] Allerdings muss das Gericht bei der Verhältnismäßigkeitsprüfung beachten, dass der dadurch beim Dritten verursachte Grundrechtseingriff nicht schwerer wiegt als die Trennung des Kindes von der Familie (vgl. § 1666 Rn. 210), was angesichts der Erheblichkeit dieser Maßnahme selten der Fall sein wird. **Dritte** iSd. Vorschrift sind alle **nicht sorgeberechtigten Personen**, uU also auch die biologischen Eltern (vgl. § 1666 Rn. 38 und Rn. 210).

15 Vor dem Hintergrund des Elternrechts aus Art. 6 Abs. 2, 3 GG und ihres **Gefahrabwendungsprimats** (vgl. § 1666 Rn. 5 u. 154) sind vor allem solche Maßnahmen vorrangig, die im Einverständnis und in Zusammenarbeit mit den Eltern getroffen werden können.[51] Anstelle des Entzuges des Aufenthaltsbestimmungsrechtes zur Trennung des Kindes von der Familie kommt deshalb als milderes Mittel auch in Betracht, den Eltern das Aufenthaltsbestimmungsrecht mit der Maßgabe zu belassen, dass sie selbst das Kind in einem Heim oder bei einer anderen Person unterbringen.[52] In Betracht kommt nach der Rspr. ferner, die Anordnung einer Trennung des Kleinkindes von seinen Eltern trotz Verletzungen abzulehnen, indem man das Verfahren über die Personensorgeentziehung den Eltern zur Lehre gereichen lässt.[53]

16 **3. Vorrang öffentlicher Hilfen.** Eine Trennung des Kindes von der elterlichen Familie verbietet sich, wenn die Gefahr für das Kind mit **öffentlichen Hilfen** abwendbar ist,[54] deren Inanspruchnahme das Gericht gem. § 1666 Abs. 1, 3 Nr. 1 anordnen kann. Diese müssen zunächst auf die Wiederherstellung der **Erziehungs- und Leistungsfähigkeit der Familie** gerichtet sein, um den dortigen Verbleib zu ermöglichen.[55] Ggf. hat das Gericht auch eine (nur) **vorläufige Trennung** in Betracht zu ziehen, während der die Rückkehr des Kindes in seine Familie durch öffentliche Hilfen vorbereitet wird.[56] Dies bezeichnet man als das Gebot „**helfender Nachsorge**" durch das Familiengericht,[57] vgl. §§ 33 S. 1, 34 Nr. 1, 37 Abs. 1 S. 2 und 3 SGB VIII. Das Prinzip gilt selbst dann, wenn das Kind in seinem Familienverband nicht die gleiche Förderung erhält wie etwa durch geeignete Adoptiveltern.[58] Um einer Entfremdung von Eltern und Kind vorzubeugen, ist idR bei einer Trennung eine familiengerichtliche **Umgangsregelung** gem. § 1684 Abs. 3 zu treffen.[59] Eine **endgültige Trennung** setzt also voraus, dass eine Rückkehr des Kindes in die Familie ohne nachhaltige Gefährdung seines Wohls auf Dauer ausscheidet. In diesem Fall hat der Staat die Pflicht, sich um die Unterbringung des Kindes in einer anderen Familie zu bemühen, damit eine Heimerziehung vermieden wird.[60]

17 Allerdings verlangt § 1666a nicht, dass **sämtliche** insbes. im SGB VIII vorgesehenen **Hilfsangebote** vor einer Trennung auch wirklich in Anspruch genommen wurden, wenn das Familiengericht zu der Überzeugung gelangt, dass diese Hilfen zur Gefahrbeseitigung oder -reduzierung ungeeignet sind,[61] ebensowenig, dass sie unbegrenzt zur Verfügung gestellt werden müssen.[62] Die Vorschrift betont nur den **Vorrang geeigneter öffentlicher Hilfen**.[63] Ebenso zwingt sie „an der pädagogischen Intensität der einzelnen Hilfearten [...] und [...] der Verhältnismäßigkeit"[64] orientierte Auf-

---

[49] OLG Zweibrücken NJW 1994, 1741; AG Berlin-Tiergarten Streit 1992, 89, 90 f.; AG Berlin-Wedding WuM 1992, 470 f.
[50] Streng genommen stellt die Wegweisung eines Elternteils keine „andere Maßnahme", sondern eher eine besondere Form der Trennung des Kindes von (einem Teil) seiner Familie dar, vgl. Rn. 9, ausf. Rn. 20 ff.; vgl. auch § 1666 Rn. 184.
[51] Vgl. zB AG Kamen DAVorm. 1995, 996, 1003.
[52] AG Kamen aaO.
[53] OLG Karlsruhe FamRZ 2007, 576.
[54] Vgl. LG Bochum ZfJ 1993, 212; AG Kamen DAVorm. 1995, 996, 998; ausf. hierzu auch *Münder* FPR 2003, 280, 284 f.
[55] BVerfGE 24, 119 = NJW 1968, 2233.
[56] Zum grds. vorläufigen Charakter der Trennung EGMR ZfJ 2002, 288 = FamRZ 2002, 1393 sowie NJW 2004, 3401, 3404.
[57] BayObLG NJW 1992, 1971, 1972; OLG Köln FamRZ 1996, 1027; *Heilmann* ZfJ 2000, 41, 45.
[58] BVerfGE 60, 79, 93 f. = NJW 1982, 1379, 1381; KG FamRZ 1985, 526. S. a. OLG Hamburg FamRZ 2001, 1088, 1089. IdS ebenfalls OLG Hamm FamRZ 2006, 1476, 1477; FamRZ 2004, 1664, 1665; OLG Koblenz FamRZ 2005, 1923; OLG Frankfurt/M FamRZ 2003, 1316 sowie OLG Köln NJW-RR 2011, 729, 730; FamRZ 2004, 827, wonach die „Eltern und deren sozio-ökonomischen Verhältnisse grundsätzlich zum Schicksal und Lebensrisiko eines Kindes" zählen.
[59] OLG Frankfurt FamRZ 1993, 228, 229.
[60] KG FamRZ 1985, 526.
[61] Dies wäre in der Entscheidung zu begründen, vgl. Rn. 2 u. BayObLG MDR 1991, 971.
[62] OLG Brandenburg ZfJ 2004, 114.
[63] *Heilmann* ZfJ 2000, 41, 46.
[64] BT-Drucks. 11/5984 S. 68 f.

bau der §§ 28–35 SGB VIII nicht dazu, die dort vorgesehenen Angebote ohne Rücksicht auf ihre Eignung im konkreten Fall anzuwenden.[65] Die Regelungen verlangen lediglich eine **Abwägung zwischen den geeigneten Hilfearten.** Dabei kann auch das Elternverhalten auf die Eignung Einfluss haben: Setzt eine Maßnahme die Kooperation der Eltern voraus, so ist sie ungeeignet, wenn die Eltern sich verweigern.[66] Formen öffentlicher Hilfen iSd. Abs. 1 finden sich überwiegend im SGB VIII sowie im SGB XII.[67]

III. Trennung durch Wohnungsausweisung eines Elternteils oder Dritten, Abs. 1 S. 2 und 3

1. Maßnahme nach § 1666 Abs. 1, 3 Nr. 3: Trennung durch Wohnungsausweisung 18 eines Elternteils oder Dritten. a) Allgemeines. Bevor die Maßnahme der Wohnungsausweisung ihre konkrete Auflistung im exemplarischen Katalog des § 1666 Abs. 3 (Nr. 3) fand,[68] hatte der Gesetzgeber sie schon 2002 in den § 1666a aufgenommen,[69] indem er die Vorschrift nicht nur mit einer neuen Überschrift versah, sondern auch um Abs. 1 S. 2 und 3 ergänzte.[70] Vom Bundestag war einige Monate zuvor das „Gesetz zur Verbesserung des zivilrechtlichen Schutzes bei Gewalttaten und Nachstellungen sowie zur Erleichterung der Überlassung der Ehewohnung bei Trennung"[71] beschlossen worden, das in seinem Art. 1 das sog. **Gewaltschutzgesetz** (GewSchG) beinhaltet. Im Zuge der Beratungen hatte man bereits diejenigen Fälle diskutiert, in denen das Gewaltschutzgesetz ein Kind nicht hinreichend schützt, zB weil ein Elternteil ausschließlich das Kind und nicht den anderen Elternteil misshandelt (vgl. § 3 Abs. 1 GewSchG). Das Gleiche gilt etwa, wenn die sorgeberechtigte Mutter mit einem Partner zusammenlebt, der nicht Vater des Kindes ist, das Kind aber misshandelt. Dann scheitert ein Vorgehen nach dem GewSchG oft an fehlender gemeinsamer Haushaltsführung des Kindes mit dem misshandelnden Partner seines Elternteils, vgl. § 2 GewSchG.[72]

Insoweit bleiben die §§ 1666 ff. einschlägig und sind gegenüber dem allgemeinen zivilrechtlichen 19 Rechtsschutz Spezialvorschriften für das Eltern-Kind-Verhältnis.[73] Zwischen den Rechtsfolgen des GewSchG und den §§ 1666 ff. bestehen große Unterschiede: Im Gegensatz zu § 2 Abs. 1 GewSchG gibt § 1666 dem Gewaltopfer keinen Anspruch auf Überlassung der Wohnung, lässt aber andererseits Raum für eine Berücksichtigung des Kindeswohls zB durch familienunterstützende Maßnahmen. Des Weiteren ist das Einschreiten des Familiengerichts auf der Grundlage des § 1666 nicht antragsgebunden, während § 1 Abs. 1 S 1 GewSchG einen Antrag erfordert. Damit ist der Schutz über die §§ 1666 ff. für die spezifische Situation eines Kindes insgesamt effektiver.

b) Wohnungsausweisung als besondere Form der Trennung. Bei der sog. „**Wegwei-** 20 **sung**" eines gefährdenden Elternteils aus dem Umfeld eines Kindes handelt es sich um eine besondere Form der Trennung des Kindes von (einem Teil) seiner Familie iSv. Abs. 1 S. 1 (vgl. Rn. 9). Ganz allgemein gilt darüber hinaus, dass die Wohnungsausweisung vergleichbar einschneidende Wirkungen zeitigt wie die in Abs. 1 S. 1 bzw. Abs. 2 genannten Optionen.[74]

c) Adressaten. Die gerichtliche Wohnungsausweisung kann sich zunächst gegen einen **Eltern-** 21 **teil** richten und diesem die Nutzung der Familienwohnung untersagen (Abs. 1 S. 2). Aus Abs. 1 S. 3 ergibt sich zudem, dass auch **Dritte**, zB Lebensgefährten, Verwandte oder auch völlig Außenste-

---

[65] Vgl. auch § 27 Abs. 1 SGB VIII: Nur Anspruch auf geeignete und notwendige Hilfen zur Erziehung. Dazu *Wiesner* SGB VIII § 27 Rn. 23 ff.
[66] BayObLG NJW 1999, 293, 294; FamRZ 1997, 1553, 1554; FamRZ 1994, 975 und 1412, 1413; ZBlJugR 1983, 308, 309, 311; AG Moers ZfJ 1986, 113, 115 f.
[67] Zu den Formen öffentlicher Hilfen iE s. § 1666 Rn. 170 ff.
[68] Durch das Gesetz zur Erleichterung familiengerichtlicher Maßnahmen bei Gefährdung des Kindeswohls v. 4. 7. 2008, s. BGBl. I S. 1188 ff., vgl. § 1666 Rn. 4.
[69] Gesetz zur weiteren Verbesserung von Kinderrechten (KindRVerbG) vom 9. 4. 2002. Einf. *Janzen* FamRZ 2002, 785; *Knittel* JAmt 2002, 50; *Peschel-Gutzeit* FPR 2002, 285; *Roth* JZ 2002, 651; *v. Sachsen Gessaphe* NJW 2002, 1853.
[70] BT-Drucks. 14/8131 S. 8.
[71] Vom 11. 12. 2001, BGBl. I S. 3513; vgl. dazu *Grziwotz* NJW 2002, 872; *Peschel-Gutzeit* FPR 2001, 243; *Schumacher* FamRZ 2001, 953; *dies.* FamRZ 2002, 654; zur Umsetzung in das Landespolizeirecht *Hermann* NJW 2002, 3062.
[72] Vgl. *Erman/Michalski/Döll* Rn. 2.
[73] Näher zum Verhältnis von GewSchG und Kindesschutz *Oberloskamp* FPR 2003, 285, 289; *Peschel-Gutzeit* FPR 2002, 285, 288; *v. Sachsen Gessaphe* NJW 2002, 1853, 1854 f.; *Weinreich* FPR 2004, 88, 90 f.
[74] Vgl. Rn. 9; ausf. zu der Maßnahme der Wohnungsausweisung s. § 1666 Rn. 184 ff.

§ 1666a 22–26   Abschnitt 2. Titel 5. Elterliche Sorge

hende,[75] taugliche Adressaten einer derartigen Anordnung sind. Sie dürfen nicht nur der von dem Kind mitbenutzten Wohnung, sondern darüber hinaus auch einer von dem Kind gar nicht frequentierten Wohnung (zB im selben Haus oder in der Nachbarschaft) verwiesen werden, sofern sie von dort aus das Kindeswohl gefährden (ausf. § 1666 Rn. 211).

22   **d) Dauer.** In zeitlicher Hinsicht ist nach Abs. 1 S. 3 bei der **Bemessung der Dauer** einer Maßnahme insbes. zu berücksichtigen, ob dem Betroffenen ein **dingliches** oder **mietvertragliches Nutzungsrecht** an der Wohnung bzw. dem Grundstück zusteht. Ist der Auszuweisende nämlich Eigentümer oder sonst dinglich Berechtigter, scheidet den Gesetzesmaterialien zufolge eine „Wegweisung" auf unbestimmte Zeit „grundsätzlich" aus.[76] In einem solchen Fall muss dem Kind und dem mit ihm verbleibenden Elternteil vielmehr mittel- bzw. langfristig zugemutet werden, eine neue Wohnung zu suchen, wenn sich für die Gefährdungssituation keine andere Lösung findet.[77] Im Übrigen bleibt zu erwähnen, dass ohnehin alle länger dauernden familiengerichtlichen Maßnahmen gem. § 1696 Abs. 3 in angemessenen Zeitabständen zu überprüfen sind. Dies betrifft insbes. die „Wegweisung" auf unbestimmte Zeit.

23   **2. Vorrang anderer Maßnahmen bzw. öffentlicher Hilfen.** Kraft ausdrücklicher gesetzlicher Anordnung in Abs. 1 S. 2 gilt der Vorrang anderer (milderer) Maßnahmen bzw. öffentlicher Hilfen bei der Wohnungsausweisung in gleicher Weise wie bei einer Trennung von der elterlichen Familie nach Abs. 1 S. 1 (vgl. Rn. 16 ff.). Zwar spricht Abs. 1 S. 2 ausdrücklich nur von der „Wegweisung" eines Elternteils, gegenüber Dritten ist der **Verhältnismäßigkeitsgrundsatz,** der die Intensität und Reihenfolge gerichtlicher Anordnungen bestimmt, allerdings ebenso zu beachten. Letztere wurden offenbar lediglich deswegen nicht ausdrücklich in Abs. 1 S. 2 aufgenommen, weil eine sog. „go-order" gegen sie gem. § 1666 Abs. 1, 4 auch vor Novellierung des § 1666a schon üblich war.[78] In einem solchen Fall hatte das Gericht jedoch ebenfalls zunächst Erfolg versprechende mildere Mittel sowie geeignete staatliche Hilfen auszuschöpfen.[79]

24   Vorrangig sind nur solche Maßnahmen, die die Familiengemeinschaft erhalten, aber der Kindesgefährdung (idR durch Gewalt oder sexuellen Missbrauch) effektiv vorbeugen.[80] Als milderes Mittel bieten sich hier insbes. die in § 16 SGB VIII vorgesehenen Hilfen zur Förderung der Erziehung in der Familie an. Im Übrigen wird auf die Ausführungen zu § 1666a Abs. 1 S. 1 verwiesen (s. Rn. 16 ff.).

IV. Entziehung der gesamten Personensorge, Abs. 2

25   **1. Maßnahme nach § 1666 Abs. 1, 3 Nr. 6: Entziehung der gesamten Personensorge.** Eine Entziehung der **gesamten Personensorge** als Teil der elterlichen Sorge gem. § 1626 Abs. 1 S. 2 liegt vor, wenn die Sorgeberechtigten durch die gerichtliche Maßnahme beide Teilbereiche, dh. die **tatsächliche Sorge** für die Person des Kindes und das **Vertretungsrecht** gem. §§ 1626 Abs. 1 S. 2, 1629 Abs. 1 S. 1[81] verlieren (ausf. hierzu § 1666 Rn. 194 f.).

26   **2. Erfolg- oder Aussichtslosigkeit anderer Maßnahmen bzw. öffentlicher Hilfen. a) Allgemeines.** Die Entziehung der gesamten Personensorge erlaubt der Gesetzeswortlaut nur, wenn „andere Maßnahmen erfolglos geblieben sind oder wenn anzunehmen ist, dass sie zur Abwendung der Gefahr nicht ausreichen". Dazu muss das Familiengericht ebenfalls eine **Verhältnismäßigkeitsprüfung** vornehmen,[82] wobei die Entziehung der gesamten Personensorge „nur dann in Betracht kommt, wenn mildere Mittel nicht ausreichen".[83] Als **mildere Maßnahmen** kommen wiederum **Ermahnungen, Ge- und Verbote** und – trotz Nichterwähnung – **öffentliche Hilfen** in Betracht,[84] ferner der Entzug von **Teilbereichen der Personensorge,** zB des Umgangs- oder

---

[75] Vgl. *Staudinger/Coester* Rn. 27.
[76] Zum Ganzen BT-Drucks. 14/8131 S. 9.
[77] *Staudinger/Coester* Rn. 27 mwN.
[78] Vgl. § 1666 Rn. 209 ff.; aA wohl *Staudinger/Coester* (2004) Rn. 17 mwN.
[79] Eingehend zu den allgemeinen Richtlinien für das gerichtliche Einschreiten § 1666 Rn. 149 ff., insbes. Rn. 155 ff.
[80] *Staudinger/Coester* Rn. 26.
[81] *Erman/Michalski/Döll* § 1626 Rn. 14; *Soergel/Strätz* § 1626 Rn. 12.
[82] Vgl. BVerfGE 76, 1, 50 f. = NJW 1988, 626; BVerfGE 72, 122, 137 f. = NJW 1986, 3129, 3130; BVerfGE 60, 79, 89 f. = NJW 1982, 1379, 1380; BVerfGE 7, 320, 323 f. = NJW 1958, 865; BVerfG NJW 1994, 1208, 1209; vgl. auch OLG Frankfurt/M. FamRZ 1983, 530, 531; LG Berlin FamRZ 1988, 1308.
[83] BT-Drucks. 8/2788 S. 60; vgl. ferner BayObLG FamRZ 1999, 316, 317; OLG Köln FamRZ 2006, 877.
[84] Vgl. auch die Aufzählung in BT-Drucks. 8/2788 S. 60.

Aufenthaltsbestimmungsrechtes,[85] oder eine **Verbleibensanordnung** gem. § 1632 Abs. 4.[86] Insbesondere ist an solche milderen Maßnahmen zu denken, wie sie in § 1666 Abs. 3 genannt werden. Die Entziehung der **gesamten Personensorge** selbst muss zur Abwehr der Gefahr für das Kindeswohl geeignet sein. Daran fehlt es, wenn das Kind jegliche Erziehungshilfe verweigert und das zur Bestimmung des Aufenthalts berechtigte Jugendamt keine Möglichkeit einer positiven Persönlichkeitsentwicklung außerhalb der elterlichen Familie sieht.[87] Ist umgekehrt zB die Beziehung der Eltern zu ihrer 17-jährigen Tochter auf Dauer und endgültig zerbrochen, so dass ihr keine positive Gestaltungskraft mehr zukommt, steht allein eine Entziehung des gesamten Sorgerechtes in Rede.[88] Ferner ist eine solche vorzunehmen, wenn die Personensorge andernfalls zur bloß formalen Entscheidungskompetenz verkäme. Dies ist zB der Fall, wenn das Kind wegen Erziehungsunfähigkeit von der Mutter getrennt wurde und eine Rückkehr ausscheidet. Die elterliche Sorge über das in Familienpflege befindliche Kind ist dann sinnlos, da die Mutter ihre Erziehungs- und Entscheidungsverantwortung unter solchen Bedingungen nicht wahrnehmen kann.[89] Im Übrigen wird ergänzend auf die Ausführungen zu Abs. 1 S. 1 verwiesen.[90]

b) Insbesondere zur Aussichtslosigkeit. Im Gegensatz zu den §§ 1667–1669 aF, deren Regeln für die Vermögenssorge die Kriterien der Erfolg- und Aussichtslosigkeit entnommen sind, enthält Abs. 2 **keine obligatorische Anordnung** milderer Maßnahmen,[91] sondern lässt eine familiengerichtliche **Prognose der Aussichtslosigkeit** ausreichen. Dadurch wird ein verzögerndes und ggf. kindeswohlgefährdendes Vorgehen der Gerichte vermieden. In Anbetracht der Schwere des Eingriffs ist allerdings eine **sichere Prognose** des Familiengerichts, nicht lediglich die Vermutung, dass Hilfsmaßnahmen scheitern werden, erforderlich. 27

§ 1667 Gerichtliche Maßnahmen bei Gefährdung des Kindesvermögens

(1) ¹Das Familiengericht kann anordnen, dass die Eltern ein Verzeichnis des Vermögens des Kindes einreichen und über die Verwaltung Rechnung legen. ²Die Eltern haben das Verzeichnis mit der Versicherung der Richtigkeit und Vollständigkeit zu versehen. ³Ist das eingereichte Verzeichnis ungenügend, so kann das Familiengericht anordnen, dass das Verzeichnis durch eine zuständige Behörde oder durch einen zuständigen Beamten oder Notar aufgenommen wird.

(2) ¹Das Familiengericht kann anordnen, dass das Geld des Kindes in bestimmter Weise anzulegen und dass zur Abhebung seine Genehmigung erforderlich ist. ²Gehören Wertpapiere, Kostbarkeiten oder Schuldbuchforderung gegen den Bund oder ein Land zum Vermögen des Kindes, so kann das Familiengericht dem Elternteil, der das Kind vertritt, die gleichen Verpflichtungen auferlegen, die nach §§ 1814 bis 1816, 1818 einem Vormund obliegen; die §§ 1819, 1820 sind entsprechend anzuwenden.

(3) ¹Das Familiengericht kann dem Elternteil, der das Vermögen des Kindes gefährdet, Sicherheitsleistung für das seiner Verwaltung unterliegende Vermögen auferlegen. ²Die Art und den Umfang der Sicherheitsleistung bestimmt das Familiengericht nach seinem Ermessen. ³Bei der Bestellung und Aufhebung der Sicherheit wird die Mitwirkung des Kindes durch die Anordnung des Familiengerichts ersetzt. ⁴Die Sicherheitsleistung darf nur dadurch erzwungen werden, dass die Vermögenssorge gemäß § 1666 Abs. 1 ganz oder teilweise entzogen wird.

(4) Die Kosten der angeordneten Maßnahmen trägt der Elternteil, der sie veranlasst hat.

---

[85] OLG Celle FamRZ 2007, 1265 f.; OLG Köln FamRZ 2006, 877; OLG Hamm FamRZ 1997, 1550; OLG Düsseldorf DAVorm. 1996, 902, 903.
[86] BayObLG FamRZ 1990, 1132, 1133; OLG Frankfurt/M FamRZ 2011, 382; FamRZ 2000, 1037, 1038; OLG Hamm DAVorm. 1998, 447, 448; DAVorm. 1995, 1507, 1508; DAVorm. 1991, 1079, 1087 f.; OLG Karlsruhe FamRZ 1994, 1544, 1545; *Siedhoff* FamRZ 1995, 1254, 1255.
[87] BayObLG FamRZ 1995, 948, 949 f.
[88] OLG Karlsruhe FamRZ 1989, 1322; vgl. auch OLG Köln NJW-RR 2001, 221.
[89] OLG Hamm, FamRZ 2002, 692.
[90] Zum Verhältnis von Abs. 2 zu Abs. 1 S. 1 vgl. Rn. 7 f.
[91] Zur Problematik bei §§ 1667–1669 aF s. 1. Aufl. § 1667 Rn. 8 f.

Schrifttum: *Birkenfeld,* Rechnungslegung und Rechnungsprüfung in Vormundschafts- und Nachlaßsachen, FamRZ 1976, 197; *Diederichsen,* Die Neuregelung des Rechts der elterlichen Sorge, NJW 1980, 1; *ders.* Die Reform des Kindschafts- und Beistandsrechts, NJW 1998, 1977; *Hinz,* Kindesschutz als Rechtsschutz und elterliches Sorgerecht, 1976; *Malik,* Die Grenzen der elterlichen Vermögenssorge, Diss. Münster 1999; *Schlüter,* Familienrecht, 12. Aufl. 2006.

Übersicht

	Rn.		Rn.
I. Normzweck	1–6	b) Der Verweis auf die Pflichten des Vormundes	17
1. Allgemeines	1		
2. Entstehungsgeschichte	2–4	4. Sicherheitsleistung als Gefahrenabwehrmaßnahme gem. Abs. 3	18–21
3. Verhältnis zu § 1666	5, 6	a) Allgemeines	18
II. Die Maßnahmen des Familiengerichts	7–22	b) Einzelfragen	19–21
		5. Kosten der angeordneten Maßnahme	22
1. Allgemeines	7–9	**III. Zuständigkeit, Verfahren, Beschwerde, Verfahrenskosten**	23–31
a) Auswahlermessen	7		
b) Kein abschließender Maßnahmenkatalog	8, 9	1. Örtliche und funktionelle Zuständigkeit	23
2. Maßnahmen nach Abs. 1	10–12	2. Verfahren	24–27
3. Maßnahmen nach Abs. 2	13–17	3. Beschwerde	28–30
a) Art und Weise der Anlage von Kindesgeld	13–16	4. Verfahrenskosten	31

I. Normzweck

1. Allgemeines. Die Vorschrift stellt dem Familiengericht einen Katalog verschiedener Maßnahmen zur Verfügung, mit deren Anordnung es einer **Gefährdung des Kindesvermögens** durch **Elternverhalten**[1] entgegentreten kann. Ohne selbst tatbestandliche Voraussetzungen dafür zu normieren, trifft § 1667 lediglich eine **Rechtsfolgengestaltung** denkbarer Entscheidungen gem. § 1666 Abs. 1. In den Abs. 1–3 werden besonders wichtige und wirkungsvolle Anordnungen zum Vermögensschutz konkretisiert,[2] deren Aufzählung jedoch nicht abschließend ist.[3]

2. Entstehungsgeschichte. § 1667 wurde erst durch das KindschaftsRG vom 16. 12. 1997 (BGBl. I S. 2942) als **Rechtsfolgenregelung** ausgestaltet. Die Ausweitung des § 1666 auf Maßnahmen zur Vermögenssorge machte dies erforderlich. Außerdem wollte man einen **einheitlichen Instanzenzug** sowie einen **einheitlichen Verfahrensrahmen** für die gerichtlichen Maßnahmen zur Beseitigung einer Kindeswohlgefährdung schaffen,[4] und zwar statt beim Vormundschaftsgericht beim Familiengericht (vgl. näher § 1666 Rn. 212).

Durch das KindschaftsRG vom 16. 12. 1997[5] wurde § 1666 Abs. 1 also zur **Generalklausel des Sorgerechts** und stellt seitdem sowohl die Grundlage zum Schutz der **persönlichen Belange** des Kindes als auch seiner **Vermögensinteressen** dar.[6] Allerdings hat sich die **Rechtslage** dadurch nur **unwesentlich geändert**. Das Gesetz unterscheidet auch weiterhin zwischen **Personen-** und **Vermögenssorge** innerhalb des § 1666.[7] Die gesamte elterliche Sorge kann nur dann entzogen werden, wenn sowohl die Voraussetzungen für den Entzug der Personensorge als auch für den Entzug der Vermögenssorge vorliegen.[8]

Der Katalog von **Einzelmaßnahmen** der Abs. 2–4 aF wurde nahezu wortgleich beibehalten[9] und zwar in den Abs. 1–3. Daneben regelt Abs. 4 die **Kostentragungspflicht** für die familiengerichtlichen Maßnahmen. Familiengerichtliche Maßnahmen zur Vermögenssorge können – anders als in Personensorgeangelegenheiten – **nicht gegen Dritte** angeordnet werden. Dies ergibt sich aus einem **Umkehrschluss** zu § 1666 Abs. 4 (vgl. § 1666 Rn. 206 f. u. 209).

3. Verhältnis zu § 1666. Auch wenn § 1667 keinen ausdrücklichen Verweis auf die Eingriffsvoraussetzungen des § 1666 Abs. 1 enthält, zeigt die dargestellte **Systematik** der Änderungen, dass die

---
[1] Vgl. § 1666 Abs. 1, 2 sowie § 1666 Rn. 200 f.
[2] *Schlüter* Rn. 407; *Staudinger/Coester* Rn. 5.
[3] *Staudinger/Coester* Rn. 5.
[4] BT-Drucks. 13/4899 S. 71.
[5] Zur alten Rechtslage vgl. 3. Aufl. Rn. 3.
[6] BT-Drucks. 13/4899 S. 97.
[7] BayObLG NJW 1999, 293, 294.
[8] BayObLG NJW 1999, 293, 294.
[9] *Staudinger/Coester* Rn. 2.

Tatbestandsvoraussetzungen dieser Norm erfüllt sein müssen, damit Maßnahmen gem. § 1667 Abs. 1–3 angeordnet werden können.[10] Der Gesetzgeber wollte keinen voraussetzungslosen Eingriffstatbestand schaffen.[11]

Dies wirkt sich auch auf Maßnahmen nach Abs. 1 (Vermögensverzeichnis, Rechnungslegung) **6** aus, die oft angeordnet werden, um zu ermitteln, ob weiteres Einschreiten erforderlich ist.[12] Die entsprechende Anordnung setzt jedoch voraus, dass die amtswegigen Ermittlungen gem. § 26 FamFG bereits eine **Vermögensgefährdung** indizieren. Denn auch die Maßnahmen nach Abs. 1 weisen Eingriffscharakter auf.[13]

II. Die Maßnahmen des Familiengerichts

1. Allgemeines. a) Auswahlermessen. Dem Familiengericht wird in § 1666 Abs. 1 ein **Aus-** **7** **wahlermessen** hinsichtlich seiner Anordnungen eingeräumt, das wegen der systematischen Verknüpfung auch bei der Wahl der Maßnahmen nach Abs. 1–3 beachtet werden muss.[14] Aus dem **Verhältnismäßigkeitsgrundsatz** folgt, dass bei gleicher Geeignetheit die Maßnahmen des weiterreichenden § 1667 auf der Grundlage des § 1666 Abs. 1 vorgehen.[15] Vor dem **KindschaftsRG** vom 16. 12. 1997 brachte zudem Abs. 5 aF durch seine systematische Stellung zum Ausdruck, dass weniger einschneidenden Maßnahmen nach § 1667 der Vorrang vor dem Entzug der Vermögenssorge zu geben war. Diese Funktion hat § 1666 Abs. 2, 3. Var. übernommen.[16]

b) Kein abschließender Maßnahmenkatalog. Die in **Abs. 1–3** aufgeführten familienge- **8** richtlichen Anordnungen stellen **keine abschließende Regelung** dar.[17] Besondere praktische Bedeutung hat daneben die gänzliche oder teilweise **Entziehung der Vermögenssorge**.[18] Die Befugnis des Familiengerichts dazu folgt aus § 1666 Abs. 1 (iVm. Abs. 3 Nr. 6), wonach die „erforderlichen Maßnahmen" zur Abwendung einer Vermögensgefährdung zu treffen sind.[19] § 1667 Abs. 3 S. 4 zeigt, dass die Entziehung der Vermögenssorge hierunter fällt.

Zu den sonstigen, gesetzlich nicht geregelten Maßnahmen (vgl. § 1666 Rn. 204) gehört zB die **9** Anordnung, einen **geeigneten Prozessbevollmächtigten** zu bestellen, um das Kindesvermögen vor einer Gefährdung durch sachwidrige Prozessführung des vertretungsberechtigten Elternteils zu bewahren.[20] Es kommen aber nicht alle zweckmäßig erscheinenden Maßnahmen in Betracht, sondern nur solche, die dem Elternteil **sachliche Beschränkungen** zur Sicherung des Kindesvermögens auferlegen. Dafür gibt Abs. 2 S. 2 eine dahingehende **Leitlinie,** dass den Eltern vor allem solche Verpflichtungen auferlegt werden sollen, welche dem **Vormund** bei der Verwaltung von Mündelvermögen entweder kraft Gesetzes entstehen, §§ 1814–1816, 1818, oder ihm vom Familiengericht aufgegeben werden können.

2. Maßnahmen nach Abs. 1. Gem. **Abs. 1 S. 1** kann das Gericht von den Eltern oder **10** dem allein vermögenssorgeberechtigten Elternteil die Einreichung eines **Vermögensverzeichnisses** sowie **Rechnungslegung** über die Vermögensverwaltung verlangen. **Vollständigkeit** und **Richtigkeit** des Verzeichnisses haben die Eltern gem. Abs. 1 S. 2 zu versichern. Selbst wenn nur ein Elternteil seine vermögenssorgerechtlichen Pflichten verletzt hat, ist das Familiengericht befugt, Maßnahmen gegen **beide Eltern** zu richten, wenn der Schutz des Kindesvermögens dies erfordert.[21] Gegen den Inhaber der Vermögenssorge, der bereits einmal unrichtige Angaben gegenüber dem Familiengericht gemacht hat, darf über den Wortlaut des Abs. 1 S. 2 hinaus gem. § 31 Abs. 1 FamFG angeordnet werden, dass die Angaben durch Vorlage einer **eidesstattlichen Versicherung** glaubhaft zu machen sind.[22] Regelmäßig stellt dieses Vorgehen des Familiengerichtes die Grundlage für die Prüfung dar, ob weitere Maßnahmen gem. §§ 1666 Abs. 1, 3, 1667 Abs. 1–3 ergriffen werden

---

[10] *Palandt/Diederichsen* Rn. 1; *Staudinger/Coester* Rn. 3.
[11] BR-Drucks. 180/96 S. 108.
[12] Vgl. BayObLG FamRZ 1994, 1191, 1192.
[13] *Staudinger/Coester* Rn. 4.
[14] Zu den maßgebenden Grundsätzen bei der Ermessensausübung vgl. § 1666 Rn. 149 ff.
[15] BR-Drucks. 180/96 S. 107; vgl. auch AnwK-BGB/*Rakete-Dombek* Rn. 2; *Bamberger/Roth/Veit* Rn. 2; Hk-BGB/*Kemper* Rn. 3; *Staudinger/Coester* Rn. 5.
[16] BT-Drucks. 13/4899 S. 97; vgl. § 1666 Rn. 200.
[17] *Staudinger/Coester* Rn. 5.
[18] Vgl. § 1666 Rn. 195 ff. Zur Vorrangigkeit milderer Maßnahmen nach § 1667 s. OLG München Beschl. v. 20. 12. 1999, Az. 16 UF 1616/99 (unveröff.).
[19] *Schlüter* Rn. 407.
[20] KG JFG 22, 174, 177.
[21] *Erman/Michalski/Döll* Rn. 4; vgl. näher § 1666 Rn. 200.
[22] BayObLG FamRZ 1994, 1191, 1192 zu § 15 FGG aF.

§ 1667 11–17   Abschnitt 2. Titel 5. Elterliche Sorge

müssen, da das Vermögensverzeichnis Auskunft über die wirtschaftlichen Verhältnisse des Kindes gibt.[23] Das Familiengericht kann die Einreichung des Vermögensverzeichnisses allerdings nur anordnen, sofern es auch tatsächlich Anzeichen für eine sachwidrige Verwendung des Kindesvermögens erkennt.[24]

11   Die Einreichung des **Vermögensverzeichnisses** kann das Familiengericht durch die Androhung und ggf. Festsetzung von **Zwangsgeld** gem. § 35 FamFG erzwingen.[25] Führt dies nicht zum Erfolg oder ist das eingereichte Verzeichnis unzureichend, so besteht ferner für das Gericht gem. Abs. 1 S. 3 die Möglichkeit anzuordnen, dass ein **Notar** oder die **zuständige Behörde** das Verzeichnis aufzunehmen hat. Welche Behörde im Einzelnen zuständig ist, bestimmt sich gem. §§ 61 Abs. 1 Nr.2 BeurkG, § 486 Abs. 2 FamFG nach dem jeweiligen **Landesrecht**.

12   **Rechnungslegung** gem. Abs. 1 S. 1 kommt entsprechend dem Grad der Gefährdung des Kindesvermögens einmalig oder periodisch wiederkehrend in Frage;[26] für die Einzelheiten gelten die §§ 1840 ff. entsprechend.[27]

13   **3. Maßnahmen nach Abs. 2. a) Art und Weise der Anlage von Kindesgeld.** Gem. **Abs. 2 S. 1,** der eine systematische Ergänzung zu § 1642 darstellt, hat das Familiengericht die Möglichkeit, die **Art und Weise** der **Anlage** von **Kindesgeld** zu bestimmen. Grundsätzlich haben die Eltern Kindesgeld unter Berücksichtigung der Grundsätze des § 1642 so anzulegen, wie es einer **wirtschaftlichen Vermögensverwaltung** entspricht. Auf eine mündelsichere Anlageform nach § 1807 sind sie jedoch nicht festgelegt. Erwächst dem Kind aus einer Missachtung des Anlagemaßstabes eine Gefährdung für sein Vermögen (vgl. § 1666 Rn. 121), kommt als nächstliegende Abwehrmaßnahme eine **familiengerichtliche Regelung der Anlageform** in Betracht. Sie kann mit der **Anordnung eines Sperrvermerks** einhergehen. Dies bedeutet, dass zur Abhebung von Kindesgeld, zB von einem Bankkonto, die Genehmigung des Familiengerichtes erforderlich ist, vgl. § 1809. Ein solches Vorgehen erscheint insbes. dann geboten, wenn die Eltern Geld des Kindes für sich verbrauchen.[28] Ferner hat das Familiengericht die Befugnis zu der Anordnung, dass die Abhebung von Zinserträgen von seiner **Genehmigung** abhängen soll. Ob und in welcher Höhe des Betrages diese Maßnahme eingreift, fällt in sein Ermessen. Bei dessen Ausübung hat es eine Gesamtwürdigung vorzunehmen, in die die sonstigen Einkünfte des Kindes, zB Waisengeld oder Kindergeld, ebenso einzubeziehen sind wie der Inhalt der Regelungen in § 1649 Abs. 1, 2.[29]

14   Mit der Rspr. des BayObLG[30] kann ein **Sperrvermerk** gegenüber den Eltern nur dergestalt angeordnet werden, dass diese verpflichtet werden, ihn bei ihrer Bank **selbst zu veranlassen.** Die Durchführung der Anordnung wird vom Gericht überwacht und ggf. nach § 89 FamFG erzwungen, zunächst durch **Zwangsgeld,** äußerstenfalls, bei Fruchtlosigkeit dieser Maßnahme, aber auch durch **Entzug der Vermögenssorge**.[31]

15   Die Gegenansicht, die eine unmittelbare **gerichtliche Anordnung** im Verhältnis zur **Bank** zulässt, verweist zur Begründung auf einen Vergleich des Wortlautes von Abs. 2 S. 1 einerseits und § 1809 andererseits. Die letztgenannte Norm verdeutliche, dass der Gesetzgeber nur für den Vormund bestimmt habe, dieser müsse selbst für die Beschränkungen bei Abhebung des Mündelgeldes sorgen.[32]

16   Mit der **Neufassung des § 1666 Abs. 4** durch das KindschaftsRG vom 16. 12. 1997 hat der Gesetzgeber aber in Kenntnis der Diskussion um den Kontosperrvermerk unmissverständlich klargestellt, dass gegenüber **Dritten keine** familiengerichtlichen **Maßnahmen zur Vermögenssorge** ergehen dürfen. Hinter dieser eindeutigen Gesetzesaussage tritt auch das berechtigte Anliegen eines effektiven Kindeswohlschutzes zurück.[33] Zwar wird nicht verkannt, dass das hier dargestellte Vorgehen umständlicher ist. Es fehlt aber an einer **Ermächtigungsgrundlage** für ein familiengerichtliches Vorgehen gegen Dritte.[34]

17   **b) Der Verweis auf die Pflichten des Vormundes.** Die Verweisung auf die für den Vormund kraft Gesetzes oder gerichtlicher Anordnung geltenden Beschränkungen in **Abs. 2 S. 2**

---

[23] BayObLG FamRZ 1994, 1191, 1192.
[24] LG Münster DAVorm. 1981, 604; *Staudinger/Coester* Rn. 7.
[25] Zum Vollzug familiengerichtlicher Maßnahmen vgl. auch § 1666 Rn. 244 ff.
[26] *Staudinger/Coester* Rn. 9; *Birkenfeld* FamRZ 1976, 197 ff.
[27] BayObLG FamRZ 1994, 1191, 1193.
[28] BayObLG FamRZ 1977, 144, 147 mwN.
[29] BayObLG FamRZ 1989, 1215 f.
[30] BayObLG FamRZ 1977, 144, 146; zust. *Palandt/Diederichsen* Rn. 4.
[31] Vgl. BayObLG FamRZ 1979, 71, 73 zu § 33 FGG aF.
[32] *Soergel/Strätz* Rn. 7.
[33] AA *Soergel/Strätz* Rn. 7; *Staudinger/Coester* Rn. 11.
[34] Vgl. zu Maßnahmen gegen Dritte im Bereich der Personensorge § 1666 Rn. 206 f. u. 209.

betrifft zunächst die gerichtlich begründete Pflicht zur **Hinterlegung von Inhaberpapieren** gem. § 1814. Das Familiengericht kann dem Elternteil, der das Kind vertritt, ferner auferlegen, **Inhaberpapiere** auf den Namen des Kindes mit der Maßgabe **umschreiben zu lassen,** dass über sie nur mit **Genehmigung** des Familiengerichts verfügt werden darf, § 1815. Weiterhin kommt die **Sperrung von Schuldbuchforderungen** gegen den Bund oder gegen ein Land im Wege der Anordnung in Betracht, § 1816.[35] Schließlich hat das Familiengericht die Möglichkeit, vom Inhaber des Vermögenssorgerechtes die **Hinterlegung von Wertpapieren oder Kostbarkeiten** zu verlangen, § 1818. Auch die Anordnung der Notwendigkeit **vormundschaftsgerichtlicher Genehmigung** für bestimmte Rechtsgeschäfte iSd §§ 1819, 1820 gehört in diesen Zusammenhang.

4. Sicherheitsleistung als Gefahrenabwehrmaßnahme gem. Abs. 3.[36] **a) Allgemeines.** Die **Sicherheitsleistung** durch die Eltern auf Grund gerichtlicher Anordnung ist eines unter mehreren **gleichrangigen Mitteln** der Gefahrenabwehr, das uU auch **neben** anderen zum Zuge kommt.[37] Die Anordnung der Sicherheitsleistung setzt den Tatbestand des § 1666 Abs. 1, 2 voraus. Die Besonderheit besteht darin, dass durch die Sicherheitsleistung für das Kindesvermögen **sonstige Eingriffe** in die elterliche Vermögenssorge bis hin zu deren Entziehung möglicherweise **entbehrlich** werden.[38] Unter dem Gesichtspunkt der **Verhältnismäßigkeit** kommt dieser Variante daher besondere Bedeutung zu.[39] Wenn die Eltern die Sicherheit voraussichtlich nicht werden erbringen können, die Anordnung also erkennbar keine Aussicht auf Erfolg hat, ist sie unzulässig.[40]

b) Einzelfragen. Das Familiengericht bestimmt **Art und Umfang** der Sicherheitsleistung gem. § 1666 Abs. 1 nach **pflichtgemäßem Ermessen**. Als Anhaltspunkt[41] können die §§ 232 ff. dienen.[42] Maßgebend sind die **Vermögensverhältnisse** des Kindes, das **Ausmaß der Vermögensgefährdung** sowie die **finanzielle Situation der Eltern**. Letztere findet jedoch nur in dem Umfang Berücksichtigung, wie das Interesse des Kindes gestattet und solange keine Nachteile für dessen Vermögen zu befürchten sind.[43] Eine Hypothek oder Grundschuld an einem elterlichen Grundstück entspricht den Anforderungen an eine Sicherheitsleistung nur bei einer sicheren Rangstelle.[44]

Die **Mitwirkung des Kindes** bei der **Bestellung und Aufhebung** der Sicherheit wird gem. Abs. 3 S. 3 durch die **Anordnung des Familiengerichtes ersetzt.** Die Maßnahme hat also wegen der Eilbedürftigkeit die Bedeutung einer in Vertretung des Kindes getroffenen Verfügung.[45] Die Bestellung eines **Pflegers** ist deshalb nicht erforderlich. Dementsprechend kann das Familiengericht zB in Vertretung des Kindes den **Antrag** gem. § 13 GBO auf **Eintragung** eines von den Eltern bewilligten **Grundpfandrechtes** stellen.[46] Für die **Änderung einer Sicherheit** gilt Abs. 3 S. 3 ebenfalls. Dies lässt sich aus § 1844 Abs. 2 aF herleiten, der diese Situation entsprechend für die Ersetzung der Mitwirkung des Mündels regelte. Der entsprechende Rechtsgedanke gilt wohl immer. Auf eine ohne familiengerichtliche Veranlassung von den Eltern **freiwillig bestellte Sicherheit** ist Abs. 3 S. 3 hingegen wegen des eindeutigen Wortlautes **nicht anwendbar.**[47] Das Gleiche gilt nach **Beendigung** der elterlichen Sorge.[48]

Die Ermächtigung des Familiengerichts gem. Abs. 3 S. 3, unmittelbare Rechtswirkungen für das Kind herbeizuführen, stellt einen Sonderfall des **gerichtlichen Eintrittsrechts** gem. § 1666 Abs. 3 Nr. 5 dar.[49]

---

[35] In Abs. 2 S. 2 wurde durch das Gesetz zur Neuordnung des Schuldbuchrechts des Bundes und der Rechtsgrundlagen der Bundesschuldenverwaltung vom 11. 12. 2001 (BGBl. I S. 3519) das Wort „Buchforderungen" gegen das Wort „Schuldbuchforderungen" ausgetauscht. Eine inhaltliche Modifikation ist damit jedoch nicht verbunden (so ausdrücklich BT-Drucks. 14/7010 S. 18).

[36] Die bereits 1979 mit dem SorgeRG eingeführte Vorschrift greift auf die früher geltenden Vorschriften der §§ 1668 Abs. 1, Abs. 2 S. 1, 1669 S. 2 aF zurück (BT-Drucks. 8/2788 S. 60). Zu den Änderungen durch das SorgeRG vgl. 3. Aufl. Rn. 16.

[37] *Staudinger/Coester* Rn. 14.

[38] So schon KG JFG 22, 174, 178 f.

[39] OLG Frankfurt/M. Rpfleger 1981, 356, 357.

[40] AnwK-BGB/*Rakete-Dombek* Rn. 6; KK-FamR/*Ziegler* Rn. 8; *Soergel/Strätz* Rn. 8.

[41] KG JW 1937, 638.

[42] *Staudinger/Coester* Rn. 16.

[43] KG JFG 22, 174, 178 f.

[44] KG JFG 22, 174, 178 f.

[45] RGRK/*Adelmann* Rn. 19.

[46] *Soergel/Strätz* Rn. 9.

[47] *Bamberger/Roth/Veit* Rn. 5.

[48] *Palandt/Diederichsen* Rn. 7.

[49] Vgl. dazu auch das Recht des FamG zur Vornahme tatsächlicher und rechtlicher Maßregeln bei Verhinderung beider Elternteile gem. § 1693.

21 Die Möglichkeiten des Familiengerichts, die angeordnete **Sicherheitsleistung zu erzwingen**, werden in **Abs. 3 S. 4** auf die teilweise oder gänzliche **Entziehung der Vermögenssorge** gem. § 1666 Abs. 1, 3 Nr. 6 beschränkt. Das Mittel des Gerichts zur Zweckerreichung besteht also dementsprechend in der **Androhung** dieses Tatbestandes.[50] Bleibt sie erfolglos, wird die Maßnahme vollzogen. Andere Sanktionen auf der Grundlage des § 89 FamFG sind damit ausgeschlossen. Die gesetzliche Verklammerung von Sicherheitsleistung und Entziehung der Vermögenssorge bezieht ihre sachliche Rechtfertigung aus dem Grundgedanken, der jeder Sicherheitsleistung zugrunde liegt: Sie ermöglicht dem Leistenden Dispositionen über fremdes Vermögen, während andererseits die Dispositionsbefugnis hinsichtlich des eigenen Vermögens eingeschränkt wird. Deshalb erscheint es konsequent, Beschränkungen oder die Entziehung der elterlichen Vermögenssorge gerichtlich anzuordnen, wenn diese nicht freiwillig die geforderte Sicherheit leisten.

22 **5. Kosten der angeordneten Maßnahme.** Die Kosten der Maßnahme, also zB die **Kosten** des **Vermögensverzeichnisses** oder der **Hinterlegung**, trägt gem. **Abs. 4** derjenige **Elternteil**, der diese Maßnahme **veranlasst** hat. Die Kostentragungspflicht für das familiengerichtliche Verfahren an sich fällt nicht darunter (vgl. dazu § 1666 Rn. 260).

III. Zuständigkeit, Verfahren, Beschwerde, Verfahrenskosten

23 **1. Örtliche und funktionelle Zuständigkeit.** Die örtliche Zuständigkeit des Familiengerichtes richtet sich nach § 152 FamFG. Der **Rechtspfleger** ist gem. § 3 Nr. 2 a RPflG für alle Maßnahmen auf der Basis des § 1667 zuständig, da § 14 Nr. 2 RPflG (§ 14 Nr. 8 RPflG aF) den Richtervorbehalt nur für die Personensorgemaßnahmen gem. § 1666 Abs. 1, 3 anordnet.

24 **2. Verfahren.** Für das Verfahren kann grundsätzlich auf die Ausführungen zu § 1666 verwiesen werden (vgl. § 1666 Rn. 212 ff.), da es als **Amtsverfahren**[51] den gleichen Grundsätzen unterliegt. Die Geltung des § 26 FamFG verlangt zB bei Anregung einer Vermögenspflegschaft die Prüfung des Gerichts, ob weniger schwere Maßnahmen erforderlich sind, wenn die Voraussetzungen für die Anordnung der Pflegschaft fehlen. Ein solches Schutzbegehren darf also nur dann insgesamt abgelehnt werden, wenn keine Gefährdung des Kindesvermögens festzustellen ist.[52]

25 Die **Eltern** sind gem. § 160 FamFG **anzuhören**.[53] Sie dürfen ggf. unter Androhung und Festsetzung von **Zwangsgeld** gem. §§ 89 ff. FamFG auch **vorgeladen** werden.[54] Das Jugendamt ist zu den Maßnahmen des § 1667 regelmäßig deshalb nicht anzuhören, weil sie das Vermögen und nicht die Person des Kindes betreffen, § 162 Abs. 1 S. 1.[55]

26 Ein Kind im Alter von mehr als **14 Jahren** ist gem. § 159 Abs. 1 FamFG in vermögensrechtlichen Angelegenheiten **persönlich anzuhören**. In ausschließlich vermögensrechtlichen Angelegenheiten kann im. Abs. 1 S. 2 von der persönlichen Anhörung abgesehen werden, wenn eine solche „nach der Art der Angelegenheit nicht angezeigt ist." Ferner entfällt die Anhörung des Minderjährigen gem. § 159 Abs. 3 FamFG, wenn schwerwiegende Gründe dagegen sprechen, zB das **Verhältnis** des Kindes zu seinen Eltern unnötig belastet würde.[56] Da allerdings in **personensorgerechtlichen** Angelegenheiten eine Anhörung gem. § 159 Abs. 1 S. 1 FamFG zwingend vorgeschrieben ist, muss sie erfolgen, wenn sich das vermögenssorgerechtliche Verfahren auch auf die Person des Kindes auswirkt.[57] Unabhängig davon steht dem Kind stets ein Recht zur **Teilnahme** am erstinstanzlichen Verfahren insoweit zu, als ihm gem. § 60 FamFG eine selbständige **Beschwerdebefugnis** zukommt (vgl. § 1666 Rn. 232 sowie Rn. 28 f.).

27 **Anordnungen** zum Schutze des Kindesvermögens vermag das Gericht – abgesehen von der Sicherheitsleistung gem. Abs. 3 S. 4 (s. Rn. 21) – gem. §§ 89 ff. FamFG zu **erzwingen**.[58] Es hat auch die Möglichkeit **vorläufiger Anordnungen**.[59] **Länger dauernde Maßnahmen** hat es gem.

---

[50] *Palandt/Diederichsen* Rn. 7; *Soergel/Strätz* Rn. 8.
[51] BayObLG FamRZ 1983, 528, 530.
[52] BayObLG FamRZ 1983, 528, 530 zu § 12 FGG aF.
[53] Zu § 50a Abs. 1 FGG aF OLG Hamm FamRZ 1999, 36 f.; BayObLG FamRZ 1989, 1215, 1216; FamRZ 1982, 634, 637; vgl. § 1666 Rn. 224 ff.
[54] BayObLG FamRZ 1986, 1236; FamRZ 1984, 201, 202; LG Münster DAVorm. 1981, 604; die Ansicht, dass sich die Anhörung der Eltern inhaltlich auch auf ihre Vermögens- und Einkommensverhältnisse erstrecken kann (so *Staudinger/Coester* Rn. 21), entbehrt einer gesetzlichen Grundlage. Dieser Anhörung bedarf es auch, um über die Höhe einer anzuordnenden Sicherheitsleistung entscheiden zu können, wie die §§ 708 ff. ZPO zeigen.
[55] Zu Ausnahmefällen vgl. § 1666 Rn. 229.
[56] BayObLG FamRZ 1982, 640 zu § 50b III FGG aF.
[57] *Keidel /Engelhardt* § 159 FamFG Rn. 6; *Staudinger/Coester* Rn. 21.
[58] Zu § 33 FGG aF BayObLG FamRZ 1977, 144, 146; zur Vollstreckung familiengerichtlicher Entscheidungen vgl. auch § 1666 Rn. 244 ff.
[59] OLG Hamm ZBlJugR 1953, 253; vgl. dazu § 1666 Rn. 234 ff.

§ 1696 Abs. 3 in angemessener Zeit zu **überprüfen** und gem. § 1696 Abs. 2 aufzuheben, wenn keine Gefahr mehr für das Kindesvermögen besteht. Vor der Bestellung eines **Vermögenspflegers** soll das Familiengericht eine gütliche Einigung versuchen.[60]

3. Beschwerde. Grundsätzlich kann auch hier auf die Ausführungen zu § 1666 verwiesen werden (vgl. § 1666 Rn. 248 ff.). Gem. § 61 Abs. 1 FamFG ist die Beschwerde in vermögensrechtlichen Angelegenheiten nur zulässig, wenn der Wert des Beschwerdegegenstands 600 Euro übersteigt; dies entspricht dem Beschwerdewert einer Berufung, § 511 Abs. 2 Nr. 1 ZPO. Die **befristete Beschwerde** gegen eine familiengerichtliche Maßnahme steht den **Sorgerechtsinhabern** gem. § 58 Abs. 1 FamFG (§§ 621e Abs. 1, 3 ZPO aF), 517 ff. ZPO, § 119 Abs. 1 Nr. 1 GVG offen. Ein über **14 Jahre altes Kind** hat gem. § 60 FamFG in vermögensrechtlichen Angelegenheiten eine selbständige **Beschwerdebefugnis**, sofern der Ausgang des Verfahrens zugleich seine Person betrifft (vgl. § 1666 Rn. 233 f.). Dies gilt dann, wenn die zugrundeliegende Vermögensangelegenheit wesentlichen Einfluss auf die künftige Lebensgestaltung des Jugendlichen ausübt.[61]

Unabhängig davon ist das **Kind** gem. § 60 S. 2 FamFG stets dann **persönlich beschwerdebefugt**, wenn es vor der Entscheidung hätte **angehört** werden sollen.[62] Für die **persönliche Ausübung** dieser Beschwerde gilt allerdings die Altersgrenze von 14 Jahren, § 60 S. 3 FamFG. Damit kommt der Anhörungsvorschrift in Vermögenssorgeangelegenheiten in § 159 FamFG[63] besondere Bedeutung für diese Frage zu. Die **Entscheidungen**, gegen die sich das Kind selbständig mit der Beschwerde wehren kann, muss ihm der Richter gem. § 164 S. 1 FamFG **bekannt machen**. Allerdings teilt das Gericht die Entscheidungsbegründung gem. § 164 S. 2 FamFG nicht mit, wenn daraus Nachteile für die Entwicklung, Erziehung oder den Gesundheitszustand des Kindes zu befürchten sind.

Die Beschwerdebefugnis des **Jugendamtes** folgt aus § 162 Abs. 3 S. 2 FamFG.[64] Ebenso wie § 59 Abs. 1, 3 FamFG gewährt allerdings auch diese Vorschrift dem Jugendamt nur dann eine Beschwerdebefugnis, wenn es sich um eine **personensorgerechtliche Angelegenheit** handelt. Daher ist es nur unter den gleichen Voraussetzungen beschwerdebefugt, unter denen es ein Jugendlicher ebenfalls wäre.[65] Dementsprechend muss die Gefährdung des Kindesvermögens auch das persönliche Kindeswohl betreffen (s. Rn. 28). Geht es ausschließlich um die Vermögenssorge, greift § 162 Abs. 3 S. 2 FamFG nicht ein.

4. Verfahrenskosten. Die Verfahrenskosten ergeben sich aus Nr. 1310 des Kostenverzeichnisses der Anlage 1 zu § 3 Abs. 2 FamGKG, bzw. aus den Nr. 1314, 1316 für Rechtsmittelverfahren (vgl. dazu § 1666 Rn. 160). Der Zahlungspflichtige wird gem. § 81 Abs. 1 S. 1 FamFG nach **billigem Ermessen** bestimmt. Das Ermessen ist jedoch insbes. dann eingeschränkt, wenn der Beteiligte durch grobes Verschulden **Anlass** für das Verfahren gegeben hat (vgl. § 81 Abs. 2 Nr. 1 FamFG). Zumeist fallen also demjenigen die Kosten zur Last, der nach Abs. 4 auch die Kosten der angeordneten Maßnahme tragen muss.

§§ 1667–1670 *(weggefallen)*

§ 1671 Getrenntleben bei gemeinsamer elterlicher Sorge

(1) Leben Eltern, denen die elterliche Sorge gemeinsam zusteht, nicht nur vorübergehend getrennt, so kann jeder Elternteil beantragen, dass ihm das Familiengericht die elterliche Sorge oder einen Teil der elterlichen Sorge allein überträgt.

(2) Dem Antrag ist stattzugeben, soweit
1. der andere Elternteil zustimmt, es sei denn, dass das Kind das 14. Lebensjahr vollendet hat und der Übertragung widerspricht, oder
2. zu erwarten ist, dass die Aufhebung der gemeinsamen Sorge und die Übertragung auf den Antragsteller dem Wohl des Kindes am besten entspricht.

---
[60] BayObLG FamRZ 1983, 528, 530 im Anschluss an KG JW 1938, 1168.
[61] BayObLG FamRZ 1983, 528 f.; KG JFG 22, 174, 175 f.
[62] *Keidel/Meyer-Holz* § 60 FamFG Rn. 11.
[63] BayObLG FamRZ 1983, 528 f.
[64] Vgl. BayObLG FamRZ 1984, 199; DAVorm. 1982, 611, 613 zur alten Rechtslage.
[65] BayObLG FamRZ 1989, 1215 f.

§ 1671

(3) Dem Antrag ist nicht stattzugeben, soweit die elterliche Sorge auf Grund anderer Vorschriften abweichend geregelt werden muss.

Schrifttum: *Abel,* Die Entwicklung der Rechtsprechung zu neueren Glaubensgemeinschaften NJW 1996, 91; *ders.,* Die aktuelle Entwicklung der Rechtsprechung zu neueren Glaubensgemeinschaften NJW 1997, 426; *ders.,* Die aktuelle Entwicklung der Rechtsprechung zu neueren Glaubens- und Weltanschauungsgemeinschaften, NJW 1999, 331; *Balloff,* Regelung der elterlichen Sorge, wenn jeder der beiden Elternteile allein mit den Betreuungs-, Versorgungs- und Erziehungsaufgaben überfordert ist, FPR 1999, 164; *Bergmann,* Die familiengerichtliche Beratungsauflage nach § 156 FamFG, ZKJ 2010, 56; *Bergmann/Gutdeutsch,* Zur Anordnung der Kindesanhörung im Scheidungsverfahren ohne Sorgerechtsantrag, FamRZ 1999, 422; *Böhmer/Finger,* Das gesamte Familienrecht/Das internationale Recht, Loseblattausgabe, 2010; *Bruch,* Parental Alienation Syndrome und Parental Alienation: Wie man sich in Sorgerechtsfällen irren kann, FamRZ 2002, 1304; *Carl/Eschweiler,* Kindesanhörung – Chancen und Risiken, NJW 2005, 1681; *Coester,* Kinderschutz, FPR 2009, 549; *ders.,* Verfahren in Kindschaftssachen, FF 2009, 269; *ders.,* Wechselmodell und Sorgerecht für die Mutter, FF 2010, 10; *Dettenborn,* Die Beurteilung der Kindeswohlgefährdung als Risikoentscheidung, FPR 2003, 293; *Dodegge,* Voraussetzungen für eine Betreuung des erkrankten Elternteils und die rechtliche Bedeutung der Betreuung für Sorge- und Umgangsverfahren, FPR 2005, 233; *Dutta,* Die Inzidentprüfung der elterlichen Sorge bei Fällen mit Auslandsbezug – eine Skizze, StAZ 2010, 193; *Ehinger,* Die Regelung der elterl. Sorge bei psychischer Erkrankung eines Elternteils oder beider Eltern im Überblick, FPR 2005, 253; *Ell,* Psychologische Kriterien bei der Sorgerechtsregelung, ZfJ 1986, 289; *Fegert,* Kindeswohl – Definitionsdomäne der Juristen oder der Psychologen? in: Dreizehnter Deutscher Familiengerichtstag, Brühler Schriften zum Familienrecht, Bd. 11, 2000, S. 33; *Finger,* Türkisches Scheidungs- und Scheidungsfolgenrecht vor deutschen Gerichten, FuR 1998, 398; *ders.,* Ausländische Rechtshängigkeit und inländisches Scheidungsverfahren (einschl. Scheidungsfolgen), FuR 1999, 310; *ders.,* § 1684 BGB – Umgangsverweigerung und ihre Folgen, FuR 2006, 299; *Flemming,* Das aktive Jugendamt, ZKJ 2009, 315; *Füchsle-Voigt,* Verordnete Kooperation im Familienkonflikt als Prozess der Einstellungsänderung: Theoretische Überlegungen und praktische Umsetzung, FPR 2004, 600; *Gartenhof/Hartman-Hiller/Loebel/Normann/Salzgeber/Schmidt/Weber von Koslowski,* Das Münchener Modell in der Praxis, ZKJ 2011, 285; *Geiger/Kirsch,* Gestaltung der Sorgerechtsausübung durch Vollmacht, FamRZ 2009, 1879; *Gruber,* Die „ausländische Rechtshängigkeit" im Scheidungsverfahren, FamRZ 1999, 1563; *Hennemann,* Voraussetzungen für die gemeinsame Ausübung der elterlichen Sorge und die Bedeutung unzureichender Unterhaltszahlungen für die Sorgerechtsentscheidung, FamFR 2010, 173; *Hessler,* Die Berücksichtigung der Zugehörigkeit eines Elternteils zu den Zeugen Jehovas im Sorgerechtsverfahren, NJW 1997, 2930; *Hoffmann,* Mitwirkung des Jugendamtes im familiengerichtlichen Verfahren und Leistungen der Jugendhilfe, insbes. bei Sorgerechts- und Umgangskonflikten, FF 2006, 127; *dies.,* Vollmacht/Ermächtigung zur Ausübung von Befugnissen aus der elterlichen Sorge, ZKJ 2009, 156; *Jopt/Behrend,* Das Parental Alienation Syndrome (PAS) – Ein Zwei-Phasen-Model, ZfJ 2000, 223 und 258; *Kaufmann,* Eltern, Kinder und Fachkräfte der Jugendämter im familiengerichtlichen Verfahren zur Regelung der elterlichen Sorge bei Trennung und Scheidung, FamRZ 2001, 7; *Kodjoe/Koeppel,* The Parental Alienation Syndrome (PAS), DAVorm. 1998, 9; *Kölch/Fegert,* Die umgangsrechtliche Praxis aus Sicht der Kinder- und Jugendpsychiatrie, FamRZ 2008, 1573; *Kostka,* Die Begleitforschung zur Kindschaftsrechtsreform – eine kritische Betrachtung, FamRZ 2004, 1924; *dies.,* Elterliche Sorge und Umgang bei Trennung und Scheidung – unter besonderer Berücksichtigung der Perspektive des Kindes, FPR 2005, 89; *Krüger,* Zur Anerkennung ausländischer Statusurteile in der Türkei, IPRax 2004, 550; *Lempp,* Das Wohl des Kindes in §§ 1666 und 1671 BGB, NJW 1963, 1659; *ders.,* Die Bindungen des Kindes und ihre Bedeutung für das Wohl des Kindes gem. § 1671 BGB, FamRZ 1984, 741; *Lorenz,* Schulverweigerung, FPR 2007, 33; *Maccoby/Mnookin,* Die Schwierigkeiten der Sorgerechtsregelung, FamRZ 1995, 1; *Menne,* Der Verfahrensbeistand im neuen FamFG, ZKJ 2009, 68; *Motzer,* Die gerichtliche Praxis der Sorgerechtsentscheidung seit der Neufassung von § 1671 BGB, FamRZ 1999, 1101; *ders.,* Die Entwicklung des Rechts der elterlichen Sorge und des Umgangs seit 2002, FamRZ 2004, 1145; *Oelkers/Kraeft,* Sorgerechtsübertragung auf einen Zeugen Jehovas? FuR 1997, 161; *Peschel-Gutzeit,* Das missverstandene PSA – wie Sorgerechtsentzug und Geschwisterkoppelung das Wohl der Kinder gefährden, FPR 2003, 271; *Raack/Raack,* Homeschooling – Sorgerechtseingriff wegen Schulpflichtverletzung aus religiösen Gründen, FF 2006, 295; *Rimkus,* Kindeswohl und Sorgerecht, ZFE 2010, 47; *Röchling,* Die Stellung des Jugendamtes im familiengerichtlichen Verfahren, ZfJ 2004, 257; *Salgo,* 10 Jahre UN-Übereinkommen über die Rechte des Kindes – Auswirkungen am Beispiel von Art. 12 -, Kind-Prax 1999, 179; *ders.,* Zwischenbilanz der Entwicklungstendenzen bei der Verfahrenspflegschaft für Kinder und Jugendliche, FPR 2006, 7; *ders.,* Das Beschleunigungsgebot in Kindschaftssachen, FF 2010, 352; *ders.,* Mitwirkung am Zustandekommen einer einvernehmlichen Regelung, FPR 2010, 456; *Salgo/Zenz/Fegert/Bauer/Weber/Zitelmann,* Verfahrensbeistandschaft, 2010; *Salzgeber,* Von konventionell bis Cochemer Modell: Das breite Wirkungsspektrum richtig verstandener Begutachtung, FS Rudolph, 2009, 173; *ders.,* Der Sachverständige als Hersteller des Einvernehmens, endlich der Garant für das Kindeswohl?, FamRZ 2008, 656; *ders.,* Der lösungsorientierte Sachverständige und die Hochkonfliktfamilie, FamRZ 2010, 851; *Salzgeber/Vogel/Partale,* Relevanz von Alkoholproblemen bei Sorge- und Umgangsregelungen aus psychologischer und psychiatrisch-psychologischer Sicht, FuR 1991, 324; *Schilling,* Rechtliche Probleme bei der gemeinsamen Sorge nach Trennung bzw. Scheidung, NJW 2007, 3233; *Schlauß,* Fehlende persönliche Anhörung der Kinder durch den ausländischen Richter – ein Anerkennungshindernis?, FPR 2006, 228; *Schlünder,* Die Vollstreckung nach dem FamFG, FamRZ 2009, 1636; *Scholz,* Die Internationalisierung des deutschen ordre public und ihre Grenzen am Beispiel islamisch geprägten Rechts, IPRax 2008, 213; *Schulz,* Internationale Regelungen zum Sorge- und Umgangsrecht, FamRZ 2003, 336; *Schwab,* Kindschaftsrechtsreform und notarielle Vertragsgestaltung, DNotZ 1998, 437; *ders.,* Elterliche Sorge bei Trennung und Scheidung

Getrenntleben bei gemeinsamer elterlicher Sorge § 1671

der Eltern – Die Neuregelung des Kindschaftsrechtsreformgesetzes, FamRZ 1998, 457; *ders.*, Eingetragene Lebenspartnerschaft – Ein Überblick, FamRZ 2001, 385; *Spangenberg/Spangenberg*, Geschwisterbindung und Kindeswohl, FamRZ 2002, 1007; *Stötzel*, Verfahrensbeistand und Umgangspfleger – Aufgaben und Befugnisse, FPR 2009, 27; *Süß/Ring*, Eherecht in Europa, 2006; *Trenczek*, Der Verfahrensbeistand im FamFG, ZKJ 2009, 196; *Veit*, Verwandtschaftliche Elternstellung und elterliche Sorge bei Scheidungskindern, FamRZ 1999, 902; *Völker/ Clausius*, Sorge- und Umgangsrecht in der Praxis, 2011; *Wabnitz*, Mitwirkung der Jugendhilfe im familiengerichtlichen Verfahren. Rechtsgrundlagen, Aufgaben und Selbstverständnis, ZfJ 2000, 336; *Wüstenberg*, Genitalverstümmelung und elterliches Aufenthaltsrecht, FamRZ 2007, 692.

Übersicht

	Rn.
I. Normzweck	1–6
1. Grundzüge von § 1671	1–4
2. Ziele	5
3. Entstehungsgeschichte	6
II. Fortbestand der gemeinsamen elterlichen Sorge für gemeinschaftliche Kinder; „Regel" und „Ausnahme"	7–20
1. Gemeinschaftliche Kinder	7
2. Gemeinsame Sorge	8
3. Trennung/Scheidung – Aufhebung der Ehe	9, 10
4. Regel-Ausnahme	11, 12
5. Gerichtliche Festlegung der gemeinsamen elterlichen Sorge	13
6. Anordnung des Fortbestands der gemeinsamen Elternsorge	14
7. Gestaltungsmöglichkeiten für das Gericht	15–19
a) Gemeinsame elterliche Sorge	15
b) Alleinige elterliche Sorge eines Elternteils	16
c) Aufteilung in Einzelbereiche	17
d) Festgelegte Einzelbefugnisse bei sonst bestehender gemeinsamer Elternsorge	18
e) Vermögenssorge	19
8. Wirkungen der gerichtlichen Entscheidung	20
III. Allgemeine Gesichtspunkte für eine gerichtliche Regelung der elterlichen Sorge	21–52
1. Gleichrangigkeit von Mutter und Vater	21–24
a) Erwerbstätigkeit und Betreuungssituation	21, 22
b) Alter und Geschlecht des Kindes	23
c) Ausländisches Recht	24
2. Förderungsprinzip	25–28
3. Kindesbindungen/Elternbindungen	29–33
4. Geschwisterbindungen	34–37
5. Kindesbindungen an andere Verwandte, insbesondere an die Großeltern	38
6. Kindeswille; Kindesentscheidung; Kindesvorstellungen	39–45
a) Allgemeines	39, 40
b) Kindeswille und Kindesalter	41
c) Zuneigung; Abneigung	42–44

	Rn.
d) Vollendung des 14. Lebensjahres	45
7. Kontinuitätsgrundsätze	46–52
a) Allgemeines	46–49
b) Persönlich	50
c) Sachlich/örtlich	51
d) Lebensalter des Kindes	52
IV. Alleinige elterliche Sorge für einen Elternteil nach § 1671 Abs. 2	53–120
1. Antrag und Antragsberechtigung	53–60
a) Antrag	53–56
b) Antragsberechtigung	57–59
c) Form des Antrags	60
2. Zustimmung des anderen Elternteils, Abs. 2 Nr. 1	61–63
3. Widerspruch des 14 Jahre alten Kindes	64–66
4. § 1671 Abs. 2 Nr. 2	67–114
a) Verhältnis zu Nr. 1	67, 68
b) Entscheidungskriterien für Nr. 2	69–114
5. Alleinige elterliche Sorge für Teilbereiche	115–118
a) Voraussetzungen	115
b) Aufenthaltsbestimmungsrecht	116, 117
c) Schulische Betreuung/ärztliche Versorgung	118
6. Gesonderte Zuweisung der Vermögenssorge	119
7. Sonstige Rechtsbefugnisse des sorgeberechtigten Teils, §§ 823, 1004	120
V. Regelung der elterlichen Sorge nach § 1671 Abs. 3	121–125
1. Verhältnis zu § 1671 Abs. 1 und Abs. 2	121, 122
2. Gerichtliche Entscheidung nach Abs. 3	123
3. Insbesondere: Bestellung eines Pflegers oder Vormunds	124, 125
VI. Verfahren	126–163
1. Zuständigkeit	126–133
a) Sachlich	126
b) Örtlich	127, 128
c) Internationale Zuständigkeit	129, 130
d) Internationale Zuständigkeit für Verbundsachen	131, 132
e) Anerkennung ausländischer Entscheidungen	133
2. Antragsverbund; amtswegige Folgesache	134, 135
3. Beteiligte	136

	Rn.		Rn.
4. Verfahrensdauer	137, 138	11. Anwalt des Kindes	152, 153
5. Anwaltszwang; Anwaltsbeiordnung	139, 140	12. Rechtsmittel	154–157
6. Verfahrensablauf; Beweisregeln	141–144	a) Beschwerde, § 58 ff FamFG	154–156
7. Anhörung der Verfahrensbeteiligten	145–148	b) Außerordentliche Beschwerde; § 44 FamFG – Untätigkeitsbeschwerde	157
a) In erster Instanz	145–147		
b) In der Beschwerdeinstanz	148	13. Abänderung von Sorgerechtsentscheidungen	158
8. Mitwirkung des Jugendamtes	149		
9. Vermittlungsaufgaben des Gerichts, § 156 FamFG	150	14. Einstweilige Anordnung	159–161
10. Öffentliche Hilfen; insbesondere Beratung und Unterstützung bei Trennung und Scheidung	151	15. Kosten	162
		16. Vollstreckung	163

I. Normzweck

1. Grundzüge von § 1671. Durch das KindRG ist § 1671 einschneidend verändert worden. Für Eltern, die sich trennen oder scheiden lassen, ist nun grundsätzlich der Fortbestand der gemeinsamen elterlichen Sorge vorgesehen, die das BVerfG zuvor (zu § 1671 Abs. 4 aF) nur „ausnahmsweise" und unter engen Voraussetzungen (insbesondere: im Einverständnis beider Elternteile mit Billigung des FamG) zugelassen hatte.[1] Nur wenn ein Elternteil eine von der gemeinsamen Sorge abweichende Regelung anstrebt, muss er einen Regelungsantrag bei Gericht stellen. Im Übrigen knüpfen die gesetzlichen Vorschriften an die Trennung der gemeinsam sorgeberechtigten Eltern und nicht erst an die **Scheidung** verheirateter Partner an. Erfasst werden daher auch nicht verheiratete Eltern, die **Sorgeerklärungen** nach §§ 1626a ff. abgegeben haben. Die Entziehung oder Übertragung der elterlichen Sorge gem. § 1671 ist daher auch keine amtswegige Folgesache mehr, § 137 Abs. 3 FamFG. Soweit die Mutter gem. § 1626a Abs. 2 allein sorgeberechtigt ist, kann das FamG dem Vater nunmehr ebenfalls bei der Trennung unter den Voraussetzungen des § 1671 die Sorge (mit)übertragen, die **Einschränkungen** des § 1672 sind insoweit **verfassungswidrig**.[2]

§ 1671 Abs. 2 gibt dem FamG die Befugnis, falls sich die Eltern nicht geeinigt haben oder einigen können und entspr. **Anträge** bei ihrer Trennung/Scheidung stellen, die elterliche Sorge insgesamt oder in einzelnen Ausschnitten einem von ihnen zuzusprechen. Mit der **Abweisung** eines Antrags bleibt die gemeinsame elterliche Sorge dagegen wie sonst fortbestehen, wenn nicht ausdrücklich weitere und abweichende Anordnungen des Gerichts erfolgen. Ist **§ 1666** erfüllt, dazu **Abs. 3**, ist eine eigene Sorgerechtsentscheidung von Amts wegen zu treffen, die sich am **Kindeswohl**[3] orientiert. Zulässig ist schließlich die gerichtliche **Feststellung** des Fortbestandes der gemeinsamen elterlichen Sorge, dazu Rn. 14. Insgesamt soll mit diesen Vorschriften jedenfalls „das neue Konzept (der) gemeinsamen Elternsorge nach Trennung und Scheidung begünstigt" werden.[4] Daraus lässt sich aber nicht ableiten, dass die gemeinsame Sorge nunmehr der **Regelfall** ist und auch bei Antrag eines Elternteils nur im Ausnahmefall die Sorge aufgehoben werden darf,[5] dazu Rn. 11 f. Fehlt es an einer tragfähigen sozialen Beziehung zwischen den Eltern, ist bei Antrag eines Elternteils die Sorge einem Elternteil zu übertragen, zu weiteren Einzelheiten Rn. 70 ff. Problematisch ist allerdings die **Elternzentriertheit** des Verfahrens.[6] Das Kind kann keinen Antrag stellen und es ist im Scheidungsverfahren bei fehlendem Antrag nicht und bei Einigkeit der Eltern nur anzuhören, wenn es mindestens 14 Jahre alt ist. Hierdurch ist den Kindern die Möglichkeit genommen worden, ihre Sicht der Dinge einzubringen.[7]

Durch gerichtliche **Anordnung** oder **Vereinbarung** der Eltern ist, wenn die Dinge nicht ohnehin schon geklärt sind, festzulegen, wo sich das Kind tatsächlich aufhält, aufhalten soll und seinen **Lebensmittelpunkt** findet. Von dieser Entscheidung hängen wichtige weitere, materiell-rechtliche Folgen ab (**Prozessstandschaft** für Unterhaltsstreitigkeiten nach **§ 1629 Abs. 3**;[8] **Unterhaltshöhe**

---

[1] BVerfG NJW 1983, 101, 102.
[2] BVerfG FamRZ 2010, 1403, 1409, 1410.
[3] Zum Kindeswohlbegriff *Fegert* 13. DFGT Bd. 11 S. 33, 41 ff.
[4] So *Schwab* FamRZ 1998, 457, 462; einschränkend allerdings BGH NJW 2000, 203, 204 = FamRZ 1999, 1646, 1647 mit Bspr. *Born* FamRZ 2000, 396, Anm. *Coester* DEuFamR 2000, 53 und *Oelkers* MDR 2000, 32; ausführliche Übersicht bei *Staudinger/Coester* Rn. 4 f.
[5] So eindeutig BVerfG FamRZ 2007, 1876, 1877 und BGH FamRZ 2008, 592.
[6] So auch *Coester* FF 2009, 269, 277.
[7] S.a. *Staudinger/Coester* Rn. 14 ff; *Johannsen/Henrich/Jaeger* Rn. 7.
[8] Dazu auch OLG Koblenz NJW 2006, 3649 – wechselt das Kind zum anderen Elternteil und soll Klage auf Unterhalt erhoben werden, ist ein Ergänzungspfleger zu bestellen, denn die Vertretungsbefugnis des bisher allein sorgeberechtigten Elternteils ist beendet.

bzw. Kürzungen für den sonst zu leistenden **Unterhalt;**[9] **Krankenversicherung, Haushaltsfreibetrag, polizeiliche Anmeldung/Wohnsitz, Schulpflichtigkeit,** um nur einige Beispiele zu nennen). Gelingt keine Einigung der Eltern, kann das Gericht auch das **Aufenthaltsbestimmungsrecht** regeln und einem von ihnen zuweisen und so über die Bestimmung des Lebensmittelpunktes hinausgehen, obwohl im Übrigen die gemeinsame Elternsorge erhalten bleibt. Auch sonst können **Teilbereiche** aus der umfassenden Sorgebefugnis herausgenommen und besonders zugeordnet werden,[10] während nach früherem Recht eine Ausgliederung nur für die **Vermögenssorge** vorgesehen war, zu weiteren Einzelheiten Rn. 18 f.

Das Verfahrensrecht folgt den materiell-rechtlichen Vorgaben in §§ 1671 ff., zu weiteren Einzelheiten Rn. 126 ff. 4

2. Ziele. Fortbestand der gemeinsamen elterlichen Sorge, dazu § 1671 Abs. 1, soll zu weniger 5 Streit unter den Eltern und engagierterer Übernahme von Verantwortung durch (meist) Väter führen, die ihren Kindern erhalten bleiben. Damit sollen Konflikte zwischen den Eltern entschärft werden oder gar nicht erst entstehen, weil nicht einer von ihnen von vornherein und fast schon sicher als Verlierer behandelt wird und der andere sich als Gewinner fühlen kann. Im Übrigen besteht die für Kinder gute und wichtige Chance, Kontakt zu beiden Eltern[11] zu behalten und in der Verbindung mit ihnen bessere Aussicht für eine glückliche und zufriedene Zukunft zu entwickeln.[12] Nebenziel ist sicherlich auch, die (bisher nicht sonderlich gute) „Zahlungsmoral" für Unterhaltsleistungen zu verbessern.

3. Entstehungsgeschichte. Vgl. Vorauflg. Rn. 6 - 9 6

II. Fortbestand der gemeinsamen elterlichen Sorge für gemeinschaftliche Kinder; „Regel" und „Ausnahme"

1. Gemeinschaftliche Kinder. § 1671 erfasst **gemeinschaftliche,** leibliche und angenommene, vgl. § 1754 Abs. 1, **Kinder** der Eheleute/von unverheirateten Eltern, die die gemeinsame elterl. Sorge ausüben, vgl. sonst § 1626a Abs. 2 (alleinige elterliche Sorge der Mutter), und sich trennen bzw. scheiden lassen, Rn. 9. Nicht einbezogen sind dagegen **Pflegekinder,** vgl. zu den Voraussetzungen ihres Verbleibs in der Pflegefamilie § 1632 Abs. 4, selbst wenn den **Pflegeeltern** einzelne Ausschnitte aus der elterlichen Sorge übertragen sind,[13] vgl. dazu § 1630 Abs. 3. Jedenfalls muss das Kind bereits geboren sein; vorher kann keine gerichtliche Sorgerechtsregelung erfolgen.[14] 7

2. Gemeinsame Sorge. Nur bei **gemeinsamer Sorge** kommt § 1671 zum Tragen. Ist die Mutter allein sorgeberechtigt (§ 1626a Abs. 2), dann kann nur gem. § 1626a Abs. 1 oder § 1672 das Sorgerecht geändert werden, wobei aufgrund der Verfassungswidrigkeit von §§ 1626a Abs. 1 Nr. 1 und 1672 Abs. 1[15] eine Sorgeentscheidung auf Antrag des nicht sorgeberechtigten Vaters bis zur gesetzlichen Neuregelung entsprechend § 1671 ergehen kann.[16] Ist die gemeinsame Sorge einem Elternteil bereits entzogen, dann kann eine Änderung nicht über § 1671, sondern nur über § 1696 erreicht werden. Beruht die gemeinsame Sorge hingegen auf einem **Gerichtsbeschluss** (§ 1672 Abs. 2 Nr. 2 oder § 1666), dann erfolgt die Änderung auf Antrag allein nach § 1671, da diese Norm für die Begründung der Alleinsorge oder Teile der Alleinsorge lex specialis ist.[17] Dies gilt auch, wenn in einem ersten Verfahren, der Antrag auf Alleinsorge durch Gerichtsbeschluss zurückgewiesen worden ist.[18] 8

---

[9] Zu § 1629 und zu den unterhaltsrechtlichen Folgen einer Betreuung im Wechselmodell BGH FamRZ 2006, 1015 und 2007, 707 mit Anm. *Luthin* = NJW 2007, 1882 mit Bespr. *Born* NJW 2007, 1859 – die Betreuungszeiten müssen tatsächlich hälftig verteilt sein, und jede Abweichung von dieser Regel führt dazu, dass Unterhalt wie sonst verlangt werden kann und geschuldet ist.
[10] Erste Übersicht bei *Palandt/Diederichsen* Rn. 4 f. mN; vgl. auch *Schwab* FamRZ 1998, 457, 460 und 466.
[11] BT-Drucks. 13/4899 S. 62.
[12] BT-Drucks. 13/4899 S. 63; dort ist auf amerikanische Untersuchungen Bezug genommen, die das zunächst gezeichnete schöne Bild doch erheblich eintrüben, vgl. etwa *Maccoby/Mnookin* FamRZ 1995, 1; auch der Schluss ist eher zurückhaltend: „Die Vorteile der gemeinsamen Sorge werden heute eher in einer längerfristigen Bewusstseinsänderung gesehen: Die Kinder haben nicht das Gefühl, einen Elternteil zu verlieren, und die Väter fühlen sich von der Verantwortung für ihre Kinder nicht länger ausgeschlossen".
[13] *Palandt/Diederichsen* Rn. 6.
[14] AG Lüdenscheid FamRZ 2005, 51, 52.
[15] BVerfG FamRZ 2010, 1403.
[16] BVerfG FamRZ 2010, 1403, 1410.
[17] Hierzu ausführlich *Staudinger/Coester* Rn. 27 ff.
[18] *Staudinger/Coester* § 1696 Rn. 47.

9 **3. Trennung/Scheidung – Aufhebung der Ehe.** Leben die Eltern nicht nur vorübergehend voneinander getrennt, kann einer von ihnen Anträge nach **§ 1671 Abs. 1** mit dem Ziel stellen, ihm die alleinige elterliche Sorge zu übertragen, wenn beiden bisher die gemeinsame Elternsorge zustand und eine gerichtl. Anordnung nach seinen Vorstellungen dem Kindeswohl entspricht. Sorgerechtsanträge können aber auch erst mit einem Scheidungs- oder Aufhebungsantrag verbunden werden, wobei für das Aufhebungsverfahren allerdings die Verbundvorschriften nicht maßgeblich sind. Einzelheiten für die **Trennung** der Eheleute bestimmt **§ 1567**, so dass für sie auch eine Aufteilung der Räumlichkeiten in der **Ehewohnung** ausreichen kann.[19] Dagegen bleibt § 1567 Abs. 2 ohne Bedeutung,[20] denn die Bestimmung ist auf das Scheidungsverfahren hin konzipiert[21] und soll **Versöhnungsversuche** fördern. Kindesinteressen und sein Wohl können dagegen frühere Eingriffe notwendig erscheinen lassen. **Mindestzeiten** für die Trennung sind bei der Sorgerechtsregelung nicht vorgesehen;[22] vielmehr genügt „der ernsthafte – sc. dem anderen mitgeteilte oder ihm zumindest ohne weiteres erkennbare – Wille ... eines Ehegatten, die häusliche Gemeinschaft auf Dauer zu beenden."[23] Bloße Absichten der Partner, die sie nicht in die Wirklichkeit umgesetzt haben, bleiben dagegen ebenso bedeutungslos wie Anträge bei Gericht auf **Wohnungszuweisung** nach § 1361b,[24] um in der Ehewohnung allein und/oder mit den Kindern und ohne den Ehepartner leben zu können. Allenfalls kann ein Elternteil dann Anträge nach § 1628 mit dem Ziel stellen, ihm das Aufenthaltsbestimmungsrecht für ein Kind/die Kinder zu übertragen, um auszunutzen, die Trennung herbeizuführen und nun Sorgebefugnisse allein geltend machen zu können.[25]

10 Sind die sorgeberechtigten Eltern zu keiner Zeit eine Partnerschaft eingegangen oder ist diese beispielsweise bereits vor der Geburt des Kindes aufgehoben, ist § 1671 anwendbar, da nicht auf die Trennung, sondern auf das Fehlen des Zusammenlebens abzustellen ist.

11 **4. Regel-Ausnahme.** Seit Inkrafttreten des KindRG behält bei Trennung oder Scheidung die überwiegende Mehrzahl der Eltern die gemeinsame Sorge bei.[26] Ein wesentlicher Grund ist, dass nunmehr nur auf Antrag eines Elternteils über die Sorge entschieden wird. Gleichwohl kann die gemeinsame Sorge **im Streitfall** nicht als die generell für das Kind bessere Regelung angesehen werden, die Begründung der Alleinsorge kann daher auch nicht lediglich im Ausnahmefall als ultima-ratio erfolgen.[27] § 1671 gibt ein derartiges **Regel-Ausnahme-Verhältnis** nicht vor.[28] Es besteht nicht einmal eine „gesetzliche Vermutung ... dafür, dass die gemeinsame elterliche Sorge im Zweifel die für das Kind beste Form der Wahrnehmung elterlicher Verantwortung" ist,[29] dazu und zu den Einschränkungen vgl. Rn. 70 f.; andere Lösungen können danach ebenso gut sein, denn allein maßgeblich ist das **Kindeswohl**, § 1697a, und dabei nicht nur die langfristige Entwicklung, sondern auch die aktuelle Lage des Kindes. Bei aktuellen heftigen Streitigkeiten bedarf es unter Umständen einer schnellen Entscheidung mit klaren Vorgaben für die Eltern, um die Situation für das Kind erträglicher zu machen.

12 Der Gesetzgeber hat allerdings durch die Verfahrensordnung – namentlich das **Vorrangs- und Beschleunigungsgebot**, § 155 FamFG, sowie das Hinwirken auf das Einvernehmen mit der Möglichkeit der Anordnung der Teilnahme an einer Beratung, § 156 Abs. 1 S. 4 FamFG – Elemente des **Cochemer Modells**[30] aufgenommen und damit den Rahmen dafür geschaffen, dass in Streitfällen eine Eskalation des Konflikts vermieden werden kann und eine Einigung der Eltern und damit im Regelfall auch ein Fortbestand der gemeinsamen Sorge erreicht werden kann. Auch wenn eine höhere **Akzeptanz** einer einvernehmlichen von den Eltern getroffenen Regelung und damit ver-

---

[19] *Schwab* FamRZ 1998, 457, 461; *Johannsen/Henrich/Jaeger* Rn. 15.
[20] *Schwab* FamRZ 1998, 457, 461.
[21] *Schwab* FamRZ 1998, 457, 461.
[22] *Schwab* FamRZ 1998, 457, 461.
[23] *Schwab* FamRZ 1998, 457, 461 unter Bezug auf § 1567 Abs. 1 S. 1.
[24] *Schwab* FamRZ 1998, 457, 461.
[25] *Staudinger/Coester* Rn. 43; *Bamberg/Roth/Veit* Rn. 9.
[26] *Kostka* FamRZ 2004, 1924, 1926: in 2002 behielten 81,29% der Eltern die gemeinsame Sorge, in 2,71% der Fälle wurde sie gerichtlich übertragen.
[27] BVerfG FamRZ 2004, 354, 355; 2007, 1876.
[28] BGH FamRZ 2008, 592; 2005, 1167; NJW 2000, 203, 204.
[29] So BGH NJW 2000, 203, 204.
[30] Zum Cochemer Modell oder auch Cochemer Praxis : www.ak-cochem.de, mittlerweile existieren bundesweit entsprechende Modelle mit einer Vernetzung der verschiedenen beteiligten Professionen wie zB in München: www.justiz.bayern.de/imperia/md/content/stmj_internet/gerichte/amtsgerichte/muenchen/familienverfahren/leitfaden_muenchner_modell_091207.pdf.und in Berlin: http://www.berlin.de/sen/justiz/gerichte/ag/pw/beschleunigtes_familienverfahren. Vgl. auch *Füchsle-Voigt* FPR 2004, 600. Zur Praxis des Münchener Modells: *Gartenhof* u.a. ZKJ 2011, 285.

bunden ein zukünftig konfliktentschärfendes Verhalten der Eltern, welches unzweifelhaft dem Kind zu Gute kommt, in vielen Fällen zu erwarten ist, kann dies aber nicht bedeuten, dass in allen Fällen möglichst nur eine einvernehmliche Umgangsregelung zu treffen ist und im Übrigen im Interesse des Kindeswohls es bei der gemeinsamen Sorge nach Trennung/Scheidung zu verbleiben hat. Für das Kind kommt es im Regelfall entscheidend auf die **gelebte Beziehung** an und nicht auf die rechtliche Konstruktion.[31] Es gibt daher bis heute auch keine belastbare Forschung, die den Vorteil der gemeinsamen Sorge für das Kind in jedem Fall belegt.[32] Da dem Kindeswohl jede Minderung des das Kind belastenden elterlichen Konflikts bis zum Idealfall der Auflösung des Konflikts dient, kann auch eine klare gerichtliche Entscheidung zur Konfliktminderung beitragen und daher dem Kindeswohl dienen. In jedem einzelnen Streitfall ist daher im Rahmen des jeweiligen Verfahrens allein die für das betroffene Kind optimale Lösung zu finden. Bedürfnisse der Eltern wie das Gleichgewicht der Machtverhältnisse (kein Gewinner/kein Verlierer) vermögen nie das Kindeswohl zu überlagern.[33] Es gilt daher auch zu akzeptieren und im Interesse des Kindes im Einzelfall möglichst schnell zu erkennen, dass nicht jeder Familienkonflikt der Beratung zugänglich ist und eine gerichtliche Entscheidung zugunsten eines Elternteils nicht die grundsätzlich schlechtere Lösung für das Kind ist.

5. Gerichtliche Festlegung der gemeinsamen elterlichen Sorge. In § 1671 ist die **gerichtliche Feststellung** der gemeinsamen elterlichen Sorge nicht vorgesehen, sollte aber möglich sein, insbesondere wenn in einem Abänderungsverfahren nach **§ 1696** eine frühere Sorgerechtsregelung (auch aus dem Ausland) aufgehoben werden soll, weil beide Elternteile nun zusammenarbeiten und Verantwortung tragen wollen.[34] Zur erstmaligen gerichtl. Festlegung der gemeinsamen Sorge in Fällen der bisherigen Alleinsorge der Mutter gem. § 1626a Abs. 2, vgl. § 1672 Rn. 12. 13

6. Anordnung des Fortbestands der gemeinsamen Elternsorge. Verlangt ausländisches Recht eine gerichtliche Entscheidung zur elterlichen Sorge, kann diese **Anordnung** ergehen, um die Anerkennung des Scheidungsurteils im Heimatland zu erleichtern,[35] aber ausländische Gerichte können dadurch nicht festgelegt werden.[36] Ist die Entscheidung aus Deutschland dort nicht anerkennungsfähig, kann eine Regelung zur elterlichen Sorge nachfolgen. 14

7. Gestaltungsmöglichkeiten für das Gericht.[37] **a) Gemeinsame elterliche Sorge.** Stellen die Eltern keinen Regelungsantrag zur elterlichen Sorge oder weist das FamG einen Antrag zur Zuweisung der alleinigen elterlichen Sorge zurück, bleibt diese wie bisher für beide Elternteile erhalten; zudem kann gerichtl. Feststellung ergehen, dass das gemeinsame Sorgerechts fortbesteht, dazu gerade Rn. 14. 15

b) Alleinige elterliche Sorge eines Elternteils. Ist das FamG überzeugt, dass nur die Übertragung der **alleinigen elterlichen Sorge** auf einen Elternteil dem **Wohl** des Kindes gerecht wird, muss es einem entspr. Sorgerechtsantrag nach **Abs. 2** stattgeben oder hat nach **Abs. 3** von Amts wegen vorzugehen, so dass der andere Elternteil vom Sorgerecht ausgeschlossen und auf **Umgangs-** und **Auskunftsrechte** nach §§ 1684, 1686 verwiesen bleibt. 16

c) Aufteilung in Einzelbereiche. Im Übrigen kann die elterliche Sorge in **Einzelbereiche** aufgegliedert und so jeweils in Ausschnitten dem einen oder dem anderen Elternteil übertragen werden, wobei nicht einmal gemeinsame Reste fortbestehen müssen.[38] Maßstab ist dabei wie stets das **Wohl** des Kindes, vgl. § 1697a, doch müssen die Bereiche abgrenzbar und von einer gewissen Bedeutung sein. Bei einem beabsichtigten Wechsel aus der bisherigen (etwa: türk.) in die dt. Staatsangehörigkeit sind dabei nicht nur Nebensächlichkeiten betroffen, so dass insoweit die elterl. Sorge (in diesem Teilbereich) einem Elternteil allein eingeräumt werden kann/muss,[39] um die beabsichtig- 17

---

[31] So auch *Staudinger/Coester* Rn. 113.
[32] So zu Recht BGH FamRZ 2008, 592; vgl. auch *Staudinger/Coester* Rn. 112 ff mwN.
[33] BVerfG NJW 1996, 3145; 1989, 1275.
[34] Zu dieser Situation *Palandt/Diederichsen* Rn. 5 im Anschluss an *Schwab* FamRZ 1998, 457, 460; vgl. auch *Schwab/Motzer* (Handbuch) III Rn. 90 f. Zur gerichtlichen Bestätigung von Elternvereinbarungen insbesondere bei Residenzmodell vgl. *Staudinger/Coester* Rn. 51.
[35] *Finger* FuR 1998, 398, 402; *Krüger* IPRax 2004, 505 und gleich Fn. 36.
[36] Für das Verhältnis zur Türkei etwa *Krüger* IPRax 2004, 550 mit einer Übersicht über die Rspr. des türk. Kassationshofs; allerdings beschränken sich die Gerichte in der Türkei oft bei der Anerkennung einer ausl. gerichtl. Entscheidung auf „Teile", so dass für den aus ihrer Sicht offenen Rest dann (wieder) die maßgeblichen Streitfragen ungelöst und in einem anschließenden, gesonderten Verfahren zu klären sind, dazu *Süß/Ring/Kiliç*, Eherecht in Europa, Länderbericht Türkei Rn. 100 mN.
[37] Zu Einzelheiten *Schwab* FamRZ 1998, 457.
[38] Zu diesen Gestaltungsmöglichkeiten *Palandt/Diederichsen* Rn. 4 im Anschluss an *Schwab* FamRZ 1998, 457.
[39] OLG Hamm FamRZ 2006, 1058, 1059.

§ 1671 18–20   Abschnitt 2. Titel 5. Elterliche Sorge

ten Folgen zu erzielen. Reichen gerichtliche Eingriffe in dieser Form aus, kann die alleinige elterl. Sorge nicht insgesamt dem anderen Ehegatten zugewiesen werden, **Verhältnismäßigkeitsgrundsätze**, Art. 6 Abs. 2 S. 1 GG,[40] der für die nicht erfassten Befugnisse damit weiterhin mit dem anderen berechtigt und verantwortlich bleibt.

18   **d) Festgelegte Einzelbefugnisse bei sonst bestehender gemeinsamer Elternsorge.** Der Antrag auf Übertragung der elterlichen Sorge muss sich nicht auf die gesamte Sorge beziehen, sondern kann sich auf **Teilbereiche** begrenzen,[41] was aus Gründen der Verhältnismäßigkeit auch häufig angezeigt ist, dazu schon Rn. 17. Hauptanwendungsfall in der Praxis ist das **Aufenthaltsbestimmungsrecht** bei im Übrigen weiterhin gemeinsamer Sorge.[42] Bei Streit darüber, in welchem elterlichen Haushalt sich das Kind zukünftig hauptsächlich oder überwiegend aufhält, hat hierüber eine gerichtliche Entscheidung zu ergehen, wenn der Versuch einer **einvernehmlichen Regelung** (§ 156 FamFG) erfolglos bleibt. Besondere Bedeutung hat die Frage des Aufenthalts bei einem (beabsichtigten) Wegzug eines Elternteils mit dem Kind, da die räumliche Entfernung zu einer Schwächung der Bindung des Kindes zum zurückbleibenden Elternteil führen kann,[43] vgl. auch Rn. 86. Aber auch Gesundheitsfürsorge,[44] schulische Angelegenheiten,[45] Ausbildungsfragen[46] oder die Vermögenssorge[47] (s. Rn. 19) können als Teilbereich der gemeinsamen Sorge übertragen werden. Grundsätzlich besteht keinerlei Begrenzung der Aufteilung der Sorge, da sie der Elternautonomie unterliegt. Gleichwohl ist zu beachten, dass die Sorge bzw. der Teilbereich sinnvoll ausgeübt werden kann.[48] Abgrenzungsprobleme treten zu **§ 1628** auf. § 1628 setzt zunächst im Gegensatz zu § 1671 keine Trennung der Eltern voraus; beschränkt sich aber auf einzelne situationsbezogene Streitpunkte,[49] beispielsweise die konkrete Auswahl der Schule[50] oder des Kindergartens,[51] auf einen Teil der Gesundheitsfürsorge[52] oder der Entscheidung über einen Kirchenaustritt.[53] Gleichwohl besteht im Übrigen weiterhin gemeinsame Sorge, also bei allen weiteren Schulangelegenheiten nach der Auswahl der Schule. Bedeutsam ist ferner, dass bei § 1628 keine Bindung an den Antrag besteht und das Gericht den geeigneteren Elternteil auswählt, während bei § 1671 grundsätzlich eine Bindung an die Anträge besteht, soweit nicht die Voraussetzungen des § 1666 gegeben sind.

19   **e) Vermögenssorge.** Schon früher konnte für die **Vermögenssorge** für ein Kind eine besondere gerichtliche Anordnung getroffen werden; innerhalb der Vermögenssorge waren (und sind) weitere Aufteilungen – **Grundbesitz**; Gesellschaftsbeteiligungen; werbende Unternehmen – möglich und häufig geboten, vgl. dazu Rn. 119. Wie sonst können sich die Eltern über die wesentlichen Fragen dabei einigen. Dann fehlt für einen entsprechenden Regelungsantrag bei Gericht das erforderliche Rechtsschutzbedürfnis.

20   **8. Wirkungen der gerichtlichen Entscheidung. Gestaltungswirkungen** erzielen nur statusändernde **Gerichtsentscheidungen.** Heiraten die Eltern (einander) wieder, wird eine zuvor getroffene Sorgerechtsregelung gegenstandslos; vielmehr werden beide mit ihrer Eheschließung wieder sorgeberechtigt und verantwortlich für ihre gemeinsamen Kinder. Ist ein **Vormund** oder **Pfleger** tätig, bleibt seine Bestellung dagegen wirksam, denn die tatsächlichen Voraussetzungen für seine Einsetzung müssen sich nicht geändert haben;[54] doch kann auf Antrag oder von Amts wegen Aufhebung nach § 1696 erfolgen und geboten sein.

---

[40] BVerfG FamRZ 2004, 1015, 1016.
[41] *Palandt/Diederichsen* Rn. 4 mN im Anschluss an BT-Drucks. 13/4899 S. 99.
[42] OLG Hamm FamRZ 2009, 432; OLG München FamRZ 2007, 753, 754 (nach vorherigem Wechselmodell); OLG Brandenburg FamRZ 2003, 1949.
[43] BGH FamRZ 2010, 1060 mit Anm. *Völker*; KG FamRZ 2010, 135; OLG Karlsruhe FamRZ 2009, 435; OLG Frankfurt FamRZ 2007, 759 jeweils zur Übersiedlung eines Elternteils mit dem Kind ins Ausland.
[44] OLG Brandenburg FamFR 2010, 20: Übertragung von Aufenthaltsbestimmungsrecht und Gesundheitsfürsorge.
[45] OLG Köln FamRZ 2010, 906, 907: Übertragung von Schul- und Passangelegenheiten; OLG Nürnberg FamRZ 1999, 673, 674.
[46] So BT Drucks. 13/4899 S. 99.
[47] OLG Karlsruhe FamRZ 2010, 391.
[48] *Schwab/Motzer* (Handbuch) III Rn. 83.
[49] *Johannsen/Henrich/Jaeger* Rn. 18; *Schwab/Motzer* (Handbuch) Rn. 56; weitergehender *Staudinger/Coester* Rn. 55.
[50] BVerfG NJW 2003, 1031.
[51] OLG Frankfurt OLGR 2009, 562, 563.
[52] KG FamRZ 2006, 142.
[53] OLG Oldenburg FamRZ 2010, 1256.
[54] BGH FamRZ 2005, 1469, 1470 für den Fall des Entzugs der Sorge der gem. § 1626a allein sorgeberechtigten Mutter und der nicht zugleich erfolgten Übertragung der Sorge auf den Vater gem. § 1680 Abs. 2, 3.

III. Allgemeine Gesichtspunkte für eine gerichtliche Regelung der elterlichen Sorge

1. Gleichrangigkeit von Mutter und Vater. a) Erwerbstätigkeit und Betreuungssituation. Bei einer gerichtlichen Entscheidung sind Mutter und Vater für die elterliche Sorge gleichrangig; sie sind dies ja auch in ihrer jeweiligen Bedeutung für die Entwicklung des Kindes, solange sie zusammenleben. Gleichwohl sind in der Realität neun von zehn Alleinerziehenden Frauen.[55] Auch der Bezug von Elterngeld spiegelt wider, dass Mütter sich überwiegend um das Kind in den ersten Lebensjahren kümmern, die durchschnittliche Bezugsdauer des Elterngeldes bei Vätern liegt bei ca. 2,5 Monaten bei den Müttern hingegen bei 11 Monaten.[56] Diese Unterschiede, die aus der gesellschaftlichen Rollen- und Aufgabenverteilung folgen – meist arbeiten die Väter, während die Mütter zumindest in den ersten Lebensjahren der Kinder Betreuungsaufgaben wahrnehmen –, können sich bei der Entscheidung auswirken. Trotzdem sind dies keine allgemein geltenden Kriterien, sondern es ist jeder Einzelfall individuell unter Berücksichtigung der Persönlichkeiten der Eltern, ihrer jeweiligen persönlichen und wirtschaftlichen Situation sowie den Interessen des Kindes zu entscheiden. Dabei können **Erwerbstätigkeit** und tatsächliche **Betreuungssituation** ein Kriterium sein, doch müssen stets besondere Auswirkungen für das Kind und seine Entwicklung festgestellt werden können. Hierbei ist auch zu berücksichtigen, dass der Gesetzgeber der Auffassung ist, dass grundsätzlich nur bis zum 3. Lebensjahr eines Kindes eine persönliche Betreuung vor einer Fremdbetreuung Vorrang genießt, § 1570 Abs. 1.[57]

Betreuungsmöglichkeiten und äußere Lebensumstände können für den Fortbestand der gemeinsamen elterlichen Sorge besonderes Gewicht gewinnen, weil damit Lösungen möglich sind, die an die tatsächliche Lebensführung anknüpfen und den Bedürfnissen des Kindes gerechter werden. Auch die Aufteilung der elterlichen Sorge und die Zuweisung einzelner Teile an den einen oder den anderen Elternteil können sich so rechtfertigen lassen.[58] Andererseits können gerade sie für die Zuweisung der alleinigen elterlichen Sorge an einen Elternteil Grundlage werden, wenn der andere schon seit längerer Zeit kaum Bedeutung für die Entwicklung des Kindes hat.

b) Alter und Geschlecht des Kindes. Alter und **Geschlecht** des Kindes begründen auch sonst keine Vorrechte eines Elternteils, die ihre grundsätzliche Gleichstellung in der Folgezeit wieder entwerten, etwa für die Mutter und bei Kleinkindern; beide Gesichtspunkte können aber bei der **Gesamtabwägung** herangezogen werden, wobei ausgeschlossen werden muss, dass so doch wieder (angeblich) natürlich begründete Vorrangverhältnisse entstehen und bedeutsam werden.

c) Ausländisches Recht. Ist in einem Scheidungsverfahren für die Regelung der elterlichen Sorge **ausl. Recht** anzuwenden, weil Art. 21 EGBGB nicht eingreift und KSÜ/MSA ohne Bedeutung bleiben, lebt das Kind aber hier in Deutschland, ist zu prüfen, ob die jeweiligen Rechtsbestimmungen dort gegen den **ordre public** verstoßen, **Art. 6 EGBGB,** wenn sie ohne Rücksicht auf die Umstände einem Elternteil alters- und geschlechtsbezogene Vorrechte einräumen.[59]

2. Förderungsprinzip.[60] Gerichtliche Sorgerechtsentscheidungen lassen sich unter dem Blickwinkel des Kindeswohls nur rechtfertigen, wenn sie sich (auch) um die Förderung des Kindes und seine weitere Entwicklung bemühen,[61] wobei allerdings das **Förderungsprinzip** gegenüber den **Bindungen** des Kindes, dem **Kontinuitätsgedanken** und dem **Kindeswillen** kein Vorrang zu kommt, wie überhaupt keine Rangfolge zwischen den verschiedenen Kindeswohlkriterien besteht.[62] Jedenfalls ist die elterliche Sorge dem Elternteil zu übertragen, der am besten zur Erziehung und Betreuung geeignet erscheint, wenn ihm Unterstützung und Hilfe beim Aufbau der Persönlichkeit des Kindes zugetraut werden können.[63] Dabei sind die Verhältnisse beider Eltern zu prüfen, gegeneinander abzuwägen und auf

---

[55] Statistisches Bundesamt, Männer und Frauen in unterschiedlichen Lebensphasen (2010) S. 23.
[56] Statistisches Bundesamt, Pressemitteilung Nr. 077 v. 4. 3. 2010, www.destatis.de/jetspeed/portal/cms/Sites/destatis/Internet/DE/Presse/pm/2010/03/PD10__077__22922,templateId=renderPrint.psml.
[57] Vgl. dazu auch BGH FamRZ 2010, 1880, 1883 mwN.
[58] *Motzer* FamRZ 1999, 1101, 1102.
[59] OLG Koblenz FamRZ 2009, 611, 615 verneinend für den Iran, da nach Art. 1169 ZGB bei Uneinigkeit der Eltern bei Kindern ab dem 7. Jahr das Gericht unter Berücksichtigung des Kindeswohls zu entscheiden hat. OLG Hamm Streit 2000, 137 bejahend für marokkanisches Recht, soweit die sorgeberechtigte Mutter bei Umzug und fehlender Bekanntgabe der neuen Anschrift an Vater die Sorge verliert; zu weiteren Einzelheiten *Schwab/Motzer* (Handbuch) III Rn. 308 mN.
[60] Vgl. ausführlich dazu *Staudinger/Coester* Rn. 178 ff.
[61] Dazu OLG Frankfurt FamRZ 1994, 920 bei kulturellen Brüchen – Pakistan.
[62] BGH FamRZ 2011, 796, 798 Tz. 43; OLG Saarbrücken FamRZ 2011, 1153, 1154; *Johannsen/Henrich/Jaeger* Rn. 83 f.
[63] BVerfG FamRZ 1981, 124, 126.

§ 1671 26

das Kind zu beziehen. Verzichten sie auf eigene Interessen, kann dies für die Entscheidung des Gerichts wichtig werden, wenn so besondere Verantwortlichkeit gegenüber dem Kind deutlich wird. Sonst spielt vor allem die Bereitschaft eine Rolle, das Kind zu sich zu nehmen und für seine Versorgung einzustehen, Erziehung und Beaufsichtigung leisten zu wollen. Zeitlich begrenzte Faktoren wie etwa das Alter des Kindes oder eines Elternteils treten zurück. Unterschiedliche Erziehungsauffassungen – strengere, leistungsorientierte Vorstellungen auf der einen, eher ungebundene, den emotionalen Bedürfnissen des Kindes zugewandte Haltung auf der anderen Seite – stehen (zumindest) gleichwertig nebeneinander. Dabei kann je nach Kindesalter und Situation bzw. Bedürfnisse des Kindes die emotionale Absicherung sogar größere Bedeutung haben als die schulische Unterstützung.[64] Vor- und Ausbildung eines Elternteils sind für die Erziehungseignung meist weniger wesentlich als seine Verantwortungsbereitschaft und -fähigkeit[65] und seine Absicht, das Kind in allen Zusammenhängen zu fördern; im Übrigen haben öffentliche Einrichtungen ihre Aufgaben wahrzunehmen und Defizite auszugleichen. Schlechte deutsche Sprachkenntnisse sind für sich kein ausreichender Grund, einen Partner von elterlichen Sorgebefugnissen auszuschließen.[66] Allerdings ist das Kind dann in anderer Hinsicht zu fördern, etwa durch Sprachunterricht oder – sicherlich – den anderen Elternteil. Dauernde Krankheit oder abnorme seelische Veranlagung (Selbstmordgefahr) stehen einer Übertragung des Sorgerechts auf diesen Elternteil entgegen,[67] denn dabei ist das Kind gefährdet. Eine besondere Problematik besteht bei (älteren) Kindern, die sich einem labilen oder kranken Elternteil verpflichtet fühlen. Zu berücksichtigen, aber dieser Punkt wird weniger wichtig, sind schließlich die Wohnverhältnisse und die – für sich nicht ausschlaggebende – wirtschaftliche Situation der Eltern bzw. eines Elternteils. Denn für sie müssen Unterhaltspflichten des anderen Elternteils ebenso ins Blickfeld geraten wie öffentliche Unterstützungsleistungen.[68]

26 Von besonderer Bedeutung ist auch, inwieweit der jeweilige Elternteil in der Lage ist, die Beziehungen des Kindes zum anderen Elternteil zu fördern, **sog. Bindungstoleranz**.[69] Hierzu gehört nicht nur, dass Umgang im Rahmen des Üblichen zugelassen wird, sondern inwieweit der Elternteil in der Lage ist, die Bedeutung des anderen für die Entwicklung des Kindes zu akzeptieren, und er ein positives Bild des anderen gegenüber dem Kind zumindest zulässt, wenn nicht sogar aktiv fördert.[70] Allerdings kann die Bindungstoleranz nicht als das maßgebliche Kriterium zur Beurteilung der Fähigkeit, das Kind fördern zu können, angesehen werden.[71] Ist der Elternteil trotz geschwächter Bindungstoleranz in der Lage, das Kind ansonsten zu fördern, sind die Bindungen zu diesem Elternteil stark und steht der Kindeswille dem nicht entgegen, dann kann nicht dem anderen Elternteil die Sorge übertragen und das Kind zu einem **Aufenthaltswechsel** gezwungen werden.[72] Ein derartiges Erzwingen von Wohlverhalten des nicht oder nur unzureichend bindungstoleranten Elternteils geht nur zu Lasten des Kindes und steht regelmäßig nicht mit dem Kindeswohl im Einklang. Sorgerechtsentscheidungen können daher auch nicht mit dem sog. **Parental Alienation Syndrome** (PAS = Elternentfremdungssyndrom) begründet werden. Danach wird die Ablehnung eines Elternteils durch das Kind auf eine Manipulation des anderen Elternteils zurückgeführt und so der von den Eltern ausgehende auf vielfältigen Ursachen beruhende Konflikt auf eine einseitige Verteilung der Rollen verkürzt: dem allein „schuldigen" Elternteil steht der andere „unschuldige" Elternteil als Opfer gegenüber. In letzter Konsequenz wird dann befürwortet, dass das Kind zu dem anderen Elternteil wechselt, da es nur so der Manipulation entzogen und der Kontakt wieder hergestellt werden kann.[73] Abgesehen davon, dass es befremdlich erscheint, einen elterlichen Trennungskonflikt einem scheinbaren Krankheitsbild zuzuordnen, gibt es keinerlei wissenschaftlich fundierten Nachweis, dass die Wiederherstellung des Kontakts zum anderen Elternteil in letzter Konsequenz durch einen unfreiwilligen Wechsel des Kindes seiner weiteren Entwicklung nicht nur förderlich ist, sondern dadurch die Entwicklung des Kindes besser gefördert wird als die Beibehaltung des alten Zustan-

---

[64] BGH NJW 1985, 1702, 1703; OLG München FamRZ 2008, 1774; KG FamRZ 2007, 754, 755; OLG Frankfurt FamRZ 1978, 261, 262.
[65] OLG Bamberg FamRZ 1998, 1462.
[66] OLG Nürnberg NJW-RR 1999, 1019 und *Völker/Clausius* § 1 Rn. 225.
[67] OLG Hamm FamRZ 1980, 484, 485; vgl. zu weiteren Einzelheiten ausführlich *Staudinger/Coester* Rn. 183.
[68] Vgl. auch *Schwab/Motzer* (Handbuch) III Rn. 130.
[69] BVerfG FamRZ 2009, 189, 190; BGH FamRZ 2010 1060, 1061 f.; OLG Brandenburg FamRZ 2008, 1472, 1473; KG FamRZ 2008, 2054, 2065; OLG Dresden NJW 2003, 147, 148; OLG Schleswig FamRZ 2003, 1494, 1495; OLG Brandenburg FamRZ 2001, 1021, 1022; OLG Hamm FamRZ 2000, 1039, 1040.
[70] *Johannsen/Henrich/Jaeger* Rn. 61; *Schwab/Motzer* (Handbuch) III Rn. 158.
[71] BGH FamRZ 2008, 592, 594; FamRZ 1985, 169, 171; OLG Koblenz FamRZ 2008, 1973; KG FamRZ 2005, 1768, 1769; aA OLG Dresden NJW 2003, 147, 148.
[72] So aber OLG Brandenburg ZFE 2008, 70, 71 und NJW-RR 2010, 4, 6ff jeweils gegen den ausdrücklichen Willen des Kindes, der für unbeachtlich, weil nicht autonom, erachtet wurde, was bedenklich erscheint. S.a. *Ell* ZfJ 1986, 289, 294: „Es gibt kein Kindeswohl gegen den Kindeswillen".
[73] Ausführlich dazu *Bruch* FamRZ 2002, 1304.

des.⁷⁴ Es wird eher das Gegenteil eintreten, denn das Kind erlebt nunmehr einen zweiten für ihn völlig unerklärlichen Bindungsverlust⁷⁵ und zudem wird es gewahr, dass sein Wille und seine Wünsche von absolut untergeordneter Bedeutung sind. Die in ihrer Persönlichkeitsentwicklung bis dato regelmäßig schon beschädigten Kinder werden damit noch instabiler.

Ein Elternteil verliert seinen Vorrang, den er sonst bei der Abwägung gewonnen hat, daher nicht notwendig durch ein „Versagen" in anderen Teilbereichen, wenn eine Gefährdung des Kindes sicher ausgeschlossen erscheint und er im Übrigen ein „Übergewicht" hat und die besseren Voraussetzungen mitbringt, das Kind zu fördern und für seine Entwicklung zu sorgen. Zunächst sind deshalb dort, Gesichtspunkte des Kindeswohls und der **Verhältnismäßigkeitsgrundsätze**, die Dinge zu regeln und gerichtlich zu entscheiden, ohne das die elterliche Sorge insgesamt in Frage gerät. 27

Insgesamt steht bei der Sorgerechtsentscheidung die kindbezogene Förderung im Vordergrund,⁷⁶ aber sie kann nur ausschlaggebend sein, wenn sie sich auch mit den Bindungen des Kindes und – soweit maßgeblich – dem Willen des Kindes deckt, vgl. auch § 1697a. Deshalb ist die elterliche Sorge als kindeswohlgerechte Regelung dem Elternteil zuzusprechen, der den damit verbundenen Erziehungs- und Betreuungsaufgaben unter Berücksichtigung der weiteren Kindeswohlaspekte voraussichtlich am besten nachkommen wird. Kontinuitätsgrundsätze greifen dagegen (eher) ein, wenn sich Erziehungseignung und Lebensumstände bei beiden Elternteilen als gleichwertig erweisen,⁷⁷ dazu Rn. 46 f., wobei von vornherein keine Stufenfolge für die einzelnen Orientierungsmuster oder gar ein Vorrang unter ihnen besteht. 28

3. Kindesbindungen/Elternbindungen.⁷⁸ § 1671 erwähnt die Bindungen des Kindes an seine **Eltern**, an Geschwister und an andere Verwandte, insbesondere an seine Großeltern, nicht mehr ausdrücklich, vgl. noch § 1671 Abs. 2 S. 2 aF; doch ist zweifelsfrei, dass gerade sie bei der Sorgerechtsregelung besonders zu beachten sind und häufig ausschlaggebend werden. Bindung ist dabei als die angeborene Fähigkeit zu verstehen, „Beziehungen zu anderen emotional nahestehenden Personen einzugehen".⁷⁹ **Bestehende Bindungen** zu einem Elternteil sind daher bei einer Sorgerechtsentscheidung grundsätzlich zu beachten, wie der Abbruch bestehender Beziehungen zu vermeiden ist. Verdienste eines Elternteils, auf die er sich beruft, spielen keine Rolle; Zuneigung und Bindung entstehen unabhängig von solchen Leistungen und werden nicht „erworben". **Fehlende Verlässlichkeit**⁸⁰ in anderen Zusammenhängen, **Schuld** an der **Trennung,** die Unfähigkeit mit den Verlusten beim Scheitern der Verbindung umzugehen oder „weitergegebener Hass" gegen den anderen Elternteil⁸¹ können dagegen wichtige Anhaltspunkte liefern. Notwendig sind wie sonst Auswirkungen auf das Kind und seine Entwicklung; denn auch zu diesem Elternteil, der im persönlichen Verhältnis zum anderen Partner eher versagt, können die tragfähigeren und verlässlicheren Bindungen bestehen.⁸² 29

Sprechen Kind und Elternteil eine **gemeinsame Sprache**, die der andere Elternteil nicht beherrscht, kann dies wesentlich werden,⁸³ kann aber auch ganz bedeutungslos bleiben, denn Sprachen können Kinder schnell lernen. Deshalb vermögen sprachliche Schwierigkeiten bei einem Wechsel ins Ausland bei sehr starken Bindungen zum umziehenden Elternteil und entsprechenden Kindeswillen auch keinen Vorrang haben.⁸⁴ 30

Ist ein Elternteil zur Erziehung weniger geeignet als der andere, kann ihm die elterliche Sorge übertragen werden, wenn das Kind zu ihm **engere Bindungen** hat und seine Entwicklung bei ihm 31

---

⁷⁴ Vgl. *Bruch* FamRZ 2002, 1304; *Dettenborn* FamRZ 2002, 1320; zu Bindungsverhalten von Kindern: *Kölch/Fegert* FamRZ 2008, 1573, 1574f; zur Kritik an PAS: KG FamRZ 2005, 1768, 1769; kritisch auch *Staudinger/Coester* Rn. 208 und *Schwab/Motzer* (Handbuch) III Rn. 157; *Peschel-Gutzeit* FPR 2003, 271; *Fegert* in *Salgo/Zenz* Rn. 600 ff.; aA *Kodjoe/Koeppel* DAVorm 1998, 9 mit einer fraglichen Überbewertung der Bindungstoleranz, *Jopt/Behrend* ZfJ 2000, 223 ff. und 258 ff.
⁷⁵ Vgl. auch *Coester* FPR 2009, 549, 551; *Dettenborn* FPR 2003, 293, 297.
⁷⁶ A.A *Johannsen/Henrich/Jaeger* Rn. 52: Keine Rangordnung, sondern kindbezogene Bewertung und Abwägung der gesamten Umstände – aber sie erfolgt stets; durchgesetzt hat sich jedenfalls die Überzeugung vom (relativen) Vorrang persönlicher Elemente vor den materiellen Umständen.
⁷⁷ Knappe Übersicht bei *Schwab* FamRZ 1998, 457, 467 f.
⁷⁸ Zu Bindungstheorie *Ell* ZfJ 1986, 289; *Lempp* FamRZ 1984, 741 sowie ausführlich *Staudinger/Coester* Rn. 213.
⁷⁹ *Kölch/Fegert* FamRZ 2008, 1573, 1574.
⁸⁰ Wenig überzeugend OLG Köln FamRZ 1982, 1232, 1233, 1234 – Scheitern in drei Ehen soll danach gegen die Mutter sprechen.
⁸¹ BGH NJW 1985, 1702, 1704.
⁸² BGH FamRZ 2008, 592, 594: alleinige Sorge der Mutter bei unberechtigtem Vorwurf des sexuellen Missbrauchs.
⁸³ OLG Köln FamRZ 1982, 1232, 1233 für Slowenien.
⁸⁴ KG FamRZ 2010, 135, 137.

gleichwohl gut gesichert erscheint. Graduelle Unterschiede dabei sind allerdings meist ebenso schwer zu erfassen wie das Maß der Bindung des Kindes zu einem Elternteil. Andererseits kann ein nicht ganz unbeträchtliches Defizit bei der Erziehungseignung nur aufgewogen werden, wenn sich erheblich stärkere Bindungen des Kindes gerade zu diesem Elternteil feststellen lassen und das Kindeswohl nicht gefährdet ist. Ist ein Elternteil ungeeignet zur Erziehung, darf ihm das Sorgerecht nicht übertragen werden; dann spielen die Bindungen des Kindes keine Rolle, und sie können manchmal geradezu schädlich sein (Überidentifizierung; wahrgenommene Loyalität – Verantwortlichkeit für den Elternteil). Erzieherisches Versagen (nur) in Teilbereichen ist für sich zu bewerten, so dass eine Abwägung notwendig wird, die sich auf das Kind und seine Interessen bezieht. Stets sind gerichtliche Eingriffe dort vorzunehmen, wo sie notwendig werden, **Verhältnismäßigkeitsgrundsätze.** Deshalb wird durchgängig eine Sorgerechtsänderung bei Besuchsbehinderungen kaum in Betracht kommen, vgl. dazu Rn. 85, auch wenn dieses Verhalten für sich unverständlich bleibt und Kindesinteressen verletzt. Sonst kann die elterliche Sorge in Teile aufgegliedert und jeweils einzeln zugewiesen werden; dann bleiben auch dem anderen Elternteil seine Befugnisse erhalten, für die er verantwortlich handeln kann.

32   Sind enge **Kindesbindungen** zu beiden Elternteilen vorhanden und sind auch sonst keine Unterschiede für **Erziehungseignung** und -bereitschaft nachweisbar, kann ein beachtlicher Kindeswille entscheidend sein, wenn das Kind sich in einer solchen Lage zu positionieren vermag, dazu s. Rn. 39 ff.

33   Für die gerichtl. Sorgerechtsentscheidung ist damit eine Abwägung aller Umstände notwendig, die auf das Kind und seine ungestörte Entwicklung und seine guten Zukunftschancen zu beziehen sind. Für sich begründen die einzelnen Merkmale noch keinen Vorrang. **Zweckmäßigkeitserwägungen** genügen nicht. Auch „gegen" die vorrangigen Bindungen eines Kindes kann die elterliche Sorge zuzuweisen und seine Absichten und ausdrücklichen Vorstellungen zu durchbrechen sein, wenn ein zu enges Beziehungsgeflecht mit diesem Elternteil aufzulösen ist und das Kind entlastet werden muss; dann ist dem anderen die elterl. Sorge zu übertragen. Doch sind umgekehrt auch **Grenzen** zu beachten,[85] denn Kinder haben eigene **Persönlichkeitsrechte,** denen **Verfassungsrang** zukommt. Geben ältere Kinder in der Anhörung bei Gericht eindeutige Erklärungen ab, kann das ausreichen, so zu entscheiden, ohne dass weitere Nachfragen geboten wären,[86] selbst wenn die Äußerungen im Einzelnen nicht besonders überzeugend erscheinen.

34   **4. Geschwisterbindungen.** Auch Bindungen an die **Geschwister** sind für die Sorgerechtsregelung wichtig. Eltern neigen manchmal zu einer **Aufteilung** der Kinder, um sich so eigene Auseinandersetzungen und Verluste zu ersparen und für jeden wenigstens ein Kind zu erhalten; manchmal versuchen sie auch, Besuchsbefugnisse sicherzustellen, denn die laufenden Kontakte des Partners zu dem Kind, das nicht bei ihm lebt, könnten davon abhängen, dass er selbst den Umgang mit dem anderen Kind zulässt, dazu Rn. 85. Wertungen nach § 1671 sind für jedes Kind gesondert anzustellen und gerade auf seine Lage zu beziehen;[87] sie müssen nicht einheitlich ausfallen („Mamakind" und „Papakind").[88] Doch kann die gelebte Verbindung unter den Geschwistern gerade in der schwierigen Zeit, wenn das sonstige Lebensumfeld zerbricht, wichtige Stabilisierungsaufgaben übernehmen.[89] Deshalb dienen in aller Regel „das gemeinsame Aufwachsen und die gemeinsame Erziehung mit den Geschwistern dem Wohl jedes Kindes".[90] Besonders zu prüfen ist zudem, ob und wie weit Geschwister ihre eigene Trennung als belastend empfinden,[91] zum Altersabstand im Übrigen gleich Rn. 36. Auch ausgeprägtes Konkurrenzverhalten unter den Kindern kann eine Rolle spielen; sind sie sich ganz fremd oder streiten sie häufig miteinander, kann eine gesonderte Zuweisung der elterlichen Sorge an einen Elternteil für jedes Kind sogar notwendig werden.

35   Einem Elternteil ist daher die elterliche Sorge für ein Kind allein zu übertragen, wenn die Familie bisher zusammen gelebt hat und zwischen den Kindern eine enge, nachweisbare Bindung besteht,[92] die nicht aufgelöst werden darf. Sind Betreuungs- und Fördermöglichkeiten bei dem Elternteil besser, zu dem das Kind weniger starke emotionale Bindungen hat, kann die elterliche Sorge ihm eingeräumt werden, wenn so eine für das Kind wichtige Geschwisterbeziehung (auch zu einem

---

[85] KG FamRZ 1990, 1383, 1385.
[86] KG FamRZ 1990, 1383, 1385.
[87] *Erman/Michalski/Döll* Rn. 26; *Spangenberg/Spangenberg* FamRZ 2002, 1007 (mit einzelnen Gesichtspunkten für die Bewertung der geschwisterlichen Situation).
[88] *Erman/Michalski/Döll* Rn. 26; vgl. zu diesem Punkt auch *Staudinger/Coester* Rn. 230; OLG Celle FamRZ 2007, 1838.
[89] Dazu OLG Dresden FamRZ 2003, 397.
[90] BT-Drucks. 8/2788 S. 62.
[91] BT-Drucks. 8/2788 S. 62; vgl. OLG Hamm FamRZ 1999, 1599, 1560: 4-jähriges Kind wegen stärkerer emotionaler Bindung zur Mutter, während sein Geschwister beim Vater bleibt.
[92] Vgl. dazu OLG Hamm FamRZ 2000, 1039, 1040.

Halbgeschwister) bestehen bleibt.[93] Andererseits kann aufgrund starker Geschwisterbindung und beachtlichen Willens der älteren Kinder die Sorge für die Kinder insgesamt dem eigentlich weniger erziehungsgeeigneten Elternteil übertragen werden,[94] wobei aber immer genau darauf zu achten ist, ob in einer Trennungssituation ein Elternteil die emotionalen Bedürfnisse gerade mehrerer Kinder befriedigen kann.

Ist der **Altersabstand** zwischen den Kindern groß, ist ihre innere Distanz dagegen oft beträchtlich. Deshalb kann die Bindung an einen Elternteil wichtiger sein als die Beziehung zum Bruder oder zur Schwester. Liegen sie im Alter eng beieinander, sollten sie nur getrennt werden, wenn ihr gemeinsames Aufwachsen bei einem Elternteil ausscheidet[95] und/oder heftige Abneigungen untereinander offensichtlich sind.

Sind **Spannungen** zwischen den Kindern deutlich oder vertragen sie sich untereinander gar nicht, kann eine gesonderte Zuweisung der elterlichen Sorge für jedes von ihnen geboten sein.[96] Sonstige „Ausgewogenheit" der Entscheidung im **Elterninteresse** spielt keine Rolle;[97] Kinder dürfen nicht deshalb getrennt werden, weil der Verlust der elterlichen Sorge für sie einen Elternteil besonders hart treffen würde und er vor diesen Verlusten beschützt werden soll.[98]

5. Kindesbindungen an andere Verwandte, insbesondere an die Großeltern. Ist ein Kleinkind nach der Trennung der Eltern beim Vater (etwa) vorwiegend von dessen Mutter betreut worden, können die Bindungen an die **Großmutter** und ihre Bedeutung für das Kind geradezu erfordern, die elterliche Sorge dem Vater zu übertragen, selbst wenn die emotionalen Beziehungen zu ihm sonst nicht so stark wie zur Mutter sind;[99] so bleibt jedenfalls die Beziehung zur Großmutter erhalten. Bei gleichstarker Zuneigung des Kindes zu beiden Elternteilen können intensive Bindungen an einen Großelternteil für eine Sorgerechtsentscheidung für Vater oder Mutter sprechen. Ausreichend ist allerdings auch, wenn der jeweilige Elternteil, bei dem das Kind leben soll, wichtige Beziehungen zu den Großeltern respektiert und pflegt.[100] Andere **Bezugspersonen** des Kindes können ebenfalls eine wichtige Rolle spielen, die für die Sorgerechtsentscheidung bestimmend wird; enger und herzlicher Kontakt zu ihnen kann erhaltenswert sein. Gerade bei älteren Kindern kann bei Streit der Eltern der Kontakt zu Freunden, Schule und Verein („peergroup") in den Vordergrund treten und im Zweifel auch den Ausschlag geben.[101]

6. Kindeswille; Kindesentscheidung; Kindesvorstellungen. a) Allgemeines. Auch ein Kind ist **Grundrechtsträger**,[102] unabhängig von seinem Alter und seiner sonstigen Entwicklung. Die Entscheidung über die elterliche Sorge im Konflikt zwischen Vater und Mutter berührt seine Lebensstellung jeweils in ihren Grundlagen, so dass **Art. 2 GG** betroffen ist. Schon deshalb ist selbstverständlich,[103] dass seine Vorstellungen zu ermitteln sind und bei der gerichtlichen Regelung Berücksichtigung finden müssen. Neben den **Neigungen** und Bindungen des Kindes kommt seinem **Willen** und seinen **Vorstellungen** für die Regelung der elterlichen Sorge daher besondere Bedeutung zu.[104] Diesem Ziel dienen die gesetzlichen Anhörungsregeln, vgl. dazu §§ 159 f. FamFG.

Schlechthin ausschlaggebend werden seine Äußerungen und seine eigene Entscheidung allerdings erst mit zunehmendem Lebensalter, denn gegen die erklärten Absichten eines (etwa) 14jährigen Kindes wird das FamG die elterliche Sorge nur regeln und sie (etwa) einem Elternteil zuweisen können, wenn völlig unverantwortlich erscheint, so zu verfahren wie das Kind will, sondern andere Absichten maßgeblich waren wie eigene **Schuldgefühle** oder die Furcht, einen Elternteil besonders zu verletzen. Wesentlich und belastend können auch sonstige **Loyalitätskonflikte**[105] werden, die

---

[93] OLG Karlsruhe FamRZ 1980, 726, 727; einschränkender OLG Celle FamRZ 2005, 52 bei noch fehlenden Bindungen zu Halbgeschwister.
[94] OLG Bamberg FamRZ 1998, 498.
[95] Vgl. zu weiteren Einzelheiten *Schwab/Motzer* (Handbuch) III Rn. 155 mN; OLG Naumburg FamRZ 2000, 1595; OLG Zweibrücken FamRZ 2001, 184, 185.
[96] So schon BT-Drucks. 7/2060 S. 31; ebenso bei entschiedener Ablehnung eines Kindes durch einen Elternteil BT-Drucks. 7/2788 S. 62.
[97] Eher zweifelnd OLG Karlsruhe FamRZ 1980, 726, 727.
[98] *Bamberger/Roth/Veit* Rn. 47 im Anschluss an *Johannsen/Henrich/Jaeger* Rn. 74.
[99] OLG Hamm FamRZ 1980, 485, 486.
[100] OLG Brandenburg FamRZ 2008, 1474, 1475.
[101] *Johannsen/Henrich/Jaeger* Rn. 76.
[102] BVerfG FamRZ 2010, 109, 110; NJW 2008, 1287, 1288; 1974, 1609, 1611; BGH NJW 1985, 1702, 1703; vgl. auch OLG Hamm FamRZ 2000, 1039, 1040.
[103] Vgl. BVerfG NJW 1974, 1609, 1611.
[104] *Schwab* FamRZ 1998, 457, 465 und ausführlich *Staudinger/Coester* Rn. 233 f. mN; Übersicht bei *Gernhuber/Coester-Waltjen* § 65 Rn. 12 f.; OLG München FamRZ 2007, 753, 754.
[105] Dazu OLG Hamm FamRZ 1997, 957; zur „Identifizierungsnotwehr" eines Kindes AG Stuttgart FamRZ 1981, 597, 598.

§ 1671 41–45   Abschnitt 2. Titel 5. Elterliche Sorge

oft mit der Vorstellung verbunden sind, gerade so besondere **Verantwortung** für den schwächeren Elternteil übernehmen zu müssen und ihn zu beschützen. Nicht ganz selten sind schließlich schlichte, sachfremde Vordergründigkeiten, insbesondere materielle Erwartungen oder Versprechungen, doch sind Kinder meist weniger beeinflussbar als angenommen.

41   **b) Kindeswille und Kindesalter.**[106] Eigene Wünsche des Kindes und seine Erklärungen gewinnen nur dann Bedeutung, wenn sie frei und unbeeinflusst sind. Sicherlich gelten für viele Entscheidungen von Erwachsenen ähnliche Vorbehalte, aber im **Sorgerechtsstreit** der Eltern wird Kindern häufig mehr oder weniger absichtsvoll eine Aufgabe zugeschoben, die sie nicht erfüllen können und dürfen; neben einer Überforderung droht dann auch noch ihr Missbrauch. Andererseits überrascht immer wieder, wie frei sich Kinder in der **Anhörung** äußern und klar sagen, wie sie die Dinge einschätzen; offensichtlich nutzen sie gern die Chance, im Gespräch unbeeinflusst ihre Position zu erläutern und so die Entscheidung im Ergebnis mit zu bestimmen. Es gibt daher auch keine festen Altersgrenzen, ab denen ein Kindeswille als beachtlich anzusehen ist.[107] Es ist somit auch nicht zulässig, den Willen erst ab 12 Jahren zu beachten.[108] Vielmehr ist auch hier immer für jedes einzelne Kind zu entscheiden.[109] Maßgeblich sind seine **Reife und Entwicklungsverständnis**. Gerade die Wiederholung einer bestimmten Auffassung in verschiedenen Situationen gegenüber unterschiedlichen Personen und über einen längeren Zeitraum können Indizien für einen beachtlichen Willen sein. Es ist zudem auch zu beachten, welche Auswirkung es für das Kind im Einzelfall haben kann, wenn sein Wille nicht beachtet wird. Auch deutlich jüngere Kinder zeigen beispielsweise bei wiederholten Anhörungen deutlich ihren Unwillen, wenn sie das Gefühl haben, ihre Äußerungen werden nicht ernst genommen. Mit zunehmendem Alter des Kindes ist im Übrigen seine Erklärung Teil seiner Selbstbestimmung; dieser Gesichtspunkt kann sogar, etwa ab 14/15 Jahren, ganz in den Vordergrund treten,[110] **Art. 2 GG**, und die gerichtliche Regelung praktisch festlegen. Der Kindeswille darf allerdings nie zu einer Kindeswohlgefährdung führen.[111]

42   **c) Zuneigung; Abneigung.** Auch unausgesprochene Wünsche und Vorstellungen des Kindes, vor allem seine **Zuneigung**, Vorlieben, Tendenzen oder andererseits seine **Abneigungen** können bei der Sorgerechtsregelung wesentlich werden; dann sollten sie aber auch bei der Entscheidung des FamG über sein **Wohl** und seine gute künftige Entwicklung Berücksichtigung finden,[112] wobei das Kind die Möglichkeit haben muss, sich selbst zu äußern und seine Vorstellungen zur Anhörung im Verfahren Rn. 145. Solche Vorlieben und Abneigungen können auch kleine Kinder haben, ohne dass sichere Altersgrenzen festgelegt werden können; deshalb ist ihre persönliche **Anhörung** im gerichtlichen Verfahren geboten, soweit sie zum Ergebnis etwas beitragen können.

43   Häufig sind Kindesäußerungen allerdings völlig unrealistisch. Manchmal ist nur schwer die Einsicht zu vermitteln, dass sich die Eltern endgültig getrennt haben und die glückliche, wie es scheint, Verbindung in der Familie nicht wieder herzustellen ist, die sich Kinder wünschen. Ausschlaggebende Bedeutung ist dem **Willen** des Kindes auch dann nicht beizumessen, wenn seine Entscheidung von der Erwartung geprägt ist, der „gewünschte" Elternteil werde die im Rahmen des Umgangsrechts erlebten „Sonntagsbedingungen" auf das sonstige Zusammenleben übertragen, während der andere eben nur sein hässliches „Alltagsgesicht" zeigt.[113]

44   Zur Feststellung des Kindeswillens und seiner Motivation ist daher gerade bei jüngeren Kindern die Bestellung eines **Verfahrensbeistandes** (§ 158 FamFG) unerlässlich, Rn. 152 f.

45   **d) Vollendung des 14. Lebensjahres.** Mit der **Vollendung** des 14. Lebensjahres steht Kindern nach § 1671 Abs. 2 Nr. 1 die beschränkte, eigene Befugnis[114] zur Mitentscheidung zu. Dem Antrag eines Elternteils, ihm allein die elterliche Sorge zu übertragen, können sie **widersprechen,** aber sie legen die Regelung nicht fest und bestimmen über die gerichtl. Ergebnisse, sondern stellen nur sicher, dass ihre Vorstellungen jedenfalls einbezogen sind. Wie sonst kann das Gericht den

---

[106] Zur Beachtlichkeit des Kindesalters allgemein und der notwendigen Abstufung dabei vgl. auch *Staudinger/Coester* Rn. 238.
[107] So auch *Staudinger/Coester* Rn. 242 ff.; *Johannsen/Henrich/Jaeger* Rn. 81.
[108] Zweifelhaft daher OLG Brandenburg FamRZ 2010, 662, 664: regelmäßig erst ab dem 12. Jahr relevant.
[109] BVerfG FamRZ 2008, 1737, 1738 (11 Jahre); BGH FamRZ 2010, 1060, 1063 (8 Jahre); KG FamRZ 2010, 135, 137 (10 Jahre); 2005, 1768, 1769 (11 Jahre); OLG Schleswig FamRZ 2003, 1494, 1495 (10 Jahre); OLG Stuttgart NJW 1988, 2620 (4 und 5 Jahre).
[110] OLG Zweibrücken NJW-RR 2001, 506, 507.
[111] BVerfG FamRZ 2008, 1737, 1738; OLG Köln FamRZ 2009, 434: unbeachtlicher Wille eines 16-Jährigen; OLG Köln FamRB 2005, 40 für Willen eines 14-Jährigen.
[112] *Lempp* NJW 1963, 1659; 1672.
[113] *Palandt/Diederichsen* Rn. 30 unter Hinweis auf OLG Bamberg FamRZ 1988, 750, 751.
[114] Dazu auch *Gernhuber/Coester-Waltjen* § 65 Rn. 42 und ausf. 46 f.

Antrag zurückweisen und sich damit über die Erklärungen des Kindes hinwegsetzen oder nach Abs. 3 vorgehen, wenn die Voraussetzungen danach erfüllt sind, zu Einzelheiten Rn. 64 f.

7. Kontinuitätsgrundsätze.[115] **a) Allgemeines.** Grundsätze der **Kontinuität** können in 46 unterschiedlicher Form bedeutsam werden, nämlich örtlich, sachlich/persönlich und/oder bezogen auf das Alter des Kindes, aber auch andere Merkmale können wichtig werden. Im Übrigen sind sie mit den sonstigen Erziehungskriterien für die Sorgerechtsentscheidung abzuwägen und in ihr Verhältnis zu bringen. Dem Kind sind soweit wie möglich bisherige Umstände und Verhältnisse zu erhalten, die für seine Entwicklung wesentlich waren und sein können. Bei sonst gleichen Erziehungsfähigkeiten und gleichstarken Bindungen wird die Sorge für die Zukunft allein dem Elternteil einzuräumen sein, der das Kind bereits längere Zeit vor der Trennung/Scheidung betreut hat, wenn es dort in geordneten Verhältnissen lebt, ausreichend und liebevoll versorgt wird, da sich dann der Übergang zum anderen Elternteil und die Umstellung auf eine andere Erziehungsart nicht unmittelbar aufdrängt.[116] Andererseits ist zu verhindern, dass frühzeitig und ohne Not vollendete Tatsachen geschaffen werden, die sich dann kaum noch ändern lassen. Bei einer Regelung der Sorge oder Teilen davon (Aufenthaltsbestimmungsrecht) durch einstweilige Anordnung besteht daher auch die Gefahr, dass bereits dauerhafte Verhältnisse für die Zukunft geschaffen werden, weil ein erneuter Wechsel in der Zukunft dem Kind nicht zumutbar erscheint. Eine Prognose für die Zukunft sollte daher, soweit es möglich ist, bei der Entscheidung gestellt werden.

Vorzuziehen sind gegebenenfalls differenzierte **Übergangslösungen.** Stetigkeitsgrundsätze soll- 47 ten andererseits den sonst nach § 1671 berufenen (bevorrechtigten) Elternteil nicht hindern, die tatsächliche Sorge für ein Kind etwa bei **Krankheit, Wohnungswechsel** oder **Auslandsaufenthalt** auf begrenzte Zeit dem anderen Teil zur Ausübung zu überlassen; weitere Auswirkungen etwa für eine Abänderung nach § 1696 sind so allein noch nicht zu befürchten.

Zeitliche Abstufungen, die den Aufenthalt des Kindes zunächst für einen Elternteil vorsehen 48 und spater, aber jetzt schon festgelegt, den anderen berechtigen, sind dagegen wenig sinnvoll. Ist ein Wechsel geboten, können **Abänderungsanträge** gestellt werden und entsprechende Gerichtsentscheidung kann ergehen; im Übrigen können Eingriffe nach § 1666 zu erfolgen haben. Meist ist die zukünftige Entwicklung ohnehin unübersehbar.

Insgesamt sollten Gesichtspunkte der Kontinuität nicht überbewertet werden. Bei regelmäßigen 49 **Besuchskontakten** mit dem anderen Elternteil kann ein Aufenthaltswechsel mit dem Umzug zu einem Elternteil zumutbar sein;[117] viele Kinder wünschen ihn mit zunehmendem Lebensalter sogar, um den anderen kennenzulernen und so zusätzliche Erfahrungen zu sammeln oder (vielleicht auch) Druck in der bisherigen Umgebung auszuweichen. Beständigkeit wird häufig gerade über die innere **Stabilität** eines Elternteils hergestellt und nicht durch die äußere Form der Lebensumstände;[118] deshalb verdient ertrotzte **Kontinuität**[119] (Verweigerung/Behinderung der Beziehungen zum anderen Elternteil) keinen Schutz,[120] kann aber gleichwohl aus anderen Gründen des Kindeswohls zum dauernden Aufenthalt des Kindes führen.

b) Persönlich. Unter dem Blickwinkel der Kontinuität kommt der **persönlichen Betreuung** 50 eines Kindes durch einen Elternteil eine besondere Rolle zu, denn sie soll in der ohnehin schwierigen Zeit des Zerbrechens der Elternehe/Elternbeziehung erhalten bleiben, um weitere Verluste zu vermeiden; sie ist, namentlich für **Kleinkinder,** meist wichtiger als das äußere Umfeld wie **Schule, Freundeskreis, Sportclub** etc.[121] Besonders bei in der Vergangenheit bereits aufgetretenen Kontaktabbrüchen – „Verschwinden" eines Elternteils im Rahmen der Trennung – wird dem Kontinuitätsgedanken besondere Bedeutung zu kommen, damit das Kind, welches durch derartiges Verhalten in seinem Bindungsverhalten bereits verunsichert ist, nun nicht auch noch den anderen Elternteil „verliert". Daher ist auch zu berücksichtigen, welcher Elternteil Gewähr für zukünftig stabile Verhältnisse bietet.[122] Stets ist ein „abrupter Wechsel" zu vermeiden[123] und ein vorsichtiger **Übergang** zu suchen, vgl. dazu auch **§ 1632 Abs. 4,** um die Entwicklung des Kindes nicht zu gefährden.

---

[115] Eingängig beschrieben von *Johannsen/Henrich/Jaeger* Rn. 65 als „Einheitlichkeit, Gleichmäßigkeit und Stabilität der Erziehungsverhältnisse".
[116] OLG Köln, FamRZ 2011, 1151, 1152; OLG Hamm FamRZ 2009, 1757, 1758; OLG Brandenburg FamRZ 2001, 1021, 1022.
[117] *Palandt/Diederichsen* Rn. 28.
[118] *Palandt/Diederichsen* Rn. 28.
[119] Dazu knapp *Palandt/Diederichsen* Rn. 28; OLG München FamRZ 1991, 1343, 1345.
[120] Zu weiteren Einzelheiten *Staudinger/Coester* Rn. 248.
[121] OLG Bamberg FamRZ 1998, 1462.
[122] OLG Brandenburg FamRZ 2003, 1949, 1950.
[123] So *Schwab* FamRZ 1998, 457, 464, 465.

§ 1671 51–55

51 **c) Sachlich/örtlich.** Bei besonders instabilen Verhältnissen kann es aber auch für Kleinkinder wichtig sein, dass ein sicherer Ort der Beständigkeit (Tagesmutter, Kindergarten) erhalten bleibt. Sind beide Eltern für das Kind in gleichem Maße erziehungsgeeignet, bestehen gleichartige gesicherte **Bindungen** des Kindes zu ihnen und sind auch sonst keine für die Sorgerechtsentscheidung wesentlichen Unterschiede zu finden, kann das **äußere Umfeld** Bedeutung gewinnen, das dem Kind nicht genommen werden soll.[124] Maßgeblich sind seine persönliche Lebenssituation und seine Kontakte sowie sein Alter und seine Interessen, so dass Kindergarten, Schule, Musikgruppe, Sportverein, die Nachbarschaft und **Freundschaften** zu anderen Kindern in die Abwägung einzubeziehen sein können, wie auch besondere enge Verbindungen zu anderen Verwandten **(Großeltern)**, die leicht erreichbar sind und erreichbar bleiben sollen.

52 **d) Lebensalter des Kindes.** Oft wird die Entscheidung für Kinder in unterschiedlichem **Lebensalter** auch unterschiedlich ausfallen müssen. Für kleinere Kinder wird eher die persönliche **Kontinuität** beim bisher schon betreuenden Elternteil wichtig werden,[125] während bei älteren Kindern andere Merkmale eher sachlicher Art wie etwa das **Lebensumfeld** entscheidend sein können. Für **Kleinkinder** schaffen alltägliche Beständigkeit und **Verlässlichkeit** der Betreuung die notwendigen **Lebensgrundlagen, Grundvertrauen.** Ihr Bedürfnis nicht nur nach dauerhaften Gefühlsbindungen, sondern auch nach gleich bleibenden Umwelteinflüssen und stabilen äußeren Verhältnissen erlaubt einen Betreuungswechsel nur, wenn damit für sie deutlich bessere Entwicklungschancen in der Zukunft geschaffen werden. Dabei nimmt ihre Trennungsempfindlichkeit von der zweiten Hälfte des 1. Lebensjahres bis zum 3. Lebensjahr noch zu; im Übrigen hängt sie von den seelischen Anlagen, dem Entwicklungsstand und der Art der bisherigen Betreuung ab, so dass die Frage nach der Wahrscheinlichkeit erheblicher Dauerschäden bei einer Trennung vom betreuenden Elternteil regelmäßig nicht ohne kinderpsychologisches Gutachten zu beantworten sein wird und schon gar nicht auf Alltagserfahrungen des Gerichts oder anderer Verfahrensbeteiligter gestützt werden darf. Jeder Wechsel der Umgebung und des Beziehungsumfeldes ist, falls überhaupt zu rechtfertigen, behutsam vorzubereiten und allmählich zu vollziehen und hat auf Bedürfnisse des Kindes Rücksicht zu nehmen. Etwa vom **zwölften Lebensjahr** an kann dagegen ein Wechsel von einem Elternteil zum anderen auch einem Bedürfnis des Kindes entsprechen;[126] diese Chance nutzen Kinder gar nicht selten, wobei Eltern diese Wünsche nicht als Absage oder Distanz empfinden und sie daher nicht abblocken, sondern sich gelassen, stabil und bindungstolerant auf sie einstellen sollten.

IV. Alleinige elterliche Sorge für einen Elternteil nach § 1671 Abs. 2

53 **1. Antrag und Antragsberechtigung. a) Antrag.** Einem Antrag eines Elternteils auf Übertragung der alleinigen elterlichen Sorge hat das Gericht nach Abs. 2 Nr. 1 stattzugeben, wenn der andere einverstanden ist, so dass seine **Zustimmung** (allerdings nur gewisse) Bindungswirkungen erzielt. Ausnahmen sind vorgesehen beim **Widerspruch** eines 14 Jahre alten Kindes, zur Reichweite dabei Rn. 64 f., oder unter den Voraussetzungen aus Nr. 2, wenn „zu erwarten ist, dass die Aufhebung der gemeinsamen elterlichen Sorge und die Übertragung auf den Antragsteller dem Wohl des Kindes am besten entspricht". Sind diese Grenzen nicht überschritten, bleibt die gemeinsame elterliche Sorge erhalten. Eine Entscheidung des Gerichts ohne Anträge **(amtswegige Folgesache)** im Scheidungsverbund ist nicht mehr vorgesehen.

54 Abs. 3 lässt eine antragsunabhängige Sorgerechtsregelung zu, zu Einzelheiten Rn. 121 f.; letztlich wird § 1666 Grundlage.

55 Der Antrag ist sowohl Verfahrens- wie auch Sachantrag.[127] Mit dem Antrag wird das Verfahren eingeleitet, zugleich tritt aber auch eine Bindung des Gerichts ein, denn es darf über den Sachantrag nicht hinausgehen.[128] Es muss daher, wenn die Voraussetzungen des Abs. 2 Nr. 1 vorliegen, die Sorge oder einem Teil dem antragstellenden Elternteil übertragen. Es kann auch bei einem Antrag nach Abs. 2 Nr. 2 die elterliche Sorge nicht dem nichtantragstellenden Elternteil übertragen, mag dieser am Kindeswohl gemessen auch der geeignetere Elternteil sein. Es kann allerdings dem Antrag nur teilweise stattgeben, wenn dies dem Kindeswohl am besten entspricht (statt elterliche Sorge nur Aufenthaltsbestimmungsrecht). Unter den Voraussetzungen des Abs. 3 kann das Gericht allerdings von Amts wegen einschreiten, s. Rn. 122. so dass nicht ausgeschlossen werden kann, dass auf einen Antrag das Gericht ein Verfahren nach § 1666 einleitet und für den Antragsteller das Gegenteil[129]

---

[124] KG FamRZ 2010, 1169; OLG Hamm NJW-RR 1998, 80; vgl. auch *Schwab* FamRZ 1998, 457, 464.
[125] OLG Köln FamRZ 2003, 1950, 1951.
[126] KG FamRZ 1990, 1383, 1384.
[127] OLG Brandenburg ZfJ 2002, 72; *Johannsen/Henrich/Jaeger* Rn. 20; *Bamberger/Roth/Veit* Rn. 10.
[128] OLG Brandenburg FamRZ 2008, 1472; OLG Rostock FamRZ 2007, 1352; *Staudinger/Coester* Rn. 44.
[129] *Palandt/Diederichsen* Rn. 9.

zu seinen Vorstellungen eintreten kann und die gerichtliche Übertragung der elterlichen Sorge auf den anderen Elternteil erfolgt.[130] Trotz § 26 FamFG (Amtsermittlungsgrundsatz) muss er eine Begründung liefern, die zunächst nachvollziehbar erscheint, und sich so zu den Voraussetzungen in der Sache wie Zustimmung des anderen Elternteils, Vereinbarkeit der Aufhebung der gemeinsamen Elternsorge und der Übertragung auf den Antragsteller mit dem Kindeswohl äußern.[131] Allerdings ist eine knappe Begründung in dem verfahrenseinleitenden Antrag ausreichend, denn das Vorrang- und Beschleunigungsgebot, § 155 FamFG, soll auch dazu dienen, dass die bestehenden Streitigkeiten nicht durch ausführliche schriftsätzliche Darlegung der konträren Positionen verstärkt werden.[132] Besonderes **Rechtsschutzbedürfnis** für Anträge nach § 1671 ist allerdings nicht notwendig.[133]

Bietet die gemeinsame elterliche Sorge keine erkennbaren Nachteile gegenüber der beantragten **Alleinsorge** eines Elternteils, ist der Sorgerechtsantrag eines Elternteils zurückzuweisen;[134] die gemeinsame elterliche Sorge bleibt dann ohne gerichtliche Entscheidung bestehen, wenn nicht weitergehende Eingriffe, Ausübung des staatlichen Wächteramtes aus Art. 6 GG,[135] nach Nr. 2 oder Abs. 3 geboten sind.

b) Antragsberechtigung. Antragsberechtigt nach § 1671 Abs. 1 sind allein die Eltern[136] des Kindes, nicht das **Jugendamt** und auch nicht **das Kind,** kritisch hierzu Rn. 2. Ist ein **Verfahrensbeistand** nach § 158 FamFG bestellt, zu weiteren Einzelheiten Rn. 152 f., muss dieser, wenn er im Sorgerechtsverfahren der Eltern weitere Anordnungen bzw. Anordnungen des Gerichts im Interesse des Kindes für geboten hält, ein Verfahren nach Abs. 3, § 1666 anregen, das Jugendamt kann nach § 8a SGB VIII das Gericht anrufen.

Eltern können, wenn sie die alleinige elterliche Sorge für sich beantragen, nur widerstreitende Anträge stellen; bei **Gleichläufigkeit** ist der Antrag als **Zustimmung** nach Abs. 2 Nr. 1 auszulegen.[137] Inhaltliche Beschränkungen für seine Erklärungen sind dagegen möglich. Ist die Aufteilung sinnvoll, die die Eltern wollen, und sind die Voraussetzungen aus Abs. 2 Nr. 2 nachgewiesen, bleibt für den „Rest" die gemeinsame elterliche Sorge erhalten.[138] Allerdings kann für weitere Ausschnitte der andere Elternteil nun seinerseits Anträge auf Übertragung der alleinigen Sorgebefugnis betreiben, die nach Abs. 2 Nr. 2 zu behandeln sind.

Unzulässig ist dagegen der Antrag, dem anderen Elternteil (Antragsgegner) die elterliche Sorge zu übertragen, wenn dieser es nicht auch zugleich beantragt.[139] Abweisung eines entspr. Sorgerechtsantrags durch das FamG reicht dann für sich nicht aus; der Antragsteller will schließlich für das Kind ebenfalls nicht einstehen. Auch der Fortbestand der gemeinsamen elterlichen Sorge wird bei Eltern, die sich gegenseitig „die Kinder" zuschieben, kaum in Betracht kommen. Vielmehr wird nach **Abs. 3** nach anderen Lösungen zu suchen und eine entspr. gerichtliche Entscheidung zu treffen sein.

c) Form des Antrags. Als Folgesache im Scheidungsverbund besteht Anwaltszwang, § 114 Abs. 1 FamFG; in isolierten Verfahren kann der Antrag schriftlich oder zur Niederschrift der Geschäftsstelle abgegeben werden, § 25 FamFG.

2. Zustimmung des anderen Elternteils, Abs. 2 Nr. 1. Mit seiner **Zustimmung** zur beantragten Sorgerechtsregelung legt der andere Elternteil das FamG in den Grenzen aus Abs. 2 Nr. 1 bzw. Abs. 3 fest, ohne dass noch eine weitere inhaltliche **Überprüfung** zulässig wäre, ein **Auswahlermessen** besteht oder die Absichten oder Beweggründe der Eltern erforscht werden dürfen.[140] Der Gesetzgeber hat sich damit bewusst für eine Stärkung der Elternautonomie entschieden. Eine Kindeswohlprüfung findet nicht statt. Ein amtswegiges Eingreifen nach Abs. 3 setzt voraus, dass eine Kindeswohlgefährdung gem. § 1666 vorliegt. Die Hürden hierfür sind aber hoch, so dass

---
[130] OLG Karlsruhe FamRZ 1999, 801, 802 und AG Rheinbach FamRZ 2000, 511 (wobei allerdings diese Entscheidung durch Beschluss des OLG Köln – 26 UF 128/99 – wegen eines Formfehlers aufgehoben worden ist und das AG über die Sache erneut zu entscheiden hat); kritisch *Palandt/Diederichsen* Rn. 11; wenig überzeugend OLG Rostock FamRZ 1999, 1599.
[131] *Bamberger/Roth/Veit* Rn. 10.
[132] *Johannsen/Henrich/Büte* § 155 FamFG Rn. 2; exempl. Musterantrag nach dem Münchener Modell www.muencheneranwaltsverein.de/Muenchner_Modell/Musterantrag.
[133] *Bamberger/Roth/Veit* Rn. 17.
[134] OLG Köln FamRZ 2008, 636, 637; OLG Brandenburg FamRZ 1998, 1047, 1048, 1049.
[135] OLG Köln NJW-RR 2008, 1319, 1320, 1321; OLG Brandenburg FamRZ 1998, 1047, 1048.
[136] Dazu *Palandt/Diederichsen* Rn. 11.
[137] *Palandt/Diederichsen* Rn. 9.
[138] Dazu *Motzer* FamRZ 1999, 1101, 1102; *Schwab/Motzer* (Handbuch) III Rn. 101.
[139] *Johannsen/Henrich/Jaeger* Rn. 31; *Staudinger/Coester* Rn. 50; OLG Saarbrücken FamRZ 2011, 120 Tz. 29.
[140] BGH NJWE-FER 2000, 278; zu weiteren Voraussetzungen für die Zustimmung *Staudinger/Coester* Rn. 75 f.

eine für das Kind nicht optimale Einigung der Eltern keine Möglichkeit des Eingriffs gibt,[141] zumal bei einer Einigung der Eltern nicht selten eine Aufklärung der tatsächlichen Verhältnisse vor Ort entweder unterbleibt oder durch das Jugendamt nur kursorisch erfolgt, wenn keine „bekannte" Familiengeschichte vorliegt.

62 Die **Zustimmung** muss sich auf den Sorgerechtsantrag des anderen Elternteils in der vorliegenden Form beziehen. Vages **Einverständnis** ohne weitere Festlegung reicht ebenso wenig aus wie ein Hinweis auf andere **Erklärungen** in anderer Form und/oder an anderer Stelle.[142] Stets muss sich das Gericht im Rahmen seiner Verpflichtung zur Aufklärung des Sachverhalts von Amts wegen, § 26 FamFG, ein eigenes Bild machen und Reichweite, Ernsthaftigkeit, Freiwilligkeit und tatsächliche Bedeutung der Zustimmung ermitteln.[143] Auf eine Anhörung der Eltern und des Kindes (§§ 159, 160 FamFG) kann daher bei Zustimmung nicht verzichtet werden.[144] Bis zur letzten Tatsachenverhandlung[145] ist die Zustimmung frei **widerruflich**.[146] Verzichtserklärungen für die Zukunft sind rechtlich wirkungslos, denn sie sollen eine Entscheidung zum Wohl des Kindes ermöglichen, vgl. auch § 1697a, nicht etwa die Verfahrensführung erleichtern. Wird sie „zurückgenommen" oder später verweigert, kann das Gericht nach Abs. 2 Nr. 2, Abs. 3 oder § 1666 vorgehen. Sinneswandel nach der gerichtlichen Entscheidung ist dagegen bedeutungslos; allenfalls kann nun ein Verfahren nach § 1696 betrieben werden.

63 Wie sonst kann der Antrag eines Elternteils zurückgewiesen werden, so dass die gemeinsame elterliche Sorge fortbesteht, vgl. Abs. 2 Nr. 2. Ist eine Aufteilung der Befugnisse sinnvoll und liegen die Voraussetzungen aus Abs. 2 Nr. 2 vor, kann die alleinige elterliche Sorge, die ein Elternteil für sich beantragt hat, auf **Ausschnitte** und einzelne Lebensbereiche zu beschränken sein, vgl. Rn. 18, im Übrigen bestehen gemeinsame Befugnisse der Eltern fort. Bei späteren Veränderungen kann eine Änderung der Sorgerechtsentscheidung geboten sein, §§ 166 FamFG, 1696, oder ein Eingriff von Amts wegen nach § 1666 erforderlich werden.

64 **3. Widerspruch des 14 Jahre alten Kindes.** Mit seinem **Widerspruch,** der keiner besonderen **Form** bedarf,[147] zum Antrag eines Elternteils auf Übertragung der alleinigen elterlichen Sorge beseitigt ein 14 Jahre altes Kind (nur) die **Bindungswirkung,** die mit der Zustimmung des anderen für das Gericht entsteht; weitere Folgen löst sein Widerspruch dagegen nicht aus. Der Widerspruch kann das Kind auch erstmals mit der Beschwerde geltend machen, §§ 58, 60 FamFG.[148] Sprechen die besseren Gründe für die beantragte Regelung, hat das Gericht nach Antrag zu entscheiden, § 1697a,[149] denn mit dem Widerspruch ist kein Vetorecht verbunden,[150] sondern es wird nur die Zustimmung eines Elternteils um ihre besonderen Wirkungen gebracht, so dass keine Entscheidung ohne eigene Sachprüfung des Gerichts ergehen kann,[151] nicht aber dem Antrag schlechthin der Boden entzogen ist. Ist im wohlverstandenen Interesse des Kindes eine abweichende Regelung erforderlich, kann sie auch gegen seinen Willen getroffen werden;[152] mit zunehmendem Alter gewinnen die Vorstellungen und Wünsche des Kindes allerdings eigenes Gewicht, Art. 2 Abs. 1 GG. Auch bei Zustimmung des Antragsgegners zum Sorgerechtsantrag des anderen Elternteils ist stets durch persönliche Anhörung des Kindes (§ 159 FamFG) zu klären, wie seine Haltung ist, insbesondere ob Widerspruch erfolgen soll.[153]

65 Wie die Zustimmung des anderen Elternteils muss sich der **Widerspruch** des **Kindes** auf einen bestimmten Sorgerechtsantrag beziehen und in eindeutiger Form geäußert werden.[154] Eher unklare Absichten oder Tendenzen sind ebenso bedeutungslos wie in der Anhörung vorgebrachte Zuneigung zu einem Elternteil oder „Präferenzen" zu ihm. Stets muss das Gericht die Anhörung nutzen,

---

[141] *Johannsen/Henrich/Jaeger* Rn. 30; *Schwab/Motzer* (Handbuch) III Rn. 86: „Beschränkung des Prüfungs- und Ermessensspielraums ist" vor dem Hintergrund von § 156 FamFG – Herstellen des Einvernehmens der Eltern – „konsequent".
[142] Dazu *Schwab* FamRZ 1998, 457, 461.
[143] Nicht ganz so weit *Schwab* FamRZ 1998, 457, 461.
[144] OLG Saarbrücken FamRZ 2010, 1680; *Johannsen/Henrich/Jaeger* Rn. 30.
[145] OLG Zweibrücken FamRZ 2011, 992; BGH NJWE-FER 2000, 278, 279 kein Widerruf in der Rechtsbeschwerde.
[146] So entschieden *Schwab* FamRZ 1998, 457, 461; *Schwab/Motzer* (Handbuch) III Rn. 97; zu weiteren Einzelheiten *Staudinger/Coester* Rn. 81 f.
[147] Dazu FA-Komm/*Ziegler* Rn. 14; *Johannsen/Henrich/Jaeger* Rn. 27.
[148] *Johannsen/Henrich/Jaeger* Rn. 27.
[149] *Schwab* FamRZ 1998, 457, 461.
[150] BT-Drucks. 13/4899 S. 99.
[151] *Johannsen/Henrich/Jaeger* Rn. 27; *Schwab/Motzer* (Handbuch) III Rn. 91.
[152] OLG Köln OLGR 2004, 367.
[153] OLG Celle FamRZ 2007, 756.
[154] So ausdrücklich *Schwab* FamRZ 1998, 457, 461.

um Vorstellungen und Wünsche des Kindes tatsächlich in Erfahrung zu bringen, § 1697a. Dabei ist aber auch zu beachten, dass eine Positionierung eines Kindes nicht verlangt werden kann und eine indifferente Haltung des Kindes zu respektieren ist. Ist ein **Verfahrensbeistand** beauftragt, muss er die Dinge aufklären und kann einen Widerspruch erklären.[155] Wie die Zustimmung kann der Widerspruch des Kindes bis zur letzten Tatsachenverhandlung zurückgenommen/widerrufen werden;[156] Verzicht auf seine Ausübung für die Zukunft ist rechtlich wirkungslos.[157]

Widerspricht ein Kind dem Sorgerechtsantrag eines Elternteils, das das 14. Lebensjahr noch nicht **66** vollendet hat, löst sein Widerspruch keine unmittelbaren Folgen für die gerichtliche Entscheidung aus. Doch sollte wiederum die Bestellung eines Verfahrensbeistands erwogen werden, denn hierdurch werden Interessenkonflikte mit den Eltern oder unter ihnen deutlich. Im Übrigen kann aus anderen Gründen, vgl. § 1697a, die Zurückweisung des Elternantrags in Betracht kommen oder ein Verfahren nach § 1666 einzuleiten sein.[158]

4. § 1671 Abs. 2 Nr. 2. a) Verhältnis zu Nr. 1. Fehlt die Zustimmung des anderen Eltern- **67** teils oder liegt ein Widerspruch des Kindes vor, kann die Übertragung der alleinigen elterlichen Sorge auf den Antragsteller nach Nr. 2 erfolgen, wenn zu erwarten ist, dass die Aufhebung der gemeinsamen elterlichen Sorge und die beantragte Regelung dem Wohl des Kindes am besten entspricht. Allerdings kann diese Prüfung nur im Rahmen des gestellten Antrages erfolgen.[159] Eine Übertragung auf den nicht antragstellenden Elternteil kommt auch bei beachtlichem Wunsch des Kindes nur nach Abs. 3, § 1666 BGB in Betracht.[160] Verantwortliche Eltern werden sich aber um sinnvolle und abgestimmte Lösungen für ihre Kinder bemühen und vernünftige Hinweise aufnehmen; das Gericht hat hier gem. § 156 Abs. 1 FamFG Unterstützung zu leisten und durch Unterbreitung von Beratungsangeboten und der Schaffung der Bereitschaft der Eltern diese wahrzunehmen, die Möglichkeit der Konfliktentschärfung, vgl. Rn. 150. Im Übrigen hat ohne Rangfolge, s. Rn. 25, eine offene Wertung und Abwägung der Interessen der Beteiligten – Eltern und Kind – zu erfolgen, um eine künftig gute Entwicklung des Kindes zu sichern.

Auch das Verfahren nach **Nr. 2** setzt einen Antrag eines Elternteils voraus, ihm die alleinige **68** elterliche Sorge oder Teile hiervon zu übertragen, zu den Antragsvoraussetzungen s. Rn. 53 f. Bei wechselseitigen Anträgen kann die weitestgehende Kindeswohlprüfung stattfinden, da jedem Elternteil die Sorge oder Teile hiervon übertragen werden kann, wenn dies dem Kindeswohl am besten entspricht.

b) Entscheidungskriterien für Nr. 2. Nach Abs. 2 Nr. 2 hat das FamG zu entscheiden und **69** die gemeinsame elterliche Sorge aufzulösen, wenn dies im Interesse des Kindes geboten ist; zudem muss gerade die Zuweisung der alleinigen elterlichen Sorge oder von Ausschnitten aus ihr an einen Elternteil notwendig werden, doppelte Kindeswohlprüfung.[161] „Normativer Vorrang" kommt der gemeinsamen elterlichen Sorge nicht zu,[162] auch wenn sie durch § 1671 (vielleicht) begünstigt wird, dazu schon Rn. 11.

aa) Kooperations-/Konfliktfähigkeit der Eltern. Der Fortbestand der gemeinsamen elter- **70** lichen Sorge nach Trennung oder Scheidung der Eltern setzt voraus, dass die Eltern in der Lage sind, die Erziehung des Kindes weiterhin gemeinsam wahrzunehmen, und im Interesse des Kindes miteinander kommunizieren können und somit ihre ernsthafte Absicht zur gemeinsamen Verantwortung für das Kind zum Ausdruck bringen. Ansonsten ist davon auszugehen, dass die regelmäßig entstehenden Konflikte und Streitigkeiten der Eltern um kleinere und größere Probleme sich nachhaltig auf das Kind auswirken, dieses in einen **Loyalitätskonflikt** zwischen den streitenden Eltern bringt und dies dem Kindeswohl abträglich ist. Regelmäßig ist daher zu prüfen, ob eine objektive **Kooperationsfähigkeit** und eine subjektive **Kooperationsbereitschaft** bestehen.[163] Das BVerfG hat in diesem Zusammenhang den Begriff der „**tragfähigen sozialen Beziehung**" geprägt,[164]

---

[155] *Palandt/Diederichsen* Rn. 13.
[156] *Schwab* FamRZ 1998, 457, 461.
[157] *Schwab* FamRZ 1998, 457, 461.
[158] *Palandt/Diederichsen* Rn. 13.
[159] *Staudinger/Coester* Rn. 96.
[160] *Schwab/Motzer* (Handbuch) III Rn. 99.
[161] *Bamberger/Roth/Veit* Rn. 25.
[162] BGH FamRZ 2008, 592; 2005, 1167; NJW 2000, 203, 204.
[163] OLG Hamm FamRZ 2007, 757, 758; OLG Köln OLGR 2006, 853, 854; KG FamRZ 2005, 1768; OLG Saarbrücken MDR 2003, 996; OLG München FamRZ 2002, 189, 190; OLG Nürnberg FamRZ 2002, 188, 189.
[164] BVerfG FamRZ 2004, 1015, 1016; 2004, 354, 355; 2003, 285, 287.

§ 1671 71, 72

der vom BGH übernommen worden ist.[165] Hiermit lässt sich relativ eindeutig klären, ob eine Kooperationsfähigkeit und insbesondere eine Kooperationsbereitschaft verlangt werden kann.[166] Denn fehlt es an einer tragfähigen sozialen Beziehung zwischen den Eltern, weil die Beziehung durch Gewalt geprägt war, nach der Trennung ein Elternteil dem anderen nachstellt (Stalking) oder sonstige schwere Zerwürfnisse vorliegen, ist es im Regelfall nicht denkbar, dass noch eine Basis für eine tatsächliche Ausübung der Sorge besteht. Ob einer der Eltern an der Zerstörung der sozialen Beziehung einen maßgeblichen Anteil hat, ist für die Entscheidung nicht allein entscheidend, hier kommt es auf die **Bedürfnisse des Kindes** an.[167] Soweit vermeintlich ein Elternteil damit die Möglichkeit hat, sich aus der Verbindung mit dem anderen zu lösen und aus seinem Verhalten auch noch Vorteile zu ziehen, so ist zu erinnern, dass allein das Wohl des Kindes Maßstab ist und nicht der Erhalt eines Machtgleichgewichts der Eltern.[168] Deshalb kommt eine **Alleinsorge des „kooperationsunwilligen" Elternteils** in diesen Fällen nur in Betracht, wenn sonst keine erheblichen Bedenken aus Sicht des Kindeswohls gegen die Ausübung der Sorge sprechen. Bei beiderseitigen Anträgen ist wie sonst auch zu prüfen, welche Lösung dem Kindeswohl am besten entspricht.

71 Existiert hingegen eine tragfähige soziale Beziehung, was sich darin ausdrücken kann, dass trotz aller Schwierigkeiten in der Vergangenheit **Übereinkünfte** betreffend die **Belange des Kindes** getroffen worden sind, dann ist dies ein wichtiger Anhaltspunkt dafür, dass auch zukünftig derartige Einigungen getroffen werden können. Teilweise wird auch von einem Elternteil verlangt, im Interesse des Kindes eine **subjektive Kooperationsbereitschaft aufzubringen**.[169] Allerdings wird hier zugleich angenommen, dass die gemeinsame Sorge die Regel darstellt, hierzu s. Rn. 11. Richtig ist hieran, dass die Behauptung des Antragstellers, er könne mit dem anderen nicht kooperieren, nicht bereits eine Sorgerechtsübertragung begründen kann.[170] Es ist in jedem Einzelfall zu prüfen, welche Kooperationsmöglichkeiten und -fähigkeiten der Eltern bestehen;[171] formelhafte Begründungen sind weder im Antrag[172] noch in einer gerichtlichen Entscheidung ausreichend.[173] Soweit trotz Streitigkeiten der Eltern unter Hinweis auf das Alleinentscheidungsrecht in täglichen Dingen, § 1687 Abs. 1 S. 2, eine Beibehaltung der gemeinsamen Sorge befürwortet wird,[174] so ist auch hier der Einzelfall zu betrachten. Sind die Streitigkeiten so nachhaltig, dass auf allen Ebenen Streit zwischen den Eltern besteht, dann ist weder ersichtlich, wie dann in den bedeutsamen Angelegenheiten ein Konsens der Eltern erreicht werden kann noch ist davon auszugehen, dass die Streitigkeiten das Kind nicht nachhaltig beeinträchtigen.[175] Hier wird eine klare Regelung in Form einer Alleinsorge zur **Entlastung des Kindes** führen können. Die Verpflichtung zum Konsens, weil Streitigkeiten nicht nachhaltig seien oder die Verweigerungshaltung eines Elternteils nicht nachvollziehbar sei, nützt dem Kind im Regelfall wenig, denn es bleibt weiterhin dem Streit der Eltern ausgesetzt, der sich durch eine Pflicht zur Zusammenarbeit nicht beseitigen lässt.[176] Auch Teilbereiche der gemeinsamen Elternsorge können bei ständigen, heftigen Auseinandersetzungen unter den Partnern kaum „aufrechterhalten" werden.[177]

72 Sind in absehbarer Zukunft keine gemeinsamen Entscheidungen über grundlegende Angelegenheiten zu treffen und funktioniert die Ausübung der Alltagssorge ohne größere Probleme, so wird eine Aufhebung der gemeinsamen Sorge nur in Betracht kommen, wenn das Zerwürfnis der Eltern so schwer wiegt, dass es gleichwohl aus Gründen des Kindes einer Sorgerechtsübertragung bedarf, ansonsten kann die gemeinsame elterliche Sorge ganz oder zu Teilen zumindest dann fortbestehen. Ist ein Elternteil bereits Inhaber des **Aufenthaltsbestimmungsrechts** für ein Kind, ist für seinen Antrag auf Zuweisung der elterlichen Sorge zu berücksichtigen, dass er nach § 1687 Abs. 1 S. 2 für

---

[165] BGH FamRZ 2008, 592, 593; so auch OLG Brandenburg FamRZ 2009, 709; OLG Frankfurt FamRZ 2009, 433.
[166] AA *Palandt/Diederichsen* Rn. 21: Es ist nur Einigungsmöglichkeit in Angelegenheiten von besonderer Bedeutung zu verlangen, was weniger als eine tragfähige soziale Beziehung ist, so auch *Motzer* FamRZ 2004, 1145, 1155.
[167] BGH FamRZ 2008, 592, 593.
[168] BVerfG FamRZ 1996, 1267; NJW 1989, 1275.
[169] OLG Köln FamRZ 2003, 1492, 1493; OLG Frankfurt FamRZ 2002, 187; OLG Bamberg FamRZ 1999, 1005.
[170] OLG Hamm FamRZ 2005, 537, 538; OLG Karlsruhe FamRZ 2010, 391.
[171] BGH NJW 2005, 2080.
[172] OLG München NJW 2000, 368, 369.
[173] BGH FamRZ 2008, 592, 593; NJW 2005, 2080.
[174] OLG Hamm FamRZ 2005, 537, 538; OLG Nürnberg Düsseldorf FamRZ 1999, 1157.
[175] A.A. OLG Köln NJW-RR 2008, 1319, 1320: „Heillose Zerstrittenheit" begründet nicht die Aufhebung der Sorge. So auch *Palandt/Diederichsen* Rn. 15; ablehnend *Johannsen/Henrich/Jaeger* Rn. 36c f.
[176] BGH FamRZ 2008, 592, 593; KG FamRZ 2000, 504.
[177] KG FamRZ 1999, 1518.

Angelegenheiten des täglichen Lebens ohnehin allein entscheiden kann.[178] Soll der andere von Sorgebefugnissen ausgeschlossen werden, ist deshalb konkreter, nachprüfbarer **Tatsachenvortrag** erforderlich,[179] um eine entspr. gerichtl. Entscheidung zu erreichen. Es ist allerdings auch darauf zu achten, ob tatsächlich eine Kooperation zwischen den Eltern stattfindet oder nicht lediglich einer Entscheidungen vorgibt und der andere sich dem fügt. Dann gibt es zwar keine Differenzen, doch ist dies dann kaum noch als gemeinsame Sorge iS von einer gemeinsamen Entscheidungsfindung und Verantwortung zu verstehen.[180] Problematisch ist auch, dass oft unterschiedliche Vorstellungen von Verantwortung bestehen. So ist es nicht selten, dass derjenige Elternteil, bei dem das Kind lebt, sich faktisch wie ein Alleinerziehender um alles kümmern muss und daher empfindlich reagiert, wenn der andere dann bei bestimmten Dingen meint, entscheidend mitreden zu wollen, ohne sich um die Alltagsfragen zu kümmern. Dies allein wird allerdings nicht zur Aufhebung der gemeinsamen Sorge führen können, zumal wenn das (ältere) Kind auf eine Mitverantwortung Wert legt.

Wie sonst können sich beide Elternteile auf verfassungsrechtliche Garantien berufen, **Art. 6 GG**, so dass in Elternrechte gerichtlich nur eingegriffen werden kann, wenn dies unbedingt und zum Wohl des Kindes geboten ist. Der Verhältnismäßigkeitsgrundsatz ist immer zu beachten. 73

bb) Übertragung der alleinigen elterlichen Sorge auf den Antragsgegner. Zuweisung von Sorgebefugnissen an den Antragsgegner[181] gegen seinen erklärten **Widerspruch** scheidet in aller Regel aus, selbst wenn **§ 1626 Abs. 1 S. 1** die **Pflichtenseite** elterlicher Verantwortung besonders betont und in den Vordergrund rückt. Hat er zwar einen Antrag gestellt, dann aber zu erkennen gegeben hat, die Sorge nicht übernehmen zu wollen, gleichwohl aber verdeutlicht, für das Kind da sein zu wollen, so ist, wenn das Wohl des Kindes nicht entgegensteht, ihm die Sorge zu übertragen.[182] 74

cc) Zweckmäßigkeitserwägungen. Für eine gerichtliche Entscheidung zur elterlichen Sorge reicht nicht die lapidare Erklärung, ein Elternteil sei für das Kind und seine Entwicklung „besser" geeignet als der andere. Vielmehr sind sämtliche Einzelheiten von Amts wegen zu ermitteln, zu überprüfen und auf das Wohl des Kindes in nachvollziehbarer Form zu beziehen, § 26 FamFG. Streiten die Eltern um ihre Erziehungsfähigkeit, müssen die von ihnen genannten Ereignisse und Abläufe deshalb aufgeklärt und ihre Folgerungen überprüft werden;[183] Sachvortrag, mit dem sich das Gericht auseinandersetzen kann, haben sie jeweils zu liefern. (Echtes) **„Auswahlermessen"** steht dem Gericht nicht zu.[184] Eingriffe in Elternbefugnisse mit Verlusten für beide können nur unter den Voraussetzungen aus Nr. 2, Abs. 3 oder nach § 1666 erfolgen.[185] Fehlende Bindungstoleranz eines **Elternteils**, etwa für Umgangsbefugnisse des anderen, kann Anzeichen für Erziehungsdefizite liefern, die für die Zuweisung der elterlichen Sorge auswirken können, vgl. zu Einzelheiten Rn. 26. 75

dd) Regelung der elterlichen Sorge für einen Elternteil. Wenn die gemeinsame Sorge im Interesse des Kindes nicht mehr fortbestehen kann, was zunächst zu prüfen ist, dann ist unter Berücksichtigung der Erziehungsfähigkeiten des Antragstellers insbesondere dem Förderungsprinzip und den Bindungen des Kindes, aber auch unter Berücksichtigung des Kindeswillens und des Kontinuitätsprinzips zu entscheiden. Hierbei gibt es zwar typische Fallkonstellationen, gleichwohl ist jede Familie im Einzelfall zu sehen und kann keine typisierende Betrachtung geben.[186] Es ist daher in jedem Einzelfall zu entscheiden, welches der Kriterien letztlich für die ausschließlich am Kindeswohl orientierte Entscheidung von besonderer Bedeutung ist.[187] Insbesondere kann nicht davon ausgegangen werden, dass die höhere Bindungstoleranz eines Elternteils generell von ausschlaggebender Bedeutung ist. 76

(1) Fehlende Kooperationsfähigkeit/Kooperationsbereitschaft. Fehlt jede Kooperationsfähigkeit und -bereitschaft unter den Eltern, kann die gemeinsame elterliche Sorge selbst dann 77

---

[178] OLG München NJW 2000, 368, 369.
[179] OLG München NJW 2000, 368, 369.
[180] Gemeinsame Sorge ablehnenden: OLG Dresden FamRZ 2002, 973, 974; hingehend bejahend KG FamRZ 2007, 923.
[181] OLG Karlsruhe FamRZ 1999, 801, 802.
[182] OLG Karlsruhe FamRZ 1999, 801, 802.
[183] OLG Nürnberg EzFamR aktuell 2001, 59, 60.
[184] OLG Rostock FamRZ 1999, 1599.
[185] OLG Hamm FamRZ 1998, 1315, 1316.
[186] Vgl. *Schilling* NJW 2007, 3233, 3238.
[187] BGH FamRZ 2011, 796, 799 Tz. 43.

§ 1671 78, 79

78 keinen Bestand haben, wenn ein Partner sich verweigert, der andere aber seine guten Absichten und Bereitschaft zur Zusammenarbeit betont,[188] vgl. dazu schon Rn. 70.

Dabei kann die eigene Antragstellung schon ein Hinweis auf fehlende Kooperationsbereitschaft sein.[189] Andererseits kann die Antragstellung auch dann, wenn der Antragsteller keine beachtlichen Argumente vortragen kann, nicht deshalb bereits gegen ihn verwendet werden, denn allein die im Antrag zum Ausdruck kommende Ablehnung der Fortführung der gemeinsamen Sorge macht den antragstellenden Elternteil nicht erziehungsungeeignet.[190] Gemeinsamkeit lässt sich „nicht verordnen".[191] Ihr Fortbestand ist vielmehr Voraussetzung für die Übernahme von Verantwortung für das Kind; beide müssen sich daher entsprechend bemühen. Partnerschaft und die Beziehung zueinander als Eltern und damit die grundsätzlich zu verlangende Bereitschaft zur Zusammenarbeit für das Kind sind zwar von den Eltern zu trennen,[192] doch häufig ist dies nicht möglich, weil auch unbewusst der Streit von der Partnerschaftsebene auf die Elternebene übergreift. Sicherlich sind beide zum Konsens verpflichtet; sie haben dafür zu sorgen, ihre Konflikte, die sie miteinander haben, von ihren Aufgaben als Eltern zu trennen,[193] und hierfür sich auch gegebenenfalls einer Beratung zu unterziehen, § 156 Abs. 1. S. 4 FamFG. Die Eltern sind ohnehin gehalten, weitere Hilfen anzunehmen und zu nutzen, vgl. § 17 SGB VIII.[194] Aber nicht das Verhalten der Eltern steht im Mittelpunkt, sondern die Erziehung des Kindes und seine glückliche und ungestörte Zukunft. **Streit** und **Missgunst** der Eltern können andererseits (eher) **Nebensächlichkeiten**[195] betreffen, die sich für die Entwicklung des Kindes nicht nachteilig auswirken müssen[196] oder die anders geregelt sind, wobei § 1687 mit seiner Verteilung von Entscheidungsbefugnissen in alltäglichen Angelegenheiten eine eigene Rolle spielt. Auch wenn trotz Streits der Eltern Absprachen in wesentlichen Angelegenheiten gelingen, wenn auch möglicherweise nur mit Hilfe Dritter, ist dies ein Indiz für vorhandene Elternkompetenz,[197] die durch Beratung im Sinne einer Kooperationsfähigkeit ausgebaut werden kann. Mangelnde Einigkeit in wichtigen Erziehungsfragen, vgl. §§ 1628 Abs. 1, 1687, und (sogar) gerichtliche Verfahren über die Angelegenheiten des Kindes, selbst wenn jeder Punkt für sich nicht wesentlich ist,[198] verdeutlichen dagegen eine mangelnde Kooperationsfähigkeit der Eltern. Bei erheblichen Streitigkeiten der Eltern können dann aber auch ständige Auseinandersetzungen über eher unwesentliche Angelegenheiten eine Aufhebung der gemeinsamen Sorge angezeigt sein lassen, denn entscheidend ist allein, wie sich der Streit auf das Kind auswirkt.[199] Manchmal „befreit" sich das Kind aus den ihn belastenden Konflikt auch dadurch, dass es sich klar auf eine Seite schlägt, und bei fortdauernden, heftigen Streitigkeiten der Eltern einen völliger **Kontaktabbruch** zu einem Elternteil vollzieht, auch dann ist die Aufhebung der gemeinsamen Sorge angezeigt.[200]

79 Der Elternteil, der die alleinige elterliche Sorge für sich erstrebt, muss daher „konkreten Tatsachenvortrag" dazu liefern,[201] dass, wann, bei welchem Anlass und auf welche Weise Bemühungen um eine gemeinsame Elternentscheidung stattgefunden haben und aus welchen Gründen die Bemühungen jeweils gescheitert sind.[202] Der allgemeine Hinweis des betreuenden Ehegatten, aus persönlicher Abneigung „wurden Gespräche mit dem anderen Elternteil abgelehnt", reicht jedenfalls nicht aus.[203] Bezieht ein Elternteil Kinder in die elterliche Auseinandersetzungen ein, liest ihnen (etwa) anwaltliche Schriftsätze oder den Jugendamtsbericht vor, instrumentalisiert sie in anderer Form oder

---

[188] BVerfG FamRZ 2004, 354, 354; BGH FamRZ 2008, 592, 593; NJW 2000, 203, 204; OLG Dresden FamRZ 2000, 501; OLG Hamm FamRZ 2000, 501, 502 (massive körperliche Auseinandersetzungen unter den Eltern teilweise in Anwesenheit des Kindes); KG FamRZ 2000, 504; OLG Dresden FamRZ 1999, 324, 325 und OLG Stuttgart FamRZ 1999, 1596; sehr ausführlich zu diesen Gesichtspunkten auch *Völker/Clausius* § 1 Rn. 192 f. mwN; *Schwab/Motzer* (Handbuch) III Rn. 115 mN.
[189] Vgl. dazu *Johannsen/Henrich/Jaeger* Rn. 37.
[190] So zu Recht *Johannsen/Henrich/Jaeger* Rn. 39: Es besteht „kein Rechtfertigungsdruck".
[191] Dazu BT-Drucks. 13/4899 S. 63.
[192] OLG Zweibrücken NJW 1998, 3786, 3787.
[193] OLG Zweibrücken NJW 1999, 3786, 3787; OLG München FamRZ 1999, 1006, 1007; offensichtlich zustimmend *Palandt/Diederichsen* Rn. 21, viel zurückhaltender *Schwab* FamRZ 1998, 457, 463.
[194] OLG Zweibrücken NJW-RR 2000, 957.
[195] BGH NJW 2000, 203, 204; dazu auch *Palandt/Diederichsen* Rn. 22.
[196] BGH FamRZ 2005, 1167, 1168; OLG Köln OLGR 2005, 371, OLG Hamm FamRZ 2005, 537, 538; kritischer *Johannsen/Henrich/Jaeger* Rn. 36d.
[197] OLG Dresden FamRZ 2007, 923.
[198] Vgl. dazu OLG Karlsruhe NJW-RR 2001, 507, 508.
[199] *Völker/Clausius* § 1 Rn. 194.
[200] KG FamRZ 2005, 1768, 1769.
[201] BGH FamRZ 2005, 1167; OLG München NJW 2000, 368, 369.
[202] OLG Hamm FamRZ 2005, 537, 538.
[203] OLG Hamm FamRZ 2005, 537, 538; ähnlich OLG Köln FamRZ 2005, 2087, 2088.

lässt eine erstinstanzliche Entscheidung, die er erwirkt hat, mit Hilfe der Polizei durchsetzen, spricht das gegen ihn und seine Verständigungsbereitschaft und sein Interesse am Kindeswohl.[204]

Da allein das Kindeswohl entscheidend ist, kann eine verweigerte Kooperation für sich nicht zur Folge haben, zum Schutz des anderen Elternteils, der weiterhin kooperieren will, es bei der gemeinsamen Sorge zu belassen,[205] denn nicht dieser Elternteil ist zu schützen, sondern (allein) das Kind; misslich ist dabei, dass so jeder Elternteil (in Grenzen) die Möglichkeit hat, die Auseinandersetzungen zu verschärfen und aus seinem Verhalten dann auch noch Vorteile zu ziehen. Aus Sicht des Kindes kann im Übrigen eine tatsächlich gelebte Eltern-Kind-Beziehung des nicht mehr sorgeberechtigten Elternteils ihm weitaus mehr dienen als Gleichgültig- und/oder Lieblosigkeit des weiterhin (mit)sorgeberechtigten Elternteils. 80

(2) Abwertung/Ablehnung des anderen Elternteils. Offene **Entwertungen** und **Abfälligkeiten** vielleicht sogar in Gesprächen mit dem Kind stellen die Erziehungsfähigkeit zumindest in Frage. Aber selbst eine (hasserfüllte) **Ablehnung des anderen Elternteils** verbunden mit dem unbegründeten Vorwurf des sexuellen Missbrauchs durch den Vater einschließlich einer Umgangsverweigerung berechtigt noch nicht der Mutter die Sorge zu entziehen.[206] Entscheidend ist allein das Kindeswohl. Starke emotionale Beziehungen zum bisherigen Elternteil und eine im Übrigen nicht zu beanstandende Erziehung und Förderung des Kindes in den übrigen Belangen stehen dann einem Entzug der Sorge entgegen.[207] 81

(3) Gleichgültigkeit. Gleichgültigkeit der Eltern kann nur dann Grundlage für eine gerichtliche Entscheidung der elterlichen Sorge werden, wenn der andere Elternteil sich überhaupt nicht um das Kind kümmert. Mangelndes Engagement muss aber nicht zur Alleinsorge führen, wenn die Eltern sonst zusammenarbeiten können und das gebotene Maß an Gemeinsamkeiten und wenigstens ein gewisses Interesse für das Kind vorhanden ist. Ein Elternteil kann für die Entwicklung des Kindes zurücktreten und damit weniger wichtig bleiben, während der andere für die alltägliche Erziehungsarbeit (vorwiegend) zuständig war und ist, ohne dass sich weitere Auswirkungen für die Entwicklung des Kindes ergeben. Oft haben sich die Eltern für dieses „Modell" schon vor der Trennung entschieden; dann treten ohnehin keine Änderungen ein. Motivlage und tatsächliche Hintergründe entziehen sich einer Bewertung von außen fast zwingend. Erkennbare **Zurückhaltung** ist kein Zeichen von **Verantwortungslosigkeit**;[208] Verzicht für sich kann wohl bedacht sein, auch um gerade das Kind belastenden Streit zu vermeiden. Maßstab ist wie immer das Wohl des Kindes. Zeigt ein Elternteil aber nachhaltig kein Interesse an der Entwicklung des Kindes und überlässt dem anderen Elternteil die Sorge mit allen Entscheidungen alleine, dann stellt sich berechtigt die Frage, welche gemeinsame Sorge hier noch ausgeübt wird, so dass auf Antrag die Sorge auf den diese tatsächlich Ausübenden zu übertragen ist.[209] 82

(4) Gewalttätigkeiten. Gewalttätigkeiten[210] gegen den Partner schon während des Zusammenlebens werden meist dazu führen müssen, die gemeinsame elterliche Sorge aufzuheben, vor allem dann, wenn sie das Kind selbst miterlebt hat. Regelmäßig wird sich keine tragfähige soziale Beziehung zwischen den Eltern feststellen lassen. Oft setzen sich diese Streitereien nach der Trennung fort; wer dazu neigt, sich bei Meinungsverschiedenheiten mit Gewalt durchzusetzen, hat ohnehin kaum eigene, ausreichende **Konfliktfähigkeit** entwickelt und wird sie daher auch nicht weitergeben können. Sado-masochistische Praktiken bleiben ohne Bedeutung, wenn sich keine negativen Auswirkungen auf das Kindeswohl feststellen lassen.[211] 83

(5) Missbrauch der elterlichen Sorge. Missbraucht ein Elternteil seine elterliche Sorge, sind oft sogar Eingriffe nach § 1666 geboten, wenn Befugnisse nicht schon nach Abs. 2 Nr. 2 auf den anderen Elternteil allein übertragen werden müssen und gerichtliche Anordnungen insoweit ausreichen, zu Besuchsbefugnissen und **sexuellem Missbrauch** vgl. § 1684 Rn. 66. Durch gerichtl. Entscheidung ist jedenfalls zu verhindern, dass „das Fortbestehen des gemeinsamen Sorgerechts als 84

---

[204] Dazu OLG Frankfurt FamRZ 1984, 296, 297.
[205] BGH FamRZ 2008, 592, 594.
[206] BGH FamRZ 2008, 592, 594.
[207] BGH FamRZ 2008, 592, 594; anders OLG Düsseldorf FamRZ 2005, 2087, 2088.
[208] OLG München JAmt 2002, 418: Unzuverlässiges Verhalten eines Elternteils kann die Übertragung der alleinigen elterlichen Sorge auf den anderen allerdings rechtfertigen; OLG Dresden FamRZ 2002, 973, 974 ebenso für „Desinteresse" am Umgang mit dem Kind und an der Mitwirkung in Erziehungsfragen.
[209] OLG Dresden FamRZ 2002, 973, 974; OLG München JAmt 2002, 418; aA KG FamRZ 2007, 923.
[210] BVerfG FamRZ 2004, 354, 355; OLG Hamm FamRZ 2000, 501, 502; OLG Saarbrücken FamRZ 2010, 385, 386 f; zu Gewalttaten gegenüber Stiefgeschwistern OLG Brandenburg FPR 2002, 15.
[211] OLG Hamm FamRZ 2006, 1697, 1698.

§ 1671   85, 86   Abschnitt 2. Titel 5. Elterliche Sorge

Mittel zur Fortsetzung von Bedrückung und Qual des Vaters gegen die Mutter oder umgekehrt"[212] eingesetzt wird. Gerichtsfeste Nachweise sind wie sonst notwendig.[213] Im Verfahren sind die Dinge von Amts wegen zu ermitteln und aufzuklären, wobei hier meist ein Sachverständigengutachten erforderlich ist. **Missbrauch** der elterlichen Sorge liegt auch vor, so dass das Personensorgerecht insgesamt und beiden Elternteilen entzogen werden kann, § **1666**, wenn ein Elternteil ein noch minderjähriges Kind verheiraten will, das Kind Heirat und Partner aber ablehnt und so das Verhältnis zu beiden tiefgreifend gestört ist, selbst wenn die Eltern später auf der Heirat nicht mehr ausdrücklich bestehen.[214] Entsprechendes gilt, wenn der Verdacht besteht, dass die Eltern eine **Genitalverstümmlung** des Kindes vorzunehmen beabsichtigen,[215] zum Missbrauch der elterlichen Sorge im Zusammenhang mit einem **Schwangerschaftsabbruch** der Tochter § 1666 Rn. 75 f. mN.

85 **(6) Behinderung des Umgangsrechts.** Dauerhafte **Behinderung** des **Umgangsrechts**[216] des Kindes mit dem anderen Elternteil oder sein (versuchter) völliger Ausschluss kann wichtige Hinweise bei der Sorgerechtsregelung liefern und dann auch Anhaltspunkt für eine Änderungsentscheidung, § 1696, sein, wenn der andere insgesamt verlässlicher erscheint und den Umgang fördern will. Hartnäckige Kontaktverweigerung wird allerdings ebenso wenig wie nachdrücklich abgelehnte Kooperation in Erziehungsfragen für die Kinder überhaupt einem Partner allein zugeschrieben werden können, so dass allenfalls erste Anzeichen für (mögliche) Erziehungsdefizite deutlich werden.[217] Vorrangig sind die Fragen, über die die Eltern streiten, zu klären, also der Umgang zu regeln, Verhältnismäßigkeitsgrundsätze, so dass Eingriffe in sonstige Elternbefugnisse lediglich dann erfolgen dürfen, wenn sie unabdingbar notwendig sind. Dabei kann es ausreichend sein, wenn für das Umgangsrecht ein Umgangspfleger bestellt wird, § 1684 Abs. 3 S. 3. Schlägt jede Vermittlung fehl, ist für eine gerichtliche Entscheidung nicht alleine auf die Verweigerungshaltung eines Elternteils abzustellen, sondern ausschließlich darauf welche Entscheidung für das Kind am besten ist. Ein Verbleib bei dem sich verweigernden Elternteil kann dann in Betracht kommen, wenn dieser die eindeutig stärke emotionale Bindung an das Kind hat und keine weiteren Mängel in der Erziehung vorliegen.[218]

86 **(7) Umzug eines Elternteils mit dem Kind.** Bei einem Umzug eines Elternteils mit dem Kind entscheidet das Kindeswohl, ob dem umziehenden Elternteil das Aufenthaltsbestimmungsrecht oder die Sorge zu übertragen ist, wenn der andere Elternteil sein Einverständnis nicht erteilt; dies gilt auch für Umzüge ins Ausland,[219] entsprechend für Betreuung des Kindes durch Großeltern im Ausland.[220] Der Elternteil, dem bereits das Aufenthaltsbestimmungsrecht übertragen ist, kann dann auch ohne Einverständnis des anderen ins Ausland verziehen.[221] Die mit dem Umzug des Kindes ins Ausland drohende Gefahr des Verlustes des Kontakts zum zurückbleibenden Elternteil führt nicht dazu, dass ein Umzug des Kindes generell als mit dem Kindeswohl unvereinbar anzusehen ist. Es kommt auch nicht darauf an, ob der verziehende Elternteil beachtliche Motive für seinen Umzug hat. Es steht diesem aufgrund von **Art. 2 Abs. 1 GG** frei, seinen Wohnort zu verlegen.[222] Daher hat keine Abwägung stattzufinden, ob beachtliche Umzugsmotive das Umgangsrechts des verbleibenden Elternteils verdrängen.[223] Letztlich ist im Rahmen der Abwägung nach § 1671 Abs. 2 Nr. 2 zu entscheiden, was für das Kind am besten ist. Wenn seine Bindungen zu dem umziehenden Elternteil so stark sind, dass diese den Verlust seiner bisherigen Umgebung und des Kontakts zum anderen Elternteil auffangen, wird dieser mit dem Kind wegziehen können. Beeinträchtigt hingegen der drohende Abbruch der Beziehungen zum verbleibenden Elternteil das Kind so wesentlich, dass ein Umzug dem Kindeswohl eben nicht am besten entspricht, dann wird dem umzugswilligen Elternteil die Sorge nicht übertragen werden können. Dies setzt aber wie sonst auch voraus, dass keine sonstigen Einschränkungen in der

---

[212] So *Schwab* FamRZ 1998, 457, 464.
[213] Allgemein zu diesem Punkt OLG Nürnberg EzFamRaktuell 2001, 59, 60; OLG München NJW 2000, 368, 369;.
[214] OLG Köln NJW-RR 2001, 221, 222 für Albanien.
[215] OLG Karlsruhe NJW 2009, 3521, 3522; dazu auch *Wüstenberg* FamRZ 2007, 692.
[216] OLG Brandenburg NJW-RR 2010, 4; OLG Düsseldorf FamRZ 2001, 512, 513; OLG Frankfurt FamRZ 2001, 638, 639; OLG Hamm FamRZ 2000, 1239; OLG Köln FamRZ 1998, 1463; OLG München FamRZ 1997, 45; vgl. auch OLG Brandenburg FamRZ 2001, 1021, 1022; *Finger* FuR 2006, 299.
[217] Dazu OLG Hamm FamRZ 1999, 1315, 1316.
[218] BGH FamRZ 2008, 592, 594; daher bedenklich OLG Brandenburg NJW-RR 2010, 4, 6 f: Übertragung der Sorge auf den Vater gegen den Willen eines 11-jährigen Kindes.
[219] BGH FamRZ 2010, 1060, 1061, 1062.
[220] OLG Hamm FamRZ 2011, 1514.
[221] BGH FamRZ 2010, 1060, 1061; aA OLG Karlsruhe FamRZ 2009, 435, 436: Freizügigkeit des Sorgeberechtigten ist im Hinblick auf Kindeswohl pflichtgebunden.
[222] BGH FamRZ 2010, 1060, 1062; KG FamRZ 2010, 135, 138.
[223] AA OLG Koblenz FamRZ 2010, 1572, 1573; OLG Köln NJW-RR 2006, 1588, 1589..

Erziehungsfähigkeit der Eltern vorliegen und gegebenenfalls auch ein Wechsel zum verbleibenden Elternteil in Betracht kommt. Dabei ist gerade bei gemischtnationalen Eltern auch zu berücksichtigen, ob ein Elternteil, zu dem das Kind die stärkeren Bindungen hat, in sein Heimatland zurückkehren will, weil er dort neben der Familie auch seine wirtschaftliche Zukunft sieht, während er in Deutschland auf staatliche Transferleistungen angewiesen ist.[224] Ferner ist der Kindeswille zu beachten,[225] auch wenn insbesondere kleinere Kinder regelmäßig kaum eine Vorstellung haben können, wie sich der Umzug tatsächlich auswirkt. Letztlich ist auch von Bedeutung, ob ein Umgangskontakt über größere Distanzen realistisch ist.[226] Auch hier gilt, dass jeder Einzelfall entscheidend ist.

(8) Binationale Eltern. Unterschiedliche kulturelle Verwurzelungen der Elternteile können wesentlich werden, wenn die Verbindung zu einer Kultur für einen Partner, der sie an die Kinder weitergibt, stark prägend wirkt. Dann kann ihm die alleinige elterliche Sorge einzuräumen sein, wenn sich der andere widersetzt oder den Entwicklungen gegenüber gleichgültig bleibt. Anders sind die Dinge aber zu regeln, wenn die Verbindungen für den Partner und die Kinder ihre (bisherige) Bedeutung verloren haben oder vielleicht sogar bedrückend/schädlich geworden sind;[227] **Staatsangehörigkeitswechsel** oder sonstige äußerliche Veränderungen sind von vornherein bedeutungslos.[228]

(9) Kindesentführung. Kindesentführung ist ein schwerer Eingriff in Elternrechte und gefährdet und verletzt das Kind, doch schließt sie den Elternteil, der sich zunächst fehlverhalten hat, nicht für alle Zukunft[229] von der Ausübung der elterlichen Sorge oder gar von Besuchsbefugnissen aus. Denn sie kann Ausdruck überfließender, uneinsichtiger **Zuneigung** zum Kind sein wie Zeichen zunehmender Verzweiflung. **Rückführung** allein sollte aber nicht als sicherer Nachweis für bessere Einsicht genommen werden, die die Erziehungsfähigkeit eines Elternteils[230] allein schon belegt; drohen weitere Gefährdungen, ist die elterl. Sorge (bzw. zumindest das Aufenthaltsbestimmungsrecht) dem anderen zu übertragen.

Eher abstrakte **Entführungsgefahren**,[231] etwa weil der andere Elternteil Ausländer ist, spielen bei der Regelung der elterlichen Sorge keine Rolle. Sind Gefährdungen für das Kind dagegen ernsthaft zu befürchten, kann zumindest das **Aufenthaltsbestimmungsrecht** dem anderen Teil zu übertragen sein. Eingriffe in „Miterziehungsrechte" reichen zwar aus, um **Rückführungsanträge** nach dem Haager Abkommen anzubringen und durchzusetzen. Sicherer Schutz ist damit aber noch nicht erreicht. Ohnehin ist die Zugehörigkeit des anderen Staates zum Haager Abkommen Voraussetzung für die Rechtsverfolgung nach seinen Regeln; ein Elternteil sollte im Übrigen nicht auf ein Verfahren zur Rückführung verwiesen werden, wenn sich die Entführung des Kindes ins Ausland schon verhindern oder zumindest erschweren lässt.

(10) Aufenthaltsbeendende Maßnahmen bei Ausländern. Bei **Ausländern**, die mit einem Deutschen oder in Deutschland aufenthaltsberechtigtem Partner verheiratet sind oder in nichtehelicher Verbindung zusammen leben bzw. zusammengelebt haben, kann der Fortbestand der gemeinsamen elterlichen Sorge für **aufenthaltsbeendende Maßnahmen**[232] wichtig sein, wenn **Bindungen** zum Kind bestehen, die geschützt und erhalten werden müssen.[233] Fehlen sie, kann der Ausländer nicht deshalb in Sorgebefugnisse einbezogen werden, weil er sonst Deutschland (vielleicht) verlassen muss; dann würden sachfremde Überlegungen ein unangemessenes Übergewicht

---

[224] OLG München FamRZ 2008, 1774, 1775.
[225] BGH FamRZ 2010, 1060, 1063; KG FamRZ 2010, 135, 137.
[226] OLG Zweibrücken NJW-RR 2004, 1588, 1589.
[227] OLG Frankfurt FamRZ 1999, 182 für Pakistan.
[228] OLG Frankfurt FamRZ 1999, 182 – der Vater hat in der Zwischenzeit die dt. Staatsangehörigkeit erworben, wollte aber weiterhin dafür sorgen, dass seine Töchter in „islamisch-traditioneller" Form erzogen werden.
[229] Ähnlich *Palandt/Diederichsen* Rn. 31; OLG Karlsruhe FamRZ 2001, 1636; zu weiteren Einzelheiten *Staudinger/Coester* Rn. 196.
[230] Dazu OLG Stuttgart FamRZ 1999, 39, 40; AG Groß-Gerau FamRZ 1995, 1169; auch AG Hameln FamRZ 2007, 761 – lässt die Mutter ein 3-jähriges Kind ohne Zustimmung des sorgeberechtigten Vaters vorübergehend in ihre Heimat (Iran) reisen, erweist sie sich nicht als erziehungsungeeignet und deshalb ist auch nicht im Wege der einstweiligen Anordnung die elterl. Sorge auf den Vater allein zu übertragen.
[231] OLG Frankfurt FamRZ 2007, 753, selbst wenn der ausländische Elternteil zunächst in Strafhaft saß und nun vorzeitig entlassen ist, wobei bisher seine Sorgebefugnisse nach § 1674 ruhten; OLG Frankfurt FamRZ 1999, 1004, 1005.
[232] Dazu BVerfG FamRZ 2006, 925, 926; 2004, 356; 2002, 601, 602; OVG Münster NJW 2006, 3512 (zum Umgangsrecht); VGH Baden-Württemberg FamRZ 2004, 543. Zur Einschränkung des Rechts auf Familienzusammenführung bei Kindern, die älter als zwölf Jahre sind, EuGH NVwZ 2007, 1033.
[233] BVerfG FamRZ 1999, 1577; vgl. im Übrigen HessVGH FamRZ 2001, 420 und VGH Bad.-Württemberg FamRZ 2001, 420, 421.

§ 1671   91–93   Abschnitt 2. Titel 5. Elterliche Sorge

gewinnen. Zudem sind schon tatsächlich ausgeübte Umgangsbefugnisse, § 1684, in der notwendigen Form zu berücksichtigen, vgl. dazu § 1684 Rn. 17, denn sie sind nicht nur für den Vater/die Mutter wichtig, sondern auch für das Kind.[234] Umgekehrt können diese Auswirkungen nun ihrerseits bei der Frage eine Rolle spielen, ob die gemeinsame Elternsorge aufzulösen ist, denn nicht einmal **Umgangsbefugnisse,** die für beide Seiten (Eltern und Kind) wichtig sind, sind gesichert, wenn der Ausländer Deutschland verlassen muss, vgl. dazu § 1684 Rn. 17. Die Kinderschutzklausel im Scheidungsverfahren, **§ 1568,** kann nicht allein mit der Begründung zur Anwendung gebracht werden, mit der Scheidung der Ehe drohe die Abschiebung aus Deutschland.[235]

91 **(11) Wechselmodell.** Haben sich die Eltern auf ein **Wechselmodell**[236] verständigt, so dass das Kind teils bei einem von ihnen, teils beim anderen lebt, kann so sein Wohl besonders gefördert sein; Bindungen zu beiden bleiben erhalten, und das Kind erlebt sie in ihren jeweiligen alltäglichen Bezügen. Das Nestmodell – das Kind bewohnt ständig einen Ort und wird dort wechselseitig von den Eltern betreut – kommt in der Realität kaum vor. Voraussetzung ist allerdings nicht nur eine tragfähige soziale Beziehung der Eltern, sondern eine gute Kooperation und Kommunikation.[237] Nur wenn für das Kind der Wechsel in zwei Haushalte ohne (Loyalitäts)Konflikte möglich ist, kann ihm ein permanenter Wechsel seines Aufenthalts zugemutet werden. Wird ein Wechselmodell praktiziert und werden Auffälligkeiten des Kindes durch einen Elternteil beschrieben, die von Dritten (Kita, Schule, Jugendamt) bestätigt werden, dann ist regelmäßig mit einer Regelung des Aufenthaltsbestimmungsrechts dem Wohl des Kindes gerecht zu werden, wobei nicht der Elternteil zu sanktionieren ist, der sich gegen das Wechselmodell gestellt hat, sondern entscheidend wie sonst auch ist das Kindeswohl. Gegen den entschiedenen Widerstand der Eltern kann diese Lösung allerdings nicht gerichtlich festgelegt werden.[238] Es bedarf bei Ablehnung des Wechselmodells durch einen Elternteil einer Regelung zumindest des Aufenthaltsbestimmungsrechts.[239] Wird hingegen in der Praxis ein Wechselmodell gehandhabt und soll dies, weil es dem Kindeswillen entspricht, beibehalten werden, so bedarf es keiner Sorgeregelung,[240] insbesondere nicht, um ein Machtgleichgewicht der Eltern herzustellen.[241] Kommt ein Wechselmodell nicht in Betracht, weil die Voraussetzungen hierfür nicht vorliegen, dann kann auch nicht über ein Umgangsrecht, welches faktisch zu einem Wechselmodell führen würde, dieses eingeführt werden.[242]

92 **(12) Erziehungsstile.** Unerheblich bleiben Besonderheiten und Unterschiede in den elterlichen **Erziehungsstilen,** selbst wenn sie sich von den bisher dem Kind vertrauten Formen deutlich absetzen. Erst bei weiteren Übergriffen können die Dinge anders zu bewerten sein. Bei schweren Verstößen sind Eingriffe nach § 1666 notwendig und geboten. **Repressives Erziehungsverhalten** kann die künftige Entwicklung des Kindes stören.[243] Dann kann die elterliche Sorge dem Elternteil zu übertragen sein, der mit den Schwierigkeiten des Kindes gelassener umgeht und insgesamt bessere Zukunftschancen bietet, doch müssen die Auswirkungen für die kindliche Entwicklung deutlich sein. Laxheit und (weitgehende) Gleichgültigkeit sind jedenfalls nicht besser. Im Übrigen gleichen sich die Vorstellungen und Stile beider Elternteile meist aus. Problematisch kann es werden, wenn unterschiedliche Erziehungsstile der Eltern das Kind in seiner Entwicklung gefährden.

93 **(13) Ausbildungsziele und -inhalte.** Für ihre Kinder bestimmen Eltern **Ausbildungsziele und -inhalte,** wobei sie an die allgemeinen Regeln gebunden sind, vgl. dazu **§ 1631a.** Grober Unverstand, Ehrgeiz eines Elternteils oder die Absicht, über das Kind eigene, aber selbst unerreichte Ziele zu verwirklichen, stellen noch kein Hindernis dar, ihm die elterliche Sorge zu übertragen, auch wenn der Einfluss des anderen Partners als Ausgleich fehlt und/oder Maßnahmen nach **§ 1628** ausscheiden. Sind aber Grenzen überschritten, die das Wohl des Kindes gefährden, ist anders zu entscheiden, zur Schulverweigerung Rn. 95.

---

[234] BVerfG FamRZ 2006, 187 2004, 356.
[235] OLG Köln FamRZ 1998, 827, 828 f; OLG Frankfurt NJW-RR 2002, 577.
[236] Zum Wechselmodell *Völker/Clausius* § 1 Rn. 246; *Staudinger/Coester* Rn. 145.
[237] So auch *Völker/Clausius* § 1 Rn. 246; OLG Koblenz FamRZ 2010, 738, 739; OLG Dresden FamRZ 2005, 125.
[238] OLG Koblenz FamRZ 2010, 738, 739; OLG Stuttgart FamRZ 2007, 1266, 1267 = FamRB 2007, 205 mit Anm. *Luthin*; *Coester* FF 2010, 10, 12; aber OLG Celle FamRZ 2008, 2053: keine Entscheidung zur Sorge im einstweiligen Anordnungsverfahren, wenn seit vier Monaten Wechselmodell leidlich praktiziert wird.
[239] OLG Düsseldorf ZKJ 2011, 256.
[240] KG FamRZ 2006, 1626.
[241] BVerfG FF 2009, 416, 419; OLG München FamRZ 2007, 753, 754.
[242] So auch *Völker/Clausius* § 1 Rn. 246; *Coester* FF 2010, 10, 12; daher bedenklich KG FamRZ 2008, 634, 636.
[243] Vgl. *Johannsen/Henrich/Jaeger* Rn. 48 f zu Lebensbedürfnissen des Kindes, die für Entscheidung über Sorge von Bedeutung sein können.

(14) Zugehörigkeit zu einer religiösen Gruppierung/Sekte; Schulverweigerung. 94
Gehört ein Elternteil einer **religiösen Gruppierung** (Fundamentalisten; Freikirche) oder einer **Sekte**[244] an, kann das seine Erziehungsfähigkeit beeinträchtigen, kann aber auch ohne weitere Auswirkungen für das Kind und seine gute Entwicklung bleiben. Jedenfalls muss sich das Gericht ernsthaft mit der Lebensführung dort auseinandersetzen,[245] ohne (nur) Vorurteile des anderen zu bestätigen oder eigene Abneigungen wiederzugeben und im Einzelfall darlegen, warum eine gemeinsame Sorge nicht in Betracht kommt.[246] Führt die ablehnende Haltung einer religiösen Glaubensgemeinschaft zur Trennung von Eheleuten zur Isolierung des trennenden Elternteils, kann gleichwohl derjenige, der weiterhin der Religionsgemeinschaft angehört, das Aufenthaltsbestimmungsrecht erhalten, wenn dies insbesondere dem maßgeblichen Willen des Kindes entspricht und beide Eltern erziehungsgeeignet sind.[247] Meinungsverschiedenheiten der Eltern über die religiöse Erziehung des Kindes reichen für sich nicht aus, die Alleinsorge eines Elternteils als „die für das Kindeswohl beste Lösung erscheinen zu lassen".[248] Gegebenenfalls ist eine Entscheidung nach § 1628 zu treffen.[249] Weitergehende Maßnahmen könnten Art. 6 GG und Art. 8 und 14 EMRK verletzen (Verhältnismäßigkeit);[250] deshalb muss die elterliche Sorge nicht entzogen und auf den anderen Elternteil übertragen werden, wenn eine **Bluttransfusion** ansteht, denn gerade sie kann für sich gerichtlich angeordnet werden. Grundsätzlich können Kinder auch an religiösen Veranstaltungen der Sorgeberechtigten teilnehmen, wenn dadurch sein Wohl und seine gute Entwicklung nicht beeinträchtigt zu sein scheinen.

Lehnen Eltern den **Schulbesuch** ihrer Kinder ab, weil sie sie selbst erziehen und ihre eigenen 95
Werte vermitteln wollen, ohne durch staatliche „Zwänge" festgelegt zu werden, haben sich Anordnungen des FamG auf die **Schulausbildung** zu beschränken, § 1666.[251] Maßnahmen des Gerichts können auch angezeigt sein, wenn Eltern ihr Kind für hochbegabt erachten und hieraus eine Überforderung und Missachtung des Wohls des Kindes folgt.[252]

(15) Politisches Engagement. Politisches oder weltanschaulich geprägtes, besonderes **Enga-** 96
gement eines Elternteils spielt für die Regelung der elterlichen Sorge keine Rolle. Anders ist erst zu entscheiden, wenn Grenzen zur für das Kind unerträglichen Indoktrination überschritten werden und sein Wohl gefährdet ist.

(16) Äußere Lebensverhältnisse. Wichtig bei der Regelung der elterliche Sorge sind auch 97
die äußeren **Lebensverhältnisse** der Eltern, aber nicht allein ausschlaggebend. So kann die weite räumliche **Entfernung**[253] zwischen ihnen gemeinsame Verantwortung erschweren, vor allem bei Kleinkindern, aber auch erleichtern. Manchmal trägt größerer Abstand gerade zur Beruhigung bei. Im Mittelpunkt steht wie sonst das Kind und seine gute Entwicklung.

(17) Berufliche Entwicklung/beruflich bedingte Abwesenheit eines Elternteils. 98
Kann ein Elternteil wegen ständiger oder häufiger **beruflicher Abwesenheit** das Kind nicht betreuen, wird er meist nicht für eine Zuweisung der elterlichen Sorge in Betracht kommen. Ausnahmen sind aber möglich, wenn für anderweitige und gute Unterbringung und Betreuung des

---

[244] Weitere Nachw. bei *Schwab/Motzer* (Handbuch) III Rn. 133 f.; *Johannsen/Henrich/Jaeger* Rn. 59 f.; *Staudinger/Coester* Rn. 193; OLG Celle FamRZ 2004, 1667, OLG Oldenburg NJW 1997, 2962; OLG Frankfurt FamRZ 1994, 920, 921; AG Meschede NJW 1997, 2962 und AG Helmstedt FamRZ 2007, 1837 mit Anm. *Hessler* FamRZ 2007, 1838 u. Anmerkung *Weychardt* FamRZ 2008, 632; FA-Komm/*Ziegler* Rn. 45; besonders krit., auch Scientology-Organisation (Heilslehren, die Eltern praktizieren, werden sie meist kritiklos auch auf das Kind übertragen); dazu auch NK-BGB/*Rakete-Dombek* Rn. 21 und OLG Frankfurt FamRZ 1997, 573, 574; vgl. *Bamberger/Roth/Veit* Rn. 38 (dort auch zur Bhagwan-Bewegung) und Fn. 192 mit dem Hinweis auf die schon 1951 von der Sekte herausgegebene Anleitung „Kinder – Dianetik" über den Umgang mit Kindern, im Übrigen BT-Drucks. 13/8170 S. 99 (Zwischenbericht der Enquete-Kommission „sog. Sekten und Psychogruppen").
[245] Dazu *Oelkers/Kraeft* FuR 1997, 161, 165. Religiöser Fanatismus und Indoktrination des Kindes verlangen dagegen eine andere Entscheidung; dazu auch *Abel* NJW 1996, 91; *ders.* NJW 1997, 426 und NJW 1999, 331 sowie BT-Drucks. 13/8170.
[246] EuGHMR FF 2005, 36; BGH NJW 2005, 2080; *Hessler* NJW 1997, 2930.
[247] OLG Hamm FamRZ 2011, 1306.
[248] BGH NJW 2005, 2080, 2081.
[249] So BGH NJW 2005, 2080, 2081; ablehnend OLG Oldenburg FamRZ 2010, 1256.
[250] EuGHMR FF 2005, 36.
[251] BGH FamRZ 2008, 45, 47; OLG Brandenburg NJW 2006, 235, 236 mN; ebenso OLG Koblenz FamRZ 2006, 57; Übersicht bei *Raack/Raack* FF 2006, 295; vgl. dazu *Lorenz* FPR 2007, 33.
[252] OLG Koblenz FamRZ 2007, 1680 mit Anm. *Bienwald*.
[253] Ebenso OLG Frankfurt OLGR 2002, 206; OLG Hamm FamRZ 2002, 565, 566; AG Ludwigslust FamRZ 2010, 388, 389.

§ 1671   99–102   Abschnitt 2. Titel 5. Elterliche Sorge

Kindes gesorgt ist[254] und seine Entwicklung auch sonst gesichert erscheint. Ein Elternteil, der in der Lage ist, ein Kleinkind auch tagsüber zu versorgen, hat deshalb meist tatsächlichen Vorrang vor dem anderen, der die Betreuung durch dritte Personen sicherstellen muss, selbst wenn diese mit dem Kind nahe verwandt sind und sich liebevoll um ihre Aufgaben/Pflichten kümmern und kümmern können.[255] Im Übrigen ist zu beachten, dass der Gesetzgeber davon ausgeht, dass grundsätzlich ab dem dritten Lebensjahr eines Kindes kein Vorrang der persönlichen Betreuung vor der Fremdbetreuung mehr besteht, § 1570 Abs. 1.[256] Ansonsten sind beide Eltern zur Pflege und Erziehung von Kindern verpflichtet; sie nehmen in ihrer Verbindung gemeinsame Aufgaben für das Kind wahr. Bei einer gerichtlichen Regelung für die Sorgebefugnisse sind sie gleichrangig, auch wenn sich der eine zuvor für die **Haushaltsführung** und der andere für eigene **Erwerbstätigkeit** entschieden hat.[257]

99   Die Ankündigung eines Elternteils allein, er werde seine Berufstätigkeit für den Fall der Sorgerechtsübertragung reduzieren und nur noch halbtags arbeiten, bleibt Ankündigung, die im Ausgang die Wiederherstellung der „Chancengleichheit" mit dem teilzeitbeschäftigten Elternteil herstellt, aber sie sollte nicht ausreichende Grundlage für die Zuweisung der elterlichen Sorge werden;[258] stets ist sie im Übrigen auf ihre Ernsthaftigkeit und Verlässlichkeit zu überprüfen, bevor eine gerichtliche Regelung ergeht.

100   **(18) Unterhaltszahlungen.** Da Sorge Verantwortung bedeutet, setzt dies bei einer gemeinsamen Sorge auch voraus, dass der Elternteil, bei dem das Kind sich nicht dauerhaft aufhält, seiner Barunterhaltspflicht – im Rahmen seiner Leistungsfähigkeit – nachkommt. Unzuverlässige, unzureichende oder gar keine Zahlungen können ein Indiz für eine mangelnde Verantwortung gegenüber dem Kind sein.[259] Sorge und Unterhalt lassen sich daher nicht trennen.[260]

101   **(19) Körperliche oder geistige Behinderung eines Elternteils. Körperliche** oder **geistige Behinderung** eines Elternteils ist für sich kein Grund, ihn von der elterlichen Sorge für gemeinsame Kinder auszuschließen, **Art. 3 Abs. 3 GG.** Leiden beide Elternteile an erheblichen gesundheitlichen Beeinträchtigungen, die ihre Erziehungsfähigkeit berühren, kann sinnvoll und für das Kind geboten sein, für sie elterliche Verantwortung in ihrer bisherigen Verbindung beizubehalten, um die Belastungen so weit wie möglich zu verteilen[261] und für das Kind auszugleichen. Ist weitere Hilfe notwendig, ist sie in der üblichen Form zu leisten, wobei staatliche Einrichtungen im gebotenen Maße gefordert sind. Eine nicht optimale Förderung aufgrund eingeschränkter intellektueller Fähigkeiten der Eltern ist hinzunehmen, wenn die Versorgung und emotional Bindung des Kindes gesichert ist, es gibt kein Anrecht des Kindes auf die „bestmöglichen" Eltern. Nur wenn die Behinderung/Erkrankung ein Ausmaß erreicht, das Gefährdungen für das Kind nahelegt oder erwarten lässt, können andere Regelungen erforderlich werden. Jugendämter und andere öffentliche Einrichtungen sind jedenfalls besonders gefordert, um einerseits den Eltern ihre Befugnisse zu erhalten, andererseits den Kindern aber gute Entwicklungschancen zu bieten.

102   **(20) Krankheiten, Suchterkrankungen.** Krankheiten eines Elternteils beseitigen seine Erziehungseignung für sich noch nicht; das gilt auch für Aids.[262] Hat ein Elternteil dem anderen verschwiegen, dass er HIV-infiziert ist, kann dieser Vertrauensmissbrauch gemeinsame Grundlagen aber völlig in Frage stellen; dann kommt das gemeinsame Sorgerecht für Kinder nicht (mehr) in Betracht.[263] Drohen besondere Gefährdungen für das Kind, etwa durch Ansteckung, kann zumindest für Übergangszeiten ein Elternteil von der Sorge und uU auch vom Umgang auszuschließen sein, wenn nicht lediglich Ruhen der elterl. Sorge (bis zur Wiedergesundung) eintritt. **Psychische Erkrankungen** eines Elternteils oder beider Eltern sind in ihren Auswirkungen auf die Entwicklung des Kindes zu beziehen und entsprechend zu bewerten.[264] Ist sein Wohl gefährdet, sind gerichtliche Eingriffe notwendig. Wiederum sind aber öffentliche Hilfen und Unterstützung vorrangig gefordert. Eine Kindeswohlgefährdung besteht regelmäßig auch bei Vorliegen eines **„Münchhausen-by-**

---
[254] *Staudinger/Coester* Rn. 165 f.
[255] OLG Stuttgart FamRZ 1976, 282, 283.
[256] BGH FamRZ 2009, 1391, 1393.
[257] BGH NJW-RR 1999, 258, 259.
[258] OLG Frankfurt FamRZ 1990, 550.
[259] So auch *Staudinger/Coester* Rn. 143; OLG Karlsruhe FamRZ 2010, 391 dazu *Hennemann* FamFR 2010, 173; OLG Köln FamRZ 2008, 636, 637.
[260] AA OLG Zweibrücken FamRZ 1999, 40, 41; OLG Nürnberg EzFamR aktuell 1999, 115, 117; *Rimkus* ZFE 2010, 47, 48.
[261] OLG Zweibrücken FamRZ 2001, 185.
[262] Dazu OLG Stuttgart NJW 1988, 2620, 2621 und *Palandt/Diederichsen* Rn. 31.
[263] OLG Frankfurt FamRZ 2006, 1627.
[264] Dazu *Ehinger* FPR 2005, 253 und *Dodegge* FPR 2005, 233.

Getrenntleben bei gemeins[...]

proxy-Syndroms", wel[...] erfindet, behauptet oder [...] die wahren Symptome [...] krank erklärt wird oder a[...] wird bewusst eine Krankhe[...] mit einem Sorgerechtsentzug be[...]

Äußert ein Elternteil **Selbstmo**[...] dass ein Elternteil Krankheiten des Kindes zunehmen", ist die elterliche Sorge [...]rztliche Behandlung einzufordern, wobei offensichtlich. Im Übrigen ist sofortige[...] dieses Syndroms ist, dass das Kind für des Jugendamtes notwendig.²⁶⁷ [...]ne Krankheit vorliegt, schlimmstenfalls [...]ndeswohlgefährdung regelmäßig nur

Ist langfristig das Kind bei dem anderen E[...] Ankündigung, „die Kinder mit- **103** ihm zu übertragen sein, etwa bei spastischen Läh[...] Gefährdungen für das Kind sind Eltern oder eines Elternteils treten jedenfalls zurüc[...]nderer Einrichtungen wie etwa **104** erhalten oder ihm übertragen werden, um seine En[...] kann die elterliche Sorge beschleunigen, denn dann steht e[...] selbst im Mittelpunk[...]n, [...]se u. ä.²⁶⁸ Interessen der

Alkoholismus oder starker Alkoholkonsum eines Elternt[...] ihn die elterliche Sorge wicklung des Kindes mit sich bringen. Entsprechendes gilt be[...] und seine Heilung zu teils.²⁶⁹ Gelegentlicher Haschischkonsum kann vielleicht ander[...] **105** jede Bagatellisierung.²⁷⁰ Sind jedoch keine Gefahren für d[...] [...]gefahren für die Ent- Verdacht in Betracht kommt – ist wie sonst nach den übr[...]kerien [...]keit eines Eltern- Beginn einer **Therapie** beseitigt nicht die bisher fehlende Erz[...] [...] verbietet sich nachhaltig, ist eine andere Entscheidung allerdings möglich. [...]Kann die[...] [...]bei mir vagem gung dann Vorteile für sich geltend machen, ist ihm die elter[...] Sorge zu ü[...]ertrag[...] [...] ²⁷¹ Der dungen für das Kind ausgeschlossen werden können. Aber [...]e Entscheidung darf n[...] [...]abilisierung Unterstützung bzw. Hilfe erfolgen, denn Interessen des Kin[...] stehen stets im Vordergrund. [...] Abwä- seiner

(21) Sexuelle Neigungen eines Elternteils. **Ho**[...]**exualität**²⁷⁴ eines Elternteils ist [...]ein **106** Grund, ihn von der Sorge für gemeinsame Kinder auszuschl[...]en. In der eingetragenen Lebenspart- nerschaft ist dem Lebenspartner ei[...] Beteiligung am Sorge[...]ht des anderen eingeräumt, **kleines Sorgerecht** in alltäglichen Angelegenheiten, § 9 LPart[G. D]o diese gesetzgeberische Grundent- scheidung zeigt, dass Gleichgeschlechtlichkeit für sich d[...] Ausschluss von der elterlichen Sorge nicht rechtfertigen kann,²⁷⁵ im Übrigen §§ 1687 und 1687 b Au[...] di[...] Stiefkindadoption ist Lebenspart- nern eröffnet.

Auch **Transsexualität**²⁷⁶ eines Elternteils ist grund[...]ch ohne Einfluss auf die Sorge. Jede **107** Diskriminierung ist unzulässig und nähme dem Kind [...]n die Möglichkeit, sich mit wichtigen Anteilen seiner Lebensgeschichte auseinanderzusetzen. [...] Lebensumstände bei diesem Eltern- teil allerdings sonst problematisch, ist die elterliche S[...] dem anderen einzuräumen; wiederum wird dabei das Wohl des Kindes maßgeblich, nicht die [...]entierung der Eltern oder ihre Lebensfüh- rung. Andere sexuelle Neigungen eines Elternteils (e[...] sado-masochistische Praktiken) stehen der gemeinsamen elterlichen Sorge ebenfalls nicht entge[...] wenn sie sich nicht auf das Kind und seine Entwicklung auswirken;²⁷⁷ selbst die alleinige elter[...]rge kann diesem Elternteil eingeräumt we[...] den, wenn er sonst für das Kind wichtig ist.

(22) Neue Partnerschaft; Wiederheirat. [...]in Elternteil eine neue Partnerschaft einge[...]an- **108** gen, so hat dies für die Sorgeentscheidung insow[...] Bedeutung, als entscheidend ist, welche B[...]zie-

---

²⁶⁵ *Maywald* in *Salgo/Zenz* Rn. 734 u. 767 f.
²⁶⁶ OLG Dresden FamRZ 2008, 712; OLG Celle [F]GR 2006, 277.
²⁶⁷ Dazu BayObLG FamRZ 1999, 318, 319.
²⁶⁸ OLG Brandenburg BeckRS 2010, 27736.
²⁶⁹ Dazu *Staudinger/Coester* Rn. 183, insbesonde[re] zur Rückfallgefahr und zur „Trennungsbeding[...]heit" des elterlichen Verhaltens, dazu auch KG FamRZ 198[3,] 159, 1161.
²⁷⁰ Dazu OLG Nürnberg NJW-RR 1999, 10[...]
²⁷¹ BVerfG FamRZ 2007, 1797, 1798.
²⁷² *Salzgeber/Vogel/Partale* FuR 1991, 324; zu[r B]eibehaltung der gemeinsamen elterlichen Sorge trotz erhebli- cher Alkoholprobleme des Vaters (der im Übrige[n] keinen Unterhalt für das bei der Mutter leben[d]e Kind zahlt) AG Ratzeburg FamRZ 2000, 505, 506, da die Eltern sich in allen Punkten sonst einig waren.
²⁷³ KG NJW-RR 1992, 138, 139.
²⁷⁴ Als Beispiel AG Mettmann FamRZ 1985, 529; zu beiden Punkten *Schwab/Motzer* (Handbu[...]ch) III Rn. 136; vgl. auch *Staudinger/Coester* Rn. 184.
²⁷⁵ Zu Einzelheiten dabei vgl. *Schwab* FamRZ 2001, 385, 394.
²⁷⁶ OLG Schleswig FamRZ 1990, 433, 434 und *Luthin* FamRZ 1990, 435; ausführlich daz[u] *Staudinger/Coester* Rn. 185.
²⁷⁷ OLG Hamm FamRZ 2006, 1697, 1698.

§ 1671

hung zwischen Kind und [Partner] ist.[278] Der neue Partner kann [Zunei]gung geben, die ihm bisher [fehlt] Partner spricht. Lehnt das [Kind] sind deshalb Gefährdungen [der] ren Elternteil zu übertragen, [so] muss aber nicht gegen [ihn sprechen]. Verhältnis zum Kind [...] spielt keine Rolle, [...] des Kindes auswirkt. [...]

109 **(23) Abstammung und Anfechtungsfristen.** [...] Kindes vom Ehemann [...] Vaterschaft gelten [...] das Kind bisher [...] gen und Abwägen beider Voraussetzung für eine Sorgerechtsregelung gegen ihn. Hält er Ausübung voller Elternposition ist das anders; deshalb kann ihm die elterliche Sorge auch allein vom Kind [...] dagegen an, wenn der andere ausscheidet. Dann gewinnt seine bisher wahrgenommene eingeräumt für das Kind so [...] gelebte Elternschaft ihr Übergewicht, selbst bei **Offenkun-** Verantwortung [...] mit Fristablauf ist das Kind mit allen Folgen als **digkeit** [...] seiner Eltern zu [be]handeln. Die Mutter kann daher bei der Trennung oder der ehelich [...] Ehe für die Regelung der Sorgebefugnisse kein Vorrang zukommen, der den Vater Scheidung [...] etwa mit der Vorstellung habe „nur" soziale Verantwortung getragen.

110 **(24) Anfechtung der Vaterschaft; Einwilligung in die Adoption.** Erkennt ein anderer Mann die Vaterschaft an oder wird Zuordnung des Kindes zum Ehemann nach erfolgreicher **Anfechtung** beseitigt, kann [...] vor keine Entscheidung nach § 1671 „für" die Mutter ergangen war, die gemeinsame elterliche [Sor]ge der Eheleute wie sonst fortbestehen.[281] Maßstab ist wiederum das Wohl des Kindes. Im Übrigen kommt eine **Abänderung** einer bereits getroffenen Sorgeentscheidung in Betracht, wenn [er]forderlich ist, §§ 1696, 166 FamFG.[282] Ist die Vaterschaft erfolgreich angefochten, kann die [Sorge] unter den Voraussetzungen des Abs. 2 Nr. 2 gegenwärtig auch auf den biologischen Vater auf [eigenen] Antrag (mit) übertragen werden, da § 1626a Abs. 1 Nr. 1 verfassungswidrig ist.[283] Mit der Ein[willig]ung in die Adoption eines Kindes erledigt sich ein anhängiges Sorgerechtsverfahren zwischen [den] Eltern. Dagegen muss ein Verfahren zur Sorgerechtserziehung nach § 1666 fortgeführt werden, [w]enn der betroffene Elternteil hat die Möglichkeit der Beschwerde; ohnehin kann er auch weiterhin wirksam in die Adoption einwilligen, weil seine Erklärungen nicht an den Bestand des [Sorge]rechts geknüpft sind.[284]

111 **(25) Vermögensstraftaten; Strafanzeigen.** **Vermögensstraftaten** spielen bei der Bewertung der erzieherischen Eignung eines Elternteils nicht unbedingt eine Rolle,[285] selbst wenn sie der Partner für besonders schwerwiegend hält. Andere Straftaten sind dagegen in ihren Auswirkungen auf das Kind und seine gute und ungestörte [Ent]wicklung zu beziehen;[286] scheint sein Wohl gefährdet, scheidet dieser Elternteil aus. Wechselseitige **Strafanzeigen** der Eltern können Beleg für ihre weitgehende Entfremdung sein; dann ist die gemeinsame elterliche Sorge aufzulösen,[287] denn sie bildet keine Grundlage mehr für wahrgenommene Verantwortung für das Kind. Selbst lange Strafhaft rechtfertigt für sich noch nicht die Übertragung der alleinigen elterlichen Sorge auf den anderen Partner; vernünftige Kontakte sind im Strafvollzug sicherzustellen,[288] denn Umgangsbefugnisse hat auch der Straftäter, der in Haft sitzt, und so seine [gut]en Kontakte zum Kind erhält.

---

[278] Vgl. zu Einzelheiten *Staudinger/Coester* § 1696 Rn. [...] mN.
[279] *Bamberger/Roth/Veit* Rn. 41 mN; vgl. auch BT-Druck. 7/2060 S. 32
[280] Zum Abstammungsst[reit] *Staudinger/Coester* Rn. 186.
[281] *Veit* FamRZ 1999, 90[...], 908.
[282] Dazu *Veit* FamRZ 1999, 902, 908.
[283] BVerfG FamRZ 2010, 1403, 1404, 1410.
[284] OLG Hamm FamRZ 1986, 922 und *Bamberger/Roth/Enders* § 1751 Rn. 3.
[285] OLG Hamm FamRZ 1999, 1597.
[286] OLG Bamberg FamRZ 1991, 1341, 1342.
[287] OLG Nürnberg NJWE-FER 1999, 234.
[288] Dazu auch OLG Frankfurt FamRZ 2007, 753; kümmert sich der Strafgefangene allerdings nicht hinreichend um sein Kind, kommen Maßnahmen nach § 1666 in Betracht.

proxy-Syndroms", welches dadurch gekennzeichnet ist, dass ein Elternteil Krankheiten des Kindes erfindet, behauptet oder aber auch hervorruft, um eine ärztliche Behandlung einzufordern, wobei die wahren Symptome nicht geschildert werden.[265] Folge dieses Syndroms ist, dass das Kind für krank erklärt wird oder als krank behandelt wird, obwohl keine Krankheit vorliegt, schlimmstenfalls wird bewusst eine Krankheit herbeigeführt. Hier wird der Kindeswohlgefährdung regelmäßig nur mit einem Sorgerechtsentzug begegnet werden können.[266]

Äußert ein Elternteil **Selbstmordabsichten** etwa noch mit der Ankündigung, „die Kinder mitzunehmen", ist die elterliche Sorge dem anderen zu übertragen; Gefährdungen für das Kind sind offensichtlich. Im Übrigen ist sofortiges Eingreifen des FamG und anderer Einrichtungen wie etwa des Jugendamtes notwendig.[267] **103**

Ist langfristig das Kind bei dem anderen Elternteil besser aufgehoben, kann die elterliche Sorge ihm zu übertragen sein, etwa bei spastischen Lähmungen, multipler Sklerose u. ä.[268] Interessen der Eltern oder eines Elternteils treten jedenfalls zurück. Keinesfalls kann für ihn die elterliche Sorge erhalten oder ihm übertragen werden, um seine Entwicklung zu fördern und seine Heilung zu beschleunigen, denn dann steht er selbst im Mittelpunkt, nicht das Kind. **104**

Alkoholismus oder starker Alkoholkonsum eines Elternteils kann vielfältige Gefahren für die Entwicklung des Kindes mit sich bringen. Entsprechendes gilt bei **Drogenabhängigkeit** eines Elternteils.[269] Gelegentlicher Haschischkonsum kann vielleicht anders zu bewerten sein, doch verbietet sich jede Bagatellisierung.[270] Sind jedoch keine Gefahren für das Kind gegeben – was bei nur vagem Verdacht in Betracht kommt – ist wie sonst nach den übrigen Kriterien zu entscheiden.[271] Der Beginn einer **Therapie** beseitigt nicht die bisher fehlende Erziehungseignung.[272] Ist die Stabilisierung nachhaltig, ist eine andere Entscheidung allerdings möglich.[273] Kann dieser Elternteil bei der Abwägung dann Vorteile für sich geltend machen, ist ihm die elterliche Sorge zu übertragen, wenn Gefährdungen für das Kind ausgeschlossen werden können. Aber diese Entscheidung darf nicht zu seiner Unterstützung bzw. Hilfe erfolgen, denn Interessen des Kindes stehen stets im Vordergrund. **105**

(21) Sexuelle Neigungen eines Elternteils. Homosexualität[274] eines Elternteils ist kein Grund, ihn von der Sorge für gemeinsame Kinder auszuschließen. In der eingetragenen Lebenspartnerschaft ist dem Lebenspartner eine Beteiligung am Sorgerecht des anderen eingeräumt, **kleines Sorgerecht** in alltäglichen Angelegenheiten, § 9 LPartG. Schon diese gesetzgeberische Grundentscheidung zeigt, dass Gleichgeschlechtlichkeit für sich den Ausschluss von der elterlichen Sorge nicht rechtfertigen kann,[275] im Übrigen §§ 1687 und 1687 b. Auch die Stiefkindadoption ist Lebenspartnern eröffnet. **106**

Auch **Transsexualität**[276] eines Elternteils ist grundsätzlich ohne Einfluss auf die Sorge. Jede Diskriminierung ist unzulässig und nähme dem Kind zudem die Möglichkeit, sich mit wichtigen Anteilen seiner Lebensgeschichte auseinanderzusetzen. Sind die Lebensumstände bei diesem Elternteil allerdings sonst problematisch, ist die elterliche Sorge dem anderen einzuräumen; wiederum wird dabei das Wohl des Kindes maßgeblich, nicht die Orientierung der Eltern oder ihre Lebensführung. Andere sexuelle Neigungen eines Elternteils (etwa: sado-masochistische Praktiken) stehen der gemeinsamen elterlichen Sorge ebenfalls nicht entgegen, wenn sie sich nicht auf das Kind und seine Entwicklung auswirken;[277] selbst die alleinige elterl. Sorge kann diesem Elternteil eingeräumt werden, wenn er sonst für das Kind wichtig ist. **107**

(22) Neue Partnerschaft; Wiederheirat. Ist ein Elternteil eine neue Partnerschaft eingegangen, so hat dies für die Sorgeentscheidung insoweit Bedeutung, als entscheidend ist, welche Bezie- **108**

---

[265] Maywald in *Salgo/Zenz* Rn. 734 u. 767 f.
[266] OLG Dresden FamRZ 2008, 712; OLG Celle OLGR 2006, 277.
[267] Dazu BayObLG FamRZ 1999, 318, 319.
[268] OLG Brandenburg BeckRS 2010, 27736.
[269] Dazu *Staudinger/Coester* Rn. 183, insbesondere zur Rückfallgefahr und zur „Trennungsbedingtheit" des elterlichen Verhaltens, dazu auch KG FamRZ 1983, 1159, 1161.
[270] Dazu OLG Nürnberg NJW-RR 1999, 1019.
[271] BVerfG FamRZ 2007, 1797, 1798.
[272] *Salzgeber/Vogel/Partale* FuR 1991, 324; zur Beibehaltung der gemeinsamen elterlichen Sorge trotz erheblicher Alkoholprobleme des Vaters (der im Übrigen keinen Unterhalt für das bei der Mutter lebende Kind zahlt) AG Ratzeburg FamRZ 2000, 505, 506, da die Eltern sich in allen Punkten sonst einig waren.
[273] KG NJW-RR 1992, 138, 139.
[274] Als Beispiel AG Mettmann FamRZ 1985, 529; zu beiden Punkten *Schwab/Motzer* (Handbuch) III Rn. 136; vgl. auch *Staudinger/Coester* Rn. 184.
[275] Zu Einzelheiten dabei vgl. *Schwab* FamRZ 2001, 385, 394.
[276] OLG Schleswig FamRZ 1990, 433, 434 und *Luthin* FamRZ 1990, 435; ausführlich dazu *Staudinger/Coester* Rn. 185.
[277] OLG Hamm FamRZ 2006, 1697, 1698.

hung zwischen Kind und Partner bestehen. Dies gilt auch wenn eine **Wiederheirat** beabsichtigt ist.[278] Der neue Partner kann auch stabilisierend wirken und dem Kind Aufmerksamkeit und Zuneigung geben, die ihm bisher gefehlt haben, so dass dies für einen Aufenthalt bei dem Elternteil und Partner spricht. Lehnt das Kind den vorgesehenen Partner/Ehegatten dagegen nachhaltig ab und sind deshalb Gefährdungen für seine Entwicklung zu befürchten, ist die elterliche Sorge dem anderen Elternteil zu übertragen, wenn sonst nichts gegen ihn spricht. Häufiger **Partnerwechsel** kann, muss aber nicht gegen diesen Elternteil sprechen und kann im Übrigen unwichtig sein, wenn das Verhältnis zum Kind intakt ist und seine gute Entwicklung gesichert erscheint. Scheidungsschuld spielt keine Rolle, wenn sich das Verhalten eines Partners nicht unmittelbar auf die Entwicklung des Kindes auswirkt.[279]

109   (23) **Abstammungsfragen.** Im Sorgerechtsverfahren hat das FamG die **Abstammung** des Kindes vom Ehemann der Mutter nicht zu klären; auch der „Vater" kann nicht etwa seine fehlende Vaterschaft geltend machen. Sind **Anfechtungsfristen** für ihn verstrichen und haben beide Eltern das Kind bisher wie ihr eigenes Kind behandelt, ist die Entscheidung nach den üblichen Bestimmungen und Abwägungsgrundsätzen zu treffen. Bestreitet der Mann seine **Vaterschaft,** kann er für die Ausübung von Sorgebefugnissen ausscheiden, wenn er dazu nicht bereit bzw. geeignet ist und sich vom Kind lossagt;[280] aber beides ist Voraussetzung für eine Sorgerechtsregelung gegen ihn. Hält er dagegen an seiner Elternposition fest, ist das anders; deshalb kann ihm die elterliche Sorge auch allein eingeräumt werden, wenn der andere ausscheidet. Dann gewinnt seine bisher wahrgenommene Verantwortung für das Kind als soziale, gelebte Elternschaft ihr Übergewicht, selbst bei **Offenkundigkeit** der fehlenden Abstammung zu ihm, denn mit **Fristablauf** ist das Kind mit allen Folgen als eheliches Kind seiner Eltern zu behandeln. Die Mutter kann daher bei der Trennung oder der Scheidung der Ehe für die Regelung der Sorgebefugnisse kein Vorrang zukommen, der den Vater verdrängt, etwa mit der Vorstellung, er habe „nur" soziale Verantwortung getragen.

110   (24) **Anfechtung der Vaterschaft; Einwilligung in die Adoption.** Erkennt ein anderer Mann die Vaterschaft an oder wird die Zuordnung des Kindes zum Ehemann nach erfolgreicher **Anfechtung** beseitigt, kann, wenn zuvor keine Entscheidung nach § 1671 „für" die Mutter ergangen war, die gemeinsame elterliche Sorge der Eheleute wie sonst fortbestehen.[281] Maßstab ist wiederum das Wohl des Kindes. Im Übrigen kommt eine **Abänderung** einer bereits getroffenen Sorgeentscheidung in Betracht, wenn sie erforderlich ist, §§ 1696, 166 FamFG.[282] Ist die Vaterschaft erfolgreich angefochten, kann die Sorge unter den Voraussetzungen des Abs. 2 Nr. 2 gegenwärtig auch auf den biologischen Vater auf dessen Antrag (mit) übertragen werden, da § 1626a Abs. 1 Nr. 1 verfassungswidrig ist.[283] Mit der Einwilligung in die Adoption eines Kindes erledigt sich ein anhängiges Sorgerechtsverfahren zwischen den Eltern. Dagegen muss ein Verfahren zur Sorgerechtsentziehung nach § 1666 fortgeführt werden, denn der betroffene Elternteil hat die Möglichkeit der Beschwerde; ohnehin kann er auch weiterhin wirksam in die Adoption einwilligen, weil seine Erklärungen nicht an den Bestand des Sorgerechts geknüpft sind.[284]

111   (25) **Vermögensstraftaten; Strafanzeigen. Vermögensstraftaten** spielen bei der Bewertung der erzieherischen Eignung eines Elternteils nicht unbedingt eine Rolle,[285] selbst wenn sie der Partner für besonders schwerwiegend hält. Andere Straftaten sind dagegen in ihren Auswirkungen auf das Kind und seine gute und ungestörte Entwicklung zu beziehen;[286] scheint sein Wohl gefährdet, scheidet dieser Elternteil aus. Wechselseitige **Strafanzeigen** der Eltern können Beleg für ihre weitgehende Entfremdung sein; dann ist die gemeinsame elterliche Sorge aufzulösen,[287] denn sie bildet keine Grundlage mehr für wahrgenommene Verantwortung für das Kind. Selbst lange Strafhaft rechtfertigt für sich noch nicht die Übertragung der alleinigen elterlichen Sorge auf den anderen Partner; vernünftige Kontakte sind im Strafvollzug sicherzustellen,[288] denn Umgangsbefugnisse hat auch der Straftäter, der in Haft sitzt, und so seine guten Kontakte zum Kind erhält.

---

[278] Vgl. zu Einzelheiten *Staudinger/Coester* § 1696 Rn. 86 mN.
[279] *Bamberger/Roth/Veit* Rn. 41 mN; vgl. auch BT-Drucks. 7/2060 S. 32
[280] Zum Abstammungsstreit *Staudinger/Coester* Rn. 186.
[281] *Veit* FamRZ 1999, 902, 908.
[282] Dazu *Veit* FamRZ 1999, 902, 908.
[283] BVerfG FamRZ 2010, 1403, 1404, 1410.
[284] OLG Hamm FamRZ 1986, 922 und *Bamberger/Roth/Enders* § 1751 Rn. 3.
[285] OLG Hamm FamRZ 1999, 1597.
[286] OLG Bamberg FamRZ 1991, 1341, 1342.
[287] OLG Nürnberg NJWE-FER 1999, 234.
[288] Dazu auch OLG Frankfurt FamRZ 2007, 753; kümmert sich der Strafgefangene allerdings nicht hinreichend um sein Kind, kommen Maßnahmen nach § 1666 in Betracht.

(26) Alter und Geschlecht des Kindes. Alter und Geschlecht von Kindern schaffen weder 112 für den einen noch für den anderen Elternteil einen besonderen Vorrang bei der Sorgerechtsregelung. Doch können beide Punkte bei der Abwägung im Einzelnen eine Rolle spielen, ohne dass nun auf Umwegen doch wieder die Mutter „für Kleinkinder" bevorzugt werden darf. Mit dieser Einschränkung ist (häufig) davon auszugehen, dass ein Kind in den ersten Lebensjahren nicht von seiner Hauptbezugsperson getrennt werden sollte,[289] die aufgrund der gesellschaftlichen Rollenverteilung häufig die Mutter sein wird, aber auch der Vater sein kann, wenn er die Betreuung des Kleinkindes übernommen hat.

(27) Minderjährigkeit eines Elternteils/Geschäftsunfähigkeit. Ist ein Elternteil minder- 113 jährig, scheidet er nicht deshalb schon bei der Sorgerechtsregelung aus[290], zu weiteren Einzelheiten vgl. § 1673 Rn. 2 f., aber für das Kind ist nach § 1773 Abs. 1 ein Vormund zu bestellen.[291] Im Übrigen kann oft eine abgestufte Regelung erforderlich sein, die sich um das Wohl des Kindes bemüht und beide Elternteile soweit wie möglich in ihren Elternbefugnissen belässt. Einem geschäftsunfähigen Elternteil darf die elterliche Sorge dagegen von vornherein nicht übertragen werden; er könnte sie nicht ausüben, § 1673 Abs. 1.[292]

ee) Elterneinigung. Haben sich **Eltern** über die künftige Ausübung der alleinigen elterlichen 114 Sorge geeinigt **(Elterneinigung)**, legen sie das Gericht in den Grenzen aus § 1671 Abs. 2 Nr. 1 fest.[293] Voraussetzung ist allerdings, dass nicht Anhaltspunkte zu sehen sind, die Einigung könnte aus sachfremden Erwägungen oder unter Druck zustande gekommen oder sonst fragwürdig sein. Im Übrigen sind gerichtliche Eingriffe nach Abs. 3 möglich, soweit eine Kindeswohlgefährdung nicht anders abgewendet werden kann, **§ 1666**.[294]

5. Alleinige elterliche Sorge für Teilbereiche. a) Voraussetzungen. Soll einem Eltern- 115 teil ein **Teil** der elterlichen[295] Sorge allein übertragen werden, während sie im Übrigen gemeinsam fortbesteht, oder ist die gemeinsame Elternsorge aufzulösen und in ihren Teilbestandteilen jeweils gesondert durch gerichtliche Entscheidung zu regeln, wird wie bei der Regelung der elterlichen Sorge selbst § 1671 Abs. 1 bzw. 2 bestimmend. Spricht nichts gegen einen abgestimmten **Vorschlag** der Eltern, ist dieser in den üblichen Grenzen, Nr. 2, Abs. 3 und § 1666,[296] vorrangig und für das Gericht bindend. Im Übrigen muss sich jeder Elternteil in dem Teilbereich, der geregelt werden soll, bewähren (können) und unter dem Blickwinkel des Kindeswohls als zuverlässig erweisen. Das Gericht hat in jedem Fall zu prüfen, ob unter dem Gesichtspunkt der Verhältnismäßigkeit nicht bereits mit einer Übertragung von Teilbereichen dem Kindeswohl gedient werden kann, bevor die Alleinsorge eines Elternteils angeordnet wird.[297] Hierzu gehört auch die Möglichkeit der Erteilung einer **Vollmacht**, wenn zu erwarten ist, dass dadurch eine dem Kindeswohl angemessene Situation eintritt.[298] In jedem Fall ist allein das Wohl des Kindes entscheidend. Ist das Zerwürfnis der Eltern zu tiefgreifend, steht zu befürchten, dass nur bei Teilregelungen der Streit zu Lasten des Kindes weitergeht.

b) Aufenthaltsbestimmungsrecht. Das **Aufenthaltsbestimmungsrecht** für ein Kind kann 116 gesondert geregelt und einem Elternteil zugewiesen werden. Ohnehin ist der tatsächliche **Lebensmittelpunkt** des Kindes festzulegen oder festzuhalten, da an ihn weitere Folgen angeknüpft werden. Ausschlaggebend ist wie sonst das **Kindeswohl,** doch gewinnen **Verhältnismäßigkeitsgrundsätze**[299] zusätzliches und eigenes Gewicht, da oft schon für die weitere gute und ungestörte Entwicklung des Kindes ausreichen wird, seinen tatsächlichen **Aufenthalt** oder Lebensmittelpunkt bei einem Elternteil einzurichten, ohne dass diesem (oder dem anderen) die elterliche Sorge insgesamt zugewiesen werden muss, vgl. auch § 1687.[300] Solche Anordnungen kann das Gericht auch treffen, wenn ein Elternteil für sich die elterliche Sorge allein beantragt hat, aber das Kindeswohl nur eine

---

[289] *Schwab/Motzer* (Handbuch) III Rn. 144.
[290] *Erman/Michalski/Döll* Rn. 17 mN.
[291] Vgl. auch *Erman/Michalski/Döll* Rn. 17.
[292] *Bamberger/Roth/Veit* Rn. 38.
[293] OLG Rostock FamRZ 1999, 1599; ähnlich OLG Hamm FamRZ 1998, 1315, 1316.
[294] OLG Rostock FamRZ 1999, 1599.
[295] Zur Beratungstätigkeit der Notare dabei und ihren Regelungsvorschlägen *Schwab* DNotZ 1998, 437, 442 f.
[296] OLG Rostock FamRZ 1999, 1599 und OLG Hamm FamRZ 1998, 1315, 1316.
[297] BVerfG FamRZ 2004, 1015, 1016, BGH FamRZ 2005, 1167, 1168.
[298] *Geiger/Kirsch* FamRZ 2009, 1879; *Hoffmann* ZKJ 2009, 156.
[299] *Palandt/Diederichsen* Rn. 4; dazu auch AG Leipzig FamRZ 2007, 1836 – die bloße Befürchtung der Mutter, der ausl. Vater (hier: Syrien) könne das Kind ins Ausland bringen, rechtfertigt noch nicht die Übertragung des Aufenthaltsbestimmungsrechts auf sie.
[300] OLG München NJW 2000, 368, 369.

§ 1671 117–121　　　　　　　　　　　　　Abschnitt 2. Titel 5. Elterliche Sorge

Übertragung eines Teilbereichs verlangt.[301] Wie sonst muss der **Kindeswille** „im Rahmen seines wohlverstandenen Interesses Gehör finden", wobei die Entwicklung seiner Persönlichkeit und die Gründe, die das Kind zu seinen „Äußerungen" veranlassen, zu prüfen sind.[302] Andererseits können dem berechtigten Elternteil auch weitere Beschränkungen aufzuerlegen sein, die (etwa) eine Übersiedlung ins Ausland ausschließen,[303] wenn er sonst das Aufenthaltsbestimmungsrecht ausüben darf, aber umgekehrt ihm gerade die wesentlichen Befugnisse übertragen werden müssen, damit die Lebensführung des Kindes dort und nach einem Umzug sichergestellt ist.

117　　Dagegen darf das **Aufenthaltsbestimmungsrecht** nicht einem Elternteil übertragen werden, damit er selbst vielleicht sogar von ihm verursachte Umgangskonflikte einseitig entscheiden kann und sich über die Bedenken des anderen hinwegsetzt.[304] Bestehen insoweit Streitigkeiten, sind sie im **Umgangsverfahren** zu lösen.

118　　c) **Schulische Betreuung/ärztliche Versorgung.** Auch die **schulische Betreuung**[305] eines Kindes oder seine **ärztliche Versorgung** kann gesondert geregelt und von der elterlichen Sorge abgespalten werden. Allerdings kann selbst dann ein Elternteil nicht unmittelbar für das Kind erbrachte medizinische Leistungen mit der vom anderen unterhaltenen Krankenversicherung **abrechnen**;[306] dazu ist **Vollmachtserteilung** durch den anderen notwendig, wobei der andere zu ihrer Erteilung verurteilt werden kann, wenn er sie verweigert, da sonst eine kindeswohlorientierte Ausübung der elterlichen Sorge auf dem Gebiet der Gesundheitsbelange nicht möglich wäre.[307]

119　　6. **Gesonderte Zuweisung der Vermögenssorge.** Die Vermögenssorge kann einem Elternteil allein zugewiesen werden, selbst wenn der andere Inhaber der elterlichen Sorge ist und über die persönliche Entwicklung des Kindes entscheiden kann. Nach § 1671 ist auch eine weitere Aufteilung in Einzelbestandteile möglich, um das **Vermögen** des Kindes in der gebotenen Form zu schützen und zu erhalten. So kann einem Elternteil die Personensorge und zusätzlich ein „Grundbestand" aus der Vermögenssorge übertragen werden, die sonst „teilweise" oder in Ausschnitten dem anderen Elternteil einzuräumen ist (wobei das Gericht die notwendigen Festlegungen zu treffen hat); im Übrigen können für einzelne Vermögenswerte wie etwa Wertpapierdepots, Gesellschaftsbeteiligungen, Immobilienwerte u. ä. jeweils eigene Regelungen erfolgen bzw. nötig werden. Mit der **Teilübertragung** ist die **Vertretung** des Kindes für die erfassten Einzelbereiche festgelegt. Gerichtliche Anordnungen können sich schließlich auf **Gesellschafts-** und **Unternehmensbeteiligungen** sowie auf Wertpapiere beziehen und/oder die Verwaltung eines **Mietshauses,** einer wertvollen Sammlung u. ä. gesondert regeln.

120　　7. **Sonstige Rechtsbefugnisse des sorgeberechtigten Teils, §§ 823, 1004.** Ein sorgeberechtigter Elternteil muss nicht hinnehmen, dass der andere eine Internet-Seite mit persönlichen Angaben zum Kind unter dessen Namen einrichtet.[308] Abwehransprüche kann der Geschädigte im Hauptsacheverfahren und im Wege der **einstweiligen Verfügung**[309] nach §§ 823 Abs. 1, 1004 durchsetzen und so die Interessen des Kindes wahren. Auch andere Übergriffe in die elterlichen Sorgebefugnisse durch den Partner oder durch Außenstehende kann er abwehren, denn sie stellen eine absolut geschützte Rechtsposition nach § 823 Abs. 1 dar.[310]

V. Regelung der elterlichen Sorge nach § 1671 Abs. 3

121　　1. **Verhältnis zu § 1671 Abs. 1 und Abs. 2.** Nach § 1671 Abs. 3 kann eine Sorgerechtsentscheidung nach Nr. 1 oder Nr. 2 nicht ergehen, wenn aus anderen Gründen eine abweichende gerichtl. Regelung erforderlich wird. Maßstab ist wie sonst das **Wohl** des **Kindes,** § 1697a. Eingriffe in die Pläne der Eltern oder eines Elternteils setzen dabei nicht voraus, dass § 1666 für sich bereits verwirklicht ist, falls das Gericht nach dieser Bestimmung unmittelbar zu entscheiden hätte, denn

---

[301] *Schwab* FamRZ 1998, 457, 465; *Schwab/Motzer* (Handbuch) III Rn. 109.
[302] OLG Köln FamRZ 2005, 1274.
[303] OLG Schleswig FamRZ 2003, 1494, 1495 mit Anm. *Motzer.*
[304] OLG Zweibrücken FamRZ 2000, 1042, 1043.
[305] OLG Nürnberg FamRZ 1999, 673, 674.
[306] AG Freiburg FamRZ 1993, 1443 und AG Ebersberg FamRZ 2004, 826.
[307] AG Ebersberg FamRZ 2004, 826.
[308] AG Witten Streit 2001, 35.
[309] AG Witten Streit 2001, 35.
[310] AG Witten Streit 2001, 35, 36 mN, insbesondere BGHZ 111, 168, 172; zum Umgangsboykott und Schadensersatzverpflichtungen vgl. auch *Finger* FuR 2006, 299, OLG Frankfurt NJW-RR 2005, 1339; weitere Einzelheiten § 1684 Rn. 83.

die Bestimmung ist nicht als selbständiger **Anordnungstatbestand** angesprochen, sondern legt ähnlich wie früher § 1632 Abs. 4 aF lediglich die Maßstäbe fest, die für das Gericht beachtlich werden. Damit ist eine offene Abwägung der vorgebrachten und der sonst erkennbaren, **Amtsermittlung,** Gesichtspunkte und Merkmale nötig, um zu einem sachbezogenen, am Kindeswohl orientierten Ergebnis zu gelangen;[311] so dass die Schwellen niedriger angesetzt sind als unmittelbar in § 1666. Daneben kann allerdings auch diese Bestimmung anwendbar werden,[312] wenn ihre Voraussetzungen erfüllt sind und das Gericht so vorgehen muss. Bei der gerichtlichen Entscheidung nach dieser Bestimmung gewinnen im Übrigen die Gründe Gewicht, die schon bei der Regelung der elterlichen Sorge nach § 1671 Abs. 1 eine Rolle spielen – **Förderungsprinzip, Bindungen** des Kindes und **Bindungstoleranz, Kontinuitätsüberlegungen,** eigener **Wille** des Kindes und seine Vorstellungen u. ä.

Anordnungen nach Abs. 3 setzen nicht etwa voraus, dass ein Sorgerechtsverfahren nach § 1671 durch die vorrangige, gerichtliche Feststellung abgeschlossen wird, die gemeinsame Elternsorge könne nicht fortbestehen, weil dies im Interesse des Kindes nicht zu verantworten sei oder dass ein Regelungsantrag eines Elternteils abgewiesen wird. Vielmehr hat das FamG die Dinge einheitlich zu behandeln und abzuschließen. Anträge nach Abs. 2 können so zur Grundlage für eine gerichtl. Regelung der elterlichen Sorge nach Abs. 3 werden.[313] Zerstreuen sich im Verlauf die Bedenken gegen einen Elternteil, ist daher auch eine Entscheidung „für" ihn auf seinen Antrag möglich.

2. Gerichtliche Entscheidung nach Abs. 3. Nach **Abs. 3** kann das Gericht die elterliche Sorge insgesamt oder in Teilbereichen auf den Antragsteller übertragen,[314] aber auch auf den Antragsgegner,[315] wobei diese Lösung gegen seinen nachhaltigen Widerstand allerdings kaum möglich erscheint, dazu schon Rn. 59 und zu einer Ausnahme Rn. 74. Im Übrigen und vor allem kann ein **Pfleger** zu bestellen und/oder als äußerste Maßnahme die **Entziehung** der elterlichen Sorge für beide Eltern und die Einrichtung von **Vormundschaft** anzuordnen sein.[316] Abs. 3 geht davon aus, dass „§ 1666 ... eine ausreichende Rechtsgrundlage für die Abweichung vom Elternvorschlag ist und dass das Familiengericht dem Antrag auch bei Vorliegen der Voraussetzungen des Abs. 2 nicht stattgeben darf, soweit die Sorge auf Grund anderer Vorschriften abweichend geregelt werden muss,"[317] so dass sich die Maßstäbe für die gerichtliche Regelung aus der gesetzl. Anordnung selbst ergeben, aber nicht die Voraussetzungen für seine Tätigkeit aus ihr unmittelbar abzuleiten sind.

3. Insbesondere: Bestellung eines Pflegers oder Vormunds. Vormundschaft ist mit dem **Entzug** der elterlichen Sorge für beide Elternteile anzuordnen, wenn[318] weniger weitreichende Eingriffe nicht ausreichen, um Interessen des Kindes und sein Wohl sicherzustellen. Dagegen hat ein **Pfleger** die Aufgabe, einen Elternteil zu unterstützen, „für" den er seinen Auftrag erhalten hat und der entsprechend Hilfe braucht. Stets hat das Gericht bei seinen Eingriffen Maßstäbe der Verhältnismäßigkeit zu beachten, denn jeder Elternteil kann verfassungsrechtlich geschützte Rechtspositionen für sich in Anspruch nehmen. Befugnisse des Pflegers können die elterliche Sorge eines Elternteils insgesamt erfassen; doch können sie auch auf einzelne Teilausschnitte beschränkt werden, etwa auf die Geltendmachung von **Unterhaltsansprüche, die Gesundheitsfürsorge** etc.,[319] wenn dies für das Wohl des Kindes ausreicht. Ist ein Pfleger für einen bestimmten, sachlich abgegrenzten Bereich bestellt, kann die elterliche Sorge für das Kind sonst den Eltern gemeinsam zustehen; doch kann das Gericht sie oder Ausschnitte aus ihr auch von ihnen allein zu übertragen haben, wenn nur so eine Gefährdung des **Kindeswohls** ausgeschlossen ist.[320] Ordnet das FamG die Entziehung des Sorgerechts an, umfasst seine Zuständigkeit auch die Anordnung der Ergänzungspflegschaft/Vormundschaft einschließlich der Auswahl des Pflegers und Vormunds sowie der Überwachung und Aufhebung, §§ 111 Nr. 2, 151 Nr. 4 und Nr. 5 FamFG.

Als Pfleger können **Verwandte** eingesetzt werden, insbesondere die **Großeltern** des Kindes. Zeigen sie keine Einsicht in dessen Bedürfnisse, kann die Anordnung geändert und eine andere Maßnahme getroffen werden, die für das Wohl des Kindes erforderlich ist und zu seiner guten

---

[311] Dazu OLG Rostock FamRZ 1999, 1599.
[312] *Schwab* FamRZ 1998, 457, 465, vgl. dazu auch OLG Hamm FamRZ 2000, 1239.
[313] *Motzer* FamRZ 1999, 1101, 1102.
[314] *Schwab* FamRZ 1998, 457, 466.
[315] OLG Karlsruhe FamRZ 1999, 801, 802.
[316] *Schwab* FamRZ 1998, 457, 465; OLG Düsseldorf FamRZ 2005, 2087, 2089.
[317] BT-Drucks. 13/4899 S. 99.
[318] Verhältnismäßigkeitsmaßstäbe, dazu *Schwab* FamRZ 1998, 457, 466.
[319] *Schwab* FamRZ 1998, 457, 466.
[320] Dazu schon *Schwab* FamRZ 1998, 457, 466.

Entwicklung beiträgt.[321] Meist wird sich aber ohnehin eine gerichtliche Anordnung empfehlen, die an besondere berufliche Erfahrungen anknüpft und Neutralität des Vormunds, aber auch Sachlichkeit und Gelassenheit sicherstellt. Im Übrigen gilt § 1630.

VI. Verfahren

126 **1. Zuständigkeit. a) Sachlich.** Für die Regelung der elterlichen Sorge und Entscheidungen über sie ist im isolierten Verfahren und im **Entscheidungsverbund** mit dem Scheidungsverfahren, § 137 Abs. 3 FamFG, nach entsprechendem Antrag das FamG sachlich zuständig, §§ 23a GVG, 151 Nr. 1 FamFG; allerdings zählen sie nicht mehr zu den amtswegigen Folgesachen, sondern können nur noch (auf besonderen Antrag) ergehen, sind dann allerdings in den Verbund einbezogen.

127 **b) Örtlich.** Im isolierten Sorgerechtsverfahren ist **örtlich** das FamG zuständig,[322] in dessen Bezirk das Kind seinen gewöhnlichen Aufenthalt hat oder bei fehlendem gewöhnlichen Aufenthalt im Inland ein besonderes Fürsorgebedürfnis besteht, § 152 Abs. 2 und 3 FamFG.

128 Wird das **Scheidungsverfahren** betrieben und dabei die Regelung der elterlichen Sorge nach besonderem Antrag mindestens eines Elternteils im Verbund Verhandlungs- und Entscheidungsgegenstand, ist das Gericht zuständig, bei dem die Scheidungssache in erster Instanz anhängig ist oder war, § 152 Abs. 1 FamFG, soweit es sich um gemeinschaftliche Kinder handelt.[323] An das Gericht der Ehesache ist die Kindschaftssache, welche vor Rechtshängigkeit der Ehesache bei einem anderen Gericht anhängig ist, von Amts wegen abzugeben, § 153 FamFG. Hat ein Elternteil den Aufenthaltsort des Kindes einseitig ohne Zustimmung des anderen Elternteils verändert, so kann das dann aufgrund des jetzigen Aufenthalts des Kindes eigentlich zuständige Familiengericht an das Gericht, in dessen Bezirk zuvor das Kind seinen gewöhnlichen Aufenthalt hatte, verweisen, § 154 S. 1 FamFG. Diese Verweisungsmöglichkeit besteht nicht, wenn der den Aufenthalt des Kindes verändernde Elternteil das Aufenthaltsbestimmungsrecht alleine zusteht oder die Änderung des Aufenthaltsortes zum Schutz des Kindes oder des betreuenden Elternteils erforderlich ist, § 154 S. 2 FamFG. Der einseitig den Aufenthaltsort veränderte Elternteil soll nicht zusätzlich den Vorteil eines ortsnahen Verfahrens habe.[324] Entscheidend sollte aber eher sein, was dem Kind zugemutet werden kann (lange Anfahrten zu gerichtlichen Anhörungen?) und wie sehr das ortsferne Familiengericht in der Lage ist, zügig zu ermitteln, welche Entscheidung im Interesse des Kindeswohls angezeigt ist.

129 **c) Internationale Zuständigkeit.**[325] **Internationale Zuständigkeit** deutscher Gerichte ergibt sich in isolierten Sorgerechtssachen aus § 99 FamFG; bei Verbundentscheidungen aus § 98 FamFG, allerdings sind vorrangig im Verhältnis zu anderen EU-Staaten mit Ausnahme Dänemarks die Vorschriften der **Brüssel IIa-VO** (VO Nr. 2201/2003), § 97 FamFG, und zwar auch vor dem KSÜ, Art. 61 Brüssel IIa VO.[326] Entscheidend ist danach der gewöhnliche Aufenthaltsort des Kindes, Art. 8 Brüssel IIa VO.[327] Das Kind hat seinen gewöhnlichen Aufenthalt dort, wo es sozial und familiär integriert ist, wobei „die Dauer, die Regelmäßigkeit und die Umstände des Aufenthalts" zu berücksichtigen sind[328]. Eine Mindestaufenthaltsdauer wird nicht vorausgesetzt, entscheidend ist vielmehr der Wille des Betroffenen dort zukünftig seinen gewöhnlichen Aufenthalt begründen zu wollen.[329] Die sozialen und familiären Bindungen sind je nach Alter des Kindes unterschiedlich. Bei einem Säugling sind die Bindungen seiner Hauptbezugsperson zu dem Aufenthaltsort entscheidend.[330] Fehlt ein gewöhnlicher Aufenthalt, dann gilt mangels anderer Vereinbarung der tatsächliche Aufenthalt, Art. 12 und 13. Zudem können die Bestimmungen des KSÜ,[331] das gem. Art. 53 Abs. 1 KSÜ zur Frage des anwendbaren Rechts auch für bereits vor dem Inkrafttreten am 1. 1. 2011 anhängige Verfahren anzuwenden ist,[332] und - soweit es noch

---

[321] BayObLG FamRZ 1999, 1154.
[322] Zu weiteren Einzelheiten *Völker/Clausius* § 1 Rn. 282 f.
[323] Zu Einzelheiten *Johannsen/Henrich/Jaeger* § 152 FamFG Rn. 4.
[324] BT-Drucks. 16/6308 S. 35.
[325] Ausführlich mit Prüfungsschema *Völker/Clausius* § 11 Rn. 10 ff.
[326] BGH FamRZ 2011, 796, 797 Tz. 12.
[327] EGMR FamRZ 2009, 843, 845; BGH FamRZ 2008, 45, 46.
[328] EGMR FamRZ 2009, 843, 845.
[329] EGMR FamRZ 2011, 617, 619.
[330] EGMR FamRZ 2011, 617, 619.
[331] Gilt für die Bundesrepublik Deutschland ab 1. 1. 2011; zu den übrigen Vertragsstaaten: www.hcch.net/index_en.php?act=conventions.status&cid=70.
[332] BGH FamRZ 2011, 796, 798 Tz. 31.

einschlägig ist – des **MSA**[333] mit ihrer Ausrichtung auf den gewöhnlichen **Aufenthaltsort** des Kindes eingreifen,[334] § 5 KSÜ. Bei ausländischer **Rechtshängigkeit** greift Art. 19 Brüssel IIa-VO, wonach das später angerufene Gericht sein Verfahren auszusetzen hat, bis das erstberufene Gericht seine Zuständigkeit geprüft hat. Im Falle der Bejahung der Zuständigkeit des erstangerufenen Gerichts hat sich das später berufene für unzuständig zu erklären. Dies gilt sowohl in Kindschaftssachen als auch in Verbundverfahren; entsprechende Regelung in Art. 13 KSÜ. Verändern sich nachträglich die Anknüpfungsvoraussetzungen bei der Zuständigkeit hat im Anwendungsbereich der Brüssel IIa-VO das zunächst angerufene Gericht zur Sache zu entscheiden, **perpetuatio fori**, Art 8 Abs. 1 der VO. Anders hingegen im Anwendungsbereich des KSÜ, Art. 5 Abs. 2, deshalb lässt ein **Aufenthaltswechsel** des Kindes in einen anderen Vertragsstaat des KSÜ/MSA, wenn dort ein neuer gewöhnlicher Aufenthalt des Kindes begründet wird, die zunächst gegebene internationale Zuständigkeit bei einem anderen Gericht entfallen.[335] Aus den Umständen muss sich dabei ergeben, dass der neue Aufenthalt auf längere Zeit angelegt und Daseinsmittelpunkt für die Familie und das Kind sein soll.[336]

Wegen der besonderen völkervertraglichen Bindungen im Verhältnis zum **Iran**, deutsch-iranisches Niederlassungsabkommen von 1929, bleibt das KSÜ/MSA insoweit ohne Bedeutung, so dass in Verfahren von Iranern, die beide die alleinige iranische Staatsangehörigkeit haben müssen, iranisches Recht für **Sorge-** und **Umgangsregelungen** für Kinder aus dieser Ehe zur Anwendung bringen. **Art. 6 EGBGB (ordre public)** ist dabei besonders zu beachten.[337]

d) Internationale Zuständigkeit für Verbundsachen. Auch insoweit ist die Brüssel IIa-VO maßgeblich, sie verdrängt § 98 FamFG.[338] Daraus ergibt sich aber nur die Zuständigkeit für die Ehesache, für die Folgesachen folgt sie aus Art. 98 Abs. 2 FamFG, denn die Brüssel IIa-VO enthält insoweit keine Zuständigkeitsregelung. Außerhalb des Anwendungsbereichs der Brüssel IIa-VO können nen deutsche Gerichte für **Verbundsachen** international zuständig sein, selbst wenn ein ausl. Gericht das Scheidungsverfahren zu betreiben hat und für Verbund- und Folgesachen grundsätzlich die eigene Zuständigkeit in Anspruch nimmt; denn sie muss dort auch tatsächlich ausgeübt sein,[339] um **anderweitige Rechtshängigkeit** in Deutschland zu begründen, die eine gerichtliche Entscheidung für den angesprochenen Teil in Deutschland ausschließt und daher bei der internationalen Zuständigkeit zu berücksichtigen ist, ansonsten hindert ausländische Rechtshängigkeit.

Abänderung einer gerichtlichen Entscheidung zum Sorge- und Umgangsrechts kann in Deutschland auch dann erfolgen (Aufenthaltszuständigkeit), wenn die ursprüngliche Entscheidung im Ausland getroffen worden ist,[340] wobei § 1696 Grundlage wird,[341] § 166 FamFG.

e) Anerkennung ausländischer Entscheidungen. Die **Anerkennung** von Entscheidungen[342] der Mitgliedstaaten regelt sich in Art. 21 Brüssel IIa-VO, wobei Art. 23 Gründe nennt, die einer Anerkennung entgegenstehen. Dies sind Kindeswohlgründe und die Verletzung von Verfahrensgrundsätzen.[343] Auf **einstweilige Maßnahmen** ist Art. 21 Brüssel IIa-VO nicht anwendbar.[344] Erforderlich ist vielmehr, dass ein in der Hauptsache zuständiges Gericht die einstweilige Maßnahme erlassen hat.[345] Hat hingegen ein unzuständiges Gericht entschieden, kann nach Art. 20 Brüssel IIa-VO sich die Zuständigkeit und Vollstreckung aus nachrangigem Recht ergeben.[346] Weitere Anerkennungsregelungen sind in ESÜ[347], KSÜ und MSA enthalten, so dass

---

[333] Vgl. dazu auch OLG Düsseldorf FamRZ 1999, 669 (Australien); OLG Hamm FamRZ 1999, 1519 (Barbados) mit Anm. *Henrich* 1520; KG NJW 1998, 1565; zu KSÜ und MSA im Übrigen ausf. *Völker/Clausius* § 11 Rn. 26 ff und 38 ff.
[334] *Böhmer/Finger* Art. 17 EGBGB Rn. 130 a und 131 d; zu weiteren Einzelheiten *Finger* FuR 1999, 310 und *Gruber* FamRZ 1999, 1563.
[335] BGH FamRZ 2002, 1182 1184 mit Anm. *Henrich*; OLG Nürnberg FamRZ 2003, 163, 164.
[336] BGH FamRZ 2005, 1540, 1543; OLG Nürnberg FamRZ 2004, 278, 279 mit Anm. *Coester*; OLG Nürnberg NJW-RR 2002, 1515; KG NJW 1998, 1565.
[337] Hierzu *Scholz* IPRax 2008, 213 insbesondere zur Beachtung von Menschenrechten speziell beim islamisch geprägten Recht.
[338] *Johannsen/Henrich* § 98 FamFG Rn. 27.
[339] BGH NJW 1992, 3293, 3294; vgl. auch *Böhmer/Finger* Art. 17 EGBGB Rn. 131 a.
[340] Dazu *Finger* FuR 1999, 310, 316 f.
[341] OLG München FamRZ 1997, 106, 107.
[342] Dazu *Dutta* StAZ 2010, 193, 194 f.
[343] Zur Problematik der Kindesanhörung *Schlauß* FPR 2006, 228.
[344] EuGH FamRZ 2010, 1521, 1523 f.
[345] BGH FamRZ 2011, 959, 960; FamRZ 2011, 542, 543.
[346] BGH FamRZ 2011, 542, 544.
[347] *Schulz* FamRZ 2003, 336, 339.

§ 1671 134–137   Abschnitt 2. Titel 5. Elterliche Sorge

jeweils zu prüfen ist, welches Abkommen Anwendung findet. Einzelheiten der Anerkennung für Entscheidungen der freiwilligen Gerichtsbarkeit ergeben sich aus §§ 107 ff. FamFG. Ist die ausländische Entscheidung anerkannt, dann kann sie auch vollstreckt werden, § 110 FamFG, wobei für die Vollstreckung sich keine Besonderheiten ergeben. Liegt im Anwendungsbereich des **ESÜ** ein vollstreckungsfähiger Titel auf Herausgabe des Kindes nicht vor, kann das Gericht nach § 32 IntFamRVG feststellen, dass die Sorgerechtsentscheidung oder die von der zuständigen Behörde genehmigte Sorgerechtsvereinbarung der Eltern aus dem anderen Vertragsstaat anzuerkennen ist, und zur **Wiederherstellung** des Sorgeverhältnisses auf Antrag anordnen, dass die verpflichtete Person das Kind herauszugeben hat.

134   **2. Antragsverbund; amtswegige Folgesache.** Verfahren zur elterlichen Sorge sind nur dann **Folgesache**, wenn ein Ehegatte vor Schluss der mündlichen Verhandlung in erster Instanz in der Scheidungssache die Einbeziehung in den Verbund beantragt, § 137 Abs. 3 FamFG. Für den Antrag gilt **Anwaltszwang**, § 114 Abs. 1 FamFG. Damit kann ein Antrag zur elterlichen Sorge abweichend von allen übrigen Folgesachen auch weiterhin erst im Laufe des Verfahrens bis zum Schluss der letzten mündlichen Verhandlung anhängig gemacht werden, während sonstige Folgesachen innerhalb einer Frist von zwei Wochen vor der mündlichen Verhandlung, in der eine einheitliche Entscheidung ergehen kann, anhängig zu machen sind, § 137 Abs. 2 FamFG. Hält das Gericht eine Entscheidung im Verbund aus Gründen des Kindeswohls nicht für angezeigt, so wird das **Kindschaftsverfahren abgetrennt**, §§ 137 Abs. 3, 140 Abs. 2 Nr. 3 FamFG. Eine Abtrennung der Folgesache kommt auch in Betracht, wenn das Verfahren ausgesetzt ist, was zwecks außergerichtlicher Konfliktlösung oder Beratung häufiger der Fall sein wird. Wird der Scheidungsantrag zurückgenommen, so erstreckt sich die Wirkung auch auf das Sorgerechtsverfahren, § 141 FamFG, ausgenommen sind aber Verfahren nach § 1666.

135   Nach § 133 Abs. 1 FamFG muss die **Antragschrift** zur Scheidung konkrete Angaben zu den gemeinschaftlichen minderjährigen, auch angenommenen, Kindern aus der Ehe enthalten: Name, Geburtsdatum und gewöhnlicher Aufenthalt. Ferner ist eine Erklärung darüber erforderlich, ob die Eltern eine Regelung über elterliche Sorge sowie Umgang und Unterhaltspflicht gegenüber den gemeinschaftlichen minderjährigen Kindern getroffen haben. Einer Wiedergabe des Inhalts der Einigung bedarf es nicht.[348] Letztlich ermöglichen die Angaben dem Familiengericht nur, die erforderliche Mitteilung an das Jugendamt zu machen, § 17 Abs. 3 SGB VIII. Die Situation der Kinder bleibt daher dem Familiengericht unter Umständen verborgen.

136   **3. Beteiligte.** Neben den Eltern ist das **Kind Beteiligter** gem. § 7 Abs. 2 Nr. 1 FamFG. Seine Rechte werden durch das Sorgerechtsverfahren unmittelbar betroffen. Das Kind wird dabei in dem Verfahren grundsätzlich durch seine sorgeberechtigten Eltern vertreten, § 9 Abs. 3 FamFG. Gleichwohl bedarf es in einem Sorgerechtsverfahren wegen eines **Interessenkonflikts** zwischen den Eltern und dem Kind keiner Bestellung eines Ergänzungspflegers, denn mit der **Bestellung des Verfahrensbeistandes** steht ein milderes genauso wirksames Mittel zur Interessensvertretung des Kindes zur Verfügung.[349] Großeltern sind hingegen keine Beteiligten gem. § 7 Abs. 2 Nr. 1 FamFG.[350] Das Jugendamt wird nur auf Antrag, § 160 Abs. 2 FamFG, Beteiligter iS von § 7 Abs. 2 Nr. 1 FamFG.

137   **4. Verfahrensdauer.** Bei Kindschaftsverfahren, die Sorge- oder Umgangsbefugnisse der Eltern betreffen, besteht die Gefahr, dass die Kinder durch die **Verfahrensdauer** einer erheblichen Belastung ausgesetzt sind, weil nicht nur der familiäre Konflikt fortbesteht, sondern der ungewisse Ausgang für alle Beteiligten eine erhebliche zusätzliche Belastung darstellt, die zur Verschärfung des Konflikts führen kann. Ferner besteht bei einer langen Verfahrensdauer ohne gerichtliche Maßnahmen die Gefahr einer Entfremdung zwischen dem nicht betreuenden Elternteil und dem Kind, die dann häufig schon tatsächlich zu einer Vorentscheidung in der Sache führt.[351] Wie bereits nach § 50e FGG aF gilt in Verfahren, die den Aufenthalt des Kindes, das Umgangsrecht oder die Herausgabe des Kindes betreffen ebenso wie bei Kindeswohlgefährdung das **Vorrang- und Beschleunigungsgebot, § 155 FamFG**.[352] Die Sache ist in einem ersten Termin innerhalb eines Monats nach Beginn des Verfahrens mit den Beteiligten zu erörtern; Verlegungsanträge sind äußerst restriktiv zu behandeln, § 155 Abs. 2 FamFG. Nicht nachvollziehbar ist allerdings, warum nur Umgangsverfahren generell beschleunigungswürdig sind, hingegen nicht Verfahren zur elterlichen Sorge, die nicht den

---

[348] *Johannsen/Henrich/Markwardt* § 133 FamFG Rn. 4.
[349] BGH FamRZ 2011, 1788, 1790 Rn. 17.
[350] OLG Hamm MDR 2011, 1115, 1116.
[351] BVerfG NJW 2001, 961; 1997, 2811, 2812; vgl. auch OLG Frankfurt NJW-RR 2007, 369, 370.
[352] Vgl. hierzu aus Sicht des Kindeswohls *Salgo* FF 2010, 352.

Aufenthalt des Kindes betreffen. Denn auch diese Verfahren können hochgradig streitig und für die Kinder extrem belastend sein.

Auch in einem beschleunigten Verfahren sind die **Verfahrensrechte** der Beteiligten zu wahren, so sind Kinder vor endgültigen Instanz abschließenden Entscheidungen anzuhören,[353] § 159 FamFG. Ferner ist das rechtliche Gehör der Beteiligten zu wahren.[354] Eine Terminierung entgegen § 155 FamFG ist nicht isoliert anfechtbar.[355] **138**

5. Anwaltszwang; Anwaltsbeiordnung. Im Scheidungsverfahren besteht auch für den Sorgerechtsantrag **Anwaltszwang, § 114 Abs. 1 FamFG**. Der Anwaltszwang entfällt bei einer Abtrennung des Sorge- oder Umgangsverfahrens, denn diese werden nun zu einem selbständigen Verfahren, § 137 Abs. 5 S. 2 FamFG, und in **selbständigen Sorgerechtsverfahren** kann jeder Elternteil ohne Anwalt tätig werden und seine Vorstellungen verfolgen. **139**

Eine Beiordnung eines Anwalts im Rahmen von **Verfahrenskostenhilfe** ist nach § 78 Abs. 2 FamFG dann geboten, wenn die Schwierigkeit der Sach- und Rechtslage die Vertretung durch einen Anwalt erforderlich macht, wobei ausreichend ist, wenn entweder die Sach- oder die Rechtslage komplex ist. Zudem sind nicht nur objektive Kriterien, sondern auch subjektive Umstände für die Beurteilung der Schwierigkeit des Verfahrens maßgeblich.[356] Auch wenn der Gesetzgeber das Gebot der Waffengleichheit nicht mehr ausdrücklich normiert hat, weil er der Auffassung war, dass aufgrund des Amtsermittlungsverfahrens hierfür kein Bedürfnis bestehe,[357] so gebietet doch Art. 3 GG iVm. Art. 20 Abs. 1 und 3 GG eine weitgehende Gleichstellung Bemittelter und Unbemittelter bei der Gewährung effektiven Rechtsschutzes.[358] Es wird daher weiterhin darauf abzustellen sein, ob eine bemittelte Partei sich angesichts der objektiven Sach- oder Rechtslage oder ihrer subjektiven Umstände einen Anwalt genommen hätte.[359] **140**

6. Verfahrensablauf; Beweisregeln. Sorgerechtsverfahren nach § 1671 unterliegen dem **Amtsermittlungsgrundsatz**, § 26 FamFG. Eine förmliche Beweisaufnahme ist nicht vorgesehen, § 30 Abs. 2 FamFG, sondern es gilt der **Freibeweis**, § 29 Abs. 1 FamFG. Bei Bedarf kann allerdings eine förmliche Beweisaufnahme angeordnet werden, § 30 Abs. 1 FamFG. Der **„Lügendetektor"** ist allerdings kein zulässiges Beweismittel, um Einzelheiten zu erforschen.[360] Elternrechte und das Kindeswohl verlangen in jedem Fall, dass das Gericht sich eine Entscheidungsgrundlage verschafft, die es erlaubt, alle Umstände des Einzelfalls zu berücksichtigen und abzuwägen.[361] Das FamG ist daher von Amts wegen verpflichtet, alle zur Aufklärung dienlichen Ermittlungen anzustellen und Beweise zu erheben, braucht aber die sachliche Stellungnahme der Beteiligten. Dabei darf die Feststellung der maßgeblichen Tatsachen nicht einer anderen Einrichtung zur selbständigen Erledigung überlassen werden; doch ist nicht jedem ganz fern liegenden Hinweis nachzugehen, denn Aufklärungs- und Ermittlungsverpflichtungen bestehen nur, soweit das Vorbringen der Beteiligten oder der Sachverhalt bei sorgfältiger Überlegung zu weiteren Nachforschungen Anlass gibt.[362] Soll ein Elternteil vom Sorgerecht ausgeschlossen werden, etwa weil alle Befugnisse dem anderen zu übertragen sind, ist konkreter, nachprüfbarer **Tatsachenvortrag** erforderlich, denn beide können sich auf verfassungsrechtliche Garantien berufen, **Art. 6 GG**.[363] **141**

Ob das Gericht ein **kinderpsychiatrisches** oder **-psychologisches Gutachten** für das Kind und seine voraussichtliche weitere Entwicklung einholt, bevor die elterl. Sorge geregelt wird, steht in seinem pflichtgemäßen Ermessen, § 30 Abs. 1 FamFG; ebenso ob es zunächst die Eltern auf eine **Beratung** in der (begründeten) Hoffnung einer einvernehmlichen Lösung verweist. Auch hier ist regelmäßig zu bedenken, dass Verfahrensverzögerungen zu Kindeswohlbeeinträchtigungen führen können. Zur Vermeidung von Verzögerungen ist dem Sachverständigen bei Beauftragung eine (angemessene) Frist zur Erstellung des Gutachtens zu setzen, § 163 Abs. 1 FamFG. Die Begutachtung wird dann notwendig, wenn schwierige Fragen zu klären sind und eigene hinreichende Sachkunde fehlt (wie meist). Allerdings können die Eltern nicht zur Mitwirkung an einer Begutachtung gezwungen werden, denn es fehlt an der erforderlichen gesetzlichen Grundlage für den mit einer **142**

---

[353] Dazu *Coester* FF 2009, 269, 273.
[354] KG FamRZ 2009, 1428, 1429.
[355] OLG Schleswig FamRZ 2011, 1085: es bleibt Untätigkeitsbeschwerde bei unzumutbarer Verzögerung.
[356] BGH FamRZ 2010, 1427, 1429.
[357] BT-Drucks. 16/6308 S. 214.
[358] BVerfG NJW-RR 2007, 1713, 1714; BGH FamRZ 2009, 857, 858.
[359] BGH FamRZ 2010, 1427, 1430.
[360] BGH NJW 2003, 2527, 2528.
[361] BVerfG FamRZ 2009, 1389, 1390.
[362] Zu Einzelheiten *Staudinger/Coester* Rn. 268.
[363] OLG München NJW 2000, 368, 369.

§ 1671 143–145 Abschnitt 2. Titel 5. Elterliche Sorge

Begutachtung verbundenen Eingriff in das Persönlichkeitsrecht aus Art. 2 Abs. 1 GG.[364] Die **Weigerung** eines Elternteils an der Begutachtung mitzuwirken, darf daher auch nicht nach den Grundsätzen der Beweisvereitelung gewürdigt werden.[365] Vielmehr muss gegebenenfalls dem Sachverständigen die Möglichkeit gegeben werden, aus der Teilnahme an der Anhörung und der hier stattfindenden richterlichen Befragung seine Sachkunde einzubringen.[366] Gibt der betroffene Elternteil ohne sachlich gerechtfertigten Grund keine Zustimmung zur „Begutachtung des Kindes", kann ihm nur in Fällen, in denen eine Begutachtung zur Abwehr einer sonst drohenden Kindeswohlgefährdung erforderlich ist, dieser Teilbereich seiner Sorgebefugnisse entzogen und auf einen Pfleger übertragen werden.[367]

143 An die Schlussfolgerungen eines Gutachtens ist das Gericht wie sonst nicht gebunden. Vielmehr muss die Entscheidung mit eigenen Erwägungen abgesichert sein und eigene Wertungen erkennen lassen; folgt es dem Gutachten nicht, sind die Gründe für die nun entwickelten Abweichungen allerdings im Einzelnen anzugeben und zu erläutern.[368]

144 Das Gericht kann dem Sachverständigen auch den Auftrag erteilen, nicht nur die ihm gestellten Fragen zu beantworten, sondern auch zugleich auf die **Erstellung eines Einvernehmens zwischen den Eltern hinzuwirken** (lösungsorientiertes Gutachten), § 163 Abs. 2 FamFG. Der Sachverständige soll aufgrund seiner Sachkunde und Kompetenz bei den Eltern Verständnis für die Situation des Kindes und die nicht deckungsgleichen Interessen des Kindes und der Eltern wecken und hieraus kann sich dann eine einvernehmliche Lösung ergeben.[369] Allerdings kann es im Einzelfall problematisch werden, wenn ein lösungsorientierter Ansatz im Begutachtungsprozess verfolgt wird und von den Eltern mit großer Offenheit angenommen wird, dann aber doch scheitert und der Sachverständige die nur im Vertrauen auf eine einvernehmliche Lösung erhaltene Erkenntnis für ein Gutachten verwendet.[370] Zudem ist sorgfältig zu klären, ob der Sachverständige zu einer Lösung des familiären Konflikts beitragen oder nur eine vermeintlich einverständliche Lösung der dem Gericht angetragenen Streitfrage erreichen soll (beispielsweise Umgangsregelung).[371]

145 **7. Anhörung der Verfahrensbeteiligten. a) In erster Instanz.** In einem Verfahren, das die Person des Kindes betrifft, soll das Gericht die **Eltern persönlich** anzuhören, **§ 160 Abs. 1 FamFG**. In Verfahren, die die Vermögenssorge betreffen, sind die Eltern anzuhören, eine persönliche Anhörung ist nicht erforderlich, **§ 160 Abs. 2 FamFG**. Bei der persönlichen Anhörung der Eltern sollte das Kind nicht anwesend sein, aber der Verfahrensbeistand ist zur Anhörung der Eltern zu laden. Das Ergebnis der Anhörung ist zu protokollieren.[372] Das **Kind** ist nach **§ 159 FamFG** zwingend ab dem 14. Lebensjahr anzuhören. Ansonsten ist das Kind stets persönlich zu hören, wenn seine Neigungen, Bindungen oder sein Wille bei der Entscheidung eine Rolle spielen können oder es aus sonstigen Gründen angezeigt ist, Abs. 2.[373] Das Kind ist nicht Objekt des Verfahrens, sondern als Träger eigener Grundrechte in dem Verfahren angemessen zu beteiligen. Kinder sind daher regelmäßig ab dem 3. Lebensjahr anzuhören.[374] Unterbleibt die Anhörung, ist dies ein erheblicher **Verfahrensmangel**,[375] der jedoch nur dann zu einer Zurückverweisung führen kann, wenn diese beantragt ist und zusätzlich eine umfangreiche oder aufwändige Beweisaufnahme erforderlich ist, § 69 Abs. 1 S. 3 FamFG. Die Anhörung ist kindgerecht zu gestalten, wobei bei kleineren Kindern häufig Beobachtungen beim Spiel aussagekräftiger sind als direkte Befragungen,[376] die schon aufgrund des kindlichen Zeitverständnisses zu Missverständnissen führen können (Kind will zum Vater, weil es direkt nach der Anhörung im Rahmen des Umgangs zum Vater geht). Auch aus ihren Kontakten mit den Eltern vor oder nach dem Termin können sich Anhaltspunkte ergeben, wobei es aber regelmäßig für die Kinder (und auch die Eltern) weniger belastend ist, wenn das Kind nicht unmittelbar am Tag der Anhörung der Eltern angehört wird, sondern an einem anderen Tag. Von

---

[364] BVerfG FamRZ 2009, 944, 345; 2004, 523 und BGH FamRZ 2010, 720, 721.
[365] BGH FamRZ 2010, 720, 722; aA OLG Naumburg FamRZ 2006, 282; OLG Koblenz NJW-RR 2001 4, 5.
[366] BGH FamRZ 2010, 720, 722.
[367] OLG Rostock NJW 2007, 231,232; OLG Zweibrücken FamRZ 1999, 521.
[368] BVerfG FamRZ 2007, 335, 336, welches zugleich den Nachweis der eigenen Sachkunde verlangt.
[369] BT-Drucks. 16/6308 S. 242.
[370] Generell kritisch hierzu: *Coester* FF 2009, 269, 276; s.a. *Salzgeber* FamRZ 2008, 656, 657.
[371] Hierzu *Salzgeber* FamRZ 2010, 851; *ders*, FS Rudolph, 2009, S. 173 sowie *Staudinger/Coester* Rn 288 mwN.
[372] OLG Saarbrücken FamRZ 2010, 2085, 2086.
[373] Ausf. zur Kindesanhörung *Carl/Eschweiler* NJW 2005, 1681.
[374] BVerfG FamRZ 2007, 1078, 1079.
[375] BVerfG FamRZ 2007, 1078, 1079.
[376] So auch *Staudinger/Coester* Rn. 283 und *Lempp* NJW 1963, 1659, 1660.

der Anhörung des Kindes kann nicht deshalb abgesehen werden, weil die Eltern darauf verzichten.[377] Im Übrigen ist es dem Einzelfall zu überlassen, wie die Anhörung gestaltet wird, § 159 Abs. 4 S. 4 FamFG. Der Verfahrensbeistand hat regelmäßig an der Anhörung teilzunehmen, § 159 Abs. 4. S. 3 FamFG. Dies gilt auch für Altverfahren nach dem FGG aF.[378] Hat das betroffene Kind das 14. Lebensjahr vollendet, ist – selbst – bei Zustimmung des Antragsgegners zum Sorgerechtsantrag des anderen Elternteils durch seine persönliche Anhörung (stets) zu klären, ob Widerspruch zu der begehrten Regelung erfolgen soll oder Einverständnis besteht.[379]

Nach § 161 Abs. 2 FamFG ist die Anhörung einer **Pflegeperson** erforderlich, wenn das Kind **146** seit längerer Zeit in Familienpflege lebt, dazu § 1632 Abs. 4. Voraussetzung ist allerdings, dass ein Verfahren tatsächlich betrieben und die Beteiligten dort um eine Entscheidung nachsuchen. **§ 128 Abs. 2 FamFG** sieht daher die persönliche Stellungnahme/Anhörung der **Eltern** im Scheidungsverfahren vor, damit das Gericht ein Bild von der Sache gewinnt; zu klären ist dabei auch, ob der Fortbestand der gemeinsamen elterlichen Sorge so „hinzunehmen" ist oder ob gerichtliche Eingriffe notwendig werden.[380] Bestehen gemeinsame Sorgebefugnisse fort, ist eine eigene Anhörung des Kindes dagegen, trotz **Art. 12 UN-Kinderrechtskonvention,** nicht vorgesehen.[381]

Anhörung im Wege der **Rechtshilfe** ist nicht grundsätzlich ausgeschlossen. Doch scheidet sie **147** aus, wenn das FamG, das die Sache zu entscheiden hat, einen eigenen Eindruck über Neigungen und Bindungen des Kindes gewinnen soll, den die Anhörung durch eine dritte Person nicht vermitteln kann.[382]

b) In der Beschwerdeinstanz. Auch in der **Beschwerdeinstanz** sind die Beteiligten grund- **148** sätzlich anzuhören, §§ 68 Abs. 3, 159 ff. FamFG anzuhören. Die Wiederholung ihrer Anhörung ist insbesondere dann erforderlich, wenn die Sitzungsniederschrift des erstinstanzlichen Gerichts oder die Beschlussgründe den persönlichen Eindruck nicht ausreichend erkennen lassen oder die Anhörung in erster Instanz unterblieben ist.[383] Sonst muss das **Beschwerdegericht** in nachprüfbarer Weise darlegen, um keine eigenen Verfahrensfehler zu begehen, warum von der Anhörung abgesehen worden ist, § 68 Abs. 3 S. 2 FamFG.[384] Die Anhörung hat grundsätzlich durch alle Mitglieder des Senats stattzufinden,[385] es sei denn das Beschwerdeverfahren ist auf den Einzelrichter übertragen, § 68 Abs. 4 FamFG. Vor einer **einstw. Anordnung** für einen Teilbereich der elterlichen Sorge, etwa zum Aufenthaltsbestimmungsrecht, hat das Gericht das betroffene Kind in der Regel persönlich anzuhören, § 156 Abs. 3 S. 3 FamFG;[386] spätestens in der Beschwerdeinstanz hat eine Anhörung zu erfolgen.[387]

8. Mitwirkung des Jugendamtes. Auch das **Jugendamt** ist stets in Verfahren, die die Person **149** des Kindes betreffen, anzuhören, § 162 Abs. 1 FamFG. Die Anhörung kann durch einen schriftlichen Bericht erfolgen, wird aber gerade bei einem schnellen ersten Termin (zunächst) nur mündlich erfolgen (§ 50 Abs. 2 S. 2 SGB VIII). In seiner Stellungnahme soll es die tatsächlichen Verhältnisse in der Familie schildern und so dem FamG die notwendigen Grundlagen für die Entscheidung liefern; auf seine fachkundlichen Äußerungen soll sich das Gericht verlassen können.[388] Mit der Einschaltung des Jugendamtes erfüllt das FamG seine Amtsermittlungspflichten nach **§ 26 FamFG,** aber weitere Nachforschungen können nötig werden. In der Regel wird das Jugendamt die Dinge selbst überprüfen müssen und sich nicht auf seine Akten verlassen können. So werden häufig **Hausbesuche**[389] und weitere Gespräche mit den Beteiligten erforderlich sein; Grundlage ist dabei nicht erst der richterliche Auftrag, sondern die eigene Aufgabenstellung und Fachlichkeit des Jugendamtes.[390] Jedenfalls hat das FamG dem Jugendamt nicht nur Gelegenheit zur Stellungnahme zu geben, sondern muss darauf hinwirken, dass eine ausreichende Information erfolgt.

---

[377] BGH FamRZ 2011, 796, 800; OLG Rostock FamRZ 2007, 1835.
[378] BGH FamRZ 2010, 1060, 1064.
[379] OLG Celle FamRZ 2007, 756.
[380] Dazu auch *Bergmann/Gutdeutsch* FamRZ 1999, 422, 423.
[381] Dazu *Salgo* Kind-Prax 1999, 179; kritisch auch *Kostka* FPR 2005, 89, 95.
[382] OLG Frankfurt FamRZ 1988, 98, 99.
[383] OLG Hamm FamRZ 1999, 36, 37; BayObLG FamRZ 1982, 634, 637; vgl. im Übrigen OLG Köln FamRZ 1999, 1517.
[384] VerfGH Berlin FamRZ 2006, 1465, 1466; OLG Hamm FamRZ 2000, 494, 495.
[385] BGH FamRZ 2010, 1060, 1064.
[386] Zur ebenfalls erforderlichen Anhörung der Eltern: EGMR FamRZ 2005, 585, 588 Nr. 99; OLG Saarbrücken FamRZ 2008, 711.
[387] BVerfG FamRZ 2002, 1021, 1023.
[388] Dazu auch *Flemming* ZKJ 2009, 315.
[389] OLG Köln FamRZ 1999, 1517.
[390] Zu den Aufgaben der Fachkräfte des Jugendamtes in familiengerichtlichen Verfahren zur Regelung der elterlichen Sorge bei Trennung und Scheidung vgl. *Kaufmann* FamRZ 2001, 7.

150 **9. Vermittlungsaufgaben des Gerichts, § 156 FamFG.**[391] Nach § 156 FamFG hat das Gericht in Verfahren, die die elterliche Sorge bei Trennung und Scheidung, den Aufenthalt des Kindes, das Umgangsrecht oder die Herausgabe des Kindes betreffen, besondere **Vermittlungsaufgaben.** In jeder Lage des Verfahrens soll **Einvernehmen** zwischen den Beteiligten hergestellt und auf Beratungsangebote „durch die Beratungsstellen und -dienste der Träger der Kinder- und Jugendhilfe insbesondere zur Entwicklung eines einvernehmlichen Konzepts für die Wahrnehmung der elterlichen Sorge und der elterlichen Verantwortung" hingewiesen werden, Abs. 1 S. 2. Vielfältige öffentliche **Hilfen** stehen bereit, um die Eltern zu unterstützen, dazu Rn. 151. Darüber hinaus kann in dafür geeigneten Fällen auch auf die Möglichkeit der Mediation oder anderer außergerichtlicher Streitbeilegung hingewiesen werden. Durch die Möglichkeit des FamG eine Teilnahme an einer Beratung anzuordnen, soll die Bereitschaft der Beteiligten, sich einer einvernehmlichen Lösung zu öffnen, erhöht werden. Allerdings kommt es hier auf die Überzeugungsarbeit des Richters wie auch der anderen fachlich Beteiligten an, denn die Anordnung ist zwar nicht anfechtbar, aber auch nicht zwangsweise durchsetzbar. Lediglich im Rahmen der Kostenentscheidung kann die Verweigerung Auswirkung haben, § 81 Abs. 2 Nr. 5 FamFG. Wenden sich die Eltern an eine Beratungsstelle oder beginnen eine Mediation, erfolgt **keine Aussetzung** des Verfahrens. Eine derartige Möglichkeit sieht § 156 FamFG nicht vor; § 21 FamFG ist nicht einschlägig, da eine Unterbrechung wegen einer Beratung der Eltern hiervon nicht erfasst wird.[392] Es soll verhindert werden, dass eine Verzögerung entsteht.[393] Es steht mithin im Ermessen des Gerichts, ob es frühzeitig eine Rückmeldung über den Beratungsverlauf von den Beteiligten verlangt oder den Eltern zunächst Gelegenheit gibt, in Ruhe einen für die Betroffenen regelmäßig anstrengenden Beratungsprozess zu durchlaufen.[394] Wichtig ist, dass das Kind und seine Situation im Blick bleiben. Daher soll auch in Verfahren, die den Aufenthalt des Kindes oder den Umgang betreffen, bei denen im ersten Termin auch keine (vorübergehende) Einigung der Eltern erreicht wird, zumindest der Erlass einer einstweiligen Anordnung erörtert werden, § 156 Abs. 3 S. 1 FamFG.

151 **10. Öffentliche Hilfen; insbesondere Beratung und Unterstützung bei Trennung und Scheidung.** Nach § 17 Abs. 1 S. 1 SGB VIII ist Müttern und Vätern **Beratung** in Fragen der Partnerschaft anzubieten.[395] Diese Beratung soll nach S. 2 Nr. 3 helfen, bei Trennung oder Scheidung die Grundlagen „für eine dem Wohl des Kindes oder des Jugendlichen förderliche Wahrnehmung der Elternverantwortung (zu) schaffen". Nach Abs. 2 sind die Eltern bei der Entwicklung eines einvernehmlichen Konzepts zu unterstützen, das auch für die richterliche Entscheidung hilfreich sein und Grundlage werden kann.[396] Dabei sind die Eltern auch gehalten, vor einer gerichtlichen Entscheidung zunächst Beratung anzunehmen, um eine Lösung ihres Konflikts zu erreichen.[397] Durch frühzeitige Einschaltung des Jugendamtes oder anderer Beratungseinrichtungen soll erreicht werden, dass Eltern in größerem Umfang als bisher die gemeinsame elterliche Sorge ausüben oder sonst einvernehmlich handeln, was zu ihrer Verantwortung für das Kind gerecht werden und sich für sein Wohlergehen und seine gute Entwicklung einsetzen.[398] In die gleiche Richtung wirkt auch § 156 FamFG, vgl. dazu Rn. 150, und das in § 165 FamFG beschriebene besondere **Vermittlungsverfahren** im Streit um Umgangsbefugnisse, für das eine gerichtliche Entscheidung allerdings bereits vorausgegangen sein muss.

152 **11. Anwalt des Kindes.**[399] Nach § 158 FamFG ist in Verfahren zur Regelung der elterlichen Sorge ein **Verfahrensbeistand** einzusetzen, **Anwalt des Kindes,** soweit dies zur Wahrnehmung seiner Interessen erforderlich ist. Abs. 2 regelt, wann – typisiert – seine Bestellung erforderlich ist, vor allem, wenn das Interesse des Kindes zu dem seiner gesetzlichen Vertreter in erheblichem Gegensatz steht oder Gegenstand des Verfahrens Maßnahmen nach § 1666 sind, ferner Verfahren, bei denen das Kind eine Veränderung in seinen Bezugspersonen erfahren soll bzw. die eine Verbleibensanordnung zum Gegenstand haben (Nr. 3 und 4) sowie in Verfahren, in denen eine wesentliche Beschrän-

---

[391] Hierzu ausführlich *Staudinger/Coester* Rn. 271 ff.
[392] *Johannsen/Henrich/Büte* § 156 FamFG Rn. 4.
[393] BT-Drucks. 16/6308 S. 237.
[394] Dazu auch *Bergmann* ZKJ 2010, 56, 58, zum Zielkonflikt mit dem Beschleunigungsgebot *Coester* FF 2009, 269, 272.
[395] Ausführlich zu möglichen Hilfen *Balloff* FPR 1999, 164; *Hoffmann* FF 2006, 127.
[396] BT-Drucks. 11/5948 S. 58 mit Bezug auf die Entscheidung des BVerfG NJW 1983, 101; zu den Aufgaben der Jugendhilfe im Verfahren *Wabnitz* ZfJ 2000, 329.
[397] OLG Zweibrücken NJW-RR 2000, 957; ähnlich OLG Hamm FamRZ 2000, 1239.
[398] Zu den Aufgaben des Jugendamtes und anderer Beratungseinrichtungen *Röchling* ZfJ 2004, 257.
[399] Dazu ausführlich *Salgo/Zenz/Fegert/Bauer/Weber/Zitelmann* Rn. 1511 ff; zu den bisherigen Erfahrungen *Salgo* FPR 2006, 7; zur Neuregelung *Stötzel* FPR 2009, 27; *Trenczek* ZKJ 2009, 196; *Menne* ZKJ 2009, 68; ausführlich zum Anwalt des Kindes auch *Staudinger/Coester* Rn. 290 f.

kung des Umgangsrechts in Betracht kommt (Nr. 5).[400] Erfasst sind dabei nicht schon für sich die Streitigkeiten unter den Eltern über Sorgebefugnisse oder ihre unterschiedlichen Auffassungen zur Regelung der elterl. Sorge; maßgebend ist vielmehr, ob sie die Interessen des Kindes (noch) ausreichend wahrnehmen können oder ob sie dazu aus Eigennutz oder aus anderen Gründen nicht in der Lage sind.[401] Entscheidend ist in jedem Fall, dass die Grundrechte des Kindes aus Art 6 Abs. 2 S. 2 und Art 2 Abs. 1 GG gewahrt werden.[402] Mitarbeiter des Jugendamtes können nach § 158 FamFG nicht zum Verfahrensbeistand bestellt werden, wenn gerade in diesem Verhältnis Interessenkollisionen deutlich werden;[403] im Übrigen wird der parteiliche Einsatz für das Kind, der geboten ist, meist die Zusammenarbeit mit den Eltern für die Zukunft erheblich erschweren. Werden die Interessen des Kindes schon von einem Rechtsanwalt oder einem anderen Bevollmächtigten angemessen vertreten, bedarf es keiner Verfahrensbeistandschaft, eine bereits erfolgte Bestellung ist dann aufzuheben, § 158 Abs. 5 FamFG. Wird von einer Beiordnung eines Verfahrensbeistandes ausnahmsweise abgesehen, dann ist dies in der Entscheidung zu begründen; § 158 Abs. 3 S. 3 FamFG; eine Beschwerdemöglichkeit gegen die Bestellung/Auswahl des Verfahrensbeistandes besteht nicht, § 158 Abs. 3 S. 4 FamFG.

Der Verfahrensbeistand ist so früh wie möglich zu bestellen, § 158 Abs. 3 S. 1 FamFG. Damit müsste er im beschleunigten Verfahren eigentlich bereits zum ersten Termin bestellt sein, andererseits wird erst im Termin häufig zu klären sein, ob ein Interessenkonflikt oder sonstiger Tatbestand vorliegt, der eine Bestellung erfordert. Entscheidend ist, inwieweit die Interessen des Kindes zu diesem frühen Zeitpunkt zu berücksichtigen sind. Bei der Anhörung des Kindes soll der Verfahrensbeistand anwesend sein, vgl. § 159 Abs. 4 S. 3 FamFG. Dies gilt erst recht, wenn die Anhörung in Anwesenheit eines Sachverständigen stattfindet.[404] Der Verfahrensbeistand ist dem Interesse des Kindes verpflichtet, d.h. er hat sowohl dessen Wille (subjektives Interesse) als auch das Kindeswohl (objektives Interesse) zu berücksichtigen.[405] Ihm ist die Möglichkeit zugeben, sich hinreichend mit dem Kind zu beschäftigen. Ein kurzfristiger Wechsel vor dem gerichtlichen Anhörungstermin wird dem nicht gerecht[406]. Er hat den Willen des Kindes aber nicht sachverständig zu ermitteln.[407] Er ist kein gesetzlicher Vertreter des Kindes, § 158 Abs. 4 S. 6 FamFG. Allerdings wird ein Verfahrensbeistand objektive Interessen kaum in einem Gespräch mit dem Kind herausfinden können, so dass regelmäßig der Aufgabenbereich durch Anordnung des Gerichts dahingehend erweitert werden sollte, dass der Verfahrensbeistand Gespräche mit den Eltern oder anderen Bezugspersonen des Kindes führen kann, obwohl der Gesetzgeber dies aus fiskalischen Gründen nur im Einzelfall vorgesehen hat.[408] Der Verfahrensbeistand kann auch ausdrücklich beauftragt werden, sich um eine einvernehmliche Lösung zu bemühen.[409] Problematisch ist (nicht nur) in diesem Fall die sehr restriktive Vergütungsregelung, § 158 Abs. 7 FamFG.[410] Der Verfahrensbeistand hat bei Bestellung für mehrere Kinder pro Kind Anspruch auf die Vergütung.[411] Für seinen Aufgabenbereich ist der Verfahrensbeistand rechtsmittelbefugt, § 158 Abs. 4 Nr. 5 FamFG.[412]

12. Rechtsmittel. a) Beschwerde, § 58 ff FamFG. Sowohl gegen einen Beschluss, der die Ehe scheidet und über die elterliche Sorge nach § 1671 auf Antrag (Folgesache) entscheidet, wie auch im isolierten Kindschaftsverfahren ist gegen die **Endentscheidung** die **Beschwerde** zum OLG statthaft, § 58 FamFG, § 119 Abs. 1 Nr. 1 a GVG. Die Beschwerde ist binnen eines Monats bei dem Gericht einzulegen, das den angefochtenen Beschluss erlassen hat, §§ 63 Abs. 1, 64 Abs. 1 FamFG. Das Amtsgericht hat die Beschwerdeschrift nebst Akten unverzüglich dem Beschwerdegericht vorzulegen, § 68 Abs. 1 S. 1 2. Alt. FamFG. Eine Abhilfemöglichkeit ist bei einer Endentscheidung nicht gegeben, § 68 Abs. 1 S. 2 FamFG. Die Beschwerdefrist verkürzt sich auf zwei Wochen, soweit es sich bei der Endentscheidung um eine beschwerdefähige einstweilige Anordnung handelt, §§ 57 S. 2, 63 Abs. 2 Nr. 1 FamFG. Die Beschwerde soll begründet werden, § 65 Abs. 1 FamFG.

---

[400] OLG Celle BeckRS 2011, 21082: nicht zwingend in Verfahren gem. § 1685.
[401] OLG Düsseldorf FamRZ 2000, 1298.
[402] BVerfG NJW 2003, 3544, 3545.
[403] Dazu OLG Naumburg FamRZ 2000, 300, 301.
[404] OLG Bremen FamRZ 2000, 1298.
[405] BT-Drucks. 16/6308 S. 239; dazu auch *Trenczek* ZKJ 2009, 196, 198/199.
[406] BGH FamRZ 2011, 796, 800 Rn. 71.
[407] OLG Brandenburg FamRZ 2004, 1982, 1983.
[408] So auch *Johannsen/Henrich/Büte* § 158 FamFG Rn. 16; *Menne* ZKJ 2009, 68, 71.
[409] Hierzu *Salgo* FPR 2010, 456.
[410] Vgl. zur Kritik auch *Johannsen/Henrich/Büte* § 158 FamFG Rn. 28; *Staudinger/Coester* § 1666 Rn. 272, *Menne* ZKJ 2009, 68, 72.
[411] BGH FamRZ 2010, 1893, 1894.
[412] OLG Brandenburg ZfJ 2003, 445.

Beschwerdeberechtigt sind die Eltern und das beschränkt geschäftsfähige **Kind nach Vollendung des 14. Lebensjahres**, §§ 59, 60 FamFG; dabei kann das Kind Beschwerde auch in vermögensrechtlichen Angelegenheiten einlegen. Ferner sind das **Jugendamt** nach § 162 Abs. 3 S. 2 und der **Verfahrensbeistand** gem. § 158 Abs. 4 S. 5 FamFG beschwerdeberechtigt. Auch der bislang nicht sorgeberechtigte Vater, dessen Antrag auf (Mit)Übertragung der Sorge der Mutter erstinstanzlich abgelehnt worden ist, ist beschwerdebefugt, da in seinen Elternrechten beschwert.[413] Großeltern haben in Sorgerechtsangelegenheiten kein Beschwerderecht; auch Vereine zur Förderung von Kindesinteressen sind nicht beschwerdebefugt.[414] Die **Beschwerde** kann auf Teilbereiche der elterlichen Sorge beschränkt werden. Bei der Regelung der elterlichen Sorge für mehrere Kinder ist der Verfahrensgegenstand teilbar; jeder Elternteil für sich beschwerdeberechtigt, und jedes Kind, das das 14. Lebensjahr vollendet hat, ebenfalls.

155 Gegen die Entscheidung des OLG ist die **Rechtsbeschwerde** zum BGH nur eröffnet, wenn diese durch das OLG zugelassen worden ist, § 70 Abs. 1 FamFG. Eine Nichtzulassungsbeschwerde ist nicht gegeben. Ferner ist die Rechtsbeschwerde nie in Verfahren der einstweiligen Anordnung statthaft, § 70 Abs. 4 FamFG. Unter den Voraussetzungen des § 75 FamFG ist auch die **Sprungrechtsbeschwerde** eröffnet.

156 Für das Beschwerdeverfahren gelten im Übrigen die Vorschriften über das Verfahren im ersten Rechtszug, § 68 Abs. 3 FamFG. **Amtsermittlungsgrundsätze (§ 26 FamFG)** sind damit auch für das Beschwerdeverfahren maßgeblich, deshalb gilt der Grundsatz des Verbots der Schlechterstellung des Beschwerdeführers nicht;[415] ferner die Anhörungspflichten, §§ 159 ff. FamFG. Die Anhörung des Kindes hat vor allen Mitgliedern des Senats stattzufinden, wenn – wie regelmäßig – der persönliche Eindruck maßgeblich ist.[416] Von Anhörungen kann allerdings im Einzelfall Abstand genommen werden, wenn bereits in der ersten Instanz Anhörungen stattgefunden haben und keine neuen Erkenntnisse zu erwarten sind. Dies kann aber nur dann gelten, wenn die Anhörungen zeitnah vor der Entscheidung des OLG stattgefunden haben. Die Übertragung auf den Einzelrichter ist möglich, § 68 Abs. 4 FamFG. Grundsätzlich hat das Beschwerdegericht zu entscheiden. Eine Zurückverweisung an die erste Instanz kann nur erfolgen, wenn ein wesentlicher Verfahrensfehler vorliegt und ein Beteiligter die Zurückverweisung beantragt, oder das erstinstanzliche Gericht in der Sache noch nicht entschieden hat, § 69 Abs. 3 S. 2 und 3 FamFG.[417]

157 **b) Außerordentliche Beschwerde; § 44 FamFG – Untätigkeitsbeschwerde.** Selbst bei besonders krassen Rechtsverstößen steht die **außerordentliche Beschwerde** wegen grober/greifbarer Gesetzesverletzung nicht mehr zur Verfügung, die früher zumindest teilweise für statthaft erachtet wurde.[418] Nur die entscheidungserhebliche Verletzung des rechtlichen Gehörs in Verfahren, gegen deren Endentscheidung kein Rechtsbehelf gegeben ist, kann gerügt werden, § 44 FamFG. Beschwerde steht als **Untätigkeitsbeschwerde** offen,[419] wenn das Verfahren nicht in angemessener Zeit zum Abschluss gebracht wird, **Effektivität** des Rechtsschutzes, abgeleitet aus Art. 2 Abs. 1 und 20 Abs. 3 GG, **Rechtsstaatsprinzip**,[420] Art. 103 GG. Maßgeblich sind die Umstände des Einzelfalls.

158 **13. Abänderung von Sorgerechtsentscheidungen. Sorgerechtsentscheidungen** können gem. § 166 FamFG geändert werden, Maßstab ist dabei **§ 1696**. Wegen weiterer Einzelheiten vgl. § 1696.

159 **14. Einstweilige Anordnung.** Wenn ein dringendes Regelungsbedürfnis besteht, kann unabhängig von einem Hauptverfahren ein **einstweiliges Anordnungsverfahren** eingeleitet werden, § 49 FamFG. In Verfahren nach § 1671 BGB wird ein einstweiliges Anordnungsverfahren nur auf Antrag eingeleitet. Ein derartiges Regelungsbedürfnis ist anzunehmen, wenn die endgültige Ent-

---

[413] Dazu BVerfG FamRZ 2010, 1403; ablehnend bislang BGH FamRZ 2009, 220 für den Fall der Beschwerde des nie sorgeberechtigten Vaters bei Ablehnung von Maßnahmen nach § 1666 gegen die Mutter; bejaht hingegen BGH FamRZ 2010, 1242 für den Fall des Entzugs der Sorge der nichtehelichen Mutter und der nicht erfolgten Übertragung auf den bislang nichtsorgeberechtigten Vater nach § 1680 Abs. 3 und 2.
[414] BGH NJW-RR 1988, 194.
[415] OLG Celle FamRZ 2004, 1667.
[416] BGH FamRZ 2010, 1060, 1064.
[417] So OLG Zweibrücken FamRZ 2011, 992 bei Widerruf der Zustimmung gem. § 1671 Abs. 2 Nr. 1 im Beschwerdeverfahren.
[418] BGH NJW 2004, 2224, 2225, 2226.
[419] S.a. Gesetz über den Rechtsschutz bei überlangen Gerichtsverfahren und strafrechtlichen Ermittlungsverfahren.
[420] BVerfG NJW 2001, 961; KG NJW-RR 2008, 598; vgl. dazu auch EuGHMR FuR 2007, 410 f Tz. 99.

scheidung zu spät kommen und das Interesse des Kindes nicht mehr genügend wahren könnte.[421] Deshalb muss die Prüfung im vorläufigen Verfahren eine gewisse Wahrscheinlichkeit dafür ergeben, dass die Endentscheidung gleichen oder ähnlichen Inhalt haben wird. Andererseits dürfen so nicht schon vollendete Tatsachen geschaffen werden, aber sie werden durch die besondere Verfahrensgestaltung auch gerade vermieden. Jedenfalls darf die einstweilige Anordnung nicht über das zur Abwendung der dem Kind drohenden Nachteile und Gefahren erforderliche Maß hinausgehen, Grundsätze der **Verhältnismäßigkeit.** Im Regelfall werden daher bei Vorliegen der Voraussetzungen nur Teilbereiche nicht aber die vollständige Sorge zu übertragen sein.[422] Daher ist auch ein Hauptsacheverfahren neben einer einstw. Anordnung nicht mutwillig, so dass auch für das **Hauptverfahren Verfahrenskostenhilfe** zu bewilligen ist.[423] Für das Verfahren gelten die Vorschriften wie für das Hauptverfahren. Da die Gefahr besteht, dass im einstweiligen Rechtsschutzverfahren „Tatsachen geschaffen werden, die nur schwer rückgängig" gemacht werden können, müssen daher jedenfalls die im Eilverfahren zur Verfügung stehenden Aufklärungs- und Prüfungsmöglichkeiten ausgeschöpft werden.[424] Grundsätzlich sind daher die Beteiligten anzuhören, wobei in ganz dringenden Fällen (Kindeswohlgefährdung) ausnahmsweise auch ohne Anhörung entschieden werden kann, § 51 Abs. 2 S. 2 FamFG. Die Anhörungen sind dann allerdings unverzüglich nachzuholen, §§ 159 Abs. 3 S. 2, 160 Abs. 4, 162 Abs. 1 S. 2 FamFG. Im Eilverfahren kann einem Elternteil das **Aufenthaltsbestimmungsrecht** übertragen werden, wenn der Aufenthalt des Kindes akut streitig ist. Wenn ein Elternteil das Kind ohne Absprache mitnimmt, dann muss diese Eigenmächtigkeit bereits im Anordnungsverfahren berücksichtigt und die erzwungene Kontinuität gegenüber den Auswirkungen einer Rückkehr des Kindes an seinen bisherigen Aufenthaltsort auf das Kindeswohl abgewogen werden,[425] im Zweifel ist das Anordnungsverfahren daher beschleunigt durchzuführen.[426] Hat sich das Kind an dem neuen Ort integriert, dann wird keine Rückführung im einstweiligen Anordnungsverfahren in Betracht kommen.[427] Droht eine Entführung des **Kindes** oder befürchtet ein Elternteil sie und liegen vernünftige Anhaltspunkte für seine Ängste vor, hat das Gericht so schnell wie möglich zu handeln; dabei kann an den anderen Elternteil die Anweisung ergehen, das Kind nicht ins Ausland zu verbringen, die um entsprechende Unterrichtung der Grenzpolizeibehörden (schengenweit) zu ergänzen ist.[428]

Wenn die einstweilige Anordnung nur auf Antrag eines Beteiligten ergehen konnte, dann können **160** die durch die einstweilige Anordnung betroffenen weiteren Beteiligten beantragen, dass der Antragsteller binnen einer vom Gericht gesetzten Frist, die maximal drei Monate betragen darf, das **Hauptsacheverfahren** einzuleiten hat, § 52 Abs. 2 FamFG. Wird der Antrag nicht innerhalb der Frist gestellt, tritt die einstweilige Anordnung außer Kraft, § 52 Abs. 2 S. 3 FamFG.

Eine Beschwerde gegen die Entscheidung im einstweiligen Anordnungsverfahren ist nur bei **161** Regelungen nach mündlicher Verhandlung, die die elterliche Sorge, die Herausgabe oder den Verbleib des Kindes betreffen, § 57 FamFG, zulässig. Zu den Einzelheiten s. Rn. 153. Einstweilige Anordnungen zum Umgangsrecht sind unanfechtbar.

15. Kosten. Für den Verfahrenswert ist bei isolierten Kindschaftssachen § 45 FamGKG, bei **162** Folgesachen § 44 Abs. 2 FamFG Grundlage. Für einstweilige Anordnungen gilt § 41 FamGKG. Die Kosten werden nach §§ 80 ff. FamFG verteilt, für die Rechtsmittelkosten ist § 84 FamGKG maßgeblich.

16. Vollstreckung.[429] Bei einer Sorgerechtsentscheidung, die einen Aufenthaltswechsel des **163** Kindes bedingt, kann die Herausgabe des Kindes verlangt werden, § 1632 Abs. 1 BGB. Die Durchsetzung erfolgt mit Ordnungsmitteln, § 89 FamFG. Gegen das Kind darf unmittelbarer Zwang bei Herausgabe zwecks Durchführung des Umgangs nicht angewandt werden, § 90 Abs. 2 S. 1 FamFG. Ansonsten kann unmittelbarer Zwang gegen das Kind angewendet werden, wenn dies aus Gründen des Kindeswohls gerechtfertigt ist und mildere Mittel nicht gegeben sind, § 90 Abs. 2. S. 2 FamFG.

---

[421] OLG Jena FamRZ 2010, 1830.
[422] OLG Brandenburg FamFR 2011, 379; OLG Nürnberg NJW-RR 2011, 219; anders bei Kindeswohlgefährdung: OLG Stuttgart FamRZ 2010, 1678; OLG Hamm BeckRS 2011, 22788.
[423] OLG Nürnberg NJW 2011, 319.
[424] BVerfG FamRZ 2002, 1021, 1023.
[425] BVerfG FamRZ 2009, 189, 190.
[426] BVerfG FamRZ 2009, 189, 190; so auch OLG Saarbrücken FamFR 2011, 332: Vorrang einer „besonders straffen Verfahrensführung" vor Bestellung eines Verfahrensbeistandes; anders hingegen OLG Saarbrücken NJW 2011, 2372, 2373.
[427] BVerfG FamRZ 2009, 189, 191.
[428] KG FamRZ 2008, 1648, 1649 zur Fortdauer trotz Hauptsachenentscheidung.
[429] Dazu *Schlünder* FamRZ 2009, 1636, 1638.

§ 1672 Getrenntleben bei elterlicher Sorge der Mutter

(1) ¹*Leben die Eltern nicht nur vorübergehend getrennt und steht die elterliche Sorge nach § 1626a Abs. 2 der Mutter zu, so kann der Vater mit Zustimmung der Mutter beantragen, dass ihm das Familiengericht die elterliche Sorge oder einen Teil der elterlichen Sorge allein überträgt.* ²*Dem Antrag ist stattzugeben, wenn die Übertragung dem Wohl des Kindes dient.**

(2) ¹Soweit eine Übertragung nach Absatz 1 stattgefunden hat, kann das Familiengericht auf Antrag eines Elternteils mit Zustimmung des anderen Elternteils entscheiden, dass die elterliche Sorge den Eltern gemeinsam zusteht, wenn dies dem Wohl des Kindes nicht widerspricht. ²Das gilt auch, soweit die Übertragung nach Absatz 1 wieder aufgehoben wurde.

* § 1671 Abs. 1 ist mit Art. 6 Abs. 2 GG unvereinbar und bis zu einer Neuregelung ist die Übertragung der Sorge auf den Vater in Anlehnung an § 1671 zu regeln, soweit nicht vorrangig eine gemeinsame Sorge in Betracht kommt, BVerfG NJW 2010, 3008.

Schrifttum: *Coester*, Neues Kindschaftsrecht in Deutschland, DEuFamR 1999, 3; *ders.*, Verfassungsrechtliche Vorgaben für die gesetzliche Ausgestaltung des Sorgerechts nicht miteinander verheirateter Eltern, FPR 2005, 60; *ders.*, Nichteheliche Elternschaft und Sorgerecht, FamRZ 2007, 1137; *Diederichsen*, Die Reform des Kindschafts- und Beistandsrecht, NJW 1998, 1977; *Dethloff*, Kindschaftsrecht des 21. Jahrhunderts, ZKJ 2009, 141; *Dutta*, Die Inzidentprüfung der elterlichen Sorge bei Fällen mit Auslandsbezug – eine Skizze, StAZ 2010, 193; *Finger*, §§ 1626a ff., 1672 BGB – verfassungswidrig?, FamRZ 2000, 1204; *Huber/Möll*, Die elterliche Sorge nicht miteinander verheirateter Eltern, FamRZ 2011, 765; *Lipp*, Das elterliche Sorgerecht für das nichteheliche Kind nach dem Kindschaftsrechtsreformgesetz, FamRZ 1998, 65; *Löhnig*, Konsequenzen aus der Entscheidung des Europäischen Gerichtshofs für Menschenrechte zum Sorgerecht des nicht mit der Kindesmutter verheirateten Vaters, FamRZ 2010, 338; *Motzer*, Gesetzgebung und Rechtsprechung zur elterlichen Sorge und zum Umgangsrecht seit dem Jahr 2001, FamRZ 2003, 793; *Peschel-Gutzeit*, Die Sorgerechtsstellung des nicht mit der Mutter des Kindes verheirateten Vaters, NJW 2010, 2990; *Rimkus*, Mehr Rechte für Väter: Auswirkungen der Entscheidung des EGMR zum Recht der elterlichen Sorge für nichteheliche Kinder, ZFE 2010, 204; *Salzgeber/Fichtner*, Sachverständigengutachten zum Sorgerecht bei nicht miteinander verheirateten Eltern, FamRZ 2011, 945; *Schumann*, Erfüllt das neue Kindschaftsrecht die verfassungsrechtlichen Anforderungen an die Ausgestaltung des nichtehelichen Vater-Kind-Verhältnisses?, FamRZ 2000, 389; *dies.*, Elterliche Sorge nicht miteinander verheirateter Eltern auf dem Prüfstand, FF 2010, 222; *Willutzki*, Elterliche Sorge nicht miteinander verheirateter Eltern, ZKJ 2010, 86.

Übersicht

	Rn.
I. Normzweck	1, 2
II. Unvereinbarkeit von Abs. 1 mit Art. 6 Abs. 2 GG	3–8
1. Verfassungswidrigkeit von Abs. 1	3, 4
2. Übergangsrecht bis zur gesetzlichen Neuregelung	5–8
III. Gemeinsame Sorge	9–13
1. Sorgeerklärung und Heirat	9–11
2. Gemeinsame Sorge auf Antrag des Vaters	12, 13
IV. Übertragung der Alleinsorge von der Mutter auf den Vater	14–25
1. Allgemeine Voraussetzungen	14
2. Trennung der Eltern	15
3. Übertragung mit Zustimmung der Mutter	16–21
a) Antrag des Vaters und Zustimmung der Mutter	16, 17
b) Antrag der Mutter	18
c) § 1672 Abs. 1 S. 2	19, 20
d) Widerspruchsrecht des Kindes	21
4. Übertragung der Sorge auf den Vater bei fehlender Zustimmung der Mutter	22–24
5. Abweisung eines Regelungsantrages des Vaters	25
V. § 1672 Abs. 2	26
VI. § 1666	27
VII. Verfahren	28, 29
VIII. Auslandsbezug	30, 31

I. Normzweck

1 § 1672 regelt in Abs. 1 die Übertragung der Sorge – ganz oder teilweise – nach Trennung der Eltern von der gem. § 1626a Abs. 2 allein sorgeberechtigten Mutter auf den Vater. Anknüpfend an § 1626a Abs. 1, wonach die gemeinsame Sorge nur mit Zustimmung beider Eltern (gemeinsame Sorgeerklärung) oder Heirat möglich war, sieht Abs. 1 eine Übertragung der Sorge auf den nichtehelichen Vater nur auf dessen Antrag unter der Voraussetzung vor, dass die Mutter ihre Zustimmung hierzu erteilt und die Übertragung dem Wohl des Kindes dient, Abs. 1 S. 2, **positive Kindeswohl-**

verträglichkeit. Die Norm ist so nicht mehr anzuwenden, denn **Abs. 1** ist **verfassungswidrig**, da nicht mit Art. 6 Abs. 2 GG vereinbar, hierzu gleich Rn. 3.

Ist die elterliche Sorge der ursprünglich gem. § 1626a Abs. 2 allein sorgeberechtigten Mutter auf den Vater übertragen, kann eine gemeinsame Sorge nur auf Antrag eines Elternteils mit Zustimmung des anderen durch das FamG angeordnet werden, wenn dies dem Kindeswohl nicht widerspricht (**negative Kindeswohlverträglichkeit**), § 1672 Abs. 2 S. 1; dies gilt auch dann, wenn die Anordnung nach Abs. 1 inzwischen wieder aufgehoben ist, S. 2. 2

II. Unvereinbarkeit von Abs. 1 mit Art. 6 Abs. 2 GG

1. Verfassungswidrigkeit von Abs. 1. Da die Sorge von der allein sorgeberechtigten Mutter nach Trennung der Eltern nach Abs. 1 nur mit ihrer Zustimmung auf den Vater des nichtehelichen Kindes übertragen werden konnte, hatte die gem. § 1626a allein sorgeberechtigte Mutter faktisch ein „Vetorecht"; Belange des Kindeswohls hatten unterhalb der Schwelle des § 1666 keine Bedeutung, denn ohne Zustimmung der Mutter konnte dem Vater die Sorge nur gem. § 1680 Abs. 2 und 3 nach einem vorherigen Entzug der Sorge der allein sorgeberechtigten Mutter gem. § 1666 übertragen werden. Diese Regelung stand daher ebenso wie § 1626a Abs. 1 Nr. 1 in der Kritik. Dem Gesetzgeber wurden eine Missachtung der **Rechte des Vaters** aus **Art. 6 GG** sowie auch der Rechte des Kindes aus **Art. 6 Abs. 5 GG** vorgeworfen.[1] 2003 entschied das BVerfG,[2] dass die Regelung des § 1626a Abs. 1 Nr. 1 und daraus folgend auch § 1672 Abs. 1 verfassungskonform seien, da es nicht zu beanstanden sei, dass der Vater eines nichtehelichen Kindes erst aufgrund eines „konstitutiven Aktes" die Sorge erhalte, da nicht generell davon ausgegangen werden könne, dass eine soziale Beziehung zwischen den Eltern und dem Kind bestehe.[3] Das Zustimmungserfordernis der Mutter wurde damit gerechtfertigt, dass anderenfalls von der erforderlichen Kooperationsbereitschaft der Eltern nicht ausgegangen werden könne und zu erwarten sei, dass das für eine gemeinsame Sorge erforderliche Zusammenwirken der Eltern nicht funktioniere und die daher zu erwartenden Auseinandersetzungen bei einer gemeinsamen Sorge zu Lasten des Kindes gingen.[4] Gleichwohl forderte das BVerfG den Gesetzgeber auf zu überprüfen, ob seine Annahme, die Mutter werde ihre Zustimmung nur aus Kindeswohlgründen verweigern, zutreffend sei.[5] 3

Bevor allerdings eine entsprechende Untersuchung des Gesetzgebers vorlag,[6] stellte der **EuGHMR** fest, dass § 1626a Abs. 2 nicht mit Art. 14 iV mit Art. 8 EMRK vereinbar ist,[7] soweit eine gerichtliche Überprüfung der Alleinsorge der Mutter generell ausgeschlossen ist. Daran anschließend hat nunmehr das **BVerfG** sowohl § 1626a Abs. 1 Nr. 1 wie auch § 1672 Abs. 1 als mit **Art. 6 Abs. 2 GG unvereinbar** erklärt.[8] Das Zustimmungserfordernis der Mutter für die Beteiligung des Vaters des nichtehelichen Kindes an der Sorge ist ein unverhältnismäßiger Eingriff in die Rechte des Vaters aus Art. 6 Abs. 2 GG.[9] Dem Vater muss zumindest die Möglichkeit eröffnet werden, im Wege einer **gerichtlichen Einzelfallprüfung** Zugang zur elterlichen Sorge zu erhalten, wobei grundsätzlich die **gemeinsame Sorge vorrangig** vor einer Übertragung der **Alleinsorge** auf den Vater ist.[10] 4

2. Übergangsrecht bis zur gesetzlichen Neuregelung. Das BVerfG hat ausdrücklich davon abgesehen, Abs. 1 für nichtig zu erklären. Denn dies hätte zur Folge gehabt, dass mangels gesetzlicher Grundlage weiterhin eine „Begründung der gemeinsamen ... Sorge oder eine Übertragung der Alleinsorge auf den Vater selbst dann nicht möglich gewesen wäre, wenn die Eltern dies übereinstimmend wollten";[11] der verfassungswidrige Zustand wäre daher nicht beseitigt, sondern im Gegenteil noch verschärft worden. Das **BVerfG** hat daher bis zur gesetzlichen Neuregelung aufgrund einer **vorläufigen Anordnung** angeordnet, bei einer Übertragung der Sorge auf den Vater in Anlehnung des § 1671 zu verfahren, so „dass das FamG dem Vater auf Antrag eines Eltern- 5

---

[1] Dazu *Coester* DEuFamR 1999, 3, 7/8; *Diederichsen* NJW 1998, 1977, 1985; *Finger* FamRZ 2000, 1204, 1207; *Schumann* FamRZ 2000, 389, 393.
[2] FamRZ 2003, 285, kritisch hierzu weiterhin *Coester* FPR 2005, 60; *ders.* FamRZ 2007, 1137; *Motzer* FamRZ 2003, 793, 803.
[3] BVerfG FamRZ 2003, 285, 289.
[4] BVerfG FamRZ 2003, 285, 290.
[5] BVerfG FamRZ 2003, 285, 290.
[6] Zu den Ergebnissen einer Umfrage von Sommer/Herbst 2006 bei Jugendämtern und Rechtsanwälten BT-Drucks. 16/10047 S. 8 ff.
[7] EuGHMR FamRZ 2010, 103.
[8] BVerfG FamRZ 2010, 1403 = NJW 2010, 3008.
[9] BVerfG FamRZ 2010, 1403, 1409.
[10] BVerfG FamRZ 2010, 1403, 1409.
[11] BVerfG FamRZ 2010, 1403, 1409, 1410.

teils die elterliche Sorge oder einen Teil der elterliche Sorge überträgt, soweit eine gemeinsame Sorge nicht in Betracht kommt und zu erwarten ist, dass dies dem Kindeswohl am besten entspricht."[12]

6 Auch wenn das BVerfG in seiner Beschlussformel Abs. 1 generell für mit Art. 6 Abs. 2 GG unvereinbar gehalten hat, ist nicht ersichtlich, dass dies für eine Übertragung der Alleinsorge auf den Vater mit Zustimmung der Mutter gelten soll. Insoweit ist daher Abs. 1 weiterhin anwendbar,[13] dazu Rn. 16.

7 Bislang fehlt eine **gesetzgeberische Neuregelung**, wobei offen ist, ob der Gesetzgeber sich für eine Lösung entscheidet, wonach es zunächst bei der grundsätzlichen Alleinsorge der Mutter bleibt, sofern keine gemeinsame Sorgeerklärung abgegeben wird oder die Eltern heiraten, und auf Antrag des Vaters ihm die Sorge mit zu übertragen ist, wenn das Kindeswohl dem nicht entgegensteht (**Antragslösung**), oder aber der Vater eines nichtehelichen Kindes mit Geburt des Kindes und der Feststellung/Anerkennung der Vaterschaft die Mitsorge erhält, die Mutter aber dem (möglicherweise innerhalb einer bestimmten Frist) widersprechen kann und dann eine gerichtliche Entscheidung zu erfolgen hat (**Widerspruchslösung**), wobei auch denkbar ist, dass der Vater erst aufgrund eines Antrages nach Anerkennung der Vaterschaft die Mitsorge erhält und die Mutter dann ein (fristgebundenes) Widerspruchsrecht hat.[14] Der Entscheidung des BVerfG ist jedenfalls keine Vorgabe für eine der Lösungen zu entnehmen.

8 Abs. 2, der die gemeinsame Sorge nach vorheriger Übertragung der alleinigen Sorge auf den Vater gem. Abs. 1 regelt, besteht hingegen weiterhin fort.

III. Gemeinsame Sorge

9 **1. Sorgeerklärung und Heirat.** Haben die Elternteile Sorgeerklärung abgegeben, §§ 1626a ff., üben sie die elterliche Sorge für ihre Kinder gemeinsam aus. Die Sorgeerklärung kann auch in Form eines gerichtlichen Vergleichs erfolgen,[15] § 127a BGB. Die Grundlage für ihre Rechtsbefugnisse ist die von beiden übernommene, abgesprochene Verantwortung. Die Sorgeerklärung ist an keinerlei Voraussetzungen gebunden, insbesondere müssen die Eltern nicht zusammenleben; beide Elternteile können auch mit anderen Partnern verheiratet oder in nichtehelicher Lebensgemeinschaft verbunden sein. Eltern eines nichtehelichen Kindes können sich schon vor rechtskräftiger Scheidung der Ehe der Mutter und/oder des Vaters für die gemeinsame elterliche Sorge entscheiden und verbindliche Erklärungen abgeben; ihre Wirksamkeit der Sorgeerklärung tritt dann mit der Rechtskraft des Scheidungsurteils ein.[16] Die Sorgeerklärung kann auch erstmals nach Trennung der Eltern abgegeben werden. Ihre Befugnisse bleiben nach ihrer Trennung wie bei Eheleuten bestehen, dazu § 1671. Die Rechtswirkungen ihrer Erklärungen können die Eltern nicht wieder durch gegenläufige **Absprachen** (Widerruf) beseitigen. Vielmehr wird eine ausdrückliche Regelung durch das FamG notwendig, für die § 1671 zum Maßstab wird; Voraussetzung ist dann ihre Trennung.

10 Hat das FamG die elterliche Sorge auf einen Elternteil übertragen, ist für Sorgeerklärungen mit dem Ziel, nun wiederum die gemeinsame elterliche Sorge herzustellen, ebenfalls kein Raum mehr, vgl. **§ 1672 Abs. 2,** zu weiteren Einzelheiten zu dieser wohl eher missglückten Regelung Rn. 26.

11 Durch Heirat erlangen die Eltern, die bei Geburt des Kindes nicht verheiratet waren, ebenfalls die gemeinsame Sorge, **§ 1626a Abs. 1 Nr. 2**; die Vaterschaft des Kindes muss aber geklärt sein, §§ 1594–1598 oder § 1600d. Voraussetzung ist dabei stets, dass der Mutter bis zur Eheschließung die alleinige elterliche Sorge zustand, § 1626a Abs. 2. War sie ihr ganz oder teilweise entzogen, § 1666, und dem Vater nicht zugleich gem. § 1680 Abs. 2 S. 2 und Abs. 3 übertragen worden, kann er mit Heirat nur die Befugnisse erhalten, die die Mutter bei teilweiser Entziehung noch ausgeübt hat; bei vollständiger Entziehung erlangt er auch keine Sorge.[17] Trennen sich die Eheleute wieder, gilt § 1671, so dass eine Sorgeentscheidung des Gerichts notwendig werden kann.

---

[12] BVerfG FamRZ 2010, 1403, 1410.
[13] So auch *Palandt/Diederichsen* Rn. 2 und 3.
[14] Zum Vorschlag des Bundesministerium der Justiz Stand 06. 05. 2011, wonach die Mutter das alleinige Sorgerecht hat, der Vater aber eine Sorgeerklärung abgegeben kann, der die Mutter binnen acht Wochen widersprechen kann, was den Vater berechtigt, einen Antrag auf gemeinsame Sorge beim Familiengericht zu stellen: www.bmj.de/SharedDocs/Downloads/DE/pdfs/Sorgerecht_nicht_miteinander_verheirateter_Eltern_FAQ.pdf?__blob=publicationFile. Hierzu auch *Peschel-Gutzeit* NJW 2010, 2990, 2992; Überblick über die europ. Rechtslage *Dethloff* ZKJ 2009, 141, 142; zu Reformvorschlägen:*Huber/Möll* FamRZ 2011, 765, 771; *Löhnig* FamRZ 2010, 338, 339f; *Rimkus* ZFE 2010, 204, 205f; *Schumann* FF 2010, 222, 226; *Willutzki* ZKJ 2010, 86, 88 f.
[15] BGH FamRZ 2011, 796, 798 Tz. 35.
[16] BGH NJW 2004, 1595, 1596.
[17] BGH FamRZ 2005, 1469, 1470.

2. Gemeinsame Sorge auf Antrag des Vaters. Bislang bestand keine Möglichkeit außerhalb 12
übereinstimmender Sorgeerklärung oder Heirat für Eltern nichtehelicher Kinder die gemeinsame
Sorge zu erlangen. Der Vater war damit auf die **Zustimmung** der Mutter angewiesen, er hatte
keine Möglichkeit im Wege einer gerichtlichen Überprüfung Mitinhaber der Sorge zu werden.
Diesen Ausschluss der gerichtlichen Einzelfallprüfung hat das **BVerfG**[18] wie zuvor der **EuGHMR**[19]
beanstandet und insoweit § 1626a Abs. 1 Nr. 1 für verfassungswidrig erklärt, da es die Rechte des
Vaters aus **Art. 6 Abs. 2 GG** verletzt. Bis zu einer gesetzlichen Neuregelung hat das BVerfG angeordnet, dass „das FamG auf Antrag eines Elternteils die Sorge oder Teile der Sorge beiden Eltern
gemeinsam überträgt, soweit zu erwarten ist, dass dies dem Kindeswohl entspricht."[20] Damit hat
nun der **Vater** erstmals die Möglichkeit **im Wege der gerichtlichen Anordnung** Mitinhaber der
gemeinsamen Sorge – oder von Teilen der Sorge[21] – zu werden. Voraussetzung ist aber auch hier,
dass die gemeinsame Sorge nicht zu einer Belastung des Kindes wird. Es gelten daher die Kriterien,
die im Rahmen von § 1671 Abs. 2 Nr. 2 für die Entscheidung, ob die gemeinsame Sorge aufzuheben
ist und eine Alleinsorge in Betracht kommt, heranzuziehen sind, vgl. § 1671 Rn. 69 ff. Auch die
Mutter hat nunmehr die Möglichkeit, den Vater zur Wahrnehmung einer gemeinsamen Sorge zu
verpflichten, denn das BVerfG hat das **Antragsrecht** beiden Elternteilen zugesprochen. Da bei
Wunsch des Vaters auf Sorge die Mutter die Möglichkeit der Zustimmung zu einer Sorgeerklärung
hat, wird von diesem Antragsrecht nur Gebrauch gemacht werden, wenn die Mutter die Mitverantwortung des Vaters wünscht, dieser sie aber ablehnt.[22] Es bleibt abzuwarten, ob Konstellationen sich
ergeben, wo eine Mitsorge gegen den Wunsch des Vaters in Betracht kommt, denn zweifelhaft ist,
wie ein die Sorge ablehnender Vater diese gleichwohl kindeswohlverträglich ausüben kann. Ist die
Sorge im Rahmen einer Einigung der Eltern vor Gericht teilweise nun auch dem Vater übertragen
worden, kann dieser eine Erweiterung nur unter den Voraussetzungen des § 166 FamFG, § 1696
geltend machen.[23]

Auch im Rahmen eines Antrages auf Übertragung der **Alleinsorge auf den Vater**, Abs. 1, wird 13
von Amts wegen **vorrangig** zu prüfen sein, ob unter Berücksichtigung der **Belange der Mutter**
und dem **Kindeswohl** die **Sorge gemeinsam** auszuüben ist, vgl. Rn. 23.

IV. Übertragung der Alleinsorge von der Mutter auf den Vater

1. Allgemeine Voraussetzungen. § 1672 erfasst wie § 1671 (nur) gemeinschaftliche Kinder 14
der Eltern; die Vaterschaft muss anerkannt oder gerichtlich festgestellt sein. Für das Kind oder die
Kinder muss die Mutter bisher die elterliche Sorge allein ausgeübt haben, weil die Eltern keine
Sorgeerklärung abgegeben haben, § 1626a Abs. 2, und auch bislang kein Antrag auf Einräumung
der gemeinsamen Sorge gestellt worden ist. Ist die elterliche Sorge dem Vater entzogen, §§ 1671,
1666, greift § 1672 Abs. 1 nicht ein, wenn zuvor beide Elternteile gemeinsam sorgeberechtigt gewesen sind, denn schon § 1626a Abs. 2 ist nicht betroffen („im Übrigen"). Dann muss der Vater die
gerichtliche Entscheidung zum Sorgerechtsentzug/zur Sorgerechtsveränderung angreifen und ihre
Aufhebung erreichen, § 1696, um sich den Weg aus § 1671 zu eröffnen, wenn er nun wieder –
wie zuvor – an der gemeinsamen Elternsorge beteiligt sein will.

2. Trennung der Eltern. § 1672 setzt die Trennung der Eltern voraus, die nicht nur vorüberge- 15
hend erfolgt sein darf. Es gelten insoweit die gleichen Voraussetzungen wie bei § 1671, vgl. dort
Rn. 9. Haben die Eltern nie zusammengelebt, sich bereits vor der Geburt des Kindes getrennt
oder waren auch nie in einer nichtehelichen Partnerschaft verbunden, kommt § 1672 ebenfalls zur
Anwendung.

3. Übertragung mit Zustimmung der Mutter. a) Antrag des Vaters und Zustim- 16
mung der Mutter. Schon nach der bisherigen Regelung war eine Übertragung der alleinigen
Sorge von der Mutter auf den Vater möglich, wenn der Vater dies beantragt und die Mutter dem
Antrag zugestimmt hat. Dann ist die Sorge zu übertragen, wenn dies dem Wohl des Kindes dient
(**positive Kindeswohlprüfung**), hierzu Rn. 19. Soweit das BVerfG nunmehr Abs. 1 mit Art. 6
Abs. 2 GG für unvereinbar erklärt hat, ist nicht ersichtlich, dass sich dies auch auf eine einvernehmliche Sorgeübertragung von der Mutter auf den Vater beziehen soll. Denn bei **Zustimmung
der Mutter** fehlt es ersichtlich an einem unverhältnismäßigen Eingriff in die Elternrechte des Vaters

---
[18] FamRZ 2010, 1403.
[19] FamRZ 2010, 103.
[20] BVerfG FamRZ 2010, 1403, 1410.
[21] OLG Celle MDR 2011, 1115.
[22] Vgl. *Palandt/Diederichsen* § 1626a Rn. 10 zu Abwägungskriterien.
[23] OLG Celle MDR 2011, 1115: dies gilt auch für das Beschwerdeverfahren.

§ 1672 17–20 Abschnitt 2. Titel 5. Elterliche Sorge

des nichtehelichen Kindes. Dieser Eingriff ist erst gegeben, wenn die Mutter ihre Zustimmung nicht erteilt hat und diese Verweigerung nicht gerichtlich überprüft werden kann. Abs. 1 ist daher weiterhin anzuwenden, wenn die Zustimmung der Mutter vorliegt.[24] Die Zustimmung muss nicht bereits bei Antragstellung vorliegen, denn eine gemeinsame Verfahrenseinleitung und/oder einen gemeinsamen Regelungsantrag der Eltern wird nicht verlangt.[25] Die Zustimmung kann daher nach Verfahrenseinleitung noch erteilt,[26] aber auch umgekehrt jederzeit widerrufen[27] werden.

17   Wie sonst hat das FamG zu untersuchen, **Amtsermittlungsgrundsatz (§ 26 FamFG)**, ob die Zustimmung der Mutter ernst gemeint, frei und ohne unzulässigen Druck erfolgt ist und so eine verlässliche Grundlage für die beantragte Sorgerechtsregelung sein kann. Es besteht bei übereinstimmenden Willen einer zukünftigen Alleinsorge des Vaters daher auch grundsätzlich keine Veranlassung vorab zu prüfen, ob eine **gemeinsame Sorge** in Betracht kommt,[28] denn eine solche können die Eltern ohne weiteres durch eine gemeinsame Sorgeerklärung erreichen. Auch gemeinsam sorgeberechtigten Eltern wird zugestanden auf Antrag eine Alleinsorge begründen zu können, wobei nur bei Widerspruch des 14-jährigen Kindes eine gerichtliche Überprüfung stattfindet, § 1671 Abs. 2 Nr. 1. Allerdings sollte die neue Rechtslage mit den Eltern erörtert werden und auf die **Möglichkeit der gemeinsamen Sorge** verwiesen werden, zumal die Eltern in dem Verfahren nicht anwaltlich vertreten sein müssen. Es wird damit vermieden, dass die Mutter einer Alleinsorge auf **Druck** zustimmt, obwohl statt der Alleinsorge des Vaters eine erstmalige gemeinsame Ausübung der Sorge auch **im Interesse des Kindes** angezeigt erscheint.

18   **b) Antrag der Mutter.** Abweichend von der bisherigen Regelung bedarf es aufgrund der entsprechenden Anwendung von § 1671 nunmehr nicht ausschließlich eines Antrages des Vaters, sondern auch die **Mutter** kann die Übertragung der Sorge oder eines Teils auf den Vater beantragen.[29] In diesem Antrag wird auch regelmäßig ihre Zustimmung liegen. Soweit die Mutter aber die Übertragung der Alleinsorge auf den Vater beantragt, wird eine Übertragung auf diesen nur mit seiner Zustimmung in Betracht kommen. Denn eine Übertragung auf den nicht antragstellenden Elternteil wird nur im Falle von § 1666 in Betracht kommen, vgl. § 1671 Rn. 59. Insoweit gelten keine Besonderheiten gegenüber Eltern, die bislang die Sorge gemeinsam ausübten.

19   **c) § 1672 Abs. 1 S. 2.** Liegen die Voraussetzungen aus S. 1 vor, gibt das FamG dem Sorgerechtsantrag des Vaters des nichtehelichen Kindes statt und überträgt ihm die alleinige elterliche Sorge, wenn diese Regelung „dem Wohl des Kindes dient", S. 2. Notwendig ist allerdings (positive) **Kindeswohlverträglichkeit**. Problematisch ist dabei weiterhin, dass bei gemeinsam sorgeberechtigten Eltern der **Willen der Eltern** einen **Vorrang** erhält, § 1671 Abs. 2 Nr. 1, jedoch bei Eltern, die keine gemeinsame Sorgeerklärung abgegeben haben, nunmehr bei übereinstimmenden Willen eine weitere positive Kindeswohlverträglichkeit und damit der Nachweis, dass die angestrebte Lösung nicht lediglich die am wenigsten schädliche Alternative für das Kind darstellt, sondern förderlich für seine weitere, gute Entwicklung ist und ihm beste Chancen bietet, abverlangt wird. Hieran hat die Entscheidung des BVerfG vom 21. 7. 2010 nichts geändert, denn das BVerfG verlangt ebenfalls, dass die Alleinsorge auf Antrag dem Vater zu übertragen ist, „soweit eine gemeinsame Sorge in Betracht kommt und zu erwarten ist, dass dies dem Kindeswohl am besten entspricht."[30] Der **gemeinsame Elternwille** ist auch bei einer bisherigen Alleinsorge der Mutter genauso beachtlich wie der von gemeinsam sorgeberechtigten Eltern.[31] Insoweit ist § 1672 Abs. 1 S. 2 dahingehend verfassungskonform auszulegen, dass aus dem Verhalten der Eltern – übereinstimmender Wille der Sorgeausübung durch den Vater – geschlossen werden kann, dass die **Übertragung dem Kindeswohl dient**, denn die Mutter wird Gründe dafür haben, dass sie einer alleinigen Sorge des Vaters zustimmt.[32]

20   Wenn sich allerdings Indizien dafür ergeben, dass das Verhalten der Eltern **kindeswohlschädigend** ist, bedarf es wie sonst auch eines Einschreitens des Gerichts, indem dem Antrag nicht stattgegeben wird.

---

[24] So auch *Palandt/Diederichsen* Rn. 2 und 3.
[25] Vgl. zu Einzelheiten BT-Drucks. 13/4899 S. 100.
[26] AG Tempelhof-Kreuzberg FamRZ 2002, 568, 569.
[27] OLG Brandenburg FamRZ 2010, 906.
[28] AA wohl *Palandt/Diederichsen* Rn. 6, der aber wie BVerfG insoweit nicht zwischen Übertragung mit und ohne Zustimmung der Mutter unterscheidet.
[29] *Palandt/Diederichsen* Rn. 5.
[30] BVerfG FamRZ 2010, 1403, 1410; so auch OLG Hamm NJW 2011, 389, 390; OLG Brandenburg NJW 2010, 3245, 3246.
[31] *Johannsen/Henrich/Jaeger* Rn. 7.
[32] *Staudinger/Coester* Rn. 12 und 13; aA wohl *Palandt/Diederichsen* Rn. 6, der aber wie BVerfG nicht hinreichend zwischen Übertragung mit und ohne Zustimmung der Mutter unterscheidet.

d) **Widerspruchsrecht des Kindes.** Anders als § 1671 Abs. 2 Nr. 1 sieht § 1672 bei Sorge- 21
rechtsanträgen kein **Widerspruchsrecht** für ein Kind vor, selbst nicht nach Vollendung seines
14. Lebensjahres,[33] das wenigstens beschränkte Wirkungen haben könnte, wie bei § 1671 Abs. 2
Nr. 1. Dort führt der Widerspruch des Kindes aber ohnehin allein zur Prüfung der von den Eltern
beantragten Regelung mit dem strengen Maßstab des **Kindeswohls**, vgl. dort Rn. 64 f.; bei der
gerichtl. Entscheidung nach § 1672 Abs. 1 S. 2 ist dies aber ohnehin in allen Fällen vorgesehen,[34]
so dass trotz des unterschiedlichen Ausgangs keine inhaltlichen Widersprüche entstehen. Gleichwohl
sollte der Gesetzgeber bei einer erforderlichen Anpassung auch des Maßstabs der Kindeswohlprüfung
bei übereinstimmenden Sorgerechtsanträgen in Angleichung an § 1671 Abs. 2 Nr. 1 ein Widerspruchsrecht des Kindes bei Vollendung des 14. Lebensjahres normieren.

4. Übertragung der Sorge auf den Vater bei fehlender Zustimmung der Mutter. 22
Bislang hatte der Vater eines nichtehelichen Kindes nur die Möglichkeit bei Ruhen der elterlichen
Sorge der Mutter, weil sie mit der Annahme des Kindes einverstanden ist, auf seinen Antrag ohne
Zustimmung der Mutter allein Sorgebefugnisse eingeräumt zu bekommen. Bei verfassungskonformer Auslegung der Bestimmung reicht es aus, dass die beantragte Regelung dem Wohl des Kindes
nicht widerspricht.[35] Ansonsten bedurfte es zwingend der Zustimmung durch die Mutter.

Abweichend von der bisherigen gesetzlichen Regelung hat der Vater nunmehr aufgrund der 23
Anordnung des BVerfG[36] auch die Möglichkeit ohne Zustimmung der Mutter die Alleinsorge übertragen zu bekommen. Erforderlich ist hierzu sein Antrag; auch ein Antrag der Mutter ist ausreichend,[37] doch wird diese kaum einen Antrag stellen, da sie mit einer Übertragung der Sorge auf
den Vater nicht einverstanden ist. Auch wenn der Vater vorrangig die alleinige Sorge anstrebt, ist
bei fehlender Zustimmung von Amts wegen zu prüfen, ob die Ausübung der gemeinsamen Sorge
nicht vorrangig in Betracht kommt.[38] Voraussetzung ist auch hier, dass eine tragfähige soziale Beziehung zwischen den Eltern besteht, die die Eltern objektiv zu Kooperation befähigt und auch eine
subjektive Kooperationsbereitschaft feststellen lässt.[39] Es gelten insoweit die gleichen Kriterien, die
im Rahmen von § 1671 Abs. 2 Nr. 2 anzuwenden sind,[40] wenn ein Elternteil die Aufhebung der
gemeinsamen Sorge beantragt, dazu § 1671 Rn. 69 ff. Allerdings wird hier verstärkt zu berücksichtigen sein, ob aufgrund der bisherigen Familiengeschichte eine Kooperation der Eltern erwartet werden kann.[41] Kommt eine gemeinsame Sorge nicht in Betracht, dann ist wie bei § 1671 Abs. 2 Nr. 2
zu prüfen, ob die Übertragung der Alleinsorge auf den Vater dem Kindeswohl am besten entspricht,[42] der Maßstab des Abs. 1 S. 2 –„dem Wohl des Kindes dient" findet keine Anwendung;
denn im Gegensatz zum Vater hat die Mutter des nichtehelichen Kindes kein Wahlrecht, ob sie die
Sorge ausüben möchte. Daher stellt der Entzug des Sorgerechts trotz einer Kindeswohl gerechten
Wahrnehmung der Elternverantwortung einen schwerwiegenden Eingriff in ihr Elternrecht dar, der
nur dann gerechtfertigt ist, wenn eine gemeinsame Sorge nicht in Betracht kommt und die Belange
des Kindes und sein Wohl ein Wechsel der Sorge rechtfertigen.[43] Auch insoweit gelten dieselben
Kriterien wie bei § 1671 Abs. 2 Nr. 2. Regelmäßig können wie sonst auch nur Teile der Sorge auf
den Vater übertragen werden.

Damit ist nunmehr neben der Wahrung der Verfassungsrechte des Vaters auch die Möglichkeit 24
eröffnet, insbesondere in Fällen, in denen das Kind sich eindeutig zum bislang nicht sorgeberechtigten Vater orientiert hat, bei diesem lebt und dies auch seinem (maßgeblichen) Wunsch und Wille
entspricht, angemessene Lösungen zu finden. Denn bislang war die Mutter mit einer Sorgerechtsausübung regelmäßig nicht einverstanden und es bedurfte dann einer Kindeswohlgefährdung iS des
§ 1666 BGB, um ihr die Sorge zu entziehen und dem Vater übertragen zu können;[44] diese Schwelle
war häufig aber nicht erreicht. Auch kann in Fällen, in denen die Kinder zunächst mit Einverständnis

---

[33] Dazu OLG Frankfurt FamRZ 2003, 1314 für ein 16 Jahre altes Kind, krit. Anm. von *Spangenberg* FamRZ 2004, 132; dazu auch *Bamberger/Roth/Veit* Rn. 8 mN.
[34] BT-Drucks. 13/4899 S. 101.
[35] BGH *(Görgülü)* FamRZ 2007, 1969, 1972 mit Anm. *Zenz* FamRZ 2007, 2060.
[36] BVerfG FamRZ 2010, 1403, 1410.
[37] BVerfG FamRZ 2010, 1403, 1410.
[38] BVerfG FamRZ 2010, 1403, 1410.
[39] OLG Brandenburg FamRZ 2011, 1662; OLG Naumburg FamRZ 2010, 1918, 1919.
[40] OLG Rostock MDR 2011, 860.
[41] Hierzu aus Sachverständigensicht: *Salzgeber/Fichtner* FamRZ 2011, 945, 947.
[42] BVerfG FamRZ 2010, 1403, 1409.
[43] BVerfG FamRZ 2010, 1403, 1409.
[44] Vgl. dazu BGH FamRZ 2001, 907, 910: missbräuchliche Sorgeausübung komme auch in Betracht, wenn Mutter das Elternrecht des Vaters nicht angemessen berücksichtige; OLG Jena FamRZ 2010, 384.

§ 1672 25–28   Abschnitt 2. Titel 5. Elterliche Sorge

der Mutter beim Vater leben, diese nunmehr die Kinder wieder zu sich nehmen will, Regelungen getroffen werden, die den Rechten des Vaters wie des Kindes gerecht werden.[45]

25 **5. Abweisung eines Regelungsantrages des Vaters.** Wird der Antrag des Vaters auf Übertragung der elterlichen Sorge abgewiesen und kommt auch eine gemeinsame Sorge nicht in Betracht, bleibt die bisherige **Alleinsorge** der Mutter erhalten. Durch gerichtliche Entscheidung können auch Teilbereiche ausgegliedert und in gemeinsame Elternsorge überführt werden; Voraussetzung ist, dass diese Lösung unter dem Blickwinkel des Kindeswohls geboten ist. Sorgeerklärungen können die Eltern dagegen nicht (mehr) abgeben,[46] aber sie können nach **Abs. 2** vorgehen,[47] dazu Rn. 26.

V. § 1672 Abs. 2

26 Nach **§ 1672 Abs. 2 Satz 1** kann das Gericht nach einer vorausgegangenen Entscheidung nach Abs. 1 (für den Vater) die gemeinsame Elternsorge wieder herstellen, wenn ein Elternteil dies beantragt, der andere **zustimmt** und die Entscheidung dem Wohl des Kindes nicht widerspricht, negative Kindeswohlverträglichkeit. Damit wird die Bestimmung zu einem Sonderfall der gerichtlichen Abänderung und verdrängt **§ 1696**, soweit Ziel der Eltern gerade die gemeinsame elterliche Sorge ist.[48] Einfacher wäre allerdings, auch in dieser Situation **Sorgeerklärungen** für sie zuzulassen, dazu aber § 1626b Abs. 3. Der Weg aus § 1672 Abs. 2 steht den Eltern auch offen, wenn eine gerichtl. Regelung nach Abs. 1 später wieder aufgehoben wurde, obwohl damit nur der Zustand wie zuvor wiederhergestellt werden soll,[49] vgl. S. 2. Begehrt hingegen die Mutter erneut die Alleinsorge, nachdem diese auf den Vater gem. Abs. 1 übertragen worden ist, ist § 1696 maßgeblich.[50] Abs. 2 ist im Rahmen der anstehenden Neufassung des § 1 grundlegend zu reformieren. Abs. 2 ermöglichte nach der bisherigen Gesetzeslage eine gemeinsame Sorge außerhalb der Sorgerechtserklärung nach § 1626a Abs. 1 Nr. 1. Warum allerdings die von den Eltern übereinstimmend gewollte gemeinsame Sorge nunmehr einer gerichtlichen Überprüfung bedarf, während die Sorgeerklärung nach § 1626a Abs. 1 Nr. 1 ohne jegliche gerichtliche Beteiligung möglich ist, bleibt offen.[51] Nachdem nunmehr die Eltern die Möglichkeit haben, eine gemeinsame Sorge auf Antrag durch eine gerichtliche Entscheidung auch ohne Zustimmung des anderen Elternteils zu erreichen, s. Rn. 23, ist Abs. 2 überflüssig. Im Übrigen besteht kein Grund für Eltern, die ursprünglich nicht gemeinsam sorgeberechtigt gewesen sind, eine Sonderregelung außerhalb von § 1696 zu schaffen.

VI. § 1666

27 Wie sonst sind gerichtl. Eingriffe in elterliche Sorgebefugnisse nach **§ 1666** möglich. Gerichtliche Entscheidungen bewirken allerdings, falls bisher die Mutter die alleinige Sorge ausgeübt hat, nicht selbstverständlich den **Übergang**[52] auf den Vater. Vielmehr ist stets eine ausdrückliche gerichtliche Anordnung notwendig, Grundlage §§ 1678 Abs. 1 und 2, 1680 Abs. 3, wobei in **verfassungskonformer Auslegung** es ausreichend ist, wenn die Übertragung dem **Wohl des Kindes** nicht widerspricht, vgl. § 1678 Rn. 12 und § 1680 Rn. 11. Soweit bislang gegen die Entscheidung des FamG, der nach § 1626a Abs. 2 allein sorgeberechtigten Mutter das Sorgerecht zu belassen und nicht nach § 1666 gegen sie vorzugehen, dem Vater ohne Sorgebefugnisse kein **Beschwerderecht** zugestanden worden ist,[53] ist daran nicht mehr festzuhalten.[54] Der Vater muss auch insoweit berechtigt sein, sein Elternrecht aus Art. 6 Abs. 2 GG durchsetzen zu können.

VII. Verfahren

28 Zum **Verfahrensablauf** vgl. § 1671 Rn. 126 ff. Da nunmehr auch der Antrag des Vaters auf Einräumung der gemeinsamen Sorge oder Übertragung der Alleinsorge nicht mehr an die Zustim-

---
[45] Vgl. OLG Brandenburg NJW 2010, 3245, 3246; OLG Naumburg FamRZ 2010, 1918, 1919.
[46] *Lipp* FamRZ 1998, 65, 72.
[47] *Lipp* FamRZ 1998, 65, 72.
[48] *Schwab/Motzer* (Handbuch) III Rn. 204; *Staudinger/Coester* Rn. 18 ff. – konzeptioneller Fehlgriff.
[49] Zu weiteren Einzelheiten *Schwab/Motzer* (Handbuch) III Rn. 206.
[50] Nach Huber/Möll FamRZ 2011, 765, 769 soll § 1696 immer maßgeblich sein, wenn „nach einer Übertragung der Alleinsorge auf den Vater …ein Elternteil" dem Antrag auf gemeinsame Sorge widerspricht.
[51] Hierzu und zu weiteren Widersprüchen *Staudinger/Coester* Rn. 19; nicht so weitgehend Huber/Möll FamRZ 2011, 765, 769.
[52] *Lipp* FamRZ 1998, 65, 73 f.
[53] BGH NJW-RR 2009, 436; FamRZ 2010, 1242 hat bereits ausdrücklich offen gelassen, ob hieran zukünftig festzuhalten ist.
[54] OLG Brandenburg NJW 2010, 3245.

mung der Mutter gebunden ist, ist wie sonst auch zu prüfen, ob ein Einvernehmen hergestellt werden kann, § 156 FamFG. **Anhörungspflichten** bestehen wie sonst, ebenso wird zumindest bei beantragter Übertragung der Alleinsorge ein **Verfahrensbeistand** (§ 158 FamFG) zu bestellen sein, da damit regelmäßig auch ein Aufenthaltswechsel des Kindes verbunden sein dürfte.

Als **Rechtsmittel** ist **Beschwerde** statthaft, §§ 58 ff. FamFG, zur Beschwer des Vaters bei einer Entscheidung des FamG, der gem. § 1626a Abs. 2 allein sorgeberechtigten Mutter das Sorgerecht zu belassen und nicht nach § 1666 gegen sie vorzugehen, vgl. schon Rn. 27.[55]

29

VIII. Auslandsbezug

Bei **Auslandsbezug** gelten grundsätzlich dieselben Regelungen wie beim ehelichen Kind, da sowohl Brüssel IIa-VO, wie KSÜ und das noch geltende MSA nicht differenzieren, im Übrigen siehe § 1671 Rn. 129 ff.

30

Während nach **Art. 16 Abs. 1 KSÜ** für die Zuweisung und das Erlöschen der elterlichen Sorge kraft Gesetzes das Recht des Staates des gewöhnlichen Aufenthalts des Kindes maßgeblich ist, ist für die Zuweisung oder Erlöschen des Rechts der Sorge kraft Vereinbarung, hierzu gehören auch **Sorgeerklärungen** nach § 1626a Abs. 1 Nr. 1, das Recht des Staates anzuwenden, in dem sich zum Zeitpunkt der Vereinbarung der **gewöhnliche Aufenthalt des Kindes** befindet, Art. 16 Abs. 2 KSÜ. Die elterliche Verantwortung besteht auch nach einem **Wechsel des Aufenthalts** fort, Art. 16 Abs. 3 KSÜ, aber die Zuweisung der Sorge an eine Person, die bislang nicht Inhaber der elterlichen Sorge war, richtet sich nach dem Recht des Staates des neuen Aufenthaltsorts, Art. 16 Abs. 4 KSÜ.[56] Eine einmal begründete Sorge besteht daher auch innerhalb des Anwendungsbereichs des KSÜ bei einem Staatenwechsel des Kindes fort, kann aber dazu führen, dass der bislang nicht sorgeberechtigte Elternteil nach dem Recht des neuen Staates sorgeberechtigt wird und auch diese Sorge nach einem erneuten Länderwechsel fortbesteht.

31

§ 1673 Ruhen der elterlichen Sorge bei rechtlichem Hindernis

(1) Die elterliche Sorge eines Elternteils ruht, wenn er geschäftsunfähig ist.

(2) ¹**Das Gleiche gilt, wenn er in der Geschäftsfähigkeit beschränkt ist.** ²**Die Personensorge für das Kind steht ihm neben dem gesetzlichen Vertreter des Kindes zu; zur Vertretung des Kindes ist er nicht berechtigt.** ³**Bei einer Meinungsverschiedenheit geht die Meinung des minderjährigen Elternteils vor, wenn der gesetzliche Vertreter des Kindes ein Vormund oder Pfleger ist; andernfalls gelten § 1627 Satz 2 und § 1628.**

Schrifttum: *Bienwald,* Die Einschränkung der Betreuung nach § 1908d BGB und deren Folgen für die elterliche Sorge und/oder das Umgangsrecht der Mutter eines nichtehelichen Kindes, FamRZ 1994, 484; *Knittel,* Willensvorrang minderjähriger Mütter bei Zustimmung zur Vaterschaftsanerkennung durch den Amtsvormund, JAmt 2002, 330; *Münder,* Probleme des Sorgerechts, FuR 1995, 89; *Ollmann,* Meinungsverschiedenheiten zwischen minderjähriger Mutter und Vormund, JAmt 2003, 572; *Walter,* Betreuung und elterliche Sorge, FamRZ 1991, 765.

I. Normzweck

§ 1673 Abs. 1 bringt die **elterliche Sorge** eines Elternteils zum Ruhen, wenn er **geschäftsunfähig** ist, Abs. 1 (rechtliches Hindernis), während Abs. 2 bei **beschränkter Geschäftsfähigkeit** differenzierte Lösungen bereithält und die minderjährige Mutter/den minderjährigen Vater zumindest an der Personensorge auch weiterhin beteiligt. § 1674 behandelt den **tatsächlichen** Ausfall eines Elternteils nach entspr. gerichtlicher Entscheidung und legt ebenfalls Ruhen der elterlichen Sorge fest, während § 1680 Rechtsfolgen an den vorangegangenen Sorgerechtsentzug nach §§ 1666 ff. anknüpft bzw. den **Tod** eines Elternteils mit seinen Auswirkungen auf die Sorgebefugnisse regelt. § 1677 behandelt die **Todeserklärung**, vgl. im Übrigen § 1681. Ruht die elterliche Sorge, ergeben sich die Folgen (erst) aus § 1675 BGB. Insgesamt sind die Regeln jedenfalls unübersichtlich und eher kompliziert.

1

---

[55] BGH NJW-RR 2009, 436; FamRZ 2010, 1242 hat ausdrücklich offen gelassen, ob hieran zukünftig festzuhalten ist.
[56] Hierzu ausführlich *Dutta* StAZ 2010, 193, 201/202.

II. Voraussetzungen und Auswirkungen

2 **1. § 1673 Abs. 1 und 2.** Unbeschränkte Wahrnehmung der elterlichen Sorge setzt nach § 1671 **Volljährigkeit** jedes Elternteils voraus, also die Vollendung des 18. Lebensjahres, § 2, und seine **Geschäftsfähigkeit.** Bei **beschränkter Geschäftsfähigkeit**[1] werden die elterlichen Befugnisse aufgespalten. Der minderjährige Teil – § 114 aF ist durch das BtG abgeschafft – übt die **Personensorge** zusammen mit dem gesetzlichen **Vertreter** des Kindes aus, also nicht etwa mit seinem eigenen gesetzlichen Vertreter, in der Regel also mit dem anderen Elternteil, während er von der **Vermögenssorge** ausgeschlossen ist, § 1678 Abs. 1. Bei Meinungsverschiedenheiten zwischen beiden wie sonst nach §§ 1627, 1628 vorzugehen und das FamG einzuschalten, während bei Bestellung eines **Pflegers** oder **Vormunds** die Pläne und Absichten des beschränkt geschäftsfähigen Elternteils allein maßgeblich werden,[2] dazu Abs. 2, und die Vorstellungen der Amtsperson zurückzutreten haben. Wie sonst ist das Wohl des Kindes vorrangig; die Mutter hat also zurückzutreten, wenn sie Anordnungen treffen will, die das Kind gefährden,[3] etwa bei ihrer Zustimmung zu einem zweifelhaften Vaterschaftsanerkenntnis,[4] wobei Abs. 2 S. 3 entspr. § 1697a eingeschränkt wird.[5]

3 **2. Betreuung eines Elternteils.** Betreuung eines Elternteil, § 1896, hat für sich keine unmittelbaren Auswirkungen auf den Bestand der elterlichen Sorge; sie soll ihm vielmehr persönliche Hilfe geben.[6] Doch kann der Grund für die Betreuung weitere gerichtliche Eingriffe in die elterliche Sorge verlangen;[7] Grundlage werden dann §§ 1666 ff. Angesprochen ist **§ 1674 Abs. 1**, nicht § 1673. Unzulässig ist Anordnung von Betreuung mit dem Aufgabenkreis „elterliche Sorge",[8] denn sie bezieht sich nicht auf den Betreuten, sondern allein auf das Kind. Dann ist **Pflegschaft** oder **Vormundschaft** für das Kind einzurichten, die den Elternteil unterstützt, fehlende Handlungsmöglichkeiten ausgleicht und Belange des Kindes wahrt. Gesonderter Beschluss über die rechtlichen Folgen der Betreuung kann ohnehin nicht (mehr) ergehen.[9] Ein Betreuer mit dem Aufgabenbereich „Vertretung gegenüber Körperschaften, Behörden und Gerichten" kann die betreute Mutter nicht bei Erziehungskonferenzen im Jugendamt, bei Verhandlungen und Absprachen über die Bewilligung von Familienhilfe sowie gegenüber dem Vater ihrer Kinder für eine Umgangsregelung vertreten, denn insoweit ist die elterl. Sorge erfasst,[10] die aber nicht erfasst werden darf.

4 **3. Umgangsbefugnisse.** Umgangsbefugnisse des Elternteils, dessen elterliche Sorge ruht, bleiben wie sonst bestehen.[11] Sie können nach § 1684 unter den dort genannten Voraussetzungen aber auszuschließen oder zu beschränken sein, wenn persönliche Kontakte zwischen ihm und dem Kind zumindest gegenwärtig nicht zu verantworten sind und für das Kind Gefährdungen mit sich bringen.

5 **4. Folgen für den anderen Elternteil.** Bei gemeinsamer elterlicher Sorge beider Elternteile steht die elterliche Sorge, wenn sie für einen ruht, dem anderen in den Fällen aus §§ 1673, 1674 allein zu, § 1678 Abs. 1 Hs. 1; der betroffene Elternteil ist jedenfalls gehindert, Sorgebefugnisse auszuüben, § 1675. War die nicht verheiratete Mutter Sorgerechtsinhaberin, **§ 1626a Abs. 2,** hat das FamG nach § 1678 Abs. 2 in entsprechender verfassungskonformer Auslegung, vgl. § 1678 Rn. 12, vorzugehen, wenn sie ausfällt. Ruht die elterliche Sorge für einen Elternteil, dem sie bei Trennung oder Scheidung allein zugesprochen war, ist nach **§ 1696** selbständig zu entscheiden, vgl. § 1678 Abs. 1, denn eine ausdrückliche Folgebestimmung wie für § 1673 fehlt; sie ist aus „Vereinfachungsgründen"[12] unterblieben, aber diese Einschätzung ist kaum nachvollziehbar; zu § 1675 vgl. Rn. 10.

III. Rechtliche Verhinderung

6 Ist ein Elternteil **geschäftsunfähig,** ruht seine elterliche Sorge, § 1673 Abs. 1. Einem beschränkt geschäftsfähigen Elternteil belässt § 1673 Abs. 2 S. 2 dagegen die Mitwirkung an der **Personen-**

---

[1] Sehr ausführlich dazu *Staudinger/Coester* Rn. 19 f.
[2] *Bamberger/Roth/Veit* Rn. 3 mN in Fn. 16.
[3] *Ollmann* JAmt 2003, 572.
[4] *Knittel* JAmt 2002, 330, 332.
[5] *Palandt/Diederichsen* § 1673 Rn. 4 aE.
[6] Ebenso für den Einwilligungsvorbehalt *Staudinger/Coester* Rn. 8 ff.
[7] Dazu BT-Drucks. 11/4528 S. 108; im Übrigen *Walter* FamRZ 1991, 765, 770; vgl. auch OLG Karlsruhe Rpfleger 2010, 369 mit Beispiel für Ausübung der Sorge trotz Betreuung.
[8] *Palandt/Diederichsen* Rn. 5, DIJuF-Rechtsgutachten JAmt 2002, 301.
[9] *Bienwald* FamRZ 1994, 484.
[10] LG Rostock FamRZ 2003, 1691, 1692; krit. Anm. *Bienwald* FamRZ 2003, 1693 – einzusetzen ist ein Vormund oder ein Pfleger, §§ 1666 oder 1674.
[11] *Bienwald* FamRZ 1994, 484; *Staudinger/Coester* Rn. 15.
[12] Vgl. dazu BT-Drucks. 13/4899 S. 102.

sorge, nimmt ihm aber die Vertretungsbefugnis, während er für die **Vermögenssorge** gänzlich verdrängt ist.

Geschäftsunfähig[13] ist nach § 104, wer das siebte Lebensjahr noch nicht vollendet hat oder sich 7 in einem die freie Willensbildung ausschließenden Zustand krankhafter Störung der Geistestätigkeit befindet, sofern nicht der Zustand seiner Natur nach vorübergehend ist; dann gilt § 1678 Abs. 1 (kurzfristige tatsächliche Verhinderung). Weitere Unterscheidungen bzw. feinere Aufgliederungen sollen dagegen nicht zulässig sein; denn die Geschäftsunfähigkeit sei „einheitlich zu verstehen". Andererseits ist weitgehend anerkannt, dass **partielle Ausfälle** ausreichen, wenn sie sich gerade auf die elterlichen Befugnisse oder sonstige persönliche Voraussetzungen beziehen,[14] weitere Bereiche aber nicht erfassen wie etwa krankhafte Eifersucht auf ein Kind, schwere psychische Störungen bei der Elternschaft o. ä. Dann sollte auch „**partielle Elterngeschäftsfähigkeit**" bestehen können, wenn ein Elternteil, der seine Geschäfte in einer in § 104 Nr. 2 beschriebenen Form im allg. nicht wahrnehmen kann, seine elterliche Verantwortung jedoch erkennt und in der Lage ist, verantwortlich für das Kind zu handeln und sich für seine Entwicklung einzusetzen, ohne dass insoweit Gefährdungen entstehen (können). Aus guten Gründen werden die Voraussetzungen für die **Eheschließung** so beurteilt und im Einzelnen aufgegliedert,[15] um **behinderten** Menschen wichtige eigene Lebensbereiche zu belassen und sie in ihrer Entwicklung zu fördern und zu ihrem Glück beizutragen. Ausreichende Kontrolle kann der Partner ausüben oder das über § 1628 bei Meinungsverschiedenheiten berufene Gericht. Weitergehende Anordnungen können (und haben) nach § **1666** zu ergehen, wenn die Situation für das Kind insgesamt unerträglich wird, so dass ein Elternteil seine Befugnisse behält und seine Verantwortung für das Kind wahrnehmen kann, die für ihn selbst und für das Kind wichtig sind, **Art. 6 Abs. 1 GG**, und das Kind selbst geschützt bleibt. Bezieht sich die Geschäftsunfähigkeit auf abgrenzbare Teile der elterlichen Sorge, treten die Wirkungen aus § 1673 ohnehin nur für diese Teile ein,[16] Verhältnismäßigkeitsgrundsätze.

Ist ein Elternteil beschränkt geschäftsfähig, der andere aber in vollem Umfang geschäftsfähig, und 8 können sich beide aber über Fragen der Personensorge nicht einigen, ist nach §§ **1627, 1628** vorzugehen, Abs. 2 S. 3, ohne dass für den unbeschränkt Geschäftsfähigen nun stets ein Vorrang begründet wäre. Ist **Pflegschaft** oder **Vormundschaft** für das Kind angeordnet, geht bei Meinungsverschiedenheiten mit dem Pfleger oder Vormund die Auffassung des beschränkt geschäftsfähigen Elternteils vor; intern erfolgt die Entscheidung, wenn sich die Eltern nicht einigen können, wiederum nach §§ 1627, 1628. Für Eingriffe des Gerichts bleibt § **1666**, wenn die Voraussetzungen aus dieser Bestimmung erfüllt sind. Ist neben der Personen- auch die Vermögenssorge betroffen, **Überschneidungsfälle**, so hat bei einem minderjährigen Elternteil das Familiengericht zu entscheiden, § 1630 Abs. 2.[17] Zur **Personensorge** zählt auch die **Herausgabe** des Kindes, § **1632 Abs. 1**;[18] sie ist beiden Elternteilen vorbehalten, die folglich gemeinsam vorzugehen haben, wenn sie sonst gemeinsam sorgeberechtigt sind. Allerdings ist auch insoweit der beschränkt geschäftsfähige Elternteil von der **gesetzlichen Vertretung** für das Kind ausgeschlossen.

Dem minderjährigen Elternteil stehen eigene Beschwerderechte nach § **59 Abs. 1 FamFG** zu. 9 Ihm gegenüber können nach § 105 rechtsgeschäftliche Erklärungen abgegeben werden, wenn sich die Eltern in dieser Form bevollmächtigt haben, denn auch der minderjährige Partner kann als **Vertreter** oder **Bote** eingesetzt werden.[19]

IV. Folgen

Ruht die elterliche Sorge für einen Elternteil, darf sie nicht ausgeübt werden, § **1675**. Einer 10 gerichtlichen Feststellung bedarf es nicht, aus Praktikabilitätsgründen kann jedoch eine deklaratorische Feststellung durch Beschluss erfolgen.[20] Bei gemeinsamer elterlicher Sorge ist der andere Partner allein sorgeberechtigt, § 1678 Abs. 1 Hs. 1. Fällt die **Mutter des nichtehelichen Kindes** aus, die für das Kind allein berechtigt war, § 1626a Abs. 2, kann das FamG unter den Voraussetzungen

---

[13] Zu § 1673 *Münder* FuR 1995, 89.
[14] *Staudinger/Coester* Rn. 11 mN, wobei eben wesentlich ist, ob der „defizitäre Kompetenzbereich gerade auch die Sorgerechtsausübung umfasst", und „bei nur mittelbarer oder marginaler Betroffenheit der Sorgerechtsfähigkeit (soll) § 1673 Abs. 1" von vornherein nicht eingreifen, wobei Maßnahmen nach §§ 1666 ff. zu treffen sein können.
[15] Vgl. dazu § 1303 und zur Befreiungspraxis LG Augsburg FamRZ 1998, 1106; zu § 1304 BayObLG FamRZ 1997, 294 und (zust.) *Palandt/Brudermüller* Rn. 2; vgl. auch AG Rottweil FamRZ 1990, 626, 627.
[16] *Staudinger/Coester* Rn. 11.
[17] *Staudinger/Coester* Rn. 28.
[18] *Staudinger/Coester* Rn. 24.
[19] *Palandt/Diederichsen* Rn. 3 sowie DIJuF-Gutachten JAmt 2007, 257 zur Bevollmächtigung durch den Vormund des Kindes.
[20] Hierzu OLG Rostock FamRZ 2008, 1090 (keine Bewilligung von Verfahrenskostenhilfe hierfür).

§ 1674   1   Abschnitt 2. Titel 5. Elterliche Sorge

aus § 1678 Abs. 2 ihre Sorgebefugnisse auf den Vater übertragen. **Umgang** besteht weiter, **§ 1684** und Rn. 4, wenn nicht Einschränkungen für sie oder ihren Ausschluss notwendig werden. Bei Unklarheiten über die eigenen Rechte schützt **§ 1698a Abs. 2** den handelnden Elternteil in den Grenzen der (positiven) **Kenntnis,** also auch bei verschuldeter Unkenntnis. §§ 1666 ff. sind zumindest zunächst zur Seite gedrängt. Weitergehende Eingriffe nach diesen Bestimmungen gegen einen Elternteil, dessen elterliche Sorge ruht, sind daher unzulässig; sie werden erst zulässig, wenn über § 1673 Abs. 1 hinaus eigene Maßnahmen und gerichtliche Anordnungen geboten sind, weil das Kind in seiner guten Entwicklung gefährdet erscheint.

11   Fallen die Hindernisse aus Abs. 2 weg, wird also der beschränkt geschäftsfähige Elternteil **volljährig**, treten elterliche Verantwortung und elterliche Sorge wieder in vollem Umfang in Kraft, ohne dass zuvor eine entsprechende gerichtliche Entscheidung ergehen müsste oder könnte;[21] dagegen ist eine zeitliche Beschränkung gerichtlicher Maßnahmen bei Eingriffen nach § 1666 nur in Ausnahmefällen zulässig, gerade bei Minderjährigkeit eines Elternteils und der ihm nach § 1673 Abs. 2 zustehenden Personensorge.[22] Das Gleiche gilt, wenn vorübergehende Störungen, die zum rechtlichen Ausschluss geführt haben, beendet sind,[23] oder wenn eine **Pflegschaft** oder **Vormundschaft** für ein Kind beendet ist, die für die Zeit des Ruhens der elterlichen Sorge für einen Elternteil angeordnet war. Nach Abschaffung der „Entmündigung" durch das BtG ist ein Feststellungsbeschluss für die Geschäftsunfähigkeit nicht mehr vorgesehen.[24]

§ 1674 Ruhen der elterlichen Sorge bei tatsächlichem Hindernis

(1) Die elterliche Sorge eines Elternteils ruht, wenn das Familiengericht feststellt, dass er auf längere Zeit die elterliche Sorge tatsächlich nicht ausüben kann.

(2) Die elterliche Sorge lebt wieder auf, wenn das Familiengericht feststellt, dass der Grund des Ruhens nicht mehr besteht.

Schrifttum: *Lorenz*, Eltern mit geistiger Behinderung – Rechtliche Rahmenbedingungen eines Zusammenlebens von Eltern und Kindern, NDV 2008, 208; *Mielitz*, Anonyme Kindesabgabe, 2005; *Rakete-Dombek*, Der Ausfall eines Sorgeberechtigten durch Tod, Krankheit, Abwesenheit oder Entzug der elterlichen Sorge, FPR 2005, 80.

Übersicht

	Rn.		Rn.
I. Normzweck	1–3	c) Abgrenzung zur Verhinderung aus rechtlichen Gründen	6, 7
1. Grundsätze	1	2. Gerichtliche Feststellung der Verhinderung	8–14
2. Abgrenzung zu § 1678 Abs. 1	2, 3	a) Zuständigkeit	8
II. Ruhen der elterlichen Sorge wegen längerer tatsächlicher Verhinderung	4–14	b) Verfahrensgrundsätze	9–12
1. Voraussetzungen	4–7	c) Einstweilige Anordnung	13
a) Längere Zeit andauernde tatsächliche Verhinderung	4	d) Folgen	14
b) Einzelheiten	5	III. § 1674 Abs. 2	15
		IV. Auslandsbezug	16

I. Normzweck

1   **1. Grundsätze.** Liegen die Voraussetzungen aus § 1674 vor, darf der betroffene Elternteil die elterliche Sorge nicht ausüben, **§ 1675**; seine elterlichen **Befugnisse** stehen ihm dagegen (rechtlich) nach wie vor im Grundsatz zu.[1] Die Verhinderung muss, § 1674, **tatsächliche Gründe** haben, also etwa Krankenhausaufenthalt, Strafhaft, längere Auslandsabwesenheit, zu Einzelheiten gleich Rn. 5, sich voraussichtlich wieder ändern können und keinen nachdrücklichen/endgültigen Ausschluss

---

[21] BayObLG FamRZ 1976, 711, 713; vgl. zu weiteren Einzelheiten *Staudinger/Coester* Rn. 14 mwN.
[22] OLG Karlsruhe FamRZ 2005, 1272, denn die weitere Entwicklung ist nicht absehbar und das Kind muss geschützt werden.
[23] BayObLG Rpfleger 1968, 22.
[24] Dazu *Bienwald* FamRZ 1994, 484.
[1] Vgl. auch LG Memmingen FamRZ 1981, 1003; ausführlich zu diesen Punkten *Staudinger/Coester* Rn. 1 f und 8 f.

nach § 1666 fordern, zur Abgrenzung zu § 1678 Abs. 1 gleich Rn. 2. Bei rechtlichen Hindernissen wie Geschäftsunfähigkeit bzw. beschränkter Geschäftsfähigkeit eines Elternteils gilt § 1673.

2. Abgrenzung zu § 1678 Abs. 1. Die Abgrenzung von § 1674 zu **§ 1678 Abs. 1** ist zwar im Ausgang eindeutig. Doch werden im weiteren Verlauf die Grenzen (wieder) fließend, zu Einzelheiten gleich Rn. 5. **§ 1678 Abs. 1** gibt bei tatsächlichen **Ausfällen** eines Elternteils dem anderen die Befugnis, die elterliche Sorge allein auszuüben; erfasst sind dabei vorübergehende Ereignisse und überschaubare (kurze) Zeiträume. Doch führt auch die Entscheidung des FamG nach § 1674 zu den **Rechtsfolgen** aus § 1678 Abs. 1.

Die Unterschiede, § 1674 einerseits, § 1678 andererseits, sollen der **Rechtssicherheit** dienen, aber auch **Kindesinteressen** verwirklichen. Feststellungen des FamG schaffen klare Verhältnisse für alle Beteiligten, die so eben nicht erst die Grundlagen der von einem Elternteil in Anspruch genommenen Vertretungsbefugnis für das Kind, § 1678 Abs. 1, im Einzelnen überprüfen müssen, sondern auf die Anordnung des Gerichts vertrauen können. Im Zweifel sollte daher die gerichtliche Entscheidung nach § 1674 erfolgen; § 1678 Abs. 1 dagegen ist nur betroffen, wenn die Ausfälle eindeutig kurz bleiben werden und keine Zweifel bestehen können. **§ 1674 Abs. 2** bewirkt im Übrigen, dass elterliche Sorgebefugnisse nach Beendigung des Hindernisses aus Abs. 1 erst wieder in Kraft treten, wenn das FamG feststellt, dass der Grund des Ruhens nicht mehr besteht, zur Abgrenzung zu § 1673 vgl. unten Rn. 6.

II. Ruhen der elterlichen Sorge wegen längerer tatsächlicher Verhinderung

1. Voraussetzungen. a) Längere Zeit andauernde tatsächliche Verhinderung. Voraussetzung für § 1674 Abs. 1 ist die länger andauernde tatsächliche Verhinderung eines Elternteils an der Ausübung der elterlichen Sorge, die eben nicht nur vorübergehend ist, dann § 1678 Abs. 1, aber auch nicht endgültig sein darf,[2] § 1666. Ist das Kind mit Einverständnis des allein sorgeberechtigten Elternteils fremduntergebracht und erteilt der sorgeberechtigte Elternteil dem Jugendamt eine umfängliche Vollmacht, so kann bei teilweiser Abwesenheit nicht zwingend ein Ruhen anzuordnen sein.[3] Auch wenn eine Erkrankung zwar eine Betreuung des Kindes durch den Elternteil nicht erlaubt, dieser gleichwohl im Rahmen der Fremdunterbringung in der Lage ist, die erforderlichen Entscheidungen zu treffen, fehlt es an einer längeren tatsächlichen Verhinderung.[4] Betrifft die Verhinderung von vornherein nur einen **Teil** seiner Sorgebefugnisse, ist nur dieser Bereich von § 1674 Abs. 1 erfasst,[5] während andere Berechtigungen fortbestehen bzw. fortbestehen können. Weitergehende Eingriffe des FamG richten sich wiederum nach § 1666.

b) Einzelheiten. Danach kann § 1674 Abs. 1 (vor allem) bei längerer **Strafhaft** betroffen sein,[6] wobei allerdings dort Möglichkeiten für Eltern und Kind zu schaffen sind, Kontakte zu behalten und vernünftig miteinander umzugehen, etwa durch regelmäßige **Besuche**. Jedenfalls dürfen nicht zu schnell Sachzwänge aus dem Vollzugsalltag eingewandt werden.[7] Sitzt ein Elternteil in **Untersuchungshaft**, liegen die Voraussetzungen aus § 1674 (regelmäßig) nicht vor.[8] Ohne unmittelbare Bedeutung bleiben die Art des Strafvorwurfs[9] oder die Wahrscheinlichkeit der Tat. Allenfalls kann dabei § 1666 betroffen sein. Wie sonst sind Gesichtspunkte des Kindeswohls vorrangig, denn das Kind soll seine Eltern tatsächlich behalten[10] und rechtlich von beiden betreut und versorgt werden (und umgekehrt). Wie sonst ist der Verhältnismäßigkeitsgrundsatz zu wahren; es können weniger weitreichende Maßnahmen erforderlich werden bzw. ausreichend sein, die sich auf **Teile** der elterlichen Sorge beziehen (können), um die Eingriffe so gering wie möglich zu halten, aber gleichzeitig den Schutz des Kindes möglichst zu verwirklichen suchen.[11] **Auslandsaufenthalte** eines Elternteils

---

[2] Dazu OLG Frankfurt FamRZ 1966, 109, 110: Taubstummheit eines Elternteils rechtfertigt keinen Sorgerechtsentzug; Übersicht bei *Staudinger/Coester* Rn. 2.
[3] OLG Saarbrücken FamRZ 2010, 2084, 2085.
[4] OLG Karlsruhe Rpfleger 2010, 369.
[5] *Palandt/Diederichsen* Rn. 1; *Staudinger/Coester* Rn. 10.
[6] BayObLG NJW 1975, 1082, 1083; OLG Brandenburg FamRZ 2009, 1683 (vier Jahre Haft); OLG Brandenburg FamRZ 2009, 237: bei Inhaftierung im Ausland (hier Ukraine); OLG Dresden FamRZ 2003, 1038 (insgesamt 4 Jahre Haft); einschränkender: OLG Frankfurt FamRZ 2007, 753; zu weit OLG Hamm FamRZ 1966, 260, 261 (2 1/2 Jahre Haftzeit führen immer zum Ruhen der elterlichen Sorge).
[7] Dazu OLG Dresden FamRZ 2003, 1038.
[8] OLG Köln FamRZ 1978, 623; zu weiteren Einzelheiten *Staudinger/Coester* Rn. 14.
[9] Fragwürdig daher BayObLG FamRZ 1965, 283 – Giftmordverdacht; richtig OLG Hamm FamRZ 1996, 1029, 1030 – Strafverfahren wegen Mordes an der Mutter.
[10] Dazu auch LG Berlin FamRZ 1968, 474.
[11] Sind nur noch 4 Monate Resthaftzeit zu verbüßen, liegt § 1674 Abs. 1 schon in seinen tatsächlichen Voraussetzungen nicht vor, LG Memmingen FamRZ 1981, 1003, 1004.

führen von vornherein nicht zwangsläufig zu § 1674 Abs. 1; da aufgrund moderner Kommunikationsmittel (Internet und Handy/Satellitentelefon) die Möglichkeit des internen Kontakts weiterbesteht.[12] Bleibt Verständigung zwischen den Eltern möglich und stimmen sie sich tatsächlich auch ab, greift daher § 1674 nicht ein.[13] Sind die Eltern im Inland, wird das Kind aber im Ausland von dritten Personen zurückgehalten, ist § 1674 nicht betroffen.[14] Will bei einer **Auswanderung** der andere Elternteil in absehbarer Zeit nachfolgen, ist schon **§ 1678 Abs. 1** in seinen tatbestandlichen Voraussetzungen nicht erfüllt, schon gar nicht § 1674. Die Eltern können sich ohne Verzögerung miteinander verständigen, wenn sie das wollen; wollen und können sie das nicht mehr und liegen die sonstigen Voraussetzungen vor, hat die in § 1674 Abs. 1 vorgesehene gerichtliche Feststellung zu erfolgen, wobei das FamG sonstige Eingriffe zum Schutz des Kindes auch auf § 1666 stützen kann. Im Übrigen kann § 1674 Abs. 1 auch bei **Kriegsgefangenschaft** oder längerer Abwesenheit[15] als **Vermisster**,[16] nicht aber bei einem einjährigen Auslandsaufenthalt von Soldaten erfüllt sein, da dieser Auslandseinsatz zeitlich befristet und überschaubar ist und ausreichende Kommunikationsmöglichkeiten vorhanden sind,[17] bei sonst **unbekanntem Aufenthalt**, bei unübersichtlichen **politischen Verhältnissen** im Ausland, wenn sich ein Elternteil dort aufhält, die vernünftige, laufenden Absprachen erschweren oder ausschließen,[18] bei körperlichen[19] und geistigen **Krankheitszuständen**,[20] die (noch) nicht die Grenze zu § 1673 Abs. 1 oder § 1666 überschritten haben, aber wegen der mit ihnen verbundenen Ausfälle Gefahren für das Kind mit sich bringen, also vor allem bei **Trunksucht**,[21] bei psychischen Abnormitäten,[22] etwa der völligen Abhängigkeit der Mutter von einem selbst geistesgestörten Vater, die ihr jede eigene Handlungsmöglichkeit nimmt,[23] aber nicht (schon) bei sonstigen **Gebrechen**, Störungen, **Krankheiten**[24] oder Abweichungen, etwa bei Taubstummheit,[25] wobei ohnehin stets öffentliche Einrichtungen Hilfe zu leisten haben und entsprechend gefordert sind. Bei kürzeren Trennungszeiten – mehrwöchige Abwesenheit eines Elternteils, längere Krankenhauszeit – mag § 1678 Abs. 1 eingreifen; weitergehende Maßnahmen sind dagegen nicht veranlasst, wenn nicht § 1666 gerade sie verlangt. § 1674 jedenfalls ist nicht erfüllt. Andererseits kann die Weigerung eines Elternteils, seine elterliche Verantwortung zu übernehmen, zum Ruhen seiner Sorgebefugnisse führen.[26] Doch können sich Eltern nicht einfach mit Erklärungen, sie wollten für die Kinder nicht mehr verantwortlich sein, ihren sonstigen Verpflichtungen entziehen;[27] erscheint das Kind gefährdet, hat das FamG nach § 1666 vorzugehen.[28]

6   c) **Abgrenzung zur Verhinderung aus rechtlichen Gründen.** Die Abgrenzung von § 1674 zu § 1673 ist ebenfalls nicht immer einfach; manche Überschneidung ist offensichtlich. Wie

[12] Für die besondere Situation ausländischer Kinder, die ohne ihre Eltern in die Bundesrepublik einreisen (unbegleitete Minderjährige) *Staudinger/Coester* Rn. 12 mwN und *Rakete-Dombek* FPR 2005, 80 mwN; vgl. auch OLG Düsseldorf FamRZ 1968, 43, 44; OLG Köln FamRZ 1992, 1093, 1094 und LG Frankenthal DAVorm. 1993, 1237, 1238; AG Moers DAVorm. 1991, 962, 964.
[13] Vgl. dazu BGH FamRZ 2005, 29, 30.
[14] *Staudinger/Coester* Rn. 13 und *Henrich* FamRZ 1990, 783, aA OLG Hamm FamRZ 1990, 781, 782 f.
[15] Dazu schon – zu den damaligen Möglichkeiten – OLG Frankfurt FamRZ 1954, 21 22 und BayObLG FamRZ 1962, 32, 33.
[16] *Palandt/Diederichsen* Rn. 1; OLG Naumburg FamRZ 2002, 258 für „Verschwinden eines Elternteils"; dabei ist die gerichtliche Feststellung des Ruhens der elterl. Sorge unter Verhältnismäßigkeitsgrundsätzen dem Sorgerechtsentzug gegenüber vorrangig.
[17] OLG Nürnberg FamRZ 2006, 878.
[18] LG Frankenthal DAVorm. 1993, 1237, 1238. Bei BVerfG FamRZ 2006, 1593 hat der afghanische Vater, dessen Tochter nach Deutschland zur Behandlung schwerer Kriegsfolgen eingereist war, ohnehin immer Kontakt zu ihr gehalten; ähnlich AG Moers DAVorm. 1991, 961, 965 – § 1688 Abs. 1 reicht für gerichtl. Maßnahmen aus, soweit Familienpflege begründet worden ist, und sonst ist ohnehin für den gesicherten Aufenthalt des Kindes in Deutschland erfolgreiches Asylverfahren notwendig, so dass eine Entscheidung nach § 1674 nicht (einmal) erforderlich ist.
[19] Für Krebserkrankungen *Rakete-Dombek* FPR 2005, 80.
[20] Hierzu auch OLG Karlsruhe Rpfleger 2010, 369 – wenn Elternteil bei Fremdunterbringung des Kindes hinreichend mitwirkt, liegt kein Grund für Ruhen der Sorge vor.
[21] Zutreffend *Palandt/Diederichsen* Rn. 1.
[22] Dazu wiederum OLG Hamm FamRZ 1996, 1029, aber ein Strafverfahren wegen Mordes an der Mutter ist dabei noch nicht notwendig ein ausreichender Beleg.
[23] BayObLG FamRZ 1981, 595, 596.
[24] Zur Unterbringung einer kranken Mutter EuGHMR NJW 2003, 809.
[25] OLG Frankfurt FamRZ 1966, 109, 110.
[26] Dazu BayObLG FamRZ 1988, 867, 868, aA OLG Hamm FamRZ 1990, 781, 782 f.; zum Vorrang von § 1666: OLG Karlsruhe FamRZ 2011, 1514.
[27] Dazu OLG Karlsruhe FamRZ 1999, 801, 802.
[28] Zum Ruhen der elterlichen Sorge bei anonymer Kindesabgabe LG Hamburg FPR 2003, 143, 145 und DIJuF-Gutachten JAmt 2003, 299, 300; *Mielitz*, Anonyme Kindesabgabe, S. 67 f.

eine körperliche Krankheit kann eine **geistige Störung** oder **Erkrankung** dazu führen, dass ein Elternteil an der Ausübung der elterlichen Sorge gehindert ist, ohne dass sein Zustand schon einen Grad erreicht zu haben braucht, der das Ruhen des Elternrechts nach § 1673 für ihn notwendig zur Folge hätte. Sind bei Ausfällen dieser Art sowohl die Voraussetzungen aus § 1673 als auch die aus § 1674 für sich zweifelhaft, kommen Maßnahmen nach § 1666 in Betracht,[29] wenn diese Bestimmung nach ihren Voraussetzungen eingreift. Allerdings ist insbesondere bei Eltern mit **geistiger/ psychischer Störung** auf eine sorgfältige Abwägung zwischen deren **Elternrecht** aus Art. 6 Abs. 2 GG und dem Recht des Kindes auf eine seinen Fähigkeiten und Bedürfnissen entsprechende Förderung, Art. 2 Abs. 1 GG, zu achten, Maßnahmen nach § 1666 kommen erst in Betracht, wenn sämtliche öffentliche Hilfen ausgeschöpft worden sind, es sei denn es liegen über die geistige/psychische Behinderung des Elternteils hinaus Beeinträchtigungen des Kindeswohls vor.[30]

§ 1674 ist folglich insbesondere dann anzuwenden, wenn feststeht, dass ein Elternteil wegen seiner Krankheit auf längere Zeit zur Ausübung der elterlichen Sorge nicht in der Lage ist, aber nicht oder nur unter Schwierigkeiten geklärt werden kann, ob die Störung nun Geschäftsunfähigkeit zur Folge hat oder nicht,[31] § 1673. Für die Beteiligten ist so jedenfalls Rechtsklarheit geschaffen.

2. Gerichtliche Feststellung der Verhinderung. a) Zuständigkeit. Die Folgen aus § 1674 (Ruhen der elterlichen Sorge) hat das FamG auszusprechen, das von Amts wegen zu entscheiden hat. Die örtliche Zuständigkeit folgt aus § 152 Abs. 1 bis 3 FamFG; die Entscheidung trifft der **Rechtspfleger**, §§ 3 Nr. 2 a und 14 RPflG.

b) Verfahrensgrundsätze. Für das Verfahren sind Amtsermittlungsgrundsätze maßgeblich, § 26 FamFG.

Wird eine psychische Störung oder Krankheit Anlass seiner Tätigkeit, muss das Gericht nicht abschließend feststellen, ob tatsächlich eine entsprechende Erkrankung dieser Art vorliegt. Vielmehr ist lediglich zu untersuchen, ob sich eine Gefahr für das Kind ergibt und wie die Auswirkungen aus § 1674 für die Eltern zu bewerten sind. Eine Grundlage für die Anordnung einer **psychiatrischen Untersuchung** ist im FamFG nicht gegeben,[32] daher keine Untersuchung bei Weigerung des Elternteils möglich; doch darf das Gericht Folgerungen aus diesem Verhalten ziehen, denn das Wohl des Kindes steht im Vordergrund. Feststellungen nach § 1674 Abs. 1 können aber nicht schon in „zweifelhaften Fällen" getroffen werden,[33] sondern dann sind vielmehr Maßnahmen nach § 1666 zu prüfen. Wird für die gerichtl. Entscheidung § 1673 Grundlage, lebt die elterliche Sorge nach Wegfall des Hinderungsgrundes wieder auf, während § 1674 Abs. 2 für Abs. 1 stets neuerliche gerichtliche Feststellung verlangt;[34] aber diese Unterschiede allein zwingen das Gericht noch nicht zu einer eindeutigen Festlegung (§ 1673 oder § 1674).

Die **Eltern** und das **Kind** sind nach §§ 159, 160 FamFG anzuhören, das **Jugendamt** ist wie sonst zu beteiligen, § 162 FamFG.

Rechtsmittel ist die Beschwerde, § 58 FamFG. Wird eine Anregung des Jugendamtes auf Feststellung des Ruhens der elterlichen Sorge vom FamG abgelehnt, folgt daraus noch keine Beschwerdebefugnis, § 59 FamFG.[35]

Für die **Wirksamkeit der gerichtlichen Feststellung** gilt § 40 FamFG, dabei ist § 40 FamFG dahingehend auszulegen, dass Beteiligter bei gemeinsamer Sorge auch der andere Elternteil ist (wie § 51 FGG aF).[36]

c) Einstweilige Anordnung. Einstweilige Anordnungen nach § 49 FamFG sind wie sonst möglich, allerdings sind nur vorläufige Maßnahmen zum Schutz des Kindes erforderlich und nicht bereits die Anordnung des Ruhens, da dies eine Vorwegnahme der Hauptsache bedeutet.[37] Ist der andere Elternteil zur Ausübung der elterlichen Sorge in der Lage, können ihm für Übergangszeiten Elternbefugnisse oder entsprechende Teile übertragen werden; damit dürfen aber für den betroffenen Partner keine vollendeten Tatsachen geschaffen werden. Sonst ist für das Kind ein **Vormund** oder Pfleger zu bestellen, um die Zeit bis zum endgültigen Abschluss der Sache zu überbrücken.

---

[29] BayObLG FamRZ 1981, 595, 597 und KG FamRZ 1962, 200, 201.
[30] *Staudinger/Coester* Rn. 16; zu den Unterstützungsangeboten *Lorenz* NDV 2008, 208.
[31] BayObLGZ 1967, 269, 271 und FamRZ 1981, 595, 596.
[32] So bereits zu FGG OLG Stuttgart FamRZ 1975, 167, 168 und FamRZ 1976, 538, 539.
[33] *Staudinger/Coester* Rn. 18, aA BayObLGZ 1967, 269, 271: im Zweifelsfall bereits § 1674.
[34] BayObLGZ 1967, 269, 272.
[35] *Staudinger/Coester* Rn. 18.
[36] Dazu *Staudinger/Coester* Rn. 19 mN.
[37] KG FamRZ 1962, 200, 201 und LG Berlin Rpfleger 1975, 359; *Staudinger/Coester* Rn. 21.

14 **d) Folgen.** Mit der gerichtlichen Feststellung der Verhinderung tritt das Ruhen der elterlichen Sorge nach § 1674 Abs. 1 ein. Bei Alleinsorge des verhinderten Elternteils ist zugleich eine Übertragung der Sorge auf den anderen Elternteil zu prüfen. Sind beide Eltern tatsächlich ausgeschlossen, gibt § 1693 dem FamG zudem die Befugnis, die Maßnahmen zu treffen, die im Interesse des Kindes liegen. Dann kann ein Pfleger eingesetzt werden; doch kann auch ein Vormund zu bestellen sein, vgl. dazu § 1773 Abs. 1. Häufig werden allerdings weniger weitreichende Eingriffe genügen, Verhältnismäßigkeitsgrundsätze. Im Übrigen sind die sonst berufenen Stellen zur **Hilfeleistung** aufgefordert (Jugendamt u. ä.). Die Verfügung des FamG, durch die das Ruhen der elterlichen Sorge aus tatsächlichen Gründen festgestellt wird, hat **gestaltungsähnliche Wirkungen** und kann daher vom Rechtsmittelgericht nicht rückwirkend aufgehoben werden.[38] Jedenfalls gilt § 1675.

III. § 1674 Abs. 2

15 Fallen die Gründe für eine familiengerichtliche Entscheidung nach § 1674 Abs. 1 weg, greift § 1674 Abs. 2 ein, so dass ausdrücklich und erneut gerichtliche Feststellung zu erfolgen hat, nun mit dem Ausspruch des Gerichts, dass der Grund des Ruhens nicht mehr besteht. Antrag eines Elternteils ist nicht notwendig Voraussetzung; das FamG ist vielmehr verpflichtet, wenn die Merkmale aus Abs. 1 nicht mehr erfüllt sind, die Feststellungen nach Abs. 2 von Amts wegen zu treffen.[39] Im Übrigen schützt § 1698a Abs. 2 jeden handelnden Elternteil. § 1674 Abs. 2 greift auch ein, wenn sich im weiteren Verlauf herausstellt, dass die Voraussetzungen aus § 1674 Abs. 1 von Anbeginn an nicht vorgelegen haben.[40] Mit dem Beschluss nach Abs. 2 sind beide Elternteile wieder gemeinsam zuständig. Angeordnete Vormundschaft endet kraft Gesetzes nach § 1882.

IV. Auslandsbezug

16 Die internationale Zuständigkeit richtet sich nach Art. 8 Abs. 1 Brüssel IIa-VO bzw. Art. 5 KSÜ oder Art. 3 MSA, s. ausf. § 1671 Rn. 129. Der Aufenthalt des Kindes ist maßgeblich, wobei bei Aufenthalt in Deutschland deutsches Recht an zuwenden ist, Art. 15 ff. KSÜ bzw. Art. 21 EGBGB.

§ 1675 Wirkung des Ruhens

Solange die elterliche Sorge ruht, ist ein Elternteil nicht berechtigt, sie auszuüben.

I. Normzweck

1 § 1675 schließt die Regelungen aus §§ 1673 und 1674 ab und zieht (erst) die rechtlichen Folgerungen, die auch in diesen Bestimmungen hätten festgelegt werden können – ruht die elterliche Sorge, ist der Elternteil, der die Voraussetzungen aus diesen Bestimmungen erfüllt, nicht berechtigt, sie auszuüben, behält sie aber für sich als Rechtsposition. Ist der andere Elternteil **Mitinhaber** der Elternsorge, übt er diese nun allein aus, § 1678 Abs. 1. Ruht die elterliche Sorge für Teilbereiche, gilt § 1675 (für sie) entsprechend, Verhältnismäßigkeitsgrundsätze.

II. Einzelheiten

2 **Ruhen** der elterlichen Sorge kraft Gesetzes oder kraft gerichtlicher Feststellung führt nicht zu endgültigen **Rechtsverlusten** des betroffenen Elternteils, sondern bringt nur ein Verbot, die Sorgebefugnisse auszuüben. Unerheblich ist, ob ein Elternteil zur Ausübung sonst überhaupt in der Lage wäre. In einem Verfahren, das die Auswahl oder Entlassung eines Vormundes für das Kind zum Gegenstand hat, ist der betroffene Elternteil weiterhin sachlich beteiligt;[1] nimmt er in unverschuldeter Unkenntnis der Rechtsfolgen aus § 1675 Geschäfte für das Kind vor, wird er durch **§ 1698a Abs. 2** geschützt; zudem gelten die Grundsätze über die **Vertretung ohne Vertretungsmacht**. Fallen die Hindernisse aus § 1673 weg, tritt der Elternteil, der bisher die elterliche Sorge nicht ausgeübt hat, weil er sie nach § 1675 nicht ausüben durfte, ohne weiteres wieder in seine Rechte ein; in den Fällen des § 1674 Abs. 1 ist dagegen vorherige **gerichtliche Feststellung** nötig, vgl. § 1674 Rn. 15, vgl. im Übrigen §§ **1678** und **1680**.

---

[38] BayObLG FamRZ 1988, 867, 868.
[39] BayObLGZ 1967, 269, 271.
[40] Vgl. dazu *Staudinger/Coester* Rn. 22.
[1] BayObLG FamRZ 1965, 283, 284.

Folgen d. tatsächlichen Verhinderung o. d. Ruhens f. d. anderen Elternteil §§ 1677, 1678

Umfasst das Ruhen die **Vermögenssorge**, hat der betroffene Elternteil nach § 1698 das **Kindes-** 3
vermögen herauszugeben und auf Verlangen **Rechenschaft** abzulegen, vgl. § 1698;[2] bei Auswahl
oder Entlassung des Vormunds, der in der Zwischenzeit eingesetzt war, ist er wiederum verfahrensbeteiligt.[3]

Umfangsbefugnisse nach § 1684 bestehen „für den ausgeschlossenen Elternteil" stets fort; bei 4
Gefährdungen des Kindes können sie allerdings einzuschränken oder (zeitweise) auszuschließen sein.

§ 1676 *(weggefallen)*

§ 1677 Beendigung der Sorge durch Todeserklärung

Die elterliche Sorge eines Elternteils endet, wenn er für tot erklärt oder seine
Todeszeit nach den Vorschriften des Verschollenheitsgesetzes festgestellt wird, mit
dem Zeitpunkt, der als Zeitpunkt des Todes gilt.

I. Normzweck

Stirbt ein Elternteil, endet seine elterliche Sorge; in § 1677 eigens geregelt sind aber auch die 1
Todeserklärung mit Auswirkungen auf seine Sorgebefugnisse und die **Feststellung** des **Todeszeitpunkts** dabei. Die **Todeserklärung** begründet die Vermutung, dass ein Verschollener (vgl.
dazu §§ 1 ff. VerschG) zu dem im Beschluss festgestellten Zeitpunkt gestorben ist, §§ 9, 23 VerschG;
gesonderte **Feststellung** der **Todeszeit** kommt in Betracht, wenn der Eintritt des Todes nach den
Umständen nicht zweifelhaft, aber der Zeitpunkt ungewiss ist. Gerichtliche Beschlüsse werden
jeweils mit **Rechtskraft** wirksam, §§ 29, 40 VerschG. Das Amtsgericht hat das Familiengericht
davon zu unterrichten, wenn ein Elternteil betroffen ist, § 22a Abs. 1 FamFG. Mit dem festgestellten
Todeszeitpunkt endet nach § 1677 die elterliche Sorge.

II. Rechtsfolgen

Wie beim Tod eines Elternteils steht bei gemeinsamer Sorge die elterliche Sorge bei **Todeser-** 2
klärung oder **Feststellung** der **Todeszeit** dem anderen Teil allein zu, § 1681 Abs. 1; bei alleiniger
Sorge kommt eine Übertragung der Sorge auf den anderen Elternteil nach § 1681 Abs. 2 in
Betracht. Ist ihm die elterliche Sorge entzogen (§§ 1666 ff.) oder ruht sie (§§ 1673–1675), muss
nach § 1773 Abs. 1 für das Kind ein **Vormund** bestellt werden; sind nur einzelne Bestandteile
betroffen, kommt Anordnung einer **Pflegschaft** in Betracht, § 1909. Lebte der Elternteil, der verstorben, für tot erklärt oder dessen Todeszeit festgestellt worden ist, gilt **§ 1681 Abs. 2**. Das FamG
hat ihm auf Antrag die elterliche Sorge in dem Umfang zu übertragen, in dem sie ihm vor dem
nach § 1677 maßgebenden Zeitpunkt zugestanden hat, wenn dies dem Wohl des Kindes nicht
widerspricht.

§ 1678 Folgen der tatsächlichen Verhinderung oder des Ruhens für den anderen Elternteil

(1) Ist ein Elternteil tatsächlich verhindert, die elterliche Sorge auszuüben, oder
ruht seine elterliche Sorge, so übt der andere Teil die elterliche Sorge allein aus; dies
gilt nicht, wenn die elterliche Sorge dem Elternteil nach § 1626a Abs. 2, § 1671 oder
§ 1672 Abs. 1 allein zustand.

(2) Ruht die elterliche Sorge des Elternteils, dem sie nach § 1626a Abs. 2 allein
zustand, und besteht keine Aussicht, dass der Grund des Ruhens wegfallen werde, so
hat das Familiengericht die elterliche Sorge dem anderen Elternteil zu übertragen,
wenn dies dem Wohl des Kindes dient.

---
[2] Zu weiteren Einzelheiten *Staudinger/Coester* Rn. 3.
[3] BayObLG FamRZ 1965, 283, 284 (allerdings offen für die Beschwerdebefugnis).

§ 1678 1–3 Abschnitt 2. Titel 5. Elterliche Sorge

Schrifttum: *Finger*, § 1632 Abs. 4 – Zuordnungskonflikte bei Pflegekindern; Anträge der Pflegeeltern im gerichtlichen Verfahren, FuR 1998, 37 und 80; *Sonnenfeld*, Tatsächliche Verhinderung und Ruhen der elterlichen Sorge, Rpfleger 1995, 441.

Übersicht

	Rn.		Rn.
I. Normzweck	1–5	4. Ausschluss der Alleinausübung, Abs. 1 Hs. 2	9–16
1. Ergänzung von §§ 1673, 1674 und 1675	1	a) Bisherige Alleinsorge eines Elternteils nach §§ 1671, 1672	10
2. Abgrenzung zu § 1674	2	b) Alleinige elterliche Sorge der Mutter gem. § 1626a Abs. 2	11
3. Tatsächliche Verhinderung an der Ausübung der elterlichen Sorge	3	c) Verfassungsgemäße Auslegung von § 1678 Abs. 2	12–15
4. Abgrenzung zu § 1673	4	d) Alleinige elterliche Sorge eines Elternteils bei Sorgerechtsentziehung für den anderen, §§ 1666, 1666a	16
5. Rechtsfolgen	5		
II. Fallgruppen	6–17	5. Rückübertragung	17
1. Allgemeines	6	**III. Verfahren**	18, 19
2. Ausfall eines Elternteils während bestehender Ehe	7	1. Zuständigkeiten; Rechtsmittel	18
3. Bei Trennung oder Scheidung und fortbestehender gemeinsamer Elternsorge	8	2. Kosten	19

I. Normzweck

1 **1. Ergänzung von §§ 1673, 1674 und 1675.** § 1673 bringt die elterliche Sorge unter den dort genannten Voraussetzungen (Geschäftsunfähigkeit bzw. beschränkte Geschäftsfähigkeit) zum Ruhen, während § 1674 die längerdauernde **tatsächliche Verhinderung** erfasst. In beiden Fällen ergeben sich die Rechtsfolgen aus **§ 1675**. § 1678 Abs. 1 Hs. 1 beschäftigt sich dagegen mit kürzeren, tatsächlichen Ausfällen eines Elternteils, für die gerichtl. Feststellung nach § 1674 Abs. 2 nicht nötig ist; im Übrigen regelt die Bestimmung wie § 1680 und § 1681 die **Auswirkungen** auf die Befugnisse des jeweils anderen Elternteils, ohne dies in eine besondere Vorschrift wie etwa in § 1675 auszulagern, zu weiteren Einzelheiten Rn. 6 f.

2 **2. Abgrenzung zu § 1674.** § 1674 gilt für längere oder voraussichtlich längere, tatsächliche Hinderungsgründe, während § 1678 Abs. 1 **kürzere Ausfallzeiten** erfasst. Doch ist die Grenze zwischen beiden Bestimmungen (wiederum) fließend. In Zweifelsfällen sollte (eher) gerichtl. Feststellung nach § 1674 erfolgen, um die Dinge für alle Beteiligten zu klären, vgl. § 1674 Abs. 1 und Abs. 2, auch wenn § 1678 Abs. 1 sonst vorrangig ist und Rechtsbefugnisse schon zu dieser frühen Zeit dem anderen Elternteil einräumt.[1] § 1678 kann allerdings auch eingreifen, wenn eine gerichtliche Anordnung nach § 1674 (bisher) fehlt, aber später nachfolgt. Dann steht die elterliche Sorge dem anderen Elternteil zu, wenn beide sie bis zu diesem Zeitpunkt gemeinsam ausgeübt haben.

3 **3. Tatsächliche Verhinderung an der Ausübung der elterlichen Sorge.** Tatsächliche **Verhinderung** an der Ausübung der elterlichen Sorge muss, wenn § 1678 Abs. 1 betroffen ist, im Gegensatz zu § 1674 Abs. 1 von kürzerer Dauer oder von voraussichtlich kürzerer Dauer sein. Bei einer Verhinderung auf längere Zeit ist § 1678 Abs. 1 angesprochen, wenn (noch) keine gerichtliche Feststellung getroffen ist, aber die sonstigen Voraussetzungen der Bestimmung vorliegen, vgl. dazu Rn. 2. § 1674 Abs. 1 knüpft an § 1678 Abs. 1 an, nicht umgekehrt, und enthält die speziellere Regelung. Wichtiger als die Unterscheidung zwischen länger- und kurzfristigen Ausübungshindernissen ist aber ohnehin die Frage, ob überhaupt eine **tatsächliche Verhinderung** vorliegt. Das ist noch nicht der Fall bei einem **Auslandsaufenthalt**, solange der abwesende Teil in der Lage ist, schriftlich Anweisungen zu erteilen oder notfalls kurzfristig zurückzukehren und sein Recht persönlich auszuüben, vgl. zu weiteren Einzelheiten § 1674 Rn. 5 mN, oder sonstige Abstimmung zwischen den Eltern jederzeit möglich ist. So bleiben im Wesentlichen längere **Abwesenheiten** eines Elternteils mit **unbekanntem Aufenthalt,** wobei allerdings auch im Rahmen von § 1678 notwendig wird, dass dieser nicht nur (ganz) vorübergehend und kurzfristig/unbekannt sein darf, sondern von einer gewissen Dauer, schließlich schwere **Erkrankungen** und **Haftstrafen,** aber insoweit nicht zu schnell angeblichen Sachzwängen dazu führen dürfen, einen Elternteil auszuschließen,[2] sondern

---

[1] Dazu *Sonnenfeld* Rpfleger 1995, 441.
[2] Dazu schon § 1674 Rn. 5 mN.

Folgen d. tatsächlichen Verhinderung oder d. Ruhens für d. anderen Elternteil 4–7 § 1678

vernünftige Bedingungen für sie und die Kinder geschaffen werden müssen (keine Sachzwänge aus dem Vollzug), wohl auch mehrwöchige Heil- und Rehabilitationsbehandlungen,[3] wenn nicht ständiger Kontakt zum Kind gesichert ist, zur Abgrenzung vgl. § 1674 Rn. 5. Bei voraussichtlich **langen Ausfällen** sollte jedenfalls eine gerichtliche Entscheidung nach § 1674 erfolgen, um die Dinge klarzustellen.

4. Abgrenzung zu § 1673. § 1673 betrifft das Ruhen der elterlichen Sorge wegen fehlender 4 oder eingeschränkter **Geschäftsfähigkeit.** Folgen legt § 1675 fest, während beim Ruhen der elterlichen Sorge nach § 1678 die weiteren Auswirkungen dort selbst geregelt sind, vgl. dazu § 1678 Abs. 1 Hs. 1. Besonders übersichtlich ist das alles nicht.

5. Rechtsfolgen. Haben beide Elternteile bisher die elterliche Sorge gemeinsam ausgeübt und 5 ist einer von ihnen an ihrer weiteren Ausübung tatsächlich gehindert, ist der andere zur elterlichen Sorge allein berufen. Soweit einem Elternteil die Sorge allein zustand, Abs. 1 Hs. 2 und Abs. 2, hat das FamG die Sache zu überprüfen, das die elterliche Sorge auf den anderen übertragen kann, weitere Einzelheiten Rn. 6 f. Anträge sind nicht nötig; vielmehr hat das FamG von **Amts wegen** vorzugehen, **§ 26 FamFG,** wenn kein Antrag gestellt, aber im Interesse des Kindes eine Entscheidung geboten ist. Folglich kann auch der andere Elternteil Sorgebefugnisse erhalten, wenn er seine Einsetzung aus Unkenntnis über seine Möglichkeiten nicht beantragt hat.[4] Im Übrigen hat das Gericht „alle Möglichkeiten im Interesse des Kindes auszuschöpfen."[5] § 1678 kann sich auf **Teile** der elterlichen Sorge beziehen, für die der andere Elternteil sorgebefugt wird oder für die das FamG entspr. Anordnungen zu treffen hat, wenn ein solcher Eingriff ausreicht, **Verhältnismäßigkeitsgrundsätze.**

II. Fallgruppen

1. Allgemeines. § 1678 erfasst unterschiedliche **Fallgruppen,** die im Ergebnis auch unter- 6 schiedlich geregelt werden; zur Übersichtlichkeit trägt diese Aufspaltung wiederum nicht bei, wobei die Vorschrift auch noch unvollständig bleibt. Haben bisher beide Elternteile gemeinsam die elterliche Sorge ausgeübt und ist einer von ihnen nun tatsächlich verhindert, ist der andere Elternteil zur Ausübung der Sorgebefugnisse allein berufen, Abs. 1 Hs. 1. Ausdrücklich festgehalten ist aber auch, dass der **Ausübungsübergang,** der sonst nach Abs. 1 Hs. 1 eintritt, für **§§ 1671** und **1672** (gerichtliche Entscheidung zur elterlichen Sorge bei Trennung) und alleinige Ausübung der Elternsorge durch die Mutter nach **§ 1626a Abs. 2** nicht gelten soll; offengeblieben sind dabei gerade die Folgen, vgl. Abs. 2. Ruht die elterliche Sorge der allein sorgeberechtigten Mutter und besteht keine Aussicht, dass der Grund des Ruhens wegfallen kann, hat das FamG die elterliche Sorge dem Vater zu übertragen, wenn dies dem Wohl des Kindes dient, § 1678 Abs. 2, zu weiteren Einzelheiten Rn. 11. Damit unterscheidet sich **§ 1678 Abs. 2** nicht unerheblich von den sonstigen gesetzlichen Anordnungen nach Abs. 1. Eine Änderung kann (erst) nach § 1696 erfolgen, wenn die Voraussetzungen dieser Bestimmung erfüllt sind, ein umständlicher Umweg.

2. Ausfall eines Elternteils während bestehender Ehe. Leben die Eltern zusammen und/ 7 oder üben sie die elterliche Sorge gemeinsam aus und fällt ein Teil aus tatsächlichen Gründen nach § 1678 Abs. 1 Hs. 1 bei seinen Sorgebefugnissen für das Kind aus, ist der andere Elternteil allein berufen, ohne dass die bisherigen Elternrechte in ihrem Bestand berührt wären, §§ 1678 Abs. 1 Hs. 1 und 1675. Weitere gerichtl. Prüfung nach Maßstäben des **Kindeswohls** ist nicht vorgesehen. Ist ein Elternteil rechtlich und tatsächlich in der Lage, elterliche Sorge und Verantwortung mit dem anderen gemeinsam zu tragen, kann er dies, so sind die grundlegenden Vorstellungen, in Zukunft auch allein, wenn dieser (andere) verhindert ist. Sorgebefugnisse während des ehelichen Zusammenlebens und nach der Trennung/Scheidung und gemeinsame elterliche Sorge für nichteheliche Partner stehen dabei gleich; insoweit unterscheiden sich § 1678 Abs. 1 und Abs. 2 nicht. Eingriffe sind allenfalls nach **§§ 1666 ff.** möglich,[6] insbesondere wenn erst das Zusammenwirken beider Eltern verantwortliche Ergebnisse gebracht hat und ihre gegenseitige Kontrolle notwendig war/weiterhin notwendig erscheint. Auch **Teile** der elterlichen Sorgebefugnisse können betroffen sein. Abs. 1 Hs. 1 gilt dagegen nicht, wenn einem Elternteil schon zuvor die elterliche Sorge entzogen war, §§ 1666,

---

[3] AG Holzminden FamRZ 2002, 560, 561.
[4] Selbst bei anhaltendem Widerstand kann einem Elternteil im Ausnahmefall die Sorge übertragen werden, dazu OLG Karlsruhe FamRZ 1999, 801, 802 und § 1671 Rn. 74.
[5] BT-Drucks. 8/2788 S. 65.
[6] *Staudinger/Coester* Rn. 9.

§ 1678   8–12   Abschnitt 2. Titel 5. Elterliche Sorge

1666 a, 1667. Dabei reicht die Entziehung der wesentlichen Sorgebefugnisse – **Personensorge**[7] – aus, auch durch einstwAnO, aber auch Ruhen seiner Befugnisse nach §§ 1673, 1674.[8]

8   **3. Bei Trennung oder Scheidung und fortbestehender gemeinsamer Elternsorge.** Besteht die gemeinsame elterliche Sorge nach **Trennung** oder **Scheidung** der Eheleute/Elternteile fort, greift § 1678 wie sonst ein. Auch in dieser Situation ist kein besonderes **gerichtl. Prüfungsverfahren** vorgesehen.

9   **4. Ausschluss der Alleinausübung, Abs. 1 Hs. 2.** Ist ein Elternteil allein sorgeberechtigt, fällt nun aber für die Ausübung der elterl. Sorge aus, gilt § 1678 Abs. 1 Hs. 2. Dann wird nicht etwa der andere für sich berufen; vielmehr ist erst eine **Änderungsentscheidung** des FamG nach § 1696 notwendig, die sich am Wohl des Kindes ausrichtet und nach diesen Maßstäben entscheidet. In den Fällen des **§ 1626a Abs. 2** enthält § 1678 Abs. 2 dagegen eine eigene Regelung, zu weiteren Einzelheiten Rn. 10 bis 12, im Übrigen schon Rn. 6.

10   **a) Bisherige Alleinsorge eines Elternteils nach §§ 1671, 1672.** Bei bisheriger Alleinsorge eines Elternteils nach §§ 1671, 1672 gilt § 1678 Abs. 1 Hs. 2. Dabei kann der andere Teil die Sorgebefugnisse nicht für den ausgefallenen Partner übernehmen, dessen Elternrechte ruhen, denn für ihn spricht nicht die sonst übliche „Richtigkeitsgewähr" aus Hs. 1, weil er eben bisher an der elterl. Sorge nicht beteiligt war. Folglich ist anders als bei Abs. 1 die positive Kindeswohlüberprüfung durch das FamG vorgesehen. Grundlage für die Entscheidung wird § 1696. Dies hat zur Folge, dass triftige, das Wohl des Kindes nachhaltig berührende Gründe vorliegen müssen. War der Vater hingegen nie sorgeberechtigt, reicht es nach Abs. 2 aus, wenn die Übertragung der Sorge dem Kindeswohl dient. Berücksichtigt man zudem, dass bei einem Tod des gem. §§ 1671, 1672 allein sorgeberechtigten Elternteils dem anderen die Sorge zu übertragen ist, wenn dies dem Kindeswohl nicht widerspricht, § 1680 Abs. 2, wird die unlogische Struktur des § 1678 deutlich.[9] Da nicht erkennbar ist, worauf sich die unterschiedlichen Kriterien für die Übertragung der Sorge auf den bislang nicht sorgeberechtigten Elternteil bei Ausfall oder Tod des bislang gem. §§ 1671, 1672 allein sorgeberechtigten Elternteils gründen, ist zur Vermeidung von nicht mit dem Elternrecht aus Art. 6 GG vereinbaren Ergebnissen, auch im Fall des Ausfalls des allein sorgeberechtigten Elternteils die Sorge auf den anderen zu übertragen, wenn es dem Kindeswohl nicht widerspricht.[10]

11   **b) Alleinige elterliche Sorge der Mutter gem. § 1626a Abs. 2.** Steht die elterl. Sorge der Mutter allein zu, weil die nicht verheirateten Eltern keine Sorgeerklärung abgeben, § 1626a Abs. 2, und dem Vater auch auf seinen Antrag keine Sorge einzuräumen war,[11] ist der Vater bei Ausfall der Mutter nicht wie sonst nach Abs. 1 Hs. 1, berufen, Hs. 2. Vielmehr hat erst da **FamG** die Situation im Einzelnen zu überprüfen und über die elterliche Sorge zu entscheiden. Bewährt er sich dabei und dient die Anordnung, ihm die elterliche Sorge einzuräumen, dem **Wohl des Kindes**, sind ihm Sorgebefugnisse nach Abs. 2 zu übertragen. Voraussetzung ist allerdings, dass keine Aussicht auf baldigen **Wegfall des Hinderungsgrundes** für die Mutter besteht. Wie sonst träten dann nämlich in den Fällen des § 1678 ihre ursprünglichen Sorgebefugnisse wieder in Kraft. In der Sache greift Abs. 2 damit weiter als Abs. 1, denn nach dieser Bestimmung wird die elterl. Sorge „übertragen", so dass Veränderungen erst nach § 1696 möglich sind, um dem zunächst allein ausübungsbefugten Elternteil seine Sorgebefugnisse zurückzugeben, vgl. auch Rn. 12. Bei einer vorübergehenden tatsächlichen Verhinderung ist ein **Pfleger** zu bestellen, § 1909,[12] dazu Rn. 14.

12   **c) Verfassungsgemäße Auslegung von § 1678 Abs. 2.** Ruht die elterliche Sorge der nach § 1626a Abs. 2 allein sorgeberechtigten Mutter und besteht keine Aussicht, dass die Hinderungsgründe für sie in Kürze wegfallen, hat das Gericht nach § 1678 Abs. 2 vorzugehen. Die elterliche Sorge ist bei Ruhen der elterlichen Sorge der allein sorgeberechtigten Mutter dann dem anderen Elternteil zu übertragen, wenn diese Entscheidung dem Wohl des Kindes dient; dabei ist der **positive** Nachweis notwendig. Bei bisher gemeinsamer **Elternsorge** entscheidet § 1678 Abs. 1 Hs. 2 anders. Diese Unterscheidung ist so verfassungsrechtlich nicht haltbar. Die bisherige Regelungen des § 1626a Abs. 1 Nr. 1 und § 1672 Abs. 1, die dem nichtehelichen Vater keine Möglichkeit gaben, ohne Zustimmung der Mutter ebenfalls sorgeberechtigt zu werden, sind mit Art. 6 Abs. 2 GG

---

[7] KG FamRZ 1973, 152, 153.
[8] *Palandt/Diederichsen* Rn. 5 aE.
[9] Vgl. auch Kritik bei *Staudinger/Coester* Rn. 15 ff.
[10] So auch *Staudinger/Coester* Rn. 19.
[11] BVerfG FamRZ 2010, 1403, 1410 zur Verfassungswidrigkeit von § 1626a Abs. 1 Nr. 1 und der Konsequenz bis zu einer gesetzlichen Neuregelung.
[12] BayObLG FamRZ 1962, 32, 33.

unvereinbar.[13] Auch der bislang nicht sorgeberechtigte Vater kann sich bei dauerhaftem Ausfall der bislang allein sorgeberechtigten Mutter auf sein Elternrecht aus Art. 6 Abs. 2 GG berufen.[14] Das Kind hat zudem ein Recht darauf, dass die Sorge zuvörderst von seinen Eltern ausgeübt wird. Art. 6 Abs. 2 S. 1 GG.[15] Für die Annahme die bislang fehlende Sorge verlange eine positive Kindeswohlprüfung fehlt es an jeglicher Grundlage und auch Notwendigkeit.[16] Auch der bislang mitsorgeberechtigte Vater kann ungeeignet sein oder sich in der Vergangenheit nicht um das Kind gekümmert haben. Eine fehlende Bindung zwischen Vater und Kind kann angesichts der Häufigkeit von nichtehelichen Lebensgemeinschaften und der in der Vergangenheit bestehenden Abhängigkeit der gemeinsamen Sorge von der Zustimmung der Mutter, § 1626a Abs. 1 Nr. 1, nicht in der vom Gesetzgeber vorgenommenen Allgemeinheit unterstellt werden. Das Kind ist allerdings davor zu schützen, dass ein ungeeigneter Elternteil die Sorge ausübt. Dies kann erreicht werden, indem eine Prüfung dahingehend stattfindet, dass die Übertragung nicht dem Kindeswohl widerspricht.[17] § 1678 Abs. 2 ist daher in diesem Sinne verfassungskonform auszulegen. Auch ein Vater, der bislang weder sorgeberechtigt war noch die Elternrolle aktiv wahrgenommen hat, kann ein guter Vater werden, selbst wenn für ihn in der Situation aus § 1678 Abs. 2 zunächst lediglich seine Bereitschaft spricht, sich fortan verantwortlich um das Kind zu kümmern; besonders wichtig werden Besuchskontakte und ihre Ausübung. Im Übrigen sind die sonst zu § 1671 entwickelten **Sorgerechtskriterien** zu berücksichtigen (ausführlich § 1671 Rn. 69 ff.). Schließlich kommen wie sonst (vgl. § 1671 Rn. 39 ff.) Wünsche und Vorstellungen des betroffenen Kindes Gewicht zu, insbesondere dann, wenn das Kind älter ist. Wegen des verfassungsrechtlichen Vorrangs des Vaters eines nichtehelichen Kindes, **Art. 6 GG,** können bei bislang fehlenden stabilen Bindungen auch vorläufige Lösungen „auf Probe" erwogen werden, die jederzeit geändert werden können,[18] **§ 1696,** wenn der Vater versagt. Gefährdungen für das Kind dürfen allerdings nicht entstehen; sind sie absehbar, kommt eine Übertragung von Sorgebefugnissen auf den Vater von vornherein nicht in Betracht. Auch im Bereich von § 1678 Abs. 2 kann die elterliche Sorge inhaltlich aufgespalten und unterschiedlichen Trägern zuzuweisen sein; Inhaber des **Aufenthaltsbestimmungsrechts** kann dabei auch das Jugendamt werden, das dann aus seiner eigenen **Fachlichkeit** und Verantwortung die weiteren Abläufe bestimmt und die Dinge vorbereitet.

Kann oder soll der andere Elternteil die elterl. Sorge nicht ausüben, § 1678 Abs. 2, hat das FamG einzugreifen, die Dinge zu überprüfen und – wenn diese Prüfung nicht zu dem Ergebnis führt, ihn in seine Sorgebefugnisse einzusetzen – einen **Vormund** zu bestellen, **§ 1773.**

Bei § 1678 Abs. 2 kann eine von der Übertragung der elterl. Sorge abweichende **Verbleibensanordnung** für das Kind ergehen, § 1682. Inhaltliche Maßstäbe liefert **§ 1632 Abs. 4.** Dann kann das FamG von Amts wegen oder auf Antrag anordnen, dass das Kind bei einem Elternteil verbleibt, wenn und solange das Kindeswohl durch Wegnahme aus seiner vertrauten Umgebung gefährdet wäre, § 1682 S. 1 ist entsprechend anzuwenden, wenn das Kind seit längerer Zeit in einem Haushalt mit einem Elternteil und einer nach § 1685 Abs. 1 umgangsberechtigten volljährigen Person gelebt hat, S. 2, also zB bei **Großeltern.** Liegen die sonstigen Voraussetzungen aus § 1632 Abs. 4 vor, kann § 1632 Abs. 4 unmittelbar in Betracht kommen, **Familienpflege.**[19] War dem anderen Elternteil die Personensorge oder die Vermögenssorge bzw. Teile aus ihr entzogen, ist für sie ein Pfleger zu bestellen, **§ 1909.**

Wirksam wird die **Übertragung** der elterl. Sorge in den Fällen des § 1678 Abs. 2 mit der Entscheidung des FamG.

d) Alleinige elterliche Sorge eines Elternteils bei Sorgerechtsentziehung für den anderen, §§ 1666, 1666a.

Fällt ein **Elternteil** nach § 1678 Abs. 1 aus, der die alleinige **elterliche Sorge** erhalten hat, weil bisherige Sorgebefugnisse dem anderen, dem sie zunächst mit dem jetzigen Sorgerechtsinhaber zugestanden haben, nach §§ 1666, 1666 a entzogen werden, kann der andere wieder in seine Elternrechte einzusetzen sein, wenn die Entscheidung des Gerichts unter dem Blickwinkel des Kindeswohls zu rechtfertigen ist und keine weiteren Gefährdungen für die

---
[13] BVerfG FamRZ 2010, 1403.
[14] BVerfG FamRZ 2010, 1403, 1406 ff zum Elternrecht des Vaters eines nichtehelichen Kindes, zuvor bereits EuGHMR FamRZ 2010, 103.
[15] BVerfG FamRZ 2008, 845, 848 f.
[16] Vgl. BT-Drucks. 16/10047 S. 12, wonach auch bei einer bestehenden Lebenspartnerschaft häufig keine gemeinsame Sorge begründet worden ist.
[17] OLG Bamberg FamRZ 2011, 1072; so auch BVerfG FamRZ 2008, 2185, 2187 zu § 1680 Abs. 2 S. 2.
[18] Dazu auch *Palandt/Diederichsen* Rn. 10.
[19] Zu den Konflikten dabei *Finger* FuR 1998, 37 und 80.

§ 1680

Entwicklung des Kindes drohen. Grundlage ist § 1696.[20] Bestehen die Gründe für die Entziehung fort und ist auch die **Aufteilung** des Sorgerechts nicht möglich bzw. zu verantworten, ist für das Kind ein **Vormund** zu bestellen, § 1773. War ein **Vormund** eingesetzt, muss seine Vormundschaft beendet werden, § 1882, bevor ein Elternteil wieder in seine Rechte eintreten kann. Stand der **Mutter** gem. § 1626a Abs. 2 die alleinige elterliche Sorge zu, ist § 1680 Abs. 3 iVm. Abs. 2 S. 2 maßgeblich.

17　**5. Rückübertragung.** Mit der gerichtlichen Übertragung übt ein Elternteil allein Sorgebefugnisse für das Kind aus. Spätere **Rückübertragung** auf den anderen durch gerichtliche Regelung ist nicht vorgesehen; auch das FamG trifft nicht zwingend die Verpflichtung, nach Wegfall des Hindernisses die Dinge neu zu überprüfen und nach einer Anpassung zu suchen. Beides ist mit den üblichen Grundsätzen von **Erziehungskontinuität** nicht zu vereinbaren, die für das Kind zu erhalten ist. **Entziehung** der elterl. Sorge nach § 1666, aber insoweit gilt ohnehin **§ 1696**, und ihr **Ruhen** sind ohnehin, Art. 6 Abs. 1 GG, nur so lange hinzunehmen, wie dies im Hinblick auf vorrangige Kindesinteressen unbedingt notwendig ist. Danach sind Eltern und Kind wieder in ihre Befugnisse einzusetzen, wenn diese Lösung verantwortet werden kann. Zur Grundlage wird wiederum § 1696. Wie sonst hat das FamG die Pflicht zur **Abänderung**, wenn die Voraussetzungen dieser Bestimmung im Einzelnen vorliegen. Doch sind zwischenzeitliche Entwicklungen mit ihren Auswirkungen auf das Kind zu berücksichtigen. Besteht von vornherein **Aussicht,** dass der Grund, der zum Ruhen der elterl. Sorge geführt hat oder führen kann, bald wegfällt, hat das FamG nur **vorläufige Maßnahmen** zur Sicherung des Kindes zu treffen, etwa einen **Pfleger** zu bestellen oder seine Eingriffe zu **befristen,** um später die Dinge neu prüfen und regeln zu können. Im Übrigen können wie sonst lediglich Teile der elterlichen Sorge beschränkt werden. Dann rückt der zunächst ausgeschlossene Elternteil, Hs. 1, ohne weiteres wieder in seine Elternrechte ein, wenn der Zweck der gerichtl. Anordnung erfüllt und das Hindernis entfallen ist.

III. Verfahren

18　**1. Zuständigkeiten; Rechtsmittel.** Die Zuständigkeit des FamG folgt aus § 151 FamFG; § 152 FamFG regelt die örtliche Zuständigkeit. Entscheidungen sind dem **Richter** vorbehalten, § 14 Abs. 2 Nr. 3 RPflG. Für Kind und Eltern gelten Anhörungsrechte aus §§ 159, 160 FamFG, das **Jugendamt** ist nach § 162 FamFG zu hören. Gegen die Entscheidung des FamG ist die befristete Beschwerde nach §§ 58 ff. FamFG zulässig. Nach § 50 SGB VIII hat das Jugendamt das Gericht zu unterstützen.

19　**2. Kosten. Der Wert** bestimmt sich nach § 45 FamGKG, die **Gebühren** nach Nr. 1310 Anlage 1 zu § 3 Abs. 2 FamGKG.

§ 1679 *(weggefallen)*

§ 1680 Tod eines Elternteils oder Entziehung des Sorgerechts

(1) Stand die elterliche Sorge den Eltern gemeinsam zu und ist ein Elternteil gestorben, so steht die elterliche Sorge dem überlebenden Elternteil zu.

(2) ¹Ist ein Elternteil, dem die elterliche Sorge gemäß § 1671 oder § 1672 Abs. 1 allein zustand, gestorben, so hat das Familiengericht die elterliche Sorge dem überlebenden Elternteil zu übertragen, wenn dies dem Wohl des Kindes nicht widerspricht. ²Stand die elterliche Sorge der Mutter gemäß § 1626a Abs. 2 allein zu, so hat das Familiengericht die elterliche Sorge dem Vater zu übertragen, wenn dies dem Wohl des Kindes dient.

(3) Absatz 1 und Absatz 2 Satz 2 gelten entsprechend, soweit einem Elternteil, dem die elterliche Sorge gemeinsam mit dem anderen Elternteil oder gemäß § 1626a Abs. 2 allein zustand, die elterliche Sorge entzogen wird.

---

[20] Palandt/Diederichsen Rn. 12; sind Maßnahmen nach § 1666 wegen Gefährdung des Kindeswohls betroffen, ist eine zeitliche Befristung für sie nicht möglich, auch nicht bei minderjährigen Eltern und für die ihnen nach § 1673 Abs. 2 zustehende Personensorge, dazu OLG Karlsruhe FamRZ 2005, 1272.

Übersicht

	Rn.		Rn.
I. Normzweck	1	b) Gemeinsame elterliche Sorge	13
II. Anwendungsbereich von § 1680	2–22	c) Sorgerechtsentziehung für den alleinigen Sorgerechtsinhaber	14, 15
1. Tod eines Elternteils	2–11	d) Sorgerechtsentziehung für die gem.	
a) Bisherige gemeinsame elterliche Sorge, Abs. 1	3–5	§ 1626a Abs. 2 allein sorgeberechtigte Mutter	16–19
b) Alleinige elterliche Sorge des Verstorbenen, Abs. 2	6–11	e) Verhältnis zu § 1696	20
		f) Rückübertragung	21
2. Entziehung der elterlichen Sorge für einen Elternteil, Abs. 3	12–21	3. Bestimmung eines Vormunds durch die Eltern, § 1777 Abs. 1	22
a) Allgemeines	12	**III. Verfahren**	23, 24

I. Normzweck

§ 1680 ergänzt §§ 1666, 1667 und steht mit § 1681 (Todeserklärung eines Elternteils) in inhaltlicher Verbindung, vgl. Art. 1 Nr. 22 KindRG; § 1680 aF ist in § 1680 Abs. 3 aufgegangen.[1] Nicht geregelt ist weiterhin der „rechtliche Wegfall" eines Elternteils, also etwa des sorgeberechtigten Vaters nach rechtskräftiger gerichtlicher Feststellung seiner fehlenden Vaterschaft, §§ 1600 ff.; sorgerechtliche Konsequenzen sollen aber „analog § 1680 Abs. 1, 2" zu behandeln sein,[2] so dass der Vater mit seiner Elternstellung das Sorgerecht „von selbst" verliert. Bei bislang gemeinsamer elterlicher Sorge erwirbt die Mutter ohne weiteres und für sich allein Sorgebefugnisse für das Kind.[3] 1

II. Anwendungsbereich von § 1680

1. Tod eines Elternteils. § 1680 Abs. 1 und 2 regeln den Tod eines Elternteils und die Auswirkungen auf die elterliche Sorge des anderen; dabei ist zwischen der Ausübung der Sorge zum Zeitpunkt des Todes zu unterscheiden. Die **Entziehung** der elterlichen Sorge ist in Abs. 3 erfasst, dazu weitere Einzelheiten Rn. 12. 2

a) Bisherige gemeinsame elterliche Sorge, Abs. 1. Stand den Eltern die elterliche Sorge **gemeinsam** zu und stirbt einer von ihnen, tritt nach § 1680 Abs. 1 der andere in die Elternrechte ein und „übernimmt" die Anteile des Verstorbenen auch rechtlich. Gerichtliche Feststellung oder **Ermittlungen** in der Sache sind nicht erforderlich und nicht vorgesehen; daher enthält § 1680 auch keine entspr. Prüfungsmaßstäbe. Kann ein Elternteil mit dem anderen zusammen Elternverantwortung tragen, kann er das auch nach dessen Tod allein. Scheitert er oder ist er ungeeignet, sind Eingriffe nach § 1666 vorzunehmen; zudem sind die zuständigen Stellen (vor allem das **Jugendamt**) zur **Unterstützung** und Hilfeleistung aufgefordert. Für **Ruhensfälle** ist nach den sonst anwendbaren Vorschriften vorzugehen, insbes. §§ 1673 und 1678. Stirbt der überlebende Elternteil, der alleinige Sorgebefugnisse hat, ist **Vormundschaft** für das Kind einzurichten. 3

Für die Folgen aus § 1680 wird wichtig, ob und wie weit der andere, überlebende Elternteil an der Sorgebefugnis tatsächlich beteiligt war und/oder wenigstens seine Besuchsrechte wahrgenommen und damit Verbindung zum Kind gehalten hat. War er das nicht und ist er dem Kind fremd geworden, ist nach geeigneten Lösungen zu suchen oder zumindest eine zumutbare **Übergangsregelung** zu schaffen, vgl. dazu schon § 1678 Rn. 12 aE sowie Rn. 8. In der Sache unterscheidet sich die Situation jedenfalls nicht von Abs. 2 (**Alleinsorge** eines Elternteils). Im Übrigen gilt **§ 1682**, so dass gerade bei längerem Zusammenleben des Kindes mit einem anderen Partner, insbesondere einem **Stiefelternteil**, **Verbleibensanordnungen** nach dieser Bestimmung durch das Gericht erfolgen können oder zu erfolgen haben. Maßstab wird § 1666. 4

Für die **Todeserklärung** eines Elternteils kommt § 1681 zur Anwendung, wobei Abs. 2 für die unrichtige Todeserklärung und ihre Auswirkungen auf die elterliche Sorge gilt. 5

b) Alleinige elterliche Sorge des Verstorbenen, Abs. 2. Für den Tod des bisher **allein** sorgeberechtigten Elternteils wird Abs. 2 maßgeblich. Auch hier wird wie in § 1678 danach unterschieden, ob die Sorge dem verstorbenen Elternteil nach **Gerichtsentscheid**, §§ 1671, 1672 Abs. 1 zustand, wobei auch die Übertragung der elterlichen Sorge durch einstweilige Anordnung nach § 49 FamFG, aber auch die Übertragung nach § 1696 entsprechend zu behandeln sind, oder der nach 6

---
[1] Zur Gesetzgebungsgeschichte *Staudinger/Coester* Rn. 1 und 2.
[2] *Staudinger/Coester* Rn. 3.
[3] *Staudinger/Coester* Rn. 3.

§ 1680   7–10   Abschnitt 2. Titel 5. Elterliche Sorge

§ 1626a Abs. 2 **allein** sorgeberechtigten Mutter, denn die Bewertungsmaßstäbe (**Kindeswohlverträglichkeit**) sind ohne überzeugende Gründe unterschiedlich gefasst. Zu den verfassungsrechtlichen Bedenken und zur **Notwendigkeit der verfassungskonformen Auslegung** vgl. § 1678 Rn. 12 sowie Rn. 11.

7   aa) **Alleinige Sorge aufgrund Gerichtsentscheid nach §§ 1671, 1672 Abs. 1.** Alleinige **Sorgerechtszuweisung** setzt in den Fällen § 1671 gerichtliche Entscheidung voraus, wonach zumindest dann, wenn keine Zustimmung des Antragsgegners vorlag, der nun verstorbene Elternteil derjenige war, in dessen Person eine bessere Eignung und Fähigkeit zur Erziehung vorhanden gewesen ist, da sich das FamG für ihn ausgesprochen hat. Deshalb soll nach seinem Tod der Übergang seiner Befugnisse auf den anderen Elternteil gleichfalls und in Abweichung von Abs. 1 nur nach gerichtlicher Überprüfung und entsprechender Anordnung erfolgen. Andererseits kann eine Alleinsorge eines Elternteils auch aufgrund Zustimmung des anderen Elternteils erfolgt sein, §§ 1671 Abs. 2 Nr. 1 und 1672 Abs. 1, der sich aus unterschiedlichen Gründen erklären kann, etwa weil er selbst zurücktreten will, um dem Kind weitere Auseinandersetzungen zu ersparen, oder weil er einsieht, dass er aus tatsächlichen Gründen zumindest im Augenblick nicht in der Lage ist, verantwortlich für das Kind zu handeln. Dann sind „Übergewichte" der anderen Seite nicht so selbstverständlich, zu den Maßstäben gleich Rn. 8.

8   Der überlebende Elternteil, der für seine Sorgebefugnisse hinter dem anderen zurückstehen musste, steht aus verfassungsrechtlicher Sicht ein **Vorrang** zu, Art. 6 Abs. 1 GG. Der Übertragung darf aber nicht das Wohl des Kindes entgegenstehen. Dabei ist von einer Übertragung nicht erst dann abzusehen, wenn eine Gefährdungslage des Kindes besteht, sondern ausreichend ist, wenn die mit der Übertragung verbundenen Veränderungen gerade in der häufig traumatischen Situation des Todes des allein sorgeberechtigten Elternteils für das Kind zu erheblichen Belastungen führt.[4] Wie sonst verhindert § 1682 einen Aufenthaltswechsel, der Gefährdungen für das Kind und seine weitere Entwicklung mit sich bringt, und schafft **Beziehungskontinuität** in (vor allem) **Stiefkindfällen**. Doch ist damit nicht jeder Umzug ausgeschlossen; lässt er sich rechtfertigen, ist die elterliche Sorge dem überlebenden Elternteil zu übertragen, denn dann stehen Interessen des Kindes nicht entgegen, so dass sich seine Elternposition (Art. 6 Abs. 1 GG) durchsetzt. Stiefelternteil bzw. Lebenspartner, vgl. **§ 1682,** behalten Umgangsbefugnisse, vgl. **§ 1685,** so dass die Verluste wenigstens zum Teil ausgeglichen werden können. Widerspricht die Übertragung der alleinigen elterlichen Sorge auf den anderen Elternteil dem Kindeswohl, muss ein Vormund bestellt werden, § 1773, dies kann auch ein älteres Geschwisterkind sein oder aber der Stiefelternteil oder Lebensgefährte/in des verstorbenen Elternteils.[5] Ist die elterliche Sorge nur in Teilen entzogen oder bestehen nur zu Teilen Bedenken gegen die Übertragung der elterlichen Sorge auf den anderen Elternteil, kann für den Restbestand ein Pfleger eingesetzt werden, § 1909. Liegen die Voraussetzungen aus § 1666 vor, kann dem überlebenden Teil, der sonst § 1680 für sich in Anspruch nehmen kann, die elterliche Sorge entzogen werden. Vorläufige „Lösungen" sind möglich und manchmal zweckmäßig, um die Dinge zu erproben; schließlich können sich Vater und Mutter auf den verfassungsrechtl. Schutz aus Art. 6 Abs. 1 GG berufen. Dabei kann auch eine angepasste **Regelung** in Betracht kommen, die sich auf einzelne Ausschnitte bezieht, Anordnungen für eine Übergangszeit trifft und im Übrigen Hilfestellung durch das Jugendamt festlegt.

9   bb) **Gesichtspunkte für die gerichtliche Regelung.** Hat der bislang nicht sorgeberechtigte Elternteil regelmäßig **Umgang** und lebte der verstorbene Elternteil mit dem Kind alleine, wird in der Regel – wenn keine besonderen Umstände in der Person des überlebenden Elternteils gegeben sind – die Übertragung der Sorge zu erfolgen haben. Hat der verstorbene Elternteil mit dem Kind in einer neuen „Zweitfamilie" zusammen gelebt, so wird eine Sorgerechtsübertragung bei guten Beziehungen zum bislang nicht sorgeberechtigten Elternteil dann nicht in Betracht kommen, wenn hierdurch eine Kindeswohlgefährdung eintritt, nicht ausreichend ist, wenn ein Verbleib dem Kindeswohl dienlicher wäre.[6] Dem Kind kann dabei der Kontakt zu seiner bisherigen Zweitfamilie durch einen Umgang gem. § 1685 erhalten bleiben. Bei einer Gefährdung des Kindeswohls hat eine Übertragung gem. Abs. 2 S. 1 allerdings zu unterbleiben.

10 Hält das Kind zum überlebenden Elternteil keinen Kontakt oder hat dieser sein Umgangsrecht bisher nicht wahrgenommen, wird „in der Regel" eine Übertragung der Sorge auf den bislang „abwesenden" Elternteil nicht in Betracht kommen und dem Kind die gelebte Verbindung zur bisherigen Betreuungsperson (Stiefelternteil, Großeltern) zu erhalten sein und eine entsprechende Anordnung für sie erfolgen. Im Übrigen sollten Vorstellungen, **Wünsche** und (geäußerte) Absichten

---
[4] Staudinger/Coester Rn. 9; Bamberger/Roth/Veit Rn. 4.
[5] BayObLG FamRZ 2000, 972, 973 und FamRZ 1999, 103, 104; OLG Schleswig FamRZ 1993, 832, 834 f.
[6] So auch Staudinger/Coester Rn. 9; Bamberger/Roth/Veit Rn. 4; aA wohl Finger in Vorauf. Rn. 11.

und Vorlieben des Kindes Berücksichtigung finden, wobei seiner Entscheidung aus „verfassungsrechtlichen Gründen" **(Selbstbestimmung)** umso mehr Gewicht zukommen kann, je größer seine tatsächliche Einsichtsfähigkeit wird oder je näher die Volljährigkeit rückt.[7] Dabei sollte auch die Neugier des Kindes auf den leiblichen bislang nicht vorhandenen Elternteil in einer derartigen Situation nicht unterschätzt werden, so dass bei entsprechenden Wünschen des Kindes Anbahnungen stattzufinden haben, die letztlich auch in eine Sorgerechtsübertragung münden können. Dies gilt erst recht, wenn keine weiteren festen Bezugspersonen des Kindes vorhanden sind, da dann dem Kind immerhin eine feste familiäre Verbindung garantiert werden kann, die seine Entwicklung sicherstellt.

cc) Tod der nach § 1626a Abs. 2 allein sorgeberechtigten Mutter. Stirbt die nach § 1626a Abs. 2 allein sorgeberechtigte Mutter, greift § 1680 Abs. 2 S. 2 ein. Abs. 2 S. 2 ist analog anzuwenden, wenn sich die Voraussetzungen aus § 1626a erst durch Vaterschaftsanfechtung nach dem Tod der Mutter verwirklichen.[8] Das FamG hat dem Vater die elterliche Sorge dem Gesetzeswortlaut nach zu übertragen, wenn seine Entscheidung dem Wohl des Kindes dient, **positive Kindeswohlverträglichkeit.** Eine alleinige Sorgeausübung der verstorbenen Mutter gem. § 1626a Abs. 2 lässt aber keinen Rückschluss darauf zu, welche Beziehung zwischen Kind und dem Vater besteht. Wie sonst verläuft die Grenze nicht zwischen alleiniger oder gemeinsamer Sorge oder gar zwischen nichtehelicher und ehelicher Abstammung, sondern zwischen gelebter und „nur" rechtlicher Elternbeziehung zum Kind. Auch dem bislang nicht sorgeberechtigten Vater eines nichtehelichen Kindes stehen **Elternrechte** aus Art. 6 Abs. 2 GG zu.[9] Daher ist auch Abs. 2 S. 2 verfassungskonform dahingehend auszulegen, dass dem bislang nicht sorgeberechtigten Vater die Sorge zu übertragen ist, wenn dies nicht dem Kindeswohl widerspricht.[10] Wie sonst kommt eine Sorgerechtsübertragung aber nicht in Betracht, wenn dies den Kindesinteressen widerspricht; so bei Verdacht, dass der Vater bzw. dessen Familie am „Ehrenmord" der Mutter beteiligt war und keinerlei Verständnis für die Traumatisierung des Kindes besteht.[11] Im Übrigen sind dieselben Gesichtspunkte wie für die Übertragung der Sorge auf einen ehemals sorgeberechtigten Elternteil maßgeblich, vgl. Rn. 9 f.

2. Entziehung der elterlichen Sorge für einen Elternteil, Abs. 3. a) Allgemeines. Nach Abs. 3 wird die Entziehung der elterlichen Sorge für einen Elternteil rechtlich wie sein Ausfall durch Tod behandelt. Für die Mutter, die nach § 1626a Abs. 2 alleinige Sorgerechtsinhaberin gewesen ist, ist zudem auf Abs. 2 S. 2 Bezug genommen, so dass die Bestimmungen inhaltlich miteinander abgestimmt sind. Auch hier ist eine verfassungskonforme Auslegung vorzunehmen, Rn. 11. Sonst sind unterschiedliche Maßstäbe zu beachten. **§ 1696** passt dagegen von vornherein nicht, weitere Einzelheiten Rn. 16. f

b) Gemeinsame elterliche Sorge. Stand beiden Elternteilen die elterliche Sorge gemeinsam zu, übt sie nun nach **Sorgerechtsentziehung** für einen von ihnen der andere allein aus, Abs. 3. Sind lediglich Ausschnitte betroffen, bleiben für den **Rest** beide zuständig, während für den entzogenen Sorgerechtsanteil dem anderen Elternteil künftig allein die elterliche Sorge zusteht. Der Entzug der Sorge ist dann allein sorgeberechtigten Elternteils ist dann gesondert zu prüfen.[12] Jedenfalls gilt Abs. 3 auch für **Teilbereiche** aus der Personensorge, etwa das **Aufenthaltsbestimmungsrecht**,[13] Handlungsbefugnisse für die **Schul- oder Berufsausbildung** des Kindes, denn die dort vorgesehenen Rechtsfolgen sind nur angeordnet, „soweit" die elterliche Sorge entzogen ist. Heiraten die Eltern einander (wieder), begründen sie so von diesem Zeitpunkt an die gemeinsame elterliche Sorge für sich, allerdings nur in dem Umfang, wie sie bisher der Mutter zustand,[14] wenn diese bislang allein sorgeberechtigt war. War ihr die Personen- oder die Vermögenssorge (nur) teilweise entzogen, kann dem Vater die elterliche Sorge oder der entzogene Anteil nach § 1680 Abs. 3 ohne Einschränkung übertragen werden, wenn dies dem Wohl des Kindes entspricht (und umgekehrt).[15]

---

[7] BayObLG FamRZ 2000, 972.
[8] AG Leverkusen FamRZ 2006, 878.
[9] Vgl. BVerfG FamRZ 2010, 1403, 1404 f zur Verfassungswidrigkeit v. § 1626a Abs. 1 Nr. 1.
[10] BVerfG FamRZ 2008, 2185, 2186 und NJW 2006, 1723, 1724 jeweils für den Fall der vorherige tatsächlichen Wahrnehmung der Sorge.
[11] BVerfG FamRZ 2008, 381, 382.
[12] OLG Hamm FamRZ 2009, 1752, 1753 bei Verdacht einer Scheinehe.
[13] BGH FamRZ 2010, 1242; OLG Nürnberg FamRZ 2010, 994, 995; vgl. dazu auch BayObLG FamRZ 1985, 635, 637.
[14] BGH NJW 2005, 2456, 2457; OLG Nürnberg NJW 2000, 3220.
[15] OLG Nürnberg NJW 2000, 3220.

§ 1680

14 c) Sorgerechtsentziehung für den alleinigen Sorgerechtsinhaber. War ein Elternteil bei Trennung oder Scheidung nach vorheriger gemeinsamer elterlicher Sorge und/oder entsprechender **Sorgerechtsentscheidung** des FamG allein sorgeberechtigt (Fälle der §§ 1671, 1672),[16] greift § 1680 Abs. 3 nicht ein.[17] Maßgeblich wird vielmehr § 1696, auch Abs. 2, so dass eine bisherige Gerichtsentscheidung, die den überlebenden Elternteil von Sorgebefugnissen ausschloss, aufzuheben sein kann.[18] § 1680 aF, der anders entschied, ist aus „Vereinfachungsgründen" aufgehoben.[19] Verständlich ist diese Beschränkung kaum; im Ergebnis muss die Sorgerechtsübertragung daher aus triftigen, das Wohl des Kindes nachhaltig berührenden Gründen angezeigt sein, aber beim Tod des allein sorgeberechtigten Elternteils ist lediglich eine negative Kindeswohlprüfung anzustellen, Abs. 2 S. 1, so dass diese Wertung nicht überzeugt;[20] § 1696 ist für § 1680 Abs. 3 wenig passend.[21] Dort ist zu entscheiden, wann eine **Sorgerechtsänderung** vorzunehmen ist, wobei bei Fehlverhalten eines Elternteils seine elterliche Sorge entzogen werden muss. Doch kann der andere Elternteil, dem nun die elterliche Sorge übertragen werden soll, unter dem Einfluss des ausgeschlossenen Teils stehen, dem er sich nicht widersetzt und häufig auch nicht widersetzen will. Bestehen daher schädliche **Fernwirkungen** für das Kind fort, sind Eingriffe gegen ihn sogar geboten, obwohl er sich zunächst und für sich nichts zuschulden kommen lässt. **Zweckmäßigkeitsüberlegungen** allein reichen bei der notwendigen Abwägung wie sonst nicht. Stets ist besondere Zurückhaltung geboten, **Verhältnismäßigkeitsgrundsätze**;[22] auch der (betroffene) Elternteil kann sich auf verfassungsrechtlich geschützte Elternrechte stützen, und gerade deshalb müssen die zuständigen Stellen Hilfe und Beratung leisten. Auch hier werden für die Sorgerechtsentscheidung die Wünsche und Vorstellung des Kindes zu beachten sein, wobei der Wille bei älteren Kindern von erheblicher Bedeutung ist.[23]

15 Bei **Weigerung** der Übernahme des bislang nicht sorgeberechtigten Elternteils wird zu prüfen sein, ob gleichwohl eine Übertragung in Betracht kommt, da auf das Sorgerecht nicht verzichtet werden kann. Allerdings wird eine Übertragung dann nicht mit dem Kindeswohl vereinbar sein, wenn der ablehnende Elternteil nicht bereit oder in der Lage ist, gleichwohl nunmehr im Interesse des Kindes die Sorge auszuüben.[24]

16 d) Sorgerechtsentziehung für die gem. § 1626a Abs. 2 allein sorgeberechtigte Mutter. Abs. 3 erfasst auch die **Mutter,** der die elterliche Sorge allein zustand, § 1626a Abs. 2. Dem nicht sorgeberechtigten Vater des nichtehelichen Kindes kann die elterliche Sorge nur übertragen werden, wenn dies dem Wohl des Kindes dient,[25] **positive Kindeswohlprüfung,** aber auch er kann sich auf verfassungsrechtlich geschützte Elternrechte berufen, Art. 6 Abs. 1 GG (und Abs. 5 für das Kind). Wie bei Abs. 2 S. 2 ist daher **verfassungskonforme Auslegung** geboten,[26] s. Rn. 11. Sorgerechtsübertragung auf den bislang nicht sorgeberechtigten Vater kann so etwa erfolgen, wenn die Mutter im Maßregelvollzug einsitzt, selbst wenn sie die gemeinsame Sorge erhalten will oder Rechte für sich einfordert,[27] Voraussetzung ist aber, dass eine gemeinsame Sorge nicht in Betracht kommt.[28]

17 Ist Sorgerechtsentziehung für die gem. § 1626a Abs. 2 allein sorgeberechtigte Mutter in **Teilbereichen**[29] angeordnet, kann der bislang nicht sorgeberechtigte Vater für diese in seine Sorgerechte eingesetzt werden, während für den „Restbestand" die Mutter zuständig bleibt; sonderlich zweckmäßig ist diese Lösung bei größerem Streit der Eltern allerdings nicht. Auf verwickelten Umwegen kann so eine Verteilung von Sorgebefugnissen zwischen beiden eintreten, die der gemeinsamen elterlichen Sorge ähnelt, obwohl sich die Mutter ursprünglich nicht zur Abgabe einer entspr. **Sorgeerklärung,** §§ 1626a ff., entschließen konnte und offen ist, ob dem verfassungsrechtlich beachtliche Gründe – Kindeswohl – zugrunde lagen.[30]

---

[16] Dazu ausdrücklich BT-Drucks. 13/4899 S. 103 – § 1696.
[17] Dazu *Bamberger/Roth/Veit* Rn. 6, auch für Ruhensfälle, § 1678.
[18] *Bamberger/Roth/Veit* Rn. 6.
[19] BT-Drucks. 13/4899 S. 102, 103.
[20] *Bamberger/Roth/Veit* Rn. 10.
[21] *Bamberger/Roth/Veit* Rn. 10.
[22] AG Leverkusen FamRZ 2004, 1127, 1128.
[23] BayObLG FamRZ 2000, 972, 973.
[24] OLG Dresden FamRZ 2008, 712, offensiver *Staudinger/Coester* Rn. 20.
[25] Beispielhaft KG NJW-RR 2005, 878.
[26] *Staudinger/Coester* Rn. 22.
[27] KG FPR 2003, 603.
[28] Vgl. BVerfG FamRZ 2010, 1403, 1409.
[29] Dazu erneut BT-Drucks. 13/4899 S. 103.
[30] S.a. BVerfG FamRZ 2010, 1403, 1409 f.

Hat das FamG der nach § 1626a Abs. 2 allein sorgeberechtigten Mutter das Sorgerecht (ganz oder 18
teilweise) entzogen und nicht zugleich auf den Vater nach § 1680 Abs. 2 und Abs. 3 übertragen,
kann er seine Befugnisse weder durch Sorgeerklärung noch durch Heirat mit der Mutter erhalten,
denn er kann nur insoweit einrücken, wie sie ausübungsberechtigt gewesen ist.[31] Dann ist familiengerichtliche Entscheidung nach § 1696[32] notwendig, die (erst) gemeinsame elterl. Sorgebefugnisse
für beide Elternteile begründet, vgl. Rn. 12.

Im Übrigen kann nunmehr der beachtliche Wille des Kindes, nicht mehr (nur) bei der allein 19
sorgeberechtigten Mutter, sondern auch oder nur bei dem bislang nicht sorgeberechtigten Vater
leben zu wollen, umgesetzt werden, in dem dem bislang nicht sorgeberechtigten Vater auf Antrag
die Mitsorge bzw. das Aufenthaltsbestimmungsrecht in entsprechender Anwendung von § 1671
Abs. 2 Nr. 2 übertragen werden kann, wenn dies dem Wohl des Kindes am besten entspricht.[33] Des
bislang häufig schwierig zu begründenden (teilweisen) Sorgerechtsentzugs der allein sorgeberechtigten Mutter nach § 1666 bedarf es nicht mehr.[34]

e) Verhältnis zu § 1696. Soweit § 1680 eingreift, ist § 1696 verdrängt, **Spezialität.** Ohnehin 20
sind die inhaltlichen Maßstäbe in beiden Vorschriften verschieden. Auch deshalb ist die „Auslagerung" einzelner Fallgruppen aus § 1680 und ihre Zuweisung zu § 1696[35] eher unglücklich.

f) Rückübertragung. Fallen die Voraussetzungen für die Sorgerechtsentziehung nachträglich 21
weg und kann der Elternteil, dem seine Befugnisse genommen sind, wieder Verantwortung für das
Kind übernehmen, ist die frühere Entscheidung des FamG aufzuheben und anzupassen, §§ 1666 ff.,
1696; notwendig sind jedenfalls nur die zur Abwehr von Gefahren für das Kind erforderlichen
Eingriffe in Elternbefugnisse. Im Übrigen hat das FamG seine Entscheidung aufzuheben, wenn
tatsächlich die Gründe für sie nicht mehr vorliegen, die zunächst maßgeblich geworden sind. Bietet
§ 1680 keine ausreichende Grundlage, kommt § 1696 unmittelbar zur Anwendung, zu weiteren
Einzelheiten § 1678 Rn. 17.

3. Bestimmung eines Vormunds durch die Eltern, § 1777 Abs. 1. Nach § 1777 Abs. 1 22
können die Eltern einen **Vormund** benennen, wenn ihnen zurzeit ihres Todes die Sorge für die
Person und das Vermögen des Kindes zusteht. Gem. § 1777 Abs. 3 kann der Vormund auch durch
letztwillige Verfügung eingesetzt/vorgeschrieben werden. Damit haben Eltern die Möglichkeit festzulegen, wie das Kind nach ihrem Tod (versorgt) werden soll. Der berufene Vormund darf ohne
seine Zustimmung nur unter den Voraussetzungen aus **§ 1778** übergangen werden. Sonst hat er ein
Vorrecht, das auch das Familiengericht bindet. Ist die Vormundschaft nicht einem nach **§ 1776**
Berufenen zu übertragen, hat das Familiengericht nach Anhörung des Jugendamtes den Vormund
auszuwählen, **§ 1779 Abs. 1,** wobei die persönlichen Verhältnisse und die „Vermögenslage sowie die
sonstigen Umstände" maßgeblich werden, Abs. 2; nach Abs. 3 sollen Verwandte und Verschwägerte
angehört werden, wenn dies ohne erhebliche Verzögerung und ohne unverhältnismäßige Kosten
geschehen kann. Dem überlebenden Elternteil kommt damit zumindest ein tatsächlicher Vorrang
zu; der andere kann zwar nicht aus seiner Rechtsstellung unmittelbar verdrängt werden, aber die
Anordnungen des Elternteils, bei dem das Kind lebt, können in der Sache ihr Übergewicht bekommen, wenn die damit verbundene Regelung für das Kind (wesentliche) Vorteile bietet.

III. Verfahren

Zu **Zuständigkeit** und **Verfahren** vgl. zunächst § 1678 Rn. 18. Tätig wird dabei der Richter, 23
§ 14 Abs. 1 Nr. 2 und 3 RPflG. Verfahren nach § 1680 werden von **Amts wegen** eingeleitet, § 26
FamFG. Zu einstweiligen Anordnungen wird insbesondere bei Tod eines Elternteils häufig Anlass
bestehen,[36] um zunächst zu sehen, wie sich die Dinge entwickeln. Der nicht sorgeberechtigte
Vater ist **beschwerdeberechtigt**, wenn der allein sorgeberechtigten Mutter die Sorge gem. § 1666
entzogen wird und ihm diese nicht zugleich gem. Abs. 3 und 2 übertragen wird;[37] er ist daher auch
im Verfahren gem. § 7 Abs. 2 Nr. 1 FamFG Beteiligter.[38] Kein **Beschwerderecht** mangels Eingriff
in ein subjektives Recht, § 59 FamFG, haben hingegen **Großeltern**, bei denen das Kind nach

---

[31] BGH NJW 2005, 2456, 2457.
[32] BGH NJW 2005, 2456, 2457.
[33] BVerfG FamRZ 2010, 1403, 1409 f.
[34] Zur alten Rechtslage: OLG Jena FamRZ 2010, 384.
[35] Zu Einzelheiten der Abstufung vgl. Rn. 11 und 13 – verfassungskonforme Auslegung schafft Ausgleich – und BayObLG FamRZ 1988, 973, 974 als Beispiel.
[36] *Staudinger/Coester* Rn. 25.
[37] BGH FamRZ 2010, 1242.
[38] OLG Schleswig NJW-RR 2011, 1299.

§ 1681 1–5 Abschnitt 2. Titel 5. Elterliche Sorge

dem Tod des allein sorgeberechtigten Elternteils lebt, wenn dann die Sorge dem anderen Elternteil übertragen wird und der Aufenthalt des Kindes nicht verändert wird.[39] Den Großeltern steht kein Elternrecht aus Art. 6 Abs. 2 GG zu.[40] Bei einem gleichzeitigen Wechsel des Kindes in den Haushalt des nunmehr sorgeberechtigten Elternteils können die Großeltern allerdings eine Verbleibensanordnung gem. § 1632 Abs. 4 beantragen.

24 Zu den Kosten s. § 1678 Rn. 19.

§ 1681 Todeserklärung eines Elternteils

(1) § 1680 Abs. 1 und 2 gilt entsprechend, wenn die elterliche Sorge eines Elternteils endet, weil er für tot erklärt oder seine Todeszeit nach den Vorschriften des Verschollenheitsgesetzes festgestellt worden ist.

(2) Lebt dieser Elternteil noch, so hat ihm das Familiengericht auf Antrag die elterliche Sorge in dem Umfang zu übertragen, in dem sie ihm vor dem nach § 1677 maßgebenden Zeitpunkt zustand, wenn dies dem Wohl des Kindes nicht widerspricht.

I. Normzweck

1   § 1681 ist durch Art. 1 Nr. 22 KindRG geändert; inhaltlich entspricht die Bestimmung § 1681 Abs. 2 aF. Aus welchen Gründen allerdings der **Tod** eines Elternteils und seine Auswirkungen auf die elterliche Sorge in § 1680, die **Todeserklärung** dagegen selbständig in § 1681 geregelt wird, ist nicht klar. Abs. 2 – **unrichtige Todeserklärung** – hätte sich auch an § 1680 nF anfügen lassen.[1]

II. Einzelheiten

2   **1. § 1681 Abs. 1.** Naheliegend behandelt § 1681 Abs. 1 die **Todeserklärung** eines Elternteils und die Folgen für seine Sorgebefugnisse wie seinen **Tod**, dazu § 1680. Standen **Elternrechte** bisher beiden Teilen zu, übt sie jetzt der „**Überlebende**" aus. Bei alleiniger elterlicher Sorge des für tot **Erklärten** gilt § 1680 Abs. 2, wenn er tatsächlich noch lebt. Ist die Mutter, die nach § 1626a Abs. 2 allein sorgebefugt war, verschollen und für tot erklärt, kommt § 1680 Abs. 2 S. 2 zum Zuge. Unterschiedlich sind dabei die Wertungen im Einzelnen (positive Kindeswohlprüfung; negative Kindeswohlprüfung); diese Differenzierung kann vor dem Hintergrund der Elternrechte des Vaters aus Art. 6 Abs. 2 GG keinen Bestand haben und daher ist eine verfassungskonforme Auslegung dahingehend vorzunehmen, dass die Sorge auf den anderen Elternteil zu übertragen ist, wenn dies nicht dem Kindeswohl widerspricht, vgl. § 1680 Rn. 11. Vorrangig sind wie stets Gesichtspunkte des Kindeswohls. § 1681 Abs. 1 gilt auch bei **Feststellung** des **Todeszeitpunktes** eines Verschollenen, vgl. §§ 1, 23, 39, 44 VerschG.

3   Nach § 1681 Abs. 1 geht die elterliche Sorge bei Todeserklärung oder Feststellung des Todeszeitpunktes in dem Umfang auf den anderen Elternteil über, wie sie für den Verstorbenen bzw. für tot Erklärten vor dem maßgeblichen Zeitpunkt bestanden hat. Diese Beschränkung gilt auch, wenn eine gerichtliche Entscheidung notwendig wird.

4   **2. § 1681 Abs. 2.** Nach § 1681 Abs. 2 S. 2 aF konnte der für tot erklärte Elternteil bei unrichtiger **Todeserklärung** oder Feststellung des Todeszeitpunktes durch Erklärung gegenüber dem Vormundschaftsgericht erreichen, dass er seine Sorgebefugnisse in dem Umfang (Zeitpunkt: § 1677), wie sie ihm zuvor zugestanden haben, wieder ausüben konnte. Inhaltliche **Prüfungsbefugnisse** des eingeschalteten Gerichts waren ebenso wenig vorgesehen wie die Mitwirkung des anderen Elternteils oder des Kindes. Allenfalls konnte § 1666 eingreifen; **Rückwirkung** seiner Erklärung war allerdings immer schon ausgeschlossen. Nunmehr hat auf Antrag das Gericht zu prüfen, ob die Sorge auf den noch lebenden Elternteil zu übertragen ist.

5   Nach § 1681 Abs. 2 hat das **FamG** einem zu Unrecht für tot erklärten Elternteil auf seinen **Antrag** die elterliche Sorge in dem Umfang zurückzuübertragen, wie sie für ihn im maßgeblichen Zeitpunkt bestand, wenn diese Entscheidung dem Wohl des Kindes nicht widerspricht (**negative Kindeswohlprüfung**). Denn bei unrichtiger Todeserklärung kann, weil der andere Elternteil

---

[39] BGH FamRZ 2011, 552, 553.
[40] BGH FamRZ 2011, 552, 553.
[1] Zu weiteren Einzelheiten und zur Gesetzesgeschichte *Staudinger/Coester* Rn. 1–3.

nicht mehr anwesend ist, eine nachhaltige Entfremdung[2] zwischen dem Kind und ihm eingetreten sein, wobei Wiederheirat des anderen Elternteils und die feste Verwurzelung des Kindes in der neuen Familie die Entwicklung nur beschleunigt. Doch kann sich auch dieser Elternteil auf Elternrechte berufen, Art. 6 Abs. 2 GG; zudem ist sein Lebensschicksal schon hart genug, aber ihm kann wie sonst die elterl. Sorge nicht zum Ausgleich seiner eigenen Beschädigungen eingeräumt werden (**Verschollenheit** mit unrichtiger **Todeserklärung** – Verhältnismäßigkeitsgrundsätze). **Verfassungskonforme Auslegung** und § 1682 ermöglichen aber sachgerechte und abgestimmte Lösungen, die Elternbefugnisse und Gesichtspunkte des **Kindeswohls** abzuwägen haben. Sonst ist ein besonderer **Änderungsantrag** vorgesehen, so dass § 1696 verdrängt ist und eine **Rechtsübertragung** der elterlichen Sorge ohne Antrag und von Amts wegen ausscheidet.[3] Übten früher beide Elternteile gemeinsam die elterl. Sorge aus, muss sich der Antrag auf die Wiedereinsetzung in diese Befugnisse beschränken; andernfalls (alleinige elterliche Sorge ist Ziel) ist § 1696 einschlägig.[4] Allerdings sind bei einem Antrag auf gemeinsame Sorge die gesetzlichen Wertungen aus § 1671 zu beachten und es wird zu klären sein, ob die erforderliche tragfähige soziale Beziehung der Eltern, die Voraussetzung für eine gemeinsame Sorge ist, vgl. § 1671 Rn. 70 noch besteht.[5]

6 Der Elternteil, der bislang in Abwesenheit des zu Unrecht für tot erklärten Elternteils allein die Sorge ausgeübt hat, kann jederzeit Antrag auf Zuteilung des alleinigen Sorgerechts stellen, wenn er die elterliche Sorge nicht mehr mit dem anderen teilen will,[6] der zu Unrecht für tot erklärt oder dessen Todeszeitpunkt festgestellt ist, aber noch lebt. Ohne einen solchen Antrag rückt der andere Gatte wieder in seine Sorgebefugnisse ein (Zeitpunkt: § 1677), die er eben gemeinsam mit seinem Partner wahrgenommen hat und nun wieder wahrnimmt. Neben § 1671 gilt aber **§ 1682**. Sonst kann § 1666 in Betracht kommen.

7 **3. Verfahren.** Für **Anordnungen** des FamG nach § 1681 Abs. 2 sind die auch sonst üblichen **Zuständigkeits-** und **Verfahrensregeln** maßgeblich, vgl. § 1678 Rn. 18; in der Sache ist die Entscheidung dem Richter vorbehalten, § 14 Abs. 1 Nr. 3 RPflG. Anträge nach § 1681 Abs. 2 sind nicht fristgebunden;[7] unterbleiben sie, kann nach längerer Zeit (in der Sache) eine Art von „Verzicht auf das Sorgerecht" eintreten.[8]

III. Internationales Privatrecht

8 Das anzuwendende materielle Recht ergibt sich vorrangig aus Art. 15 und 16 KSÜ bzw. Art. 2 MSA; soweit diese nicht einschlägig sind, ist Art. 21 EGBGB anzuwenden.

§ 1682 Verbleibensanordnung zugunsten von Bezugspersonen

¹**Hat das Kind seit längerer Zeit in einem Haushalt mit einem Elternteil und dessen Ehegatten gelebt und will der andere Elternteil, der nach den §§ 1678, 1680, 1681 den Aufenthalt des Kindes nunmehr allein bestimmen kann, das Kind von dem Ehegatten wegnehmen, so kann das Familiengericht von Amts wegen oder auf Antrag des Ehegatten anordnen, dass das Kind bei dem Ehegatten verbleibt, wenn und solange das Kindeswohl durch die Wegnahme gefährdet würde.** ²**Satz 1 gilt entsprechend, wenn das Kind seit längerer Zeit in einem Haushalt mit einem Elternteil und dessen Lebenspartner oder einer nach § 1685 Abs. 1 umgangsberechtigten volljährigen Person gelebt hat.**

---
[2] BT-Drucks. 13/4899 S. 104.
[3] Ob der von *Staudinger/Coester* berichtete Beispielsfall (Rn. 11) realistisch ist, ist zu bezweifeln; hat der verbliebene Elternteil anstelle des Verschollenen dessen bisherige Alleinsorge übernommen, wird er sie kaum deshalb wieder verlieren, weil der andere Elternteil nun wieder auftaucht und er selbst nicht „deutlich besser geeignet" ist, insbesondere also schon bei „gleich guter Eignung beider Eltern". In der Zwischenzeit hat er sich bewährt, und damit hat er ein eindeutiges Übergewicht gewonnen, zu Einzelheiten *Staudinger/Coester* Rn. 11.
[4] Vgl. dazu *Bamberger/Roth/Veit* Rn. 3 und NK-BGB/*Kleist* Rn. 4.
[5] Dazu auch *Staudinger/Coester* Rn. 14: „die... gemeinsame Elternverantwortung ... kann es rechtfertigen, das gemeinsame Sorgerecht auch ohne ausdrückliche Bereitschaft beider Elternteile zuzuordnen".
[6] BT-Drucks. 13/4899 S. 104.
[7] *Bamberger/Roth/Veit* Rn. 3.
[8] NK-BGB/*Kleist* Rn. 4 aE im Anschluss an *Bamberger/Roth/Veit* Rn. 3 mN.

§ 1682 1–3

Schrifttum: *Dethloff,* Kindschaftsrecht des 21. Jahrhunderts, ZKJ 2009, 141; *Finger,* § 1632 Abs. 4 – Zuordnungskonflikte bei Pflegekindern; Anträge der Pflegeeltern im gerichtlichen Verfahren, FuR 1998, 37 und 80; *Muscheler,* Das Recht der Stieffamilie, FamRZ 2004, 913; *Peschel-Gutzeit,* Stiefkinder und ihrer Familien in Deutschland – Rechtlicher Status und tatsächliche Situation, FPR 2004, 47; *Salgo,* Verbleib des Kindes bei den Pflegeeltern gegen den Willen der leiblichen Eltern, NJW 1985, 413; *ders.,* Verbleibensanordnung bei Bezugspersonen (§ 1682 BGB), FPR 2004, 76; *Walter,* Umgang mit dem in Familienpflege untergebrachten Kind, §§ 1684, 1685 – psychologische Aspekte, FPR 2004, 415.

Übersicht

	Rn.		Rn.
I. Normzweck	1, 2	7. Verbleibensanordnung bei Gefährdung des Kindeswohls	12–17
II. Anwendungsbereich	3–17	a) Materiell-rechtliche Voraussetzungen	12–14
1. Minderjährige Kinder	3	b) §§ 1666, 1666 a	15
2. Haushaltsgemeinschaft	4, 5	c) Besuche	16, 17
3. Längere Zeit des Zusammenlebens	6	III. Verfahren	18–21
4. §§ 1678, 1680, 1681 – neue Sorgebefugnis	7	1. Verfahren im Allgemeinen	18
5. Ankündigung der Wegnahme	8	2. Verfahrensbeistand, § 158 FamFG	19
6. Kreis der Berechtigten	9–11	3. Einstweilige Anordnung	20
a) Stiefeltern	9	4. Vollstreckungsmaßnahmen	21
b) Nichteheliche Lebenspartner	10, 10a	IV. Auslandsbezug	22
c) Gleichgeschlechtliche Lebenspartner	11		

I. Normzweck

1 § 1682 ist durch Art. 1 Nr. 23 KindRG eingefügt und setzt **§ 1632 Abs. 4** fort, dessen Maßstäbe in der Sache übernommen sind. Geschützt wird das Zusammenleben in einer Familie in seinem tatsächlichen Bestand; das Kind wird vor Herausnahme zur Unzeit geschützt, wenn sein Wohl sonst gefährdet erscheint. Denn oft bietet sein weiterer Verbleib dort, insbesondere beim **Stiefelternteil**,[1] dem früheren Lebenspartner oder einer anderen nach § 1685 Abs. 1 umgangsberechtigten Person, die bisher Sorgebefugnisse mit dem anderen Elternteil ausgeübt und Verantwortung getragen hat, bessere Entwicklungsmöglichkeiten **(Kontinuitätsgesichtspunkte)** als der Übergang zu dem ferner stehenden leiblichen Elternteil bei §§ 1678, 1680 und 1681. Dann müssen dessen Befugnisse[2] zurücktreten; so wird ihm ein manchmal schmerzlicher Verlust zugemutet, weil Interessen des Kindes vorrangig sind und er zurückzutreten hat, Art. 6 Abs. 1 GG.

2 § 1682 S. 2 ist durch das **LebenspartnerschaftsG** erweitert und umfasst nicht nur die früher in § 1685 Abs. 1 beschriebenen, im Haushalt des Elternteils lebenden, umgangsberechtigten volljährigen Personen, sondern ausdrücklich auch den **Lebenspartner**,[3] wobei ausreichender Schutz des in der Partnerschaft aufwachsenden Kindes „auch bei Tod des sorgeberechtigten Lebenspartners" gewährleistet wird, der wie der Ehegatte/Stiefelternteil des leiblichen Elternteils, vgl. § 1687b, ein „kleines Sorgerecht" für das Kind seines Partners geltend machen kann.[4]

II. Anwendungsbereich

3 **1. Minderjährige Kinder.** Nur **minderjährige Kinder** stehen unter elterlicher Sorge. § 1682 ist also auf sie beschränkt,[5] wenn sie nicht (bereits) verheiratet sind, denn Heirat macht insoweit frei. **Volljährig** muss dagegen der „Partner" sein; auch längeres Zusammenleben mit anderen, minderjährigen Geschwistern reicht für gerichtl. Anordnungen nach § 1682 nicht aus.[6]

---

[1] Zu Stieffamilien *Staudinger/Salgo* Rn. 3 mN, sowie *Peschel-Gutzeit* FPR 2004, 47; *Muscheler* FamRZ 2004, 913; sowie insbesondere im europäischen Vergleich *Dethloff* ZKJ 2009, 141; zu verfassungsrechtlichen Fragen vgl. *Staudinger/Salgo* Rn. 8.
[2] So *Palandt/Diederichsen* Rn. 1.
[3] Dazu BR-Drucks. 738/00 S. 8 nach BT-Drucks. 14/3751 S. 45.
[4] BT-Drucks. 14/3751 S. 45.
[5] *Staudinger/Salgo* Rn. 11.
[6] *Palandt/Diederichsen* Rn. 2 im Anschluss an BT-Drucks. 13/4899 S. 104; vgl. im Übrigen BayObLG FamRZ 2000, 972, 973 (Übertragung der elterlichen Sorge nach § 1680 auf die 28 jährige Schwester des Kindes, das selbst 16 Jahre alt ist).

2. Haushaltsgemeinschaft. Soll eine **Verbleibensanordnung** nach § 1682 ergehen, muss zwischen bisher sorgeberechtigtem Elternteil, Kind und jetzt „geschützter" Person **Haushaltsgemeinschaft** bestanden haben, die für das Kind nach dem ohnehin schmerzlichen Wegfall von Vater oder Mutter erhaltenswert erscheint und deshalb erhalten werden soll. Dabei ist der Kreis der nach § 1682 erfassten Personen beschränkt, dazu Rn. 9 f. Unerheblich ist, ob diese, falls das Kind nicht bei ihnen leben würde, tatsächlich **Umgangsbefugnisse** nach § 1685 durchsetzen könnten.[7] S. 1 erfasst den Ehegatten des leiblichen Elternteils, S. 2 den Lebenspartner und andere nach § 1685 Abs. 1 „umgangsberechtigte volljährige Personen", also Großeltern und (volljährige) Geschwister, nicht aber den **nichtehelichen Lebensgefährten**[8] des ausgefallenen Elternteils, Einzelheiten in Rn. 10, der auch nicht als enge „Bezugsperson" nach § 1685 Abs. 2 einbezogen ist. Das kann zu schmerzlichen Verlusten führen und wird zumindest bei langjährigem Zusammenleben des Kindes mit dem nichtehelichen Lebenspartner weder dem Kind noch der gesellschaftlichen Realität angesichts von zunehmenden nichtehelichen Lebensgemeinschaften mit Kindern gerecht.[9]

Zwischen Kind und nicht geschützter Person muss **Haushaltsgemeinschaft** bestehen, also „ein familiärer **Verband**", in dem das Kind „seine Bezugswelt gefunden hat"[10] und in dem es sich wohlfühlt. Wesentlich sind dabei „die Festigkeit der Lebensbeziehungen und eine gewisse Regelmäßigkeit des Kontakts".[11] Tragfähige Bindungen und Sicherheit vermittelt für kleinere Kinder erst die feste, gelebte Gemeinschaft, so dass jedenfalls gemeinsame Haushaltsführung Voraussetzung für § 1682 ist und sonstige, eher lockere Verbindungen nicht ausreichen. Andererseits sind unterschiedliche Wohnungen der Partner mit jeweils eigenem **Haushalt** „unschädlich", wenn Stabilität für das Kind durch regelmäßige/praktisch alltägliche persönliche Beziehungen gesichert ist. Unregelmäßige „**Besuche**" leisten diese Aufgaben dagegen nicht. Für ältere Kinder mag die Bewertung anders ausfallen; für sie ist eher die innere Repräsentanz ausschlaggebend, nicht mehr so sehr die tägliche Erfahrbarkeit der Beziehung zum anderen in ihrer ständigen Wiederholung.

3. Längere Zeit des Zusammenlebens. Für § 1682 muss das **Zusammenleben** in der Verbindung **längere Zeit** gedauert haben. Maßgeblich werden die zu § 1632 **Abs. 4** entwickelten Einzelheiten, die auf das **kindliche Zeitgefühl** und auf sein **Alter** Rücksicht nehmen. Nicht ausreichend sind prägende Kontakte in der Vergangenheit; entscheidend ist stets die gegenwärtige Bedeutung für das Kind, hierbei können auch längere Unterbrechungen folgenlos bleiben. Unerheblich bleibt, ob sich das Kind in der früheren Umgebung „wohler gefühlt" hat als beim leiblichen Elternteil zu erwarten ist. Schließlich kann sich auch auf verfassungsrechtlich geschützte **Elternrechte** berufen, so dass ihm ein gewisser Vorrang zukommt, Art. 6 Abs. 1 GG und verfassungskonforme Auslegung. Reine Zweckmäßigkeitserwägungen ohne ernsthaften Bezug zum „Kindeswohl" treten allerdings zurück. Im Übrigen ist für die **Aufenthaltsdauer** das **Alter** des Kindes[12] und sein **Zeitgefühl**[13] bestimmend; das führt zu sachlich gebotenen Unterscheidungen. Kleinere Kinder können kurze Zeiträume bereits als schlechthin prägend empfinden, die für ihre weitere Entwicklung bestimmend werden, während ältere Kinder, vor allem **Schulkinder,** nur langsam Abstand gewinnen und viel eher in der Lage sind, vergangene Ereignisse fortzuführen und in sich zu tragen (innere Repräsentanz); sie lassen sich auf neue Verbindungen ohnehin häufig viel zögernder ein. Regelmäßige **Besuchskontakte** können dann ausreichen, auch zum Schutz des anderen Elternteils.

4. §§ 1678, 1680, 1681 – neue Sorgebefugnis. § 1682 setzt voraus, dass der andere Elternteil nach §§ **1678, 1680 oder 1681** nunmehr berufen ist, über den **Aufenthalt** des Kindes zu bestimmen bzw. die elterliche Sorge auszuüben. Deshalb müssen, wenn das sonst vorgesehen ist, **Maßnahmen/ Anordnungen** des FamG nach diesen Bestimmungen vorangegangen oder vorgesehen sein, vgl. dazu §§ 1678, 1680, 1681, an die § 1682 anschließt; erst danach kann eine **Verbleibensanordnung** auf besonderen Antrag oder von Amts wegen ergehen, zum Verfahren im Übrigen Rn. 12 und 18 f.

5. Ankündigung der Wegnahme. Erforderlich ist zudem, dass der sorgeberechtigte oder der zumindest für das **Aufenthaltsbestimmungsrecht** zuständige Elternteil die Wegnahme des Kindes ankündigt und diese Ankündigung ernst zu nehmen ist; auch bei § 1632 Abs. 4 muss sie erfolgen, damit das FamG eingreifen kann. Schutz kann schon bei drohender **Kindesherausnahme** beantragt werden, auch im Wege der einstw. Anordnung.[14] Deshalb ist § 1682 nicht anwendbar, wenn der

---

[7] BT-Drucks. 13/4899 S. 104 und *Greßmann* Rn. 300.
[8] *Bamberger//Roth/Veit* Rn. 2.
[9] So auch *Staudinger/Salgo* Rn. 19.
[10] BT-Drucks. 13/4899 S. 104.
[11] *Palandt/Diederichsen* Rn. 2.
[12] Vgl. zu weiteren Einzelheiten in diesem Zusammenhang auch *Staudinger/Salgo* Rn. 18.
[13] Zu weiteren Einzelheiten *Salgo* FPR 2004, 76, 79.
[14] Zu Einzelheiten dabei *Finger* FuR 1998, 80, 82; vgl. im Übrigen *Staudinger/Salgo* Rn. 20.

§ 1682 9–12   Abschnitt 2. Titel 5. Elterliche Sorge

andere Elternteil den Aufenthaltswechsel nicht betreibt oder nicht betreiben kann, etwa weil ihm nicht die Befugnis zusteht, über den Aufenthalt des Kindes zu bestimmen[15] oder ihm sonstige Sorgebefugnisse fehlen, die (etwa) ein anderer oder das Jugendamt ausübt.

9 **6. Kreis der Berechtigten. a) Stiefeltern.** Zu den **Berechtigten** aus § 1682 zählen der **Ehegatte** oder der frühere **Ehegatte** des ausgefallenen Elternteils, also **Stiefeltern,** und andere Angehörige und Verwandte, die nach **§ 1685 Abs. 1** Umgangsrechte haben könnten und mit denen das Kind längere Zeit in Haushaltsgemeinschaft gelebt hat bzw. lebt. Geschützt wird unter dem Blickwinkel der **Kontinuität**, die für das Kind erhalten werden soll, die bisher prägende und Sicherheit vermittelnde und damit eben für seine weitere Entwicklung wichtige **Bezugswelt.** Ausgeschlossen sind minderjährige Geschwister, auch wenn das Kind bei oder mit ihnen längere Zeit zusammengelebt hat und sie für seine weitere Entwicklung besonders wichtig erscheinen. Dagegen müssen der Ehegatte und der Lebenspartner nicht volljährig sein. Nicht unmittelbar einbezogen sind dagegen andere Verwandte, insbesondere **Onkel** und **Tanten,** aber auch der **nichteheliche Lebenspartner** des anderen Elternteils, S. 1 und 2, obwohl gerade sie Aufgaben erfüllt haben können, die sonst **Stiefeltern** leisten. Naheliegend wäre, sie bei § 1682 einzubeziehen, denn sie sind auch in § 1685 Abs. 2 S. 2 als „enge Bezugspersonen" erwähnt, zu weiteren Einzelheiten Rn. 10, zum gleichgeschlechtlichen Lebenspartner Rn. 11.

10 **b) Nichteheliche Lebenspartner.** Für den **nichtehelichen Lebenspartner** gilt § 1682 nicht. In Betracht kommt aber seine Bestellung als Pfleger oder Vormund, wenn die elterliche Sorge in den Fällen der §§ 1678, 1680, 1681 nicht oder nicht in vollem Umfang auf den anderen Elternteil übertragen werden kann. Schließlich kann er ebenso wie ein anderer Umgangsberechtigter, § 1685 Abs. 2, unmittelbar nach § 1632 Abs. 4 vorgehen und eine gerichtliche Verbleibensanordnung für sich erreichen, der das Kind bisher allein betreut hat.[16] Ausreichend ist wenn die Personen längere Zeit in häuslicher Gemeinschaft in familiärer Art zusammen gelebt haben. Tatsächliche **Lebensgemeinschaft** reicht insoweit aus, ohne dass ein besonderer verwaltungstechnischer Akt **(Pflegeerlaubnis)**[17] vorausgehen muss. Maßstab ist insoweit jedenfalls § 1666.[18]

10a Eine entsprechende Anwendung von § 1682 wird dagegen wegen des verfassungsrechtlichen Vorgangs des andere Elternteil, Art. 6 Abs. 1 GG, und der Möglichkeit einer Verbleibensanordnung von § 1632 Abs. 4 nicht in Betracht kommen.[19] Sollte die Bindung des Kindes zum nichtehelichen Partner so stark sein, dass eine Verbleibensanordnung wegen des vorübergehenden Charakters nicht ausreicht,[20] wird ein (vollständige) Übertragung der Sorge auf den anderen Elternteil im Rahmen der vorrangigen Verfahren nach §§ 1678 Abs. 2, 1680 Abs. 2 und 3, 1681 Abs. 2 wohl kaum in Betracht kommen.[21] Soweit keine gerichtliche Prüfung stattfindet (§§ 1678 Abs. 1, 1680 Abs. 1 und 1682 Abs. 1) bleibt die Prüfung, ob zumindest das Aufenthaltsbestimmungsrecht dem jetzt sorgeberechtigten Elternteil zu entziehen sein wird.

11 **c) Gleichgeschlechtliche Lebenspartner.** S. 2 bezieht den gleichgeschlechtlichen Lebenspartner ausdrücklich in den Anwendungsbereich von § 1682 ein; er ist sonstigen Umgangsberechtigten nach § 1685 Abs. 1 gleichgestellt.

12 **7. Verbleibensanordnung bei Gefährdung des Kindeswohls. a) Materiell-rechtliche Voraussetzungen. Verbleibensanordnungen** nach § 1682 hat das FamG auf **Antrag** oder **von Amts** wegen zu treffen, wenn andernfalls mit der **Herausnahme** des Kindes aus seiner bisherigen tatsächlichen Lebenssituation und einem Aufenthaltswechsel sein Wohl gefährdet wäre.[22] Schon zu § 1632 Abs. 4 aF war anerkannt, dass § 1666 – dort genannt – nicht als selbständiger Anordnungstatbestand angesprochen ist;[23] vielmehr liefert die Bestimmung nur die inhaltlichen Maßstäbe für die Bewertung, so dass selbst eine grob rechtswidrige gerichtl. Entscheidung gegen die leiblichen Eltern oder einen von ihnen zu einer rechtlichen Verfestigung der Lebenslage in der Pflegefamilie (mit dem Kind) führen konnte,[24] vgl. heute den veränderten Wortlaut.

---
[15] *Finger* FuR 1998, 37, 39.
[16] BVerfG NJW 1997, 2041; deutlicher vielleicht noch AG Tübingen FamRZ 1988, 428, 429.
[17] Zu diesem Punkt OLG Frankfurt FamRZ 1983, 1163, 1164.
[18] KG NJW-RR 2005, 878, 880.
[19] A.A. *Finger* Voraufl. Rn. 10; *Muscheler* FamRZ 2004, 913, 921 fordert die Erstreckung von § 1682 auch auf die Personengruppe nach § 1685 Abs. 2.
[20] KG NJW-RR 2005, 878, 880.
[21] *Salgo* FPR 2004, 76, 77.
[22] Zum Gefährdungsgrad und zur Gefährdungswahrscheinlichkeit, die für § 1682 erfüllt sein müssen, vgl. *Staudinger/Salgo* Rn. 26 f.
[23] BVerfG NJW 1985, 423 und *Salgo* NJW 1985, 413, 414.
[24] Beispiel BVerfG NJW 1985, 423.

§ 1682 erlaubt wie § 1632 Abs. 4 gerichtliche Anordnungen nur dann, wenn und **solange** sie 13 erforderlich sind. Andererseits sind wie bei § 1632 Abs. 4 damit nicht nur **Übergangsregelungen** möglich. Die **Rückführung** des Kindes in die leibliche Familie ist anzustrebendes Ziel, vgl. dazu auch §§ 37, 38 SGB VIII. Hierbei wird jedoch immer im Einzelfall abzuwägen sein, ob das Kind mittlerweile derart gesicherte Bindungen zur Pflegefamilie oder der Pflegeperson entwickelt hat, dass eine Veränderung erhebliche Schäden für seine weitere Entwicklung mit sich brächte. Grundsätzlich wird man allein von der Dauer des Aufenthaltes des Kindes beim Stiefelternteil nicht auf einen Vorrang schließen können.[25] Entscheidende Bedeutung bei der vorzunehmenden Abwägung zwischen dem Elternrecht des die Herausgabe verlangenden Elternteil, Art. 6 Abs. 2 GG, und dem Recht des Kindes aus Art. 2 Abs. 1 GG[26] kommt den Bindungen des Kindes zu seinem bislang nicht sorgeberechtigten Elternteil zu. Hatte das Kind beispielsweise zum nicht sorgeberechtigten Elternteil einen Kontakt in Form des Wechselmodells, wird das Kind regelmäßig derart starke Bindungen auch zum bislang nicht sorgeberechtigten Elternteil entwickelt haben, so dass ein Wechsel unausweichlich ist und nur ein Wechsel zur Unzeit verhindert werden soll. Auch ansonsten wird den bestehenden Bindungen zum nicht sorgeberechtigten Elternteil eine maßgebliche Bedeutung zukommen. Gesichtspunkte des **Kindeswohls** sind aber dann nicht beachtet, wenn Ziel der gerichtlichen Entscheidung sein soll, dem Kind Zeit und Gelegenheit zu geben, sich innerlich unabhängig von bestehenden Bindungen zu dem leiblichen Elternteil auf den Wechsel in den Haushalt des leiblichen Elternteils einzustellen und darauf vorzubereiten.

Deshalb kann das Gericht auch nicht die „Kindeswohlgefährdung" zeitlich bestimmen und seine 14 Anordnungen entsprechend einschränken, damit den weiteren Ablauf festlegen und in seinen Beschluss aufnehmen, selbst wenn eine Verlängerung des Verbleibs möglich bleibt, die dann später tatsächlich erfolgen kann. Nach Grundsätzen der **Verhältnismäßigkeit** kann daher allenfalls eine vorsichtige Vorbereitung auf den Aufenthaltswechsel in Betracht kommen, vermittelt etwa durch **Besuche**[27] des leiblichen Elternteils, Gespräche mit ihm und den Ausbau von weiteren Kontakten, wenn dieser Wechsel sonst möglich bzw. geboten erscheint; Einsicht und Entgegenkommen auf allen Seiten ist allerdings notwendige Voraussetzung.

b) §§ 1666, 1666 a. Sind die Grenzen zu §§ 1666, 1666 a überschritten, muss das FamG ein- 15 greifen und dem anderen Elternteil die elterliche Sorge oder Teile aus ihr entziehen. Dann ist Pflegschaft anzuordnen oder **Vormundschaft** einzurichten. **Vormund** (oder **Pfleger**) kann auch die Pflegeperson sein. Zweckmäßiger ist aber wohl, diese Aufgaben dem Jugendamt zu übertragen, um Interessenkonflikte zu vermeiden und nicht weiter zum Streit zwischen den Beteiligten beizutragen. Wird eine Verbleibensanordnung nach § 1682 getroffen, sind **Elternrechte** des anderen Elternteils eingeschränkt, aber sonst nicht entzogen. Im Übrigen bleiben **Besuchskontakte** bestehen, um deren Wahrnehmung die Beteiligten sich aber auch bemühen müssen (auf beiden Seiten). Die **Pflegeperson** hat für die Dauer der gerichtlichen Entscheidung die Befugnisse aus § 1688. Im Übrigen kann sie im Einverständnis mit dem Elternteil Rechte nach § 1630 Abs. 3 durch gerichtliche Zuweisung erhalten.

c) Besuche. Leiblichen Eltern stehen Besuchsbefugnisse für ihre Kinder zu, solange diese sich 16 in einer Pflegefamilie aufhalten; allenfalls kann das FamG weitere Einschränkungen anbringen, wenn die Voraussetzungen aus § 1684 Abs. 2 vorliegen.[28] Im Übrigen können Eltern, die ein Kind für sich beanspruchen, den Übergang in ihre Familie vorbereiten, indem sie Kontakte langsam ausdehnen und so eigene Entwicklung in Gang setzen.[29] Lehnt das Gericht eine Verbleibensanordnung nach § 1682 ab, kann – umgekehrt – die Pflegeperson Besuchsrechte nach § 1685 Abs. 2 haben, die auch für das Kind wichtig sein können, wobei die Stärke der vorhandenen Bindungen maßgeblich sind. In jedem Fall sollten den betroffenen Erwachsenen Beratungen angedient werden, damit zwischen ihnen bestehende Spannungen nicht zu einer zusätzlichen Belastung für das Kind werden.[30] Werden die Zerwürfnisse zwischen den Verfahrensbeteiligten zu groß, ist unter Abwägung der Interessen des Kindes zu entscheiden, ob die Besuche fortzuführen oder der Kontakt einzuschränken ist. Daher ist zunächst abzuwarten, wie sich die Dinge entwickeln; dem Kind und seinen Bedürfnissen ist jedenfalls Vorzug zu geben.

---

[25] S.a. KG FamRZ 2008, 810, 811: Wechsel trotz mehr als 5jährigen Aufenthalts in Pflegefamilie nicht ausgeschlossen.
[26] BVerfG FamRZ 2006, 1593, 1594 und 2004, 771.
[27] Zur Verbleibensanordnung und Umgangsrechten im Rahmen von § 1682 *Staudinger/Salgo* Rn. 31.
[28] Ausführlich aus psychologischer Sicht *Walter* FPR 2004, 415.
[29] KG FamRZ 2008, 810, 812.
[30] KG FamRZ 2008, 810, 812, 813.

17 Wechselt das Kind seinen Aufenthalt und lebt fortan beim leiblichen Elternteil, kann das Gericht mit diesem Übergang die Verpflichtung der Pflegeperson festlegen, persönliche **Gegenstände** des Kindes herauszugeben.[31]

III. Verfahren

18 **1. Verfahren im Allgemeinen.** Grundsätzlich geltend die Ausführungen zum **Verfahren** wie zu § 1678 Rn. 18. Nach § 1682 kann das Gericht auf **Antrag** tätig werden, aber auch von Amts wegen einschreiten, wenn dies geboten ist, insbesondere wenn Beteiligte einschließlich des Jugendamts Informationen erteilen oder Anregungen geben, die gerichtliche Eingriffe fordern, aber selbst keine ausdrücklichen Anträge stellen,[32] § 24 FamFG. Da die nach § 1682 antragsberechtigten Personen Beteiligte des Verfahrens sind, § 7 Abs. 1 und 2 FamFG, sind sie auch – wenn beschwert - beschwerdeberechtigt, § 59 Abs. 1 und 2 FamFG.[33] Auch dem Kind steht, soweit es älter als 14 Jahre ist, ein Beschwerderecht zu, § 60 FamFG. **Anhörungspflichten** ergeben sich aus §§ 159 ff., vgl. hierzu auch § 1671 Rn. 145 ff. Anhörung der **Pflegeperson** ist in § 161 Abs. 1 S. 1 FamFG geregelt.[34] Die weiteren in § 1682 genannten Bezugspersonen sind nach § 161 Abs. 1 S. 2 FamFG anzuhören, wobei entgegen dem Wortlaut die Anhörung nicht nur dann stattzufinden hat, wenn eine Verbleibensanordnung bereits ergangen ist, sondern auch dann, wenn zu prüfen ist, ob eine Verbleibensanordnung zu ergehen hat.[35] Die Form der Anhörung ist freigestellt, unterbliebene Anhörung stellt regelmäßig einen Verfahrensfehler dar, wobei die Nachholung der Anhörung wegen des Beschleunigungsgebots, § 155 FamFG, durch das Beschwerdegericht zu erfolgen hat, s.a. § 69 Abs. 1 S. 3 FamFG zu den Voraussetzungen der Zurückverweisung. Zu den **Rechtsmitteln** vgl. § 1671 Rn. 154 ff, zu den **Kosten** § 1671 Rn. 162.

19 **2. Verfahrensbeistand, § 158 FamFG.** Mit der Neuregelung des Interessenvertreters des Kindes im FamFG ist klargestellt, dass in Verfahren nach § 1682 immer („in der Regel") ein **Verfahrensbeistand** zu bestellen ist, § 158 Abs. 2 Nr. 3 FamFG.[36] Sieht das Gericht ausnahmsweise davon ab, sind die Gründe in der Endentscheidung darzulegen, § 158 Abs. 3 S. 3 FamFG.

20 **3. Einstweilige Anordnung.** Neben dem Verfahren in der **Hauptsache** besteht die Möglichkeit der einstweiligen Anordnung gem. § 49 FamFG als nunmehr selbständiges Verfahren, um zu verhindern, dass (zu) früh vollendete Tatsachen geschaffen werden. Besuche können für einen Übergang festgelegt werden, um die Entscheidung selbst vorzubereiten, aber umgekehrt kann auch anzuordnen sein, dass ein Kind, das von einem Besuch beim leiblichen Elternteil nicht zurückgekehrt ist, sondern dort festgehalten wird, sofort herausgegeben werden muss.[37]

21 **4. Vollstreckungsmaßnahmen.** Vollstreckungsmaßnahmen richten sich nach §§ 88 ff. FamFG. Widerstand des Kindes darf nicht mit **Gewalt** gebrochen werden, wenn lediglich Umgangsbefugnisse durchgesetzt werden sollen, § 90 Abs. 2 FamFG. Bis zur endgültigen Entscheidung des Rechtsmittelgerichts kann die angegriffene Entscheidung in ihrer Vollstreckung einstweilig eingestellt oder in den Vollstreckungsmaßnahmen beschränkt werden,[38] § 93 Abs. 1 Nr. 3 FamFG, wobei dies einen gesonderten Antrag[39] voraussetzt; immer noch ist im Verlauf die Aufhebung der gerichtlichen Entscheidung möglich, so dass verhindert werden muss, dass durch zu frühe Herausnahme des Kindes aus seiner bisherigen Umgebung und Übergabe an den anderen Elternteil bereits vollendete Tatsachen geschaffen werden, die dem Kind schaden – mehrmaliger **Zuordnungswechsel** schadet jedenfalls.[40] Bei einer einstweiligen Anordnung erfolgt eine Aussetzung oder Beschränkung der Vollstreckung nach § 55 FamFG.

IV. Auslandsbezug

22 Verbleibensanordnungen nach § 1682 sind als **Schutzmaßnahmen** iS **Art. 1, 8 MSA** anzusehen;[41] dies gilt auch dann, wenn sie auf Antrag der in § 1682 genannten Personen ergehen.[42] Für das KSÜ gilt entsprechendes, vgl. Art. 1 Abs. 1 a und Art. 15 KSÜ.

---

[31] *Finger* FuR 1998, 80, 83.
[32] Vgl. dazu *Staudinger/Salgo* Rn. 23.
[33] MünchKomm/*Koritz* § 59 FamFG Rn. 2.
[34] Zur Anhörung der Betreuungsperson vgl. im Übrigen ausführlich *Staudinger/Salgo* Rn. 40.
[35] *Staudinger/Salgo* Rn. 40.
[36] Ausführlich *Staudinger/Salgo* Rn. 41.
[37] Zu Einzelheiten *Finger* FuR 1998, 80, 82.
[38] Zu weiteren Einzelheiten *Staudinger/Salgo* Rn. 42 mN.
[39] *Musielak/Borth* FamFG § 93 Rn. 2.
[40] Zu Einzelheiten *Finger* FuR 1998, 80, 84.
[41] Dazu OLG Hamburg FamRZ 1989, 420 und *Staudinger/Salgo* Rn. 45.
[42] *Staudinger/Salgo* Rn. 45.

§ 1683 *(weggefallen)*

§ 1684 Umgang des Kindes mit den Eltern

(1) Das Kind hat das Recht auf Umgang mit jedem Elternteil; jeder Elternteil ist zum Umgang mit dem Kind verpflichtet und berechtigt.

(2) ¹Die Eltern haben alles zu unterlassen, was das Verhältnis des Kindes zum jeweils anderen Elternteil beeinträchtigt oder die Erziehung erschwert. ²Entsprechendes gilt, wenn sich das Kind in der Obhut einer anderen Person befindet.

(3) ¹Das Familiengericht kann über den Umfang des Umgangsrechts entscheiden und seine Ausübung, auch gegenüber Dritten, näher regeln. ²Es kann die Beteiligten durch Anordnungen zur Erfüllung der in Absatz 2 geregelten Pflicht anhalten. ³Wird die Pflicht nach Absatz 2 dauerhaft oder wiederholt erheblich verletzt, kann das Familiengericht auch eine Pflegschaft für die Durchführung des Umgangs anordnen (Umgangspflegschaft). ⁴Die Umgangspflegschaft umfasst das Recht, die Herausgabe des Kindes zur Durchführung des Umgangs zu verlangen und für die Dauer des Umgangs dessen Aufenthalt zu bestimmen. ⁵Die Anordnung ist zu befristen. ⁶Für den Ersatz von Aufwendungen und die Vergütung des Umgangspflegers gilt § 277 des Gesetzes über das Verfahren in Familiensachen und in den Angelegenheiten der freiwilligen Gerichtsbarkeit entsprechend.

(4) ¹Das Familiengericht kann das Umgangsrecht oder den Vollzug früherer Entscheidungen über das Umgangsrecht einschränken oder ausschließen, soweit dies zum Wohl des Kindes erforderlich ist. ²Eine Entscheidung, die das Umgangsrecht oder seinen Vollzug für längere Zeit oder auf Dauer einschränkt oder ausschließt, kann nur ergehen, wenn andernfalls das Wohl des Kindes gefährdet wäre. ³Das Familiengericht kann insbesondere anordnen, dass der Umgang nur stattfinden darf, wenn ein mitwirkungsbereiter Dritter anwesend ist. ⁴Dritter kann auch ein Träger der Jugendhilfe oder ein Verein sein; dieser bestimmt dann jeweils, welche Einzelperson die Aufgabe wahrnimmt.

Schrifttum: *Balloff,* Der Sachverständige im Umgangsverfahren, FPR 2007, 288; *Bergschneider,* Beck'sche Formularbuch Familienrecht (2008); *Büte,* Das Umgangsrecht bei Kindern geschiedener oder getrennt lebender Eltern – Ausgestaltung – Verfahren – Vollstreckung, 2005; *Coester,* Kinderschutz, FPR 2009, 549; *ders.,* Die Bedeutung des Kinder- und Jugendhilfegesetzes (KJHG) für das Familienrecht, FamRZ 1991, 253; *Dethloff,* Familienrecht, 2009; *Ehinger,* Überlegungen zur Verfahrensgestaltung in Umgangsregelungsfällen bei häuslicher Gewalt, FPR 2006, 171; *Fegert,* Wann ist der begleitete Umgang, wann ist der Ausschluss des Umgangs indiziert? FPR 2002, 219; *Finger,* Das Haager Kinderschutzübereinkommen (KSÜ) vom 15. 10. 1996, FamRBint 2010, 95; *ders.,* Anerkennung und Vollstreckung ausländischer Sorge- und Umgangsregelungen, FamRZ 2009, 1293; Kindesentführung – HKindEntÜ, FuR 2007, 67; *ders.,* § 1684 BGB – Umgangsverweigerung und ihre Folgen, FuR 2006, 299; *Gödde,* Umgangsverweigerung bei Kindern und Jugendlichen: Ein Plädoyer für den „Brückenschlag" zwischen anwendungsorientierten Erklärungssätzen und neueren Befunden der Scheidungsforschung, JfJ 2004, 201; *Gottschalk,* Boykottierter Umgang – Zwangsweise Durchsetzung von Umgangsregelungen und Grenzen staatlicher Interventionsmöglichkeiten, FPR 2007, 279; *Hammer,* Die gerichtliche Billigung von Vergleichen nach § 156 Abs. 2 FamFG, FamRZ 2011, 1268; *ders.,* Die rechtliche Verbindlichkeiten von Elternvereinbarungen, FamRZ 2005, 1209; *Haußleiter,* Loyalitätspflichten der Eltern bei Umgang und Erziehung, NJW-Spezial 2007, 151; *Heiderhoff,* Schuldrechtliche Ersatzansprüche zwischen Eltern bei Verletzung des Umgangsrechts? FamRZ 2004, 324; *Heiter,* Verfahrensfähigkeit des Kindes in personenbezogenen Verfahren nach dem FamFG, FamRZ 2009, 85; *Hohloch,* Schadensersatz bei Verletzung des Umgangsrechts? FF 2004, 202; *Hopp,* Umgang bei Kindern im Kinderheim oder in der Pflegefamilie, FPR 2007, 279; *Jaeger,* Verlagerung von Sorgerechtskonflikten in Umgangsrechtsstreitigkeiten, FPR 2005, 70; *Jansen,* Sozialrechtliche Leistungsansprüche zur Ermöglichung des Umgangs, FPR 2009, 144; *Karle/Klosinski,* Ausschluss des Umgangs – und was dann? ZfJ 2000, 343; *Kindler/Salzgeber/Fichtner/Werner,* Familiäre Gewalt und Umgang, FamRZ 2004, 1241; *Kindler,* Umgangsregelungen im Einzelfall – Psychologische Aspekte, FPR 2009, 150; *ders.,* Umgang und Kindeswohl, ZKJ 2009, 110; *Kindler/Reinhold,* Umgangskontakte; Wohl und Wille des Kindes, FPR 2007, 291; *Klenner,* Rituale in der Umgangsvereinbarung bei getrenntlebenden oder geschiedenen Eltern, FamRZ 1995, 1529; *Kohler,* Vom Umgang mit der Umgangspflegschaft, JAmt 2010, 226; *Kölch/Fegert,* Die umgangsrechtliche Praxis aus Sicht der Kinder- und Jugendpsychiatrie, FamRZ 2008, 1573; *Limbrock,* Das Umgangsrecht im Rahmen des Haager Kindesentführungsübereinkommens und des Europäischen Sorgerechtsübereinkommens, FamRZ 1999, 1631; *Maier,* Hinwirken auf

§ 1684

das Einvernehmen nach § 52 FGG und das Vermittlungsverfahren nach § 52a FGG, FPR 2007, 301; *Menne,* Das Holen und Bringen des Kindes im Rahmen der Regelung des Umgangs, ZKJ 2006, 135; *ders.,* Kindesunterhalt und Kosten des Umgangs, Kind-Prax 2005, 136; *ders.,* Zum Umgangsrecht von Strafgefangenen und Untersuchungshäftlingen, ZKJ 2006, 250; *ders.,* Der Umgangspfleger – ein unbekanntes Wesen? ZKJ 2006, 445; *Motzer,* Das Umgangsrecht in der gerichtlichen Praxis seit der Reform des Kindschaftsrechts, FamRZ 2000, 925; *Normann-Kossak/Mayer,* Das Projekt „Begleiteter Umgang" im Familien-Notruf München, Kind-Prax 1999, 74; *Oelkers,* Die Rechtsprechung zum neuen Umgangsrecht 1. 7. 1998 – 31. 12. 1999, FuR 2000, 97; *Peschel-Gutzeit,* Die Regelung des Umgangs nach Herausgabe des Kindes aus dem Elternhaus, §§ 1666, 1666 a BGB, FPR 2003, 290; *Proksch,* Förderung von Einvernehmen in streitigen Kindschaftssachen nach FamFG, JAmt 2010, 215; *Richter/ Kreuznacht,* Der „beschützte" Umgang ZfJ 1999, 45; *Rohmann,* Der Umgang(sstreit) aus der Sicht des Kindes, FF 2002, 8; *Salgo,* Grenzen der Staatsintervention zur Durchsetzung des Umgangsrechts, FS Schwab, 2005, S. 891; *ders.,* Wie man aus einer ungünstigen Situation eine das Wohl des Kindes gefährdende machen kann, FPR 2008, 401; *Salzgeber,* Kindeswohlgefährdung durch Begutachtung, ZKJ 2007, 274; *ders.,* Gedanken eines psychologischen Sachverständigen zum begleiteten Umgang mit einem Elternteil, FamRZ 1999, 975; *Salzgeber/Vogel/Partale,* Relevanz von Alkoholproblemen bei Sorge- und Umgangsregelungen aus psychiatrisch-psychologischer Sicht, FuR 1991, 324; *Schael,* Von der vergleichsweisen Einigung der freiwilligen Gerichtsbarkeit alten Rechts zum gerichtlich gebilligten Vergleich, FamRZ 2011, 865; *ders.,* Verfahrensbeteiligung Minderjähriger nach dem FamFG, FamRZ 2009, 265; *Schauder,* Umgang während eines laufenden Verfahrens nach § 1666 BGB. Überlegungen aus psychologischer Sicht vor dem Hintergrund Gewalt, Vernachlässigung und psychischer Erkrankung der Eltern bzw. eines Elternteils, ZKJ 2007, 92; *Schellhorn,* Sozialrechtliche Leistungen zur Ermöglichung des Umgangsrechts, FuR 2007, 193; *Schwab,* Gemeinsame elterliche Verantwortung – ein Schuldverhältnis? FamRZ 2002, 1297; *Söpper,* Handy und Umgangsrecht, FamRZ 2002, 73; *Stötzel,* Verfahrensbeistand und Umgangspfleger – Aufgaben und Befugnisse, FPR 2009, 27; *Theurer,* Umgangskosten – Wem sind sie zuzuordnen? Wer trägt sie?, FamRZ 2004, 1619; *Völker/Clausius,* Sorge- und Umgangsrecht in der Praxis, 2011; *Wallerstein/Lewis/ Blakeslee,* Scheidungsfolgen- Die Kinder tragen die Last, 2002; *Wallerstein/Lewis,* Langzeitwirkungen der elterlichen Ehescheidung auf Kinder, FamRZ 2001, 65; *Walter,* Einschränkung und Ausschluss des Umgangsrechts nach § 1634 II S. 2 BGB, ZfJ 1996, 270; *Weychardt,* Die Behandlung der Umgangskosten beim Kindesunterhalt und beim Ehegattenunterhalt, FPR 2006, 333; *Wiesner,* Die Rolle der Kinder- und Jugendhilfe im Elternkonflikt, FS Rudolph, 2009, S. 45; *Willutzki,* Betreuter Umgang, Kind-Prax 2003, 49; *ders.,* Die Umgangspflegschaft, ZKJ 2009, 281; *Zivier,* Die neuen gesetzlichen Regelungen zur Umgangspflegschaft, ZKJ 2010, 306.

Übersicht

	Rn.
I. Normzweck	1–4
1. Art. 6, 8 und 14 EMRK	1
2. Verfassungsrechtliche Vorgaben	2–4
II. Umgangsrechte des Kindes	5–7
1. Geltendmachung und Durchsetzung	5, 6
2. Maßgeblichkeit des Kindeswillens	7
III. Elterliche Umgangsrechte	8–17
1. Anwendungsbereich, § 1684 Abs. 1	8–14
2. Elternvereinbarungen	15
3. Rechtsverzicht	16
4. Ausländerrechtliche Bedeutung; Auswirkungen	17
IV. Wohlverhaltensklausel (Abs. 2)	18–20
1. Pflicht zum Wohlverhalten, Abs. 2 S. 1	18, 19
2. Folgen bei Missachtung der Wohlverhaltenspflicht	20
V. Familiengerichtliche Regelungsbefugnis, Abs. 3	21–51
1. Allgemeines, S. 1	21
2. Ort, Dauer, Häufigkeit; Ablauf der Besuche, Kosten	22–44
a) Ort	22
b) Häufigkeit und Dauer	23, 24
c) Art und Inhalt der Kontakte	25, 26
d) Übernachtungen	27
e) Ferienregelungen	28
f) Feiertage und Geburtstage	29, 30
g) Abholen/Bringen	31, 32
h) Ausfallende Besuche	33
i) Ablauf	34
j) Abfällige Äußerungen und Abwertung des Partners	35
k) Drohende Kindesentführung	36
l) Kontakte zu dritten Personen während des Besuchs	37–39
m) Anwesenheit einer Vertrauensperson	40
n) Kosten	41–43
o) Auswirkungen auf den Unterhalt	44
3. Kindeswille und Kindesvorstellungen	45–48
4. Geschwisterbindungen	49
5. Zusatzregelungen	50, 51
VI. Insbesondere Umzug; Auslandsumzug; Auswanderung	52–54
1. Umzug	52
2. Umzug ins Ausland; Auswanderung	53, 54
VII. Beschränkungen und Ausschluss des Umgangsrechts, § 1684 Abs. 4	55–72
1. Allgemeines, S. 1	55, 56
2. Sachliche Voraussetzungen, S. 2	57
3. Beschränkter oder betreuter Umgang	58
4. Einzelheiten	59–71
a) Verfeindung; Streitigkeiten zwischen Eltern	59, 60
b) Straftaten; besondere politische/ weltanschauliche Orientierung	61–63
c) Kindesentführung	64

	Rn.		Rn.
d) Körperliche Angriffe	65	2. Verfahrensablauf	85
e) Sexueller Missbrauch; Verdacht des sexuellen Missbrauchs	66–68	3. Anhörungsregeln	86
f) Sonstiges Fehlverhalten eines Elternteils	69	4. Beratung und Betreuung durch das Jugendamt	87
g) Erkrankungen – Besuchsberechtigte oder Kind	70	5. Vermittlungsaufgaben des FamG	88, 89
h) Entfremdung	71	6. Vollstreckung	90–95
5. Einstellung des umgangsberechtigten Elternteils	72	a) Festsetzung von Ordnungsgeld/Ordnungshaft	90–92
VIII. Umgangsverweigerung; Folgen, sonst. Auswirkungen	73–83	b) Unmittelbarer Zwang, § 90 FamFG	93
1. Umgangsverweigerung	73, 74	c) Elternvereinbarung als Vollstreckungsgrundlage	94
2. Vollstreckung	75	d) Rechtsmittel im Vollstreckungsverfahren	95
3. Umgangspflegschaft	76–79	7. Anerkennung und Vollstreckung ausländischer Entscheidungen	96
4. Das Vermittlungsverfahren, § 165 FamFG	80	8. Rechtsmittel	97
5. Wechsel des Sorgerechts	81	9. Kosten	98
6. Sonstige Folgen	82	10. Abänderung, § 1696	99
7. Schadensersatz	83	X. Auslandsbezug	100–104
IX. Verfahren	84–99	1. Brüssel II a-VO; KSÜ; MSA; Art. 21 EGBGB	100
1. Zuständigkeiten; Verfahrenskostenhilfe	84, 84a	2. Verhältnis zum Iran	101
		3. Entführungsfälle	102–104

I. Normzweck

1. Art. 6, 8 und 14 EMRK. Art 8 EMRK schützt das Familienleben. Zum Familienleben gehört auch das Zusammensein eines Elternteils mit seinem Kind und zwar unabhängig von der Beziehung der Eltern.[1] Aufgabe des innerstaatlichen Rechts ist es daher, dieses Zusammensein grundsätzlich zu schützen.[2] Dabei sind die innerstaatlichen Gerichte nach Auffassung des EuGHMR verpflichtet „einen gerechten Ausgleich zwischen den Interessen des Kindes und denen der Eltern herbeizuführen und dabei dem Wohl des Kindes, das je nach seiner Art und Bedeutung den Interessen der Eltern vorgehen kann, besonderes Gewicht beizumessen."[3] Der Ermessensspielraum der innerstaatlichen Behörden wird beim Umgangsrecht deutlich enger angesehen als bei Entscheidungen zum Sorgerecht. Es besteht insbesondere die Verpflichtung dafür zu sorgen, dass möglichst wenigstens ein beschränkter Kontakt ermöglicht wird, wenn weitergehende Umgangskontakte aus Kindeswohlgründen nicht möglich sind.[4] Ferner folgt aus Art. 8 EMRK auch das Recht auf ein faires Verfahren, welches den Eltern erlaubt, ihre Positionen hinreichend darzulegen und sich in das Verfahren einzubringen.[5] Aus Art. 6 EMRK ergibt sich zudem der Anspruch, dass in einer angemessenen Frist über das Umgangsrecht entschieden wird,[6] wobei es nicht ausreichend ist, wenn während des laufenden Verfahrens Umgangskontakte bestanden.[7] Ferner verbietet Art. 14 EMRK jegliche Diskriminierung, also insbesondere Unterscheidungen zwischen ehelichen und nichtehelichen Kindern.[8] Da die EMRK ein Gesetz im Bundesrang darstellt, muss die Konvention bei jeder Entscheidung berücksichtigt werden. Zugleich binden die Entscheidungen des EuGHMR alle staatlichen Organe und verpflichten diese im Rahmen von Gesetz und Recht einen Verstoß gegen die Konvention zu beseitigen.[9]

---

[1] Zum Schutz des erst aufzubauenden Familienlebens durch Art. 8 EMRK vgl. EuGHMR FamRZ 2011, 269, 270 Tz. 60 (Anayo ./. Deutschland), Urt. v. 15. 9. 2011 – 17080/07 Tz 81 ff. (Schneider ./. Deutschland) – jeweils den biologischen Vater betreffend.
[2] EuGHMR NJW 2001, 2315, 2317.
[3] EuGHMR NJW 2004, 3397, 3398.
[4] EuGHMR NJW 2006, 2241, 2243; FamRZ 2011, 1125, 1127 zur Verpflichtung Verweigerungshaltungen mittels Zwangsmaßnahmen gegen den blockierenden Elternteil zu lösen.
[5] EuGHMR NJW 2004, 3401, 3405.
[6] EuGHMR FuR 2009, 623, 624; FamRZ 2011, 533; FamRZ 2011, 1283.
[7] EuGHMR FamRZ 2011, 533.
[8] EuGHMR FamRZ 2010, 103, 104 f (Zaunegger ./. Deutschland) und FamRZ 2004, 337, 343.
[9] BVerfG NJW 2005, 1765, 1766; 2004, 3407, 3410.

§ 1684 2–6

2 2. **Verfassungsrechtliche Vorgaben. Umgangsrechte, §§ 1684** und **1685,** sind wichtig, wenn bei Trennung oder Scheidung der Eltern einem Teil die alleinige elterliche Sorge zugesprochen wird oder gemeinsame Befugnisse für beide fortbestehen, das Kind aber beim Vater oder bei der Mutter lebt, da nur so die persönlichen Verbindungen untereinander aufrecht erhalten werden können. Beide Elternteile haben im Übrigen schon aus Art. 6 Abs. 2 S. 1 GG die **Pflicht,** die mit ihrer Trennung für das Kind drohenden Schäden so weit wie möglich aufzufangen und eine vernünftige, für seine Interessen passende Lösung für die weiteren persönlichen Kontakte zu finden. Besuchsbefugnisse sind jedenfalls Bestandteile der elterlichen Verantwortung/der elterlichen Sorge, die am verfassungsrechtlichen Schutz aus Art. 6 Abs. 1 GG teilnehmen.[10] Elternrechte sind daher schon dann verletzt, wenn das Gericht eine Regelung des **Umgangsrechts** ablehnt, ohne dass ersichtlich wird, wann und nach Ablauf welcher Fristen eine erneute gerichtl. Überprüfung zulässig sein könnte.[11] Auch das **Kind** hat einen **Anspruch** auf Umgang mit seinen Eltern, denn es ist ebenfalls Grundrechtsträger und hat den Anspruch aus Art. 6 Abs. 2 GG iVm. Art. 2 Abs. 1 GG, dass seine Eltern ihre Elternverantwortung wahrnehmen und die persönliche Beziehung zu dem Kind nicht abbrechen lassen.[12] Dieses Recht des Kindes ist in **§ 1684 Abs. 1 Hs. 1** konkretisiert.

3 Auch wenn grundsätzlich davon auszugehen ist, dass der Anspruch des Elternteils auf Umgang mit dem bei ihm lebenden Kind sich mit dem Anspruch des Kindes auf Umgang mit ihm deckt, so kann es doch im Einzelfall auch unterschiedliche Interessen geben. Der Gesetzgeber hat die Abwägung dahingehend vorgenommen, dass **Einschränkungen** oder der gänzliche **Ausschluss** von Besuchen zwischen Eltern und Kind, wie sie § 1684 Abs. 4 vorsieht, erst dann veranlasst sind, wenn sie unter dem Blickwinkel des Kindeswohls geboten sind, um Gefährdungen/Gefahren für seine weitere gute Entwicklung abzuwehren, **Verhältnismäßigkeitsgebote** auch unter verfassungsrechtlichem Blickwinkel. Für das Kind ist der Übergang in eine unvollständige Familie mit einem Elternteil (meist) weniger schädlich, wenn seine Bindungen an den anderen Elternteil und seine Geschwister bestehen bleiben.[13] Der Elternteil, der die alleinige elterliche Sorge ausübt oder bei dem das Kind tatsächlich lebt und seinen Lebensmittelpunkt gefunden hat, ist umgekehrt verpflichtet, Begegnungen des Kindes mit dem anderen zu ermöglichen und Besuche zu fördern, **Bindungstoleranz;** sie sind verfassungsrechtlich vorgesehener „Rest" aus der elterlichen Sorge, die rechtlich nicht fortbesteht, gleichwohl aber insoweit aus Art. 6 Abs. 1 GG verfassungsrechtlich zu schützen ist, zur Umgangsverweigerung und zum Schadensersatz s. Rn. 83.

4 Um eine Entfremdung zwischen Kindern und Eltern vorzubeugen, die letztlich einen Umgang erschweren, wenn nicht gar verhindern kann, sind daher Gerichte und alle übrigen Verfahrensbeteiligten zu einer zügigen Vorgehensweise verpflichtet, **§ 155 FamFG.**

II. Umgangsrechte des Kindes

5 1. **Geltendmachung und Durchsetzung.** § 1684 Abs. 1 Hs. 1. gibt dem Kind einen **Anspruch auf Umgang** mit seinen Eltern, denn es handelt sich um ein **subjektives Recht** des Kindes. Das Kind soll nicht „nur Objekt des elterlichen Umgangs"[14] sein, sondern mit dem eigenen Umgangsrecht des Kindes soll beiden Elternteilen bewusst gemacht werden, wie wichtig die Beziehungen des Kindes zu ihnen sind und dass sie verpflichtet sind, die Beziehungen des Kindes zu ihnen beiden zu pflegen.[15] Die Möglichkeiten der Geltendmachung und Durchsetzung sind allerdings eingeschränkt. Kinder bedürfen zunächst einer **Aufklärung** über ihrer Rechte, hierzu ist das Jugendamt nach §§ 18 Abs. 3 S. 1, 8 Abs. 2 SGB VIII verpflichtet. Da es sich bei dem Umgangsrecht auch um ein **höchstpersönliches Recht** handelt, muss es von Kind selbst beantragt werden.[16] Kinder ab Vollendung des 14. Lebensjahrs können einen eigenen Antrag stellen,[17] jüngere Kinder müssen sich bei der Wahrnehmung ihrer Interessen vertreten lassen. Dies kann durch den allein sorgeberechtigten Elternteil geschehen, ansonsten ist die Bestellung eines Ergänzungspflegers bei einem Interessenkonflikt erforderlich, § 1909. Ferner können Jugendamt, Verfahrensbeistand oder sonstige Dritte ein Verfahren anregen.

6 Das Kind wird auch bei der **Durchsetzung seines Umgangsrechts** auf Vermittlung/Unterstützung seitens des Jugendamts, Verfahrensbeistands oder sonstiger Dritte angewiesen sein. Denn ein

---

[10] Zu den verfassungsrechtlichen Vorgaben ausf. *Staudinger/Rauscher* Rn. 18 ff.
[11] BVerfG FamRZ 2006, 1005, 1006; 2005, 1815, 1816.
[12] BVerfG FamRZ 2008, 845, 848, 849.
[13] BT-Drucks. 8/2788 S. 61.
[14] BT-Drucks. 13/8511 S. 68.
[15] BT-Drucks. 13/8511 S. 68.
[16] BGH FamRZ 2008, 1334, 1335 mit Anm. *Luthin* S. 1335 und Anm. *Bienwald* FamRZ 2080, 2020.
[17] *Schulte-Bunert/Weinreich/Schöpflin* § 9 FamFG Rn. 7; *Heiter* FamRZ 2009, 85, 87, *Dethloff* Rn.196; a. A. *Schael* FamRZ 2009, 265, 267.

auf Antrag des Kindes ergangener Umgangsbeschluss ist zwar grundsätzlich auch vollstreckbar. Der betroffene Elternteil muss als Ausfluss seines Elternrechts, das auch die Verpflichtung beinhaltet sich um das Kind zu kümmern, es zwar hinnehmen, dass mittels **Zwang** auf ihn eingewirkt wird, um das Umgangsrecht durchzusetzen.[18] Dies gilt aber nur dann, wenn der zwangsweise Umgang dem Kindeswohl dient, denn nur dann überwiegt das **Kindeswohlinteresse** das Interesse des Elternteils, keine persönlichen Beziehungen zum Kind aufnehmen zu wollen.[19] Dies kann angenommen werden, wenn eine grundsätzliche Beziehung vorhanden ist, an die sich wieder anknüpfen lässt und die berechtigte Hoffnung besteht, dass der Elternteil seinen Widerstand gegen den Umgang aufgeben wird. Ferner ist dies denkbar, wenn das Kind und der Elternteil sich bislang zwar nicht kennen, aber dem Kind das Zusammentreffen mit einer ihm unbekannten Person zugemutet werden kann, was bei älteren oder sehr stabilen neugierigen Kindern durchaus in Betracht kommt.[20] Auch hier kann sich aus der ersten wenn auch zwangsweisen persönlichen Begegnung durchaus ein Kontakt ergeben. Häufig wird aber die Konfrontation des Kindes mit einem Desinteresse oder gar offene Ablehnung zeigenden Elternteil zu nachhaltig negativen, oftmals auch traumatischen, Erfahrungen des Kindes führen, die regelmäßig mit dem Kindeswohl nicht vereinbar sind. Letztlich ist damit das Kind auf die Bereitschaft des umgangsverpflichteten Elternteils angewiesen und im Vollstreckungsverfahren hat eine Prüfung der Verträglichkeit von Zwangsmaßnahmen gegen den Elternteil mit dem Kindeswohl stattzufinden. Unverständlich ist daher auch, dass das Kind dann nicht einmal die Möglichkeit hat, ein **Vermittlungsverfahren** gem. § 165 FamFG, dazu Rn. 79, zu beantragen.[21]

2. Maßgeblichkeit des Kindeswillens. Damit das Kind nicht zum Objekt des Umgangsverfahrens wird, ist aber nicht nur von Bedeutung, dass es ein eigenes Recht auf Umgang hat, sondern dass auch seine **Vorstellungen** zum Umgangsrecht zur Kenntnis genommen werden. Dies beinhaltet in letzter Konsequenz auch, dass ein Kind das Recht hat, den Umgang nicht wahrnehmen zu müssen, Art 2 Abs. 1.[22] Langzeitstudien belegen, dass Kinder fehlende Mitspracherechte bei Sorge- und Umgangsrechte als besonders repressiv und willkürlich empfinden.[23] Problematisch ist daher das **elternzentrierte Verfahren**, welches auch durch das FamFG seine Fortführung fand. Die Einigung der Eltern, § 156 Abs. 1 und 2 FamFG, steht im Mittelpunkt in der Erwartung, dass dies grundsätzlich positiv für das Kind ist und damit dem Kindeswohl dient. Damit besteht aber die Gefahr, dass das Kind und seine Bedürfnisse, die nicht mit denen der Eltern identisch sein müssen, zur Nebensache geraten.[24] Auch wenn § 1626 Abs. 3 davon ausgeht, dass Umgang dem Kindeswohl dienlich ist, so ist doch bereits die Einschränkung gemacht, dass dies allenfalls die Regel ist.[25] Daher sind nicht nur die **Vorstellungen von Jugendlichen** maßgeblich, gegen deren Willen feste Umgangszeiten nicht mehr angeordnet werden können,[26] sondern auch nachhaltige **ablehnende Haltungen** von Kindern, die regelmäßig auf den der Umgangsregelung vorausgehenden oft langjährigen Elternstreitigkeiten oder aber auch auf negative Erfahrungen beim Umgang beruhen. Auch insoweit muss das Kind in seiner Persönlichkeit wahrgenommen werden und es ist nicht generell eine Beeinflussung durch den anderen Elternteil zu unterstellen. Grundsätzlich haben die Kinder aber auch insoweit vorrangig Anspruch auf Unterstützung durch alle fachlich Beteiligten. Zur Bedeutung des **Kindeswillens** ausführlich Rn. 45 f.

III. Elterliche Umgangsrechte

1. Anwendungsbereich, § 1684 Abs. 1. Nach § 1684 Abs. 1 ist jeder Elternteil zum Umgang mit dem minderjährigen Kind berechtigt und verpflichtet. Damit kommt die grundsätzliche inhaltliche Verflechtung von Eigenanteilen und Fremdnützigkeit schon im Wortlaut der gesetzlichen Regelung zum Ausdruck. Im Übrigen soll § 1684 die tatsächliche Situation verbessern (und Spannungen abbauen), denn ein großer Teil der Väter – sie sind meist betroffen – hält schon kurz nach Trennung

---

[18] BVerfG FamRZ 2008, 845, 849, 850; s. a. EuGHMR FamRZ 2011, 1125, 1127.
[19] BVerfG FamRZ 2008, 845, 852.
[20] Vgl. auch BVerfG FamRZ 2008, 845, 851, 852; vgl. auch *Staudinger/Rauscher* Rn. 59 a; restriktiver: *Johannsen/Henrich/Jaeger* Rn. 33.
[21] So auch *Johannsen/Henrich/Jaeger* Rn. 33 aE.
[22] So auch *Johannsen/Henrich/Jaeger* Rn. 41; NK-BGB/*Peschel-Gutzeit* Rn. 15 hält Widerwillen des Kindes ebenfalls für grundsätzlich beachtlich; *Coester* FPR 2009, 549, 551.
[23] Grundlegend *Wallerstein/Lewis* FamRZ 2001, 65, 71/72 beruhend auf amerik. Forschungen, vergleichbare deutsche Forschungen fehlen bislang, vgl. auch Langzeitstudie über 25 Jahre in *Wallerstein/Lewis/Blakeslee* Scheidungsfolgen – Kinder tragen die Last, in der die Folgen von Trennung und Verlust ebenso wie die Folgen der Ignoranz des kindlichen Willens und der Bedürfnisse des Kindes geschildert werden.
[24] So auch *Kindler* FPR 2009, 150, 152.
[25] Zum fehlenden wissenschaftlichen Beleg hierfür: *Kindler* ZKJ 2009,110, 111.
[26] KG FamRZ 2011, 122.

und Scheidung vom Partner keinen persönlichen Kontakt mit dem Kind und zahlt zudem häufig nur schleppend Unterhalt. Unerheblich ist, wem die elterliche Sorge übertragen worden ist und ob Sorgebefugnisse nach Trennung und Scheidung gemeinsam fortbestehen, da § 1684 Umgangsrechte auch dann festlegt, wenn ein Elternteil weiterhin an Sorgebefugnissen beteiligt ist, aber nicht alltäglich mit dem Kind zusammenlebt, das seinen Lebensmittelpunkt beim anderen gefunden hat.[27] Sogar der **alleinige Sorgerechtsinhaber** kann Besuchsbefugnisse haben, wenn sich das Kind mit seiner Zustimmung für längere Zeit beim anderen Teil aufhält;[28] denn er soll nicht vor die Wahl gestellt werden, auf Kontakte zum Kind zu verzichten oder die **Herausgabe** zu betreiben,[29] wenn sonst die gute Entwicklung des Kindes gesichert ist und beide Eltern sich verständigt haben. Umgangsbefugnisse haben beide Eltern schließlich „gegenüber Dritten, in deren Obhut sich das Kind befindet", vor allem also Pflegeeltern/Pflegepersonen.[30] Umgekehrt, § 1685, können aber auch diese Umgang mit dem Kind haben, wenn seine Rückführung in die leibliche Familie erfolgt ist und für die Entwicklung des Kindes wichtig erscheint, diese Verbindung zu erhalten. Mit dem persönlichen Umgang mit dem Kind soll jeder Berechtigte die Möglichkeit haben, sich von der Entwicklung und dem Wohlergehen des Kindes zu überzeugen[31] und die „zwischen (beiden) bestehenden natürlichen Bande zu pflegen, dh einer Entfremdung vorzubeugen und dem Liebesbedürfnis beider Seiten Rechnung zu tragen".[32] Fremdbezogenheit und Eigennützigkeit der Befugnisse treffen wiederum zusammen. Allerdings dürfen Besuchskontakte nicht zur Überwachung und **Kontrolle** des Elternteils missbraucht werden, der sonst die elterliche Sorge ausübt; ihm kommt stets ein gewisser Vorrang zu, vgl. dazu auch § 1687. Jedenfalls zählt das **Umgangsrecht** zum verfassungsrechtlich geschützten **Elternrecht** als Restbestandteil, Art. 6 Abs. 1 GG,[33] zum Schadenersatz bei Umgangsverweigerung vgl. Rn. 83. Strafrechtlich folgt sein Schutz aus § 235 StGB, auch gegenüber dem Elternteil, der sein Elternrecht allein ausübt.[34] § 1684 erfasst nur **minderjährige** Kinder in ihren Kontakten zu ihren Eltern und anderen umgangsberechtigten Personen. Deshalb kann das FamG keine Regelungen für Besuche für ein volljähriges, etwa unter Betreuung stehendes Kind treffen; insoweit kann allenfalls das **Betreuungsgericht** tätig werden, das über die gesamte Tätigkeit des Betreuers die Aufsicht zu führen und gegen Pflichtwidrigkeiten durch geeignete Gebote und Verbote einzuschreiten hat.[35] Für „Besuche" mit **Haustieren** scheidet § 1684 BGB von vornherein aus.[36] Der leiblichen Mutter, die die Einwilligung zur **Adoption** des Kindes erteilt hat, steht kein Umgangsrecht nach §§ 1684 Abs. 1 oder 1685 Abs. 1 zu;[37] auf § 1685 Abs. 2 kann sie sich dagegen berufen, ebenso auf § 1686 für Auskunftsbefugnisse, aber beides kann, wenn das Wohl des Kindes entgegensteht, zu versagen sein,[38] vgl. weitere Einzelheiten Rn. 10.

9   Unerheblich bleibt für § 1684, ob sich die Eltern schon vor der Geburt des Kindes getrennt haben,[39] auch wenn so nie wirklich tragfähige Beziehungen zwischen ihnen bzw. einem von ihnen und dem Kind aufgebaut sein können.[40] Doch muss die praktische Ausgestaltung des Besuchs der besonderen Situation Rechnung tragen.[41] Umgang kann im Übrigen gerade mit dem Ziel zu gewähren sein, Kontakte entstehen zu lassen,[42] verstärken und so dann weitere Besuche zu ermöglichen. **Zweifel** an der Vaterschaft sind ohne Einfluss,[43] vor allem wenn sie der umgangsverpflichtete Elternteil äußert, der andere aber sein Umgangsrecht ausüben möchte, weil er sich dem Kind verbunden fühlt. § 1684 greift dagegen nicht (mehr) ein, wenn bereits gerichtl. festgestellt ist, dass der

---

[27] BT-Drucks. 13/4899 S. 105.
[28] BT-Drucks. 13/4899 S. 105; zur Verlagerung von Sorgerechtskonflikten in Umgangsstreitigkeiten *Jaeger* FPR 2005, 70.
[29] BT-Drucks. 13/4899 S. 105.
[30] BT-Drucks. 13/4899 S. 105.
[31] *Palandt/Diederichsen* Rn. 3; dazu auch *Peschel-Gutzeit* FPR 2003, 290.
[32] *Palandt/Diederichsen* Rn. 3.
[33] So auch BVerfG NJW 1983, 2491; BVerfG FamRZ 2010, 2050, 2053: Regelmäßiger längerer Umgang und Wahrnehmung der Verantwortung für das Kind im Rahmen des rechtlich Möglichen stellt eine häusliche Gemeinschaft iS d. § 116 Abs. 6 S. 1 SGB X dar.
[34] BGH NJW 1999, 1344, 1345.
[35] AG Ettlingen FamRZ 2001, 369, 370.
[36] Dazu *Staudinger/Rauscher* Rn. 56; OLG Hamm FamRZ 2011, 893; OLG Bamberg FamRZ 2004, 559; OLG Schleswig NJW 1998, 3127; a. A. allerdings AG Bad Mergentheim NJW 1997, 3033, 3034.
[37] OLG Stuttgart NJW-RR 2006, 76, 77.
[38] Dazu OLG Stuttgart NJW-RR 2007, 76, 78.
[39] So ausdrücklich BT-Drucks. 13/4899 S. 105.
[40] OLG Hamm FamRZ 1994, 58, 59.
[41] BT-Drucks. 13/4899 S. 105.
[42] Unverständlich daher insoweit OLG Bamberg FamRZ 1989, 890.
[43] AG Kerpen FamRZ 1994, 1486, 1487.

bisherige „**Scheinvater**" nicht der wirkliche Vater des Kindes ist, vgl. aber § 1685. Ist **Anfechtungsklage** erhoben und sind die Abstammungsverhältnisse noch nicht geklärt, bleibt § 1684 Abs. 1 wie sonst anwendbar. Sind die Voraussetzungen aus § 1685 erfüllt, können Besuche nach **Abs. 2** dieser Bestimmung in Betracht kommen.[44]

Auch dem Vater eines nach **Fremdbefruchtung** geborenen Kindes (heterologe Insemination) **10** steht ein Umgangsrecht mit diesem zu,[45] wenn sich die Eltern trennen oder ihre Ehe geschieden ist; dies gilt auch wenn die Mutter mit einer Lebenspartnerin zusammenlebt und die Vaterschaft festgestellt worden ist.[46] Im Übrigen kann der biologische Vater unter den Voraussetzungen des § 1685 umgangsberechtigt sein;[47] zu den Voraussetzungen im Einzelnen unter Berücksichtigung der **Rechtsprechung des EuGHMR** s. § 1685 Rn. 10. Ist ein Kind **adoptiert,** haben die leiblichen Eltern keine weiteren Umgangsrechte mehr, § 1751. Allenfalls können sich die Beteiligten auf entsprechende Kontakte verständigen. Während der **Adoptionspflege** ist das allerdings anders; in dieser Zeit fordert das Kindesinteresse, die familiären Beziehungen zu den leiblichen Eltern aufrecht zu erhalten, denn wie sich die Dinge entwickeln, ist nicht sicher. Jedenfalls würde der völlige Abbruch aller Kontakte zu ihm schon zu einem frühen Zeitpunkt die Trennung des Kindes aus seinen bisherigen Bindungen bedeuten; das kann nur unter ganz außergewöhnlichen Umständen gerechtfertigt sein,[48] wenn seine weitere gute Entwicklung in einer (neuen) Familie gesichert ist. Erfolgt die Annahme Inkognito, kann andererseits sogar ein Offenbarungs- und Ausforschungsverbot bestehen, § 1758. Hat nur ein Elternteil in die Annahme als Kind eingewilligt, ist der andere zunächst nicht betroffen; er kann sogar die elterliche Sorge erhalten, § 1678 Abs. 2, wenn er die Weggabe des Kindes nicht wünscht, seine fehlende Einwilligung nicht ersetzt werden kann, § 1678 Abs. 1, und die gute Entwicklung des Kindes bei ihm sonst gesichert ist, Gesichtspunkte des Kindeswohls.

Umgangsrechte sind **höchstpersönlich;** sie können daher nicht einem anderen – auch nicht zur **11 Ausübung** – übertragen werden, etwa dem jetzigen Partner im eigenen Verhinderungsfall oder einem anderen Verwandten (besonders beliebt: die Eltern). Zum eigenen Antragsrecht des Kindes, vgl. Rn. 5.

Kind und **Eltern** sind berechtigt, **Beratung** und Unterstützung durch das Jugendamt einzufor- **12** dern; zudem können sie wie die Eltern weitere Beratungseinrichtungen in Anspruch nehmen. Anordnungen nach § 1684 kann das Gericht nicht nur auf Antrag eines Beteiligten treffen, sondern auch von **Amts wegen,** wenn dies aus Gründen des Kindeswohls angezeigt ist.[49] Bei **Interessenkollisionen** zwischen den Eltern ist ein **Verfahrensbeistand** nach § 158 FamFG (Anwalt des Kindes) zu bestellen, vgl. zu Einzelheiten § 1671 Rn. 152.

Auch wenn die elterliche Sorge ruht, können Besuchsbefugnisse weiterhin wichtig sein. Ist ein **13** Vormund eingesetzt oder ein Pfleger für einzelne Aufgabenbereiche bestellt und lebt das Kind nicht mehr in der leiblichen Familie, können Rechte aus **§ 1684 Abs. 1** beiden Elternteilen zustehen. Selbst beim Sorgerechtsentzug (§ 1666) bleiben Eltern und Kind umgangsberechtigt, denn der Grund für den Verlust von Elternrechten ist unerheblich.[50] Ist ein Elternteil allerdings zur Ausübung seiner Rechte dem Kind gegenüber ungeeignet, kann sein Umgangsrecht zu beschränken oder auszuschließen sein, wenn die Mängel und Ausfälle auch diese Befugnis erfassen und sonst Gefährdungen für das Kind entstehen können. **Verhältnismäßigkeitsgrundsätze** sind wie sonst zu beachten, zum betreuten Umgang Rn. 58.

Bei einer Änderung der gerichtlichen Sorgerechtsentscheidung, **§ 1696,** ist die Bindung des Kin- **14** des an den Elternteil wichtig, was regelmäßig Kontakte zum Elternteil voraussetzt, so dass der Umgang wichtig ist, gerade um die Übernahme weitergehender Rechte vorzubereiten oder die Rückführung des Kindes zu seinen leiblichen Eltern zu erleichtern.[51]

2. Elternvereinbarungen. Elternvereinbarungen haben grundsätzlich Vorrang, soweit sie **15** das Kindeswohl achten. Sie führen nicht nur zur Vermeidung gerichtlicher Auseinandersetzungen,

---

[44] Ausführlich dazu *Staudinger/Rauscher* § 1685 Rn. 9.
[45] *Erman/Michalski/Döll* Rn. 6.
[46] OLG Celle ZKJ 2010, 74.
[47] EuGHMR FamRZ 2011, 269 ff (Anayo ./. Deutschland); Urt. v. 15. 9. 2011 – 17080/07 Tz 91 ff. (Schneider ./. Deutschland); BVerfG NJW 2003, 2151; 2157, 2158; aA OLG Celle NJW 2005, 78, 79: kein Umgangsrecht bei fehlender sozial-familiärer Beziehung, so auch OLG Saarbrücken OLGR 2002, 448.
[48] EuGHMR FamRZ 2004, 1456. Zum Umgang bei Kindern im Kinderheim oder in der Pflegefamilie *Hopp* FPR 2007, 279.
[49] *Johannsen/Henrich/Jaeger* Rn. 10; OLG Koblenz FamRZ 1995, 1282; zur Änderung nach § 1696 OLG Zweibrücken FamRZ 1997, 45, 46.
[50] *Johannsen/Henrich/Jaeger* Rn. 8.
[51] KG FamRZ 2008, 810, 812.

sondern können auch eine höhere Akzeptanz beanspruchen. Eltern können ihre Vorstellungen und die zeitlichen und sonstigen Möglichkeiten, die sie haben, sowie die Bedürfnisse ihrer Kinder meist besser als andere beurteilen. Voraussetzung ist allerdings, dass mindestens ein Elternteil sorgeberechtigt ist. Bedenken bestehen bei Regelungen, die ersichtlich nicht am Kindeswohl orientiert sind, sondern an dem Machtgleichgewicht der Eltern, wie ein Wechselmodell ohne entsprechende Grundlage, s. § 1671 Rn. 91. Ihre Einigung hat trotz fehlender Dispositionsbefugnis im Ausgang zunächst und tatsächlich **Bindungswirkung**, bis eine andere gerichtl. Entscheidung getroffen ist.[52] Die Elternvereinbarung ist allerdings nicht vollstreckbar, dazu bedarf es einer gerichtlichen Billigung, § 156 FamFG; zu weiteren Einzelheiten der Regelung durch das FamG unten Rn. 21 ff.; zur Vollstreckung vgl. Rn. 90 f.

16 3. **Rechtsverzicht**. Besuchsbefugnisse sind abgespaltene **Teilbestandteile** der elterlichen **Sorge**; sie sind unverzichtbar. Entsprechende Erklärungen eines Elternteils oder sonstige Selbstbeschränkungen sind daher wirkungslos, doch können sie als tatsächliches Indiz für eine gerichtliche Entscheidung herangezogen werden, falls diese notwendig wird. Ein Rückzug nach Trennung wirkt häufig sehr belastend auf die Kinder, die nicht verstehen, warum ein Elternteil sich plötzlich zurückzieht und kein Interesse mehr an ihnen zeigt. Andererseits kann ein zeitweiliger, teilweiser Verzicht des Umgangsberechtigten bei sehr heftigen Auseinandersetzungen der Eltern zumindest für eine Übergangszeit Ausdruck von besonderer Verantwortung und Einsicht sein, weil er dem Kind den belastenden Konflikt der Eltern erspart, so dass ihm seine Haltung nicht in anderem Zusammenhang als Desinteresse angelastet werden darf. Auch wenn durch Nichtausübung des Umgangs faktisch ein Verzicht erfolgt, hindert dies den Umgangsberechtigten nicht jederzeit wieder von seinem Umgangsrecht Gebrauch zu machen.[53] Der Wunsch eines Elternteils den anderen aus seinem Leben zu streichen, ist stets unbeachtlich,[54] wenn Interessen des Kindes weitere Besuche bei ihm erfordern.

17 4. **Ausländerrechtliche Bedeutung; Auswirkungen**. Üben Eltern nach ihrer Trennung/Scheidung weiterhin gemeinsam die elterliche Sorge für ihre Kinder aus, die dt. Staatsangehörige oder zumindest im Inland aufenthaltsberechtigt sind, hat dies auch **ausländerrechtliche Auswirkungen**. Ist ein Elternteil umgangsberechtigt, kann er so vor **aufenthaltsbeendenden Maßnahmen** zu schützen sein, denn seine Ausweisung aus Deutschland hätte (auch) unmittelbare Verluste für das Kind zur Folge, die diesem aber erspart werden sollten, wenn fortdauernder Umgang für seine Entwicklung wichtig ist.[55] Ausgeübte Besuchskontakte hat die Ausländerbehörde daher zu beachten, denn ihnen fällt bei der Abwägung erhebliches Gewicht zu und kann sogar die Ausweisung scheitern lassen.[56] Eine Regelung des Umgangsrecht entfällt auch nicht dann zwingend, wenn der Umgangsberechtigte zwischenzeitlich abgeschoben worden ist, da im Umgangsverfahren nicht die ausländerrechtliche Frage zu klären ist, ob der Umgangsberechtigte zur Wahrnehmung des Umgangs wieder einreisen darf.[57]

IV. Wohlverhaltensklausel (Abs. 2)

18 1. **Pflicht zum Wohlverhalten, Abs. 2 S. 1**. Eltern haben alle Störungen zu unterlassen, die das Verhältnis des Kindes zum jeweils anderen beeinträchtigen oder die Erziehung erschweren könnten, § 1684 Abs. 2 S. 1, **Wohlverhaltensklausel**. In der ohnehin für Kinder schon schwierigen **Trennungszeit** und in der Zeit danach mit nicht einfach zu lösenden Loyalitätsaufgaben sollen sie nicht auch noch von ihren Eltern verunsichert und mit deren Konflikten beladen werden. Schließ-

---

[52] OLG Köln FamRZ 1982, 1237, 1238, vgl. auch BGH FamRZ 2005, 1471 sowie dazu ausführlich *Schwab/Motzer* (Handbuch) III Rn. 212 f., *Staudinger/Rauscher* Rn. 126 ff und *Hammer* FamRZ 2005, 1209, 1215,1 216; einschränkend: *Johannsen/Henrich/Jaeger* Rn. 12 und *Bamberger/Roth/Veit* Rn. 13: einseitige Lösung bei erheblichen Kindeswohlgründen; zu Mustervereinbarungen *Bergschneider/Finger* Formularbuch Familienrecht E V.1 S. 131 f.
[53] OLG Hamm FamRZ 1996, 424.
[54] Dazu *Staudinger/Rauscher* Rn. 365 f, wobei dieses Verhalten nicht nur bei Müttern, sondern ebenso bei Vätern festzustellen ist.
[55] EuGHMR FamRZ 2000, 1561, 1562; BVerfG NVwZ 2009, 387, FamRZ 2004, 356 und 1999, 1577.
[56] BVerfG FamRZ 2006, 925, 926; 2006, 187, 189; 2003, 1082, 1083; vgl. dazu allgemein EuGHMR FamRZ 2001, 341; VGH Bad. Württemberg InfAuslR 2008, 24 Tz. 24 ff.; OLG Koblenz FamRZ 2009, 133, 134; OVG Münster NVwZ 2006, 717: Schützenswerte Position jedenfalls dann, wenn während eines vorherigen Zusammenlebens eine emotionale Beziehung zum Kind aufgebaut worden ist. Von einem ausgewiesenen Ausländer, der eine „Betretenserlaubnis" zum Besuch seiner in Deutschland lebenden minderjährigen Kinder erstrebt, kann verlangt werden, dass er zuvor eine Umgangsregelung herbeiführt, die ihm eine gerichtliche Kontaktaufnahme mit den Kindern gestattet, OVG Bremen FuR 2007, 335, 336.
[57] OLG Bremen NJW-RR 2011, 1084, 1085.

lich sind **Elternrechte** (auch) treuhänderische Rechtspositionen, die vorrangig dem Kind und seiner ungestörten und guten Entwicklung dienen.

Hat ein betreuender Elternteil bisher dem Anderen Umgangsbefugnisse über das übliche Maß hinaus zugestanden, muss er vernünftige und nachvollziehbare Gründe für sich anführen können, wenn er nun Beschränkungen anbringen möchte. **Erkrankungen** des Kindes allein und durch sie bedingte ständige weitere Reaktionen (Beispiel: Neurodermitis) reichen zwar nicht aus. Kann aber nicht ausgeschlossen werden, dass es sich um psychosomatische Reaktionen des Kindes auf einen belastenden Umgang oder häufig auch Übergabe handelt, ist immer am Kindeswohl zu prüfen, ob nicht andere dem Kindeswohl gerechter werdende Regelungen zu finden sind. Im Übrigen hat der betreuende Elternteil seine eigene (ablehnende) Haltung gegenüber dem anderen Elternteil zu überprüfen und so weit steuern, um nicht das Kind unter den Folgen leiden zu lassen. Es gilt insbesondere einen latent vorhandenen Loyalitätskonflikt des Kindes nicht zu verstärken. Manches wird sich dabei unbewusst abspielen; Signale an das Kind können verdeckt erfolgen, aber gerade deshalb besonders wirksam sein. Jedenfalls muss jeder Elternteil seine Einflüsse erkennen, sich selbst immer wieder in Frage stellen und, wenn nötig, seine Einstellung verändern bzw. sie sich klarmachen, um Auswirkungen auf das Kind beurteilen zu können und die Dinge in Ordnung zu bringen. Allerdings wird dies häufig nur mit fachlicher Unterstützung möglich sein; insoweit kann das Familiengericht eine Beratung anordnen, § 156 Abs. 1 S. 4 FamFG.

2. Folgen bei Missachtung der Wohlverhaltenspflicht. Missachten Eltern ihre Verpflichtung zum gegenseitigen Wohlverhalten, können Anordnungen gegen sie ergehen, wenn Grenzen zur unerheblichen Geringfügigkeit[58] überschritten sind und das Wohl des Kindes gefährdet erscheint. Das Familiengericht kann einem Elternteil - regelmäßig aber sinnvoller beiden Eltern - eine Beratung oder Mediation anraten bzw. eine Beratung anordnen, § 156 Abs. 1 S. 2 bis 4 FamFG. Folgen die Eltern dieser Anordnung nicht, so ist dies allerdings sanktionslos. Hingegen kann kein Elternteil zu einer Therapie verpflichtet werden,[59] mag dies auch der Schlüssel zu einer nachhaltigen im Interesse des Kindes erforderlichen Verhaltensänderung sein. Auch sonstige Anordnungen sind denkbar, um den Umgang im Interesse des Kindes zu sichern, beispielsweise Übergaben an neutralen Orten. Regelmäßig sind bei erheblichem Konfliktpotenzial detaillierte Regelungen erforderlich, damit Streit zwischen den Eltern vermieden wird, beispielsweise taggenauer Beginn und Ende eines Ferienumgangs anstelle einer Regelung wie: „die ersten zwei Wochen". Dem betreuenden Elternteil kann das FamG aufgeben, festgelegte Einzelheiten beim Besuchsablauf sicherzustellen, etwa das Kind vorzubereiten, zur rechten Zeit zum Besuch anzuhalten und mit der notwendigen Kleidung und mit weiteren Mitteln auszustatten, wie Medikamente, Wäsche zum Wechseln, Spielzeug u. ä. Auch dem Umgangsberechtigten können entsprechende Vorgaben gemacht werden, etwa zur Einrichtung und ausreichenden Ausstattung eines Kinderzimmers, Anschaffung weiterer Kleidungsstücke und Spielzeug u. ä. Wenn ein Elternteil seine Mitarbeit verweigert und Hilfe nicht nachsucht, die er braucht, kann dies in letzter Konsequenz zu Einschränkungen im Umgang führen. Behinderung des Umgangs oder (gar) **Umgangsverweigerung,** dazu Rn. 73. deuten auf fehlende Konfliktfähigkeit dieses Elternteils hin, die sich auf die Entwicklung des Kindes auswirken kann, doch wird er, wenn er sich bei der ursprünglichen „Auswahl" als verlässlicher für das Kind erwiesen hat und „besser" erschien, elterliche Verantwortung zu übernehmen, nun kaum deshalb der „schlechtere" Partner sein und im Vergleich hinter dem anderen Elternteil zurücktreten. Vielmehr hat das Gericht eine Neuregelung der Besuchskontakte vorzunehmen; im Übrigen sollte er vorrangig Unterstützung erhalten, um seine Einstellung überprüfen und verändern zu können. **Sorgerechtswechsel** kommt daher nur ausnahmsweise dann in Betracht, wenn andere Regelungen ausscheiden und dieser Wechsel aus Gründen des Kindeswohls angezeigt ist, wobei die Herstellung des Kontakts zum umgangsberechtigten Elternteil im Regelfall nicht einen zwangsweisen Verlust der bisherigen Bezugsperson rechtfertigen vermag,[60] denn durch derartige Maßnahmen drohen dem Kind weiter nachhaltige Schädigungen; das Kind ist nicht für Fehlverhalten seiner Eltern zu bestrafen, vgl. hierzu auch § 1671 Rn. 26. Im Übrigen wird vor einem (teilweisen) Sorgerechtsentzug oder Aufenthaltswechsel des Kindes immer zunächst eine **Umgangspflegschaft** anzuordnen sein, Abs. 3. S. 3.

---

[58] Ähnlich BT-Drucks. 8/2788 S. 54.
[59] OLG Naumburg ZKJ 2009, 129; OLG Stuttgart FamRZ 2007, 1682, 1683 unter Aufgabe bisheriger Rechtsprechung s. OLG Stuttgart FamRZ 2001, 932; OLG Nürnberg FamRZ 2006, 1146; *Johannsen/Henrich/Jaeger* Rn. 15.
[60] *Johannsen/Henrich/Jaeger* Rn. 16; vgl. auch BGH FamRZ 2008, 592; OLG Schleswig FamRZ 2009, 63. Sehr bedenklich dagegen: OLG Brandenburg NJW-RR 2010, 4, 6, 7 – gegen den Willen eines 11jährigen Kindes.

V. Familiengerichtliche Regelungsbefugnis, Abs. 3

21 **1. Allgemeines, S. 1.** Bei seinen Entscheidungen aus § 1684 Abs. 3 hat das FamG für einen Elternteil Umgangsrechte grundsätzlich zu gewährleisten, aber vor allem das Wohl des Kindes zu wahren. Damit ist für jedes Kind in der jeweiligen Situation der Umgang zu regeln, so dass kein „Standardumgang" angeordnet werden darf.[61] Gerichtliche Entscheidungen dürfen sich nicht auf eine „Anordnung im Groben" beschränken, sondern müssen die Bedingungen, die die Eltern einzuhalten haben und erfüllen müssen, im Einzelnen festlegen, weil nur so künftige Unstimmigkeiten (soweit überhaupt möglich) vermieden werden können und eine taugliche Grundlage für die Anwendung von Zwangsmitteln geschaffen wird.[62] Damit verbunden sind Einschränkungen in der Elternautonomie, die nur durch Vereinbarungen der Eltern überwunden werden können, welche immer sinnvoll sind, um eine erforderliche Flexibilität für den Alltag zu erreichen.

22 **2. Ort, Dauer, Häufigkeit; Ablauf der Besuche, Kosten. a) Ort.** Richtiger **Ort** für Besuche des Kindes ist die Wohnung des Besuchsberechtigten.[63] Nur ganz ausnahmsweise kann eine andere Regelung in Betracht kommen, etwa in den Räumen des **Jugendamtes** oder einer sonstigen Einrichtung. Kindergarten und Schule sind hingegen keine Umgangsorte, weil dies Orte sind, an denen die Kinder vor der familiären Auseinandersetzung geschützt sind bzw. sein sollten. Bestehen besonders gute Kontakte zu Großeltern, können sich die Eltern auf Besuche dort zumindest für Übergangszeiten verständigen. Ungeeignet sind in aller Regel die Wohnräume des Elternteils, bei dem das Kind seinen Lebensmittelpunkt hat, denn der Umgangsberechtigte kann sich so nicht frei entfalten, mit dem Kind unbefangen umgehen und steht im Übrigen unter ständiger Aufsicht und Kontrolle, sämtlich Gründe, auch die schlichte **Anwesenheit** des anderen Elternteils bei den Besuchen durchgängig auszuschließen. Andererseits kann bei Kleinstkindern der Umgang in der Wohnung seiner Hauptbezugsperson durchaus angebracht sein,[64] wie überhaupt immer auf die Bedürfnisse des Kindes abzustellen ist, so dass auch bei Anbahnungen von Umgang eine Anwesenheit des anderen Elternteils, zB auf dem Spielplatz, sinnvoll ist.[65] Bei einer längeren **Erkrankung** des Kindes kann auch ausnahmsweise der Umgang in der Wohnung des Kindes stattfinden,[66] allerdings wird dies nur dann mit dem Kindeswohl vereinbar sein, wenn der Umgang in einer verträglichen Atmosphäre verläuft. Wie sonst können die Eltern die Dinge anders regeln, wenn das sinnvoll ist. Maßstab ist jedenfalls das **Wohl des Kindes**. Stets ist das vorrangige Sorgerecht eines Elternteils zu beachten;[67] Umgangsbefugnisse dienen nicht der Kontrolle und Überwachung des Inhabers der elterl. Sorge durch den anderen. Für **Ferienzeiten** bestimmt der **Umgangsberechtigte** den Aufenthalt und die Art der Ferien; allerdings ist bei längerer Abwesenheit Information des sorgeberechtigten Teils selbstverständlich und geboten, denn dieser muss wissen, wo sich das Kind mit dem anderen Elternteil aufhält. Der umgangsberechtigte Elternteil hat das Kind zu den vorgesehenen Zeiten beim anderen abzuholen und pünktlich und so wie vorgesehen wieder zurückzubringen; entstehen dabei **Kosten**, zur Kostenregelung sonst Rn. 41, hat er sie zu tragen, auch wenn seine finanziellen Verhältnisse „beengt" sind.[68] Auch hier können andere Regelungen angemessen sein, zB Übergabe des Kindes auf halber Strecke bei Großeltern bei großen Entfernungen.

23 **b) Häufigkeit und Dauer.** Über die **Häufigkeit** der Besuchskontakte entscheiden zunächst wiederum die Eltern.[69] Können sie sich nicht einigen, ist sicherzustellen, dass regelmäßige und nicht zu seltene Kontakte persönliche Bindungen erhalten und fördern, wobei Abstufungen nach dem Alter des Kindes und seinem Zeitempfinden[70] nötig sind. Bei kleineren Kindern sind daher statt üblicher vierzehntägiger Wochenendumgänge eher häufigere kürzere Kontakte angemessen. Eine Teilung der Betreuungszeiten im Umgangsverfahren – Wechselmodell – kommt nur bei Einig-

---

[61] BVerfG FamRZ 2007, 1078.
[62] Zum Bestimmtheitserfordernis auch *Oelkers* FuR 2000, 97, 98; zur Vollstreckbarkeit Rn. 75 und 90 ff.
[63] OLG Koblenz FamRZ 2009, 133, 134; KG FamRZ 2006, 878, 880; OLG Düsseldorf FamRZ 1988, 1196; vgl. auch *Johannsen/Henrich/Jaeger* Rn. 24, zu weiteren Einzelheiten *Erman/Michalski/Döll* Rn. 23 zu Ort und Rn. 26 zu Zeit und Dauer der Zusammenkünfte.
[64] AG Eschwege FamRZ 2001, 1162.
[65] OLG Bamberg FamRZ 1984, 507, 508 zu Übergangszeiten bei Kleinkind.
[66] BVerfG FamRZ 2005, 429.
[67] OLG München FamRZ 1998, 974; *Völker/Clausius* § 2 Rn. 43.
[68] OLG Hamm FamRZ 2004, 560.
[69] Ausf. Übersicht auch bei *Bamberger/Roth/Veit* Rn. 23 f.
[70] Dazu auch OLG Brandenburg FamRZ 2002, 414 (bei einem kleinen Kind von vier Jahren bis zu vier Stunden vor oder nach dem Mittagsschlaf), OLG Oldenburg FamRZ 2001, 1164 und AG Kerpen FamRZ 1994, 1486, 1487.

keit der Eltern in Betracht, vgl. § 1671 Rn. 91.[71] Bedeutsam sind im Übrigen auch Vorstellungen der Kinder, die beispielsweise bei Geschwistertrennung häufig genaue Vorstellungen haben, wen sie wann wie oft treffen wollen. Maßgeblich ist das **Wohl** des **Kindes;** eine Gefährdung seiner körperlichen und seelischen Entwicklung muss sicher verhindert werden. Allerdings ist darauf zu achten, dass die Lebensführung des Elternteils, bei dem sich das Kind aufhält, nicht durch Interessen des Umgangsberechtigten in unangemessenem Maß eingeschränkt wird. Unterschiedliche Erziehungsvorstellungen der Eltern sind meist unschädlich, denn Kinder sind schon früh in der Lage, solche Unterschiede zu „ertragen", sie zur Erweiterung ihrer eigenen Erfahrungen nutzbar zu machen und als selbstverständlichen Ausdruck der unterschiedlichen Persönlichkeiten von Vater und Mutter zu begreifen. Auf Belastbarkeit und mögliche Vorschädigungen des Kindes sowie die Entfernung der Wohnorte von Kind und Umgangsberechtigtem ist zu achten, also auch auf äußerliche Einzelheiten und besondere Beschwernisse, die die Besuche (zusätzlich) auslösen. Sind die Beziehungen zwischen den Eltern relativ spannungsfrei, wird der Umgang des Kindes mit dem anderen Elternteil eher intensiver sein, als bei besonders starken Elternkonflikten, denn Auswirkungen auf das Kind sind nahe liegend. Besuche in **Zeitblöcken** empfehlen sich kaum; sie stellen keine regelmäßigen Kontakte sicher, und der Abstand zwischen den einzelnen Besuchen ist oft zu groß, gerade bei kleineren Kindern. Bei größerer räumlicher Entfernung ist dies häufig aber nicht zu vermeiden,[72] insbesondere wenn Flugreisen aufgrund des Alters des Kindes, den wirtschaftlichen Verhältnissen der Eltern oder der Örtlichkeiten nicht in Betracht kommt. Immer ist zu bedenken, welche Strapazen gegebenenfalls einem Kind zugemutet werden (lange Autofahrten etc.).

„Für den Regelfall" hat sich die Anwendungspraxis, wenn andere Vereinbarungen der Eltern fehlen oder nicht gelingen, auf vierzehntägige Besuche am Wochenende eingestellt. Dabei kann der Umgang bereits freitags beginnen und montags enden, dies setzt aber gerade bei schulpflichtigen Kindern voraus, dass sie ohne Probleme den Umgang verkraften. Zunehmend werden auch weitere stundenweise Kontakte unter der Woche vereinbart/angeordnet, wobei auch hier das Kindeswohl im Einzelfall maßgeblich ist. An **Festtagen** gehört das Kind nicht völlig selbstverständlich zum sorgeberechtigten/betreuenden Elternteil; **Doppelfeiertage** sind zwischen den Eltern zu teilen. Eingebürgert hat sich, dass das Kind am zweiten Festtag beim umgangsberechtigten Elternteil sein soll, aber die Eltern können die Dinge anders regeln und sind nicht etwa auf verbindliche Vorgaben verwiesen. Möglich ist auch ein Wechsel von Jahr zu Jahr. Schließlich sind weitere Besonderheiten zu beachten, etwa wenn das Kind in christlicher oder anderer **religiöser Erziehung** bei einem Elternteil aufwächst, der andere aber dabei eher gleichgültig ist, vgl. zu weiteren Einzelheiten Rn. 29, diese besondere Prägung aber für die Entwicklung des Kindes insgesamt wichtig erscheint. Vermisst das Kind den Umgangsberechtigten heftig, sind häufige Verbindungen sicherzustellen, um ihm zu helfen. Ob der Umgangsberechtigte seinerseits mit einem **Partner** zusammenlebt, hat für den Umgang nur insoweit Bedeutung, dass bei Spannung zwischen diesem und dem Kind die Umgangsregelung anzupassen ist. Widerstände des anderen Elternteils spielen keine oder nur eine ganz untergeordnete Rolle. Zu bedenken ist, dass Kinder aus Loyalität zum betreuenden Elternteil häufig diesem gegenüber eine ablehnende Haltung zum Partner des Umgangsberechtigten (aber auch umgekehrt) äußern, die nicht mit dem tatsächlichen Empfinden des Kindes übereinstimmt.

c) **Art und Inhalt der Kontakte. Art und Inhalt** der Besuche legen zunächst die Eltern fest. **Persönliche Kontakte** können durch Austausch und Begegnung in anderer Form nicht ersetzt werden, weil sich so Bindungen jedenfalls über längere Zeiträume nicht aufrechterhalten lassen. Ergänzend zum persönlichen Kontakt können auch telefonischer oder schriftlicher Kontakt treten,[73] wobei gerade bei großen räumlichen Entfernungen und geringen persönlichen Kontakten Telefonate,[74] zunehmend auch Internettelefonate mit Bildübertragung oder Chatkontakte, eine sinnvolle Ergänzung sein können. Andererseits ist darauf zu achten, dass **Anrufe** auf ein vernünftiges Maß beschränkt werden und der Berechtigte nicht über ein eigens zu diesem Zweck angeschafftes Handy ständige Verbindung zum Kind hält.[75] Bei Konflikten sind Vorgaben zu Telefonkontakten des Umgangsberechtigten zu treffen. Dies gilt auch für Kontakte per E-Mail oder SMS. **Ständige telefonische Verfügbarkeit** des Besuchsberechtigten während der Besuchszeiten unter Angabe seiner Telefonnummern kann der sorgeberechtigte/betreuende Elternteil nicht verlangen. Umgekehrt muss aber auch der Sorgeberechtigte/Betreuende nicht „jederzeit" telefonisch bereit sein, um das Kind zurückzunehmen, denn er muss seinen eigenen Tagesablauf während der Besuchszeiten so planen

---

[71] OLG Nürnberg MDR 2011, 1044; OLG Koblenz FamRZ 2010, 738, 739.
[72] OLG Schleswig FamRZ 2003, 950.
[73] BT-Drucks. 13/4899 S. 104 f.
[74] KG FamRZ 2006, 878, 880.
[75] Hierzu auch *Söpper* FamRZ 2002, 73, 74.

können, wie er das für richtig hält.[76] Allerdings sollten die Eltern eine Möglichkeit schaffen, sich jederzeit zu erreichen, um in besonderen Situationen den anderen zu unterrichten. Regelmäßig wird dies zumindest per SMS möglich sein, da somit auch in Konfliktfällen ein direkter persönlicher Kontakt vermieden werden kann. Sollte aus berechtigten Gründen auch eine Kontaktaufnahme per SMS nicht angezeigt sein, werden sich die Eltern auf eine Kontaktstelle zu verständigen haben, etwa einen Großelternteil oder eine andere Vertrauensperson; so kann auch das FamG entscheiden. **Briefverkehr** kann gleichfalls beschränkt werden,[77] aber der betreuende Elternteil darf grundsätzlich wie bei den anderen Kontakten auch diese nicht kontrollieren, es sei denn es sind Anhaltspunkte für eine Gefährdung des Kindeswohls ersichtlich. **Geschenke** des Umgangsberechtigten im üblichen Umfang und Anlass sind zuzulassen und dem Kind auszuhändigen.[78] Übertreibt ein Elternteil können daher gerichtl. Anordnungen gegen ihn ergehen. Gerade bei beschränkten Lebensverhältnissen des betreuenden Teils und vielleicht besserer Ausstattung des anderen ist besondere Zurückhaltung geboten, um die Unterschiede nicht noch größer und die Situation für das Kind schwieriger werden zu lassen. Selbstverständlich sollte im Übrigen sein, dass das Kind seine ihm wichtigen Sachen jeweils mitnehmen darf und zwar sowohl zum Umgangsberechtigten als auch zum betreuenden Elternteil.

26   Befindet sich der Umgangsberechtigte in **Strafhaft**, zu weiteren Einzelheiten dazu Rn. 61, haben die Haftanstalten dafür zu sorgen, das zumutbare Bedingungen in der Haftanstalt für einen persönlichen Umgang des Umgangsberechtigten mit dem Kind geschaffen werden.[79] Sind Besuche nicht möglich oder durch gerichtliche Entscheidung (vorläufig) ausgeschlossen, kann der Besuchsberechtigte andererseits verlangen, dass er durch geeignete regelmäßige Informationen die Entwicklung des Kindes verfolgen kann. Dazu zählt die Vorlage von **Fotos**, aber auch von **Schulzeugnissen** oder **Arztberichten**.[80] Grundlage ist § 1686. Auskunftspflichten können auch neben (eingeschränkten) Umgangsrechten bestehen, denn sie sind nicht reiner Ersatz für sonst fehlende persönliche Befugnisse.[81]

27   d) **Übernachtungen.** Um mit dem Umgangsberechtigten mehr als ein paar Stunden verbringen zu können und auch ein Stück Alltag beim anderen Elternteil erleben zu können, sind regelmäßig längere Zeiträume mit einer oder auch mehreren Übernachtungen sinnvoll. Ob eine Übernachtung angezeigt ist, entscheidet grundsätzlich der Einzelfall. Es gibt auch hier keine Automatismen, beispielsweise Übernachtungen erst ab Schulalter.[82] Daher können auch bei kleineren Kindern **Übernachtungen** beim Umgangsberechtigten durchaus angebracht sein,[83] im Übrigen äußern Kindern häufig den Wunsch auf Übernachtung. Gerade dann wenn häufigere kürzere Kontakte aus Gründen der Entfernung nicht möglich sind, führt die Versagung von Übernachtungen zu einem faktischen Umgangsausschluss. Wie sonst ist Voraussetzung, dass das Kind die Wohnung kennt und mit den **Mitbewohnern** auskommt,[84] vgl. dazu schon Rn. 24; beides muss sich manchmal aber erst entwickeln. Hilfreich ist auch, wenn Kindern gestattet wird, telefonisch Kontakt zur Hauptbezugsperson während des Umgangs mit Übernachtung zu halten. Bei besonderen Ängsten können die Eltern zudem festlegen, dass das Kind zu dem betreuenden Elternteil zurückgehen darf, wenn dies notwendig erscheint oder gewünscht wird; an diese Vorgaben hat sich der andere zu halten. Bedenklich und kaum mit dem Kindeswohl vereinbar, sind daher „Versuchsanordnungen" mit dem Anliegen, insbesondere ein Kleinkind an die Übernachtung gewöhnen zu lassen, wenn das Kind noch keine ausreichende Beziehung zum Umgangsberechtigten hat. Reagiert ein Kind auffällig, ist daher immer zu prüfen, ob durch Ausschluss der Übernachtungen sich die Befindlichkeit gerade des Kleinkindes ändert. Belastbare Untersuchungen, ab welchem Alter Kleinkinder eine für ihr Zeitempfinden längere Trennung von der Hauptbezugsperson im Rahmen von Umgangsregelungen verkraften, existieren nicht. Ungünstige häusliche Verhältnisse stehen Übernachtungen nicht generell entgegen.[85] Insgesamt ist darauf zu achten, dass durch eine Umgangsregelung mit Übernachtungen auch dem Elternteil, bei dem das Kind lebt, genügend Zeit verbleibt, um Aktivitäten mit dem Kind zu unternehmen.[86] Daher

---

[76] OLG Düsseldorf FamRZ 1997, 46.
[77] Dazu auch *Oelkers* FuR 2000, 97, 99; AG Zossen DAVorm. 1999, 143 sowie insgesamt hierzu *Völker/Clausius* § 2 Rn. 77.
[78] Hierzu ausführlich *Staudinger/Rauscher* Rn. 89.
[79] BVerfG FamRZ 2006, 1822; vgl. auch OLG Frankfurt FamRZ 2007, 753.
[80] OLG Frankfurt FamRZ 1998, 577 – halbjähriger Abstand für Fotos.
[81] Dazu OLG Brandenburg FamRZ 2000,106, 1107.
[82] BVerfG FamRZ 2007, 105, 106; OLG Zweibrücken FamRZ 2009, 134, 135.
[83] BVerfG FamRZ 2007, 1078, 1079 und 2007, 105; OLG Frankfurt FamRZ 2007, 664.
[84] OLG Hamm FamRZ 1990, 654, 655.
[85] KG FamRZ 2011, 825.
[86] NK-BGB/*Peschel-Gutzeit* Rn. 37.

kommt ein Umgang an jedem Wochenende kaum in Betracht.[87] Zudem ist auf schulische Belange und sonstige Aktivitäten des Kindes Rücksicht zu nehmen,[88] wobei letztere aber keinen grundsätzlichen Vorrang vor dem Umgang haben bzw. auch der Umgangsberechtigte das Kind zum Sportverein etc. bringen und abholen kann. Auch dies ist ein Stück gelebter Alltag.

e) Ferienregelungen. Bei hinreichend stabilen Bindungen des Kindes zum Umgangsberechtigten kann dieser auch Ferien mit dem Kind verbringen. Bei großer räumlicher Distanz (Ausland) ist diese Form von Umgang häufig auch die einzig praktikable. Bei einer zwischenzeitlichen Entfremdung können mehrtägige Besuche beim Besuchsberechtigten soweit möglich eine gute Vorbereitung sein.[89] Meist empfiehlt sich eine **Aufteilung** der Ferien zwischen den Eltern, wobei diese sich bei schulpflichtigen Kindern nicht nur auf die großen Sommerferien, sondern auch auf weitere Schulferien erstrecken können. Bei konfliktreicher Elternsituation bedarf es genauer zeitlicher Vorgaben – die erste Hälfte der Ferien ist bei mehr als sechs Wochen Sommerferien zu ungenau. Dem Kind ist auch bei Bedarf zwischen Schulende und Schulbeginn eine gewisse Ruhe zu gönnen. Konkurrenzverhalten von Vater und Mutter ist wie sonst besonders schädlich. Schließlich stehen das Kind und sein Wohl im Mittelpunkt, nicht die „großzügige Ausstattung" durch die Eltern bzw. beider Elternteile. Streiten sich die Eltern, können sich aber auf Ferienregelungen einlassen, kann der Umgangsberechtigte mit dem Kind die erste Ferienhälfte verbringen (müssen), damit die so entstehenden psychischen Belastungen vor Wiederbeginn des Unterrichts rechtzeitig und in der gebotenen Form verarbeitet werden können.[90] Faschingstage fallen ohne ausdrückliche Regelung nicht unter die Ferienregelung.[91] Verbringt der betreuende Elternteil seinen Ferienanteil mit dem Kind, entfällt grundsätzlich ohne weitere Anordnung während dieser Zeit der Umgang des umgangsberechtigten Elternteils,[92] es sind auch keine Ersatztage anzuordnen.[93]

f) Feiertage und Geburtstage. Für **Feiertage** – Weihnachten, Ostern, Pfingsten – wird meist ein Vorrecht des Sorgerechtsinhabers für den ersten Feiertag betont.[94] Sind die Beziehungen des Kindes zum Umgangsberechtigten gut, kommt aber auch jährlicher Wechsel des Aufenthalts des Kindes an den jeweils ersten Feiertagen in Betracht, da das Kind dann die wichtigen Feste auch mit dem anderen Elternteil erleben soll. Auch hier ist der Einzelfall maßgeblich.[95] Auch bei größeren räumlichen Entfernungen wird ein Wechsel bei guten Bindungen des Kindes in Betracht kommen, weil ansonsten der Aufwand für einen Tag zu hoch ist.

Den eigenen **Geburtstag** wird das Kind regelmäßig in seinem vertrauten Umfeld und dann mit seinen Verwandten und Freunden feiern.[96] Häufig ist eine zweite Geburtstagsfeier beim umgangsberechtigten Elternteil, was besonders dann sinnvoll ist, wenn das Kind dort ebenfalls noch enge Freunde hat oder auch einen guten Kontakt zu den Verwandten des Umgangsberechtigten. Im Übrigen ist auch hier darauf zu achten, dass kein Konkurrenzverhalten der Eltern stattfindet. Bei sonstigen Ereignissen wie **Einschulung, Schulfest, Sportfeiern** und Meisterschaften, **Theater- und Musikaufführungen** in der Schule etc. setzt die Teilnahme des Umgangsberechtigten voraus, dass die Eltern spannungsfrei gemeinsam daran teilnehmen können. Die familiäre Belastung in derartige für das Kind wichtige Veranstaltungen hineinzutragen ist mit dem Kindeswohl regelmäßig nicht zu vereinbaren.[97] Im Übrigen sind hier die Eltern zu eigenständigen Einigungen berufen, da sich wegen der Unregelmäßigkeit derartiger Ereignisse praktikable generell abstrakte Regelungen als schwierig erweisen. Dies gilt erst recht für besondere **Familienfeiern** wie Kommunion, Konfirmation u.ä.

g) Abholen/Bringen. Es ist regelmäßig Aufgabe des Umgangsberechtigten das Kind zu holen und nach dem Umgang wieder pünktlich zurückzubringen; Nachlässigkeiten wie ständige Verspätungen sind für Kinder enttäuschend, die sich auf den Besuch gefreut haben. Andererseits kann es dem betreuenden Elternteil im Einzelfall auch zuzumuten sein, einen Part zu übernehmen.[98] Dies wird insbesondere dann in Betracht kommen, wenn bei erheblicher räumlicher Distanz der

---

[87] OLG Zweibrücken FamRZ 1997, 45, 46.
[88] NK-BGB/*Peschel-Gutzeit* Rn. 37.
[89] Vgl. OLG Hamm NJWE-FER 1998, 56.
[90] KG FamRZ 2006, 878, 880.
[91] OLG Stuttgart FamRZ 2000, 50.
[92] OLG Frankfurt FamRZ 1996, 362.
[93] OLG Saarbrücken FamRZ 2011, 824, 825.
[94] *Schwab/Motzer* (Handbuch) III Rn. 231.
[95] OLG Brandenburg Beschl. v. 16. 10. 2008 – 9 UF 42/08 Rn. 10.
[96] *Schwab/Motzer* (Handbuch) III Rn. 231; mehr den Wechsel betonend: *Völker/Clausius* § 2 Rn. 65.
[97] Vgl. auch NK-BGB/*Peschel-Gutzeit* Rn. 38a. E.
[98] Vgl. *Menne* ZKJ 2006, 135, 136 mit Fallgruppen.

§ 1684 32, 33 Abschnitt 2. Titel 5. Elterliche Sorge

Umgangsberechtigte wegen des erforderlichen Zeit- und Kostenaufwands beim **Holen und Bringen** der Kinder den Umgang nur eingeschränkt oder faktisch überhaupt nicht mehr wahrnehmen kann.[99] Der betreuende Elternteil kann beispielsweise verpflichtet sein, Kinder zum Bahnhof[100] oder Flughafen zu bringen und abzuholen.[101] Gegebenenfalls kann auch eine Übergabe des Kindes bei Verwandten (Großeltern) auf halber Strecke angezeigt sein. Allerdings darf dies nicht zu einer unzumutbaren Belastung des betreuenden Elternteils werden. Im Übrigen sollten sich die Eltern abstimmen, mit welchem Transportmittel die Umgangszeiten am besten realisiert werden können,[102] zu den Kosten und deren Verteilung Rn. 41. Dabei ist auch darauf zu achten, dass Anfahrten möglichst kindeswohlverträglich gestaltet werden. **Flugreisen** können Kinder zugemutet werden, wenn sie daran gewöhnt sind und ein Flugbegleitservice der Fluggesellschaft für allein fliegende Kinder besteht.[103] Für das Kind am besten ist, wenn die Eltern sich auf „Übergabemodalitäten" einigen und es ihnen gelingt, dem Kind zu zeigen, dass beide den Umgang wollen, zum Beispiel bei einer **Übergabe** in der Wohnung mit einem Gespräch anstatt das Kind alleine zur Haustür zu schicken. Damit wird dem Kind ein Loyalitätskonflikt genommen. Gelingt eine spannungsarme Übergabe den Eltern selbst nicht, können Übergaben auch an **neutralen Orten** ohne Anwesenheit des anderen Elternteils stattfinden (Kindergarten). Bei schweren Konflikten kann hierzu auch eine dritte Person, Umgangsbegleiter, eingesetzt werden. Muss der Sorgeberechtigte mit Nachstellungen rechnen oder hat er Angst vor ihnen, kann er seine Wohnanschrift geheim halten;[104] dann sind eigene Übergabemodalitäten notwendig, wenn Besuche mit dem Kind überhaupt in Betracht kommen.

32 Zu den Besuchszeiten muss der Besuchsverpflichtete das Kind bereithalten und ihm die notwendigen Sachen mitgeben wie Ersatzkleidung,[105] **Medikamente,**[106] Brille und Schulhefte/Schulbücher (als Beispiele). Verbrauchsmaterialien wie Windeln hat der Umgangsberechtigte vorzuhalten. Der betreuende Elternteil ist auch grundsätzlich gehalten, das Kind auf den Umgang vorzubereiten und ihm zu vermitteln, dass es dem Umgang positiv gegenüber steht. Weigert sich das Kind mit zugehen, ist der Umgangsverpflichtete grundsätzlich gehalten, seinen **erzieherischen Einfluss** zumindest bei jüngeren Kindern geltend zu machen.[107] Bei einer dauerhaften **Weigerung des Kindes** sind aber die Ursachen hierfür zu erforschen und regelmäßig wird im Kindeswohl eine andere dem Kind verträglichere Umgangsregelung zu treffen sein. **Zwangsweiser Umgang** führt dauerhaft nicht zu einer stabilen Beziehung des Umgangsberechtigten zu seinem Kind;[108] ferner ist der **Kindeswille** zu beachten, dazu Rn. 7 und 45 f. Der Besuchsberechtigte wiederum kann gehalten sein, in seiner Wohnung für das Kind gute Bedingungen zu schaffen, also etwa ein Zimmer kindgerecht einzurichten bzw. Spielzeug bereitzuhalten (oder für Ersatzkleidung zu sorgen u. ä.); insoweit sind auch gerichtliche Auflagen möglich.

33 **h) Ausfallende Besuche.** Ohne besondere Absprachen (oder Anordnung des Gerichts) sind **ausgefallene Besuche** nicht nachzuholen. Umgangstage, die während der Ferien des anderen Elternteils mit dem Kind ausfallen, sind grundsätzlich nicht nachzuholen. Bei regelmäßigen Kontakten in kürzeren Abständen besteht für Ausnahmen kaum ein vernünftiger Anlass; im Übrigen treten nur weitere, diesmal tatsächliche „Berechnungsprobleme" auf, um die jeweiligen Besuchstage und die Ausfallzeiten, die noch erledigt werden müssen, neu festzulegen und einzurichten. Im Übrigen ist für das Kind häufig ein verlässlicher Rhythmus wichtig, zusätzliche Unruhe im Alltag des Kindes ist zu vermeiden.[109] Bei älteren Kindern mit schulischen Verpflichtungen und sonstigen Aktivitäten sind zudem zusätzliche Umgangstermine nicht einfach einzuplanen. Bei längeren Abständen zwischen den Besuchen oder bei der Beschränkung eines weit entfernten Elternteils auf einen Ferienaufenthalt im Jahr kann dagegen anders zu entscheiden sein. Im Übrigen kann dies auch angezeigt

---

[99] BVerfG FamRZ 2002, 809, 810.
[100] OLG Nürnberg FamRZ 1999, 100; AG Detmold FamRZ 2006, 880, 881.
[101] OLG Brandenburg FamRZ 2009, 131, 133; KG FamRZ 2006, 878, 879.
[102] BVerfG FuR 2006, 176, 177.
[103] BVerfG FamRZ 2010, 109, 110: Zumutbarkeit eines Fluges von Deutschland nach Spanien für ein 9jähriges Kind; KG FamRZ 2006, 878, 879; zur Möglichkeit von begleiteten Bahnfahrten für 6-15jährige Kinder: www.bahn.de/p/vvww.iew/service/familie/kids_on_tour.shtml.
[104] Dazu KG FamRZ 1999, 876.
[105] AG Monschau FamRZ 2004, 287.
[106] *Völker/Clausius* § 2 Rn. 70.
[107] OLG Saarbrücken NJW-RR 2007, 796 (sehr weitgehend); OLG Rostock FamRZ 2004, 54, 55; OLG Karlsruhe FamRZ 2002, 1056, 1057; OLG Köln FamRZ 1998, 961, 962; OLG Hamm FamRZ 1996, 363. Zu den Loyalitätspflichten der Eltern bei Umgang und Erziehung vgl. im Übrigen *Haußleiter* NJW-Spezial 2007, 151.
[108] *Kölch/Fegert* FamRZ 2008, 1573, 1575/1576.
[109] *Völker/Clausius* § 2 Rn. 74.

sein, wenn aus der Vergangenheit zu befürchten ist, dass ein Umgang aus vorgeschobenen Gründen („Kind ist krank") häufiger entfallen ist.[110] Nimmt der Umgangsberechtigte den Umgang nicht wahr, führt dies regelmäßig zu keinem Ersatztag,[111] obwohl das Kind durchaus Interesse an dem Umgang haben könnte. Regelmäßig bestehen beiderseitige **Informationspflichten**, wenn ein Umgangstag nicht wahrgenommen werden kann.[112]

i) Ablauf. Während der Besuchszeiten hat der Umgangsberechtigte für das Kind zu sorgen und auf seine Gesundheit zu achten. Ihm stehen bei gemeinsamer Sorge die besonderen Befugnisse aus § 1687 (Entscheidungen in alltäglichen Angelegenheiten) zu, ansonsten aus § 1687a. Übergriffe in Sorgebefugnisse des anderen Elternteils hat der Umgangsberechtigte sonst zu unterlassen, auch und gerade bei fortbestehender gemeinsamer elterlicher Sorge; vielmehr sind Absprachen notwendig (und in Notfällen kann er ohnehin tätig werden). 34

j) Abfällige Äußerungen und Abwertung des Partners. Abfällige Äußerungen oder sonstige **Abwertungen** des anderen Elternteils hat der Besuchsberechtigte zu vermeiden, vgl. schon § 1684 Abs. 2. Vermeintliche **Nachlässigkeiten**, die dem betreuenden Elternteil bei der Erziehung unterlaufen sein sollen, darf er ebenfalls nicht auszugleichen versuchen; so würde er den anderen in den Augen des Kindes entwerten. Das gilt auch für die religiöse Verankerung des Kindes.[113] Andererseits muss er sich nicht verbiegen, sondern nur die grundlegenden Werthaltungen des anderen Elternteils und des Kindes hinnehmen und respektieren. Deshalb „darf" er dem Kind vermitteln, wie sich die alltäglichen Abläufe bei ihm darstellen und welche Bezüge für ihn wichtig sind, denn mit Unterschieden zwischen den Eltern kommen Kinder meist gut zurecht, weil sie sie schon bei ihrem früheren Zusammenleben vor der Trennung oder Scheidung alltäglich erlebt haben; im Übrigen haben Kinder ein sicheres Gespür für Lügengeschichten. Kontrollen sind wie sonst unzulässig; so darf der Besuchsberechtigte nicht etwa bei kleineren Erkrankungen des Kindes sofort ärztliche Hilfe in Anspruch nehmen oder das Kind etwa Psychologen oder Therapeuten vorstellen, weil er seinen psychischen Zustand beklagt. 35

k) Drohende Kindesentführung. Droht **Kindesentführung** durch den Besuchsberechtigten, sind weitere Einschnitte geboten, um Gefährdungen für das Kind auszuschließen und dem Elternteil Verluste, die er befürchten muss, zu ersparen. Durch Anordnungen nach Abs. 3 S. 2 kann zunächst versucht werden, der Gefahr zu begegnen, indem beispielsweise das Verbot der Nutzung eines Kfz[114] ausgeprochen oder die Auflage des Umgangs im Inland erteilt wird.[115] Mitteilungen an die **Grenzpolizeistellen** im Rahmen des Schengen-Übereinkommens sind hilfreich; sie können aber immer nur auf bestimmte Zeiten beschränkt werden (und helfen bei einem geplanten Abflug aus dem Ausland von vornherein wenig). Erforderlich ist aber immer, dass hinreichend konkrete Anhaltspunkte bestehen, eine rein abstrakte Gefahr reicht nicht aus. Dem Umgangsberechtigten kann hingegen nicht aufgegeben werden, seinen Personalausweis, Reisepass oder Pass eines anderen Staates zu hinterlegen.[116] Wegen der Möglichkeit derartige Auflagen leicht zu unterlaufen, wird bei hinreichend konkreter Gefahr der Entführung häufig nur ein **begleiteter Umgang** stattfinden können,[117] zumal wenn die Gefahr der Entführung in Staaten droht, die keine Mitgliedsländer des Haager Abkommens über die zivilrechtlichen Aspekte internationaler Kindesentführung sind, so dass nicht einmal Schutz in der Form möglichst schneller Rückführung bereitsteht. Nur begleiteter Umgang kommt zudem in Betracht, wenn die Gefahr einer **Genitalverstümmlung** bei Ausübung des Umgangs besteht.[118] 36

l) Kontakte zu dritten Personen während des Besuchs. Während der Besuchszeiten bestimmt der Besuchsberechtigte über den Umgang des Kindes mit **dritten Personen**, insbesondere also mit seinen Verwandten und den **eigenen Eltern** (Großeltern des Kindes). Dagegen ist die Übertragung von Besuchsbefugnissen auch nur zur **Ausübung** nicht zulässig, da insoweit eigene Dispositionsbefugnisse fehlen. Andererseits darf der besuchsberechtigte Teil das Kind nicht zwingen, 37

---

[110] *Schwab/Motzer* (Handbuch) III Rn. 232.
[111] NK-BGB/*Peschel-Gutzeit* Rn. 41.
[112] *Bamberger/Roth/Veit* Rn. 26; OLG Brandenburg FamRZ 2003, 111 zum Erfordernis der detaillierten Regelung.
[113] *Völker/Clausius* § 2 Rn. 71.
[114] OLG München FamRZ 1998, 976, 977.
[115] OLG Schleswig NJW-RR 2008, 962, 963.
[116] Vgl. *Staudinger/Rauscher* Rn. 184; OLG Brandenburg NJW 2003, 978; OLG Karlsruhe NJW 1996, 1416, aA OLG München FamRZ 1998, 976, 977; OLG Frankfurt FamRZ 1997, 571, 572, *Völker/Clausius* § 2 Rn. 121.
[117] OLG Brandenburg NJW-RR 2010, 148 Tz. 25; OLG Köln FamRZ 2005, 1770.
[118] OLG Karlsruhe NJW-RR 2008, 1174, 1175; NK-BGB/*Peschel-Gutzeit* Rn. 57.

dorthin zu gehen oder mit ihnen Verbindung aufzunehmen, wenn sonst Vorbehalte bestehen. Gefährliche Haustiere dürfen nicht anwesend sein.[119]

38   Während der Besuche dürfen andere Personen anwesend sein, insbesondere also der neue **Lebensgefährte** oder **Ehegatte**, wenn der Berechtigte mit ihm zusammenlebt oder wieder geheiratet hat;[120] anders ist erst zu entscheiden, wenn dem Kind so besondere Gefahren drohen oder die Beziehungen schlecht sind und das Kind sie aus nachvollziehbaren Gründen ablehnt. Bestehen aus Gründen des Kindeswohls keine Bedenken zu Kontakten zu dem neuen Partner, ist die ablehnende Haltung des betreuenden Elternteils unbeachtlich.[121] Von ihrer Anwesenheit ausgeschlossen werden können dagegen Personen, die einen schädlichen Einfluss auf das Kind haben, wie bei Neigung zu Gewalttätigkeiten, einschlägige Vorstrafen, heftiger Alkoholkonsum u. ä.

39   Leben **Geschwister** nicht zusammen bei einem Elternteil, sondern sind getrennt, ist für Besuche darauf zu achten, dass sie sich möglichst oft sehen können, wenn die Verbindung für sie wichtig ist; Besuchszeiten so festzulegen, dass sie allein bleiben und den jeweiligen Geschwisterteil nicht sehen/erleben, steht regelmäßig im Widerspruch zum Kindeswohl und verletzt das Recht des Kindes auf Schutz des Familienlebens.[122]

40   **m) Anwesenheit einer Vertrauensperson.** Der Sorgeberechtigte kann für Umgangszeiten beim anderen Elternteil nicht auf Anwesenheit einer ihm nahe stehenden Person oder auf eigener **Anwesenheit** bestehen. Bei Säuglingen und Kleinkindern, die nur den betreuenden Elternteil als Bezugsperson kennen oder sehr an diesem hängen, kann für eine Übergangszeit eine Anwesenheit des betreuenden Elternteils angeordnet werden.[123] Besteht berechtigtes Misstrauen gegen alleiniges Zusammentreffen des Umgangsberechtigten mit dem Kind, kommt betreuter Umgang in Betracht, § 1684 Abs. 4 und Rn. 58.

41   **n) Kosten.** Kosten der Besuche, wie Fahrt-, Übernachtungs- und Verpflegungskosten fallen grundsätzlich dem Besuchsberechtigten zur Last,[124] die er weder beim **Kindesunterhalt** abziehen, auch nicht für **Ferienzeiten,**[125] noch beim **Ehegattenunterhalt** als **Abzugsposition** in Rechnung stellen kann. Aber das Unterhaltsrecht darf nicht zu einer Beeinträchtigung des Umgangsrechts führen. Dem Unterhaltsverpflichteten müssen bei zu erfüllenden Unterhaltspflichten, auch gegenüber dem Kind, genügend Mittel verbleiben, damit er den Umgang ausüben kann.[126] Auch ein (fiktiver) Nebenverdienst des umgangsberechtigten Kindesunterhaltsschuldners kann nicht unterstellt werden, wenn dadurch das Umgangsrecht beeinträchtigt wird.[127] Grundsätzlich steht dem Unterhaltspflichtigen der **Kindergeldanteil** zur Verfügung um Umgangskosten zu finanzieren, damit seit der Neufassung des § 1612b Abs. 1 zum 1. 1. 2008 die Hälfte des Kindergelds. Gleichwohl sind über das übliche Maß hinausgehende Umgangskosten – beispielsweise erhebliche Flugkosten - berücksichtigungsfähig und zwar in dem entweder die Kosten vom Einkommen abgezogen werden oder aber der (Ehegatten)Selbstbehalt erhöht werden kann.[128] Im Ergebnis führt dies allerdings dazu, dass das Kind den Umgang des umgangsberechtigten Elternteil finanziert,[129] weil ihm ein geringerer Unterhalt verbleibt, was zumindest dann, wenn der Mindestunterhalt nicht mehr gesichert ist, äußerst problematisch wird.[130] Veranlasst der sorgeberechtigte Elternteil durch einen sonst nicht einsichtigen **Umzug** in eine weit entfernte Stadt besonders hohen Aufwand für die Anreise und die dortige Übernachtung, kann er an ihnen bei bestehender Leistungsfähigkeit ebenfalls zu beteili-

---

[119] KG FamRZ 2003, 112.
[120] Dazu *Palandt/Diederichsen* Rn. 25, ebenso FA-Komm/*Ziegler* Rn. 86 mN.
[121] AA OLG Nürnberg FamRZ 1998, 976 für einen geplanten Ferienaufenthalt mit der Freundin, die die Mutter ablehnt.
[122] EuGHMR FamRZ 2010, 1046.
[123] *Schwab/Motzer* (Handbuch) III Rn. 237.
[124] BGH NJW 1995, 717, 718; vgl. zu weiteren Einzelheiten *Büte* Rn: 172 ff; *Staudinger/Rauscher* Rn. 135 ff.
[125] AA OLG Köln OLGR 2005, 609, 610 bei Aufenthalt des Kindes in den Sommerferien beim Umgangsberechtigten.
[126] BVerfG FamRZ 2003, 1370, 1377; BGH FamRZ 2005, 706, 708 mit Anm. *Luthin*.
[127] BVerfG FamRZ 2003, 661, 662; OLG Bamberg FamRZ 2005, 2090.
[128] BGH FamRZ 2009, 1477, 1479; 2009, 1300, 1305/1306; *Völker/Clausius* § 2 Rn. 98.
[129] OLG Bremen NJW 2008, 1237, 1238.
[130] So auch *Weychardt* FPR 2006, 333, 334, der stattdessen einen eigenständigen Erstattungsanspruch anerkennen will, ohne dass indes hierfür eine Anspruchsgrundlage ersichtlich ist; ebenso *Menne* Kind-Prax 2005, 136, 137, der darauf verweist, dass regelmäßig Umgang regelmäßig auch zu kontinuierlichen Unterhaltszahlungen führt, was aber nichts an dem dann zu geringen Unterhalt ändert; anders *Theurer* FamRZ 2004, 1619, 1621, die Umgangskosten als Mehrbedarf des Kindes ansieht, aber damit auch nicht erklären kann, wer diese Kosten tragen soll, wenn maximal der Mindestunterhalt gezahlt werden kann.

gen sein,[131] zumindest indem er das Kind zum nächst größeren Bahnhof oder Flughafen bringt. Kosten des **beschützten Umgangs**, insbesondere für eine private Begleitperson, hat ebenfalls der Umgangsberechtigte zu tragen. Leistet ein Träger der Jugendhilfe oder ein Verein beschützten Umgang, ist die Vergütung dagegen vom jeweiligen öffentlichen Leistungsträger zu übernehmen/erstatten.[132] Vereinbarungen der Eltern sind möglich und vorrangig; sie sind schuldrechtlicher Natur; Zuständigkeit in Streitfällen liegt beim FamG, § 111 FamFG.

Problematisch ist die grundsätzliche Kostentragungspflicht des Umgangsberechtigten auch dann, **42** wenn er selbst auf **staatliche Transferleistungen** angewiesen ist.[133] Diese beinhalten grundsätzlich nur seinen Bedarf, die Deckung des weiteren Bedarfs des Kindes während seines Aufenthalts beim Umgangsberechtigten ist nicht davon umfasst. Da zusätzliche Leistungen nach dem SGB II bislang nicht vorgesehen waren, hat die Rechtsprechung eine „**temporäre Bedarfsgemeinschaft**" zwischen dem Kind und dem Umgangsberechtigten angenommen.[134] Eine solche Bedarfsgemeinschaft besteht an jedem Tag, an dem sich das Kind bei dem Umgangsberechtigten aufhält. In der Praxis ergaben sich bei der Umsetzung erhebliche Probleme, denn das Kind war anspruchsberechtigt, dh. es musste gegebenenfalls den Anspruch geltend machen, wobei es bei fehlender elterlicher Sorge in keinem Fall vom Umgangsberechtigten vertreten werden konnte. Der betreuende Elternteil hatte regelmäßig aber wenig Interesse, einen derartigen Anspruch für das Kind durchzusetzen. Nunmehr räumt § 38 Abs. 2 SGB II dem Umgangsberechtigten das Recht ein, Leistungen für das Kind zu beantragen, soweit es sich im Rahmen des Umgangs in seinem Haushalt aufhält. Dies bedeutet ein Bruch im Vertretungsrecht des Kindes, welches nunmehr auch bei alleiniger Sorge des betreuenden Elternteils insoweit allein von dem nicht sorgeberechtigten Elternteil vertreten wird. Zudem geht der Anspruch weiterhin auf den Leistungsträger über, der diesen nunmehr gegen den betreundenden Elternteil geltend machen müsste. Ist auch dieser zugleich Leistungsempfänger, könnte dies zu einer Kürzung seiner Leistungen führen, die er für die Bedarfsgemeinschaft mit dem Kind erhält. Insgesamt ergeben sich auch nach der gesetzlichen Neuregelung Probleme, die zu weiteren Konflikten zwischen den Eltern führen können.

Steuerlich können die Aufwendungen nicht verwendet werden. Typische Kosten der (privaten) **43** Lebensführung sind aus dem Anwendungsbereich von § 33 EStG gerade ausgeschlossen; sie sind durch den **Grundfreibetrag** aus § 32a EStG bzw., soweit es sich um familienbedingte Mehraufwendungen handelt, durch die Regelungen des **Kinderfreibetrages**, § 32 Abs. 6 EStG abgegolten.[135]

o) Auswirkungen auf den Unterhalt. Auch wenn sich das Kind häufiger als alle vierzehn **44** Tage am Wochenende beim Umgangsberechtigten aufhält, berührt dies nicht die Unterhaltsverpflichtung. Im **Wechselmodell** (die Eltern legen gleichartige Zeiten fest, die das Kind bei jedem von ihnen verbringt) wird der Unterhaltsbedarf nach den zusammengerechneten Einkünften der Eltern zuzüglich eines möglichen Mehrbedarfs ermittelt. Die Eltern haben sich dann entsprechend dem Anteil ihres Einkommens am Gesamteinkommen abzüglich des maßgeblichen Selbstbehalts am Bedarf zu beteiligen.[136] Voraussetzung ist aber stets, dass die Betreuungszeiten beider Eltern gleich sind – selbst geringfügige Abweichungen führen zu den üblichen unterhaltsrechtlichen Berechnungen, wobei der wenn auch nur geringfügig mehr betreuende Elternteil den Unterhalt durch Betreuungsleistungen erbringt.[137]

3. Kindeswille und Kindesvorstellungen. Kindeswille und Kindesvorstellungen sind **45** für das Umgangsrecht und seine Ausgestaltung wie für die Regelung der elterlichen Sorge wichtig und wesentlich, vgl. dazu bereits Rn. 7. Das Kind hat ein Recht auf Umgang mit seinen Eltern, andererseits hat auch jedes Kind als Grundrechtsträger in letzter Konsequenz auch das Recht einen Umgang nicht wahrnehmen zu müssen, Art. 2 Abs. 1.[138] Grundsätzlich ist davon auszugehen, dass der Umgang positiv für das Kind ist, aber der Einzelfall und die Bedürfnisse und Lage des betroffenen Kindes sind maßgeblich. So ist der **Wunsch des Kindes** nach Umgang immer zu respektieren, mag auch aus Erwachsenensicht im Einzelfall, bspw. Umgangsberechtigter zeigt kein/kaum Interesse oder hat Kindeswohl in Vergangenheit gefährdet, dieser Wunsch wenig nachvollziehbar sein. Erforderli-

---

[131] BVerfG FamRZ 2002, 809; OLG Schleswig FamRZ 2006, 881; zu weitgehenden AG Brühl FamRZ 1995, 936, das einen Besucherfreibetrag im Rahmen des Ehegattenunterhalts berücksichtigen will.
[132] *Büte* Rn. 173.
[133] Ausführlich *Jansen* FPR 2009, 144.
[134] BSG FamRZ 2009, 1997, 1999; 2007, 465, 466, 467; vgl. auch *Schellhorn* FuR 2007, 193.
[135] BFH NJW 2008, 685, BFH/NV 2008, 539; FamRZ 1997, 21.
[136] BGH FamRZ 2006, 1015, 1017.
[137] BGH FamRZ 2007, 707, 709 mit Anm. *Luthin*.
[138] Vgl. OLG Hamburg FamRZ 2008, 1372, 1373 für 16jährige Jugendliche; so auch *Johannsen/Henrich/Jaeger* Rn. 41; NK-BGB/*Peschel-Gutzeit* Rn. 15 hält Widerwillen des Kindes ebenfalls für grundsätzlich beachtlich.

chenfalls sind Maßnahmen zum Schutz des Kindes zu ergreifen wie begleiteter Umgang. Zu beachten ist dabei nicht nur der geäußerter Wille, sondern auch jede unterschwellige Anweisung,[139] wobei durchaus Widersprüche entstehen können, die aufgelöst werden müssen; im Übrigen ist wie stets zu berücksichtigen, ob ihre Erklärungen nun wirklich ihrem (eigenen) Wohl entsprechen.[140] Gerade ältere Kinder haben ihre eigenen Pläne, auf die Eltern Rücksicht nehmen müssen; ihre Persönlichkeitsrechte sind wichtig und daher zu beachten. Eltern- und Kindesrechte sind wie sonst bei § 1684 miteinander abzuwägen. Weigert sich das Kind, den anderen Elternteil zu besuchen, ist für die Bewertung maßgeblich, ob dieser Haltung ein selbständiges Urteil zugrunde liegt, das vernünftig und gewichtet ist, ob nur mehr oder weniger versteckte Forderungen des anderen Elternteils wiederholt werden oder ob offener Druck von seiner Seite eine Rolle spielt. Anderseits ist aber auch die Einstellung des Elternteils zu bewerten und einzubeziehen, der Umgangsrechte „erzwingen" will, denn manchmal lassen sich vernünftige Ergebnisse ohne größeren Streit erreichen, die zunächst in weite Ferne gerückt zu sein schienen, so dass Zurückhaltung geboten ist. Für Übergangszeiten kann im Übrigen völliger Verzicht hilfreich (und notwendig) sein und besondere, wahrgenommene Verantwortung deutlich werden lassen.

46 Schon das **SorgeRG** ist Vorschlägen, nach denen ein Umgangsrecht gegen den Willen des über 14 jährigen oder gegen den Willen eines nach seinem Entwicklungsstand zur selbständigen Beurteilung fähigen Kindes nicht ausgeübt werden sollte, in dieser Allgemeinheit nicht gefolgt.[141] Auch mit dem KindRG sollte der Kindeswille nicht allein maßgebend sein,[142] aber sicher ist, dass mit zunehmendem Alter des Kindes seine **Mitsprache** beachtlicher wird und im Verlauf den Ausschlag gibt, Art. 2 GG. Eine **Altersgrenze** kann nicht allgemein festgelegt werden, sondern ist individuell zu bestimmen,[143] wobei eine **Akzeptanz** des Umgangs seitens des Kindes um so eher vorliegt, wenn seine Wünsche Berücksichtigung finden. Auch wenn sich jüngere Kinder nachhaltig weigern, den anderen Elternteil zu sehen, wird man deren Haltung nicht ohne weiteres übergehen können, denn deren **Persönlichkeitsrechte** verlangen in vielen Fällen Beachtung, Art. 2 Abs. 1 GG. Seine Vorstellungen, die es im Verfahren erläutert, oder seine Mitteilung an den anderen Elternteil, keine Besuche haben zu wollen, mag auf Einflüssen des betreuenden Elternteils beruhen, der dem Kind verdeckt oder offen übermittelt, dieser (der Umgangsberechtigte) verdiene seine Zuneigung nicht; im Übrigen ist der (offene oder versteckte) Hinweis nicht ganz selten, das Kind selbst riskiere die Liebe des betreuenden Elternteils, wenn es den anderen Elternteil besucht, da dort gern aufhält und darüber berichtet. Kleinere Kinder zeigen oft besondere Loyalität gegenüber dem Elternteil, bei dem sie ihren Lebensmittelpunkt gefunden haben, manchmal aber auch gerade gegenüber dem, der für sie hilflos erscheint und unter der Trennung besonders leidet und für den sie Verantwortung übernehmen wollen – das kann auch der Besuchsberechtigte sein. Ursache einer **Verweigerung** ist oft der nachhaltige unbewältigte Konflikt der Eltern.[144] Untauglich sind Versuche, die oft komplizierten familiären Prozesse[145] mit „pseudowissenschaftlichen" Phänomen, wie dem Parental-Alientation-Syndrom (PAS) zu erklären,[146] hierzu ausführlich § 1671 Rn. 26. Gegen den Willen eines knapp neunjährigen Kindes erzwungener Umgang kann besondere Gefahren mit sich bringen, so dass Befugnisse nach § 1684 für den Berechtigten auszuschließen sein können,[147] ohne dass nun alle Einzelheiten im Hintergrund erforscht werden müssen. Die Zwangslage für das Kind ist Realität geworden, der es zunächst nicht ausweichen kann.[148] Auch der Umgangsberechtigte muss für diese Situation Verständnis haben; manchmal wird sein Verzicht zumindest für Übergangszeiten daher nötig und zeichnet ihn aus. Annahmen, dass in diesem Alter der betreuende Elternteil nachhaltigen Einfluss noch ausüben kann und daher dieser letztlich an der verweigernden Haltung „schuld" sei, sind häufig zu einfache Erklärungen, die die Persönlichkeit des Kindes negieren, zumal für die Altersgrenzen jeglicher wissenschaftliche Nachweis fehlt.[149] Allerdings ist durch das Verfah-

---

[139] So auch *Kindler* ZKJ 2009, 110, 112.
[140] BVerfG NJW-RR 2005, 801, 802.
[141] BT-Drucks. 8/2788 S. 41.
[142] BT-Drucks. 13/4899 S. 69.
[143] *Johannsen/Henrich/Jaeger* Rn. 39 mN hält eine Altersgrenze von 11-13 Jahren für angezeigt; *Völker/Clausius* § 2 Rn. 86 hält 12 Jahre für angemessen, betont aber den Einzelfall.
[144] Hierzu auch *Kindler/Reinhold* FPR 2007, 291.
[145] Hierzu *Rohmann* FF 2002, 8; *Balloff* FPR 2007, 288, 290 zum fehlenden „empirischem Wissen" über die Bedeutung und Folgen des Umgangs für das Kind.
[146] Vgl. zur Darstellung der jüngeren Forschungen und zur Kritik an PAS auch *Gödde* ZfJ 2004, 203 ff.
[147] OLG Koblenz FamRZ 2004, 288; aA OLG Köln FF 2004, 297, 299 bei einem 8½jährigen Kind, da dies nicht tatsächlicher Wille sei.
[148] Vgl. auch OLG Saarbrücken FamRZ 2011, 1409, 1410.
[149] Daher auch bedenklich *Völker/Clausius* § 2 Rn. 88, wonach regelmäßig bis zum 10. Lebensjahr des Kindes erzieherischer Einfluss geltend gemacht werden muss.

ren sicher zu stellen, dass der wahre Wille des Kindes ermittelt werden kann, Verfahrensbeistand ist daher regelmäßig erforderlich, häufig wird auch gerade bei jüngeren Kindern ein psychologisches Gutachten einzuholen sein.

47 Anforderungen an den betreuenden Elternteil, den Umgang zuzulassen und dies dem Kind zu vermitteln, sind zwar berechtigt, allerdings wird ohne **fachliche Unterstützung** es im Regelfall den Eltern schwer fallen, nicht nur eine loyale Haltung einzunehmen, sondern eine positive Haltung zu vermitteln. Dies gilt auch für den Umgangsberechtigten, dessen ablehnende Haltung gegenüber dem betreuenden Elternteil das Kind trifft. Es gilt daher vorrangig diesen Konflikt zu entschärfen anstatt mit Ordnungsmitteln den Umgang zwangsweise durchzusetzen. Kinder verweigern sich im Übrigen auch dann, wenn der Umgangsberechtigte kein nachhaltiges Interesse an ihnen zeigt, sondern der Umgang auch von dieser Seite nur als ein „Trumpf" in der Auseinandersetzung der Eltern gesehen wird.

48 Bei **fortdauernder Verweigerung** durch das Kind können Umgangsrechte ausgeschlossen werden, wenn sie zu einer erheblichen Gefährdung des Kindes führen (können) und folglich missbräuchlich wären.

49 **4. Geschwisterbindungen. Geschwisterbeziehungen** können für Umgangsrechte nach § 1684 wichtig werden, selbst unter kleinen Kindern, denn Alter des Kindes und seine Entscheidungsfähigkeit geben nicht den Ausschlag, sondern die Enge der Beziehung und der Wunsch, sich zu sehen.[150] Hierbei entwickeln Kinder auch eigene zu berücksichtigende Vorstellungen, wann sie nicht bei ihnen lebende Geschwister und Eltern sehen wollen. Vorfälle zwischen Umgangsberechtigten und einem Geschwisterkind, bspw. Gewalt, haben regelmäßig auch auf das nicht betroffene Kind Auswirkung. Jedenfalls muss der umgangsberechtigte Elternteil Rücksicht zeigen und Verständnis für das Kind beweisen.

50 **5. Zusatzregelungen.** Weitere Zusatzregelungen kann das Gericht treffen, die Einzelheiten der Besuche und ihres Ablaufs müssen aber so genau festgelegt werden, dass nicht sofort wieder Streit unter den Eltern aufbricht. Nur dann ist im Übrigen die Umgangsregelung auch vollstreckbar, § 89 FamFG. Im Übrigen können auch Anordnungen gegenüber **Dritten** erfolgen, vgl. Abs. 3, die dann in das Verfahren einbezogen sind, so dass bei **Verstößen** auch gegen sie Ordnungsmittel verhängt werden können.[151] Dazu zählen (etwa) **Aufenthaltsverbote, Sprech-** und **Kontaktsperren**[152] etc. Weitergehende Maßnahmen sind zulässig; so kann einem umgangsberechtigten Vater Aufnahme oder Fortsetzung einer ärztlichen Behandlung des Kindes während der Besuchszeiten untersagt werden, insbesondere die Erstellung eines kinderpsychologischen **Gutachtens**.[153]

51 Nach Abs. 3 S. 2 können die Beteiligten durch Anordnungen des Gerichts zu Zurückhaltung, Verzicht und **Loyalität** angehalten werden; hierzu gehören auch das Auferlegen von „vertrauensbildenden Maßnahmen" zwischen den Eltern zur Vorbereitung der Kontakte.[154]

VI. Insbesondere Umzug; Auslandsumzug; Auswanderung

52 **1. Umzug.** Schon bei der Regelung der elterlichen Sorge durch das FamG kann ein geplanter **Umzug** von Vater oder Mutter oder gar die Verlegung des **Wohnsitzes** ins Ausland eine Rolle spielen, § 1671 Abs. 2; vgl. § 1671 Rn. 86. Die besondere **Erziehungseignung** eines Elternteils verändert sich nicht allein dadurch, dass er seinen Wohnort verlegt oder umzieht. Der umgangsberechtigte und nicht zugleich auch sorgeberechtigte Elternteil kann auch nicht unter Hinweis auf die Erschwerung des Umgangs den Verbleib des sorgeberechtigten Elternteils verlangen, dieser kann seinen Wohnsitz frei wählen, Art 2 Abs. 1 GG.[155] Aus welchen Gründen der sorgeberechtigte Elternteil verzieht, ist unerheblich.[156] Wenn durch den Umzug des sorgeberechtigten Elternteils das Kindeswohl gefährdet ist, weil damit wichtige Beziehungen des Kindes zum anderen Elternteil oder sonstiger Bezugspersonen nicht mehr gewahrt bleiben, dann ist dem im Rahmen einer Entscheidung zur elterlichen Sorge (oder Aufenthaltsbestimmungsrecht) Sorge zu tragen, ggf. in einem Verfahren nach §§ 1696, 1666. Nichts anderes gilt, wenn der sorgeberechtigte Elternteil nur zwecks Umgangs-

---

[150] *Staudinger/Rauscher* Rn. 181.
[151] Dazu BT-Drucks. 8/2788 S. 55 noch zu § 33 FGG aF.
[152] Zur Möglichkeit der Beschwerde der mit einer Kontaktsperre versehenen Person vgl. BGH FamRZ 2010, 1975.
[153] OLG Frankfurt FamRZ 2000, 52; das gilt auch für Gentests, die ein Vater in Auftrag gibt, um seine Vaterschaft klären zu lassen.
[154] OLG Köln FuR 2000, 276, 277; hierzu auch *Motzer* FamRZ 2000, 925, 926.
[155] BGH FamRZ 2010, 1060, 1062.
[156] BGH FamRZ 2010, 1060, 1063, 1064; *Johannsen/Henrich/Jaeger* Rn. 18; *Staudinger/Coester* § 1696 Rn. 74 ff.

vereitelung wegziehen will.¹⁵⁷ Meist ist allerdings nicht zu sehen, wie in dieser besonderen Situation dem Elternteil, der zunächst und für sich nicht so geeignet ist oder war, die elterliche Sorge auszuüben, Sorgebefugnisse nach § 1671 (Änderung nach § 1696) übertragen werden sollen; denn dann fiele der Partner, der zuvor die persönliche und alltägliche Betreuung des Kindes geleistet hat und sich bei der früheren Sorgerechtsentscheidung durchsetzen konnte, nun gänzlich oder weitgehend aus, eine besondere Belastung für das Kind. Auswirkungen auf das **Besuchsrecht** des anderen, die mit dem Umzug verbunden sind, sind schmerzlich, aber letztlich unvermeidlich.¹⁵⁸ Es besteht dann allerdings auch die Verpflichtung des betreuenden Elternteils an der Realisierung vernünftiger Umgangsregelungen mitzuwirken, wie längere Ferienumgänge oder Flugreisen zum Umgangsberechtigten;¹⁵⁹ wobei darauf zu achten ist, dass die Umgangsregelung im Einzelfall nicht den Umgang unverhältnismäßig verkürzt.¹⁶⁰ Besonders problematisch ist ein Verschweigen eines bereits geplanten Umzugs. Insbesondere wenn eine gerichtliche Entscheidung zur Sorge zur Grundlage hatte, dass der betreuende Elternteil am bisherigen Wohnort verbleibt und durch einen regelmäßigen Umgang die Beziehungen zum anderen Elternteil hinreichend gewahrt werden können, kann ein Umzug, der diesen Umgang nicht mehr realisierbar macht, unmittelbar nach einem „erfolgreichen Verfahren" zur Sorge ein Verfahren nach § 1696 BGB bedingen.¹⁶¹ Steht beiden Eltern die elterliche Sorge gemeinsam zu, ist der Ausgang offener, wenn beide tatsächlich das Kind versorgt haben. Gleichwohl wird sich aber auch dabei regelmäßig der Teil durchsetzen, bei dem der **Lebensmittelpunkt** des Kindes lag und der so die notwendigen Verbindungen geschaffen hat.

53 **2. Umzug ins Ausland; Auswanderung.** Auch bei einem Umzug ins **Ausland** oder bei **Auswanderung** eines Elternteils mit dem Kind ist nicht grundsätzlich anders zu entscheiden; wiederum spielt die letztlich auch grundgesetzlich garantierte **Freizügigkeit** jedes Partners eine besondere Rolle.¹⁶² Eine Änderung der Sorgerechtsentscheidung mag in Betracht kommen, wenn der Vorsprung, den das FamG bei der Regelung der Sorgerechtsfrage für den bisher Sorgeberechtigten gesehen hat, ohnehin nicht sehr groß gewesen und die Verbindung zum anderen eng geblieben ist, Besuche beim Besuchsberechtigten regelmäßig stattgefunden haben und wichtig sind und die Chancen im Ausland gering, aber die Risiken (schlechte Schulausbildung; Gesundheitsgefahren) für das Kind hoch zu sein scheinen. **Übereilte Entschlüsse** oder plötzliche, kaum nachvollziehbare und wenig sinnvolle Entscheidungen eines Elternteils sind ohnehin zu „korrigieren", wenn sie auf das Wohl des Kindes keine Rücksicht nehmen, §§ 1666, 1696; mag ein Elternteil umziehen, aber das Kind bleibt in Deutschland beim Anderen.

54 Erscheint der weitere Aufenthalt für Kinder schon bei der Sorgerechtsregelung bei der Scheidung/Trennung in Deutschland wichtig, weil sie hier ihren **Lebensmittelpunkt** haben, kann die gemeinsame elterliche Sorge gerade aus diesen Gründen zu erhalten sein, zumindest für die **Aufenthaltsbestimmung** und mit der Klarstellung, dass ein Umzug ins Ausland nicht allein durch den sonst sorgeberechtigten/betreuenden Elternteil „angeordnet" oder festgelegt werden kann.¹⁶³ Ist einem Elternteil das Aufenthaltsbestimmungsrecht übertragen, muss der andere nach § 1696 vorgehen, wenn er nun Änderungen erreichen möchte.

VII. Beschränkungen und Ausschluss des Umgangsrechts, § 1684 Abs. 4

55 **1. Allgemeines, S. 1.** Nach Abs. 4 S. 1 kann das FamG Umgangsbefugnisse einschränken oder ausschließen, wenn diese Regelung zum Wohle des Kindes erforderlich ist. **Verhältnismäßigkeitsgrundsätze**¹⁶⁴ sind wie sonst zu beachten. Umgangsbefugnisse bestehen auch schon mit einem **Säugling**;¹⁶⁵ Umgangsregelungen, die dem Vater eines dreijährigen Kindes Übernachtungs- und Ferienumgänge versagen, können eine Verletzung des Elternrechts darstellen und daher unzulässig sein.¹⁶⁶ Gerichtl. Ausschluss oder Beschränkung von Befugnissen des umgangsberechtigten Eltern-

---

[157] Johannsen/Henrich/Jaeger Rn. 19; OLG Hamm FamRZ 1999, 394, 395.
[158] Zu Auswanderungsfällen Schwab/Motzer (Handbuch) III Rn. 221 mwN.
[159] KG FamRZ 2006, 878, 879.
[160] BVerfG FuR 2006, 176, 177: Bahn- statt Flugreisen, weil zur Umgangszeit keine Flugverbindungen bestanden.
[161] Vgl. auch KG ZKJ 2009, 211 bei einem beruflichen Wechsel ins Ausland 5 Monate nach der Sorgerechtsentscheidung.
[162] KG FamRZ 2010, 135 – Umzug nach Frankreich; Maßgeblichkeit des Willens eines 10jährigen Kindes.
[163] Dazu OLG Hamm FamRZ 1999, 394 – Portugal; ähnlich im Ausgang OLG Frankfurt FamRZ 1999, 182.
[164] Zur Verfahrensgestaltung in Umgangsregelungsfällen bei häuslicher Gewalt vgl. Ehinger FPR 2006, 171.
[165] BVerfG FamRZ 2006, 1822, 1823, 1824.
[166] BVerfG FamRZ 2007, 105, 106.

teils bedürfen der festen zeitlichen Begrenzung, können allerdings später zu wiederholen und dann länger zu bemessen sein.[167] Hält sich das Kind in einer Pflegefamilie auf, hat es wie auch die leiblichen Eltern einen Anspruch auf Umgang. Hier gelten keine Besonderheiten, denn der Kontakt zu den leiblichen Eltern entspricht grundsätzlich dem Kindeswohl, da dadurch die Bindungen zur Herkunftsfamilie aufrecht erhalten werden.[168] Nur besondere Gründe des Kindeswohls können wie sonst auch zu einer Beschränkung oder Ausschluss der Umgangskontakte führen.[169] Sind Eingriffe des FamG notwendig, reicht die **Zurückweisung** eines Regelungsantrages eines Elternteils bei Gericht für sich nicht aus.[170] Vielmehr muss sich die Reichweite der getroffenen Anordnung aus der Entscheidung selbst ergeben; sie ist daher im Einzelnen festzulegen. Ausnahmen sind geboten bei fast volljährigen Jugendlichen, die sich einer konkreten festen Regelung verweigern, denn gegen ihren Willen kann keine zeitliche/örtliche Vorgabe gemacht werden, Art. 2 Abs. 1 GG;[171] ein Ausschluss kommt bei einer grundsätzlichen Bereitschaft zum Umgang nicht in Betracht.[172] Liegt bereits ein wirksamer Gerichtsbeschluss zum Umgangsausschluss vor und ist die Ausschlussfrist noch nicht abgelaufen, ergeht eine spätere auch bestätigende oder erneute Entscheidung nach § 1696;[173] dann ist anzuordnen, wann die Frist aus der ersten Entscheidung ablaufen soll.

Gerichtliche Anordnungen können die Besuchszeit allein erfassen, aber auch weitere, schützende Regelungen für das Kind einschließen.[174] Im Übrigen kann sich das FamG darauf beschränken, den **Vollzug** einer früheren Entscheidung neu zu regeln oder (andererseits) zunächst zurückzustellen,[175] Abs. 4 S. 1 und 2. Unter Verhältnismäßigkeitsgesichtspunkten ist schließlich zu prüfen, ob nicht begleiteter/betreuter Umgang in Betracht kommt.[176] Wie bei anderen Entscheidungen zu § 1684 hat das Gericht den begleiteten/betreuten Umgang konkret nach Tagen, Uhrzeit, Ort und Abständen zu bemessen und darf diese Aufgaben nicht dem mitwirkungsbereiten Dritten überlassen.[177] **56**

2. Sachliche Voraussetzungen, S. 2. Ausschluss und Beschränkung des Umgangs oder des Vollzugs einer Entscheidung des FamG setzen voraus, dass die nunmehrigen Maßnahmen zum **Wohl des Kindes** erforderlich sind und unter Verhältnismäßigkeitsgesichtspunkten (Abwägung zum Elternrecht) rechtfertigen lassen.[178] **Längerfristige Anordnungen** oder **dauerhafte Regelungen** sind nur zulässig, wenn das Kindeswohl ernsthaft und nachhaltig beeinträchtigt erscheint; notwendig ist dabei neben der Prüfung der tatsächlichen Voraussetzungen, dass andere, weniger weitreichende Eingriffe nicht ausreichen.[179] Daher kommt der völlige **Ausschluss** von Umgangsbefugnissen schon dann nicht in Betracht, wenn betreuter Umgang weiterhin möglich bleibt[180] und für das Kind keine Gefahren bringt, wobei allerdings jeder betreute Umgang das Ziel hat, einen unbetreuten Umgang zu ermöglichen, und daher kein Umgangsinstrument bis zur Volljährigkeit des Kindes ist.[181] Der „generelle Ausschluss des Umgangs während der Ferienzeiten ohne diesbezügliche Begründung" verstößt notwendig gegen Elternrechte aus Art. 6 Abs. 2 S. 1 GG.[182] Allein auf die ablehnende **57**

---

[167] OLG Rostock FamRZ 2010, 997 (drei Monate bei erheblichen Wutpotenzial gegenüber der Mutter); OLG Düsseldorf FamRZ 2009, 1685 (drei Jahre bei Pädophilie); OLG Nürnberg FamRZ 2009, 1687, 1688; OLG Hamm FamRZ 2000, 1108; OLG Koblenz NJW-RR 2000, 883, 884; OLG Bamberg ZfJ 1996, 194, 197 (möglichst kurzer Ausschluss).
[168] BVerfG FamRZ 2010, 1622, 1623; 2007, 335; 2005, 173, 175; so auch *Völker/Clausius* § 2 Rn. 117.
[169] Zu Umgangskontakten bei einer Inobhutnahme des Kindes *Schauder* ZKJ 2007, 92.
[170] BVerfG FamRZ 2006, 1005, 1006; 2005, 1815, 1816; BGH FamRZ 1994, 158, 159; OLG Naumburg FamRZ 2009, 1417, 1418; .aA OLG Frankfurt FamRZ 1995, 1431 „als schonendste Entscheidung" im Einzelfall.
[171] KG FamRZ 2011, 122; OLG Zweibrücken FamRZ 1993, 728, 729.
[172] Ausschluss bis zur Volljährigkeit bei Ablehnung des Umgangs durch eine 16jährige vgl. OLG Hamburg FamRZ 2008, 1372, 1373.
[173] BayObLG FamRZ 1992, 97, 98.
[174] Ausführliche Übersicht über Angstreaktionen, entgegenstehenden Kindeswillen, eigensinnige Motive, Eingliederung in eine neue Familie, Entfremdung bzw. lange fehlende Ausübung von Besuchsbefugnissen, Kindesentziehung, sexueller Missbrauch, Spannungen und Streit u. ä., unbekannter Aufenthalt u. ä. bei FA-Komm/*Ziegler* Rn. 100 f.
[175] Dazu BT-Drucks. 13/4899 S. 106.
[176] BVerfG FamRZ 2005, 1057, 1058 = FuR 2005, 421 mit Anm. *Soyka*.
[177] OLG Stuttgart NJW-RR 2007, 1083.
[178] BVerfG FamRZ 2004, 1166, 1167; OLG Koblenz FamRZ 2007, 926, 927 (Umgang mit alkoholkranker Mutter); OLG Köln ZKJ 2006, 259, 260 (bei behaupteter Entführungsgefahr); KG FamRZ 2001, 1163, 1164; *Schwab/Motzer* (Handbuch) III Rn. 250; *Johannsen/Henrich/Jaeger* Rn. 34; *Büte* Rn. 198 ff.
[179] BVerfGE 31, 194, 206, 209; OLG Hamm ZfE 2009, 192; OLG Köln FamRZ 2003, 952, 953.
[180] BT-Drucks. 13/4899 S. 106 und *Palandt/Diederichsen* Rn. 37; zu begleiteter Umgang oder Ausschluss aus kinderpsych. Sicht vgl. *Fegert* FPR 2002, 219; zu den Folgen des Ausschlusses von Umgangsbefugnissen und zu den Aufgaben des Sachverständigen vgl. *Karle/Klosinski* ZfJ 2000, 343.
[181] Vgl. auch *Salzgeber* FamRZ 1999, 975, 976.
[182] BVerfG FamRZ 2007, 105, 106; 2005, 871.

Haltung des betreuenden Elternteils dürfen gerichtliche Entscheidungen zur Beschränkung und zum Ausschluss des Umgangsrechts von vornherein nicht gestützt werden.[183]

58 **3. Beschränkter oder betreuter Umgang.** Beschränkter oder betreuter Umgang,[184] dazu Abs. 4 S. 3, kann drohende Gefährdungen des Kindes verhindern, aber gleichzeitig sicherstellen, dass Umgangsrechte eines Elternteils überhaupt möglich bleiben.[185] Gleichzeitig bietet er eine Chance für die Anbahnung eines bislang nicht bestehenden Umgangs. Eingesetzt und gerichtlich bestellt werden können auch Verwandte, Bekannte oder sonstige Vertrauenspersonen wie Lehrer oder Pfarrer. Vorzuziehen sind aber durchgängig „professionelle Helfer", wie Jugendamt, freie Träger der Jugendhilfe oder Kindeschutzbund u.ä. Organisationen, denn alle anderen sind im Streit der Eltern schnell überfordert und geraten in unauflösliche Loyalitätskonflikte.[186] Personen, die für den betreuten Umgang vorgesehen sind, können allerdings nicht gegen ihren Willen zur Mitwirkung angehalten werden; vielmehr müssen sie ausdrücklich bereit sein, sich einzuschalten, und diese Bereitschaft auch ausdrücklich gegenüber dem Gericht erklärt haben, Abs. 4 S. 4.[187] Auch das Jugendamt muss sich für einen begleiteten Umgang bereit erklären;[188] es kann aber verpflichtet sein, die Kosten des begleiteten Umgangs durch einen Dritten zu tragen, wenn es sich nicht gegen diesen ausgesprochen hat.[189] Im Übrigen hat ein bereiter Dritter keinen Anspruch auf Vergütung gegen die Staatskasse.[190] Das Jugendamt oder die Einrichtung haben dann die einzelne Person (bei einem Team: Personen) zu bestimmen, die dann tatsächlich die ihr übertragenen Aufgaben erledigen soll,[191] vgl. § 1684 Abs. 4 S. 4, und in besonderer Verantwortung steht. Persönliche Daten, die im Rahmen des begleiteten Umgangs ermittelt werden, dürfen dem Familiengericht mitgeteilt werden.[192] Der begleitete Umgang muss vom FamG konkret geregelt werden, Einzelheiten dürfen nicht dem Begleiter überlassen werden.[193] Bei begleitetem Umgang handelt es sich regelmäßig um eine zeitlich befristete Maßnahme,[194] denn Ziel ist einen zukünftig unbegleiteten Umgang zu ermöglichen; zudem sind öffentliche Einrichtungen zu langfristigen Umgangsbegleitungen kaum in der Lage. Begleiteter Umgang sollte daher auch ausreichende Kontakte in kürzeren Abständen vorsehen, damit das Ziel einer Kontaktanbahnung bzw. die Möglichkeit von unbegleiteten Kontakten erreicht werden kann.[195] Gerade bei kleineren Kindern sind kurze Kontakte in langen zeitlichen Abständen kaum geeignet, eine Beziehung zum Umgangsberechtigten entstehen zu lassen[196] und führen faktisch zum Umgangsausschluss.[197] Lehnt der umgangsberechtigte Elternteil begleiteten Umgang entschieden ab, ist, wenn ein unbegleiteter Umgang nicht in Betracht kommt, eine Entscheidung dahingehend zu treffen, dass ein unbegleiteter Umgang ausgeschlossen wird.[198] Ist das Kind besonders zu schützen, kann das Gericht dem umgangsberechtigten Elternteil untersagen, mit ihm in einer Sprache zu reden, die die Betreuungsperson nicht versteht; viel sinnvoller ist allerdings, eine Einrichtung für die Betreuung zu wählen, in der ein sprachkundiger Mitarbeiter bereitsteht.

59 **4. Einzelheiten.**[199] **a) Verfeindung; Streitigkeiten zwischen Eltern.** Entscheidungsmaßstäbe für die Anordnung des betreuten Umgangs sind nicht aus § 1666 oder aus § 1696 zu

---

[183] Dazu BVerfG FamRZ 2004, 1166, 1167.
[184] Vgl. dazu Deutsche Standards zum begleiteten Umgang, Hrsg. BMFSFJ, 2008.
[185] Zu Einzelheiten *Salzgeber* FamRZ 1999, 975 und *Richter/Kreuznacht* ZfJ 1999, 45; vgl. auch die Empfehlungen des Arbeitskreises 7 des 13. DFGT, Brühler Schriften zum Familienrecht Bd. 11, 104 f.; zu einem Projekt „begleiteter Umgang" im Familien-Notruf München vgl. *Normann-Kossak/Mayer* KindPrax 1999, 74; zur Rahmenkonzeption in Hamburg *Behörde für Soziales und Familie/Deutscher Kinderschutzbund Landesverband Hamburg* e.V. JAmt 2003, 62. Begleiteter Umgang für einen 13jährigen, der den Kontakt nachhaltig verweigert, so KG FamRZ 2001, 368, ist sehr zweifelhaft.
[186] *Willutzki* Kind-Prax 2003, 49, 50, 51.
[187] OLG Stuttgart FamRZ 2001, 932; OLG Frankfurt FamRZ 1999, 617, 618.
[188] Vgl. VG Gelsenkirchen Urt. v. 15. 11. 2006 – 19 K 603/06 zum fehlenden Anspruch auf begleiteten Umgang durch das Jugendamt.
[189] OLG Naumburg FamRZ 2008, 2048, 2049.
[190] OLG Hamm FamRZ 2008, 1374; so auch *Palandt/Diederichsen* Rn. 39.
[191] Vgl. schon BT-Drucks. 13/4899 S. 106.
[192] OLG Stuttgart NJW 2006, 2197.
[193] OLG Köln JAmt 2011, 166, 167; OLG Saarbrücken FamRZ 2010, 2085, 2086; OLG Stuttgart 2007, 1682, 1683.
[194] FA-FamR/*Büte* Kap. 4 Rn. 562:„zeitlich befristete Leistung der Jugendhilfe"; a. A. OLG Saarbrücken FamRZ 2011, 826.
[195] Anm. Hennemann FamFR 2011, 93.
[196] AA OLG Hamm FamFR 2011, 140: 6 Kontakte à maximal 1 ½ Std. bei 4jährigem Kind, welches kurz nach der Geburt in Pflegefamilie kam.
[197] OLG Hamm FamFR 2011, 310
[198] AA OLG Karlsruhe NJW-RR 2006, 1516, 1517: Zurückweisung des Regelungsantrages, dann ist aber offen, ob nicht unbegleiteter Umgang in Betracht kommt.
[199] Hierzu auch ausführlich FA-Komm/*Ziegler* Rn. 99 ff mit zahlreichen Rechtsprechungsnachweisen.

Umgang des Kindes mit den Eltern 60–63 § 1684

entnehmen, sondern aus § 1684 Abs. 4 unmittelbar. Deshalb setzt sich der sorgeberechtigte/betreuende Elternteil mit seinen Vorstellungen nicht allein durch und kann so auch (nicht) festlegen, ob der andere das Kind sehen darf oder nicht und in welcher Form. Vielmehr ist in der gebotenen Form abzuwägen, Art. 6 Abs. 1 GG, Verhältnismäßigkeitsgrundsätze. Bisher ungestörter Verlauf der Besuche kann Anhaltspunkt sein, sie fortzusetzen, muss aber nicht zum alleinigen Maßstab werden, insbesondere wenn das Kind massive Verhaltensauffälligkeiten zeigt.[200] Sind die Beziehungen zwischen den Eltern so schlecht, dass ein Umgangskontakt des bei der Mutter lebenden Kindes mit seinem Vater mit vernünftigen Mitteln, ohne große Belastung und ohne Zwang nicht durchzusetzen ist, kann ein (allerdings zeitlich befristeter) Umgangsausschluss geboten sein.[201] Unter Verhältnismäßigkeitsgesichtspunkten ist bei einer Entscheidung über den Ausschluss des Umgangsrechts wiederum zu prüfen, ob ein begleiteter Umgang in Betracht kommt, bevor Befugnisse des anderen Elternteils völlig ausgeschlossen werden.[202]

In aller Regel sind für Eingriffe des Gerichts die tatsächliche **Verfeindung**[203] der Eltern und ihr 60 ständiger Streit untereinander noch nicht ausreichend, aber im Einzelnen mag die Bewertung anders ausfallen, denn Auseinandersetzungen während der Trennungszeit und nach der Scheidung sind häufig und müssen nicht notwendig auch die Entwicklung des Kindes stören. Allerdings darf ein gewisses Maß an gegenseitiger Entwertung und ständigen Abfälligkeiten nicht überschritten sein.[204] Gefahren für das Kind und seine Entwicklung müssen jedenfalls vermieden werden. Erreichen die Auseinandersetzungen zwischen den Eltern und ihre heftigen, wechselseitige Anschuldigungen ein Maß, dass erhebliche Belastungen für das Kind zu befürchten sind, sind sogar weitere Maßnahmen nach § 1666 notwendig, wenn Beschränkungen beim Umgang allein nicht ausreichen;[205] fehlt jede vernünftige Kooperation, kann schon die gemeinsame elterliche Sorge (im Allgemeinen) nicht fortbestehen.

b) Straftaten; besondere politische/weltanschauliche Orientierung. Straftaten eines 61 Elternteils können Anlass sein, nach passenden Besuchsformen zu suchen, müssen aber keine sonstigen Einschränkungen nach sich ziehen, wenn sie für das Kind unbedeutend sind. Sitzt der Umgangsberechtigte in **Strafhaft,** sind die jeweiligen Umstände und die Auswirkungen für das Kind im Einzelnen zu erfassen und zu bewerten. Dabei haben die Haftanstalten Bedingungen zu schaffen, die regelmäßige **Besuchskontakte** zwischen Gefangenen und ihren Kindern zulassen.[206] Regelmäßig wird darauf zu achten sein, dass Besuchskontakte auch nach der Entlassung fortgeführt werden.[207]

Anders ist dagegen zu entscheiden, wenn das Kind die Straftat unmittelbar miterlebt hat oder sich 62 die Straftat gegen das Kind selbst richtete (zum sexuellen Missbrauch s. Rn. 66 f., **Nachwirkungen** offensichtlich sind und Wiederholungen vielleicht sogar drohen.[208] Erst wenn sichergestellt ist, dass der Umgang nicht nur keine Gefährdung bedeutet, sondern auch das Kind weiterhin Interesse an dem Umgangsberechtigten hat, ist ein Umgang zumutbar, ansonsten hat insbesondere bei traumatisierten Kindern (Kindesmisshandlung) kein Umgang stattzufinden.

Die Mitgliedschaft eines Elternteils in einer besonderen religiösen Gemeinschaft oder seine politi- 63 sche Überzeugung bleiben ohne Auswirkungen, falls nicht gerade durch sie Gefährdungen für das Kind zu befürchten sind und Übergriffe drohen.[209]

---

[200] OLG Hamm FamRZ 1995, 314.
[201] OLG Rostock FamRZ 2004, 968, 969.
[202] BVerfG FamRZ 2005, 1057, 1058 = FuR 2005, 421 mit Anm. *Soyka*.
[203] OLG Brandenburg FamRZ 2003, 111; OLG Bamberg FamRZ 1998, 969, 970; OLG Hamm FamRZ 1994, 58, 59. Weitergehend AG Bremen Streit 2007, 28 – kein Umgangsrecht des Vaters des Kindes wegen Stalking, wobei er erst dann wieder in seine Befugnisse eingesetzt werden kann, wenn er eine Bescheinigung seines Therapeuten über die Fortdauer der Therapie und die Zahl der wahrgenommenen Therapietermine dem Jugendamt zuleitet.
[204] OLG Saarbrücken FamRZ 2007, 495, 496; OLG Frankfurt FamRZ 2002, 1582, 1583; OLG Hamburg FamRZ 1991, 471; AG Bremen Streit 2007, 28 – Ausschluss des Umgangsrechts bei Stalking des Vaters und festgestellter Persönlichkeitsstörung; AG Magdeburg FamRZ 2005, 1770, 1771 - „hasserfüllter" jahrelanger Kampf des Vaters gegen die Mutter.
[205] OLG Koblenz FamRZ 2006, 143, zu massiven seelischen Belastungen eines Kindes, die auf heftigen Konflikten zwischen den Eltern beruhen; OLG Saarbrücken FamRZ 2007, 495, 496 – Ausschluss des Umgangsrechts für zwei Jahre.
[206] BVerfG FamRZ 2008, 246, 247; 2006, 1822, 1824 für U-Haft; OLG Hamm FamRZ 2003, 951; OLG Köln Kind-Prax 1999, 173; hierzu auch *Menne* ZKJ 2006, 250.
[207] Vgl. OLG Düsseldorf FamRZ 1994, 1276, 1277 – bei Desinteresse des Umgangsberechtigten nach Haftentlassung und dann plötzlich wieder unkontrollierter Kontaktaufnahme kann Ausschluss indiziert sein, wobei auch hier zunächst betreuter regelmäßiger Umgang angebracht sein dürfte.
[208] Dazu OLG Frankfurt FamRZ 1995, 1431; AG Bremen ZKJ 2008, 214.
[209] OLG Nürnberg Beschl. v. 12. 6. 1995 - 7 UF 1680/95 für Zeugen Jehovas und AG Göttingen FamRZ 2003, 112, 113; vgl. auch FA-Komm/*Ziegler* Rn. 113; *Völker/Clausius* § 2 Rn. 130.

§ 1684   64–67   Abschnitt 2. Titel 5. Elterliche Sorge

64   **c) Kindesentführung.** Eine **drohende Kindesentführung** wird zu Einschränkungen im Umgangsrecht führen, wobei die drohende Gefahr realistisch sein muss.[210] Häufig wird begleiteter Umgang in Betracht kommen, auch um Ängste des betreuenden Elternteils abzubauen.[211] Eine stattgefundene Kindesentführung mit Rückführung wird auch regelmäßig nur einen begleiteten Umgang erlauben, außer in Fällen, in denen eine erneute Entführung nicht mehr droht. Ein Ausschluss wird dann auch deshalb nicht in Betracht kommen, weil aufgrund der Entführung häufig beachtliche Bindungen des Kindes zum Umgangsberechtigten entstanden sind.

65   **d) Körperliche Angriffe. Körperliche Angriffe** des besuchsberechtigten Elternteils auf den anderen noch während ihres Zusammenlebens führen dann zum Ausschluss von Besuchen, wenn sie fortwirken können und weitere Ängste des Kindes nachhaltig und offensichtlich sind.[212] Anders ist zu entscheiden, wenn keine Gefährdungen mehr drohen (und wiederum: der betroffene Elternteil seine Übergriffe bedauert und einsieht). Trotz einer Empfehlung des Gutachters, Umgangskontakte zuzulassen, und trotz eines deutlichen Wunsches des Kindes, den anderen Elternteil sehen zu dürfen, können jahrelang gelebte, tiefe Hassgefühle des Vaters gegenüber der Mutter den Ausschluss seines Umgangs rechtfertigen oder notwendig erscheinen lassen, seine Kontakte auf ein Mindestmaß zu reduzieren oder sie nur in betreuter Form festzulegen.[213] Körperliche Gewalt gegenüber dem Kind wird regelmäßig allenfalls einen begleiteten Umgang erlauben, wenn das Kind hierzu bereit ist.

66   **e) Sexueller Missbrauch; Verdacht des sexuellen Missbrauchs. Nachgewiesener sexueller Missbrauch**[214] des Kindes durch den Umgangsberechtigten zwingt zum Ausschluss von Besuchsbefugnissen; auch bei Wunsch des Kindes nach Umgang kann – wenn überhaupt – nur begleiteter Umgang in Betracht kommen, der jegliche Gefährdung des Kindes ausschließt,[215] daher ist Begleitung durch betreuenden Elternteil oder Familienmitglieder/Freunde ungeeignet, da hier ein Schutz des Kindes nicht sichergestellt ist. Auch hier besteht das Problem der Perspektive eines begleiteten Umgangs. Im Übrigen ist auch zu prüfen, ob weiteren Maßnahmen zum Schutz des Kindes angezeigt sind (§ 1666), weil der betreuende Elternteil das Kind vor dem Missbrauch nicht hat schützen können.

67   Wird der **Verdacht** eines **sexuellen Missbrauchs** durch den betreuenden Elternteil geäußert, besteht ein Konflikt zwischen einer **Kindeswohlgefährdung** aufgrund eines vorschnellen **Kontaktabbruchs** aufgrund möglicher falscher Beschuldigung oder aufgrund einer Fortdauer eines übergriffigen die sexuelle Selbstbestimmung des Kindes verletzenden Verhaltens bei weiterhin stattfindenden Umgängen. Grundsätzlich ist eine Gefahr für das Kind durch den Umgang auszuschließen, daher bedarf es im familienrechtlichen Verfahren für den Ausschluss/Beschränkung des Umgangs keines strafrechtlichen **Nachweises des Vorwurfs**.[216] Nicht die Unschuldsvermutung des Umgangsberechtigten, sondern das **Kindeswohl** steht im Vordergrund.[217] Bleibt es offen, ob ein Missbrauch vorlag, so ist eine Risikoabwägung vorzunehmen, die immer zugunsten des Kindes auszufallen hat.[218] Gleichwohl reicht der bloße Verdacht – auch bei einem Ermittlungsverfahren – nicht, sondern es muss gesicherte Anzeichen für eine Kindeswohlgefährdung geben.[219] Solange dabei die Ermittlungen des Familiengerichts laufen, welches bei hinreichenden Verdachtsmomenten[220] in der Regel nicht ohne

---

[210] KG FamRZ 2009, 1762; OLG Brandenburg NJW 2003, 978, 979; OLG Saarbrücken OLGR 2002, 341; OLG Hamm FamRZ 2002, 1585.
[211] OLG Brandenburg NJW-RR 2010, 148; OLG Karlsruhe FamRZ 2009, 130; OLG Köln ZKJ 2006, 259.
[212] Dazu auch *Walter* ZfJ 1996, 270, 275; ausf. zur familiären Gewalt und Umgangsrecht nach § 1684 *Kindler/Salzgeber/Fichtner/Werner* FamRZ 2004, 1241; AG Bremen ZKJ 2008, 214, 216; aA OLG Oldenburg FamRZ 2005, 925, 926: eingeschränkter Umgang auch dann, wenn Kind durch Misshandlung des Vaters körperlich und geistig behindert und schwer pflegebedürftig ist - offen ist aber, was für das Kind der Umgang bedeutet.
[213] AG Magdeburg FamRZ 2005, 1770.
[214] Zur Definition des sexuellen Missbrauchs vgl. *Schwab/Motzer* (Handbuch) III Rn. 255; OLG Jena FamRZ 2003, 1319, 1320 zu Abgrenzungsproblemen; zur Problematik des sexuell übergriffigen Verhaltens unter Hinweis auf Üblichkeit im Herkunftsland vgl. OLG Hamm NJW-RR 2011, 1447.
[215] FA-Komm/*Ziegler* Rn. 109; AG Bremen Streit 2006, 126 Tz. 41 f– bis zum Ende der Pubertät, es sei denn Kind hat vorher Wunsch nach Umgang; daher zu weitgehend OLG Stuttgart FamRZ 1994, 718 mit der Annahme ein 9 und ein 7 Jahre alt Kind wüssten nach therapeutischer Aufarbeitung, wann übergriffiges Verhalten vorliege und könnten sich ohne weiteres offenbaren.
[216] OLG Oldenburg FamRZ 2006, 882; OLG Brandenburg FamRZ 2002, 621, 622; OLG Bamberg FamRZ 1994, 719.
[217] So auch *Völker/Clausius* § 2 Rn. 125; *Schwab/Motzer* (Handbuch) III Rn. 255; OLG Rostock FamRZ 2004, 968, 969.
[218] So auch *Staudinger/Coester* § 1671 Rn. 201a „Elterninteressen vor Kindesinteressen zurückzutreten haben".
[219] OLG Bamberg FamRZ 1995, 181, 182; OLG Frankfurt FamRZ 1995, 1432, 1433.
[220] OLG Brandenburg FamRZ 2002, 414, 415: Unsubstanziierte Verdachtsmomente bleiben unberücksichtigt.

Gutachten auskommen wird,[221] droht jedoch ohne Umgang eine Entfremdung des Kindes. Hier wird häufig zumindest ein eingeschränkter Kindeswohlgefährdungen vermeidender Umgang – begleiteter Umgang – im Wege der einstweiligen Anordnung anzuordnen sein,[222] § 156 Abs. 3 S. 2 FamFG. Ermittlungstaktische Erwägungen spielen keine Rolle und können nicht zu Umgangsbeschränkungen führen.[223] Bei der Aufklärung des Verdachts im familienger. Verfahren ist zu beachten, dass die Ermittlungen – uU mit mehrfachen Befragungen des Kindes – zu einer starken Belastung des Kindes führen können und hieraus auch eine Kindeswohlgefährdung droht, insbesondere auch bei privaten Ermittlungen der Eltern mit Suggestivfragen etc. Doppelte Ermittlungen sind zu vermeiden, so dass strafrechtliche Akten beizuziehen sind.[224] Ist der Verdacht unbegründet, dann ist ein Umgang anzuordnen, wenn nicht andere Gründe – Kindeswille – dagegen sprechen.[225] Befürchtungen des betreuenden Elternteils stehen dann nicht entgegen.[226] Auch wenn der betreuende Elternteil an dem unbegründeten Vorwurf des sex. Missbrauchs festhält, hat dies nicht zur Folge, dass ihm die Alleinsorge nicht übertragen werden kann bzw. zu entziehen ist, wenn er ansonsten für das Kind optimal sorgt und das Kind auch zu ihm die nachhaltigeren Bindungen hat.[227] Auch wenn der Umgangsberechtigte nicht dafür Sorge trägt, dass das Kind während des Umgangs von Dritten nicht sex. missbraucht wird, ist das Umgangsrecht einzuschränken.[228] Der sex. Missbrauch fremder Kinder zwingt zur genauen Prüfung, ob dem eigenen Kind ebenfalls Gefahren drohen.

Auch **pädophile Neigungen** können bei einer zugleich vorhandenen Persönlichkeitsstörung, die zu einer Leugnung der Störung einschließlich fehlender Therapiebereitschaft führt, zu einer Kindesgefährdung führen, die zu einem Ausschluss des Umgangs führt.[229] Sind pädophile Neigungen des Vaters offensichtlich oder nicht streitig, darf sein Umgangsrecht gleichwohl in der Beschwerdeinstanz nicht ohne erneute bzw. weitere Sachverhaltsaufklärung eingeschränkt werden, wenn sich das Beschwerdegericht über die Feststellungen eines Sachverständigen hinwegsetzen will, der Gefährdungen des Kindes gerade ausgeschlossen hat, weil trotz der Veranlagung keine behandlungsbedürftige Störung festzustellen sei und Übergriffe nicht befürchtet werden müssen.[230] Sind pädophile Neigungen nicht sicher feststellbar, sondern besteht eine „Restunsicherheit", so vermag dies eine Einschränkung des Umgangsrechts auch in Form des begleiteten Umgangsrechts nicht zu rechtfertigen, wenn eine Kindeswohlgefährdung nicht festgestellt worden ist.[231]

f) Sonstiges Fehlverhalten eines Elternteils. Fehlverhalten eines Elternteils muss, damit Besuche ausgeschlossen werden oder nur in betreuter Form stattfinden können, gerade das Kind und seine Entwicklung erfassen und schon für weitere Besuche für sich allein Gefährdungen mit sich bringen. Die Missbilligung der Lebensführung des anderen allein, bei dem das Kind seinen Lebensmittelpunkt genommen hat, reicht dagegen nicht aus. Deshalb bleiben **Prostitution**[232] ebenso bedeutungslos wie **Alkoholismus**,[233] **Drogensucht** oder **Tablettenmissbrauch** oder die aus Sicht des betreuenden Elternteils zu verurteilende **sexuelle Orientierung** des anderen oder dessen religiöse oder politische Überzeugung (Sektenzugehörigkeit, politische Aktivitäten etc.).[234] Wenn jedoch die Suchtproblematik oder sonstiges Fehlverhalten Gefahren für das Kind bei den Besuchen mit sich bringt, können Einschränkungen bis Ausschluss geboten sein.[235] Sonstige Anweisungen des FamG, etwa ein Fahrverbot für den besuchsberechtigten Elternteil mit dem Kind, reichen meist nicht. Keinesfalls darf der Umgang davon motiviert sein, dass der Elternteil ihn zur Unterstützung benötigt, um seine Suchtproblematik zu bewältigen, denn die Belange des Kindes stehen im Vordergrund. Sind die Kindeseltern nicht in der Lage, feindselige Auseinandersetzungen ihrer (wei-

---

[221] So auch *Schwab/Motzer* (Handbuch) III Rn. 256.
[222] BVerfG FamRZ 2008, 2258, 2260.
[223] OLG Bamberg FamRZ 2000, 43.
[224] OLG Brandenburg FamRZ 2002, 621, 622.
[225] Bei nachhaltig ablehnender Haltung kann daher Verdacht des sex. Missbrauchs auch ungeklärt bleiben so OLG Düsseldorf FamRZ 1998, 1460, 1461; OLG Hamm FamRZ 2000, 45, 46 bei angeblicher Gewalttätigkeit des Vaters.
[226] OLG Hamm FamRZ 1998, 256; im Ergebnis daher auch zutreffend OLG Rostock FamRZ 2004, 968, 970 – bei absolut verhärteten Positionen ist ein das Kindeswohl nicht belastender Umgang nicht denkbar.
[227] BGH FamRZ 2008, 592, 594; OLG Hamm Streit 2006, 125 Tz. 24.
[228] AG Köln DAVorm. 1999, 311, 312.
[229] OLG Düsseldorf FamRZ 2009, 1685, 1686.
[230] BVerfG FamRZ 2005, 1816, 1817; OLG Hamm FamRZ 1993, 1233, 1234.
[231] BVerfG FamRZ 2008, 494
[232] *Palandt/Diederichsen* Rn. 30.
[233] KG FamRZ 2002, 412, 413; dazu auch *Salzgeber/Vogel/Partale* FuR 1991, 324, 328; zu psychischen Erkrankungen und Suchtkrankheiten *Schwab/Motzer* (Handbuch) III Rn. 260.
[234] AG Göttingen FamRZ 2003, 112, 113.
[235] OLG Koblenz FamRZ 2007, 926, 927 zu Schutzmaßnahmen bei Umgang mit alkoholkranker Mutter.

teren) Familien, die erhebliche körperliche Übergriffe auf die jeweils andere Seite besorgen lassen, zu beenden oder wenigstens dauerhaft und vollständig von den Kindern fernzuhalten, können Umgangsbefugnisse des Vaters für Kinder auszuschließen sein, die bei der Mutter leben.[236]

70 **g) Erkrankungen – Besuchsberechtigte oder Kind.** AIDS-Erkrankung[237] oder andere Krankheiten können familiengerichtliche Eingriffe nach § 1684 für sich (noch) nicht rechtfertigen, aber das kann bei offener **Ansteckungsgefahr** anders sein. Ist das Kind krank, sind Besuche „anzupassen"; andererseits rechtfertigt nicht jede kleinere Misshelligkeit Eingriffe in die Elternbefugnisse.[238] Allerdings sollte auch hier auf die Situation des Kindes Rücksicht genommen werden, ein Wechsel in den Haushalt des anderen Elternteils, um dort bettlägerig gepflegt zu werden, ist dem Kind kaum zumutbar, daher scheint es überzogen, allein Transportfähigkeit zum Anlass von Anpassungen des Umgangs zu nehmen.[239] Bei **stationärer Behandlung des Kindes** können auch Besuche des Umgangsberechtigten im Krankenhaus stattfinden. **Psychische Erkrankungen** oder Abweichungen, etwa Depressionen eines Elternteils, sind beachtlich, soweit eine Gefährdung für das Kind droht oder nicht auszuschließen ist. Umgangsbefugnisse des Vaters können ausgesetzt werden, wenn das Kind wegen „miterlebter Gewaltausübung" Angst vor einem Zusammentreffen mit ihm hat, aggressive Persönlichkeitsstörung.[240]

71 **h) Entfremdung. Entfremdung** zwischen Kind und Elternteil kann, wenn sie bereits eingetreten ist, zum Ausschluss von Besuchsbefugnissen führen (müssen); doch darf die Argumentation nicht zirkelschlüssig verlaufen – der Vater ist dem Kind entfremdet, weil zuvor keine Besuche stattgefunden haben, und da nun einmal diese Entwicklung eingetreten ist, können auch in Zukunft keine Kontakte bestehen. Vielmehr sind Möglichkeiten zu suchen und zu entwickeln, die Dinge anders zu handhaben und Verbindungen zwischen den Beteiligten vorsichtig und kindgerecht vorzubereiten und wieder herzustellen.[241] Der betreuende Elternteil kann Umgangsbefugnisse nicht mit der Begründung ablehnen, der andere sei wegen bisher fehlender Beziehung seinem Kleinkind „fremd", denn seine Befugnisse sollen auch gerade dem Ziel dienen, vernünftige tragfähige Verbindungen aufzubauen.[242] Der Wunsch der störungsfreien Eingliederung des Kindes in eine **neue Familie**, rechtfertigt nicht den Ausschluss von Besuchen.[243] Dies gilt grundsätzlich auch bei Aufnahme in einer Pflegefamilie; allerdings kann hier wie sonst auch eine Beschränkung/zeitweiser Ausschluss angezeigt sein, wenn sonst Kindeswohlgefährdung besteht.[244] Lehnt das Kind den Umgang ab – hierzu Rn. 73 ff. – dann bedarf es sorgfältiger Prüfung, ob der Kindeswille ernst zu nehmen ist.[245] Bedenklich ist die allgemeine Aussage, dass die ablehnende Haltung des Kindes eine Beschränkung des Umgangs nicht zu rechtfertigen vermag.[246]

72 **5. Einstellung des umgangsberechtigten Elternteils.** Erfordert das Wohl des Kindes die behutsame Anbahnung von Umgangsbefugnissen, die bisher nicht stattgefunden haben oder stattfinden konnten, oder ihre Erweiterung, können sie auszuschließen sein, wenn der Elternteil, der sie verlangt, Kindesinteressen verfehlt, weil er **begleiteten Umgang**, der stattfinden könnte, ausdrücklich ablehnt[247] und das Kind sonst zu schützen ist.

VIII. Umgangsverweigerung; Folgen, sonst. Auswirkungen

73 **1. Umgangsverweigerung. Umgangsverweigerung** kann sowohl seitens des betreuenden Elternteils als auch durch das Kind erfolgen. Sind die Gründe des betreuenden Elternteils unbeachtlich,[248] ist ein Umgang anzuordnen. Ansonsten sollte zunächst Ziel sein, eine derartige Verweigerungshaltung abzubauen. Dazu ist der betreuende Elternteil zunächst von der Notwendigkeit des

---

[236] AG Lehrte FF 2006, 278.
[237] Dazu OLG Frankfurt NJW 1991, 1554 und OLG Hamm NJW 1989, 2336.
[238] Für ein Kind mit Neurodermitis KG FamRZ 1989, 656, 658/659.
[239] So aber OLG Brandenburg FamRZ 2003, 111; ebenso *Völker/Clausius* § 2 Rn. 139: nur bei stationäre Behandlung oder Transportunfähigkeit Umgangsanpassung.
[240] OLG Köln ZKJ 2006, 100.
[241] OLG Zweibrücken FamRZ 2006, 144, 145; KG FamRZ 2000 49, 50; OLG Hamm FamRZ 1996, 424.
[242] BVerfG FamRZ 2006, 1005, 1006.
[243] OLG Brandenburg NJW-RR 2000, 882, 883; OLG Karlsruhe FamRZ 1999, 184.
[244] *Palandt/Diederichsen* Rn. 30.
[245] Für Umgangsausschluss dann: OLG Nürnberg FamRZ 2009, 1687, 1688; OLG Saarbrücken FamRZ 2007, 495, 496.
[246] So aber OLG Brandenburg FamRZ 2009, 1688, 1689/1690.
[247] OLG Köln FamRZ 2001, 1163; vgl. auch OLG Karlsruhe NJW-RR 2006, 1516, 1517: statt Zurückweisung des Antrages wäre dann aber unbegleiteter Umgang auszuschließen.
[248] Hierzu auch *Klenner* FamRZ 1995, 1529.

Umgangs im Interesse des Kindes zu überzeugen, damit dieser den Umgang akzeptiert und das Kind keinem Loyalitätskonflikt ausgesetzt wird. Hierfür kann das Gericht den Eltern eine **Beratung** auferlegen, § 156 Abs. 1 S. 4 FamFG. Zugleich ist aber darauf zu achten, dass diese Zeit nicht zu einer Entfremdung des Kindes führt, so dass eine **Umgangsregelung** im Wege der **einstweiligen Anordnung** erfolgen kann, § 156 Abs. 3 FamFG. Den Eltern kann allerdings mangels gesetzlicher Grundlage keine Teilnahme an einer **Mediation** auferlegt werden.[249] Unzulässig ist es auch, wenn der Umgang bis zu einer Einigung der Eltern – ggf. mit Hilfe Dritter – einstweilen ausgeschlossen wird, da dies einen zeitlich unbegrenzten Ausschluss darstellt, der unzulässig ist.[250] Sollte der verweigernde Elternteil bei seiner Haltung bleiben, kann eine **Vollstreckung** der Umgangsregelung auf Antrag erfolgen, s. Rn. 75. Eine mögliche **Umgangspflegschaft** nach Abs. 3 S. 3, s. Rn. 76, kann unter Umständen mehr Erfolg zeigen, weil der Umgang mit Hilfe eines Dritten praktiziert wird und der Umgang regelmäßig von Elterngesprächen begleitet wird. Auf Antrag eines Elternteils besteht auch die Möglichkeit eines **Vermittlungsverfahrens**, § 165 FamFG, vgl. Rn. 80, wenn bereits eine gerichtlich oder gerichtlich gebilligte Umgangsregelung existiert.

Verweigert ein Elternteil den vom Kind gewünschten Umgang, sind die Möglichkeiten des Kindes begrenzt, ausführlich Rn. 6. Hier bleibt letztlich nur die Vollstreckung, wobei zu prüfen ist, ob das zwangsweise Zusammentreffen des Kindes mit einem das Kind ablehnenden Elternteil nicht das Kindeswohl gefährdet und daher zu unterbleiben hat.[251] **74**

2. Vollstreckung. Der betreuende Elternteil kann mit **Ordnungsgeld** oder **Ordnungshaft**, **75** die bereits anstelle des Ordnungsgeldes angeordnet werden kann, zur Einhaltung der Umgangsregelung verpflichtet werden, § 89 Abs. 1 FamFG. Ein **unmittelbarer Zwang** mit dem Ziel der Herausgabe des Kindes zwecks Durchführung des Umgangs darf nicht gegen das Kind ausgeübt werden, § 90 Abs. 2 FamFG. Durch den erforderlichen Hinweis auf die Folgen der Zuwiderhandlung, § 89 Abs. 2 FamFG, lässt sich der Widerstand manches Elternteils beseitigen. Voraussetzung für eine Vollstreckung ist ein **schuldhafter Verstoß** gegen den angeordneten Umgang, wobei fahrlässiges Fehlverhalten ausreicht. Dem betreuenden Elternteil obliegt es darzulegen, dass kein schuldhaftes Zuwiderhandeln vorliegt. Der betreuende Elternteil wird dabei häufig vorbringen, dass das Kind den Umgang nicht gewollt habe. Man kann zwar regelmäßig von dem betreuenden Elternteil verlangen, dass er bei kleineren Kindern erzieherisch einwirkt. Gleichwohl gibt es auch hier Grenzen. Insbesondere bei nachhaltig manifestierten Konflikten besteht die Gefahr des Loyalitätskonflikts des Kindes, der sich durch erzieherisches Einwirken allein nicht überwinden lässt. Im Übrigen kann auch das Verhalten des Umgangsberechtigten bei ursprünglich umgangswilligen Kindern zur Ablehnung führen, so wenn der Umgang nicht ihren Vorstellungen entspricht, sie nicht wahrgenommen werden etc. Es gilt daher sorgfältig zu ermitteln, was letztlich die Gründe für die **Verweigerungshaltung des Kindes** sind. Im Übrigen ist fraglich, inwieweit Zwangsgeld einen Einfluss auf die Haltung zum Umgang haben kann, wenn mangels Einkommens eine Vollstreckung scheitern wird. Ordnungshaft kommt meistens schon deshalb nicht in Betracht, weil die Betreuung des Kindes dann in Frage gestellt ist. Zu bedenken ist zudem, dass sich Kinder die Schuld an der Trennung und dem Konflikt geben. Sie machen sich daher auch für Sanktionen gegen die Eltern verantwortlich. Aus Sicht des Kindes erscheint es daher in vielen Fällen äußerst zweifelhaft, ob ein zwangsweise durchgesetzter Umgang sinnvoll ist, zumal wenn nicht gewährleistet ist, dass sich die Haltung des Elternteils nachhaltig ändert.[252]

3. Umgangspflegschaft. Zeichnet sich bereits im Umgangsverfahren eine **nachhaltige Ver-** **76** **weigerungshaltung** des betreuenden Elternteils ab, kann eine **Umgangspflegschaft**[253] angeordnet werden, Abs. 3 S. 3. Die Rechtsprechung hat bislang mit der Begründung einer Kindeswohlgefährdung bei nachhaltiger Umgangsverweigerung das Aufenthaltsbestimmungsrecht des betreuenden Elternteils gem. § 1666 BGB für die Dauer des Umgangs entzogen und auf einen Pfleger übertragen.[254] Allerdings ist dies ein Grundrechtseingriff, der nur dann in Betracht kommt, wenn kein anderes milderes Mittel, wie auch die Umgangsbegleitung, geeignet ist, den Umgang nachhaltig zu sichern,[255] Wahrung der Verhältnismäßigkeit. Abs. 3 S. 3 regelt jetzt die Umgangspflegschaft.

---

[249] OLG Brandenburg ZKM 2010, 96.
[250] OLG Brandenburg ZKM 2010, 96
[251] BVerfG FamRZ 2008, 845, 852.
[252] Kritisch hierzu auch *Salgo* FPR 2008, 401.
[253] Dazu *Stötzel* FPR 2009, 27, 29; *Willutzki* ZKJ 2009, 281; *Zivier* ZKJ 2010, 306.
[254] OLG Saarbrücken FamRZ 2008, 86; OLG Brandenburg FamRZ 2007, 577, 579; OLG Jena FamRZ 2007, 661; OLG München FamRZ 2007, 1902, 1903; OLG Zweibrücken FamRZ 2007, 1678, 1679; OLG Frankfurt FamRZ 2004, 1311; OLG Rostock FamRZ 2004, 54.
[255] OLG Frankfurt FamRZ 2009, 354; vgl. auch *Menne* ZKJ 2006, 447; zur Kritik an der bisherigen Rechtsprechung *Willutzki* ZKJ 2009, 281.

§ 1684 77–80   Abschnitt 2. Titel 5. Elterliche Sorge

Voraussetzung ist lediglich eine wiederholte erhebliche oder dauerhafte **Verletzung der Wohlverhaltenspflicht** des Abs. 2. Damit ist bewusst die hohe Eingriffsschwelle der Kindeswohlgefährdung herabgesetzt worden;[256] es bedarf daneben keines Eingriffs in das Sorgerecht.[257] Ausreichend ist nunmehr allein die **Vereitelung des Umgangs**, es bedarf keiner Prognose einer Kindeswohlgefährdung bei Fortdauer des Verhaltens der Eltern.[258] Dabei kann das bisherige Verhalten des betreuenden Elternteils ausreichend sein, um nachhaltige und erhebliche Verstöße gegen die Wohlverhaltenspflicht festzustellen. Die Pflegschaft wird insbesondere angezeigt sein, wenn der betreuende Elternteil deutlich macht, auch zukünftig sich gegen den Umgang zu stellen. Verfassungsrechtliche Bedenken bestehen nicht, denn es sind die grundrechtlich geschützten Positionen der Eltern aus Art. 6 Abs. 2 S. 1 GG in Einklang zu bringen.[259] Es ist aber zu beachten, dass der Streit nicht nur die Eltern als Grundrechtsträger trifft, sondern auch das Kind Grundrechtsträger ist und daher immer eine Abwägung zwischen allen drei rechtlich geschützten Positionen stattzufinden hat. Auf Seiten des Kindes ist zu berücksichtigen, dass ihm eine Kontaktvermittlung über eine ihm zunächst fremde Person zugemutet wird. Die Umgangspflegschaft kann nicht nur angeordnet werden, wenn der betreuende Elternteil den Umgang vereitelt, sondern auch dann, wenn der Umgangsberechtigte gegen die Wohlverhaltensklausel verstößt,[260] wie ständige Unpünktlichkeit, Streitigkeiten bei den Übergaben etc.

77 Die Umgangspflegschaft macht nur dann Sinn, wenn durch die Einschaltung eines fachlich **kompetenten Dritten**[261] die Möglichkeit besteht, dass der **Umgangskonflikt** zwischen den Eltern dauerhaft gemindert oder beseitigt wird. Dahinter steht die Erwartung, dass bei einer geglückten Umgangspflegschaft durch nachhaltige Kontakte des Kindes zum anderen Elternteil und möglichst auch begleitende Elterngespräche der betreuende Elternteil seinen Widerstand aufgibt. Die Maßnahme ist daher immer zu befristen, Abs. 3 S. 5. Die Dauer der zeitlichen Befristung ist offen. Regelmäßig wird man jedoch nach einem halben Jahr überschauen können, ob die Maßnahme den gewünschten Erfolg hat, gegebenenfalls kann die Pflegschaft auch erneut angeordnet werden.[262]

78 Der Umgangspfleger hat das Recht, den Aufenthalt des Kindes für die Dauer des Umgangs zu bestimmen und auch die Herausgabe des Kindes zwecks Durchführung des Umgangs zu verlangen. Auch weiterhin ist der Umgang jedoch vom FamG zuvor festzulegen. Der Umgangspfleger mag die Art der Übergabe und den Ort des Umgangs bestimmen, er kann aber nicht auch Dauer und Häufigkeit bestimmen.[263] Mit der Einrichtung der Umgangspflegschaft ist nicht einem Dritter die Regelung des Umgangs, sondern nur die Durchführung des Umgangs übertragen worden. Dies kann sich in der Praxis als schwierig erweisen, wenn gestufte Kontakthäufigkeiten nach einer Anbahnungsphase sinnvoll sind oder beispielsweise unklar ist, ob eine noch nicht ausgeübte Übernachtung mit dem Kindeswohl vereinbar ist.

79 Die Vergütung des Umgangspflegers erfolgt entsprechend den Vorschriften für den Verfahrenspfleger in Betreuungssachen (§ 277 FamFG), Abs. 3 S. 6. Es handelt sich damit um Verfahrenskosten, die von den Eltern zu tragen sind, soweit diese die Kosten selbst aufbringen müssen.

80 **4. Das Vermittlungsverfahren, § 165 FamFG.** Das **Vermittlungsverfahren** nach § 165 FamFG setzt einen Antrag eines Elternteils voraus und eine gerichtliche Entscheidung oder gerichtlich gebilligte Vereinbarung der Eltern, deren Durchsetzung Probleme bereitet, Abs. 1 S. 1.[264] Antragsbefugt sind nur die Eltern, nicht das Kind, der Verfahrensbeistand oder das Jugendamt,[265] so dass dem Kind die Möglichkeit genommen ist, statt eines Vollstreckungsverfahrens auf eine Vermittlung zu drängen. Das Gericht kann das Vermittlungsverfahren ablehnen, wenn es nicht erfolgversprechend erscheint, Abs. 1 S. 2, dies wird allerdings nur dann der Fall sein, wenn es bereits einen erfolglosen Vermittlungsversuch gegeben hat bzw. aus der Vorgeschichte der Familie nachhaltige Erkenntnisse vorliegen, dass eine Vermittlung keinen Erfolg haben wird. Das Vermittlungsverfahren setzt auf **freiwillige Mitarbeit** der Eltern, da deren Anwesenheit im unverzüglich anzuberaumenden

---

[256] BT-Drucks. 16/6308 S. 345.
[257] OLG München FamRZ 2011, 823.
[258] *Johannsen/Henrich/Jaeger* Rn. 16b.
[259] Hierzu ausführlich *Völker/Clausius* § 2 Rn. 36.
[260] *Johannsen/Henrich/Jaeger* Rn. 16b; aA *Zivier* ZKJ 2010, 306, 307: nur bei Verstoß des betreuenden Elternteils, der zugleich auch (Mit)Inhaber der elterlichen Sorge ist.
[261] Gegen eine Bestellung des Jugendamts als Umgangspfleger *Kohler* JAmt 2010, 226, 227.
[262] *Palandt/Diederichsen* Rn. 20; BT-Drucks. 16/6308 S. 346.
[263] OLG Hamm FamRZ 2010, 1926 TZ 40 f.; OLG München JAmt 2011, 162, 163; a. A. OLG Düsseldorf FamRZ 822, 823 – lediglich Anordnung des Umfangs; weitergehend *Johannsen/Henrich/Jaeger* Rn. 16b; *Willutzki* ZKJ 2009, 281, 283 weist zutreffend auf den unklaren Aufgabenbereich hin.
[264] OLG Hamm FamRZ 1998, 1303 zu insoweit identischem § 52a FGG aF.
[265] KG FamRZ 2003, 1039.

Termin nicht erzwungen werden kann, Abs. 5 S. 1 FamFG. Auch hier ist Ziel des Verfahrens ein **Einvernehmen** der Eltern zu erreichen, wobei auf die Bedeutung des Umgangs, die Folgen der Vereitelung einschließlich Sorgerechtsentzugs – hierzu Rn. 81 – und auf die Möglichkeit der Beratung hinzuweisen ist, Abs. 3 und Abs. 4 S. 1. Das Verfahren wird beendet durch eine Einigung der Eltern, die gerichtlich zu bestätigen ist, oder bei einem Einvernehmen dahingehend, dass weitere Beratung in Anspruch genommen wird. Anderenfalls ist festzustellen, dass das Vermittlungsverfahren erfolglos geblieben ist. Im letzten Fall hat dann das FamG zu prüfen, ob Ordnungsmittel zu ergreifen sind, die Umgangsregelung zu ändern ist, § 1696, oder Maßnahmen in Bezug auf die Sorge zu ergreifen sind, wozu auch eine Umgangspflegschaft gehört. Bereits bislang hat das Vermittlungsverfahren kaum eine Rolle gespielt. Es ist zu erwarten, dass wegen der Begrenzung der Antragsbefugnis auf die Eltern und auch der Konsequenzen (der Umgangsberechtigte hat kein Interesse an einer anderen Regelung, der Umgang zu gewährende Elternteil nicht an einem Eingriff in die Sorge) dieses Verfahren weiterhin keine große Rolle spielt.[266]

5. Wechsel des Sorgerechts. Verweigert ein Elternteil so nachhaltig den Umgang, dass auch mit Ordnungsmitteln oder Umgangspflegschaft ein Umgang nicht durchgesetzt werden kann, kann ein Wechsel der elterlichen Sorge in Betracht kommen,[267] der dem betreuenden Elternteil auch vor Augen gehalten werden soll, § 165 Abs. 3 S. 2 FamFG. Da aber das Kindeswohl allein im Vordergrund steht,[268] wird ein Wechsel des Sorgerechts verbunden mit einem Umzug des Kindes zum bislang nicht betreuenden Elternteil nur in eng begrenzten Ausnahmefällen in Betracht kommen.[269] Das Kind hat zum einen wegen des gerade nicht stattfindenden Umgangs keine stabilen und gleichwertigen Bindungen zu dem anderen Elternteil aufbauen können.[270] Das Umgangsrecht ist zum anderen bei der Gesamtabwägung nur ein Aspekt; die Bindungstoleranz ist zwar wichtig, aber nicht ausschlaggebend, wenn im Übrigen das Kind bei dem betreuenden Elternteil besser aufgehoben ist. Ein Wechsel, der die Bindungen des Kindes zum betreuenden Elternteil ignoriert und für das Kind den erneuten Verlust eines Elternteils bedeutet, kann daher nicht mit der wissenschaftlich nicht belegten These, der unterbrochene Umgang sei für das Kindeswohl so schädlich, dass alles andere in den Hintergrund tritt, gerechtfertigt werden.[271] Vielmehr wird das Kind dadurch zum Objekt der Rechtsanwendung herabgestuft, ohne dass seine Freiheitsrechte ausreichende Berücksichtigung finden, Art. 2 Abs. 1 GG. Nur wenn der betreuende Elternteil weitere Defizite hat und dadurch das Kindeswohl gefährdet, wird ein Wechsel des Aufenthalts ernsthaft in Betracht kommen. Von vornherein unzulässig ist die Trennung der Geschwister, wenn sie nicht sonst aus ihrem Interesse (Kindeswohl) geboten ist, um Umgangsrechte des anderen Elternteils jeweils zu sichern,[272] etwa mit der Überlegung, dass er bei einer Verweigerung das andere Kind, das bei seinem Partner lebt, nicht mehr sieht, weil sich dieser ebenso verhalten wird.

6. Sonstige Folgen. Umgangsverweigerung kann nach § 1579 Nr. 7[273] Auswirkungen beim Ehegattenunterhalt haben. Es muss sich – wie sonst auch – um ein schwerwiegendes Fehlverhalten handeln, was zumindest eine fortgesetzte schuldhafte massive Umgangsvereitelung voraussetzt. Darlegungs- und beweispflichtig ist der Unterhaltsschuldner. Dies erfordert eine konkrete Darlegung des dem betreuenden Elternteil vorgeworfenen Verhaltens; der Hinweis auf das Verursachen eines Loyalitätskonfliktes des Kindes ist nicht ausreichend.[274] Gewährt der betreuende Elternteil wieder Umgang, dann schuldet der Umgangsberechtigte wieder den Unterhalt ohne Kürzungen.[275]

7. Schadensersatz. Bei Verletzung des Umgangsrechts können nachgewiesene Fehlaufwendungen als Schadensersatz nach § 823 Abs. 1 geltend gemacht werden, denn das Umgangsrecht ist als **„sonstiges Recht"** bzw. als Rechtsbestandteil aus der elterlichen Sorge in § 823 Abs. 1 einbezo-

---

[266] Vgl. auch *Maier* FPR 2007, 301, 303.
[267] OLG Brandenburg NJW-RR 2010, 4, 7 gegen den ausdrücklichen Willen des Kindes; OLG Frankfurt FamRZ 2005, 1700, 1701; OLG Düsseldorf FamRZ 2005, 2087, 2088.
[268] BGH FamRZ 2008, 592, 594 zu § 1671; OLG Schleswig FamRZ 2009, 63; *Finger* FuR 2006, 299, 304; enger *Völker/Clausius* § 2 Rn. 42, die die zu wenig die Folgen für das Kind beachten.
[269] *Schwab/Motzer* (Handbuch) III Rn. 271; OLG Schleswig NJW-RR 2008, 1389, 1390.
[270] *Johannsen/Henrich/Jaeger* Rn. 16; *Büte* Rn. 157.
[271] Vgl. zum „Dogma ‚Kontakt muss sein'" kritisch *Kölch/Fegert* FamRZ 2008, 1573, 1580 sowie *Salgo*, FS Schwab, 2005, S. 891, 899, ders. FPR 2008, 401, *Kindler/Reinhold* FPR 2007, 291, 293.
[272] So aber OLG Frankfurt DAVorm. 1980, 944, 947.
[273] BGH FamRZ 2007, 882, 887; 1987, 356, 358/359; OLG München FamRZ 2006, 1605, 1606; OLG Schleswig FamRZ 2004, 808, 809; OLG Schleswig FamRZ 2003, 688.
[274] BGH FamRZ 2007, 882, 887.
[275] OLG München FamRZ 1998, 750, 751; OLG Nürnberg FamRZ 1997, 614, 615.

§ 1684   84, 85   Abschnitt 2. Titel 5. Elterliche Sorge

gen,[276] so dass **Verletzungen** und Eingriffe zum Schadensersatz bei nachgewiesenen Fehlaufwendungen führen können. Grundlage kann aber auch § 280 sein; dann werden die Folgen an die Verletzung eigener familienrechtlicher Verpflichtungen geknüpft, die vertragsähnlich zu qualifizieren sind.[277] Durchgängig sind die notwendigen subjektiven Voraussetzungen erfüllt, wobei einfache Fahrlässigkeit ausreicht. Schließlich weiß der Elternteil, bei dem ein Kind lebt, sein Verhalten richtig einzuschätzen, wenn er Umgangskontakte des anderen verweigert. Allerdings begründet nicht jede Rechtsverletzung entsprechende Ersatzpflichten.[278] Der betreuende Elternteil ist aber grundsätzlich verpflichtet, eine gerichtliche Änderung des Umgangs oder zumindest eine Beschränkung/Einstellung im Wege der einstw. AO herbeizuführen[279] und kann nicht einseitig festlegen, was abweichend von einer gerichtlichen Entscheidung nunmehr für das Kind gut ist. Andererseits muss zunächst ein Pflichtverstoß festgestellt werden, wobei bei Handlungen zur Vermeidung einer Kindeswohlgefährdung ein solcher kaum angenommen werden kann,[280] zumal zu bedenken ist, dass der Umgang auch ein Recht des Kindes darstellt, welches auch das Recht beinhalten muss, unter bestimmten Umständen von dem Recht keinen Gebrauch zu machen,[281] vgl. Rn. 45. Anspruchskürzungen wegen Mitverschuldens sind möglich, § 254; sonst ist die **Schadenshöhe** nach den üblichen Grundsätzen zu ermitteln.[282] Schadensersatz kann aber auch der betreuende Elternteil fordern, wenn der Umgangsberechtigte Zusagen nicht einhält und dadurch Kosten entstehen, etwa durch die nun notwendige Betreuung durch eine andere Person/Einrichtung **(Babysitter)**.

IX. Verfahren

84   **1. Zuständigkeiten; Verfahrenskostenhilfe.** Für Streitigkeiten um das Umgangsrecht und seine inhaltliche Ausgestaltung ist das FamG zuständig, §§ 111 Nr. 2, 151 Nr. 2 FamFG; diese Zuständigkeit besteht auch für Schadensersatzansprüche, §§ 111 Nr. 10, 266 FamFG. Die Entscheidung obliegt dem Richter, § 14 Abs. 1 Nr. 7 RpflG. Für die **örtliche Zuständigkeit** gelten §§ 152 Abs. 2, 154 FamFG sowie ab Anhängigkeit der Ehesache **§ 152 Abs. 1, 153 FamFG**; hierzu auch § 1671 Rn. 127 f. **Verfahrenskostenhilfe** ist in der üblichen Form zu bewilligen; doch kann im Einzelfall die Rechtsverfolgung (Umgangsverfahren) **mutwillig** sein, §§ 76 Abs. 2 FamFG, 114 ZPO, wenn vorher keine außergerichtliche Einigung mit Hilfe des Jugendamtes versucht wurde, und vernünftige Aussichten bestanden, die Sache auf dieser Ebene zu erledigen.[283] Ist der Umgang bereits durch einstweilige Anordnung geregelt worden, kann auch für das Hauptsacheverfahren Verfahrenskostenhilfe zu bewilligen sein. Ein **Rechtsschutzbedürfnis** für das Hauptsacheverfahren ist regelmäßig anzunehmen, da die einstweilige Anordnung nur auf einer summarischen Prüfung beruht und gem. § 54 FamFG jederzeit geändert oder aufgehoben werden kann.[284] Für den **Antrag** eines das Kind **berechtigt vertretenden Elternteils**, den anderen zum **Umgang mit dem Kind** zu **verpflichten,** kann Verfahrenskostenhilfe nicht mit der Begründung versagt werden, die Umgangspflicht sei nicht durchsetzbar, weil sich der Antragsgegner weigere, denn die Dinge können erst nach einer im Hauptsacheverfahren erfolgten Anhörung aller Beteiligten sachgerecht bewertet werden.[285] § 165 FamFG stellt ein eigenes Vermittlungsverfahren bereit, setzt allerdings eine bereits ergangene gerichtliche Umgangsentscheidung voraus, vgl. Rn. 80; im üblichen Rahmen kann dabei Verfahrenskostenhilfe bewilligt werden.[286] Zur **Beiordnung eines Rechtsanwalts** gem. § 78 Abs. 2 FamFG im Umgangsverfahren wird auf die Ausf. zu § 1671 Rn. 140 verwiesen.[287]

84a   Zur **internationalen Zuständigkeit** vgl. Ausführungen zu § 1671 Rn. 129 ff., die auch für Umgangsverfahren gelten.

85   **2. Verfahrensablauf.** Für das Verfahren und seinen Ablauf sind die Bestimmungen des **FamFG** maßgeblich, **§ 151 FamFG. Einstweilige Anordnungen** kann das FamG nach §§ 49 ff. FamFG

---

[276] OLG Frankfurt NJW-RR 2005, 1339; OLG Karlsruhe FamRZ 2002, 1056; *Staudinger/Rauscher* Rn. 25; *Gottschalk* FPR 2007, 308, 311; *Hohloch* FF 2004, 202; offen gelassen BGH FamRZ 2002, 1099.
[277] BGH FamRZ 2002, 1099, 1100.
[278] BGH FamRZ 2002, 1099, 1100.
[279] BGH FamRZ 2002, 1099, 1100/1101; so auch *Weychardt* FamRZ 2003, 927.
[280] So zutreffend *Schwab* FamRZ 2002, 1297, 1301, ebenso *Heiderhoff* FamRZ 2004, 326.
[281] AG Bremen FamRZ 2008, 1369: kein Pflichtverstoß wenn 14jähriger Umgang ablehnt.
[282] Dazu OLG Frankfurt NJW-RR 2005, 1339, 1340.
[283] OLG Saarbrücken FamRZ 2010, 310, 311; OLG Koblenz FamRZ 2005, 1915, a. A. OLG Hamm FamFR 2011, 304.
[284] OLG Frankfurt FamRZ 2011, 661.
[285] OLG Stuttgart FamRZ 2006, 1060.
[286] OLG Frankfurt FamRZ 2007, 566.
[287] Speziell zum Umgangsverfahren: OLG München FamRZ 2011, 1240; OLG Schleswig FamRZ 2011, 1241; OLG Düsseldorf ZFE 2011, 151.

Umgang des Kindes mit den Eltern　　　　　　　　　　　　　　　　86–88　§ 1684

auf Antrag erlassen. Erstinstanzliche Entscheidungen sind nach § 164 FamFG dem über 14 jährigem Kind zuzustellen, das zur selbständigen Beschwerdeeinlegung berechtigt ist, § 60 FamFG. Nach § 164 S. 2 FamFG soll von einer Mitteilung der Gründe abgesehen werden, wenn davon Nachteile für seine Entwicklung, Erziehung oder Gesundheit zu befürchten sind und diese Verfahrensgestaltung nicht sein rechtliches Gehör verletzt, Art. 103 Abs. 1 GG. Damit nach Trennung der Eltern keine Unterbrechung der Kontakte und eine Entfremdung eintritt,[288] sind Umgangsverfahren vorrangig und beschleunigt zu behandeln, § 155 FamFG. Das **Vorrangs- und Beschleunigungsgebot** gilt in allen Instanzen. Im Vordergrund steht die möglichst einvernehmliche Regelung des Umgangs, da dann zu erwarten ist, dass die Regelung zukünftig auch Bestand hat und Belastungen für das Kind vermieden werden. Von besonderer Bedeutung ist daher, dass den Eltern **Beratungsangebote** unterbreitet werden und sie von einer Wahrnehmung dieser Angebote auch überzeugt werden können, § 156 Abs. 3 FamFG. Die Beratung kann zwar auch angeordnet werden, § 156 Abs. 1 S. 2 und 4, allerdings kann diese Anordnung nicht durchgesetzt werden, § 156 Abs. 1 S. 5 FamFG, sondern die Weigerung kann nur bei der Kostenentscheidung sanktioniert werden, § 81 Abs. 2 Nr. 5 FamFG. Ist absehbar, dass eine schnelle Einigung nicht zu erreichen ist, kommt eine **einstweilige Anordnung** in Betracht, § 156 Abs. 3 S. 2 FamFG. **Sachverständigengutachten** wird nötig, wenn das angerufene Gericht die Dinge nicht selbst beurteilen kann; dies wird regelmäßig bei einer möglichen Beschränkung des Umgangs in Betracht kommen; dem Sachverständigen ist zur Beschleunigung eine Frist zur Gutachtenerstellung zu setzen, § 163 Abs. 1 FamFG. Jedenfalls darf es auch bei umfangreichen Ermittlungen nicht nahezu vier Jahre offen bleiben, ob es zu einem Umgang kommen kann,[289] denn **effektiver Rechtsschutz** verlangt auch angemessene **Verfahrensdauer**; maßgeblich ist Art. 103 GG, vor allem aber Art. 6 EMRK.[290] Eine Verpflichtung der Eltern, an einer Begutachtung mitzuwirken, besteht aber nicht, da es hierfür an der erforderlichen Gesetzesgrundlage fehlt.[291] Aus der Weigerung eines Elternteils, an der zur Aufklärung des Sachverhaltes notwendigen Begutachtung mitzuwirken, können Folgerungen für seine Umgangsbefugnisse im weiteren Verfahren zu ziehen sein.[292] Im Übrigen kann ihm sogar die elterl. Sorge entzogen und zum Zwecke der Begutachtung des Kindes auf einen Pfleger übertragen werden,[293] allerdings ist fraglich ob unter diesen Bedingungen hinreichend fundierte verwertbare Erkenntnisse gewonnen werden können.[294] Wenn das nicht der Fall ist, ist der Eingriff unverhältnismäßig.

3. Anhörungsregeln. Eltern und Kinder sind im Verfahren nach § 1684 vom FamG anzuhö- 86 ren, §§ 159, 160 FamFG. Kinder sind dabei regelmäßig ab dem 3. Lebensalter persönlich anzuhören.[295] Ebenfalls immer anzuhören ist das Jugendamt, § 162 FamFG. Von Bedeutung ist die Beteiligung der Pflegeeltern, wenn der Umgang des Kindes zu den leiblichen Eltern zu regeln ist, § 161 FamFG; zu den Einzelheiten der Anhörung s. § 1671 Rn. 145 f.

4. Beratung und Betreuung durch das Jugendamt. Nach § 17 Abs. 2 SGB VIII sollen 87 Eltern bei der Entwicklung eines einvernehmlichen Konzepts für die Ausübung der elterlichen Sorge unterstützt werden, das auch als Grundlage für eine richterliche Entscheidung über das Sorgerecht nach der Trennung und der Scheidung dienen soll; dabei sollen sie auch beim Abschluss von Umgangsvereinbarungen beraten und unterstützt werden.[296] Für Besuchskontakte und ihre Abwicklung gilt § 18 Abs. 3 SGB VIII; das Kind hat das Recht auf Unterstützung und Beratung, damit umgangsberechtigte Personen von ihrem Recht Gebrauch machen. Eltern wie auch weitere nach § 1685 zum Umgang Berechtigte sowie Personen, die das Kind in Obhut haben, haben nach S. 3 Anspruch auf Beratung und Unterstützung bei der Ausübung des Umgangs.

5. Vermittlungsaufgaben des FamG. Vermittlungsaufgaben hat auch das FamG zu leis- 88 ten. Ziel ist es, möglichst ein Einvernehmen der Beteiligten zu erzielen, § 156 Abs. 1 FamFG, weil mit einer Regelung der Beteiligten die Erwartung verbunden ist, dass die Vereinbarung nachhaltig ist, weitere Konflikte und Auseinandersetzungen vermieden werden, und zudem der Konflikt für

---

[288] BT-Drucks 16/6308 S. 235.
[289] EuGHMR FuR 2007, 410, 412.
[290] Besonders deutlich EuGHMR FuR 2005, 380, 381, 382 – ein über sechs Jahre und fünf Monate andauerndes Sorgerechtsverfahren in einer Instanz verstößt gegen Art. 6 EMRK. S.a. BT-Drucks. 17/3802 – Entwurf eines Gesetzes über den Rechtsschutz bei überlangen Gerichtsverfahren und strafrechtlichen Ermittlungsverfahren.
[291] BVerfG FamRZ 2004, 523; so auch BVerfG FamRZ 2011, 179, 180 zur Auflage der Fortsetzung einer Psychotherapie als Maßnahme nach § 1666 Abs. 3; BGH FamRZ 2010, 720, 721 für § 1666.
[292] BVerfG FamRZ 2004, 1166, 1168.
[293] OLG Rostock NJW 2007, 231, 232.
[294] *Salzgeber* ZKJ 2007, 274, 275.
[295] BVerfG FamRZ 2007, 1078, 1079 mit Anm. *Völker* FamRB 2007, 235.
[296] *Coester* FamRZ 1991, 253, 261; *Proksch* JAmt 2010, 215; *Wiesner*, FS Rudolph, 2009, S 45.

das Kind so am besten aufgelöst werden kann. Gelingt die Klärung von Umgangsproblemen, werden sich die Eltern häufig auch auf eine gemeinsame Sorge verständigen können und es besteht die berechtigte Hoffnung, dass sich die Situation für das Kind entspannt. Gelingt es nicht eine einvernehmliche Lösung in einem ersten Termin zu erarbeiten, dann hat das FamG nicht nur die Aufgabe auf Beratungsangebote der Jugendämter und freier Träger hinzuweisen, sondern kann auch die Teilnahme an einer Beratung anordnen. In geeigneten Fällen kann auch auf die Möglichkeit der Mediation verwiesen werden. Aus den Erfahrungen der Cochemer Praxis und anderer vergleichbarer Modellversuche zeigt sich, dass konkrete zeitnahe Beratungsangebote den Eltern unterbreitet werden müssen, damit der Konflikt nicht verschärft wird und die Eltern den Angeboten ausweichen. Hierbei ist eine Vernetzung aller beteiligten Fachkräfte erforderlich, damit diese einheitlich auf eine Einigung der Eltern hinwirken können und die jeweils vorhandenen Kenntnisse optimal eingesetzt werden können. So müssen Beratungsangebote den Eltern konkret unterbereitet werden, dh. eine Beratungsstelle, die unmittelbar zur Verfügung steht, ist genau zu benennen. Allerdings hat das FamG die schwierige Aufgabe auch zu erkennen, in welchen hoch streitigen Fällen uU eine schnelle Entscheidung für das Kindeswohl zur Vermeidung weiterer unzumutbarer Belastungen erforderlich oder möglicherweise ein Sachverständigengutachten unvermeidlich ist. Ansonsten besteht die Gefahr, dass durch einen absehbar unergiebigen Beratungsprozess eine für das Kind belastende Situation weiter aufrechterhalten wird. Keinesfalls darf durch einen Beratungsprozess eine weiter auf unbestimmte Zeit ungewisse Situation für das Kind und die Eltern geschaffen werden, sondern möglichst sollte eine Einigung auf einen Umgang, wenn zunächst auch möglicherweise nicht so umfangreich wie begehrt, für die Beratungszeit erzielt werden. Dann ist auch für den Beratungsprozess eine günstige Ausgangsposition geschaffen, da es mangels gerichtlicher Entscheidung durch einstweilige Anordnung keine „Gewinner" und „Verlierer" gibt.

89 Daneben kann auf Antrag eines Elternteils ein **Vermittlungsverfahren** eingeleitet werden, § 165 FamFG, vgl. Rn. 80, welches ebenfalls das Ziel verfolgt mittels einer Einigung der Eltern aufgetretene Schwierigkeiten bei der Durchsetzung einer bestehenden gerichtlichen Umgangsregelung zu beseitigen.

90 **6. Vollstreckung. a) Festsetzung von Ordnungsgeld/Ordnungshaft. Zwangsvollstreckung** aus Umgangsentscheidungen richtet sich nach **§ 89 FamFG.** Voraussetzung ist eine vollstreckungsfähige Umgangsregelung, dh. diese muss den Umgang genau bestimmen und zwar nach Umfang, Ort und Zeit.[297] Auch die Übergaben sind genau festzulegen. Hierzu zählen auch Umgangsregelungen per einstw. Anordnung. Ordnungsgeld verlangt einen vorangegangenen **schuldhaften Verstoß** gegen die Umgangsentscheidung. Während bislang das mögliche Zwangsgeld nach § 33 FGG aF Beugecharakter hatte und zunächst angedroht und dann nur verhängt werden konnte, um auf den Willen des Pflichtigen einzuwirken mit dem Ziel, künftig der Umgang zu sichern, dient das Ordnungsgeld der **Sanktionierung** und kann daher auch für vergangene Verstöße verhängt werden.[298] Der betreuende Elternteil muss, wenn objektiv ein Verstoß gegen die Umgangsregelung gegeben ist, darlegen, dass er dies nicht zu vertreten hat, § 89 Abs. 4 S. 2. Zudem bedarf es keiner Androhung mehr, sondern lediglich eines Hinweises auf die Folgen, § 89 Abs. 2 FamFG. Dieser ist auch bei einer gerichtlich gebilligten Vereinbarung der Eltern zwingend aufzunehmen.[299] Bei einer Vollstreckung aus Titeln, die noch unter Geltung des FGG geschaffen worden sind, ist eine Androhung von Zwangsmitteln nach § 33 Abs. 3 S. 1 FGG aF wegen des unterschiedlichen Charakters von Zwangsgeld und Ordnungsgeld nicht ausreichend.[300] Der erforderliche Hinweis kann aber jederzeit – auch im Beschwerdeverfahren – durch gesonderten Beschluss nachgeholt werden.[301] Der Hinweis muss auch bei negativen Umgangsregelungen wie einem Umgangsausschluss erfolgen.[302] Ein Vermittlungsverfahren nach § 165 FamFG ist weder vor einer Vollstreckung durchzuführen noch steht es der Vollstreckung entgegen, § 92 Abs. 3 FamFG.

91 Das Gericht hat allerdings ein **Ermessen,** denn das Ordnungsgeld „soll" nicht, sondern „kann" verhängt werden. Damit sollte der Entscheidung des BVerfG vom 1. 4. 2008[303] Rechnung getragen werden,[304] wonach die zwangsweise Durchsetzung der Umgangspflicht des Elternteils im Regelfall

---

[297] OLG Frankfurt FamRZ 2010, 740; OLG Brandenburg FamRZ 2008, 1551; OLG Celle FamRZ 2006, 556.
[298] BT-Drucks. 16/6308 S. 218.
[299] BVerfG FamRZ 2011, 957, 958.
[300] BGH FamRZ 2011, 1729, 1730 Rn. 12 ff.; OLG Karlsruhe FamRZ 2010, 1103, 1104; OLG Koblenz FamRZ 2010, 1930, 1931; aA OLG Karlsruhe FamRZ 2010, 1366, 1367.
[301] BVerfG FamRZ 2011, 957, 958; BGH FamRZ 2011, 1729, 1731 Rn. 18.
[302] OLG Saarbrücken FamRZ 2011, 122.
[303] FamRZ 2008, 845.
[304] BT-Drucks. 16/9783 S. 291 f.; kritisch hierzu *Völker/Clausius* § 6 Rn. 22.

zu unterbleiben hat, weil davon auszugehen ist, dass ein Elternteil, der gegen seinen Willen zum Umgang mit dem Kind gezwungen wird, seine emotionale Ablehnung des Umgangs und damit auch des Kindes vor diesem nicht verbergen kann, so dass der Umgang dem Kindeswohl nicht dienlich ist, es sei denn im konkreten Einzelfall ist ausnahmsweise mit einer anderen für das Kind letztlich positiven Reaktion zu rechnen. Damit ist aber auch dann, wenn der Umgang des Berechtigten vollstreckt werden soll, immer zu prüfen, ob das **Kindeswohl** durch eine zwangsweise Durchsetzung des Umgangs Schaden zu nehmen droht, da nur dann das pflichtgemäße Ermessen ausgeübt werden kann.[305]

Ordnungshaft gegen den betreuenden Elternteil bei Verstoß gegen die Umgangsregelung kann angeordnet werden, wenn zunächst verhängtes Ordnungsgeld nicht beigetrieben werden kann oder die Festsetzung von Ordnungsgeld keinen Erfolg verspricht, § 89 Abs. 1 S. 1 und 2 FamFG. Ordnungshaft ist im Umgangsverfahren im Regelfall kein geeignetes Mittel, denn abgesehen davon, dass regelmäßig ungeklärt ist, wo das Kind in dieser Zeit seinen Aufenthalt haben soll und wer es betreuen kann, dürfte die vorübergehende Abwesenheit des betreuenden Elternteils für das Kindeswohl erhebliche negative Folgen haben, zudem ist es mehr als fraglich, wie die verhärteten Fronten zwischen den Eltern in derartigen Fällen durch Inhaftierung so aufgebrochen werden können, dass der das Kind belastende Konflikt beseitigt wird.[306] 92

b) Unmittelbarer Zwang, § 90 FamFG. Gewaltanwendungen gegen das Kind scheiden dagegen nach § 90 Abs. 2 FamFG grundsätzlich aus, wenn die Herausgabe an den **Umgangsberechtigten** angeordnet ist, der (nur) seine **Besuchsbefugnisse** wahrnehmen will. Steht die elterliche Sorge selbst in Frage oder die Herausgabe des Kindes, ist zwangsweise Umsetzung der gerichtlichen Entscheidung oft der einzige Weg, überhaupt zum Ziel zu gelangen, aber auch hier gilt zum Schutz des Kindes der Verhältnismäßigkeitsgrundsatz. 93

c) Elternvereinbarung als Vollstreckungsgrundlage. Auch eine vom FamG gebilligte **Vereinbarung** der Eltern nach § 156 Abs. 2 FamFG kann **Vollstreckungsgrundlage** sein.[307] Mit der Billigung durch das Gericht ist sichergestellt, dass eine Kindeswohlprüfung der Vereinbarung der Eltern stattfindet. Auch hier muss aber die Vereinbarung aber vollstreckungsfähig sein. Die Billigung hat durch Beschluss zu ergehen.[308] Bei Versagung der Billigung ist das Umgangsverfahren noch nicht beendet und es muss über den Umgangsantrag noch entschieden werden.[309] Umgangsvereinbarungen der Eltern in notarieller Form können durch „gerichtliche Billigung" nicht Vollstreckungsgrundlage werden, weil die Genehmigung durch das FamG gerade ein Umgangsrechtsverfahren dort voraussetzt, das mit Absprachen der Eltern geendet hat.[310] 94

d) Rechtsmittel im Vollstreckungsverfahren. Beschlüsse, die im Vollstreckungsverfahren ergehen, sind mit der sofortigen Beschwerde anfechtbar, § 87 Abs. 4 FamFG. Das Beschwerdeverfahren richtet sich nach §§ 567 ff. ZPO. Damit hat die sofortige Beschwerde gegen die Festsetzung von Ordnungsgeld oder Ordnungshaft auch aufschiebende Wirkung nach § 570 Abs. 1 ZPO. 95

7. Anerkennung und Vollstreckung ausländischer Entscheidungen. Zu Anerkennung und Vollstreckung ausländischer Entscheidungen zum Umgang vgl. § 1671 Rn. 133. 96

8. Rechtsmittel. Gegen die familiengerichtliche Entscheidung zum Umgangsrecht in der Hauptsache ist **Beschwerde** statthaft, zu weiteren Einzelheiten und zum Ablauf § 1671 Rn. 154. Pflegeeltern können weiterhin in Verfahren nach § 1632 Abs. 4 nur Beschwerde einlegen, wenn sie durch die Entscheidung materiell beschwert sind.[311] **Einstweilige Anordnungen** im Umgangsrecht unterliegen dagegen weiterhin nicht der Beschwerde, § 57 Abs. 1 FamFG. Hier kann nur bei einer Entscheidung ohne mündliche Verhandlung ein Antrag auf Nachholung der Verhandlung gestellt werden, § 54 Abs. 2 FamFG. Dies gilt auch für den Umgangsausschluss, denn insoweit ist die im Gesetzesentwurf ursprünglich vorgesehene Beschwerdemöglichkeit[312] ausdrücklich nicht 97

---

[305] So auch *Johannsen/Henrich/Jaeger* § 89 FamFG Rn. 6.
[306] AA *Völker/Clausius* § 6 Rn. 27 f.
[307] Dazu auch *Völker/Clausius* § 6 Rn. 6.
[308] *Hammer* FamRZ 2011, 1268, 1271; *Johannsen/Henrich/Jaeger* Rn 10; OLG Frankfurt FamRZ 2011, 394; aA wonach ausreichend ist, wenn erkennbar wird, dass sich das Gericht die Vereinbarung zu eigen gemacht hat: *Johannsen/Henrich/Büte* § 156 FamFG Rn. 10; *Schael* FamRZ 2011, 865, 866; OLG Nürnberg FamRZ 2011, 1533.
[309] OLG Frankfurt FamRZ 2011, 394, 395; aA OLG Nürnberg FamRZ 2011, 1533: kein gesonderter Billigungsbeschluss erforderlich, daher auch keine Beschwerde.
[310] OLG Karlsruhe FamRZ 1999, 325; vgl. auch OLG Zweibrücken FamRZ 1997, 217.
[311] BT-Drucks. 16/6308 S. 241.
[312] BT-Drucks. 16/6308 S. 24 und S. 203.

umgesetzt worden.[313] Soweit eine **Umgangspflegschaft** im Wege der einstw. Anordnung angeordnet wird, handelt es sich allerdings zugleich auch um eine Regelung, die Teilbereiche der Sorge betrifft – Herausgabe des Kindes und Aufenthaltsbestimmung für die Zeit des Umgangs durch einen Pfleger –, so dass insoweit die Beschwerde nach § 57 S. 2 Nr. 1 eröffnet ist.[314] Die **Bestellung des Verfahrensbeistandes** ist unanfechtbar, § 158 Abs. 3 S. 4 FamFG. Die Rechtsbeschwerde ist nur bei Zulassung durch das Beschwerdegericht statthaft, § 70 Abs. 1 FamFG, zu den Voraussetzungen der Sprungrechtsbeschwerde s. § 75 FamFG.

98 9. **Kosten.** Es gelten die Grundsätze wie im Sorgeverfahren, vgl. § 1671 Rn. 162.

99 10. **Abänderung, § 1696.** Verweigert der sorgeberechtigte Elternteil Umgangsbefugnisse und schädigt dieses Verhalten Kindesinteressen nachhaltig, kann auch eine Änderung des Sorgerechts in Betracht kommen, § 1696, vgl. dort Rn. 29, zur Umgangsverweigerung und ihren Folgen ausführlich Rn. 73 ff.

X. Auslandsbezug

100 1. **Brüssel II a-VO; KSÜ; MSA; Art. 21 EGBGB.** Für Umgangsbefugnisse, ihre Voraussetzungen und ihre Reichweite sind bei Auslandsbezug vorrangig Brüssel II a-VO bzw. KSÜ/MSA anzuwenden. Nach Art. 8 Brüssel II a-VO ist die Zuständigkeit der Gerichte des Staates gegeben, indem sich das Kind aufhält. Bei einem rechtmäßigen Umzug des Kindes in einen anderen Mitgliedstaat bleiben für die ersten drei Monate die Zuständigkeit der Gerichte des bisherigen Heimatstaates bestehen, Art 3 Abs. 2 a Brüssel II a-VO. Erfolgt der Umzug des Kindes widerrechtlich, dann bleibt das Gericht des Staates weiterhin zuständig, indem das Kind bislang seinen gewöhnlichen Aufenthalt hatte, Art. 10 Brüssel II a-VO. Wenn die Zuständigkeit sich aus dem KSÜ[315] ergibt, wobei für die Frage des anzuwendenden Rechts auch in vor dem 1. 1. 2011 anhängigen Verfahren das KSÜ nunmehr Anwendung findet,[316] ist das Recht des zuständigen Vertragsstaates anzuwenden, Art. 15 Abs. 1 KSÜ. Ansonsten wird bei Anwendung des KSÜ das Recht des Staates maßgeblich, in dem sich das Kind aufhält, Art. 17 KSÜ.[317] Soweit das MSA noch anwendbar ist bzw. zukünftig im Verhältnis zur Türkei anwendbar bleibt, hat grundsätzlich das zuständige Gericht sein innerstaatliches Recht anzuwenden, Art. 2 MSA. Eine Ausnahme besteht, falls der Staat, dem das Kind angehört, ein gesetzliches Gewaltverhältnis kennt, welches grundsätzlich zu berücksichtigen ist, Art. 3 MSA. Art. 21 EGBGB ist anwendbar, wenn weder KSÜ oder MSA gelten, da sich das Kind nicht in einem Mitgliedstaat einschl. Deutschland aufhält.[318] Dann ist das Recht des Staates anwendbar, indem das Kind aufhält. Deutsche Gerichte sind dann nach §§ 98, 99 FamFG international zuständig.

101 2. **Verhältnis zum Iran.** Wegen der besonderen völkervertraglichen Bindungen im Verhältnis zum **Iran**, deutsch-iranisches Niederlassungsabkommen von 1929, bleibt das KSÜ/MSA ohne Bedeutung, so dass in Verfahren von Iranern, die beide die alleinige iranische Staatsangehörigkeit haben müssen, iranisches Recht auch für **Umgangsregelungen** für Kinder aus dieser Ehe gilt. Vgl. dazu und zum **ordre public (Art. 6 EGBGB)** § 1671 Rn. 130.

102 3. **Entführungsfälle.** Besteht eine Sorgerechtsentscheidung eines Mitgliedstaates des **ESÜ** (Europ. Sorgerechtsübereinkommen), so wird die Entscheidung in jedem anderen Mitgliedstaat anerkannt, **Art. 7 ESÜ.** Im Falle eines widerrechtlichen Verbringens des Kindes in einen anderen Mitgliedstaat, ist das Sorgerechtsverhältnis umgehend wiederherzustellen, **Art. 8 ESÜ.** Dies gilt auch, wenn bei einem berechtigten Umgang das Kind nach Ablauf des Umgangs nicht wieder zurückgebracht wird, **Art. 8 Abs. 2 ESÜ.**[319]

103 In sonstigen **Entführungsfällen** kommt das **HKÜ**[320] zur Anwendung, wenn ein noch nicht 16 Jahre altes Kind aus einem Vertragsstaat in den anderen widerrechtlich verbracht wird. Ziel des HKÜ ist, möglichst umgehend eine **Rückführung** zu erreichen. Dabei greift das HKÜ nicht nur ein, wenn das Kind entführt **(widerrechtliches Verbringen)**, sondern dem Umgangsberechtigten

---

[313] BT-Drucks. 16/9733 S. 289.
[314] So auch *Johannsen/Henrich/Büte* § 57 FamFG Rn. 6; *Schulte-Bunert/Weinreich/Schwonberg* FamFG § 57 Rn. 10; *Keidel/Giers* FamFG § 57 Rn. 6; aA OLG Celle FamRZ 2011, 574, 575.
[315] Zum KSÜ – für die Bundesrepublik Deutschland am 1. 1. 2011 in Kraft getreten – ausführlich *Finger* FamRBint 2010, 95.
[316] BGH FamRZ 2011, 796, 798 Tz. 31.
[317] Ausführlich hierzu *Völker/Clausius* § 11 Rn. 61 ff.
[318] Vgl. *Schwab/Motzer* (Handbuch) III Rn. 304 ff mit Beispielen.
[319] *Finger* FuR 2007, 67, 72 ff.
[320] Hierzu ausführlich *Völker/Clausius* § 11 Rn. 83 ff.

vorenthalten wird, so dass in grenzüberschreitenden Fällen und Zugehörigkeit der beteiligten Staaten gerichtl. Anordnungen nach den besonderen Regeln des HKÜ ergehen können, **widerrechtliches Zurückhalten.** Bei grenzüberschreitenden Umgangsfällen ist zudem künftig das **Europäische Umgangsübereinkommen (EUÜ)** zu berücksichtigen. Das Übereinkommen regelt einen gewissen Standard für den zu gewährenden Umgang und das Verfahren, hier insbesondere auch Beteiligungsrechte des Kindes und Vorrang von elterlichen Vereinbarungen, Art. 6 und 8, verpflichtet aber nur die Vertragsstaaten dafür Sorge zu tragen, dass diese Standards durch nationales Recht umgesetzt werden. Zur Vorbereitung der Rückführung des Kindes können, wenn das **HKÜ** eingreift, **Besuchsrechte** für den verletzten Elternteil einzuräumen sein, **vgl. Art. 21 HKÜ;** sie stehen dabei nur **Eltern** zu, vertragsautonome Auslegung, nicht anderen Personen, die in § 1685 genannt und mit eigenen Umgangsrechten ausgestattet sind,[321] selbst wenn auch Auslandsrecht entsprechende Berechtigungen einräumen sollte.

Nimmt ein Elternteil, der (Mit-)Sorgerechtsinhaber ist, sein ihm durch Beschluss eingeräumtes Umgangsrecht mit dem Kind seit längerer Zeit (hier: 1¼ Jahr) nur völlig unzureichend wahr, kommt dies einer Aufgabe seiner Sorgebefugnisse gleich, so dass eine Rückführung nach Art. 12 HKÜ ausgeschlossen ist, wenn der andere sorgeberechtigte Elternteil mit dem Kind umsiedelt und sich weigert, es freiwillig ins bisherige Heimatland zurückzubringen.[322] **104**

§ 1685 Umgang des Kindes mit anderen Bezugspersonen

(1) **Großeltern und Geschwister haben ein Recht auf Umgang mit dem Kind, wenn dieser dem Wohl des Kindes dient.**

(2) ¹**Gleiches gilt für enge Bezugspersonen des Kindes, wenn diese für das Kind tatsächliche Verantwortung tragen oder getragen haben (sozial-familiäre Beziehung).** ²**Eine Übernahme tatsächlicher Verantwortung ist in der Regel anzunehmen, wenn die Person mit dem Kind längere Zeit in häuslicher Gemeinschaft zusammengelebt hat.**

(3) ¹**§ 1684 Abs. 2 bis 4 gilt entsprechend.** ²**Eine Umgangspflegschaft nach § 1684 Abs. 3 Satz 3 bis 5 kann das Familiengericht nur anordnen, wenn die Voraussetzungen des § 1666 Abs. 1 erfüllt sind.**

Schrifttum: *Giers,* Das Umgangsrecht nach § 1685, FamRB 2011, 229; *Hoffmann,* Umgangsrecht leiblicher Eltern nach Adoption, JAmt 2003, 453; *Kugler,* Das Recht auf Aufenthalt des nichtsorgeberechtigten Elternteils eines deutschen Kindes – die Konsequenzen aus dem Urteil Anayo ./. Deutschland, FamRBint 2011, 40; *Limbrock,* Das Umgangsrecht im Rahmen des Haager Kindesentführungsübereinkommens und des Europäischen Sorgerechtsübereinkommens, FamRZ 1999, 1631; *Lipp,* Das elterliche Sorgerecht für das nichteheliche Kind nach dem Kindschaftsrechtsreformgesetz, FamRZ 1998, 65; *Motzer,* Das Umgangsrecht Verwandter und enger Bezugspersonen des Kindes, FamRB 2004, 231; *Rauscher,* Das Umgangsrecht im Kindschaftsrechtsreformgesetz, FamRZ 1998, 329; *Walter,* Umgang mit dem in Familienpflege untergebrachten Kind, §§ 1684, 1685 BGB – psychologische Aspekte, FPR 2004, 415; *Willutzki,* Das Umgangsrecht des biologischen Vaters – Eine neue Baustelle im Kindschaftsrecht?, ZKJ 2011, 90.

Übersicht

	Rn.		Rn.
I. Normzweck	1, 2	c) Insbesondere: sozial-familiäre Beziehung	8
II. Anwendungsbereich	3–15	d) Längere häusliche Gemeinschaft	9
1. Umgangsberechtigte, Abs. 1	3–5	3. Umgangsrecht des biologischen Vaters	10–13
a) Großeltern	3	4. Kindeswohl	14
b) Geschwister	4	5. Aufgaben des Jugendamtes	15
c) Weitere Verwandte	5	**III. § 1684 Abs. 2–4**	16, 17
2. Umgangsberechtigte, Abs. 2	6–9	**IV. Verfahren**	18
a) Enge Bezugspersonen	6	**V. Auslandsbezug**	19
b) Tatsächliche Übernahme von Verantwortung für das Kind	7		

---

[321] *Limbrock* FamRZ 1999, 1631, zu weiteren Einzelheiten *Völker/Clausius* § 11 Rn. 163 f.
[322] OLG Hamm FamRZ 2004, 1513.

I. Normzweck

1 § 1685 erweitert § 1684 und räumt Umgangsbefugnisse mit **Großeltern,** Geschwistern und anderen **Personen** – hierzu zählt auch der **biologische Vater,** der nicht der rechtliche Vater ist – hierzu Rn. 10, ein, die dem Kind besonders nahe stehen und vertraut sind; Verpflichtungen für diese Personen bestehen dagegen anders als bei § 1684 nicht. Für seine **Besuchszeit** bestimmt wie früher der Besuchsberechtigte aus § 1684 über weitere Kontakte des Kindes, die der sorgeberechtigte (betreuende) Elternteil nur bei besonderen Gefährdungen verhindern konnte und kann, vgl. auch **§ 1626 Abs. 3.** Dabei erweitert diese Bestimmung nicht etwa den Kreis der Berechtigten, denn sie schreibt lediglich fest, welcher Umgang dem Wohl des Kindes dienen kann.[1] Maßnahmen nach § 1666 sind denkbar, wenn die Verweigerung von Kontakten des Kindes mit Personen ohne Umgangsbefugnisse nach § 1685 durch den sorgeberechtigten Elternteil besondere Gefährdungen für seine Entwicklung und sein Wohl mit sich bringen.[2] Im Übrigen sind die Maßstäbe in § 1684 und § 1685 (bezogen auf das Kind) unterschiedlich. § 1685 erlaubt eine Regelung durch das FamG erst, soweit die Eltern sich verweigern, wenn „der Umgang dem Wohl des Kindes dient", so dass **positive** Feststellungen notwendig sind, während § 1684 grundsätzlich von Besuchsbefugnissen ausgeht und dem FamG allein die Möglichkeit überträgt, Einschränkungen anzubringen oder den gänzlichen Ausschluss festzulegen, soweit dies zum Wohl des Kindes erforderlich ist, § 1684 Abs. 4 S. 1, **negative Kindeswohlverträglichkeit.** Abzuwägen sind also die Interessen des Kindes, der Eltern und des umgangsberechtigten Dritten, wobei § 1626 Abs. 3 S. 2 zu beachten ist, andererseits aber auch der Erziehungsvorrang der Eltern.[3] Insgesamt schließt § 1685 nicht mehr grundsätzlich „nichtelterliche Bezugspersonen... vom Umgangsrecht aus",[4] verhindert aber weiterhin, „dass es zu einer starken Ausweitung von Umgangsstreitigkeiten kommt",[5] weil nachgewiesen werden muss, dass Besuche für das Kind wichtig sind und seine Entwicklung fördern. Die in § 1685 genannten Personen mit Umgangsbefugnissen erhalten dabei ein eigenes, durchsetzbares Recht, das aber dem Wohl des Kindes zu dienen hat.[6]

2 Umgangsbefugnisse nach **§ 1685** sind nachrangig zu Rechten aus **§ 1684, abgestufte**[7] **Besuchsrechtsfolge.** Eltern, die sich getrennt haben oder geschieden sind, gehen vor, so dass Befugnisse nach § 1685 auch zeitlich auf sie abzustimmen sind.[8] Kinder müssen im Übrigen eigene Zeiten für sich und ihre Pläne haben. Großeltern und andere Berechtigte aus § 1685 sollen den Umgang vor allem „in der häuslichen Umgebung des Kindes oder durch Besuche der Eltern oder eines Elternteils mit dem Kind"[9] ausüben, was aber bei getrennt lebenden Eltern oder großen räumlichen Entfernungen häufig nicht realisierbar ist. Abweichende Vereinbarungen zwischen den Beteiligten und Regelungen durch das FamG sind daher möglich,[10] wenn das Kindeswohl nicht entgegensteht. Auch **Ferienzeiten** können Besuchsberechtigte mit dem Kind verbringen; Voraussetzung ist allerdings, dass die Eltern in den Ferien keinen Umgang haben und eine gewachsene Bindung zu den Besuchsberechtigten besteht,[11] was insbesondere bei jahrelanger Unterstützung der Eltern bzw. häufig nur eines Elternteils durch die Großeltern der Fall sein kann, und das Kind es auch will.[12]

II. Anwendungsbereich

3 **1. Umgangsberechtigte, Abs. 1. a) Großeltern.** Umgangsrechte nach **Abs. 1** stehen **Großeltern** und **Geschwistern** des Kindes zu, falls der Umgang seinem Wohl dient, **positive Kindeswohlverträglichkeit;** dies steht auch nicht im Widerspruch zu Art. 8 EMRK.[13] Ihrem

---

[1] OLG Bamberg FamRZ 1999, 810; FA-Komm/*Ziegler* Rn. 4 und *Staudinger/Rauscher* Rn. 16.
[2] OLG Oldenburg FamRZ 2003, 1582; OLG Zweibrücken FamRZ 1999, 1161, 1162.
[3] OLG Brandenburg FamRZ 2008, 2303; OLG Hamm FamRZ 2000, 1601, 1602 mit Anm. *Liermann* FamRZ 2001, 704 und Anm. *Spangenberg/Spangenberg* FamRZ 2002, 48; *Bamberger/Roth/Veit* Rn. 9.
[4] So BT-Drucks. 13/4899 S. 106 f.
[5] BT-Drucks. 13/4899 S. 106 f.
[6] *Johannsen/Henrich/Jaeger* Rn. 1; *Schwab/Motzer* (Handbuch) III Rn. 279; *Bamberger/Roth/Veit* Rn. 5.
[7] Dazu *Rauscher* FamRZ 1998, 329, 337 f; *Völker/Clausius* § 2 Rn. 92; vgl. auch OLG Hamm FamRZ 2000, 1601, 1602.
[8] BVerfG FamRZ 2007, 335, 336.
[9] *Rauscher* FamRZ 1998, 329, 338.
[10] *Rauscher* FamRZ 1998, 329, 338.
[11] OLG Brandenburg FamRZ 2008, 2303, 2304.
[12] Vgl. auch OLG Hamm FamRZ 2003, 953 zur Bedeutung der Beziehung und Umfang des Umgangs.
[13] OLG Frankfurt NJW-RR 1998, 937. Auch der EuGHMR FamRZ 2011, 269, 271 Rn. 67 (Anayo ./. Deutschland) sowie Urt. v. 15. 9. 2011 – 17080/07 (Schneider ./. Deutschland) Rn. 95 betont das Kindeswohlinteresse.

Recht „korrespondiert" allerdings keine Umgangspflicht des Kindes,[14] wie sie § 1684 für das Verhältnis zu den Eltern festlegt. Auch das Kind hat keine entsprechenden Anrechte auf Umgangsausübung, ein Ergebnis, das zumindest im Verhältnis zu den eigenen Geschwistern fragwürdig erscheint. Für Umgangsbefugnisse für die Verwandten aus Abs. 1 ist unerheblich, ob das Kind mit ihnen in häuslicher Gemeinschaft lebt bzw. gelebt hat, anders als Abs. 2. Entscheidend ist vielmehr allein der enge **Verwandtschaftsgrad**.[15] Ob die Ehe der Großeltern noch besteht, ist unerheblich. Umgangsbefugnisse mit seinem Enkel können einem Großelternteil auch nach Wegfall der (rechtlichen) Verwandtschaftsbeziehung durch Stiefkindadoption zustehen, wobei § 1626 Abs. 3 S. 2 den Maßstab bildet.[16] **Angeheiratete** Großelternteile sind von § 1685 Abs. 1 ebenfalls von vornherein nicht erfasst.[17] Allenfalls kann Abs. 2 für sie eingreifen, aber dann werden ihre tatsächliche Nähe zum Kind und die so entstandene Vertrautheit Grundlage, nicht ihre „Verwandtschaft". Dies gilt entsprechend für biologische Großeltern.[18]

b) **Geschwister.** Zu den **Geschwistern** zählen halbbürtige und vollbürtige Brüder und 4 Schwestern und leibliche oder durch **Adoption**[19] angenommene Kinder dieser Eltern. Stiefgeschwister haben dagegen nur nach Abs. 2[20] Umgangsbefugnisse.

c) **Weitere Verwandte.** Weitere **Verwandte** sind, um eine Ausweitung von Umgangsstreitig- 5 keiten zu vermeiden,[21] in Abs. 1 nicht aufgenommen, also Urgroßeltern, **Onkel** und **Tanten**, Cousinen, Neffen und noch entferntere Angehörige, die sich allenfalls auf Abs. 2 berufen[22] und noch seltener gerichtliche Anordnungen nach § 1666 erreichen können.

2. Umgangsberechtigte, Abs. 2. a) Enge Bezugspersonen. Umgangsberechtigt nach 6 **Abs. 2** sind andere enge Bezugspersonen, die mit dem Kind nicht verwandt sein müssen - sonst gilt unter den dort genannten Voraussetzungen Abs. 1 mit Ausnahme des **biologischen** aber nicht rechtlichen **Vaters**, hierzu Rn. 10, - insbesondere der **Ehegatte** oder der **frühere Ehegatte** eines Elternteils **(Stiefeltern)** bzw. der Lebensgefährte oder der frühere Lebenspartner,[23] wenn sie für das Kind tatsächliche Verantwortung tragen oder getragen haben **(sozial-familiäre Beziehung).** Übernahme tatsächlicher Verantwortung und damit der Bestand einer sozial-familiären Beziehung ist in der Regel anzunehmen, wenn die Person mit dem Kind längere Zeit in häuslicher Gemeinschaft zusammengelebt hat, S. 2. Erfasst sind auch **Pflegepersonen**,[24] die die gesetzlichen Voraussetzungen erfüllen, bei denen das Kind also längere Zeit in **Familienpflege** gelebt hat, zu den Maßstäben § 1632 Abs. 4. Umgangsbefugnisse können einem Großelternteil mit seinem Enkelkind nach einer Stiefkindadoption weiterhin zustehen, vgl. auch § 1626 Abs. 3 S. 2.[25] Selbst in **Wohngemeinschaften** von mehreren Erwachsenen, in denen Kinder leben, können sozial-familiäre Beziehungen nach dem Verständnis von Abs. 2 entstanden sein, die „zumindest im Grundsatz in Umgangsrechte einmünden können".[26] Die „abschließende Aufzählung der nach § 1685 Abs. 2 ... Umgangsberechtigten (gehört jedenfalls) der Vergangenheit an";[27] deshalb ist auch eine „ausdehnende Auslegung des Begriffs Lebenspartner" nicht mehr nötig, um Kontakte zwischen Kind und vertrauten Erwachsenen erhalten bzw. herstellen zu können,[28] wenn die sonstigen Voraussetzungen aus § 1685 vorliegen. Eltern, die ihr Kind zur Adoption freigegeben und ihre Zustimmung zur Annahme erklärt haben, sind nur umgangsberechtigt, falls sie zuvor mit ihm längere Zeit in häuslicher Gemeinschaft zusammengelebt haben und die Aufrechterhaltung des Kontakts dem Kindeswohl dient;[29] ihre verwandtschaftlichen Befugnisse erlöschen dagegen mit der Annahme für sich.[30] Ihr Ausschluss mit Einwilligung in die Adoption nach § 1751 Abs. 1 S. 1 erfasst nur das aus der rechtlichen Elternstellung hergeleitete Besuchsrecht, nicht aber die Befug-

---

[14] Dazu *Lipp* FamRZ 1998, 65, 75.
[15] Vgl. auch OLG Celle FamRZ 2005, 126.
[16] OLG Rostock FamRZ 2005, 744.
[17] *Palandt/Diederichsen* Rn. 4.
[18] OLG Celle FamRZ 2005, 126.
[19] *Palandt/Diederichsen* Rn. 4.
[20] Dazu *Motzer* FamRB 2004, 231, 232.
[21] BT-Drucks. 13/4899 S. 107.
[22] *Bamberger/Roth/Veit* Rn. 4; *Palandt/Diederichsen* Rn. 5.
[23] OLG Karlsruhe NJW 2011, 1012, 1013 zum leiblichen Kind der Lebenspartnerin.
[24] Vgl. dazu *Walter* FPR 2004, 415; vgl. auch *Motzer* FamRB 2004, 231, 233; *Bamberger/Roth/Veit* Rn. 4.
[25] OLG Rostock FamRZ 2005, 744.
[26] *Motzer* FamRB 2004, 231, 233.
[27] *Motzer* FamRB 2004, 231, 233.
[28] *Motzer* FamRB 2004, 231, 233.
[29] *Hoffmann* JAmt 2003, 453, 459 und *Motzer* FamRB 2004, 231, 234.
[30] OLG Schleswig FamRZ 2004, 1057, 1058 im Anschluss an BVerfG FamRZ 2003, 816.

§ 1685 7–10

nisse aus Abs. 2; leibliche Eltern, die ihre Stellung nach § 1755 Abs. 1 verloren haben, können nicht anders behandelt werden als der biologische Vater.[31] Immer noch kann die Annahme als Kind scheitern. Meist werden Besuchswünsche aus der Herkunftsfamilie des Adoptivkindes allerdings dessen Eingliederung in seine neue familiäre Umgebung stören; Einzelheiten sind bei der Prüfung des Kindeswohls zu berücksichtigen, § 1685 Abs. 2.[32]

7 **b) Tatsächliche Übernahme von Verantwortung für das Kind.** Abs. 2 S. 1 setzt voraus, dass zwischen der Bezugsperson und dem Kind ein besonders enges Verhältnis besteht oder bestanden hat, **sozial-familiäre Beziehung,** die geprägt ist durch Übernahme von tatsächlicher Verantwortung; davon wiederum ist auszugehen, wenn zwischen den Beteiligten längere Zeit **häusliche Gemeinschaft** bestanden hat. Häusliche Gemeinschaft ist andererseits kein zwingendes Erfordernis des Umgangsrechts nach Abs. 2, denn maßgeblich ist allein die Übernahme tatsächlicher Verantwortung;[33] bestand sie nicht, wird allerdings nur schwer von einer engen Beziehung zwischen Besuchsberechtigten und dem Kind ausgegangen werden können. Die sozial-familiäre Beziehung muss hingegen in der Gegenwart nicht noch fortbestehen, sondern ausreichend ist, wenn sie in der Vergangenheit bestand.[34] Umgangskontakte zum **biologischen Vater** können hingegen nicht davon abhängig gemacht werden, ob eine sozial-familiäre Beziehung bestanden hat, dies verletzt seine Rechte aus **Art. 8 Abs. 1 EMRK** – Schutz des Privatlebens.[35] In diesem Fall steht im Vordergrund, ob die Aufnahme der Kontakte dem Kindeswohl dient,[36] was im Übrigen auch Voraussetzung für jeden Umgang anderer Bezugspersonen ist.[37]

8 **c) Insbesondere: sozial-familiäre Beziehung.** § 1685 Abs. 2 erfasst auch sozial-familiäre Beziehungen, die vor dem 1. 4. 2004 (Neuregelung der Bestimmung) bereits bestanden haben;[38] die Bestimmung enthält also keine „Stichtagslösung". Abs. 2 kann andererseits nicht dazu herangezogen werden, längst abgerissene Beziehungen erneut zu begründen[39] oder „umgangsfremde Ziele zu erreichen" wie etwa den Verdacht des sexuellen Missbrauchs zu zerstreuen.[40] Längeres Zusammenleben in häuslicher Gemeinschaft ist lediglich ein Beispiel, aber vertraute Verhältnisse können zwischen dem Umgangsberechtigten und dem Kind auch in anderer Form entstanden sein, etwa durch gemeinsame Ferien oder sonstige längere Aufenthalte miteinander,[41] wobei hierdurch eine besondere Beziehung entstanden sein muss.

9 **d) Längere häusliche Gemeinschaft.** Häusliche Gemeinschaft zwischen Kind und Bezugsperson besteht, wenn beide über eine gewisse Zeit in enger Verbundenheit in gemeinsamen Räumen zusammengelebt haben. Bei einem Zusammenleben von knapp einem Jahr ist davon auszugehen, dass eine soziale Beziehung entstanden ist,[42] im Übrigen ist auf das kindliche Zeitempfinden abzustellen, aber bei einer häuslichen Gemeinschaft von weniger als einem halben Jahr wird man von der Existenz einer sozialen Beziehung zwischen Kind und Besuchsberechtigten regelmäßig nicht ausgehen können.[43] Dabei dürfen die Kontakte nicht nur sporadisch (gewesen) sein. Beziehungen des Vaters (etwa) zur Kindesmutter spielen dagegen keine Rolle;[44] sind sie schlecht, wird sich allerdings kaum ein Besuch nach Abs. 2 rechtfertigen lassen, weil das Wohl des Kindes entgegensteht, denn die Mutter wird nicht einverstanden sein und ihre Haltung dem Kind mitteilen.

10 **3. Umgangsrecht des biologischen Vaters.** Mit den Veränderungen in § 1685 Abs. 2 kann auch der **biologische Vater** Umgangskontakte haben, selbst wenn er mit dem Kind und der

---

[31] *Motzer* FamRB 2004, 231, 234.
[32] *Motzer* FamRB 2004, 231, 234.
[33] BVerfG FamRZ 2004, 1705 – der leibliche Vater muss „zumindest eine Zeit lang tatsächlich Verantwortung für sein Kind getragen" haben, so dass sich zwischen ihm und dem Kind eine soziale Beziehung entwickeln konnte; BGH NJW-RR 2005, 729, 730. Abweichend hiervon zum biologischen Vater: EuGHMR FamRZ 2011, 269 Rn. 60; Urt. v. 15. 9. 2011 – 17080/07 (Schneider ./. Deutschland) Rn. 89 ff. hierzu Rn. 10. OLG Hamm MDR 2011, 545 für getrennt lebende Stiefmutter.
[34] BGH NJW-RR 2005, 729, 730; a. A. OLG Koblenz FamRZ 2009, 1229, 1230 bei einem letztmaligen Kontakt zu Pflegegroßeltern vor 3 Jahren.
[35] EuGHMR FamRZ 2011, 269 (Anayo ./. Deutschland) Rn. 55 ff.
[36] EuGHMR FamRZ 2011, 269 Rn. 55 ff; so auch Urt. v. 15. 9. 2011 – 17080/07 (Schneider ./. Deutschland) Rn. 90.
[37] OLG Karlsruhe FamRZ 2002, 1210, 1211.
[38] BGH NJW-RR 2005, 729.
[39] BVerfG FamRZ 2000, 413.
[40] BGH NJW 2001, 3337, 3339 und *Palandt/Diederichsen* Rn. 6.
[41] *Palandt/Diederichsen* Rn. 6.
[42] BGH NJW-RR 2005, 729.
[43] *Luthin* FamRZ 2005, 706; NK-BGB/*Peschel-Gutzeit* Rn. 14.
[44] OLG Düsseldorf FamRZ 2004, 290.

Mutter nicht (mehr) zusammenlebt und diese – etwa – wieder zu ihrem Ehepartner zurückgekehrt ist; sein Ausschluss von jedem Besuch beim Kind verstößt jedenfalls gegen Art. 6 Abs. 1 GG.[45] Allerdings ist der Gesetzgeber bislang davon ausgegangen, dass auch für den biologischen Vater die weiteren Voraussetzungen aus Abs. 2 vorliegen müssen. Er musste danach tatsächliche Verantwortung für das Kind in der Vergangenheit übernommen haben, wovon „in der Regel durch längeres Zusammenleben in häuslicher Gemeinschaft" auszugehen ist. Eine sozial-familiäre Beziehung wurde daher verneint, wenn der biologische Vater mit der Mutter nur eine vorübergehende Beziehung und mit dem Kind lediglich sporadische Kontakte unterhalten hat.[46] Hatte der biologische Vater in der Vergangenheit überhaupt keinen Kontakt zu dem Kind, weil die Beziehung zur Mutter vor der Geburt endete und ihm danach kein Umgang gewährt wurde, ist mangels sozial-familiäre Beziehung ein Umgangsrecht des biologischen Vaters nach Abs. 2 versagt worden.[47] Das Verlangen einer sozial-familiären Beziehung als Voraussetzung für einen Umgang des biologischen Vaters mit dem Kind ist hingegen nicht mit **Art. 8 Abs. 1 EMRK** vereinbar,[48] der nicht nur das Familienleben, sondern auch das Privatleben schützt. Denn der biologische Vater hat keine Möglichkeit sozial-familiäre Beziehungen aufzubauen, wenn ihm dies durch die Mutter nicht gestattet oder von den rechtlichen Eltern des Kindes untersagt wird. Jedenfalls dann, wenn der biologische Vater in der Vergangenheit sein Interesse an dem Kind zum Ausdruck gebracht hat, kann nach Auffassung des EuGHMR nicht davon ausgegangen werden, dass die Wertung des Gesetzgebers, wonach der Schutz der bestehenden rechtlichen Familie auf Aufrechterhaltung eines ungestörten Familienlebens generell Vorrang einzuräumen ist, Bestand hat und gem. Art. 8 Abs. 2 EMRK den Eingriff in sein Privatleben rechtfertigt.[49] Vielmehr muss dann geprüft werden, ob es nicht im vorrangigen Interesse des Kindes ist, einen Kontakt zum leiblichen Vater aufzubauen.[50] Damit kann auch ein Kontakt zum biologischen Vater uU zu gewähren sein, wenn dieser bislang mit dem Kind in keiner Beziehung stand und Bindungen erst aufzubauen sind. Mangels gesetzlicher Neuregelung ist § 1685 gegenwärtig konventionskonform auszulegen,[51] wobei nicht verkannt wird, dass der Wortlaut des § 1685 einer derartigen Auslegung entgegensteht, allerdings sich den gesetzgeberischen Motive entnehmen lässt, dass letztlich eine konventionskonforme Regelung gewollt war.[52]

Besonders problematisch ist, wenn die biologische Vaterschaft nicht feststeht, sondern von der Mutter bestritten wird.[53] Dabei ist zu unterscheiden, ob der biologische Vater die Möglichkeit der **Vaterschaftsanfechtung** hatte. Hat er davon keinen Gebrauch gemacht, beispielsweise weil er bewusst nicht der rechtliche Vater werden wollte, so erscheint es bereits zweifelhaft, ob diese Haltung ein nachhaltiges Interesse an dem Kind ausdrückt.[54] Hatte der biologische Vater hingegen keine Möglichkeit die Vaterschaft anzufechten, weil zwischen rechtlichem Vater und Kind eine sozial-familiäre Beziehung besteht,[55] § 1600 Abs. 2 und 4, so wird wohl – solange der Gesetzgeber hier dem biologischen Vater keine andere Möglichkeit der Feststellung seiner Vaterschaft eröffnet[56] –, im Umgangsverfahren auch die biologische Vaterschaft geprüft werden müssen.[57] Ob allerdings dann unter Hinweis auf das Familienleben im 21. Jahrhundert mit zahlreichen Patchworkfamilien[58] noch angenommen werden kann, dass ein Umgangsverfahren, welches ein Verfahren zur Feststellung

---

[45] Dazu BVerfG NJW 2005, 2685; FamRZ 2003, 816; vgl. auch *Motzer* FamRB 2004, 231, 233.
[46] OLG Düsseldorf FamRZ 2004, 290; AG Potsdam FamRZ 2003, 1955.
[47] OLG Karlsruhe FamRZ 2007, 924.
[48] EuGHMR FamRZ 2011, 269, 270 Rn. 65 ff und Urt. v. 15. 9. 2011 – 17080/07 (Schneider ./. Deutschland) Rn. 90.
[49] EuGHMR FamRZ 2011, 269, 271 Rn. 68 ff. und Urt. v. 15. 9. 2011 – 17080/07 (Schneider ./. Deutschland) Rn. 98 ff.
[50] EuGHMR FamRZ 2011, 269, 271 Rn. 70 ff. und Urt. v. 15. 9. 2011 – 17080/07 (Schneider ./. Deutschland) Rn. 98 ff.
[51] *Willutzki*, ZKJ 2011, 90, 93; *Rixe* FamRZ 2011, 1363, 1364, so wohl auch *Giers* FamRB 2011, 229.
[52] BT-Drucks. 15/2253 S. 9.
[53] Vgl. Sachverhalt EuGHMR Urt. v. 15. 9. 2011 – 17080/07 (Schneider ./. Deutschland) Rn. 10.
[54] KG Beschl. v. 4. 3. 2011 – 13 UF 226/10.
[55] Vgl. AG Holzminden FamRZ 2011, 1077 zur Auslegung von § 1600 Abs. 2 und 4 vor diesem Hintergrund.
[56] Weitere Verfahren vor dem EuGHMR gegen die Bundesrepublik Deutschland betreffend die eingeschränkte Möglichkeit der Vaterschaftsanfechtung des biologischen Vaters sind anhängig und eine gesetzliche Neuregelung wird erst nach den Entscheidungen des EuGHMR zu erwarten sein, vgl. dazu auch *Rixe* FamRZ 2011, 1363, 1364 Fn. 38.
[57] So auch *Rixe* FamRZ 2011, 1363, 1365; *Staudinger/Rauscher* Rn. 10a meint, dass eine Überzeugung des Gerichts von der Vaterschaft im Freibeweis ausreichend sei, was wegen der weitreichenden Folgen zweifelhaft erscheint.
[58] EuGHMR Urt. v. 15. 9. 2011 – 17080/07 (Schneider ./. Deutschland) Rn. 100.

§ 1685 12–15 Abschnitt 2. Titel 5. Elterliche Sorge

der Vaterschaft mit beinhaltet, immer dem Wohl des Kindes dient, erscheint zweifelhaft. Bestehen doch bereits bei bestehender Vaterschaft große Probleme im Rahmen eines derartigen Umgangsverfahrens einem bis dato unwissenden Kind seine Herkunft kindgerecht zu erläutern, so wird die Verunsicherung bei einer nicht festgestellten Vaterschaft – gegebenenfalls mit negativem Ergebnis – noch viel größer sein.

12   Im Ergebnis wird man ohne bestehende sozial-familiäre Beziehung des biologischen Vaters zu dem Kind besonders intensiv prüfen müssen, ob die Anbahnung eines Kontakts dem Kindeswohl dient, Abs. 1 S. 2. Lebt die Mutter mit einem anderen Mann zusammen oder führt sie die (schon früher bestehende) Ehe fort, wird der Kontakt zum leiblichen Vater häufig für das Kind und die restliche Familie mit erheblichen Irritationen verbunden sein, die zum Ausschluss unter dem Blickwinkel des Kindeswohls führen können,[59] wenn sich die Mutter/der neue Partner widersetzt und ihre Abneigung dem Kind vermittelt. Es wird aber im Einzelfall zu prüfen sein, ob nicht ausnahmsweise das Interesse des Kindes an seiner Herkunft überwiegen kann.[60] Dabei wird auch zu berücksichtigen sein, wie nachhaltig das Interesse des Vaters ist, denn nur ein kurzfristiger Aufbau ohne Perspektive vermag kaum den Kindeswohl dienen. Ferner wird man bei älteren Kindern deren Willen zu berücksichtigen haben. Bei jüngeren Kindern wird sich insbesondere bei nachhaltiger ablehnender Haltung der rechtlichen Familie ohne psychologisches Gutachten kaum eine im Einzelfall mögliche höher einzustufende Kindeswohldienlichkeit feststellen lassen, hierzu auch Rn. 14.

13   Bei einem ausländischen biologischen Vater, der danach grundsätzlich umgangsberechtigt ist, darf die Realisierung des Umgangs dann nicht an ausländerrechtl. Bestimmungen scheitern.[61]

14   **4. Kindeswohl.** Umgangsbefugnisse nach § 1685 Abs. 1 und Abs. 2 bestehen nur, wenn sie dem Wohl des Kindes dienen, **positive Kindeswohlverträglichkeit.**[62] Lehnen die sorgeberechtigten Eltern die Kontakte ab und ist das Verhältnis des Sorgeberechtigten zum Besuchsberechtigten zerrüttet,[63] wird der notwendige Nachweis der Kindeswohldienlichkeit kaum gelingen, denn es ist ein starker Loyalitätskonflikt des Kindes zu befürchten.[64] Unterläuft der Besuchsberechtigte den Erziehungsvorrang des Sorgeberechtigen, ist regelmäßig ein Umgang dem Kindeswohl nicht dienlich.[65] Ausnahmsweise kann ein Umgang denkbar sein, wenn das Kind eine sehr enge Beziehung zu den Besuchsberechtigten hat, die eine Hauptbezugsperson darstellen, zB jahrelange Betreuung durch die Großeltern, und das Kind den Kontakt auch will.[66] Ansonsten ist der Einzelfall entscheidend.[67] Bestanden keine oder nur seltene Kontakte zu einem Verwandten nach Abs. 1 wird eine Kindeswohldienlichkeit schwer zu begründen sein.[68] Wie sonst ist auch hier maßgeblich auf die Empfindungen und den Willen des Kindes abzustellen.[69] Die Anordnung eines Umgangs gegen den beachtlichen Willen des Kindes ist mit dem Kindeswohl schwerlich zu vereinbaren.[70] Dies gilt auch dann, wenn das Kind zwar nicht den eigentlichen Kontakt zum Besuchsberechtigten ablehnt, aber befürchtet dort in Kontakt insbesondere zu einem getrennt lebenden Elternteil treten zu müssen, den es aus zu berücksichtigenden Gründen ablehnt.

15   **5. Aufgaben des Jugendamtes.** Wie sonst sind **Jugendamt** und sonstige Beratungsstellen zur Unterstützung und **Vermittlung** verpflichtet, § 18 Abs. 3 S. 3 SGB VIII. Gleichzeitig haben auch Kinder den Anspruch auf Unterstützung durch das Jugendamt, damit auch Besuchsberechtigte nach § 1685 ihr Besuchsrecht wahrnehmen, § 18 Abs. 3 S. 2 SGB VIII.

---

[59] Vgl. BVerfG FamRZ 2006, 1661, 1662; 2003, 816, 823; OLG Karlsruhe FamRZ 2007, 924.
[60] So EuGHMR FamRZ 2011, 269, 270 Rn. 65 ff.
[61] Kugler FamRBint 2011, 40, 42.
[62] Dazu *Johannsen/Henrich/Jaeger* Rn. 5; zu Einzelheiten auch OLG Frankfurt NJW-RR 1998, 937.
[63] OLG Brandenburg MDR 2011, 666 angebliches Kindermädchen; OLG Brandenburg FamRZ 2010, 1991, 1992; OLG Dresden FamRZ 2010, 310: Großeltern halten Eltern für erziehungsungeeignet; OLG Naumburg FamRZ 2008, 915, 916; OLG Karlsruhe 2008, 915; OLG Hamm FamRZ 2005, 201 und FamRZ 2000, 1601, 1602; OLG Koblenz FamRZ 2000, 1111.
[64] Hierzu insbesondere bei Umgangswünschen der Großeltern ausf. *Schwab/Motzer* (Handbuch) III Rn. 283. S.a. OLG Karlsruhe NJW 2011, 1012, 1013 für den Fall, dass die getrennt lebende Lebenspartnerin die biologische Abstammung des Kindes von der anderen Lebenspartnerin nicht akzeptiert.
[65] OLG Hamm FamRZ 2010, 909.
[66] OLG Celle FF 2001, 28.
[67] KG FamRZ 2009, 1229: Fehlende Akzeptanz durch Sorgeberechtigten reicht nicht; OLG Hamm NJW-Spezial 2011, 230: Kein gesonderten Umgang der Großeltern, wenn Vater Kind bei Umgang zeitweiligen den Großeltern überlässt.
[68] OLG Köln FamRZ 2008, 2147.
[69] *Schwab/Motzer* (Handbuch) III Rn. 279: „Der Wille des Kindes ist... von zentraler Bedeutung".
[70] *Johannsen/Henrich/Jaeger* Rn. 6; OLG Koblenz NJW-RR 2000, 883, 884.

III. § 1684 Abs. 2–4

Nach § 1685 Abs. 3 gelten § 1684 Abs. 2–4 für Besuchsbefugnisse anderer Verwandter bzw. Bezugspersonen, § 1685 Abs. 1 und 2, entsprechend. **16**

Besuchsberechtigte und Sorgeberechtigte sind zum **Wohlverhalten** verpflichtet. Dies setzt allerdings voraus, dass der Umgang grundsätzlich dem Kindeswohl dient. Anordnungen des FamG müssen wie bei § 1684 Abs. 3 S. 1 hinreichend konkret sein. Umgangsberechtigte Personen, die Rechte aus § 1685 Abs. 1 oder 2 herleiten, treten mit ihren Vorstellungen nach Besuchen beim Kind hinter die Pläne getrennt lebender oder geschiedener Eltern durchgängig zurück, denn diese gehen mit ihren Befugnissen aus § 1684 bzw. ihrem Sorgerecht jedenfalls vor. Auch ein **begleiteter Umgang** ist denkbar,[71] § 1684 Abs. 4 S. 3, allerdings muss dann der Kontakt zum Besuchsberechtigten dem Kindeswohl so überragend dienen, dass dem Kind die Belastungen durch einen begleiteten Umgang zuzumuten sind, was wohl nur in Ausnahmefällen angezeigt ist. Umgangsausschluss ist bereits dann möglich, wenn der Umgang dem Kindeswohl nicht dient.[72] Eine **Umgangspflegschaft** nach § 1684 Abs. 3 S. 3 bis 5 ist nur möglich, wenn ansonsten eine **Kindeswohlgefährdung** droht, § 1666.[73] **17**

IV. Verfahren

Zum **Verfahren** und seinem **Ablauf** vgl. § 1684 Rn. 84 ff. Vorläufiger Rechtsschutz nach § 49 FamFG ist grundsätzlich möglich, aber die Voraussetzungen (besondere Dringlichkeit) werden kaum nachzuweisen sein. Über Besuchsbefugnisse nach § 1685 Abs. 1 oder 2 bestimmt, wenn der Vater des nichtehelichen Kindes nicht sorgeberechtigt ist, allein die Mutter, § 1626a Abs. 2; für ihn ist daher die Beschwerde nicht eröffnet, wenn sein Antrag auf Ausschluss des Umgangsrechts für einen Dritten (hier: Ehemann der Mutter) mit dem Kind zurückgewiesen wird.[74] Sind beide Elternteile sorgebefugt und besteht keine Einigkeit über den Umgang mit Berechtigten, kann einer von ihnen nach § 1628 vorgehen und sich die Entscheidung über den Umgang mit anderen Besuchsberechtigten gerichtlich übertragen lassen.[75] In jeder Lage des Verfahrens hat das Gericht auf eine einvernehmliche Regelung unter den Beteiligten hinzuwirken, § 156 FamFG. Anzuhören sind die Eltern, das Kind[76] und das Jugendamt nach §§ 159 ff. FamFG. Eine Anhörungspflicht der Umgangsberechtigten ist nicht ausdrücklich normiert, doch wird das rechtliche Gehör des nach § 7 Abs. 1, Abs. 2 Nr. 1 FamFG zu beteiligenden Umgangsberechtigten anders nicht gewahrt werden. Nach § 158 FamFG kann das Gericht, wenn die Voraussetzungen dieser Bestimmung erfüllt sind, dem Kind einen **Verfahrensbeistand** bestellen.[77] **Umgangsvereinbarungen** zwischen den Beteiligten können wie sonst durch das FamG gem. § 156 Abs. 2 FamFG bestätigt werden;[78] nur dann sind sie Vollstreckungsgrundlage. **18**

V. Auslandsbezug

Zu Besuchsbefugnissen mit Auslandsbezug vgl. § 1684 Rn. 100 f. In Entführungsfällen können Besuche zur Vorbereitung der Rückführung ins Herkunftsland angeordnet werden, dazu Art. 21 HKÜ; allerdings sind lediglich die Eltern berechtigt, **vertragsautonome Auslegung,** so dass § 1685 nur sie erfasst, nicht etwa Großeltern, Geschwister und sonstige Verwandte, selbst wenn Auslandsrecht für sie ebenfalls Besuche vorsieht.[79] **19**

§ 1686 Auskunft über die persönlichen Verhältnisse des Kindes

¹Jeder Elternteil kann vom anderen Elternteil bei berechtigtem Interesse Auskunft über die persönlichen Verhältnisse des Kindes verlangen, soweit dies dem Wohl des Kindes nicht widerspricht. ²Über Streitigkeiten entscheidet das Familiengericht.

---

[71] OLG Hamm FamRZ 2004, 57, 58.
[72] *Schwab/Motzer* (Handbuch) III Rn. 279.
[73] Hierzu *Johannsen/Henrich/Jaeger* Rn. 9.
[74] OLG Bamberg FamRZ 2000, 492; ebenso KG FamRZ 2000, 1520.
[75] OLG Jena FamRZ 2009, 894; OLG Dresden FamRZ 2005, 1275.
[76] OLG Hamm FamRZ 2009, 996: Anhörungspflicht bei vierjährigem Kind.
[77] NK-BGB/*Peschel-Gutzeit* Rn. 17; nicht zwingend so OLG Celle FamFR 2011, 449.
[78] OLG Frankfurt FamRZ 2003, 250, 251.
[79] *Limbrock* FamRZ 1999, 1631.

I. Normzweck

1 § 1686 entspricht § 1634 aF. Dabei ist die Bestimmung den materiell-rechtl. Veränderungen in § 1671 angepasst und stattet „jeden Elternteil" mit Auskunfts- und Informationsrechten aus, der nicht mit dem Kind zusammenlebt, aber seine Entwicklung verfolgen will.[1] Hierzu kann auch der biologische Vater unter bestimmten Bedingungen zählen.[2] Voraussetzung ist ein berechtigtes Interesse an der Auskunft. Bei Umgangsausschluss oder fehlenden Umgangskontakten hat der andere Elternteil Auskunft zu erteilen.[3] § 1686 setzt aber nicht voraus, dass Umgangsrechte ausgeschlossen sind oder tatsächlich nicht bestehen.[4] Denn das Auskunftsrecht ist nicht nur Ersatz für nicht bestehende oder ausgeschlossene **Umgangsbefugnisse,** sondern bleibt unabhängig von sonstigen persönlichen Kontakten zum Kind und/oder unterstützt sie oder bereitet sie vor.[5] Bei häufigen Umgangskontakten kann es an einem berechtigten Interesse fehlen, aber auch hier kann im Einzelfall ein konkretes Interesse an bestimmten Informationen gegeben sein, vgl. Rn. 7.

2 **Auskünfte und Auskunftspflichten** nach § 1686 dürfen dem Wohl des Kindes nicht widersprechen; sonst bestehen sie nicht. Dabei ist der Eingriffsmaßstab aus der früheren Regelung abgesenkt, denn nach § 1634 Abs. 3 aF mussten Auskunft und Unterrichtung des anderen Elternteils mit dem Kindeswohl (positiv) vereinbar sein, vgl. Rn. 9.

3 Dem Anspruch des auskunftspflichtigen Ehegatten stehen (entspr.) **Rechtspflichten** des anderen Teils gegenüber.[6] **Zurückbehaltungsrechte** scheiden wegen der Zielbezogenheit der Auskunft und der besonderen Aktualität aus.[7] Auskunftsinteresse kann bei Kleinkindern in verstärktem Maße bestehen,[8] zu weiteren Einzelheiten sonst gleich Rn. 4 f. Ist das Kind volljährig, ist § 1686 nicht (mehr) anwendbar.

II. Anwendungsbereich

4 **1. Auskunftsberechtigter. Auskunftsberechtigt** nach § 1686 ist ein Elternteil, der ein berechtigtes Interesse hat. Die Sorgebefugnis ist zunächst unerheblich; auch ein Alleinsorgeberechtigter kann ein Auskunftsrecht haben,[9] wenn der andere Informationen (gewonnen) hat, etwa bei seinen Besuchen, die für die Entwicklung des Kindes wichtig sind, wie zB aktuelle Erkrankung oder sonstige Auffälligkeiten, oder sich das Kind ohnehin dort befindet. Bei gemeinsamer Sorge ergeben sich hingegen Auskunftsansprüche nicht aus § 1686, sondern hier bestehen gegenseitige Unterrichtungspflichten über die Entwicklung des Kindes bereits aus § 1626.[10] Dritte sind nicht auskunftsberechtigt, damit auch keine sonstigen Bezugspersonen des Kindes.[11] Allerdings kann der biologische Vater unter den Voraussetzungen, unter denen er Umgang mit seinem Kind haben kann, auch das Recht auf Informationen haben;[12] zu den Einzelheiten § 1685 Rn. 10 ff.

5 **2. Auskunftspflichtiger. Auskunftspflichtig** ist der jeweils andere Elternteil, der das Kind in Obhut hat und Auskunft erteilen kann, dies kann auch der Umgangsberechtigte sein, vgl. Rn. 4. Auskünfte können durch **Mittelspersonen** erteilt werden, etwa das **Jugendamt,** andere Verwandte und Bekannte oder den eigenen **Anwalt;** deshalb ist unerheblich, ob Verbindungen zwischen den Eltern fortbestehen oder ob der auskunftspflichtige Elternteil jeden Kontakt mit dem anderen ablehnt.[13] Es besteht daher auch kein Anspruch auf persönliche Kontaktaufnahme zwecks Erteilung der Auskunft.[14] Das Kind sollte grundsätzlich nicht in die Erteilung der Auskunft involviert werden. Auch das Überbringen von schriftlichen Erklärungen durch das Kind sollte vermieden werden, stehen den Eltern doch regelmäßig elektronische Hilfsmittel zur Auskunftserteilung zur Verfügung (SMS, E-Mail).

---

[1] *Johannsen/Henrich/Jaeger* Rn. 2 und OLG Hamm FamRZ 1995, 1288, 1289.
[2] EuGHMR Urt. v. 15. 9. 2011 – 17080/07 (Schneider ./. Deutschland) Rn. 90 und 104.
[3] OLG Brandenburg NJW-RR 2000, 882, 883.
[4] OLG Brandenburg NJW-RR 2000, 882, 883; BayObLG NJW 1993, 1081.
[5] *Palandt/Diederichsen* Rn. 1: etwa bei der Mitgabe von Medikamenten, dem Hinweis auf Allergien des Kindes oder andere Unverträglichkeiten, vgl. im Übrigen BT-Drucks. 13/4899 S. 107; weitere Einzelheiten bei *Johannsen/Henrich/Jaeger* Rn. 2; vgl. auch OLG Brandenburg NJW-RR 2000, 882.
[6] OLG Hamm FamRZ 1995, 1288, 1289.
[7] *Palandt/Diederichsen* Rn. 2.
[8] OLG Zweibrücken NJW-RR 1990, 646.
[9] *Staudinger/Rauscher* Rn. 2 und 8.
[10] *Staudinger/Rauscher* Rn. 4.
[11] *Schwab/Motzer* (Handbuch) III Rn. 68; *Johannsen/Henrich/Jaeger* Rn. 3.
[12] EuGHMR Urt. v. 15. 9. 2011 – 17080/07 (Schneider ./. Deutschland) Rn. 98 ff.
[13] OLG Köln FamRZ 1997, 111, 112.
[14] OLG Brandenburg Beschl. v. 22. 2. 2007 - 10 UF 219/06 Tz. 22.

Ansprüche aus § 1686 können sich von vornherein nicht gegen dritte Personen wie Lehrer, **6** Berufsausbilder, Sporttrainer oder behandelnde Ärzte richten;[15] sie bestehen vielmehr allein zwischen den Eltern, die allerdings entsprechende Anweisungen an diese Personen geben können, damit der andere informiert wird; über die tatsächlichen Abläufe müssen sie sich aber Gewissheit verschaffen, um ihre Verpflichtungen aus § 1686 zu erfüllen. **Vollmachtserteilung** ist zulässig. Erfasst sind dagegen die nach **§ 1685** umgangsberechtigten Personen.[16] § 1686 gilt zwar in seiner Fassung fort, die auf § 1684 abgestimmt ist, doch sind die Erweiterungen aus § 1685, die später hinzugekommen sind, aufzunehmen,[17] so dass auch insoweit Auskunftsverpflichtungen begründet sein können.

3. Auskunftsansprüche. Auskunftsansprüche setzen stets ein vernünftiges und berechtigtes **7** Interesse des Anspruchstellers voraus.[18] Daran fehlt es, wenn er auf andere einfache Weise die begehrte Information erlangen kann.[19] Daher steht ihm auch dann kein Auskunftsrecht zu, wenn er von einem Umgangsrecht aus eigenem Interesse und nicht aus Kindeswohlgründen Abstand nimmt.[20] Der auskunftsberechtigte Elternteil ist allerdings auch nicht zu umfangreichen und schwierigen Nachforschungen verpflichtet, wenn der andere ohne weiteres ihm die begehrte Information geben kann. Die Auskunft muss inhaltliche Bezüge zur jeweils eigenen Rechtsposition erkennen lassen, also zur elterlichen Sorge oder zum Umgangsrecht, denn § 1686 räumt keine allgem. **Überwachungs-** und Kontrollbefugnisse ein. Jedenfalls kann kein **Tagebuch** über die Lebensführung des Kindes verlangt werden;[21] genauso wenig wie über jeden Besuch ausführlich **Rechenschaft** zu erteilen oder über den Schulalltag minutiös zu berichten ist. Schließlich darf nicht bereits „**Vorkenntnis**"[22] bestehen,[23] weil – etwa das Kind selbst im Einzelnen Auskunft erteilt hat; seine Angaben müssen anderseits umfassend, vernünftig begründet und verlässlich sein. Auskunft kann selbst dann gefordert werden, wenn sich der Anspruchsteller längere Zeit nicht um das Kind gekümmert hat;[24] schließlich kann sich sein Verhalten für die Zukunft ändern, und zur Vorbereitung kann er auf Berichte des anderen Elternteils angewiesen sein.

4. Loyalitätskonflikte für das Kind. Bei § 1686 sollte (zumindest zunächst) nicht das Kind **8** befragt werden, das so leicht in **Loyalitätskonflikte** gerät oder geraten kann, taktiert und im schlimmsten Fall die Eltern gegeneinander ausspielt. Deshalb darf auch der sonst Auskunftspflichtige nicht auf „Rückfragen" beim Kind verweisen, um Ansprüchen aus § 1686 auszuweichen, vgl. Rn. 5 aE. Unerheblich bleibt, ob der Auskunftsberechtigte auch die Absicht verfolgt, Anhaltspunkte zu gewinnen, die für die Höhe des von ihm zu leistenden **Unterhalts** maßgeblich sein könnten oder ein Verfahren zur Änderung des elterlichen Sorgerechts vorbereiten will.[25] Doch darf diese Absicht nicht im Vordergrund stehen und persönliche Interessen völlig an den Rand drängen.

5. Kindeswohlverträglichkeit. Auskünfte nach § 1686 sind zu erteilen, wenn sie dem **Kin-** **9** **deswohl** nicht widersprechen, **negative Kindeswohlverträglichkeit**. Anderseits soll das Wohl des Kindes die Auskunft „nur begrenzen",[26] nicht Maßstab für ihre Gewährung sein,[27] denn in der Tat ist schwer zu sehen, wie Hinweise und Informationen zwischen Elternteilen über das Kind für dessen Entwicklung schädlich sein sollen;[28] störend ist allenfalls die weitere Verwendung durch die Eltern selbst. **Rechtsmissbrauch** ist vorzubeugen,[29] so dass (etwa) Auskünfte über den Aufenthaltsort bei unklarer Zielrichtung abgelehnt werden können, insbesondere wenn Übergriffe in die elterl. Sorge zu befürchten sind. **Vorstellungen,** Absichten und Äußerungen des Kindes sind wie sonst Rechnung zu tragen. Gegen den Willen eines älteren, fast volljährigen Kindes kann der andere Elternteil daher nichts über sein politisches Engagement, seine freundschaftlichen oder verwandt-

---

[15] *Völker/Clausius* § 2 Rn. 149; *Johannsen/Henrich/Jaeger* Rn. 3; vgl. auch OLG Bremen OLGR 1999, 86; OLG Hamm NJW-RR 1995, 1028, 1029.
[16] *PWW/Ziegler* Rn. 3 mN.
[17] So auch *Staudinger/Rauscher* Rn. 5.
[18] Dazu OLG Hamm FamRZ 2010, 909, 910; OLG Naumburg FamRZ 2001, 513.
[19] *Palandt/Diederichsen* Rn. 5; BayObLG NJW-RR 1996, 966.
[20] OLG Brandenburg NJW-RR 2008, 226
[21] OLG Brandenburg NJW-RR 2008, 226; OLG Koblenz FamRZ 2002, 980.
[22] Dazu OLG Zweibrücken NJW-RR 1990, 646; vgl. auch BayObLG NJW-RR 1996, 966.
[23] BayObLG NJW 1993, 1081, 1082.
[24] OLG Köln FamRZ 2005, 1276.
[25] BayObLG NJW-RR 1996, 966.
[26] BayObLG FamRZ 1996, 813 und OLG Naumburg FamRZ 2001, 513.
[27] BT-Drucks. 13/4899 S. 107.
[28] Anders BayObLG FamRZ 1996, 813 – schon die Auskunftserteilung selbst muss sich aus dem Kindeswohl rechtfertigen.
[29] OLG Hamm FamRZ 2010, 909, 910; BayObLG FamRZ 1996, 813.

schaftlichen Kontakte oder seinen **Gesundheitszustand** (Schwangerschaft) erfahren;[30] bei Volljährigkeit des Kindes ist § 1686 ohnehin nicht mehr anwendbar. Die Eingliederung des Kindes in eine neue Familie steht der Auskunftserteilung in aller Regel und für sich allein nicht entgegen.[31]

10 **6. Inhalt des Anspruchs. a) Voraussetzungen.** Auskunft kann der Auskunftsberechtigte über die persönlichen Verhältnisse des Kindes verlangen, also über seine **Gesundheit**, die allgemeine Entwicklung, **schulische Fortschritte** und die Lebensumstände, die das Kind selbst nicht darstellen kann oder will und für Zeiten, in denen persönlicher Kontakt nicht möglich ist;[32] sie schließt das Recht auf Kopien von **Schulzeugnissen**[33] und auf Zusendung von **Fotografien** des Kindes[34] ein. Im Übrigen sind **Art** und **Weise** der Auskunftserteilung nicht geregelt. Zunächst entscheidet daher der sorgeberechtigte Elternteil über Ausführlichkeit und Inhalt, hat aber die berechtigten Interessen des anderen zu beachten. Bei Kleinkindern kann auch die Pflicht bestehen, Belege/Kopien des Impfbuches weiterzugeben oder zumindest Einblick zu gewähren. Auch zum Gesundheitszustand[35] des Kindes können Angaben nach § 1686 geschuldet sein. **Ärztliche Untersuchungsberichte** müssen andererseits aber nicht vorgelegt werden.[36] Gegen den Willen eines fast volljährigen Kindes können keine Auskünfte über Gesundheitszustand, sein gesellschaftliches oder politisches Engagement und freundschaftliche Verbindungen begehrt werden.[37] Sind die Angaben mit dem Kindeswohl vereinbar, kann ein Elternteil, der die alleinige elterliche Sorge ausübt, dem anderen die **Wohnanschrift** des Kindes mitzuteilen haben.[38] Zumindest für das Verfahrenkostenhilfeverfahren ist im Übrigen von einer Verpflichtung der Mutter auszugehen, dem Ehemann und Vater, § 1592 Nr. 1, über die Geburt des Kindes zu berichten, wenn er dies noch nicht weiß, und im Übrigen ihm Auskunft zu geben, falls sie die Freigabe zur Annahme erklärt hat.[39] Ein Anspruch auf Auskunft über die **Vermögensverhältnisse** des Kindes besteht hingegen nicht.[40]

11 **b) Zeitabstände.** Auskunft aus § 1686 ist in angemessenen **Zeitabständen** zu erteilen, in der Regel wird dies viertel- bis halbjährlich sein,[41] wobei im Einzelfall beispielsweise bei einer Erkrankung oder akuten Vorfällen die Zeitabstände auch kürzer oder bei erheblichen Spannungen zwischen den Eltern länger sein können;[42] dann kann sich der Bericht auch auf ein Mindestmaß[43] beschränken. In seltenen Fällen kann auch die Auskunft „einmalig" geschuldet sein.[44] Ein Foto des Kindes wird regelmäßig halbjährlich bis jährlich zu übersenden sein;[45] Vorstellungen des Kindes spielen dabei grundsätzlich keine Rolle,[46] doch kann bei zunehmendem Alter anders zu entscheiden sein, da Persönlichkeitsrechte des Kindes, Art. 2 Abs. 1 GG, zu wahren sind. Bilder können auf einfache, aber aussagekräftige und die Persönlichkeitssphäre des Kindes schonende Weise einen Eindruck[47] von seiner gegenwärtigen Lebenslage und von seinem Entwicklungsstand vermitteln; daher müssen die Fotos in einer Größe und Qualität weitergegeben werden, die dieses Ziel tatsächlich verwirklicht. Eigene Berichte genügen, Belege sind regelmäßig nicht zu übermitteln[48] und im Übrigen umfasst das Auskunftsrecht nicht den Anspruch, das das Kind behandelnden Ärzte von der Schweigepflicht zu entbinden, wenn zu befürchten ist, dass die erlangten Informationen missbraucht werden.[49] Ausnahmen können allerdings für **Impfzeugnisse** u. ä. bestehen, wenn für sie und ihre Vorlage ein

---

[30] Dazu KG NJW-RR 2011, 438, 439; OLG Hamm FamRZ NJW-RR 1995, 1028, 1029; AG Hamburg FamRZ 1990, 1382, 1383.
[31] BT-Drucks. 13/4899 S. 107.
[32] Zu eng AG Hamburg FamRZ 1990, 1382, 1383 – nur die Informationen sind zu erteilen, die der Elternteil über die persönlichen Verhältnisse erlangen könnte, wenn er Umgang hätte; zu weiteren Einzelheiten *Johannsen/Henrich/Jaeger* Rn. 4 mit ähnlicher Einschätzung zu der genannten Entscheidung des AG Hamburg.
[33] Dazu BayObLG FamRZ 1983, 1169, 1170.
[34] OLG Naumburg FamRZ 2001, 513; OLG Frankfurt FamRZ 1998, 577; BayObLG NJW 1993, 1081, 1082.
[35] OLG Zweibrücken NJW-RR 1990, 646.
[36] OLG Zweibrücken NJW-RR 1990, 646.
[37] *Völker/Clausius* § 2 Rn. 158; KG NJW-RR 2011, 438, 439.
[38] OLG Stuttgart FamRZ 1628.
[39] OLG Brandenburg FamRZ 2007, 2003, 2004.
[40] KG NJW-RR 2011, 438, 439.
[41] *Johannsen/Henrich/Jaeger* Rn. 4; *Völker/Clausius* § 2 Rn. 156.
[42] BayObLG NJW-RR 1996, 966.
[43] *Völker/Clausius* § 2 Rn. 159.
[44] *Bamberger/Roth/Veit* Rn. 5.2: bei (akuter) Krankheit.
[45] OLG Frankfurt FamRZ 2002, 1586, 1588; 1998, 577.
[46] So *Völker/Clausius* § 2 Rn. 159.
[47] *Völker/Clausius* § 2 Rn. 159.
[48] OLG Zweibrücken NJW-RR 1990, 646.
[49] OLG Bremen Streit 2003, 87.

vernünftiges Interesse besteht, etwa bei geplanten, gemeinsamen **Ferienreisen,** die mit dem anderen Elternteil vielleicht sogar abgestimmt sind.

Ist der Umgang ausgeschlossen, muss der sorgeberechtigte/betreuende Elternteil seine **Telefon- 12 nummer** bzw. die des Kindes nicht nennen.[50]

III. Verfahren

Über Streitigkeiten über die Verpflichtung aus § 1686 entscheidet das **FamG,** S. 2, zum Verfah- 13 ren grundsätzlich § 1671 Rn. 126 ff. Kind und Eltern sind wie sonst anzuhören, **§§ 159, 160 FamFG,** das Jugendamt ist nach **§ 162 FamFG** anzuhören. Wie sonst kann Verfahrensbeistandschaft einzurichten sein, § 158 Abs. 1 FamFG. § 18 Abs. 3 S. 3 SGB VIII gilt auch für die Befugnis eines Elternteils, Auskunft über die persönlichen Verhältnisse des Kindes zu verlangen.[51] Für die Auskunftsverpflichtung kann ein (materiell-rechtlich) Pfleger einzusetzen sein, wenn Eltern nicht zusammenarbeiten können und ihr Verhältnis zueinander stark gestört ist.[52] Hingegen kann kein Umgangspfleger eingesetzt werden, da hierfür die Verletzung einer Pflicht nach § 1684 Abs. 2 BGB Voraussetzung ist.[53]

Zuständig bei einer gerichtlichen Auseinandersetzung ist der **Rechtspfleger,** §§ 3 Nr. 2 a, § 14 14 RPflG; wie sonst kann Verfahrenskostenhilfe zu bewilligen und Beiordnung eines Rechtsanwalts bei nicht einfach gelagertem Sachverhalt geboten sein, § 78 Abs. 2 FamFG. Vollstreckungsmaßnahmen richten sich nach §§ 86 f., 95 Abs. 1 Nr. 3 FamFG.[54]

§ 1687 Ausübung der gemeinsamen Sorge bei Getrenntleben

(1) ¹Leben Eltern, denen die elterliche Sorge gemeinsam zusteht, nicht nur vorübergehend getrennt, so ist bei Entscheidungen in Angelegenheiten, deren Regelung für das Kind von erheblicher Bedeutung ist, ihr gegenseitiges Einvernehmen erforderlich. ²Der Elternteil, bei dem sich das Kind mit Einwilligung des anderen Elternteils oder auf Grund einer gerichtlichen Entscheidung gewöhnlich aufhält, hat die Befugnis zur alleinigen Entscheidung in Angelegenheiten des täglichen Lebens. ³Entscheidungen in Angelegenheiten des täglichen Lebens sind in der Regel solche, die häufig vorkommen und die keine schwer abzuändernden Auswirkungen auf die Entwicklung des Kindes haben. ⁴Solange sich das Kind mit Einwilligung dieses Elternteils oder auf Grund einer gerichtlichen Entscheidung bei dem anderen Elternteil aufhält, hat dieser die Befugnis zur alleinigen Entscheidung in Angelegenheiten der tatsächlichen Betreuung. ⁵§ 1629 Abs. 1 Satz 4 und § 1684 Abs. 2 Satz 1 gelten entsprechend.

(2) Das Familiengericht kann die Befugnisse nach Absatz 1 Satz 2 und 4 einschränken oder ausschließen, wenn dies zum Wohl des Kindes erforderlich ist.

Schrifttum: *Belling/Eberl/Michlik,* Das Selbstbestimmungsrecht Minderjähriger bei medizinischen Eingriffen, 1994; *Finger,* Beantragung eines Kinderausweises/Kinderreisepasses sowie Ummeldung des Kindes durch einen der beiden sorgeberechtigten Eltern, FamFR 2009, 132; *ders.,* Umzug mit dem Kind – Zustimmung des anderen Elternteils, FamFR 2009, 134; *Geiger/Kirsch,* Gestaltung der Sorgerechtsausübung durch Vollmacht, FamRZ 2009, 1879; *Greßmann,* Neues Kindschaftsrecht, 1998; *Koritz,* Die grundsätzliche Bedeutung eines Kinderausweises für die Entwicklung eines Kindes – Die Tücken des § 1687 BGB n.F. in der Praxis, FPR 2000, 243; *Kostka,* Das Wechselmodell – Forschungsergebnisse aus den USA, FPR 2006, 271; *Menne,* Erziehungsberatung und gemeinsame elterliche Sorge nach Trennung und Scheidung, ZfJ 2001, 217; *Moritz,* Bedeutung des Elternvotums für den Abbruch der Schwangerschaft Minderjähriger, ZfJ 1999, 92; *Rakete-Dombek,* Das „Wechselmodell" und die Folgen für wen auch immer, FF 2002, 16; *Schwab,* Elterliche Sorge bei Trennung und Scheidung der Eltern, FamRZ 1998, 457; *Schwab/Wagenitz,* Einführung in das neue Kindschaftsrecht, FamRZ 1997, 1377; *Schwerdtner,*

---

[50] OLG Düsseldorf FamRZ 1997, 46 mit Anm. *Sarres.*
[51] *Greßmann* Rn. 231.
[52] OLG Frankfurt FamRZ 2004, 1311, 1312 – der Pfleger hat dann dafür zu sorgen, dass das Auskunftsrecht gegenüber dem Berechtigten erfüllt wird.
[53] *Johannsen/Henrich/Jaeger* Rn. 5 aE.
[54] *Musielak/Borth* FamFG § 95 Rn. 4; aA *Völker/Clausius* § 2 Rn. 162 – maßgeblich seien §§ 88 ff., die aber nur die Vollstreckung von Umgang und Herausgabe des Kindes regeln.

§ 1687 1–3   Abschnitt 2. Titel 5. Elterliche Sorge

Mehr Rechte für das Kind – Fluch oder Segen für die elterliche Sorge? NJW 1999, 1525; *Wend*, Gemeinsames Sorgerecht ohne elterliche Kooperation? FPR 1999, 137.

Übersicht

	Rn.		Rn.
I. Normzweck	1, 2	3. Angelegenheiten des täglichen Lebens	14–18
II. Anwendungsbereich	3–20	a) Allgemeines	14
1. Angelegenheiten von erheblicher Bedeutung	3–12	b) Alleinige Entscheidungsbefugnis des betreuenden Elternteils	15, 16
a) Allgemeines	3, 4	c) Alleinige Entscheidungsbefugnis eines Elternteils während seiner Umgangszeiten	17, 18
b) Personen- und Vermögenssorge	5		
c) Elternvereinbarung	6, 7	4. Notvertretungsrecht und Wohlverhaltenspflicht, Abs 1 S. 5	19
d) Einzelfälle	8–12		
2. Einvernehmen der Eltern	13	5. Regelungen durch das FamG	20

I. Normzweck

1 § 1687 führt §§ 1671 ff. für die (meist: gemeinsame) elterliche Sorge nach Trennung und Scheidung fort. In Angelegenheiten, die für das Kind von **erheblicher Bedeutung** sind, ist bei gemeinsamer Verantwortung beider Elternteile und nicht nur vorübergehendem Getrenntleben ihr **Einvernehmen** notwendig. Sonst entscheidet der Elternteil, bei dem sich das Kind mit Einwilligung des anderen oder auf Grund gerichtlicher Entscheidung aufhält, in Angelegenheiten des **täglichen Lebens** allein, also solche, die „häufig vorkommen und die keine schwer abzuändernden Auswirkungen auf die Entwicklung des Kindes haben", **Abs. 1 S. 3**, wobei auch „Angelegenheiten der tatsächlichen Betreuung" einbezogen sind, eine wichtige Ergänzung bei **Besuchskontakten** in **Besuchszeiten** für den Besuchsberechtigten. Dabei ist das **Residenzmodell** – Kind hat seinen dauerhaften Aufenthalt bei einem Elternteil und besucht den anderen Elternteil - Grundlage der gesetzlichen Regelung.[1] Bei anderen Aufenthaltsregelungen – Wechsel- oder Nestmodell – wechselt mit dem Kind auch die Alltagssorge auf den Elternteil, bei dem sich das Kind aufhält.[2] Allerdings setzt ein Wechselmodell voraus, dass die Eltern auch in alltäglichen Dingen kooperieren und sich abstimmen können, da anderenfalls schwer vorstellbar ist, dass auf Dauer der Wechsel in zwei Haushalten dem Kindeswohl nicht abträglich ist.[3] §§ 1629 Abs. 1 S. 4 und 1684 Abs. 2 S. 1 gelten entsprechend. Wie sonst kann das FamG Befugnisse nach Abs. 1 S. 2 und 4 einschränken oder ausschließen, wenn dies zum Wohl des Kindes erforderlich ist, Abs. 2,[4] zu weiteren Einzelheiten Rn. 19. Unmittelbar regelt § 1687 zwar nur das **„Innenverhältnis"**; eine Ausdehnung ins **Außenverhältnis** ist allerdings geboten, um vernünftige Handlungsmöglichkeiten der Eltern für das Kind zu schaffen, dazu auch Rn. 16.

2 **Notvertretungsrechte** bestehen nach allg. Regeln, vgl. auch **§ 1629 Abs. 1 S. 3**.

II. Anwendungsbereich

3 **1. Angelegenheiten von erheblicher Bedeutung. a) Allgemeines.** Angelegenheiten von **erheblicher Bedeutung,** die Eltern mit gemeinsamer elterlicher Sorge nach ihrer dauerhaften Trennung nur gemeinsam und einvernehmlich regeln dürfen, sind im Regelfall solche, die – vgl. dazu Abs. 1 S. 2 – nicht häufig vorkommen und auch deshalb in aller Regel erhebliche Auswirkungen auf die Entwicklung des Kindes haben oder haben können und in ihren Folgen nur mit einigem Aufwand zu beseitigen sind. Einvernehmen zwischen ihnen setzt umfassende Information voraus; deshalb gelten die Grenzen aus § 1686 insoweit nicht.[5] Während ihres Zusammenlebens haben Eltern ihre Entscheidungen für die Kinder in gegenseitiger Absprache getroffen; nach ihrer Trennung soll und muss, wenn die gemeinsame elterliche Sorge fortbesteht, dies nicht anders sein. Streitverfahren nach **§ 1628** sind in der Ehe selten, weil von beiden Partnern ihr gegenwärtiges Vertrauen durchgängig als ausreichende Grundlage und als Richtigkeitsgewähr angesehen wird; nach

---

[1] *Bamberger/Roth/Veit* Rn. 3.
[2] Vgl. hierzu *Staudinger/Salgo* Rn. 15; FA-Komm/*Ziegler* Rn. 5; *Völker/Clausius* § 1 Rn. 250 (analoge Anwendung); aA *Johannsen/Henrich/Jaeger* Rn. 7.
[3] Zu den Voraussetzungen für ein Wechselmodell § 1671 Rn. 91 sowie OLG München FamRZ 2007, 753; OLG Stuttgart FamRZ 2007, 1266; KG FamRZ 2006, 1626 und OLG Dresden FamRZ 2005, 125.
[4] Zu Einzelheiten BT-Drucks. 13/4899 S. 107 und 108.
[5] *Zieroth* FamRZ 2001, 514 und *Palandt/Diederichsen* Rn. 2.

der Trennung bestehen diese Voraussetzungen allerdings meist nicht fort,[6] so dass Auseinandersetzungen und gerichtl. Entscheidungen für sie häufiger werden.

In Angelegenheiten des **täglichen Lebens** entscheidet ein Elternteil für das Kind allein, das bei 4 ihm lebt, auch wenn die elterliche Sorge sonst gemeinsam fortbesteht. Nicht sämtliche Kleinigkeiten müssen mit dem anderen Teil abgesprochen werden, denn dann sind ständige Belastungen auch und gerade für das Kind und fortdauernde Auseinandersetzungen unausweichlich, die letztlich die gemeinsame Ausübung der Sorge in Frage stellen könnten.[7] Andererseits darf die konfliktvermeidende Alleinentscheidungsbefugnis nicht so weit reichen, dass die gemeinsame elterliche Sorge ausgehöhlt wird,[8] aus der sich dann tatsächlich keine eigene Mitwirkung mehr ableitet.[9] Doch sind die Übergänge fließend, denn mit zunehmendem Alter eines Kindes können (bisher eher) unwichtige Dinge wichtig werden (und umgekehrt).[10] Zweifelsfälle sollten zugunsten des betreuenden Elternteils entschieden werden, weil sein Verhalten für das Kind maßgeblich ist und beide ständig zusammenleben; daher sollte er Unterstützung finden, damit das Kind nicht in Ungewissheit gerät.[11] Im Übrigen kann **§ 1687** schon bei der Entscheidung für oder gegen die gemeinsame Elternsorge ausschlaggebendes Gewicht gewinnen; denn die wesentlichen Befugnisse liegen bei dem Elternteil, bei dem das Kind seinen **Lebensmittelpunkt** genommen hat,[12] während der andere erheblich zurückstecken muss und nur für Alltagsangelegenheiten entscheiden kann, wenn sich das Kind bei ihm aufhält. Unerheblich ist, ob in absehbarer Zeit nun wirklich Entscheidungen in Angelegenheiten von erheblicher Bedeutung für das Kind zu treffen sind;[13] gleichwohl spielt dies bei der Entscheidung, ob eine gemeinsame Sorge zu belassen ist, eine nicht zu unterschätzende Rolle bei der Entscheidung. Wenn eine Einigung der Eltern in grundlegenden Angelegenheiten in der Vergangenheit nicht möglich war und auch in der Zukunft nicht zu erwarten ist, wird dies zumindest dann, wenn weitere sich negativ auf das Kind auswirkende Streitigkeiten zu erwarten sind, für eine Alleinsorge eines Elternteils sprechen.[14]

b) Personen- und Vermögenssorge. § 1687 erfasst Angelegenheiten der **Personen-** und 5 der **Vermögenssorge,** wenn die Sache wichtig ist. Ob eine besonders wesentliche Frage angesprochen ist, ist objektiv zu klären.[15] Nicht maßgeblich ist die Einschätzung durch die Eltern oder das Kind, aber sie kann für eine gerichtliche Auseinandersetzung und Entscheidung erste Hinweise liefern. Bei Streitigkeiten ist zunächst zu prüfen, ob eine Angelegenheit wirklich wichtig ist, die nur im Einvernehmen der Eltern geklärt werden kann; danach ist nach den Vorstellungen der Beteiligten zu fragen. Im Ergebnis kann das Gericht auch zu der Überzeugung gelangen, dass die Sache (eher) bedeutungslos bleibt; dann gelten die üblichen Verteilungsmaßstäbe aus § 1687.

c) Elternvereinbarung. § 1687 ist nicht **dispositiv,** so dass Eltern nicht verbindlich festlegen 6 können, wann die „**Erheblichkeitsgrenze**" erreicht bzw. überschritten ist. Doch können sie Absprachen treffen, die für das Gericht im Streitfalle wichtige Hinweise liefern, wie sie selbst die Dinge bewerten, vgl. dazu gerade Rn. 5. Im Übrigen können sie sich mit **Vollmachten** ausstatten, um so rechtsgeschäftliches Handeln des jeweils anderen zu ermöglichen.[16] Denkbar ist beispielsweise, dass der betreuende Elternteil innerhalb des „Residenzmodells" den anderen widerruflich und mit Außenwirkung zur Alleinvertretung in bestimmten Angelegenheiten des täglichen Lebens ermächtigt, die über § 1687 hinausreichen.[17] Umgekehrt kann der Elternteil, der das Kind nicht betreut und bei dem auch kein Aufenthalt begründet ist, dem anderen weitergehende Befugnisse erteilen als sie Abs. 1 S. 2 f vorsehen.[18] Beim **Wechselmodell** schließlich können die Eltern einen von ihnen zur alleinigen Entscheidungsbefugnis berechtigen, Abs. 1 S. 2.[19] Allerdings ist eine Ein-

---

[6] Hierzu *Palandt/Diederichsen* Rn. 2 und 4; *Schwab/Motzer* (Handbuch) III Rn. 39.
[7] *Johannsen/Henrich/Jaeger* Rn. 1.
[8] BT-Drucks. 13/8511 S. 67.
[9] Vgl. dazu OLG München NJW 2000, 368, 369.
[10] *Schwab/Wagenitz* FamRZ 1997, 1377, 1380 und *Schwab* FamRZ 1998, 457, 469 mit einer tabellarischen Übersicht.
[11] Vgl. dazu Ergebnisse des Arbeitskreises 5. des 13. DFGT, Brühler Schriften zum Familienrecht Bd. 11 S. 102 f.
[12] So zu Recht OLG München FamRZ 2000, 368, 369.
[13] OLG Stuttgart FamRZ 2004, 1397, 1399.
[14] OLG Frankfurt FamRZ 2009, 433, 434; OLG Köln OLGR 2008, 248, 249; OLG Dresden FamRZ 2007, 923; KG FamRZ 1999, 737.
[15] *Palandt/Diederichsen* Rn. 6; *Bamberger/Roth/Veit* Rn. 6, kritisch hierzu *Staudinger/Salgo* Rn. 28.
[16] Vgl. auch *Johannsen/Henrich/Jaeger* Rn. 11.
[17] *Bamberger/Roth/Veit* Rn. 3.
[18] *Bamberger/Roth/Veit* Rn. 3.
[19] *Johannsen/Henrich/Jaeger* Rn. 11.

§ 1687 7–10

schränkung des Alleinvertretungsrechts des überwiegend betreuenden Elternteils nicht zulässig, da hierdurch weiteres Streitpotenzial geschaffen werden kann, was § 1687 gerade verhindern will,[20] s. Rn. 4. In Notfällen besteht ohnehin Vertretungsmacht nach den allg. Grundsätzen. Gefährdet die Elternvereinbarung das Kindeswohl, kann und muss das Gericht von Amts wegen einschreiten, § 1666.

7   Baut ein Elternteil in Nebenpunkten eine neue Streitfront auf und gelingt keine Einigung zwischen ihnen, kann er nicht etwa Zuweisung der alleinigen elterlichen Sorge für sich mit der Begründung verlangen, dass Absprachen mit dem anderen Elternteil an dessen Unverstand oder Desinteresse scheitern.[21] Vielmehr muss er ein gerichtliches Verfahren nach § 1628 einleiten und eine Entscheidung herbeiführen, die letztlich ausreicht und das Kind schützt.[22]

8   **d) Einzelfälle.** Als Angelegenheiten von grundsätzlicher **Bedeutung** kommen die **Aufenthaltsbestimmung** des Kindes in Betracht, sein Umzug und sein **Wohnortwechsel**,[23] auch bei Wechsel ins **Ausland** oder bei **Auswanderung**,[24] wobei Auswirkungen auf die Kontakte des Kindes zum anderen Elternteil zu berücksichtigen sind, aber hingenommen werden müssen, wenn die Abwägung der betroffenen Grundrechte der Beteiligten für einen Umzug des Kindes spricht. Ansonsten hat das FamG nicht über den Umzug eines Elternteils in der Sache zu entscheiden, sondern bei Gefährdung des Kindeswohls hierdurch geeignete Maßnahmen zu ergreifen, gegebenenfalls auch einen Wechsel des Kindes.

9   Verständigen müssen sich die Eltern auch über die äußere **Form der Kindesbetreuung** (Betreuungsmodelle).[25] § 1687 geht für sich jedenfalls vom Residenz- oder Eingliederungsmodell aus, s. Rn. 1, wonach das Kind gewöhnlich bei einem Elternteil lebt, aber die Eltern können auch ein Doppelresidenz- oder Wechselmodell vereinbaren, wobei sie die Grenzen und Abläufe im Einzelnen festlegen müssen.[26] Zu den Grundsatzfragen nach § 1687 zählt im Übrigen der **Umgang** mit dem jeweils anderen Elternteil und sonstigen Bezugspersonen wie etwa den Großeltern,[27] für die aber §§ 1684, 1685 vorrangig sind, einschließlich des Verbleibs des Kindes bei einer Pflegefamilie oder Pflegeperson;[28] insoweit kann nicht ein Elternteil – alltägliche Betreuung – allein entscheiden, aber über den Umgang während seiner Besuchszeiten bestimmt er selbst und ohne Rücksprache mit dem anderen, vgl. zu Einzelheiten Rn. 17.

10   Anmeldung des Kindes in einer Einrichtung zu seiner Betreuung,[29] bzw. die Wahl des **Kindergartens**,[30] Wahl der **Schulart**[31] und Schulwechsel[32] bzw. Umschulung,[33] Wechsel des Kindes in ein Heim oder **Internat**,[34] Wiederholung einer Klasse,[35] nicht aber Auswahl der Schulfächer[36] oder der jeweiligen Fächerkombination oder Besprechungen mit den Lehrern, selbst bei gefährdeter **Versetzung**,[37] denn insoweit trägt der betreuende Elternteil auch sonst die Lasten;[38] Wahl des **Ausbildungsplatzes** bzw. des Ausbildungsganges,[39] Entscheidung über die Inanspruchnahme von Hilfen zur Erziehung nach §§ 27 ff. SGB VIII,[40] Fragen des Kindesunterhalts[41] und die Annahme

---

[20] *Johannsen/Henrich/Jaeger* Rn. 11; *Staudinger/Salgo* Rn. 13.
[21] OLG Bamberg FamRZ 1999, 1005, 1006.
[22] Zu den Maßstäben dabei BVerfG FamRZ 2003, 511.
[23] *Finger* FamFR 2009, 134.
[24] BGH FamRZ 2010, 1060, 1061, 1062; OLG Karlsruhe FamRZ 2002, 1272, 1273; OLG Nürnberg FamRZ 2000, 1603.
[25] Etwa AG Hannover FamRZ 2001, 846.
[26] OLG Dresden FamRZ 2005, 125; Übersicht bei *Bamberger/Roth/Veit* Rn. 3 mN; *Kostka* FPR 2006, 271; krit. *Rakete-Dombek* FF 2002, 16. Unterhaltsrechtl. Folgen bei BGH NJW 2007, 1882.
[27] OLG Jena FamRZ 2009, 894; OLG Dresden FamRZ 2005, 1275.
[28] OLG Frankfurt FamRZ 1989, 1323, 1324.
[29] OLG Brandenburg JAmt 2005, 47, 48; Pflegeeltern, bei denen ein Kind lebt, haben daher nicht die Befugnis, den Inhaber der elterlichen Sorge zu vertreten, soweit Eingliederungshilfe nach §§ 39, 40 BSHG beantragt werden soll, wenn durch Art und Umfang der Hilfe zugleich in erheblicher Weise die persönliche Entwicklung des Kindes bestimmt wird, dazu OVG Weimar NJW 2002, 3647.
[30] OLG Frankfurt OLGR 2009, 562, 563; nicht aber bloß bei Wechsel zur ortsnäher Betreuungsstätte nach Trennung der Eltern so OLG Brandenburg OLGR 2008, 388.
[31] *Schwab* FamRZ 1998, 457, 469; Zusammenstellung auch bei *Greßmann* Rn. 249 f.
[32] OVG Münster NJW 2008, 1755, 1756; OLG München FamRZ 1999, 111, 112.
[33] OLG Dresden FamRZ 2003, 1489, 1490.
[34] *Palandt/Diederichsen* Rn. 7.
[35] OLG Nürnberg FamRZ 1999, 673, 674.
[36] *Schwab* FamRZ 1998, 457, 469, also Latein als erste Fremdsprache vs. Englisch?
[37] AA *Schwab* FamRZ 1998, 457, 469.
[38] AA wiederum *Schwab* FamRZ 1998, 457, 469.
[39] *Schwab* FamRZ 1998, 457, 469.
[40] *Menne* ZFJ 2001, 217, 220.
[41] KG FamRZ 1999, 737.

oder Ausschlagung einer Erbschaft.[42] Wichtig sind weiterhin Fragen der **religiösen Erziehung**,[43] einschließlich der Frage, ob das Kind getauft werden soll oder nicht,[44] wobei die Altersgrenzen **(RelKErzG)** zu beachten sind, die dem Kind eigene Handlungsmöglichkeiten eröffnen; besonders gefährliche oder zeitintensive sonstige Beschäftigungen, auch in der **Freizeit,** die erhebliche Rückwirkungen auf die schulischen Leistungen und auf die allg. Entwicklung haben können (Boxsport, Eiskunstlauf, Tennisprofi), während über andere **Sport-** und **Freizeitaktivitäten** der jeweils betreuende Elternteil allein entscheidet, weil die Auswirkungen für das Kind gering bleiben. Beide Elternteile haben gemeinsam nach § 1687 über **Operationen**[45] oder andere medizinische Eingriffe zu entscheiden, wobei allerdings in Notfällen **„Notbefugnisse"**[46] bestehen können, vgl. Abs. 1 S. 5, die Beendigung **lebenserhaltender Maßnahmen,**[47] die Einweisung in eine Heilanstalt oder in ein Sanatorium,[48] langwierige Behandlungen wie Zahn- und **Kieferregulierungen,**[49] und über **ärztliche Behandlungen** sonst (Impfungen)[50] oder die medizinische Versorgung allgemein, etwa bei einem asthmatischen Kind oder einem **Allergiker.** Andererseits darf der Elternteil, bei dem sich das Kind aufhält, bei kleineren Eingriffen nach unbedeutenden Verletzungen allein entscheiden.[51] Für den **Schwangerschaftsabbruch** ihres **Kindes** müssen sich die Eltern verständigen, wenn sie die gemeinsame elterliche Sorge haben. Dabei haben sie auf die Interessen ihrer Tochter in besonderem Maße Rücksicht zu nehmen. Können sie sich nicht einigen, hat das Gericht nach § 1628 zu entscheiden oder von Amts wegen Maßnahmen nach § 1666 zu treffen.[52] Grundsätzliche Bedeutung wegen der betroffenen Persönlichkeitsrechte des Kindes kommt auch der Entscheidung über die Veröffentlichung von Fotos des Kindes in Medien und sozialen Netzwerken im Internet zu.[53] Bei Tod eines Kindes folgt das Recht der Eltern über die Art des Begräbnisses und die Gestaltung der Grabstätte zu entscheiden aus dem Totenfürsorgerecht, denn die elterliche Sorge endet mit dem Tod des Kindes.[54] Längere **Auslandsreisen,** die im konkreten Fall mit besonderen Gefahren für das Kind verbunden sind,[55] sind gemeinsam zu planen und verlangen gegenseitige Absprachen.

Zu den nachhaltigen, wichtigen Fragen zählen schließlich **Status-**[56] und **Namensfragen,**[57] soweit nicht insoweit Sonderregeln eingreifen, etwa § 1618[58] oder bei der **Annahme** als Kind.

Verständigen und absprechen müssen sie sich im Übrigen bei der Option eines Kindes für die deutsche Staatsangehörigkeit nach § 5 StAG[59] und für den Antrag auf Entlassung aus dem Staatsverband nach § 19 StAG,[60] ferner für die Klärung von **Abstammungsfragen.**

2. Einvernehmen der Eltern. Über ihr Einvernehmen haben sich die Eltern zu verständigen. Vertragliche Regelungen sind dabei nicht notwendig[61] und lösen, falls sie tatsächlich getroffen wer-

---

[42] *Palandt/Diederichsen* Rn. 7, s.a. OLG Hamm FamRZ 2003, 172 mit Anm. *van Els* FamRZ 2003, 174.
[43] *Staudinger/Salgo* Rn. 37.
[44] Haben sich die sorgeberechtigten Eltern darauf verständigt, dass das Kind getauft werden soll, können sie sich nur nicht darauf einigen, zu welchem Zeitpunkt dies geschehen soll, liegt keine für das Kind wichtige Angelegenheit vor, über die das FamG dann einem der Elternteile die Regelungsbefugnis übertragen könnte, AG Lübeck FamRZ 2003, 549 mit krit. Anm. *Söppper* FamRZ 2003, 1035.
[45] *Schwab* FamRZ 1998, 457, 469; OLG Bamberg FamRZ 2003, 1403 für ein hyperkinetisches Syndrom; *Greßmann* Rn. 249 für Bluttransfusionen.
[46] *Schwab* FamRZ 1998, 457, 469.
[47] OLG Brandenburg NJW 2000, 2361; vgl. aber auch BVerfG FamRZ 2007, 2046.
[48] *Johannsen/Henrich/Jaeger* Rn. 4.
[49] *Johannsen/Henrich/Jaeger* Rn. 4.
[50] KG FamRZ 2006, 142; aA OLG Frankfurt FamRZ 2011, 47 empfohlene Schutzimpfungen fallen in die Alltagssorge.
[51] *Schwab* FamRZ 1998, 457, 469.
[52] OLG Naumburg FamRZ 2004, 1806. Zu diesen Punkten ausführlich *Belling/Eberl/Michlik*, Das Selbstbestimmungsrecht Minderjähriger bei medizinischen Eingriffen (rechtsvergleichend) und *Moritz* ZfJ 1999, 92; Übersicht über die Rechtsprechung bei *Palandt/Diederichsen* § 1626 Rn. 13; zu weiteren Einzelheiten *Schwerdtner* NJW 1999, 1525.
[53] KG NJW-RR 2011, 940, 942.
[54] So auch *Staudinger/Salgo* Rn. 45; aA AG Biedenkopf FamRZ 1999, 736.
[55] OLG Karlsruhe FamRZ 2008, 1368; OLG Frankfurt FamRZ 2007, 753 (Kolumbien); OLG Karlsruhe FamRZ 2005, 1004 (verneint für China); OLG Köln NJW-RR 2005, 90, 91 (Katar); OLG Köln NJW 1999, 295 (2wöchiger Ferienaufenthalt in Ägypten, zweifelhaft); OLG Naumburg EzFamRaktuell 2000, 2 (Flugreise eines zweijährigen Kindes nach Kanada – zweifelhaft).
[56] *Schwab* FamRZ 1998, 457, 469.
[57] OLG Dresden OLG-NL 2004, 164; OLG Hamm NJW-RR 2001, 505 und BayObLG StAZ 2001, 206.
[58] Dazu BGH FamRZ 2002, 1330; zur Einbenennung mit Zustimmung des sorgeberechtigten Elternteils und des neuen Ehegatten vgl. OLG Hamm NJW-RR 2001, 505 und BayObLG StAZ 2001, 206.
[59] BayObLG FamRZ 1976, 161, 162 und *Palandt/Diederichsen* § 1626 Rn. 14.
[60] KG FamRZ 1980, 625, 626.
[61] NK-BGB/*Peschel-Gutzeit* Rn. 11 und *Wend* FPR 1999, 137, 139.

§ 1687 14–17   Abschnitt 2. Titel 5. Elterliche Sorge

den, keine weiteren Wirkungen aus, weil den Eltern insoweit Dispositionsbefugnisse fehlen und sie auch nicht festlegen können, wo die Grenze zwischen alltäglichen Angelegenheiten und Angelegenheiten von erheblicher Bedeutung verlaufen, dazu schon Rn. 6. Allerdings kann der allein betreuende Elternteil vom anderen Elternteil widerruflich ermächtigt werden, Angelegenheiten auch von erheblicher Bedeutung des Kindes zu regeln und diese Ermächtigung hat auch Außenwirkung.[62] Derartige Vollmachten erlauben auch bei einer wechselseitigen Betreuung des Kindes durch die Eltern eine im Alltag handhabbare Entscheidungsgewalt mit Außenwirkung des jeweils betreuenden Elternteils.[63] Jedoch kann durch den betreuenden Elternteil keine Vollmacht dahingehend erteilt werden, dass der andere Elternteil die Entscheidungen in den Angelegenheiten des Kindes von besonderer Bedeutung alleine trifft, denn über den Inhalt der Personensorge können die Eltern nicht frei disponieren.[64] Gelingt den Eltern keine Einigung und ist die Grundlage für die bisherige Zusammenarbeit der Eltern in Sorgefragen überhaupt zerbrochen, kann gerichtliche Neuregelung zum Sorgerecht nötig werden, dazu schon Rn. 7. Bei besonders schlimmen Ausfällen, die das Kind unmittelbar gefährden, sind Maßnahmen nach § 1666 möglich und geboten. Ist das FamG, vgl. Rn. 5, der Ansicht, die Angelegenheit sei nicht wirklich wichtig, entscheidet jeder Elternteil für Alltagsangelegenheiten oder für die Streitpunkte, die dem Gericht vorgelegt worden sind, wie vorgesehen allein; weitere Regelungen sind dabei nicht zu treffen. Können sich die Eltern in wichtigen Fragen bzw. in Fragen, die das FamG für wichtig hält, dagegen nicht einigen, sind **Entscheidungsbefugnisse** auf einen von ihnen gerichtlich zu übertragen, **§ 1628,** denn das FamG regelt die Sache nicht selbst.

14   **3. Angelegenheiten des täglichen Lebens. a) Allgemeines.** Angelegenheiten des täglichen Lebens bleiben ohne nachhaltigen Einfluss auf die Entwicklung des Kindes. Hierzu gehören Entscheidungen über weniger wichtige schulische Fragen wie Fächerkombination, Reihenfolge der Fremdsprachen, Nachhilfe,[65] Teilnahme an Klassenausflug und Klassenreisen[66] oder Arbeitsgemeinschaften, Abholen von dem Kindergarten,[67] **Besuche** bei anderen **Verwandten,** vor allem bei den **Großeltern,**[68] Fragen der Freizeitgestaltung (Fernsehkonsum, Diskothekenbesuch)[69] und einfache medizinische **Behandlungen,** zur Abgrenzung s. a. Rn. 8, sowie Beantragung von Ausweispapieren für eine Auslandsreise.[70] Bei der **Vermögenssorge** ist die Verwaltung kleinerer **Geldgeschenke** oder die Zustimmung nach § 110 (Verwendung des **Taschengelds**[71]) als Angelegenheit des täglichen Lebens anzusehen.

15   **b) Alleinige Entscheidungsbefugnis des betreuenden Elternteils.** Für Angelegenheiten des täglichen Lebens entscheidet der betreuende Elternteil allein, bei dem das Kind seinen Lebensmittelpunkt gefunden hat. Grundlage des Aufenthalts des Kindes kann dabei das Einverständnis des anderen Elternteils sein, aber auch eine gerichtl. **Entscheidung.** Ändert sich sein Aufenthalt nach entsprechender Absprachen beider Eltern oder nach erneuter Anordnung des FamG, wechselt auch die alleinige Entscheidungsbefugnis nach Abs. 1 S. 2. Lebt das Kind bei anderen Person, etwa einem Großelternteil oder in einer Pflegefamilie, kann sich kein Elternteil auf § 1687 berufen; für den **Dritten** kann § 1688 eingreifen, zu Regelungsbefugnissen während der Besuchszeiten Rn. 17.

16   Ergänzt werden Handlungsbefugnisse des betreuenden Elternteils durch seine **Vertretungsmacht** im Außenverhältnis, die sich am Innenverhältnis orientiert; sonst könnte er seine Möglichkeiten aus § 1687 nicht umsetzen.[72]

17   **c) Alleinige Entscheidungsbefugnis eines Elternteils während seiner Umgangszeiten.** Alleinige Entscheidungsbefugnis eines Elternteils während seiner Umgangszeiten gibt dem Elternteil, der besuchsberechtigt ist und den Umgang wahrnimmt, **Alleinentscheidungsbefug-**

---

[62] *Johannsen/Henrich/Jaeger* Rn. 11; dazu: *Geiger/Kirsch* FamRZ 2009, 1879; OLG Jena FamRZ 2010, 384.
[63] *Johannsen/Henrich/Jaeger* Rn. 11.
[64] *Johannsen/Henrich/Jaeger* Rn. 11.
[65] OLG Naumburg FamRZ 2006, 1058; OLG Düsseldorf NJW-RR 2005, 1529.
[66] *Staudinger/Salgo* Rn. 43; *Schwab/Motzer* (Handbuch) III Rn. 44.
[67] OLG Bremen FamRZ 2009, 355
[68] *Schwab* FamRZ 1998, 457, 469.
[69] NK-BGB/*Peschel-Gutzeit* Rn. 14.
[70] OLG Bremen NJW-RR 2008, 163, 164; *Koritz* FPR 2000, 243; *Völker/Clausius* § 1 Rn. 249; *Staudinger/Salgo* Rn. 41. S.a. 6.1.3.4. PassVwV (GMBl 2009, 1686): Der Elternteil. bei dem sich das Kind gewöhnlich aufhält, darf den Pass alleine beantragen, wenn keine Anhaltspunkte dafür ersichtlich sind, dass der anderen Elternteil dem gewöhnlichen Aufenthalt des Kindes nicht zugestimmt hat; aA OLG Karlsruhe FamRZ 2005, 1187, 1188; OLG Köln NJW-RR 2005, 90, sowie *Finger* in Voraufl. Rn. 8 und *ders.* FamFR 2009, 132.
[71] *Palandt/Diederichsen* Rn. 11 aE.
[72] NK-BGB/*Peschel-Gutzeit* Rn. 14; FA-Komm/*Ziegler* Rn. 9.

nisse in **Angelegenheiten der tatsächlichen Betreuung** für diese Besuche bzw. Besuchszeiten, die auf den Ablauf im Einzelnen bezogen sind, also die Zeitplanung, die Ernährung des Kindes, den Fernsehkonsum und die Freizeitgestaltung sowie Kontakte mit anderen Personen oder sonstige Unternehmungen während dieser Zeit.[73] Es besteht keine Berechtigung das Kind zu vertreten, um während des Aufenthalts des Kindes beim umgangsberechtigten Elternteil weitere Leistungen des Kindes nach SGB II geltend zu machen.[74] Ebenso wenig darf der umgangsberechtigte Elternteil ohne Zustimmung des Sorgeberechtigten einen Dritten mit einer videogestützten Interaktionsbeobachtung seiner Beziehung zum Kind während des Umgangs zwecks Widerlegung eines gerichtlich eingeholten Gutachtens beauftragen.[75]

Hat das Kind seinen **Aufenthalt** gewechselt und lebt mit Einverständnis beider Eltern beim **18** anderen Teil, kommt S. 2 zur Anwendung,[76] vgl. dazu schon Rn. 15. Der umgangsberechtigte Elternteil hat allerdings auch in den Angelegenheiten der tatsächlichen Betreuung kein Vertretungsrecht im Außenverhältnis,[77] fehlt eine Bevollmächtigung, greift nur das Notvertretungsrecht, Abs. 1 S. 5. Ist der besuchsberechtigte Elternteil an der elterlichen Sorge nicht beteiligt, gilt (allein) § 1687a. Erfasst sind stets nur Angelegenheiten der **tatsächlichen Betreuung**. Deshalb „darf" ein Elternteil während des Umgangs mit seinem Kind in der Muttersprache sprechen, wenn das Kind über entsprechende Grundkenntnisse verfügt.[78]

4. Notvertretungsrecht und Wohlverhaltenspflicht, Abs 1 S. 5. Nach **Abs. 1 S. 5** sind **19** § 1629 Abs. 1 S. 4 – **Notvertretung** des Kindes bei Gefahr im Verzug – und § 1684 Abs. 2 S. 1 entspr. anzuwenden, so dass zwischen beiden Eltern, für die § 1687 gilt, die üblichen **Loyalitätspflichten** bestehen.

5. Regelungen durch das FamG. Regelungen durch das FamG nach Abs. 2 sind gebo- **20** ten, wenn sie zum Wohl des Kindes erforderlich sind. Dabei können die Befugnisse eines Elternteils nach Abs. 1 S. 2 oder 4 eingeschränkt oder ausgeschlossen werden; doch liegt die Eingriffsschwelle niedriger als bei § 1666.[79] Voraussetzung sind triftige, das Kindeswohl nachhaltig berührende Gründe und Ereignisse, die die Annahme nahelegen, sonst könnten die Dinge eine ungünstige Entwicklung nehmen.[80] Das Gericht kann auch eine Negativentscheidung treffen, wenn es die Angelegenheit für eine des täglichen Lebens hält, vgl. Rn. 13. Ferner ist als milderes Mittel auch die Feststellung möglich, dass eine einvernehmliche Entscheidung erforderlich gewesen wäre, um somit zukünftigen Wiederholung der Überschreitung der Alleinentscheidungsbefugnis zu begegnen.[81] Zuständig ist der **Richter**, § 14 Abs. 1 Nr. 7 RPflG, der auch von Amts wegen tätig werden kann.

§ 1687a Entscheidungsbefugnisse des nicht sorgeberechtigten Elternteils

Für jeden Elternteil, der nicht Inhaber der elterlichen Sorge ist und bei dem sich das Kind mit Einwilligung des anderen Elternteils oder eines sonstigen Inhabers der Sorge oder auf Grund einer gerichtlichen Entscheidung aufhält, gilt § 1687 Abs. 1 Satz 4 und 5 und Abs. 2 entsprechend.

I. Normzweck

§ 1687a ergänzt § 1687 und erstreckt die Regelungen nach Abs. 1 S. 4 und 5 sowie Abs. 2, die **1** das Verhältnis unter den Eltern bei gemeinsamer elterlicher Sorge erfassen, auf die alleinige Sorge eines Elternteils, der die Zustimmung gegeben hat, dass sich das Kind beim anderen Elternteil aufhält. Damit wird der nicht sorgeberechtigte Elternteil, bei dem das Kind gerade ist, dem aus der gemeinsamen Elternsorge Berechtigten in den genannten Grenzen gleichgestellt, Erfasst sind im Wesentlichen **Besuchszeiten** beim Elternteil, dem die elterliche Sorge nicht bzw. nicht gemeinsam mit dem anderen zusteht. Für die gemeinsame elterliche Sorge gilt dagegen von vornherein § 1687.

---

[73] NK-BGB/*Peschel-Gutzeit* Rn. 15.
[74] BSG NJW 2010, 1306, 1307.
[75] OLG Brandenburg FamFR 2010, 547 = BeckRS 2010, 26475.
[76] *Palandt/Diederichsen* Rn. 12.
[77] *Völker/Clausius* § 1 Rn. 251; *Palandt/Diederichsen* Rn. 13.
[78] Vgl. OLG München FamRZ 2002, 979, 980.
[79] *Palandt/Diederichsen* Rn. 16.
[80] BGH NJW 1979, 113 noch zu § 1671 Abs. 3 aF.
[81] *Johannsen/Henrich/Jaeger* Rn. 6.

II. Einzelheiten

2 § 1687a setzt voraus, dass sich das Kind mit **Zustimmung** des sorgeberechtigten Elternteils, eines sonstigen Inhabers der elterlichen Sorge oder auf Grund einer gerichtlichen Entscheidung beim anderen Elternteil aufhält. Ohne Bedeutung ist der Anlass für den Wechsel, so dass der wegen fehlender Sorgeerklärung **unverheirateter Eltern,** §§ 1626a ff., oder mangels Übertragung der Mitsorge[1] nicht sorgeberechtigte Vater ebenso erfasst ist (vgl. dazu § 1672 Rn. 12 f.) wie die rechtswirksame **Sorgerechtsübertragung** auf den anderen Teil bei Trennung und Scheidung, § 1671, bzw. Ruhen der elterlichen Sorge oder **Sorgerechtsentzug,** vgl. § 1666. Im Wesentlichen betrifft § 1687a jedenfalls **Besuchszeiten** und stattet den Elternteil, bei dem das Kind nun ist, um entsprechende Kontakte nach § 1684 wahrzunehmen, mit den notwendigen Entscheidungsbefugnissen aus. **Vertretungsrecht** im Außenverhältnis ergibt sich dagegen allein aus § 1629 Abs. 1 S. 4.

3 Für seine tatsächliche **Obhut** darf der Elternteil, bei dem sich das Kind zu Besuch aufhält, allein entscheiden, wobei § 1687 Abs. 1 S. 4 zum Maßstab wird. Darunter fallen Essgewohnheiten, Freizeitaktivitäten, Fernsehkonsum, Umgang mit Dritten[2] (vgl. im Einzelnen § 1687 Rn. 17). Weitere Einschränkungen können allerdings anzubringen sein, wenn der sonst betreuende Elternteil sie verlangt oder die für ihn sonst wichtig sind, wobei geringere Zugangsschwellen als in § 1666 bestehen, wenn übliche oder ihm vorausgesetzte Grenzen überschritten sind, die sein eigenes **Erziehungsverhalten** erschweren oder sogar entwerten, Abs. 2.

4 **Notvertretungsrechte** bestehen nach § 1629 Abs. 1 S. 4, gegenseitige Pflichten zur **Rücksichtnahme** und Loyalität nach § 1684 Abs. 2 S. 1; sonst gelten die allg. Regeln.

§ 1687b Sorgerechtliche Befugnisse des Ehegatten

(1) [1]Der Ehegatte eines allein sorgeberechtigten Elternteils, der nicht Elternteil des Kindes ist, hat im Einvernehmen mit dem sorgeberechtigten Elternteil die Befugnis zur Mitentscheidung in Angelegenheiten des täglichen Lebens des Kindes. [2]§ 1629 Abs. 2 Satz 1 gilt entsprechend.

(2) Bei Gefahr im Verzug ist der Ehegatte dazu berechtigt, alle Rechtshandlungen vorzunehmen, die zum Wohl des Kindes notwendig sind; der sorgeberechtigte Elternteil ist unverzüglich zu unterrichten.

(3) Das Familiengericht kann die Befugnisse nach Absatz 1 einschränken oder ausschließen, wenn dies zum Wohl des Kindes erforderlich ist.

(4) Die Befugnisse nach Absatz 1 bestehen nicht, wenn die Ehegatten nicht nur vorübergehend getrennt leben.

Schrifttum: *Braun,* Gleichgeschlechtliche Partnerschaft und Ehe, ZPR 2001, 14; *Coester-Waltjen,* Kinderarm, aber elternreich, FS Schwab, 2005, S. 761; *Finger,* Die registrierte Lebenspartnerschaft – Überblick über die Neuregelung und kritische Bestandsaufnahme, MDR 2001, 199; *Machulla-Notthoff,* Das kleine Sorgerecht - § 1687b BGB, ZFE 2009, 262; *Schomburg,* Die kindschaftsrechtlichen Regelungen des Lebenspartnerschaftsgesetzes, Kind-Prax 2001, 103; *Schwab,* Eingetragene Lebenspartnerschaft – Ein Überblick, FamRZ 2001, 385; *Veit,* Kleines Sorgerecht für Stiefeltern (§ 1687b BGB), FPR 2004, 67.

I. Normzweck

1 § 1687b ist durch Art. 2 Nr. 13 LPartEDiskrG eingefügt.[1] § 9 LPartG sieht für Partner einer gleichgeschlechtlichen registrierten **Lebenspartnerschaft** beschränkte Sorgebefugnisse („**kleines Sorgerecht**") für leibliche Kinder des anderen vor. Dann ist aber folgerichtig, auch für **Stiefeltern** eine entspr. Sorgebeteiligung einzuführen, weil Lebenspartnern kaum Rechte zustehen können, die Eheleuten nach ihrer Eheschließung versagt sind.[2] Stiefeltern haben **Mitentscheidungsrechte** in

---

[1] Vgl. hierzu BGH FamRZ 2010, 1403, 1409.
[2] OLG Zweibrücken FamRZ 2001, 639, 641.
[1] BGBl. 2001 I S. 266; vgl. auch BR-Drucks. 738/00 nach BT-Drucks. 14/3751.
[2] BT-Drucks.14/3751 S. 45; ausführlich zum kleinen Sorgerecht vgl. auch *Machulla-Notthoff* ZFE 2009, 262; *Schomburg* Kind-Prax 2001, 103, 104 ff.; *Schwab* FamRZ 2001, 385, 394 f. und *Veit* FPR 2004, 67. Zu den Einzelheiten in der Lebenspartnerschaft sonst vgl. *Finger* MDR 2001, 199 und *Braun* ZRP 2001, 14.

Angelegenheiten des **täglichen Lebens** für das Kind.[3] § 1687b BGB greift nur ein, wenn der wiederverheiratete Elternteil allein sorgeberechtigt ist. Voraussetzung ist allerdings, dass der leibliche Elternteil mit den Befugnissen des Partners tatsächlich einverstanden ist, Abs. 1; ist er das nicht mehr, dazu Abs. 4, sind Befugnisse des anderen beendet. Nicht jeder kleinere Streit reicht allerdings aus.[4] Widerruf ist ohnehin möglich,[5] ohne dass sich die Gatten oder Lebenspartner tatsächlich trennen müssen. Nicht anwendbar ist die Vorschrift auf eheähnliche Partnerschaften.

II. Anwendungsbereich

1. Kleines Sorgerecht für Stiefeltern. a) Grundsätze. Stiefeltern – zu **Lebenspartner** in ihrer registrierten Partnerschaft[6] vgl. Rn. 4 – übernehmen in der neuen Ehe mit dem leiblichen Elternteil „regelmäßig ... auch... Aufgaben der Pflege und Erziehung des Kindes".[7] Deshalb sollen sie an der **elterlichen Sorge** beteiligt werden. Weitere Folgen entstehen für sie dagegen nicht, etwa für **Unterhalt** oder im **Erbrecht**. Beschränkt wird ihre Entscheidungsbefugnisse auf „Angelegenheiten des **täglichen Lebens**" des Kindes.[8] Damit nimmt § 1687b Bezug auf den sonst üblichen Sprachgebrauch, vgl. etwa § 1687. Erfasst sind folglich Angelegenheiten, die „häufig vorkommen und keine schwer abzuändernden Auswirkungen auf die Entwicklung des Kindes haben",[9] vgl. § 1687 Rn. 14. Damit kann der Stiefelternteil auch in „Alltagsfragen, die im schulischen Leben und in der Berufsausbildung des Kindes" anstehen einschließlich „Entscheidungen, die im Rahmen der gewöhnlichen medizinischen Versorgung des Kindes zu treffen sind",[10] mitentscheiden, allerdings nur **im Einvernehmen** mit dem leiblichen Elternteil. Eine Kindeswohlprüfung findet dabei nicht statt.[11]

b) Alleinige elterliche Sorge des leiblichen Elternteils. § 1687b beteiligt den (neuen) Ehepartner bzw. Lebenspartner eines Elternteils, dem die alleinige elterliche Sorge für außereheliche Kinder zusteht, an der elterlichen Verantwortung und Ausübung von Sorgebefugnissen für sie und gibt ihm **Mitentscheidungsrechte, kleines Sorgerecht.** Dabei können die Kinder aus der früheren Ehe stammen oder nichtehelich sein. Unerheblich ist der Grund für die **Alleinsorge**, also nach **gerichtl. Zuweisung, Entziehung** der elterlichen Sorge für den anderen, **Ruhen** des Sorgerechts oder **Tod/Todeserklärung** des sorgeberechtigten Elternteils. Mit seiner Eheschließung oder Registrierung der Partnerschaft bildet der sorgeberechtigte Elternteil mit den Kindern und dem jeweiligen Ehe- oder Lebenspartner eine neue Familie, in der das Kind lebt; mit der (teilweisen) Zuweisung von Sorgebefugnissen an den **Stiefelternteil/Lebenspartner** soll dieser „Familienverband auch rechtlich gestärkt"[12] und so die tatsächlich von den „Stiefeltern übernommene Betreuung und Verantwortung für die Kinder ihres Ehegatten rechtlich abgesichert und anerkannt" werden.[13] Denn „die Möglichkeit einer Bevollmächtigung durch den Inhaber der elterlichen Sorge trägt den tatsächlichen Gegebenheiten und Bedürfnissen in Stiefelternfamilien nicht hinreichend Rechnung".[14] Verbessert wird so auch die Rechtsstellung und die tatsächliche Situation des neuen Partners/Stiefelternteils, der nicht mehr in allen Punkten auf offenen, manchmal recht schnippischen Widerstand der Kinder stößt, sondern sich nun und mit § 1687b eher durchsetzen kann.[15] Wenig verständlich ist allerdings die Beschränkung von § 1687b auf Stiefelternfamilien mit **alleinigem Sorgerecht** des leiblichen Elternteils. Offensichtlich befürchtet die Vorschrift „Verwirrung in den Sorgebefugnissen" und Abänderungsanträge des anderen Elternteils, dem gemeinsame Sorgebefugnisse zustehen und der nun befürchtet, tatsächlich zurückgedrängt zu werden. Doch erfasst § 1687b von vornherein lediglich „Alltäglichkeiten", für die ohnehin schon Entscheidungsbefugnisse des Elternteils bestehen, bei dem das Kind tatsächlich lebt; nur an ihnen ist sein Ehegatte/Partner beteiligt, so dass für Fragen von wesentlicher Bedeutung der Stiefelternteil/Lebenspartner niemals zuständig werden kann.[16]

---

[3] Allerdings schon damals mit der durch den Wortlaut nicht zwingend vorgegebenen Klarstellung, erfasst sei lediglich der „allein sorgeberechtigte" Elternteil, so BR-Drucks. 369/99 S. 11.
[4] Dazu *Bamberger/Roth/Veit* Rn. 12.1.
[5] *Bamberger/Roth/Veit* Rn. 12.1.
[6] BT-Drucks. 14/3751 S. 39.
[7] BT-Drucks. 14/3751 S. 39.
[8] BT-Drucks. 14/3751 S. 39.
[9] Vgl. auch BT-Drucks. 14/3751 S. 39.
[10] Zu beiden Punkten BT-Drucks. 14/3751 S. 39 im Anschluss an BT-Drucks. 13/4899 S. 108.
[11] *Veit* FPR 2004, 67, 71.
[12] BR-Drucks. 369/99 S. 11.
[13] BR-Drucks. 369/99 S. 11.
[14] BR-Drucks. 369/99 S. 11.
[15] BT-Drucks. 14/3751 S. 39.
[16] *Staudinger/Salgo* Rn. 8.

§ 1687b 4–9

4 2. Registrierte Partnerschaft. Auch Partnern aus einer **registrierten Partnerschaft** steht im Umfang aus § 1687b ein kleines Sorgerecht für „Stiefkinder" zu, also für die leiblichen Kinder des anderen, vgl. dazu § 9 LebenspartnerschaftsG.

5 3. Vertretung. Da die **elterliche Sorge** für ein Kind seine **Vertretung** umfasst, § 1629 Abs. 1 S. 1, ist der neue Ehegatte oder der Lebenspartner im Rahmen seines (kleinen) Sorgerechts im üblichen, vgl. § 1687, Rahmen allein vertretungsbefugt, also für alltägliche Angelegenheiten, § 1687b Abs. 1 S. 2.[17] Um Interessenkollisionen zu vermeiden, ist die entspr. Anwendung von § 1629 Abs. 2 S. 1 angeordnet.[18]

6 4. Gefahr im Verzug, Abs. 2. Bei **Gefahr** im **Verzug** ist der Stiefelternteil (ebenso der Lebenspartner) berechtigt, alle Rechtshandlungen vorzunehmen, die für das Wohl des Kindes notwendig sind, § 1687b Abs. 2; sonstige Beschränkungen seiner Sorgebefugnisse aus § 1687b gelten nun nicht. Doch hat er sich zunächst um die vorrangige Entscheidung des sorgeberechtigten Elternteils zu kümmern. Auch im Rahmen von § 1687b Abs. 2 ist der Ehegatte oder Lebenspartner, der sich auf die Bestimmung beruft und berufen kann, **vertretungsberechtigt.**[19] Betroffen sind insbesondere „Unfälle, Krankheiten und Verletzungen des Kindes",[20] aber auch andere Maßnahmen können in Betracht kommen. Später, etwa nach der Versorgung oder der „Hinzuziehung von Ärzten",[21] ist der sorgeberechtigte Elternteil unverzüglich zu unterrichten, **§ 1687b Abs. 2 S. 2.** Sonst sind die allgemeinen Vertretungsgrundsätze (für Notfälle) maßgeblich.

7 5. Gerichtliche Regelung, Abs. 3. Wie in andere Befugnisse von Eltern kann das **FamG** in das kleine Sorgerecht eines Stiefelternteils oder Lebenspartners eingreifen und die für ihn nach § 1687b bestehenden Mitentscheidungsrechte ausschließen oder einschränken, **§ 1687b Abs. 3,** wenn dies zum Wohl des Kindes erforderlich ist, zu den Maßstäben vgl. § 1684 Abs. 4 S. 1. Seine Anordnungen müssen aus der Sicht des Kindes erforderlich sein, wobei Maßstäbe der **Verhältnismäßigkeit** zu beachten sind. Deutlicher noch als sonst stehen das Kind und sein Wohl im Vordergrund. Stiefelternteil oder Lebenspartner können sich jedenfalls nicht auf verfassungsmäßig verbriefte Elternrechte, Art. 6 Abs. 1 GG, berufen. Deshalb können schon fortdauernde Streitigkeiten in der Stieffamilie ausreichen, um eine Regelung nach § 1687b Abs. 3 herbeizuführen oder zu treffen,[22] falls nur die Auseinandersetzungen für das Kind Belastungen mit sich bringen und seine Entwicklung gefährden.

8 6. Beendigung der Mitentscheidungsbefugnis, § 1687b Abs. 4. Jedenfalls soll das kleine Sorgerecht des Stiefelternteils Betreuung und Erziehung des Kindes „schützen und absichern";[23] es „endet daher, wenn die Eheleute (oder die Lebenspartner in der registrierten Lebenspartnerschaft) nicht nur vorübergehend voneinander getrennt leben", **§ 1687b Abs. 4.** Widerruf ist auch ohne diese Beschränkung möglich; aus dem früheren Verhalten allein entstehen keine Festlegungen für den leiblichen Elternteil, auch für die Zukunft dem anderen Ehegatten oder Lebenspartner bisher zugestandene Befugnisse erhalten zu müssen.[24] Im Getrenntleben ist in der Regel ein konkludenter Widerruf zu sehen – andererseits ist nicht jeder kleine Streit bereits ausreichend, denn jede andere Lösung wäre einer kontinuierlichen Erziehung des Kindes und damit seinem Wohl abträglich.[25] Grenzen des Kindeswohls sind wichtig, aber über sie bestimmen allein die Eltern – in den Grenzen aus § 1666 –, denn der andere Teil kann sich nicht auf verfassungsrechtl. geschützte Rechte berufen, Art. 6 GG.[26] Erlöschen Sorgebefugnisse, verliert auch das Mitentscheidungsrecht aus § 1687b seine Grundlage.[27]

9 7. Verfahren. Für die Entscheidung nach Abs. 3 ist das FamG sachlich zuständig, §§ 111 Nr. 2, 151 Nr. 1 FamFG. Die örtliche Zuständigkeit richtet sich nach dem gewöhnlichen Aufenthalt des Kindes, § 152 Abs. 2 FamFG. Zuständig ist der Rechtspfleger, §§ 3 Nr. 2 a, 14 Nr. 7 RPflG. Zum Verfahren im einzelnen vgl. im übrigen § 1671 Rn. 126 ff.

---

[17] Ausführlich hierzu: *Coester-Waltjen*, FS Schwab, 2005, S. 770; zu Einzelheiten auch BT-Drucks. 14/3751 S. 39.
[18] Dazu BT-Drucks. 14/3751 S. 39.
[19] BT-Drucks. 14/3751 S. 39.
[20] BT-Drucks. 14/3751 S. 39.
[21] BT-Drucks. 14/3751 S. 39.
[22] BT-Drucks. 14/3751 S. 39.
[23] BT-Drucks. 14/3751 S. 39.
[24] *Bamberger/Roth/Veit* Rn. 12; *Johannsen/Henrich/Jaeger* Rn. 2, so auch *Coester-Waltjen*, FS Schwab, 2005, S. 767; aA *Staudinger/Salgo* Rn. 14: nur durch gerichtliche Maßnahmen einzuschränken.
[25] *Bamberger/Roth/Veit* Rn. 12.1.
[26] Etwas anders wohl *Bamberger/Roth/Veit* Rn. 12.1.
[27] *Bamberger/Roth/Veit* Rn. 13.

§ 1688 Entscheidungsbefugnisse der Pflegeperson

(1) ¹Lebt ein Kind für längere Zeit in Familienpflege, so ist die Pflegeperson berechtigt, in Angelegenheiten des täglichen Lebens zu entscheiden sowie den Inhaber der elterlichen Sorge in solchen Angelegenheiten zu vertreten. ²Sie ist befugt, den Arbeitsverdienst des Kindes zu verwalten sowie Unterhalts-, Versicherungs-, Versorgungs- und sonstige Sozialleistungen für das Kind geltend zu machen und zu verwalten. ³§ 1629 Abs. 1 Satz 4 gilt entsprechend.

(2) Der Pflegeperson steht eine Person gleich, die im Rahmen der Hilfe nach den §§ 34, 35 und 35 a Abs. 1 Satz 2 Nr. 3 und 4 des Achten Buches Sozialgesetzbuch die Erziehung und Betreuung eines Kindes übernommen hat.

(3) ¹Die Absätze 1 und 2 gelten nicht, wenn der Inhaber der elterlichen Sorge etwas anderes erklärt. ²Das Familiengericht kann die Befugnisse nach den Absätzen 1 und 2 einschränken oder ausschließen, wenn dies zum Wohl des Kindes erforderlich ist.

(4) Für eine Person, bei der sich das Kind auf Grund einer gerichtlichen Entscheidung nach § 1632 Abs. 4 oder § 1682 aufhält, gelten die Absätze 1 und 3 mit der Maßgabe, dass die genannten Befugnisse nur das Familiengericht einschränken oder ausschließen kann.

Schrifttum: *Finger*, Ausübung der Personensorge bei Pflegekindern, § 38 KJHG, ZfJ 1990, 618; *Groß*, Die Stellung der Pflegeeltern im Grundgesetz und im Zivilrecht, FPR 2004, 411.

I. Normzweck

§ 1688 schließt an § 1632 Abs. 4 an, übernimmt die Maßstäbe aus dieser Bestimmung, räumt 1 aber (eigenständig) der Pflegeperson Entscheidungsbefugnisse in Angelegenheiten des täglichen Lebens mit Vertretungsrechten im Außenverhältnis ein, vgl. im übrigen Abs. 1 S. 2 und Rn. 5 ff. Für „Kinder und Jugendliche, die in Pflegefamilien und Einrichtungen über Tag und Nacht sind und damit außerhalb des Elternhauses aufwachsen, nehmen Pflegepersonen und Betreuungspersonen in Heimen faktisch die Erziehung … wahr";[1] deshalb sollen sie zum Wohl des Kindes mit entspr. **Handlungs-** und **Vertretungsmöglichkeiten** ausgestattet werden, um ihre Aufgaben erfüllen zu können. Auf die rechtl. Grundlage des Betreuungsverhältnisses kommt es dagegen nicht an;[2] folglich bleiben verwaltungstechnische Förmlichkeiten ohne Bedeutung **(Pflegeerlaubnis).**[3] Wie § 1632 Abs. 4 erfasst § 1688 auch Pflegeverhältnisse tatsächlicher Art etwa unter Verwandten und insbesondere bei Großeltern. Die dort wichtige Unterscheidung in Familienpflege und Heimunterbringung[4] (dazwischen liegt das „familienähnliche Kleinstheim") ist dagegen unerheblich,[5] vgl. Abs. 2. Lebt das **nichteheliche Kind** schon längere Zeit bei seinem bislang nie sorgeberechtigten **Vater** in dessen Familie und will die Mutter nun wieder selbst die Betreuung übernehmen, kann § 1632 Abs. 4 eingreifen und der Herausnahme entgegentreten, wenn so besondere Gefährdungen für das Kind entstehen.[6] Der Vater kann nunmehr auch Antrag auf Übertragung der elterlichen Sorge stellen,[7] einen Entzug der Sorge der Mutter bei Kindeswohlgefährdung durch die Herausnahme gem. § 1666 und Übertragung auf den Vater nach § 1680 Abs. 2 und 3[8] bedarf es daher nicht mehr.

II. Anwendungsbereich

1. Entscheidungsbefugnisse der Pflegeperson. a) Allgemeines. Lebt ein Kind seit län- 2 gerer Zeit in **Familienpflege,** für die Heimerziehung vgl. Abs. 2, werden **Entscheidungsbefug-**

---

[1] BT-Drucks. 13/4899 S. 155.
[2] BT-Drucks. 13/4899 S. 155; zu Einzelheiten Rn. 4.
[3] *Staudinger/Salgo* Rn. 18; aA *Bamberger/Roth/Veit* Rn. 2 unter Verweis auf § 44 Abs. 1 SGB VIII, näher dort § 1630 Rn. 8.
[4] Dazu etwa *Finger* ZfJ 1990, 618, 619.
[5] BT-Drucks. 13/8511 S. 75 steht nicht entgegen, a. A. aber wohl *Palandt/Diederichsen* Rn. 6, denn dort sind lediglich andere Betreuungseinrichtungen genannt, insbesondere Internate, für die die Dinge tatsächlich durch Vertrag geregelt werden können und geregelt werden; im Übrigen sollte Familienpflege in § 1688 so verstanden werden wie in § 1632 Abs. 4, vgl. dazu BR-Drucks. 886/96 S. 2 für die Auswirkungen auf § 38 SGB VIII.
[6] Dazu schon BVerfG NJW 1997, 2041 und AG Fulda FamRZ 2002, 900, 901 mit Anm. *Doukkani-Bördner*.
[7] BVerfG FamRZ 2010, 1403, 1410.
[8] Vgl. KG NJW-RR 2005, 878, 880, 881.

§ 1688 3–6 Abschnitt 2. Titel 5. Elterliche Sorge

nisse für Angelegenheiten des täglichen Lebens der Pflegeperson eingeräumt; im gleichen Umfang erhält sie **Vertretungsmacht**, um ihre Aufgaben für das Kind tatsächlich erfüllen zu können. Ohne Bedeutung bleibt die „Art und Weise der Begründung des Pflegeverhältnisses",[9] so dass auch die faktische Pflege unter Verwandten, die die üblichen verwaltungstechnischen Förmlichkeiten nicht erfüllen oder beachten muss, einbezogen sind (etwa: **Großeltern**),[10] vgl. dazu schon Rn. 1. Intern bleiben alle Entscheidungen weiterhin den Eltern und/oder dem sonstigen Inhaber der elterlichen Sorge vorbehalten; für die Aufgabenzuweisung zwischen ihnen werden sie sonst §§ 1687 ff. maßgeblich. Ist einem Elternteil die elterliche Sorge entzogen, ist insoweit ein **Vormund** für das Kind zu bestellen, wenn nicht der andere Elternteil einspringen kann und einspringt, der für das Kind Verantwortung trägt und entsprechend handlungsbefugt wird.

3 **Alltäglichkeiten,** die die Pflegeperson eigenverantwortlich entscheiden kann, sind aus Abs. 1 S. 2 erfasst, allerdings mit einigen Abweichungen zu § 1687. Im Übrigen können Angelegenheiten der elterlichen Sorge nach **§ 1630 Abs. 3** auf Antrag der Eltern oder der Pflegeperson mit **Zustimmung** der **Eltern** vom FamG auf die Pflegeperson übertragen werden.[11]

4 **b) Familienpflege, § 33 SGB VIII. Familienpflege** ist **Vollzeitpflege**, § 33 SGB VIII; sie wird mit Pflegeerlaubnis außerhalb des Elternhauses in der Familie der Pflegeperson geleistet und umfasst **Unterkunft** und tatsächliche **Betreuung** des Kindes, dazu § 44 Abs. 1 SGB VIII. Pflege in der Verwandtschaft, insbesondere durch **Großeltern**, reicht für § 1688 aus,[12] auch wenn eine Pflegeerlaubnis fehlt, dazu schon Rn. 1 und 2. Wegen Abs. 2 ist auch die sonst für § 1632 Abs. 4 wichtige Unterscheidung in **Familienpflege** und **Heimerziehung** mit der familienähnlichen Aufnahme des Kindes/Jugendlichen in einer „Großfamilie"/in einem **Kleinstheim** unerheblich.[13] Selbst längere und regelmäßige Betreuung bei **Tagesmüttern** oder in ähnlichen Einrichtungen kann andererseits nicht zu § 1688 führen; insoweit können die Beteiligten Handlungsbefugnisse nur in rechtsgeschäftlicher Form mit beschränktem Inhalt und jederzeit widerruflich begründen, etwa durch **Vollmachtserteilung**. Der Aufenthalt des Kindes in der Pflegestelle muss **längere Zeit** andauern, wobei allein die vorgesehene Anordnungsdauer von Bedeutung ist, weil die Bestimmung in die Zukunft greift. Anders als in § 1632 Abs. 4 ist für § 1688 Abs. 1 die bereits abgelaufene Zeit ohne Bedeutung.[14] Da § 1688 die Alltagssorge betrifft, sind keine hohen Anforderungen an die Dauer des Aufenthalts zu stellen. Bei einer vorübergehenden Kurzzeitpflege greift § 1688 jedoch nicht ein.[15] Anders kann es sich darstellen, wenn die Kurzzeitpflege über mehrere Monate andauert. § 1688 Abs. 1 findet auch auf die Adoptionspflege Anwendung, vgl. § 1751 Abs. 1 S. 4.

5 **c) Handlungsbefugnisse der Pflegeperson.** Handlungsbefugnisse der Pflegeperson aus § 1688 beziehen sich auf **Angelegenheiten** des **täglichen Lebens** des Kindes. Alle weiteren Befugnisse stehen wie bisher den sorgeberechtigten Eltern oder dem sonstigen Inhaber der elterlichen Sorge zu, für die intern §§ 1687 ff. gelten. Schließlich sind sie Inhaber der elterlichen Sorge, selbst wenn ein Pflegeverhältnis für ihr Kind (zeitweise, eben nicht auf Dauer) begründet ist. Im Übrigen räumt § 1688 der Pflegeperson im Rahmen ihrer Berechtigung im Innenverhältnis für Angelegenheiten des täglichen Lebens **Vertretungsmacht** nach außen ein, die sich nicht auf das Kind, sondern den Elternteil bzw. den Inhaber der elterlichen Sorge bezieht, Abs. 1 S. 1. **Notvertretungsrechte** für das Kind folgen aus **§ 1629 Abs. 1 S. 4, S. 3**.

6 Zu den Angelegenheiten des täglichen Lebens zählen **Alltäglichkeiten** ohne weitere, bleibende Auswirkungen auf die Entwicklung des Kindes, vgl. schon § 1687 Rn. 14. Wichtige Entscheidungen von erheblicher Bedeutung haben stets die sorgeberechtigten Eltern oder der sonstige Inhaber der elterlichen Sorge zu treffen, vgl. dazu § 1687 Rn. 3. Zudem ist für § 1688 Abs. 1 ein inhaltlicher Bezug zum **Pflegeverhältnis** herzustellen; nur insoweit ist die Verlagerung von Handlungsbefugnissen auf die Pflegeperson geboten, so dass **Reiseverträge**, wenn die Pflegefamilie verreisen will,[16] einschließlich der selbständigen Antragstellung von Personalpapieren für vorgesehene Auslandsreisen,[17] **Unterricht** für das Kind, **Fortbildungsmaßnahmen,** die Mitgliedschaft in Sportvereinen

---

[9] BT-Drucks. 13/4899 S. 155.
[10] OLG Dresden FF 2010, 323, 324.
[11] Zu einem DIJuF-Erklärungsvordruck der Übertragung der elterl. Sorge auf die Pflegeperson, der bei Jugendämtern verwendet wird, vgl. JAmt 2002, 346, allerdings begegnet eine umfassende Vollmacht qua Vordruck erheblichen verfassungsrechtlichen Bedenken.
[12] So auch *Staudinger/Salgo* Rn. 14; aA *Bamberger/Roth/Veit* Rn. 3.1; NK-BGB/*Harms* Rn. 4.
[13] Dazu *Finger* ZfJ 1990, 618, 619.
[14] So auch *Staudinger/Salgo* Rn. 17; aA *Bamberger/Roth/Veit* Rn. 2, aber § 1688 ist nicht mit § 1632 identisch.
[15] *Staudinger/Salgo* Rn. 15.
[16] *Palandt/Diederichsen* Rn. 7.
[17] DIJuV-Gutachten DAVorm. 2000, 398, 399 und *Bamberger/Roth/Veit* Rn. 6.

oder in Musikgruppen[18] sowie die Teilnahme an Elternabenden[19] von § 1688 Abs. 1 erfasst sind. Erfasst ist auch die notwendige gesundheitliche Versorgung des Kindes.[20] Sind sonstige Folgen nahe liegend, die für die Entwicklung des Kindes bedeutsam werden (können), seine Entwicklung nachhaltig prägen und in ihren Folgen nicht ganz einfach zu beseitigen sind, bleiben die Eltern als Sorgerechtsinhaber entscheidungsbefugt. **Kauf-** und **Mietverträge** für das Kind zählen nicht zu den Geschäften des täglichen Lebens, mit Ausnahmen von Verträgen für das tägliche Leben (Bekleidung, Nahrung, Schulsachen).[21] Einbezogen ist § 110 **(Taschengeldverwendung)**.

Nach Abs. 1 S. 2 ist die Pflegeperson berechtigt, den **Arbeitsverdienst** des Kindes zu verwalten sowie Unterhalts-, Versicherungs-, Versorgungs- und sonstige **Sozialleistungen** für das Kind geltend zu machen, zu verwalten, S. 2 und, so ist zu ergänzen, bestimmungsgemäß zu verwenden. **Unterhaltsansprüche** kann sie nur im Verhältnis zu dritten Personen einfordern, nicht von den **Eltern,** die weiterhin sorgeberechtigt sind. Ist ein anderer Rechtsträger Inhaber der elterlichen Sorge, hat er sich um den Unterhalt des Kindes zu kümmern und ihn beizutreiben; im Übrigen kann für diesen besonderen Aufgabenbereich ein **Pfleger** bestellt werden oder zu bestellen sein.[22] Das Recht zur Inanspruchnahme von Hilfen zur Erziehung, §§ 27 ff. SGB VIII, steht den sorgerechtigten Eltern zu.[23] Ein Entzug des Aufenthaltsbestimmungsrechts ändert daran nichts.[24] Auch Eingliederungshilfen gem. § 35a SGB VIII können nur vom Sorgeberechtigten geltend gemacht werden,[25] ebenso Pflegegeld und Sonderzulagen nach § 39 Abs. 4 SGB VIII.[26]

2. Abs. 2. Pflegepersonen sind über Abs. 2 Personen gleichgestellt, die Hilfe zur Erziehung im Rahmen der Heimerziehung oder sonstiger betreuter Wohnform nach § 34 SGB VIII oder der intensiven sozialpädagogischen Einzelbetreuung nach § 35 SGB VIII leisten. Ferner wird die Eingliederungshilfe für Kinder und Jugendliche, die seelisch behindert oder von einer solchen Behinderung bedroht sind, durch geeignete Pflegepersonen und in Einrichtungen über Tag und Nacht oder sonstige Wohnformen nach § 35a Abs. 1 S. 2 Nr. 3 und 4 SGB VIII aF, jetzt § 35a Abs. 2 Nr. 2 bis 4 SGB VIII, erfasst.[27] Nicht erfasst wird hingegen die Internatsunterbringung.[28] Entscheidungs- und Vertretungsrechte nach Abs. 1 gelten weiter für Personen, bei denen sich das Kind auf Grund einer Verbleibensanordnung nach §§ 1632 Abs. 4, 1682 aufhält und aufhalten darf, vgl. Abs. 4 und Rn. 12.[29]

3. Abs. 3. Nach Abs. 3 S. 1 bleibt der Inhaber der elterlichen Sorge stets und vor der Pflegeperson vorrangig entscheidungsbefugt. Sind beide Elternteile gemeinsam sorgeberechtigt, müssen sie Unstimmigkeiten untereinander klären oder nach **§ 1628** austragen und eine Entscheidung des FamG herbeiführen. Dieser Vorrang besteht auch im Verhältnis zu den in Abs. 2 genannten Betreuern. Macht der Sorgerechtsinhaber von seinen Bestimmungsbefugnissen keinen Gebrauch, kann sich die Pflegeperson auf § 1688 berufen. Ausgeschlossen ist sie aber auch insoweit von Entscheidungen von erheblicher Bedeutung und Reichweite. Dann kommen allenfalls zusätzliche **Ermächtigungen** durch den Inhaber der elterlichen Sorge in Betracht, die stets einzelfallbezogen sein müssen, und **Vollmachten.**[30] Bei Konflikten zwischen den Sorgeberechtigten und der Pflegeperson sollte das Jugendamt gem. § 38 SGB VIII eingeschaltet werden, auch gerade dann wenn die Konflikte auf einer Einschränkung der Vertretungsmacht beruhen.

4. § 1630 Abs. 3. Elternrechte sind nicht dispositiv; deshalb können sie die Eltern auf Pflegepersonen in der Pflegefamilie nicht übertragen. Andererseits kann das FamG auf ihren Antrag oder mit ihrer **Zustimmung** der Pflegeperson einzelne Angelegenheiten der elterlichen Sorge zuweisen, **§ 1630 Abs. 3.** Liegt eine gerichtliche Regelung nach § 1630 Abs. 3 vor, die Angelegenheiten aus dem Anwendungsbereich von § 1688 erfasst, verliert die Pflegeperson zwar insoweit ihre Befugnisse nach dieser Bestimmung; insgesamt wird sie aber besser gestellt, da sie gleichzeitig nach § 1630

---

[18] *Palandt/Diederichsen* Rn. 7.
[19] *Bamberger/Roth/Veit* Rn. 6.
[20] OLG Dresden FamRZ 2011, 48 – bei üblichen Kinderkrankheiten und erforderlichen Schutzimpfungen.
[21] NK-BGB/*Harms* Rn. 7.
[22] OLG Dresden FF 210, 323, 324.
[23] OVG Bautzen BeckRS 2011, 45220.
[24] BVerwG NJW 2002, 232, 233.
[25] OVG Weimar NJW 2002, 3647, 3649.
[26] VG Ansbach Urt. v. 19. 5. 2011 – AN 14 K 10.01880.
[27] Die Anpassung von § 1688 an die geänderte Fassung des § 35a SGB VIII ist ganz offensichtlich „vergessen" worden, s. BT.-Drucks. 14/5074 S 63 und 121.
[28] *Staudinger/Salgo* Rn. 38.
[29] *Bamberger/Roth/Veit* Rn. 4.
[30] *Palandt/Diederichsen* Rn. 12.

Abs. 3 vorgehen kann und die Ausschluss- und Einschränkungsrechte der Eltern aus § 1688 Abs. 3 wegfallen.³¹ Zudem muss das Pflegeverhältnis noch nicht längere Zeit bestanden haben oder auf eine gewisse Dauer hin angelegt sein. Unerheblich ist, wer das Kind ursprünglich in der Pflegestelle untergebracht hat. Ohnehin bleibt die Pflegeperson zusätzlich berechtigt, nach § 1688 Abs. 1 vorzugehen, wenn sich die gerichtliche Entscheidung auf Teilbereiche bezieht, die sich für sich nicht bereits aus § 1688 Abs. 1 ableiten lassen.³²

11 **5. Ausschluss der Befugnisse.** Wie sonst kann das FamG die Befugnisse aus Abs. 1 und 2 einschränken oder ausschließen, wenn diese Entscheidung zum Wohl des Kindes erforderlich ist, **Abs. 3 S. 2,** aber nicht von sich aus erweitern;³³ im Übrigen können Maßnahmen nach § 1666 geboten sein mit anschließender Übertragung der eingeschränkten/entzogenen Rechtsmacht auf einen anderen Rechtsträger, insbesondere einen Vormund.

12 **6. Abs. 4.** Abs. 4 knüpft an eine Verbleibensanordnung des FamG nach §§ 1632 Abs. 4 oder 1682 an und setzt so einen zunächst abgeschlossenen **Herausgabestreit** zwischen den leiblichen, sorgeberechtigten Eltern und der Pflegeperson voraus; sind sie nicht mehr Sorgerechtsinhaber, können sie ohnehin die Herausgabe nicht betreiben.³⁴ Die vom FamG getroffene und für die Entwicklung des Kindes wichtige Entscheidung sollen die leiblichen Eltern nicht dadurch unterlaufen können, dass sie über Abs. 3 nun bestimmen, der **Aufenthalt** des Kindes solle bei ihnen liegen, denn dabei hätte die Pflegeperson ihren Anweisungen nachzukommen, und der früheren gerichtl. Regelung wäre die Grundlage entzogen. Im Übrigen dürfen sich Eltern und Pflegepersonen nicht gegenseitig behindern, Folgen, die auch im Rahmen von § 1688 gelten müssen.

13 **7. Verfahrensrecht.** Zuständig für Begrenzung und Ausschluss von Entscheidungs- und Vertretungsbefugnissen ist das FamG, §§ 111 Nr. 2, 151 Nr. 1 FamFG; dabei entscheidet der Rechtspfleger nach § 3 Nr. 2 a RPflG. Rechtsmittel gegen die betroffene Entscheidung folgen aus §§ 11 Abs. 1 RPflG, 58 FamFG.

§§ 1689 bis 1692 *(weggefallen)*

§ 1693 Gerichtliche Maßnahmen bei Verhinderung der Eltern

Sind die Eltern verhindert, die elterliche Sorge auszuüben, so hat das Familiengericht die im Interesse des Kindes erforderlichen Maßregeln zu treffen.

I. Normzweck

1 § 1693 ist Ausdruck des staatlichen Wächteramtes aus Art. 6 Abs. 2 S. 2 GG und normiert eine **Notzuständigkeit** des FamG für den Fall, dass die Kindeseltern an der Ausübung der elterlichen Sorge verhindert sind. Im Unterschied zu den §§ 1666 ff. sollen die gerichtlichen Maßnahmen nach § 1693 das elterliche Sorgerecht nicht einschränken, sondern nur dort ergänzen, wo eine **einstweilige Interessenwahrnehmung** des Kindes erforderlich ist.[1] Dementsprechend kommt der Vorschrift eine **Auffangfunktion** zu.[2] Kraft Verweisung gilt § 1693 ferner im Betreuungs- und Pflegschaftsrecht (§ 1908i Abs. 1 bzw. § 1915 Abs. 1). Bei Fehlen oder Verhinderung eines Vormunds findet sich eine identische Regelung in § 1846.

II. Die Tatbestandsvoraussetzungen des § 1693

2 **1. Verhinderung der Eltern.** Die Eltern müssen an der Ausübung der elterlichen Sorge verhindert sein. Dabei sind **Art, Umfang** oder **Dauer** der Verhinderung unerheblich. Sie kann auf tatsächlichen (§ 1674) und auf rechtlichen Hindernissen (§ 1673) beruhen, die vollständige elterliche Sorge betreffen oder auch nur einzelne Angelegenheiten.[3] Ob es sich um eine ständige oder nur vorüberge-

---
[31] *Groß* FPR 2004, 411, 414.
[32] *Groß* FPR 2004, 411, 414.
[33] *Palandt/Diederichsen* Rn. 13.
[34] Dazu OLG Nürnberg FamRZ 2000, 369, 370.
[1] NK-BGB/*Harms* Rn. 1; *Staudinger/Coester* Rn. 1.
[2] NK-BGB/*Harms* Rn. 1.
[3] NK-BGB/*Harms* Rn. 1.

hende Verhinderung handelt, ist ebenfalls belanglos, wenn im Verhinderungszeitpunkt sorgerechtliche Maßnahmen notwendig werden, die im Interesse des Kindes nicht aufgeschoben werden dürfen.[4]

Eine **physische Abwesenheit reicht nicht aus**, sofern die Eltern auf der Grundlage moderner Kommunikationsmittel oder Reisemöglichkeiten auch aus der Ferne die elterliche Sorge ausüben können.[5] Die Wahrnehmung des elterlichen Sorgerechts muss also **ersatzlos** ausfallen.[6] Bei gemeinsamem Sorgerecht beider Elternteile, aber Verhinderung nur eines Elternteils, darf das Gericht keine Maßnahmen treffen, weil die elterliche Sorge grds. auch durch den anderen Elternteil ausgeübt werden kann (vgl. §§ 1678 Abs. 1, 1680 Abs. 1, 3; § 1681 Abs. 1). Steht hingegen Vater oder Mutter das Sorgerecht gem. § 1671 oder § 1672 Abs. 1 alleine zu, so kann es im Falle einer Verhinderung nicht durch den anderen Elternteil ersetzt werden (§ 1678 Abs. 1 aE). Dann ist das FamG gem. § 1693 befugt, vorläufige Regelungen zu treffen, bis der verhinderte Sorgeberechtigte seine Aufgaben wieder wahrnehmen kann. 3

Eine Verhinderung ist nicht ersatzlos, wenn die Eltern zur Überbrückung ihrer Verhinderung frühzeitig **Vorsorge getroffen** haben, etwa durch Bestellung eines **Bevollmächtigten** oder eines **Ergänzungspflegers**.[7] Ein gerichtliches Regelungsbedürfnis kann aber dennoch fortbestehen, wenn auch die Hilfsperson ihrerseits verhindert ist oder ihre Bestellung nicht ausreicht, die Interessen des Kindes zu wahren. 4

Kommen die Eltern ihrer Verantwortung für das Kind nicht nach, obwohl sie dazu grds. in der Lage wären, so liegt kein Fall der Verhinderung, sondern der **Vernachlässigung** vor.[8] Sofern das Wohl des Kindes gefährdet wird, trifft das FamG auf der Grundlage der §§ 1666 ff. Maßnahmen. Das gleiche gilt, wenn die Eltern ihr Sorgerecht zwar wahrnehmen, aber das Kindeswohl gefährden.[9] Der Tatbestand des § 1693 ist also nur dann erfüllt, wenn die Eltern an der Ausübung des Sorgerechts schlechthin verhindert sind und nicht bloß dabei versagen, die richtige Entscheidung im Sinne des Kindeswohls zu treffen.[10] 5

2. Erforderliche Maßregeln. Bevor das Familiengericht Maßnahmen nach § 1693 anordnet, muss es die Verhinderung der Eltern feststellen.[11] Welche Maßregeln im **Interesse des Kindes** erforderlich sind, steht im **pflichtgemäßen Ermessen** des Gerichts. Das Gericht kann die Fürsorge für das Kind sowohl in tatsächlicher als auch in rechtlicher Art wahrnehmen. In Betracht kommen etwa die Bestellung eines **Ergänzungspflegers**[12] oder **Prozessvertreters**[13], die Anordnung einer gerichtsnahen **Mediation**[14], ein unmittelbares „Handeln in Vertretung des Kindes"[15] oder die **Inobhutnahme** durch vorübergehende **Unterbringung**[16]. Die gerichtlichen Maßnahmen dürfen nur der Überbrückung der elterlichen Verhinderung dienen und die endgültige Regelung nicht vorwegnehmen.[17] 6

III. Verfahren und Kosten

1. Allgemeines. Das zum 1. 9. 2009 in Kraft getretene FamFG[18] hat auch für das Verfahren nach § 1693 einige Veränderungen gebracht (vgl. iE Rn. 9 ff.). Insbesondere haben sich durch die Aufgabe des Dualismus zwischen Familiengericht und Vormundschaftsgericht viele Probleme der Zuständigkeitsabgrenzung erledigt.[19] 7

---

[4] *Staudinger/Coester* Rn. 4.
[5] BGH NJW 2005, 221; *Bamberger/Roth/Veit* § 1674 Rn. 2.
[6] *Bamberger/Roth/Veit* § 1674 Rn. 2; NK-BGB/*Harms* Rn. 1.
[7] *Staudinger/Coester* Rn. 3.
[8] *Bamberger/Roth/Veit* § 1674 Rn. 2; NK-BGB/*Harms* Rn. 3; *Staudinger/Coester* Rn. 5.
[9] Vgl. § 1666 Rn. 34 ff.
[10] Vgl. BVerfG NJW 2007, 3560, 3562; BGH FamRZ 2005, 29, 30 aE hätte richtiger Weise auf § 1666 statt auf § 1693 verweisen müssen, weil der Vater gerade nicht verhindert war, sondern nur eine möglicherweise kindeswohlwidrige Entscheidung getroffen hatte.
[11] *Bamberger/Roth/Veit* Rn. 3; *Erman/Michalski/Döll* Rn. 4; Hk-BGB/*Kemper* Rn. 1; NK-BGB/*Harms* Rn. 4; *Palandt/Diedrichsen* Rn. 1; aA *Staudinger/Coester* Rn. 4: Es genügt ein hinreichender Anlass zu der Annahme, dass die Eltern verhindert sind.
[12] BayObLG FamRZ 2000, 568, 569 u. FamRZ 1979, 71, 73; OLG Naumburg FamRZ 2008, 639; OLG Zweibrücken FamRZ 2000, 243, 244; OLG Hamburg Kind-Prax 2000, 163.
[13] *Bamberger/Roth/Veit* Rn. 3; NK-BGB/*Harms* Rn. 4.
[14] AG Eilenburg NJW-RR 2007, 154; zust. *Vosberg/Rockstroh* FPR 2007, 1.
[15] Etwa bei drohendem Ablauf einer Rechtsmittelfrist, vgl. OLG Schleswig SchlHA 1955, 226.
[16] *Palandt/Diedrichsen* Rn. 2.
[17] *Palandt/Diedrichsen* Rn. 2; PWW/*Ziegler* Rn. 2.
[18] Gesetz über das Verfahren in Familiensachen u. in den Angelegenheiten der freiwilligen Gerichtsbarkeit (FamFG) v. 17. 12. 2008 (BGBl. I S. 2586).
[19] Vgl. zu den alten Streitständen 5. Aufl. Rn. 1, 6; *Staudinger/Coester* Rn. 1, 3.

§ 1696 Abschnitt 2. Titel 5. Elterliche Sorge

8   2. **Verfahren. a) Zuständigkeit des Familiengerichts.** Die **sachliche Zuständigkeit** des **Familiengerichts** folgt aus § 1693 BGB iVm. § 151 Nr. 1 FamFG (§ 621 Abs. 1 Nr. 1 ZPO aF, § 23b Abs. 1 S. 2 Nr. 2 GVG aF). Je nach Art der Maßnahme liegt die **funktionelle Zuständigkeit** entweder beim **Richter** (§ 14 RPflG) oder beim **Rechtspfleger** (§ 3 Nr. 2a RPflG). Welches Familiengericht **örtlich zuständig** ist, bestimmt sich nach § 152 FamFG. Bei **Anhängigkeit einer Ehesache** (§ 152 Abs. 1 FamFG) ist dasselbe Gericht auch für die **Kindschaftssache** zuständig (Zuständigkeitskonzentration). Andernfalls liegt die Zuständigkeit gem. § 152 Abs. 2 FamFG bei dem Gericht, in dessen Bezirk das Kind seinen **gewöhnlichen Aufenthalt** hat. Da Maßnahmen nach § 1693 oftmals ein schnelles Handeln erfordern, besteht zudem gem. § 152 Abs. 4 FamFG die **besondere Zuständigkeit** des Gerichts, in dessen Bezirk das **Bedürfnis der Fürsorge** bekannt wird.[20]

9   b) **Anhörung des Jugendamts.** Eine Anhörung des Jugendamts ist in § 162 Abs. 1 FamFG für alle Verfahren, die die Person des Kindes betreffen, ausdrücklich angeordnet.[21]

10   c) **Einstweilige Anordnungen.** Einstweilige Anordnungen sind unter den Voraussetzungen der §§ 49 FamFG zulässig.

11   d) **Rechtsmittel.** Gegen Entscheidungen des Familiengerichts ist gem. §§ 58, 64 FamFG die **Beschwerde** zum Erstgericht statthaft (§§ 621e ZPO aF, 11 Abs. 1 RPflG). **Beschwerdeberechtigt** sind die Eltern gem. § 59 Abs. 1 FamFG, das mindestens 14jährige Kind gem. § 60 FamFG sowie nun auch das Jugendamt gem. §§ 162 Abs. 3 S. 2, 59 Abs. 3 FamFG. Die Beschwerde ist gem. §§ 65, 64 Abs. 2 FamFG schriftlich zu **begründen** und binnen der **Frist** des § 63 FamFG einzulegen.

12   3. **Kosten.** Nach der Umstellung von Aktgebühren (§ 95 Abs. 1 S. 1 Nr. 2 KostO aF) auf pauschale Verfahrensgebühren zum 01. 09. 2009 durch das FamGKG[22] ergibt sich die **Kostenentscheidung** aus Nr. 1310, 1410 des Kostenverzeichnisses der Anlage 1 zu § 3 Abs. 2 FamGKG bzw. aus den Nr. 1314, 1316 für die **Beschwerdeentscheidung**.

§§ 1694, 1695 *(weggefallen)*

§ 1696 Abänderung gerichtlicher Entscheidungen und gerichtlich gebilligter Vergleiche

(1) ¹Eine Entscheidung zum Sorge- oder Umgangsrecht oder ein gerichtlich gebilligter Vergleich ist zu ändern, wenn dies aus triftigen, das Wohl des Kindes nachhaltig berührenden Gründen angezeigt ist. ²§ 1672 Abs. 2, § 1680 Abs. 2 Satz 1 sowie § 1681 Abs. 1 und 2 bleiben unberührt.

(2) Eine Maßnahme nach den §§ 1666 bis 1667 oder einer anderen Vorschrift des Bürgerlichen Gesetzbuchs, die nur ergriffen werden darf, wenn dies zur Abwendung einer Kindeswohlgefährdung oder zum Wohl des Kindes erforderlich ist (kindesschutzrechtliche Maßnahme), ist aufzuheben, wenn eine Gefahr für das Wohl des Kindes nicht mehr besteht oder die Erforderlichkeit der Maßnahme entfallen ist.

Schrifttum: *Büdenbender*, Elterliche Entscheidungsautonomie für die elterliche Sorge nach dem geltenden Recht und nach dem Entwurf eines Kindschaftsrechtsreformgesetzes, AcP 197 (1997) 197; *Büte*, Gesetz zur Erleichterung familiengerichtlicher Maßnahmen bei Gefährdung des Kindeswohls, FuR 2008, 361; *Ehring*, Die Abänderung der Sorgerechtsentscheidung und die Wünsche des Kindes, 1996; *Ewers*, Nachdenken über § 1696bGB, neu?, FamRZ 1999, 47; *Gernhuber/Coester-Waltjen*, Familienrecht, 6. Aufl. 2010; *Holzner*, Die Änderung der Sorgerechtsentscheidung gem. § 1696 Abs. 1 BGB, 2004; *Huber*, Die elterliche Sorge zwischen Veränderung und Kontinuität, FamRZ 1999, 1625; *Kaltenborn*, Die personalen Beziehungen des Scheidungskindes als sorgerechtsrelevantes Entscheidungskriterium, FamRZ 1987, 990; *Meysen*, Familiengerichtliche Maßnahmen bei Gefährdung des Kindeswohls, JAmt 2008, 233; *ders.*, Neuerungen im zivilrechtlichen Kinderschutz, NJW 2008, 2673; *Rauscher*, Familienrecht, 2. Aufl. 2008; *Rimkus*, Kindeswohl und Sorgerecht, ZFE 2010, 47; *Röchling*, Kindeswille und Elternrecht, FPR 2008, 481; *Rosenboom/Rotax*, Ein kleiner Meilenstein auf dem Weg zum besseren

---
[20] Ausf. MünchKomm/*Heilmann* FamFG § 152 Rn. 21 ff.
[21] Nach Rechtslage des § 49a FGG aF war eine Anhörung des Jugendamts für Maßnahmen nach § 1693 nicht vorgesehen. Sie wurde jedoch stets als zweckmäßig erachtet, vgl. 5. Aufl. Rn. 5; *Bamberger/Roth/Veit* Rn. 4.
[22] Gesetz über Gerichtskosten in Familiensachen (FamGKG) v. 17. 12. 2008 (BGBl. I S. 2586).

Kinderschutz, ZRP 2008, 1; *Schilling,* Rechtliche Probleme bei der gemeinsamen Sorge nach Trennung bzw. Scheidung, NJW 2007, 3233; *Schwab,* Elterliche Sorge bei Trennung und Scheidung, FamRZ 1998, 457; *Stößer,* Das neue Verfahren in Kindschaftssachen, FamRZ 2009, 656; *Veit,* Das Gesetz zur Erleichterung familiengerichtlicher Maßnahmen bei Gefährdung des Kindeswohls im Überblick, FPR 2008, 598; *Vogel,* Gesetz zur Erleichterung familiengerichtlicher Maßnahmen bei Gefährdung des Kindeswohls, FF 2008, 231; *Willutzki,* Kindschaftssachen im neuen FamFG – Ein Überblick, FPR 2009, 327.

Übersicht

	Rn.		Rn.
A. Normzweck	1–4	2. Triftige, das Kindeswohl nachhaltig berührende Gründe	19–22
I. Materiell-rechtliche Eingriffsbefugnis	1–3	a) Prüfungsmaßstab	20, 21
		b) Kindeswohl	22
II. FGG-Reformgesetz	4	3. Einzelfälle	23–38
		a) Änderung der tatsächlichen Verhältnisse	24–33
B. Abgrenzung zu anderen Vorschriften	5–13	b) Änderungswille der Beteiligten	34–37
		c) Änderung der Rechtslage	38
I. Das Verhältnis von § 1696 Abs. 1 zu § 1671 ff	5–10	4. Änderungspflicht	39
1. § 1671	6, 7	5. Inhalt der Änderungsentscheidung	40
2. § 1672	8	**II. Aufhebungsbefugnis gem. § 1696 Abs. 2**	41–48
3. §§ 1673 ff.; 1678 Abs. 1	9	1. Kindesschutzrechtliche Maßnahme	42
4. §§ 1680 Abs. 2 S. 1, 1681 Abs. 1, 2	10	2. Wegfall der Gefahr oder Entfallen der Erforderlichkeit	43–46
II. Das Verhältnis von § 1696 Abs. 1 zu §§ 1666 ff	11	a) Wegfall der Gefahr	44
		b) Entfallen der Erforderlichkeit	45
III. Das Verhältnis von § 1696 zu § 166 FamFG	12	c) Aufrechterhaltung der Maßnahme	46
		3. Überprüfungspflicht	47, 48
IV. Rechtsmittel	13	**D. Sonstiges Verfahren**	49–54
C. Die Tatbestandsvoraussetzungen des § 1696	14–48	**I. Örtliche Zuständigkeit**	50
I. Änderungsbefugnis gem. § 1696 Abs. 1	14–40	**II. Amtswegiges Verfahren**	51
		III. Einstweilige Anordnungen	52
1. Änderungsgegenstand	14–18	**IV. Kosten**	53
a) Entscheidung zum Sorge- oder Umgangsrecht	15	**V. Rechtsmittel**	54
b) Gerichtlich gebilligter Vergleich	16–18	**E. Abänderung ausländischer Entscheidungen**	55

A. Normzweck

I. Materiell-rechtliche Eingriffsbefugnis

Die für eine positive Kindesentwicklung maßgeblichen Umstände unterliegen dauernden Veränderungen. Deshalb kann sich etwa eine im Kleinkindalter ergangene Sorgerechtsentscheidung im Laufe der Zeit als unpassend erweisen, weil sich entweder die Lebensverhältnisse von Kind und Eltern ändern oder die ursprünglichen Prognosen falsch waren. Neue Verhinderungen können auftreten und alte wegfallen, die Eltern sich versöhnen und wieder zusammen ziehen. § 1696 eröffnet dem Familiengericht deshalb die Möglichkeit, in angemessener Weise auf solche Veränderungen zu reagieren. Da dem **Kindeswohl** nur durch die besondere Berücksichtigung der jeweiligen Lebenssituation entsprochen werden kann, erwachsen gerichtliche Entscheidungen zum Sorge- und Umgangsrecht nicht in **materieller Rechtskraft**.[1] Denn der Fürsorge gegenüber dem Minderjährigen gebührt Vorrang vor der Endgültigkeit einer Entscheidung.[2] 1

Das Familiengericht hat deshalb auch die Möglichkeit, eine Entscheidung bzw. einen gerichtlich gebilligten Vergleich **abzuändern** (Abs. 1 S. 1) oder **aufzuheben** (Abs. 2). In Abs. 2 wird der bereits nach §§ 1666 ff. – vor allem nach § 1666a – zu berücksichtigende **Verhältnismäßigkeitsgrundsatz** betont, der Eingriffe in die Elternrechte aus Art. 6 Abs. 2 S. 1 GG bzw. in die Kindes- 2

---

[1] BVerfG FamRZ 2005, 783, 784; NK-BGB/*Harms* Rn. 1; *Palandt/Diedrichsen* Rn. 5.
[2] So bereits BGH NJW 1975, 1072, 1075; NJW 1986, 1130.

§ 1696 3–8   Abschnitt 2. Titel 5. Elterliche Sorge

rechte aus Art. 1, 2 GG nur insoweit rechtfertigt, als sie zur Abwendung einer Kindeswohlgefährdung erforderlich sind.[3]

3   § 1696 Abs. 1 S.1 enthält eine Generalklausel und ist deshalb nur anwendbar, wenn nicht eine der in Abs. 1 S. 2 genannten Spezialvorschriften oder die Aufhebungsbefugnis des Abs. 2 eingreifen.[4]

II. FGG-Reformgesetz

4   Die Vorschrift wurde durch Art. 50 Nr. 30 FGG-RG[5] zum 01. 09. 2009 umgestaltet, in Abs. 1 S. 1 findet sich der Begriff „**Anordnung**" statt „Entscheidung" (vgl. § 1693 Rn. 7). Eine inhaltliche Bedeutung ist damit jedoch nicht verbunden. Die Formulierung dient lediglich der **sprachlichen Harmonisierung** mit weiteren Vorschriften des BGB und FamFG.[6] Der neu eingefügte Abs. 1 S. 2 stellt klar, dass Vorschriften mit speziellen Änderungsbefugnissen (§ 1672 Abs. 2, § 1680 Abs. 2 S.1 sowie § 1681 Abs. 1 und 2) von der Generalklausel des Abs. 1 S. 1 nicht verdrängt werden. Ferner wurde der Anwendungsbereich des Abs. 2 durch die **Legaldefinition** der „kindesschutzrechtlichen Maßnahme" bedeutend erweitert (vgl. Rn. 42). Der verfahrensrechtliche Gehalt des Abs. 3 aF findet sich jetzt in § 166 Abs. 2, 3 FamFG wieder (vgl. Rn. 47 ff.).

B. Abgrenzung zu anderen Vorschriften

I. Das Verhältnis von § 1696 Abs. 1 zu § 1671 ff.

5   Neben § 1696 Abs. 1 existieren also folgende sorgerechtsändernde Normen, die als **leges speciales** vorrangig sind. Diese seit jeher unbestrittene Erkenntnis hat in § 1696 Abs. 1 **S. 2** nun eine ausdrückliche Regelung erfahren.

6   **1. § 1671.** Die Fortdauer des gemeinsamen Sorgerechts **getrennt lebender Eltern** beruht **nicht** auf **gerichtlicher Entscheidung**, sondern ergibt sich seit der Neukonzeption des § 1671 durch das KindRG 1998 unmittelbar aus dem **Gesetz**. § 1696 ist deshalb auf diesen Fall nicht anwendbar. Die Anordnung des alleinigen Sorgerechts erfolgt auf Antrag eines Elternteils durch Erstentscheidung nach § 1671 Abs. 2. Eine Änderung auf der Grundlage des § 1696 Abs. 1 kann erst erfolgen, wenn entweder das **gemeinsame Sorgerecht** wegen Fehlens der Voraussetzungen von § 1671 Abs. 2 **richterlich bestätigt** wurde oder eine bereits ergangene Erstentscheidung **zugunsten des anderen Elternteils** (oder einer Pflegeperson) geändert werden soll.[7]

7   Umstr ist – allerdings mit schwächerer praktischer Bedeutung – , welcher Änderungsmaßstab für **Altfälle** gelten soll, in denen die Erstentscheidung auf § 1672 aF beruhte. In Betracht gezogen werden sowohl eine analoge Anwendung des § 1671 nF,[8] als auch § 1696 Abs. 1.[9] Im Grunde geht der Streit aber nur um die Frage, wie der durch das KindRG 1998 zum Ausdruck gekommene gesetzgeberische Wille zugunsten eines Fortbestands der gemeinsamen Sorge berücksichtigt worden ist. Vorzugswürdig erscheint hier die Anwendung des § 1696 Abs. 1, denn für eine analoge Anwendung des § 1671 fehlt es an einer Regelungslücke. Alle Gesichtspunkte, die für den milderen Maßstab des § 1671 sprechen, können ebenso gut bei der Prüfung der „triftigen Gründe" im Rahmen des § 1696 Abs. 1 mit einfließen.[10]

8   **2. § 1672.** Ist im Falle **getrennt lebender Eltern** die Mutter nach § 1626a Abs. 2 allein sorgeberechtigt, scheidet eine Änderung nach § 1696 Abs. 1 ebenfalls mangels gerichtlicher Entscheidung aus. Die (Erst-) Übertragung des Sorgerechts auf den Vater erfolgt dann nach § 1672 Abs. 1. Wollen die Eltern anschließend doch das gemeinsame Sorgerecht, so kann dieses nur unter den Voraussetzungen des § 1672 Abs. 2 angeordnet werden.[11] Der Änderungsmaßstab unterscheidet sich insoweit

---

[3] Vgl. dazu Rn. 41 u. § 1666 Rn. 155 ff.; *Staudinger/Coester* Rn. 3.
[4] BT-Drucks. 16/6308 S. 346.
[5] Gesetz zur Reform des Verfahrens in Familiensachen u. in den Angelegenheiten der freiwilligen Gerichtsbarkeit (FGG-Reformgesetz – FGG-RG) v. 17. 12. 2008 (BGBl. I S. 2586).
[6] Vgl. BT-Drucks. 16/6308 S. 346; *Palandt/Diedrichsen* Rn. 5.
[7] Dann gilt allerdings der mildere Maßstab des § 1671 Abs. 2, vgl. BGH NJW 1993, 126, 127; *Palandt/Diedrichsen* Rn. 6; *Staudinger/Coester* Rn. 31; aA *PWW/Ziegler* Rn. 3.
[8] Vgl. OLG Hamm FamRZ 1999, 803; OLG Bamberg FamRZ 1999, 805; OLG Hamm FamRZ 1998, 1315; AG Groß-Gerau FamRZ 1998, 1465.
[9] So OLG Frankfurt/M. FamRZ 1999, 612; OLG Stuttgart FamRZ 1999, 804; OLG Zweibrücken FamRZ 1999, 807; AG Freyung FamRZ 1999, 806.
[10] Überzeugend *Huber* FamRZ 1999, 1625, 1630.
[11] Krit. zur Schaffung einer Sonderregelung in § 1672 Abs. 2 s. *Staudinger/Coester* Rn. 18 ff., „eigentlich ein klassischer Anwendungsfall von § 1696 Abs. 1".

Abänderung gerichtlicher Entscheidungen u. gerichtlich gebilligter Vergleiche 9–14 § 1696

von demjenigen des § 1696 Abs. 1, als nach § 1672 Abs. 2 keine triftigen Gründe erforderlich sind, sondern das gemeinsame Sorgerecht bereits dann angeordnet werden kann, wenn es dem Kindeswohl nicht widerspricht (**negative Kindeswohlprüfung**).[12]

3. §§ 1673 ff.; 1678 Abs. 1. Ist im Falle **gemeinsam sorgeberechtigter Eltern** ein Elternteil 9
aus tatsächlichen (§ 1674) oder rechtlichen (§ 1673) Gründen an der Ausübung der elterlichen Sorge verhindert, so findet gem. § 1678 Abs. 1 Hs. 1 ein Übergang des Sorgerechts auf den anderen Elternteil kraft Gesetzes statt. Einer Änderung nach § 1696 Abs. 1 bedarf es dagegen, wenn dem verhinderten Elternteil die Sorge (aufgrund gerichtlicher Entscheidung) allein zusteht.[13]

4. §§ 1680 Abs. 2 S. 1, 1681 Abs. 1, 2. Verstirbt ein kraft gerichtlicher Entscheidung **sorge-** 10
berechtigter Elternteil (§ 1680 Abs. 2) oder wird er für tot erklärt (§ 1681 Abs. 1), kann die Übertragung des Sorgerechts auf den anderen Elternteil gem. §§ 1680 Abs. 2 S. 1 bzw. 1681 Abs. 1 ebenfalls unter erleichterten Bedingungen (negative Kindeswohlprüfung) erfolgen.

II. Das Verhältnis von § 1696 Abs. 1 zu §§ 1666 ff.

Bezüglich des Verhältnisses von § 1696 zu §§ 1666 ff. werden unterschiedliche Auffassungen ver- 11
treten. Während die Abänderungsbefugnis nach § 1696 Abs. 1 **triftige, das Wohl des Kindes nachhaltig berührende Gründe** voraussetzt, muss für eine kindesschutzrechtliche Maßnahme nach §§ 1666 ff. das **Wohl des Kindes gefährdet** sein. Teilweise wird § 1696 als die speziellere Vorschrift gesehen, weil der **Vorrang der Abänderung** ggü einer kindesschutzrechtlichen Maßnahme dem Verhältnismäßigkeitsgrundsatz Rechnung trage.[14] Die Gegenauffassung befürwortet hingegen einen Vorrang der §§ 1666 ff., damit die **höhere Eingriffsschwelle** dieser Normen nicht durch eine Anwendung des § 1696 unterlaufen werde.[15] Letzteres lässt sich vermeiden, indem zwar § 1696 zur Anwendung kommt, der Änderungsmaßstab aber den §§ 1666 ff. entnommen wird.[16]

III. Das Verhältnis von § 1696 zu § 166 FamFG

§ 166 FamFG enthält als **prozessuales Pendant** zu § 1696 die verfahrensrechtliche Pflicht und 12
Befugnis zur Durchführung des Abänderungsverfahrens. Im Verhältnis zu § 48 FamFG handelt es sich bei § 166 FamFG um die speziellere Vorschrift für Abänderungen in Kindschaftssachen.[17]

IV. Rechtsmittel

Solange gegen eine sorge- oder umgangsrechtliche Entscheidung Rechtsmittel eingelegt werden 13
können, scheidet die Anwendung von § 1696 Abs. 1 aus.[18] Sinn und Zweck des Abänderungsverfahrens sind nämlich nicht, eine frühere Sorgerechtsentscheidung nach Erschöpfung des Rechtsweges nochmals zu überprüfen, sondern sie unter dem Gesichtspunkt des Kindeswohls an wesentliche Veränderungen anzupassen.[19] Das gilt gleichermaßen für eine im Verbundverfahren ergangene wie für eine isolierte Sorgerechtsentscheidung.[20] Die Dispositionsbefugnis der Beteiligten ein Rechtsmittel einzulegen bzw darauf zu verzichten wird durch § 1696 nicht eingeschränkt. Aus der Vorschrift ergibt sich lediglich, dass jederzeit von Amts wegen ein neues Abänderungsverfahren eingeleitet werden kann.[21]

C. Die Tatbestandsvoraussetzungen des § 1696

I. Änderungsbefugnis gem. § 1696 Abs. 1

1. Änderungsgegenstand. Die Anwendung des § 1696 Abs. 1 setzt eine **Entscheidung** auf 14
dem Gebiet der elterlichen Sorge oder des Umgangsrechts (Var. 1) oder einen gerichtlich gebilligten **Vergleich** (Var. 2) voraus.

---

[12] Eine kurze Übersicht zu den unterschiedlichen Prüfungsmaßstäben findet sich in der Anm. v. *Luthin* zum Beschl. des BVerG v. 8. 12. 2005 – 1 BvR 364/05 in FamRZ 2006, 385, 386.
[13] *Palandt/Diederichsen* § 1678 Rn. 11.
[14] LG Arnsberg FamRZ 1998, 60; *Bamberger/Roth/Veit* Rn. 12; jurisPK/*Bauer* Rn. 11; NK-BGB/*Harms* Rn. 7.
[15] BVerfG FamRZ 2009, 1472, 1474; *Palandt/Diederichsen* Rn. 6.
[16] IdS wohl auch *Staudinger/Coester* Rn. 13.
[17] BT-Drucks. 16/6308 S. 242.
[18] OLG Brandenburg FamRZ 2009, 131 f.
[19] OLG Jena FamRZ 2005, 52, 53.
[20] *Palandt/Diederichsen* Rn. 3.
[21] BGH FamRZ 1999, 1585, 1586.

§ 1696 15–19 Abschnitt 2. Titel 5. Elterliche Sorge

15   **a) Entscheidung zum Sorge- oder Umgangsrecht.** § 1696 Abs. 1 setzt eine frühere **gerichtliche Entscheidung** voraus, wobei es nicht darauf ankommt, ob diese von Amts wegen oder auf Antrag eines Beteiligten getroffen worden ist.[22] Neben der Änderung einer **Erstentscheidung** erlaubt die Vorschrift auch die Änderung einer früheren **Änderungsentscheidung**.[23] Von der Änderungskompetenz erfasst sind auch **Altentscheidungen** des Vormundschaftsgerichts, die also vor In-Kraft-Treten des FamFG ergangen sind. Abänderbar sind ferner auch Entscheidungen, die im **Rechtsmittelverfahren** ergangen sind,[24] sowie **Entscheidungen ausländischer Gerichte**.[25] Für **einstweilige Anordnungen** (vgl. dazu § 1666 Rn. 234 f.) besteht dagegen wegen der enumerativen Gesetzesformulierung keine Änderungsbefugnis nach § 1696 Abs. 1.[26] Ebenso wenig liegt ein tauglicher Änderungsgegenstand vor, wenn das Sorgerecht der Eltern **kraft Gesetzes** (etwa gem. § 1626a Abs. 2, § 1671 Abs. 1 oder § 1678 Abs. 1) oder aufgrund einer **Sorgeerklärung** (§§ 1626a – 1626e) besteht.[27]

16   **b) Gerichtlich gebilligter Vergleich.** Abs. 1 ist nicht anwendbar, soweit die Änderung **außergerichtlicher Vereinbarungen** begehrt wird.[28] Bereits vor der Neufassung der Vorschrift durch das FGG-RG wurde § 1696 Abs. 1 aber analog herangezogen, wenn das Gericht sich die Sorgevereinbarung durch Beschluss „zu eigen gemacht hatte".[29] Durch die Legaldefinition des gerichtlich gebilligten Vergleichs in § 156 Abs. 2 FamFG und seine Aufnahme in den Wortlaut des § 1696 Abs. 1, findet sich nun die klare Formulierung der Änderungsbefugnis durch den Gesetzgeber.

17   Der Vergleich kann sich gem. § 156 Abs. 2 FamFG nur auf den **Umgang** oder die **Herausgabe** des Kindes beziehen. **Aufenthaltsbestimmungsrecht** oder **elterliches Sorgerecht** als Ganzes stehen wegen der zwingenden Vorgaben der §§ 1671, 1672 und 1680 Abs. 2, 3 nicht zur Disposition der Eltern.[30] Im Unterschied zu § 52a Abs. 4 S. 3 FGG aF müssen nicht nur die Eltern, sondern alle formell am Verfahren Beteiligten dem Vergleich zugestimmt haben.[31]

18   Die Änderung eines gerichtlich gebilligten Vergleichs setzt grds. den **Antrag** mindestens eines Elternteils voraus. Da der Vergleich auf einer einvernehmlichen Entscheidung der Eltern beruht, kann das Gericht nur im Falle einer Kindeswohlgefährdung von Amts wegen tätig werden und eine Änderung dann allein unter den Voraussetzungen des § 1666 vornehmen.[32] § 1696 Abs. 1 ist grds. auch dann anwendbar, wenn die in Deutschland lebenden Kindeseltern sich vor einem **ausländischen Gericht** verglichen haben.[33]

19   **2. Triftige, das Kindeswohl nachhaltig berührende Gründe.** Obwohl sorge- und umgangsrechtliche Entscheidungen bzw. gerichtlich gebilligte Vergleiche nicht in materielle Rechtskraft erwachsen (vgl. oben Rn. 1), erlaubt § 1696 Abs. 1 keine beliebige Wiederaufnahme des Verfahrens. Zum einen soll das Kind eine möglichst weitgehende **Erziehungskontinuität**[34] erfahren. Zum anderen ist jede Änderung des Eltern-Kind-Verhältnisses ein Eingriff in die verfassungsrechtlich geschützte Elternautonomie (Art. 6 Abs. 2 S.1 GG) und bedarf deshalb einer **Rechtfertigung**.[35] Der Gesetzgeber hat sich für eine kontinuierlich am Kindeswohl orientierte Eingriffsmöglichkeit entschieden und bei der Neufassung des Abs. 1 durch das KindRG 1998 die von der Rechtsprechung entwickelte Formel übernommen, wonach die Änderung aus **triftigen**, das Wohl des Kindes **nachhaltig berührenden Gründen** angezeigt sein muss.[36]

---

[22] NK-BGB/*Harms* Rn. 15.
[23] NK-BGB/*Harms* Rn. 15.
[24] Palandt/*Diedrichsen* Rn. 5.
[25] Vgl. dazu Rn. 55; BGH NJW-RR 1986, 1130; OLG Koblenz OLGR 2005, 50, 52; OLG Saarbrücken OLGR 2004, 467, 468; AG Mönchengladbach FamRZ 2005, 1702.
[26] *Staudinger*/*Coester* Rn. 29.
[27] BGH NJW 2005, 2456, 2457; vgl. auch Rn. 5 f.
[28] *Gernhuber*/*Coester-Waltjen* § 65 Rn. 64.
[29] OLG Brandenburg FamRZ 2008, 2055, 2056 für eine analoge Anwendung des § 1696 Abs. 1; so wohl grds. auch OLG Jena FamRZ 2008, 806 aber mangels Protokollierung des Vergleichs verneint; vgl. ferner OLG Karlsruhe FuR 1998, 270, 271; *Bamberger*/*Roth*/*Veit* Rn. 2.1; NK-BGB/*Harms* Rn. 16 f.; *Palandt*/*Diedrichsen* Rn. 2.
[30] Aus diesem Grund wurde der Vorschlag des Rechtsausschusses des Bundesrates, § 156 Abs. 2 FamFG auf alle Kindschaftssachen des § 156 Abs. 1 FamFG zu erstrecken, abgelehnt, vgl. BT-Drucks. 16/6308 S. 414.
[31] MünchKomm/*Schumann* FamFG § 156 Rn. 3.
[32] BT-Drucks. 16/6308 S. 346.
[33] Vgl. OLG Naumburg FamRZ 2008, 1778, 1779; s. ferner Rn. 55.
[34] Ausf. *Huber* FamRZ 1999, 1625 f.; *Rauscher* FamR Rn. 1083; ferner *Rimkus* ZFE 2010, 47 f.
[35] *Staudinger*/*Coester* Rn. 43; *Gernhuber*/*Coester-Waltjen* § 65 Rn. 63.
[36] BGHZ 64, 19, 29; BGH FamRZ 1993, 314; NJW-RR 1986, 1130; BayObLG FamRZ 1976, 38, 39 ff.; FamRZ 1974, 318; FamRZ 1971, 467, 471; FamRZ 1964, 640 f.; KG FamRZ 1967, 411, 412; FamRZ 1959, 253, 254.

a) Prüfungsmaßstab. Der Maßstab des Abs. 1 ist strenger als die in anderen Vorschriften 20 (vgl. etwa §§ 1672 Abs. 1 S. 2, 1678 Abs. 2) vorgesehene Prüfung, ob eine bestimmte gerichtliche Maßnahme dem Wohl des Kindes dient.[37] Er verlangt vielmehr, dass ein Änderungsgrund von solcher Bedeutung vorliegt, dass er den **Grundsatz der Erziehungskontinuität** und die mit der Veränderung verbundenen **Nachteile für die Entwicklung** des Kindes **deutlich überwiegt**.[38] Jede Änderung muss daher am generellen Bedürfnis des Kindes nach Kontinuität und Stabilität seiner Lebens- und Erziehungsbedingungen gemessen werden **(positive Kindeswohlprüfung)**.[39] Dem Gericht kommt dabei ein **Beurteilungsspielraum** zu.[40] Grundlegende Wertungen, die sich aus der Erstentscheidungsnorm ergeben, müssen aber auch im Änderungsverfahren berücksichtigt werden, um einen „unerträglichen" Wertungswiderspruch zu vermeiden.[41] Nach einhelliger Meinung bedarf es daher in bestimmten Fällen einer **Modifikation des Prüfungsmaßstabs**.[42]

Teilweise werden die Worte „triftig", „nachhaltig berührend" und „angezeigt" als selbständige 21 Tatbestandsvoraussetzungen gesehen, sodass etwa trotz Vorliegens einzelner Tatbestandsmerkmale keine Änderung angezeigt sein muss.[43] Die Aufspaltung in einzelne Tatbestandsvoraussetzungen begegnet aber Abgrenzungsschwierigkeiten und ist für die notwendige Abwägung zwischen Änderungs- und Bestandsinteresse auch nicht weiterführend.[44] Aus diesem Grunde ist eine **einheitliche Betrachtung** des jeweiligen Einzelfalles vorzunehmen.

b) Kindeswohl. Das Kindeswohl ist ein unbestimmter Rechtsbegriff, der zwar in verschiedenen 22 Vorschriften genannt, aber nirgends definiert wird (vgl. §§ 1632 Abs. 4, 1666, 1671 Abs. 2 Nr. 2, 1672 Abs. 1 S. 2, Abs. 2, 1678 Abs. 2, 1680 Abs. 2, 1681 Abs. 2, 1682, 1684 Abs. 4, 1685 Abs. 1, 1687 Abs. 2, 1687b, 1688 Abs. 3, 1697a) (vgl. § 1697a Rn. 1 ff.). Zur Bestimmung des Kindeswohls finden sich jedoch Anhaltspunkte in einzelnen Vorschriften: Dazu gehören neben der **körperlichen, geistigen und seelischen** Unversehrtheit (§ 1666 Abs. 1) die Möglichkeit, zu einer **selbständigen** und **verantwortungsbewussten** Person heranwachsen zu können (§ 1626 Abs. 2), sowie die **Fähigkeit zum Zusammenleben** in der Gemeinschaft (vgl. § 1 Abs. 1 SGB VIII). **Stabilität** und **Kontinuität** der Beziehungen zum Sorgeberechtigten sind ebenfalls ein wesentlicher Faktor, wie das Gesetz an verschiedenen Stellen zeigt, zB in den §§ 1632 Abs. 4, 1666 a, 1682, 1684 Abs. 4, 1685. Daneben erlangen die **Vorstellungen des Kindes** mit zunehmendem Alter erhebliche Bedeutung. Dies verdeutlichen neben § 1626 Abs. 2 auch § 1631a und § 1671 Abs. 2 Nr. 1.[45] Ferner lassen sich dem Kindeswohlprinzip zwei Grundwertungen entnehmen: Zum einen der **Vorrang der Kindesinteressen** vor allen anderen beteiligten Interessen und zum anderen der **Vorrang der Einzelfallgerechtigkeit** vor allgemeinen Regeln.[46]

3. Einzelfälle. Die Änderung einer sorge- oder umgangsrechtlichen Entscheidung kann insbe- 23 sondere durch die Änderung der **tatsächlichen Lebensverhältnisse** des Kindes oder seiner Eltern veranlasst sein. Es macht keinen Unterschied, ob sich Tatsachen, die der Erstentscheidung zugrunde lagen, **nachträglich ändern** oder erst **nachträglich bekannt** werden.[47] Dabei muss es sich nicht zwangsläufig um die Veränderung äußerer Umstände handeln. Auch die **Aufdeckung von Fehlprognosen**[48] und die **innere Einstellung der Beteiligten** (vgl. iE Rn. 34 ff.) können triftige Gründe für eine Änderungsentscheidung darstellen.

a) Änderung der tatsächlichen Verhältnisse. Den Hauptanwendungsfall des § 1696 Abs. 1 24 bilden Veränderungen der tatsächlichen Lebensverhältnisse, wie etwa soziale, gesundheitliche oder

---

[37] Vgl. OLG Karlsruhe FamRZ 2000, 1595.
[38] OLG Köln FamRZ 2005, 1276; OLG Karlsruhe FPR 2002, 662, 663; OLG Hamm FPR 2002, 270; OLG Braunschweig FamRZ 2002, 120, 121.
[39] OLG Karlsruhe FPR 2002, 662; *Huber* FamRZ 1999, 1625, 1626.
[40] *Rauscher* FamR Rn. 1084.
[41] Vgl. *Staudinger/Coester* Rn. 57.
[42] Vgl. BGH FamRZ 2005, 1469, 1470 mit krit. Anm. *Luthin* FamRZ 2005, 1471; *Staudinger/Coester* aaO; *Huber* FamRZ 1999, 1625, 1626; vgl. iE Rn. 28, 34 f.
[43] So *Palandt/Diedrichsen* Rn. 16; NK-BGB/*Harms* Rn. 24 f. jeweils mit dem wenig überzeugenden Beispiel aus OLG Celle FamRZ 1998, 1188. Die betreffende Entscheidung differenziert nicht in der behaupteten Weise u. legt es insbes. auch nicht nahe, die nach knapp 10 Jahren wieder erlangte Erziehungsfähigkeit der Mutter als „triftigen Grund" für eine Änderungsentscheidung zu sehen.
[44] Zutr. *Staudinger/Coester* Rn. 58, Abs. 1 ist als „einheitliche Definition" zu verstehen.
[45] Ausf. zum Kindeswohlbegriff AG Daun FamRZ 2008, 1879 f.; *Balloff* FPR 2004, 309, 310 ff.
[46] NK-BGB/*Rakete-Dombek* § 1666 Rn. 8; *Staudinger/Coester* § 1666 Rn. 43.
[47] BVerfG NJW 2005, 1765, 1766; OLG Rostock FamRZ 2007, 1352; OLG Köln FamRZ 1998, 1463; OLG Karlsruhe FuR 1998, 270, 271; FamRZ 1998, 1046; *Bamberger/Roth/Veit* Rn. 4.
[48] Vgl. OLG Jena FamRZ 2005, 52, 53, der sorgeberechtigte Elternteil offenbart sich als „schlechthin erziehungsungeeignet".

wirtschaftliche Probleme des sorgeberechtigten Elternteils. Eine Anpassung des Sorgerechts ist uU aber auch aufgrund einer Verbesserung der Lebensverhältnisse und Betreuungsmöglichkeiten beim nicht sorgeberechtigten Elternteil angezeigt.

25 **aa) Verschlechterung der Sorgesituation beim sorgeberechtigten Elternteil.** Die gemeinsame Sorge kann nicht in eine Alleinsorge abgeändert werden, nur weil ein Elternteil bei der Kindeserziehung **mangelndes Engagement** an den Tag legt.[49] Lässt etwa der Vater die Mutter gewähren, ohne störend in die Erziehung einzugreifen, wird das Kindeswohl nicht negativer betroffen als bei alleinigem Sorgerecht der Mutter. Es handelt sich also nicht um einen Änderungsgrund von solcher Bedeutung, dass er den Grundsatz der Erziehungskontinuität und die mit der Veränderung verbundenen Nachteile für die Entwicklung des Kindes deutlich überwiegt.

26 Ein triftiger, das Kindeswohl nachhaltig berührender Abänderungsgrund liegt aber darin, dass der sorgeberechtigte Elternteil sich als schlechthin **erziehungsungeeignet** offenbart, indem er das Recht des Kindes auf **gewaltfreie Erziehung** wiederholt verletzt.[50] Das gleiche gilt bei unkontrollierter **Drogen- oder Alkoholabhängigkeit**.[51] Eine **uneinsichtige Haltung** in Bezug auf die **Ernährung** des Kindes sowie der Befolgung ärztlich angeordneter medikamentöser Behandlungen[52] oder sonstiger **medizinisch indizierter Maßnahmen**[53] kann eine Sorgerechtsabänderung ebenfalls rechtfertigen, sofern es sich nicht um ein **vertretbares Gesundheitsrisiko** handelt.[54] Ein triftiger Änderungsgrund liegt uU auch in einer schweren, ansteckenden **Erkrankung** des Sorgeberechtigten, wenn sie das Kindeswohl nachhaltig berührt,[55] etwa bei offener Tuberkulose,[56] nicht aber bei AIDS. Ist der allein sorgeberechtigte Elternteil an der Ausübung der elterlichen Sorge für längere Zeit **tatsächlich verhindert**[57] oder **ruht** die elterliche Sorge gem. § 1675, ist eine Übertragung des Sorgerechts auf den anderen Elternteil idR angezeigt.[58]

27 **bb) Neuer Partner des Sorgeberechtigten; Geschlechtsumwandlung.** Die Aufnahme einer **neuen Lebensgemeinschaft** oder **Wiederheirat** können sich sowohl positiv als auch negativ auf die Lebensverhältnisse des Kindes beim Sorgeberechtigten auswirken. Eine Änderungsentscheidung nach § 1696 Abs. 1 ist etwa angezeigt, wenn sich im Verhältnis des Kindes zu den neuen Familienmitgliedern unüberbrückbare Gegensätze abzeichnen[59] oder sich aus der Persönlichkeit des neuen Lebensgefährten erhebliche Bedenken für das Kindeswohl ergeben.[60] Auch ein **häufiger Partnerwechsel** und der Eintritt mit dem Kind in eine **promiskutive Lebensgemeinschaft** stellen möglicherweise einen triftigen Grund für eine Sorgerechtsänderung dar.[61] Eine **Geschlechtsumwandlung** steht der Sorgerechtsausübung grundsätzlich nicht entgegen.[62] § 11 Transsexuellengesetz (TSG) lässt das Eltern-Kind-Verhältnis ausdrücklich unberührt. Die sich möglicher Weise aus der Geschlechtsumwandlung ergebenden Schwierigkeiten können im Rahmen der gebotenen Gesamtabwägung durch andere Qualitäten des betroffenen Elternteils sowie durch eine „zeitlich überdauernde Wunschbekundung" des Kindes kompensiert werden.[63]

28 **cc) Auswanderung; Umgangsvereitelung.** Ob eine beabsichtigte **Auswanderung** des Sorgeberechtigten mit dem Kind einen triftigen Grund für die Änderung des Sorge- oder jedenfalls des Aufenthaltsbestimmungsrechts darstellt, wird unter zwei Gesichtspunkten diskutiert: Zum einen stellt sich die Frage, ob durch die Entfernung des Kindes **Umgangsrechte des anderen Elternteils** eingeschränkt oder gar vollständig vereitelt werden. Zum anderen ist von Bedeutung, welche Auswirkungen auf das **Kindeswohl** zu erwarten sind. Vermehrt wird die Auffassung vertreten, dem Recht des Sorgeberechtigten auf **Freizügigkeit** gebühre grds. Vorrang vor einer ungehinderten

---

[49] OLG Frankfurt/M. FamRZ 1996, 889.
[50] OLG Jena FamRZ 2005, 52.
[51] OLG Naumburg FamRZ 2009, 433.
[52] OLG NJW-RR 1990, 716.
[53] OLG Hamm FamRZ 1979, 855, bewusstes Unterlassen einer Förderung des sprachgestörten Kindes durch Teilnahme an Sprachheilkursen.
[54] Etwa der Besuch einer Schule mit drahtlosem Internetzugang (WLAN), vgl. FamRZ 2010, 1995.
[55] *Palandt/Diedrichsen* Rn. 20.
[56] OLG Hamm ZBlJR 1955, 138, 139.
[57] Vgl. die Beispiele bei *Palandt/Diedrichsen* § 1674 Rn. 1.
[58] *Gernhuber/Coester-Waltjen* § 65 Rn. 69.
[59] OLG Hamm FamRZ 1968, 533 f.; OLG Karlsruhe FamRZ 1968, 266 f.; AG Würzburg FamRZ 1998, 1319, 1320; NK-BGB/*Harms* Rn. 27; *Staudinger/Coester* Rn. 86 f.
[60] BGHZ 3, 52, 60; BayObLG FamRZ 1964, 640, 641, „gefährlicher Gewohnheitsverbrecher".
[61] AA OLG Stuttgart NJW 1985, 67 f; mit berechtigter Kritik *Wegener* JZ 1985, 850; *Palandt/Diedrichsen* Rn. 23; *Soergel/Strätz* Rn. 12 („schwer nachvollziehbar").
[62] OLG Schleswig FamRZ 1990, 433, 434; *Staudinger/Coester* Rn. 90.
[63] OLG Schleswig (Fn. 84).

Ausübung des Umgangsrechts durch den anderen Elternteil.[64] Dem steht aber nicht nur Art. 8 EMRK, sondern auch § 1684 Abs. 1 entgegen, wonach dem Kind ein Umgang mit jedem Elternteil zusteht und Eltern nicht nur ein Recht, sondern auch die **Pflicht zum Umgang** mit dem Kind haben. Zudem schützt Art. 6 Abs. 2 GG das Sorge- und das Umgangsrecht gleichermaßen.[65] Entscheidend ist deshalb, ob der Erhalt des Umgangs mit beiden Eltern dem Wohle des Kindes dient, wovon gem. § 1626 Abs. 3 in der Regel auszugehen ist.[66] Es ist daher zu verlangen, dass der sorgeberechtigte Elternteil seinerseits **triftige Gründe für die Auswanderung** geltend macht.[67]

Unabhängig von der räumlichen Entfernung kann in Fällen vorsätzlicher **Umgangsvereitelung** 29 („PAS" = Parental Alienation Syndrome") durch **Zuwiderhandlung gegen gerichtliche Anordnungen** eine Abänderung der Sorgerechtsentscheidung in Frage kommen, wenn eine Entfremdung des Kindes gegenüber dem nicht betreuenden Elternteil droht.[68] Allerdings darf auch diese Sorgerechtsänderung nur aus Kindeswohlerwägungen legitimiert werden und keinesfalls eine reine Sanktion darstellen.[69]

Ähnlich liegt der Fall bei einer **Kindesentführung** durch den nicht sorgeberechtigten Elternteil. 30 Diese bedeutet grds. selbst dann keinen triftigen Änderungsgrund, wenn sich das Kind in die neue Umgebung integriert und bereits eine spürbare Entfremdung zum Sorgeberechtigten stattgefunden hat.[70] Allerdings darf es auch hier nicht ausschließlich darum gehen, den entführenden Elternteil für seine Tat zu bestrafen, sondern dem Wohle des Kindes zu dienen. Daher sind auch Fälle denkbar, in denen das Gericht zu einer Bestätigung der rechtswidrig und willkürlich geschaffenen Sorgesituation gezwungen sein kann, weil eine Rückgängigmachung das Wohl des Kindes noch mehr beeinträchtigen würde als der status quo.[71]

dd) Religiöse Überzeugung. Allein die Hinwendung zur Glaubensgemeinschaft der Zeugen 31 Jehovas stellt noch keinen triftigen Grund für eine Änderungsentscheidung nach § 1696 Abs. 1 dar.[72] Mit dem Grundrecht der Glaubens- und Bekenntnisfreiheit (Art. 4 Abs. 1, 2 GG) ist es unvereinbar, einem Elternteil nur wegen seiner Glaubenszugehörigkeit die Eignung für die Ausübung der elterlichen Sorge abzusprechen.[73] Vielmehr bedarf es einer **Einzelfallprüfung**, ob der Sorgerechtsinhaber die Grundsätze der Zeugen Jehovas so nachdrücklich anwendet, dass sie die Kindererziehung und damit das Kindeswohl nachhaltig negativ berühren.[74]

ee) Mangelnde Kooperationsbereitschaft. Die Änderung eines gemeinsamen in alleiniges 32 Sorgerecht kann für den Fall angezeigt sein, dass sich die ursprüngliche Erwartung des Familiengerichts, die Kindeseltern würden in der Lage sein, einvernehmlich wesentliche Kindesbelange zu regeln, nicht bewahrheitet.[75] Ein triftiger Grund iSd. Abs. 1 liegt dann in der Gefahr, dass das Kind aufgrund ständiger Meinungsverschiedenheiten der Eltern in seiner Persönlichkeitsentwicklung Schaden erleidet.[76] Allerdings hat dieser Anwendungsfall durch die Novellierung des Sorgerechts durch das KindRG 1998 an Bedeutung verloren, da die gemeinsame elterliche Sorge kraft Gesetzes fortbesteht, wenn kein Antrag nach § 1671 gestellt wird.[77] Das gilt selbst dann, wenn die Kooperationsbereitschaft der Eltern weggefallen ist. Mangels Erstentscheidung kann das Familiengericht deshalb nicht nach § 1696 Abs. 1 tätig werden. Denkbar wären aber Maßnahmen auf der Grundlage des § 1666.

gg) Verbesserung der Sorgesituation beim nicht sorgeberechtigten Elternteil. Auf 33 Seiten des nicht sorgeberechtigten Elternteils kann sich eine Verbesserung der Sorgesituation aus der

---

[64] So auch BGH FamRZ 2011, 796, 799, der nur bei offensichtlich bezweckter Umgangsvereitelung die Bindungstoleranz des betreuenden Elternteils in Frage gestellt sieht; vgl. ferner BGH FamRZ 1990, 392, 393; OLG Nürnberg FamRZ 2000, 1603, 1604; OLG Karlsruhe FamRZ 1978, 201, 202.
[65] OLG Zweibrücken NJW-RR 2004, 1588, 1589.
[66] Ähnlich *Staudinger/Rauscher* § 1684 Rn. 72.
[67] Vgl. OLG Frankfurt/M. FamRZ 2003, 1491; OLG München FamRZ 2003, 1493, 1494 (Wegzug im Inland); OLG Oldenburg FamRZ 1980, 78 f.; aA *Staudinger/Coester* Rn. 74.
[68] OLG Frankfurt/M. FamRZ 2001 638, 639 allerdings in Anwendung des § 1666; AG Fürstenfeldbrück FamRZ 2002, 118; *Palandt/Diedrichsen* Rn. 22; zur Umgangsvereitelung vgl. ferner § 1666 Rn. 85 f.
[69] Vgl. 5. Aufl. Rn. 24.
[70] OLG Bamberg FamRZ 1987, 185, 186.
[71] *Bamberger/Roth/Veit* Rn. 7; *Staudinger/Coester* Rn. 69 mwN.
[72] OLG Köln FamRZ 2000, 1390; OLG Hamburg FamRZ 1996, 684 m. Anm. *Garbe*; OLG Stuttgart FamRZ 1995, 1290.
[73] BayObLG NJW 1976, 2017.
[74] OLG Karlsruhe FPR 2002, 662; OLG Köln FamRZ 2000, 1390; OLG Koblenz NJWE-FER 2000, 276, 277; OLG Saarbrücken FamRZ 1996, 561; OLG Hamburg FamRZ 1996, 684; AG Ravensburg FamRZ 2004, 133.
[75] OLGR Köln 2007, 176.
[76] Vgl. BGH NJW 1993, 126, 127; OLG Frankfurt/M. FamRZ 1996, 889.
[77] Zum Verhältnis zwischen §§ 1696 u. 1671 vgl. o. Rn. 6 f.

Wiedererlangung der Erziehungsfähigkeit ergeben.[78] Auch die Aufnahme einer **Berufstätigkeit** und **Genesung** wirken sich uU positiv auf die Sorgesituation aus.[79] Selbst eine **Wiederheirat** spricht uU für eine Sorgerechtsänderung, wenn sie dem Elternteil dadurch die persönliche Betreuung des Kindes ermöglicht.[80] Solange das Kind allerdings beim sorgeberechtigten Elternteil gut versorgt ist, reicht alleine die Verbesserung der Lebensverhältnisse beim anderen Elternteil nicht für eine Sorgerechtsänderung aus.[81]

34   b) **Änderungswille der Beteiligten. aa) Elternkonsens.** Äußern die getrennt lebenden Eltern **einvernehmlich** den Wunsch, die elterliche Sorge wieder gemeinsam auszuüben, muss der strenge Maßstab des § 1696 Abs. 1 modifiziert werden. Denn der elterliche Konsens hat durch § 1671 Abs. 2 Nr. 1 und § 1672 Abs. 2 eine Aufwertung erfahren,[82] die zwar unmittelbar nur in der Erstentscheidung zum Tragen kommt, deren normativer Gehalt aber auch im Änderungsverfahren Berücksichtigung zu finden hat. Nach allgemeiner Auffassung kehrt sich deshalb die positive in eine **negative Kindeswohlprüfung** um: Die triftigen Gründe müssen nicht für die erstrebte Änderung sprechen; es genügt vielmehr, wenn sie einem gemeinsamen Sorgerecht nicht im Wege stehen.[83] Grenzen bilden etwa eine Kindeswohlgefährdung (§ 1666) oder auch der Widerspruch des Kindes.[84]

35   Geringere Bedeutung kommt dem Elternkonsens zu, wenn die dem einen Elternteil zugewiesene **Alleinsorge** einvernehmlich auf den anderen übertragen werden soll. Anders als bei der Begründung eines gemeinsamen Sorgerechts liegt in der Auswechslung des Sorgeberechtigten ein stärkerer Eingriff in die Erziehungskontinuität. Im Rahmen der positiven Kindeswohlprüfung stellt der gemeinsame Änderungsvorschlag aber ein wichtiges **Indiz** für eine notwendige Änderung dar.[85]

36   **bb) Kindeswille.** Der Wille des Kindes aus der Obhut des betreuenden in die Obhut des anderen Elternteils zu wechseln, kann ebenfalls einen triftigen Grund für eine Änderungsentscheidung nach § 1696 Abs. 1 bilden. Bei der Feststellung des Kindeswohls ist der Kindeswille jedoch **nur eines von mehreren Kriterien**. Die Erziehungseignung der Eltern und die familiären Lebensverhältnisse sind objektiv zu beurteilen und müssen nicht mit den Ansichten und Präferenzen des Kindes übereinstimmen. Hier gilt es zu bedenken, dass der Kindeswille dem elterlichen Einfluss ausgesetzt ist und deshalb von sachfremden Motiven geleitet sein kann.[86] Ein **kindeswohlwidriger Kindeswille** ist uU die Folge.[87] Ein geäußerter Änderungswunsch lässt sich aber nicht nur als verbaler Ausdruck für die stärkere Bindung zu einem Elternteil, sondern auch als eine eigenverantwortliche **Ausübung des Selbstbestimmungsrechts** verstehen. Es erscheint daher verfassungsrechtlich geboten, dem Kindeswillen mit **zunehmenden Alter und Verstandesreife** eine größere Beachtung zu schenken.[88] Insbesondere kann er bei annähernd gleicher Eignung der Eltern den Ausschlag geben.[89] Auch aus psychologischer und erzieherischer Sicht beeinflusst es den Erfolg einer Sorgerechtsmaßnahme, wenn dem Kind ein Wechsel zum gewünschten Elternteil ermöglicht wird. Dies ist sinnvoller, als beharrlich die „bessere" Lösung gegen seinen Willen durchzusetzen.[90]

37   Im Ergebnis erscheint es deshalb vorzugswürdig, ebenso wie beim einvernehmlichen Wunsch der Eltern zugunsten der gemeinsamen Sorge (vgl. Rn. 34) nur eine negative Kindeswohlprüfung vorzunehmen: Der aufgrund einer eigenständigen und ernsthaften Willensbildung geäußerte

---

[78] Zum Abschluss einer Familientherapie AG Tempelhof-Kreuzberg FamRZ 2004, 134.
[79] Vgl. *Staudinger/Coester* Rn. 89 mwN.
[80] OLG Stuttgart FamRZ 1976, 34, 35.
[81] Vgl. *Staudinger/Coester* Rn. 89 mwN.
[82] Vgl. *Staudinger/Coester* § 1671 Rn. 64 f.
[83] OLG Dresden FamRZ 2002, 632 f.; AG Würzburg FamRZ 1999, 1448; *Schwab* FamRZ 1998, 456, 471; vgl. ausf. *Bamberger/Roth/Veit* Rn. 5.1.; NK-BGB/*Harms* Rn. 29; PWW/*Ziegler* Rn. 11; *Huber* FamRZ 1999, 1625, 1628 f.
[84] *Huber* FamRZ 1999, 1625, 1629; *Gernhuber/Coester-Waltjen* § 65 Rn. 71; *Coester* DEuFamR 1999, 3, 14; weitergehend *Büdenbender* AcP 197 (1999), 197, 218, der dem Elternkonsens eine stärkere Bindungswirkung für das Gericht beimessen will u. von einem „Durchwirken" auf die Änderungsebene spricht. Zum Kindeswillen s. Rn. 36.
[85] Vgl. *Bamberger/Roth/Veit* Rn. 6.
[86] Vgl. OLG Zweibrücken FamRZ 2005, 745; OLG Hamm FPR 2002, 270, 271; *Staudinger/Coester* Rn. 81 mwN.
[87] *Rauscher* FamR Rn. 960.
[88] BVerfG FamRZ 2008, 1737 f. (überdurchschnittlich entwickeltes 11-jähriges Kind); OLG Brandenburg FamRZ 2010, 1993 (12-jähriges Kind); FamRZ 2008, 1471 (17-jähriges Kind); OLG Hamm FamRZ 2005, 746 (13-jähriges Kind).
[89] BVerfG FamRZ 2008, 1737, 1739; *Staudinger/Coester* Rn. 82 mwN.
[90] Vgl. die ausf. Auswertung der kinderpsychiatrischen Untersuchungen von *Kaltenborn* FamRZ 1987, 990, 998 f.

Wunsch des Kindes nach einer Änderung des Sorge- oder Umgangsrechts ist zu berücksichtigen, soweit nicht triftige, das Kindeswohl nachhaltig berührende Gründe entgegenstehen.[91]

c) Änderung der Rechtslage. Eine Änderung nach Abs. 1 kommt ferner auch dann in 38 Betracht, wenn sich die Gesetzeslage geändert hat.[92] Besondere Bedeutung hat hier etwa die Neukonzeption des § 1671 durch die Kindschaftsrechtsreform 1998 erlangt, die bei Trennung der Eltern nicht mehr zwingend eine gerichtliche Entscheidung über das Sorgerecht vorsieht.[93] Auch die **Änderung der Rechtsprechung** des **BVerfG**[94] oder neue Entscheidungen des **EGMR**[95] (mit mittelbarer Bindungswirkung für nationale Gerichte) können triftige Gründe iSd. Abs. 1 darstellen.

4. Änderungspflicht. Ist eine Änderung der Entscheidung aus triftigen, das Wohl des Kindes 39 nachhaltig berührenden Gründen angezeigt, hat das Familiengericht kein Entschließungsermessen („…*ist* zu ändern…").[96] Auch eine mehrfache Änderung kommt in Betracht, doch wird es idR mit jeder neuen Änderung schwieriger, dem Grundsatz der Erziehungskontinuität Rechnung zu tragen.[97]

5. Inhalt der Änderungsentscheidung. Im Abänderungsverfahren stehen dem Gericht alle 40 Gestaltungsmöglichkeiten des Sorgerechtsverhältnisses offen, die nach materiellem Recht möglich sind.[98] Es ist insbesondere auch nicht auf die Gestaltungsmöglichkeiten der Erstentscheidung beschränkt, sodass es u.a. auch ein gemeinsames Sorgerecht begründen kann.[99]

II. Aufhebungsbefugnis gem. § 1696 Abs. 2

Der im Zuge des FGG-RG (vgl. Rn. 4) neu gefasste Abs. 2 behandelt mit der **Aufhebung** einen 41 Spezialfall der Abänderung, den **actus contrarius** zur vorangegangenen Maßnahme.[100] Danach muss das Familiengericht durch Beschluss eine kindesschutzrechtliche Maßnahme aufheben, wenn sie nicht mehr erforderlich ist oder keine Gefahr mehr für das Wohl des Kindes besteht.[101] Es handelt sich lediglich um eine klarstellende Ergänzungsnorm, da sich die Pflicht zur Aufhebung bereits aus dem **Verhältnismäßigkeitsgrundsatz** ergibt, welchem die Eingriffsnormen unterliegen.[102]

1. Kindesschutzrechtliche Maßnahme. Gegenstand der Aufhebung nach Abs. 2 aF waren 42 nur Maßnahmen nach den §§ 1666 f. Im Übrigen gab es entweder besondere Regelungen (zB für die Rücknahme einer gerichtlich genehmigten Unterbringung, § 1631b S. 4 aF) oder § 1696 Abs. 2 wurde analog angewandt.[103] Der Gesetzgeber hat mit der Neufassung (s. Rn. 4) anerkannt, dass auch Eingriffe auf der Grundlage der §§ 1631b, 1632 Abs. 4, 1682, 1684 Abs. 4 (auch iVm. 1685 Abs. 3), 1687 Abs. 2 (auch iVm. 1687a), 1688 Abs. 3 S. 2, Abs. 4 in Rechtspositionen Dritter eingreifen. Künftig werden solche Maßnahmen daher einheitlich unter dem Begriff der „**kindesschutzrechtlichen Maßnahme**" zusammengefasst und dem Verhältnismäßigkeitsgrundsatz unterworfen.[104]

2. Wegfall der Gefahr oder Entfallen der Erforderlichkeit. Der Fortbestand eines Sorge- 43 rechtseingriffs ist verfassungsrechtlich nicht mehr zu rechtfertigen, wenn die Erforderlichkeit wegfällt oder keine Gefahr mehr für das Kindeswohl besteht.

---

[91] OLG Zweibrücken FamRZ 2005, 745 f.; OLG Hamm FamRZ 2005, 746; NK-BGB/*Harms* Rn. 22 f.; *Staudinger/Coester* Rn. 83; *Gernhuber/Coester-Waltjen* § 65 Rn. 71; mit geringerer Gewichtung des Kindeswillens OLG Hamm FPR 2002, 270, 271.
[92] KG FamRZ 1983, 1055, 1056; *Palandt/Diedrichsen* Rn. 19; *Huber* FamRZ 1999, 1625, 1629 f.
[93] Vgl. OLG Karlsruhe FPR 2002, 662, 663; OLG Braunschweig FamRZ 2002, 121, 122; zum Verhältnis von § 1696 u. §§ 1671, 1672 s. o. Rn. 6 ff.
[94] KG FamRZ 1983, 1055, 1056.
[95] BVerfG NJW 2005, 1765, 1766 in Bezug auf die Entscheidung EGMR NJW 2004, 3397 – Görgülü; vgl. dazu OLG Celle v. 12. 8. 2011 – 10 UF 270/10.
[96] *Staudinger/Coester* Rn. 32; *Rauscher* FamR Rn. 1084; im Grunde auch *Gernhuber/Coester-Waltjen* § 65 Rn. 71.
[97] Vgl. 5. Aufl. Rn. 12.
[98] *Bamberger/Roth/Veit* Rn. 9.1; *Coester* DEuFamR 1999, 3, 13; *Ewers* FamRZ 1999, 477, 480; *Schwab* FamRZ 1998, 457, 471.
[99] AA zum alten Recht *Staudinger/Coester*, 12. Aufl., Rn. 41; BayObLG FamRZ 1976, 41, 43; FamRZ 1971, 467, 471.
[100] S.o. Rn. 2; *Palandt/Diederichsen* Rn. 9; vgl. auch den Wortlaut des § 166 Abs. 1 FamFG.
[101] BT-Drucks. 16/6308 S. 346.
[102] Vgl. o. Rn. 2 u § 1666 Rn. 155 ff.; PWW/*Ziegler* Rn. 17; BT-Drucks. 8/2788 S. 68.
[103] *Staudinger/Coester* Rn. 15.
[104] BT-Drucks. 16/6308 S. 346; s.o. Rn. 4.

44   **a) Wegfall der Gefahr.** Dieser Tatbestand ist erfüllt, wenn sich die tatsächlichen Verhältnisse geändert haben oder Umstände zu Tage treten, die zu einer anderen Beurteilung des der Maßnahme zu Grunde gelegten Sachverhalts veranlassen.[105] Es muss sich dafür das **gegenwärtige Verhalten** bzw. die **gegenwärtige Situation** der Eltern nachhaltig geändert haben. Dies gilt zB, wenn die Kindesmutter nach psychischer Erkrankung wieder gesund und belastbar wird, nun eine Ausbildung vorweisen kann oder die Eltern eine Familientherapie erfolgreich abgeschlossen haben.[106] Bestand eine Gefahr von Anfang an nicht, ist die ergangene Maßnahme im Wege eines Erst-recht-Schlusses ebenfalls aufzuheben.[107]

45   **b) Entfallen der Erforderlichkeit.** Darüber hinaus stellt Abs. 2 auch klar, dass eine Maßnahme aufgehoben werden muss, deren Erforderlichkeit weggefallen ist. Dies betrifft den Fall, dass zwar immer noch eine Gefährdung besteht, die angeordnete Maßnahme aber **nicht** mehr das **mildeste Mittel** zu deren Abwendung darstellt. So kann es geboten sein, einen **Sorgerechtsentzug** nach § 1666 durch eine **Verbleibensanordnung** (§ 1632 Abs. 4) zu ersetzen.[108]

46   **c) Aufrechterhaltung der Maßnahme.** Eine Aufhebung kommt hingegen nicht in Betracht, wenn die gerichtliche Maßnahme bereits **verbraucht** ist (wie zB die gerichtliche Ersetzung einer Einwilligung in eine Operation des Kindes).[109] Daneben kann die Maßnahme auch aufrecht zu erhalten sein, wenn trotz geänderter Umstände eine Kindeswohlgefährdung fortbesteht.[110] Angenommen wird dies zB in Fällen, in denen trotz Einstellung des Strafverfahrens bei einem Elternteil der Verdacht des sexuellen Missbrauchs nicht ausgeräumt werden kann oder bei einer in Schüben auftretenden psychischen Erkrankung.[111] Unschädlich ist auch, dass die für die damalige Anordnung maßgeblichen Gründe weggefallen sind, wenn mittlerweile bei Aufhebung der Maßnahme eine **andere Gefährdung** droht.[112] Zu denken ist dabei vor allem an den Schaden des Kindes bei abrupter Herausnahme aus der Pflegefamilie, zu welcher es mittlerweile feste Bindungen aufgebaut hat.[113]

47   **3. Überprüfungspflicht.** Im Vorfeld einer möglichen Aufhebungsentscheidung nach Abs. 2 ist das Gericht gem. § 166 Abs. 2 FamFG (vgl. § 1696 Abs. 3 S. 1 aF) verpflichtet, in **angemessen Zeitabständen** zu **überprüfen**, ob die Voraussetzungen der kindesschutzrechtlichen Maßnahme noch vorliegen.[114] Darüberhinaus erstreckt sich gem. § 166 Abs. 3 FamFG die Überprüfungspflicht auch auf diejenigen Fälle, in denen das Gericht eine Maßnahme nach §§ 1666 f. zunächst abgelehnt hat (dies entspricht inhaltlich dem erst am 4. 7. 2008 eingeführten und zum 1. 9. 2009 wieder weggefallenen § 1696 Abs. 3 S. 2 aF).[115] Als angemessener Zeitabstand gelten **3 Monate**. Dadurch soll der Kindesschutz in den Fällen verbessert werden, in denen das Gericht andernfalls nicht von einer misslungenen Gefahrabwendung erfahren würde, etwa weil die Eltern nicht mit dem Jugendamt kooperieren und entgegen ihrer Zusage im Gerichtstermin keine sozialpädagogischen Leistungen in Anspruch nehmen.[116]

48   Teilweise wird die **Notwendigkeit** bzw. **Verfassungsmäßigkeit** des § 166 Abs. 3 FamFG angezweifelt. Zum einen könne das Gericht in derartigen Fällen alternativ ein neues Verfahren nach § 1666 in Gang setzen, zum anderen erhalte es die Möglichkeit, sich ohne konkreten Anlass mit der Familie erneut zu beschäftigen.[117] Der staatliche Eingriff in das Elternrecht wird allerdings dadurch abgeschwächt, dass die Überprüfung nur einmal stattfindet.[118] Außerdem hat der Gesetzgeber die

---

[105] BayObLG FamRZ 1997, 956; OLG Brandenburg BeckRS 2011, 04489.
[106] KG FamRZ 2008, 810, 811; OLG Naumburg BeckRS 2007, 03676; AG Tempelhof-Kreuzberg FamRZ 2004, 134; *Gernhuber/Coester-Waltjen* § 57 Rn. 128.
[107] *Staudinger/Coester* Rn. 101.
[108] BVerfG NJW 1993, 2733, 2734; KG FamRZ 2008, 810, 812; OLG Naumburg BeckRS 2007, 03676; OLG Celle FamRZ 2003, 549. Dass die Aufhebung zugunsten einer weniger einschneidenden Maßnahme zu erfolgen hat, war allerdings auch schon vor der ausdrücklichen Normierung der Erforderlichkeit anerkannt, vgl. *Staudinger/Coester* Rn. 99; *Rauscher* FamR Rn. 1085.
[109] Vgl. § 1666 Rn. 77 ff.; *Palandt/Diederichsen* Rn. 9.
[110] OLG Brandenburg BeckRS 2011, 04489.
[111] BayObLG FamRZ 1997, 956; OLG Düsseldorf FamRZ 1992, 205.
[112] § 1666 Rn. 161; BayObLG FamRZ 1992, 97, 98.
[113] OLG Stuttgart FamRZ 2005, 1273; *Staudinger/Coester* Rn. 100; *Gernhuber/Coester-Waltjen* § 65 Rn. 65 Fn. 202.
[114] Der verfahrensrechtliche Teil des § 1696 aF ist nun in § 166 FamFG geregelt, s.o. Rn. 4.
[115] Das „Absehen von Maßnahmen" ist von einer Einstellung des Verfahrens oder der Feststellung der Erledigung zu unterscheiden, vgl. dazu AG Ludwigslust FamRZ 2010, 490.
[116] BT-Drucks. 16/6308 S. 242 f.; *Meysen* NJW 2008, 2673, 2677.
[117] *Rosenboom/Rotax* ZRP 2008, 1 f.; *Veit* FPR 2008, 598, 600 f.; zum Streit im Gesetzgebungsverfahren MünchKomm/*Heilmann* FamFG § 166 Rn. 4.
[118] Vgl. § 1666 Rn. 241; *Willutzki* FPR 2009, 327, 330.

Norm bewusst als Soll-Vorschrift ausgestaltet, so dass eine Kontrolle in offensichtlich unbegründeten Fällen ausgeschlossen ist.[119] Die so reduzierte Eingriffsbefugnis des Gerichts müssen die Sorgeberechtigten zum Schutz des Kindes dulden.

D. Sonstiges Verfahren

Die verfahrensrechtliche Entsprechung zur Abänderung gem. § 1696 stellt der geschilderte § 166 FamFG dar (s. Rn. 47 f.). Die Vorschrift ist lex specialis und schließt ein Verfahren nach § 48 FamFG aus.[120]   49

I. Örtliche Zuständigkeit

Da die Abänderung ein vom Erstverfahren **unabhängiges Verfahren** darstellt, kann die **örtliche Zuständigkeit** neu zu bestimmen sein.[121] Diese richtet sich nach den zum Zeitpunkt der Einleitung des Abänderungsverfahrens für die in Betracht kommende Maßnahme geltenden Vorschriften.[122] Dabei stellt das Gesetz nicht mehr auf den Wohnsitz, sondern auf den **gewöhnlichen Aufenthalt des Kindes** ab (§ 152 Abs. 2 FamFG). Das hiernach zuständige Gericht hat aber gem. § 154 FamFG die Möglichkeit, bei eigenmächtiger Aufenthaltsänderung des Kindes durch ein Elternteil an das Gericht des **früheren Aufenthalts** zu verweisen. Dadurch kann eine durch den rechtswidrig handelnden Elternteil erzwungene Zuständigkeit abgewendet werden.   50

II. Amtswegiges Verfahren

Das zuständige Gericht wird von Amts wegen tätig, soweit es um die Abänderung einer Entscheidung geht.[123] Elterliche Anträge sind als Anregungen iSv. § 24 Abs. 1 FamFG aufzufassen, es sei denn, es wird die Abänderung eines gerichtlichen Vergleichs begehrt.[124] Gem. § 26 FamFG hat das Gericht erforderliche Ermittlungen selbst durchzuführen; eine Feststellungslast für die Änderung der Umstände gibt es im Amtsverfahren nicht.[125]   51

III. Einstweilige Anordnungen

Nach Maßgabe der §§ 49 ff. FamFG kommt der Erlass einer **einstweiligen Anordnung** in Betracht, wenn anderenfalls eine nachhaltige Beeinträchtigung des Kindeswohls ernsthaft zu befürchten ist.[126] Auf die Abänderung einer dazu angeordneten **vorläufigen Maßnahme** findet § 54 FamFG Anwendung.[127]   52

IV. Kosten

Hinsichtlich der Kosten gilt das für die Erstentscheidung jeweils Maßgebliche.[128] Die Kostenerhebung in Kindschaftssachen richtet sich ausschließlich nach dem FamGKG. § 31 Abs. 2 S. 1 FamGKG stellt klar, das das Abänderungsverfahren auch kostenrechtlich als **gesondertes Verfahren** zu behandeln ist, so dass eine **neue Verfahrensgebühr** anfällt. Das Gericht erbringt dabei einen nicht unerheblichen Aufwand, der nicht auf die Allgemeinheit abgewälzt werden soll.[129] Das gilt jedoch gem. § 31 Abs. 2 S. 2 FamFG nicht für Verfahren zur Überprüfung von Entscheidungen nach § 166 Abs. 2, 3 FamFG.   53

V. Rechtsmittel

Gegen die Abänderungsentscheidung des Familiengerichts ist die **fristgebundene Beschwerde** nach den §§ 58 ff. FamFG statthaft.   54

---

[119] BT-Drucks. 16/6308 S. 243.
[120] S.o. Rn. 12; MünchKomm/*Heilmann* FamFG § 166 Rn. 2; *Bumiller/Harders* FamFG § 166 Rn. 2.
[121] BayObLG FamRZ 2000, 1233; MünchKomm/*Heilmann* FamFG § 166 Rn. 15.
[122] BGH FamRZ 1990, 1101.
[123] OLG Zweibrücken BeckRS 2010, 30832; OLG Celle v. 12. 8. 2011 – 10 UF 246/11.
[124] *Palandt/Diederichsen* Rn. 24; zum gerichtlich gebilligten Vergleich s. o. Rn. 16 ff.
[125] *Staudinger/Coester* Rn. 114.
[126] OLG Zweibrücken FamRZ 2005, 745.
[127] BT-Drucks. 16/6308 S. 242.
[128] *Staudinger/Coester* Rn. 120.
[129] BT-Drucks. 16/6308 S. 304.

E. Abänderung ausländischer Entscheidungen

55 Findet in Fällen mit Auslandsberührung **deutsches Recht** Anwendung (vgl. § 1666 Rn. 27 ff.), kann das Gericht auch Entscheidungen oder gerichtlich gebilligte Vereinbarungen aus dem Ausland abändern (s. Rn. 15, 18), sofern diese in Deutschland **anerkennungsfähig** sind.[130] Die Anerkennung richtet sich nach § 108 FamFG bzw. meist nach vorrangigen internationalen Regelungen.[131] Bei Fehlen ist eine Erstentscheidung zu erlassen.[132] Allein die Anwendbarkeit des deutschen Rechts bildet für sich genommen aber keinen triftigen, eine Abänderung rechtfertigenden Grund iSv. Abs. 1.[133]

§ 1697 (weggefallen)

§ 1697a Kindeswohlprinzip

Soweit nichts anderes bestimmt ist, trifft das Gericht in Verfahren über die in diesem Titel geregelten Angelegenheiten diejenige Entscheidung, die unter Berücksichtigung der tatsächlichen Gegebenheiten und Möglichkeiten sowie der berechtigten Interessen der Beteiligten dem Wohl des Kindes am besten entspricht.

I. Normzweck und Anwendungsbereich

1 Die Norm wurde durch Art. 1 Nr. 26 KindRG[1] zum 1. 7. 1998 in das BGB eingefügt. Da das Kindeswohl auf dem Gebiet der elterlichen Sorge bis zu diesem Zeitpunkt nur vereinzelt ausdrücklich im Gesetz Erwähnung fand (§§ 1632 Abs. 4, 1666 Abs. 1, 1671 Abs. 2 Nr. 2, 1672 Abs. 1 S. 2, Abs. 2 S. 1), erachtete der Gesetzgeber eine Ergänzung durch ein zentrales Anknüpfungskriterium für notwendig, um einen **einheitlichen Entscheidungsmaßstab** zu schaffen und ein **allgemeines Rechtsprinzip** zu begründen.[2] Die Vorschrift richtet sich an Gerichte und nicht an die Eltern, da sich deren Kindeswohlbindung aus §§ 1626 f. ergibt.[3] Soweit also ein Gericht einen Entscheidungsspielraum hat, ist gem. § 1697a das Kindeswohlprinzip als Richtschnur vorgegeben, wenn die anzuwendende gesetzliche Grundlage keine Vorgaben enthält, zB §§ 1628, 1632 Abs. 3, 1643-1645, 1684 Abs. 3.[4] § 1697a ist daher lediglich ergänzende **Auffangvorschrift**,[5] eine eigenständige Eingriffsermächtigung bildet sie nicht.[6]

2 Entgegen den Wortlaut ist der Anwendungsbereich nicht auf das Sorgerecht beschränkt, sondern findet auch bei anderen **kindschaftsrechtlichen Entscheidungen** (zB nach § 1617 Abs. 2 S. 1) und sogar bei der Entlassung eines Kindes aus der deutschen Staatsangehörigkeit gem. § 4 Abs. 3 StAG Beachtung.[7] Daneben strahlt die materiell-rechtliche Vorschrift auch auf das **Verfahrensrecht** in Kindschaftssachen aus. So haben sich bspw. die Beauftragung eines Sachverständigen und die Durchführung der Begutachtung gem. § 163 Abs. 2 FamFG am Kindeswohlprinzip zu orientieren, obwohl dies der Regelung nicht unmittelbar entnommen werden kann.[8]

II. Einzelheiten

3 Aus dem einschränkenden Konditionalsatz der Norm („soweit nichts anderes bestimmt ist") ergibt sich zunächst, dass unter Verweis auf das Kindeswohlprinzip keine speziellen sorgerechtlichen Regelungen, wie zB der qualifizierte Änderungsmaßstab, der in § 1696 Abs. 1 enthalten ist, unterlaufen

---

[130] BGH NJW-RR 1986, 1130; OLGR Saarbrücken 2004, 467.
[131] *Bumiller/Harders* FamFG § 108 Rn. 14 ff. Ausf. zu § 108 FamFG *Klinck* FamRZ 2009, 741.
[132] BGH NJW-RR 1986, 1130; *Staudinger/Coester* Rn. 12.
[133] OLG Naumburg FamRZ 2008, 1778; OLGR Saarbrücken 2004, 467.
[1] Gesetz zur Reform des Kindschaftsrechts vom 19. 12. 1997, BGBl. I S. 2942.
[2] BT-Drucks. 13/4899 S. 110 f; *Palandt/Diederichsen* Rn. 1.
[3] *Staudinger/Coester* Rn. 3.
[4] OLG Stuttgart BeckRS 2010, 19867; OLG Brandenburg NJOZ 2008, 2664, 2665; AG Pankow/Weißensee FamFR 2009, 75; *Bamberger/Roth/Veit* Rn. 1.
[5] NK-BGB/*Harms* Rn 1; *Palandt/Diederichsen* Rn. 1; PWW/*Ziegler* Rn.1.
[6] *Staudinger/Coester* Rn. 7; *Gernhuber/Coester-Waltjen* § 65 Rn. 44.
[7] OLG Stuttgart NJW 2003, 3643, 3644; *Staudinger/Coester* Rn. 1.
[8] *Ernst* FPR 2009, 345, 347.

werden dürfen.[9] Die Entscheidung über die Voraussetzungen des **unbestimmten Rechtsbegriffes** „Kindeswohl" selbst lässt sich nicht anhand eines abstrakten Maßstabes treffen, sondern ist stets in jedem Einzelfall konkret zu bestimmen.[10] Allerdings gibt § 1697a **Abwägungskriterien** vor, weil sowohl die tatsächlichen Gegebenheiten und Möglichkeiten als auch die berechtigten Interessen der Beteiligten zu berücksichtigen sind.[11]

Mit **Gegebenheiten** sind Umstände gemeint, auf die nicht unmittelbar Einfluss genommen werden kann, wie etwa die Arbeitszeiten der Eltern oder die Schulzeiten des Kindes. **Möglichkeiten** sind dagegen steuerbare Umstände, zB der Einfluss eines Elternteils darauf, die Arbeitszeit flexibler einzurichten.[12]

Andere Beteiligte sind in der Regel die Eltern.[13] Zu ihren **berechtigten Interessen** zählen neben ihren Rechten aus Art. 6 GG auch die **Persönlichkeitsrechte**.[14] Das **wirtschaftliche Interesse** an einem Umzug ist jedenfalls dann berechtigt, wenn eine lange Zeit arbeitslose Mutter in einer anderen Stadt endlich eine Anstellung findet, und der sich dem Umzug widersetzende Ehepartner keinen oder zu wenig Unterhalt zahlt. Die wirtschaftliche Verbesserung hat hier direkten Einfluss auf die Lebensqualität des Kindes. Umgekehrt rechtfertigt der schlichte Wunsch nach einem „Tapetenwechsel" keine noch so geringe Auswirkung auf das Kindeswohl.[15]

§ 1698 Herausgabe des Kindesvermögens; Rechnungslegung

(1) Endet oder ruht die elterliche Sorge der Eltern oder hört aus einem anderen Grunde ihre Vermögenssorge auf, so haben sie dem Kind das Vermögen herauszugeben und auf Verlangen über die Verwaltung Rechenschaft abzulegen.

(2) Über die Nutzungen des Kindesvermögens brauchen die Eltern nur insoweit Rechenschaft abzulegen, als Grund zu der Annahme besteht, dass sie die Nutzungen entgegen der Vorschrift des § 1649 verwendet haben.

I. Normzweck und Anwendungsbereich

§ 1698 Abs. 1 gewährt dem Kind einen **Herausgabe- und Rechnungslegungsanspruch**, um die Abwicklung einer nicht mehr bestehenden Vermögenssorge zu gewährleisten. Bereits das ursprüngliche BGB kannte einen Anspruch des Kindes auf Vermögensherausgabe gegenüber dem Vater (§ 1681 aF), der durch das GleichberG von 1957 auf beide Eltern ausgedehnt wurde. Gleichzeitig hat es die Rechenschaftspflicht auf den heutigen Umfang begrenzt.[1] Eine vergleichbare Regelung enthält § 1890. Hier wie dort sind ergänzend die §§ 259 ff. hinzuzuziehen.

II. Voraussetzungen

1. Zeitpunkt. Zur Entstehung des Anspruchs ist es nicht erforderlich, dass die elterliche Sorge insgesamt **endet** oder **ruht**, sondern es reicht aus, dass nur die **Vermögenssorge** nicht mehr besteht. Die elterliche Sorge **endet** typischerweise in den Fällen der **Übertragung**, der **Volljährigkeit** des Kindes sowie bei **Tod der Eltern** bzw. bei Todeserklärung oder Feststellung des Todeszeitpunktes nach dem VerschG (§§ 1677, 1680). Die elterliche Sorge **ruht** bei **rechtlichem** oder **tatsächlichem Hindernis** (§§ 1673 f.) sowie bei **Einwilligung** in die Adoption (§ 1751 Abs. 1 S. 1). Die Vermögenssorge hört aus einem anderen Grund etwa dann auf, wenn sie **gerichtlich entzogen** wurde (§ 1666 Abs. 1, Abs. 3 Nr. 6).[2]

2. Aktivlegitimation. Anspruchsberechtigt ist das **Kind** selbst nur, wenn es die **Volljährigkeit** erlangt hat. Im Falle der Minderjährigkeit hat der neue **Inhaber der Vermögenssorge** den Anspruch geltend zu machen, sei es der andere Elternteil, der Vormund oder der Pfleger.[3] Die

---
[9] Vgl. § 1696 Rn. 19 ff.; NK-BGB/*Harms* Rn. 1; *Staudinger/Coester* Rn. 5 f.
[10] Vgl. § 1696 Rn. 22 sowie § 1666 Rn. 42 ff.; *Gernhuber/Coester-Waltjen* § 65 Rn. 17.
[11] OLG Hamm FamRZ 2010, 1745.
[12] BT-Drucks.13/4899 S. 111; *Erman/Michalski/Döll* Rn 2.
[13] BT-Drucks.13/4899 S. 111.
[14] Ausf. *Flügge* FPR 2008, 135 ff.
[15] Haußleiter NJW-Spezial 2004, 151 f.
[1] BGBl. I S. 609 ff.
[2] Vgl. auch § 1666 Rn. 200 f.
[3] OLG Koblenz FamRZ 2005, 993, 994; *Staudinger/Coester* Rn. 4; *Gernhuber/Coester-Waltjen* § 63 Rn. 10.

§ 1698 4–8 Abschnitt 2. Titel 5. Elterliche Sorge

Herausgabe erübrigt sich demnach meist in den Fällen, in denen der andere Elternteil die elterliche Sorge nunmehr allein ausübt (§§ 1678, 1680) und schon im Besitz der Vermögensbestandteile ist.[4]

4 **3. Passivlegitimation.** Der Anspruch richtet sich gegen denjenigen, dessen Sorge ruht bzw. endet. Treffen die Anspruchsvoraussetzungen auf **beide Elternteile** zu, so haften sie als **Gesamtschuldner** gem. § 421. Problematisch ist, ob eine gesamtschuldnerische Haftung auch dann in Betracht kommt, wenn ein Elternteil keine Vermögensgegenstände des Kindes besitzt bzw. diese auch nicht mit verwaltet hat. Für die Annahme einer Gesamtschuld spricht zwar die Schutzbedürftigkeit des Kindes.[5] Die Voraussetzungen sind aber nicht erfüllt, wenn der betreffende Elternteil keine herausgabefähigen Vermögensbestandteile in Besitz hat. Das Problem entschärft sich jedoch, wenn man bedenkt, dass der besitzlose Elternteil sich schadensersatzpflichtig machen kann, soweit er nicht darlegt und beweist, dass er die Besitzaufgabe und -überlassung nicht zu vertreten hat.[6]

III. Rechtsfolgen

5 **1. Herausgabepflicht.** Dem Anspruchsteller sind der unmittelbare Besitz (§ 854) am Stamm des Kindesvermögens sowie noch vorhandene Nutzungen zu übertragen.[7] Flankierend ist gem. § 260 ein Bestandsverzeichnis vorzulegen.[8] Gewöhnliche Abnutzungen müssen nicht ersetzt werden.[9]

6 **2. Rechnungslegung.** Daneben schulden die Eltern gem. § 1698 Abs. 1 Rechenschaft bezüglich der Verwaltung des Kindesvermögens, sofern der Anspruchsteller sie **ausdrücklich verlangt**.[10] Durch diese Einschränkung sollen Streitigkeiten der Eltern-Kind Beziehung so weit wie möglich vermieden werden.[11] Gem. § 259 hat der verpflichtete Elternteil eine Rechnung vorzulegen, aus der sich eine geordnete Zusammenstellung von Ein- und Ausgaben ergibt, ggf. auch die dazugehörigen Belege.[12]

7 **a) Rechenschaft über Nutzungen.** Darüberhinaus ist die Rechenschaftspflicht insoweit **eingeschränkt**, als dass sie grundsätzlich keine Nutzungen (§ 100) erfasst, also Einkünfte des Kindesvermögens nach Abzug der Verwaltungskosten.[13] Darunter fallen aber nicht die Arbeitseinkünfte, weshalb hier unbeschränkte Rechenschaft geschuldet wird.[14] Über die Verwaltung der Nutzungen ist gem. Abs. 2 nur dann Rechenschaft abzulegen, wenn Grund zur Annahme besteht, dass sie entgegen der Maßgabe des § 1649 verwendet wurden.[15] Wie sich bereits am Verlangenserfordernis gezeigt hat, verfolgt das Gesetz hier wiederum den Zweck, den **Familienfrieden** nicht unnötig zu belasten.[16]

8 **b) Kein Anspruch bei bestehender Vermögenssorge.** Uneinheitlich wird die Frage beantwortet, ob sich aus Abs. 2 ein **eigenständiger Rechenschaftsanspruch** ableiten lässt. Dieser könnte ggf. unabhängig von Abs. 1 bereits bei bestehender Vermögenssorge geltend gemacht werden, soweit ein entsprechender Verdacht bestünde. Da der Wortlaut des Abs. 2 nicht ausdrücklich auf die **Beendigung der Vermögenssorge** Bezug nimmt, wird eine solche Auslegung von nicht Wenigen befürwortet.[17] Allerdings lässt sich aus der Gesetzessystematik schließen, dass Abs. 2 keinen vom Bestand der Vermögenssorge unabhängigen Anspruch, sondern nur eine **Einschränkung des Anspruchs aus Abs. 1** hinsichtlich der Nutzungen normiert.[18] Auch den Vormund, welcher bei Ende seines Amtes gem. § 1890 Rechnungslegung schuldet, trifft eine solche Pflicht während seiner Amtszeit nur gegenüber dem Familiengericht, vgl. § 1840 Abs. 2–4. Dementsprechend sind die Eltern bei bestehender Vermögenssorge ebenfalls nur dann zur Rechenschaft verpflichtet, wenn das Familiengericht nach § 1667 Abs. 1 S. 1 wegen Vermögensgefährdung eine entsprechende Anordnung trifft (vgl. § 1667 Rn. 10 ff.). Diese Auslegung entspricht schließlich dem Gesetzeszweck: Entstünde der Anspruch schon bei bestehender Vermögenssorge, so folgte aus Abs. 2 keine Anspruchsbeschränkung, sondern vielmehr eine Erweiterung. Dem von § 1698 beabsichtigten Familienfrieden würde damit nicht gedient.

---

[4] *Erman/Michalski/Döll* Rn. 4; *Bamberger/Roth/Veit* Rn. 1; *Palandt/Diederichsen* Rn. 1.
[5] OLG Oldenburg MDR 1962, 481; *Bamberger/Roth/Veit* Rn. 1; NK-BGB/*Harms* Rn. 2.
[6] *Staudinger/Coester* Rn. 5; *Gernhuber/Coester-Waltjen* § 63 Rn. 9.
[7] Zum Begriff des Kindesvermögens vgl. § 1666 Rn. 122.
[8] *Erman/Michalski/Döll* Rn. 6; NK-BGB/*Harms* Rn. 2.
[9] *Staudinger/Coester* Rn. 4.
[10] OLG Hamm FamRZ 2000, 974.
[11] *Staudinger/Coester* Rn. 7.
[12] NK-BGB/*Harms* Rn. 3.
[13] *Gernhuber/Coester-Waltjen* § 63 Rn. 8; zum Begriff der Vermögenseinkünfte vgl. § 1649 Rn. 9 ff.
[14] LG Krefeld FamRZ 1965, 281, 282.
[15] Etwa bei Missachtung der Verwendungsreihenfolge, vgl. *Erman/Michalski/Döll* Rn. 9.
[16] S. Rn. 6; *Erman/Michalski/Döll* Rn. 9; *Palandt/Diederichsen* Rn. 2.
[17] *Bamberger/Roth/Veit* Rn. 2; *Erman/Michalski/Döll* Rn. 10; *Finger*, 5. Aufl. Rn. 6.
[18] *Staudinger/Coester* Rn. 11.

IV. Gegenrechte

Im Hinblick auf **Einwendungen** ist zu berücksichtigen, dass der Anspruch nur unter **Familien-** 9
angehörigen besteht. Verwirkung (§ 242) tritt daher regelmäßig nicht schon deshalb ein, weil er erst nach vielen Jahren geltend gemacht wird.[19] Allerdings kann das Kind mit Erreichung der Volljährigkeit auf den Rechenschaftsanspruch formlos verzichten, § 397.[20]

Als **Einrede** steht den Eltern ein Zurückbehaltungsrecht zu, soweit sie Aufwendungen getätigt 10
haben, die sie bei Ausübung der elterlichen Sorge für erforderlich halten durften, vgl. §§ 273, 1648.[21]

V. Verfahren

1. Allgemeines. Da das herauszugebende Vermögen ggf. nicht genau beziffert werden kann, 11
empfiehlt es sich, Herausgabeklage und Klage auf Rechnungslegung im Wege der **Stufenklage** gem. § 254 ZPO miteinander zu verbinden.[22] Die Beweislast für pflichtwidrige Nutzung iSv. Abs. 2 trägt das Kind.[23]

2. Zuständigkeit. Bisher wurde der Anspruch aus Abs. 1 nicht als Familiensache iSv. § 621 12
Abs. 1 Nr. 1 ZPO aF qualifiziert und war deshalb nach einhelliger Ansicht in Literatur und Rechtsprechung vor dem allgemeinen Zivilgericht geltend zu machen.[24] Mit Einführung des FamFG ist diese Einschätzung überholt.[25] Zwar fällt der Anspruch aus § 1698 nicht unter den neu definierten und in seinem Anwendungsbereich erweiterten Begriff der Kindschaftssache, §§ 111 Nr. 2, 151 FamFG.[26] Das **Familiengericht** ist aber nach § 266 Abs. 1 FamFG, der den Begriff der Familiensache um die **sonstige Familiensache** erweitert, zuständig. Davon werden auch bislang vor den allgemeinen Zivilgerichten geführten Verfahren erfasst, soweit sie entweder eine besondere Nähe zu familienrechtlichen Verhältnissen aufweisen oder in engem Zusammenhang mit der Auflösung eines solchen Rechtsverhältnisses stehen.[27] § 266 Abs. 1 Nr. 4 FamFG nennt explizit die aus dem **Eltern-Kind-Verhältnis** herrührenden Ansprüche. Dass in den Gesetzesmaterialien nur von „Streitigkeiten wegen der Verwaltung des Kindesvermögens"[28] die Rede ist, spricht nicht gegen die geschilderte Betrachtungsweise, auch den Herausgabe- und Rechnungslegungsanspruch aus § 1698 hierunter zu subsumieren.[29]

§ 1698a Fortführung der Geschäfte in Unkenntnis der Beendigung der elterlichen Sorge

(1) ¹Die Eltern dürfen die mit der Personensorge und mit der Vermögenssorge für das Kind verbundenen Geschäfte fortführen, bis sie von der Beendigung der elterlichen Sorge Kenntnis erlangen oder sie kennen müssen. ²Ein Dritter kann sich auf diese Befugnis nicht berufen, wenn er bei der Vornahme eines Rechtsgeschäfts die Beendigung kennt oder kennen muss.

(2) Diese Vorschriften sind entsprechend anzuwenden, wenn die elterliche Sorge ruht.

I. Allgemeines

Die Vorschrift spiegelt den Rechtsgedanken der §§ 169, 674, 729 wieder. Durch die Fiktion des 1
Fortbestehens der elterlichen Sorge sollen gutgläubige Eltern vor dem Risiko einer Haftung aufgrund von **legitimationslosem Handeln** gegenüber Dritten (§ 179) bzw. gegenüber dem Kind

---

[19] OLG München NJW 1974, 703, 704.
[20] *Gernhuber/Coester-Waltjen* § 63 Rn. 10; für den Mündel vgl. § 1890 Rn. 8.
[21] *Bamberger/Roth/Veit* Rn. 1; *Staudinger/Coester* Rn. 6.
[22] *Musielak/Foerste* ZPO § 254 Rn. 2.
[23] *Staudinger/Coester* Rn. 10.
[24] Ausf. *Schael* FamRZ 2007, 10, 11 ff.
[25] Durch Art. 1 des FGG-Reformgesetzes vom 17. 12. 2008, BGBl. I S. 2586. Unzutreffend daher PWW/ *Ziegler* Rn 3.
[26] *Stößer* FamRZ 2009, 656; BT-Drucks. 16/6308 S. 234.
[27] BT-Drucks. 16/6308 S. 170.
[28] BT-Drucks. 16/6308 S. 263.
[29] MünchKomm/*Erbarth* FamFG § 266 Rn. 132; NK-BGB/*Harms* Rn. 5; *Prütting/Helms/Heiter* FamFG § 266 Rn. 57.

§ 1698b

aus Geschäftsführung ohne Auftrag (§§ 677 ff.) geschützt werden.[1] Der Schutz des redlichen Geschäftspartners ist hingegen nicht unmittelbar bezweckt.[2]

2 Die Norm begründet zwar ein Recht, jedoch keine Pflicht der Eltern zur Fortführung der Geschäfte.[3] Eine solche besteht nur in dem besonderen Fall der Beendigung der elterlichen Sorge durch den Tod des Kindes, § 1698b. Verwiesen wird auf die Regelung bei der Beendigung der Pflegschaft (§ 1915 Abs. 1), der Betreuung (§ 1908i), der Beistandschaft (§ 1716 S. 2) sowie im Vormundschaftsrecht (§§ 1893 Abs. 1, 1895).

II. Voraussetzungen

3 **1. Zeitpunkt.** Der Anwendungsbereich der Norm ist eröffnet, sobald die **elterliche Sorge** ganz oder teilweise **beendet** ist oder **ruht** (Abs. 2) (§ 1698 Rn. 2). Die Vorschrift erfasst damit auch der Zeitraum zwischen dem Tod des Kindes und der Kenntnisnahme der Sorgeberechtigten davon. Danach gilt § 1698b (§ 1698b Rn. 4). Eine analoge Anwendung kommt in Betracht, wenn der alleinige Handlungsberechtigte keine Kenntnis vom Wegfall besaß, etwa wegen der Rückwirkung einer erfolgreichen Vaterschaftsanfechtung, § 1599 Abs. 1.[4]

4 **2. Geschäfte.** Die Geschäftsführung im Bereich der Personen- oder Vermögenssorge umfasst sowohl Rechtsgeschäfte im eigenen Namen als auch solche im Namen des Kindes.[5]

5 **3. Gutgläubigkeit.** Schließlich müssen die Eltern zum Zeitpunkt der Vornahme des Rechtsgeschäfts gutgläubig hinsichtlich der bestehenden Sorgeberechtigung gewesen sein. Die **Fiktion** gilt nicht, wenn die Eltern **Kenntnis** von der Beendigung hätten haben müssen. Maßgeblich ist der allgemeine Fahrlässigkeitsmaßstab des § 276 Abs. 2. Wenn es um die Haftung gegenüber Dritten geht, findet die Haftungsprivilegierung des § 1664 keine Anwendung, weil diese auf das Eltern-Kind-Verhältnis zugeschnitten ist.[6]

III. Rechtsfolgen

6 **1. Innenverhältnis.** Bösgläubige Eltern haften Dritten gegenüber als **vollmachtlose Vertreter** aus § 179 Abs. 1 oder dem **Kind** aus **GoA**. **Gutgläubige Eltern** handeln in **berechtigter Geschäftsführung**. Ihre Befugnis wird im Innenverhältnis gegenüber dem Kind als fortbestehend fingiert. Allenfalls können sie gem. §§ 681 S. 2, 667 zur **Herausgabe** des durch die Geschäftsbesorgung Erlangten verpflichtet sein. Allerdings haben sie im Gegenzug auch nach Maßgabe des § 1648 **Aufwendungsersatzansprüche**.[7]

7 **2. Außenverhältnis.** Im **Außenverhältnis** kann die Norm trotz Beendigung der elterlichen Sorge zur **Wirksamkeit** von Rechtsgeschäften mit Dritten führen. Mittelbar kommt sie daher auch dem **redlichen Geschäftspartner** zu Gute (Abs. 1 S. 2, vgl. auch § 169).[8] Bei **Bösgläubigkeit** des Dritten droht wegen der Ausschlussregelung des § 179 Abs. 3 S. 1 ohnehin keine elterliche Haftung. Aus demselben Grund darf auch trotz gültiger Fiktion in den Fällen der §§ 1643, 1821 f. keine familiengerichtliche Genehmigung mehr erteilt werden. Denn in diesem Fall sind die Eltern ebenfalls nicht schutzwürdig.[9]

---

§ 1698b Fortführung dringender Geschäfte nach Tod des Kindes

Endet die elterliche Sorge durch den Tod des Kindes, so haben die Eltern die Geschäfte, die nicht ohne Gefahr aufgeschoben werden können, zu besorgen, bis der Erbe anderweit Fürsorge treffen kann.

---

[1] *Bamberger/Roth/Veit* Rn. 1; NK-BGB/*Harms* Rn. 1.
[2] *Palandt/Diederichsen* Rn. 1, vgl. aber Rn. 7.
[3] *Erman/Michalski/Döll* Rn. 1; *Staudinger/Coester* Rn. 1.
[4] *Staudinger/Coester* Rn. 3; *Gernhuber/Coester-Waltjen* § 52 Rn. 131 f.
[5] *Staudinger/Coester* Rn. 4; zur Haftung der Eltern bei Missbrauch der Vertretungsmacht *Steenbuck* FamRZ 2007, 1064.
[6] Mit anderer Begründung *Erman/Michalski/Döll* Rn. 1.
[7] *Bamberger/Roth/Veit* Rn. 1; jurisPK/*Bauer* Rn. 7.
[8] *Gernhuber/Coester-Waltjen* § 63 Rn. 30.
[9] BayObLG NJW 1965, 397.

Fortführung dringender Geschäfte nach Tod des Kindes 1–6 § 1698b

I. Normzweck und Anwendungsbereich

Die dem Rechtsgedanken des § 672 S. 2 entsprechende Norm dient vor allem dem **Erben-** 1
schutz. Soweit dieser die sofortige Verwaltung des Vermögens nicht übernehmen kann, wird den Eltern eine **Notgeschäftsführungspflicht** auferlegt.

Auf den ersten Blick scheint der Anwendungsbereich der Norm eher gering. Einerseits wird 2
wegen § 2229 Abs. 1 eine gewillkürte Erbfolge selten vorliegen. Andererseits besteht nach gesetzlicher Erbfolge meist Personenidentität zwischen Erbe und Eltern, weil Letztere idR zumindest gesetzliche Vertreter der anderen Erben (minderjährige Geschwister) sind oder ihre Kinder sogar selbst beerben.[1] § 1698b erlangt aber vor allem deshalb Bedeutung, weil die Norm - wie schon § 1698a - für allen anderen familienrechtlichen Fürsorgeverhältnissen entsprechend gilt (vgl. § 1698a Rn. 2).

II. Voraussetzungen

1. Objektiv. Die elterliche **Vermögenssorge** endet mit dem **Tod** des Kindes bzw. der Todes- 3
erklärung nach dem VerschG.

2. Subjektiv. Als ungeschriebenes Tatbestandsmerkmal verlangt § 1698b weiterhin die **Kenntnis** 4
der Eltern von dem Tod des Kindes.[2] Andernfalls besorgen die Eltern das Geschäft nicht für den Erben, sondern wollen eine eigene Verpflichtung erfüllen, vgl. § 687 Abs. 1. In dieser Situation sind sie ausreichend über § 1698a geschützt (vgl. § 1698a Rn. 3).

3. Notgeschäft. Zudem muss es sich um ein Geschäft handeln, das **sofort** getätigt werden 5
muss, dh. dessen Unterlassung eine Vermögensgefährdung erwarten lässt. Gemeint sind damit zB Fälle der Antragstellung zur Fristwahrung, der Geltendmachung von Insolvenzforderungen oder der sofortigen Reparatur eines Hauses nach einem Unwetterschaden.[3] Nicht erfasst werden Maßnahmen der Totenfürsorge, denn diese ergeben sich nicht aus der elterlichen Sorge, sondern aus der Stellung der Eltern als nächste Angehörige (vgl. auch § 4 Abs. 2 TPG).[4] Im Fall des Todes eines Betreuten sind die Schlussabrechnung sowie Informationsschreiben über das Ende der Betreuung an Banken und Versicherungen ebenfalls nicht als Notgeschäfte i.S.v. §§ 1908i Abs. 1 S. 1, 1893, 1698b anzusehen. Solche Aufgaben fallen auch in anderen Fällen der Beendigung an.[5] Schließlich ist eine Geschäftsführung auch dann nicht mehr geboten, wenn der Erbe seine Interessen selber wahrnehmen kann.[6]

III. Rechtsfolgen

Liegen die Voraussetzungen der Notgeschäftsführungspflicht vor, begründet das Gesetz 6
Geschäftsführungs- und Vertretungsbefugnisse der Eltern gegenüber dem Erben. Es liegt also ein **gesetzlicher Auftrag** vor, weshalb Ansprüche nach den §§ 677 ff. nur bei aufschiebbaren Geschäften in Betracht kommen.[7] Ein Unterlassen der Geschäftsführung kann eine Haftung nach § 1664 bzw. § 1833 auslösen. Wird die Pflicht indessen wahrgenommen, so bestehen **Aufwendungsersatzansprüche** gem. § 1648 bzw. gem. § 1835.[8] Im Gegensatz zu Eltern können Vormund und Betreuer daneben für die postmortale Notgeschäftsführung nach §§ 1698b, 1836 (1908i) auch Vergütung verlangen.[9]

§§ 1699–1711 *(weggefallen)*

---

[1] Ebenso *Bienwald* FamRZ 2006, 1065.
[2] *Erman/Michalski/Döll* Rn. 1; *Staudinger/Coester* Rn. 4.
[3] Hk-BGB/*Kemper* Rn. 1; *Deinert* FamRZ 2002, 374.
[4] OLG Frankfurt NJW-RR 1989, 1159; *Rauscher* FamR Rn. 965.
[5] OLG München NJW-RR 2006, 1517, 1518.
[6] *Staudinger/Coester* Rn. 7.
[7] LG Stendal FamRZ 2006, 1063, 1065; *Rauscher* FamR Rn. 1248.
[8] *Palandt/Diederichsen* Rn. 1; PWW/*Ziegler* Rn. 1; *Rauscher* FamR Rn. 1248.
[9] Allerdings ist umstritten, ob diese von der Pauschalvergütung nach § 5 VBVG umfasst oder in Analogie zu § 6 VBVG nach konkreter Einzelaufstellung zu vergüten ist, vgl. OLG München NJW-RR 2006, 1517; *Bienwald* FamRZ 2006, 1065. Für eine Vergütung lediglich nach tatsächlichem Aufwand spricht, dass der Betreuer keine Betreuungstätigkeit im bisherigen Umfang mehr erbringt, vgl. LG Traunstein FamRZ 2010, 329.

Titel 6. Beistandschaft

Vorbemerkungen

Schrifttum: *Diederichsen,* Die Reform des Kindschafts- und Beistandschaftsrechts, NJW 1998, 1977; *Gawlitta,* Die neue Beistandschaft als Mogelpackung?, ZfJ 1998, 156; *Meysen,* Beginn und Ende von Beistandschaften, JAmt 2008, 120; *Richter,* Soll die gesetzliche Amtspflegschaft abgeschafft werden?, FamRZ 1994, 5; *Roth,* Die rechtliche Ausgestaltung der Beistandschaft, KindPrax 1998, 12; *Schwenzer,* Empfiehlt es sich, das Kindschaftsrecht neu zu regeln? Gutachten A zum 59. Deutschen Juristentag, in: Verhandlungen des 59. Deutschen Juristentages, 1992, Bd. I; *Wolf,* Beistandschaft statt Amtspflegschaft, KindPrax 1998, 40; *Zarbock,* Entwurf eines Gesetzes zur Abschaffung der gesetzlichen Amtspflegschaft und Neuordnung des Rechts der Beistandschaft. Darstellung und Bemerkungen, ZfJ 1995, 395.

I. Entstehungsgeschichte

1 **1. Vorläufer. a) Amtspflegschaft.** Das neue Rechtsinstitut der Beistandschaft ist nur vor dem Hintergrund der schrittweisen historischen Entwicklung der Rechtsstellung ne. Kinder zu verstehen.[1] Im Vergleich zum früheren Rechtszustand war es als Fortschritt anzusehen, dass der ledigen Mutter durch das NEhelG die elterliche Sorge über das ne. Kind (§ 1705 aF) zugebilligt wurde. Freilich war sie in ihrem Sorgerecht gegenüber der verheirateten Mutter von Anfang an beschränkt durch die kraft Gesetzes eintretende Amtspflegschaft für bestimmte Angelegenheiten (§ 1706 aF), zumal der Amtspfleger sie insoweit von ihrer gesetzlichen Vertretungsmacht verdrängte (§§ 1706, 1630 Abs. 1 aF). Eine schwache Abhilfe stellte es dar, dass die Amtspflegschaft auf Antrag der Mutter durch kindeswohlorientierte Entscheidung des VormG ganz oder teilweise aufgehoben werden konnte (§ 1707 aF).

2 **b) Beistandschaft alten Rechts.** Eine vergleichbare automatische Beschränkung der elterlichen Sorge gab es für miteinander verheiratete Eltern hingegen nicht. Soweit das Sorgerecht für ein eheliches Kind ganz oder teilweise einem Elternteil alleine zustand, konnte dieser sich **freiwillig** der Hilfe eines Beistandes versichern, der im Regelfall bloß unterstützend ohne gesetzliche Vertretungsmacht tätig werden konnte und eine solche Rechtsmacht lediglich auf Antrag erhielt (§§ 1685 ff. aF); insoweit erinnerte die Beistandschaft des früheren Rechts an das gleichnamige Rechtsinstitut des ALR.[2] Von der Beistandschaft wurde in der Praxis indes kaum Gebrauch gemacht.[3] Der Amtspflegschaft wie der Beistandschaft lag letztlich die gleiche Vermutung zu Grunde, die alleinstehende Mutter bedürfe infolge mangelnder Lebenserfahrung der Unterstützung.[4]

3 **c) Rechtslage in der ehemaligen DDR.** Seit 1950 kannte das Recht der DDR keine der Amtspflegschaft vergleichbare Beschränkung der elterlichen Sorge lediger Mütter.[5] Nach der Wiedervereinigung wurde die Amtspflegschaft ausdrücklich von der Übernahme des BGB in den neuen Bundesländern ausgenommen (Art. 230 Abs. 1 aF EGBGB), so dass bis zum Inkrafttreten des Beistandschaftsgesetzes am 1. 7. 1998 in Deutschland insoweit zweierlei Recht galt.

4 **2. Reformprozess. a) Anstöße.** Der Automatismus des Eintritts der Amtspflegschaft und die dadurch bedingte partielle Verdrängung der Mutter vom Sorgerecht stießen schon bald auf Kritik. Hierin wurde ein Eingriff in das Elternrecht der Mutter aus Art. 6 Abs. 2 GG erblickt: Hinter der Regelung verberge sich die Vermutung, die ne. Mutter sei unmündig;[6] und der dem Jugendamt eingeräumte sorgerechtliche Vorrang wirkte sich in der Praxis in einer gewissen Bevormundung der

---

[1] Überblicksweise dazu RegE BT-Drucks. 13/892 S. 20 f.; *Roth* KindPrax 1998, 12; *Zarbock* ZfJ 1995, 395, 396 f.
[2] Vgl. II 18 §§ 5, 51 ff. ALR; dazu *v. Sachsen Gessaphe,* Der Betreuer als gesetzlicher Vertreter für eingeschränkt Selbstbestimmungsfähige, 1999, S. 90 f., 94 mwN.
[3] 3. Aufl. § 1685 aF Rn. 2; RegE BT-Drucks. 13/892 S. 24 mit statistischen Angaben ebd. S. 18 sowie neuere Angaben in *Mühlens/Kirchmeier/Greßmann,* Das neue Kindschaftsrecht, 1998, S. 67.
[4] Dazu 3. Aufl. § 1706 aF Rn. 1, § 1685 aF Rn. 1.
[5] 3. Aufl. § 1705 aF Rn. 6; eingehend dazu *Eberhardt* FamRZ 1999, 139 ff.
[6] So die Anträge der SPD-Fraktion, BT-Drucks. 12/4024 S. 11 und BT-Drucks. 13/1752 S. 14; These III. 5 des Deutschen Juristinnenbundes zur Neuregelung des Kindschaftsrechts, FamRZ 1992, 912; ebenso RegE BT-Drucks. 13/892 S. 23; *Gawlitta* ZfJ 1998, 156; vgl. zB bereits *Finger* FamRZ 1983, 429.

Vorbemerkung   5, 6 **Vor § 1712**

Mutter aus.[7] Daher wurde die Abschaffung der Amtspflegschaft gefordert,[8] obgleich durchaus deren praktische Erfolge in der hohen Quote der Vaterschaftsfeststellungen[9] anerkannt wurden. Weitere Gründe für eine Reform waren: das bereits erwähnte Streben nach Abschaffung rechtlicher Unterschiede nach dem Status des Kindes und seiner Eltern (Rn. 1); positive Erfahrungen aus dem Ausland, insb. aus Österreich (Rn. 5 f.), mit einer freiwilligen Form der Unterstützung;[10] sowie die Rechtstatsache, dass nicht mit der Kindesmutter verheiratete Väter sich zunehmend nicht mit der bloßen Rolle des Zahlvaters begnügten, sondern echte Verantwortung für das Kind übernehmen wollten.[11] Letztlich den Anstoß zur Reform gab aber die durch die Wiedervereinigung eingetretene Geltung unterschiedlichen Rechts in Deutschland.

b) Modelle. Bestand mithin weithin Einigkeit über die Ersetzung der Amtspflegschaft, so wurden doch verschiedene Modelle hierfür erörtert.[12] Drei davon standen im Brennpunkt der Reformdiskussion: Das *Antragsmodell* macht Anfang und Ende der staatlichen Hilfe völlig vom Willen des berechtigten Elternteils abhängig (§ 1712 Rn. 1). Nach dem sog. *Zeitschrankenmodell* sollte die Mutter die Vaterschaftsfeststellung innerhalb einer bestimmten Frist evtl. mit Hilfe einer freiwilligen Beistandschaft betreiben, nach deren erfolglosem Ablauf eine Amtspflegschaft greifen sollte; hierfür wurde neben den praktischen Erfolgen des Jugendamtes vor allem das Interesse des Kindes an Kenntnis seiner Abstammung ins Feld geführt.[13] Nach dem Modell der *Zweiten Welle* sollte der Standesbeamte das Jugendamt benachrichtigen müssen, wenn der Vater eine gewisse Zeit nach der Geburt noch nicht im Geburtenbuch beigeschrieben sei, damit das Jugendamt den Gründen hierfür nachgehen könne.[14] Der Gesetzgeber entschied sich zu Gunsten des *Antragsmodells,* sogar hinsichtlich der Vaterschaftsfeststellung: Gegenüber dem Zeitschrankenmodell wurde eingewandt, dieses führe partiell zu einem schematischen Eingriff in das Mutterrecht und mindere daher die Akzeptanz des Hilfsangebotes;[15] letzteres wurde auch gegen das Modell der Zweiten Welle eingewandt;[16] eine Vaterschaftsfeststellung gegen den Willen der Mutter sei wenig Erfolg versprechend;[17] zudem belegten die Erfahrungen mit dem vergleichbaren freiwilligen Rechtsinstitut in Österreich sowie in den neuen Bundesländern, in denen die Amtspflegschaft nicht eingeführt worden war, dass es einer Ergänzung des reinen Antragsmodells nicht bedürfe.[18]

II. Das neue Rechtsinstitut

1. Grundzüge. Das durch das Beistandschaftsgesetz eingeführte neue Rechtsinstitut der freiwilligen Beistandschaft tritt an die Stelle der Amtspflegschaft (§§ 1706 bis 1710 aF) und ersetzt zugleich die frühere Beistandschaft (§§ 1685, 1686, 1689 bis 1692 aF).[19] Es reiht sich ein in die Maßnahmen des Reformgesetzgebers von 1998 zur Herstellung der völligen rechtlichen Gleichstellung ehelicher und ne. Kinder und der damit einhergehenden Gleichberechtigung der Eltern, unabhängig vom Faktum einer zwischen ihnen bestehenden Ehe.[20] Wie der Amtspfleger ist der Beistand ebenfalls gesetzlicher Vertreter des Kindes und daher allein dessen Wohl verpflichtet (§ 1712 Rn. 7, § 1716 Rn. 4), ohne Weisungen des antragstellenden Elternteils zu unterliegen (§ 1716 Rn. 8); anders als die Amtspflegschaft ist die Beistandschaft jedoch ein freiwilliges Hilfsangebot, welches das elterliche

---

[7] *Gawlitta* ZfJ 1998, 156; *Wolf* KindPrax 1998, 40.
[8] *Schwenzer* S. 72 m. zahlr. Nachw.; vgl. die Beschlussfassung des 59. DJT Abt. Familienrecht zu Punkt D. I. 7, Verhandlungen des 59. Deutschen Juristentages, 1992, Bd. II S. M 261; für einen Überblick über den Reformprozess vgl. *Zarbock* ZfJ 1995, 395, 397 ff.
[9] RegE BT-Drucks. 13/892 S. 23; statistische Angaben dazu ebd. S. 19, sowie neuere Angaben in *Mühlens/Kirchmeier/Greßmann* (Fn. 3) S. 67.
[10] RegE BT-Drucks. 13/892 S. 21 ff.; dazu auch *Schwenzer* S. 72; näher zu ausländischen Erfahrungen *Dopffel* (Hrsg.), Kindschaftsrecht im Wandel: Zwölf Länderberichte mit einer vergleichenden Summe, 1994.
[11] Hierzu und zu weiteren Reformgründen RegE BT-Drucks. 13/892 S. 23 f.
[12] Eingehend dazu RegE BT-Drucks. 13/892 S. 24 ff.; vgl. auch *Staudinger/Rauscher* (2006) Rn. 11 ff. mwN.
[13] Dafür zB *Richter* FamRZ 1994, 5, 8 f.
[14] Zu diesem Modell näher RegE BT-Drucks. 13/892 S. 30.
[15] RegE BT-Drucks. 13/892 S. 27 f.; vgl. auch die ablehnende Beschlussfassung des 59. DJT Abt. Familienrecht zu Punkt D. I. 8, Verhandlungen des 59. Deutschen Juristentages, 1992, Bd. II S. M 261.
[16] RegE BT-Drucks. 13/892 S. 30.
[17] *Schwenzer* S. 73 f.
[18] Bericht des RAes BT-Drucks. 13/8509 S. 16.
[19] Art. 1 Nr. 2 Beistandschaftsgesetz v. 4. 12. 1997, BGBl. I S. 946.
[20] Vgl. dazu RegE BT-Drucks. 13/892 S. 25 f.; ebenso *Diederichsen* NJW 1998, 1977, 1978; *Roth* KindPrax 1998, 12.

Sorgerecht grundsätzlich (aber §§ 173, 234 FamFG)[21] nicht einschränkt (§ 1716 Rn. 3 ff.). Maßgebliches Vorbild der Neuregelung war das österr. Recht der Sachwalterschaft der Jugendwohlfahrtsträger (§ 212 ABGB).[22] Im Gegensatz zur Beistandschaft alten Rechts kommt dem neuen Institut eine gewisse praktische Bedeutung zu.[23]

7 **2. Systematik.** Im Reformprozess war teils die Forderung erhoben worden, die neu konzipierte Beistandschaft wegen ihres beratenden und unterstützenden Charakters (§ 18 SGB VIII) insgesamt in das SGB VIII zu überführen;[24] der Gesetzgeber hat sich dem im Hinblick auf die dem Jugendamt nach § 1716 zustehende gesetzliche Vertretungsmacht zu Recht nicht angeschlossen.[25] Seit der Neubekanntmachung des BGB zum 2. 1. 2002 ist die Beistandschaft als Sechster Titel des 2. Abschnittes des Vierten Buches geregelt; damit hat sich die berechtigte Kritik an der früheren systematischen Einordnung in einen neuen Siebenten Titel (dazu 4. Aufl. Rn. 7) erledigt.

8 **3. Kritik.** Auf Kritik gestoßen ist vor allem die Freiwilligkeit auch hinsichtlich der Vaterschaftsfeststellung. Die darin zum Ausdruck kommende rechtspolitische Entscheidung zu Gunsten der **Eigenverantwortung der Mutter** hat der Gesetzgeber noch dadurch abgesichert, dass deren Weigerung, die Vaterschaft zu offenbaren oder deren Feststellung zu betreiben, nach der Neufassung des § 1629 Abs. 2 S. 3 HS. 2 insoweit nicht zu einem Teilentzug ihres Vertretungsrechts führt; dies ist vielmehr nur noch unter den engen Grenzen des § 1666 auf Grund einer Abwägung der Einzelfallumstände möglich.[26] Diese Entscheidung zu Gunsten der **Frauenemanzipation**[27] führt zu Spannungen mit dem Recht des Kindes auf **Kenntnis seiner Abstammung** (dazu Vor § 1591 Rn. 26 ff.).[28] Letzteres verlange danach, dass der Staat dem Kind effiziente Mittel zur Durchsetzung seines Rechts zur Verfügung stelle. Eine bloß freiwillige Beistandschaft werde dem bei einer Verweigerungshaltung der Mutter nicht gerecht; und der Ausweg über einen teilweisen Entzug des Sorgerechts nach § 1666 sei nur ausnahmsweise eröffnet und zudem gegenüber einer amtswegigen Einschaltung des Jugendamtes der schwerwiegendere Eingriff in das Elternrecht. Teils werden sogar verfassungsrechtliche Bedenken erhoben.[29] Diesen Bedenken ist zu entgegnen, dass eine zwangsweise Durchsetzung des Kindesrechts im Weigerungsfall der Mutter ebenfalls rechtliche und überdies praktische Probleme aufwirft (vgl. Erl. § 1618a Rn. 14). Indes steht in der Praxis einer steigenden Zahl freiwilliger Vaterschaftsanerkennungen eine geringe Quote nicht feststellbarer Vaterschaften gegenüber;[30] für die demnach wenigen Fälle einer unbegründeten Weigerung bleibt letztlich nur der Ausweg über § 1666. Diese Lösung ist gewiss vorzugswürdig gegenüber der Alternative, wie nach früherem Recht selbst der Mehrzahl kooperationswilliger Mütter die Hilfe des Jugendamtes aufzuzwingen.[31]

III. Übergangsrecht

9 Nach Art. 223 Abs. 1 EGBGB sind frühere Amtspflegschaften in Beistandschaften übergeleitet worden, mit den sich aus dieser Vorschrift ergebenden Eingrenzungen des sachlichen Anwendungsbereichs. Dagegen sind Beistandschaften des früheren Rechts nur im Sonderfall des § 1690 Abs. 1 aF nach Maßgabe des Art. 223 Abs. 2 EGBGB in solche des neuen Rechts übergeleitet worden (Art. 223 EGBGB Rn. 2 f.). Soweit danach Amtspflegschaften oder Beistandschaften des früheren

---

[21] Der vormalige § 53a ZPO ist seit 1. 9. 2009 weggefallen, Art. 29 Nr. 2 FGG-ReformG, BGBl. 2008 I S. 2586.
[22] Zum Vorbildcharakter RegE BT-Drucks. 13/892 S. 21, 28, 35, 39; zur österr. Regelung Kulms, Ausgewählte Probleme aus dem österreichischen Obsorge- und Unterhaltsrecht, in *Dopffel* (Fn. 10) S. 9 ff., 27 f.; näher dazu zB Koziol/Bydlinski/Bollenberger/*Hopf*, Kurzkommentar zum ABGB, 3. Aufl. 2010, § 212 ABGB.
[23] Näher dazu *Rüting* Jugendhilfe aktuell 2006, 9 ff.
[24] Stellungnahme des BRates BT-Drucks. 13/892 S. 53.
[25] RegE BT-Drucks. 13/892 S. 32 und Stellungnahme der BReg, BR-Drucks. 826/96 Anlage 1; zust. Erman/Roth Rn. 10; vgl. auch *Wiesner* ZfJ 1997, 29, 34.
[26] Zu dieser Zielsetzung der Neufassung der Vorschrift durch Art. 1 Nr. 1 Beistandschaftsgesetz s. RegE BT-Drucks. 13/892 S. 34; vgl. auch OLG Jena OLGR Jena 1999, 466.
[27] Wie hier *Diederichsen* NJW 1998, 1977, 1978; *Staudinger/Rauscher* (2006) Rn. 16; vgl. auch *Wolf* KindPrax 1998, 40.
[28] Kritisch insb. *Richter* FamRZ 1994, 5, 8 f.; *Erman/Roth* § 1712 Rn. 3; vgl. auch *Staudinger/Rauscher* (2006) Rn. 16 mwN.
[29] *Richter* FamRZ 1994, 5, 8 f.; *Erman/Roth* § 1712 Rn. 3.
[30] Im Jahr 2005 war nur in 2,65% der Verfahren bei Jugendämtern die Vaterschaft nicht feststellbar, Statistisches Bundesamt, Statistiken der Kinder- und Jugendhilfe (Pflegschaften, Vormundschaften, Beistandschaften, Pflegeerlaubnis, Sorgerechtsentzug, Sorgeerklärungen), 2009, Tabelle ZR1, 1.1.
[31] Ebenso schon *Schwenzer* S. 73 f.; eingehend dazu *Staudinger/Rauscher* (2006) Rn. 16 ff.

Rechts in Beistandschaften des neuen übergeleitet worden sind, unterliegen sie den §§ 1715 bis 1717 nF; da diese Beistandschaften bereits begründet sind, kommt es auf das Antragserfordernis des § 1713 sowie auf die Eintrittsnorm des § 1714 nicht an, doch kann § 1713 mittelbar für die Beendigung nach § 1715 Abs. 1 eine Rolle spielen (§ 1715 Rn. 14).

§ 1712 Beistandschaft des Jugendamts; Aufgaben

(1) **Auf schriftlichen Antrag eines Elternteils wird das Jugendamt Beistand des Kindes für folgende Aufgaben:**
1. **die Feststellung der Vaterschaft,**
2. **die Geltendmachung von Unterhaltsansprüchen sowie die Verfügung über diese Ansprüche; ist das Kind bei einem Dritten entgeltlich in Pflege, so ist der Beistand berechtigt, aus dem vom Unterhaltspflichtigen Geleisteten den Dritten zu befriedigen.**

(2) **Der Antrag kann auf einzelne der in Absatz 1 bezeichneten Aufgaben beschränkt werden.**

Schrifttum: *Roos*, Das Sachgebiet „Beistandschaft" im Jugendamt, DAV 2000, 529.

Übersicht

	Rn.		Rn.
I. Normzweck	1	3. Die einzelnen Aufgaben	8–13
II. Antragserfordernis	2–5	a) Feststellung der Vaterschaft (Nr. 1)	8–10
1. Begriff und Rechtsnatur	2	b) Geltendmachung von Unterhaltsansprüchen (Nr. 2)	11–13
2. Modalitäten	3	IV. Jugendamt als Beistand	14–16
3. Beschränkung des Antrags (Abs. 2)	4, 5	1. Zuständigkeit	14, 15
III. Gegenstand der Beistandschaft	6–13	a) Regelfall	14
1. Anwendungsbereich	6	b) Landesrechtliche Ausnahmen	15
2. Beistand für das Kind	7	2. Beratung	16

I. Normzweck

Die Vorschrift regelt die Voraussetzungen, unter denen die Beistandschaft eintritt, deren Aufgabenkreise und die Person des Beistandes. Auf Grund der neutralen Wortwahl greift sie für alle Kinder, unabhängig von ihrem Status.[1] Das Antragserfordernis bringt die Entscheidung zu Gunsten der **freiwilligen** Beistandschaft in der Form des Antragsmodells (vgl. Vor § 1712 Rn. 5) zum Ausdruck. Abgesichert wird dies dadurch, dass Einleitung (§§ 1712, 1714) und Beendigung (§ 1715 Abs. 1) der Beistandschaft ausschließlich vom Willen des gem. § 1713 antragsberechtigten Elternteils abhängen. Dadurch soll diesem das Hilfsangebot des Jugendamtes ohne jeden Zwang offen stehen und so verfassungsrechtlichen Bedenken gegen die frühere Amtspflegschaft Rechnung getragen werden.[2] Die Freiwilligkeit findet auf der Rechtsfolgenseite ihre erst in § 1716 normierte Entsprechung insoweit, als das Jugendamt zwar zur effizienteren Ausgestaltung seiner Unterstützungsaufgabe mit gesetzlicher Vertretungsmacht ausgestattet wird, ohne dadurch aber – mit Ausnahme des Bereichs der Prozessführung (§ 1716 Rn. 7 f.) – die Handlungszuständigkeit des betroffenen Elternteils zurückzudrängen. Im Gegensatz zum früheren Recht wird die innere Rechtfertigung der Beistandschaft nicht mehr allein in der besonderen Hilfsbedürftigkeit lediger Mütter bei der Durchsetzung der Kindesrechte gegenüber dem Vater gesehen.[3] Ziel der Regelung ist es vielmehr, **elementare Rechte des Kindes** zu schützen: Die Vaterschaftsfeststellung ist nicht nur für die Kenntnis der Abstammung des Kindes von Bedeutung, sondern zugleich Voraussetzung für das Bestehen von Rechten gegen seinen Vater; unter diesen ist der existenzsichernde Unterhaltsanspruch besonders

---
[1] RegE BT-Drucks. 13/892 S. 35.
[2] Zu solchen *Schwenzer* S. 72 mwN.
[3] RegE BT-Drucks. 13/892 S. 36; vgl. auch § 1713 Rn. 1; zum Normzweck der Amtspflegschaft vgl. Vor § 1712 Rn. 2 sowie 3. Aufl. § 1706 aF Rn. 1.

wichtig.[4] Darüber hinaus besteht ein erhebliches Eigeninteresse des Staates an der Wahrung dieser Rechte des Kindes, da er sonst uU selbst für das Kind zu sorgen hätte.[5]

II. Antragserfordernis

1. Begriff und Rechtsnatur. Das in Abs. 1 S. 1 statuierte Antragserfordernis stellt klar, dass die Beistandschaft als Hilfsangebot nur auf Initiative des betroffenen Elternteils und frei von staatlichem Zwang greifen soll. Auch mittelbarer Zwang zur Inanspruchnahme der Beistandschaft widerspricht dem gesetzgeberischen Willen. Vor Inkrafttreten des FamFG sollte daher weder in Verfahren der Vaterschaftsfeststellung noch der Geltendmachung von Unterhaltsansprüchen die Beiordnung eines Rechtsanwalts (§ 121 ZPO) unter Hinweis auf die Möglichkeit der Beistandschaft versagt werden können.[6] Dies gilt seit 1. 9. 2009 nur noch für die Vollstreckung von Unterhaltstiteln, die sich gem. §§ 112 Nr. 1, 113 Abs. 1 FamFG nach wie vor nach der ZPO richtet.[7] Im Übrigen unterliegt das Verfahren dem FamFG und gilt für die Anwaltsbeiordnung § 78 FamFG: in Unterhaltssachen hat nach Abs. 1 eine Beiordnung zu erfolgen, da grundsätzlich Anwaltszwang besteht, sofern nicht ein Beistand für das Kind bestellt ist (§ 114 Abs. 4 Nr. 2 FamFG); in diesem Fall sowie bei der Vaterschaftsfeststellung hängt die Beiordnung nach Abs. 2 von der Schwierigkeit der Sach- und Rechtslage ab, und dabei soll die Möglichkeit einer Vertretung des Kindes durch das Jugendamt zu berücksichtigen sein.[8] Im Hinblick auf die intendierte Freiwilligkeit erschien dem Gesetzgeber der **Begriff** des Antrages deutlicher als Einwilligung oder Zustimmung.[9] „Antrag" ist hier untechnisch gemeint,[10] denn dieser löst weder ein gerichtliches oder behördliches Verfahren aus noch führt er zu einer entsprechenden Entscheidung; vielmehr tritt die Rechtsfolge der Beistandschaft durch den bloßen Zugang des Antrages beim Jugendamt ein, ohne dass diesem insoweit eine Entscheidungsalternative verbliebe (§ 1714 Rn. 1). Der Antrag ist daher eine einseitige, zugangsbedürftige **Gestaltungserklärung** familienrechtlicher Natur,[11] welche vom betroffenen Elternteil im eigenen Namen mit Wirkung für das Kind abgegeben wird. Die Anregung hierzu kann – und sollte (Rn. 16) – vom Jugendamt ausgehen.

2. Modalitäten. Der Antrag bedarf im Interesse der Rechtssicherheit der **Schriftform** (§§ 126, 126a), da er unmittelbar zur Beistandschaft führt; hierzu genügt die Unterschrift unter ein Formblatt des Jugendamtes, nicht jedoch eine Erklärung zu Protokoll desselben.[12] Ein bestimmter Inhalt oder eine Begründung des Antrages sind nicht vorgeschrieben, zumal dem Jugendamt keine Entscheidungsbefugnis hierüber zusteht.

3. Beschränkung des Antrags (Abs. 2). In der Konsequenz der Freiwilligkeit der Beistandschaft liegt es, dass der berechtigte Elternteil nicht nur über deren Ob, sondern auch über deren **Reichweite** allein entscheidungsbefugt ist; dem wird die Möglichkeit einer sachlichen Beschränkung des Antrags in Abs. 2 gerecht. Der Umfang des Hilfsbegehrens ist nach allgemeinen Auslegungsgrundsätzen zu ermitteln. Ein unbeschränkter oder nicht näher spezifizierter Antrag bezieht sich im Zweifel auf die in Abs. 1 Nr. 1 und 2 benannten Aufgaben,[13] sofern sich den Einzelfallumständen nichts Gegenteiliges entnehmen lässt. Der berechtigte Elternteil kann den Antrag entweder auf die Vaterschaftsfeststellung begrenzen, wenn er finanziell auf Unterhalt nicht angewiesen ist, oder auf die Geltendmachung von Unterhalt, wenn etwa die Vaterschaft bereits anerkannt ist oder der Antrag vom – allein oder mit sorgeberechtigten – Vater ausgeht.

Der Antrag kann sich jedoch auch auf **Teilbereiche** einer dieser beiden Aufgaben beschränken. Für Unterhaltsansprüche ergibt sich diese Möglichkeit schon aus dem Normtext des Abs. 1 Nr. 2: Der berechtigte Elternteil kann deren Geltendmachung auf einen der dort benannten Teilaspekte beschränken, so etwa auf die Geltendmachung von Unterhalt unter Ausschluss entsprechender Ver-

---

[4] Vgl. RegE BT-Drucks. 13/892 S. 36 f.
[5] Vgl. RegE BT-Drucks. 13/892 S. 36 f.
[6] BGH NJW 2006, 1204, 1205; FuR 2006, 309 (beide zum Unterhalt); OLG Köln NJW-RR 2004, 1590; einschränkend OLG Karlsruhe NJW 2009, 2897 Tz. 6 ff. (Vaterschaftsfeststellung, jedenfalls solange kein Beistand bestellt) m. abl. Anm. *Kemper* FamRZ 2009, 1614; aA noch zB OLG Zweibrücken NJOZ 2003, 3052.
[7] Einschränkend *Bamberger/Roth/Enders* Rn. 7.1: nicht bei bereits bestehender Beistandschaft; erwähnt auch bei *Bumiller/Harders* FamFG § 78 FamFG Rn. 4.
[8] So AG Ludwigslust 8. 6. 2010 – 5 F 135/10 = FamRZ 2010, 1691 (LS).
[9] RegE BT-Drucks. 13/892 S. 35.
[10] RegE BT-Drucks. 13/892 S. 35.
[11] Ebenso *Lipp/Wagenitz* Rn. 3; *Palandt/Diederichsen* Rn. 7; *Staudinger/Rauscher* (2006) Rn. 6.
[12] RegE BT-Drucks. 13/892 S. 35; näher dazu *Meysen* JAmt 2008, 120 f.
[13] Ebenso *Wolf* KindPrax 1998, 40, 41.

einbarungen.¹⁴ Eine weitergehende Beschränkung des Antrags auf konkrete Tätigkeiten innerhalb der gesetzlich definierten Aufgaben, welche inhaltlich auf die unzulässige Erteilung von Weisungen an das Jugendamt hinausliefe (dazu § 1716 Rn. 8), ist abzulehnen: Das gilt etwa für Anträge, die Vaterschaftsfeststellung nur bez. einem von mehreren in Betracht kommenden Vätern zu betreiben oder Unterhaltsansprüche bloß in bestimmter Höhe oder von bestimmten Verwandten geltend zu machen.¹⁵ Nach der Neuregelung steht es zwar im Belieben des berechtigten Elternteils, über Einleitung und Beendigung der Beistandschaft zu entscheiden. Ist das Jugendamt aber einmal eingeschaltet, so ist es gesetzlicher Vertreter des Kindes (Rn. 7), nicht des antragenden Elternteils, und hat seine Aufgabe zur Wahrnehmung der Kindesrechte (Rn. 1) auszuüben.¹⁶

III. Gegenstand der Beistandschaft

1. Anwendungsbereich. Der Normzweck (Rn. 1) war auch für die Begrenzung des sachlichen Anwendungsbereichs auf die in Abs. 1 bezeichneten Fälle der Vaterschaftsfeststellung und Geltendmachung von Unterhaltsansprüchen maßgeblich. Für weitere Angelegenheiten des Eltern-Kind-Verhältnisses oder die Namensführung des Kindes, die früher Gegenstand einer Amtspflegschaft oder Beistandschaft sein konnten, wurde ein Regelungsbedarf im Hinblick auf die Möglichkeiten der Beratungshilfe durch das Jugendamt (§ 18 Abs. 1 SGB VIII) und der Beratungs- und Prozesskostenhilfe verneint; gleiches gilt wegen deren geringer praktischer Relevanz für die Geltendmachung von Erb- und Pflichtteilsansprüchen.¹⁷ Der persönliche Anwendungsbereich wird mittelbar durch § 1713 konkretisiert, der die Antragsberechtigung des Elternteils von dessen Alleinsorge oder bei gemeinsamer Sorge davon abhängig macht, dass das Kind sich in dessen Obhut befindet; daneben besteht nach § 1713 Abs. 1 S. 3 ein Antragsrecht eines nach § 1776 bestellten Vormundes.

2. Beistand für das Kind. Der Wortlaut des Abs. 1 stellt klar, dass der Beistand für das Kind bestellt wird, was sich ohnehin aus dem Wesen der die elterliche Sorge ergänzenden gesetzlichen Vertretungsmacht (§ 1716) ergibt. Aus der Regelung der Antragsberechtigung in § 1713 folgt mittelbar, dass das Kind **minderjährig** sein muss; auf dessen Status kommt es dagegen nicht mehr an (Rn. 1). Wie die Pflegschaft (§§ 1716, 1918 Abs. 1) setzt die Beistandschaft voraus, dass das Kind lebt.

3. Die einzelnen Aufgaben. a) Feststellung der Vaterschaft (Nr. 1). Dieser Aufgabenkreis ermächtigt zu allen Handlungen, welche auf die Anerkennung (§ 1592 Nr. 2) oder gerichtliche Feststellung der Vaterschaft (§ 1592 Nr. 3) abzielen. Nach dem Willen des Gesetzgebers werden dagegen die Vaterschaftsanfechtung (§§ 1599 ff.) und die Klage auf Feststellung der Unwirksamkeit eines Vaterschaftsanerkenntnisses (§ 1598) nicht davon erfasst;¹⁸ und dies kommt in dem veränderten Wortlaut des § 1712 Abs. 1 Nr. 1 gegenüber dem des § 1706 Nr. 1 aF hinreichend zum Ausdruck.¹⁹ Eine analoge Anwendung auf diese Fälle scheidet mithin mangels planwidriger Regelungslücke aus, obgleich die gesetzliche Differenzierung inkongruent erscheint.²⁰

aa) Vaterschaftsanerkenntnis. Die gesetzliche Vertretung bei einem Vaterschaftsanerkenntnis iS der §§ 1594 ff. ist von geringer Bedeutung: Im Regelfall (§ 1595 Abs. 1) setzt das Anerkenntnis bloß die Zustimmung der Mutter voraus, und diese kann durch den Beistand nicht erklärt werden.²¹ Lediglich in den Fällen, in denen der Mutter insoweit nicht die elterliche Sorge zusteht, kommt es auf die Zustimmung des Kindes an (§ 1595 Abs. 2). Das minderjährige Kind (Rn. 7) kann diese nach § 1596 Abs. 2 nur durch seinen gesetzlichen Vertreter oder mit dessen Zustimmung erklären; hierzu ist auch der Beistand – neben dem sonstigen Sorgerechtsinhaber – handlungszuständig.²² In diesen Fällen wird allerdings eine Beistandschaft zumeist schon an der fehlenden Antragsberechtigung der Mutter scheitern (§ 1713 Abs. 1 S. 1).²³ Dagegen ist die Mitwirkung des Jugendamtes bei

---

¹⁴ Dieses Beispiel benannt in RegE BT-Drucks. 13/892 S. 37; im Ergebnis wie hier *Staudinger/Rauscher* (2006) Rn. 9.
¹⁵ Ebenso *Palandt/Diederichsen* Rn. 8; *Staudinger/Rauscher* (2006) Rn. 10; *Bamberger/Roth/Enders* Rn. 25; aA *Lipp/Wagenitz* Rn. 14.
¹⁶ In diese Richtung auch *Roth* KindPrax 1998, 148 ff.
¹⁷ RegE BT-Drucks. 13/892 S. 36.
¹⁸ RegE BT-Drucks. 13/892 S. 37.
¹⁹ Ebenso für die Anfechtung eines Vaterschaftsanerkenntnisses OLG Nürnberg JAmt 2001, 51 = FamRZ 2001, 705.
²⁰ *Erman/Roth* Rn. 9; *Staudinger/Rauscher* (2006) Rn. 18 f.; *Lipp/Wagenitz* Rn. 12.
²¹ Zu pauschal daher *Roth* KindPrax 1998, 12, 13.
²² Dazu *Staudinger/Rauscher* (2011) § 1596 Rn. 22.
²³ *Lipp/Wagenitz* Rn. 10; dazu sowie zu seltenen Ausnahmefällen einer gleichwohl bestehenden Antragsbefugnis der Mutter, *Staudinger/Rauscher* (2006) Rn. 13 f.

§ 1712 10–13 Abschnitt 2. Titel 6. Beistandschaft

der Beurkundung eines Anerkenntnisses nach § 59 Abs. 1 Nr. 1 SGB VIII keine Frage der gesetzlichen Vertretung.[24]

10   bb) **Vaterschaftsfeststellung.** Die gerichtliche Vaterschaftsfeststellung erfolgt gem. § 171 Abs. 1 FamFG auf Antrag, zu dessen Stellung ungeachtet der ersatzlosen Streichung des § 1600e Mutter, Kind und potentieller Vater befugt sind.[25] Das Jugendamt kann das Kind bei Antragstellung sowie als sonstigen Beteiligten (§ 172 Abs. 1 Nr. 1 FamFG) im Verfahren vertreten. Zur Vorbereitung stellt das Jugendamt die erforderlichen Ermittlungen an[26] und kann Verfahrenskostenhilfe beantragen.[27] Zur Vaterschaftsfeststellung gehört an sich auch der Anspruch des Kindes gegen die Mutter auf Benennung des Vaters nach § 1618a (s. dort Rn. 14), doch spielt dieser für die Beistandschaft keine Rolle mehr, da es für eine Geltendmachung durch das Jugendamt eines Antrags der Mutter bedarf, welchen sie schwerlich stellen wird, wenn sie die Benennung des Vaters verweigert. Bei schwangeren, geschäftsunfähigen Müttern ist eine Einschaltung des Jugendamtes gegen deren Willen noch denkbar (s. § 1713 Rn. 18).

11   b) **Geltendmachung von Unterhaltsansprüchen (Nr. 2). aa) Unterhalt.** Unter den Aufgabenkreis fallen Unterhaltsansprüche des Kindes aus **§§ 1601 ff.**, nicht dagegen Unterhaltsersatzansprüche des öffentlichen Rechts aus Renten,[28] Arbeitslosengeld II oder nach dem UVG.[29] Daher ist für Klagen gegen das Jugendamt als Beistand des unterhaltsberechtigten Kindes auf Erlass der Forderung einschl. Nebenansprüchen (Akteneinsicht) der Zivilrechtsweg eröffnet.[30] Das Jugendamt kann zwischen dem konkret berechneten Unterhalt und dem Mindestunterhalt (§ 1612a) wählen. Die Befugnis umfasst die außergerichtliche und gerichtliche Geltendmachung, einschließlich vorbereitender Auskunftsbegehren (§ 1605), einstweiliger Anordnungen, des vereinfachten Verfahrens (§§ 249 ff. FamFG), der Durchsetzung im Wege der Zwangsvollstreckung, der Vertretung in Abänderungsverfahren[31] sowie bei der Abwehr einer Herabsetzungsklage des Unterhaltspflichtigen.[32] Zur Verfügung über den Unterhaltsanspruch s. Rn. 13.

12   bb) **Anspruchsgegner.** Die Ansprüche können sich gegen den anderen Elternteil oder gegen sonstige verpflichtete Verwandte richten. Die Entkoppelung der Vorschrift von der elterlichen Sorge der ledigen Mutter (§ 1706 aF) verdeutlicht, dass das Jugendamt sogar gegen diese vorgehen kann. Rückständiger Unterhalt kann gem. § 1613 Abs. 2 Nr. 2 lit. a vom nachträglich als Vater festgestellten (§ 1592 Nr. 2, 3) Mann eingefordert werden.[33] Eine Inanspruchnahme des **antragstellenden Elternteils** ist zwar denkbar, aber wenig praktisch, da dieser dann der von ihm initiierten Beistandschaft nach § 1715 Abs. 1 S. 1 ein Ende bereiten kann.[34] Nicht hierher gehören dagegen Ansprüche der nicht mit dem Vater verheirateten Mutter aus § 1615l oder §§ 1570 ff., da das Jugendamt Beistand nur des Kindes ist (Rn. 7). Keine Befugnis besteht des Weiteren zur Abwehr von Unterhaltsansprüchen gegen das Kind.

13   cc) **Weitere Befugnisse.** Kraft ausdrücklicher Anordnung kann das Jugendamt über den Unterhaltsanspruch **verfügen,** weshalb es nach Maßgabe des § 1614 **Vereinbarungen** hierüber treffen und bestehende ohne Mitwirkung des sorgeberechtigten Elternteils abändern[35] sowie von der klageweisen Geltendmachung eines mangels Vollstreckungsmöglichkeit nicht durchsetzbaren Anspruchs absehen[36] und auf die Vollstreckung eines titulierten Anspruchs teilweise verzichten kann.[37] Die Beurkundung von Unterhaltsvereinbarungen (§ 59 Abs. 1 Nr. 3 SGB VIII) ist wiederum keine Frage der gesetzlichen Vertretung. Die auf einem Redaktionsfehler beruhende Erwähnung der dem deutschen Recht nicht mehr bekannten Abfindungen in der ursprünglichen Fassung der

---

[24] Vgl. § 59 Abs. 2 iVm. § 55 Abs. 2 SGB VIII; zutr. *Staudinger/Rauscher* (2006) Rn. 15.
[25] MünchKommZPO/*Coester-Waltjen/Hilbig* § 169 FamFG Rn. 27.
[26] *Roth* KindPrax 1998, 12, sowie näher dazu *Roos* DAV 2000, 529, 533 f.
[27] *Staudinger/Rauscher* (2006) Rn. 29 a.
[28] BSG FamRZ 1971, 530.
[29] Zu letzterem BGH KindPrax 1999, 165; insgesamt zu den Unterhaltsersatzansprüchen, Landesjugendamt Thüringen DAV 1999, 191, 194.
[30] OVG Münster NJW 2002, 458.
[31] OLG Naumburg FamRZ 2006, 1223.
[32] Zu letzterem OLG Celle JAmt 2004, 544; OLG Naumburg FamRZ 2006, 1223; *Staudinger/Rauscher* (2006) Rn. 23; *Gernhuber/Coester-Waltjen* § 60 Rn. 21; *Palandt/Diederichsen* Rn. 5; *Bamberger/Roth/Enders* Rn. 23; aA OLG Naumburg JAmt 2003, 364 m. abl. Anm. *Knittel*.
[33] Zu letzterem *Staudinger/Rauscher* (2006) Rn. 22.
[34] Ebenso *Staudinger/Rauscher* (2006) Rn. 25.
[35] OLG Köln FamRZ 2002, 50.
[36] LG Berlin JAmt 2005, 595, 596.
[37] OLG Nürnberg FamRZ 2001, 1084; LG Magdeburg JAmt 2006, 94.

Norm ist zwischenzeitlich gestrichen worden.[38] Das Jugendamt darf gezahlte Unterhaltsbeträge entgegennehmen, sie aber **nicht verwalten** oder anlegen, vielmehr hat es sie dem sorgeberechtigten Elternteil abzuführen, welchem die Verwendungsbefugnis kraft Sorgerechts zusteht.[39] Eine Ausnahme hiervon gilt nach Nr. 2 HS. 2: Befindet sich das Kind in **entgeltlicher Familienpflege** bei privaten Dritten,[40] so kann der Beistand deren Ansprüche aus erlangten Unterhaltszahlungen befriedigen.

IV. Jugendamt als Beistand

1. Zuständigkeit. a) Regelfall. Wegen der historisch bedingten besonderen Sachkunde weist das Gesetz die Beistandschaft nach wie vor den Jugendämtern zu.[41] Eine Beistandschaft von Einzelpersonen oder Verbänden (aber Rn. 15) sollte es nicht geben, da eine solche einer entsprechenden Übertragungsentscheidung bedurft hätte.[42] Das Jugendamt überträgt die Ausübung der Beistandschaft auf einzelne seiner Beamten oder Angestellten (§ 55 Abs. 2 SGB VIII). Zur örtlichen Zuständigkeit s. § 1714 Rn. 3. **14**

b) Landesrechtliche Ausnahmen. Auf Wunsch einiger Bundesländer[43] eröffnet Art. 144 EGBGB dem Landesrecht die Möglichkeit, die Übertragung der Beistandschaft durch das Jugendamt mit Zustimmung des antragsberechtigten Elternteils auf einen rechtsfähigen Verein zu übertragen, dem dazu eine Erlaubnis nach § 54 SGB VIII erteilt worden ist. **15**

2. Beratung. Das Jugendamt hat unverzüglich nach der Geburt eines Kindes nicht miteinander verheirateter Eltern der Mutter Beratung und Unterstützung anzubieten und auf die Möglichkeit der Beistandschaft hinzuweisen (§ 52a Abs. 1 SGB VIII).[44] Die gleiche Verpflichtung trifft das Jugendamt, wenn eine vormals bestehende rechtliche Vaterschaft durch gerichtliche Entscheidung beseitigt worden ist (§ 52a Abs. 3 SGB VIII), weil dann ein vergleichbarer Schutzbedarf auftritt. Um das Jugendamt von derartigen Vorgängen zu informieren, ist im ersten Fall das Standesamt bei der Geburt des Kindes (§ 52a Abs. 4 SGB VIII), im zweiten das Gericht (§ 52a Abs. 3 SGB VIII) zur entsprechenden Mitteilung verpflichtet. Da die Beistandschaft schon vor der Kindesgeburt eintreten kann (§ 1714 S. 2), verlagert § 52a Abs. 2 SGB VIII die Beratungspflicht ebenfalls vor. **16**

§ 1713 Antragsberechtigte

(1) ¹Den Antrag kann ein Elternteil stellen, dem für den Aufgabenkreis der beantragten Beistandschaft die alleinige elterliche Sorge zusteht oder zustünde, wenn das Kind bereits geboren wäre. ²Steht die elterliche Sorge für das Kind den Eltern gemeinsam zu, kann der Antrag von dem Elternteil gestellt werden, in dessen Obhut sich das Kind befindet. ³Der Antrag kann auch von einem nach § 1776 berufenen Vormund gestellt werden. ⁴Er kann nicht durch einen Vertreter gestellt werden.

(2) ¹Vor der Geburt des Kindes kann die werdende Mutter den Antrag auch dann stellen, wenn das Kind, sofern es bereits geboren wäre, unter Vormundschaft stünde. ²Ist die werdende Mutter in der Geschäftsfähigkeit beschränkt, so kann sie den Antrag nur selbst stellen; sie bedarf hierzu nicht der Zustimmung ihres gesetzlichen Vertreters. ³Für eine geschäftsunfähige werdende Mutter kann nur ihr gesetzlicher Vertreter den Antrag stellen.

---

[38] Wegen mangelnder Koordinierung mit der Streichung des § 1615e Abs. 3 aF durch das KindUG, gestrichen gem. Art. 1 Nr. 6 Gesetz zur Erleichterung familiengerichtlicher Maßnahmen bei Gefährdung des Kindeswohls, BGBl. 2008 I S. 1188.
[39] *Erman/Roth* Rn. 11; *Palandt/Diederichsen* Rn. 6; *Staudinger/Rauscher* (2006) Rn. 27.
[40] Also nicht bei Trägern der Jugendhilfe, *Palandt/Diederichsen* Rn. 6.
[41] RegE BT-Drucks. 13/892 S. 35 f.
[42] RegE BT-Drucks. 13/892 S. 35 f.
[43] BT-Drucks. 13/8509 S. 17; näher dazu *Bamberger/Roth/Enders* Rn. 16, 16.1; zur Kostentragungspflicht für das Tätigwerden des Vereins OLG München JAmt 2010, 501.
[44] Näher zum Beratungsangebot nach dieser Norm *Roos* DAV 2000, 529, 531 ff.; *Staudinger/Rauscher* (2006) Vor § 1712 Rn. 20 ff.; zum Verhältnis der Hilfen nach SGB VIII zur Beistandschaft *Lindemann-Hinz* FF 2005, 63 ff.; *Roth* KindPrax 1998, 12, 14.

§ 1713 1, 2

Schrifttum: *Peschel-Gutzeit,* Das Kinderrechteverbesserungsgesetz, FPR 2002, 285, 288; *v. Sachsen Gessaphe,* Nachbesserungen im Familienrecht – eine unendliche Geschichte, NJW 2002, 1853, 1855.

Übersicht

	Rn.		Rn.
I. Allgemeines	1, 2	b) Alleinige Obhut	9
1. Normzweck	1	c) Nachweis des Sorgerechts und Aufgabenkreis	10
2. Systematik	2	4. Antragsrecht des Vormundes (Abs. 1 S. 3)	11
II. Antragsrecht im Grundtatbestand (Abs. 1)	3–12	5. Höchstpersönlichkeit (Abs. 1 S. 4)	12
1. Allein sorgeberechtigter Elternteil ab Geburt des Kindes (Abs. 1 S. 1 Alt. 1)	3–5	**III. Antragsrecht der nicht sorgeberechtigten werdenden Mutter (Abs. 2)**	13–18
a) Anwendungsfälle	3	1. Erweiterungsgrund	13
b) Ausgestaltung der Alleinsorge	4	2. Anwendungsfälle	14
c) Nachweis des Alleinsorgerechts	5	3. Antragsrecht	15–18
2. Fiktive Alleinsorge vor Geburt des Kindes (Abs. 1 S. 1 Alt. 2)	6, 7	a) Der werdenden Mutter	15
a) Fiktives Alleinsorgerecht	6	b) Analoge Anwendung auf den werdenden Vater?	16
b) Aufgabenkreise	7	c) Bei beschränkter Geschäftsfähigkeit	17
3. Antragsberechtigung bei gemeinsamer Sorge (Abs. 1 S. 2)	8–10	d) Bei Geschäftsunfähigkeit	18
a) Anwendungsfälle	8		

I. Allgemeines

1. Normzweck. Die Vorschrift regelt das Antragsrecht und ergänzt dadurch § 1712. Nach der ursprünglichen Fassung war im Regelfall nur der **allein sorgeberechtigte Elternteil** antragsberechtigt, unabhängig davon, ob dieser mit dem anderen Elternteil verheiratet war oder nicht. Erst auf Vorschlag des Bundesrates[1] wurde dem nach § 1776 berufenen **Vormund** ebenfalls das Antragsrecht eingeräumt (Rn. 11). Implizit verwehrte diese Regelung Eltern mit gemeinsamer Sorge den Zugang zur Beistandschaft. Der Gesetzgeber hatte zwar gesehen, dass der Ausschluss der Beistandschaft für diese Fälle zu Problemen insb. im Bereich der Unterhaltssicherung führen konnte, hatte aber nicht zuletzt aus Praktikabilitätserwägungen von deren Einbeziehung abgesehen.[2] Demgegenüber hatten Stimmen in Rspr. und Lehre im Hinblick auf § 1629 Abs. 2 S. 2 eine entsprechende Ausdehnung der Beistandschaft gefordert (s. dazu 4. Aufl. Rn. 5). Diesen Forderungen hat sich der Gesetzgeber angeschlossen[3] und durch Art. 1 Nr. 5 KindRVerbG in Abs. 1 S. 2 der Vorschrift die Möglichkeit der Beistandschaft selbst bei **gemeinsamer Sorge** der Eltern eröffnet; das Antragsrecht steht für diesen Fall demjenigen Elternteil zu, in dessen alleiniger Obhut sich das Kind befindet. Dadurch sollten Kinder, deren Eltern nach einer Trennung die gemeinsame Sorge beibehalten, nicht schlechter gestellt sein als Kinder unter Alleinsorge; zudem sollte der nach früherem Recht nötige Umweg über eine Übertragung der Alleinsorge auf einen Elternteil entbehrlich gemacht werden.[4] Die Vorschrift erlaubt eine **vorgeburtliche Beistandschaft** für die Leibesfrucht, um eine pränatale Vaterschaftsfeststellung und Unterhaltssicherung zu erleichtern.[5] Zudem schließt Abs. 2 eine Schutzlücke für die minderjährige oder geschäftsunfähige werdende Mutter (Rn. 13). In keinem der Regelungsfälle kommt es auf den Status des Kindes an.

2. Systematik. Die Vorschrift regelt zunächst die Antragsberechtigung bei bestehender (Abs. 1 S. 1 Alt. 1) oder fiktiver (Abs. 1 S. 1 Alt. 2) **Alleinsorge** eines Elternteils. Als zweite Gruppe steht dem das Antragsrecht bei **gemeinsamer Sorge** der Eltern (Abs. 1 S. 2) gegenüber. Schließlich betrifft der Sondertatbestand des Abs. 2 werdende Mütter, welche wegen Einschränkungen ihrer Geschäftsfähigkeit nicht sorgeberechtigt wären. Durch die Einfügung des neuen Abs. 1 S. 2 durch das KindRVerbG sind die bisherigen Sätze 2 und 3 des Abs. 1 zu S. 3 und 4 geworden. Abs. 1 S. 3 regelt den Sonderfall eines Antragsrechts des Vormundes, Abs. 1 S. 4 stellt den grundsätzlich höchstpersönlichen Charakter des Antrages fest.

---
[1] BT-Drucks. 13/892 S. 49.
[2] RegE BT-Drucks. 13/892 S. 37.
[3] BT-Drucks. 14/8131 S. 9 f.
[4] BT-Drucks. 14/8131 S. 10; insgesamt dazu *v. Sachsen Gessaphe* NJW 2002, 1853, 1855; *Peschel-Gutzeit* FPR 2002, 285, 288.
[5] RegE BT-Drucks. 13/892 S. 37.

II. Antragsrecht im Grundtatbestand (Abs. 1)

1. Allein sorgeberechtigter Elternteil ab Geburt des Kindes (Abs. 1 S. 1 Alt. 1). 3
a) Anwendungsfälle. Für das bereits **geborene Kind** ist zu differenzieren, ob es unter alleiniger (Abs. 1 S. 1 Alt. 1) oder gemeinsamer (Abs. 1 S. 2, Rn. 8) Sorge eines Elternteils steht. Im ersten Fall ist der Elternteil antragsberechtigt, dem im Zeitpunkt der Antragstellung die alleinige elterliche Sorge zusteht; diese hat jedenfalls den Aufgabenkreis der beantragten Beistandschaft zu erfassen (Rn. 4), sonst hat dieser Elternteil gleichwohl kein Antragsrecht. Wegen § 1626a Abs. 2[6] wird in dieser Alternative regelmäßig die mit dem Kindesvater nicht verheiratete Mutter antragsberechtigt sein.[7] Denkbar sind aber auch Fälle eines Antragsrechts des Vaters, wenn diesem nachgeburtlich die alleinige Sorge zB durch gerichtliche Entscheidung nach § 1671 oder § 1672 Abs. 1[8] oder nach der Übergangsregelung des BVerfG zu §§ 1626a Abs. 1 Nr. 1, 1672 Abs. 1[9] übertragen ist (zu weiteren Fällen § 1626 Rn. 22–24). Bei Antragstellung durch den Vater kommt als Aufgabenkreis allein die Unterhaltssicherung in Betracht, da dann die rechtliche Vaterschaft als Tatbestandsvoraussetzung feststehen muss.[10]

b) Ausgestaltung der Alleinsorge. Die Aufgabenkreise des § 1712 betreffen die Personen- 4
sorge, so dass dem Elternteil diese zumindest in dem Umfang des beantragten Aufgabenkreises alleine zustehen muss; da die Beistandschaft die gesetzliche Vertretung des Kindes zum Gegenstand hat (§ 1716 S. 2), genügt die bloße tatsächliche Sorge des Elternteils nicht, sondern muss insoweit auch die gesetzliche Vertretung umfassen.[11]

c) Nachweis des Alleinsorgerechts. Dieser kann Probleme aufwerfen.[12] Das Vorliegen 5
gerichtlicher Entscheidungen über die Beschränkung oder Übertragung des Sorgerechts wird das Jugendamt durch entsprechende Nachfrage beim antragstellenden Elternteil ermitteln können.[13] Ob eine ursprüngliche Alleinsorge der Mutter (§ 1626a Abs. 2) durch gemeinsame Sorgeerklärung der Eltern (§ 1626a Abs. 1 Nr. 1)[14] aufgehoben worden ist, lässt sich durch Vorlage eines Negativattests nachweisen; dieses stellt das nach § 1626d Abs. 2 zu benachrichtigende Jugendamt am Geburtsort des Kindes aus (§§ 58a, 87c Abs. 6 S. 2 SGB VIII).

2. Fiktive Alleinsorge vor Geburt des Kindes (Abs. 1 S. 1 Alt. 2). a) Fiktives Allein- 6
sorgerecht. Der Zielsetzung gemäß, die pränatale Vaterschaftsfeststellung und Unterhaltssicherung zu erleichtern (Rn. 1), wird der Grundtatbestand auf die **werdende Mutter** ausgedehnt, welcher die Alleinsorge im beantragten Aufgabenkreis (Rn. 4) zustünde, wenn das Kind bereits geboren wäre. Entscheidend hierfür ist nicht eine prognostische Betrachtung, wie die Sorgerechtsverhältnisse im Zeitpunkt der Geburt sein werden, vielmehr kommt es nach dem Wortlaut der Norm auf eine hypothetische Betrachtung des Sorgerechts im **Zeitpunkt der Antragstellung** an.[15] Wegen § 1626a Abs. 2 betrifft die Regelung hauptsächlich die aktuell nicht mit dem Kindesvater verheiratete – auch rechtskräftig geschiedene – werdende Mutter, die nicht in ihrer Geschäftsfähigkeit eingeschränkt ist (sonst Abs. 2). Sind die Eltern bei Antragstellung miteinander verheiratet oder haben sie pränatale Sorgeerklärungen (§ 1626a Abs. 1 Nr. 1, § 1626b Abs. 2) abgegeben, so besteht keine hypothetische Alleinsorge und somit kein Antragsrecht, selbst wenn im ersten Fall eine Scheidung im Zeitpunkt der Geburt voraussehbar sein sollte. Eher theoretisch ist die Möglichkeit eines pränatalen Antragsrechts des werdenden **Vaters:** Dessen Vaterschaft müsste bei hypothetischer Betrachtung im Zeitpunkt der Antragstellung feststehen, entweder infolge Ehe mit der werdenden Mutter (§ 1592 Nr. 1) oder bei nicht miteinander verheirateten Partnern durch pränatales Anerkenntnis (§ 1594

---

[6] Die Vorschrift ist verfassungskonform, BVerfG NJW 2010, 3008 Tz. 38 ff.
[7] Ebenso *Roth* KindPrax 1998, 12, 13; *Palandt/Diederichsen* Rn. 2.
[8] Zur Verfassungswidrigkeit der Vorschrift BVerfG NJW 2010, 3008 sowie Erl. zu § 1672 Rn. 4 ff.
[9] BVerfG NJW 2010, 3008 Tz 71 ff.; näher dazu Erl. § 1626a Rn. 3e ff..
[10] *Lipp/Wagenitz* § 1712 Rn. 14; *Erman/Roth* Rn. 4.
[11] Ebenso *Lipp/Wagenitz* Rn. 2; *Staudinger/Rauscher* (2006) Rn. 3.
[12] Dazu insb. *Wolf* KindPrax 1998, 40 f.
[13] *Staudinger/Rauscher* (2006) Rn. 4; weitere Vorschläge dazu bei *Wolf* KindPrax 1998, 40 f.
[14] Die Vorschrift ist zwar verfassungswidrig, BVerfG NJW 2010, 3008 Tz 71 ff.; man wird den Ausspruch aber so zu verstehen haben, dass das Verdikt der Verfassungswidrigkeit die Vorschrift lediglich insoweit erfasst, als danach die gemeinsame Sorge nicht miteinander verheirateter Eltern **allein** durch gemeinsame Sorgeerklärungen begründet werden kann, *Palandt/Diederichsen* § 1626a Rn. 2; Erl. zu § 1626a Rn. 3g, 3i; soweit hingegen nach der Übergangsregelung des BVerfG zu dieser Norm eine Übertragung der gemeinsamen Sorge auf beide Eltern oder der Alleinsorge auf den Vater durch gerichtliche Entscheidung erfolgt ist, gilt für deren Nachweis das zuvor im Text Gesagte.
[15] Ebenso und näher dazu *Staudinger/Rauscher* (2006) Rn. 10.

Abs. 4). Das hypothetische Sorgerecht des Vaters ergäbe sich im ersten Fall aus der Ehe (§ 1626a e contrario), im zweiten setzte es eine pränatale Sorgeerklärung nach § 1626a Abs. 1 S. 1, § 1626b Abs. 2 voraus; eine pränatale gerichtliche Übertragungsentscheidung nach der Übergangsregelung des BVerfG zu §§ 1626a Abs. 1 Nr. 1, 1672 Abs. 1[16] erscheint hingegen nicht möglich. Schließlich müsste das hypothetische Sorgerecht der Mutter nach § 1673 infolge Minderjährigkeit oder – nach Erteilung der Sorgeerklärung eingetretener – Geschäftsunfähigkeit ruhen, so dass dem Vater die Ausübung des Sorgerechts allein zustünde.[17]

7   **b) Aufgabenkreise.** Der Antrag kann sich auf die Geltendmachung von Unterhaltsansprüchen richten, bei einem Antrag der werdenden Mutter auch im Wege der einstweiligen Verfügung nach § 1615o Abs. 1 S. 2. Bei der Feststellung der rechtlichen Vaterschaft ist eine vorgeburtliche Einschaltung des Jugendamtes zwar denkbar, aber noch weniger praxisrelevant als bei einem bereits geborenen Kind (vgl. § 1712 Rn. 9): das Jugendamt kann zwar die erforderliche Zustimmung des nasciturus zu einem Vaterschaftsanerkenntnis vorgeburtlich erteilen (§ 1595 Abs. 3 iVm. § 1594 Abs. 4), doch ist diese nur bei fehlender elterlicher Sorge der Mutter nötig. Im Rahmen einer pränatalen gerichtlichen Feststellung der Vaterschaft ist indes eine Vertretung des **nasciturus** durch das Jugendamt möglich, denn aus der Vorschrift ist zu folgern, dass diesem insoweit beschränkte **Rechts- und Parteifähigkeit** zukommt;[18] freilich wird sich die eigentliche Abstammungsfeststellung wegen der Risiken der Pränataldiagnostik erst ab Geburt treffen lassen.[19]

8   **3. Antragsberechtigung bei gemeinsamer Sorge (Abs. 1 S. 2). a) Anwendungsfälle.**
Die durch das KindRVerbG eingeführte Vorschrift knüpft an die Regelung des § 1629 Abs. 2 S. 2 an. Diese ermöglicht trotz gemeinsamer Personensorge die Geltendmachung von Unterhaltsansprüchen des Kindes durch einen Elternteil gegenüber dem anderen; die Vorschrift schafft insoweit ein Alleinvertretungsrecht, welches demjenigen Elternteil zusteht, welcher das Kind in Obhut hat (vgl. § 1629 Rn. 72, 76). Damit dieser Elternteil Unterstützung bei der Geltendmachung von Unterhaltsansprüchen des Kindes erfahren kann, eröffnet ihm § 1713 Abs. 1 S. 2 unter den gleichen Voraussetzungen die Möglichkeit, hierfür eine Beistandschaft zu beantragen. Dadurch sollte die zum früheren Recht aufgetretene Streitfrage, inwieweit für die Zwecke des § 1629 Abs. 2 S. 2 trotz gemeinsamer Sorge ein Antragsrecht desjenigen Elternteils, in dessen Obhut sich das Kind befindet, zu bejahen sei, gelöst werden (Rn. 1). Allerdings macht § 1629 Abs. 3 von diesem begrenzten Alleinvertretungsrecht eine wichtige Ausnahme für den Fall, dass die Eltern noch miteinander verheiratet sind: Solange sie **getrennt leben** oder zwischen ihnen eine **Ehesache anhängig** ist, ist eine gesetzliche Vertretung des Kindes im Unterhaltsprozess gegen den Elternteil, der es nicht in Obhut hat, ausgeschlossen; der andere Elternteil hat vielmehr den Prozess als Prozessstandschafter des Kindes im eigenen Namen zu führen, um das Kind in der elterlichen Konfliktlage nicht in eine Parteirolle zu drängen (dazu § 1629 Rn. 3, 83 ff.). Für die Antragsberechtigung im Rahmen des § 1713 Abs. 1 S. 2 bedeutet das: Sie erfasst grundsätzlich alle Fälle einer gemeinsamen Sorge, bei denen sich das Kind in der alleinigen Obhut eines Elternteils befindet. Das sind nicht nur Kinder aktuell oder vormals verheirateter, sondern auch nicht miteinander verheirateter Eltern, sofern im Zeitpunkt der Antragstellung eine Sorgeerklärung nach § 1626a Abs. 1 Nr. 1 oder eine Übertragungsentscheidung nach der Übergangsregelung des BVerfG zu §§ 1626a Abs. 1 Nr. 1, 1672 Abs. 1[20] vorliegt.[21] Damit kann auch ein noch verheirateter, aber getrennt oder in Scheidung lebender Elternteil für die Geltendmachung des Kindesunterhaltes Beistandschaft beantragen; nach überwiegender Ansicht steht § 1629 Abs. 3 der gerichtlichen Geltendmachung des Unterhaltsanspruchs durch den Beistand nicht entgegen. Im Prozess verdrängt der Beistand dann den antragstellenden Elternteil gem. § 234 FamFG.[22]

9   **b) Alleinige Obhut.** Maßgebliches Tatbestandsmerkmal neben der gemeinsamen Sorge ist, dass ein Elternteil rechtmäßig die alleinige Obhut für das Kind hat. Diese Situation tritt bei nicht

---

[16] BVerfG NJW 2010, 3008 Tz 71 ff.; näher dazu Erl. § 1626a Rn. 3e ff..
[17] FamRefK/*Sonnenfeld* Rn. 7; *Staudinger/Rauscher* (2006) Rn. 11; *Lipp/Wagenitz* Rn. 7.
[18] OLG Schleswig NJW 2000, 1271 m. zust. Anm. *Born* ebd. 398; *Palandt/Diederichsen* Vor § 1712 Rn. 4; aA *Lipp/Wagenitz* Rn. 6; *Staudinger/Rauscher* (2006) Rn. 9; undeutlich FamRefK/*Sonnenfeld* Rn. 6.
[19] Vgl. dazu das in OLG Schleswig NJW 2000, 1271, 1272 angeführte Gutachten.
[20] BVerfG NJW 2010, 3008 Tz 71 ff.; näher dazu Erl. § 1626a Rn. 3e ff.
[21] Außer bei Übertragungsentscheidung nach BVerfG näher dazu *Hennemann* FPR 2006, 295.
[22] Zum vormaligen, zum 1. 9. 2009 aufgehobenen § 53a ZPO: OLG Stuttgart BeckRS 2007 08226 = JAmt 2007, 40 m. zust. Anm. *Knittel* aaO 40 ff.; Erl. § 1629 Rn. 86; *Bamberger/Roth/Enders* Rn. 3, § 1712 Rn. 22; *Palandt/Diederichsen* Rn. 3; NK-BGB/*Zempel* § 1712 Rn. 19; *Schomburg* KindPrax 2002, 75, 79; *Meysen*, JAmt 2008, 120, 121 f.; aA AG Regensburg JAmt 2003, 366; *Staudinger/Rauscher* (2006) Rn. 6–6c.

zusammen lebenden Eltern ein; denkbar ist sogar eine räumliche Trennung in derselben Wohnung,[23] aber wohl nur für eine Übergangszeit. Ebenso wie bei § 1629 Abs. 2 S. 2 sind die tatsächlichen Betreuungsverhältnisse maßgeblich; es geht darum, welcher Elternteil schwerpunktmäßig und vorrangig für das Kind sorgt. Die zu § 1629 Abs. 2 S. 2 entwickelten Kriterien lassen sich insoweit auf § 1713 Abs. 1 S. 2 übertragen (näher dazu § 1629 Rn. 76 ff.).[24] Regelfall ist somit das Eingliederungsmodell; bei einem echten alternierenden Residenzmodel, bei dem das Kind abwechselnd gleich lange Zeiträume bei jedem Elternteil verbringt, versagt dagegen das Antragsrecht, weil dann kein Elternteil das Kind in Obhut hat.[25]

c) **Nachweis des Sorgerechts und Aufgabenkreis.** Der **Nachweis** gemeinsamer Sorge ist 10 bei Eheleuten unproblematisch, bei getrennt lebenden oder geschiedenen ist nach § 1671 mangels gegenteiliger Anhaltspunkte ebenfalls davon auszugehen. Bei zu keinem Zeitpunkt miteinander verheirateten Eltern wird die gemeinsame Sorge durch Vorlage der Urkunde über die Sorgerechtserklärung (§ 1626d) bzw der gerichtlichen Entscheidung auf Grund der Übergangsregelung des BVerfG zu §§ 1626a Abs. 1 Nr. 1, 1672 Abs. 1[26] nachgewiesen. Als **Aufgabenkreis** kommt allein die Geltendmachung von Unterhaltsansprüchen in Betracht, weil die Vaterschaft bei gemeinsamer Sorge feststeht und die Norm auf die Situation des § 1629 Abs. 2 S. 2 abzielt.

4. Antragsrecht des Vormundes (Abs. 1 S. 3). Dem vom FamG nach § 1779 ausgewählten 11 Vormund oder Pfleger steht grundsätzlich kein Antragsrecht zu, weil dieser so auszuwählen ist, dass er das Kind in den von § 1712 erfassten Aufgabenkreisen selbst vertreten kann. Weist dagegen ein nach § 1776 zum Vormund Berufener nicht diese spezielle Eignung auf, so könnte seine Bestellung daran scheitern, obgleich keiner der in § 1778 Abs. 1 normierten Ausschlussgründe vorliegt. Um die Bestellung in derartigen Fällen dennoch zu ermöglichen, wird dem nach § 1776 berufenen Vormund über ein Antragsrecht der Weg zur Beistandschaft eröffnet.[27] Angesichts dieser eindeutigen gesetzgeberischen Entscheidung ist eine erweiternde Auslegung auf andere Fälle der Vormundschaft oder Pflegschaft ausgeschlossen.[28] Erfasst werden die Fälle, in denen das Kind infolge des Todes der Eltern oder des allein sorgeberechtigten Elternteils der Vormundschaft bedarf. Daneben kommt eine analoge Anwendung der Vorschrift auf Pflegepersonen, denen nach § 1630 Abs. 3 ein Teil der elterlichen Sorge übertragen wurde, in Betracht.[29]

5. Höchstpersönlichkeit (Abs. 1 S. 4). Dieses Erfordernis ist im Zusammenhang zu Abs. 2 12 zu lesen. Hieraus ergibt sich, dass in erster Linie der Ausschluss gewillkürter Vertretung gemeint ist. Wegen der durch den Antrag ausgelösten Automatik der Beistandschaft (§ 1714) sollte es nicht auf den Ausgang eines Streites über die Wirksamkeit einer Vollmacht ankommen; zudem sollte dadurch die Gefahr der Einflussnahme Dritter minimiert werden.[30] Die Möglichkeit der Antragstellung durch den gesetzlichen Vertreter eines Elternteils ist indes ebenfalls durch den Grundsatz der Höchstpersönlichkeit beschränkt und im Zusammenhang zu Abs. 2 zu beantworten (siehe Rn. 15 ff.).[31] So ist die beschränkt geschäftsfähige werdende Mutter allein zuständig für die Antragstellung (Abs. 2 S. 2). Dagegen wird die Höchstpersönlichkeit im Falle des Abs. 2 S. 3 durchbrochen, indem die Ausübung des Antragsrechts zum Schutze der Leibesfrucht dem gesetzlichen Vertreter der Mutter zugewiesen wird.[32]

III. Antragsrecht der nicht sorgeberechtigten werdenden Mutter (Abs. 2)

1. Erweiterungsgrund. Die Vorschrift erweitert die Antragsberechtigung auf die **beschränkt** 13 **geschäftsfähige oder geschäftsunfähige** werdende Mutter. Dieser wäre sonst die Beistandschaft verschlossen, da ihre elterliche Sorge (§§ 1673, 1675) ruhte, wenn das Kind bereits geboren wäre. Gegenüber der geschäftsfähigen werdenden Mutter, welcher im Regelfall fiktiv die Alleinsorge zustünde (Rn. 6), bedeutete dies eine Ungleichbehandlung, obgleich der Schutzbedarf kein anderer

---

[23] *Erman/Roth* Rn. 2; *Hennemann* FPR 2006, 295 f.; wie hier einschränkend *Staudinger/Rauscher* (2006) Rn. 7.
[24] Dazu *Hennemann* FPR 2006, 295 f.
[25] Ebenso *Hennemann* FPR 2006, 295, 297; näher dazu NK-BGB/*Zempel* Rn. 5; *Meysen* JAmt 2008, 120, 122.
[26] BVerfG NJW 2010, 3008 Tz 71 ff.; näher dazu Erl. § 1626a Rn. 3e ff.
[27] BT-Drucks. 13/8509 S. 17.
[28] Für eine analoge Anwendung aber *Wesche* Rpfleger 1995, 240, 242; wie hier *Staudinger/Rauscher* (2006) Rn. 12; *Erman/Roth* Rn. 1; im Ergebnis ebenso *Lipp/Wagenitz* Rn. 4.
[29] *Staudinger/Rauscher* (2006) Rn. 14a; *Bamberger/Roth/Enders* Rn. 5; aA *Meysen* JAmt 2008, 120, 123.
[30] RegE BT-Drucks. 13/892 S. 38.
[31] Zu pauschal daher *Meysen* JAmt 2008, 120, 121; wie hier *Staudinger/Rauscher* (2006) Rn. 16.
[32] RegE BT-Drucks. 13/892 S. 38.

§ 1713 14–18   Abschnitt 2. Titel 6. Beistandschaft

ist. Einen Schutz der unverheirateten, nicht voll geschäftsfähigen Mutter ermöglicht die Amtsvormundschaft (§ 1791c) erst ab Geburt des Kindes.[33] Wegen der Neuausrichtung der Beistandschaft auf elementare Rechte des Kindes (§ 1712 Rn. 1) geht es indes in erster Linie um den Schutz auch der Leibesfrucht minderjähriger oder geschäftsunfähiger werdender Mütter.[34]

14   **2. Anwendungsfälle.** Maßgeblicher Anknüpfungszeitpunkt ist wiederum derjenige der **Antragstellung,** auf eine Prognose für den Fall der Geburt kommt es nicht an.[35] Entscheidend ist somit, ob die Leibesfrucht bei Geburt in diesem Zeitpunkt fiktiv unter Vormundschaft stünde. Das wäre nach § 1773 der Fall, wenn weder der Mutter noch dem Vater die elterliche Sorge oder wenigstens die gesetzliche Vertretung zustünde. Für die werdende **Mutter** ergibt sich dies aus dem alters- oder zustandsbedingten Ruhen ihres Sorgerechts. Hinsichtlich des **Vaters** ist zu unterscheiden: Steht die Vaterschaft im maßgeblichen Zeitpunkt rechtlich noch nicht fest, so kommt es allein auf die werdende Mutter an, und deren fiktive elterliche Sorge ruhte dann; diese Variante beträfe wegen der Vaterschaftsvermutung des § 1592 Nr. 1 nur die mit dem Kindesvater nicht verheiratete Mutter. Steht die Vaterschaft hingegen im maßgeblichen Zeitpunkt rechtlich infolge pränatalen Anerkenntnisses oder Ehe der Eltern (§ 1592 Nr. 1) fest, so übte der Vater im Regelfall wegen § 1681 das Sorgerecht allein aus. Das Antragsrecht aus Abs. 2 wird daher bei hypothetisch feststehender Vaterschaft nur relevant, wenn auch die fiktive elterliche Sorge des Vaters fehlte, was bei eigener Minderjährigkeit oder Geschäftsunfähigkeit (§ 1673), stets der Fall ist, bei nicht miteinander verheirateten werdenden Eltern außerdem, wenn keine gemeinsame pränatale Sorgeerklärung vorliegt, abgesehen von den kaum praktischen Fällen eines vorgeburtlichen Sorgerechtsentzugs (vgl. § 1617 Rn. 10). Daraus folgt zugleich, dass nicht nur die ledige, sondern auch die verheiratete werdende Mutter antragsberechtigt sein kann.[36]

15   **3. Antragsrecht. a) Der werdenden Mutter.** Da das Antragsrecht ausdrücklich nur der werdenden Mutter zusteht, erlischt es mit der Geburt des Kindes. Eine andere Frage ist, ob eine rechtzeitig nach Abs. 2 beantragte Beistandschaft mit der Geburt des Kindes wegen Wegfalls der gesetzlichen Voraussetzungen beendet wird (§ 1715 Rn. 8).

16   **b) Analoge Anwendung auf den werdenden Vater?** Die Vorschrift begrenzt das Antragsrecht entsprechend der gesetzgeberischen Vorstellung von der ledigen Mutter als dem Regelanwendungsfall ausdrücklich auf werdende Mütter und schließt dadurch implizit ein Antragsrecht des „werdenden Vaters" aus. Allerdings kann es dadurch in zugegebenermaßen äußerst selten Fällen zu Schutzlücken kommen, wenn die werdende Mutter aus einem der genannten Gründe nicht sorge- oder vertretungsberechtigt wäre (Rn. 14), die Vaterschaft hypothetisch feststünde und das an sich gegebene fiktive Sorgerecht des Vaters (zu beiden Rn. 6) wegen eines Geschäftsfähigkeitsmangels im maßgeblichen Zeitpunkt ebenfalls ruhte. Hier ist zu differenzieren: Ruht die fiktive väterliche Sorge infolge beschränkter Geschäftsfähigkeit und ist die Mutter geschäftsunfähig, so ist nicht einzusehen, wieso der Betreuer der Mutter Vorrang vor dem Vater haben sollte. Insoweit ist ihm analog Abs. 2 das Antragsrecht einzuräumen. Sind beide Elternteile minderjährig und daher beschränkt geschäftsfähig, so ist nach dem Wortlaut des Abs. 2 die Mutter antragsberechtigt; ein eigenes Antragsrecht des Vaters ließe sich mit einem verbleibenden Schutzbedarf zu Gunsten der Leibesfrucht und der fiktiven gemeinsamen Sorge rechtfertigen.[37] Dagegen ist ein Bedarf für ein Antragsrecht des geschäftsunfähigen Vaters nicht zu erkennen, weil dieses dann von dessen Betreuer wahrzunehmen wäre und somit kein Vorrang vor der selbst antragsberechtigten beschränkt geschäftsfähigen Mutter oder deren Betreuer zukommt.[38]

17   **c) Bei beschränkter Geschäftsfähigkeit.** Als Ausdruck der Höchstpersönlichkeit des Antragsrechts (Rn. 12) steht dieses der beschränkt geschäftsfähigen werdenden Mutter alleine zu, ohne dass sie in dessen Ausübung durch ein Zustimmungserfordernis des gesetzlichen Vertreters beschränkt wäre. Die Vorschrift betrifft nur Minderjährige iS der §§ 2, 106, da es eine beschränkte Geschäftsfähigkeit Volljähriger nicht mehr gibt und sich ein Einwilligungsvorbehalt nach § 1903 Abs. 2 Alt. 3 iVm. § 1713 Abs. 2 S. 2 HS. 2 nicht auf den Antrag erstrecken kann. Dies gilt bei analoger Anwendung auf den Vater (Rn. 16) sinngemäß.

18   **d) Bei Geschäftsunfähigkeit.** In Durchbrechung der Höchstpersönlichkeit des Antragsrechts (Rn. 12) ist der gesetzliche Vertreter der werdenden geschäftsunfähigen Mutter zur Ausübung des

---

[33] RegE BT-Drucks. 13/892 S. 38.
[34] Insoweit ungenau RegE BT-Drucks. 13/892 S. 38; wie hier *Staudinger/Rauscher* (2006) Rn. 17.
[35] Ebenso *Staudinger/Rauscher* (2006) Rn. 17; unzutreffend daher FamRefK/*Sonnenfeld* Rn. 11.
[36] Zutr. *Staudinger/Rauscher* (2006) Rn. 19 entgegen RegE BT-Drucks. 13/892 S. 38.
[37] Eingehend dazu *Staudinger/Rauscher* (2006) Rn. 30; dem folgend *Bamberger/Roth/Enders* Rn. 8.
[38] Insoweit anders *Staudinger/Rauscher* (2006) Rn. 30.

Antragsrechts befugt, weil sie notwendig auf dessen Handeln angewiesen ist.[39] Eine Analogie für den werdenden Vater scheidet hier aus (Rn. 16). Steht die volljährige werdende Mutter unter Betreuung, so bleibt sie allein antragsberechtigt, sofern sie nicht im Zeitpunkt der Antragstellung geschäftsunfähig iS des § 104 Nr. 2 ist;[40] dies mag im Einzelfall eine vorgängige Begutachtung der Betroffenen durch das Jugendamt erforderlich machen.[41] Dies trifft bei analoger Anwendung auf den Vater gleichfalls zu. Eine bloße momentane Störung der Geistestätigkeit (§ 105 Abs. 2) ruft den gesetzlichen Vertreter hingegen noch nicht auf den Plan.[42]

§ 1714 Eintritt der Beistandschaft

[1] Die Beistandschaft tritt ein, sobald der Antrag dem Jugendamt zugeht. [2] Dies gilt auch, wenn der Antrag vor der Geburt des Kindes gestellt wird.

I. Normzweck

In der Konsequenz der Entscheidung für das Antragsmodell liegt es, dass der Eintritt der Beistandschaft allein vom Willen des berechtigten Elternteils oder des diesen vertretenden Vormundes abhängt (§ 1712 Rn. 1), ohne dass es der vorherigen Prüfung eines besonderen Fürsorgebedürfnisses, der Zustimmung durch das Jugendamt oder einer gerichtlichen Entscheidung bedürfte; das Gesetz versteht die Beistandschaft als unbedingtes Hilfsangebot.[1] **1**

II. Wirksamwerden der Beistandschaft (S. 1)

1. Zugang. Mit Zugang des Antrags (§ 130 Abs. 3) tritt die Beistandschaft kraft Gesetzes ein, **2** und zwar in dem durch den Antrag – zulässigerweise (§ 1712 Rn. 4 f.) – bezeichneten Umfang. Anders als Vormund, Pfleger oder Betreuer erhält der Beistand in Ermangelung einer gerichtlichen Bestellung keine Bestallungsurkunde (§ 1716 Rn. 11).

2. Örtliche Zuständigkeit. Örtlich zuständig ist das Jugendamt, in dessen Bezirk der nach **3** § 1713 antragsberechtigte Elternteil seinen gewöhnlichen Aufenthalt bzw. in Ermangelung eines solchen seinen tatsächlichen Aufenthalt hat (§ 87c Abs. 5 S. 1 iVm. Abs. 1 S. 1, 3 SGB VIII). Bei einem Aufenthaltswechsel des maßgeblichen Elternteils nach Eintritt der Beistandschaft bleibt das ursprünglich zuständige Jugendamt befasst, bis auf Antrag hin das nun zuständig gewordene Jugendamt die Übernahme erklärt, ansonsten bleibt ersteres zuständig (§ 87c Abs. 5 S. 2 iVm. Abs. 2 S. 2, § 86c SGB VIII). Bei Antragstellung beim örtlich unzuständigen Jugendamt tritt die Beistandschaft erst mit Eingang beim an sich zuständigen ein.[2] Zum Fall des Aufenthaltes des Kindes im Ausland s. § 1717.

3. Prüfung der gesetzlichen Voraussetzungen. Das Jugendamt hat zwar kein Recht, den **4** Antrag aus Zweckmäßigkeitserwägungen zurückzuweisen, es hat aber das Vorliegen der gesetzlichen Voraussetzungen zu überprüfen, also seiner Zuständigkeit, eines ordnungsgemäßen Antrags sowie der Antragsberechtigung einschließlich des Nachweises der diese gem. § 1713 auslösenden bestehenden oder – im Falle eines pränatalen Antrags – hypothetisch anzunehmenden Sorgerechtssituationen, für den Antrag des Vaters ggf. zusätzlich die dessen (künftige) Vaterschaft begründenden Umstände (dazu § 1713 Rn. 5, 10). Eine familiengerichtliche Kontrolle dieser Zulassungsprüfung findet nicht statt. Vertritt der Beistand das Kind allerdings vor Gericht, so hat dieses die ordnungsgemäße Vertretung des Kindes durch das Jugendamt von Amts wegen zu berücksichtigen (vgl. § 56 ZPO direkt oder über § 9 Abs. 5 FamFG).[3]

---

[39] Allgemein zum Verhältnis von Geschäftsunfähigkeit und gesetzlicher Vertretung *v. Sachsen Gessaphe*, Der Betreuer als gesetzlicher Vertreter für eingeschränkt Selbstbestimmungsfähige, 1999, S. 317 ff.
[40] Dazu sowie zu weiteren Fragen in diesem Zusammenhang *Bienwald* FamRZ 1994, 10; allgemein zur Entkoppelung der Betreuerbestellung von Einschränkungen der Geschäftsfähigkeit *v. Sachsen Gessaphe* (Fn. 39) S. 168 f., 310 ff.
[41] Ebenso *Erman/Roth* Rn. 6; s. auch *Lipp/Wagenitz* Rn. 8.
[42] Ebenso *Palandt/Diederichsen* Rn. 6.
[1] Vgl. RegE BT-Drucks. 13/892 S. 38 sowie *Palandt/Diederichsen* Rn. 1.
[2] *Palandt/Diederichsen* Rn. 1.
[3] OLG Naumburg FamRZ 2002, 834.

III. Antrag vor Geburt des Kindes (S. 2)

5 Die Vorschrift hat lediglich klarstellende Bedeutung, denn auch der pränatale Antrag ist ein solcher iS des S. 1. Schon vor der Geburt wird das Jugendamt durch einen solchen Antrag daher gesetzlicher Vertreter der Leibesfrucht, ohne dass es der Bestellung eines speziellen Pflegers nach § 1912 bedürfte.[4]

§ 1715 Beendigung der Beistandschaft

(1) [1]Die Beistandschaft endet, wenn der Antragsteller dies schriftlich verlangt. [2]§ 1712 Abs. 2 und § 1714 gelten entsprechend.

(2) Die Beistandschaft endet auch, sobald der Antragsteller keine der in § 1713 genannten Voraussetzungen mehr erfüllt.

Übersicht

	Rn.		Rn.
I. Normzweck	1	2. Beendigungsgründe	6–11
		a) Nach der Geburt des Kindes	6, 7
II. Beendigung auf Antrag (Abs. 1)	2–4	b) Vor oder bei der Geburt des Kindes	8–10
1. Antragsteller	2	c) Ende der Vormundschaft	11
2. Modalitäten des Antrags	3	3. Prüfung der Beendigungsgründe	12
3. Keine Sachprüfung	4	4. Keine Beendigung durch Zweckerreichung	13
III. Beendigung wegen Wegfalls der Antragsvoraussetzungen (Abs. 2)	5–13	IV. Wirkung der Beendigung	14
1. Allgemeines	5	V. Übergangsrecht	15

I. Normzweck

1 Die Vorschrift enthält Regeln über die Beendigung der Beistandschaft, doch sind diese nicht abschließend, sondern werden durch § 1717 (s. dort) sowie die in § 1716 S. 2 enthaltene Verweisung auf das Pflegschaftsrecht (§ 1716 Rn. 10) ergänzt.[1] Die Vorschrift unterscheidet zwei Beendigungsgründe: Nach Abs. 1 kann der antragsberechtigte Elternteil bzw. der an dessen Stelle tretende gesetzliche Vertreter die Beistandschaft jederzeit durch sein Verlangen beenden, ohne dass dem Jugendamt ein Mitsprache- oder Prüfungsrecht zukäme (Rn. 4); hierin manifestiert sich erneut die Entscheidung zu Gunsten des Antragsmodells und damit der Freiwilligkeit des Hilfsangebots.[2] Nach Abs. 2 endet die Beistandschaft kraft Gesetzes beim Wegfall der die Antragsberechtigung bestimmenden Voraussetzungen des § 1713. Dadurch soll gleichfalls die Freiwilligkeit der Beistandschaft gesichert werden, denn bei einem Wechsel der Alleinsorge oder, bei gemeinsamer Sorge, der Obhut auf den anderen Elternteil soll dieser nicht an der Entscheidung seines Vorgängers festgehalten werden können.[3] Forderungen, dem Beistand ebenfalls das Recht zu geben, die Beistandschaft niederzulegen,[4] ist der Gesetzgeber nicht gefolgt.

II. Beendigung auf Antrag (Abs. 1)

2 **1. Antragsteller.** Antragsteller iS der Vorschrift ist derjenige, welcher den Eintritt der Beistandschaft durch seinen Antrag herbeigeführt hatte. Sind zwischenzeitlich die Voraussetzungen des § 1713 in der Person des Antragstellers insgesamt entfallen, so endet die Beistandschaft nach § 1715 Abs. 2 kraft Gesetzes (Rn. 5 ff.). Besonderheiten gelten für Altfälle (Rn. 15).

3 **2. Modalitäten des Antrags.** Der Antrag auf Beendigung der Beistandschaft ist ebenso wie der diese einleitende eine einseitige Gestaltungserklärung (§ 1712 Rn. 2), welche der Schriftform bedarf (§ 1712 Rn. 3). Aus der Verweisung auf § 1712 Abs. 2 folgt, dass der Antrag sich auf die Beendigung insgesamt oder nur hinsichtlich darin bestimmter Aufgabenkreise oder Teilbereichen

---

[4] RegE BT-Drucks. 13/892 S. 38.
[1] RegE BT-Drucks. 13/892 S. 39; genauer *Palandt/Diederichsen* Rn. 1.
[2] Vgl. RegE BT-Drucks. 13/892 S. 39.
[3] RegE BT-Drucks. 13/892 S. 39 f. zum Fall der damals allein geregelten Antragsberechtigung bei Alleinsorge.
[4] ZB *Gawlitta* ZfJ 1998, 156, 157.

hieraus erstrecken kann (vgl. § 1712 Rn. 4 f.). Der Beendigungsantrag ist als actus contrarius zum Einleitungsantrag ebenfalls höchstpersönlich, wenngleich die Vorschrift nicht auf § 1713 Abs. 1 S. 4 verweist.[5] Wegen der Verweisung auf § 1714 tritt die Wirkung des Antrags mit Zugang beim zuständigen Jugendamt ein, welches aktuell die Beistandschaft führt. Ist zwischenzeitlich wegen eines Aufenthaltswechsels ein anderes Jugendamt zuständig geworden (§ 1714 Rn. 3), so ist der Antrag an dieses zu richten. Geht der Antrag beim ursprünglich zuständigen Jugendamt ein, so hat es diesen an das nun zuständige weiterzuleiten; erst mit Zugang bei diesem tritt die Wirkung der Beendigung ein.[6]

3. Keine Sachprüfung. Die rechtspolitische Entscheidung zu Gunsten der völligen Freiwilligkeit der Beistandschaft hat zur Folge, dass das Jugendamt kein Recht hat, den Beendigungsantrag auf seine Berechtigung, etwa im Hinblick auf das Kindeswohl, zu prüfen. Der Gesetzgeber hat durchaus gesehen, dass dies zu Problemen führen kann: So kann der Antragsteller die Beendigung **zur Unzeit** herbeiführen, wenn etwa das gerichtliche Vaterschaftsfeststellungs- oder Unterhaltsverfahren kurz vor dem Abschluss steht; oder ein Dritter kann Druck auf den Antragsteller ausüben, den Beendigungsantrag zu stellen, wenn zB der Erzeuger des Kindes eine gerichtliche Vaterschaftsfeststellung durch **massiven Druck** auf die Mutter verhindern will.[7] Trotzdem hat der Gesetzgeber davon abgesehen, die Beendigung auf Antrag von der Zustimmung des Jugendamtes abhängig zu machen, u. a. um die Attraktivität dieses freiwilligen Hilfsangebotes nicht zu schmälern.[8] In den gewiss seltenen Fällen, in denen es dadurch zu einer Kindeswohlgefährdung kommen kann, hat das Jugendamt das FamG anzurufen (§ 8a Abs. 3 SGB VIII), sofern dies nach Abschätzung der Lage und im Hinblick auf mögliche Abhilfemaßnahmen (§ 8a Abs. 1, 2 SGB VIII) erforderlich ist.[9] Dieses kann dann dem antragsberechtigten Elternteil insoweit die elterliche Sorge entziehen, entweder wegen Interessengegensatzes zum Kind (§ 1629 Abs. 2 S. 3, § 1796) oder – im Falle der Vaterschaftsfeststellung allein – auf Grund einer Einzelfallabwägung unter den engen Grenzen des § 1666, und nötigenfalls einen Pfleger bestellen (§ 1909).[10] Von dieser Möglichkeit sollten Jugendämter zurückhaltend Gebrauch machen, da der Antragsteller im Einzelfall durchaus gute Gründe für eine vorzeitige Beendigung der Beistandschaft haben kann.[11] Außerdem bildet das Erfordernis eines schriftlichen Antrages eine gewisse Schwelle gegenüber voreiligen Entschlüssen, zumal das Jugendamt im Beratungsgespräch auf Risiken der Beendigung hinweisen kann.[12]

III. Beendigung wegen Wegfalls der Antragsvoraussetzungen (Abs. 2)

1. Allgemeines. Die Vorschrift führt zur Beendigung der Beistandschaft kraft Gesetzes, wenn der Antragsteller keine der in § 1713 benannten Voraussetzungen mehr erfüllt. In vielen Fällen führt dies zum gleichen Ergebnis wie die Verweisung des § 1716 S. 2 auf das Pflegschafts- und Vormundschaftsrecht (§§ 1915, 1918, 1882), gleichwohl hat der Gesetzgeber die Vorschrift zur Klarstellung insb. in den Fällen vorgeburtlicher Beistandschaft für nötig erachtet.[13] Angesichts des Wortlauts der Vorschrift ist es nicht erforderlich, dass die beim einleitenden Antrag gegebenen konkreten Voraussetzungen noch bestehen, vielmehr genügt es für den Fortbestand der Beistandschaft, dass der Antragsteller aktuell die Voraussetzungen des § 1713 Abs. 1 oder Abs. 2 erfüllt;[14] ein solcher Wechsel der konkreten Antragsberechtigung kann bei Veränderungen der persönlichen Voraussetzungen werdender Mütter auftreten (Rn. 9 f.).[15] Endet die Beistandschaft wegen Wegfalls der Voraussetzungen des § 1713 in der Person des Antragstellers, so kann der andere Elternteil oder neue Vormund, in dessen Person diese Voraussetzungen aktuell gegeben sind, einen neuen Antrag auf Beistandschaft stellen; eine Überleitung der vorherigen, nun kraft Gesetzes beendeten Beistandschaft findet nicht statt.

---

[5] Überzeugend *Staudinger/Rauscher* (2006) Rn. 6.
[6] *Staudinger/Rauscher* (2006) Rn. 6.
[7] RegE BT-Drucks. 13/892 S. 39.
[8] RegE BT-Drucks. 13/892 S. 39.
[9] Zu den Voraussetzungen des § 8a Abs. 1–3 SGB VIII *Wiesner* FPR 2007, 6, 9 ff.; fälschlicherweise noch auf den seit 1. 10. 2005 aufgehobenen § 50 Abs. 3 SGB VIII verweisend: *Palandt/Diederichsen* Rn. 2; *Bamberger/Roth/Enders* Rn. 2.2; unzutreffend auch *Erman/Roth* Rn. 1 (Bezug auf § 50 Abs. 1 SGB VIII).
[10] RegE BT-Drucks. 13/892 S. 39; ebenso FamRefK/*Sonnenfeld* Rn. 8; *Lipp/Wagenitz* Rn. 2; *Staudinger/Rauscher* (2006) Rn. 10.
[11] *Staudinger/Rauscher* (2006) Rn. 10 aE.
[12] *Wesche* Rpfleger 1995, 240, 243.
[13] RegE BT-Drucks. 13/892 S. 40.
[14] *Staudinger/Rauscher* (2006) Rn. 11.
[15] RegE BT-Drucks. 13/892 S. 40.

6 **2. Beendigungsgründe. a) Nach der Geburt des Kindes. aa) Antragsberechtigung nach § 1713 Abs. 1 S. 1.** Tritt der Beendigungsgrund nach der Geburt des Kindes ein, so ist nach dem ursprünglichen Antragsgrund zu differenzieren: Bei Antragsberechtigung nach § 1713 Abs. 1 S. 1 endet die Beistandschaft, wenn der Antragsteller die ursprüngliche (fiktive) **Alleinsorge verliert** oder diese ruht, weil:[16] er stirbt (§ 1680 Abs. 2, 3), sein Sorgerecht ruht, etwa durch Eintritt der Geschäftsunfähigkeit (§§ 1673, 1674), oder ihm wenigstens für den Bereich der Beistandschaft entzogen (§ 1666) oder auf den anderen Elternteil übertragen (§ 1672 Abs. 1) wird; das Kind volljährig[17] oder von einem Dritten adoptiert wird[18] oder stirbt[19]. Der Wandel der (fiktiven) alleinigen zur **gemeinsamen Sorge,** gleich aus welchem Grund, führt grundsätzlich zur Beendigung der Beistandschaft. Bei bislang nicht miteinander verheirateten Eltern geschieht dies durch deren Heirat (§ 1626a Abs. 1 Nr. 2), Abgabe einer Sorgeerklärung (§ 1626a Abs. 2 Nr. 2) oder Entscheidung des FamG entsprechend der vom BVerfG geschaffenen Übergangsregelung zu § 1626a[20] (s. dort); die Alleinsorge eines Elternteils kann auch dadurch entfallen, dass bei ursprünglicher gemeinsamer Sorge mit dem anderen die in dessen Person liegenden Gründe für das Ruhen oder den Entzug seines Sorgerechts zwischenzeitlich nicht mehr gegeben sind.[21] Hat der ursprünglich allein sorgeberechtigte Elternteil allerdings trotz Eintritts der gemeinsamen Sorge das Kind in **alleiniger Obhut** iSd § 1713 Abs. 1 S. 2, dann bleibt er bei geändertem Antragsgrund in seiner Person antragsberechtigt, so dass die Beistandschaft nicht endet. Dagegen endet die Beistandschaft, wenn das Kind sich in der alleinigen Obhut des anderen, mitsorgeberechtigten Elternteils befindet; dieser kann dann einen erneuten Antrag stellen (Rn. 7).

7 **bb) Antragsberechtigung nach § 1713 Abs. 1 S. 2.** In diesem Fall endet die Beistandschaft, wenn der Antragsteller das Kind nicht mehr in alleiniger Obhut hat, weil dieses unter die gemeinsame Obhut beider Elternteile, in die alleinige des anderen Elternteils oder in die Obhut Dritter[22] gelangt. Der Wechsel von der gemeinsamen zur alleinigen Sorge eines Elternteils führt nur dann zur Beendigung, wenn der Antragsteller dadurch sein Sorgerecht verliert; erwirbt er hingegen die Alleinsorge bei fortbestehender alleiniger Obhut über das Kind, so bleibt er bei geändertem Antragsgrund in seiner Person antragsberechtigt nach § 1713 Abs. 1 S. 1.

8 **b) Vor oder bei der Geburt des Kindes. aa) Einheitliche Beendigungsgründe** für die von oder namens der werdenden Mutter oder vom potentiellen Vater (§ 1713 Rn. 6, 16) gem. § 1713 Abs. 1 S. 1 Alt. 2 bzw. Abs. 2 beantragte pränatale Beistandschaft sind der Tod des Antragstellers, die Beendigung der Schwangerschaft anders als durch Geburt des Kindes oder der Tod des Kindes bei der Geburt.[23] Die **bloße Geburt** des Kindes bewirkt nicht das Ende der pränatalen Beistandschaft:[24] § 1918 Abs. 2 wird durch § 1715 Abs. 2 als lex specialis verdrängt,[25] so dass es darauf ankommt, ob die Antragsvoraussetzungen in der Person des Antragstellers fortbestehen, sei es auch aus anderen Gründen als vor der Geburt (nachf. Rn. 9 f.).[26]

9 **bb) Antragsteller mit fiktivem Alleinsorgerecht.** War die Antragstellerin voll geschäftsfähige werdende Mutter mit fiktivem Alleinsorgerecht (§ 1713 Rn. 6), so endet die Beistandschaft überdies durch Begründung fiktiver gemeinsamer Sorge mit dem potentiellen Kindesvater, sei es durch Heirat (§ 1626a Abs. 1 Nr. 2), gemeinsame pränatale Sorgeerklärung (§ 1626a Abs. 1 Nr. 1, § 1626b Abs. 2) oder Entscheidung des FamG entsprechend der vom BVerfG geschaffenen Übergangsregelung zu § 1626a[27] (siehe dort Rn. 35 ff.); eine vorgeburtliche alleinige Obhut eines Elternteils kommt als Grund für das Fortwirken der ursprünglichen Antragsberechtigung nicht in Betracht.[28] Ruht das fiktive Alleinsorgerecht der werdenden Mutter, weil sie geschäftsunfähig wird (§ 1673 Abs. 1), so führt dies nicht automatisch zum Ende der Beistandschaft, denn die

---

[16] Dazu RegE BT-Drucks. 13/892 S. 39; FamRefK/*Sonnenfeld* Rn. 11.
[17] OLG Karlsruhe JAmt 2001, 302.
[18] Das gilt auch im Falle der Stiefkindadoption, *Bamberger/Roth/Enders* Rn. 3; aA *Meysen* JAmt 2008, 120, 124.
[19] OLG Rostock BeckRS 2006 14742 = FamRZ 2007, 1683.
[20] BVerfG NJW 2010, 3008 Tz. 75.
[21] *Lipp/Wagenitz* Rn. 8; FamRefK/*Sonnenfeld* Rn. 10.
[22] Zum Fall stationärer Unterbringung des Kindes nach SGB VIII *Meysen* JAmt 2008, 120, 124.
[23] Zu letzterem OLG Rostock BeckRS 2006 14742 = FamRZ 2007, 1683.
[24] So aber offensichtlich RegE BT-Drucks. 13/892 S. 38 für den Fall des § 1713 Abs. 2; wie hier *Palandt/ Diederichsen* Rn. 5.
[25] RegE BT-Drucks. 13/892 S. 41.
[26] Eingehend dazu *Staudinger/Rauscher* (2006) § 1713 Rn. 20 ff., 23.
[27] BVerfG NJW 2010, 3008 Tz 75.
[28] *Staudinger/Rauscher* (2006) Rn. 13, § 1713 Rn. 9 a.

werdende Mutter erfüllt aktuell die Voraussetzungen des § 1713 Abs. 2 S. 3, weil die Leibesfrucht dann fiktiv der Vormundschaft unterstünde.[29] Entsprechendes gilt für den theoretisch denkbaren Fall eines ursprünglich nach § 1713 Abs. 1 S. 1 Alt. 2 antragsberechtigten **werdenden Vaters,** dessen fiktive Alleinsorge ruht, indem er geschäftsunfähig wird, oder zur fiktiven gemeinsamen Sorge wird, indem der Ruhensgrund für die fiktive elterliche Sorge der werdenden Mutter entfällt (vgl. § 1713 Rn. 6).

cc) **Werdende Mutter mit ruhendem Sorgerecht.** War die werdende Mutter ursprünglich wegen Ruhens ihres fiktiven Sorgerechts nach § 1713 Abs. 2 antragsberechtigt, so ist zu unterscheiden: Wird sie **vor der Geburt** des Kindes voll geschäftsfähig, so endet die Beistandschaft, wenn sie nicht zugleich die fiktive Alleinsorge erlangt, weil bei Begründung fiktiver gemeinsamer Sorge ihr Antragsrecht nicht nach § 1713 Abs. 1 S. 1 Alt. 2 fortbestehen kann (Rn. 9). Im Regelfall der mit dem Kindesvater nicht verheirateten Mutter erwirbt diese aber mit Wegfall des Ruhensgrundes aus § 1673 wegen § 1626a Abs. 2 zugleich die fiktive Alleinsorge, so dass die Beistandschaft dann fortbesteht,[30] sofern nicht nach der vom BVerfG geschaffenen Übergangsregelung[31] gemeinsame Sorge begründet worden war. **Mit Geburt** des Kindes kommt es darauf an, ob die Mutter in diesem Zeitpunkt die Voraussetzungen des Antragsrechts aus § 1713 Abs. 1 erfüllt, also entweder die Alleinsorge erlangt oder bei gemeinsamer Sorge das Kind in alleiniger Obhut hat. Bleibt sie dagegen trotz Erreichens der Volljährigkeit geschäftsunfähig, endet die Beistandschaft, weil ihr das Antragsrecht aus § 1713 Abs. 2 (werdende Mutter) dann nicht mehr zusteht.[32] Entsprechendes gilt, soweit ganz ausnahmsweise ein Antragsrecht des beschränkt geschäftsfähigen **werdenden Vaters** analog § 1713 Abs. 2 denkbar ist (§ 1713 Rn. 16). 10

c) **Ende der Vormundschaft.** Die Beistandschaft endet, wenn der nach § 1776 berufene Vormund, der sie beantragt hatte, entlassen wird oder die Vormundschaft endet (§ 1882). Tritt ein neuer Vormund an die Stelle des bisherigen, so kann jener unter den Voraussetzungen des § 1713 Abs. 1 S. 2 einen neuen Antrag auf Beistandschaft stellen, eine Überleitung der von seinem Vorgänger beantragten und nun beendeten Beistandschaft findet nicht statt. 11

3. Prüfung der Beendigungsgründe. Wie schon für die Antragsberechtigung (§ 1713 Rn. 6) stellt sich die Frage, inwieweit das Jugendamt verpflichtet ist, den Wegfall der Antragsvoraussetzungen zu prüfen.[33] Einige Wegfallgründe bereiten infolge ihrer Offenkundigkeit keine Probleme, wie zB der Eintritt der Volljährigkeit der werdenden Mutter oder des Kindes oder deren Tod. Der Wegfall der Alleinsorge durch Heirat, Abgabe gemeinsamer Sorgeerklärungen oder Entscheidung des FamG ist weniger offenkundig, doch wird sich das Jugendamt im Regelfall auf die Angaben der Beteiligten verlassen müssen und bei Vorliegen von Indizien für einen Wechsel der Verhältnisse Ermittlungen anzustellen haben.[34] 12

4. Keine Beendigung durch Zweckerreichung. Der Anregung des Bundesrates, eine Beendigung der Beistandschaft kraft Gesetzes für den Fall der Zweckerreichung vorzusehen, „wenn die Vaterschaft festgestellt und die Regelung des Unterhalts erreicht ist und die Unterhaltspflicht über die Dauer eines Jahres regelmäßig erfüllt worden ist",[35] ist der Gesetzgeber nicht gefolgt, weil sonst in vielen Fällen Antragsteller und Kind bei später erforderlichen Anpassungen von Unterhaltstiteln ohne Unterstützung blieben.[36] Die Zweckerreichung kann bei einer sektoral begrenzten Beistandschaft zu deren Beendigung führen (§ 1716 Rn. 10). Keinen Beendigungsgrund stellt die bloße Geburt des Kindes dar (Rn. 8). 13

IV. Wirkung der Beendigung

Die Beistandschaft endet mit Zugang des Antrages beim zuständigen Jugendamt (Abs. 1 S. 2) oder mit Wegfall der Antragsvoraussetzungen (Abs. 2) kraft Gesetzes, so dass es hierfür keiner gerichtlichen Entscheidung bedarf. Damit erlischt die gesetzliche Vertretungsmacht des Beistandes, eine Befugnis zur Fortführung begonnener Handlungen besteht nicht; vom Beistand eingeleitete Verfahren können daher nur vom Sorgeberechtigten selbst fortgeführt werden.[37] Das Gericht hat 14

---

[29] RegE BT-Drucks. 13/892 S. 40; FamRefK/*Sonnenfeld* Rn. 12; *Staudinger/Rauscher* (2006) Rn. 13.
[30] Dazu RegE BT-Drucks. 13/892, S. 40.
[31] BVerfG NJW 2010, 3008 Tz. 75.
[32] Ebenso *Lipp/Wagenitz* Rn. 11; näher dazu *Staudinger/Rauscher* (2006) § 1713 Rn. 23.
[33] Aufgeworfen von *Wolf* KindPrax 1998, 40 f.
[34] Zu weitergehenden Vorschlägen *Wolf* KindPrax 1998, 40 f.; *Staudinger/Rauscher* (2006) Rn. 17.
[35] RegE BT-Drucks. 13/892 S. 49.
[36] Gegenäußerung der BReg BT-Drucks. 13/892 S. 54.
[37] OLG Brandenburg FamRZ 2006, 1782; OLG Karlsruhe JAmt 2001, 302; *Palandt/Diederichsen* Rn. 6.

§ 1716 1, 2   Abschnitt 2. Titel 6. Beistandschaft

dies von Amts wegen zu berücksichtigen (§ 56 Abs. 1 ZPO direkt oder über § 9 Abs. 5 FamFG). Dagegen bleiben Rechtshandlungen, die der Beistand vor der Beendigung der Beistandschaft vorgenommen hat, wirksam, so zB rechtskräftig abgeschlossene Gerichtsverfahren und Unterhaltsvereinbarungen.[38]

V. Übergangsrecht

15 Für die Beendigung nach Art. 223 EGBGB übergeleiteter Amtspflegschaften oder Beistandschaften des früheren Rechts gilt § 1715 ebenfalls (Vor § 1712 Rn. 9). Bei der Amtspflegschaft gab es freilich keinen Antragsteller iSv. § 1715 Abs. 1, doch steht das Recht, die Beendigung der Beistandschaft zu verlangen, dann der allein sorgeberechtigten Mutter zu, weil nur in diesem Fall die Amtspflegschaft eintreten konnte (§§ 1705, 1706 aF).[39] Ist die Mutter hingegen nicht mehr allein sorgeberechtigt, so steht ihr das Recht aus Abs. 1 nicht mehr zu, dann endet die Beistandschaft nach Abs. 2 kraft Gesetzes.[40]

§ 1716 Wirkungen der Beistandschaft

[1] Durch die Beistandschaft wird die elterliche Sorge nicht eingeschränkt. [2] Im Übrigen gelten die Vorschriften über die Pflegschaft mit Ausnahme derjenigen über die Aufsicht des Familiengerichts und die Rechnungslegung sinngemäß; die §§ 1791, 1791c Abs. 3 sind nicht anzuwenden.

Schrifttum: *Mutschler*, Das neue Beistandschaftsrecht – ein Wagen ohne Räder?, DAV 1995, 691; *Roth*, Das Jugendamt als Beistand – Vertreter des Kindes oder Beauftragter der Mutter?, KindPrax 1998, 148.

I. Allgemeines

1 **1. Normzweck.** In der Konsequenz der Freiwilligkeit des Hilfsangebots liegt es, dass die Beistandschaft im Gegensatz zur Amtspflegschaft die gesetzliche Vertretungsmacht des Sorgeberechtigten nicht einschränkt;[1] S. 1 der Vorschrift bringt diesen Eckpfeiler der Reform zum Ausdruck.[2] Hierin folgt die Vorschrift dem Vorbild des österr. Rechts.[3] Dadurch soll früher zu beobachtenden Tendenzen einer Bevormundung der ledigen Mutter durch das Jugendamt abgeholfen werden.[4] Die Verweisung des S. 2 auf das Pflegschaftsrecht und über § 1915 mittelbar auf das Vormundschaftsrecht stellt klar, dass der Beistand in seinem Aufgabenkreis ebenfalls gesetzlicher Vertreter des Kindes ist (§ 1793 Abs. 1 S. 1). Aus der vormaligen Bevormundung wird dadurch ein Nebeneinander von **gleichberechtigt** handlungszuständigem Beistand und Sorgeberechtigtem, welches freilich zu Reibungen führen kann (Rn. 6), während im gerichtlichen Verfahren dem Beistand der Vorrang gebührt (Rn. 7).

2 **2. Gesetzgebungsgeschichte.** Gerade die Verweisung des S. 2 auf das Pflegschaftsrecht hat im Gesetzgebungsverfahren zu Kontroversen Anlass gegeben. Schon die Gesamtverweisung war umstritten,[5] zumal eine Reihe der verwiesenen Normen durch §§ 1712 ff. als leges speciales verdrängt werden. Von den Ausnahmen von dieser Verweisung wurde diejenige bez. der **Aufsicht des FamG**[6] erst auf Veranlassung des Bundesrates eingefügt:[7] Da der Beistand nicht mehr zur Rechnungslegung verpflichtet sein sollte, beschränkte sich die vormalige Aufsicht des (damals hierfür zuständigen) VormG im Wesentlichen darauf, Beschwerden über das Verhalten von Mitarbeitern des Jugendamtes – etwa wegen nachlässiger oder zu eifriger Betreibung der Amtsgeschäfte – nachzugehen; derartige Beschwerden sollten aber zur Entlastung der VormG und wegen der größeren Sach-

---
[38] *Palandt/Diederichsen* Rn. 6; weitere Beispiele bei *Staudinger/Rauscher* (2006) Rn. 19.
[39] Vgl. RegE BT-Drucks. 13/892 S. 48; *Staudinger/Rauscher* (2006) Rn. 4.
[40] *Staudinger/Rauscher* (2003) Art. 223 EGBGB Rn. 5.
[1] Dies wird in der amtl. Begr. nicht so deutlich, vgl. RegE BT-Drucks. 13/892 S. 28.
[2] Vgl. RegE BT-Drucks. 13/892 S. 23 sub F. I. sowie Vor § 1712 Rn. 4, 6.
[3] § 212 Abs. 4 ABGB, vgl. RegE BT-Drucks. 13/892 S. 28 sowie Vor § 1712 Rn. 6.
[4] Besonders deutlich in diesem Sinn *Gawlitta* ZfJ 1998, 156; *Wolf* KindPrax 1998, 40.
[5] Vgl. RegE BT-Drucks. 13/892 S. 40.
[6] Die ursprüngliche Bezugnahme auf das VormG wurde durch Art. 50 Nr. 32 FGG-ReformG in FamG abgeändert.
[7] BT-Drucks. 13/8509 S. 17.

nähe im Wege der behördlichen Aufsicht geprüft werden.[8] Diese Regelung ist auf Widerspruch gestoßen,[9] doch war schon die vormals bestehende Aufsicht des VormG praktisch von geringer Effizienz.[10] Dem weiteren Vorschlag des Bundesrates, sogar **§ 1915 Abs. 1** und damit mittelbar das Vormundschaftsrecht von der Verweisung auszunehmen,[11] ist der Gesetzgeber zu Recht nicht gefolgt: Dies hätte zu dem Missverständnis verleiten können, der Beistand sei nicht gesetzlicher Vertreter des Kindes, da dadurch der Verweis auf § 1793 Abs. 1 S. 1 entfallen wäre;[12] durch die gewählte Fassung ist dies klargestellt worden.[13]

II. Unbeschränkte elterliche Sorge und Parallelzuständigkeit des Beistandes

1. Keine Einschränkung der elterlichen Sorge. S. 1 stellt klar, dass die Beistandschaft das 3 Sorgerecht des antragstellenden Elternteils (§ 1713 Abs. 1 S. 1, 2) für das Kind nicht einschränkt. Die Vorschrift betrifft hingegen nicht die nach § 1713 Abs. 2 beantragte pränatale Beistandschaft, denn hier ruht die fiktive elterliche Sorge der werdenden Mutter. Obgleich die Vorschrift ausdrücklich nur Eltern anspricht, hat sie entsprechend für einen nach § 1776 **berufenen Vormund** zu gelten, da dieser erst nachträglich in den Kreis der Antragsberechtigten einbezogen wurde (§ 1713 Rn. 1) und somit offensichtlich ein redaktionelles Versehen vorliegt.[14] Dagegen verdrängt der Beistand im Rahmen seines Aufgabenkreises den gesetzlichen Vertreter der antragsberechtigten werdenden Mutter, deren elterliche Sorge ruht (§ 1716 S. 2 iVm. § 1915 Abs. 1, § 1794).

2. Grundsatz: Parallelzuständigkeit von Sorgeberechtigtem und Beistand. a) Bei- 4 **stand als gesetzlicher Vertreter.** Aus der Verweisungskette der § 1716 S. 2, § 1915 Abs. 1, § 1793 Abs. 1 S. 1 folgt, dass der Beistand kraft Gesetzes in seinem Aufgabenkreis das Pflichtrecht zur Sorge für das Kind oder die Leibesfrucht erlangt; wegen der begrenzten Aufgaben des Beistandes (§ 1712) beschränkt sich dieses weithin auf die gesetzliche Vertretung.[15] Als gesetzlicher Vertreter des Kindes (§ 1712 Rn. 7) hat der Beistand in dessen Interesse zu handeln.[16] Zur **Haftung** bei Verletzung dieser Pflicht s. Rn. 10. Die Ausübung der Beistandschaft überträgt das Jugendamt auf einzelne seiner Beamten oder Angestellten, welche insoweit gesetzliche Vertreter des Kindes sind (§ 55 Abs. 2 SGB VIII); soweit die Beistandschaft nach Landesrecht einem Verein übertragen worden ist (§ 1712 Rn. 15), wird sie gleichfalls durch einzelne seiner Mitglieder oder Mitarbeiter ausgeübt (§ 1791a Abs. 1 S. 1, Abs. 3 S. 1).

b) Parallelzuständigkeit. Aus dem Zusammenspiel beider Sätze der Vorschrift folgt, dass es 5 im Rahmen des Aufgabenkreises der Beistandschaft grundsätzlich zu einem Nebeneinander der Handlungszuständigkeit zweier gesetzlicher Vertreter für das Kind kommen kann; Abweichendes gilt im gerichtlichen Verfahren (Rn. 7 f.). Daraus kann die Gefahr widersprüchlichen rechtlich relevanten Handelns beider resultieren.[17] Der Gesetzgeber hat diese Gefahr gesehen, sie aber unter Hinweis auf positive Erfahrungen des österr. Rechts und die vergleichbare Lage im Betreuungsrecht hingenommen.[18] Beim Betreuungsrecht ist die Lage indes insoweit eine andere, als es dort nicht um das Nebeneinander zweier gesetzlicher Vertreter einer rechtlich nicht voll handlungsfähigen Person, sondern von gesetzlichem Vertreter und zumindest in seiner faktischen Handlungsmöglichkeit eingeschränktem Vertretenen geht.[19] Das Risiko divergierenden rechtsgeschäftlichen Handelns wird sich vorwiegend bei der außergerichtlichen Geltendmachung von Unterhaltsansprüchen verwirklichen, denn für die besonders wichtige gerichtliche Vaterschaftsfeststellung und Geltendmachung von Unterhalt ist ein Vorrang des Beistandes gesichert (Rn. 7).

c) Wirkungen divergierender Rechtshandlungen. Für die Wirkungen divergierender 6 materieller Rechtshandlungen gelten die allgemeinen Regeln, wonach zu differenzieren ist: Für Verfügungen gilt das sachenrechtliche Prioritätsprinzip, dagegen können sonstige Rechtsgeschäfte

---

[8] Stellungnahme des BRates BT-Drucks. 13/892 S. 50; dazu sub Rn. 9.
[9] *Mutschler* DAV 1995, 691 f.
[10] Als „weitgehend sinnentleerte Routine" bezeichnet sie denn *Knittel* DAV 1995, 917, 918 ff.
[11] BT-Drucks. 13/892 S. 50.
[12] So in der Tat *Mutschler* DAV 1995, 691.
[13] Rn. 1; vgl. auch BT-Drucks. 13/8509 S. 17.
[14] FamRefK/*Sonnenfeld* Rn. 4.
[15] Davon ist offensichtlich auch der Gesetzgeber ausgegangen, RegE BT-Drucks. 13/892 S. 40.
[16] *Lipp/Wagenitz* Rn. 1; zum Innenverhältnis zum Sorgeberechtigten Rn. 8.
[17] Dazu *Wolf* KindPrax 1998, 40, 42.
[18] RegE BT-Drucks. 13/892 S. 28.
[19] Näher zu dieser Konstellation im Betreuungsrecht *v. Sachsen Gessaphe*, Der Betreuer als gesetzlicher Vertreter für eingeschränkt Selbstbestimmungsfähige, 1999, S. 111, 172 ff.

und geschäftsähnliche Handlungen durchaus nebeneinander Wirkungen entfalten, sofern diese sich nicht widersprechen. So lässt eine vom Beistand erklärte Stundung einer Unterhaltsschuld deren Fälligkeit entfallen, so dass eine nachfolgende Mahnung des antragsberechtigten Elternteils oder nach § 1776 berufenen Vormundes ins Leere ginge.[20] Schließt der antragsberechtigte Elternteil oder nach § 1776 berufene Vormund eine Unterhaltsvereinbarung ab, obgleich das Jugendamt ebenfalls in Verhandlungen mit dem Unterhaltsschuldner steht, so wird diesen dadurch der Boden entzogen; freilich kann das Jugendamt weiterverhandeln und im Wege eines Abänderungsvertrages eine neue Vereinbarung zustande bringen.[21] Nicht von der Hand zu weisen ist die Gefahr, dass der Unterhaltsschuldner in solchen Situationen bestrebt sein könnte, die beiden gesetzlichen Vertreter gegeneinander auszuspielen. Hiergegen hilft nur eine – freiwillige (Rn. 8) – Abstimmung zwischen beiden.[22]

7 **3. Verdrängungskompetenz des Beistandes im gerichtlichen Verfahren.** Für den Zivilprozess ist die im materiellen Recht noch hingenommene Möglichkeit widersprechender Handlungen zweier für eine Partei Handlungszuständiger aus Gründen der prozessualen Rechtssicherheit unerwünscht; aus diesem Grund gibt § 53 ZPO dem Betreuer oder Pfleger einer prozessfähigen Person die Möglichkeit, diese von der Prozessführung zu verdrängen.[23] Für die Beistandschaft wurde dieser Gedanke in § 53a ZPO übernommen, da ein widersprechendes prozessuales Handeln hier als besonders unerwünscht empfunden wurde.[24] Seit 1. 9. 2009 ist die Vorschrift durch § 173 FamFG für Vaterschaftsfeststellungsverfahren und § 234 FamFG für Unterhaltssachen ersetzt worden. Die damit als Ausnahme von § 1716 S. 1 verbundene Beschränkung der gesetzlichen Vertretungsmacht des antragstellenden Elternteils ist hinnehmbar, da es diesem ja nach § 1715 Abs. 1 jederzeit freisteht, bei einem ihm missliebigen prozessualen Handeln des Beistandes das Ende der Beistandschaft herbeizuführen[25] und die Führung des gerichtlichen Verfahrens selbst in die Hand zu nehmen (§ 1715 Rn. 14). Dem Beistand steht also eine optative Kompetenz zur Verdrängung des antragstellenden Elternteils zu:[26] Erst mit seinem Eintritt in ein konkretes Verfahren als gesetzlicher Vertreter des Kindes verdrängt der Beistand den Elternteil von der Führung des Verfahrens; dabei kann der Beistand in ein vom Elternteil aktiv oder passiv im Namen des Kindes geführtes Verfahren eintreten und diesen dadurch von der weiteren Verfahrensführung ausschließen oder das Verfahren von vorneherein selbst führen. Durch §§ 173, 234 FamFG wird der Elternteil nicht gehindert, einen erneuten Antrag auf Vaterschaftsfeststellung oder eine neuerliche Klage in Unterhaltssachen einzureichen, doch steht dem bei Identität des Verfahrensgegenstandes der Einwand anderweitiger Befasstheit[27] (beim FG-Verfahren der Vaterschaftsfeststellung und in Unterhaltssachen nach § 231 Abs. 2 FamFG) bzw. Rechtshängigkeit (in Unterhaltssachen iSv. § 231 Abs. 1 FamFG gem. §§ 112 Nr. 1, 113 Abs. 1 S. 2 FamFG iVm. § 261 Abs. 3 Nr. 1 ZPO) entgegen.[28] §§ 173, 234 FamFG sind aus den genannten Gründen (Rn. 3) entsprechend auf den nach § 1776 berufenen Vormund anzuwenden.

8 **4. Innenverhältnis zwischen Antragsteller und Beistand.** Das Jugendamt ist Beistand nur des Kindes und nicht des Antragstellers (§ 1712 Rn. 7). Deshalb steht diesem auch **kein Weisungsrecht** gegenüber dem Jugendamt zu, obgleich die Beistandschaft nur auf seinen Antrag hin eintritt.[29] Vielmehr geht das Gesetz von einem gleichberechtigten Nebeneinander beider gesetzlicher Vertreter aus (Rn. 1). Der Beistand ist dem Kindeswohl verpflichtet (Rn. 4); dies hindert eine Abstimmung mit dem Antragsteller nicht, eine solche ist im Gegenteil im Interesse des Kindeswohles angezeigt, da widersprechende Handlungen beider schwerlich dem Kindeswohl dienlich sind.[30] Die Freiwilligkeit der Beistandschaft bleibt insoweit gewahrt, als der Antragsteller bei einem ihm missliebigen Verhalten des Beistandes jederzeit deren Ende verlangen kann (§ 1715 Abs. 1).

9 **5. Kontrolle des Beistandes.** Der Beistand ist anders als ein Pfleger oder Vormund dem FamG nicht zur Rechnungslegung verpflichtet und untersteht nicht dessen Aufsicht (Rn. 11). Es

---

[20] Ebenso *Roth* KindPrax 1998, 148, 149; *Erman/Roth* Rn. 2; *Staudinger/Rauscher* (2006) Rn. 9; ungenau daher das bloße Abstellen auf die Priorität bei *Wolf* KindPrax 1998, 40, 42; *Lipp/Wagenitz* Rn. 2.
[21] *Palandt/Diederichsen* Rn. 2; *Staudinger/Rauscher* (2006) Rn. 9; s.a. NK-BGB/*Zempel* Rn. 3.
[22] *Wolf* KindPrax 1998, 40, 42; *Staudinger/Rauscher* (2006) Rn. 8; ähnlich FamRefK/*Sonnenfeld* Rn. 3.
[23] Dazu *v. Sachsen Gessaphe* (Fn. 19) S. 176.
[24] RegE BT-Drucks. 13/892 S. 47.
[25] RegE BT-Drucks. 13/892 S. 47.
[26] Zur Parallelnorm des § 53 ZPO *v. Sachsen Gessaphe* (Fn. 19) S. 176.
[27] Zu diesem Begriff im Rahmen der FamFG MünchKommZPO/*Ulrici* Vor §§ 23 ff. FamFG Rn. 34.
[28] Ebenso zu § 53a aF ZPO *Staudinger/Rauscher* (2006) Rn. 7.
[29] Eingehend dazu *Roth* KindPrax 1998, 148 ff.; ebenso *Erman/Roth* Rn. 2; FamRefK/*Sonnenfeld* Rn. 3; *Staudinger/Rauscher* (2006) Rn. 8; *Palandt/Diederichsen* § 1712 Rn. 8; aA *Gawlitta* ZfJ 1998, 156, 157.
[30] Ähnlich *Roth* KindPrax 1998, 150; FamRefK/*Sonnenfeld* Rn. 3; *Staudinger/Rauscher* (2006) Rn. 8.

stellt sich daher die Frage, ob der Beistand dem Antragsteller nicht wenigstens auskunftspflichtig sein soll, vor allem bei Beendigung seines Amtes, und wie der Antragsteller ggf. gegen ein ihm missliebiges Verhalten des Beistandes vorgehen kann. Dem gesetzlichen Vertreter des Kindes einen **Auskunftsanspruch** rundweg zu verwehren,[31] erscheint nicht sachgerecht: Gerade nach Beendigung der Beistandschaft ist der gesetzliche Vertreter auf solche Auskünfte angewiesen, aber auch, um gegen eine Untätigkeit oder **Pflichtverstöße** des Jugendamtsvertreters vorgehen zu können.[32] Gegen ein solches behauptetes Fehlverhalten kann der gesetzliche Vertreter des Kindes die behördliche Fachaufsicht einschalten[33] und notfalls den Verwaltungsrechtsweg beschreiten;[34] eine Zweckmäßigkeitskontrolle kann dadurch freilich nicht erfolgen. Ob ein Auskunftsanspruch besteht, beurteilt sich hingegen nach zivilrechtlichen Bestimmungen.[35] Notfalls kann der Antragsteller immer die Beendigung der Beistandschaft verlangen (§ 1715 Abs. 1).

III. Verweisung auf das Pflegschafts- und Vormundschaftsrecht (S. 2)

1. Anwendbare Normen. Zur gesetzestechnischen Erleichterung spricht S. 2 eine Gesamtverweisung auf das Pflegschaftsrecht aus, welche über § 1915 Abs. 1 mittelbar das Vormundschaftsrecht erfasst, sofern nicht eine der in der Vorschrift bezeichneten Ausnahmen greift (Rn. 11). Als wichtigste Konsequenz aus dieser Verweisung folgt neben der gesetzlichen Vertretungsmacht des Beistandes (Rn. 4) die **Haftung** der Körperschaft, bei der das Jugendamt eingerichtet ist, nach §§ 1915 Abs. 1, 1833.[36] Dem Beistand stehen weder **Vergütung** (§ 1836 Abs. 3) noch Aufwandsentschädigung (§ 1835a Abs. 5) zu, ein Anspruch auf **Aufwendungsersatz** nur, soweit Einkommen und Vermögen des Kindes dazu ausreichen (§ 1835 Abs. 5). Aus der Verweisung auf § 1918 Abs. 3 folgt, dass eine Beistandschaft, die für eine einzelne Angelegenheit beantragt war, mit deren **Erledigung** kraft Gesetzes **endet:** War die Beistandschaft allein auf die Vaterschaftsfeststellung gerichtet, so endet sie mit deren Anerkennung oder rechtskräftiger Feststellung.[37] Dagegen scheidet eine Anwendung des § 1918 Abs. 3 für die Beendigung einer Beistandschaft zur Geltendmachung von Unterhaltsansprüchen im Hinblick auf die Gesetzgebungsgeschichte (§ 1715 Rn. 13) aus,[38] zumal eine Abänderung des Unterhaltstitels jederzeit möglich ist, vgl. §§ 238 ff. FamFG.[39] 10

2. Nicht anwendbare Normen. Durch ausdrückliche Ausklammerung sind die Vorschriften über die Rechnungslegung und die Aufsicht des FamG (Rn. 2) nicht anzuwenden; aus dem Ausschluss der §§ 1791, 1791c Abs. 3 folgt, dass dem Beistand weder eine Bestallungsurkunde (§ 1714 Rn. 2) noch eine Bescheinigung über das Beistandsamt erteilt. Ebenfalls nicht anwendbar ist § 1918 Abs. 2 (§ 1715 Rn. 8). 11

IV. Übergangsrecht

Art. 223 EGBGB (s. Erl. dazu) stellt klar, dass § 1716 auf übergeleitete Amtspflegschaften und Beistandschaften früheren Rechts anzuwenden ist, mit der Folge, dass das Jugendamt als Beistand nun die gesetzliche Vertretungsmacht der Mutter oder des antragstellenden Elternteils nicht mehr tangiert (aber §§ 173, 234 FamFG). Zugleich ist mit der Umwandlung die ehemals bestehende Aufsicht durch das VormG (jetzt FamG) entfallen;[40] bei Beendigung einer solcherart übergeleiteten Beistandschaft neuen Rechts hat das Jugendamt daher keine Schlussrechnung mehr zu erstellen.[41] 12

---

[31] So aber OLG Celle JAmt 2001, 301; dem folgend *Palandt/Diederichsen* Rn. 4.
[32] Für einen Auskunftsanspruch daher auch *Staudinger/Rauscher* (2006) § 1715 Rn. 18; vgl. ebenfalls *Wolf* KindPrax 1998, 40, 42.
[33] Supra Rn. 2; BayObLGZ 1999, 241, 244 = NJW-RR 2000, 4 f.; FamRefK/*Sonnenfeld* Rn. 12; *Erman/Roth* Rn. 4.
[34] *Staudinger/Rauscher* (2006) Rn. 18.
[35] OVG Münster NJW 2002, 458 = FamRZ 2002, 833.
[36] Die frühere Besserstellung des Kindes durch diese Haftungsregelung gegenüber einem Amtshaftungsanspruch wegen der längeren Verjährung der ersteren nach § 197 Abs. 1 Nr. 2 BGB (s. 5. Aufl. Rn. 11) ist zum 1. 10. 2010 mit Streichung dieser Vorschrift entfallen.
[37] Ebenso FamRefK/*Sonnenfeld* § 1715 Rn. 16; *Lipp/Wagenitz* § 1715 Rn. 14; *Staudinger/Rauscher* (2006) § 1715 Rn. 22; *Bamberger/Roth/Enders* Rn. 7, 7.1.
[38] Ebenso FamRefK/*Sonnenfeld* § 1715 Rn. 16; wohl auch *Staudinger/Rauscher* (2006) § 1715 Rn. 22.
[39] Zu §§ 654 f. aF ZPO OLG Hamm JAmt 2004, 144.
[40] BayObLGZ 1999, 241, 244 = NJW-RR 2000, 4 f.
[41] BayObLGZ 1999, 241, 243 f. = NJW-RR 2000, 4 f.; OLG Hamm NJW-RR 2000, 147 = FGPrax 1999, 148.

§ 1717 Erfordernis des gewöhnlichen Aufenthalts im Inland

¹ Die Beistandschaft tritt nur ein, wenn das Kind seinen gewöhnlichen Aufenthalt im Inland hat; sie endet, wenn das Kind seinen gewöhnlichen Aufenthalt im Ausland begründet. ² Dies gilt für die Beistandschaft vor der Geburt des Kindes entsprechend.

Schrifttum: *Baer*, Die Beistandschaft für ausländische Kinder, DAV 1998, 491.

I. Normzweck und Gesetzgebungsgeschichte

1   Die Vorschrift begrenzt den Eintritt von Beistandschaften deutscher Jugendämter auf Fälle mit hinreichendem Inlandsbezug, ungeachtet der Staatsangehörigkeit des Kindes, und soll zugleich als Sondernorm zu Art. 24 EGBGB die Voraussetzungen für die Anwendbarkeit deutschen Rechts regeln.[1] Der Beendigungsgrund bei Verlegung des gewöhnl. A. des Kindes ins Ausland (S. 1 HS. 2) liegt in der Konsequenz der Anknüpfung an den inländischen gewöhnl. A. für den Eintritt der Beistandschaft, ist aber erst auf Anregung des Bundesrates[2] letztlich am systematisch richtigen Ort eingestellt worden.[3] In ihrer Anknüpfung an den gewöhnl. Inlandsaufenthalt als Begründungstatbestand entspricht die Regelung dem früheren Rechtszustand für die Amtspflegschaft (§ 1709 aF),[4] denn nach hM galt diese Regel gleichfalls für ausländische Kinder.[5] Umstritten war hingegen die Rechtslage bei Verlegung des gewöhnl. A. des Kindes ins Ausland;[6] insoweit bringt die Vorschrift eine Klarstellung.

II. Kollisionsrechtliche Bedeutung

2   Nach den Vorstellungen des Gesetzgebers soll die Vorschrift die Anwendbarkeit deutschen Rechts für die auf Antrag eintretende Beistandschaft regeln (Rn. 1). Sie stellt sich als Sondernorm zu Art. 24 EGBGB dar, welcher sonst als Kollisionsnorm für die Pflegschaft über die Verweisungsnorm des § 1716 S. 2 zum Zuge käme.[7] Umstritten ist jedoch, ob der Vorschrift eine eigenständige kollisionsrechtliche Bedeutung zukommt:[8] Die Anknüpfung an den gewöhnl. A. des Kindes in Deutschland für die Anwendbarkeit deutschen Rechts ergibt sich nämlich bereits aus Art. 21 EGBGB, der als allseitige Kollisionsnorm den gesamten Bereich der elterlichen Sorge abdeckt;[9] wegen der Anknüpfung an den Inlandsaufenthalt spielt die zu Art. 21 EGBGB str. Frage nach der Beachtlichkeit eines Renvoi (s. dort Rn. 4) keine Rolle. Allerdings ist der Streit um die Natur der Vorschrift mit Inkrafttreten des KSÜ für Deutschland zum 1. 1. 2011[10] weitgehend obsolet geworden: Zwar stellt die Beistandschaft keine Schutzmaßnahme iSv. Art. 1 Abs. 1 lit. a, b KSÜ dar,[11] wie dies schon für die Vorgängerregelung des Art. 1 MSA anerkannt war,[12] vielmehr handelt es sich um ein freiwilliges Hilfsangebot, welches ohne weitere gerichtliche Entscheidung mit der dahingehenden Gestaltungserklärung des Antragstellers eintritt (§ 1712 Rn. 2). Anders als das MSA (Art. 3) enthält das KSÜ jedoch in Art. 16 ff. eigene Kollisionsnormen für die kraft Gesetzes eintretende elterliche Verantwortung, wie Art. 1 Abs. 1 lit. c KSÜ klarstellt; und unter diesen weit zu verstehenden Begriff fällt gem. Art. 1 Abs. 2 KSÜ auch die Beistandschaft.[13] Im Anwendungsbereich des KSÜ verdrängen dessen universell (Art. 20) geltende Kollisionsnormen diejenigen des EGBGB, mithin Art. 21 EGBGB;[14] das gilt im Hinblick auf Art. 16 Abs. 2 KSÜ für § 1717 S. 1 gleichermaßen. Allerdings verbleibt ein **Restanwendungsbereich** des § 1717 in zweierlei Hinsicht: zum einen nach S. 2 für die Leibes-

---

[1] RegE BT-Drucks. 13/892 S. 41.
[2] Als § 1715 Abs. 2 Nr. 3 vorgeschlagen, BT-Drucks. 13/892 S. 49.
[3] Gegenäußerung der BReg BT-Drucks. 13/892 S. 54; RA BT-Drucks. 13/8509 S. 17.
[4] RegE BT-Drucks. 13/892 S. 41; vgl. auch 3. Aufl. Art. 24 EGBGB Rn. 49.
[5] Vgl. 3. Aufl. § 1709 aF Rn. 4 sowie Art. 24 EGBGB Rn. 49; *Baer* DAV 1998, 491, 492.
[6] Zum Streitstand *Palandt/Heldrich* 57. Aufl. Art. 20 aF EGBGB Rn. 11.
[7] *Baer* DAV 1998, 491, 494; *Palandt/Diederichsen* Rn. 1; *Staudinger/v. Hein* (2008) Art. 24 EGBGB Rn. 19; im Ergebnis ebenso RegE BT-Drucks. 13/892 S. 41; *Erman/Roth* Rn. 1; *FamRefK/Sonnenfeld* Rn. 8; *Lipp/Wagenitz* Rn. 3; *Staudinger/Rauscher* (2006) Rn. 5, wenngleich kritisch zur Regelungstechnik.
[8] Dafür Erl. Art. 24 EGBGB; *Staudinger/von Hein* (2008) Art. 24 EGBGB Rn. 6, 19; dagegen *Staudinger/Rauscher* (2006) Rn. 5; der Streit könne offen bleiben, *Looschelders*, IPR Art. 24 EGBGB Rn. 5.
[9] *Palandt/Thorn* Art. 21 EGBGB Rn. 5; *Staudinger/Rauscher* (2006) Rn. 5.
[10] BGBl. 2010 II S. 1527.
[11] Implizit ebenso *Krah*, Das Haager Kinderschutzübereinkommen, 2004, S. 77 Fn. 513.
[12] RegE BT-Drucks. 13/892 S. 41; *Baer* DAV 1998, 491, 493; *Krah* (Fn. 11) S. 55; *Staudinger/Kropholler* (2003) Vor Art. 19 EGBGB Rn. 78.
[13] *Staudinger/Pirrung* (2009) Vorbem. C-H zu Art. 19 EGBGB Rn. G 21.
[14] *Staudinger/Henrich* (2008) Art. 21 EGBGB Rn. 9; *Siehr*, RabelsZ 62 (1998) 464, 489.

frucht, da das KSÜ die elterliche Verantwortung hierfür nach dessen Art. 2 bewusst nicht erfasst;[15] zum anderen beschränkt die Vorschrift den Geltungsanspruch der deutschen Beistandschaft durch ein deutsches Jugendamt auf die Fälle des Inlandsaufenthaltes des Kindes und beansprucht somit nicht deren nach Art. 16 Abs. 3 KSÜ mögliche Weitergeltung für den Fall eines Statutenwechsels durch Verlegung des gewöhnlichen Aufenthaltes des Kindes ins Ausland. Im Verhältnis zu Nichtvertragsstaaten des KSÜ bleiben Art. 3 f. MSA zwar einschlägig,[16] für § 1717 spielt das freilich keine Rolle, da die Beistandschaft die elterliche Sorge gerade nicht einschränkt (§ 1716 S. 1) und daher kein elterliches Gewaltverhältnis iSd Art. 3 MSA darstellt (dazu 5. Aufl. Rn. 1); aus diesem Grunde sind weitere internationale Abkommen, welche ebenfalls Einschränkungen der elterlichen Sorge voraussetzen, nicht anwendbar.[17] Art. 13 des Zusatzabkommens zum NATO-Truppenstatut v. 3. 8. 1959[18] stellt für Angehörige von Mitgliedern in Deutschland stationierter NATO-Truppen eine Sonderregelung dar.[19]

III. Anknüpfung an den gewöhnlichen Inlandsaufenthalt

1. Eintrittsvoraussetzung. Die Beistandschaft als Rechtsinstitut des deutschen Rechts tritt 3 nur bei Anwendbarkeit deutschen Rechts ein, nach Art. 16 Abs. 2 KSÜ bzw. – im Falle einer Leibesfrucht – nach Art. 21 EGBGB (Rn. 2), und hierfür kommt es darauf an, dass das (ungeborene) Kind, für welches die Beistandschaft beantragt wird, seinen gewöhnl. A. (dazu 5. Aufl. Einl. IPR Rn. 720 ff.) in Deutschland hat. Maßgeblicher Zeitpunkt hierfür ist der Zugang des Antrags beim zuständigen Jugendamt (§ 1714 Rn. 3). Lebt der Antragsteller im Ausland, das Kind aber im Inland – etwa bei einer Pflegefamilie –, so weist die Zuständigkeitsregelung des § 87c Abs. 5 SGB VIII eine Lücke auf; zuständig ist dann nach dem Rechtsgedanken des § 86d SGB VIII das Jugendamt am Aufenthaltsort des Kindes.[20] Die Staatsangehörigkeit des Kindes ist unerheblich, so dass die Anknüpfung an den gewöhnl. A. für ausländische Kinder ebenfalls gilt, ungeachtet dessen, ob im ausländischen Heimatstaat eine vergleichbare Fürsorge für das Kind besteht.[21]

2. Beendigung bei Aufenthaltswechsel ins Ausland. Die einmal begründete Beistand- 4 schaft ist in ihrem Fortbestand vom fortdauernden gewöhnl. A. des Kindes in Deutschland abhängig. Mit der Verlegung des gewöhnl. A. ins Ausland endet die Beistandschaft kraft Gesetzes. Fraglich kann dies bei einer gegen den Willen des allein sorgeberechtigten Elternteils erfolgten Aufenthaltsverlegung sein (vgl. dazu 5. Aufl. Erl. Art. 5 EGBGB Rn. 39 ff.; Art. 21 EGBGB Anh. I Rn. 33 ff.).

3. Anwendung auf die pränatale Beistandschaft (S. 2). Da die Leibesfrucht noch keinen 5 gewöhnl. A. haben kann, ist insoweit auf denjenigen der werdenden Mutter abzustellen.[22] Es handelt sich hierbei um eine Ersatzanknüpfung für die Leibesfrucht, weshalb es nicht nötig erscheint, wegen der eher theoretischen Möglichkeit einer pränatalen Antragsberechtigung des Vaters (§ 1713 Rn. 6) auf den gewöhnl. A. des Antragsberechtigten iS des § 1713 abzustellen.[23] Soweit sich die Beistandschaft mit der Geburt des Kindes fortsetzt (§ 1715 Rn. 8), kommt es auf dessen gewöhnl. A. an.

§§ 1718 bis 1740 *(weggefallen)*

---

[15] Erläuternder Bericht zum KSÜ von *Lagarde*, in deutscher Übersetzung abgedruckt in BT-Drucks. 16/12068 S. 35 ff., 41 Tz 15.
[16] Dazu erläuternder Bericht zum KSÜ von *Lagarde*, in deutscher Übersetzung abgedruckt in BT-Drucks. 16/12068 S. 35 ff., 70 Tz 169.
[17] Zu weiteren derartigen Übereinkommen *Baer* DAV 1998, 491, 493.
[18] BGBl. 1961 II S. 1183, 1218; 1974 II S. 413.
[19] Unter Aufgabe der in der 5. Aufl. vertretenen Ansicht; zur früheren Amtspflegschaft schon OLG Zweibrücken FamRZ 1990, 91; OLG Karlsruhe FamRZ 1993, 848; ebenso zu § 1717: *Palandt/Thorn* Art. 21 EGBGB Rn. 5; *Staudinger/v. Hein* (2008) Art. 24 EGBGB Rn. 51.
[20] *Baer* DAV 1998, 491, 493 f.; befürwortend auch *Staudinger/Rauscher* (2006) § 1712 Rn. 31; iE ebenso *Bamberger/Roth/Enders* Rn. 8.1.
[21] RegE BT-Drucks. 13/892 S. 41; zust. FamRefK/*Sonnenfeld* Rn. 4; *Palandt/Diederichsen* Rn. 1.
[22] RegE BT-Drucks. 13/892 S. 42; zust. *Baer* DAV 1998, 491, 494; *Erman/Roth* Rn. 1; *Lipp/Wagenitz* Rn. 2; *Palandt/Diederichsen* Rn. 1.
[23] So aber *Staudinger/Rauscher* (2006) Rn. 13.

Titel 7. Annahme als Kind

Vorbemerkungen

Übersicht

	Rn.		Rn.
A. Allgemeine Einführung	1–10	VI. Nichtehelicher Vater	23–26
I. Begriff	1	1. Schutz der Familie	23
II. Zweck und Ziel	2–6	2. Elternrecht	24
1. Individualzweck	2, 3	3. Beteiligung	25, 26
2. Sozialpolitische Notwendigkeiten	4–6	VII. Lebenspartner	27
III. Verbreitung	7–10	VIII. Ersetzung der Einwilligung der Eltern	28–32
B. Übersicht zur Rechtsentwicklung	11–15	IX. Abkömmlinge	33
I. Früheres Recht und Reformen	11–14	X. Beteiligung weiterer Verwandter des Annehmenden	34
1. Entwicklungen	11	XI. Inkognitoadoption	35, 36
2. Rechtsänderungen	12–14	XII. Unaufhebbarkeit	37, 38
a) Teilnovellierungen des Adoptionsrechts	12	XIII. Offenbarungs- und Ausforschungsverbot	39
b) Sonstige Rechtsänderungen	13	XIV. Umgangs- und Auskunftsrecht	40, 41
c) Internationale Abkommen	14	XV. Name	42
II. Überblick: Wesentliche Unterschiede der Rechtslage bis 31. 12. 1976 und ab 1. 1. 1977	15	D. Reformbedarf	43–51
C. Menschen- und Grundrechte	16–42	I. Besondere Adoptionsformen	43–47
I. Familie	16	1. „Offene Adoption"	43–45
II. Adoptions- und Dauerpflege	17	2. Stiefkindadoption	46
III. Volladoption und Elternrecht	18–20	3. Pflegekindadoption	47
IV. Verwandtenadoption	21	II. Rechtliche Folgerungen	48–51
V. Gemeinschaftliche Adoption	22	E. Rechtsvergleichung	52, 53

A. Allgemeine Einführung

Rechtswissenschaftliches und interdisziplinäres Schrifttum: *Baer/Gross,* Adoption und Adoptionsvermittlung (Kleinere Schriften des Deutschen Vereins für öffentlicher u. private Fürsorge, Heft 59), 1997; *Binschus,* Adoption – Entwicklungen in Rechtsprechung und Gesetzgebung; zum Verständnis der Adoption, ZfF 1996, 97; *Blandow/Frauenknecht,* Dauerpflege, Adoption und Tagesbetreuung. Trends der sozialen und rechtlichen Entwicklung, 1980; *Bundesarbeitskreis Adoptions- u. Pflegekindervermittlung (Hrsg.),* Adoption aus verschiedenen Perspektiven, Band 9, 2007; *Czerner,* Kritische Anmerkungen zum Adoptionsvermittlungsgesetz und zum Adoptionsgesetz, DAVorm. 1977, 115; *Dettmering,* Die Adoptionsphantasie. „Adoption" als Fiktion und als Realität, 1994; *Engler,* Auf dem Weg zu einem neuen Adoptionsrecht, 1972; *ders.,* Vaterlos durch Adoption?, FamRZ 1975, 325; FamRZ 1976, 17; *Frank,* Grenzen der Adoption, 1978; *ders.,* Brauchen wir Adoption? Rechtsvergleichende Überlegungen zu Notwendigkeit oder Zweckmäßigkeit der Adoption, FamRZ 2007, 1693; *v. Gienanth,* Adoption, 1974; *Hillegaart,* Adoption, 1990; *Hoksbergen,* Adoption. Grundlagen, Vermittlung, Nachbetreuung, Beratung, 1993; *Landeswohlfahrtsverband Baden/Landesjugendamt Karlsruhe,* Die Zukunft meines Kindes. Adoption, ein denkbarer Weg?, 1996; *ders.,* Adoption und Adoptionsvermittlung im gewandelten Aufgabenverhältnis, 1991; *Lüderitz,* Adoption, 1972; *ders.,* Gesetzliche Darstellungen im Adoptionsrecht, NJW 1993, 1050; *Moritz,* Ein „rechtsfreier Innenraum" der Familie?, FS v. Lübtow, 1994, S. 163; *Müller/Sieghörtner/Emmerling de Oliveira,* Adoptionsrecht in der Praxis – einschließlich Auslandsbezug, 2. Aufl. 2011; *Napp/Peters,* Adoption – Das alleinstehende Kind und seine Familien. Geschichte, Rechtsprobleme und Vermittlungspraxis, 1978; *Oberloskamp,* Annahme als Kind und Adoptionsvermittlung seit dem 1. 1. 1977, DAVorm. 1977, 90; *Paulitz (Hrsg.),* Adoption, 2. Aufl. 2006; *Pfeiffer,* Adoption und Behinderung, UJ 1981, 444; *Roth-Stielow,* Adoptionsgesetz, Adoptionsvermittlungsgesetz, 1976; *Salgo,* Pflege- und Adoptivfamilien aus der Perspektive der Rechtswissenschaft, PFAD 2/2002, 6; *Stalinski,* Spurensuche, FamRZ 2005, 856; *Wiesner,* Perspektiven aus der Sicht der Familienpolitik, PFAD 1/2002, 7; *Zenz,* Pflege- und Adoptivfamilien – Entwicklungspsychologische Einblicke, PFAD 1/2002, 11.

Vorbemerkungen 1, 2 **Vor § 1741**

Sozialwissenschaftliches Schrifttum: *Ade,* Die, die auszogen sich selbst zu finden – Biographien erwachsener Adoptierter asiatischer Herkunft, 2000; *Bach,* "Es dürfte voraussichtlich möglich sein ..." Zur Adoption älterer Kinder, UJ 1985, 311; *ders.,* Daten und soziale Hintergründe der Adoption von Kindern aus der Dritten Welt, ZfJ 1988, 328; *Barth,* Soziologische Daten und Adoption Minderjähriger, ZfJ 1978, 243; *Bechinger/Wacker,* Adoption und Schwangerschaftskonflikt – Wider die einfachen Lösungen, 1994; *Bott,* Jugendämter und die Suche nach Adoptierten, ZfJ 1995, 412; *Bohmann,* Adoptivkinder und ihre Familien, 1980; *Brüning,* Kinder im Kreidekreis, 1992; *Dahm-Weitnauer,* Adoption – Verzicht der Mutter-Chance für das Kind, Jugendwohl 1989, 508; *Damenius,* Entscheidung für ein fremdes Kind, JH 1995, 161; *Dührssen,* Heimkinder und Pflegekinder in ihrer Entwicklung, 1977; *Eekelaar/Sarcevic,* Parenthood in Modern Society. Legal and Social Issues for the 21st Century. International Society of Familiy Law, 1993; *Geller, H.,* Frauen in existentiellen Konflikten. Entscheidungsprozesse und die Adoptionsfreigabe von Kindern, 1992; *Geller, M.,* Biographien erwachsener Adoptierter. Lebenserfahrungen und Lebensstrategien, 1992; *Goldstein/Freud/Solnit,* Jenseits des Kindeswohls, 1974; *dies.,* Diesseits des Kindeswohls, 1982; *dies.,* Das Wohl des Kindes. Grenzen des professionellen Handelns, 1986; *Harms/Strehlow,* Adoptivkind – Traumkind in der Realität. Psychoanalytische Einblicke in die Probleme von adoptierten Kindern und ihren Familien, 3. Aufl. 2004; *Hennig,* Adoption: Problem oder pädagogische Chance?, 1994; *Hoffmann-Riem,* Das adoptierte Kind. Familienleben mit doppelter Elternschaft, 1998; *Hoksbergen/Textor,* Adoption. Grundlagen, Vermittlung und Nachbetreuung, Beratung, 1993; *Huth,* Adoption und Familiendynamik, 1982; *Jungmann,* Aufwachsen in der Adoptionsfamilie, 1987; *Keller/Thoma,* Adoption aus der Sicht des Adoptivkindes, Schweiz. Zf Vormundschaftswesen 1986, 91; *Kellmer Pringle,* Adoption – Facts und Fallacies, 1967; *Knapic,* Die alternative Familiengründung mittels Adoption, 1990; *Knöpfel,* Faktische Elternschaft, Bedeutung und Grenzen, FamRZ 1983, 317; *Krolzik* (Hrsg.), Pflegekinder und Adoptivkinder im Focus, 2005; *Oelsner/Lehmkuhl,* Adoption: Sehnsüchte – Konflikte – Lösungen, 2008; *Paulitz,* Adoption – Leben mit doppelter Elternschaft, NDV 1996, 323; *ders.,* Adoption – Reizwort oder Zauberformel?, ZfJ 1997, 126; *Pechstein,* Zur Situation der Kinder in den Säuglingsheimen der Bundesrepublik, in Arbeitstagung 15. -17. 5. 1968 für Heimärzte und Heimleiter in Säuglings- und Kinderheimen, 1970; *Schulze,* Aktuelle Familiensoziologie: Wandel, Familiensituation und Rolleninterpretation, FamRZ 1987, 658; FamRZ 1987, 770; *Sichel,* Adoption schwieriger und behinderter Kinder, 1987; *Smentek* (Hrsg.), Die leiblichen Eltern im Adoptionsprozeß – verändert sich die Adoptionspraxis?, 1998; *Specht/Hillegart,* Adoption. Kindeswohl und Kindeswünsche, Beiträge Soziale Arbeit der Diakonie, 1990; *Stahl,* Die Adoption in der Sicht der Psychologen, Mitt. AGJJ 35 (1962), 812; *Szypkowski,* "Individualisierung schafft Täter". Zur Situation von Frauen, die ihre Kinder zur Adoption freigeben, UJ 1998, 442; *Textor,* Angebote für Pflege- und Adoptiveltern, ZfJ 1995, 538; *ders.,* Auslandsadoption: Private Sache oder öffentliches Anliegen, NDV 1993, 21; *Wacker,* Adoptionsschrott – Zum Problem der Fremdplazierung älterer und/oder behinderter Kinder aus Deutschland und der 3. Welt, 1992; *Wendels,* Adoption: Der Einfluß von leiblichen Vätern auf die Abgabeentscheidung der Mütter, UJ 1997, 49.

I. Begriff

Die **Annahme als Kind** (Adoption)[1] ist die Begründung eines Eltern-Kind-Verhältnisses einer 1 Person oder Ehegatten **(Annehmende)** zu dem Kind einer anderen Person oder Ehegatten **(Anzunehmender),** zu dem bisher eine Kindschaftsbeziehung nicht bestand, durch Willensakte. Sie tritt auf als Annahme von **familienfremden** Kindern, von Kindern des Ehegatten **(Stiefkinder),** von Kindern **weiterer Verwandter** oder Verschwägerter, mögen sie fürsorgebedürftig sein oder nicht, und von **Volljährigen,** mit der Freundschaft zur Wahlverwandtschaft verstärkt oder – nach längerer Pflegezeit des Annehmenden – die Minderjährigenadoption nachgeholt wird.[2]

II. Zweck und Ziel

1. Individualzweck. Der Gesetzgeber regelte die Annahme als Kind mit einem **doppelten** 2 **Ziel:** Wer **Kinderlosigkeit** als Mangel empfand, sollte neben altruistischen Motiven[3] seine Zuneigung einem Wahlverwandten schenken und in ihm Namen und Lebenswerk fortwirken lassen[4] oder einem leiblichen Kind ein Geschwister verschaffen können.[5] Solche Eigeninteressen stehen einer Adoption nicht entgegen, denn wie auch sonst dienen Staat und Gesellschaft privaten Eigeninteressen, um die Interessen des Kindes zu fördern.[6] – Zudem sollte durch die Annahme „mittellosen, aber von Natur begabten Kindern eine große Wohltat in materieller wie in geistiger Beziehung" erwiesen werden. Mit der Betonung des Werts der Annahme minderjähriger Kinder „in sozialer und moralischer Hinsicht"[7] wurde zudem ein **fürsorgerischer** Zweck verfolgt (dazu Rn. 3-7).

---

[1] Zum Begriff s. BT-Drucks. 7/3061 S. 27.
[2] Vgl. *Engler* S. 31-36, 46 f.; *Jayme* FamRZ 1969, 530; *ders.* ZRP 1972, 4; *ders.* FamRZ 1973, 17 f.
[3] Vgl. *Barth* ZfJ 1978, 243, 259: „Liebe zum Kind" wurde von 74,5%, „soziale Gründe für das Kind" von 31,5% der befragten Adoptiveltern genannt.
[4] Mot. IV S. 952, 960.
[5] *v. Gienanth* S. 9-11; *Krömer* RdJ 1960, 251; *Oeschger* S. 80 f.; *Philipp* Soziale Arbeit 1970, 542.
[6] Betont von *Bosch* FamRZ 1976, 404 Fn. 49. Vgl. auch *Binschus* ZfF 1976, 194.
[7] Mot. IV S. 952.

Vor § 1741 3–6 Abschnitt 2. Titel 7. Annahme als Kind

3   Der **Fürsorgezweck** tritt seit dem Ersten Weltkrieg immer stärker in den Vordergrund und kommt in zahlreichen Reformvorstellungen und Gesetzesänderungen vor allem ab 1950 zum Ausdruck (dazu Rn. 12-13). Neben dem **Wohl** des einzelnen Kindes dient die Adoption dem **sozial- und jugendpolitischen Ziel,** verwaisten oder sonst fürsorgebedürftigen Kindern das Aufwachsen in einer Familie zu ermöglichen.[8] – Zwar mag der Ausbau von Angeboten der **Tagesbetreuung,** die auch allein erziehenden Eltern zunehmend die sachgerechte Pflege und Erziehung des Kindes neben einer Erwerbstätigkeit erlaubt, das Bedürfnis für eine Annahme aus fürsorgerischen Gesichtspunkten schwinden lassen. Angesichts des Werts der Familienpflege für das Kind (dazu Rn. 4) ist aber durchaus fraglich, ob der durch § 1570 vorgegebene Druck auf einen betreuenden Elternteil, seinen Lebensdarf durch eigene Erwerbseinkünfte zu decken, zu einem auch zum Wohl des Kindes ausgewogenen Verhältnis zwischen Eigen- und Fremdbetreuung führen kann (dazu auch Rn. 4-6).

4   **2. Sozialpolitische Notwendigkeiten.** Das Aufwachsen des Kindes in einer **Familie** ist die wichtigste Voraussetzung für seine kindgerechte und gedeihliche Entwicklung. Das neugeborene Kind ist unentwickelt und entsprechend hilfsbedürftig. Es muss Überlebenstechniken erlernen und soziale Verhaltensweisen von der Sprache bis zu Wertvorstellungen einüben (Sozialisation, Enkulturation).[9] Ein erfolgreicher Verlauf erfordert ein eindeutiges und widerspruchsfreies Verhalten der Bezugsperson als Vermittler von Verhaltensweisen; dies setzt eine möglichst früh beginnende intensive Betreuung durch dieselben Personen voraus, wie sie vornehmlich die Familie gewährleistet.[10] Zudem kann die Aussicht auf eine Adoption die Entscheidung einer schwangeren Frau für das Kind und gegen eine Abtreibung entscheidend beeinflussen.[11]

5   Kann das Kind nicht in einer Familie aufwachsen, muss es in einem **Heim** untergebracht werden. Wird dadurch nicht eine familiengleiche Betreuung gewährleistet, ist das Wohl des Kindes gefährdet.[12] Denn bei einer Heimunterbringung ist ein mehrfacher Wechsel der Bezugsperson unvermeidlich.[13] Der dadurch bedingte Mangel an dauerhafter, konstanter persönlicher Zuwendung und in deren Folge an Reizen[14] macht das Kind unfähig, Bindungen zu entwickeln, und kann zu einem Depriviationssyndrom **(Hospitalismus)** führen.[15] Das Kind wird mit hoher Wahrscheinlichkeit zum „gemütsarmen Psychopathen", Asozialität und erhöhte Neigung zur Kriminalität sind weitere Folgen.[16] Diese Gefahren eines Heimaufenthaltes fließen zunehmend in die Rechtsentwicklung[17] und -anwendung[18] ein und sind bei der Auslegung der Adoptionsvorschriften, die dem Kind eine normale Entwicklung sichern wollen, zu berücksichtigen.

6   Die **Adoption** bietet dem Kind die Chance für eine günstige Entwicklung. Zwar ist die Unterbringung in einer Familie auch im Rahmen von Pflegeverhältnissen möglich (§§ 44 f. SGB VIII),[19] doch gewährleistet eine Adoption wegen der meist stärkeren emotionalen Bindungen zwischen

---

[8] BT-Drucks. 7/421 S. 4; 7/3061 S. 15.

[9] Vgl. *Fend,* Sozialisierung und Erziehung, 7. Aufl. 1974, S. 13-56 mwN; zur Enkulturation s. *Claessens* in Wörterbuch der Soziologie, 3. Aufl. 1975, I S. 184 f.

[10] *Neidhardt,* Strukturbedingungen und Probleme familiärer Sozialisation, in *Lüschen/Lupri,* Soziologie der Familie, 2. Aufl. 1994, S. 145 f.; *Ewert* FuR 1991, 155 f. Vgl. ferner *Goode,* Die Struktur der Familie, 1967, S. 32-40; *König* in *Gehlen/Schelsky,* Soziologie, 7. Aufl. 1985, S. 146 f.; *Wurzbacher/Kipp,* Die Familie als Sozialisationsfaktor, 1968, S. 47-49.

[11] BayObLG NJW 1990, 2328 = FamRZ 1990, 1406 verneint eine Entschuldigung nach § 218a StGB aF, wenn bei einer sog. Notlagenindikation eine Adoption nicht erwogen wurde; vgl. *v. Hippel* JZ 1986, 53-60.

[12] Medizinischen Untersuchungen zufolge entwickeln sich Kinder, die sich weniger als 3 Monate in einem Heim aufhalten, noch überwiegend wie die in einer Familie aufwachsenden Kinder. Bei einem Aufenthalt zwischen 3 und 6 Monaten ist in den willentlichen und automatisierten Bewegungen ein Rückstand zu vermuten. Bei einem Heimaufenthalt von mehr als 6 Monaten zeigen sich im Vergleich zu Familienkindern deutliche Rückstände im Spielvermögen, beim Sprechen, beim Verstehen und in anderen sozialen Funktionen um etwa die Hälfte des Lebensalters (*Pechstein* S. 28, 26-34: nur 3 unter 109 Kindern besaßen einen normalen Entwicklungsquotienten; *ders.* Fortschritte der Medizin 86 (1968), S. 409; *ders.* Mitt. AGJ 67 (1973), 20 f.).

[13] *Dührssen* S. 37. Das schließt freilich die Entstehung von Familienbindungen im vorgerückten Alter und damit „erfolgreiche" Spätadoptionen nicht aus: *Adam* ZfJ 1988, 78-83; *Steinhilper* ZfJ 1987, 159 f.

[14] *Pechstein* S. 32 f.: Um erblich bedingte Störungen auszuschließen, wurden Kinder aus vergleichbarem Milieu untersucht, die mit ihrer Mutter zusammen aufwuchsen; bei ihnen wurden nur 10-20% Rückstand in der Sprache und Sozialentwicklung festgestellt. Während ein Familienkind im 1. Lebensjahr täglich durchschnittlich 137 soziale Kontakte und 24 Sachkontakte erlebt, sind es beim Heimkind nur 25 soziale und 8 Sachkontakte.

[15] *René Spitz,* Hospitalism, The Psychoanalytic Study of the Child 1 (1945) S. 53; *Staudinger/Frank* Rn. 35-43.

[16] *Lange* S. 25-29 mwN; *Oeschger* S. 54 f.

[17] BT-Drucks. 7/421 S. 5; BT-Drucks. 7/3061 S. 37.

[18] BVerfGE 24, 19 = NJW 1968, 2233 = FamRZ 1968, 578; vgl. auch BVerfGE 79, 51 = NJW 1989, 519 = FamRZ 1989, 31 (unter C II).

[19] Zur Abgrenzung von Adoption und Pflegekindschaft *Staudinger/Frank* Rn. 25-27, 30-33.

Vorbemerkungen   7 **Vor § 1741**

Kind und Annehmendem eine größere Kontinuität und Intensität der Pflege und Erziehung.[20] Selbstverständlich bleibt auch die Adoptivkindschaft von Krisen des Eltern-Kind-Verhältnisses nicht verschont, und nicht erkennbare und gegenüber leiblichen Kindern eher häufigere Charakterverschiedenheiten können zur Ausbildung eines „Trotzcharakters" führen,[21] wenn dem Kind seine Eigenschaft als Adoptivkind bekannt ist. Gegenüber hohen gesellschaftlichen und individuellen Erwartungen ist daher eine eher nüchterne Haltung angebracht.[22] Insbesondere entbindet die legislative Zulassung der Adoption den Gesetzgeber nicht von seinen sozialen Verpflichtungen gegenüber erziehungsbereiten alleinstehenden Eltern.[23] Dazu auch Rn. 18-21, 47.

III. Verbreitung

Statistisch[24] erfasst sind nur die Adoptionen von **Minderjährigen**. Ihre Zahl betrug zwischen 7 dem Ersten Weltkrieg und 1933 schätzungsweise 4000 jährlich,[25] ging infolge erbbiologischer Anforderungen anschließend zurück und stieg nach dem Zweiten Weltkrieg wieder an, geht jedoch in den letzten 25 Jahren, mit einer zwischenzeitlichen Erhöhung nach dem Beitritt der neuen Länder und deren statistischen Einbeziehung wieder stetig zurück:[26]

Jahr	Adoption Minderjähriger insgesamt	davon durch Verwandte[27]	zur Adoption vorgemerkte Minderjährige	Adoptionsstellen
1950	4279		3949	2434
1951	5430		4416	3019
1952	5820		4159	3165
1953	6189		4150	2917
1954	6280		4543	2706
1955	8205		4498	2602
1956	8044		4915	2812
1957	8142		4722	2860
1958	7679		4833	2855
1959	7667		4800	2977
1960	6185		4850	2940
1961	7389		4811	2820
1962	7228		4710	3249
1963	7608	2169	4844	3828
1964	7684	1928	5030	4257
1965	7748	2058	4499	4455
1966	7481	1984	3984	4512
1967	7249	1887	4053	4861
1968	7092	1761	3869	5224
1969	7366	1952	3392	5345
1970	7165	1918	3157	6009
1971	7337	2037	3098	6537
1972	7269	1848	3230	7632

---

[20] S. hierzu BVerfGE 24, 19 = NJW 1968, 2233 = FamRZ 1968, 578; BVerfGE 79, 51 = NJW 1989, 2519 = FamRZ 1989, 31; FPR 2002, 264 = FamRZ 2002, 535, 536; dazu auch die Nachw. bei *Staudinger/Frank* Vor § 1741 Rn. 32.
[21] *Ell* ZfJ 1982, 76, 81.
[22] Vgl. *Keller/Thoma* Schweiz. Zf Vormundschaftswesen 1986, 92, 104 f.
[23] Betont von *Napp/Peters* S. 63 ff.
[24] Zur Kritik an der Adoptionsstatistik s. *Paulitz/Bach* Adoption S. 50; zur Adoptionsstatistik allgemein *Happ-Margotte* in *Rauschenbach/Schilling*, Die Kinder- und Jugendhilfe und ihre Statistik, Band II: Analysen, Befunde und Perspektiven, 1997, S. 125 ff.
[25] *Webler* ZfJ 1935, 277 f. Zur früheren Zeit vgl. *Glässing* S. 25; für Bayern: *Schulhöfer* S. 106.
[26] Quelle: BT-Drucks. 7/3061 S. 18; ab 1970: *Statistisches Bundesamt*, Fachserie 13: Sozialleistungen, Reihe 6: Öffentliche Jugendhilfe, 1975-1979; ab 1980 dass., Reihe 6: Jugendhilfe, 1980, 1981; ab 1982 dass., Reihe 6.1: Erzieherische Hilfe und Aufwand für die Jugendhilfe; dass., FamRZ 1994, 1092. Über http://www.destatis.de/shop und den Link Suche Schlagwort: *Adoptionen* kann abgerufen werden: *Statisches Bundesamt, Statistiken der Kinder- und Jugendhilfe - Adoptionen* - seit dem Jahr 1992. S. auch *Fendrich* ZfJ 2005, 274.
[27] Verwandte iSd. Statistik sind Verwandte und Verschwägerte bis zum 3. Grad.

Vor § 1741 8   Abschnitt 2. Titel 7. Annahme als Kind

Jahr	Adoption Minderjähriger insgesamt	davon durch Verwandte[28]	zur Adoption vorgemerkte Minderjährige	Adoptionsstellen
1973	7745	2017	3368	9211
1974	8530	2218	3334	12210
1975	9308	2540	3076	15674
1976	9551	2564	2994	17909
1977	10074	2959	3194	18817
1978	11224	3555	2913	18884
1979	9905	3867	2950	20014
1980	9298	3102	2819	20282
1981	9091	3602	2766	19180

Jahr	Adoption Minderjähriger insgesamt	davon durch Verwandte	davon durch Stiefvater/Stiefmutter[29]	zur Adoption vorgemerkte Minderjährige	in Adoptionspflege untergebrachte Minderjährige	vorgemerkte Adoptionsbewerbungen
1982	9145	3968		1035	1216	20746
1983	8801	3814		884	6467	21249
1984	8543	4008		822	5967	20003
1985	7974	3871		672	5689	19726
1986	7875	3867		726	5417	21071
1987	7694	3915		608	5315	20806
1988	7481	4044		639	4987	20183
1989	7114	3974		595		20507
1990	6947	3908		711		19576
1991	7142	306	3950	1285	6689	21826
1992	8403	399	4040	1357	7295	25744
1993	8687	323	4293	1402	6691	21711
1994	8449	411	4340	1414	6384	23189
1995	7969	375	4151	1331	5908	19426
1996	7420	452	3903	1311	5379	17310
1997	7173	599	3513	1276	4888	17139
1998	7119	448	3433	1123	4443	15930
1999	6399	314	2916	1077	4260	14524
2000	6373	327	3676	942	4024	13138
2001	5909	318	3365	925	3974	12837
2002	5668	372	3117	866	3640	11616
2003	5336	344	2980	801	3355	10476
2004	5072	379	2793	878	3212	9984
2005	4762	309	2592	771	3083	9324
2006	4748	256	2569	889	3059	9154
2007	4509	229	2242	886	2942	8914
2008	4201	226	2056	774	2918	7841
2009	3888	185	2011	818	2729	7139
2010	4021	168	1784	944	2845	6460

8 Zur Adoption von Kindern mit **ausländischer Staatsangehörigkeit** im Inland gibt es folgende Zahlen:

Jahr	Adoptierte	davon zum Zwecke der Adoption ins Inland geholt
1995	1643	706
1996	1567	643

---

[28] Verwandte iSd. Statistik sind Verwandte und Verschwägerte bis zum 3. Grad.
[29] Dazu auch Rn. 46.

Vorbemerkungen

Jahr	Adoptierte	davon zum Zwecke der Adoption ins Inland geholt
1997	1692	694
1998	1889	777
1999	1765	794
2000	1891	878
2001	1789	853
2002	1919	960
2003	1720	754
2004	1637	631
2005	1453	547
2006	1388	575
2007	1432	709
2008	1251	612
2009	1025	521
2010	980	464

Dass eine Annahme faktisch scheitert, ist selten,[30] dass sie rechtlich aufgehoben wird, noch seltener. **9** Gegenüber mehr als 90 000 Adoptionen in der Zeit von 1963–1974 wurden nur 516 Annahmeverhältnisse (0,6%) **aufgehoben**. Im Einzelnen ergibt sich:[31]

Jahr	Aufgehobene Adoptionen gemäß		
	§ 1768 aF (einverständliche Aufhebung)	§ 1770a aF (entspricht § 1763)	§ 1770b aF (fehlendes Einverständnis der leiblichen Eltern)
1963	48	18	1
1964	37	9	4
1965	26	14	2
1966	33	9	1
1967	29	9	1
1968	28	8	1
1969	37	7	3
1970	30	10	1
1971	37	2	1
1972	36	7	-
1973	26	12	-
1974	27	4	3
1976	27	14	1
1977	19	5	1

Jahr	Aufgehobene Adoptionen gemäß	
	§ 1760	§ 1763
1978	18	
1979	3	14
1980	7	12
1981	17	12

[30] S. *Krömer* RdJ 1960, 195, 251 f.
[31] Quelle: *Kuhn* DAVorm 1976, 309; Statistisches Bundesamt, Fachserie 13, Reihe 6: Jugendhilfe. S. auch *Staudinger/Frank* § 1759 Rn. 4.

Aufgehobene Adoptionen gemäß		
1982	9	23
1983	6	16
1984	3	15
1985	2	16
1986	1	9
1987	5	37
1988	2	11

Seit 1989 veröffentlicht das Statistische Bundesamt keine Zahlen zu den aufgehobenen Adoptionen mehr. Nach Angaben der Bundesregierung,[32] die sich auf Zahlen des Statistischen Bundesamts stützt, wurden aufgehoben im Jahr 1999: 18 Adoptionen, 2000: 23 Adoptionen, 2001: 21 Adoptionen, 2002: 19 Adoptionen und 2003: 10 Adoptionen, ohne dass die Gründe für die Aufhebung bekannt sind.

10 Zur **Volljährigenadoption** fehlen bundesweite statistische Angaben. In ländlichen Bezirken ist sie erheblich weiter verbreitet als in Großstädten. Aufgrund der Hochrechnung regionaler Untersuchungen wurde für das AdoptG (dazu Rn. 12) von insgesamt etwa 1500 Adoptionen jährlich ausgegangen.[33] Das Durchschnittsalter der Annehmenden betrug 60, das der Angenommenen 30 Jahre. Die Annahme durch Verwandte und Stiefelternteile lag mit 50-65% erheblich höher als bei der Annahme von Minderjährigen.[34]

B. Übersicht zur Rechtsentwicklung

Schrifttum: Geschichte der Adoption und ihrer Regelung bis 1900.: *Bosch*, Entwicklungslinien des Familienrechts in den Jahren 1947-1987, NJW 1987, 2617, 2620, 2629; *Hecker*, Die Adoption im geltenden Recht, Diss. Rostock 1903; *Jussen*, Patenschaft und Adoption im frühen Mittelalter. Künstliche Verwandtschaft als soziale Praxis, 1991; *Knütel*, Zur Adoption im römischen Recht, Familienrecht in Geschichte und Gegenwart 1992, 3; *Kurylowicz*, Die Adoption im klassischen römischen Recht, 1981 (dazu *Knothe* SavZ [rom.] 100 [1983] 647-654); *Schubert*, Der Entwurf eines Nichtehelichengesetzes vom Juli 1940 und seine Ablehnung durch Hitler, FamRZ 1984, 1; *Staudinger/Engler*, Kommentar zum BGB, IV. Band, Teil 3 b, 10./11. Aufl. 1969, Vor § 1741 Rn. 1-16.

Früheres Recht.: *Becker*, Annahme an Kindes Statt, 1950; *Schnitzerling*, Die Adoption, 1960; *zur Nieden*, Adoption und Adoptionsvermittlung, 3. Aufl. 1963. Weitere Nachw. bei *Staudinger/Engler*, aaO, Vor § 1741; *Dölle*, Familienrecht, Band 2, 1965, Überblick Vor § 112 (II S. 561 f.). – **Zum ab 1. 1. 1977 geltenden Recht**: *Behn*, Die Aufhebung des Adoptionsverhältnisses nach dem neuen Recht, zugleich zu den Übergangsvorschriften des neuen Adoptionsgesetzes, ZfJ 1977, 463; *Beitzke*, Zur Neuregelung der Zuständigkeit in Adoptionssachen, FamRZ 1976, 507; *Bischof*, Das neue Adoptionsgesetz ab 1. 1. 1977, JurBüro 1976, 1569; *Bosch*, Neues deutsches Familienrecht 1976/1977, FamRZ 1976, 401, 404; *ders.*, Quelques aperçus l'évolution du droit familial et succesoral en République Fédérale d'Allemagne, FamRZ 1984, 333; *ders.*, Entwicklungen und Probleme des Adoptionsrechts in der Bundesrepublik Deutschland, FamRZ 1984, 829; *Bühler*, Hinweise und Einzelfragen zum neuen Adoptionsrecht, BWNotZ 1977, 129; *Czerner*, Kritische Anmerkungen zum Adoptionsvermittlungsgesetz und Adoptionsgesetz, DAVorm. 1977, 115; *Engler*, Das neue Adoptionsrecht, FamRZ 1976, 584; *Gross*, Die Neuregelung des Adoptionswesens ab 1. 1. 1977 – Ein Überblick, NDV 1976, 324; *Kraiß*, Das neue Adoptionsrecht, BWNotZ 1977, 1; *Lüderitz*, Das neue Adoptionsrecht, NJW 1976, 1865; *ders.*, Problemfelder des Adoptionsrechts, FamRZ 1981, 524; *Mösenfechtel*, Das neue Adoptions- und Adoptionsvermittlungsgesetz vom 2. Juli 1976, Jugendwohl 1977, 154; *Müller*, Das neue Adoptionsrecht, DAVorm. 1976, 441; *Müller/Schöll* (Hrsg.), Kind an Kindes Statt, 1960; *Oberloskamp*, Annahme als Kind und Adoptionsvermittlung seit dem 1. 1. 1977, DAVorm. 1977, 89; *Oswald*, Auswirkungen des neuen Adoptionsgesetzes vom 2. 7. 1976 auf das Steuerrecht im Allgemeinen und die Erbschafts- und Schenkungssteuer im Besonderen, DVRundschau 1977, 146; *Roth-Stielow*, Adoptionsgesetz, Adoptionsvermittlungsgesetz, 1976; *Schleicher*, Zur Reform des Adoptionsrechts, Soziale Arbeit 1977, 217; *Zawar*, Gesamtreform des Adoptions- und Adoptionsvermittlungsrechts, JuS 1977, 58. – **Zum ab 12. 12. 1992 geltenden Recht**: *Liermann*, Änderungen im Adoptionsrecht, FamRZ 1993, 1263; *Lüderitz*, Gesetzliche Klarstellungen im Adoptionsrecht, NJW 1993, 1050; *Wagenitz*, Randkorrekturen im Adoptionsrecht, ZfJ 1991, 241; *Weidenfeld/Schorsch*, Änderungen im Adoptionsrecht, DAVorm. 1993, 262; *Deutscher Verein für öffentliche und private Fürsorge*, Stellungnahme zum Entwurf eines Gesetzes zur Änderung adoptionsrechtlicher Vorschriften, NDV 1991, 250. – **Zum ab 1. 7. 1998 geltenden Recht**: *Baer*, Stellungnahme zum Referentenentwurf zur

---

[32] BT-Drucks. 15/4240 S. 8.
[33] BT-Drucks. 7/3061 S. 23.
[34] *Krause* (Schrifttum zu § 1767), S. 50 f.; s. auch *Staudinger/Frank* Rn. 4.

Vorbemerkungen   11, 12   **Vor § 1741**

Reform des Kindschaftsrechts (KindRG) vom Juli 1995, ZfJ 1996, 123; *Frank*, Die Neuregelung des Adoptionsrechts, FamRZ 1998, 393; *Liermann*, Auswirkungen der Reform des Kindschaftsrechts auf das Recht der Adoption, FuR 1997, 217; FuR 1997, 266; *Lipp/Wagenitz*, Das neue Kindschaftsrecht, 1999; *Maurer* in Familienrechtsreformkommentar, 1998.

I. Früheres Recht und Reformen

1. Entwicklungen. Ursprünglich regelte das BGB die Annahme als Kind als ein familienrechtliches Verhältnis, das durch rechtsgeschäftlichen Akt der Beteiligten unter bloßer Rechtskontrolle des Staates mit beschränkten Wirkungen begründet und auf gleiche Weise wieder aufgehoben werden konnte.[35] **Reformbestrebungen** reichen bis in die Zeit vor dem Ersten Weltkrieg zurück und führten erstmals 1925 zu einem nicht verabschiedeten[36] RegE eines *Gesetzes über die unehelichen Kinder und die Annahme an Kindes Statt*,[37] mit dem der zunehmenden Bedeutung der Adoption von Minderjährigen Rechnung getragen werden sollte. Ein Teil der im Entwurf enthaltenen und neuen Vorstellungen wurden seit 1933 in einzelnen Gesetzen umgesetzt. Außerdem beeinflusste die Änderung des Eherechts, des Rechts der nichtehelichen Kinder sowie allgemein des Kindschaftsrechts und des Beurkundungswesens das Adoptionsrecht.

2. Rechtsänderungen. a) Teilnovellierungen des Adoptionsrechts.
– *Gesetz gegen Mißbräuche bei der Eheschließung und der Annahme an Kindes Statt* v. 23. 11. 1933 (RGBl. I 979): Änderung der §§ 1754, 1770.
– *Gesetz zur Vereinheitlichung des Rechts der Eheschließung und der Ehescheidung im Lande Österreich und im übrigen Reichsgebiet (EheG 1938)* v. 6. 7. 1938 (RGBl. I 807): Anpassung des § 1771 (jetzt § 1766) an das neue Recht.
– *Gesetz über die Änderung und Ergänzung familienrechtlicher Vorschriften . . . (FamRÄndG 1938)* v. 12. 4. 1938 (RGBl. I 380).
– *Gesetz über die Erleichterung der Annahme an Kindes Statt* v. 8. 8. 1950 (BGBl. S. 356) [Materialie: BT-Drucks. Nr. 446].
– *Gesetz über die Gleichberechtigung von Mann und Frau auf dem Gebiete des bürgerlichen Rechts (GleichberechtigungsG)* v. 18. 6. 1957 (BGBl. I S. 609) [Materialie: BT-Drucks. Nr. 224].
– *Gesetz zur Vereinheitlichung und Änderung familienrechtlicher Vorschriften (FamRÄndG 1961)* v. 11. 8. 1961 (BGBl. I S. 1221): Nimmt das Ges. v. 8. 8. 1950 in sich auf; umfänglichste Änderung bis 1976.
– *Gesetz über die Rechtsstellung nichtehelicher Kinder (NeG)* v. 19. 8. 1969 (BGBl. I S. 1243).
– *Beurkundungsgesetz* v. 28. 8. 1969 (BGBl. I S. 1513): Zuständigkeit nur noch des Notars für Beurkundungen, nicht mehr auch des FamG.
– *Gesetz zur Änderung von Vorschriften des Adoptionsrechts* v. 24. 8. 1973 (BGBl. I S. 1013): Vorabnovelle [Materialie: BT-Drucks. 7/421].
– *Gesetz zur Neuregelung des Volljährigkeitsalters* v. 31. 7. 1974 (BGBl. I S. 1713): Redaktionelle Anpassung an den geänderten § 2 BGB [Materialie: BT-Drucks. 7/117].
– *Erstes Gesetz zur Reform des Ehe- und Familienrechts (1. EheRG)* v. 14. 6. 1976 (BGBl. I S. 1421): Anpassung an das neue Ehenamensrecht (§ 1758) [Materialie: BT-Drucks. 7/650].
– *Gesetz über die Annahme als Kind und zur Änderung anderer Vorschriften (AdoptG)* v. 2. 7. 1976 (BGBl. I S. 1749) [Materialien: BT-Drucks. 7/3061; 7/5087]: Die wesentlichste Neuerung ist der Übergang vom Vertrags- zum Dekretsystem. Zu den weiteren wesentlichen Unterschieden der Rechtslage bis 31. 12. 1976 und ab 1. 1. 1977 s. Rn. 15, zum Übergangsrecht s. § 1772 Anh. Rn. 1–24.
– *Gesetz zur Neuregelung des Internationalen Privatrechts (IPR-Neuregelungsgesetz)* v. 25. 7. 1986 (BGBl. I S. 1142) [BT-Drucks. 10/504; 10/5632]: Änderung des internationalen Adoptionsrechts (s. Art. 22, 23 EGBGB nF); erleichterte Anerkennung von Auslandsadoptionen (s. § 16a FGG).
– *Gesetz zur Änderung adoptionsrechtlicher Vorschriften (AdoptRÄndG)* v. 4. 12. 1992 (BGBl. I S. 1974):[38] Erleichterung der Änderung des Vornamens des adoptierten Kindes (§ 1757 Abs. 2); Lockerung des Verbots der Mehrfachadoption Volljähriger (§ 1768 Abs. 1 S. 2, dazu § 1742 Rn. 2); den Interessen der Eltern des Anzunehmenden wird bei der Volladoption eines Erwach-

---
[35] Nähere Darstellung bei *Bosch* FamRZ 1984, 830–834; *Staudinger/Engler* 10./11. Aufl. Rn. 17–25.
[36] Näher *Glässing* S. 44 f., 48 f.; *Schubert* S. 68–81; *Staudinger/Engler* 10./11. Aufl. Rn. 26–28.
[37] RR-Drucks. 1925/108; RR-Drucks., 4. Wahlperiode 1928/29, Nr. 733. Bericht und Kritik bei *Eger* ZfJ 1926, 72; *Schubert* S. 40–81, 133–135, 170–172; *Schulhöfer* S. 96–99 mwN.
[38] Dazu Begründung des RefE ZfJ 1991, 246; BT-Drucks. 7/3061.

senen größeres Gewicht beigemessen (§ 1772, dazu dort Rn. 8); Erleichterung der Änderung des Vornamens des adoptierten Kindes (§ 1757 Abs. 4 S. 1 Nr. 1; dazu dort Rn. 32-34).
- *Erstes Gesetz zur Änderung des Achten Buches Sozialgesetzbuch* v. 16. 2. 1993 (BGBl. I S. 239):[39] Abschaffung des Erlaubnisvorbehalts für eine Adoptionspflege durch § 44 Abs. 1 S. 3 Nr. 1 SGB VIII.
- *Gesetz zur Neuordnung des Familiennamensrechts (FamNamRG)* v. 18. 12. 1993 (BGBl. I S. 2054) [Materialien: BT-Drucks. 12/3163; 12/5892].[40]
- *Gesetz zur Reform des Kindschaftsrechts (Kindschaftsrechtsreformgesetz – KindRG)* v. 16. 12. 1997 (BGBl. I S. 2942) [BT-Drucks. 13/3341; 13/4899; 13/8511]: Abschaffung der des eigenen Kindes (§ 1741 Abs. 2 S. 3); Stärkung der Rechtsstellung des mit der Mutter nicht verheirateten Vaters insbesondere durch die Einräumung eines Einwilligungsrechts (§ 1747 Abs. 1 S. 1).
- *Gesetz zur Beendigung der Diskriminierung gleichgeschlechtlicher Gemeinschaften: Lebenspartnerschaften* v. 16. 2. 2001 (BGBl. I S. 266) [Materialien: BT-Drucks. 14/326; 14/1259; 14/4545; 14/4550; 14/4551]: Dem anzunehmenden Kind kann der Name der Lebenspartnerschaft als neuer Geburtsname gegeben werden (§§ 1757 Abs. 2 S. 2, 1765 Abs. 1 S. 3, Abs. 3, 1767 Abs. 2).
- *Gesetz zur Regelung von Rechtsfragen auf dem Gebiet der internationalen Adoption und zur Weiterentwicklung des Adoptionsvermittlungsrechts* v. 5. 11. 2001 (BGBl. I S. 2950): Adoptionsübereinkommens-Ausführungsgesetz – AdÜbAG (Art. 1), Adoptionswirkungsgesetz – AdWirkG (Art. 2) und Änderung des Adoptionsvermittlungsgesetzes (Art. 3) [zu den Materialien s. § 1752 Anh. Vor § 1 AdWirkG].
- *Gesetz zur Änderung der Vorschriften über die Anfechtung der Vaterschaft und das Umgangsrecht von Bezugspersonen des Kindes, zur Registrierung von Vorsorgeverfügungen und zur Einführung von Vordrucken für die Vergütung von Berufsbetreuern* v. 23. 4. 2004 (BGBl. I S. 598): Änderung des Umgangsrechts der leiblichen Eltern mit den Adoptivkindern in § 1685 Abs. 2.
- *Gesetz zur Überarbeitung des Lebenspartnerschaftsrechts* v. 15. 12. 2004 (BGBl. I S. 3396): Einführung des Rechts eines Lebenspartners, das Kind seines Lebenspartners anzunehmen, sowie des Erfordernisses seiner Einwilligung, wenn sein Lebenspartner ein Kind allein annehmen will [Materialien: BT-Drucks. 15/2477; 15/3445; 15/4052].

b) Sonstige Rechtsänderungen.

13 — *Gesetz über die Vermittlung der Annahme als Kind (Adoptionsvermittlungsgesetz – AdVermiG)* v. 2. 7. 1976 (BGBl. I S. 1762), zusammen mit dem AdoptG verabschiedet, idF der Bekanntmachung vom 22. Dezember 2001 (BGBl. 2002 I S. 354), zuletzt geändert durch Art. 8 des Gesetzes v. 10. 12. 2008 (BGBl. I S. 2403).
- *Gesetz zur Neuregelung des Rechts der elterlichen Sorge* v. 18. 7. 1979 (BGBl. I S. 1061): Anpassung an die Terminologie der §§ 1751, 1764.
- *Gesetz zur Änderung und Vereinfachung des EStG und anderer Gesetze* v. 18. 8. 1980 (BGBl. I S. 1537): Steuerrechtliche Gleichstellung der Adoptivkinder durch Zusammenfassung mit leiblichen Kindern als „Kinder, die im ersten Grad mit dem Steuerpflichtigen verwandt sind (§ 32 Abs. 4 S. 1 Nr. 1 EStG); andererseits entfiel der Zählvorteil bei Steuerbegünstigungen für die leiblichen Eltern".[41]
- *Gesetz zur Anpassung rechtlicher Vorschriften an das Adoptionsgesetz (AdAnpG)* v. 24. 6. 1985 (BGBl. I S. 1144): Vollständige sozialrechtliche Gleichstellung der Adoptivkinder mit leiblichen Kindern; betroffen waren v. a. Stief- und Pflegekinder (dazu § 1751 Rn. 30-31, §§ 1754, 1755 Rn. 13).
- *Gesetz zur Reform des Rechts der Vormundschaft und Pflegschaft für Volljährige (Betreuungsgesetz – BtG)* v. 12. 9. 1990 (BGBl. I S. 2002): Anpassung der §§ 1748 Abs. 3, 1768 Abs. 2 an die veränderten rechtlichen Rahmenbedingungen.
- *Gesetz zur Reform des Verfahrens in Familiensachen und in den Angelegenheiten der freiwilligen Gerichtsbarkeit (FGG-Reformgesetz – FGG-RG)* v. 17. 12. 2008 (BGBl. I S. 2586) [Materialien: BT-Drucks. 16/6308; 16/9733]: Neuregelung des Adoptionsverfahrens §§186-199 FamFG. Das BGB ist v. a. durch die Anpassung der Zuständigkeit des VormG an die des FamG betroffen, § 1751 Abs. 1 S. 4 wurde in § 190 FamFG übernommen.

c) Internationale Abkommen.

14 — *Haager Übereinkommen vom 15. 11. 1965 betreffend die Zuständigkeit der Behörden, das anwendbare Recht und die Anerkennung von Entscheidungen auf dem Gebiet der Adoption:*[42] Es ist für die Bundesrepublik nicht in Kraft getreten.

---

[39] Dazu BT-Drucks. 12/3711 S. 43.
[40] Dazu *Wagenitz* FamRZ 1994, 409 mwN.
[41] *Müller* DAVorm. 1981, 13.
[42] Text bei *Staudinger/Henrich* (2008) Vor Art. 22 EGBGB Rn. 9.

Vorbemerkungen

– *Übereinkommen des Europarates über die Adoption von Kindern* v. 24. 4. 1967 [Europäisches Adoptionsabkommen – EuAdAbk], ratifiziert durch Gesetz v. 25. 8. 1980 (BGBl. II S. 1093):[43] Es regelt das materielle Adoptionsrecht. Obgleich im Inland erst am 11. 2. 1981 in Kraft getreten (BGBl. 1981 S. 72), haben seine Regelungen bereits zuvor Eingang in das Adoptionsrecht gefunden.
– *Interamerikanisches Übereinkommen über das auf die Minderjährigenadoption anwendbare Recht* v. 24. 5. 1984:[44] Der Annehmende muss seinen Wohnsitz in einem Vertragsstaat, der Angenommene seinen gewöhnlichen Aufenthalt in einem anderen Vertragsstaat haben (Art 1).[45] Bedeutung kann das Übereinkommen für die Anerkennung einer Adoption auf seiner Grundlage in Inland nach dem AdWirkG erlangen.
– *Haager Übereinkommen über den Schutz von Kindern und die Zusammenarbeit auf dem Gebiet der internationalen Adoption* v. 29. 5. 1993,[46] von der Bundesregierung am 7. 11. 1997 unterzeichnet,[47] ratifiziert durch das *Gesetz zu dem Haager Übereinkommen vom 29. Mai 1993 über den Schutz von Kindern und die Zusammenarbeit auf dem Gebiet der internationalen Adoption*.[48]

II. Überblick:
Wesentliche Unterschiede der Rechtslage bis 31. 12. 1976 und ab 1. 1. 1977.[49]

	Bis 31. 12. 1976	Ab 1. 1. 1977
a) System der Annahme		
	„Vertragssystem"	„Dekretsystem"
b) Minderjährigenadoption		
	Seit 1961 die gesetzliche Regeladoption (§ 1743 S. 3 aF)	Gesetzliche Regeladoption.
aa) Annahmetypen	Schwache Adoption.	Volladoption. **Abgeschwächte Volladoption** bei Annahme eines Kindes, mit dem der Annehmende im 2. oder 3. Grad verwandt oder verschwägert ist, oder bei der Annahme des Kindes eines Ehegatten, dessen frühere Ehe durch Tod aufgelöst wurde. Im ersten Fall erlöschen nur die Verwandtschaftsbeziehungen zu den Eltern (nicht aber zu den weiteren Verwandten); im zweiten ist der andere Elternteil bereits ausgefallen, die Beziehungen zu dessen Verwandten bleiben bestehen (§ 1756). I. Ü. werden beide Formen gleich behandelt.
bb) Materiell-rechtliche Voraussetzungen		Die Annahme muss zudem dem **Wohl des Kindes** entsprechen.
cc) Annahme	Einzelannahme; Ehegatten nur gemeinschaftlich (§ 1749 Abs. 1	Einzelannahme; Ehegatten gemeinschaftlich (§ 1741 Abs. 2

---

[43] Text in deutscher Sprache im Internet unter http://conventions.coe.int/Treaty/GER/Treaties/Html/058.htm; *Staudinger/Henrich* (2008) Vor Art. 22 EGBGB Rn. 9.
[44] Text in spanischer, englischer und deutscher Sprache unter http://www.europainstitut.de/euin/schrift/download/nr30.pdf.
[45] Dazu *Staudinger/Henrich* (2008) Vor Art. 22 EGBGB Rn. 10.
[46] S. den Text in englischer Sprache StAZ 1995, 337, in englischer, französischer und deutscher Sprache im ZustG v. 23. 10. 2001 (BGBl. II S. 1034). S. auch im Internet unter http://www.hcch.net/e/status/stat33 e.html.
[47] S. *BAGLJÄ* Perspektiven A.; *dies.* FORUM Jugendhilfe 2/1999, 34.
[48] V. 23. 10. 2001 (BGBl. II S. 1034).
[49] Zum **Übergangsrecht** s. § 1772 Anh. Rn. 1–24.

	Bis 31. 12. 1976	Ab 1. 1. 1977
	aF), Ausnahme: Annahme des Kindes des Ehegatten.	S. 1), bei Einzelannahme Zustimmung des Ehegatten (§ 1749 Abs. 1).
dd) Annehmende		Ein Adoptionsverhältnis kann zwischen **jedermann** begründet werden, es sei denn, der Anzunehmende ist das eheliche Kind des Annehmenden (§ 1741 Abs. 2, 3, dazu dort Rn. 10-12).
– Alter	Ursprünglich 50 Jahre, ab 1961 35 Jahre, ab 1973 25 Jahre. Ausnahmen waren stets zulässig (§ 1745 idF bis zum FamRÄndG 1961, dann § 1745b).	Bei Annahme durch ein Ehepaar ein Annehmender 25 Jahre, der andere 21 Jahre, bei Annahme eines nichtehelichen Kindes seines Ehegatten 21 Jahre.
– Kinderlosigkeit	Bis 1950.	Bereits vorhandene Kinder – leibliche wie adoptierte – bilden kein Hindernis, doch sind deren Interessen zu berücksichtigen (§ 1745).
ee) Kinder	Fremde – minderjährige wie volljährige –, seit 1969 auch eigene nichteheliche (§ 1742a aF).	
ff) Einwilligung		
– Erforderlichkeit	Der leiblichen Eltern, beim nichtehelichen Kind der Mutter (§ 1747 aF); nur Anhörungsrecht des nichtehelichen Vaters (§ 1747b aF).	Des **Kindes** mit Zustimmung seines gesetzlichen Vertreters, wenn es 14 Jahre alt und nicht geschäftsunfähig ist. – Seines **gesetzlichen Vertreters,** wenn das Kind noch nicht 14 Jahre alt oder geschäftsunfähig ist (§ 1746 Abs. 1); diese Einwilligungsrechte ersetzen den Vertragsschluss früheren Rechts. – Der **Eltern** (§ 1747); dem nichtehelichen Vater (§ 1747 Abs. 2 S. 2) stand nur das Recht zu, seinerseits die Ehelicherklärung oder die Annahme des Kindes zu beantragen (§ 1747 Abs. 2 S. 2-5). – Des **Ehegatten** des Anzunehmenden oder des Annehmenden, wenn dieser allein annehmen will (§ 1749). – **Weitere Verwandte** des Anzunehmenden oder des Annehmenden (insbesondere Großeltern) werden nicht beteiligt (zur Einwilligung von Verwandten des Kindes s. § 1747 Rn. 17, zu der von Verwandten des Annehmenden s. Rn. 34).
– Wirkungen		Die Einwilligung ist grundsätzlich bindend (§ 1750), das 14-jährige oder ältere Kind kann sie widerrufen (§ 1746 Abs. 2).
– Alter des Kindes	3 Monate (§ 1747 Abs. 2 aF).	8 Wochen (§ 1747 Abs. 3).

Vorbemerkungen

	Bis 31. 12. 1976	Ab 1. 1. 1977
– Ersetzung der Einwilligung	Bis 1972 bei dauernder gröblicher Pflichtverletzung und böswilliger Weigerung (§ 1747 Abs. 3 aF).	Seit 1973: Des **gesetzlichen Vertreters,** wenn ein triftiger Grund für die Einwilligung fehlt (§ 1746). – Eines **Elternteils,** wenn dieser seine Pflichten anhaltend gröblich verletzt hat oder ihm das Kind gleichgültig ist – Belehrungsverfahren erforderlich – und das Unterbleiben der Annahme dem Kind zu „unverhältnismäßigem" Nachteil gereichen würde (§ 1748 Abs. 1 S. 1, Abs. 2); unter weiteren Voraussetzungen bei (einmaliger) besonders schwerer Pflichtverletzung oder Erziehungsunfähigkeit infolge geistiger Gebrechen (§ 1748 Abs. 1 S. 2, Abs. 3; entspricht 1747 a idF der Vorabnovelle). – Des **Ehegatten** des Annehmenden, es sei denn, wichtige Interessen des Einwilligungsberechtigten und seiner Familie stehen der Annahme entgegen (§ 1749 Abs. 1).
gg) Pflegezeit		Angemessene Pflegezeit (§ 1744).
hh) Wirkungen		
– Verwandtschaft	Nur zwischen Annehmendem und Angenommenem (§§ 1757, 1763 aF); die Verwandtschaft des Angenommenen zur leiblichen Familie blieb bestehen (§ 1764 aF).	Im **Regelfall** wird der Angenommene das Kind des oder der Annehmenden mit allen Rechten und Pflichten gegenüber dem Annehmenden und seiner Familie (§ 1754); die Rechte und Pflichten gegenüber der leiblichen Familie enden (§ 1755 Abs. 1). – Bei der Annahme eines Kindes, mit dem der/die Annehmenden im 2. oder 3. Grad **verwandt** oder **verschwägert** sind, werden nur die leiblichen gegen die Adoptiveltern ausgetauscht (§ 1756 Abs. 1). Wird das Kind **eines Ehegatten** angenommen, dessen frühere Ehe durch Tod aufgelöst wurde, bleibt die Verwandtschaft zu den Eltern des Verstorbenen bestehen; das Kind besitzt nunmehr 3 Großelternpaare und eine entsprechend vergrößerte Verwandtschaft (§ 1756 Abs. 2).
– Erbrecht	Kein **Erbrecht** des Annehmenden nach dem Angenommenen (§ 1759 aF); er konnte im Annahmevertrag das Erbrecht des Angenommenen ausschließen (§ 1767 Abs. 1 aF).	Gesetzliche Erb- und Pflichtteilsrechte nach den leiblichen Eltern entfallen und werden zu dem/den Annehmenden begründet.

	Bis 31. 12. 1976	**Ab 1. 1. 1977**
– Unterhaltsrecht	Die **Unterhaltspflichten** der leiblichen Eltern ruhten (§§ 1765, 1766 aF).	Allein unterhaltspflichtig sind die Adoptiveltern.
– Elterliche Sorge und Umgangsrecht	Die **elterliche Gewalt** der leiblichen Eltern ruhte (§§ 1765, 1766 aF). Ab 1969 verloren sie auch das **Verkehrsrecht** (§ 1765a aF).[50]	Die **elterliche Sorge** steht allein den Adoptiveltern zu. Fallen diese als Sorgeberechtigte aus, ist auch nach neuem Recht den leiblichen Eltern entsprechend § 1765 Abs. 2 aF die elterliche Sorge zu übertragen (Vormundbestellung oder Aufhebung der Adoption), wenn dies dem Wohl des Kindes entspricht. – Ein **Umgangsrecht** für die leiblichen Eltern besteht nicht.
ii) Annahmeverfahren	Adoptiert wurde durch notariell, vor 1969[51] wahlweise vormundschaftsgerichtlich (§ 1750 aF) **beurkundeten Vertrag** (§ 1741 aF). War der Anzunehmende geschäftsunfähig oder noch nicht 14 Jahre alt, schloss sein **gesetzlicher Vertreter** den Annahmevertrag; der Erklärung des älteren, aber noch minderjährigen Kindes musste er zustimmen. Die Erklärung des gesetzlichen Vertreters oder des Kindes bedurfte der vormundschaftsgerichtlichen Genehmigung (§§ 1750, 1751 in wechselnder aF). I. Ü. war eine Vertretung zunächst unzulässig (§ 1750 Abs. 1 S. 1 aF). Wegen des berechtigten (?) Wunsches der Annehmenden nach Anonymität (dazu auch Rn. 35–36, 39 und § 1758) behalf sich die Praxis mit der für zulässig erachteten „Vertretung in der Erklärung";[52] erst ab 1961 gestattete das Gesetz selbst den Vertragsschluss durch Bevollmächtigte (§ 1751a aF).[53] – Der Annahmevertrag bedurfte der vormundschaftsgerichtlichen **Bestätigung** (§ 1754 aF), die aber Mängel grundsätzlich nicht heilte. Eine zu Unrecht für nicht erforderlich gehaltene Einwilligung von Eltern oder Ehegatten nach §§ 1747 Abs. 1 S. 2, 1746 Abs. 2 schadete allerdings nicht (§ 1756	Im Annahmeverfahren werden der bisherige Vertragsschluss, die vormundschaftsgerichtliche Genehmigung und die Bestätigung zusammengefasst. An die Stelle des früheren Vertrags tritt der Beschluss des FamG („**Dekretsystem**"). Das Annahmeverfahren beginnt mit einem Antrag der Adoptionsbewerber (§ 1752 Abs. 1). Zuständig ist grundsätzlich das FamG am Wohnsitz des Annehmenden (§ 43b Abs. 2 FGG, jetzt gewöhnlicher Aufenthalt, § 187 Abs. 1 FamFG), dem gegenüber auch die erforderlichen Einwilligungen zu erklären sind (§ 1750 Abs. 1). Das über 14 Jahre alte Kind ist durch sein Einwilligungsrecht (§ 1746 Abs. 1 S. 3) am Verfahren beteiligt. Das noch nicht 14 Jahre alte Kind kann gehört werden (§ 55c FGG; jetzt § 192 Abs. 1, 3 FamFG), ohne dadurch zum Beteiligten zu werden (anders jetzt §§ 7 Abs. 2 Nr. 1, 8 Nr. 1 FamFG). – Hat das FamG das Vorliegen der gesetzlichen Voraussetzungen festgestellt, spricht es die Annahme durch Beschluss aus (§ 56e FGG, jetzt §§ 197, 198 FamFG). Der Beschluss ist unanfechtbar sowie abänderbar. An die Stelle der Anfechtbarkeit und Abänderbarkeit tritt teilweise die Aufhebung. Gesondert entschieden werden muss weiterhin über

---

[50] Eingefügt durch das NeG. Zum vorher herrschenden Streitstand, bedingt durch § 1634 Abs. 1 BGB, vgl. *Staudinger/Engler* 10./11. Aufl. § 1765 Rn. 6–15.
[51] Änderung durch das BeurkG.
[52] BGHZ 5, 344, 350 = NJW 1952, 744.
[53] Eingefügt durch FamRÄndG 1961.

Vorbemerkungen

	Bis 31. 12. 1976	Ab 1. 1. 1977
	in ursprünglicher Fassung). Ab 1961 konnte der übergangene Elternteil unter dem Vorbehalt der Wahrung des Kindeswohls innerhalb eines Jahres die Aufhebung der vormundschaftsgerichtlichen Bestätigung verlangen (§ 1770b aF).[54] Ab 1938 heilte die Bestätigung auch Formverstöße (§ 1756 Abs. 1 aF),[55] ebenso den Verstoß gegen § 1747 Abs. 2 (Einwilligung nicht vor Vollendung des 3. Monats).[56]	die Ersetzung der elterlichen Einwilligung (dazu § 1748 Rn. 65-66). – Nach der Änderung von § 14 Abs. 1 Nr. 3 Buchst. f RPflG durch Art. 5 AdoptG ist die Entscheidung in allen Adoptionssachen dem Richter vorbehalten (dazu § 1752 Rn. 11).
jj) Aufhebung		
– Voraussetzungen	Ursprünglich nur durch Vertrag zwischen Annehmendem und Angenommenem sowie dessen Abkömmlingen, auf die sich die Annahme erstreckte (§ 1768 Abs. 2 aF). Ab 1938 vom FamG von Amts wegen. Die Voraussetzungen für die Aufhebbarkeit regelte zunächst eine Generalklausel außerhalb des BGB;[57] ab 1961 war eine Aufhebung außer durch Vertrag nur möglich, wenn sie aus schwerwiegenden Gründen zum Wohl des Kindes erforderlich (§ 1770a) oder ein Einwilligungsberechtigter bei der Annahme übergangen worden war (§ 1770b).	Nur bei Erforderlichkeit aus „schwerwiegenden Gründen zum Wohl des Kindes" (§ 1763, der an die Stelle des früheren § 1770a getreten ist) oder bei grob fehlerhafter Begründung des Annahmeverhältnisses (§ 1760 Abs. 1, 5). Ein Willensmangel kann durch späteres Verhalten geheilt werden (§ 1760 Abs. 3). Die Aufhebung kann nur der beantragen, dessen erforderliche Mitwirkung übergangen wurde oder mangelhaft war (§ 1762 Abs. 1), und nur innerhalb eines Jahres seit Behebung des Fehlers (s. auch § 1770b aF), ohne Rücksicht hierauf nur innerhalb von 3 Jahren seit der Annahme (§ 1762 Abs. 2). Selbst innerhalb der Frist ist die Aufhebung unzulässig, wenn dadurch das Wohl des Kindes erheblich gefährdet wird. – **Heiratet** der Angenommene den Annehmenden oder einen seiner Abkömmlinge – verboten, aber wirksam –, wird das Annahmeverhältnis kraft Gesetzes aufgehoben (§ 1766).
– Wirkungen		Mit der Aufhebung wird das Kind ex nunc aus der Adoptivfamilie gelöst und der **leiblichen Familie wieder eingegliedert** (§ 1764 Abs. 1-3). Letzteres unterbleibt, wenn das Annahmeverhältnis nur zu einem Ehegatten aufgehoben wird, zum ande-

---

[54] Eingefügt durch FamRÄndG 1961.
[55] Geändert durch FamRÄndG 1938.
[56] Eingefügt durch FamRÄndG 1961.
[57] Art. 5 § 12 FamRÄndG 1938: Wichtige Gründe in der Person des Annehmenden oder des Kindes; in der britischen Zone aufgehoben durch VO vom 12. 3. 1948, VOBl. BrZ S. 71.

	Bis 31. 12. 1976	Ab 1. 1. 1977
		ren jedoch erhalten bleibt (§ 1764 Abs. 5). Die **elterliche Sorge** erlangen die leiblichen Eltern nur zurück, wenn das FamG sie ihnen überträgt, weil dies dem Wohl des Kindes nicht widerspricht (§ 1764 Abs. 4; Klarstellung der früher streitigen Rechtslage).
c) Volljährigenadoption	Bis 1961 die gesetzliche Regeladoption.	Gesetzliche Ausnahmeadoption.
aa) Materiell-rechtliche Voraussetzungen	Sittliche Rechtfertigung (§ 1745c aF).	Regelung weitgehend durch Verweisung (§ 1767 Abs. 2); deshalb muss auch insoweit das Wohl des Angenommenen durch die Annahme gefördert werden und erwartet werden können, dass ein Eltern-Kind-Verhältnis entsteht; zudem muss die Annahme „sittlich gerechtfertigt" sein (§ 1767 Abs. 1). Die Einwilligung der jeweiligen Ehegatten (§ 1749) gewinnt erhöhte Bedeutung. § 1769 gebietet Rücksicht auf die Interessen von Kindern des Anzunehmenden und des Annehmenden insbesondere in vermögensrechtlicher Hinsicht.
bb) Wirkungen		Sie bleiben idR auf Annehmenden und Angenommenen beschränkt (dies entspricht dem bisherigen Recht); stets werden Abkömmlinge des Angenommenen in die Annahme einbezogen (§ 1770).
cc) Verfahren		Das Verfahren wird durch einen gemeinsamen Antrag des Annehmenden und des Anzunehmenden eingeleitet; der Antrag des Letzteren vertritt die sonst erforderliche Einwilligung.
d) Unterschiede zwischen Minderjährigen- und Volljährigenadoption		
		Der **Hauptunterschied** liegt in den Wirkungen: Sie beschränken sich grundsätzlich auf Annehmenden und Angenommenen sowie dessen Abkömmlinge (§ 1770; „**schwache Adoption**"), stets führt die Adoption allerdings zu einem gegenseitigen Erbrecht. – Das FamG kann aber auch eine **Volladoption** anordnen, wenn minderjährige Geschwister des Anzunehmenden vorher oder gleichzeitig angenommen werden, es sich um ein nichteheliches Kind des

Vorbemerkungen   15   **Vor § 1741**

	Bis 31. 12. 1976	Ab 1. 1. 1977
		Annehmenden oder seines Ehegatten handelt oder wenn mit der Erwachsenenadoption ein während der Minderjährigkeit begründetes Pflegeverhältnis sanktioniert werden soll (§ 1772). **Aufgehoben** werden kann die Volljährigenadoption nur wegen eines grob mangelhaften Antrags des Annehmenden oder des Anzunehmenden (entsprechend § 1760 Abs. 1-5), eine „schwache Adoption" außerdem auf Antrag von Annehmendem und Angenommenem, wenn ein wichtiger Grund vorliegt (§ 1771).

C. Menschen- und Grundrechte

Schrifttum: *Bach,* VATERTAG beim Bundesverfassungsgericht. Anmerkungen zur Entscheidung des Bundesverfassungsgerichts über die Rechte des nichtehelichen Vaters im Adoptionsverfahren und ihrer Folgen für die Praxis (Beschluss des BVerfG vom 7. 3. 1995 – 1 BvR 790/91), ZfJ 1995, 471; *Bosch,* Zur Rechtsstellung der mit beiden Eltern zusammenlebenden nichtehelichen Kinder – Bemerkungen zum Beschluss des Bundesverfassungsgerichts vom 7. 5. 1991 (FamRZ 1991, 913 ff.), FamRZ 1991, 1121; *Brötel,* Die grundrechtliche Stellung des Vaters bei der Adoption seines nichtehelichen Kindes durch Dritte – Anmerkungen zum Urteil des Europäischen Gerichtshofes für Menschenrechte vom 26. Mai 1994 im Fall Keegan gegen Irland –, FamRZ 1995, 72; *Coester,* Elternrecht des nichtehelichen Vaters und Adoption – Zur Entscheidung des Bundesverfassungsgerichts vom 7. 3. 1995, FamRZ 1995, 1245; *Dörr,* Adoption eines nichtehelichen Kindes ohne Wissen des Vaters, JuS 1996, 257; *Fahrenhorst,* Die Rechtsstellung des Vaters bei Inkognito-Adoption seines nichtehelichen Kindes unter dem Blickwinkel der Europäischen Konvention zum Schutze der Menschenrechte und Grundfreiheiten (EMRK), FuR 1995, 107; *ders.,* Der Schutz elterlicher Rechte bei der Trennung von Eltern und Kind (EMRK), FamRZ 1996, 434; *Hänni,* Die Bedeutung der EMRK für das schweizerische Familienrecht, FS Schnyder, 1995, S. 365; *Hoffmann,* Umgangsrecht leiblicher Eltern nach Adoption. Perspektiven nach der Entscheidung des Bundesverfassungsgerichts vom 9. April 2003, JAmt 2003, 453; *Holzhauer,* Verwandtschaftliche Elternstellung, verfassungsmäßiges Elternrecht und elterliche Sorge, FamRZ 1982, 109; *v. Kemm,* Keine Adoption eines nichtehelichen Kindes durch die Mutter ohne Einwilligung des Vaters (Anm. zu BVerfG vom 7. 3. 1995 – 1 BvR 790/91, FamRZ 1995, 789), JZ 1995, 1109; *Kropholler,* Kritische Bestandsaufnahme im Nichtehelichenrecht, AcP 185 (1985), 244, 292 ff.; *Kuntze,* Noch einmal: Die grundrechtliche Stellung des Vaters bei der Adoption seines nichtehelichen Kindes durch Dritte, FamRZ 1995, 72 ff.; *Muscheler,* Offene und verdeckte Adoption – Recht des Kindes auf Kenntnis seiner Abstammung, FPR 2008, 496; *Niemeyer,* Verfassungsrechtliche Beurteilung des gesetzlichen Verbots der Zweitadoption Volljähriger, FuR 1991, 79; *Nussberger,* Altersgrenzen als Problem des Verfassungsrechts, JZ 2002, 524; *Ott,* Die Begriffe „Ehe und Familie" in Art. 6 I GG, NJW 1998, 117; *Palm-Risse,* Der völkerrechtliche Schutz von Ehe und Familie, 1990 (zugl. Diss. Bonn; m. Bspr. *Schwenzer* FamRZ 1994, 683); *Reeken,* Eine Kindesentführung zum Fall Keegan gegen Irland und seine Auswirkungen auf das BGB, ZfJ 1996, 10; *Roth,* Die aktuelle Bedeutung des Art. 6 V GG für das Recht des nichtehelichen Kindes, FamRZ 1991, 139; *Rudolf,* Zur Rechtsstellung des Vaters eines nichtehelichen Kindes nach der EMRK – Anmerkung zum Urteil des EuGHMR im Fall Keegan gegen Irland, EuGRZ 1995, 110; *Salgo,* Zur Stellung des Vaters bei der Adoption seines nichtehelichen Kindes durch die Mutter und deren Ehemann, NJW 1995, 2129; *ders.,* In welchen Fällen darf der Staat die verweigerte elterliche Einwilligung in die Adoption des Kindes durch Richterakt ersetzen?, KritV 2000, 344; *Schumann,* Die nichteheliche Familie – Reformvorschläge für das Familienrecht mit einer Darstellung der geschichtlichen Entwicklung und unter Berücksichtigung des Völker- und Verfassungsrechts, 1998 (zugl. Diss. Leipzig 1997), S. 221 ff., 337 ff.; *Seibert,* Verfassung und Kindschaftsrecht – Neue Entwicklungen und offene Fragen, FamRZ 1995, 1457; *Stöcker,* Der Erbvorrang des adoptierten vor dem nichtehelichen Kind und die Grundrechtsgarantie des gleichen Erbrechts aller Abkömmlinge der ersten Generation, ZfJ 1980, 563; *Sturm,* Das Straßburger Marckx-Urteil zum Recht des nichtehelichen Kindes und seine Folgen, FamRZ 1982, 1150; *Walter,* Nichtehelicher Vater und Adoption – Verfahren vor dem BVerfG, FamRZ 1992, 1025; *Wittkowski,* Legitimation und Adoption eines nichtehelichen ausländischen Kindes durch seinen deutschen Vater – Frage des Internationalen Privatrechts und des deutschen materiellen Rechts, MittRhNotK 1996, 73.

I. Familie

16 Welche Lebensgemeinschaften zu einer „Familie" iSd. Art. 8 EMRK, Art. 6 Abs. 1 GG zählen, kann sich nicht nach dem Wandlungen unterworfenen einfachen Gesetzesrecht, das an der Verfassung zu messen ist, bestimmen.[58] Deshalb werden neben der **leiblichen** insbesondere auch die **Adoptiv-**[59] und die **Pflegefamilie**[60] sowie **alle Erscheinungsformen** des Familienlebens sowohl rechtlich als auch sozial als Familie iSe. „sozial-familiären Beziehung" (so ausdrücklich § 1685 Abs. 2 S. 1) in ihrer ggf. auch wechselnden Ausprägung als Lebens- und Erziehungs-, Haus-, Beistandswie auch als bloße Begegnungsgemeinschaft geschützt.[61] – Gegen Eingriffe ist allerdings grundsätzlich nur die „Kleinfamilie",[62] dh. die Gemeinschaft von Eltern (oder Elternteilen) mit ihren Kindern geschützt, nicht auch die weiteren Verwandten der „Großfamilie".[63] Eine Ausnahme hiervon macht die Regelung in § 1685 zum Umgangsrecht der Großeltern und Geschwister des Kindes (Abs. 1) und seiner engen Bezugspersonen (Abs. 2; zum Ganzen Rn. 40), die die verfassungsrechtliche Differenzierung zwischen rechtlicher und sozialer Familie aufgreift und weit über den Bereich der Kleinfamilie hinausreicht.[64] – Dieser grundrechtliche Schutz gilt grundsätzlich auch für die **Volljährigenadoption**. Allerdings muss über eine Begegnungsgemeinschaft hinaus eine **Beistandsgemeinschaft** bestehen (dazu § 1767 Rn. 7). – Neben den Schutz der Adoptivfamilie tritt der Schutz der **Adoptiveltern** aus Art. 6 Abs. 2 GG.[65]

II. Adoptions- und Dauerpflege

17 Der verfassungsrechtliche Schutz der Pflegefamilie, die nicht die Annahme des Kindes anstrebt, konkurriert mit der Adoptionspflege (§ 1744), wenn das Kind aus der bisherigen Pflegefamilie in die Pflege von Adoptionsbewerbern überführt werden soll, um seine Annahme durch diese vorzubereiten. Ob das Kindeswohl durch die Herausnahme aus der Pflegefamilie gefährdet würde (§ 1632 Abs. 4), ist durch Abwägung der Vorteile des Verbleibens in der Pflegefamilie gegen die der Integration in eine Adoptionsfamilie zu ermitteln (zum Umgangsrecht der Pflegeeltern s. auch § 1751 Rn. 5, §§ 1754, 1755 Rn. 9). Dabei genießt die Adoptionspflege grundsätzlich Vorrang, weil die Entwicklung des Kindes zu einer eigenverantwortlichen Persönlichkeit innerhalb der sozialen Gemeinschaft am ehesten in einer Familiengemeinschaft mit allen ihren rechtlichen Bindungen gewährleistet wird (dazu Rn. 4). Die mit einer Herausnahme eines Kindes aus einer Pflegefamilie verbundenen körperlichen, geistigen und seelischen Beeinträchtigungen stehen einer Überführung des Kindes in die Adoptionspflege nicht entgegen, wenn von der Eignung der Adoptionsbewerber (zu deren Feststellung im Adoptionsverfahren s. § 1752 Rn. 18-27), diese Beeinträchtigungen aufzufangen und das Kind ohne dauerhafte Schädigung in ihre Familie zu integrieren, ausgegangen werden kann.

III. Volladoption und Elternrecht

18 Pflege und Erziehung der Kinder sind das „natürliche Recht der Eltern und die zuvörderst ihnen obliegende Pflicht" (Art. 6 Abs. 2 S. 1 GG). Dieses **Elterngrundrecht** ist „unveräußerlich" (Art. 1 Abs. 2 GG) und deshalb für den Rechtsträger weder verzichtbar noch übertragbar.[66] Da aber auf

---

[58] So aber noch BVerfGE 45, 104 = NJW 1978, 33 = FamRZ 1977, 611, 614.
[59] BVerfGE 24, 119 = NJW 1968, 2233 = FamRZ 1968, 578, 583.
[60] Zu ihr BVerfGE 18, 97 = NJW 1964, 1536 = FamRZ 1964, 416; BVerfGE 68, 176 = NJW 1985, 423 = FamRZ 1985, 39, 41.
[61] Dazu BVerfGE 56, 63 = NJW 1981, 1201 = FamRZ 1981, 429, 433; BVerfGE 80, 81 = NJW 1989, 2195 = FamRZ 1989, 715, 716 f.; BVerfGE 108, 82 = NJW 2003, 2151 = FamRZ 2003, 816, 821 f.; FamRZ 2009, 1653, 1654; auch in der Begrifflichkeit aufgegriffen von BT-Drucks. 15/2253 S. 9 (II.), S. 12 [Zu Nummer 6 (§ 1685 BGB)] und in der Formulierung von § 1685 Abs. 2.
[62] BVerfGE 80, 81 = NJW 1989, 2195 = FamRZ 1989, 715, 716 („Familie iS von Art. 6 Abs. 1 GG ist die Gemeinschaft von Eltern und Kindern.").
[63] S. auch *Gernhuber/Coester-Waltjen* § 5 Rn. 8; *Badura* in *Maunz/Dürig/Herzog*, Grundgesetz, Oktober 2010, Art. 6 Rn. 61-62.
[64] Weitergehend zum Schutz auch der „sozial-familiären Beziehung" s. BVerfGE 80, 81 = NJW 1989, 2195 = FamRZ 1989, 715, 716 f.; BVerfGE 108, 82 = NJW 2003, 2151 = FamRZ 2003, 816, 821 f.
[65] Dazu lediglich BVerfGE 24, 119 = NJW 1968, 2233 = FamRZ 1968, 578; BVerfGE 80, 81 = NJW 1989, 2195 = FamRZ 1989, 715; NJW 1990, 895 = FamRZ 1990, 363.
[66] HM, vgl. lediglich *Dürig* in *Maunz/Dürig/Herzog*, 3. Aufl. 1970 ff., Art. 1 Rn. 74.

die Ausübung im Einzelfall verzichtet werden kann,[67] ist es zulässig, die Elternstellung zwar nicht allgemein, wohl aber für ein bestimmtes Kind auf andere zu übertragen.[68]

Für die **Verfassungsmäßigkeit** dieser Regelung wird angeführt (dazu 3. Aufl. Rn. 33): Die **19** Annahme als Kind sei dem deutschen Recht seit jeher bekannt; sie sei vom Verfassungsgeber vorgefunden und nicht als anstößig empfunden worden.[69] Zudem unterscheide sich die Neuregelung in den personenrechtlichen Folgen vom alten Recht nur unwesentlich (dazu Rn. 15). Auch die Volladoption schneide die **Rechtsbeziehungen zur leiblichen Familie** nicht endgültig ab, weil das leibliche Verwandtschaftsverhältnis wieder auflebe, wenn die Annahme aufgehoben werde (§ 1764 Abs. 3), die natürlichen Eltern daher stets „Reserveeltern" blieben. Letztlich würden die **Einwilligungsrechte** der Eltern und ihre nur unter engen Voraussetzungen zulässige **Ersetzung** durch das FamG, die eine Abwägung mit den Kindesinteressen erfordere, deren Rechte in Bezug auf das Kind wahren.[70]

Demgegenüber bestehen durchaus Zweifel an der Verfassungsgemäßheit der **unbedingten** Voll- **20** adoption, gestützt auf die **Verhältnismäßigkeit,** das **Freiheitsrecht** des Kindes und das **Elternrecht** der leiblichen Eltern. Dabei ist menschlich verständlich, dass die Adoptiveltern meist einen vollständigen Abbruch der rechtlichen Beziehungen des Kindes zu den leiblichen Eltern und deren Verwandten wünschen, um die Integration des Angenommenen in ihre Familie nicht durch außerfamiliäre Einflüsse der leiblichen Eltern zu „behindern". Doch ist schon fraglich, ob das **Kindeswohl** stets einen so weitgehenden Eingriff fordert, und ob nicht das Recht des Kindes auf Kenntnis seiner biologischen wie sozialen Herkunft sowie das Recht seiner leiblichen Eltern auf Kenntnis seiner Entwicklung Einschränkungen gebieten. Deshalb und wegen der emotionalen Nöte vornehmlich der leiblichen, von den adoptierten Kindern gänzlich abgeschnittenen Mütter rückt die Diskussion um eine „**offene Adoption**" zunehmend in den Vordergrund der sozialwissenschaftlichen Diskussion (dazu auch Rn. 43-45; zum **Umgangsrecht** s. auch Rn. 40, § 1751 Rn. 5, §§ 1754, 1755 Rn. 9). Sie ist das Gegenstück zur Inkognitoadoption (dazu Rn. 35, 36), das den leiblichen Eltern die **Kenntnis** von den Lebensumständen ihres Kindes und dessen Entwicklung vermittelt und den **Kontakt** zwischen ihnen und dem Kind entsprechend dessen Entwicklungsstand fördert.

IV. Verwandtenadoption

Das Adoptionsrecht sieht keine besondere Regelung der Verwandtenadoption vor, sondern regelt **21** in § 1756 Abs. 1 nur ihre Wirkungen, also ihre rechtlichen Folgen. Gegen ihre **Zulässigkeit** bestehen keine verfassungsrechtlichen Bedenken,[71] weil auch die Verwandten nur unter den in § 1741 Abs. 1 S. 1 normierten Voraussetzungen – Erwartung, dass ein Eltern-Kind-Verhältnis entsteht; Kindeswohldienlichkeit[72] – ein mit ihnen verwandtes Kind annehmen können.[73]

V. Gemeinschaftliche Adoption

Wegen des Erfordernisses einer vollständigen Eingliederung des anzunehmenden Kindes in die **22** Adoptivfamilie und der Vermeidung von Stiefkindverhältnissen wird ein Recht des von einer Einzeladoption ausgeschlossenen Ehegatten aus Art. 6 Abs. 1 GG ebenso wenig wie die Rechte des Kindes verletzt, weil der **Ausschluss der Einzeladoption** im Hinblick auf das Kindeswohl grundsätzlich sachlich gerechtfertigt ist. Dies gilt jedenfalls für die Minderjährigenadoption, die ganz dem Kindeswohl verpflichtet ist, aber auch für die Volljährigenadoption, für die die Vermeidung von „künstlichen" Stiefkindverhältnissen gleichfalls Bedeutung hat. Dabei ist grundsätzlich unerheblich, worin das Hindernis für eine gemeinschaftliche Adoption zu sehen ist.[74] – In **Ausnahmefällen** kann das strikte Beharren auf einer gemeinschaftlichen Adoption verfassungswidrig sein. So etwa, wenn die Ehegatten bereits längere Zeit getrennt leben, ohne sich aus geschäftlichen Gründen scheiden zu

---

[67] *Hamann/Lenz,* Grundgesetz, 3. Aufl. 1970, Art. 1 Bem. B 8. Vgl. auch *Rüfner* FamRZ 1963, 156; *Zippelius,* Bonner Kommentar, 1950 ff., Art. 1 Rn. 120 f. mwN.
[68] Für minderjährige Kinder s. EuGHMR FamRZ 2008, 377, 378 [80] m. Anm. *Henrich;* anders *Hansmann* FamRZ 1962, 453 f.; Bedenken auch beim *Deutschen Caritasverband* Jugendwohl 1972, 246.
[69] So *Gernhuber/Coester-Waltjen* § 5 Rn. 46.
[70] Auch das KindRG (dazu Rn. 11) hat die Verfassungsmäßigkeit der Volladoption nicht in Frage gestellt.
[71] BVerfGE 24, 119 = NJW 1968, 2233 = FamRZ 1968, 578, 580.
[72] Zu den Großeltern etwa: BayObLG FamRZ 1997, 839, 840 mwN; zum Onkel: OLG Bremen DAVorm. 1974, 472; zu Geschwistern: LG Bad Kreuznach StAZ 1985, 167.
[73] Dazu auch *Staudinger/Frank* § 1741 Rn. 22.
[74] Zum Ganzen KG OLGZ 1981, 37 = Rpfleger 1980, 281 f. (einem Ehegatten ist die Kindesannahme aus religiösen Gründen verwehrt); OLG Hamm NJW-RR 1999, 1377 = FamRZ 2000, 257, 259 (Trennung der Ehegatten); FamRZ 2003, 1039, 1040.

VI. Nichtehelicher Vater

23 **1. Schutz der Familie.** Da Art. 8 Abs. 1 EMRK, Art. 6 Abs. 1 GG nicht nur die **rechtlichen** Beziehungen der Betroffenen zueinander, sondern auch deren **emotionale** Beziehungen schützen, erfasst ihr Schutzbereich auch die zwischen einem Kind und seinem nichtehelichen Vater bestehende Beziehung,[75] ohne dass es darauf ankäme, ob seine nicht verheirateten Eltern noch in einer nichtehelichen Lebensgemeinschaft zusammenleben oder ihre Beziehungen zueinander bereits beendet haben.[76] Weil *allein* die Abstammung eine gesellschaftliche und damit verfassungsrechtlich erhebliche Gemeinschaft nicht begründet, schützt Art. 6 Abs. 1 GG allerdings die bloße, durch Zeugung und Geburt geschaffene Verbindung nur als Chance zur rechtlichen und sozialen Verfestigung der Eltern-Kind-Beziehung (zum Schutz nach Art. 6 Abs. 2 s. Rn. 24).[77] Vorausgesetzt wird vielmehr eine Gemeinschaft, die die für die Entwicklung des Kindes erforderliche tatsächliche Pflege, dauernde Kommunikation und Erziehung bietet;[78] nur sie ist „Familie" als „Keimzelle jeder menschlichen Gemeinschaft".[79] Das Bestehen einer solchen **Intimgemeinschaft** zwischen dem nichtehelichen Kind und seinem Vater ist im Einzelfall festzustellen.

24 **2. Elternrecht.** Um das **Elternrecht** aus Art. 6 Abs. 2 GG für den Vater zu begründen, muss er nicht Mit- oder Alleininhaber der elterlichen Sorge nach §§ 1626a Abs. 1 Nr. 1, 1671, 1672, 1680 sein, vielmehr reicht aus, dass er die tatsächliche Sorge ausübt[80] oder die Elternpflichten erst übernehmen will.[81] – Zur Rechtsstellung des nichtehelichen Vaters als Vormund in Übergangsfällen nach dem **Beitritt** der neuen Länder nach Art. 234 § 11 Abs. 1 S. 2 EGBGB s. die Erläuterungen dort 4. Aufl. Rn. 3, 4. Diese Regelung ist verfassungskonform so anzuwenden, dass dem nichtehelichen Vater nicht lediglich die Stellung eines Vormundes, sondern entsprechend § 1680 Abs. 3 die originäre elterliche Sorge zukommt.

25 **3. Beteiligung.** Der verfassungsrechtlich garantierte Schutzbereich des Elternrechts (dazu Rn. 18-20, 24) findet seinen Niederschlag im Erfordernis der Einwilligung des nichtehelichen Vaters in die Adoption, auch wenn er noch nicht rechtskräftig als Vater festgestellt ist (§ 1747 Abs. 1 S. 1, Abs. 3 S. 1 Nr. 3, Abs. 1 S. 2; dazu aber auch § 1760 Rn. 10).[82] Sein Anspruch „auf das Kind" geht dem Adoptionswunsch Dritter stets vor, wenn er sich mit der Mutter über die Übernahme des Sorgerechts einig ist (§ 1672 Abs. 1) oder die Entziehung ihres Sorgerechts nach § 1680 Abs. 3 betreibt (dazu § 1747 Rn. 36), weil sonst leiblichen – ehelichen wie nichtehelichen – Eltern ihr Kind unmittelbar nach der Geburt vorenthalten und so die Entstehung einer tragfähigen emotionalen Beziehung mit ihnen verhindert werden könnte. Der Anspruch auf Übernahme des Sorgerechts darf bei entsprechender Anwendung von § 1746 Abs. 3[83] nicht an der Willkür eines Vormunds oder Pflegers, der das Kind bei der Einwilligung (§ 1746 Abs. 1) und beim Antrag auf ihre Ersetzung (§ 1748 Abs. 1) vertritt, scheitern.

---

[75] So EuGHMR NJW 1979, 2449 = FamRZ 1979, 903 (Marckx, Nr. 31); EuGRZ 1987, 313; NJW 1995, 2153 = FamRZ 1995, 110, 111 m. Anm. *Brötel* FamRZ 1995, 72, *Fahrenhorst* FuR 1995, 107; BVerfGE 45, 104 = NJW 1978, 33 = FamRZ 1977, 611, 614; NJW 1991, 1944 = FamRZ 1991, 913 (unter C I 5); aA noch BVerfGE 8, 210 = NJW 1958, 2059 = FamRZ 1958, 451; BVerwGE 15, 26 = NJW 1963, 362 = FamRZ 1962, 471; BayVerfGH FamRZ 1963, 147, 149. Zu weit. Nachw. s. 4. Aufl. Fn. 71.

[76] EuGHMR EuGRZ 1993, 547; NJW 1995, 2153 = FamRZ 1995, 110 f.

[77] Ähnlich etwa *Holzhauer* FamRZ 1982, 111.

[78] Näher *Lüderitz* S. 55 f., 64; s. auch BVerfGE 79, 51 = NJW 1989, 519 = FamRZ 1989, 31 (zu Pflegeeltern). Zum Anspruch genetischer Eltern auf „soziale Elternschaft" s. Rn. 25-26, zum hier verwandten Begriff s. § 1741 Rn. 26.

[79] BVerfGE 6, 55 = NJW 1957, 417 = FamRZ 1957, 82.

[80] EuGHMR NJW 1979, 2449 = FamRZ 1979, 903 (Marckx, Nr. 31) zu Art. 8 MRK; BVerfGE 56, 363 = NJW 1981, 1201 = FamRZ 1981, 429; BVerfGE 79, 203 = NJW 1989, 1275 = FamRZ 1989, 143.

[81] BVerfGE 92, 158 = NJW 1995, 2155 = FamRZ 1995, 789, 793 ff.; s. dazu auch BT-Drucks. 13/4899 S. 112. Zu weit. Nachw. s. 4. Aufl. Fn. 79.

[82] Anders noch § 1747 Abs. 2 S. 1 aF, dazu 4. Aufl. Rn. 23; *Bosch* FamRZ 1970, 165 Fn. 134; *Lüderitz* S. 57, 64 f.; ähnlich *Schöps* S. 74; aA etwa noch OLG Hamm OLGZ 1994, 553 = NJW-RR 1994, 1227 = FamRZ 1994, 1198 m. krit. Anm. *Liermann* FamRZ 1994, 1979, 506.

[83] Anders BayOLGZ 1985, 94, 96 = FamRZ 1985, 647 (LS.) mwN: Es bestehe kein Bedürfnis, weil bei Missbrauch „andere Maßnahmen" des FamG möglich seien. Das ist richtig, aber umständlich und trägt dem Recht des Vaters nur unzulänglich Rechnung.

Das Elternrecht des nichtehelichen Vaters stößt an Grenzen, wenn er mit dem – verheirateten **26** oder nicht verheirateten – Partner der Mutter (**Stiefvater**) konkurriert. Da die Übernahme des Sorgerechts durch den nichtehelichen Vater idR dem Wohl des Kindes widerspricht, weil sie zur Trennung des Kindes von der Mutter führt, ist sie nur unter den Voraussetzungen des § 1672 Abs. 1 – Einverständnis der Mutter – oder des § 1680 Abs. 3 – Gefährdung des Kindeswohls durch die Mutter – möglich. Widerspricht der **Umgang** des nichtehelichen Vaters mit dem Kind dessen Wohl nicht (§ 1684 Abs. 4 S. 1) – und dies ist zumindest bei einmal begründeten emotionalen Beziehungen (dazu Rn. 23) idR zu verneinen -, fördert der mit der Stiefvateradoption verbundene Ausschluss des Umgangs das Kindeswohl nicht, weshalb sie nach § 1741 Abs. 1 zu versagen ist (dazu § 1741 Rn. 17). – Das Elternrecht des Vaters (dazu Rn. 18, 20) wird zudem durch seine Beteiligung am **Annahmeverfahren** berücksichtigt (§ 1752 Rn. 15).[84]

VII. Lebenspartner

Schrifttum: *Binschus*, Zur Elternschaft von homosexuell geprägten Frauen und Männern, ZfF 2003, 128; *Bönninghausen*, Gleiches Recht für Regenbogenfamilien. Adoptionsrecht für gleichgeschlechtliche Lebenspartnerschaften ist ein wichtiger Schritt zur Beseitigung von Diskriminierung, FrauenRat 2003, 19; *Brandt*, Die Adoption durch gleichgeschlechtliche Lebenspartner im Internationalen Privat- und Verfahrensrecht, 2004; *Dethloff*, Adoption durch gleichgeschlechtliche Paare, ZRP 2004, 195; *dies.*, Adoption und Sorgerecht – Problembereiche für die eingetragenen Lebenspartner?, FPR 2010, 208; *Grehl*, Das Adoptionsrecht gleichgeschlechtlicher Paare unter verfassungsrechtlichen Gesichtspunkten, 2008; *Kaiser*, Das Lebenspartnerschaftsgesetz. Zur Gleichstellung homosexueller Partnerschaften aus familienrechtlicher Sicht, JZ 2001, 338; *Pätzold*, Die gemeinschaftliche Adoption Minderjähriger durch eingetragene Lebenspartner, FPR 2005, 269; *Weber*, Das Lebenspartnerschaftsrecht nach der Novellierung des Lebenspartnerschaftsgesetzes, ZFE 2005, 187.

Im Gegensatz zu Ehegatten kann ein Lebenspartner ein Kind zwar grundsätzlich einzeln annehmen, **27** nicht jedoch ein Kind, das bereits sein Lebenspartner adoptiert hat (dazu § 1741 Rn. 49). Zudem können die Lebenspartner ein Kind nicht gemeinschaftlich annehmen. Dies begegnet aus mehreren Gründen verfassungsrechtlichen Bedenken, die sich sowohl auf den Schutz des von der Adoption ausgeschlossenen Lebenspartners als auch auf den des Kindes beziehen und sich auf die Verletzung der **Handlungsfreiheit** und des allgemeinem **Persönlichkeitsrechts** (Art. 2 GG), auf den Schutz der **sozial-familiären Beziehung** als Familie (Art. 6 Abs. 1 GG, dazu Rn. 16) und auf das **Diskriminierungsverbot** (Art. 14 EMRK iVm. Art. 8 EMRK)[85] stützen:[86] Ohne dass das Kindeswohl durch das FamG geprüft würde, können Lebenspartner und Kind nicht miteinander verwandt werden, wodurch der Lebenspartner vom Sorgerecht ausgeschlossen und ggf. auf ein Umgangsrecht verwiesen ist (§ 1685 Abs. 2), gegenseitige **Unterhaltsberechtigungen** und -verpflichtungen sowie **Erbrechte**[87] bestehen nicht. Auch auf den **Namen** des Kindes hat der Lebenspartner keinen Einfluss. – Aus **sozialwissenschaftlicher** Sicht kommt der geschlechtlichen Orientierung der Eltern/Adoptiveltern kein ausschlaggebendes Gewicht für die Eltern-Kind-Beziehung zu,[88] und das Kindeswohl wird in „Regenbogenfamilien" genauso gewahrt wie in anderen Familienformen.[89] Auch dies fordert verfassungsrechtlich die Gleichstellung der Lebenspartner mit Ehegatten im Adoptionsrecht.[90] – Ausländische Rechtsordnungen lassen zunehmend die Adoption durch Lebenspartner unabhängig von ihrer sexuellen Orientierung wie durch Ehegatten zu.[91] – Zur Lebenspartnerschaft s. auch § 1741 Rn. 49.

---

[84] Zum Rechtszustand vor Inkrafttreten des KindRG vgl. BayObLG FamRZ 1991, 224, 226: Das Ausschalten des nichtehelichen Vaters ist verfassungswidrig.
[85] EuGHMR NJW 2009, 3637, 3641 [94, 95] = FamRZ 2008, 845 (LS.).
[86] S. dazu Vorlagebeschluss an des BVerfG des OLG Hamburg NJW 2011, 1104 (LS) = FamRZ 2011, 1312 m. Anm. *Hilbig*. – Vgl. auch BVerfG NJW 2011, 988 = FamRZ 2010, 1621 f.: Die Verweigerung der Eintragung einer der Partnerinnen einer eingetragenen Lebenspartnerschaft in die Geburtsurkunde eines von der anderen Partnerin zur Welt gebrachten Kindes verletzt keine Grund- oder Menschenrechte.
[87] *Stüber* FamRZ 2005, 574, 576 f.
[88] *Paulitz/Bach* Adoption S. 169. – Zur „Adoption in der Lebenspartnerschaft aus psychologischer Sicht" *Paulitz/Griebel/Fthenakis* Adoption S. 169 ff.
[89] S. dazu die vom BMJ in Auftrag gegebene rechtstatsächliche Studie des Staatsinstituts für Familienforschung der Universität Bamberg, hrsg. von *Rupp*, Die Lebenssituation von Kindern in gleichgeschlechtlichen Lebenspartnerschaften, 2009, S. 309; s. auch die Zusammenfassung aus der Studie und die Presseerklärung des BMJ v. 23. 7. 2009 auf der Homepage des BMJ.
[90] In diesem Sinne die Presseerklärungen des BMJ zur Gleichstellung homosexueller Partnerschaften v. 24. 9. 2008 und v. 10. 8. 2009 auf der Homepage des BMJ; aA OLG Hamm FGPrax 2010, 28 = FamRZ 2010, 1259 f. m. Anm. *Grziwotz, Frank* ZKJ 2010, 209, *Müller* DNotZ 2010, 701.
[91] Dazu die rechtsvergleichenden Hinweise bei *Staudinger/Frank* § 1741 Rn. 36, 57, 58.

VIII. Ersetzung der Einwilligung der Eltern

28 Zwar ist durch die in § 1748 vorgesehene Ersetzung der Einwilligung die Institution „Familie" nicht direkt betroffen, weil das Kind allein dadurch noch nicht in eine andere Familie wechselt. Doch ist das durch Art. 6 Abs. 1 GG geschützte **Abwehrrecht** der leiblichen Eltern gegenüber Eingriffen des Staates berührt,[92] weil bereits mit der Ersetzung familienrechtliche Wirkungen entsprechend § 1751 eintreten (dazu dort Rn. 3-24).[93]

29 Das FamG handelt als staatliches Organ ausschließlich im Interesse des Kindes und wird nur auf seinen Antrag tätig (§ 1748 Abs. 1 S. 1). Inhaltlich beurteilt sich das Kindesinteresse deshalb nach einem anderen Maßstab als dem der Eltern. Ob damit auch in die **Familienbeziehung** (Art. 6 Abs. 1 GG) und nicht nur in das **Elterngrundrecht** (Art. 6 Abs. 2 GG) hoheitlich eingegriffen wird, ist fraglich,[94] weil die „Familie" keine bloße Verwandtschaftsbeziehung ist, sondern auch eine Gemeinschaft, in der die ihr obliegenden Aufgaben der Pflege und Erziehung tatsächlich wahrgenommen werden (dazu Rn. 23). Meist werden letztere bei einer Ersetzung der Einwilligung aber gerade vernachlässigt.[95] Zwar besteht im Zeitpunkt der Ersetzung eine „Familie" meist nicht (mehr).[96] Doch selbst wenn sie noch besteht, gefährdet sie offensichtlich die Grundrechte des Kindes auf körperliche Unversehrtheit und menschenwürdige Entwicklung (Art. 1, 2 GG),[97] was einen Eingriff nach § 1748 Abs. 1, Abs. 3 rechtfertigt.

30 Art. 6 Abs. 2 S. 1 GG verknüpft das geschützte Elternrecht mit der **Pflicht** zur Pflege und Erziehung des Kindes. Diese Pflichtenbindung unterscheidet es von anderen Grundrechten und eröffnet die Intervention im Interesse des Kindes. Der Schutz der Eltern reicht so weit, als ihre Pflege und Erziehung einem vertretbaren, nach den gesellschaftlichen Anschauungen noch möglichen Maßstab entspricht. Diesem Mindeststandard werden die Eltern in den in § 1748 genannten Fällen nicht gerecht.[98] Der Eingriff der Ersetzung in den natürlichen Familienverband und das Elternrecht (Art. 6 Abs. 1, 2 GG) rechtfertigt sich durch die **Grundrechte des Kindes** auf Achtung seiner Menschenwürde und Entfaltung seiner Persönlichkeit (Art. 1, 2 GG) sowie durch die das Elternrecht begrenzende elterliche Verantwortung.[99]

31 Ein Eingriff in die Familie und die Elterngrundrechte nach Art. 6 Abs. 1, 2 GG ist nur als **verhältnismäßige** Reaktion auf das Fehlverhalten der Eltern zulässig.[100] Nicht jede schwere Pflichtverletzung beeinträchtigt schon die Grundrechte des Kindes und rechtfertigt zwangsläufig einen staatlichen Eingriff.[101] Art. 6 Abs. 2 GG gewährleistet ein Recht auf Pflege und Erziehung; demgegenüber wäre ein Schutz der „Substanz" des Elternrechts zumindest ohne praktischen Wert.[102] – Erheblich ist

---

[92] Verneint von BVerfGE 24, 119 = NJW 1968, 2233 = FamRZ 1968, 578 für das alte Recht, weil die Ersetzung der elterlichen Einwilligung den familienrechtlichen Status des Kindes noch nicht ändere, da familienrechtliche Wirkungen erst mit der Bestätigung der Annahme einträten, und auch die bestätigte Annahme das allgemeine Familienband nicht berühre. Zweifelnd schon damals *Engler* FamRZ 1969, 63, 66; *Lüderitz* S. 54.
[93] Zum Ganzen auch *Staudinger/Frank* § 1748 Rn. 7-12.
[94] *v. Mangoldt/Klein* Art. 6 Bem. III 3 (S. 266) sehen in Art. 6 Abs. 1 überhaupt kein Abwehrrecht; s. aber BVerfGE 21, 329 = NJW 1967, 1851 = FamRZ 1967, 550.
[95] **Bsp:** Die nichteheliche Mutter hat ihr Kind nach der Entbindung in einem Heim abgegeben und sich auch weiter hierum nicht gekümmert. – Ehegatten trennen sich und überlassen das Kind seinem Schicksal.
[96] *Lüderitz* S. 57; *W. Müller* StAZ 1955, 174 f.
[97] BVerfGE 24, 119 = NJW 1968, 2233 = FamRZ 1968, 578; BayObLG FamRZ 1976, 234, 238; *Arndt/Schweitzer* ZfJ 1974, 201, 207 f.
[98] So BVerfGE 24, 119 = NJW 1968, 2233 = FamRZ 1968, 578 für § 1747 Abs. 3 aF, der freilich strengere Voraussetzungen als § 1748 nF aufstellte. Jedoch lässt das BVerfG eine „das Wohl des Kindes außer acht lassende Einstellung" als Ersetzungsgrund genügen (aaO S. 147); s. auch BVerfG FPR 2002, 264 = FamRZ 2002, 535, 536, wonach eine anhaltende und gröbliche Pflichtverletzung des Elternteils gegenüber dem Kind (unregelmäßige Ernährung, kein Auslebendürfen des kindlichen Bewegungsdrangs, kein Schutz vor Schlägen des Vaters) für eine Ersetzung der Einwilligung ausreicht.
[99] Dies gilt für altes und neues Recht gleichermaßen, OLG Karlsruhe FamRZ 1990, 94, 96; zweifelnd *Engler* S. 71; *ders.* FamRZ 1975, 131; *Gernhuber*, Neues Familienrecht, 1977, S. 61 f.; *Jayme* FamRZ 1974, 117.
[100] BVerfGE 7, 320 = NJW 1958, 865; BVerfGE 24, 119 = NJW 1968, 2233 = FamRZ 1968, 578; BayObLGZ 1974, 413, 422 = FamRZ 1976, 234, 240; StAZ 1977, 254, 257; OLG Köln FamRZ 1990, 1152; näher *Erman/Saar* Rn. 3 f.; *Staudinger/Frank* Rn. 12, jeweils zu § 1748.
[101] Daher im Ergebnis zutreffend BVerfG FamRZ 1988, 807 m. Anm. *Gawlitta* (auf unterlassene Ersetzung gestützte Verfassungsbeschwerde nicht angenommen); s. auch BVerfG FPR 2002, 264 = FamRZ 2002, 535, 536 („besonders schwerwiegendes Versagen").
[102] *Lüderitz* S. 58; aA OLG Stuttgart im Vorlagebeschluss an das BVerfG (BVerfGE 24, 119 = NJW 1968, 2233 = FamRZ 1968, 578); *Bosch* FamRZ 1959, 379; *Göppinger* FamRZ 1959, 402; *Staudinger/Göppinger* 10./11. Aufl. Vor § 1666 Rn. 36, 37, nach denen Elternrechte nie ihrer Substanz nach entzogen werden dürften, was durch die Ersetzung der Einwilligung aber gerade geschehe.

allein, ob in das Pflege- und Erziehungsrecht durch die Ersetzung auf Dauer eingegriffen werden darf. Einen solchen Eingriff gestatten bereits §§ 1666,[103] 1671 Abs. 3, 1680 Abs. 3, die verfassungsrechtlich nicht zu beanstanden sind. Auch dass in zahlreichen Fällen nur die Adoption dem Kind das Aufwachsen in einer Familie und eine kontinuierliche Erziehung ermöglicht, rechtfertigt die Ersetzung. Dass durch die Adoption die Verwandtschaftsbeziehungen völlig aufgelöst werden, ist unerheblich. – Je schwerer die elterliche Verfehlung und je nachhaltiger die Auswirkungen auf das Kind, desto weniger Gewicht kommt dem Elternrecht zu (dazu auch § 1748 Rn. 37).[104]

32 Die **Versagung** der Ersetzung einer Einwilligung soll die **Pflegefamilie** nicht in ihrer durch Art. 6 Abs. 1 GG geschützten Stellung (dazu Rn. 16, 17) berühren,[105] was aber die zwischen den Pflegeeltern und dem Kind entstandenen emotionalen Beziehungen unbeachtet lässt. Deshalb sind durchaus Fälle denkbar, in denen die Versagung einer Einwilligungsersetzung, weil die Voraussetzungen von § 1748 nicht vorliegen, sowohl den garantierten Schutz der Pflegefamilie als auch die Rechte des Kindes aus Art. 1, 2 GG verletzen;[106] dies muss im Ergebnis zum Vorrang des Schutzes des Kindes in der Pflegefamilie vor den Elternrechten und zur Ersetzung der Pflegeeinwilligung (§ 1632 Abs. 1, 2) in entsprechender Anwendung von § 1748 auf Grund seiner verfassungskonformen Auslegung führen (dazu auch § 1748 Rn. 47). – Zur Auslegung von § 1748 Abs. 4 iSe. Gleichbehandlung ehelicher und nichtehelicher Eltern s. dort Rn. 57-58.

IX. Abkömmlinge

33 Die Beteiligung von Abkömmlingen der **Annehmenden** am Adoptionsverfahren ist verfassungsrechtlich geboten,[107] weil die Interessen der Kinder unmittelbar bereits durch die Anwesenheit des Anzunehmenden und nicht lediglich mittelbar, was nur für ihre Vermögensinteressen zutrifft, betroffen werden (dazu auch § 1752 Rn. 15, § 1759 Rn. 22-23 mwN); für die Abkömmlinge des **Anzunehmenden** gilt nichts anderes, weil sie in gleicher Weise materiell betroffen sind.[108] Ihre Interessen werden in unterhalts- und erbrechtlicher Hinsicht (Schutz durch Art. 14 GG) ähnlich berührt wie die eines Ehegatten, der in die Adoption einwilligen muss (§ 1749). Deshalb haben sie vom Zeitpunkt ihrer Urteilsfähigkeit an auch ein Recht auf **rechtliches Gehör** im Verfahren (§ 193 FamFG).[109] Zwar steht ihnen, wurden sie nicht gehört, allein deshalb kein Aufhebungsanspruch zu, wohl aber die Anhörungsrüge nach §§ 44, 69 Abs. 3 FamFG und ggf. die Verfassungsbeschwerde (dazu § 1752 Rn. 15, 46-47; § 1771 Rn. 13).[110] Zu Art und Umfang der Entscheidung des BVerfG s. § 1752 Rn. 47, § 1759 Rn. 37-38, § 1769 Rn. 12.

X. Beteiligung weiterer Verwandter des Annehmenden

34 Weitere Verwandte, insbesondere die Eltern der Annehmenden, bei der Adoption mitsprechen zu lassen, ist mehrfach gefordert worden,[111] weil sie durch die Minderjährigenadoption in ihrer

---

[103] *Paulitz/Bach* Adoption S. 62 ff. regen an, in Anbetracht des Umstandes, dass nur in etwa 5%, mithin 300-400 der durchgeführten Adoptionen ersetzt wird, und jährlich etwa 30 000 Sorgerechtsentziehungen nach §§ 1666, 1666 a etwa 20 000 Adoptionsbewerber/Jahr gegenüberstehen, die Einwilligungserfordernis der Eltern, denen die elterliche Sorge wegen Kindeswohlgefährdung entzogen worden ist, in Entsprechung zu ausländischen Rechten aufgeben oder aber dies zu einem Ersetzungstatbestand zu machen. Inwieweit dies aber mit dem Elternrecht noch in Einklang zu bringen wäre, bedürfte vertiefter verfassungsrechtlicher Überprüfung.
[104] OLG Frankfurt/M. FamRZ 2008, 296, 298.
[105] BVerfG FamRZ 1988, 807 m. abl. Anm. *Gawlitta*.
[106] *Gawlitta* FamRZ 1988, 807, 808.
[107] BVerfG NJW 1988, 1963 = FamRZ 1988, 1247 m. Anm. *Frank/Wassermann*; NJW 1995, 316 = FamRZ 1994, 687, 688; NJW 2009, 138 = FamRZ 2009, 106, 107; BGH NJW 1985, 1702 = FamRZ 1985, 169, 172; OLG Karlsruhe NJWE-FER 1998, 4 = FamRZ 1998, 56; *Soergel/Liermann* § 1745 Rn. 15; § 1769 Rn. 8; aA noch 5. Aufl. Rn. 29; zur aA s. auch MünchKommZPO/*Maurer* § 188 FamFG Rn. 9 Fn. 13 mwN.
[108] MünchKommZPO/*Maurer* § 188 FamFG Rn. 9 Fn. 14. – Nach früherem Recht mussten Abkömmlinge des Angenommenen bei der Adoption mitwirken, wenn sich die Annahme auch auf sie erstrecken sollte (§ 1762 aF).
[109] Zu Art und Umfang der Anhörung s. BVerfGE 89, 381 = NJW 1994, 1053 m. Bspr. *Luther* NJW 1995, 306 = FamRZ 1994, 493, 494 f. m. Bspr. *Niemeyer* FuR 1994, 100.
[110] Zum Ganzen BVerfG NJW 1988, 1963 = FamRZ 1988, 1247 m. Anm. *Frank/Wassermann*; BVerfGE 89, 381 = NJW 1994, 1053 m. Bspr. *Luther* NJW 1995, 306 = FamRZ 1994, 493, 494 f. m. Bspr. *Niemeyer* FuR 1994, 100; NJW 1995, 316 = FamRZ 1994, 687 f.; BayObLGZ 1986, 57 = NJW-RR 1986, 872 = FamRZ 1986, 719, 720 m. Anm. *Bosch*; BayObLGZ 1998, 279 = NJW-RR 1999, 1379 = FamRZ 1999, 1667, 1669; *Staudinger/Frank* § 1745 Rn. 22; § 1769 Rn. 12; RGRK/*Dickescheid* § 1769 Rn. 7.
[111] *Scheld* FamRZ 1975, 326, 327; *ders.* DRiZ 1976, 45, 46. Dagegen *Engler* S. 77 f.; zögernd *Binschus* ZfF 1976, 200 („Unbehagen"); *Bischof* JurBüro 1976, 1569, 1575.

Rechtsstellung unmittelbar betroffen werden (§ 1754). Gleichwohl ist deren Beteiligung am Annahmeverfahren durch die Einräumung von Einwilligungs- oder Anhörungsrechten **verfassungsrechtlich** nicht geboten:[112] Zwar werden sie in ihrer Freiheit zur Vermögensdisposition durch die Schaffung von Unterhalts- und Pflichtteilslasten beeinträchtigt, doch wachsen ihnen die gleichen Rechte gegenüber den Angenommenen zu. Faktische Äquivalenz[113] kann der Gesetzgeber auch sonst im Verwandtschaftsrecht nicht gewährleisten. Bei der Adoption alten Rechts bestand die Gefahr, dass Adoptiveltern-Vermögen über das Kind an dessen leibliche Eltern und Verwandte gelangte,[114] während die Eingliederung in die Adoptivfamilie nunmehr die Großeltern zu Erben des Adoptivkindes beruft und dadurch ihre Rechtsstellung (auch) verbessert. Im Übrigen gehen die Freiheitsrechte des unmittelbar Beteiligten denen des mittelbar Beteiligten vor. Dass der unmittelbar Beteiligte durch Rechtshandlungen ganz verschiedener Art („Mesalliance" mit unerwünschter Nachkommenschaft; Anerkenntnis; Unterlassen der Anfechtungsklage)[115] auch den Status seiner Verwandten ändern kann, gehört zur rechtlichen Ordnung der Verwandtschaft, die sich seit der zweiten Hälfte des 19. Jahrhunderts allgemein der Beherrschung durch mittelbar Berechtigte oder Verpflichtete entzieht. – **Rechtspolitisch** ist erheblich: Den weiteren Verwandten obliegt nicht die tatsächliche, ganz im Vordergrund der Annahme stehende Fürsorge für das Kind (dazu auch § 1741 Rn. 14-25); vielmehr werden sie nur in ihren Vermögensinteressen betroffen. Müssen selbst Abkömmlinge der Annehmenden hinnehmen, dass ihre Vermögensrechte verkürzt werden (§ 1745 S. 2), kann dies erst recht den entfernteren Verwandten zugemutet werden. Davon unberührt bleibt die Forderung, im Interesse des Kindes auch die Großeltern und sonstigen Verwandten für die Annahme zu gewinnen (dazu auch § 1741 Rn. 22).

XI. Inkognitoadoption

35 Die Abstammung prägt wegen der genetischen Ausstattung des Kindes und ihrer Schlüsselstellung für die Individualitätsfindung seine Persönlichkeit und sein Selbstverständnis. Deshalb gehört die **Kenntnis der eigenen Abstammung und Herkunft** als Individualisierungsmerkmal zur Persönlichkeit und bietet dem Kind wichtige Anknüpfungspunkte für das Verständnis und die Entfaltung der eigenen Individualität. Verleiht Art. 2 Abs. 1 GG iVm. Art. 1 Abs. 1 GG auch kein allgemeines Recht auf Verschaffung von Kenntnissen der eigenen Abstammung, so schützt er doch vor der Vorenthaltung erlangbarer Informationen, weshalb das Kind gegenüber seinen Adoptiveltern einen Anspruch auf Aufklärung über seine Herkunft hat (zu den Einzelheiten s. § 1758 Rn. 25-27; vgl. auch Rn. 39). – Zum Anspruch des **Kindes** auf Nennung seines Erzeugers und zum Anspruch des **leiblichen Vaters** auf Auskunft über das Schicksal des Kindes und eine etwaige Adoption entsprechend § 1686 gegenüber der Mutter s. § 1747 Rn. 10.

36 Die Zulässigkeit der **Inkognitoadoption** (dazu § 1747 Rn. 26, § 1752 Rn. 33) wird dadurch jedoch nicht berührt. Da sie ohnehin nur einseitig zugunsten der Annehmenden zulässig ist (dazu § 1747 Rn. 29), wirkt sie sich (auch) auf das Recht des Kindes auf Kenntnis der eigenen Abstammung und Herkunft nicht aus.

XII. Unaufhebbarkeit

37 Der grundrechtliche Schutz der Adoptivfamilie aus Art. 6 Abs. 1 GG (dazu Rn. 16) muss nicht notwendig zur **Unauflöslichkeit** der Adoption führen.[116] Doch dient sie der Integration des Angenommenen in die Familie des Annehmenden und erfüllt damit auch den öffentlich-rechtlichen Zweck, das Kind eindeutig einer Familie zuzuordnen und Störungen seiner Entwicklung durch das Nebeneinander von zwei zugehörigen Familien zu vermeiden. Unter diesem Gesichtspunkt mag die jetzige Regelung mit der grundsätzlichen Unaufhebbarkeit der Adoption und ihrer nur ausnahmsweisen Aufhebbarkeit wegen schwerer Fehler des Adoptionsverfahrens (§ 1760) einschließlich der Aufhebungshindernisse aus § 1761 und aus schwerwiegenden Gründen des Kindeswohls (§ 1763) sowie der Möglichkeit einer Verfassungsbeschwerde, wenn das rechtliche Gehör eines Beteiligten oder Abkömmlings des Annehmenden verletzt wurde (dazu § 1752 Rn. 47,

---

[112] *Scheld* FamRZ 1975, 326, 327; *ders.* DRiZ 1976, 45, 46 behauptet einen Verstoß gegen Art. 1, 2, 3, 6 GG; zweifelnd *Bischof* JurBüro 1976, 1569, 1575.
[113] Dazu *Scheld* DRiZ 1976, 45, 46.
[114] S. hierzu näher *Lüderitz* S. 71 ff.
[115] Vgl. §§ 1593, 1595 a, 1600 a, 1600 g und dazu RA-BT BT-Drucks. 7/5087 S. 15.
[116] Dazu *Wagenitz* ZfJ 1991, 241, 242.

Vorbemerkungen 38–40 Vor § 1741

§ 1759 Rn. 37),[117] einen angemessenen Ausgleich der Interessen der Annehmenden, des Kindes und seiner leiblichen Eltern herbeiführen. Ganz unangefochten ist dies aber angesichts der in den Sozialwissenschaften zunehmend als erforderlich anerkannten „Offenen Adoption" (dazu Rn. 43–45) nicht.

Für **Volljährigenadoptionen** eröffnet zwar § 1771 – neben § 1767 Abs. 2 iVm. § 1760 – deren **38** Aufhebung aus wichtigem Grund, allerdings nur auf kumulativen Antrag von Annehmendem und Angenommenem.[118] Durch dieses Kumulationserfordernis werden die Annehmenden und der Angenommene angesichts des Beständigkeitserfordernisses auch von Volljährigenadoptionen nicht unverhältnismäßig in ihrem allgemeinen Persönlichkeitsrecht beschnitten, weil sich gerade ein Erwachsener der Bedeutung und der Folgen seiner Adoptionserklärung bewusst sein muss.[119]

XIII. Offenbarungs- und Ausforschungsverbot

Das Offenbarungs- und Ausforschungsverbot (§ 1758; zu dessen Einzelheiten s. die dortigen Aus- **39** führungen) ist Ausfluss des **allgemeinen Persönlichkeitsrechts** (Art. 2 Abs. 1 GG iVm. Art. 1 Abs. 1 GG).[120] In ihrer Umsetzung der Vorgaben von Art. 20 EuAdAbk (dazu Rn. 14) und insbesondere der Regelungen zur Einsichtnahme in die Personenstandsregister im PStG, in die Vermittlungsakten (§ 9b AdVermiG) und in die familiengerichtlichen Adoptionsakten (§ 13 FamFG) bestehen gegen das Verbot keine verfassungsrechtlichen Bedenken.

XIV. Umgangs- und Auskunftsrecht

Der Ausschluss der leiblichen Eltern vom **Umgang** mit dem Kind durch die Volladoption (dazu **40** §§ 1754, 1755 Rn. 9, 11) wurde bislang als mit Art. 6 Abs. 1, 2 GG vereinbar gehalten, weil das Kind mit der Annahme in einem funktionsfähigen und von Art. 6 Abs. 1, 2 GG geschützten Eltern-Kind-Verhältnis lebt.[121] Die Einbeziehung „**sozial-familiärer Beziehungen**" in den Schutzbereich von Art. 6 Abs. 1 GG (dazu Rn. 16) hat im Zusammenhang mit § 1685 Abs. 2 jedoch zu einer differenzierten Betrachtungsweise geführt und den leiblichen Eltern das Umgangsrecht nach einer Adoption eröffnet.[122] Danach steht auch engen Bezugspersonen, die für das Kind die tatsächliche Verantwortung tragen oder getragen, insbesondere längere Zeit mit dem Kind in häuslicher Gemeinschaft zusammengelebt haben und der Umgang dem Wohl des Kindes dient (§ 1685 Abs. 2, Abs. 1), ein **subjektives Recht** auf Umgang mit dem auch adoptierten Kind zu. Unerheblich ist, dass § 1685 Abs. 2 nach der Vorstellung des Gesetzgebers nur auf die Eltern anwendbar ist, deren Elternschaft nicht auch rechtlich festgestellt ist, und nicht auch auf rechtlich als Eltern geltende Personen,[123] denn nach §§ 1751 Abs. 1 S. 1 Halbs. 2, 1754 Abs. 3 wäre auch ein Umgangsrecht ausgesetzt bzw. erloschen. In den Fällen des § 1685 Abs. 2 ist der Umgangsrechtsausschluss der Eltern stets menschenrechts- und grundrechtswidrig ist (Art. 8 Abs. 1 EMRK, Art. 6 Abs. 2 GG),[124] entweder abweichend von der Intention des Gesetzgebers bereits nach seinem Wortlaut unter Heranziehung

---

[117] BVerfG NJW 1988, 1963 = FamRZ 1988, 1247; BVerfGE 89, 381 = NJW 1994, 1053 m. Bspr. *Luther* NJW 1995, 306 = FamRZ 1994, 493, 494 f., jeweils m. Bspr. *Niemeyer* FuR 1994, 100. Keinesfalls können die Einschränkungen zum Wohl des Kindes in §§ 1761 Abs. 2, 1762 Abs. 2, 1763 Abs. 3 - die ihrerseits ihren Grund in Art. 1, 2, 6 GG (insoweit bezogen auf die Adoptivfamilie) haben - auf diese Weise überspielt werden. Zum Beschwerderecht des Jugendamts s. § 1752 Rn. 37. Zum Ganzen auch *Staudinger/Frank* § 1759 Rn. 9-13.

[118] *Wagenitz* ZfJ 1991, 241, 242.

[119] Zur Verfassungsmäßigkeit insbesondere OLG München OLGR 2007, 559, 560; LG Düsseldorf NJWE-FER 2001, 9 = FamRZ 2001, 648, 649 f.; *Staudinger/Frank* § 1771 Rn. 15.

[120] OLG Koblenz NJW-RR 2009, 920, 921; *Staudinger/Frank* § 1758 Rn. 2, 3, 14; *Gernhuber/Coester-Waltjen* § 68 Rn. 119.

[121] BVerfGE 24, 119 = FamRZ 1968, 578, 587; BayObLGZ 1971, 114 = FamRZ 1971, 467, 470; *Staudinger/Rauscher* § 1684 Rn. 55. Hieran kann man nach der Entscheidung des EuGHMR, 5. Sektion, Urteil v. 15. 9. 2011, Nr. 17080/07: Schneider ./. Deutschland, FamRZ 2011, 1715 m. Anm. *Helms* (dazu auch *Campbell* NJW-Spezial 2011, 644) zweifeln.

[122] Dazu OLG Schleswig FamRZ 2004, 1057 f. (noch zum Rechtszustand vor Inkrafttreten der Neuregelung von § 1685 Abs. 2 an 30. 4. 2004 [über die Verfassungsbeschwerde BVerfG 1 BvR 559/04 ist noch nicht entschieden]; für die Neuregelung würde das OLG Schleswig wohl auch ein Umgangsrecht der leiblichen Eltern annehmen); AG Reinbek FamRZ 2004, 55 f.; *Hoffmann* JAmt 2003, 453; *Motzer* FamRB 2004, 231, 234; *Theurer* MDR 2005, 250, 252.

[123] BT-Drucks. 13/4899 S. 44 [2. Umgangsrechte von Nicht-Eltern]; BT-Drucks. 15/2253 S. 9, 12; AnwK-BGB/*Peschel-Gutzeit* § 1685 Rn. 10; *Lipp/Wagenitz* § 1685 Rn. 1; *Greßmann*, Neues Kindschaftsrecht, Rn. 334; wohl auch AnwK-BGB/*Finger* § 1751 Rn. 4.

[124] Offengelassen von OLG Stuttgart NJW-RR 2007, 76 = FamRZ 2006, 1865, 1866 f. m. Anm. *Motzer* FamRB 2006, 333.

des Rechtsgedankens aus § 1626 Abs. 3[125] oder auf Grund verfassungskonformer Auslegung. Dies zeigt das Bsp. des leiblichen Vaters: Hat dieser zwar mit der Mutter zusammengelebt, ohne mit ihr verheiratet zu sein und die Vaterschaft förmlich anerkannt zu haben, und in dieser Zeit für das Kind auch Verantwortung getragen, kann er Inhaber des Umgangsrechts aus § 1685 Abs. 2 sein. Hat er die Vaterschaft anerkannt, soll § 1685 Abs. 2 nicht anwendbar sein. Als nur der Volladoption geschuldete Folge erscheint dies willkürlich. Doch auch für die Großeltern und Geschwister des Anzunehmenden, deren Umgangsrecht wegen des Erlöschens ihrer Verwandtschaftsbeziehung zum Angenommenen untergehen soll, kann nichts anderes gelten; jedenfalls wenn die Voraussetzungen aus § 1685 Abs. 1 erfüllt sind, ist auch ihnen ein Umgangsrecht zuzugestehen.

41 Das **Auskunftsrecht** der leiblichen Eltern aus § 1686 bleibt bis zum Ausspruch der Annahme bestehen (dazu § 1751 Rn. 5).[126] Danach erlischt es, weil es nur „Eltern" eingeräumt ist. Auch insoweit bestehen aber erhebliche Bedenken an der Vereinbarkeit dieser Regelung mit Art. 6 Abs. 1 GG, und zwar auch bei einer Inkognitoadoption, jedenfalls soweit die Auskunft durch Dritte, idR das Jugendamt, unter Wahrung des Inkognitos erteilt werden kann.

XV. Name

42 Nach §§ 1757 Abs. 1 S. 1, 1767 Abs. 2 erhält der Angenommene als Geburtsnamen den Familiennamen des Annehmenden. Zwar erstreckt sich sein allgemeines Persönlichkeitsrecht auf seinen Geburtsnamen als Ausdruck seiner Identität und Individualität, doch kann dieses aus gewichtigen Gründen des Gemeinwohls unter Wahrung des Verhältnismäßigkeitsgrundsatzes durch Gesetz eingeschränkt werden, soweit die gesellschaftliche Funktion des Namens als Unterscheidungsmerkmal betroffen wird.[127] Die Verhältnismäßigkeit wird durch § 1757 Abs. 1 S. 1 gewahrt, weil mit dieser Namensregelung der Angenommene vollständig in die Familie integriert und die Zusammengehörigkeit der Familienmitglieder nach außen hin sichtbar gemacht wird; zudem ermöglicht § 1757 Abs. 4 Nr. 2 die Voranstellung oder Anfügung des bisherigen Familiennamens aus schwerwiegenden Gründen zum Wohl des Kindes und genügt damit ausreichend einer von seinen Interessen geforderten Namensführung.[128] Einer erweiternden Auslegung von § 1757 Abs. 4 dahin, dass der volljährige Angenommene seinen Geburtsnamen behält, bedarf es nicht (dazu auch § 1757 Rn. 3).[129] – Auch soweit eine Namensbestimmung für ein leibliches oder Adoptivkind das Namensbestimmungsrecht der Eltern für ein weiteres Kind verbraucht ist (dazu § 1757 Rn. 13), ist dies wegen des schutzwürdigen Zwecks, der gesellschaftlichen Funktion des Namens, die Zusammengehörigkeit der Familienmitglieder auch äußerlich zum Ausdruck zu bringen, Rechnung zu tragen, verfassungsrechtlich unbedenklich.[130]

D. Reformbedarf

Schrifttum: „Offene Adoption": *Andrä,* Neue Weg in der Adoption, JH 1997, 295; *Bosch,* Zwei Familienrechts-Reformanliegen: Geplante Änderungen zum Adoptionsrecht und zum Sozialhilferecht, speziell zum Regreß der Sozialbehörde gegen Großeltern und Enkel, FamRZ 1983, 976; *ders.,* Entwicklungen und Probleme des Adoptionsrechts in der Bundesrepublik Deutschland – Ein auch rechtsvergleichender und rechtspolitischer Beitrag, FamRZ 1984, 829; *Bott,* Adoptierte suchen ihre Herkunft, 1995; *Gerber/Bechinger* (Hrsg.), Die vergessene Seite der Adoption – Erfahrungsberichte und Beiträge zur Situation „Abgebende Mütter – Adoptiveltern"; *Hahne,* Überlegungen zur Verbesserung der Rechtsstellung des nichtehelichen Kindes, FamRZ 1990, 928; *Hatle,* Kinderglück in zwei Familien, SozArb 1995, 403; *Landeswohlfahrtsverband Baden/Landesjugendamt Karlsruhe,* Das Spannungsverhältnis des Adoptionsdreiecks. Reflexionen aus juristischer, psychologischer und psychiatrischer Sicht,

---

[125] Das OLG Rostock FamRZ 2005, 744 zieht für Großeltern § 1626 Abs. 3 S. 2 als Anspruchsgrundlage heran. Doch enthält § 1626 Abs. 3 lediglich allgemeine Programmsätze (einschränkend *Staudinger/Peschel-Gutzeit* § 1626 Rn. 124: „mehr als ein bloßer Programmsatz") und begründet weder ein Recht des Kindes noch seiner Eltern und sonstiger Bezugspersonen auf Umgang, das sich vielmehr allein aus §§ 1684 ff. ergeben kann (§ 1626 Rn. 5, 67).
[126] Dazu *Staudinger/Rauscher* § 1686 Rn. 2.
[127] Zum Ganzen (zu § 1355) BVerfGE 78, 38 = FamRZ 1988, 587, 589 m. Anm. *Bosch* FamRZ 1988, 591 und FamRZ 1988, 809; *Dethloff/Walther* FamRZ 1988, 808; *Riedinger* Streit 1988, 159; *Kimminich* JZ 1991, 771; *Bernat* ZfRV 1991, 390 und Bspr. *Grasmann* JZ 1988, 595, *Hohloch* JuS 1989, 135.
[128] OLG Celle FamRZ 1997, 115, 116; OLG Karlsruhe NJW-RR 1999, 1089 = FamRZ 2000, 115; StAZ 1999, 372, 373. – Zur Verfassungsmäßigkeit des Verbots von Doppelnamen für Kinder als Familiennamen s. BVerfGE 104, 373 = NJW 2002, 1256 = FamRZ 2002, 306 ff.
[129] AA AG Leverkusen FamRZ 2008, 2058 f. m. abl. Anm. *Maurer* FamRZ 2009, 439, 440 f.; RNotZ 2009, 544 f. m. Anm. *Heinze;* für Verfassungswidrigkeit auch *Molls* (Schrifttum § 1767) S. 123 ff.
[130] OLG Hamm FamRZ 2001, 859, 860.

Vorbemerkungen **43 Vor § 1741**

1996; *Lessing,* Kind sucht Eltern!, RpflStud 2001, 97; *Muscheler,* Offene und verdeckte Adoption – Recht des Kindes auf Kenntnis seiner Abstammung, FPR 2008, 496; *Paulitz,* Das Spannungsverhältnis des Adoptionsdreiecks, ZfJ 1996, 305; *ders.,* Adoption – Leben mit doppelter Elternschaft, NDV 1996, 323; *ders.,* Offene Adoption. Ein Plädoyer, 1997; *Roth,* Offene Adoption, ZfJ 1986, 258; *Gräfin von Schlieffen,* Offene Adoptionen – Ein Grund zur Reform des Adoptionsrechts, Diss. FU Berlin 1996; *Schreiner,* Adoption – Warum nicht offen?, 1993; *Smentek* (Hrsg.), Die leiblichen Eltern im Adoptionsprozeß – verändert sich die Adoptionspraxis?, 1998; *Stalinski,* Spurensuche, FamRZ 2005, 856; *Sutter,* Offene Adoption inländischer und fremdländischer Kinder – Erfahrungswerte und Perspektiven, PFAD 2005, 18; *Textor,* Offene Adoption von Säuglingen, UJ 1988, 530; *ders.,* Offene Adoption älterer Kinder, Jugendwohl 1989, 10; *ders.,* Vergessene Mütter, die nicht vergessen können, NP 1989, 323; *ders.,* Die unbekannten Eltern – Adoptierte auf der Suche nach ihren Wurzeln, ZfJ 1990, 10; *ders.,* Offene Adoptionsformen, NDV 1991, 107; *ders.,* Die unbekannte Herkunft. Adoptierte suchen nach ihren Wurzeln, JH 1992, 17. Zu weiterem Schrifttum zur „offenen Adoption" s. insbesondere *Gräfin von Schlieffen* aaO.

Pflegekindadoption: *Longino,* Die Pflegekinderadoption, 1998; *Salgo,* Pflegekindschaft und Staatsintervention, 1987; *Vogel-Etienne,* Das Pflegeverhältnis vor der Adoption, 1981.

Stiefkindadoption: *Clerc,* Die Stiefkindadoption, 1991; *Conradi,* Zivilrechtliche Regelung des Stiefkindverhältnisses – Alternative zur Adoption des Stiefkindes?, FamRZ 1980, 103; *Enders,* Stiefkindadoption, FPR 2004, 60; *Heinz,* Das Minderjährigkeitserfordernis im Adoptionsrecht, ZRP 1995, 171; *Muscheler,* Das Recht der Stieffamilie, FamRZ 2004, 913; *v. Puttkamer/Radziwill,* Das Stiefeltern-Kind-Verhältnis – Überlegungen zu einer rechtlichen Neuregelung, Kind-Prax 2000, 19.

I. Besondere Adoptionsformen

1. „Offene Adoption". Ausgehend von angloamerikanischen Forschungen hat sich in der **43** Sozialwissenschaft die Erkenntnis durchgesetzt, dass die für eine Minderjährigenadoption ausschließliche **Volladoption,** zumal in der Form einer **Inkognitoadoption,** nicht in allen Fällen den seelischen Bedürfnissen der leiblichen Eltern und der Kinder gerecht wird. Insbesondere bleiben die Schuldgefühle der leiblichen Eltern völlig unbeachtet, was von diesen zum Teil als „psychische Amputation"[131] empfunden wird.[132] Hinzu kommen aus der Rechtsvergleichung gewonnene Erkenntnisse, die belegen, dass ausländische Adoptionsrechte neben einer Volladoption auch eine **schwache Adoption** kennen (dazu Rn. 52). Deshalb wird – entgegen der Vorgabe des Gesetzgebers des AdoptG vom 2. 7. 1976: „Für die ungestörte Entwicklung eines Kindes ist es jedoch unerlässlich, dass sich das Kind uneingeschränkt als Kind der neuen Familie fühlen kann, dass Störungen aus der alten Familie unterbleiben, die nicht in der Lage war, die Erziehungsaufgabe zu übernehmen."[133] – zunehmend eine **„offene Adoption"** als Gegensatz insbesondere zur Inkognitoadoption als **„geschlossener Adoption",** die die leiblichen Eltern vom weiteren Leben ihres Kindes ausschließt, vertreten und vielfach von Adoptiv- und leiblichen Eltern unter Vermittlung der Jugendämter auch bereits praktiziert. Sie trägt der Erkenntnis Rechnung, dass das Kind seine Identität auch aus seiner Herkunft und damit aus der Tatsache bezieht, dass es nicht von den Adoptiveltern abstammt, was insbesondere bei ausländischen Adoptivkindern oft sehr augenscheinlich ist. Dabei umschreibt der Begriff „offene Adoption" zunächst lediglich die soziologische Wirklichkeit der Anbahnung – etwa die Auswahl der künftigen Adoptiveltern –, Vermittlung und Durchführung einer Adoption und der Handhabung der Integration des Kindes in die Adoptiv(pflege)familie unter Einschluss oder Ausschluss der leiblichen Eltern und Verzicht der Adoptiveltern auf die ihnen in § 1758 Abs. 1 eingeräumte Anonymität.[134] – Die „offene Adoption" sieht sich nicht auf einen bestimmten Typus beschränkt, sondern umfasst als Sammelbegriff alle Adoptionen, in die zum Wohle des Kindes auch die leiblichen Eltern einbezogen und die Interessen aller am **„Adoptionsdreieck"** Beteiligten – Kind, Adoptiv- und leibliche Eltern – entsprechend den jeweiligen Umständen des Einzelfalles kindverträglich ausgeglichen werden.[135] Ein Anwendungsschwerpunkt kann die **Pflegekindadop-**

---

[131] Dazu *Gräfin von Schlieffen* S. 73 mwN. S. auch *Paulitz/Bach* Adoption S. 55 f., die darauf hinweisen, dass jede dritte Adoption als gescheitert angesehen werden muss und Adoptierte in psychiatrischen Einrichtungen, Familien- und Erziehungsberatungsstellen, Internaten und stationären Einrichtungen der Jugendhilfe ebenso wie in kriminalpolizeilichen Statistiken weit überrepräsentiert seien, und zunehmend Selbsthilfegruppen erwachsener Adoptierter und leiblicher Eltern entstehen. – Dazu auch die grundsätzliche Befürwortung bei *BAGLJÄ* Empfehlungen (§ 1744 Anh.) Nr. 6.1.2.

[132] Skeptisch gegenüber einer „offenen Adoption" *Staudinger/Frank* § 1747 Rn. 36, weil, sind die Annehmenden erst einmal offenbart, sie durch den ständigen Kontakt mit den leiblichen Eltern nicht selten zu sehr belastet würden.

[133] BT-Drucks. 7/3061 S. 19. Die Begründung fährt fort, die Adoptionspraxis habe auch bislang schon versucht, „diese Bedingungen für eine gedeihliche Entwicklung zu schaffen", und bezieht sich hierfür bezeichnenderweise auf Rspr. und juristisches, nicht jedoch auf sozialwissenschaftliches Schrifttum.

[134] S. dazu etwa *Gräfin von Schlieffen* S. 38 f. mwN.

[135] *BAGLJÄ* Empfehlungen 5. Aufl. (§ 1744 Anh.) Nr. 6.1.2.

Maurer 1069

tion (dazu auch Rn. 16-17, 47, § 1741 Rn. 17, § 1748 Rn. 40-43) und die **Stiefkindadoption** (dazu Rn. 46)[136] sein, für die in ganz besonderem Maße ein Ausgleich der Interessen des Kindes und seiner leiblichen Eltern gesucht werden muss, der mit der bestehenden rechtlichen Regelung nicht (immer) ausreichend möglich ist. – 35 Jahre nach dem Inkrafttreten des AdoptG zum 1. 1. 1977 mit der Einführung der Volladoption wird man vom Gesetzgeber einen erneuten Paradigmenwechsel aus eigenem Antrieb nicht erwarten dürfen. (Auch) deshalb scheint Einverständnis darüber zu bestehen, dass es für eine Änderung der bestehenden gesetzlichen Regelung noch weiterer, über die bereits bestehenden Fallbeschreibungen hinausgehender sozialwissenschaftlicher Erkenntnisse bedarf; von den **Sozialwissenschaften**, insbesondere der Psychologie, wird deshalb auch die Initiative für Gesetzesänderungen ausgehen müssen.[137]

44 Ausgangspunkt für eine „offene Adoption" ist idR die im Rahmen der **Adoptionsvermittlung** stattfindende, einer Adoption *vorgehende* Beratung und Unterstützung der am „Adoptionsdreieck" Beteiligten durch die Adoptionsvermittlungsstelle oder das Jugendamt nach § 9 AdVermiG (dazu § 1744 Anh. Rn. 26-27), insbesondere aber der Adoptionsbewerber, die von ihrem „Anspruch auf ausschließlichen Besitz" abgebracht sowie auf die Interessen des Kindes und der leiblichen Eltern „eingestimmt" und auf deren Befriedigung „eingestellt" werden müssen. In diesem Stadium wird sich auch entscheiden müssen, ob nicht statt einer Adoption lediglich ein Pflegekindverhältnis begründet werden sollte. – Im Rahmen der *nachgehenden* Beratung kann sich aber ein weiterer Bedarf für eine Öffnung eines bereits **begründeten Adoptionsverhältnisses** ergeben, der mit steigendem Alter des Kindes auf seiner Suche nach seiner Identität von ihm oder seinen unter der Adoptionsfreigabe leidenden leiblichen Eltern, insbesondere der Mutter, ausgehen kann, aber auch von den Adoptiveltern, die keinem Besitzdenken nachhängen, sich für die Herkunft des Kindes vertieft interessieren und diese als Teil seiner Persönlichkeit begreifen.

45 Ob, inwieweit und welche rechtlichen Folgerungen für die künftige rechtliche Gestaltung des Adoptionsrechts aus den sozialwissenschaftlichen, insbesondere psychologischen Erkenntnissen und der Rechtstatsachenforschung[138] zu ziehen sind, und ob „offene Adoptionen" auch ohne die Zustimmung der Adoptiveltern zugelassen werden sollten, ist nicht zuletzt auch eine verfassungsrechtliche Fragestellung. Der Vielgestaltigkeit der Erscheinungsformen der „offenen Adoption" müsste die Elastizität einer rechtlichen Regelung entsprechen, die die Wahrung des „**Kindeswohls**" (§ 1741 Abs. 1 S. 1) sicherzustellen hätte und eine ausdifferenzierte, gleichsam „maßgeschneiderte" Reaktion auf die – meist, aber nicht notwendig – unterschiedlichen Bedürfnisse der am „Adoptionsdreieck" Beteiligten erlauben müsste, um unerwünschte oder auch ungerechtfertigte Einflussnahmen auf die jeweils andere Sphäre auszuschließen.

46 **2. Stiefkindadoption.** Sie macht zahlenmäßig etwa die Hälfte aller Adoptionen aus (dazu Rn. 7). Dass auch nachehelich adoptierte Kinder nach der Rspr. des BGH[139] beim **Geschiedenenunterhalt** (§§ 1569 ff.) die ehelichen Lebensverhältnisse prägen (§ 1578 Abs. 1 S. 1), kann jedenfalls dann zu einer Steigerung der Stiefkindadoption führen, wenn der leibliche Elternteil keinen Unterhalt bezahlen kann und der Stiefelternteil bereits faktisch für den Unterhalt seines Stiefkindes, auch mangels dessen Sozialhilfebedürftigkeit (§ 7 Abs. 2, Abs. 3 Nr. 4 SGB II), aufkommen muss (dazu auch § 1741 Rn. 38).[140]

47 **3. Pflegekindadoption.** Sie ist von der Adoptionspflege nach § 1744 zu unterscheiden (dazu § 33 SGB VIII Rn. 1). Im Gegensatz zu dieser, die der Schaffung der Annahmevoraussetzungen nach § 1741 dienen soll (dazu § 1744 Rn. 1), ist die Begründung eines Pflegekindschaftsverhältnisses nicht auf eine Adoption und damit nicht auf vollumfängliche rechtliche Zuordnung des Kindes zu den Pflegeeltern angelegt. Den bürgerlich-rechtlichen Rahmen bilden die §§ 1630 Abs. 3 (Übertragung von sorgerechtlichen Befugnissen auf die Pflegeperson), 1632 Abs. 4 (Verbleibensanordnung), den sozialrechtlichen §§ 33, 36 Abs. 1 S. 2 SGB VIII (vgl. dazu § 33 SGB VIII Rn. 1, § 36 SGB VIII Rn. 3). Ihrer Intention nach ist das Pflegekindschaftsverhältnis grundsätzlich auf eine Rückkehr des

---

[136] Folgerichtig regen *Paulitz/Oberloskamp* Adoption S. 78 insoweit die Wiedereinführung einer „schwachen" Adoption an.
[137] *Gräfin von Schlieffen* S. 133 (die allerdings bereits jetzt akuten Handlungsbedarf zur Förderung „offener Adoptionen" und zur Verbreitung des Forschungsfeldes der Sozialwissenschaften sieht, S. 134); *Paulitz*, Offene Adoptionen, S. 40.
[138] *Paulitz*, Offene Adoptionen, S. 26 f., 40.
[139] BGH NJW 2009, 145 = FamRZ 2009, 23 [24, 25]; BGHZ 183, 197 = NJW 2010, 365 = FamRZ 2010, 111 [24]. An dieser Rspr. wird der BGH nach dem Verdikt der „Dreiteilung" durch den Beschluss des BVerfG v. 25. 1. 2011 (NJW 2011, 836 = FamRZ 2011, 437) nicht mehr festhalten können; s. dazu auch § 1578 Rn. 40.
[140] Zur Problematik der Stiefkindadoption auch § 1743 Rn. 4; *Staudinger/Frank* § 1741 Rn. 42-47, § 1743 Rn. 8.

Kindes in seine Herkunftsfamilie angelegt. Doch hat das Jugendamt „vor und während einer langfristig zu leistenden Hilfe außerhalb der eigenen Familie" des Kindes oder Jugendlichen „zu prüfen, ob eine Annahme als Kind in Betracht kommt" (§ 36 Abs. 1 S. 2 SGB VIII). Dieser scheinbare Vorrang der Adoption[141] ist aufgrund der verfassungsrechtlich vorgegebenen Verhältnismäßigkeit zu relativieren: Um die emotionalen und rechtlichen Bindungen des Kindes zu seiner Herkunftsfamilie zu erhalten, kommt eine Adoption nur in Betracht, wenn das Kindeswohl durch sie besser gewahrt werden kann als durch eine Vollzeitpflege (dazu auch Rn. 6, 16-17).

II. Rechtliche Folgerungen

Da das geltende Adoptionsrecht mit dem Prinzip der **Volladoption** idR zu einer vollständigen Aufhebung der verwandtschaftsrechtlichen Beziehungen des Kindes zu seinen leiblichen Eltern und deren Verwandten führt, bewirkt die Annahme als Kind für sie den Verlust ihres Sorge- und Umgangsrechts (zu letzterem aber auch Rn. 40) für und mit dem Kind sowie ihres Unterhalts- und Erbrechts gegenüber dem Kind und für das Kind den Verlust des Unterhalts- und Erbrechts gegenüber seinen leiblichen Eltern sowie seiner rechtlichen Abstammung von diesen. Ausnahmen sehen §§ 1755 Abs. 1 1756 Abs. 2, 1757 Abs. 4 vor. Dieser apodiktische Abbruch der rechtlichen und tatsächlichen Beziehungen des Kindes zu den leiblichen Eltern und deren Verwandten wird nicht immer den tatsächlichen Gegebenheiten gerecht.

Bei der **Pflegekindadoption** ist dies offensichtlich, dient das Pflegeverhältnis doch nur der „Verbesserung der Erziehungsbedingungen in der Herkunftsfamilie" unter Berücksichtigung auch seiner „persönlichen Bindungen" (§ 33 S. 1 SGB VIII). Eine Volladoption ist dann aber nur gerechtfertigt, wenn aus den von den leiblichen Eltern zu vertretenden Gründen schützenswerte persönliche Beziehungen zu dem Kind nicht mehr bestehen. I. Ü. ist ihnen aber jedenfalls durch die Einräumung eines Umgangsrechts, ggf. aber auch eines teilweisen Sorgerechts, und die Berücksichtigung der Herkunft des Kindes bei seinem Vor -und Familiennamen Rechnung zu tragen. Zudem geht es um die Ersetzung der verweigerten Einwilligung eines leiblichen Elternteils nach § 1748,[142] wenn der Schutz des Pflegeverhältnisses durch §§ 1632 Abs. 4, 1684 Abs. 4 und die Wahrung der Belange der leiblichen Eltern durch § 1684 Abs. 1 ausreicht. Kommt es zu Unzuträglichkeiten, wenn die elterliche Sorge nach wie vor den leiblichen Eltern zusteht, wäre die Anordnung einer Vormundschaft unter Bestellung der Pflegeeltern zum Vormund nach Entzug der elterlichen Sorge nach § 1666 ein gangbarer Weg, um den leiblichen Eltern jedenfalls das Umgangsrecht mit dem Kind zu erhalten. Nur wenn letzteres ausgeschlossen werden müsste, kann eine Ersetzung der Einwilligung gerechtfertigt sein.[143]

Für die **Stiefkindadoption** ist dies schon deshalb augenscheinlich, weil der leibliche Elternteil in namensrechtlicher Hinsicht bereits bislang durch § 1618 geschützt ist. – Für beide Adoptionsarten besteht kein Bedürfnis für eine Inkognitoadoption und idR auch nicht für ein Offenbarungs- und Ausforschungsverbot. Ganz im Gegenteil ist ein Umgangs- und Auskunftsrecht iSd. §§ 1685 Abs. 2, 1686 sachgerecht.

„**Offene Adoptionen**", mit denen Inkognitoadoptionen nicht vereinbar sind, können in diesen Fällen helfen,[144] ohne auf sie beschränkt zu sein. Sie werden auch bereits nach geltendem Recht praktiziert, setzen allerdings die Zustimmung der Annehmenden und des Anzunehmenden voraus (§ 1758 Abs. 1). Dies erfordert einen intensiven Beratungs- und Vermittlungsaufwand der Adoptionsvermittlungsstelle und des Jugendamts.[145] – Schriftliche **einvernehmliche Regelungen** zwischen leiblichen und Adoptiveltern, wie sie im ausländischen Schrifttum bejaht werden,[146] sind im Rahmen von § 1758 möglich, da dieser Regelungsgegenstand dispositiv ist; als Dokumentation der vereinbarten Befugnisse und Auskunftsrechte der leiblichen Eltern ist sie auch von praktischem Nutzen. Zudem sind Vereinbarungen zum **Umgang** der leiblichen Eltern zwischen ihnen und den Annehmenden möglich (dazu auch § 156 FamFG).[147] Nach § 36 FamFG können die Beteiligten des Adoptionsverfahrens insoweit auch einen Vergleich schließen, den das FamG entsprechend § 156 Abs. 1 FamFG billigen und aus dem dann entsprechend §§ 88 ff. FamFG vollstreckt werden kann. Entsprechend § 165 FamFG zum Umgangsrecht kann auch ein Vermittlungsverfahren dienlich sein. Unter Wahrung des Kindeswohls und Berücksichtigung dessen möglicher Gefährdung müsste das

---

[141] *Wiesner* § 36 SGB VIII Rn. 32; *Staudinger/Frank* Vor § 1741 Rn. 40 mwN.
[142] So grundlegend und zutreffend *Longino* S. 81 ff.
[143] Ähnlich *Longino* S. 106 ff.
[144] *Staudinger/Frank* Vor § 1741 Rn. 40.
[145] Dazu auch eingehend *BAGLJÄ* Empfehlungen 5. Aufl. (§ 1744 Anh.) Nr. 6.1.2.
[146] Dazu *Gräfin von Schlieffen* S. 129.
[147] *Staudinger/Frank* § 1751 Rn. 9.

§ 1741

Offenbarungs- und **Ausforschungsverbot** (§ 1758) aufgelockert und den leiblichen Eltern Auskunftsrechte eingeräumt werden. – Das Recht der leiblichen Eltern auf Kenntnis steht auch in Wechselwirkung zum Recht des **Kindes** auf Kenntnis der eigenen Abstammung (dazu § 1758 Rn. 25-26). Je mehr das Kind bereits selbst auf der Suche nach seiner Herkunft ist, umso weniger wird es gerechtfertigt sein, die leiblichen Eltern von Kenntnissen über das Kind, ggf. auch von seinem Aufenthalt, auszuschließen, wenn dem nicht die Rechte der Adoptiveltern unabdingbar entgegenstehen. – Annahmetypus und seine Folgen für die **Verwandtschaft** stehen nicht im Vordergrund, weil es bei der „offenen Adoption" weniger um formalrechtliche Positionen als um die Erfassung und den Ausgleich der emotionalen Beziehungen der am Adoptionsverhältnis Beteiligten geht. Trotzdem ruft die Stärkung der emotionalen Beziehung zwischen Kind und der leiblichen Familie das Bedürfnis für eine auch rechtliche Stärkung hervor, um das Kind insbesondere in die Erbfolge der leiblichen Familie zu integrieren. Doch darf weder die Adoptivfamilie noch die leibliche Familie über das Kind am Nachlass der jeweils anderen Familie beteiligt werden. Zudem kann ein Bedürfnis bestehen, die leiblichen Eltern am Unterhalt des Kindes, ggf. nachrangig, iS einer abgeschwächten (§ 1756) oder schwachen Adoption (§ 1770) zu beteiligen.

E. Rechtsvergleichung

52 In Europa, Nordamerika und den von europäischen Vorbildern beeinflussten Rechten Asiens und Afrikas überwiegt, durchweg nach dem Zweiten Weltkrieg eingeführt, die **Volladoption** mit allerdings unterschiedlicher Ausgestaltung ihrer Voraussetzungen und Wirkungen.[148] Demgegenüber kennen insbesondere das belgische, französische und italienische Recht sowie eine Vielzahl lateinamerikanischer Rechtsordnungen[149] die **schwache Adoption.** Zur Rechtsvergleichung besonders geeignet ist das zeitlich parallel zum deutschen AdoptG (dazu Rn. 12) entstandene, Art. 264-269 ZGB umgestaltende Bundesgesetz über die Änderung des Schweizerischen Zivilgesetzbuchs vom 3. 6. 1972.

53 Ausländische Rechte, die ebenfalls ein Elternrecht respektieren, lassen unter teilweise weiter gefassten Voraussetzungen die **Ersetzung** der elterlichen Einwilligung zu.[150] Andere Rechte lassen das Kind in einem besonderen Verfahren unter ähnlichen Voraussetzungen für „verlassen" erklären und schließen eine Adoption (ohne Zustimmung der Eltern) an.[151]

Untertitel 1. Annahme Minderjähriger

§ 1741 Zulässigkeit der Annahme

(1) ¹Die Annahme als Kind ist zulässig, wenn sie dem Wohl des Kindes dient und zu erwarten ist, dass zwischen dem Annehmenden und dem Kind ein Eltern-Kind-Verhältnis entsteht. ²Wer an einer gesetzes- oder sittenwidrigen Vermittlung oder Verbringung eines Kindes zum Zwecke der Annahme mitgewirkt oder einen Dritten

---

[148] Einen Überblick bietet das Kreisschreiben der Eidgenössischen Justizabteilung v. 25. 5. 1975, ZfJ 1976, 59-74; Gesetzestexte in deutscher Sprache bei *Bergmann/Ferid*, Internationales Ehe- und Kindschaftsrecht.

[149] S. dazu die Aufstellung bei *Heinrich* ZVglRWiss 85 (1986), 100, 104 ff.

[150] Bsp.: **Frankreich** Art. 348-6 c. c. (mit Wirkung ab 1. 7. 2006): Die Verweigerung der Zustimmung durch die Eltern oder durch einen von ihnen muss missbräuchlich sein, und sie müssen unter Gefährdung der Gesundheit oder der Moral des Kindes für dieses kein Interesse gezeigt haben. Gleichgültigkeit der Eltern in einem Maße, dass hierdurch Gesundheit und sittliches Wohl des Kindes gefährdet werden (vgl. ferner Art. 350 idF des Gesetzes vom 4. 7. 2005). – **Großbritannien** 16 (2) Adoption Act 1976: Weigerung ohne vernünftigen Grund, Vernachlässigung, Misshandlung des Kindes oder andere Nichterfüllung elterlicher Pflichten ohne vernünftigen Grund. – **Österreich.** § 181 Abs. 3 ABGB, von der Rspr. aber einschränkend ausgelegt: Ersetzung, wenn keine gerechtfertigten Gründe für die Weigerung vorliegen. – **Schweiz** Art. 265 c ZGB: Von der Zustimmung eines Elternteils kann abgesehen werden, wenn er unbekannt, mit unbekanntem Aufenthalt länger abwesend oder dauernd urteilsunfähig ist.

[151] Bsp.: **Belgien** Art. 370 bis c. c.: Durch eine Person oder Einrichtung aufgenommenes Kind, das vorsätzlich nicht die notwendige Zuwendung (relations affectives) von seinen Eltern, welche die Ausübung der elterlichen Sorge schwer vernachlässigen, erfahren hat. – **Italien** Die Adoption Minderjähriger setzt die Erklärung der Adoptionsfähigkeit (adottabilità) voraus, die u. a. erfolgen kann bei Hilfsbedürftigkeit, der die Eltern nach erfolgter oder versuchter Belehrung nicht abhelfen, Art. 8, 12, 15 Ges. Nr. 184 vom 4. 5. 1983 zur Regelung der Adoption und der Pflegekindschaft Minderjähriger.

hiermit beauftragt oder hierfür belohnt hat, soll ein Kind nur dann annehmen, wenn dies zum Wohl des Kindes erforderlich ist.

(2) [1]Wer nicht verheiratet ist, kann ein Kind nur allein annehmen. [2]Ein Ehepaar kann ein Kind nur gemeinschaftlich annehmen. [3]Ein Ehegatte kann ein Kind seines Ehegatten allein annehmen. [4]Er kann ein Kind auch dann allein annehmen, wenn der andere Ehegatte das Kind nicht annehmen kann, weil er geschäftsunfähig ist oder das 21. Lebensjahr noch nicht vollendet hat.

Schrifttum: *Breitkopf,* Die Stellung des mit der Mutter nicht verheirateten Vaters bei der Adoption des Kindes. Familienrecht und Verfassung in der Bundesrepublik Deutschland und in den Vereinigten Staaten von Amerika, 1991; *Hillegaart,* Adoption. Kindeswohl und Kinderwunsch, 1990; *Hohloch,* Adoption des nichtehelichen Kindes durch die Großeltern, JuS 1996, 1033; *Horstmann/Coester* (Hrsg.), Stieffamilie, Zweitfamilie: Reflexionen über einen an gesellschaftlicher Bedeutung zunehmenden Familientypus, 1994; *Katzenmaier,* Rechtfragen der „Babyklappe" und der medizinisch assistierten „anonymen" Geburt, FamRZ 2005, 1134; *Kleinz,* Adoption im Doppelpack?, ZKJ 2008, 404; *Heinz,* Das Minderjährigkeitserfordernis im Adoptionsrecht, ZRP 1995, 171; *Strick,* Die Adoption des eigenen Kindes. Zum Abbruch statusrechtlicher Verwandtschaftsbeziehungen, 1996. – S. auch das Schrifttum Vor § 1741.

Übersicht

	Rn.		Rn.
A. Normzweck	1	c) Besondere Eignung der Adoptionsbewerber	23
B. Personale Annahmevoraussetzungen	2–7	d) Vermögensinteressen	24
		e) Ersatzmutterschaft	25
I. Identität	2, 3	**III. Eltern-Kind-Verhältnis**	26–30
II. Annahmefähigkeit	4–7	1. „Soziale Elternschaft"	26
1. Rechtsfähigkeit	4	2. Verwandte	27, 28
2. Geschäftsfähigkeit	5, 6	3. Altersabstand	29
3. Geschlecht	7	4. Pflegeverhältnis	30
C. „Kind"	8–12	**IV. Kinderhandel**	31–36
I. Minderjährigkeit	8, 9	1. Ausgeschlossene Personen	31
II. Eigenes Kind	10–12	2. Zuführung des Kindes	32
1. Grundsätze	10	3. Gesetzes- oder Sittenwidrigkeit	33–35
2. „Eigenes Kind"	11, 12	4. Erforderlichkeit	36
D. Materielle Annahmevoraussetzungen	13–36	**E. Gemeinschaftliche und Einzelannahme**	37–49
I. Grundsätze	13	**I. Gemeinschaftliche Annahme durch Ehegatten**	37
II. Kindeswohl	14–25	**II. Ausnahme: Einzelannahme**	38–49
1. Vorverständnis	14	1. Annahme durch einen Ehegatten	38–44
2. Begriff	15, 16	a) Fehlende Annahmefähigkeit	39
3. Maßgebliche Umstände	17–25	b) Stiefkindadoption	40–43
a) Lage des Kindes	17, 18	c) Ausländisches Annahmehindernis	44
b) Eignung des Annehmenden	19–22	2. Annahme durch Unverheiratete	45–49
		a) Ausschließlichkeit	45–47
		b) Besondere Lebensformen	48, 49

A. Normzweck

Diese Schlüsselnorm des Adoptionsrechts[1] regelt die maßgeblichen Grundsätze für die Annahme **1** als Kindes. Abs. 1 nennt die wichtigsten materiellen **Voraussetzungen** für eine Annahme an Kindes statt.[2] Abs. 2 bestimmt, wer ein Kind annehmen kann; er öffnet die Adoption praktisch für **jeder-**

---

[1] Zu ihrer Entstehungsgeschichte s. näher *Staudinger/Frank* Rn. 7-11.
[2] BReg (BT-Drucks. 7/3061 S. 81) und *Engler* FamRZ 1975, 128 verstanden die Angabe des Zwecks der Adoption als Programmsatz. Die Schärfung des Verständnisses als Voraussetzungen der Adoption ist auf den BR zurückzuführen, s. BT-Drucks. 7/3061 S. 73 (Abs. 2, 3 aF wurden in § 1741a zusammengefasst).

mann und für **jedes Kind**. Ausgeschlossen ist nur die Annahme **eigener Kinder,**[3] weil sie ihren Status durch eine Annahme weder rechtlich noch tatsächlich verbessern können (dazu Rn. 10-11). Abs. 1 und Abs. 2 stehen in keinem näheren inhaltlichen Zusammenhang. – Mit der Unterscheidung zwischen der Annahme Minderjähriger und der Volljähriger verfolgt das Gesetz einen adoptionsrechtlichen Zweck: Nur der **Minderjährige** schien dem Gesetzgeber geeignet, in die Familie des Annehmenden noch so aufgenommen zu werden, dass die *zwingende* Folge der Volladoption (§§ 1754-1757) angemessen ist. Für die Annahme **Volljähriger** eröffnet § 1772 dagegen ein Wahlrecht. – Der sprachlich missglückte[4] **Abs. 1 S. 2** soll durch das zusätzliche, eine Annahme **erschwerende**[5] Erfordernis, dass sie zum Wohle des Kindes erforderlich sein muss, „dem Kindeshandel und vergleichbaren Praktiken präventiv entgegenwirken"[6] und klarstellen, dass für eine Annahme allein das Entstehen eines Eltern-Kind-Verhältnisses und das Kindeswohl ausschlaggebend sind, um den Praktiken skrupelloser Annahmewilliger vorzubeugen[7] und vor allem der illegalen Zuführung von Kindern entgegenzuwirken (dazu Rn. 31-36). Sie steht in direktem Zusammenhang mit dem **Vermittlungs-** und **Anzeigenverbot** in §§ 5, 6 AdVermiG (dazu § 1744 Anh. Rn. 13-16; s. auch § 1744 Rn. 6). – Der Aufbau von **Abs. 2** richtet sich nach dem rechtlichen **Status des Annehmenden** (verheiratet oder nicht verheiratet), nicht nach dem des Kindes – familienfremde, verwandte oder Stiefkinder – oder den Wirkungen der Annahme – gemeinschaftliches Kind der Ehegatten (§ 1754 Abs. 1) bzw. Kind des Annehmenden (§ 1754 Abs. 2).[8] – Zur Anerkennung **ausländischer Adoptionsentscheidungen** s. § 1752 Anh.

B. Personale Annahmevoraussetzungen

I. Identität

2   Die Identität der Annehmenden, des Kindes und der leiblichen Eltern muss feststehen. Das FamG hat deshalb von Amts wegen (§ 26 FamFG) die **Ermittlungen** zu ihrer Feststellung anzustellen. Dies gebietet nicht nur das Interesse der Allgemeinheit, der Annehmenden und des anzunehmenden Kindes auf Kenntnis seiner Herkunft, sondern auch das Recht und das Interesse der leiblichen Eltern an ihrem Kind, weil durch die Annahme grundsätzlich ihre Rechtsbeziehungen zu dem Kind aufgehoben werden und sie deshalb im Annahmeverfahren die Rechtsstellung eines Verfahrensbeteiligten haben (§ 188 Abs. 1 Nr. 1 lit. b FamFG).

3   Lediglich ausnahmsweise kann die Annahme auch **ohne Feststellung** der Identität eines Beteiligten erfolgen, etwa wenn es sich bei dem anzunehmenden Kind um ein Findelkind, ein in eine Babyklappe gelegtes Kind[9] oder um ein Flüchtlingskind[10] handelt oder die Mutter des Kindes den leiblichen Vater nicht bekannt gibt (dazu auch § 1747 Rn. 10). Doch sind auch insoweit zunächst alle Erkenntnismöglichkeiten auszuschöpfen, um die Verkürzung der Rechte der leiblichen Eltern möglichst auszuschließen.

II. Annahmefähigkeit

4   **1. Rechtsfähigkeit.** Annehmende und anzunehmendes Kind müssen **natürliche** und **rechtsfähige Personen** (§ 1) sein. Die Annehmenden müssen aktiv annahmefähig, das anzunehmende Kind muss passiv annahmefähig sein. – Die **aktive** Annahmefähigkeit der Annehmenden betrifft ihr Alter

---

[3] Zum alten Recht, das lediglich die Annahme eines eigenen ehelichen Kindes ausschloss, s. OLG Hamm FamRZ 1978, 735 mwN.
[4] Dazu näher FamRefK/*Maurer* Rn. 4.
[5] BT-Drucks. 13/8511 S. 75.
[6] Eingefügt auf Vorschlag des RA-BT nach Forderungen aus der Praxis, BT-Drucks. 13/8511 S. 75; s. dazu BT-Drucks. 11/5212 und 11/7618. Nach *Staudinger/Frank* Rn. 5 enthält S. 2 keine zusätzliche Adoptionsvoraussetzung.
[7] *Knittel* ZfJ 1997, 355 = DAVorm 1997, 650, 658.
[8] Die Neuregelung ab 1. 7. 1998 durch Art. 1 Nr. 27 KindRG führte zu folgenden Änderungen: Abs. 3 S. 1 aF wird ohne inhaltliche Änderung zu Abs. 2 S. 1 nF (dazu Rn. 45-49). Abs. 3 S. 2 aF wird ersatzlos aufgehoben; damit entfällt die – ohnehin auf nichteheliche Kinder beschränkte – Möglichkeit, ein eigenes Kind zu adoptieren (dazu Rn. 10-11). S. 1 (gemeinschaftliche Annahme durch Ehegatten) entspricht § 1749 Abs. 1 aF; Vorläufer von S. 2 (und Abs. 3 S. 2) ist § 1742a aF (soweit nichteheliche Kinder betroffen sind).
[9] Dazu *Mittenzwei* ZfL 2000, 37; *Wolf* FPR 2001, 345; s. auch Kind-Prax 2000, 184.
[10] Das AG Elmshorn FamRZ 2009, 1691 f. hat nach Ausschöpfung aller Erkenntnismöglichkeiten die Annahme ohne Feststellung der Identität des Anzunehmenden mit vietnamesischer Staatsangehörigkeit ausgeschlossen, der ohne Identitätsnachweis eingereist war und sich bereits seit 10 Jahren im Inland in einer Pflegefamilie aufhält; ersichtlich sollte mit der Adoption der Abschiebung vorgebeugt werden.

(§ 1743) und ihren Personenstand (Abs. 2, § 1742). Die Annehmenden müssen, obwohl das Adoptionsrecht keine weiteren ausdrücklichen Voraussetzungen aufstellt, auch im Übrigen voll geschäftsfähig sein, da der Annahmeantrag auch eine Willenserklärung im materiell-rechtlichen Sinne ist (dazu § 1752 Rn. 3). – Die **passive** Annahmefähigkeit des anzunehmenden Kindes ist unabhängig von seinem Alter und seiner Staatsangehörigkeit und dafür maßgeblich, ob zwischen den Annehmenden und dem Anzunehmenden ein Eltern-Kind-Verhältnis entstehen kann (Abs. 1 S. 1) oder die Annahme sittlich gerechtfertigt ist (§ 1767 Abs. 1 Halbs. 1). Sie beginnt mit der Rechtsfähigkeit des Anzunehmenden, also mit seiner Geburt (§ 1; zu ausländischen Staatsangehörigen s. Rn. 8-9). Das Alter ist maßgebend für die Abgrenzung einer Minderjährigen- von einer Volljährigenadoption ist (dazu Rn. 8).

2. Geschäftsfähigkeit. Die Annehmenden müssen grundsätzlich **geschäftsfähig** sein (dazu auch § 1752 Rn. 4). Allerdings erhöht § 1743 Abs. 1 das Annahmealter auf 25 und für die Stiefkindadoption auf 21 Jahre (§ 1743 Rn. 5). Dies gilt auch bei einer Volljährigenadoption (dazu auch § 1768 Rn. 4). – **Beschränkte Geschäftsfähigkeit** kann nach der Aufhebung der §§ 114, 115[11] nur noch bei Minderjährigkeit vorliegen (vgl. § 1743 Abs. 1). – Ist der **Ehegatte** des Annehmenden geschäftsunfähig oder hat er – was die beschränkte Geschäftsfähigkeit mit umfasst – das 21. Lebensjahr noch nicht vollendet, kann der andere Ehegatte ohne Zustimmung des nicht annahmefähigen (§ 1749 Abs. 3 Alt. 1) **allein** annehmen (Abs. 2 S. 4, dazu auch Rn. 39).[12]

Weil **Geschäftsunfähige** (§ 104 Nr. 2) nicht annahmefähig sind (dazu Rn. 5), sind sie auch nicht verfahrensfähig (§ 9 Abs. 1 Nr. 1 FamFG).[13] Sie können, da ihr Antrag nicht durch einen Vertreter gestellt werden kann (§ 1752 Abs. 2 S. 1), einen Annahmeantrag nicht wirksam stellen.[14] – **Beschränkt geschäftsfähige** Annehmende gibt es wegen des Mindestalters nicht (dazu Rn. 5).

3. Geschlecht. Die Annahmefähigkeit ist unabhängig von **Geschlecht** und **sexueller Orientierung** des Annehmenden. Dies folgt aus dem Gleichheitsgebot (Art. 3 Abs. 3 S. 1 GG) und dem Diskriminierungsverbot (Art. 14 EMRK iVm. Art. 8 EMRK). Insoweit ist in der Zulassung von Adoptionen durch Lebenspartner (§ 9 Abs. 7 S. 2 LPartG) auch eine allgemeine Leitentscheidung des Gesetzgebers zu sehen. S. aber auch Rn. 20, zur Adoption in der **Lebenspartnerschaft** s. Rn. 49, zu **menschen-** und **grundrechtlichen** Fragestellungen s. Vor 1741 Rn. 27).

C. „Kind"

I. Minderjährigkeit

Für das anzunehmende Kind gibt es kein **Mindestalter.** Allerdings können die leiblichen Eltern ihre Einwilligung frühestens 8 Wochen nach der Niederkunft erteilen (§ 1747 Abs. 2 S. 1; s. auch die Ausnahme für den nichtehelichen Vater in § 1747 Abs. 3 Nr. 1), zudem ist meist die Adoptivpflegezeit (§ 1744) abzuwarten. – Die Abgrenzung einer **Minderjährigen-** von einer **Volljährigenadoption** (dazu auch § 1767 Rn. 3) ist nach dem anzuwendenden **Adoptionsstatut** vorzunehmen. Deshalb richtet sich die Volljährigkeit eines ausländischen Staatsangehörigen nicht stets nach seinem Heimatrecht (Art. 7 Abs. 1 EGBGB), weil sonst das Adoptionsstatut nicht gemäß seinen Voraussetzungen angewandt würde,[15] sondern bei einer Annahme nach inländischem Sachrecht nach § 2 (Art. 22 EGBGB; dazu auch § 1752 Anh. § 1 AdWirkG Rn. 4-5).[16]

Maßgeblich ist somit immer die Vollendung des **18. Lebensjahres.** Die Volljährigkeit führt aber nicht stets auch zur Regelgeschäftsfähigkeit; denn Art. 7 Abs. 1 EGBGB, der das Heimatrecht beruft, bleibt anwendbar, wo adoptionsrechtliche Folgen von der Geschäftsfähigkeit abhängen (§ 1768

---

[11] Durch Art. 1 Nr. 3 BtG mit Wirkung ab 1. 1. 1992 (Art. 11 BtG).
[12] Zum Ganzen auch *Liermann* FuR 1997, 217, 218.
[13] Jedoch führt nicht die fehlende Verfahrensfähigkeit zur Annahmeunfähigkeit: Das Verfahrensrecht leitet sich vom materiellen Recht ab, weshalb umgekehrt die Annahmeunfähigkeit zur Verfahrensunfähigkeit führt, s. MünchKommZPO/*Maurer* Vor § 186 FamFG Rn. 12 Fn. 15; aA 5. Aufl. Rn. 3 aE; *Soergel/Liermann* Rn. 1.
[14] *Erman/Saar* Rn. 3. Die Aufhebung von Abs. 4 aF durch das KindRG sollte hieran nichts ändern (dazu auch § 1752 Rn. 5).
[15] Art. 22 EGBGB Rn. 20 mwN; ebenso im Ansatz AG Korbach StAZ 1981, 203 m. Anm. *v. Mangoldt,* Nied StAZ 1982, 58, das jedoch - verfehlt - über Art. 7 Abs. 3 EGBGB zum deutschen Recht gelangt. AA aber die wohl hM, etwa BayObLGZ 1986, 155 = StAZ 1986, 318, 319 = FamRZ 1986, 1042 f. (LS.); NJW-RR 1995, 1287 = FamRZ 1996, 183; Hess. VGH StAZ 1985, 312, 314 unter Bezugnahme auf missverständliche Äußerungen im IPR; OLG Bremen OLGR 2006, 510, 511; OLG Karlsruhe NJWE-FER 2000, 52 = FamRZ 2000, 768; VG Darmstadt StAZ 1984, 44, 47 (als Vorinstanz zu Hess. VGH aaO) m. zust. Anm. *v. Mangoldt; Staudinger/Henrich* Rn. 26; *Erman/Hohloch* Rn. 7, jeweils zu Art. 22 EGBGB; *Staudinger/Frank* Rn. 13; (die angeführte Entscheidung LG Stade FamRZ 1976, 232 ist noch unter altem Recht ergangen); *v. Mangoldt* StAZ 1981, 204.
[16] Ebenso 4. Aufl. Art. 22 EGBGB Rn. 20 mwN, auch zur abw. Auffassung.

Abs. 2; zu den staatsangehörigkeitsrechtlichen Folgen s. §§ 1754, 1755 Rn. 13, 20, zur elterlichen Sorge und Unterhaltspflicht über so angenommene Volljährige s. § 1767 Rn. 21). Diese (hohe) **Altersgrenze** ist rechtspolitisch nicht unbedenklich[17] und erscheint lediglich in Grenzfällen vertretbar. – Nach dem Heimatrecht vorgeschriebene **Einwilligungen** bleiben nach Art. 23 EGBGB (dazu Vor § 1741 Rn. 12) erforderlich. – Abzustellen ist stets auf den **Erlass** des Adoptionsbeschlusses (Stichtagsprinzip; dazu § 1752 Rn. 42).[18] Unerheblich ist der Eintritt seiner Wirksamkeit mit der Zustellung an den Annehmenden (§ 197 Abs. 2 FamFG), weil der Adoptionsbeschlusses nur mit seinem Inhalt wirksam werden kann.[19] – Demgegenüber ist nach Art. 3 HaagAdoptÜbk (dazu § 1752 Anh.) ein – vorgelagerter – Zeitpunkt maßgebend, zu dem die Zentralen Behörden des Heimat- wie des Aufnahmestaates der Fortsetzung des Adoptionsverfahrens zugestimmt haben (dazu § 1752 Anh. § 1 AdWirkG Rn. 5). – Zum Verfahren, wenn das Kind nach Antragstellung, aber vor der Entscheidung des FamG **volljährig** wird, s. § 1752 Rn. 42, zum **versehentlichen** Ausspruch einer (schwachen) Volljährigen- statt einer Minderjährigenadoption und umgekehrt s. § 1752 Rn. 43.

II. Eigenes Kind

1. Grundsätze. Abs. 3 S. 2 aF[20] ermöglichte bewusst[21] die Annahme eines eigenen „**nichtehelichen**" – nicht auch eines ehelichen[22] – Kindes, um die ehemals nach §§ 1705, 1709 aF mit dessen Geburt eintretende Amtspflegschaft und die damit einhergehenden Einschränkungen der elterlichen Sorge der Mutter dadurch zu umgehen, dass das Kind mit der Annahme die rechtliche Stellung eines ehelichen Kindes des annehmenden Elternteils (§ 1754 Abs. 2 aF) erlangt. Infolge der ersatzlosen Streichung von Abs. 3 S. 2 aF (Art. 1 Nr. 27 lit. b, c KindRG)[23] **entfällt** die Annahme eines eigenen Kindes, weil nach der Abschaffung der Amtspflegschaft (Art. 1 Nr. 3 BeistandG) und der nunmehr grundsätzlich vollen alleinigen Sorgerechtsinhaberschaft der nichtehelichen Mutter (§ 1626a Abs. 2) die Erlangung der „vollen", durch eine Amtspflegschaft ungeschmälerte elterliche Sorge nicht mehr von Bedeutung ist.[24] Zudem hielt der Gesetzgeber das Ziel, den Umgang des anderen Elternteils mit dem Kind sowie die Zeugung und Geburt von Kindern, deren Eltern nicht miteinander verheiratet sind, zu verbergen,[25] nicht mehr tragfähig.[26] Auch fehle es mit der Aufgabe der Unterscheidung zwischen ehelichen und nichtehelichen Kindern und mit deren weitgehender Gleichstellung an einem Bedürfnis, den außerhalb einer Ehe geborenen Kindern durch eine Annahme die rechtlichen Vorteile zu verschaffen, die den innerhalb einer Ehe geborenen Kindern zukommen. – Zum **Übergangsrecht** s. § 1772 Anh. Rn. 27. – Folgende Rechtsänderungen tragen diesen Vorgaben Rechnung:[27]
– Übereinstimmende Erklärungen der nicht verheirateten Eltern führen zu einem gemeinsamen Sorgerecht (§ 1626a Abs. 1 Nr. 1).

---

[17] AA offenbar *v. Mangoldt* StAZ 1981, 204. – Niedrigere Grenzen für Volladoption zB in Frankreich: grundsätzlich nur bis 15 Jahre (Art. 345 Abs. 1 c. c., Ausnahme in Abs. 2). Die in Italien zunächst bestehende Grenze von 8 Jahren wurde durch Ges. v. 4. 5. 1983 beseitigt, vgl. *Luther* StAZ 1983, 334.

[18] BayObLGZ 1996, 77 = NJW-RR 1996, 1093 = FamRZ 1996, 1034, 1035 m. Anm. *Liermann*; OLG Karlsruhe NJWE-FER 2000, 52 = FamRZ 2000, 768. – *Kirchmayer* StAZ 1995, 262 ff. möchte § 6 StAG, Art. 1 HaagAdoptÜbk (dazu § 1752 Anh. Vor § 1 AdWirkG Rn. 1) entsprechend anwenden, ablehnend *Liermann* FuR 1997, 266. – Zu den Rechtsfolgen einer unzutreffenden Anwendung der Regeln über die Minderjährigenadoption s. § 1772 Rn. 9.

[19] Zum Ganzen *Staudinger/Frank* Rn. 12.

[20] Eingefügt durch das *NeG* (s. Vor § 1741 Rn. 12). Zur Unverhältnismäßigkeit dieser Regelung s. BVerfGE 92, 158 = NJW 1995, 2155 = FamRZ 1995, 789, 793 (unter C. I. 3. b bb).

[21] BT-Drucks. V/2370 S. 79 zu Nr. 39. Zur Kritik aus rechtspolitischer Sicht s. etwa *Kropholler* AcP 185 (1985), 245, 292 f.; *Schumann* Die nichteheliche Familie S. 340 f., 342 f. sowie 3. Aufl. Rn. 45.

[22] *Staudinger/Frank* Rn. 54.

[23] OLG Thüringen FGPrax 1999, 224 = FamRZ 2000, 767 (dort auch zur verfassungsrechtlichen Rückwirkungsproblematik); FamRefK/*Maurer* Rn. 22; *Palandt/Diederichsen* Rn. 14; *Erman/Saar* Rn. 30. Damit entfällt auch die Notwendigkeit einer gemeinsamen Adoption nicht verheirateter Eltern (befürwortet von *Bosch* FamRZ 1991, 1121, 1127; verneint von *Schwenzer*, Gutachten 59. DJT, 1992, A 69; *Coester* JZ 1992, 809, 815), die durch das gemeinsame Sorgerecht (§ 1626a Abs. 1 Nr. 1) sowie wechselseitige Unterhaltspflicht und Erbrecht adäquat ersetzt wird.

[24] Damit ist auch die Forderung aus Art. 12 Nr. 3 EuAdAbk (dazu Vor § 1741 Rn. 14) erfüllt: „Die Rechtsordnung darf einer Person nicht untersagen, ihr nichteheliches Kind anzunehmen, wenn die Adoption die Rechtsstellung des Kindes verbessert."

[25] So RA-BT BT-Drucks. 7/5087 S. 9.

[26] BT-Drucks. 13/4899 S. 111.

[27] Dazu auch *Liermann* FuR 1997, 217, 218; FamRefK/*Maurer* Rn. 22.

Zulässigkeit der Annahme 11–14 § 1741

– Der Vater kann die elterliche Sorge nach §§ 1671, 1672 übertragen erhalten.
– Beim Tod der Mutter steht nach § 1680 die elterliche Sorge dem Vater zu, wenn Sorgeerklärungen vorgelegen haben (Abs. 1), ansonsten kann sie ihm übertragen werden, wenn der Mutter das Sorgerecht gemäß §§ 1671, 1672 (Abs. 2 S. 1) oder nach § 1626a Abs. 2 (Abs. 2 S. 2) alleine zustand.

2. „Eigenes Kind". Eigenes Kind ist nur das Kind, zu dem die **rechtliche Elternschaft** 11 feststeht.[28] **Ausgeschlossen** von einer Annahme ist mithin:
– Die **Mutter,** die das Kind geboren hat (§ 1591). Im Falle einer **Leihmutterschaft** kann die biologische Mutter das Kind dagegen adoptieren, weil sie es nicht geboren hat. Die Feststellung und Anerkennung der Vaterschaft ist gleichwohl möglich, weil das Kind mit der Annahme durch seine biologische Mutter nicht die Stellung eines ehelichen Kindes erlangt (§ 1754 Abs. 2).[29]
– Der **Mann,**
  – der im Zeitpunkt der Geburt mit der Mutter des Kindes verheiratet war, ohne dass seine **Nichtvaterschaft** auf Grund einer Anfechtung rechtskräftig festgestellt ist (§§ 1592 Nr. 1, 1599 Abs. 1).
  – „dessen" Kind nach Anhängigkeit eines Scheidungsantrags geboren wurde und der spätestens 1 Jahr nach rechtskräftigem Scheidungsausspruch die Vaterschaft anerkannt hat (§§ 1592 Nr. 1, 1599 Abs. 2 S. 1 Halbs. 1). Statt dessen kann er das Kind auch mit Zustimmung der rechtlichen Eltern adoptieren, allerdings mit den Rechtsfolgen u. a. aus § 1755, dass die Verwandtschaftsbeziehungen auch zur Mutter erlöschen; zudem schließt die Annahme die spätere Feststellung oder Anerkennung der Vaterschaft aus.[30]
  – der die Vaterschaft **anerkannt** und diese Anerkennung nicht erfolgreich durch rechtskräftige gerichtliche Feststellung **angefochten** hat (§§ 1592 Nr. 2, 1599 Abs. 1, 1600).
  – dessen Vaterschaft rechtskräftig gerichtlich **festgestellt** worden ist (§§ 1592 Nr. 3, 1600 d, § 184 Abs. 1 S. 1 FamFG).

Dagegen kann der **biologische** Vater, der die Vaterschaft nicht anerkannt hat und dessen Vaterschaft 12 auch nicht gerichtlich festgestellt worden ist, „sein" Kind annehmen. Dies umfasst die Adoption eines Kindes aus einem Ehebruch des biologischen Vaters mit der verheirateten Kindsmutter.

D. Materielle Annahmevoraussetzungen

I. Grundsätze

Abs. 1 S. 1 erhielt seine jetzige Form durch das AdoptG. Sein Sprachgebrauch „**zulässig**" führt 13 in die Irre: Fehlen nämlich die in S. 1 aufgeführten tatbestandlichen Voraussetzungen für die Annahme, wird der Antrag nicht als „unzulässig", sondern als unbegründet zurückgewiesen. Gemeint ist vielmehr, dass eine Adoption überhaupt und nur unter den nachstehenden Bedingungen zulässig ist. – Bereits nach früherem Recht war das **Wohl des Kindes** – allerdings ungeschriebener – Maßstab für die Genehmigung des Annahmevertrages durch das FamG nach § 1751 aF. Der Erwartung, zwischen Annehmenden und Kind werde ein **Eltern-Kind-Verhältnis** entstehen, entsprach § 1754 Abs. 2 Nr. 2 aF, wonach die Bestätigung des Annahmevertrages zu versagen war, wenn begründete Zweifel daran bestanden, dass durch die Annahme ein entsprechendes Familienband hergestellt werden sollte. Rspr. und Schrifttum zu den Vorschriften alten Rechts können zur Auslegung weiter herangezogen werden. – Zur **Ermittlung** der Adoptionsvoraussetzungen im Adoptionsverfahren s. § 1752 Rn. 19–27.

II. Kindeswohl

1. Vorverständnis. Dass die Annahme v. a. dem „Wohl des Kindes" dienen muss, folgt aus 14 dem gewandelten Verständnis der Adoption (dazu Vor § 1741 Rn. 4–6). Dies ausdrücklich in den Gesetzestext aufzunehmen[31] entspricht der Verpflichtung aus Art. 8 Nr. 1 EuAdAbk (dazu Vor § 1741 Rn. 14) und kommt dem – verständlichen – Interesse der erwachsenen Annehmenden, sich

---
[28] *Staudinger/Frank* Rn. 55.
[29] *Lipp/Wagenitz* Rn. 8.
[30] *Lipp/Wagenitz* Rn. 8.
[31] Dies auszusprechen war eine verbreitete Forderung zur Gesetzesreform: § 1741 Abs. 1 S. 3 Entwurf 1955 der AGJJ, Mitt. 11 (1955), 9; These 9. 2 der AGJ, Mitt. 57/58 (1969), 34; *Engler* S. 81; *Lüderitz* S. 27; *ders.* Mitt. AGJ 70 (1974), 41; AGJ Mitt. AGJ 70 (1974), 45.

besser darzustellen, entgegen.[32] Die bewusste Neuformulierung[33] stellt klar, dass bei allen Kindern – familienfremden oder Stiefkindern – grundsätzlich nach dem gleichen Maßstab zu prüfen ist, ob die Annahme das Kindeswohl fördert.[34] – Zu den Änderungen im Gesetzgebungsverfahren s. 3. Aufl. Rn. 5.

15   **2. Begriff.** „Wohl des Kindes" ist ein **unbestimmter Rechtsbegriff.**[35] Er ist im Adoptionsrecht grundsätzlich ebenso auszufüllen wie im Sorge- und Umgangsrecht (etwa §§ 1666, 1666 a, 1671, 1672, 1682, 1684, 1685), allerdings mit der Einschränkung, dass die Herausnahme des Kindes aus seiner leiblichen Familie und Unterbringung in der konkreten Adoptivfamilie aufgrund der Einwilligungen der leiblichen Eltern zwar noch nicht stets gewiss, eine Fremdunterbringung des Kindes aber prädisponiert ist. Gesetzgeberisches Ziel der Annahme ist deshalb, dass „das anzunehmende Kind in eine harmonische und lebenstüchtige Familie aufgenommen" wird, um ihm dadurch „ein beständiges und ausgeglichenes Zuhause zu verschaffen" (Art. 8 Nr. 2 EuAdAbk, dazu Vor § 1741 Rn. 14).[36]

16   Die Annahme muss die Lebensbedingungen des Kindes so ändern, dass eine merklich **bessere Entwicklung** seiner Persönlichkeit zu erwarten ist.[37] Erheblich sind Umstände, die nach allgemeinen Erfahrungssätzen die körperlich-gesundheitliche Entwicklung und die charakterliche Bildung, das Lernverhalten und die Berufsausbildung beeinflussen sowie ganz allgemein die Entwicklung und Erziehung des Kindes zu einer eigenverantwortlichen und gemeinschaftsfähigen Persönlichkeit fördern (§ 1 Abs. 1 SGB VIII).[38] Aber auch **Vermögensinteressen,**[39] nicht nur weil das Vermögen den gesellschaftlichen Status bestimmt und dieser (immer noch) insbesondere die Ausbildungschancen beeinflusst,[40] sondern weil mit zunehmendem Alter auch reine Vermögensinteressen des Kindes, etwa Erbaussichten, erheblich werden. Im **Konfliktfall** müssen letztere aber hinter persönlichen Interessen an Pflege, Erziehung und Ausbildung zurücktreten. – Zur **Prognosebildung**[41] müssen die in Rn. 17-25 dargestellten Umstände bekannt sein oder festgestellt werden; in sie finden allerdings lediglich fern liegende Entwicklungen der Einkommens- und Vermögensverhältnisse der leiblichen Eltern keinen Eingang.[42] Dem FamG steht kein **Ermessen** oder **Beurteilungsspielraum** zu.[43]

17   **3. Maßgebliche Umstände. a) Lage des Kindes.** Vorrang hat die Erziehung des Kindes in der leiblichen Familie (dazu Vor § 1741 Rn. 4-5).[44] Wird das Kind von seinen **leiblichen Eltern** oder einem Elternteil ausreichend betreut, dient auch bei deren Einverständnis in die Annahme durch Dritte, für die sachfremde Motive im Vordergrund stehen können, nicht dessen Wohl.[45] – Wollen oder können die leiblichen Eltern die Pflege nicht fortsetzen, ist zunächst zu prüfen, ob nicht durch **finanzielle** Unterstützung oder Beratung, zB Versöhnung der nichtehelichen Mutter mit ihren Eltern, eine Fortführung dieser Pflege erreicht werden kann (vgl. §§ 16-20, 51 SGB VIII),[46] weil die **Kontinuität** der Pflege im Interesse des Kindes liegt.[47] Allgemein hat die

---

[32] *Casmir* Mitt. AGJ 64 (1972), 26 m. Bsp.; vgl. auch *Goldstein/Freud/Solnit* S. 59.
[33] Bericht des RA-BT BT-Drucks. 7/5087 S. 9.
[34] Zur Notwendigkeit vgl. *Lüderitz* S. 20 f., 31; *zur Nieden* S. 34 f. Zur Neuregelung des Stiefkindverhältnisses ohne Adoption s. *v. Puttkamer/Radziwill* Kind-Prax 2000, 19 ff.
[35] *BayObLG ZfJ 1991, 431, 432;* OLG Hamm FamRZ 1982, 194, 195; ebenso *Staudinger/Frank* Rn. 15.
[36] BT-Drucks. 7/3061 S. 28 [Zu Artikel 1 Nummer 1. Zu § 1741. Zu Absatz 1. Nr. 1, 4]; auch *Staudinger/Frank* Rn. 16 („Zielfunktion").
[37] Ebenso BayObLG FamRZ 1983, 532, 533; BayObLGZ 1989, 70 = FamRZ 1989, 1336, 1337; FamRZ 1997, 839, 840 (verneint für eine Verwandtenadoption, wenn die leiblichen Eltern und Geschwister in naher Umgebung leben); AG Bersenbrück IPRax 1998, 491 (LS) (wegen Identitätsverwirrung verneint für die Annahme des Kindes eines ägyptischen Staatsangehörigen mit dessen ägyptischer erster Ehefrau, mit der er weiter zusammenlebt, durch seine zweite, deutsche Ehefrau); *Staudinger/Frank* Rn. 16 („Vergleichsfunktion"); Palandt/ Diederichsen Rn. 3. Eine schlichte Verbesserung lassen OLG Hamm FamRZ 1982, 194, 195; *Gernhuber/Coester-Waltjen* § 68 Rn. 96 genügen.
[38] LG Freiburg FamRZ 2002, 1647, 1648.
[39] OLG Hamm FamRZ 1982, 194, 195; LG Lübeck DAVorm. 1985, 330 (Verlust des Unterhaltsanspruchs und des Erbrechts gegenüber den leiblichen Eltern).
[40] Dazu *Statistisches Bundesamt*, Bildungsstand der Bevölkerung, 2009, S. 13; *dass.,* Bildung in Deutschland 2010, S. 6.
[41] BayObLG FamRZ 1993, 1480.
[42] OLG Hamm OLGZ 1994, 553 = NJW-RR 1994, 1227 = FamRZ 1994, 1198, 1200 m. Anm. *Liermann* FamRZ 1995, 506.
[43] Dazu MünchKommZPO/*Maurer* Vor § 186 FamFG Rn. 12.
[44] Dazu und zum Verhältnis zum Hilfeplanverfahren nach § 36 SGB VIII *Paulitz/Kunkel* Adoption S. 32 ff.
[45] OLG Bremen Rpfleger 1973, 430.
[46] *Staudinger/Frank* Rn. 17; *Engler* S. 81; *Klein* FamRZ 1954, 67; *Oeschger* S. 71; *Schöffel* Mitt. AGJ 67 (1973), 16; *BAGLJÄ* Empfehlungen (Anhang zu § 1744). Zu den Abgabegründen s. *Lüderitz* S. 48 mwN.
[47] AG Darmstadt StAZ 1979, 324, 325; *Staudinger/Frank* Rn. 17; dazu auch Vor § 1741 Rn. 6 mwN.

Kontinuität bei der Adoption idR jedoch nicht denselben hohen Stellenwert wie beim Sorgerecht, bei dem es meist um eine Abwägung zwischen den Elternteilen geht. Denn bei der Adoption wollen die leiblichen Eltern die Sorge für das Kind meist gerade nicht ausüben. Dies ist anders, wenn sie ihre Einwilligung nicht erteilen; die insoweit maßgebliche Abwägung und Beurteilung findet dann jedoch im Rahmen der Entscheidung, ob die Einwilligung nach § 1748 zu ersetzen ist, statt. – Zu beachten ist ggf. auch eine **Geschwisterbindung**. Sie wird einer Annahme jedoch dann nicht entgegenstehen, wenn der Umgang der Kinder miteinander auch nach der Annahme gewährleistet ist, wie dies insbesondere nach einer Verwandten-[48] oder Stiefkindadoption oder auch einer „offenen" Adoption der Fall sein kann. Sollen mehrere **Geschwister** einer Adoption zugeführt werden, ist ihre emotionale Beziehung zueinander zu bewahren. IdR wird eine Trennung nicht ihrem Wohl dienen, sodass meist eine gleichzeitige Annahme geboten sein wird. – Ist das Kind in einer **Pflegefamilie** untergebracht, ist insbesondere seine Integration in diese durch Gewöhnung an die Umgebung und die Bildung emotionaler Beziehungen zu den Pflegeeltern von Bedeutung.[49] Stets ist konkret und ohne schädlichen Schematismus abzuwägen, wie sich die Beziehungen des Kindes zu seinen Pflegeeltern und insbesondere auch zu seinen leiblichen Eltern gestalten, und welche Folgerungen sich aus einer Adoption ergeben. Nach längerem Aufenthalt des Kindes in Familienpflege muss ein behutsamer Übergang gewährleistet sein.[50] Vornehmlich die nach wie vor bestehenden Beziehungen des Kindes zu seinen leiblichen Eltern, die sich v.a. aus der Ausübung des ihnen weiter zustehenden **Umgangsrechts** aus § 1684 ergeben, sowie sein Wille sind zu schützen.[51] Dieser Problembereich der Adoption würde sich für eine sog. „**offene Adoption**" (dazu Vor § 1741 Rn. 43–45) besonders eignen. – Einer **Heimpflege**[52] ist wegen der bei Kleinkindern damit verbundenen Gefahr von gesundheitlichen Schäden, weil idR keine engen persönlichen Beziehungen geknüpft werden können (Bindungsstörungen und Hospitalismus, dazu Vor § 1741 Rn. 5) die mit einer Annahme verbundene Familienpflege vorzuziehen.[53] – Wird das Kind von leiblichen Verwandten, insbesondere **Großeltern,** oder von anderen Pflegepersonen als den Adoptionsbewerbern betreut, ist, was einer Adoption entgegenstehen würde, festzustellen, ob diese Pflege voraussichtlich bis zur Volljährigkeit oder bis zu einem Zeitpunkt fortgesetzt werden kann, in dem die leiblichen Eltern oder ein Elternteil, ohne dass das Kind durch den Wechsel Schaden leidet, die Pflege übernehmen können.[54]

Auch die **künftige** Lage des Kindes, die ganz maßgeblich auch von der Eignung der Annehmenden (dazu Rn. 19–25) abhängt, ist, soweit sie prognostiziert werden kann, für die Beurteilung heranzuziehen. Vornehmlich bei älteren Kindern können **pubertäre** Schwierigkeiten Probleme bereiten. Bei der Annahme ausländischer Kinder können **Sprach-** und **Integrationsschwierigkeiten** nach dem Zuzug aus dem Ausland zu bewältigen sein.[55] Hinsichtlich der **Religionszugehörigkeit** des Kindes ist der Wille der leiblichen Eltern zu respektieren,[56] wenn eine entsprechende und dem Kindeswohl auch sonst dienende Vermittlung möglich ist (dazu auch Rn. 21, § 1747 Rn. 29).

b) Eignung des Annehmenden. Der Annehmende muss für eine Adoption **charakterlich** geeignet sein. Hierzu ist regelmäßig ein polizeiliches Führungszeugnis einzuholen.[57] – Er muss **bereit** und **fähig** sein, selbst für das Kind zu sorgen und es zu erziehen. An der Eignung des Annehmenden fehlt es deshalb etwa dann, wenn er eine längere **Freiheitsstrafe** verbüßt,[58] weil dies die Entwicklung enger Beziehungen entweder nicht zulässt oder doch sehr erschwert. – Davon wurde auch bei der Adoption eines Kleinkindes ausgegangen, wenn beide Annehmenden außerhäuslich **erwerbstätig** sind.[59] § 1356 Abs. 2 stehe nicht entgegen, weil S. 2 bereits zur Rücksichtnahme auf vorhandene Kinder verpflichte; werde ein Kind in die Familie aufgenommen, um ihm die fehlende persönliche Pflege zukommen zu lassen, werde das Teilziel der Adoption – die Sicherung einer bestimmten Bezugsperson – verfehlt, wenn die Pflege Dritten überlassen werde. Die

---

[48] OLG Bremen Rpfleger 1973, 430.
[49] BayObLG ZfJ 1991, 431, 432.
[50] BVerfGE 79, 51 = NJW 1989, 519 = FamRZ 1989, 31; *Lempp* ZfJ 1974, 124, 129 ff.; *Lakies* FamRZ 1990, 698–703.
[51] Zum Ganzen auch ausführlich *Longino* S. 51 ff.
[52] Nach *Barth* ZfJ 1978, 252 42,3%, nach *Napp/Peters* S. 273 90% der Anzunehmenden.
[53] *Staudinger/Frank* Rn. 17 aE.
[54] BayObLG DAVorm 1979, 616, 619; LG Lübeck DAVorm 1985, 329. Vgl. auch *Lazarus* ZfJ 1974, 304; *Lempp* ZfJ 1974, 129 m. Bsp.
[55] OLG Frankfurt/M. Beschl. v. 12. 6. 2003 – 20 W 264/02, juris [6].
[56] AG Kerpen FPR 2004, 620, 621.
[57] Dazu MünchKommZPO/*Maurer* Vor § 186 FamFG Rn. 16.
[58] BayObLG FamRZ 1983, 532, 533.
[59] *Staudinger/Frank* Rn. 18; ähnlich *BAGLJÄ* Empfehlungen 4. Aufl. (§ 1744 Anh.) Nr. 3.314.

§ 1741 20, 21   Abschnitt 2. Titel 7. Annahme als Kind

Adoptionseignung sei deshalb idR zu verneinen, wenn Pflege und Erziehung eines Kindes, die Aufgabe der Eltern, nur mit dauerhafter Hilfe Dritter möglich sei, nicht jedoch, wenn das 3- bis 4-jährige Kind zeitweise einen Kindergarten besuchen soll, mag dieser Besuch (auch) durch die Berufstätigkeit der Annehmenden motiviert sein.[60] Für den Geschiedenenunterhalt fordert das *Gesetz zur Änderung des Unterhaltsrechts*[61] durch die Stärkung der nachehelichen Eigenverantwortung seit 1. 1. 2008 ausdrücklich, dass bestehende Möglichkeiten der Fremdbetreuung wahrzunehmen sind (§ 1570 S. 2). ME kann dieser Paradigmenwechsel im Unterhaltsrecht, so er denn verfassungsgemäß ist (dazu § 1570 Rn. 3), das Adoptionsrecht nicht unberührt lassen. Zum einen sind auch adoptierende Ehegatten vor einer Scheidung ihrer Ehe nicht gefeit, weshalb ihnen bereits während des Zusammenlebens ihre eigenständige wirtschaftliche Absicherung nicht verwehrt werden kann. Zum anderen kann die Fremdbetreuung nicht zum Unterhalt gefordert und davon ausgegangen werden, das Kindeswohl werde durch die Erwerbstätigkeit des betreuenden Elternteils nicht beeinträchtigt, im Adoptionsrecht aber gegen die Eignung eines Annehmenden verwandt werden. Zur Annahme von **Heim-** und **Pflegekindern** s. Rn. 23. – Zum **Mindestalter** der Annehmenden s. § 1743, zum **Altersabstand** zwischen Annehmenden und Kind s. Rn. 29.

20 Der Annehmende darf keine ansteckende **Krankheit** haben. Sein gesundheitlicher Zustand muss es ihm auch erlauben, die persönliche Pflege über längere Zeit zu übernehmen. Diese Voraussetzungen sind idR durch eine amtsärztliche Bescheinigung nachzuweisen; ggf. hat sich der Adoptionsbewerber auf Vorschlag des Jugendamts einschlägigen ärztlichen Untersuchungen auf seine Kosten zu unterziehen.[62] – **Geschlecht** und **sexuelle Orientierung** des Annehmenden sind grundsätzlich unerheblich (dazu Rn. 7), solange sie nicht zu kindeswohlschädlichen Begleiterscheinungen führen.

21 **Konfession, Weltanschauung** und **politische Einstellung** des Annehmenden sind grundsätzlich unerheblich (Art. 3 Abs. 3 GG).[63] Gehört er aber religiösen oder sonstigen Gruppierungen an, die eine gesellschaftliche Isolierung des Kindes befürchten lassen – Adoption durch Mitglieder einer Sekte[64] –, ist die Annahme zu versagen; entscheidend ist das tatsächliche, nicht das bei verständiger Würdigung gewünschte Verhalten der Gesellschaft (zur Berücksichtigung der durch die leiblichen Eltern bei der Erteilung ihrer auf eine bestimmte Adoption bezogenen [§ 1747 Abs. 3] Einwilligung gezogenen Grenzen s. Rn. 18, § 1747 Rn. 25-28). Ist das Kind getauft, ist ohne weitere Erklärung von dem Wunsch der Eltern auszugehen, dass es in eine christliche Familie aufgenommen wird. Ist das Kind bereits **älter** und in einer kirchlich oder weltanschaulich geprägten Familie oder Einrichtung aufgewachsen, fordert die Kontinuität der Erziehung die Vermittlung an Gleichgesinnte.[65] §§ 5, 6 RelKErzG bleiben unberührt. – Alle in der Gesellschaft anerkannten **Erziehungsstile**, ob mehr autoritativ oder emanzipatorisch, wiegen gleich, solange nicht konkrete Nachteile für das Kind nachgewiesen werden können. Für die Annahme von Stiefkindern setzt die „Zwangslage" des Kindes besonderes pädagogisches Geschick des Annehmenden voraus.[66] – Wird das Kind von **Ehegatten** angenommen, muss die Ehe Bestand versprechen.[67] Mit der Kindesannahme eine gefährdete Ehe retten zu wollen, ist idR ein untaugliches Mittel.[68] Deshalb schreiben ausländische Rechte zT eine Mindestdauer der Ehe vor.[69] Zwar hat der inländische Gesetzgeber trotz entsprechender Anregungen[70] hiervon abgesehen; doch können diese Fristen als Erfahrungswerte herangezogen werden, auch wenn zunehmend auch länger andauernde Ehen geschieden werden. – Eigene **leibliche** und auch **angenommene Kinder** des Annehmenden sind kein Adoptionshindernis (§ 1745, s. dort Rn. 8-12, zur Volljährigenadoption § 1769), ebenso wenig seine Erwartung, solche noch zu

---

[60] So auch noch 5. Aufl. Rn. 10; ähnlich *BAGLJÄ* Empfehlungen (§ 1744 Anh.) Nr. 6.4.2.12: „Insofern muss sichergestellt sein, dass die Erziehung des Kindes nicht überwiegend durch außerhalb der Familie stehende Personen wahrgenommen wird."

[61] V. 21. 12. 2007 (BGBl. I S. 3189).

[62] KG OLGZ 1978, 257 = DAVorm 1978, 788, 792; OLGZ 1991, 406 = FamRZ 1991, 1101, 1102; LG Berlin FamRZ 1978, 148; FamRZ 1989, 427 (HIV-Infektion); OLG Frankfurt/M. Beschl. v. 12. 6. 2003 - 20 W 264/02, juris [6]; *BAGLJÄ* Empfehlungen (§ 1744 Anh.) Nr. 6.4.2.3; s. auch *Staudinger/Frank* Rn. 20.

[63] *Soergel/Liermann* Rn. 9; *Staudinger/Frank* Rn. 21; so schon KG OLGRspr. 43, 367; anders *BAGLJÄ* Empfehlungen (Anhang zu § 1744) Nr. 6.3.3.

[64] Dazu *Scholz* DRiZ 1993, 148, 151.

[65] Ebenso *Staudinger/Frank* Rn. 21. – Nur insoweit ist *Klein* FamRZ 1954, 68 und *Listl* FamRZ 1974, 78 f. zuzustimmen. Kleinkinder können auch nicht Träger eines „geistigen Erbes" sein.

[66] Näher *Frank* S. 74 mwN.

[67] BT-Drucks. 7/3061 S. 28 (unter 4.); *Erman/Saar* Rn. 14; *Soergel/Liermann* Rn. 9; *Binschus* ZfF 1976, 193, 194; *Lüderitz* S. 29.

[68] *Staudinger/Frank* Rn. 21; *Mehringer* Mitt. AGJ 67 (1973), 41; *Binschus* ZfF 1976, 193, 194.

[69] ZB Art. 343 franz. c. c. (2 Jahre oder beide Ehegatten mindestens 28 Jahre alt, keine Trennung von Tisch und Bett, Ges. v. 5. 7. 1996) und Art. 264 schweiz. ZBG (5 Jahre oder über 35 Jahre alt).

[70] *Zur Nieden* S. 93; CDU/CSU-Bundestagsfraktion BT-Drucks. VI/2591.

bekommen. Noch nicht „reif" für eine Adoption sind allerdings Bewerber, die auf eine solche Erwartung fixiert sind[71] und lediglich den Verlust eines eigenen Kindes kompensieren wollen, oder denen es nur auf ein Geschwister für ein vorhandenes leibliches Kind ankommt.[72] – Auch die kategorische Weigerung der Adoptionsbewerber, das Kind über seine Abstammung und Herkunft **aufzuklären,** kann ihre Eignung für eine Annahme in Frage stellen.[73] Doch ist insoweit zu berücksichtigen, dass die Aufklärung des Kindes allein Sache der Adoptiveltern ist (dazu § 1758 Rn. 25-27).

Die **Wohnung** der Annehmenden muss ausreichend groß sein. Unerlässlich ist die Unterbringung im eigenen Bett, spätestens ab der Schulpflicht ein von Erwachsenen getrenntes eigenes Zimmer, ggf. auch zusammen mit einem anderen Kind. Die Wohnung muss dem allgemeinen hygienischen Standard genügen, um eine körperlich gesunde Entwicklung des Kindes zu gewährleisten.[74] – Bildet der Annehmende mit weiteren Personen – Ehegatte (dazu § 1749 Rn. 6), Mutter, Verwandte, Mitglieder einer Wohngemeinschaft – einen **gemeinschaftlichen Haushalt** und soll dieser auch nach der Annahme fortgesetzt werden, sollen auch diese Personen der Annahme aufgeschlossen gegenüberstehen,[75] um Konflikten vorzubeugen, die das Wohl des Kindes beeinträchtigen können, insbesondere wenn der Dritte eine beherrschende Rolle spielt. Gefährden die Hausgenossen das Wohl des Kindes, ist eine Adoption ausgeschlossen.[76] – Der Annehmende muss zum **Unterhalt** in der Lage sein. Da sich der soziale Status in der modernen Gesellschaft neben dem **Vermögen** vornehmlich nach dem **Einkommen** richtet, ist für die Annahme familienfremder Kinder in deren Interesse ein mindestens durchschnittliches Einkommen des Annehmenden zu fordern.[77] Dies gilt jedoch nicht für die Annahme von verwandten oder Stiefkindern, solange deren Unterhaltsansprüche gegenüber Dritten durch die Annahme nicht berührt werden, etwa weil Unterhaltsschuldner nicht mehr vorhanden oder dauerhaft leistungsunfähig sind. 22

c) Besondere Eignung der Adoptionsbewerber. Die Eignung der Annehmenden ist zur Lage des anzunehmenden Kindes in Beziehung zu setzen. So erfordert eine günstige Entwicklung bei **Heim-** und **Pflegekindern**[78] oder die – vorübergehende oder dauernde – **Pflegebedürftigkeit** des Kindes oft eine größere körperliche, seelische und uU finanzielle Belastbarkeit der Annehmenden,[79] was ggf. auch einer Erwerbstätigkeit des Annehmenden (dazu Rn. 19) entgegenstehen kann. **Verhaltensgestörte** Kinder erfordern größere erzieherische Fähigkeiten, **ethnische Besonderheiten** und die Annahme **ausländischer Kinder**[80] größere Toleranz der Annehmenden und ihrer Familie und besondere Festigkeit des Adoptionsentschlusses (Durchhaltevermögen, „Verteidigungsbereitschaft"). Ist nach Herkunft oder bisheriger Entwicklung des Kindes mit niedriger **Intelligenz** zu rechnen, ist die Annahme durch solche Eltern zu vermeiden, die das Kind überfordern werden.[81] – Hat sich das Kind bereits in einem bestimmten **gesellschaftlichen Milieu** aufgehalten, soll die Aufnahme in eine Familie gleicher Gesellschaftsschicht seinem Wohl am ehesten förderlich sein.[82] Doch ist dies im Einzelfall gründlich zu hinterfragen, weil die gesellschaftliche Herkunft meist untrennbar mit dem Bedürfnis für eine Adoption verknüpft sein wird. 23

d) Vermögensinteressen. Vornehmlich geht es dabei um wechselseitige Unterhaltsverpflichtungen und Erb- bzw. Pflichtteilsrechte. Soweit sie sich auf die Annehmenden und den Anzunehmenden beziehen, kommt ihnen bei der Interessenabwägung idR kein Gewicht zu. Bedeutung erlangen sie nur im Zusammenhang mit Kindern des Annehmenden und Anzunehmenden (§§ 1745, 1769, s. dazu auch § 1745 Rn. 10-12, § 1769 Rn. 4, 8-9). Bei einer Volljährigenadoption können zudem steuerliche Motive – Einsparung von Schenkungs- und Erbschaftsteuer – oder die Sicherung der Unternehmensnachfolge eine maßgebliche Rolle spielen. 24

---

[71] *Oeschger* S. 88 unter Hinweis auf Arbeiten von *Bernard*.
[72] *Binschus* ZfF 1976, 193, 194.
[73] AA BayObLGZ 2000, 230 = NJW-RR 2001, 722 = FamRZ 2001, 647 f.; LG Freiburg FamRZ 2002, 1647; *Staudinger/Frank* Rn. 18 aE.
[74] *Oeschger* S. 75.
[75] *v. Gienanth* S. 101 f.; *Kellmer Pringle* S. 43, 55. Daraus darf kein Vetorecht für Großeltern werden, wie der Vorschlag von *Bischof* JurBüro 1976, 1575 nahe legt, vgl. § 1747 Rn. 17.
[76] BayObLG FamRZ 1983, 532 (Prostitution der Ehefrau in Zweizimmerwohnung).
[77] *Oeschger* S. 74 f.; *Roth-Stielow* Bem. 12.8.
[78] *Staudinger/Frank* Rn. 18.
[79] Dazu, dass auch behinderte Kinder erfolgreich zur Adoption vermittelt werden können, *Oeschger* S. 96 f. mwN.
[80] *Soergel/Liermann* Rn. 11. Dazu auch § 1744 Rn. 14.
[81] Kinder von unterbegabten Müttern oder/und Vätern können in Adoptionspflege jedoch durchschnittliche oder gar überdurchschnittliche Intelligenz erreichen: *Kellmer Pringle* S. 33 f. mwN. Jedoch ist Vorsicht geboten.
[82] *Oeschger* S. 99.

§ 1741

25 **e) Ersatzmutterschaft.** Auch wenn das Kind „auf Bestellung" der Adoptionsbewerber durch eine „**Ersatzmutter/Leihmutter**" (dazu § 1744 Anh. Rn. 18, 38–43; § 1589 Rn. 6–9, § 1591 Rn. 9–32) ausgetragen und geboren wird und diese mit der Adoption durch die Adoptionsbewerber einverstanden ist (vgl. § 1747 Rn. 19, 21), dient der Annahme durch diese trotz ihres starken Kindesinteresses schon nicht immer dem Kindeswohl (§ 1589, 1592; zur Vermittlung einer Ersatzmutterschaft s. § 1744 Anh. Rn. 38–43). Ist das Kind mit dem annehmenden Vater – wie regelmäßig bei einer In-vitro-Fertilisation (dazu § 1592 Rn. 18–20) – **blutsverwandt**, ist die Beziehung zur annehmenden Mutter ähnlichen Belastungen wie bei der Stiefkindschaft ausgesetzt (dazu Rn. 40–43). Dem Kind wird seine besondere Herkunft nicht verborgen bleiben (vgl. § 63 Abs. 1 PStG), was es insbesondere bei hohen Vergütungszahlungen an die leibliche Mutter zum bloßen Objekt herabwürdigt. Besteht laufender Kontakt zur leiblichen Mutter, sind Beziehungskonflikte fast unvermeidlich, insbesondere wenn die Mutter mit den Bewerbern verwandt ist oder ihnen einen „Freundschaftsdienst" erweisen wollte.[83] In solchen Fällen kann eine Adoption durch fremde Dritte eher dem Kindeswohl dienen. Allerdings kann die Kindesmutter eine solche Adoption blockieren, indem sie nur in eine Adoption durch die „Besteller" einwilligt (vgl. § 1747 Rn. 21–24). Ihre Einwilligung in eine Drittadoption kann solange nicht ersetzt werden, wie das Kind durch die „Besteller" tatsächlich und ordnungsgemäß versorgt wird und aus dieser Betreuung erwachsende Gefahren nicht konkret nachweisbar sind. Ist das Kind erst einmal geboren,[84] sind **generalpräventive Erwägungen** fehl am Platz, weil bei der Adoptionsprüfung allein das Wohl des – konkreten – Kindes entscheidet.[85]

III. Eltern-Kind-Verhältnis

26 **1. „Soziale Elternschaft".** Die Adoption soll einen Lebenssachverhalt rechtlich widerspiegeln. Sie ist daher nur auszusprechen, wenn zwischen Annehmenden und Kind eine **Intimgemeinschaft** besteht, wie sie zwischen Eltern und Kind üblich ist, oder ihre Entstehung nach den festgestellten Umständen und geäußerten Absichten zu erwarten ist: „Soziale Elternschaft" als ein Verhältnis, das sich an den durchschnittlichen Beziehungen zwischen leiblichen Eltern und Kindern orientiert.[86] Elternschaft erschöpft sich nicht in der Vermittlung des Namens oder von Vermögen; die Annahme ist deshalb zu versagen, wenn die Weitergabe des Namens oder die Ersparnis von Erbschaftssteuern im Vordergrund stehen.[87] Dies gilt erst recht, wenn sich der Annehmende durch die Annahme ein Anfechtungsrecht nach §§ 2281, 2079 verschaffen will.[88] – Soll ein noch pflege- oder erziehungsbedürftiges minderjähriges Kind angenommen werden, ist die Erwartung, ein Eltern-Kind-Verhältnis werde entstehen, idR ohne besondere weitere Feststellung gerechtfertigt, wenn sich das Kind in der tatsächlichen Pflege des Annehmenden befindet. Entsprechendes gilt für die Annahme eines Stiefkindes (s. aber Rn. 29). – Ausgeschlossen ist die Annahme der **Ehefrau** als Kind (dazu § 1767 Rn. 8 aE).

27 **2. Verwandte.** Das Gesetz geht zwar von der Zulässigkeit der Annahme von Enkeln, Geschwistern und Kindern von Geschwistern aus, normiert aber nur deren Rechtsfolgen (§ 1756 Abs. 1) und nicht auch besondere Annahmevoraussetzungen, sodass es auch insoweit bei den allgemeinen Voraussetzungen „Kindeswohl" und „Eltern-Kind-Verhältnis" bleibt. Doch besteht zu Verwandten idR kein *Eltern*verhältnis, und das Entstehen eines solchen ist auch nicht zu erwarten.[89] Verwandtenadoptionen,[90] insbesondere Großelternadoptionen[91] unterliegen deshalb allgemein strengen Anforderungen an das Entstehen eines Eltern-Kind-Verhältnisses, um ein konfliktträchtiges und damit dem Kindeswohl schädliches Nebeneinander von rechtlichen und leiblichen Eltern, denen keine

---

[83] Nicht berücksichtigt von AG Gütersloh FamRZ 1986, 718 f.
[84] Zur Rechtslage vor Zeugung und Geburt s. § 1 Abs. 1 Nr. 7 EschG, §§ 13a–13 d AdVermiG, § 1592 Rn. 18–20, § 1744 Anh. Rn. 38–43.
[85] Ähnlich *Staudinger/Frank* Rn. 35.
[86] BGHZ 35, 75 = NJW 1961, 1461; ebenso *Soergel/Liermann* Rn. 7; verfehlt daher die Annahme von Mutter *und* Kind wie in OLG Frankfurt/M. FamRZ 1982, 848. Zur grundsätzlichen Diskussion s. Vor § 1741 Rn. 16.
[87] Für Name: RGZ 114, 338, 340 f.; KG JFG 16,16; OLG Hamm StAZ 1958, 179; Erbschaftsteuer: BGHZ 35, 75, 85 = NJW 1961, 1461; Verhinderung der Ausweisung: LG Hanau DAVorm. 1976, 526, 528; sämtlich entschieden für Volljährigenadoption, s. dazu § 1767 Rn. 14–18.
[88] Vgl. RGZ 138, 373, 375; BGH FamRZ 1970, 79, 82.
[89] OLG Celle NdsRpfl. 1966, 149; AG Hannover FamRZ 1966, 45; im Rahmen eines Ersetzungsverfahrens OLG Hamm FamRZ 1968, 110, 112; OLG Oldenburg NJW-RR 1996, 709 = FamRZ 1996, 895; *Staudinger/Frank* Rn. 24; *Engler* FamRZ 1975, 127; *Hillerkamp* ZfJ 1953, 14; *Bosch* FamRZ 1984, 859.
[90] Für eine Onkeladoption OLG Bremen Rpfleger 1973, 430 f. = DAVorm. 1974, 472.
[91] OLG Oldenburg NJW-RR 1996, 709 = FamRZ 1996, 895; ähnlich *Paulitz/Oberloskamp* Adoption S. 79: Großelternadoptionen sind schon unter Altersgesichtspunkten meist ausgeschlossen. Zur Großelternadoption auch BayObLG FamRZ 1997, 839 f.; OLG Celle NdsRpfl. 1966, 149; OLG Hamm FamRZ 1968, 110, 112 f.; AG Hannover FamRZ 1966, 45 f.

Zulässigkeit der Annahme 28–31 § 1741

rechtlichen Befugnisse gegenüber dem Kind zustehen,[92] zu vermeiden. Je höher der natürliche Verwandtschaftsgrad des Kindes zum annahmewilligen Verwandten ist, desto geringer werden idR die bisherigen natürlichen Beziehungen des Kindes zu den Verwandten sein, sodass umso eher von der Entstehung eines Eltern-Kind-Verhältnisses ausgegangen werden kann.[93] Insgesamt müssen Verwandtenadoptionen deshalb die **Ausnahme** bleiben.

Bsp.: Das Kind der ältesten, jung verstorbenen Tochter wächst in der Familie der (Groß-)Eltern als jüngstes Kind neben seinen „Tanten" und „Onkeln" auf. – Ein Nachzögling wird nach dem Tod der Mutter in die Familie ihrer ältesten Geschwister aufgenommen.

Die rechtspolitisch nicht zu unterschätzende Gefahr der „**Verwirrung von Verwandtschafts-** 28 **verhältnissen**"[94] ist dagegen unter dem am Individualinteresse ausgerichteten § 1741 solange nicht erheblich, als sie nicht zu eindeutig sittenwidrigen Ergebnissen führt (Bsp. s. § 1756 Rn. 8; enger bei Volljährigenadoption, dazu § 1767 Rn. 3, 14-17). – Nicht möglich ist die **Annahme als Enkel.** – Zur Annahme von **Elternteil** und **Kind** s. Rn. 26 Fn. 86.

3. Altersabstand. Gerade bei Verwandten- und Stiefkindadoptionen ist der Altersunterschied 29 erheblich. Das geltende Recht legt weder ein **Höchstalter** für die Annehmenden[95] noch einen **Höchst-** oder **Mindestaltersabstand**[96] positiv fest. Art. 8 Nr. 3 EuAdAbk (dazu Vor § 1741 Rn. 14) bestimmt dazu, dass das FamG „in der Regel … die vorstehenden Voraussetzungen [Nr. 1: Die Adoption hat dem Wohl des Kindes zu dienen; Nr. 2: Mit der Adoption soll dem Kind ein beständiges und ausgeglichenes Zuhause verschafft werden] nicht als erfüllt ansehen [darf], wenn der Altersunterschied zwischen dem Annehmenden und dem Kind geringer ist als der gewöhnliche Altersunterschied zwischen Eltern und Kindern." Ausländische Regelungen können als Erfahrungswerte und Anhaltspunkt dienen.[97] Bei einem Altersabstand von weniger als 15 Jahren wird sich eher ein geschwisterliches denn ein mütterliches Verhältnis entwickeln.[98] Höchstalter und Höchstabstand richtet sich danach, bis zu welchem Alter idR eigene Kinder gewollt werden; dies wird man bis zu einem Lebensalter von 40 Jahren annehmen können,[99] ist aber auch abhängig von der rechtstatsächlichen Entwicklung hin zu späterer Elternschaft.[100] Da die Kinder aber in der sozialen Gemeinschaft mit dem Annehmenden leben, wird es auf die tatsächlichen Lebensumstände und insbesondere auf dessen Autorität ankommen.[101]

4. Pflegeverhältnis. Besteht bereits eine „soziale Elternschaft" (dazu Rn. 26), etwa durch **lang-** 30 **jährige Pflege,** ist die in § 1741 Abs. 1 geforderte Erwartung erfüllt, sodass die Annahme zur Wahrung der Beziehungskontinuität zulässig ist.[102] Zum **Kindeswohl** s. Rn. 14-25; s. auch Vor § 1741 Rn. 4-6, § 1748 Rn. 31-44.

IV. Kinderhandel

1. Ausgeschlossene Personen. Von einer Annahme sind grundsätzlich alle ausgeschlossen,[103] 31 die an einer gesetzes- oder sittenwidrigen Zuführung des Kindes „zum Zwecke der Annahme" –

---

[92] Dazu *Staudinger/Frank* Rn. 23 m. rechtsvergleichenden Hinweisen.
[93] *Staudinger/Frank* Rn. 24.
[94] Näher *Staudinger/Frank* Rn. 23; *Frank* S 131 f.
[95] *Lipp/Wagenitz* Rn. 7; *Soergel/Liermann* 12. Aufl. Rn. 4.
[96] Anders zB Art. 6 Abs. 2 ital. Ges. v. 4. 5. 1983: max. Altersabstand 40 Jahre; § 1744 idF bis 1961 (18 Jahre).
[97] Zum Altersabstand etwa Art. 344 franz. c. c.: mind. 15 Jahre (Ausnahme möglich); Art. 345 belg. c. c.: mind. 15 Jahre, bei Adoption von Stiefkind 10 Jahre; Art. 265 Abs. 1 schweiz. ZGB: mind. 16 Jahre; § 180 ABGB: mind. 18 Jahre, ausnahmsweise 16 Jahre; Art. 291 ital. c. c.: mind. 18 Jahre für Volljährigenadoption, Art. 6 Abs. 2 des Ges. v. 4. 5. 1983: Höchstens 40 Jahre älter als zu adoptierender Minderjähriger; weitere rechtsvergleichende Nachw. bei *Staudinger/Frank* § 1743 Rn. 9.
[98] Zur Stiefkindadoption s. auch *Paulitz/Oberloskamp* Adoption S. 70.
[99] *BAGLJÄ* Empfehlungen (Anhang zu §1744) Nr. 6.4.2.2 (Altersabstand nicht größer als 40 Jahre). *Paulitz/ Bach* Adoption S. 60 f.; *Lipp/Wagenitz* § 1743 Rn. 7 empfehlen eine gesetzliche Festlegung.
[100] Dazu die Erhebung des Statischen Bundesamts www.destatits.de unter Startseite > Bevölkerung > Geburten und Sterbefälle > Tabellen: „Durchschnittliches Alter der Mütter bei der Geburt ihrer lebendgeborenen Kinder in Deutschland" und „Lebendgeborene nach dem Alter der Mütter". Für die Väter scheint es keine statistischen Erhebungen zu geben.
[101] OLG Frankfurt/M. Beschl. v. 12. 6. 2003 - 20 W 264/02, juris [5] (Annehmende 75 bzw. 79 Jahre, Anzunehmender 13 Jahre); LG Kassel NJW-RR 2006, 511 = FamRZ 2006, 727, 728 (Altersabstand zwischen Großeltern oder gar Ur-Großeltern und Enkeln als Abgrenzungsmerkmal).
[102] Ebenso allgM zum früheren Recht (§ 1754 Abs. 2 S. 1 Nr. 2), vgl. *Staudinger/Engler* 10./11. Aufl. § 1754 Rn. 32.
[103] Dem Ziel, dem internationalen Kinderhandel entgegenzuwirken, sieht sich insbesondere auch das HaagAdoptÜbk (dazu näher § 1744 Anh. und § 1752 Anh.) verpflichtet. – Zum Kinderhandel s. *Albrecht*, Kinderhandel - Der Stand des empirischen Wissens im Bereich des (kommerziellen) Handels mit Kindern, hrsg. v. Bundesminis-

auch in Form der Ersatzmuttervermittlung (dazu Rn. 25)[104] – **mitgewirkt** haben (S. 2; s. auch § 1 S. 1 AdVermiG: „Zusammenführen ... mit dem Ziel der Annahme als Kind"), sei es als gewerbsmäßige oder Gelegenheitsvermittler, als aktive Kidnapper, Schlepper oder Auftraggeber, ohne dass es darauf ankäme, ob diese Dienste entgolten wurden oder nicht (dazu auch Rn. 1). Hat der Annehmende an der Zuführung nicht mitgewirkt, sondern sie lediglich ausgenutzt, ist er nur ausgeschlossen, wenn er für die geleisteten Dienste – gleichsam im Vorgriff – eine Belohnung erbracht hat. Doch greift letzteres zu kurz, weil ein zu beanstandendes Ausnutzen auch vorliegen kann, wenn für die Zuführung keine Belohnung gezahlt wird, etwa wenn der Zuführende vom Annehmenden zum Verzicht auf seine Belohnung gezwungen wird; in diesen Fällen ist S. 2 entsprechend anzuwenden.[105] – Der Annahmewillige muss gerade an der Vermittlung oder Verbringung des **Kindes,** das er selbst annehmen will, beteiligt sein. Die Beteiligung an der Vermittlung oder Verbringung eines anderen Kindes reicht nicht aus.[106]

32 **2. Zuführung des Kindes.** Die **Verbringung** muss ins Inland erfolgen. Doch kann Kinderhandel auch mit Kindern betrieben werden, die sich bereits im Inland aufhalten. Deshalb erfasst S. 2 auch die **Vermittlung** des Kindes, wenn es sich aus lauteren oder unlauteren – etwa zum Zwecke der Prostitution – Motiven bereits im Inland aufhält und nach dem Sinneswandel eines Dritten dem Annahmewilligen zur Adoption zugeführt wird. Letztlich ist S. 2 danach auch dann erfüllt, wenn es sich um ein Kind mit deutscher Staatsangehörigkeit und Aufenthalt im Inland handelt.[107] – Die Zuführung des Kindes muss **zum Zwecke** seiner Annahme erfolgen, wenn dies auch nicht notwendig der einzige oder ursprüngliche Zweck gewesen sein muss.

33 **3. Gesetzes- oder Sittenwidrigkeit.** Die Zuführung muss gesetzes- oder sittenwidrig erfolgen. Dabei reicht aus, dass ein **Teilakt** diese Voraussetzung erfüllt. Nicht erforderlich ist, dass der **Annehmende** gesetzes- oder sittenwidrig handelt oder gehandelt hat oder, was insbesondere für eine Stiefkindadoption von Bedeutung sein kann,[108] **Kenntnis** von der gesetzes- oder sittenwidrigen Zuführung hatte.

34 Ob **Gesetzeswidrigkeit** vorliegt, bestimmt sich nach dem Recht des Staates, in dem sich das Kind zum Zeitpunkt der Verbringung oder Vermittlung aufgehalten hat, ersatzweise nach dem Recht des Staates, in dem es sich gewöhnlich aufgehalten hat, weiter ersatzweise nach dem Recht des Staates, in dem es seinen vorübergehenden Aufenthalt hatte.[109] Gesetzwidrig ist die Vermittlung in- wie ausländischer Kinder zudem, wenn gegen das inländische **Vermittlungsmonopol** des § 5 Abs. 1 AdVermiG – Jugendämter, Landesjugendämter und die nach § 2 Abs. 2 AdVermiG berechtigten Adoptionsvermittlungsstellen – oder gegen das Verbot zur Vermittlung mit dem Ziel der Aufnahme des Kindes bei einem Dritten insbesondere durch ein wahrheitswidriges **Anerkenntnis** der Elternschaft (§ 5 Abs. 4 S. 1 AdVermiG), um später im Inland eine Stiefkindadoption (Abs. 2 S. 3) durchführen zu können, verstoßen wird.[110]

35 Auch **Sittenwidrigkeit** führt idR zur Gesetzeswidrigkeit. Sittenwidrigkeit nach ausländischem Sachrecht ist deshalb nur dann eigenständig bedeutsam und nach inländischem Recht zu beurteilen, wenn nicht bereits nach ausländischem Sachrecht (auch) Gesetzeswidrigkeit anzunehmen ist.[111] Nach dem Rechtsgedanken des **ordre public** (Art. 6 EGBGB)[112] ist wegen der Schwere des Eingriffs in die Freiheitsrechte Dritter Sittenwidrigkeit immer anzunehmen, wenn das Handeln bei Anwendung inländischen Rechts sittenwidrig gewesen wäre.

36 **4. Erforderlichkeit.** Eine **Ausnahme** vom Ausschluss der Annahme durch die an der anstößigen Vermittlung Beteiligten ist nur möglich, wenn sie zur Wahrung des Kindeswohls erforderlich ist. Die Annahme durch den am Kinderhandel Beteiligten muss deshalb nicht nur die für das Kind gegenüber einer Rückführung oder einer Inpflegegabe in eine andere Familie – die Platzierung in einem Heim dürfte die stets schlechtere Lösung sein (dazu Vor § 1741 Rn. 5) – bessere,[113] sondern sie muss insgesamt oder hinsichtlich einzelner Umstände die **deutlich** bessere Lösung darstellen.

---

terium der Justiz, 1994; *Wuttke,* Ein Kind um jeden Preis? Eine Studie zum Adoptionskinderhandel, hrsg. v. terre des hommes Bundesrepublik Deutschland e.V., 1996 (http://www.adoption.de/pdf/studie_tdh.pdf).

[104] *Staudinger/Frank* Rn. 34, 35.
[105] FamRefK/*Maurer* Rn. 6.
[106] BT-Drucks. 13/8511 S. 75; s. auch *Greßmann,* Neues Kindschaftsrecht, Rn. 407; *Erman/Saar* Rn. 18.
[107] Ebenso *Staudinger/Frank* Rn. 31.
[108] *Staudinger/Frank* Rn. 32.
[109] *Staudinger/Frank* Rn. 33; *Erman/Saar* Rn. 20; aA *Palandt/Diederichsen* Rn. 6: Stets nach deutschem Recht.
[110] *Staudinger/Frank* Rn. 30.
[111] Ebenso *Erman/Saar* Rn. 20; FamRefK/*Maurer* Rn. 11.
[112] Ebenso *Palandt/Diederichsen* Rn. 6.
[113] Dies lassen *Lipp/Wagenitz* Rn. 3 ausreichen.

Davon kann etwa dann ausgegangen werden, wenn das Kind bereits emotionale Beziehungen und Bindungen durch die tatsächliche Verbundenheit an den/die konkreten Adoptionsbewerber entwickelt hat, die wieder abzubrechen trotz der gesetzes- oder sittenwidrigen Anbahnung der Adoption dem Kindeswohl zuwiderliefe.[114] – Ein **Verstoß** gegen S. 2 führt nicht zur Unwirksamkeit der Annahme und stellt auch keinen Aufhebungsgrund dar.[115]

E. Gemeinschaftliche und Einzelannahme

I. Gemeinschaftliche Annahme durch Ehegatten

Ehegatten (zu Lebenspartnern s. Rn. 49) können grundsätzlich nur **gemeinschaftlich** adoptieren (S. 2).[116] Die Entstehungsgeschichte und das Förderungsgebot (Abs. 1) führen zur gemeinschaftlichen Adoption als der Regeladoption,[117] weil Kinder möglichst in einer vollständigen Familie aufwachsen und Stiefkindverhältnisse, für die keine gesetzliche Regelung zur Konfliktlösung besteht, vermieden werden sollen.[118] Die Ehe muss mindestens beim Ausspruch der Adoption (dazu § 1752 Rn. 28-35) bestehen, sollte wegen der erforderlichen Kontinuität der künftigen Lebensbedingungen des anzunehmenden Kindes (dazu Vor § 1741 Rn. 6), dem Erfordernis einer angemessenen Adoptionspflegezeit (§ 1744), aber auch wegen der Geeignetheit der Adoptionsbewerber (dazu § 1744 Anh. Rn. 21, 32) jedoch bereits von längerer Dauer sein und die Prognose auf ihre weitere Fortdauer erlauben. – Auch das **Getrenntleben** der Ehegatten nach Aufhebung der häuslichen Gemeinschaft führt nicht dazu, sie iSd. gesetzlichen Regelung als Unverheiratete zu behandeln,[119] weil der Gesetzgeber ausdrücklich durch eine Adoption herbeigeführte Stiefkindverhältnisse vermeiden wollte.[120] Dies rechtfertigt sich dadurch, dass bis zum rechtskräftigen Ausspruch der Scheidung die Auflösung der Ehe nicht sicher feststeht und nach einer Versöhnung der Ehegatten der wiederhergestellten Lebensgemeinschaft nicht ein angenommenes Kind eines Ehegatten beigegeben werden oder diese Kindesannahme eine Versöhnung gar verhindern soll. Zur **Verfassungsgemäßheit** dieser Regelung s. Vor § 1741 Rn. 22. – Lediglich in **Ausnahmefällen**[121] (dazu Rn. 38-43) können Verheiratete auch **einzeln** annehmen. – Nur **Verheiratete** können ein Kind gemeinschaftlich annehmen, nicht auch **Geschwister**[122] oder Partner einer **heterosexuellen Lebensgemeinschaft**[123] (dazu Rn. 49). Eine **Umdeutung** in Einzeladoptionen scheitert an § 1742 (dazu dort Rn. 8); zu den Rechtsfolgen § 1759 Rn. 9. – Besteht in der Person eines Ehegatten ein **Annahmehindernis**, liegen die Voraussetzungen für eine Annahme insgesamt nicht vor.[124] Ausnahme: Ein Ehegatte hat das Mindestalter nicht erreicht (dazu Rn. 39). – Ein **Verstoß** gegen diese Regelung kann zur Nichtigkeit, mithin Unwirksamkeit der Adoption führen (dazu § 1759 Rn. 9-10).

II. Ausnahme: Einzelannahme

1. Annahme durch einen Ehegatten. Von der gemeinschaftlichen Adoption bestehen nach der Abschaffung der Annahme des eigenen nichtehelichen Kindes (dazu Rn. 10-12) nur noch zwei Ausnahmen, die einem Verheirateten die alleinige Annahme eines Kindes ermöglichen, weil eine gemeinschaftliche Annahme aus Rechtsgründen nicht möglich ist:[125] Er nimmt das Kind seines **Ehegatten/Lebenspartners** an (dazu Rn. 40-43), oder sein Ehegatte/Lebenspartner ist **nicht annahmefähig** (dazu Rn. 39). Einer über diesen Anwendungsbereich hinausgehenden **entspre-**

---

[114] BT-Drucks. 13/8511 S. 75.
[115] *Lipp/Wagenitz* Rn. 4.
[116] Dazu auch FamRefK/*Maurer* Rn. 18-19.
[117] BT-Drucks 7/3061 S. 28 ff.; RA-BT BT-Drucks. 7/5087 S. 9. – S. auch die entsprechenden Reformvorschläge von *Glässing* S. 93 und *Lüderitz* S. 28. Zum früheren Recht ebenso *Staudinger/Engler* 10./11. Aufl. § 1749 Rn. 6. – Aus der systematischen Stellung wird dies nicht mehr abgeleitet werden können (so für das bis zum 30. 6. 1998 geltende Recht die 3. Aufl. Rn. 28), nachdem nunmehr die Regelung über die Einzelannahme an den Anfang von Abs. 2 „gerutscht" ist.
[118] Dazu auch *Lüderitz* S. 28 f.; *Oeschger* S. 75; *Bosch* FamRZ 1984, 840.
[119] KG Rpfleger 1980, 281 f.; OLG Hamm NJW-RR 1999, 1377 = FamRZ 2000, 257, 258.
[120] BT-Drucks. 7/3061 S. 29 f. Großzügiger § 1745a Abs. 2 aF, Art. 264 b schweiz. ZGB; *Engler* S. 66.
[121] LG Hamburg NJWE-FER 1999, 181 = FamRZ 1999, 253, 254.
[122] Vgl. LG Bad Kreuznach StAZ 1985, 16 f.
[123] BT-Drucks. 13/4899 S. 111.
[124] AG Lüneburg FRES 6, 1 f.
[125] *Lipp/Wagenitz* Rn. 15.

§ 1741 39, 40   Abschnitt 2. Titel 7. Annahme als Kind

chenden Anwendung von S. 3, 4 steht jedenfalls grundsätzlich deren Ausnahmecharakter entgegen.[126]

39   **a) Fehlende Annahmefähigkeit.** Ein Ehegatte kann ein beliebiges Kind allein annehmen, sodass der andere Ehegatte nicht auch Elternteil wird,[127] wenn dieser **geschäftsunfähig** (§ 104 Nr. 2) ist, ein Kind also nicht annehmen kann, oder das **21. Lebensjahr** noch nicht vollendet hat **(Abs. 2 S. 4)**. Die Erhöhung des maßgeblichen Alters des anderen Ehegatten vom vollendeten 18. Lebensjahr (Abs. 2 S. 3 aF: „in der Geschäftsfähigkeit beschränkt", dazu §§ 106, 2; sie ergab sich nach der Aufhebung der §§ 114, 115 nur noch aus der Minderjährigkeit) auf das 21. Lebensjahr[128] führt zu einer Erweiterung der Annahmefähigkeit des annahmewilligen Ehegatten. Zudem wird die Annahmefähigkeit eines zur alleinigen Annahme befugten Ehegatten mit der Regelung zur gemeinsamen Adoption (§ 1743 S. 2) in Übereinstimmung gebracht.[129] Ein **Wertungswiderspruch** ergibt sich aber zu § 1743 S. 2: Wenn ein Ehegatte für eine gemeinsame Adoption das 21. Lebensjahr vollendet haben muss, ist nicht folgerichtig, eine Einzeladoption durch den anderen Ehegatten zuzulassen, weil das Kind tatsächlich in dieselben Lebensverhältnisse kommt, in die es nach dem Grundsatz der gemeinsamen Adoption gerade nicht kommen sollte.[130] – Nicht zuletzt deshalb ist stets besonders zu prüfen, ob es dem **Kindeswohl** dient, im Haushalt eines Geisteskranken zu leben. Dies wird idR zu verneinen sein. – Der **Einwilligung** des geschäftsunfähigen Ehegatten bedarf es nicht (§ 1749 Abs. 3), wohl aber des in der Geschäftsfähigkeit beschränkten (§ 1750 Abs. 3 S. 2; dazu auch dort Rn. 19).

40   **b) Stiefkindadoption.** Nimmt ein Ehegatte das Kind des anderen Ehegatten an,[131] wird der natürlichen Elternbeziehung eine künstliche hinzugefügt und dadurch das zum Stiefkind bestehende faktische Kindschaftsverhältnis rechtlich bestätigt. Unerheblich ist, ob das Kind ehelich, nichtehelich[132] oder adoptiert (§ 1754 Abs. 1 und 2 aF) ist. Heiratet der Annehmende nach der Annahme, so kann der neue Ehegatte deshalb das Kind (zusätzlich) annehmen (§ 1742; dazu dort Rn. 8). In allen Fällen erlangt das Kind durch die Annahme des Ehegatten die rechtliche Stellung eines gemeinschaftlichen Kindes mit den sich daraus ergebenden bürgerlich-rechtlichen und öffentlich-rechtlichen Folgen (§ 1754 Abs. 1, dazu §§ 1754, 1755 Rn. 2-14). Eine gemeinschaftliche Annahme der Ehegatten gibt es dagegen nicht (dazu § 1759 Rn. 11), weil es keine Annahme des Kindes durch seinen **leiblichen Elternteil** gibt; die Annahme durch den mit ihm adoptierenden Ehegatten ist dagegen wirksam.[133] – Dem materiellen Wohl des Kindes wird dann gedient, wenn der Stiefelternteil, der das Kind faktisch versorgt, rechtlich zum Unterhalt verpflichtet[134] und sein tatsächlicher Erziehungsbeitrag durch ein (Mit-)Sorgerecht verfestigt und aufgewertet wird. Gegen diesen Vorteil sind mögliche immaterielle Nachteile (dazu Rn. 19-22) abzuwägen. Diese Regelung ist zur Annahme eines **ehelichen** wie eines **nichtehelichen** Kindes des anderen Ehegatten notwendig, weil die an sich angemessene gemeinschaftliche Adoption hier nicht möglich ist. Durch die Stiefkindadoption wird das Kind gemeinschaftliches Kind von Annehmendem und Ehegatten (§ 1754 Abs. 1 Alt. 2), ohne dass auch der leibliche Elternteil die Annahme aussprechen kann (Abs. 2 S. 1; dazu Rn. 11-12), und wird als gemeinschaftliches Kind zum Geburtseintrag im Geburtenregister aufgenommen (§§ 27 Abs. 3 Nr. 1, 21 Abs. 1 Nr. 4 PStG; zur Aufnahme in die Geburtsurkunde s. § 59 Abs. 1 Nr. 5 PStG), das eine entsprechende Einschränkung nicht mehr enthält). Einzelannahme und gemeinschaftliche Annahme wirken in diesen Fällen mithin gleich.[135] – Der mit dem Annehmenden verheiratete Elternteil muss in die Adoption als Elternteil (§ 1747) und als Ehegatte **einwilligen** (§ 1749), der andere Elternteil nach § 1747. – War das Kind bereits von den Ehegatten einer ersten Ehe adoptiert worden, ist zunächst das Annahmeverhältnis zum Ehegatten der aufgelösten Ehe aufzuheben (§ 1742).[136] – Entfällt nach einer Einzeladoption (§ 1749) das Adoptionshindernis, ist dem adoptionsunfähigen Ehegatten die Stiefkindadoption eröffnet (Abs. 2 S. 3; dazu auch § 1749 Rn. 2). – Kein Fall von Abs. 2 S. 3, sondern einer Einzeladoption nach Abs. 2 S. 1 liegt vor, wenn das Kind nach dem **Tod** des leiblichen Elternteils vom

---

[126] OLG Hamm FGPrax 2003, 70 = FamRZ 2003, 1039, 1040; *Lipp/Wagenitz* Rn. 24.
[127] *Lipp/Wagenitz* Rn. 22.
[128] Kritisch dazu *Staudinger/Frank* Rn. 38 f.
[129] Zum Ganzen auch *Greßmann*, Neues Kindschaftsrecht, Rn. 389; *Lipp/Wagenitz* Rn. 21.
[130] Kritisch auch *Staudinger/Frank* Rn. 37.
[131] Kritisch dazu *Frank* FamRZ 1998, 393, 397.
[132] FamRefK/*Maurer* Rn. 20.
[133] LG Hamburg StAZ 1959, 101; *Staudinger/Frank* § 1754 Rn. 5.
[134] OLG Celle ZfJ 1952, 122 f.
[135] *Erman/Saar* Rn. 22.
[136] *Staudinger/Frank* Rn. 41.

Zulässigkeit der Annahme 41–44 § 1741

Stiefelternteil adoptiert wird, weil die Ehe durch den Tod aufgelöst und der Verstorbene nicht mehr sein Ehegatte ist (s. dazu den Wortlaut von § 1756 Abs. 2, der nicht (mehr) von dem verstorbenen, sondern nur noch vom aktuellen Ehegatten als dem Ehegatten spricht).[137] Anwendbar ist nicht § 1754 Abs. 1, sondern Abs. 2. Zur entsprechenden Anwendung von § 1756 Abs. 2, um das Erlöschen der Verwandtschaftsbeziehungen zu den Verwandten des verstorbenen Elternteils (§ 1755 Abs. 1 S. 1) zu verhindern, s. § 1756 Rn. 13. – Zur **Verbreitung** der Stiefkindadoptionen s. Vor § 1741 Rn. 7, zur **Annahmefähigkeit** Rn. 4-7.

Die Stiefkindadoption darf nicht als Waffe gegen den nicht sorgeberechtigten Elternteil eingesetzt **41** werden. Nur wenn eine **persönliche Beziehung** zu diesem gar nicht (mehr) besteht oder jedenfalls erheblich gelockert ist, dient die Annahme durch den Stiefelternteil dem Kindeswohl.[138] Um die sich aus einer Stiefkindadoption ergebenden Gefahren für das Kindeswohl zu minimieren, sind deren Voraussetzungen aber bereits jetzt **besonders sorgfältig** zu prüfen.[139] Stets bedarf es deshalb einer **abwägenden Betrachtung** der rechtlichen und emotionalen Situation des Kindes mit und ohne Adoption:[140]

– Inwieweit bedarf die tatsächliche Einbeziehung des Kindes in die Stieffamilie der Stärkung der Rechtsstellung des Stiefelternteils in vermögensrechtlicher (Unterhalt, Erbrecht; diese Umstände sollen nicht den Ausschlag geben, § 1745 S. 2),
– aber auch in sorgerechtlicher Hinsicht (Abwesenheit des leiblichen Elternteils, die ihm die Mitgestaltung des Lebens des Kindes unmöglich macht);
– Bereitschaft und Fähigkeit des Stiefelternteils zur Wahrnehmung und Ausgestaltung des Sorgerechts, ggf. bis zur Gewährung von Umgang mit dem leiblichen Elternteil (§ 1626 Abs. 3 S. 2, dazu §§ 1754, 1755 Rn. 9) und auch nach einer Scheidung vom leiblichen Elternteil,
– sowie zur positiven Bewahrung der Erinnerung des Kindes an seinen leiblichen Elternteil oder dessen spätere Aufklärung über seine Abstammung;
– Verbesserung, gleichwertige Gestaltung oder Verschlechterung der Lage des Kindes durch die Adoption;
– die Situation des Kindes in seinem sozialen Umfeld (Kindergarten, Schule, Vereinsleben etc.);
– Dauer und Zustand der Ehe des leiblichen mit dem Stiefelternteil.[141]

Die durch § 1681 Abs. 1 aF, der nach dem Tod des Sorgeberechtigten die elterliche Sorge von **42** Gesetzes wegen auf den überlebenden Elternteil zurückfallen ließ, geschaffene Gefahr ist durch § 1680 Abs. 2 S. 1, der den Rückfall der elterlichen Sorge von einer auf das Kindeswohl bezogenen Prüfung des FamG abhängig macht, gebannt. – Die soziale Integration in eine neue Familie des Sorgeberechtigten kann auch durch **Namensänderung** gesichert werden (§ 1618).[142] – **Sozialrechtlich** ist das Stiefkind durch das AdAnpG dem leiblichen Kind weitgehend gleichgestellt worden (dazu Vor § 1741 Rn. 13). Ist nicht bereits danach eine Adoption ausgeschlossen, ist sie wegen der adoptionsrechtlichen Wirkungen aus §§ 1755, 1756 Abs. 2, 1925 Abs. 4 nur auszusprechen, wenn **alle** in der Familiengemeinschaft lebenden Stiefkinder angenommen werden.

Zwei Drittel aller Adoptionen sind Stiefkindadoptionen. Da aber die Scheidungsraten in Stief- **43** familien (noch) höher sind und die Stiefkindadoption zudem nicht selten dem Ziel dient, den leiblichen Elternteil von seinen rechtlichen wie tatsächlichen Beziehungen zum Kind auszuschließen, hat das FamG den annahmewilligen Ehegatten im Adoptionsverfahren darauf **hinzuweisen,** dass die Kindschaftsbeziehung die Ehe überlebt und eine Scheidung nach § 1763 ein Grund für eine **Aufhebung** sein kann, aber nicht sein muss (dazu dort Rn. 9).[143] **De lege ferenda** ist eine gesonderte eigenständige Regelung des Stiefkindverhältnisses vorzuziehen.[144]

c) Ausländisches Annahmehindernis. Ist ein deutscher Annehmender mit einem ausländi- **44** schen Ehegatten verheiratet, auf den nach Art. 22 EGBGB ausländisches Sachrecht anzuwenden

---

[137] LG Koblenz Rpfleger 2001, 34; *Lipp/Wagenitz* Rn. 19; *Soergel/Liermann* Rn. 39, jeweils zu § 1741.
[138] Dazu auch *Paulitz*, Offene Adoption, S. 154 ff.
[139] BAGLJÄ Empfehlungen (Anhang zu § 1744) Nr. 6.1.3.
[140] Zum Ganzen auch *Paulitz/Oberloskamp* Adoption S. 69 f., 70 f.
[141] Das neue schweizerische Recht (Art. 264 a Abs. 3 ZGB) fordert insoweit ein 2-jähriges Pflegeverhältnis und eine 5-jährige Ehedauer.
[142] Großzügig insoweit OVG Hamburg FamRZ 1983, 740. Zu unterhalts- und erbrechtlichen Regelungen s. *Erman/Saar* Rn. 25.
[143] Als Bsp. „lästiger" (und wahrscheinlich voreiliger) Stiefkindadoptionen s. BGH ZfJ 1971, 96; AG Böblingen DAVorm. 1976, 649 (Kind 1958 geboren, 1960 durch Ehefrau des nichtehelichen Vaters angenommen, 1964 Ehe geschieden, 1973 Vater verstorben).
[144] Dazu zB *Frank* S. 35 ff., 48 f., 54 f., 74; *Conradi* FamRZ 1980, 103 ff.; *Paulitz/Bach* Adoption S. 59 f.; *Paulitz/Oberloskamp* Adoption S. 66 ff., zur Problematik der Stiefkindadoption s. auch *Staudinger/Frank* Rn. 42-47 m. rechtsvergleichenden Hinweisen.

ist, und kann der ausländische Ehegatte nach seinem Heimatrecht das Kind nicht annehmen, soll kein Fall für eine Ausnahme vom Grundsatz der gemeinschaftlichen Annahme in entsprechender Anwendung von Abs. 2 S. 3, 4 vorliegen,[145] weil diese Problematik vom Gesetzgeber des AdoptG (dazu Vor § 1741 Rn. 12) gesehen und der Neuregelung des internationalen Privatrechts vorbehalten worden war.[146] Doch ist diese Problematik durch Art. 22 EGBGB idF des IPR-Neuregelungsgesetzes (dazu Vor § 1741 Rn. 12) für die Fälle nicht ausgeräumt, in denen sich die Staatsangehörigkeit nur eines Ehegatten während der Ehezeit geändert hat, Art. 22 S. 2 EGBGB iVm. Art. 14 Abs. 1 Nr. 1 EGBGB zum ausländischen Sachrecht führt und das ausländische IPR für den deutschen Ehegatten wieder auf deutsches Recht zurückverweist.[147] Insoweit hat das Vertrauen des Gesetzgebers, der durch die IPR-Neuregelung auch die gemeinschaftliche Annahme und ihre Ausnahmen als geregelt ansah,[148] in sich selbst getrogen, und man kann jedenfalls jetzt eine Lücke im Gesetz feststellen, die durch eine Analogiebildung zu den Fällen des Abs. 2 S. 3, 4 gefüllt werden kann.[149]

45 **2. Annahme durch Unverheiratete. a) Ausschließlichkeit.** Eine Einzelannahme eines Minderjährigen wie auch eines Volljährigen (s. dazu auch § 1767 Rn. 3) ist nur durch – auch geschiedene – **Unverheiratete** möglich (Abs. 2 S. 1).[150] „Nur"[151] stellt in Übereinstimmung mit dem bisherigen Recht klar, dass eine gemeinschaftliche Annahme nur durch Ehegatten, nicht auch durch die in einer sonstigen Lebensgemeinschaft lebenden Partner möglich ist.[152] – Das **Getrenntleben** von Ehegatten macht sie nicht zu Unverheirateten iSd. Regelung und führt nicht zur Zulässigkeit der Einzelannahme (zur grundsätzlichen **Verfassungsgemäßheit** dieser Regelung und zu verfassungsrechtlichen Bedenken in Ausnahmefällen s. Vor § 1741 Rn. 22).[153] – „Unverheiratet" iSd. Abs. 2 S. 1 ist zudem nicht der leibliche verheiratete Elternteil. Er kann das Kind deshalb nach dem Tod der Adoptiveltern nicht einzeln, sondern nur gemeinschaftlich mit seinem Ehegatten zurückadoptieren.[154]

46 Auch wenn die Einzelannahme gesetzlich als mit der gemeinschaftlichen Annahme durch Ehegatten gleichwertig angesehen wird, dient dem Wohl des Kindes (Abs. 1) doch in erster Linie die Betreuung in einer **vollständigen Familie**.[155] Zudem verliert das Kind durch die Wirkung als Volladoption die **erbrechtliche** Bindung an zwei Familienstämme und wird durch die Annahme nur mit einem neu verbunden (§§ 1754, 1755 Abs. 1; Ausnahme: § 1756).

47 Eine Einzelannahme kommt danach idR nur in folgenden **Ausnahmefällen**[156] in Betracht:

---

[145] KG Rpfleger 1980, 281 f.; LG Hamburg NJWE-FER 1999, 181 = FamRZ 1999, 253, 254 (Ehegatten deutscher und türkischer Staatsangehörigkeit); *Erman/Saar* Rn. 21.
[146] BT-Drucks. 7/3061 S. 30.
[147] LG Hamburg FamRZ 1999, 253, 254; *Staudinger/Frank* Rn. 40 aE.
[148] BT-Drucks. 10/504 S. 72.
[149] AA *Lipp/Wagenitz* Rn. 24; auch *Soergel/Liermann* Rn. 43 Fn. 123, die diesen Fall wegen der Bezugnahme auf Art. 14 EGBGB in Art. 22 S. 2 EGBGB als hinfällig ansehen.
[150] Verfassungsrechtlich nicht zu beanstanden, KG Rpfleger 1980, 281 f. – Zum Verstoß gegen den ordre public wegen Missachtung des Familienlebens (Art. 8 EMRK), eine solche Adoption in einem anderen Staat nicht anzuerkennen, s. EuGHMR FamRZ 2007, 1529, 1530 f. m. Anm. *Henrich*.
[151] Eingefügt durch Art. 1 Nr. 27 KindRG.
[152] BT-Drucks. 13/4899 S. 111.
[153] S. auch *Staudinger/Frank* Rn. 40 m. rechtsvergleichendem Hinweisen auf das Schweizer Recht.
[154] *Staudinger/Frank* Rn. 40; aA AG Starnberg FamRZ 1995, 827, 829 m. Anm. *Liermann* FamRZ 1995, 1229; AG Rosenheim FamRZ 2002, 1648 f. (für eine Volljährigenadoption).
[155] *Lipp/Wagenitz* Rn. 12; *Soergel/Liermann* Rn. 27.
[156] BT-Drucks. 13/3061 S. 30; *Staudinger/Frank* Rn. 50 mwN. *BAGLJÄ* Empfehlungen 5. Aufl. (§ 1744 Anh.) Nr. 6.4.2.6 sprechen sich in folgenden Fällen für eine Einzelannahme aus: „Die Annahme eines Kindes durch eine alleinstehende Person bedarf der besonders eingehenden Kindeswohlprüfung. Eine Annahme kann sich vor allem anbieten bei
– bereits länger währenden, für das Kind bedeutsamer Beziehung, die einem Eltern-Kind-Verhältnis entspricht,
– Aufnahme eines verwandten Kindes,
– Kindern, für die aufgrund persönlicher Vorerfahrungen die Vermittlung zu einem Bewerberpaar nicht förderlich ist,
– Aufnahme eines Kindes, das von den leiblichen Eltern nur zur Adoption durch diesen Alleinstehenden freigegeben wird, soweit dies keinen Rechtsmissbrauch darstellt.
Bei Berufstätigkeit muss sichergestellt sein, dass der Bewerberin bzw. der Bewerber die Hauptbezugsperson ist und das Kind in stabilen sozialen Verhältnissen aufwachsen kann. Auf die Möglichkeit des Bezugs familienpolitischer Leistungen (zB Elterngeld) ist hinzuweisen."
BAGLJÄ Empfehlungen 4. Aufl. (Anhang zu § 1744) Nr. 3.44 sah zudem noch die „Aufnahme eines Kindes, dessen Geschwister im Verwandten- oder Freundeskreis oder in der Nachbarschaft des Bewerbers leben," vor.

Zulässigkeit der Annahme 48, 49 § 1741

– Befand sich das Kind bei Ehegatten in Pflege und fällt ein Partner durch **Tod** oder **Scheidung** aus, ist der Pflegende aber Bezugsperson des Kindes und hat sich zu ihm ein gutes Verhältnis entwickelt[157] (zur Einwilligung in diesem Fall s. § 1747 Rn. 25).
– Das Kind ist in besonderer Weise erziehungs- oder pflegebedürftig, und gerade der Annehmende kann diesen Bedürfnissen – etwa wegen seiner **beruflichen Ausbildung** – gerecht werden.[158]
– Es handelt sich um ein **Verwandtenkind**[159] und beide (leiblichen) Elternteile sind verstorben; hier bestehen auch keine aus dem Vermögensinteresse begründeten Bedenken.
– Der Annehmende **versorgt** das Kind schon (dazu auch Rn. 40-41).[160]

b) Besondere Lebensformen. aa) Nichteheliche Lebensgemeinschaft. Nicht verheiratete, miteinander in hetero- oder homosexueller Lebensgemeinschaft lebende Personen können ein Kind nur allein und nicht durch mehrfache Einzeladoptionen gemeinsam annehmen (§ 1742; dazu auch dort Rn. 8).[161] Andere Formen des Zusammenlebens können nicht mittelbar durch die Verbindung über das Kind institutionalisierte Rechtsfolgen hervorrufen, weil bislang nur Ehe und Lebenspartnerschaft (zu ihr Rn. 49) rechtlich ausdrücklich geregelt sind.[162] Ein Zwang zur Eheschließung wird dadurch nicht ausgeübt. – Eine „Lebensgemeinschaft" des Annehmenden mit anderen Personen spricht als solche weder für noch gegen eine (Einzel-)Annahme.[163] Doch muss der Partner – wie jede andere im Haushalt lebende Person (dazu Rn. 22) – eine positive Haltung gegenüber dem Kind einnehmen. Dies gilt auch für die alleinige Annahme durch den Mann, der mit der leiblichen Mutter in **außerehelicher** Lebensgemeinschaft lebt. Da durch die Annahme die rechtliche Bindung zur Mutter zerschnitten würde, würde die Adoption zudem nicht die tatsächlichen Verhältnisse zutreffend widerspiegeln.[164] Verfassungsrechtliche Bedenken[165] betreffen nicht die Beschränkung der gemeinschaftlichen Annahme auf Verheiratete, sondern die Ausgestaltung der Kindschaftsbeziehungen in der nichtehelichen Gemeinschaft.[166]

bb) Lebenspartnerschaft. Das LPartG regelt weder die gemeinsame Adoption durch die Partner einer Lebensgemeinschaft noch die Einzelannahme eines Lebenspartners. Da es die Lebensgemeinschaft von zwei Personen gleichen Geschlechts (§ 1 Abs. 1 S. 1 LPartG) nicht ganz allgemein mit der Ehe gleichsetzt, kann ein Lebenspartner ein Kind zwar **einzeln** annehmen, die Lebenspartner jedoch nicht gemeinschaftlich (dazu Rn. 38, § 1742 Rn. 13).[167] Ein Lebenspartner kann danach das Kind seines Lebenspartners (Stiefkindadoption, § 9 Abs. 7 LPartG)[168,169] oder ein fremdes Kind (§ 9 Abs. 6 LPartG) **allein** annehmen,[170] er kann aber nicht ein Kind annehmen, das bereits sein Lebenspartner adoptiert hat (§ 9 Abs. 7 S. 2 LPartG verweist nicht auch auf § 1742, dazu auch dort Rn. 13).[171] – Zu den **verfassungsrechtlichen** Bedenken gegen diese Beschränkungen s. Vor § 1741 Rn. 27.

48

49

---

[157] BT-Drucks. 7/3061 S. 30; *Gernhuber/Coester-Waltjen* § 68 Rn. 20; *Engler* S. 66; auch LG Köln FamRZ 1985, 108 m. Anm. *Schön*.
[158] *Engler* S. 66; im Ergebnis ebenso LG Köln FamRZ 1985, 108 m. Anm. *Schön*; s. auch AG Arnsberg FamRZ 1987, 1194, 1195 f.: Adoption durch einen katholischen Geistlichen nach Aufhebung einer ersten Adoption, weil das Kind seine Adoptivmutter getötet hatte.
[159] BT-Drucks. 7/3061 S. 30.
[160] LG Köln FamRZ 1985, 108 m. Anm. *Schön*.
[161] BT-Drucks. 7/3061 S. 30; *Binschus* ZfJ 1976, 194; *Lipp/Wagenitz* Rn. 13; *Soergel/Liermann* Rn. 20. S. dazu auch die rechtsvergleichenden Hinweise bei *Staudinger/Frank* § 1741 Rn. 36.
[162] AA *Staudinger/Frank* Rn. 51 (wegen Abs. 2 S. 4 „lässt sich eine Einzeladoption durch einen Annehmenden, der in einer auf Dauer angelegten eheähnlichen Verbindung lebt, nicht ohne weiteres rechtfertigen"). Anders auch noch 3. Aufl. Rn. 35, die auf die Rechtsordnung abstellt; doch werden von ihr auch andere Lebensgemeinschaften geschützt, etwa im Mietvertragsrecht und nunmehr auch im Recht der Lebenspartnerschaften (dazu Rn. 49).
[163] Anders *Lüderitz* S. 29 f.
[164] OLG Celle ZfJ 1954, 84; JZ 1961, 422; aA LG Mannheim NJW 1961, 881; LG Göttingen NdsRpfl. 1963, 128; AG Hamburg NJW 1962, 1303. – Im Ergebnis ebenso LG Verden Rpfleger 1953, 581 (Rechtslage i. Ü. verändert).
[165] Vgl. BVerfG NJW 1991, 1944 = FamRZ 1991, 913.
[166] *Lüderitz/Dethloff* § 32 II 1 f.
[167] S. dazu auch die rechtsvergleichenden Hinweise bei *Staudinger/Frank* § 1741 Rn. 57, 58.
[168] Eingefügt durch das *Gesetz zur Überarbeitung des Lebenspartnerschaftsrechts* v. 15. 12. 2004 (BGBl. I S. 3396) mit Wirkung ab 1. 1. 2005. – Auf die Stiefkindadoption des Lebenspartners ist § 21 Abs. 1 Nr. 4 PStG nicht anwendbar, LG Hamburg Beschl. v. 4. 11. 2009 - 301 T 596/09, juris [3-4]; AG Hamburg Beschl. v. 24. 6. 2009 - 60 III 53/09, juris [10-19].
[169] Dazu AG Nürnberg FamRZ 2011, 308, 309; s. auch AG Elmshorn NJW 2011, 1086 für das durch Insemination gezeugte Kind einer Lebenspartnerin.
[170] S. dazu auch EuGHMR FamRZ 2003, 149, 150.
[171] Ebenso *Staudinger/Frank* Rn. 59.

§ 1742 Annahme nur als gemeinschaftliches Kind

Ein angenommenes Kind kann, solange das Annahmeverhältnis besteht, bei Lebzeiten eines Annehmenden nur von dessen Ehegatten angenommen werden.

I. Normzweck

1   Die Regelung[1] schließt eine mehrfache Annahme („**Kettenadoptionen**") wegen der Schutzbedürftigkeit des minderjährigen Angenommenen[2] aus Gründen des Kindeswohls grundsätzlich aus (dazu Rn. 4-5) und lässt sie nur ausnahmsweise zu (dazu Rn. 6-7). – Zu den **Rechtsfolgen der Verletzung** des § 1742s. § 1759 Rn. 8-9, § 1772 Rn. 12-13.

II. Anwendungsbereich

2   § 1742 ist nur auf die **Minderjährigenadoption** anwendbar. Auf die **Volljährigenadoption** treffen die Gründe für den Ausschluss von „Kettenadoptionen" (dazu Rn. 1) unabhängig davon nicht zu, welcher Art – Minderjährigenadoption, „schwache" Volljährigenadoption oder „starke" Volljährigenadoption mit den Wirkungen einer Minderjährigenannahme – die Erstadoption war.[3] Zudem sah der Gesetzgeber bei einer Volljährigenadoption insbesondere für die Zurückadoption durch die leiblichen Eltern ein Bedürfnis.[4]

3   Keine Zweitadoption iSd. § 1742 ist die **Wiederholung** einer Adoption zur Schaffung klarer Rechtsverhältnisse, wie sie insbesondere bei Auslandsadoptionen zwischen denselben Beteiligten (zu deren Zulässigkeit nach dem AdWirkG s. § 1752 Anh. § 1 AdWirkG Rn. 5, aber auch 4. Aufl. Art. 22 EGBGB Rn. 113, 114) oder einer DDR-Adoption, auch mit der Erweiterung auf den Ehegatten des Annehmenden (dazu 4. Aufl. Art. 234 § 13 EGBGB Rn. 18 mwN), vorkommen kann. – Zu **ausländischen** Mehrfachadoptionen und ihr Verhältnis zum inländischen ordre public s. § 1752 Anh. § 2 AdWirkG Rn. 11.

III. Grundsatz: Verbot der Mehrfachadoption

4   Eine mehrfache – sukzessive[5] oder gleichzeitige – Annahme ist **grundsätzlich** ausgeschlossen: Würde die weitere Annahme die erste Adoption in ihren Wirkungen **unberührt** lassen, entstünden einander widersprechende Elternrechte, unterhalts- und erbrechtliche Rechte und Pflichten würden kumuliert. – Würde die weitere Annahme die erste ablösen, könnte das Kind von Familie zu Familie „**weitergereicht**" werden, was seinem Wohl grundsätzlich abträglich[6] und zudem von der auf eine bestimmte Annahme bezogenen Einwilligung der Eltern (§ 1747 Abs. 2) nicht gedeckt wäre (Verstoß gegen das Verbot der **Blankodadoption**, § 1747; zum Ganzen dort Rn. 25-27).[7]

5   Das Verbot der Mehrfachadoption ist zu Recht nicht ohne **Kritik** geblieben:[8] Übernommen aus dem vor Inkrafttreten des AdoptG am 1. 1. 1977 geltenden Recht (dazu Vor § 1741 Rn. 12, 15), das die rechtlichen Beziehungen zu den leiblichen Eltern zum Teil weiterbestehen ließ, bedarf es nicht mehr des Schutzes vor einer Kumulierung verwandtschaftlicher Beziehungen, weil nunmehr auch aufgrund einer Folgeannahme grundsätzlich alle rechtliche Beziehungen zur Herkunftsfamilie enden. Zudem wird, besteht ein Bedürfnis für eine Zweitadoption, idR die Erstadoption aus schwerwiegenden Gründen zum Wohl des Kindes vom FamG von Amts wegen aufzuheben sein (§ 1763); dies führt grundsätzlich zur Aufhebung der Rechtsbeziehungen zur Adoptivfamilie sowie zur Wiederherstellung der Rechtsbeziehungen zur Herkunftsfamilie (§ 1764 Abs. 2, 3) und macht den Weg für eine erneute Adoption frei. Gleichwohl hat das Verbot der Mehrfachadoption seine Berechtigung, weil die Folgeadoption nicht mehr von der ursprünglichen

---

[1] Zu ihrer Entstehungsgeschichte (Vorgängerregelung: § 1749 Abs. 2 S. 1 aF) *Staudinger/Engler* 10./11. Aufl. § 1749 Rn. 4 f. – Rechtsvergleichende Hinweise bei *Staudinger/Frank* Rn. 6.

[2] BT-Drucks. 12/2506 S. 9 [Zu Nummer 2 (§ 1768 Abs. 2 S. 2 BGB)].

[3] *Staudinger/Frank* Rn. 8; *Erman/Saar* § 1768 Rn. 5; aA *Soergel/Liermann* § 1742 Rn. 11, § 1768 Rn. 8.

[4] BT-Drucks. 12/2506 S. 9 [Zu Nummer 2 (§ 1768 Abs. 2 S. 2 BGB)]. – Zu einem praktischen Fall s. AG Heidelberg IPRspr 2004 Nr. 79 162 f. = IPRax 2004, 353 (LS.) m. Anm. *Jayme*.

[5] Grundsatz und Ausnahmen entsprechen Art. 6 Abs. 2 EuAdAbk, der jedoch wie Art. 267 Abs. 2 schweiz. ZGB zulässt, dass ein Kind weiteradoptiert wird und damit die Wirkungen der Erstadoption erlöschen. Das schweizerische Recht erkennt aber auch Blankoeinwilligungen an, Art. 265a Abs. 3 schweiz. ZGB. Weitere rechtsvergleichende Hinweise bei *Staudinger/Frank* Rn. 6.

[6] BT-Drucks. 7/3061 S. 30, dazu auch Fn. 1.

[7] Ebenso *Staudinger/Engler* 10./11. Aufl. § 1749 Rn. 16; *Engler* FamRZ 1969, S. 63, 68; krit. *Staudinger/Frank* Rn. 7.

[8] *Staudinger/Frank* Rn. 5, 7.

Einwilligung der leiblichen Eltern gedeckt ist, sowie als Bekräftigung der grundsätzlichen Unauflösbarkeit abstammungsrechtlicher Beziehungen und als Erinnerung der Annehmenden an ihre dauerhafte, nicht rückgabefähige und nicht auswechselbare Verpflichtung und Verantwortung gegenüber dem anzunehmenden Kind und seinen leiblichen Eltern.

IV. Ausnahmen: Zulässigkeit der Mehrfachadoption

1. Tatbestände. a) Aufhebung der Erstadoption. Eine Zweitadoption ist möglich, wenn zuvor die Erstadoption nach §§ 1759-1765 aufgehoben wurde. Da mit der Aufhebung die leiblichen Verwandten ihre Rechte – ausgenommen die elterliche Sorge – wiedererlangen (§ 1764 Abs. 3), steht ihnen für die Zweitadoption wieder das Einwilligungsrecht nach § 1747 zu.[9] Wird die Erstadoption nur zu einem annehmenden Ehegatten (§ 1741 Abs. S. 2, 3) aufgehoben, kann der nachfolgende Ehegatte des annehmenden Ehegatten, zu dem die Adoption nicht aufgehoben wurde, das Kind allein annehmen (§ 1741 Abs. 2 S. 3: „ergänzende Zweitadoption"[10]).

b) Tod des Annehmenden. Verstünde man „Annahmeverhältnis" als von den beteiligten Personen abhängiges Rechtsverhältnis, würde es durch Tod beendet und eine Folgeadoption ohne weiteres möglich.[11] Aus dem Zweck des § 1742 und dem Zusatz „bei Lebzeiten" folgt jedoch, dass mit „Annahmeverhältnis" die durch Annahme begründete Verwandtschaftsbeziehung gemeint ist,[12] die nicht durch Tod endet. Da trotz des bei Tod des Annehmenden fortbestehenden Annahmeverhältnisses etwa dann ein Bedürfnis für ein neues Annahmeverhältnis bestehen kann, wenn das Kind noch fürsorgebedürftig ist, wird eine weitere Adoption **nur bei Lebzeiten** eines Annehmenden untersagt.[13] Ist der Annehmende oder bei gemeinschaftlicher Annahme beide Annehmenden verstorben, können **Dritte** das Kind ohne vorherige Aufhebung des alten Annahmeverhältnisses und ohne Zustimmung der leiblichen Eltern annehmen.[14] Ist bei gemeinschaftlicher Annahme nur *ein* Annehmender verstorben, muss jedoch zuvor das zum anderen bestehende Annahmeverhältnis nach § 1763 (dazu dort Rn. 17) mit der Folge aufgehoben werden, dass das Kind das alleinige Kind des Verstorbenen wird, zu dem das Adoptionsverhältnis fortwirkt.[15] – Damit wird der Grundsatz der **personenbezogenen Einwilligung** im Interesse des Kindes (dazu § 1747 Rn. 25-27) durchbrochen, auch wenn der – wenigstens für eine Übergangszeit notwendige (§ 1773) – Vormund zustimmen muss. Die Adoptivelternschaft und -verwandtschaft (§§ 1754, 1589 Abs. 1) haben damit dieselben Auswirkungen auf das weitere Schicksal des Kindes wie der Tod leiblicher Eltern (vgl. §§ 1776, 1779 Abs. 3).[16] – Auch die **leiblichen Eltern** können das Kind zurückadoptieren (dazu auch Rn. 9).[17] Doch ist dann grundsätzlich die Aufhebung der vorausgegangenen Annahme vorzuziehen (vgl. § 1763 Abs. 1, Abs. 3 lit. a), wenn nicht lediglich einer der leiblichen Eltern das Kind zurückadoptieren will.[18]

c) Annahme durch Ehegatten. Eine weitere Adoption durch den – aktuellen, nicht bereits wieder geschiedenen[19] – Ehegatten des Annehmenden ist zulässig, wenn dieser zunächst allein (§ 1741 Abs. 2 S. 1) oder zwar gemeinschaftlich mit einem früheren Ehegatten (§ 1741 Abs. 2 S. 1) adoptiert hat, zu diesem die Annahme jedoch aufgehoben worden oder er gestorben ist (dazu Rn. 10).[20] Der Angenommene wird gemeinschaftliches Kind der Ehegatten (§ 1754 Abs. 1 Alt. 2, Abs. 2);[21] widersprechende Elternrechte (dazu Rn. 4) können daher nicht auftreten. Das Kind

---

[9] BT-Drucks. 7/3061 S. 31 Nr. 3; *Staudinger/Frank* Rn. 7 (kritisch, weil weder notwendig noch zweckmäßig); *Erman/Saar* Rn. 8; aA AG Arnsberg FamRZ 1987, 1194. Zum alten Recht s. KG OLGRspr. 8, 358.
[10] Begriff von *Staudinger/Frank* Rn. 9.
[11] *Erman/Saar* Rn. 4; *Gernhuber/Coester-Waltjen* § 68 Rn. 43; *Dittmann* Rpfleger 1978, 281.
[12] *Erman/Saar* Rn. 4; *Soergel/Liermann* Rn. 5; *Staudinger/Frank* Rn. 11.
[13] Seit dem FamRÄndG 1961 (§ 1749 Abs. 2) auf Vorschlag des BR (BT-Drucks. III/530 S. 37). Zur vorausgehenden Rechtslage ebenso BayObLGZ 1960, 78, 79 ff.; kritisch *Beitzke* StAZ 1955, 3.
[14] Ebenso *Staudinger/Frank* Rn. 13; *Mümmler* JurBüro 1983, 1290 f.
[15] AG Kelheim ZfJ 1990, 280; *Staudinger/Frank* Rn. 12.
[16] Die Bedenken von *Engler* FamRZ 1976, 586 sind unbegründet.
[17] AG Starnberg FamRZ 1995, 827, 828 m. Anm. *Liermann* FamRZ 1995, 1229; BT-Drucks. 7/3061 S. 31; *Erman/Saar* Rn. 4; § 1741 Rn. 32. Zum früheren Recht etwa LG Oldenburg FamRZ 1965, 395 mit zust. Anm. *Beitzke*; *Staudinger/Engler* 10./11. Aufl. § 1741 Rn. 9.
[18] S. zu einem solchen Fall AG Rosenheim FamRZ 2002, 1648 f.
[19] S. dazu das Bsp. bei *Paulitz/Oberloskamp* Adoption S. 117 mit der noch nicht annahmefähigen Ehefrau, die bereits vor Vollendung der 21. Lebensjahres (§ 1741 Abs. 2 S. 2, 4, § 1743 S. 2) von ihrem Ehemann/Adoptivvater wieder geschieden wird.
[20] S. auch *Staudinger/Frank* Rn. 14.
[21] Dazu BT-Drucks. 7/3061 S. 30 f. Zu den Rechtsfolgen - Vermehrung der Großelternpaare - s. §§ 1754, 1755 Rn. 5, § 1756 Rn. 6-7, insbesondere bei Fn. 15.

erhält in seinem Interesse rechtlich lediglich eine vollständige Familie. Bei einer Erstadoption in Form einer Stiefkindadoption bestimmen sich die Wirkungen der Zweitadoption auch nach § 1756 Abs. 2. – In die Annahme müssen das Kind (§ 1746, zu seiner Vertretung dort Rn. 9-14) und der Erstannehmende (§ 1749 Abs. 1 S. 1, dazu dort Rn. 2, § 1741 Rn. 40) **einwilligen.** – Nicht einwilligen müssen die **leiblichen Eltern,** weil zu ihnen die Verwandtschaftsbeziehung bereits auf Grund der Erstadoption entfallen ist (§ 1755).[22] Da das Kind in der Sorge auch des Erstannehmenden bleibt, bestehen Bedenken hinsichtlich seines Wohls nicht. Zwar wird durch die Zweitadoption jemand sorgeberechtigt, auf den sich die ursprüngliche Einwilligung der leiblichen Eltern nicht erstreckt. Doch können sich bereits durch die Eheschließung des Annehmenden dessen Lebensführung und damit die Verhältnisse, in denen das Kind aufwächst, erheblich ändern, ohne dass die leiblichen Eltern hierauf Einfluss nehmen könnten. Ihr Interesse an der Mitbestimmung des Annehmenden und der Aufklärung seiner Verhältnisse (dazu § 1747 Rn. 25) müssen gegenüber dem Freiheitsrecht des Annehmenden und dem Interesse des Kindes, in einer auch rechtlich vollständigen Familie zu leben, zurückstehen.[23] Ergeben sich aus der Person des Ehegatten Bedenken gegen die Fortsetzung des Annahmeverhältnisses, hilft in krassen Fällen § 1763. – Auch der frühere Elternteil, zu dem die **Verwandtschaftsbeziehung** durch die Erstadoption aufgehoben ist, kann das Kind als Ehegatte nach § 1742 annehmen.[24] Müsste zuvor die Erstadoption aufgehoben werden, erhielte auch der andere Elternteil das Einwilligungsrecht zurück.

> **Bsp.:** K ist das Kind von M und F, mit deren Einwilligung D adoptiert; später heiratet D die F, die mit M nicht verheiratet war oder von ihm geschieden ist;
>
> Dies widerspräche dem Zweck des § 1742.

9 **d) Zurückadoption durch die leiblichen Eltern.** Sie ist nach Aufhebung der Erstadoption idR entbehrlich und deshalb ausgeschlossen, weil dadurch die rechtlichen Beziehungen des Kindes zu seinen leiblichen Eltern wiederhergestellt werden (§ 1764 Abs. 3, 4, dazu auch dort Rn. 14-15). Eine Zweitadoption ist aber zuzulassen, wenn sie der Wiederherstellung der leiblichen Verwandtschaftsordnung dienen soll (Art. 6 Abs. 1, 2 GG), eine Aufhebung der Erstadoption von Amts wegen aber ausgeschlossen ist, weil der Angenommene nicht mehr minderjährig ist (§ 1763 Abs. 1, dazu § 1759 Rn. 4, § 1763 Rn. 6).[25] Ist zu den leiblichen Eltern oder einem Elternteil wieder eine soziale Beziehung gewachsen,[26] tritt der auch der Adoptivfamilie gewährte Grundrechtsschutz (dazu Vor § 1741 Rn. 16) hinter den der leiblichen Familie zurück.[27] Diese Reduktion des § 1742 zur Vermeidung seiner Verfassungswidrigkeit geht einer Ausdehnung des § 1771 vor; eine Wiederherstellung der natürlichen Verwandtschaft ist nämlich nur geboten, wenn die Voraussetzungen des § 1741 vorliegen, weil die Entstehung eines Eltern-Kind-Verhältnisses zu den leiblichen Eltern zu erwarten ist oder ein solches schon besteht.[28] – Das Verbot, das **eigene Kind** zu adoptieren (dazu § 1741 Rn. 10-12), steht nicht entgegen, weil durch die Erstadoption das Kind zu einem fremden Kind der leiblichen Eltern geworden ist. – Für die **Volljährigenadoption** schließt § 1768 Abs. 1 S. 2 die Anwendung von § 1742 aus.

10 **e) Auflösung der Ehe des Annehmenden.** § 1742 eröffnet eine Zweitadoption zu Lebzeiten eines Annehmenden und bei bestehendem Adoptionsverhältnis nur durch dessen Ehegatten, untersagt sie folglich im Falle der Auflösung der Ehe der annehmenden Ehegatten (dazu Rn. 8). Denn mit ihr werden nur die ehelichen Beziehungen der Ehegatten, nicht aber auch deren rechtlichen Beziehungen zu dem angenommenen Kind aufgehoben. Der neue Ehegatte eines geschiedenen

---

[22] BT-Drucks. 7/3061 S. 31.
[23] Ähnlich RGRK/*Dickescheid* Rn. 3. Ebenso das frühere Recht, das trotz Fortbestehens der Verwandtschaft für diesen Fall der Zweitannahme keine Einwilligung der Eltern vorschrieb (§ 1749 Abs. 2 S. 2 aF); Bedenken hiergegen bei *Engler* FamRZ 1969, 68.
[24] *Staudinger/Frank* Rn. 14.
[25] AG Kerpen NJW 1989, 2712 (LS.) = FamRZ 1989, 431 hat in einem entsprechenden Fall die Verfassungswidrigkeit § 1742 bejaht (zustimmend *Niemeyer* FuR 1991, 79-82) und die Sache dem BVerfG vorgelegt; im Ergebnis ebenso *Staudinger/Frank* Rn. 11.
[26] So im Fall des OLG Stuttgart OLGZ 1988, 268 = NJW 1988, 2386 = FamRZ 1988, 1096.
[27] AA OLG Stuttgart OLGZ 1988, 268 = NJW 1988, 2386 = FamRZ 1988, 1096; Erman/*Saar* Rn. 3 (unter Hinweis auf § 1764 Abs. 4, der vorliegend mangels Aufhebung der Adoption aber gerade nicht eingreift; Palandt/*Diederichsen* Rn. 1.
[28] Der RegE zum AdoptRÄndG (ZfJ 1991, 245, 247 f., dazu Vor § 1741 Rn. 12, 15) sah mit Rücksicht auf diese Problematik allgemein die Anwendung von § 1742 auf eine Volljährigenadoption nicht mehr vor (dazu § 1767 Rn. 22, 25, § 1768 Rn. 6).

Annehmenden kann das Kind deshalb nur und erst nach Auflösung des Annahmeverhältnisses zum anderen geschiedenen Annehmenden oder nach dessen Tod annehmen.[29]

2. Rechtsfolgen. Die wirksame Folgeadoption hat dieselben rechtlichen **Wirkungen** wie die Erstadoption:
- Ist die Zweitadoption eine **Minderjährigenadoption**, erlischt das Verwandtschaftsverhältnis und die sich aus ihm ergebenden Rechte und Pflichten zu den Erstannehmenden und ihren Verwandten, zu den Folgeannehmenden und ihren Verwandten wird es begründet (§§ 1754, 1755).[30]
- Dies gilt auch für eine entgegen § 1742 BGB ausgesprochene Mehrfachadoption. Sie ist zwar **fehlerhaft,** gleichwohl wirksam,[31] weil bei ihrer Behandlung als **nichtig**[32] das durch die §§ 1760, 1761 BGB geschützte Vertrauen des Minderjährigen verletzt würde.[33] Unter den Voraussetzungen der §§ 1759-1763 kann sie aufgehoben werden, etwa weil nach Aufhebung der Erstadoption die Einwilligung der leiblichen Eltern zur Zweitadoption erforderlich gewesen wäre (§§ 1760 Abs. 1, 1764 Abs. 3, 1747).[34] Jedenfalls die **letzte** Einzeladoption ist wirksam.[35] Ob daneben auch die erste wirksam bleibt,[36] ist zweifelhaft; näher liegt die Annahme einer konkludenten gleichzeitigen Aufhebung auf Grund eines schlüssigen Antrags *eines* Beteiligten des Erstverfahrens, wenn dem FamG die Erstadoption bekannt war. Dagegen ist eine **gleichzeitige** mehrfache Einzeladoption nichtig.[37]
- Handelt es sich dagegen um eine **Volljährigenadoption,** bestimmen sich deren Wirkungen nach § 1771 bzw., wurde sie mit den Wirkungen einer Minderjährigenannahme ausgesprochen, nach § 1772.[38]

V. Lebenspartnerschaft

Lebenspartner (§ 1 LPartG) sind Ehegatten in Bezug auf § 1742 nicht gleichgestellt, weil § 9 Abs. 7 S. 2 LPartG nicht auch auf § 1742 verweist (allgemein zu den verfassungsrechtlichen Bedenken gegen entsprechende Beschränkungen s. Vor § 1741 Rn. 27).[39] „Ergänzende" Annahmen sind Ehegatten vorbehalten, womit die Umgehung des Verbots einer gemeinschaftlichen Fremdadoption (dazu § 1741 Rn. 49) ausgeschlossen wird.[40] Dies führt zu folgenden rechtlichen Konsequenzen:[41]
- Ein Lebenspartner kann nicht ein angenommenes Kind seines Lebenspartners annehmen.
- Hat ein Lebenspartner das Kind des leiblichen Elternteils angenommen (Stiefkindadoption), ermöglicht § 9 Abs. 7 S. 1 LPartG, der § 1741 Abs. 2 S. 3 entspricht, nach dessen Tod die Annahme durch einen nachfolgenden Lebenspartner.
- Dagegen kann das Kind nach dem Tod des leiblichen Elternteils nicht von einem neuen Lebenspartner des annehmenden Lebenspartners angenommen werden.
- Eine Ausnahme besteht nur, wenn die Erstadoption eine Volljährigenadoption war, weil insoweit kein Verbot einer Zweitadoption besteht (dazu Rn. 2).

---

[29] Dazu auch *Staudinger/Frank* Rn. 10, 14.
[30] *Staudinger/Frank* Rn. 17; *Soergel/Liermann* Rn. 12. – AA - durch die mehrfache Schaffung eines Kindschaftsstatus mit Ausschließlichkeitswirkung würden kollidierende Elternrechte begründet – etwa *Nied* StAZ 1982, 23; *Kubitz* StAZ 1985, 318; im Ergebnis auch LG Braunschweig FamRZ 1988, 106. Die Zweitadoption müsste dann nach § 1763 BGB aufgehoben werden, bei sukzessiver Einzelannahme zudem nach § 1760 BGB, wenn für sie, wie regelmäßig, die erforderlichen Einwilligungen fehlen. Stellt sich - etwa bei einer Scheinehe der Annehmenden - der Mangel nach Auflösung der Ehe erst nach Jahren heraus, dürfte die faktische Eltern-Kind-Beziehung nicht ignoriert und ein Rechtsverhältnis zu den leiblichen Eltern nicht ohne weiteres wieder begründet werden.
[31] Ebenso *Staudinger/Frank* Rn. 16 mwN; *Erman/Saar* § 1759 Rn. 3; *Schulte-Bunert/Weinreich/Sieghörtner* § 197 FamFG Rn. 19; aA etwa *RGRK/Dickescheid* § 1759 Rn. 3.
[32] So LG Bad Kreuznach StAZ 1985, 167 für parallele Einzelannahme durch Geschwister, freilich von Volljährigen (dazu auch § 1771 Rn. 16-17); *Erman/Saar* § 1759 Rn. 4 für gemeinschaftliche Annahme durch Unverheiratete und Zweitadoption; ebenso *RGRK/Dickescheid* § 1759 Rn. 3; offengelassen von BGHZ 103, 12 = NJW 1988, 1139 = FamRZ 1988, 390, 391 f. m. Bspr. *Hohloch* JuS 1988, 655, Anm. *Jayme* IPRax 1988, 251.
[33] Allgemein zur Nichtigkeit s. MünchKommZPO/*Maurer* §§ 197, 198 FamFG Rn. 20-22.
[34] Bsp. nach *Staudinger/Frank* Rn. 16.
[35] LG Braunschweig FamRZ 1988, 106. Vgl. ferner BayObLGZ 1984, 230 = FamRZ 1985, 201; LG Münster StAZ 1983, 316; im Verfahrensrecht allgemein: RGZ 52, 216, 218; RGZ 112, 297, 300 f.
[36] So BayObLGZ 1984, 230 = FamRZ 1985, 201.
[37] LG Bad Kreuznach StAZ 1985, 167.
[38] *Staudinger/Frank* Rn. 17.
[39] OLG Hamm FGPrax 2010, 28, 29 = FamRZ 2010, 1259 f. m. Anm. *Grziwotz, Frank* ZKJ 2010, 197, *Müller* DNotZ 2010, 701; AG Hamburg FamRZ 2009, 355.
[40] *Staudinger/Frank* Rn. 14.
[41] *Staudinger/Frank* Rn. 15.

§ 1743 Mindestalter

¹Der Annehmende muss das 25., in den Fällen des § 1741 Abs. 2 Satz 3 das 21. Lebensjahr vollendet haben. ²In den Fällen des § 1741 Abs. 2 Satz 2 muss ein Ehegatte das 25. Lebensjahr, der andere Ehegatte das 21. Lebensjahr vollendet haben.

I. Normzweck

1   Ein Mindestalter für die Annahme vorzusehen kann unterschiedliche Zwecke verfolgen.¹ Kinderlosen Ehegatten die Begründung eines Eltern-Kind-Verhältnisses zu ermöglichen² kommt zwar im gegenwärtigen Recht keine (allein) ausschlaggebende Bedeutung mehr zu, nachdem **Kinderlosigkeit** nicht mehr Adoptionsvoraussetzung ist (dazu § 1741 Rn. 21; § 1745 Rn. 2).³ Doch soll das Kleinkind, dessen Adoption gefördert werden muss, bei jungen Eltern aufwachsen.⁴ – Eine erfolgreiche Sozialisation (dazu Vor § 1741 Rn. 4) setzt voraus, dass die **Persönlichkeitsbildung** des Erziehenden abgeschlossen ist. Er soll seine „Gewohnheiten stabilisiert und innere Widersprüche reduziert",⁵ mithin ein Mindestmaß an persönlicher Reife erreicht haben.⁶ – Eine unmittelbare Beziehung zur **Volljährigkeit** besteht nicht. Die lediglich mittelbaren Beziehungen gebieten keine parallele Regelung. – Zur **Geschäftsfähigkeit** s. § 1741 Rn. 5-6, zum **Höchstalter** der Annehmenden und zum **Altersabstand** zwischen Annehmenden und anzunehmendem Kind s. § 1741 Rn. 29.

II. Mindestalter des Annehmenden

2   **1. Allgemeines.** Da zur „Reife zur Kindererziehung" zuverlässige empirische Daten fehlen,⁷ ist jeder Grenzziehung ein gewisses Maß an Willkür eigen.⁸ Ausländische Rechte verzichten teils auf ein ausdrückliches Mindestalter⁹ und erfassen die Persönlichkeit des Adoptanten über das „Kindeswohl"; teils setzen sie das Mindestalter niedriger,¹⁰ teils auch erheblich höher¹¹ an.¹² Die gesetzliche Regelung hält mit einem Mindestalter von 25 Jahren bzw. 21 Jahren die Mindestgrenze von 21 Jahren (Art. 7 Abs. 1 EuAdAbk) ein.

3   Das Mindestalter begründet die **widerlegbare Vermutung**, dass die für die Betreuung und Erziehung des Kindes erforderliche Reife und Fähigkeiten vorliegen.¹³ Sie entbindet das FamG bei der Prüfung, ob die Annahme dem **Kindeswohl** entspricht (dazu § 1741 Rn. 14-25), nicht, die Erziehungsgeeignetheit der Annehmenden von Amts wegen zu überprüfen und ggf. den Adoptionsausspruch abzulehnen.

4   Maßgeblicher **Zeitpunkt**, in dem der Adoptand das Mindestalter erreicht haben muss, ist der Ausspruch der Annahme (dazu § 1752 Rn. 42). Bei Beginn der Probezeit (§ 1744) oder bei Beantra-

---

¹ Zur Rechtsentwicklung und m. rechtsvergleichenden Hinweisen s. *Staudinger/Frank* Rn. 1-5.
² So § 1744 in seiner bis 1950 geltenden Fassung (dazu Mot. IV S. 960); zudem wird 1961 das Regelalter 50 Jahre.
³ Entgegen § 1741 aF. – Zur Rechtsentwicklung s. Vor § 1741 Rn. 15, § 1745 Rn. 2; *Staudinger/Frank* Rn. 1-3; *Lüderitz* S. 35-37 *Arndt* NJW 1960, 885; zur **Geschäftsfähigkeit** (Abs. 4 aF) s. 4. Aufl. Rn. 2.
⁴ BT-Drucks. 7/3061 S. 31 Nr. 1.
⁵ *Neidhardt*, Die Familie in Deutschland, 4. Aufl. 1975, S. 80.
⁶ *Staudinger/Frank* § 1741 Rn. 18.
⁷ Vgl. *Thomae*, Das Problem der „sozialen Reife" von 14- bis 20-Jährigen, 1973, S. 14-32.
⁸ Ebenso *Lipp/Wagenitz* Rn. 3.
⁹ Zu den osteuropäischen Rechten vgl. *Glässing* S. 87; *Beghè Loreti* (Hrsg.), L'Adozione dei minori nelle legislazioni Europee (European Adoption Legislation), Mailand 1986, S. 247-382 (englische und italienische Übersicht über das Adoptionsrecht von 32 europäischen Staaten); zu den meisten Staaten der USA vgl. *Leavy/Weinberg*, Law of Adoption, 4. Aufl. 1979; *Clark*, The Law of Domestic Relations in the United States, 2. Aufl. 1988, S. 908. *Alabama* (Code § 26-10-1), *Illinois* (Adoption Act [750ILCS50] § 2-A-a), *New York* (Domestic Relation Law § 110), *Pennsylvania* (Adoption Act § 2312) verlangen grundsätzlich Volljährigkeit; *Georgia* setzt alternativ die Vollendung des 25. Lebensjahres oder eine bestehende Ehe voraus (Code § 74-402 (a) (1)); s. auch die rechtsvergleichenden Nachw. bei *Staudinger/Frank* Rn. 3.
¹⁰ Art. 6 Abs. 2 ital. Gesetz v. 4. 5. 1983: 18 Jahre.
¹¹ § 180 österr. ABGB: 30 Jahre für Mann, 28 Jahre für Frau; Art. 343, 343-1 franz. c. c. idF des Gesetzes vom 22. 12. 1976: Gemeinschaftlich nach 2-jähriger Ehe, einzeln mit 28 Jahren (dazu auch bei Fn. 18); Art. 264 a, 264 b schweiz. ZGB: 35 Jahre oder 5-jährige Ehe.
¹² Die gesetzliche Regelung folgt seit der *Vorabnovelle* (dazu Vor § 1741 Rn. 12, 15) mit der Regelgrenze den überwiegenden Vorschlägen in inländischen Schrifttum (AGJJ Theses 7.2, Mitt. 57/58 (1969), 33; Stellungnahme zum RefE, Beilage zu Mitt. 70 (1974); CDU/CSU BT-Drucks. VI/2591; *Engler* S. 64 f.; *Lüderitz* S. 36 Fn. 112; *Mende* ZfJ 1970, 191; skeptisch *Gernhuber/Coester-Waltjen* § 68 Rn. 32, 33).
¹³ Kritisch hierzu *Lipp/Wagenitz* Rn. 4.

gung der Annahme muss das Alter noch nicht, sollte aber erreicht sein.[14] – Ist das Mindestalter bei Antragstellung noch nicht erreicht, kann der Adoptionsantrag als unbegründet[15] **zurückgewiesen** werden; doch sollte nicht unberücksichtigt bleiben, wie lange es bis zum Erreichen des Mindestalters noch hin ist und die Ermittlungen des FamG voraussichtlich andauern werden.

3. Mindestalter. Das **Regelalter** beträgt 25 Jahre. Bei gemeinschaftlicher Annahme muss es einer der Ehegatten (S. 2, § 1741 Abs. 2 S. 2), bei Einzelannahme der Annehmende vollendet haben (S. 1 Halbs. 1). Die Vollendung des 21. Lebensjahres genügt für den anderen **Ehegatten** (S. 2 Halbs. 2, § 1741 Abs. 2 S. 2) sowie bei der **Einzelannahme** von Kindern des Ehegatten (Stiefkindadoption, S. 1 Halbs. 2).[16] Letztere so früh – dazuhin unabhängig vom Alter des Ehegatten, der auch noch minderjährig sein kann – zu gestatten begegnet Bedenken, weil sich die frühe eheliche Bindung erst noch bewähren muss und die im ersten Eheglück „übernommene" Elternschaft alsbald bereut werden kann (dazu auch § 1741 Rn. 37).[17]

III. Lebenspartner

Nimmt ein Lebenspartner das (leibliche, dazu § 1742 Rn. 13) Kind seines Lebenspartners an (§ 9 Abs. 7 S. 1 LPartG), gilt S. 1 **entsprechend** (§ 9 Abs. 7 S. 2 LPartG). – Der Wortlaut der Verweisung lässt allerdings offen, welches Alter gemeint ist. Da die adoptionsrechtliche Stellung der Lebenspartner derjenigen von Ehegatten angeglichen werden sollte, ist wohl die Vollendung des 21. Lebensjahres gemeint, weil die Lebenspartnerschaft unter ähnlichen Voraussetzungen wie eine Ehe durch familiengerichtliches Urteil aufgehoben werden kann (dazu § 15 LPartG). Die Annahme als gemeinschaftliches Kind scheidet ohnehin von Gesetzes wegen aus (dazu § 1741 Rn. 49). – Eine **Befreiung** vom Alterserfordernis ist nicht mehr vorgesehen, um die schon niedrige Altersgrenze nicht noch weiter zu senken.[18]

IV. Verstoß

Wurde eine Annahme ausgesprochen, ohne dass die Altersvoraussetzungen dafür vorgelegen haben, ist der – unanfechtbare (§ 197 Abs. 3 S. 1 FamFG) – Annahmebeschluss aus Gründen der Rechtssicherheit gleichwohl wirksam.[19] Der Verstoß ist auch nicht so schwerwiegend, dass er eine Aufhebung der Annahme von Amts wegen nach § 1763 Abs. 1 rechtfertigen würde.[20]

§ 1744 Probezeit

Die Annahme soll in der Regel erst ausgesprochen werden, wenn der Annehmende das Kind eine angemessene Zeit in Pflege gehabt hat.

Schrifttum: *Adam*, Inpflegegabe und Adoption älterer Kinder, ZfJ 1988, 78; *Feil*, Rechtliche Probleme im Pflegekinderwesen, FORUM Jugendhilfe 4/1981, 3; *Busch/Bienentreu*, Zur Rechtsstellung des ausländischen Adoptivpflegekindes, NDV 2002, 185; *dies.*, Die Rechtsstellung des ausländischen Adoptivpflegekindes, JAmt 2002, 287; *Igl*, Das Bundeserziehungsgeldgesetz und das Bundeskindergeldgesetz in Rechtsprechung und Literatur, Jahrbuch des Sozialrechts der Gegenwart, 1993, 247; *Krolzik* (Hrsg.), Pflegekinder und Adoptivkinder in Focus, 1999; *Lakies*, Das Recht der Pflegekindschaft im BGB nach der Kindschaftsrechtsreform, ZfJ 1998, 129; *ders.*, Zum Verhältnis von Pflegekindschaft und Adoption, FamRZ 1990, 698; *Longino*, Die Pflegekinderadoption, Diss. Frankfurt/Oder 1998; 3; *Luther*, Familiengemeinschaft und Pflegekindschaft, FamRZ 1983, 434; *Textor*, Nachbetreuung von Pflegefamilien und Empfehlungen, NDV 1995, 448; *Niemeyer*, Sorgerecht und Adoptionspflege als Voraussetzung für den Anspruch einer Pflegemutter auf Erziehungsgeld verfassungsgemäß?, FuR 1993,

---

[14] Dazu auch LG Darmstadt DAVorm. 1977, 375, 379.
[15] AA *Lipp/Wagenitz* Rn. 6: Als derzeit unzulässig.
[16] *Staudinger/Frank* Rn. 8 erheben zu Recht Bedenken gegen die einschränkungslose Herabsetzung des Mindestalters auf das 21. Lebensjahr statt einer Regelbegrenzung auf das 25. Lebensjahr mit der Möglichkeit der Herabsetzung bis auf das 21. Lebensjahr im Einzelfall.
[17] Bedenken auch bei *Staudinger/Frank* Rn. 8; *Lipp/Wagenitz* Rn. 5 (jedoch ist ein „zu junger Adoptivelternteil für ein Stiefkind immer noch besser als gar keiner"); *Engler* FamRZ 1975, 125, 128; *ders.* FamRZ 1976, 584, 586. Ebenso aber jetzt Art. 345 belg. c. c. (Gesetz v. 27. 4. 1987); Art. 343-2 franz. c. c. (Ges. v. 22. 12. 1976) kennt insoweit keine Altersgrenze.
[18] Vgl. BT-Drucks. 7/716 S. 2; BT-Drucks. 7/3061 S. 31 Nr. 1; s. auch RA-BT BT-Drucks. 7/5087 S. 10.
[19] Im Ergebnis ebenso *Staudinger/Frank* Rn. 9; *Soergel/Liermann* Rn. 4.
[20] *Staudinger/Frank* Rn. 9.

§ 1744 1, 2   Abschnitt 2. Titel 7. Annahme als Kind

215; *Vogel-Etienne,* Das Pflegeverhältnis vor der Adoption, 1981; *Windel,* Zur elterlichen Sorge bei Familienpflege, FamRZ 1997, 713.

Übersicht

	Rn.		Rn.
I. Normzweck	1	IV. Inhalt und Dauer der Pflege	8–13
II. Rechtsentwicklung	2	1. „Pflege"	8
		2. Durchführung des Pflegeverhältnisses	9
III. Begründung des Pflegeverhältnisses	3–7	3. Privatrechtliche Sonderregeln	10
		4. „Angemessene Zeit"	11
1. Pflegevertrag	3, 4	5. Untersuchungen des Kindes	12
2. Adoptionsvoraussetzungen	5	6. Öffentliche Leistungen	13
		V. Fehlende Pflegezeit	14, 15
3. Erlaubnis des Jugendamts	6	1. Ermessen	14
4. Einwilligung der Eltern	7	2. Rechtsfolgen	15

I. Normzweck

1   Weil das Entstehen eines Eltern-Kind-Verhältnisses zwischen Annehmendem und Anzunehmendem und die Entwicklung emotionaler Bindungen dahin, dass sich das Kind seelisch gut entwickelt und die Annahme dem **Kindeswohl** dient, nicht sicher vorhergesehen werden kann, soll der Adoptionsbewerber das Kind vor der Annahme eine gewisse Zeit in einem Pflegeverhältnis tatsächlich betreuen.[1] Nach bereits prognostischem Bejahen, dem mangels Kenntnis der tatsächlichen Entwicklung Unsicherheiten und Zweifel immanent sind,[2] wird während der Adoptionspflege die Annäherung von Adoptionsbewerbern und Kind und die Integration des Kindes in die Familie der Adoptionsbewerber ermöglicht und deren Eignung für die Annahme gerade dieses Kindes festgestellt.[3] Dies hilft auch **Scheinadoptionen** zu verhindern.[4] Zudem kann der Annehmende im Alltag, gewissermaßen im „Echtbetrieb", selbst prüfen, ob er den übernommenen **Belastungen** gewachsen ist.[5] Vor einer Adoptionspflege brauchen sich die Annehmenden mit einem Adoptionsantrag nicht festzulegen.[6] – Da die Eignung der Adoptionsbewerber bereits bei Inpflegegabe des Kindes gegeben sein muss (dazu Rn. 5), ist die Adoptionspflege nach der Vorstellung des Gesetzgebers des AdVermiG (dazu 1744 Anh.) keine „Vorprüfungszeit", sondern eine **„Bewährungsprobezeit"**.[7] Doch geht es v. a. um die Annäherung zwischen Adoptionsbewerber und Kind und dessen Integration in die Adoptivfamilie.[8] – Zum Verhältnis der Adoptionspflege zur **Dauerpflege** s. Vor § 1741 Rn. 17.

II. Rechtsentwicklung

2   **Vorläufer** der Regelung ist Nr. 2.51 der *Richtlinien für die Adoptionsvermittlung* der Arbeitsgemeinschaft der Landesjugendämter,[9] die jedoch für die Kinder nicht galt, die nicht durch eine Adoptionsvermittlungsstelle oder ein Jugendamt vermittelt wurden.[10] Forderungen aus dem Schrifttum und der jugendpflegerischen Praxis für die Aufnahme einer entsprechenden Annahmevoraussetzung in das Gesetz entsprach § 1743 Abs. 2 RefE (dazu 3. Aufl. Vor § 1741 Rn. 21), ohne allerdings das gleichfalls geforderte förmliche **Adoptionspflegeverfahren**[11] vorzusehen, durch das die Annahme

---
[1] BT-Drucks. 7/3061 S. 32 Nr. 3; s. auch RA-BT BT-Drucks. 7/5087 S. 10. S. auch Art. 17 EuAdAbk (Vor § 1741 Rn. 14) und dazu Rn. 3–4. – Aus rechtspolitischen Gründen kritisch *Erman/Saar* Rn. 2; zur Notwendigkeit und Zweckmäßigkeit der Regelung auch *Staudinger/Frank* Rn. 3, 4.
[2] AA RGRK/*Dickescheid* Rn. 3.
[3] BT-Drucks. 7/3061 S. 32 (unter 3.); BT-Drucks. 7/5087 S. 5 (unter 2.); *BAGLJÄ* Empfehlungen (§ 1744 Anh.) Nr. 7.4, Nr. 7.5 Abs. 1, 2; s. auch OLG Frankfurt/M. Beschl. v. 21. 7. 2003 - 20 W 151/03, juris [5].
[4] *Lüderitz* S. 21, 28.
[5] *Lüderitz* S. 28; *Oeschger* S. 108 ff.
[6] Ebenso BSGE 71, 128 = NJW 1993, 1156 = FamRZ 1993, 1077, 1079; *Staudinger/Frank* Rn. 34 mwN; *Brüggemann* DAVorm. 1978, 46; aA VG Münster DAVorm. 1978, 440.
[7] BT-Drucks. 7/3421 S. 21.
[8] *BAGLJÄ* Empfehlungen (§ 1744 Anh.) Nr. 7.5 Abs. 1.
[9] 3. Aufl. 1966, S. 7 (auch: Mitt. AGJ 36, [1962]), jetzt: *BAGLJÄ* Empfehlungen (§ 1744 Anh.).
[10] AGJ Thesen (9.2) zur Neuregelung des Adoptionsrechts, Mitt. 57/58 (1969), 34; *dies.,* Vorschläge, Mitt. 64 (1974), 34; *dies.,* Stellungnahme, Anlage zu Mitt. 70 (1974), 2 f; Deutscher Caritasverband Jugendwohl 1972, 246; *Internationaler Sozialdienst* Mitt. AGJ 75 (1975), 3; *Lüderitz* S. 28 f.; *zur Nieden* S. 59; s. auch Art. 17 EuAdAbk (Zusätzliche Bestimmungen) (dazu Vor § 1741 Rn. 14); aA *Engler* S. 82; *Leber/Reiser/Simonsohn* Mitt. AGJ 75 (1975), 7.
[11] *Schnabel/Feil* Mitt. AGJ 67 (1973), 38-40; *Schnabel* Mitt. AGJ 70 (1974), 43; *ders.* Mitt. AGJ 75 (1975), 5. S. auch die rechtsvergleichenden Hinweise bei *Staudinger/Frank* Rn. 3, 8.

verzögert und das Verfahren, das gerade vereinfacht werden sollte,[12] verkompliziert worden wäre. Die **Beteiligung** der Jugendbehörden bei jeder, auch der nicht vermittelten Adoption[13] gewährleisten die §§ 188 Abs. 2, 189, 194 FamFG (dazu § 1752 Rn. 15). Unberücksichtigt blieb zudem die auf ausländischem Schrifttum aufbauende Kritik, eine „Probezeit" sei dem Kind nicht zuzumuten.[14] Eine abgebrochene Pflege ist aber trotz des mit dem Abbruch verbundenen Wechsels von Bezugspersonen und den sich hieraus fast unvermeidlich ergebenden Störungen des Kindeswohls allemal besser als eine gescheiterte Adoption.[15] Dass das Pflegeverhältnis nicht zum bloßen Versuch verkommen darf, ist selbstverständlich (dazu Rn. 5). – Die jetzige Regelung trägt auch **Art. 17 EuAdAbk** (dazu Vor § 1741 Rn. 14) Rechnung, wonach „die Adoption nur ausgesprochen werden [darf], wenn das Kind der Pflege der Annehmenden während eines Zeitraums anvertraut gewesen ist, der ausreicht, damit die zuständige Behörde die Beziehungen zwischen dem Kind und dem Annehmenden im Fall einer Adoption richtig einzuschätzen vermag."

III. Begründung des Pflegeverhältnisses

1. Pflegevertrag. Die Begründung des Pflegeverhältnisses ist nicht ein lediglich tatsächlicher Vorgang, der sich in der Inpflegegabe des Kindes bei den Adoptionsbewerbern erschöpft. Vielmehr räumt ihnen der gesetzliche Vertreter des Kindes ihm zustehende Rechte ein und überträgt ihnen Pflichten. Wie sich diese im Einzelnen gestalten, wird im durch den gesetzlichen Vertreter (dazu Rn. 4) mit den Adoptionspflegepersonen abgeschlossenen Pflegevertrag niedergelegt.[16]

Das Adoptionspflegeverhältnis ist ein besonderes **familienrechtliches Rechtsverhältnis** im Vorfeld der Annahme.[17] Der Pflegevertrag wird zwischen den Adoptivpflegeeltern und dem **gesetzlichen Vertreter** des anzunehmenden Kindes geschlossen. IdR sind gesetzliche Vertreter die leiblichen Eltern (§§ 1629 Abs. 1 S. 1, 1751 Abs. 1 S. 1, S. 2 Halbs. 2), nach ihrer Einwilligung in die Annahme oder deren Ersetzung das Jugendamt (dazu auch Rn. 7, § 1751 Rn. 3, 6–7). – Der Pflegevertrag bedarf keiner qualifizierten **Form** und kann auch durch konkludentes Handeln, etwa durch Inpflegegabe des Kindes, begründet werden.[18] – Aus seiner **privatrechtlichen** Rechtsnatur folgt, dass auf ihn grundsätzlich zwar auch die privatrechtlichen Befugnisse zur Auflösung vertraglicher Vereinbarungen wie Anfechtung wegen Irrtums[19] oder Kündigung aus wichtigem Grund[20] Anwendung finden, ohne dass dadurch aber der Pflegevertrag wegen der zwischenzeitlichen Eingliederung des Kindes in die Adoptivpflegefamilie rückwirkend aufgelöst werden könnte.[21] Praktische Bedeutung werden sie jedoch nicht erlangen,[22] weil dem Jugendamt, dem als Vormund jedenfalls das Aufenthaltsbestimmungsrecht für das Kind verbleibt, öffentlich-rechtlich von Gesetzes wegen die Wahrnehmung der Interessen und Belange des Kindes obliegt (etwa §§ 2, 27–42, 51 SGB VIII) und es bei Gefährdung des Kindeswohls ggf. auch durch dessen Herausnahme aus der Adoptivpflegefamilie handeln muss.

2. Adoptionsvoraussetzungen. Das Gesetz kennt keine Adoption „zur Probe" oder „auf Bewährung". Ein **Adoptionspflegeverhältnis** ist daher idR nur zu begründen, wenn zur Zeit seiner Begründung nach vorläufiger Prüfung einer Annahme **keine Hindernisse** entgegenstehen. Daraus folgt:

---

[12] BT-Drucks. 7/5087 S. 2.
[13] So ihr mit einem selbständigen Adoptionspflegeverfahren verfolgtes Ziel, dazu *Schnabel* Mitt. AGJ 64 (1972), 20; 67 (1973), 39.
[14] *Simitis* in *Goldstein/Freud/Solnit* S. 121 f., allerdings deutlich zurückhaltender als diese selbst, vgl. S. 36, 43. Die dort und von *Leber/Reiser* Mitt. AGJ 75 (1975), 7 ff. beschriebene Unsicherheit der Pflegeeltern wird aus England unter der Geltung anderer gesetzlicher Bestimmungen berichtet und ist in der Bundesrepublik selten; auch würde sie durch die sofortige Adoption höchstens vordergründig überspielt. Zu Recht weisen *BAGLJÄ* Empfehlungen (§ 1744 Anh.) Nr. 7.5 Abs. 1 darauf hin, dass es sich nicht um eine „Probezeit" handelt, sondern dass die Adoptionspflege der weiteren Integration des Kindes nach der Schaffung bereits auf Dauer angelegter Bindungen dient.
[15] Zustimmend *Staudinger/Frank* Rn. 4.
[16] Dazu *Staudinger/Frank* Rn. 15.
[17] *Staudinger/Frank* Rn. 10; *Soergel/Liermann* Rn. 2 ff.; *Roth-Stielow* Bem. 16; *Lipp/Wagenitz* § 1751 Rn. 5.
[18] OVG Nordrhein-Westfalen NVwZ-RR 2002, 123, 125 = FamRZ 2002, 708 (LS.); VG Magdeburg ZfF 2005, 275 ff.
[19] So *Roth-Stielow* Bem. 16.
[20] So *Gernhuber/Coester-Waltjen* § 68 Rn. 8–10.
[21] OVG Nordrhein-Westfalen NVwZ-RR 2002, 123, 125 = FamRZ 2002, 708 (LS.); *Staudinger/Frank* Vor § 1741 Rn. 34, § 1744 Rn. 10.
[22] Ebenso *Staudinger/Frank* Rn. 10.

§ 1744   6, 7   Abschnitt 2. Titel 7. Annahme als Kind

- Die Pflegeeltern dürfen nicht nur für die Pflege, vielmehr müssen sie für eine Annahme **geeignet** sein (§ 8 AdVermiG).[23] Zwar braucht noch keine fachliche Äußerung iSd. § 189 FamFG vorzuliegen,[24] wohl aber ein **Adoptionseignungsbericht** der Adoptionsvermittlungsstelle, der sich nach Durchführung der Ermittlungen zur Eignung der Adoptionsbewerber verhält (§ 7 Abs. 1 AdVermiG, dazu § 1744 Anh. Rn. 21-25).
- Dass sie bei Begründung des Pflegeverhältnisses das gesetzlich vorgeschriebene **Mindestalter** noch nicht erreicht haben, steht nicht entgegen, wenn davon ausgegangen werden kann, dass sie es bei Erlass des Annahmebeschlusses erreicht haben werden.[25]
- Die nach §§ 1747, 1749 für die Annahme erforderlichen **Einwilligungen** sollen vorliegen,[26] auf die Pflegeeltern bezogen sein (dazu § 1747 Rn. 25-27) und mindestens gleichzeitig mit der Inpflegegabe beim zuständigen FamG eingereicht werden (§ 1750 Abs. 1 S. 3, dazu dort Rn. 8).[27]
- Die Interessen **vorhandener Kinder** (§ 1745, dazu dort Rn. 5-13) sind schon jetzt zu berücksichtigen. Befindet sich das Kind jedoch in einem Heim, ohne dass sich ein Elternteil um es kümmert, kann es, um eine möglichst frühe individuelle Fürsorge sicherzustellen (zu deren Wichtigkeit s. Vor § 1741 Rn. 4-6), auch schon vor der elterlichen Einwilligung in Adoptionspflege gegeben werden, wenn die erforderlichen Einwilligungen oder ihre Ersetzung immerhin zu erwarten sind. Die Pflegeeltern sind auf die Unsicherheit, ob es zur Adoption kommen wird, hinzuweisen (zu weiteren Störungen s. Rn. 7).[28]

Zum **Verwaltungsrechtsschutz** der leiblichen Eltern und des mutmaßlichen nichtehelichen Vaters s. § 1744 Anh. Rn. 37.

6 **3. Erlaubnis des Jugendamts.** Die Inpflegenahme eines Kindes oder Jugendlichen mit dem Ziel einer Adoption ist nicht (mehr) erlaubnispflichtig (§ 44 Abs. 1 S. 2 Nr. 6 SGB VIII).[29] Ganz unproblematisch ist dies nicht, weil damit den **Adoptionsvermittlungsstellen** in Einzelfällen die Mitwirkung bei der Auswahl und vor allem bei der Prüfung der Geeignetheit der Adoptionsbewerber (§ 7 Abs. 1 AdVermiG, dazu § 1744 Anh. Rn. 21) verwehrt und so eine „optimale" Adoption unterlaufen wird, wenn nicht ausgeschlossen werden kann, dass auch eine Annahme durch andere Pflegeeltern dem Wohl des Kindes – ggf. besser – gedient hätte. Bei einem Verstoß gegen das **Vermittlungs- und Anzeigenverbot** (§§ 5, 6 AdVermiG) besteht eine eingeschränkte nachträgliche Kontrolle dadurch, dass ein an einer gesetz- oder sittenwidrigen Vermittlung Beteiligter ein Kind nur dann annehmen „soll", „wenn dies zum Wohle des Kindes erforderlich ist" (**Adoptionsverbot** aus § 1741 Abs. 1 S. 2, dazu dort Rn. 31-36). Die Mitwirkungsmöglichkeit der Adoptionsvermittlungsstellen im Vorfeld einer Adoption wird weiter dadurch eingeschränkt, dass keine Pflicht der Pflege- und der leiblichen Eltern zur **Anzeige** von der Begründung eines Adoptionspflegeverhältnisses sowie zur weiteren Unterrichtung des Jugendamts von wichtigen Ereignissen besteht (§ 44 Abs. 4 SGB VIII).[30]

7 **4. Einwilligung der Eltern.** Haben die leiblichen Eltern oder der nach §§ 1626a Abs. 2, 1672 Abs. 1 allein **sorgeberechtigte Elternteil** in die Annahme eingewilligt (§ 1747 Abs. 1 S. 1), bestimmt das Jugendamt als **Vormund** über den Aufenthalt des Kindes (§ 1751 Abs. 1 S. 2 Halbs. 1, s. dazu dort Rn. 6, 9-10). Fehlt die – nicht zwingend erforderliche[31] – wirksame Einwilligung in die Annahme, müssen die **Eltern** wenigstens in die **Inpflegegabe** einwilligen (§ 1631 Abs. 1),[32]

---

[23] *BAGLJÄ* Empfehlungen (§ 1744 Anh.) Nr. 7.1, 7.5 Abs. 7; *Fasshauer* Mitt. AGJ 67 (1973), 45.
[24] S. auch BT-Drucks. 7/3421 S. 21 (RegE zum AdVermiG) zum Zweck der Adoptionspflege: „Die Adoptionsvermittlungsstelle soll so Gelegenheit erhalten, die Entwicklung der Eltern-Kindbeziehung zu beobachten, um im Rahmen der gutachtlichen Äußerung gegenüber dem Gericht vor dem Ausspruch der Adoption (§ 56d FGG [jetzt § 189 FamFG]) endgültig beurteilen zu können, ob die ausgewählten Adoptionsbewerber als Eltern dieses bestimmten Kindes geeignet sind."; aA wohl *Mende* ZfJ 1974, 161 (förmlicher „Sozialbericht").
[25] *Staudinger/Frank* Rn. 13.
[26] AGJ Mitt. 75 (1975), 5; *Ebersberger/Bettin* ZfJ 1972, 294 f.
[27] Zu den sonst eintretenden Folgen für Kind und Adoptionsbewerber s. anschaulich AG Kamen DAVorm. 1980, 45, 47.
[28] *BAGLJÄ* Empfehlungen (§ 1744 Anh.) Nr. 7.5 Abs. 1.
[29] Zum früheren Recht s. 3. Aufl. Rn. 4; auch *Staudinger/Frank* Rn. 14.
[30] Vom BT-Ausschuss für Frauen und Jugend, auf dessen Beschlussempfehlung die Regelung in das *Erste Gesetz zur Änderung des Achten Buches Sozialgesetzbuch* aufgenommen wurde, nicht gesehen (BT-Drucks. 12/3711 S. 43: Für einen Erlaubnisvorbehalt bestehe kein Bedarf, da der Adoptionspflege bereits eine Vermittlung durch eine fachlich kompetente Adoptionsvermittlungsstelle vorausgehe).
[31] *BAGLJÄ* Empfehlungen (§ 1744 Anh.) Nr. 7.5. S. auch Art. 17 EuAdAbk (Vor § 1741 Rn. 14), und dazu Rn. 5.
[32] VG Saarlouis DAVorm. 1982, 905, 908; AG Kamen DAVorm. 1980, 45, 47; *Staudinger/Frank* Rn. 13 lassen ausreichen, dass mit der Einwilligung oder ihrer Ersetzung zu rechnen ist.

Probezeit 8 § 1744

oder es muss ihnen das Aufenthaltsbestimmungsrecht entzogen sein (§ 1666); aber auch dann verbleibt ihnen – anders als nach § 1751 Abs. 1 S. 1 Halbs. 2 – das Umgangsrecht (§ 1684 Abs. 1) und damit die Möglichkeit von Störungen. – Ist das Jugendamt Vormund des Kindes geworden und hat es dessen Aufenthalt bei den Pflegeeltern bestimmt, sind die Eltern nach § 1632 Abs. 1 zur **Herausgabe** des Kindes an das Jugendamt verpflichtet. **Pflegeeltern** haben das Kind auch dann herauszugeben, wenn psychische Beeinträchtigungen infolge der Trennung nicht auszuschließen sind, aber davon ausgegangen werden kann, dass sich das Kind ohne dauerhafte Schädigungen in die Familie der Adoptiveltern integrieren wird.[33] Die Herausgabe ist ggf. nach §§ 88 ff. FamFG durchzusetzen. Richtet sich der Vollzug gegen Dritte, bei denen sich das Kind aufhält, darf dies nur bei einem dringenden Bedürfnis für ein sofortiges Einschreiten, das ein Abwarten der Ermittlungen in der Hauptsache nicht gestattet, durch eine **vorläufige Anordnung** erfolgen; hiervon kann nicht ausgegangen werden, wenn allein ein möglichst früher Beginn der Adoptionspflege durchgesetzt werden soll, das Kind bei den Dritten aber gut aufgehoben ist.[34] – Dass auch der **nichteheliche Vater**, dessen Vaterschaft feststeht oder der seine Vaterschaft glaubhaft macht, in die Annahme einwilligen muss (§ 1747 Abs. 1 S. 2; dazu dort Rn. 8-15), zwingt zu seiner Anhörung vor Inpflegegabe des Kindes, weil dessen Eingliederung in die Adoptivpflegefamilie irreversible Tatsachen im Hinblick auf sein Wohl schaffen kann.[35] Dazu muss der nichteheliche Vater aber **bekannt** sein. Unabhängig davon, ob er bereits die Feststellung seiner Vaterschaft oder deren Glaubhaftmachung im Adoptionsverfahren betreibt, muss das Jugendamt seine mutmaßliche Vaterschaft beachten[36] und ihn zudem nach § 51 Abs. 3 SGB VIII belehren. Entscheidend für eine Fremdunterbringung des Kindes wird das Jugendamt aber darauf abzustellen haben, wie ernst es dem mutmaßlichen Vater mit seiner Vaterschaft und der sich daraus ableitenden Verantwortung für das Kind ist, ob er also nach Feststellung seiner Vaterschaft die Übernahme der elterlichen Verantwortung nach §§ 1672 Abs. 1, 1751 Abs. 1 S. 6 anstreben wird und ob dies – nach Überprüfung – auch dem Wohl des Kindes dienen kann (§ 1672 Abs. 1 S. 2). Doch enthebt dies das Jugendamt nicht der Entscheidung: Die Mutter will das Kind nicht, sodass es in Pflege gegeben werden muss, und der Vater kommt bis zur Feststellung seiner Vaterschaft kaum in Betracht; auch braucht das Kind Kontinuität, sodass es nicht in ständig wechselnden Pflegestellen untergebracht werden kann. – War der nichteheliche Vater bislang **unbekannt** und tritt er deshalb erst nach der Inpflegegabe des Kindes auf,[37] ist seine ggf. zunächst noch mutmaßliche Vaterschaft zu beachten, und er ist zu belehren. Liegen keine gemeinsamen Sorgeerklärungen der nichtehelichen Eltern (§ 1626a Abs. 1) vor, steht ihm auch die elterliche Sorge für das Kind nicht zu (zu einem Sorgerechtsantrag des nichtehelichen Vaters s. § 1751 Abs. 1 S. 6 und dazu dort Rn. 10, 11). Dagegen ist er umgangsberechtigt (§ 1684 Abs. 1); das Umgangsrecht kann nur nach § 1684 Abs. 2, 3 geregelt und ggf. eingeschränkt oder ausgeschlossen werden.

IV. Inhalt und Dauer der Pflege

1. „Pflege". Sie erfasst die tatsächliche, persönliche Betreuung in dem Umfang, wie sie zwischen Eltern und Kind im Alter des Anzunehmenden üblich ist. Dass sie entsprechend der Rollenverteilung in der Ehe von einem Elternteil stärker wahrgenommen wird als vom anderen, ist kein Hindernis; ebenso wenig eine berufsbedingte „Wochenendehe" oder ein vorübergehender Aufenthalt im Krankenhaus. Wird das Kind jedoch längere Zeit stationär behandelt, ist diese Zeit in die „angemessene" Dauer (dazu Rn. 11) nicht einzurechnen.[38] – Auch **verwandte** und **Stiefkinder** sollen sich angemessene Zeit vor der Annahme in der Pflege des Annehmenden befunden haben, weil auch für sie die Entwicklung einer ihrem Wohl entsprechenden engen emotionalen Intimbeziehung nicht selbstverständlich ist. Da diese Kinder, wenn sie bis zum 3. Grad mit der Pflegeperson verwandt oder verschwägert sind, nicht der Aufsicht des Jugendamtes unterliegen (§ 44 Abs. 1 S. 2 Nr. 3 SGB VIII, dazu Rn. 6), ist bei der Prüfung des Annahmeantrags nachträglich festzustellen, wie lange die Fürsorge gedauert und welchen Umfang sie eingenommen hat.[39] – Nach **Inhalt** und **Umfang** der Pflege unterscheidet sich die Adoptionspflege nicht von der sonstigen Familienpflege (§§ 1630 Abs. 3, 1632 Abs. 4, § 33 SGB VIII).[40]

---
[33] BVerfGE 79, 51 = NJW 1989, 519 = FamRZ 1989, 31, 34.
[34] BayObLGZ 1993, 76 = NJW 1994, 668 = FamRZ 1993, 1356, 1358.
[35] EuGHMR NJW 1995, 2153 = FamRZ 1995, 110, 111.
[36] *Helms* JAmt 2001, 57, 62.
[37] Zum nachträglichen Auftreten eines zunächst nicht bekannten nichtehelichen Vaters s. EuGHMR NJW 2004, 3397 = FamRZ 2004, 1456, 1458 ff. m. Anm. *Rixe*.
[38] Ebenso *Soergel/Liermann* Rn. 9, 10.
[39] Ebenso *Staudinger/Frank* Rn. 6; *Paulitz/Oberloskamp* Adoption S. 70. Art. 264 schweiz. ZGB fordert ein 2-jähriges Pflegeverhältnis, Art. 264 a Abs. 3 schweiz. ZGB eine 5-jährige Ehedauer (dazu auch § 1741 Rn. 37, 41).
[40] OLG Brandenburg FamRZ 2000, 1038, 1039; *Soergel/Liermann* Rn. 7; *Staudinger/Frank* Rn. 7.

9 **2. Durchführung des Pflegeverhältnisses.** Sie richtet sich nach § 44 SGB VIII und ergänzenden Verwaltungs- und Vertragsregeln (dazu Rn. 3–4). Das Jugendamt hat die Pflegeperson zu beraten und zu unterstützen (§§ 9, 9 a AdVermiG).[41] Weil aber die Aufnahme in die Adoptionspflege nicht erlaubnispflichtig ist (§ 44 Abs. 1 S. 2 Nr. 6 SGB VIII, dazu Rn. 6), hat das Jugendamt die Pflegeperson weder zu beaufsichtigen noch zu überprüfen (§ 44 Abs. 3 SGB VIII), und die Pflegeperson trifft keine Unterrichtungspflicht (§ 44 Abs. 4 SGB VIII). Dies entbindet das Jugendamt jedoch nicht von seinen allgemeinen Pflichten insbesondere nach §§ 27–42 SGB VIII und nimmt ihm nicht seine entsprechenden Befugnisse.

10 **3. Privatrechtliche Sonderregeln.** Solche bestehen für das Pflegeverhältnis grundsätzlich nicht. Die **Ausnahme** ist § 1632 Abs. 4, der zwar auch Adoptionsbewerber schützt,[42] idR aber durch die vorausgegangene Entziehung nach § 1666 (dazu Rn. 7) oder ab Einwilligung der Eltern durch § 1751 Abs. 1 S. 2 verdrängt wird. Haben die Eltern in die Annahme eingewilligt, ist der Pflegende dem Kind nach § 1751 Abs. 4 vorrangig **unterhaltspflichtig**, sodass er die Pflege unentgeltlich ausübt (dazu § 1751 Rn. 21).[43]

11 **4. „Angemessene Zeit".** Das Gesetz legt keine bestimmte Zeitdauer fest, da die Vorbedingungen – behindertes oder Problemkind[44] – und Lebensbeziehungen sehr unterschiedlich ausgestaltet sein können.[45] Für die Adoptionspflege von Säuglingen, die noch keine emotionalen Beziehungen und Bindungen zu anderen Erwachsenen aufbauen konnten, werden im Allgemeinen kürzere Fristen ausreichen als bei älteren Kindern, die bereits eigene bleibende Erfahrungen gemacht und andere emotionale Bindungen geknüpft haben.[46] Damit wird den **Eingewöhnungsinteressen** des Kindes genügt. Demgegenüber sollte dem Gesichtspunkt der „**Erprobung**" im Zusammenhang mit der Dauer der Adoptionspflege idR nicht die entscheidende Bedeutung beigemessen werden, weil maßgebende Kriterien die sorgfältige **Auswahl der Adoptionsbewerber** im Rahmen der Adoptionsvermittlung und im Falle der Annahme älterer Kinder die **qualifizierte Kontaktanbahnung**[47] sind. Doch sollte im Allgemeinen eine Frist von 1 Jahr nicht unterschritten werden.[48]

12 **5. Untersuchungen des Kindes.** Verhält sich das Kind während der Pflegezeit auffällig, ist auf eine gründliche medizinische, ggf. auch psychotherapeutische und psychiatrische Untersuchung hinzuwirken.[49] Dass die Adoptionsbewerber ihre Entscheidung bis zur Klärung von Zweifeln aufschieben, kann ihnen nicht zum Nachteil gereichen.[50] Sie sind weder zur alsbaldigen Adoption noch zur Rücknahme ihres Annahmeantrags zu drängen.

13 **6. Öffentliche Leistungen. Arbeitslosengeld:** Verlängerung der Anwartschaftszeit durch Zeit der Adoptionspflege.[51] – Nach § 13 MuSchG iVm. § 200 RVO besteht ein Anspruch auf **Mutterschaftsgeld** nur bei einer leiblichen Mutterschaft innerhalb von 8 Wochen nach der Entbindung, nicht auch für Pflegeeltern nach Inpflegenahme des Kindes.[52] – **Elternzeit** wird bis zu 3 Jahre ab Aufnahme des Kindes bis längstens zu seinem vollendeten 8. Lebensjahr gewährt (§ 15 Abs. 2 S. 3 BEEG). – **Elterngeld** – für längstens 14 Monate ab Aufnahme und längstens bis zum vollendeten 8. Lebensjahr des Kindes (§ 4 Abs. 1 BEEG) – wird auch für ein Kind gewährt, das mit dem Ziel der Annahme in die **Obhut** des Annehmenden genommen wird (§ 1 Abs. 3 Nr. 1 BEEG),[53] weil es sich insoweit idR um eine auf Dauer

---

[41] Dazu auch BAGLJÄ Empfehlungen (§ 1744 Anh.) Nr. 7.5 Abs. 4, 5.
[42] BayObLGZ 1984, 98 = NJW 1984, 216 = FamRZ 1984, 817; OLG Brandenburg FamRZ 2000, 1038, 1039.
[43] OVG Saarlouis DAVorm. 1982, 905, 907; *Erman/Saar* Rn. 9.
[44] *Staudinger/Frank* Rn. 5.
[45] BT-Drucks. 7/3061 S. 32 (unter Nr. 4).
[46] Deshalb unterscheiden BAGLJÄ Empfehlungen (§ 1744 Anh.) Nr. 7.5 Abs. 2 ausdrücklich zwischen „Säuglingen/Kleinkindern" – „kürzere Frist" – und „älteren Kindern". S. auch für Kleinkinder: *Internationaler Sozialdienst* Mitt. AGJ 75 (1975), 4: 3 Monate; *Erman/Saar* Rn. 7: 1 Monat.
[47] BAGLJÄ Empfehlungen (§ 1744 Anh.) Nr. 7.4.
[48] BAGLJÄ Empfehlungen (§ 1744 Anh.) Nr. 7.5 Abs. 2 S. 2; *Soergel/Liermann* Rn. 11 (ohne jede weitere Festlegung); ebenso *Staudinger/Frank* Rn. 5. Zum ausländischen Recht (dazu auch *Staudinger/Frank* Rn. 3): Art. 264 schweiz. ZGB sieht demgegenüber 2 Jahre vor, stellt aber den Probecharakter der Frist ganz in den Vordergrund; ein Dispens von der Frist wie auch eine Aufhebung der Adoption bei ihrer Nichteinhaltung ist im Interesse des Kindes (vgl. § 1763 BGB) nicht möglich. – Erheblich kürzere Fristen: sect. 3 (1) brit. Adoption Act (13 Monate); Art. 345 Abs. 1 franz. c. c. (6 Monate).
[49] Hierzu *Pechstein* Mitt. AGJ 67 (1973), 23 mwN; allgemein *Baer/Gross* S. 198–200.
[50] AA *Goldstein/Freud/Solnit* S. 36, 43.
[51] BSG Urt. v. 5. 12. 2001 – B 7 AL 52/01 R, juris [22].
[52] Dazu BSG NJW 1981, 2719 = FamRZ 1983, 162 f.
[53] Diese Regelung ist auch verfassungsrechtlich sachgerecht, BVerfG FamRZ 1994, 363.

angelegte Familienbeziehung handelt.[54] „Obhut" entspricht in diesem Zusammenhang dem Zustand, der bestehen würde, würde die elterliche Sorge den Annehmenden bereits zustehen (dazu § 1751 Rn. 9, 15). Die Inobhutnahme mit dem Ziel der Annahme setzt die Äußerung eines **Annahmewillens** nach außen voraus; die Äußerung lediglich der Adoptionsbereitschaft reicht nicht aus.[55] Liegt der Annahmewille vor, führt die Inobhutnahme und spätere Adoption auch zur Begründung einer Anwartschaftszeit auf **Arbeitslosengeld I** (§ 130 Abs. 2 Nr. 3 SGB III; zum ALG II s. § 7 Abs. 3 Nr. 1, 4 SGB II: Das dem Haushalt des Hilfebedürftigen angehörende unverheiratete Kind zählt bis längstens zum vollendeten 25. Lebensjahr zur Bedarfsgemeinschaft).[56] Elterngeld wird für längstens 14 Monate ab Aufnahme und längstens bis zum vollendeten 8. Lebensmonat des Kindes bezahlt (§ 4 Abs. 1 BEEG). – Die Adoptivpflegeeltern haben keinen Anspruch auf ein „**Pflegegeld**" nach § 39 SGB VIII, weil es sich bei der Adoptivpflege nicht um eine erzieherische Maßnahme iSd. Hilfe zur Erziehung nach § 33 SGB VIII handelt.[57] – Den Pflegeeltern während und im Zusammenhang mit der Adoptionspflege entstehende Kosten sind **außergewöhnliche Belastungen** iSd. § 33 EStG.[58]

V. Fehlende Pflegezeit

1. Ermessen. Die Adoptionspflege „soll" „in der Regel" Annahmevoraussetzung sein. Aufgrund dieser Beschränkung auf Regelfälle ist zwar von einem Ermessensspielraum auszugehen, doch darf aus der Häufung von „soll" und „in der Regel" nicht gefolgert werden, der Vorschrift fehle überhaupt ein normativer Gehalt. Die Einhaltung der Annahmevoraussetzung zu fordern steht im Ermessen des nach § 1752 entscheidenden FamG.[59] Dieses Ermessen reduziert sich bei der Beurteilung der Frage, ob überhaupt eine Pflegezeit einzuhalten ist, wegen der Annahmevoraussetzungen „Eltern-Kind-Verhältnis" und „Kindeswohl" (§ 1741 Abs. 1) auf ein Minimum.[60] Nur unter ganz engen Voraussetzungen wird auf eine Adoptionspflege im eigentlichen Sinne verzichtet werden und lediglich Besuchskontakte ausreichen können.[61] Doch wird man auch und gerade **Verwandten**, zu denen das Kind „immer viel Kontakt gehabt hatte und zu dem es sich hingezogen fühlte",[62] ohne Schaden für die Pflegebeziehung ein Abwarten zumuten können (dazu Rn. 8), ebenso **Lebenspartnern**.[63] – Weder beim Tod eines Verwandten noch bei Eheschließung mit dem leiblichen Elternteil liegt es im Interesse des Kindes, sogleich seinen rechtlichen Status zu ändern. Dies gilt auch für aus dem Ausland vermittelte Kinder, auf deren Annahme deutsches Recht anzuwenden ist (Art. 22 EGBGB).[64] Besonderheiten des Einzelfalles, etwa die bevorstehende Ausreise der Adoptionsbewerber ins Ausland, können sich daher nur auf die Dauer der Pflegezeit auswirken.

2. Rechtsfolgen. Die Annahme ist auch dann **wirksam**, wenn sie ohne vorausgehendes Pflegeverhältnis ausgesprochen wird. Denn § 1744 ist nur Sollvorschrift, und § 1762 führt seine Verletzung nicht als Aufhebungsgrund auf.

---

[54] BT-Drucks. 10/3792 S. 15; hierzu auch BSG NJW 1993, 1156 = FamRZ 1993, 1077, 1078 f.
[55] BSGE 71, 128 = NJW 1993, 1156 = FamRZ 1993, 1077, 1079; s. auch BSG NJW 2001, 704 = NJWE-FER 2001, 111 f.; Urt. v. 5. 12. 2001 - B 7 AL 52/01 R, juris [22]; verfassungsrechtlich nicht zu beanstanden, BVerfG FamRZ 1994, 363, 364.
[56] Zu § 107 S. 1 Nr. 5 lit. c AFG 1992 s. BSG SozR 3-4300 § 427 Nr 1.
[57] OVG Saarlouis DAVorm. 1982, 905 ff.; VG Saarbrücken Urt. v. 10. 4. 1992 - 4 K 188/90, juris [15 ff.] (für wirtschaftliche Hilfe nach dem JWG); OVG Nordrhein-Westfalen NVwZ-RR 2002, 123, 124 = FamRZ 2002, 708 (LS.); *Wiesner* [Anhang zu § 1744] § 33 SGB VIII Rn. 40; s. auch § 33 SGB VIII Rn. 1; § 36 SGB VIII Rn. 3. – Zur Umwandlung von einer Vollzeitpflege in Adoptionspflege s. VG Saarbrücken Urt. v. 23. 11. 2005 - 10 K 71/05 [32] (maßgeblich ist der nach außen kenntlich gemachte Adoptionswunsch); VG Magdeburg ZfF 2005, 275-278 (maßgeblich ist der Abschluss eines Adoptionspflegevertrags mit dem Jugendamt); VG Aachen Urt. v. 23. 12. 2008 - 2 K 1644/05, juris [34] (Pflegegeld bei Umwandlung der Vollzeitpflege in Adoptionspflege bis zur Ersetzung der Einwilligung eines leiblichen Elternteils).
[58] FG Berlin DStZ/E 1980, 135; dazu auch *Gran* PFAD 2005, 69.
[59] Ob sich dies aus dem Charakter der Sollvorschrift ergibt, war für § 1745 und § 1745c aF str.: Bejaht von BGHZ 2, 62 = NJW 1951, 706; *Soergel/Lade* 10. Aufl. § 1745 Rn. 3, § 1745a Rn. 2; einen Rechtsanspruch bei Vorliegen der Voraussetzungen nahmen dagegen an: *Erman/Hefermehl* 6. Aufl. § 1745a Rn. 3; RGRK/*Scheffler* 10./11. Aufl. § 1745a Anm. 8.
[60] AA *Erman/Saar* Rn. 6.
[61] S. etwa AG Arnsberg FamRZ 1987, 1194, 1195, in dessen Fall ein Priester den Anzunehmenden, einen jugendlichen Mörder, der seine Adoptivmutter umgebracht hatte, in der Strafhaft betreute und mindestens einmal wöchentlich Kontakt zu ihm hatte.
[62] Dazu RefE zu § 1743.
[63] AA AG Elmshorn NJW 2011, 1086 = FamRZ 2011, 1316 f.
[64] Zur Anerkennung einer im Ausland vollzogenen Annahme im Inland s. § 1752 Anh. § 1 AdWirkG Rn. 4-6; 5. Aufl. Art. 22 EGBGB Rn. 84-114.

§ 1744 Anh.   Abschnitt 2. Titel 7. Annahme als Kind

§ 1744 Anhang

Gesetz über die Vermittlung der Annahme als Kind und über das Verbot der Vermittlung von Ersatzmüttern (Adoptionsvermittlungsgesetz – AdVermiG)

vom 1. Januar 1977
in der ab 1. Dezember 2002 geltenden Fassung der Bekanntmachung vom 22. Dezember 2001 (BGBl. 2002 I S. 354), zuletzt geändert durch Art. 8 des Gesetzes v. 10. 12. 2008 (BGBl. I S. 2403)

Erster Abschnitt. Adoptionsvermittlung

§ 1 Adoptionsvermittlung

[1] Adoptionsvermittlung ist das Zusammenführen von Kindern unter 18 Jahren und Personen, die ein Kind annehmen wollen (Adoptionsbewerber), mit dem Ziel der Annahme als Kind. [2] Adoptionsvermittlung ist auch der Nachweis der Gelegenheit, ein Kind anzunehmen oder annehmen zu lassen, und zwar auch dann, wenn das Kind noch nicht geboren oder noch nicht gezeugt ist. [3] Die Ersatzmuttervermittlung gilt nicht als Adoptionsvermittlung.

§ 2 Adoptionsvermittlungsstellen

(1) [1] Die Adoptionsvermittlung ist Aufgabe des Jugendamtes und des Landesjugendamtes. [2] Das Jugendamt darf die Adoptionsvermittlung nur durchführen, wenn es eine Adoptionsvermittlungsstelle eingerichtet hat; das Landesjugendamt hat eine zentrale Adoptionsstelle einzurichten. [3] Jugendämter benachbarter Gemeinden oder Kreise können mit Zustimmung der zentralen Adoptionsstelle des Landesjugendamtes eine gemeinsame Adoptionsvermittlungsstelle errichten. [4] Landesjugendämter können eine gemeinsame zentrale Adoptionsstelle bilden. [5] In den Ländern Berlin, Hamburg und Saarland können dem Landesjugendamt die Aufgaben der Adoptionsvermittlungsstelle des Jugendamtes übertragen werden.

(2) Zur Adoptionsvermittlung sind auch die örtlichen und zentralen Stellen des Diakonischen Werks, des Deutschen Caritasverbandes, der Arbeiterwohlfahrt und der diesen Verbänden angeschlossenen Fachverbände sowie sonstiger Organisationen mit Sitz im Inland berechtigt, wenn die Stellen von der zentralen Adoptionsstelle des Landesjugendamtes als Adoptionsvermittlungsstellen anerkannt worden sind.

(3) Die Adoptionsvermittlungsstellen der Jugendämter und die zentralen Adoptionsstellen der Landesjugendämter arbeiten mit den in Absatz 2 genannten Adoptionsvermittlungsstellen partnerschaftlich zusammen.

§ 2a Internationale Adoptionsvermittlung

(1) Die Vorschriften dieses Gesetzes über internationale Adoptionsvermittlung sind in allen Fällen anzuwenden, in denen das Kind oder die Adoptionsbewerber ihren gewöhnlichen Aufenthalt im Ausland haben oder in denen das Kind innerhalb von zwei Jahren vor Beginn der Vermittlung in das Inland gebracht worden ist.

(2) Im Anwendungsbereich des Haager Übereinkommens vom 29. Mai 1993 über den Schutz von Kindern und die Zusammenarbeit auf dem Gebiet der internationalen Adoption (BGBl. 2001 II S. 1034) (Adoptionsübereinkommen) gelten ergänzend die Bestimmungen des Adoptionsübereinkommens-Ausführungsgesetzes vom 5. November 2001 (BGBl. I S. 2950).

(3) Zur internationalen Adoptionsvermittlung sind befugt:
1. die zentrale Adoptionsstelle des Landesjugendamtes;
2. die Adoptionsvermittlungsstelle des Jugendamtes, soweit die zentrale Adoptionsstelle des Landesjugendamtes ihr diese Tätigkeit im Verhältnis zu einem oder mehreren bestimmten Staaten allgemein oder im Einzelfall gestattet hat;
3. eine anerkannte Auslandsvermittlungsstelle (§ 4 Abs. 2) im Rahmen der ihr erteilten Zulassung;
4. eine ausländische zugelassene Organisation im Sinne des Adoptionsübereinkommens, soweit die Bundeszentralstelle (Absatz 4 Satz 1) ihr diese Tätigkeit im Einzelfall gestattet hat.

Adoptionsvermittlungsgesetz – AdVermiG § 1744 Anh.

(4) ¹Zur Koordination der internationalen Adoptionsvermittlung arbeiten die in Absatz 3 und in § 15 Abs. 2 genannten Stellen mit dem Bundesamt für Justiz als Bundeszentralstelle für Auslandsadoption (Bundeszentralstelle) zusammen. ²Das Bundesministerium für Familie, Senioren, Frauen und Jugend kann im Einvernehmen mit dem Bundesministerium der Justiz durch Rechtsverordnung mit Zustimmung des Bundesrates bestimmen, dass die Bundeszentralstelle im Verhältnis zu einzelnen Staaten, die dem Adoptionsübereinkommen nicht angehören, ganz oder zum Teil entsprechende Aufgaben wie gegenüber Vertragsstaaten wahrnimmt; dabei können diese Aufgaben im Einzelnen geregelt werden.

(5) ¹Die in Absatz 3 und in § 15 Abs. 2 genannten Stellen haben der Bundeszentralstelle
1. zu jedem Vermittlungsfall im Sinne des Absatzes 1 von der ersten Beteiligung einer ausländischen Stelle an die jeweils verfügbaren Angaben zur Person (Name, Geschlecht, Geburtsdatum, Geburtsort, Staatsangehörigkeit, Familienstand und Wohnsitz oder gewöhnlicher Aufenthalt) des Kindes, seiner Eltern und der Adoptionsbewerber sowie zum Stand des Vermittlungsverfahrens zu melden,
2. jährlich zusammenfassend über Umfang, Verlauf und Ergebnisse ihrer Arbeit auf dem Gebiet der internationalen Adoptionsvermittlung zu berichten und
3. auf deren Ersuchen über einzelne Vermittlungsfälle im Sinne des Absatzes 1 Auskunft zu geben, soweit dies zur Erfüllung der Aufgaben nach Absatz 4 und nach § 2 Abs. 2 Satz 1 des Adoptionsübereinkommens-Ausführungsgesetzes vom 5. November 2001 (BGBl. I S. 2950) erforderlich ist.

²Die Meldepflicht nach Satz 1 Nr. 1 beschränkt sich auf eine Meldung über den Abschluss des Vermittlungsverfahrens, sofern dieses weder das Verhältnis zu anderen Vertragsstaaten des Adoptionsübereinkommens noch zu solchen Staaten betrifft, die durch Rechtsverordnung nach Absatz 4 Satz 2 bestimmt worden sind.

(6) ¹Die Bundeszentralstelle speichert die nach Absatz 5 Satz 1 Nr. 1 übermittelten Angaben in einer zentralen Datei. ²Die Übermittlung der Daten ist zu protokollieren. ³Die Daten zu einem einzelnen Vermittlungsfall sind 30 Jahre nach Eingang der letzten Meldung zu dem betreffenden Vermittlungsfall zu löschen.

§ 3 Persönliche und fachliche Eignung der Mitarbeiter

(1) ¹Mit der Adoptionsvermittlung dürfen nur Fachkräfte betraut werden, die dazu auf Grund ihrer Persönlichkeit, ihrer Ausbildung und ihrer beruflichen Erfahrung geeignet sind. ²Die gleichen Anforderungen gelten für Personen, die den mit der Adoptionsvermittlung betrauten Beschäftigten fachliche Weisungen erteilen können. ³Beschäftigte, die nicht unmittelbar mit Vermittlungsaufgaben betraut sind, müssen die Anforderungen erfüllen, die der ihnen übertragenen Verantwortung entsprechen.

(2) ¹Die Adoptionsvermittlungsstellen (§ 2 Abs. 1 und 2) sind mit mindestens zwei Vollzeitfachkräften oder einer entsprechenden Zahl von Teilzeitfachkräften zu besetzen; diese Fachkräfte dürfen nicht überwiegend mit vermittlungsfremden Aufgaben befasst sein. ²Die zentrale Adoptionsstelle des Landesjugendamtes kann Ausnahmen zulassen.

§ 4 Anerkennung als Adoptionsvermittlungsstelle

(1) ¹Die Anerkennung als Adoptionsvermittlungsstelle im Sinne des § 2 Abs. 2 kann erteilt werden, wenn der Nachweis erbracht wird, dass die Stelle
1. die Voraussetzungen des § 3 erfüllt,
2. insbesondere nach ihrer Arbeitsweise und der Finanzlage ihres Rechtsträgers die ordnungsgemäße Erfüllung ihrer Aufgaben erwarten lässt und
3. von einer juristischen Person oder Personenvereinigung unterhalten wird, die steuerbegünstigte Zwecke im Sinne der §§ 51 bis 68 der Abgabenordnung verfolgt.

²Die Adoptionsvermittlung darf nicht Gegenstand eines steuerpflichtigen wirtschaftlichen Geschäftsbetriebs sein.

(2) ¹Zur Ausübung internationaler Adoptionsvermittlung durch eine Adoptionsvermittlungsstelle im Sinne des § 2 Abs. 2 bedarf es der besonderen Zulassung, die für die Vermittlung von Kindern aus einem oder mehreren bestimmten Staaten (Heimatstaaten) erteilt wird. ²Die Zulassung berechtigt dazu, die Bezeichnung „anerkannte Auslandsvermittlungsstelle" zu führen; ohne die Zulassung darf diese Bezeichnung nicht geführt werden. ³Die Zulassung kann erteilt werden, wenn der Nachweis erbracht wird, dass die Stelle die Anerkennungsvoraussetzungen nach Absatz 1 in dem für die

§ 1744 Anh.   Abschnitt 2. Titel 7. Annahme als Kind

Arbeit auf dem Gebiet der internationalen Adoption erforderlichen besonderen Maße erfüllt; sie ist zu versagen, wenn ihr überwiegende Belange der Zusammenarbeit mit dem betreffenden Heimatstaat entgegenstehen. [4] Die zentrale Adoptionsstelle des Landesjugendamtes und die Bundeszentralstelle unterrichten einander über Erkenntnisse, die die in Absatz 1 genannten Verhältnisse der anerkannten Auslandsvermittlungsstelle betreffen.

(3) [1] Die Anerkennung nach Absatz 1 oder die Zulassung nach Absatz 2 sind zurückzunehmen, wenn die Voraussetzungen für ihre Erteilung nicht vorgelegen haben. [2] Sie sind zu widerrufen, wenn die Voraussetzungen nachträglich weggefallen sind. [3] Nebenbestimmungen zu einer Anerkennung oder Zulassung sowie die Folgen des Verstoßes gegen eine Auflage unterliegen den allgemeinen Vorschriften.

(4) [1] Zur Prüfung, ob die Voraussetzungen nach Absatz 1 oder Absatz 2 Satz 3 weiterhin vorliegen, ist die zentrale Adoptionsstelle des Landesjugendamtes berechtigt, sich über die Arbeit der Adoptionsvermittlungsstelle im Allgemeinen und im Einzelfall, über die persönliche und fachliche Eignung ihrer Leiter und Mitarbeiter sowie über die rechtlichen und organisatorischen Verhältnisse und die Finanzlage ihres Rechtsträgers zu unterrichten. [2] Soweit es zu diesem Zweck erforderlich ist,
1. kann die zentrale Adoptionsstelle Auskünfte, Einsicht in Unterlagen sowie die Vorlage von Nachweisen verlangen;
2. dürfen die mit der Prüfung beauftragten Bediensteten Grundstücke und Geschäftsräume innerhalb der üblichen Geschäftszeiten betreten; das Grundrecht der Unverletzlichkeit der Wohnung (Artikel 13 des Grundgesetzes) wird insoweit eingeschränkt.

(5) Widerspruch und Anfechtungsklage gegen Verfügungen der zentralen Adoptionsstelle haben keine aufschiebende Wirkung.

§ 5 Vermittlungsverbote

(1) Die Adoptionsvermittlung ist nur den nach § 2 Abs. 1 befugten Jugendämtern und Landesjugendämtern und den nach § 2 Abs. 2 berechtigten Stellen gestattet; anderen ist die Adoptionsvermittlung untersagt.

(2) Das Vermittlungsverbot gilt nicht
1. für Personen, die mit dem Adoptionsbewerber oder dem Kind bis zum dritten Grad verwandt oder verschwägert sind;
2. für andere Personen, die in einem Einzelfall und unentgeltlich die Gelegenheit nachweisen, ein Kind anzunehmen oder annehmen zu lassen, sofern sie eine Adoptionsvermittlungsstelle oder ein Jugendamt hiervon unverzüglich benachrichtigen.

(3) Es ist untersagt, Schwangere, die ihren Wohnsitz oder gewöhnlichen Aufenthalt im Geltungsbereich dieses Gesetzes haben, gewerbs- oder geschäftsmäßig durch Gewähren oder Verschaffen von Gelegenheit zur Entbindung außerhalb des Geltungsbereichs dieses Gesetzes
1. zu bestimmen, dort ihr Kind zur Annahme als Kind wegzugeben,
2. ihnen zu einer solchen Weggabe Hilfe zu leisten.

(4) [1] Es ist untersagt, Vermittlungstätigkeiten auszuüben, die zum Ziel haben, dass ein Dritter ein Kind auf Dauer bei sich aufnimmt, insbesondere dadurch, dass ein Mann die Vaterschaft für ein Kind, das er nicht gezeugt hat, anerkennt. [2] Vermittlungsbefugnisse, die sich aus anderen Rechtsvorschriften ergeben, bleiben unberührt.

§ 6 Adoptionsanzeigen

(1) [1] Es ist untersagt, Kinder zur Annahme als Kind oder Adoptionsbewerber durch öffentliche Erklärungen, insbesondere durch Zeitungsanzeigen oder Zeitungsberichte, zu suchen oder anzubieten. [2] Dies gilt nicht, wenn
1. die Erklärung den Hinweis enthält, dass Angebote oder Anfragen an eine durch Angabe der Anschrift bezeichnete Adoptionsvermittlungsstelle oder zentrale Adoptionsstelle (§ 2 Abs. 1 und 2) zu richten sind und
2. in der Erklärung eine Privatanschrift nicht angegeben wird.
[3] § 5 bleibt unberührt.

(2) Die Veröffentlichung der in Absatz 1 bezeichneten Erklärung unter Angabe eines Kennzeichens ist untersagt.

Adoptionsvermittlungsgesetz – AdVermiG § 1744 Anh.

(3) Absatz 1 Satz 1 gilt entsprechend für öffentliche Erklärungen, die sich auf Vermittlungstätigkeiten nach § 5 Abs. 4 Satz 1 beziehen.

(4) Die Absätze 1 bis 3 gelten auch, wenn das Kind noch nicht geboren oder noch nicht gezeugt ist, es sei denn, dass sich die Erklärung auf eine Ersatzmutterschaft bezieht.

§ 7 Vorbereitung der Vermittlung

(1) ¹Wird der Adoptionsvermittlungsstelle bekannt, dass für ein Kind die Adoptionsvermittlung in Betracht kommt, so führt sie zur Vorbereitung der Vermittlung unverzüglich die sachdienlichen Ermittlungen bei den Adoptionsbewerbern, bei dem Kind und seiner Familie durch. ²Dabei ist insbesondere zu prüfen, ob die Adoptionsbewerber unter Berücksichtigung der Persönlichkeit des Kindes und seiner besonderen Bedürfnisse für die Annahme des Kindes geeignet sind. ³Mit den Ermittlungen bei den Adoptionsbewerbern soll schon vor der Geburt des Kindes begonnen werden, wenn zu erwarten ist, dass die Einwilligung zur Annahme als Kind erteilt wird. ⁴Das Ergebnis der Ermittlungen bei den Adoptionsbewerbern und bei der Familie des Kindes ist den jeweils Betroffenen mitzuteilen.

(2) Die örtliche Adoptionsvermittlungsstelle (§ 9a), in deren Bereich sich die Adoptionsbewerber gewöhnlich aufhalten, übernimmt auf Ersuchen einer anderen Adoptionsvermittlungsstelle (§ 2 Abs. 1 und 2) die sachdienlichen Ermittlungen bei den Adoptionsbewerbern.

(3) ¹Auf Antrag prüft die örtliche Adoptionsvermittlungsstelle die allgemeine Eignung der Adoptionsbewerber mit gewöhnlichem Aufenthalt in ihrem Bereich zur Annahme eines Kindes mit gewöhnlichem Aufenthalt im Ausland. ²Hält die Adoptionsvermittlungsstelle die allgemeine Eignung der Adoptionsbewerber für gegeben, so verfasst sie über das Ergebnis ihrer Prüfung einen Bericht, in dem sie sich über die rechtliche Befähigung und die Eignung der Adoptionsbewerber zur Übernahme der mit einer internationalen Adoption verbundenen Verantwortung sowie über die Eigenschaften der Kinder äußert, für die zu sorgen diese geeignet wären. ³Der Bericht enthält die zu der Beurteilung nach Satz 2 erforderlichen Angaben über die Person der Adoptionsbewerber, ihre persönlichen und familiären Umstände, ihren Gesundheitsstatus, ihr soziales Umfeld und ihre Beweggründe für die Adoption. ⁴Den Adoptionsbewerbern obliegt es, die für die Prüfung und den Bericht benötigten Angaben zu machen und geeignete Nachweise zu erbringen. ⁵Absatz 1 Satz 4 gilt entsprechend. ⁶Der Bericht wird einer von den Adoptionsbewerbern benannten Empfangsstelle zugeleitet; Empfangsstelle kann nur sein:
1. eine der in § 2a Abs. 3 und § 15 Abs. 2 genannten Stellen oder
2. eine zuständige Stelle mit Sitz im Heimatstaat.

(4) ¹Auf Antrag bescheinigt die Bundeszentralstelle deutschen Adoptionsbewerbern mit gewöhnlichem Aufenthalt im Ausland, ob diese nach den deutschen Sachvorschriften die rechtliche Befähigung zur Annahme eines Kindes besitzen. ²Die Bescheinigung erstreckt sich weder auf die Gesundheit der Adoptionsbewerber noch auf deren sonstige Eignung zur Annahme eines Kindes; hierauf ist im Wortlaut der Bescheinigung hinzuweisen. ³Verweisen die Bestimmungen des Internationalen Privatrechts auf ausländische Sachvorschriften, so ist auch die maßgebende ausländische Rechtsordnung zu bezeichnen.

§ 8 Beginn der Adoptionspflege

Das Kind darf erst dann zur Eingewöhnung bei den Adoptionsbewerbern in Pflege gegeben werden (Adoptionspflege), wenn feststeht, dass die Adoptionsbewerber für die Annahme des Kindes geeignet sind.

§ 9 Adoptionsbegleitung

(1) Im Zusammenhang mit der Vermittlung und der Annahme hat die Adoptionsvermittlungsstelle jeweils mit Einverständnis die Annehmenden, das Kind und seine Eltern eingehend zu beraten und zu unterstützen, insbesondere bevor das Kind in Pflege genommen wird und während der Eingewöhnungszeit.

(2) ¹Soweit es zur Erfüllung der von einem ausländischen Staat aufgestellten Annahmevoraussetzungen erforderlich ist, können Adoptionsbewerber und Adoptionsvermittlungsstelle schriftlich vereinbaren, dass diese während eines in der Vereinbarung festzulegenden Zeitraums nach der Annahme die Entwicklung des Kindes beobachtet und der zuständigen Stelle in dem betreffenden Staat hier-

§ 1744 Anh. Abschnitt 2. Titel 7. Annahme als Kind

über berichtet. ²Mit Zustimmung einer anderen Adoptionsvermittlungsstelle kann vereinbart werden, dass diese Stelle Ermittlungen nach Satz 1 durchführt und die Ergebnisse an die Adoptionsvermittlungsstelle im Sinne des Satzes 1 weiterleitet.

§ 9a Örtliche Adoptionsvermittlungsstelle

Die Jugendämter haben die Wahrnehmung der Aufgaben nach den §§ 7 und 9 für ihren jeweiligen Bereich sicherzustellen.

§ 9b Vermittlungsakten

(1) ¹Aufzeichnungen und Unterlagen über jeden einzelnen Vermittlungsfall (Vermittlungsakten) sind, gerechnet vom Geburtsdatum des Kindes an, 60 Jahre lang aufzubewahren. ²Wird die Adoptionsvermittlungsstelle aufgelöst, so sind die Vermittlungsakten der Stelle, die nach § 2 Abs. 1 Satz 3 oder Satz 4 ihre Aufgaben übernimmt, oder der zentralen Adoptionsstelle des Landesjugendamtes, in dessen Bereich die Adoptionsvermittlungsstelle ihren Sitz hatte, zur Aufbewahrung zu übergeben. ³Nach Ablauf des in Satz 1 genannten Zeitraums sind die Vermittlungsakten zu vernichten.

(2) ¹Soweit die Vermittlungsakten die Herkunft und die Lebensgeschichte des Kindes betreffen oder ein sonstiges berechtigtes Interesse besteht, ist dem gesetzlichen Vertreter des Kindes und, wenn das Kind das 16. Lebensjahr vollendet hat, auch diesem selbst auf Antrag unter Anleitung durch eine Fachkraft Einsicht zu gewähren. ²Die Einsichtnahme ist zu versagen, soweit überwiegende Belange eines Betroffenen entgegenstehen.

§ 9c Durchführungsbestimmungen

(1) ¹Das Bundesministerium für Familie, Senioren, Frauen und Jugend wird ermächtigt, im Einvernehmen mit dem Bundesministerium der Justiz durch Rechtsverordnung mit Zustimmung des Bundesrates das Nähere über die Anerkennung und Beaufsichtigung von Adoptionsvermittlungsstellen nach § 2 Abs. 2 und den §§ 3 und 4, die Zusammenarbeit auf dem Gebiet der internationalen Adoptionsvermittlung nach § 2a Abs. 4 und 5, die sachdienlichen Ermittlungen nach § 7 Abs. 1, die Eignungsprüfung nach § 7 Abs. 3, die Bescheinigung nach § 7 Abs. 4, die Adoptionsbegleitung nach § 9 und die Gewährung von Akteneinsicht nach § 9b sowie über die von den Adoptionsvermittlungsstellen dabei zu beachtenden Grundsätze zu regeln. ²Durch Rechtsverordnung nach Satz 1 können insbesondere geregelt werden:
1. Zeitpunkt, Gliederung und Form der Meldungen nach § 2a Abs. 5 Satz 1 Nr. 1 und 2 sowie Satz 2;[1]
2. Anforderungen an die persönliche und fachliche Eignung des Personals einer Adoptionsvermittlungsstelle (§§ 3, 4 Abs. 1 Satz 1 Nr. 1);
3. Anforderungen an die Arbeitsweise und die Finanzlage des Rechtsträgers einer Adoptionsvermittlungsstelle (§ 4 Abs. 1 Satz 1 Nr. 2);
4. besondere Anforderungen für die Zulassung zur internationalen Adoptionsvermittlung (§ 4 Abs. 2);[2]
5. Antragstellung und vorzulegende Nachweise im Verfahren nach § 7 Abs. 4;
6. Zeitpunkt und Form der Unterrichtung der Annehmenden über das Leistungsangebot der Adoptionsbegleitung nach § 9 Abs. 1.

(2) ¹Durch Rechtsverordnung[3] nach Absatz 1 Satz 1 kann ferner vorgesehen werden, dass die Träger der staatlichen Adoptionsvermittlungsstellen von den Adoptionsbewerbern für eine Eignungsprüfung nach § 7 Abs. 3 oder für eine internationale Adoptionsvermittlung Gebühren sowie Auslagen für die Beschaffung von Urkunden, für Übersetzungen und für die Vergütung von Sachverständigen erheben. ²Die Gebührentatbestände und die Gebührenhöhe sind dabei zu bestimmen; für den einzelnen Vermittlungsfall darf die Gebührensumme 2000 Euro nicht überschreiten.

---

[1] *Verordnung über Meldungen internationaler Adoptionsvermittlungsfälle an die Bundeszentralstelle für Auslandsadoption (Auslandsadoptionsmeldeverordnung − AuslAdMV)* v. 11. 11. 2002 (BGBl. I S. 4390).
[2] §§ 1–4 der *Verordnung über die Anerkennung von Adoptionsvermittlungsstellen in freier Trägerschaft sowie die im Adoptionsvermittlungsverfahren zu erstattenden Kosten (Adoptionsvermittlungsstellenanerkennungs- und Kostenverordnung − AdVermiStAnKoV)* v. 4. 5. 2005 (BGBl. I S. 1266).
[3] §§ 5, 6 *AdVermiStAnKoV* [Fn. 2].

Adoptionsvermittlungsgesetz – AdVermiG § 1744 Anh.

³Solange das Bundesministerium für Familie, Senioren, Frauen und Jugend von der Ermächtigung nach Absatz 1 Satz 1 in Verbindung mit Satz 1 keinen Gebrauch gemacht hat, kann diese durch die Landesregierungen ausgeübt werden; die Landesregierungen können diese Ermächtigung durch Rechtsverordnung auf oberste Landesbehörden übertragen.

§ 9d Datenschutz

(1) ¹Für die Erhebung, Verarbeitung und Nutzung personenbezogener Daten gilt das Zweite Kapitel des Zehnten Buches Sozialgesetzbuch mit der Maßgabe, dass Daten, die für Zwecke dieses Gesetzes erhoben worden sind, nur für Zwecke der Adoptionsvermittlung oder Adoptionsbegleitung, der Anerkennung, Zulassung oder Beaufsichtigung von Adoptionsvermittlungsstellen, der Überwachung von Vermittlungsverboten, der Verfolgung von Verbrechen oder anderen Straftaten von erheblicher Bedeutung oder der internationalen Zusammenarbeit auf diesen Gebieten verarbeitet oder genutzt werden dürfen. ²Die Vorschriften über die internationale Rechtshilfe bleiben unberührt.

(2) ¹Die Bundeszentralstelle übermittelt den zuständigen Stellen auf deren Ersuchen die zu den in Absatz 1 genannten Zwecken erforderlichen personenbezogenen Daten. ²In dem Ersuchen ist anzugeben, zu welchem Zweck die Daten benötigt werden.

(3) ¹Die ersuchende Stelle trägt die Verantwortung für die Zulässigkeit der Übermittlung. ²Die Bundeszentralstelle prüft nur, ob das Übermittlungsersuchen im Rahmen der Aufgaben der ersuchenden Stelle liegt, es sei denn, dass ein besonderer Anlass zur Prüfung der Zulässigkeit der Übermittlung besteht.

(4) Bei der Übermittlung an eine ausländische Stelle oder an eine inländische nicht öffentliche Stelle weist die Bundeszentralstelle darauf hin, dass die Daten nur für den Zweck verarbeitet und genutzt werden dürfen, zu dem sie übermittelt werden.

(5) Fügt eine verantwortliche Stelle dem Betroffenen durch eine nach diesem Gesetz oder nach anderen Vorschriften über den Datenschutz unzulässige oder unrichtige Erhebung, Verarbeitung oder Nutzung seiner personenbezogenen Daten einen Schaden zu, so finden die §§ 7 und 8 des Bundesdatenschutzgesetzes Anwendung.

§ 10 Unterrichtung der zentralen Adoptionsstelle des Landesjugendamtes

(1) ¹Die Adoptionsvermittlungsstelle hat die zentrale Adoptionsstelle des Landesjugendamtes zu unterrichten, wenn ein Kind nicht innerhalb von drei Monaten nach Abschluss der bei ihm durchgeführten Ermittlungen Adoptionsbewerbern mit dem Ziel der Annahme als Kind in Pflege gegeben werden kann. ²Die Unterrichtung ist nicht erforderlich, wenn bei Fristablauf sichergestellt ist, dass das Kind in Adoptionspflege gegeben wird.

(2) Absatz 1 gilt entsprechend, wenn Adoptionsbewerber, bei denen Ermittlungen durchgeführt wurden, bereit und geeignet sind, ein schwer vermittelbares Kind aufzunehmen, sofern die Adoptionsbewerber der Unterrichtung der zentralen Adoptionsstelle zustimmen.

(3) ¹In den Fällen des Absatzes 1 Satz 1 sucht die Adoptionsvermittlungsstelle und die zentrale Adoptionsstelle nach geeigneten Adoptionsbewerbern. ²Sie unterrichten sich gegenseitig vom jeweiligen Stand ihrer Bemühungen. ³Im Einzelfall kann die zentrale Adoptionsstelle die Vermittlung eines Kindes selbst übernehmen.

§ 11 Aufgaben der zentralen Adoptionsstelle des Landesjugendamtes

(1) Die zentrale Adoptionsstelle des Landesjugendamtes unterstützt die Adoptionsvermittlungsstelle bei ihrer Arbeit, insbesondere durch fachliche Beratung,
1. wenn ein Kind schwer zu vermitteln ist,
2. wenn ein Adoptionsbewerber oder das Kind eine ausländische Staatsangehörigkeit besitzt oder staatenlos ist,
3. wenn ein Adoptionsbewerber oder das Kind seinen Wohnsitz oder gewöhnlichen Aufenthalt außerhalb des Geltungsbereichs dieses Gesetzes hat,
4. in sonstigen schwierigen Einzelfällen.

(2) ¹In den Fällen des Absatzes 1 Nr. 2 und 3 ist die zentrale Adoptionsstelle des Landesjugendamtes vom Beginn der Ermittlungen (§ 7 Abs. 1) an durch die Adoptionsvermittlungsstellen ihres Berei-

§ 1744 Anh.

ches zu beteiligen. ²Unterlagen in der in Artikel 16 des Adoptionsübereinkommens genannten Art sind der zentralen Adoptionsstelle zur Prüfung vorzulegen.

§ 12 *(aufgehoben)*

§ 13 Ausstattung der zentralen Adoptionsstelle des Landesjugendamtes

Zur Erfüllung ihrer Aufgaben sollen der zentralen Adoptionsstelle mindestens ein Kinderarzt oder Kinderpsychiater, ein Psychologe mit Erfahrungen auf dem Gebiet der Kinderpsychologie und ein Jurist sowie Sozialpädagogen oder Sozialarbeiter mit mehrjähriger Berufserfahrung zur Verfügung stehen.

Zweiter Abschnitt. Ersatzmutterschaft

§ 13a Ersatzmutter

Ersatzmutter ist eine Frau, die auf Grund einer Vereinbarung bereit ist,
1. sich einer künstlichen oder natürlichen Befruchtung zu unterziehen oder
2. einen nicht von ihr stammenden Embryo auf sich übertragen zu lassen oder sonst auszutragen

und das Kind nach der Geburt Dritten zur Annahme als Kinder oder zur sonstigen Aufnahme auf Dauer zu überlassen.

§ 13b Ersatzmuttervermittlung

¹Ersatzmuttervermittlung ist das Zusammenführen von Personen, die das aus einer Ersatzmutterschaft entstandene Kind annehmen oder in sonstiger Weise auf Dauer bei sich aufnehmen wollen (Bestelleltern), mit einer Frau, die zur Übernahme einer Ersatzmutterschaft bereit ist. ²Ersatzmuttervermittlung ist auch der Nachweis der Gelegenheit zu einer in § 13a bezeichneten Vereinbarung.

§ 13c Verbot der Ersatzmuttervermittlung

Die Ersatzmuttervermittlung ist untersagt.

§ 13d Anzeigenverbot

Es ist untersagt, Ersatzmütter oder Bestelleltern durch öffentliche Erklärungen, insbesondere durch Zeitungsanzeigen oder Zeitungsberichte, zu suchen oder anzubieten.

Dritter Abschnitt. Straf- und Bußgeldvorschriften

§ 14 Bußgeldvorschriften

(1) Ordnungswidrig handelt, wer
1. entgegen § 5 Abs. 1 oder 4 Satz 1 eine Vermittlungstätigkeit ausübt oder
2. entgegen § 6 Abs. 1 Satz 1, auch in Verbindung mit Abs. 2 oder 3, oder § 13d durch öffentliche Erklärungen
    a) Kinder zur Annahme als Kind oder Adoptionsbewerber,
    b) Kinder oder Dritte zu den in § 5 Abs. 4 Satz 1 genannten Zwecken oder
    c) Ersatzmütter oder Bestelleltern
sucht oder anbietet.

(2) Ordnungswidrig handelt auch, wer
1. entgegen § 5 Abs. 1 oder 4 Satz 1 eine Vermittlungstätigkeit ausübt und dadurch bewirkt, dass das Kind in den Geltungsbereich dieses Gesetzes oder aus dem Geltungsbereich dieses Gesetzes verbracht wird, oder
2. gewerbs- oder geschäftsmäßig
    a) entgegen § 5 Abs. 3 Nr. 1 eine Schwangere zu der Weggabe ihres Kindes bestimmt oder
    b) entgegen § 5 Abs. 3 Nr. 2 einer Schwangeren zu der Weggabe ihres Kindes Hilfe leistet.

Adoptionsvermittlungsgesetz – AdVermiG § 1744 Anh.

(3) Die Ordnungswidrigkeit kann in den Fällen des Absatzes 1 mit einer Geldbuße bis zu zehntausend Deutsche Mark, in den Fällen des Absatzes 2 mit einer Geldbuße bis zu fünfzigtausend Deutsche Mark geahndet werden.

§ 14a Strafvorschriften gegen Kinderhandel

Weggefallen durch Art. 4 Abs. 3 des Sechsten Gesetzes zur Reform des Strafrechts v. 26. 1. 1998 (BGBl. I S. 164, 187) und mit Wirkung ab eingefügt in das StGB als § 236 (Art. 1 Nr. 41, Art. 9).

§ 14b Strafvorschriften gegen Ersatzmuttervermittlung

(1) Wer entgegen § 13c Ersatzmuttervermittlung betreibt, wird mit Freiheitsstrafe bis zu einem Jahr oder mit Geldstrafe bestraft.

(2) ¹Wer für eine Ersatzmuttervermittlung einen Vermögensvorteil erhält oder sich versprechen lässt, wird mit Freiheitsstrafe bis zu zwei Jahren oder Geldstrafe bestraft. ²Handelt der Täter gewerbs- oder geschäftsmäßig, so ist die Strafe Freiheitsstrafe bis zu drei Jahren oder Geldstrafe.

(3) In den Fällen der Absätze 1 und 2 werden die Ersatzmutter und die Bestelleltern nicht bestraft.

Vierter Abschnitt. Übergangsvorschriften

§ 15 Weitergeltung der Berechtigung zur Adoptionsvermittlung

(1) ¹Eine vor dem 1. Januar 2002 erteilte Anerkennung als Adoptionsvermittlungsstelle gilt vorläufig fort. ²Sie erlischt, wenn nicht bis zum 31. Dezember 2002 erneut die Anerkennung beantragt wird oder, im Falle rechtzeitiger Antragstellung, mit Eintritt der Unanfechtbarkeit der Entscheidung über den Antrag.

(2) ¹Hat eine vor dem 1. Januar 2002 anerkannte Adoptionsvermittlungsstelle internationale Adoptionsvermittlung im Verhältnis zu einem bestimmten Staat ausgeübt und hat sie ihre Absicht, diese Vermittlungstätigkeit fortzusetzen, der zentralen Adoptionsstelle des Landesjugendamtes angezeigt, so gelten Absatz 1 sowie § 4 Abs. 2 Satz 4 entsprechend. ²§ 4 Abs. 2 Satz 2 dieses Gesetzes sowie § 1 Abs. 3 des Adoptionsübereinkommens-Ausführungsgesetzes bleiben unberührt.

(3) Die staatlichen Adoptionsvermittlungsstellen (§ 2 Abs. 1) haben sicherzustellen, dass die Anforderungen des § 3 vom 1. Januar 2003 an erfüllt werden.

§ 16 Anzuwendendes Recht

Vom Zeitpunkt des Inkrafttretens einer Änderung dieses Gesetzes an richtet sich die weitere Durchführung einer vor dem Inkrafttreten der Änderung begonnenen Vermittlung, soweit nicht anders bestimmt, nach den geänderten Vorschriften.

§§ 17 bis 22 *(weggefallen)*

Schrifttum: Allgemein: *Adam,* Inpflegegabe und Adoption älterer Kinder, ZfJ 1988, 78; *Bach,* „Es dürfte voraussichtlich möglich sein ..." Zur Adoption älterer Kinder, UJ 1985, 311; *ders.,* Gekaufte Kinder – Babyhandel mit der Dritten Welt, 1986; *ders.,* Daten und soziale Hintergründe der Adoption von Kindern aus der Dritten Welt, ZfJ 1988, 328; *ders.,* Ausmaß, Methoden und Ursachen des Handelns mit Adoptivkindern aus der sogenannten Dritten Welt in der BRD, UJ 1991, 496; *Baer,* UN-Deklaration über Jugendwohlfahrt, Pflegekinderwesen und Adoption, NDV 1987, 409 (mit Text); *Baer/Faltermeier/Gross,* Adoptions- und Adoptionsvermittlungsgesetz nach drei Jahren Praxis – Erste Erfahrungen, NDV 1980, 370; *Baer/Gross,* Adoption und Adoptionsvermittlung (Kleinere Schriften des Deutschen Vereins für öffentliche u. private Fürsorge, Heft 59), 1997; *Baker,* Baby Selling, 1978; *Bechinger,* Adoption und Schwangerschaftskonflikt, 1994; *Busch,* Der Internationale Sozialdienst – eine Fachstelle für grenzüberschreitende Sozialarbeit, JAmt 2001, 518; *Busch/Bienentreu,* Die Rechtsstellung des ausländischen Adoptivpflegekindes. Argumentationshilfen für Fachkräfte und Adoptivpflegeeltern, JAmt 2002, 287; *Carspecken,* Probleme des Adoptionsvermittlungsgesetzes, ZfJ 1976, 512; *Czerner,* Kritische Anmerkungen zum Adoptionsvermittlungsgesetz und Adoptionsgesetz, DAVorm. 1977, 115; *Erwerth-Scholl/Kurek-Bender,* Kriterien für die Beurteilung von Adoptivbewerberinnen, PFAD 2003, 115; *Feil,* Stellungnahme zum Entwurf eines Gesetzes über die Vermittlung der Annahme Minderjähriger als Kind – Adoptionsvermittlungsgesetz – (AdVermiG), RdJB 1975, 53; *Gross,* Die Neuregelung des Adoptionswesens ab 1. 1. 1977 – Ein Überblick, NDV 1976, 324, 330 f.; *Jänsch/Hoch-Bott/*

§ 1744 Anh.   Abschnitt 2. Titel 7. Annahme als Kind

Wassermann, Die Vermittlung älterer Kinder in Adoptiv- und Pflegefamilien, UJ 1985, 383; *Härter,* Sozialpädiatrische Zentren – Diagostik, Beratung und Therapie für Pflege- und Adoptivkinder und ihre Familien, PFAD 2005, 107; *Hoksbergen,* Trauma, ein relevantes Konzept bei der Untersuchung von Adoptivkindern, KINDESWOHL 1/2000, 8; *Kannenberg,* Zur Adoption älterer und entwicklungsgestörter Kinder, UJ 1981, 437; *Kinzinger,* Chancen und Möglichkeiten der Vermittlung von Risikokindern zu Adoptiv- und Pflegefamilien, UJ 1985, 388; *Krolzik,* Adoptionsvermittlung aus Äthiopien, ZfJ 1993, 26; *ders.,* Fachleute fordern Stärkung konfessioneller Pflegekinder und Adoptionsdienste. Erste gemeinsame Fachtagung der evangelischen und katholischen Pflegekinder- und Adoptionsdienste in Deutschland, ZfJ 1995, 214; *Kühl,* Die Rolle der Adoptionsvermittlungsstellen und Zentralen Adoptionsstellen bei der Adoption von Kindern aus der Dritten Welt, ZfJ 1987, 441; *Kurek-Bender,* Psychologische Begleitung von Familien mit Pflege- und Adoptivkindern: Bedarf – Konzept – Kooperation, PFAD 2005, 71; *dies.,* Identitätsfindung Adoptierter, PFAD 3/2002, 12; *Landeswohlfahrtsverband Baden/Landesjugendamt Karlsruhe,* Adoption und Adoptionsvermittlung im gewandelten Aufgabenverhältnis, 1991; *Marx,* Zum Rechtsanspruch auf einen Adoptionseignungsbericht (home study) bei internationalen Adoptionen, ZfJ 1999, 8; *Maurer,* Das Gesetz zur Regelung von Rechtsfragen auf dem Gebiet der internationalen Adoption und zur Weiterentwicklung des Adoptionsvermittlungsrechts, FamRZ 2003, 1337; *Maywald,* Konsequenzen der Bindungsforschung für die Arbeit mit Pflege- und Adoptivkindern, KINDESWOHL 1/2001, 6; *Napp/Peters,* Adoption – Das alleinstehende Kind und seine Familien. Geschichte, Rechtsprobleme und Vermittlungspraxis, 1978; *Oberloskamp,* KJHG und AdVermiG – Neben- und miteinander? Über Probleme der Einbindung der Adoptionsvermittlung in das Leistungsgeflecht des Jugendamtes, ZfJ 2005, 346; *Paulitz* (Hrsg.), Adoption, 2. Aufl. 2006; *ders.,* Interstaatliche Adoptionsvermittlung – Bestandsaufnahme und Perspektiven, ZfJ 2001, 1598; *Reinhardt,* Datenschutz in der Adoptionsvermittlung: Sozialdatenschutz und Vermittlungsarbeit, JAmt 2008, 401; *Schreiner,* Auslandsadoption, UJ 1991, 265; *Schulz,* Stellungnahme zum Referentenentwurf eines Gesetzes zur Änderung des Adoptionsvermittlungsgesetzes, Korrespondenzblatt 1988, 30; *Tack,* Die Neuordnung des Adoptionsvermittlungsrechts durch das Adoptionsvermittlungsgesetz vom 2. Juli 1976, ZfJ 1977, 1; *Textor,* Adoptionsvermittlung – Organisation und Klientenkontakte, UJ 1991, 370; *ders.,* Adoptionsvermittlung: Forschungsergebnisse und Verbesserungsvorschläge, NDV 1993, 189; *ders.,* Die Klientel von Adoptionsvermittlungsstellen – Ergebnisse einer bayerischen Studie, ZfJ 1993, 248; *Theile,* Genetische Fragen im Zusammenhang mit Adoptions- und Pflegekindervermittlung, UJ 1985, 407; *ten Venne,* Zur Arbeit mit Herkunftseltern im Adoptionsvermittlungsprozess, Jenaer Schriften zur Sozialwissenschaft Band Nr. 4, 2009; *Voß,* Leih- und Ersatzmutterschaftsverträge im amerikanischen Recht, FamRZ 2000, 1552; *Wiesner/Mörsberger/Oberloskamp/Struck,* SGB VIII, Kinder- und Jugendhilfe, 3. Aufl. 2006 (zit.: Wiesner/Oberloskamp). – **Materialien.** *Bundesarbeitsgemeinschaft der Landesjugendämter (BAGLJÄ),* Empfehlungen zur Einrichtung von Adoptionsvermittlungsstellen bei Jugendämtern und freien Trägern der Jugendhilfe, DAVorm. 1977, 107; *dies.,* Empfehlungen zur Adoptionsvermittlung, 4. Aufl. 2003; 5. Aufl. 2006; BT-Drucks. 7/3421. – S. auch das Schrifttum Vor § 1741.

Adoption ausländischer Kinder: *Abendroth,* Auslands-Stiefkind-Verwandten-Adoption, PFAD 2003, 50; *Böcker/Krolzik* (Hrsg.), Adoptionen in der Einen Welt. Hilfen zur Integration fremdländischer Kinder in Westeuropa, 2002; *Dörfling/Elsäßer,* Internationale Adoptionen, Beratung – Vermittlung – Begleitung, 2. Aufl. 1999; *dies.,* International Adoptions – Les Adoptions Internationales – Adopciones Internacionales, Counselling – Placement – After-care/Préparation – Placement – Accompagnement/Asesoramiento – Mediación – Asistencia, 2000; *Gill/Jackson,* Adoption and race, 1983; *Grow/Shapiro,* Transracial adoption today, 1975; *Hohnerlein,* International Adoption und Kindeswohl. Die Rechtslage von Adoptivkindern aus der Dritten Welt in der Bundesrepublik Deutschland im Vergleich zu anderen europäischen Ländern, 1991 (m. Bspr. *Samtleben* FamRZ 1993, 32); *Internationale Arbeitsgemeinschaft für Jugendfragen (IAGJ),* Adoption – Chancen und Risiken, FORUM Jugendhilfe 2/2003, 5; *Kauermann-Walter/Krolzik* (Hrsg.), Pflegekinder- und Adoptionsdienste – Lebens- und Wesensäußerung der Caritas und Diakonie, 1996; *Kühl,* Adoptionserfolg bei Adoptivkindern fremdländischer Herkunft, 1990 (zugl. Diss. Osnabrück 1989); *Kurek-Bender,* Auslandsadoption: Qualitätssicherung in der Arbeit internationaler Adoptionsvermittlungsstellen, PFAD 2003, 114; *Lange,* Auslandsadoption – Wissenswertes zu einem aktuellen Thema, 2000; *Lücker-Babel,* Auslandsadoption und Kinderrechte: Was geschieht mit den Verstoßenen? – Untersuchung von gescheiterten internationalen Adoptionsfällen in der Schweiz, 1991; *Siebert-Michalak,* Auslandsvermittlung, FPR 2001, 332; *Simon/Altstein,* Transracial adoption, 1977; *dies.,* Transracial adoption, a follow-up, 1981; *Wacker,* Adoptionen aus dem Ausland, 1994; *Warren,* Inter-country adoption, 1999; *Weise,* Transracial adoption, 1988; *Weyer,* Die Adoption fremdländischer Kinder. Erfahrungen und Orientierungshilfen, 3. Aufl. 1992; *Zinnecker,* „Ich sehne mich nach einem Kind". Der lange Weg bis zur Adoption, 1995.

AdVermiÄndG 1989: *Bach,* Neue Regelungen gegen Kinderhandel und Ersatzmuttervermittlung – Zur Neufassung des Adoptionsvermittlungsgesetzes v. 27. 11. 1989, BGBl. I S. 2014, FamRZ 1990, 574; *Liermann,* Ersatzmutterschaft und das Verbot ihrer Vermittlung, MDR 1990, 857; *Lüderitz,* Verbot von Kinderhandel und Ersatzmuttervermittlung, NJW 1990, 1633; *Luthin,* Kinderhandel – Ein Beispiel aus der Praxis -, FamRZ 1991, 652. – **Materialien.** BT-Drucks. 11/4154; Gemeinsame (katholische) Stellungnahme zum Regierungsentwurf eines Gesetzes zur Änderung des Adoptionsvermittlungsgesetzes, Jugendwohl 1989, 513; *Bundesarbeitsarbeitsgemeinschaft der Landesjugendämter (BAGLJÄ),* Empfehlungen zur Adoptionsvermittlung, 5. Aufl. 2006; *dies.,* Perspektiven der Adoptionsvermittlung als Aufgabe und Dienstleistung der Jugendhilfe, beschlossen auf der 86. Arbeitstagung v. 18.-20. Mai 1999 in Münster; *Deutscher Verein für öffentliche und private Fürsorge,* Konsequenzen aus der Neustrukturierung der Adoptionsvermittlung: Empfehlungen des Deutschen Vereins zur Realisierung des Leitgedankens der Qualitätssicherung, NDV 2003, 445; *ders.,* Empfehlungen des Deutschen Vereins zur Zusammenarbeit zwischen anerkannten Auslandsvermittlungsstellen in freier Trägerschaft und Adoptionsvermittlungsstellen der Jugendämter bei Auslandsadoptionen, NDV 2004, 293.

Haager Übereinkommen über den Schutz von Kindern und die Zusammenarbeit auf dem Gebiet der internationalen Adoption: *Arbeitsgemeinschaft für Jugendhilfe (AGJ)*, Stellungnahme der AGJ zu den Referentenentwürfen eines Vertrags- und Ausführungsgesetzes zum Haager Übereinkommen über den Schutz von Kindern und die Zusammenarbeit auf dem Gebiet der internationalen Adoption, FORUM Jugendhilfe 2/2000, 14; *Bundesarbeitsgemeinschaft der Landesjugendämter (BAGLJÄ)*, Adoptionsvermittlung – gewandelte Beurteilung, neue Rahmenbedingungen, FORUM Jugendhilfe 2/1999, 34; *Busch*, Das Haager Übereinkommen über internationale Adoptionen – Hinweise und Erfahrungen aus der Praxis der internationalen Adoptionsvermittlung, DAVorm. 1997, 659; *Busch/Bienentreu*, Die Umsetzung der Haager Adoptionskonvention in Deutschland, Arbeitshilfe für die Adoptionsvermittlung, 2001, Nachtrag 2003; *Marx*, Das Haager Übereinkommen über internationale Adoptionen, StAZ 1995, 315; *Rudolf*, Das Haager Übereinkommen über die internationale Adoption, ZfKV 2001, 183; *Steiger*, Das neue Recht der internationalen Adoption und Adoptionsvermittlung, 2002; *ders.*, Im alten Fahrwasser zu neuen Ufern: Neuregelungen im Recht der internationalen Adoption mit Erläuterungen für die notarielle Praxis, DNotZ 2002, 184; *Süß*, Ratifikation der Haager Adoptionskonvention – Folgen für die notarielle Praxis, MittBayNot 2002, 88. – **Materialien.** *Parra-Aranguren*, Report, in Hague Conference on Private International Law. Proceedings of the Seventeenth Session (Den Haag 1994), in deutscher Übersetzung: Erläuternder Bericht zum Übereinkommen über den Schutz von Kindern und die Zusammenarbeit auf dem Gebiet der internationalen Adoption, Anlage 2 zur Denkschrift zum Übereinkommen, in RefE eines Gesetzes zum Haager Übereinkommen vom 29. Mai 1993 über den Schutz von Kindern und die Zusammenarbeit auf dem Gebiet der internationalen Adoption, BR-Drucks. 17/01; RefE eines Gesetzes zum Haager Übereinkommen vom 29. Mai 1993 über den Schutz von Kindern und die Zusammenarbeit auf dem Gebiet der internationalen Adoption; RefE eines Gesetzes zur Regelung von Rechtsfragen auf dem Gebiet der internationalen Adoption (zit.: AusfG-RefE); RegE eines Gesetzes zum Haager Übereinkommen vom 29. Mai 1993 über den Schutz von Kindern und die Zusammenarbeit auf dem Gebiet der internationalen Adoption, BR-Drucks. 17/01 (zit.: ZustG-RegE); RegE eines Gesetzes zur Regelung von Rechtsfragen auf dem Gebiet der internationalen Adoption und zur Weiterentwicklung des Adoptionsvermittlungsrechts, BR-Drucks. 16/01 (zit.: AusfG-RegE); Gesetzentwurf der Bundesregierung eines Gesetzes zur Regelung von Rechtsfragen auf dem Gebiet der internationalen Adoption und zur Weiterentwicklung des Adoptionsvermittlungsrechts, BT-Drucks. 14/6011.

Übersicht

	Rn.		Rn.
I. Zweck des Vermittlungsverfahrens	1	b) Scheinvatervermittlung	19
II. Rechtsentwicklung. Rechtsnatur	2–4	c) Pflegekindvermittlung	20
1. Rechtsentwicklung	2	V. Aufgaben der Adoptionsvermittlung und Adoptionshilfe	21–32
2. Rechtsnatur	3, 4	1. Ermittlungen	21–25
III. Vermittlungsmonopol (§§ 2, 5 und 6)	5–16	2. Beratung	26–31
1. Vermittlungsstellen	5–12	a) Anlässlich einer Adoption	26–30
a) Grundsätze	5	b) Verhältnis zum Rechtsdienstleistungsgesetz	31
b) Internationale Adoptionsvermittlung	6–9	3. Zentrale Adoptionsstellen	32
c) Besetzung	10	VI. Einsicht in die Vermittlungsakten	33–36
d) Weitere Aufgaben der staatlichen Adoptionsvermittlungsstellen	11, 12	VII. Rechtsschutz	37
2. Vermittlungsverbot	13–15	VIII. Verbot der Ersatzmutterschaft	38–43
a) Inlandsadoptionen	13	1. Allgemeines	38
b) Auslandsadoptionen	14	2. Begriff	39–41
c) Dauerpflege	15	3. Ersatzmuttervermittlung	42
3. Anzeigenverbot	16	4. Nichtigkeit	43
IV. Vermittlung (§ 1)	17–20	IX. Bußgeld und Strafe	44–46
1. Begriff	17	1. Ordnungswidrigkeiten	44, 45
2. Abgrenzungen	18–20	2. Straftaten	46
a) Ersatzmuttervermittlung	18		

I. Zweck des Vermittlungsverfahrens

Der Annahme eines familienfremden Kindes geht idR ein **Vermittlungsverfahren** voraus, in 1 dem für ein Kind, das der natürlichen Elternpflege entbehrt, geeignete und annahmebereite Eltern und für Adoptionsbewerber ein zu ihnen „passendes" Kind gesucht wird **(„matching")**.[1] Schät-

---

[1] *Oeschger* S. 91-100.

§ 1744 Anh. 2

zungsweise 40-60% aller Adoptionen (3000-5000 Fälle jährlich) werden so vermittelt.[2] Dies soll kommerziellen Missbräuchen vor allem im Zusammenhang mit der Annahme ausländischer Kinder und dem Einsatz von Frauen zur „Generierung" von Nachkommenschaft gegen Entgelt vorbeugen. Dieser Zweck wird insbesondere im Zusammenhang mit der Annahme ausländischer Kinder allerdings dann nicht erreicht, wenn ein Kind ohne Einhaltung einer Adoptionspflegezeit im Ausland vermittelt und auch angenommen worden ist, die Anerkennung der ausländischen Adoption nach dem *Haager Adoptionsübereinkommen*[3,4] kraft Gesetzes oder, ist das HaagAdoptÜbk nicht anwendbar, inzident erfolgt (§ 108 Abs. 1 FamFG) oder eine Wiederholung der Adoption angestrebt wird.[5] Statistik zur Adoption ausländischer Kinder im Inland s. Vor § 1741 Rn. 8. – Das AdVermiG regelt die Vermittlungsverbote in zwei gesonderten Vorschriften (§§ 5, 6) und sichert durch die Einführung von Strafvorschriften und die Verschärfung der Bußgeldvorschriften das Erreichen des Zwecks der Verbote, eine fach- und kindgerechte Vermittlung zu ermöglichen und zu fördern.[6]

II. Rechtsentwicklung. Rechtsnatur

1. Rechtsentwicklung. Die Adoptionsvermittlung wurde erstmals 1939 gesetzlich geregelt.[7] Unterschiedliche Regelungen in den Ländern und Zonen[8] hat das *Gesetz über die Vermittlung der Annahme an Kindes Statt*[9] abgelöst, dessen knappe Regelung durch Richtlinien der Jugendämter über die Adoptionsvermittlung, die die Ziele und Inhalte dieser Tätigkeit näher beschrieben, ergänzt wurde.[10] Es gestattete die Vermittlung dem Jugendamt und bestimmten Verbänden, verbot sie anderen jedoch nur, wenn sie gewerbsmäßig oder im Einzelfall zur Erlangung wirtschaftlicher Vorteile betrieben wurde (§ 1). Angesichts der schwierigen Aufgaben bei der Zusammenführung von Eltern und Kindern schien jedoch allgemein eine Vermittlung durch **Fachkräfte** geboten, die über die Vermittlung hinaus zur **Beratung** zur Verfügung stehen. Zudem erfordert die große Zahl von Heimkindern[11] die ständige Prüfung, ob nicht mehr Kinder in Familienpflege vermittelt werden können. Soweit es sich um „**Problemkinder**" handelt, ist eine besondere Betreuung erforderlich. Mit der Adoptionsreform wurde deshalb[12] auch die Reform des Vermittlungsrechts betrieben,[13] die zum am 1. 1. 1977 in Kraft getretenen **AdVermiG** führte, das einen Teil der Richtlinien in sich

---

[2] Genaue Angaben fehlen, vgl. BT-Drucks. 7/3421 S. 10.

[3] *Haager Übereinkommen über den Schutz von Kindern und die Zusammenarbeit auf dem Gebiet der internationalen Adoption – Haager Übereinkommen über internationale Adoption –* v. 29. 5. 1993, in Kraft getreten am 1. 5. 1995, durch die Bundesregierung am 7. 11. 1997 gezeichnet (dazu *BAGLJÄ* Perspektiven A.; *dies.* FORUM Jugendhilfe 2/1999, 34), ratifiziert durch das *Gesetz zu dem Haager Übereinkommen vom 29. Mai 1993 über den Schutz von Kindern und die Zusammenarbeit auf dem Gebiet der internationalen Adoption* v. 23. 10. 2001 (BGBl. II S. 1034) und mit Wirkung ab 1. 1. 2002 im *Gesetz zur Regelung von Rechtsfragen auf dem Gebiet der internationalen Adoption und zur Weiterentwicklung des Adoptionsvermittlungsrechts* v. 5. 11. 2001 (BGBl. I S. 2950) durch ein *Gesetz zur Ausführung des Haager Übereinkommens vom 29. Mai 1993 über den Schutz von Kindern und die Zusammenarbeit auf dem Gebiet der internationalen Adoption (Adoptionsübereinkommens-Ausführungsgesetz – AdÜbkG)* (Art. 1), ein *Gesetz über die Wirkungen der Annahme als Kind nach ausländischem Recht (Adoptionswirkungsgesetz – AdWirkG)* (Art. 2) und eine *Änderung des Adoptionsvermittlungsgesetzes* (Art. 3) in innerstaatliches Recht umgesetzt.

[4] S. den aktuellen Stand der Mitgliedstaaten und der dem Abkommen beigetretenen Staaten sowie zum Status des jeweiligen Beitrittsverfahrens im Internet unter http://www.hcch.net/e/status und http://www.bundesjustizamt.de.

[5] S. auch BVerwG JAmt 2011, 206 = FamRZ 2011, 369 [15]; FamRZ 2011, 888 [15-17]: Kein Einreisevisum, ohne dass das internationale Adoptionsvermittlungsverfahren vollständig durchgeführt worden ist und mit einer positiven Empfehlung der zuständigen Adoptionsvermittlungsstelle geendet hat.

[6] Kritisch dazu *Lüderitz* NJW 1990, 1636, der von einer Überlagerung des ursprünglichen Verbotszwecks spricht.

[7] *Gesetz über die Vermittlung der Annahme an Kindes Statt* v. 19. 4. 1939 (RGBl. I S. 795), ergänzt durch DVO v. 2. 1. 1940 (RGBl. I S. 26) und DVO v. 7. 3. 1941 (RGBl. I S. 125). – Bericht über die vorausgehende Entwicklung bei *zur Nieden* S. 17 ff.; *Staudinger/Engler* 10./11. Aufl. Vor § 1741 Rn. 47.

[8] Nähere Darstellung bei *Staudinger/Engler* 10./11. Aufl. Vor § 1741 Rn. 48-50.

[9] V. 29. 3. 1951 (BGBl. I S. 214), ergänzt durch DVO v. 25. 8. 1952 (BGBl. I S. 608) und DVO v. 16. 7. 1971 (BGBl. I S. 1012).

[10] *BAGLJÄ* Empfehlungen.

[11] Abg. *Lüdemann* BT-Prot. 7/16 614: 70 000 (1976). – 1988: 32 201 (Statistisches Bundesamt, Fachserie 13. Sozialleistungen. Reihe 6.1. Erzieherische Hilfen und Aufwand für die Jugendhilfe, 1988); 1989: 41 600 [einschließlich Jugendlicher] (FuR 1991, 305).

[12] BT-Drucks. 7/3421 S. 12 f.

[13] AGJJ-Thesen Mitt. 57/58 (1969), 35; *Mehringer* Mitt. AGJ 67 (1973), 41; *Greese* Mitt. AGJ 67 (1973), 42. S. auch den RefE v. 13. 11. 1973, UJ 1974, 125 f. = DAVorm. 1974, 13; dazu kritisch AGJ Mitt. 70 (1974) Beil., 9-11; *Feil* UJ 1974, 127-132; *Mende* ZfJ 1974, 159-162.

aufnimmt und dieses Rechtsgebiet erstmals eingehend regelt. Durch das *Gesetz zur Änderung des AdVermiG (AdVermiÄndG)* v. 27. 11. 1989 (BGBl. I S. 2016) und Art. 3 *(Änderung des Adoptionsvermittlungsgesetzes) des Gesetzes zur Regelung von Rechtsfragen auf dem Gebiet der internationalen Adoption und zur Weiterentwicklung des Adoptionsvermittlungsrechts* (v. 5. 11. 2001 (BGBl. I S. 2950)) wurde kommerziellen Missbräuchen begegnet (dazu Rn. 1).

2. Rechtsnatur. Nach Art. II § 1 Nr. 16 SGB I[14] gilt das AdVermiG bis zu seiner Eingliederung **3** in das SGB als dessen besonderer Teil, auf den folglich auch SGB I und SGB X anzuwenden sind. Versteht man Adoptionsvermittlung als soziale Dienstleistung, ist sie Teil der Leistungsverwaltung, zumal keine Eingriffsbefugnisse bestehen. Die in §§ 7, 9 AdVermiG vorgesehenen Dienstleistungen der Adoptionsvermittlungsstellen sind Pflichtsozialleistungen nach § 38 SGB I, auf die Adoptionsbewerber, Kind und leibliche Eltern einen **Rechtsanspruch** iSe. eines subjektiven, vor den Verwaltungsgerichten einklagbaren Rechts haben (dazu auch Rn. 37, § 1752 Rn. 21),[15] das auch aus dem allgemeinen Persönlichkeitsrecht (Art. 2 GG), dem Schutz der Familie und der Entwicklung der Kinder (Art. 6 GG) sowie dem Sozialstaatsprinzip (Art. 20 Abs. 1 GG) folgt.

Im Zuge der Umsetzung des HaagAdoptÜbk wurde die Verpflichtung der Adoptionsvermitt- **4** lungsstelle, das Ergebnis ihrer Ermittlungen bei den Adoptionsbewerbern und bei der Familie des Kindes den jeweils Betroffenen mitzuteilen, geregelt (§§ 7 Abs. 1 S. 4, Abs. 3 S. 5) und damit ausdrücklich festgeschrieben, was auch schon zum alten Rechtszustand angenommen wurde (dazu auch Rn. 23, 25, 37): Das subjektive, einklagbare Recht eines Kindes, seiner leiblichen Eltern und der Adoptionsbewerber auf Adoptionsvermittlung.[16] Dies gilt jedenfalls für Adoptionsvermittlungsstellen in staatlicher, aber auch für solche in freier Trägerschaft: Als **Beliehene** sind sie Teil der Leistungsverwaltung und denselben öffentlich-rechtlichen Verpflichtungen unterworfen wie die staatlichen Adoptionsvermittlungsstellen (dazu Rn. 5, 9). – Der Rechtsanspruch richtet sich auf die **Vermittlung,** die **Vorbereitung,** insbesondere die Durchführung von **Ermittlungen,** auf die Erstellung eines **Adoptionseignungsberichts** (Art. 4, 5 HaagAdoptÜbK; § 7 Abs. 1, Abs. 3)[17] und auf die **Begleitung** (§ 9) der Adoption.

III. Vermittlungsmonopol (§§ 2, 5 und 6)

1. Vermittlungsstellen. a) Grundsätze. Adoptionsvermittlung ist **staatliche Pflichtauf- 5 gabe.**[18] Deshalb dürfen nur folgende Stellen Adoptionen vermitteln („**Vermittlungsmonopol**", § 2 Abs. 1, 2):[19]

– Das **Jugendamt,** wenn es eine Adoptionsvermittlungsstelle eingerichtet hat. Mit Zustimmung des Landesjugendamtes können Jugendämter benachbarter Kreise und Gemeinden eine **gemeinsame Adoptionsvermittlungsstelle** einrichten (§ 2 Abs. 1 S. 3).[20] – Zu ihrer **Besetzung** s. Rn. 10.
– Das **Landesjugendamt,** das eine zentrale Adoptionsstelle einzurichten hat (§ 2 Abs. 1 S. 2 Halbs. 2). **Gemeinsame zentrale Adoptionsstellen** (S. 4) haben zur Durchführung der internationalen Adoptionsvermittlung (§ 2a Abs. 3 Nr. 1) eingerichtet: Bremen, Hamburg, Niedersachsen und Schleswig-Holstein, Berlin und Brandenburg sowie Rheinland-Pfalz und Hessen.[21] – Zu ihrer **Besetzung** s. Rn. 10.

---

[14] IdF von Art. 2 Nr. 3 KJHG des *Gesetzes zur Neuordnung des Kinder- und Jugendhilferechts* v. 26. 6. 1990 (BGBl. I S. 1163).

[15] Zum Rechtszustand vor dem Inkrafttreten des HaagAdoptÜbk s. *BAGLJÄ* Perspektiven B; bejahend auch *Marx* ZfJ 1999, 8, 9 f.; *Paulitz/Kunkel* Adoption S. 185.

[16] Dazu auch *Maurer* FamRZ 2003, 1337, 1344; wohl ebenso BT-Drucks. 14/6011 S. 54 (zu § 9a AdVermiG), wenn ein solcher Rechtsanspruch für Adoptionsvermittlungsstellen in freier Trägerschaft abgelehnt wird; ablehnend *Paulitz/Reinhardt* Adoption S. 301.

[17] Dazu VG Hamburg JAmt 2006, 267 ff.; Urt. v. 4. 3. 2010 - 13 K 2959/09, juris [21-23] = FamRZ 2010, 1927 (LS.) (für "selbstbeschaffte" Kinder).

[18] BT-Drucks. 14/6011 S. 16; *Paulitz/Marx/Weitzel* Adoption S. 278. – Für internationale Adoptionen zweifelnd *Paulitz/Busch* Adoption 1. Aufl. S. 246, weil es keinen staatlichen Auftrag zur Vermittlung von Kindern aus dem Ausland gebe. Doch ist dies nicht der ausschlaggebende Ansatzpunkt; dieser ist vielmehr in der Adoptionsvermittlung selbst und dem mit ihr verfolgten Zweck, kommerziellen Missbräuchen vor allem im Zusammenhang mit der Annahme ausländischer Kinder vorzubeugen (dazu Rn. 1), zu sehen; die Erfüllung dieser Aufgabe ist unzweifelhaft eine staatliche Aufgabe.

[19] Z. Zt. gibt es in der Bundesrepublik ca. 600 Adoptionsvermittlungsstellen, *Paulitz/Bach* Adoption S. 215.

[20] Zur Empfehlung für gemeinsame Adoptionsvermittlungsstellen s. *BAGLJÄ* Empfehlungen Nr. 2.1.2 Abs. 1 S. 2; *dies.* Perspektiven D. V. Abs. 1; s. auch Orientierungshilfe des *Sächsischen Landesjugendamtes* zur Errichtung gemeinsamer Adoptionsvermittlungsstellen vom 19. 6. 2002.

[21] Die Anschriften der zentralen Adoptionsstellen der Landesjugendämter sind unter http://www.bundesjustizamt.de/bzza/adop008.html zu erfahren.

§ 1744 Anh.   6–8   Abschnitt 2. Titel 7. Annahme als Kind

– Örtliche oder zentrale Stellen der – auch ausländischen[22] – gemeinnützigen (§ 4 Abs. 1 S. 1 Nr. 3, S. 2) **freien Träger** zur internationalen Adoptionsvermittlung, wenn sie auf ihren Antrag gemäß § 4 von der zentralen Adoptionsvermittlungsstelle des örtlich zuständigen Landesjugendamtes (dazu § 1 Abs. 2 und 3 AdVermiStAnKoV)[23] anerkannt sind (§ 2 Abs. 2).[24] Zu den **Anerkennungsvoraussetzungen** s. Rn. 8.

6   **b) Internationale Adoptionsvermittlung. aa) Begriffe.** Eine **internationale Adoption** liegt vor, wenn das Kind oder der Adoptionsbewerber seinen gewöhnlichen Aufenthalt im Ausland hat oder das Kind innerhalb von 2 Jahren vor Beginn der Vermittlung ins Inland verbracht wurde (§ 2a Abs. 1). Eine nach § 4 anerkannte Auslandsvermittlungsstelle kann deshalb nur Adoptionen von Kindern, die ihren gewöhnlichen Aufenthalt im Ausland haben, an Adoptionsbewerber mit gewöhnlichem Aufenthalt im **Inland** vermitteln (§ 2 Abs. 1 HaagAdoptÜbkAG). Für die Vermittlung von Adoptionen vom Inland ins Ausland sind weiter allein die Jugendämter und die Landesjugendämter zuständig.[25]

7   **bb) Zuständigkeit.** Für die internationale Adoptionsvermittlung sind **ausschließlich** zuständig (§ 2a Abs. 3):[26] Die zentrale Adoptionsstelle des Landesjugendamts (Nr. 1). – Die Adoptionsvermittlungsstelle eines Jugendamtes im Verhältnis zu einem oder mehreren Staaten allgemein oder im Einzelfall nach Gestattung der zentralen Adoptionsstelle des Landesjugendamtes (Nr. 2). – Eine anerkannte Auslandsvermittlungsstelle mit Sitz im Inland (Nr. 3). – Eine im Ausland zugelassene Organisation nach Gestattung im Einzelfall durch das Bundesamt für Justiz als Bundeszentralstelle für Auslandsadoption (Nr. 4).

8   **cc) Freie Träger.** Folgende **Voraussetzungen** muss ein freier Träger für die Anerkennung als Adoptionsvermittlungsstelle durch die zentrale Adoptionsstelle des Landesjugendamtes erfüllen und nachweisen (§ 4 Abs. 1 S. 1): Er muss einen Antrag stellen (dazu sowie zu den erforderlichen Angaben und die beizubringenden Unterlagen s. §§ 1 Abs. 1, 2 Abs. 1 AdVermiStAnKoV[27]). – Die Organisation muss ihren **Sitz** im Inland haben (§ 2 Abs. 2), und zwar ihren Hauptsitz, weil wegen der Abhängigkeiten einer auch selbständigen inländischen Untergliederung von seiner ausländischen Hauptorganisation nur so die sachgerechte Überprüfung der weiteren Anerkennungsvoraussetzungen gewährleistet ist.[28] – Sie muss zur internationalen Adoptionsvermittlung fachlich geeignet sein (sog. Fachlichkeit, § 4 Abs. 1 Nr. 1, § 3, Art. 11 lit. b HaagAdoptÜbk; dazu Rn. 10). – Der freie Träger muss nach seiner **Arbeitsweise** und seiner **Finanzlage** die Gewähr für eine ordnungsgemäße Erfüllung seiner Aufgaben bieten (§ 4 Abs. 1 S. 1 Nr. 2; dazu die Vorgabe in Art. 11 lit. c HaagAdoptÜbk). Als anerkannte gemeinnützige Organisation muss er **steuerbegünstigt** sein (§ 4 Abs. 1 S. 1 Nr. 3; dazu die Vorgabe in Art. 11 lit. a HaagAdoptÜbk) und darf die Adoptionsvermittlung **nicht geschäftsmäßig** betreiben (S. 2).[29] – Der freie Träger muss diese Voraussetzungen in dem für die internationale Adoptionsvermittlung erforderlichen, dh. in einem quantitativ und qualitativ erhöhten[30] Maß erfüllen (§ 4 Abs. 2

---

[22] Dazu auch *Paulitz/Radke* Adoption S. 304 ff.

[23] S. dazu Fn. 2.

[24] Zu den anerkannten Adoptionsvermittlungsstellen in freier Trägerschaft, den Ländern, für die sie zugelassen sind, sowie zu den für die Zulassung und Aufsicht zuständigen Landesjugendämtern s. die Aufstellungen http://www.bundesjustizamt.de Link: Zivilrecht, Auslandsoption. – Die Zahl der anerkannten nichtstaatlichen Adoptionsvermittlungsstellen wurde und wird von der Praxis als zu gering empfunden (*Paulitz/Bach* Adoption S. 215). Sie hat sich zudem in den letzten Jahren verringert, weil sich die Jugendämter zur Einrichtung von Adoptionsvermittlungsstellen und die Sicherstellung der Adoptionsvermittlung mit eigenem Personal verpflichtet sehen, weshalb zahlreiche Kooperationen zwischen Jugendämtern und freien Trägern (zu diesen s. *Deutscher Verein für öffentliche und private Fürsorge* NDV 2004, 293) eingestellt wurden (*Deutscher Verein für öffentliche und private Fürsorge* NDV 2003, 445 unter 3.]). Für eine solche Verpflichtung gibt der Wortlaut von § 2 Abs. 1 S. 2 Halbs. 1 jedoch nichts her; sie ist im Hinblick auf die Kostenbelastung der öffentlichen Hand auch ausgesprochen kontraproduktiv. Auch die Gesetzesbegründung, die ausdrücklich die bedeutsame Rolle dieser nichtstaatlichen Stellen heraushebt und die Konzeption der Adoptionsvermittlung gerade auch auf deren Engagement abstellt (BT-Drucks. 14/6011 S. 18 (unter 3. b)), wollte die Tätigkeit freier Träger nicht einschränken.

[25] *Steiger* A Rn. 215.

[26] Zur Berichtspflicht der mit der internationalen Adoptionsvermittlung befassten Stellen s. die *Auslandsadoptionsmeldeverordnung* (dazu Fn. 1).

[27] S. dazu Fn. 2.

[28] *Maurer* FamRZ 2003, 1337, 1346.

[29] Damit werden die Kriterien aus Art. 32 HaagAdoptÜbk umgesetzt: Es dürfen keine unstatthaften Vermögens- oder sonstigen Vorteile erlangt werden (Abs. 1), die in Rechnung gestellten Kosten und Auslagen einschließlich Honorare der an der Adoptionsvermittlung beteiligten Personen müssen angemessen sein (Abs. 2), keine unangemessen hohe Vergütung der Bediensteten des Trägers (Abs. 3).

[30] BT-Drucks. 14/6011 S. 52.

S. 3 Halbs. 1). Hierzu verlangt die Gesetzesbegründung:[31] Fachliche Qualifikation des Vermittlungspersonals mit besonderer Ausbildung und Erfahrung in und mit der internationalen Adoptionsvermittlung; besondere Prüfung der persönlichen Zuverlässigkeit des Vermittlungspersonals und der finanziellen Grundlagen des Trägers im Hinblick auf die besondere Anfälligkeit für sachfremde Einflüsse gerade im Zusammenhang mit der grenzüberschreitenden Adoptionsvermittlung; die Erfüllung fachlicher Standards der Vermittlungskontakte zu den ausländischen Partnerstellen. Die Zulassung ist darüber hinaus zu versagen, wenn ihr **überwiegende Belange** der Zusammenarbeit mit dem jeweiligen Heimatstaat entgegenstehen (§ 4 Abs. 2 S. 3 Halbs. 2). Dies ist bereits dann der Fall, wenn der Sachverhalt geeignet ist, das Verhältnis der Bundesrepublik Deutschland zu dem anderen Staat auf dem sensiblen Gebiet der Adoption ausländischer Kinder in irgendeiner Form zu beeinträchtigen.[32] So etwa die Beeinträchtigung einer effizienten Kooperation mit den ausländischen Partnerstellen, die zur Optimierung der Verfahrensabläufe ihrerseits ein Interesse an möglichst wenigen Ansprechpartnern haben, und die Minderung der Qualität der am Kindeswohl ausgerichteten Vermittlungsarbeit durch Wettbewerb zwischen verschiedenen Organisationen.[33] – Den zentralen Adoptionsvermittlungsstellen steht bei der Beurteilung, ob diese Voraussetzungen vorliegen, ein auf die Berücksichtigung öffentlicher Belange beschränktes[34] **weites Ermessen** zu.[35]

dd) Rechtsanspruch. Auf die Anerkennung als Adoptionsvermittlungsstelle besteht ein subjektives Recht und deshalb ein **Rechtsanspruch** (dazu Rn. 3). Das dem Landesjugendamt eingeräumte Ermessen beschränkt sich auf die Berücksichtigung öffentlicher Belange.[36] – Die Zulassung eines freien Trägers zur internationalen Adoptionsvermittlung ist nicht allgemein, sondern zur Steigerung der Qualität der Vermittlungsarbeit, insbesondere der Effizienz der Zusammenarbeit mit den ausländischen Partnerstellen, nur für die Vermittlung von Kindern aus einem oder mehreren **Heimatstaaten** auszusprechen (§ 4 Abs. 2 S. 1; s. auch § 2 Abs. 1 Nr. 1 AdVermiStAnKoV). – Das Verfahren zur Anerkennung unterliegt als Verwaltungsverfahren grundsätzlich dem **Untersuchungsgrundsatz**, allerdings mit der Einschränkung, dass der Träger, der sich um die Anerkennung bemüht, Anerkennungsvoraussetzungen (dazu Rn. 8) nachweisen muss (§ 4 Abs. 1 S. 1, Abs. 2 S. 3 Halbs. 1). – Nach § 4 Abs. 2 S. 4 unterrichten sich die zentrale Adoptionsstelle des Landesjugendamtes und die Bundeszentralstelle über Erkenntnisse zu den Zulassungsvoraussetzungen aus § 4 Abs. 1 für anerkannte Vermittlungsstellen. Um die Erkenntnisse der zentralen Adoptionsstellen anderer Landesjugendämter und der Bundeszentralstelle für Auslandsadoption verwerten zu können, sind diese am Zulassungsverfahren zu beteiligen (§ 2 Abs. 2 AdVermiStAnKoV). – Anerkennung (§ 4 Abs. 1) und Zulassung (§ 4 Abs. 2) ergehen als Verwaltungsakt. Ihre Verweigerung, Rücknahme oder Widerruf können im verwaltungs- und verwaltungsgerichtlichen Verfahren angefochten werden (vgl. § 4 Abs. 5).[37] – Mit der Anerkennung darf sich die Adoptionsvermittlungsstelle „anerkannte Auslandsvermittlungsstelle" nennen (§ 4 Abs. 2 S. 2). Sie nimmt öffentlich-rechtliche Aufgaben wahr und wird deshalb als **Beliehene** tätig.[38] Als solche unterliegt sie hinsichtlich ihrer Finanzlage und Gemeinnützigkeit der Rechtsaufsicht und hinsichtlich ihrer Arbeitsweise und ihrer Fachlichkeit der Fachaufsicht des Landesjugendamtes. Im Rahmen seiner Aufsichtsbefugnisse ist das Landesjugendamt berechtigt, sich über die Arbeit der Adoptionsvermittlungsstelle im Allgemeinen und im Einzelfall, über die persönliche und fachliche Eignung ihrer Leiter und Mitarbeiter sowie

---

[31] BT-Drucks. 14/6011 S. 52 f.
[32] OVG Hamburg Beschl. v. 18. 10. 2006 – 4 Bs 224/06, juris [23] = NJW 2007, 1709 (LS.) = FamRZ 2007, 1593 f. (LS.).
[33] Zum Ganzen BT-Drucks. 14/6011 S. 53. In der Praxis wurde dies für den Versuch, unangemessen auf die Vertragsverhandlung zwischen dem ausländischen Staat und der Bundesrepublik Deutschland einzuwirken, die Weiterleitung des Adoptionseignungsberichts an eine nicht autorisierte Stelle (dazu Rn. 25) und die unzulässige Beauftragung Dritter, die selbständige Entscheidungen treffen können, angenommen (OVG Hamburg Beschl. v. 18. 10. 2006 – 4 Bs 224/06, juris [7 ff., 13 ff., 23] = NJW 2007, 1709 (LS.) = FamRZ 2007, 1593 f. (LS.)).
[34] BT-Drucks. 14/6011 S. 52, 53.
[35] OVG Hamburg Beschl. v. 18. 10. 2006 – 4 Bs 224/06, juris [32] = NJW 2007, 1709 (LS.) = FamRZ 2007, 1593 f. (LS.).
[36] BT-Drucks. 14/6011 S. 52, 53.
[37] *Soergel/Liermann* Vor § 1741 Anh. Rn. 10; *Maurer* FamRZ 2003, 1337, 1347; zu einem Widerruf s. auch OVG Hamburg Beschl. v. 18. 10. 2006 – 4 Bs 224/06, juris = NJW 2007, 1709 (LS.) = FamRZ 2007, 1593 f. (LS.).
[38] So VG Sigmaringen Beschl. v. 30. 11. 1999 – 8 K 1013/99, juris [2]; *Wiesner/Oberloskamp* § 2 AdVermiG Rn. 13; *Soergel/Liermann* Vor § 1741 Anh. Rn. 24; s. auch *Maurer* FamRZ 2003, 1337, 1348. Der Gesetzgeber des *Gesetzes zur Regelung von Rechtsfragen auf dem Gebiet der internationalen Adoption und zur Weiterentwicklung des Adoptionsvermittlungsrechts* nimmt hierzu, obgleich schon zum alten Recht umstritten, nicht Stellung (*Steiger* A Rn. 216), lehnt allerdings einen Rechtsanspruch auf Vermittlung gegen freie Träger ab (BT-Drucks. 14/6011 S. 54 (zu § 9a AdVermiG)).

§ 1744 Anh. 10

über die rechtlichen und organisatorischen Verhältnisse und die Finanzlage des Trägers zu unterrichten (§ 4 Abs. 4 S. 1) und hierzu Auskünfte, Einsicht in die Unterlagen sowie die Vorlage von Nachweisen zu verlangen (§ 4 Abs. 4 S. 2 Nr. 1) und mit der Bundeszentralstelle Erkenntnisse auszutauschen (§ 4 Abs. 2 S. 4); ihre Bediensteten dürfen Grundstücke und Geschäftsräume des Trägers während üblicher Geschäftszeiten betreten (§ 4 Abs. 4 S. 2 Nr. 2).

10 **c) Besetzung.** Zur Wahrung ihrer **Fachlichkeit** müssen sie mit mindestens zwei **Vollzeitfachkräften** oder einer entsprechenden Anzahl von Teilzeitfachkräften besetzt sein (§ 3 Abs. 2 S. 1); hinsichtlich der numerischen Besetzung kann das Landesjugendamt sachlich begründete Ausnahmen zulassen (§ 3 Abs. 2. S. 2). Da sie „ständig Vermittlungsaufgaben in maßgeblichem Umfang wahrnehmen" müssen[39] und nicht überwiegend mit vermittlungsfremden Aufgaben befasst sein dürfen (§ 3 Abs. 2 S. 1 Halbs. 2), ist eine ehrenamtliche Tätigkeit ausgeschlossen, obwohl Hauptamtlichkeit nicht mehr ausdrücklich vorgeschrieben ist (Art. 11 lit. b HaagAdoptÜbk).[40] – Die Fachkräfte müssen auf Grund ihrer **Persönlichkeit, Ausbildung** und **beruflichen Erfahrung**[41] für die Adoptionsvermittlung geeignet sein (§ 3 Abs. 1 S. 1). Gefordert wird **Lebenserfahrung** und **innere Stabilität** iSd. persönlichen Zuverlässigkeit, aber auch die Qualifikation nach „ethischen Grundsätzen" (Art. 11 lit. b HaagAdoptÜbk; s. auch Art. 22 Abs. 2 lit. b HaagAdoptÜbk: „ethische Normen für einen bestimmten Beruf"). Abgestellt wird damit auch auf **rechtliche** und **soziale Kompetenz**, auf **Zuverlässigkeit** im berufs- und ordnungsrechtlichen Sinne, auf die unbedingte Bezogenheit auf das **Kindeswohl** und **Empathie**, auf die Fähigkeit zur **Teamarbeit** und kritischer, auch selbstkritischer **Auseinandersetzung**, auf **Kommunikationsfähigkeit, Ehrlichkeit** und **Unbestechlichkeit**.[42] Da die Vertragsstaaten mit der Aufstellung weiterer Kriterien zur Steigerung der Kompetenz der Fachkräfte nicht ausgeschlossen sind,[43] können sie unter Erweiterung des Begriffs „Persönlichkeit" auch besondere **Fremdsprachenkenntnisse**,[44] fasst man sie nicht bereits unter „Ausbildung", verlangen. Insgesamt bestimmt sich die Eignung einer Fachkraft nach einem besonderen Anforderungsprofil für die konkret vorgesehene Vermittlungstätigkeit.[45] – Die Fachkräfte, die mit der **internationalen Adoptionsvermittlung** betraut sind, müssen in Bezug auf den Staat, für den sie die Adoption vermitteln sollen, auf Grund ihrer Ausbildung und bisherigen Berufserfahrung, die die erforderlichen besonderen Kenntnisse der Fachkraft auf dem Gebiet der internationalen Adoptionsvermittlung beschreiben,[46] in besonderem Maße geeignet sein (§ 4 Abs. 2 S. 3).[47] – Als **Fachkräfte** gelten Fürsorger sowie (insbesondere staatlich anerkannte) Sozialarbeiter und Sozialpädagogen, die auch über entsprechende Gesetzeskenntnisse und Verwaltungserfahrung verfügen.[48] Ein besonderer Beruf sollte nicht geschaffen werden, und die Regelung der Voraussetzungen im Einzelnen sollte dem Landesgesetzgeber überlassen bleiben.[49] – Die **zentralen Adoptionsstellen**

---

[39] BT-Drucks. 14/6011 S. 54.
[40] Im Ergebnis ebenso *BAGLJÄ* Perspektiven C II.1.
[41] Mindestens 1- jährige Tätigkeit als weitere Fachkraft in einer Adoptionsvermittlungsstelle, *BAGLJÄ* Empfehlungen Nr. 2.2.3. – Dafür, dass diese Voraussetzungen nur für *einen* Mitarbeiter der Adoptionsvermittlungsstelle zutreffen müssen (so AusfG-RefE S. 111), gibt der Wortlaut der Regelung nichts her; ebenso BT-Drucks. 14/6011 S. 52: „... wenigstens zwei...", zu besetzen. Nur ihr Leiter soll die Qualifikation aus Abs. 1 vollumfänglich aufweisen müssen (Abs. 2 S. 2 Halbs. 1); die Qualifikation ihrer weiteren Mitarbeiter soll sich am Maß der ihnen übertragenen Verantwortung ausrichten (Abs. 2 S. 2 Halbs. 2; dies wird sich nur auf die Kriterien „Ausbildung" und „berufliche Erfahrung" beziehen können; vgl. auch BT-Drucks. aaO; dazu auch *Parra-Aranguren* Rn. 259). Dies ist, worauf AGJ FORUM Jugendhilfe 2/2000, 14, 16 zu Recht hinweist, nicht schlüssig: Wenn zutreffendes Ziel der Regelung die Stärkung der Fachlichkeit auch durch die Erhöhung der Kommunikation unter den Mitarbeitern ist (so ausdrücklich BT-Drucks. aaO), setzt dies zwingend voraus, dass diese auch ein vergleichbares Ausbildungs- und Qualitätsniveau haben.
[42] BT-Drucks. 14/6011 S. 51 f.; *BAGLJÄ* Empfehlungen Nr. 2.2.1 Abs. 1.
[43] *Parra-Aranguren* BR-Drucks. 17/01 Rn. 388; *Maurer* FamRZ 2003, 1337, 1347.
[44] *Paulitz/Busch* Adoption S. 245.
[45] *Maurer* FamRZ 2003, 1337, 1347.
[46] BT-Drucks. 14/6011 S. 52. S. auch *Paulitz/Busch* Adoption 1. Aufl. S. 244: „Die internationale Adoptionsvermittlung bedarf der konstruktiven Anregung, der aktiven Gestaltung und fachlichen Unterstützung, damit die gegenwärtigen fachlichen Defizite überwunden werden können." Die Mitarbeiter bedürfen einer speziellen, zumindest in der Praxis erworbenen „internationalen" Qualifikation (BT-Drucks. aaO) und möglichst auch entsprechender sprachlicher Kompetenz (*Paulitz/Busch* Adoption 1. Aufl. S. 245). – Auf die Notwendigkeit öffentlicher Subventionierung der privaten Adoptionsvermittlungsstellen, die in anderen europäischen Staaten bereits erfolgt ist, weist *Paulitz/Bach* Adoption S. 215 mit Recht hin, weil auch sie öffentliche Aufgaben erfüllen (dazu auch Rn. 8-9).
[47] *BAGLJÄ* Empfehlungen Nr. 2.2.1 Abs. 2, 2.2.2 S. 4.
[48] *BAGLJÄ* Empfehlungen Nr. 2.2.1 Abs. 2, 2.2.2 S. 2-4.
[49] BT-Drucks. 7/3421 S. 17 f. Kritisch *Czerner* DAVorm. 1977, 116; *Napp/Peters* S. 329.

der Landesjugendämter sind mit einem interdisziplinär zusammengesetzten Team besetzt (§ 13).[50] Angehörige folgender Fachrichtungen sollen vertreten sein, wobei jeweils eine mehrjährige Berufserfahrung vorausgesetzt wird: ein Kinderarzt oder Kinderpsychiater, ein Psychologe mit Erfahrungen in Kinderpsychologie, ein Jurist sowie Sozialarbeiter oder -pädagogen.

d) Weitere Aufgaben der staatlichen Adoptionsvermittlungsstellen. Die **zentrale Adoptionsstelle** des Landesjugendamtes hat neben der internationalen Adoptionsvermittlung folgende weitere Aufgaben:
– Zentrale Behörde iSd. Art. 6 HaagAdoptÜbk (§ 1 Abs. 1 AdÜbAG).
– Wahrnehmung von Aufgaben, soweit sie nicht von der Bundeszentralstelle, den Jugendämtern als Adoptionsvermittlungsstelle, anerkannten Auslandsvermittlungsstellen (dazu Rn. 7, 8) oder sonstigen zuständigen Stellen wahrgenommen werden (§ 2 Abs. 2 S. 2 AdÜbAG).
– Adoptionsbewerber mit gewöhnlichem Aufenthalt im Inland können ihre Bewerbung an sie richten (§ 4 Abs. 1 AdÜbAG).
– Erteilen der Zustimmung nach Art. 17 lit. c HaagAdoptÜbk (§ 2 Abs. 2 S. 2 AdÜbAG) und Ausstellen der Bescheinigung gemäß Art. 23, 27 Abs. 2 HaagAdoptÜbk (§§ 8, 11 Abs. 1 AdÜbAG).
– Bei einer Auslandsvermittlung die Entgegennahme der **Bereiterklärung** der Adoptionsbewerber, das ihnen vorgeschlagene Kind anzunehmen (§§ 5 Abs. 3, 7 AdÜbAG, dazu auch Rn. 28).
– Zustimmung zur Konzentration der Adoptionsvermittlung benachbarter, im Bereich des Landesjugendamtes gelegener Jugendämter (§ 2 Abs. 1 S. 3).
– Gestattung der internationalen Adoptionsvermittlung im Verhältnis zu einem oder mehreren Staaten allgemein oder im Einzelfall für die Adoptionsvermittlungsstelle eines Jugendamtes (§ 2a Abs. 3 Nr. 2).[51]
– Entscheidung über die Anerkennung weiterer Organisationen mit Sitz im Inland – im Zuständigkeitsbereich des jeweiligen Landesjugendamtes – als Adoptionsvermittlungsstelle (§§ 2 Abs. 2, 4).

Ein Jugendamt, das **keine Adoptionsvermittlungsstelle** eingerichtet hat, hat folgende Aufgaben:[52]
– Die einer Adoption vor- und nachgehende Beratung[53] und Unterstützung des an der Adoption beteiligten Kindes, der leiblichen Eltern und der Annehmenden (§ 9 Abs. 2). Diese Beratungs- und Unterstützungspflicht mitumfasst die gegenüber Pflegeeltern aus § 37 Abs. 2 SGB VIII.
– Beteiligung an der Anhörung nach § 194 FamFG im gerichtlichen Verfahren.
– Beratung und Belehrung eines leiblichen Elternteils im gerichtlichen Verfahren zur Ersetzung seiner Einwilligung (§ 51 Abs. 1, 2 SGB VIII) und Beratung des nichtehelichen Vaters über seine Rechte aus § 1747 Abs. 1, 3.
– Prüfung von Vermittlungsmöglichkeiten im Hilfeplanverfahren (§§ 36 Abs. 1 S. 2, 37 Abs. 1 S. 4 SGB VIII).

2. Vermittlungsverbot. a) Inlandsadoptionen. Dem Vermittlungsmonopol von Jugendamt und Landesjugendamt (dazu Rn. 5) entspricht das Verbot der Vermittlung durch **andere Personen** (§ 5 Abs. 1).[54] Von diesem Verbot sind lediglich Verwandte und Verschwägerte bis zum 3. Grad ausgenommen; diese Grenzziehung entspricht der in § 1756 Abs. 1 BGB. – Dieses Verbot betrifft insbesondere Hebammen, Ärzte und Krankenhauspersonal. Doch wird ihnen nur eine endgültige Vermittlung untersagt, nicht auch die **Hilfe zur Vermittlung:** Sie können und sollen Schwangere, aber auch – etwa nach einer Fehlgeburt – Adoptionsbewerber auf die Möglichkeit einer Kindesannahme hinweisen. Geschieht dies in allgemeiner Form, ist das AdVermiG nicht einschlägig. Wird im **Einzelfall** auf ein bestimmtes Kind oder einen bestimmten Bewerber hingewiesen, ist dies nach

---

[50] Entsprechend einem Vorschlag aus der jugendärztlichen Praxis (*Pechstein* Mitt. AGJJ 61/62 (1971), 55).
[51] Dadurch soll der zentralen Adoptionsstelle die Prüfung der erforderlichen personellen Ausstattung der Adoptionsvermittlungsstelle des Jugendamtes „sowie der für die Vermittlung in Aussicht genommenen ausländischen Partnerstellen" ermöglicht werden, BT-Drucks. 14/6011 S. 50.
[52] Dazu auch *BAGLJÄ* Perspektiven D. I.
[53] Zu der einer internationalen Adoption *nachgehenden* Beratung s. auch § 9 Abs. 2 S. 1 AdVermiG (dazu Rn. 27). § 9a Abs. 1 idF von Art. 3 Nr. 4 AusfG-RefE sah eine nachgehende Beratung für die Dauer von 2 Jahren zwingend vor; dabei wurde auch nach der Begründung AusfG-RefE S. 116 nicht deutlich, was eigentlich kontrolliert werden soll (zutreffend kritisiert von AGJ FORUM Jugendhilfe 2/2000, 14, 16), soll doch die im Ausland ausgesprochene Adoption, so sie dem HaagAdoptÜbk unterliegt, im Inland kraft Gesetzes wirksam sein (dazu § 1752 Anh. Vor § 1 AdWirkG Rn. 3), sodass es auf eine Adoptionspflegezeit nach § 1744 hier nicht ankommen kann und eine Aufhebung der Adoption ohnehin nur nach § 1759 Abs. 1 erfolgen könnte. Deshalb sollte die Beobachtung entsprechend dem Vorschlag der AGJ aaO als eine Beratungs- und Unterstützungspflicht des Kindes, der Adoptiveltern und des Jugendamts in § 9 Abs. 2 eingestellt werden.
[54] Zur Adoptionsvermittlung durch Unberufene im Internet s. *Paulitz/Bach* Adoption S. 218.

§ 1744 Anh. 14–19

§ 5 Abs. 2 Nr. 2 nur zulässig, wenn sofort eine Adoptionsvermittlungsstelle oder ein Jugendamt verständigt wird, damit diese mögliche Fehlvermittlungen korrigieren kann.

14 **b) Auslandsadoptionen.** Die Regelung in § 5 Abs. 3 wurde durch Aufsehen erregende Praktiken, Schwangere zur Abgabe ihres Kindes insbesondere in die USA zu bewegen, veranlasst.[55] Das Verbot ist durch eine erhöhte Bußgeldandrohung hervorgehoben (§ 14 Abs. 2). – Zur Verbringung von ausländischen Kindern in das Inland s. auch § 1741 Abs. 1 S. 2 BGB (dazu dort Rn. 31-36), zu internationalen Adoptionen (zum Begriff Rn. 6) insbesondere auch das HaagAdoptÜbk (dazu Rn. 2, 6-9).

15 **c) Dauerpflege.** Durch § 5 Abs. 4 wird den nach Abs. 1, § 2 Abs. 1, 2 zur Adoption unbefugten Personen oder Einrichtungen auch die Vermittlung eines **dauernden Aufenthaltes** des Kindes ohne das Ziel einer Adoption oder der Anerkennung der Vaterschaft untersagt, um so eine Umgehung des Adoptionsvermittlungsverbotes zu verhindern.[56] War nach bisherigem Recht nur die Vermittlung der Vaterschaftsanerkennung mit dem Ziel der Ehelicherklärung untersagt und die Vermittlung im Übrigen zugelassen, wird nunmehr allgemein die Vermittlung einer **Vaterschaftsanerkennung** untersagt.[57] Dabei beschränkt sich der Anwendungsbereich der Regelung nicht auf die Fälle einer Vaterschaftsanerkennung, sondern erfasst – „insbesondere" – **jede** auf den dauernden Aufenthalt eines Kindes gerichtete Vermittlung. – Zum ausländerrechtlichen Hintergrund s. Rn. 19.

16 **3. Anzeigenverbot.** Das Vermittlungsverbot des § 5 wird **ergänzt** durch ein Anzeigenverbot (§ 6), das nicht voraussetzt, dass das Kind bereits gezeugt oder geboren ist (§ 1 S. 2). Anzeigen über Ersatzmuttervermittlung sind in § 13d gesondert verboten (dazu Rn. 42). Das Anzeigenverbot richtet sich nicht an Adoptionsvermittlungsstellen und untersagt auch nicht die Vorstellung von „Problemkindern" zur Vermittlung, wenn die Bewerber an eine zugelassene Adoptionsstelle verwiesen werden.[58] Eine direkte Vermittlung ist jedoch auch insoweit ausgeschlossen.

IV. Vermittlung (§ 1)

17 **1. Begriff.** „Vermittlung" (§ 1) ist neben dem Zusammenführen von Minderjährigen und Adoptionsbewerbern (S. 1) auch der Nachweis einer Adoptionsgelegenheit (S. 2), zB der Hinweis auf ein adoptionswilliges Ehepaar oder eine „abgabewillige" Kindesmutter (dazu näher Rn. 13)[59] unter Angabe von Name und Anschrift.[60] Sie kann auch schon vor Geburt eines Kindes oder gar dessen Zeugung betrieben werden.[61]

18 **2. Abgrenzungen. a) Ersatzmuttervermittlung.** Zum **Begriff** s. § 13b (dazu Rn. 39-41). Ihrer Natur nach ist auch sie Adoptionsvermittlung:[62] Eine austragende Frau wird gesucht, die zur Freigabe des Kindes zur Adoption oder zur Hingabe in eine Dauerpflege bereit ist (§ 13a). Doch ist Ersatzmuttervermittlung kraft Gesetzes keine Adoptionsvermittlung (S. 3); damit soll sichergestellt werden, dass sich hierauf eine Vermittlungstätigkeit auch der Vermittlungsstellen (dazu Rn. 38, 43) nicht erstreckt.

19 **b) Scheinvatervermittlung.** Keine Adoptionsvermittlung ist die „Vermittlung" von Scheinvätern, dh. Personen, die durch Vaterschaftsanerkenntnis eine Rechtsbeziehung zu einem Kind herstellen und auf Grund des anwendbaren Rechts elterliche Sorgerechte erwerben, obwohl es nicht von ihnen abstammt, und Müttern, die in solche Handlungen einwilligen. Diese auf Gesetzesumgehung gerichtete Tätigkeit kann nicht Aufgabe von gesetzlich zugelassenen Vermittlungsstellen sein. Sie wird in § 5 Abs. 4 AdVermiG verboten und ist deshalb nicht von deren Monopol erfasst.[63] – Vgl. in diesem Zusammenhang und zum ausländerrechtlichen Hintergrund auch das *Gesetz zur Ergänzung des Rechts zur Anfechtung der Vaterschaft* v. 13. 3. 2008 (BGBl. I S. 313).

---

[55] *Baker*, Babyselling, The Scandal of Black-Market Adoption, 1978; RA-BT BT-Drucks. 7/5089 S. 5 f. Vgl. ferner *Lauer* Mitt. AGJ 75 (1975), 10; *BAGLJÄ* Mitt. AGJ 75 (1975), 18; *Benicke*, Typenmehrheit im Adoptionsrecht und deutsches IPR, 1995, S. 17, 47 f. (zu Costa Rica).
[56] BT-Drucks. 11/4154 S. 9; 11/5283 S. 8.
[57] Zum Ganzen auch FamRefK/*Maurer* § 5 AdVermiG Rn. 1.
[58] Bericht des RA-BT BT-Drucks. 7/5089 S. 6; *Baer/Gross* S. 179.
[59] *Baer/Gross* S. 168 f.
[60] OLG Hamm NJW 1985, 2205 = FamRZ 1983, 1120.
[61] Hess. VGH NJW 1988, 1281, 1282 = FamRZ 1988, 874 (LS.); zur Vermittlung vor der Zeugung aA 3. Aufl. 1992 Rn. 3: lediglich Ersatzmuttervermittlung.
[62] Zur Kritik s. *Paulitz/Bach* Adoption S. 219.
[63] Vgl. schon VG Frankfurt/ M. NJW 1988, 3032 = FamRZ 1989, 209.

c) Pflegekindvermittlung. Keine Adoptionsvermittlung, aber grundsätzlich untersagt ist die 20 Vermittlung von Pflegekindern. Sie obliegt nach §§ 33, 44 ff. SGB VIII den Trägern der Jugendhilfe,[64] die durch § 5 Abs. 4 S. 2 AdVermiG vom in S. 1 ausgesprochenen Verbot ausgenommen sind.

V. Aufgaben der Adoptionsvermittlung und Adoptionshilfe

1. Ermittlungen. Die Adoptionsvermittlungsstelle hat die in § 7 Abs. 1 S. 1-3, Abs. 3 S. 2 und 21 3 angeordneten Ermittlungen anzustellen, die notwendig sind, um möglichst frühzeitig eine Annahme zu gewährleisten, die das Wohl des Kindes fördert (dazu § 1741 BGB, s. dort Rn. 14-25). Die Ermittlungspflicht erstreckt sich auf eine **soziale** wie auch **gesundheitliche Anamnese** des Anzunehmenden und, wegen möglicher Erbkrankheiten, seiner leiblichen Eltern (§ 7 Abs. 1 S. 1), aber auch der Annehmenden (§§ 7 Abs. 1 S. 1, 8, der § 1744 BGB ergänzt, dazu § 1744 Rn. 5). So sind etwa deren Alter und ihre materielle Lebenslage, ihre bisherige soziale Biografie, ausgedrückt in Herkunft, Abstammung, Eheschließungen und Scheidungen, eigenen Kindern und der Art der Sorgerechtsausübung, praktische und berufliche Erfahrung mit Kindern, auch in ihrem ggf. ledigen Stand, ihrer gelebten Homosexualität oder ihren Vorstrafen,[65] mithin allgemein in ihrer sozialen Kompetenz, von Bedeutung. Allerdings obliegt es dem Adoptionsbewerber, die für die Erstellung des Adoptionseignungsberichts benötigten Angaben zu machen und geeignete Nachweise zu erbringen (§ 7 Abs. 3 S. 4). Zur Ermittlung der erforderlichen Daten können sich die Adoptionsvermittlungsstellen auch sachverständiger Hilfe etwa der zentralen Adoptionsstelle, von Psychologen und Ärzten etc. bedienen.[66]

Diese Ermittlungspflicht der Adoptionsvermittlungsstellen ist zwar in untrennbarem Zusammen- 22 hang mit der **Amtsermittlungspflicht** des FamG im gerichtlichen Adoptionsverfahren (§ 26 FamFG) zu sehen, doch hat sie auch und vornehmlich eine ganz eigenständige Bedeutung. Denn die Adoptionsvermittlungsstellen begleiten den Annahmeprozess meist von Anfang an – ausgenommen die Adoptionen von Kindern des anderen Partners -, nämlich ab der Mitteilung eines Adoptionswunsches der Annehmenden und der leiblichen Eltern über die Zusammenstellung des „Adoptionspaares" bis zur Begleitung der „Annäherungsphase" und der Adoptionspflege. Deshalb ist es auch folgerichtig, dass § 189 FamFG dem FamG als Ausfluss des Amtsermittlungsgrundsatzes die Einholung einer **fachlichen Äußerung** der die Adoption vermittelnden Adoptionsvermittlungsstelle (S. 1) oder, war eine solche nicht eingeschaltet, des Jugendamtes oder einer Adoptionsvermittlungsstelle (S. 2), das diese kostenlos zu erstatten haben, zwingend vorschreibt.

Die Adoptionsvermittlungsstellen haben das **Ergebnis** ihrer Ermittlungen den jeweils Betroffe- 23 nen, bei denen die Ermittlungen angestellt worden sind,[67] mitzuteilen (§ 7 Abs. 1 S. 4), um ihnen vor Abfassung des Adoptionseignungsberichts (dazu Rn. 25) die Möglichkeit zu geben, sich zu dem Ergebnis zu äußern, weitere Ermittlungen anzuregen oder Richtigstellungen zu veranlassen. Praktische Bedeutung erlangt dies vor allem für Adoptionsbewerber im Hinblick auf den zu erstellenden anlass-, dh. auf die Adoption eines bestimmten Kindes bezogenen (§ 7 Abs. 1 S. 1-3) oder auch allgemeinen Adoptionseignungsbericht (§ 7 Abs. 3). Für die Mitteilung ist keine besondere **Form** vorgeschrieben, doch empfiehlt sich die schriftliche Niederlegung, die den Betroffenen zugeleitet wird.[68] Auch der – anlassbezogene wie allgemeine – Adoptionseignungsbericht nach § 7 Abs. 1 S. 4 AdVermiG ist den Adoptionsbewerbern mitzuteilen.

Auf **Antrag** eines Adoptionsbewerbers prüft die Adoptionsvermittlungsstelle seine allgemeine 24 Eignung zur Annahme eines Kindes mit gewöhnlichem Aufenthalt im Ausland (§ 7 Abs. 3; dazu auch Art. 5 lit. a, Art. 15 Abs. 1 HaagAdoptÜbk). Auf diese Prüfung hat er ebenso einen **Rechtsanspruch** wie auf einen allgemeinen Adoptionsbericht.[69] Zuständig ist das Jugendamt als die örtliche Adoptionsvermittlungsstelle (§ 9a AdVermiG). Die besondere Eignung der Adoptionsbewerber zur Annahme eines Kindes mit gewöhnlichem Aufenthalt in einem bestimmten Herkunftsstaat hat die nach § 2a Abs. 3 AdVermiG zuständige Adoptionsvermittlungsstelle zu ermitteln und zu klären.[70]

Die Ermittlungen der Adoptionsvermittlungsstelle fließen in einen **Adoptionseignungsbericht** 25 ein, zu dessen Erstellung sie aus §§ 7, 9 – auch bei Auslandsadoptionen – verpflichtet ist (zum

---
[64] *Lüderitz* NJW 1990, 1634.
[65] Bsp. von *Paulitz/Bach* Adoption 1. Aufl. S. 50.
[66] *BAGLJÄ* Empfehlungen Nr. 2.3.2.
[67] BT-Drucks. 14/6011 S. 53.
[68] *Maurer* FamRZ 2003, 1337, 1348.
[69] *Maurer* FamRZ 2003, 1337, 1348.
[70] BT-Drucks. 14/6011 S. 53. Diese Aufgabenverteilung ist schon deshalb nicht glücklich, weil sich die Adoptionsvermittlungsstelle, ist sie nicht selbst das Jugendamt (§ 2a Abs. 3 Nr. 2 AdVermiG), zur Durchführung der erforderlichen Ermittlungen des Jugendamtes vor Ort bedienen muss.

§ 1744 Anh. 26 Abschnitt 2. Titel 7. Annahme als Kind

Rechtsschutz s. Rn. 37).[71] Dieser Sozialbericht ist einer von den Adoptionsbewerbern benannten Empfangsstelle zuzuleiten, bei der es sich aber nur um die zentrale Adoptionsstelle eines Landesjugendamts, eine Adoptionsvermittlungsstelle eines Jugendamts, eine anerkannten Auslandsvermittlungsstelle, eine ausländische zugelassene Organisation iSd. HaagAdoptÜbk oder um eine zuständige Stelle mit Sitz im Heimatstaat (§§ 7 Abs. 3 S. 6, 2 a Abs. 3 AdVermiG, Art. 15 Abs. 2 HaagAdoptÜbk; s. aber auch die Übergangsregelung in § 15 Abs. 2 AdVermiG) handeln darf.[72] – Ein **allgemeiner** Adoptionseignungsbericht, auf den entgegen dem Wortlaut von § 7 Abs. 1 S. 1 auch bei einer beabsichtigten Inlandsadoption ein Anspruch besteht (zur gerichtlichen Geltendmachung s. Rn. 37),[73] hat sich zu folgenden Umständen zu verhalten: Angaben über die Person des Adoptionsbewerbers, seine persönlichen und familiären Verhältnisse, seinen Gesundheitszustand, sein soziales Umfeld und seine Beweggründe für eine Adoption (§ 7 Abs. 3 S. 3), aus denen sich seine rechtliche Befähigung und Eignung zur Übernahme der mit einer Adoption verbundenen Verantwortung ergibt, sowie Ausführungen über die Eigenschaften der Kinder, für die zu sorgen er geeignet ist (§ 7 Abs. 3 S. 2). – § 2a Abs. 4, 5 AdVermiG regelt in Fällen **internationaler Adoptionsvermittlung** (dazu Rn. 6) die Zusammenarbeit der Adoptionsvermittlungsstellen mit dem Bundesamt für Justiz als **Bundeszentralstelle für Auslandsadoption,** dem damit allgemein eine Koordinierungsfunktion zugewiesen wird, die unabhängig davon ist, ob das HaagAdoptÜbk anzuwenden ist oder die zentralen Adoptionsstellen der Landesjugendämter und die nach Art. 10-12 HaagAdoptÜbk zugelassenen Organisationen den in- und ausländischen Rechtsverkehr selbst durchführen (§ 1 Abs. 4 Nr. 1, § 3 Abs. 1 S. 1 AdÜbAG).[74] Ist jeder Vermittlungsfall unter Nennung des Kindes, der leiblichen Eltern und der Adoptionsbewerber sowie der Stand eines Vermittlungsverfahrens anzuzeigen (**Meldepflichten,** § 2a Abs. 5 S. 1 Nr. 1, S. 2 AdVermiG)[75] und jährlich zusammenfassend über Umfang, Verlauf und Ergebnisse ihrer Arbeit auf dem Gebiet der internationalen Adoptionsvermittlung zu berichten (§ 2a Abs. 5 S. 1 Nr. 2 AdVermiG) und auf dessen Ersuchen über einzelne Vermittlungsfälle Auskunft zu geben.[76] Die Bundeszentralstelle protokolliert die Übermittlung der Daten (§ 2a Abs. 5 S. 1 Nr. 1) und speichert sie 30 Jahre lang ab Eingang der letzten Meldung im erforderlichen Umfang (§ 2a Abs. 6 S. 1 AdVermiG), soweit sie für die Durchführung der Adoption und zur Erfüllung der Aufbewahrungspflicht aus Art. 30 HaagAdoptÜbk unabdingbar sind. Die nach § 2a Abs. 5 S. 1 Nr. 1, 3 AdVermiG übermittelten Daten unterliegen dem **Sozialdatenschutz** nach §§ 67 ff. SGB X (s. § 9d Abs. 1 AdVermiG).[77] Die nach § 2a Abs. 5 S. 1 Nr. 2 AdVermiG übermittelten sind nicht individualisiert und bedürfen deshalb keines Schutzes. – § 9b AdVermiG sieht zur Sicherung des Rechts des Kindes auf Kenntnis seiner Abstammung und Herkunft (dazu § 1758 BGB Rn. 25-27) ausdrücklich die **Aufbewahrung** der Aufzeichnungen und Unterlagen über sachdienliche Ermittlungen zu jedem Vermittlungsfall bis zum vollendeten 60. Lebensjahr des Kindes (Abs. 1; dazu auch Art. 30 HaagAdoptÜbk) und ein **Einsichtsrecht** des Kindes ab dem vollendeten 16. Lebensjahr, zuvor allein seines gesetzlichen Vertreters, in die seine Herkunft und Lebensgeschichte betreffenden Aufzeichnungen vor (Abs. 2).

26 2. Beratung. a) Anlässlich einer Adoption. aa) Adoptionsvermittlungsgesetz. Die Adoptionsvermittlungsstelle hat im Zusammenhang mit der Vermittlung und Annahme alle Adoptionsbeteiligten zu beraten („**vorsorgende Beratung**", § 9 Abs. 1; zu den Pflegepersonen s. auch § 1744 BGB Rn. 5, 7).[78] Diese Beratungspflicht umfasst alle im Zusammenhang mit einer Adopti-

---

[71] VG Hamburg Urt. v. 4. 3. 2010 - 13 K 2959/09, juris [30-37] = JAmt 2010, 34 = FamRZ 2010, 1927 (LS.) (Anspruch auf Adoptionseignungsbericht bei „selbstbeschafften" Kindern); *Marx* ZfJ 1999, 8, 9 ff.; *Paulitz/Kunkel* Adoption S. 185 Fn. 16; *Paulitz/Busch* Adoption S. 247. Aber VG München Urt. v. 21. 4. 2010 - M 18 K 09.4652, juris [27]: Kein Anspruch auf Elterneignungsprüfung im Falle eines Adoptionsverbotes nach marokkanischem Recht, weil Voraussetzung für die Abgabe einer Stellungnahme grundsätzlich die Einleitung einer Adoptionsvermittlung ist. – S. dazu aber auch die berechtigte Kritik bei *Paulitz/Bach* Adoption S. 216 f.: Angesichts eines großen Überhangs an Adoptionsbewerbern sollte ein Rechtsanspruch auf Prüfung der Adoptionseignung ausgeschlossen, diese vielmehr in das Ermessen der Adoptionsvermittlungsstelle gestellt werden, die damit gleichwohl in den Stand gesetzt werde, aus einem ausreichenden Kreis an Adoptionsbewerbern auszuwählen. Doch ist zweifelhaft, ob dies mit dem Gleichheitsgebot vereinbar wäre.
[72] Dazu auch OVG Hamburg Beschl. v. 18. 10. 2006 - 4 Bs 224/06, juris [7, 8] = NJW 2007, 1709 (LS.) = FamRZ 2007, 1593 f. (LS.).
[73] *Maurer* FamRZ 2003, 1337, 1349.
[74] BT-Drucks. 14/6011 S. 50. Dies ist gerechtfertigt, um die Bundeszentralstelle als Anlaufstelle des Auslands zur sachgerechten Erfüllung ihrer auch in Art. 1 lit. b, Art. 7 Abs. 2 lit. a, b, Art. 9 lit. d, e HaagAdoptÜbk geregelten Auskunftsverpflichtung in Stand zu setzen (s. auch BR-Drucks. 16/01 S. 117).
[75] Für internationale Adoptionen s. auch die *Auslandsadoptionsmeldeverordnung* [Fn. 1].
[76] Dazu die *Auslandsadoptionsmeldeverordnung* [Fn. 1].
[77] Zum Sozialdatenschutz im Adoptionsverfahren allgemein *Paulitz/Kunkel* Adoption S. 206 ff.
[78] Dazu auch *BAGLJÄ* Empfehlungen Nr. 6.2.1, 6.4.1.

onsvermittlung auftretenden rechtlichen, insbesondere aber auch psychologischen und sozialpädagogischen Fragen und alle die sich aus dem Beziehungsgeflecht des „Adoptionsdreiecks" Kind, leibliche Eltern und – ggf. auch mehreren – Adoptionsbewerbern ergebenden Fragestellungen.[79] Sie ist nicht auf die Zeit bis zur Annahme beschränkt, sondern dauert bis in die Zeit danach fort.[80] – Zwar nicht ausdrücklich erwähnt, folgt aus §§ 7, 9 Abs. 1 gleichwohl der Anspruch der Adoptionsbewerber auf Mitteilung aller das Kind betreffenden erheblichen Umstände – Abstammung, soziale Herkunft einschließlich der Lebensumstände der leiblichen Eltern, Verdacht auf Krankheiten einschließlich Erbkrankheiten usw.[81] Insbesondere die Annehmenden müssen, um einen Amtshaftungsanspruch auszuschließen (dazu Rn. 37), auch ohne das in § 9 Abs. 1 erwähnte Einverständnis aufgeklärt werden. Doch auch der einwilligende Elternteil muss über die Folgen der Adoption und evtl. Alternativen belehrt und beraten werden (vgl. § 51 Abs. 1, 2 SGB VIII). Aus § 9 Abs. 1 ergibt sich aber keine **Auskunftspflicht** gegenüber den leiblichen Eltern während der Pflegezeit (§ 1744 BGB)[82] oder gar nach der Adoption (dazu § 1758 BGB Rn. 11; zur Kritik s. auch Vor § 1741 BGB Rn. 35, 51);[83] wohl aber kann ein Anspruch der leiblichen Eltern aus Art. I § 15 Abs. 1 und 2 SGB I iVm. Art. II § 1 Nr. 16 SGB I folgen,[84] bei dessen umfänglicher Bestimmung aber § 63 Abs. 1 PStG und § 1758 BGB zu beachten sind.[85]

Darüber hinaus besteht nach § 9 Abs. 2[86] ein Anspruch der Adoptionsbewerber auf Abschluss **27** einer Vereinbarung zur **Adoptionsnachsorge** mit der das Kind vermittelnden Adoptionsvermittlungsstelle, wenn dies zur Erfüllung der ausländischen Annahmevoraussetzungen erforderlich ist. Dies bedingt, dass die Vereinbarung vor dem ausländischen Adoptionsausspruch abzuschließen ist.[87] – Der Anspruch auf Abschluss einer Nachsorgevereinbarung ist **einklagbar**. – § 9 Abs. 2 aF regelte allgemein die Verpflichtung der Jugendämter zur Adoptionsnachsorge bei Inlands- wie auch Auslandsadoptionen. Da nicht davon ausgegangen werden kann, dass durch die Novellierung des AdVermiG die Stellung der Kinder und der Adoptiveltern geschwächt werden sollte, ist weiter von einem auf § 9 Abs. 1 gestützten **allgemeinen** Anspruch auf Adoptionsnachsorge auszugehen,[88] der ggf. auch durch die freie anerkannte Adoptionsvermittlungsstelle zu erfüllen ist.

bb) Adoptionsübereinkommens-Ausführungsgesetz. Die Auslandsvermittlungsstelle **28** (§ 1 Abs. 4 AdÜbAG) hat die Adoptionsbewerber über den Inhalt der ihr aus dem Heimatstaat übermittelten personenbezogenen Daten und Unterlagen in Kenntnis zu setzen, sie über die Annahme des Kindes zu beraten und die **Bereiterklärung** der Adoptionsbewerber, das ihnen vorgeschlagene Kind anzunehmen, entgegenzunehmen (§§ 5 Abs. 2 und 3, 7 AdÜbAG).

cc) Schwangerschaftskonfliktgesetz. § 2 Abs. 1, Abs. 2 S. 1 Nr. 8 SchKG[89] sieht einen **29** Anspruch von Frauen wie Männern auf Beratung auch über die rechtlichen und psychologischen Gesichtspunkte im Zusammenhang mit einer Adoption durch **Schwangerschaftskonfliktberatungsstellen** vor. Weiter sieht § 219 StGB iVm. § 5 Abs. 1, Abs. 2 Nr. 2 SchKG die zwingende Beratung der schwangeren Frau über jede nach Sachlage erforderliche, u. a. juristische Information vor, die die Fortsetzung der Schwangerschaft und die Lage von Mutter und Kind erleichtern, also auch über die Möglichkeit einer Adoption. – Diese Schwangerschaftskonfliktberatung steht neben der Adoptionsvermittlung und dient nicht der **Adoptionsanbahnung,** sondern lediglich dem Aufzeigen und der Erörterung einer Möglichkeit, die Schwangerschaft fortzuführen und einen

---

[79] Dazu BAGLJÄ Perspektiven C. I. Zur Einbeziehung auch der leiblichen Eltern s. Smentek/Kurek-Bender/Runhaar S. 72.
[80] BAGLJÄ Empfehlungen Nr. 8.1, 8.2.
[81] OLG Hamm NJW-RR 1994, 394 = FamRZ 1993, 704, 705; auch LG Frankfurt/M. NJW-RR 1988, 646; BAGLJÄ Empfehlungen Nr. 7.2.
[82] VG Saarlouis DAVorm. 1991, 662.
[83] OVG Münster NJW 1985, 1107 = FamRZ 1985, 204; OVG Lüneburg OVGE Münster/Lüneburg 44, 472 = NJW 1994, 2634 f. (für Inkognitoadoption nach Volljährigkeit).
[84] OVG Saarlouis DAVorm. 1991, 685 f. (verneint allerdings gegenüber eine Adoption ablehnenden leiblichen Eltern für die Auskunft, bei welchem FamG das Adoptionsverfahren betrieben wird, weil die Gewährung rechtlichen Gehörs in der Zuständigkeit des FamG liegt); übersehen von OVG Lüneburg OVGE Münster/Lüneburg 44, 472 = NJW 1994, 2634, 2635, das allerdings einen Anspruch auf pflichtgemäße Ermessensausübung bejaht.
[85] Ebenso OVG Lüneburg OVGE Münster/Lüneburg 44, 472 = NJW 1994, 2634, 2635.
[86] IdF von Art. 3 *(Änderung des Adoptionsvermittlungsgesetzes) des Gesetzes zur Regelung von Rechtsfragen auf dem Gebiet der internationalen Adoption und zur Weiterentwicklung des Adoptionsvermittlungsrechts* v. 5. 11. 2001 (BGBl. I S. 2950).
[87] BT-Drucks. 14/6011 S. 54; Maurer FamRZ 2003, 1337, 1349.
[88] Maurer FamRZ 2003, 1337, 1349.
[89] *Gesetz zur Vermeidung und Bewältigung von Schwangerschaftskonflikten (Schwangerschaftskonfliktgesetz – SchKG)* v. 27. 7. 1992 (BGBl. I S. 1398) idF des *Schwangeren- und Familienhilfeänderungsgesetzes (SFHÄndG)* v. 21. 8. 1995 (BGBl. I S. 1050).

§ 1744 Anh. 30–33   Abschnitt 2. Titel 7. Annahme als Kind

Abbruch zu vermeiden. In diesem Sinne ist sie Voraussetzung für die Straflosigkeit eines Schwangerschaftsabbruchs. Selbstverständlich haben die Schwangerschaftskonfliktberatungsstellen weiter adoptionswilligen werdenden Eltern den Kontakt zu einer Adoptionsvermittlungsstelle zu vermitteln.

30   **dd) Pflicht zur Inanspruchnahme der Beratung.** Die Inanspruchnahme der gesetzlich vorgeschriebenen Beratung ist für alle an der Adoption beteiligten leiblichen wie Adoptiveltern **unerlässliche** Pflicht (dazu Rn. 26-27). – Eine ganz andere Frage ist, ob der durch ein unerwünschtes Kind verursachte **Schaden** durch eine Adoptionsfreigabe oder jedenfalls eine Beratung nach § 9 AdVermiG abgewendet werden muss.[90] Dies ist zu verneinen, weil damit die Bedeutung der leiblichen Elternschaft und die emotionale Beziehung der leiblichen Eltern zu ihrem Kind, die ihnen die Eigenbetreuung ihres Kindes immer vorrangig und grundsätzlich ohne Eingriff in ihr Selbstbestimmungsrecht erlaubt, sowie der grundrechtliche Schutz dieser Elternschaft nicht ausreichend gewürdigt würde.

31   **b) Verhältnis zum Rechtsdienstleistungsgesetz.**[91] Die Beratung nach dem AdVermiG und die nach dem SchKG sind – jedenfalls auch – außergerichtliche Rechtsberatung iSd. § 2 Abs. 1 RDG, soweit sie sich auf die Folgen einer Adoption beziehen. Sind die Adoptionsvermittlungs- und Schwangerschaftskonfliktberatungsstellen öffentlich-rechtlich organisiert, fallen sie unter das Privileg von § 8 Abs. 1 Nr. 2 RDG. Privatrechtlich organisiert sind sie zwar nicht nach §§ 75, 1, 2 SGB VIII,[92] § 8 Abs. 1 Nr. 5 RDG privilegiert, weil die Adoptionsvermittlung bewusst nicht ins SGB VIII einbezogen worden ist, nach ihrer Anerkennung (§ 2 Abs. 2 AdVermiG, §§ 8 S. 1 und 2, 9 SchKG) als Beliehene im Rahmen ihrer Zuständigkeit aber nach § 8 Abs. 1 Nr. 1 RDG.

32   **3. Zentrale Adoptionsstellen.** Sie haben folgende Aufgaben:[93]
– **Überregionaler Ausgleich** bei einem Missverhältnis von Kindern und Bewerbern (§ 10).[94] Die Adoptionsvermittlungsstelle des Jugendamtes muss die zentrale Adoptionsstelle des Landesjugendamtes unterrichten, wenn Adoptionsbewerber, bei denen die Ermittlungen bereits durchgeführt wurden, für die Annahme eines **schwer vermittelbaren Kindes** (dazu auch § 11 Abs. 1 Nr. 1) bereit und geeignet sind.
– Unmittelbare Vermittlung eines ihm nach § 10 Abs. 1 gemeldeten **schwer vermittelbaren Kindes** im Einzelfall (§ 10 Abs. 3); für Inlandsadoptionen dürfte dies allerdings eher die Ausnahme sein.[95]
– Bei ausländischer Staatsangehörigkeit des Kindes oder Adoptionsbewerbers oder deren Wohnsitz bzw. gewöhnlichem Aufenthalt im Ausland sind ihr der **Adoptionseignungsbericht** über die Adoptionsbewerber und der Bericht über das zu vermittelnde Kind zur Prüfung vorzulegen (§ 11 Abs. 2 S. 3).
– **Beratung** der Adoptionsvermittlungsstellen bei schwierigen Einzelfällen (§ 11 Abs. 1 Nr. 1). Die wichtigsten Einzelfälle werden in § 11 Abs. 1 Nr. 1 (tatsächliche Schwierigkeiten: „Problemkinder"), Nr. 2 und 3 (rechtliche Schwierigkeiten) aufgeführt.

VI. Einsicht in die Vermittlungsakten

33   Das **Recht** auf Einsicht in die Vermittlungsakten (§ 9b Abs. 2; zur Einsicht in die familiengerichtliche Adoptionsakte s. § 13 Abs. 2 S. 2 und dazu § 1758 BGB Rn. 11) dient insbesondere der Durch-

---

[90] Dazu auch BVerfGE 96, 375 = NJW 1998, 519 = FamRZ 1998, 149, 152.
[91] *Gesetz über außergerichtliche Rechtsdienstleistungen (Rechtsdienstleistungsgesetz – RDG)* als Art. 1 des *Gesetzes zur Neuregelung des Rechtsberatungsrechts* v. 12. 12. 2007 (BGBl. I S. 2840).
[92] *Wiesner* § 2 SGB VIII Rn. 25; s. auch § 1744 BGB Rn. 13.
[93] § 12, wonach die zentrale Adoptionsstelle selbständig zu ermitteln hat, ob sich in Heimen ihres Bereichs Kinder aufhalten, die für eine Annahme in Betracht kommen und deren Schicksal hierdurch gebessert werden kann, wurde durch Art. 8 des *Gesetzes zur Förderung von Kindern unter drei Jahren in Tageseinrichtungen und in Kindertagespflege Kinderförderungsgesetz - KiföG*) v. 10. 12. 2008 (BGBl. I S. 2403) auf Antrag des BR (BR-Drucks. 295/08 S. 15) aufgehoben, weil nach der Streichung von § 47 Abs. 2 SGB VIII, der die Übermittlungspflichten der Heime regelte, die „in § 12 AdVermiG vorgesehenen Ermittlungen mangels Informationen über die einzelnen Kinder nicht durchgeführt werden" konnten.
[94] Dazu näher BT-Drucks. 7/3421 S. 23. Zur Kritik s. *Paulitz/Bach* Adoption S. 218 f. – Die Meldefrist des § 10 Abs. 2, Abs. 3 S. 3 aF von 6 Monaten war angesichts des erheblichen Überhangs an Adoptionsbewerbern zu kurz bemessen und hat die zentrale Adoptionsstelle überlastet; sie wurde, weil sie sich in der Praxis nicht bewährt hat (BT-Drucks. 14/6011 S. 57), durch Art. 3 Nr. 7 des *Gesetzes zur Regelung von Rechtsfragen auf dem Gebiet der internationalen Adoption und zur Weiterentwicklung des Adoptionsvermittlungsrechts* v. 5. 11. 2001 (BGBl. I S. 2950) abgeschafft.
[95] BT-Drucks. 14/6011 S. 57.

setzung des Rechts des Kindes auf Kenntnis seiner Abstammung und Herkunft (dazu § 1758 BGB Rn. 25-27).[96] Es steht nur dem gesetzlichen Vertreter des Kindes, idR also den Annehmenden, und dem Kind selbst ab Vollendung des 16. Lebensjahres zu. Es ist auf die Aktenteile beschränkt, die die Herkunft und die Lebensgeschichte des Kindes, mithin seine Abstammung und seinen Werdegang betreffen, oder in deren Einsicht ein sonstiges berechtigtes Interesse besteht. Soweit Einsicht in die Vermittlungsakten genommen werden kann, kann auch **Auskunft** aus ihnen verlangt und Abschriften gefertigt werden.[97] – Das Recht auf Einsicht wird nicht bereits dadurch eingeschränkt, dass die Annahme und ihre Umstände durch die Auskunft nicht aufgedeckt werden dürfen (§ 1758 Abs. 1 BGB; anders noch 5. Aufl. Rn. 26), weil das Begehr auf Einsicht in die Vermittlungsakten Kenntnis von der Annahme voraussetzt. – Das Kind wie sein gesetzlicher Vertreter können Einsicht nur unter **fachlicher Anleitung** nehmen.

Die Einsicht ist zu **versagen**, soweit überwiegende Belange eines Betroffenen, insbesondere der leiblichen Eltern entgegenstehen; inwieweit dies noch konkret der Fall ist, ist jeweils von der Adoptionsvermittlungsstelle zu ermitteln. IdR dürfen, handelt es sich nicht um eine „offene" Adoption, die leiblichen Eltern und ihre besonderen persönlichen Lebensumstände (etwa Prostitution, Verwahrlosung, Inzest, Misshandlung, Vergewaltigung), auch wenn diese bereits im Vermittlungsverfahren ermittelt und damit gleichsam öffentlich geworden sind, nicht offenbart werden.[98] – Auch die **Interessen der Annehmenden** können durch die vorgerichtlichen Adoptionsermittlungen betroffen sein, etwa soweit es um ihre Erziehungseignung oder um ihre natürliche Kinderlosigkeit und die Versuche, diese zu beheben, geht.[99]

Einsicht wird nur auf **Antrag** gewährt. Der Antragsteller muss darlegen, wozu die Kenntnis des Akteninhalts erforderlich ist, und sein berechtigtes Interesse ggf. **glaubhaft** machen (§ 23 SGB X). – Bei der Entscheidung über den Antrag auf Einsicht in die Vermittlungsakten handelt es sich um einen **Verwaltungsakt**. Gegen die Verweigerung der Einsicht steht deshalb nach Durchführung des verwaltungsverfahrensrechtlichen Vorverfahrens die **Verpflichtungsklage** vor den Verwaltungsgerichten offen.

Kein Einsichtsrecht steht den **leiblichen Eltern** zu. Dies ist verfassungsrechtlich auch nicht geboten. Doch sind mit der Adoption jedenfalls ihre biologischen und darauf aufbauend ihre emotionalen Beziehungen zu dem Kind nicht gekappt, sodass sich ihre Persönlichkeit nach wie vor auch über das adoptierte Kind definiert. Daraus ergibt sich ihr Recht auf Teilhabe an der **Entwicklung des Kindes** (Art. 2 Abs. 1 GG iVm. Art 1 Abs. 1 GG) insoweit, als die Annahme und ihre Umstände durch die Auskunft nicht aufgedeckt werden (§ 1758 Abs. 1 BGB).[100]

VII. Rechtsschutz

Gegen **Verwaltungsakte** und **Untätigkeit** der Adoptionsvermittlungsstellen – etwa die Unterbringung eines Kindes in Adoptionspflege (§ 1744), eine Beratung (§ 9) oder Belehrung (§ 51 Abs. 1, 2 SGB VIII), die Unterstützung der Adoptionsvermittlungsstelle durch das Landesjugendamt (§ 11) oder dessen Unterrichtung (§ 10) erreicht werden soll[101] – ist der Verwaltungsrechtsweg eröffnet (dazu auch Rn. 3).[102] – Der Rechtsanspruch auf einen **Adoptionseignungsbericht** (dazu auch Rn. 4, 25) kann mit der Leistungsklage vor den Verwaltungsgerichten erzwungen werden.[103] Die Anfechtung eines erteilten Berichtes, der die Nichteignung des Adoptionsbewerbers feststellt, als Verwaltungsakt[104] führt zwar zu einer vollumfänglichen Überprüfung des unbestimmten Rechtsbe-

---

[96] Zum Ganzen *Maurer* FamRZ 2003, 1337, 1350.
[97] Zum Anspruch von Adoptionsbewerbern nach erfolglosem Auslands-Adoptionsvermittlungsverfahrens auf Auskunft nach § 9d AdVermiG, § 83 SGB X s. VG Karlsruhe BeckRS 2010, 48512 = FamRZ 2010, 1262 (LS.).
[98] *Textor* ZfJ 1990, 10, 12; *Stalinski* FamRZ 2005, 856, 860; aA *Staudinger/Frank* § 1758 Rn. 11. S. auch BT-Drucks. 14/6011 S. 55: "Jedoch hat der Einzelne, soweit nicht in den unantastbaren Bereich privater Lebensgestaltung eingegriffen wird, Einschränkungen hinzunehmen, die im überwiegenden Allgemeininteresse oder zugunsten grundrechtlich geschützter Interessen Dritter unter strikter Wahrung der Verhältnismäßigkeit vorgenommen werden (BVerfGE 65, 1, 44). Ein Eingriff in den unantastbaren Bereich privater Lebensgestaltung kann bei der Abstammungsfrage, die grundrechtlich geschützte Belange des Kindes berührt, grundsätzlich nicht angenommen werden (BVerfGE 96, 56, 61)."
[99] *Staudinger/Frank* § 1758 Rn. 11.
[100] AA AG Reinbek FamRZ 2004, 55 f.
[101] Bsp. von *Paulitz/Kunkel* Adoption S. 185; s. auch *Wiesner/Oberloskamp* § 10 AdVermiG Rn. 9.
[102] OVG Münster NJW 1985, 1107 = FamRZ 1985, 204; auch Marx ZfJ 1999, 8, 10; *Paulitz/Kunkel* Adoption S. 185.
[103] VG Hamburg JAmt 2002, 464 ff.; JAmt 2006, 367; VG Freiburg FamRZ 2004, 1317. Nicht aber auf einen *positiven* Eignungsbericht, *Paulitz/Kunkel* Adoption S. 185 Fn. 16.
[104] *Paulitz/Kunkel* Adoption S. 185: Anfechtungsklage gegen die Feststellung der Nichteignung, da der erstrebte Eignungsbericht kein Verwaltungsakt darstellt; aA *Wiesner/Oberloskamp* § 7 AdVermiG Rn. 11: Ver-

griff „Eignung",[105] kann sich aber nicht allgemein etwa allein gegen die Bevorzugung eines Adoptionsmitbewerbers richten.[106] – **Amtshaftungsansprüche** richten sich nach Art. 34 GG iVm. § 839 BGB. Sie kommen bei einer Verletzung der öffentlich-rechtlichen Aufgaben der Adoptionsvermittlungsstellen aus § 7 (Vorbereitung der Vermittlung) und § 9 (Adoptionshilfe) als Amtspflichten gegenüber Adoptionsbewerbern als Dritten insbesondere im Zusammenhang mit Krankheiten des Anzunehmenden in Betracht.[107] – Die Tätigkeit **nicht zugelassener Adoptionsvermittler** kann von den Ordnungsbehörden nach den Polizeigesetzen der Länder untersagt werden.[108] – Ist die Vermittlungsstelle privatrechtlich organisiert und nach § 2 zugelassen, gilt für die Vermittlung **Auftragsrecht**.[109] – Die **Vermittlungsverbote** in § 5 (dazu Rn. 13-15) führen zur Nichtigkeit des Vermittlungsvertrags (§ 134 BGB).[110] Die Wirksamkeit von Vereinbarungen mit den leiblichen Eltern über die Einwilligung in die Adoption oder über die Anerkennung der Vaterschaft und die elterliche Sorge (§ 1672 Abs. 1 BGB) scheitert regelmäßig bereits am qualifizierten Formerfordernis.[111] Doch führt weder ein Verstoß gegen das Vermittlungsverbot noch das Erfüllen der Straf- und Bußgeldvorschriften zu einer **Schadensersatzverpflichtung** nach § 823 Abs. 2 BGB, weil diese eine Gefährdung des Kindeswohl verhindern sollen, nicht aber den Schutz Adoptionswilliger bezwecken.[112] Auch ein **Bereicherungsanspruch** auf Rückzahlung des Vermittlungsentgelts besteht nicht, weil, wird gegen diese Regeln verstoßen, zugleich gegen die guten Sitten verstoßen wird (§ 817 S. 2 BGB), obgleich sie nicht vornehmlich der Vorbeugung solcher Vermögensverschiebungen dienen.[113]

VIII. Verbot der Ersatzmutterschaft

38 **1. Allgemeines.** Die Nahtstelle zwischen Ersatzmutterschaft und Adoption besteht darin, dass dem Samen- oder/und Eispender (dazu § 1592 BGB Rn. 19; auch § 1747 BGB Rn. 19, 21) die Elternschaft – ausgenommen in den seltenen Fällen der Anerkennung der Vaterschaft nach § 1594 BGB, die zu ihrer Wirksamkeit der Zustimmung der Mutter bedarf (§ 1595 Abs. 1 BGB), oder der Vaterschaftsfeststellung, wegen dem Erfordernis der Beiwohnung allerdings nur nach einer natürlichen Insemination (§ 1600d BGB) – nur durch Adoption vermittelt werden kann. Ersatzmuttervermittlung wird in § 1 S. 2 zur Adoption negativ abgegrenzt und im Zweiten Abschnitt, der im Zusammenhang mit § 1 ESchG[114] zu sehen ist (dazu Rn. 40), zunächst bestimmt (§§ 13a, 13 b) und sonach verboten (§ 13c). S. auch § 1741 BGB Rn. 25, 31.

39 **2. Begriff.** Nach § 13a ist Ersatzmutter eine Frau, die auf Grund einer Vereinbarung bereit ist, sich einer künstlichen oder natürlichen Befruchtung zu unterziehen (Nr. 1) oder einen nicht von ihr stammenden Embryo auf sich übertragen zu lassen oder sonst auszutragen (Nr. 2) und das Kind nach der Geburt Dritten zur Adoption oder sonstigen Aufnahme auf Dauer zu überlassen.[115] Erfasst wird mithin sowohl die sog. Ersatzmutterschaft, in der eine eigene Eizelle der **Ersatzmutter** befruchtet wird, die ihr Ei „spendet" und ihren Körper zur Verfügung stellt, als auch die sog.

---

pflichtungsklage. S. dazu auch § 6 Abs. 2 S. 1 HaagAdoptÜbkAG-RefE (im RegE BT-Drucks. 14/6011 nicht mehr enthalten): Feststellung des Scheiterns der Vermittlung ist als Verwaltungsakt mit der Anfechtungsklage anfechtbar.
[105] *Paulitz/Kunkel* Adoption S. 185 Fn. 17.
[106] S. dazu die zutreffende Kritik AGJ FORUM Jugendhilfe 2/2000, 14, 15, die allerdings vorschlägt, der Nichtberücksichtigung eines Adoptionsbewerbers den Rechtscharakter eines Verwaltungsakts zu nehmen: Doch ist die Nichtberücksichtigung kein Verwaltungsakt, sondern lediglich die zugesprochene fehlende Nichteignung. Zu denken wäre allenfalls an eine „Konkurrentenklage", mit der die Hingabe des Kindes in eine Adoptionsfamilie verhindert werden könnte, bis die eigene Eignung abschließend geklärt wäre; sie dürfte jedoch im Allgemeinen keinen Erfolg haben, da der Adoptionsvermittlungsstelle auch dann ein Ermessen hinsichtlich der Inpflegegabe des Kindes zusteht, wenn mehrere Adoptionsbewerber geeignet sind.
[107] OLG Hamm NJW-RR 1994, 394 = FamRZ 1993, 704 ff. (Nichtaufklärung über eine geistige Retardierung des Kindes durch eine kommunale Adoptionsvermittlungsstelle); OLG Frankfurt/M. OLGR 1998, 243 f. (frühkindliche Hirnschädigung); *Paulitz/Kunkel* Adoption S. 36 (unterlassene Eignungsprüfung); aA LG Frankfurt/M. NJW-RR 1988, 1536.
[108] OVG Lüneburg GewArch 1990, 262; VG Frankfurt/M. NJW 1988, 3032 = FamRZ 1989, 209 ff.
[109] LG Frankfurt/M. NJW-RR 1988, 646; LG Karlsruhe FamRZ 2010, 2111 f.
[110] OLG Oldenburg NJW 1991, 2216 = FamRZ 1991, 981, 982.
[111] AA *Soergel/Liermann* Rn. 18.
[112] OLG Düsseldorf NJW-RR 1994, 1349 = FamRZ 1994, 441, 442.
[113] OLG Oldenburg NJW 1991, 2216 = FamRZ 1991, 981, 982; OLG Düsseldorf NJW-RR 1994, 1349 = FamRZ 1994, 441, 443; s. auch LG Osnabrück NdsRpfl. 1991, 93 ff. als Vorinstanz zu OLG Oldenburg aaO; ebenso *Liermann* MDR 1990, 857, 863; *Soergel/Liermann* Rn. 18; dazu auch *Schlechtriem* JZ 1993, 128, 131.
[114] *Gesetz zum Schutz von Embryonen (Embryonenschutzgesetz – ESchG)* v. 13. 12. 1990 (BGBl. I S. 2746).
[115] Die Definition folgt damit teilweise wörtlich dem britischen Surrogacy Arrangements Act 1985, sec 1 (2).

Leihmutter oder Tragemutter, in die ein befruchtetes Ei einer anderen Frau – der genetischen Mutter, die auch wieder soziale Mutter werden soll – eingepflanzt und von dieser ausgetragen wird,[116] diese sich also auf die Übernahme der Schwangerschaft beschränkt.[117]

Angeknüpft wird bereits an die **Bereitschaft** zu einem solchen Verhalten (dazu Rn. 39, 42). **40** Dass sie auf einer **Vereinbarung** beruhen muss, ist nicht rechtsgeschäftlich zu verstehen, denn eine Zusage, sich befruchten zu lassen, kann aus verschiedenen Gründen nicht rechtlich verbindlich gegeben werden: Zum einen ist die künstliche Befruchtung einer Ersatzmutter verboten (§ 1 Abs. 1 Nr. 7 EschG)[118] und eine entsprechende Zusage der künftigen Mutter daher nichtig (§§ 134, 306 BGB). Zudem ist die Übernahme einer Schwangerschaft – mag sie künstlich oder natürlich herbeigeführt werden – eine höchstpersönliche, jederzeit widerrufliche Entscheidung.[119] Wird eine natürliche Prokreation versprochen,[120] widerspricht die Bindung § 138 BGB.[121] Die Zusage, das geborene Kind fortzugeben, ist ebenfalls unverbindlich. Für den Fall einer geplanten Adoption folgt dies aus § 1747 Abs. 2 BGB (dazu dort Rn. 21). Anderweitige Dispositionen über die elterliche Sorge, die durch Art. 6 GG vorrangig den leiblichen Eltern anvertraut ist, sind nur in gesetzlich vorgeschriebener Weise möglich und damit an die familiengerichtliche Mitwirkung gebunden (vgl. § 1672 BGB). Zwar fehlt für sie eine § 1747 Abs. 2 BGB entsprechende Vorschrift, doch hat das FamG stets die Ernsthaftigkeit der Einverständniserklärung und ihre Wirkung auf das Kindeswohl zu prüfen. § 13a meint daher nur das tatsächliche, aktuelle Einverständnis, sich befruchten zu lassen – das insoweit eine etwaige Rechtswidrigkeit von Eingriffen ausschließt -, und die tatsächliche Absicht, das Kind fortzugeben. Nicht rechtlicher Schein, sondern tatsächliches Tun und Reden erfüllt den Gesetzeszweck.[122] § 1 Abs. 1 Nr. 7 EschG spricht daher auch nicht mehr von „Vereinbarung".

Da ein Pflegeverhältnis gegenwärtig rechtlich ungesichert ist – ein Verzicht auf den Herausgabe- **41** anspruch aus § 1632 BGB wäre unwirksam (dazu dort Rn. 11-12) -, kann es kein geeignetes Ziel für eine Ersatzmuttervereinbarung sein und wird deshalb von „**Überlassung auf Dauer**" nicht erfasst.[123]

3. Ersatzmuttervermittlung. In Anlehnung an den Begriff „Adoptionsvermittlung" (§ 1) **42** wird als Ersatzmuttervermittlung das Zusammenführen von Personen, die das aus einer Ersatzmutterschaft entstandene Kind annehmen oder auf Dauer bei sich aufnehmen wollen, mit einer Frau bezeichnet, die zur Übernahme einer Ersatzmutterschaft bereit ist (§ 13b S. 1). Dem Zusammenführen gleichgestellt wird der Nachweis der Gelegenheit einer „Vereinbarung" iSd. § 13a S. 2. Da die „Vereinbarung" nicht anonym getroffen werden kann und als solche unwirksam wäre, ist der Nachweis von Ersatzmüttern oder Bestelleltern gemeint.

4. Nichtigkeit. Die Vermittlung von Ersatzmüttern wird in § 13c verboten; damit sind auch **43** auf sie gerichtete Verträge verboten und nichtig (§ 134 BGB).[124] Das Verbot erstreckt sich auch auf Anzeigen (§ 13d), weshalb auch entsprechende Werbeverträge nichtig sind.[125] Praktisch bedeutsamer als die privatrechtlichen Folgen sind allerdings die straf- und ordnungsrechtlichen Sanktionen (dazu Rn. 44-46).

---

[116] Zur - verneinten - steuerlichen Berücksichtigung der Aufwendungen für die Leihmutterschaft als außergewöhnliche Belastung s. FG München EFG 2000, 496; FG Düsseldorf EFG 2003, 1548 = DStRE 2003, 1452.
[117] Zu den herkömmlichen Begriffen vgl. § 1592 Rn. 18-20; *Knöpfel* FamRZ 1983, 372 f.; *Coester-Waltjen*, 56. DJT 1986, Sitzungsbericht K 83 f.
[118] Vgl. dazu *Deutsch* NJW 1991, 721-725.
[119] *Lüderitz*, XII. Internationaler Kongress für Rechtsvergleichung 1986 Sydney/Melbourne, Deutsche Länderberichte S. 42.
[120] Vgl. Re Adoption Application [1987] 3 W. L. R. 31, 38 (England).
[121] Nichtigkeit nach § 138 auch bei künstlicher Insemination wird (vor Inkrafttreten des EschG) bejaht von: *Franz.* Cour de Cassation 13. 12. 1989 J. C. P. 1990 II 21 526; OLG Hamm NJW 1986, 781 = FamRZ 1986, 159; LG Freiburg NJW 1987, 1486; *Knöpfel* FamRZ 1983, 322; *Kühl/Meyer* ZfJ 1982, 766; *Lauff/Arnold* ZRP 1984, 282; grundsätzlich *Kollhosser* JA 1985, 556. Gegen allgemeine Unwirksamkeit nach § 138 insbesondere *Coester-Waltjen* NJW 1982, 2531; *dies.* Gutachten 56. DJT 1986 S. B 92 f.; *dies.* Jahrbuch Bitburger Gespräche 1986/1, S. 93-96; § 138 offengelassen von AG Gütersloh FamRZ 1986, 718. – *Liermann* MDR 1990, 857, 860 f. leitet die Unwirksamkeit aus § 13c her.
[122] Demgegenüber hält BT-Drucks 11/4154 S. 9 Nr. 5 die Bereitschaft, über die Entstehung eines Kindes „eine rechtsgeschäftliche Vereinbarung" abzuschließen, für ein „zentrales Kriterium". Nicht eindeutig *Liermann* MDR 1990, 857, 859 f.
[123] Ebenso *Liermann* MDR 1990, 857, 859.
[124] *Liermann* MDR 1990, 857, 860. Zu den Vereinbarungen mit der Ersatzmutter s. Rn. 40.
[125] So schon OLG Hamm NJW 1985, 2205 = FamRZ 1983, 1120.

§ 1744 Anh. 44–46   Abschnitt 2. Titel 7. Annahme als Kind

IX. Bußgeld und Strafe

44 **1. Ordnungswidrigkeiten.** Ordnungswidrig handelt, wer
– ohne Zulassung **Adoptionsvermittlung** (§ 14 Abs. 1 Nr. 1 Alt. 1) oder „Scheinvatervermittlung" (§ 14 Abs. 1 Nr. 1 Alt. 2 iVm. § 5 Abs. 4, dazu Rn. 19) betreibt;
– durch öffentliche Erklärung Kinder oder Adoptionsbewerber sucht oder anbietet, ohne dass die Ausnahmevoraussetzungen des § 6 erfüllt sind (§ 14 Abs. 1 Nr. 2 lit. a), oder „Legitimationsbeteiligte" (§ 5 Abs. 4) oder Ersatzmütter und Bestelleltern (§ 14 Abs. 1 Nr. 2 lit. b und c iVm. § 13d) annonciert.

45 Für Ordnungswidrigkeiten nach § 14 Abs. 1 wird eine Geldbuße von bis zu 10 000 DM angedroht. Als Ordnungswidrigkeitstatbestand hervorgehoben und mit Geldbuße bis zu 50 000 DM bewehrt ist die verbotene Vermittlung, auch „Scheinvatervermittlung", wenn hierdurch das Kind in den Geltungsbereich des Gesetzes verbracht oder aus ihm verbracht wird (§ 14 Abs. 2 Nr. 1). Mit gleicher Geldbuße bewehrt ist die gewerbs- oder geschäftsmäßige Bestimmung einer Schwangeren zur Weggabe ihres Kindes, wenn ihr im Ausland Gelegenheit oder Hilfeleistung zur Entbindung gegeben wird (§ 14 Abs. 2 Nr. 2 iVm. § 5 Abs. 3).

46 **2. Straftaten.** § 14a aF hatte als Straftatbestand des **Kinderhandels** die Ordnungswidrigkeiten des § 14 Abs. 1 Nr. 1 und Abs. 2 Nr. 1 (dh. Adoptions- und Scheinvatervermittlung, insbesondere „über die Grenze") erfasst und als Vergehen mit Freiheitsstrafe bis zu 1 Jahr, bei gewerbs- oder geschäftsmäßigem Handeln als Verbrechen mit Freiheitsstrafe bis zu 3 Jahren qualifiziert, wenn der Täter sich einen Vermögensvorteil versprechen ließ oder erhielt oder gar gewerbsmäßig oder geschäftsmäßig handelte (§ 14a). Die leiblichen Eltern wurden durch § 14a Abs. 3 ausdrücklich von der Strafbarkeit ausgenommen; ebenso blieb straffrei, wer das Kind auf Dauer bei sich aufnehmen wollte und zu der nach Abs. 1 und 2 strafbaren Vermittlungstätigkeit angestiftet oder Beihilfe geleistet hat; doch blieb infolge der ausdrücklichen Bezugnahme auf Abs. 1 und 2 eine Strafbarkeit wegen Personenstandsfälschung (§ 169 StGB) unberührt.[126] – Mit der Übernahme dieses Straftatbestands in **§ 236 StGB** ab 1. 4. 1998 wurde die Strafandrohung nicht unerheblich verschärft: Der grundsätzliche Strafrahmen wurde auf 5 Jahre Freiheitsstrafe erhöht, soweit Kinder unter 14 Jahre betroffen sind, während es für Kinder unter 18 Jahren bei 3 Jahren bleibt, jeweils bei fakultativer Geldstrafe. In die Strafbarkeit eingeschlossen werden die leiblichen Eltern und die das Kind Aufnehmenden, allerdings mit der Möglichkeit, die Strafe nach Ermessen zu mildern oder von ihr abzusehen. – In § 14b wird der „Betrieb" einer **Ersatzmuttervermittlung** mit Strafe belegt.

---

[126] BT-Drucks. 11/4154 S. 9 Nr. 5 nimmt zu Einzelfragen der Strafbarkeit nicht Stellung.

§ 1745 Verbot der Annahme

¹Die Annahme darf nicht ausgesprochen werden, wenn ihr überwiegende Interessen der Kinder des Annehmenden oder des Anzunehmenden entgegenstehen oder wenn zu befürchten ist, dass Interessen des Anzunehmenden durch Kinder des Annehmenden gefährdet werden. ²Vermögensrechtliche Interessen sollen nicht ausschlaggebend sein.

I. Normzweck

Die Regelung dient dem **Schutz vorhandener Kinder** des Annehmenden[1] und des Anzunehmenden. Da die rechtliche Stellung des anzunehmenden Kindes nicht zu ihren Lasten verbessert werden soll, sind auch ihre Interessen zu berücksichtigen.[2] – Zur Berücksichtigung der Interessen der Kinder im Verfahren – **Verfahrensbeistand, Amtsermittlung, Anhörung, Beweislast** – s. § 1752 Rn. 17, 19-27.

II. Rechtsentwicklung

§ 1741 S. 1 aF schloss zunächst allgemein eine Annahme aus, wenn der **Annehmende** leibliche Kinder hatte. Eine Befreiung wurde erst ab 1950 durch das *Gesetz über die Erleichterung der Annahme an Kindes Statt* und das *Gesetz zur Vereinheitlichung und Änderung familienrechtlicher Vorschriften (FamRÄndG 1961)* (dazu jeweils Vor § 1741 Rn. 12) mit der Maßgabe zugelassen, dass die Interessen vorhandener leiblicher Abkömmlinge zu berücksichtigen sind (§ 1745a aF; dazu auch Rn. 4). Der darin zum Ausdruck kommende Funktionswandel der Adoption (dazu Vor § 1741 Rn. 2, 3) und die zunehmende Erkenntnis, dass sich ein Kind im Geschwisterkreis idR besser entwickelt,[3] führten dazu, dass die Kinderlosigkeit als Erfordernis der Adoption fallengelassen wurde[4] und nur noch die Berücksichtigung der Interessen sonstiger Kinder zu prüfen ist. Inhaltlich sollte die in § 1745a aF getroffene Regelung im Wesentlichen beibehalten werden.[5] – Hatte der **Angenommene** Kinder, musste nach § 1762 S. 2 aF auch mit ihnen ein Annahmevertrag geschlossen werden, wenn sich die Wirkungen der Annahme auf sie erstrecken sollten. Da sich nunmehr die Adoption zwingend auch auf die Abkömmlinge erstreckt (dazu §§ 1754, 1755 Rn. 5), wäre es an sich folgerichtig, auch deren Einwilligung zu verlangen. Sind sie, wie bei der Adoption ihrer **minderjährigen** Eltern, geschäftsunfähig und zur Äußerung selbständiger Wünsche nicht fähig, müsste die Entscheidung stellvertretend durch einen Pfleger oder das FamG getroffen werden. Doch dient es der Verfahrensvereinfachung, wenn ihre Interessen im Annahmeverfahren selbst geprüft und berücksichtigt werden. Zur **Volljährigenadoption** s. § 1769 Rn. 10-11.

III. Anwendungsbereich

Die Regelung ist nur auf die **Minderjährigenadoption** anwendbar. Für die Volljährigenadoption gilt allein § 1769 (s. auch § 1768 Abs. 1 S. 2).

Kinder iSd. § 1745 sind eheliche und nichteheliche, leibliche und Adoptivkinder. Die entsprechende Anwendung auf **Enkel** ist geboten,[6] da § 1745a aF allgemeiner von „Abkömmlingen"

---

[1] Ihre Berechtigung zweifelt *Staudinger/Frank* Rn. 7–9, 19 allgemein an, weil die Interessen der Kinder bereits über das Kindeswohl des Anzunehmenden in die Beurteilung, ob die Adoptionsvoraussetzungen vorliegen, einzubeziehen sind, stellt allerdings zutreffend fest, dass sie auch nicht schadet. Insbesondere im Hinblick darauf, dass das frühere Recht ein Annahmehindernis vorsah, wenn der Annehmende leibliche Kinder hatte (dazu Rn. 2), schadet die Regelung nicht nur, sondern ist auch hilfreich.
[2] S. dazu auch die rechtsvergleichenden Hinweise bei *Staudinger/Frank* Rn. 5. Zum Adoptionshindernis nach Art. 253 türk. ZGB OLG Schleswig FGPrax 2001, 196 = FamRZ 2002, 698, 699: „absolute[s] Adoptionshindernis wegen ehelicher Abkömmlinge"; nach griechischem Recht AG Germersheim IPRax 1987, 188 (LS.) m. Anm. *Jayme*.
[3] *Oescher* S. 97; RefE ZfJ 1973, 522 = UJ 1974, 76 (Begründung zu § 1742); BT-Drucks. 7/3061 S. 33 Nr. 2. Vgl. auch *Arndt* NJW 1960, 855.
[4] Dies entspricht der Forderung in Art. 12 Nr. 2 EuAdAbk: „Die Rechtsordnung darf einer Person nicht deshalb untersagen, ein Kind anzunehmen, weil sie ein eheliches Kind hat oder haben könnte."; vgl. auch *Engler* S. 62 ff.; *Lüderitz* S. 34 f.
[5] BT-Drucks. 7/3061 S. 33 Nr. 3. Dazu auch Art. 264 schweiz. ZGB aE: „. . . ohne andere Kinder der Adoptiveltern in unbilliger Weise zurückzusetzen".
[6] Ebenso *Erman/Saar* Rn. 3; *Soergel/Liermann* Rn. 5; skeptisch *Staudinger/Frank* Rn. 12, weil Großeltern als Annehmende kaum in Betracht kämen und, weil Vermögensinteressen ohnehin nachrangig seien, entgegenstehende Interessen der Enkel nicht ersichtlich seien.

sprach, diese Regelung beibehalten werden sollte und der RegE beide Ausdrücke teilweise synonym verwendet.[7] – Geschützt ist auch ein **nasciturus**,[8] weil nach seiner Geburt auch seine Interessen durch eine Adoption berührt werden.

IV. Geschützte Kindesinteressen

1. Grundsätze. Die Interessen der Kinder **stehen entgegen,** wenn sich ein konkreter gegenwärtiger Interessengegensatz feststellen lässt; sie werden **gefährdet,** wenn ein solcher Gegensatz in der Zukunft zu erwarten ist. Dabei stehen die **immateriellen** Interessen des anzunehmenden Kindes ganz im Vordergrund, wohingegen **wirtschaftliche Erwägungen** – wie auch sonst in Angelegenheiten des familienrechtlichen Status – grundsätzlich unerheblich sind (zu den Ausnahmen s. Rn. 10-12).

Das geltende Recht kennt keinen „Grundsatz" der **Kinderlosigkeit** mehr, von dem „ausnahmsweise" Befreiung zu erteilen wäre (dazu Rn. 2),[9] sondern sieht in den Kindesinteressen ein mögliches Hindernis der Annahme. Dazu müssen die Tatsachen, aus denen sich „Interessen" ergeben, mit Sicherheit **festgestellt** und die Interessen gegeneinander abgewogen werden. Können keine überwiegenden entgegenstehenden Interessen ermittelt werden, ist die Annahme auszusprechen.[10]

Maßgeblich ist eine **Interessenabwägung,** die ihren Ausgangspunkt in der Prüfung der Kindeswohldienlichkeit der Annahme (§ 1741 Abs. 1 S. 1) hat. In sie sind die Interessen **aller Beteiligten** und alle Umstände des Einzelfalls einzubeziehen, insbesondere auch die gegenwärtige und – prognostisch beurteilte – künftige Lage der Kinder.[11] Dies gilt auch für die **Gefährdung** der Interessen des Anzunehmenden durch die Kinder des Annehmenden (S. 1 Alt. 3), auch wenn der Wortlaut der Regelung eine Interessenabwägung auszuschließen scheint.[12] Widersprechen Abkömmlinge der Annehmenden oder des Anzunehmenden der Annahme, mag dies indizieren, dass sie ihren Interessen zuwiderläuft; eine Interessenabwägung auf der Grundlage aller festgestellten Umstände macht dies jedoch nicht entbehrlich (zur Beweisaufnahme s. auch § 1752 Rn. 19-27). – **Systematisch** ist zunächst das Kindeswohl unter Berücksichtigung der Interessen des Annehmenden und des Anzunehmenden und, würde dies zur Annahme führen, anschließend weiter zu prüfen, ob und inwieweit entgegenstehende Interessen von Kindern des Annehmenden wie auch des Anzunehmenden eine andere Beurteilung rechtfertigen.[13] – Inhaltlich kommt den immateriellen, die persönliche Fürsorge der Kinder betreffenden Interessen gesetzessystematisch dadurch der **Vorrang** vor ihren materiellen Interessen zu, dass nach S. 2 „vermögensrechtliche Interessen ... nicht ausschlaggebend sein [sollen]".[14] Praktisch geht es dagegen vornehmlich um die materiellen Interessen, weil vorgehende immaterielle Interessen der Kinder bereits zur Ungeeignetheit der Adoptionsbewerber[15] oder dazu führen, dass die Annahme nicht dem Kindeswohl dient.[16]

2. Kinder des Annehmenden. a) Immaterielle Interessen. aa) Grundsätze. Das vorhandene Kind hat Anspruch auf persönliche Pflege und Erziehung. Dieser Anspruch wird durch die Aufnahme eines weiteren Kindes verkürzt, wenn auf Grund der besonderen Bedürfnisse – körper- oder lernbehindertes Kind – oder der Zahl der vorhandenen Kinder der Annehmende bereits voll in Anspruch genommen wird. Auch ohne eine solche Inanspruchnahme leiden die Interessen, wenn zu erwarten ist, dass sich der/die Annehmende(n) überwiegend dem „neuen" Kind zuwenden, etwa nach einer unbefriedigend verlaufenen ersten Adoption. Schließlich kann bei Vereinigung zweier unvollständiger Familien die „Gegenseitigkeit" fehlen: Will der Ehegatte A die Kinder seines Partners B annehmen, dieser aber nicht die Kinder von A, so werden dessen Kinder mittelbar durch die Annahme der Kinder von B durch A zurückgesetzt, weil diese gemeinschaftliche eheliche Kinder (§ 1754) werden, jene aber nicht. Erheblich sind somit Bedürfnisstruktur und Zahl der vorhandenen

---

[7] BT-Drucks. 7/3061 S. 33 [Nr. 3, 4].
[8] *Staudinger/Frank* Rn. 13; *Gernhuber/Coester-Waltjen* § 68 Fn. 187.
[9] Ob Zweifel zu Lasten des Antragstellers gehen, war nach früherem Recht str. Die Befreiung wollte im Zweifel ersetzen OLG Hamburg ZfJ 1954, 31; dagegen *Staudinger/Engler* 10./11. Aufl. § 1745a Rn. 9, 10.
[10] Vgl. auch *Soergel/Liermann* Rn. 6-12, *Staudinger/Frank* Rn. 26.
[11] Dazu auch BayObLG Beschl. v. 28. 10. 1999 – 1Z BR 37/99, juris [14] = FamRZ 2000, 767 (LS.); OLG Hamm ZFE 2003, 378.
[12] So ist wohl auch BT-Drucks. 7/3061 S. 33 [Nr. 5] zu verstehen, wo ausdrücklich darauf abgestellt wird, dass „aber eine Gesamtwertung für den Fall vorgenommen werden [soll], dass in der Familie schon Kinder vorhanden sind"; ebenso *Staudinger/Frank* Rn. 21.
[13] Ähnlich *Staudinger/Frank* Rn. 10, 11.
[14] *Staudinger/Frank* Rn. 15.
[15] *Staudinger/Frank* Rn. 14.
[16] OLG Oldenburg NdsRpfl 1952, 186; OLG Celle ZfJ 1960, 305; AG Darmstadt StAZ 1979, 324, 325 (Hinweis auf sichere berufliche Stellung des Annehmenden).

Kinder sowie Leistungsfähigkeit – physische und psychische Belastbarkeit – und Einstellung der Annehmenden.

bb) Interessenabwägung. Die Interessen vorhandener Kinder **überwiegen,** wenn das anzunehmende Kind familienfremd ist und – wie idR – ohne Schaden auch anderweitig untergebracht werden kann. Sie überwiegen nicht mehr, wenn ihnen ein **gesteigertes Interesse** des anzunehmenden Kindes gegenübersteht, etwa weil es in dieser Familie schon vorher betreut wurde,[17] es mit den Annehmenden verwandt ist oder nur zu ihnen eine ausgeprägte Beziehung aufgebaut hat. Dass in dieser Lage vorhandene Kinder Einschränkungen hinnehmen müssen, ist ihnen in gleicher Weise wie gegenüber nachgeborenen Geschwistern zuzumuten. Erhebliche Einschränkungen können für vorhandene Kinder aber unzumutbar sein, wenn das gesteigerte Interesse des Anzunehmenden darauf beruht, dass ein Pflegeverhältnis (§ 1744) ohne Rücksicht auf die Interessen vorhandener Kinder oder unter falscher Einschätzung ihrer Interessen und deren Befriedigung durch die Eltern begründet wurde. – Beachtlich, aber kaum von ausschlaggebendem Gewicht sind die Interessen von **Kindern aus aufgelöster Ehe** gegen die vorgeblich weitere Entfremdung, wenn nach der Scheidung der nicht weiter sorgeberechtigte Elternteil wieder heiratet und die Kinder seines neuen Ehegatten adoptieren möchte, wogegen sich die beim anderen Elternteil lebenden Kinder aus erster Ehe wenden. Hier liegt der Entfremdungsgrund nicht in der geplanten Adoption, sondern in der Zerrüttung der Ehe und der Begründung einer neuen faktischen Familie durch Vater oder Mutter; für das Umgangsrecht können Folgerungen zu ziehen sein (zB ist kein Zwang auszuüben, dazu § 1684 Rn. 81), nicht aber ist die Scheidungsauseinandersetzung zwischen den Kindern des verdrängten und denen des neuen Ehegatten fortzusetzen.[18] – Bedeutung kommt auch dem **Altersunterschied** zwischen den leiblichen und dem anzunehmenden Kind zu. Er kann sich auf die Begründung und die Weiterentwicklung geschwisterlicher Beziehungen und damit die Akzeptanz des Kindes und seine Integration in die Adoptivfamilie auswirken. Maßgeblich ist auch auf den Entwicklungsstand der Kinder und die Intensität der sich aus ihm ergebenden Probleme abzustellen.[19]

b) Vermögensinteressen. Sie werden immer betroffen (zu ihrem grundsätzlichen **Nachrang** gegenüber den immateriellen Interessen s. Rn. 7): Erb- und Pflichtteilsrechte werden stets, Unterhaltsansprüche wegen der Gleichrangigkeit minderjähriger und ihnen nach § 1603 Abs. 2 S. 2 gleichgestellter Kinder (§ 1609 Nr. 1)[20] und der Nachrangigkeit volljähriger Kinder (§ 1609 Nr. 4) immer dann geschmälert, wenn die Leistungsfähigkeit den angemessenen Bedarf nur unerheblich übersteigt.

Erbrechtliche Interessen sind dann beachtlich, wenn mit ihnen bestimmte persönliche oder berufliche Aussichten verbunden sind: Das vorhandene Kind wird durch Erziehung und Berufsausbildung für die Nachfolge im Betrieb der Eltern vorbereitet;[21] ist der Betrieb kapitalschwach, können selbst Pflichtteilsansprüche seine Fortführung gefährden und den Zweck der Berufsausbildung des vorhandenen Kindes unterlaufen.

Der **Unterhaltsbedarf** der Kinder schlägt sich v. a. in den Aufwendungen für Nahrung, Kleidung und Unterkunft nieder,[22] aber auch Aufwendungen für Schule, Freizeitgestaltung und Urlaub etc. sind zu erbringen. Dabei kann nicht streng nach immateriellen und materiellen Interessen unterschieden werden. – Schwierigkeiten bereitet die Sicherung der Unterhaltsinteressen von Kindern aus einer geschiedenen Ehe, wenn der nicht sorgeberechtigte Elternteil die Kinder seines neuen Ehegatten annehmen will **(Stiefkindadoption).**[23] In einer harmonischen Zweitehe ist der Stiefelternteil nach einer gewissen Zeit sozial „Vater/Mutter", insbesondere dann, wenn der leibliche Elternteil verstorben ist; nur dann ist ohne Einwilligung des leiblichen Elternteils oder dessen Ersetzung eine Adoption nach § 1741 Abs. 1 überhaupt zulässig. Der Unterhalt der Stiefkinder – den zu erbringen er zwar bürgerlich-rechtlich nicht verpflichtet ist, für den er sozialrechtlich aber durch die Zurechnung des Kindes in seine Bedarfsgemeinschaft und dessen dadurch bedingter Bedarfsreduzierung (§§ 9 Abs. 2, 11 Abs. 1 S. 3 SGB II) ggf. aufkommen muss – wird praktisch von ihm mitgetragen. Nahe liegt, dass er dann durch Übernahme einer neuen Rechtspflicht die alte Unterhaltslast zu verringern sucht. Ist dies das leitende Motiv – was dadurch indiziert wird, dass er schon bisher

---

[17] ZB AG Darmstadt DAVorm 1981, 933.
[18] *Erman/Saar* Rn. 4; *Staudinger/Frank* Rn. 14; aA OLG Oldenburg NdsRpfl 1952, 186; OLG Hamburg ZfJ 1954, 31.
[19] *Staudinger/Frank* Rn. 20.
[20] Dazu etwa BGH NJW 1984, 1176 (LS.) = FamRZ 1984, 378, 379.
[21] BayObLGZ 1984, 25 = FamRZ 1984, 419, 421; zustimmend auch *Staudinger/Frank* Rn. 15; *Erman/Saar* Rn. 3.
[22] *Staudinger/Frank* Rn. 16 scheint den Bedarf auf die Ernährung reduzieren zu wollen.
[23] Vgl. *Lüderitz* S. 33 f.; zur Stiefkindadoption insbesondere auch *Staudinger/Frank* Rn. 17, 18 mit rechtsvergleichenden Hinweisen auf Länder, in denen Unterhaltspflichten auch gegenüber Stiefkindern bestehen.

§ 1746

die Unterhaltsansprüche der vorhandenen Kinder nicht oder nur zögerlich erfüllt hat -, ist eine Adoption nach § 1745 zu versagen.[24] Ist eine Verkürzungsabsicht nicht nachzuweisen, kann bei objektiver Gefährdung der Annahmebeschluss davon abhängig gemacht werden, dass der Annehmende oder seine Ehefrau für den Unterhalt der Kinder aus erster Ehe **Sicherheit** leistet. – Eine indirekte finanzielle Entlastung ergibt sich daraus, dass nach der Rspr. des BGH zum **nachehelichen Unterhalt** auch nachehelich adoptierte Kinder dem geschiedenen Ehegatten nicht nur im Rang nachgehen (§§ 1582, 1609 Nr. 1-3), sondern bereits bedarfsprägend iSd. § 1578 Abs. 1 S. 1 sind.[25]

13   **3. Kinder des Anzunehmenden.** Die Annahme eines **Minderjährigen**, der bereits ein eigenes Kind hat, wird zwar selten, aber nicht auszuschließen sein.[26] Es ist dann zunächst sorgfältig zu prüfen, ob mit der Herstellung eines **Eltern-Kind-Verhältnisses** (noch) zu rechnen ist, und worin der Vorteil für den Angenommenen liegt (§ 1741 Abs. 1). In Betracht kommt etwa die Annahme einer aus ihrer Familie „verstoßenen" Mutter durch Verwandte oder Bekannte, um ihr in ihrer besonderen Lage einen Halt zu geben, der durch die bloß tatsächliche Betreuung und Beratung nicht vermittelt werden könnte. Für das Kind der anzunehmenden Mutter wird es dabei v. a. darum gehen, wie sich seine tatsächliche Lage durch die Annahme seiner Mutter verändert, und weniger um die Veränderung seiner rechtlichen „Verankerung".[27] – Aufgrund der meist anzutreffenden außergewöhnlichen Belastung der minderjährigen Mutter besteht die erhöhte Gefahr, dass die Interessen des **Adoptivenkels** vernachlässigt werden, etwa wenn das verführte oder verstoßene Mädchen mit ihrer Aufnahme in eine neue Familie „einen Strich unter die Vergangenheit ziehen" und sich von ihrem Kind trennen möchte. Die Interessen des Adoptivenkels werden idR nur gewahrt, wenn auch er tatsächlich in die neue Familie aufgenommen oder für seine individuelle, dauernde Betreuung anderweitig gesorgt wird, insbesondere durch die selbständige Annahme durch Dritte.[28]

V. Interessen des Anzunehmenden

14   In die Abwägung sind auch und gerade die Interessen des Anzunehmenden einzubeziehen.[29] So hat die Annahme zu unterbleiben, wenn seine Interessen durch Kinder des Annehmenden gefährdet werden (§ 1741 Abs. 1); § 1745 S. 1 aE stellt dies lediglich klar.[30] Dem Wohl des Anzunehmenden dient die Annahme auch dann nicht, wenn die Interessen der vorhandenen Kinder des Annehmenden zwar (objektiv) nicht überwiegen, diese sich aber (subjektiv) zurückgesetzt fühlen und eine nicht oder nur schwer zu überwindende Abneigung gegen den Anzunehmenden oder die Kindesannahme überhaupt zeigen.[31]

§ 1746 Einwilligung des Kindes

(1) ¹Zur Annahme ist die Einwilligung des Kindes erforderlich. ²Für ein Kind, das geschäftsunfähig oder noch nicht 14 Jahre alt ist, kann nur sein gesetzlicher Vertreter die Einwilligung erteilen. ³Im Übrigen kann das Kind die Einwilligung nur selbst

---

[24] OLG Hamm StAZ 1954, 109; LG Lüneburg Streit 2000, 87 f.; RGRK/*Scheffler* 10./11. Aufl., § 1745a Anm. 2; im Ergebnis ähnlich *Staudinger/Frank* Rn. 18.

[25] BGH NJW 2009, 145 m. Anm. *Born* = FamRZ 2009, 23, 25 [24, 25] m. Anm. *Norpoth*, *Maurer* FamRZ 2009, 204; BGHZ 183, 197 = NJW 2010, 365 = FamRZ 2010, 111 ff. m. Anm. *Herrler*. An dieser Rspr. wird der BGH nach dem Verdikt der „Dreiteilung" durch den Beschluss des BVerfG v. 25. 1. 2011 (NJW 2011, 836 = FamRZ 2011, 437) nicht mehr festhalten können; s. dazu auch § 1578 Rn. 40.

[26] Nach *Staudinger/Frank* Rn. 8, 9, 19 mwN ist die Regelung insoweit überflüssig, weil die Interessen der Kinder des Anzunehmenden nach § 1741 Abs. 1 S. 1 beim Kindeswohl bezogen auf den Anzunehmenden zu berücksichtigen sind und es Hinweise des Gesetzgebers (s. BT-Drucks. 7/3061 S. 33 Zu § 1745 Nr. 5) nicht bedarf.

[27] Hierauf stellt *Staudinger/Frank* Rn. 19 maßgeblich ab.

[28] *Staudinger/Frank* Rn. 19.

[29] BayObLGZ 1999, 352 = NJWE-FER 2000, 114 = FamRZ 2000, 771 (LS) m. Anm. *Wohlgemuth* StAZ 2002, 225.

[30] Vgl. BT-Drucks. 7/3061 S. 33 Nr. 5: Verschwommen wird dort von „Gesamtwertung" gesprochen. Dient aber die Annahme wegen der vorhandenen Kinder nicht dem Wohl des Anzunehmenden, ist sie ausgeschlossen; für eine Interessenabwägung ist kein Raum. Folgerichtig *Engler* FamRZ 1976, 586: Die Vorschrift ist entbehrlich.

[31] Hierzu zählen auch die Fälle, in denen sich das angenommene Kind wegen seines Alters oder seiner Eigenschaften nicht in harmonischer Weise in die „Geschwisterreihe" einfügt, sondern „Zwietracht, Neid oder Hass" erweckt. Vgl. auch *Oeschger* S. 98; *Mehringer* UJ 1972, 469 f.

erteilen; es bedarf hierzu der Zustimmung seines gesetzlichen Vertreters. [4]Die Einwilligung bedarf bei unterschiedlicher Staatsangehörigkeit des Annehmenden und des Kindes der Genehmigung des Familiengerichts; dies gilt nicht, wenn die Annahme deutschem Recht unterliegt.

(2) [1]Hat das Kind das 14. Lebensjahr vollendet und ist es nicht geschäftsunfähig, so kann es die Einwilligung bis zum Wirksamwerden des Ausspruchs der Annahme gegenüber dem Familiengericht widerrufen. [2]Der Widerruf bedarf der öffentlichen Beurkundung. [3]Eine Zustimmung des gesetzlichen Vertreters ist nicht erforderlich.

(3) Verweigert der Vormund oder Pfleger die Einwilligung oder Zustimmung ohne triftigen Grund, so kann das Familiengericht sie ersetzen; einer Erklärung nach Absatz 1 durch die Eltern bedarf es nicht, soweit diese nach den §§ 1747, 1750 unwiderruflich in die Annahme eingewilligt haben oder ihre Einwilligung nach § 1748 durch das Familiengericht ersetzt worden ist.

Schrifttum: *Krzywon*, Zur vormundschaftsgerichtlichen Genehmigung nach § 1746 Abs. 1 Satz 4 BGB bei inländischen Adoptionsverfahren, BWNotZ 1987, 58.

Übersicht

	Rn.		Rn.
I. Normzweck	1	3. Ersetzung der Einwilligung	13, 14
II. Anwendungsbereich	2	V. Kind ab dem vollendeten 14. Lebensjahr	15–17
III. Einwilligung. Zustimmung	3–8	1. Erklärung des Kindes	15, 16
1. Rechtsnatur	3	2. Zustimmung des gesetzlichen Vertreters	17
2. Erforderlichkeit	4		
3. Gesetzliche Vertretung	5, 6	VI. Widerruflichkeit	18, 19
4. Bestimmtheit	7	VII. Maßgeblicher Zeitpunkt	20
5. Mängel	8	VIII. Auslandsberührung	21–23
IV. Kind bis zum vollendeten 14. Lebensjahr	9–14	1. Unterschiedliche Staatsangehörigkeit	21, 22
1. Berechtigung	9	2. Auslandsadoption	23
2. Eltern	10–12	IX. Verfahren	24–26

I. Normzweck

Nach dem Übergang vom Vertrags- zum Dekretsystem (dazu Vor § 1741 Rn. 15, § 1750 Rn. 1, § 1752 Rn. 1) treten Antrag, ggf. gemeinschaftlicher **Antrag** (§ 1768 Abs. 1), und **Einwilligung** der Beteiligten an die Stelle des Vertragsschlusses. § 1746 regelt, wer **berechtigt** ist, für den Anzunehmenden die Einwilligung zu erteilen. Beibehalten wurde die Unterscheidung zwischen dem Kind, das das 14. Lebensjahr noch nicht vollendet hat oder geschäftsunfähig ist, und dem beschränkt geschäftsfähigen älteren Kind.[1] 1

II. Anwendungsbereich

Der sachliche Anwendungsbereich des § 1746 beschränkt sich auf die **Minderjährigenadoption**, also auf die Annahme eines minderjährigen Kindes, das das 18. Lebensjahr noch nicht vollendet hat. – Für die **Volljährigenadoption** schließt § 1768 Abs. 1 S. 2 die Anwendung von § 1746 Abs. 1, 2 aus, und § 1768 Abs. 2 ordnet für einen geschäftsunfähigen volljährigen Anzunehmenden die Vertretung durch seinen gesetzlichen Vertreter ausdrücklich an. Von der sinngemäßen Anwendung nicht ausgenommen ist jedoch die Regelung über die Ersetzung der Einwilligung des Vormunds in § 1746 Abs. 3 (§§ 1768 Abs. 1 S. 2, 1767 Abs. 2 S. 1; dazu auch § 1768 Rn. 5). 2

III. Einwilligung. Zustimmung

1. Rechtsnatur. Einwilligung und Zustimmung sind „amts"empfangsbedürftige **Willenserklärungen**, auf die materiell-rechtlich grundsätzlich die Vorschriften über die Rechtsgeschäfte 3

---
[1] Zur Entstehungsgeschichte s. *Staudinger/Frank* Rn. 1-4.

§ 1746 4, 5   Abschnitt 2. Titel 7. Annahme als Kind

(§§ 104 ff.) anzuwenden sind, allerdings mit den Modifikationen aus §§ 1746, 1750. Sie sind „kein Akt der Fürsorge für das Kind aus eigenem Recht, sondern ein Akt der **gesetzlichen Vertretung**".[2] Zudem sind sie **höchstpersönlicher** Natur, sodass sich der gesetzliche Vertreter nicht vertreten lassen kann (entsprechend § 1750 Abs. 3 S. 1, dort ausdrücklich für die Einwilligung).[3] Deshalb ist auch die **rechtsgeschäftliche Vertretung** des Kindes (§§ 164 ff.) untersagt (§ 1750 Abs. 3 S. 1).

4 **2. Erforderlichkeit.** Obwohl die Annahme ohnehin nur zum Wohl des Kindes zulässig ist (§ 1741 Abs. 1), ist wegen der eigenständigen Rechtspersönlichkeit des Kindes – wie zum Vaterschaftsanerkenntnis (§ 1596 Abs. 2 S. 1) – seine Einwilligung auch erforderlich, wenn es noch **minderjährig** ist.[4] Solange es seine Interessen nicht rechtswirksam selbst vertreten kann, ist es auf die Entscheidung des gesetzlichen Vertreters angewiesen.[5] An der Einwilligung auch des nicht urteilsfähigen Kindes wird, anders als in ausländischen Rechten,[6] wegen der „tiefgreifenden Veränderung der familienrechtlichen Verhältnisse" festgehalten.[7]

5 **3. Gesetzliche Vertretung.** IdR wird das Kind von seinen **leiblichen Eltern** gesetzlich vertreten, die es zur Adoption freigeben und in diese einwilligen (§ 1747). Die Einwilligung der Eltern wird erst mit ihrem Zugang beim FamG wirksam (§ 1750 Abs. 1 S. 3). Ab diesem Zeitpunkt ruht die elterliche Sorge des einwilligenden Elternteils und es tritt grundsätzlich Vormundschaft ein (§ 1751 Abs. 1 S. 1, 2). Für die gesetzliche Vertretung des Kindes bei der Erklärung der Einwilligung bedeutet dies, dass nach dem Zeitpunkt des **Zugangs** der elterlichen Einwilligungserklärung beim **FamG** zu unterscheiden ist:
– **Bis** zum Zugang vertreten die leiblichen **Eltern** das Kind, wenn nicht bereits Vormundschaft oder Pflegschaft für diesen Aufgabenbereich besteht. Die leiblichen Eltern können zugleich mit ihrer Einwilligung auch die Einwilligung des Kindes erklären. Vertreten sie das Kind **gemeinschaftlich**, weil sie verheiratet sind (§ 1626) oder Sorgeerklärungen abgegeben haben (§ 1626 a Abs. 1 Nr. 1), müssen beide einwilligen. Ist ein Elternteil **allein** vertretungsbefugt, weil ihm das Sorgerecht übertragen wurde (§§ 1671, 1672), das Sorgerecht des anderen Elternteils ruht (§ 1673), die Vaterschaft nicht festgestellt ist (§ 1626 Abs. 2) oder die nichtehelichen Eltern keine Sorgeerklärungen abgegeben haben (§ 1626a Abs. 2), kann nur er die Einwilligung des Kindes erklären.
– **Nach** Zugang ruht das Sorgerecht der leiblichen Eltern (§ 1751 Abs. 1 S. 1), sie sind nicht mehr vertretungsbefugt und können das Kind nicht mehr bei der Erklärung der Einwilligung vertreten. Es ist weiter zu unterscheiden:
  – Haben die Eltern das Kind gemeinsam vertreten (§§ 1626 Abs. 1, 1629 Abs. 1 S. 2 Halbs. 1) und ging die Einwilligungserklärung beider Eltern zu, tritt von Gesetzes wegen Vormundschaft ein. Ging nur die Einwilligungserklärung eines Elternteils zu, ruht nur sein Sorgerecht, sodass das Kind durch den anderen Elternteil allein (§ 1678 Abs. 1 Halbs. 1) oder, ist dieser aus anderen Gründen an der Vertretung verhindert oder ist bereits Vormundschaft angeordnet, durch den Vormund vertreten wird.
  – Hat nur ein Elternteil das Kind gesetzlich vertreten (§§ 1626a, 1671, 1672), geht die gesetzliche Vertretung nicht von Gesetzes wegen auf den anderen Elternteil über (§ 1678 Abs. 1 Halbs. 2). Über das Sorgerecht ist zunächst nach § 1696 bzw. § 1678 Abs. 2 zu entscheiden. Bis zu einer entsprechenden Entscheidung ist Vormundschaft anzuordnen (§§ 1773 Abs. 1, 1774).

---

[2] BGH NJW 1971, 841 f.
[3] S. auch *Staudinger/Frank* Rn. 34 mwN, die die entsprechende Anwendung von § 1750 Abs. 3 S. 1 nicht für erforderlich halten.
[4] Der Kritik in der 3. Aufl. Rn. 2 ist zuzugeben, dass die tatbestandlichen Voraussetzungen für eine Annahme auch in einer zwingenden mündlichen Erörterung vor dem VormG - wie in § 56f FGG für die Aufhebung unabdingbar vorgesehen und nach §§ 50a, 55 c, 50 b FGG bei der Annahme möglich, soweit es das Inkognito erlaubt (s. nunmehr aber § 192 Abs. 1, 3 FamFG) - ermittelt werden können. Doch geht es darum nicht, zumal eine mündliche Erörterung ohnehin nicht verwehrt ist.
[5] Die leiblichen Eltern machen bei der Entscheidung über die Einwilligung (auch als gesetzliche Vertreter) von ihrem „originären" Elternrecht Gebrauch (BT-Drucks. 7/3061 S. 36 Nr. 14). – Nach § 1751 Abs. 1 aF konnte das VormG, das aus seiner Sicht entschied, die Einwilligung erklären.
[6] Art. 265 Abs. 2 schweiz. ZGB sieht vor, dass nur das urteilsfähige Kind seiner Adoption zustimmen muss. Ähnlich Belgien: Einwilligung ab 15 Jahre (Art. 348 § 3c c); Dänemark: ab 12 Jahre (§ 6 Abs. 1 AdoptionsG). Frankreich, das eine Volladoption nur bis zur Vollendung des 15. Lebensjahres gestattet, verlangt die Zustimmung des Kindes, das das 13. Lebensjahr vollendet hat (Art. 345 Abs. 3 [Gesetz v. 5. 7. 1996]). Art. 5 Abs. 1 EuAdAbk verlangt nur die Zustimmung der Eltern oder bei deren Fehlen des Gewalthabers, und verfolgt damit einen anderen Zweck als § 1746.
[7] BT-Drucks. 7/3061 S. 34 Nr. 2; zur Reform ebenso *Engler* S. 79 f.; dagegen *Lüderitz* S. 28.

Steht den Eltern das Sorgerecht – ganz oder teilweise – nicht (mehr) zu, wird das Kind durch seinen **6**
Vormund oder Pfleger gesetzlich vertreten. Es sind folgende Fälle zu unterscheiden: Es tritt ein
– Vormundschaft, wenn
  – die unverheiratete Mutter minderjährig (§§ 1791c, 1673 Abs. 1, Abs. 2 S. 1) oder geschäftsunfähig ist; ist der volljährige Vater bekannt und hat er die Vaterschaft anerkannt oder ist sie gerichtlich festgestellt, entscheidet das FamG, ob ihm das Sorgerecht übertragen wird (§ 1678 Abs. 1 Halbs. 1, Abs. 2);
  – beiden Eltern das Sorgerecht vollständig entzogen wurde (§§ 1773, 1666).
– Pflegschaft, wenn
  – den Eltern das Sorgerecht nur teilweise einschließlich des Rechts, das Kind bei der Erklärung in die Annahme zu vertreten, entzogen wurde (§ 1909),
  – der unverheiratete Elternteil bezogen auf die Einwilligungs-/Zustimmungserklärung geschäftsunfähig ist (§ 104 Nr. 2).

4. Bestimmtheit. Die Einwilligung muss sich – ggf. unter Wahrung des **Inkognitos** (dazu **7**
§ 1747 Rn. 26)[8] – auf die Annahme durch eine **bestimmte Person** beziehen. Für sie und die
Zustimmung des gesetzlichen Vertreters muss sich die Bestimmtheit auch auf das anzunehmende
Kind beziehen. Zur **Wirksamkeit** der Einwilligung im Übrigen und ihrer **Form** s. § 1750 Abs. 1,
4, zur **Bindung** an eine erteilte Einwilligung s. § 1750 Abs. 2 S. 2 und dort Rn. 16–17.

5. Mängel. Wird die Annahme ausgesprochen, obwohl die Einwilligung des Kindes **fehlt** – **8**
etwa weil das FamG die falsche Person für den gesetzlichen Vertreter angesehen hat –, ist das Annahmeverhältnis gleichwohl wirksam begründet und lediglich nach §§ 1760–1762 aufhebbar. Dies gilt
auch bei groben **Willensmängeln** (§ 1760 Abs. 2; dazu auch § 1750 Rn. 21–22).

IV. Kind bis zum vollendeten 14. Lebensjahr

1. Berechtigung. Für das noch nicht 14 Jahre alte oder geschäftsunfähige Kind kann nur der **9**
gesetzliche Vertreter einwilligen (§ 1746 Abs. 1 S. 2). Gesetzliche Vertreter des ehelichen Kindes sind
grundsätzlich **beide Eltern** (§ 1626), nach Scheidung oder Trennung der ggf. alleinsorgeberechtigte
Teil (§ 1671).[9] Nach dem Übergang auf das **Dekretsystem** ab 1. 1. 1977[10] wird das Kind auch bei
der Annahme durch einen **Stiefelternteil**[11] oder einen **Verwandten** seines gesetzlichen Vertreters
in gerader Linie[12] weiter durch seinen sorgeberechtigten Elternteil vertreten, sodass ein Ergänzungspfleger nicht bestellt zu werden braucht. § 181 (iVm. § 1795 Abs. 2) greift mangels einer Selbstkontraktion nicht ein,[13] und auch § 1795 Abs. 1 Nr. 1 (iVm. § 1629 Abs. 2) ist weder direkt noch
entsprechend anwendbar, weil die Einwilligung jedenfalls keine auf ein Rechtsgeschäft gerichtete
Willenserklärung ist.[14] Zudem ist das Adoptionsverfahren als Familiensache, die nicht den Familienstreitsachen zugehört (§§ 111 Nr. 4, 112 Nr. 3, 266 Abs. 1 FamFG) kein „Rechtsstreit" iSd. § 1795

---

[8] Dazu auch *Staudinger/Frank* Rn. 17 mwN: Für die Annehmenden kann ein Bedürfnis für eine Inkognitoadoption auch dann bestehen, wenn nicht mehr die leiblichen Eltern das Kind vertreten, weil sie wirksam und damit unwiderruflich in die Annahme eingewilligt haben (Abs. 3 Halbs. 2), sondern ein Dritter.

[9] Bis zum 30. 6. 1998 wurde das nichteheliche Kind in Statusangelegenheiten - außer im Gebiet der früheren DDR - durch das Jugendamt vertreten (§§ 1706 Nr. 1, 1709; s. dazu auch für das Kind aus einer bigamischen Ehe LG Osnabrück IPRax 1999, 50 Nr. 11 a (LS.)), wenn nicht der Mutter auch insoweit das Vertretungsrecht übertragen worden war (§ 1707). Diese Regelung wurde durch Art. 1 Nr. 3 BeistandG mit Wirkung ab 1. 7. 1998 (Art. 6 BeistandG) aufgehoben.

[10] Nach bis 31. 12. 1976 geltendem Recht war der gesetzliche Vertreter des Kindes bei der Annahme durch seinen Ehegatten nach §§ 1629 Abs. 2, 1795 Abs. 1 Nr. 1 von der Vertretung beim Annahmevertrag ausgeschlossen, BGH NJW 1971, 841 = FamRZ 1971, 245; KG NJW 1968, 942. Dies wurde zunächst auch zu dem ab 1. 1. 1977 geltenden Recht vertreten, OLG Stuttgart FamRZ 1979, 1077 (Vorlagebeschluss); LG Stuttgart FamRZ 1977, 413; LG Traunstein NJW 1977, 2167.

[11] BGH NJW 1980, 1746 = FamRZ 1980, 675, 676; BayObLG FamRZ 1981, 93; OLG Hamm NJW 1979, 49 = FamRZ 1978, 945; OLG Schleswig DAVorm. 1979, 440; LG Berlin FamRZ 1977, 660; LG Bonn NJW 1977, 2168; LG Saarbrücken DAVorm. 1978, 124; *Soergel/Liermann* Rn. 10; *Palandt/Diederichsen* Rn. 2; *Staudinger/Frank* Rn. 15; *Bühler* BWNotZ 1977, 129; *Brüggemann* ZfJ 1977, 205 f.; *ders.* FamRZ 1977, 658 f.; *Roth-Stielow* NJW 1978, 203.

[12] *Staudinger/Frank* Rn. 16; *Soergel/Liermann* Rn. 10.

[13] OLG Hamm NJW 1979, 49 = FamRZ 1978, 945, 947; LG Bonn NJW 1977, 2168; LG Saarbrücken DAVorm. 1978, 124; aA *Soergel/Damrau* § 1795 Rn. 6.

[14] BGH NJW 1980, 1746 = FamRZ 1980, 675, 676; OLG Hamm NJW 1979, 49 = FamRZ 1978, 945, 946 f.

§ 1746 10–12   Abschnitt 2. Titel 7. Annahme als Kind

Abs. 1 Nr. 3,[15] der auch nicht entsprechend anzuwenden ist,[16] weil damit die bezweckte Verfahrensvereinfachung unterlaufen würde und der einzusetzende Pfleger die Kindesinteressen auch nicht besser als das FamG beurteilen kann; im *Einzel*fall kann auf Interessengegensätze durch die Entziehung der Vertretungsmacht nach § 1796 iVm. § 1629 Abs. 2 S. 3 reagiert werden.[17] – Das Kind selbst muss ggf. nach § 192 Abs. 1, 3 FamFG **angehört** werden (dazu § 1752 Rn. 12).

10   **2. Eltern.** Sind die Eltern oder ein Elternteil gesetzliche Vertreter des Kindes, sind sie nach § 1746 als Vertreter und nach § 1747 als Eltern in die Annahme einwilligungsberechtigt. Es reicht aus, wenn die **Einwilligung** oder **Zustimmung** zur Erklärung des 14-jährigen Kindes als gesetzliche Vertreter und die Einwilligung aus eigenem Recht in *einer* Erklärung abgegeben wird. Dies folgt (auch) aus Abs. 3 Halbs. 2 Alt. 1:[18] Einer Erklärung der Eltern des Kindes als dessen gesetzliche Vertreter bedarf es nicht, wenn sie ihre persönliche Einwilligung nach § 1747 Abs. 1 S. 1 bereits wirksam und damit auch unwiderruflich erteilt haben (§ 1750) oder die – verweigerte – Einwilligung ersetzt wurde (§ 1748), sodass Kosten nur einmal entstehen. Denn stets beurteilt der Elternteil das von ihm wahrzunehmende Wohl des Kindes aus seiner Sicht **einheitlich;** eigene und fremde Interessen mischen sich.[19] Zudem beziehen sich beide Einwilligungen auf denselben Sachverhalt und sind in gleicher Form und an denselben Adressaten zu erklären. Willigt der Elternteil „in die Annahme" ein, ist daher die Einwilligung „als Elternteil" zugleich die als gesetzlicher Vertreter, und die „als gesetzlicher Vertreter" ist auch die des Elternteils, und die von den Eltern als gesetzliche Vertreter des Kindes erklärte Einwilligung zur Adoption ist nicht deshalb unwirksam, weil beim FamG gleichzeitig mit ihr die nach § 1747 erklärte eigene Einwilligung der Eltern eingeht.[20] Auch ohne ausdrückliche Erklärung beinhaltet deshalb die Einwilligung im eigenen Namen stets zugleich die Einwilligung im Namen des Kindes.[21] Zulässig ist jedoch der ausdrückliche **Vorbehalt** der Einwilligung oder der Vertretererklärung;[22] nachzuholen oder zu ersetzen ist dann lediglich der fehlende Erklärungsteil.[23]

11   Werden die nach §§ 1746, 1747 erforderlichen Einwilligungen beider Elternteile in einer Urkunde zusammengefasst, ruht mit deren Zugang beim FamG zwar das Sorgerecht der Eltern (§ 1751 Abs. 1 S. 1), doch ist eine (weitere) Erklärung des **Jugendamtes** als gesetzlicher Vertreter entbehrlich, weil die Einwilligung nach § 1746 bereits wirksam erteilt ist.[24] – Die **Adoptionspflege** setzt die Einwilligung der Eltern in die Adoption und deren Zugang beim FamG nicht zwingend voraus, wenngleich sie aus Gründen des Kindeswohls – Kontinuität! – idR vorliegen sollten (dazu auch § 1744 Rn. 7, 9). Ausnahme: Inpflegegabe des Kindes innerhalb von 8 Wochen nach der Geburt, weil die Einwilligung erst ab der vollendeten 8. Lebenswoche wirksam erteilt werden kann (§ 1747 Abs. 3 S. 1).

12   Erforderlich ist die **doppelte Einwilligung** allerdings nicht: Da die Einwilligung nach § 1747 erst mit dem Zugang beim FamG wirksam und unwiderruflich wird (§ 1750 Abs. 1 S. 3, Abs. 2 S. 2 Halbs. 1, dazu dort Rn. 8-11), vertritt der einwilligende Elternteil das Kind bis dahin. Danach ruht sein Sorgerecht (zur Vertretung des Kindes danach s. Rn. 5-6). Widerruft er seine Einwilligung aus eigenem Recht wirksam (dazu § 1750 Rn. 16), liegt darin zugleich auch ein Widerruf der Einwilligung für das Kind. – Sind die **Adoptionsbewerber** bereits gesetzliche Vertreter des Kindes, weil sie zum **Vormund** oder Pfleger des anzunehmenden Kindes bestellt wurden[25] oder ihnen nach

---

[15] BayObLG NJW 1961, 2309 = FamRZ 1962, 35 (zum FGG); OLG Hamm NJW 1979, 49 = FamRZ 1978, 945, 947.
[16] So aber OLG Stuttgart FamRZ 1979, 1077; *Engler* Rpfleger 1977, 274; erwogen, aber abgelehnt von *Gernhuber/Coester-Waltjen* § 68 Rn. 47.
[17] BGH NJW 1980, 1746 = FamRZ 1980, 675, 676; BayObLG FamRZ 1981, 93; OLG Schleswig DAVorm. 1979, 440; ebenso *Staudinger/Frank* Rn. 14; auch § 1795 Rn. 26, 36.
[18] Eingefügt durch Art. 1 Nr. 29 KindRG. Zu Recht weist *Staudinger/Frank* Rn. 8 darauf hin, dass Abs. 3 Halbs. 2 systematisch in Abs. 1 - Entbehrlichkeit der dort geregelten Erforderlichkeit der Einwilligung - gehört.
[19] Ebenso *RGRK/Dickescheid* Rn. 4; *Staudinger/Frank* Rn. 7; *FamRefK/Maurer* Rn. 7; *Soergel/Liermann* Rn. 7; aA BT-Drucks. 7/3061 S. 34 f.; *Roth-Stielow* Anm. 1; wohl auch AG Schweinfurt IPRspr. 1978 Nr. 114.
[20] LG Bonn MittRhNotK 1983, 196, 197.
[21] BayObLGZ 21, 197, 199; *Staudinger/Frank* Rn. 9; *Soergel/Liermann* Rn. 7.
[22] BT-Drucks. 7/3061 S. 34 Nr. 4.
[23] So im Ergebnis auch *Gernhuber/Coester-Waltjen* § 68 Rn. 66; *RGRK/Dickescheid* Rn. 5; *Soergel/Liermann* Rn. 6.
[24] Im Ergebnis ebenso *Lipp/Wagenitz* Rn. 10.
[25] *Staudinger/Frank* Rn. 11; *Soergel/Liermann* Rn. 10; ebenso zum bis 31. 12. 1976 geltenden Recht 3. Aufl. Rn. 6 mwN in Fn. 13. – Wurde deutschen Adoptionsbewerbern von einem ausländischen Gericht die elterliche Sorge für ein ausländisches Kind übertragen, können sie bei ihrem Adoptionsantrag wirksam die Einwilligung des anzunehmenden Kindes als dessen gesetzliche Vertreter erklären, AG Plettenberg IPRax 1994, 218 f. m. Anm. *Hohnerlein* IPRax 1994, 197.

einer Auslandsadoption das Sorgerecht bereits zusteht, sie aber deren **Umwandlung** in eine starke Adoption (§ 3 AdWirkG) betreiben, können auch sie Annahmeantrag und als gesetzliche Vertreter die Einwilligung des Kindes in einer Erklärung zusammenfassen.[26]

3. Ersetzung der Einwilligung. Die gesetzliche Regelung sieht eine Ersetzung der Einwilli- **13** gung der **Eltern** als gesetzliche Vertreter zwar nicht (mehr)[27] vor.[28] Doch bedarf es schon ihrer Einwilligung nicht, wenn ihre Einwilligung in die Annahme (§ 1747) nach § 1748 wirksam[29] ersetzt worden ist (Abs. 3 Halbs. 2).

Vertritt ein **Vormund**[30] oder **Pfleger** das Kind, kann seine Einwilligung ersetzt werden, wenn **14** sie ohne „triftigen Grund" verweigert wird (Abs. 3 Halbs. 1).[31] Der unbestimmte Rechtsbegriff „triftiger Grund" wurde in Anlehnung an § 3 Abs. 3 EheG aF (jetzt § 1303 Abs. 3) gewählt,[32] wo er als objektiv einsehbarer Grund verstanden wird.[33] Da ein solcher immer fehlt, wenn die Annahme nach Berücksichtigung auch der vom gesetzlichen Vertreter vorgetragenen Umstände im Interesse des Kindes liegt (§ 1741 Abs. 1),[34] kommt der Einwilligung des (nur) gesetzlichen Vertreters keine inhaltliche Bedeutung zu.[35] Dagegen spricht nicht, dass auch die Annahme durch andere Adoptionsbewerber die Adoptionsvoraussetzungen aus § 1741 Abs. 1 erfüllen können, ggf. sogar besser.[36] Denn die Prüfung der Kindeswohldienlichkeit eröffnet eine vergleichende Betrachtung der Auswirkungen mehrerer Alternativen für das Kind,[37] weshalb es sich weniger um eine Frage des Adoptions- als vielmehr des Adoptionsvermittlungsverfahrens handelt („matching"; zum Begriff § 1744 Anh. Rn. 1), in dem (auch) der besonderen Situation des Kindes Rechnung zu tragen ist. – Der Einwilligung des Vormunds oder Pflegers bedarf es auch dann nicht, wenn das FamG die Einwilligung der leiblichen Eltern auf Antrag des Kindes[38] nach § 1748 ersetzt hat (Abs. 3 Halbs. 2 Alt. 2[39]). – Zur Vormundschaft nach **Art. 234 § 11 Abs. 1 S. 2 EGBGB** s. dort 4. Aufl. Rn. 3, 4.

V. Kind ab dem vollendeten 14. Lebensjahr

1. Erklärung des Kindes. Weil der Statuswechsel das Kind höchstpersönlich berührt und sein **15** Wohl nicht gegen seinen Willen durchgesetzt werden soll, kann das 14- jährige, nicht geschäftsunfähige Kind nur selbst in die Annahme einwilligen (Abs. 1 S. 3; vgl. dazu auch die parallele Regelung in § 1596 Abs. 1 und 2 [Zustimmung zur Anerkennung der Vaterschaft]). Anders als nach Trennung oder Scheidung (§ 1671, s. aber auch die Einschränkung in Abs. 2 Nr. 1) kann sich der Elternwille

---

[26] Staudinger/Frank Rn. 11.
[27] Der sich daran anschließende und bis zum 1. 7. 1998 bestehende Streit, ob die Ersetzung der elterlichen Einwilligung nach § 1748 auch eine nicht abgegebene Vertretungserklärung nach § 1746 erfasst - so etwa ausführlich 3. Aufl. Rn. 6, weil mit rechtskräftiger Ersetzung der Einwilligung die elterliche Sorge ruht (dazu § 1751 Rn. 3) und das Jugendamt Vormund wird (ebenso Staudinger/Frank Rn. 22); die aA ging den Weg über eine Entziehung des Vertretungsrechts nach § 1666, BT-Drucks. 7/3061 S. 34 [Nr. 4]; Bischof JurBüro 1976, 1576; Roth-Stielow Anm. 1 (obwohl sie den „rechten Sinn" vermissen) - hat sich mit der Neuregelung in Abs. 3 Halbs. 2 Alt. 1 (dazu Rn. 14) erledigt.
[28] Dazu auch BT-Drucks. 13/4899 S. 112.
[29] Dazu MünchKommZPO/Maurer §§ 197, 198 FamFG Rn. 54.
[30] Zu dessen Entlassung, wenn er selbst das Kind adoptieren will und die Adoption beantragt, s. OLG Hamm FamRZ 1997, 1561 f.
[31] BT-Drucks. 7/3061 S. 36 [Nr. 14]: Die Alternative wäre gewesen, dass "der Vormund oder Pfleger ausgewechselt wird und der neue eine andere Entscheidung trifft."
[32] BT-Drucks. 7/3061 S. 36 [Nr. 14].
[33] Vgl. BGHZ 21, 340 = NJW 1956, 1794, 1795. Die dort erkennbare Tendenz zur Einschränkung („strenger Maßstab", S. 1796) kann dagegen auf § 1746 Abs. 3 nicht übertragen werden, soll der Sinn der Vorschrift, die Abberufung des Vormunds zu erübrigen, nicht unterlaufen werden.
[34] BayObLGZ 1989, 70 = FamRZ 1989, 1336, 1337 (Kleinkindannahme durch den nichtehelichen Vater nach Selbstmord der Mutter und Aufnahme des Kindes in Pflegefamilie entspricht nicht § 1741); ZfJ 1991, 431, 432 f.; FamRZ 1997, 839, 840; OLG Oldenburg NJW-RR 1996, 709 = FamRZ 1996, 895; LG Ellwangen DAVorm. 1988, 309 f. = FamRZ 1988, 873 f. (LS.): Adoption wird nicht dadurch gehindert, dass der Vater noch nicht festgestellt ist (zum Ganzen auch § 1747 Rn. 9, 33). Wohl auch OLG Stuttgart OLGZ 1980, 110, 112: Herausnahme aus Stiefvaterfamilie, in der sich das Kind seit 7 Jahren aufhält, macht Förderung des Kindeswohls „zweifelhaft".
[35] Ebenso Lipp/Wagenitz Rn. 8.
[36] So Staudinger/Frank Rn. 20 mwN.
[37] OLG Stuttgart OLGZ 1980, 110, 112: Der Vormund des nichtehelichen Kindes verweigert die Zustimmung zur Annahme des Kindes durch den nichtehelichen Vater ohne triftigen Grund, wenn das Kind (auch nach dem Tode seiner Mutter) in dem Familienverband seines Stiefvaters verwurzelt ist und zu seinem Stiefvater eine echte Vater-Kind-Beziehung hat.
[38] Zur Kritik an der Aufrechterhaltung des Antragserfordernisses s. Liermann FuR 1997, 217, 219 f.
[39] IdF von Art. 1 Nr. 29 KindRG.

§ 1746 16–18 Abschnitt 2. Titel 7. Annahme als Kind

nicht gegenüber dem Kindeswillen durchsetzen, weil die Eltern bereits mit der Zustimmung zur Annahme ihr Elternrecht aufgegeben haben. Die Einwilligung des Kindes kann auch nicht **ersetzt** werden.[40] – Zum Beginn des Selbstbestimmungsrechts mit Vollendung des 14. Lebensjahres s. auch §§ 1617c Abs. 1 S. 2, 1618 S. 6, 1671 Abs. 2 Nr. 1, § 159 Abs. 1, 2 FamFG, aber auch § 192 FamFG, der keine Altersbeschränkung für die Anhörung des anzunehmenden Kindes vorsieht (anders noch §§ 50b Abs. 2, 59 Abs. 3 FGG).

16   Vor der Beurkundung seiner Einwilligung (§ 1750 Abs. 1 S. 2) ist das Kind über deren Rechtsfolgen, insbesondere über die Namensführung, in verständlicher Form zu **belehren** (§ 17 BeurkG). Hat der beurkundende Notar Bedenken an der freien Willensäußerung des Kindes, soll er Begleitpersonen – insbesondere Pflegeeltern, die zugleich Adoptionsbewerber sind – von der Verhandlung ausschließen. Hindert der gesetzliche Vertreter das Kind an einer Willensäußerung – Verbot des Erscheinens beim Notar u. ä. -, hat das FamG nach §§ 1666, 1686 die erforderlichen Maßnahmen zu ergreifen.

17   **2. Zustimmung des gesetzlichen Vertreters.** Das nicht voll geschäftsfähige Kind kann nur mit Zustimmung seines gesetzlichen Vertreters, die er aus eigenem Recht und nicht als Vertreter erklärt,[41] einwilligen (Abs. 1 S. 3 Halbs. 2). Die Wirksamkeit seiner Einwilligung ist deshalb **aufschiebend bedingt** durch die Zustimmung seines gesetzlichen Vertreters, die der Einwilligung nach Abs. 1 S. 2 (dazu Rn. 9-14) ausdrücklich gleichgestellt wird (Abs. 3 Halbs. 1). Die Zustimmung durch die leiblichen Eltern ist **nicht erforderlich,** wenn sie unwiderruflich in die Annahme eingewilligt haben oder ihre Einwilligung durch das FamG ersetzt worden ist (Abs. 3 Halbs. 2; s. dazu die Parallele zur Einwilligung Rn. 10). – Sie kann vor, bei oder nach der Einwilligung erklärt werden, und zwar **gegenüber** dem Minderjährigen oder dem FamG (§ 182 Abs. 1).[42] Entsprechend § 1750 Abs. 2, 3 muss sie persönlich erteilt werden und darf nicht bedingt oder befristet sein.[43] Zwar bedarf sie keiner **Form** (§ 182 Abs. 2; dazu auch § 1750 Rn. 6-7), doch muss sie dem FamG nachgewiesen werden.[44] In der Aufforderung, den Nachweis zu erbringen, liegt keine Zurückweisung nach §§ 182 Abs. 3, 111 S. 2, zu der das FamG nicht befugt wäre. Vielmehr bleibt die Einwilligung wirksam, und die Zustimmung kann bis zur familiengerichtlichen Entscheidung nachgeholt werden. – Vertretungsberechtigte Eltern brauchen der Einwilligung des Kindes nicht gesondert zuzustimmen, weil ihre **Einwilligung** nach § 1747 zugleich ihre Zustimmung beinhaltet (dazu Rn. 10-12).[45] – Zur **Ersetzung** der Zustimmung s. Rn. 13-14.

VI. Widerruflichkeit

18   Die Einwilligung des **gesetzlichen Vertreters** des Kindes ist unwiderruflich (§ 1750 Abs. 2 S. 2 Halbs. 1). – Das **Kind,** das das 14. Lebensjahr vollendet hat und nicht geschäftsunfähig ist, kann seine persönlich zu erklärende Einwilligung dagegen bis zum Wirksamwerden des Ausspruchs der Annahme mit der Zustellung des Annahmebeschlusses an den Annehmenden (§ 197 Abs. 2 FamFG) widerrufen (§§ 1750 Abs. 2 S. 2 Halbs. 2, 1746 Abs. 2 S. 1), ohne dass es dazu der Zustimmung seines gesetzlichen Vertreters zu bedarf (§ 1746 Abs. 2 S. 3). Damit wird dem Willen des Hauptbeteiligten bis zum letztmöglichen Augenblick Rechnung getragen.[46] Der Widerruf bedarf nicht der Zustimmung des gesetzlichen Vertreters, weil mit ihm nur die persönliche Einwilligung des Kindes beseitigt wird (zum Widerruf der Erklärung des gesetzlichen Vertreters durch das Kind s. Rn. 19). Die Zustimmung des gesetzlichen Vertreters (Abs. 1 S. 3 Halbs. 2, dazu Rn. 17) ist nicht widerruflich.[47] – Der Widerruf ist in öffentlich beurkundeter **Form** zu erklären (Abs. 2 S. 2).[48] Die Beurkundung kann der Jugendamt, das den Jugendliche meist bereits Kontakt hat, vornehmen (§ 59 Abs. 1 Nr. 6 SGB VIII).[49] – Unabhängig von einem solchen förmlichen Widerruf ist das FamG berechtigt und verpflichtet, einen **Gesinnungswechsel** des Jugend-

---

[40] BayObLG FamRZ 1997, 576, 577.
[41] BGH NJW 1971, 841 f. (zu § 1751 aF).
[42] *Staudinger/Frank* Rn. 34.
[43] *Erman/Saar* Rn. 7; *Soergel/Liermann* Rn. 16; *Staudinger/Frank* Rn. 34.
[44] *Erman/Saar* Rn. 7; *Soergel/Liermann* Rn. 16; *Staudinger/Frank* Rn. 33; RGRK/*Dickescheid* Rn. 13; § 1750 Rn. 5; *Krause* NotBZ 2006, 221, 225.
[45] *Staudinger/Frank* Rn. 29.
[46] Zu ähnlichen Tendenzen im alten Recht s. *Lüderitz* NJW 1976, 1867.
[47] *Soergel/Liermann* Rn. 16 unter Hinweis auf § 130 Abs. 1 S. 2; aA *Staudinger/Frank* Rn. 34.
[48] Eingefügt auf Veranlassung des RA-BT BT-Drucks. 7/5087 S. 10; der RegE sah noch eine einfache schriftliche Erklärung vor, BT-Drucks. 7/3061 S. 35. Parallelen: § 1597 Abs. 3 (Vaterschaftsanerkenntnis); § 1747 Abs. 3 Nr. 3 (dazu 3. Aufl. § 1747 Rn. 25).
[49] Eingefügt vom RA-BT, BT-Drucks. 7/5087 S. 10 [Zu Artikel 1 Nr. 1 (§ 1746 BGB)]: "besonders wichtig".

lichen, der ihm auch formlos angezeigt werden oder der sich bei der Anhörung ergeben kann, bei der Prüfung, ob die Annahme dem Wohl des Kindes dient, zu berücksichtigen. Sträubt sich ein mindestens 14 Jahre altes Kind ernstlich gegen die Annahme, wird diese idR auch nicht seinem Wohl dienen.[50]

Widerruflich ist auch die **Zustimmung** des gesetzlichen Vertreters zur Einwilligung des 14 Jahre **19** alten, nicht geschäftsunfähigen Kindes.[51] § 1750, der nur Regelungen für die Einwilligung trifft, ist nicht anwendbar (dazu näher § 1750 Rn. 7).

VII. Maßgeblicher Zeitpunkt

Die Einwilligung kann vor oder nach Antragstellung im Annahmeverfahren erklärt werden, ihr **20** Vorliegen bei **Erlass des Annahmebeschlusses** reicht aus, allerdings muss den Beteiligten des Annahmeverfahrens rechtliches Gehör gewährt worden sein. Die einmal erklärte Einwilligung bleibt wirksam, auch wenn der **gesetzliche Vertreter** des noch nicht 14- jährigen oder geschäftsunfähigen Kindes zwischen Einwilligungserklärung und Ausspruch der Annahme wechselt oder das Kind im Laufe des Verfahrens 14 Jahre alt wird. Zwar ist maßgeblicher **Stichtag** der Tag des Ausspruchs der Annahme (dazu näher § 1752 Rn. 18). Doch ist die nach § 1746 erklärte Einwilligung stets die des Kindes, gleich ob sie der gesetzliche Vertreter oder das Kind persönlich erklärt. Deshalb ist allein erheblich, ob im **Zeitpunkt der Erklärung** (§ 1750 Abs. 1 S. 3) das Kind 14 Jahre alt war und der richtige gesetzliche Vertreter einwilligte oder seine Zustimmung erteilte.[52] Wird aber das Kind vor Zustellung des Annahmebeschlusses an die Annehmenden 14 Jahre alt und ist es nicht geschäftsunfähig, kann es die Einwilligungserklärung seines gesetzlichen Vertreters bis zu diesem Zeitpunkt widerrufen (Abs. 2; dazu auch Rn. 18).[53] Dieses Widerrufsrecht, von dem das Kind uU keine Kenntnis hat, gewährleistet nicht nur seine Beteiligung am Verfahren, sondern auch seine persönliche Anhörung (dazu allgemein § 1752 Rn. 22).

VIII. Auslandsberührung

1. Unterschiedliche Staatsangehörigkeit. Abs. 1 S. 4 kommt als Teil des inländischen **21** materiellen Adoptionsrecht bei einer **Annahme** nach deutschem Sachrecht zur Anwendung (Halbs. 1),[54] nicht jedoch bei der **Anerkennung** einer ausländischen Annahme eines deutschen Kindes nach ausländischem Recht.[55] Da Halbs. 1 aber nicht zur Anwendung kommen soll, wenn die Annahme deutschem Recht unterliegt (Halbs. 2,[56] dazu Rn. 22), beschränkt sich das Erfordernis der **Genehmigung** durch das FamG auf den Fall, dass sich zwar nicht die Annahme, wohl aber die Einwilligung des Kindes nach deutschem Sachrecht richtet, weil das Kind deutscher Staatsangehöriger ist (Art. 23 S. 1 EGBGB)[57] oder das Kindeswohl die Anwendung inländischen Rechts erfordert (Art. 23 S. 2 EGBGB).[58] – Halbs. 1[59] erfasst alle gemischt-nationalen Adoptionen, um Zuordnungsänderungen[60] und damit (wohl) Kindesgefährdungen zu begegnen.

---

[50] BT-Drucks. 7/3061 S. 35; zur vergleichbaren Situation bei der Regelung der elterlichen Sorge *Lüderitz* FamRZ 1975, 608.
[51] *Staudinger/Frank* Rn. 34; aA *Soergel/Liermann* Rn. 16.
[52] Ebenso RGRK/*Dickescheid* Rn. 14. Dies entspricht der hM zum früheren Recht, wonach die Vollendung des 14. Lebensjahres bei Vertragsabschluss maßgeblich war (LG Limburg NJW 1962, 1160; *Staudinger/Engler* 10./11. Aufl. § 1751 Rn. 7); aA OLG Celle ZfJ 1959, 236 (spätere Vollendung des 14. Lebensjahres, weil bei nachträglicher Genehmigung durch das FamG diese erst mit Mitteilung durch den gesetzlichen Vertreter wirksam werde (§ 1829), angesichts der Entschließungsfreiheit des gesetzlichen Vertreters also weiter eine Willensentscheidung nötig sei; doch trifft dies unter der Geltung des Dekretsystems gerade nicht mehr zu (dazu Rn. 9). *Staudinger/Frank* Rn. 24 sehen allerdings die Kindesinteressen durch die hM nicht gewahrt und stellen daher auf den Zeitpunkt des Beschlusses ab; aA auch *Lipp/Wagenitz* Rn. 2.
[53] BT-Drucks. 7/3061 S. 35 Nr. 11.
[54] *Staudinger/Frank* Rn. 37; aA noch 5. Aufl. Rn. 17.
[55] LG Offenburg StAZ 1988, 355, 356; AG Offenburg StAZ 1988, 356 mit Herleitung aus dem Gesetzgebungsverfahren; aA wohl *Palandt/Thorn* Art. 22 EGBGB Rn. 13.
[56] Eingefügt durch Art. 1 Nr. 29 KindRG; so schon die hM zur Fassung nach dem *IPR-Neuregelungsgesetz* (dazu Vor § 1741 Rn. 12), etwa *Staudinger/Frank* Rn. 36 mwN.
[57] *Staudinger/Frank* Rn. 37; aA wohl BT-Drucks. 10/504 S. 86 [Zu Nummer 2], das sich auch auf Art. 22 EGBGB bezieht und damit die Adoption nach deutschem Sachrecht einbezieht; anders auch noch 5. Aufl. Rn. 16.
[58] S. dazu auch *Liermann* FuR 1997, 217, 219; *Soergel/Liermann* Rn. 19.
[59] Eingefügt durch das *IPR-Neuregelungsgesetz* (dazu Vor § 1741 Rn. 12). Er ersetzt Art. 22 Abs. 2 S. 2 EGBGB aF (dazu 1. Aufl. Rn. 180-182) und dehnt dessen Regelungsgehalt aus.
[60] BT-Drucks. 10/504 S. 86 [Zu Nummer 2].

§ 1746   22–24   Abschnitt 2. Titel 7. Annahme als Kind

22   Das Genehmigungserfordernis **entfällt** (Abs. 1 S. 4 Halbs. 2), wenn sich die Annahme nach Art. 22 EGBGB oder kraft Rückverweisung nach inländischem Recht richtet (dazu Rn. 21), weil die Belange des Kindes ohnehin zu beachten sind (dazu Rn. 14).[61] – Da die Neuregelung darauf abstellt, dass sich die Annahme nach inländischem Sachrecht richtet, entfällt das Genehmigungserfordernis auch, wenn die **Einwilligung** nach Art. 23 EGBGB ausländischem Sachrecht folgt,[62] weil auch Art. 23 S. 2 EGBGB die Prüfung des Kindeswohls anordnet; denn nur sie ermöglicht die Entscheidung, ob das Kindeswohl die Anwendung inländischen anstelle des ausländischen Rechts erfordert.

23   **2. Auslandsadoption.** Wird das Kind im Ausland angenommen, ist die Beachtung von Abs. 1 S. 4 nur gewährleistet, wenn die Annahme durch **Vertrag** erfolgt, weil dann die Annahme im Inland bei fehlender Genehmigung durch das FamG nicht wirksam ist.[63] Wird aber im Ausland – wie meist[64] – durch **Dekret** angenommen, gewinnt die Vorschrift nur Bedeutung, wenn das IPR des entscheidenden Gerichts deutsches Recht für anwendbar erklärt – dies ist am wahrscheinlichsten, wenn alle Beteiligten Deutsche sind; doch gilt dann S. 4 gerade nicht –, nicht aber bei der Anwendung fremden Sachrechts.[65] – Im Übrigen richtet sich die Anerkennung einer Auslandsentscheidung nach dem **AdWirkG** (dazu § 1752 Anh.). Die Nichtbeachtung des Genehmigungserfordernisses aus Abs. 1 S. 4 Halbs. 1 verstößt unabhängig davon, ob es sich um eine Adoption nach dem HaagAdoptÜbk oder um eine solche aus einem Nicht-Vertragsstaat handelt, nicht gegen den ordre public, wenn das Wohl des Kindes gewahrt wurde.[66]

IX. Verfahren

24   Das Verfahren auf Ersetzung der Einwilligung des Vormunds oder Pflegers (Abs. 3 Halbs. 1) ist **Adoptionssache** (§ 186 Nr. 2 FamFG)[67] und als solche Familiensache (§ 111 Nr. 8 FamFG), für die das **FamG** zuständig ist (§ 23a Abs. 1 Nr. 1 GVG). – **Funktionell** zuständig ist der Richter (§§ 3 Nr. 2 lit. a, 14 Nr. 15 RPflG). – Das Verfahren wird von Amts wegen **betrieben** und bedarf deshalb keines Antrags;[68] Anträge sind Anregungen an das FamG zum Tätigwerden. – Das Vorliegen der Voraussetzungen aus § 1741 Abs. 1 – die Annahme muss dem Wohl des Kindes dienen[69] und die Entstehung eines Eltern-Kind-Verhältnisses zu erwarten sein (S. 1, dazu dort Rn. 14-30), wobei auch die sich aus der unterschiedlichen Staatsangehörigkeit ergebenden Folgen zu beachten sind;[70] bei der Mitwirkung an einer gesetzes- oder sittenwidrigen Vermittlung oder Verbringung des Kindes muss zudem die Annahme zu dessen Wohl erforderlich sein (S. 2, dazu dort Rn. 31-36) – ist von Amts wegen zu **ermitteln** (§ 26 FamFG).[71] – Die Beteiligten sollen **angehört** werden (§ 192 Abs. 2 FamFG).[72] – Den Kindern kann bereits für das Beurkundungsverfahren zur Einwilligung in die Adoption vom für das Adoptionsverfahren zuständigen FamG ein **Verfahrensbeistand** bestellt werden, „sofern dies zur Wahrnehmung seiner Interessen erforderlich ist", was regelmäßig der Fall ist, „wenn das Interesse des Kindes zu dem seiner gesetzlichen Vertreter in erheblichem Gegensatz steht" (§§ 191, 158 Abs. 2 Nr. 1 FamFG). Bestehen Anhaltspunkte dafür, dass durch eine Stiefkindadoption

---

[61] Bereits zum alten Recht wurde in diesen Fällen auf die Genehmigung der Einwilligung durch das FamG verzichtet (*Staudinger/Henrich* Art. 23 EGBGB Rn. 22; *Staudinger/Frank* Rn. 36 mwN; *Jayme* IPRax 1983, 274, 275) oder die Genehmigung zusammen mit der Annahme ausgesprochen (*Liermann* FuR 1997, 217, 219; *Soergel/Liermann* Rn. 19).
[62] Zum vormaligen Rechtszustand s. *Staudinger/Frank* Rn. 36 mwN.
[63] Vgl. 1. Aufl. Art. 22 EGBGB Rn. 207, unausgesprochen auch 2. Aufl. Art. 22 EGBGB Rn. 35, 88. *Palandt/Thorn* Art. 22 EGBGB Rn. 11; *Hepting* StAZ 1986, 307 halten eine solche Adoption wegen § 1752 überhaupt für unwirksam.
[64] BT-Drucks. 7/3061 S. 24.
[65] Ebenso *Soergel/Liermann* Rn. 21.
[66] LG Offenburg StAZ 1988, 355; LG Berlin FamRZ 1990, 1393, 1395; *Staudinger/Frank* Rn. 38; *Lipp/Wagenitz* Rn. 6; *Klinkhardt* IPRax 1987, 160; im Ergebnis ebenso *Beitzke* StAZ 1990, 68, der auf Widersprüche zwischen den Begründungen zu § 1746 Abs. 1 S. 4 und § 16a FGG hinweist; dagegen LG Berlin aaO; aA *Palandt/Thorn* Art. 22 EGBGB Rn. 13.
[67] Zum Ganzen MünchKommZPO/*Maurer* § 186 FamFG Rn. 4.
[68] OLG Hamm OLGZ 1991, 257 = NJW-RR 1991, 905 = FamRZ 1991, 1230, 1231; LG Berlin ZfJ 1984, 372 f.; s. auch BT-Drucks. 7/3061 S. 36 [Nr. 14].
[69] Dazu OLG Oldenburg IPRax 1998, 491 m. Anm. *Jayme*; LG Osnabrück NJW-RR 1998, 582 = FamRZ 1998, 54 m. Bspr. *Hohloch* JuS 1998, 268 (bestätigt durch OLG Oldenburg aaO); AG Bersenbrück IPRax 1998, 491; s. auch *Lipp/Wagenitz* Rn. 6.
[70] *Liermann* FuR 1998, 1997, 217, 219; ablehnend *Frank* FamRZ 1998, 393, 397, weil es kaum noch Rechtsordnungen gibt, die keine Kindeswohlprüfung vorsehen, und dies ein „Musterbeispiel" für den ordre public wäre.
[71] BT-Drucks. 13/4899 S. 156.
[72] MünchKommZPO/*Maurer* §§ 192-195 FamFG Rn. 11, 13.

Einwilligung der Eltern des Kindes § 1747

ein leiblicher Elternteil „eliminiert" werden soll, ist immer von einem erheblichen Interessengegensatz auszugehen.[73] – Die Genehmigung ist nach der Einwilligung zu erteilen, sie kann aber auch zusammen mit dem **Adoptionsbeschluss** erteilt werden.[74]

Aus der Mitwirkung des gesetzlichen Vertreters ergeben sich verfahrensrechtliche Folgerungen: **25** Die **Ersetzung,** die erst mit Eintritt der formellen Rechtskraft wirksam wird (§ 198 Abs. 1 S. 1 FamFG), ist ebenso wie ihre **Versagung** mit der fristgebundenen **Beschwerde** anfechtbar (§§ 198 Abs. 2, 58, 63 Abs. 1 FamFG).[75] Die Beschwerdeinstanz wird mittelbar mit der Annahme befasst und überprüft darauf, ob ein triftiger Grund für die Verweigerung vorliegt. Die Mitwirkung des gesetzlichen Vertreters stellt so ggf. die Einführung zusätzlicher Tatsachen und rechtlicher Gesichtspunkte sicher, was aber zu einer Verfahrensverzögerung führen kann, weil über die Annahme vor Rechtskraft der Ersetzung nicht positiv entschieden werden kann.[76] Gegen die Entscheidung des Beschwerdegerichts ist die **Rechtsbeschwerde** nach Zulassung (§ 70 Abs. 1 FamFG) auch dann das zulässige Rechtsmittel, wenn es durch Aufhebung einer ersetzenden Entscheidung des FamG eine Ersetzung ablehnt.[77]

Anfechten können[78] **26**
– die **Ersetzung** der gesetzliche Vertreter des Kindes;
– ihre Versagung
– in einem **selbständigen Verfahren**[79] der gesetzliche Vertreter des Kindes und das Kind, das das 14. Lebensjahr vollendet hat und nicht geschäftsunfähig ist (§ 60 FamFG),[80] und der Antragsteller des Annahmeverfahrens (§ 59 Abs. 2 FamFG),
– in einem **Zwischenverfahren** alle Beteiligte, die durch die Entscheidung in ihren Rechten beeinträchtigt sind (§ 59 Abs. 1 FamFG), auch das nicht geschäftsunfähige und mindestens 14-jährige Kind (§ 60 FamFG),[81]
– die **inzident** im Annahmeverfahren getroffene Entscheidung der Annehmende und der nicht geschäftsunfähige Anzunehmende, der das 14. Lebensjahr vollendet hat, durch Anfechtung der Abweisung des Scheidungsantrags, zu der die Nichtersetzung der Einwilligung führt.

§ 1747 Einwilligung der Eltern des Kindes

(1) ¹Zur Annahme eines Kindes ist die Einwilligung der Eltern erforderlich. ²Sofern kein anderer Mann nach § 1592 als Vater anzusehen ist, gilt im Sinne des Satzes 1 und des § 1748 Abs. 4 als Vater, wer die Voraussetzung des § 1600d Abs. 2 Satz 1 glaubhaft macht.

(2) ¹Die Einwilligung kann erst erteilt werden, wenn das Kind acht Wochen alt ist. ²Sie ist auch dann wirksam, wenn der Einwilligende die schon feststehenden Annehmenden nicht kennt.

(3) Sind die Eltern nicht miteinander verheiratet und haben sie keine Sorgeerklärungen abgegeben,
1. kann die Einwilligung des Vaters bereits vor der Geburt erteilt werden;
2. darf, wenn der Vater die Übertragung der Sorge nach § 1672 Abs. 1 beantragt hat, eine Annahme erst ausgesprochen werden, nachdem über den Antrag des Vaters entschieden worden ist;

---

[73] Nach *Paulitz/Oberloskamp* Adoption S. 107 ist bei einer Stiefkindadoption stets eine Verfahrenspflegschaft anzuordnen.
[74] AG Bielefeld IPRax 1989, 172; AG Tettnang Justiz 1987, 316; AG Hagen (Westfalen) IPRax 1989, 312 m. Anm. *Jayme*; AG Plettenberg IPRax 1994, 219; *Kryzwon* BWNotZ 1987, 58, 60; *Soergel/Liermann* Rn. 20; *Staudinger/Frank* Rn. 39; *Staudinger/Henrich* Art. 23 EGBGB Rn. 22; nicht eindeutig LG Osnabrück IPRax 1999, 50 Nr. 11 a (LS.) („bevor der beantragte Adoptionsbeschluss erlassen werden kann").
[75] OLG Stuttgart OLGZ 1980, 110, 111. Dazu MünchKommZPO/*Maurer* §§ 197, 198 FamFG Rn. 56.
[76] BayObLG FamRZ 1983, 532, 533, das gleichwohl das Vorliegen der Voraussetzungen der Annahme (§ 1741) ausführlich erörtert.
[77] BayObLG FamRZ 1997, 839, 840.
[78] MünchKommZPO/*Maurer* §§ 197, 198 Rn. 57; *Staudinger/Frank* Rn. 21.
[79] Für dessen Zulässigkeit auch *Staudinger/Frank* Rn. 26, § 1752 Rn. 23, 1750 Rn. 13.
[80] Dazu MünchKommZPO/*Maurer* §§ 197, 198 Rn. 57.
[81] BayObLG FamRZ 1983, 532.

3. kann der Vater darauf verzichten, die Übertragung der Sorge nach § 1672 Abs. 1 zu beantragen. Die Verzichtserklärung muss öffentlich beurkundet werden. § 1750 gilt sinngemäß mit Ausnahme von Absatz 4 Satz 1.

(4) Die Einwilligung eines Elternteils ist nicht erforderlich, wenn er zur Abgabe einer Erklärung dauernd außerstande oder sein Aufenthalt dauernd unbekannt ist.

Schrifttum: *Finger*, Die elterliche Sorge des nichtehelichen Vaters – verfassungswidrige Reform?, ZfJ 2000, 183; *Grob*, Die elterliche Einwilligung in die Adoption, 1984; *Helms*, Das Einwilligungsrecht des Vaterschaftsprätendenten bei der Adoption eines nichtehelichen Kindes, JAmt 2001, 57; *Maurer*, Gestärkte Rechte des Vaters bei der Adoption, FPR 2005, 196.

Übersicht

	Rn.		Rn.
I. Normzweck	1	3. Auskunft über Annehmende	29
II. Anwendungsbereich	2–4	VI. Entbehrlichkeit	30–33
III. Einwilligungsberechtigte	5–17	1. Unvermögen	30
1. „Eltern"	5, 6	2. Unbekannter Aufenthalt	31
2. Mutter	7	3. Abs. 4 analog?	32, 33
3. Vater	8–15	VII. Mängel	34
a) Grundsätze	8–10	VIII. Nichtehelicher Vater	35–43
b) Ausnahme: Vaterschaftsprätendent	11–15	1. Allgemeines	35
4. Statusänderung	16	2. Erklärungen	36–43
5. Andere Verwandte	17	a) Sorgerechtsantrag	36–39
IV. Überlegungsfrist	18–24	b) Verzicht auf Sorgerechtsantrag	40–43
1. Zweck	18	IX. Belehrung und Beratung	44–48
2. Dauer	19	1. Inhalt	44, 45
3. Begünstigte	20	2. Zeitpunkt	46
4. Pränatale Erklärungen	21–24	3. Zuständigkeit	47
a) Grundsatz	21, 22	4. Unterlassene Belehrung	48
b) Ausnahmen	23, 24	X. Verfahren	49–51
V. Inhalt	25–29	1. Verfahrensart	49, 50
1. Bezeichnung der Annehmenden	25–27	2. Ermittlungen	51
2. Kumulative Einwilligung	28		

I. Normzweck

1 Da durch die Annahme als Kind die Rechtsbeziehungen zwischen dem Kind und seinen leiblichen Verwandten aufgehoben werden (§ 1755), ist für sie die Einwilligung der leiblichen Eltern als Inhaber des natürlichen Elternrechts erforderlich.[1] Dieses Einwilligungsrecht war stets unangefochten und wird durch Art. 6 Abs. 2 GG geschützt (dazu Vor § 1741 Rn. 16, 28-32), fordert andererseits aber auch nicht die Erweiterung des Kreises der Einwilligungsberechtigten auf sonstige Verwandte und Bezugspersonen.[2] – Allein die Einwilligung eines Elternteils in die Annahme stellt keine Vernachlässigung des Kindes dar und rechtfertigt keinen **Sorgerechtsentzug** nach § 1666.[3] – Zum Kreis der **Einwilligungsberechtigten** s. Rn. 5-17; zur **Verfügbarkeit** des Elternrechts s. Vor § 1741 Rn. 18-20; zur **Einschränkung** s. § 1748; zum Inhalt der **Einwilligung** s. Rn. 25-29, zur **Abgabe, Bindung** und **Form** s. § 1750, zur **Wirkung** s. § 1751, und zu den **Mängeln** s. § 1760.

II. Anwendungsbereich

2 Die Regelung gilt nur für die **Minderjährigenadoption**. Für eine Volljährigenadoption ist sie ohne Sinngehalt, weil in sie die Eltern nicht einzuwilligen brauchen (§ 1768 Abs. 1 S. 2, dazu dort Rn. 5).

---

[1] Zur Entstehungsgeschichte s. *Staudinger/Frank* Rn. 1-4, 14.
[2] *Staudinger/Frank* Rn. 7.
[3] BayObLG StAZ 1990, 479 f. = FamRZ 1990, 903 (LS.).

Einwilligung der Eltern des Kindes 3–7 § 1747

Das Einwilligungserfordernis soll die Abstammung und damit das natürliche Elternrecht schüt- 3
zen.[4] Deshalb sind nur die **leiblichen Eltern** einwilligungsberechtigt (zur Unabdingbarkeit der
rechtlichen Mutterschaft s. Rn. 7). Maßgeblich ist ausschließlich die biologische Abstammung und
nicht die elterliche Sorge. Darauf, ob die leiblichen Eltern auch die Inhaber der elterlichen Sorge
sind, ob sie sie je hatten, ob sie ihnen entzogen worden ist oder ob sie ruht, kommt es nicht an.[5]

Deshalb soll **Adoptiveltern** kein Einwilligungsrecht zustehen.[6] Zwar ist dies wegen des grund- 4
sätzlichen Verbots der Mehrfachadoption für Minderjährige (§ 1742) und der Nichtgeltung von
§ 1747 bei der Volljährigenadoption (§ 1768 Abs. 1 S. 2, dazu Rn. 2) praktisch nicht sehr bedeutsam.
Doch zeigt die Regelung des Einwilligungsrechts bei zulässigen **Mehrfachadoptionen,** dass die
natürliche Elternschaft das Einwilligungsrecht nicht stets rechtfertigt:
– Heiratet der Annehmende (wieder), steht ihm – dem Adoptivelternteil – das Einwilligungsrecht
  in die Annahme durch seinen Ehegatten und nicht den leiblichen Eltern zu (dazu § 1742 Rn. 8).
– Nach dem Tod des/der Annehmenden bedarf es für eine weitere Adoption keiner elterlichen
  Einwilligung mehr (dazu § 1742 Rn. 7). Die Anknüpfung an die natürliche Elternschaft müsste
  jedoch zur Einwilligung der überlebenden leiblichen Eltern führen.
Eine Ausnahme besteht zudem für die Inlandsadoption eines Kindes deutscher Staatsangehörigkeit
durch ausländische Staatsangehörige, die sich wegen der Zulässigkeit nach ausländischem Sachrecht
als **Zweitadoption** darstellt: Kennt das ausländische Kollisionsrecht eine Art. 23 S. 1 EGBGB
inhaltsgleiche oder -ähnliche Regelung oder führt Art. 23 S. 2 EGBGB ohnehin zum Erfordernis
von Einwilligungen nach deutschem Sachrecht, haben auch die Adoptiveltern der Voradoption ein
Einwilligungsrecht nach § 1747 (Art. 23 EGBGB Rn. 32).

III. Einwilligungsberechtigte

1. „Eltern". Abs. 1 S. 1 nF[7] fordert die Einwilligung der – **leiblichen** (Rn. 3) – Eltern, also 5
neben der der Mutter auch die des Vaters. Auch für das Einwilligungserfordernis des Vaters ist dabei[8]
unerheblich, ob die Eltern miteinander verheiratet sind oder waren.[9] Auch der nichteheliche Vater
ist an der Annahme materiell beteiligt und am Annahmeverfahren formell zu beteiligen. Die Eltern
müssen jedoch **bekannt** sein[10] und noch leben.

Da das **höchstpersönliche** Einwilligungsrecht aus der leiblichen Elternstellung folgt, ist uner- 6
heblich, ob den Eltern die **gesetzliche Vertretung** noch zusteht oder überhaupt einmal zugestanden hat,[11] nach § 1666 entzogen ist[12] oder nach Aufhebung bzw. Scheidung der Elternehe oder
Trennung der Eltern das Sorgerecht einem Elternteil übertragen wurde (§ 1671).[13] – Auch **Minderjährige** willigen persönlich ein (näher § 1750 Abs. 3 S. 2 und dazu dort Rn. 18–20). – Zur **Entbehrlichkeit** der Einwilligung eines Elternteils nach Abs. 4 s. Rn. 30–33.

2. Mutter. Mutter ist die Frau, die das Kind **geboren** hat (§ 1591). Da danach die genetische 7
Abstammung unerheblich ist, ist auch gleichgültig, ob sie eine eigene Eizelle der Mutter
befruchtet wurde oder ob sie das Kind nach einer Ei- oder Embryonenspende ausgetragen hat.[14]
Wegen dieser Anknüpfung an die gebärende Frau ist eine Anfechtung der Mutterschaft gesetzlich
auch nicht vorgesehen.[15]

---

[4] BT-Drucks. 7/3061 S. 36 unter Hinweis auf *Engler* FamRZ 1969, 65 f.
[5] BT-Drucks. 7/3061 S. 36.
[6] *Staudinger/Frank* Rn. 9; *Soergel/Liermann* Rn. 5, 6; *Erman/Saar* Rn. 2.
[7] Abs. 1 aF regelte nur die Einwilligungsberechtigung der – auch geschiedenen (OLG Celle FamRZ 1982, 197, 198) - Eltern eines ehelich geborenen Kindes, und Abs. 2 S. 1 aF sah für die Annahme eines nichtehelichen Kindes nur die Einwilligung seiner Mutter vor, dazu 3. Aufl. Rn. 5, 5 a.
[8] In Erfüllung der verfassungsgerichtlichen Vorgaben (dazu Vor § 1741 Rn. 28-32).
[9] Damit hat sich auch die von OLG Hamm OLGZ 1994, 553 = NJW-RR 1994, 1227 = FamRZ 1994, 1198, 1199 m. Anm. *Liermann* FamRZ 1995, 506 - dazu 3. Aufl. Vor § 1741 Rn. 36 - erörterte Frage, ob dem Vater eines nichtehelichen Kindes rechtliches Gehör zu gewähren ist, ebenso erledigt wie die nach der Verfassungsgemäßheit der Regelung im Falle einer Drittadoption, dazu LG Braunschweig DAVorm. 1997, 714 ff.
[10] Zu den Problemen der „Babyklappe" s. *Kingreen* KritV 2009, 88 ff.; dazu auch *AGJ* Kind-Prax 2000, 184 ff.
[11] BayObLG NJW-RR 1994, 903 = FamRZ 1994, 1348, 1349; BayObLGZ 2003, 232 = NJW-RR 2004, 578 = FamRZ 2004, 397.
[12] BayObLGZ 1977, 148 = StAZ 1977, 254, 256; FamRZ 1981, 604 (LS.) = DAVorm. 1981, 131, 135; s. auch BT-Drucks. 7/3061 S. 36 (unter Nr. 2).
[13] *Erman/Saar* Rn. 2; *Staudinger/Frank* Rn. 10; *Soergel/Liermann* Rn. 11; s. auch BT-Drucks. 7/3061 S. 36 (unter Nr. 3).
[14] BT-Drucks. 13/8511 S. 69 (unter "a) Gesetzliche Definition der Mutterschaft").
[15] Dazu auch BT-Drucks. 13/4899 S. 82: "Vielmehr steht die Mutterschaft der gebärenden Frau von vornherein unverrückbar fest."

§ 1747 8–10 Abschnitt 2. Titel 7. Annahme als Kind

8 **3. Vater. a) Grundsätze.** Vater ist zunächst der Mann, der nach § 1592 als Vater gilt,[16] also
– der **Ehemann** der Mutter, wenn das Kind in der Ehe geboren ist (Nr. 1), also unabhängig davon, ob er tatsächlich auch der biologische Vater ist,
– der Mann, der die Vaterschaft nach §§ 1594, 1595 wirksam **anerkannt** hat (Nr. 2),
– der Mann, dessen Vaterschaft nach §§ 1600d, 1600 e, § 184 Abs. 1 FamFG rechtskräftig **gerichtlich festgestellt** worden ist (Nr. 3).

9 Liegen diese Voraussetzungen im **Zeitpunkt** des Adoptionsausspruchs vor, ist **allein** dieser Mann einwilligungsberechtigt und am Annahmeverfahren zu beteiligen. Dies kann für den lediglich **leiblichen**, aber nicht auch rechtlich festgestellten Vater zum Ausschluss seiner verfassungsmäßigen Rechte als Vater aus Art. 8 Abs. 1 EMRK, Art. 6 Abs. 2 S. 1 GG (dazu Vor § 1741 Rn. 23-26) führen, soweit ihm das Recht auf Anfechtung der Vaterschaft (§ 1600 Abs. 1 Nr. 2)[17] verwehrt ist, weil zwischen dem Kind und seinem rechtlichen Vater eine sozial-familiäre Beziehung besteht oder im Zeitpunkt seines Todes bestanden hat (§ 1600 Abs. 2).[18] Zwar mag diese Regelung zur Vaterschaftsanfechtung einen angemessenen Ausgleich der Interessen des Kindes, der Eltern und des leiblichen Vaters gewährleisten.[19] Adoptions- und adoptionsverfahrensrechtliche Regelungen wurden in Folge dieser Änderung des Vaterschaftsanfechtungsrechts jedoch nicht erlassen, sodass das Annahmeverfahren bis zum rechtkräftigen Abschluss des Vaterschaftsanfechtungsverfahrens entsprechend dem Rechtsgedanken aus Abs. 3 Nr. 2 (dazu Rn. 39) nach § 21 FamFG **auszusetzen** ist (dazu Rn. 13), wenn der leibliche Vater die Vaterschaft des rechtlichen Vaters im gerichtlichen Verfahren angefochten hat, dieses aber noch nicht zum Abschluss gekommen ist und deshalb Abs. 1 S. 2 nicht greift, oder das Vaterschaftsfeststellungsverfahrens rechtshängig ist.[20]

10 Gibt die Mutter **keine Auskunft** über den Vater – weil sie nicht will oder nicht kann – und hat dieser keine Kenntnis von seiner Vaterschaft, besteht diese im Rechtssinne nicht,[21] der Mann hat kein Einwilligungsrecht und das FamG kann ihn nicht am Annahmeverfahren beteiligen;[22] einer entsprechenden Anwendung von Abs. 4 bedarf es nicht (dazu auch Rn. 32-33).[23] Doch macht allein die Unkenntnis von der Elternschaft noch nicht stumm.[24] Auch wenn das Annahmeverfahren wegen seiner Ausrichtung auf das Kindeswohl und die Eltern-Kind-Beziehung nicht der Ermittlung des Vaters dient, hat das FamG doch den Sachverhalt auch insoweit **von Amts wegen** zu erforschen, um den grundrechtlich geschützten Positionen des Kindes und des (nicht bekannten) Vaters jedenfalls in diesem eingeschränkten Rahmen Geltung zu verschaffen,[25] und dabei insbesondere auch die Eltern der Mutter zu vernehmen, wird aber idR letztlich auf die Mitwirkung der Mutter angewiesen sein.[26] Sie kann jedoch nicht durch die Verhängung eines **Zwangsgelds,** ersatzweise Zwangshaft (§§ 86, 87, 95 Abs. 1 Nr. 3 FamFG, § 888 ZPO) zur Auskunft gezwungen werden; ihre aus ihrem allgemeinen Persönlichkeitsrecht (Art. 2 GG) fließende Freiheit, sich nicht zu ihrem geschlechtlichen

---

[16] BT-Drucks. 13/4899 S. 113; *Soergel/Liermann* Rn. 6; *Erman/Saar* Rn. 2, 3.
[17] IdF des *Gesetzes zur Änderung der Vorschriften über die Anfechtung der Vaterschaft und das Umgangsrecht von Bezugspersonen des Kindes* v. 23. 4. 2004 (BGBl. I S. 598), in Kraft seit 30. 4. 2004. – Zum Rechtszustand bis 29. 4. 2004 s. 4. Aufl. Rn. 3 mwN.
[18] Zur einer möglichen Anfechtung der Vaterschaft durch die zuständige Behörde s. das *Gesetz zur Ergänzung des Rechts zur Anfechtung der Vaterschaft* v. 13. 3. 2008 (BGBl. I S. 313), dazu auch BT-Drucks. 16/3291; seine Inkraftsetzung hat keine Auswirkungen auf die vorstehend erörterte Problematik.
[19] Anders wohl EuGHMR, 5. Sektion, Urteil v. 15. 9. 2011, Nr. 17080/07: *Schneider ./. Deutschland*, FamRZ 2011, 1715 m. Anm. *Helms* (dazu auch *Cambell* NJW-Spezial 2011, 644).
[20] *Staudinger/Frank* Rn. 15, 18; *Maurer* FPR 2005, 196, 199.
[21] *Lipp/Wagenitz* Rn. 6.
[22] LG Stuttgart NJW 1992, 2897 = FamRZ 1992, 1469 f.; LG Freiburg FamRZ 2002, 1647; AG Tempelhof-Kreuzberg FamRZ 2005, 302 f.; s. auch LG Lübeck SchlHA 1997, 214.
[23] LG Freiburg FamRZ 2002, 1647; AG Tempelhof-Kreuzberg FamRZ 2005, 302 f.; s. auch LG Lübeck SchlHA 1997, 214 (keine Aussetzung des Adoptionsverfahrens bis zur gesetzlichen Neuregelung der Vaterschaftsfeststellung).
[24] So offenbar AG Hamburg-Bergedorf DAVorm. 1979, 195; AG X ZfJ 1986, 461.
[25] Dazu LG Stuttgart NJW 1992, 2897 = FamRZ 1992, 1470 f. mwN; AG Tempelhof-Kreuzberg FamRZ 2005, 302 ("trotz gebührender Anstrengungen"); *Staudinger/Frank* Rn. 14; *FamRefK/Maurer* Rn. 9; *Wolf* FPR 2001, 345, 350; *Maurer* FPR 2005, 196, 198; aA *Palandt/Diederichsen* Rn. 5; *Lipp/Wagenitz* Rn. 6 Fn. 4. – S. dazu auch die Anregung des BR BT-Drucks. 13/4899 S. 156 Nr. 28, „klarzustellen, wie die Annahme des Kindes erfolgen kann, wenn die Mutter den Namen des Vaters nicht nennen kann oder will" und die - auf die Problematik nicht eingehende - Antwort der BReg BT-Drucks. 13/4899 S. 170.
[26] LG Freiburg FamRZ 2002, 1647; *Staudinger/Frank* Rn. 15; *FamRefK/Maurer* Rn. 9; *Maurer* FPR 2005, 196, 198; aA *Lipp/Wagenitz* Rn. 6 Fn. 4; *Palandt/Diederichsen* Rn. 5; *Erman/Saar* Rn. 3; *Helms* JAmt 2001, 57, 60. Der BR hat um Klarstellung gebeten, wie in diesen Fällen die Annahme erfolgen kann (BT-Drucks. 13/4899 S. 156); zutreffend sah BReg (BT-Drucks. aaO S. 170) eine solche Klarstellung im Gesetzestext nicht veranlasst.

Einwilligung der Eltern des Kindes **11 § 1747**

Umgang zu erklären, geht dem Elternrecht des Vaters aus Art. 6 Abs. 2 S. 1 GG vor.[27] Zur Ermittlung eines **Vaterschaftsprätendenten** s. Rn. 11. – Die Ermittlungspflicht des FamG endet, sobald das **Kindeswohl** durch eine weitere Verzögerung der Adoption gefährdet würde. Dies ist jedenfalls dann anzunehmen, wenn das Kind nicht mehr ohne nachteilige Auswirkungen aus der Adoptivpflegefamilie genommen werden kann. – Daneben kommt dem Kind gegen seine Mutter ggf. ein Anspruch auf **Nennung seines (potentiellen) Erzeugers** zu,[28] den es zwangsweise durchsetzen kann.[29] Auch dem leiblichen Vater kann ein Anspruch gegenüber der Mutter auf Auskunft über das **Schicksal des Kindes** und eine etwaige **Adoption** entsprechend § 1686 zustehen.[30] – Ist der Vater selbst oder sein Aufenthalt **unbekannt**, kann er auch nicht beteiligt werden. Ist auf Grund amtswegiger Ermittlungen sein Aufenthalt dauernd unbekannt, entfällt das Erfordernis seiner Einwilligung (Abs. 4, dazu Rn. 31; s. auch § 1748 Abs. 2 S. 2 zur Ersetzung der Einwilligung bei einem Aufenthaltswechsel des Vaters, dazu dort Rn. 31-36). – Zur **Aufhebung** der Adoption nach § 1760 s. dort Rn. 7-10.

b) Ausnahme: Vaterschaftsprätendent. aa) Voraussetzungen. Liegt keine der aufgeführ- **11** ten Fallgestaltungen (dazu Rn. 8) vor, gibt es rechtlich (noch) keinen Vater, der die Einwilligung nach S. 1 erteilen oder dessen Einwilligung ersetzen werden könnte. Dann muss der Mann die Einwilligung in die Annahme erteilen oder seine Einwilligung ersetzt werden, *der* **glaubhaft macht** (Abs. 1 S. 2), der Mutter in der gesetzlichen Empfängniszeit beigewohnt zu haben (Vaterschaftsprätendent, § 1600d Abs. 2 S. 1, Abs. 3). Beschränkt auf das Annahmeverfahren und das Einwilligungserfordernis wird seine Vaterschaft ohne Erstreckung auf die elterliche Sorge[31] vermutet (**„vorläufige Vaterschaftsvermutung")**.[32] Damit ist das Einwilligungsrecht des Vaters grundsätzlich wirksam ausgestaltet,[33] weil bereits dem mutmaßlichen Vater Mitwirkungsrechte gesichert werden und er bei einer von der Mutter oder dem Kind verweigerten Zustimmung zu seiner Vaterschaftsanerkennung (§ 1595 Abs. 1 und 2) nicht vor eine vollendete Adoption durch einen Dritten vor rechtskräftiger Feststellung der Vaterschaft gestellt wird. Zwar hat das FamG den Erzeuger **von Amts wegen** zu ermitteln (dazu Rn. 10); nicht jedoch, ob es einen Mann gibt, der sich der vorläufigen Vaterschaftsvermutung berühmt; er muss sein Recht auf Einwilligung selbst **geltend machen**.[34] – Geltend machen muss er seine Vaterschaft im laufenden **Adoptionsverfahren**. Doch reicht dies auch dann, wenn er die Feststellung seiner Vaterschaft in einem gerichtlichen Verfahren bereits betreibt, für seinen effektiven Rechtsschutz nicht aus, weil das Adoptionsverfahren erst auf Antrag der Adoptionsbewerber eingeleitet wird. Das Kind wird dann aber idR schon seit längerer Zeit in Adoptionspflege sein und sein weiterer Verbleib dort wird meist seinem Wohl dienen (dazu auch § 1744 Rn. 11), sodass seine Einwilligung nach § 1748 Abs. 4 bei Bejahen eines unverhältnismäßigen Nachteils für das Kind erleichtert ersetzt werden kann. Deshalb ist dem nichtehelichen Vater die **isolierte Feststellung** seiner Einwilligungsbefugnis zu ermöglichen. – Hinzukommen muss, dass keine **schwerwiegenden Zweifel** an der Vaterschaft bestehen (§ 1600d Abs. 2 S. 2).[35] Solche Zweifel können sich aus den glaubhaften Angaben der Mutter oder weiterer Männer, ggf. ebenfalls

---

[27] LG Stuttgart NJW 1992, 2897 = FamRZ 1992, 1469 ff.; LG Freiburg FamRZ 2002, 1647.
[28] Bejaht von LG Münster NJW 1999, 726 = FamRZ 1999, 1441; *Muscheler* FPR 2008, 496, 497; nicht ausgeschlossen von BVerfGE 96, 56 = NJW 1997, 1769 = FamRZ 1997, 869, 870 f. m. krit. Anm. *Frank/Helms* FamRZ 1997, 1258.
[29] Bejahend OLG Bremen NJW 2000, 963 = FamRZ 2000, 618; aA LG Münster NJW 1999, 3787.
[30] Bejahend OLG Brandenburg NJOZ 2007, 5611 = FamRZ 2007, 2003, 2004.
[31] *Lipp/Wagenitz* Rn. 15.
[32] Dazu BT-Drucks. 13/4899 S. 113; *Wichmann* FuR 1996, 161, 168. Gegen diese Regelung hat der BR in seiner Stellungnahme zum Entwurf der BReg (BT-Drucks. 13/4899 S. 156; kritisch auch *Staudinger/Frank* Rn. 19; *Soergel/Liermann* Rn. 8) vorgebracht: Sie führe zu „unwürdigen und unhaltbaren Zuständen und Ergebnissen", weil bereits die einseitige Behauptung das Erfordernis seiner Einwilligung bedinge. Es sei offen, wie zu verfahren ist, wenn mehrere Männer als Vater in Betracht kommen und sich im Nachhinein herausstellt, dass der als Vater Vermutete gar nicht der Vater war, durch seine Behauptung aber die Adoption verhindert wurde. – Die Adoptionsvermittlungsstellen vor erheblichen praktischen Problemen bei der Umsetzung dieses Erfordernisses stünden. – Es bestünde die Gefahr, dass die Mütter wegen dieses Einwilligungserfordernisses weiter zunehmend den Namen des Vaters nicht offenbaren würden. Dem hält *Erman/Saar* Rn. 3 jedoch zu Recht entgegen, dass in Fällen des Mehrverkehrs von schwerwiegenden Zweifeln an der Vaterschaft (§ 1600d Abs. 2 S. 2) auszugehen ist und deshalb die Vaterschaftsvermutung nicht gilt (ebenso *Staudinger/Frank* Rn. 17; s. auch *Soergel/Liermann* Rn. 8; *Palandt/Diederichsen* Rn. 3; aA *Helms* JAmt 2001, 57, 59). Nach *Liermann* FuR 1997, 217, 221; *Soergel/Liermann* aaO geht diese Neuregelung über den Auftrag des BVerfGE 92, 158 = NJW 1995, 2155 = FamRZ 1995, 789, 793 ff. hinaus.
[33] Ebenso *Greßmann*, Neues Kindschaftsrecht, Rn. 396.
[34] *Lipp/Wagenitz* Rn. 12, 13.
[35] *Erman/Saar* Rn. 3; *Helms* JAmt 2001, 57, 58 f.

§ 1747 12-14 Abschnitt 2. Titel 7. Annahme als Kind

glaubhaft gemacht, ergeben. – **Ausgeschlossen** von der Glaubhaftmachung seiner Vaterschaft ist der Mann, der sie erfolgreich angefochten hat oder dessen Vaterschaftsfeststellungsklage rechtskräftig abgewiesen worden ist.[36] – Zur **Ersetzung** der Einwilligung des vorläufig vermuteten Vaters s. § 1748 Rn. 59, zur **Aussetzung** des Adoptionsverfahrens s. Rn. 13.

12 bb) **Glaubhaftmachung.** Nicht ausreichend ist die einseitige Behauptung seiner Vaterschaft durch den Mann,[37] vielmehr hat dieser die Voraussetzungen des § 1600d Abs. 2 S. 1 – die Beiwohnung der Mutter während der Empfängniszeit;[38] zur Empfängniszeit braucht er sich nicht zu erklären, weil sie, der Tag der Geburt des Kindes ist ja bekannt, sich aus dem Gesetz (§ 1600 d Abs. 3) ergibt – substantiiert darzulegen und glaubhaft zu machen. Glaubhaftmachung verlangt die Vermittlung der überwiegenden Wahrscheinlichkeit der Vaterschaft.[39] Mittel der Glaubhaftmachung sind alle zulässigen Beweismittel, beschränkt auf ihre Präsenz (§ 31 Abs. 2 FamFG), sowie die Versicherung des Mannes über die Richtigkeit seiner Behauptung an Eides statt[40] (§ 31 Abs. 1 FamFG). Doch wird das FamG dadurch nicht seiner Amtsermittlungspflicht (§ 26 FamFG) enthoben und darf sich nicht mit der eidesstattlichen Versicherung des Mannes begnügen. Vielmehr muss es den Sachverhalt **von Amts wegen** aufklären und hierzu alle sachdienlichen Beweismittel ermitteln und die Beweise aufnehmen.[41] Meist wird es allerdings allein auf die Aussagen des Vaters und der Mutter angewiesen sein. Dabei darf es nicht das Vaterschaftsfeststellungsverfahren des § 1600d vorwegnehmen und deshalb vor allem keine Sachverständigengutachten einholen.[42] Insgesamt lässt sich damit einem Missbrauch der Behauptung, Vater des Kindes zu sein, um eine Adoption zu verhindern, sachgerecht begegnen. – Die Beweisaufnahme kann zur **Verzögerung** des Adoptionsverfahrens führen.[43] Eine solche beeinträchtigt das Kindeswohl aber meist nicht, weil es idR spätestens nach der Einwilligung durch die Mutter bereits in Adoptionspflege gegeben sein wird, sodass ihre elterliche Sorge ruht und sie ihr Umgangsrecht nicht mehr ausüben darf (§ 1751 Abs. 1 S. 1; s. aber auch dort Rn. 5).[44]

13 Zwar ist für die Beteiligung des Mannes, der seine Vaterschaft behauptet, nicht erforderlich, dass bereits, ggf. von ihm selbst (§ 1600e Abs. 1), ein gerichtliches **Vaterschaftsfeststellungsverfahren** betrieben wird.[45] Doch sind das Nichtbetreiben und die Gründe hierfür bei der Beweiswürdigung der Glaubhaftmachung des Mannes zu beachten.[46] Jedenfalls aber sollte verlangt werden, dass der seine Vaterschaft behauptende Mann dieser Behauptung dadurch Nachdruck verleiht, dass er die Vaterschaft nach §§ 1592 Nr. 2, 1597 Abs. 1 **anerkannt** hat, das Anerkenntnis mangels Zustimmung der Mutter oder des Kindes (§ 1595 Abs. 1, 2) aber nicht wirksam geworden ist.[47] Wird ein Vaterschaftsfeststellungsverfahren betrieben, sollte dies grundsätzlich Anlass sein, das Adoptionsverfahren bis zu dessen rechtskräftigem Abschluss **auszusetzen** (§ 21 FamFG),[48] sofern die dadurch bedingte Verzögerung dem Kindeswohl nicht schadet (dazu auch Rn. 9).[49]

14 Da der nichteheliche Vater als Beteiligter (§ 188 Abs. 1 Nr. 1 lit. b FamFG) am Annahmeverfahren auch förmlich zu beteiligen ist, kann seine Nichtbeteiligung zur Verletzung **rechtlichen Gehörs**

---

[36] *Erman/Saar* Rn. 3.
[37] Vom BR BT-Drucks. 13/4899 S. 156 übersehen.
[38] *Maurer* FPR 2005, 196, 198.
[39] Dazu auch *Helms* JAmt 2001, 57, 61; *Lipp/Wagenitz* Rn. 10 empfehlen strenge Anforderungen an den Nachweis der überwiegenden Wahrscheinlichkeit und eine zurückhaltende Beweiswürdigung.
[40] Dazu *Frank* FamRZ 1998, 393, 394.
[41] Ebenso *Soergel/Liermann* Rn. 8; *Palandt/Diederichsen* Rn. 5; FamRefK/*Maurer* Rn. 5; *Erman/Saar* Rn. 3; *Liermann* FuR 1997, 217, 221; auch *Staudinger/Frank* Rn. 17; aA *Helms* JAmt 2001, 57, 59, 60: „Widerspruchsrecht" des potenziellen Vaters, dessen Voraussetzungen er selbst glaubhaft zu machen hat"; „keineswegs zur konsequenten amtswegigen Ermittlung verpflichtet".
[42] *Staudinger/Frank* Rn. 17; *Soergel/Liermann* Rn. 8; *Palandt/Diederichsen* Rn. 5; FamRefK/*Maurer* Rn. 5; *Erman/Saar* Rn. 3; *Lipp/Wagenitz* Rn. 9; *Liermann* FuR 1997, 217, 221; im Ergebnis auch *Helms* JAmt 2001, 57, 61.
[43] Kritisch hierzu *Coester* RdJB 1996, 430, 439; *Frank* FamRZ 1998, 393, 395.
[44] AA *Liermann* FuR 1997, 217, 221.
[45] Kritisch FamRefK/*Maurer* Rn. 7; *Staudinger/Frank* Rn. 18, 19; *Soergel/Liermann* Rn. 9; *Baer* ZfJ 1996, 123, 124; *Liermann* FuR 1997, 217, 221, weil von dem Mann, der sich der Vaterschaft berühmt und über das weitere Schicksal des Kindes mitbestimmen will, verlangt werden kann, dass er die gerichtliche Feststellung seiner Vaterschaft betreibt; s. auch *Helms* JAmt 2001, 57, 60. AA wohl *Wiesner/Oberloskamp* § 51 SGB VIII Rn. 36 („. . ., dass Vater im adoptionsrechtlichen Sinne nur der Mann ist, der wenigstens Vaterschaftsfeststellungsklage erhoben hat").
[46] Ebenso *Palandt/Diederichsen* Rn. 5; FamRefK/*Maurer* Rn. 7; *Staudinger/Frank* Rn. 18.
[47] *Coester* JZ 1992, 809, 816 Fn. 104; *ders.* FamRZ 1995, 1245, 1250; kritisch auch *Soergel/Liermann* Rn. 9; aA *Lipp/Wagenitz* Rn. 8.
[48] S. *Coester* FamRZ 1995, 1245, 1250; auch *Schumann*, Die nichteheliche Familie, S. 345 („. . ., sollte der Ausgang dieses Verfahrens abgewartet werden."); aA *Lipp/Wagenitz* Rn. 8.
[49] Dazu auch *Helms* JAmt 2001, 57, 61 f.

führen. Diese Verletzung eröffnet ihm die Anhörungsrüge gegen den Annahmebeschluss (§ 44 FamFG) und ihr nachfolgend ggf. die Verfassungsbeschwerde (dazu eingehend § 1752 Rn. 45-47). Die Anhörungsrüge ist innerhalb von 2 Wochen ab Kenntniserlangung einzulegen; sie kann deshalb theoretisch noch nach sehr langer Zeit zur Aufhebung des Annahmebeschlusses führen, wenngleich die Kindeswohldienlichkeit der Adoption praktisch meist nicht mehr erfolgreich wird in Frage gestellt werden können. Auf jeden Fall ist die Anhörungsrüge der Konstanz der Annahme abträglich und führt schon deshalb zu Unruhe und Unsicherheit in der Adoptivfamilie, aber auch zu Rechtsunsicherheit. Dies lässt es angeraten sein, die Ermittlungen zum Vater (dazu Rn. 12) sehr sorgfältig zu führen, denn dessen rechtliches Gehör wird nicht verletzt, wer nicht als Vater ermittelt werden kann.

cc) Fehlende Glaubhaftmachung. Geht das FamG nicht von einer überwiegenden Wahr- **15** scheinlichkeit der Vaterschaft aus und spricht die Annahme ohne die Einwilligung des Mannes aus, ändert die **spätere Feststellung** seiner Vaterschaft nach § 1600e nichts an der Wirksamkeit des Annahmeverhältnisses und dessen Unaufhebbarkeit: Der Annahmebeschluss wird mit Zustellung an den Annehmenden wirksam, er ist unanfechtbar und kann vom FamG nicht geändert werden (§ 197 Abs. 2, 3 FamFG). Aufgehoben werden kann er nur, wenn Erklärungen – die in Bezug auf den Vater nicht vorgelegen haben, weil seine Einwilligung im Adoptionsverfahren mangels Glaubhaftmachung seiner Vaterschaft nicht erforderlich war – fehlen (§ 1760) oder schwerwiegende Gründe dies zum Wohle des Kindes erfordern (§ 1763). Die Wirkungen eines Aufhebungsbeschlusses betreffen nur den Annahmebeschluss und seine rechtlichen Folgen, nicht aber auch die Einwilligung der Mutter, weil sie ohnehin als Grundlage für die fortbestehenden Wirkungen des Annahmebeschlusses ab seiner Zustellung an den Annehmenden bis zu seiner Aufhebung bestehen bleiben muss; deshalb wird die Einwilligung auch nicht durch den Aufhebungsbeschluss entsprechend § 1750 Abs. 4 kraftlos, und sie gilt nach § 1751 Abs. 1 S. 6 als Ersatz für die nach § 1672 Abs. 1 S. 1 erforderliche Zustimmung der Mutter zur Übertragung der alleinigen elterlichen Sorge durch das FamG auf den Vater (s. dazu auch § 1751 Rn. 11, 13).

4. Statusänderung. Auch wenn der nichteheliche Vater in die Annahme bereits eingewilligt **16** hat, kann sich seine Einstellung zu dem Kind nach einer **Heirat** mit der Mutter[50] grundsätzlich geändert haben, weil sich für ihn nunmehr eine ganz andere Entscheidungsgrundlage ergeben kann. So mag er jetzt die Möglichkeit sehen, der gemeinsame Ausübung der elterlichen Sorge zusammen mit der Mutter sehen. Seine vor der Eheschließung erteilte **Einwilligung** wird deshalb mit der Eheschließung ohne ausdrücklichen Widerruf in entsprechender Anwendung von § 1750 Abs. 4 S. 1 kraftlos.[51] Befindet sich das Kind aber schon längere Zeit in Adoptionspflege, würde dadurch der Zweck der Unwiderruflichkeit (§ 1750 Abs. 2 S. 2 Halbs. 1) durchkreuzt; dann kann auf Grund der zunächst erteilten Einwilligung von der Gleichgültigkeit des Vaters in dem Sinne, dass er die elterliche Sorge für sich selbst nicht anstrebt, und von einem unverhältnismäßigen Nachteil für das Kind ausgegangen und die Einwilligung nach § 1748 Abs. 1 S. 1 ersetzt werden.[52] – Abs. 3 ist ab der Eheschließung nicht mehr anwendbar: Ein Verfahren nach § 1672 Abs. 1 auf Antrag des Vaters (vgl. Abs. 3 S. 1 Nr. 2) erledigt sich in der Hauptsache. – Ein **Verzicht** des Vaters auf eine Antragstellung nach § 1672 (vgl. Abs. 3 S. 1 Nr. 3) kann nicht in seine Einwilligung in eine Annahme **umgedeutet** werden, da beide nicht gegenstandsgleich sind, sich die Einwilligung auf eine ganz bestimmte Annahme richten muss und sich die tatsächlichen Grundlagen für die Entscheidung des Vaters durch die Eheschließung geändert haben (können).[53]

5. Andere Verwandte. Weitere leibliche Verwandte des Kindes sind nicht einwilligungsberech- **17** tigt, obwohl auch zu ihnen die Rechtsbeziehungen abgebrochen werden (§ 1755). Sie nicht zu beteiligen, ist **verfassungsrechtlich** unbedenklich, weil sie nicht der allein durch Art. 6 GG geschützten „Kleinfamilie" zugehören (dazu Vor § 1741 Rn. 16). Auch **rechtspolitisch** besteht kein Anlass, den Kreis der Mitwirkenden auszudehnen, wodurch das Verfahren (weiter) verkompliziert

---

[50] Einer Statusänderung der Eltern durch Heirat nach Einwilligung, aber vor Ausspruch der Annahme kommt deshalb nicht mehr dieselbe rechtliche Bedeutung wie nach dem bis zum 30. 6. 1998 geltenden Recht, dazu 3. Aufl. Rn. 6.
[51] Ebenso *Wiesner/Oberloskamp* § 51 SGB VIII Rn. 39; aA *Soergel/Liermann* Rn. 10; *Staudinger/Frank* Rn. 25.
[52] Sah man zum bis zum 30. 6. 1998 geltenden Recht den Verzicht des nichtehelichen Vaters auf die Legitimation oder Annahme als mit der Eheschließung kraftlos an, erlangte er nach § 1678 die elterliche Sorge (BayObLGZ 1988, 38 = NJW-RR 1988, 1228 = FamRZ 1988, 867), die ihn berechtigte, Auskunft über den Verbleib des Kindes (*Ollmann* FamRZ 1989, 350 f.) und dessen Herausgabe zu verlangen, da ihre Einwilligung der Mutter ja (zunächst) wirksam ist, OLG Hamm OLGZ 1982, 282 = NJW 1983, 1741 = FamRZ 1982, 845, 846.
[53] Ebenso zum bis zum 30. 6. 1998 geltenden Recht OLG Hamm OLGZ 1982, 282 = NJW 1983, 1741 = FamRZ 1982, 845, 846 ff.; *Gernhuber/Coester-Waltjen* 4. Aufl. 1994 § 68 VI 2; RGRK/*Dickescheid* Rn. 6; *Soergel/Liermann* 12. Aufl. Rn. 21; aA 3. Aufl. 1992 Rn. 6, 13.

und verlängert würde. – Außer den Eltern nehmen heute vorwiegend die **Großeltern** Pflege- und Erziehungsaufgaben wahr.[54] Leben Mutter *und* Kind in der Großelternfamilie, wird nur selten eine Adoption angeregt werden. – Ist die Beziehung zwischen der Kindesmutter und ihren Eltern gestört, führt die Erziehung durch die Großeltern zu zahlreichen Konflikten.[55] Wird aber das Kind mit ausdrücklichem oder stillschweigendem Einverständnis der Eltern von den Großeltern versorgt, und sind diese auf längere Zeit zur Pflege bereit und in der Lage, dient ein Aufenthaltswechsel und damit auch eine Adoption nicht dem Kindeswohl (dazu § 1741 Rn. 17).[56] – Die Berücksichtigung des Kindeswohls wahrt auch die Interessen anderer **Pflegepersonen,** weil ein Wechsel der Pflegeperson nur zu verantworten ist, wenn die Pflege über einen längeren Zeitraum nicht fortgesetzt werden kann (dazu Vor § 1741 Rn. 4, 6, § 1741 Rn. 17).

IV. Überlegungsfrist

18 **1. Zweck.** Die Überlegungsfrist der leiblichen Eltern vor der Einwilligung in die Adoption von 8 Wochen **(Abs. 2 S. 1)**[57] soll gewährleisten, dass die folgenschwere Entscheidung, sich von seinem Kind zu trennen, nicht übereilt in einem Zustand besonderer persönlicher Belastung, wie er bei und unmittelbar nach Geburt des Kindes besteht, getroffen wird. Eine während der Überlegungsfrist erklärte Einwilligung ist daher wirkungslos.

19 **2. Dauer.** Um den Eltern eine **reifliche Überlegung** und insbesondere der nichtehelichen Mutter eine **Stabilisierung** ihrer Verhältnisse zu ermöglichen, bedarf es einer eher langen Frist.[58] Dagegen erfordert das **Kindeswohl** eine möglichst frühe Bindung an eine bestimmte Bezugsperson (dazu Vor § 1741 Rn. 4),[59] doch ist die Aufnahme in die künftige Adoptivfamilie idR nicht vor Erteilung der Einwilligung zur Annahme möglich (dazu § 1744 Rn. 5).[60] Die Bemessung der Überlegungsfrist erfordert einen Ausgleich dieser unterschiedlichen Interessen.[61] In Anlehnung an § 6 MuSchuG wurde durch das AdoptG eine Überlegungsfrist von **8 Wochen** eingeführt.[62] – Der Fristvorbehalt führt dazu, dass Verträge über eine **Ersatzmutterschaft** und **Leihmutterschaft** (zum Begriff s. § 1744 Anh. Rn. 39) ohne Rücksicht auf ihren sonstigen Inhalt (dazu § 1592 Rn. 11-12, § 1744 Anh. Rn. 38-43) jedenfalls in ihrem Hauptpunkt – Abgabe des Kindes – nicht durchsetzbar sind. Das Abrücken der Ersatzmutter von einer Vereinbarung mit den Annehmenden rechtfertigt

---

[54] *Pfeil* in *Oeter,* Familie und Gesellschaft, 1966, S. 161 für verheiratete Mütter: Bei Berufstätigkeit wird in etwa 80% Verwandtenhilfe geleistet, vorwiegend durch die Mutter der Frau. Die Erhebung des Bundesministeriums für Familie und Jugend: Mütter und Kinder in der Bundesrepublik Deutschland, 1967, verzeichnet lediglich die Betreuung durch „im Haushalt lebende Verwandte[n]" (vgl. I S. 118, 232 f.; II 192). Unter ihnen stellen freilich die Großeltern, die sich aus anderen Fragen erschließen lässt (S. 118 zur Schularbeitenkontrolle), die größere Gruppe. Vgl. auch die Schlussfolgerung von *Schubnell,* ebd. S. 192: Bei den unverheirateten Müttern werden vormittags 90%, nachmittags ²/₅ der Kinder von Verwandten, „wahrscheinlich der Großmutter", betreut. Die Daten dürften nicht überholt sein, vgl. *Neidhardt,* Die Familie in Deutschland, 1975, S. 32 unter Hinweis auf eine lediglich als Manuskript vorliegende Untersuchung zur Situation erwerbstätiger Frauen („Brigitte"), 1972. Für nichteheliche Kinder weisen Untersuchungen aus 1961/62 einen Anteil von etwa 27% zumindest zeitweiser Erziehung durch die Großeltern nach, vgl. *Seiler* S. 14.
[55] *Seiler* S. 16.
[56] Davon geht unausgesprochen auch das BayObLG DAVorm. 1979, 616, 619 aus, das weitergehend fordert, die Bereitschaft der Großmutter, die Pflege des im Heim befindlichen Kindes zu übernehmen, bereits im Rahmen des § 1779 Abs. 2 zu berücksichtigen.
[57] Eingeführt erst durch das FamRÄndG 1961 mit einer Dauer von 3 Monaten; zur Entstehungsgeschichte s. auch *Staudinger/Frank* 12. Aufl. Rn. 30.
[58] Vgl. AGJ Mitt. 64 (1972), 33 (3 Monate). Aufschlussreich auch der Bericht über die Gründe der Kindesabgabe bei *Krömer* RdJ 1960, 226; *Philipp* Soziale Arbeit 1970, 542.
[59] Ferner Bericht von *Feil* Mitt. AGJ 64 (1972), 27; *Hassenstein* Mitt. AGJ 67 (1973) S. 11: *Metzger* ZfJ 1972, 40; *Pechstein* Mitt. AGJJ 61/62 (1971), 53 f., 56 (1 Monat).
[60] Dies übersehen *Gernhuber/Coester-Waltjen* § 68 Rn. 44, wenn sie den Einfluss der Frist auf die Praxis bestreiten.
[61] S. auch *Staudinger/Frank* Rn. 21; *Lipp/Wagenitz* Rn. 16. – Art. 5 Abs. 4 EuAdAbk schreibt eine Mindestfrist von 6 Wochen vor, Art. 4 lit. c Nr. 4 des HaagAdoptÜbk (dazu § 1744 Anh. Rn. 1 Fn. 3) verlangt nur, dass die Einwilligung nach der Geburt erteilt worden sein muss. Während § 1749 Abs. 3 S. 2 RefE zum AdoptG ein Widerrufsrecht der Mutter innerhalb von 2 Monaten nach der Geburt vorsah (RefE eines *Gesetzes zur Neuordnung des Adoptionsrechts (AdoptionsG),* Stand 7. 9. 1973, abgedruckt in DAVorm 1973, 522 = UJ 1974, 76), ging der RegE auf Grund ärztlicher Hinweise auf frühkindliche Schädigungen einen anderen Weg und setzte eine Frist von 6 Wochen, innerhalb der eine Einwilligung - der ehelichen Eltern wie der nichtehelichen Mutter - nicht wirksam erklärt werden konnte (BT-Drucks. 7/3061 S. 37).
[62] Vorschlag des RA-BT BT-Drucks. 7/5087 S. 12. Die Frist wurde durch das KindRG beibehalten. Auf Grund der Erfahrungen mit Müttern, die sich mit dem Gedanken tragen, in die Adoption ihrer Kinder einzuwilligen, wird sie von *Smentek/Baumann-Zipplies/Dohnert* S. 60 als zu kurz angesehen.

nicht die Entziehung der elterlichen Sorge (§§ 1666, 1666a) oder die Ersetzung ihrer Einwilligung (§ 1748).[63] – Zur Problematik allgemein s. § 1592 Rn. 18-20, zu den für eine Adoption maßgeblichen Erwägungen § 1741 Rn. 25.

3. Begünstigte. Die Überlegungsfrist dient in erster Linie dem Schutz der **nichtehelichen Mutter,** die sich nicht selten in seelischer und/oder wirtschaftlicher Bedrängnis befindet. Die Vorschrift ist jedoch allgemeiner formuliert: Die Überlegungsfrist gilt auch für die **eheliche Mutter** und den **ehelichen/nichtehelichen Vater.** Nach ihrer Entstehungsgeschichte[64] ist ein Redaktionsversehen oder eine restriktive Auslegung mit dem Ziel der Beschränkung auf die Mutter ausgeschlossen.[65] Zum **nichtehelichen Vater** s. Rn. 11-15, 23, 35-43.

4. Pränatale Erklärungen. a) Grundsatz. Vorgeburtliche, widerrufliche Einwilligungen sieht das geltende Recht im Grundsatz nicht vor. Reformvorschläge sahen in ihr ein Mittel, Abtreibungen einzuschränken.[66] Wenn überhaupt, so kann die abtreibungswillige Frau zur Austragung des Kindes jedoch nur dadurch motiviert werden, dass sie durch ihre Erklärung aller Mutterpflichten ledig wird oder sich zumindest die künftigen Annehmenden „binden" (zur Unzulässigkeit von Vereinbarungen über die **Ersatzmutterschaft** und **Leihmutterschaft** s. § 1744 Anh. Rn. 40). Der richtige Kern dieses Vorschlags[67] zielt mithin auf die Zulassung der einseitigen Aufkündigung von Elternpflichten.[68] Die Adoption betrifft er nur mittelbar, da sie nur ein **mögliches** Mittel zur Fürsorge für verlassene Kinder ist. Deshalb bestand kein Anlass, diese Frage im Zusammenhang mit der Annahme als Kind zu regeln, es sei denn, man will auch eine **pränatale Adoption** zulassen.[69]

Nach gegenwärtigem Recht ist im Übrigen die verpflichtende Erklärung eines Adoptionswilligen zur **Unterhaltszahlung** an die werdende Mutter für den Fall, dass sie ihre spätere Einwilligung in die Adoption zusagt (dazu auch Rn. 24), nicht ausgeschlossen. Erteilt die Mutter gleichwohl die Einwilligung in die Adoption nicht, entfällt die Geschäftsgrundlage für die Vereinbarung lediglich ex nunc, weil den Vertragsparteien die mangelnde rechtliche Verpflichtung der Mutter zur Einwilligung und das Risiko der Nichteinwilligung bekannt war. Deshalb muss der Adoptionswillige zwar nicht weiter Unterhalt bezahlen, kann aber bereits geleistete Unterhaltsrenten grundsätzlich nicht wieder zurückfordern. Hat aber die Mutter die Einwilligung nie vorgehabt, haftet sie dem Adoptionswilligen nach § 823 Abs. 2 iVm. § 263 StGB, § 826 auf Schadensersatz.

b) Ausnahmen. aa) Nichtehelicher Vater. Er kann seine Einwilligung bereits **vor der Geburt** des Kindes erteilen, wenn die Eltern keine Sorgeerklärungen nach §§ 1626a Abs. 1 Nr. 1, 1626 b-1626 e abgegeben haben (Abs. 3 S. 1 Nr. 1).[70] Allerdings ist auch insoweit die Glaubhaftmachung der Beiwohnung der Mutter während der gesetzlichen Empfängniszeit (Abs. 1 S. 2, dazu Rn. 12-14),[71] erforderlich, weil das FamG vor dem Ausspruch der Annahme den Kreis der Beteiligten und der zur Annahme erforderlichen Einwilligungen von Amts wegen klären und mit genügender Sicherheit feststellen muss. Für die **Mutter,** der nach § 1626a Abs. 2 die alleinige elterliche Sorge zukommt, wenn keine Sorgeerklärungen abgegeben wurden, gilt weiter Abs. 2 S. 1: Keine wirksame Einwilligung, bevor das Kind 8 Wochen alt ist (dazu Rn. 19).

bb) Einwilligungsabsicht. Nicht untersagt ist den **Eltern,** bereits vor der Geburt rechtsfolgenlos die **Absicht** zu erklären, in eine Annahme einzuwilligen, sobald dies rechtlich möglich ist.

---

[63] KG OLGZ 1985, 291 = NJW 1985, 2201 = FamRZ 1985, 735; auch *Staudinger/Frank* Rn. 28 f.
[64] Entsprechend früherem Recht geht die Regelung damit über Art. 5 Abs. 4 EuAdAbk und § 1749 Abs. 3 S. 2 RefE (DAVorm. 1973, 522, 523 = UJ 1974, 76) hinaus.
[65] Auch *Staudinger/Frank* Rn. 22.
[66] Kommissariat der deutschen Bischöfe, Arbeitsgruppe „Adoptionsrecht" (*Bosch* u. a.) FamRZ 1972, 356. Ebenso Akademikerverbände FamRZ 1974, 171; *Becker* ZfJ 1973, 227; *Bosch* Mitt. AGJ 67 (1963), 36 f.; FamRZ 1983, 976; *Jayme* FamRZ 1974, 117; *Stöcker* FamRZ 1974, 569 f.; *Wagenitz* ZfJ 1991, 241; *Binschus* ZfJ 1991, 451.
[67] Kommissariat der deutschen Bischöfe, Arbeitsgruppe „Adoptionsrecht" (*Bosch* u. a.) FamRZ 1972, 356 (Punkt 5 mit Begründung).
[68] Dazu *Binschus* ZfJ 1991, 452 f. Das Argument, es dürfe nicht zu „Niemandskindern" oder „Staatsmündeln" kommen (vgl. *Engler/Frank/Kreutzer* Mitt. AGJ 67 (1973), 37 f.; BT-Drucks. 7/3061 S. 20), hilft weder der Mutter noch dem nasciturus.
[69] S. auch *Staudinger/Frank* Rn. 26-27.
[70] Ablehnend DFGT FamRZ 1997, 337, 341. – Durch diese Regelung soll der Mutter die Gewissheit alleiniger Entscheidungsbefugnis vermittelt und dadurch ihre „Austragungsbereitschaft" gefördert werden (*Lipp/Wagenitz* Rn. 17). Doch dürfte dies kaum mehr als sehr theoretisch sein, weil die sich mit einer Adoptionsfreigabe ihres Kindes beschäftigende Mutter kaum danach fragen dürfte, welche Erklärungen der Vater, dessen Verhalten meist erst die Frage nach einer Adoptionsfreigabe auf kommen lassen, zur Adoption abgegeben hat. Zudem: Wird der Mutter ihre Entscheidung wirklich dadurch leichter gemacht, dass sich der Vater mit einer schnellen Einwilligung in eine Adoption von seiner Verantwortung freizeichnet und der Mutter die alleinige Verantwortung aufbürdet?
[71] AA *Staudinger/Frank* Rn. 23: Der Vater muss rechtskräftig festgestellt sein.

Dies kann der rechtzeitigen Vorbereitung einer Annahme dienlich sein.[72] Das Jugendamt oder die Adoptionsvermittlungsstelle verletzen deshalb mit der Entgegennahme einer solchen Absichtserklärung auch nicht ihre Amtspflichten,[73] wenn sie mit den Eltern zuvor die Möglichkeit der persönlichen Betreuung erörtert und auf die rechtliche Unverbindlichkeit der Äußerung hingewiesen haben. § 1 S. 2 AdVermiG geht von einer solchen Vermittlungstätigkeit aus (dazu § 1744 Anh. Rn. 17).

V. Inhalt

25   **1. Bezeichnung der Annehmenden.** Eine Einwilligung muss sich immer auf die Annahme durch vorher **bestimmte Personen** beziehen. Hat der Berechtigte in die Annahme durch **Ehegatten** eingewilligt und wird die Ehe vor der Annahme aufgelöst, gilt deshalb die Einwilligung idR nicht auch für die Annahme durch einen der (ehemaligen) Ehegatten, weil sich die Einzelannahme von der gemeinschaftlichen Annahme qualitativ unterscheidet (dazu § 1741 Rn. 37-49). Hat der Berechtigte in die Annahme durch das Ehepaar A *oder* die Einzelperson X eingewilligt (s. dazu Rn. 28), liegt deshalb auch hierin nicht die Einwilligung zur Annahme durch einen der Ehegatten A.[74] Bei § 1753 Abs. 2 handelt es sich um eine gemeinschaftliche Annahme, sodass sich die erörterte Einwilligungsfrage nicht stellt. – Zum **Tod** eines Ehegatten s. auch § 1753 Rn. 16.

26   Die Annehmenden können **namentlich** bezeichnet werden. **Abs. 2 S. 2** – der auf alle Einwilligungen, mithin auch die pränatale Einwilligung des nichtehelichen Vaters Anwendung findet[75] – lässt aber auch ihre Individualisierung dadurch zu, dass sie durch informierte Dritte bestimmt werden, etwa durch die Bezugnahme auf Listen oder Aktenzeichen des Jugendamtes oder der Adoptionsvermittlungsstelle. Die Annehmenden müssen dann zwar „feststehen", brauchen aber den Einwilligenden nicht bekannt zu sein.[76] Damit wird bewusst die **Inkognitoadoption** zugelassen (zur Kritik s. Vor § 1741 Rn. 35).[77] Nach Ausspruch der Adoption dient sie dem Offenbarungs- und Ausforschungsverbots (§ 1758) der Wahrung des Inkognitos. – Geschützt sind nur die Annehmenden gegen die Kenntnis der leiblichen Eltern.[78] Sind sie mit ihrer Bekanntgabe an die leiblichen Eltern nicht einverstanden, können diese die Einwilligung verweigern; ggf. ist sie dann nach § 1748 zu ersetzen. Dagegen sind die leiblichen Eltern den Annehmenden auf ihr Verlangen bekannt zu geben. – Stets muss das FamG jedoch die Identität der Adoptionsbewerber von Amts wegen überprüfen,[79] schon weil es das Wohl des Kindes und die Erwartung, es werde sich ein Eltern-Kind-Verhältnis bilden (§ 1741 Abs. 1), überprüfen muss.

27   Dagegen ist eine Einwilligung in eine beliebige Adoption (**„Blankoeinwilligung"**)[80] unzulässig.[81] Das Anonymitätsinteresse der Annehmenden (dazu § 1758 Rn. 1) wird durch die Zulässigkeit

---

[72] DIV ZfJ 1983, 221 f. Zur Adoptionspflege in diesem Falle s. § 1744 Rn. 5. Die Erklärung dieser Absicht ist deshalb auch kein Grund für einen Entzug der elterlichen Sorge, vgl. KG OLGZ 1985, 291 = NJW 1985, 2201 = FamRZ 1985, 735, 736; zur Gefährdung des Kindeswohls s. § 1666 Rn. 48-119.
[73] *Erman/Saar* Rn. 4.
[74] AA 3. Aufl. Rn. 15.
[75] *Lipp/Wagenitz* Rn. 17.
[76] BT-Drucks. 7/3061 S. 38. – Dies entspricht der Forderung von Art. 20 Abs. 1 EuAdAbk - "Es sind Anordnungen zu treffen, damit ein Kind angenommen werden kann, ohne dass seiner Familie aufgedeckt wird, wer der Annehmende ist." - und den Regelungen in anderen Rechtsordnungen (s. dazu die rechtsvergleichenden Hinweise in BT-Drucks. 7/3061 S. 21). Zur Entstehungsgeschichte s. *Staudinger/Frank* Rn. 5; *Staudinger/Engler* 10./11. Aufl. Rn. 16-24.
[77] BT-Drucks. 7/3061 S. 21; s. auch BayObLGZ 1977, 148, 151; StAZ 1977, 254, 256 und ständig; *Bosch* FamRZ 1984, 839 f. Im Zusammenhang mit der Kritik an der Volladoption (dazu auch Vor § 1741 Rn. 43-45) misst *Paulitz/Bach* Adoption S. 56 f. der Inkognitoadoption einen Ausnahmecharakter bei, den es nach dem Wortlaut der Regelung zwar nicht hat, den einzuführen aber erwägenswert ist (dazu auch Vor § 1741 Rn. 43). S. auch EuGHMR NJW 2003, 2145 m. Bspr. *Wittlinger* NJW 2003, 2138 = FamRZ 2003, 1367 m. Anm. *Henrich* FamRZ 2003, 1370 und *Stürmann* KJ 2004, 54 (zur anonymen Geburt).
[78] Dazu *Baer/Gross* S. 29 f.; *Staudinger/Frank* Rn. 35; s. auch rechtsvergleichenden Hinweise auf Rechtsordnungen, die auch das Inkognito der Adoptiveltern zulassen, bei *Frank* FamRZ 1988, 113, 117.
[79] *Lipp/Wagenitz* Rn. 18.
[80] Entgegen den meisten ausländischen Rechtsordnungen (s. auch rechtsvergleichenden Hinweise bei *Staudinger/Frank* Rn. 30), § 1749 Abs. 4 RefE eines *Gesetzes zur Neuordnung des Adoptionsrechts – AdoptG)* (DAVorm. 1973 522, 523 = UJ 1974, 76) und einer verbreiteten rechtspolitischen Forderung wegen der sich hieraus ergebenden Schwierigkeiten bei grenzüberschreitenden Adoptionen, wenn eine Einwilligung im Ausland ohne Angabe der Annehmenden bzw. unter einer Registriernummer erteilt wird, und weil auch bei schwer vermittelbaren Kindern ein Bedürfnis für eine Blankoadoption bestehe (Akademikerverbände FamRZ 1974, 171; *Feil* Mitt. AGJ 64 (1972), 29; *Schnabel* Mitt. AGJ 64 (1972), 19; *Schmidgen* Mitt. AGJ 67 (1973), 32; *Baer* ZfJ 1996, 123, 124 f.; aA *Jayme* FamRZ 1974, 117).
[81] RegE BT-Drucks. 7/3061 S. 21; RA-BT BT-Drucks. 7/5087 S. 12 f. Ebenso die hM zum früheren Recht, vgl. BGHZ 2, 287, 293 = NJW 1951, 643 (in der Sache aber wohl für unbestimmte Personen); *Kränzlein*,

eine Inkognitoadoption ausreichend gewahrt, eine Auswechslung der Adoptionsbewerber dagegen verhindert (s. aber auch Rn. 28).[82]

2. Kumulative Einwilligung. Die Formulierung „*die* ... Annehmenden" (Abs. 2 S. 2) sollte zum Ausdruck bringen, dass eine Einwilligung für den Fall, „dass das zunächst vorgesehene Annahmeverhältnis nicht zustande kommen sollte", zur Annahme durch „ein weiteres Ehepaar oder mehrere weitere Ehepaare" erteilt werden kann (**sukzessive** Einwilligung),[83] um das Verbot der Blankoeinwilligung (dazu Rn. 27) abzumildern.[84] Doch würde damit die Einwilligung von einer unzulässigen Bedingung (§ 1750 Abs. 2 S. 1) abhängig gemacht und wäre unwirksam.[85] – Erlaubt ist dagegen eine **alternative** Einwilligung in eine Annahme durch die eine *oder* andere Person[86] (konkret bezeichnet durch die Bezugnahme auf eine Liste, s. Rn. 26). – Auch eine **hilfsweise** Einwilligung ist wegen der Nähe zum Verfahrensrecht zulässig,[87] mit der man sich aber der unzulässigen Blankoeinwilligung (dazu Rn. 27) nähert. In Anbetracht der Zulässigkeit der Blankoeinwilligung in anderen Ländern[88] ist dies unbedenklich.[89]

3. Auskunft über Annehmende. Auch wenn der Einwilligende die Annehmenden nicht kennt (Inkognitoadoption, dazu Rn. 26), kann er vor der Einwilligung, die ihm ja grundsätzlich freisteht, Auskunft über die wichtigsten Lebensumstände der Annehmenden verlangen,[90] etwa Nationalität und Beruf, finanzielle und familiäre Lage, aber auch über Konfession und Bekenntnis,[91] und bei deren Nichterteilung die Einwilligung verweigern. – Wird einem Einwilligungsberechtigten **keine** Auskunft über die für das Kind wesentlichen Verhältnisse des/der Annehmenden erteilt, kann seine Einwilligung – jedenfalls grundsätzlich – nicht nach § 1748 ersetzt werden. – Zu den **Rechtsfolgen** einer unter einer Bedingung erteilten Einwilligung s. § 1750 Rn. 14.

VI. Entbehrlichkeit

1. Unvermögen. Eine Einwilligung ist nicht erforderlich, wenn der Berechtigte zu ihrer Erklärung „**dauernd außerstande**" ist **(Abs. 4 Alt. 1;** zum Verhältnis zu § 1748 Abs. 2 s. Rn. 50, § 1748 Rn. 34; zur Angabe im Adoptionsausspruch s. § 1752 Rn. 30). Dies ist der Fall, wenn der Einwilligungsberechtigte
– zwar nicht auf Lebenszeit, aber gegenwärtig **geschäftsunfähig** ist und eine Zustandsänderung nicht absehbar ist,[92]
– über längere Zeit bewusstlos ist,[93]
– sich sonst weder schriftlich noch mündlich äußern kann.[94]

FS Nottarp, S. 116-118; aA nur OLG Frankfurt/M. FamRZ 1973, 481, offengelassen BGH ZBlJugR 1975, 127; zu Unrecht de lege lata für zweifelhaft gehalten von *Bosch* FamRZ 1984, 840.
[82] Krit. *Staudinger/Frank* Rn. 30 mwN.
[83] RA-BT BT-Drucks. 7/5087 S. 13 (zu § 1747 aE); dagegen *Binschus* ZfF 1976, 196.
[84] *Staudinger/Frank* Rn. 31.
[85] *Lüderitz* NJW 1976, 1865, 1868; *Oberloskamp* DAVorm. 1977, 89, 103; aA *Staudinger/Frank* Rn. 31; § 1750 Rn. 14 (wegen der anderslautenden Begründung des Gesetzgebers, der allerdings § 1750 Abs. 2 S. 1 auch übersehen haben kann); *Soergel/Liermann* Rn. 19.
[86] RGRK/*Dickescheid* Rn. 10; *Soergel/Liermann* Rn. 19; *Gernhuber/Coester-Waltjen* § 68 Rn. 66; aA *Staudinger/Frank* Rn. 32; § 1750 Rn. 14; *Erman/Saar* Rn. 15. – Nach *Lipp/Wagenitz* Rn. 18 hat der Gesetzgeber des KindRG durch das Festhalten am Verbot der Blankoadoption in Kenntnis der Praxis zur alternativen Einwilligung diese stillschweigend legitimiert. – Das „Nachschieben" einer solchen Alternative ist aber unzulässig (ebenso *Staudinger/Frank* aaO); aA BayObLGZ 1993, 76 = NJW 1994, 668 = FamRZ 1993, 1356, 1359; OLG Hamm NJW-RR 1991, 905 = FamRZ 1991, 1230.
[87] OLG Hamm OLGZ 1991, 257 = NJW-RR 1991, 905 = FamRZ 1991, 1230 (nachträglich); *Erman/Saar* Rn. 5; *Soergel/Liermann* Rn. 19; *Staudinger/Frank* Rn. 31; RGRK/*Dickescheid* Rn. 10.
[88] S. *Jayme* FamRZ 1973, 567 (USA); Art. 348-4 franz. c. c.
[89] Vgl. *Lüderitz* NJW 1976, 1868 (unter II 2 e); *Oberloskamp* DAVorm. 1977, 103.
[90] Vgl. hierzu BVerfGE 24, 119, 155 = NJW 1968, 2233 = FamRZ 1968, 578, 587; *Bluhm* DR 1942, 1309; *Engler* FamRZ 1970, 116; *zur Nieden* JZ 1959, 402; *Staudinger/Frank* Rn. 34; RGRK/*Dickescheid* Rn. 12. Die „sittliche Pflicht" der Mutter, sich über die Annehmenden zu informieren (vgl. BT-Drucks. 7/3061 S. 21; *zur Nieden* JZ 1959, 402; *Engler* FamRZ 1966, 555), kann nicht erzwungen werden. Nach BVerfG aaO ist zwar die Unterrichtung idR geboten; doch braucht sie dem erkennbar uninteressierten Elternteil nicht aufgedrängt zu werden. Mit „Menschenhandel" hat diese Frage entgegen *Roth-Stielow* Einf. Anm. 15 nichts zu tun. Zu den Vor- und Nachteilen einer „offenen" Adoption s. Vor § 1741 Rn. 43-45.
[91] *Listl* FamRZ 1974, 75 f.
[92] BayObLG NJWE-FER 2000, 147 = FamRZ 1999, 1688, 1689.
[93] *Staudinger/Frank* Rn. 46.
[94] *Roth-Stielow* Anm. 13.

31 **2. Unbekannter Aufenthalt.** Die Einwilligung eines namentlich **bekannten** Berechtigten ist auch entbehrlich, wenn sein Aufenthalt – wie etwa bei einem Findelkind,[95] in Kriegswirren oder nach Naturkatastrophen, aber auch, wenn sich der Elternteil unbekannt verändert hat[96] – **dauernd** unbekannt ist.[97] Er ist etwa durch Ausschreibung zur Aufenthaltsermittlung oder bei einem Sozialhilfeempfänger durch Nachforschungen bei der Agentur für Arbeit und dem Sozialamt[98] zu ermitteln. Nach etwa 6 Monaten Ermittlungstätigkeit, insbesondere nach der ersten Ausschreibung, wird das Merkmal „dauernd" erfüllt sein.[99]

32 **3. Abs. 4 analog?** Die **beschränkte Geschäftsfähigkeit** lässt das Einwilligungsrecht des betroffenen Elternteils unberührt (§ 1750 Abs. 3 S. 2).[100] Das Einwilligungsrecht des „Vaters" bleibt auch bei einer **Scheinvaterschaft** des Kindes nach Scheinanerkennung der Vaterschaft (s. dazu auch das Anfechtungsrecht der zuständigen Behörde, §§ 1600 Abs. 1 Nr. 5, Abs. 3, 4, 1592 Nr. 2) oder wegen Scheinehelichkeit oder wenn die Mutter die Entdeckung der nichtehelichen Mutterschaft[101] und gesellschaftliche Diskriminierung[102] fürchtet. Tritt aber Gefahr für Leib oder Leben von Kind oder Mutter[103] oder die Vernichtung der gesellschaftlichen Existenz der Mutter[104] hinzu, kann aus **humanitären Gründen**[105] von der Einwilligungserklärung des Vaters abgesehen werden. Zwar nicht aufgrund einer entsprechenden Anwendung von Abs. 4,[106] weil es dort um die ganz anderen Fälle der Unmöglichkeit der Erklärung geht, sondern einer Abwägung[107] der Schutzwürdigkeit des Grundrechtsschutzes aus Art. 1, 2 und 6 GG.

33 Ist der Berechtigte **unbekannt,** greift Abs. 4 nicht ein, weil er die Kenntnis des Einwilligungsberechtigten voraussetzt. Ggf. ist die Mutterschaft,[108] etwa wenn das Kind ausgesetzt oder in eine „Babyklappe" gelegt[109] wurde, und die Vaterschaft an einem nichtehelichen Kind festzustellen. **Schweigt** die Mutter aber zur Vaterschaft, kann sie zur Auskunftserteilung nicht gezwungen werden (dazu Rn. 10).

VII. Mängel

34 Fehlt eine erforderliche Einwilligung, wird sie zu Unrecht für nicht erforderlich gehalten oder vor Ablauf der Schutzfrist abgegeben oder ist sie mit groben Mängeln behaftet, kann unter den Voraussetzungen der §§ 1760-1763 vom übergangenen oder fehlerhaft einwilligenden Elternteil die **Aufhebung** der Annahme verlangt werden (dazu auch § 1748 Rn. 78). Wird der Mangel **vor** Annahme entdeckt, gelten die allgemeinen Regeln für Willenserklärungen, sodass die Annahme unterbleibt (dazu näher § 1750 Rn. 21-22).

VIII. Nichtehelicher Vater

35 **1. Allgemeines. Abs. 3** ergänzt Abs. 1 für die Fälle, dass die Eltern nicht miteinander verheiratet sind und keine Sorgeerklärungen abgegeben haben (§§ 1626a Abs. 1 Nr. 1, 1626b-1626e). Haben

---

[95] AG Kerpen FPR 2004, 620 f. = JAmt 2004, 382 = Kind-Prax 2004, 241; s. bereits Mot. IV S. 965; *Staudinger/Engler* 10./11. Aufl. Rn. 11.
[96] *Staudinger/Frank* Rn. 48.
[97] AG Ibbenbüren IPRax 1984, 221 m. Anm. *Jayme*; AG Siegen IPRax 1992, 259 wollen dies auch für die - erneute - Einwilligung einer peruanischen bzw. paraguayanischen Mutter bei der Wiederholung der Adoption annehmen.
[98] OLG Köln DAVorm. 1998, 936, 937.
[99] OLG Köln DAVorm. 1998, 936 f.; *BAGLJÄ* Empfehlungen (§ 1744 Anh.) Nr. 9.3.2; s. auch *Staudinger/Frank* Rn. 48 mwN.
[100] BayObLGZ 1977, 148, 149 f. = Rpfleger 1977, 303 f.
[101] Vgl. AG Aachen FamRZ 1959, 378; AG Hamburg-Bergedorf DAVorm. 1979, 195 (Mutter hat „Strafe" wegen Ehebruchs zu befürchten) und zust. *Palandt/Diederichsen* Rn. 12. Hierzu *Bosch* FamRZ 1959, 378; *Engler* FamRZ 1969, 68.
[102] *Staudinger/Frank* Rn. 47.
[103] Bei Todesgefahr für die türkische Mutter durch den türkischen/griechischen Vater: AG Hamburg-Bergedorf DAVorm. 1979, 195; AG Ludwigsburg BWNotZ 1984, 23 f.; AG XY ZBlJugR 1986, 462; AG Ibbenbüren IPRax 1988, 368 m. Anm. *Jayme*; *Soergel/Liermann* Rn. 32; s. auch *BAGLJÄ* Empfehlungen (§ 1744 Anh.) Nr. 9.3.1.3). – AG Kerpen FPR 2004, 620, 621 = JAmt 2004, 382 = Kind-Prax 2004, 241; *Listl* FamRZ 1974, 76, 79 lassen - was abzulehnen ist - „völliges Versagen" ausreichen.
[104] AG XY ZBlJugR 1986, 462; *Staudinger/Frank* Rn. 47.
[105] Begriff von *Staudinger/Frank* Rn. 47.
[106] So *Staudinger/Frank* Rn. 47.
[107] S. auch *BAGLJÄ* Empfehlungen (§ 1744 Anh.) Nr. 9.3.1.3: Güterabwägung.
[108] Zur Problematik s. § 1591 Rn. 33-38 mwN.
[109] Dazu *Wolf* FPR 2001, 345 ff.

Einwilligung der Eltern des Kindes　　　　　　　　　　　36, 37　§ 1747

sie dagegen **Sorgeerklärungen** abgegeben, steht ihnen die elterliche Sorge nach § 1626a Abs. 1 Nr. 1 gemeinsam zu, weshalb allein § 1741 Abs. 1 S. 1 iVm. Abs. 2 S. 1 gilt, sodass die Einwilligung grundsätzlich erst erteilt werden kann, wenn das Kind 8 Wochen alt ist; die Einwilligungsbefugnis steht dann beiden Elternteilen gleichberechtigt zu.[110] Allerdings kann der Vater seine Einwilligung bereits **vor der Geburt** des Kindes erteilen (Nr. 1, dazu Rn. 21-24). – Das Jugendamt hat den Vater über seine Rechte nach § 1747 Abs. 1-3 zu **beraten** (dazu Rn. 44-48).

2. Erklärungen. a) Sorgerechtsantrag. aa) Allgemeines. Die Wirksamkeit des Sorge- 36 rechtsantrags[111] ist von der **Zustimmung der Mutter** abhängig (§ 1672 Abs. 1 S. 1).[112] Wird sie erteilt oder ist ihre Zustimmung nicht mehr erforderlich, weil sie wirksam in die Annahme eingewilligt hat (§ 1751 Abs. 1 S. 6), ist dem Antrag stattzugeben, wenn die Übertragung der elterlichen Sorge auf den Vater dem Wohl des Kindes **dient** (§ 1672 Abs. 1 S. 2). Hierzu ist festzustellen,[113] ob die Sorgerechtsübernahme durch ihn die Lebensverhältnisse des Kindes merklich verbessert. Es gilt:
- Lebt das Kind **tatsächlich beim Vater,** wird dadurch indiziert, dass die Sorgerechtsübernahme seinem Wohl dient (dazu § 1741 Rn. 17),[114] es sei denn, nach § 1666 erhebliche Gründe stünden entgegen. – Haben bisher **regelmäßige Kontakte** zwischen Kind und Vater stattgefunden, ist seine Eignung zur Ausübung der Sorge zu überprüfen.
- Lebt der nichteheliche Vater **allein,** kommt die Übernahme der Sorge für ein Kleinkind idR nur in Betracht, wenn er zuvor mindestens zeitweilig das Kind alleine versorgt hat. Lebt er im **elterlichen Haushalt,** ist entscheidend auf die Bereitschaft und Eignung der Großeltern des Kindes zur persönlichen Betreuung abzustellen; die Berufstätigkeit und dadurch bedingte zeitweise Abwesenheit des Vaters sind kein Hindernis (dazu auch § 1741 Rn. 19-22).
- Lebt er mit einer anderen Frau **eheähnlich** zusammen oder ist er **verheiratet,** muss die Lebenspartnerin der Übernahme des Sorgerechts aufgeschlossen gegenüberstehen (dazu § 1741 Rn. 22; zur Legitimation nach altem Recht s. § 1726 Abs. 1 S. 2 aF, zur Adoption s. § 1749).
- Besteht zwischen Vater und Kind (noch) **kein regelmäßiger Kontakt,** mindert seine verfassungsrechtliche Position (Vor § 1741 Rn. 23). Dass die Sorgerechtsübernahme durch ihn dem Wohl des Kindes dient, ist nachzuweisen und idR durch eine Dauerpflege zu erproben. Ist das Kind bereits in der persönlichen Obhut Dritter, ist der Antrag des nichtehelichen Vaters idR abzuweisen, um dem Kind die Kontinuität der Säuglings- und Kleinkinderpflege zu erhalten.[115]
- **Ruht** die elterliche Sorge der Mutter, die ihr allein zustand, nach Einwilligung (§ 1751 Abs. 1 S. 1), hat das FamG die elterliche Sorge dem Vater zu übertragen, wenn dies dem Wohl des Kindes dient (§ 1678 Abs. 2).[116] Es empfiehlt sich die Aussetzung des Adoptionsverfahrens (§ 21 FamFG, dazu auch Rn. 38, § 1748 Rn. 76) bis zur Endentscheidung im Sorgerechtsverfahren.
- Einem Sorgerechtsantrag nach § 1672 Abs. 1 ist ein „Antrag" des nichtehelichen Vaters gleichzustellen, der ihre Zustimmung nicht erteilenden Mutter die elterliche Sorge nach § 1666 mit der Folge zu entziehen, dass sie ihm nach **§ 1680 Abs. 3,** Abs. 1, 2 zuwächst oder zu übertragen ist.

bb) Verhältnis Sorgerechtsübernahme/Annahme. Die Ausübung der elterlichen Sorge 37 durch einen leiblichen Elternteil geht einer Adoption vor. Deshalb darf, steht der nichtehelichen

---

[110] Liermann FuR 1997, 217, 222; Greßmann, Neues Kindschaftsrecht, Rn. 399; Soergel/Liermann Rn. 26.
[111] Der Sorgerechtsantrag nach § 1672 Abs. 1 tritt an die Stelle der ab 1. 7. 1998 abgeschafften Legitimation und Adoption des Kindes durch den nichtehelichen Vater, die beide grundsätzlich von der Einwilligung der Mutter oder deren Ersetzung abhängig waren (§§ 1726 Abs. 1 S. 1, 1747 Abs. 2 S. 1 aF). Zur Wirkung eines Legitimations- oder Adoptionsantrags des nichtehelichen Vaters und seinem Verhältnis zur Einwilligung der Mutter in eine Annahme durch Dritte und zum Adoptionsantrag des Ehemannes der Mutter (Stiefvater) s. 3. Aufl. Rn. 23, 24.
[112] Zur verfahrens- bzw. materiell-rechtlichen Qualifikation dieser Zustimmung s. FamRefK/Rogner Rn. 4-6; Palandt/Diederichsen Rn. 11 aE, jeweils zu § 1672. – Zum Verstoß von § 1626a Abs. 1 Nr. 2, Abs. 2 gegen Art. 14, 8 EMRK: EuGHMR NJW 2010, 501 = FamRZ 2010, 103 ff. m. Anm. Henrich, Scherpe.
[113] Wie zu einem Annahmeantrag des nichtehelichen Vaters nach altem Recht, dazu BayObLG FamRZ 1983, 532, 533.
[114] Zu oberflächlich (ablehnend) LG Lübeck DAVorm. 1985, 329, vgl. auch 3. Aufl. § 1741 Rn. 41.
[115] BayObLGZ 1989, 70 = FamRZ 1989, 1336 (der Antragsteller hat seinen Antrag wiederholt, vgl. BayObLG FamRZ 1991, 224); OLG Stuttgart OLGZ 1980, 110, 112; LG Göttingen ZfJ 1974, 78 für § 1747a, später § 1747b aF. Die dort gemachte Einschränkung, anders sei die Lage uU dann zu beurteilen, wenn Vater und Mutter heiraten würden, verträgt sich freilich nicht mit der zuvor getroffenen Feststellung, gegenüber der tatsächlichen persönlichen Bindung trete die Abstammung von solchen Personen, zu denen keine persönlichen Beziehungen bestanden hätten, zurück.
[116] Dazu auch Staudinger/Frank Rn. 39, der zu Recht darauf hinweist, dass den Gesetzesmaterialien nicht zu entnehmen ist, ob die Inbezugnahme von § 1671 Abs. 1 zugleich zum Ausschluss der Anwendbarkeit von § 1678 Abs. 2 führen sollte. Doch ist letzteres abzulehnen, weil § 1747 Abs. 3 nur besondere Regelungen für einzelne Fallgestaltungen trifft und es i. Ü. bei den allgemeinen Regelungen belässt.

§ 1747 38–40

Mutter die elterliche Sorge alleine zu (§ 1626a Abs. 2) und hat der Vater die Übertragung der elterlichen Sorge auf sich beantragt (§ 1672 Abs. 1), die Annahme erst ausgesprochen werden, wenn über seinen Sorgerechtsantrag entschieden worden ist (**„Sperrwirkung"**).[117] Für ihn ist entgegen § 1672 Abs. 1 S. 1 die Zustimmung der Mutter nicht erforderlich (§ 1751 Abs. 1 S. 6, dazu dort Rn. 11, 12); doch setzt Nr. 2 voraus, dass die Vaterschaft festgestellt und nicht lediglich nach Abs. 1 S. 2 glaubhaft gemacht ist.[118] Da die Vaterschaft nicht auch hinsichtlich eines Sorgerechtsantrags nach § 1672 Abs. 1 vermutet wird (s. Abs. 1 S. 2), kann der Sorgerechtsantrag eines lediglich vermuteten Vaters nicht den Ausspruch der Adoption hindern.[119] – Ein mangels Zustimmung der Mutter abgewiesener Sorgerechtsantrag des Vaters kann nach deren Einwilligung in die Adoption erneut gestellt werden und setzt nicht mehr ihre Zustimmung (§ 1751 Abs. 1 S. 6) voraus.[120]

38 Dagegen kann sich der nichteheliche Vater **nicht** auf die Sperrwirkung berufen, wenn er
– schon Mitinhaber des der Mutter übertragenen Sorgerechts war (§§ 1626a Abs. 1, 1671) und die Wiedereinräumung des Sorgerechts erstrebt,
– sich nach Trennung von der Mutter um die Alleinsorge (§ 1672 Abs. 1) oder
– nach dem Tod der Mutter um das Sorgerecht (§ 1680) bemüht.

Die Interessen dieses Vaters sollen dadurch ausreichend gewahrt sein, dass seine Einwilligung nur unter den strengeren (§ 1748 Abs. 1-3) und nicht auch unter den erleichterten Voraussetzungen (§ 1748 Abs. 4) ersetzt werden kann.[121] Die Begründung des RegE[122] bezieht sich dabei auf den in § 1751 Abs. 1 S. 6 übernommenen[123] § 1747 Abs. 1 S. 3 RegE, wonach die Einwilligung der Mutter in die Adoption zugleich als Zustimmung zur Übertragung des Sorgerechts nach § 1672 Abs. 1 S. 1 gilt. Die Verfahren auf Fremdannahme einschließlich der Ersetzung der elterlichen Einwilligung und auf Sorgerechtsübertragung laufen aber nebeneinander her, und zwischen ihnen bestehen nur insoweit Abhängigkeiten, als über die Annahme nicht vor rechtskräftiger Ersetzung entschieden werden darf (dazu § 1752 Rn. 18) und sich mit dem Ausspruch der Annahme das Sorgerechtsverfahren erledigt, weil dann den Adoptiveltern das Sorgerecht zusteht (dazu §§ 1754, 1755 Rn. 8). Da oft parallele Ermittlungen stattfinden müssen, ist es auch insoweit angezeigt, das Ersetzungsverfahren **auszusetzen** (§ 21 FamFG; dazu auch § 1748 Rn. 76).

39 Um die Interessen des Vaters effektiv zu wahren, ist die Entscheidung über seinen Sorgerechtsantrag erst verbindlich, wenn die Entscheidung des FamG nicht mehr mit der fristgebundenen Beschwerde oder Rechtsbeschwerde (§§ 58, 63, 70, 71 FamFG) angefochten werden kann, mithin formell **rechtskräftig** ist.[124] Ihre Wirksamkeit, die bereits mit der Bekanntmachung an denjenigen eintritt, für den sie ihrem Inhalt nach bestimmt ist (§ 40 Abs. 1 FamFG), reicht nicht aus.[125] – Der Sorgerechtsantrag des Vaters **hemmt** das Annahmeverfahren nur, führt aber nicht zu einem Ausschluss der Adoption. Wird ihm die elterliche Sorge übertragen und willigt er in die Adoption nicht ein, kann seine Einwilligung nur unter den allgemeinen Voraussetzungen des § 1748 Abs. 1-3, nicht unter den erleichterten des § 1748 Abs. 4 ersetzt werden.[126] Eine vor der Sorgerechtsübertragung auf den Vater auf § 1748 Abs. 4 gestützte Ersetzung seiner Einwilligung wird mit wirksamer Sorgerechtsrechtsübertragung wirkungslos.[127]

40 **b) Verzicht auf Sorgerechtsantrag. aa) Wirksamkeit.** Obwohl auch der nichteheliche Vater grundsätzlich zum Umgang mit dem Kind verpflichtet ist (§ 1684 Abs. 1 Halbs. 2), kann er auf einen Sorgerechtsantrag nach § 1672 Abs. 1 in öffentlich beurkundeter **Form** (Nr. 3 S. 2) verzichten (Nr. 3 S. 1). Im Interesse des Kindes an einer frühen Adoption wird ihm und der Mutter dadurch Rechtssicherheit vermittelt.[128] Für die Beurkundung ist nach § 59 Abs. 1 S. 1 Nr. 7 SGB VIII neben den Notaren (§§ 1 Abs. 2, 59 BeurkG)[129] auch das Jugendamt zuständig, nicht

---

[117] S. auch die ähnliche Regelung in § 1747 Abs. 2 S. 2 aF mit gleicher Wirkung für den Fall, dass der Vater die Ehelicherklärung des Kindes oder seine Annahme beantragt hatte.
[118] FamRefK/*Maurer* Rn. 15; *Frank* FamRZ 1998, 393, 394.
[119] *Greßmann,* Neues Kindschaftsrecht, Rn. 396.
[120] *Lipp/Wagenitz* Rn. 21.
[121] S. auch *Staudinger/Frank* Rn. 40.
[122] So die Begründung BT-Drucks. 13/4899 S. 113.
[123] RA-BT BT-Drucks. 13/8511 S. 76.
[124] *Soergel/Liermann* Rn. 27; *Staudinger/Frank* Rn. 41; *Lipp/Wagenitz* Rn. 22; *Liermann* FuR 1997, 217, 222.
[125] FamRefK/*Maurer* Rn. 16.
[126] FamRefK/*Maurer* Rn. 16; *Lipp/Wagenitz* Rn. 22. Im Ergebnis anders das bisherige Recht: Die Adoption des Vaters verhinderte eine Fremdadoption (dazu *Soergel/Liermann* 12. Aufl. Rn. 18; *Liermann* FuR 1997, 217, 222).
[127] *Lipp/Wagenitz* Rn. 22.
[128] *Lipp/Wagenitz* Rn. 24.
[129] Insoweit nach § 36 Abs. 1 KostO auch gebührenpflichtig, LG Gießen JurBüro 1990, 1018 f. m. Anm. *Mümmler*; aA wohl LG Münster JurBüro 1992, 692.

Einwilligung der Eltern des Kindes   **41, 42** § **1747**

dagegen das AG (§ 62 Abs. 1 BeurkG) und das Standesamt (§ 44 PStG). – Der Verzicht wird „**blanko**" abgegeben, dh. nicht bezogen auf die Annahme durch bestimmte Adoptionsbewerber (dazu Rn. 41). – Der Verzicht ist an **keine Frist** gebunden, weil sich der nichteheliche Vater nicht in der Zwangslage der Mutter nach der Geburt befindet (dazu Rn. 18-24); er kann auch schon **vor der Geburt** erklärt werden.[130] – Im Übrigen richtet sich die Wirksamkeit der Verzichtserklärung grundsätzlich nach § 1750 (Abs. 3 Nr. 3 S. 3), muss also **höchstpersönlich** (dazu § 1750 Rn. 11) gegenüber dem **FamG** durch Einreichung einer Ausfertigung des Verzichts[131] erklärt (§ 1750 Abs. 1 S. 1 und 3), darf nicht durch einen Vertreter (§ 1750 Abs. 3 S. 1) und nicht unter einer **Bedingung** oder **Zeitbestimmung** erteilt werden (§ 1750 Abs. 2 S. 1) und tritt mit dem **Zugang** beim FamG ein (§ 1750 Abs. 1 S. 3). – Ein **geschäftsunfähiger** Vater kann nicht verzichten, weil sein Sorgerecht ohnehin ruhen würde (§ 1673 Abs. 1). Ist er in der **Geschäftsfähigkeit beschränkt,** könnte ihm das Personensorgerecht zusammen mit dem gesetzlichen Vertreter zustehen (§ 1673 Abs. 2 S. 2), sodass er hierauf auch verzichten kann (dazu auch § 1750 Rn. 18-19).

bb) Unwiderruflichkeit. Der Verzicht ist **unwiderruflich** (§ 1750 Abs. 2 S. 2). Zwar suspendiert er nicht die Einwilligungsberechtigung des Vaters nach Abs. 1, doch kann seine Einwilligung unter den erleichterten Voraussetzungen aus § 1748 Abs. 4 **ersetzt** werden (dazu dort Rn. 57-64).[132] Kein Widerruf in diesem Sinne liegt jedoch vor, wenn die – formlos zulässige – Abstandnahme vor oder zusammen mit dem Verzicht gegenüber dem FamG erklärt wird (dazu § 1750 Rn. 16).[133] – Gegen die Unwiderruflichkeit werden **verfassungsrechtliche Bedenken** erhoben, weil dem Vater, obwohl noch Grundrechtsträger aus Art. 6 Abs. 2 S. 1 GG, trotz der Unverzichtbarkeit der elterlichen Verantwortung die Möglichkeit zur Übernahme der elterlichen Sorge auch im Falle einer Drittadoption versagt wird.[134] Demgegenüber kann und sollte man den Verzicht grundsätzlich als Ausdruck besonderer Elternverantwortung sehen:[135] Er zieht die Rechtsfolgen aus der nicht gegebenen Möglichkeit eigener Sorgerechtsübernahme und -ausübung und steht so grundsätzlich neben der gleichfalls unwiderruflichen Einwilligung in eine Annahme. Allerdings mit einem entscheidenden Unterschied: Die Einwilligung kann nur für die Annahme zuvor bestimmter Eltern erteilt werden, unzulässig ist also eine „Blankoeinwilligung" (dazu Rn. 27). Demgegenüber führt die Unwiderruflichkeit des Verzichts zu einem „**Blankoverzicht**" (dazu auch Rn. 40),[136] weil er nach Abs. 3 Nr. 3 nicht auf ein bestimmtes Annahmeverfahren beschränkt ist. Dies ist folgerichtig, weil der Verzicht die persönliche Einstellung des Vaters zum Kind und nicht zum Adoptionsbewerber wiedergibt. Abgesehen davon, dass die Zulassung einer Blankoeinwilligung in anderen Rechtsordnungen (dazu Rn. 27) Zweifel an der verfassungsrechtlichen Unabdingbarkeit ihres Ausschlusses nähren, kann insoweit mit einer verfassungskonformen Auslegung geholfen werden, die die Wirksamkeit des Verzichts ebenso wie die Einwilligung auf ein bestimmtes Annahmeverfahren beschränkt. Mit der gesetzlichen Regelung in § 1750 Abs. 4 S. 2, deren Anwendbarkeit Abs. 3 Nr. 3 S. 3 nicht ausschließt, ist dies jedoch nicht vereinbar (dazu Rn. 40). Angemessene Ergebnisse lassen sich weiter dadurch erzielen, dass dem Verzicht Wirksamkeit nur insoweit und so lange zuerkannt wird, als das Kind wirklich adoptiert werden soll und kann; kommt eine Annahme nicht mehr in Betracht, weil die Einwilligung des Vaters nicht nach § 1748 Abs. 4 ersetzt werden kann, kann er an einem einmal erklärten Verzicht auch nicht festgehalten werden. – Dagegen ist der **Vater** nicht an einen Verzicht gebunden, wenn er die Mutter heiratet (dazu Rn. 16),[137] ihm die elterliche Sorge nach § 1672 Abs. 1 zugewachsen ist oder die leiblichen Eltern **Sorgeerklärungen** nach § 1626a Abs. 1 Nr. 1 abgeben.

cc) Rechtsfolgen. Der wirksame Verzicht führt dazu, dass ein gleichwohl gestellter **Sorgerechtsantrag** nach § 1672 Abs. 1 unzulässig ist. Er macht aber nicht auch die **Einwilligung** des Vaters in eine Annahme entbehrlich,[138] weil sie ihn nicht nur vom Sorgerecht ausschließt, sondern

---

[130] *Staudinger/Frank* Rn. 43; aA wohl *Erman/Saar* Rn. 14.
[131] OLG Hamm OLGZ 1982, 282 = NJW 1983, 1741 = FamRZ 1982, 845, 848.
[132] Nach bis 31. 6. 1998 geltendem Recht führte ein Verzicht des Vaters auf eine Ehelicherklärung oder auf eine eigene Annahme dazu, dass der Weg für eine Fremdannahme frei war, weil hierzu nur die Einwilligung der nichtehelichen Mutter erforderlich war (§ 1747 Abs. 2 S. 1 aF).
[133] OLG Hamm OLGZ 1982, 282 = NJW 1983, 1741 = FamRZ 1982, 845, 848.
[134] Dazu *Staudinger/Frank* Rn. 42; *Coester* FamRZ 1995, 1245, 1250; RdJB 1996, 430, 439; *Frank* FamRZ 1998, 393, 396.
[135] Zweifelnd an der Verfassungswidrigkeit auch *Soergel/Liermann* Rn. 29.
[136] Ebenso § 1747b Abs. 2 in der bis 31. 12. 1976 geltenden Fassung (s. hierzu *Engler* FamRZ 1966, 555; FamRZ 1970, 116).
[137] *Soergel/Liermann* Rn. 29.
[138] Nach Abs. 2 S. 3 aF führte der Verzicht auf einen Antrag auf Ehelicherklärung oder Annahme dazu, dass das Annahmeverfahren mit einem Annahmeausspruch abgeschlossen werden konnte (Abs. 2 S. 2 aF). Diese

§ 1747 43–46   Abschnitt 2. Titel 7. Annahme als Kind

ihm auch sein **Umgangsrecht** aus § 1684 nimmt, dessen er sich nicht bereits mit dem Sorgerechtsverzicht begeben hat.

43   **dd) Kraftloswerden.** Der Verzicht verliert seine Kraft, wenn das Kind nicht innerhalb von **3 Jahren** seit seinem Wirksamwerden angenommen wurde (§ 1750 Abs. 4 S. 2), nicht aber bereits mit der **Zurücknahme des Adoptionsantrags** oder der **Versagung der Annahme** (Abs. 3 Nr. 3 S. 3 iVm. § 1750 Abs. 4 S. 1).[139] Für die Nichtanwendbarkeit von § 1750 Abs. 4 S. 1, die einen „Blankoverzicht" (dazu auch Rn. 40-41) erst ermöglicht, nennen die Gesetzesmaterialien keine Gründe.[140] Sie gibt es auch nicht:[141] Ebenso wie eine Einwilligung braucht ein Sorgerechtsverzicht nicht abstrakt, sondern kann konkret durch die Annahme des Kindes durch einen bestimmten Annehmenden motiviert sein, wodurch gerade hinsichtlich dieses Annahmeverfahrens Sicherheit vermittelt und dadurch beschleunigt werden soll. Für andere Verfahren muss dies nicht gelten. Andererseits kann daraus nicht auf die Verfassungswidrigkeit der Regelung geschlossen werden, weil immer noch die Einwilligung des Vaters in die Annahme erforderlich ist und diese bei ihrer Verweigerung ersetzt werden muss, allerdings auch unter erleichterten Voraussetzungen ersetzt werden kann (§ 1748 Abs. 4; dazu dort Rn. 57-64).

IX. Belehrung und Beratung

44   **1. Inhalt.** Das Jugendamt hat den Elternteil, dessen Einwilligung wegen **Gleichgültigkeit** nach § 1748 Abs. 1 S. 1 Alt. 2, Abs. 2 ersetzt werden soll, im Verfahren zur Ersetzung grundsätzlich – Ausnahme: unbekannter Aufenthalt des Elternteils (§ 1748 Abs. 2 S. 2, § 51 Abs. 1 S. 2 SGB VIII)[142] –
– über die Möglichkeit der **Ersetzung** zu belehren (§ 51 Abs. 1 S. 1 SGB VIII),
– ihn auf die **Wartefrist** von wenigstens 3 Monaten hinzuweisen (§ 1748 Abs. 2 S. 1, § 51 Abs. 1 S. 2 SGB VIII) und
– ihn über **Hilfen** zu beraten, die die Erziehung des Kindes in der eigenen Familie ermöglichen können (§ 51 Abs. 2 S. 1 SGB VIII),[143]
– **nicht** aber davon in Kenntnis zu setzen, vor welchem **FamG** das Adoptionsverfahren anhängig ist.[144]

45   Das Jugendamt hat zudem den **Vater**, ist er mit der Mutter nicht verheiratet und wurden keine Sorgeerklärungen abgegeben, zu beraten (s. auch § 51 Abs. 3 SGB VIII) über
– seine Rechte nach § 1747 Abs. 1 und Abs. 3,
– das Erfordernis seiner Einwilligung in die Adoption (Abs. 1 S. 1),
– die Möglichkeit ihrer erleichterten Ersetzung nach § 1748 Abs. 4,
– die Möglichkeit der Glaubhaftmachung, der Mutter während der gesetzlichen Empfängniszeit beigewohnt zu haben (Abs. 1 S. 2),[145]
– sein Recht, die Einwilligung in eine Adoption bereits vor der Geburt des Kindes zu erteilen (Abs. 3 Nr. 1),
– sein Recht, die Übertragung der elterlichen Sorge auf sich zu beantragen (Abs. 3 Nr. 2, § 1672 Abs. 1) oder hierauf zu verzichten (Abs. 3 Nr. 3).[146]

46   **2. Zeitpunkt.** Die Beratung hat **möglichst bald** zu erfolgen,[147] um den ernsthaft um die Übernahme der elterlichen Sorge bemühten Vater nicht in seinen Rechten zu beschneiden. Sie

---

Rechtsfolge wird nunmehr durch Abs. 3 Nr. 2, 3 nF erreicht. Der Gesetzgeber verweist insoweit lediglich darauf, dass die Neuregelung von Nr. 3 durch das KindRG Abs. 2 S. 3, 4 aF entspreche (BT-Drucks. 13/4899 S. 114), ging also augenscheinlich davon aus, dass einem Verzicht nach neuem Recht keine weitergehenden Wirkungen zukommen sollten.

[139] AA AG Bruchsal FamRZ 1991, 980, 981.
[140] BT-Drucks. 13/4899 S. 114.
[141] AA wohl *Lipp/Wagenitz* Rn. 26.
[142] Zum alten Recht KG DAVorm. 1978, 788, 793; *Ullenbruch* ZfJ 1977, 427; im Ergebnis ebenso LG Stuttgart FamRZ 1978, 147; aA LG Berlin FamRZ 1978, 148 (keine Adoption vor Bekanntgabe, um nichtehelichen Vater belehren zu können; entschieden für Anerkenntnis alten Rechts, das „still" erfolgen konnte; *Erman/Holzhauer* 8. Aufl. § 1741 Rn. 7.
[143] *Smentek/Baumann-Zipplies/Dohnert* S. 80 fordern, dass die Beratung wegen Interessenkonflikten nicht von der Adoptionsvermittlungsstelle vorgenommen wird.
[144] OVG Saarlouis DAVorm. 1991, 685 ff.; VG Saarlouis DAVorm. 1991, 682 ff.
[145] *Helms* JAmt 2001, 57, 60; *Wiesner/Oberloskamp* § 51 SGB VIII Rn. 36.
[146] Dazu LG Bochum DAVorm. 1993, 205 f.
[147] Nach § 51 Abs. 3 S. 2 SGB VIII aF hatte die Beratung „so rechtzeitig zu erfolgen, dass der Vater sich, ehe das Kind in Adoptionspflege gegeben wird, entscheiden kann, ob er die Ehelicherklärung oder die Annahme des

sollte insbesondere bereits vor der Inpflegegabe des Kindes durchgeführt werden,[148] um ein Eltern-Kind-Verhältnis zwischen den Adoptionsbewerbern und dem Kind (§ 1741 Abs. 1) zu diesem Zeitpunkt erst gar nicht entstehen zu lassen. Die möglichst frühzeitige Beratung des Vaters ist angesichts der erleichterten Ersetzung seiner Einwilligung nach § 1748 Abs. 4 besonders wichtig.[149] Ist das Kind bereits in Adoptionspflege, dient die Annahme durch den Vater idR nicht mehr dem Wohl des Kindes (dazu Rn. 36). – Kann sich der Vater nicht zu einem Sorgerechtsantrag nach § 1672 Abs. 1 entschließen, ist das Adoptionsverfahren zügig zu betreiben, insbesondere ist das Kind in Adoptionspflege zu geben.[150]

3. Zuständigkeit. Zuständig für die Belehrung und Beratung ist das **Jugendamt. Örtlich** 47 zuständig ist – in folgender Reihenfolge (§§ 87b Abs. 1 S. 1, 86 Abs. 1-4 SGB VIII) – das Jugendamt, in dessen Bezirk
– die leiblichen Eltern, ersatzweise die Mutter ihren gewöhnlichen Aufenthalt hat,
– bei verschiedenen gewöhnlichen Aufenthalten der Eltern der personensorgeberechtigte Elternteil seinen gewöhnlichen Aufenthalt hat, oder, sind beide Eltern nicht sorgeberechtigt, der Elternteil seinen gewöhnlichen Aufenthalt hat, bei dem sich das Kind aufhält,
– das Kind seinen gewöhnlichen Aufenthalt hat.

4. Unterlassene Belehrung. Die Unterlassung der Belehrung und Beratung ist eine **Amts-** 48 **pflichtverletzung,** die zwar dazu führt, dass die Annahmevoraussetzungen nicht erfüllt sind,[151] die Wirksamkeit einer gleichwohl durchgeführten Annahme aber nicht berührt (vgl. § 1760). IdR begründet sie auch keinen Aufhebungsgrund nach § 1763 Abs. 1, weil allein die Bereitschaft des Vaters zur Übernahme der elterlichen Sorge kein schwerwiegender Grund im Kindesinteresse ist, auf das es allein ankommt.[152] Auch wenn die Aufhebung des Annahmeverhältnisses in den vorliegenden Fällen ohnehin verwehrt scheint, weil sie nur erfolgen soll, wenn durch sie eine erneute Annahme ermöglicht werden soll (§ 1763 Abs. 3 lit. b), sollte doch, nachdem der Vater einen eigenen Annahmeantrag nicht mehr stellen kann, **§ 1763 Abs. 3 lit. b entsprechend** angewandt werden, wenn er einen Sorgerechtsantrag nach § 1672 Abs. 1 stellen und das Kind in seinen Haushalt aufnehmen will.[153]

X. Verfahren

1. Verfahrensart. Die Wirksamkeit einer Einwilligung und ihre Entbehrlichkeit[154] wird idR 49 **inzident** in dem Verfahren geprüft, das auf den Antrag des Annehmenden zur Adoption führen soll. Kommt das FamG zu dem Ergebnis, dass eine erteilte Einwilligung unwirksam ist, hat es dies vorab in einer Teilentscheidung festzustellen und dadurch ggf. Gelegenheit zu geben, (erneut) eine nunmehr wirksame Einwilligung zu erteilen. Wird keine wirksame Einwilligung erteilt, ist auf Antrag über deren Ersetzung nach § 1748 zu entscheiden (dazu dort Rn. 65-79). – Besteht aber ein besonderes Interesse an der **Feststellung** der Wirksamkeit bereits vorab, etwa weil der Einwilligende die Wirksamkeit seiner Einwilligung in Abrede stellt und deshalb widerrufen hat, kann das FamG auf Antrag sowohl des Annehmenden als auch des Einwilligenden gesondert über die Wirksamkeit entscheiden. Dies kann bereits vor der Stellung des Annahmeantrages in einem selbständigen Verfahren erfolgen,[155] oder nach der Antragstellung als Teilentscheidung im Annahmeverfahren. Bis zu einer wirksamen Entscheidung können keine **einstweiligen Anordnungen** zur Herausgabe des oder Umgang mit dem Kind erlassen werden.[156]

Überschneidungen können sich zwischen Abs. 4 und § 1748 ergeben (dazu auch dort Rn. 34, 50 53): Ist der Berechtigte zur Abgabe der Einwilligung dauernd außerstande, kommt eine **Ersetzung**

Kindes beantragen will, spätestens jedoch vor der Anhörung des Jugendamts oder der Abgabe der gutachtlichen Äußerung durch das Jugendamt." Zwar wurde diese Formulierung nicht in die Neufassung durch das KindRG übernommen, doch sollte damit - soweit ersichtlich - keine sachliche Änderung verbunden werden.
[148] Die gegenteilige Empfehlung von *Binschus* ZfF 1976, 199 gefährdet die Kontinuität der Kindespflege.
[149] FamRefK/*Maurer* § 51 SGB VIII Rn. 3; *Staudinger/Frank* Rn. 44.
[150] AA *Oberloskamp* DAVorm. 1977, 107. *Brüggemann* ZfJ 1977, 204 unterschätzt die Risikobereitschaft von Pflegeeltern.
[151] LG Bochum DAVorm. 1993, 205 f.
[152] Ebenso *Erman/Holzhauer* 8. Aufl. Rn. 15; *Gernhuber/Coester-Waltjen* § 68 Rn. 60 Fn. 96; aA *Palandt/Diederichsen* Rn. 6.
[153] FamRefK/*Maurer* § 51 SGB VIII Rn. 4.
[154] Etwa *Staudinger/Frank* Rn. 49.
[155] OLG Frankfurt/M. FamRZ 1981, 206, 207; OLG Düsseldorf FamRZ 1988, 1095, 1096 mwN; LG Frankenthal DAVorm. 1981, 489, 491.
[156] OLG Düsseldorf FamRZ 1988, 1095, 1096.

§ 1748

in Betracht (§ 1748 Abs. 3), ist sein Aufenthalt dauernd unbekannt, sind hinsichtlich der **Belehrung** bei Gleichgültigkeit Wartefristen für die Ersetzung einzuhalten. Beide Handlungsalternativen stehen nebeneinander und in keinem Ausschlussverhältnis. *Staudinger/Frank*[157] empfehlen die Ersetzung, weil der Ausspruch der Annahmeausspruch deren Rechtskraft voraussetzt. Mehr Rechtssicherheit lässt sich dadurch jedoch nur bei Geschäftsunfähigkeit des betroffenen Elternteils sicher vermitteln, weil diesem jedenfalls ein Verfahrensbeistand zu bestellen ist (§ 191 FamFG). Bei dauernd unbekanntem Aufenthalt des Elternteils nimmt § 1748 Abs. 2 S. 2 in Kauf, dass der Aufenthalt des Elternteils innerhalb der Wartefrist ermittelt werden kann. Und auch nach Ausspruch der Ersetzung kann der Betroffene ggf. noch rechtzeitig Beschwerde einlegen (§ 198 Abs. 1 FamFG). Zur Wahrung der Elternrechte ist für den Regelfall der Empfehlung von *Staudinger/Frank* zu folgen und der Weg über die Ersetzung der Einwilligung zu gehen. Die Einschränkung ergibt sich aus dem Vorrang des Kindeswohls: Erfordert es eine sofortige Annahmeentscheidung – etwa weil die Adoptionsbewerber sonst wieder abspringen, was aber Anlass geben wird, deren generelle Adoptionseignung einer (erneuten) Prüfung zu unterziehen –, ist diese vorzuziehen. Dem betroffenen Elternteil bleibt dann nur noch die Anhörungsrüge (§§ 44, 68 Abs. 3 S. 1 FamFG) und nachfolgend die Verfassungsbeschwerde (dazu § 1752 Rn. 45-47).

51 **2. Ermittlungen.** Auch die Voraussetzungen aus § 1747 für die Wirksamkeit einer Adoption – das Vorliegen der erforderlichen Einwilligungen wie deren Entbehrlichkeit nach Abs. 4 – hat das FamG **von Amts wegen** selbst zu ermitteln (§ 26 FamFG; s. dazu auch § 1752 Rn. 19).[158]

§ 1748 Ersetzung der Einwilligung eines Elternteils

(1) ¹Das Familiengericht hat auf Antrag des Kindes die Einwilligung eines Elternteils zu ersetzen, wenn dieser seine Pflichten gegenüber dem Kind anhaltend gröblich verletzt hat oder durch sein Verhalten gezeigt hat, dass ihm das Kind gleichgültig ist, und wenn das Unterbleiben der Annahme dem Kind zu unverhältnismäßigem Nachteil gereichen würde. ²Die Einwilligung kann auch ersetzt werden, wenn die Pflichtverletzung zwar nicht anhaltend, aber besonders schwer ist und das Kind voraussichtlich dauernd nicht mehr der Obhut des Elternteils anvertraut werden kann.

(2) ¹Wegen Gleichgültigkeit, die nicht zugleich eine anhaltende gröbliche Pflichtverletzung ist, darf die Einwilligung nicht ersetzt werden, bevor der Elternteil vom Jugendamt über die Möglichkeit ihrer Ersetzung belehrt und nach Maßgabe des § 51 Abs. 2 des Achten Buches Sozialgesetzbuch beraten worden ist und seit der Belehrung wenigstens drei Monate verstrichen sind; in der Belehrung ist auf die Frist hinzuweisen. ²Der Belehrung bedarf es nicht, wenn der Elternteil seinen Aufenthaltsort ohne Hinterlassung seiner neuen Anschrift gewechselt hat und der Aufenthaltsort vom Jugendamt während eines Zeitraums von drei Monaten trotz angemessener Nachforschungen nicht ermittelt werden konnte; in diesem Falle beginnt die Frist mit der ersten auf die Belehrung und Beratung oder auf die Ermittlung des Aufenthaltsorts gerichteten Handlung des Jugendamts. ³Die Fristen laufen frühestens fünf Monate nach der Geburt des Kindes ab.

(3) Die Einwilligung eines Elternteils kann ferner ersetzt werden, wenn er wegen einer besonders schweren psychischen Krankheit oder einer besonders schweren geistigen oder seelischen Behinderung zur Pflege und Erziehung des Kindes dauernd unfähig ist und wenn das Kind bei Unterbleiben der Annahme nicht in einer Familie aufwachsen könnte und dadurch in seiner Entwicklung schwer gefährdet wäre.

(4) In den Fällen des § 1626a Abs. 2 hat das Familiengericht die Einwilligung des Vaters zu ersetzen, wenn das Unterbleiben der Annahme dem Kind zu unverhältnismäßigem Nachteil gereichen würde.

---

[157] *Staudinger/Frank* Rn. 49.
[158] Zur Entbehrlichkeit einer Einwilligung wegen dauernd unbekannten Aufenthalts s. OLG Köln DAVorm. 1998, 936, 937: Nachfrage bei der Meldebehörde, dem Rentenversicherungsträger und dem Jugendamt, zudem bei der Arbeitsverwaltung und Sozialbehörde, wenn der Einwilligungsberechtigte Sozialleistungsempfänger ist.

Ersetzung der Einwilligung eines Elternteils 1 **§ 1748**

Schrifttum: *Finger*, Die Ersetzung der Einwilligung eines Elternteils in die Annahme als Kind nach § 1748 BGB, FuR 1990, 183; *ders.*, Nichteheliche Vater und Annahme des/seines Kindes, JR 2005, 138; *Gawlitta*, Verspätete Beratung durch das Jugendamt im Ersetzungsverfahren zur Adoption?, ZfJ 1988, 110; *Gross*, Ersetzung der Einwilligung eines Elternteils zur Adoption seines Kindes, NDV 1979, 158; *Hohloch*, Voraussetzungen der Ersetzung der elterlichen Einwilligung in die Adoption bei dauernder Erziehungsunfähigkeit, JuS 1997, 274; *Liermann*, Auswirkungen der Rechtsprechung des BVerfG zu § 1626a BGB auf § 1748 IV BGB im Adoptionsrecht, FamRZ 2003, 1523; *Maurer*, Gestärkte Rechte des Vaters bei der Adoption, FPR 2005, 196; *Oberloskamp*, Die Ersetzung der Einwilligung der leiblichen Eltern in die Annahme ihres Kindes (§ 1748 BGB), ZfJ 1980, 581; *dies.*, Entscheidungen zur Ersetzung der Einwilligung in die Adoption gem. § 1748 BGB von 1980-1999, ZfJ 2000, 218; *dies.*, Die Ersetzung der Einwilligung der leiblichen Eltern in die Fremdadoption ihres Kindes (§ 1748 BGB). Die Entwicklung der Rechtsprechung seit 1980, FS Schwab, 2005, S. 869; *Peschel-Gutzeit*, Welcher Nachteil ist bei der Stiefkindadoption unverhältnismäßig?, NJW 2005, 3324; *Röchling*, Verurteilt die Eingriffsschwelle des § 1748 BGB viele Kinder zu dauerhafter Elternlosigkeit?, ZfJ 2000, 214.

Übersicht

	Rn.		Rn.
A. Normzweck	1	**VI. Stiefkindadoption**	48–50
B. Anwendungsbereich	2	1. Allgemeines	48
C. Voraussetzungen	3–64	2. Unterhalt	49
I. Allgemeines	3–7	3. Umgang	50
1. Überblick	3–6	**VII. Besonders schwere Pflichtverletzung**	51, 52
2. Internationales Privatrecht	7	**VIII. Besonders schwere psychische Krankheit oder geistige oder seelische Behinderung**	53–56
II. Stichtag	8	1. Allgemeines	53
III. Anhaltend gröbliche Pflichtverletzung	9–17	2. Begriffe	54
1. Grundsätze	9	3. Heimunterbringung	55
2. Einzelfälle	10, 11	4. „Unverhältnismäßiger Nachteil"	56
3. Insbesondere: Verbringen des Kindes ins Ausland	12	**IX. Nichtsorgeberechtigung des Vaters**	57–64
4. Subjektive Umstände	13	1. Gesetzgeberisches Anliegen	57, 58
5. Insbesondere: Unterhaltspflichtverletzung	14, 15	2. „Vater"	59
6. „Anhaltend"	16, 17	3. „Unverhältnismäßiger Nachteil"	60–63
IV. Gleichgültigkeit	18–36	4. Schutz der Mutter	64
1. Begriff	18, 19	**D. Verfahren**	65–79
2. Belehrung. Beratung	20–36	**I. Verfahrensart**	65, 66
a) Anlass. Zweck. Verhältnis	20–23	**II. Zuständigkeit**	67
b) Insbesondere: Beratung	24–26	**III. Antrag**	68, 69
c) Fristen	27–30	1. Antragserfordernis	68
d) Entbehrlichkeit	31–36	2. Rechtsschutzinteresse	69
V. Unverhältnismäßiger Nachteil	37–47	**IV. Beteiligte**	70–72
1. Grundsätze	37–39	**V. Ermittlungen**	73–75
2. Fremdunterbringung	40–43	**VI. Aussetzung**	76
3. Wirtschaftliche Verhältnisse	44	**VII. Entscheidung**	77
4. Verfahrensdauer	45, 46	**VIII. Anfechtbarkeit**	78, 79
5. Fehlende Ersetzungsvoraussetzungen	47		

A. Normzweck

Erteilen die Eltern die nach § 1747 zu einer Annahme erforderliche und der Fürsorge für ein 1 Kind dienende (dazu Vor § 1741 Rn. 4-6) Einwilligung nicht, obwohl das Kind dieser **Fürsorge** bedarf, etwa weil es in einem Heim oder in wechselnden Pflegestellen aufwächst,[1] besteht ein Bedürfnis dafür, gleichwohl die Annahme durchführen zu können. Ihm dient die Regelung zur

---
[1] BT-Drucks. 7/421 S. 5.

§ 1748   2, 3   Abschnitt 2. Titel 7. Annahme als Kind

Ersetzung der Einwilligung der Eltern in § 1748.² – Die Verweigerung der Einwilligung in eine vom Kindeswohl angezeigte Adoption durch die leiblichen Eltern ist sowohl rechtlich wie rechtstatsächlich die Ausnahme. Dies rechtfertigt aber **keine enge Auslegung** von § 1748 als Ausnahmevorschrift.³ Vielmehr setzt die Vorschrift das Kindesinteresse in einem Mindestumfang gegen das Elterninteresse durch. Dazu und zur **Verfassungsgemäßheit** der Vorschrift s. Vor § 1741 Rn. 28-32.⁴ – Zur **Entstehungsgeschichte** der Vorschrift s. 3. Aufl. Rn. 2-3 und Vor § 1741 Rn. 15.⁵

B. Anwendungsbereich

2   § 1748 ist nur auf die **Minderjährigenadoption** und nicht auch auf die Volljährigenadoption anwendbar, weil bei ihr schon keine Einwilligung der Eltern in die Adoption erforderlich ist (dazu § 1768 Rn. 7). – Da die Adoptionsbewerber zwar bekannt sein müssen, nicht aber notwendig auch den Eltern, ist die Ersetzung ihrer Einwilligung auch bei einer **Inkognitoadoption** zulässig (dazu auch Rn. 38, 66; zur Zulässigkeit einer Einwilligung in eine Inkognitoadoption s. § 1747 Rn. 25-26).⁶ Wie eine Blankoeinwilligung (dazu § 1747 Rn. 27) ist dagegen eine **Blankoersetzung** unzulässig.⁷

C. Voraussetzungen

I. Allgemeines

3   **1. Überblick.** Die Einwilligung eines Elternteils kann ersetzt werden, wenn er seine elterlichen Aufgaben nicht erfüllt und sich hieraus für das Kind ein ungewöhnlicher Nachteil ergibt. Die **Vernachlässigung** elterlicher Aufgaben kann vorliegen als
– anhaltend gröbliche Pflichtverletzung (Abs. 1 S. 1 Alt. 1),
– einmalige besonders schwere Pflichtverletzung (Abs. 1 S. 2),
– Gleichgültigkeit (Abs. 1 S. 1 Alt. 2),
– besonders schwere geistig-seelische Anomalie (Abs. 3).
Zum **ungewöhnlichen Nachteil** unterscheidet das Gesetz geringfügig zwischen
– unverhältnismäßigem Nachteil (Abs. 1 S. 1),
– Aufwachsen nicht bei den Eltern (Abs. 1 S. 2),
– Aufwachsen außerhalb einer Familie (Abs. 3).
Abs. 4 verdrängt Abs. 1;⁸ er erleichtert die Ersetzung der Zustimmung des nicht sorgeberechtigten nichtehelichen Vaters.

---

² Auch wenn der nichteheliche Vater Vormund (vgl. Art. 234 § 11 Abs. 1 S. 2 EGBGB) ist, kann seine Einwilligung nur nach § 1748 ersetzt werden (dazu Vor § 1741 Rn. 24, § 1747 Rn. 3).
³ So aber BayObLG FamRZ 1975, 232, 233; FamRZ 1983, 648 f. (LS.) = ZfJ 1983, 234; NJW-RR 1991, 1219 = FamRZ 1990, 799 (LS.); NJW-RR 1994, 903 = FamRZ 1994, 1348, 1349; OLG Hamm FamRZ 1968, 111; OLG Zweibrücken FamRZ 1976, 469; OLG Frankfurt/M. OLGZ 1983, 135 = FamRZ 1983, 531; OLG Hamm ZfJ 1984, 364, 366. Das BVerfGE 24, 119 = NJW 1968, 2233 = FamRZ 1968, 578 spricht von „eng begrenzten" Voraussetzungen, nicht aber von restriktiver Auslegung; großzügiger BVerfG FamRZ 1988, 807 m. Anm. *Gawlitta*: „krasses Versagen".
⁴ Auch ohne Änderung des Wortlauts der Regelung hätte sich ihr Anwendungsbereich durch das KindRG erweitert: In § 1747 Abs. 1 S. 1 ist nunmehr auch die Einwilligung des nichtehelichen Vaters in die Annahme vorgesehen (im Gegensatz zum bisherigen Recht, das nur die Einwilligung der Mutter in die Annahme des Kindes vorsah [§ 1747 Abs. 2 S. 1 aF], wenn die leiblichen Eltern nicht miteinander verheiratet waren [s. auch BT-Drucks. 13/4899 S. 114; vgl. im Ganzen *Lipp/Wagenitz* Rn. 2; *Greßmann*, Neues Kindschaftsrecht, Rn. 400]); die Voraussetzungen für eine Ersetzung seiner Einwilligung richten sich grundsätzlich gleichfalls nach Abs. 1-3. Dies gilt für die Einwilligung der Mutter wie die des Vaters, wenn den nicht verheirateten Eltern die elterliche Sorge auf Grund entsprechender Sorgeerklärungen nach § 1626a Abs. 1 Nr. 1 gemeinsam zusteht, aber auch, wenn der Mutter die elterliche Sorge allein zusteht, nachdem sie dem Vater entzogen worden war (§ 1680 Abs. 3, Abs. 1), oder sie nach § 1672 Abs. 1 auf den Vater übertragen worden war. Lediglich für den Fall, dass der Mutter die elterliche Sorge nach § 1626a Abs. 2 allein zusteht, weil die Eltern keine Sorgeerklärungen abgegeben haben, verdrängt Abs. 4 die Abs. 1-3 (dazu auch § 1747 Rn. 6).
⁵ Dazu auch *Staudinger/Frank* Rn. 1-6.
⁶ BayObLGZ 1977, 148, 151; OLG Hamm DAVorm. 1978, 364, 376.
⁷ *Staudinger/Frank* Rn. 40.
⁸ BayObLGZ 2001, 333 = NJW-RR 2002, 433 = FamRZ 2002, 486, 487; FamRZ 2004, 1812; OLG Stuttgart FamRZ 2005, 542, 543; FamRefK/*Maurer* Rn. 2.

Soll die Einwilligung **beider Eltern** ersetzt werden,[9] darf das Fehlverhalten des einen Elternteils **4** nicht ohne weiteres dem anderen zugerechnet werden.[10] Sollen **mehrere Kinder** adoptiert werden, sind die Voraussetzungen für eine Ersetzung stets gesondert für jedes Kind einzeln zu prüfen und festzustellen.[11]

In den Alternativen „anhaltend gröbliche Pflichtverletzung", „besonders schwere Pflichtverletzung" **5** und „besonders schwere psychische Krankheit oder geistige oder seelische Behinderung" geht § 1748 über die Anforderungen des § 1666 hinaus, ist aber stets die speziellere Regel.[12] Das Antragserfordernis kann zur sachwidrigen Kumulation beider Vorschriften führen (dazu Rn. 10-11, 68).

Bei **Teilnahmslosigkeit** (dazu auch Rn. 11, 18-19) überschneiden sich die Eingriffsmerkmale **6** „anhaltend gröbliche Pflichtverletzung" (Abs. 1 S. 1 Alt. 1) und „Gleichgültigkeit" (Abs. 1 S. 1 Alt. 2). Gleichwohl sind sie voneinander abzugrenzen, weil bei Gleichgültigkeit die Einwilligung erst nach Belehrung nach § 51 Abs. 2 SGB VIII ersetzt werden kann. Maßgebendes Abgrenzungskriterium ist die objektive Möglichkeit und die subjektive Fähigkeit des Elternteils, durch eine Änderung seines Verhaltens wieder eine Eltern-Kind-Beziehung herzustellen, dann Gleichgültigkeit, andernfalls anhaltend gröbliche Pflichtverletzung.[13] Dies ist auch anhand des Ausmaßes der bisherigen Beeinflussung und Schädigung des Kindes zu beurteilen.

2. Internationales Privatrecht. Art. 22 EGBGB knüpft bei Adoptionen mit Auslandsberüh- **7** rung für das anzuwendende Sachrecht grundsätzlich an die Staatsangehörigkeit der Annehmenden an. Dies gilt auch für die Ersetzung einer danach erforderlichen Einwilligung,[14] doch kommt für Zustimmungen und deren Ersetzung[15] zusätzlich das Sachrecht des Staates zur Anwendung, dem das Kind angehört (Art. 23 EGBGB).

II. Stichtag

Verhaltensänderungen des betroffenen Elternteils **vor** Einleitung des Ersetzungsverfahrens, die zu **8** einem nicht mehr zu beanstandenden Verhalten führen und auf den Erhalt oder Aufbau einer echten gefühlsmäßigen Bindung zum Kind gerichtet sind, lassen die Voraussetzungen für eine Ersetzung idR entfallen.[16] Handlungsbedarf zugunsten des Kindes kann dann nur noch über Maßnahmen nach §§ 1666 ff. Rechnung getragen werden, was idR zur Unterbringung des Kindes in einer Pflegefamilie führen wird (zur Fremdunterbringung s. auch Rn. 40-43). – Die Verhaltensänderung muss allerdings ernsthaft und nachhaltig sein, was insbesondere zu hinterfragen ist, wenn erst ein bereits drohendes Ersetzungsverfahren zu ihr geführt hat.[17] Gleichwohl können auch Verhaltensänderungen **nach** Einleitung des Ersetzungsverfahrens einer Ersetzung entgegenstehen. Doch besteht dann umso mehr Veranlassung, Motivation, Ernsthaftigkeit und Nachhaltigkeit der Verhaltensänderung zu hinterfragen.

III. Anhaltend gröbliche Pflichtverletzung

1. Grundsätze. Eine gröbliche Pflichtverletzung (**Abs. 1 S. 1 Alt. 1;** zur Abgrenzung von der **9** „Gleichgültigkeit" [Abs. 1 S. 1 Alt. 2] s. Rn. 6) erfordert, dass der Elternteil in schwerwiegender Weise[18] existentielle **körperliche, geistige** oder **seelische Bedürfnisse** des Kindes nicht befriedigt[19] und dadurch einer **wesentlichen** Elternpflicht nicht oder nur unzureichend nachkommt.[20] Es muss sich um

---

[9] BayObLGZ 1974, 413, 415; BayObLGZ 1977, 148 = Rpfleger 1977, 303, 304 = FamRZ 1978, 150 (LS.).
[10] BayObLG FamRZ 1984, 417, 419.
[11] OLG Frankfurt/M. FamRZ 2008, 296, 297 m. Anm. *Leis* jurisPR-FamR 8/2008 Anm. 3.
[12] *Staudinger/Frank* Rn. 57; *Erman/Saar* Rn. 6; s. dazu auch *Röchling* ZfJ 2000, 214 ff.
[13] BayObLG NJW-RR 1994, 903 = FamRZ 1994, 1348, 1350; auch *Staudinger/Frank* Rn. 28 f. mwN.
[14] Dazu 5. Aufl. Art. 22 EGBGB Rn. 27 mwN. – Zweifelhaft jedoch AG Plettenberg IPRax 1994, 218 f. m. Bspr. *Hohnerlein* IPRax 1994, 197 ff., nach dem eine fehlende Einwilligung der chinesischen Mutter durch eine zum Zwecke der Ausreise gerichtlich ausgesprochene Verlassenheit des Kindes als ersetzt anzusehen sei. Ähnlich AG Hattingen IPRax 1983, 300 m. Anm. *Jayme*, wonach eine Ersetzung der Einwilligung nicht erforderlich sei, wenn ein italienisches Gericht die Adoptionsfähigkeit des Kindes festgestellt hat, weil diese Entscheidung die Funktion eines deutschen Ersetzungsverfahrens erfülle.
[15] 4. Aufl. Art. 23 EGBGB Rn. 11 mwN.
[16] AG Königstein ZfJ 1989, 213, 215: Verfehlung liegt 5 Jahre zurück, Persönlichkeitsveränderung, kein Zusammenhang zwischen Pflichtverletzung und Ersetzungsverfahren.
[17] BayObLG DAVorm. 1981, 131, 138 = FamRZ 1981, 604 (LS.); AG Königstein ZfJ 1989, 213, 215: Verhaltensänderung nur, um der Ersetzung zu entgehen.
[18] *Staudinger/Frank* Rn. 14, 15.
[19] OLG Karlsruhe FamRZ 1983, 1058; AG Bad Iburg DAVorm. 1983, 62, 63; FamRZ 1987, 632, 633.
[20] In Stiefkindfällen hat der nicht sorgeberechtigte leibliche Elternteil meist nur noch eine Unterhalts- und Umgangspflicht, *Paulitz/Oberloskamp* Adoption S. 74.

§ 1748 10 Abschnitt 2. Titel 7. Annahme als Kind

ein auf einem in der Verantwortung des Elternteils gegenüber dem Kind beruhendes[21] und deshalb in besonderem Maße anstößiges Verhalten handeln.[22] Vor allem die Gefährdungstatbestände des § 1666 sind auch im vorliegenden Zusammenhang von Bedeutung.[23] Ist den Eltern das Sorgerecht aber ganz oder teilweise entzogen, können spätere Verletzungen nur noch die ihnen verbliebenen Pflichten – etwa die Unterhaltspflicht und die Pflicht, den Umgang zu pflegen (§ 1684 Abs. 1) – betreffen.[24] – Soweit dagegen ein „besonders schweres, vollständiges Versagen der Eltern" verlangt wird (dazu auch Vor § 1741 Rn. 24-28),[25] wird der eigene Sinngehalt von S. 1 gegenüber S. 2 („besonders schwere Pflichtverletzung", dazu Rn. 51-52) verkannt.[26]

10 **2. Einzelfälle.** Angesprochen sind **schwere körperliche** und **seelische Vernachlässigungen.** Maßstab ist deshalb neben der Pflege, Betreuung und Erziehung (etwa Ernährung, Kleidung, Wohnverhältnisse, Körper- und Gesundheitspflege, Erziehung, Beaufsichtigung, Wahrung der körperlichen Unversehrtheit, Unterhalt)[27] auch die **geistig-seelische** Befindlichkeit des Kindes. Seine Pflichten verletzt der Elternteil in erheblichem Maße, der das Kind
- nach der Geburt nicht abholt[28] oder
- zu Dritten gibt, sich nicht um es kümmert und das Kind – was idR nur bei älteren Kindern, die bereits emotionale Beziehungen zu den leiblichen Eltern aufgebaut haben, der Fall sein dürfte – unter der Vernachlässigung durch den leiblichen Elternteil leidet;[29] im Allgemeinen dürfte es sich bei diesen Fallgestaltungen aber nicht um erhebliche Pflichtverletzungen handeln, vielmehr dürfte meist Gleichgültigkeit vorliegen (dazu Rn. 6),
- nicht[30] oder nur unregelmäßig[31] ernährt,[32] körperlich pflegt,[33] kleidet,
- von der Schule fernhält,[34]
- seinem Bewegungsdrang nicht nachkommt,[35]
- sonst – ggf. schon vor der Geburt, etwa durch Alkohol-, Nikotin- oder Drogenkonsum[36] – körperlich, geistig oder seelisch gefährdet, etwa körperverletzend züchtigt,[37]
- durch Alkohol- oder Drogenabgabe ruhig stellt,
- nicht vor Schlägen des anderen Elternteils schützt,[38]
- ständig herabsetzend beschimpft, grob lieblos behandelt,[39]
- zu Straftaten anhält[40] oder

---

[21] OLG Köln FamRZ 1982, 1132, 1133; OLG Frankfurt/M. OLGZ 1983, 135 = FamRZ 1983, 531; OLG Hamm ZfJ 1984, 364, 366 mwN.
[22] OLG Köln FamRZ 1982, 1132, 1133; zum alten Recht s. auch KG OLGZ 1966, 251 = FamRZ 1966, 266, 267.
[23] BayObLG FamRZ 2002, 1142, 1143 f.; OLG Hamm ZfJ 1984, 364, 366, 368; AG Kamen FamRZ 1995, 1013, 1014; dazu auch AG Rottweil NJW 1991, 1425 = FamRZ 1991, 229, 230. S. auch BayObLG FamRZ 1990, 903 (LS.) = StAZ 1990, 479 f.: Die Freigabe zur Adoption stellt allein keine Vernachlässigung des Kindes dar.
[24] BayObLG FamRZ 1984, 417, 419; FamRZ 1988, 871 (Krankenhausbesuch unterlassen); FPR 2005, 220 (LS.) = FamRZ 2005, 541, 542; LG Frankfurt/ M. FamRZ 1990, 663; AG Kerpen ZfJ 1985, 470 ff.; ähnlich AG Königstein ZfJ 1989, 212, 215; s. auch *Staudinger/Frank* Rn. 23 mwN.
[25] BVerfG FamRZ 1988, 807; auch *Staudinger/Frank* Rn. 15.
[26] Kritisch auch *Gawlitta* FamRZ 1988, 807 f.
[27] *Staudinger/Frank* Rn. 15.
[28] OLG Hamm FamRZ 1977, 415, 418; LG München II DAVorm. 1980, 119, 124 ff.
[29] OLG Karlsruhe FamRZ 1983, 1158, 1159; s. auch *Staudinger/Frank* Rn. 16 mwN.
[30] RGRK/*Scheffler* 10./11. Aufl. § 1747 Rn. 9.
[31] BVerfG FPR 2002, 264 = FamRZ 2002, 535, 536.
[32] OLG Frankfurt/M. FamRZ 2008, 296, 297 m. Anm. *Leis* jurisPR-FamR 8/2008 Anm. 3.
[33] OLG Braunschweig FamRZ 1997, 513; OLG Frankfurt/M. FamRZ 2008, 296, 297 m. Anm. *Leis* jurisPR-FamR 8/2008 Anm. 3; LG Ravensburg DAVorm. 1975, 306; LG Hamburg DAVorm. 1978, 49, 52; LG Kiel DAVorm. 1978, 284; AG Berlin-Schöneberg DAVorm. 1968, 17; AG Schwabach DAVorm. 1974, 273, jeweils für schwere Fälle äußerer Verwahrlosung. Bei Einzelfällen fehlt Nachhaltigkeit: BayObLG FamRZ 1984, 417, 419.
[34] BayObLG FamRZ 1989, 429 (Entführung in den Urwald).
[35] BVerfG FPR 2002, 264 = FamRZ 2002, 535, 536.
[36] OLG Frankfurt/M. OLGZ 1983, 135 = FamRZ 1983, 531; FamRZ 2008, 298, 297 m. Anm. *Leis* jurisPR-FamR 8/2008 Anm. 3 (mit Auswirkungen auf Geburtsgewicht und Körpergröße). Zur Suchtabhängigkeit auch BayObLG FPR 2005, 220 (LS.) = FamRZ 2005, 541, 542; OLG Celle ZfJ 1998, 262, 263.
[37] BayObLG FamRZ 1988, 871, 873 (Verletzung, die zu Krankenhausaufenthalt führt); AG Blieskastel DAVorm. 1975, 434 (Züchtigung). Übertrieben OLG Köln FamRZ 1982, 1132, 1133: „Ständige Misshandlung".
[38] BVerfG FPR 2002, 264 = FamRZ 2002, 535, 536.
[39] OLG Frankfurt/M. FamRZ 1971, 322, 323; OLG Köln FamRZ 1982, 1132, 1133.
[40] *Staudinger/Frank* Rn. 18.

– ihm jede Zuwendung und die notwendige geistig-seelische Betreuung vorenthält.[41]
Auch eine **mittelbare** Pflichtverletzung reicht aus, etwa wenn
– der Vater die Mutter daran hindert, sich dem Kind zu widmen,[42]
– die Mutter sich von ihrem, das Kind gefährdenden Partner nicht trennen will,[43] oder
– ein Elternteil Straftaten begeht, die nicht ohne Auswirkungen auf das Kind bleiben können,[44] insbesondere wenn er sie in dem Bewusstsein begeht, dass das Kind infolge Festnahme und Freiheitsentzug sich selbst überlassen bleibt und er es nicht versorgen kann.[45]

3. Insbesondere: Verbringen des Kindes ins Ausland. Entzieht ein Elternteil das Kind dem anderen Elternteil dadurch widerrechtlich, dass er es ins Ausland verbringt, ist dies strafbar (§ 235 Abs. 2 StGB), wenn auch nicht zum Schutz des Kindes, sondern des betroffenen Elternteils. Das damit verbundene Unterbinden des Umgangs wiegt mithin besonders schwer. Es rechtfertigt deshalb ggf. sowohl eine Ersetzung der Einwilligung als anhaltend gröbliche Pflichtverletzung (Abs. 1 S. 1 Alt. 1)[46] als auch als besonders schwere Pflichtverletzung (Abs. 1 S. 2).[47]

4. Subjektive Umstände. Eine gröbliche Pflichtverletzung[48] erfordert eine „offensichtliche, auch für die Eltern erkennbare Pflichtverletzung".[49] **Einsichtsfähigkeit** des pflichtvergessenen Elternteils (individuelle Schuld) oder eine **verwerfliche Gesinnung** muss – wie allgemein im Privatrecht – nicht vorliegen.[50] Lediglich ein Mindestmaß an Einsichtsfähigkeit iSe. **Parallelwertung in der Laiensphäre**, die zum Erkennen elterlicher Pflichten befähigt, kann verlangt werden.[51] Fehlt sie, kommt gleichwohl die Ersetzung nach § 1748 Abs. 3 in Betracht, wenn die Einwilligung nicht bereits nach § 1747 Abs. 4 entbehrlich ist.[52] Eine „böswillige" Verweigerung der Ersetzung[53] wird nicht mehr verlangt.[54] – Seine Pflichten **verletzt grob,** wer

---

[41] OLG Hamm FamRZ 1977, 415, 418; OLG Karlsruhe FamRZ 1983, 1058, 1059; OLG Frankfurt/M. FamRZ 2008, 296, 297 (kein Interesse am Aufbau emotionaler Beziehungen); LG Mannheim DAVorm. 1973, 370 f.; LG Kiel DAVorm. 1978, 384; AG Hamburg-Altona ZfJ 1983, 241; AG Bad Iburg FamRZ 1987, 632, 633.
[42] BayObLG NJW-RR 1988, 1352 = FamRZ 1988, 868, 871.
[43] AG Kamen FamRZ 1995, 1013, 1014.
[44] BayObLGZ 1978, 105 = StAZ 1979, 13, 14 f. = FamRZ 1979, 181 (LS.); NJW-RR 1990, 776, 777 = FamRZ 1990, 799 (LS.); FPR 2005, 220 (LS.) = FamRZ 2005, 541; s. auch BVerfG NJW 2006, 2470 = FamRZ 2006, 1355 f. m. Anm. *Rösler/Reimann*.
[45] BayObLG FamRZ 1979, 1078 (LS.); DAVorm. 1981, 132, 137; OLG Frankfurt/M. OLGZ 1983, 135 = FamRZ 1983, 531 f.; LG Ravensburg DAVorm. 1975, 306; LG München II DAVorm. 1980, 119, 124. – AG Cuxhaven FamRZ 1976, 241 bejaht eine Pflichtverletzung unabhängig hiervon (im Ergebnis nur wegen der unterlassenen Unterhaltszahlung zu rechtfertigen); ebenso AG Homburg DAVorm. 1976, 160. Keine Ersetzung: OLG Düsseldorf DAVorm. 1977, 757, 759; LG Heilbronn DAVorm. 1968, 16.
[46] BayObLG FamRZ 1989, 429, 430 (körperliche Vernachlässigung und unzureichender Schulbesuch).
[47] BayObLG NJW-RR 1990, 776 f. = FamRZ 1990, 799 (LS.) (im konkreten Fall abgelehnt, weil keine endgültigen Nachteile für das Kind eingetreten sind und seine Wiedereingliederung im Inland geglückt ist).
[48] Zur früher geforderten „Böswilligkeit" (§ 1747 Abs. 3 aF) verlangte die Praxis überwiegend einen verwerflichen Beweggrund (KG OLGZ 1966, 251 = FamRZ 1966, 266; OLG Hamm FamRZ 1968, 110; LG Berlin DAVorm. 1966, 98; LG Lübeck DAVorm. 1971, 402), was dazu führte, dass die Einwilligung nur selten ersetzt wurde (s. die Übersicht bei *Feil* Mitt. AGJ 49/50 (1967), 52; *ders.* Mitt. AGJ 64 (1972), 30; *Oberloskamp* FamRZ 1973, 288 f.). Dies zu ändern war Ziel des AdoptRÄndG, weshalb nicht weiterhin eine besonders „anstößige" Pflichtverletzung gefordert werden kann (BayObLG FamRZ 1984, 417, 418; aA BayObLG FamRZ 1983, 648 f. (LS) = ZfJ 1983, 234, 237; KG OLGZ 1966, 251 = FamRZ 1966, 266; OLG Köln FamRZ 1982, 1132).
[49] BT-Drucks. 7/421 S. 9.
[50] BayObLG FamRZ 1984, 417, 418; NJWE-FER 2000, 147 = FamRZ 1999, 1688, 1690; OLG Karlsruhe FamRZ 1983, 1058, 1059. *Staudinger/Frank* Rn. 25. Die BReg (BT-Drucks. 7/421 S. 7) führte als Bsp. gegen die (rechtspolitische) Angemessenheit eines nur „objektiven" Maßstabes an: Es wäre unerträglich, wenn etwa Eltern in sehr ungünstigen Wohnverhältnissen und Mütter, die aus wirtschaftlichen Gründen berufstätig sein müssen, Gefahr laufen würden, ihre Kinder zu verlieren. Dass solche Wohnverhältnisse anhaltend in gegenwärtigen Sozialstaat ohne Schuld der Beteiligten nicht gebessert werden könnten, ist schwer vorstellbar; berufstätige Mütter andererseits können sich zumindest in der verbleibenden Freizeit um ihre Kinder kümmern (dazu Rn. 15). – Einsichtsfähigkeit oder verwerfliche Gesinnung zu fordern rechtfertigt auch die von der Rspr. unter dem alten Recht gezogene Parallele zu § 1666 (KG OLGZ 1966, 251; OLGZ 1969, 235, 237; OLG Hamm FamRZ 1968, 110; ZfJ 1970, 262) nach der Änderung dieser Vorschrift (dazu dort Rn. 15) nicht.
[51] BayObLGZ 1977, 148 = Rpfleger 1977, 303, 304 = FamRZ 1978, 150 (LS.); BayObLG FamRZ 1999, 1688, 1690; OLG Karlsruhe FamRZ 1983, 1058, 1059; OLG Köln FamRZ 1999, 889, 890; ähnlich BayObLG FamRZ 1982, 1129, 1131; zustimmend RGRK/*Dickescheid* Rn. 8; *Staudinger/Frank* Rn. 25.
[52] *Staudinger/Frank* Rn. 4, dort auch zur Entstehungsgeschichte.
[53] Wie nach dem bis 18. 8. 1973 geltenden Recht in § 1747 Abs. 3 aF, geändert durch das des *Gesetz zur Änderung von Vorschriften des Adoptionsrechts* v. 24. 8. 1973 (BGBl. I S. 1013), dazu auch *Staudinger/Frank* Rn. 25, 26 mwN.
[54] BayObLG FamRZ 1984, 417, 418 f.; *Staudinger/Frank* Rn. 25; aA *Soergel/Liermann* Rn. 2.

§ 1748 14, 15   Abschnitt 2. Titel 7. Annahme als Kind

- die **elterliche Bindung** ablehnt, auch wenn Dritte das Kind, ggf. vom Elternteil finanziell unterstützt, pflegen,[55]
- über einen langen Zeitraum keinen **Kindesunterhalt** bezahlt und das Kind deshalb Not leidet (dazu näher Rn. 14-15),
- **Straftaten** gegenüber Dritten mit konkreten, nicht lediglich mittelbaren[56] Auswirkungen auf das Kind begeht.[57]

Keine Pflichtverletzung stellt dagegen allein Drogen-, Alkohol- oder sonstige **Suchtmittelabhängigkeit**[58] oder **unterlassener Umgang** mit dem Kind dar (zur „Gleichgültigkeit" in diesen Fällen s. Rn. 19).[59]

14 **5. Insbesondere: Unterhaltspflichtverletzung.** Allein die Nichtzahlung von **Barunterhalt** (§§ 1601 ff.) – zum **Betreuungsunterhalt** (§§ 1626 ff.) s. Rn. 10-11 – soll auch dann keine gröbliche Pflichtverletzung begründen, wenn der barunterhaltspflichtige Elternteil leistungsfähig ist, ihm seine Unterhaltspflicht bekannt ist und er vorsätzlich keinen Unterhalt bezahlt.[60] Vielmehr soll weiter erforderlich sein, dass
- die Pflichtverletzung von besonders schwerer, anstößiger Art ist oder auf Gleichgültigkeit schließen lässt,[61] etwa dass das Kind infolge der Pflichtverletzung Not leidet[62] oder sich der Elternteil durch planmäßigen ständigen Wohnungswechsel seiner Unterhaltspflicht entzieht;[63]
- allgemein das Kindeswohl durch die Unterhaltspflichtverletzung gefährdet wird.[64]

15 Diese Auffassung wird aber weder der **Systematik** von § 1748 Abs. 1, der zwischen anhaltend gröblicher Pflichtverletzung (S. 1 Alt. 1), besonders schwerer Pflichtverletzung (S. 2) und Gleichgültigkeit (S. 1 Alt. 2) unterscheidet, was auch bei der Rechtsanwendung zum Ausdruck kommen muss, noch der Bedeutung der Unterhaltspflichtverletzung, die in ihrer Strafbewehrung (§ 170 StGB) und im Übergang der Unterhaltsforderung auf den Sozialleistungsträger (§ 7 UVG, § 94 SGB XII) ihren Ausdruck findet, gerecht. Deshalb kann auch ein Unterhaltsschuldner anhaltend gröblich handeln, der einfach auf die Fremdbetreuung und die Kostenübernahme durch Dritte vertraut,[65] ansonsten die Vorschrift im Sozialstaat weitgehend leerlaufen würde.[66] Wer aber als Sorgeberechtigter das Kind durch zuverlässige Dritte betreuen lässt *und* entsprechend seiner Leistungsfähigkeit den hierfür erforderlichen und geforderten Barunterhalt erbringt, verletzt zwar nicht deshalb seine

---

[55] BayObLGZ 1974, 413, 422 = FamRZ 1976, 234, 240 („Das Kind möge weit ins Ausland adoptiert werden... in einen Negerkral, wo es mit Negerkindern aus einem Blechnapf fressen kann"); OLG Hamm FamRZ 1977, 415, 418 (Kind nach der Geburt nicht aus dem Krankenhaus abgeholt); LG München II DAVorm. 1980, 119, 125 (anfängliche Ablehnung des Kindes, dann Forderung von 10 000 DM für die Einwilligung). Vgl. auch LG Mannheim DAVorm. 1963, 129; AG Heidelberg DAVorm. 1964, 215; AG Hamburg DAVorm. 1977, 457.
[56] Offengelassen von BayObLG FPR 2005, 220 (LS.) = FamRZ 2005, 541.
[57] BayObLGZ 1978, 105, 109 = FamRZ 1979, 181 (LS.); NJW-RR 1990, 776, 777 = FamRZ 1990, 799 (LS.); FPR 2005, 220 (LS.) = FamRZ 2005, 541.
[58] BayObLG FPR 2005, 220 (LS.) = FamRZ 2005, 541, 542; *Staudinger/Frank* Rn. 22.
[59] BayObLG FPR 2005, 220 (LS.) = FamRZ 2005, 541, 542.
[60] BayObLG FGPrax 1997, 148 = NJW-RR 1997, 1364 = FamRZ 1998, 55; FamRZ 2002, 1142; BayObLGZ 2003, 232 = NJW-RR 2004, 578 = FamRZ 2004, 397; FPR 2005, 220 (LS.) = FamRZ 2005, 541; s. auch BayObLG FamRZ 1979, 1078 (LS.); OLG Köln DAVorm. 1979, 361, 362 f.; AG Kerpen DAVorm. 1981, 885; s. auch *Staudinger/Frank* Rn. 18; *Erman/Saar* Rn. 12. Aus tatsächlichen Gründen verneint: BayObLG DAVorm. 1981, 131, 136 f. = FamRZ 1981, 604 (LS.); OLG Düsseldorf DAVorm. 1977, 751, 753.
[61] BayObLG ZBlJugR 1983, 234, 238 = FamRZ 1983, 648 f. (LS.); NJWE-FER 1998, 173 f. = FamRZ 1998, 1196 (LS.).
[62] BayObLG FGPrax 1997, 148 = NJW-RR 1997, 1364 = FamRZ 1998, 55; NJWE-FER 1998, 173 = FamRZ 1998, 1196 (LS.); FamRZ 2002, 1142, 1144; BayObLGZ 2003, 232 = NJW-RR 2004, 578 = FamRZ 2004, 397 f.; FPR 2005, 220 (LS.) = FamRZ 2005, 541.
[63] OLG Köln DAVorm. 1979, 361, 362 f.
[64] BayObLG DAVorm. 1981, 131, 137 f. = FamRZ 1981, 604 (LS.); ZBlJugR 1983, 234, 238 = FamRZ 1983, 648 (LS.); FamRZ 1984, 417, 419; FamRZ 1984, 935, 936; KG OLGZ 1969, 235 = FamRZ 1969, 171; OLG Düsseldorf FamRZ 1978, 151 (LS.) = DAVorm. 1977, 757, 758; OLG Frankfurt/M. OLGZ 1985, 171 = FamRZ 1985, 831; offengelassen BayObLG NJW-RR 1994, 903 = FamRZ 1994, 1348, 1349.
[65] So aber ständig BayObLG DAVorm. 1981, 131, 136 f. = FamRZ 1981, 604 (LS.); ZBlJugR 1983, 234, 238 = FamRZ 1983, 648 f. (LS.); FamRZ 1984, 935, 936: keine Gefährdung; ebenso: KG OLGZ 1966, 251 = FamRZ 1966, 266, 267; OLG Hamm DAVorm 1968, 110; OLG Frankfurt/ M. FamRZ 1983, 530 (für § 1666) OLGZ 1985, 171 = FamRZ 1985, 831 (ohne dass jedoch Unterhalt geltend gemacht gewesen wäre). Anders aber BayObLG FamRZ 1982, 1129, 1131 und offengelassen BayObLG NJW-RR 1994, 903 = FamRZ 1994, 1348, 1349. – Bei OLG Zweibrücken FamRZ 1976, 469 ist unklar, ob die Pflegemutter Unterhalt verlangt hatte; daher trifft die Entscheidung möglicherweise im Ergebnis zu, obwohl die Mutter das Kind freiwillig in der Pflegestelle ließ und sich während eines Jahres aus Griechenland nicht meldete.
[66] Pflichtverletzung daher bejaht von LG München II DAVorm. 1980, 119, 123; s. auch *Staudinger/Frank* Rn. 19; *Erman/Saar* Rn. 12; *Baer/Gross* S. 38; *Oberloskamp* ZBlJugR 1980, 581, 585; *Finger* FuR 1990, 183, 186.

Pflichten, verhält sich idR jedoch gleichgültig (dazu Rn. 19).[67] Für die besonders schwere Pflichtverletzung (S. 2, zu ihrer Strafbewehrung s. § 171 StGB) kommt es dagegen auf die tatsächlichen materiellen wie immateriellen[68] Auswirkungen auf das Kindeswohl an (dazu Rn. 51-52), für die Gleichgültigkeit auf die Gesinnung des Elternteils (dazu Rn. 18).

6. „Anhaltend". Eine einmalige Pflichtverletzung reicht nicht aus, vielmehr muss das Fehlverhalten über einen längeren **Zeitraum**, der nachteilige Folgen für die Entwicklung des Kindes eintreten oder befürchten lässt (vgl. Abs. 1 S. 2 aE), andauern. Eine **bestimmte** Dauer der Pflichtverletzung ist nicht erforderlich,[69] weil sich „anhaltend" auch nach dem tatsächlichen Gewicht der Pflichtverletzung bestimmt, mit dem es sich in der konkreten Beeinträchtigung der inneren und äußeren Lebensumstände des Kindes entsprechend seinem Entwicklungsstand – ggf. beurteilt mit sachverständiger Hilfe[70] – auswirkt. Dieser Zeitraum ist „im Einzelfall unter Berücksichtigung von Art und Schwere der Pflichtverletzung" zu bestimmen[71] und wird bei jüngeren oder labileren Kindern kürzer als bei älteren und widerstandsfähigeren sein können.[72]

Eine **sichere Erwartung,** der Elternteil werde sein pflichtwidriges Verhalten in Zukunft fortsetzen, wird nicht verlangt.[73] Auch muss nicht eine **Gesinnung** nachgewiesen werden, die eine Verhaltensänderung unwahrscheinlich erscheinen lässt.[74] Es genügt, wenn keine Umstände bekannt sind, die die sichere Erwartung begründen, die Eltern-Kind-Beziehung werde sich bessern.[75] Deshalb können Verhaltensänderungen der leiblichen Eltern mit möglichen positiven Auswirkungen auf das Kind erheblich sein,[76] ohne dass allerdings ein plötzlicher **Sinneswandel** des leiblichen Elternteils aus Anlass der Adoption die Ersetzung hindert.[77] Stets ist aber bei der Abwägung, ob dem Kind bei unterlassener Adoption ein **unverhältnismäßiger Nachteil** droht, auch zu berücksichtigen, ob die Pflichtverletzung andauert oder der Elternteil sein Verhalten gegenüber dem Kind geändert hat (dazu Rn. 37-39).

IV. Gleichgültigkeit

1. Begriff. Bei „Gleichgültigkeit" handelt es sich um eine „innere Tatsache" **(Abs. 1 S. 1 Alt. 2),** die dann vorliegt, wenn gesetzlich-tatbestandliche, im Verhalten des Betroffenen **objektiv feststellbare Umstände** nach der allgemeinen Lebenserfahrung den Schluss zulassen, dass dem Elternteil nach seiner **subjektiven Einstellung** gleichgültig ist.[78] Objektivität führt zur Vermutung der Subjektivität, lässt aber deren Widerlegung zu:[79] Lassen die Lebensumstände nicht zu, dass sich der Elternteil in ausreichendem Maße um das Kind kümmert, darf ihm dies nicht zum

---

[67] OLG Zweibrücken FamRZ 1976, 469, 470; *Staudinger/Frank* Rn. 17. Zu Recht fordern insoweit OLG Karlsruhe FamRZ 1983, 1058, 1059; LG München II DAVorm. 1980, 119, 124, dass sich die Eltern selbst zumindest um eine angemessene Unterbringung bemüht haben.
[68] *Erman/Saar* Rn. 12.
[69] AA wohl AG Bad Iburg FamRZ 1987, 632, 633.
[70] Zu konkreten zeitlichen Grenzen s. AG Bad Iburg FamRZ 1987, 632, 633.
[71] BT-Drucks. 7/421 S.8.
[72] LG München I DAVorm. 1980, 119, 123; LG Münster FamRZ 1999, 890, 891 m. Anm. *Liermann* FamRZ 1999, 1685 (8 Monate); AG Hamburg ZfJ 1983, 240 (1 Jahr); nicht ausreichend: 2 Monate, OLG Hamm OLGZ 1976, 434 = FamRZ 1976, 462, 466, anders AG Hamburg-Altona ZfJ 1983, 241, 242, wohl auch *Bosch* FamRZ 1976, 468; *Soergel/Liermann* sehen die 3-monatige Frist aus Abs. 2 S. 1 als im Einzelfall zu relativierende Richtlinie. Eindeutig bei älteres Kind: LG Ravensburg DAVorm. 1975, 56 (13- jährige Trennung, Aufwachsen im Ausland); s. auch *Oberloskamp* ZBlJugR 1980, 581, 584; *Finger* FuR 1990, 183, 188.
[73] BT-Drucks. 7/421 S. 8 (weil sich „eine derartige Voraussage ... oft nicht sicher treffen [läßt]"); BayObLGZ 1976, 1 = NJW 1976, 718 = FamRZ 1976, 234, 238; NJW-RR 1988, 1352 = FamRZ 1988, 868, 871; FamRZ 1988, 871 f.; OLG Hamm OLGZ 1976, 434 = FamRZ 1976, 462, 463; OLG Hamm FamRZ 1977, 415, 418; ZfJ 1984, 364, 368; OLG Köln FamRZ 1982, 1132, 1133; OLG Braunschweig FamRZ 1997, 513, 514; LG Münster FamRZ 1999, 890, 891 m. Anm. *Liermann* FamRZ 1999, 1685; AG Kamen FamRZ 1995, 1013, 1014. - Anders zu „dauernd" der durch das AdoptRÄndG (dazu Vor § 1741 Rn. 11, 13) geänderten Vorgängerregelung OLG Braunschweig DAVorm. 1965, 101; OLG Hamm ZfJ 1970, 262; OLG Karlsruhe MDR 1973, 139; LG Mannheim MDR 1972, 691.
[74] So OLG Zweibrücken FamRZ 1976, 469, 470; *Palandt/Diederichsen* Rn. 5.
[75] Ebenso *Staudinger/Frank* Rn. 24.
[76] OLG Köln FamRZ 1999, 889, 890; außer Acht gelassen von LG Münster FamRZ 1999, 890, 891 m. krit. Anm. *Liermann* FamRZ 1999, 1685.
[77] BT-Drucks. 7/421 S. 8.
[78] BT-Drucks. 7/421 S. 8; s. auch BayObLG DAVorm. 1981, 131, 138 = FamRZ 1981, 604 (LS.); FamRZ 1984, 417, 419; NJW-RR 1997, 1364 = FamRZ 1998, 55, 56; BayObLG 2003, 232 = NJW-RR 2004, 578 = FamRZ 2004, 397, 398; FPR 2005, 220 (LS.) = FamRZ 2005, 541, 542.
[79] Wohl ebenso *Staudinger/Frank* Rn. 27.

§ 1748   19, 20   Abschnitt 2. Titel 7. Annahme als Kind

Nachteil gereichen. Ausreichend ist aber, dass die Einstellung des Elternteils mit ursächlich für die aktuellen Lebensumstände des Kindes war[80] und Rücksichtnahme ausgeschlossen werden kann.[81]

19 Das Kind bedarf nicht nur einer in „Pflichten" fassbaren äußeren Fürsorge, die auch durch dritte Personen oder Institutionen geleistet werden kann, sondern auch und vor allem **persönlicher Zuwendung** (dazu Vor § 1741 Rn. 2-6). Fehlt sie, ist der Elternteil dem Kind gegenüber gänzlich **teilnahmslos**, es ist ihm gleichgültig.[82] **Gleichgültig** verhält sich danach,
— wen sein Kind und dessen Schicksal **nicht interessiert** oder wer es an persönlicher Zuwendung **völlig fehlen** lässt,[83] etwa wer es in der Obhut Dritter (Privatpersonen oder Heim) aufwachsen lässt, ohne über eine längere Zeit einen ihm nach den jeweiligen Umständen zumutbaren persönlichen Erziehungsbeitrag zu leisten (Besuch, häuslicher Aufenthalt am Wochenende oder Ferien, Telefon-, Briefkontakt etc.).[84] Zahlt ein leistungsfähiger Elternteil nicht die Kosten der **Heimunterbringung** seines Kindes, liegt bereits eine gröbliche Pflichtverletzung vor (dazu Rn. 15), sodass eine Ersetzung nicht Belehrung und Fristablauf (Abs. 2) voraussetzt;[85]
— wer erklärt, das Kind solle **möglichst entfernt aufwachsen**,[86] nicht jedoch, wenn der Kontakt durch obrigkeitliche Maßnahmen rechtlich oder tatsächlich unterbunden wird;[87]
— wer den **Umgang** mit dem Kind meidet.[88] Gelegentliche oder sehr kurze Besuche[89] genügen nicht, da durch sie die notwendigen Reizeindrücke (dazu Vor § 1741 Rn. 5) nicht vermehrt werden. Ist das Kind älter, kann auch von einem kranken Elternteil zumindest **brieflicher Kontakt** verlangt werden;
— wenn Antrieb für die Zuwendung zum Kind keine echte **gefühlsmäßige Bindung**, sondern etwa reiner Besitzanspruch,[90] Eifersucht, verletzter Stolz, Neid, Rachsucht, Böswilligkeit oder die bloße Sorge um das eigene Wohl ist.[91]
nicht aber auch,
— wer vorwiegend mit **eigenen Problemen** beschäftigt ist (zB Drogensucht).[92]
Zur Gleichgültigkeit, wenn ein nichtehelicher Vater seine Einwilligung in die Adoption zunächst erteilt, nach der Eheschließung mit der Mutter aber „**widerrufen**" hatte, s. § 1747 Rn. 16; zur **Abgrenzung** von der „anhaltend gröblichen Pflichtverletzung" (Abs. 1 S. 1 Alt. 1) s. Rn. 3-6.

20 **2. Belehrung. Beratung. a) Anlass. Zweck. Verhältnis. Grund** für die Ersetzung der Einwilligung ist die subjektive Einstellung eines Elternteils zu dem Kind (dazu Rn. 13). Der betroffene Elternteil soll seine Einstellung überdenken und ändern können (dazu auch Rn. 21). Deshalb ist er vom Jugendamt über die **Folgen** seines Verhaltens zu belehren und über die Möglichkeiten der Abwendung der Ersetzung zu beraten, bevor seine Einwilligung ersetzt werden kann. – Das Jugendamt hat das FamG von der Belehrung und Beratung im Ersetzungsverfahren[93] **in Kenntnis zu setzen**, um ihm die Möglichkeit zu geben zu überprüfen, ob die Ersetzungsvoraussetzungen vorliegen. Es hat zudem mitzuteilen, welche Leistungen erbracht oder angeboten worden sind oder aus welchem Grund davon abgesehen wurde (§ 51 Abs. 2 S. 3 SGB VIII). Letzteres geht über die Beratungspflicht aus § 1748 Abs. 2, wonach

---

[80] BayObLG NJW-RR 1991, 1219, 1220 = FamRZ 1990, 799 (LS.).
[81] BayObLGZ 2003, 232 = NJW-RR 2004, 578 = FamRZ 2004, 397.
[82] BayObLG FPR 2005, 220 (LS.) = FamRZ 2005, 541, 542; OLG Karlsruhe FamRZ 1999, 1686, 1687; *Simon* ZBlJugR 1974, 416.
[83] BayObLG FamRZ 1983, 648 f. (LS.) = ZfJ 1983, 234, 238; FamRZ 1984, 417, 419; NJW-RR 1994, 903 = FamRZ 1994, 1348, 1349; BayObLGZ 1996, 276 = NJWE-FER 1997, 248 = FamRZ 1997, 514, 516; NJW-RR 1997, 1364 = FamRZ 1998, 55, 56; FamRZ 2002, 1142, 1144; BayObLGZ 2003, 232 = NJW-RR 2004, 578 = FamRZ 2004, 397; FPR 2005, 220 (LS.) = FamRZ 2005, 541, 542; OLG Hamm OLGZ 1992, 15 = FamRZ 1991, 1103, 1106; OLG Karlsruhe FamRZ 1999, 1686, 1687; AG Hamburg ZfJ 1983, 242.
[84] OLG Karlsruhe FamRZ 1999, 1686, 1687; LG Hamburg DAVorm. 1978, 49, 53; LG Münster Mitt. LJA Westfalen-Lippe Nr. 82 S. 80-83; AG Wunsiedel DAVorm. 1982, 100; AG Bad Iburg DAVorm. 1983, 63.
[85] AG Mainz DAVorm. 1967, 150; AG Hamburg DAVorm. 1970, 387 (II).
[86] BayObLGZ 1974, 413 = FamRZ 1976, 234.
[87] BayObLG FamRZ 1981, 604 (LS.) = DAVorm. 1981, 131, 134, 139; FamRZ 1984, 417, 419; FamRZ 2002, 1142, 1144; OLG Hamm OLGZ 1976, 434, 437 = FamRZ 1976, 462 m. Anm. *Saggel*; OLG Frankfurt/M. OLGZ 1985, 171 = FamRZ 1985, 831.
[88] BayObLGZ 2003, 232 = NJW-RR 2004, 578 = FamRZ 2004, 397, 398.
[89] Vgl. die Bsp. von *Hummel-Liljegren* ZRP 1972, 293.
[90] AG Königstein ZfJ 1989, 213, 215.
[91] BayObLG DAVorm. 1981, 131, 138 = FamRZ 1981, 604 (LS.); FamRZ 1984, 417, 419; NJW-RR 1997, 1364 = FamRZ 1998, 55, 56; FPR 2005, 220 (LS.) = FamRZ 2005, 541, 542.
[92] BayObLG NJW-RR 1991, 1219 = FamRZ 1990, 799 (LS.; übersehen von OLG Köln FamRZ 1990, 1152; aA OLG Frankfurt/M. OLGZ 1983, 135 = FamRZ 1983, 531 (Entzug der Personensorge gem. § 1666 gleichzeitig bejaht, vgl. FamRZ 1983, 530), zustimmend zitiert von *Bosch* FamRZ 1984, 840).
[93] *Wiesner/Oberloskamp* § 51 SGB VIII Rn. 30.

Ersetzung der Einwilligung eines Elternteils   21–26 § 1748

nur über geeignete Hilfen zu beraten ist (§ 51 Abs. 2 S. 1 SGB VIII), hinaus. Um dem FamG eine verlässliche Entscheidungsgrundlage zu bieten, sollte noch weitergehend darüber berichtet werden, ob, ggf. welche und mit welchem Erfolg der Elternteil Unterstützungsangebote angenommen hat.

Belehrung und Beratung dienen dem – übergeordneten – **Zweck,** dem Kind den Verbleib und 21 das Aufwachsen in der Familie seiner leiblichen Eltern zu ermöglichen. Zwar setzen sie unterschiedlich an, ergänzen sich aber: Mit der **Belehrung** soll vermieden werden, dass der betroffene Elternteil mit dem Vorwurf der Gleichgültigkeit überrascht wird; ihm soll die Möglichkeit eröffnet werden, sein Verhalten gegenüber dem Kind zu ändern.[94] Sie ist der Hinweis auf die drohende rechtliche Folge des missbilligten elterlichen Verhaltens durch Aufhebung der Sperrwirkung der fehlenden Einwilligung in die Adoption durch ihre Ersetzung und hat **Warnfunktion.** – Demgegenüber ist die **Beratung** darauf ausgerichtet, auf die praktischen wie rechtlichen Möglichkeiten hinzuweisen, etwa auf das Ziel, das Kind bei sich behalten und selbst erziehen zu können, konkret erreicht werden kann. Sie hat **unterstützenden** Charakter.

Abs. 2 S. 1[95] verweist in der Sache auf § 51 SGB VIII: § 1748 Abs. 2 wiederholt § 51 SGB Abs. 1 22 und schreibt die **formale** Belehrung über die rechtlichen Folgen seiner Gleichgültigkeit zwingend vor (zu ihrer Entbehrlichkeit s. Rn. 31-36). – Nach § 51 Abs. 2 SGB VIII „**soll**" über Hilfen beraten werden.[96] Aus dieser Textfassung kann aber nicht gefolgert werden, dass eine Ersetzung stets auch ohne vorausgehende Beratung zulässig ist,[97] weil § 1748 Abs. 2 S. 1 eine Sanktion für Elternfehlverhalten ist, das zunächst durch Hilfestellungen geändert werden soll.[98]

Die Frage nach dem **Verhältnis** von Belehrung und Beratung kann sich stellen, weil nur die Beleh- 23 rung den Lauf der Sperrfrist von 3 Monaten (dazu Rn. 27-30) in Gang setzt. Letztlich ist dies eine Frage des Einsatzzeitpunkts für eine Belehrung: Bestehen bereits konkrete Anhaltspunkte für die Gleichgültigkeit eines Elternteils, ist er auch zu belehren (dazu Rn. 27) und nicht nur zu beraten. Deshalb ist der Elternteil sogleich nach § 51 Abs. 2 S. 1 SGB VIII über die rechtlichen Folgen seiner Gleichgültigkeit zu belehren, wenn sich das Kind bereits in einem Heim befindet oder sonstige Zweifel bestehen, ob die in Aussicht genommenen Maßnahmen von oder mit dem Elternteil durchgeführt werden können. Inwieweit Gleichgültigkeit vorliegt, ist dann im familiengerichtlichen Verfahren zu klären.

b) Insbesondere: Beratung. Sie ist immer geboten, wenn sich die Eltern oder ein Elternteil 24 vom Kind räumlich getrennt haben oder eine solche Trennung bevorsteht. Sie hat sich auf alle maßgeblichen Umstände zu erstrecken und auf Hilfen hinzuweisen, die geeignet sind, eine Trennung zu vermeiden und dem Kind das Aufwachsen in der eigenen Familie zu ermöglichen, oder aber deren Auswirkungen zu verringern.[99] Sie darf sich deshalb, wird sie in Anspruch genommen, nicht in abstrakten Hinweisen erschöpfen oder gerade die Adoption als Ausweg anbieten, sondern muss die möglichen unterschiedlichen Hilfen konkret benennen.[100] Allerdings darf einer Mutter, die das Kind ablehnt, auch nicht die Verantwortung für das Kind aufgedrängt werden.[101]

Das Jugendamt hat im Hinblick auf die Ersetzung der Einwilligung grundsätzlich nur zu beraten, 25 nicht selbst zu **helfen.**[102] Dies schließt aber nicht aus, dass es die Gewährung von Hilfen **vermittelt** (dazu aber auch Rn. 26). – Die Beratung erfolgt idR in einem **persönlichen** Gespräch, damit sich das Jugendamt einen authentischen Eindruck von dem Elternteil und seinen persönlichen Lebensumständen und Vorstellungen machen kann. Entzieht sich der Elternteil allerdings einer persönlichen Beratung, genügt eine allgemein gehaltene **schriftliche** Belehrung mit Einladung in die Sprechstunde.[103]

Hinzuweisen ist auf folgende Umstände:[104] 26
– Aussöhnung mit der eigenen Familie (Eltern, Ehegatte oder nichtehelicher Vater);

---

[94] BT-Drucks. 11/5948 S. 89; *Staudinger/Frank* Rn. 31; *Wiesner/Oberloskamp* § 51 SGB VIII Rn. 12.
[95] Zur Entstehungsgeschichte BT-Drucks. 11/ 5948 S. 89; *Staudinger/Frank* Rn. 30.
[96] Anders als die Vorgängerregelung in § 51a Abs. 1 JWG.
[97] So aber BayObLG NJW-RR 1994, 903 = FamRZ 1994, 1348, 1349; BayObLGZ 1996, 276 = NJWE-FER 1997, 248 = FamRZ 1997, 514, 516, jeweils mwN; OLG Hamm OLGZ 1992, 15 = FamRZ 1991, 1103 (die Beratung steht im pflichtgemäßen Ermessen des Jugendamtes); ebenso *Staudinger/Frank* Rn. 30, 34 mwN; *Wiesner/Oberloskamp* § 51 SGB VIII Rn. 26.
[98] Etwas anderes ergibt sich auch nicht aus der Intention des Gesetzgebers, BT-Drucks. 11/5948 S. 89 (so bereits der BR BT-Drucks. 7/421 S. 13), "durch etwaige Fehler bei der Beratung nicht die Ersetzung der Einwilligung selbst in Frage stellen zu müssen"; aA *Staudinger/Frank* Rn. 30.
[99] *Staudinger/Frank* Rn. 35; *Wiesner/Oberloskamp* § 51 SGB VIII Rn. 22; *Schöffel* Mitt. AGJ 67 (1973), 16 ff.
[100] BayObLG FamRZ 1982, 1129, 1130 f.
[101] *Casmir* Mitt. AGJ 64 (1972), 26; *Lange* S. 82 f.
[102] BT-Drucks. 7/421 S. 11. Verfehlt daher insoweit die Kritik von *Napp/Peters* Adoption S. 63 ff.
[103] BayObLGZ 1996, 276 = FamRZ 1997, 514, 516; LG Frankfurt/ M. FamRZ 1990, 663; *Finger* FuR 1990, 189; lebensfremd die weitergehenden Forderungen OLG Hamm DAVorm. 1977, 259, 265.
[104] Vgl. ferner *Ebersberger* ZBlJugR 1973, 208.

§ 1748   27–31   Abschnitt 2. Titel 7. Annahme als Kind

- Halbtags- statt Ganztagsarbeit oder Wechsel der Arbeitsstätte;
- Hilfen zur Erlangung eines Arbeitsplatzes, insbesondere der Kontaktvermittlung zur Agentur für Arbeit;
- Dauerpflege (ohne Adoption) mit regelmäßigen Besuchen der Mutter;
- bei größeren Kindern: Zeitweise Betreuung des Kindes durch Einrichtungen;

aber auch[105] auf
- die Unterhaltspflicht nach §§ 1361, 1570, 1615 l Abs. 1, 2 bei Getrenntleben der Eltern, geschiedener Ehe oder nichtehelicher Mutterschaft, und gegenüber dem Kind (§§ 1601 ff.);
- Leistungen zur Förderung der Erziehung in der Familie (§§ 16-21 SGB VIII) sowie Hilfen zur Erziehung (§§ 27-35 SGB VIII);
- sonstige öffentlich-rechtliche Leistungen wie Sozialhilfe, Erziehungsgeld, Elterngeld, Kindergeld, Unterhaltsvorschuss, Arbeitslosengeld I und II, Wohngeld.

27   **c) Fristen.** Belehrung und Beratung können und sollten bereits dann erfolgen, wenn das Verhalten der leiblichen Eltern Gleichgültigkeit **befürchten** lässt.[106] Erlangt das Jugendamt Kenntnis von entsprechenden Umständen, muss es zum Schutz des Kindes möglichst frühzeitig tätig werden.[107] Doch entspricht eine ohne zureichenden Grund erteilte Belehrung und Beratung nicht den Anforderungen von Abs. 2 S. 1, weshalb „Vorratsbelehrungen" nicht die Karenzfrist in Lauf setzen kann (zur Wirksamkeit einer gleichwohl ausgesprochenen Ersetzung s. Rn. 30).

28   Das FamG kann aus Gründen der Rechtssicherheit den Fristbeginn durch nicht anfechtbare **Zwischenentscheidung** festsetzen. Zur Wahrung rechtlichen Gehörs hat es diese allen Beteiligten, ggf. einschließlich Betreuern und Verfahrensbevollmächtigten, bekannt zu machen.[108]

29   Zwischen Belehrung und Ersetzung der Einwilligung – Erlass des Ersetzungsbeschlusses – ist zwingend eine **Frist** von 3 Monaten – auf die der betroffene Elternteil bei der Belehrung hinzuweisen ist, um ihm Gelegenheit zur Änderung seines Verhaltens zu geben[109] – einzuhalten (Abs. 2 S. 1), zudem muss das Kind den 5. Lebensmonat vollendet haben (Abs. 2 S. 3). Wird der Hinweis auf die Frist erst nach der Belehrung erteilt, beginnt die Frist auch dann erst zu laufen. Um Unklarheiten zu vermeiden, sollte sich das Jugendamt den Hinweis vom betroffenen Elternteil schriftlich bestätigen lassen. Bei nachträglich erteiltem Hinweis sollte dieser schriftlich erfolgen und dem Elternteil zugestellt werden. – Ändert der Elternteil sein Verhalten nicht, besteht für ein weiteres Zuwarten mit Rücksicht auf das dringende Interesse des Kindes an individueller Betreuung kein Anlass.[110] Ob in dem Verhalten, das zur Belehrung Anlass gab, Gleichgültigkeit lag, prüft das FamG; es kann trotz einer Verhaltensänderung auf Gleichgültigkeit schließen, ohne dass eine neue Frist gesetzt werden müsste.[111]

30   Belehrung und Beratung sowie ihre Wirksamkeit sind als konstitutive materiell-rechtliche Voraussetzungen der Ersetzung vom FamG vor Erlass des Ersetzungsbeschlusses von Amts wegen zu **prüfen** (zur Amtsermittlung auch Rn. 73). Wurden sie nicht oder nicht wirksam erteilt, setzen sie die Frist nicht in Lauf; sie sind erneut vorzunehmen. Allerdings lässt eine mangelhafte oder unterlassene Belehrung die Wirksamkeit einer gleichwohl erteilten Ersetzung unberührt. – Im Interesse des Kindes kann auch die auf eine mangelhafte Ersetzung gestützte **Annahme** nicht aufgehoben werden (§ 1761 Abs. 1 Halbs. 2). Als Korrektiv dient allerdings die Anfechtbarkeit des Ersetzungsbeschlusses und dessen Rechtskraft als „Annahmesperre" (dazu Rn. 65, 78).

31   **d) Entbehrlichkeit.** Die **Belehrung** ist grundsätzlich zwingend,[112] es sei denn, eine Verhaltensänderung des Elternteils kommt definitiv nicht in Betracht,[113] sodass warnende Hinweise ihren

---

[105] Dazu auch *Wiesner/Oberloskamp* § 51 SGB VIII Rn. 22.
[106] Ähnlich *Erman/Saar* Rn. 16; aA ohne nachvollziehbare Begründung der RA-BT BT-Drucks. 7/5087 S. 13, wo zudem zu wenig Rücksicht auf die Interessen der Pflegeeltern genommen wird. Auch in der Praxis (s. *Arndt/Schweitzer* ZBlJugR 1974, 205) ist bezweifelt worden, dass bereits 2 Monate nach der Geburt aus dem elterlichen Verhalten der Schluss auf deren Gleichgültigkeit gezogen werden kann.
[107] *Staudinger/Frank* Rn. 31 mwN.
[108] BVerfG FPR 2003, 488 = FamRZ 2003, 1448, 1449.
[109] BT-Drucks. 7/421 S. 10: Zumutbar ist die Änderung des Wohnorts oder Arbeitsplatzes, um das Kind zu sich nehmen oder es besuchen zu können.
[110] *Metzger* ZBlJugR 1972, 37, 40, 46; s. auch Vor § 1741 Rn. 5; aA noch *Soergel/Liermann* 12. Aufl. Rn. 9, die eine 6 Monate währende Gleichgültigkeit forderten; nunmehr aber 13. Aufl. Rn. 13 für die 3-monatige Frist als im Einzelfall zu relativierende Richtlinie, da das Gesetz ausdrücklich nur eine Frist von 3 Monaten für erforderlich hält.
[111] BT-Drucks. 7/421 S. 10; s. auch BVerfG FPR 2003, 488 = FamRZ 2003, 1448, 1449.
[112] BVerfG FPR 2003, 488 = FamRZ 2003, 1448, 1449; BayObLG FamRZ 1984, 935, 936; OLG Hamm FamRZ 1977, 415, 418; OLG Köln FamRZ 1987, 203, 204.
[113] OLG Hamm Mitt. LJA Westfalen-Lippe Nr. 82 S. 75, 80 (Vater in Ungarn); aA BayObLG FamRZ 1982, 1129, 1130; FamRZ 1984, 935, 936; OLG Hamm FamRZ 1977, 415, 418; OLG Köln FamRZ 1987, 203, 204; *Erman/Saar* Rn. 15; *Staudinger/Frank* Rn. 32; RGRK/*Dickescheid* Rn. 15.

Zweck nicht mehr erfüllen können. Dagegen ist die **Beratung** nicht zwingend, weil sie nur erteilt werden „soll" (Abs. 2 S. 1, § 51 Abs. 2 SGB VIII; dazu näher Rn. 22).

Dass der **Aufenthalt** des Einwilligungsberechtigten nicht bekannt ist, macht die Belehrung und **32** Beratung nicht entbehrlich. Vielmehr ist er durch ordnungsbehördliche Maßnahmen zu ermitteln. 3 Monate nach dem ersten Kontaktversuch oder der ersten Ermittlungshandlung, wenn eine Kontaktaufnahme nicht möglich war, weil der Aufenthalt von vornherein nicht bekannt war, frühestens 5 Monate nach Geburt des Kindes kann die Ersetzung ausgesprochen werden (Abs. 2 S. 2, 3). Wegen der Unsicherheit der **Fristberechnung** ist allerdings Zurückhaltung geboten.

Einer Belehrung bedarf es dann nicht, wenn die Frist aus Abs. 2 S. 2 abgelaufen ist. – Da aber **33** der betroffene Elternteil in jeder Lage des Ersetzungsverfahrens zu belehren ist,[114] ist die Belehrung auch durchzuführen, wenn sein Aufenthalt noch vor Eintritt der Rechtskraft des Ersetzungsbeschlusses **ermittelt** wird.[115] Dies hat rechtliche Folgen:
– Die Frist aus Abs. 2 S. 1 Halbs. 1 wird (erneut) eröffnet.[116]
– Sowohl erstinstanzlich als auch im Beschwerdeverfahren ist vor einer Entscheidung der Fristablauf abzuwarten und anhand des Verhaltens des Elternteils während der Frist zu beurteilen, ob Gleichgültigkeit (noch) vorliegt.

Bei **dauernd unbekanntem** Aufenthalt ist die Einwilligung nicht erforderlich (§ 1747 Abs. 4 **34** Alt. 2), weshalb auch eine Ersetzung nicht beantragt (dazu Rn. 68) und weder beraten noch ersetzt zu werden braucht. In Zweifelsfällen sollte jedoch die Einwilligung – ohne vorgängige Belehrung und Beratung – ersetzt werden, weil ein fälschliches Absehen von der Ersetzung zur Aufhebung der Annahme nach § 1760 Abs. 1 führen kann, während eine fälschliche Ersetzung den Bestand der Adoptionsbeschlusses unberührt lässt (zum Verhältnis zu § 1747 Abs. 4 Alt. 2 s. auch dort Rn. 33).[117]

Ein **Aufenthaltswechsel** des betroffenen Elternteils nach erfolgter Belehrung ist unerheblich. **35** Nimmt er ihn vor der Belehrung ohne Hinterlassen seiner neuen Anschrift vor, führt er, weil dies auf einen besonders krassen Fall der Gleichgültigkeit schließen lässt,[118] zur Entbehrlichkeit der Belehrung, wenn der Aufenthalt trotz angemessener Nachforschungen des Jugendamts nicht innerhalb von 3 Monaten ermittelt werden konnte (Abs. 2 S. 2 Halbs. 1; § 51 Abs. 1 S. 3 SGB VIII). Das Jugendamt hat hierzu alle ordnungsbehördlichen Maßnahmen zur Aufenthaltsermittlung auszuschöpfen, allen Hinweisen nachzugehen und den Elternteil ggf. zur Aufenthaltsermittlung ausschreiben zu lassen.[119]

Keiner Belehrung und Beratung bedarf es auch, wenn die „Gleichgültigkeit" zugleich den Tatbe- **36** stand der **„gröblichen Pflichtverletzung"** erfüllt.[120] – Zudem ist eine Beratung „insbesondere" dann nicht mehr angebracht, wenn sich das Kind bereits längere Zeit in **Adoptionspflege** beim Annehmenden befindet und „bei seiner Herausgabe an den Elternteil [nach § 1632 Abs. 4] eine schwere und nachhaltige Schädigung des körperlichen oder seelischen Wohlbefindens des Kindes zu erwarten ist," mithin das Kindeswohl durch eine Situationsänderung einer schweren und nicht mehr behebbaren Gefährdung ausgesetzt würde (§ 51 Abs. 2 S. 2 SGB VIII). Diese Fallgruppe ist lediglich beispielhaft ausdrücklich aufgeführt und schließt andere Fälle, in denen in gleicher Weise der Schutz des Kindes erfordert wird, nicht aus, setzt allerdings dieselbe Eingriffsintensität voraus.[121]

V. Unverhältnismäßiger Nachteil

1. Grundsätze. Das Unterbleiben der Annahme muss zu einem „unverhältnismäßigen **37** Nachteil"[122] des Kindes führen (Abs. 1 S. 1). Der Begriff „unverhältnismäßiger Nachteil" gibt als **unbestimmter Rechtsbegriff**[123] keinen Vergleichsmaßstab vor. Seine Feststellung setzt eine umfassende **Abwägung** des Kindeswohls gegen die Interessen des Elternteils und die Schwere des Eingriffs in das Elternrecht anhand aller **Umstände des Einzelfalles** voraus, in die auch die Art des Fehlverhaltens des

---

[114] BayObLG FGPrax 1997, 148 = NJW-RR 1997, 1364 = FamRZ 1998, 55, 56.
[115] OLG Köln FamRZ 1987, 203, 205; *Staudinger/Frank* Rn. 32 mwN; aA noch 5. Aufl. Rn. 9.
[116] *Staudinger/Frank* Rn. 32.
[117] *Staudinger/Frank* Rn. 36; § 1747 Rn. 48; *Oberloskamp* ZBlJugR 1980, 581, 591.
[118] *Staudinger/Frank* Rn. 32.
[119] OLG Zweibrücken FamRZ 1976, 469, 470; ebenso *Staudinger/Frank* Rn. 32; *Wiesner/Oberloskamp* § 51 SGB VIII Rn. 15; *Finger* DAVorm. 1990, 393, 398.
[120] BayObLG NJW-RR 1994, 903 = FamRZ 1994, 1348, 1349; BayObLGZ 1996, 276 = NJWE-FER 1997, 248 = FamRZ 1997, 514, 516.
[121] *Wiesner/Oberloskamp* § 51 SGB VIII Rn. 23.
[122] Bereits im ersten Reformentwurf 1922 als einzige Voraussetzung enthalten, *Schubert* [Vor § 1741] S. 134.
[123] BayObLGZ 1978, 105, 111 = FamRZ 1979, 181 (LS.); NJW-RR 1994, 903 = FamRZ 1994, 1348, 1350; NJW-RR 1994, 903 = FamRZ 1994, 1348, 1349; BayObLGZ 1996, 276 = NJWE-FER 1997, 248 = FamRZ 1997, 514, 515; BayObLGZ 2001, 333 = NJW-RR 2002, 433 = FamRZ 2002, 486, 487.

§ 1748 38, 39   Abschnitt 2. Titel 7. Annahme als Kind

Elternteils sowie die Dauer und die Auswirkungen dieses Verhaltens auf die Entwicklung des Kindes einzubeziehen sind.[124] Verlangt wird mehr als die bloße Förderung des Kindeswohls (§ 1741 Abs. 1), zu **vergleichen** ist vielmehr die Entwicklung des Kindes ohne Adoption mit der nach einer Adoption.[125] Danach muss die Annahme zu einer entscheidenden **Verbesserung der Lebensverhältnisse** des Kindes führen.[126] – Die Berücksichtigung des **Elternrechts** (Art. 6 Abs. 2 S. 1 GG) verlangt dessen geringstmögliche Beeinträchtigung. Maßnahmen nach **§§ 1666 ff.** oder nach **§§ 1632 Abs. 4, 1684** gehen deshalb einer Adoption gegen den Willen der Eltern vor.[127] „Die Einwilligung eines Elternteils in die Adoption kann daher nur in ganz eindeutigen Fällen ersetzt werden, und zwar dann, wenn das Eltern-Kind-Verhältnis so sehr von der Norm abweicht, dass die **Elternverantwortung** als das Korrelat des Elternrechts diesem nicht mehr gegenübersteht."[128]

38 Die **Abwägung** erfordert eine Darlegung dieses Verhaltens sowie der dadurch für das Kind herbeigeführten Lebensumstände und seines Entwicklungsstandes,[129] sodass letztlich die Schwere des Fehlverhaltens und des Eingriffs in das Elternrecht gegen die Erfordernisse des Kindeswohls abgewogen werden.[130] Da die mangelnde Eignung oder Bereitschaft der Eltern, ihr Kind zu erziehen, auf Grund der Pflichtverletzung oder Gleichgültigkeit feststeht, kann letztlich zwischen Eltern- und Kindesinteressen[131] nur auf der Grundlage eines Vergleichs der Chance auf eine Änderung des elterlichen Verhaltens und ihrer Auswirkungen auf die Situation des Kindes[132] mit der Dringlichkeit der Annahme abgewogen werden.[133] Hat aber der Einwilligungsberechtigte seine Pflichten anhaltend verletzt, ist die Unterbringung des Kindes bei ihm idR ausgeschlossen. – Auch **Verhaltensänderungen** des einwilligungsberechtigten Elternteils sind zu berücksichtigen,[134] doch werden sie bei entsprechend langer Fremdunterbringung des Kindes eine Ersetzung im Allgemeinen nicht entbehrlich machen. Auch kann bei „Gleichgültigkeit" mit einer Verhaltensänderung nur in seltenen Fällen gerechnet werden,[135] etwa wenn der zunächst unbekannte Partner der Mutter sich zu ihr und dem Kind bekennt.[136] – Da es auf die ganz konkreten – auch künftigen – Lebensumstände des Kindes ankommt, müssen die **Adoptionsbewerber** und ihre Lebensverhältnisse bekannt sein.[137] Dies verwehrt die Ersetzung bei einer Inkognitoadoption nicht, wohl aber eine Blankoersetzung (dazu Rn. 2).

39 Danach sind folgende Umstände grundsätzlich **neutral** und können allein keinen unverhältnismäßigen Nachteil begründen:
– Ob das Bestreben, das Kind gegen **Elternkontakte** abzuschirmen, wenn den Eltern das Kind ohnehin nicht mehr anvertraut werden kann,[138] eine Ersetzung[139] rechtfertigt, kommt auf die

---

[124] OLG Frankfurt/M. FamRZ 2008, 296, 298; dazu auch Vor § 1741 Rn. 28-32.
[125] OLG Stuttgart FGPrax 2005, 66 = FamRZ 2005, 542, 545 f.
[126] OLG Hamm FamRZ 1976, 462, 464; *Staudinger/Frank* Rn. 39.
[127] *Staudinger/Frank* Rn. 37.
[128] OLG Hamm ZfJ 1984, 364, 366.
[129] BVerfGE 24, 119 = FamRZ 1968, 578, 584; BGH NJW-RR 1986, 802 = FamRZ 1986, 460, 462; BayObLG FamRZ 1989, 429; *Lüderitz* S. 43 f. erwägt, die durchschnittliche Entwicklung nicht adoptierter Kinder heranzuziehen, verwirft diese Erwägung jedoch 3. Aufl. S. 13 zu Recht als praktisch undurchführbar.
[130] Etwa BVerfG NJW 2006, 827 = FamRZ 2006, 94 ff. m. Anm. *Maurer*; BGH NJW-RR 1986, 802 = FamRZ 1986, 460, 462; BGHZ 162, 357 = NJW 2005, 1781 = FamRZ 2005, 891, 892; BayObLG NJW-RR 1994, 903 = FamRZ 1994, 1348, 1349 f.; BayObLGZ 1996, 276 = NJWE-FER 1997, 248 = FamRZ 1997, 514, 515; NJW-RR 2005, 1165 = FamRZ 2005, 1587, 1588; OLG Düsseldorf FamRZ 1995, 1294, 1295; OLG Braunschweig FamRZ 1997, 513; OLG Celle ZfJ 1998, 262 f.; OLG Karlsruhe FamRZ 1999, 1686, 1687; OLG Saarbrücken FamRZ 2005, 1586.
[131] So soll nach BT-Drucks. 7/421 S. 9 abgewogen werden; vgl. auch *Engler* FamRZ 1969, 63 f.; kritisch hierzu *Lüderitz* S. 52.
[132] BayObLG FamRZ 1975, 232, 233; OLG Karlsruhe FamRZ 1995, 1012, 1013; s. auch OLG Hamm FamRZ 1977, 415 ff.
[133] S. das Bsp. OLG Celle ZfJ 1998, 262 f.: Wurde das Kind durch Drogenmissbrauch der nichtehelichen Mutter während der Schwangerschaft in seiner Gesundheit erheblich geschädigt und bedarf es deshalb besonderer Pflege und Fürsorge, um seinen Entwicklungsrückstand aufzuholen, überwiegt das Interesse des Kindes an einer Adoption gegenüber dem Elternrecht einer Mutter, die sich bislang weder um ihr Kind gekümmert noch um eine emotionale Beziehung zu ihm bemüht hat und mit dem weiteren Verbleib des Kindes in einer Pflegefamilie einverstanden ist.
[134] BayObLG FamRZ 1975, 232; OLG Hamm FamRZ 1977, 415 (die Folgen der Pflichtverletzung können nicht mehr rückgängig gemacht werden); OLG Köln OLGR 1999, 9 f.; aA OLG Braunschweig FamRZ 1997, 513 f.; 3. Aufl. Rn. 13.
[135] *Lange* S. 82 f.
[136] S. den Vorlagefall in BGH NJW-RR 1986, 802 = FamRZ 1986, 460.
[137] OLG Celle ZBlJugR 1983, 239, 240.
[138] BayObLG FamRZ 1984, 937, 939; OLG Karlsruhe FamRZ 1983, 1058, 1060.
[139] AG Wunsiedel DAVorm. 1982, 100, 102; AG Bad Iburg DAVorm. 1983, 63, 65.

Gesamtumstände sowie darauf an, inwieweit danach eine „offene Adoption" durchgeführt werden kann (dazu Vor § 1741 Rn. 43-45).
- Günstigere Entwicklungschancen als in dem soziokulturellen Milieu bei seinen leiblichen Eltern,[140] bessere Schul-, allgemein bessere Lebensverhältnisse.[141]
- Dass das Kind einen von der Pflegefamilie abweichenden **Namen** führt[142] (zur Behebung im **Stiefelternverhältnis** s. § 1618, dazu § 1741 Rn. 42; vgl. im Übrigen zur Namensänderung § 3 Abs. 1 NÄG), nicht die deutsche **Staatsangehörigkeit** erwirbt[143] oder über seine wahre **Abstammung** aufgeklärt werden muss,[144] was es auch im Adoptivverhältnis müsste (dazu Vor § 1741 Rn. 40).

2. Fremdunterbringung. Für die Interessenabwägung in diesen Fällen (dazu Rn. 37-39) gibt Abs. 3 eine Entscheidungshilfe auch für Abs. 1: Stets stellt es einen unverhältnismäßigen Nachteil dar, wenn das kleinere Kind ohne Adoption nicht in einer Familie aufwachsen kann, weil eine **Heimunterbringung** seine Entwicklung gefährdet (dazu Vor § 1741 Rn. 5).[145] Eine Ersetzung kommt deshalb nur dann in Betracht, wenn die Heimunterbringung gegenüber der Betreuung durch den mit Maßnahmen der Kinderhilfe (§§ 16 ff. SGB VIII) unterstützten Elternteil die entscheidend bessere Maßnahme für das Kind ist und das Kind nicht anderweitig besser untergebracht werden kann (dazu Rn. 41). 40

Ein unverhältnismäßiger Nachteil fehlt, wenn das Kind weiterhin in der **Familienpflege** seiner Großeltern und anderer näherer Verwandter bleiben kann.[146] Da ihnen die Fortsetzung der Pflege idR aber auch ohne Adoption zumutbar ist, ist ihre Ankündigung, die Pflege bei Unterbleiben der Annahme aufzugeben, ein Indiz für eine gestörte Beziehung zum Kind, sodass die Annahme bereits nicht dem Wohle des Kindes dienen würde. Für eine Ersetzung besteht dann kein Anlass,[147] es sei denn, das Kind bedarf dringend des rechtlichen Schutzes **gegen den Elternteil** (dazu Rn. 38).[148] 41

Ein unverhältnismäßiger Nachteil für das Kind kann auch in einem drohenden **Wechsel** der Familienpflegestelle[149] oder in seiner Verunsicherung der in einer Pflegestelle einmal gewonnenen Geborgenheit durch das Scheitern der Adoption liegen.[150] – IdR wird nach **längerer Pflegezeit** ein unverhältnismäßiger Nachteil anzunehmen sein, auch wenn sich die Lebensverhältnisse von Mutter und/oder Vater inzwischen erheblich günstiger gestalten;[151] zu entscheiden ist dann nur noch über die Pflichtverletzung. 42

Dass **familienfremde** Pflegeeltern ihre eigene Pflegebereitschaft von der möglichen Kindesannahme abhängig machen, ist verständlich, weil von ihnen eine vergleichbare Rücksichtnahme auf die leiblichen Eltern nicht erwartet werden kann. Wer die Pflege in Erwartung der Adoption über- 43

---

[140] OLG Hamm ZfJ 1984, 364, 370.
[141] *Staudinger/Frank* Rn. 39 mwN.
[142] OLG Frankfurt/ M. OLGZ 1979, 40, 42; aA AG Bad Iburg FamRZ 1987, 632, 633; AG Kamen FamRZ 1995, 1013, 1015.
[143] OLG Frankfurt/ M. OLGZ 1979, 40, 42.
[144] OLG Frankfurt/ M. OLGZ 1979, 40, 42; aA AG Kamen FamRZ 1995, 1013, 1015.
[145] Auch in der *Vorabnovelle* anerkannt (BT-Drucks. 7/421 S. 5, 9); ebenso LG München II DAVorm. 1980, 119, 126.
[146] BayObLGZ 1996, 276 = NJWE-FER 1997, 248 = FamRZ 1997, 514, 515; aA *Staudinger/Frank* Rn. 43; *Oberloskamp* ZBlJugR 1980, 581, 586 f.
[147] BayObLGZ 1978, 105, 111 = StAZ 1979, 13, 16 = FamRZ 1979, 181 (LS.); aA AG Cuxhaven FamRZ 1976, 241 (für Tante); allgemein zu § 1748 Abs. 3 OLG Karlsruhe FamRZ 1990, 94 m. Anm. *Gawlitta*. - Nicht überzeugend OLG Frankfurt/ M. FamRZ 1971, 322: Eheliches Kind wächst bei Großeltern auf; Mutter ist mit Annahme einverstanden, Vater nicht, beide haben sich um Kind jahrelang nicht gekümmert. Das OLG hält für entscheidend, dass dem Kind die Lebensverhältnisse und Entwicklungsmöglichkeiten *rechtlich* gesichert werden, die ihm die Großeltern ohne rechtliche Verpflichtung bisher gewährt haben. Ohne Kindesannahme könnte das Kind nur in einem Heim untergebracht werden. Jedoch bestand kein konkreter Anhaltspunkt dafür, dass die Großeltern die weitere Betreuung verweigern würden, wenn sie das Kind nicht adoptieren könnten. – OLG Hamm Mitt. LJA Westfalen-Lippe Nr. 82 S. 75 sieht überwiegenden Vorteil im Staatsangehörigkeits-, Namens- und Unterhaltsrecht (Vater lebte in Ungarn); anders zum Namen BayObLG NJW-RR 1990, 776 = FamRZ 1990, 799 (LS.).
[148] BayObLG FamRZ 1984, 937, 939 (Tötung der Mutter durch Vater).
[149] LG Hamburg DAVorm. 1978, 49, 54.
[150] BGH NJW-RR 1986, 802 = FamRZ 1986, 460, 462; BayObLG FamRZ 1984, 937, 939; OLG Hamm FamRZ 1977, 415, 420; OLG Stuttgart FGPrax 2005, 66 = FamRZ 2005, 542, 545 f.; LG Kiel DAVorm. 1978, 384, 386; LG München II DAVorm. 1980, 119, 126; s. auch *Staudinger/Frank* Rn. 42.
[151] So im Ergebnis BayObLG FamRZ 1982, 1129, 1131; FamRZ 2004, 1812 (6-jährige Pflegezeit); nicht hinreichend beachtet von LG Mannheim DAVorm. 1985, 723 (Kind 8 Jahre in Adoptionspflege; Mutter hatte aus „nachvollziehbaren" Gründen persönliche Pflege zunächst abgelehnt; jetzt sei ihr Gesundheitszustand [Schizophrenie] aber „relativ stabil").

§ 1748   44–47   Abschnitt 2. Titel 7. Annahme als Kind

nommen hat, darf nicht vor die unzumutbare Alternative gestellt werden, entweder die Pflegschaft ohne Adoption fortzusetzen oder das Kind einer unsicheren Zukunft zu überlassen.[152] IdR ist deshalb erforderlich, dass bei Unterbleiben der Annahme die Heimunterbringung und damit ein unverhältnismäßiger Nachteil befürchtet werden muss.[153] Doch auch wenn die Pflege selbstlos fortgesetzt wird, droht eine Milieuveränderung.[154] – Sind die Pflegeeltern **nicht verheiratet** und soll die Adoption nur durch einen Pflegeelternteil erfolgen, würde das Kind durch die Adoption keinen besseren rechtlichen Status denn als Pflegekind erhalten; eine Ersetzung scheidet deshalb aus.[155] – Zur Pflege durch **Stiefeltern** s. Rn. 48–50.

44   **3. Wirtschaftliche Verhältnisse. Bessere** wirtschaftliche Verhältnisse bei Adoptiveltern als bei den leiblichen Eltern rechtfertigen idR keinen Eingriff in das Elternrecht und deshalb auch keine Ersetzung der Einwilligung.[156] – Zur Stiefelternadoption – Nichtzahlung von Unterhalt durch einen Elternteil als gröbliche Pflichtverletzung und unverhältnismäßiger Nachteil – s. auch Rn. 49.

45   **4. Verfahrensdauer.** Ist das Kind bereits fremd untergebracht, sind mit zunehmender Dauer der Fremdunterbringung durch einen weiteren Aufenthaltswechsel, mit dem ein Wechsel der Bezugspersonen einhergeht, nachteilige Auswirkungen auf sein Wohl zu erwarten.[157] Kann das Kind auch nicht mehr übergangsweise bei seinen leiblichen Eltern belassen werden, ist es, bietet das Ersetzungsverfahren auch nur eine gewisse Aussicht auf Erfolg und ist eine lange Verfahrensdauer zu befürchten, solchen Adoptionsbewerbern in Pflege zu geben, die das Risiko, dass es nicht zu einer Ersetzung der Einwilligung und zu einem Aufenthaltswechsel des Kindes kommt, eingehen wollen (dazu § 1744 Rn. 5; zur Frist Vor § 1741 Rn. 6).

46   Da die Versagung der Annahme einen Wechsel der Bezugspersonen zur Folge hat, wächst der „Nachteil" für das Kind unabhängig von der Einsicht der leiblichen Eltern in ihr Fehlverhalten und der tatsächlichen, kindeswohlgerechten Gestaltung ihrer Lebensverhältnisse mit der Dauer der Pflegezeit (dazu Rn. 38) und des Verfahrens.[158] Deshalb kann eine Ersetzung auch bei Verhaltensänderungen der leiblichen Eltern während des laufenden Ersetzungsverfahrens nach einem für eine Ersetzung erheblichen Verstoß gerechtfertigt sein.

47   **5. Fehlende Ersetzungsvoraussetzungen.** Liegen die Ersetzungsvoraussetzungen nicht vor, kann auch die Einwilligung eines Elternteils nicht ersetzt werden. Dies gilt auch dann, wenn das Kind bereits seit längerer Zeit fremd untergebracht ist, was insbesondere bei einer langen Verfahrensdauer (dazu auch Rn. 45, 46) der Fall sein kann. Das Kind ist dann vor einer Herausgabe an die leiblichen Eltern durch § 1632 Abs. 4 lediglich vorübergehend geschützt. Zwar kann allein das – aus der Sicht des Kindes ggf. auch unverständliche – Verweigern der Einwilligung in die Adoption zum Schutz des Elternrechts deren Ersetzung nicht rechtfertigen, weil das Elternrecht bereits keinen Anlass für eine Fremdunterbringung gegeben hat.[159] Doch verwehrt dies nicht, in krassen Fällen Gleichgültigkeit gegenüber den Belangen des Kindes anzunehmen (Abs. 2) oder, sind diese besonders schwer berührt, die Intensität des elterlichen Verhaltens auf Null zu reduzieren.[160]

---

[152] So aber OLG Düsseldorf DAVorm. 1977, 751, 755, 757, wo zudem nicht gewürdigt wurde, dass - sicher nicht ohne Einverständnis der Pflegeeltern - der Ersetzungsantrag mehrfach gestellt wurde; ähnlich OLG Frankfurt/ M. FamRZ 1986, 601 (derselbe Sachverhalt ausführlicher in BGH NJW-RR 1986, 802 = FamRZ 1986, 460), Ansicht aufgegeben in OLG Frankfurt/ M. FamRZ 1986, 1042. Die Art der Pflege ist bei BayObLG FamRZ 1981, 604 (LS.) = DAVorm. 1981, 131, 134, 139 nicht erkennbar.
[153] BayObLGZ 1977, 148 = Rpfleger 1977, 303, 304 = FamRZ 1978, 150 (LS.); NJW-RR 1988, 1352 = FamRZ 1988, 868, 871; FamRZ 1988, 871 f.; NJW-RR 1991, 1219 = FamRZ 1990, 799 (LS.); OLG Karlsruhe FamRZ 1990, 94, 95 m. zust. Anm. *Gawlitta*; FamRZ 1999, 1686, 1688; OLG Hamm ZfJ 1984, 364, 367; OLG Frankfurt/ M. FamRZ 1986, 1042; OLG Braunschweig FamRZ 1997, 513, 514; LG Ellwangen DAVorm. 1976, 160; LG München II DAVorm. 1980, 119, 126; AG Hamburg DAVorm. 1963, 329; AG Mainz DAVorm. 1967, 150; AG Wunsiedel DAVorm. 1982, 100; AG Bad Iburg DAVorm. 1983, 63; FamRZ 1987, 632, 633 f.; AG Kamen FamRZ 1995, 1013, 1014; *Oberloskamp* FamRZ 1973, 290; *Roth* ZfJ 1987, 64-66; wohl auch LG Duisburg DAVorm. 1975, 431; aA etwa OLG Schleswig NJW-RR 1994, 585 = FamRZ 1994, 1351, 1352.
[154] LG Darmstadt DAVorm. 1977, 375, 377 f.; im Ergebnis ebenso BGH NJW-RR 1986, 802 = FamRZ 1986, 460, 462.
[155] AG Kerpen ZfJ 1985, 470 ff.
[156] BayObLGZ 1977, 148 = Rpfleger 1977, 303, 304 = FamRZ 1978, 150 (LS.); BayObLGZ 1974, 413 = FamRZ 1976, 234, 238; OLG Hamm FamRZ 1976, 462, 464; LG München II DAVorm. 1980, 119, 125.
[157] *Oberloskamp* ZBlJugR 1980, 581, 597; *dies.*, FS Schwab, S. 869, 883.
[158] Zur Fremdunterbringung, obwohl die Voraussetzungen für eine Ersetzung nicht vorgelegen haben, s. auch *Staudinger/Frank* Rn. 47 ff., insbesondere Rn. 49.
[159] *Staudinger/Frank* Rn. 49.
[160] Ähnlich OLG Karlsruhe FamRZ 1983, 1058, 1060; im Ergebnis auch *Gawlitta* FamRZ 1988, 807. 808; *Lakies* ZfJ 1998, 129, 133 f.; aA OLG Köln FamRZ 1990, 1152, 1153; *Staudinger/Frank* Rn. 49, wohl auch BVerfG FamRZ 1988, 807.

Ersetzung der Einwilligung eines Elternteils 48, 49 § 1748

VI. Stiefkindadoption

1. Allgemeines. Die Pflichten eines nicht mehr sorgeberechtigten, auch nichtehelichen[161] 48 Elternteils beschränken sich auf die Zahlung von Unterhalt und den Umgang mit dem Kind; nur deren Verletzung kann daher erheblich sein.[162] Deshalb kommt bei Stiefkindadoptionen eine Ersetzung nur in Ausnahmefällen in Betracht.[163] Allein der Erwerb der **Staatsangehörigkeit** des Stiefelternteils,[164] seines **Namens**[165] oder **erbrechtlicher** Ansprüche[166] können eine Stiefelternadoption nicht rechtfertigen. Hinzukommen müssen vielmehr Umstände, die eine Adoption wegen der besonders engen emotionalen Beziehung des Kindes zum Stiefelternteil und des besonders schwerwiegenden elterlichen Fehlverhaltens aus Gründen des Kindeswohls erforderlich machen.[167] IdR wird aber eine Ersetzung der Einwilligung in eine Stiefkindadoption nicht in Betracht kommen,[168] weil das Wohl und die Interessen des Kindes auch ohne sie gewahrt sind.

2. Unterhalt. Zahlt der Elternteil, der nicht sorgeberechtigt ist oder in dessen Obhut sich das 49 Kind nicht befindet, keinen Unterhalt, ist er vornehmlich durch gerichtlichen Antrag des Kindes, gesetzlich vertreten durch den anderen Elternteil, und Vollstreckung zur Leistung anzuhalten (§§ 1629 Abs. 1 S. 3, Abs. 2 S. 2).[169] Für eine gröbliche Pflichtverletzung müssen deshalb weitere **erschwerende Umstände** hinzukommen, zB:
– Das Kind leidet durch die Nichtleistung Not.[170]
– Der Unterhaltsschuldner macht sich durch eigenes Verschulden leistungsunfähig.[171]
– Er entzieht sich der Unterhaltszahlung oder der Vollstreckung, erschwert sie durch den Wechsel von Arbeitsstelle oder Aufenthalt[172] oder durch die Verschleierung seiner Einkommens- und Vermögensverhältnisse, indem er die geschuldeten Auskünfte nicht erteilt.[173] Das Unterbleiben der Annahme ist auch ein unverhältnismäßiger Nachteil, da dem Kind mit dem annehmenden Stiefvater ein zuverlässiger Unterhaltsschuldner anstelle eines unzuverlässigen vorenthalten werden würde.[174]
Dagegen reicht für einen unverhältnismäßigen Nachteil allein grundsätzlich nicht aus, dass das Kind durch die Annahme auch hinsichtlich des **Unterhalts** eine rechtlich gesicherte Stellung gegenüber dem Stiefvater erlangen und Kindern aus dieser Ehe gleichgestellt würde.[175]

---

[161] *Staudinger/Frank* Rn. 46.
[162] BayObLG FamRZ 1979, 1078 (LS.); FamRZ 1981, 604 (LS.) = DAVorm. 1981, 131, 136; FamRZ 1983, 648 f. (LS.) = ZfJ 1983, 234, 237 f.; NJW-RR 1994, 903 = FamRZ 1994, 1348, 1349; OLG Frankfurt/ M. OLGZ 1983, 135 = FamRZ 1983, 531; OLGZ 1985, 171 = FamRZ 1985, 831. - Zumal die Stellung des nicht sorgeberechtigten Elternteils durch das KindRG etwa hinsichtlich seines Umgangsrechts und seiner Umgangspflicht (§ 1684 Abs. 1 Halbs. 2) sowie bei der Einbenennung des Kindes (§ 1618) (dazu ausdrücklich auch BGHZ 162, 357 = NJW 2005, 1781 = FamRZ 2005, 891, 892 m. Anm. *Maurer* LMK 2005, 152165, *Finger* BGHReport 2005, 976; *Wiegelmann* FamRB 2005, 236 und Bspr. *Peschel-Gutzeit* NJW 2005, 3324) gestärkt wurde. Mit der Möglichkeit der Ersetzung sollte das Schicksal verlassener, insbesondere in Heimen lebender Kinder verbessert werden (dazu Rn. 1). Der sich aus § 1681 Abs. 1 aF ergebenden, nach der Neuregelung aber nicht mehr bestehenden Gefahr, dass die elterliche Gewalt nach dem Tod des sorgeberechtigten Elternteils an den anderen Elternteil zurückfällt, sollte begegnet werden. Deshalb wurde häufig die Ersetzung der Einwilligung des nach der Scheidung nicht mehr sorgeberechtigten Elternteils verlangt, um eine Annahme durch den Stiefelternteil zu ermöglichen (vgl. 3. Aufl. § 1681 Rn. 2, § 1741 Rn. 31). Grundsätzlich ablehnend *Frank* S. 78 f.
[163] BayObLGZ 2002, 99 = FamRZ 2002, 1282, 1285; *Erman/Saar* Rn. 5; *Staudinger/Frank* Rn. 45.
[164] BayObLGZ 1978, 105 = StAZ 1979, 13, 16 = FamRZ 1979, 181 (LS.); OLG Frankfurt/M. OLGZ 1979, 40, 42.
[165] BayObLGZ 1989, 429 = ZfJ 1989, 210, 212; OLG Braunschweig FamRZ 1964, 323, 324; OLG Stuttgart Justiz 1972, 316, 317; LG Heilbronn DAVorm. 1968, 16, 17; OLG Frankfurt/M. OLGZ 1979, 40, 42; LG Tübingen DAVorm. 1968, 140, 142; FamRZ 1973, 321, 322.
[166] KG OLGZ 1969, 235 = FamRZ 1969, 171.
[167] *Staudinger/Frank* Rn. 45.
[168] *Erman/Saar* Rn. 5.
[169] Für zurückhaltende Anwendung in diesen Fällen BT-Drucks. 7/421 S. 6. Daher keine Ersetzung, wenn der Unterhaltsschuldner den vereinbarten, aber objektiv zu niedrigen Unterhalt zahlt: OLG Braunschweig FamRZ 1964, 323; ähnlich KG OLGZ 1969, 235, 237 = FamRZ 1969, 171; OLG Stuttgart Justiz 1972, 316.
[170] BayObLG NJW-RR 1997, 1364 = FamRZ 1998, 55.
[171] LG Kleve DAVorm. 1970, 315: häufige Begehung von Straftaten; AG Homburg DAVorm. 1976, 160; in BayObLGZ 1978, 105, 110 = StAZ 1979, 13, 15 = FamRZ 1979, 181 (LS.) (bei Haftstrafe von 8 Jahren wegen Tötung des Liebhabers der Ehefrau) dagegen nicht gewürdigt.
[172] So in OLG Köln DAVorm. 1979, 361, 362; möglicherweise AG Tübingen FamRZ 1973, 321.
[173] BayObLG NJW-RR 1994, 903 = FamRZ 1994, 1348, 1349.
[174] OLG Köln DAVorm. 1979, 361, 363; zu gering geschätzt durch BayObLGZ 1978, 105 = StAZ 1979, 13, 16 = FamRZ 1979, 181 (LS.); aA KG OLGZ 1969, 235, 237; *Staudinger/Frank* Rn. 45; offengelassen BayObLG NJW-RR 1994, 903 = FamRZ 1994, 1348, 1350.
[175] AA BayObLG NJW-RR 1994, 903 = FamRZ 1994, 1348, 1350.

§ 1748   50–52   Abschnitt 2. Titel 7. Annahme als Kind

50   3. **Umgang.** Unterlässt der nicht sorgeberechtigte Elternteil jeglichen Kontakt mit dem Kind, kann dies aus Gleichgültigkeit sein.[176] Ist dies aber auf ein Verbot, eine Ablehnung, Erschwerung oder Verhinderung des Umgangs durch den sorgeberechtigten Elternteil[177] oder auf besondere Rücksichtnahme zurückzuführen, etwa um das Kind in einer kritischen Entwicklungsphase nicht zu irritieren, kann die Einwilligung allenfalls nach längerer Kontaktlosigkeit ersetzt werden. Wird die Einwilligung nach langem tatsächlichen Aufenthalt des Kindes in der Stief- oder Pflegefamilie verweigert, nimmt damit der leibliche Elternteil auf das Kind uU gerade keine Rücksicht mehr.[178] Hält der geschiedene Ehegatte das Kind während längerer Zeit nicht für sein eigenes und kümmert sich daher nicht um es, handelt er widersprüchlich und damit pflichtwidrig, wenn er nach Feststellung der Abstammung zwar keinen Kontakt herstellen, das Kind aber auch durch den Stiefvater nicht annehmen lassen will.[179]

VII. Besonders schwere Pflichtverletzung

51   In dem elterlichen Fehlverhalten muss ein besonders schweres, vollständiges Versagen in seiner Verantwortung gegenüber dem Kind liegen.[180] Dabei können die Tatbestände der anhaltenden und der besonders schweren Pflichtverletzung ineinander übergehen, weil der Eingriffstatbestand des Abs. 1 S. 2 nicht auch die in Abs. 1 S. 1 vorausgesetzte Dauer (dazu Rn. 16, 27-30) erfordert. Art und Schwere der Verfehlung, die Persönlichkeit des Elternteils und die Gefahr weiterer Pflichtverletzungen müssen die vorausschauende Beurteilung zulassen, dass ihm das Kind nicht mehr anvertraut werden kann.[181] – Dem Kind müssen **erhebliche Nachteile** drohen **(Abs. 1 S. 2),** die es ausschließen, es dem Elternteil wieder anzuvertrauen[182] oder es in der engeren eigenen Familie zu betreuen. Ein Verhalten mit solchen Auswirkungen indiziert die **Verhältnismäßigkeit** des in der Ersetzung liegenden Eingriffs unwiderlegbar (dazu Vor § 1741 Rn. 31) und ersetzt den nach Abs. 1 S. 1 erforderlichen **unverhältnismäßigen Nachteil** (dazu Rn. 37-47).[183] – Von einer Ersetzung/Adoption kann nur abgesehen werden, wenn das Kind bei Verwandten auf **Dauer** und in der Erwartung untergebracht werden kann, dass seine Entwicklung durch die Eltern nicht gestört wird.[184]

52   In Betracht kommen vor allem **Straftaten** gegen das Kind (dazu auch Rn. 10-15),[185] doch reicht ein Verhalten von ähnlich schweren Auswirkungen auf das Kind aus.[186] Unabhängig von einer strafrechtlichen Verurteilung des sich fehlverhaltenden Elternteils[187] kann ihm das Kind bei Sittlichkeitsdelikten (§§ 174 StGB) oder Misshandlungen (Körperverletzung [§§ 223, 223 a, 224-226 StGB] oder Misshandlung von Schutzbefohlenen [§ 223b Abs. 1 Alt. 1, 2 StGB] einschließlich Nahrungsentzug von 1-2 Tagen beim Kleinkind) spätestens im Wiederholungsfall oder nach einem Tötungsversuch nicht mehr anvertraut werden.[188] – Wer den anderen **Elternteil tötet,** verletzt auch gegenüber dem Kind grob seine Pflicht,[189] nicht aber stets der, der den Liebhaber des Elternteils

---

[176] So OLG Köln DAVorm. 1979, 361, 363; AG Tübingen FamRZ 1973, 321; AG Kerpen DAVorm. 1981, 885; wohl auch AG Hamburg DAVorm. 1966, 335. Zu großzügig OLG Köln FamRZ 1990, 1152, wo 6-jährige Kontaktunterbrechung durch Selbstmordkandidatin als eine geringe Pflichtverletzung angesehen wird.
[177] BayObLG NJWE-FER 1998, 173 = FamRZ 1998, 1196 (LS.); NJWE-FER 2001, 38 = FamRZ 2001, 573 (LS.); FamRZ 2002, 1142, 1144.
[178] So jedenfalls LG Tübingen DAVorm. 1968, 140, das eine Pflichtverletzung daher zu Unrecht verneinte. Zweifelhaft LG Hamburg DAVorm. 1969, 283; übersehen in BayObLG FamRZ 1983, 648 f. (LS.) = ZfJ 1983, 234.
[179] AA AG Hamburg FamRZ 1966, 576.
[180] BayObLG NJW 1990, 776 = ZfJ 1990, 477, 479 = FamRZ 1990, 799 (LS.).
[181] BT-Drucks. 7/421 S. 8.
[182] BayObLG FamRZ 1984, 417, 419; OLG Köln FamRZ 1982, 1132.
[183] BayObLG FamRZ 1989, 429, 431; OLG Schleswig NJW-RR 1994, 585 = FamRZ 1994, 1351, 1352; OLG Brandenburg FamRZ 2007, 2006, 2007; wohl ebenso *Staudinger/Frank* Rn. 37 ff., 50; *Soergel/Liermann* Rn. 34; *Palandt/Diederichsen* Rn. 10; aA BayObLGZ 1978, 105 = StAZ 1979, 13, 14, 16 = FamRZ 1979, 181 (LS.); FamRZ 1984, 937, 939; scheinbar auch BGHZ 133, 384 = NJW 1997, 585 = FamRZ 1997, 85.
[184] *Staudinger/Frank* Rn. 53; *Oberloskamp* ZBlJugR 1980, 581, 593.
[185] OLG Köln FamRZ 1982, 1132. § 1747 Abs. 3 aF als Vorläufer von § 1747a aF nannte ausdrücklich die Verwirkung der elterlichen Gewalt, die § 1676 aF bei Verurteilung zu mindestens 6 Monaten Freiheitsstrafe wegen eines am Kind verübten Verbrechens oder vorsätzlichen Vergehens eintreten ließ; die *Vorabnovelle* hielt diese Anknüpfung lediglich für zu schematisch, BT-Drucks. 7/421 S. 8.
[186] BayObLG FamRZ 1984, 417, 419; FamRZ 1984, 937, 939; NJW-RR 1990, 776 = ZfJ 1990, 477, 478 = FamRZ 1990, 799 (LS.); OLG Hamm FamRZ 1976, 462, 465; OLG Köln FamRZ 1982, 1132.
[187] Ebenso *Staudinger/Frank* Rn. 51.
[188] BT-Drucks. 7/421 S. 8; s. auch *Pelle* ZBlJugR 1971, 19.
[189] BayObLGZ 1978, 105 = StAZ 1979, 13, 15 = FamRZ 1979, 181 (LS.); FamRZ 1984, 937, 939; OLG Zweibrücken NJWE-FER 2000, 1678 = FamRZ 2001, 1730, 1731; OLG Brandenburg FamRZ 2007, 2006;

tötet.[190] – Wer, ohne die elterliche Sorge innezuhaben, aus (blinder) Liebe sein Kind dem Sorgerechtsinhaber entzieht (**„legal kidnapping"**), verletzt zwar seine Pflichten, idR aber nicht „besonders schwer".[191]

VIII. Besonders schwere psychische Krankheit oder geistige oder seelische Behinderung

1. Allgemeines. Abs. 3[192] stellt nicht wie Abs. 1 auf ein zurechenbares Versagen der Eltern ab, sondern auf eine seelische oder geistige Anomalie, die so erheblich ist, dass der Elternteil für Missgriffe bei der Ausübung der elterlichen Sorge nicht verantwortlich gemacht werden kann.[193] Dieses schicksalhafte, den Eltern **nicht zurechenbare Versagen** lässt den Verlust des Kindes als ihnen unter Berücksichtigung ihres verfassungsrechtlich geschützten Elternrechts (Art 6 Abs. 2 GG) nur in seltenen Ausnahmefällen zumutbare besondere Härte erscheinen und rechtfertigt die Einschränkung für eine Adoption, wenn das Kind weiter in einer Familie aufwachsen kann (dazu Rn. 40-43, 55), und die Verneinung eines „unverhältnismäßigen Nachteils" iSd. Abs. 1.[194] – Zur **verfassungsrechtlichen** Problematik s. auch Vor § 1741 Rn. 31, zum Verhältnis zu **§ 1747 Abs. 4 Alt. 1** – Entbehrlichkeit der Einwilligung, weil der einwilligungsberechtigte Elternteil zu deren Abgabe dauernd außerstande ist – s. dort Rn. 33, zum **Rechtsschutzbedürfnis** s. Rn. 69. 53

2. Begriffe. Die Begriffe „psychische Krankheit" und „Behinderung" entstammen § 1896 Abs. 1 (s. dort Rn. 7-19). Sie sind **funktional** nach dem Zweck der Vorschrift auszulegen, sodass die sichere diagnostische Einordnung entbehrlich ist. „Besonders schwer" wiegen die Anomalien, wenn sie zur **Betreuungs-** und **Erziehungsunfähigkeit** des Elternteils führen, ohne dass der Elternteil hierfür verantwortlich gemacht werden könnte.[195] Dies kann idR bei manischen Depressionen und anderen Störungen, die zu einer erheblichen Unausgeglichenheit führen,[196] uU aber auch bei Geistesschwäche,[197] wenn das IQ erheblich unter 70 fällt (Debilität), angenommen werden. Erziehungsunfähig ist auch, wer das Kind zwar physisch versorgen, ihm jedoch keine sozialen Regungen vermitteln kann (dazu Vor § 1741 Rn. 4). – Die Anomalie braucht nicht zur **Geschäftsunfähigkeit** des Elternteils zu führen, weil dann bereits seine Einwilligung nicht erforderlich ist (§ 1747 Abs. 4).[198] – Die Betreuungs- und Erziehungsunfähigkeit für **einzelne** Aufgaben hindert nicht grundsätzlich die Annahme einer umfassenden Unfähigkeit.[199] Zur Wahrung der **Verhältnismäßigkeit** (dazu Vor § 1741 Rn. 31) muss aber stets ausgeschlossen sein, dass objektives erzieherisches Fehlverhalten durch **Beratung** und weitergehende **Hilfen Dritter** aufgefangen werden kann (dazu Rn. 20-21, 25-26).[200] Zudem ist die mit steigendem Alter zunehmende Selbständigkeit des Kindes, die Defizite kompensieren kann, zu beachten.[201] 54

3. Heimunterbringung. Das Kind muss zudem bei Unterbleiben der Annahme nicht in einer Familie aufwachsen können, weil Verwandte[202] oder Dritte[203] nicht bereit sind, es individuell und 55

LG Essen DAVorm. 1979, 521, 525 (nur weil das Kind den „unschönen Anblick der mit zerschmettertem Kopf" niedergestreckten Mutter ertragen musste?).
[190] BayObLGZ 1978, 105 = StAZ 1979, 13, 15 = FamRZ 1979, 181 (LS.).
[191] BayObLGZ 1978, 105 = StAZ 1979, 13, 15 = FamRZ 1979, 181 (LS.); BayObLG FamRZ 1983, 648 f. (LS.) = ZfJ 1983, 234, 236; Grenzfall: BayObLG NJW-RR 1990, 776 = FamRZ 1990, 799 (LS.) (mehrjährige Entführung in den Urwald).
[192] Zur Entstehungsgeschichte s. *Staudinger/Frank* Rn. 55.
[193] BayObLGZ 1977, 148 = Rpfleger 1977, 303, 304 = FamRZ 1978, 150 (LS.); FamRZ 1984, 201, 202; FamRZ 1999, 1688, 1690.
[194] BayObLG FamRZ 1999, 1688, 1690.
[195] BayObLGZ 1977, 148 = Rpfleger 1977, 303, 304 = FamRZ 1978, 150 (LS.); FamRZ 1984, 201, 202; FamRZ 1999, 1688, 1689; ebenso *Staudinger/Frank* Rn. 56; *Soergel/Liermann* Rn. 38; *Erman/Saar* Rn. 24; aA AG Melsungen FamRZ 1996, 53.
[196] BayObLGZ 1977, 148 = Rpfleger 1977, 303, 304 = FamRZ 1978, 150 (LS.): „Schwere Psychopathie mit hochgradiger Stimmungslabilität, explosibler Reizbarkeit und Haltlosigkeit".
[197] BT-Drucks. 7/421 S. 11 unter Berufung auf *Staudinger/Engler* 10./11. Aufl. § 1910 Rn. 2; BayObLGZ 1977, 148 = Rpfleger 1977, 303, 304 = FamRZ 1978, 150 (LS.). Bedenklich OLG Hamm DAVorm. 1978, 364, 378, das die Erziehungsunfähigkeit bei Paranoia und schweren Halluzinationen bezweifelt.
[198] BT-Drucks. 7/421 S. 11; BayObLGZ 1977, 148 = Rpfleger 1977, 303, 304 = FamRZ 1978, 150 (LS.).
[199] RGRK/*Dickescheid* Rn. 19; *Staudinger/Frank* Rn. 56.
[200] Ähnlich, aber missverständlich BayObLGZ 1977, 148 = Rpfleger 1977, 303, 304 = FamRZ 1978, 150 (LS.); FamRZ 1984, 201, 202: Elternteil dürfe nicht „verantwortlich gemacht werden" können.
[201] LG Mannheim DAVorm. 1985, 723, 725.
[202] BT-Drucks. 7/421 S. 11.
[203] BayObLG FamRZ 1999, 1688, 1690; OLG Hamm DAVorm. 1978, 364, 375; *Staudinger/Frank* Rn. 57.

dauerhaft zu betreuen.²⁰⁴ Hieran fehlt es, wenn das Kind trotz verweigerter Einwilligung weiter in seiner Pflegefamilie bleiben kann.²⁰⁵ – Geschützt werden soll das Aufwachsen des Kindes in einer **Familie**. Deshalb greift Abs. 3 nicht ein, wenn das Kind mangels Einwilligung in die Adoption durch seine Pflegeeltern in einer anderen Pflegefamilie untergebracht werden müsste.²⁰⁶ Dies schließt nicht aus, die Einwilligung ggf. wegen anhaltend gröblicher Pflichtenverletzung (Abs. 1 S. 1) zu ersetzen (dazu Rn. 42). – Jedenfalls die Entwicklung eines Kleinkindes wird durch einen Heimaufenthalt **schwer gefährdet** (dazu auch Vor § 1741 Rn. 5).²⁰⁷ Deshalb kann, droht er, allenfalls bei größeren Kindern von der Ersetzung abgesehen werden.²⁰⁸

56   4. „Unverhältnismäßiger Nachteil". Anders als Abs. 1 fordert Abs. 3 für die Ersetzung der Einwilligung nicht ausdrücklich zusätzlich einen unverhältnismäßigen Nachteil für das Kind für den Fall ihrer Unterlassung. Dies ist angesichts der weiteren Voraussetzung, dass durch eine Heimunterbringung eine schwere Gefährdung eintreten muss, und der Regelung in § 1632 Abs. 4 zum Verbleib des Kindes in einer Pflegefamilie auch verfassungsrechtlich unbedenklich, weil dadurch der Widerstreit zwischen Eltern- und Kindesinteressen bereits einer verfassungsgemäßen Lösung zugeführt ist.²⁰⁹

IX. Nichtsorgeberechtigung des Vaters

57   **1. Gesetzgeberisches Anliegen.** Abs. 4²¹⁰ soll die Ersetzung der Einwilligung des Vaters, wenn der Mutter die elterliche Sorge für das Kind nach § 1626a Abs. 2 alleine zusteht, durch die Zurückführung der Voraussetzungen der Abs. 1-3 auf das Merkmal, dass „das Unterbleiben der Annahme dem Kind zu unverhältnismäßigem Nachteil gereichen würde", erleichtern, weil er, war er nie Inhaber der elterlichen Sorge und hat damit auch nie „die Verantwortung für das Kind getragen", nicht allein durch die Verweigerung seiner Einwilligung die Adoption soll verhindern können.²¹¹

58   Doch kann dies **nicht überzeugen**,²¹² auch nicht in Verbindung mit den Erwägungen dazu, warum nicht auch die Einwilligung der Mutter unter erleichterten Voraussetzungen ersetzt werden kann, wenn die elterliche Sorge nach § 1672 Abs. 1 auf den Vater übertragen worden war.²¹³ Dass der Vater andernfalls *allein* durch die Verweigerung seiner Einwilligung die Annahme verhindern könne, stimmt bereits im Ausgangspunkt nicht: Gäbe es Abs. 4 nicht, wäre die Einwilligung eben unter den sehr viel strengeren Voraussetzungen der Abs. 1-3 zu ersetzen.²¹⁴ Zudem ist allein der Umstand, dass der Vater nicht Sorgerechtsinhaber ist, nicht aussagekräftig für die Folgerung, er

---

²⁰⁴ Dazu auch BGHZ 133, 384 = NJW 1997, 585 = FamRZ 1997, 85.
²⁰⁵ AG Limburg JAmt 2001, 430 f.; *Staudinger/Frank* Rn. 57; aA wohl OLG Karlsruhe FamRZ 1990, 94, 96: Auch bei Bereitschaft zur Fortsetzung der Pflege - nach 13 Jahren! - Adoption gerechtfertigt; zustimmend *Gawlitta* FamRZ 1990, 96 f.
²⁰⁶ AA OLG Schleswig FamRZ 2003, 1042 (dazu auch OLG Schleswig JAmt 2003, 318 = StAZ 2003, 140, 141).
²⁰⁷ *Staudinger/Frank* Rn. 57; *Finger* FuR 1990, 191; unausgesprochen auch BayObLGZ 1977, 148 = Rpfleger 1977, 303, 304 = FamRZ 1978, 150 (LS.).
²⁰⁸ BT-Drucks. 7/421 S. 10 f.; BayObLGZ 1977, 148 = Rpfleger 1977, 303, 304 = FamRZ 1978, 150 (LS.); *Staudinger/Frank* Rn. 57;
²⁰⁹ BGHZ 133, 384 = NJW 1997, 585 = FamRZ 1997, 85 f.; BayObLGZ 1977, 148 = Rpfleger 1977, 303, 304 = FamRZ 1978, 150 (LS.); FamRZ 1999, 1688, 1690; OLG Frankfurt/ M. FGPrax 1996, 109 (als Vorinstanz zu BGH aaO); AG Melsungen FamRZ 1996, 53, 55; AG Nidda FamRZ 2007, 2005 f. (keine „schwere Gefährdung", wenn sich das Kind bei den adoptionswilligen Pflegeeltern auch ohne Umgang mit den leiblichen Eltern gut entwickelt hat); *Staudinger/Frank* Rn. 56; *RGRK/Dickescheid* Rn. 20; s. auch *Erman/Saar* Rn. 24; aA OLG Karlsruhe FamRZ 1990, 94, 95 f. m. zust. Anm. *Gawlitta*; OLG Hamm Jugendwohl 1994, 284, 289 f. m. Anm. *Happe*.
²¹⁰ Eingefügt durch Art. 1 Nr. 31 KindRG.
²¹¹ BT-Drucks. 13/4899 S. 114.
²¹² Zur eingehenden Kritik an der Neuregelung s. auch *Staudinger/Frank* Rn. 7 ff.; 58; *Soergel/Liermann* Rn. 42; *Frank* FamRZ 1998, 393, 394 f.; *Schumann*, Die nichteheliche Familie, S. 342. Ganz überwiegend wird diese Regelung jedoch für verfassungsgemäß erachtet (s. dazu auch Vor § 1741 Rn. 28-32), BVerfG NJW 2006, 827 = FGPrax 2006, 69 (LS.) = FamRZ 2006, 94 f. m. Anm. *Maurer*; BVerfG NJW 2006, 2470 = FamRZ 2006, 1355 f. m. Anm. *Rösler/Reimann*; BGHZ 162, 35 = NJW 2005, 1781 = FamRZ 2005, 891, 892 m. Anm. *Maurer* LMK 2005, 152165, *Finger* BGHReport 2005, 976, *Wiegelmann* FamRB 2005, 236, *Peschel-Gutzeit* NJW 2005, 3324; OLG Stuttgart Beschl. v. 17. 7. 2001 - 8 WF 201/01, juris [24-29] mwN; aA *Paulitz/Oberloskamp* Adoption S. 73, 76 f.
²¹³ Auch der BR hat in seiner Stellungnahme (BT-Drucks. 13/4899 S. 157) zum RegE vergebens (s. die Gegenäußerung der BReg BT-Drucks. 13/4899 S. 170) angeregt, die Worte „oder der Annahme überwiegende Belange des Vaters nicht entgegenstehen" anzufügen.
²¹⁴ Ebenso *Staudinger/Frank* Rn. 58.

Ersetzung der Einwilligung eines Elternteils 59, 60 § 1748

habe nie die Verantwortung für das Kind getragen,²¹⁵ weil etwa möglich ist, dass die Eltern des Kindes zusammenleben und beide das Kind betreuen, aber entweder beide oder die Mutter keine Sorgeerklärung abgegeben oder die Mutter den Vater vom Umgang mit dem Kind ausgeschlossen hat. Die Ersetzung der Einwilligung ist zudem nicht der Ort, die freigabewillige Mutter gegen ihren Willen mit der Kinderbetreuung zu belasten, während der Vater nicht zur Übernahme des Sorgerechts – ohne die sonst erforderliche Zustimmung der Mutter – bereit ist (§§ 1672 Abs. 1, 1751 Abs. 1 S. 6, 1747 Abs. 3 Nr. 2),²¹⁶ weil dies allein nicht den Verlust jeglicher verwandtschaftlicher Beziehung des Vaters zu dem Kind rechtfertigen kann.²¹⁷ Der Ausgleich der Interessen muss deshalb im Rahmen der Prüfung der **Verhältnismäßigkeit** erfolgen (dazu Rn. 54, s. auch Vor § 1741 Rn. 31).²¹⁸

2. „**Vater**". Abs. 4 verschlechtert die Rechtsstellung nur des Vaters (dazu § 1747 Rn. 8-9), für 59 dessen Kind der Mutter die elterliche Sorge nach § 1626a Abs. 2 alleine zusteht. War der Vater einmal **Sorgerechtsinhaber**, weil sie ihm entweder nach §§ 1626 Abs. 1, 1626a Abs. 1 Nr. 1, 2 zusammen mit der Mutter zugestanden hat (vgl. §§ 1671, 1672) oder nach § 1680 Abs. 2 S. 2, Abs. 3, 1681 übertragen worden war, insbesondere nachdem der Mutter das Sorgerecht nach § 1666 entzogen worden war, gilt wegen der einmal für das Kind getragenen Verantwortung unabhängig davon, warum ihm das Sorgerecht nicht mehr zusteht (§ 1666, 1696), nicht Abs. 4, sondern Abs. 1.²¹⁹ – Da nach § 1747 Abs. 1 S. 2 der rechtlich noch nicht als Vater festgestellte Mann dem Mann gleichgestellt wird, dessen Vaterschaft bereits feststeht, wenn die Voraussetzungen einer „**vorläufigen Vaterschaftsvermutung**" vorliegen (dazu § 1747 Rn. 11-15), kann auch seine Einwilligung unter den erleichterten Voraussetzungen des § 1748 Abs. 4 ersetzt werden.²²⁰ Ob die Voraussetzungen für eine vorläufige Vaterschaftsvermutung vorliegen, kann nicht mit der Begründung offenbleiben, es lägen doch die Voraussetzungen für die erleichterte Ersetzung nach Abs. 4 vor,²²¹ weil die Entscheidung über die Ersetzung anfechtbar ist (dazu Rn. 78-79).

3. „**Unverhältnismäßiger Nachteil**". Zwar setzt die Feststellung eines unverhältnismäßigen 60 Nachteils für das Kind in Abs. 1 S. 1 die **Abwägung** des Kindeswohls gegen die Interessen des Elternteils voraus (dazu Rn. 37-47). Doch geht es darum in Abs. 4 gerade nicht, weil er nicht auf ein Fehlverhalten des Vaters abstellt und ein solches meist auch nicht vorliegen wird.²²² Deshalb ist an sich nicht ausgeschlossen, in Abs. 4 die Abwägung allein auf das Kindeswohl zu beschränken und das Elternrecht unberücksichtigt zu lassen. Um aber einen Verstoß der Regelung gegen Art. 6 Abs. 2 S. 1 GG zu vermeiden, ist Abs. 4 dahin **verfassungskonform** auszulegen, dass auch die Interessen des Vaters²²³ in die alle maßgeblichen Umstände umfassende Verhältnismäßigkeitsprüfung einzufließen haben.²²⁴ Weiter sind idR alle die bei Abs. 1 S. 1 zu berücksichtigenden **Kriterien** auch bei Abs. 4 einzubeziehen, ausgenommen Art und Umfang des väterlichen Fehlverhaltens.²²⁵ Der nur vermutete (§ 1747 Abs. 1 S. 2) ist dabei dem festgestellten nichtehelichen Vater grundsätzlich gleich-

---

²¹⁵ Ebenso *Helms* JAmt 2001, 57, 63.
²¹⁶ So BT-Drucks. 13/4899 S. 114; *Helms* JAmt 2001, 57, 63; *Lipp/Wagenitz* Rn. 5.
²¹⁷ Differenzierend auch *Erman/Saar* Rn. 27.
²¹⁸ BGHZ 162, 357 = NJW 2005, 1781 = FamRZ 2005, 891, 892 m. Anm. *Maurer* LMK 2005, 152165, *Finger* BGHReport 2005, 976; *Wiegelmann* FamRB 2005, 236 und Bspr. *Peschel-Gutzeit* NJW 2005, 3324. S. auch die BReg BT-Drucks. 13/4899 S. 170; *Soergel/Liermann* Rn. 40; FamRefK/*Maurer* Rn. 5; *Liermann* FamRZ 2003, 1523 ff.; ähnlich *Erman/Saar* Rn. 27.
²¹⁹ *Liermann* FuR 1997, 266; *Frank* FamRZ 1998, 393, 394; FamRefK/*Maurer* Rn. 8; Palandt/*Diederichsen* Rn. 14; *Lipp/Wagenitz* Rn. 9.
²²⁰ *Greßmann*, Neues Kindschaftsrecht, Rn. 396; *Lipp/Wagenitz* Rn. 7.
²²¹ *Lipp/Wagenitz* Rn. 7.
²²² BayObLGZ 2004, 212 = FamRZ 2004, 1812; NJW-RR 2005, 1165 = FamRZ 2005, 1587, 1588. Dazu BT-Drucks. 13/4899 S. 170; auch FamRefK/*Maurer* Rn. 6; *Soergel/Liermann* Rn. 43; *Helms* JAmt 2001, 57, 62.
²²³ Dazu BVerfGE 92, 158 = NJW 1995, 2155 = FamRZ 1995, 789, 794; NJW 2006, 827 = FGPrax 2006, 69 (LS.) = FamRZ 2006, 94 m. Anm. *Maurer*; NJW 2006, 2470 = FamRZ 2006, 1355 f. m. Anm. *Rösler/Reimann*.
²²⁴ BVerfGE 92, 158 = NJW 1995, 2155 = FamRZ 1995, 789, 794; NJW 2006, 827 = FGPrax 2006, 69 (LS.) = FamRZ 2006, 94 m. Anm. *Maurer*; BGHZ 162, 357 = NJW 2005, 1781 = FamRZ 2005, 891, 892 f. m. Anm. *Maurer* LMK 2005, 152165, *Finger* BGHR 2005, 976, *Wiegelmann* FamRB 2005, 236, *Peschel-Gutzeit* NJW 2005, 3324; OLG Karlsruhe NJW-RR 2000, 1460 = FamRZ 2001, 573, 574; OLG Stuttgart FamRZ 2005, 542, 543, 545; *Helms* JAmt 2001, 57, 63; FamRefK/*Maurer* Rn. 5; Palandt/*Diederichsen* Rn. 14; *Lipp/Wagenitz* Rn. 11; *Soergel/Liermann* Rn. 43; im Ergebnis ebenso *Liermann* FuR 1997, 266; kritisch auch *Coester* FamRZ 1995, 1245, 1249; *ders*. RdJB 1996, 430, 440.
²²⁵ BT-Drucks. 13/4899 S. 170. *Lipp/Wagenitz* Rn. 11 wollen die Abwägung für den nicht nach §§ 1672 Abs. 1, 1751 Abs. 1 S. 6 zur erleichterten Sorgerechtsübernahme bereiten Vater allein auf diesen Umstand reduzieren; s. dazu die Kritik in Rn. 58.

§ 1748   61–64   Abschnitt 2. Titel 7. Annahme als Kind

zustellen,²²⁶ doch ist zu berücksichtigen, warum der Vater die gerichtliche Feststellung seiner Vaterschaft nicht betreibt (dazu § 1747 Rn. 13) und wie sich dies auf das Kindeswohl auswirken kann.²²⁷

61   Ein unverhältnismäßiger Nachteil liegt dann vor, wenn die Adoption für das Kind einen so **erheblichen Vorteil** bieten würde, dass ein sich verständig um sein Kind sorgender Elternteil auf der Erhaltung des Verwandtschaftsbandes nicht bestehen würde.²²⁸ Nicht ausreichend ist danach, dass das Unterbleiben der Adoption für das Kind lediglich nachteilig ist und die Abwägung seiner Interessen mit denen des Vaters zu dem Ergebnis führt, dass sein Interesse an der Adoption überwiegt, ohne dass dieser Nachteil besonders groß sein müsste.²²⁹ Für eine Ersetzung ist ein **besonders großer Nachteil** nicht erforderlich, weil ein solcher auch nicht für eine Ersetzung nach Abs. 1 gefordert wird (dazu Rn. 37-39) und Abs. 4 die Ersetzung gegenüber Abs. 1 gerade erleichtern sollte (dazu Rn. 3). Zudem kommt es weniger auf die Erhaltung des Verwandtschaftsbandes²³⁰ als auf die rechtlichen Folgen aus deren Aufhebung an.

62   Für die **Interessenabwägung** sind idR nicht die **vermögensrechtlichen Umstände** wie unterhalts- und erbrechtliche Fragen maßgeblich; ihnen kommt nur ausnahmsweise Gewicht zu. Abzuwägen ist vielmehr die Möglichkeit des Kindes, in einer **Familie,** die ihm gute Chancen für seine Entwicklung bietet, aufwachsen zu können, gegen den Verlust des **Umgangsrechts** des leiblichen Vaters durch die Adoption (dazu aber auch §§ 1754, 1755 Rn. 9). Ob das Umgangsrecht des Vaters schützenswert ist, hängt von seiner bestehenden Beziehung zu dem Kind, mithin davon ab, ob er bereits bislang Umgang mit dem Kind hatte und mit welcher Intensität er sich ggf. um einen solchen bemüht hat,²³¹ aber auch auf die Chancen, bislang nicht bestehende Beziehungen des leiblichen Vaters zum Wohl des Kindes aufzubauen. Für den Fall einer **Stiefkindadoption** ist das Interesse des Kindes am Aufwachsen in einer Familie bereits gewahrt, sodass dem Interesse des Vaters an einer Aufrechterhaltung seines Umgangsrechts umso mehr Gewicht zukommt (dazu auch Rn. 50).²³²

63   Das **Unvermögen der Mutter,** dem Kind die Angst vor dem Umgang mit dem Vater zu nehmen, in die Interessenabwägung einzubeziehen,²³³ ist abzulehnen,²³⁴ weil es allein auf die Interessen des Kindes und seines Vaters ankommt und ausschlaggebend lediglich die Befindlichkeit des Kindes unabhängig davon ist, worauf sie zurückzuführen ist. Ist der Mutter in diesem Zusammenhang ein Versagen vorzuwerfen, ist dessen Unwert allein am Maßstab des § 1666 BGB zu messen.

64   **4. Schutz der Mutter.** Abs. 4 gilt nur für den Vater, nicht auch für die Mutter, wenn das Sorgerecht nach § 1672 Abs. 1 auf den Vater übertragen worden ist. Ihre Einwilligung kann nicht nach Abs. 1-3 ersetzt werden, weil sie nicht schlechter gestellt werden soll als die Mutter, die elterliche Sorge nach § 1666 iVm. § 1680 Abs. 3, Abs. 2 an den Vater verloren hat. Damit wird bewusst in Kauf genommen, dass die Rechtsstellung der Mutter stärker ausgestaltet wird als die des Vaters, der nie Inhaber der elterlichen Sorge war (§ 1626a Abs. 2).²³⁵ Zum einen wegen der relativ geringen Anzahl praktisch bedeutsamer Fälle, zum anderen wegen der im Hinblick auf ihre Austragungsbereitschaft bestehenden besonderen Schutzbedürftigkeit der Mutter, da der Vater, würde auch

---
²²⁶ *Staudinger/Frank* Rn. 60, § 1747 Rn. 16 ff.
²²⁷ Ähnlich *Lipp/Wagenitz* Rn. 11; *Soergel/Liermann* Rn. 44.
²²⁸ BGHZ 162, 357 = NJW 2005, 1781 = FamRZ 2005, 891, 892 m. Anm. *Maurer* LMK 2005, 152165, *Finger* BGHReport 2005, 976, *Wiegelmann* FamRB 2005, 236 und Bspr. *Peschel-Gutzeit* NJW 2005, 3324; dies wird vom BVerfG NJW 2006, 827 = FGPrax 2006, 69 (LS.) = FamRZ 2006, 94 m. Anm. *Maurer* nicht beanstandet.
²²⁹ So aber OLG Karlsruhe NJW-RR 2000, 1460 = FamRZ 2001, 573, 574; aA OLG Stuttgart FamRZ 2005, 542, 545, das sich allerdings zu Unrecht auf BayObLGZ 1993, 333 = NJW-RR 2002, 433 = FamRZ 2002, 486, 487 beruft, das ausdrücklich offengelassen hat, ob ein besonders schwerer Nachteil, wie auch von *Palandt/Diederichsen* Rn. 14 gefordert, vorliegen muss.
²³⁰ Anders als bei der Namensänderung nach § 1618 S. 4 BGB (dazu BGH NJW 2002, 300 = FamRZ 2002, 94, 95; auf diese Entscheidung bezieht sich BGHZ 162, 357 = NJW 2005, 1781 = FamRZ 2005, 891, 892 m. Anm. *Maurer* LMK 2005, 152165, *Finger* BGHReport 2005, 976, *Wiegelmann* FamRB 2005, 236 und Bspr. *Peschel-Gutzeit* NJW 2005, 3324), die sich in eben dieser erschöpft.
²³¹ *Maurer* LMK 2005, 152165.
²³² BGHZ 162, 357 = NJW 2005, 1781 = FamRZ 2005, 891, 892 m. Anm. *Maurer* LMK 2005, 152165, *Finger* BGHReport 2005, 976, *Wiegelmann* FamRB 2005, 236 und Bspr. *Peschel-Gutzeit* NJW 2005, 3324.
²³³ So BGHZ 162, 357 = NJW 2005, 1781= FamRZ 2005, 891, 892 m. Anm. *Maurer* LMK 2005, 152165, *Finger* BGHReport 2005, 976, *Wiegelmann* FamRB 2005, 236, *Peschel-Gutzeit* NJW 2005, 3324; ähnlich auch BVerfG NJW 2006, 827 = FGPrax 2006, 69 (LS.) = FamRZ 2006, 94 m. Anm. *Maurer,* das maßgeblich danach fragt, warum ein Umgang des Vaters mit dem Kind nicht stattfindet.
²³⁴ *Maurer* LMK 2005, 152165.
²³⁵ BT-Drucks. 13/4899 S. 114; zur Kritik hieran s. *Soergel/Liermann* Rn. 41; *Liermann* FuR 1997, 266.

seine Einwilligung nach Abs. 1 ersetzt, die Adoption einseitig verhindern und dadurch die Mutter mit dem Kind allein gelassen werden könnte (dazu auch die Kritik Rn. 58).

D. Verfahren

I. Verfahrensart

Über die Ersetzung der Einwilligung wird in einem gegenüber dem Adoptionsverfahren **selb-** 65 **ständigen** Verfahren entschieden.[236] Ein Annahmeantrag braucht noch nicht vorzuliegen (dazu auch § 1750 Rn. 5),[237] doch müssen die Annehmenden feststehen (dazu Rn. 73, § 1747 Rn. 25-26) und zur Annahme bereit sein, da andernfalls der „unverhältnismäßige Nachteil" (dazu Rn. 37-47) nicht festgestellt werden kann. Die Stellung eines Annahmeantrags erhöht die Sicherheit nicht, weil er zurückgenommen werden kann (dazu § 1752 Rn. 13). Entgegen dem **Verbindungsverbot** des § 196 FamFG kann das Ersetzungsverfahren jedoch mit dem Annahmeverfahren verbunden werden.[238] – Obwohl selbständig, handelt es sich bei dem Ersetzungs- um ein **Zwischenverfahren,**[239] das rechtskräftig abgeschlossen sein muss, bevor über den Annahmeantrag entschieden werden kann.[240] Eine im Annahmeverfahren inzident vorgenommene Ersetzung ist unzulässig und verletzt den betroffenen Elternteil in seinem Anspruch auf rechtliches Gehör.[241]

Verfahrensgegenstand des Ersetzungsverfahrens ist allgemein die Ersetzung der Einwilligung in 66 eine Adoption durch bestimmte Adoptionsbewerber, nicht die Ersetzung aus einem bestimmten Grund.[242] Bei einer Inkognitoadoption ist auch im Ersetzungsverfahren das Inkognito der Annehmenden zu wahren;[243] sie sind mit der Nummer, unter der sie bei der Adoptionsvermittlungsstelle registriert sind, zu bezeichnen.[244] – Obwohl das FamG an die Begründung des Antrags (dazu Rn. 68-69) nicht gebunden ist, handelt es sich gleichwohl nicht nur um einen **Verfahrens-,** sondern auch um einen **Sachantrag.**[245]

II. Zuständigkeit

Zuständig ist das **FamG** am Wohnsitz des Annehmenden (§ 187 Abs. 1 FamFG);[246] funktionell 67 zuständig ist der **Richter** (§§ 3 Nr. 2 lit. a, 14 Abs. 1 Nr. 15 RPflG]; dazu auch § 1752 Rn. 11).[247] Bei Wohnsitzwechsel ist der **Zeitpunkt** des Ersetzungsantrags maßgeblich.[248] – Zu Überschneidungen kann es wegen der Zuständigkeit des **FamG** für Entscheidungen nach §§ 1672 Abs. 1, 1680 Abs. 2 S. 1, 1681 Abs. 2, 1696, die alle gleichfalls die Beurteilung des Kindeswohls erfordern, kommen, ohne dass das eine FamG an die Beurteilung des jeweils anderen gebunden wäre. Die Beteiligung des Vaters und des Jugendamtes (dazu Rn. 28, 32) wird jedoch dazu führen, dass die Gerichte Kenntnis vom jeweils anderen Verfahren erlangen werden.[249] – Zur **Aussetzung** des Adoptionsverfahrens s. Rn. 76. – Die **Abgabe** des Verfahrens ist aus wichtigem Grund zulässig (§ 4 FamFG).[250]

III. Antrag

1. Antragserfordernis. Das Verfahren wird durch einen Antrag des **Kindes** eingeleitet (zur 68 Qualifikation des Antrags s. Rn. 66). Dieses Antragserfordernis macht das Verfahren neben der Häu-

---

[236] OLG Celle ZfJ 1998, 262 f.; OLG Zweibrücken NJWE-FER 2000, 1678 = FamRZ 2001, 1730 f. mwN.
[237] Ebenso OLG Celle DAVorm. 1978, 383; KG OLGZ 1978, 139 = FamRZ 1978, 210; LG Saarbrücken ZfJ 1983, 239; *Staudinger/Frank* Rn. 58; kritisch *Lipp/Wagenitz* Rn. 12.
[238] MünchKommZPO/*Maurer* § 196 FamFG Rn. 4.
[239] BayObLG NJW-RR 1994, 903 = FamRZ 1994, 1348, 1349; OLG Celle OLGR 1998, 177 f. = ZfJ 1998, 262; OLG Zweibrücken NJWE-FER 2000, 1678 = FamRZ 2001, 1730, 1731.
[240] OLG Celle DAVorm. 1978, 383; OLGR 1998, 177, 178 = ZfJ 1998, 262 f.
[241] Nicht gerügt von BVerfG FPR 2003, 488 = FamRZ 2003, 1448, 1449.
[242] BayObLG FamRZ 1982, 1129, 1131; FamRZ 1984, 201, 202.
[243] BayObLG FamRZ 2004, 1811, 1812.
[244] LG München II DAVorm. 1980, 119, 127 f.
[245] MünchKommZPO/*Maurer* Vor § 186 FamFG Rn. 15, 16, §§ 197, 198 FamFG Rn. 11, 57; aA noch 5. Aufl. Rn. 28.
[246] BayObLGZ 1983, 210, 211 = FamRZ 1984, 203; FamRZ 1984, 201; FamRZ 1984, 417, 418. Vgl. den Bericht des RA-BT - auf dessen Vorschlag die Vorschrift eingefügt wurde - BT-Drucks. 7/5087 S. 23 („alle Verrichtungen des FamG im Zusammenhang mit dem Annahmeverfahren"); *Roth-Stielow* Bem. 14.
[247] Entspricht insoweit dem früheren Recht (§ 14 Nr. 3 lit. f RPflG aF).
[248] Teilweise abweichend KG OLGZ 1978, 139, 141 f. = FamRZ 1978, 210: Zeitpunkt der Rechtskraft des Beschlusses, der jedoch nicht vorhersehbar ist.
[249] *Soergel/Liermann* Rn. 49.
[250] BayObLGZ 1983, 210 = FamRZ 1984, 203 f.

§ 1748   69–71   Abschnitt 2. Titel 7. Annahme als Kind

fung weiterer Voraussetzungen noch schwerfälliger (dazu auch Rn. 45-46). – Vertreten wird das – auch nichteheliche[251] – Kind grundsätzlich von dem Elternteil, der die elterliche Sorge innehat (vgl. §§ 1746 Abs. 1 S. 2 und Abs. 2, 1629 Abs. 1 S. 3).[252] Besteht ein erheblicher Interessenkonflikt des gesetzlichen Vertreters[253] oder ist der Elternteil, dessen Einwilligung ersetzt werden soll, oder sein Ehegatte noch gesetzlicher Vertreter, ist ihm entweder die Vertretungsmacht nach § 1666 zu entziehen oder dem Kind wegen §§ 1629 Abs. 2 S. 3 Halbs. 1, 1796 ein **Ergänzungspfleger** (§ 1909) zu bestellen.[254] – Das Kind, das das 14. Lebensjahr vollendet hat und nicht geschäftsunfähig ist, kann den Antrag ohne Zustimmung seines gesetzlichen Vertreters selbst stellen (§ 60 FamFG).[255] Daneben ist der **gesetzliche Vertreter** dann antragsberechtigt, wenn das Kind bereits eingewilligt hat.[256] – Ein **Vormund,** der selbst das Kind adoptieren will, ist im Ersetzungsverfahren nicht von der Vertretung des Kindes ausgeschlossen, weil er nicht Beteiligter des Ersetzungsverfahrens ist (dazu Rn. 70-71) und deshalb kein Interessenkonflikt besteht; er bedarf auch nicht der Genehmigung des FamG nach § 1795 Abs. 1 Nr. 3.[257]

69   2. **Rechtsschutzinteresse.** Das Rechtsschutzbedürfnis des Kindes für einen Ersetzungsantrag ist regelmäßig gegeben. Es kann nur wegen der Konkurrenz des Ersetzungsverfahrens zur Entbehrlichkeit der Einwilligung nach **§ 1747 Abs. 4** wegen dauerndem Unvermögen zur Erteilung der Einwilligung oder wegen unbekanntem Aufenthalt des Einwilligungsberechtigten zweifelhaft sein. Doch besteht es auch dann, wenn diese Voraussetzungen bejaht werden sollen, weil für den Fall, dass diese Voraussetzungen zu Unrecht angenommen würden, die Aufhebung der Adoption nach § 1760 Abs. 1, 5 betrieben werden könnte.[258] – Zur **Konkurrenz** mit der Feststellung der Wirksamkeit einer Einwilligung s. § 1747 Rn. 49. – Zum **Verhältnis** zu § 1747 Abs. 4 (Entbehrlichkeit der Einwilligung bei dauernd unbekanntem Aufenthalt des Elternteils, weil der einwilligungsberechtigte Elternteil zu deren Abgabe dauernd außerstande ist, oder bei dauernd unbekanntem Aufenthalt des Elternteils) s. Rn. 34.

IV. Beteiligte

70   Beteiligte des Ersetzungsverfahrens sind das antragstellende **Kind** (§ 7 Abs. 1 FamFG)[259] und der **Elternteil,** dessen Einwilligung ersetzt werden soll (§§ 188 Abs. 1 Nr. 2, 186 Nr. 2 FamFG), nicht auch die Adoptionsbewerber und der gesetzliche Vertreter des Kindes, auch nicht seine Pflegeeltern, selbst nicht die Adoptivpflegeeltern. Das Jugendamt ist auf seinen Antrag zu beteiligen (§ 188 Abs. 2 FamFG).

71   Da das Kind die Ersetzung als Antragsteller betreibt, besteht stets ein Gegensatz zu den Interessen des Elternteils, dessen Einwilligung ersetzt werden soll. Dies hindert zwar die gesetzliche Vertretung des Kindes durch den Elternteil nicht (§§ 1629 Abs. 2 S. 1, 1795), wird in aller Regel aber die Beiordnung eines **Verfahrensbeistands** (§ 191 FamFG) auch dann rechtfertigen, wenn die Ersetzung in einem Zwischenverfahren im Rahmen des Annahmeverfahrens durchgeführt wird. Von einer Verfahrensbeistandschaft kann nur abgesehen werden, wenn das Kind durch einen Rechtsanwalt vertreten wird (§§ 191 S. 2, 158 Abs. 5 FamFG). Dagegen reicht die fachliche Äußerung, die Anhörung und die Beteiligung des Jugendamts stets nicht für ein Absehen aus, weil die Verfahrens-

---

[251] Für das nichteheliche Kind handelte nach dem bis zum 30. 6. 1998 geltenden Recht der Amtspfleger (§ 1706 Nr. 1 aF), BayObLG FamRZ 1981, 604 (LS.) = DAVorm. 1981, 131, 135; OLG Celle ZfJ 1998, 262 f.; LG Ravensburg DAVorm. 1975, 56; *Soergel/Liermann* 12. Aufl. Rn. 24; aA BayObLGZ 1990, 145 = FamRZ 1990, 1150, 1152, weil sich der Amtspfleger nicht in Widerspruch zur Mutter setzen dürfe.
[252] BGH NJW 1980, 1746 = FamRZ 1980, 675, 676; BayObLG FamRZ 1981, 93; BayObLGZ 2002, 99 = FamRZ 2002, 1282, 1283 f. („Verfahrensfähigkeit"); BayObLGZ 2003, 232 = NJW-RR 2004, 578 = FamRZ 2004, 397. – Nach *Staudinger/Frank* Rn. 63 sind die leiblichen Elternteile nur zur Antragstellung für das Kind befugt, im Verfahren sollen sie aber von der Vertretung ausgeschlossen sein.
[253] OLG Nürnberg NJW-RR 2000, 1678 = FamRZ 2001, 573; OLG Celle 2001, 1732. Zu einem Sonderfall s. auch OLG Köln FamRZ 2002, 1655, 1656.
[254] OLG Karlsruhe FamRZ 1999, 1686, 1687; OLG Nürnberg NJW-RR 2000, 1678 = FamRZ 2001, 573; OLG Celle FamRZ 2001, 1732; *Staudinger/Frank* Rn. 63; *Erman/Saar* Rn. 29; *RGRK/Dickescheid* Rn. 22.
[255] OLG Braunschweig FamRZ 1964, 323, 324; OLG Hamm FamRZ 1976, 462; OLG Düsseldorf FamRZ 1995, 1294, 1295; *RGRK/Dickescheid* Rn. 23; *Staudinger/Frank* Rn. 64; *Roth-Stielow* § 1750 Bem. 4; aA *Erman/Saar* Rn. 29; *Palandt/Diederichsen* Rn. 10; *Gernhuber/Coester-Waltjen* § 68 Rn. 72 Fn. 131: Zustimmung des gesetzlichen Vertreters erforderlich.
[256] OLG Düsseldorf FamRZ 1995, 1294, 1295; LG Ravensburg DAVorm. 1975, 56.
[257] BGH NJW 1980, 1693 = FamRZ 1980, 675, 676; BayObLG FamRZ 1981, 93 f.; OLG Zweibrücken NJWE-FER 2000, 1678 = FamRZ 2001, 1730, 1731 mwN.
[258] BayObLG FamRZ 1999, 1688, 1689 mwN; auch *Erman/Saar* Rn. 25.
[259] Dazu MünchKommZPO/*Maurer* § 191 FamFG Rn. 7 mwN.

beistandschaft ganz einseitig auf die Darstellung der Neigungen und Wünsche des Kindes ausgerichtet ist (§§ 191 S. 2, 158 Abs. 4 FamFG).[260]

IdR ist im Rahmen der Bewilligung von **Verfahrenskostenhilfe** die Beiordnung eines Anwalts nicht, auch nicht aus Gründen der Waffengleichheit erforderlich (§ 78 Abs. 2 FamFG).[261]

V. Ermittlungen

Das FamG hat alle in Betracht kommenden Ersetzungsgründe ohne Beschränkung auf die Antragsbegründung (dazu Rn. 66) **von Amts wegen** (§ 26 FamFG; dazu auch § 1752 Rn. 19) zu ermitteln.[262] Die Ermittlungen haben sich auf alle für die Ersetzungsentscheidung maßgeblichen Umstände zu erstrecken, die die Beurteilung zulassen, ob bei Erlass des Beschlusses die Voraussetzungen aus Abs. 1-4 vorliegen, insbesondere die **Fristen** des Abs. 2 – 3 Monate nach Belehrung, 5 Monate seit Geburt – abgelaufen sind. Unschädlich ist, wenn der Antrag schon (kurz) vor Ablauf dieser Fristen gestellt wird.[263] – Um einen unverhältnismäßigen Nachteil feststellen zu können, müssen die Verhältnisse der Annehmenden bekannt sein.[264] Bei deren Ermittlung ist ggf. jedoch das Inkognito der Annehmenden zu wahren, weil der Zweck von § 1747 Abs. 3 S. 2 auch für das Ersetzungsverfahren gilt. Es genügt die Beschreibung der Verhältnisse der Annehmenden durch das Jugendamt oder durch Dritte nach wesentlichen Merkmalen. – Die Pflegeeltern (§ 192 Abs. 2 FamFG), auch Adoptivpflegeeltern, sind weder Beteiligte (dazu Rn. 70), noch erstrecken sich die Anhörungspflichten aus § 192 Abs. 1, 2 FamFG) auf sie. Gleichwohl sind sie als Erkenntnismittel meist unverzichtbar. Sie können förmlich als Zeugen vernommen (§ 30 FamFG) oder angehört werden (§ 29 FamFG: Freibeweis).

Die **Anhörungspflichten** des FamG stehen in engem sachlichen Zusammenhang mit der Amtsermittlungspflicht, dienen aber auch der Gewährung rechtlichen Gehörs.[265] Zwingend persönlich anzuhören sind
- die **Annehmenden** (§ 192 Abs. 1 FamFG);
- das **Kind** (§§ 192 Abs. 1 FamFG); insbesondere seine Sichtweise ist für die Beurteilung der Ersetzungsvoraussetzungen von besonderer Bedeutung.[266, 267] Grundsätzlich unerheblich ist sein **Alter**, maßgeblich ist vielmehr allein, ob und inwieweit von ihm Aufschlüsse für die maßgeblichen Umstände erwartet werden können (dazu näher § 159 FamFG). – Von seiner Anhörung des Kindes kann **abgesehen** werden, „wenn Nachteile für seine Entwicklung, Erziehung und Gesundheit zu befürchten sind oder wenn wegen des geringen Alters von einer Anhörung eine Aufklärung nicht zu erwarten ist" (§ 192 Abs. 3 FamFG),[268] aber auch, wenn das Kind bereits aus tatsächlichen Gründen keine Bindungen oder Neigungen zu den leiblichen Eltern entwickeln konnte.[269]
- die **Eltern** (§§ 192 Abs. 2, 188 Abs. 1 Nr. 1 lit. b FamFG) – auch nicht sorgeberechtigte[270] oder von der Ersetzung nicht direkt betroffene Elternteile[271] -,

persönlich angehört werden sollen

---

[260] AA OLG Stuttgart FPR 2005, 66 = FamRZ 2005, 542, 543; *Staudinger/Frank* Rn. 67.
[261] BayObLG NJW-RR 1991, 71 = FamRZ 1991, 224 (LS.).
[262] BayObLG FamRZ 1982, 1129, 1131; FamRZ 1984, 201, 202; FamRZ 1984, 936, 937; FamRZ 1984, 935, 936; ZfJ 1997, 475 f. (zur Ermittlung der Gleichgültigkeit durch Nichtzahlung von Unterhalt unter Beiziehung von Strafakten).
[263] AA ohne Begründung BT-Drucks. 7/421 S. 10.
[264] BayObLGZ 1974, 413 = FamRZ 1976, 234, 240; Inkognito genügt: BayObLGZ 1977, 148 = Rpfleger 1977, 303, 304 = FamRZ 1978, 150 (LS.).
[265] BayObLG FamRZ 1984, 935, 936; FamRZ 1984, 936, 937; FamRZ 2004, 1811; OLG Düsseldorf FamRZ 1995, 1294, 1295.
[266] BVerfG FPR 2002, 23 = FamRZ 2002, 229.
[267] Dazu auch §§ 192, 193 FamFG, die ebenso wenig wie § 34 FamFG eine Anhörung von Pflegeeltern vorsehen. Die entsprechende Pflicht zur Anhörung wird man aus §§ 26, 161 FamFG herleiten müssen.
[268] BVerfG FamRZ 2002, 229 (Kind); BayObLG FamRZ 1984, 201, 202; FamRZ 1984, 935, 936; FamRZ 1984, 936, 937; FamRZ 1988, 871; FamRZ 2002, 1142, 1144 f. (Absehen von der Anhörung des Kindes nach § 50b Abs. 3 FGG [s. auch §§ 192 Abs. 3 193 S. 2 FamFG], wenn es, weil bereits nach der Geburt zu den Adoptionsbewerbern gekommen, keine Bindungen und Neigungen zu den leiblichen Eltern entwickeln konnte); BayObLGZ 2004, 188 = FamRZ 2004, 1811 f.; OLG Karlsruhe FamRZ 1995, 1012, 1013; OLG Düsseldorf FamRZ 1995, 1294, 1295.
[269] BayObLG FamRZ 1988, 871, 873 (4-jähriges Kind ist grundsätzlich anzuhören); FamRZ 2002, 1142, 1144 f.
[270] BayObLG FamRZ 1984, 936, 937; OLG Oldenburg NdsRpfl. 1989, 163.
[271] *Staudinger/Frank* Rn. 66.

– der **Vertreter** des Kindes dann, wenn sein für das Kind gestellter Antrag abgewiesen werden soll (§ 26 FamFG),[272]
– der **Verfahrensbeistand** des Kindes (§§ 191, 192 Abs. 2, 158 Abs. 4 S. 5 FamFG;[273] dazu auch Rn. 71).

75 Auch im **Beschwerdeverfahren** sind die Beteiligten grundsätzlich persönlich anzuhören (§§ 192-195 FamFG).[274] Doch kann von einer erneuten Anhörung **abgesehen** werden, wenn sie bereits im ersten Rechtszug vorgenommen wurde und von einer erneuten Anhörung keine zusätzlichen Erkenntnisse zu erwarten sind (§ 68 Abs. 3 S. 2 FamFG).[275] – Das **Jugendamt** ist nach § 51 Abs. 2 S. 3 SGB VIII zum Bericht über die Beratung oder ihre Unterlassung verpflichtet; zudem ist es deshalb in das Verfahren einzubinden, weil eine Ersetzung nur in Betracht kommt, wenn die geplante Annahme Erfolg verspricht, und hierzu das Jugendamt nach § 194 FamFG angehört werden oder nach § 189 FamFG Stellung nehmen muss.[276]

VI. Aussetzung

76 Hat der nichteheliche Vater die Übertragung der elterlichen Sorge auf sich beantragt (§ 1672 Abs. 1), ist das Ersetzungsverfahren – zwingend – **von Amts wegen** auszusetzen (§ 21 FamFG), weil die Annahme erst nach rechtskräftigem Abschluss des Sorgerechtsverfahrens ausgesprochen werden darf (§ 1747 Abs. 3 Nr. 2).[277]

VII. Entscheidung

77 Das FamG entscheidet in einer **Endentscheidung** durch **Beschluss** (§ 38 Abs. 1 S. 1 FamFG), der zu **begründen** ist (§ 38 Abs. 2 S. 1 FamFG).[278] – Die Ersetzung wird mit Eintritt der Rechtskraft des Beschlusses **wirksam** (§ 198 Abs. 1 FamFG, dazu Rn. 78). Übernimmt der Vater aber später die elterliche Sorge, kann diese Ersetzung nicht mehr die Annahme rechtfertigen, vielmehr bedarf es einer erneuten Ersetzung unter den erschwerten Voraussetzungen der Abs. 1-3 (dazu auch § 1747 Rn. 41).[279]

VIII. Anfechtbarkeit

78 Die **Ablehnung** der Ersetzung kann nur das Kind[280] mit der fristgebundenen Beschwerde (§§ 58, 63 Abs. 1 FamFG) anfechten, nicht auch der andere leibliche Elternteil oder der Stiefvater. – Gegen die **Ersetzung** steht dem betroffenen Elternteil die Beschwerde zu (§§ 198 Abs. 1, 59 Abs. 1 FamFG),[281] auch wenn er noch nicht voll geschäftsfähig ist, das 14. Lebensjahr aber vollendet hat (§ 60 FamFG).[282] Daneben besteht kein Recht auf Aufhebung (§§ 1760-1762).[283] Da die Beschwerdeberechtigung aus dem höchstpersönlichen Einwilligungsrecht folgt (dazu § 1747 Rn. 6), steht sie dem Elternteil ohne Rücksicht darauf zu, ob er die elterliche Sorge[284] innehat. Hat die Beschwerde des Elternteils gegen die Ersetzung Erfolg, kann das Kind nach Zulassung durch das Beschwerdege-

---

[272] BayObLG FamRZ 1984, 201, 202; FamRZ 1984, 935, 936; FamRZ 1984, 936, 937.
[273] Dazu auch MünchKommZPO/*Maurer* § 191 FamFG Rn. 15.
[274] Zur Anhörung des Kindes BVerfG FPR 2002, 23 = FamRZ 2002, 229.
[275] Absehen von erneuter Anhörung: BayObLG MDR 1981, 230, 231 = FamRZ 1981, 205 (LS.) (Zeitablauf gebietet keine erneute Anhörung); FamRZ 1984, 935, 936 (keine neuen Tatsachen vorgetragen, keine Änderung der rechtlichen Gesichtspunkte, Zeitablauf gebietet keine erneute Anhörung); OLG Stuttgart FGPrax 2005, 66 = FamRZ 2005, 542, 543 (Anhörung des Kindes würde zu dessen Verunsicherung beitragen).
[276] AA *Palandt/Diederichsen* Rn. 15; ebenso, wegen § 12 FGG (jetzt § 26 FamFG) - im Ergebnis aber wie hier - *Staudinger/Frank* Rn. 68.
[277] OLG Naumburg FamRZ 2004, 810, 811 f. m. Anm. *Geimer*: Auf Antrag (?) entsprechend § 148 ZPO; ebenso *Staudinger/Frank* Rn. 68, § 1747 Rn. 40.
[278] LG Hamburg DAVorm. 1978, 49, 51.
[279] *Lipp/Wagenitz* Rn. 13.
[280] BayObLG FamRZ 1984, 935; NJW-RR 1991, 71 = FamRZ 1991, 224 (LS.); BayObLGZ 2002, 99 = FPR 2002, 454 = FamRZ 2002, 1282 mwN; OLG Hamm OLGZ 1991, 257 = FamRZ 1991, 1230.
[281] BayObLG FamRZ 1984, 417, 418; NJW-RR 1994, 903 = FamRZ 1994, 1348.
[282] Dazu auch BayObLGZ 1977, 148 = Rpfleger 1977, 303 f. = FamRZ 1978, 150 (LS.).
[283] Diese Möglichkeit besteht nur, wenn die Annahme ohne Einwilligung und Ersetzungsbeschluss ausgesprochen wurde; so ist wohl *Palandt/Diederichsen* Rn. 15 zu verstehen.
[284] BayObLGZ 1977, 148 = Rpfleger 1977, 303, 304 = FamRZ 1978, 150 (LS.); BayObLGZ 1978, 105; DAVorm. 1981, 132, 135; FamRZ 1982, 1129, 1131.

richt Rechtsbeschwerde einlegen (§ 70 Abs. 1, 2 FamFG).[285] – Die Beschwerde ist beim FamG (§ 64 Abs. 1 FamFG), die Rechtsbeschwerde ist beim BGH als Rechtsbeschwerdegericht **einzulegen** (§ 71 Abs. 1 S. 1 FamFG, § 133 GVG[286]).[287] – Zur **Anhörung** der Beteiligten im Beschwerdeverfahren s. Rn. 75).

Wurde der Anspruch eines Beteiligten auf **rechtliches Gehör** verletzt, hat der davon Betroffene **79** vor einer Verfassungsbeschwerde[288] zunächst die Anhörungsrüge (§§ 44, 69 Abs. 3 FamFG) zu erheben (dazu auch § 1752 Rn. 45-47).

§ 1749 Einwilligung des Ehegatten

(1) ¹Zur Annahme eines Kindes durch einen Ehegatten allein ist die Einwilligung des anderen Ehegatten erforderlich. ²Das Familiengericht kann auf Antrag des Annehmenden die Einwilligung ersetzen. ³Die Einwilligung darf nicht ersetzt werden, wenn berechtigte Interessen des anderen Ehegatten und der Familie der Annahme entgegenstehen.

(2) Zur Annahme eines Verheirateten ist die Einwilligung seines Ehegatten erforderlich.

(3) Die Einwilligung des Ehegatten ist nicht erforderlich, wenn er zur Abgabe der Erklärung dauernd außerstande oder sein Aufenthalt dauernd unbekannt ist.

I. Normzweck

Die Vorschrift[1] schränkt § 1741 Abs. 2 nicht ein und setzt damit voraus, dass eine Annahme **1** durch einen Ehegatten allein überhaupt ausnahmsweise gestattet ist (dazu Rn. 2). Ihr **Anwendungsbereich** ist deshalb, und weil die Annahme eines Verheirateten praktisch selten ist (vgl. aber § 1767 Abs. 2), eng begrenzt,[2] erfasst aber sowohl die **Minderjährigen**- als auch die **Volljährigenadoption**[3] (dazu § 1767 Rn. 24). – Die Einwilligung des Ehegatten vorzuschreiben, obwohl er grundsätzlich rechtlich nicht unmittelbar betroffen ist – Ausnahme: Der Ehegatte nimmt das nichteheliche oder eheliche Kind seines Ehegatten an, worin dieser aber ohnehin nach § 1747 einwilligen muss; im ersteren Fall wird der Angenommene eheliches Kind auch des nicht adoptierenden Ehegatten (§ 1754 Abs. 1 Alt. 2); in beiden Fällen muss die etwa bestehende elterliche Sorge mit dem Annehmenden geteilt werden –, entspricht dem nach § 1353 zwischen den Ehegatten zu erzielenden Einverständnis, weil durch die Annahme persönliche und vermögensmäßige Bindungen des Annehmenden begründet werden, die sich idR auf den Ehegatten auswirken.[4] – § 9 Abs. 6 S. 1, Abs. 7 S. 1 LPartG[5] setzt einen **Lebenspartner** (§ 1 Abs. 1 S. 1 LPartG) einem Ehegatten gleich. – **Sonstige Familienangehörige** werden an der Adoption nicht beteiligt.[6]

II. Einwilligung des Ehegatten des Annehmenden

1. Alleinige Annahme. Ein Ehegatte/Lebenspartner kann ein Kind nur in folgenden Fällen **2 allein** annehmen:

---

[285] BayObLG FamRZ 1984, 201; FamRZ 1984, 417, 419; OLG Hamm FamRZ 1976, 462; OLG Köln FamRZ 1982, 1132; anders ohne Begründung OLG Düsseldorf DAVorm. 1977, 755. Zu § 27 FGG - zulässig auch die weitere Beschwerde des Kindes - BayObLG NJW-RR 1991, 71 = FamRZ 1991, 224 (LS.).
[286] IdF von Art. 22 Nr. 15 FGG-RG.
[287] Nicht auch beim Gericht des Anstaltsorts, wenn der Beschwerdeführer im Bezirk eines anderen Gerichts inhaftiert ist, BGH FPR 2002, 398 = FamRZ 2002, 1328, 1329; anders BayObLGZ 2001, 10 = NJW 2001, 2040 (LS.) in seiner Entscheidung des BGH aaO vorangehenden Vorlageentscheidung.
[288] Zur Abweisung des Ersetzungsantrags BVerfG FPR 2002, 23 = FamRZ 2002, 229; zur Verfassungsbeschwerde gegen die Ersetzung der Einwilligung wegen Verstoßes gegen Art. 3 GG s. BVerfG NJW 2006, 827 = FamRZ 2006, 94 m. Anm. *Maurer*; NJW 2006, 2470 = FamRZ 2006, 1355 m. Anm. *Rösler/Reimann*.
[1] Sie entspricht § 1746 aF. Zur Entstehungsgeschichte auch *Staudinger/Frank* Rn. 1.
[2] Zum Ganzen OLG Hamm FGPrax 1999, 104 = NJW-RR 1999, 1377 = FamRZ 2000, 257, 258; auch *Staudinger/Frank* Rn. 1.
[3] Auch *Staudinger/Frank* Rn. 7.
[4] BT-Drucks. 7/3061 S. 39 Nr. 2.
[5] IdF von Art. 1 des *Gesetzes zur Überarbeitung des Lebenspartnerschaftsrechts* v. 15. 12. 2004 (BGBl. I S. 3396).
[6] Dazu und zur Kritik hieran *Staudinger/Frank* Rn. 12 f.

– Das Kind seines Ehegatten/Lebenspartners (**Stiefkindadoption**, § 1741 Abs. 2 S. 3, § 9 Abs. 7 S. 1 LPartG); dazu bedarf es bereits der Einwilligung nach § 1747 Abs. 1 S. 1, die die Einwilligung nach Abs. 1 S. 1, § 1746 mit umfasst.[7]
– Ein fremdes Kind, wenn sein Ehegatte in der Geschäftsfähigkeit beschränkt oder geschäftsunfähig ist oder das 21. Lebensjahr noch nicht vollendet hat (§ 1741 Abs. 2 S. 4). Dann ist stets besonders zu prüfen, ob diese Annahme dem **Wohl des Kindes** entspricht (dazu § 1741 Rn. 6, 19, 39). Bei Geschäftsunfähigkeit oder dauernder Abwesenheit des Ehegatten/Lebenspartners ist eine Einwilligung nach Abs. 3 nicht erforderlich (dazu § 1747 Rn. 30-33).[8] – Entfällt das Adoptionshindernis, ist dem bislang adoptionsunfähigen Ehegatten die Stiefkindadoption eröffnet (§ 1741 Abs. 2 S. 3, dazu auch § 1741 Rn. 40).

3 Die Ehe/Lebenspartnerschaft muss bei Ausspruch der Annahme **bestehen**. Ob sie aufhebbar ist und ob die Ehegatten/Lebenspartner tatsächlich getrennt leben, ist wie nach früherem Recht grundsätzlich unerheblich, für eine Ersetzung der Einwilligung nach Abs. 1 S. 2 und 3 (dazu Rn. 5) jedoch zu beachten.

4 Die Einwilligung muss in eine **bestimmte Annahme** erteilt werden (s. § 1746 Rn. 7, § 1747 Rn. 25-27). Zu **Form, persönlicher Erklärung** und **Bindung** an die Einwilligung s. § 1750. Auf die **namensrechtliche** Folge (dazu § 1757 Rn. 3-31) sollte hingewiesen werden.

5 **4. Ersetzung. a) Fallgruppen.** Die Einwilligung kann ersetzt werden (Abs. 1 S. 2, § 9 Abs. 6 S. 2 LPartG), doch wird eine Ersetzung idR nur bei **Getrenntleben** der leiblichen Eltern in Betracht kommen.[9] Im Übrigen ist zu unterscheiden:
– Lebt das Kind schon tatsächlich beim Adoptionsbewerber und dient die Annahme durch ihn seinem Wohl, kann sie nur selten durch die **eheliche Gemeinschaft** – mag sie bestehen oder nicht – weiter beeinträchtigt werden,[10] weil sich lediglich der rechtliche Status des Annehmenden ändert. Nicht verändert wird die faktische Unterhaltslast, und Chancen auf Vermögenserwerb durch Erbschaft spielen nur ausnahmsweise eine Rolle (dazu auch § 1745 Rn. 10-12). Die Einwilligung ist daher idR zu ersetzen, ohne dass Böswilligkeit des Ehegatten zu fordern wäre.[11]
– Soll dagegen eine solche faktische Beziehung **erst hergestellt,** etwa ein Kind in Adoptionspflege gegeben werden, hat der Adoptionsbewerber zunächst auch im Interesse des Kindes seine häuslichen Verhältnisse zu klären, die Einwilligung ist idR nicht zu ersetzen. Ausnahme etwa: Der Ehegatte ist geisteskrank und lebt bereits getrennt, der Annehmende könnte aber die ehelichen Beziehungen zu ihm nicht durch Scheidung völlig lösen (achtenswertes Motiv!); die Ersetzung in diesem Fall zuzulassen verstößt nicht gegen Art. 6 GG.

6 **b) Ausschluss.** Nach Abs. 1 S. 3, § 9 Abs. 6 S. 2 LPartG ist eine Ersetzung der Einwilligung des Ehegatten/Lebenspartners ausgeschlossen, wenn seine berechtigten Interessen oder die der Familie, dh. der ehelichen oder voradoptierten **Kinder,**[12] der Annahme entgegenstehen. Auf die Interessen der Kinder wird bereits nach § 1745 Rücksicht genommen. Denkbar ist der Fall, dass eine weitere Ehe/Lebenspartnerschaft eines sorgeberechtigten Elternteils bereits wieder zerbrochen ist und das Kind beim Stiefelternteil bleiben will, der leibliche Elternteil aber nicht zustimmt.[13] – **Weitere Verwandte** werden von dem Begriff „Familie" nicht miterfasst, da sie bewusst an der Annahme nicht beteiligt werden (zur Verfassungsgemäßheit s. Vor § 1741 Rn. 34).

7 **c) Verfahren.** Über die Ersetzung wird wie bei einer Ersetzung nach § 1748 (dazu dort Rn. 65-66) in einem **selbständigen** Verfahren entschieden. – **Antragsberechtigt** ist der Adoptionsbewerber. – Zur **Zuständigkeit** s. die auch insoweit geltenden Ausführungen § 1748 Rn. 67. – Statt des Kindes ist der allein antragsberechtigte Adoptionsbewerber **beschwerdeberechtigt.**[14]

III. Einwilligung des Ehegatten des Anzunehmenden

8 Da auch der Ehegatte des – idR, nicht aber zwingend (§ 1303 Abs. 1, 2) – volljährigen Anzunehmenden vom „Tausch" der nächsten Verschwägerten mit uU unmittelbaren namensrechtlichen Fol-

---
[7] *Staudinger/Frank* Rn. 2.
[8] Ebenso *Staudinger/Frank* Rn. 3, 4.
[9] Nach *Staudinger/Frank* Rn. 6 ist die Ersetzung der Einwilligung seit Inkrafttreten des KindRG am 1. 7. 1997 ohne jeden praktischen Anwendungsbereich.
[10] Zu § 1727 Abs. 2 aF OLG Stuttgart FamRZ 1980, 491.
[11] RGRK/*Dickescheid* Rn. 4.
[12] Die Entstehungsgeschichte gibt hierüber nicht ausdrücklich Aufschluss, vgl. *Jansen/Knöpfel*, Das neue Unehelichengesetz, 1967, S. 302-305. Jedoch wurde die Ersetzungsbefugnis mit Rücksicht auf Art. 6 GG eingeschränkt, weshalb der dortige Familienbegriff (dazu Vor § 1741 Rn. 16, 23) auch hier gilt (Kleinfamilie).
[13] Bsp. von *Paulitz/Oberloskamp* Adoption S. 77.
[14] *Palandt/Diederichsen* Rn. 2.

Einwilligungserklärung § 1750

gen (§§ 1767 Abs. 2, 1757, 1355) und im Übrigen mittelbar berührt wird, ist auch seine Einwilligung erforderlich (Abs. 2). Voraussetzung ist auch insoweit, dass die Ehe bei Ausspruch der Annahme bereits besteht und die Einwilligung in eine bestimmte Annahme erteilt wird (dazu Rn. 3, 4). Eine **Ersetzung** der Einwilligung des Ehegatten des Anzunehmenden ist nicht möglich; dem Wohl des Anzunehmenden entspricht eine Belastung seiner Ehe kraft staatlichen Eingriffs nicht.[15] – § 9 Abs. 6 S. 2 LPartG verweist nicht auch auf Abs. 2, weil **Minderjährige** keine Lebenspartnerschaft begründen können (§ 1 Abs. 2 Nr. 1 LPartG; eine § 1303 Abs. 2 ähnliche Befreiung vom Erfordernis der Volljährigkeit kennt das LPartG nicht). Zur – erforderlichen – Einwilligung des Lebenspartners eines volljährigen Anzunehmenden s. § 1767 Abs. 2 S. 3 und dazu dort Rn. 26. – Bei dauernder Unfähigkeit oder Abwesenheit des Ehegatten/Lebenspartners ist dessen Einwilligung **entbehrlich** (Abs. 3, § 9 Abs. 6 S. 2 LPartG). Dies entspricht § 1747 Abs. 4 für die Einwilligung der Eltern; auf die dortigen Ausführungen Rn. 30-31 kann grundsätzlich verwiesen werden. Doch sind die Fristen („dauernd") hier länger zu bemessen, da das Wohl des „Kindes" keine Beschleunigung fordert.

IV. Mängel der Einwilligung

Weder eine fehlende[16] – mag sie übergangen oder zu Unrecht für nicht erforderlich gehalten worden sein (§ 1749 Abs. 3) – noch eine mit Willensmängeln behaftete Einwilligung des bzw. der Ehegatten berührt die Wirksamkeit der Annahme, noch rechtfertigt sie ihre Aufhebung (§ 1760 Abs. 1).[17] Die Interessen des Kindes am Bestand der Adoption werden denen des erwachsenen Ehegatten, der die Folgerungen aus seinem Übergehen durch eine Ehescheidung ziehen kann, vorgezogen. 9

§ 1750 Einwilligungserklärung

(1) ¹Die Einwilligung nach §§ 1746, 1747 und 1749 ist dem Familiengericht gegenüber zu erklären. ²Die Erklärung bedarf der notariellen Beurkundung. ³Die Einwilligung wird in dem Zeitpunkt wirksam, in dem sie dem Familiengericht zugeht.

(2) ¹Die Einwilligung kann nicht unter einer Bedingung oder einer Zeitbestimmung erteilt werden. ²Sie ist unwiderruflich; die Vorschrift des § 1746 Abs. 2 bleibt unberührt.

(3) ¹Die Einwilligung kann nicht durch einen Vertreter erteilt werden. ²Ist der Einwilligende in der Geschäftsfähigkeit beschränkt, so bedarf seine Einwilligung nicht der Zustimmung seines gesetzlichen Vertreters. ³Die Vorschrift des § 1746 Abs. 1 Satz 2, 3 bleibt unberührt.

(4) ¹Die Einwilligung verliert ihre Kraft, wenn der Antrag zurückgenommen oder die Annahme versagt wird. ²Die Einwilligung eines Elternteils verliert ferner ihre Kraft, wenn das Kind nicht innerhalb von drei Jahren seit dem Wirksamwerden der Einwilligung angenommen wird.

Schrifttum: *Heilmann,* Die „Anfechtung" einer Einwilligung vor Erlaß des Adoptionsdekrets, DAVorm. 1997, 581; DAVorm. 1997, 671.

Übersicht

	Rn.		Rn.
I. Normzweck	1	IV. Bedingungen	12–14
II. Anwendungsbereich	2, 3	V. Bindung. Kraftlosigkeit	15–17
III. Form. Wirksamkeit	4–11	1. Zweck	15
1. Rechtsnatur	4, 5	2. Kraftlosigkeit	16, 17
2. Form	6, 7	VI. Höchstpersönlichkeit	18–20
3. Empfangszuständigkeit	8	VII. Mangelhaftigkeit	21, 22
4. Maßgeblicher Zeitpunkt	9–11		

---

[15] *Staudinger/Frank* Rn. 10; ähnlich RA-BT BT-Drucks. 7/5087 S. 13; *Engler* FamRZ 1975, 132.
[16] Dazu OLG Nürnberg FGPrax 2002, 457, 458 = FamRZ 2002, 1145 (LS.).
[17] BT-Drucks. 7/3061 S. 47 Nr. 1; auch *Staudinger/Frank* Rn. 11; MünchKommZPO/*Maurer* §§ 197, 198 Rn. 21.

I. Normzweck

1 Die Vorschrift[1] stellt das Vertragssystem äußerlich auf das Dekretsystem um. Sie regelt die Einwilligungen, die an die Stelle des Vertragsschlusses getreten sind (§ 1746) oder die früher wahlweise gegenüber dem Annehmenden oder dem bestätigenden Gericht abgegeben wurden (§ 1748 aF für Eltern und Ehegatten, jetzt §§ 1747, 1749), und fasst gemeinsame Erfordernisse hinsichtlich Wirksamwerden, Form (dazu Rn. 6-7), Bedingungsfeindlichkeit (dazu Rn. 12-14), Bindung (dazu Rn. 15-17) und Vertretung (dazu Rn. 18-20) für alle Einwilligungen und ähnliche Erklärungen zusammen.

II. Anwendungsbereich

2 Die Vorschrift ist sowohl auf die **Minderjährigen-** wie auch auf die Volljährigenadoption anwendbar. Zwar kennt die **Volljährigenadoption** die Einwilligung in die Annahme grundsätzlich nicht: Die Einwilligung des Anzunehmenden wird durch das Erfordernis auch seines Antrags ersetzt (§ 1768 Abs. 1 S. 1), und die Einwilligung seiner Eltern ist nicht erforderlich (§§ 1768 Abs. 1 S. 2, 1747). Doch bedarf es weiter der Einwilligung seines und des annehmenden Ehegatten (§ 1749).

3 Erfasst werden die **Einwilligungen** nach §§ 1746, 1747, 1749. – §1750 bezieht seinem Wortlaut nach nicht auch die **Zustimmung** des gesetzlichen Vertreters eines Kindes, das das 14. Lebensjahr vollendet hat und nicht geschäftsunfähig ist, zu dessen Einwilligung ein (§ 1746 Abs. 1 S. 3 Halbs. 2).[2] Für die entsprechende Anwendung von § 1750 spricht, dass die Zustimmung nach vollendetem 14. Lebensjahr des nicht geschäftsunfähigen Kindes der Rest des Mitbestimmungsrechts des gesetzlichen Vertreters ist. Das Kind bedarf zur Wirksamkeit seiner Einwilligung dieser Zustimmung. Der Sache nach ist die Zustimmung gleichfalls eine Einwilligung, die neben die des Kindes tritt und für die hinsichtlich ihrer Bestandskraft dieselben Erwägungen gelten. Doch ist nicht zu verkennen, dass der gesetzliche Vertreter zugunsten der Entscheidungsbefugnis des Kindes deutlich an Gewicht verloren hat und auch bereits zu § 1751 aF eine Analogiebildung abgelehnt wurde.[3] Zu den Einzelheiten s. die Ausführungen zu § 1746.

III. Form. Wirksamkeit

4 **1. Rechtsnatur.** Inhaltlich noch weitgehend an das Vertragsdenken früheren Rechts angelehnt (vgl. § 1748 aF) wird die Einwilligung teilweise noch als einseitiges, empfangsbedürftiges Rechtsgeschäft gesehen.[4] Doch ist allenfalls die Einwilligungserklärung des Kindes oder seines gesetzlichen Vertreters (§ 1746) unmittelbar auf einen Rechtserfolg gerichtet. Insgesamt handelt es sich um förmliche Handlungen von Verfahrensbeteiligten (§ 188 Abs. 1 Nr. 1 FamFG) und daher um **Verfahrenshandlungen,** deren Erfordernis aus der materiellen Rechtsposition der Betroffenen folgt (zum **Annahmeantrag** s. § 1752 Rn. 3-5).[5]

5 Einwilligungen sind materiell-rechtlich einseitige, „amts"empfangsbedürftige **Willenserklärungen,** die gegenüber dem für den Ausspruch der Annahme örtlich zuständigen FamG (§ 187 FamFG) **abzugeben** sind (zur Antragstellung s. § 1752 Rn. 6-10).[6] Sie werden mit ihrem Zugang beim FamG in notariell beurkundeter Form[7] **wirksam** (Abs. 1 S. 3; dazu auch Rn. 8). – Die Einwilligung muss auf die Annahme durch einen **bestimmten Annehmenden** gerichtet sein. Bei einer **Inkognitoadoption** ist das zuständige FamG durch Nachfrage bei der Adoptionsvermittlungsstelle

---

[1] Zur Entstehungsgeschichte näher *Staudinger/Frank* Rn. 1.
[2] *Staudinger/Frank* § 1746 Rn. 34. Der Gesetzgeber hat sich damit nicht näher auseinandergesetzt, s. zu §§ 1746, 1750 BT-Drucks. 7/3061 S. 35, 39 f.; BT-Drucks. 7/ 5087 S. 10, 14.
[3] *Staudinger/Frank* Rn. 33, 34; zu § 1751 aF *Staudinger/Engler* 10./11. Aufl. § 1751 Rn. 18, 19.
[4] *Gernhuber/Coester-Waltjen* § 68 Rn. 50.
[5] Im Ergebnis heute hM: BGH NJW 1980, 1746 = FamRZ 1980, 675 (Verfahrenshandlung); ebenso BayObLGZ FamRZ 1981, 93, 94; OLG Hamm OLGZ 1978, 405 = NJW 1979, 49 = FamRZ 1978, 945, 947; OLGZ 1982, 161 = NJW 1982, 1002 = FamRZ 1982, 197 (LS.); *Staudinger/Frank* Rn. 3; *Brüggemann* FamRZ 1977, 656; *Lüderitz* NJW 1976, 1869 (unter 4 c). Zu § 1746 s. auch *Lipp/Wagenitz* Rn. 1; *Soergel/Liermann* Rn. 12, jeweils zu § 1746 (Verfahrenshandlung und amtsempfangsbedürftige materiell-rechtliche Willenserklärung).
[6] BayObLGZ 1977, 193, 194 = FamRZ 1978, 65, 66; KG OLGZ 1982, 129 = FamRZ 1981, 1111. Dass sich die Erklärung inhaltlich an die Adoptierenden richtet (so LG Berlin DAVorm. 1977, 600), ist unerheblich.
[7] Der Zugang einer lediglich beglaubigten Abschrift reicht nicht aus: BayObLGZ 1978, 384, 389 = StAZ 1979, 122, 124 (Original oder Ausfertigung); ebenso OLG Hamm OLGZ 1982, 161 = NJW 1982, 1002 = FamRZ 1982, 197 (LS.); OLGZ 1982, 282 = NJW 1983, 1741 = FamRZ 1982, 845, 848.

oder dem Jugendamt zu ermitteln.[8] – Dass ein Antrag auf Annahme bereits vorliegt, ist nicht erforderlich;[9] er sollte vor Einwilligung insbesondere der Eltern schon aus Kostengründen auch nicht gestellt werden. Wird er nach Einwilligung nicht gestellt, werden die Einwilligungen, die sich auf die Annahme dieser Adoptionsbewerber beziehen (dazu § 1747 Rn. 25-26), gegenstandslos (Abs. 4 S. 2).

2. Form. Grundsätzlich bedürfen alle **Einwilligungen** der notariellen Beurkundung (Abs. 1 S. 2),[10] die §§ 8 ff. BeurkG folgt und kostenpflichtig ist.[11] Gerechtfertigt ist diese Förmlichkeit nur für die Einwilligung der Eltern wegen ihrer weitreichenden Bedeutung,[12] doch stehen auch hier nicht rechtliche, sondern soziale und psychologische Fragen bei der Aufklärung und Beratung durch das Jugendamt im Vordergrund.[13]

Keiner notariellen Beurkundung bedürfen
– die **Zustimmung** des gesetzlichen Vertreters zur Einwilligung des Kindes (§ 1746 Abs. 1 S. 2 Halbs. 2; dazu dort Rn. 17). Dies folgt aus dem Wortlaut von § 1750 Abs. 1 S. 2 („Erklärung") iVm. § 182 Abs. 1 sowie der inhaltlichen Übereinstimmung mit § 1751 Abs. 2 Halbs. 2 aF und der ehemals entsprechenden Vorschrift für die Legitimation (§ 1730 aF), für die Formfreiheit anerkannt war.[14] Die Zustimmung kann dem FamG in beliebiger Form **nachgewiesen** werden.[15]
– die **Einwilligung** der Mutter nach § 1747 bei der Wiederholung einer Auslandsadoption **(Nachadoption)**, um die Wirkung einer Volladoption herbeizuführen (dazu § 1742 Rn. 3, 5. Aufl. Art. 22 EGBGB Rn. 25-29).[16] – Zur Zulässigkeit einer Wiederholungsadoption nach Inkrafttreten des **AdWirkG** zum 1. 1. 2002 s. § 1752 Anh. Vor § 1 AdWirkG Rn. 7 mwN, aber auch 5. Aufl. Art. 22 EGBGB Rn. 113, 114.

3. Empfangszuständigkeit. Örtlich zuständig ist das FamG am gewöhnlichen Aufenthalt des oder einer der Annehmenden zur Zeit der Antragstellung (dazu § 1752 Rn. 8-10). Ist ein Antrag noch nicht gestellt, ist das FamG zuständig, in dessen Bezirk der Annehmende zur Zeit des Wirksamwerdens der Einwilligung – dh. einer Erklärung iSv. § 186 Nr. 2 FamFG – seinen gewöhnlichen Aufenthalt hat. „Annehmender" iSv. § 187 Abs. 1 FamFG ist der, der zur Annahme vorgesehen ist und auf den sich die Einwilligung bezieht.[17] Wird die notariell beurkundete Einwilligung durch einen **Boten** überbracht, ist maßgebend, ob und inwieweit dieser innerhalb der ihm erteilten Rechtsmacht handelt.[18] Wurde die Adoptionsvermittlungsstelle oder das Jugendamt mit der Einreichung der Einwilligung betraut, haben sie die notariell beurkundete Erklärung unverzüglich beim zuständigen FamG einzureichen.[19] – Spätere **Zuständigkeitsänderungen** lassen die Wirksamkeit der Einwilligung unberührt (perpetuatio fori). – Zur Einreichung der Einwilligung beim **unzuständigen** FamG. s. Rn. 10.

4. Maßgeblicher Zeitpunkt. Maßgeblich ist der **Eingang** der Einwilligung beim zuständigen FamG (dazu Rn. 10), erst damit wird die Einwilligung wirksam (Abs. 1 S. 3) und tritt die Bindungswirkung ein. Danach bestimmt sich, bis wann eine Einwilligung widerruflich bzw. ab wann sie bindend ist (dazu Rn. 10, 15) und die Wirkungen einer elterlichen Einwilligung (§ 1751) eintreten sowie die Zustimmung des gesetzlichen Vertreters des Kindes erforderlich ist (dazu § 1746 Rn. 17).

---

[8] BayObLGZ 1977, 193, 194 = FamRZ 1978, 65, 66. Das FamG darf bei bereits bestehender Adoptionspflege seine tatsächliche Verfahrensherrschaft nicht zu einer Verzögerung des Zugangs der Einwilligung missbrauchen; *Dickmeis* DAVorm. 1980, 48; *Palandt/Diederichsen* Rn. 1.
[9] BayObLGZ 1977, 193, 194 = FamRZ 1978, 65, 66; FamRZ 1983, 761 m. Anm. *Luthin* = ZfJ 1983, 434; *Palandt/Diederichsen* Rn. 5.
[10] Zur Beurkundung nach § 4 KonsG s. AG Hagen (Westfalen) IPRax 1989, 312 m. Anm. *Jayme*; AG Lahnstein FamRZ 1994, 1350, 1351.
[11] § 38 Abs. 4 KostO: ¼ der vollen Gebühr aus 3000 € Verfahrenswert (§ 42 Abs. 3 FamGKG; nicht zu verdoppeln bei gemeinschaftlicher Annahme durch Ehegatten, OLG Hamm JMBl. NW 1989, 176 f.).
[12] Anders wegen der zusätzlichen Kontrolle *Staudinger/Frank* Rn. 9.
[13] Dazu *Barth* ZfJ 1978, 251; *Kemper* FamRZ 1978, 261; sehr kritisch *Napp/Peters* Adoption [Vor § 1741] S. 69 ff. – Die folgerichtige Konsequenz aus der Interessenlage zieht Art. 265 a Abs. 2 schweiz. ZGB: Mündliche oder schriftliche Erklärung vor der Vormundschaftsbehörde.
[14] S. dazu die Nachw. 3. Aufl. Fn. 12.
[15] Enger *Erman/Saar* § 1746 Rn. 7: § 111 S. 2 entsprechend.
[16] OLG Frankfurt/M. OLGZ 1992, 385 mwN = NJW-RR 1992, 777 = FamRZ 1992, 985, 986 m. Anm. *Zenger* FamRZ 1993, 595; s. auch AG Höxter IPRax 1987, 124 f. m. Anm. *Jayme*.
[17] BayObLGZ 1977, 193 = FamRZ 1978, 65, 66 f. (auch wenn er seine Adoptionsabsicht zwischenzeitlich aufgegeben hat); KG OLGZ 1982, 129 = FamRZ 1981, 1111. Zur Parallele bei der Ersetzung s. § 1748 Rn. 67.
[18] OLG Hamm OLGZ 1987, 129 = NJW-RR 1987, 260, 261 f.; *Staudinger/Frank* Rn. 7.
[19] BAGLJÄ Empfehlungen (s. § 1744 Anh.) Nr. 9.3.1.

Für die Einwilligung des anzunehmenden Kindes (§ 1746) richtet sich danach zudem, ob das Kind selbst oder sein gesetzlicher Vertreter die Einwilligung zu erteilen hat. – Dem FamG ist die **notariell beurkundete Erklärung** entweder im Original oder als Ausfertigung (§§ 47-49 BeurkG) vorzulegen; eine beglaubigte Abschrift reicht nicht aus.[20]

10 Auch die an ein örtlich **unzuständiges** FamG gerichtete Einwilligung ist wirksam (§ 2 Abs. 3 FamFG, der jedenfalls entsprechend anzuwenden ist, wenn man in der Entgegennahme von Erklärungen keine gerichtliche Handlung sieht),[21] und zwar unabhängig davon, ob das FamG seine Unzuständigkeit erkannt und wie es darauf reagiert hat[22] (s. dazu auch die Parallele zu § 1753, dazu dort Rn. 13). Dies fordert die Rechtssicherheit, weil nicht offen bleiben kann, ob die Einwilligung bereits Wirksamkeit erlangt hat und unwiderruflich geworden ist (dazu Rn. 15), und ob die Wirkungen des § 1751 eingetreten sind. Es entspricht i. Ü. auch allgemeinen Verfahrensgrundsätzen, dass die Verfahren vor dem abgebenden und dem aufnehmenden FamG ein einheitliches Verfahren darstellen, frühere Verfahrenshandlungen fortwirken und das Verfahren in der Lage fortgesetzt wird, in der es sich vor dem abgebenden Gericht befunden hat.[23] Allerdings hat das angegangene FamG seine örtliche Zuständigkeit nach § 187 FamFG zu prüfen, den Erklärenden auf seine Unzuständigkeit **hinzuweisen** und seine Erklärung an das zuständige FamG **weiterzuleiten**. Zwar scheidet eine bindende Verweisung (§ 3 FamFG) aus, weil durch den Eingang der Erklärung kein Verfahren eingeleitet wird (dazu § 23 Abs. 1 FamFG), doch ist bei einem „negativen Kompetenzkonflikt" die Zuständigkeit gleichfalls durch das gemeinsame Beschwerdegericht oder, gibt es ein solches nicht, das Beschwerdegericht des abgebenden FamG zu bestimmen (entsprechend § 5 Abs. 1, 2 FamFG).

11 Die Weiterleitung an das zuständige FamG ist **Amtspflicht**. Ihre Verletzung kann zu Amtshaftungsansprüchen der Annehmenden führen (§ 839), weil es sich bei der Entgegennahme einer Einwilligung um keine durch das Richterprivileg geschützte Entscheidung handelt. Dies dürfte zwar praktisch selten sein, ist jedoch etwa für den Fall nicht ausgeschlossen, dass es wegen des Widerrufs der Einwilligung nicht zur Adoption kommt und sich bereits getätigte „Investitionen" als unnütz erweisen. – Zur Weiterleitung bedarf es keines **Antrags** (s. für die Verweisung § 3 FamFG[24]), weil der Erklärende seine Einwilligung ohnehin nicht mehr widerrufen kann (dazu Rn. 10, 15). Lässt man allerdings die Einwilligung nicht bereits mit ihrem Eingang beim unzuständigen FamG in Wirksamkeit erwachsen, muss man für die Weiterleitung den Antrag des Erklärenden verlangen, weil er dann seine Erklärung noch bis zu ihrem Eingang beim zuständigen FamG widerrufen kann.

IV. Bedingungen

12 Weil weder der Status von Personen einen Schwebezustand noch das Kindeswohl eine Verzögerung der Annahme dulden, können Einwilligungen nicht unter Bedingungen oder Zeitbestimmungen erteilt werden (Abs. 2 S. 1).[25] **Aufschiebende Bedingungen** oder **Fristen** sind deshalb ebenso ausgeschlossen wie **Endtermine** oder **auflösende Bedingungen,** durch die der in §§ 1759-1763 gewährte Bestandsschutz mittelbar durchkreuzt würde. Zur Parallele für den **Annahmeantrag** s. § 1752 Abs. 2 S. 1 und dazu dort Rn. 14.

13 Die **Eltern** können aber ihre Einwilligung davon abhängig machen, dass der Annehmende bestimmte objektivierbare **Eigenschaften** wie Religionszugehörigkeit, Nationalität oder Beruf erfüllt.[26] Diese sind festzustellen und dem Elternteil mitzuteilen, der zu entscheiden hat, ob er – unbedingt – einwilligt oder nicht (dazu näher § 1747 Rn. 29). – Stets zulässig ist, dass die Eltern – in der Einwilligungserklärung oder außerhalb gegenüber Jugendamt, Adoptionsvermittlungsstelle, FamG oder sonstigen Dritten – unverbindliche **Wünsche** und Erwartungen zu den Qualifikationen und Verhaltensweisen der Annehmenden äußern. Diese Erwartungen der Eltern sind auch bei der **Auswahl** der Annehmenden von Jugendamt/Adoptionsvermittlungsstelle und bei der Kindeswohlprüfung vom FamG (§ 1741 Abs. 1 S. 1) zu beachten.[27] Doch sind sie nicht verbindlich in dem

---

[20] BayObLGZ 1978, 384 = StAZ 1979, 122, 124; ebenso OLG Hamm OLGZ 1982, 161 = NJW 1982, 1002 = FamRZ 1982, 197 (LS.); OLGZ 1982, 282 = NJW 1983, 1741 = FamRZ 1982, 845, 848.
[21] AA *Staudinger/Frank* Rn. 8. Offengelassen von KG OLGZ 1982, 129 = FamRZ 1981, 1111.
[22] Danach differenziert ganz vornehmlich der Literatur zum FamFG, s. etwa MünchKommZPO/*Pabst* Rn. 44; *Bassenge/Roth/Gottwald* Rn. 8; *Hoppenz/Gottwald* Rn. 8; s. auch *B/J/S/Jacoby* Rn. 11; *Keidel/Sternal* Rn. 32, 33; *Bahrenfuss* Rn. 9, jeweils zu § 2 FamFG, aber auch *Soergel/Liermann* Rn. 10a; *Erman/Saar* Rn. 3; ähnlich RGRK/*Dickescheid* Rn. 2.
[23] MünchKommZPO/*Pabst* § 3 FamFG Rn. 18.
[24] MünchKommZPO/*Pabst* § 3 FamFG Rn. 10.
[25] Dies entspricht früherem ungeschriebenen Recht, dazu *Staudinger/Engler* 10./11. Aufl. § 1748 Rn. 2, 3.
[26] Ebenso *Staudinger/Frank* Rn. 11, § 1747 Rn. 33.
[27] AG Kerpen FPR 2004, 620, 621 = Kind-Prax 2004, 241 = JAmt 2004, 382.

Sinne, dass eine Annahme nicht ausgesprochen werden kann, wenn den Erwartungen nicht entsprochen wird.[28] Unzulässig sind deshalb in die notariell beurkundete Einwilligungserklärung aufgenommene einzelne, bestimmte **Erziehungsauflagen** oder **abstrakte Einschränkungen,** wie etwa „die ... aufgeführten Personen, soweit sie katholisch und nicht vorbestraft sind",[29] die die Wirksamkeit der Einwilligung von deren Erfüllung abhängig machen. Ebenso die Auflage, das Kind in einem bestimmten religiösen **Bekenntnis** aufwachsen zu lassen (§ 1 RelKErzG);[30] sie zu fordern würde zudem zu Gewissenskonflikten führen, die die Erziehung beeinträchtigen könnten und daher dem Kindeswohl (§ 1741 Abs. 1) widersprechen würden.[31]

Die unter einer Bedingung oder Zeitbestimmung erteilte Einwilligung ist wegen eines Verstoßes gegen Abs. 2 S. 1 nichtig (§ 134).[32] Spricht das FamG die Annahme aus, ist diese Entscheidung zwar nicht gesetzgemäß, trotzdem aber wirksam, unanfechtbar und vom FamG nicht abänderbar (§ 197 Abs. 3 FamFG: auch eine Wiederaufnahme ist ausgeschlossen), jedoch nach § 1760 **aufhebbar** (dazu dort Rn. 4).[33] – Zu **alternativen** und **sukzessiven** Einwilligungen der leiblichen Eltern s. § 1747 Rn. 28.

V. Bindung. Kraftlosigkeit

1. Zweck. Spätestens mit der Einwilligung der leiblichen Eltern soll das Kind in Adoptionspflege gegeben werden (§ 1744).[34] Eine **kontinuierliche Pflege** fordert, dass leibliche Eltern, ggf. der gesetzliche Vertreter und getrennt lebende Ehegatte, das Annahmeverfahren nicht mehr stören.[35] Daher muss die Einwilligung dieser Personen **unwiderruflich** sein (Abs. 2 S. 1, der § 183 vorgeht). Eine **Willensänderung** kann freilich die nach § 1741 Abs. 1 erforderliche Interessenabwägung beeinflussen (zum Ganzen § 1741 Rn. 15-16)[36] und damit auch den weiteren Vollzug der Adoption hemmen.

2. Kraftlosigkeit. Die Einwilligung wird mit dem Zugang einer Ausfertigung der beurkundeten Erklärung beim FamG wirksam (dazu Rn. 10) und damit unwiderruflich (Abs. 2 S. 2 Halbs. 1). Geht ein formlos wirksamer „**Widerruf**" der Einwilligung vor der Einwilligung beim FamG ein, wird sie nicht wirksam (§ 130 Abs. 1 S. 2),[37] weil sonst die Erklärung entgegen Abs. 1 bereits mit Abgabe vor dem Notar binden würde.[38] – Wegen der Unwiderruflichkeit kann nicht in eine **weitere Adoption** eingewilligt werden, solange die Einwilligung in die erste Adoption wirkt (dazu Rn. 17).[39] – **Nicht gebunden** ist das Kind, das das 14. Lebensjahr vollendet hat und nicht geschäftsunfähig ist (§§ 1746 Abs. 2, 1750 Abs. 2 S. 2 Halbs. 2; s. dazu § 1746 Rn. 18-19). – Wird die Einwilligung des **Ehegatten** „widerrufen", ist allerdings zu prüfen, ob die Annahme noch dem Wohl des Kindes dient (dazu Rn. 15).

Da die Einwilligung auf eine bestimmte Annahme bezogen ist (dazu § 1746 Rn. 7, § 1747 Rn. 25-26), verliert sie ihre Kraft, wenn der Annahmeantrag von den Adoptionsbewerbern **zurückgenommen** oder vom FamG rechtskräftig (§§ 58, 63 Abs. 1 FamFG) **zurückgewiesen** wird (Abs. 2 S. 1; zur Anfechtbarkeit der Versagung der Annahme s. § 1752 Rn. 37-38). Diese ausdrückliche Feststellung im Gesetzestext ist wegen sonst bestehender Zweifel, ob bei Wiederholung des Antrags die alte Einwilligung noch wirksam ist, erforderlich. Zum maßgeblichen **Zeitpunkt** s.

---

[28] In diesem Sinne wohl auch *Staudinger/Frank* § 1747 Rn. 33.
[29] Ebenso *Erman/Saar* Rn. 8; *Soergel/Liermann* Rn. 21; aA AG Kerpen FPR 2004, 620, 621 = KindPrax 2004, 241 = JAmt 2004, 382; *Staudinger/Frank* Rn. 33; *Palandt/Diederichsen* Rn. 5, jeweils zu § 1747. Macht der Elternteil die Einwilligung von einem bestimmten Bekenntnis des Annehmenden abhängig, erwächst hieraus auch die Pflicht der vermittelnden Stelle zu entsprechenden Ermittlungen (*Listl* FamRZ 1974, 74 76).
[30] *Erman/Saar* Rn. 8; *Soergel/Liermann* Rn. 21; *Staudinger/Frank* Rn. 33; aA *Palandt/Diederichsen* Rn. 5, jeweils zu § 1747.
[31] Insoweit mehrdeutig *Listl* FamRZ 1974, 74, 76.
[32] AA *Erman/Saar* Rn. 6, der die Nichtigkeit allein aus Abs. 2 S. 1 herleitet.
[33] *Erman/Saar* Rn. 6.
[34] BAGLJÄ Empfehlungen (§ 1744 Anh.) Nr. 7. 5 Abs. 2.
[35] BT-Drucks. 7/3061 S. 39 [Nr. 4].
[36] RGRK/*Dickescheid* Rn. 12.
[37] OLG Hamm OLGZ 1982, 161 = NJW 1982, 1002 = FamRZ 1982, 197 (LS.); AG Kamen DAVorm. 1980, 45, 46; auch BayObLGZ 1978, 384, 390 = StAZ 1979, 122, 124; *Staudinger/Frank* Rn. 5, 7; *Erman/Saar* Rn. 7; RGRK/*Dickescheid* Rn. 12.
[38] Zur str. früheren Rechtslage vgl. *Staudinger/Engler* 10./11. Aufl. § 1748 Rn. 5 mwN. Etwaige Unklarheiten sollten durch die ausdrückliche Bestimmung über das Wirksamwerden in Abs. 1 gerade ausgeräumt werden, BT-Drucks. 7/3061 S. 39 Nr. 2; BayObLGZ 1978, 384, 390 = StAZ 1979, 122, 124.
[39] Anders OLG Hamm MittRhNotK 1991, 122 mit verfehlter Begründung aus § 1747 Abs. 2 S. 2 und zweckwidrigem Ergebnis.

§ 1752 Rn. 18. – War die Einwilligung **vor dem förmlichen Annahmeantrag** erklärt (dazu Rn. 8), wird sie kraftlos, wenn die Adoptionsbewerber – einer Rücknahme des Annahmeantrags gleichgestellt – erklären, einen solchen Antrag nicht stellen zu wollen.[40] – Wurde in die Annahme durch mehrere Adoptionsbewerber **alternativ** eingewilligt (dazu § 1747 Rn. 28), gilt die Einwilligung fort, soweit die Anträge noch fortbestehen, noch gestellt werden können oder noch nicht abgelehnt worden sind. – Wird das Kind nicht innerhalb von **3 Jahren** nach Zugang der Einwilligung der Eltern (§ 1747) beim FamG von einem der in Aussicht genommenen Bewerber angenommen, verliert sie als Folge des Verbots der Blankoeinwilligung (dazu § 1747 Rn. 27) ihre Wirkung (Abs. 4 S. 2), damit sich das Kind nicht unangemessen lange in einem Schwebezustand zwischen den leiblichen Eltern und den Annehmenden befindet.[41] – Zu den **Rechtsfolgen** des Kraftloswerdens s. § 1751, zu den Rechtsfolgen von **Statusänderungen** s. § 1747 Rn. 5, zum **Übergangsrecht** s. § 1772 Anh. Rn. 19.

VI. Höchstpersönlichkeit

18   Die Einwilligung des Kindes, der Eltern und Ehegatten sowie der Verzicht des nichtehelichen Vaters auf einen Sorgerechtsantrag nach § 1672 (§ 1747 Abs. 3 Nr. 3) sind höchstpersönliche Geschäfte, die nicht durch **rechtsgeschäftliche,** grundsätzlich aber auch nicht durch **gesetzliche Vertreter** erklärt werden können. Können ausnahmsweise gesetzliche Vertreter mitwirken, müssen auch diese persönlich handeln.[42] – Für den Anzunehmenden macht § 1746 Abs. 1 S. 2, 3 eine **Ausnahme** (§ 1750 Abs. 3 S. 3): Für das **Kind**, das das 14. Lebensjahr noch nicht vollendet hat oder geschäftsunfähig ist, willigt sein gesetzlicher Vertreter ein (dazu § 1746 Rn. 9-14), der Einwilligung des Kindes, das das 14. Lebensjahr vollendet hat und nicht geschäftsunfähig ist, muss der gesetzliche Vertreter zustimmen (dazu § 1746 Rn. 15-17).

19   Die Einwilligung eines **geschäftsunfähigen** Elternteils oder Ehegatten ist nicht erforderlich (§§ 1747 Abs. 4, 1749 Abs. 3). **Beschränkt geschäftsfähig,** dh. minderjährig, willigt er selbst ohne Mitwirkung seines gesetzlichen Vertreters, dessen Befugnisse (§ 1633) einschränkend, ein (§ 1750 Abs. 3 S. 2); er ist bei der Beurkundung besonders zu belehren (§ 17 BeurkG).

20   Die Vertretung ist nur bei der formgerechten **Erklärung** ausgeschlossen. Die abgegebene Erklärung kann durch einen **Boten,** insbesondere den beurkundenden Notar, das Jugendamt oder eine Adoptionsvermittlungsstelle, denen zu diesem Zweck eine Ausfertigung der notariellen Urkunde zu erteilen ist (§§ 47-49 BeurkG), beim zuständigen FamG eingereicht werden (s. § 1753 Abs. 2);[43] in kleineren Bezirken ist dies schon zur Wahrung des Inkognitos zuzulassen. Die Entziehung der Botenmacht wirkt wie ein „Widerruf" der Einwilligung (dazu Rn. 16).[44]

VII. Mangelhaftigkeit

21   Eine Annahme, die ausgesprochen wird, obwohl die Einwilligung nicht in der vorgeschriebenen **Form** oder durch einen **Bevollmächtigten** erklärt worden ist, ist gleichwohl wirksam und auch nicht aufhebbar (§ 1760 Abs. 2).[45] – Wirkte statt eines Elternteils ein **gesetzlicher Vertreter** mit, fehlt die Einwilligung dieses Elternteils, sodass die Annahme aufhebbar ist (§ 1760 Abs. 1). – Unzulässige **Bedingungen** in Einwilligungen wirken sich zwar dadurch auf deren Inhalt aus, dass der Elternteil mit der Annahme nicht (mehr) einverstanden ist, wenn die Bedingung nicht eintritt oder sie ausfällt. Doch rechtfertigen solche Verstöße nicht die Aufhebung der Annahme (§ 1760 Abs. 2).

22   Einwilligungen unterliegen als **Willenserklärungen** auch deren materiell-rechtlichen Wirksamkeitserfordernissen. Insbesondere können sie wegen Geschäftsunfähigkeit des Erklärenden unwirksam oder wegen Irrtums, arglistiger Täuschung oder Drohung anfechtbar sein.[46] – Die **Erheblichkeit** von Mängeln ist für die Zeit **nach** der Annahme in § 1760 Abs. 2 lit. a-d abschließend geregelt. **Vor** der Annahme hat dieser Katalog dagegen keine Ausschließlichkeit, sondern er indiziert lediglich die Maßgeblichkeit der materiell-rechtlichen Vorschriften. Dass danach vor der Annahme auch andere Unwirksamkeitsgründe wie etwa Sittenwidrigkeit Platz greifen können, erklärt sich mit dem

---

[40] BayObLG FamRZ 1983, 761, 762 m. Anm. *Luthin*; zustimmend *Palandt/Diederichsen* Rn. 5; *Staudinger/Frank* Rn. 16.
[41] BT-Drucks. 7/3061 S. 40 f.
[42] S. auch AG Schweinfurt IPRspr. 1978 Nr. 114.
[43] OLG Hamm OLGZ 1987, 129 = NJW-RR 1987, 260, 262 = FamRZ 1987, 612 (LS.).
[44] OLG Hamm OLGZ 1987, 129 = NJW-RR 1987, 260, 262 = FamRZ 1987, 612 (LS.).
[45] Wohl auch OLG Frankfurt/M. FamRZ 1981, 206, 207.
[46] OLG Frankfurt/M. FamRZ 1981, 206, 207; OLG Hamm OLGZ 1987, 129 = NJW-RR 1987, 260, 261; OLG Düsseldorf FamRZ 1988, 1095, 1096; *Staudinger/Frank* Rn. 13; *Soergel/Liermann* Rn. 14.

Bestandsschutz der ausgesprochenen Annahme im Interesse des angenommenen Kindes.[47] – Im Interesse alsbaldiger Klärung kann das FamG auf Antrag eines am Annahmeverfahren Beteiligten über die Wirksamkeit der Einwilligung auch schon vorab entscheiden:[48] Vor Stellung eines Adoptionsantrags in einem selbständigen, auf Feststellung der Unwirksamkeit der Einwilligung gerichteten Verfahren, danach als Zwischenfeststellung im Annahmeverfahren. Ist eine selbständige Entscheidung ergangen, ist ein Aufhebungsverfahren wegen rechtskräftiger **Vorabentscheidung** (dazu § 1747 Rn. 48) unzulässig. Unterbleibt ein selbständiger Ausspruch zur Wirksamkeit, ist der Feststellungsantrag zugleich mit dem Annahmebeschluss zurückzuweisen (dazu § 1748 Rn. 65, § 1752 Rn. 29).[49] – Eine selbständige Entscheidung über die Wirksamkeit einer Einwilligung ist selbständig **anfechtbar**,[50] weil ein unabweisbares Bedürfnis an der Klärung dieser Frage vor Ausspruch der Annahme besteht und damit ein Aufhebungsverfahren vermieden werden kann. Zudem besteht nicht wie beim Adoptionsausspruch ein statusrechtliches Interesse an der Unanfechtbarkeit der Entscheidung. Da aber dasselbe Bedürfnis an einer abschließenden Klärung besteht, ist die fristgebundene **Beschwerde** (§§ 58, 63 Abs. 1 FamFG) das zulässige Rechtsmittel. – **Unbeachtet** gelassene Unwirksamkeitsgründe und Anfechtungen und **nach Annahme** erklärte Anfechtungen lassen die Annahme bestehen und berechtigen den Einwilligenden lediglich zum Antrag auf Aufhebung nach den §§ 1760-1762. Deshalb ist eine Anfechtungserklärung als solche bedeutungslos, kann jedoch in einen Aufhebungsantrag nach § 1762 **umgedeutet** werden.[51]

§ 1751 Wirkung der elterlichen Einwilligung, Verpflichtung zum Unterhalt

(1) ¹Mit der Einwilligung eines Elternteils in die Annahme ruht die elterliche Sorge dieses Elternteils; die Befugnis zum persönlichen Umgang mit dem Kind darf nicht ausgeübt werden. ²Das Jugendamt wird Vormund; dies gilt nicht, wenn der andere Elternteil die elterliche Sorge allein ausübt oder wenn bereits ein Vormund bestellt ist. ³Eine bestehende Pflegschaft bleibt unberührt. ⁴Für den Annehmenden gilt während der Zeit der Adoptionspflege § 1688 Abs. 1 und 3 entsprechend. ⁵Hat die Mutter in die Annahme eingewilligt, so bedarf ein Antrag des Vaters nach § 1672 Abs. 1 nicht ihrer Zustimmung.

(2) Absatz 1 ist nicht anzuwenden auf einen Ehegatten, dessen Kind vom anderen Ehegatten angenommen wird.

(3) Hat die Einwilligung eines Elternteils ihre Kraft verloren, so hat das Familiengericht die elterliche Sorge dem Elternteil zu übertragen, wenn und soweit dies dem Wohl des Kindes nicht widerspricht.

(4) ¹Der Annehmende ist dem Kind vor den Verwandten des Kindes zur Gewährung des Unterhalts verpflichtet, sobald die Eltern des Kindes die erforderliche Einwilligung erteilt haben und das Kind in die Obhut des Annehmenden mit dem Ziel der Annahme aufgenommen ist. ²Will ein Ehegatte ein Kind seines Ehegatten annehmen, so sind die Ehegatten dem Kind vor den anderen Verwandten des Kindes zur Gewährung des Unterhalts verpflichtet, sobald die erforderliche Einwilligung der Eltern des Kindes erteilt und das Kind in die Obhut der Ehegatten aufgenommen ist.

Schrifttum: *Baer,* Die neuen Regelungen der Reform des Rechts der elterlichen Sorge für das „Dauerpflegekind", FamRZ 1982, 221; *Lakies,* Zum Verhältnis von Pflegekindschaft und Adoption, FamRZ 1990, 608; *Motzer,* Das Umgangsrecht Verwandter und enger Bezugspersonen des Kindes – Zur Neufassung von § 1685 Abs. 2 BGB, FamRB 2004, 231.

---

[47] BVerfGE 78, 201 = DAVorm. 1988, 689, 691; *Staudinger/Frank* Rn. 13; *Soergel/Liermann* Rn. 14; *Erman/Saar* Rn. 8; aA etwa OLG Frankfurt/M. FamRZ 1981, 206, 207; LG Frankenthal DAVorm. 1981, 489, 491; *Heilmann* DAVorm. 1997, 581, 585 ff.

[48] BVerfGE 78, 201 = DAVorm. 1988, 689; OLG Frankfurt/M. FamRZ 1981, 206, 207; OLG Hamm OLGZ 1987, 129 = NJW-RR 1987, 260 = FamRZ 1987, 612 (LS.); LG Frankenthal DAVorm. 1981, 489, 492; RGRK/*Dickescheid* Rn. 16; *Soergel/Liermann* Rn. 12; *Staudinger/Frank* § 1752 Rn. 23; *Erman/Saar* Rn. 9; *Schultz* DAVorm. 1980, 230 ff.; aA LG Duisburg DAVorm. 1980, 228; *Palandt/Diederichsen* Rn. 7.

[49] Dazu auch MünchKommZPO/*Maurer* §§ 197, 198 FamFG Rn. 11.

[50] *Staudinger/Frank* § 1752 Rn. 23; aA LG Duisburg DAVorm. 1980, 227.

[51] AA *Staudinger/Frank* Rn. 13; *Erman/Saar* Rn. 8; *Soergel/Liermann* Rn. 14: Geltendmachung der Anfechtung gegenüber dem FamG, das durch Feststellungsbeschluss entscheidet.

Übersicht

	Rn.		Rn.
I. Normzweck. Anwendungsbereich	1, 2	b) Rechtsfolgen	17–19
II. Sorge- und Umgangsrecht	3–14	c) Erlöschen der Unterhaltspflicht	20, 21
1. „Ruhen"	3	d) Verfahren	22
2. Vormundschaft	4–7	2. Annahme eines Kindes des Ehegatten	23
3. Ausnahmen	8	3. Verwandte des Anzunehmenden	24
4. Adoptionspflege	9, 10	IV. Einzelfragen	25–29
5. Nichtehelicher Vater	11–14	1. Mangelhaftigkeit	25
III. Unterhalt	15–24	2. Kraftlosigkeit	26–29
1. Grundsatz	15–22		
a) Voraussetzungen	15, 16	IV. Öffentliche Fürsorge	30, 31

I. Normzweck. Anwendungsbereich

1 Das frühere Recht ließ die elterliche Sorge trotz der Einwilligung eines Elternteils zur Annahme bestehen. War sie entzogen worden, blieb den Eltern das Umgangsrecht nach § 1634 Abs. 1 aF (jetzt § 1684 Abs. 1). Die Eltern konnten die Vorbereitung der Adoption stören und haben dies vereinzelt auch getan.[1] In Eilfällen (zB für ärztliche Behandlung) führte die weiter bestehende gesetzliche Vertretung durch die leiblichen Eltern zudem zur Gefährdung des Inkognito,[2] was als weder mit der Bindung an die Einwilligung (§ 1750 Abs. 2 S. 2) vereinbar noch dem Wohl des Kindes entsprechend angesehen wurde. Deshalb führt nunmehr die Einwilligung in die (spätere) Adoption zu den in § 1751 angeordneten **Vorwirkungen**.[3] Ergänzt wird § 1751 durch § 1758 Abs. 2 (dazu dort Rn. 10).[4] – § 1751 Abs. 1 S. 4 aF wurde durch das FGG-RG aufgehoben und sein Inhalt in § 190 FamFG (**Bescheinigung** über den Eintritt der Vormundschaft) übernommen (Art. 1, 50 Nr. 33 FGG-RG). – Zur **Einwilligung**, ihrer **Wirksamkeit** und ihrer **Unwiderruflichkeit** s. die Erläuterungen zu § 1750.

2 § 1751 ist nur auf die **Minderjährigenadoption** anwendbar. Denn für die **Volljährigenadoption** bedarf es der Einwilligung der leiblichen Eltern in die Adoption (§ 1747) und folglich auch deren Ersetzung (§ 1748) nicht (§ 1768 Abs. 1 S. 2, dazu auch dort Rn. 7, § 1767 Rn. 25).

II. Sorge- und Umgangsrecht

3 **1. „Ruhen".** Das Ruhen der elterlichen Sorge (§ 1675) und des Umgangsrechts tritt mit wirksamer **Einwilligung** (dazu § 1750 Rn. 4–11; zur Vorabentscheidung über die Wirksamkeit s. § 1747 Rn. 49),[5] die jedenfalls die formellen Voraussetzungen – notarielle Beurkundung, Zugang beim FamG – erfüllen muss, oder ihrer rechtskräftigen **Ersetzung** ein.[6] Dazu muss dem Elternteil die elterliche Sorge noch zustehen, auch wenn sie aus anderen Gründen als der Einwilligung (§§ 1673, 1674, 1678) geruht hat (dazu näher Rn. 4). – Der Begriff „ruhen" wurde wegen der Rechtsfolge aus § 1675 gewählt, ist aber rechtstechnisch nicht zutreffend, weil die ruhende Sorge bei Entfallen des Hindernisses nach entsprechender familiengerichtlicher Feststellung wieder auflebt (§ 1674 Abs. 2), während nach Abs. 3 die elterliche Sorge den leiblichen Eltern nur durch eine konstitutive Entscheidung des FamG wieder übertragen werden kann.[7] Für die Beurteilung des Kindeswohls nach § 1741 Abs. 1 muss allerdings der rechtlichen Beendigung die tatsächliche entsprechen.[8]

---

[1] BGH NJW 1951, 309; BayObLGZ 1976, 1 = NJW 1976, 718 = FamRZ 1976, 232. – Dagegen bereits LG Braunschweig FamRZ 1971, 599 unter Berufung auf § 1674.
[2] BT-Drucks. 7/3061 S. 40 Nr. 1.
[3] Ebenso zuvor *Lüderitz* S. 62 f. Ähnlich AGJJ Mitt. 57/58 (1969), 34 These 9.2.
[4] Zur Entstehungsgeschichte s. *Staudinger/Frank* Rn. 2, 3.
[5] OLG Hamm OLGZ 1982, 161 = NJW 1982, 1002 = FamRZ 1982, 197 (LS.); AG Kamen DAVorm. 1980, 45, 46.
[6] KG OLGZ 1978, 139 = FamRZ 1978, 210; *Staudinger/Frank* Rn. 4; *Palandt/Diederichsen* Rn. 1; *Roth-Stielow* Anm. 2; aA AG Münster DAVorm. 1977, 271 mit abl. Anm. *Czerner*. – Der RegE sah die Ersetzung noch ausdrücklich vor, BT-Drucks. 7/3061 S. 5, 40 [Nr. 2]. Dies wurde vom RA-BT BT-Drucks. 7/5087 S. 36, 14 gestrichen, weil auch die Ersetzung der Einwilligung "ebenfalls eine Einwilligung ist".
[7] Kritisch auch *Staudinger/Frank* Rn. 7.
[8] Dazu Petitionsausschuss-BT DAVorm. 1988, 763 f.; s. auch § 1750 Rn. 8.

2. Vormundschaft. Einwilligung und Ersetzung haben folgende rechtlichen Wirkungen: 4
— Die noch bestehende **elterliche Sorge** des einwilligenden Elternteils endet (Abs. 1 S. 1 Halbs. 1: „ruht"). Es gilt:
  — Haben **beide** Eltern in die Annahme eingewilligt, ruht die elterliche Sorge beider und es tritt Vormundschaft ein (Abs. 1 S. 2 Halbs. 1).[9]
  — Hat nur **ein** Elternteil eingewilligt, wird der andere von den Rechtswirkungen aus S. 1 (zunächst) nicht betroffen. Vielmehr wächst ihm nach § 1678 Abs. 1 Halbs. 1 die alleinige elterliche Sorge zu; dies hindert den Eintritt der Vormundschaft des Jugendamtes (Abs. 1 S. 2 Halbs. 2).
  — Ist das Kind **nichtehelich** und stand das Sorgerecht der Mutter alleine zu (§ 1626a Abs. 2), hat das FamG zwar von Amts wegen zu prüfen, ob die Übertragung des Sorgerechts auf den Vater dem Kindeswohl dient. Dieses Verfahren hindert den Eintritt der Vormundschaft des Jugendamts nicht, doch endet sie von Gesetzes wegen mit der Sorgerechtsübertragung auf den Vater (§ 1882, dazu § 1882 Rn. 3, 10).
  — War dem nicht einwilligenden Elternteil die elterliche Sorge ganz oder teilweise nach § **1666** entzogen oder nach §§ 1671, 1672 auf den anderen Elternteil übertragen worden, wächst ihm die elterliche Sorge auch infolge des Ruhens des Sorgerechts des einwilligenden Elternteils nicht wieder zu;[10] in entsprechender Anwendung von S. 2 tritt Vormundschaft ein.[11] — Wird auf das Rechtsmittel des betroffenen Elternteils die ihm das Sorgerecht entziehende Entscheidung **aufgehoben,** fällt es, hat er in die Adoption eingewilligt, nur noch als ruhendes Recht an ihn zurück.[12]
  — Die in die Adoption einwilligende nichteheliche Mutter kann, da ihr Sorgerecht (§ 1626a Abs. 2) ruht, dem Vater die elterliche Sorge nicht mehr durch übereinstimmende **Sorgeerklärungen** vermitteln; ebenso wenig können nachträgliche übereinstimmende Sorgeerklärungen oder eine Heirat der Eltern die Sperrwirkung einer bereits zuvor vom Vater erteilten Einwilligung aufheben.[13] — Nach Einwilligung ist nur noch die **Entziehung** der elterlichen Sorge des Elternteils, der noch nicht eingewilligt hat, nach § 1666, eine Entscheidung zur elterlichen Sorge im **Verbund** mit der Ehescheidung[14] gar nicht mehr möglich.
  — Dass das FamG dem bislang **nicht sorgeberechtigten Elternteil** die elterliche Sorge übertragen hat und deshalb Vormundschaft nicht eintritt, kann im vorliegenden Zusammenhang nicht vorkommen, weil bereits mit dem Ruhen der elterlichen Sorge des bislang sorgeberechtigten, in die Adoption einwilligenden Elternteils sofort Vormundschaft nach Abs. 1 S. 1, 2 eintritt. Das FamG kann die Vormundschaft des Jugendamtes nicht aufheben – vgl. § 1882, der eine Aufhebung nur für die nach § 1773 begründete Vormundschaft vorsieht –, sodass es dem bislang nicht sorgeberechtigten Elternteil nicht die elterliche Sorge nach § 1678 Abs. 2 übertragen kann.
  — Auch wenn das Kind trotz erteilter Einwilligung ausnahmsweise[15] zunächst in der **Obhut der leiblichen Eltern** bleibt, steht ihnen gleichwohl die elterliche Sorge nicht zu; ihr tatsächlicher Umgang mit dem Kind ist aus Gründen der Rechtssicherheit belanglos,[16] wird allerdings auch nicht durch S. 1 eingeschränkt.[17] Um einen längeren Schwebezustand der Zuordnung, auf den leibliche Eltern mit der Aufgabe der tatsächlichen Pflege reagieren können, zu vermeiden, ist die Vorbereitung von Einwilligung und Adoptionspflege aufeinander abzustimmen.
— Der in die Annahme einwilligende Elternteil darf sein **Umgangsrecht** aus § 1684 nicht mehr 5 ausüben (Abs. 1 S. 1 Halbs. 2). Während die elterliche Sorge endet (dazu Rn. 4), besteht das Umgangsrecht also weiter und ruht nur, sodass es iSe. von den Eltern ungestörten Integration des Kindes in die künftige Adoptivfamilie nicht ausgeübt werden darf.[18] Einvernehmliche Regelun-

---

[9] Streitig ist, ob bei der Annahme ausländischer Kinder S. 2 Teil des (deutschen) Adoptionsstatuts ist (so LG Bonn FamRZ 1979, 1078; AG Altötting StAZ 1979, 204 m. zust. Anm. *Jayme*) oder nicht vielmehr das die elterliche Sorge beherrschende Recht maßgibt (so etwa LG Stuttgart DAVorm. 1979, 193, 194; dazu auch 5. Aufl. Art. 22 EGBGB Rn. 22; *Soergel/Lüderitz* Rn. 16, 25; *Staudinger/Henrich* Rn. 28, jeweils zu Art. 22 EGBGB nF).
[10] *Lipp/Wagenitz* Rn. 3.
[11] AA AG Kamen FamRZ 1994, 1489, 1490.
[12] *Staudinger/Frank* Rn. 8.
[13] *Lipp/Wagenitz* Rn. 3, 4. Dazu auch EuGHMR NJW 2004, 3397 = FamRZ 2004, 1456 ff. m. Anm. *Rixe*.
[14] OLG Hamm FamRZ 1986, 922 f.
[15] *Staudinger/Frank* Rn. 6 weist zutreffend darauf hin, dass es sich dabei um einen „mehr theoretische[n] als praktische[n] Fall" handelt.
[16] RA-BT BT-Drucks. 7/5087 S. 14. Zum Kindergeld s. BSGE 71, 128 = NJW 1993, 1156 = FamRZ 1993, 1077, 1078.
[17] BT-Drucks. 7/5087 S. 14.
[18] OLG Stuttgart NJW-RR 2007, 76 = FamRZ 2006, 1865, 1866 m. Anm. *Motzer* FamRB 2006, 333; *Staudinger/Frank* Rn. 9.

§ 1751 6–9   Abschnitt 2. Titel 7. Annahme als Kind

gen zwischen leiblichen Eltern und Adoptiveltern im Rahmen einer „offenen Adoption" (dazu Vor § 1741 Rn. 43-45) sind jedoch zulässig. – Es ruht nur das Umgangsrecht der rechtlichen **Eltern** (dazu und zur Verfassungsgemäßheit dieser Regelung s. Vor § 1741 Rn. 40), fortbesteht (Abs. 1 S. 1 Halbs. 1, 2) dagegen das der **Großeltern** und **Geschwister** (§ 1685 Abs. 1) sowie der **sonstigen Bezugspersonen** (§ 1685 Abs. 2, etwa Pflegeeltern).[19] – Bis zum Ausspruch der Annahme bleibt das **Auskunftsrecht** der leiblichen Eltern (§ 1686) gegenüber den Adoptionsbewerbern bestehen.[20] Ist eine **Inkognitoadoption** beabsichtigt, wird es allerdings zur Wahrung des Inkognitos über das Jugendamt als Vormund vermittelt werden müssen.

6   – Neuer **gesetzlicher Vertreter** wird kraft Gesetzes das Jugendamt (**Adoptionsvormundschaft**,[21] Abs. 1 S. 2 Halbs. 1, § 55 SGB VIII), in dessen Bereich das Kind seinen gewöhnlichen Aufenthaltsort hat (entsprechend § 87c Abs. 3 S. 1 SGB VIII; entsprechend, weil die Adoptionsvormundschaft von Gesetzes wegen eintritt), und, hat es keinen gewöhnlichen Aufenthalt, nach seinem tatsächlichen Aufenthalt (§ 87c Abs. 3 S. 2 SGB VIII). Bei einem Wechsel des gewöhnlichen Aufenthalts hat das Jugendamt in seiner Eigenschaft als Vormund einen Antrag auf Entlassung zu stellen (§ 87c Abs. 2 S. 3 SGB VIII); mit seiner Entlassung tritt die Vormundschaft des Jugendamts am gewöhnlichen Aufenthalt des Kindes von Gesetzes wegen ein. Befindet sich das Kind bereits in Adoptionspflege oder wechselt es in diese über, ist oder wird das Jugendamt am gewöhnlichen Aufenthalt des/der Annehmenden zuständig.

7   – Eine bereits bestehende **Vormundschaft**[22] bleibt unberührt (Abs. 1 S. 2 Halbs. 2, § 1630 Abs. 1), auch wenn sie nicht vom FamG angeordnet wurde, sondern von Gesetzes wegen eingetreten ist (s. §§ 1791c, 1773, 1673: ledige minderjährige Mutter),[23] und schränkt die Befugnisse des Jugendamtes als Vormund ein (§ 1794). – Da zwischen Anordnung, mithin Eintritt der Vormundschaft, und Bestellung getrennt wird (dazu § 1774 Rn. 1, § 1789 BGB Rn. 1), tritt die Vormundschaft des Jugendamts nach § 1751 Abs. 1 S. 2 Halbs. 1 BGB auch ein, wenn eine Vormundschaft zwar bereits angeordnet, der Vormund aber noch nicht bestellt worden ist.
– Auch eine bereits bestehende **Pflegschaft** bleibt bestehen (Abs. 1 S. 3) und steht – entgegen §§ 1918, 1791c Abs. 2 – neben der nach Abs. 1 S. 2 Halbs. 1 eintretenden Vormundschaft.[24] Dies schließt, ist das Jugendamt nicht auch bereits Pfleger, nicht aus und dürfte aus praktischen Gründen auch indiziert sein, die Pflegschaft aufzuheben (§ 1919), womit die Adoptionsvormundschaft ex lege auch den Bereich der ehemaligen Pflegschaft umfasst.

8   **3. Ausnahmen.** Vormundschaft tritt **nicht** ein, wenn
– ein Ehegatte/Lebenspartner das Kind seines einwilligenden Ehegatten annimmt (**Stiefkindadoption,** Abs. 2, § 9 Abs. 7 S. 2 LPartG); seine elterliche Sorge bleibt nach Annahme bestehen (§ 1754 Abs. 3); S. 5, § 1672 sind nicht einschlägig;
– nur **ein Elternteil** bislang in die Annahme eingewilligt hat, weshalb der andere die elterliche Sorge allein ausübt (Abs. 1 S. 2 Halbs. 2 Alt. 1), also vor Einwilligung oder Ersetzung beide Eltern sorgeberechtigt waren (§ 1678) oder der Vater die vormals nach § 1626a Abs. 2 allein sorgeberechtigte Mutter heiratet.[25] Stand dem einwilligenden Ehegatten die elterliche Sorge aus anderen Gründen nicht mehr zu, liegen bereits die Voraussetzungen von S. 1 nicht vor (dazu auch Rn. 3).[26]

9   **4. Adoptionspflege.** Mit der Unterbringung des Kindes in der Adoptionspflege (§ 1744) steht den Adoptionsbewerbern das Recht zu (**Abs. 1 S. 4**[27]),

---

[19] *Staudinger/Frank* Rn. 10.
[20] AnwK-BGB/*Finger* Rn. 5.
[21] Zum Begriff *Staudinger/Frank* Rn. 11.
[22] Etwa wegen Sorgerechtsentzugs (OLG Frankfurt/M. OLGZ 1983, 301 = FamRZ 1983, 1164 f.) oder nach § 1791c aF. Die Vormundschaft endet in letzterem Fall nach § 1673 Abs. 2, weil nach § 1751 die elterliche Sorge weiterhin ruht (*Erman/Saar* Rn. 6 mwN auch zur abw. Auffassung. aA etwa LG Berlin DAVorm. 1979, 190, 191 ff.); doch kann sie nach § 1887 aufgehoben werden.
[23] BayObLG FamRZ 1983, 532, 533 mwN; OLG Köln NJW-RR 1992, 903 = FamRZ 1992, 352 f.; LG Hannover DAVorm. 1980, 427; *Staudinger/Frank* Rn. 14 ff. mwN (mit ausführlicher entstehungsgeschichtlicher Begründung; aA LG Köln DAVorm. 1991, 953 (als Vorinstanz zu OLG Köln aaO).
[24] Zum Pfleger nach §§ 1706, 1709 aF s. *Brüggemann* ZfJ 1977, 199 f. und 3. Aufl. Rn. 3; zur Kritik an dieser Regelung s. *Staudinger/Frank* Rn. 17. An die Stelle der Amtspflegschaft tritt nunmehr nach § 1712 die Beistandschaft, die allerdings entgegen § 1706 Nr. 1 aF nicht mehr die Vertretung in Adoptionsangelegenheiten umfasst und zudem entgegen § 1630 Abs. 1 die Vertretungsbefugnis des Elternteils unberührt lässt (§ 1716 S. 1).
[25] Zu letzterem *Lipp/Wagenitz* Rn. 2 aE. Zur ehemaligen Legitimation s. auch 3. Aufl. 1992 Rn. 3 (unter d).
[26] *Erman/Saar* Rn. 5.
[27] Eingefügt als S. 5 durch Art. 1 Nr. 32 KindRG auf Vorschlag des RA-BT BT-Drucks. 13/8511 S. 21 auf Anregung des BR in seiner Stellungnahme zum Gesetzentwurf der BReg (BT-Drucks. 13/4899 S. 158), der die

– in Angelegenheiten des **täglichen Lebens** (dazu näher § 1687 Rn. 14-18, § 1688 Rn. 2-3) zu entscheiden und den Inhaber des Sorgerechts – bis zur Einwilligung in die Annahme die Eltern, danach das Jugendamt (Abs. 1 S. 2 Halbs. 1) -, nicht auch das Kind,[28] zu vertreten (§ 1688 Abs. 1 S. 1),
– Unterhalts-, Versicherungs-, Versorgungs- und sonstige Sozialleistungen für das Kind geltend zu machen und diese sowie den Arbeitsverdienst des Kindes zu verwalten (§ 1688 Abs. 1 S. 2).
– bei Gefahr im Verzug alle Rechtshandlungen vorzunehmen, die zum Wohle des Kindes notwendig sind (§§ 1688 Abs. 1 S. 3, 1629 Abs. 1 S. 4 Halbs. 1), wozu auch ein notwendig gewordener Aufenthalt im Krankenhaus oder in einer therapeutischen Anstalt gehört, wenn der Annehmende während dieser Zeit bestehende Kontakte fortsetzt oder verstärkt;[29] der Annehmende hat das Jugendamt unverzüglich von solchen Rechtshandlungen in Kenntnis zu setzen (§§ 1688 Abs. 1 S. 3, 1629 Abs. 1 S. 4, 1751 Abs. 1 S. 2).

Die Verweisung auf **§ 1688 Abs. 3** führt zu folgenden Einschränkungen der Befugnisse der Adoptionsbewerber:
– Hat bislang erst **ein** leiblicher Elternteil in die Annahme eingewilligt, wächst dem anderen die elterliche Sorge in vollem Umfang zu (entsprechend § 1680); gibt er zu einer bestimmten Angelegenheit eine Erklärung ab, ist diese auch für die Annehmenden verbindlich (§ 1688 Abs. 3 S. 1). Das FamG kann die diesem Elternteil verbleibenden Rechte (§ 1688 Abs. 3 S. 2) und die der Adoptionsbewerber (Abs. 1 S. 5, § 1688 Abs. 3 S. 2) einschränken oder ganz ausschließen, wenn dies aus Gründen des Kindeswohls erforderlich ist.
– Haben **beide** leibliche Eltern in die Annahme eingewilligt, sind beide von der Ausübung der elterlichen Sorge ausgeschlossen, weshalb auch beide die Befugnisse aus § 1688 Abs. 3 S. 1 nicht mehr ausüben können und insoweit ein Bedürfnis für familiengerichtliche Eingriffe nicht besteht; doch kann das FamG auch dann die Befugnisse der Adoptionsbewerber einschränken (Abs. 1 S. 5, § 1688 Abs. 3 S. 2).
– Trat bereits Vormundschaft des Jugendamtes ein, richtet sich die Vertretungsbefugnis der Adoptionsbewerber nicht nach dem Recht der elterlichen Sorge, sondern nach dem der **Vormundschaft**;[30] praktische Bedeutung dürfte dem jedoch kaum zukommen. – Zu den Einzelheiten s. die Erläuterungen zu § 1688 Abs. 2, 3.
– Nicht zu den Angelegenheiten des täglichen Lebens gehört das Recht, die **religiöse Erziehung** des Kindes, die idR mit der Taufe beginnt (§ 1631 Anh. § 1 RelKErzG Rn. 2), zu bestimmen.[31] Dieses Recht steht dem Vormund zu, der zur Ausübung der Genehmigung des FamG bedarf, das vor deren Erteilung die leiblichen Eltern zu hören hat (§ 3 Abs. 2 S. 1-3 RelKErzG).[32]

5. Nichtehelicher Vater. Die Übernahme der – alleinigen – elterlichen Sorge durch den nichtehelichen Vater geht einer Adoption vor. Hat die Mutter durch ihre Einwilligung in die Annahme ihr „Desinteresse" an der Ausübung der elterlichen Sorge für das Kind zum Ausdruck gebracht, fordert das Elternrecht des Vaters die vorrangige Prüfung, ob ihm auf seinen Antrag die elterliche Sorge alleine zu übertragen ist. Da sie bereits auf das Sorgerecht „verzichtet" hat, besteht für sie kein schützenswertes Interesse mehr, an der Übertragung der Sorgerechts auf den Vater rechtsgestaltend mitwirken zu können. Deshalb verzichtet **Abs. 1 S. 5** für diesen Fall zur Stärkung der adoptionsrechtlichen Stellung des Vaters auf ihre nach § 1672 Abs. 1 S. 1 an sich erforderliche Zustimmung, sie wird durch die Einwilligung ersetzt[33] – eine sich wegen des Ruhens ihres Sorgerechts bereits aus S. 1, § 1675 ergebende Rechtsfolge.[34] Der eigenständige rechtliche Sinn dieser Regelung liegt darin, dass bei einem Fehlschlagen der beabsichtigten Annahme die elterliche Sorge insoweit nicht ruhen kann, als die Adoption durch einen neuen Bewerber beabsichtigt wird, die

---

BReg in ihrer Gegenäußerung grundsätzlich zugestimmt hat (BT-Drucks. 13/4899 S. 170), und durch die Aufhebung von Abs. 1 S. 4 und dessen Überleitung in § 190 FamFG (Art. 50 Nr. 33, Art. 1 FGG-RG) zu Abs. 1 S. 4 geworden.

[28] Rn. 3; MünchKomm/*Finger* Rn. 5; *Palandt/Diederichsen* Rn. 5, 9, jeweils zu § 1688.
[29] Ähnlich RA-BT BT-Drucks. 7/5087 S. 14. Kontaktaufnahme während eines Krankenhausaufenthalts usw. begründet dagegen keine Obhut, vgl. *Binschus* ZfF 1976, 198.
[30] *Lipp/Wagenitz* Rn. 7.
[31] Anders wohl *Staudinger/Frank* Rn. 20: Die Adoptiveltern bedürfen der Zustimmung des Vormunds und des FamG.
[32] Zur Anhörung der Eltern kritisch *Staudinger/Frank* Rn. 20, wenn die leiblichen Eltern mit der Einwilligung der Taufe zugestimmt oder keine Wünsche geäußert haben.
[33] *Soergel/Liermann* Rn. 9; dazu auch BGH NJW 2008, 223 = FamRZ 2007, 1969, 1972 [30] m. Anm. *Zenz* FamRZ 2007, 2060 (mit Ausführungen zur Verfassungsgemäßheit der Einschränkung des Elternrechts der Mutter); zum Fall „Görgülü" auch AG Wittenberg FF 2008, 167 f. m. Anm. *Rixe*.
[34] *Lipp/Wagenitz* Rn. 10.

§ 1751   12–15   Abschnitt 2. Titel 7. Annahme als Kind

von der ehemals erteilten Einwilligung nicht mit umfasst wird; ein Fall von § 1678 Abs. 2 liegt nicht vor.[35] – Unerheblich ist eine von Abs. 1 S. 5 **abweichende Bestimmung** der Mutter. Als Bedingung für die Einwilligung würde sie zu deren Unwirksamkeit führen (§ 1750 Abs. 2 S. 1).[36]

12   Der **nicht verheirateten Mutter** muss die elterliche Sorge nach § 1626a Abs. 2 alleine zustehen (§§ 1751 Abs. 1 S. 5, 1672 Abs. 1 S. 1, 1626a Abs. 2); die Ausübung des alleinigen Sorgerechts aus anderen Gründen – Übertragung nach § 1671, Aufhebung der Übertragung des Sorgerechts nach § 1672 Abs. 2 (§ 1672 Abs. 2 S. 2), Entziehung des Sorgerechts des Vaters (§ 1680 Abs. 3, Abs. 1) – reicht nicht aus, weil in diesen Fällen der Vater die elterliche Sorge durch eine abändernde Entscheidung des FamG nach § 1696 Abs. 1 erreichen kann.[37]

13   Zudem muss die **Vaterschaft** festgestellt sein. Eine nach § 1747 Abs. 1 S. 2 lediglich angenommene vorläufige Vaterschaft reicht nicht aus,[38] weil die elterliche Sorge nur dem rechtlich als Vater feststehenden Mann übertragen werden kann.[39] – Wird die Vaterschaft anerkannt oder rechtskräftig festgestellt, nachdem die Mutter die Einwilligung erteilt hat und Vormundschaft eingetreten ist, bleibt die Vormundschaft bestehen. Der Vater kann die Übertragung des Sorgerechts auf sich beantragen, ohne dass es der Zustimmung der Mutter bedürfte (Abs. 1 S. 5, § 1672 Abs. 1),[40] die Annahme darf erst nach der Entscheidung über den Sorgerechtsantrag ausgesprochen werden (**Sperrwirkung**, § 1747 Abs. 3 Nr. 2, dazu dort Rn. 37-38).

14   Geben die Mutter und der nichteheliche Vater **Sorgeerklärungen** ab oder **heiraten** sie, steht ihnen die elterliche Sorge gemeinsam zu (§ 1626a Abs. 1 Nr. 1, 2). Hat die Mutter ihre Einwilligung in die Adoption zu diesem Zeitpunkt bereits erklärt, endet die Adoptionsvormundschaft von Gesetzes wegen (§§ 1882, 1773 Abs. 1). Denn die Mutter ist durch das Ruhen ihres Sorgerechts nicht an der Abgabe der Sorgeerklärung gehindert,[41] weil diese höchstpersönlich ist (§ 1626c Abs. 1) und deshalb von einem anderen nicht abgegeben werden kann.[42] Würde man dies anders entscheiden, könnten gemeinsame Sorgeerklärungen in diesem Stadium nicht mehr abgegeben werden, was nicht Sinn der gesetzlichen Regelung sein kann, die in § 1747 Abs. 3 Nr. 2 gerade vom Vorrang der Sorgerechtsbegründung für den nichtehelichen Vater vor einer Adoption ausgeht. – Auch sein vorheriger **Verzicht** auf die Sorgerechtsübertragung (§§ 1747 Abs. 3 Nr. 3, 1672 Abs. 1) steht, obwohl er unwiderruflich ist (§§ 1747 Abs. 3 Nr. 3 S. 3, 1750 Abs. 2 S. 2 Halbs. 1), dem Sorgerechtserwerb des Vaters durch Sorgeerklärungen oder Heirat nicht entgegen, weil sie nicht Geschäftsgrundlage des Verzichts waren.[43] Zwar bezweckt die Unwiderruflichkeit gerade die rechtliche Unerheblichkeit von Sinnesänderungen zu Lasten des Kindes. Doch geht es darum im vorliegenden Zusammenhang nicht, sondern, jeweils grundrechtlich geschützt, zum einen um das Kindeswohl und zum anderen um die Elternrechte, die die Berücksichtigung hierauf bezogener Veränderungen erfordern. Das Korrektiv ist die Ersetzung der Einwilligung des Vaters (Abs. 1 S. 1, § 1748; dazu auch Rn. 3).

III. Unterhalt

15   **1. Grundsatz. a) Voraussetzungen.** Die Einwilligung der Eltern lässt den Unterhaltsanspruch des Kindes ihnen gegenüber grundsätzlich unberührt, doch schränkt **Abs. 4**[44] ein: Haben die leiblichen

---

[35] FamRefK/*Maurer* Rn. 5; aA Soergel/*Liermann* Rn. 9; *Liermann* FuR 1997, 217, 221; auch Staudinger/*Frank* Rn. 21 halten die Regelung für überflüssig.
[36] Lipp/*Wagenitz* Rn. 9.
[37] FamRefK/*Maurer* Rn. 6; Palandt/*Diederichsen* Rn. 4.
[38] Ebenso *Liermann* FuR 1997, 217, 221; *Greßmann*, Neues Kindschaftsrecht, Rn. 396; FamRefK/*Maurer* Rn. 7; Soergel/*Liermann* Rn. 9.
[39] Der BR hat in seiner Stellungnahme zum Gesetzentwurf der BReg zu bedenken gegeben, dass es Fälle geben könne, in denen die Mutter über Kenntnisse verfüge, die die Übernahme der elterlichen Sorge durch den Vater bedenklich erscheinen lasse, BT-Drucks. 13/4899 S. 156 f. Zu Recht hat die BReg (BT-Drucks. 13/4899 S. 170) diese Bedenken in ihrer Gegenäußerung zerstreut: Da eine Entscheidung des FamG nicht entbehrlich ist, entspricht es dem Antrag des Vaters nur, wenn die Übertragung des Sorgerechts auf ihn dem Wohl des Kindes dient (§ 1672 Abs. 1 S. 2); dies hat das FamG von Amts wegen zu ermitteln (§ 26 FamFG), wozu sich eine Anhörung der Mutter oder ihre förmliche Vernehmung nachgerade aufdrängt, sodass auf sie idR nicht verzichtet werden kann (FamRefK/*Maurer* Rn. 8).
[40] Dazu AG Wittenberg NJW-RR 2008, 1100.
[41] Staudinger/*Frank* Rn. 13; s. auch Soergel/*Liermann* Rn. 2, 8 deren Begründung – der Mutter ist das Recht der elterlichen Sorge als solches verblieben und § 1626b schließt bei Ruhen des Sorgerechts die Abgabe einer Sorgeerklärung nicht aus - allerdings nicht überzeugt, weil § 1626b zur vorliegenden Problematik nichts aussagt.
[42] BGH NJW 2001, 2472 = FamRZ 2001, 907, 908 mwN; s. auch BT-Drucks. 13/4899 S. 94 [Zu § 1626c (Zu Absatz 1)].
[43] Staudinger/*Frank* Rn. 13.
[44] Eingefügt auf Vorschlag des RA-BT BT-Drucks. 7/5087 S. 14, der auf eine Anregung des BR zurückgeht (BT-Drucks. 7/3061 S. 73; dazu auch AGJ-Stellungnahme Mitt. 70 (1974) Beil. S. 5).

Eltern ihre für die Wirksamkeit der Annahme erforderliche **Einwilligung** rechtswirksam erklärt (§ 1747) oder ist sie rechtskräftig **ersetzt** worden (§ 1748) und nimmt der Adoptionsbewerber das Kind mit dem Ziel der Annahme in **Obhut**, wächst dem Kind ein Unterhaltsanspruch gegen den Adoptionsbewerber zu (S. 1); denn auch die tatsächliche Erbringung von Unterhalt ist Teil der Probezeit.[45] Dass bereits ein **Adoptionsantrag** gestellt ist, ist nicht erforderlich, weil sich die Annehmenden nach dem Zweck des § 1744 (dazu dort Rn. 1) vor einer Adoptionspflege nicht festzulegen brauchen, und deren Sinn es gerade ist, das Kind an die Familie der Adoptionsbewerber heranzuführen, ohne dass die Bildung eines Eltern-Kind-Verhältnisses prognostisch vorweggenommen werden kann. Die Adoptionsbewerber müssen aber ihre ernsthafte **Adoptionsabsicht** gegenüber dem Jugendamt oder dem Vormund zum Ausdruck bringen.[46] – „**Obhut**" ist die tatsächliche Ausübung der Betreuung und Erziehung des Kindes, wie sie an sich dem Inhaber der elterlichen Sorge zusteht (vgl. § 1629 Abs. 2 S. 1; dazu § 1744 Rn. 8; zu den rechtlichen Befugnissen der Annehmenden s. Rn. 9-10),[47] praktisch bedeutet dies die Aufnahme des Kindes in **Adoptionspflege** (§ 1744). Dazu ist nicht unbedingt erforderlich, dass die Adoptionspflegeeltern das Kind bereits in ihren Haushalt aufgenommen haben, „wenn sie [nur] die Verantwortung für das Kind übernehmen."[48] Doch muss dann der Wille zur Übernahme der Verantwortung – vornehmlich gegenüber dem Jugendamt – zum Ausdruck gebracht werden.[49] – Mit dem Einsatz der Unterhaltspflicht der Adoptionsbewerber endet der Anspruch des Kindes auf **Pflegegeld** nach §§ 27 ff. SGB VIII.[50]

Abs. 4 setzt für den unterhaltsrechtlichen Eintritt der Adoptiveltern die wirksame Einwilligung **16** **beider** leiblichen Eltern in die Adoption oder deren Ersetzung voraus. Solange nur ein Elternteil die Einwilligung erklärt hat, tritt die Unterhaltspflicht der Adoptivpflegeeltern nicht ein,[51] sodass beide leiblichen Eltern, also auch der einwilligende, dem Kind weiter unterhaltspflichtig sind. – Nach dem **Tod** eines Elternteils bedarf es nur der Einwilligung des überlebenden (§ 1678 Abs. 1 Halbs. 1). Sind beide Eltern verstorben, steht das anzunehmende Kind unter Vormundschaft (§ 1773 Abs. 1), sodass es einer Einwilligung nach § 1747 nicht bedarf. Die Unterhaltsverpflichtung der Adoptivpflegeeltern tritt dann bereits mit der Inobhutnahme des Kindes ein.[52] – Ist der **nichteheliche** Vater nicht festgestellt oder hat er die Vaterschaft nicht anerkannt, reicht die Einwilligung der Mutter aus. Ebenso, wenn er auf einen Sorgerechtsantrag nach § 1672 Abs. 1 verzichtet hat.

b) **Rechtsfolgen.** Die Unterhaltspflicht **beginnt** mit der Inobhutnahme des Kindes, wenn entweder zu diesem Zeitpunkt die erforderlichen Einwilligungen erteilt sind[53] oder keine Einwilligung eines Elternteils erforderlich ist, weil das Kind Vollwaise ist oder die Eltern zur Abgabe einer Erklärung dauernd außerstande sind oder ihr Aufenthalt dauernd unbekannt ist (§ 1747 Abs. 4, dazu dort Rn. 30-31).[54] Wird eine Einwilligung erst nach der Inobhutnahme erteilt, beginnt die Unterhaltspflicht der Annehmenden erst zu diesem Zeitpunkt. Unerheblich ist dagegen der Zeitpunkt der Erteilung der Pflegeerlaubnis durch das Jugendamt.[55] – Die weiteren **Voraussetzungen** sowie **Art** und **Umfang** des Unterhaltsanspruchs und die Haftung der Annehmenden für den Unterhalt richten sich insbesondere nach §§ 1602, 1603, 1606 Abs. 3, 1607, 1610, 1612, die entsprechend anzuwenden sind. **17**

Die Unterhaltspflicht des **Kindes** gegenüber seinen leiblichen Verwandten bleibt – aufgrund **18** der Minderjährigkeit des Kindes eher theoretisch – bestehen.[56] Seinen **Adoptiveltern** und deren Verwandten ist es (noch) nicht unterhaltspflichtig. Auch die Unterhaltspflicht der leiblichen **Verwandten** gegenüber des Kindes bleibt bestehen, doch geht ihnen, auch den leiblichen Eltern, die

---

[45] RA-BT BT-Drucks. 7/5087 S. 14.
[46] *Staudinger/Frank* Rn. 34 mwN.
[47] BVerfG FamRZ 1994, 363; OVG Saarlouis DAVorm. 1982, 905, 909; OLG Frankfurt/M. FamRZ 1984, 312, 313 m. Anm. *Bosch* („mit Obhut").
[48] BT-Drucks. 7/5087 S. 14: "Durch das Wort "Obhut" wird entsprechend der Formulierung, die § 1629 Abs. 2 BGB durch das Erste Gesetz zur Reform des Ehe- und Familienrechts erhalten soll, klargestellt, dass das Kind nicht unbedingt in den Haushalt des Annehmenden aufgenommen sein muss. Muss es beispielsweise wegen Krankheit oder körperlicher oder geistiger Behinderung noch einige Zeit in einem Krankenhaus oder in einem Heim bleiben, so tritt die Unterhaltspflicht der künftigen Annehmenden ein, wenn sie die Verantwortung für das Kind übernehmen."
[49] *Staudinger/Frank* Rn. 33.
[50] Dazu VG Aachen Urt. v. 23. 12. 2008 – 2 K 1644/05, juris [24].
[51] *Staudinger/Frank* Rn. 31.
[52] BT-Drucks. 7/5087 S. 15.
[53] Beim nichtehelichen Kind kam es nach der bis zum 30. 6. 1998 geltenden Rechtslage nur auf die Einwilligung der Mutter an (§ 1747 Abs. 2 S. 1 aF); ob der Vater nach § 1747 Abs. 2 S. 3 aF verzichtet hatte, war unerheblich, dazu 3. Aufl. Rn. 6.
[54] BT-Drucks. 7/5087 S. 15.
[55] BT-Drucks. 7/5087 S. 14; auch *Palandt/Diederichsen* Rn. 5.
[56] Ebenso *Staudinger/Frank* Rn. 29 mwN; aA *Roth-Stielow* Anm. 9 (die Unterhaltspflicht des Kindes gegenüber seinen leiblichen Eltern "ruht").

§ 1751 19–21 Abschnitt 2. Titel 7. Annahme als Kind

Unterhaltspflicht der Annehmenden im Rang vor (Abs. 4 S. 1); sie erbringen die Pflege deshalb idR unentgeltlich. Nicht berührt werden **Versorgungsansprüche** des Kindes nach § 1755 Abs. 1 S. 2 Halbs. 1. Der Unterhaltsanspruch des Kindes in Adoptionspflege hat gleichen **Rang** mit dem vorhandener Kinder der Annehmenden (entsprechend § 1609 Nr. 1, 3).[57]

19 Abs. 4 regelt ausdrücklich nur die Unterhaltspflicht der Adoptiveltern gegenüber dem anzunehmenden Kind, nicht aber auch gegenüber einem Kind des Anzunehmenden.[58] Da die gesetzliche Regelung an der **Inobhutnahme** anknüpft, ist zu unterscheiden:[59] Wird auch das Kind des Anzunehmenden von den Adoptiveltern in Obhut genommen, besteht deren Unterhaltsverpflichtung aus Abs. 4 auch ihm gegenüber. Die Adoptiveltern haften auch insoweit vor den leiblichen Verwandten (dazu Rn. 18). Im Übrigen bleibt es bei der alleinigen Unterhaltspflicht der leiblichen Verwandten, weil noch gar nicht sicher ist, ob es zur Adoption kommt.

20 c) **Erlöschen der Unterhaltspflicht.** Die Unterhaltspflicht der Annehmenden aus Abs. 4 endet
   – mit dem Ausspruch der **Annahme,** weil sie sich nunmehr aus §§ 1754, 1601 ff. ergibt,[60]
   – wenn sie wirkungslos wird, weil die Annahme nicht innerhalb von 3 Jahren nach Wirksamkeit der Einwilligung ausgesprochen wurde (§ 1750 Abs. 4 S. 2), oder
   – weil sich die Wirkungen der Einwilligung nach Versagung der Annahme oder Zurücknahme des Annahmeantrags **erledigen** (§ 1750 Abs. 4 S. 1; dazu dort Rn. 16-17).[61] Allein durch **Aufgabe der Obhut** oder der **Adoptionsabsicht** vor der Zurückweisung oder Zurücknahme des Annahmeantrags kann sich der Adoptionsbewerber seiner Unterhaltspflicht aber nicht entziehen,[62] obwohl die weitere Inobhutnahme des Kindes durch den bisherigen Adoptionsbewerber keine Adoptionspflege mehr ist.[63]

21 Der Adoptionsbewerber kann den von ihm erbrachten Unterhalt nach Beendigung der Adoptionspflege nicht nach § 812 Abs. 1 S. 2 Alt. 2 („Nichteintritt des mit der Leistung bezweckten Erfolgs") **zurückfordern,** weil nicht die Annahme, sondern die Sicherung des Lebensbedarfs des Kindes der mit der Unterhaltszahlung verfolgte Zweck ist. Zwar wird der Ausspruch der Annahme erwartet, doch ist unsicher; dies ist den Adoptivpflegeeltern auf Grund der Beratung durch die Adoptionsvermittlungsstelle über den Zweck der Adoptionspflege auch bewusst.[64] Zudem beruht die Unterhaltspflicht auf gesetzlicher Anordnung und entfällt nach dem Wegfall ihrer Voraussetzungen nicht rückwirkend. – Hat der Adoptionsbewerber das Kind **ohne Einwilligung** der Eltern und nur im Vertrauen auf eine solche Zustimmung, mithin ohne rechtliche Verpflichtung zur Unterhaltsleistung, in Adoptionspflege genommen oder setzt er sie über den nach § 1750 Abs. 4 maßgeblichen Zeitpunkt hinaus fort, richtet sich die Rückforderung geleisteten Kindesunterhalts nach § 812 Abs. 1 S. 1 Alt. 1;[65] da der Inobhutnahme oder ihrer Fortsetzung idR eine Beratung durch die Adoptionsvermittlungsstelle vorausgeht, wird ein Rückforderungsanspruch der Adoptionsbewerber gegen das **Kind** meist bereits an § 814 (Kenntnis der Nichtschuld), jedenfalls aber an § 818 Abs. 3 (Entreicherung) scheitern. Fraglich kann allenfalls sein, ob die **leiblichen Eltern** auf Grund ungerechtfertigter Bereicherung zahlungspflichtig sind, weil sie für den Zeitraum der Obhut nicht für den Unterhalt des Kindes aufkommen müssen; doch hat ihnen der Adoptionsbewerber keine Leistung erbracht und es liegt kein Fall zulässiger Direktkondiktion vor, zudem wäre auch im Verhältnis zu ihnen in Kenntnis einer Nichtschuld geleistet worden. – Dagegen kann Unterhalt, der trotz **unwirksamer Einwilligungen** oder trotz des Entfallens der Voraussetzungen des Abs. 4 geleistet wurde, nach §§ 683, 812 zurückgefordert werden, ggf. kann auch Pflegegeld nach § 39 SGB VIII in Anspruch genommen werden.[66] Zudem können **Schadensersatzansprüche** wegen der Verletzung der Verpflichtungen aus dem auf die Adoption gerichteten familienrechtlichen Verhältnis eigener Art oder von Amtspflichten bestehen, wenn die leiblichen Eltern oder das Jugendamt Krankheiten, insbesondere Erbkrankheiten verschwiegen haben.[67]

---

[57] BGH NJW 1984, 1176 = FamRZ 1984, 378 m. Anm. *Bosch* und m. Anm. *Böhmer* JR 1984, 329.
[58] BT-Drucks. 7/5087 S. 15 überantwortet die Entwicklung angemessener Lösungen ausdrücklich der Rechtsprechung.
[59] AA etwa *Staudinger/Frank* Rn. 30 (die Adoptiveltern werden auch dem Kind des anzunehmenden Kindes stets unterhaltspflichtig).
[60] *Staudinger/Frank* Rn. 38.
[61] Abweichend OLG Frankfurt/M. FamRZ 1984, 312, 313 m. Anm. *Bosch* (primär Obhut maßgeblich).
[62] RGRK/*Dickescheid* Rn. 24; im Ergebnis ebenso *Erman/Saar* Rn. 17; aA etwa *Staudinger/Frank* Rn. 40 mwN (ausreichend, dass entweder die Einwilligung, die Inobhutnahme oder die Adoptionsabsicht erlischt).
[63] DIV-Gutachten ZfJ 1986, 561; aA *Bosch* FamRZ 1984, 313.
[64] Davon geht auch das OLG Frankfurt/M. FamRZ 1984, 312, 313 m. Anm. *Bosch* aus; ebenso *Ruthe* FamRZ 1977, 31; RGRK/*Dickescheid* Rn. 25; *Soergel/Liermann* Rn. 23; *Staudinger/Frank* Rn. 45; aA *Roth-Stielow* Anm. 9.
[65] DIV-Gutachten ZfJ 1986, 309 f.; ZfJ 1986, 561.
[66] *Staudinger/Frank* Rn. 44.
[67] *Staudinger/Frank* Rn. 45.

d) Verfahren. Alle Verfahren über durch Verwandtschaft begründete gesetzliche Unterhaltspflichten sind als **Familienstreitsachen** (§§ 112 Nr. 3, 266 Abs. 1 Nr. 4 FamFG) **Familiensachen** (§§ 111 Nr. 8, 231 Abs. 1 Nr. 1 FamFG), für die die Abteilungen für Familiensachen der AG zuständig sind (§§ 23a Abs. 1 Nr. 1, 23b Abs. 1 GVG). – Zu den – praktisch wohl äußerst seltenen – Verfahren über **Unterhaltsansprüche gegen Adoptionsbewerber** bestehen keine Regelungen.[68] Fasst man die Unterhaltsansprüche aus Abs. 4 S. 1 nicht in erweiternder Auslegung unter „Verwandtschaft", würde sich für einen Unterhaltsstreit des Kindes, grundsätzlich gesetzlich vertreten durch das Jugendamt als Vormund (dazu Rn. 6), die Zuständigkeit der Zivilabteilung des AG oder gar die sachliche Zuständigkeit des LG ergeben, während für einen Streit über die nachrangige Haftung der leiblichen Eltern das FamG zuständig wäre. Dies ist jedoch mit dem sachlich begründeten Bestreben des Gesetzgebers, möglichst alle Unterhaltsansprüche beim FamG zu konzentrieren, nicht vereinbar; deshalb sind auch Unterhaltsansprüche des Kindes gegen die Adoptionsbewerber in entsprechender Anwendung von § 23a Abs. 1 Nr. 1 GVG, §§ 111 Nr. 8, 231 Abs. 1 Nr. 1 FamFG Familiensachen und für sie entsprechend § 23b Abs. 1 GVG sachlich und nach der gesetzlichen Geschäftsverteilung die FamG zuständig.

2. Annahme eines Kindes des Ehegatten. Soll das Kind des Ehegatten/Lebenspartners (§ 9 Abs. 7 S. 2 LPartG) angenommen werden, bleibt dessen Unterhaltspflicht abweichend von Abs. 4 S. 1 auch dem **Range** nach bestehen. Doch tritt die Unterhaltspflicht des Adoptionsbewerbers an die Stelle der sonstigen Unterhaltsschuld, insbesondere die des nichtehelichen Vaters oder des früheren Ehemannes (Abs. 4 S. 2). Die **Haftungsverteilung** zwischen den Ehegatten richtet sich nach § 1606 Abs. 3. – Zum **Verfahren** gelten die Ausführungen unter Rn. 22 entsprechend.

3. Verwandte des Anzunehmenden. Hat der Anzunehmende bereits selbst ein **Kind**,[69] gelten die allgemeinen Unterhaltsregeln, weil auch insoweit die Annahme vorwirkt: Die Annehmenden stehen Großeltern gleich und sind nach dem Anzunehmenden und dem weiteren Elternteil unterhaltspflichtig (§ 1606 Abs. 2).[70] Dass der Adoptivenkel leistungsfähig ist (§ 1602 Abs. 1), kommt bei der in § 1751 allein geregelten Annahme von Minderjährigen (dazu auch § 1767 Rn. 25) praktisch nicht vor. – Auch gegenüber seinen leiblichen **Eltern** und sonstigen Verwandten bleibt das anzunehmende Kind unterhaltspflichtig, weil es den Adoptionsbewerbern (noch) nicht unterhaltspflichtig ist.[71]

IV. Einzelfragen

1. Mangelhaftigkeit. Auch im Zusammenhang mit dem Eintritt der vorläufigen Rechtsbeziehungen nach Abs. 1 S. 1 besteht ein unabweisbares Bedürfnis aller an der Adoption Beteiligten nach **Rechtssicherheit**. Sie ist nicht ausreichend gewährleistet, wenn die Wirksamkeit einer Einwilligung und damit die vorläufigen Rechtsbeziehungen der leiblichen und der künftigen Adoptiveltern zum anzunehmenden Kind zum Gegenstand des Streits zu den einzelnen Rechtsfolgen des § 1751 gemacht werden können. Deshalb treten die Wirkungen des Abs. 1 auch dann ein, wenn die Einwilligung unwirksam, anfechtbar oder sonst so mangelhaft ist, dass eine Aufhebung nach § 1760 Abs. 2 lit. a-c gerechtfertigt wäre.[72] Wird gleichwohl die Unwirksamkeit der Einwilligung in einem selbständigen Verfahren oder durch Zwischenentscheidung im Annahmeverfahren vorab festgestellt, gilt Abs. 3 entsprechend (dazu Rn. 26–29, § 1747 Rn. 49, § 1750 Rn. 22).

2. Kraftlosigkeit. Verliert die Einwilligung eines Elternteils ihre Kraft, weil die Annahme mit dem oder den in Aussicht genommenen Adoptionsbewerber(n) nicht oder nicht innerhalb von 3 Jahren zustande kommt (**Abs. 3,** § 1750 Abs. 4, dazu dort Rn. 17), fällt die **elterliche Sorge** nicht

---

[68] BT-Drucks. 13/4899 S. 120 stellt lediglich fest, dass sich nunmehr – ab 1. 7. 1998 – für alle dem AmtsG nach § 23a Nr. 2 GVG zugewiesenen Streitigkeiten in Unterhaltssachen – nämlich durch Verwandtschaft und Ehe begründete Unterhaltsansprüche – eine einheitliche Zuständigkeit des FamG ergebe. – Dabei belässt es auch § 231 FamFG, gegen den auch der BR nichts erinnert hat (BT-Drucks. 16/6308 S. 383).
[69] Bewusst nicht geregelter Fall, BT-Drucks. 7/5087 S. 15.
[70] Ebenso *Staudinger/Frank* Rn. 30 mwN.
[71] *Staudinger/Frank* Rn. 29 mwN.
[72] Wohl ebenso OLG Frankfurt/M. FamRZ 1981, 206, 207 („In einem solchen Fall scheint es dem Senat unumgänglich, über die Wirksamkeit der elterlichen Einwilligung vor Einleitung oder gar Abschluss des Adoptionsverfahrens zu entscheiden. Denn mit der Einwilligung wird die Wirkung des § 1751 Abs. 1 BGB ausgelöst, ..." und „Wenn aber die Bindung an eine fehlerhafte Einwilligung einen so langen Zeitraum erfassen könnte, ..."). AA *Staudinger/Frank* Rn. 5; *Soergel/Liermann* Rn. 14; offengelassen von OLG Düsseldorf FamRZ 1988, 1095, 1096. – *Staudinger/Frank* Rn. 9 empfehlen aber auch, bei behaupteter unwirksamer Einwilligung kein Umgangsrecht durch einstweilige Anordnung einzuräumen, bevor die Unwirksamkeit nicht durch rechtskräftige Entscheidung festgestellt ist; ebenso OLG Düsseldorf FamRZ 1988, 1095, 1096, um "das Adoptionspflegeverhältnis nicht durch eine vorläufige Umgangsregelung [zu stören]"). Dies entspricht im Ergebnis der hier vertretenen Auffassung, dass die Einwilligung solange als wirksam zu behandeln ist, als ihre Unwirksamkeit nicht rechtsverbindlich festgestellt ist.

§ 1751 27–30   Abschnitt 2. Titel 7. Annahme als Kind

von Gesetzes wegen an ihn zurück.[73] Denn der einwilligende Elternteil hat sein Desinteresse am Kind gezeigt, oder nach der Ersetzung der Einwilligung ist von seiner Ungeeignetheit zur kindeswohlgerechten Betreuung und Erziehung des Kindes auszugehen.[74] Vielmehr entscheidet das **FamG** über die Übertragung des Sorgerechts durch den Richter (§§ 3 Nr. 2 lit. a, 14 Abs. 1 Nr. 15 RPflG) in einem gesonderten Verfahren, in dem das Jugendamt, die leiblichen Eltern, das Kind und die Pflegeeltern nach §§ 159-162 FamFG[75] anzuhören sind.

27   Dem einwilligenden Elternteil muss das Sorgerecht vor Erteilung der Einwilligung zugestanden haben.[76] Auch darf die Übertragung des Sorgerechts auf ihn „dem Wohl des Kindes nicht [widersprechen]"; § 1666 ist spiegelbildlich anzuwenden: Liegen die Voraussetzungen für eine Sorgerechtsentziehung nicht vor, ist dem Elternteil das Sorgerecht zurück zu übertragen. Liegen diese **Voraussetzungen** nicht vor, ist **Vormundschaft**, ggf. unter teilweiser Rückübertragung **Pflegschaft** anzuordnen,[77] weil die Adoptionsvormundschaft zwar, um keine sorgerechtsfreie Zeit zu schaffen, nicht von Gesetzes wegen entfällt, wohl aber die Voraussetzungen für sie entfallen sind.[78]

28   Unabhängig hiervon gilt: Da sich das Kind meist längere Zeit in fremder Pflege befunden hat, bedarf es der **schrittweisen Gewöhnung** an seine leiblichen Eltern. Bei großer Sensibilität des Kindes, erheblichem Milieuunterschied, mangelnder Bereitschaft oder evidenter Nichteignung der leiblichen Eltern zur Erziehung widerspricht die Übertragung überhaupt dem **Wohl des Kindes**. In diesen Fällen ist eine Adoption durch andere Adoptionsbewerber anzustreben, für die jedoch die elterliche Einwilligung erforderlich ist oder aber die Voraussetzungen des § 1748, die einen Rückschluss darauf ermöglichen und erfordern, ob den Eltern die elterliche Sorge wieder anvertraut werden kann, vorliegen müssen.

29   Für das **Umgangsrecht** fehlt eine entsprechende Regelung. Wird die elterliche Sorge auf die leiblichen Eltern zurückübertragen, wächst ihnen damit auch das Umgangsrecht wieder zu. Wird Vormundschaft angeordnet, bedarf es entsprechend Abs. 3 der Wiedereinräumung des Umgangsrechts durch das FamG.[79]

IV. Öffentliche Fürsorge

30   Da der **Adoptionsbewerber** wie ein Annehmender unterhaltspflichtig wird, stehen ihm, klargestellt durch das AdAnpG (dazu Vor § 1741 Rn. 12, 15),[80] grundsätzlich die gleichen Fürsorgeansprüche (zu den **öffentlich-rechtlichen Leistungsansprüchen** s. auch §§ 1754, 1755 Rn. 13) wie einem leiblichen Elternteil zu – während dessen Fürsorgeansprüche erlöschen (etwa § 2 Abs. 1 S. 3 BKGG, § 10 Abs. 4 S. 2 SGB V) – auf
– **Kindergeld** (§§ 32 Abs. 1 Nr. 2, Abs. 6, 63 Abs. 1 S. 1 Nr. 1 EStG, § 2 Abs. 1 Nr. 2 BKGG für Pflegekinder schlechthin),[81] **Elterngeld** (§ 1 Abs. 3 Nr. 1 BEEG)[82] und **Wohngeld** (§ 5 Abs. 1 S. 2 Nr. 5 WoGG);
– Mitversicherung des Kindes in der Sozialversicherung der Adoptionsbewerber: **Krankenversicherung** (§ 10 Abs. 1, Abs. 4 S. 2 SGB V; bei Krankheit des Kindes wird der Adoptionsbewerber krankengeldberechtigt, § 45 Abs. 1 SGB V), **Unfallversicherung** (§ 67 Abs. 2 Nr. 1 SGB VII) und **Rentenversicherung** (vgl. für Waisenrente § 48 Abs. 3 Nr. 1 SGB VI);

---

[73] Dies entspräche § 1681 idF des *Gesetzes zur Neuregelung der elterlichen Sorge* v. 18. 7. 1979 (BGBl. I S. 1061).
[74] *Staudinger/Frank* Rn. 23.
[75] Zu § 50b FGG s. BayObLG FamRZ 1983, 761, 762 f. m. Anm. *Luthin*.
[76] *Staudinger/Frank* Rn. 24; *Lipp/Wagenitz* Rn. 3.
[77] *Staudinger/Frank* Rn. 25, 26: Stets ist Vormundschaft anzuordnen.
[78] *Staudinger/Frank* Rn. 26 mwN; aA BT-Drucks. 7/3061 S. 74.
[79] Zum Ganzen *Staudinger/Frank* Rn. 27.
[80] Für den Rechtszustand zuvor *Becker* ZfJ 1973, 144 gegen BVerwG FamRZ 1972, 456. – OVG Münster FamRZ 1980, 941 m. krit. Anm. *Bosch*: Kein Mutterschutz gemäß § 6, 7 MuSchG und ähnlicher Vorschriften wegen unterschiedlicher Situation. Eine parallele Interessenlage bestand jedoch durchaus hinsichtlich des Mutterschaftsurlaubs (§ 8a MuSchG, entfallen ab 20. 6. 2002, und ähnliche Vorschriften, aA OVG Koblenz NJW 1982, 1012). – Zum Sozialversicherungsrecht der Pflegekinder allgemein vgl. *Feil* RdJB 1983, 84–87. – Zur Wahrung des Inkognitos bei Zahlung von Kindergeld s. Rundschreiben der BfA v. 3. 12. 1976 DAVorm. 1977, 122.
[81] Nicht dagegen **Mutterschaftsurlaub, Mutterschaftsgeld** und **Mutterschaftshilfe** (§ 6 MuSchG; zu Letzterem BSG NJW 1981, 2719 = FamRZ 1983, 162 f.), die wegen der mit der Schwangerschaft und Niederkunft verbundenen Belastungen nur leiblichen Müttern gewährt wird.
[82] *Gesetz zum Elterngeld und zur Elternzeit (Bundeselterngeld- und Elternzeitgesetz – BEEG)* v. 5. 12. 2006 (BGBl. I S. 2748), in Kraft getreten am 1. 1. 2007 (Art. 3 Abs. 1 des *Gesetzes zur Einführung des Elterngeldes*). Für vor dem 1. 1. 2007 geborene Kinder wurde noch **Erziehungsgeld** und **Erziehungsurlaub** nach dem BErzGG gewährt.

– Erstreckung der **sonstigen Versorgung und sozialen Sicherung** des Adoptionsbewerbers auf das Kind (zB § 33b Abs. 2 S. 2 BVG, §§ 18 Abs. 1 S. 1, 23, 24 BeamtVG, §§ 11 Abs. 6 S. 2, 37 Abs. 5 S. 3, 42, 44 Abs. 2 SVG, § 56 Abs. 1 Nr. 2, Abs. 2 Nr. 2 SGB I).[83]

Mit dem Entstehen des Unterhaltsanspruchs gegen die Adoptivpflegeeltern ab wirksamer Einwilligung der leiblichen Eltern in die Annahme (§ 1747)[84] und der Inobhutnahme des Kindes **erlischt** der Anspruch auf Pflegegeld (§§ 23 Abs. 2 S. 1 Nr. 2, 33 SGB VIII)[85] und auf Hilfe zur Erziehung einschließlich wirtschaftlicher Hilfe (§§ 27, 33, 39 SGB VIII). Der Unterhaltsanspruch kann nicht rückwirkend – etwa durch Anfechtung des Adoptionspflegevertrags (dazu § 1744 Rn. 4) – **beseitigt** werden.[86] 31

§ 1752 Beschluss des Familiengerichts, Antrag

(1) Die Annahme als Kind wird auf Antrag des Annehmenden vom Familiengericht ausgesprochen.

(2) ¹Der Antrag kann nicht unter einer Bedingung oder einer Zeitbestimmung oder durch einen Vertreter gestellt werden. ²Er bedarf der notariellen Beurkundung.

Schrifttum: *Binschus,* Beistandschaft, Ergänzungs- und Verfahrenspflegschaft – Hinweise auf Rechtsprechung und Schrifttum –, ZfF, 2003, 42; *ders.,* Zu den Elternrechten im Adoptionsverfahren, ZfF 2003, 251; *Looschelders,* Schutz des Adoptivkindes vor Änderung seines Geburtsdatums – Grundrecht auf Wahrung der personalen Identität, IPRax 2005, 28; *Zierl,* Pränatale Adoption, DRiZ 1984, 108.

Übersicht

	Rn.		Rn.
I. Normzweck	1	6. Annahmevoraussetzungen	18–27
II. Anwendungsbereich	2	a) Materiell-rechtliche Voraussetzungen	18
III. Antrag	3–5	b) Ermittlungen	19–27
1. Rechtsnatur	3	7. Entscheidung	28–39
2. Materielles Recht	4, 5	a) Annahme	28–35
IV. Verfahren	6–40	b) Versagung der Annahme	36–38
1. Zuständigkeit	6–11	c) Gemeinschaftliche Annahme	39
a) Internationale Zuständigkeit	6	8. Verfahrenswert. Kosten	40
b) Sachliche Zuständigkeit	7	**V. Wirkungen der Annahme**	41–43
c) Örtliche Zuständigkeit	8–10	1. Grundsätze	41
d) Funktionelle Zuständigkeit	11	2. Minderjährigen-/Volljährigenadoption	42, 43
3. Antrag	12–14	**VI. Verfahrensmängel**	44–47
4. Beteiligte	15, 16	1. Grundsatz	44
5. Verfahrensbeistand	17	2. Rechtliches Gehör	45–47

I. Normzweck

Abs. 1 ersetzt[1] das bis 1976 geltende Vertragssystem durch das **Dekretsystem**,[2] das jedenfalls 1 für die Annahme eines minderjährigen Kindes die angemessene Form darstellt: Ein Vertrag ist das Mittel privatautonomer Gestaltung, doch kann und konnte das Kind nicht autonom entscheiden;

---

[83] Dazu auch BVerwGE 40, 42 = FamRZ 1972, 456 f.: Kein Anspruch auf Säuglingserstausstattung nach Beihilferecht, da die Annahme als Kind kein Beihilfefall ist.
[84] VG Münster DAVorm. 1978, 40, 42 m. Anm. *Brüggemann.*
[85] OVG Saarlouis DAVorm. 1982, 905, 907; MünchKommBGB/*Tillmanns* § 33 SGB VIII Rn. 1 aE; § 36 Rn. 3; *Wiesner* [Anhang zu § 1744] § 33 SGB VIII Rn. 40.
[86] OVG Nordrhein-Westfalen NVwZ-RR 2002, 123, 125 f. = FamRZ 2002, 708 (LS.).
[1] Im Einklang mit der internationalen Entwicklung (dazu BT-Drucks. 7/3061 S. 24) und den meisten Reformvorschlägen (so schon *Larenz* ZAkDR 1939, 11, 14; nach dem Zweiten Weltkrieg insbesondere: Mitt. AGJJ 11 (1955) S. 9 Entwurf 1955, §§ 1741, 1754; Mitt. AGJJ 57/58 (1969), 34 These 9.2; Caritasverband Jugendwohl 1972, 247; *Staudinger/Engler* 10./11. Aufl. § 1755 Rn. 30; *ders.,* Auf dem Weg . . . S. 83; *Faßhauer* Mitt. AGJ 67 (1973), 44; *Jayme* FamRZ 1974, 116; *Klein* FamRZ 1954, 67, 69; *Lüderitz* S. 24; *Pfützenreuter* Jugendwohl 1973, 185; aA *Gernhuber/Coester-Waltjen* § 68 Rn. 11; *Schnitzerling* UJ 1960, 313).
[2] BT-Drucks. 7/3061 S. 24, 41; s. auch Vor § 1741 Rn. 15.

§ 1752 2–4 Abschnitt 2. Titel 7. Annahme als Kind

an seiner Stelle oder mit ihm entschieden stets sein gesetzlicher Vertreter und das VormG (§ 1751 aF). Bei einer Inkognitoadoption wird auch für den gesetzlichen Vertreter, der nicht zugleich die Adoptionsvermittlungsstelle ist, der Sinn des Vertragsschlusses, den Partner kennen zu lernen, verfehlt.[3] Im Dekretsystem wird ferner das Verfahren dadurch vereinfacht,[4] dass familiengerichtliche Genehmigung und Bestätigung zusammengefasst werden – was sich auch durch eine Bündelung der Zuständigkeiten hätte erreichen lassen – und der Vertragsschluss überflüssig wird. Über eine Ersetzung der Einwilligungen von Eltern und Ehegatten (§§ 1748, 1749 Abs. 1 S. 2) ist weiterhin gesondert zu entscheiden, da der Ausspruch der Annahme die Rechtskraft des Ersetzungsbeschlusses voraussetzt (dazu Rn. 18).[5] – **Abs. 2** dient im Hinblick auf das zu wahrende Kindeswohl der **Rechtssicherheit.** – **Pränatale Adoptionen** sind ausgeschlossen (s. § 1747 Abs. 2 S. 1: Wirksame Erteilung der elterlichen Einwilligung erst ab der 9. Lebenswoche des Kindes). Für sie besteht weder ein rechtstatsächliches noch ein rechtspolitisches Bedürfnis.[6]

II. Anwendungsbereich

2   § 1752 gilt sowohl für die **Minderjährigen-** wie auch für die **Volljährigenadoption.** – Für die Volljährigenadoption wird er durch § 1768 Abs. 1 S. 1 dahin ergänzt, dass sie nur auf gemeinsamen Antrag des Annehmenden und des Anzunehmenden ausgesprochen wird. Insbesondere gilt für sie aber Abs. 2 zu Unzulässigkeit von Bedingungen, Zeitbestimmung und der Vertretung sowie der notariellen Beurkundung. – Zur „**Verwechslung**" von Minderjährigen- und Volljährigenadoption s. Rn. 42–43.

III. Antrag

3   **1. Rechtsnatur.** Der Antrag des/der Annehmenden **(Abs. 1)** ist mit der Einführung des Dekretsystems an die Stelle seiner früheren Vertragserklärung getreten. Er hat wie die Einwilligung (dazu § 1750 Rn. 4-5) eine rechtliche **Doppelnatur:**[7] **Materiell-rechtlich** ist er eine an das FamG gerichtete „amts"empfangsbedürftige Willenserklärung, die – wie die Einwilligungen (§ 1750 Abs. 1 S. 2) – für ihre Wirksamkeit nicht mehr den an der Adoption Beteiligten, sondern dem FamG zugehen muss (dazu auch Rn. 13). **Verfahrensrechtlich** leitet die Antragstellung das Annahmeverfahren ein und bestimmt den Verfahrensgegenstand (dazu Rn. 12-14).

4   **2. Materielles Recht.** Der rechtliche Sondercharakter der Adoption führt zum Vorrang der §§ 1741 ff. als den besonderen Vorschriften vor den allgemeinen Bestimmungen. Deshalb kommt die Anwendung der allgemeinen Bestimmungen nur in einzelnen wenigen Bereichen in Betracht:
– Anzuwenden sind die Regeln über die **Rechtsfähigkeit** (§ 1) und **Geschäftsfähigkeit** (§§ 104 ff.), auch im Hinblick auf ihre Bedeutung für die **Beteiligtenfähigkeit** (§ 8 FamFG) und **Verfahrensfähigkeit** (§ 9 FamFG) im Adoptionsverfahren.
– Die Vorschriften zur gesetzlichen oder durch Rechtsgeschäft begründeten **Vertretung** des Antragstellers sind nicht anwendbar, weil der Antrag höchstpersönlich ist (Abs. 2 S. 1 Alt. 3) und deshalb auch bei einer Volljährigenadoption unter Beteiligung nicht voll Geschäftsfähiger eine Vertretung nicht zulässig ist (§§ 1767 Abs. 2 S. 1, 1768 Abs. 1 S. 2; dazu auch Rn. 5). – § 1795 Abs. 1 Nr. 1 (iVm. § 1629 Abs. 2) ist weder direkt noch entsprechend anwendbar, weil der Antrag jedenfalls keine auf ein Rechtsgeschäft gerichtete Willenserklärung, sondern zuvorderst Verfahrenshandlung ist.[8]
– Die Regelungen für **Willenserklärungen** (§§ 116 ff.) gelten auch im Übrigen nicht, weil die §§ 1741 ff. das wirksame Zustandekommen eines Antrags (Abs. 2) und die Geltendmachung seiner Unwirksamkeit (§ 1760, 1761, 1763) abschließend regelt. Dies betrifft insbesondere die Geschäftsfähigkeit, das Anfechtungsrecht, das Vertretungsrecht und die Sittenwidrigkeit, weil die Unwirksamkeit des Antrags, die zur Aufhebung der Adoption führen kann, ausschließlich in § 1760 Abs. 2 geregelt ist.

---

[3] *Lüderitz* S. 16-18; BT-Drucks. 7/3061 S. 24; aA *Bosch* FamRZ 1984, 829, 838.
[4] BT-Drucks. 7/3061 S. 24, 41.
[5] Zur Entwicklungsgeschichte näher *Staudinger/Frank* Rn. 1-3.
[6] *Zierl* DRiZ 1984, 108.
[7] Zum Ganzen BVerwGE 108, 216 = NJW 1999, 1347 = FamRZ 1999, 780 (LS.); *Staudinger/Frank* Rn. 4, 5; *Erman/Saar* § 1760 Rn. 3; *Lipp/Wagenitz* § 1743 Rn. 8; *Gernhuber/Coester-Waltjen* § 68 Rn. 37; s. auch BT-Drucks. 7/3061 S. 41: "Weil der Antrag auch die materiell-rechtliche Einwilligung zur Begründung des neuen Eltern-Kindverhältnisses enthält,...".
[8] BGH NJW 1980, 1746 = FamRZ 1980, 675, 676; OLG Hamm NJW 1979, 49 = FamRZ 1978, 945, 946 f.

Der Antrag entspricht der für eine Adoption – unabhängig von deren Rechtsform – unerlässli- 5
chen **Einwilligung** des/der Annehmenden,[9] weshalb Antrag und Einwilligungen nach §§ 1746,
1747, 1749 im Wesentlichen gleich behandelt werden. Nach **Abs. 2 S. 1** gilt:
- Aus Gründen der Verfahrensklarheit, der Rechtssicherheit und des Kindeswohls ist der Antrag
bedingungsfeindlich, sodass aufschiebende Bedingungen, Fristen, Endtermine und auflösende
Bedingungen ausgeschlossen sind (zu den **Einwilligungen** s. § 1750 Abs. 2 S. 1 und dazu dort
Rn. 21). Zulässig sind dagegen bloße Verfahrensbedingungen, zB Antragstellung unter der
Voraussetzung, dass der Ehegatte seinen Antrag aufrechterhält.[10]
- Er ist **höchstpersönlich** zu stellen (Abs. 2 S. 1 Alt. 3; ebenso zu den Einwilligungen § 1750
Abs. 3 S. 1). Dies gilt sowohl für die Vertretung durch Vormund und Pfleger als auch durch
einen rechtsgeschäftlich bestellten Vertreter. Eine gesetzliche Vertretung würde idR auch deshalb
ausscheiden, weil der Annehmende **volljährig** sein muss (§ 1743, dazu dort Rn. 5) und die
Annahme durch einen nicht voll Geschäftsfähigen jedenfalls nicht dem Kindeswohl (§ 1741 Abs. 1
S. 1) entspräche. Eine rechtsgeschäftliche Vertretung zuzulassen ist auch zur Wahrung des Inkogni-
tos nicht erforderlich (dazu § 1750 Rn. 20) und in Statusangelegenheiten auch sonst nicht üblich.
Zulässig ist es jedoch, den notariell beurkundeten Antrag durch einen **Boten,** insbesondere den
Notar, dessen Einreichungsbefugnis über den Tod hinaus reicht,[11] einreichen zu lassen (s. § 1753
Abs. 2; zum Ganzen auch § 1750 Rn. 20).[12]
- Die **unbeschränkte Geschäftsfähigkeit** muss im Zeitpunkt der Antragstellung bestehen.[13] Eine
danach eintretende Geschäftsunfähigkeit ändert zwar nichts an der Wirksamkeit der Antragstel-
lung, hindert jedoch den Ausspruch der Annahme, weil sie dem Kindeswohl entgegensteht (dazu
auch § 1741 Rn. 5, 6, § 1743 Rn. 2-3).
- Das Kind braucht im Zeitpunkt der Beurkundung und Einreichung des Antrags beim FamG
noch nicht **geboren,** muss aber über die Mutter bestimmbar sein. Etwas anderes gilt für die
Einwilligung der leiblichen Eltern: Sie kann wirksam erst erteilt werden, wenn das Kind die 8.
Lebenswoche vollendet hat (dazu § 1747 Rn. 18-24).
- Der Antrag bedarf der notariellen **Beurkundung** (Abs. 2 S. 2, § 1750 Abs. 1 S. 2).[14] Der Notar
hat den Antragsteller über die grundsätzliche Unauflöslichkeit der Adoption zu **belehren,** insbesondere bei der Annahme von Stiefkindern. Im Hinblick darauf, dass es idR zu einer mündlichen
Erörterung vor dem FamFG kommen wird (§ 32 Abs. 1 S. 1 FamFG), in der die Beteiligten über
die Tragweite einer Kindesannahme und die rechtlichen Folgen aufgeklärt werden können, kann
man sich fragen, ob die notarielle Beurkundung überhaupt erforderlich ist. Jedenfalls aber kann
durch sie der Kreis der Adoptionsbewerber vorgerichtlich gesichtet werden und so der Entlastung
der FamFG dienen (zum Aufhebungsantrag s. § 1762 Rn. 8).

IV. Verfahren

1. Zuständigkeit. a) Internationale Zuständigkeit. Die inländischen FamG sind für eine 6
Annahme international zuständig, wenn der Annehmende, einer der annehmenden Ehegatten oder
das Kind Deutscher ist oder seinen gewöhnlichen Aufenthalt im Inland hat (§ 101 FamFG). Die
internationale Zuständigkeit ist nicht ausschließlich, weshalb sie nicht bedingt, dass nicht zugleich
eine ausländische Zuständigkeit besteht (§ 106 FamFG; anders – ausschließlich – zur internationalen
Zuständigkeit für Anerkennungs-, Feststellungs- und Umwandlungsverfahren nach dem AdWirkG,
dazu § 1752 Anh. § 5 AdWirkG Rn. 3).

b) Sachliche Zuständigkeit. Ausschließlich[15] sachlich zuständig ist das Amtsgericht (§ 23a 7
Abs. 1 Nr. 1 GVG, §§ 111 Nr. 4, 1 FamFG), dort – ebenso wie für das Ersetzungs- (§ 1748 Abs. 1
S. 1) und Aufhebungsverfahren (§§ 1760 Abs. 1, 1763 Abs. 1) – kraft **gesetzlicher Geschäftsvertei-
lung** das FamG (Abs. 1, §§ 23a Abs. 1 Nr. 1, 23 b Abs. 1 GVG, §§ 111 Nr. 4, 186 FamFG).

---

[9] BT-Drucks. 7/3061 S. 41 Nr. 3, 4.
[10] Dagegen geht das BayObLGZ 2000, 46 = FamRZ 2001, 121, 122 – ihm folgt *Staudinger/Frank* § 1768
Rn. 3 - zu Unrecht von einer unzulässigen Verfahrensbedingung aus, wenn der Antrag unter die Bedingung, die
ehelichen Kinder der Anzunehmenden nicht anzuhören, gestellt wird; denn insoweit handelt es sich lediglich um
eine Anregung, der das FamG bei der Ausübung seiner Amtsermittlungspflicht nicht zu folgen braucht.
[11] OLG Braunschweig DAVorm. 1978, 784.
[12] *Palandt/Diederichsen* Rn. 2 unter Hinweis auf § 1753 Abs. 2.
[13] AA – im Zeitpunkt des Adoptionsausspruchs - OLG München NJW-RR 2010, 1232 = FamRZ 2010,
2087, 2088; *Staudinger/Frank* § 1768 Rn. 7, § 1743 Rn. 6; RGRK/*Dickescheid* § 1768 Rn. 3, § 1743 Rn. 5; *Soer-
gel/Liermann* § 1752 Rn. 6.
[14] BayObLG FamRZ 1983, 532; näher *Kemper* DAVorm. 1977, 153. Zur Kritik – Beurkundung durch das
Jugendamt - s. 3. Aufl. Rn. 2 mwN; gegen diese Kritik *Staudinger/Frank* Rn. 4.
[15] *Prütting/Helms/Prütting* § 2 FamFG Rn. 9.

§ 1752 8–11

8 **c) Örtliche Zuständigkeit.** Örtlich zuständig[16] ist
- das FamG am inländischen **gewöhnlichen Aufenthalt** des Annehmenden (§ 187 Abs. 1, 2 FamFG), bei – in Annahmeverfahren selten, in Aufhebungsverfahren nach Trennung und Scheidung praktisch bedeutsam – annehmenden Ehegatten mit verschiedenen inländischen gewöhnlichen Aufenthalten, die zur Zuständigkeit verschiedener FamG führen, die FamG an beiden Aufenthaltsorten (dazu auch Rn. 9);
- das AG Schöneberg in Berlin, wenn ein solcher Anknüpfungspunkt fehlt, die deutschen Gerichte aber international zuständig sind, weil der **Annehmende** Deutscher ist (zur Verweisung s. Rn. 10).
- Sind deutsche Gerichte international zuständig, weil das **Kind** Deutscher ist, ist das FamG am gewöhnlichen Aufenthalt des Kindes (§ 187 Abs. 2 FamFG), ersatzweise das AG Schöneberg in Berlin örtlich zuständig (zu dessen Verweisungsbefugnis nach § 187 Abs. 5 FamFG s. Rn. 9).[17]
- jedes Gericht zur **Entgegennahme von Einwilligungen** (§ 1750 Abs. 1 S. 1).

9 Im Übrigen gilt § 2 FamFG:[18]
- Die Anhängigkeit des Verfahrens bei einem FamG sperrt die Zuständigkeit des anderen (**anderweitige Anhängigkeit,** § 2 Abs. 1 FamFG).[19] Das Verfahren beginnt bei dem FamG, bei dem der Antrag zuerst eingeht (§ 2 Abs. 1 FamFG). Ist dies das AG Schöneberg in Berlin, kann es die Sache aus wichtigem Grund an ein anderes FamG verweisen (§ 187 Abs. 5 FamFG),[20] etwa wenn das Verfahren bei dem FamG des neuen Wohnsitzes leichter und zweckmäßiger geführt werden kann,[21] insbesondere wenn am Aufenthalt des Kindes Ermittlungen zu dessen Wohl und zum Entstehen einer Eltern-Kind-Beziehung anzustellen sind.
- Verlegt der Annehmende nach Antragstellung (dazu Rn. 3–5, 12–14) seinen Aufenthalt, ändert sich die Zuständigkeit nicht (**perpetuatio fori,** § 2 Abs. 2 FamFG); eine Abgabe „aus wichtigem Grund" (§ 4 FamFG) ist dadurch jedoch nicht verwehrt.[22]

10 Die örtliche Zuständigkeit ist **ausschließlich.** § 187 FamFG ordnet dies in Abs. 1, 3 ausdrücklich an; für Abs. 2 gilt dies kraft der Verweisung auf Abs. 1, für Abs. 4 kraft der Verweisung auf § 5 Abs. 1 S. 2 AdWirkG, der auf § 187 Abs. 1 FamFG zurückverweist.[23] – Zur **Verweisung** s. auch § 3 FamFG, zur **Abgabe** „aus wichtigem Grund" § 4 FamFG. – Die örtliche Zuständigkeit kann im **Rechtsmittelverfahren** nicht mehr[24] gerügt werden (§ 65 Abs. 4 FamFG).

11 **d) Funktionelle Zuständigkeit.** Funktionell ist das Verfahren dem **Richter** vorbehalten (§§ 3 Nr. 2 lit. a, 14 Abs. 1 Nr. 15 RPflG),[25] weil dem Rechtspfleger nicht die vollständige richterliche Unabhängigkeit zukommt, durch den Annahmebeschluss aber ggf. in die elterliche Sorge und damit in ein Grundrecht eingegriffen wird (vgl. §§ 1761 Abs. 2, 1762 Abs. 2 S. 1).[26] Wegen Art. 19 Abs. 4 GG muss deshalb, soll nicht entgegen der durch § 197 Abs. 3 S. 1 FamFG im Kindesinteresse angeordneten Unanfechtbarkeit ein Rechtszug eröffnet werden, bereits im ersten Rechtszug ein Richter entscheiden.[27]

---

[16] Nach dem RegE BT-Drucks. 7/3061 S. 58 sollte entsprechend §§ 36, 43 FGG das FamG am Wohnsitz des Kindes zuständig sein; doch war dies unzulänglich, dazu *Beitzke* FamRZ 1976, 75. Der RA-BT (BT-Drucks. 7/5087 S. 23) gestaltete § 43b Abs. 1 FGG grundlegend um, weil für das Kindeswohl eher die Verhältnisse des Annehmenden ausschlaggebend sind, die ortsnah überprüft werden sollen; s. auch *Beitzke* FamRZ 1976, 507 f.; *Bischof* JurBüro 1976, 1594 f.

[17] Eine Konkurrenz der örtlichen Zuständigkeit des AG Schöneberg in Berlin mit der des FamG am Wohnort des Kindes (§ 43b Abs. 3, 4 FGG), wenn ein im Ausland wohnhafter und sich dort aufhaltender Deutscher ein im Inland wohnendes Kind annimmt (so 5. Aufl. Rn. 5; *Staudinger/Frank* Rn. 13; *Erman/Saar* Rn. 6; aA RGRK/*Dickescheid* Rn. 8 [Zuständigkeit des AG Schöneberg in Berlin ist *immer* subsidiär], jeweils zu § 1752 BGB), kann nicht mehr vorkommen.

[18] Dazu auch MünchKommZPO/*Maurer* § 187 Rn. 8.

[19] KG FamRZ 1995, 440, 441 m. zust. Anm. *Bosch*.

[20] Nach *Beitzke* FamRZ 1976, 509 ist die Staatsangehörigkeits-Zuständigkeit kraft Gesetzes subsidiär.

[21] BayObLGZ 1983, 210, 211 = FamRZ 1984, 203 mN zum Streitstand; NJWE-FER 2001, 302 = FamRZ 2001, 1536 f. Für die bloße Einwilligung sollte die gleiche Folgerung jedoch nicht gezogen werden.

[22] BayObLGZ 1983, 210 = FamRZ 1984, 203.

[23] MünchKommZPO/*Maurer* § 187 FamFG Rn. 2.

[24] Anders noch der Rechtszustand nach dem FGG, dazu OLG Köln FGPrax 2007, 121 f. = FamRZ 2007, 1576 (LS.) und 5. Aufl. Rn. 6.

[25] LG Frankenthal DAVorm. 1981, 489 (für Vorabentscheidung über die Wirksamkeit der Einwilligung, dazu auch § 1747 Rn. 49).

[26] S. dazu die verfassungsrechtlichen Bedenken des BR gegenüber einer Zuständigkeit des Rechtspflegers (BT-Drucks. 7/3061 S. 79 f.), denen der RA-BT (BT-Drucks. 7/5087 S. 25) gefolgt ist; ebenso *Staudinger/Frank* Rn. 14 mwN.

[27] BR BT-Drucks. 7/3061 S. 79; *Lüderitz* NJW 1976, 1869. Vgl. auch *Staudinger/Frank* Rn. 14; *Engler* FamRZ 1975, 133. Nach dem RegE sollte die Zuständigkeit insgesamt dem Rechtspfleger übertragen werden,

3. Antrag. Die Einreichung des Annahmeantrags durch den Annehmenden beim FamG leitet 12 das Annahmeverfahren ein (§ 23 FamFG) und hat insoweit die Wirkungen eines **Verfahrensantrags** (zu den **Einwilligungen** s. § 1750 Rn. 4-5). − Bei dem Annahmeantrag handelt es sich aber auch um einen **Sachantrag**,[28] der den **Verfahrensgegenstand** festlegt und an den das FamG gebunden ist.[29] Ohne erneute Antragstellung kann nicht statt einer gemeinschaftlichen Adoption durch Ehegatten eine Einzeladoption durch einen von ihnen oder statt einer Minderjährigen- eine Volljährigenadoption ausgesprochen werden (zu letzterem s. Rn. 42-43). − Die **Verbindung** von Adoptionssachen mit anderen Verfahren ist ausgeschlossen (§ 196 FamFG).[30]

Anders als die Einwilligungen von Eltern und Ehegatten (dazu § 1750 Rn. 15) kann der Antrag 13 bis zum Wirksamwerden der Annahme, dh. bis zur Zustellung des Annahmebeschlusses an den Antragsteller (§ 197 Abs. 2 FamFG),[31] formlos[32] **zurückgenommen** werden (§ 1750 Abs. 4 S. 1);[33] Zweifel über die Urheberschaft der Zurücknahme sind von Amts wegen aufzuklären (§ 26 FamFG). Wie Einwilligungen (§ 1750 Abs. 1 S. 3, dazu dort Rn. 8-11) wird er mit dem Eingang beim FamG wirksam,[34] auch wenn das Empfangsgericht örtlich unzuständig ist.[35] Die rechtzeitig erklärte **Zurücknahme** des Adoptionsantrags führt nicht zur Nichtigkeit eines gleichwohl erlassenen Adoptionsbeschlusses, sondern zu seiner Aufhebbarkeit nach § 1760 Abs. 1.[36]

Das Antragsrecht ist **höchstpersönlich** und kann deshalb nicht von einem Vertreter ausgeübt 14 werden (Abs. 2 S. 1 Alt. 3). Auch das Recht auf Antragsrücknahme kann als höchstpersönliches Recht nicht von einem Vertreter[37] ausgeübt werden und ist nicht vererblich (s. auch § 1753 und dazu dort Rn. 8),[38] zudem kann es nicht **bedingt** oder **befristet** werden (entsprechend Abs. 2 S. 2, § 1750 Abs. 2 S. 1; Ausnahme: Rechtsbedingung).[39] − Möglich ist allerdings, mit der **Überbringung** der Erklärung einen Dritten zu beauftragen (vgl. § 1753 Abs. 2).[40]

4. Beteiligte. Materiell beteiligt und vom FamG Gelegenheit zu geben, sich am Verfahren 15 auch formell zu beteiligen (§ 188 FamFG), sind alle, die im Annahmeverfahren Erklärungen abgeben müssen oder deren verweigerte Erklärungen ersetzt werden sollen, mithin
− die **Annehmenden** als Antragsteller (§ 188 Abs. 1 Nr. 1 lit. a FamFG);
− der **Anzunehmende**;
− seine, ist er minderjährig, **leiblichen Eltern** als Einwilligende, es sei denn, deren Einwilligung wäre nach § 1747 Abs. Abs. 4 nicht erforderlich (§ 188 Abs. 1 Nr. 1 lit. a, b FamFG);[41]
− der Mann, der seine **Vaterschaft glaubhaft macht** (§ 1747 Abs. 1 S. 2, § 7 Abs. 2 Nr. 1 FamFG),[42] jedoch erst mit seinem formellen Beitritt zum Adoptionsverfahren durch die Berufung auf die Vaterschaft (dazu auch § 1747 Rn. 8-15);
− der **Ehegatte** des Annehmenden und des Anzunehmenden (§ 1749 Abs. 1 und 2), es sei denn, ihre Einwilligung ist nach § 1749 Abs. 3 nicht erforderlich (§ 188 Abs. 1 Nr. 1 lit. c FamFG);
− der **Vormund, Elternteil, Ehegatte** und **Lebenspartners,** dessen Einwilligung ersetzt werden soll (§§ 1746 Abs. 3 Halbs. 1, 1748, 1749 Abs. 1 S. 2, § 9 Abs. 6 LPartG; § 188 Abs. 1 Nr. 2 FamFG; dazu auch § 1748 Rn. 70-72);
− **Kinder** des Annehmenden und des Anzunehmenden (dazu und zu ihrer Anhörung s. Rn. 24);[43]

BT-Drucks. 7/3061 S. 41; der RA-BT empfahl mehrheitlich die heutige Lösung, BT-Drucks. 7/5087 S. 25. Zu den dort angeführten Gründen s. Lüderitz aaO. Zu den wenigen nicht dem Richter vorbehaltenen Geschäften (s. §§ 1751 Abs. 1 S. 4, 1758 Abs. 2 S. 2) s. *Bischof* JurBüro 1976, 1596 f.
[28] KG FGPrax 2004, 113 = FamRZ 2004, 1315, 1316; wohl auch *Staudinger/Frank* Rn. 4.
[29] OLG Hamm FamRZ 2001, 859, 861 (Namensanpassung); s. dazu auch Rn. 18.
[30] Zur Verbindung mehrerer Adoptionssachen s. *MünchKommZPO/Maurer* § 196 FamFG Rn. 4.
[31] Nicht eindeutig OLG München NJW-RR 2010, 1232 = FamRZ 2010, 2087, 2088: "vor Erlass des Adoptionsdekrets".
[32] BayObLG FamRZ 1982, 198 (LS.) = ZfJ 1981, 537, 539; BayObLGZ 1982, 318, 321 f.; *Gernhuber/Coester-Waltjen* § 68 Rn. 39, 40 Fn. 58; *Soergel/Liermann* Rn. 3; *Staudinger/Frank* Rn. 8; aA - § 1746 Abs. 2 entsprechend - *Erman/Saar* Rn. 4; *RGRK/Dickescheid* Rn. 4.
[33] Zur Entstehungsgeschichte BT-Drucks. 7/3061 S. 41 Nr. 3.
[34] Ebenso *Staudinger/Frank* Rn. 8; *Soergel/Liermann* Rn. 3.
[35] LG Düsseldorf FamRZ 2010, 1261, 1262.
[36] OLG Düsseldorf FamRZ 1997, 117.
[37] *Staudinger/Frank* Rn. 8.
[38] BayObLGZ 1995, 245 = NJW-RR 1996, 1092 = FamRZ 1995, 1604, 1606.
[39] *Schulte-Bunert/Weinreich/Sieghörtner* § 186 FamFG Rn. 4.
[40] *Staudinger/Frank* Rn. 4.
[41] Zum „unbekannten" Vater s. § 1747 Rn. 8-10.
[42] *MünchKommZPO/Maurer* § 188 FamFG Rn. 9.
[43] *MünchKommZPO/Maurer* § 188 FamFG Rn. 9 mwN insbesondere zur Rspr. des BVerfG: § 188 Abs. 1 FamFG sieht deren Beteiligung dagegen nicht ausdrücklich vor.

§ 1752 16–18   Abschnitt 2. Titel 7. Annahme als Kind

– der **gesetzliche Vertreter** des Kindes (§ 1746 Abs. 1 S. 1),
– das **Jugendamt/Landesjugendamt** auf ihren Antrag (§ 188 Abs. 2 FamFG); ohne Antragstellung sind sie lediglich anzuhören, zudem sind sie beschwerdeberechtigt (§§ 194, 195 FamFG).

16 Nicht materiell beteiligt sind dagegen die weiteren Verwandten der Annehmenden und des Anzunehmenden, da sie in unterhalts- und erbrechtlicher Hinsicht nur mittelbar betroffen sind. – Die Nicht-Beteiligung eines materiell Beteiligten durch das FamG führt zu einer Verletzung des verfassungsrechtlich garantierten (Art. 103 Abs. 4 GG) **rechtlichen Gehörs** (zur Anhörungsrüge und ggf. Verfassungsbeschwerde s. Rn. 45-47).[44]

17 **5. Verfahrensbeistand.** Dem anzunehmenden Kind wie auch Kindern des Annehmenden und des Anzunehmenden, die sich durch ihren Beitritt formell am Verfahren beteiligen, ist ein Verfahrensbeistand zu bestellen, wenn dies zur Wahrung ihrer Interessen erforderlich ist (§ 191 FamFG), insbesondere das Interesse des Kindes zu dem seiner gesetzlichen Vertreter in erheblichem Gegensatz steht. Für das anzunehmende Kind geht es um sein Wohl iSd. § 1741 Abs. 1 S. 1, für die Kinder des Annehmenden und des Anzunehmenden um ihre nach § 1745 schützenswerten Interessen. Doch werden sich für das anzunehmende Kind schon wegen der Adoptionsfreigabe in aller Regel keine Anhaltspunkte für Interessengegensätze zu seinen leiblichen Eltern ergeben, und für die Kinder des Annehmenden und des Anzunehmenden nur, wenn bereits genügend sichere Anhaltspunkte dafür ersichtlich sind, dass ihre schützenswerten Interessen durch eine Annahme verletzt werden,[45] ohne dass es auf die bisherige Anhörung des Jugendamts ankäme.[46] – Zur Verfahrensbeistandschaft im **Beurkundungsverfahren** s. § 1746 Rn. 24.

18 **6. Annahmevoraussetzungen. a) Materiell-rechtliche Voraussetzungen.** Nach Eingang des Antrags prüft das FamG, ob die folgenden Annahmevoraussetzungen erfüllt sind oder werden. Sie müssen auch noch bei **Erlass** des Annahmebeschlusses erfüllt sein.[47] Insbesondere geht es um:
– Die formgerechte **Einwilligung** von Kind, Eltern und Ehegatten (§§ 1746, 1747, 1749), ihre Entbehrlichkeit (§§ 1747 Abs. 4, 1749 Abs. 3) oder ihre rechtskräftige Ersetzung (§§ 1748, 1749 Abs. 1 S. 2). Muss ein *gesetzlicher Vertreter* mitwirken, ist seine Vertretungsmacht im Zeitpunkt der Erklärung (dazu § 1746 Rn. 20) zu prüfen. Die Einwilligung des *Kindes* muss im **Zeitpunkt** des Ausspruchs der Annahme noch vorliegen (§ 1746 Abs. 2, dazu dort Rn. 18-20). Die Einwilligung der Eltern darf nicht vor Ablauf der *Sperrfrist* (§ 1747 Abs. 3 (8 Wochen nach Geburt) erteilt worden sein. *Unwirksam* sind Einwilligungen, die unter einem Willensmangel, der zugleich Aufhebungsgrund (§ 1760 Abs. 2 lit. a-d) ist, leiden[48] oder vor Ablauf der Schutzfrist (§ 1747 Abs. 3) abgegeben wurden.[49]
– Die **Ersetzung** von Einwilligungen und Zustimmungen muss aus Gründen der Rechtssicherheit formell rechtskräftig sein (§ 198 Abs. 1 S. 1 FamG).[50]
– Der Antrag muss auf den Ausspruch von nach dem Gesetz möglichen **Rechtsfolgen** gerichtet sein.[51]
– Die **Belehrung** des nichtehelichen Vaters nach § 51 Abs. 3 SGB VIII über das Erfordernis seiner Einwilligung in die Annahme, auch soweit die Vaterschaft noch nicht feststeht, er seine Vaterschaft aber glaubhaft machen kann, und über die Möglichkeit, auf den Antrag, ihm die elterliche Sorge für das Kind zu übertragen, zu verzichten.[52] Die Feststellung der Vaterschaft abzuwarten kann dem Kindeswohl zuwiderlaufen (dazu auch § 1747 Rn. 9);[53] die Rechte des Mannes werden durch die Möglichkeit der Glaubhaftmachung seiner Vaterschaft gewahrt (dazu § 1747 Rn. 11-15).
– Die **Altersvoraussetzungen** des § 1743.
– Die Förderung des **Kindeswohls** und die Erwartung der Entstehung einer **Eltern-Kind-Beziehung** (§ 1741 Abs. 1 S. 1). Zur Ermittlung dieser Voraussetzungen s. Rn. 19-27. Zweifel an der Eignung des Antragstellers gehen zu seinen Lasten. Die Erwartung, dass ein Eltern-Kind-Verhält-

---
[44] *Soergel/Liermann* Rn. 17.
[45] MünchKommZPO/*Maurer* §§ 191-195 Rn. 7 mwN.
[46] AA wohl OLG Stuttgart FamRZ 2005, 542, 543.
[47] Dazu MünchKommZPO/*Maurer* Vor § 186 FamFG Rn. 28-34.
[48] LG Duisburg DAVorm. 1980, 228.
[49] *Gernhuber/Coester-Waltjen* § 68 Rn. 65.
[50] Dazu näher MünchKommZPO/*Maurer* §§ 197, 198 FamFG Rn. 54 mwN.
[51] OLG Hamm FamRZ 2001, 859, 860 f. (Namensanpassung).
[52] Dazu LG Bochum DAVorm. 1993, 205, 206.
[53] LG Stuttgart FamRZ 1978, 207 f.

nis entstehen werde, ist[54] nicht dargetan, wenn die für und gegen sie sprechenden Umstände gleich schwer wiegen; uU kann die Pflegezeit verlängert werden.
- Wollen **Ehegatten** gemeinschaftlich annehmen, so muss ihre Ehe im Zeitpunkt des Adoptionsausspruchs (noch) bestehen (dazu aber auch § 1753 Rn. 7).
- Die Interessen von **Kindern** des Annehmenden oder Anzunehmenden sind zu berücksichtigen (§ 1745).
- Sollen **Geschwister** angenommen werden, ist für jedes Kind zu prüfen, ob die gesetzlichen Voraussetzungen erfüllt sind; ihre Trennung fördert idR nicht ihr Wohl (dazu § 1741 Rn. 17).

b) Ermittlungen. Das FamG[55] ist nach pflichtgemäßem Ermessen berechtigt und verpflichtet, 19 alle für die Annahme maßgeblichen Umstände (dazu Rn. 18) selbständig zu ermitteln (**Amtsermittlungsgrundsatz**, § 26 FamFG).[56] An die erteilten Einwilligungen und erstatteten Berichte ist es nicht gebunden, sie allein machen auch weitere Ermittlungen nicht entbehrlich. Sachdienlichen **Beweisanträgen** hat es zu entsprechen, braucht ihnen jedoch nicht nachzugehen, wenn die angebotenen Beweise nach den bisherigen Ermittlungen nicht sachdienlich oder aus Rechtsgründen unerheblich sind.[57] – Die Amtsermittlungspflicht gebietet zudem über die §§ 192-195 FamFG hinaus die Anhörung der Personen, insbesondere der **Angehörigen** des Annehmenden, mit denen das Kind künftig zusammenleben soll oder die sich zu den Lebensumständen der Annehmenden äußern können.[58]

Da die Amtsermittlung gilt (§ 26, dazu Rn. 19), trifft die Beteiligten keine formelle **Darlegungs-** 20 **und Beweislast.** Doch trifft sie die materielle Beweislast dahin, dass ein Adoptionsantrag abzuweisen ist, wenn nach Ausschöpfung aller Erkenntnismöglichkeiten vernünftige **Zweifel** an der Kindeswohldienlichkeit einer Annahme und/oder am Entstehen eines Eltern-Kind-Verhältnisses[59] bzw. an der sittlichen Rechtfertigung einer Volljährigenadoption[60] bleiben. Entsprechendes gilt für die Aufhebung eines Annahmeverhältnisses und die Befreiung vom Eheverbot des § 1308 BGB. In diesem Zusammenhang stellt sich auch die Frage, wie sich die Beeinträchtigung der Interessen von **Kindern** des Annehmenden und des Anzunehmenden (§ 1745 BGB) auf die Annahme auswirkt (zu deren Einbeziehung s. Rn. 19).[61]

Zunächst hat die **Adoptionsvermittlungsstelle** oder, wurde keine tätig, das Jugendamt[62] die 21 Voraussetzungen für eine Annahme (dazu Rn. 18), insbesondere die Eignung von Kind und Annehmenden festzustellen (§ 7 AdVermiG, dazu auch § 1744 Anh. Rn. 21) und sich im Adoptionsverfahren **fachlich** zu äußern (§ 189 FamFG).[63] Das Jugendamt hat sich auch über den Verlauf der Pflegezeit (§ 1744) oder darüber zu verhalten, weshalb eine solche Pflege nicht für erforderlich gehalten wurde. – Bei **mehreren Bewerbern** um die Annahme eines Kindes hat die Adoptionsvermittlungs-

---

[54] Entsprechend der früheren Rspr.: BGH NJW 1957, 673 = FamRZ 1957, 126, 128; BayObLG JFG 16, 275, 278; BayObLGZ 1952, 17, 20. Vgl. auch RGZ 147, 220, 223. – Während es früher auf den Zeitpunkt des Annahmevertrages ankam (vgl. OLG Hamm StAZ 1967, 99, 100), ist nunmehr, wie allgemein, der Zeitpunkt des Ausspruchs der Annahme maßgeblich.
[55] Ermittlung durch den Richter, nicht durch den Rechtspfleger: KG DAVorm. 1978, 788, 792.
[56] Bsp.: Staatsangehörigkeit des Annehmenden und des Kindes: BayObLG FamRZ 2004, 303 f. – Anordnung der Untersuchung auf HIV-Antikörper: LG Berlin FamRZ 1989, 427; dazu KG OLGZ 1991, 406 = FamRZ 1991, 1101 (bei Weigerung keine schematische Folgerung!). – Entbehrlichkeit einer Einwilligung nach § 1747 Abs. 4 wegen dauernd unbekannten Aufenthalts: OLG Köln DAVorm. 1998, 936 f. (Nachfrage bei der Arbeitsverwaltung und Sozialbehörde, wenn der Einwilligungsberechtigte Sozialleistungsempfänger ist). – Weitere Bsp. bei *Soergel/Liermann* Rn. 9.
[57] BVerfGE 79, 51 = NJW 1989, 519 = FamRZ 1989, 31, 33.
[58] *Staudinger/Frank* Rn. 20.
[59] *Staudinger/Frank* Rn. 21.
[60] BayObLG NJW-RR 1995, 1287 = FamRZ 1996, 183; OLG Köln FGPrax 2007, 121 = FamRZ 2007, 1576 (LS.); NJW-RR 2009, 1156 = FGPrax 2009, 168 = FamRZ 2009, 1336; NJW-RR 2009, 1661 = FamRZ 2010, 46, 47 m. Anm. *Milzer* FamFR 2009, 31.
[61] Dazu § 1745 Rn. 5; *Staudinger/Frank* 1745 Rn. 26.
[62] Zur örtlichen Zuständigkeit des Jugendamtes s. MünchKommZPO/*Maurer* § 189 FamFG Rn. 16; zur entsprechenden Anwendung von § 87c Abs. 3 SGB VIII s. LG Kassel FamRZ 1993, 234 f. m. Anm. *Henrich*.
[63] Zum Inhalt mit Mustern *Arndt/Oberloskamp* ZfJ 1977, 273; dazu auch MünchKommZPO/*Maurer* § 189 FamFG Rn. 17. – Sieht sich die Adoptionsvermittlungsstelle oder das Jugendamt mangels Mitwirkung der Beteiligten zu einer fachlichen Äußerung nicht in der Lage, muss das FamG versuchen, dem Jugendamt die Erstellung der fachlichen Äußerung – etwa durch die Durchführung von Anhörungen, die dem Jugendamt verwehrt sind – und der Zuverfügungstellung der Ergebnisse zu ermöglichen, und ggf. die Voraussetzungen für eine Adoption – Entstehen eines Eltern-Kind-Verhältnisses, Kindeswohl – durch andere Ermittlungen, insbesondere durch die Anhörung der Beteiligten und des Kindes, festzustellen, BayObLGZ 2000, 230 = NJW-RR 2001, 722 = FamRZ 2001, 647 (dort auch zur – verneinten – Möglichkeit, die Mitteilung, eine fachliche Äußerung nicht abgeben zu können, als fachliche Äußerung anzusehen).

§ 1752 22–24　　　　　　　　　　　　　　　Abschnitt 2. Titel 7. Annahme als Kind

stelle die ihr gemeldeten und für eine Annahme in Betracht kommenden Kinder an den jeweils geeignetsten Bewerber zu vermitteln.[64] Bei gleicher, im Einzelnen tatsächlich jedoch schwer vergleichbarer Eignung können die wirtschaftlichen Verhältnisse eines Bewerbers den Ausschlag geben, im Übrigen sollte aber die Dringlichkeit entscheiden. – Die **Auswahl** der Bewerber ist nur begrenzt justitiabel: Das FamG entscheidet lediglich, ob der vorgeschlagene Adoptionsbewerber die zur Förderung des Kindeswohls notwendige Eignung besitzt. Ob andere Personen eher geeignet sind, entzieht sich regelmäßig seiner Kenntnis und ist auch nicht Gegenstand des Verfahrens, das durch den Antrag gerade dieses Bewerbers eingeleitet wird (§ 1752 Abs. 1); nur auf ihn beziehen sich auch die notwendigen Einwilligungen (§ 1747 Abs. 3). – Die Auswahl des Jugendamts ist kein für die nicht berücksichtigten Adoptionsbewerber – obwohl sie dem FamG nicht mitgeteilt werden und dieses auch nicht selbst eine Auswahl zwischen verschiedenen Adoptionsbewerbern trifft – anfechtbarer **Verwaltungsakt**, sondern ein rechtsfreies, gerichtlich nicht überprüfbares Verwaltungshandeln, das nicht unmittelbar in das zum Adoptionsbewerber bestehende Rechtsverhältnis eingreift (anders zur Vermittlung etc., dazu § 1744 Anh. Rn. 9, 37). – Auf der Grundlage dieses Berichts und ggf. eigener Feststellungen stellt das **FamG** fest, ob die Annahme das Wohl des Kindes fördert.

22　Stets **persönlich anzuhören** sind die **Annehmenden**, ebenso das anzunehmende **Kind** (§ 192 Abs. 1 FamFG). Von der persönlichen Anhörung des Kindes kann abgesehen werden, wenn Nachteile für seine Entwicklung, Erziehung oder Gesundheit zu befürchten oder eine Aufklärung wegen des geringen Alters des Kindes nicht zu erwarten ist (§ 192 Abs. 3 FamFG),[65] etwa wenn das Kind durch die Anhörung in seiner Gesundheit gefährdet oder aus seinem seelischen Gleichgewicht gebracht würde;[66] bereits die Erörterung verfahrensbedingter Umstände kann das Kind in Konflikt bringen. Sind Konflikte durch die Anwesenheit der Beteiligten zu befürchten, hat eine getrennte Anhörung zu erfolgen.[67] Die persönliche Anhörung durch das erkennende FamG kann auch unterbleiben, wenn das Kind aus tatsächlichen Gründen keine Bindungen und Neigungen zu den Eltern oder einem Elternteil entwickeln konnte[68] oder bei seiner Anhörung durch den ersuchten Richter seine Einwilligung ausdrücklich verweigert hat.[69] **Jüngere** Kinder sind jedenfalls dann zu hören, wenn ihre Neigungen und Bindungen bereits bedeutsam sind, es mithin auf ihren Willen ankommt, oder es sonst angezeigt ist, dass sich das FamG einen unmittelbaren Eindruck von dem Kind verschafft;[70] dies wird spätestens ab Einschulung der Fall sein.[71]

23　Äußert sich das **Jugendamt** nicht bereits fachlich (§ 189 FamFG), ist es zu allen für das jeweilige Verfahren maßgebenden tatsächlichen und rechtlichen Umständen[72] **anzuhören**,[73] in Fällen mit Auslandsberührung (§ 11 Abs. 1 Nr. 2, 3 AdVermiG) zudem die zentrale Adoptionsvermittlungsstelle oder das Landesjugendamt (§ 195 FamFG).[74] Hiervon kann nur abgesehen werden, wenn eine Annahme gar nicht in Betracht kommt.[75]

24　Anzuhören sind auch die **Kinder** der Annehmenden und des Anzunehmenden, wenngleich nicht stets persönlich (§ 193 FamFG). Ihr Widerspruch mag indizieren, dass die Adoption ihren Interessen zuwiderläuft (dazu § 1745 Rn. 7), andererseits hat das Einverständnis Minderjähriger keinen Beweiswert.[76] Stets wird das FamG auch nach einer Anhörung von der Erhebung weiterer sich anbietender

---

[64] *Greese* Mitt. AGJ 67 (1973), 43.
[65] Zu § 55 c FGG iVm. § 50 b Abs. 1, Abs. 2 S. 1, Abs. 3 FGG: Nur ein Kind, das das 14. Lebensjahr vollendet hatte, war stets anzuhören, sprachen nicht „schwerwiegende Gründe" dagegen (dazu BVerfG FamRZ 2002, 229; BayObLG FamRZ 1988, 871, 872; OLG Stuttgart FamRZ 1989, 1110; FamRZ 2005, 542, 543; s. auch Bericht des RA-BT BT-Drucks. 7/5087 S. 24: Neufassung des § 55c FGG durch das SorgeRG (Einleitung Rn. 127) gegen die bewusste Zurückhaltung beim AdoptG).
[66] BGH NJW-RR 1986, 1130 = IPRax 1987, 317; KG FamRZ 1981, 204; LG Freiburg FamRZ 2003, 1647, 1648. Zu blass *Luthin* FamRZ 1981, 114: Gefährdung des Kindeswohls.
[67] In der Begründung daher verfehlt BayObLG NJW-RR 1988, 1352 = FamRZ 1988, 868, 870; FamRZ 1988, 871, 873 (im Ergebnis richtig, weil es sich um Kleinkinder handelte). Als verfahrensleitende Zwischenverfügung ist eine gerichtliche Verfügung, dass ein Termin zur Kindesanhörung in Abwesenheit der Eltern diesen nicht mitzuteilen ist, nicht anfechtbar, OLG München FamRZ 2007, 745, 746.
[68] BayObLG FamRZ 1984, 312 (LS.) = ZfJ 1985, 36; FamRZ 1988, 871, 873; BayObLGZ 2000, 230 = NJW-RR 2001, 722 = FamRZ 2001, 647, 648.
[69] BayObLG FamRZ 1997, 576, 577.
[70] BayObLGZ 2000, 230 = NJW-RR 2001, 722 = FamRZ 2001, 647, 648.
[71] BayObLG FamRZ 1993, 1480 f. (bejaht für 11-jähriges Kind); OLG Oldenburg NJW-RR 1996, 709 = FamRZ 1996, 895 (verneint für 2-jähriges Kind).
[72] OLG Karlsruhe NJWE-FER 1998, 4 = FamRZ 1998, 56.
[73] OLG Frankfurt/M. OLGR 1999, 278.
[74] Dazu auch OLG Bremen OLGR 2006, 510, 511 = FamRZ 2007, 930 (LS.).
[75] BayObLG FamRZ 1987, 87, 88; MünchKommZPO/*Maurer* §§ 192-195 FamFG Rn. 29.
[76] OLG Köln FamRZ 1982, 642, 644.

Beschluss des Familiengerichts, Antrag   25–30   § 1752

oder gar aufdrängender Beweise durch den Widerspruch aber nicht enthoben, und jedenfalls die Abkömmlinge wird es **anzuhören** haben.[77]

IdR nicht notwendig ist die Anhörung **sonstiger Beteiligter**,[78] die förmliche Erklärungen 25 abgegeben haben oder sich bereits gegenüber dem Jugendamt äußern konnten; sie „sollen" angehört werden (§ 192 Abs. 2 FamFG). Stets sind die Anhörung und weitere Ermittlungen aber bei Zweifeln oder der Behauptung von Willensmängeln (dazu Rn. 18) geboten. Auch auf die persönliche Anhörung von Erwachsenen und älteren Kindern, die zwar nicht förmlich beteiligt sind, mit dem Anzunehmenden aber in häuslicher Gemeinschaft leben werden, sollte nicht verzichtet werden (dazu § 1741 Rn. 23).

Allen Beteiligten (dazu Rn. 15) ist stets **rechtliches Gehör** zu gewähren (dazu auch Rn. 45– 26 47).[79] Dies gilt auch für den Anzunehmenden und seine sowie des Annehmenden **Kinder,** die von der familiengerichtlichen Entscheidung in ihrer Individualität als Grundrechtsträger betroffen werden (zu ihrer Anhörung §§ 192 Abs. 1, 193 FamFG; zur Volljährigenadoption s. § 1769;[80] auch insoweit gelten jedoch die Einschränkungen aus § 192 Abs. 3 S. 2 FamFG (§ 193 S. 2 FamFG). Der Antragsteller muss zu ihm nachteiligen Äußerungen Stellung nehmen können.[81] – Zur Kindeswohldienlichkeit der Annahme und der Stabilität des künftigen Eltern-Kind-Verhältnisses kann das FamG ein familienpsychologisches **Gutachten** einholen, muss jedoch die erheblichen Umstände selbst bezeichnen und die Sachentscheidung selbst treffen.[82] – Fragen, deren Beantwortung dem Kindeswohl zwar dient, die jedoch **nicht unmittelbar** mit der Annahme zusammenhängen, sind nicht Gegenstand des Verfahrens; deshalb kann die Annahme nicht davon abhängig gemacht werden, dass der Ehemann als künftiger **Stiefvater** den Namen des leiblichen Vaters, der sich bisher für das Kind nicht interessiert hat, preisgibt.[83]

Zwar sind die Beteiligten auch im **Beschwerdeverfahren** erneut persönlich anzuhören.[84] Doch 27 kann hiervon abgesehen werden, wenn die erneute Anhörung keine weiteren Erkenntnisse erwarten lässt, etwa wenn die Anhörungen im 1. Rechtszug nur kurze Zeit zurückliegen und sich im Beschwerdeverfahren keine neuen Gesichtspunkte ergeben (dazu § 68 Abs. 3 S. 2 FamFG).[85]

7. Entscheidung. a) Annahme. aa) Ausspruch. Das FamG entscheidet durch **Beschluss,** 28 mit dem das Verfahren endet. Der Erlass eines mit der einfachen Beschwerde anfechtbaren **Vorbescheids** ist wegen der Umgehung der Unanfechtbarkeit des Annahmebeschlusses (dazu Rn. 33) unzulässig.[86] – Liegen die Annahmevoraussetzungen vor (dazu Rn. 18; zu § 1745 – Interessen der Kinder – s. dort Rn. 3–34), spricht das FamG die Annahme aus; ein Ermessen steht ihm nicht zu.[87] Der Tenor sollte lauten: „*Auf Antrag der Eheleute A vom . . . wird ausgesprochen: Die Eheleute A nehmen Y, geboren am . . . in . . ., als Kind an*".[88]

Mit dem Ausspruch der Annahme sind gewünschte Namensänderungen vorzunehmen (§ 1757 29 Abs. 2, dazu dort Rn. 2–10) und in den Tenor aufzunehmen: „*Der Angenommene führt den Namen . . .*". – Ist im Annahmeverfahren die Unwirksamkeit einer Einwilligung behauptet, aber nicht festgestellt worden, ist mit dem Ausspruch der Annahme zugleich ein hilfsweise formgerecht gestellter **Feststellungsantrag**[89] in einem gesonderten Beschluss zurückzuweisen (dazu § 1748 Rn. 65, § 1750 Rn. 22).[90]

bb) Angabe der angewandten Vorschriften. Wegen der unterschiedlichen Wirkungen 30 einer Annahme[91] sind die – auch ausländischen[92] – **Vorschriften** im Tenor oder in den Gründen[93]

---

[77] *Staudinger/Frank* Rn. 19, § 1745 Rn. 22.
[78] S. auch AG Darmstadt ZfJ 1983, 223: Wegen der Beteiligung des Jugendamtes ist bei der Adoption eines italienischen Kindes die Beteiligung der Staatsanwaltschaft entbehrlich.
[79] Dazu und zum Umfang BVerfGE 79, 51 = NJW 1989, 519 = FamRZ 1989, 31, 33.
[80] BVerfGE 55, 171 = NJW 1981, 217 = FamRZ 1981, 124; BGH NJW 1985, 1702 = FamRZ 1985, 169, 172; OLG Karlsruhe NJWE-FER 1998, 4 = FamRZ 1998, 56.
[81] BayObLG FamRZ 1983, 532, 533; FamRZ 1991, 224, 226.
[82] BayObLG 1998, 351 = NJW-RR 1998, 1294 = FamRZ 1998, 1456; LG Hannover DAVorm. 1977, 759 (dort auch: als Zwischenverfügung nicht selbständig anfechtbar).
[83] KG DAVorm. 1978, 788, 793; aA LG Berlin FamRZ 1978, 148, dem *Erman/Saar* Rn. 6; *Palandt/Diederichsen* Rn. 3, jeweils zu § 1741, folgen.
[84] OLG Bremen OLGR 2006, 510, 511 = FamRZ 2007, 930 (LS.).
[85] OLG Zweibrücken FGPrax 2001, 113 = JAmt 2001, 431, 433 mwN.
[86] LG Düsseldorf Beschl. v. 16. 9. 1980 - 25 T 402/80, juris (LS.).
[87] *Gernhuber/Coester-Waltjen* § 68 Rn. 95: Öffentlich-rechtlicher Anspruch auf richterlichen Akt.
[88] Abweichende Formulierung bei RGRK/*Dickescheid* Rn. 19.
[89] AA - Aufhebungsantrag - LG Duisburg DAVorm. 1980, 228.
[90] MünchKommZPO/*Maurer* §§ 197, 198 FamFG Rn. 11.
[91] BT-Drucks. 7/3061 S. 58.
[92] LG Stuttgart StAZ 1984, 247.
[93] BT-Drucks. 7/3061 S. 78 f.

§ 1752 31–33 Abschnitt 2. Titel 7. Annahme als Kind

anzugeben, auf die sich die Annahme „gründet" (§ 197 Abs. 1 S. 1). Die Angabe dient dazu, Unklarheiten im Rechtsverkehr, um welche Art der Annahme es sich handelt, auszuräumen.[94] Sie hat keine konstitutive Wirkung, sondern lediglich deklaratorische Bedeutung.[95] Aufzuführen sind danach die Vorschriften, auf die sich die Adoption als **Rechtsgrundlage** stützt,[96] wie auch diejenigen, welche die **Rechtswirkungen** der Adoption regeln.[97] Anzugeben ist deshalb,[98] ob es sich
– bei der **Minderjährigenadoption** (zur irrtümlich ausgesprochenen Minderjährigenadoption s. Rn. 42-43) um eine
  – allgemeine Volladoption, auch gemeinschaftliche Adoption durch Ehegatten (§§ 1741 Abs. 2 S. 1, 1754, 1755 Abs. 1, 2),[99]
  – beschränkte Volladoption bei der Annahme eines mit den Annehmenden im 2. und 3. Grad verwandten und verschwägerten Kindes (§§ 1741 Abs. 2 S. 1, 2,[100] 1756 Abs. 1),
  – Stiefkindadoption (§§ 1741 Abs. 2 S. 3, 1755 Abs. 2),
  – Stiefkindadoption nach dem Tod des leiblichen Elternteils (§§ 1741 Abs. 2 S. 3, 1756 Abs. 2),
  – wenn die **Einwilligung** eines Elternteils nach § 1747 Abs. 4 nicht für erforderlich gehalten wurde (§ 197 Abs. 1 S. 2 FamFG), weil für die Aufhebbarkeit der Adoption maßgeblich ist, ob das Vorliegen seiner Voraussetzungen zu Unrecht angenommen wurde (§ 1760 Abs. 1, 5),[101] oder
– um eine **Volljährigenadoption** mit
  – beschränkter Wirkung (§§ 1767, 1770),
  – den erweiterten Wirkungen einer Minderjährigenadoption (§ 1772)
handelt.

31 Die Praxis macht weitere Angaben, die gesetzlich nicht vorgeschrieben sind, und führt auch an
– § 1741 Abs. 2 S. 1, obwohl bei der Annahme durch Ehegatten die sich daraus ergebende Rechtsfolge – der Anzunehmende wird **gemeinschaftliches Kind** der Ehegatten – kraft Gesetzes eintritt; seine Angabe allein ist jedoch nicht ausreichend (dazu auch Rn. 30);
– die **Ersetzung** der Einwilligungen des Vormund oder Pflegers (§ 1746 Abs. 3), eines leiblichen Elternteils (§ 1748), des Ehegatten des Annehmenden (§ 1749 Abs. 1 S. 2, 3),
– den **Namen** des Angenommenen (§ 1757),[102] auch dass die Annehmenden, die keinen gemeinsamen Ehe- oder Lebenspartnerschaftsnamen führen, den Namen des Kindes bestimmt haben (§ 1757 Abs. 2 S. 1) und sich vor dem Ausspruch das bereits 5 Jahre alte Kind der Namensbestimmung (§ 1757 Abs. 2 S. 2) oder der Ehegatte des Angenommenen der Namensänderung angeschlossen hat (§ 1757 Abs. 2 S. 2), der Vorname des Kindes geändert (§ 1757 Abs. 4 Nr. 1) oder bisherige Familienname des Kindes vorangestellt oder angefügt wurde (§ 1757 Abs. 4 Nr. 2).[103]

32 cc) **Begründung.** Der Beschluss, der die Annahme ausspricht, ist trotz seiner Unanfechtbarkeit (dazu Rn. 34) wegen seiner weitreichenden Rechtsfolgen zu **begründen** (§ 38 Abs. 3 FamFG).[104] Der maßgebliche Sachverhalt ist darzustellen und unter die Annahmevoraussetzungen „Kindeswohl" und „Eltern-Kind-Verhältnis" zu subsumieren. Zudem ist die Prüfung der formalen Erfordernisse wie Antrag und Einwilligungen, bzw. dass die Einwilligung eines Elternteils nicht für erforderlich gehalten wurde (§ 1747 Abs. 4), und die künftige Namensführung darzulegen.

33 dd) **Wirksamkeit. Anfechtbarkeit. Abänderbarkeit.** Der Annahmebeschluss wird mit **Zustellung** einer Ausfertigung an den Annehmenden,[105] bei einer gemeinsamen Adoption durch Ehegatten an beide Annehmenden, oder, ist der Annehmende gestorben (s. § 1753 Abs. 2, 3), an

---
[94] BT-Drucks. 7/3061 S. 58.
[95] MünchKommZPO/*Maurer* §§ 197, 198 FamFG Rn. 13 mwN.
[96] OLG Karlsruhe DAVorm. 1978, 787 = StAZ 1979, 71 f. m. Anm. *Kollnig.*
[97] AA AG Bielefeld StAZ 1979, 331, 332; *B/J/S/Sonnenfeld* Rn. 14; *Schulte-Bunert/Weinreich/Sieghörtner* Rn. 5, jeweils zu § 197 FamFG.
[98] S. dazu auch *Keidel/Engelhardt* § 197 Rn. 13.
[99] Zu §§ 1754, 1755 wohl aA AG Bielefeld StAZ 1979, 331, 332; offengelassen von OLG Karlsruhe DAVorm. 1978, 787 = StAZ 1979, 71, 72 m. Anm. *Kollnig;* s. auch *Staudinger/Frank* Rn. 28, die Erforderlichkeit verneinen, Zweckmäßigkeit aber bejahen.
[100] Doch ist die Angabe von § 1741 Abs. 2 S. 2 BGB allein nicht ausreichend, weil das Verwandtschaftsverhältnis zu den bisherigen Verwandten erloschen sei, was nicht sein muss, weil auch Verwandte iSd. § 1756 BGB ein Kind gemeinschaftlich annehmen können, aA OLG Karlsruhe DAVorm. 1978, 787 = StAZ 1979, 71 f. m. Anm. *Kollnig.*
[101] BT-Drucks. 7//3061 S. 38, 48; BT-Drucks. 7/5087 S. 19; dazu auch *Staudinger/Frank* Rn. 29.
[102] *Frank* StAZ 2008, 1, 4.
[103] *B/J/S/Sonnenfeld* § 197 Rn. 10-12 mwN.
[104] Zu den Einzelheiten s. MünchKommZPO/*Maurer* Vor § 186 FamFG Rn. 31, 32. So zu § 56e FGG bereits *Staudinger/Frank* Rn. 25; *Soergel/Liermann* Rn. 13: Wegen der einschneidenden Wirkungen.
[105] BayObLGZ 1998, 279 = NJW-RR 1999, 1379 = FamRZ 1999, 1667, 1668 f. (zur Ersatzzustellung).

Beschluss des Familiengerichts, Antrag   34–37 § 1752

das Kind wirksam (§ 197 Abs. 2 FamFG).¹⁰⁶ – Zudem ist der Annahmebeschluss den durch ihre Einwilligung Beteiligten bekanntzugeben (§ 41 Abs. 1 S. 1 FamFG), ohne dass dies Einfluss auf die Wirksamkeit des Beschlusses hat.¹⁰⁷ Bei der Bekanntgabe des Beschlusses an Eltern und gesetzliche Vertreter (dazu Rn. 15) sind bei einer **Inkognitoadoption** Name und Anschrift des Antragstellers wegzulassen und durch die Nummer in der Bewerberliste der Adoptionsvermittlungsstelle zu ersetzen, zudem sind Namensänderungen des Kindes unkenntlich zu machen.¹⁰⁸,¹⁰⁹

Der Annahmebeschluss ist wegen des Interesses des Kindes an der positiven Entwicklung einer **34** gesicherten, kontinuierlichen Statusbeziehung (dazu Vor § 1741 Rn. 4) **unanfechtbar** und **unabänderbar** (§ 197 Abs. 3 S. 1 FamFG; zur Unanfechtbarkeit und Unabänderbarkeit der Anerkennungs- und Wirkungsfeststellung nach § 5 Abs. 4 AdWirkG s. § 1752 Anh. § 5 AdWirkG Rn. 12-13), ebenso eine die Annahme vorbereitende Feststellung, dass ein bestimmtes Hindernis der Annahme nicht entgegensteht.¹¹⁰ – Spricht das OLG als **Beschwerdegericht** die Annahme in Abänderung der familiengerichtlichen Entscheidung aus, ist dagegen keine Rechtsbeschwerde zulässig, weil bereits gegen eine entsprechende Entscheidung des FamG keine Beschwerde zulässig gewesen wäre.¹¹¹ Deshalb findet eine Rechtsbeschwerde auch nicht gegen eine Anweisung des Beschwerdegerichts an das FamG, die Annahme nicht aus einem in dem Abweisungsbeschluss angegebenen Grund zu versagen, statt.¹¹² Lässt das Beschwerdegericht die Rechtsbeschwerde gleichwohl zu (§ 70 Abs. 1, 2 FamFG), führt dies nicht zur Statthaftigkeit der Rechtsbeschwerde;¹¹³ sie ist vom Rechtsbeschwerdegericht als unzulässig zu verwerfen (§ 74 Abs. 1 S. 2 FamFG).

Die Unabänderbarkeit tritt bereits mit **Erlass** des Beschlusses ein, also mit Übergabe in vollständi- **35** ger Form an die Geschäftsstelle oder mit Bekanntgabe durch Verlesen der Beschlussformel (§ 38 Abs. 3 S. 3 FamFG).¹¹⁴ – Auch eine **Wiederaufnahme** des Adoptionsverfahrens ist nicht statthaft (§ 197 Abs. 3 S. 2 FamFG). Über offensichtliche Schreibfehler hinausgehende **Berichtigungen** (§ 42 FamFG) und **Ergänzungen** (§ 43 FamFG: Hinweis auf weitere Vorschriften;¹¹⁵ Namensänderungen [dazu § 1757 Rn. 38]) sind unzulässig. – Zur Verletzung **rechtlichen Gehörs** s. Rn. 26, 45-47). – Zur Anfechtbarkeit der Entscheidung zum **Namen** des Kindes s. § 1757 Rn. 37.

b) Versagung der Annahme. aa) Ausspruch. Wirkungen. Sind die Annahmevorausset- **36** zungen, auch wegen Mangelhaftigkeit von Einwilligungen, nicht nachgewiesen und verspricht ein Aufschub der Entscheidung keine weitere Klärung oder ist er mit dem Wohl des Kindes nicht vereinbar, ist die Annahme durch zu begründenden Beschluss zu versagen. Beruht die Versagung auf der Ablehnung der **Ersetzung** einer Einwilligung, ist deren Rechtskraft abzuwarten (dazu § 1748 Rn. 30, 77.¹¹⁶ – Wegen der Bindung an den Antrag der Annehmenden ist dieser auch abzuweisen, wenn mit der Adoption **Rechtsfolgen** erstrebt werden, die nach dem Gesetz nicht möglich sind.¹¹⁷ – Durch die Versagung verlieren die Einwilligungen des Kindes, der Eltern und der Ehegatten ihre Wirkungen (§ 1750 Abs. 4 S. 1), weshalb sie bei erneuter Beantragung durch denselben Adoptionsbewerber erneut erteilt werden müssen. Zu entscheiden ist über die **elterliche Sorge,** die nach § 1751 Abs. 1 geendet hatte (§ 1751 Abs. 3).

bb) Wirksamkeit. Anfechtbarkeit. Abänderbarkeit. Der Beschluss, durch den die Annahme **37** versagt wird, wird mit seiner Bekanntgabe durch förmliche Zustellung an den/die Antragsteller (Abs. 1, § 1768 Abs. 1 S. 1) **wirksam** (§§ 40 Abs. 1, 41 Abs. 1 S. 2 FamFG). Er kann ihn mit der

---

¹⁰⁶ Zur Verwirklichung rechtlichen Gehörs durch Einhaltung der Zustellungsvorschriften s. BayObLGZ 2000, 14 = NJW-RR 2000, 1452 = FamRZ 2000, 1097 f.
¹⁰⁷ *Staudinger/Frank* Rn. 30.
¹⁰⁸ *Staudinger/Frank* Rn. 31.
¹⁰⁹ Zur Zulässigkeit der Anfechtung von **Zwischenentscheidungen** s. MünchKommZPO/*Maurer* §§ 197, 198 FamFG Rn. 31.
¹¹⁰ KG FamRZ 1957, 184 f.; *Keidel/Engelhardt* § 197 FamFG Rn. 23. – Kritisch *Staudinger/Frank* Rn. 33, weil die Unanfechtbarkeit nicht der Verfahrensbeschleunigung dienen soll. Doch geht es darum auch in diesen Fällen nicht, sondern um die Gewährleistung von Rechtssicherheit bezüglich einer Adoption nicht entgegenstehender Umstände.
¹¹¹ OLG Celle NdsRpfl 1953, 221; *Staudinger/Frank* Rn. 33; *Keidel/Engelhardt* § 197 FamFG Rn. 23.
¹¹² OLG Köln JMBl.NW 1963, 9 f.; OLG Hamm OLGZ 1965, 365, 366; *Keidel/Engelhardt* § 197 FamFG Rn. 23; kritisch *Staudinger/Frank* Rn. 33.
¹¹³ BGH NJW-RR 2005, 1009 = FamRZ 2005, 1481; OLG Hamm FamRZ 2006, 286; NJW 2008, 2708 = FamRZ 2008, 1433, jeweils mwN; *Keidel/Meyer-Holz* Rn. 42; *Prütting/Helms/Abramenko* Rn. 1; *B/J/S/Müther* Rn. 28; *Bahrenfuss/Joachim* Rn. 14; *Bassenge/Roth/Gottwald* Rn. 14, jeweils zu § 70 FamFG.
¹¹⁴ MünchKommZPO/*Maurer* §§ 197, 198 FamFG Rn. 37.
¹¹⁵ LG Stuttgart StAZ 1984, 247 (ausländische Adoptionsvorschriften).
¹¹⁶ OLG Hamm OLGZ 1991, 257 = NJW-RR 1991, 905 = FamRZ 1991, 1230, 1232; OLG Celle ZfJ 1998, 262 f.
¹¹⁷ OLG Hamm FamRZ 2001, 859, 860 f. (Namensanpassung).

fristgebundenen **Beschwerde** anfechten (§§ 58 Abs. 1, 63 Abs. 1 FamFG).[118] Von antragstellenden Ehegatten ist jeder einzeln beschwerdeberechtigt.[119] – Die Beschwerde wäre jedoch von vornherein erfolglos, wenn bereits mit Wirksamwerden der erstinstanzlichen Entscheidung die Einwilligung ihre Kraft verlöre (§ 1750 Abs. 4), was nicht gewollt war.[120] Zwar können die Einwilligungen nicht unbegrenzt in der Schwebe bleiben,[121] doch ist der Rechtssicherheit durch die gesetzliche Begrenzung auf höchstens 3 Jahre (§ 1750 Abs. 4 S. 2) Genüge getan.[122] – Dem **Kind** steht grundsätzlich kein Beschwerderecht mehr zu, weil es nicht gerechtfertigt ist, ohne den Willen des Annehmenden, der ja selbst Beschwerde einlegen kann, eine Annahme herbeizuführen. Anders bei **Tod** des Annehmenden (§ 1753 BGB),[123] weil ein Rechtsschutzbedürfnis des Kindes für die Feststellung besteht, dass eine Annahme weiter zulässig und deshalb anzuordnen ist, und der Grund für den Ausschluss des Beschwerderechts des Kindes nach dem Tod des Annehmenden nicht mehr besteht (s. auch §§ 197 Abs. 2, 59 Abs. 1 FamFG).[124] – Soweit das **Jugendamt/Landesjugendamt** anzuhören war, ist ihm die Entscheidung mitzuteilen und steht ihm ein Beschwerderecht zu (§§ 194 Abs. 2, 195 Abs. 2 FamFG). Nicht beschwerdeberechtigt ist die Adoptionsvermittlungsstelle, die nicht das Jugendamt ist.[125] – Hängt nach der Zurückweisung eines Antrags auf eine Minderjährigenadoption die Beschwerdeberechtigung von der Antragsbefugnis ab, ist diese bei Auslandsberührung verfahrensrechtlich zu qualifizieren, sodass insoweit nicht das Adoptionsstatut, sondern das inländische Recht zur Anwendung kommt.[126]

38 Gegen die Beschwerdeentscheidung des OLG ist die **Rechtsbeschwerde** nur nach Zulassung statthaft (§ 70 Abs. 1, 2 FamFG). Eine Nichtzulassungsbeschwerde entsprechend § 544 ZPO sieht das FamFG nicht vor.[127] Die Prüfung beschränkt sich auf Rechtsverletzungen (§ 74 Abs. 2 FamFG), wozu auch die Beurteilung des Kindeswohls gehört.

39 **c) Gemeinschaftliche Annahme.** Ist bei einem Antrag von Ehegatten auf gemeinschaftliche Annahme eines Kindes nur die Annahme durch einen von ihnen zulässig, ist zu unterscheiden:
– Ist die gemeinschaftliche Annahme unzulässig, weil zum Ehegatten bereits eheliche **Eltern-Kind-Beziehungen** bestehen, ist der Antrag auf eine alleinige Annahme gerichtet und als Einwilligung des Ehegatten auszulegen.
– Ist die gemeinschaftliche Annahme wegen **beschränkter Geschäftsfähigkeit** oder zwischenzeitlichem **Tod** des Ehegatten unzulässig, ist der Antragsteller zu hören, ob er seinen Antrag als auf eine alleinige Annahme gerichtet aufrechterhalten will.[128] Nimmt er ihn trotz Hinweises auf die Rechtslage nicht zurück, ist der Antrag als auf alleinige Annahme gerichtet anzusehen.
– Ist eine Einzelannahme überhaupt **unzulässig,** führen Hindernisse in der Person bereits eines Ehegatten zur Zurückweisung des Antrags.

40 **8. Verfahrenswert. Kosten.** Der **Verfahrenswert** eines Verfahrens zur Annahme eines Minderjährigen sowie zur Aufhebung einer Annahme beträgt idR 3000 €, kann sich aber auf Grund des Vermögens der Annehmenden erhöhen (§ 42 Abs. 2, 3 FamGKG).[129] Das Verfahren in allen Adoptionssachen betreffend einen Minderjährigen ist – auch bei Zurückweisung und Zurücknahme

---

[118] BayObLG FamRZ 1983, 532; *Engler* FamRZ 1975, 132; *ders.* FamRZ 1976, 588; *Bassenge* JR 1976, 187; *Palandt/Diederichsen* Rn. 1.
[119] *Engler* FamRZ 1976, 588.
[120] Dies zeigt der RegE, der die Kraftlosigkeit einer Einwilligung erst mit der „endgültigen" Versagung der Annahme vorsah (BT-Drucks. 7/3061 S. 5 zu § 1750 Abs. 5; auch LG Köln FamRZ 1985, 108 m. Anm. *Schön*), woran auch der RA-BT nichts ändern wollte (BT-Drucks. 7/5087 S. 14 zu § 1750).
[121] *Bassenge* JR 1976, 187; aA RGRK/*Dickescheid* Rn. 23, § 1750 Rn. 14.
[122] Ebenso LG Berlin ZfJ 1984, 372, 373; RGRK/*Dickescheid* Rn. 23; *Staudinger/Frank* Rn. 38; *Soergel/Liermann* Rn. 12; aA - die Einwilligungen verlieren ihre Wirksamkeit, wenn nicht innerhalb der Beschwerdefrist Beschwerde eingelegt wird - LG Köln FamRZ 1985, 108; *Erman/Saar* Rn. 18; 3. Aufl. Rn. 18.
[123] Zum bis zum 30. 6. 1998 geltenden Recht wurde angenommen, dass dem Kind für diesen Fall entsprechend § 56a Abs. 2 FGG, aufgehoben durch Art. 8 Nr. 16 KindRG, ausnahmsweise ein Beschwerderecht zusteht (OLG Braunschweig DAVorm. 1978, 784; *Bassenge* JR 1976, 187).
[124] Ebenso *Soergel/Liermann* Rn. 4 (praeter legem, „weil sonst die in seinem Sinne und mit seiner Einwilligung vorgesehene Adoption schon bei diesem Verfahrensstand rechtskräftig abgewiesen wäre"); *Staudinger/Frank* Rn. 5, jeweils zu § 1753; MünchKommZPO/*Maurer* §§ 197, 198 Rn. 46; aA LG Kassel NJW-RR 2006, 511 = FamRZ 2006, 727; *Palandt/Diederichsen* § 1753 Rn. 2; *Schulte-Bunert/Weinreich/Sieghörtner* § 197 FamFG Rn. 23.
[125] Nach § 57 Abs. 1 Nr. 9, 20 Abs. 2 FGG waren das Jugendamt und die Adoptionsvermittlungsstelle nicht beschwerdeberechtigt, *Keidel/Kuntze/Winkler/Engelhardt* § 57 FGG Rn. 34.
[126] BayObLGZ 1997, 85 = NJW-RR 1997, 644 = FamRZ 1997, 841 f.
[127] Zur Hauptsacheerledigung im Rechtsbeschwerdeverfahren nach rechtskräftiger Adoption durch die Pflegeeltern (nach Schweizer Recht) s. BayObLG NJWE-FER 1998, 42 = FamRZ 1998, 57 (LS.).
[128] BGHZ 24, 345 = NJW 1957, 1357. Zur Einwilligung in diesem Fall s. § 1747 Rn. 4, § 1753 Rn. 8.
[129] LG Darmstadt FamRZ 2003, 248 (5% des Reinvermögens).

eines Antrags und einschließlich der Verfahren auf Ersetzung von Einwilligungen (dazu FamGKG KV Vorbemerkung 1.3.2 Abs. 2), auf Anordnung von Offenbarungs- und Ausforschungsverboten (§ 1758 Abs. 2 S. 2) und über die Namensführung als Nebengeschäfte (entsprechend § 35 KostO; das FamGKG enthält keine ausdrückliche Regelung mehr) – **gebührenfrei**.[130] – Die **Auslagen** schuldet der Annehmende als Antragsteller (§ 21 Abs. 1 S. 1 FamGKG). – Zur Adoption eines **Volljährigen** s. § 1768 Rn. 17.

V. Wirkungen der Annahme

1. **Grundsätze.** Die materiell-rechtlichen Wirkungen der Annahme richten sich nach §§ 1754– 41 1758. – Dem Standesbeamten, der die Geburt des Kindes beurkundet hat, ist eine beglaubigte Abschrift des Beschlusses zu übersenden; er nimmt die Änderung des Personenstandes[131] einschließlich des Namens[132] mit dem Namen des Annehmenden[133] zum **Geburtseintrag** im Geburtenregister auf (§ 27 Abs. 3 Nr. 1 Halbs. 2 PStG).[134] Das Inkognito wird dadurch wegen der Beschränkung des Einsichtsrechts (§ 63 Abs. 1 PStG) nicht gefährdet (dazu § 1758 Rn. 11).[135] In das **Eheregister** wird der Angenommene nicht eingetragen.[136] – Ein materielles Prüfungsrecht steht dem Standesbeamten nicht zu, er ist grundsätzlich an die Entscheidung des FamG **gebunden**.[137] Doch besteht keine Bindung an eine nichtige Entscheidung.[138] Bei ernsthaften Zweifeln an der Rechtswirksamkeit des Annahmebeschlusses wegen dessen Nichtigkeit kann der Standesbeamte eine Entscheidung des AmtsG – nicht aber des FamFG (§ 23a Abs. 2 Nr. 11 GVG) – herbeiführen ((§§ 48, 49 PStG).[139] – Zur **Sperrwirkung** s. § 1758 Rn. 13-21.

2. **Minderjährigen-/Volljährigenadoption. Stichtag,** zu dem Minderjährigkeit vorliegen 42 muss, ist der Erlass des Annahmebeschlusses (dazu Rn. 12).[140] Deshalb erledigt sich das auf eine Minderjährigenadoption gerichtete Verfahren, wenn das Kind **während** des noch laufenden Annahmeverfahrens volljährig wird; der ursprüngliche Antrag kann nicht umgedeutet werden,[141] er wird unbegründet[142] und ist, wird er weiterverfolgt, zurückzuweisen. Für die Volljährigenadoption bedarf

---

[130] BT-Drucks. 16/6803 S. 312; s. auch *Prütting/Helms/Klüsener* FamGKG-Kostenverzeichnis Rn. 57; *Bahrenfuss/Schlemm* Rn. 6; *Keidel/Engelhardt* Rn. 6, jeweils zu § 186 FamFG.

[131] BayObLGZ 1985, 251 = StAZ 1985, 334, 335 f., auch zu den Anforderungen an die Vollständigkeit des Randvermerks.

[132] BayObLGZ 1980, 246 = FamRZ 1981, 94 m. Anm. *Nied* StAZ 1981, 82, auch im Falle der Namensänderung durch die Annahme eines Elternteils. Nicht beizuschreiben ist jedoch die Namensänderung der Eltern, BGH NJW-RR 1990, 898 = FamRZ 1990, 870, 871 f.; KG OLGZ 1987, 385 = NJW 1987, 3280; aA BayObLG aaO.

[133] Dessen Eintrag nur bei falscher Angabe durch den Annehmenden und Nichtermittelbarkeit seines richtigen Namens unterbleibt, BayObLGZ 1993, 179 = NJW-RR 1993, 1417 = FamRZ 1994, 775.

[134] Zur - verweigerten - Aufnahme eines Lebenspartners in den Geburtseintrag s. BVerfG NJW 2011, 988 = FamRZ 2010, 1621 f. – Zur Bezeichnung von Lebenspartnerinnen im Geburtseintrag als Eltern s. LG Hamburg Beschl. v. 04. 11. 2009 - 301 T 596/09 [3-4] (ablehnend); AG Münster NJW-RR 2010, 1308 (bejahend). – Zur Beschreibung einer ausländischen Adoption nach sowjetrussischer Stiefkindadoption, die keine Feststellung zum Erlöschen der Verwandtschaftsbeziehungen enthält, s. BayObLGZ 1999, 352 = NJWE-FER 2000, 114 = FamRZ 2000, 771 (LS.).

[135] OLG Hamm DAVorm. 1980, 754 = StAZ 1980, 241, 242.

[136] Dies entspricht dem ehemaligen Heiratsbuch; nach § 15 Abs. 1 S. 1 Nr. 4 PStG aF erfolgte der Eintrag ins Familienbuch, das nach § 3 PStG nF jedoch nicht mehr geführt wird.

[137] BayObLGZ 1984, 230 = FamRZ 1985, 201; BayObLGZ 1993, 179 = NJW-RR 1993, 1417 = FamRZ 1994, 775; BayObLGZ 1996, 77 = FamRZ 1996, 1034 f. m. Anm. *Liermann* FamRZ 1997, 112; LG Münster StAZ 1983, 316; LG Stuttgart StAZ 1984, 247; LG Braunschweig FamRZ 1988, 106; AG Kempten StAZ 1990, 108 f. – Zur Berichtigung eines Randvermerks im Geburtenbuch, wenn die maßgeblichen Vorschriften, auf die sich die Annahme stützt, nicht eingetragen wurden, s. BayObLGZ 1985, 251 = StAZ 1985, 334, 335 f. – Bei der Annahme eines ausländischen Volljährigen als Kind deutscher Eltern ist auch die im Adoptionsdekret enthaltene Aussprach über den neuen Geburts-/Familiennamen des Angenommenen (§ 1767 Abs. 2 S. 1) bindend (OLG Karlsruhe NJWE-FER 1997, 283 = FamRZ 1999, 252, 253 m. Anm. *Henrich* IPRax 1998, 96). – Zur Bindung der Verwaltungsgerichte an den Ausspruch einer Volljährigenadoption mit den Wirkungen einer Minderjährigenannahme durch das FamG unter Verstoß gegen § 1772 Abs. 1 S. 1 lit. d s. dort Rn. 10.

[138] BayObLGZ 1993, 179 = NJW-RR 1993, 1417 = FamRZ 1994, 775, 77 (verneint bei der Angabe eines falschen Namens durch den Annehmenden); OLG Celle FamRZ 1992, 474, 475.

[139] BayObLGZ 1996, 77 = FamRZ 1996, 1034 f. m. Anm. *Liermann* FamRZ 1997, 112.

[140] BVerwGE 108, 216 = NJW 1999, 1347 = FamRZ 1999, 780 (LS.); BayObLGZ 1996, 77 = FamRZ 1996, 1034, 1035 m. Anm. *Liermann* FamRZ 1997, 112; OLG Karlsruhe NJWE-FER 2000, 52 = FamRZ 2000, 768; AG Kempten StAZ 1990, 108; *Staudinger/Frank* Rn. 5, § 1741 Rn. 12; aA *Kirchmayer* StAZ 1995, 262.

[141] *Staudinger/Frank* Rn. 5.

[142] OLG Hamm FGPrax 2001, 20 = NJWE-FER 2001, 95 = FamRZ 2001, 859; KG FGPrax 2004, 113 = FamRZ 2004, 1315 f.; LG Düsseldorf FamRZ 2010, 1261; aA AG Mainz FamRZ 2001, 1641; *Liermann* FamRZ 1997, 112, 113, nach denen der Antrag unzulässig wird.

§ 1752   43–46   Abschnitt 2. Titel 7. Annahme als Kind

es eines neuen Antrags – worauf das FamG hinzuweisen und dessen Stellung es zu ermöglichen hat (§ 28 Abs. 1, 2 FamFG; dazu auch § 1772 Rn. 16-17) –; das ursprüngliche Verfahren kann dann mit dem anderen Verfahrensgegenstand fortgesetzt werden.[143] Wird der Anzunehmende während des **Rechtsbeschwerdeverfahrens** volljährig, ist den Beteiligten durch Zurückverweisung des Verfahrens an das FamG – nicht an das Beschwerdegericht, um den Beteiligten keinen Rechtszug zu nehmen – Gelegenheit zur Stellung eines Antrags auf Volljährigenadoption zu geben.[144]

43 Wurde entgegen dem Alter des Anzunehmenden irrtümlich eine Minderjährigen- bzw. Volljährigenadoption ausgesprochen, ist der Annahmebeschluss nicht deshalb nichtig und damit **unwirksam**. Allerdings entfaltet er (nur) die seinem Ausspruch entsprechenden Wirkungen.[145] – Eine „Nachadoption analog § 1772"[146] (s. § 1772 Abs. 1 lit. d) mit dem Ziel, einer Volljährigenadoption nachträglich die Wirkungen der Minderjährigenannahme beizulegen, sollte zugelassen werden.[147] Ihr steht jedenfalls nicht die Wirksamkeit und Unanfechtbarkeit sowie Unabänderbarkeit des Adoptionsdekrets (§ 197 Abs. 3 FamFG) entgegen, weil es sich bei einer Adoption nach § 1770 um einen anderen Verfahrensgegenstand als bei einer Adoption nach § 1772 handelt (dazu dort Rn. 16, § 1768 Rn. 10).

VI. Verfahrensmängel

44 **1. Grundsatz.** Ist die **Annahme** ausgesprochen, wird ihre Wirksamkeit grundsätzlich nicht durch die Verletzung des materiellen oder Verfahrensrechts beeinträchtigt.[148] Unter den Voraussetzungen der §§ 1760-1762 kann der Betroffene aber die **Aufhebung** des Annahmebeschlusses verlangen. – Zum Verfahren, wenn ein Minderjähriger irrtümlich **als Volljähriger** adoptiert wurde, s. Rn. 42-43, § 1772 Rn. 5. – Ist der Annahmeantrag **zurückgewiesen** worden, kann der Antragsteller Mängel des Verfahrens oder eine fehlerhafte Beurteilung materiellen Rechts mit der Beschwerde rügen (dazu Rn. 37).

45 **2. Rechtliches Gehör.** Nach Verletzung des rechtlichen Gehörs eines Beteiligten gilt:
- § 1760 Abs. 1, Abs. 2 erfasst einzelne, enumerativ aufgeführte Fälle fehlenden rechtlichen Gehörs, die zur **Aufhebung** der Adoption führen.
- Wegen der Unanfechtbarkeit des Adoptionsbeschlusses mit ordentlichen Rechtsmitteln (§ 197 Abs. 3 S. 1 FamFG)[149] ist eine abändernde Entscheidung auf **Gegenvorstellung** nicht zulässig.[150]

46 – Dagegen eröffnet die **Anhörungsrüge** (§§ 44, 68 Abs. 3 S. 1 FamFG), die in Konkurrenz zu den Aufhebungstatbeständen tritt, über eine Aufhebung nach § 1760 hinaus eine erneute Sachprüfung, wenn rechtliches Gehör nicht gewährt wurde. Trotz des numerus clausus der Aufhebungstatbestände wegen der Bedeutung des Bestands einer Annahmeentscheidung insbesondere für das Kind (dazu Vor § 1741 Rn. 37-38) ist die Anhörungsrüge auch insoweit anwendbar[151] und wird als das einfachere Verfahren nicht von den Aufhebungstatbeständen als leges speciales verdrängt. Die Anhörungsrüge ist innerhalb einer **Frist** von 2 Wochen nach Kenntniserlangung von der Verletzung rechtlichen Gehörs, längstens bis zum Ablauf eines Jahres nach der Bekanntgabe der Entscheidung an den Betroffenen zu erheben (§ 44 Abs. 2 S. 1, 2 FamFG) und führt zur Aufhebung des Adoptionsbeschlusses und zur Fortsetzung des Adoptionsverfahrens. Im Interesse des Kindeswohls dürfte diese Jahresfrist als absolute **Ausschlussfrist** zu behandeln und auch auf die Fälle

---

[143] KG FGPrax 2004, 113 = FamRZ 2004, 1315 f.; LG Düsseldorf FamRZ 2010, 1261; *Staudinger/Frank* Rn. 5.
[144] OLG Karlsruhe NJWE-FER 2000, 52 = FamRZ 2000, 768: Zurückverweisung an das FamG; ebenso *Staudinger/Frank* Rn. 5; ausdrücklich offengelassen von OLG Hamm FGPrax 2001, 20 = NJWE-FER 2001, 95 = FamRZ 2001, 859 f.
[145] BayObLGZ 1986, 155 = StAZ 1986, 318, 319 = FamRZ 1986, 1042 f. (LS.); BayObLGZ 1996, 77 = FamRZ 1996, 1034, 1035 m. Anm. *Liermann* FamRZ 1997, 112; LG Berlin FamRZ 2011, 1413 f.; AG Kempten StAZ 1990, 108.
[146] So MünchKommBGB/*Lüderitz* 2. Aufl. Rn. 12.
[147] Zurückhaltend zustimmend *Staudinger/Frank* Rn. 27. Offengelassen von BayObLGZ 1986, 155 = StAZ 1986, 318, 319.
[148] Zur Nichtigkeit des Adoptionsdekrets s. MünchKommZPO/*Maurer* §§ 197, 198 FamFG Rn. 21-23.
[149] Dazu BayObLGZ 1986, 57 = NJW-RR 1986, 872 = FamRZ 1986, 719, 720 m. Anm. *Bosch*.
[150] Ebenso *Soergel/Liermann* Rn. 17; aA für den Rechtszustand vor der Einführung der Gehörsrüge zum 1. 1. 2005 OLG Köln Beschl. v. 18. 6. 2001 - 16 Wx 1/01, juris [24] = EzFamR aktuell 2002, 31 (LS); *Bosch* FamRZ 1986, 722.
[151] Auch für sie gilt die Vorgabe des BVerfG, dass zur sachgerechten Aufgabenverteilung zwischen Fach- und Verfassungsgerichtsbarkeit eine fachgerichtliche Kontrolle erfolgen soll, wie die Verletzung des Anspruchs auf rechtliches Gehör geltend gemacht wird (BVerfGE 107, 395 = NJW 2003, 1924 = FamRZ 2003, 995, 998 f.; s. auch BT-Drucks. 15/3706 S. 13).

anzuwenden sein, in denen dem Betroffenen die Entscheidung nicht bekannt gemacht worden ist. Die gesetzlich geregelten Aufhebungstatbestände stellen dann, verfassungsrechtlich nicht zu beanstanden, die einzige Handhabe zur Aufhebung eines Annahmeausspruchs dar. – Kommt das FamG/Beschwerdegericht auf Grund des nachgeholten rechtlichen Gehörs zu einer **Aufhebung** des Adoptionsbeschlusses – bei einer Minderjährigenadoption sind dabei die grundrechtlich geschützten Interessen am Bestand der Adoption (dazu auch § 1759 Rn. 16-17, § 1761 Rn. 12-15) besonders zu beachten[152] – entfaltet diese Entscheidung idR **Wirkungen** ex tunc; § 1764 Abs. 1 S. 1 ist nicht anwendbar.[153] Dies verwehrt im Einzelfall bei Vorliegen besonderer, schutzwürdiger Interessen eines Beteiligten nicht die ausdrückliche Anordnung einer Aufhebung ex nunc.

– Nach Durchführung der Anhörungsrüge ist die **Verfassungsbeschwerde** der einzig noch mögliche Rechtsbehelf,[154] der bereits dann zum Erfolg führt, wenn nicht ausgeschlossen werden kann, dass die Entscheidung nach Anhörung anders ausgefallen wäre.[155] Sie ist (auch) eine „gefährliche" Sanktion, weil sie das BVerfG trotz des numerus clausus der Aufhebungsgründe in §§ 1760, 1763 (§ 1759) in den Stand setzt, dem Adoptionsbeschluss seine materielle und formelle Rechtskraft zu nehmen und dem FamG/Beschwerdegericht eine erneute Entscheidung zu eröffnen.[156] Nicht berechtigt, Verfassungsbeschwerde einzulegen, ist das **Jugendamt** als Behörde und Teil einer Selbstverwaltungskörperschaft.[157]

47

---

[152] *Staudinger/Frank* § 1745 Rn. 25; § 1759 Rn. 9 ff.; *Frank/Wassermann* FamRZ 1988, 1249 f.
[153] BVerfGE 89, 381 = NJW 1994, 1053 m. Bspr. *Luther* NJW 1995, 306 = FamRZ 1994, 493, 495 f. m. Bspr. *Niemeyer* FuR 1994, 100 (zur Volljährigenadoption); anders noch - ebenfalls zur Volljährigenadoption: Aufhebung der familiengerichtlichen Entscheidung – BVerfG NJW 1988, 1963 = FamRZ 1988, 1247, 1248 m. krit. Anm. *Frank/Wassermann* und Anm. *Niemeyer* FuR 1994, 100.
[154] Dazu BVerfG FamRZ 2003, 1448, 1449; *Bosch* FamRZ 1986, 722; *RGRK/Dickescheid* § 1769 Rn. 7; *Soergel/Liermann* Rn. 17.
[155] BVerfG NJW 1988, 1963 = FamRZ 1988, 1247, 1248 m. abl. Anm. *Frank/Wassermann*; BVerfGE 89, 381 = NJW 1994, 1053 m. Anm. *Luther* NJW 1995, 306 = FamRZ 1994, 493, 496. S. dazu die - berechtigte - Kritik von *Staudinger/Frank* § 1745 Rn. 25; *Frank/Wassermann* FamRZ 1988, 1248, 1250, die eine Gesamtabwägung der Interessen aller Adoptionsbeteiligten unter besonderer Berücksichtigung des anzunehmenden Kindes und der Adoptivfamilie fordern.
[156] BVerfG FamRZ 2008, 244. Zu den Bedenken dagegen s. *Staudinger/Frank* § 1745 Rn. 25; § 1759 Rn. 9 ff.; *Frank* FamRZ 2007, 1952.
[157] BVerfGE 21, 362 = NJW 1967, 1411; BVerfGE 24, 367, 383 = NJW 1969, 309; aA *Roth-Stielow* Einf. Rn. 33.

§ 1752 Anhang:

Gesetz über die Wirkungen der Annahme als Kind nach ausländischem Recht (Adoptionswirkungsgesetz – AdWirkG)

IdF von Art. 2 des am 1. 1. 2002 in Kraft getretenen Gesetzes zur Regelung von Rechtsfragen auf dem Gebiet der internationalen Adoption und zur Weiterentwicklung des Adoptionsvermittlungsrechts vom 5. 11. 2001 (BGBl. I S. 2950),
zuletzt geändert durch Art. 68 des Gesetzes zur Reform des Verfahrens in Familiensachen und in den Angelegenheiten der freiwilligen Gerichtsbarkeit (FGG-Reformgesetz – FGG-RG) vom 11. 12. 2008 (BGBl. I S. 2586)

Schrifttum: *Arbeitsgemeinschaft für Jugendhilfe (AGJ)*, Stellungnahme der AGJ zu den Referentenentwürfen eines Vertrags- und Ausführungsgesetzes zum Haager Übereinkommen über den Schutz von Kindern und die Zusammenarbeit auf dem Gebiet der internationalen Adoption, FORUM Jugendhilfe 2/2000, 14; *Benicke*, Typenmehrheit im Adoptionsrecht und deutsches IPR, 1995; *Beyer*, Zur Frage der ordre public-Widrigkeit ausländischer Adoptionsentscheidungen wegen unzureichender Elterneignungs- und Kindeswohlprüfung, JAmt 2006, 329; *Bienentreu/Busch*, Die Rechtsstellung des ausländischen Adoptionspflegekindes. Argumentationshilfen für Fachkräfte und Adoptionspflegeeltern, JAmt 2002, 287; *dies.*, Stiefkind- und Verwandtenadoptionen im Recht der internationalen Adoptionsvermittlung, JAmt 2003, 273; *Bundesarbeitsgemeinschaft der Landesjugendämter (BAGLJÄ)*, Adoptionsvermittlung – gewandelte Beurteilung, neue Rahmenbedingungen, AGJ-Mitt. 2/1999, 34; *Bornhofen*, Die Auswirkungen des Haager Adoptionsübereinkommens und des neuen Rechts der Adoptionswirkungen auf die Arbeit des Standesbeamten, StAZ 2002, 1; *Busch*, Das Haager Übereinkommen über internationale Adoptionen – Hinweise und Erfahrungen aus der Praxis der internationalen Adoptionsvermittlung, DAVorm. 1997, 659; *ders.*, Der Internationale Sozialdienst – eine Fachstelle für grenzüberschreitende Sozialarbeit, JAmt 2001, 518; *ders.*, Die Umsetzung der Haager Adoptionskonvention in Deutschland, JAmt 2001, 581; *ders.*, Adoptionswirkungsgesetz und Haager Adoptionsübereinkommen – von der Nachadoption zur Anerkennung und Wirkungsfeststellung, IPRax 2003, 13; *ders.*, Kein Staatsangehörigkeitserwerb bei der schwachen Auslandsadoption? – Zum Umgang mit einer nur scheinbar eindeutigen Rechtslage, StAZ 2003, 297; *Busch/Bienentreu*, Die Umsetzung der Haager Adoptionskonvention in Deutschland, Arbeitshilfe für die Adoptionsvermittlung, 2001; *dies.*, Zur Rechtsstellung des ausländischen Adoptivpflegekindes, NDV 2002, 185 = JAmt 2002, 287; *Emmerling de Oliviera*, Adoptionen mit Auslandsberührung, MittBayNot 2010, 429; *Frank*, Neuregelungen auf dem Gebiet des Internationalen Adoptionsrechts unter besonderer Berücksichtigung der Anerkennung von Auslandsadoptionen, StAZ 2003, 257; *Fritsche*, Eintragung der Annahme als Kind in die Personenstandsbücher, namensrechtliche Wirkungen auf Ehegatten und Kinder, Abschlußerklärungen durch Kinder, Ausstellung von Personenstandsurkunden, Mitteilungsverfahren, StAZ 1985, 143; *Heiderhoff*, Das Erbrecht des adoptierten Kindes nach der Neuregelung des internationalen Adoptionsrechts, FamRZ 2002, 1682; *Hölzel*, Verfahren nach §§ 2 und 3 AdWirG – Gerichtliche Feststellung der Anerkennung ausländischer Adoptionen und Umwandlung schwacher Adoptionen, StAZ 2003, 289; *Hohloch*, Adoptionshindernis ausländischen Rechts und Ordre public, JuS 2002, 924; *ders.*, Anerkennung ausländischer Adoptionsentscheidung, JuS 2005, 185; *Hohnerlein*, Internationale Adoption und Kindeswohl, 1991; *Klinkhardt*, Wege zu einem neuen Umgang mit ausländischen Adoptionen, FS Sonnenberger, 2004, S. 443; *Krömer*, Adoption kolumbianischer Zwillinge in Kolumbien durch ein deutsches Ehepaar; Namensführung der Kinder nach einer Feststellung gemäß § 2 AdWirkG, Fachausschuss des Bundesverbands der Deutschen Standesbeamtinnen und Standesbeamten, Fachausschuss-Nr. 3670, StAZ 2003, 307; *Lange*, Die Adoption nach internationalem Recht, FPR 2001, 327; *Lessing*, Auslandsadoptionen, RpflStud 2005, 1; *Lorenz, St.*, Adoptionswirkungen, Vorfrageanknüpfung und Substitution im Internationalen Adoptionsrecht nach der Umsetzung des Haager Adoptionsübereinkommens vom 29. 5. 1993, FS Sonnenberger, 2004, S. 497; *Ludwig*, Internationale Adoptionsrecht in der notariellen Praxis nach dem Adoptionswirkungsgesetz, RNotZ 2002, 353; *v. Mangoldt*, Zu den Wirkungen schwacher Auslands- oder Fernadoptionen durch Deutsche im deutschen Rechtskreis, StAZ 1985, 301; *Maiwald*, Internationale Adoptionen – Stärkung oder Schwächung von Kinderrechten?, FPR 2008, 499; *Marx*, Das Haager Übereinkommen über internationale Adoptionen, StAZ 1995, 315; *ders.*, Das Dilemma mit der Anerkennung ausländischer Adoptionsbeschlüsse – Schwebezustand zu Lasten deutscher Adoptiveltern –, ZfJ 1998, 147; *ders.*, Zum Rechtsanspruch auf einen Adoptionseignungsbericht (home study) bei internationalen Adoptionen, ZfJ 1999, 8; *Maurer*, Das Gesetz zur Regelung von Rechtsfragen auf dem Gebiet der internationalen Adoption und zur Weiterentwicklung des Adoptionsvermittlungsrechts, FamRZ 2003, 1337; *Maywald*, Internationale Adoptionen – Stärkung oder Schwächung von Kinderrechten, FPR 2008, 499; *Mottl*, Zur Vorfrage nach der Wirksamkeit einer Auslandsadoption, IPRax 1997, 294; *Motzer/Kugler*, Kindschaftsrecht mit Auslandsbezug, 2003; *Odenthal/Adar*, Die Änderungen im türkischen Adoptionsrecht und der Beitritt der Türkei zum Haager Adoptionsübereinkommen, ZFE 2006, 220; *Reese*, Der weite Weg: Auslandsadoption: Ablauf, Problemfelder, Perspektiven, 2006; *Reinhardt*, Die Praxis der Anerkennung ausländischer Adoptionsentscheidungen aus der Sicht der Adoptionsvermittlung, JAmt 2006, 325; *Scharp*, Die Auswirkungen internationaler Regelungen auf das deutsche Adoptionsrecht, Diss. Münster, SS 2000; *Schlauß*, Die Anerkennung von Auslandsadoptionen in der vormundschaftsgerichtlichen Praxis – Ergebnisse einer Auswertung der Verfahren auf Anerkennung und Wirkungsfeststellung durch die Bundeszentrale für Auslandsadoption -, FamRZ 2007, 1699; *Siebert-Michalak*, Auslandsvermittlung, FPR 2001, 332; *Siehr*, Zur Anerkennung ausländischer Staatsakte, FS Schnyder, 1995, S. 697; *Staudinger/Winkelsträter*,

Vorbemerkungen 1 **Vor § 1 AdWirkG**

Grenzüberschreitende Adoptionen in Deutschland (I), FamRBint 2005, 84; (II) FamRBint 2006, 10; *Steiger,* Das neue Recht der internationalen Adoption und Adoptionsvermittlung, 2002; *ders.,* Im alten Fahrwasser zu neuen Ufern: Neuregelungen im Recht der internationalen Adoption mit Erläuterungen für die notarielle Praxis, DNotZ 2002, 184; *Süß,* Ratifikation der Haager Adoptionskonvention – Folgen für die notarielle Praxis, MittBayNot 2002, 88; *Weitzel,* Anerkennung einer Auslandsadoption nach deutschem Recht trotz schwerwiegender Mängel der ausländischen Entscheidung?, JAmt 2006, 333; *ders.,* Das Haager Adoptionsübereinkommen vom 29. 5. 1993 – Zur Interaktion der zentralen Behörden, NJW 2008, 186; *ders.,* Zur Anerkennung ausländischer Adoptionsentscheidungen, IPRax 2007, 308; *ders.,* Die Adoption haitianischer Kinder, JAmt 2009, 421; *Wiedau,* Anerkennung ausländischer Adoptionen und Beischreibung im Familienbuch der Annehmenden, StAZ 2000, 376; *Winkelsträter,* Anerkennung und Durchführung internationaler Adoptionen in Deutschland – unter Berücksichtigung des Haager Übereinkommens über den Schutz von Kindern und die Zusammenarbeit auf dem Gebiet der internationalen Adoption vom 29. Mai 1993, 2007; *Wohlgemuth,* Sowjetisch-kasachische Stiefkindadoptionen vor deutschen Gerichten, StAZ 2000, 225.

Materialien: RegE eines Gesetzes zu dem Haager Übereinkommen vom 29. Mai 1993 über den Schutz von Kindern und die Zusammenarbeit auf dem Gebiet der internationalen Adoption, BT-Drucks. 14/5437; RegE eines Gesetzes zur Regelung von Rechtsfragen auf dem Gebiet der internationalen Adoption und zur Weiterentwicklung des Adoptionsvermittlungsrechts, BT-Drucks. 14/6011; Beschlussempfehlung und Bericht des Rechtsausschusses, BT-Drucks. 14/6583; RefE eines Gesetzes zum Haager Übereinkommen vom 29. Mai 1993 über den Schutz von Kindern und die Zusammenarbeit auf dem Gebiet der internationalen Adoption (zit.: ZustG-RefE); RefE eines Gesetzes zur Regelung von Rechtsfragen auf dem Gebiet der internationalen Adoption (zit.: AusfG-RefE); *Parra-Aranguren,* Report, in Hague Conference on Private International Law. Proceedings of the Seventeenth Session (Den Haag 1994), in deutscher Übersetzung: Erläuternder Bericht zum Übereinkommen über den Schutz von Kindern und die Zusammenarbeit auf dem Gebiet der internationalen Adoption, Anlage 2 zur Denkschrift zu dem Haager Übereinkommen v. 29. 5. 1993 über den Schutz von Kindern und die Zusammenarbeit auf dem Gebiet der internationalen Adoption, BR-Drucks. 17/01 S. 26.

Vorbemerkungen
I. Anlass. Zielsetzung. Umsetzung

Das HaagAdoptÜbk (dazu Art. 22 EGBGB Anh.)[1,2] dient der Wahrung der Belange des **Kindes-** 1 **wohls** (Art. 1 lit. a HaagAdoptÜbk). Es soll durch die Regelung des Adoptionsverfahrens, insbesondere des Vermittlungsverfahrens bei internationalen Adoptionen,[3] den **Schutz der Kinder** vor Entführung, Verkauf und Handel (Art. 1 lit. b HaagAdoptÜbk) nicht nur fördern, sondern sicherstellen,[4] und die **Anerkennung** ausländischer Adoptionsentscheidungen sichern (Art. 1 lit. c HaagAdoptÜbk),[5] ohne in das materielle Adoptionsrecht oder das internationale Adoptionsrecht (= Kollisionsrecht) der Vertragsstaaten einzugreifen.[6] Konkreter Anlass für seine Erarbeitung war der zunehmende,[7] durch moderne Medien wie das Internet begünstigte weltweite Adoptionstourismus und der damit einhergehende illegale kommerzielle Kinderhandel sowie die sich aus ihnen ergebenden sozialen und – hinsichtlich der Anerkennung ausländischer Adoptionsdekrete – rechtlichen Folgen.[8] Ziel des HaagAdoptÜbk ist es, bei internationalen Adoptionen einen geordneten Verfahrensablauf sicherzustellen, der den Ausschluss solcher unlauterer Machenschaften gewährleistet.[9] – Zu den sich daraus ergebenden Rechtsfolgen für **Wiederholungsadoptionen** im Inland s. Rn. 5–6.

---

[1] Das *Haager Übereinkommen über den Schutz von Kindern und die Zusammenarbeit auf dem Gebiet der internationalen Adoption* v. 29. 5. 1993 wurde zum 1. 5. 1995 in Kraft gesetzt und von der Bundesregierung am 7. 11. 1997 unterzeichnet (dazu *BAGLJÄ* Perspektiven A.; *dies.* FORUM Jugendhilfe 2/1999, 34), durch das *Gesetz zu dem Haager Übereinkommen vom 29. Mai 1993 über den Schutz von Kindern und die Zusammenarbeit auf dem Gebiet der internationalen Adoption* v. 23. 10. 2001 (BGBl. II S. 1034) ratifiziert (im Folgenden: ZustG) und ist am 1. 3. 2002 im Inland in Kraft getreten Bekanntmachung v. 4. 11. 2002 (BGBl. II S. 2872) und durch das *Gesetz zur Regelung von Rechtsfragen auf dem Gebiet der internationalen Adoption und zur Weiterentwicklung des Adoptionsvermittlungsrechts* umgesetzt. – S. den **Text** in englischer Sprache StAZ 1995, 337, in englischer, französischer und deutscher Sprache im ZustG-RegE (BR-Drucks. 17/01). S. auch im Internet unter http://www.hcch.net/e/status/stat33 e.html.

[2] Zur Vorgeschichte des Übereinkommens s. seine Präambel sowie *Marx* StAZ 1995, 315; *Busch* DAVorm. 1997, 659 f.

[3] *Frank* StAZ 2003, 257.

[4] *Parra-Aranguren* Rn. 66, 69.

[5] *Parra-Aranguren* Rn. 68.

[6] *Parra-Aranguren* Rn. 119; *Frank* StAZ 2003, 257.

[7] Zur Verbreitung der Adoption ausländischer Kinder s. Vor § 1741 BGB Rn. 8.

[8] *Steiger* A Rn. 4; *Paulitz* ZfJ 2001, 379 ff.; *Maurer* FamRZ 2003, 1337; s. dazu auch *Paulitz/Bach* Adoption S. 349 ff. Zu Befürchtungen, das AdWirkG werde dazu genutzt, unlauter die deutsche Staatsangehörigkeit zu erlangen, s. *Hölzel* StAZ 2003, 289, 295.

[9] *Frank* StAZ 2003, 257.

2 Mit der Zustimmung der Bundesrepublik Deutschland gilt das HaagAdoptÜbk unmittelbar als innerstaatliches Recht. Das *Gesetz zur Regelung von Rechtsfragen auf dem Gebiet der internationalen Adoption und zur Weiterentwicklung des Adoptionsvermittlungsrechts*[10] passt die innerstaatliche Rechtslage an das HaagAdoptÜbk an
- durch ein *Gesetz zur Ausführung des Haager Übereinkommens vom 29. Mai 1993 über den Schutz von Kindern und die Zusammenarbeit auf dem Gebiet der internationalen Adoption (Adoptionsübereinkommens-Ausführungsgesetz – AdÜbAG)* (Art. 1), das den institutionellen Rahmen einer Auslandsadoption und ihres Verfahrensablaufs den Vorgaben der Konvention anpasst;[11]
- durch ein *Gesetz über die Wirkungen der Annahme als Kind nach ausländischem Recht (Adoptionswirkungsgesetz – AdWirkG)* (Art. 2), das die verbindliche Klärung des Bestands und des Inhalts durch das ausländische Adoptionsdekret oder Adoptionsvertrag begründeten Kindschaftsverhältnisses sowie dessen Wirksamkeit im Inland durch familiengerichtliche Feststellung verfahrensrechtlich[12] regelt und damit einem Bedürfnis der an einer internationalen Adoption Beteiligten Rechnung trägt;[13]
- durch eine *Änderung des Adoptionsvermittlungsgesetzes* (Art. 3), das vor allem die Vermittlung ausländischer Kinder an inländische Adoptionswillige im Ausland den Standards des HaagAdoptÜbk anpasst.

II. Grundsätzliche Fragen

3 **1. Inzidentfeststellung.** Das bisherige inländische Verfahrensrecht sah für einen ausländischen Adoptionsakt keine ausdrückliche Anerkennung vor. Vielmehr war seine Anerkennung jeweils inzident dann nach § 16a FGG (jetzt §§ 108 Abs. 1, 109 FamFG) zu prüfen, wenn es auf die Wirksamkeit der Adoption als **Vorfrage** ankam.[14] – Daran hat sich durch das AdWirkG grundsätzlich nichts geändert.[15] Doch werden ausländische Adoptionsentscheidungen nach dem HaagAdoptÜbk nunmehr **kraft Gesetzes** in allen **Vertragsstaaten** anerkannt (Art. 23 Abs. 1 HaagAdoptÜbk iVm. Art 1 S. 1 ZustG). Sie sind im Inland nur auf ihre Wirksamkeit zu prüfen und ohne weitere Inzidentfeststellung beachtlich. Die Regeln der Konvention und ihr Verfahren gewährleisten grundsätzlich (dazu auch § 2 Rn. 6-13), dass die Erfordernisse aus §§ 108 Abs. 1, 109 FamFG eingehalten sind. Insbesondere können im Aufnahmestaat nur die Wirkungen einer ausländischen Konventionsadoption geprüft werden, die Prüfung der materiell-rechtlichen Voraussetzungen für die Annahme selbst ist verwehrt.[16] – Darüber hinaus hält das deutsche Recht für Adoptionen aus **Nicht-Vertragsstaaten** aber am Prüfungsmaßstab des § 109 FamFG für die Anerkennung einer ausländischen Adoption und ihrer Wirkungen fest.[17] – Die Anerkennung kraft Gesetzes nach dem HaagAdoptÜbk und die Inzidentanerkennung gehen nicht über die Wirkungen der Auslandsadoption hinaus. Sie kann deshalb eine **Umwandlung** einer „schwachen" Auslandsadoption in eine Volladoption nach deutschem Adoptionsrecht nach § 3 nicht ersetzen. – Zu **Vertragsadoptionen** s. § 2 Rn. 15.

4 **2. Gerichtliche Feststellung.** Allein mit der Inzidentfeststellung (dazu Rn. 3) und der gerichtlichen Feststellung der Anerkennung (§ 2 Abs. 1) sind jedoch noch nicht alle sich aus dieser Rechtslage ergebenden Unsicherheiten beseitigt, weil nicht ausgeschlossen werden kann, dass in einzelnen Verfahren die Prüfung der Wirksamkeit der ausländischen Entscheidung und ihrer Wirkungen zu unterschiedlichen Ergebnissen führt. Zur Stärkung der **Rechtssicherheit**[18] ermöglicht das AdWirkG sowohl für Konventionsadoptionen als auch für Adoptionen aus Nicht-Vertragsstaaten zusätzlich[19]

---
[10] V. 5. 11. 2001 (BGBl. I S. 2950).
[11] BT-Drucks. 14/6011 S. 15.
[12] *Steiger* DNotZ 2002, 184, 195.
[13] BT-Drucks. 14/6011 S. 28.
[14] BT-Drucks. 14/6011 S. 46; *Maurer* FamRZ 2003, 1337, 1339.
[15] S. dazu auch VG Berlin Gerichtsbescheid v. 21. 4. 2004 - 25 A 188.02, juris [17]; Urt. v. 17. 5. 2006 - 4 V 53.04, juris [22]; *Staudinger/Winkelsträter* FamRBint 2006, 10.
[16] Zum Ganzen *Maurer* FamRZ 2003, 1337, 1339. Nach *Hölzel* StAZ 2003, 289, 290 werden deshalb für Konventionsadoptionen Anerkennungs- und Wirkungsfeststellungsverfahren nach § 2 „kaum nötig, allenfalls um die Reichweite einer grundsätzlich auch für die Familiengerichte bindend anzuerkennenden Adoption (Ausnahme: Ordre-public-Verstoß) festzustellen."; ähnlich *Busch* IPRax 2003, 13, 17; skeptisch dagegen *Frank* StAZ 2003, 257, 262, weil es den Adoptiveltern um endgültige Klarheit hinsichtlich der Rechtsbeziehungen zu dem angenommenen Kind geht.
[17] OLG Zweibrücken FamRZ 2004, 1516, 1517; OLG Karlsruhe NJW 2004, 516, 517 = IPRax 2005, 39 m. Anm. *Looschelders*.
[18] Dazu auch *Steiger* DNotZ 2002, 184, 196.
[19] BT-Drucks. 14/6011 S. 32 f.; *Steiger* DNotZ 2002, 184, 197; *Maurer* FamRZ 2003, 1337, 1339, 1341; *Staudinger/Winkelsträter* FamRBint 2006, 10; für Vertragsstaaten-Adoptionen auch *Busch* IPRax 2003, 13, 16; für Nicht-Vertragsstaaten-Adoptionen OLG Zweibrücken FamRZ 2004, 1516, 1517.

Vorbemerkungen　　　　　　　　　　　　　　　　　　　　　5–7　Vor § 1 AdWirkG

fakultativ die verfahrensrechtliche **Feststellung** des Bestands und des Inhalts der ausländischen Adoptionsentscheidung und ihrer Wirksamkeit und Wirkungen im Inland (§ 2). Dabei geht es lediglich um die Feststellung der durch die ausländische Entscheidung geschaffenen rechtlichen Verhältnisse. Darüber hinaus erlaubt § 3 eine **Umwandlung** einer „schwachen" ausländischen Adoption in eine „starke" nach deutschem Sachrecht. – § 4 Abs. 2 S. 3, 4 sieht zudem die **Beteiligung der leiblichen Eltern** des anzunehmenden Kindes am Feststellungsverfahren nach § 2 im Ausgangsverfahren oder in einem gesonderten Verfahren zur **Rechtskrafterstreckung** vor (dazu § 4 Rn. 8-9).

3. Wiederholungsadoption. Die mit einer Auslandsadoption oft verbundenen rechtlichen 5 Risiken in Form von Zweifeln an ihrer Wirksamkeit oder ihres Wirkungsumfangs im Inland führte dazu, dass vor Inkrafttreten des AdWirkG am 1. 1. 2002 Wiederholungsadoptionen – auch Zweit- oder Nachadoption genannt[20] – die Regel waren:[21] Zur Schaffung einer allgemein verbindlichen Rechtslage und damit **Rechtssicherheit** hinsichtlich der Wirksamkeit einer Adoption, aber auch, um eine „schwache" ausländische Adoption in eine „starke" nach deutschem Sachrecht **umzuwandeln**, wurde nach der Überführung des anzunehmenden Kindes ins Inland erneut ein Adoptionsverfahren nach deutschem Verfahrens- und Sachrecht unter erneuter Prüfung aller Annahmevoraussetzungen durchgeführt. – Seit der unmittelbaren Geltung des HaagAdoptÜbk als innerstaatliches Sachrecht (dazu Rn. 3) und dem Inkrafttreten des AdWirkG am 1. 1. 2002, durch das das **Feststellungs-** (§ 2: Verfahren zur Anerkennungs- und Wirkungsfeststellung) und das **Umwandlungsverfahren** (§ 3) für Konventionsadoptionen eingeführt wurde, die auch der Vereinfachung der Annahme eines ausländischen Kindes dienen und für die keine volle Nachprüfung der Annahmevoraussetzungen verlangt wird,[22] ist eine Wiederholungsadoption jedenfalls grundsätzlich nicht erforderlich, sodass es idR an einem Rechtsschutzbedürfnis für sie fehlt und ein entsprechender Antrag unzulässig ist. Durch eine Wiederholungsadoption können deshalb auch nicht die Voraussetzungen für einen Umwandlungsausspruch – der lediglich Teil des Feststellungsverfahrens ist (§§ 3 Abs. 1 S. 1, 2 Abs. 2 S. 1), aber auch in einem selbständigen Verfahren betrieben werden kann (dazu auch § 3 Rn. 3) – umgangen werden. Wegen der Zulässigkeit des Feststellungsverfahrens auch für **Nicht-Konventionsadoptionen** gilt dies auch für diese.[23] – Bei Inkrafttreten des AdWirkG bereits anhängige Verfahren auf Wiederholungsadoption **(„Altverfahren")** werden als Verfahren nach § 2 und ggf. nach § 3 fortgesetzt.

Führen die Ermittlungen des FamG zur Nicht-Anerkennung der ausländischen Adoption, ist 6 der Antrag abzuweisen. Da dann aus inländischer Sicht noch keine Adoption vorliegt, besteht ein Rechtsschutzbedürfnis für ein erneutes **Erst-Adoptionsverfahren** im Inland.[24] Auf die Möglichkeit, einen entsprechenden Antrag zu stellen, hat das FamG vor Abweisung des Antrags hinzuweisen, sodass ein entsprechend abgeänderter Antrag bereits im laufenden Verfahren gestellt werden kann.[25]

III. Übergangsrecht

Das *Gesetz zur Regelung von Rechtsfragen auf dem Gebiet der internationalen Adoption und zur Weiter-* 7 *entwicklung des Adoptionsvermittlungsrechts* trat weitestgehend zum 1. 1. 2002 in Kraft (Art. 6 S. 1).

---

[20] Zu ihr etwa *Fuchs* IPRax 2001, 116 ff. mwN.
[21] *Busch* IPRax 2003, 13; *Steiger* A 343, A 355.
[22] BT-Drucks. 14/6011 S. 28.
[23] Ebenso *Bamberger/Roth/Enders* § 1742 Rn. 4; *Palandt/Thorn* Rn. 18; AnwK-BGB/*Benicke* Rn. 143, jeweils Art. 22 EGBGB; *Keidel/Zimmermann* § 108 FamFG Rn. 26; *Motzer* in *Motzer/Kugler* Rn. 129; *Ludwig* RNotZ 2002, 353, 366 ff., 368; *Maurer* FamRZ 2003, 1337, 1342; *Staudinger/Winkelsträter* FamRBint 2006, 10, 14; wohl auch *Busch* IPRax 2003, 13 f.; für Konventionsadoptionen auch *Steiger* A Rn. 355, *ders.* DNotZ 2002, 184, 205 f.; aA wohl - unbeschränkte Wiederholungsadoption - OLG Karlsruhe Beschl. v. 8. 7. 2010 - 11 Wx 113/09, juris [21]; *Erman/Saar* § 1742 Rn. 7; dazu auch MünchKommBGB/*Klinkhardt* Art. 22 EGBGB Rn. 113, 114. – Für Nicht-Konventionsadoptionen empfiehlt *Steiger* (A Rn. 355; DNotZ 2002, 184, 205 f.) Vorsicht bei der Verneinung des Rechtsschutzbedürfnisses für eine Wiederholungsadoption. Zurückhaltend auch *Heiderhoff* FamRZ 2002, 1682, 1684 f., die eine Wiederholungsadoption bei Zweifelhaftigkeit der Anerkennungsfähigkeit der ausländischen Adoption sowie dann für zulässig hält, wenn die für die Umwandlung nach § 3 erforderlichen ausländischen Zustimmungen nicht erlangt werden können; ebenso für Zweifelsfälle OLG Frankfurt/M. = NJOZ 2004, 4509, 4510 (Pakistan); Beschl. v. 12. 6. 2003 - 20 W 264/02, juris [2] = BeckRS 2003, 09750 (Libanon); *Steiger* A Rn. 355, *ders.* DNotZ 2002, 184, 206; *Motzer* in *Motzer/Kugler* Rn. 129; AG Worms IPR.spr. 2003, Nr 97, 278 = IPRax 2004, 534 f. (LS.) m. im Ergebnis zust. Bspr. *Jayme* für einen Sonderfall bei angenommenem besonderen Rechtsschutzbedürfnis. Doch handelt es sich nicht eigentlich um eine Wiederholungsadoption, wenn die ausländische Adoption im Inland unwirksam ist.
[24] *Palandt/Thorn* Rn. 18; *Erman/Hohloch* Rn. 30; *Staudinger/Henrich* Rn. 46, 99, jeweils zu Art. 22 EGBGB; *Steiger* DNotZ 2002, 184, 206; *Staudinger/Winkelsträter* FamRBint 2006, 10, 14.
[25] Nach *Staudinger/Winkelsträter* FamRBint 2006, 10, 14 mwN soll vor dem Erst-Adoptionsverfahren nicht ein Verfahren auf Feststellung der Anerkennung und Wirksamkeit durchgeführt werden müssen, vielmehr sollen

Insbesondere auch das AdWirkG ist seither auf alle ausländischen Adoptionsentscheidungen anzuwenden, auch wenn sie bereits **vor dem 1. 1. 2002** ergangen sind.[26] Allerdings mit der Einschränkung, dass für sie nicht bereits eine Wiederholungsadoption (zu ihnen s. Rn. 5-6, § 2 Rn. 2) durchgeführt worden ist,[27] weil sich dann die inländische Rechtslage allein auf Grund des inländischen Rechtsakts und nicht mehr auch nach der ausländischen Adoptionsentscheidung und dem ausländischen Sachrecht beurteilt.

§ 1 Anwendungsbereich

¹**Die Vorschriften dieses Gesetzes gelten für eine Annahme als Kind, die auf einer ausländischen Entscheidung oder auf ausländischen Sachvorschriften beruht.** ²**Sie gelten nicht, wenn der Angenommene zur Zeit der Annahme das 18. Lebensjahr vollendet hatte.**

I. Normzweck

1 Die Vorschrift regelt den sachlichen und den persönlichen **Anwendungsbereich** des AdWirkG. Für die Konventionsadoptionen setzt sie das Anliegen, in den Vertragsstaaten die Anerkennung dieser Adoptionen zu sichern (Art. 1 lit. c HaagAdoptÜbk), über das durch das Zustimmungsgesetz erfolgte Transformation und das AdÜbAG (dazu Vor § 1 Rn. 2) hinaus in innerstaatliches Recht um. – Zur **internationalen Zuständigkeit** der deutschen FamG s. § 5 Rn. 3.

II. Anwendungsbereich des AdWirkG

2 **1. Adoptionen.** Angeknüpft wird allgemein an eine ausländische Adoptionsentscheidung oder an eine Annahme, die auf der Anwendung ausländischen Sachrechts beruht. Der Begriff „**ausländische Entscheidung**" ist, um der ganzen Spannbreite ausländischer Sachrechte Rechnung zu tragen, weit zu fassen: Ihr unterfallen sowohl die Entscheidungen der Gerichte als auch die von Behörden im Herkunftsland des anzunehmenden Kindes **(Dekretadoption)**.[1]

3 Der Begriff „Annahme, die auf ausländischen Sachvorschriften beruht", erfasst neben inländischen Adoptionsentscheidungen, die auf ausländisches Sachrecht gestützt wurden (dazu Rn. 2), auch ausländische **Vertragsadoptionen**.[2] Letzteres folgt aus § 2 Abs. 1: „Anzuerkennen" steht für Adoptionsdekret, „wirksam" (auch) – aber nicht nur, weil es auch bei ausländischen Adoptionsdekreten um die Prüfung ihrer Wirksamkeit geht[3] – für Vertragsadoption (dazu näher § 2 Rn. 15).[4]

4 **2. Minderjährigenadoption.** HaagAdoptÜbk und AdWirkG regeln nur Adoptionen von Kindern, die im Zeitpunkt der ausländischen Adoption das **18. Lebensjahr** noch nicht vollendet haben (Art. 3 HaagAdoptÜbk, § 1 S. 2), sodass sie regelmäßig auf Minderjährigenadoptionen beschränkt sind. Dabei auf die Unterscheidung zwischen Minderjährigen- und Volljährigenadoptionen abzustellen ist eine allein inländische Sichtweise und bereits deshalb unvollkommen: Es kommt nämlich nicht auf die Minderjährigkeit oder Volljährigkeit des Kindes nach seinem Heimatrecht (Art. 7 Abs. 1 EGBGB)[5] an, sondern allein auf sein tatsächliches Alter. – Sowohl die Anerkennungs- und Wirkungsfeststellung nach § 2 als auch die Umwandlung nach § 3 kann im Inland allerdings auch noch betrieben und ausgesprochen werden, wenn das Kind im Zeitpunkt der inländischen Entscheidung das 18. Lebensjahr bereits vollendet hat (ausdrücklich § 3 Abs. 1 S. 4). – Das AdWirkG gilt auch für vor seinem Inkrafttreten am 1. 1. 2002 durchgeführte ausländische Adoptionen (**„Altfälle"**). Allerdings erst mit Wirkung ab diesem Zeitpunkt, sodass Entscheidungen, denen eine bereits zuvor angestellte Inzidentprüfung zugrunde liegt, unbeeinflusst bleiben.

---

erkennbare Zweifel an der Gültigkeit der Auslandsannahme, die wohl inzident vom FamG geprüft werden müssten, ausreichen.

[26] *Bornhofen* StAZ 2002, 1, 5; *Busch/Bienentreu* S. 23; *Ludwig* RNotZ 2002, 353, 377; *Steiger* DNotZ 2002, 184, 197.
[27] *Busch* IPRax 2003, 13, 15.
[1] Vgl. auch AG Diepholz StAZ 1996, 334.
[2] Zum Ganzen BT-Drucks. 14/6011 S. 29, 46.
[3] *Steiger* DNotZ 2002, 184, 197; anders wohl *Busch* IPRax 2002, 13, 15.
[4] BT-Drucks. 14/6011 S. 46 (Zu § 2); s. auch *Busch* IPRax 2002, 13, 15 (insbesondere auch Fn. 20); *Ludwig* RNotZ 2002, 353, 357, 359; *Steiger* DNotZ 2002, 184, 197; *Maurer* FamRZ 2003, 1337, 1338 f.
[5] OLG Bremen OLGR 2006, 510, 511 = FamRZ 2007, 930 (LS.).

S. 2 nimmt die Annahme als **Stichtag** in Bezug und meint damit die ausländische Annahme: Der 5
Anzunehmende darf das 18. Lebensjahr bei Erlass des Annahmebeschlusses noch nicht vollendet
haben.[6] – Demgegenüber stellt das HaagAdoptÜbk für **Konventionsadoptionen** auf den Zeitpunkt
der Erteilung der Zustimmungen der Zentralen Behörden beider Staaten (Art. 17 lit. c HaagAdoptÜbk)
zur Fortsetzung des Adoptionsverfahrens ab (Art. 3 HaagAdoptÜbk).[7] Da das HaagAdoptÜbk keinen
Vorbehalt kennt (Art. 40 HaagAdoptÜbk), ist für sie entgegen dem Wortlaut von S. 2 auf den Zeitpunkt,
zu dem die letzte Zustimmung erteilt wurde, der also notwendig und meist sogar weit vor der Annahme
liegt, abzustellen.[8] – Für **Nicht-Konventionsadoptionen** ist für die Beurteilung der Wirksamkeit der
Annahme auf das ausländische Verfahrensrecht abzustellen,[9] auch wenn deutsches Sachrecht angewandt
wurde, weil das Wirksamwerden der Adoptionsentscheidung verfahrensrechtlich zu qualifizieren ist.

3. Herkunftsländer. Für ausländische Adoptionsdekrete und Vertragsadoptionen geht der sachli- 6
che Anwendungsbereich des AdWirkG über den des HaagAdoptÜbk hinaus: Während dieses nur zwischen seinen **Vertragsstaaten** gilt (Art. 2 Abs. 1 HaagAdoptÜbk), ist das AdWirkG auch auf Adoptionen, die in **Nicht-Vertragsstaaten** des HaagAdoptÜbk durchgeführt worden sind, anzuwenden.[10]
Unerheblich ist dabei, ob sich die ausländische Entscheidung die Adoption auf ausländisches oder deutsches Sachrecht gestützt hat. – Dem AdWirkG unterfallen weiter **inländische Adoptionsentscheidungen**, die auf **ausländisches Sachrecht** gestützt wurden. Dabei geht es zwar nicht um die Anerkennung dieser Entscheidungen, doch stellen sich hinsichtlich ihrer Wirkungen ähnliche Probleme wie bei
der Anerkennung einer ausländischen Adoption (dazu auch § 2 Abs. 3 und dort Rn. 22-23).[11]

4. Annahme als Kind. Das AdWirkG ist nur auf Entscheidungen anwendbar, die die Annahme 7
als Kind zum Gegenstand haben. In der anzuerkennenden Entscheidung muss mithin ein **Eltern-Kind-
Verhältnis** zwischen einer annehmenden Person oder Ehegatten mit dem Kind einer anderen Person
oder Ehegatten (dazu auch Vor § 1741 Rn. 1) begründet worden sein (Art. 2 Abs. 3 HaagAdoptÜbk). –
Erfasst werden sowohl „**schwache**" als auch „**starke**" Adoptionen (dazu § 2 Rn. 4, 18-19).[12] – Für
Konventionsadoptionen ist nicht maßgeblich, dass ein Eltern-Kind-Verhältnis auch materiell geschaffen wird, weil mangels einer Adoptionspflege – anders § 1744 BGB für inländische Adoptionen – nur
darauf vertraut werden kann, dass sich ein solches im Laufe der Zeit auch tatsächlich entwickelt; dies
entspricht im Übrigen auch dem deutschen Sachrecht, das in § 1741 Abs. 1 S. 1 BGB als Voraussetzung
für einen Adoptionsausspruch verlangt, dass „zu erwarten ist, dass zwischen dem Annehmenden und dem
Kind ein Eltern-Kind-Verhältnis entsteht." Deshalb kommt es nicht auf die tatsächlich bestehenden zwi-
schenmenschlichen Beziehungen zwischen Annehmenden und Anzunehmendem und deren voraus-
sichtlicher künftiger Entwicklung an, sondern allein auf den nach dem ausländischen Sachrecht erlangten
rechtlichen Status, zumal die Heimatländer – wie bereits jetzt schon, wie das Rechtsinstitut der Wieder-
holungs- oder Nachadoption zeigt – meist auf eine dortige Adoption Wert legen und die Kinder erst
danach in den Aufnahmestaat zu ihren Adoptiveltern übersiedeln lassen. Damit wird nur auf die formalrechtliche Begründung eines Eltern-Kind-Verhältnisses abgestellt, die die dauerhafte Eingliederung des
Kindes in die Familie des Annehmenden zum Ziel hat.[13] – Für Adoptionen aus **Nicht-Vertragsstaaten**
(dazu Rn. 6) kann nicht auf die Begriffsbestimmung des HaagAdoptÜbk zurückgegriffen werden. Die
Übernahme des in § 1741 Abs. 1 S. 1 BGB zum Ausdruck gekommenen Verständnisses vom Wesen einer
Adoption führt jedoch über die Anwendung des AdWirkG zu einem Gleichlauf.[14] – **Keine Annahme
als Kind iSd.** AdWirkG sind Pflegschaft, Vormundschaft, Pflegeverhältnisse, Sorge- und Umgangsrechts-
regelungen sowie Beistandschaften.

§ 2 Anerkennungs- und Wirkungsfeststellung

**(1) Auf Antrag stellt das Familiengericht fest, ob eine Annahme als Kind im Sinne
des § 1 anzuerkennen oder wirksam und ob das Eltern-Kind-Verhältnis des Kindes
zu seinen bisherigen Eltern durch die Annahme erloschen ist.**

---

[6] So auch BT-Drucks. 14/6011 S. 46. Unzutreffend deshalb OLG Stuttgart NJW-RR 2007, 732 = FamRZ
2007, 839, 840 f. zur perpetuatio fori, auf die es nicht ankommt, weil allein auf den durch die ausländische
Adoptionsentscheidung - Minderjährigen- oder Volljährigenadoption - bestimmten Verfahrensgegenstand abzustellen ist.
[7] *Parra-Aranguren* Rn. 97.
[8] *Maurer* FamRZ 2003, 1337, 1338.
[9] *Maurer* FamRZ 2003, 1337, 1338.
[10] *Busch* IPRax 2002, 13, 15; *Maurer* FamRZ 2003, 1337, 1338.
[11] *Busch* IPRax 2002, 13, 15.
[12] *Maurer* FamRZ 2003, 1337, 1338; *Steiger* DNotZ 2002, 184, 197; dazu auch *Parra-Aranguren* Rn. 94.
[13] *Maurer* FamRZ 2003, 1337, 1338, 1339.
[14] *Maurer* FamRZ 2003, 1337, 1338.

(2) ¹Im Falle einer anzuerkennenden oder wirksamen Annahme ist zusätzlich festzustellen,
1. wenn das in Absatz 1 genannte Eltern-Kind-Verhältnis erloschen ist, dass das Annahmeverhältnis einem nach den deutschen Sachvorschriften begründeten Annahmeverhältnis gleichsteht,
2. andernfalls, dass das Annahmeverhältnis in Ansehung der elterlichen Sorge und der Unterhaltspflicht des Annehmenden einem nach den deutschen Sachvorschriften begründeten Annahmeverhältnis gleich steht.

²Von der Feststellung nach Satz 1 kann abgesehen werden, wenn gleichzeitig ein Umwandlungsausspruch nach § 3 ergeht.

(3) ¹Spricht ein deutsches Familiengericht auf der Grundlage ausländischer Sachvorschriften die Annahme aus, so hat es die in den Absätzen 1 und 2 vorgesehenen Feststellungen von Amts wegen zu treffen. ²Eine Feststellung über Anerkennung oder Wirksamkeit der Annahme ergeht nicht.

Übersicht

	Rn.		Rn.
I. Normzweck	1	2. Vertragsadoptionen	15
II. Verfahrensgegenstand	2–4	V. Wirkungsfeststellung	16–21
III. Anerkennungsfeststellung	5–13	1. Zum Verhältnis von Abs. 1 zu Abs. 2	16
1. Verfahrensgegenstand	5	2. Erlöschen des Eltern-Kind-Verhältnisses (Abs. 1)	17
2. Wirksamkeit der Adoption	6, 7	3. Feststellung der Gleichstellung mit inländischen Adoptionen (Abs. 2)	18–21
3. Ordre public	8–13	a) Weitere Feststellungen	18, 19
a) Grundsätze	8, 9	b) Qualifikation	20, 21
b) Ermittlungen	10–13	VI. Deutsche Adoption nach fremdem Adoptionsstatut (Abs. 3)	22, 23
IV. Wirksamkeitsfeststellung	14, 15		
1. Verfahrensgegenstand	14		

I. Normzweck

1 Das AdWirkG eröffnet zur Stärkung der **Rechtssicherheit** ein Verfahren zur Anerkennungs- und Wirkungsfeststellung ausländischer Adoptionen ohne Beschränkung auf Konventionsadoptionen, das **neben** die Anerkennung kraft Gesetzes und die Inzidentfeststellung tritt (dazu Vor § 1 Rn. 3). Infolge ihrer Allgemeinverbindlichkeit (§ 4 Abs. 2 S. 1) steht diese Feststellung weiteren Prüfungen der Anerkennung und Wirkungen sowie Inzidenzfeststellungen einer ausländischen Adoption entgegen (dazu auch § 4 Rn. 9). – Zur **Zuständigkeit** s. § 5 Rn. 3-6, zum **Antragserfordernis** s. Abs. 1; zum **Antrag** s. § 4 Rn. 2, zur **Antragsbefugnis** § 4 Rn. 3-4, zu den **Wirkungen** der Feststellungen § 4 Rn. 9, § 5 Rn. 14. – Zum Verhältnis zu einer **Wiederholungsadoption** s. Vor § 1 Rn. 5-6.

II. Verfahrensgegenstand

2 Gegenstand des Verfahrens ist nach Abs. 1 eine **Feststellung** in mehrfacher Hinsicht:
– Ob eine ausländische Adoption anzuerkennen oder ob sie wirksam und das Eltern-Kind-Verhältnis des Kindes zu seinen bisherigen Eltern durch die Annahme erloschen ist (Abs. 1, dazu Rn. 5-13).
– Hinzu kommen die Feststellungen, dass das durch den ausländischen Adoptionsakt begründete Annahmeverhältnis einem nach deutschem Adoptionsrecht begründeten gleichsteht (Abs. 2, dazu Rn. 18-21). Anders als bei der Wiederholungsadoption (dazu Vor § 1 Rn. 5-6) geht es nicht um einen erneuten Adoptionsausspruch, sondern allein um die inländischen Folgewirkungen des ausländischen Adoptionsakts.

3 Obwohl Konventionsadoptionen im Inland kraft Gesetzes anerkannt sind, hat die Feststellung der **Anerkennung** auch für sie nicht nur deklaratorische Bedeutung, weil sie mit Wirkung für und gegen alle verbindlich ist (§ 4 Abs. 2 S. 1 und dazu dort Rn. 9; auch § 5 Rn. 14). Originäre konstitu-

tive Wirkung hat sie dagegen für Nicht-Vertragsstaaten-Adoptionen.[1] Die Feststellung der **Wirksamkeit** trägt zudem dem Umstand Rechnung, dass auch **Vertragsadoptionen** im Inland anerkannt werden können (dazu Rn. 14).[2]

Die Anerkennungs- und Wirkungsfeststellung nach § 2 kann sowohl für „schwache" als auch für 4 „starke" Adoptionen betrieben werden. Obgleich es sich bei einem **Antrag** auf ihren Ausspruch lediglich um einen Verfahrensantrag handelt (dazu § 4 Rn. 2), legt dieser doch den Verfahrensgegenstand fest. Ist er auf die Feststellung einer „starken" Adoption gerichtet, während das FamG nur von einer „schwachen" ausländischen Adoption ausgeht, kann es diese, werden keine Hilfsanträge gestellt, nicht einfach feststellen, weil es sich bei ihr nicht lediglich um ein Minus, sondern um ein Aliud gegenüber der „starken" Adoption handelt. Beschränkt der Antragsteller auf Anregung des FamG seinen Antrag nicht auf die Anerkennung einer „schwachen" Adoption bzw. stellt er keinen Umwandlungsantrag (§ 3), ist sein Antrag deshalb insgesamt abzuweisen.[3]

III. Anerkennungsfeststellung

1. Verfahrensgegenstand. Anerkannt werden kann sowohl eine **Dekretadoption** als auch 5 eine **Vertragsadoption** (dazu Rn. 15). Dabei kann es sich um eine „schwache" oder eine „starke" Adoption[4] handeln, aber auch um eine Entscheidung, durch die eine „schwache" Adoption in eine „starke" transformiert wird.[5] – Voraussetzung für die Anerkennung einer ausländischen Entscheidung ist deren **Wirksamkeit,** die sich ausschließlich nach dem **ausländischen** Sach- und Verfahrensrecht richtet. Das ausländische Sachrecht bestimmt die Art des Adoptionsakts – Adoptionsdekret oder Vertrag –, das ausländische Verfahrensrecht als *lex fori* die einzuhaltenden verfahrensrechtlichen Voraussetzungen. – Das ausländische Sachrecht bestimmt auch die **Aufhebbarkeit** einer Annahme (dazu Rn. 21).[6] – Die Wirksamkeit des ausländischen Adoptionsdekrets als Voraussetzung für seine innerstaatliche Anerkennung ist mit **„wirksam"** in Abs. 1 S. 1 nicht gemeint, sondern bezieht sich auf Vertragsadoptionen (dazu Rn. 15).

2. Wirksamkeit der Adoption. Für **Nicht-Konventionsadoptionen** und für Konventions- 6 adoptionen, für die eine Bescheinigung der Zentralen Behörde des Heimatstaates nach Art. 23 HaagAdoptÜbk fehlt, weil sie nicht beantragt oder gar verweigert wurde, gilt uneingeschränkt, dass für ihre Anerkennung die Voraussetzungen aus § 109 Abs. 1 Nr. 1-4 FamFG vorliegen müssen.[7] – I. Ü. werden **Konventionsadoptionen** von Gesetzes wegen anerkannt (Art. 23-27 HaagAdoptÜbk, Art. 1 ZustG). Art 24 HaagAdoptÜbk eröffnet lediglich die Prüfung der Vereinbarkeit der ausländischen Adoption mit dem inländischen **ordre public** (§ 109 Abs. 1 Nr. 4 FamFG, dazu Rn. 7-12), der Prüfung der Voraussetzungen aus § 109 Nr. 1-3 FamFG ist das FamG enthoben.[8] I. Ü. geht aber das HaagAdoptÜbk in seinem Anwendungsbereich dem innerstaatlichen Recht vor (§ 97 Abs. 1 S. 1 FamFG). Liegen seine Voraussetzungen nicht vor und kann darauf die Anerkennung einer ausländischen Adoption nicht gestützt werden, kann gleichwohl auf das ggf. günstigere nationale Recht (§ 109 FamFG) zurückgegriffen werden **(Günstigkeitsprinzip),** da die völkervertraglichen Regelungen der Verbesserung der Anerkennungsfähigkeit und nicht deren Verschlechterung dienen.[9]

---

[1] *Maurer* FamRZ 2003, 1337, 1344; aA *Erman/Hohloch* Rn. 28; *Palandt/Thorn* Rn. 16, jeweils zu Art. 22 EGBGB; *Bornhofen* StAZ 2002, 1, 6; *Staudinger/Winkelsträter* FamRBint 2006, 10, 11.
[2] BT-Drucks. 14/6011 S. 46.
[3] *Hölzel* StAZ 2003, 289, 292.
[4] Zu den unterschiedlichen Adoptionsformen einschließlich „Zwischenformen" s. *Frank* StAZ 2003, 257, 260.
[5] Nach § 387b Abs. 2 Nr. 1, Abs. 1 S. 2 der Dienstanweisung für Standesbeamte ist auch für eine solche Transformation eine Bescheinigung nach Art. 23 HaagAdoptÜbk durch die Bundeszentralstelle auszustellen, zum Ganzen *Hölzel* StAZ 2003, 289, 291.
[6] *Staudinger/Frank* § 1759 Rn. 5.
[7] OLG Karlsruhe NJW 2004, 516, 518 = FamRZ 2004, 1516 (LS.); AG Hamburg FamRZ 2007, 930 f.; *Maurer* FamRZ 2003, 1337, 1339.
[8] OLG Karlsruhe NJW 2004, 516, 518 = FamRZ 2004, 1516 (LS.); *Ludwig* RNotZ 2002, 353, 361; *Maurer* FamRZ 2003, 1337, 1339; *Staudinger/Winkelsträter* FamRBint 2006, 10 F. 9; aA wohl *Steiger* DNotZ 2002, 184, 198.
[9] BGH NJW 1987, 3083 = FamRZ 1987, 580, 582; BayObLG NJW-RR 1990, 842 = FamRZ 1990, 897, 898, jeweils mwN; MünchKommZPO/*Rauscher* § 97 FamFG Rn. 6, § 109 FamFG Rn. 7, § 108 FamFG Rn. 6, 7; *Bahrenfuss/v. Milczewski* § 108 FamFG Rn. 7; *Keidel/Zimmermann* § 108 FamFG Rn. 27; *Staudinger* FamRBint 2007, 42, 45 f.; allgemein auch *Prütting/Helms/Hau* § 97 FamFG Rn. 6; aA - Vorrangprinzip - etwa *Staudinger/Henrich* (2008) Vor Art. 22 EGBGB Rn. 46, Art. 22 EGBGB Rn. 85; *Prütting/Helms/Hau* § 109 FamFG Rn. 13, 64; wohl auch MünchKommBGB/*Klinkhardt* Art. 22 EGBGB Rn. 86, 90. Das Vorrangprinzip schließt den Rückgriff auf die autonomen nationalen Regelungen jedoch nicht aus, sondern führt lediglich zu deren subsidiären Anwendbarkeit.

7 Das Anerkennungsverfahren ist auf die Prüfung dieser verfahrensrechtlichen Fragen beschränkt, eine darüber hinausgehende **sachliche** Überprüfung des ausländischen Adoptionsdekrets findet nicht statt.[10] Deshalb prüft das FamG, liegt kein Verstoß gegen den inländischen ordre public vor, nicht die richtige Anwendung des ausländischen Sachrechts und – grundsätzlich (dazu Rn. 10) – auch nicht, ob die Adoption dem Kindeswohl dient und zu erwarten ist, dass sich zwischen Annehmenden und Anzunehmendem ein Eltern-Kind-Verhältnis bildet. – Maßgeblicher **Zeitpunkt** für die Vereinbarkeit mit dem ordre public ist die Entscheidung über die Anerkennung, nicht die ausländische Adoptionsentscheidung.[11]

8 **3. Ordre public.**[12] **a) Grundsätze.** Für **Konventionsadoptionen** in Form eines Adoptionsdekrets ist der Anwendungsbereich von Art. 24 HaagAdoptÜbk, § 109 Abs. 1 Nr. 4 FamFG eng begrenzt, weil mit der Überleitung des HaagAdoptÜbk in inländisches Recht (dazu Vor § 1 Rn. 3) dessen Rechtsregeln Bestandteil der „wesentlichen Grundsätze des deutschen Rechts" (Art. 6 S. 1 EGBGB, § 109 Abs. 1 Nr. 4 FamFG) geworden sind. Dies schließt die grundsätzliche Bindung an das Adoptionsdekret und die von der Bescheinigung der Zentralen Behörde des Heimatstaates (Art. 23 HaagAdoptÜbk) umfassten Feststellungen ein (dazu Rn. 6-7). Nur ganz **ausnahmsweise** kann deshalb ohne Verstoß gegen das HaagAdoptÜbk ein Verstoß gegen den inländischen ordre public angenommen werden, so etwa dann, wenn die mit der Bescheinigung der Zentralen Behörde des Heimatstaates verbundenen Feststellungen ersichtlich, dh. ohne umfangreiche Ermittlungen feststellbar, unzutreffend sind.[13]

9 Für **Nicht-Konventionsadoptionen** und Konventionsadoptionen, für die eine Bescheinigung der Zentralen Behörde des Heimatstaates fehlt (dazu Rn. 6), gilt, dass insbesondere das Kindeswohl und die erforderlichen Zustimmungen zur Adoption einer besonderen Prüfung bedürfen. Im Fehlen einer nach ausländischem und, soweit es zum Wohle des Kindes erforderlich ist (Art. 23 S. 2 EGBGB), inländischem Sachrecht erforderlichen Zustimmung[14] oder einer fachlichen Begutachtung der Adoptionsbewerber im Inland durch eine inländische Fachstelle, idR durch das zuständige Jugendamt (dazu Rn. 11; s. auch §§ 7 Abs. 1, Abs. 3 AdVermiG [Adoptionseignungsbericht, dazu § 1744 BGB Anh. Rn. 25], § 189 FamFG [fachliche Äußerung]),[15] kann eine Verletzung unverzichtbarer inländischer, auch grundrechtlich gewährleisteter Standards liegen, aus der sich ein Verstoß gegen den ordre public ableiten kann. Dagegen verstößt es nicht gegen den ordre public, wenn eine ausländische Adoption sowohl entgegen dem eigenen Kollisionsrecht als auch entgegen Art. 22 EGBGB nach ausländischem Sachrecht vorgenommen wurde[16] oder die nach § 1749 BGB erforderliche Einwilligung des Ehegatten in eine Einzeladoption nicht vorgelegen hat.[17]

10 **b) Ermittlungen.** Vor einer Versagung der Anerkennung hat das FamG insbesondere auf die Vorlage noch nicht erteilter, aber erforderlicher **Einwilligungen** und **Zustimmungen** hinzuwirken.

11 Für die **fachliche Begutachtung** geht der Gesetzgeber davon aus, dass, hat „eine derartige fachlich fundierte Prüfung nicht stattgefunden, ... dies Zweifel an der Vereinbarkeit der ausländi-

---

[10] KG FGPrax 2006, 255 = FamRZ 2006, 1405 mwN; *Frank* StAZ 2003, 257, 259.
[11] BGH NJW 1989, 2197 = FamRZ 1989, 378; KG FGPrax 2006, 255 = FamRZ 2006, 1405, 1407.
[12] EuGHMR FamRZ 2007, 1528 f. m. Anm. *Henrich*: Stets ein Verstoß gegen den ordre public wegen Missachtung des Familienlebens (Art. 8 EMRK) ist die Nichtanerkennung einer nach ausländischem Sachrecht zulässigen Adoption durch eine unverheiratete Einzelperson (die im Übrigen auch nach inländischem Sachrecht zulässig wäre, § 1741 Abs. 2 S. 1); dies gilt für Konventions- wie für Nicht-Konventionsadoptionen. – KG StAZ 2007, 205 f. = FamRZ 2007, 1594 (LS.): Kein Verstoß gegen den ordre public, wenn in der anzuerkennenden Entscheidung auch der Geburtsort des Anzunehmenden geändert wurde, weil der Grundeintrag in den Personenstandsbüchern den tatsächlichen Geburtsort weiter erkennen lässt. – Zu Einschränkungen der Verweisung von Art. 18 Abs. 2 türk. IPRG auf deutsches Sachrecht durch den inländischen ordre public s. OVG Hamburg StAZ 2007, 86, 91 = IPRax 2008, 261 = FamRZ 2007, 930 (LS.). – OLG Schleswig NJW-RR 2001, 1372 = FGPrax 2001, 196 = FamRZ 2002, 698, 699: Das absolute Adoptionshindernis wegen eigener ehelicher Kinder (Art. 253 türk. ZGB) verstößt gegen ordre public. Angesichts dieses auch dem inländischen Recht nicht gänzlich fremden Adoptionshindernisses (zur Rechtsentwicklung s. § 1745 BGB Rn. 6; s. auch die rechtsvergleichenden Hinweise bei *Staudinger/Frank* § 1745 BGB Rn. 5) ist dies aber durchaus diskussionswürdig. – OLG Schleswig FamRZ 2008, 1104, 1105 ff.: Die nach pakistanischem Recht fehlende Möglichkeit einer Adoption verstößt gegen inländischen ordre public.
[13] *Steiger* A Rn. 335 spricht zutreffend von einer „(widerleglichen) Vermutung für die Wirksamkeit der Adoption nach dem Recht des Entscheidungsstaates"; s. auch *Frank* StAZ 2003, 257, 259.
[14] Verneint von BayObLGZ 2000, 180 = StAZ 2000, 300, 302 = FamRZ 2001, 1641 (LS.).
[15] Zu letzterem s. *Steiger* A Rn. 334; *ders.* DNotZ 2002, 184, 198 f.; ebenso *Ludwig* RNotZ 2002, 353, 362; aA AG Hamm JAmt 2004, 375 m. Anm. *Busch*.
[16] BayObLGZ 2000, 180 = StAZ 2000, 300, 302 = FamRZ 2001, 1641 (LS.).
[17] Dazu OLG Nürnberg FGPrax 2002, 457, 458 = FamRZ 2002, 1145 (LS.).

schen Adoption mit dem deutschen ordre public [begründet], die im Rahmen eines gerichtlichen oder behördlichen Verfahrens der Aufklärung bedürfen. Die im Herkunftsstaat vollzogene Adoption kann in einem solchen Fall nur anerkannt werden, wenn sie nach eingehender Prüfung im Ergebnis nicht gegen wesentliche Grundsätze des deutschen Adoptionsrechts, insbesondere nicht gegen § 1741 Abs. 1 BGB, verstößt."[18] Dies rückt das **„Kindeswohl"** und das **„Eltern-Kind-Verhältnis"** ins Blickfeld. **Praktische Bedeutung** hat dies bislang v. a. in folgenden Fällen erlangt:
- Fehlende, nach ausländischem Adoptionsstatut erforderliche **Einwilligungen** und **Zustimmungen**,[19]
- **Täuschung** der ausländischen Behörden
  - über das Vorliegen der Voraussetzungen einer Auslandsadoption und die nach HaagAdoptÜbk einzuhaltenden Standards; die Folge der Nichtanerkennung wäre eine Wiederholungsadoption (dazu Vor § 1 Rn. 5-6), die idR zu keinem anderen Ergebnis als die Anerkennung führen dürfte;
  - über das Vorliegen der Voraussetzungen für eine Inlandsadoption,[20]
- Verfolgung **adoptionsfremder** Zwecke,[21]
- fehlende eigenständige richterliche Überprüfung der **Elterneignung**,[22] des **Kindeswohls**[23] einschließlich der Erwartung, dass sich ein **Eltern-Kind-Verhältnis** bilden wird,[24]
- Fehlen oder Ungeeignetheit einer **fachlichen Begutachtung** im Ausland,[25] und in diesem Zusammenhang ausschließlich aufenthalts- und staatsangehörigkeitsrechtliche Beweggründe für die Adoption,[26]
- Nichteinhaltung einer nach ausländischem Sachrecht vorgeschriebenen **Pflegezeit**.[27]
- **Ausländische** Mehrfachadoptionen verstoßen nicht gegen den inländischen ordre public und sind anzuerkennen.[28]

Für Konventionsadoptionen gilt zwar der Grundsatz der Anerkennung von Gesetzes wegen, weil das nach der Konvention einzuhaltende Verfahren grundsätzlich die Gewähr dafür bietet, dass das Kindeswohl durch die Adoption gewahrt wird. Dies hindert aber nicht, einen Verstoß gegen den ordre public anzunehmen, wenn aus welchen Gründen auch immer das „Kindeswohl" vor dem Ausspruch der Adoption nicht oder nicht ausreichend geprüft wurde und deshalb ein offensichtlicher Verstoß gegen den ordre public vorliegt (Art. 24 HaagAdopt-Übk). Dies kann auch für solche Adoptionen angenommen werden, für die nach dem ausländischen Sachrecht das Kindeswohl keine Adoptionsvoraussetzung ist. Für Nicht-Konventionsadoptionen werden beachtliche Verstöße leichter anzunehmen sein, weil die Offensichtlichkeit nicht Voraussetzung für die Beachtlichkeit des Verstoßes ist.

Streitig ist, inwieweit entsprechend der Intention des Gesetzgebers im Verfahren auf Anerkennung und Wirkungsfeststellung Ermittlungen zum Kindeswohl **nachzuholen** sind.[29] Eine Nachho-

---

[18] BT-Drucks. 14/6011 S. 29; dazu auch *Beyer* JAmt 2006, 329, 331 ff.
[19] LG Frankfurt/M. Beschl. v. 3. 9. 2004 - 2/09 T 31/04, juris [17].
[20] LG Dortmund Beschl. v. 24. 7. 2009 - 9 T 301/09, juris [8, 9] (Verschweigen der Scheidung bei Adoption nach südafrikanischem Recht).
[21] OLG Köln FGPrax 2009, 220 = FamRZ 2010, 49, 50 m. krit. Anm. *Weitzel*; AG Hamm ZKJ 2007, 369, 370 (Zeugung eines Kindes zum ausschließlichen Zweck der Weitergabe ins Ausland).
[22] LG Dortmund Beschl. v. 13. 8. 2007 - 15 T 87/07, juris [8] = BeckRS 2008, 15835 = IPRspr 2007, Nr. 7, 259; LG Lüneburg Beschl. v. 4. 5. 2009 - 3 T 9/09, juris [6]; LG Köln Beschl. v. 13. 1. 2009 - 1 T 384/08, juris [8]; *Weitzel* NJW 2008, 186, 188.
[23] OLG Düsseldorf FamRZ 2009, 1078; OLG Frankfurt/M. FamRZ 2009, 1605, 1606; OLG Karlsruhe Beschl. v. 8. 7. 2010 - 11 Wx 113/09, juris [13]; OLG Hamm NJW-RR 2010, 1659 = FamRZ 2011, 310, 311 (Thailand); LG Karlsruhe JAmt 2010, 186 m. Anm. *Busch*.
[24] AG Nürnberg FamRZ 2010, 51 f. m. Anm. *Milzer* FamFR 2009, 78.
[25] OLG Hamm NJW-RR 2010, 1659 = FamRZ 2011, 310, 311.
[26] S. dazu etwa VG Berlin Gerichtsentscheid v. 21. 4. 2004 - 25 A 188.02, juris [17, 18]; Urt. v. 17. 5. 2006 - 4 V 53.04, juris [25] (für eine türkische Adoption vor dem Beitritt der Türkei zum HaagAdoptÜbk); LG Frankfurt/M. Beschl. v. 30. 4. 2008 - 2/09 T 122/08, juris [15] (Art. 316 türk. ZGB).
[27] Für eine **Konventionsadoption** s. AG Hamm JAmt 2006, 363, 364 m. Anm. *Weitzel* (Verschleierung einer Auslandsadoption durch Vortäuschen der türkischen Staatsangehörigkeit bei einer Adoption in der Türkei; zwingend vorgeschriebenes Pflegejahr [Art. 305 türk. ZGB]; LG Frankfurt/M. Beschl. v. 30. 4. 2008 - 2/09 T 122/08, juris [12] (Art. 305 türk. ZGB). Für **Nicht-Konventionsadoptionen** s. KG FGPrax 2006, 255 = FamRZ 2006, 1405 ff. (Täuschung über die Identität der Adoptionsbewerber und fehlende fachliche Begutachtung begründen keinen Verstoß gegen den inländischen ordre public [Guatemala]); KG FGPrax 2009, 64 = NJW-RR 2009, 588 = FamRZ 2009, 1603, 1604 f. (Guatemala); OLG Frankfurt/M. FamRZ 2009, 1605, 1606 (Indonesien); OLG Köln NJW-RR 2009, 1374 = FGPrax 2009, 165 = FamRZ 2009, 1607, 1608 (Kasachstan); aA AG Celle JAmt 2006, 377 f.
[28] LG Stuttgart StAZ 2000, 47, 48.
[29] So KG FGPrax 2006, 255 = FamRZ 2006, 1405 ff.; AG Hamm JAmt 2004, 375, 376 f. m. Anm. *Busch* JAmt 2006, 363, 364; *Beyer* JAmt 2006, 329, 331 ff.; LG Dresden JAmt 2006, 360; LG Potsdam FamRZ 2008,

lung würde auf eine Beseitigung der Folgen einer mangelbehafteten Adoption – keine Anerkennung und keine Wirkungsfeststellung – hinauslaufen und ggf. die Umgehung des ausländischen Sachrechts und des HaagAdoptÜbk durch die Adoptionsbewerber honorieren. Einzig die **Verfahrensökonomie** spricht dagegen, die Ermittlungen nicht nachzuholen und die Adoptionsbewerber auf eine Wiederholungsadoption im Inland zu verweisen. Da für dieses Verfahren aber ein anderes FamG und auch ein anderes Jugendamt örtlich zuständig sein kann und zudem ggf. dem Nachahmereffekt entgegenzuwirken ist, sollte der Nichtanerkennung und der Wiederholungsadoption der Vorzug gegeben werden.[30] – Dieselbe Problematik stellt sich, wenn das ausländische Adoptionsverfahren unter **Mängeln** leidet. Stehen sie einer Anerkennung entgegen, kann diese nicht aufgrund einer eigenständigen inländischen Kindeswohlprüfung ausgesprochen werden. Auch insoweit hat eine Nachadoption im Inland stattzufinden.[31]

IV. Wirksamkeitsfeststellung

14   1. **Verfahrensgegenstand.** Gegenstand des Verfahrens auf Wirksamkeitsfeststellung können solche Adoptionen sein, die nicht Gegenstand eines Verfahrens auf Anerkennung einer ausländischen Entscheidung sein können, also **Vertragsadoptionen** (dazu Rn. 15, § 1 Rn. 3). – Für **inländische** Adoptionsdekrete, die nach Art. 22, 23 EGBGB auf ausländisches Sachrecht gestützt wurden (vgl. Abs. 3), bedarf es dagegen keiner Feststellung ihrer Wirksamkeit; sie ergibt sich bereits aus dem inländischen Verfahrensrecht. Für sie geht es nur um die Feststellung ihrer rechtlichen Wirkungen (dazu Rn. 22-23).

15   2. **Vertragsadoptionen.** Sie unterfallen unabhängig davon, ob sie nach gerichtlicher oder behördlicher Prüfung vorgenommen und nach ausländischem Sachrecht wirksam sind, oder ob es sich um eine „reine" Vertragsadoption handelt, nicht §§ 109 Abs. 1 Nr. 4, 199 FamFG, da es sich um keine „Entscheidungen" in deren Sinne handelt.[32] Für sie gilt:
– Für **Konventionsadoptionen** ersetzt die Bestätigung des Heimatstaates, dass die Adoption gemäß dem Übereinkommen zustande gekommen ist (Art. 23 Abs. 1 S. 1 HaagAdoptÜbk), die inländische Prüfung der Wirksamkeit der Adoption. Für eine eigene Prüfung des Kindeswohls und der Erwartung, dass sich zwischen Annehmenden und Anzunehmendem ein Eltern-Kind-Verhältnis entwickelt, ist kein Raum,[33] weil die Durchführung dieser Prüfung im Heimatstaat des Kindes auch insoweit durch die Bescheinigung der Zentralen Behörde dieses Heimatstaates bestätigt wird (Art. 23 Abs. 1 HaagAdoptÜbk insbesondere iVm. Art. 4 lit. b HaagAdoptÜbk [Kindeswohl], Art. 2 Abs. 2 HaagAdoptÜbk [dauerhaftes Eltern-Kind-Verhältnis], Art. 4 lit. c HaagAdoptÜbk [Zustimmungen und Beratungen]). Nur die Prüfung der Vereinbarkeit mit dem inländischen **ordre public,** jetzt allerdings nach Art. 6 EGBGB, ist eröffnet (Art. 24 HaagAdoptÜbk).
– Vertragsadoptionen aus **Nicht-Vertragsstaaten** unterliegen dagegen der umfassenden Wirksamkeitsprüfung durch jedes andere Gericht bzw. Behörde, weil für sie vergleichbare Garantien einer Bescheinigung der Zentralen Behörde dieses Heimatstaates fehlen. Dies eröffnet die volle Prüfung der **sachrechtlichen** Voraussetzungen des ausländischen Adoptionsrechts.[34] Ausgangspunkt der Prüfung sind Art. 22, 23 EGBGB,[35] die grundsätzlich zum ausländischen Adoptionsrecht führen. Art. 23 S. 2 EGBGB eröffnet aber aus Gründen des Kindeswohls die Anwendung **inländischen**

1108, 1109; LG Lüneburg Beschl. v. 4. 5. 2009 - 3 T 9/09, juris [6] („Elterneignungsprüfung"); aA OLG Celle FamRZ 2008, 1109, 1110 m. Anm. *Weitzel;* LG Stuttgart JAmt 2008, 102, 104 m. Anm. *Weitzel* (Eritrea) (vorgehend AG Stuttgart Beschl. v. 16. 11. 2006 – F 9 XVI 100/06, juris); LG Karlsruhe JAmt 2010, 186, 187 m. Anm. *Busch;* AG Celle JAmt 2004, 377, 378 m. Anm. *Busch;* AG Köln FamRZ 2008, 1111 f. m. Anm. *Gerling; Reinhardt* JAmt 2006, 325, 329; *Weitzel* JAmt 2006, 333, 336; wohl auch LG Dortmund Beschl. v. 13. 8. 2007 - 15 T 87/07, juris [7, 8] = BeckRS 2008, 15835 = IPRspr. 2007, Nr. 7, 259; AG Schleswig Beschl. v. 23. 6. 2008 - 4 XVI W 15/06, juris [12]; offengelassen OLG Schleswig Beschl. v. 24. 6. 2009 - 2 W 38/09, juris [19] = BeckRS 2010, 25761 (Kenia) [Bestätigung von LG Flensburg JAmt 2009, 192 (Kenia).
[30] Im Ergebnis ebenso LG Köln Beschl. v. 13. 1. 2009 – 1 T 384/08, juris [8]; *Weitzel* NJW 2008, 186, 188.
[31] AA KG BeckRS 2010, 26105 = FamRZ 2011, 311 (LS.).
[32] MünchKommZPO/*Rauscher* § 109 FamFG Rn. 10; *Keidel/Giers* § 108 FamFG Rn. 23; *Palandt/Thorn* Art. 22 EGBGB Rn. 11; *Siehr* § 8 IV; *Keidel/Kuntze/Winkler/Zimmermann* Rn. 2g; *Jansen/Wick* Rn. 30 ff., jeweils zu § 16a FGG; aA - wohl - KG FGPrax 2009, 64 = NJW-RR 2009, 588 = FamRZ 2009, 1603, 1605.
[33] AA *Ludwig* RNotZ 2002, 353, 362.
[34] KG FGPrax 2006, 255 = FamRZ 2006, 1405 mwN; s. auch KG FGPrax 2009, 64 = NJW-RR 2009, 588 = FamRZ 2009, 1603, 1604 f.
[35] *Ludwig* RNotZ 2002, 353, 362; *Frank* StAZ 2003, 257, 263; *Hölzel* StAZ 2003, 289, 290; *Staudinger/Winkelsträter* FamRBint 2006, 10, 12.

Sachrechts. Zudem ist besonderer Bedacht auf den inländischen **ordre public** (Art. 6 EGBGB) zu nehmen.

– „Reine" Vertragsadoptionen unterliegen auch dann, wenn sie aus einem Konventionsstaat stammen, nicht dem HaagAdoptÜbk. Anzuwenden sind Art. 22, 23 EGBGB. An die Stelle des ausländischen Dekrets tritt die innerstaatliche gerichtliche Anerkennung.[36] Sie kann indes im Inland nicht **inzident** anerkannt werden, weil sie ohne Beteiligung staatlicher Stellen dem inländischen ordre public (dazu allgemein Rn. 8-13) widerspricht.

V. Wirkungsfeststellung

1. Zum Verhältnis von Abs. 1 zu Abs. 2. Während Abs. 1 noch allgemein von der Feststellung, „ob das Eltern-Kind-Verhältnis des Kindes zu seinen bisherigen Eltern durch die Annahme erloschen ist", spricht, konkretisiert Abs. 2 die Unterscheidung in „starke" (Nr. 1) und „schwache" (Nr. 2) Adoptionen. Abs. 1 ist ohne Abs. 2 nicht vollständig, weil er nur die Feststellung des Erlöschens der Rechtsbeziehungen des Kindes zu den bisherigen Eltern regelt, ohne auch zu bestimmen, welche Rechtsbeziehungen an deren Stelle treten. 16

2. Erlöschen des Eltern-Kind-Verhältnisses (Abs. 1). Festgestellt wird das Erlöschen des Eltern-Kind-Verhältnisses zu den bisherigen Eltern – den leiblichen Eltern des Kindes oder den Eltern, die das Kind zuvor bereits adoptiert hatten – nach den Maßstäben des tatsächlich angewandten Sachrechts.[37] Das deutsche Sachrecht (§ 1741 Abs. 1 S. 1 BGB) umschreibt mit „Eltern-Kind-Verhältnis" einen tatsächlich bestehenden Lebenssachverhalt, nämlich eine „soziale Elternschaft" als Ausdruck einer Intimgemeinschaft zwischen Annehmenden und Anzunehmendem, wie sie zwischen leiblichen Eltern und Kindern üblich ist (dazu § 1741 BGB Rn. 26), und die allein durch einen Adoptionsausspruch nicht erlöschen kann. Deshalb versteht § 2 Abs. 1, der auf die Begrifflichkeit in der Konvention zurückzuführen und deshalb autonom aus dem HaagAdoptÜbk heraus auszulegen ist,[38] unter „Eltern-Kind-Verhältnis" nicht die tatsächliche Auflösung des sozial-emotionalen Verhältnisses zwischen Kind und Eltern, sondern – in nach inländischen Maßstäben (vgl. § 1755 BGB) und in der Konvention angelegter (vgl. Art. 2 Abs. 2, 26 Abs. 1 lit. a HaagAdoptÜbk) ungenauer Umschreibung – die **Aufhebung der Rechtsbeziehungen** des Kindes zu seinen bisherigen Eltern.[39] – Nach dem ausländischen Sachrecht können diese Rechtsbeziehungen **ganz** oder **teilweise** erlöschen. Im ersten Fall spricht man von einer „Volladoption" oder „starken" Adoption, im zweiten von einer „schwachen" Adoption. Abs. 2 Nr. 1 und Nr. 2 sehen entsprechend unterschiedliche Feststellungen vor (s. auch Rn. 5). – Nach § 2 Abs. 1 ist das Erlöschen des Eltern-Kind-Verhältnisses nach Abs. 2 neben der Anerkennungs- oder Wirksamkeitsfeststellung **zwingend** auszusprechen. Das Unterlassen dieses Ausspruchs macht den familiengerichtlichen Beschluss jedoch nicht unwirksam, sodass auch er die Bindungen nach § 4 Abs. 2 S. 1 entfaltet.[40] 17

3. Feststellung der Gleichstellung mit inländischen Adoptionen (Abs. 2). a) Weitere Feststellungen. Ist das Eltern-Kind-Verhältnis zu den bisherigen Eltern nach dem ausländischen Sachrecht wie auf Grund einer Inlandsadoption vollständig erloschen, ist neben den Feststellungen nach Abs. 1 (dazu Rn. 17) weiter festzustellen, dass das durch den ausländischen Adoptionsakt begründete Annahmeverhältnis einem nach inländischem Sachrecht – das nur „**starke**" Adoptionen (sog. „Volladoptionen"), dh. solche, die die Rechtsbeziehungen zu den bisherigen Eltern jedenfalls nahezu vollständig[41] auflösen, kennt (dazu §§ 1754, 1755 Rn. 1) – begründeten gleichsteht (Nr. 1). Diese Feststellung entspricht Art. 26 Abs. 1 lit. c, Abs. 2 HaagAdoptÜbk. Eine Aufzählung der ein- 18

---

[36] AA - der Vertrag bedarf für seine Anerkennungsfähigkeit stets der Überprüfung und Bestätigung durch ein Gericht oder eine sonstige staatliche Behörde - LG München Beschl. v. 17. 2. 2010 - 16 T 4065/09, juris [21]; *Palandt/Thorn* Rn. 12; *Staudinger/Henrich* Rn. 98, jeweils zu Art. 22 EGBGB; *Ludwig* RNotZ 2002, 353, 357.
[37] *Staudinger/Winkelsträter* FamRBint 2006, 10, 12.
[38] *Maurer* FamRZ 2003, 1337, 1340.
[39] *Parra-Aranguren* Rn. 94 („Art. 2 Abs. 2 stellt klar, dass das Übereinkommen Adoptionen aller Art regelt, die ein dauerhaftes Eltern-Kind-Verhältnis begründen, . . ."), Rn. 440 („. . . wonach ‚ein Kind, dessen Adoption in einem Vertragsstaat anerkannt ist, rechtlich als Kind der Adoptiveltern anzusehen ist'"), Rn. 443 („. . . unabhängig davon, ob das zuvor bestehende Eltern-Kind-Verhältnis zwischen dem Kind sowie seiner Mutter und seinem Vater auf Grund der Adoption fortbesteht oder beendet wird. Dies zeigt den weiten Anwendungsbereich, der alle Arten möglicher Adoptionen umfasst."), Rn. 444 („. . ., weil das Eltern-Kind-Verhältnis mindestens die elterliche Verantwortung der Adoptiveltern für das Kind umfasst.").
[40] Offengelassen von BVerwG FamRZ 2007, 1550.
[41] Die Aufrechterhaltung nicht wesentlicher Rechtsbeziehungen wie eines subsidiären Erbrechts oder eines Eheverbots nimmt nicht den Charakter einer Volladoption, *Staudinger/Winkelsträter* FamRBint 2006, 10, 12.

zelnen Rechtswirkungen der Adoption ist nicht vorgesehen und erfolgt deshalb auch nicht (s. auch § 5 Rn. 11).[42]

19 Ist die ausländische Adoption dagegen eine „**schwache**" Adoption, beendet sie die Rechtsbeziehungen zu den bisherigen Eltern also nicht vollständig,[43] ist zur Gewährleistung der Integration des Kindes in die Adoptivfamilie[44] weiter festzustellen, dass das durch den ausländischen Adoptionsakt begründete Annahmeverhältnis für die elterliche Sorge und die Unterhaltspflicht einem nach inländischem Sachrecht begründeten gleichsteht (Nr. 2). Damit wird für die aktuellsten und deshalb praktisch wichtigsten Rechtswirkungen die für die Praxis erforderliche Klarheit und Rechtssicherheit geschaffen. Gleichstellung heißt aber nicht, dass das nach ausländischem Sachrecht weiter bestehende Eltern-Kind-Verhältnis auch erloschen ist.[45] – Der Ausspruch nach Nr. 2 beinhaltet zugleich die Feststellung, dass das Eltern-Kind-Verhältnis nicht vollständig erloschen ist (Nr. 1, Abs. 1 Halbs. 2; dazu auch Rn. 16).[46] – Zur **Umwandlung** dieser „schwachen" Auslandsadoption in eine inländische Volladoption s. § 3.

20 **b) Qualifikation. aa) Internationalprivatrechtlich?** § 2 ist keine **Kollisionsnorm**, die auf das deutsche Sachrecht verweisen würde,[47] weil es nur um die Feststellung der – teilweisen (Abs. 2 S. 1 Nr. 2) oder vollständigen (Abs. 2 S. 1 Nr. 1) – Gleichstellung iSd. Gleichwertigkeit mit einer nach den deutschen Sachvorschriften begründeten Adoption geht.[48] Deshalb müssen sich die Wirkungen der Adoption auch nicht notwendig nach dem deutschen Sachrecht richten. Vielmehr ist das auf jede einzelne durch die ausländische Adoption herbeigeführte Wirkung anwendbare Sachrecht nach dem deutschen und ggf. dem ausländischen Kollisionsrecht zu bestimmen (dazu auch Rn. 18-19).[49]

21 **bb) Folgerungen.** Es bleibt bei dem ausländischen Sachrecht als dem **Adoptionsstatut**, das nicht durch das deutsche Adoptionsrecht ersetzt wird[50] und auch für eine **Aufhebung** der Adoption maßgeblich ist.[51] – Nach welchem Sachrecht sich die einzelnen **Adoptionswirkungen** richten, wird nicht durch den Feststellungsausspruch bestimmt (dazu Rn. 5). Vielmehr sind sie jeweils einzeln nach Art. 10 EGBGB *(Name)*, Art. 18 EGBGB, Art. 15 Verordnung (EG) Nr. 4/2009[52] iVm. Haager Unterhaltsprotokoll[53] *(Unterhalt)*, Art. 21 EGBGB *(Eltern-Kind-Verhältnis)*, Art. 25 EGBGB *(Erbrecht)* unter Anknüpfung an die Staatsangehörigkeit oder den gewöhnlichen Aufenthalt des Kindes zu bestimmen, und zwar unabhängig davon, ob es sich um eine „starke" oder eine „schwache" ausländische Adoption handelt.[54] – Da die ausländische Volladoption bewirkt, dass das Kind, liegen die Voraussetzungen auch im Übrigen vor, die deutsche **Staatsangehörigkeit** erwirbt (§ 6 S. 1 StAG), richten sich mit deren Wirksamkeit das **Namens-** und das **Erbrecht** unabhängig von der Art der Auslandsadoption und vom gewöhnlichen Aufenthalt des Kindes nach deutschem Sachrecht,[55] es sei denn, im ausländischen Adoptionsdekret wären konstitutive Anordnungen zum Vornamen oder Familiennamen des angenommenen Kindes getroffen worden.[56] Nach dem ausländischen Sachrecht fortbestehende Erbrechte bleiben erhalten. – Das Erlöschen der **verwandtschaftlichen Beziehungen** zu den bisherigen Eltern richtet sich allein nach ausländischem Sachrecht. Die Begründung neuer verwandtschaftlicher Beziehungen zu den Adoptiveltern und deren Verwandten richtet sich nach dem Recht des gewöhnlichen Aufenthalts des Kindes (Art. 21 EGBGB), sodass dieses Statut wandelbar ist: Solange das Kind seinen gewöhnlichen Aufenthalt im Ausland

---

[42] *Steiger* DNotZ 2002, 184, 199; *Ludwig* RNotZ 2002, 353, 363; *Staudinger/Winkelsträter* FamRBint 2006, 10, 12.
[43] Dazu auch *Parra-Aranguren* Rn. 480.
[44] BT-Drucks. 14/6011 S. 47.
[45] OVG Hamburg StAZ 2007, 86, 89 ff. = FamRZ 2007, 930 (LS.).
[46] Offengelassen von BVerwG FamRZ 2007, 1550 f.
[47] *Steiger* DNotZ 2002, 184, 200.
[48] *Frank* StAZ 2003, 257, 260.
[49] Deshalb rät *Frank* StAZ 2003, 257, 261 dazu, die Umwandlung nach § 3 zu betreiben.
[50] Dies entspricht der „Wirkungserstreckungslehre", dazu ausführlich *Frank* StAZ 2003, 257, 260 ff.; zur „Substitution" s. auch *Ludwig* RNotZ 2002, 353, 359 ff.; *Steiger* DNotZ 2002, 182, 200; *St. Lorenz* S. 509 ff.
[51] *Staudinger/Frank* § 1759 BGB Rn. 5; *Frank* StAZ 2003, 257, 261.
[52] *Verordnung (EG) Nr. 4/2009 des Rates vom 18. Dezember 2008 über die Zuständigkeit, das anwendbare Recht, die Anerkennung und Vollstreckung von Entscheidungen und die Zusammenarbeit in Unterhaltssachen* ABl. EG L 7 v. 10. 1. 2009, S. 1-79).
[53] *Protokoll über das auf Unterhaltspflichten anzuwendende Recht* v. 23. 11. 2007.
[54] *Staudinger/Winkelsträter* FamRBint 2006, 10, 12.
[55] Zum Erbrecht *Maurer* FamRZ 2003, 1337, 1340; aA *Heiderhoff* FamRZ 2002, 1682, 1684. – Zum Namensrecht *Ludwig* RNotZ 2002, 353, 359; *Hölzel* StAZ 2003, 289, 295 f.; *Krömer* StAZ 2003, 307, 308.
[56] *Krömer* StAZ 2003, 307, 308.

hat, ist das dortige Sachrecht maßgebend, mit seiner Begründung im Inland das inländische. – Gleiches gilt für das **Sorgerecht**, das **Umgangsrecht** und die gegenseitigen **Unterhaltspflichten**. – Grundsätzlich gilt dies auch für die Wirkungen „schwacher" Adoptionen, wobei sich für sie die Frage stellt, ob sie die deutsche Staatsangehörigkeit für das Kind vermitteln.[57]

VI. Deutsche Adoption nach fremdem Adoptionsstatut (Abs. 3)

Die **Wirksamkeit** des auf ausländisches Adoptionsrecht gestützten inländischen Adoptionsdekrets (dazu auch § 1 S. 1 Alt. 2) richtet sich nach deutschem Verfahrensrecht.[58] Spricht ein deutsches FamG die Adoption aus, entfaltet diese inländische Entscheidung ihre Wirkungen im Inland direkt ohne weitere Umsetzung.[59] Deshalb wird weder die Anerkennung noch die Wirksamkeit der Annahme vom FamG festgestellt (S. 2).[60] – Dagegen besteht auch in diesen Fällen ein Bedürfnis für die Feststellung der **Wirkungen** der Annahme nach fremdem Sachrecht nach Abs. 1, 2 (dazu Rn. 17-21), weshalb das FamG diese Feststellungen auszusprechen hat. 22

Die Feststellungen werden grundsätzlich zusammen – im **Verbund** – mit dem Ausspruch der Annahme **von Amts wegen,** ohne dass es eines entsprechenden Antrags eines Beteiligten bedürfte, getroffen (S. 1). War die Adoption aber bereits vor dem Inkrafttreten des AdWirkG am 1. 1. 2002 durchgeführt worden, sodass die Feststellungen nicht mehr mit dem Ausspruch der Annahme verbunden werden können, bedarf es für sie eines **selbständigen** (isolierten) Verfahrens, das entsprechend dem Antragsgrundsatz (vgl. Abs. 1, § 3 Abs. 1 S. 1) nur auf **Antrag** eines nach § 4 Antragsbefugten zulässig ist.[61] 23

§ 3 Umwandlungsausspruch

(1) ¹In den Fällen des § 2 Abs. 2 Satz 1 Nr. 2 kann das Familiengericht auf Antrag aussprechen, dass das Kind die Rechtsstellung eines nach den deutschen Sachvorschriften angenommenen Kindes erhält, wenn
1. dies dem Wohl des Kindes dient,
2. die erforderlichen Zustimmungen zu einer Annahme mit einer das Eltern-Kind-Verhältnis beendenden Wirkung erteilt sind und
3. überwiegende Interessen des Ehegatten oder der Kinder des Annehmenden oder des Angenommenen nicht entgegenstehen.

²Auf die Erforderlichkeit und die Erteilung der in Satz 1 Nr. 2 genannten Zustimmungen finden die für die Annahme maßgebenden Vorschriften sowie Artikel 6 des Einführungsgesetzes zum Bürgerlichen Gesetzbuche entsprechende Anwendung. ³Auf die Zustimmung des Kindes ist zusätzlich § 1746 Abs. 1 Satz 1 bis 3, Abs. 2 und 3 des Bürgerlichen Gesetzbuchs anzuwenden. ⁴Hat der Angenommene zur Zeit des Beschlusses nach Satz 1 das 18. Lebensjahr vollendet, so entfällt die Voraussetzung nach Satz 1 Nr. 1.

(2) Absatz 1 gilt in den Fällen des § 2 Abs. 2 Satz 1 Nr. 1 entsprechend, wenn die Wirkungen der Annahme von den nach den deutschen Sachvorschriften vorgesehenen Wirkungen abweichen.

I. Normzweck

Durch die Umwandlung der ausländischen Adoption in einem vereinfachten Verfahren sollen im Inland möglichst gleichartig wirkende Adoptionen herbeigeführt und Wiederholungsadoptionen 1

---

[57] Bejahend für die Adoption nach österreichischem Sachrecht BayVGH NJW 1989, 3107, 3108 ff.; *Steiger* DNotZ 2002, 184, 201; für eine Adoption nach philippinischem Recht s. HessVGH ZMR 1985, 312 ff.; auch *Hölzel* StAZ 2003, 289, 291. Anders Nr. 6.1.2 Allgemeine Verwaltungsvorschrift zum Staatsangehörigkeitsrecht (StAR-VwV) v. 13. 12. 2000 (BAnz. 2001, 1418; abgedruckt auch in StAZ 2001, 77). S. zum Ganzen auch *Busch* StAZ 2003, 297 ff.
[58] S. auch *Steiger* DNotZ 2002, 184, 201.
[59] *Maurer* FamRZ 2003, 1337, 1341.
[60] *Maurer* FamRZ 2003, 1337, 1341: Eine überflüssige Regelung, da ohne sie auch nichts anderes gelten würde.
[61] *Steiger* DNotZ 2002, 184, 202.

vermieden werden.[1] Ein Bedürfnis für eine Umwandlung kann bestehen, wenn der ausländischen Adoption nach dem fremden Sachrecht nicht dieselben Rechtswirkungen wie nach inländischem Adoptionsrecht zukommen. – Die Gestattung der Umwandlung im Aufnahmestaat (hier also Deutschland; dazu auch Rn. 3) ist nach Art. 27 Abs. 1 lit. a HaagAdoptÜbk Voraussetzung dafür, dass überhaupt eine Umwandlung stattfinden kann. Die Möglichkeit, das Umwandlungsverfahren durchzuführen, macht – jedenfalls grundsätzlich – eine Wiederholungsadoption auch insoweit nicht nur entbehrlich, sondern unzulässig (allgemein dazu Vor § 1 Rn. 5-6). – Auch diese Regelung ist sowohl auf Konventions- wie auf Nicht-Konventionsadoptionen anzuwenden (zum **sachlichen Anwendungsbereich** s. allgemein § 1 Rn. 4-5). – Zum **Antragserfordernis** s. Abs. 1; zum **Antrag** s. § 4 Rn. 2; zur **Antragsbefugnis** s. § 4 Abs. 1 S. 1 Nr. 2 (dazu dort Rn. 5); zur **internationalen Zuständigkeit** s. § 5 Rn. 3; zur **Wirkung** des Umwandlungsausspruchs s. § 4 Abs. 2 S. 1 (dazu dort Rn. 9, § 5 Rn. 14).

II. Verfahrensgegenstand

2   Gegenstand des Verfahrens ist die **Umwandlung** einer „schwachen" Auslandsadoption, auch Vertragsadoption, in eine inländische Volladoption,[2] aber auch einer ausländischen Volladoption, deren Wirkungen von denen einer inländischen Volladoption abweichen (Abs. 2, dazu Rn. 9). Nicht die ausländische Adoption, die mitsamt ihren Wirkungen als Grundlage bestehen bleibt, ist Gegenstand des Verfahrens, sondern das Antragsziel, ihr **weitere Wirkungen** beizugeben. – Auch eine nach Art. 22 EGBGB auf ausländisches Sachrecht gestützte **inländische Adoption** kann Gegenstand des Umwandlungsverfahrens sein.[3] Dies folgt aus der Verweisung auf § 2 Abs. 2 S. 1 Nr. 2 sowohl in § 2 Abs. 3 als auch in § 3 Abs. 1 S. 1 und entspricht einem unabweisbaren Bedürfnis; zudem wäre nicht verständlich, für eine auf ausländisches Recht gestützte ausländische Adoption die Umwandlung zuzulassen, nicht aber auch für eine solche Inlandsadoption.

III. Umwandlungsvoraussetzungen

3   **1. Anerkennung der ausländischen Adoption.** Voraussetzung eines Umwandlungsausspruchs ist zunächst die **förmliche** Anerkennung der ausländischen Adoption – für auf ausländisches Adoptionsrecht gestützte inländische Adoptionen (dazu Rn. 2) gilt dies selbstverständlich nicht (§ 2 Abs. 3 S. 2, dazu dort Rn. 22-23) – nach § 2 Abs. 1, wobei von den Feststellungen nach § 2 Abs. 2 S. 1 Nr. 2 abgesehen werden kann, wenn Anerkennung und Umwandlung gleichzeitig ausgesprochen werden (§ 2 Abs. 2 S. 2). Anerkennungs- und Umwandlungsverfahren können deshalb in **einem Verfahren** betrieben werden, was aus verfahrensökonomischen Gründen auch wünschenswert ist, ebenso dann, wenn die Umwandlung eines inländischen Adoptionsausspruchs betrieben wird (dazu Rn. 2); allerdings ist auch ein **nachgeschaltetes** Umwandlungsverfahren denkbar.

4   **2. Volladoption.** Da die Auslandsadoption im Heimatstaat in ihren Wirkungen einer Inlandsadoption gleichgestellt wird, muss das sachliche Adoptionsrecht des Aufnahmestats die **Volladoption** kennen; dies trifft für Deutschland zu (§§ 1754, 1755 BGB; zu den Adoptionstypen s. auch § 2 Rn. 18-19). Zudem muss die Umwandlung ausdrücklich **zugelassen** sein (Art. 27 Abs. 1 lit. a HaagAdoptÜbk), was für Deutschland in § 3 vorgesehen ist. – Nach Abs. 2 kann auch eine **ausländische Volladoption**, deren Wirkungen von denen einer inländischen Volladoption abweichen, in eine Volladoption nach deutschem Sachrecht umgewandelt werden.

5   **3. Kindeswohl.** Wie die Adoption selbst muss auch ihre Umwandlung in eine Volladoption wegen ihrer weitreichenden Folgen dem Kindeswohl entsprechen (Nr. 1).[4] IdR wird dies angenommen werden können, wenn schon die „schwache" Adoption dem Kindeswohl entspricht und die auf eine Volladoption gerichteten **Zustimmungserklärungen** vorliegen (dazu Rn. 6, 7). Dieses Erfordernis entspricht sowohl dem innerstaatlichen Recht (§ 1741 Abs. 1 S. 1 BGB) als auch Art. 4 lit. b HaagAdoptÜbk. – Die Prüfung des Kindeswohls entfällt, wenn der Angenommene im Zeitpunkt des Erlasses des Umwandlungsbeschlusses das **18. Lebensjahr** bereits vollendet hat (Abs. 1 S. 4). Dies ist folgerichtig, weil es nicht mehr um ein Kind geht, und entspricht der Regelung in § 1767 Abs. 1 BGB, die nur noch die sittliche Rechtfertigung der Annahme abstellt, und seiner besonderen Ausprägung in § 1772 Abs. 1 S. 1 lit. d BGB.

---

[1] BT-Drucks. 14/6011 S. 28 f.
[2] BT-Drucks. 14/6011 S. 47.
[3] 5. Aufl. Art 22 EGBGB Rn. 109; *St. Lorenz* S. 515 f.; *Staudinger/Winkelsträter* FamRBint 2006, 10, 13; s. auch *Busch* IPRax 2003, 13, 18 (bei und in Fn. 41); aA etwa *Palandt/Thorn* Art. 22 EGBGB Rn. 17.
[4] BT-Drucks. 14/6011 S. 47.

4. Zustimmungen.[5] Die nach Art. 4 lit. c, d HaagAdoptÜbk erforderlichen Zustimmungen 6
müssen über die Zustimmungserfordernisse nach dem Adoptionsstatut, also dem Adoptionsrecht des
Heimatstaats, hinaus **auch** in eine Volladoption, also in das Erlöschen der Rechtsbeziehungen zu
den bisherigen Eltern, erteilt worden sein oder spätestens bis zum Abschluss des Umwandlungsverfahrens
noch erteilt werden (Art. 27 Abs. 1 lit. b HaagAdoptÜbk),[6] auch wenn das Adoptionsstatut
lediglich „schwache" Adoptionen kennt.[7] Dies drückt Abs. 1 S. 1 Nr. 2, der auch auf Nicht-Konventionsadoptionen
anwendbar ist, nur unzulänglich aus. – Bei Abgabe der Zustimmungen muss
den leiblichen Eltern die vollständige Beendigung ihrer verwandtschaftlichen Beziehungen zu dem
Kind **bewusst** sein, ansonsten sie nachgeholt werden müssen. – **Welche** Zustimmungen in welcher
Form „erforderlich" sind, ergibt sich – Gesamtverweisung in Abs. 1 S. 2 – aus dem Adoptionsstatut
einschließlich dessen Kollisionsrechts.[8] – Zudem ist Art. 6 EGBGB **(ordre public)** entsprechend
anzuwenden, was zwar nicht nach dem Heimatrecht, wohl aber nach dem inländischen Sachrecht
zu zusätzlich erforderlichen Zustimmungen, aber auch zur Ersetzung verweigerter Zustimmungen
oder zu deren Verzicht führen kann, wenn dies zur Wahrung der Kindesbelange erforderlich ist.[9]
S. 3 regelt als Rechtsgrundverweisung ausdrücklich die Zustimmung des Kindes (§ 1746 Abs. 1 S. 1-
3, Abs. 2 und 3 BGB) und stellt somit sicher, dass eine Umwandlung nur mit Zustimmung auch
des Kindes durchgeführt werden kann.[10] – **Allgemein** ist aus Art. 4 lit. c, d HaagAdoptÜbk herzuleiten,
dass es bezüglich aller Auslandsadoptionen um die nach dem Heimatrecht erforderlichen
Zustimmungen von „Personen, Institutionen und Behörden" geht. Alle diese Zustimmungen –
Nr. 2 schreibt dies allgemein, mithin auch für Nicht-Konventionsadoptionen vor – müssen nicht
nur zu einer Adoption im Heimatstaat, sondern auch zu einer das Eltern-Kind-Verhältnis beendenden
Adoption erteilt werden (Art. 27 Abs. 1 lit. b HaagAdoptÜbk), auch wenn das Adoptionsstatut
eine Volladoption und deshalb auch Zustimmungen zu einer solchen nicht kennt.

Für **Konventionsadoptionen** verweist Art. 27 Abs. 2 HaagAdoptÜbk auf die Anwendbarkeit 7
von Art. 23 Abs. 1 HaagAdoptÜbk.[11] Die Umwandlung wird deshalb in den Vertragsstaaten kraft
Gesetzes anerkannt, wenn die Zentrale Behörde des Aufnahmestaates das Zustandekommen der
Umwandlung gemäß dem HaagAdoptÜbk bescheinigt. Die Verweisung auch auf Art. 23 Abs. 1
S. 2 HaagAdoptÜbk hat keine eigenständige Bedeutung, weil die Zustimmung nach Art. 17 lit. c
HaagAdoptÜbk nicht Voraussetzung für die Umwandlung ist.[12]

5. Entgegenstehende Interessen. Nr. 3 entspricht §§ 1745 S. 1, 1749 Abs. 1 S. 3 BGB, fasst 8
den Anwendungsbereich allerdings weiter: Sie bindet die Interessen des Ehegatten des Annehmenden,
wenn dieser, wie wohl regelmäßig, nicht ohnehin auch Annehmender ist, und des Angenommenen
sowie der Kinder des Angenommenen in die Interessenabwägung mit ein.

IV. Umwandlung ausländischer Volladoption

Abs. 2 sieht die Umwandlung einer ausländischen Volladoption vor, deren **Wirkungen** von 9
denen einer inländischen Volladoption abweichen. So etwa, wenn sie zwar die Verwandtschaft zu
den Annehmenden, nicht jedoch auch zu deren Verwandten begründet.[13] Durch eine **Transformation**
können verwandtschaftliche Beziehungen zu letzteren herbeigeführt und dadurch die Verwandtschaft
bindend erweitert werden.[14]

V. Entscheidung

Das FamG spricht durch Beschluss nach Abs. 1 aus, dass das Kind die Rechtsstellung eines nach 10
den deutschen Sachvorschriften angenommenen Kindes erhält, und nach Abs. 2, in Bezug auf welche
Einzelwirkung es diese Rechtsstellung erhält. – Dies führt zu einem **Wechsel des Adoptions-**

---

[5] Hölzel StAZ 2003, 289, 291.
[6] BT-Drucks. 14/6011 S. 47.
[7] *Staudinger/Winkelsträter* FamRBint 2006, 10, 13.
[8] BT-Drucks. 14/6011 S. 48; s. auch aA LG Frankfurt/M. Beschl. v. 3. 9. 2004 - 2/09 T 31/04, juris [16]
(Haiti); *Steiger* DNotZ 2002, 184, 204; *Staudinger/Winkelsträter* FamRBint 2006, 10, 13. Anders Art. 22, 23
EGBGB, die grundsätzlich auf das Heimatrecht des Annehmenden abstellen.
[9] *Steiger* DNotZ 2002, 184, 204; *Staudinger/Winkelsträter* FamRBint 2006, 10, 13 mwN.
[10] *Steiger* DNotZ 2002, 184, 204.
[11] Und - unausgesprochen - auch auf Art. 24 HaagAdoptÜbk (ordre public), *Parra-Aranguren* Rn. 485.
[12] *Parra-Aranguren* Rn. 484.
[13] Fall nach BT-Drucks. 14/6011 S. 48; zu Vorschlägen für die Antragformulierung s. auch *Staudinger/Winkelsträter*
FamRBint 2006, 10, 13 mwN.
[14] Hölzel StAZ 2003, 289, 291.

statuts,[15] sodass sich die unmittelbaren statusrechtlichen Beziehungen einschließlich der **Aufhebung** der Adoption[16] nunmehr nach deutschem Adoptionsrecht richten. – Alle anderen, mittelbaren Wirkungen der Annahme richten sich dagegen weiter nach dem durch die Kollisionsregeln bestimmten Sachrecht. Ist dies deutsches Sachrecht, kommt es zur Substitution der Annahme als deutsche Minderjährigenadoption.[17]

§ 4 Antragstellung; Reichweite der Entscheidungswirkungen

(1) [1] Antragsbefugt sind
1. für eine Feststellung nach § 2 Abs. 1
   a) der Annehmende, im Fall der Annahme durch Ehegatten jeder von ihnen,
   b) das Kind,
   c) ein bisheriger Elternteil oder
   d) das Standesamt, das nach § 27 Abs. 1 des Personenstandsgesetzes für die Fortführung der Beurkundung der Geburt des Kindes im Geburtenregister oder nach § 36 des Personenstandsgesetzes für die Beurkundung der Geburt des Kindes zuständig ist;
2. für einen Ausspruch nach § 3 Abs. 1 oder Abs. 2 der Annehmende, annehmende Ehegatten nur gemeinschaftlich.

[2] Von der Antragsbefugnis nach Satz 1 Nr. 1 Buchstabe d und e ist nur in Zweifelsfällen Gebrauch zu machen. [3] Für den Antrag nach Satz 1 Nr. 2 gelten § 1752 Abs. 2 und § 1753 des Bürgerlichen Gesetzbuchs.

(2) [1] Eine Feststellung nach § 2 sowie ein Ausspruch nach § 3 wirken für und gegen alle. [2] Die Feststellung nach § 2 wirkt jedoch nicht gegenüber den bisherigen Eltern. [3] In dem Beschluss nach § 2 ist dessen Wirkung auch gegenüber einem bisherigen Elternteil auszusprechen, sofern dieser das Verfahren eingeleitet hat oder auf Antrag eines nach Absatz 1 Satz 1 Nr. 1 Buchstabe a bis c Antragsbefugten beteiligt wurde. [4] Die Beteiligung eines bisherigen Elternteils und der erweiterte Wirkungsausspruch nach Satz 3 können in einem gesonderten Verfahren beantragt werden.

I. Normzweck

1   Die Bestimmung regelt – missverständlich die amtliche Überschrift, die ganz allgemein von Antragstellung spricht, weil sich das Antragserfordernis bereits aus §§ 2 und 3 und etwa die Zuständigkeit aus § 5 ergibt – zum einen die **Befugnis** zur Stellung von Anerkennungs- und Umwandlungsanträgen nach §§ 2, 3 (Abs. 1). Zudem enthält Abs. 2 Regelungen zu den **Verfahrensbeteiligten**, zu deren **Beteiligung** sowie zu den **Wirkungen** familiengerichtlicher Entscheidungen. – Die bisherige lit. e – Antragsbefugnis der Standesamtsaufsicht – entfiel, weil ab 1. 1. 2009 mit § 36 PStG[1] bei der Beurkundung der Geburt eines im Ausland geborenen Kindes die Entscheidung einer anderen Behörde nicht mehr vorgeschaltet ist, das für die Beurkundung zuständige Standesamt somit selbstständig über die Beurkundung entscheidet.[2]

II. Antragserfordernis

2   Feststellungs- (§ 2) wie Umwandlungsverfahren (§ 3 Abs. 1 S. 1) werden vom FamG nur auf **Antrag** durchgeführt. – Zur **Form** des Antrags auf einen **Feststellungsausspruch** (§ 2) sagt § 4 nichts. Da es sich nicht um einen Adoptionsantrag handelt, kommt dem Antrag lediglich prozessuale Bedeutung zu; er kann schriftlich gestellt oder zu Protokoll des Urkundsbeamten der Geschäftsstelle erklärt werden (§ 25 FamFG), aber auch mündlich und telefonisch.[3] Für einen **Umwandlungsan-**

---

[15] BT-Drucks. 14/6011 S. 48; *Steiger* DNotZ 2002, 184, 205; *Ludwig* RNotZ 2002, 353, 373.
[16] *Frank* StAZ 2003, 254, 261.
[17] Zum Ganzen *Staudinger/Winkelsträter* FamRBint 2006, 10, 13 f.
[1] IdF von Art. 2 Abs. 20 des *Gesetzes zur Reform des Personenstandsrechts (Personenstandsrechtsreformgesetz - PStRG)* v. 19. 2. 2007 (BGBl. I S. 122).
[2] BT-Drucks. 16/1831 S. 58.
[3] *Keidel/Sternal* § 23 FamFG Rn. 18, 19, § 25 FamFG Rn. 13.

trag (§ 3), mit dem die Änderung der rechtlichen Wirkungen der ausländischen Adoption zu einer Volladoption erstrebt wird, ist dagegen die notarielle Beurkundung des Antrags erforderlich (§ 4 Abs. 1 S. 3, § 1752 Abs. 2 S. 2 BGB, dazu auch Rn. 5). – Einem Antrag kommt stets nur die Wirkung eines **Verfahrensantrags,** nicht auch die eines das FamG bindenden Sachantrags zu.[4] Er legt deshalb zwar den Verfahrensgegenstand fest, bindet das FamG jedoch nicht hinsichtlich der zu treffenden Entscheidung.[5] Das FamG kann deshalb die Entscheidung aussprechen, mit der dem Ziel des Rechtsbegehrens des Antragstellers am besten entsprochen werden kann. So kann es nach entsprechendem Hinweis statt einer beantragten Wiederholungsadoption die Anerkennung oder Umwandlung der ausländischen Entscheidung aussprechen.[6]

III. Antragsbefugnis

1. Anerkennungs- und Wirkungsfeststellung. Antragsbefugt sind, um den Grundsatz der Anerkennung ausländischer Adoptionsentscheidungen nicht auszuhöhlen,[7] grundsätzlich nur die **Annehmenden,** das **Kind** und seine **bisherigen Eltern** (Abs. 1 Nr. 1 lit. a-c). Dabei handelt es sich um die inländischen Annehmenden sowie das ausländische Kind und seine ausländischen rechtlichen Eltern; letztere werden regelmäßig auch die leiblichen Eltern sein, doch ist dies nicht zwingend, wenn das ausländische Sachrecht eine Mehrfachadoption zulässt. Da das förmliche Feststellungsverfahren nur der Anerkennung ausländischer Adoptionen dient, sind ausländische Annehmende, ein inländisches Kind und seine inländischen bisherigen Eltern idR nicht antragsbefugt, sondern nur dann, wenn sie Betroffene einer ausländischen Adoption sind. Die Antragsbefugnis besteht auch dann nicht, wenn das FamG eine inländische Annahme auf ausländisches Sachrecht gestützt hat, weil es dann die Wirkungen nach § 2 Abs. 1, 2 von Amts wegen feststellt (§§ 1 S. 1, 2 Abs. 3).

Nur **ausnahmsweise** kann, bestehen Zweifel an der Anerkennungsfähigkeit der ausländischen Adoption (Abs. 1 S. 2), der **Standesbeamte,** dem die Eintragung des Kindes in das Geburtenregister nach gemeinschaftlicher Annahme als Kind durch Ehegatten oder nach der Annahme des Kindes eines ausländischen Ehegatten durch seinen inländischen Ehegatten (§ 21 Abs. 3 Nr. 1 PStG) obliegt, die Feststellung beantragen (Abs. 1 S. 1 Nr. 1 lit. d). Solche Zweifel werden für **Konventionsadoptionen** idR nicht angenommen werden können, wenn keine Anhaltspunkte für einen Verstoß gegen den inländischen ordre public vorliegen (dazu § 2 Rn. 8-13), für **Nicht-Konventionsadoptionen** dagegen etwa dann, wenn verbotene Vermittlungspraktiken angewandt worden sind. – Auch wenn ein Anerkennungsantrag bereits von einem anderen nach lit. a-c Antragsbefugten gestellt wurde, besteht für einen Antrag des Standesbeamten ein **Rechtsschutzbedürfnis,** weil er nur bei eigener Antragstellung eine die Feststellung ablehnende Entscheidung des FamG selbst anfechten kann (dazu § 5 Rn. 13).[8]

2. Umwandlungsverfahren. Antragsbefugt ist nur der **Annehmende.** Gemeinsam annehmende **Ehegatten** können den Antrag nur gemeinsam stellen (Abs. 1 S. 1 Nr. 2), um den Gleichlauf der rechtlichen Beziehungen des Kindes zu annehmenden Ehegatten zu gewährleisten.[9] – Da die Umwandlung dazu führt, dass das angenommene Kind die Rechtsstellung eines nach deutschem Adoptionsrecht angenommenen Kindes erhält (§ 3 Abs. 1 S. 1), bestimmt Abs. 1 S. 3 für einen entsprechenden Antrag die Anwendbarkeit der §§ 1752 Abs. 2, 1753 BGB: Er darf nicht unter einer **Bedingung** oder **Zeitbestimmung** oder durch einen **Vertreter** gestellt werden und bedarf der **notariellen Beurkundung** (§ 1752 Abs. 2 S. 1, 2 BGB). Die Umwandlung darf nach dem **Tod des Kindes** nicht mehr ausgesprochen werden, nach dem **Tod eines Annehmenden** nur, wenn dieser seinen Antrag bereits beim FamG eingereicht oder den beurkundenden Notar mit der Einreichung betraut hat (§ 1753 Abs. 1, 2 BGB).

IV. Verfahrensbeteiligte

1. Formell Beteiligte. Am Verfahren formell beteiligt ist, unabhängig von seiner materiellen Berechtigung, jeder Antragsteller. Dagegen sind gegen den Wortlaut in § 5 Abs. 3 S. 4 die Bundeszentralstelle für Auslandsadoption, das Jugendamt und die zentrale Adoptionsstelle des Landesjugendamts nicht Beteiligte, vielmehr sind sie nur anzuhören.[10]

---
[4] *Maurer* FamRZ 2003, 1337, 1342; s. dazu auch allgemein *Keidel/Sternal* § 23 FamFG Rn. 13.
[5] Vorschläge für die Antragformulierung bei *Staudinger/Winkelsträter* FamRBint 2006, 10, 12, 14.
[6] *Maurer* FamRZ 2003, 1337, 1342 f.
[7] BT-Drucks. 14/6011 S. 48.
[8] AA *Hölzel* StAZ 2003, 289, 293.
[9] *Maurer* FamRZ 2003, 1337, 1343.
[10] Ausführlich dazu *Maurer* FamRZ 2003, 1337, 1343.

7 **2. Materiell Beteiligte.** Unabhängig davon, ob sie auch selbst einen Antrag gestellt haben, sind alle nach Abs. 1 S. 1 Nr. 1 lit. a-c **Antragsberechtigte** materiell Beteiligte, weil immer auch ihre Rechtsstellung unmittelbar betroffen ist. In Umwandlungsverfahren (§ 3), weil durch die Umwandlung eine andere Rechtswirkung als nach der ausländischen Adoption angestrebt und erreicht wird, für die Anerkennungs- und Wirkungsfeststellung, weil sie Rechtskraft *inter omnes* (Abs. 2 S. 1, dazu Rn. 9) entfaltet.

8 Den materiell Beteiligten ist vom FamG auch die Möglichkeit einzuräumen, sich am Verfahren **zu beteiligen,** und **rechtliches Gehör** zu gewähren. – Dies gilt nur nicht für die bisherigen **ausländischen Eltern** im Verfahren nach § 2: Ihnen gegenüber entfaltet die **Anerkennungs- und Wirkungsfeststellung** keine Wirkung (Abs. 2 S. 2, dazu Rn. 9),[11] weil sie sich meist im Herkunftsland aufhalten und deshalb zeitaufwändig und das Feststellungsverfahren unzumutbar – sie wurden bereits am Adoptionsverfahren im Herkunftsland beteiligt und konnten sich dort Gehör verschaffen – verzögernd im Wege der internationalen Rechtshilfe beteiligt werden müssten.[12] Für **Konventionsadoptionen** wird man dem wegen der nach dem HaagAdoptÜbk einzuhaltenden Standards ohne weiteres folgen können, für **Nicht-Konventionsadoptionen** wird man dies in dieser Allgemeinheit und ohne Prüfung der tatsächlichen Umstände aber bezweifeln müssen; helfen kann im Einzelfall der inländische *ordre public,* wenn etwa rechtliches Gehör im Ausland nicht gewährt worden war.[13] – Haben die bisherigen ausländischen Eltern dagegen die Anerkennungs- und Wirkungsfeststellung **selbst** beantragt (Abs. 1 S. Nr. 1 lit. c), oder hat ein anderer nach Abs. 1 S. 1 Nr. 1 lit. a-c **Antragsbefugter** ihre Beteiligung beantragt, ist ihnen die Beteiligung am Verfahren auch zu ermöglichen. – In **Umwandlungsverfahren** sind die ausländischen Eltern stets zu beteiligen, obwohl sie ihre Zustimmung in eine Umwandlung erteilen müssen (§ 3 Abs. 1 S. 1 Nr. 2) und damit ihre Interessen bereits gewahrt sein könnten.[14]

V. Rechtskraft

9 Feststellungen nach § 2 und Umwandlungen nach § 3 erwachsen in formelle und materielle **Rechtskraft** für und gegen alle und sind deshalb allgemein verbindlich (Abs. 2 S. 1). Sie führen zur Unzulässigkeit weiterer Verfahren, soweit der Ausspruch reicht, und zur Unzulässigkeit weiterer Inzidenzfeststellungen. Zu ihrer Unanfechtbarkeit s. § 5 Abs. 4 S. 1, § 197 Abs. 2, 3 FamFG (dazu auch § 5 Rn. 12). – Die Bindungswirkung erschöpft sich in den adoptionsrechtlichen Rechtsfolgen, erstreckt sich aber nicht auf **sachrechtliche Rechtsfolgen,** für die sie nur Vorfrage ist.[15] Diese Allgemeinverbindlichkeit tritt mit den dargestellten Wirkungen auch ein, wenn ein Antrag auf Anerkennung **abgelehnt** wird.[16] – Für die bisherigen **ausländischen Eltern** gilt dies jedoch nur, wenn sie die Durchführung des Feststellungsverfahrens selbst beantragt haben oder auf eigenen, des Kindes oder der Annehmenden Antrag am Verfahren beteiligt worden sind. In diesen Fällen spricht das FamG die Wirkung auch gegenüber ihnen ausdrücklich aus (Abs. 2 S. 3). Die Beteiligung muss nicht notwendig bereits im Feststellungs- oder Umwandlungsverfahren, vielmehr kann sie auch in einem gesonderten Verfahren erfolgen (Abs. 2 S. 4).

§ 5 Zuständigkeit und Verfahren

(1) ¹Über Anträge nach den §§ 2 und 3 entscheidet das Familiengericht, in dessen Bezirk ein Oberlandesgericht seinen Sitz hat, für den Bezirk dieses Oberlandesgerichts; für den Bezirk des Kammergerichts entscheidet das Amtsgericht Schöneberg. ²Für die internationale und die örtliche Zuständigkeit gelten die §§ 101 und 187 Abs. 1, 2 und 4 des Gesetzes über das Verfahren in Familiensachen und in den Angelegenheiten der freiwilligen Gerichtsbarkeit entsprechend.

(2) ¹Die Landesregierungen werden ermächtigt, die Zuständigkeit nach Absatz 1 Satz 1 durch Rechtsverordnung einem anderen Familiengericht des Oberlandesgerichtsbezirks oder, wenn in einem Land mehrere Oberlandesgerichte errichtet sind,

---

[11] Damit sie nicht beteiligt werden müssen, BT-Drucks. 14/6011 S. 48.
[12] BT-Drucks. 14/6011 S. 48 f.
[13] *Maurer* FamRZ 2003, 1337, 1343 f.
[14] *Maurer* FamRZ 2003, 1337, 1344.
[15] Zu staatsangehörigkeitsrechtlichen Wirkungen s. BVerwG FamRZ 2007, 1550, 1551.
[16] Wohl ebenso *Hölzel* StAZ 2003, 289, 290.

einem Vormundschaftgericht für die Bezirke aller oder mehrerer Oberlandesgerichte zuzuweisen. ²Sie können die Ermächtigung auf die Landesjustizverwaltungen übertragen.

(3) ¹Das Familiengericht entscheidet im Verfahren der freiwilligen Gerichtsbarkeit. ²Die §§ 167 und 168 Abs. 1 Satz 1, Abs. 2 bis 4 des Gesetzes über das Verfahren in Familiensachen und in den Angelegenheiten der freiwilligen Gerichtsbarkeit sind entsprechend anzuwenden. ³Im Verfahren nach § 2 wird ein bisheriger Elternteil nur nach Maßgabe des § 4 Abs. 2 Satz 3 und 4 angehört. ⁴Im Verfahren nach § 2 ist das Bundesamt für Justiz als Bundeszentralstelle für Auslandsadoption, im Verfahren nach § 3 sind das Jugendamt und die zentrale Adoptionsstelle des Landesjugendamtes zu beteiligen.

(4) ¹Auf die Feststellung der Anerkennung oder Wirksamkeit einer Annahme als Kind oder des durch diese bewirkten Erlöschens des Eltern-Kind-Verhältnisses des Kindes zu seinen bisherigen Eltern, auf eine Feststellung nach § 2 Abs. 2 Satz 1 sowie auf einen Ausspruch nach § 3 Abs. 1 oder 2 oder nach § 4 Abs. 2 Satz 3 findet § 197 Abs. 2 und 3 des Gesetzes über das Verfahren in Familiensachen und in den Angelegenheiten der freiwilligen Gerichtsbarkeit entsprechende Anwendung. ²Im Übrigen unterliegen Beschlüsse nach diesem Gesetz der Beschwerde; sie werden mit ihrer Rechtskraft wirksam. ³§ 4 Abs. 2 Satz 2 bleibt unberührt.

Übersicht

	Rn.
I. Normzweck	1
II. Verfahrensart	2
III. Zuständigkeit	3–6
1. Internationale Zuständigkeit	3
2. Sachliche und funktionelle Zuständigkeit	4
3. Örtliche Zuständigkeit	5, 6
a) Grundsätze	5
b) Zuständigkeitskonzentration	6
IV. Prüfungsumfang	7
V. Ermittlungen	8–10
1. Allgemeines	8
2. Unterlagen	9
3. Anhörungen	10
VI. Entscheidung, Rechtsmittel, Wirkungen, Kosten	11–15
1. Form	11
2. Rechtsmittel	12, 13
3. Wirkungen	14
4. Kosten	15

I. Normzweck

Die amtliche Überschrift „Zuständigkeit und Verfahren" gibt den rechtlichen Gehalt der Vorschrift nur unzulänglich wieder, beinhaltet sie doch nur punktuell Regelungen zum Verfahren. So wird die Antragsgebundenheit der Verfahren in §§ 2, 3, die Antragsbefugnis und die Beteiligung an den Verfahren in § 4, der auch Bestimmungen zur Wirkung der Entscheidungen enthält, geregelt. Neben der Bestimmung der Verfahrensart (Abs. 3 S. 1; dazu Rn. 2) und Regelungen zur internationalen, sachlichen und örtlichen **Zuständigkeit** (Abs. 1 und 2; dazu Rn. 3-6) enthält sie solche über die durchzuführenden **Anhörungen** (Abs. 3; dazu Rn. 10) sowie zur **Wirksamkeit** der Entscheidungen und zu den **Rechtsmitteln** (Abs. 4; dazu Rn. 12-13). Zum **Verfahrensgegenstand** s. § 2 Rn. 2-4, § 3 Rn. 2.   1

II. Verfahrensart

Ob die Angelegenheiten nach dem AdWirkG **Familiensachen** sind, sollte zwar bejaht werden, ist   2
aber aufgrund der vom Gesetzgeber des FamFG gewählten Gesetzestechnik nicht ganz eindeutig: § 199 FamFG, der in Abschnitt 5 „Verfahren in Adoptionssachen" steht, lässt die Vorschriften des AdWirkG ausdrücklich unberührt und geht deswegen wohl davon aus, dass dies ohne die ausdrückliche Bestimmung nicht so wäre. Daraus kann man schließen, dass nach der Auffassung des Gesetzgebers die Angelegenheiten nach dem AdWirkG Familiensachen sind. § 5 Abs. 3 S. 1 bestimmt jedoch, dass das FamG im Verfahren der **freiwilligen Gerichtsbarkeit** entscheidet, und Abs. 3 S. 2 verweist zu den Anhörungen auf die §§ 159, 160 FamFG (dazu Rn. 10) und nimmt nicht die ausdrücklichen adoptionsverfahrensrechtlichen Anhörungsvorschriften in §§ 192-195 FamFG in Bezug. Hieraus könnte man wieder schließen, dass es sich bei den Angelegenheiten nach dem AdWirkG um eine Angelegenheit der freiwilligen

Gerichtsbarkeit handelt. Andererseits führt das FamFG die Angelegenheiten der freiwilligen Gerichtsbarkeit in Buch 3-8 ausdrücklich auf. Zwar ist diese Aufzählung nicht abschließend,[1] doch führt die Zuweisung einer Angelegenheit ins Verfahren der freiwilligen Gerichtsbarkeit auch zu deren Qualifikation als Angelegenheit der freiwilligen Gerichtsbarkeit.[2] Sachgerecht ist die Qualifizierung als Familiensachen und Adoptionssachen,[3] weil so der Sachzusammenhang zu den übrigen Adoptionssachen gewahrt wird, was ja im Übrigen auch der Grund für die Qualifizierung der Verfahren auf Befreiung vom Eheverbot des § 1308 als Adoptionssachen war. – Anwendbar sind die §§ 1-48, 58-79 FamFG, soweit das AdWirkG keine abweichenden Regelungen vorsieht. Insbesondere wird das Verfahren von der **Amtsermittlung** (§ 26 FamFG) beherrscht, die **Verfahrenskostenhilfe** richtet sich nach §§ 76-79 FamFG. – Nicht direkt anwendbar sind die adoptionsverfahrensrechtlichen Sonderregelungen der §§ 186-198 FamFG, was aus den verschiedenen Verweisungen auf einzelne dieser Regelungen – internationale und örtliche Zuständigkeit (Abs. 1 S. 2), Beteiligungen und Anhörungen (Abs. 3 S. 2-4), Wirksamkeit (Abs. 4 S. 1) – folgt.[4] – Mit den Verfahren auf Anerkennungs- und Wirkungsfeststellung (§ 2) und auf Umwandlung (§ 3) kann ein Verfahren auf **Namensänderung** verbunden werden,[5] doch kann sie auch in einem eigenständigen Verfahren nachgeholt werden.[6]

III. Zuständigkeit

3 **1. Internationale Zuständigkeit.** Die internationale Zuständigkeit der inländischen FamG bestimmt sich nach § 101 FamFG[7] (Abs. 1 S. 2). Der Annehmende, einer der annehmenden Ehegatten oder das angenommene Kind muss Deutscher sein (§ 101 Nr. 1 FamFG) oder seinen gewöhnlichen Aufenthalt im Inland haben (§ 101 Nr. 2 FamFG). Ohne Bedeutung für das Anerkennungs-, Feststellungs- und Umwandlungsverfahren ist die Einschränkung in § 106 FamFG, dass es sich um keine ausschließliche Zuständigkeit handelt, weil sie nur die alternative Zuständigkeit für die anzuerkennende ausländische Ausgangsentscheidung betreffen könnte.[8] – Für die **Feststellung** der Anerkennung, der Wirksamkeit und der Wirkungen (§ 2) der Auslandsadoption im Inland besteht danach die ausschließliche internationale Zuständigkeit der deutschen FamG. – Für eine **Umwandlung** einer „schwachen" Auslandsadoption in eine deutsche Volladoption setzt § 3 entsprechend Art. 27 Abs. 1 HaagAdoptÜbk zunächst voraus, dass die Annahme im Heimatstaat des Kindes ausgesprochen wurde und in Deutschland als **Aufnahmestaat** anerkannt und umgewandelt werden soll. Was nach dem HaagAdoptÜbk unter Heimat- und Aufnahmestaat zu verstehen ist, ergibt sich aus seiner Legaldefinition in Art. 2 Abs. 1 HaagAdoptÜbk (s. Art. 1 ZustG):
- **Heimatstaat** ist nicht der Staat, dessen Staatsangehörigkeit das Kind (zumindest auch) hat, sondern entsprechend internationaler Gepflogenheiten der Vertragsstaat, in dem das Kind seinen gewöhnlichen Aufenthalt hat, mithin sein „Herkunftsstaat".
- **Aufnahmestaat** ist der „Zielstaat", in den das Kind nach einer Adoption im Heimatstaat und zum Zwecke der Adoption im Heimat- oder Aufnahmestaat gebracht werden soll oder bereits gebracht worden ist.[9] Nur in diesem, nicht auch in einem anderen, auch nicht in einem anderen Vertragsstaat[10] kann eine Umwandlung durchgeführt werden.[11] Auch insoweit besteht deshalb die ausschließliche internationale Zuständigkeit der deutschen FamG.

4 **2. Sachliche und funktionelle Zuständigkeit.** Für alle Verfahren nach dem AdWirkG ist das **AG** sachlich zuständig (§ 23a Abs. 1 Nr. 1 GVG, § 111 Nr. 4 FamFG), dort kraft der **gesetzlichen Geschäftsverteilung** das FamG (§§ 2 Abs. 1, 3 Abs. 1 S. 1). **Funktionell** ist die Angelegenheit dem Richter vorbehalten (§§ 3 Nr. 2 lit. a, 14 Abs. 1 Nr. 15 RPflG).

---

[1] MünchKommZPO/*Pabst* § 1 FamFG Rn. 25.
[2] *Keidel/Sternal* § 1 FamFG Rn. 16.
[3] Zu letzterem str., s. MünchKommZPO/*Maurer* § 186 FamFG Rn. 2.
[4] *Maurer* FamRZ 2003, 1337, 1341 unter Hinweis auf BT-Drucks. 14/6011 S. 49: „in Anlehnung an § 49 FGG".
[5] LG Stuttgart Beschl. v. 29. 10. 2002 – 10 T 340/02, juris [8].
[6] AG Nürnberg StAZ 2003, 144.
[7] Gemeinschaftsrechtliche oder vorrangige staatsvertragliche Regelungen bestehen nicht, *Staudinger/Winkelsträter* FamRBint 2006, 10 Fn. 10.
[8] *Maurer* FamRZ 2003, 1337, 1342; aA wohl BT-Drucks. 16/6308 S. 221; *Staudinger/Frank* § 1752 Rn. 9.
[9] Bei den Arbeiten zur Konvention war erwogen worden, statt am Recht des Aufnahmestaats an dem des gewöhnlichen Aufenthalts des Kindes anzuknüpfen (*Parra-Aranguren* Rn. 481). Um damit keine Deckungsgleichheit mit der Definition des Heimatstaats herbeizuführen, hätte mindestens formuliert werden müssen: dem Recht des Staates, in dem das Kind seinen gewöhnlichen Aufenthalt genommen hat oder nehmen soll.
[10] *Parra-Aranguren* Rn. 481.
[11] Der Vorschlag, die Umwandlung in allen Vertragsstaaten der Konvention nach dem Recht des Aufnahmestaats zuzulassen, wurde verworfen, *Parra-Aranguren* Rn. 481.

3. Örtliche Zuständigkeit. a) Grundsätze. Das örtlich zuständige FamG bestimmt sich 5
nach § 5 Abs. 1 S. 2, Abs. 2, § 187 Abs. 5 FamFG. Infolge der Rückverweisung in § 5 Abs. 1 S. 2
auf § 187 Abs. 1, 2 und 5[12] FamFG gilt:
- Angeknüpft wird am gewöhnlichen Aufenthalt des **Annehmenden** oder einer der annehmenden Ehegatten (§ 187 Abs. 1 FamFG), unerheblich ist deren Staatsangehörigkeit.[13] Als **Stichtag** für die Anknüpfung und damit für die örtliche Zuständigkeit bestimmt § 2 Abs. 1 FamFG die Einreichung des Antrags – im vorliegenden Zusammenhang des Feststellungs- (§ 2) oder Umwandlungsantrags (§ 3) – beim FamG oder, ist der Annehmende zu diesem Zeitpunkt bereits verstorben, die Betrauung des Notars mit der Antragseinreichung.
- Haben zwar die Annehmenden keinen gewöhnlichen Aufenthalt im Inland, wohl aber das **Kind** – auch auf seine Staatsangehörigkeit kommt es nicht an (dazu Rn. 3) –, ist das FamG zuständig, in dessen Bezirk sich sein Aufenthalt befindet (§ 187 Abs. 2 FamFG).
- Haben weder der Annehmende oder einer der annehmenden Ehegatten noch das Kind seinen gewöhnlichen Aufenthalt im Inland, ist das AG Schöneberg in Berlin örtlich zuständig, das ein Verfahren aus wichtigem Grund an ein anderes FamG bindend **verweisen** kann (§ 187 Abs. 5 S. 1, 2 FamFG).

b) Zuständigkeitskonzentration. Abs. 1 S. 1 konzentriert die örtliche Zuständigkeit bei dem 6
AG, in dessen Bezirk ein OLG seinen Sitz hat, für den Bezirk des KG beim AG Schöneberg in Berlin, um den FamG zu ermöglichen, die im Umgang mit dem ausländischen Recht und den ausländischen Behörden erforderlichen einschlägigen Erfahrungen zu gewinnen.[14] – Statt dem AG, in dessen Bezirk ein OLG seinen Sitz hat, können die Länder einem anderen AG im Bezirk dieses OLG die Zuständigkeit zuweisen, bestehen in einem Land mehrere OLG, kann einem AG die Zuständigkeit für mehrere OLG übertragen werden (Abs. 2). Um dem Zweck der Verfahrenskonzentration zu genügen, kann die Zuweisung nur an ein und nicht auch an mehrere (zusätzliche) FamG erfolgen.[15] – Hat das inländische FamG seinem Adoptionsausspruch **ausländisches Adoptionsrecht** zugrunde zu legen (§§ 1 S. 1 Alt. 2, 2 Abs. 3 und dazu § 2 Rn. 22-23), gilt gleichfalls die Zuständigkeitskonzentration aus Abs. 1 S. 1, Abs. 2 (§ 187 Abs. 4 FamFG),[16] weil insoweit die gleichen Gründe für eine Konzentration sprechen.[17] Dies gibt Raum für Kompetenzstreitigkeiten der FamG – über die die OLG zu entscheiden haben (§ 5 FamFG, der keine Divergenzvorlagepflicht an den BGH vorsieht), und in denen bereits das nach Art. 22 iVm. Art. 4 Abs. 1, 3, Art. 5 Abs. 1, 2 und Art. 14 Abs. 1 EGBGB anzuwendende Adoptionsstatut festgelegt wird – und kann zu nicht unerheblichen Verfahrensverzögerungen führen. – § 187 Abs. 4 FamFG verweist für die örtliche Zuständigkeit auf § 5 Abs. 1 S. 2 AdWirkG,[18] der seinerseits wieder auf § 187 Abs. 1, 2 und 5[19] FamFG[20] zurückverweist. Da § 187 Abs. 4 FamFG keine Entscheidungskonzentration vorsieht und für die Anerkennung von **Volljährigenadoptionen** auch nicht auf § 5 Abs. 1 S. 1 zurückverweist, weil sie dem AdWirkG nicht unterfallen (§ 1 S. 2 AdWirkG, dazu dort Rn. 4-5), besteht insoweit keine Entscheidungskonzentration.[21] – Bestimmen sich dagegen lediglich **Vor-** und **Teilfragen**, insbesondere nach inländischem Adoptionsrecht (Art. 23 EGBGB) zusätzlich erforderliche Zustimmun-

---

[12] Dazu *Prütting/Helms/Krause* § 199 FamFG Rn. 9: Dass § 5 Abs. 1 S. 2 (auch) auf § 187 Abs. 4 FamFG verweist, beruht auf einem redaktionellen Versehen des *Gesetzes zur Modernisierung von Verfahren im anwaltlichen und notariellen Berufsrecht, zur Errichtung einer Schlichtungsstelle der Rechtsanwaltschaft sowie zur Änderung sonstiger Vorschriften* v. 30. 7. 2009 (BGBl. I S. 2449), der einen neuen Absatz 4 in § 187 FamFG eingefügt hat, ohne § 5 Abs. 1 S. 2 anzupassen.
[13] Da der Anknüpfungspunkt „Aufenthalt" in § 43b Abs. 2 S. 1 Halbs. 1 FGG nicht weiter definiert wurde, reichte ein vorübergehender und auch ein ungewollter Aufenthalt aus, *Keidel/Kuntze/Winkler/Engelhardt* § 43b Rn. 8, § 36 Rn. 17. Durch die Einfügung von „gewöhnlich" kann dies für § 187 FamFG nicht mehr gelten.
[14] BT-Drucks. 14/6011 S. 49.
[15] *Maurer* FamRZ 2003, 1337, 1342.
[16] Dazu MünchKommZPO/*Maurer* § 187 FamFG Rn. 14.
[17] S. dazu BT-Drucks. 14/6011 S. 57; zu einem entsprechenden Fall auch BayObLG FamRZ 2005, 921, 922.
[18] IdF v. Art. 68 Nr. 2 lit. a Doppellit. bb FGG-RG.
[19] Dazu Fn. 12.
[20] Zu § 43b Abs. 2 S. 2 FGG s. OLG Köln FamRZ 2008, 427: Die Verweisung ist nicht anwendbar, wenn Beteiligte mit doppelter Staatsangehörigkeit auch die deutsche Staatsangehörigkeit besitzen, sodass es bei der Zuständigkeit nach § 43b Abs. 2 S. 1 FGG bleibt.
[21] OLG Köln FamRZ 2011, 311, 312 mwN; im Ergebnis auch OLG Stuttgart NJW-RR 2007, 732 = FamRZ 2007, 839, 840. – Zu § 43b Abs. 2 S. 2 FGG ebenso OLG Schleswig FamRZ 2006, 1462; OLG Stuttgart NJW-RR 2007, 297 = FGPrax 2007, 26, 27 = FamRZ 2007, 746 (LS.); NJW-RR 2007, 732 = FamRZ 2007, 839, 840; OLG München FGPrax 2007, 127, 128; FGPrax 2009, 592; OLG Rostock FGPrax 2007, 174; OLG Hamm OLGR 2007, 782, 783 = FamRZ 2008, 300 [LS.]; *Henrich* IPrax 2007, 338; aA OLG Köln FGPrax 2006, 211 = FamRZ 2006, 1859; FGPrax 2007, 121 = FamRZ 2007, 1576 (LS.); *Hölzel* StAZ 2003, 289, 291; 5. Aufl. § 1752 Anh. § 5 AdWirkG Rn. 6.

gen, nicht aber das Adoptionsstatut als solches nach ausländischem Sachrecht, greift die Zuständigkeitskonzentration nicht ein,[22] weil insoweit nicht die im Umgang mit dem ausländischen Recht und den ausländischen Behörden erforderlichen einschlägigen Erfahrungen im Zusammenhang mit ausländischen Adoptionen in Frage stehen.

IV. Prüfungsumfang

7 S. dazu zunächst Vor § 1 Rn. 3. – Für **Konventionsadoptionen** ist, abgesehen von der Prüfung des inländischen ordre public (Art. 6 EGBGB), eine materielle Prüfung der ausländischen Adoptionsentscheidung verwehrt (Art. 24 HaagAdoptÜbk). Die Einhaltung der formellen Voraussetzungen des HaagAdoptÜbk wird durch die **Bescheinigung** der ausländischen Zentralstelle nach Art. 23 HaagAdoptÜbk, dass die Adoption gemäß dem HaagAdoptÜbk zustande gekommen und wann und von welchen zentralen Behörden des Heimat- und des Aufnahmestaates der Fortsetzung des Adoptionsverfahrens zugestimmt worden ist (Art. 17 lit. c HaagAdoptÜbk), bestätigt. Auf Antrag desjenigen, der ein rechtliches Interesse daran hat – mithin jedenfalls der Antragsteller eines Verfahrens nach §§ 2, 3 –, prüft und bestätigt das Bundesamt für Justiz (§ 1 Abs. 1 AdÜbAG) als Bundeszentralstelle für Auslandsadoption die Echtheit einer Bescheinigung über die in einem anderen Vertragsstaat vollzogene Annahme oder Umwandlung eines Annahmeverhältnisses, die Übereinstimmung ihres Inhalts mit Art. 23, 27 Abs. 2 HaagAdoptÜbk sowie die Zuständigkeit der erteilenden Stelle; die Bestätigung erbringt den widerlegbaren Beweis für das Vorliegen dieser Umstände (§ 9 AdÜbAG). – Für **Nicht-Konventionsadoptionen** hat das FamG alle Voraussetzungen in eigener Zuständigkeit zu prüfen, etwa: Die internationale Zuständigkeit des ausländischen Gerichts/ Behörde; Gewährung rechtlichen Gehörs für alle Beteiligten; Beiziehung ausländischer Fachbehörden zur Prüfung des Kindeswohls; Überprüfung der Adoptionsbewerber; Vorliegen aller erforderlichen Zustimmungen; Einbeziehung der leiblichen Eltern; inländischer ordre public.[23] Das FamG kann sich auch insoweit der Unterstützung der Bundeszentralstelle für Auslandsadoption bedienen. Lassen sich diese Umstände nicht zuverlässig ermitteln, ist die Anerkennung zu versagen (zu deren Wirkung s. § 4 Rn. 9), was regelmäßig die Durchführung einer Wiederholungsadoption zur Folge haben wird.

V. Ermittlungen

8 **1. Allgemeines.** Das Verfahren unterliegt der **Amtsermittlung** (§ 26 FamFG), sodass das FamG von Amts wegen alle Beweise einholen kann und auch muss, die nach §§ 29, 30 FamFG iVm. den Beweisvorschriften der ZPO zulässig sind. IdR werden sich die Ermittlungen allerdings auf die Einholung der erforderlichen Urkunden und die Anhörungen (dazu Rn. 10) beschränken. – Können die Voraussetzungen für eine Anerkennungs- und Wirkungsfeststellung (§ 2) oder Umwandlung (§ 3) nicht festgestellt werden, ist der Antrag **abzuweisen;** dem Antragsteller ist ein originärer Antrag auf eine **inländische Adoption** eröffnet (dazu Vor § 1 Rn. 6). – Um **Fälschungen** ausländischer Urkunden (dazu Rn. 9) feststellen zu können, können auch Ermittlungen im Ausland angestellt werden, die über die Bundeszentralstelle und die ausländische Zentralstelle geführt werden sollten.[24]

9 **2. Unterlagen.**[25] Folgende **Urkunden** müssen vorgelegt werden:
– Die **ausländische Adoptionsentscheidung** bzw. der **Annahmevertrag** im Original mit Legalisation (§ 438 Abs. 2 ZPO) und einer amtlichen Übersetzung ins Deutsche,
– **Rechtskraftvermerk** für die ausländische Adoptionsentscheidung,

---

[22] OLG Hamm FGPrax 2003, 75 = FamRZ 2003, 1042, 1043 (aufgegeben in OLG Hamm FGPrax 2006, 210 = FamRZ 2006, 1463 f.); OLG Karlsruhe OLGR 2004, 125; StAZ 2006, 234; OLG Schleswig FamRZ 2006, 1142 f.; FamRZ 2006, 1462 f.; im Ergebnis auch OLG Frankfurt/M. Beschl. v. 29. 11. 2006 - 20 W 265/ 06, juris; LG Koblenz FamRZ 2003, 1572 f.; LG Saarbrücken Beschl. v. 3. 12. 2004 - 5 T 13/04, juris [4]; AG Stuttgart IPRspr. 2003 Nr. 270 b, 670; *Erman/Hohloch* Art. 22 EGBGB Rn. 28; *Steiger* B Rn. 743 f.; ders. DNotZ 2002, 182, 206; *Hölzel* StAZ 2003, 289, 292; *Maurer* FamRZ 2005, 2095; aA - vornehmlich aus Praktikabilitätsgesichtspunkten - BayObLGZ 2004, 368 = FGPrax 2005, 65 = FamRZ 2005, 1694 m. abl. Anm. *Maurer* FamRZ 2005, 2095; OLG Düsseldorf RNotZ 2006, 147; OLG Stuttgart FamRZ 2004, 1124, 1125; OLG Zweibrücken FGPrax 2005, 69 = FamRZ 2005, 920, 921; OLG Karlsruhe FamRZ 2005, 1695 m. abl. Anm. *Maurer* FamRZ 2005, 2095; FamRZ 2006, 1464 f.; OLG Hamm FGPrax 2006, 210 = FamRZ 2006, 1463 f.; AG Heilbronn FamRZ 2003, 1573; *Palandt/Thorn* Rn. 9; AnwK-BGB/*Benicke* Rn. 70, jeweils zu Art. 22 EGBGB; *Süß* MittBayNot 2002, 88, 91 Fn. 25; offengelassen von *Busch* IPRax 2003, 13, 20; unentschieden *Staudinger/Winkelsträter* FamRBint 2006, 10, 11 mit der Empfehlung an den Gesetzgeber zur Präzisierung der Regelung.
[23] Zum Ganzen *Hölzel* StAZ 2003, 289, 290.
[24] *Hölzel* StAZ 2003, 289, 295.
[25] Zum Ganzen *Hölzel* StAZ 2003, 289, 294.

- **Geburtsurkunden** des Kindes nach Durchführung der Adoption im Original mit Legalisation und amtlicher Übersetzung ins Deutsche.

Im Falle eines **Annahmevertrags**
- **Anhörung** des Kindes,
- **Zustimmungserklärungen** der ausländischen Eltern und des Kindes,
- **Adoptionseignungsbericht**,
- **Geburtsurkunde** eines nichtehelichen Kindes vor der Annahme zur Klärung der Zustimmungsbedürftigkeit,
  - **Bericht** der Adoptionsvermittlungsstelle über den Ablauf des ausländischen Adoptionsverfahrens,

wenn sich diese nicht bereits aus dem ausländischen Adoptionsdekret ergeben.

3. Anhörungen. Die ausländischen Eltern – leibliche wie ggf. Adoptiveltern –, die Annehmenden (§ 160 Abs. 1 S. 1, Abs. 2-4 FamFG) und das anzunehmende Kind (§ 159 FamFG)[26] sind anzuhören (Abs. 3 S. 2).[27] Für das Anerkennungs- und Feststellungsverfahren nach § 2 erschöpft sich für **Konventionsadoptionen** die Anhörung idR in der Gewährung rechtlichen Gehörs, ohne dass es einer persönlichen Anhörung bedürfte,[28] weil es nicht mehr um die Annahme geht, sondern die ausländische Adoption von Gesetzes wegen anerkannt und wirksam ist. – Da die **ausländischen Eltern** bereits am ausländischen Adoptionsverfahren mitgewirkt haben, werden sie in **Anerkennungs- und Feststellungsverfahren** nach § 2 nur dann angehört, wenn und soweit sie selbst die Anerkennungs- und Wirkungsfeststellung beantragt haben oder auf Antrag eines Antragsbefugten beteiligt worden sind. In **Umwandlungsverfahren** nach § 3 sind sie dagegen stets anzuhören, weil sie auf die Herbeiführung weitergehender Rechtswirkungen als die ausländische Adoption gerichtet sind. Im Übrigen bedarf es keiner Anhörung, weil ihnen bereits die Beteiligung am ausländischen Annahmeverfahren die Möglichkeit zur Äußerung und – darüber hinausgehend – zur Mitgestaltung des Verfahrens gegeben hat (Abs. 3 S. 3). – Stand einem ausländischen Elternteil die elterliche Sorge für das Kind nicht (mehr) zu, kann das FamG von dessen Anhörung **absehen**, wenn von ihr eine weitere Aufklärung nicht erwartet werden kann (§ 160 Abs. 2 S. 2 FamFG);[29] hiervon kann auf Grund der Beteiligung am ausländischen Annahmeverfahren jedenfalls dann ausgegangen werden, wenn dieser Elternteil nach ausländischem Recht in die Annahme eingewilligt hat. Ansonsten bedarf das Absehen von der Anhörung schwerwiegender Gründe, die regelmäßig nur aus Gründen des Kindeswohls und nicht allein wegen einer möglichen Verfahrensverzögerung angenommen werden können. Wurde der Antrag nach § 2 allerdings von einem ausländischen Elternteil gestellt, bedarf es dessen weiterer Anhörung idR nicht mehr. – In Umwandlungsverfahren wird das **Kind** idR persönlich anzuhören sein.[30] Zum Absehen von seiner Anhörung s. § 159 Abs. 3 FamFG. – Zudem ist in Verfahren nach § 2 das Bundesamt für Justiz als Bundeszentralstelle und in Verfahren nach § 3 die **zentrale Adoptionsstelle** des Landesjugendamts zu hören (Abs. 3 S. 4). Für inländische Adoptionen nach ausländischem Adoptionsrecht (§ 2 Abs. 3; dazu dort Rn. 22-23) bleibt es zudem bei der Einholung einer fachlichen Äußerung nach § 189 FamFG und der Anhörung des Landesjugendamtes nach § 195 FamFG, § 11 Abs. 1 Nr. 2, 3 AdVermiG.[31]

VI. Entscheidung, Rechtsmittel, Wirkungen, Kosten

1. Form. Das FamG entscheidet durch **Beschluss** (Abs. 4 S. 2 Halbs. 2), der zu begründen ist. In den Tenor[32] ist der Zeitpunkt des Eintritts der **Rechtskraft** der ausländischen Adoptionsentscheidung aufzunehmen, um verbindlich festzuschreiben, ab wann diese ihre Wirkungen entfaltet. Auch die **angewandten Vorschriften** des AdWirkG sollten aufgeführt werden, obwohl Abs. 4 S. 1 nicht auch auf § 197 Abs. 1 S. 1 FamFG verweist.[33] Dagegen sind die einzelnen Rechtswirkungen, die die ausländische Adoption im Inland entfaltet, nicht in den Tenor mit aufzunehmen (dazu § 2 Rn. 18). – Zur **Wirkung** der Entscheidung s. § 4 Rn. 9.

---

[26] §§ 167 und 168 Abs. 1 Satz 1, Abs. 2 bis 4. Zutreffend ist jedoch die Verweisung auf §§ 159, 160 FamFG (dazu Schreiben des BMJ vom 10. 8. 2009 - 9311/32 - 14581/2009).
[27] Zur Gesetzestechnik s. *Maurer* FamRZ 2003, 1337, 1344 Fn. 74.
[28] *Hölzel* StAZ 2003, 289, 292, allerdings wohl auch für Nicht-Konventionsadoptionen.
[29] § 192 Abs. 2 FamFG: „Im Übrigen sollen die beteiligten Personen angehört werden." Dies lässt ein Absehen von der Anhörung auch zu, wenn von ihr eine weitere Aufklärung nicht erwartet werden kann.
[30] *Hölzel* StAZ 2003, 289, 292.
[31] Zu letzterem ebenso *Hölzel* StAZ 2003, 289, 292.
[32] Zur Fassung des Tenors s. die Vorschläge von *Staudinger/Winkelsträter* FamRBint 2006, 10, 12, 14 zur Antragformulierung.
[33] *Hölzel* StAZ 2003, 289, 292.

12 **2. Rechtsmittel.** Dem Antrag **entsprechende** und die Anerkennung und Wirksamkeit feststellende (§§ 2, 4 Abs. 2 S. 3) oder die Umwandlung aussprechende (§ 3) Beschlüsse sind unanfechtbar und unabänderbar.[34] Sie werden mit ihrer Zustellung an die Annehmenden und nach deren Tod an das Kind wirksam und rechtskräftig (Abs. 4 S. 1, § 197 Abs. 2, Abs. 3 FamFG).

13 Den Antrag **abweisende** und den beantragten Ausspruch ablehnende Beschlüsse sind mit der Beschwerde anfechtbar, die innerhalb 1 Monats ab Bekanntgabe einzulegen ist (Abs. 4 S. 2 Halbs. 1, § 63 Abs. 1, 3 FamFG); sie werden erst mit Eintritt ihrer formellen Rechtskraft wirksam. Sie sind deshalb gleichfalls an alle Beschwerdebefugten zuzustellen (§§ 40, 41 FamFG), mithin an alle, die den Antrag gestellt haben oder hätten stellen können,[35] ausgenommen die Standesämter, wenn sie nicht selbst (§ 4 Abs. 1 S. 1 Nr. 1 lit. d) einen Antrag gestellt haben.[36] Mit Eintritt der Rechtskraft sind auch sie allgemein verbindlich und wirken insoweit rechtsgestaltend (dazu auch § 4 Rn. 9).[37]

14 **3. Wirkungen.** Die **Anerkennungs- und Wirkungsfeststellung** nach §§ 2, 4 Abs. 2 S. 3 führt selbst nicht zum Erlöschen oder zur Begründung von Rechten, vielmehr ist dies bereits die rechtliche Folge der ausländischen Adoption und ihrer Anerkennung im Inland. Gleichwohl, und obwohl er bereits von Gesetzes wegen im Inland anerkannt ist,[38] ist der Ausspruch für Konventionsadoptionen auch nicht lediglich deklaratorisch, sondern konstitutiv in seiner Verbindlichkeit für und gegen alle (§ 4 Abs. 3 S. 1) mit der Folge der Unzulässigkeit künftiger Inzidenzfeststellungen.[39] Für Nicht-Konventionsadoptionen wirkt er vollumfänglich konstitutiv (dazu § 2 Rn. 3). Stets ist der Ausspruch mit Eintritt seiner formellen Rechtskraft aus Gründen der Rechtssicherheit allgemein verbindlich (§ 4 Abs. 2 S. 1, dazu dort Rn. 9). – Ein **Umwandlungsausspruch** nach § 3 wirkt dagegen rechtsgestaltend und damit stets konstitutiv, weil mit ihm über die ausländische Adoption hinausgehende Wirkungen herbeigeführt werden. – Zum **Umfang der Rechtskraftwirkung** s. § 4 Rn. 9.

15 **4. Kosten.** Im ersten Rechtszug sind die Verfahren nach §§ 2, 3 grundsätzlich **gebührenfrei** (FamGKG KV Vorbem. 1.3.2). Für die Anerkennungs- und Wirkungsfeststellung ist dabei unerheblich, wenn das Kind nunmehr bereits das 18. Lebensjahr vollendet hat, da der Zeitpunkt der ausländischen Adoption maßgeblich ist (§ 1 S. 2). Hat aber das Kind im Falle einer **Umwandlung** nach § 3 im Zeitpunkt der familiengerichtlichen Entscheidung das 18. Lebensjahr vollendet, fallen gemäß FamGKG KV Vorbem. 1.3.2, Nr. 1320 2 volle Gebühren an.[40] – Für die **außergerichtlichen** Kosten der Beteiligten gilt § 81 FamFG.

---

[34] Hölzel StAZ 2003, 289, 292; aA scheinbar *Steiger* RNotZ 2002, 353, 363.
[35] *Keidel/Kuntze/Winkler/Kahl* § 20 Rn. 51 mwN.
[36] Hölzel StAZ 2003, 289, 292 f.
[37] Hölzel StAZ 2003, 289, 290.
[38] BT-Drucks. 14/6011 S. 46.
[39] Dazu OVG Hamburg StAZ 2007, 86, 87 = FamRZ 2007, 930 (LS.).
[40] Hölzel StAZ 2003, 289, 293.

§ 1753 Annahme nach dem Tode

(1) Der Ausspruch der Annahme kann nicht nach dem Tode des Kindes erfolgen.

(2) Nach dem Tode des Annehmenden ist der Ausspruch nur zulässig, wenn der Annehmende den Antrag beim Familiengericht eingereicht oder bei oder nach der notariellen Beurkundung des Antrags den Notar damit betraut hat, den Antrag einzureichen.

(3) Wird die Annahme nach dem Tode des Annehmenden ausgesprochen, so hat sie die gleiche Wirkung, wie wenn sie vor dem Tode erfolgt wäre.

Übersicht

	Rn.		Rn.
I. Normzweck	1	3. Einwilligungen	8
II. Anwendungsbereich	2	4. Materiell-rechtliche Annahmevoraussetzungen	9–11
III. Tod des Kindes	3, 4	a) Eltern-Kind-Beziehung	9
IV. Tod des Annehmenden	5–16	b) Kindeswohl	10, 11
1. Anwendungsbereich	5	5. Verfahren	12–15
2. Antrag	6, 7	6. Wirkungen	16

I. Normzweck

Die Vorschrift entspricht § 1753 aF, der die Bestätigung eines Annahmevertrages unter den gleichen Voraussetzungen auch für den Fall gestattete, dass der **Annehmende** gestorben war.[1] Bereits eingetretene emotionale Bindungen und Eltern-Kind-Beziehungen sollen ihre rechtliche Sanktion erhalten (Abs. 2, 3), wenn dies dem Wohl des Kindes entspricht (dazu Rn. 9-11). Abs. 2 erfasst nur solche **Grenzfälle** (dazu Rn. 5), in denen die Interessenlage der bei einem alsbaldigen Versterben des Annehmenden *nach der Annahme* gleicht. – Nach dem Tod des **Kindes** ist eine Adoption nicht mehr zulässig, um rückwirkenden Verfälschungen der Erbfolge vorzubeugen (Abs. 1).[2] IdR ist dies auch sachgerecht, weil die Adoption nach dem Tod des Kindes nicht mehr seinem Wohl dienen kann (§ 1741 Abs. 1 S. 1).[3] Fraglich kann dies allerdings dann sein, wenn der Anzunehmende selbst bereits ein Kind hat, das mit seiner Mutter in der Adoptivpflegefamilie gelebt und entsprechende emotionale Beziehungen zu den Adoptivpflegeeltern begründet hat. Wegen des Altersabstands (dazu § 1741 Rn. 29) wird man die Adoptionsbewerber nichts stets auf die Adoption dieses „Enkelkindes" verweisen können. Um die gedeihliche Weiterentwicklung dieses Kindes zu gewährleisten, kann deshalb durchaus ein schutzwürdiges Bedürfnis für eine Adoption der Mutter auch nach deren Tod bestehen. 1

II. Anwendungsbereich

§ 1753 gilt sowohl für die **Minderjährigen**- als auch für die **Volljährigenadoption** (dazu § 1767 Rn. 24). – Abs. 1 wie Abs. 2 gelten sowohl für eine **Einzel**- als auch für eine **gemeinsame Annahme** durch Ehegatten.[4] 2

III. Tod des Kindes

Das Kind muss bei Ausspruch der Annahme leben **(Abs. 1)**, weil sonst sein Wohl (§ 1741) nicht mehr gefördert werden kann.[5] Maßgeblicher **Zeitpunkt** ist die Zustellung des Annahmebeschlusses an den Annehmenden (§ 197 Abs. 2 FamFG).[6] 3

---

[1] Ebenso zur Ehelicherklärung § 1733 aF, aufgehoben durch das Art. 1 Nr. 48 KindRG mit Wirkung ab 1. 7. 1997.
[2] Zum Ganzen BT-Drucks. 7/3061 S. 42 Nr. 1: "Erbrechtliche Überlegungen sollen daneben nicht ausschlaggebend sein." Zur Entstehungsgeschichte auch *Staudinger/Frank* Rn. 1.
[3] *Staudinger/Frank* Rn. 2.
[4] S. dazu OLG Hamm NJW 1966, 1821, 1822.
[5] Dazu auch AG Ratzeburg NJWE-FER 2000, 7.
[6] *Staudinger/Frank* Rn. 3; *Palandt/Diederichsen* Rn. 1.

§ 1753 4–9

4   Wird die Annahme trotz des Todes des Kindes ausgesprochen, etwa weil dieser dem FamG nicht rechtzeitig bekannt geworden oder zwischen Ausspruch und Zustellung eingetreten ist, ist der Beschluss **ohne Wirkungen**.[7] Zur Wahrung der **Rechtssicherheit** kann
– das FamG die Wirkungslosigkeit – auch von Amts wegen – durch Beschluss **klarstellen**; § 197 Abs. 3 FamFG steht nicht entgegen.[8]
– die Einleitung eines **Abstammungsverfahrens** auf Feststellung des Nichtbestehens eines Eltern-Kind-Verhältnisses zulässig sein (§ 169 Nr. 1 FamFG);[9] doch wird dafür aus Kostengründen ein Rechtsschutzbedürfnis nur bestehen, wenn das FamG eine Klarstellung der Wirkungslosigkeit des Annahmebeschlusses durch Beschluss ablehnt.

IV. Tod des Annehmenden

5   **1. Anwendungsbereich. Abs. 2** ermöglicht zunächst die postmortale **Einzelannahme**, wenn der Annehmende das Kind – auch als Ehegatte das Kind seines überlebenden Ehegatten (§§ 1741 Abs. 2 S. 3, 1741 Abs. 1 Alt. 2: Stiefelternadoption) –, allein annehmen wollte und konnte. Aber auch die **gemeinsame Adoption** durch Ehegatten ist weiter möglich, wenn ein Ehegatte oder beide Ehegatten vor dem Adoptionsausspruch verstorben sind; die Ausführungen zur Einzelannahme gelten entsprechend,[10] auf den Zeitpunkt des Todes der Ehegatten kommt es nicht an.[11] Ist der zunächst überlebende Ehegatte nach dem Adoptionsausspruch verstorben, liegt kein Fall einer postmortalen Adoption und damit kein Anwendungsfall (mehr) vor.

6   **2. Antrag.** Der Annahmeantrag[12] bleibt entsprechend § 130 Abs. 2, 3 materiell-rechtlich über den Tod des/der Annehmenden hinaus wirksam und bindend. Da das Recht auf Rücknahme wie das auf Stellung eines Adoptionsantrags **höchstpersönlich** ist (§ 1752 Abs. 2 S. 1 Alt. 3, dazu auch dort Rn. 14), können Erben des Verstorbenen als Mit-Annehmender weder den Annahmeantrag[13] noch den Auftrag an den beurkundenden Notar, den Annahmeantrag beim FamG einzureichen, **zurücknehmen**.

7   Wollte der Verstorbene gemeinsam mit seinem Ehegatten annehmen, ist zunächst zu klären, ob der überlebende Ehegatte seinen Annahmeantrag, kann er ihn überhaupt noch zurücknehmen, **aufrechterhält**. Nimmt er seinen Antrag **zurück**, ist eine Annahme durch den Verstorbenen zwar weiter grundsätzlich möglich, weil die Bindung des Überlebenden an seine Einwilligung fortbesteht (§§ 1749, 1750 Abs. 2 S. 2; dazu auch § 1752 Rn. 13). Da der Antrag des Verstorbenen aber auf eine gemeinschaftliche Adoption gerichtet war und allein diese Antragstellung den Verfahrensgegenstand bestimmt hat (dazu § 1752 Rn. 12), fehlt es, zumal eine Antragskombination auf Einzel- oder gemeinschaftliche Adoption nicht möglich ist, an einem Antrag auf eine Einzeladoption.[14] Bei einer Minderjährigenadoption steht einer Annahme idR zudem entgegen, dass nur noch Vermögensinteressen berührt werden. – Zur **Einwilligung der Eltern** s. § 1747 Rn. 25.

8   **3. Einwilligungen.** Auch bereits erteilte, auf die Adoption durch den/die Verstorbenen gerichtete Einwilligungen bleiben **wirksam** und sind **unwiderruflich** (§ 1750 Abs. 2 S. 2 Halbs. 1, dazu dort Rn. 9, 16).[15] Nicht gebunden ist nur das Kind, das das 14. Lebensjahr vollendet und nicht geschäftsunfähig ist (§§ 1746 Abs. 2, 1750 Abs. 2 S. 2 Halbs. 2; s. dazu § 1746 Rn. 18). – Trotz der Bestandskraft der Einwilligungen kann und ist deren „Zurücknahme" in die Prüfung, ob die Annahme dem Kindeswohl dient (§ 1741 Abs. 1 S. 1), mit einzubeziehen.[16]

9   **4. Materiell-rechtliche Annahmevoraussetzungen. a) Eltern-Kind-Beziehung.** § 1741 Abs. 1 S. 1 knüpft eine Adoption an die Voraussetzungen, dass sie dem Wohl des Kindes

---

[7] BayObLGZ 1996, 77 = NJW-RR 1996, 1093 = FamRZ 1996, 1034, 1035; *Staudinger/Frank* Rn. 3 mwN. Ebenso zum früheren Recht (Bestätigung) *Staudinger/Engler* 10./11. Aufl. Rn. 2.
[8] *Staudinger/Frank* Rn. 3; *Soergel/Liermann* Rn. 2; *Erman/Saar* Rn. 4; RGRK/*Dickescheid* Rn. 2; *Dittmann* Rpfleger 1978, 281.
[9] OLG Bremen FamRZ 1969, 47; dazu auch MünchKommZPO/*Coester-Waltjen/Hilbig* § 169 FamFG Rn. 9, die unter Geltung des Dekretsystems ein Rechtsschutzbedürfnis für ein Abstammungsverfahren nur noch ausnahmsweise sehen.
[10] S. dazu OLG Hamm NJW 1966, 1821, 1822.
[11] *Staudinger/Frank* Rn. 7.
[12] BT-Drucks. 7/3061 S. 42 Nr. 2.
[13] BayObLGZ 1995, 245 = NJW-RR 1996, 1092 = FamRZ 1995, 1604, 1606; LG Kassel NJW-RR 2006, 511 = FamRZ 2006, 727.
[14] Ebenso RGRK/*Dickescheid* Rn. 5; im Ergebnis auch *Palandt/Diederichsen* Rn. 2; *Staudinger/Frank* Rn. 7 mwN; aA *Erman/Saar* Rn. 7, weil faktisch eine Einzeladoption begehrt wird.
[15] RGRK/*Dickescheid* Rn. 7; *Staudinger/Frank* Rn. 8; auch *Palandt/Diederichsen* Rn. 2; aA *Erman/Saar* Rn. 6.
[16] *Staudinger/Frank* Rn. 8.

dienen muss und zwischen Annehmenden und Anzunehmendem ein Eltern-Kind-Verhältnis entstehen soll. Daran nimmt § 1753 zwar keine Korrekturen vor, doch ist die Entstehung eines Eltern-Kind-Verhältnisses von vornherein nicht (mehr) möglich, jedenfalls nicht mehr iSe. „sozialen Elternschaft" als Intimgemeinschaft (dazu § 1741 Rn. 26).[17] Doch ist damit nicht ausgeschlossen, dass sich eine dem Eltern-Kind-Verhältnis entsprechende Identifikation noch nach dem Tod der Eltern bildet. IdR wird dies allerdings nur gewährleistet sein, wenn das Kind bereits in Adoptionspflege in die Familie des Verstorbenen aufgenommen war und dort auch weiter bleiben kann. Jedenfalls sind diese Umstände aber bei der Prüfung der Kindeswohldienlichkeit zu berücksichtigen (dazu Rn. 10).

b) Kindeswohl. Das Wohl des Kindes muss auch nach dem Tod des Annehmenden durch die Annahme noch **gefördert** werden (können) (§ 1741 Abs. 1 S. 1). Zwar scheidet eine persönliche Fürsorge des Annehmenden mit seinem Tod aus. Doch können durch die Adoptionspflege bereits die Beziehungen zur Herkunftsfamilie gelockert oder aufgelöst und/oder eine Geschwisterbindung zu leiblichen Abkömmlingen des Annehmenden entstanden sein, sodass der Ausspruch der Annahme diese als Voraussetzung für das Zusammenbleiben der Kinder unter gemeinschaftlicher Vormundschaft sichern kann. I. Ü. ist zu prüfen, ob die **vermögensrechtlichen** Folgen der Annahme (dazu Rn. 16) deren Nachteile – § 1755: Lösung aus der leiblichen Familie – deutlich überwiegen. – Zurückhaltung ist bei einer postmortalen Adoption durch den verstorbenen **Stiefelternteil** geboten, weil sie an den Lebensverhältnissen des Kindes, das rechtlich und tatsächlich weiter dem leiblichen Elternteil zugeordnet bleibt, nichts ändert und zum Verlust des Unterhaltsanspruchs gegenüber dem anderen leiblichen Elternteil führt.[18]

Hält der überlebende Ehegatte bei einer **gemeinsamen Adoption** seinen Annahmeantrag aufrecht und rechtfertigt sich die persönliche Betreuung durch ihn allein, etwa weil das Kind sich längere Zeit bei ihm in Pflege befand, ist dem Antrag des Verstorbenen idR zu entsprechen, da sich das Kind durch eine Volladoption zu beiden Elternteilen vermögensrechtlich verbessert. Die Beziehung zu den leiblichen Verwandten würde nämlich auch abgebrochen, wenn es der überlebende Antragsteller allein annimmt (§ 1755).[19]

5. Verfahren. Der Antrag muss beim Tod des Annehmenden bereits beim FamG **eingereicht** oder der den Adoptionsantrag beurkundende Notar muss mit seiner Einreichung unbedingt beauftragt sein **(Stichtag)**.[20] – War der Notar beauftragt, den Antrag erst nach dem Ableben eines Beteiligten einzureichen, kann die Annahme nicht mehr ausgesprochen werden.[21] Auch wenn die Annehmenden den Antrag noch zu ihren Lebzeiten nicht selbst beim FamG eingereicht haben, obwohl ihnen dies möglich gewesen wäre, ist eine nachträgliche Adoption aufgrund einer durch ihren Tod bedingten Beauftragung des Notars unzulässig.[22]

Die Einreichung des Annahmeantrags beim örtlich **unzuständigen** FamG reicht aus, weil auch darin die Adoptionsabsicht und der Wille, das Verfahren einleiten zu wollen, zum Ausdruck kommen.[23] Das unzuständige FamG, das einem mit der Einreichung betrauten **Notar** (Abs. 2 Alt. 2) gleich zu achten ist,[24] hat den Antrag an das zuständige weiterzuleiten (dazu § 1750 Rn. 10-11). Die gegenüber § 1750 Abs. 1 S. 3 unterschiedliche Behandlung rechtfertigt sich daraus, dass dort die Beauftragung des beurkundenden Notars für die Bindung nicht ausreicht (dazu dort Rn. 16).

Dem minderjährigen Anzunehmenden ist im Falle einer Einzeladoption mit deren Ausspruch ein **Vormund** zu bestellen. Bei einer gemeinsamen Adoption durch Ehegatten erhält der überlebende Ehegatte das gesetzliche Vertretungsrecht. – Wird die Annahme versagt, fällt das Sorgerecht von Gesetzes wegen an die leiblichen Eltern zurück, es sei denn, es hätte nach wirksamer Erteilung der Einwilligung geruht (§ 1751 Abs. 1 S. 1, Abs. 3, dazu dort Rn. 26). – Bei einer Versagung der Adoption ist das Kind beschwerdeberechtigt (dazu näher § 1752 Rn. 37).

War eine gemeinschaftliche Annahme beantragt, wird der Ausspruch mit Zustellung an den überlebenden Ehegatten, i. Ü. mit der Zustellung an den gesetzlichen Vertreter oder Pfleger des Kindes **wirksam** (§ 197 Abs. 2 FamFG).[25] – Abs. 2 gilt für die **Beschwerdeberechtigung** des

---

[17] *Staudinger/Frank* Rn. 9.
[18] Zum Ganzen auch *Staudinger/Frank* Rn. 9, 10.
[19] Ebenso *Staudinger/Frank* Rn. 7 mwN; aA wegen ihrer abweichenden Grundauffassung *Erman/Saar* Rn. 6, 9.
[20] BGHZ 2, 62 = NJW 1951, 706; OLG Hamm NJW 1966, 1821, 1822.
[21] OLG München ZEV 2010, 363 (LS.) = MDR 2010, 447, 448; AG Ratzeburg NJWE-FER 2000, 7 = ZEV 2000, 159 (LS.); *Staudinger/Frank* Rn. 4.
[22] OLG München ZEV 2010, 363 (LS.) = MDR 2010, 447, 448.
[23] So schon zu § 1753 aF trotz dessen Abs. 2 - "bei dem zuständigen Gericht" -, *Staudinger/Engler* 10./11. Aufl. Rn. 10.
[24] Ebenso *Erman/Saar* Rn. 4; *Staudinger/Frank* Rn. 4.
[25] Dazu MünchKommZPO/*Maurer* §§ 197, 198 FamFG Rn. 19.

§§ 1754, 1755

16   **6. Wirkungen.** Die **Annahme** wirkt auf den Tod zurück und hat dieselben Wirkungen wie eine Adoption zu Lebzeiten des Annehmenden (Abs. 3). Das Kind wird nach dem Verstorbenen **erbberechtigt**, letztwillige Verfügungen kann es anfechten (§ 2079), vor der Entscheidung über die Annahme darf eine Erbauseinandersetzung nicht erfolgen (§ 2043 Abs. 2). Es erhält den **Schadensersatzanspruch** nach § 844 sowie den Anspruch auf **Waisengeld** nach Sozialversicherungs- oder Beamtenrecht.[27] – Wurde die Annahme ausgesprochen, ohne dass der Tod des Annehmenden **bekannt** war, ist sie unter den Voraussetzungen des § 1753 Abs. 2 auch ohne einer den veränderten Umständen Rechnung tragenden Prüfung des Kindeswohls wirksam. In Betracht kommt eine **Aufhebung** nach § 1763 Abs. 1. – Eine **Zweitadoption** ist möglich (dazu § 1742 Rn. 7).

§ 1754 Wirkung der Annahme

(1) Nimmt ein Ehepaar ein Kind an oder nimmt ein Ehegatte ein Kind des anderen Ehegatten an, so erlangt das Kind die rechtliche Stellung eines gemeinschaftlichen Kindes der Ehegatten.

(2) In den anderen Fällen erlangt das Kind die rechtliche Stellung eines Kindes des Annehmenden.

(3) Die elterliche Sorge steht in den Fällen des Absatzes 1 den Ehegatten gemeinsam, in den Fällen des Absatzes 2 dem Annehmenden zu.

§ 1755 Erlöschen von Verwandtschaftsverhältnissen

(1) ¹Mit der Annahme erlöschen das Verwandtschaftsverhältnis des Kindes und seiner Abkömmlinge zu den bisherigen Verwandten und die sich aus ihm ergebenden Rechte und Pflichten. ²Ansprüche des Kindes, die bis zur Annahme entstanden sind, insbesondere auf Renten, Waisengeld und andere entsprechende wiederkehrende Leistungen, werden durch die Annahme nicht berührt; dies gilt nicht für Unterhaltsansprüche.

(2) Nimmt ein Ehegatte das Kind seines Ehegatten an, so tritt das Erlöschen nur im Verhältnis zu dem anderen Elternteil und dessen Verwandten ein.

Schrifttum: Allgemeines.: *Christ*, Familienrechtliche Aufwendungen als außergewöhnliche Belastungen allgemeiner Art bei der Einkommensteuer. Nicht nur Scheidungskosten lassen sich steuerlich absetzen, FamRB 2002, 245; *Frank*, Recht auf Kenntnis der genetischen Abstammung?, FamRZ 1988, 113; *Hellermann*, Kindesannahme durch den Ehegatten nach dem Tod des anderen mit der Rechtswirkung des § 1754 I BGB, FamRZ 1983, 659; *Maywald*, Das Kind als Träger eigener Rechte, KINDESWOHL 2/2001, 18; *Otto*, Zur Adoption eines christlichen indischen Kindes durch christliche Inder in Deutschland, IPRax 1992, 309.

Ausländerrecht. Staatsangehörigkeitsrecht.: *Göbel-Zimmermann*, Völker-, verfassungs- und ausländerrechtliche Rahmenbedingungen des Familiennachzugs, ZAR 1995, 170; *Hecker*, Einfluß der Adoption auf die Staatsangehörigkeit, StAZ 1985, 153; *Orderlheide*, Aufenthaltsgenehmigungen für Adoptivkinder, DAVorm. 1993, 493; *Renner*, Verhinderung von Mehrstaatigkeit bei Erwerb und Verlust der Staatsangehörigkeit, ZAR 1993, 18; *ders.*, Ausländerintegration, ius soli und Mehrstaatigkeit, FamRZ 1994, 865.

Erbrecht. *Behr*, Auswirkungen des neuen Adoptionsrechts auf die gesetzliche Erbfolge, RPflStud 1977, 73; *Benecke*, Zum Pflichtteilsanspruch des Adoptivkindes nach seinem leiblichen Vater im deutsch-deutschen Rechtsverkehr nach dem Einigungsvertrag, IPRax 1996, 188; *v. Dickhuth-Harrach*, Neuerungen im Erbrecht eingetragener Lebenspartnerschaften, FamRZ 2005, 1139; *Dittmann*, Adoption und Erbrecht, Rpfleger 1978, 277; *Jayme*, Die erbrechtlichen Wirkungen der Adoption, ZRP 1972, 1; *Lange*, Neuere Entwicklungen des IPR auf den Gebieten des Erbrechts und der Vermögensnachfolge, ZEV 2000, 469; *Pachtenfels*, Gesetzliches Erbrecht des

---

[26] OLG Braunschweig DAVorm. 1978, 784, 785.
[27] Zum durch Art. 1 Nr. 3, 8 des *Gesetzes zur erbrechtlichen Gleichstellung nichtehelicher Kinder (Erbrechtsgleichstellungsgesetz - ErbGleichG)* vom 19.12.1997 mit Wirkung ab 1. 4. 1998 aufgehobenen § 1934a s. FG München EFG 2006, 1337 = MittBayNot 2007, 250 (LS.) (ein bislang allein erbberechtigtes nichteheliches Kind wird Erbersatzberechtigten); EFG 2006, 1446.

Adoptivkindes, 1990; *Staudinger,* Die Europäische Menschenrechtskonvention als Schranke der gewillkürten Erbfolge?, ZEV 2005, 140.

Erziehungsgeld. Lohnfortzahlung. Rentenversicherung. Steuern.: *Igl,* Das Bundeserziehungsgeldgesetz und das Bundeskindergeldgesetz in Rechtsprechung und Literatur, Jahrbuch des Sozialrechts der Gegenwart, 1993, 247; *Marten,* Die Annahme als Kind und das Recht der gesetzlichen Rentenversicherung, Mitt. LVA Oberfranken und Mittelfranken 1976, 407; *Niemeyer,* Sorgerecht und Adoptionspflege als Voraussetzung für den Anspruch einer Pflegemutter auf Erziehungsgeld verfassungsgemäß?, FuR 1993, 215; *Straub,* Krankengeld und Fernbleiben von der Arbeit wegen eines kranken Kindes, FamRZ 1992, 1013; *Oswald,* Auswirkungen des neuen Adoptionsgesetzes vom 2. 7. 1976 auf das Steuerrecht im Allgemeinen und die Erbschafts- und Schenkungssteuer im Besonderen, DVRundschau 1977, 146; *ders.,* Zur steuerlichen Anerkennung von Adoptionen nach altem und nach neuem Recht, FamRZ 1978, 99.

Unterhaltsrecht.: *Doms,* Zum Wegfall des Unterhaltsanspruchs bei Adoption, FamRZ 1981, 325; *Ruthe,* Die unterhaltsrechtlichen Wirkungen der Volladoption, FamRZ 1979, 388; *Zopfs,* Kein Regelunterhalt nach der Adoption, FamRZ 1979, 385.

Umgangsrecht.: *Hoffmann,* Umgangsrecht leiblicher Eltern nach Adoption. Perspektiven nach der Entscheidung des Bundesverfassungsgerichts vom 9. April 2003, JAmt 2003, 453; *Motzer,* Das Umgangsrecht Verwandter und enger Bezugspersonen des Kindes – Zur Neufassung von § 1685 Abs. 2 BGB, FamRB 2004, 231.

Übersicht

	Rn.		Rn.
I. Normzweck	1	III. Auflösung der Rechtsbeziehungen zur leiblichen Familie (§ 1755)	15–26
II. Eingliederung in die Adoptivfamilie (§ 1754)	2–14	1. Erlöschen der Rechtsbeziehungen	15–20
1. Grundsätze	2, 3	a) Stichtag	15
2. Bürgerliches Recht	4–12	b) Bürgerliches Recht	16–19
a) Allgemeines	4–6	c) Öffentliches Recht	20
b) Unterhalt	7	2. Ausnahmen	21–23
c) Elterliche Sorge, Umgangs- und Auskunftsrecht	8–11	a) Annahme eines Kindes des Ehegatten	21
		b) Fortbestehende Rechte	22
d) Rechtsgeschäfte	12	c) Verfahrensrecht	23
3. Öffentliches Recht	13, 14	3. Vaterschaft	24–26

I. Normzweck

Anders als die Familienpflege, auch die Adoptionspflege (§ 1744), schafft die Annahme als Kind eine auf **Dauer** angelegte rechtliche Beziehung. Der Gesetzgeber geht davon aus, dass das Kind die für die Betreuung notwendige Sicherheit nur als solche empfinden und der Annehmende sie nur gewinnen kann, wenn sie nicht mit den leiblichen Eltern konkurrieren (zur „offenen" Adoption s. Vor § 1741 Rn. 43–45). Stets war deshalb vorgesehen, dass die elterliche Gewalt der leiblichen Eltern endet (§ 1765 aF). Das FamRÄndG 1961 stellte klar, dass die leiblichen Eltern auch das Recht zum Umgang verlieren. Doch blieben vermögensrechtliche Bindungen, die zu überraschenden Unterhaltspflichten des Adoptivkindes führen[1] und die Familie des Annehmenden durch die Überleitung seines Vermögens über das Kind auf dessen leibliche Verwandte erheblich benachteiligen konnten.[2] Dagegen konnte man sich nach Aufklärung und sachkundigem Rat durch komplizierte Vorkehrungen schützen.[3] Diese den tatsächlichen Bindungen nicht entsprechenden Rechtsfolgen will die **Volladoption** beseitigen:[4] Die Rechtsbeziehungen zur leiblichen Familie werden fast völlig zerschnitten (§ 1755). Zum Ausgleich wird nicht nur eine Verwandtschaftsbeziehung zu den Annehmenden (so das frühere Recht), sondern auch zu deren Familie hergestellt (§ 1754). Das EuAdAbk schreibt die Einführung der Volladoption zwar nicht vor (vgl. Art. 10),[5] doch entspricht sie der neueren

1

---

[1] *Bauer* Mitt. AGJJ 51 (1968), 9; *Jansen* Mitt. AGJJ 49/50 (1967), 50.
[2] BGHZ 58, 343 = NJW 1972, 1422; *Bauer* Mitt. AGJJ 51 (1968), 9.
[3] *Diestelkamp* NJW 1965, 2041–2046; *Haegele* DNotZ 1969, 457 ff.; *Lüderitz* S. 73–76.
[4] Vgl. BT-Drucks. 7/3061 S. 19, 43 Nr. 1, 3. Zur – in neuerer Zeit weiter zunehmenden – Kritik an der Volladoption s. Vor § 1741 Rn. 43-45; möglicherweise herrschte, von der 3. Aufl. Rn. 1 Fn. 4 verneint, bei ihrer Einführung eben doch eine „Volladoptionsmystik", wie bereits *Stöcker* FamRZ 1974, 569 geargwöhnt hat.
[5] Nach Art. 10 Abs. 2 EuAdAbk erlöschen jedoch mit Entstehung von Elternrechten der Annehmenden solche der leiblichen Eltern.

§§ 1754, 1755   2–5   Abschnitt 2. Titel 7. Annahme als Kind

Rechtsentwicklung in Europa,[6] USA[7] und Lateinamerika.[8] In der bis 1922 zurückreichenden[9] Reformdiskussion wurde sie fast einmütig befürwortet.[10] – §§ 1754 Abs. 1 und 2, 1755 Abs. 2 wurden durch Art. 1 Nr. 33 und 34 KindRG zur Anpassung an die aufgegebene Unterscheidung zwischen „ehelichen" und „nichtehelichen" Kindern geändert und § 1754 Abs. 3 (dazu Rn. 8) durch Art. 1 Nr. 33 KindRG neu eingefügt.[11] – Hinsichtlich der Wirkung der Annahme wird in Bezug auf die rechtliche Stellung des Kindes und das Sorgerecht (§ 1754 Abs. 1 und 3) ein **Lebenspartner** einem Ehegatten gleichgestellt (§ 9 Abs. 7 S. 2 LPartG).[12]

II. Eingliederung in die Adoptivfamilie (§ 1754)

2 **1. Grundsätze.** Die Gleichstellung mit dem eigenen Kind bedeutet nicht, dass die Annahme selbst wie die Geburt behandelt werden muss. Wird freilich ein Kleinkind zunächst in **Adoptionspflege** genommen und dann adoptiert, ist dies steuer-, arbeits-, beamten- und sozialrechtlich einer Geburt gleich zu achten, weil das Kind stets nur mit der nötigsten Versorgung übergeben wird. Aufwendungen für die Aufnahme des Kindes sind somit steuerrechtlich **außergewöhnliche Belastungen**,[13] Beamten ist **Beihilfe**,[14] einer aus dem Dienst ausscheidenden Adoptivmutter ist **Übergangsgeld** zu gewähren.[15] Der Adoptivmutter steht außer **Elternzeit** (§§ 15 ff. BEEG) auch **Mutterschaftsurlaub** (§ 8a MuSchG) zu (dazu auch § 1744 Rn. 13)[16] Im **Sozialversicherungsrecht** ist durch die Berücksichtigung der Kindererziehungszeit weitgehende Gleichbehandlung gewährleistet.[17]

3 Die **Scheidung** oder Aufhebung der Ehe der Ehegatten, deren gemeinschaftliches Kind der Angenommene geworden ist (§ 1754 Abs. 1), berührt die Annahme nicht grundsätzlich (zum Sorge- und Umgangsrecht s. Rn. 8-11).[18] Das Kind ist weiter gemeinschaftliches Kind iSd. §§ 1570, 1572, 1574 (nachehelicher Unterhalt).

4 **2. Bürgerliches Recht. a) Allgemeines.** Mit der Adoption wird der Angenommene **gemeinschaftliches** Kind, wenn Ehegatten – nicht aber Lebenspartner, die nicht gemeinsam annehmen können (dazu § 1741 Rn. 49) – gemeinsam annehmen (§ 1741 Abs. 2 S. 1) oder der Annehmende ein Kind seines Ehegatten annimmt (§ 1754 Abs. 1; zu letzterem s. § 1741 Rn. 40-43). Bei einer Einzeladoption wird der Angenommene das **Kind** des Annehmenden (§ 1754 Abs. 2).[19]

5 Begründet wird die **Verwandtschaft** des Kindes und seiner Abkömmlinge zum Annehmenden und seiner Familie: Das Kind wird Bruder oder Schwester der schon vorhandenen leiblichen oder angenommenen Kinder, sein Abkömmling wird Enkel, Neffe, Nichte usw. Es treten sämtliche bür-

---

[6] Nur die Volladoption kennen: Dänemark: § 16 Ges. Nr. 279 v. 7. 6. 1972; Italien: Art. 27 Ges. Nr. 184 v. 4. 5. 1983; Niederlande: Art. 229 B. W.; Schweiz: Art. 267 ZGB; Spanien: Art. 178 Ges. v. 3. 7. 2005; grundsätzlich Großbritannien: sec. 39 (1)–(4) Adoption Act 1976, Ausnahme für nichteheliche Kinder. – Neben einfacher Adoption lassen die Volladoption zu: Belgien: Art. 368–370 c. c.; Frankreich: Art. 360 c. c.; Portugal: Art. 1979–2002-D c. c.

[7] Vgl. den Überblick bei *Pütter* S. 183–229 (für Erbrecht) und sec. 16 Model Adoption Act.

[8] Vgl. *Heinrich* (Vor § 1741) S. 102–108. Nur Volladoption kennen Kuba: Art. 99 FGB v. 21. 1. 1989; Nicaragua, Peru: Art. 117 Kinder- und Jugendgesetzbuch v. 2. 8. 2000; nur einfache Adoption lassen zu Ecuador: Art. 332 ff. Ges. v. 18. 8. 1989; Guatemala: Art. 229 ZGB v. 14. 9. 1963; Haiti: Art 13-16 Dekret über die Adoption v. 4. 4. 1974; Mexiko: s. etwa für den Bundesstaat México Art. 385 c. c. idF Dekret Nr. 33 v. 18. 8. 1994, Panama; Art. 310 FamGB v. 2. 5. 2001; El Salvador: Art. 1 Dekret v. 11. 4. 1983; im Übrigen sind beide Typen verfügbar.

[9] Vgl. *Schubert* (Vor § 1741) S. 58, 71.

[10] AGJJ Mitt. 57/58 (1969) S. 32 These 1.2; AGJ Stellungnahme Mitt. 70 (1974) Beil. S. 2; *Bosch* FamRZ 1970, 503; *Engler* S. 51 f.; *Jayme* FamRZ 1969, 528 f.; *Lüderitz* S. 77 f.

[11] Zur Entstehungsgeschichte s. auch *Staudinger/Frank* Rn. 1, 5, zur Rechtsvergleichung Rn. 2. 3.

[12] Vom BVerfG FamRZ 2009, 1653, 1654 verfassungsrechtlich nicht beanstandet (dazu auch Vor § 1741 Rn. 26).

[13] AA BFH NJW 1987, 2959, 2960 für Aufwendungen bei einer Ausländeradoption. Wie hier nur FG Berlin FamRZ 1975, 595 (für ein Kind, das sich „in großer Not befindet").

[14] RGRK/*Dickescheid* Rn. 4; *Staudinger/Frank* Rn. 13 (unter Hinweis auf § 11 Abs. 2 S. 2 BeihilfeVO BW; § 9 Abs. 1 S. 2, 3 BeihilfeVO NRW, § 12 Abs. 1 S. 4 BeihilfeVO Saarland), jeweils zu 1754; aA BVerwG FamRZ 1972, 456 f.

[15] AA BAG FamRZ 1974, 526; hierzu kritisch *Lehmann/Jessen* FamRZ 1974, 636 f.

[16] Zum ehemaligen Mutterschaftsurlaub (§ 8a MuSchG aF) s. 5. Aufl. Rn. 2 mwN.

[17] Bis 31. 12. 1991 vgl. *Hinterbliebenenrenten-Neuordnungsgesetz* v. 11. 7. 1985, BGBl. I S. 1450 (für *nach* dem 31. 12. 1920 geborene Mütter); anders für *vor* dem 1. 1. 1921 geborene Mütter: *Kindererziehungsleistungsgesetz* v. 12. 7. 1987, BGBl. I S. 1585; dazu *von Einem* NJW 1987, 3100 ff.; ab 1. 1. 1992 gilt § 56 SGB VI.

[18] So schon früheres Recht: OLG Celle FamRZ 1964, 262; LG Baden-Baden FamRZ 1955, 221; Soergel/*Lade* 10. Aufl. § 1749 Rn. 4.

[19] Zur bis zum 30. 6. 1998 möglichen Annahme eines **nichtehelichen Kindes** durch seinen Vater s. 3. Aufl. Rn. 2.

gerichtlich-rechtlichen Wirkungen ein, die an ein rechtlich anerkanntes Kindschaftsverhältnis geknüpft werden:
- Das angenommene Kind teilt den **Wohnsitz** des/der Annehmenden (§ 11),
- es gelten die Vorschriften über das Rechtsverhältnis zwischen Eltern und Kind (§§ 1616 ff.),
- die **Verjährung** von Ansprüchen zwischen dem/den Annehmenden und dem Kind ist bis zu seiner Volljährigkeit gehemmt (§ 207 Abs. 1 S. 1 Nr. 2),
- es gilt ein **Eheverbot** (§ 1308 Abs. 1 S. 1),
- dem Kind kann eine **Ausstattung** zugewandt werden (§ 1444),
- das Kind
- ist Mitglied einer **fortgesetzten Gütergemeinschaft** der Annehmenden (§§ 1483 ff.),
- ist gegenüber den Annehmenden und deren Verwandten **unterhaltsberechtigt** und auch **unterhaltspflichtig** (§§ 1601 ff.) (dazu Rn. 7),
- steht unter der **elterlichen Sorge** des/der Annehmenden (§§ 1626 ff.), zwischen Kind und Annehmenden besteht das Recht und die Pflicht zum **Umgang** (§ 1684) (dazu Rn. 8-11),
- wird **Erbe** nach §§ 1924 ff.[20] und **pflichtteilsberechtigt** (§ 2303),
- auf es sind die Regelungen des **Vormundschaftsrechts** anwendbar.
- Die Wirkungen des § 1751 enden.
- Mit der Annahme endet der Aufschub der Auseinandersetzung der **Erbengemeinschaft** nach § 2043 Abs. 2.
- Auch **privatversicherungsrechtlich** stehen Adoptiv- den leiblichen Kindern gleich.[21] Infolge der Gleichstellung der Adoption mit der Geburt sind im Zeitpunkt der Adoption bereits eingetretene Versicherungsfälle auch für die Zukunft nicht von der Leistungspflicht ausgeschlossen.[22]
- Eine zugunsten eines gemeinsamen Kindes geschlossene **Vereinbarung** der leiblichen Eltern unterliegt nach einer Stiefkindadoption der **Anpassung**.[23]

„Ehegatte" iSd. § 1754 Abs. 1 ist nur der noch **lebende Ehegatte**. Die Begründung eines *gemein-* **6** *schaftlichen* Kindverhältnisses mit einem Toten ist auch als Stiefkindadoption nach der Neuregelung des Namensrechts (vgl. § 1758a aF mit § 1757 nF) sinnlos und widerspricht der Wertung des § 1753 (dazu auch dort Rn. 9).[24] Würde man eine „gemeinschaftliche Kindschaft" auch nach dem Tod des ersten Ehegatten zulassen, wäre es willkürlich, die gleiche Wirkung nicht auch bei einer Wiederheirat des Annehmenden eintreten zu lassen, wogegen jedoch der Wortlaut des § 1754 Abs. 1 steht. Bei einer Stiefkindadoption ist, solange der überlebende, annehmende Ehegatte nicht wieder geheiratet hat, allerdings § 1756 Abs. 2 entsprechend anzuwenden, um die Beziehungen zu den Verwandten des Verstorbenen zu erhalten (dazu § 1756 Rn. 13). Zum maßgeblichen **Stichtag** s. Rn. 15.

b) Unterhalt. Mit der Annahme wird der Annehmende dem Angenommenen nach §§ 1601 ff. **7** unterhaltspflichtig.[25] Er unterliegt im Rahmen des § 1603 denselben **Obliegenheiten** wie gegenüber leiblichen Kindern.[26] Die Erfüllung des Unterhaltsanspruchs durch Betreuung kann die Erwerbsobliegenheit des Annehmenden gegenüber anderen Kindern verringern oder gar ausschließen, ebenso wie die Betreuung eines anderen Kindes zur mangelnden Leistungsfähigkeit führen kann.[27] Die Unterhaltsberechtigung des Angenommenen ist mit der anderer minderjähriger unver-

---

[20] Zum Ausschluss des Erbrechts des angenommenen Kindes nach § 1767 BGB aF iVm. Art. 12 § 1 Abs. 5 AdoptG und zur Wirksamkeit dieser Übergangsregelung s. OLG Hamm FamRZ 2003, 165, 166 f. = NJW-RR 2002, 1375 und § 1772 Anh. Rn. 5. – Zur Erbberechtigung eines Adoptivenkels des Nacherben, wenn der Erblasser vor und der Nacherbe nach Inkrafttreten des AdoptG verstirbt, s. OLG Stuttgart FamRZ 1994, 1553, 1554; s. auch OLG Düsseldorf Beschl. v. 27. 6. 1988 - 3 Wx 123/88, juris. – Zur Nichtberücksichtigung eines angenommenen Kindes, wenn testamentarische Regelungen für den Fall vorgenommen werden, dass der Vorerbe „kinderlos" bleibt, OLG Köln AgrarR 1984, 223 ff. – Zum Erbrecht eines nach ausländischem Adoptionsstatut mit den Wirkungen einer „schwachen" Adoption angenommenen Kindes s. BGH NJW 1989, 2197 = FamRZ 1989, 378, 379 m. Bspr. *Beitzke* IPRax 1990, 36; OLG Düsseldorf FamRZ 1998, 1627, 1628 ff. – Zum Verstoß der Auslegung eines Testaments, die ein Adoptivkind nicht einem ehelichen Kind gleichstellt, gegen Art. 8 EMRK s. EuGHMR NJW 2005, 875 = FamRZ 2004, 1467 ff. m. Anm. *Pintens* und Anm. d. Red. FamRZ 2005, 509; auch *Staudinger* ZEV 2005, 140. – Zur Auslegung eines Ehegattentestaments auch OLG Hamm NJWE-FER 1999, 64 = FamRZ 1999, 1390, 1391 f., dass nur das Vorhandensein aus der Ehe hervorgegangener Kinder zum Wegfall der Nacherbschaft führt.
[21] Zur Pflegeversicherung s. OLG Hamm NJW-RR 1999, 1332, 1333 f.
[22] BGH FamRZ 2001, 217, 218 (zu §§ 178d, 178 o VVG).
[23] OLG Köln FamRZ 2004, 832 ff.
[24] KG NJW 1968, 1631; *Palandt/Diederichsen* Rn. 4; *Soergel/Liermann* Rn. 2; *Staudinger/Frank* Rn. 6, jeweils zu § 1754; aA *Hellermann* FamRZ 1983, 659 f., *Könnecke* StAZ 1988, 269, und - zum früheren Recht - OLG Celle NJW 1971, 708; RGRK/*Scheffler* 11. Aufl. Anm. 12; *Staudinger/Engler* 10./11. Aufl. Rn. 27, jeweils zu § 1757.
[25] Zum Übergang des Unterhaltsanspruchs auf Sozialleistungsträger s. OLG Köln NJW-RR 1993, 324 = FamRZ 1992, 1219.
[26] Dazu BayObLG FamRZ 1981, 604 (LS.) = DAVorm. 1981, 131 ff.; OLG Stuttgart FamRZ 1984, 611, 612.
[27] Zu letzterem OLG Stuttgart FamRZ 1984, 611, 612.

heirateter und nach § 1603 Abs. 2 S. 2 privilegierter volljähriger leiblicher und angenommener Kinder der Annehmenden **gleichrangig** (§ 1609 Nr. 1). – Zur Unterhaltspflicht während der Zeit der **Adoptionspflege** nach § 1751 Abs. 4 s. dort Rn. 15–24.

8 **c) Elterliche Sorge, Umgangs- und Auskunftsrecht.** Das Kind erlangt mit der Annahme die Stellung eines Kindes des/der Annehmenden (§ 1754 Abs. 1, 2). Nimmt der Annehmende allein an, wird er grundsätzlich alleiniger Sorgerechtsinhaber. Nimmt er das Kind seines Ehegatten/Lebenspartners an (Stiefkindadoption), steht ihnen wie bei einer Ehegattenadoption die gemeinsame **elterliche Sorge** für das Kind zu (zum Ganzen §§ 1754 Abs. 3, 1626 Abs. 1, § 9 Abs. 7 S. 2 LPartG; dazu auch Rn. 4–5).[28] Das Sorgerecht des **leiblichen Elternteils,** zu dem die verwandtschaftliche Beziehung aufgehoben wurde, erlischt.

9 Auch das **Umgangsrecht** aus § 1684 erlischt. Ebenso das Umgangsrecht der **Großeltern** und **Geschwister** (§ 1685 Abs. 1),[29] soweit durch die Annahme die verwandtschaftlichen Beziehungen zu ihnen aufgehoben wurden. Insbesondere bleibt bei **Stiefkindadoptionen** das Umgangsrecht der Verwandten des leiblichen Elternteils erhalten,[30] stets auch das Umgangsrecht der **sonstigen Bezugspersonen** aus § 1685 Abs. 2 (etwa Pflegeeltern, dazu auch Vor § 1741 Rn. 17, § 1751 Rn. 5).[31] – Nach den Motiven des Gesetzgebers steht den **leiblichen Eltern** ein Umgangsrecht aus § 1685 Abs. 2 nicht zu, ebenso nicht den sonstigen unter § 1685 Abs. 1 fallenden **Verwandten.** Lediglich wenn der Ausschluss des Umgangs mit den leiblichen Eltern kindeswohlgefährdend war, wurde zum früheren Recht eine Eingriffsbefugnis nach § 1666 angenommen,[32] ausgenommen bei der Inkognitoadoption.[33] Doch kann der gesetzliche Umgangsausschluss ggf. unter menschen- und verfassungsrechtlichen Gesichtspunkten durch eine Wortlautinterpretation oder eine verfassungskonforme Auslegung des § 1685 Abs. 2 zu korrigieren sein;[34] § 1666 würde damit die Schwelle für einen Eingriff in das Sorgerecht der Adoptiveltern (Kindeswohlgefährdung) deutlich herabgesetzt (Kindeswohldienlichkeit). Zum Ganzen, insbesondere zur Verfassungsgemäßheit dieser Regelung, auch Vor § 1741 Rn. 40; § 1751 Rn. 5.

10 Auch das **Auskunftsrecht** der leiblichen Eltern aus § 1686 endet mit dem Erlöschen der Verwandtschaftsbeziehungen. Zu den verfassungsrechtlichen Fragen s. Vor § 1741 Rn. 41.

11 Bei **Scheidung** oder Aufhebung der Ehe steht das **Sorgerecht** den Annehmenden grundsätzlich weiter gemeinsam zu (§ 1671 Abs. 1). Der leibliche Elternteil kann bei einer Annahme durch den anderen Ehegatten (§ 1741 Abs. 2 S. 2) auf Antrag eines Ehegatten von der elterlichen Sorge ausgeschlossen werden, wenn die Ehegatten dies vereinbaren (§ 1671 Abs. 2 Nr. 1) oder es das Wohl des Kindes erfordert (§ 1671 Abs. 2 Nr. 2). Dem nichtsorgeberechtigten wie dem sorgeberechtigten, aber nicht betreuenden Elternteil steht bereits ab der Trennung das Recht zum **Umgang** mit dem angenommenen Kind zu (§ 1684).

12 **d) Rechtsgeschäfte.** Rechtsgeschäfte wie Verfügungen von Todes wegen oder Gesellschaftsverträge können weiter zwischen leiblichen Abkömmlingen und Adoptivkindern unterscheiden. Sprechen sie nur von „Kindern", „Abkömmlingen" usw., sind sie nach §§ 133, 157 auszulegen. Ergeben sich im Einzelfall aus den Umständen keine abweichenden Erkenntnisse, schließen diese Begriffe Adoptivkinder ein,[35] da § 1754 das Rechtsdenken der Bürger wenn nicht schon widerspiegelt, so doch prägt. § 2079 ist anwendbar. Die Verfolgung wirtschaftlicher Zwecke steht allein einer Gleichstellung von Adoptivkindern jedoch nicht entgegen.[36]

---

[28] Weshalb § 1754 Abs. 3 überflüssig ist (ebenso *Staudinger/Frank* Rn. 1; FamRefK/*Maurer* Rn. 3; *Palandt/Diederichsen* Rn. 3 („deklaratorisch"), jeweils zu § 1754; aA *Liermann* FuR 1997, 266, 267; *Soergel/Liermann* Rn. 6; wohl auch *Erman/Saar* Rn. 1, jeweils zu § 1754).

[29] OLG Rostock FamRZ 2005, 744; aA für Geschwister AnwK-BGB/*Finger* § 1755 Rn. 5.

[30] Dazu *Paulitz/Oberloskamp* Adoption S. 103 f.

[31] *Staudinger/Frank* § 1755 Rn. 7. – Es bedarf nicht mehr des „Umwegs" über § 1666, wenn die Adoptiveltern diesen Umgang nicht einräumen (dazu 4. Aufl. Rn. 6), idR auch wegen der Einschränkungs- und Ausschlussbefugnis aus §§ 1685 Abs. 3, 1684 Abs. 3, 4.

[32] BayObLGZ 1971, 114 = FamRZ 1971, 467, 471.

[33] *Soergel/Strätz* § 1634 Rn. 8. Hieran kann man nach der Entscheidung des EuGHMR, 5. Sektion, Urteil v. 15. 9. 2011, Nr. 17080/07: Schneider ./. Deutschland, FamRZ 2011, 1715 m. Anm. *Helms* (dazu auch *Campbell* NJW-Spezial 2011, 644) zweifeln.

[34] S. dazu OLG Stuttgart NJW-RR 2007, 76 = FamRZ 2006, 1865, 1866 f. m. Anm. *Motzer* FamRB 2006, 333.

[35] EuGHMR NJW 2005, 875 = ZEV 2005, 162 = FamRZ 2004, 1467 ff. m. Anm. *Pintens* (dazu auch *Staudinger* ZEV 2005, 140 ff.); BayObLGZ 1959, 493, 498 = NJW 1960, 965, 966; BayObLGZ 1985, 246 = FamRZ 1985, 426, 427; FamRZ 1989, 1118 (vgl. demgegenüber BayObLG Rpfleger 1985, 66 für adoptierten Volljährigen); NJW-RR 1992, 839 f.; OLG Frankfurt/M. OLGZ 1972, 120, 123; OLG Hamm NJW 1983, 1567 (für § 15 LVBed); FGPrax 1999, 64 = NJWE-FER 1999, 127 = FamRZ 1999, 1390, 1392; OLG Düsseldorf NJWE-FER 1998, 84 = FamRZ 1998, 1206; OLG Brandenburg FamRZ 1999, 55, 58; LG Stuttgart FamRZ 1990, 214; *Staudinger/Frank* § 1754 Rn. 10; *Staudinger/Engler* 10./11. Aufl. § 1757 Rn. 21. Anders - und im konkreten Fall zu Recht - bei Annahme eines Erwachsenen: OLG Stuttgart FamRZ 1981, 818 f. m. zust. Anm. *Bausch*.

[36] *Staudinger/Frank* § 1754 RdNr 10; s. BGH NJW 1970, 279 = FamRZ 1970, 79, 82.

3. Öffentliches Recht. Insoweit gilt: 13
- Zum **Einreise-** und **Aufenthaltsrecht** des Minderjährigen bei einer Auslandsadoption s. § 6 AdÜbAG.
- Der minderjährige Ausländer, der von einem Deutschen angenommen wird, erwirbt grundsätzlich die deutsche **Staatsangehörigkeit** (§§ 3 Nr. 3, 6 StAG), nicht dagegen auch der volljährige (dazu auch § 1770 Rn. 12; zur Volljährigenadoption mit den Wirkungen einer Minderjährigenannahme s. § 1772 Rn. 10).[37] Wie lange ein Ausländer iSd. Staatsangehörigkeitsrechts als minderjährig zu behandeln ist, wird in § 6 StAG[38] bis zur Vollendung des 18. Lebensjahres ausdrücklich nach deutschem materiellen Recht festgelegt und nicht nach dem maßgeblichen Heimatrecht (Art. 7 Abs. 1 EGBGB) bestimmt.[39],[40]
- **Steuerrechtlich**[41] wird das Adoptivkind noch besonders genannt, aber mit den anderen Kindern ausdrücklich gleichbehandelt in § 6 Abs. 2 S. 2 VStG.[42] Das EStG rechnet die Adoptivkinder ohne weiteres zu den „Kindern" (§ 32 Abs. 1 Nr. 1, Abs. 2 S. 1 EStG).[43] Sie sind Angehörige iSd. § 15 Abs. 1 Nr. 3, Abs. 2 Nr. 2 AO. Der Angenommene ist Kind des Annehmenden iSd. § 15 Abs. 1, 1 a ErbStG,[44] wenn das Annahmeverhältnis nicht bereits vor dem Erbfall aufgelöst worden ist;[45] frühere Beschränkungen auf die LStkl. 1[46] sind durch die Volladoption überholt. Die dekretierte Minderjährigenadoption ist steuerlich anzuerkennen;[47] zur Volljährigenadoption s. § 1770 Rn. 9.
- Das Kind vermittelt den Anspruch auf **Elternzeit** (§ 15 Abs. 1 Nr. 1 lit. b BEEG, § 1 Abs. 1 ErzUrlVO, § 1 Abs. 1 ErzUrlVSold)[48] und **Elterngeld** (§ 1 Abs. 1 Nr. 2, Abs. 3 S. 2 BEEG), auf **Kindergeld** (§§ 1 Abs. 1, 3 BKGG, § 32 Abs. 1 Nr. 1, Abs. 2 S. 1, Abs. 6, 63 Abs. 1 S. 1 Nr. 1 EStG),[49] **Ortszuschläge, Beihilfen, Familienkrankenhilfe** (§ 10 Abs. 1, Abs. 4 S. 2 SGB V; zum Anspruch des Adoptionsbewerber auf **Krankengeld** bei Erkrankung des Kindes s. § 45 Abs. 1 SGB V), zum Anspruch auf **Mutterschaftsgeld/-urlaub** s. Rn. 2.
- Das Kind erhält einen Anspruch auf **Waisenrente** nach Beamtenrecht (§ 23 BeamtVG)[50] und Sozialversicherungsrecht (§ 48 Abs. 1 SGB VI; § 67 Abs. 1, Abs. 2 Nr. 1 SGB VII);[51] eine nach einem **leiblichen Elternteil** gewährte Versorgung bleibt erhalten (§ 1755 Abs. 1 S. 2, dazu

---

[37] Dazu auch OVG Berlin-Brandenburg Urt. v. 18. 9. 2008 – 5 B 7.07, juris [15 ff.]. – Deutsche Staatsangehörigkeit *eines* annehmenden Elternteils genügt: BayVGH NJW 1989, 3107. Zur Maßgeblichkeit des Zeitpunktes der Stellung des Annahmeantrags für den Staatsangehörigkeitserwerb s. BayVGH FamRZ 1999, 91 f. – An den - unzutreffenden - Ausspruch einer Volljährigenadoption mit den Wirkungen einer Minderjährigenannahme durch das FamG sind die Verwaltungsgerichte nicht gebunden, BVerwGE 108, 216 = NJW 1999, 1347 = FamRZ 1999, 780 (LS.); OVG Berlin-Brandenburg aaO [24].
[38] IdF von Art. 6 § 5 IPR-Neuregelungsgesetz (dazu Vor § 1741 Rn. 12).
[39] So noch Hess. VGH StAZ 1985, 312, 313 f.; VG Darmstadt StAZ 1984, 44, 47 (als Vorinstanz zu Hess. VGH aaO) m. zust. Anm. *v. Mangoldt*; aA *Baer/Gross* S. 97.
[40] Zur Rechtsstellung von Abkömmlingen eines **Spätaussiedlers** s. VG Augsburg Beschl. v. 19. 4. 2002 - Au 6 K 99.1453, juris. – Zum **Kindernachzug/Familienzusammenführung** OVG Berlin Beschl. v. 27. 5. 2004 - 2 N 100.04, juris; VG Berlin Urt. v. 17. 5. 2006 - 4 V 53.04, juris.
[41] Zur steuerlichen Absetzbarkeit der Adoptionskosten als außergewöhnliche Belastung s. FG Hannover Urt. v. 22. 7. 1983 - IV 172/82, juris [17 ff.]; FG Hamburg EFG 1999, 1132, und der Kosten der Leihmutterschaft FG Düsseldorf EFG 2003, 1548 = DStrE 2003, 1452 – verneint – und FG Berlin Urt. v. 30. 1. 1980 - IV 323/79, juris [13 ff.] – bejaht; s. auch *Christ* FamRB 2002, 245.
[42] Die Vermögensteuer darf seit 1. 1. 1997 nicht mehr erhoben werden, BVerfGE 93, 121 = NJW 1995, 2615 = FamRZ 1995, 1264.
[43] Art. 1 Nr. 12 des Änderungsgesetzes v. 18. 8. 1980 (BGBl. I S. 1537); *Müller* DAVorm. 1981, 13.
[44] Vgl. § 15 ErbStG idF von Art. 7 Nr. 2 des Gesetzes v. 18. 8. 1980, jetzt § 15 Abs. 1 idF des Gesetzes v. 19. 2. 1991 (BGBl. I S. 469).
[45] BFHE 228, 191 = NJW-RR 2010, 881 = FamRZ 2010, 1079 [17-19].
[46] RFH 37, 219 = JW 1935, 1448.
[47] *Oswald* DNotZ 1961, 515-517; *ders.* FamRZ 1978, 100.
[48] Zum Recht auf Beendigung des Erziehungsurlaubs nach Rücknahme des Kindes durch die leibliche Mutter s. LAG Nürnberg Urt. v. 10. 4. 2002 - 4 Sa 344/01, juris [44 ff.]. – Zur - abgelehnten – **Beurlaubung** ohne Bezüge nach § 85a LBG, § 12 Abs. 1 SUrlV zur Betreuung eines Kindes der Verlobten s. VG Gelsenkirchen Beschl. v. 20. 1. 2009 - 1 L 1366/08, juris.
[49] FG Baden-Württemberg EFG 2008, 693 (zum Kindergeldanspruch für im Ausland adoptiertes Kind vor seiner Einreise).
[50] *Staudinger/Frank* § 1754 Rn. 13; aA BVerwG JZ 1988, 38 = FamRZ 1988, 717 (LS.), auch BT-Drucks. 10/1746 S. 22.
[51] Die Vorschriften unterscheiden nicht mehr zwischen leiblichen und Adoptivkindern. Dass letztere einbezogen sind, ergibt u. a. § 2 Abs. 1 S. 2, 3 BKGG (dazu § 1751 Rn. 19 aE). – Auch § 11 Abs. 2 Nr. 2 WehrpflG war grundsätzlich anwendbar (BVerwGE 29, 144, 152, offengelassen von BVerwG MDR 1971, 690); gegenwärtig ist ein Anwendungsfall freilich nicht vorstellbar.

Rn. 22), ist jedoch nach allgemeinen Grundsätzen auf die neue Waisenrente anzurechnen (vgl. § 24 Abs. 3 BeamtVG, § 92 SGB VI). – **Halbwaisenrente** wird nach § 48 Abs. 1 SGB VI nur gewährt, wenn das Annahmeverhältnis zu zwei Elternteilen begründet wird (zur Berücksichtigung von Stiefkindern, die in den Haushalt des Verstorbenen aufgenommen waren, s. § 48 Abs. 3 Nr. 1 SGB VI).[52] – Die Pflege und Erziehung des Kindes wird rentenversicherungsrechtlich als **Kindererziehungszeit** berücksichtigt (§ 56 Abs. 1 SGB VI).

– Die Zeiten der Adoptionspflege eines Kindes begründen Anwartschaftszeiten auf **Arbeitslosengeld** durch Zurechnung auf die Rahmenzeit, innerhalb der die Anwartschaftszeit erfüllt werden muss (§§ 123, 124 Abs. 1, aufgehoben Abs. 3 S. 1 Nr. 2 SGB III; Vorgängerregelung: § 107 S. 1 Nr. 5 lit. c AFG).[53] – S. auch § 1751 Rn. 30-31.

– Durch die Adoption kann die Pflicht zur Erstattung von **Bestattungskosten** für die leiblichen Eltern nach den Bestattungsgesetzen entfallen.[54]

14 Auch **verfahrens-** und **strafrechtlich** wird der Angenommene als Kind und damit als Angehöriger behandelt (s. die **Ausschluss-** und **Zeugnisverweigerungsgründe** in § 155 Nr. 1 3 GVG (ähnlich Nr. II 3), §§ 41 Nr. 3, 383 Abs. 1 Nr. 3, 402 ZPO, § 30 Abs. 1 FamFG, §§ 22 Nr. 3, 52 Abs. 1 Nr. 3, 72 StPO, §§ 54 Abs. 1, 98 VwGO, § 51 Abs. 1, 82, 84 Abs. 1 FGO, §§ 60 Abs. 1, 118 Abs. 1 SGG, § 20 Abs. 5 VwVfG, §§ 15 Abs. 1 Nr. 3, Abs. 2 Nr. 2, 82 Abs. 1 Nr. 2 und 4, 101 AO, § 51 Nr. 3 BDO, § 20 Abs. 1 Nr. 3 BRAO, § 16 Abs. 1 BNotO, §§ 11 Abs. 1 Nr. 1, 221 Abs. 2 Nr. 1 StGB); eine ausdrückliche Einbeziehung Adoptierter hat sich durch die Gleichstellung erübrigt. Allerdings ist § 173 StGB auf leibliche Verwandte beschränkt. – Andere Tatbestände verstehen unter „Verwandten" auch das angenommene Kind, auch wenn früher eine besondere Bestimmung für die Annahme als Kind fehlte (zB §§ 3 Abs. 1 Nr. 3, 6 Abs. 1 Nr. 3, 7 Nr. 3, 26 Abs. 1 Nr. 4 BeurkG).

III. Auflösung der Rechtsbeziehungen zur leiblichen Familie (§ 1755)

15 **1. Erlöschen der Rechtsbeziehungen. a) Stichtag.** Da der Ausspruch der Adoption nicht zurückwirkt,[55] ist maßgeblicher Zeitpunkt für den rechtlichen Familienwechsel das Wirksamwerden der **Annahme** (dazu § 1752 Rn. 33, § 1753 Rn. 16). Aus bis dahin wirksamen Rechtsverhältnissen fällig gewordene Ansprüche bleiben erhalten;[56] eine Rückforderung, etwa von Unterhaltsleistungen, ist ausgeschlossen.

16 **b) Bürgerliches Recht. aa) Verwandtschaft.** Mit der Annahme erlischt grundsätzlich die Verwandtschaft zu den leiblichen Eltern und deren Verwandten und damit alle Rechtsbeziehungen zu den „**bisherigen**" Verwandten (§ 1755 Abs. 1 S. 1). Dies sind v.a. die leiblichen Verwandten, im Falle einer zulässigen Zweitadoption (dazu § 1742 Rn. 6-10) ggf. aber auch die Adoptivverwandten.[57] Zur Ausnahme bei der Annahme des Kindes eines **Ehegatten** s. Rn. 21. – Zur Wiederbegründung der leiblichen Verwandtschaft nach **Aufhebung der Annahme** s. § 1764 Abs. 2 (dazu dort Rn. 14-15).[58]

17 Auch die verwandtschaftlichen Beziehungen der **Abkömmlinge** des Angenommenen erlöschen mit dessen Annahme. Sie verlieren aber nicht *alle* leiblichen Verwandten, sondern nur die, mit denen auch der Angenommene verwandt ist. Wird zB eine Mutter angenommen, bleiben ihre Kinder mit dem Vater und seinen Verwandten verwandt; andernfalls würde mit der Einwilligung nach § 1749 Abs. 2 über Elternrechte verfügt, was den Beteiligten fernliegt[59] und zudem verfassungsrechtlich unzulässig wäre.

18 **bb) Weitere Wirkungen.** Mit dem Erlöschen des Verwandtschaftsverhältnisses **entfallen:**

---

[52] BSG NZS 2002, 433 f. = FamRZ 2002, 1624 (LS.) (Annahme nach § 1749 Abs. 1).
[53] BSG DBlR 4752 a, SGB III/§ 123; SozR 3-4300 § 427 Nr. 1 = SGb 2002, 165. S. dazu auch BVerfG Beschl. v. 15. 11. 2004 – 1 BvR 2303/03, juris; BSG SozR 4-4300 § 124 Nr 7; LSG Nordrhein-Westfalen Urt. v. 4. 12. 2002 – L 12 AL 119/01, juris.
[54] VG München Beschl. v. 12. 2. 2009 – M 12 S 08.5968, juris [25].
[55] BGH NJW 1981, 2298 = FamRZ 1981, 949.
[56] BGH NJW 1981, 2298 = FamRZ 1981, 949; OLG Hamburg FamRZ 1979, 180; OLG Hamm FamRZ 1979, 1079; OLG Düsseldorf FamRZ 1980, 496; OLG Celle DAVorm. 1980, 940, 942; FamRZ 1981, 604 f.; KG FamRZ 1984, 1131; *Ruthe* FamRZ 1977, 30; *Brüggemann* DAVorm. 1979, 82; aA *Zopfs* FamRZ 1979, 387; *Doms* FamRZ 1981, 325 f.
[57] *Staudinger/Frank* § 1755 Rn. 2.
[58] Zur Wiederbegründung der Verwandtschaft nach einer Legitimation des Kindes nach dem bis zum 30. 6. 1998 geltenden Recht und Heirat seiner Mutter s. 3. Aufl. Rn. 17.
[59] *Staudinger/Frank* § 1755 Rn. 3.

Erlöschen von Verwandtschaftsverhältnissen 19–22 §§ 1754, 1755

– Die elterliche Sorge aus § 1626, die nach § 1751 Abs. 1 S. 1 Halbs. 1 nur geruht hat (dazu dort Rn. 3-14).
– Das Umgangsrecht aus § 1684 (dazu aber auch Rn. 9).
– Unterhaltsansprüche des Angenommenen gegenüber den leiblichen Verwandten, auch durch Vereinbarung geregelte gesetzliche Unterhaltsansprüche (zu rückständigen Unterhaltsansprüchen s. aber Rn. 19).[60]
– Gesetzliche Erb-[61] und Pflichtteilsrechte.[62]
– Die entsprechenden Rechte **leiblicher Verwandter** gegenüber dem Kind.

Dagegen bleiben **bestehen:** 19
– Das **Eheverbot** (§ 1307 S. 2).
– **Rückständige** Unterhaltsansprüche (trotz § 1755 Abs. 1 S. 2 Halbs. 2),[63] jedenfalls bis zur wirksamen Einwilligung der Mutter 8 Wochen nach der Geburt (§§ 1747 Abs. 2 S. 1, 1751 Abs. 4 S. 1, dazu auch § 1751 Rn. 15-24); Rückforderungen sind ausgeschlossen (dazu Rn. 15).
– Aus Anlass der Adoption vereinbarte Ansprüche in den Schranken des § 138; unbedenklich sind insbesondere **Unterhaltsverträge** (Abfindung mit einmaliger oder mehrmaliger Zahlung)[64] oder **Erbverträge** bei der Annahme des Stiefkindes.

c) Öffentliches Recht. Die Besonderheiten der Verwandtschaft im **Strafrecht** (§§ 11 Abs. 1 20
Nr. 1 lit. a, 173 Abs. 1, 174 Abs. 1 Nr. 3 StGB) bleiben bestehen. – Der Angenommene verliert die deutsche **Staatsangehörigkeit,** wenn er die des ausländischen Annehmenden erwirbt und nicht mit einem deutschen Elternteil verwandt bleibt (§ 27 StAG). Leibliche Verwandte verlieren alle öffentlich-rechtlichen **Ansprüche** oder **Vergünstigungen,** die ihnen durch das Kind vermittelt wurden, zB Anspruch auf **Kindergeld** (§ 2 Abs. 1 S. 2 BKindGG), **Elterngeld** (§ 4 Abs. 4 BEEG), **Kinderzulagen, Kinderzuschüsse** oder Erhöhung des **Ortszuschlages** nach Sozial-, Beamten- oder Tarifrecht.[65] **Einkommensteuerliche** Vergünstigungen enden, da § 32 Abs. 1 S. 1 Nr. 1 EStG (bewusst) von Kindern spricht, die mit dem Steuerpflichtigen im 1. Grad verwandt sind, diese Verwandtschaft aber erlischt.[66] Bei der **Erbschaftsteuer** wird dagegen die bisherige Verwandtschaft nach besonderen Zuwendungen weiterhin berücksichtigt (§ 15 Abs. 1 a ErbStG).

2. Ausnahmen. a) Annahme eines Kindes des Ehegatten. § 1755 Abs. 2[67] stellt klar, 21
dass Abs. 2 für **alle Kinder** des Ehegatten gilt, gleich ob er verheiratet oder nicht verheiratet war (Entsprechendes gilt für Lebenspartner, § 9 Abs. 7 S. 2 LPartG).[68] Das Kind verliert einen Verwandtenstamm und gewinnt einen hinzu. – Für ein Kind aus einer durch **Tod** eines Elternteils aufgelösten Ehe gilt § 1756 Abs. 2 (dazu dort Rn. 15).

b) Fortbestehende Rechte.[69] Nach § 1755 Abs. 1 S. 2[70] bleiben – als echte Ausnahme vom 22
Grundsatz der Volladoption[71] – dem Kind durch leibliche Verwandte vermittelte und vor der Annahme entstandene Ansprüche (außer auf laufenden **Unterhalt,** zum Unterhalt allgemein Rn. 5,

---

[60] *Staudinger/Frank* § 1755 Rn. 7. Zur Regelung in einer Scheidungsvereinbarung s. OLG Köln FamRZ 2004, 832 ff.
[61] Dazu LG Nürnberg-Fürth IPRax 1987, 179 ff. m. Anm. *Klinkhardt* IPRax 1987, 157.
[62] Zum vorzeitigen Erbausgleich nach § 1934d aF (gültig bis zum Inkrafttreten des ErbGleichG v. 16. 12. 1997, BGBl. I S. 2968 am 1. 4. 1998, s. auch die Übergangsregelung in Art 227 Abs. 1 Nr. 2 EGBGB) s. *Staudinger/Frank* § 1755 Rn. 9.
[63] BGH NJW 1981, 2298 = FamRZ 1981, 949, 950; *Staudinger/Frank* § 1755 Rn. 12 mwN. – Die bis 30. 6. 1998 mögliche Abfindung des Unterhaltsanspruchs eines nichtehelichen Kindes (§ 1615e) ist durch das KindRG entfallen. Zum Entfallen der Geschäftsgrundlage einer solchen Vereinbarung, wenn der Fortbestand der Verwandtschaft zugrundegelegt wurde (§ 779), s. 3. Aufl. Rn. 18 mwN. – § 1755 Abs. 1 S. 2 gilt nicht für vor der Wiedervereinigung in der DDR ausgesprochene Annahmen, Art. 234 § 13 Abs. 1 S. 1 EGBGB.
[64] OLG Hamm FamRZ 1979, 1079.
[65] *Engler* FamRZ 1975, 133; *Müller* DAVorm. 1976, 578.
[66] Näher *Müller* DAVorm. 1981, 12 f.
[67] Neu gefasst durch Art. 1 Nr. 34 KindRG. Für das bis 30. 6. 1998 geltende Recht war streitig, ob § 1755 Abs. 2 aF, nach dem bei der Annahme eines nichtehelichen Kindes des Ehegatten das Verwandtschaftsverhältnis nur im Verhältnis zum anderen Elternteil erloschen war, auf eheliche Kinder des Ehegatten entsprechend anzuwenden ist (dazu FamRefK/*Maurer* § 1755 Rn. 2; gegen eine entsprechende Anwendung 3. Aufl. Rn. 14, jeweils mwN; nach *Lipp/Wagenitz* Rn. 1; *Soergel/Liermann* Rn. 4, jeweils zu § 1755, ergab sich diese Rechtsfolge bereits aus § 1754 Abs. 1; nach *Staudinger/Frank* Rn. 4, 5; *Erman/Saar* Rn. 11, jeweils zu § 1755, ist diese Regelung überflüssig, weil der Ehegatte sein Kind nicht „wegadoptiert").
[68] BT-Drucks. 13/4899 S. 114 f.
[69] Zu Altadoptionen vor dem 31. 12. 1977 s. 3. Aufl. Rn. 12 a mwN.
[70] Eingefügt auf Anregung des BR (BT-Drucks. 7/3061 S. 74 f.) auf Vorschlag des RA-BT (BT-Drucks 7/5087 S. 16).
[71] *Staudinger/Frank* § 1755 Rn. 10.

§§ 1754, 1755

18-19) erhalten, um insbesondere die Adoption von Waisen und – uU mit hohem Kostenaufwand – pflegebedürftigen Kindern nicht zu erschweren.[72] Dies gilt auch, wenn und soweit die Unterhaltsansprüche auf einen Sozialleistungsträger übergegangen sind (etwa Unterhaltsvorschuss, § 7 UVG; Pflegebeitrag, §§ 95, 91 Abs. 1 Nr. 5 lit. a, 33 SGB VIII). – Die Ansprüche können ihren Grund darin haben, dass der zum Unterhalt verpflichtete leibliche Verwandte weggefallen ist (§ 23 Abs. 1 BeamtVG, § 48 Abs. 6 SGB VI, § 67 Abs. 5 SGB VII)[73] oder der Sozialversicherungsträger des leiblichen Elternteils auch dem Kind gegenüber leistungspflichtig war (§ 10 Abs. 1 SGB V). – Der Anspruch auf **Waisenrente** bleibt auch für die Zukunft erhalten, wenn der den Anspruch vermittelnde Unfall, Krankheit oder Tod vor Wirksamwerden der Annahme (§ 197 Abs. 2 FamFG) eingetreten ist (§ 48 Abs. 6 SGB VI).[74] Außer den in § 1755 Abs. 1 S. 2 ausdrücklich genannten Ansprüchen kommen insbesondere auch solche nach **§ 844, § 10 Abs. 2 StVG** in Betracht.[75] – Laufende **Krankenhilfe** (§ 10 Abs. 4 S. 2 SGB V) wird dagegen nach Inpflegenahme (§ 1744) und damit auch nach Annahme nur gezahlt, wenn der *Annehmende* sozialversichert ist. Dies entspricht dem System des § 1755 Abs. 1 S. 2, wird dem damit angestrebten Ziel aber nicht völlig gerecht.

23   c) **Verfahrensrecht.** Aufrechterhalten bleiben die **Ausschluss-** und **Zeugnisverweigerungsgründe** im Verfahrensrecht, die darauf abstellen, dass eine Verwandtschaft als Hinderungsgrund besteht oder bestanden hat (s. dazu die in Rn. 14 aufgeführten Vorschriften).

24   3. **Vaterschaft. Vaterschaftsfeststellung**[76] und -**anfechtung** sind trotz der Auflösung der (möglichen) leiblichen Verwandtschaft (dazu Rn. 16-17) zur Klärung der Abstammung des Angenommenen grundsätzlich zulässig,[77] weil nicht nur ein faktisches (dazu § 1758 Rn. 25), sondern trotz Adoption auch ein rechtliches Interesse des Kindes an der Feststellung der Vaterschaft besteht.[78] Dies setzt jedoch stets ein **konkretes Interesse** an der gerichtlichen Klärung der leiblichen Vaterschaft voraus, das aber fehlt, wenn sie bereits durch **Personenstandsurkunden** belegt werden kann. Praktisch wird es v. a. darum gehen, dass
- im **Eheschließungs-** und **Verfahrensrecht** die leibliche Verwandtschaft fortwirkt (dazu Rn. 14, 23);[79]
- Rechte aus der Zeit vor der Adoption **fortbestehen** bleiben (dazu Rn. 22);
- bei einer **Aufhebung der Annahme** die leibliche Verwandtschaft mit den entsprechenden Rechtsfolgen im Unterhalts- und Erbrecht wiederhergestellt wird (dazu Rn. 18), und zwar uU zu einer Zeit, in der die Vaterschaft nicht mehr aussichtsreich feststellbar wäre. § 1758 steht nicht entgegen;[80] zur Wahrung des Inkognitos s. dort Rn. 27. Dagegen wäre es eine unzulässige Einmischung in die Privatsphäre der Mutter, wenn die Annahme des Kindes von der Offenbarung der Vaterschaft abhängig gemacht würde (dazu § 1747 Rn. 10, 33).

25   Bei Anhängigkeit eines Vaterschaftsfeststellungsverfahrens ist das Annahmeverfahren ggf. **auszusetzen** (dazu § 1747 Rn. 9, 13). Wird gleichwohl die Annahme ausgesprochen, werden die Adoptiveltern auch im Vaterschaftsfeststellungsverfahren für das Kind vertretungsberechtigt; der Anordnung einer **Ergänzungspflegschaft** bedarf es nicht.[81]

26   **Vor** der Annahme überspannt eine langwierige Verfahrensführung die Amtspflichten von Pfleger und Jugendamt; Kostenrisiko[82] und Aufklärungsinteresse sind gegeneinander abzuwägen. **Nach** der Adoption obliegt die Entscheidung allein den Annehmenden als den Sorgerechtsinhabern.[83]

---

[72] BT-Drucks. 7/5087 S. 16; vgl. *Doms* FamRZ 1981, 325 f. Zur Waisenrente s. BVerwGE 61, 108 = FamRZ 1987, 1026 (LS.); LSG Darmstadt ZfJ 1983, 431 (LS.); LSG Schleswig Breith 1986, 225 ff.; LSG Nordrhein-Westfalen Urt. v. 22. 3. 1995 - L 8 An 214/94, juris.

[73] BSG FamRZ 1971, 529 ist daher trotz Rechtsänderung weiter einschlägig.

[74] LSG Darmstadt ZfJ 1983, 431 (LS.) m. Anm. *Behn*.

[75] *Gernhuber/Coester-Waltjen* § 68 Rn. 109; RGRK/*Dickescheid* § 1754 Rn. 7. Zum früheren Recht BGHZ 54, 269 = NJW 1971, 1137 (LS.) = FamRZ 1970, 587.

[76] OLG Köln DAVorm. 1977, 375; OLG Celle DAVorm. 1980, 940, 942; RA-BT BT-Drucks. 7/5087 S. 16; *Baer/Gross* S. 70; *Gernhuber/Coester-Waltjen* § 68 Rn. 112; *Erman/Saar* Rn. 7; *Soergel/Liermann* Rn. 7; im Ergebnis auch *Staudinger/Frank* Rn. 15, jeweils zu § 1755; Fachausschuss StAZ 1984, 251 (für Anerkenntnis); zum alten Recht *Engler* ZfJ 1972, 194 (in den Gründen jedoch überholt); OLG Karlsruhe FamRZ 1975, 507; aA wohl LG Stuttgart FamRZ 1978, 147 (Annahme *oder* Feststellung).

[77] Weil die Rechtslage der vor Inkrafttreten des NeG, als die hM ein rechtliches Interesse an der allgemeinen Abstammungsklage nach § 644 ZPO aF anerkannt hatte (BGHZ 5, 385 = NJW 1952, 780; NJW 1956, 1438), ähnelt.

[78] Kritisch *Staudinger/Frank* § 1755 Rn. 15 (dort auch zum Recht des Kindes auf Kenntnis von seiner Abstammung), 18.

[79] Ebenso OLG Celle DAVorm. 1980, 940, 941.

[80] AA *Brüggemann* ZfJ 1977, 202.

[81] OLG Braunschweig OLGZ 1979, 324 = DAVorm. 1978, 639, 640 ff.

[82] Betont von *Ullenbruch* ZfJ 1977, 426 f.

[83] OLG Braunschweig DAVorm. 1978, 639; *Baer/Gross* S. 70.

§ 1756 Bestehenbleiben von Verwandtschaftsverhältnissen

(1) Sind die Annehmenden mit dem Kind im zweiten oder dritten Grad verwandt oder verschwägert, so erlöschen nur das Verwandtschaftsverhältnis des Kindes und seiner Abkömmlinge zu den Eltern des Kindes und die sich aus ihm ergebenden Rechte und Pflichten.

(2) Nimmt ein Ehegatte das Kind seines Ehegatten an, so erlischt das Verwandtschaftsverhältnis nicht im Verhältnis zu den Verwandten des anderen Elternteils, wenn dieser die elterliche Sorge hatte und verstorben ist.

Schrifttum: *Dieckmann,* Erbrechtliche Fragen familienrechtlicher Reformgesetze im Spiegel neuerer Lehrbücher, FamRZ 1979, 389, 393; *ders.* Randfragen des Adoptionsrechts, ZBlJugR 1980, 567; *Roth,* Erbrechtliche Probleme bei der Adoption, Diss. Freiburg 1979; *Schmitt-Kammler,* Zur erbrechtlichen Problematik der Verwandten- und Stiefkinderadoption nach § 1756, FamRZ 1978, 570.

Übersicht

	Rn.		Rn.
I. Normzweck	1, 2	b) Erbrecht	7–10
		3. Leibliche Eltern	11, 12
II. Anwendungsbereich	3	a) Leibliche Verwandtschaft	11
		b) Adoptivverwandtschaft	12
II. Verwandtenadoption	4–13	4. Mehrfach-Verwandtschaft	13
1. Voraussetzungen	4, 5	III. Stiefkindadoption	14–17
2. Rechtsfolgen	6–10	1. Verwandtschaft	14–16
a) Verwandtschaft	6	2. Erbrecht	17

I. Normzweck

Anders als in einigen ausländischen Rechten (dazu §§ 1754, 1755 Fn. 6) wird die leibliche Verwandtschaft in bestimmten Fällen der Verwandten- und Stiefkindadoption nicht aufgelöst.[1] Sie geht über den notwendigen „Elterntausch"[2] hinaus und erstreckt die Adoptionswirkungen auch auf die Verwandten des Annehmenden.[3] § 1756 befasst sich mit der Auflösung der bisherigen Verwandtschaftsverhältnisse (Ausnahme zu § 1755) und lässt die Begründung neuer Verwandtschaftsverhältnisse zu den Adoptivverwandten durch § 1754 unberührt,[4] führt also zu einer Vermehrung der Verwandtschaftsverhältnisse. 1

Der Zweck der Volladoption (dazu §§ 1754, 1755 Rn. 1) gebietet dies allerdings nicht.[5] Denn dass die Großeltern neben dem Kind nicht auch noch den Enkel verlieren sollen, ist als tragender Grund wenig rational: 2

---

[1] Ob die einfache Adoption alten Rechts auch die unterhalts- und erbrechtlichen Probleme hätte, ist streitig, so wohl *Engler* S. 97 f.; *ders.* StAZ 1972, 243 f. (mit Einschränkungen für Erbrecht); *ders.* FamRZ 1975, 127; *Jayme* ZRP 1972, 5; aA *Lüderitz* S. 81; 3. Aufl. Rn. 1. – Zu Entstehungsgeschichte, Rechtsvergleichung und rechtspolitischer Kritik s. *Staudinger/Frank* Rn. 1-8, 20, 26.
[2] *Lüderitz* S. 83; *ders.* Mitt. AGJ 70 (1974), 42; BT-Drucks. 7/3061 S. 44 Nr. 1.
[3] BT-Drucks. 7/3061 S. 22: „Unabweisbares Bedürfnis". Gegen „Volladoptionsmystik" *Stöcker* FamRZ 1974, 569, dessen RefE eines Gesetzes zur Neuordnung des Adoptionsrechts (AdoptG), Stand 7. 9. 1973, DAVorm. 1973, 522, jedoch den gleichen Weg ging.
[4] *Staudinger/Frank* Rn. 13, 14.
[5] Dazu *Frank* S. 182 f.; *Lüderitz* S. 83; AGJ-Stellungnahme Mitt. 70 (1974) Beil. S. 6. Im Schrifttum war vorgeschlagen worden, eine Annahme mit beschränkten Wirkungen zur Wahl zu stellen (*Engler* S. 47; *ders.* FamRZ 1975, 126; *Jayme* FamRZ 1973, 18; vgl. auch Akademikerverbände FamRZ 1974, 170). Der Gesetzgeber ist dem nicht gefolgt, sondern hat eine schematische und damit notwendig willkürliche (*Engler* FamRZ 1975, 127) Lösung vorgesehen. Die Begründung, die Ziele der Reform würden andernfalls gefährdet (RegE BT-Drucks. 7/3061 S. 22; RA-BT BT-Drucks. 7/5087 S. 7), überzeugt freilich nicht (dazu *Engler* FamRZ 1975, 126; *Lüderitz* NJW 1976, 1870). Der RefE [Fn. 3] sah in § 1755 noch vor, dass bei der Annahme eines im 2. oder 3. Grad verwandten Kindes die Adoptivverwandtschaft neben die leibliche tritt; das FamG sollte ermächtigt werden, das Erlöschen anzuordnen. Der RegE führte den Grundsatz ein, dass zu den Eltern, nicht aber den weiteren Verwandten die Rechtsbeziehungen erlöschen (BT-Drucks. 7/3061 S. 44 Nr. 1). Der RA-BT schränkte Abs. 2 dahin ein, dass bei einer Stiefkind-Annahme die Beziehung zu Verwandten des verstorbenen Ehegatten aufrechterhalten bleibt (BT-Drucks. 7/5087 S. 17; dazu auch §§ 1754, 1755 Rn. 21).

§ 1756   3–6   Abschnitt 2. Titel 7. Annahme als Kind

- Die elterliche Sorge steht ihnen ohnehin nicht zu; ihre sozialen Bindungen an die Enkel werden durch ein Umgangsrecht gewahrt (§ 1685 Abs. 1 BGB).[6]
- Der durch einen ihrer Abkömmlinge vermittelte Familienname geht durch die Annahme idR ohnehin verloren.
- Vermögen kann auch durch Verfügung von Todes wegen übertragen werden.
- Nur die Erbschaftsteuer gestaltet sich unterschiedlich, was jedoch durch eine besondere Regelung hätte verhindert werden können.

II. Anwendungsbereich

3   § 1756 ist auf die **Minderjährigenadoption** anwendbar, nicht aber auch auf die **Volljährigenadoption**, die ja die Verwandtschaftsverhältnisse des Angenommenen zu seinen bisherigen Verwandten gerade bestehen lässt (§ 1770 Abs. 2, dazu auch dort Rn. 2, § 1768 Rn. 7). Handelt es sich bei der Volljährigenadoption aber um eine **Annahme mit den Wirkungen der Minderjährigenannahme**, gilt § 1756 kraft der ausdrücklichen Verweisung in § 1772 Abs. 1 S. 1 (dazu auch dort Rn. 11). Soweit der Anwendungsbereich reicht, schließt er auch eine Stiefkindadoption als **Zweitadoption** nach vorhergehender Verwandten- oder Verschwägertenadoption ein.[7]

II. Verwandtenadoption

4   **1. Voraussetzungen.** Für den eingeschränkten Erhalt des Verwandtschaftsverhältnisses zur leiblichen Familie müssen die Annehmenden mit dem Kind im 2. oder 3. Grad verwandt oder verschwägert sein **(Abs. 1)**. Erfasst werden also Großeltern, Urgroßeltern, Geschwister, Onkel oder Tante und ihre Ehegatten als Annehmende. Trotz des Plurals „die Annehmenden" wird auch eine Einzelannahme erfasst.[8] Gegen die Annahme durch **Großeltern,** Urgroßeltern und Geschwister bestehen bereits Bedenken, weil zu ihnen selten eine Eltern-Kind-Beziehung entstehen wird; zudem zieht die allgemein verbindliche Sittenordnung Grenzen (dazu Rn. 12, § 1741 Rn. 28).

5   Da die **Schwägerschaft** die durch sie vermittelte Ehe überdauert (§ 1590 Abs. 2), bleiben die bisherigen verwandtschaftlichen Beziehungen des Kindes auch dann erhalten und erhält es zusätzlich einen weiteren Verwandtenstamm, wenn ein geschiedener Ehegatte ein zu seinem geschiedenen Ehegatten im 2. oder 3. Grad verwandtes Kind adoptiert.[9] Heiratet der geschiedene Ehegatte erneut und adoptiert nunmehr auch der neue – mit dem Kind weder verwandte noch verschwägerte – Ehegatte das Kind (Stiefkindadoption), erlöscht die Verwandtschaft zum geschiedenen Ehegatten und zu dem durch ihn vermittelten Verwandtenstamm, auch wenn die neuen Ehegatten das Kind sofort gemeinschaftlich annehmen.[10]

6   **2. Rechtsfolgen. a) Verwandtschaft.** Das Kind **bleibt** mit allen Personen, ausgenommen seinen leiblichen Eltern, verwandt und wird **zusätzlich** mit dem Annehmenden und dessen Verwandten verwandtschaftlich verbunden. Folgende Einzelfälle sind zu unterscheiden:
- Wird das Kind durch Großeltern oder Urgroßeltern angenommen, vermehren sich seine Verwandten nicht; allerdings wird der „natürliche" (2. Ordnung) durch den „künstlichen" Verwandtschaftsgrad (1. Ordnung) ersetzt.[11] Der Streit darüber,[12] ob das Adoptivkind mit seinen Geschwistern nunmehr im 3. Grad verwandt ist, weil die Verwandtschaft nicht mehr über die leiblichen Eltern des Angenommenen, sondern über die Großeltern vermittelt wird,[13] oder ob sie lediglich erbrechtlich so behandelt werden (§ 1925 Abs. 4),[14] ist ohne praktische Bedeutung, weil Unterhaltspflichten unter Geschwistern nicht bestehen. Leben die Geschwister in derselben Familiengemeinschaft, ist durch § 1741 idR eine gleichzeitige Annahme geboten (dazu dort Rn. 9).
- Wird das Kind durch Geschwister und deren Ehegatten oder von Geschwistern der Eltern (Onkel, Tante) und ihren Ehegatten angenommen, treten neben die leiblichen Großeltern (und weitere Aszendenten) die Eltern des annehmenden Ehegatten als 3. Großelternpaar.[15]

---

[6] IdF des am 1. 7. 1998 in Kraft getretenen KindRG.
[7] Näheres dazu bei *Staudinger/Frank* Rn. 31-34.
[8] *Dieckmann* ZBlJugR 1980, 567 574.
[9] Kritisch *Staudinger/Frank* Rn. 11.
[10] *Staudinger/Frank* Rn. 12; *Dieckmann* ZBlJugR 1980, 567, 579 f.; aA *Erman/Saar* Rn. 6; RGRK/*Dickescheid* Rn. 4.
[11] *Staudinger/Frank* § 1741 Rn. 23.
[12] Dazu auch *Staudinger/Frank* Rn. 19-23.
[13] So *Engler* FamRZ 1976, 589.
[14] RGRK/*Dickescheid* Rn. 11; *Schmitt-Kammler* FamRZ 1978, 571.
[15] S. dazu Schaubild des RA-BT BT-Drucks. 7/5087 S. 30; *Soergel/Liermann* Rn. 5.

b) Erbrecht.[16] **aa) Nach dem Kind.** Gesetzliche Erben des Kindes **2. Ordnung** sind nur   7
Adoptivverwandte,[17] bei der Annahme durch **Großeltern** diese und ihre Abkömmlinge. Zu letzteren zählen – trotz § 1925 Abs. 4, der auf die leibliche Verwandtschaft zu beschränken ist – auch die (leiblichen) Geschwister des Angenommenen.[18] – Nehmen Geschwister der Eltern an **(Onkel/ Tante)**, erben diese und ihre Abkömmlinge, nicht jedoch (lediglich) leibliche Geschwister des Angenommenen (§ 1925 Abs. 4) und ihre Abkömmlinge.[19] – Nimmt das Kind seine **Geschwister** an, erben sie trotz § 1925 Abs. 4.

Erben **3. Ordnung** können die Adoptiv- *und* die leiblichen Verwandten sein: 8
– Bei Annahme durch **Großeltern** deren Eltern (leibliche Urgroßeltern = Adoptivgroßeltern) und, infolge leiblicher Verwandtschaft, die nicht adoptierenden Großeltern sowie deren Abkömmlinge.
– Bei Annahme durch Geschwister eines Elternteils **(Onkel/Tante)** wie bisher die Großeltern und deren Abkömmlinge, die Eltern des Annehmenden in der doppelten Funktion als Adoptiv- und leibliche Großeltern, doch ohne erbrechtliche Folgen, weil die Erbfolge nach Stämmen nur für Deszendenten gilt (§ 1927).[20] Nimmt Onkel/Tante zusammen mit dem Ehegatten an, tritt ein weiteres Großelternpaar hinzu (dazu Rn. 6); § 1926 Abs. 4 ist um die entsprechende Anwendung von Abs. 3 zu ergänzen. Zu den **leiblichen Eltern** s. Rn. 11-12.
– Bei Annahme durch eine(n) **Schwester/Bruder** wie bisher die Großeltern, hier beide Paare in doppelter Funktion. Im Übrigen gilt dasselbe wie bei der Annahme durch Onkel/Tante.

bb) Des Kindes. An erbrechtlichen Folgen ergibt sich: 9
– Das Kind ist Erbe **1. Ordnung** seiner Adoptiveltern (nicht der leiblichen), seiner Adoptiv- *und* leiblichen Groß- und Urgroßeltern usw. Lebende leibliche Eltern, deren Erbrecht von §§ 1755, 1756 nicht berührt wird (dazu Rn. 11), schließen das Kind aus.[21]
– In der **2. Ordnung** erbt das Kind nach dem Tod von Adoptivgeschwistern, nicht dagegen von – nicht mitadoptierten – leiblichen Geschwistern (§ 1925 Abs. 4). Zu leiblichen Eltern als Adoptivgeschwistern s. Rn. 12.
– In der **3. Ordnung** erbt das Kind nach dem Tod von Adoptivonkeln, -tanten, -nichten, -neffen, -vettern und -cousinen sowie von leiblichen Geschwistern, Onkeln, Tanten usw. Dabei kann es zur Erbschaftskumulation kommen (dazu Rn. 13).

Kritisch ist an dieser Regelung: 10
– Der „Rollentausch" der leiblichen Eltern (dazu Rn. 6, 11-12).
– Die Verschiebung der Verwandtschaftsgrade, die ihre Ursache in der Annahme durch Angehörige der gleichen oder einer weiter entfernten Generation hat.
– Die „Mehrfachverwandtschaft" (dazu Rn. 13) und die Vermehrung der Aszendenten. Entsprechend vermehrte Unterhaltspflichten werden das Kind freilich selten belasten; immerhin hätte hier eine Subsidiaritätsordnung helfen können.[22]

3. Leibliche Eltern. a) Leibliche Verwandtschaft. § 1755 scheidet – etwa zum Unterhalt   11
und Erbrecht – die leiblichen Eltern ganz aus der Verwandtschaft aus, und zwar nicht nur aus der unmittelbaren, sondern auch aus der über die Großeltern vermittelten Verwandtschaft.[23] Dies gilt – wie stets (dazu §§ 1754, 1755 Rn. 15) – nicht für bereits entstandene Ansprüche, etwa Unterhaltsrückstände.[24] Aufgelöst wird die Verwandtschaftsbeziehung zwischen Eltern und Kind, nicht wird der Elternteil aus seiner Verwandtschaft „ausgestoßen"; er bleibt daher nach seinen Verwandten – ausgenommen dem Kind! – wie bisher erbberechtigt (dazu Rn. 9). Er vermittelt auch weiterhin die Verwandtschaft, weil andernfalls § 1756 Abs. 1 teilweise leerliefe. Den leiblichen Eltern stehen Adoptiveltern aus einer früheren Adoption gleich.

b) Adoptivverwandtschaft. Die systematische Stellung des § 1756 und ein Vergleich mit einer   12
Adoption durch Verwandte des 4. oder entfernteren Grades legen nahe, dass die leiblichen Eltern

---

[16] Dazu näher § 1925 Rn. 7-15, § 1926 Rn. 6-10, § 1927 Rn. 3.
[17] BT-Drucks. 7/3061 S. 44 Nr. 5.
[18] RGRK/*Dickescheid* Rn. 12; *Schmitt-Kammler* FamRZ 1978, 571.
[19] RGRK/*Dickescheid* Rn. 11.
[20] § 1926 Rn. 8 mwN; *Staudinger/Frank* Rn. 18; RGRK/*Dickescheid* Rn. 9; *Gernhuber/Coester-Waltjen* § 68 Rn. 126 Fn. 220.
[21] RGRK/*Dickescheid* Rn. 6; *Dieckmann* FamRZ 1979, 394.
[22] Im Erbrecht schreckte man vor einer Sonderregelung zurück und nahm die Kumulation in Kauf, RA-BT (BT-Drucks. 7/5087 S. 17 f.) gegen BR (BT-Drucks. 7/3061 S. 75).
[23] *Staudinger/Frank* Rn. 24; RGRK/*Dickescheid* Rn. 5, 6; MünchKommBGB/*Leipold* § 1925 Rn. 12; *Dieckmann* FamRZ 1979, 394 Fn. 26, 395; ZfJ 1980, 572 f.; aA *Erman/Saar* Rn. 5; *Schmitt-Kammler* FamRZ 1978, 570, 572 f.
[24] KG FamRZ 1984, 1131.

des Angenommenen nur als leibliche Verwandte ausscheiden (§ 1755), aber als **(entferntere) Adoptivverwandte** (§ 1754) mit dem Kind verbunden bleiben.[25] Dies bedeutet: Bei Annahme durch **Großeltern** wird ein Elternteil – nämlich der, der diese Großelternverwandtschaft vermittelt – Adoptivgeschwister; der andere scheidet aus der Verwandtschaftsbeziehung aus.[26] – Bei Annahme durch **Geschwister** werden beide Eltern zu Adoptivgroßeltern. – Bei Annahme durch Geschwister der Eltern **(Onkel, Tante)** wird ein Elternteil Onkel/Tante, der andere scheidet aus; der die Adoption vermittelnde Elternteil rückt seine Aszendenten um einen Grad näher an das Kind, während die Aszendenten des anderen Elternteils ihren Rang behalten.[27] – Bei Annahme durch die **Urgroßeltern** schließlich wird ein Elternteil Nichte/Neffe des Angenommenen, die Großeltern werden Geschwister. – Jedenfalls die Ergebnisse bei der Annahme durch Groß- und Urgroßeltern widersprechen jeder natürlichen Familienordnung. Leben in diesen Fällen noch Eltern bzw. Großeltern und besteht zu diesen noch – wenn auch geringer – sozialer Kontakt, scheidet deshalb eine Annahme wegen **Sittenwidrigkeit** aus (dazu auch § 1741 Rn. 28). Wird sie gleichwohl ausgesprochen, gehören auch die Eltern zur Adoptivverwandtschaft und erben entsprechend ihrem Adoptivstatus.

13 **4. Mehrfach-Verwandtschaft.** Die Verwandtenadoption kann nicht nur zur Vermehrung der Verwandten – und damit der Erbberechtigten -, sondern auch zu kumulativer Verwandtschaft führen.

Häufigstes **Bsp.:** Wird K vom Bruder des leiblichen Vaters (Onkel) adoptiert, ist er mit den Großeltern sowohl nach § 1756 als auch nach § 1754 verwandt.[28] In Betracht kommt damit eine Erbfolge in 2 Stämmen.[29] Zwar selten, ist sie jedoch nicht ausgeschlossen – etwa repräsentieren die Abkömmlinge aus einer Ehe von Vetter und Cousine mehrere Stämme in der Erbfolge 1. Ordnung (nach den Urgroßeltern).

Doch erweist sie sich als unbeabsichtigte Nebenfolge, die konkurrierende Verwandte – etwa leibliche Geschwister – ungerechtfertigt zurücksetzt:

Hat im **Bsp.** der annehmende O neben dem leiblichen Vater des K (V) einen weiteren Bruder B, würden nach den Eltern von O und Vorversterben von O und V erben: B $^1/_3$, K $^2/_3$; hinterlässt V ein weiteres nicht angenommenes Kind X, würden erben: B $^1/_3$, X $^1/_6$, K $^1/_2$.

Weiter würde eine restriktive Interpretation des § 1756 als Ausnahme zu § 1755 zur Verallgemeinerung des Rechtsgedankens aus § 1925 Abs. 4: „Die Adoptivverwandtschaft verdrängt die konkurrierende leibliche Verwandtschaft" führen.

Im **Bsp.** erbt K daher nur über und durch seinen Adoptivvater.

Diese Lösung ist jedoch angreifbar und nicht unbestritten;[30] eine erbvertragliche Regelung ist daher anzuraten.

III. Stiefkindadoption

14 **1. Verwandtschaft.** Das Verwandtschaftsverhältnis des **ehelichen** Kindes zu den Verwandten des anderen, mit dem Stiefelternteil nicht verheirateten Elternteils[31] bleibt trotz seiner Adoption durch den Ehegatten eines wiederverheirateten Elternteils bestehen, wenn die Ehe mit diesem durch seinen Tod aufgelöst worden war **(Abs. 2;** einem Ehegatten gleichgestellt sind **Lebenspartner,** § 9 Abs. 7 S. 2 LPartG). – Zur Stärkung der verwandtschaftlichen Beziehungen des Kindes zu seinen leiblichen Verwandten gilt dies auch für **nichteheliche** Kinder; insbesondere die Eltern des Verstorbenen sollen nicht auch noch ihre Enkel verlieren.[32] Auswirkungen hat dies auf das Unterhalts- und Erbrecht, aber auch auf § 1685 Abs. 1, der den Großeltern ein Recht auf den Umgang mit den Angenommenen einräumt.[33] – Mit der Annahme treten neben die leiblichen Aszendenten die des

---

[25] RGRK/*Dickescheid* Rn. 7; auch MünchKommBGB/*Leipold* § 1925 Rn. 13; *Schmitt-Kammler* FamRZ 1978, 572; *Dieckmann* ZfJ 1980, 573.
[26] *Gernhuber/Coester-Waltjen* § 68 Rn. 126.
[27] Ebenso RGRK/*Dickescheid* Rn. 8.
[28] Vgl. *Dieckmann* ZfJ 1980, 569.
[29] RGRK/*Dickescheid* Rn. 9; *Staudinger/Frank* Rn. 25; *Staudinger/Werner* § 1927 Rn. 6; *Roth* S. 189; wohl auch *Dieckmann* FamRZ 1979, 394 f.
[30] Ebenso wohl *Gernhuber/Coester-Waltjen* § 68 Rn. 126 Fn. 220; dagegen *Staudinger/Frank* Rn. 17; RGRK/*Dickescheid* Rn. 9; *Dieckmann* FamRZ 1979, 394 f.; s. auch § 1927 Rn. 3.
[31] *Staudinger/Frank* Rn. 26.
[32] Neu geregelt mit Wirkung ab 1. 7. 1998 durch Art. 1 Nr. 35 KindRG (dazu BT-Drucks. 7/5087 S. 17; BT-Drucks. 13/4899 S. 115; s. auch *Frank* FamRZ 1998, 393, 398).
[33] Dazu auch BT-Drucks. 13/4899 S. 115.

Name des Kindes   § 1757

Annehmenden; das Kind wird auch hier 3 Aszendentenstämmen zugeordnet (dazu Rn. 6). – Zur Annahme von Stiefkindern aus **geschiedener Ehe** s. §§ 1754, 1755 Rn. 21.

Wird das Kind von einem Stiefelternteil angenommen, nachdem der leibliche Elternteil **verstor-** 15 **ben** ist (dazu § 1741 Rn. 40), erlöschen seine Verwandtschaftsbeziehungen zu den Verwandten des Verstorbenen (§ 1755 Abs. 1 S. 1);³⁴ sie bestehen auch nicht nach § 1756 Abs. 1 fort, weil der Stiefelternteil mit dem Kind seines Ehepartners im 1. Grad verschwägert ist. Um das Erlöschen des Verwandtschaftsverhältnisses zu verhindern, weil es dafür keinen rechtfertigenden sachlichen Grund gibt, sind dem Kind die Verwandtschaftsbeziehungen zu den Verwandten des verstorbenen Elternteils entsprechend § 1756 Abs. 2 zu erhalten.³⁵

Angeknüpft wird allein daran, ob der verstorbene Elternteil die **elterliche Sorge** im Zeitpunkt 16 des Versterbens³⁶ innehatte; unerheblich ist, ob ihm das alleinige (§§ 1626a Abs. 2, 1671 Abs. 1, 1672 Abs. 1, 1680 Abs. 3, 1) oder das gemeinsame Sorgerecht zusammen mit dem anderen Elternteil (§§ 1626 Abs. 1, 1626 a Abs. 1) zukam.³⁷ Doch macht die Vermittlung des Fortbestands der leiblichen Verwandtschaft durch das Sorgerecht des verstorbenen Ehegatten keinen rechten **Sinn,** weil dadurch das Verwandtschaftsverhältnis etwa auch dann aufgelöst wird, wenn dem Elternteil die elterliche Sorge nach § 1666 entzogen oder sie nach § 1671 Abs. 1 auf den anderen Elternteil übertragen worden war. Sachgerecht wäre es, allein an die Elternschaft anzuknüpfen und so immer zum Fortbestand der leiblichen Verwandtschaft zu kommen.³⁸ – Zur **Volljährigenadoption mit den Wirkungen der Minderjährigenannahme** (§ 1772 Abs. 1, dazu dort Rn. 11).

2. Erbrecht.³⁹ **Leibliche Geschwister** des Adoptivkindes bleiben im Verhältnis zueinander 17 Erben, wenn sie auch vom überlebenden Ehegatten abstammen, weil das Verwandtschaftsverhältnis zu ihnen erhalten bleibt (§ 1755 Abs. 2).⁴⁰ Doch bestimmen sich die erbrechtlichen Ansprüche im Besonderen nach § 1925 Abs. 4, der auf die Stiefkindadoption entsprechend anwendbar ist: Im Verhältnis zueinander sind das Adoptivkind und die Abkömmlinge der leiblichen Eltern oder des anderen Elternteil des Kindes nicht Erben der 2. Ordnung. Leibliche Halbgeschwister, dh. Kinder des verstorbenen Ehegatten mit einem anderen Partner, sind dagegen – entgegen dem Wortlaut von § 1925 Abs. 4 – im Verhältnis zum Adoptivkind Erben 3. Ordnung, wenn nicht auch sie angenommen worden sind,⁴¹ sodass beim Tod des überlebenden wiederverheirateten Elternteils die Halbgeschwister nicht an dessen Stelle treten.

§ 1757 Name des Kindes

(1) ¹Das Kind erhält als Geburtsnamen den Familiennamen des Annehmenden. ²Als Familienname gilt nicht der dem Ehenamen oder dem Lebenspartnerschaftsnamen hinzugefügte Name (§ 1355 Abs. 4; § 3 Abs. 2 des Lebenspartnerschaftsgesetzes).

(2) ¹Nimmt ein Ehepaar ein Kind an oder nimmt ein Ehegatte ein Kind des anderen Ehegatten an und führen die Ehegatten keinen Ehenamen, so bestimmen sie den Geburtsnamen des Kindes vor dem Ausspruch der Annahme durch Erklärung gegenüber dem Familiengericht; § 1617 Abs. 1 gilt entsprechend. ²Hat das Kind das fünfte Lebensjahr vollendet, so ist die Bestimmung nur wirksam, wenn es sich der Bestimmung vor dem Ausspruch der Annahme durch Erklärung gegenüber dem Familiengericht anschließt; § 1617c Abs. 1 Satz 2 gilt entsprechend.

(3) Die Änderung des Geburtsnamens erstreckt sich auf den Ehenamen des Kindes nur dann, wenn sich auch der Ehegatte der Namensänderung vor dem Ausspruch der

---

³⁴ *Staudinger/Frank* Rn. 30.
³⁵ LG Koblenz Rpfleger 2001, 34; *Lipp/Wagenitz* Rn. 19; *Soergel/Liermann* Rn. 39, jeweils zu § 1741; RGRK/ *Dickescheid* § 1754 Rn. 2; § 1756 Rn. 15; *Staudinger/Frank* § 1754 Rn. 6; § 1756 Rn. 30 mwN.
³⁶ *Lipp/Wagenitz* Rn. 3.
³⁷ Dazu auch *Palandt/Diederichsen* Rn. 2; *Soergel/Liermann* Rn. 12; *Erman/Saar* Rn. 2; *Lipp/Wagenitz* Rn. 3; FamRefK/*Maurer* Rn. 3; *Greßmann,* Neues Kindschaftsrecht, Rn. 410; *Liermann* FuR 1997, 266, 268.
³⁸ So *Staudinger/Frank* Rn. 26-27; *Frank* FamRZ 1998, 393, 398 f.; zweifelnd auch *Soergel/Liermann* Rn. 12.
³⁹ Näher dazu § 1925 Rn. 14; *Staudinger/Frank* Rn. 29.
⁴⁰ *Schmitt-Kammler* FamRZ 1978, 570, 574.
⁴¹ § 1925 Rn. 14; *Palandt/Edenhofer* § 1925 Rn. 5; *Soergel/Liermann* Rn. 18; *Staudinger/Frank* Rn. 29 mwN; *Liermann* FuR 1997, 266, 268; aA – § 1925 Abs. 4 ist entgegen seinem Wortlaut überhaupt nicht anwendbar – RGRK/*Dickescheid* Rn. 13.

§ 1757   1
Abschnitt 2. Titel 7. Annahme als Kind

Annahme durch Erklärung gegenüber dem Familiengericht anschließt; die Erklärung muss öffentlich beglaubigt werden.

(4) ¹Das Familiengericht kann auf Antrag des Annehmenden mit Einwilligung des Kindes mit dem Ausspruch der Annahme
1. Vornamen des Kindes ändern oder ihm einen oder mehrere neue Vornamen beigeben, wenn dies dem Wohl des Kindes entspricht;
2. dem neuen Familiennamen des Kindes den bisherigen Familiennamen voranstellen oder anfügen, wenn dies aus schwerwiegenden Gründen zum Wohl des Kindes erforderlich ist.

²§ 1746 Abs. 1 Satz 2, 3, Abs. 3 erster Halbsatz ist entsprechend anzuwenden.

Schrifttum: *v. Bar*, Zum Problem der Namensreihung nach § 1757 Abs. 2 BGB, StAZ 1979, 318; *Brüggemann*, Der Vorname des Adoptivkindes, ZfJ 1988, 101; *Frank*, Namensrechtliche Probleme bei Adoptionen, StAZ 2008, 1; *Kraus*, Namensführung eines Volljährigen nach der Adoption, StAZ 1996, 211; *Krömer*, Namensführung eines volljährigen Polen nach Adoption durch einen deutschen Staatsangehörigen, StAZ 1996, 47; *ders.*, Namensführung eines Kindes nach Adoption durch ein Ehepaar in Kolumbien, StAZ 2003, 23; *ders.*, Adoption kolumbianischer Zwillinge in Kolumbien durch ein deutsches Ehepaar; Namensführung der Kinder nach einer Feststellung gemäß § 2 AdWirkG, Fachausschuss des Bundesverbands der Deutschen Standesbeamtinnen und Standesbeamten, Fachausschuss-Nr. 3670, StAZ 2003, 307; *Liermann*, Der „Namensrichter" des Familienrechtsgesetzes vom 16. 12. 1993, FamRZ 1995, 199; *ders.*, Die Teilnichtigkeit einer Entscheidung der Freiwilligen Gerichtsbarkeit, FamRZ 2000, 722; *Moritz*, Die Neuregelung des Namensrechts – Darstellung und Kritik, ZfJ 1994, 262; *ders.*, Familienname eines brasilianischen Kindes nach Adoption durch ein deutsch-brasilianisches Ehepaar, StAZ 1997, 18; *ohne Namensangabe*, Familiennamensführung einer Adelsfamilie – Namensführung eines Kindes nach Adoption, StAZ 1983, 171; *Ruthe*, Die Neuordnung des Namensrechts, FamRZ 1976, 409; *Wagenitz/Bornhofen*, Familiennamensrechtsgesetz, 1994; *Zöller*, Die Änderung des Vornamens eines Adoptivkindes nach § 1757 Abs. 2 BGB ..., StAZ 1978, 201.

Übersicht

	Rn.		Rn.
I. Normzweck	1	5. Verheirateter Angenommener	16–20
II. Anwendungsbereich	2	a) Grundsätze	16
III. Familienname	3–31	b) Geburtsname des Angenommenen als Ehename	17
1. Einzelannahme	3–5	c) Geburtsname des Ehegatten als Ehename	18
a) Lediger Angenommener	3, 4	d) Erklärung der Anschließung des Ehegatten	19, 20
b) Verheirateter Angenommener	5	6. Geschiedener Angenommener	21
2. Gemeinschaftliche Annahme	6–13	7. Abkömmlinge des Annehmenden	22–24
a) Fallgruppen	6	8. Hinzufügung zum bisherigen Familiennamen	25–30
b) Einverständliche Namensbestimmung	7, 8	a) Voraussetzungen	25–29
c) Anschließung des Kindes	9, 10	b) Rechtsfolgen	30
d) Ausübung	11	9. Namensänderung des Annehmenden	31
e) Wirkungen	12, 13	**IV. Vorname**	32–34
3. Stiefkindadoption	14	**V. Verfahren**	35–41
4. Änderung des Familiennamens des Annehmenden	15		

I. Normzweck

1   Dass der Angenommene den Namen des Annehmenden erhält,[1] folgt bereits aus § 1754. Der ausdrücklichen Regelung bedarf jedoch: Die Namensgestaltung bei der Annahme durch **Verheiratete**, die **Namensänderung** mit Rücksicht auf das in §§ 1617b, 1617c zum Ausdruck gekommene Interesse des Kindes an Kontinuität sowie die ausnahmsweise Führung des **früheren Namens**. Die Regelung einschließlich der vollen namensrechtlichen Eingliederung des Kindes in die neue Familie bei Annahme durch eine Ehefrau war im Gesetzgebungsverfahren nicht streitig; ihr Inhalt hing vom

---

[1] Dies war stets die Wirkung der Adoption (§ 1758 aF); zur Entstehungsgeschichte eingehend *Staudinger/Frank* Rn. 1–4.

rechtspolitisch umstrittenen Recht des Ehenamens und der Anschlussregelung in § 1617 ab.² – Das AdoptG und das AdoptRÄndG haben zudem die **Änderung des Vornamens** erleichtert (dazu Rn. 32-34)³ und Gleichklang mit den §§ 1616, 1617, 1617 b, 1617 c⁴ hergestellt. – Außer nach § 1757 kann der Name auch nach **öffentlichem Recht** (§§ 11, 3 NamensÄndG; dazu Rn. 15) und bei einem **Statutenwechsel** auch nach Art 47 EGBGB⁵ geändert werden. – Zur **Verfassungsgemäßheit** der gesetzlichen Regelung s. Vor § 1741 Rn. 42.

II. Anwendungsbereich

Die Regelung gilt sowohl für die **Minderjährigen-** als auch für die **Volljährigenadoption** 2 (§ 1767 Abs. 2 S. 1, dazu dort Rn. 24,⁶ zum **Vornamen** s. jedoch § 1770 Rn. 6). Sie erfasst auch die Einzeladoption durch einen **Lebenspartner** (zur Annahme des Kindes eines Lebenspartners durch den anderen Lebenspartner s. Rn. 4; gemeinschaftlich können Lebenspartner nicht annehmen, dazu § 1741 Rn. 49), aber auch die Annahme eines **volljährigen** – weil ein Minderjähriger nicht Partner einer Lebenspartnerschaft sein kann (§ 1 Abs. 4 Nr. 1 LPartG) – Lebenspartners (dazu auch § 1767 Rn. 26).

III. Familienname
1. Einzelannahme. a) Lediger Angenommener.
Wird das Kind von einer Einzelperson 3 angenommen, erhält es als Geburtsnamen den **Familiennamen** des Annehmenden (Abs. 1 S. 1, § 1355 Abs. 1 S. 1, 2, Abs. 2).⁷ Dies ist der **Geburtsname** eines ledigen Annehmenden und der **Ehename** eines geschiedenen – gleichgestellt ist der ehemalige Ehegatte einer aufgehobenen Ehe (§ 1318 Abs. 1) – oder verwitweten Annehmenden. Es ist aber auch der Ehename eines verheirateten Annehmenden, der ausnahmsweise einzeln annehmen kann (§ 1741 Abs. 2 S. 4, dazu dort Rn. 38-43); das Interesse des nicht annehmenden Ehegatten wird mittelbar durch seine Einwilligung bzw. deren Ersetzung (§ 1749 Abs. 1) gewahrt. – Das Kind erwirbt den Namen zwingend⁸ so, wie ihn ein leibliches Kind erwerben würde.⁹ Die Fortführung des **bisherigen** Familiennamens ist nicht möglich, auch nicht bei einer Volljährigenadoption (zur **Verfassungsmäßigkeit** dieser Regelung s. Vor § 1741 Rn. 42; ein dagegen verstoßender Beschlusses ist **nichtig** (dazu Rn. 41). – Ein **Begleitname** (§ 1355 Abs. 4) eines – auch ehemals – verheirateten Annehmenden ist nicht dessen Familienname¹⁰ und wird deshalb auch nicht zum Geburtsnamen des Angenommen (Abs. 1 S. 2); entsprechend gilt dies auch für einen Begleitnamen nach § 1355 Abs. 5 S. 2, § 3 Abs. 3 LPartG.¹¹

Namensrechtlich wird eine **Lebenspartnerschaft** (§ 1 Abs. 1 S. 1 LPartG)¹² für den Angenom- 4 menen einer Ehe (zur selben Regelung bei der Annahme durch Verheiratete s. Rn. 3) gleichgestellt (§ 3 Abs. 1, 2 LPartG):¹³ Der Geburtsname des annehmenden Lebenspartners, der nicht zugleich

---
² Vgl. *Engler* S. 58; RefE eines *Gesetzes zur Neuordnung des Adoptionsrechts (AdoptionsG)*, Stand 7. 9. 1973, DAVorm. 1973, 522, § 1754 Abs. 1, 2; RegE BT-Drucks. 7/3061 S. 44 f.; RA-BT BT-Drucks. 7/5087 S. 18; BT-Drucks. 7/5125.
³ Einem allgemeinen Reformwunsch entsprechend, AGJJ Mitt. 57/58 (1969), 33 These 6.2; *Engler* S. 59. Dagegen sprechen *Paulitz/Bach* Adoption S. 21 (s. auch S. 221 f., 223) von einer „eklatante[n] Verletzung seiner [des Kindes] Interessen, die vorrangig dem Besitzdenken von Adoptiveltern und der Bequemlichkeit von Vormundschaftsrichtern geschuldet war." – Zum früheren Recht - Vertragsadoption - s. AG Hamburg StAZ 1980, 199.
⁴ Deren Reform zur Durchführung namensrechtlicher Gleichberechtigung durch das *Gesetz zur Neuordnung des Familiennamensrechts* (FamNamRG) v. 18. 12. 1993 (BGBl. I S. 2054) (dazu *Wagenitz* FamRZ 1994, 409) und das *Gesetz zur Reform des Kindschaftsrechts (Kindschaftsrechtsreformgesetz – KindRG)* v. 16. 12. 1997 (BGBl. I S. 2942) auch § 1757 erfasst hat.
⁵ Dazu AG Nürnberg StAZ 2009, 82.
⁶ *Staudinger/Frank* Rn. 5.
⁷ Dazu auch OLG Hamm OLGZ 1981, 187 = NJW 1981, 1162 (LS.) = FamRZ 1981, 360 f.; OLG Köln FamRZ 2003, 399 (LS.) (den der Annehmende im Zeitpunkt der rechtskräftigen Feststellung des Geburtsnamens des Angenommenen führt).
⁸ Verfassungsrechtlich unbedenklich, BayObLG FamRZ 2003, 1869, 1870; OLG Karlsruhe NJW-RR 1999, 1089 = FamRZ 2000, 115 m. Anm. *Liermann* FamRZ 2000, 722.
⁹ Dh. ohne ein Adelsprädikat, soweit früheres Recht dieses (wirksam) auf den Begünstigten beschränkte - persönlicher Adel -, BayObLG StAZ 1981, 186; s. auch BayObLGZ 1984, 147 = StAZ 1984, 339 = FamRZ 1984, 1268 (LS.).
¹⁰ BT-Drucks. 14/3751 S. 37.
¹¹ OLG Hamm StAZ 2010, 180, 181; *Staudinger/Frank* Rn. 8.
¹² IdF von Art. 1 des *Gesetzes zur Beendigung der Diskriminierung gleichgeschlechtlicher Gemeinschaften: Lebenspartnerschaften* v. 16. 2. 2001 (BGBl. I S. 266).
¹³ BT-Drucks. 14/3751 S. 37.

§ 1757 5–8

sein Familienname ist, wird – zunächst (dazu aber auch Rn. 6) – nicht zum Bestandteil der sozialen Biographie des Angenommenen (Abs. 1 S. 2).

5 **b) Verheirateter Angenommener.** Für den ehemals verheirateten – geschiedenen oder verwitweten – Angenommenen gilt § 1757 gleichfalls. Zu seinem Geburtsnamen wird der Familienname des Annehmenden; sein Ehename bleibt auch dann unberührt, wenn dies sein ehemaliger Geburtsname ist. Doch kann er den Geburtsnamen seinem Ehenamen beifügen (§ 1355 Abs. 4)[14] oder den Familiennamen des Annehmenden als Geburtsnamen führen (§ 1355 Abs. 5).[15]

6 **2. Gemeinschaftliche Annahme. a) Fallgruppen.** Nehmen Verheiratete **gemeinschaftlich** an, gilt der Grundsatz:
– Der gemeinsame Familienname ist der **Ehename** von Ehegatten (§ 1355 Abs. 1, 2), den das Kind als Geburtsnamen erhält (Abs. 1 S. 1); dies folgt bereits aus § 1754 und hat deshalb lediglich deklaratorischen Charakter.
– Ein **Begleitname** eines Annehmenden ist nicht der Familienname des Ehegatten (§ 1355 Abs. 4)[16] und wird deshalb auch nicht zum Geburtsnamen des Angenommenen (Abs. 1 S. 2).[17]
– Führen annehmende Ehegatten **keinen Ehenamen,** haben sie den Geburtsnamen des anzunehmenden Kindes vor der gerichtlichen Entscheidung übereinstimmend zu bestimmen (Abs. 2 S. 1 Halbs. 2, § 1617 Abs. 1 S. 1).[18] Als Geburtsname des Kindes kommen die Namen in Betracht, die die Annehmenden in der Ehe führen.
– **Stirbt** ein annehmender Ehegatte (zur Zulässigkeit der Adoption s. § 1753 Abs. 2, 3) vor der Namensbestimmung, steht dem überlebenden Ehegatten als alleinigem Sorgerechtsinhaber das Bestimmungsrecht allein zu, wenn es nicht bereits im Adoptionsantrag ausgeübt wurde.[19]

7 **b) Einverständliche Namensbestimmung.** Die annehmenden Ehegatten üben ihr Namensbestimmungsrecht gemeinschaftlich und **übereinstimmend** aus. Eine ausdrückliche, § 1617 Abs. 2 entsprechende Regelung – Übertragung des Bestimmungsrechts auf einen Ehegatten – fehlt bei **fehlender** einverständlicher Bestimmung oder fehlender Zustimmung des Ehegatten und für den Fall, dass das Kind oder sein gesetzlicher Vertreter seine Zustimmung verweigert. Scheidet, wie regelmäßig, nicht bereits deshalb eine Annahme wegen eines Verstoßes gegen das Kindeswohl aus – etwa erscheint die Trennung der Einwilligung des Minderjährigen in die Annahme von der in die Namenserteilung zweckwidrig, weil sie offenbart, dass eine symbolisch wichtige Adoptionsfolge und damit die äußere Integration in die neue Familie nicht oder jedenfalls die namensrechtliche Zuordnung zum anderen Ehegatten nicht gewollt ist –,[20] ist zu unterscheiden: Verweigert seine Einwilligung bzw. Anschließung in die Namenswahl
– der Ehegatte des Annehmenden, kann sie das FamG entsprechend § 1749 Abs. 1 ersetzen;
– das Kind, das das **14. Lebensjahr** bereits vollendet hat und nicht geschäftsunfähig ist, bestimmt das FamG den Namen unter Berücksichtigung des Kindeswohls;
– der gesetzliche Vertreter – ggf. auch für das Kind –, kann ihm unter den Voraussetzungen des § 1666 die elterliche Sorge entzogen oder – iSd. Kindeswohls besser – seine Einwilligung entsprechend § 1746 Abs. 3 ersetzt werden.

8 Nimmt ein Ehegatte/Lebenspartner (§ 9 Abs. 7 S. 1 LPartG) **allein** an und war für diese Annahme, wie regelmäßig, die Einwilligung des Ehegatten erforderlich (§ 1749 Abs. 1 S. 1, § 9 Abs. 6 S. 1 LPartG), liegt in der Einwilligung auch die Zustimmung zur Namensführung; hierüber sollte belehrt werden.[21] War die Einwilligung nicht erforderlich (§ 1749 Abs. 3, § 9 Abs. 7 S. 2 LPartG) oder wird sie ersetzt, geht das Interesse des Kindes an der Namensgleichheit einem ggf. entgegenstehenden Interesse des Ehegatten vor.[22] Dies gilt auch für einen **ehemals** verheirateten Ehegatten, der keine Erklärung nach § 1355 Abs. 5 S. 2 abgegeben hat.

---

[14] BayObLGZ 1985, 184 = StAZ 1985, 202, 203 = FamRZ 1985, 1082 (LS.).
[15] Zum Ganzen auch *Staudinger/Frank* Rn. 9.
[16] Diederichsen NJW 1976, 1169, 1171; kritisch hierzu *Wagenitz/Bornhofen* Rn. 3.
[17] Zur Bindung eines ausländischen Annahmebeschlusses, der dem Kind einen von den Annehmenden geführten Doppelnamen zuschreibt, s. AG Bonn StAZ 1992, 41 ff.
[18] Der RefE zum FamNamRG wollte dagegen auch noch das Kontinuitätsinteresse des Angenommenen berücksichtigen; dies ist jedoch Teil des Kindesinteresses iSv. § 1741, vgl. im Übrigen Rn. 25-29.
[19] *Staudinger/Frank* Rn. 12.
[20] Dazu BT-Drucks. 12/3163 S. 19 (weil bei fehlender Konsensfähigkeit das Ziel der Annahme gefährdet ist); *Bamberger/Roth/Enders* Rn. 4; *Erman/Saar* Rn. 5; wohl ebenso *Sturm* StAZ 1993, 273, 277; aA - die Nichteinigung der Ehegatten hindert den Ausspruch der Adoption unüberwindbar - *Staudinger/Frank* Rn. 13, 17; *Soergel/Liermann* Rn. 12; *Palandt/Diederichsen* Rn. 4; *Wagenitz/Bornhofen* Rn. 7; *Coester* FuR 1994, 1, 7; *Diederichsen* NJW 1994, 1089, 1095; *Liermann* FamRZ 1995, 199, 200.
[21] AG Hamburg StAZ 1990, 21 f.
[22] BT-Drucks. 7/3061 S. 45 Nr. 3; *RGRK/Dickescheid* Rn. 6.

c) Anschließung des Kindes. Die Bestimmung bedarf der Anschließung, dh. Einwilligung des 9
Kindes, wenn es das **5. Lebensjahr** bereits vollendet hat. Sie ist durch den gesetzlichen Vertreter (§ 1746
Abs. 1 S. 1) – nach § 1751 Abs. 1 S. 2 idR das Jugendamt (dazu dort Rn. 6), bei der Annahme durch
einen Ehegatten idR der andere Ehegatte – zu erklären, in dessen Erklärung zugleich seine Zustimmung
nach Abs. 2 S. 2 Halbs. 2, § 1617c Abs. 1 S. 2 liegt.[23] Dazu, wenn die Zustimmung verweigert wird, s.
Rn. 7.

Das Kind, das das **14. Lebensjahr** bereits vollendet hat und nicht geschäftsunfähig ist, kann die Ein- 10
willigung nur selbst erklären, bedarf jedoch der Zustimmung seines gesetzlichen Vertreters nach § 1751
Abs. 2 S. 2 (Abs. 2 S. 2 Halbs. 2, § 1617c Abs. 1 S. 2). Nach § 1767 Abs. 2 gilt diese Regelung auch für
Volljährige (s. dazu auch dort Rn. 24).[24]

d) Ausübung. Die Namensbestimmung der Annehmenden, Einwilligung des Kindes und Zustim- 11
mung des gesetzlichen Vertreters (dazu Rn. 9) sind als amtsempfangsbedürftige Willenserklärungen vor
dem Ausspruch der Annahme (Abs. 2 S. 2 Halbs. 1 [„… vor dem Ausspruch der Annahme …"], Abs. 4
S. 1 [… mit dem Ausspruch der Annahme …"]) gegenüber dem FamG in öffentlich beglaubigter **Form**
(§ 1617 Abs. 1 S. 2; zur Befugnis und Zuständigkeit des Standesbeamten s. auch hier § 45 PStG) zu erklären.[25] Sie ist gewahrt, wenn sie bereits in den notariell beurkundeten Adoptionsantrag aufgenommen
wurde. – Alle Erklärungen zur Namensbestimmung sind **widerruflich.**[26]

e) Wirkungen. Die Namensbestimmung wird mit der Zustellung des – unanfechtbaren – Annah- 12
mebeschlusses an die Annehmenden **wirksam** (§ 197 Abs. 2 FamFG, dazu § 1752 Rn. 33-34) und zeitigt
im Umfang des Ausspruches rechtliche Folgen. Enthält der Annahmebeschluss keinen Ausspruch zum
Geburtsnamen, führt das Kind seinen bisherigen Geburtsnamen weiter, eine nachträgliche Entscheidung
scheidet aus.[27] – Falsche Entscheidungen zum Namen im Annahmebeschluss oder nachträgliche Entscheidungen – zur Ergänzung des Annahmebeschlusses s. Rn. 38) sind zwar **fehlerhaft,** idR aber nicht
nichtig und deshalb wirksam, mithin bindend und zu beachten. Allerdings führt die bewusste vom Gesetz
abweichende Namensbestimmung zur **Nichtigkeit** des Adoptionsdekrets (dazu Rn. 41).

Die Bestimmung ist außer für den Angenommenen auch für **weitere** leibliche wie Adoptivkinder 13
der Annehmenden verbindlich (§ 1617 Abs. 1 S. 3).[28] Eine bereits zuvor für ein anderes leibliches wie
Adoptivkind ausgeübte Bestimmung verbraucht damit aus Gründen der Gleichheit der Geburtsnamen
aller gemeinschaftlichen Kinder das Namensbestimmungsrecht der Adoptiveltern.[29]

3. Stiefkindadoption. Auch bei einer Stiefkindadoption erhält das Kind den Ehenamen seines 14
leiblichen und des Stiefelternteils als Geburtsnamen (Abs. 1 S. 1). Führen diese keinen Ehenamen,
bestimmen sie den Geburtsnamen des Kindes einverständlich (Abs. 2 S. 1 Alt. 2).[30] Das Kind muss dieser
Bestimmung zustimmen, wenn es das 5. Lebensjahr vollendet hat (Abs. 2 S. 2). Haben die Eltern allerdings ihr Namensbestimmungsrecht zuvor bereits einmal – für ein gemeinschaftliches leibliches Kind
oder ein Adoptivkind – ausgeübt, sind sie daran auch im Falle einer Annahme gebunden (entsprechend
§ 1617 Abs. 1 S. 3; dazu auch Rn. 13).[31]

4. Änderung des Familiennamens des Annehmenden. Ändert sich der Ehename des 15
Annehmenden, bestimmt sich eine Änderung des **Geburtsnamens des Kindes** nach §§ 1754, 1616,

---

[23] Das Erfordernis familiengerichtlicher Zustimmung (Abs. 2 S. 2 Halbs. 2, § 1616a Abs. 1 S. 4 Halbs. 2 aF)
ist seit 1. 7. 1998 durch die Neuregelung in Abs. 2 S. 2 Halbs. 2 durch Art. 1 Nr. 7 KindRG entfallen, da dieses
ohnehin über die Namensänderung nach Prüfung des Kindeswohls entscheiden muss.
[24] Bis zum 30. 6. 1998 konnte nach §§ 1767 Abs. 2, 1757 Abs. 2 Halbs. 2, 1616a Abs. 1 S. 3 idF des FamNamRG der Angenommene die Anschließung an die Bestimmung des Ehenamens der Annehmenden nur bis zu seiner
Volljährigkeit erklären; im Falle der Volljährigenadoption blieb es danach immer bei einer Namensverschiedenheit
(*Wagenitz/Bornhofen* Rn. 5), während sich nach der Fassung der §§ 1767 Abs. 2, 1757 Abs. 2 S. 2 Halbs. 2, 1617c Abs. 1
S. 2 idF durch Art. 1 Nr. 7, 36 KindRG auch der Volljährige einer Namensänderung der Annehmenden - ausgenommen bei deren Eheschließung (§ 1617c Abs. 2 Nr. 2 aE, dazu auch Rn. 15) - anschließen kann.
[25] Auch die Einwilligung des Kindes und die Zustimmung des gesetzlichen Vertreters bedürfen der öffentlichen Beglaubigung, obwohl nicht auch auf § 1617c Abs. 1 S. 3 verwiesen wird (allgM: Redaktionsversehen, s.
etwa FamRefK/*Maurer* Rn. 6; *Staudinger/Frank* Rn. 18 mwN).
[26] AA BT-Drucks. 12/3168 S. 18; *Staudinger/Frank* Rn. 14, 18 mwN.
[27] Möglich ist nur noch eine öffentlich-rechtliche Namensänderung nach §§ 11, 3 NamensÄndG, *Staudinger/Frank* Rn. 15.
[28] BT-Drucks. 12/3163 S. 18.
[29] BayObLG FamRZ 2005, 1010, 1011; OLG Hamm FamRZ 2001, 859, 860 (Adoptivkind war älter als das
vor der Annahme geborene leibliche Kind); *Soergel/Liermann* Rn. 6 a; *Wagenitz/Bornhofen* Rn. 6; *Palandt/Diederichsen* § 1617 Rn. 5.
[30] BayObLG FamRZ 2005, 1010; OLG Hamm FGPrax 2001, 20 = NJWE-FER 2001, 95 = FamRZ 2001,
859, 860.
[31] OLG Hamm FGPrax 2001, 20 = NJWE-FER 2001, 95 = FamRZ 2001, 859, 860.

§ 1757 16–18 Abschnitt 2. Titel 7. Annahme als Kind

1617c. Danach folgt der Geburtsname grundsätzlich dem Ehenamen, wenn das Kind das 5. Lebensjahr noch nicht vollendet hat (§ 1616), im Übrigen nur mit seiner Einwilligung (§ 1617c Abs. 2 Nr. 1, Abs. 1 S. 1). – Wechselt der Annehmende allerdings durch Eheschließung oder durch die Begründung einer Lebenspartnerschaft iSd. § 1 Abs. 1 LPartG[32] seinen Namen, nimmt das Kind hieran nicht teil (§ 1617c Abs. 2 Nr. 2). Die Namensgleichheit kann nur durch eine öffentlich-rechtliche Namensänderung – die sich ausschließlich nach §§ 3, 4 NamensÄndG richtet[33] – oder durch eine Zweitadoption nach § 1742 (dazu dort Rn. 2) hergestellt werden. Bei einer **Zweitadoption** wird das Interesse des Kindes nicht durch § 1617c Abs. 2 – der nicht anwendbar ist, weil sich der Name des allein erheblichen Zweitadoptierenden nicht ändert –, sondern durch § 1746 sowie dadurch gewahrt, dass das FamG aus Gründen der §§ 1741, 1757 Abs. 4 Nr. 2 das Hinzufügen des früheren Namens anordnen kann (dazu Rn. 28).[34]

16 **5. Verheirateter Angenommener. a) Grundsätze.** Ist der Angenommene verheiratet – bei einer Minderjährigenadoption selten – und ist sein ursprünglicher Geburtsname Ehename geworden, ändert sich der **Ehename** mit Wirkung für Ehegatte und Kinder nur, wenn er sich vor der Annahme (dazu Rn. 19) der Namensänderung **angeschlossen** hat (**Abs. 3**; dazu auch § 1617c Abs. 1 S. 1).[35] Die Namensbestimmung durch den Angenommenen und die Anschließung durch seinen Ehegatten müssen sich deshalb auf einen übereinstimmenden Ehenamen richten.[36] Anschließung heißt jedenfalls im Ergebnis Zustimmung. Damit soll zweierlei vermieden werden: Dass das Namensbestimmungsrecht des Ehegatten unterlaufen wird,[37] und dass ein Ehegatte, dem es nur um die Beibehaltung seines Ehenamens geht, gezwungen wird, die Adoption seines Ehegatten überhaupt scheitern zu lassen.[38] – Werden **Ehegatten** angenommen, ist in der Anschließung an die Namensbestimmung der Annehmenden auch die Anschließung als Ehegatte zu sehen.[39]

17 **b) Geburtsname des Angenommenen als Ehename.** War Ehename der ursprüngliche Geburtsname des Angenommenen, ändert er sich mit der Änderung seines Geburtsnamens, wenn sich auch der Ehegatte der Namensänderung anschließt. Schließt er sich **nicht** an, ändert die Annahme den Ehenamen nicht: War Ehename der ursprüngliche Geburtsname des **Angenommenen**, bleibt er als Ehename erhalten,[40] obwohl dieser Name keinem Geburtsnamen der Ehegatten (mehr) entspricht. Doch kann der Angenommene, der den Namen des Annehmenden als neuen Geburtsnamen erwirbt, diesen dem Ehenamen voranstellen oder anfügen (entsprechend § 1355 Abs. 4 S. 1, weil es nicht um die Wirkungen der Ehe geht).[41]

18 **c) Geburtsname des Ehegatten als Ehename.** War Ehename der Geburtsname des **Ehegatten,** ändert die Adoption stets den Ehenamen nicht. Es ändert sich lediglich der nicht als Ehename geführte Geburtsname des Angenommenen.[42] Einer Anschließung des Ehegatten bedarf es nicht, ein Fall des Abs. 3 liegt nicht vor. War der frühere Geburtsname bereits (nur) **Begleitname,** ändert er sich mit der Adoption.[43, 44]

[32] Eingefügt durch Art. 2 Nr. 7 lit. a des *Gesetzes zur Beendigung der Diskriminierung gleichgeschlechtlicher Gemeinschaften: Lebenspartnerschaften* v. 16. 2. 2001 (BGBl. I S. 266).
[33] BayObLG StAZ 1984, 339.
[34] Zur Nichtehelichenadoption und Legitimation nach bis zum 30. 6. 1998 geltenden Recht s. 3. Aufl. Rn. 4 mwN.
[35] BayObLGZ 1980, 246, 251 = StAZ 1981, 54, 56; OLG Hamm OLGZ 1983, 423 = FamRZ 1983, 649 (LS) = StAZ 1983, 200. Zum Inhalt der Personenstandsurkunden s. BGH NJW-RR 1990, 898 = FamRZ 1990, 870.
[36] *Staudinger/Frank* Rn. 33.
[37] *Staudinger/Frank* Rn. 32.
[38] BayObLG NJW-RR 1986, 498 = FamRZ 1985, 1182, 1183; AG Hamburg StAZ 1990, 21 f.
[39] *Prang* StAZ 1982, 111; *Fachausschuss des Bundesverbands der Standesbeamten* StAZ 1983, 106, 107, StAZ 1984, 110, 111.
[40] BayObLGZ 1985, 264 = NJW-RR 1986, 498 = FamRZ 1985, 1182; OLG Frankfurt/M. StAZ 1992, 378.
[41] LG Gießen StAZ 1984, 100 m. Anm. *Dörr; Diederichsen* NJW 1976, 1169, 1176; *Staudinger/Frank* Rn. 34; RGRK/*Dickescheid* Rn. 4. Zum früheren Recht s. OLG Zweibrücken DNotZ 1972, 240.
[42] *Staudinger/Frank* Rn. 36.
[43] BGH NJW 2011, 3094 = FamRZ 2011, 1718 [15-18] m. Anm. *Maurer*, OLG Celle FamRZ 2011, 909 f. = StAZ 2011, 112 (Vorinstanz zu BGH aaO); LG Berlin StAZ 1986, 290 (aufgehoben durch KG OLGZ 1988, 257 = StAZ 1988, 170 = FamRZ 1988, 1053 (LS); *Erman/Saar* Rn. 6; RGRK/*Dickescheid* Rn. 5; aA - Wahlrecht des Angenommenen - BayObLGZ 1999, 367 = NJWE-FER 2000, 141 = FamRZ 2001, 118 (LS.); OLG Düsseldorf FGPrax 2011, 81= FamRZ 2011, 907, 908 f. = StAZ 2011, 113; *Diederichsen* NJW 1976, 1169, 1176; *Wagenitz/Bornhofen* § 1355 Rn. 97; *Hepting/Gaaz,* Personenstandsrecht, Band 2, Rn. V-487; RGRK/*Dickescheid* Rn. 4; *Soergel/Liermann* Rn. 18. Anders auch KG aaO; *Staudinger/Frank* Rn. 38; *Frank* StAZ 2008, 1, 3: Der Begleitname fällt weg; der Angenommene kann jedoch durch erneute Erklärung (nur) den neuen Namen voranstellen. Damit wird die Voranstellung verfügbar, der (erwachsene) Angenommene entzieht sich der namensrechtlichen Konsequenz der Adoption - was nur im Rahmen des Abs. 2 möglich ist.
[44] Der BGH NJW 2011, 3094 = FamRZ 2011, 1718 [19-20] sieht keine Anhaltspunkte für die Verfassungswidrigkeit der Regelung; zweifelnd *Maurer* FamRZ 2011, 1720 f.

d) Erklärung der Anschließung des Ehegatten. Vor der Annahme heißt vor Erlass des 19
Annahmebeschlusses, eine danach erklärte Anschließung ist wirkungslos.[45] Einwilligung in die
Annahme (§ 1749 Abs. 2) und Anschließung an die Namensänderung können in einer Urkunde
zusammengefasst sein, müssen es aber nicht. Während die Einwilligung in die Annahme notariell
beurkundet werden muss (§ 1750 Abs. 1 S. 2), reicht für die Anschließung, auch die des Angenommenen (Abs. 2 S. 2, dazu auch Rn. 20), an die Namensänderung **öffentliche Beglaubigung,** für
die allerdings keine Zuständigkeit des Standesbeamten besteht (§ 45 PStG), aus (Halbs. 2). – Allerdings muss der Ehegatte des Anzunehmenden in die Annahme notariell beurkundet (§ 1750 Abs. 1
S. 2) einwilligen (§ 1749 Abs. 2; Ausnahme: er ist zur Abgabe der Einwilligung dauernd außerstande
oder sein Aufenthalt ist dauernd unbekannt, § 1749 Abs. 3), sodass zumeist auch die Anschließung
zur Namensbestimmung bereits in diese Urkunde mit aufgenommen sein wird. War dem Ehegatten
der Annahmeantrag einschließlich der Erklärungen zum Namen inhaltlich bekannt, kann in seiner
Einwilligung in die Annahme auch eine **stillschweigende** Anschließung zur Namensänderung
gesehen werden.[46]

Die namensrechtlichen Erklärungen des Angenommenen und seines Ehegatten sind nicht 20
Annahmevoraussetzung. Werden sie nicht abgegeben, ändert sich durch die Adoption zwar der
Geburtsname des Angenommenen, nicht aber sein **Ehename.**[47] Unter den Voraussetzungen aus
Abs. 4 S. 1 Nr. 2 kann es zu einem mehr als nur zweigliedrigen Namen des Angenommenen kommen.[48]

6. Geschiedener Angenommener. Dieser Fall wird idR bei der Annahme Volljähriger und 21
eher ausnahmsweise bei einer Minderjährigenadoption auftreten. Zudem gilt Abs. 3 entsprechend
für einen volljährigen Angenommenen, der eine Lebenspartnerschaft begründet hat und dessen
Geburtsname zum Lebenspartnerschaftsnamen bestimmt worden ist (§ 1767 Abs. 2 S. 2; dazu dort
Rn. 26). Danach gilt für einen geschiedenen Angenommenen:
- Führt er weiter seinen ehemaligen **Ehenamen** als Familiennamen (§ 1355 Abs. 5 S. 1), ändert
sich dieser durch die Adoption nicht unmittelbar.
- Nimmt er nach der Scheidung wieder seinen **Geburtsnamen** als Familiennamen an (§ 1355
Abs. 5 S. 2), wird sein neuer Geburtsname zum Familiennamen.
- Führt er seinen früheren Geburtsnamen als Ehenamen weiter, kann er nunmehr seinem Ehenamen seinen neuen Geburtsnamen als Begleitnamen voranstellen oder hinzufügen; das Bestimmungsrecht ist nicht befristet (§ 1355 Abs. 4 S. 1).[49]
- Behält der Geschiedene seinen vom geschiedenen Ehegatten abgeleiteten Ehenamen, verliert
er von Gesetzes wegen seinen alten Geburtsnamen als Begleitnamen, kann aber seinen neuen
Geburtsnamen als **Begleitnamen** wählen (§ 1355 Abs. 5 S. 3, Abs. 4).[50]

7. Abkömmlinge des Angenommenen. Anders als durch eine Einbenennung nach § 1618, 22
durch die sich nicht auch der Geburtsname eines Kindes ändert,[51] ändert sich mit der Adoption
seines Elternteils sowohl sein **Geburts-** wie sein **Familienname** entsprechend § 1617c Abs. 2 Nr. 1.
Sein Sinn und Zweck, den Gleichklang des Familiennamens von Elternteil und Kind herzustellen,
beansprucht auch insoweit Geltung. – Ab vollendetem 5. Lebensjahr des Kindes setzt die Namensänderung allerdings seine Anschließung, vertreten durch seinen gesetzlichen Vertreter, voraus, ab vollendetem 14. Lebensjahr seine Anschließung und die Zustimmung seine gesetzlichen Vertreters
(§ 1617c Abs. 1 S. 2; dazu auch Rn. 9-10).

---

[45] Dazu – allerdings noch zum Rechtszustand vor dem AdoptRÄndG - BayObLGZ 1985, 264 = NJW-RR
1986, 498 = FamRZ 1985, 1182, 1183; ebenso *Staudinger/Frank* Rn. 34.
[46] *Staudinger/Frank* Rn. 34. S. auch AG Hamburg StAZ 1990, 21, das allerdings zu Unrecht allein in der
Formulierung „volle Zustimmung" in der Einwilligungsurkunde zur Annahme auch die Anschließung an die
Namensänderung sieht.
[47] *Wagenitz/Bornhofen* Rn. 10.
[48] Dazu auch AG Rüdesheim FamRZ 2008, 300 (LS.) = MittBayNot 2008, 57, 58; *Wagenitz/Bornhofen*
Rn. 12.
[49] *Staudinger/Frank* Rn. 39.
[50] KG OLGZ 1988, 257 = Rpfleger 1988, 409 f. = FamRZ 1988, 1053 (LS.); LG Hanau StAZ 2002, 171
m. Anm. *Liermann* StAZ 2002, 339; ebenso *Staudinger/Frank* Rn. 38. AA - Beibehaltung des früheren Geburtsnamens als Begleitnamen mit Wahlrecht für neuen Geburtsnamen als Begleitnamen - BayObLGZ 1999, 367 =
NJWE-FER 2000, 141 = StAZ 2000, 107, 108 = FamRZ 2001, 118 (LS.); ebenso etwa *Soergel/Liermann* Rn. 18;
Diederichsen NJW 1976, 1169, 1176; wieder anders - automatischer Austausch des neuen gegen den früheren
Geburtsnamen, was aber gegen das Namensbestimmungsrecht der Betroffenen verstößt (so zutreffend *Staudinger/
Frank* aaO) - BayObLGZ 1985, 184 = FamRZ 1985, 1082 (LS.) = StAZ 1985, 202; LG Berlin StAZ 1986,
290 f. (als Vorinstanz zu KG aaO); *Schultheis* StAZ 1982, 255; *Erman/Saar* Rn. 6; 5. Aufl. Rn. 6.
[51] AG München StAZ 1987, 19.

§ 1757 23–27   Abschnitt 2. Titel 7. Annahme als Kind

23   Der Familienname von Abkömmlingen eines **verheirateten** Angenommenen ändert sich nach § 1617c Abs. 2 Nr. 1 nur dann entsprechend § 1617c Abs. 1, wenn sich auch der Ehegatte des Angenommenen dessen Namensänderung nach Abs. 3 angeschlossen hat (dazu Rn. 16).[52] Wird die Anschließung nicht erklärt, bleibt es grundsätzlich beim bisherigen Geburtsnamen des Abkömmlings. Haben die verheirateten Eltern allerdings keinen Ehenamen geführt und zum Geburtsnamen den Geburtsnamen des Angenommenen bestimmt, ändert sich auch der Geburtsname des Kindes mit der Änderung des Geburtsnamens des Angenommenen (§ 1617c Abs. 2 Nr. 2).[53]

24   War der Angenommene **nicht verheiratet**, ist danach zu unterscheiden, wer Inhaber der Sorgerechts ist (zu den Einzelheiten s. die Erörterungen zu §§ 1617, 1617a, 1617b, 1617c):[54]

– Üben die Eltern die **elterliche Sorge gemeinsam** aus bestimmen sie den Geburtsnamen des Kindes nach §§ 1617c Abs. 2 Nr. 2, 1617 Abs. 1, oder, treffen sie innerhalb eines Monats nach der Geburt keine Bestimmung, der Elternteil, dem das FamG das Bestimmungsrecht übertragen hat (§ 1617 Abs. 2 S. 1; trifft auch dieser innerhalb einer vom FamG gesetzten Frist keine Bestimmung, erhält das Kind seinen Namen als Geburtsnamen, Abs. 2 S. 4).

– Übt der **Angenommene** die elterliche Sorge alleine aus und führt das Kind seinen Namen als Geburtsnamen, erhält das Kind seinen Namen (§§ 1617c Abs. 2 Nr. 2, 1617a Abs. 1). Hat der Angenommene dem Kind aber den Namen des anderen Elternteils nach § 1617a Abs. 2 wirksam erteilt, ändert sich der Geburtsname des Kindes durch die Adoption nicht.

– Übt der **andere Elternteil** die elterliche Sorge alleine aus und trägt das Kind nach § 1617a Abs. 1 seinen Namen, ändert sich dieser durch die Adoption nicht; doch kann der Elternteil dem Kind den (neuen) Geburtsnamen des Angenommenen erteilen (§ 1617a Abs. 2).

– Wird das **gemeinsame Sorgerecht** durch Heirat der Eltern oder die Abgabe von Sorgeerklärungen nach §§ 1626a ff. erst **begründet,** nachdem das Kind bereits wirksam einen Namen erteilt bekommen hat, kann sein Geburtsname innerhalb von 3 Monaten nach Begründung des gemeinsamen Sorgerechts neu bestimmt werden (§§ 1617c Abs. 2 Nr. 2, 1617b Abs. 1).

25   **8. Hinzufügung zum bisherigen Familiennamen. a) Voraussetzungen.** Das FamG kann auf **Antrag** des Annehmenden, dessen **Irrtum** über die Namensänderung grundsätzlich nicht zur Anfechtung nach § 119 berechtigt,[55] bei Ausspruch der Annahme dem neuen Familiennamen (dazu Rn. 3-14, 16-20) den bisherigen Familiennamen unter folgenden Voraussetzungen durch Voranstellen oder Anfügen[56] beifügen (**Abs. 4 S. 1 Nr. 2;** zur selben Regelung für Ehegatten s. § 1355 Abs. 4 S. 1):

26   – Der Antrag der Annehmenden soll der **notariellen Beurkundung** bedürfen.[57] Doch wird dies nicht ausdrücklich ausgesprochen, weil § 1752 Abs. 2 S. 2 nur den Annahmeantrag selbst meint, und ist auch nicht zwingend, wie der Vergleich mit der Namensänderung nach § 1618 zeigt. Praktisch wird sich die Beurkundung idR aber bereits durch Erklärung des Antrags im Annahmeantrag ergeben. Für einen **selbständigen Antrag** gilt das Erfordernis notarieller Belehrungspflichten und ihrer Warnfunktion aber nicht in gleicher Weise. Es bietet sich deshalb an, für den Antrag öffentliche Beglaubigung zu verlangen (entsprechend Abs. 3 Halbs. 2, §§ 1617 Abs. 1 S. 2, 1617a Abs. 2 S. 3, 1617b Abs. 2 S. 2, 1617c Abs. 1 S. 3, 1618 S. 5; zur Vornamensänderung s. Rn. 32-34). – Der Antrag kann bis zur rechtskräftigen Entscheidung ohne besondere Form **zurückgenommen** werden (zum Annahmeantrag s. § 1752 Rn. 13).

27   – Das Kind muss in die Namenshinzufügung **einwilligen,** bei Geschäftsunfähigkeit oder bis zum vollendeten 14. Lebensjahr durch seinen gesetzlichen Vertreter, danach persönlich mit Zustimmung des gesetzlichen Vertreters (Abs. 4 S. 2, § 1746 Abs. 1 S. 2, 3, dazu dort Rn. 5-6, 10-11; § 1751 Abs. 1 S. 2).[58] Zu **Form** (dazu Rn. 19) und **Ersetzung** der Einwilligung (Abs. 4 S. 2, § 1746 Abs. 3) gelten die allgemeinen Vorschriften.[59] – Das Kind, das das 14. Lebensjahr vollendet hat und nicht geschäftsunfähig ist, kann seine Einwilligung entsprechend § 1746 Abs. 2 (dazu dort Rn. 18-19) **widerrufen,** obwohl Abs. 4 S. 2 auf ihn nicht verweist. Da das Kind nicht an einer

---

[52] BayObLGZ 1980, 246 = StAZ 1981, 54, 56; OLG Hamm OLGZ 1983, 423 = FamRZ 1983, 649 (LS.) = StAZ 1983, 200, 202.
[53] *Staudinger/Frank* Rn. 42.
[54] Zum Ganzen auch *Soergel/Liermann* Rn. 20-22; *Erman/Saar* Rn. 11; *Staudinger/Frank* Rn. 40-43.
[55] BayObLGZ 1992, 200 = NJW 1993, 337 = FamRZ 1993, 61 (zu § 1355 Abs. 2 S. 1, Abs. 3 S. 1); auch *Liermann* FamRZ 1993, 1263, 1265.
[56] Zur Entstehungsgeschichte *Staudinger/Frank* Rn. 24.
[57] BayObLGZ 1979, 346 = StAZ 1980, 65, 66 m. Anm. *v. Bar* = FamRZ 1980, 501 (LS.); *Staudinger/Frank* Rn. 22; aA RGRK/*Dickescheid* Rn. 12.
[58] Damit wurden Streitfragen früheren Rechts beseitigt, s. *Staudinger/Engler* 10./11. Aufl. § 1758 Rn. 27; BT-Drucks. 7/3061 S. 45; zur Entstehungsgeschichte s. auch *Staudinger/Frank* Rn. 23, 52.
[59] Teilweise abweichend *Brüggemann* ZfJ 1988, 102-105.

Namensänderung, die es nicht mehr wünscht, festgehalten werden soll, kann es auch die Einwilligung seines gesetzlichen Vertreters widerrufen; zum **Vornamen** (dazu Rn. 32-34) bedarf es nicht desselben Vertrauensschutzes auf die Bestandskraft der Einwilligung wie bei der Einwilligung in die Adoption.[60]

– Zum Wohl des Kindes müssen „**schwerwiegende Gründe**" die Hinzufügung erfordern.[61] Solche liegen bereits dann vor, wenn dem Wohl des Kindes mit der geänderten Namensführung *erheblich* besser gedient ist.[62] Bei kleineren Kindern kommt dies kaum in Betracht, bei älteren Kindern spricht für einen additiven Namen, dass sie bereits unter dem alten Namen gesellschaftlich aufgetreten sind.[63] Deshalb soll dem entsprechenden Wunsch eines über 14 Jahre alten Kindes idR zu entsprechen sein (s. auch die Wertung in § 1617c Abs. 1 S. 2),[64] ohne dass es eines besonderen Bedürfnisses[65] bedarf, und auch die Aufrechterhaltung der leiblichen Verwandtschaft bei einer Annahme nach § 1756[66] soll namensrechtlich zu berücksichtigen sein. Mit solcher Handhabung wird jedoch das „Erfordernis" der Namenshinzufügung zum Wohl des Kindes faktisch gleichsam auf Null reduziert.[67] Zieht man die Parallele zur vergleichbaren Namensänderung in der Stieffamilie ohne Adoption (§ 1618), für die entgegen der früheren gesetzlichen Regelung die Namensänderung dem Kindeswohl nicht nur „dienen", sondern dieses für eine Ersetzung der Einwilligung eines Elternteils die Namensänderung „erfordern" muss,[68] dürfte mit der Namenshinzufügung bei einer Adoption, die ja idR die Auflösung der rechtlichen Beziehungen des Kindes zu seiner leiblichen Familie zur Folge hat, wohl zu großzügig umgegangen werden.[69] Tendenziell dürfte die Handhabung der Praxis auch auf die allgemein gelockerte Auffassung von der Funktion des Namens zurückzuführen sein. – Bei einer **Volljährigenadoption** soll § 1757 Abs. 4 Nr. 2 großzügig ausgelegt werden, weil der Angenommene bereits seit lange unter seinem Namen gesellschaftlich aufgetreten ist.[70] – Eine Hinzufügung des Namens scheidet jedoch unabhängig vom Alter des Kindes bei einer **Inkognitoadoption** aus, weil über den hinzugefügten Namen die ehemalige Zugehörigkeit zur leiblichen Familie offenbart würde. – Durch die Hinzufügung von Begleitnamen entstehende **Namensketten** sind jedoch entsprechend § 1355 Abs. 4 S. 2, 3 grundsätzlich nicht zulässig.[71]

Bei einer **Volljährigenadoption** können persönliche, wirtschaftliche oder gesellschaftliche Interessen,[72] aber auch der wissenschaftliche Ruf des Angenommenen[73] ausreichen, nicht aber allein der Wunsch des Anzunehmenden; erforderlich ist vielmehr ein hoher Bekanntheitsgrad unter dem bisherigen Familiennamen in den einschlägigen Kreisen. Insgesamt wird ein schwerwiegender Grund jedoch häufiger als bei der Minderjährigenadoption angenommen werden können.[74]

b) Rechtsfolgen. Wird nach § 1355 Abs. 4 S. 1 dem Ehenamen der bisherige Familienname hinzugefügt, führt der Ehegatte einen zweiteiligen Familiennamen, der sich aus dem Ehenamen und einem **Begleitnamen** zusammensetzt. Dieser Begleitname führt nicht zu einem Doppelnamen, weil der hinzugefügte Name nicht Bestandteil des Ehenamens, sondern Zusatz zu ihm ist.[75] Etwas anderes gilt für § 1757 Abs. 4 Nr. 2: Der dem Familiennamen der Annehmenden als Geburtsnamen

---

[60] Zutreffend *Staudinger/Frank* Rn. 53.
[61] Zum früheren Recht s. 3. Aufl. 1992 Rn. 8 mwN. Zur Entstehungsgeschichte auch *Staudinger/Frank* Rn. 20, kritisch Rn. 21.
[62] BVerwG NJW 1988, 85 = FamRZ 1987, 807 m. Anm. *Salgo* StAZ 1987, 254; KG OLGZ 1978, 135 = FamRZ 1978, 208, 209; LG Freiburg FamRZ 1980, 1068; LG Aachen DAVorm. 1984, 910; LG Bonn FamRZ 1985, 109; LG Köln FamRZ 1998, 506; LG Regensburg MittBayNot 2008, 481; *Liermann* FamRZ 1993, 1263, 1264; *Staudinger/Frank* Rn. 25 mwN.
[63] OLG Celle FamRZ 1997, 115, 116; LG Bonn FamRZ 1985, 109; AG Solingen FamRZ 1988, 105 f.
[64] RGRK/*Dickescheid* Rn. 12. Ähnlich für Volljährige LG Bonn FamRZ 1985, 109; AG Solingen FamRZ 1988, 105.
[65] AG Erlangen StAZ 1979, 323 („in der Fachliteratur bekannt geworden"); AG Solingen FamRZ 1988, 105 („... besteht ein solches Interesse immer wieder bei Frauen, die vor der Eheschließung als Sportlerin, Wissenschaftlerin oder Künstlerin einen Namen hatten, den sie aus persönlichen, wirtschaftlichen oder gesellschaftlichen Gründen beibehalten wollen").
[66] BT-Drucks. 7/3061 S. 5; *Gernhuber/Coester-Waltjen* § 68 Rn. 115.
[67] Kritisch auch *Staudinger/Frank* Rn. 21.
[68] BGH NJW 2002, 300 = FamRZ 2002, 94 f.
[69] *Staudinger/Frank* Rn. 21, der zutreffend feststellt, dass aus der Rspr. keine Fälle bekannt geworden sind, in denen die Hinzufügung eines Namens verweigert worden wäre.
[70] LG Bonn FamRZ 1985, 109; s. auch OLG Celle FamRZ 1997, 115, 116 mwN.
[71] Soergel/*Liermann* Rn. 30 mwN.
[72] LG Regensburg MittBayNot 2008, 481; AG Solingen FamRZ 1988, 105 f.
[73] LG Hannover StAZ 1979, 323; AG Erlangen StAZ 1979, 323.
[74] LG Bonn FamRZ 1985, 109.
[75] *Liermann* FamRZ 1993, 1263, 1264; *Palandt/Diederichsen* § 1355 Rn. 6, 7.

§ 1757 31–33   Abschnitt 2. Titel 7. Annahme als Kind

hinzugefügte bisherige Familienname vermittelt einen **Doppelnamen,** dh. er wird Teil des Geburtsnamens und nicht als Zusatz zum Geburtsnamen lediglich Begleitname.[76] – Der neue Name wird im **Annahmebeschluss** angegeben (dazu § 1752 Rn. 31).

Bsp.: Heißen die Annehmenden A und trägt das Kind den Familiennamen B, heißt es nach der Annahme A-B oder B-A. – Ist der Angenommene mit C **verheiratet,** wird der Doppelname sein Geburtsname, der Ehename bleibt unverändert. Ist der Geburtsname des anderen Ehegatten Ehename, führt der Angenommene nunmehr einen dreiteiligen Namen A-B-C (statt wie bisher: B-C).[77] Ist der Geburtsname des Angenommenen der Ehename (B) und stimmt der Ehegatte der Namensänderung nicht zu, bleibt der ursprüngliche Ehename (B) erhalten (dazu Rn. 16-20).[78] Da der Geburtsname des Angenommenen den Ehenamen mit enthält (A-B), müsste der vollständige Name A-B-B lauten;[79] dieser Unfug lässt sich dadurch vermeiden, dass in einem solchen Fall ein schwerwiegender Grund verneint wird.[80] – Dies gilt entsprechend, wenn ein Angenommener mit einem Doppelnamen selbst wieder adoptiert: Fügt auch dieses Adoptivkind seinen bisherigen Geburtsnamen (C) seinem neuen Geburtsnamen (A-B) an, erhält es einen dreigliedrigen Geburtsnamen A-B-C.

31   **9. Namensänderung des Annehmenden.** Die Rechtsfolgen einer Änderung des Namens des Annehmenden für den Namen des Kindes bestimmen sich nach der allgemeinen Vorschrift des § 1617c.[81]

IV. Vorname

32   Die Ersetzung des oder eines bisherigen Vornamens[82] oder die Beilegung eines oder mehrerer neuer Vornamen[83] setzen voraus **(Abs. 4 S. 1 Nr. 1):**[84]
– Einen **Antrag** des Annehmenden. – Allgemein wird für ihn notarielle Beurkundung (§ 1752 Abs. 2 S. 2) verlangt.[85] Zwingend ist dies nicht, weil Abs. 4 S. 2 nicht auch auf § 1752 Abs. 2 S. 2 verweist und dies auch seinen berechtigten Grund hat: Für die Vornamensänderung bedarf es nämlich nicht derselben Warnfunktion wie für die Annahme und die Einwilligungen. Ausreichend ist deshalb öffentliche Beglaubigung (entsprechend Abs. 3 Halbs. 2; zum Antrag nach Abs. 4 S. 1 Nr. 2 s. Rn. 26) – Der Antrag kann ohne besondere Form bis zu seiner rechtskräftigen Verbescheidung **zurückgenommen** werden (zum Annahmeantrag s. § 1752 Rn. 13).
– Die **Einwilligung** des Kindes (dazu auch Rn. 27).
– Die Namensänderung muss dem Kindeswohl (dazu Rn. 33) entsprechen.[86]

33   Dass die Vornamensänderung dem **Wohl des Kindes** entspricht, kann in folgenden Fällen angenommen werden:
– Ersetzung eines fremdländischen Namens, wenn die Gefahr der „Stigmatisierung" besteht.[87]
– Ersetzung eines besonders auffälligen Namens, der das Inkognito gefährden kann.[88]

---

[76] *Palandt/Diederichsen* Rn. 11; *Erman/Saar* Rn. 14; *Staudinger/Frank* Rn. 25; aA BayObLGZ 1985, 184 = StAZ 1985, 202 f. = FamRZ 1985, 1082 (LS.); *Soergel/Liermann* Rn. 30; *Liermann* FamRZ 1993, 1263, 1264 mwN (zum alten Recht); s. auch DNotZ-Report 1999, 19, 20 (zum neuen Recht).
[77] BayObLGZ 1985, 184 = StAZ 1985, 202, 203 = FamRZ 1985, 1082 (LS.); LG Köln FamRZ 1998, 506.
[78] OLG Hamm OLGZ 1983, 423 = StAZ 1983, 200, 202 = FamRZ 1983, 649 (LS.); *Staudinger/Frank* Rn. 26.
[79] So folgerichtig *Dörr* StAZ 1984, 100; aA LG Gießen StAZ 1984, 100.
[80] Ebenso *Staudinger/Frank* Rn. 27; übersehen in dem vom LG Gießen StAZ 1984, 100 allein unter personenstandsrechtlichen Aspekten entschiedenen Ausgangssachverhalt.
[81] Näher dazu und zur Entstehungsgeschichte *Staudinger/Frank* Rn. 44-47.
[82] *Smentek/Baumann-Zipplies/Dohnert* S. 61 fordern auf Grund der Erfahrungen mit Müttern, die sich mit dem Gedanken tragen, in die Adoption ihrer Kinder einzuwilligen, den von den leiblichen Müttern gegebenen Vornamen beizubehalten, um nicht die Geschichte des Kindes auszulöschen.
[83] Der RefE ZfJ 1991, 245 formulierte noch in der Einzahl; vgl. *Liermann* FamRZ 1993, 1263, 1264.
[84] Zur Rechtsentwicklung s. 3. Aufl. Rn. 10 und *Staudinger/Frank* Rn. 48, 49.
[85] BayObLGZ 1979, 346 = StAZ 1980, 65, 66 m. Anm. *v. Bar* = FamRZ 1980, 501; *Staudinger/Frank* Rn. 51; *Erman/Saar* Rn. 15; *Brüggemann* ZfJ 1988, 101, 102.
[86] Mit dieser Fassung durch das AdoptRÄndG wurden die Voraussetzungen gegenüber § 1757 Abs. 2 S. 1 aF - „aus schwerwiegenden Gründen zum Wohl des Kindes erforderlich" - entscheidend abgeschwächt und die Vornamensänderung erleichtert, um im Interesse einer den Umständen des Einzelfalls gerecht werdenden Entscheidung ohne feste Altersgrenzen (BT-Drucks. 12/2506 S. 5 f., 8 f.) der besonderen Bedeutung eigener Namensgebung für das Eltern-Kind-Verhältnis und für die Identifikation des Kindes und seiner Persönlichkeitsfindung besondere Wertschätzung einzuräumen (zum Ganzen *Liermann* FamRZ 1993, 1263, 1264) und der Änderung der faktischen Namensgebung während der Pflegezeit Rechnung zu tragen (BT-Drucks. 12/2506 S. 5 f., 8).
[87] LG Berlin FamRZ 1978, 149; FamRZ 1979, 79; *Gernhuber/Coester-Waltjen* § 68 Rn. 116.
[88] LG Berlin DAVorm. 1978, 118; LG Freiburg FamRZ 1980, 1068; AG Aurich DAVorm. 1978, 119.

Name des Kindes 34–37 **§ 1757**

– Ersetzung eines Namens, den Adoptivgeschwister bereits tragen (Vermeidung von August I und August II).[89]
– Beilegung des Namens, der bereits während der Pflegezeit der Rufname des Kindes mit beginnendem Bewusstsein war;[90] insoweit ist den Annehmenden zu Recht ein entscheidender Einfluss eingeräumt, weil sie sich mit dem Kind identifizieren müssen.[91]
– Einem noch nicht an einen bestimmten Namen gewöhnten Kind soll ein anderer Vorname gegeben werden, um die emotionale Bindung an die Adoptivfamilie zu stärken.[92]
– In den beiden letzteren Fällen wird es idR genügen, dem Kind einen weiteren Vornamen zu geben.[93]

Eine Vornamensänderung kann dem Kindeswohl **widersprechen,** wenn mit einer bereits längeren Namensführung gebrochen[94] oder das Kind durch eine launenhafte Namensführung, die die Eingriffsschwelle von § 1666 noch nicht zu erreichen braucht, stigmatisiert würde. – Zur – verneinten – Geltung bei der **Volljährigenadoption** s. § 1770 Rn. 6. 34

V. Verfahren

Über die Namensführung wird im Adoptionsverfahren mit dem **Annahmeausspruch** entschieden und der neue Name im Annahmebeschluss angegeben. Eine **Vorabentscheidung** ist unzulässig, weil die Annehmenden die Annahme idR nicht von der Namensänderung abhängig machen können; tun sie es doch, stellt sich die Frage nach der Kindeswohldienlichkeit der Annahme.[95] – Liegen die Voraussetzungen der Adoption vor, entspricht die Namensänderung aber nicht dem Wohl des Kindes, ist dem Annahmeantrag stattzugeben[96] und der Antrag auf Namensänderung zurückzuweisen. – Zu den **Kosten** s. § 1752 Rn. 40. 35

Die Bestimmung nach Abs. 2 (dazu Rn. 6-7) und die Anschließung nach Abs. 3 (dazu Rn. 16-20) sind gegenüber dem örtlich zuständigen **FamG** (dazu § 1752 Rn. 8-10[97]) zu erklären. 36

Die **Änderung des Vornamens**[98] und die **Zurückweisung**[99] eines darauf gerichteten Antrags ist mit der – fristgebundenen – **Beschwerde** (§§ 58, 63 Abs. 1 FamFG) anfechtbar. Zwar führt dies uU dazu, dass entgegen dem Wortlaut des § 197 Abs. 3 S. 2 FamFG der Annahmebeschluss geändert wird; doch verbietet der Zweck der Annahme nicht auch eine Änderung in der Nebenfolge, zumal dadurch einem Verfahren zur Abänderung des öffentlich-rechtlichen Namensänderung der Annehmenden vorgebeugt wird.[100] – **Anfechtungsberechtigt** ist der **Antragsteller** als formell (§ 7 Abs. 1 FamFG) und materiell Beteiligter des Verfahrens (§ 7 Abs. Abs. 2 Nr. 1 FamFG); allerdings ist die Beschwerde 37

---

[89] Lüderitz NJW 1976, 1870.
[90] BVerwG NJW 1988, 85 usw. (für Namensänderung; s. aber BVerwG NJW-RR 1989, 771: nicht Harry statt Hartmut); VGH Kassel NJW-RR 1988, 711; KG OLGZ 1978, 135 = FamRZ 1978, 208; OLG Düsseldorf StAZ 1983, 314; OLG Düsseldorf DAVorm. 1983, 87; LG Stuttgart DAVorm. 1978, 793; LG Freiburg FamRZ 1980, 1068; LG Aachen DAVorm. 1984, 910, 912; Lüderitz NJW 1976, 1870; aA LG Berlin DAVorm. 1977, 669; FamRZ 1978, 149 (aufgehoben durch KG 17. 1. 1978 - 1 W 4173/77, mitgeteilt in FamRZ 1978, 210).
[91] Ähnlich Brüggemann ZfJ 1988, 101 f.; kritisch Palandt/Diederichsen Rn. 2.
[92] KG OLGZ 1978, 135 = FamRZ 1978, 208; OLG Düsseldorf StAZ 1983, 314; LG Berlin FamRZ 1979, 79; LG Stuttgart DAVorm. 1978, 793; AG Aurich DAVorm. 1978, 119. Vgl. Bericht RA-BT BT-Drucks. 7/5087 S. 18; RefE ZfJ 1991, 245, 246 f. (Begründung b); Zöller FamRZ 1975, 615, 617 will die Grenze bei 4 Jahren ansetzen.
[93] KG OLGZ 1978, 135 = FamRZ 1978, 208.
[94] Staudinger/Frank Rn. 49 mwN.
[95] KG OLGZ 1978, 135 = FamRZ 1978, 208, 209; Soergel/Liermann Rn. 33; Staudinger/Frank Rn. 31, 56; aA LG Berlin DAVorm. 1977, 669 f.; FamRZ 1978, 149, 150; LG Bonn FamRZ 1985, 109; Erman/Saar Rn. 18; Brüggemann ZfJ 1988, 101, 106 f.
[96] KG OLGZ 1978, 135 = FamRZ 1978, 208.
[97] KG OLGZ 1978, 135 = FamRZ 1978, 208; Palandt/Diederichsen Rn. 2; Staudinger/Frank Rn. 31, 56 mwN; aA Erman/Saar Rn. 19.
[98] Zu § 19 FGG aF OLG Köln FamRZ 2003, 1773 f.; Soergel/Liermann Rn. 33.
[99] Im Ergebnis ebenso OLG Köln StAZ 1982, 278 m. Anm. Held; OLG Düsseldorf StAZ 1983, 313; OLG Zweibrücken FGPrax 2001, 75 = NJWE-FER 2001, 120 = FamRZ 2001, 1733 f.; LG Berlin FamRZ 1979, 79; LG Aachen DAVorm. 1984, 910, 911; LG Koblenz StAZ 1983, 205; LG Lübeck StAZ 1998, 289 m. Anm. Sachse; LG Braunschweig FamRZ 2000, 114; Soergel/Liermann Rn. 33; Erman/Saar Rn. 19; Staudinger/Frank Rn. 54; Keidel/Engelhardt § 197 FamFG Rn. 24; s. auch AG Karlsruhe StAZ 1990, 264, 265 (eine Wiederholungsadoption nach deutschem Recht muss die Änderung des Vaternamens berücksichtigen, die bei einer Adoption nach bulgarischem Recht automatisch eintritt); aA BayObLGZ 1979, 346, 348 = StAZ 1980, 65, 66 f. m. Anm. v. Bar = FamRZ 1980, 501 (LS.); OLG Hamm OLGZ 1983, 423 = StAZ 1983, 200 = FamRZ 1983, 649 (LS.); RGRK/Dickescheid Rn. 15; Palandt/Diederichsen Rn. 13; offengelassen von OLG Karlsruhe FamRZ 1999, 252, 253.
[100] Zum Ganzen MünchKommZPO/Maurer §§ 197, 198 FamFG Rn. 33.

mangels **Beschwer** unzulässig, wenn er bei einer Änderung des Vornamens nicht zugleich seinen Änderungsantrag zurücknimmt. Zudem ist das **Kind** anfechtungsberechtigt, das zugleich seine Einwilligung in die Namensänderung zurücknehmen muss, ansonsten auch seine Beschwerde mangels Beschwer unzulässig ist. Nicht anfechtungsberechtigt sind die **leiblichen Eltern** des Kindes, da mit der Annahme ihre Rechtsbeziehungen zu dem Kind erloschen sind.

38 Dem FamG ist eine **Ergänzung** möglich, wenn es den Antrag auf Namensänderung übersehen hat (§ 43 FamFG)[101] oder wenn versehentlich in den Annahmebeschluss nicht aufgenommen wurde, dass sich der Ehename eines verheirateten Angenommenen durch die Adoption nicht ändert.[102] Wurde der Antrag auf Namensänderung allerdings erst **nach Erlass** des Adoptionsbeschlusses gestellt, beruht er auf einer unbeachtlichen Willensänderung oder einem nach § 1760 Abs. 2 unbeachtlichen Irrtum und ist zurückzuweisen.[103] Dies gilt bei „nachgeholter" Zustimmung des Ehegatten entsprechend (Abs. 3, dazu Rn. 16-20).[104] Eine Namensänderung ist dann nur noch öffentlich-rechtlich zulässig (§§ 11, 3 NamensÄndG).[105]

39 Das Familiengericht kann den Beschluss zum Namen bei offenbarer Unrichtigkeit **berichtigen** (nunmehr ausdrücklich § 42 Abs. 1 FamFG). Gesetzwidrige Entscheidungen fallen jedoch nicht hierunter, sie sind ggf. nichtig (dazu Rn. 3, 41).[106]

40 Die Namensfeststellung **bindet** den Standesbeamten,[107] der zum Geburtseintrag im Geburtenregister die Folgebeurkundung zur Namensänderung aufzunehmen hat (§§ 27 Abs. 3 Nr. 1 Halbs. 2, 21 Abs. 1 Nr. 4 PStG), und zwar auch dann, wenn sie fehlerhaft,[108] aber nicht nichtig ist,[109] oder ein Ergänzungsbeschluss zu Unrecht ergangen ist;[110] der Standesbeamte darf und muss den Beschluss jedoch auslegen.[111]

41 **Nichtig** ist aber die Anordnung im Adoptionsdekret, der Angenommene führe seinen bisherigen Geburtsnamen weiter (dazu auch Rn. 3). Sie zeitigt keine Rechtswirkungen[112] und ist deshalb auch

---

[101] OLG Düsseldorf DAVorm. 1983, 87; OLG Hamm OLGZ 1983, 423 = FamRZ 1983, 649 (LS.) = StAZ 1983, 200; AG Aachen StAZ 1982, 179, alle unter Hinweis auf § 321 ZPO; ebenso *Erman/Saar* Rn. 19; *Staudinger/Frank* Rn. 29, 55; *Soergel/Liermann* Rn. 33; im Ergebnis auch AG Köln StAZ 1982, 178; *Palandt/Diederichsen* Rn. 2. – Zur Berichtigung des Adoptionsdekrets, wenn zu Unrecht von der Anschließung des Ehegatten zur Namensänderung ausgegangen wurde, s. Rn. 39.
[102] OLG Frankfurt/M. StAZ 1992, 378; OLG Zweibrücken Beschl. v. 21. 3. 2011 - 6 UF 31/11, juris [7] = FamRZ 2011, 1411 (LS.); *Staudinger/Frank* Rn. 32.
[103] BayObLGZ 1979, 346 = StAZ 1980, 65, 66 m. Anm. *v. Bar* = FamRZ 1980, 501 (LS) auch BayObLGZ 1985, 264 = NJW-RR 1986, 498 = FamRZ 1985, 1182, 1184; StAZ 2003, 44 = FamRZ 2003, 1773 (LS.); AG Karlsruhe StAZ 1990, 264, 265.
[104] BayObLGZ 1985, 264 = NJW-RR 1986, 498 = FamRZ 1985, 1182, 1184.
[105] *Staudinger/Frank* Rn. 55. – Zum Vorrang der bürgerlich-rechtlichen Namensänderung s. Nr. 27 Abs. 1 der Allgemeinen Verwaltungsvorschrift des Bundesministerium des Innern zum Gesetz über die Änderung von Familiennamen und Vornamen (NamÄndVwV) - V II 3 - 133 131/7 v. 11. 8. 1980 (StAZ 1980, 291, 299) idF v. 18. 4. 1986 (BAnz. 1986, 5185). – Zur Namensänderung durch Umwandlung eines ausländischen Adoptionsdekrets nach § 3 Abs. 2 AdWirkG s. § 1752 Anh. § 3 AdWirkG Rn. 4.
[106] LG Münster StAZ 2010, 113.
[107] BayObLGZ 1978, 372 = StAZ 1979, 121 f.; OLG Stuttgart StAZ 1979, 242; OLG Celle StAZ 1979, 323; OLG Karlsruhe NJWE-FER 1997, 283 = FamRZ 1999, 252, 253; LG Heilbronn StAZ 1979, 70; LG Koblenz StAZ 1983, 205; aA LG Lübeck StAZ 1998, 289, 290 m. Anm. *Sachse*.
[108] BayObLG FamRZ 2005, 1010, 1011; OLG Hamm StAZ 2010, 180, 181.
[109] Zur Nichtigkeit der Namensfeststellung s. BayObLGZ 2002, 155 = FamRZ 2002, 1649 f.; MünchKommZPO/*Maurer* §§ 197, 198 FamFG Rn. 21-24.
[110] OLG Hamm OLGZ 1983, 423 = StAZ 1983, 200, 201 = FamRZ 1983, 649 (LS.); grundsätzlich auch BayObLG 1985, 184, 187 = StAZ 1985, 202 = FamRZ 1985, 1082 (LS.); *Staudinger/Frank* Rn. 29 mwN; *v. Bar* StAZ 1980, 67 f.; aA BayObLGZ 1979, 346 = StAZ 1980, 65, 67 m. Anm. *v. Bar* = FamRZ 1980, 540 (LS.): Zusatzbeschluss über den Namen ist nichtig und daher nicht bindend; ähnlich AG Hamburg StAZ 1980, 199 für Übergangsrecht. Dieser (durch *v. Bar* aaO zu Recht kritisierten) Folgerung stimmt RGRK/*Dickescheid* Rn. 15 zu; ihr folgt bisher auch die Standesamtspraxis, vgl. StAZ 1981, 32 f., 1983, 171 f., StAZ 1982, 179.
[111] BayObLGZ 1985, 184 = StAZ 1985, 202 = FamRZ 1985, 1082 (LS.); BayObLGZ 2002, 155 = FamRZ 2002, 1649 f.; s. auch *Soergel/Liermann* Rn. 33 mwN in Fn. 114.
[112] BayObLGZ 2002, 155 = FamRZ 2002, 1649, 1650 = StAZ 2003, 42; BayObLG FamRZ 2003, 1869 f. = StAZ 2003, 136; OLG Celle StAZ 1997, 103 = FamRZ 1997, 115; OLG Karlsruhe FGPrax 1999, 58 = FamRZ 2000, 115, 116; StAZ 1999, 372, 373; OLG Hamm FGPrax 2001, 20 = FamRZ 2001, 859, 860; OLG Zweibrücken FGPrax 2001, 75 = FamRZ 2001, 1733; *Staudinger/Frank* Rn. 10, 15; MünchKommZPO/*Maurer* §§ 197, 198 FamFG Rn. 22, 23 mwN; *Liermann* FamRZ 2000, 722 f.; *Frank* StAZ 2008, 1, 2; aA für die Volljährigenadoption AG Leverkusen FamRZ 2008, 2058 f. m. abl. Anm. *Maurer* FamRZ 2009, 439, 440 f.; RNotZ 2009, 544 f. m. Anm. *Heinze*: „... in der Praxis häufig anzutreffendes Bedürfnis bei Volljährigenadoption ..."; AG Münster StAZ 2010, 79, 80.

nicht einzutragen, jedenfalls dann, wenn das FamG bewusst von der gesetzlichen Regelung abweicht; über die Nicht-Eintragung wird nach § 49 PStG entschieden.[113]

§ 1758 Offenbarungs- und Ausforschungsverbot

(1) **Tatsachen, die geeignet sind, die Annahme und ihre Umstände aufzudecken, dürfen ohne Zustimmung des Annehmenden und des Kindes nicht offenbart oder ausgeforscht werden, es sei denn, dass besondere Gründe des öffentlichen Interesses dies erfordern.**

(2) [1] **Absatz 1 gilt sinngemäß, wenn die nach § 1747 erforderliche Einwilligung erteilt ist.** [2] **Das Familiengericht kann anordnen, dass die Wirkungen des Absatzes 1 eintreten, wenn ein Antrag auf Ersetzung der Einwilligung eines Elternteils gestellt worden ist.**

Schrifttum: *Frank*, Recht auf Kenntnis der genetischen Abstammung?, FamRZ 1988, 113; *Kurek-Bender*, Identitätsfindung Adoptierter, PFAD 3/2002, 12; *Landeswohlfahrtsverband Baden/Landesjugendamt Karlsruhe*, Das Spannungsverhältnis des Adoptionsdreiecks. Reflexionen aus juristischer, psychologischer und psychiatrischer Sicht, 1996; *Paulitz*, Das Spannungsverhältnis des Adoptionsdreiecks, ZfJ 1996, 305; *ders.*, Offene Adoption. Ein Plädoyer, 1997; *Gräfin von Schlieffen*, Offene Adoptionen – Ein Grund zur Reform des Adoptionsrechts, Diss. FU Berlin 1996; *Lenze*, Kriterien für eine Rechtsgüterabwägung zwischen dem Recht des Kindes auf Kenntnis der eigenen Abstammung und dem Schutz der Intimsphäre der Mutter, ZfJ 1998, 101; *Muscheler*, Offene und verdeckte Adoption – Recht des Kindes auf Kenntnis seiner Abstammung, FPR 2008, 496; *Stalinski*, Spurensuche, FamRZ 2005, 856; *Textor*, Die unbekannten Eltern, ZfJ 1990, 10; *Voß*, Neue Tendenzen im Adoptionsrecht der Vereinigten Staaten von Amerika, FamRZ 2001, 203; *Wieder/Wiemann*, Die Aufklärung von Adoptivkindern über ihre Herkunft im frühen Vorschulalter – kann dies falsch sein?, PFAD 4/2001, 18.

Übersicht

	Rn.		Rn.
I. Normzweck	1	VI. Befugte Offenbarung oder Ausforschung	13–21
II. Anwendungsbereich	2–4	1. Zustimmung	13, 14
1. Sachlich	2, 3	2. Besondere Gründe des privaten Interesses	15, 16
2. Persönlich	4		
III. Geheimhaltung	5–10	3. Besondere Gründe des öffentlichen Interesses	17, 18
1. Berechtigung	5		
2. Stichtag	6	4. Ermittlungen	19–21
3. Vorwirkung	7–10	VII. Ahndung von Verstößen	22–24
IV. Offenbarungsverbot	11	1. Ansprüche	23
		2. Verfahren	24
V. Ausforschungsverbot	12	VIII. Aufklärung des Kindes	25–27

I. Normzweck

Das Kind soll sich in der Adoptivfamilie nicht nur rechtlich (dazu §§ 1754, 1755 Rn. 1), sondern 1 auch tatsächlich ungestört entwickeln.[1] Der Annehmende muss zum **Wohl des Kindes,** aber auch in seinem eigenen Interesse vor **Nachstellungen** der leiblichen Verwandten[2] und ggf. von Pflegeeltern[3] sicher sein. Diesem Interesse soll die **Inkognitoadoption** dienen (§ 1747 Abs. 2 S. 2, dazu dort Rn. 26); die Geheimhaltung im Weiteren gewährleistet § 1758,[4] der die Forderungen aus Art. 20 EuAdAbk (dazu Vor § 1741 Rn. 14) umsetzt.[5] Stets geht Dritte die „nichtleibliche" Herkunft

---

[113] LG Münster StAZ 2010, 113, 114.
[1] Zur Entstehungsgeschichte *Staudinger/Frank* RdNr 1-5.
[2] *Schnitzerling* UJ 1960, 314; *Zarbock* ZfJ 1967, 141.
[3] BVerfGE 79, 51 = NJW 1989, 519 = FamRZ 1989, 31, 35.
[4] BT-Drucks. 7/3061 S. 46 Nr. 1-3, offenbar angeregt durch Mitt. AGJ 70 (1974), 46.
[5] Abs. 1: "Es sind Anordnungen zu treffen, damit ein Kind angenommen werden kann, ohne daß seine Familie aufgedeckt wird, wer der Annehmende ist."; Abs. 3:"Der Annehmende und das Kind sind zu berechtigen, Auszüge aus den Personenstandsbüchern zu erhalten, deren Inhalt die Tatsache, den Tag und den Ort der Geburt des Kindes bescheinigt, aber weder die Adoption noch die leiblichen Eltern ausdrücklich zu erkennen gibt.";

des Kindes nichts an. – Da der Angenommene das Kind des Annehmenden wird (§ 1754), besteht idR kein Anlass, nach der näheren Herkunft des Kindes zu fragen. Damit berücksichtigt § 1758 Abs. 1 auch das Geheimhaltungsinteresse der **Adoptivfamilie** und von **Adoptionsbewerbern**.[6]

II. Anwendungsbereich

2 1. **Sachlich.** Die Regelung beschränkt sich auf die **Adoption**. – Nicht geschützt ist die **Adoptionspflegezeit**.[7] Allerdings eröffnet § 9b Abs. 2 AdVermiG dem gesetzlichen Vertreter des Kindes ein grundsätzlich unbeschränktes Einsichtsrecht in die Vermittlungsakten, sodass die leiblichen Eltern bis zur wirksamen Erteilung ihrer Einwilligung in die Annahme oder deren Ersetzung Einsicht in die Vermittlungsakten verlangen können, es sei denn, „überwiegende Belange eines Betroffenen" stehen dem entgegen (dazu § 1744 Anh. Rn. 33-36).

3 Die Regelung ist sowohl auf die **Minderjährigen-** als auch auf die **Volljährigenadoption** anzuwenden.[8] Zwar ist das Geheimhaltungsinteresse bei der Volljährigenadoption geringer als bei der Annahme Minderjährige (s. auch § 1770 Abs. 1 S. 1 zum Bestehenbleiben der verwandtschaftlichen Beziehungen zu den leiblichen Eltern), doch geht auch die Annahme Volljähriger Dritte nichts an.

4 2. **Persönlich.** Das Offenbarungs- und Ausforschungsverbot schützt immer die ganz konkrete Adoption zwischen Annehmenden und Angenommenem. Der Schutz richtet sich gegen jeden **Dritten,** der Kenntnis von Umständen hat, deren Preisgabe zur Aufdeckung der Adoption führen kann,[9] etwa aufgrund amtlicher Tätigkeit – hauptsächlich Mitarbeiter der Jugendämter und der Adoptionsvermittlungsstellen, doch ist der Kreis der Betroffenen erheblich weiter auf alle die Behördenangehörigen zu ziehen, die kraft amtlicher Tätigkeit von der Adoption Kenntnis haben[10] – oder privat, aber auch – jedenfalls eingeschränkt – gegen den **Annehmenden,** den **Angenommenen** und die **leiblichen Eltern** (dazu auch Rn. 12).[11]

III. Geheimhaltung

5 1. **Berechtigung.** Sie kann nicht deshalb allgemein bestritten werden, weil Dritte die Adoption grundsätzlich nichts angeht und den Adoptionsbeteiligten Schutz vor unsachlich motivierter Ausforschung gewährt werden muss; denn die Adoptionsfamilie wird rechtlich wie eine leibliche Familie behandelt. Etwas anderes gilt bei einer „**offenen Adoption**", die gerade darauf angelegt ist, auch die leiblichen Eltern in die Adoption miteinzubeziehen (dazu Vor § 1741 Rn. 43). Im Übrigen ermöglichen die Zustimmung der Annehmenden und des Kindes sowie „besondere Gründe des öffentlichen Interesses" sachgerechte Ausnahmen.

6 2. **Stichtag.** Das Offenbarungs- und Ausforschungsverbot besteht – so denn überhaupt ein schutzwürdiges Geheimhaltungsinteresse anzuerkennen ist (dazu Rn. 5) – jedenfalls ab **Wirksamkeit** des Ausspruchs der Annahme **(Abs. 1)**. Wirksam wird er Annahmeausspruch mit seiner Zustellung an den Annehmenden, nach dessen Tod mit der Zustellung an das Kind (§ 197 Abs. 2 FamFG).

7 3. **Vorwirkung.** Aus **Abs. 2** ergibt sich eine **Vorwirkung** des Offenbarungs- und Ausforschungsverbots im Hinblick auf die Erteilung einer **Einwilligung** in die Annahme. Auch sie gilt gegenüber **jedermann**,[12] auch gegenüber Pflegeeltern, die die Herausgabe des Kindes an die Adop-

---

Abs. 4: "Die Personenstandsbücher sind so zu halten, zumindest aber ist ihr Inhalt so wiederzugeben, daß Personen, die kein berechtigtes Interesse haben, nicht erkennen können, daß jemand angenommen ist oder, falls dies bekannt ist, wer seine leiblichen Eltern sind."

[6] Trotz dieses Schutzes verstieß es nicht gegen § 1758, wenn aus dem Familienbuch der leiblichen Eltern die Annahme hervorging und § 61 Abs. 2 PStG aF insoweit nicht eine beschränkte Auskunft vorschrieb (aA *Zinke* StAZ 1978, 136).

[7] Dazu auch OLG Köln FamRZ 1998, 307.

[8] Hierzu zögerte der RA-BT BT-Drucks 7/5087 S. 21 (zu § 1772: „... wohl auch"); aA *Staudinger/Frank* § 1767 Rn. 31 ("ergibt ... keinen rechten Sinn").

[9] *Staudinger/Frank* Rn. 7: Bekannte, Nachbarn, aber auch Familienangehörige, Arbeitgeber, Vermieter etc.

[10] *Staudinger/Frank* Rn. 7: Standesämter (dazu auch *Nied* StAZ 1982, 257: keine Mitteilung an den Verlobten des Angenommenen; *Sachse* StAZ 1985, 25 f.: der für das Standesamt tätige Buchbinder ist auf § 1758 hinzuweisen), Meldebehörden, Religionsgemeinschaften, Finanzbehörden, Gesundheitsämter, Schulbehörden, Krankenkasse, Kindergeld-, Erziehungsgeld- und Elterngeldkasse, Rentenversicherung, aber auch etwa Sozialleistungsträger, Gerichtsangehörige.

[11] Etwa bei einer „offenen Adoption" (dazu Rn. 5, Vor § 1741 Rn. 43-45), *Hoffmann* JAmt 2003, 453, 459.

[12] *Staudinger/Frank* Rn. 17.

Offenbarungs- und Ausforschungsverbot 8–11 § 1758

tivpflegeeltern verhindern wollen.[13] – Wird eine Adoption lediglich **erwogen,** kann allenfalls § 1686 S. 1 Halbs. 2 eine Auskunftssperre rechtfertigen (dazu dort Rn. 9);[14] der durch § 1748 auch gewährleistete Schutz des Elternrechts darf nicht unterlaufen werden.[15] – Zur **Übermittlungssperre** nach § 4 AZRG s. § 7 Abs. 2 Nr. 3 AZRG-DV.

Das Offenbarungs- und Ausforschungsverbot tritt für jeden Elternteil von Gesetzes wegen bereits 8 mit der **Erteilung** seiner Einwilligung in die Adoption ein (S. 1). „Erteilung der Einwilligung" heißt grundsätzlich wirksame Erteilung, dh. mit Zugang beim FamG (§ 1750 Abs. 1 S. 3).

Zudem kann das FamG während der Dauer eines **Ersetzungsverfahrens,** dh. ab dessen Anhän- 9 gigkeit infolge Einreichung eines Antrags (§ 23 Abs. 1 FamFG) auf Ersetzung der Einwilligung eines Elternteils durch das anzunehmende Kind (§§ 1748, 1747), in einem selbständigen Verfahren die Geltung des Offenbarungs- und Ausforschungsverbots ausdrücklich anordnen (**vorläufiger Schutz:** Abs. 2 S. 2),[16] ggf. durch **einstweilige Anordnung** (§ 49 FamFG).[17] Auch insoweit handelt er sich um eine Adoptions- und Familiensache iSd. §§ 111 Nr. 4, 186 Nr. 1 FamFG.[18]

Entsprechend § 1751 Abs. 1 ist die Offenbarung der **Pflegeumstände** bereits ab erteilter Einwil- 10 ligung der Eltern oder ab Stellung des Adoptionsantrags[19] untersagt (Abs. 2;[20] zu den gleich gelagerten Gründen in § 1751 Abs. 1 s. dort Rn. 1, 3). – Der Standesbeamte, der durch die Adoptionsvermittlungsstelle von der Hingabe des Kindes in die Adoptionspflege unmittelbar nach der Geburt informiert worden ist, teilt der **Meldebehörde** am Wohnsitz der leiblichen Eltern die Geburt *nicht* mit,[21] um Störungen des Adoptionspflegeverhältnisses durch die leiblichen Eltern zu unterbinden.[22]

IV. Offenbarungsverbot

Das Verbot, die Umstände der Adoption zu offenbaren (**Schweigegebot**), stellt weitgehend 11 lediglich die bereits bestehende Rechtslage klar:
- Die **Geburtsurkunde** weist nur die Adoptiveltern aus (§§ 59 Abs. 1 Nr. 4, 27 Abs. 3 Nr. 1, 21 Abs. 1 Nr. 4 PStG). Wird das Kind von einem Ehegatten oder Lebenspartner (Nr. 59.2.1 PStG-VwV[23])[24] des leiblichen Elternteils angenommen, ist dieser als Elternteil aufzunehmen. – In die Geburtsurkunde wird grundsätzlich (Ausnahme: keine Aufnahme auf Verlangen, § 59 Abs. 2 PStG) auch der Geburtsname des Kindes aufgenommen (§§ 59 Abs. 1 Nr. 1, 27 Abs. 3 Nr. 2, 21 Abs. 1 Nr. 4 PStG) und in die Geburtsurkunde des Kindes eines verheirateten Angenommenen ggf. ein geänderter Ehename (dazu § 1757 Rn. 16-20).[25]
- In **Abstammungsurkunden**[26] – die Verlobte bei der Anmeldung der beabsichtigten Eheschließung dem Standesbeamten vorzulegen hatten, um ihm die Prüfung von Ehehindernissen, insbesondere des § 1307 (Verwandtschaft), zu ermöglichen (§ 5 PStG aF) – wurden neben den Annehmenden auch die leiblichen Eltern aufgenommen (§ 62 Abs. 1, 2 PStG aF). Haben die Annehmenden das angenommene Kind nicht aufgeklärt, hat es aus der Abstammungsurkunde erstmals von der Adoption und seinen leiblichen Eltern erfahren.[27]

---

[13] BVerfGE 79, 51 = NJW 1989, 519 = FamRZ 1989, 31, 35.
[14] *Staudinger/Frank* Rn. 18; weitergehend („Vorverlegung" des § 1758 Abs. 2 S. 2) LG Berlin DAVorm. 1980, 936, 939; AG Birkenfeld DAVorm. 1989, 1034 (Zeitpunkt des Antrags); *Erman/Saar* Rn. 5.
[15] Zu den bis 30. 6. 1998 bei einer „überholenden" Legitimation entstehenden Konflikten s. 3. Aufl. 1992 Rn. 5 aE mwN.
[16] Eingefügt auf Vorschlag des RA-BT BT-Drucks. 7/5087 S. 18 f. – Funktionell zuständig ist der Rechtspfleger (§§ 3 Nr. 2 lit. a, 14 Nr. 15 RPflG).
[17] *Staudinger/Frank* Rn. 15.
[18] MünchKommZPO/*Maurer* Rn. 3; *Keidel/Engelhardt* Rn. 2, jeweils zu § 186 FamFG.
[19] AG Birkenfeld DAVorm. 1989, 1034.
[20] Zu dessen geringer praktischer Bedeutung s. *Staudinger/Frank* Rn. 16.
[21] Modifikation von §§ 98, 277 Dienstanweisung für die Standesbeamten, vgl. zB Bayerischen Staatsministeriums des Innern v. 31. 3. 1989 StAZ 1989, 266.
[22] *Staudinger/Frank* Rn. 15.
[23] Allgemeine Verwaltungsvorschrift zum Personenstandsgesetz (PStG-VwV) v. 29. 3. 2010 (GMBl. 498).
[24] AA AG Münster StAZ 2009, 377: "Wird das Kind eines Lebenspartners vom anderen Lebenspartner angenommen, soll unter Zurückstellung des Prinzips der Abstammungsklarheit die Ausstellung der Geburtsurkunde für das Kind in der Weise vorzunehmen [sein], dass als Leittext der Begriff „Eltern" geschrieben wird und danach die Namen der Mutter und der Annehmenden aufgeführt werden," weil sonst "das Adoptionsoffenbarungs- und Ausforschungsverbot des § 1758 Abs. 1 BGB eindeutig nicht eingehalten ist."
[25] BayObLGZ 1980, 246 = StAZ 1981, 54, 57 m. Anm. *Nied* StAZ 1981, 82, *Fritsche* StAZ 1982, 57 = FamRZ 1981, 94 (LS.).
[26] Dazu auch OLG Hamm DAVorm. 1980, 754, 756 f.
[27] Seit Inkrafttreten des PStG 2009 am 1. 1. 2009 gibt es keine Abstammungsurkunden mehr (s. § 55 Abs. 1 PStG), BT-Drucks. 16/1831 S. 36, 55.

- Lediglich beschränkte Auskunft aus und Einsicht in den **Geburtseintrag** und **Registerauszug** für die Annehmenden, die Eltern, sonstige gesetzliche Vertreter des Kindes und das Kind, das das 16. Lebensjahr vollendet hat (§§ 63 Abs. 1, 62 PStG),[28] sowie für Behörden und Gerichte (§ 65 Abs. 1) und für wissenschaftliche Zwecke (§ 66 PStG).
- Den in **Jugendämtern** und **Adoptionsvermittlungsstellen** der öffentlich-rechtlichen Körperschaften und der freien Träger Tätigen gebietet ferner § 203 Abs. 1 Nr. 2, 4, 5, Abs. 2 Nr. 1, 2 StGB Schweigen,[29] da die Adoption ein zum persönlichen Lebensbereich gehörendes Geheimnis ist. Diesem bürgerlich-rechtlichen Verbot korrespondiert das öffentlich-rechtliche aus § 65 SGB VIII iVm. § 35 Abs. 2 SGB I, § 69 Abs. 1 Nr. 2 SGB X.
- Da sich der Täterkreis nicht notwendig mit dem Personenkreis deckt, der bei der Annahme mitwirkt (zB Adoptionsvermittlungsstellen von Wohlfahrtsverbänden) oder von ihr Kenntnis erhält (dazu auch Rn. 4), und je nach Sachlage auch an den Voraussetzungen eines „Geheimnisses" gezweifelt werden kann, räumt die allgemein gehaltene und durch § 13 Abs. 2 S. 2 FamFG („**Akteneinsicht**") ergänzte Bestimmung in § 1758 solche Zweifel aus. Sie richtet sich an alle mit der Annahme oder ihrer Vorbereitung befassten **Behörden** und **Gerichte**,[30] insbesondere auch an Meldebehörden. Auch von **Privaten** kann Verschwiegenheit – notfalls mit einer Unterlassungsklage – verlangt werden (dazu Rn. 23).[31]
- Schutz des **Sozialgeheimnisses**[32] und **Sperrvermerke** im polizeilichen Meldeverfahren.[33]

V. Ausforschungsverbot

12 Verboten sind grundsätzlich alle **Ermittlungen** von Privaten (Arbeitgeber, Vermieter etc.) und in behördlichen oder gerichtlichen Verfahren. Wird gleichwohl gefragt, ob es sich um ein angenommenes Kind handelt, können die Annehmenden nicht bloß die Auskunft verweigern, weil damit das Verhältnis offenbart wäre; sie können die Frage verneinen oder das Kind als leiblich, bezeichnen.[34, 35]

VI. Befugte Offenbarung oder Ausforschung

13 **1. Zustimmung.** Die Annehmenden und das Kind stimmen der Offenbarung oder Ausforschung zu (Abs. 1 Alt. 1).[36] Die Zustimmungen müssen **kumulativ**[37] vorliegen und sich auf den ganz **konkreten** Umstand beziehen, der offenbart oder ausgeforscht werden soll. **Fehlt** die Zustimmung eines Beteiligten, bleibt die Sperrwirkung insgesamt erhalten.

14 Bis zum vollendeten 14. Lebensjahr des **Kindes** entscheidet entsprechend § 1746 Abs. 1 S. 2, 3 allein der Annehmende als gesetzlicher Vertreter. Danach muss das Kind mitwirken, weil es sich um einen höchstpersönlichen Umstand handelt; ab Vollendung des 16. Lebensjahres kann es entsprechend § 63 Abs. 1 S. 1 PStG (dazu Rn. 27) allein entscheiden.[38] Offenbart der Annehmende die Adoption allgemein – etwa durch „Adoptionsanzeigen" – oder gegenüber bestimmten Personen, ohne um Verschwiegenheit zu bitten, entfällt insoweit das Offenbarungsverbot, besteht jedoch über weiter geheim gehaltene oder nur vertraulich mitgeteilte nähere Umstände wie die Abstammung des Kindes fort.

15 **2. Besondere Gründe des privaten Interesses.** Abs. 1 sieht neben der Zustimmung (Alt. 1, dazu Rn. 13-14) als Ausnahmegründe für eine Offenbarung nur „besondere Gründe des öffentlichen

---

[28] OLG München NJW 2005, 1667 = FamRZ 2006, 61 f. m. Anm. *Wiegelmann* FamRB 2005, 266.
[29] Kein Anspruch auf Auskunft über das die Adoption aussprechende FamG: OVG Saarbrücken DAVorm. 1991, 682 ff.; VG Saarbrücken DAVorm. 1991, 681; VG Sigmaringen Urt. v. 30. 11. 1999 - 8 K 1013/99, juris [3 ff.].
[30] Zum Grundbuchgericht s. OLG Schleswig NJW-RR 1990, 23.
[31] Dazu BT-Drucks. 7/3061 S. 46 Nr. 3 Abs. 2, Nr. 4; *Gernhuber/Coester-Waltjen* § 68 Rn. 119; *RGRK/Dickescheid* Rn. 5, 7. Da auch Privatpersonen Normadressaten sind, wäre eine vom BR (BT-Drucks. 7/3061 S. 80 f.) anregte Strafsanktion verfehlt.
[32] Dazu *Paulitz/Kunkel* S. 266 ff.
[33] Empfehlungen *BAGLJÄ* Empfehlungen (§ 1744 Anh.) Nr. 4.4.
[34] *Staudinger/Frank* Rn. 9; *Palandt/Diederichsen* Rn. 1; *RGRK/Dickescheid* Rn. 5; *Soergel/Liermann* Rn. 4; *Gernhuber/Coester-Waltjen* § 68 Rn. 120 Fn. 215; *Baer/Gross* S. 102.
[35] Bis zum Inkrafttreten des KindRG am 1. 7. 1998 mit der Aufhebung der Unterscheidung zwischen ehelichen und nichtehelichen Kindern konnten angenommene Kinder auch als ehelich bezeichnet werden.
[36] BayObLG FamRZ 1996, 1436, 1437 mwN.
[37] *Palandt/Diederichsen* Rn. 2.
[38] Vgl. auch *Erman/Saar* Rn. 5; *RGRK/Dickescheid* Rn. 9; aA – nur § 1746 Abs. 1 entsprechend – *Staudinger/Frank* Rn. 11; *Soergel/Liermann* Rn. 6 a.

Offenbarungs- und Ausforschungsverbot 16–19 **§ 1758**

Interesses" und nicht auch des privaten Interesses vor. Gleichwohl räumt die gesetzliche Regelung an anderer Stelle **ausdrückliche** Offenbarungsrechte und -pflichten aus privatem Interesse ein:
– Annehmende, deren Eltern, der gesetzliche Vertreter des Kindes und ab dem vollendeten 16. Lebensjahr auch das angenommene Kind haben ein – eigenes – Recht auf Einsicht in **Personenstandsregister**, auf Auskunft und auf Erteilung beglaubigter Registerausdrucke (§ 62 Abs. 1, Abs. 3 PStG). – Weil § 1758 unberührt bleibt (§ 63 Abs. 1 S. 2 Halbs. 2 PStG),[39] dürfen aus den Auszügen weder die Adoption noch die leiblichen Eltern ersichtlich sein (so auch Art. 20 Abs. 3 EuAdAbk). Dies führt zu einer deutlichen Einschränkung des Umfangs der Rechte des Kindes.
– Zudem ist dem gesetzlichen Vertreter des Kindes und dem Kind selbst ab dem vollendeten 16. Lebensjahr, jeweils unter Anleitung einer Fachkraft, Einsicht in **Vermittlungsakten** zu gewähren, sofern dem nicht überwiegende Belange des Betroffenen entgegenstehen (§ 9b Abs. 2 AdVermiG; dazu § 1744 Anh. Rn. 33-36).

Darüber hinaus mögen Fälle, in denen das private Interesse eines Betroffenen eine Offenbarung rechtfertigen kann, selten sein, ausgeschlossen sind sie zur Gewährleistung und Verwirklichung des allgemeinen Persönlichkeitsrechts (dazu Vor § 1741 Rn. 39) dann nicht, wenn die begehrten Informationen zur Durchsetzung eigener Rechte **erforderlich,** dh. unabdingbar sind, weil sie anders nicht zu erlangen sind und ohne sie eine erfolgreiche Rechtsverfolgung definitiv ausgeschlossen ist.[40] So etwa für die Vorbereitung eines nicht offensichtlich aussichtslosen Aufhebungsverfahrens nach § 1760,[41] für das die begehrten Kenntnisse unbedingt erforderlich[42] sind. Über die konkrete Rechtsverfolgung hinaus ist die Geheimhaltung jedoch weiter zu wahren.[43] 16

3. Besondere Gründe des öffentlichen Interesses. Wie bei einer Offenbarung/Ausforschung aus privaten Interessen (dazu Rn. 15-16) muss auch die Offenbarung/Ausforschung im öffentlichen Interesse zur Erreichung des öffentlichen Zwecks **erforderlich** sein. Zudem müssen die öffentlichen Interessen ein „besonderes" Gewicht haben und aufgrund einer Güterabwägung auch der Betroffenen diejenigen an der Geheimhaltung erheblich **überwiegen** (so ausdrücklich etwa § 66 Abs. 1 S. 1 Nr. 3 PStG, § 13 Abs. 1 FamFG, § 9b Abs. 2 S. 2 AdVermiG).[44] 17

Als besondere Gründe des öffentlichen Interesses kommen in Betracht: 18
– Eintrag in das **Geburtsregister** (§§ 21 Abs. 1 Nr. 4, 27 Abs. 3 Nr. 1 Halbs. 2 PStG).
– Vorlage der **Abstammungsurkunde** zur Eheschließung (dazu § 1307 S. 2, §§ 12 Abs. 2, 1 Abs. 1, 59 Abs. 1 PStG);[45] aus § 12 Abs. 2 PStG folgt aber kein „Aufklärungsrecht" des Standesbeamten gegenüber dem anderen Verlobten.[46]
– Eintrag in das **Eheregister** (§§ 15 Abs. 1 Nr. 3, 16 Abs. 1 Nr. 4 PStG).[47]
– Ermittlungen wegen erheblicher **Straftaten** (etwa §§ 173 Abs. 1,[48] 174 Abs. 1 Nr. 3 StGB) oder **Krankheiten**, für welche die Abstammung ausschlaggebend ist.
– Benutzung der Personenstandsregister für **wissenschaftliche Zwecke** (§ 66 PStG). Dem Geheimhaltungsinteresse der Betroffenen dient die Pflicht zur Anonymisierung der erlangten Daten, wenn und sobald es der Forschungszweck erlaubt, zur gesonderten Speicherung der Merkmale, mit denen Einzelangaben über persönliche und sachliche Verhältnisse einer bestimmten oder bestimmbaren Person zugeordnet werden können, und zur Löschung der Merkmale, sobald der Forschungszweck erreicht ist (§ 66 Abs. 4 PStG).

4. Ermittlungen. Berechtigt sind Ermittlungen und Fragen, 19
– die sich auf vor der Annahme liegende Umstände beziehen, wenn diese nicht geeignet sind, die Annahme aufzudecken,[49] oder

---

[39] So bereits § 61 Abs. 2 S. 3 Halbs. 2 PStG aF, dazu auch BT-Drucks. 16/1831 S. 52.
[40] Ähnlich *Gernhuber/Coester-Waltjen* § 68 Rn. 120; *Staudinger/Frank* Rn. 14; *Erman/Saar* Rn. 5.
[41] OVG Münster NJW 1985, 1107 = FamRZ 1985, 204; OVG Lüneburg OVGE 44, 472 = NJW 1994, 2634 f.; VG Würzburg FamRZ 1994, 1201.
[42] OLG Karlsruhe NJWE-FER 1997, 5 = DAVorm. 1996, 390, 391.
[43] *Erman/Saar* Rn. 5.
[44] *Staudinger/Frank* Rn. 12.
[45] Die Offenbarung der Adoption infolge ihrer Eintragung in das Familienbuch nach § 15 Abs. 1 S. 1 Nr. 2, 3, S. 3 PStG aF, wenn ein Auszug oder eine Abschrift aus dem Familienbuch vorgelegt wird, war unbefriedigend; doch war § 15 Abs. 1 PStG geltendes Recht und durch „öffentliche Interessen" noch gedeckt (vgl. OLG Hamm DAVorm. 1980, 754, 757 f.; *Staudinger/Frank* Rn. 13).
[46] *Nied* StAZ 1982, 257. Zur Abschaffung der Abstammungsurkunden durch das PStG 2009 mit Wirkung ab 1. 1. 2009 s. aber Rn. 11.
[47] OLG Hamm StAZ 1980, 241 f. (Eintrag ins Familienbuch nach § 15 Abs. 1 S. 3 PStG aF).
[48] Zur Verfassungsmäßigkeit von § 173 Abs. 2 S. 2 StGB - Beischlaf zwischen leiblichen Geschwistern - BVerfGE 120, 224 = NJW 2008, 1137= FamRZ 2008, 757.
[49] AA *Staudinger/Frank* Rn. 10; *RGRK/Dickescheid* Rn. 5.

§ 1758 20–25   Abschnitt 2. Titel 7. Annahme als Kind

- wenn mehrere Anträge konkurrieren,[50]
- besondere Rechtsfolgen gerade an die Annahme geknüpft werden (zB §§ 1756, 1770),
- eine Aufhebung in Betracht kommt (zu deren Durchführung s. § 1759 Rn. 29, § 1762 Rn. 9)[51] oder
- trotz der Annahme Rechtsfolgen aus der leiblichen **Verwandtschaft** abgeleitet werden (§ 1307 S. 2).

20 Allgemein ist ein besonderes öffentliches Interesse insbesondere in behördlichen und gerichtlichen Verfahren zu bejahen, wenn ein **Ausschließungs-** oder **Verweigerungsgrund** in Betracht kommt (dazu §§ 1754, 1755 Rn. 14), weil die Unabhängigkeit der Verwaltungs- und Rechtspflegeorgane und die Unparteilichkeit von Zeugen und Sachverständigen gewahrt sowie der Bestand von Urkunden (vgl. § 6 BeurkG) und Urteilen und Beschlüssen (vgl. § 48 Abs. 2 FamFG, § 579 Abs. 1 Nr. 2 ZPO) gesichert werden muss.[52] Damit werden – zumindest mittelbar (dazu auch Rn. 17-18) – auch private Interessen (dazu Rn. 15-16 aE) durchgesetzt.

21 **Verfahren** gegen leibliche oder vermeintliche Verwandte, insbesondere zur Klärung des Personenstandes oder wegen eines Unterhaltsrückstandes, kann das Kind **inkognito** führen. Voraussetzung ist allein eine bestimmte Bezeichnung als Beteiligter (dazu § 1752 Rn. 33).[53] – Zur **Vaterschaftsfeststellung** nach einer Adoption s. §§ 1754, 1755 Rn. 24, zur **Vertretung während der Pflegezeit** s. § 1751 Rn. 6-7.

VII. Ahndung von Verstößen

22 Eine spezielle Regelung dazu, wie sich die Beteiligten gegen Verstöße gegen das Offenbarungs- und Auskunftsverbot schützen können, sieht die gesetzliche Regelung zwar nicht ausdrücklich vor.[54] Dies schließt allerdings auch nicht aus, Rechtsschutz nach allgemeinen Grundsätzen zu gewährleisten.[55]

23 **1. Ansprüche. Zivilrechtlich** können sich Ansprüche vor allem auf **Unterlassung** künftiger Verstöße,[56] auf **Beseitigung,**[57] wenn auch eher selten, und auf **Abwehr**[58] richten (entsprechend § 1004). Aus § 823 Abs. 2 können sich wegen Verletzung des allgemeinen Persönlichkeitsrechts – § 1758 ist Schutzgesetz, weil es in ganz besonderer und eindeutiger Weise den Schutz der an der Adoption Beteiligten bezweckt – Ansprüche auf materiellen und immateriellen **Schadensersatz** ergeben. Zudem kann das FamG während der Dauer eines Ersetzungsverfahrens die Geltung des Offenbarungs- und Ausforschungsverbots anordnen (Abs. 2 S. 2, dazu auch Rn. 9).

24 **2. Verfahren.** Bei allen diesen Verfahren handelt es sich als **Adoptionssachen** iSd. § 186 FamFG und damit um **Familiensachen** (§ 111 Nr. 4 FamFG). Sie betreffen die Annahme als Kind (§ 186 Nr. 1 FamFG), weil sie in untrennbarem Zusammenhang mit der Adoption stehen. Dabei ist unerheblich, auf welche Rechtsgrundlage der Anspruch gestützt wird, da letztlich die Verbote des § 1758 den Rechtsgrund für jeglichen Anspruch bilden. Unerheblich ist auch, gegen wen sich das Verfahren richtet (s. zur Beteiligung Dritter in Familienstreitsachen ausdrücklich § 266 Abs. 1 Nr. 1, 3 FamFG).[59] Kraft gesetzlicher Geschäftsverteilung ist deshalb das **FamG** zuständig. – Bei einem Verstoß eines Amtsträgers kommt auch ein Schadensersatzanspruch wegen Amtspflichtverletzung (Art. 34 GG, § 839) in Betracht. – Auch **öffentlich-rechtlich** kommen bei einem Verstoß eines Amtsträgers Unterlassungs- und Beseitigungsansprüche in Betracht. – Zu der Entscheidung nach Abs. 2 S. 2 s. Rn. 9.

VIII. Aufklärung des Kindes

25 § 1758 betrifft *nicht* die Rechtsbeziehungen zwischen Annehmendem und Angenommenem. Diesem gegenüber hat das Kind einen Anspruch auf **Aufklärung über seine Abstammung** und

---

[50] BayObLG FamRZ 1991, 224, 226.
[51] OVG Münster NJW 1985, 1107 = FamRZ 1985, 204, 205; teilweise anders RGRK/*Dickescheid* Rn. 5.
[52] Ebenso *Staudinger/Frank* Rn. 13; enger *Soergel/Liermann* Rn. 7 (nur bei der Aufklärung schwerer Delikte).
[53] OLG Karlsruhe FamRZ 1975, 507. Zur Wahrung des Inkognitos bei Kindergeldgewährung für Adoptivpflegekinder s. Rundschreiben der BfA v. 3. 12. 1976, DAVorm. 1977, 122.
[54] Vom Gesetzgeber so ausdrücklich beabsichtigt, BT-Drucks. 7/3061 S. 46.
[55] Zum Ganzen *Staudinger/Frank* Rn. 21, 22.
[56] BT-Drucks. 7/3061 S. 46 ("Behörden oder Arbeitgeber").
[57] Bsp.: OLG Schleswig NJW-RR 1990, 23 (Umschreibung eines die Adoption offenbarenden Grundbuchblattes); OLG Koblenz NJW-RR 2009, 920, 921(Anspruch auf Löschung eines Eintrags im Internet).
[58] OLG Karlsruhe NJWE-FER 1996, 5 (Abwehr einer Klage eines Vaterschaftsprätendenten auf Nennung von Name und Anschrift der Adoptiveltern).
[59] MünchKommZPO/*Maurer* § 186 FamFG Rn. 3.

seine Herkunft (dazu auch Vor § 1741 Rn. 35 mwN).[60] Über den Zeitpunkt bestimmt das erzieherische Ermessen des Annehmenden,[61] nicht das Jugendamt oder die Adoptionsvermittlungsstelle, die weiter zur Verschwiegenheit verpflichtet sind.[62] Die Jugendpflege rät zu Recht zu einer frühzeitigen Aufklärung und schrittweisen Gewöhnung an die Abstammungstatsachen, weil insbesondere mit Eintritt der Schulpflicht eine absolute Geheimhaltung nicht mehr gewährleistet werden kann. Die Offenbarung durch Dritte kann schockieren und insbesondere in der Pubertät zur verstärkten Lösung von den Adoptiveltern führen.[63] Auch dem Wunsch des heranwachsenden Kindes, seine leiblichen Eltern kennenzulernen, sollte nachgegeben werden.[64] Die Versagung der Aufklärung wird jedoch nur ausnahmsweise Missbrauch iSv. § 1666 darstellen. – Zum Anspruch des Kindes gegen seine Mutter auf **Nennung des (potentiellen) Erzeugers** s. § 1747 Rn. 10.

Der Durchsetzung des Rechts des Kindes auf Kenntnis seiner Abstammung und seiner Herkunft dienen neben dem Recht auf Einsicht in die Personenstandsregister (§ 63 Abs. 1 PStG, dazu Rn. 15) die **Meldepflichten** der Adoptionsvermittlungsstellen (§ 2a Abs. 5 Nr. 1 AdVermiG), die Pflicht der Bundeszentralstelle zur **Speicherung** der übermittelten Daten (§ 2 Abs. 6 S. 3 AdVermiG), die Pflicht der Adoptionsvermittlungsstelle zur **Aufbewahrung** der Aufzeichnungen und Unterlagen zu jedem Vermittlungsfall bis zur Vollendung des 60. Lebensjahres des Kindes (§ 9b Abs. 1 AdVermiG) und das Recht auf **Einsicht** in die Vermittlungsakten (§ 9b Abs. 2 AdVermiG). Dazu auch § 1744 Anh. Rn. 33-36. – Die Beschränkungen aus § 63 Abs. 1 S. 1, Abs. 3 PStG entfallen mit dem Tod des Kindes (§ 63 Abs. 1 S. 2 Halbs. 1); allerdings bleiben die Beschränkungen aus § 1758 erhalten (§ 63 Abs. 1 S. 2 Halbs. 2 PStG). 26

In diesem Zusammenhang stellt sich auch die Frage, inwieweit die **leiblichen Eltern** ein schützenswertes Interesse an der Wahrung *ihres „Inkognitos"* haben. Sie können sich in ihrem Bestreben, zu ihrem leiblichen Kind nach der Adoption keinen Kontakt zu halten oder aufzunehmen, jedenfalls auf ihr allgemeines Freiheitsrecht aus Art. 2 Abs. 1 GG iVm. Art. 1 Abs. 1 S. 1 GG stützen. Dagegen können sie die gleichfalls auf das Freiheitsgrundrecht gestützten Bemühungen der Adoptiveltern und des adoptierten Kindes, diesem Kenntnis von seiner Abstammung zu verschaffen (dazu Rn. 25, Vor § 1741 Rn. 35), nicht verhindern. Deshalb kann das Kind, das stets ein rechtliches Interesse an der Einsichtnahme hat (§ 61 Abs. 1 S. 1, Abs. 3 PStG),[65] ab Vollendung des 16. Lebensjahres selbst die seine Abstammung dokumentierenden **Personenstandsregister** einsehen (§ 63 Abs. 1 S. 1, Abs. 3 PStG). Damit wird seinem Recht auf Kenntnis seiner Abstammung ausreichend genügt.[66] – Den leiblichen Eltern steht auch ein Recht auf **Teilhabe an der Entwicklung des Kindes** insoweit zu, als die dadurch vermittelten Kenntnisse nicht geeignet sind, die Umstände der Annahme aufzudecken.[67] – Zur **„offenen"** Adoption allgemein s. Vor § 1741 Rn. 43-45. 27

§ 1759 Aufhebung des Annahmeverhältnisses

Das Annahmeverhältnis kann nur in den Fällen der §§ 1760, 1763 aufgehoben werden.

---

[60] BVerfGE 79, 256 = NJW 1989, 891 m. Bspr. *Enders* NJW 1989, 881, *Ramm* NJW 1989, 1594 = FamRZ 1989, 255, 257 m. Bspr. *Coester-Waltjen* FamRZ 1992, 369, *Frank* FamRZ 1992, 1365, und Anm. *Schmidt-Didczuhn* JR 1989, 228, *Kemper* FuR 1994, 231, *Starck* JZ 1989, 338, *Helms* FuR 1996, 178, sowie m. Bspr. *Giesen* JZ 1989, 366, *Hohloch* JuS 1989, 570, *Coester-Waltjen* Jura 1989, 520, *Koch* FamRZ 1990, 569, *Smid* JR 1990, 221; BVerfGE 90, 263 = NJW 1994, 2475 = FamRZ 1994, 881, 882 f.; s. auch OLG München NJW 2005, 1667 = FamRZ 2006, 61, 62; LG Freiburg FamRZ 2002, 1647, 1648; AG Tempelhof-Kreuzberg FamRZ 2005, 302; *Frank* FuR 1988, 113; *Hassenstein* FamRZ 1988, 120; *Deichfuß*, Abstammungsrecht und Biologie, 1991. Ausführlich *Kleineke*, Das Recht auf Kenntnis der eigenen Abstammung, Diss. Göttingen 1976, S. 10-52 mwN. Näher Vor § 1591 Rn. 27-37.
[61] BT-Drucks. 7/3061 S. 46 Nr. 3 Abs. 1.
[62] DIV DAVorm. 1983, 273; auch *Staudinger/Frank* Rn. 23.
[63] Eingehend vor allem *Oeschger* S. 166-175 mwN. Vgl. ferner BAGLJÄ Empfehlungen (§ 1744 Anh.) Nr. 8.2 Abs. 2; *Haag* S. 43-46; *Harbauer* Monatsschrift Kinderheilkunde 1963, 323; *Hartlieb* S. 99 f.; *Kleineke* (Fn. 60) S. 264-268; *Lange*, Das alleinstehende Kind und seine Versorgung (Psychologische Praxis Heft 38), 2. Aufl. 1965, S. 38 f.; *MateŠjcSek* UJ 1969, 403; *Pacholke* UJ 1969, 410; *Reuther* UJ 1969, 54 ff.; *Textor* ZfJ 1990, 12 f. mwN (S. 14); *Zarbock* ZfJ 1967, 151 f.
[64] Vgl. *Lange* (Fn. 63) S. 39, 67-70 mwN; *Keller/Thoma* SchweizZ f Vormundschaftswesen 1986, 96-99.
[65] OLG München NJW 2005, 1667 = FamRZ 2006, 61 f.
[66] *Kleineke* [Fn. 60] S. 268; *Deichfuß* NJW 1988, 115.
[67] Vor § 1741 Rn. 35-36, 39, 41; § 1744 Anh. Rn. 36; *Maurer* FamRZ 2003, 1337, 1350; aA AG Reinbek FamRZ 2004, 55 f.

§ 1759 1–3

Schrifttum: *Behn,* Die Aufhebung des Adoptionsverhältnisses nach dem neuen Recht: zugleich zu den Übergangsvorschriften des neuen AdoptG, ZfJ 1977, 463; *Bosch,* Die gescheiterte Adoption, FamRZ 1978, 656; *Heinisch,* Beendigung und Nichtigkeit der Adoption, 1960; *Liermann,* Die Teilnichtigkeit einer Entscheidung der Freiwilligen Gerichtsbarkeit, FamRZ 2000, 722; *Lüderitz,* Sittenwidrige Entscheidungen der freiwilligen Gerichtsbarkeit?, NJW 1980, 1087.

Übersicht

	Rn.		Rn.
I. Normzweck	1	2. Einleitung des Verfahrens	19
II. Anwendungsbereich	2, 3	3. Beteiligte	20–24
III. Stichtag	4	4. Verfahrensbeistand	25
IV. Konkurrenzen	5–7	5. Gang des Verfahrens	26–32
V. Nichtigkeit	8–15	a) Termin	26–28
1. Materiell-rechtliche Mängel	8–11	b) Ermittlungen	29–31
a) Wirksamkeit der Annahme	8–10	c) Rechtliches Gehör	32
b) Wirkungslosigkeit der Annahme	11	6. Entscheidung	33
2. Verfahrensrechtliche Mängel	12, 13	7. Anfechtbarkeit	34, 35
3. Geltendmachung der Unwirksamkeit	14, 15	a) Aufhebung	34
V. Aufhebungsgründe	16, 17	b) Versagung	35
VI. Verfahren	18–38	8. Wiederaufnahme	36
1. Zuständigkeit	18	9. Verfassungsbeschwerde	37, 38

I. Normzweck

1   Die Vorschrift[1] zählt mit ihrer Verweisung auf §§ 1760, 1763 die Aufhebungsgründe **abschließend** auf. Mit der Unabänderbarkeit des Annahmebeschlusses (§ 197 Abs. 3 S. 2 FamFG) dient sie der Sicherung des Bestands des Annahmeverhältnisses.[2] Die Annahme wird nicht für gänzlich unauflösbar erklärt,[3] bei Übergehung von Beteiligten schon wegen Art. 103 GG,[4] hinsichtlich der leiblichen Eltern auch wegen Art. 6 Abs. 1, 2 GG.[5] – Kraft Gesetzes endet das Annahmeverhältnis ferner bei der **Eheschließung** zwischen Annehmendem und Angenommenem (§ 1766). Zum Einfluss des **Todes** s. § 1753 Rn. 2, 3, § 1760 Rn. 16. Die **materiell-rechtlichen Folgen** der Aufhebung regeln die §§ 1764, 1765. Zu **verfassungsrechtlichen** Fragestellungen s. Vor § 1741 Rn. 37-38. – Zur grundsätzlichen Geltung der §§ 1760-1763 und zum **Übergangsrecht** für vor dem Inkrafttreten des **AdoptG** am 1. 1. 1977 vollzogenen Adoptionen, auch für den Fall eines Widerspruchs gem. Art. 12 § 2 Abs. 2 S. 2 AdoptG, s. Art. 12 § 3 Abs. 1 AdoptG (zu den Einzelheiten s. § 1772 Anh. Rn. 7, 8, 10 aE, 13); zu bis zum 2. 10. 1990 in der früheren **DDR** ausgesprochene Adoptionen s. die Erläuterungen zu 4. Aufl. Art. 234 § 13 EGBGB Rn. 27). Zur – geringen – **Verbreitung** von Adoptionsaufhebungen s. Vor § 1741 Rn. 9.

II. Anwendungsbereich

2   Die §§ 1759-1765 gelten aufgrund ihrer systematischen Stellung und der Exklusivität der Aufhebungstatbestände nur für die **Minderjährigenadoption.** Auch auf Minderjährigenadoptionen nach dem **HaagAdoptÜbk** sind die Aufhebungsvorschriften dann anzuwenden, wenn sie nach § 3 AdWirkG in eine Volladoption nach deutschem Sachrecht umgewandelt worden sind (dazu § 1752 Anh. § 3 AdWirG Rn. 4, 10). Ansonsten bestimmt sich die Aufhebbarkeit nach ausländischem Sachrecht, das Verfahren dagegen nach der *lex fori.*

3   Die Aufhebung einer **Volljährigenadoption,** die nicht denselben Bestandsschutz (dazu § 1771 Rn. 1) genießen muss wie eine Minderjährigenadoption, bestimmt sich allein nach § 1771, der als

---

[1] Zur Entstehungsgeschichte eingehend *Staudinger/Frank* Rn. 1-3.
[2] BT-Drucks. 7/3061 S. 25 f., 46, 47 [Nr. 2]; RA-BT BT-Drucks. 7/5087 S. 8 [Nr. 5].
[3] So Art. 359 franz. c. c. Für engere Voraussetzungen auch AGJ Mitt. 70 (1974) Beil. 6 (Stellungnahme zum RefE); Akademikerverbände FamRZ 1974, 171 f.; dagegen *Stöcker* FamRZ 1974, 569.
[4] Vgl. *Lüderitz* Mitt. AGJ 70 (1974), 42.
[5] Bereits mit dem Inkrafttreten des AdoptG wurde dieses Ziel dadurch erreicht, dass der Bestätigung des Annahmevertrages zunehmend heilende Kraft beigelegt wurde. Der Übergang zum Dekretsystem (dazu Vor § 1741 Rn. 15, § 1752 Rn. 1) führte zum gänzlichen Verzicht auf die Anfechtung wegen Willensmängeln und zur Aufhebung des Annahmeverhältnisses als der einzigen Form seiner Beseitigung (dazu aber auch § 1752 Rn. 45-47).

Aufhebung des Annahmeverhältnisses   4–7 § 1759

Sonderregelung[6] die Aufhebungstatbestände einschließlich seiner Verweisung auf § 1760 Abs. 1-5 (S. 2) abschließend regelt, und auf die Aufhebung einer Volljährigenadoption mit den **Wirkungen einer Minderjährigenannahme** ist allein § 1772 Abs. 2 iVm. § 1760 Abs. 1-5 anzuwenden. Zu den **Einzelheiten** s. § 1767 Rn. 24-25, § 1771 Rn. 6-14, § 1772 Rn. 12-13.

III. Stichtag

Die Aufhebung einer Minderjährigenadoption nach § 1760 ist unabhängig vom Alter des ange- 4
nommenen Kindes **jederzeit,** auch noch nach dem Tod des Kindes (§ 1764 Abs. 1 S. 2) möglich. – Dagegen ist eine Aufhebung von Amts wegen – rechtspolitisch nicht unbedenklich[7] – nur während der Minderjährigkeit des Kindes zulässig (§ 1763 Abs. 1).[8] Maßgeblicher **Zeitpunkt** ist der Erlass der Entscheidung in der letzten Tatsacheninstanz.[9] Das Kind muss, da es um sein höchstpersönliches Wohl geht, zu dieser Zeit noch leben (dazu die Parallele in § 1753 Abs. 1); § 1764 Abs. 1 S. 2 bezieht sich nur auf eine Aufhebung nach § 1760, die auch nach seinem **Tod** noch möglich ist (dazu § 1760 Rn. 27). – Nach Eintritt der **Volljährigkeit** kann die Annahme nur nach §§ 1760-1762, nicht dagegen nach § 1763 oder § 1771 S. 1 aufgehoben werden (§§ 1771 S. 2, 3, 1772 Abs. 5, dazu § 1771 Rn. 14, § 1772 Rn. 12-13).

IV. Konkurrenzen

Die Aufhebung einer Annahme setzt deren **Wirksamkeit** voraus. Das bewusste Absehen des 5
Gesetzgebers von einer Regelung der „seltenen Fälle" der **Nichtigkeit** einer Annahme (dazu Rn. 8-15)[10] hat zu erheblicher Rechtsunsicherheit geführt. Doch ist neben der Aufhebung der Annahme für eine „Nichtigkeit" grundsätzlich kein Raum, weil die für Rechtsgeschäfte vorgesehenen Nichtigkeitsgründe (etwa §§ 134, 138, 139) für die Annahme durch Dekret nicht gelten.[11]

Insbesondere führen **Willensmängel** (§ 1760 Abs. 2 lit. a) und **Sittenwidrigkeit** nach allgemei- 6
nen Regeln (§§ 134, 138, 139)[12] – etwa die Annahme aus steuerlichen oder arbeitserlaubnis- und aufenthaltsrechtlichen Gründen[13] – nicht zur Unwirksamkeit der abgegebenen Erklärungen (dazu näher § 1760 Rn. 11-20).[14] Im Interesse der Rechtssicherheit wird auch die **Anfechtbarkeit** der den Anträgen, Einwilligungen und Zustimmungen nach §§ 1752, 1746, 1747, 1749 zugrundeliegenden Willenserklärungen verdrängt (§ 1760 Abs. 2 lit b-d).[15]

Die §§ 1759-1765 sind nur auf eine bestandskräftige Annahme anzuwenden, weil dann 7
gerechtfertigt ist, das Vertrauen der Beteiligten in den Fortbestand weitestgehend zu schützen und deren Aufhebung nur unter besonderen Voraussetzungen zuzulassen. Dagegen unterliegen Erklärungen der Beteiligten **vor der Annahme** den allgemeinen rechtsgeschäftlichen Regeln. Deshalb hat das FamG vor Ausspruch der Adoption Annahmeantrag, Einwilligungen und Zustimmungen auf ihre materiell-rechtliche Wirksamkeit zu prüfen und bei Unwirksamkeit ggf. die Annahme zu versagen. Entsprechende Feststellungen können auch in einer anfechtbaren **Zwischenentscheidung** getroffen werden.[16]

---

[6] BT-Drucks. 7/3061 S. 55 [Zu § 1771 Nr. 1].
[7] *Soergel/Liermann* § 1763 Rn. 3; *Bosch* FamRZ 1984, 829, 842; *Liermann* FuR 1997, 266, 269.
[8] BayObLGZ 1989, 383 = FamRZ 1990, 204, 205; NJW-RR 1991, 1220 = FamRZ 1991, 227, 228; Beschl. v. 25. 5. 1994 - 1Z BR 61/94, juris [6, 7]; OLG Hamm NJW 1981, 2762 = FamRZ 1981, 498, 500; OLG Stuttgart NJW 1988, 2386 = FamRZ 1988, 1096, 1097; OLG Karlsruhe FamRZ 1996, 434, 435; RGRK/ *Dickescheid* Rn. 3; aA *Erman/Saar* § 1759 Rn. 3.
[9] OLG Hamm NJW 1981, 2762 = FamRZ 1981, 498, 500; OLG Karlsruhe FamRZ 1996, 434, 435; OLG Zweibrücken FamRZ 1997, 577; RGRK/*Dickescheid* Rn. 3; *Soergel/Liermann* Rn. 3; *Staudinger/Frank* Rn. 5, jeweils zu § 1763; *Liermann* FuR 1997, 266, 269.
[10] BT-Drucks. 7/3061 S. 46 [Zu § 1759].
[11] BGHZ 103, 12 = NJW 1988, 1139 = FamRZ 1988, 390, 392 m. Bspr. *Hohloch* JuS 1988, 655, Anm. *Jayme* IPRax 1988, 251; *Soergel/Liermann* Rn. 3. Auch die im Gesetzgebungsverfahren gezogene Parallele zu § 16 EheG aF (BT-Drucks. 7/3061 S. 46 [zu § 1759 Abs. 3]) geht fehl: Durch Vertrag wird die Ehe geschlossen, nicht (mehr) aber auch ein Kind angenommen.
[12] BGHZ 103, 12 = NJW 1988, 1139 = FamRZ 1988, 390, 392; KG NJW-RR 1987, 777 = FamRZ 1987, 635, 637 mwN; *Staudinger/Frank* § 1760 Rn. 12 mwN; aA OLG Köln NJW 1980, 63 m. Anm. *Lüderitz* NJW 1980, 1087.
[13] *Staudinger/Frank* § 1760 Rn. 12.
[14] OLG Düsseldorf FGPrax 2008, 23 = FamRZ 2008, 1282, 1283; dazu auch BT-Drucks. 7/3061 S. 25-26.
[15] Dazu auch *Staudinger/Frank* § 1760 Rn. 2, 3.
[16] Dazu *Staudinger/Frank* § 1760 Rn. 13; MünchKommZPO/*Maurer* §§ 197, 198 Rn. 11, 31 mwN.

V. Nichtigkeit

8 1. Materiell-rechtliche Mängel. a) Wirksamkeit der Annahme. aa) Allgemeines.
Materiell-rechtliche Mängel führen grundsätzlich nur zur Aufhebung der Annahme, deren Gründe in § 1760 abschließend geregelt sind.[17] Selbst schwerste Verstöße gegen materielles Recht führen nicht zur Nichtigkeit, sondern nur zur Aufhebbarkeit des Annahmeverhältnisses.[18] Wirksam ist insbesondere die gemeinschaftliche Annahme durch Unverheiratete und die entgegen § 1742 ausgesprochene mehrfache Einzelannahme,[19] bei deren Behandlung als nichtig[20] jedenfalls das durch die §§ 1760, 1761 geschützte Vertrauen des Minderjährigen verletzt würde. Stellt sich – etwa bei einer Scheinehe der Annehmenden – der Mangel erst nach Jahren heraus, darf die faktische Eltern-Kind-Beziehung nicht ignoriert und ein Rechtsverhältnis zu den leiblichen Eltern nicht ohne weiteres wieder begründet werden. Deshalb verliert die Erst- auf Grund der Zweitadoption ihre **Wirkungen**.[21]

9 bb) Mehrfache Einzelannahme. Werden entgegen § 1742 bei mehrfacher – paralleler oder sukzessiver – Einzelannahme durch die mehrfache Schaffung eines Kindschaftsstatus mit Ausschließlichkeitswirkung[22] kollidierende Elternrechte begründet, kann eine Aufhebung nach § 1763 erfolgen, bei sukzessiver Einzelannahme zudem nach § 1760, wenn für die Zweitadoption, wie regelmäßig, die erforderlichen Einwilligungen fehlen.[23] Dazu auch § 1742 Rn. 11.

10 cc) Gemeinschaftliche Annahme durch Unverheiratete. Sie schafft keine Kollision der Elternrechte, sondern ordnet mit der Zuweisung von Rechten und Pflichten verheirateter Eltern an nicht verheiratete Personen – nichteheliche gleich- wie verschiedengeschlechtliche Partner einer irgendwie gearteten Lebensgemeinschaft, Lebenspartner – eine im positiven Recht zwar nicht vorgesehene, aber logisch und praktisch mögliche Rechtsfolge an. Dieser objektiv rechtswidrige Zustand kann durch Heirat der Beteiligten, durch Beschränkung der Annahme auf einen Beteiligten und durch Aufhebung der Annahme beseitigt werden.[24] Eine schematische Nichtigkeit ist ebenso unangemessen[25] wie Sanktionslosigkeit, nur die Aufhebung ermöglicht die notwendige Flexibilität.[26] Damit wird freilich eine Erweiterung der Aufhebungsgründe um den Fall, dass eine im Gesetz nicht vorgesehene Rechtsfolge (Ehelichkeit im Verhältnis zu Unverheirateten) angeordnet wurde, unvermeidlich. Die durch den Wortlaut „nur" nahe gelegte restriktive Auslegung von §§ 1759-1763 erweist sich als nicht durchführbar: Lässt man die Aufhebung nicht zu, wird weitergehend Nichtigkeit, zumindest eine erhebliche Rechtsunsicherheit erzeugt. Zur **Volljährigenadoption,** bei der ein vergleichbarer Vertrauensschutz nicht besteht, s. § 1771 Rn. 16.

11 b) Wirkungslosigkeit der Annahme. Wirkungslos und folglich rechtsfolgenlos ist jedoch die Annahme
– des Kindes durch seinen **leiblichen Elternteil;** die Annahme durch den mit adoptierenden Ehegatten ist dagegen wirksam (dazu auch § 1741 Rn. 40);[27]
– wenn bei ihrem Ausspruch der **Angenommene verstorben** war (dazu § 1753 Rn. 4);[28]
– des Ehegatten (§ 1766, dazu dort Rn. 2).

12 2. Verfahrensrechtliche Mängel. Zur Nichtigkeit der Annahme führen ihr
– Ausspruch durch ein **anderes Gericht** als das FamG[29] und
– die Entscheidung durch den **Rechtspfleger** statt durch den Richter (§ 8 Abs. 4 S. 1 RPflG).

---

[17] Verfassungsmäßigkeit offengelassen von BVerfGE 78, 201 = DAVorm. 1988, 689, 690.
[18] OLG Düsseldorf FGPrax 2008, 23 = NJW-RR 2008, 231 = FamRZ 2008, 1282, 1283; *Staudinger/Frank* Rn. 5.
[19] Ebenso *Staudinger/Frank* § 1742 Rn. 16 mwN; *Erman/Saar* § 1759 Rn. 3; aA etwa RGRK/*Dickescheid* § 1759 Rn. 3.
[20] So LG Bad Kreuznach StAZ 1985, 167 für parallele Einzelannahme durch Geschwister, freilich von Volljährigen (dazu § 1771 Rn. 13); *Erman/Saar* Rn. 4 für gemeinschaftliche Annahme durch Unverheiratete und Zweitadoption; ebenso RGRK/*Dickescheid* Rn. 3; offengelassen von BGHZ 103, 12 = NJW 1988, 1139 = FamRZ 1988, 390, 391 f. m. Bspr. *Hohloch* JuS 1988, 655, Anm. *Jayme* IPRax 1988, 251.
[21] *Staudinger/Frank* Rn. 17; *Soergel/Liermann* Rn. 12, jeweils zu § 1742.
[22] *Nied* StAZ 1982, 23; im Ergebnis ebenso LG Braunschweig FamRZ 1988, 106.
[23] *Staudinger/Frank* Rn. 6.
[24] So – ausschließlich – *Staudinger/Frank* Rn. 6.
[25] BayObLGZ 1984, 230 = FamRZ 1985, 201, 203; LG Braunschweig FamRZ 1988, 106.
[26] Ähnlich LG Münster StAZ 1983, 316; ablehnend *Staudinger/Frank* Rn. 6, der für die Wirkungslosigkeit der Annahme (dazu Rn. 11) mit späterer Heilung nach Eheschließung eintritt.
[27] LG Hamburg StAZ 1959, 101; *Staudinger/Frank* Rn. 6, § 1751 Rn. 54, § 1754 Rn. 5.
[28] BayObLGZ 1996, 77 = NJW-RR 1996, 1093 = FamRZ 1996, 1034, 1035.
[29] AllgM, s. lediglich in *Keidel/Kuntze/Winkler/Zimmermann* § 7 FGG Rn. 24 a; *Staudinger/Frank* Rn. 7 mwN.

Wirksam ist die Annahme dagegen, wenn ein   13
- Annahmeantrag **fehlt**[30] oder **zurückgenommen** worden ist,[31]
- **örtlich unzuständiges** Gericht entschieden hat (vgl. dazu auch § 65 Abs. 4 FamFG) oder
- wegen der Besorgnis der **Befangenheit** ausgeschlossener Richter (§ 6 FamFG, 41-48 ZPO) an der Entscheidung mitgewirkt hat;[32] unzulässig ist insbesondere auch ein Nichtigkeitsantrag nach § 48 Abs. 2 FamFG, § 579 Abs. 1 Nr. 2 ZPO (§ 198 Abs. 2 Halbs. 2 FamFG).

Diese Mängel führen lediglich zur Aufhebbarkeit der Annahme (§ 1760 Abs. 1, 2).[33]

3. Geltendmachung der Unwirksamkeit. Der unwirksame Annahmebeschluss erzeugt keinerlei Rechtswirkungen. Dies kann jederzeit und in jedem Verfahren geltend gemacht werden und führt zur **inzidenten** Prüfung der Unwirksamkeit mit der Unsicherheit ggf. unterschiedlicher Beurteilung. Die durch den Annahmebeschluss Betroffenen können jedoch mit einem **Statusantrag** (§ 169 Nr. 1 FamFG)[34] auch die Unwirksamkeit mit Rechtskraftwirkung inter omnes (§ 184 Abs. 2 FamFG) feststellen lassen.[35]   14

Zudem kann die Unwirksamkeit in einem **Aufhebungsverfahren** auf Antrag eines Betroffenen festgestellt und der Annahmebeschluss aus diesem Grund aufgehoben werden, und zwar, da der im Aufhebungsverfahren ergehende Beschluss anfechtbar ist (§§ 198 Abs. 2, 58 ff. FamFG), auch noch im Beschwerdeverfahren.[36]   15

V. Aufhebungsgründe

Die **Aufhebung** der Adoption ist in folgenden Fällen vorgesehen:[37]   16
- Die Annahme ist **grob fehlerhaft** zustande gekommen, etwa wenn ein Antrag, die Einwilligung des Kindes oder die erforderliche Einwilligung eines Elternteils fehlen, sie zu Unrecht für nicht erforderlich gehalten wurden oder sie an erheblichen, in § 1760 Abs. 2 aufgezählten Mängeln leiden. Die Aufhebung wegen dieser Mängel kann nur vom Betroffenen beantragt werden; im Interesse des Kindes läuft eine Ausschlussfrist von 1 Jahr seit Entdeckung des Mangels und (absolut) von 3 Jahren seit der Annahme (§ 1762).
- Die Lösung des Verhältnisses ist aus schwerwiegenden Gründen zum **Wohl des Kindes** erforderlich (§ 1763).
- Durch **Eheschließung** des Annehmenden mit dem Angenommenen kraft Gesetzes (§ 1766).

Nicht aufgehoben werden kann dagegen die Annahme   17
- eines **Minderjährigen** durch **Vertrag** oder **gemeinsamen Antrag,** auch nicht – anders als das frühere Recht und § 1771 für die Annahme eines Volljährigen – nach Erreichen der Volljährigkeit.[38] Dies ist nicht die notwendige Folge des Dekretsystems,[39] sondern einer rechtspolitischen Entscheidung:[40] Den leiblichen Verwandten, zu denen die Volladoption die Rechtsbeziehungen aufgehoben hat, soll und kann eine Verwandtschaftsbeziehung nicht nach Jahren oder Jahrzehnten durch einen willkürlichen Akt wieder aufgedrängt werden[41] – eine Erwägung, die allerdings auf die Verwandtenadoption (§ 1756) selten zutrifft.

---

[30] Sonst bislang ein weitgehend anerkannter Nichtigkeitsgrund (*Habscheid*, Freiwillige Gerichtsbarkeit, 7. Aufl. 1983, § 25 III 1 g). Nach §§ 48 Abs. 2, 118 FamFG dürfte dies infolge der Verweisung auf §§ 578 ff. ZPO nicht mehr gelten.
[31] OLG Düsseldorf FamRZ 1997, 117.
[32] *Staudinger/Frank* Rn. 7; s. auch *Keidel/Zimmermann* Rn. 17; *J/B/S/Jacoby* Rn. 10, jeweils zu § 6 FamFG.
[33] Zum Ganzen auch *Staudinger/Frank* Rn. 7.
[34] BGHZ 27, 126 = NJW 1958, 1291, 1292 = FamRZ 1958, 317, 318 m. Anm. *Bosch*. MünchKommZPO/*Coester-Waltjen/Hilbig* § 169 Rn. 9 wollen die Wirksamkeitsfeststellung im Statusverfahren wegen der grundsätzlichen Wirksamkeit und Unanfechtbarkeit des Adoptionsdekrets - unzutreffend - grundsätzlich auf vor dem 1. 1. 1977 zustande gekommene Adoptionen begrenzen, und sie für Adoptionen danach auf Verfahren beschränken, „in denen es um die Existenz eines Adoptions- oder Aufhebungsbeschlusses oder um die Identität der betroffenen Personen geht."
[35] OLG Düsseldorf FamRZ 1997, 117.
[36] BayObLGZ 1968, 228 = NJW 1969, 195; *Staudinger/Frank* Rn. 8.
[37] Zur Aufhebung einer ausländischen Adoption nach §§ 1759 ff. s. OLG Köln FamRZ 1997, 638 (LS.) = IPRax 1997, 128 m. Anm. *Henrich*; LG Tübingen DAVorm. 1984, 1063 ff. = StAZ 1986, 42 m. Anm. *v. Mangoldt* StAZ 1986, 250; LG Nürnberg-Fürth IPRax 1987, 179 ff. m. Anm. *Klinkhardt* IPRax 1987, 157.
[38] OLG Hamm FamRZ 1981, 498, 501; OLG Zweibrücken NJW-RR 1986, 1391 = FamRZ 1986, 1149; OLG Düsseldorf NJW-RR 1986, 300 f.; *RGRK/Dickescheid* Rn. 6; *Soergel/Liermann* Rn. 4, jeweils zu § 1771; aA BayObLGZ 1978, 258 = FamRZ 1978, 944.
[39] So aber anscheinend BT-Drucks. 7/3061 S. 25 (unter b).
[40] Ebenso *Staudinger/Frank* Rn. 15. Vgl. auch die abw. Regelung in § 18 dänisches AdoptG v. 7. 6. 1972: Einigung von Annehmenden und leiblichen Eltern.
[41] BT-Drucks. 7/3061 S. 26 (unter b); *Lüderitz* S. 84.

§ 1759 18–22   Abschnitt 2. Titel 7. Annahme als Kind

- allein im Interesse des **Annehmenden,** auch nicht bei schwerer, unvorhersehbarer Geisteskrankheit des Kindes.[42] Dass auch Adoptiveltern zu ihrem Kind unbedingt stehen müssen,[43] ist zwar moralisch richtig, rechtspolitisch aber nicht gerechtfertigt, weil die Rechtsordnung nur durchschnittliche Anforderungen stellt.[44] Diese Bedenken gelten insbesondere, wenn nur eine Anstaltsunterbringung in Betracht kommt, sich die Adoptivverwandtschaft somit in einer Zahlungspflicht erschöpft. Eine Aushöhlung des § 1763 ist die zu befürchtende Folge.[45]
- allein im Interesse der **leiblichen Eltern** an einer Aufhebung, weil dies nicht der rechtspolitischen Entscheidung des Gesetzgebers entsprechen würde.[46]
- bei unrichtigen Angaben des Adoptionsbewerbers.[47]
- bei erheblicher Gefährdung des **Kindeswohls** im Einzelfall (§ 1761 Abs. 2, dazu dort Rn. 12-15).

VI. Verfahren

18 1. **Zuständigkeit. Örtlich** zuständig für die Aufhebung[48] ist grundsätzlich das FamG am gewöhnlichen Aufenthalt des Annehmenden (§ 187 Abs. 1 FamFG).[49] Sind die Annehmenden Ehegatten mit verschiedenen Wohnsitzen, sind die FamG an beiden Wohnsitzen zuständig; die Anhängigkeit des Verfahrens bei einem FamG sperrt die Zuständigkeit des anderen *(perpetuatio fori).*[50] Zu den Hilfszuständigkeiten und zur internationalen Zuständigkeit gelten die Ausführungen zu § 1752 Rn. 6, 8-10 entsprechend. – **Funktionell** zuständig ist der Richter (§§ 3 Nr. 2 lit. a, 14 Abs. 1 Nr. 15 RPflG).

19 2. **Einleitung des Verfahrens.** Das Aufhebungsverfahren nach § 1760 wird durch den **Antrag** eines materiell Betroffenen (dazu Rn. 20) eingeleitet; die **Antragsberechtigung** regelt § 1762 abschließend. Als **höchstpersönliches** Recht ist das Antragsrecht nicht vererblich.[51] – Das Aufhebungsverfahren nach § 1763 leitet das FamG – ggf. auf die Anregung von jedermann[52] – von Amts wegen ein.

20 3. **Beteiligte.** Am Aufhebungsverfahren sind der/die **Annehmenden** und der **Angenommene** zu beteiligen. Da durch § 188 FamFG der Kreis der Beteiligten aber nicht abschließend bestimmt ist, können sich aus § 7 Abs. 2 FamFG weitere Beteiligte ergeben.[53]

21 Zu unterscheiden ist nach der **Art der Adoption:**
Am Verfahren zur Aufhebung einer **Volljährigenadoption** sind nur der Annehmende und der Angenommene beteiligt (§ 188 Abs. 1 Nr. 3 lit. a FamFG), weil nur sie auch am Adoptionsverfahren beteiligt sind und sowohl die Adoption als auch ihre Aufhebung nur gemeinsam beantragen können (§§ 1768 Abs. 1 S. 1, 1771 S. 1).[54] Lediglich mittelbar von der Adoption Betroffene – Ehegatten, Abkömmlinge, leibliche Eltern – bleiben unberücksichtigt.

22 Soll eine **Minderjährigenadoption** aufgehoben werden, sind weiter zu beteiligen:
- Die **leiblichen Eltern** des minderjährigen Angenommenen (§ 188 Abs. 1 Nr. 3 lit. b FamFG).[55] Entgegen dem Wortlaut der Regelung werden alle diejenigen Eltern einbezogen, denen vor der Annahme die Elternschaft rechtlich zugestanden hat, also auch ehemalige Adoptiveltern und Personen, die infolge der Geburt (§ 1591), der Ehe oder eines Anerkenntnisses als Eltern (§ 1592

---

[42] BT-Drucks. 7/3061 S. 26 (unter e); *Becker* Jugendwohl 1975, 260.
[43] Abg. *Schimschok* BT-Prot. 7/16 606 (D).
[44] *Lüderitz* Mitt. AGJ 70 (1974), 42, 47; s. auch *zur Nieden* FamRZ 1956, 68, 69.
[45] Vgl. schon BT-Drucks. 7/3061 S. 26 aE (Adoptiveltern müssen sich also verantwortungslos verhalten, um – im Interesse des Kindes – entlastet zu werden!).
[46] Eingehend *Staudinger/Frank* Rn. 15-18 mwN.
[47] LG Dortmund Beschl. v. 24. 7. 2009 – 9 T 301/09, juris [9].
[48] Auch nach Art. 234 § 13 Abs. 2-7 EGBGB, dazu dort 4. Aufl. Rn. 16-30; anders AG Kerpen FamRZ 1992, 104.
[49] Zu § 43b FGG war dies nicht eindeutig (vgl. RA-BT BT-Drucks. 7/5087 S. 23: „Für alle Verrichtungen des Familiengerichts im Zusammenhang mit Annahmeverfahren"), entsprach aber hM, etwa BayObLGZ 1977, 175, 176 = FamRZ 1978, 63, 65; BayObLGZ 1978, 258, 259 = FamRZ 1978, 944; KG FamRZ 1995, 440 f. m. Anm. *Bosch*; aA etwa *Palandt/Diederichsen* Rn. 2.
[50] KG FamRZ 1995, 440, 441 m. zust. Anm. *Bosch.*
[51] BayObLGZ 1986, 57 = NJW-RR 1986, 87 = FamRZ 1986, 719, 720 m. Anm. *Bosch*; OLG München FamRZ 2008, 299.
[52] BayObLGZ 1979, 386, 388 = FamRZ 1980, 498.
[53] Dazu MünchKommZPO/*Maurer* § 188 FamFG Rn. 2.
[54] Dazu MünchKommZPO/*Maurer* § 188 FamFG Rn. 15 aE.
[55] Etwa OLG Düsseldorf = FGPrax 1997, 222 = FamRZ 1998, 1196, 1197.

Nr. 1, 2) gelten, ohne leibliche Eltern zu sein.[56] – Ihre Beteiligung erfolgt unabhängig davon, ob sie (auch) den **Aufhebungsantrag** gestellt haben oder auch nur antragsberechtigt sind,[57] weil sie durch die Aufhebung wieder in ihre ursprüngliche Rechtsstellung einrücken, und wegen der möglichen Rückübertragung der elterlichen Sorge (§ 1764 Abs. 3, 4).[58] – Hat aber lediglich ein Ehegatte die Aufhebung beantragt, ist entgegen dem Wortlaut von § 188 Abs. 1 Nr. 3 lit. b FamFG auch nur er zu beteiligen (dazu § 1762 Rn. 4). Denn wird die Annahme durch Ehegatten nur zu einem von ihnen aufgehoben, treten die Wirkungen der Aufhebung des Annahmeverhältnisses auch nur im Verhältnis zu diesem Ehegatten ein, im Verhältnis zum anderen Ehegatten bleiben die Wirkungen der Annahme aber bestehen (§ 1764 Abs. 5), und insbesondere „... [leben] das Verwandtschaftsverhältnis des Kindes und seiner Abkömmlinge zu [ihren] leiblichen Verwandten und die sich aus ihm ergebenden Rechte und Pflichten" nicht wieder auf (§ 1764 Abs. 5 Halbs. 2, Abs. 3).[59] – Für die Beteiligung der „leiblichen" Eltern ist allein darauf abzustellen, ob eine Minderjährigen- oder eine Volljährigenadoption aufgehoben werden soll, auf das Alter des Angenommenen bei der Aufhebung des Annahmeverhältnisses kommt es nicht an.[60]

– Die **Ehegatten** des Annehmenden und des Anzunehmenden, denen ein Einwilligungsrecht in die Adoption zustand (§ 1749 Abs. 1, 2).[61]
– Die (weiteren) leiblichen **Verwandten** des Kindes, wenn seine leiblichen Eltern bereits gestorben sind und sie deshalb mit der Aufhebung unterhaltspflichtig werden (können) (§§ 1601, 1606, 1607).[62] Und zwar auch dann, wenn die Aufhebung des Annahmeverhältnisses eine erneute Adoption ermöglichen soll (§ 1763 Abs. 3 lit. b BGB), weil das Zustandekommen der Folgeadoption erst in der Zukunft liegt und deshalb für die Verwandten ein Bedürfnis besteht, ihre durch die Erstadoption vermittelte Rechtsposition im Aufhebungsverfahren zu verteidigen.[63]

Eine lediglich **mittelbare** Berührung durch das Entfallen lediglich hypothetischer Unterhaltspflichten und Erbrechte reicht für eine materielle Beteiligung nicht aus;[64] dies trifft etwa auf den Ehegatten eines leiblichen Elternteils und des Kindes zu, aber auch auf weiter entfernte Adoptivverwandte. Stets nicht zu beteiligen sind auch die Kinder des Annehmenden,[65] weil sie auch als Erben nicht die Aufhebung der Adoption beantragen können.[66]

Jugendamt/Landesjugendamt werden zwar durch die Beiziehung zur Anhörung und zur Abgabe einer fachlichen Äußerung (§§ 189, 194, 195 FamFG) noch nicht beteiligt (dazu auch § 1752 Rn. 9), sind aber auf ihren Antrag zu beteiligen (§ 188 Abs. 2 FamFG).[67] – Die materielle Beteiligung erfordert idR auch die **formelle** Beteiligung, auch im Beschwerdeverfahren.[68] Zur Beteiligung des **Verfahrensbeistands** s. Rn. 25.

4. Verfahrensbeistand. Wegen des möglichen Interessenwiderstreits zwischen Kind und Annehmendem, der idR (§ 1754) zugleich dessen gesetzlicher Vertreter ist, ist dem Kind in allen Aufhebungsverfahren **stets** ein Verfahrensbeistand zu bestellen, „sofern dies zur Wahrnehmung seiner Interessen erforderlich ist" (§ 191 S. 1 FamFG). Er **vertritt** das Kind allerdings nicht rechtlich (§§ 191 S. 2, 158 Abs. 4 S. 6 FamFG) – insoweit bleibt es bei der gesetzlichen Vertretung durch die Adoptiveltern, und das Kind, das das 14. Lebensjahr vollendet hat und nicht geschäftsunfähig ist, ist selbst verfahrensfähig (§ 9 Abs. 1 Nr. 3, Abs. 2 FamFG) -, wird aber **Verfahrensbeteiligter** (§§ 191 S. 2, 158 Abs. 3 S. 2 FamFG) mit allen Rechten und Pflichten (dazu insbesondere § 158 Abs. 4 FamFG).

---

[56] MünchKommZPO/*Maurer* § 188 FamFG Rn. 15; Praxiskommentar-FamFG/*Meysen* Rn. 6.
[57] BayObLG NJWE-FER 2000, 5 = FamRZ 2000, 768, 769; KG OLGZ 1994, 78 = DtZ 1993, 254 = FamRZ 1993, 1359, 1362; OLG Zweibrücken NJWE-FER 1997, 152 = FamRZ 1997, 577; OLG Düsseldorf FGPrax 1997, 222 = FamRZ 1998, 1196, 1197; s. auch BT-Drucks. 13/4899 S. 112 f.; MünchKommZPO/*Maurer* § 188 FamFG Rn. 15.
[58] MünchKommZPO/*Maurer* § 188 FamFG Rn. 15; *Keidel/Engelhardt* Rn. 7; *Bumiller/Harders* Rn. 5; *Reinhardt* JAmt 2009, 162, 163.
[59] Nach *Staudinger/Frank* Rn. 21 (3) sind die leiblichen Eltern nicht zu beteiligen.
[60] MünchKommZPO/*Maurer* § 188 FamFG Rn. 16.
[61] *Staudinger/Frank* BGB Rn. 21 (1); aA BayObLGZ 186, 57 = NJW-RR 1986, 87 = FamRZ 1986, 719, 720 m. Anm. *Bosch*; *B/J/S/Sonnenfeld* Rn. 20; auch noch 5. Aufl. Rn. 8.
[62] *Staudinger/Frank* Rn. 21 (1); *B/J/S/Sonnenfeld* Rn. 20; *Keidel/Engelhardt* Rn. 8, jeweils zu § 188 FamFG; *Bassenge* JR 1976, 187 f.
[63] MünchKommZPO/*Maurer* § 188 FamFG Rn. 15; aA *Staudinger/Frank* Rn. 21 (2), weil durch die Folgeadoption ihnen gegenüber wieder der Rechtszustand wie vor der Aufhebung hergestellt wird.
[64] AllgM, s. lediglich MünchKommZPO/*Maurer* Rn. 17; *Keidel Engelhardt* Rn. 8 mwN, jeweils zu § 188 FamFG.
[65] *Keidel/Engelhardt* Rn. 8.
[66] BayObLGZ 1986, 57 = NJW-RR 1986, 872 = FamRZ 1986, 719, 720 m. Anm. *Bosch*; MünchKommZPO/*Maurer* § 188 FamFG Rn. 15 aE.
[67] *Staudinger/Frank* Rn. 21 mwN.
[68] BayObLG NJWE-FER 2000, 5 = FamRZ 2000, 768, 769.

§ 1759   26–30   Abschnitt 2. Titel 7. Annahme als Kind

26   **5. Gang des Verfahrens. a) Termin.** Die Aufhebung ist – grundsätzlich auch im Beschwerdeverfahren (s. dazu aber auch § 68 Abs. 3 S. 2 FamFG)[69] – mit Antragsteller, Annehmendem und Kind zur Ermittlung der maßgebenden Umstände, insbesondere der persönlichen Beziehungen zwischen Annehmendem und Angenommenem, in einem **Termin** (zu dessen Gestaltung s. § 32 FamFG) mündlich zu erörtern (§ 192 Abs. 1 FamFG).[70] Ist das Kind minderjährig, ist auch das Jugendamt zur Erörterung zu laden (§ 194 Abs. 1 S. 1 FamFG). Weitere Beteiligte sind zwar nicht zu dem Termin zu laden, doch ist ihnen zur Wahrung des rechtlichen Gehörs das Ergebnis der Erörterungen mitzuteilen.[71]

27   Die **Erörterung** dient der Sachaufklärung und dem Interessenausgleich der Beteiligten mit dem Ziel der Aufrechterhaltung der Annahme.[72] Von einem Erörterungstermin kann ausnahmsweise **abgesehen** werden, wenn
– eine weitere Aufklärung nicht veranlasst ist, etwa weil es von vornherein an konkreten Anhaltspunkten dafür fehlt, dass die Aufhebung der Adoption zum Wohle des Kindes erforderlich ist,[73]
– eine Aufhebung nicht zu erwarten ist,[74] oder
– das Kind schon aus tatsächlichen Gründen keine Bindungen und Neigungen zu dem Annehmenden entwickeln konnte.[75]

28   Ist ein leiblicher Elternteil Antragsteller, muss ein **Inkognito** so weit und so lange wie möglich gewahrt werden (dazu § 1758 Rn. 1, 21). Antragsteller und Annehmender sind dann – entgegen § 32 Abs. 1 FamFG – nicht im selben Termin zu hören;[76] der Termin zur Anhörung des letzteren ist dem Antragsteller nicht bekannt zu geben. Die Anwesenheit des Verfahrensbeistands (dazu Rn. 25) bei der Anhörung des Antragstellers reicht aus; die Anhörung kann dem ersuchten Richter übertragen werden (§§ 156 ff. GVG).[77] In kleinen Gerichtsbezirken sind zuständiges FamG und Aktenzeichen geheim zu halten; das Jugendamt kann wie sonst als Vermittler tätig werden.

29   **b) Ermittlungen.** Die erforderlichen Ermittlungen stellt das FamG **von Amts wegen** an (§ 26 FamFG), sodass es keine Darlegungs- und Beweislast im engeren Sinne gibt. Gleichwohl gibt es, kann das Vorliegen der Aufhebungsvoraussetzungen nicht ermittelt werden, ein **Ermittlungsrisiko**, das beim antragsberechtigten Antragsteller (dazu § 1762 Abs. 1) liegt und zur Zurückweisung seines Antrags führt.

30   Die Amtsermittlungspflicht verlangt, dass das FamG alle erforderlichen – erkennbaren und erreichbaren – Beweise in geeigneter Form erhebt, ohne an das Vorbringen eines Beteiligten gebunden zu sein (§ 29 Abs. 1 FamFG). Dies kann es gebieten, auch am Verfahren nicht Beteiligte zu hören.[78] Das FamG kann nach pflichtgemäßem Ermessen die Beweise als **Strengbeweis** nach den Regeln der ZPO erheben, aber auch als **Freibeweis** (§ 30 Abs. 1 FamFG, s. aber auch § 30 Abs. 3 FamFG: Strengbeweis idR, wenn das FamG „seine Entscheidung maßgeblich auf die Feststellung dieser Tatsache stützen will und die Richtigkeit von einem Beteiligten ausdrücklich bestritten wird"). Der Freibeweis wird idR nur in Betracht kommen, wenn es um den objektiven Erkenntniswert des Beweismittels geht – etwa die Anhörungen des Jugendamts, das nur in Annahmeverfahren und nicht auch in Aufhebungsverfahren eine fachliche Äußerung nach § 189 FamFG abzugeben hat (§§ 194 Abs. 1 S. 2, 189 S. 2 FamFG), ggf. auch des Landesjugendamts (§ 195 Abs. 1 FamFG) – und

---

[69] BayObLG FamRZ 1995, 1210, 1211.
[70] Der BR kritisierte zutreffend die unterschiedliche Behandlung von Annahme und Aufhebung, vgl. BT-Drucks. 7/3061 S. 79 Nr. 23, die durch die Neufassung des § 55c FGG (dazu § 1752 5. Aufl. Rn. 12) teilweise aufgehoben wurde.
[71] *Staudinger/Frank* Rn. 22; MünchKommZPO/*Maurer* Vor § 186 FamFG Rn. 19.
[72] BT-Drucks. 7/ 3061 S. 59 („Eine solche Erörterung ist insbesondere geeignet, den Sachverhalt noch genauer zu ermitteln, Missverständnisse zwischen den Beteiligten zu beseitigen und Gegensätze zu mildern. Dabei kann insbesondere erörtert werden, ob Mängel bei der Begründung des Annahmeverhältnisses geheilt werden können."); BT-Drucks. 7/5087 S. 24 [Zu Artikel 4 Nr. 8 (§ 56f FGG)].
[73] OLG Oldenburg FamRZ 2004, 399, 400.
[74] Zum Ganzen BayObLG FamRZ 1995, 1210, 1211 mwN; NJWE-FER 2000, 5 = FamRZ 2000, 768, 769: Fehlende Antragsberechtigung iSd. § 1762; keine konkreten Anhaltspunkte dafür, dass die Aufhebung der Adoption zum Wohl des Kindes erforderlich ist.
[75] OLG Oldenburg FamRZ 2004, 399, 400.
[76] Ebenso - zu § 56f Abs. 1 FGG - RGRK/*Dickescheid* Rn. 8.
[77] Das Problem gesehen, aber nicht erschöpfend abgehandelt: OVG Münster NJW 1985, 1107 = FamRZ 1985, 204. – Nach §§ 156, 23, 23 a Nr. 1 ist ein Rechtshilfeersuchen nur noch in Zivilsachen, nicht mehr aber in Familiensachen und damit auch nicht in Adoptionssachen zulässig. Doch dürfte es sich insoweit um ein Redaktionsversehen handeln (im Ergebnis - unter Hinweis auf § 13 GVG - ebenso Zöller/*Lückemann* § 156 GVG Rn. 4). Kommt es aber maßgeblich auf den persönlichen Eindruck an, ist die Anhörung durch den ersuchten oder beauftragten Richter nicht verwertbar.
[78] *Staudinger/Frank* Rn. 22.

nicht auch um den persönlichen Eindruck des FamG, wie etwa bei Zeugen, es sei denn, dieses Beweismittel sei sonst nicht erreichbar. – Ggf. hat das FamG ein **psychiatrisches Gutachten** zur Ermittlung einer schwerwiegenden Beeinträchtigung des Verhältnisses des Angenommenen zu seinen geschiedenen Adoptiveltern einzuholen.[79]

Zu den maßgeblichen und deshalb auch ausdrücklich vorgeschriebenen Erkenntnismitteln des FamG zählen die **Anhörungen**, weil sie ihm idR einen nachhaltigen persönlichen – **subjektiven** – Eindruck vermitteln können. Anzuhören sind der Annehmende (§ 192 Abs. 1 FamFG),[80] das Kind (§ 192 Abs. 1) und in aller Regel auch seine leiblichen Eltern („sollen", § 192 Abs. 2 FamFG).[81] Von der Anhörung eines minderjährigen Beteiligten – idR das angenommene Kind, aber auch sein minderjähriger Elternteil oder ein minderjähriger Ehegatte des Annehmenden (§§ 1741 Abs. 2 S. 4, 1749) – kann **abgesehen** werden, wenn Nachteile für seine Entwicklung, Erziehung oder Gesundheit zu befürchten sind oder wegen des geringen Alters von einer Anhörung keine Aufklärung zu erwarten ist (§ 192 Abs. 3 FamFG). 31

c) **Rechtliches Gehör.** Nach § 30 Abs. 4 FamFG soll den Beteiligten nur Gelegenheit zur **Stellungnahme** zu dem Ergebnis einer förmlichen Beweisaufnahme gegeben werden, „soweit dies zur Aufklärung des Sachverhalts oder zur Gewährung rechtlichen Gehörs erforderlich ist". Dies ist in zweifacher Hinsicht verfassungsrechtlich bedenklich: Zum einen die Beschränkung auf das Ergebnis eines im Wege des Strengbeweises aufgenommenen Beweises, und zum anderen in der wertenden Beschränkung auf die Erforderlichkeit einer Stellungnahme. Deshalb ist stets Gelegenheit zur Stellungnahme zu einem Beweisergebnis einzuräumen, es sei denn, übergeordnete Belange wie der Schutz eines minderjährigen Beteiligten würden eine Einschränkung fordern. – Weiteren **Adoptivverwandten,** die auch bei der Annahme nicht beteiligt werden (dazu Vor § 1741 Rn. 34), ist nicht rechtliches Gehör zu gewähren. Im Rahmen der Amtsermittlung sind sie jedoch zu hören, wenn das Kind (auch) mit ihnen in häuslicher Gemeinschaft lebte. 32

6. **Entscheidung.** Das Verfahren endet mit einem **Beschluss** (§ 38 FamFG). War der Antragsteller bereits vor Erlass des Aufhebungsbeschlusses gestorben, ist in ihn der Beginn seiner Wirkungen (§ 1764 Abs. 1 S. 2, dazu dort Rn. 6-10) aufzunehmen.[82] Auf Antrag ist mit der Aufhebung des Annahmeverhältnisses über den **Familien-** und **Ehenamen** zu entscheiden (§ 1765 Abs. 2 und 3, dazu dort Rn. 5-6, 10-17). Wenn oder soweit die **elterliche Sorge** nicht den leiblichen Eltern übertragen wird, ist dem Kind ein Vormund oder Pfleger zu bestellen (§ 1764 Abs. 4, dazu dort Rn. 17-20). – Der aufhebende wie der die Aufhebung ablehnende Beschluss ist allen – materiellen wie formellen – Beteiligten durch förmliche **Zustellung** bekannt zu machen (§§ 40 Abs. 1, 41 Abs. 1 S. 2 FamFG). 33

7. **Anfechtbarkeit.** a) **Aufhebung.** Der die Annahme aufhebende Beschluss wird erst mit Eintritt seiner formellen Rechtskraft wirksam (§ 198 Abs. 2 FamFG; zur Zustellung s. Rn. 33). Zulässiges Rechtsmittel ist die – befristete – **Beschwerde** (§§ 58, 63 Abs. 1 FamFG). – **Beschwerdebefugt** sind alle materiell und formell Beteiligte (§ 59 FamFG, dazu näher Rn. 20-24).[83] Wurde das Annahmeverhältnis nur zu einem der gemeinschaftlich annehmenden Ehegatten aufgehoben, ist auch der andere Ehegatte beschwerdebefugt.[84] Das Kind, das das 14. Lebensjahr vollendet hat und nicht geschäftsunfähig ist, kann sein Beschwerderecht selbständig ausüben (§ 60 S. 3 FamFG), im Übrigen wird es durch seinen gesetzlichen Vertreter, idR seinen Adoptiveltern, vertreten (§ 60 S. 1 FamFG). – Hebt das OLG als Beschwerdegericht die vom FamG ausgesprochene Annahme auf, findet dagegen die **Rechtsbeschwerde** nur nach Zulassung durch das OLG statt (§ 70 Abs. 1 FamFG). 34

b) **Versagung.** Auch wenn der **Antrag** eines Beteiligten (§ 1760) zurückgewiesen wird, ist dagegen die befristete Beschwerde eröffnet (§§ 58, 63 Abs. 1 FamFG:).[85] – Wird in einem nach § 1763 **von Amts wegen** eingeleiteten Verfahren die Aufhebung abgelehnt, ist die Entscheidung dem Kind, seinen Abkömmlingen, dem Annehmenden und seinem Ehegatten (dazu auch Rn. 34)[86] 35

---

[79] OLG Köln FGPrax 2009, 164, 105 = FamRZ 2009, 1692 (LS.).
[80] Das BayObLG FamRZ 1995, 1210, 1211 stützt die Anhörung des Annehmenden auf § 50 a Abs. 2 FGG.
[81] Dazu aber auch MünchKommZPO/*Maurer* §§ 192-195 FamFG Rn. 24.
[82] *Staudinger/Frank* § 1764 Rn. 5; *Brüggemann* DAVorm. 1987, 563, 565.
[83] Bis zum 30. 6. 1998 erlangte das nichteheliche Kind zu seinem leiblichen Elternteil bei Annahme durch diesen nach § 1754 Abs. 1 die Rechtsstellung eines ehelichen Kindes und war deshalb auch beschwerdeberechtigt, *Staudinger/Frank* Rn. 23; 3. Aufl. Rn. 10.
[84] BayObLGZ 1968, 142 = NJW 1968, 1528 = FamRZ 1968, 485; KG FamRZ 1993, 1359 f.; OLG Düsseldorf FGPrax 1997, 222 = FamRZ 1998, 1196, 1197.
[85] BayObLGZ 1979, 386 = FamRZ 1980, 498, 499.
[86] *Staudinger/Engler* 10./11. Aufl. § 1770a Rn. 27.

§ 1759   36–38   Abschnitt 2. Titel 7. Annahme als Kind

sowie demjenigen, der das Verfahren angeregt hat, bekannt zu machen (§ 41 Abs. 1 FamFG). Die leiblichen Eltern und Verwandten, die für die Betreuung in Betracht kommen, sowie das Jugendamt sind **beschwerdebefugt** (§ 59 Abs. 1 FamFG), der Annehmende nur, wenn er die Beschwerde zumindest auch im Interesse des Kindes einlegt.[87] – Wurde die formelle Beteiligung eines materiell Beteiligten (dazu Rn. 20-24) **unterlassen**, kann dies im Rechtsbeschwerdeverfahren zur Aufhebung und Zurückverweisung führen, wenn die Sache nicht zur Endentscheidung reif ist (§ 74 Abs. 6 S. 1, 2 FamFG).[88]

36   **8. Wiederaufnahme.** Angesichts der besonderen Regelung der Aufhebung ist auch eine Wiederaufnahme des Annahmeverfahrens (dazu grundsätzlich § 48 Abs. 2 FamFG, §§ 578 ff. ZPO) ausgeschlossen (§ 198 Abs. 2 Halbs. 2 FamFG),[89] weil mit ihr die Schutzbestimmungen zugunsten des Kindes (§§ 1761 Abs. 2, 1762 Abs. 2, 1763 Abs. 3) umgangen würden.

37   **9. Verfassungsbeschwerde.** Das Aufhebungsverfahren ist ein **Rechtsweg** iSd. § 90 Abs. 2 BVerfGG, weshalb eine unmittelbare Verfassungsbeschwerde der **Beteiligten** idR ausgeschlossen ist. Als verletzte Grundrechte kommen Art. 6 GG und Art. 103 Abs. 1 GG in Betracht, die in §§ 1746-1748, 1750 konkretisiert werden und deren Verletzung zur Aufhebbarkeit nach § 1760 Abs. 1, 2 führt (dazu auch § 1752 Rn. 45-47). – Werden Beteiligungs- und Anhörungsrechte **volljähriger** oder **heranwachsender** Kinder bei der Annehmenden (dazu §§ 1752 Rn. 15-16, § 1769 Rn. 10) verletzt, kann nach einer **Anhörungsrüge** (§ 44 FamFG; dazu § 1752 Rn. 37, 45-47) Verfassungsbeschwerde eingelegt werden.[90] Daneben ist für eine „Verfassungswidrigkeit" als Aufhebungsgrund kein Raum.[91] Auch können die Einschränkungen zum Wohl des Kindes in §§ 1761 Abs. 2, 1762 Abs. 2, 1763 Abs. 3, die ihrerseits ihren Grund in Art. 1, 2, 6 GG (insoweit bezogen auf die Adoptivfamilie) haben, nicht auf diese Weise überspielt werden. Zum Ganzen und zum Beschwerderecht des Jugendamts s. § 1752 Rn. 37, 45-47.

38   Die Verfassungsbeschwerde gegen den Adoptionsbeschluss wegen der Verletzung rechtlichen Gehörs im Annahmeverfahren führt nach der Rspr. des BVerfG – entgegen § 1764 Abs. 1 und § 197 Abs. 3 FamFG – im Falle einer **Volljährigenadoption** zur Beseitigung der Rechtskraft des Annahmebeschlusses, allerdings unter Aufrechterhaltung seiner Wirkungen. Das FamG hat dann nach Gewährung rechtlichen Gehörs neu zu entscheiden; sein Annahmebeschluss sein aufhebender Ausspruch wirkt „grundsätzlich" ex tunc.[92] – Bei einer **Minderjährigenadoption** ist gleich zu verfahren, doch wirkt ein aufhebender Ausspruch des FamG ex nunc,[93] um die bestehenden rechtlichen Beziehungen zwischen den Annehmenden und dem angenommenen Kind bis zur Aufhebung des Annahmeverhältnisses aufrechtzuerhalten. – Zu Recht wird dagegen eingewandt, dass dadurch auch noch viele Jahre nach dem Adoptionsausspruch seine Aufhebung erfolgen kann, ohne dass der neuen Beziehung der ihr als „sozial-familiäre Beziehung" gebührende Schutz aus Art. 6 Abs. 1 GG zuteil wird.[94] Deshalb sind die schutzwürdigen Grundrechte aus Art. 103 Abs. 1 GG und Art. 6 Abs. 1 GG unter Beachtung des Kindeswohls (Art. 2 GG) gegeneinander abzuwägen, was idR zur Aufrechterhaltung der Annahme bereits von Verfassungs wegen führen wird.

---

[87] BayObLG NJW 1968, 1528; BayObLGZ 1979, 386 = FamRZ 1980, 498, 499; NJWE-FER 2000, 5 = FamRZ 2000, 768, 769; KG NJW 1962, 2355 = FamRZ 1962, 531; KG OLGZ 1994, 68 = DtZ 1993, 254 (LS.) = FamRZ 1993, 1359, 1360 mwN; *Staudinger/Frank* Rn. 25; *Finke* FamRZ 1958, 407 (für das Jugendamt).
[88] BayObLG NJWE-FER 2000, 5 = FamRZ 2000, 768, 769.
[89] BT-Drucks. 16/6308 S. 248; ebenso zum FGG bereits 5. Aufl. Rn. 20; *Staudinger/Frank* Rn. 14; im Ergebnis ebenso *Soergel/Liermann* Rn. 13.
[90] BVerfG NJW 1988, 1963 = FamRZ 1988, 1247 m. Anm. *Niemeyer* FuR 1994, 100; BVerfGE 89, 381 = NJW 1994, 1053 = FamRZ 1994, 493, 496; FPR 2003, 488 = FamRZ 2003, 1448, 1449; aA *Staudinger/Frank* Rn. 11-13.
[91] *Staudinger/Frank* Rn. 10; aA *Soergel/Roth-Stielow* 11. Aufl. Rn. 4, 5. Keinesfalls können die Einschränkungen zum Wohl des Kindes in §§ 1761 Abs. 2, 1762 Abs. 2, 1763 Abs. 3 - die ihrerseits ihren Grund in Art. 1, 2, 6 GG (insoweit bezogen auf die Adoptivfamilie) haben (s. Vor § 1741 Rn. 29) - auf diese Weise überspielt werden. Zum Beschwerderecht des Jugendamtes s. § 1752 Rn. 13.
[92] BVerfGE 89, 381 = NJW 1994, 1053 = FamRZ 1994, 493, 496; NJW 1995, 316 = FamRZ 1994, 687, 688 („Beseitigung der von der Rechtskraft des Adoptionsbeschlusses ausgehenden Unabänderbarkeit der gerichtlichen Entscheidung"); anders noch BVerfG NJW 1988, 1963 = FamRZ 1988, 1247, 1248 m. abl. Anm. *Frank/Wassermann*: Aufhebung des Adoptionsausspruchs mit Rückwirkung und Zurückverweisung an das FamG (§ 95 Abs. 2 BVerfGG).
[93] BVerfGE 92, 158 = NJW 1995, 2155 = FamRZ 1995, 789, 795 („wie dies in § 1764 Abs. 2 BGB vorgesehen ist"); anders - „grundsätzlich rückwirkend aufzuheben" - BVerfG FPR 2003, 488 = FamRZ 2003, 1448, 1449 unter zweifach unzutreffender Bezugnahme auf vorhergehende verfassungsgerichtliche Entscheidungen: BVerfGE 89, 381 = NJW 1994, 1053 = FamRZ 1994, 493 betraf eine Volljährigenadoption, in BVerfGE 92, 158 = NJW 1995, 2155 = FamRZ 1995, 789 wurde gerade der Wirkung ex nunc das Wort geredet.
[94] *Staudinger/Frank* Rn. 13.

§ 1760 Aufhebung wegen fehlender Erklärungen

(1) Das Annahmeverhältnis kann auf Antrag vom Familiengericht aufgehoben werden, wenn es ohne Antrag des Annehmenden, ohne die Einwilligung des Kindes oder ohne die erforderliche Einwilligung eines Elternteils begründet worden ist.

(2) Der Antrag oder eine Einwilligung ist nur dann unwirksam, wenn der Erklärende
a) zur Zeit der Erklärung sich im Zustand der Bewusstlosigkeit oder vorübergehenden Störung der Geistestätigkeit befand, wenn der Antragsteller geschäftsunfähig war oder das geschäftsunfähige oder noch nicht 14 Jahre alte Kind die Einwilligung selbst erteilt hat,
b) nicht gewusst hat, dass es sich um eine Annahme als Kind handelt, oder wenn er dies zwar gewusst hat, aber einen Annahmeantrag nicht hat stellen oder eine Einwilligung zur Annahme nicht hat abgeben wollen oder wenn sich der Annehmende in der Person des anzunehmenden Kindes oder wenn sich das anzunehmende Kind in der Person des Annehmenden geirrt hat,
c) durch arglistige Täuschung über wesentliche Umstände zur Erklärung bestimmt worden ist,
d) widerrechtlich durch Drohung zur Erklärung bestimmt worden ist,
e) die Einwilligung vor Ablauf der in § 1747 Abs. 2 Satz 1 bestimmten Frist erteilt hat.

(3) ¹Die Aufhebung ist ausgeschlossen, wenn der Erklärende nach Wegfall der Geschäftsunfähigkeit, der Bewusstlosigkeit, der Störung der Geistestätigkeit, der durch die Drohung bestimmten Zwangslage, nach der Entdeckung des Irrtums oder nach Ablauf der in § 1747 Abs. 2 Satz 1 bestimmten Frist den Antrag oder die Einwilligung nachgeholt oder sonst zu erkennen gegeben hat, dass das Annahmeverhältnis aufrechterhalten werden soll. ²Die Vorschriften des § 1746 Abs. 1 Satz 2, 3 und des § 1750 Abs. 3 Satz 1, 2 sind entsprechend anzuwenden.

(4) Die Aufhebung wegen arglistiger Täuschung über wesentliche Umstände ist ferner ausgeschlossen, wenn über Vermögensverhältnisse des Annehmenden oder des Kindes getäuscht worden ist oder wenn die Täuschung ohne Wissen eines Antrags- oder Einwilligungsberechtigten von jemand verübt worden ist, der weder antrags- noch einwilligungsberechtigt noch zur Vermittlung der Annahme befugt war.

(5) ¹Ist beim Ausspruch der Annahme zu Unrecht angenommen worden, dass ein Elternteil zur Abgabe der Erklärung dauernd außerstande oder sein Aufenthalt dauernd unbekannt sei, so ist die Aufhebung ausgeschlossen, wenn der Elternteil die Einwilligung nachgeholt oder sonst zu erkennen gegeben hat, dass das Annahmeverhältnis aufrechterhalten werden soll. ²Die Vorschrift des § 1750 Abs. 3 Satz 1, 2 ist entsprechend anzuwenden.

Schrifttum: *Woidich,* Auslandsadoption – Aufhebung wegen arglistiger Täuschung, PFAD 2003, 53.

Übersicht

	Rn.		Rn.
I. Normzweck	1	b) Irrtum	13
II. Regelungssystematik	2	c) Arglistige Täuschung	14–18
III. Aufhebungsgründe	3–20	d) Widerrechtliche Drohung	19
1. Fehlende Erklärungen (Abs. 1)	3–10	e) Sperrfrist	20
a) Keine Erklärung	3, 4	IV. Ausschluss der Aufhebung	21–26
b) Irrtum über Einwilligungserfordernis	5	1. Nachholen einer Erklärung	21–25
c) Vertreter ohne Vertretungsmacht	6	a) Unwirksame Erklärung	21–23
d) „Vater"	7–10	b) Fehlende Einwilligung	24
2. Willensmängel (Abs. 2)	11–20	c) Scheinbar unnötige Erklärung	25
a) Bewusstlosigkeit. Störung der Geistestätigkeit. Geschäftsunfähigkeit	12	2. Ersetzung. Kindeswohl	26
		V. Tod eines Beteiligten	27
		VI. Verfahren	28

§ 1760 1–5

I. Normzweck

1 § 1760 gestattet die Aufhebung einer Annahme, wenn das Annahmeverhältnis in grob fehlerhafter Weise begründet wurde. Er regelt die Aufhebung eines Annahmebeschlusses **abschließend** und ersetzt **materiell-rechtliche Behelfe** – Nichtigkeit, Anfechtung (dazu § 1759 Rn. 6) –, die früher teilweise unmittelbar geltend gemacht werden konnten oder von § 1770b aF als Aufhebungsgrund erfasst waren,[1] sowie die **verfahrensrechtliche Unanfechtbarkeit** des Annahmebeschlusses (§ 197 Abs. 3 S. 1 FamFG, dazu § 1752 Rn. 34).[2] – Zum **Stichtag** für die Aufhebung s. § 1759 Rn. 4, zum **Aufhebungsverfahren** Rn. 28, § 1759 Rn. 18-38, zur Anwendbarkeit auf die **Volljährigenadoption** s. § 1771 Rn. 5, 12-13.

II. Regelungssystematik

2 § 1760 und § 1761 bilden eine **Einheit:**
- § 1760 Abs. 1 nennt als **Aufhebungsgründe:** Der Antrag, die Einwilligung des Kindes oder erforderliche Einwilligungen eines leiblichen Elternteils *fehlten,* sie wurden zu Unrecht *nicht für erforderlich* gehalten oder sie waren mit einem erheblichen *Mangel* behaftet. Die Mängel werden in Abs. 2 abschließend aufgezählt; sie können nach Abs. 3 **geheilt** werden. Abs. 2 lit. c wird durch Abs. 4 weiter **eingeschränkt**.
- § 1761 Abs. 1 erklärt die Mängel für **unerheblich,** wenn die Einwilligung ersetzt werden konnte oder kann.
- Die Aufhebungsgründe wirken nicht absolut. Sie stehen unter dem Vorbehalt, dass durch die Aufhebung das **Kindeswohl** nicht erheblich gefährdet wird (Abs. 2).

III. Aufhebungsgründe

3 **1. Fehlende Erklärungen (Abs. 1). a) Keine Erklärung.** Betroffen sind die Erklärungen nach §§ 1752, 1746, 1747. Sie **fehlen,** wenn
- sie überhaupt nicht oder jedenfalls nicht vom Betroffenen – etwa durch einen Vertreter ohne Vertretungsmacht – **abgegeben,**
- der Annahmeantrag vor Zustellung des Annahmebeschlusses (§ 41 Abs. 1 FamFG) **zurückgenommen** (dazu § 1752 Rn. 13; die Rücknahme führt zur Aufhebbarkeit des Annahmebeschlusses und nicht zu seiner Nichtigkeit[3]) oder erforderliche Einwilligungen oder Zustimmungen **widerrufen** wurden.

Dagegen ist das Fehlen der erforderlichen Einwilligung eines **Ehegatten** kein Aufhebungsgrund (dazu § 1749 Rn. 9).

4 Da der Adoptionsantrag und die Einwilligungen auch die auf die Annahme des Kindes gerichteten materiell-rechtlichen Willenserklärungen beinhalten (dazu § 1752 Rn. 3), fehlt es zwar nicht an einer Erklärung iSd. Abs. 1, wenn sie lediglich nicht in der rechten **Form** oder durch einen **Vertreter,** der bevollmächtigt war, eine *bestimmte* Erklärung abzugeben, abgegeben wurde (dazu § 1750 Rn. 21).[4] Doch sind sie **unwirksam,** wenn sie nicht notariell **beurkundet** (§§ 1752 Abs. 1 S. 2, 1750 Abs. 1 S. 2), entgegen §§ 1752 Abs. 2 S. 1 aE, 1750 Abs. 3 S. 1 von einem gewillkürten **Vertreter** (dazu auch Rn. 6) abgegeben oder unter eine **Bedingung** oder **Zeitbestimmung** (§§ 1752 Abs. 2 S. 1, 1750 Abs. 2 S. 1) gestellt wurden,[5] weil die Erklärung sich dann auf etwas anderes als das gesetzlich Zulässige richtet.

5 **b) Irrtum über Einwilligungserfordernis.** Die Einwilligung eines Elternteils in die Annahme (§ 1747 Abs. 1 S. 1) fehlt auch, wenn zu Unrecht von der **Nichterforderlichkeit** der

---

[1] Zur Entstehungsgeschichte und zum Ziel der Reform 1976 s. näher *Staudinger/Frank* Rn. 2, 3 mwN.

[2] In den Grundzügen entspricht die gesetzliche Regelung den Reformvorschlägen aus der Praxis (AGJJ Mitt. 57/58 (1969), 35 Thesen 14.2) und dem Schrifttum (*Engler* S. 89 f.; vgl. auch *Heinisch* (Schrifttum zu § 1759) S. 78). Während der RefE eines *Gesetzes zur Neuordnung des Adoptionsrechts (AdoptionsG)* Stand 7. 9. 1973, DAVorm. 1973, 522 = UJ 1974, 76 das Fehlen des Antrags oder der Einwilligung von Kind oder Eltern und deren Beeinträchtigung wegen Geschäftsunfähigkeit, arglistiger Täuschung oder Drohung als Aufhebungsgründe nannte, differenzierte der RegE die Aufhebungsgründe weiter; der RA-BT nahm redaktionelle und inhaltliche Änderungen vor (BT-Drucks. 7/3061 S. 48 Nr. 8; dazu auch Rn. 14-20).

[3] OLG Düsseldorf FamRZ 1997, 117; *Staudinger/Frank* Rn. 5; § 1759 Rn. 7.

[4] Ebenso *Erman/Saar* Rn. 3; aA *Staudinger/Frank* Rn. 10; *RGRK/Dickescheid* Rn. 2 für die Einwilligung unter Berufung auf § 1750 Abs. 1, doch widerstreitet dies der Wertung in Abs. 3, 5 (dazu Rn. 21-25, § 1750 Rn. 21), soweit damit der Zugang einer formgerechten Erklärung verlangt wird. Nach *Soergel/Liermann* Rn. 6 bedarf es keines materiell-rechtlich wirksamen Antrags, wohl aber wirksamer Einwilligungen.

[5] AA *Staudinger/Frank* Rn. 9.

Einwilligung eines Elternteils ausgegangen wurde, weil er zur Abgabe der Erklärung dauernd außerstande oder sein Aufenthalt dauernd unbekannt war (§ 1747 Abs. 4, dazu dort Rn. 30-33); s. Abs. 5 und dazu Rn. 25). Dies folgt aus dem Wortlaut von Abs. 1 – die Einwilligung fehlt, obwohl sie objektiv „erforderlich" war – und dem Zusammenhang mit Abs. 5.[6] Ein **Inkognito** der Adoptiveltern ist auch im Aufhebungsverfahren zu wahren.[7]

c) Vertreter ohne Vertretungsmacht. War der Angenommene minderjährig und wurde er 6 von der „falschen Person gesetzlich vertreten", liegt keine wirksame Einwilligung vor:[8]
– Hatte das Kind das 14. Lebensjahr noch nicht vollendet oder was es geschäftsunfähig, konnte nur sein gesetzlicher Vertreter einwilligen (§ 1746 Abs. 1 S. 2). Hat nicht er, sondern ein Dritter eingewilligt, liegt keine Erklärung des Kindes vor.[9]
– Hat das Kind, das das 14. Lebensjahr vollendet hat und nicht geschäftsunfähig war, eingewilligt, jedoch der „falsche gesetzliche Vertreter" nach § 1746 Abs. 1 S. 3 Halbs. 2 zugestimmt, fehlt es an einer wirksamen Zustimmung (dazu auch § 1746 Rn. 17).

d) „Vater". aa) Festgestellte Vaterschaft. Einwilligungsberechtigt ist grundsätzlich (zum 7 Vaterschaftsprätendenten s. Rn. 10) nur der Mann, dessen Vaterschaft zu dem anzunehmenden Kind auch feststeht. Entweder er war mit der Mutter im Zeitpunkt der Geburt **verheiratet** und die Vaterschaft ist nicht wirksam angefochten worden (§§ 15982 Nr. 1, 1599-1600c), oder die Vaterschaft wurde rechtswirksam **festgestellt**: Der Mann hat die Vaterschaft anerkannt (§§ 1592 Nr. 2, 1594-1598), oder sie wurde durch das FamG rechtskräftig festgestellt (§§ 1592 Nr. 3, 1600d, § 182 Abs. 1 FamFG). Maßgebend ist der **Zeitpunkt,** in dem der Annahmebeschluss wirksam wird, also die Bekanntgabe durch Zustellung an den/die Beteiligten oder die Beteiligten, für die er seinem wesentlichen Inhalt nach bestimmt ist (§§ 40 Abs. 1, 41 Abs. 1 FamFG), idR also an die Annehmenden,[10] weil er danach nicht mehr abgeändert werden kann (§ 197 Abs. 3 S. 2 FamFG).

bb) Nicht festgestellte Vaterschaft. War der leibliche Vater bei Ausspruch der Annahme 8 nicht bekannt, weil ihn die Mutter nicht kannte oder nicht nennen wollte, und hatte er keine Kenntnis von seiner Vaterschaft oder hat er sie nicht mitgeteilt, und konnte er vom FamG auch nicht von Amts wegen ermittelt werden, kann er am Verfahren nicht beteiligt werden und hat kein Einwilligungsrecht (dazu § 1747 Rn. 10). Wird er nachträglich bekannt und beruft er sich auf seine fehlende Einwilligung, führt dies nicht zur Aufhebung der Adoption, weil sein Einwilligungsrecht zum Zeitpunkt des Adoptionsausspruchs nicht bestand und dieser deshalb auch nicht unter Verletzung des Einwilligungsrechts erging. Der Adoptionsausspruch ist nicht nichtig, und nach wirksamer Annahme sind die Rechte des leiblichen Vaters endgültig erloschen.

Dies mag unbedenklich sein, wenn der leibliche Vater um seine Vaterschaft wusste. Hatte er 9 aber keine Kenntnis von seiner Vaterschaft, ist dies verfassungsrechtlich bedenklich, weil er dann durch seine Nichtbeteiligung am Adoptionsverfahren in seinem durch Art. 6 Abs. 2 S. 1 GG geschützten Recht auf mindestens den Umgang mit dem Kind (§ 1684 BGB) oder auf Übertragung der elterlichen Sorge (§ 1678 Abs. 2 BGB) verletzt wird. Letztlich werden aber die Interessen der Annehmenden und des Kindes an einem Fortbestand idR zu deren Vorrang vor den Interessen des leiblichen Vaters und dazu führen, dass die Bestandskraft des Adoptionsdekrets nicht unterlaufen werden kann.

cc) Vaterschaftsprätendent. Für sein Einwilligungsrecht reicht im Adoptionsverfahren aus, 10 dass er seine Vaterschaft vor der Wirksamkeit des Annahmebeschlusses glaubhaft macht (§ 1747 Abs. 1 S. 2; dazu auch dort Rn. 11-15). Hat er seine Einwilligung erteilt, kann ein Aufhebungsantrag nicht darauf gestützt werden, dass nicht er, sondern ein anderer Mann der tatsächliche Vater sei,[11] weil maßgeblich auf die Wirksamkeit des Adoptionsbeschlusses abzustellen ist. Deshalb rechtfertigt auch die nachträgliche Feststellung der Vaterschaft eines anderen Mannes eine Aufhebung nicht (dazu Rn. 8-9). – Wird die Adoption aber trotz **Glaubhaftmachung** der Vaterschaft ohne seine Einwilligung ausgesprochen, kann sie nur aufgehoben werden, wenn er auch tatsächlich der Vater

---

[6] Gerade diesen Fall wollte der Gesetzgeber im Unterschied zum RegE, der insoweit im Anschluss an § 1756 Abs. 2 aF keine Aufhebung gestattete (BT-Drucks. 7/3061 S. 48 Nr. 8), zum Schutze des Elternrechts (dazu Vor § 1741 Rn. 18-38) auch erfassen (RA-BT BT-Drucks. 7/5087 S. 19).
[7] *Staudinger/Frank* Rn. 5.
[8] AA etwa *Staudinger/Frank* Rn. 10 mwN, der bereits das Vorliegen einer „Erklärung" verneint.
[9] *Soergel/Liermann* Rn. 5.
[10] *Staudinger/Frank* Rn. 6 (Zustellung des Adoptionsbeschlusses nach § 56e S. 2 FGG).
[11] *Staudinger/Frank* Rn. 6; *Helms* JAmt 2001, 57, 62.

§ 1760 11–14 Abschnitt 2. Titel 7. Annahme als Kind

ist.[12] Dabei kann die Vaterschaft/Nicht-Vaterschaft nicht entgegen § 1600d Abs. 1 inzident im Aufhebungsverfahren festgestellt werden,[13] vielmehr muss er, was ihm auch zumutbar ist, die gerichtliche Feststellung betreiben. – Zur **Aussetzung** des Adoptionsverfahrens (§ 21 FamFG) s. § 1747 Rn. 9, § 1748 Rn. 76).

11 **2. Willensmängel (Abs. 2).** Auch wenn Antrag oder Einwilligung vorliegen (dazu Rn. 3-6), werden als erhebliche Willensmängel anerkannt: **Bewusstlosigkeit, Geschäftsunfähigkeit** (lit. a, dazu Rn. 12), **error in negotio vel persona** (lit. b, dazu Rn. 13), **arglistige Täuschung** über persönliche Umstände durch Beteiligte (lit. c, Abs. 4, dazu Rn. 14-18), **widerrechtliche Drohung** (lit. d, dazu Rn. 19) und Erklärung vor Ablauf der **Schutzfrist** (lit. e, dazu Rn. 20). – Relevant sind nur Mängel der Einwilligung solcher **Personen**, die in Abs. 1 genannt werden (Eltern, Kind), nicht auch des Ehegatten,[14] weil die Unwirksamkeit nicht Einwilligungen erfassen kann, deren Fehlen (Abs. 1) unbeachtlich wäre.

12 **a) Bewusstlosigkeit. Störung der Geistestätigkeit. Geschäftsunfähigkeit.** Nach lit. a sind beachtlich: Bewusstlosigkeit und Störung der Geistestätigkeit (Alt. 1; sie entsprechen §§ 105 Abs. 2, 1314 Abs. 2 Nr. 1)[15] sowie Geschäftsunfähigkeit des Antragstellers (Alt. 2), die technisch iSd. §§ 105 Abs. 1, 104 zu verstehen ist. Die Geschäftsunfähigkeit eines Elternteils bedurfte keiner Regelung, weil seine Einwilligung nicht erforderlich ist (§ 1747 Abs. 4).[16] – Alt. 3 (Kind, das das 14. Lebensjahr noch nicht vollendet hat oder geschäftsunfähig ist) sanktioniert den Mangel notwendiger gesetzlicher Vertretung. Dem fehlenden gesetzlichen Vertreter ist der geschäftsunfähige gleichgestellt.[17] Dagegen bildet die Vertretung durch einen beschränkt geschäftsfähigen gesetzlichen Vertreter keinen Aufhebungsgrund (s. § 165).[18]

13 **b) Irrtum.** Lit. b entspricht § 1314 Abs. 2 Nr. 2. Er erfasst als Sonderregelung gegenüber § 119 **Inhalts- und Erklärungsirrtümer,** die angesichts der vorgeschriebenen Förmlichkeiten kaum vorkommen[19] und ihren Grund meist in der mangelhaften Belehrung durch den Notar (§ 17 BeurkG) haben dürften. – Alt. 1 („nicht gewusst hat, dass es sich um eine Annahme als Kind gehandelt hat", **Inhaltsirrtum**) und Alt. 2 („einen Annahmeantrag nicht hat stellen wollen oder eine Einwilligung nicht hat abgeben wollen", **Erklärungsirrtum**) liegen etwa vor, wenn jemand meint, mit der „Annahme" die Vaterschaft anzuerkennen oder ihr zuzustimmen. Über die Person von Annehmendem und Kind (Alt. 3: „sich der Annehmende in der Person des anzunehmenden Kindes oder sich das anzunehmende Kind in der Person des Annehmenden geirrt hat", **Identitätsirrtum** als Unterfall des Erklärungsirrtums), aber auch dessen gesetzlichen Vertreter[20] kann praktisch nur bei Inkognitoadoption und unrichtiger Aktenführung geirrt werden. Unerheblich ist ein Irrtum über – auch „wesentliche" – Eigenschaften des Kindes oder des Annehmenden.[21]

14 **c) Arglistige Täuschung.** Lit. c vertritt § 123 Abs. 1 Alt. 1 (s. auch § 1314 Abs. 2 Nr. 3). „**Wesentlich**" sind für den abgebenden Elternteil und das Kind alle Umstände, die seine künftige Entwicklung maßgeblich beeinflussen können. Weil die Annahme dem Kindeswohl dienen muss (§ 1741 Abs. 1 S. 1), ist die Wesentlichkeit grundsätzlich objektiv zu bestimmen.[22] Da es aber auch um die Entstehung eines Eltern-Kind-Verhältnisses geht und insbesondere Vorstellungen der Annehmenden wesentlich für die Annahme sein können, können subjektive Vorstellungen der

---

[12] *Staudinger/Frank* Rn. 6.
[13] Zu Inzidenzfeststellungen der Vaterschaft s. BGHZ 176, 327 = NJW 2008, 2433 = FamRZ 2008, 1424; NJW-RR 2009, 505 = FamRZ 2009, 32.
[14] *Erman/Saar* Rn. 6 (dort aber wohl auch das Kind und sein gesetzlicher Vertreter ausgeschlossen).
[15] Dazu LG Duisburg DAVorm. 1980, 227, 230 m. Anm. *Schultz*; AG Hamburg ZfJ 1985, 422.
[16] *Staudinger/Frank* Rn. 14.
[17] *Erman/Saar* Rn. 7; *Staudinger/Frank* Rn. 15; RGRK/*Dickescheid* Rn. 5; aA BT-Drucks. 7/3061 S. 47 Nr. 3; *Palandt/Diederichsen* Rn. 4; *Soergel/Liermann* Rn. 8.
[18] BT-Drucks. 7/3061 S. 47 Nr. 2.
[19] *Staudinger/Frank* Rn. 15 unter Hinweis auf AG Hamburg ZfJ 1985, 422 (wo - erfolglos - Übermüdung, Alkoholgenuss und Täuschung geltend gemacht wurden).
[20] *Staudinger/Frank* Rn. 16; RGRK/*Dickescheid* Rn. 6.
[21] BT-Drucks. 7/3061 S. 26 Nr. 6, S. 47 Nr. 4; ebenso die hM, etwa *Erman/Saar* Rn. 8; *Staudinger/Frank* Rn. 16.
[22] BT-Drucks. 7/3061 S. 26 [lit. e]: „Auch schwerwiegende Gründe können die Aufhebung des Annahmeverhältnisses im Interesse der Annehmenden jedoch nicht rechtfertigen."; S. 47 [Nr. 5]: „Unbeachtlich soll die Täuschung über Umstände sein, die für die Annahme nicht wesentlich sind." *Staudinger/Frank* Rn. 19 weist zutreffend darauf hin, dass auf die Annahme und nicht auf die Annehmenden abgestellt wird.

Beteiligten – Annehmende, angenommenes Kind, leibliche Eltern – nicht gänzlich unberücksichtigt bleiben.

Bei den **Annehmenden** ist insbesondere ihre **Betreuungs- und Erziehungsgeeignetheit** maßgeblich, für die auch Alkoholabusus, Drogenkonsum, Krankheiten, Prostitution oder abnormes sexuelles Verhalten Bedeutung erlangen können. Hat der leibliche Elternteil auf das **religiöse Bekenntnis** des Annehmenden ersichtlich Wert gelegt, wird auch dieses mitumfasst (dazu § 1741 Rn. 21, § 1747 Rn. 29),[23] idR dagegen nicht ein **Eheversprechen** des Annehmenden gegenüber der Kindesmutter, da dieses kein Grund ist, sich vom *Kind* zu trennen.[24] 15

Unerheblich ist die Täuschung über die **soziale Herkunft**[25] und die **Abstammung** des Kindes.[26] Zwar sind für den Annehmenden alle die Umstände wesentlich, die Aufschluss über die **Gesundheit** einschließlich **erblicher Belastung** („schwere geistige Erkrankung des Kindes")[27] und die **geistige Entwicklung** des Kindes geben, auch wenn dazu Angaben zu den leiblichen Eltern erforderlich sind.[28] Doch sind diese Umstände vor dem Ausspruch der Annahme aufzuklären und können auch bei nachträglicher Offenbarung eine Aufhebung nicht allein im Interesse des Annehmenden, sondern ausschließlich im Interesse des Kindeswohls nur dann rechtfertigen, wenn sie zu einer unerträglichen Belastung der Eltern-Kind-Beziehung geworden sind (vgl. auch § 1763).[29] – Zur **Volljährigenadoption** s. auch § 1771 Rn. 9-10. 16

Täuschen kann 17
– der Antragsteller gegenüber den leiblichen Eltern und dem Kind, bei der Volljährigenadoption gegenüber dem anderen Antragsteller,[30]
– der gesetzliche Vertreter des Kindes gegenüber dem Annehmenden,
– die leiblichen Eltern gegenüber dem Antragsteller,
– der einwilligungsberechtigte Ehegatte des Annehmenden und des Kindes (dazu auch Rn. 18),
– die Adoptionsvermittlungsstelle etwa über die Konfession des Annehmenden oder die Krankheiten des Kindes; zur nicht offenbarten Kenntnis von der Täuschung durch einen Dritten s. auch Rn. 18.

Abs. 4 steht in unmittelbarem sachlichen Zusammenhang mit Abs. 2 lit. c und schränkt die Aufhebbarkeit der Annahme wegen arglistiger Täuschung über wesentliche Umstände ein.[31] **Unbeachtlich** sind Täuschungen 18
– über die **Vermögensverhältnisse** des Annehmenden wie des angenommenen Kindes (Alt. 1; ebenso § 1314 Abs. 2 Nr. 3 Halbs. 2),[32]
– eines **Dritten** ohne Wissen des Antrags- oder Einwilligungsberechtigten (Alt. 2), der weder antrags- noch einwilligungsberechtigt noch zur Vermittlung des Kindes (§§ 2-5 AdVermiG, dazu § 1744 Anh. Rn. 5-16) befugt war (anders § 1314 Abs. 2 Nr. 3 Halbs. 2 Alt. 2), weil der Getäuschte grundsätzlich keinen Schutz verdient.[33] Maßgeblich ist neben der Antragsberechtigung allein die Einwilligungsberechtigung, ohne dass auf die Person des Einwilligungsberechtigten abgestellt würde, weshalb auch die Täuschung eines Ehegatten des Annehmenden oder des angenommenen Kindes, dem keine Antragsbefugnis hinsichtlich der Aufhebung zusteht, erheblich ist.[34] Ausreichend für die Aufhebbarkeit ist die Mitwisserschaft eines Antrags- oder Einwilligungsberechtigten. Über den Wortlaut von Alt. 2 hinaus ist auch beachtlich, wenn die Adoptionsvermittlungsstelle um die Täuschung durch einen Dritten wusste.[35] – Einwilligungsberechtigt ist der **gesetzliche Vertreter** eines Kindes, das das 14. Lebensjahr noch nicht vollendet hat oder geschäftsunfähig ist (§ 1746 Abs. 1 S. 2), nicht dagegen der eines nicht geschäftsunfähigen Kindes, das das 14. Lebensjahr vollendet hat, weil er nur zustimmungsberechtigt ist (§ 1746 Abs. 1 S. 3).

---

[23] Zum Ganzen *Staudinger/Frank* Rn. 20 mwN.
[24] BayObLGZ 1965, 333 = NJW 1966, 354; aA RGRK/*Dickescheid* Rn. 7.
[25] *Staudinger/Frank* Rn. 20; aA *Bamberger/Roh/Enders* Rn. 5.1.
[26] Für die Volljährigenadoption vgl. ferner RGZ 114, 338, 341.
[27] BT-Drucks. 7/3061 S. 26 [lit. e].
[28] *Staudinger/Frank* Rn. 20.
[29] BT-Drucks. 7/3061 S. 26 [lit. e].
[30] OLG Frankfurt/M. OLGZ 1982, 421 = FamRZ 1982, 1241, 1242.
[31] S. die zutreffende Kritik von *Staudinger/Frank* Rn. 17 an der unsystematischen Trennung dieser Teilregelungen; anders noch BT-Drucks. 7/3061 S. 6 f., 47.
[32] Kritisch *Staudinger/Frank* Rn. 17; *Erman/Saar* Rn. 10, die auf die interessengerechtere Beurteilung im Einzelfall verweisen.
[33] RA-BT BT-Drucks. 7/5087 S. 19.
[34] *Staudinger/Frank* Rn. 21; *Erman/Saar* Rn. 6; RGRK/*Dickescheid* Rn. 8.
[35] *Staudinger/Frank* Rn. 22; *Erman/Saar* Rn. 6; RGRK/*Dickescheid* Rn. 8.

19 **d) Widerrechtliche Drohung.** Lit. d entspricht §§ 123 Abs. 1 Alt. 2, 1314 Abs. 2 Nr. 4. Die Drohung kann auch von Dritten ausgehen.[36] Drängen etwa Eltern die nichteheliche Mutter zur Abgabe des Kindes, andernfalls sie nicht mehr bei ihnen wohnen könne, ist dies eine widerrechtliche Drohung, wenn die Aufnahme der Tochter nicht nur eine moralische, sondern eine Rechtspflicht ist; dies trifft gegenüber einer Minderjährigen, aber auch sonst Hilfsbedürftigen zu, wenn die Unterbringung weiterhin räumlich zumutbar ist.[37]

20 **e) Sperrfrist.** Bei einer Einwilligung durch einen leiblichen Elternteil vor Ablauf der Sperrfrist des § 1747 Abs. 2 S. 1 (8 Wochen) wird ein Handeln in einer Zwangslage unwiderlegbar vermutet.[38]

IV. Ausschluss der Aufhebung

21 **1. Nachholen einer Erklärung.**[39] **a) Unwirksame Erklärung.** Die nach Abs. 2 unwirksame Erklärung (dazu Rn. 11-20) kann durch formgerechtes, aber auch durch schlüssiges Verhalten („oder sonst zu erkennen gegeben hat")[40] **nachgeholt** werden (Abs. 3, dem § 1315 Abs. 1[41] entspricht). Der von der Unwirksamkeit seiner Erklärung Betroffene muss sich selbst eindeutig entscheiden und kann die Entscheidung nicht einem Vertreter überlassen; dies und nicht mehr besagt die Verweisung in Abs. 3 S. 2 auf § 1750 Abs. 3 S. 1.

22 Die Regeln über das Zusammenwirken von gesetzlichem **Vertreter** und Kind bleiben unberührt (Abs. 3 S. 2, §§ 1746 Abs. 1 S. 2, 3, 1750 Abs. 3 S. 1, 2). Auch insoweit gilt für die nachgeholte Erklärung deshalb:
– Für ein Kind, das das 14. Lebensjahr vollendet hat und nicht geschäftsunfähig ist, kann nur sein gesetzlicher Vertreter die Einwilligung erteilen (§ 1746 Abs. 1 S. 2).
– Ein Kind, das das 14. Lebensjahr vollendet hat und nicht geschäftsunfähig ist, kann die Einwilligung in die Annahme nur selbst erteilen, bedarf hierzu jedoch der Zustimmung seines gesetzlichen Vertreters (§ 1746 Abs. 1 S. 3).
– Kind und gesetzlicher Vertreter können sich nicht durch einen gewillkürten Vertreter vertreten lassen (§ 1750 Abs. 3 S. 1).

23 Die nachgeholte Erklärung folgt grundsätzlich den **Regeln** für die Erklärung, die nachgeholt werden soll. Zwar werden §§ 1750, 1752 insoweit nicht ausdrücklich für anwendbar erklärt (vgl. Abs. 3 S. 2), doch ergibt sich dies aus allgemeinen Grundsätzen. Sie ist deshalb insbesondere an das **FamG** zu richten[42] und bedarf der notariellen **Beurkundung.** – Das formgerechte Nachholen empfiehlt sich aus Gründen des Nachweises dringend,[43] auch wenn die nachgeholte Erklärung selbst dann wirksam ist, wenn der Erklärende „sonst zu erkennen gegeben hat, dass das Annahmeverhältnis aufrechterhalten werden soll" (Abs. 3 S. 1 Halbs. 2 Alt. 2). So **heilt** etwa die tatsächliche Fortsetzung der Betreuung durch den Annehmenden seinen fehlerhaften Antrag;[44] bei fehlerhafter Einwilligung der Eltern können mündliche oder schriftliche Äußerungen genügen.

24 **b) Fehlende Einwilligung.** Abs. 3 setzt einen „Erklärenden" voraus. Fehlt es dagegen an einem Antrag oder einer nach Abs. 1 wesentlichen Einwilligung, ist fraglich, ob die Erklärung formlos nachgeholt werden kann; denn es hat insoweit überhaupt keine gerichtliche Prüfung stattgefunden, weil der Betroffene gar nicht am Verfahren beteiligt war (zB unrichtiger gesetzlicher Vertreter). – Fehlt ein formgerechter **Antrag,** ist seine Nachholung und die Wiederholung des gesamten Verfahrens sinnlos, wenn sich das Kind tatsächlich bei demjenigen befindet, dem es in der Annahme anvertraut wurde, und die Einwilligungen nach § 1750 Abs. 4 noch in Kraft sind; Abs. 3 gilt entsprechend. – Fehlt eine **elterliche Einwilligung,** gilt Abs. 5 entsprechend. Die formlose Billigung oder formgerechte Nachholung der Einwilligung muss dann aber auch für das Kind oder seinen gesetzli-

---

[36] BT-Drucks. 7/3061 S. 47 Nr. 6; OLG Frankfurt/M. FamRZ 1981, 206 = FamRZ 1981, 206 (Ehemann der Kindesmutter); *Staudinger/Frank* Rn. 23.
[37] Bedenklich in der Begründung daher BGHZ 2, 287 = NJW 1951, 643, 644; wie der BGH dagegen *Staudinger/Frank* Rn. 23.
[38] Anders noch BT-Drucks. 7/3061 S. 7, S. 48 Nr. 9 zu § 1760 Abs. 4 S. 1. Zur Entstehungsgeschichte näher *Staudinger/Frank* Rn. 24.
[39] Zur Entstehungsgeschichte s. *Staudinger/Frank* Rn. 25, 28.
[40] Im Ergebnis ebenso Erman/Saar Rn. 13; s. auch *Staudinger/Frank* Rn. 28, der zu Recht zur Zurückhaltung mahnt.
[41] Ehemals §§ 30 Abs. 2, 31 Abs. 2, 32 Abs. 2, 33 Abs. 2, 34 Abs. 2 EheG.
[42] *Staudinger/Frank* Rn. 27.
[43] *Staudinger/Frank* Rn. 28 mwN.
[44] AA *Erman/Saar* Rn. 13; RGRK/*Dickescheid* Rn. 12: Weil der Antragsteller dem FamG gegenüber zur Betreuung verpflichtet ist. Dies ist zwar richtig § 1751, beseitigt aber nicht die Indizwirkung.

chen Vertreter genügen.⁴⁵ Wird die Einwilligung des Ehegatten, deren Fehlen nicht zur Aufhebung führt (dazu Rn. 3-4), nachgeholt, treten entgegen § 197 Abs. 3 FamFG nicht weitere Rechtsfolgen ein, die von der Einwilligung abhängen;⁴⁶ die Nachholung ist bedeutungslos.

c) **Scheinbar unnötige Erklärung.** Nachgeholt werden kann auch die Einwilligung eines Elternteils, die zu Unrecht nach § 1747 Abs. 4 nicht für erforderlich gehalten worden war (**Abs. 5,** dazu auch Rn. 5). Auch insoweit reicht schlüssiges Verhalten aus („oder sonst zu erkennen gegeben hat"; zu Abs. 3 s. Rn. 24), das aber vom Elternteil persönlich ausgehen muss. Ist er in der Geschäftsfähigkeit beschränkt, muss sein gesetzlicher Vertreter zustimmen (S. 2, § 1750 Abs. 3 S. 1, 2). Bloße Untätigkeit genügt nur, wenn wenigstens die Tatsache der Annahme bekannt war (s. auch § 1761 Abs. 1). – Die Aufhebung ist auch ausgeschlossen, wenn ein Elternteil bei der Annahme zur Abgabe von Erklärungen nicht dauernd außerstande, mithin nicht geschäftsunfähig war, es aber später geworden ist. Dies folgt aus einer parallelen Wertung zu §§ 1761 Abs. 1, 1762 Abs. 1 (dazu § 1762 Rn. 5). 25

2. Ersetzung. Kindeswohl. Weitere Ausschlusstatbestände enthält § 1761: 26
– Die Einwilligung eines Elternteils wurde nach § 1748 Abs. 3 rechtskräftig ersetzt.⁴⁷
– Die Voraussetzungen für die Ersetzung der Erklärung liegen vor (Abs. 1, dazu dort Rn. 8-11).
– Die Aufhebung gefährdet das Kindeswohl (Abs. 2, dazu dort Rn. 12-15).

V. Tod eines Beteiligten

Die Aufhebung kann auch noch nach dem Tod eines Beteiligten beantragt und ausgesprochen werden (vgl. § 1764 Abs. 1 S. 2, dazu dort Rn. 6-10). Stirbt der **Annehmende,** kann der Angenommene zwar ohne weiteres nochmals adoptiert werden (vgl. § 1742), doch besteht bei groben Willensmängeln ein berechtigtes Interesse an der Beseitigung der Annahmewirkungen.⁴⁸ Dies ist im Falle des Todes des **Angenommenen** offensichtlich, wenn er Abkömmlinge hinterlässt.⁴⁹ Zum Einfluss des Todes auf den Antrag s. § 1762 Rn. 10, auf die Wirkungen § 1764 Rn. 7. 27

VI. Verfahren

Der Aufhebungsgrund kann nur in einem **besonderen Verfahren** (dazu § 1759 Rn. 18-38), auf **Antrag** des Betroffenen (dazu § 1762 Rn. 2-17) und innerhalb bestimmter **Fristen** (§ 1762) geltend gemacht werden. Wird ein Aufhebungsgrund festgestellt und ein Ausschlussgrund verneint, muss das Annahmeverhältnis aufgehoben werden; dem FamG ist **kein Ermessen** eingeräumt. Nach seiner Entstehungsgeschichte bringt „kann" lediglich zum Ausdruck, dass kein Aufhebungsgrund absolut wirkt, sondern unter dem Vorbehalt des Kindeswohls steht (dazu Rn. 2, 26).⁵⁰ – Der **Aufhebungsbeschluss** entfaltet **Wirkungen** mit der Zustellung an die Beteiligten, nach dem Tod eines Beteiligten mit der Zustellung an die überlebenden. 28

§ 1761 Aufhebungshindernisse

(1) Das Annahmeverhältnis kann nicht aufgehoben werden, weil eine erforderliche Einwilligung nicht eingeholt worden oder nach § 1760 Abs. 2 unwirksam ist, wenn die Voraussetzungen für die Ersetzung der Einwilligung beim Ausspruch der Annahme vorgelegen haben oder wenn sie zum Zeitpunkt der Entscheidung über den Aufhebungsantrag vorliegen; dabei ist es unschädlich, wenn eine Belehrung oder Beratung nach § 1748 Abs. 2 nicht erfolgt ist.

(2) Das Annahmeverhältnis darf nicht aufgehoben werden, wenn dadurch das Wohl des Kindes erheblich gefährdet würde, es sei denn, dass überwiegende Interessen des Annehmenden die Aufhebung erfordern.

---

[45] Im Ergebnis ebenso *Staudinger/Frank* Rn. 31; *Erman/Saar* Rn. 15; RGRK/*Dickescheid* Rn. 14.
[46] BayObLGZ 1985, 264 = NJW-RR 1986, 498 = FamRZ 1985, 1182.
[47] BayObLG NJWE-FER 2000, 147 = FamRZ 1999, 1688, 1689.
[48] BT-Drucks. 7/3061 S. 50 [zu § 1763]; *Staudinger/Frank* § 1764 Rn. 6; MünchKommZPO/*Maurer* Vor § 186 Rn. 33; aA *Erman/Saar* § 1764 Rn. 4.
[49] BT-Drucks. 7/3061 S. 50 [zu § 1763]; *Staudinger/Frank* Rn. 6; *Erman/Saar* Rn. 4, jeweils zu § 1764.
[50] BT-Drucks. 7/3061 S. 6 [Zu § 1760 Abs. 1]: „Das Vormundschaftsgericht hat…", dazu RA-BT BT-Drucks. 7/5087 S. 19: „Abs. 1 entspricht inhaltlich dem Vorschlag im Regierungsentwurf, ist jedoch sprachlich überarbeitet worden."

§ 1761 1-7 Abschnitt 2. Titel 7. Annahme als Kind

Übersicht

	Rn.		Rn.
I. Normzweck	1–3	III. Gefährdung des Kindeswohls	12–15
		1. Gefährdung	12
II. Ersetzbarkeit der Einwilligung	4–11	2. „Erheblich"	13
1. Ersetzbare Einwilligungen	4–7	3. Aufhebungsgrund	14
2. Voraussetzungen	8–11	4. Interessen des Annehmenden	15

I. Normzweck

1 Zum **Bestandsschutz** der Annahme schließt die Vorschrift – neben § 1760 Abs. 3, 5 – die Aufhebung nach § 1760 Abs. 1 oder Abs. 2 aus.[1] Zu ihrem **Anwendungsbereich** s. § 1759 Rn. 2, 3, § 1771 Rn. 3.

2 **Abs. 1** will verhindern, dass auf den begründeten Antrag eines Elternteils das Annahmeverhältnis zunächst aufgehoben, die Einwilligung sodann ersetzt und anschließend die Annahme neu vollzogen wird.[2] Stattdessen wird im Aufhebungsverfahren selbst geprüft, ob die Einwilligung ersetzt werden konnte oder gegenwärtig ersetzt werden könnte.

3 **Abs. 2** trägt dem Interesse des Kindes an einer kontinuierlichen Entwicklung (dazu Vor § 1741 Rn. 4, 6) Rechnung. Dieses Kindesinteresse relativiert die im Interesse der sonstigen Beteiligten geschaffenen Aufhebungsgründe. **Verfassungsrechtlichen** Bedenken[3] wird durch die Beachtung des Verhältnismäßigkeitsgrundsatzes (dazu Vor § 1741 Rn. 37-38) begegnet (dazu Rn. 14-15). – Zur entsprechenden Anwendbarkeit auf Adoptionen nach DDR-Recht s. **Art. 234 § 13 Abs. 4 S. 2 EGBGB** und dazu dort 4. Aufl. Rn. 14.

II. Ersetzbarkeit der Einwilligung

4 **1. Ersetzbare Einwilligungen. Abs. 1** bezieht sich auf die Einwilligungen, deren Fehlen nach § 1760 Abs. 1 **erheblich** ist, also auf die Einwilligung des **Kindes** durch seinen gesetzlichen Vertreter (§ 1746 Abs. 1 S. 2: für ein Kind, das das 14. Lebensjahr noch nicht vollendet hat oder geschäftsunfähig ist), der nicht zugleich Elternteil ist (dazu Rn. 5, der unwiderruflich in die Annahme eingewilligt hat oder dessen Einwilligung rechtskräftig ersetzt worden ist (§ 1746 Abs. 3 Halbs. 2), und seiner leiblichen **Eltern**. – Die Einwilligung eines **Ehegatten** des Annehmenden oder des Angenommenen ist zwar erforderlich (§ 1749 Abs. 1, 2), doch bildet ihr Fehlen keinen Aufhebungsgrund (§ 1760 Abs. 1, dazu dort Rn. 3, § 1749 Rn. 9).

5 Die fehlende Einwilligung muss zudem **ersetzbar** sein. Dies trifft zwar auf die Einwilligung des **gesetzlichen Vertreters** des Kindes – Vormund oder Pfleger – (§ 1746 Abs. 1 S. 2, 3 Halbs. 2, Abs. 3 Halbs. 1), nicht aber auf das Fehlen der Einwilligung des Kindes, das das 14. Lebensjahr vollendet hat und nicht geschäftsunfähig ist, und das die Einwilligung nur selbst erklären kann, zu (§ 1746 Abs. 1 S. 3). Erfasst wird auch nicht die **Zustimmung** des gesetzlichen Vertreters zur Einwilligung des Kindes, das das 14. Lebensjahr bereits vollendet hat und nicht geschäftsunfähig ist (§ 1746 Abs. 1 S. 3).

6 Sind die leiblichen **Eltern** die gesetzlichen Vertreter des Kindes, so bedarf es ihrer Einwilligung oder Zustimmung nach § 1746 Abs. 1 S. 2, 3 nicht, wenn sie in die Adoption eingewilligt haben (§ 1747) oder ihre Einwilligung ersetzt (§ 1748) worden ist (§ 1746 Abs. 3 Halbs. 2): Ihre Einwilligung für das Kind gilt mit der Einwilligung aus eigenem Recht als erteilt. – Haben die Eltern weder nach § 1746 noch nach § 1747 eingewilligt, kann zwar die Einwilligung nach § 1747, nicht aber die nach §1746 Abs. 1 S. 2 – nur die Einwilligung eines Vormunds oder Pflegers ist ersetzbar (§ 1746 Abs. 3 Halbs. 1) – ersetzt werden. Obwohl die Einwilligung der Eltern nicht ersetzt werden kann, und Einwilligung oder Ersetzung beim Ausspruch der Annahme oder im Zeitpunkt der Entscheidung über den Aufhebungsantrag vorliegen müssen (Abs. 1 Halbs. 1), führt die Ersetzung der Einwilligung des Elternteils § 1748 über § 1746 Abs. 3 Halbs. 2 zur Unaufhebbarkeit der Annahme entsprechend Abs. 1 (str., dazu § 1746 Rn. 10).[4]

7 **„Erforderlich"** sind die Einwilligungen, solange sie nicht erteilt werden oder die Voraussetzungen des § 1747 Abs. 4 nicht vorliegen. Wird sie ausdrücklich **versagt** und/oder ihre Ersetzung

---

[1] Zur Entstehungsgeschichte s. *Staudinger/Frank* Rn. 2-3.
[2] BT-Drucks. 7/3061 S. 48 Nr. 10.
[3] *Engler* FamRZ 1969, 68.
[4] *Staudinger/Frank* Rn. 5.

Aufhebungshindernisse 8–13 **§ 1761**

abgelehnt, bleibt die Einwilligung erforderlich, sodass Abs. 1 anwendbar ist. Dass die Einwilligung zuvor – ergebnislos – „eingeholt" wurde, macht den Verfahrensverstoß zwar offensichtlich, ändert aber nichts daran, dass vor Erlass des Adoptionsbeschlusses eine erforderliche Einwilligung nicht erneut eingeholt wurde, und an dem Bedürfnis für einen Aufhebungsantrag.[5]

2. Voraussetzungen. Die Ersetzung richtet sich nach § 1748 bzw. § 1746 Abs. 3. Ihre Voraussetzungen müssen entweder beim Ausspruch der Annahme vorgelegen haben oder bei der Entscheidung über die Aufhebung **(Stichtag)** vorliegen. 8

Pflichtverletzungen (§ 1748 Abs. 1 S. 1) zurzeit der Annahme sind ggf. festzustellen. Zwar 9
können sie grundsätzlich nicht mehr begangen werden, wenn sich das Kind bei den Adoptiveltern aufhält; doch können sich die persönlichen Verhältnisse der leiblichen Eltern im Zeitpunkt des Aufhebungsverfahrens so darstellen, dass sie grundlegende Fürsorgepflichten nicht erfüllen könnten, sodass ihnen das Kind unabhängig von der durch Abs. 2 vorgeschriebenen Abwägung (dazu Rn. 14-15) nicht anvertraut werden könnte; Abs. 2 erübrigt eine solche hypothetische Feststellung.[6]

Gleichgültigkeit (§ 1748 Abs. 1 S. 1 Alt. 2, Abs. 2) kann darin liegen, dass die Elternteil, dessen 10
Aufenthalt zu Unrecht als dauernd unbekannt angesehen wurde (§§ 1749 Abs. 3 Alt. 2, 1760 Abs. 5 S. 1), sich nicht in zumutbarer Weise nach Verbleib und Wohlergehen des Kindes erkundigt hat. Dies reicht aus, um den Aufhebungsantrag zurückzuweisen. Die **Belehrung** oder **Beratung** über die Ersetzung ihrer Einwilligung wegen Gleichgültigkeit (§ 1748 Abs. 2) ist weder beim Ausspruch der Annahme noch bei der Entscheidung über die Aufhebung erforderlich (Abs. 1 Halbs. 2).[7] – Dass das Unterbleiben der Annahme dem Kinde zum **unverhältnismäßigen Nachteil** gereichen würde (§ 1748 Abs. 1 S. 1), entspricht in § 1761 das Erfordernis, dass durch die *Aufhebung* ein solcher Nachteil eintritt.[8] Dies ist idR nach längerer Pflegezeit zu bejahen (dazu § 1748 Rn. 42).

Kam im Zeitpunkt der Annahme nur eine Ersetzung wegen **schwerer psychisch-geistiger** 11
Anomalien in Betracht (§ 1748 Abs. 3), ist nicht eine auf die Vergangenheit bezogene, hypothetische Prognose zu stellen, sondern nur zu ermitteln, ob der Zustand des leiblichen Elternteils in Vergangenheit *und* Gegenwart den Schluss auf seine dauernde Erziehungsunfähigkeit rechtfertigt. Hat sich sein Zustand maßgeblich gebessert, fehlt ein Ersetzungsgrund; die Voraussetzungen von § 1761 Abs. 1 liegen nicht vor.[9]

III. Gefährdung des Kindeswohls

1. Gefährdung. Ist das Annahmeverhältnis „zerrüttet", dient die Aufhebung zugleich dem 12
Kindeswohl. IdR wird jedoch das Wohl des Kindes durch die Aufhebung beeinträchtigt, da die Annahme nur dann ausgesprochen werden durfte, wenn sie das Kindeswohl förderte (§ 1741 Abs. 1). Im Interesse des Kindes werden geringfügige Störungen („erheblich gefährdet") in Kauf genommen.

2. „Erheblich". Erheblich wird das Wohl des Kindes gefährdet, wenn seine körperliche, geis- 13
tige oder seelische Entwicklung nachhaltig gestört wird. Dazu zählt auch nachhaltig wirkender „Trennungsschmerz".[10] Maßgebend ist das Alter des Kindes, seine seelische Konstitution, seine Bindung an die Adoptivfamilie und sein dortiges Umfeld, ob es zu einem Wechsel der Familie überhaupt kommen wird – was nach einer aufgehobenen Stiefkindadoption bei einem Verbleib in der Stieffamilie nicht der Fall wäre[11] – und wie sich ggf. ein Wechsel von einer in die andere Familie auf das angenommene Kind mutmaßlich auswirken wird. Dies ist durch Sachverständigengutachten festzustellen. – Nach einem Aufenthalt in der Pflegefamilie von länger als 1 Jahr kann vermutet werden (dazu aber Rn. 14), dass eine Aufhebung zu einer erheblichen Kindeswohlgefährdung führt.[12] Der Zeitraum kann jedenfalls 3 Jahre erheblich unterschreiten. Da nach Ablauf von 3 Jahren ein Aufhebungsantrag allgemein unzulässig ist (§ 1762 Abs. 2), reichen erheblich kürzere Fristen

---

[5] Im Ergebnis ebenso RGRK/*Dickescheid* Rn. 8; *Erman/Saar* Rn. 2; *Staudinger/Frank* Rn. 6; aA *Soergel/Liermann* Rn. 5; *Palandt/Diederichsen* Rn. 4.
[6] Im Ergebnis ebenso *Erman/Saar* Rn. 3, 4; *Staudinger/Frank* Rn. 9.
[7] BT-Drucks. 7/3061 S. 48 [Nr. 10].
[8] So auch die hM, etwa RGRK/*Dickescheid* Rn. 4; *Erman/Saar* Rn. 4; *Soergel/Liermann* Rn. 7; aA *Staudinger/Frank* Rn. 8 (unter Hinweis auf BT-Drucks. 7/3061 S. 48 Nr. 10, wonach es nur um eine rückblickende Beurteilung gehe).
[9] Für jeweils getrennte Prüfung des § 1748 Abs. 3 bei Annahme und Aufhebung dagegen RGRK/*Dickescheid* Rn. 7, *Staudinger/Frank* Rn. 9.
[10] Dies besagt die Differenzierung zu „seelischen Schäden" (*Soergel/Liermann* Rn. 10), gegen die sich *Erman/Saar* Rn. 4 wenden.
[11] *Staudinger/Frank* Rn. 11.
[12] *Erman/Saar* Rn. 4.

§ 1762 Abschnitt 2. Titel 7. Annahme als Kind

aus. – Würde die Aufhebung des Annahmeverhältnisses das Kindeswohl erheblich gefährden, ist auch eine Aufhebung unter Fortführung der Familienpflege als „Zwischenlösung" verwehrt.[13] Wird mit der Aufhebung auch die Änderung der persönlichen Sorge bezweckt, bleiben Vermögensinteressen außer Betracht.

14   3. **Aufhebungsgrund.** Die Art des Aufhebungsgrundes beeinflusst das Kindeswohl nicht. Deshalb ist auch nicht zwischen den Interessen des Einwilligenden und denen des Kindes abzuwägen. Anders als in § 1748 – „unverhältnismäßig" – muss die Gefährdung des Kindeswohls nur „erheblich" sein. Soweit jedoch mit der Ablehnung der Aufhebung in **Elternrechte** (Art. 6 Abs. 1, 2 GG) eingegriffen wird, gilt der Verhältnismäßigkeitsgrundsatz (dazu Vor § 1741 Rn. 37-38).[14] Wer unverschuldet den Kontakt zu seinem Kind verloren hat und zur Annahme nicht gehört wurde, ist deshalb ebenso schutzwürdig wie das Kind (zur **Verletzung rechtlichen Gehörs** s. § 1752 Rn. 45-47); größere Beeinträchtigungen durch die Trennung sind in Kauf zu nehmen und durch eine schrittweise Eingewöhnung zu mildern.[15]

15   4. **Interessen des Annehmenden.** Ausdrücklich vorgesehen ist die Abwägung des Kindeswohls mit Interessen des Annehmenden (Halbs. 2: „Überwiegende Interessen des Annehmenden"). Praktische Voraussetzung ist, dass der Antrag fehlte (dazu auch § 1759 Rn. 13) oder mangelhaft war, etwa bei einer Personenverwechslung.[16] Dann ist die persönliche Betreuung und Erziehung ohnehin nicht gewährleistet, und die tatsächliche Fürsorge kann nicht erzwungen werden. Das Kindeswohl könnte durch eine Aufhebung allenfalls aus vermögensrechtlichen Gründen erheblich gefährdet sein, doch darf ein solches Interesse grundsätzlich nicht zur „Zwangselternschaft" führen.[17] Anderes kann im Einzelfall für die Annahme älterer Kinder und die Volljährigenadoption (§ 1771 S. 2) gelten.[18]

§ 1762 Antragsberechtigung; Antragsfrist, Form

(1) [1] Antragsberechtigt ist nur derjenige, ohne dessen Antrag oder Einwilligung das Kind angenommen worden ist. [2] Für ein Kind, das geschäftsunfähig oder noch nicht 14 Jahre alt ist, und für den Annehmenden, der geschäftsunfähig ist, können die gesetzlichen Vertreter den Antrag stellen. [3] Im Übrigen kann der Antrag nicht durch einen Vertreter gestellt werden. [4] Ist der Antragsberechtigte in der Geschäftsfähigkeit beschränkt, so ist die Zustimmung des gesetzlichen Vertreters nicht erforderlich.

(2) [1] Der Antrag kann nur innerhalb eines Jahres gestellt werden, wenn seit der Annahme noch keine drei Jahre verstrichen sind. [2] Die Frist beginnt
a) in den Fällen des § 1760 Abs. 2 Buchstabe a mit dem Zeitpunkt, in dem der Erklärende zumindest die beschränkte Geschäftsfähigkeit erlangt hat oder in dem dem gesetzlichen Vertreter des geschäftsunfähigen Annehmenden oder des noch nicht 14 Jahre alten oder geschäftsunfähigen Kindes die Erklärung bekannt wird;
b) in den Fällen des § 1760 Abs. 2 Buchstabe b, c mit dem Zeitpunkt, in dem der Erklärende den Irrtum oder die Täuschung entdeckt;
c) in dem Falle des § 1760 Abs. 2 Buchstabe d mit dem Zeitpunkt, in dem die Zwangslage aufhört;
d) in dem Falle des § 1760 Abs. 2 Buchstabe e nach Ablauf der in § 1747 Abs. 2 Satz 2 bestimmten Frist;
e) in den Fällen des § 1760 Abs. 5 mit dem Zeitpunkt, in dem dem Elternteil bekannt wird, dass die Annahme ohne seine Einwilligung erfolgt ist.

---

[13] OLG Karlsruhe FGPrax 1996, 106 = DAVorm. 1996, 390, 392 f.
[14] Im Ergebnis wohl ebenso *Staudinger/Frank* Rn. 12. S. auch den Bericht des RA-BT BT-Drucks. 7/5087 S. 19: Sei die Frist des § 1747 Abs. 3 auch nur um wenige Tage unterschritten worden (Aufhebungsgrund nach § 1760 Abs. 2 lit. e), so werde der Aufhebung „häufig das Wohl des Kindes entgegenstehen".
[15] Vgl. *Soergel/Lade* 10. Aufl. § 1770b Rn. 7. Grundsätzlich zustimmend RGRK/*Dickescheid* Rn. 12.
[16] BT-Drucks. 7/3061 S. 48 [Nr. 11 Abs. 2]; *Bischof* JurBüro 1976, 1586.
[17] Damit werden die vermögensrechtlichen Interessen des Annehmenden berücksichtigt. Dass dies entsprechend § 1760 Abs. 4 untersagt sein soll (so *Roth-Stielow* Bem. 8), leuchtet bei fehlendem oder grob fehlerhaftem Antrag nicht ein (ebenso *Erman/Saar* Rn. 5; *Staudinger/Frank* Rn. 13).
[18] *Staudinger/Frank* Rn. 13.

Antragsberechtigung; Antragsfrist, Form 1–4 § 1762

³ Die für die Verjährung geltenden Vorschriften der §§ 206, 210 sind entsprechend anzuwenden.
(3) Der Antrag bedarf der notariellen Beurkundung.

Übersicht

	Rn.		Rn.
I. Normzweck	1	III. Fristen	11–17
II. Antrag	2–10	1. Allgemeines	11
1. Antragsberechtigte	2, 3	2. Dreijahresfrist	12
2. Vertretung	4–6	3. Einjahresfrist	13, 14
3. Gemeinschaftliche Annahme	7	4. Hemmung der Frist	15, 16
4. Form	8	a) Einjahresfrist	15
5. Inhalt. Adressat	9	b) Dreijahresfrist	16
6. Tod eines Beteiligten	10	5. Fehlende Erklärung	17

I. Normzweck

Das Aufhebungsrecht aus § 1760 ist die Sanktion für die unterlassene Beteiligung bestimmter **1** Personen oder die Mangelhaftigkeit ihrer Erklärungen. Folgerichtig können auch nur diese Personen die Aufhebung der Annahme beantragen.¹ Der dadurch erreichte Bestandsschutz des Annahmeverhältnisses gegenüber Angriffen Dritter, für die Fehler im Annahmeverfahren bloßer Zufall sind,² ist das mit der Reform des Aufhebungsrechts verfolgte Ziel (dazu § 1759 Rn. 1; zur Parallelvorschrift im Eheschließungsrecht s. § 1316), das auch in der Antragsberechtigung und der Fristenregelung ihren Niederschlag gefunden hat.³ – Abs. 2 verkürzt die früher überlangen⁴ **Fristen**. Die Kindesinteressen an ungestörter Entwicklung und die Ansprüche auf rechtliches Gehör werden so zu den Elternrechten in ein angemessenes Verhältnis gesetzt.

II. Antrag

1. Antragsberechtigte. Aufhebung nach § 1760 kann nur derjenige beantragen, dessen Antrag **2** oder Einwilligung nach Abs. 1 **erforderlich** war (s. § 1747 Abs. 1 und dazu dort Rn. 5-17), aber **fehlte** oder nach § 1760 Abs. 2 **unwirksam** war.⁵ In Betracht kommen daher nur der Annehmende, das Kind bzw. sein gesetzlicher Vertreter oder die leiblichen Eltern einschließlich des Vaterschaftsprätendenten (zur Rechtsstellung des nichtehelichen Vaters bis 30. 6. 1998 s. 3. Aufl. Rn. 2). Dagegen sind der übergangene Ehegatte (§ 1749),⁶ der gesetzliche Vertreter, dessen Zustimmung erforderlich war (§ 1746 Abs. 1 S 3 Halbs. 2), die weiteren Abkömmlinge oder sonstigen Verwandten nicht antragsberechtigt.⁷
Der Beteiligte muss in **seinen** in § 1760 Abs. 1, 2 aufgeführten Rechten verletzt worden sein, **3** weil er auf sein Antragsrecht verzichten kann.⁸ Er kann seinen Aufhebungsantrag nicht darauf stützen, dass ein anderer Beteiligter in seinen Rechten verletzt worden sei.⁹

2. Vertretung. Ist das **Kind** (s. auch § 1746 Abs. 1 S. 2) geschäftsunfähig, handelt sein gesetzli- **4** cher Vertreter (Abs. 1 S. 2). Wird das Kind, wie regelmäßig, von den Annehmenden gesetzlich vertreten, sind diese zwar nicht von Gesetzes wegen von der Vertretung des Kindes ausgeschlossen, doch ist diesem wegen einer im Hinblick auf § 1761 Abs. 2 möglichen Interessenkollision ein Verfah-

---
¹ BT-Drucks. 7/3061 S. 49 [Zu § 1761, Nr. 1] sieht in der Beschränkung des Antragsrechts die Folge der Genehmigungsmöglichkeit gem. § 1760 Abs. 3; sie spricht insoweit missverständlich von „Antragsverzicht"; ebenso *Palandt/Diederichsen* Rn. 1.
² Etwa BGH ZBlJugR 1975, 127.
³ Zur Entstehungsgeschichte s. *Staudinger/Frank* Rn. 1-2.
⁴ BT-Drucks. 7/3061 S. 48 [Nr. 12].
⁵ *Soergel/Liermann* Rn. 2.
⁶ *Staudinger/Frank* Rn. 3; *Erman/Saar* Rn. 2; *Gernhuber/Coester-Waltjen* § 68 Rn. 157 Fn. 252; RGRK/*Dickescheid* Rn. 1; *Soergel/Liermann* Rn. 2; aA ohne Begründung *Palandt/Diederichsen* Rn. 1.
⁷ BayObLGZ 1986, 57 = NJW-RR 1986, 872 = FamRZ 1986, 719, 720 m. Anm. *Bosch* (für Kind des Annehmenden).
⁸ BT-Drucks. 7/3061 S. 49 [Zu 1761, Zu Abs. 1, Nr. 1].
⁹ BayObLGZ 1995, 245 = NJW-RR 1996, 1092 = FamRZ 1995, 1604, 1605; NJWE-FER 2000, 5 = FamRZ 2000, 768, 770.

§ 1762 5–10 Abschnitt 2. Titel 7. Annahme als Kind

rensbeistand zu bestellen (§ 191 S. 1 FamFG).[10] – Auch für den geschäftsunfähigen **Annehmenden** handelt sein gesetzlicher Vertreter (Abs. 1 S. 2).[11]

5 Ein **geschäftsunfähiger leiblicher Elternteil** kann keinen Antrag stellen (S. 3), weil nunmehr auch seine Einwilligung in die Annahme nicht erforderlich ist[12] und das Kindeswohl gefährdet wäre, würde der geschäftsunfähige Elternteil wieder an die Stelle der Adoptiveltern treten. Die *nachträglich* eingetretene dauernde Unfähigkeit zur Abgabe einer Erklärung (§ 1747 Abs. 4) heilt deshalb den nach § 1760 Abs. 1, 5 bestehenden Mangel (dazu § 1760 Rn. 21-25).[13]

6 Das Kind, das das 14. Lebensjahr vollendet hat und nicht geschäftsunfähig ist, und ein sonstiger **in der Geschäftsfähigkeit beschränkter Beteiligter** müssen den Aufhebungsantrag persönlich stellen; weder ist eine Vertretung zulässig noch ist die Zustimmung des gesetzlichen Vertreters erforderlich (S. 3, 4; die Vorschrift entspricht §§ 1746 Abs. 2, 1750 Abs. 3). Für das weitere Verfahren ist dem Kind jedoch ein Verfahrensbeistand zu bestellen, wenn dies zur Wahrnehmung der Interessen des Kindes erforderlich ist (§ 191 S. 1 FamFG; dazu § 1759 Rn. 25).

7 **3. Gemeinschaftliche Annahme.** Haben Ehegatten (scheinbar) gemeinschaftlich angenommen, ist nur der Ehegatte antragsberechtigt, dessen Erklärung fehlte oder mangelhaft war. Die Aufhebung beschränkt sich als **Teilaufhebung** auf das Rechtsverhältnis zum Antragsteller (§ 1764 Abs. 5);[14] die Anwendung von § 139 ist im Dekretsystem ausgeschlossen. – Da § 1760 Abs. 2 lit. b nur den Irrtum des Annehmenden über die Person des Kindes, nicht aber auch über die eines Mitadoptanden für beachtlich erklärt, kann der andere Ehegatte auch nicht wegen Irrtums Aufhebung begehren. In Betracht kommt allein eine Aufhebung nach § 1763; dabei ist zu berücksichtigen, dass das Kind nach Aufhebung der Annahme zu einem Ehegatten nur einen Verwandtenstamm besitzt.[15]

8 **4. Form.** Der Antrag muss **notariell beurkundet** werden (Abs. 3). Dies entspricht §§ 1750 Abs. 1 S. 2, 1752 Abs. 2 S. 2 (anders das frühere Recht in § 1770b aF). Da idR die mündliche Erörterung in einem Termin vor dem FamG (§ 32 Abs. 1 S. 1 FamFG) erforderlich ist[16] und eine Frist läuft (Abs. 2), ist dieses Formerfordernis noch weniger gerechtfertigt als beim Annahmeantrag (dazu § 1752 Rn. 5).[17]

9 **5. Inhalt. Adressat.** Der Antrag hat das Annahmeverhältnis **hinreichend** zu bezeichnen. Er muss zwar vor dem Notar **höchstpersönlich** erklärt werden, doch muss die Erklärung nicht persönlich eingereicht werden (dazu § 1750 Rn. 20).[18] – Der Antrag ist an das zuständige **FamG** zu richten.[19] Ist dieses – bei einer Inkognitoadoption – nicht bekannt, hat das Jugendamt, gegen das dem Antragsteller ein Auskunftsrecht nicht zusteht (dazu auch § 1758 Rn. 21), die Einreichung zu vermitteln. Die Einreichung bei einem **unzuständigen** FamG hemmt die Anfechtungsfrist nicht, vielmehr tritt Hemmung erst mit dem Eingang beim zuständigen FamG ein. Zum weiteren Verfahren § 1759 Rn. 18-38.

10 **6. Tod eines Beteiligten.** Das Antrags- und Einwilligungsrecht ist als höchstpersönliches Recht nicht vererblich.[20] Doch ist der Tod des Antragstellers oder des Kindes nach Beurkundung entsprechend § 1753 Abs. 2 unschädlich, wenn der Notar mit der Einreichung betraut war.[21] S. dazu auch **§ 1764 Abs. 1 S. 2,** dazu dort Rn. 6-10.

---

[10] *Staudinger/Frank* Rn. 9. – Stringenter § 56 f Abs. 2 S. 1 FGG: Dem Kind war stets ein Verfahrenspfleger zu bestellen.
[11] BT-Drucks. 7/3061 S. 49 [Zu § 1761, Nr. 2]: "..., da sonst die Gründe, die zur Unwirksamkeit des Antrags oder der Einwilligung geführt haben, die Antragstellung ausschließen würden".
[12] BT-Drucks. 7/3061 S. 49 [Zu § 1761, Nr. 2].
[13] Zum Ganzen auch *Staudinger/Frank* Rn. 7 mwN.
[14] So der RegE in § 1763 Abs. 1 ausdrücklich für die Aufhebung nach § 1760 zum Wohl des Kindes, BT-Drucks. 7/3061 S. 7; der RA-BT stellte die Regel „wegen des engen Sachzusammenhangs" in § 1763 Abs. 2 ein (BT-Drucks. 7/5087 S. 20 zu § 1763 nF) und erweckte damit den - unbeabsichtigten - Anschein, sie gelte nur für den Fall der Aufhebung nach § 1763 Abs. 1. Die Teilaufhebung entspricht früherem Recht, RGZ 152, 228, 229; BGHZ 24, 345, 349 = NJW 1957, 1357; *Staudinger/Engler* 10./11. Aufl. § 1749 Rn. 10 mwN.
[15] Zum Ganzen auch *Staudinger/Frank* Rn. 5.
[16] Dazu MünchKommZPO/*Maurer* Vor § 186 FamFG Rn. 18, §§ 197, 198 FamFG Rn. 59. – § 56f Abs. 1 FGG hat einen Erörterungstermin zwar nicht zwingend vorgeschrieben, aber angeordnet, dass ein solcher durchgeführt werden soll.
[17] S. auch *Staudinger/Frank* Rn. 11.
[18] Die Bedenken von *Staudinger/Engler* 10./11. Aufl. § 1770b Rn. 17 gegen die frühere Rspr. zur „Vertretung in der Erklärung" (KG JFG 20, 198) treffen diesen Fall nicht.
[19] *Erman/Saar* Rn. 3; aA *Staudinger/Frank* Rn. 11.
[20] BayObLGZ 1986, 57 = NJW-RR 1986, 872 = FamRZ 1986, 719, 720 m. Anm. *Bosch*. So schon bisheriges Recht (für Anfechtbarkeit): BGH FamRZ 1969, 479; OLG Köln NJW 1951, 158.
[21] Ebenso *Soergel/Liermann* Rn. 6, unter Hinweis auf § 1764.

Antragsberechtigung; Antragsfrist, Form   11–14   § 1762

III. Fristen

1. Allgemeines. Die Zulässigkeit eines Aufhebungsantrags wird durch 2 Fristen eingeschränkt **11**
(Abs. 2): durch die **absolute** Frist von 3 Jahren (dazu Rn. 12) und die an die **Kenntnis** des Antragstellers anknüpfende Frist von 1 Jahr. Beide Fristen dienen zum einen dem **Bestandsschutz** der Adoption im Interesse des Kindes, das mit fortschreitendem Zeitablauf zunehmend engere emotionale Beziehungen zu den Adoptiveltern entwickelt, und zum anderen dem **Bedürfnis** des Antragstellers, an einer fehlerhaften Annahme nicht festgehalten zu werden. Nach Ablauf eines Jahres soll der Betroffene keinen Antrag mehr stellen können, „damit die Unsicherheit, ob ein Antrag gestellt wird, in angemessener Zeit beendet wird."[22] – Die **Berechnung** der Frist folgt den allgemeinen Regeln (§§ 187 ff.).[23] – Zur **Fristhemmung** s. Rn. 15-16.

2. Dreijahresfrist. Jeder Anspruch auf Aufhebung nach § 1760 erlischt 3 Jahre nach dem Wirk- **12**
samwerden der Annahme, wenn nicht zuvor ein Antrag gestellt wurde **(Abs. 2 S. 1 Halbs. 2).** Da es sich um eine **Ausschlussfrist** handelt, muss der Aufhebungsantrag zwingend vor ihrem Ablauf gestellt werden, „Wiedereinsetzung in den vorigen Stand" ist nicht möglich.[24] Die Frist beginnt mit dem Wirksamwerden der Annahme, dh. der Zustellung an die Annehmenden (§§ 40, 41 Abs. 1 FamFG), zu laufen. Die Pflegezeit (§ 1744) wird nicht eingerechnet. Der in der zeitlichen Beschränkung möglicherweise liegende Eingriff in das Elternrecht (Art. 6 Abs. 1, 2 GG) rechtfertigt sich daraus, dass in 3 Jahren idR eine neue Familie gewachsen ist, die denselben Schutz wie die leibliche Verbindung beanspruchen kann.[25] Sollte die Annahme tatsächlich gescheitert sein, kommt die Aufhebung nach § 1763 in Betracht.

3. Einjahresfrist. I. Ü. kann der Aufhebungsantrag nur innerhalb 1 Jahres nach Aufdeckung **13**
des Mangels bzw. Beendigung der Zwangslage gestellt werden (Abs. 2 S. 1 Halbs. 1). Diese Frist entspricht zwar § 1317 Abs. 1, berücksichtigt jedoch nicht hinreichend die Kindesinteressen. Jedenfalls dem Irrenden (§ 1760 Abs. 2 lit. b) könnte eine unverzügliche Entscheidung zugemutet werden; bei geringer Unterschreitung der Frist aus § 1747 Abs. 2 S. 1 (§ 1760 Abs. 2 lit. e) wäre allenfalls eine Wiederholung der Achtwochenfrist gerechtfertigt. – Der Antrag muss vor Ablauf 1 Jahres **(Fristende)** – und vor Ablauf der Dreijahresfrist – beim FamG eingegangen sein.

Die Frist **beginnt** nach Abs. 2 S. 2 mit der Entdeckung des Mangels bzw. dem Wegfall des **14**
Hindernisses. Dies entspricht grundsätzlich § 1317 Abs. 1 S. 2, doch folgt entsprechend der Wertung in §§ 1750 Abs. 3, 1762 Abs. 1 S. 3, 4 aus, dass der Erklärende beschränkt geschäftsfähig wird (lit. a).[26] Im Einzelnen beginnt der Fristenlauf mit der
– Behebung der **Geschäftsunfähigkeit** des Erklärenden und Eintritt mindestens beschränkter Geschäftsfähigkeit oder mit der Kenntnis des **gesetzlichen Vertreters** eines geschäftsunfähigen Annehmenden oder eines Kindes, das das 14. Lebensjahr noch nicht vollendet hat oder geschäftsunfähig ist, von deren Erklärung (lit. a, § 1760 Abs. 2 lit. a). – Hat erst der gesetzliche Vertreter Kenntnis erlangt und wird der Erklärende erst dann mindestens beschränkt geschäftsfähig oder vollendet das Kind erst dann das 14. Lebensjahr und ist nicht geschäftsunfähig, ist für ihn/es die Jahresfrist neu eröffnet.[27] – Lit a verweist nicht auch auf § 1760 Abs. 2 lit. a Alt. 1 – **Bewusstlosigkeit** oder **vorübergehende Störung der Geistestätigkeit** zurzeit der Erklärung (§ 105 Abs. 2), – doch kann daraus nicht abgeleitet werden, dass der Betroffene die Aufhebung innerhalb der Dreijahresfrist ohne die Beschränkung durch die Einjahresfrist beantragen könnte. Vielmehr besteht auch insoweit dasselbe Bedürfnis für eine zeitliche Begrenzung (dazu Rn. 11); es bietet sich an, für den Fristbeginn – in entsprechender Anwendung von lit a oder lit. e[28] – auf die Kenntnis des Betroffenen von der ohne seine Erklärung ausgesprochenen Adoption abzustellen.

---

[22] BT-Drucks. 7/3061 S. 49 [Zu § 1761, Zu Absatz 2, Nr. 3].
[23] Zur Dreijahresfrist *Staudinger/Frank* Rn. 13.
[24] OVG Münster NJW 1985, 1107 = FamRZ 1985, 204, 205; *Staudinger/Frank* Rn. 13. – Bei der „Wiedereinsetzung in den vorigen Stand" handelt es sich ohnehin nicht um ein materiell-rechtliches, sondern um ein verfahrensrechtliches Rechtsinstitut (§ 48 Abs. 2 FamFG), dessen Anwendung in Adoptionssachen grundsätzlich ausgeschlossen ist (§§ 197 Abs. Abs. 3 S. 2, 198 Abs. 1 S. 4, Abs. 2 Halbs. 2, Abs. 3 Halbs. 2 FamFG).
[25] Der RegE (BT-Drucks. 7/3061 S. 48 [Nr. 12]) sah eine Frist von 5 Jahren vor, räumte aber ein, dass „in aller Regel schon viel früher eine feste Eltern-Kind-Beziehung entstanden sein wird". Der RA-BT setzte die Frist auf 3 Jahre herab (BT-Drucks. 7/5087 S. 20), dazu Rn. 12.
[26] Für vor dem 1. 1. 1977 begründete Adoptionen hatte die Frist am 1. 1. 1977 zu laufen begonnen, wenn der Angenommene an diesem Tage volljährig war (Art. 12 § 1 Abs. 6 S. 2 AdoptG; dazu OLG Frankfurt/M. OLGZ 1982, 421 = FamRZ 1982, 1241, 1242), und am 1. 1. 1978, wenn der Angenommene am 1. 1. 1977 minderjährig war (Art. 12 § 2 Abs. 5 Abs. 1 Halbs. 3, § 3 Abs. 2 AdoptG).
[27] RGRK/*Dickescheid* Rn. 7; *Staudinger/Frank* Rn. 14.
[28] Für lit. e RGRK/*Dickescheid* Rn. 7; *Staudinger/Frank* Rn. 14.

§ 1763
Abschnitt 2. Titel 7. Annahme als Kind

- Entdeckung des Irrtums oder der Täuschung (lit. b, § 1760 Abs. 2 lit. d).
- Beendigung der Zwangslage nach widerrechtlicher Drohung (lit. c, § 1760 Abs. 2 lit. d).
- Vollendung der 8. Lebenswoche des Kindes, wenn die elterliche Einwilligung vor Ablauf der **Achtwochenfrist** (§ 1747 Abs. 2 S. 1) erteilt wurde (lit. d, § 1760 Abs. 2 lit. e).
- Kenntnis des Elternteils, dass die Adoption fälschlicherweise nach § 1747 Abs. 4 ohne seine Einwilligung vorgenommen wurde (lit. e, § 1760 Abs. 5).
- Kenntnis des Annehmenden, des Kindes und eines Elternteils, dass eine Adoption ohne ihren Antrag bzw. ihre Einwilligung ausgesprochen wurde (§ 1760 Abs. 1). Ausdrücklich geregelt ist die Befristung des Aufhebungsantrags zwar nicht, doch ist lit. e entsprechend anzuwenden, weil auch insoweit ein Bedürfnis für eine zeitliche Begrenzung besteht (dazu Rn. 11).[29] – Wird das Kind gesetzlich vertreten, ist auf die Kenntnis des Vertreters, hat es das 14. Lebensjahr vollendet und ist es nicht geschäftsunfähig auf seine Kenntnis abzustellen. Vollendet das Kind das 14. Lebensjahr nach Kenntniserlangung seines gesetzlichen Vertreters, eröffnet ihm die Kenntnis eine neue Einjahresfrist.[30]

15 **4. Hemmung der Frist. a) Einjahresfrist.** Der Lauf der Frist wird durch den Stillstand der Rechtspflege, höhere Gewalt oder das Fehlen eines gesetzlichen Vertreters während der letzten 6 Monate gehemmt (Abs. 2 S. 3, §§ 206, 210). Die Anordnung als S. 3 erweckt den Eindruck, diese Beschränkung beziehe sich nur auf lit. e; dies entspricht jedoch nicht der Entstehungsgeschichte[31] und dem Zweck der Vorschrift, die inhaltlich weitgehend § 1317 Abs. 1 S. 3 gleicht.[32] – Das Fehlen eines gesetzlichen Vertreters führt jedoch dann nicht zur Hemmung, wenn das Kind das 14. Lebensjahr vollendet hat und nicht geschäftsunfähig ist oder sonstige Beteiligte beschränkt geschäftsfähig sind (Abs. 1 S. 3, 4; vgl. auch § 210 Abs. 2).

16 **b) Dreijahresfrist.** Zweifelhaft ist die Anwendung von S. 3 auf die **Dreijahresfrist** des S. 1. Der RegE hat in § 1760 Abs. 5 S. 2 die Regelung nicht mit einem entsprechenden Vorbehalt versehen und §§ 206, 210 nur auf die Einjahresfrist bezogen.[33] Der RA-BT wollte die Unsicherheit so bald wie möglich beendet wissen und setzte daher die Frist von 5 Jahren auf 3 Jahre herab.[34] Durch die Übernahme des § 1760 Abs. 5 S. 2 in § 1761 sollte lediglich klargestellt werden, dass das Aufhebungsverfahren nach Ablauf der Dreijahresfrist fortgeführt werden kann, wenn nur der Aufhebungsantrag fristgerecht gestellt worden ist. Die Ausdehnung der §§ 206, 210 auch auf die Dreijahresfrist wird nicht erwähnt[35] und würde dem verfolgten Zweck widersprechen.[36]

17 **5. Fehlende Erklärung.** Keine besondere Frist nach Abs. 2 S. 2 ist für den Fall vorgesehen, dass ein Antrag oder eine erforderliche und auch grundsätzlich für erforderlich gehaltene Einwilligung überhaupt fehlt (dazu § 1760 Rn. 3, 4).[37] Lit. e ist entsprechend anzuwenden.[38]

§ 1763 Aufhebung von Amts wegen

(1) Während der Minderjährigkeit des Kindes kann das Familiengericht das Annahmeverhältnis von Amts wegen aufheben, wenn dies aus schwerwiegenden Gründen zum Wohl des Kindes erforderlich ist.

---

[29] *Staudinger/Frank* Rn. 15; RGRK/*Dickescheid* Rn. 8; *Erman/Saar* Rn. 5 (unter gg).
[30] *Staudinger/Frank* Rn. 15.
[31] So waren in § 1761 Abs. 2 RegE (BT-Drucks. 7/3061 S. 49 [Nr. 1]) die einzelnen Aufhebungsgründe nicht mit gesonderten Buchstaben hervorgehoben. S. 3 schloss sich ohne drucktechnische Trennung an diese Aufzählung an (S. 7). Die gegenwärtige Fassung beruht auf dem Vorschlag des RA-BT, der die lit. d, e einfügte, die Vorschrift aber im Übrigen inhaltlich nicht verändern wollte (BT-Drucks. 7/5087 S. 20 zu § 1762 aE).
[32] S. dazu auch *Staudinger/Frank* Rn. 19.
[33] BT-Drucks. 7/3061 S. 7, S. 48 [Nr. 12]. Ebenso zuvor RefE eines *Gesetzes zur Neuordnung des Adoptionsrechts (AdoptionsG)*, Stand 7. 9. 1973, DAVorm. 1973, 522 = UJ 1974, 76 zu § 1760 Abs. 3 S. 3.
[34] Eine Frist von 3 Jahren hatte schon der RefE DAVorm. 1973, 522 = UJ 1974, 76 zu § 1760 Abs. 3 S. 3 vorgesehen.
[35] BT-Drucks. 7/5087 S. 20.
[36] RGRK/*Dickescheid* Rn. 10; *Palandt/Diederichsen* Rn. 5 („absolute zeitliche Begrenzung"); *Soergel/Liermann* Rn. 14; *Staudinger/Frank* Rn. 20; wohl auch *Engler* FamRZ 1976, 591 („endgültig nicht mehr zulässig").
[37] Dies kann seinen Grund darin haben, dass insoweit auch keine Heilung nach § 1760 Abs. 3 vorgesehen ist (s. § 1760 Rn. 24-25) und der RegE eine Verbindung zwischen Heilungsmöglichkeit und Antragsberechtigung sieht (BT-Drucks. 7/3061 S. 49 [Nr. 1]).
[38] Ebenso *Erman/Saar* Rn. 5; RGRK/*Dickescheid* Rn. 8; *Staudinger/Frank* Rn. 18.

(2) Ist das Kind von einem Ehepaar angenommen, so kann auch das zwischen dem Kind und einem Ehegatten bestehende Annahmeverhältnis aufgehoben werden.

(3) Das Annahmeverhältnis darf nur aufgehoben werden,
a) wenn in dem Falle des Absatzes 2 der andere Ehegatte oder wenn ein leiblicher Elternteil bereit ist, die Pflege und Erziehung des Kindes zu übernehmen, und wenn die Ausübung der elterlichen Sorge durch ihn dem Wohl des Kindes nicht widersprechen würde oder
b) wenn die Aufhebung eine erneute Annahme des Kindes ermöglichen soll.

Schrifttum: *Abramenko*, Die vom Annehmenden verschuldete Aufhebung einer Adoption (§ 1763 BGB) als vermögensrechtliches Problem, 2000 (Diss. Mainz 2000).

Übersicht

	Rn.		Rn.
I. Normzweck	1, 2	b) Persönliche Gründe	9
II. Systematische Zusammenhänge	3–5	c) Wirtschaftliche Gründe	10
III. Voraussetzungen	6–15	3. Ersatzbetreuung	11–14
1. Minderjährigkeit	6	4. Kindeswohl	15
2. Schwerwiegende Gründe	7–10		
a) Grundsätze	7, 8	IV. Ausspruch	16–18

I. Normzweck

Auch die künstliche Verwandtschaft ist in ihrem Bestand nicht weniger geschützt als die natürliche,[1] weil auch letztere bei Gefährdung des Kindeswohls ohne Einwilligung der Eltern nach deren Ersetzung durch eine Adoption „aufgehoben" werden kann (§ 1748). Zwar wird die Aufhebung nach § 1763 nicht daran gemessen, ob sie die bei ihrer Begründung vorausgesetzte Funktion, das Wohl des Kindes zu fördern, erfüllt, doch bildet auch insoweit ein schwerwiegendes (Adoptiv-)Elternversagen einen Aufhebungsgrund.[2] Dies ist insoweit folgerichtig, als eine Zweitadoption – ausgenommen nach § 1742 – ohne die Aufhebung des ersten Annahmeverhältnisses nicht möglich ist, das Kind aber tunlichst in einer Familie aufwachsen soll (§ 1748; dazu näher Rn. 3). – Zur Entwicklungsgeschichte der Vorschrift s. zunächst 3. Aufl. Rn. 2.[3] Das geltende Recht knüpft wie das frühere, das zur Auslegung weiter herangezogen werden kann,[4] an das Wohl des Kindes als entscheidendem Maßstab an.[5] Die Zulässigkeit der Aufhebung wurde durch Abs. 3 weiter eingeschränkt, um den Zusammenhang mit dem Verbot einer Mehrfachadoption zu verdeutlichen. Danach ist die Aufhebung ein nur unter engen Voraussetzungen eintretender **Ausnahmefall**, wenn die Umstände für das Kind untragbar geworden sind.[6] Diese restriktive Gesetzesfassung soll verhindern, dass das Kind zu einem „Niemandskind" wird.[7]

Zum **Übergangsrecht** nach Art. 12 § 2 Abs. 2, § 3 Abs. 2 S. 3 AdoptG s. § 1772 Anh. Rn. 10, 2 13. Auch wenn das Annahmeverhältnis bereits vor Inkrafttreten des § 1770a aF am 1. 1. 1962 begründet wurde, wird sein Bestand nicht geschützt.[8] – Zum **Stichtag** für die Aufhebung s. § 1759 Rn. 4, zur Nichtanwendbarkeit auf die **Volljährigenadoption** s. Rn. 6.

II. Systematische Zusammenhänge

§ 1763 steht in untrennbarem Zusammenhang mit dem Verbot der **Mehrfachadoption** (§ 1742,[9] 3 dazu Rn. 1). Abs. 3 lit. b spricht dies ausdrücklich aus, Abs. 3 lit. a Alt. 2 – ein leiblicher Elternteil

---
[1] So *Staudinger/Frank* Rn. 1 aE., aA die 5. Aufl. Rn. 1.
[2] Vgl. RegE FamRÄndG BT-Drucks. III/530 S. 23; RegE AdoptG BT-Drucks. 7/3061 S. 26 [lit. d], S. 49 [Zu § 1762, Zu Abs. 1, Nr. 2]. Zustimmend *Dölle* § 115 VI 2; *Engler* S. 90. Kritisch *Lüderitz* S. 84; für die Abschaffung AGJ Mitt. 70 (1974) Beil. S. 6.
[3] Dazu auch *Staudinger/Frank* Rn. 3.
[4] BayObLGZ 1979, 386 = FamRZ 1980, 498, 500.
[5] Kritisch hierzu *Heinisch* FamRZ 1959, 137.
[6] BayObLGZ 1979, 386 = FamRZ 1980, 498, 500 mwN; NJWE-FER 2000, 5 = FamRZ 2000, 768, 770; *Soergel/Liermann* Rn. 6, 7; *Staudinger/Frank* Rn. 12: „ultima ratio"; dagegen *Erman/Saar* Rn. 5.
[7] BT-Drucks. 7/3061 S. 25 [Nr. 3 lit. b], S. 50 [Zu § 1764, Zu Abs. 2, Nr. 2]. Begriff wohl von *Engler* S. 87; s. auch AG Arnsberg FamRZ 1987, 1194, 1195; *Staudinger/Frank* Rn. 13.
[8] BayObLG 1962, 235; BayObLG NJW 1968, 1528 = FamRZ 1968, 465, 466.
[9] BT-Drucks. 7/3061 S. 49 [Zu § 1762, Zu Abs. 2, Nr. 3].

erklärt sich bereit, die Pflege und Erziehung des Kindes zu übernehmen – führt zwar nicht rechtlich, wohl aber tatsächlich zu einer Zweitadoption, und Abs. 3 lit. a Alt. 1 – der andere Ehegatte, zu dem das Annahmeverhältnis bestehen bleibt, erklärt sich bereit, die Pflege und Erziehung des Kindes zu übernehmen – ermöglicht dadurch faktisch eine Zweitadoption, dass die gemeinschaftliche in eine Einzeladoption übergeleitet wird (dazu näher Rn. 12). Die – weiter diskussionswürdige – Alternative wäre die **Lockerung** des Verbots der Mehrfachadoption.[10]

4 Für die Bestimmung der „schwerwiegenden Gründe des Wohls des Kindes" ist der **Gesamtzusammenhang** der adoptionsrechtlichen Vorschriften zu beachten. Dies betrifft die Eingriffsschwelle und damit auch, ob bei Eingriffen des FamG gegen den Willen von Betroffenen mit gleichem Maß zu messen ist. Die Voraussetzungen für die Ersetzung der elterlichen Einwilligung (§ 1748) und für die Aufhebung der Adoption von Amts wegen (§ 1763) sind gegenüberzustellen. Trotz des unterschiedlichen Wortlauts der beiden Vorschriften geht es gleichermaßen um das erforderliche Gewicht der Umstände, die ein Einschreiten zum Wohl des Kindes erfordern. Dies ist auch unabhängig davon, dass § 1763 nicht voraussetzt, dass die Aufhebung gegen den Willen der Adoptiveltern betrieben wird. Es spricht deshalb nichts dagegen, die „schwerwiegenden Gründe" iSd. § 1763 Abs. 1 in Anlehnung an den „unverhältnismäßigen Nachteil" iSd. § 1748 zu definieren.[11]

5 Letztlich besteht auch ein innerer Zusammenhang zur Entziehung der **elterlichen Sorge** als Eingriffstatbestand in das Sorgerecht (§§ 1666, 1667). Vorrang vor der Aufhebung der Adoption hat die Sorgerechtsentziehung,[12] die zu einem weniger einschneidenden Eingriff in das Adoptiveltern-Kind-Verhältnis führt, die verwandtschaftlichen, namens-, unterhalts- und erbrechtlichen Beziehungen unberührt lässt. Ausdruck findet dies auch darin, dass die Adoption im Falle einer Ersatzbetreuung nur aufgehoben werden darf, wenn die Ausübung der elterlichen Sorge durch die Ersatzperson dem Kindeswohl nicht widersprechen würde (Abs. 2 lit a).

III. Voraussetzungen

6 **1. Minderjährigkeit.** Die Aufhebung von Amts wegen ist durch die Minderjährigkeit des Angenommenen zeitlich begrenzt. Dies hat Auswirkungen in zweierlei Hinsicht:
– Nur eine **Minderjährigenadoption** kann nach § 1763 aufgehoben werden. Unanwendbar ist er auf die **Volljährigenadoption,** auch auf die Annahme mit den Wirkungen einer Minderjährigenannahme (§ 1772, dazu auch § 1771 Rn. 3, § 1772 Rn. 12-13).
– Eine Aufhebung kann nach § 1763 nur erfolgen, **solange** das angenommene Kind noch minderjährig ist. Ist es bereits volljährig geworden, scheidet eine Aufhebung von Amts wegen – unbeschadet der Aufhebung auf Antrag eines Betroffenen (**§§ 1760-1762);** eine Aufhebung nach § 1771 ist nicht möglich, weil er nur auf eine Volljährigenadoption anwendbar ist (dazu § 1771 Rn. 2-3) – aus. Zum **Stichtag** für die Aufhebung – Erlass des Aufhebungsbeschlusses – s. § 1759 Rn. 4. Nicht verwehrt ist dagegen eine **Zweitadoption** (§ 1742, dazu dort Rn. 2, § 1767 Rn. 25), weil das Verbot der Mehrfachadoption nur für minderjährige Anzunehmende gilt.

7 **2. Schwerwiegende Gründe. a) Grundsätze.** Die schwerwiegenden Gründe **(Abs. 1)** sind vornehmlich persönlicher Art (zur Nähe zu § 1748 s. Rn. 4). Versagen die Annehmenden erzieherisch, ist Abs. 1 wegen der **Subsidiarität** der Aufhebung[13] als Ausdruck des durch Art. 6 GG, der auch die Adoptivfamilie schützt, gebotenen Verhältnismäßigkeitsgrundsatzes und des Schutzzweckes von Abs. 3 eng auszulegen und zuvorderst Maßnahmen nach § 1666 zu ergreifen (dazu Rn. 5); erst wenn wegen schwerster beiderseitiger Grundlagenstörung[14] die **dauernde Trennung** von den Annehmenden oder einem von ihnen notwendig wird, kommt eine Aufhebung in Betracht (dazu auch Rn. 12).[15] Nur unter diesen Voraussetzungen kann die Aufhebung auch dem Ziel einer **Zweitadoption** dienen.[16]

---

[10] Dazu *Staudinger/Frank* Rn. 1 mwN.
[11] *Staudinger/Frank* Rn. 3; *Erman/Saar* Rn. 5; *Soergel/Liermann* Rn. 2.
[12] BT-Drucks. 7/3061 S. 49 [Zu § 1762, Zu Abs. 1, Nr. 2]; s. auch *Soergel/Liermann* Rn. 2.
[13] RegE FamRÄndG BT-Drucks. III/530 S. 23; RegE AdoptG BT-Drucks. 7/3061 S. 26 [lit. d]; *Palandt/Diederichsen* Rn. 1; RGRK/*Dickescheid* Rn. 7. – Zum früheren Recht: BayObLG NJW 1968, 1528 = FamRZ 1968, 485, 486; *Dölle* § 115 VI 2; *Staudinger/Engler* 10./11. Aufl. § 1770a Rn. 11; aA *Baur* FamRZ 1962, 513 (Wahlrecht).
[14] Zum Ganzen BayObLGZ 1979, 386 = FamRZ 1980, 498, 500; OLG Düsseldorf FGPrax 1997, 222 = FamRZ 1998, 1196, 1197; *Soergel/Liermann* Rn. 1, 2, 6, 7.
[15] Im Ergebnis einhellige Meinung, s. BayObLGZ 1979, 386 = FamRZ 1980, 498, 500 f.; NJWE-FER 2000, 5 = FamRZ 2000, 768, 770; *Erman/Saar* Rn. 3; *Palandt/Diederichsen* Rn. 4; *Staudinger/Frank* Rn. 12; *Soergel/Liermann* Rn. 7 („ultima ratio", dagegen wiederum *Erman/Saar* aaO, großzügiger Rn. 5, 6). Ohne inhaltliche Folgen bleibt die Kontroverse, ob „unhaltbare Lage" erforderlich (so *Soergel/Roth-Stielow* 11. Aufl. Rn. 5) oder nicht (*Gernhuber/Coester-Waltjen* 4. Aufl. 1994 § 68 XII 5 Fn. 13: „überspitzt").
[16] AG Kelheim ZfJ 1990, 280, 281.

Aufhebung von Amts wegen 8, 9 § 1763

Verschulden eines Adoptivelternteils ist – wie zu §§ 1666, 1667 und § 1748 (s. Abs. 3) – nicht 8 erforderlich,[17] weil es allein um das Kindeswohl und nicht um ein vorwerfbares Elternverhalten geht. Doch dürfte praktisch oft auch Verschulden vorliegen.

b) Persönliche Gründe. Für sie gilt: 9
– **Zerwürfnisse** oder **Entfremdung** zwischen Annehmendem und Kind reichen so lange nicht aus, als die Pflege und Erziehung beiden Teilen zumutbar ist.[18] Dies ist bereits bei Zuneigung und Vertrauen auch nur des Kindes zu bejahen,[19] findet jedoch bei **tätlichen Auseinandersetzungen**[20] und **sexuellem Missbrauch**[21] sein Ende.
– **Enttäuschte Erwartungen** der Adoptiveltern – intellektuelle Fähigkeiten, Erziehungsschwierigkeiten, Erkrankungen des Kindes, selbst schwere, gegen die Adoptiveltern gerichteter Kriminalität[22] – rechtfertigen wegen des grundsätzlich unaufhebbaren Eltern-Kind-Verhältnisses die Aufhebung nur dann, wenn sie zu einer unerträglichen Belastung für die Annehmenden oder den Angenommenen geführt haben; idR sollen „solche Maßnahmen ausreichen, die auch bei leiblichen Kindern möglich sind."[23]
– **Trennung** oder **Scheidung** der annehmenden Ehegatten können zu einer Regelung des **Sorgerechts** nach § 1671 Abs. 2, 3 führen, ohne weitere Umstände aber nicht zur Aufhebung,[24] auch wenn dadurch die rechtlichen Folgen einer Stiefkindadoption beseitigt werden sollen.[25]
– Wird das **Umgangsrecht** missbraucht, kann es nach § 1684 Abs. 4 S. 1 ausgeschlossen werden. Muss aber der Umgang auf Dauer untersagt werden, hat die Annahme ihren Zweck verfehlt und kann (vorbehaltlich Rn. 5) aufgehoben werden; auf ein Verschulden kommt es nicht an.[26]
– Der Zweck der Adoption wird auch verfehlt, wenn ein Heranwachsender jeglichen Kontakt mit den Adoptiveltern auf Dauer **ablehnt**. Doch kommt eine Aufhebung nach Abs. 3 nur in Betracht, wenn eine persönliche Beziehung zu anderen zur Erziehung geeigneten Personen hergestellt worden ist oder werden kann.
– Wurde ein Eltern-Kind-Verhältnis tatsächlich überhaupt nicht hergestellt, weil dies nicht beabsichtigt war **(Scheinadoptionen),** sondern im Einvernehmen von Annehmendem und Kind bzw. dessen gesetzlichem Vertreter nur vorgespiegelt, um die Annahme aus namens-, steuer-, aufenthaltsrechtlichen o. ä. Gesichtspunkten zu erreichen, oder weil ein objektiver Hinderungsgrund bestand, liegt ein schwerwiegender Grund zur Anpassung des rechtlichen an den tatsächlichen Personenstand vor, der die Aufhebung des Annahmeverhältnisses rechtfertigt.[27] Die Voraussetzungen des Abs. 3 sind erfüllt, wenn das Kind tatsächlich weiter beim leiblichen Elternteil lebt.[28]
– **Geschlechtliche Beziehungen** zwischen Annehmendem und Kind sind kein Grund, von Abs. 3 abzusehen und das Annahmeverhältnis aufzuheben, um eine Heirat zu ermöglichen.[29] Zudem dient eine Eheschließung noch während der Minderjährigkeit (dazu Rn. 6) grundsätzlich nicht dem Wohl des Kindes; vielmehr sind Maßnahmen nach § 1666 zu ergreifen.[30] Manipulationen – Aufhebung und Begründung eines neuen Annahmeverhältnisses nach Abs. 3 lit. b zu Verwandten oder Freunden – lassen sich zwar nicht mit Sicherheit vermeiden, doch begründet ihre Möglichkeit allein kein Regelungsbedürfnis.

---

[17] RGRK/*Dickescheid* Rn. 5; *Soergel/Liermann* Rn. 5; *Staudinger/Frank* Rn. 6.
[18] KG DR 1939, 1791; FamRZ 1961, 85 (im Ergebnis bedenklich, da das Kind nicht mehr persönlich betreut wurde); OLG Braunschweig NdsRpfl. 1947, 87; einschränkend *Staudinger/Engler* 10./11. Aufl. § 1770a Rn. 8.
[19] BayObLGZ 1979, 386, 392 = FamRZ 1980, 498, 500.
[20] AG Arnsberg FamRZ 1987, 1194: 15-jähriger tötet Adoptivmutter.
[21] AG Hechingen DAVorm. 1992, 1360.
[22] AA – nach Tötung eines Adoptivelternteils – AG Arnsberg FamRZ 1987, 1194 f.
[23] BT-Drucks. 7/3061 S. 26 f.; s. auch *Staudinger/Frank* Rn. 7.
[24] BayObLG NJW 1968, 1528 = FamRZ 1968, 465, 466; BayObLGZ 1979, 386 = FamRZ 1980, 498, 500; NJWE-FER 2000, 5 = FamRZ 2000, 768, 770; OLG Frankfurt/M. FamRZ 1956, 195; OLG Düsseldorf FGPrax 1997, 222 = FamRZ 1998, 1996; OLG Köln FGPrax 2009, 164 f. = NJW-RR 2009, 1376 = FamRZ 2009, 1692 (LS.). Im Ergebnis und in der Begründung bedenklich LG Baden-Baden FamRZ 1955, 221.
[25] *Staudinger/Frank* Rn. 8.
[26] RGRK/*Dickescheid* Rn. 5; *Soergel/Liermann* Rn. 5, 6; *Staudinger/Frank* Rn. 6; *Erman/Saar* Rn. 4; *Gernhuber/Coester-Waltjen* § 68 Rn. 160 Fn. 258; *Finke* FamRZ 1958, 407.
[27] OLG Köln NJW 1980, 63; OLG Frankfurt/M. FamRZ 1982, 848, 849; OLG Oldenburg FamRZ 2004, 399, 400; *Staudinger/Frank* Rn. 10.
[28] Daher zweifelhaft OLG Frankfurt/M. FamRZ 1982, 848, 849.
[29] *Staudinger/Frank* Rn. 14; anders aber *Soergel/Liermann* Rn. 5, der durch eine „rechtzeitige Aufhebung" die Folgen des § 173 StGB „vermeiden" will.
[30] Ebenso *Staudinger/Frank* Rn. 14.

§ 1763   10–13   Abschnitt 2. Titel 7. Annahme als Kind

– Eine **Eltern-Kind-Beziehung** ist im Übrigen bereits dann begründet, wenn sie einseitig besteht, insbesondere infolge der Zuneigung und Erwartungen des Kindes.[31, 32]

10   **c) Wirtschaftliche Gründe.** Sie allein, etwa die erhöhte Leistungsfähigkeit des nach Aufhebung unterhaltspflichtigen leiblichen Elternteils, wiegen nicht schwer genug für eine Aufhebung.[33] Auf größere Leistungs*bereitschaft* ist jedoch Rücksicht zu nehmen. Selbstverständlich kann sich ein Adoptivelternteil seiner Unterhaltspflicht nicht dadurch entziehen, dass er schwerwiegende Gründe (dazu Rn. 7-9) schafft.[34] Doch wird die Aufhebung bei Ablehnung des Kontaktes eines Heranwachsenden mit seinen Adoptiveltern (dazu Rn. 9) nicht dadurch ausgeschlossen, dass die Ersatzeltern schlechtere Vermögensverhältnisse bieten (dazu im Übrigen § 1611 Abs. 1).

11   **3. Ersatzbetreuung. Abs. 3** enthält eine **zwingende Einschränkung** der Zulässigkeit einer Aufhebung nach Abs. 1.[35] Sie kann nur ausgesprochen werden, wenn die vorhandene Familienbeziehung teilweise erhalten oder eine neue begründet werden kann (dazu auch Rn. 3).[36] So kann etwa zur **Aufhebung** der Annahme führen:

12   Lit. a:
– Bei gemeinschaftlicher Annahme durch ein Ehepaar kann das Kind weiter einem der Ehegatten, der zur alleinigen Betreuung auch bereit ist (Alt. 1), anvertraut werden.[37] Diese Fallgestaltung bezieht sich auf eine Teilaufhebung der Annahme zu nur einem Ehegatten (Abs. 2, dazu auch Rn. 15), setzt also voraus, dass das Annahmeverhältnis zum anderen Ehegatten bestehen bleibt.[38] Wird das Annahmeverhältnis zu beiden Ehegatten aufgehoben, greift lit. a Alt. 1 ein.
– Statt der Annehmenden ist ein leiblicher Elternteil[39] bereit und geeignet, die elterliche Sorge zu übernehmen (Alt. 2). Die Umstellung bleibt dem Kind hier ohnehin nicht erspart, da es – nach Abs. 1 – bei dem Annehmenden nicht bleiben kann. Zu beachten ist aber ein etwaiger erheblicher Milieuunterschied; ergeben sich daraus Bedenken gegen eine Eingewöhnung und weitere positive Entwicklung des Kindes, ist eine Annahme durch Dritte vorzuziehen (dazu auch Rn. 13, 18).
– Ein Fall der **Alt. 2** liegt auch vor, wenn nach Aufhebung einer Stiefkindadoption der leibliche Elternteil die Betreuung fortführt.[40]

13   Lit. b:
– Eine **erneute Annahme** des Kindes ist – gegen § 1742 – möglich. Sie muss die begründete Aussicht für eine Vermittlung des Kindes in eine geeignete **Familie** bieten,[41] dh. die weitere Annahme muss so vorbereitet sein, dass ihr Zustandekommen nicht mehr ernstlich zweifelhaft ist;[42] doch braucht diese sich nicht bereits in einer Pflegezeit nach § 1744 bewährt zu haben,[43] weshalb ein Schwebezustand bis zur endgültigen weiteren Annahme nicht ausgeschlossen ist. Da in diese Annahme das Kind, die leiblichen Eltern[44] und ggf. Ehegatten wiederum einwilligen

---

[31] BayObLGZ 1979, 386, 389, 392 = FamRZ 1980, 498, 500.
[32] Wurde bis zum 30. 6. 1998 durch die Annahme lediglich eine rechtliche Beziehung verändert (nichteheliche Mutter nimmt ihr Kind an, s. 3. Aufl. § 1741 Rn. 40), kann die vermeintliche Statusverbesserung aber nicht einfach rückgängig gemacht werden, wenn sie sich als vermögensmäßig ungünstig erweist (abzulehnen daher LG Mannheim MDR 1973, 227, das die Aufhebung zugelassen hat, um einen Anspruch gegen den nichtehelichen Vater zu ermöglichen); weitere Umstände – etwa erhöhter Unterhaltsbedarf des Kindes, dem der leibliche Vater entsprechen kann und will; Stützungsbedürftigkeit der Mutter - mussten hinzutreten.
[33] BayObLGZ 1979, 386, 394 = FamRZ 1980, 498, 501; *Staudinger/Frank* Rn. 9; *Erman/Saar* Rn. 3.
[34] BayObLG NJW 1968, 1528 = FamRZ 1968, 465; BayObLGZ 1979, 386 = FamRZ 1980, 498.
[35] HM, *Staudinger/Frank* Rn. 14; RGRK/*Dickescheid* Rn. 13; *Soergel/Liermann* Rn. 9; *Palandt/Diederichsen* Rn. 1; aA *Roth-Stielow* Anm. 7, 8.
[36] BT-Drucks. 7/3061 S. 25 f.
[37] Nach *Staudinger/Frank* Rn. 16 bezieht sich der Nachsatz „... bereit ist, die Pflege und Erziehung des Kindes zu übernehmen" nicht auf die Alt. 1; aA wohl BT-Drucks- 7/3061 S. 49 [Zu § 1762, Zu Absatz 2, Nr. 3].
[38] BT-Drucks. 7/3061 S. 49.
[39] Wohl unzutreffend deshalb AG Hechingen DAVorm. 1992, 1360, das die Annahme eines nichtehelichen Kindes durch seinen Stiefvater nach dem Tod der Mutter aufgehoben hat, obwohl das Kind nicht von dem leiblichen Vater, sondern von der mütterlichen Großmutter betreut werden sollte (s. auch *Staudinger/Frank* Rn. 17).
[40] BayObLG FamRZ 1995, 1210, 1211; NJWE-FER 2000, 5 = FamRZ 2000, 768, 770; OLG Düsseldorf FGPrax 1997, 222 = FamRZ 1998, 1196, 1197.
[41] BT-Drucks. 7/3061 S. 50; dazu auch BayObLG NJWE-FER 2000, 5 = FamRZ 2000, 768, 770; *Staudinger/Frank* Rn. 21; *Soergel/Liermann* Rn. 12; *Erman/Saar* Rn. 6.
[42] BayObLG NJWE-FER 2000, 5 = FamRZ 2000, 768, 770; *Staudinger/Frank* Rn. 21; s. auch BT-Drucks. 7/3061 S. 50 [Zu § 1762].
[43] *Staudinger/Frank* Rn. 21.
[44] *Staudinger/Frank* Rn. 22.

müssen (dazu § 1742 Rn. 6), muss vor deren Ausspruch die Rechtskraft des Aufhebungsbeschlusses abgewartet werden (§ 198 Abs. 2 Halbs. 1 FamFG, dazu § 1764 Rn. 4).[45]
– Soll eine **Stiefkindadoption** aufgehoben und nach Wiederheirat des leiblichen Elternteils das Kind erneut durch den neuen Stiefelternteil adoptiert werden, fällt dies – jedenfalls dem Wortlaut nach – gleichfalls unter lit. b.[46] Da dadurch das Verwandtschaftsverhältnis zum anderen leiblichen Elternteil wiederauflebt (§ 1764 Abs. 3), ist dieser am Aufhebungsverfahren zu beteiligen (§ 188 Abs. 1 Nr. 3 lit. b FamFG); seiner „Einwilligung" in die Aufhebung bedarf es dagegen nicht,[47] weil sie auch sonst nicht erforderlich ist.

Einer Aufhebung **steht entgegen,** wenn
– eine Unterbringung des Kindes in einer neuen **Familie** (dazu Rn. 11-13) **nicht möglich** ist, weil das Kind vom Annehmenden tatsächlich nicht mehr versorgt wird oder werden kann, es also in einem Heim oder einer **Pflegestelle** untergebracht werden muss oder sich bereits dort aufhält.
– eine solche Unterbringung **möglich** ist, die tatsächliche Pflege aber auch ohne Verfestigung der Annahme oder ohne Aufhebung in absehbarer Zukunft gesichert ist und das Kind durch die Aufhebung einen erheblichen **Vermögensschaden** erleiden würde.[48]

4. Kindeswohl. Der Wechsel der Familie und damit der Betreuung darf dem Kindeswohl nicht nur nicht widersprechen, sondern er muss zu dessen Wahrung **erforderlich** sein (Abs. 3). Weil es sich bei der Aufhebung nach § 1763 um einen Ausnahmetatbestand handelt (dazu Rn. 1) und sie nur das letzte Mittel („ultima ratio") sein darf, müssen aus Gründen der Verhältnismäßigkeit andere Mittel zum Schutz des Kindes ausscheiden (dazu auch Rn. 5). – Stets ist eine umfassende **Prognose** der Entwicklungschancen in der restlichen Adoptivfamilie bzw. der Zweitadoptionsfamilie aufgrund einer Abwägung aller Umstände des Einzelfalls zu treffen,[49] die – selbstverständlich – auch zur Aufrechterhaltung der Annahme als der für das Kind besten Alternative führen kann.[50] So mag die Begründung eines neuen Annahmeverhältnisses etwa dann nicht erforderlich sein, wenn nach einer Stiefelternadoption die Ehe geschieden wird, die Elternbeziehung zum leiblichen Elternteil aber aufrechterhalten bleibt.[51] Sie mag aber bei kleineren Kindern im Einzelfall iSd. Kindeswohls erforderlich sein, wenn beide Adoptiveltern dies wünschen und geeignete Ersatzadoptiveltern für eine Zweitaufnahme zur Verfügung stehen.[52]

IV. Ausspruch

Zur Zuständigkeit und zum **Verfahren** der Aufhebung s. § 1759 Rn. 18-38. – Die **Wirkungen** der Aufhebung richten sich nach §§ 1764, 1765.

Dass bei **gemeinschaftlicher Annahme** das Rechtsverhältnis auch zu nur einem Ehegatten aufgehoben werden kann, stellt Abs. 2 ausdrücklich klar und wird in Abs. 3 lit. a vorausgesetzt (dazu Rn. 12). Eine solche „**Teilaufhebung**" (dazu auch § 1762 Rn. 7) führt zu einer Änderung der Rechtsnatur der ursprünglichen Annahme: Aus einer gemeinschaftlichen Adoption wird eine **Einzeladoption**.[53] Dies ähnelt der Sorgerechtsentziehung (§ 1666) nur für einen Elternteil.

Die Aufhebung ohne sich anschließende Zweitadoption, weil ein **leiblicher Elternteil** die Betreuung des angenommenen Kindes übernimmt (Abs. 3 lit. a Alt. 2, dazu Rn. 12), führt zur **Wiederherstellung** der ursprünglichen Rechtsbeziehungen des Kindes zu seinen leiblichen Eltern, ausgenommen die elterliche Sorge, über deren Rückübertragung das FamG konstitutiv entscheiden muss (§ 1764 Abs. 3, 4, dazu dort Rn. 17-20). Dies gilt auch für die Zeit **zwischen** rechtskräftiger Aufhebung der Erstadoption (§ 198 Abs. 2 Halbs. 1 FamFG) und Wirksamkeit der Zweitadoption (dazu § 1764 Rn. 4).[54]

---

[45] Vgl. AG Arnsberg FamRZ 1987, 1194, 1195, wo – zu schnell – ein Rechtsmittelverzicht bejaht und daher die Verbindung von Aufhebung und Zweitadoption zugelassen wurde (zustimmend *Staudinger/Frank* Rn. 21; zur Fehlerhaftigkeit der Zweitadoption s. § 1759 Rn. 9).
[46] OLG Celle FamRZ 1982, 197, 198.
[47] AA *Staudinger/Frank* Rn. 18.
[48] BayObLG NJW 1968, 1528 = FamRZ 1968, 465; BayObLGZ 1979, 386 = FamRZ 1980, 498; s. insbesondere auch § 1764 Rn. 16.
[49] *Staudinger/Frank* Rn. 11.
[50] BayObLG NJWE-FER 2000, 5 = FamRZ 2000, 768, 770; s. auch OLG Frankfurt/M. FamRZ 1982, 848, 849 (wegen Erb- und Unterhaltssicherung).
[51] OLG Düsseldorf FGPrax 1997, 222 = FamRZ 1998, 1196, 1197.
[52] *Staudinger/Frank* Rn. 11.
[53] Kritisch *Staudinger/Frank* Rn. 24.
[54] *Staudinger/Frank* Rn. 17.

§ 1764 Wirkung der Aufhebung

(1) ¹Die Aufhebung wirkt nur für die Zukunft. ²Hebt das Familiengericht das Annahmeverhältnis nach dem Tode des Annehmenden auf dessen Antrag oder nach dem Tode des Kindes auf dessen Antrag auf, so hat dies die gleiche Wirkung, wie wenn das Annahmeverhältnis vor dem Tode aufgehoben worden wäre.

(2) Mit der Aufhebung der Annahme als Kind erlöschen das durch die Annahme begründete Verwandtschaftsverhältnis des Kindes und seiner Abkömmlinge zu den bisherigen Verwandten und die sich aus ihm ergebenden Rechte und Pflichten.

(3) Gleichzeitig leben das Verwandtschaftsverhältnis des Kindes und seiner Abkömmlinge zu den leiblichen Verwandten des Kindes und die sich aus ihm ergebenden Rechte und Pflichten, mit Ausnahme der elterlichen Sorge, wieder auf.

(4) Das Familiengericht hat den leiblichen Eltern die elterliche Sorge zurückzuübertragen, wenn und soweit dies dem Wohl des Kindes nicht widerspricht; andernfalls bestellt es einen Vormund oder Pfleger.

(5) Besteht das Annahmeverhältnis zu einem Ehepaar und erfolgt die Aufhebung nur im Verhältnis zu einem Ehegatten, so treten die Wirkungen des Absatzes 2 nur zwischen dem Kind und seinen Abkömmlingen und diesem Ehegatten und dessen Verwandten ein; die Wirkungen des Absatzes 3 treten nicht ein.

Übersicht

	Rn.		Rn.
I. Normzweck	1, 2	b) Tod eines Beteiligten	6–10
		3. Erlöschen der Adoptivverwandtschaft	11–13
II. Anwendungsbereich	3	4. Wiederaufleben der leiblichen Verwandtschaft	14, 15
III. Wirkungen	4–20		
1. Eintritt	4	5. Vermögensrechtlicher Ausgleich	16
2. Stichtag	5–10	6. Insbesondere: Elterliche Sorge	17–20
a) Einsatzzeitpunkt	5	IV. Gemeinschaftliche Annahme	21–23

I. Normzweck

1 § 1764¹ enthält Regelungen über die Wirkungen der Aufhebung einer Annahme und fasst die Beendigung anfänglich mangelhafter und „zerrütteter" Annahmeverhältnisse (§§ 1760 [anfänglicher Mangel], 1763 [Scheitern]) zusammen (dazu § 1759 Rn. 1). Dadurch trägt er dem Umstand Rechnung, dass sich bei beiden Fallgruppen idR für eine gewisse Zeit eine Eltern-Kind-Beziehung entwickelt hat, die es gar rechtfertigen kann, selbst eine mit groben Fehlern behaftete Annahme aufrechtzuerhalten (§ 1761 Abs. 2). – § 1764 entspricht früherem Recht,² regelt aber, da das Annahmeverhältnis nur noch durch Aufhebung beseitigt werden kann (dazu § 1759 Rn. 1), auch die Fälle, in denen früher auf Grund einer Anfechtung nach §§ 119, 123 Nichtigkeit ex tunc eintrat (zu dieser Wirkung auch Rn. 5).³

2 Der Ausschluss der Rückwirkung ist jedenfalls insoweit unbedenklich,⁴ als ein **Minderjähriger** betroffen ist, der idR persönlich nicht verantwortliches Objekt des fehlerhaften Adoptionsgeschehens ist. Für die **Volljährigenadoption**, auf die §§ 1760, 1764 (s. §§ 1767 Abs. 2, 1771) anwendbar sind (dazu § 1767 Rn. 24, § 1771 Rn. 5), könnte man sich auch andere Lösungen vorstellen; jedoch erfordern diese seltenen Anwendungsfälle keine besondere Regelung.

---

¹ Zu ihrer Entstehungsgeschichte s. *Staudinger/Frank* Rn. 1.
² Die Wirkung nur für die Zukunft wurde in § 1772 aF vorausgesetzt, vgl. Prot. IV, 741; *Heinisch* (Schrifttum zu § 1759) S. 80; *Staudinger/Engler* 10./11. Aufl. § 1772 Rn. 1.
³ Die Vorschrift war im Gesetzgebungsverfahren inhaltlich nicht umstritten, erfuhr jedoch mehrfach redaktionelle Änderungen (vgl. § 1761 RefE eines *Gesetzes zur Neuordnung des Adoptionsrechts (AdoptionsG)*, Stand 7. 7. 1973, DAVorm. 1973, 522 = UJ 1974, 76; §§ 1763 Abs. 2, 1764 RegE BT-Drucks. 7/3061 S. 7, dazu Stellungnahme des BR ebd. S. 77, RA-BT BT-Drucks. 7/5087 S. 20 f.; AGJJ Mitt. 57/58 (1969), 35 These 15.2; *Engler* S. 91. – Anpassung an den Sprachgebrauch des neu gefassten 5. Titels durch das *Gesetz zur Neuregelung der elterlichen Sorge* v. 18. 7. 1979 (Vor § 1741 Rn. 13).
⁴ Kritisch gegenüber der ähnlichen Vorschrift des § 37 EheG idF bis zum 1. EheRG insbesondere *Lange* AcP 145 (1939), 129, 138; *Beitzke* DRZ 1946, 137; *Ramm*, FS v. Hippel, 1967, S. 313–341.

II. Anwendungsbereich

§ 1764 ist die **Grundnorm**, nach der sich die Rechtsverhältnisse des Kindes nach der Aufhebung 3 der Annahme zu seinen Adoptiv- und leiblichen Eltern zukünftig richten. Ausgenommen ist die Regelung zu seinem **Familiennamen**, der sich ausschließlich nach § 1765 bestimmt. – § 1764 gilt sowohl für die **Minderjährigen**- als auch für die **Volljährigenadoption** (dazu § 1767 Rn. 24, § 1771 Rn. 5).

III. Wirkungen

1. Eintritt. Die Wirkungen der Aufhebung treten erst mit **Rechtskraft** des Aufhebungsbe- 4 schlusses ein (§ 198 Abs. 2 Halbs. 1 FamFG), und zwar auch dann, wenn das Kind durch einen Dritten adoptiert werden soll (§ 1763 Abs. 3 lit. b, dazu auch dort Rn. 13). Die Inpflegenahme des Kindes durch die künftigen Adoptiveltern wird durch die konstitutive Entscheidung über das Sorgerecht (Abs. 4, dazu Rn. 17-20) gewährleistet. – Zum **Verfahren** s. § 1759 Rn. 5-12, zur **Verfassungsbeschwerde** § 1759 Rn. 37, 38.

2. Stichtag. a) Einsatzzeitpunkt. Da eine Aufhebung der Annahme die rechtlichen Bezie- 5 hungen des Kindes zu seinen (ehemaligen) Adoptiveltern auch bei anfänglichen Mängeln der Annahme für die Zeit ihres Bestehens nicht ungeschehen machen soll, wirkt sie nur **für die Zukunft**, mithin ex nunc (**Abs. 1 S. 1**).[5] Dadurch werden die rechtlichen Beziehungen des Kindes zu den Adoptiveltern, v.a. seine Unterhaltsansprüche (zu den erbrechtlichen Ansprüchen s. Rn. 7, 11), für die Übergangszeit bis zur rechtskräftigen Aufhebung geschützt.

b) Tod eines Beteiligten. aa) Allgemeines. Abs. 1 S. 2 ordnet als **Ausnahme** von S. 1 die 6 Rückwirkung der Aufhebung nach dem Tod des Antragstellers – Kind oder Annehmender – während des Aufhebungsverfahrens an (dazu Rn. 7). Damit werden die Auswirkungen des Todes eines Beteiligten – auch des Annehmenden oder des Kindes, sofern sie nicht Antragsteller des Aufhebungsverfahrens sind – jedoch nicht abschließend und ausschließlich geregelt, weshalb aus der gesetzlichen Regelungssystematik nicht geschlossen werden kann, dass außerhalb von Abs. 1 S. 2 stets die Wirkungen der Aufhebung nur ex nunc eintreten.[6]

bb) Tod des antragstellenden Annehmenden oder des Kindes. Nach dem Tod 7 des Annehmenden oder des Kindes während des Aufhebungsverfahrens wirkt die Aufhebung, um Zufälligkeiten in der Erbfolge auszuschließen,[7] ausnahmsweise eingeschränkt zurück, wenn einer von ihnen den Aufhebungsantrag gestellt hat (Abs. 1 S. 2; zur Aufnahme dieser Wirkung in den Aufhebungsbeschluss s. § 1759 Rn. 33). Die gerade auf seinen jeweiligen **Antrag** ausgesprochene Aufhebung entfaltet ihre Wirkungen ab dem unmittelbar vor seinem Tode liegenden Zeitpunkt (Abs. 1 S. 2: „juristische Sekunde"). Damit werden dem Annehmenden wie dem Kind erbrechtliche Ansprüche nach dem Verstorbenen im Hinblick darauf genommen, dass der Antragsteller zu erkennen gegeben hat, an der Annahme nicht mehr festhalten zu wollen.[8]

§ 1753 Abs. 2 ist entsprechend anzuwenden.[9] Der Eintritt der Wirkungen wird deshalb noch 8 weiter auf den Zeitpunkt **vorverlagert**, in denen der Antragsteller den seinen Aufhebungsantrag beurkundenden Notar mit der Einreichung des Antrags beim FamG beauftragt hat, also auf einen Zeitpunkt, zu dem der Antrag noch gar nicht eingereicht war.

cc) Tod „anderer" Beteiligter. Keine Rückwirkung tritt dagegen ein nach dem Tod 9

---

[5] Das bis zum 31. 12.1976 geltende Recht hat differenziert: Die erfolgreiche Anfechtung des Adoptionsvertrags hat das Annahmeverhältnis rückwirkend vernichtet, die Aufhebung des Adoptionsvertrags durch Aufhebungsvertrag und durch gerichtliche Entscheidung hatte nur Wirkungen ex nunc (§ 1772 aF), dazu BT-Drucks. 7/3061 S. 24 [Nr. 6, lit. a, Nr. 2], S. 50 [Zu § 1763, Zu Absatz 2, Nr. 2].

[6] BT-Drucks. 7/3061 S. 50 [Zu § 1763, Zu Absatz 2, Nr. 3]: „Wie im geltenden Recht kann das Annahmeverhältnis auch dann noch aufgehoben werden, wenn das Kind oder ein Annehmender gestorben ist. Auch in diesem Fall sollen die Wirkungen nur für die Zukunft eintreten".

[7] BT-Drucks. 7/3061 S. 50 [Zu § 1763, Nr. 3]; *Soergel/Liermann* Rn. 3, 4. – Nach früherem Recht trat Rückwirkung ohnehin ein, soweit der Annahmevertrag nichtig war oder angefochten wurde. Im Übrigen traf § 1770c für den Fall des Todes des Annehmenden eine Abs. 1 S. 2 entsprechende Regelung. Da die Annahme das Kind nicht beerbte, war eine umgekehrte Regelung für den Fall des Todes des Kindes nicht erforderlich. Gegenüber § 1770c wird jedoch die Rückwirkung jetzt auf Fälle der Aufhebung nach § 1760 beschränkt und nur dort zugelassen, wo ein unmittelbar Beteiligter nicht am Annahmeverhältnis festhalten will, dazu BT-Drucks. 7/3061 S. 7.

[8] BT-Drucks. 7/3061 S. 50 [Zu § 1763, Zu Absatz 2, Nr. 3].

[9] *Staudinger/Frank* Rn. 5 mwN; *Erman/Saar* Rn. 3.

§ 1764 10–14 Abschnitt 2. Titel 7. Annahme als Kind

– eines **leiblichen** Elternteils, unabhängig davon, ob er selbst die Aufhebung beantragt hat. Hat er einen Antrag gestellt, bleibt dieser entsprechend §§ 1753, 130 wirksam, sodass keine Erledigung des Verfahrens eintritt.
– des **Kindes,** das nicht selbst einen Aufhebungsantrag angebracht hat. Ein Verfahren nach § 1763 wird gegenstandslos (dazu § 1759 Rn. 4), weil die Aufhebung nicht mehr seinem Wohl dienen kann. Dagegen kann die Aufhebung wegen anfänglicher Mängel (§ 1760) weiter betrieben werden, insbesondere wenn das Kind Abkömmlinge hinterlässt (dazu § 1760 Rn. 27).
– des **Annehmenden,** der nicht zugleich Antragsteller ist. Ein Aufhebungsverfahren nach § 1763 erledigt sich nicht, auch die Aufhebung wegen anfänglicher Mängel (§ 1760) kann betrieben werden (dazu § 1760 Rn. 27).

10 In diesen Fällen bleibt es beim Grundsatz, dass die Aufhebung ex nunc wirkt (Abs. 1 S. 1), sodass die rechtlichen Beziehungen zwischen den Annehmenden und dem Kind, insbesondere die unterhalts- und die erbrechtlichen Ansprüche, bis zur rechtskräftigen Aufhebung der Adoption fortbestehen. Stirbt also das Kind, wird es – wenn nicht seine Abkömmlinge erben – von seinen Adoptiveltern beerbt; stirbt ein Adoptivelternteil, wird er (auch) vom Kind beerbt.[10]

11 **3. Erlöschen der Adoptivverwandtschaft.** Mit der Aufhebung erlischt die durch die Annahme zu dem Annehmenden und seinen Verwandten begründete **Verwandtschaft** des Kindes und seiner Abkömmlinge (Abs. 2) und die sich aus dem durch die Adoption begründeten Verwandtschaftsverhältnis ergebenden Rechte und Pflichten. Es enden
– die elterliche Sorge, die Unterhaltsansprüche und -pflichten sowie die Erbrechte,
– der Aufschub der Auseinandersetzung einer **Erbengemeinschaft** (§ 2043 Abs. 2),
– die **öffentlich-rechtlichen** Rechte und Ansprüche (s. aber auch Rn. 12).[11]

12 Dagegen bleiben **bestehen**
– die **Staatsangehörigkeit** (§§ 6, 17 StAG).
– der **Ausschluss vom Amt des Richters, Notars** und **Rechtspflegers** (§ 41 Nr. 3 ZPO, § 6 Abs. 1 FamFG, § 22 Nr. 3 StPO, § 54 Abs. 1 VwGO, § 16 Abs. 1 BNotO iVm. § 3 Abs. 1 S. 1 Nr. 3, § 10 RPflG).
– **Zeugnisverweigerungsrechte** (§ 383 Abs. 1 Nr. 3 ZPO, § 52 Abs. 1 Nr. 3 StPO, § 98 VwGO).
– grundsätzlich das **Umgangsrecht** des ehemaligen Adoptivelternteils wegen einer sozial-familiären Beziehung, wenn der Umgang dem Wohl des Kindes dient (§ 1685 Abs. 2, 1). Letzteres dürfte jedoch regelmäßig ausscheiden, ansonsten es der Aufhebung nicht bedürfte. Ausgeschlossen ist es aber nicht, weil § 1761 Abs. 2 als Aufhebungshindernis mit der erheblichen Gefährdung des Kindeswohls eine erheblich höhere Schwelle als § 1685 Abs. 1 mit der Kindeswohldienlichkeit zur Voraussetzung hat.

13 Da die verwandtschaftlichen Beziehungen nur ex nunc erlöschen, können Leistungen, insbesondere Unterhaltsleistungen bis zur Rechtskraft der Aufhebung, weil geschuldet, grundsätzlich **nicht zurückgefordert** werden. Doch gelten insoweit Einschränkungen:[12]
– Zwar besteht kein § 1755 Abs. 1 S. 2 entsprechender Vorbehalt für Ansprüche auf **wiederkehrende Leistungen,** doch fließen derartige Versorgungsansprüche in die Prüfung ein, ob eine Aufhebung mit dem Kindeswohl vereinbar ist.
– Ist das Kind durch **Rechtsgeschäft** – Lebensversicherungsvertrag, Verfügung von Todes wegen – bedacht, ist diese Bestimmung nach §§ 119 Abs. 2, 2078 Abs. 2 **anfechtbar,** ohne dass auch § 2077 entsprechend anwendbar wäre.[13]
– Größere Zuwendungen an das Kind können der Anpassung nach den Grundsätzen über die Störung der **Geschäftsgrundlage** unterliegen oder wegen Zweckverfehlung zur Rückforderung nach bereicherungsrechtlichen Grundsätzen (§ 812 Abs. 1 S. 2 Alt. 2) führen.[14]

14 **4. Wiederaufleben der leiblichen Verwandtschaft.** Dem Angenommenen und seinen Abkömmlingen wachsen die Rechte und Pflichten aus den vor der Annahme bestehenden leiblichen Verwandtschaftsbeziehungen von Gesetzes wegen wieder zu (Abs. 3), ausgenommen die auf die elterliche Sorge bezogenen (Abs. 4, dazu Rn. 18). § 1755 Abs. 1 S. 1 wird in seinen Folgen eingeschränkt, um den Angenommenen nicht auch rechtlich zum „Niemandskind" werden zu lassen,[15] das er faktisch ist. Haben sein nichtehelicher Vater und seine Mutter zwischenzeitlich geheiratet,

---

[10] Zum Ganzen BT-Drucks. 7/3061 S. 50 [Zu § 1763, Zu Absatz 2, Nr. 3].
[11] Zur Erbschaftssteuerklasse BFHE 228, 191 = NJW-RR 2010, 881 = FamRZ 2010, 1079 [17-19].
[12] Zum Ganzen *Staudinger/Frank* Rn. 8 mwN.
[13] AA *Erman/Saar* Rn. 9.
[14] *Staudinger/Frank* Rn. 8: Erbabfindung.
[15] BT-Drucks. 7/3061 S. 50 [Zu § 1764, Zu Absatz 2, Nr. 2].

wird der Angenommene mit der Wirksamkeit der Aufhebung (dazu Rn. 4) deren eheliches Kind (dazu §§ 1754, 1755 Rn. 17).[16]

Dagegen leben die rechtlichen Beziehungen zu früheren **Adoptivverwandten** nicht wieder auf,[17] ebenso nicht zu **leiblichen Verwandten**, die selbst aus dem Familienverband ausgeschieden sind, etwa zu Geschwistern, die von Dritten angenommen worden sind und deren Annahme fortbesteht. – **Verfügungen von Todes wegen,** die den Angenommenen auslassen, sind nach § 2079 anfechtbar.[18] Für **Unterhaltsverträge,** die im Hinblick auf die erwartete Adoption von einem nur geringen Bedarf ausgehen, entfällt idR die Geschäftsgrundlage.[19]

5. Vermögensrechtlicher Ausgleich. Dazu zunächst Rn. 11. – Ein vermögensrechtlicher Ausgleich für den vom Annehmenden aufgebrachten Unterhalt oder für vom Angenommenen erbrachte Dienste findet nicht statt, weil der Rechtsgrund für diese Leistungen nicht entfällt.[20] Dagegen können Schenkungen, die in Erwartung des Fortbestandes des Annahmeverhältnisses gemacht worden sind, wegen Wegfalls der Geschäftsgrundlage oder nach § 812 Abs. 1 S. 2 Alt. 2 zurückgefordert werden; dies gilt insbesondere für Zuwendungen in Vorwegnahme oder zur Abfindung eines Erbrechts.

6. Insbesondere: Elterliche Sorge. Den leiblichen Eltern wächst die elterliche Sorge nicht kraft Gesetzes wieder zu, vielmehr kann sie ihnen vom FamG ausdrücklich zurückübertragen werden,[21] weil bei bereits länger bestehendem Annahmeverhältnis meist eine erhebliche Entfremdung zwischen dem Kind und seinen leiblichen Eltern eingetreten ist.

Rechtsgrundlage für die Entscheidung ist Abs. 4, wonach wie stets in Sorgerechtsangelegenheiten das Kindeswohl maßgebend ist. Nach Trennung oder Scheidung der leiblichen Eltern greift zudem § 1671 Platz.[22] Haben die – nichtehelichen – Eltern zwischenzeitlich geheiratet, ist ihnen das gemeinsame Sorgerecht (§ 1626a Abs. 1 Nr. 2) zu übertragen, es sei denn, einer von ihnen wäre an dessen Ausübung verhindert (§§ 1673, 1674, 1680).

Die leiblichen Eltern müssen – was idR wohl nicht der Fall sein wird – bereit und in der Lage sein, für ihr fortgegebenes Kind tatsächlich zu sorgen.[23] Entscheidend sind die *gegenwärtigen* Verhältnisse der Eltern; früheres Fehlverhalten, auch wenn es Anlass für sorgerechtsentziehende Maßnahmen (§§ 1666 ff.) oder die Ersetzung der Einwilligung (§ 1748) gab, kann zwar den Schluss auf die mangelnde Eignung zulassen,[24] ist aber nicht allein ausschlaggebend. Die aktuellen Beziehungen des Kindes zu den leiblichen Eltern sind von nur untergeordneter Bedeutung, da auch bei einer „Fremdunterbringung" idR (noch) keine emotionalen Bindungen zu den Pflegepersonen bestehen. – Bei Aufhebung des Annahmeverhältnisses nach § 1763 ist dies bereits im Aufhebungsverfahren zu prüfen (§ 1763 Abs. 3 lit. a Halbs. 2).

Das FamG entscheidet durch den funktionell zuständigen **Richter** (§§ 3 Nr. 2 lit. a, 14 Abs. 1 Nr. 15 RPflG), der die maßgeblichen Umstände von Amts wegen zu ermitteln hat. Die Regelung der elterlichen Sorge oder die Bestellung eines Vormunds[25] ist trotz des **Verbindungsverbots** aus § 196 FamFG möglichst mit dem Aufhebungsverfahren zu verbinden, um einen Schwebezustand zu vermeiden.[26]

IV. Gemeinschaftliche Annahme

Hat ein Ehepaar ein Kind gemeinschaftlich angenommen, kann die Aufhebung auf **einen** Ehegatten beschränkt werden (§ 1763 Abs. 2, Abs. 3 lit. a, b, dazu § 1762 Rn. 7, § 1763 Rn. 12), zu dem

---

[16] Kritisch *Staudinger/Frank* Rn. 11 wegen der „elternlosen" Zeit zwischen Aufhebung und Zweitadoption, wenn Aufhebung und Zweitadoption nicht in einer Entscheidung zusammengefasst werden.

[17] Klargestellt auf Anregung des BR (BT-Drucks. 7/3061 S. 77) durch den RA-BT BT-Drucks. 7/5087 S. 20 [Zu § 1764].

[18] *Staudinger/Frank* Rn. 12; *Flik* BWNotZ 1980, 132, 133.

[19] LG Köln DAVorm. 1977, 134; RGRK/*Dickescheid* Rn. 4; s. auch *Staudinger/Frank* Rn. 12.

[20] Eine gegenteilige Anregung des AGJ, Stellungnahme zum RefE, Mitt. 70 (1974) Beil. S. 6 blieb zu Recht unberücksichtigt. Zur rechtspolitischen Rechtfertigung s. § 1751 Rn. 21.

[21] Abs. 4 klärt eine Streitfrage früheren Rechts (dazu 3. Aufl. Fn. 10) und entspricht § 1680.

[22] *Staudinger/Frank* Rn. 13.

[23] Der RegE BT-Drucks. 7/3061 S. 50 f. Nr. 3 (zu § 1764) nahm lediglich auf die im Entwurf eines *Gesetzes zur Regelung der elterlichen Sorge* (BT-Drucks. 7/2060) vorgesehene - jetzt geltende - Neufassung von §§ 1678 Abs. 2, 1680 Abs. 2, 1681 Abs. 1 Bezug, die bei Scheidungswaisen den Rückfall der vollen elterlichen Sorge an den bisher sorgeberechtigten Elternteil kraft Gesetzes ausschließt; dazu *Lüderitz* FamRZ 1975, 609.

[24] *Soergel/Liermann* Rn. 11.

[25] AG Kelheim ZfJ 1990, 280, 281.

[26] MünchKommZPO/*Maurer* § 186 FamFG Rn. 4. – Nach § 111 Nr. 4 FamFG sind Adoptionssachen, zu denen nach § 186 Nr. 3 FamFG auch die Verfahren auf Aufhebung eines Annahmeverhältnisses zählen, Familiensachen.

§ 1765

und zu seinen Verwandten die Rechtsbeziehungen erlöschen (Abs. 5). Da sie zum anderen Ehegatten fortbestehen, wird eine leibliche Verwandtschaftsbeziehung nicht wiederhergestellt (Abs. 5 Halbs. 2).[27]

22 **Stirbt** ein Ehegatte, erlischt durch die Aufhebung das Verwandtschaftsverhältnis des Kindes nur zum überlebenden Adoptivelternteil; das Verwandtschaftsverhältnis des Kindes zu seinen leiblichen Eltern lebt nicht wieder auf.[28] Da das Kind nicht mehr gesetzlich vertreten ist, muss von Amts wegen **Vormundschaft** angeordnet werden (§§ 1773, 1774).

23 Nicht angesprochen wird in Abs. 5 die Aufhebung der Annahme eines Kindes des Ehegatten (**Stiefkindadoption,** § 1754 Abs. 1 Alt. 2). Da das Annahmeverhältnis insgesamt aufgehoben wird, besteht zu beiden leiblichen Elternteilen wieder die natürliche Verwandtschaft.[29] – War das Verwandtschaftsverhältnis zu den Verwandten eines verstorbenen Elternteils trotz der Adoption aufrechterhalten geblieben (§ 1756 Abs. 2), führt deren Aufhebung nur zum Erlöschen der Rechtsbeziehungen zum Stiefelternteil. In eine weitere Stiefkindadoption (s. § 1763 Abs. 2) muss der leibliche Elternteil wieder einwilligen (§ 1747).[30]

§ 1765 Name des Kindes nach der Aufhebung

(1) ¹Mit der Aufhebung der Annahme als Kind verliert das Kind das Recht, den Familiennamen des Annehmenden als Geburtsnamen zu führen. ²Satz 1 ist in den Fällen des § 1754 Abs. 1 nicht anzuwenden, wenn das Kind einen Geburtsnamen nach § 1757 Abs. 1 führt und das Annahmeverhältnis zu einem Ehegatten allein aufgehoben wird. ³Ist der Geburtsname zum Ehenamen oder Lebenspartnerschaftsnamen des Kindes geworden, so bleibt dieser unberührt.

(2) ¹Auf Antrag des Kindes kann das Familiengericht mit der Aufhebung anordnen, dass das Kind den Familiennamen behält, den es durch die Annahme erworben hat, wenn das Kind ein berechtigtes Interesse an der Führung dieses Namens hat. ²§ 1746 Abs. 1 Satz 2, 3 ist entsprechend anzuwenden.

(3) Ist der durch die Annahme erworbene Name zum Ehenamen oder Lebenspartnerschaftsnamen geworden, so hat das Familiengericht auf gemeinsamen Antrag der Ehegatten oder Lebenspartner mit der Aufhebung anzuordnen, dass die Ehegatten oder Lebenspartner als Ehenamen oder Lebenspartnerschaftsnamen den Geburtsnamen führen, den das Kind vor der Annahme geführt hat.

Übersicht

	Rn.		Rn.
I. Normzweck	1	IV. Ausnahme: Fortführung des bisherigen Namens	10–17
II. Allgemeines	2	1. Aufhebung nur zu einem Ehegatten	10, 11
III. Grundsatz: Verlust des bisherigen Namens	3–9	2. Verheirateter Angenommener	12–14
1. Grundsatz	3, 4	3. Familiengerichtliche Gestattung	15–17
2. Ausnahmen	5–9	a) Grundsätze	15
a) Allgemeines	5, 6	b) Antrag	16
b) Verheiratete leibliche Eltern	7	c) „Berechtigtes Interesse"	17
c) Nicht verheiratete leibliche Eltern	8, 9	V. Vorname	18

---

[27] Für das bis zum 30. 6. 1998 geltende Recht war dies nicht angemessen, wenn die nichteheliche Mutter und ihr Ehegatte das Kind gemeinschaftlich angenommen haben und das Annahmeverhältnis nur zum Ehegatten aufgehoben wird; um Beziehungen zum leiblichen Vater wieder herzustellen, musste auch das Annahmeverhältnis zur Mutter gelöst werden (dazu 3. Aufl. § 1763 Rn. 10; aA *Staudinger/Frank* Rn. 17). Ab 1. 7. 1998 ist sowohl die Annahme eines ehelichen Kindes als auch die Unterscheidung zwischen ehelichen und nichtehelichen Kindern entfallen (dazu § 1741 Rn. 10-12, 5. Aufl. Vor § 1741 Rn. 8).

[28] AG Kelheim ZfJ 1990, 280, 281.

[29] OLG Celle FamRZ 1982, 197, 198 (das zu Recht die Restriktion des Abs. 3 und die entsprechende Anwendung des Abs. 5 ablehnt); zustimmend RGRK/*Dickescheid* Rn. 7; *Staudinger/Frank* Rn. 16 mwN. S. dazu auch die Gegenäußerung der BReg BT-Drucks. 7/3061 S. 86 (zu 15 b), wo jedoch nur von einem Elternteil die Rede ist.

[30] *Staudinger/Frank* Rn. 16.

Name des Kindes nach der Aufhebung 1–6 **§ 1765**

	Rn.		Rn.
VI. Name von Abkömmlingen	19	2. Zuständigkeit	21
VII. Verfahren	20–23		
1. Antrag	20	3. Verfahrensbeistand	22, 23

I. Normzweck

Die Vorschrift konkretisiert § 1764 Abs. 1-3, 5 für den Familiennamen.[1] Sie dient der Klarstellung, die insbesondere wegen der verwickelten Regelung des Ehenamens geboten ist.[2] Im Interesse des Kindes an einem mindestens teilweisen Erhalt seiner persönlichen und sozialen Identität werden zudem die Aufhebungswirkungen dadurch gelockert, dass ein Namenswechsel nicht mehr zwingend ist (Abs. 2). **1**

II. Allgemeines

Das Kind **verliert** durch die Aufhebung der Annahme grundsätzlich seinen durch die Annahme **2** erworbenen – und uU mit den Annehmenden zB nach § 1355 Abs. 3 S. 2, § 4 NamÄndG[3] veränderten – Geburtsnamen (Abs. 1 S. 1); dies entspricht der allgemeinen Regelung in § 1764 Abs. 2. Ausnahmsweise verliert es ihn **nicht,** wenn

– das Annahmeverhältnis nur **zu einem Ehegatten** aufgehoben wird (Abs. 1 S. 2, dazu Rn. 10-11),
– der Geburtsname sein **Ehename**/Lebenspartnerschaftsname geworden ist (Abs. 3; dazu Rn. 12-14) oder
– das FamG die Weiterführung **gestattet** (Abs. 2, dazu Rn. 15-17).

III. Grundsatz: Verlust des bisherigen Namens

1. Grundsatz. Verliert das Kind durch die Annahme seinen Familiennamen, **erwirbt** es mit **3** ihrer Aufhebung den Familiennamen, den es **zuletzt vor der Annahme** geführt hat.[4] Ohne dass dies ausdrücklich gesagt wird, kann dies aus Abs. 3 S. 1 – Verweisung auf den Geburtsnamen vor der Annahme – abgeleitet werden.[5] Zu den Ausnahmen, in denen der Angenommene aufgrund der Aufhebung einen von seinen leiblichen Eltern nach der Adoption geänderten Namen führt, s. Rn. 5-9.

Selbstverständlich ist diese Folgerung nicht: Die Aufhebung stellt die mit der Annahme abgebrochene Verwandtschaft wieder her und wirkt daher wie die Geburt. Wechselt das Kind ohnehin **4** seinen Namen, bräuchten die seinem Schutz dienenden §§ 1617c, 1355 Abs. 3 nicht angewandt zu werden. Der Erwerb des Namens, den der maßgebliche leibliche Verwandte im Zeitpunkt der **Aufhebung** trägt, wäre vielmehr sachgerecht. Doch dürfte dem Ehemann der Mutter nicht ein weiterer Namensträger aufgedrängt werden, was wieder § 1617 Abs. 2 Nr. 1 (anders als § 1617 Abs. 3 aF) zulassen würde. §§ 1617c, 1355 Abs. 3 träfen zudem auf das Kind zu, das seinen früheren Namen dem Adoptivnamen vorangestellt oder angefügt hat (§ 1757 Abs. 4 Nr. 2). Diese Fälle differenziert zu regeln würde das ohnehin verwickelte Namensrecht weiter verkomplizieren; dies rechtfertigt es, schematisch den vor der Annahme geführten Familiennamen zum maßgebenden zu bestimmen.

2. Ausnahmen. a) Allgemeines. Nicht ausgeschlossen ist, dass das Kind nach der Aufhebung **5** der Annahme einen anderen Geburtsnamen erhält als es vor der Annahme geführt hat, wenn sich der für seinen Geburtsnamen maßgebliche Familienname seiner leiblichen Eltern nach der Adoption **geändert** hat. Dabei geht es vornehmlich – aber nicht nur – um die Fälle, dass die leiblichen Eltern nachträglich geheiratet haben.

Die Namensänderung der leiblichen Eltern wirkt nur dann auch für das **Kind,** wenn es noch **6** nicht 5 Jahre alt ist oder sich der Namensänderung anschließt (§ 1617c Abs. 2 Nr. 2, Abs. 1 S. 1). Maßgeblicher Zeitpunkt für die Fünfjahresgrenze ist die Namensänderung der Mutter, auch wenn das Kind hiervon zunächst nicht betroffen wurde,[6] denn mit der Aufhebung ändert es ohnehin seinen Namen und verdient daher keinen besonderen Schutz, auch wenn es inzwischen schon älter

---
[1] Zur Entstehungsgeschichte s. *Staudinger/Frank* Rn. 1-4.
[2] Ihre endgültige Fassung erfuhr die Regelung erst durch einen Antrag der Berichterstatter des RA-BT zur zweiten Lesung, BT-Drucks. 7/5125 S. 1 (unter II).
[3] Zu letzterem *Staudinger/Frank* Rn. 10; *Soergel/Liermann* Rn. 4.
[4] *Palandt/Diederichsen* Rn. 1; *Erman/Saar* Rn. 2; *Soergel/Liermann* Rn. 2; *Staudinger/Frank* Rn. 6.
[5] *Staudinger/Frank* Rn. 7; dies entspricht zudem dem früheren Recht, *Staudinger/Engler* 10./11. Aufl. § 1772 Rn. 6.
[6] Ebenso *Staudinger/Frank* Rn. 8.

Maurer

§ 1765 7–13 Abschnitt 2. Titel 7. Annahme als Kind

als 5 Jahre geworden ist. Für die persönliche Anschließung des Kindes ist dagegen der Zeitpunkt der Aufhebung maßgeblich, da diese Erklärung erst dann abgegeben werden kann.

7 **b) Verheiratete leibliche Eltern.** Waren die leiblichen Eltern bei der Geburt des Kindes verheiratet oder waren sie nicht verheiratet, haben aber inzwischen geheiratet und führen einen **Ehenamen,** erhält das Kind als Geburtsnamen den Ehenamen der Eltern (§§ 1616, 1617 c Abs. 1). Führen die leiblichen Eltern nach der Eheschließung **keinen** Ehenamen, erhält das Kind grundsätzlich den Geburtsnamen, den es vor der Annahme geführt hat (§ 1617 Abs. 1). Bestimmen sie **nachträglich** einen Ehenamen (§§ 1355 Abs. 3 S. 1, 1617 c Abs. 1 S. 1), wird dieser auch zum Geburtsnamen des Kindes; dieser kann sich also zwischen Annahme und deren Aufhebung ändern.[7]

8 **c) Nicht verheiratete leibliche Eltern.** Der Geburtsname des Kindes bestimmt sich nach §§ 1617, 1617 a. IdR ist es der Familienname der Mutter (§§ 1617a Abs. 1, 1626 a Abs. 2), es sei denn, sie hätte dem Kind den Familiennamen des Vaters erteilt (§ 1617a Abs. 2 S. 1). – Hat der dem Kind den Geburtsnamen gebende Elternteil seinen Namen **außer durch Eheschließung** geändert – etwa dadurch, dass er selbst adoptiert wurde oder war und (auch) dieses Annahmeverhältnis aufgelöst wurde –, wirkt sich auch dies auf den Geburtsnamen des Kindes aus (§§ 1617c Abs. 2 Nr. 2, Abs. 1).

9 Wurde das Kind nach bis zum 30. 6. 1998 geltenden Recht – nach dem ab 1. 7. 1998 geltenden Recht kann das eigene Kind nicht mehr adoptiert werden (dazu § 1741 Rn. 10-12) – von seiner **nichtehelichen Mutter** adoptiert (§ 1741 Abs. 3 S. 2 aF) und nach § 1618 aF einbenannt, behält es diesen Familiennamen auch nach der Aufhebung der Adoption.

IV. Ausnahme: Fortführung des bisherigen Namens

10 **1. Aufhebung nur zu einem Ehegatten.** Haben Ehegatten ein Kind gemeinschaftlich angenommen und ist die Aufhebung auf einen Ehegatten beschränkt worden (s. § 1762 Rn. 7, § 1763 Rn. 12), führt das Kind weiter den durch die Annahme erworbenen – und uU mit den Annehmenden veränderten, dazu Rn. 2 – Geburtsnamen fort, wenn das Ehepaar einen **Ehenamen** führt (Abs. 1 S. 2 iVm. § 1757 Abs. 1). Dies entspricht § 1764 Abs. 5 (dazu dort Rn. 21)[8] und gilt auch, wenn das Annahmeverhältnis zu einem **Stiefelternteil** aufgehoben wird.

11 Führen die Ehegatten **keinen Ehenamen,** ist danach zu unterscheiden, zu welchem Ehegatten das Annahmeverhältnis aufgehoben wird: Wird es zu dem Ehegatten aufgehoben, dessen Namen es nach § 1757 Abs. 2 nicht führt, bleibt sein Name unberührt. Wird es dagegen zu dem Ehegatten aufgehoben, dessen Namen es führt, verliert es diesen Namen nach Abs. 1 S. 1; zwar ist dann die Namensgleichheit mit dem Ehegatten, zu dem das Annahmeverhältnis fortbesteht, wünschenswert, doch kann dieses Ergebnis privatrechtlich nur durch die entsprechende Anwendung von § 1617c Abs. 2 Nr. 2 erreicht werden.

12 **2. Verheirateter Angenommener.** Hat das **Kind geheiratet** und ist sein durch die Annahme erworbener Geburtsname zum Ehenamen/Lebenspartnerschaftsnamen geworden, bleibt dieser erhalten (Abs. 1 S. 3).[9] Die Ehegatten können **gemeinsam** beantragen, dass der vom Kind vor der Annahme geführte Name Ehename wird (Abs. 3; dies entspricht im Ergebnis § 1617c Abs. 2 Nr. 2, Abs. 3). – Auch wenn der Ehename unberührt bleibt, ändert sich mit der Aufhebung doch der **Geburtsname** des Ehegatten, von dem er abgeleitet ist (dazu § 1757 Rn. 18),[10] es sei denn, das FamG ordnet auf Antrag des Namensträgers den Fortbestand des durch die Annahme erworbenen Familiennamens an (Abs. 2).

13 Hat das Kind den durch die Annahme erworbenen Familiennamen dem Ehenamen nach § 1355 Abs. 4 S. 1 lediglich vorangestellt oder angefügt, ändert sich dieser **Begleitname** durch die Aufhebung, an die Stelle des Adoptivnamens tritt der vor der Annahme getragene Geburtsname (dazu Rn. 2, 5, 6).[11] Doch kann das Kind auch insoweit die Fortführung des Familiennamens nach Abs. 2 mit der Folge beantragen, dass der vorangestellte oder angefügte Name erhalten bleibt.[12]

---

[7] *Staudinger/Frank* Rn. 9.
[8] Und früherem Recht (§ 1772 S. 2 aF), dazu *Staudinger/Engler* 10./11. Aufl. § 1772 Rn. 10-14.
[9] Geändert durch Art. 2 Nr. 12 lit. a des *Gesetzes zur Beendigung der Diskriminierung gleichgeschlechtlicher Gemeinschaften: Lebenspartnerschaften* v. 16. 2. 2001 (BGBl. I S. 266).
[10] Ebenso *Staudinger/Frank* Rn. 14; *Erman/Saar* Rn. 4; *RGRK/Dickescheid* Rn. 2; *Schultheis* StAZ 1983, 83.
[11] Zutreffend weisen *Staudinger/Frank* Rn. 17 darauf hin, dass dieser konkrete Name nicht als Begleitname gemäß § 1355 Abs. 4 gewählt war, wenn die Annahme vor der Eheschließung stattgefunden hat; doch war die Identität auf Grund der bisherigen, durch die Aufhebung des Annahmeverhältnisses geänderten Namensführung gewählt; aA auch *RGRK/Dickescheid* Rn. 6.
[12] *Erman/Saar* Rn. 6; *Palandt/Diederichsen* Rn. 7; *RGRK/Dickescheid* Rn. 6; *Soergel/Liermann* Rn. 9; *Staudinger/Frank* Rn. 17. Ist bis zum 30. 6. 1998 entgegen 3. Aufl. Rn. 1757 Rn. 4 das durch seine nichteheliche Mutter

Name des Kindes nach der Aufhebung 14–20 § 1765

Wurde die Ehe des Angenommenen, in der die Ehegatten den Namen des anderen Ehegatten **14** als Familiennamen geführt haben, nach der Aufhebung der Adoption durch **Tod** eines Ehegatten beendet, aufgehoben oder **geschieden,** kann der ehemals angenommene Ehegatte nicht seinen Adoptivnamen – auch nicht als den „bis zur Bestimmung des Ehenamens geführten Namen" – wieder annehmen, sondern nur noch seinen vor der Annahme geführten Geburtsnamen (s. die Ausschlussregel in § 1355 Abs. 5 S. 2).[13]

3. Familiengerichtliche Gestattung. a) Grundsätze. Die **Anordnung,** dass ein angenom- **15** menes Kind nach der Aufhebung des Annahmeverhältnisses den durch die Annahme erworbenen Familiennamen weiter führen kann, wird auf **Antrag** des Kindes mit der Aufhebung ausgesprochen, wenn das Kind ein berechtigtes Interesse an der Führung seines Adoptivnamens hat (Abs. 2 S. 1). Ein **Doppelname** ist nicht vorgesehen.[14]

b) Antrag. Der Antrag des **Kindes** muss vom 14-jährigen, nicht geschäftsunfähigen Kind per- **16** sönlich mit Zustimmung des gesetzlichen Vertreters, sonst vom gesetzlichen Vertreter gestellt werden (Abs. 2 S. 2, § 1746 Abs. 1 S. 2, 3). Gesetzliche Vertreter sind die bisherigen Annehmenden, die das Kind aber wegen einer möglichen Interessenkollision nicht vertreten können; ggf. ist dem Kind ein **Ergänzungspfleger** (§ 1909) als gesetzlicher Vertreter zu bestellen (zu seinem Verhältnis zu einem **Verfahrensbeistand** s. Rn. 22–23). – Zur **Antragstellung** s. Rn. 20.

c) „Berechtigtes Interesse". Das Kind muss, auch unter Berücksichtigung der – allerdings **17** untergeordneten[15] – Interessen der Adoptiveltern, ein **berechtigtes Interesse** an der Führung des Namens haben. Auch der Aufhebungsgrund – anfänglicher Mangel oder Zerrüttung – kann erheblich sein.[16] – Ein berechtigtes Interesse kann bei einer besonderen Identifikation mit dem Namen zu bejahen sein. IdR kann hiervon nach längerer Dauer des Annahmeverhältnisses ausgegangen werden; die Altersstufen des § 1617 Abs. 2 können als Richtlinie dienen. Bei kürzerer Dauer kann sie anzunehmen sein, wenn das Kind gerade unter diesem Namen bekannt geworden ist. Sie kann auch bei nachteiligen Auswirkungen eines Wechsels der Familienzugehörigkeit während der Schul- oder Ausbildungszeit vorliegen, oder wenn den leiblichen Eltern die elterliche Sorge nicht wieder übertragen wird (§ 1764 Abs. 4, dazu dort Rn. 17-20) oder eine Zweitadoption mit erneutem Namenswechsel vorgesehen ist.[17]

V. Vorname

Die gesetzliche Regelung lässt die Änderung des Vornamens nicht zu,[18] eine Änderung nach **18** §§ 3, 11 NamensÄndG bleibt jedoch unberührt.

VI. Name von Abkömmlingen

Auch wenn sich der Name des ehemals Angenommenen ändert (dazu Rn. 2, 5, 6), ändert sich **19** der Geburtsname seiner Abkömmlinge nur, wenn sie im Zeitpunkt der Aufhebung noch nicht 5 Jahre alt sind oder sie sich der Änderung anschließen (§ 1617c Abs. 2 Nr. 2, Abs. 1 S. 1). – Haben die **Abkömmlinge geheiratet,** gilt § 1617c Abs. 3. – Ist der ehemals **Angenommene verheiratet** oder lebt er in einer **Lebenspartnerschaft** und ändert sich sein Familienname auf gemeinsamen Antrag der Ehegatten/Lebenspartner und Anordnung des FamG dahin, dass Ehename/Lebenspartnerschaftsname der vom ehemals Angenommenen vor der Aufhebung der Annahme geführte Geburtsname ist (Abs. 3, dazu Rn. 12-14), gilt gleichfalls § 1617c Abs. 2 Nr. 1, Abs. 1 S. 1.

VII. Verfahren

1. Antrag. Die Anträge auf Anordnung der Fortführung des bisherigen Namens (Abs. 2, dazu **20** Rn. 10-11) und auf Änderung des Ehenamens (Abs. 3, dazu Rn. 12-14) sind mit dem Aufhebungs-

---

adoptierte Kind nach § 1618 einbenannt worden, behält es diesen Namen auch nach der Aufhebung der Annahme, 3. Aufl. Rn. 7.
[13] *Staudinger/Frank* Rn. 5, 14; *Erman/Saar* Rn. 4; *Soergel/Liermann* Rn. 7.
[14] RA-BT BT-Drucks. 7/5087 S. 21; anders noch der RegE BT-Drucks. 7/3061 S. 8 (§ 1765 Abs. 2 S. 1, der auf § 1757 Abs. 2 verwies), und dazu die Begründung BT-Drucks. 7/3061 S. 51 [Zu § 1765, Zu Abs. 2, Nr. 3].
[15] *Staudinger/Frank* Rn. 11.
[16] Ähnlich *Palandt/Diederichsen* Rn. 5.
[17] BT-Drucks. 7/3061 S. 51 [Zu § 1765, Zu Abs. 2, Nr. 2].
[18] RA-BT BT-Drucks. 7/5087 S. 21, im Gegensatz zum RegE BT-Drucks. 7/3061 S. 8, S. 51 [Zu § 1765, Zu Absatz 2, Nr. 3].

§ 1766 1, 2   Abschnitt 2. Titel 7. Annahme als Kind

antrag, jedenfalls aber vor Eintritt der Wirkungen der Aufhebung, mithin vor Eintritt der Rechtskraft des Aufhebungsbeschlusses **zu stellen** (§ 198 Abs. 2 FamFG, dazu auch § 1764 Rn. 4). Wird ein Antrag aber erst nach Erlass des Aufhebungsbeschlusses gestellt, muss der Beschluss entweder **ergänzt** – wofür die Voraussetzungen fehlen, weil vom FamG kein Antrag übergangen wurde (§ 43 Abs. 1 FamFG) – oder aber mit der Begründung **angefochten** werden, die erforderliche Beschwer liege – wovon auszugehen ist – in der erstrebten Entscheidung zur Fortführung des Namens. Im Übrigen ist eine **Änderung** nur unter den § 1757 Rn. 37-39 dargestellten Voraussetzungen möglich. – Wie zu § 1757 bedürfen die Anträge nicht der notariellen Beurkundung, ausreichend ist entsprechend §§ 1355 Abs. 3 S. 2, 1617a Abs. 2 S. 3, 1617 b Abs. 2 S. 2, 1617 c Abs. 1 S. 3, 1618 S. 5 ihre öffentliche **Beglaubigung** (dazu auch § 1757 Rn. 32).

21 **2. Zuständigkeit.** Für Entscheidungen nach Abs. 2, 3 ist das AmtsG **sachlich** zuständig (§ 23a Abs. 1 Nr. 1 GVG), dort im Wege der gesetzlichen Geschäftsverteilung das FamG (§ 23b GVG). Die **örtliche** Zuständigkeit bestimmt sich nach der Zuständigkeit für das Aufhebungsverfahren (§ 187 FamFG). **Funktionell** zuständig ist der Richter (§§ 3 Nr. 2 lit. a, 14 Abs. 1 Nr. 15 RPflG).

22 **3. Verfahrensbeistand.** Dem Kind ist für das **Aufhebungsverfahren** ein Verfahrensbeistand zu bestellen (§ 191 S. 1 FamFG, dazu auch § 1759 Rn. 25). Da die Anträge im Aufhebungsverfahren zu stellen sind, erfasst diese Bestellung von Gesetzes wegen auch die Anträge zum Namen.

23 Ein für das Kind bestellter Verfahrensbeistand ist nicht der gesetzliche Vertreter des Kindes (§§ 191 S. 2, 158 Abs. 4 S. 6 FamFG).[19] Dies schließt es wegen der unterschiedlichen Aufgaben und Befugnisse und „um den Eingriff in das Elternrecht möglichst gering zu halten und eine sachwidrige Verlagerung vom Aufgaben auf den Verfahrensbeistand [zu vermeiden]" auch aus, einen **Ergänzungspfleger** (dazu Rn. 16) als den gesetzlicher Vertreter des Kindes als Verfahrensbeistand zu bestellen.[20]

§ 1766 Ehe zwischen Annehmendem und Kind

[1] Schließt ein Annehmender mit dem Angenommenen oder einem seiner Abkömmlinge den eherechtlichen Vorschriften zuwider die Ehe, so wird mit der Eheschließung das durch die Annahme zwischen ihnen begründete Rechtsverhältnis aufgehoben. [2] §§ 1764, 1765 sind nicht anzuwenden.

I. Normzweck

1 Eltern-Kind-Beziehung und Ehe schließen einander aus. Vor die Wahl gestellt, die Aufhebung der Ehe zuzulassen oder die Annahme aufzulösen, hat der Gesetzgeber der „zukunftsbezogenen" Ehe den Vorzug gegeben[1] und in den gravierendsten Fällen das Annahmeverhältnis **von Gesetzes wegen** für aufgelöst erklärt.[2] – Zur Anwendbarkeit von § 1766 auf die **Volljährigenadoption** s. § 1767 Rn. 24, § 1771 Rn. 15.

II. Voraussetzungen

2 S. 1 nennt nur die **Eheschließung** zwischen Annehmendem und Angenommenem oder seinen Abkömmlingen. Der Verbotstatbestand nach §§ 1308, 1307 geht weiter: Er nennt allgemein Adoptivverwandte in gerader Linie – also auch: Adoptivgroßvater will Adoptivenkelin heiraten – und Adoptivgeschwister. Den Fall, dass der Adoptivgroßvater die Adoptivenkelin heiratet, *wollte* der Gesetzgeber erfassen,[3] hat es jedoch nicht getan;[4] er erscheint auch nicht regelungsbedürftig. Letztere Fälle sind bewusst § 1766 nicht unterworfen worden, weil insoweit Befreiung vom Eheverbot erteilt werden kann (§ 1308 Abs. 2).[5]

---

[19] Dazu auch MünchKommZPO/*Maurer* § 191 FamFG Rn. 13; aA *Staudinger/Frank* Rn. 12 (gesetzlicher Vertreter ist der Verfahrenspfleger nach § 56f Abs. 2 FGG).
[20] S. dazu auch BT-Drucks. 16/6308 S. 240 [Zu § 158 Abs. 4 S. 5].
[1] BT-Drucks. 7/3061 S. 52. Der RefE S. 9, 57 sah in § 7 Abs. 1 EheG noch ein zwingendes Ehehindernis vor („darf nicht geschlossen werden . . ."), erweiterte jedoch nicht auch § 21 EheG (Nichtigkeitsgründe) entsprechend. Der RA-BT hat die heutige Fassung vorgeschlagen (BT-Drucks. 7/5087 S. 23).
[2] Zur Entstehungsgeschichte s. auch *Staudinger/Frank* Rn. 1-3.
[3] BT-Drucks. 7/3061 S. 51 [Zu § 1766, Nr. 2).
[4] Ebenso *Staudinger/Frank* Rn. 4; *Erman/Saar* Rn. 2.
[5] BT-Drucks. 7/3061 S. 51.

Das Annahmeverhältnis bleibt aufgehoben, auch wenn die geschlossene Ehe – zwar nicht wegen der Verletzung von § 1308 (§ 1314 Abs. 1), wohl aber aus sonstigen Gründen – wieder durch die **Scheidung** oder **Aufhebung der Ehe** aufgehoben wurde, weil beide nur für die Zukunft wirken[6] und auch dann mit einer Rückwandlung in eine Eltern-Kind-Beziehung nicht zu rechnen ist.[7] Anders für eine **Nichtehe**, da sie ex tunc keine Wirkungen entfaltet.[8] – **Entsprechend** § 1766 ist die Annahme des Ehegatten „als Kind" wirkungslos.

III. Rechtsfolgen

1. Adoptivkind. Mit der Eheschließung wird das Rechtsverhältnis zwischen **Annehmendem und Kind** aufgelöst, ohne dass weitere Rechtsfolgen eintreten (S. 3, § 1764), weil Dritte, die an der Eheschließung nicht beteiligt sind, durch sie nicht benachteiligt werden sollen.[9] Das Kind verliert seinen Ehegatten als **Elternteil**, doch bleiben die Rechtsbeziehungen zu einem evtl. weiteren Adoptivelternteil bestehen. Es erlischt also, heiratet der Adoptivvater seine Adoptivtochter, das Annahmeverhältnis zwischen ihnen, nicht aber zur verstorbenen oder geschiedenen Adoptivmutter.[10] Hat der Annehmende allein angenommen, verliert der Angenommene seinen Elternteil, ohne dass die leiblichen Eltern wieder in die Elterneigenschaft einrücken; das Kind ist dann rechtlich elternlos. Die weitere Adoptivverwandtschaft zu Geschwistern bleibt ebenfalls unberührt.[11] – Der Geburtsname des Adoptivkindes ändert sich nicht (S. 3, § 1765).

Durch die Eheschließung und die Aufhebung des Annahmeverhältnisses ändern sich die **erbrechtlichen** Beziehungen: Der Angenommene verliert seinen Status als gesetzlicher Erbe 1. Ordnung (§ 1924 BGB, dazu §§ 1754, 1755 Rn. 5) und rückt in die Erbenstellung nach § 1931 ein (Abs. 1, 2: neben Verwandten der 1. Ordnung ¼, neben der Verwandten der 2. Ordnung und neben Großeltern ½, ansonsten $1/_1$; Abs. 3: im gesetzlichen Güterstand der Zugewinngemeinschaft ½ bzw. ¾ [§ 1371 Abs. 4]; Abs. 4: im Güterstand der Gütertrennung neben 1 oder 2 Kindern des Erblassers zu gleichen Teilen, bei mehreren Kindern erbt der Ehegatte nach Abs. 1, 2 [dazu § 1931 Rn. 37]).

2. Adoptivenkel. Heiratet der Annehmende seinen **Adoptivenkel** (Abkömmling des Kindes), entsteht eine eigenartige Rechtsbeziehung: Für das Kind, zu dem die Annahmebeziehung bestehen bleibt, ist sein Abkömmling zugleich Kind und Stiefmutter (verschwägert im 1. Grad), sein Adoptivvater zugleich Vater und Schwiegersohn. Gleichwohl ist es richtig, das Annahmeverhältnis nicht aufzulösen, weil das an der Eheschließung nicht beteiligte Kind hierdurch nicht in seinen Rechten beeinträchtigt werden darf.[12]

Der Adoptivenkel verliert durch die Eheschließung mit dem Großelternteil, der seinen Elternteil angenommen hat, nach Vorversterben seines Elternteils nicht seine Stellung als Erbe 1. Ordnung (§ 1924 Abs. 3), weil dadurch das Annahmeverhältnis unberührt bleibt. Allerdings wächst ihm zudem die Erbenstellung aus § 1931 zu (zu den Auswirkungen s. Rn. 6), sodass er zunächst als Ehegatte nach §§ 1931, 1371 Abs. 1 und hinsichtlich des Restes nach § 1924 Abs. 3 erbt (§ 1924 Rn. 27).

3. Eintritt. Das Annahmeverhältnis wird mit der Eheschließung **von Gesetzes wegen** aufgehoben. Ein Bedürfnis für eine gerichtliche **Feststellung** dieser Wirkung besteht nicht,[13] weil vom Eheverbot des § 1308 Abs. 1 nicht befreit werden kann (§ 1308 Abs. 2: Befreiung nur bei einer durch die Annahme als Kind vermittelten Verwandtschaft in der Seitenlinie möglich). Selbst nach gesetzwidriger Befreiung vom Eheverbot durch das FamG besteht kein Bedürfnis für eine gerichtliche Feststellung, weil ein Verstoß gegen § 1308 Abs. 1 – mit oder ohne Befreiung – nicht zur Unwirksamkeit der Ehe oder zu ihrer Aufhebbarkeit (§ 1314 Abs. 1) führt (dazu § 1308 Rn. 7, § 1314 Rn. 5).

---

[6] *Staudinger/Frank* Rn. 5.
[7] Dazu auch *Lipp/Wagenitz* Rn. 1.
[8] *Staudinger/Frank* Rn. 5; MünchKommBGB/*Müller-Gindullis* § 1310 Rn. 24.
[9] *Staudinger/Frank* Rn. 6; RGRK/*Dickescheid* Rn. 4.
[10] *Palandt/Diederichsen* Rn. 1; s. auch BT-Drucks. 7/3061 S. 52 [Zu § 1766, Nr. 3). S. auch *Staudinger/Frank* Rn. 6: Der geschiedene Adoptivelternteil wird Schwiegerelternteil seines ehemaligen Ehegatten, die Adoptivgroßeltern werden die Schwiegereltern des Angenommenen.
[11] *Staudinger/Frank* Rn. 7.
[12] Ebenso RGRK/*Dickescheid* Rn. 4; *Staudinger/Frank* Rn. 6 m. weit. Bsp.
[13] *Staudinger/Frank* Rn. 6; *Gernhuber/Coester-Waltjen* § 68 Rn. 135, „weil die Eheschließung ein statusändernder Akt „von unbezweifelbarer Transparenz" ist.

Untertitel 2. Annahme Volljähriger

§ 1767 Zulässigkeit der Annahme, anzuwendende Vorschriften

(1) Ein Volljähriger kann als Kind angenommen werden, wenn die Annahme sittlich gerechtfertigt ist; dies ist insbesondere anzunehmen, wenn zwischen dem Annehmenden und dem Anzunehmenden ein Eltern-Kind-Verhältnis bereits entstanden ist.

(2) [1]Für die Annahme Volljähriger gelten die Vorschriften über die Annahme Minderjähriger sinngemäß, soweit sich aus den folgenden Vorschriften nichts anderes ergibt. [2]§ 1757 Abs. 3 ist entsprechend anzuwenden, wenn der Angenommene eine Lebenspartnerschaft begründet hat und sein Geburtsname zum Lebenspartnerschaftsnamen bestimmt worden ist. [3]Zur Annahme einer Person, die eine Lebenspartnerschaft führt, ist die Einwilligung des Lebenspartners erforderlich.

Schrifttum: *Bosch,* Zur Volljährigen-Adoption, FamRZ 1964, 401; *Frank,* Rechtsprobleme der Erwachsenenadoption, StAZ 2008, 65; *Hohloch,* Adoption des volljährigen Hoferben, JuS 2003, 297; *Knur,* Zur Reform der Adoption Volljähriger, DNotZ 1959, 284; *ders.,* Die Reform des Adoptionsrechts, DNotZ 1962, 571; *Krause,* Die Volljährigenadoption, Diss. Freiburg 1971; *Lassleben,* Die Zweckprüfung bei der Ehe und der Erwachsenenadoption unter besonderer Berücksichtigung des Zwecks der Erlangung aufenthaltsrechtlicher Vorteile, Diss. Regensburg WS 1999/2000; *Leis,* Sittliche Rechtfertigung und das Bestehen eines Eltern-Kind-Verhältnisses als Voraussetzungen der Erwachsenenadoption, ZFE 2004, 307; *Lüderitz,* Mißbräuchliche Personenstandsänderung, FS Oehler, 1985, S. 487; *Molls,* Rechtsprobleme der Erwachsenenadoption und ihre Lösung de lege ferenda, 2011 (zugl. Diss. Münster WS 2010/2011); *Muscheler,* Die Voraussetzungen der Erwachsenenadoption, FS Schwab, 2005, S. 843; *Rieck/Zingraf,* Die Adoption Erwachsener, 2011.

Übersicht

	Rn.		Rn.
I. Normzweck	1	4. Sittliche Rechtfertigung	14–18
		a) Grundsatz	14–17
II. Rechtsentwicklung	2	b) Einzelfälle	18
III. Voraussetzungen	3–22	5. Ausländer-Adoption	19, 20
1. Annahmefähigkeit	3	6. Einwilligungen	21
2. Wohl des Anzunehmenden	4	7. Zweitadoption	22
3. Eltern-Kind-Verhältnis	5–13	**IV. Anwendbare Vorschriften**	23–25
a) Grundsätze	5–11	**V. Lebenspartnerschaft**	26
b) Einzelfälle	12, 13	**VI. Verfahren**	27

I. Normzweck

1   Die Adoption von Erwachsenen wird zugelassen, weil sie in Deutschland – als *arrogatio* des gemeinen Rechts und in ähnlichen Instituten der Landesrechte – stets anerkannt war und weiterhin verbreitet ist.[1] Damit wird dem menschlichen Bedürfnis, eine Familie durch Willensakt fortzusetzen und sich in sie einzuordnen, Rechnung getragen[2] und die rechtliche Verfestigung der Freundschaft zwischen Angehörigen verschiedener Generationen, die sich emotional zu einer Eltern-Kind-ähnlichen Beziehung verdichtet hat, als Wahlverwandtschaft ermöglicht. – Die gesetzliche Regelung konkretisiert die Voraussetzungen und stellt insbesondere darauf ab, dass mit der Adoption familienbezogene Zwecke[3] – sittliche Rechtfertigung, Wohl des Anzunehmenden, Eltern-Kind-Verhältnis (dazu Rn. 4–18) – verfolgt werden. – Der ehemalige Vertragsschluss wird durch einen gemeinsamen Antrag ersetzt (§ 1768). Im Vergleich zur Minderjährigenadoption treten idR nur schwächere Wirkungen (dazu § 1770 Rn. 1), gegenüber früherem Recht aber stärkere Bindungen ein (§ 1771). –

---

[1] BT-Drucks. 7/3061 S. 22. Zur rechtspolitischen Rechtfertigung der Volljährigenadoption s. auch *Staudinger/ Frank* Rn. 5-8 m. rechtsvergleichenden Hinweisen in Rn. 9-11.
[2] Dazu *Knur* DNotZ 1959, 293-296. In unseren Nachbarstaaten ist sie gleichfalls - wenn auch regelmäßig beschränkt - anerkannt: vgl. Art. 360 franz. c. c.; § 180a österr. ABGB; Art. 266 schweiz. ZGB.
[3] OLG Frankfurt/M. OLGR 1999, 279.

Zulässigkeit der Annahme, anzuwendende Vorschriften 2, 3   § 1767

Das **EuAdAbk** findet auf die Volljährigenadoption keine Anwendung.[4] – Zur **Abgrenzung** der Volljährigen- von der Minderjährigenadoption s. § 1741 Rn. 8-9, zur **Verbreitung** der Volljährigenadoption s. Vor § 1741 Rn. 10.

II. Rechtsentwicklung

Der durch die allgemeinen Annahmevoraussetzungen (dazu Rn. 3-18) weit gesteckte Zulässigkeitsrahmen konnte Missbräuche nicht verhindern.[5] Mit dem Funktionswandel der Adoption (dazu Vor § 1741 Rn. 2-6) ist die Volljährigenadoption durch das FamRÄndG 1961 von der gesetzlichen Regel zur **Ausnahme** (dazu Vor § 1741 Rn. 12, 15) geworden;[6] die Befreiung zur Annahme eines Volljährigen war nur zu erteilen, wenn die Herstellung eines Annahmeverhältnisses „sittlich gerechtfertigt" war (§ 1745c aF). Diesen **unbestimmten Rechtsbegriff**[7] hat das AdoptG in § 1767 Abs. 1 als Voraussetzung für die Annahme übernommen. Der Charakter der Volljährigenadoption als Ausnahme wurde dadurch in dem Sinne fortgeschrieben, dass – im Gegensatz zur Minderjährigenadoption – neben das Eltern-Kind-Verhältnis auch die „sittliche Rechtfertigung" als zusätzliches Annahmeerfordernis getreten ist.[8] – Die Volljährigenadoption sollte weder diskriminiert noch „über Gebühr" erschwert werden.[9] Deshalb ist im Gesetzgebungsverfahren 1961 der ursprüngliche Zusatz, die Herstellung des Annahmeverhältnisses müsse „aus besonderen Gründen" sittlich gerechtfertigt sein,[10] entfallen. Doch wurde dadurch der mit der Änderung verfolgte Zweck, **Missbräuchen** vorzubeugen,[11] in Frage gestellt.[12] – Angesichts der wachsenden Zahl der Adoptionen von **Ausländern** mit dem Ziel eines gesicherten Aufenthaltes oder verbesserten Schutzes vor Ausweisung (dazu § 1770 Rn. 12) ist der mit dem Tatbestandsmerkmal „sittliche Rechtfertigung" verfolgte Zweck, die Volljährigenadoption als Ausnahme zu gestalten, **ernst** zu nehmen (dazu auch Rn. 14-18).[13]

III. Voraussetzungen

1. Annahmefähigkeit. Angenommen werden können **familienfremde** oder **verwandte** Personen, nicht jedoch **eigene,** auch nicht außerehelich geborene Kinder (Abs. 2, § 1741 Abs. 2, dazu dort Rn. 11-12). – **Volljährigkeit** bestimmt sich allein nach § 2, auch bei Ausländern. Maßgeblich ist der Zeitpunkt, in dem der Beschluss erlassen wird. Zum Ganzen § 1741 Rn. 9. – Annehmen

---

[4] Art. 3 EuAdAbk (dazu Vor § 1741 Rn. 14): „Dieses Übereinkommen gilt nur für die Rechtseinrichtung der Adoption eines Kindes, das in dem Zeitpunkt, in dem der Annehmende die Adoption beantragt, das 18. Lebensjahr noch nicht vollendet hat, nicht verheiratet ist oder war und nicht als volljährig anzusehen ist".
[5] Zu ihnen lud das Rechtsinstitut geradezu ein (dazu die Darstellung bei *Krause* S. 20-23). Zur Entstehungsgeschichte s. *Staudinger/Frank* Rn. 1-3.
[6] Die Berechtigung der Volljährigenadoption wurde 1961 bei Erlass des FamRÄndG diskutiert (BT-Drucks. II/1586 S. 18-20 (Entwurf FamRÄndG 1955); BT-Drucks. III/530 S. 20-22 (Entwurf FamRÄndG 1958/61); RA-BT BT-Drucks. III/147 S. 18; BT-Drucks. III/2812 S. 6 f.; BT-Drucks. III/9460; Bericht bei *Krause* S. 37-45; *Staudinger/Engler* 10./11. Aufl. § 1745 Rn. 1. Bei Erlass des AdoptG wurde sie nicht mehr in Frage gestellt, BT-Drucks. 7/3061 S. 22; RA-BT BT-Drucks 7/5087 S. 21; *Engler* S. 42 f.
[7] BayObLG DAVorm. 1980, 503, 506; FamRZ 1980, 1158, 1159; FamRZ 1982, 644, 645; NJW-RR 1993, 456 = FamRZ 1993, 236; FamRZ 2005, 131; OLG Frankfurt/M. FamRZ 1997, 638; OLG Karlsruhe NJW-RR 2006, 364, 365 = FamRZ 2006, 572 (LS.).
[8] AA BayObLGZ 2002, 236 = FamRZ 2002, 1651, 1652; BayObLGZ 2002, 243 = NJW-RR 2002, 1658 = FamRZ 2002, 1653, 1654.
[9] RA-BT (zum FamRÄndG, Abg. *Schwarzhaupt*) zu BT-Drucks. III/2812 S. 6. Im RA-BT selbst wollte man der Volljährigenadoption lediglich den Makel nehmen (Prot. III/147 S. 18). Die Mindermeinung, die Volljährigenadoption solle nicht zur Ausnahme erklärt werden (Abg. *Bucher* BT-Prot. III/9460), setzte sich nicht durch.
[10] BT-Drucks. III/1530 S. 4, 21.
[11] BT-Drucks. II/1586 S. 18; BT-Drucks. III/530 S. 20; *Maßfeller* StAZ 1955, 255; *ders.* Prot. RA-BT BT-Drucks. III/147 S. 16. Gleiche Bestrebungen lagen bereits dem Gesetz v. 23. 11. 1933 (s. Vor § 1741 Rn. 12) zugrunde, durch das u. a. § 1754 Abs. 2 Nr. 2 aF eingeführt wurde. Dazu auch OLG Celle FamRZ 1996, 829, 830; LG Augsburg MittBayNot 1995, 396 f.
[12] Zur Auslegung der dadurch entstandenen ambivalenten Rechtslage nach früherem Recht s. die 3. Aufl. Rn. 12 mwN.
[13] BayObLG FamRZ 1980, 1158, 1159; OLG Zweibrücken FamRZ 1983, 533, 536. Nicht hinreichend beachtet in den - aus anderem Anlass streitigen - Fällen von BVerfG FamRZ 1984, 554; BayVGH NVwZ 1982, 387 = FamRZ 1983, 1058 (LS.); OVG Hamburg FamRZ 1984, 46 ff.; BGHZ 103, 12 = NJW 1988, 1139 = FamRZ 1988, 390 m. Anm. *Jayme* IPRax 1988, 251, Bspr. *Hohloch* JuS 1988, 655; OLG Stuttgart FamRZ 1981, 818 f. m. Anm. *Bausch.*

§ 1767 4–7 Abschnitt 2. Titel 7. Annahme als Kind

können **Ehegatten** gemeinschaftlich, ein Ehegatte **allein** nur unter den Voraussetzungen des § 1741 Abs. 2 S. 2-4 (dazu dort Rn. 38-49).[14] Zur **Verfassungsgemäßheit** dieser Regelung s. Vor § 1741 Rn. 22. – Die Annehmenden müssen die **Altersgrenze** des § 1743 erreicht haben, andernfalls kein Eltern-Kind-Verhältnis zu einem Erwachsenen hergestellt werden kann. Im Gegensatz zum Anzunehmenden (§ 1768 Abs. 2)[15] dürfen die Annehmenden nicht **geschäftsunfähig** sein (zum Ganzen § 1743 Rn. 5).

4 **2. Wohl des Anzunehmenden.** Auch die Adoption Volljähriger muss dem Wohl des Anzunehmenden dienen (Abs. 2, § 1741 Abs. 1 S. 1).[16] Doch entscheidet der **Mündige** hierüber mit seiner Antragstellung grundsätzlich selbst;[17] eine weitergehende Prüfung des Wohls des Anzunehmenden durch das FamG ist nur angezeigt, wenn ein **betreuungsbedürftiger** Volljähriger angenommen werden soll.[18] – § 1741 Abs. 1 S. 2 (dazu dort Rn. 31-36) ist nicht entsprechend anzuwenden, da es bei der Annahme Volljähriger nicht um den Schutz der Kinder und ihrer leiblichen Eltern vor Geschäftemachern geht, die sich um die Zuführung von Kleinkindern bemühen, um den Kinderwunsch der Annahmewilligen zu befriedigen.

5 **3. Eltern-Kind-Verhältnis. a) Grundsätze.** Es muss zu erwarten sein, dass zwischen den Antragstellern ein Eltern-Kind-Verhältnis entsteht,[19] entstanden muss es noch nicht sein (Abs. 2, § 1741 Abs. 1);[20] dies ist auf Grund **aller Umstände des Einzelfalles** zu beurteilen.[21] Ist von einem Eltern-Kind-Verhältnis auszugehen, können daneben auch noch andere Zwecke verfolgt werden (dazu Rn. 14-18).

6 Abzustellen ist, im Gegensatz zu § 1754 Abs. 2 Nr. 2 [AdoptG], nicht allein auf die – **subjektive** – Absicht, ein Eltern-Kind-Verhältnis herzustellen, sondern auch auf die **objektive** Erwartung, dass ein solches auch entstehen wird. Diese Erwartung wird durch die Absicht der Beteiligten mit-, aber nicht allein bestimmt. Bloße Versicherungen über die zukünftige Lebensgestaltung reichen deshalb nicht aus.[22] Die Erwartung hat sich vielmehr auf „alle vergangene und gegenwärtige Umstände" zu stützen (dazu Rn. 5).[23] So muss sich die Behauptung innerer Verbundenheit in **äußerem Verhalten** beweisen haben. Dabei ist das FamG insbesondere auf die Bewertung der bestehenden tatsächlichen Lebensumstände der Betroffenen und ihrer im Annahmeverfahren dargelegten Absichten als **Indizien** angewiesen.[24]

7 Anders als bei der Minderjährigenadoption (dazu § 1741 Rn. 26) ist nicht erforderlich, dass der Anzunehmende mit dem Annehmenden **zusammenlebt**.[25] Doch sollte ihre räumliche Zuordnung immerhin so gestaltet sein, dass eine Begegnungs- und Beistandsgemeinschaft auch gelebt werden kann (dazu aber auch Rn. 12-13). Auch in der leiblichen Familie beschränken sich die Beziehungen zwischen Eltern und Kind nach dessen Volljährigkeit – abgesehen von den Rechtsfolgen Unterhalt und Erbrecht – idR auf eine „innere Verbundenheit" iSe. seelisch-geistigen Bindung[26] sehr unterschiedlicher Ausprägung, angelegt auf eine **Begegnungsgemeinschaft,** die auch durch wiederholte Besuche, Brief- und Telefonkontakte sowie Zuwendungen gelebt werden kann und kein Zusam-

---

[14] OLG Hamm NJW-RR 1999, 1377 = FamRZ 2000, 257, 258 f.; FamRZ 2003, 1039, 1040; LG Hamburg NJWE-FER 1999, 181 = FamRZ 1999, 253, 254; s. auch BT-Drucks. 7/3061 S. 53; *Staudinger Frank* Rn. 12.
[15] BT-Drucks. 7/3061 S. 53 Nr. 4 (zu § 1768).
[16] BT-Drucks. 7/3061 S. 53 [Nr. 6]; einschränkend *Erman/Saar* Rn. 4.
[17] BayObLG DAVorm. 1980, 503, 506; FamRZ 1980, 1158, 1159; FamRZ 1982, 644, 645; BayObLGZ 2002, 236 = FamRZ 2002, 1651, 1652 mwN; OLG Köln OLGZ 1982, 408 = FamRZ 1982, 844; FamRZ 1990, 800; LG Frankenthal FamRZ 1998, 505; LG Landshut MittBayNot 1999, 483, 484; *Staudinger/Frank* Rn. 13; *Erman/Saar* Rn. 4.
[18] *Engler* S. 106; ihm folgt BT-Drucks. 7/3061 S. 53 [Nr. 6] (jeweils für nicht voll Geschäftsfähige); wohl auch BayObLGZ 2002, 236 = FamRZ 2002, 1651, 1652.
[19] Ganz hM, s. lediglich *Staudinger/Frank* Rn. 14 mwN; aA wohl nur *Muscheler*, FS Schwab, S. 843, 854, 867.
[20] BayObLG FamRZ 2001, 118; OLG Zweibrücken FGPrax 2006, 21 = FamRZ 2006, 572, 573.
[21] RGZ 147, 220 = JW 1935, 2132, 2133; BayObLG NJWE-FER 1997, 283 = FamRZ 1997, 638, 639; LG Frankenthal FamRZ 1998, 505, 506.
[22] BayObLG FGPrax 2000, 25, 26 = FamRZ 2001, 119 (LS.); anders aber offenbar RGZ 147, 220, 227; BayObLG FamRZ 1982, 644, und wohl auch sonst in der Genehmigungspraxis üblich.
[23] BayObLG NJW 1985, 2094, 2095 = FamRZ 1985, 1082 (LS.); FamRZ 2005, 131, 132; KG FamRZ 1982, 641; OLG Zweibrücken NJWE-FER 1999, 295, 296 = FamRZ 1999, 1690 (LS.).
[24] BayObLG FamRZ 2005, 131, 132; KG FamRZ 1982, 641; OLG Zweibrücken NJWE-FER 1999, 295, 296 = FamRZ 1999, 1690 (LS.); *Staudinger/Frank* Rn. 16, 18.
[25] RGZ 147, 220 = JW 1935, 2132, 2133; BGHZ 35, 75 = NJW 1961, 1461 = FamRZ 1961, 306, 308); LG Köln FamRZ 1990, 800; s. auch *Staudinger/Frank* Rn. 15 mwN.
[26] BayObLG FGPrax 2000, 25, 26 = FamRZ 2001, 119 (LS.); KG FamRZ 1982, 641, 642; OLG Frankfurt/M. FamRZ 1997, 638; dazu auch OLG Brandenburg Beschl. v. 1. 1. 2007 - 11 Wx 45/07, juris [8].

menleben erfordert,[27] und auf die Bereitschaft zu dauerhaftem[28] gegenseitigen und unbedingten Beistand,[29] ohne dass solch eine **Beistandsgemeinschaft** bereits bestehen müsste.[30] Für eine Minderjährigenadoption ggf. maßgebliche Erscheinungen wie Lebens- oder Haushaltsgemeinschaft, Einordnung in eine Wirtschaftseinheit (Betrieb, Bauernhof), „Ehrerbietung" der Kinder (sichtbar in Anrede, Briefen) oder Einflussnahme der Eltern in wichtigen Entscheidungen (zB bei Familiengründungen, wirtschaftlichen Unternehmungen)[31] sind bei der Volljährigenadoption wegen der Selbständigkeit des Anzunehmenden sowie deshalb ohne Bedeutung, weil zwischen Personen vorgerückten Alters im Allgemeinen eine weniger enge Gemeinschaft als bei der Annahme von Minderjährigen zu erwarten ist.[32] – Die **Pflege-** und **Unterstützungsbedürfigkeit** des Anzunehmenden tritt bei der Volljährigenadoption idR vollständig zurück, während die Bedürftigkeit des Annehmenden[33] die Annahme einer Beistandsgemeinschaft rechtfertigen kann.[34]

Dass zwischen den Antragstellern bereits ein **Verwandtschaftsverhältnis** besteht, ist – außer der Anzunehmende ist das leibliche Kind des Annehmenden (dazu Rn. 3)[35] – kein Hindernis, weil gerade Eltern- oder Kindesverluste zu stärkeren Bindungen zwischen entfernteren Verwandten führen können. Doch müssen die bisherigen Kontakte über das zwischen Verwandten übliche Maß hinausgehen.[36] Zudem fordern die verwandtschaftliche Solidarität[37] und der Respekt vor einer langen natürlichen Eltern-Kind-Beziehung, diese nicht im Nachhinein durch „Weg-Adoption" zu zerstören, sodass in diesen Fällen die sittliche Rechtfertigung für eine Annahme fehlen kann (dazu Rn. 12, 14-18; zur Großelternadoption s. Rn. 10).[38] – Nicht adoptiert werden sollten **Ehegatten**[39] oder **Elternteil und Kind**,[40] weil zu beiden kein natürliches Eltern-Kind-Verhältnis bestehen kann.[41]

IdR wird eine tragfähige Eltern-Kind-Beziehung in folgenden Fällen **vorliegen**: Der Anzunehmende hat bereits **längere Zeit** in der Familie des Annehmenden als Minderjähriger (vgl. § 1772 Abs. 1 S. 1 lit. b; „nachgeholte Minderjährigenadoption")[42] oder als noch der Fürsorge oder Beratung bedürftiger oder sie suchender Heranwachsender gelebt. Oder für **Pflege-** oder **Stiefkinder** soll eine tatsächliche Kindesbeziehung[43] rechtlich institutionalisiert werden,[44] ohne dass der Ausschluss von Unterhaltsansprüchen der leiblichen Eltern im Vordergrunde steht.[45]

---

[27] BVerfGE 80, 81 = NJW 1989, 2195 m. Bspr. *Jayme* NJW 1989, 3069 = FamRZ 1989, 715, 718 m. Anm. *Renner* ZAR 1989, 132, Bspr. *Hohloch* JuS 1990, 59; NJW 1990, 985 = FamRZ 1990, 363; NVwZ 1996, 1099 = FamRZ 1996, 154, 155.
[28] BayObLGZ 2002, 243 = NJW-RR 2002, 1658= FamRZ 2002, 1653, 1654.
[29] BayObLG FRES 11, 266, 271; FamRZ 1982, 644, 645; NJW 1985, 2094, 2095 = FamRZ 1985, 1082 (LS.); NJW-RR 1995, 1287 = FamRZ 1996, 183, 184 mwN; BayObLGZ 2002, 236 = FamRZ 2002, 1651, 1652; BayObLGZ 2002, 243 = NJW-RR 2002, 1658 = FamRZ 2002, 1653, 1654; FamRZ 2005, 546, 547; KG OLGZ 1994, 64 = NJW-RR 1993, 1288 = FamRZ 1993, 1363 m. Anm. *Lorenz* IPRax 1994, 193; FGPrax 2000, 25, 26 = FamRZ 2001, 119 (LS.); OLG Karlsruhe NJW-RR 2006, 364 f. = FamRZ 2006, 572 (LS.); OLG München NJW-RR 2010, 1232 = FamRZ 2010, 2087, 2088.
[30] Zur Beistandsgemeinschaft in ausländerrechtlicher Sicht s. BVerfG NVwZ 1996, 1099 = FamRZ 1996, 154, 155.
[31] Vgl. OLG Frankfurt/M. StAZ 1954, 251.
[32] RGZ 147, 220 = JW 1935, 2132, 2133, das damit dem Gesetzgeber von 1933 folgt, der deshalb bereits die inhaltlichen Anforderungen an das Eltern-Kind-Verhältnis zum Erwachsenen herabgesetzt hat, dazu die Begründung zu § 1754 Abs. 2 Nr. 2 aF, DJ 1933, 766; *Brandis* JW 1934, 4; s. auch BVerfGE 80, 81 = NJW 1989, 2195 = FamRZ 1989, 715, 717; NJW 1990, 895 = FamRZ 1990, 363; NVwZ 1996, 1099 = FamRZ 1996, 154, 155.
[33] BayObLGZ 2002, 236 = FamRZ 2002, 1651, 1652 mwN.
[34] BayObLG FamRZ 2005, 131 f.
[35] BGHZ 35, 75, 83 = NJW 1961, 1461, 1462; sinngemäß, wenn auch missverständlich formuliert KG JW 1937, 963.
[36] BGH FamRZ 1957, 126, 128; BGHZ 35, 75 = NJW 1961, 1461 = FamRZ 1961, 306, 308; OLG Hamm OLGZ 1968, 370 = FamRZ 1968, 481, 482; OLG München NJW-RR 2009, 1661 = FamRZ 2010, 46, 47.
[37] Dazu *Frank* S. 128 f.
[38] Zum Umfang der Sachaufklärung s. BayObLG FamRZ 1994, 657 (LS.).
[39] AA AG Backnang FamRZ 2000, 770, 771.
[40] AA OLG Frankfurt/M. FamRZ 1982, 848, 849.
[41] Zum Ganzen *Staudinger/Frank* Rn. 17.
[42] Dazu BT-Drucks. III/530 S. 21 Nr. 24 c; BayObLGZ 2002, 236 = FamRZ 2002, 1651, 1652 mwN; OLG Düsseldorf FamRZ 1985, 832; OLG Celle Beschl. v. 17. 5. 2001 - 17 WF 30/01, juris [3]; AG Deggendorf FamRZ 1984, 1265; auch OLG Düsseldorf FamRZ 1981, 94 f. – Allein die Bereitstellung eines Zimmers genügt entgegen BayObLG FamRZ 1982, 644 nicht.
[43] Die zweifelhaft sein kann, wenn Annehmender und Anzunehmender bislang kaum zusammengelebt haben und durch die Annahme ein Aufenthaltsrecht zur Erlangung einer qualifizierten Berufsausbildung verschafft werden soll, OLG Köln NJW-RR 2004, 155 = FamRZ 2003, 1870 f. Zur Stiefkindadoption auch LG Fulda FamRZ 2005, 1277.
[44] LG Frankenthal FamRZ 1998, 505.
[45] AG Solingen DAVorm. 1993, 328 m. Anm. *van Els.*

10 Wie bei der Annahme von Minderjährigen (dazu § 1741 Rn. 27) ist sie im Zweifel dagegen nicht gerechtfertigt, wenn eine **Generation übersprungen** werden soll (Annahme durch Großeltern), obwohl mindestens ein leiblicher Elternteil noch lebt und zu ihm auch Kontakt besteht.[46] Bei **Schwiegerkindern** ist die Eltern-Kind-Beziehung meist vom Fortbestand der sie vermittelnden Ehe abhängig; diese Bedingtheit genügt entgegen früherer Praxis[47] nicht.[48] Ein (unbedingtes) Eltern-Kind-Verhältnis ist nur zu erwarten, wenn die Schwägerschaftsbeziehung die Ehe überdauert hat oder die Schwiegereltern nach dem Tod der leiblichen Eltern zu „Ersatzeltern" geworden sind.

11 **Geschlechtliche Beziehungen** bilden ein Annahmehindernis, da sie gerade nicht Inhalt eines Eltern-Kind-Verhältnisses sein sollen;[49] die Annahme des auch geschiedenen Ehegatten als Kind scheidet mithin aus. Die geschlechtlichen Beziehungen stehen auch nach ihrer Beendigung und der Aufrechterhaltung freundschaftlicher Beziehungen idR der Annahme entgegen, es habe sich zwischen den Beteiligten ein Eltern-Kind-Verhältnis gebildet.[50]

12 **b) Einzelfälle.** Im Übrigen sind – vorbehaltlich einer anderen Bewertung auf Grund der Umstände des Einzelfalles – mindestens **erforderlich:**
– Angemessener **Altersabstand.**[51] Doch ist er nur ein Indiz gegen das Bestehen eines Eltern-Kind-Verhältnisses, das sich auch aus anderen Umständen ergeben, sodass der Altersabstand bei einer Stiefkindadoption ggf. geringer ausfallen kann.[52]
– Persönlicher **Umgang** in angemessenen Abständen, Teilnahme an Familienfesten, Geburts- oder Namenstagen. Bei größeren Entfernungen kann auch brieflicher Kontakt für eine Beistands- und Begegnungsgemeinschaft sprechen, doch macht er persönlichen Umgang, wenn auch in größeren Zeitabständen, nicht entbehrlich.
– Gegenseitige Mitteilung von wichtigen **Familienereignissen.**
– Gegenseitige **Unterstützung** bei Krankheit und wirtschaftlichen Schwierigkeiten.[53]

13 Der Annahme einer Eltern-Kind-Beziehung steht idR[54] **entgegen,** dass
– sich die Beteiligten kaum **verständigen** können,[55]
– ganz verschiedenen **Kulturkreisen** oder **gesellschaftlichen Schichten** angehören,[56]
– die persönlichen **Lebensumstände** (Herkunft, Familie u. ä.) des Partners nicht kennen,[57]
– bereits in intakte, vollständige **Familien** eingebunden sind,[58]

---

[46] Bedenklich daher OLG Hamm OLGZ 1968, 370 = FamRZ 1968, 481; AG Deggendorf FamRZ 1984, 1267 (72-jährige nimmt 22-jährige Nichte an, die die Tochter der Annehmenden „Mutti", dagegen die Annehmende „Oma" nannte).

[47] AG Stuttgart 23. 3. 1973 (nicht veröffentlicht); AG Hagen (bei *Bosch* FamRZ 1984, 836), beide anlässlich von auf „Söhne" beschränkten Bestimmungen in Gesellschaftsverträgen.

[48] So im Ergebnis *Bosch* FamRZ 1984, 836.

[49] OLG Frankfurt/M. StAZ 1954, 251, 252 = FamRZ 1955, 55 (LS.); OLG Schleswig SchlHA 1960, 23; OLG München ZKJ 2006, 102, 103 = FamRZ 2006, 574 (LS.); AG Bensheim ZfJ 1995, 81 f.; *Soergel/Liermann* Rn. 12; § 1741 Rn. 12.

[50] OLG München OLGR 2006, 14, 15 = FamRZ 2006, 574 (LS.).

[51] *Erman/Saar* Rn. 5; *Soergel/Liermann* Rn. 12; *Staudinger/Frank* Rn. 16. Zu Recht verneint in RGZ 147, 220 = JW 1935, 2132, 2134 (nicht einmal 8 Jahre); BayObLG NJWE-FER 1998, 29 = FamRZ 1998, 504 (LS.) (14 Jahre); NJWE-FER 1998, 78 = FamRZ 1998, 505 (LS.) (12 Jahre); FGPrax 2000, 25, 26 = FamRZ 2001, 119 (LS.) (12 Jahre); OLG Köln OLGZ 2000, 48 = FamRZ 1982, 844, 845 (7 Jahre); FamRZ 1982, 642, 643 (etwas mehr als 3 Jahre); OLG Karlsruhe NJW-RR 1991, 713 = FamRZ 1991, 226, 227 (4¼ Jahre); LG Frankenthal FamRZ 1998, 505, 506 (6 Jahre); im Ergebnis ebenso LG Berlin FamRZ 1982, 845 (LS.) (12 Jahre); bezweifelt von BayObLG DAVorm. 1980, 503, 507 (14 Jahre); KG FamRZ 1982, 641, 642 (14 Jahre); aA LG Mannheim Justiz 1977, 134 = FamRZ 1979, 18 (LS.) (11 Jahre); *Palandt/Diederichsen* Rn. 2. Zweifelhaft AG Bielefeld FamRZ 1982, 961 (Angenommener 11 Jahre *älter,* aber geistig zurückgeblieben).

[52] LG Frankenthal FamRZ 1998, 505, 506.

[53] RGZ 147, 220 = JW 1935, 2132, 2134; BayObLG FamRZ 1980, 1158, 1159; OLG Köln OLGZ 1982, 408 = FamRZ 1982, 844 (betont Gegenseitigkeit).

[54] Den gegensätzlichen Ausgangspunkt scheint das OLG Zweibrücken FamRZ 1983, 533, 535 zu vertreten: Zwar schließen eine kurze Zeit persönlicher Bekanntschaft, die Zugehörigkeit des Anzunehmenden zu einem anderen Sprach- und Kulturkreis oder ein noch offener Asylantrag des Anzunehmenden eine Annahme nicht grundsätzlich aus, doch veranlassen sie das FamG zu einer besonders sorgfältigen Überprüfung der Genehmigungsvoraussetzungen.

[55] OLG Zweibrücken FamRZ 1983, 533, 535; OLG Karlsruhe NJW-RR 1991, 713 = FamRZ 1991, 226.

[56] OLG Frankfurt/M. OLGZ 1980, 104 = FamRZ 1980, 503; KG FamRZ 1982, 641; OLG Zweibrücken FamRZ 1983, 533, 535; OLG Düsseldorf StAZ 1985, 163, 164.

[57] BayObLG FRES 11, 266, 271.

[58] BayObLG FamRZ 1982, 644, 646; OLG Düsseldorf FamRZ 1981, 94 f.; KG FamRZ 1982, 641, 642; s. aber auch OLG Hamm FGPrax 2003, 124 = FamRZ 2003, 1867, 1868.

– aber auch, wenn sich der Anzunehmende bislang erfolglos um **politisches Asyl** bemüht hat.[59]
– Zu **sachfremden Motiven** auch Rn. 18, zum **Beweisrisiko** s. Rn. 27, § 1752 Rn. 20.

4. Sittliche Rechtfertigung. a) Grundsatz. „Sittliche Rechtfertigung" ist ein **unbestimm- 14 ter Rechtsbegriff** (dazu Rn. 2), in dessen Beurteilung alle erheblichen Umstände einschließlich der Belange von Abkömmlingen (dazu § 1769 Rn. 3-9) einzubeziehen sind.[60] – Das AdoptG (dazu Vor § 1741 Rn. 12) hat durch Abs. 1 Halbs. 2 klargestellt, dass die Annahme jedenfalls dann sittlich gerechtfertigt ist, wenn ein Eltern-Kind-Verhältnis tatsächlich schon besteht (dazu Rn. 6, 12-13). Aus § 1772 ergeben sich weitere Anwendungsfälle. Stets handelt es sich um ein **objektivierbares Motiv**, das deshalb auch in den sonstigen Fällen sittlicher Rechtfertigung zu verlangen ist.[61] Die Herstellung eines Eltern-Kind-Verhältnisses wird damit – anders die Ehe – nicht allein der Autonomie der Beteiligten überlassen.

„Sittlich gerechtfertigt" ist die Annahme eines Erwachsenen als Kind, wenn zwischen Anneh- 15 mendem und Anzunehmendem eine dauerhafte seelisch-geistige Bindung iSe. Eltern-Kind-Beziehung besteht oder deren Entstehung zu erwarten ist.[62] Alle für und gegen die Annahme einer Eltern-Kind-Beziehung sprechenden Umstände sind in eine Einzelfallbetrachtung einzubeziehen und gegeneinander abzuwägen. Für sie sprechen Gemeinsamkeiten, familiäre Bindungen und Zuwendung, dauernde innere Verbundenheit und Bereitschaft zu gegenseitigem unbedingtem Beistand, der entsprechend den Lebensverhältnissen von Erwachsenen in unterschiedlichen Gestaltungen seinen Ausdruck finden kann.[63] Doch müssen die sich aus dem Generationenabstand ergebenden **Aufgaben** und **Pflichten** in einer individuellen, auf den Annehmenden wie den Angenommenen bezogenen Weise unentgeltlich übernommen werden.

Ein bereits bestehendes **Eltern-Kind-Verhältnis** spricht für ein familienbezogenes Motiv als 16 Hauptzweck,[64] sodass es keiner weiteren Motive der Beteiligten für die Annahme bedarf (Abs. 2 Halbs. 2); ihre sittliche Rechtfertigung wird dann gleichsam unwiderlegbar vermutet.[65] Emotionale und schon bestehende familiäre Bindungen etwa zu den leiblichen Kindern kommt starkes Gewicht zu; ungewisse materielle Auswirkungen treten dann in den Hintergrund.[66] – Ist ein Eltern-Kind-Verhältnis noch nicht entstanden, muss ein **familienbezogenes Motiv**, etwa die Fortführung des Lebenswerkes oder die Betreuung und Unterstützung bei Krankheit oder im Alter, als **Hauptzweck** der Annahme einen sonstigen, zB wirtschaftlichen oder ausländerrechtlichen Nebenzweck (dazu auch Rn. 19) deutlich überwiegen.[67] Ein sittlich nicht gerechtfertigter Nebenzweck hindert deshalb nicht stets eine vom Hauptzweck abgedeckte Annahme.[68] – Vorgebeugt werden soll lediglich **Missbräuchen**.[69] Deshalb steht der sittlichen Rechtfertigung allein nicht entgegen, dass der Anzunehmende zu seinen leiblichen Eltern gute Beziehungen aufrecht erhält oder gar bei ihnen wohnen bleibt.[70]

---

[59] OLG Karlsruhe NJW-RR 1991, 713 = FamRZ 1991, 226.
[60] BayObLGZ 2002, 236 = FamRZ 2002, 1651.
[61] OLG Frankfurt/M. FamRZ 1980, 503. Nicht ausreichend ist daher der bloße Wunsch des Annehmenden, ein Familienband herzustellen, BayObLG DAVorm. 1980, 503, 505; FamRZ 1982, 644; aA *Knur* DNotZ 1962, 576 f.
[62] BayObLG FamRZ 2005, 546; OLG München NJW-RR 2010, 1232 = FamRZ 2010, 2087, 2088.
[63] Zum Ganzen etwa BayObLG NJW-RR 1995, 1287 = FamRZ 1996, 183, 184; s. auch LG Augsburg Beschl. v. 8. 12.2009 – 5 T 3729/09, juris [11].
[64] OLG Schleswig FGPrax 2009, 269, 270 = FamRZ 2010, 46 (LS.).
[65] OLG Schleswig FGPrax 2009, 269, 270 = FamRZ 2010, 46 (LS.); *Staudinger/Frank* Rn. 20, 24.
[66] LG Augsburg Beschl. v. 8. 12.2009 – 5 T 3729/09, juris [22].
[67] RGZ 147, 220, 226 f.; BGHZ 35, 75 = NJW 1961, 1461, 1462 f. = FamRZ 1961, 306 m. Anm. *Bosch*; BayObLG FamRZ 1982, 644, 645 f.; FamRZ 1983, 764 (LS.); NJW 1985, 2094 = FamRZ 1985, 1082 (LS.); NJW-RR 1993, 456 = FamRZ 1993, 236; NJWE-FER 1997, 283 = FamRZ 1997, 638, 639; FamRZ 2005, 546, 547; OLG Düsseldorf FamRZ 1981, 94 f.; OLG Zweibrücken FamRZ 1983, 533, 534; FGPrax 2006, 21 = FamRZ 2006, 572, 573; OLG Düsseldorf FamRZ 1985, 832; OLG Frankfurt/M. FamRZ 1997, 638; OLG Karlsruhe NJW-RR 2006, 364 f. = FamRZ 2006, 572 (LS.); *OLG Zweibrücken* FGPrax 2006, 21 = FamRZ 2006, 65 (LS.); OLG München FamRZ 2009, 72 = FamRZ 2009, 1335; FGPrax 2009, 168 = FamRZ 2009, 1336; OLG Schleswig FGPrax 2009, 269, 270 = FamRZ 2010, 46 (LS.); LG Landshut MittBayNot 1999, 483; LG Fulda FamRZ 2005, 1277; LG Saarbrücken Beschl. v. 26. 9. 2008 – 5 T 187/08, juris [40]; ebenso *Erman/Saar* Rn. 12; kritisch *Staudinger/Frank* Rn. 22.
[68] BayObLG FamRZ 2005, 546, 547; OLG München FGPrax 2009, 72 = FamRZ 2009, 1335 f.; aA wohl AG Kamen ZfJ 1996, 536 f.
[69] OLG Celle FamRZ 1996, 829, 830; OLG Zweibrücken NJWE-FER 1999, 295 f. = FamRZ 1999, 1690 (LS.); LG Augsburg MittBayNot 1995, 396 f.; LG Landshut MittBayNot 1999, 483; s. auch OLG Frankfurt/M. NJWE-FER 2000, 56; *Palandt/Diederichsen* Rn. 4.
[70] BayObLG NJWE-FER 1998, 29 f. = FamRZ 1998, 540 (LS.); LG Landshut MittBayNot 1999, 483.

§ 1767 17, 18   Abschnitt 2. Titel 7. Annahme als Kind

17   Die für die Entstehung einer Eltern-Kind-Beziehung sprechenden Umstände müssen die dagegen sprechenden deutlich überwiegen.[71] Begründete **Zweifel** gehen zu Lasten der Betroffenen (dazu auch Rn. 27).

18   **b) Einzelfälle.** Insbesondere folgende Umstände können die Annahme sittlich rechtfertigen:
- Verstärkte, über Dienstleistungen hinausgehende **persönliche Betreuung**.[72] Doch ist damit zurückhaltend umzugehen,[73] weil diese auch ohne besondere persönliche Bindungen erbracht werden kann und deshalb eine Annahme noch nicht sittlich zu rechtfertigen braucht.[74] Die Betroffenen dürfen aber nicht auf eine tatsächlich mögliche Fremdbetreuung verwiesen werden.[75]
- Gegenseitiger (dazu Rn. 7), erheblicher und auf Dauer angelegter **Beistand** bei oder nach außerordentlichen Belastungen, etwa bei dem Verlust oder schwerer Krankheit von Eltern[76] und Kindern[77] sowie bei äußerer Not.
- Fortsetzung des **Lebenswerks** des Annehmenden, insbesondere die Übernahme von Hof,[78] Betrieb,[79] Praxis, Kanzlei, oder sonstige Einordnung in eine bestehende Familientradition, die sich in bestimmter, nachprüfbarer Weise abgebildet hat, zB Wohnen auf dem Familienbesitz und seine Erhaltung.[80]
- Dass durch die Annahme ein **Name** fortgeführt[81] oder **Vermögen** unter Ersparung von Schenkungs- oder Erbschaftssteuer weitergeleitet wird, darf Neben-, nicht aber Hauptzweck sein (dazu Rn. 16).[82] Namensfortführung und **Steuerersparnis** sowie sonstige nicht familienbezogene, auch erbrechtliche[83] Motive, etwa die Verhinderung der **Ausweisung** eines ausländischen Anzunehmenden, bilden deshalb als solche keine sittliche Rechtfertigung der Annahme,[84] auch nicht bei der Annahme von **Verwandten** (dazu auch Rn. 8).
- Eine sittlich gerechtfertigte **Fürsorge**[85] (etwa für Geschäftsunfähige) führt nach dem die Adoption beherrschenden Eltern-Kind-Bild nur dann zur Annahme, wenn der Annehmende älter als der Angenommene ist.[86]
- Die **Verfestigung vermeidbarer Abhängigkeiten,** wie sie sich zB aus der Unterstützung eines Drogensüchtigen, Arbeitslosen[87] oder Willensschwachen ergeben, rechtfertigt keine Adoption.[88]
- **Zurückadoption** eines nach §§ 1763, 1764 aF adoptierten Kindes, zu dem die Verwandtschaftsbeziehungen nicht aufgehoben worden waren (vgl. auch Art. 12 § 1 Abs. 1 AdoptG), wenn die Führung des ursprünglichen Geburtsnamens einem emotionalen Bedürfnis entspricht.[89] Das Ver-

---

[71] *Staudinger/Frank* Rn. 19; anders OLG Frankfurt/M. OLGZ 1980, 104 = FamRZ 1980, 503.
[72] *Bosch* FamRZ 1964, 409.
[73] BGH NJW 1957, 673 = FamRZ 1957, 126, 128. Zu optimistisch OLG Zweibrücken FamRZ 1989, 537, 538; OLG Köln FamRZ 1990, 800 f., die die erfreulich restriktive Tatsacheninstanz mit frustrierenden Ermittlungspflichten belegen.
[74] OLG München FGPrax 2009, 168 = FamRZ 2009, 1336 f.: Das Motiv, einen bereits Pflegeleistungen erbringenden Volljährigen stärker an sich zu binden, reicht nicht aus.
[75] BVerfG NJW 1990, 895 = FamRZ 1990, 363, 364; NVwZ 1996, 1099 = FamRZ 1996, 154, 155.
[76] LG Düsseldorf FamRZ 1968, 537.
[77] *Staudinger/Engler* 10./11. Aufl. § 1745c Rn. 5.
[78] BayObLG FamRZ 2005, 131, 132.
[79] OLG Frankfurt/M. FamRZ 1961, 322 (insoweit für Eltern-Kind-Verhältnis); auch BayObLG NJW 1985, 2094 = FamRZ 1985, 1082 (LS.); OLG Düsseldorf FamRZ 1981, 94 f.; KG FamRZ 1982, 641; *Staudinger/Frank* Rn. 21; *Bosch* FamRZ 1964, 401 ff.; *Knur* DNotZ 1959, 293; für beide Fälle RA-BT BT-Drucks. III/2812 S. 6; Abg. *Schwarzhaupt* BT-Drucks. III/9460. Verneint von OLG Zweibrücken FamRZ 1983, 533, 535 für Flickschusterei im Nebenerwerb.
[80] Dazu *Steiner* ErbStB 2008, 83 ff.; *Wälzholz* NWB 2009, 1591 ff.
[81] BayObLG NJW-RR 1993, 456 = FamRZ 1993, 236.
[82] Dazu etwa OLG München FGPrax 2009, 72 = FamRZ 2009, 1335; NJW-RR 2009, 1661 = FamRZ 2010, 46, 47; LG Saarbrücken Beschl. v. 26. 9. 2008 - 5 T 187/08, juris [40].
[83] Dazu *Staudinger/Frank* Rn. 28-30 mwN; *Becker* ZEV 2009, 25 ff. — S. dazu BGH NJW 1970, 279 = FamRZ 1970, 79, 81 f.: Die Adoption ist ein Grund, von einem gemeinschaftlichen Testament oder Erbvertrag Abstand zu nehmen; BayObLG FamRZ 2005, 546, 547: Hofnachfolge; OLG Stuttgart FamRZ 1981, 818 f. m. Anm. *Bausch*: Eine entgegen § 1767 zustande gekommene Adoption macht den Angenommenen nicht zu einem Abkömmling iSe. letztwilligen Verfügung.
[84] RGZ 114, 338, 340 f.; BGHZ 35, 75 = NJW 1961, 1461, 1462 f. = FamRZ 1961, 306 m. Anm. *Bosch* (Steuer); BayObLG JFG 11, 60; KG JFG 16, 16; OLG Hamm StAZ 1958, 179 (Name).
[85] Dazu *Erman/Saar* Rn. 12; *Palandt/Diederichsen* § 1768 Rn. 2; *Soergel/Liermann* Rn. 11; *Gernhuber/Coester-Waltjen* § 69 Rn. 4-9.
[86] OLG Hamm FamRZ 1979, 1082; *Beitzke/Lüderitz* § 33 VII; s. auch AG Backnang FamRZ 2000, 770, 771; anders AG Bielefeld FamRZ 1982, 961.
[87] LG Mannheim Justiz 1977, 134.
[88] OLG Köln OLGZ 1982, 408 = FamRZ 1982, 844; im Ergebnis ebenso OLG Hamm FamRZ 1979, 1082.
[89] AG Starnberg FamRZ 1995, 827, 828 f. m. Anm. *Liermann* FamRZ 1995, 1229.

bot der Adoption eines **eigenen Kindes** (dazu Rn. 3, § 1741 Rn. 11-12) greift in diesem Fall nicht ein, um die Wiederherstellung umfassender verwandtschaftsrechtlicher Beziehungen zu ermöglichen.

Bsp.: Nicht ausreichend sind Jahrhunderte andauernde familiäre Verbindungen der Familien, ein „herzliches" Vertrauensverhältnis zwischen Annehmendem und Anzunehmendem trotz größerer räumlicher Trennung bei relativ kurzen persönlichen Kontakten, abgebrochene Beziehungen des Annehmenden zu seinen leiblichen Kindern und ungetrübte Beziehungen des Anzunehmenden zu seinen Verwandten.[90] – Besteht zwischen Anzunehmendem und Annehmendem eine dauernde seelisch-geistige Bindung, soll nach dem LG Krefeld (FamRZ 2005, 930 f.) der Annahme der sittlichen Rechtfertigung nicht entgegenstehen, dass der Anzunehmende der **Lebensgefährte** eines leiblichen Abkömmlings des Annehmenden ist und mit diesem ein Kind hat, wenn eine Heirat nicht beabsichtigt ist. Was sittlich gerechtfertigt ist, hat viel mit der Wirkung nach außen sowie damit zu tun, wie ein Verhalten von der Allgemeinheit empfunden wird; diese dürfte aber weniger auf die fehlende Blutsverwandtschaft als darauf abstellen, dass mit der Adoption der Angenommene als Abkömmling des Annehmenden gilt und deshalb Geschwister in einer eheähnlichen Lebensgemeinschaft leben.

5. Ausländer-Adoption. Um allein **aufenthaltsrechtliche** Zwecke und Motive auszuscheiden und den Missbrauch der Volljährigenadoption zur Umgehung ausländerrechtlicher Bestimmungen zu verhindern,[91, 92] ist bei der Beurteilung der sittlichen Rechtfertigung insbesondere auf die Bildung eines Eltern-Kind-Verhältnisses (dazu Rn. 5-13) Wert zu legen, Hierzu sind alle Gründe und Motive für die Adoptionsabsicht sorgfältig zu prüfen und zu ermitteln.[93] Insbesondere ist nach der inneren Verbundenheit der Beteiligten und ihrer ernsthaften Absicht zu gegenseitigem Beistand und Fürsorge (dazu Rn. 7, 15) sowie danach zu fragen, ob der Altersunterschied zwischen Annehmendem und Anzunehmendem ein Eltern-Kind-Verhältnis überhaupt zulässt und wie belastbar dieses ist.[94] Dabei ist zwar unerheblich, ob die von dem Anzunehmenden erbrachte Lebenshilfe auch von Dritten erbracht werden könnte,[95] doch muss sich die ernsthafte Absicht zu gegenseitigem Beistand und Fürsorge im Verhalten der Beteiligten bereits nachprüfbar verwirklicht haben oder aber die Erwartung, es werde sich eine Eltern-Kind-Verhältnis bilden, auf konkrete vergangene und gegenwärtige Umstände gestützt werden können (dazu auch Rn. 5, 6).[96] Aufenthaltsrechtliche Schutzwirkungen treten danach nicht ein, wenn lediglich eine Begegnungsgemeinschaft mit dem Annehmenden aufrechterhalten wird. Eine geschützte Beistandsgemeinschaft liegt dagegen vor, wenn ein Familienmitglied auf die Lebenshilfe eines anderen Familienmitglieds angewiesen ist, diese nur im Inland erbracht werden kann und von dem Adoptierten auch tatsächlich erbracht wird[97] oder die Adoption eine über mehrere Jahre gelebte Eltern-Kind-Beziehung (dazu Rn. 5-13) beschließt.[98]

Auch in diesem Zusammenhang kommt es auf eine **Gesamtwürdigung aller Umstände** nach Maßgabe der Verhältnismäßigkeit an.[99] So steht der Annahme einer Eltern-Kind-Beziehung idR

---

[90] LG Frankfurt/M. Beschl. v. 24. 3. 1992 - 2/9 T 926/91, juris (LS.).
[91] Für *Ausweisung*/Erlangung einer Aufenthaltsgenehmigung: BVerfGE 80, 81 = NJW 1989, 2195 = FamRZ 1989, 715, 717 f.; NJW 1990, 895 = FamRZ 1990, 363 f.; NVwZ 1996, 1099 = FamRZ 1996, 154, 155; BVerwGE 69, 359 = NJW 1984, 2780 – FamRZ 1984, 101; BayObLG DAVorm. 1980, 503, 505; FamRZ 1980, 1158, 1159; FRES 11, 266, 272; BayObLG FamRZ 1982, 644; NJW 1985, 2094 = FamRZ 1985, 1082 (LS.); NJW-RR 1995, 1287 = FamRZ 1996, 183, 184; FamRZ 2001, 118, 119; NJWE-FER 2001, 12 = FamRZ 2001, 119 (LS.) (Versagung der Adoption zweier 24 und 21 Jahre alter jugoslawischer Bauarbeiter, deren Asylantrag abgelehnt wurde, durch 44 Jahre alten Maurermeister); OLG Frankfurt/M. OLGZ 1980, 104, 106 = FamRZ 1980, 503; OLG Düsseldorf FamRZ 1981, 94 f.; FamRZ 1985, 832; KG FamRZ 1982, 641; OLG Zweibrücken FamRZ 1983, 533, 535; NJWE-FER 1999, 295 f. = FamRZ 1999, 1690 (LS.); OLG Karlsruhe NJW-RR 1991, 713 = FamRZ 1991, 226; OVG Lüneburg InfAuslR 1986, 38; LG Hanau DAVorm. 1976, 526, 528; Bosch FamRZ 1984, 839; *Palandt/Diederichsen* Rn. 2; *Soergel/Liermann* Rn. 9.
[92] Demselben Zweck dient das *Gesetz zur Ergänzung des Rechts zur Anfechtung der Vaterschaft* v. 13. 3. 2008 (BGBl. I S. 313); dazu BT-Drucks. 16/3291.
[93] BayObLG FGPrax 2000, 25, 26 = FamRZ 2001, 119 (LS.); OLG Zweibrücken FamRZ 1989, 537, 538; NJWE-FER 1999, 295 f. = FamRZ 1999, 1690 (LS.).
[94] Zum Ganzen BayObLG , 26 = FamRZ 2001, 119 (LS.); OLG Stuttgart BWNotZ 1985, 87 f.; LG Ellwangen BWNotZ 1985, 87 f.; s. dazu auch OLG Hamm FamRZ 2003, 1867 ff. m. Anm. *Henrich*; LG Bonn FamRZ 2001, 120 m. Anm. *Henrich*.
[95] BVerfG NJW 1990, 985 = FamRZ 1990, 363, 364.
[96] OLG Zweibrücken NJWE-FER 1999, 295 f. = FamRZ 1999, 1690 (LS.); dazu auch OLG Brandenburg Beschl. v. 1. 10. 2007 - 11 Wx 45/07, juris [11-13].
[97] Zum Ganzen BVerfG FamRZ 1984, 554; BVerfG 80, 81 = NJW 1989, 2195 = FamRZ 1989, 715, 718; NJW 1990, 895 = FamRZ 1990, 363, 364; NVwZ 1996, 1099 = FamRZ 1996, 154, 155.
[98] VG Bremen Urt. v. 28. 2. 2000 - 4 K 121/99, juris [35 ff.]; dazu auch LG Augsburg Beschl. v. 8. 12. 2009 - 5 T 3729/09, juris [13] (familiäres Verhältnis entstanden).
[99] BVerwG InfAuslR 1993, 262; auch BayObLG NJWE-FER 1997, 283 = FamRZ 1997, 638, 639, das jedoch zu Unrecht die Erwartung eines Eltern-Kind-Verhältnisses verneint, obwohl zwischen Annehmendem

entgegen, wenn sich die Beteiligten kaum **verständigen** können,[100] ganz verschiedenen **Kulturkreisen** angehören (auch Rn. 13),[101] der Anzunehmende bereits rechtskräftig als Asylbewerber abgelehnt wurde oder im Asylverfahren gefälschte Dokumente vorgelegt hat.[102] Eine Annahme rechtfertigen insbesondere **nicht**
- die Verhinderung der **Ausweisung** eines ausländischen Anzunehmenden,[103] auch nicht bei Bestehen freundschaftlicher Beziehungen,[104]
- die Absicht, dem Anzunehmenden das **Heimatrecht** zu verschaffen,[105]
- die Erwartung der **Versorgung** durch den Anzunehmenden,[106] da diese auch anderweitig sichergestellt werden kann,
- allein **wirtschaftliche** Interessen.[107]

21   **6. Einwilligungen.** In die Annahme von Volljährigen einzuwilligen braucht lediglich der Ehegatte/Lebenspartner (Abs. 2 S. 3) des Annehmenden und des Anzunehmenden (§ 1749, § 9 Abs. 6 S. 1, 2 LPartG, dazu auch § 1749 Rn. 2-8). Der **Anzunehmende** wirkt bei der Annahme durch seinen Antrag mit (§ 1768). Seine leiblichen **Eltern** sind grundsätzlich nicht (mehr) einwilligungsbefugt und nur noch beteiligt, soweit sie Vormund oder gesetzliche Vertreter eines ausländischen, über 18 Jahre alten, aber noch nicht volljährigen Kindes sind (dazu Rn. 3, § 1741 Rn. 9, § 1768 Abs. 1 S. 2, Abs. 2; vgl. ferner Art. 23 EGBGB); ein über die Volljährigkeit hinauswirkendes Mitspracherecht der Eltern, die zudem in ihren Rechten grundsätzlich nicht betroffen werden (s. § 1770 Rn. 2), in persönlichen Angelegenheiten kennt die Rechtsordnung nicht mehr.[108] Zur Beteiligung von **Kindern** s. § 1769 Rn. 10-11.

22   **7. Zweitadoption.** Für Volljährige ist nach der Erweiterung der Ausschlussverweisung in § 1768 Abs. 1 S. 2 um § 1742 durch das AdoptRÄndG (dazu Vor § 1741 Rn. 14) eine Zweitadoption zu Lebzeiten des Annehmenden auch ohne Aufhebung der Erstadoption möglich (dazu § 1768 Rn. 6).

IV. Anwendbare Vorschriften

23   Der allgemeinen Verweisung auf die **sinngemäße Anwendung** der Vorschriften über die Minderjährigenannahme (Abs. 2 S. 1) geht die Regelung in § 1768 Abs. 1 S. 2 vor (dazu dort Rn. 5-7) vor. Zwar wird grundsätzlich auch auf die Regelungen zu den **Wirkungen** der Annahme verwiesen, doch schränkt **§ 1770 Abs. 1 S. 1** die Anwendbarkeit von § 1754 ein und schließt §§ 1755, 1756 aus (dazu § 1768 Rn. 7, § 1770 Rn. 2-5). – Allgemein zur Anwendbarkeit der **Aufhebungsvorschriften** s. § 1771 Rn. 4-5.

24   Uneingeschränkt anwendbar sind[109]
- § 1741 (Zulässigkeit der Annahme), ausgenommen Abs. 1 S. 2 (dazu Rn. 4).

---

und Angenommenem eine häusliche Gemeinschaft besteht und jedenfalls der Annehmende auf den Beistand des Anzunehmenden im Alter vertraut, wenn bereits wenige Wochen nach einer Zufallsbekanntschaft Adoptionsantrag gestellt wird, weil sich die Beteiligten nicht genügend Zeit zur Prüfung genommen hätten; denn maßgebend ist der Zeitpunkt der abschließenden Entscheidung durch die letzte Tatsacheninstanz, zu dem die Beziehung der Beteiligten bereits ca. 1 Jahr bestanden hat, im Zeitpunkt der Entscheidung durch das Rechtsbeschwerdegericht bereits über 1½ Jahre; die Entscheidung des BayObLG aaO fordert ein erneutes Adoptionsverfahren geradezu heraus – wenn der Anzunehmende dann nicht bereits abgeschoben ist.

[100] OLG Zweibrücken FamRZ 1983, 533, 535; OLG Karlsruhe NJW-RR 1991, 713 = FamRZ 1991, 226.
[101] BayObLG BayVBl. 1987, 604; OLG Frankfurt/M. OLGZ 1980, 104, 106 = FamRZ 1980, 503; KG FamRZ 1982, 641; OLG Zweibrücken FamRZ 1983, 533, 535; OLG Düsseldorf StAZ 1985, 163, 164.
[102] BayObLG FGPrax 2000, 25, 26 = FamRZ 2001, 119 (LS.).
[103] RGZ 114, 338, 340 f.; BGHZ 35, 75 = NJW 1961, 1461, 1462 f. = FamRZ 1961, 306 m. Anm. *Bosch* (Steuer); BayObLG JFG 11, 60; NJW-RR 1995, 1287 = FamRZ 1996, 183, 184; KG JFG 16, 16; OLG Hamm StAZ 1958, 179 (Name).
[104] BayObLG FamRZ 1996, 435 (LS.) = StAZ 1996, 171.
[105] OLG Celle FamRZ 1995, 829, 830.
[106] OLG Frankfurt/M. FamRZ 1997, 638.
[107] OLG Celle FamRZ 1995, 829, 830; vom LG Flensburg Beschl. v. 8. 1. 2004 - 5 T 206/03, juris [14, 15] verneint, wenn es dem Angenommenen auch um Arbeit in Deutschland, den Bezug von Sozialleistungen und die Erziehung ihres Kindes geht, weil von einer inneren Verbundenheit und der Bereitschaft zu gegenseitigem Beistand auszugehen war.
[108] BayObLG FGPrax 2000, 204 = FamRZ 2001, 122, 123; OLG Zweibrücken FamRZ 1984, 204, 205 (verfassungsrechtlich unbedenklich); *Staudinger/Frank* § 1751 Rn. 39; s. auch BT-Drucks. 7/3061 S. 54 Nr. 2 (zu § 1769); kritisch *Erman/Saar* Rn. 14 (zur sittlichen Rechtfertigung).
[109] Dazu auch *Staudinger/Frank* Rn. 31.

- **§ 1743** (Mindestalter). Doch werden bei einer Volljährigenadoption die Annehmenden die Altersvoraussetzungen in aller Regel erfüllen. Sind sie jünger als der volljährige Anzunehmende oder ist der Altersabstand zu gering, wird es an der Erwartung der Entwicklung eines Eltern-Kind-Verhältnisses (dazu auch Rn. 10, 12) oder an der sittlichen Rechtfertigung für die Annahme fehlen.
- **§ 1746 Abs. 3** (Ersetzung des Antrags oder der Zustimmung des Vormunds eines nicht voll geschäftsfähigen Anzunehmenden).[110]
- **§ 1749** (Einwilligung des Ehegatten).
- **§ 1750** (Einwilligungserklärung) in Bezug auf die Einwilligung eines Ehegatten.
- **§ 1752** (Beschluss des FamG, Antrag), insbesondere Abs. 2 (dazu auch dort Rn. 2).
- **§ 1753** (Annahme nach dem Tode): Die Annahme kann nicht mehr nach dem **Tod** des Anzunehmenden, wohl aber dem des Annehmenden unter den Voraussetzungen des § 1753 Abs. 2 ausgesprochen werden.[111]
- **§ 1757**[112] (Name des Kindes; zur Änderung des Vornamens s. § 1770 Rn. 6).
- **§ 1758** (dazu dort Rn. 3).
- **§ 1760** (dazu § 1771 Rn. 12).[113]
- **§§ 1764-1766** (Wirkung der Aufhebung; dazu auch § 1771 Rn. 5, 14-15).

§§ 1751, 1761 Abs. 2, 1763 sind ganz auf einen minderjährigen Angenommenen bezogen und werden daher von der allgemeinen Verweisung in Abs. 2 nicht erfasst.[114] **Unanwendbar** (dazu näher § 1768 Rn. 5-7) sind u.a.
- **§ 1747** (Einwilligung der Eltern des Kindes),
- **§ 1748** Ersetzung der Einwilligung eines Elternteils,
- **§ 1761 Abs. 1** (dazu § 1771 Rn. 4) und
- **§ 1742**, sodass Mehrfachadoptionen zulässig sind (dazu § 1768 Rn. 6).

V. Lebenspartnerschaft

Dass ein minderjähriges Kind zwar verheiratet, nicht jedoch Partner einer Lebenspartnerschaft sein kann (§ 1 Abs. 4 Nr. 1 LPartG), führt zu folgenden Anpassungen:
- Abs. 2 S. 2[115] stellt Lebenspartner (§ 1 Abs. 1 S. 1 LPartG) namensrechtlich mit Ehegatten gleich; ohne diese Verweisung wäre § 1757 Abs. 3 – Änderung des Geburtsnamens des Angenommenen – auf eine Lebenspartnerschaft nicht anwendbar.[116]
- Abs. 2 S. 3 stellt die Lebenspartner auch im Hinblick auf die Einwilligung zu einer Adoption Ehegatten (§ 1749 Abs. 2) gleich.

VI. Verfahren[117]

Da mit der Regelung in Abs. 1 Missbräuchen vorgebeugt werden soll, erstreckt sich die Amtsermittlungspflicht des FamG (§ 26 FamFG) auf eine **Missbrauchskontrolle**.[118] Missbrauch braucht nicht definitiv ausgeschlossen zu werden, da das Vorliegen der Annahmevoraussetzungen positiv feststehen muss; ausreichend sind **Zweifel** an der sittlichen Rechtfertigung (dazu auch Rn. 17). Sie gehen zu Lasten der Antragsteller und führen zur Abweisung des Adoptionsantrags.[119] – Lebt ein

---

[110] BT-Drucks. 7/3061 S. 53 Nr. 5 (zu § 1768]; *Erman/Saar* Rn. 3; *Staudinger/Frank* Rn. 4; *Palandt/Diederichsen* Rn. 1. Doch wird dies nur selten in Betracht kommen (vgl. auch BT-Drucks. 7/3061 S. 53; BT-Drucks. 7/5087 S. 21).
[111] OLG München ZEV 2010, 363 (LS.) = MDR 2010, 447 f.
[112] BayObLGZ 1985, 264 = NJW-RR 1986, 498 = FamRZ 1985, 1182, 1183; OLG Celle FamRZ 1997, 115; OLG Düsseldorf Beschl. v. 11. 10. 2010 – 3 Wx 203/10, juris [20-21, 30]; AG Solingen FamRZ 1988, 105 f. m. Anm. *van Els*.
[113] AA etwa *Bischof* JurBüro 1976, 1569, 1588 f.
[114] *Bischof* JurBüro 1976, 1569, 1589.
[115] Eingefügt durch Art. 2 Nr. 13 des *Gesetzes zur Beendigung der Diskriminierung gleichgeschlechtlicher Gemeinschaften: Lebenspartnerschaften* v. 16. 2. 2001 (BGBl. I S. 266).
[116] So die Begründung des Gesetzgebers BT-Drucks. 14/3751 S. 45.
[117] Dazu allgemein zunächst § 1752 Rn. 6-40; zum Übergang von einer Minderjährigen- zu einer Volljährigenadoption im Rechtsbeschwerdeverfahren s. § 1752 Rn. 42.
[118] OLG Zweibrücken NJWE-FER 1999, 295 f. = FamRZ 1999, 1690 (LS.); LG Augsburg MittBayNot 1995, 396 f.; s. auch OLG Frankfurt/M. NJWE-FER 2000, 56.
[119] BGH NJW 1957, 673 = FamRZ 1957, 126 f.; BayObLG DAVorm. 1980, 503, 505; FamRZ 1980, 1158, 1159; FamRZ 1982, 644, 645; NJW 1985, 2094 = FamRZ 1985, 1082 (LS.); NJW-RR 1995, 1287 = FamRZ 1996, 183, 184; NJWE-FER 1997, 283 = FamRZ 1997, 638, 639; OLG Frankfurt/M. OLGZ 1980, 104, 106 = FamRZ 1980, 503; FamRZ 1997, 638; NJWE-FER 2000, 29; OLG Düsseldorf FamRZ 1981, 94 f.; FamRZ

§ 1768 1, 2   Abschnitt 2. Titel 7. Annahme als Kind

leiblicher Elternteil mit dem Volljährigen und den Annehmenden im gleichen Haushalt, ist auch er wegen der Wahrscheinlichkeit von Loyalitätskonflikten anzuhören.[120] – Alle für die Beurteilung der „sittlichen Rechtfertigung" erheblichen Umstände sind in den Tatsacheninstanzen festzustellen. An die verfahrensfehlerfrei festgestellten Umstände ist das Gericht der **Rechtsbeschwerde** gebunden, deren Bewertung obliegt jedoch seiner vollen Nachprüfung.[121]

§ 1768 Antrag

(1) [1] Die Annahme eines Volljährigen wird auf Antrag des Annehmenden und des Anzunehmenden vom Familiengericht ausgesprochen. [2] §§ 1742, 1744, 1745, 1746 Abs. 1, 2, § 1747 sind nicht anzuwenden.

(2) Für einen Anzunehmenden, der geschäftsunfähig ist, kann der Antrag nur von seinem gesetzlichen Vertreter gestellt werden.

Schrifttum: *Niemeyer*, Verfassungsrechtliche Beurteilung des gesetzlichen Verbots der Zweitadoption Volljähriger, FuR 1991, 79.

Übersicht

	Rn.		Rn.
I. Normzweck	1	III. Annahmeverfahren	9–17
II. Antrag	2–8	1. Zuständigkeit	9
1. Grundsätze	2	2. Verfahrensgegenstand	10
2. Form. Inhalt	3, 4	3. Prüfungsumfang	11, 12
3. Anwendbare Vorschriften	5–7	4. Anhörungen	13
a) Antrag	5	5. Beschluss. Beschwerde	14–16
b) Weitere Vorschriften	6, 7	6. Verfahrenswert. Gebühren	17
4. Belehrungspflichten	8		

I. Normzweck

1   Auch für die Volljährigenadoption gilt das **Dekretsystem**. Dies ist nicht zwingend geboten,[1] dient jedoch der Vereinfachung: Um die Bestandskraft zu erhöhen, hätte die dem Vertragsschluss folgende Bestätigung mit gleichen Wirkungen wie der Annahmebeschluss ausgestaltet werden müssen.[2] Durch das Erfordernis eines **beiderseitigen Antrags** nähert sich das gegenwärtige Recht weitgehend dem Vertragssystem des früheren Rechts an (zu weiteren Ähnlichkeiten s. § 1750 Rn. 1, 4).[3]

II. Antrag

2   **1. Grundsätze.** Erforderlich ist ein Antrag sowohl des Annehmenden (so allgemein: § 1752; zur gemeinschaftlichen Adoption von Ehegatten s. § 1767 Rn. 3) als auch des Anzunehmenden (Abs. 1 S. 1; **Antragskumulierung**).[4] Dies entspricht der partnerschaftlichen Struktur der Volljährigenadoption und hat Auswirkungen insbesondere auf das Beschwerderecht (dazu Rn. 14–16). –

1985, 832; KG FamRZ 1982, 641, 642; OLG Köln FamRZ 1982, 642, 644; OLG Zweibrücken FamRZ 1983, 533, 534; OLG Karlsruhe NJW-RR 1991, 713 = FamRZ 1991, 226; OLG Celle FamRZ 1995, 829, 830; OLG Köln FGPrax 2007, 121, 122 = FamRZ 2007, 1576 (LS.); NJW-RR 2004, 155 = FamRZ 2003, 1870; OLG München FGPrax 2009, 72 = FamRZ 2009, 1335 f.; FGPrax 2009, 168 = FamRZ 2009, 1336; NJW-RR 2009, 1661 = FamRZ 2010, 46, 47; NJW-RR 2010, 2087 = FamRZ 2010, 2087, 2088; OLG Schleswig FGPrax 2009, 269, 270 = FamRZ 2010, 46 (LS.); LG Augsburg MittBayNot 1995, 396 f.
[120] OLG Zweibrücken NJWE-FER 1999, 295 f. = FamRZ 1999, 1690 (LS.).
[121] BayObLGZ 2002, 236 = FamRZ 2002, 1651; OLG Schleswig FGPrax 2009, 269, 270 = FamRZ 2010, 46 (LS.).
[1] *Engler* S. 107 (unter Hinweis auf italienisches Recht).
[2] BT-Drucks. 7/3061 S. 53 Nr. 1 [zu § 1768].
[3] Zur Entstehungsgeschichte s. auch *Staudinger/Frank* Rn. 1.
[4] Sie gilt auch dann, wenn eine Vertragsadoption aufgehoben werden soll, BayObLG ZfJ 1981, 537, 539 = FamRZ 1982, 198 (LS.); BayObLGZ 1983, 318, 321.

Antrag 3–6 § 1768

Zur **Rechtsnatur** der Anträge s. § 1752 Rn. 3, zur Annahme mit den **Wirkungen der Minderjährigenannahme** s. § 1772 Rn. 15).

2. Form. Inhalt. Für die Anträge gilt § 1752 Abs. 2 (§ 1767 Abs. 2).[5] Sie können **einzeln** oder **gemeinsam**, aber nur **höchstpersönlich** gestellt werden, sodass Stellvertretung ausscheidet. Sie sind bedingungsfeindlich und formbedürftig (dazu § 1752 Rn. 5). 3

Der Annehmende muss unbeschränkt **geschäftsfähig** sein (dazu auch § 1741 Rn. 5, 6, § 1752 Rn. 5).[6] Da dies nicht auch für den Anzunehmenden gilt, handelt für ihn sein gesetzlicher Vertreter, wenn der Anzunehmende geschäftsunfähig ist (Abs. 2; notwendige Ausnahme von der Höchstpersönlichkeit).[7] Die Störungen der Geistestätigkeit führen entweder dazu, dass der Erklärende nach § 104 Nr. 2 geschäftsunfähig ist, sodass ihm ein Vormund zu bestellen ist (dazu auch § 1752 Rn. 5), oder dass er lediglich der Betreuung bedarf (§ 1896), die jedoch, ist kein Einwilligungsvorbehalt (§ 1903) angeordnet, die Handlungsfähigkeit des Anzunehmenden nicht einschränkt. Ist der Annehmende selbst der Vormund, ist dem Anzunehmenden ein Ergänzungspfleger zu bestellen (§§ 1759 Abs. 2, 181).[8] – Verweigert der gesetzliche Vertreter die Antragstellung ohne triftigen Grund, kann sie nach § 1746 Abs. 3 Halbs. 1 **ersetzt** werden (zu dessen Anwendbarkeit s. § 1767 Rn. 24).[9] 4

3. Anwendbare Vorschriften. a) Antrag. Die leiblichen Eltern sind – verfassungsrechtlich nicht bedenklich[10] – nicht **einwilligungsbefugt** (Abs. 1 S. 2 schließt **§ 1747** ausdrücklich aus; dazu auch Rn. 6 § 1767 Rn. 25).[11] Damit gibt es auch keine Ersetzung, weshalb Abs. 1 S. 2 folgerichtig nicht auch **§ 1748** ausdrücklich ausschließt (dazu Rn. 7). – Jeder Antrag kann bis zum Wirksamwerden des Annahmeausspruchs formlos **zurückgenommen** werden (dazu § 1752 Rn. 3).[12] Die Zurücknahme führt zur Erledigung des Annahmeverfahrens, einen gegen die Annahme abweisenden Beschluss gerichtete Beschwerde wird unzulässig.[13] Das Recht zur Zurücknahme ist wie das Antragsrecht **höchstpersönlich** und deshalb nicht vererblich.[14] – Zur **sinngemäßen Anwendung** der Vorschriften über die Annahme Minderjähriger s. § 1767 Abs. 2 S. 1 (dazu dort Rn. 23–25). 5

b) Weitere Vorschriften. Abs. 1 S. 2 ordnet ausdrücklich an, dass **nicht anzuwenden** ist 6
– **§ 1742** (Annahme nur als gemeinschaftliches Kind), sodass insbesondere **Mehrfachadoptionen**, sind sie sittlich gerechtfertigt (§ 1767 Abs. 1 Halbs. 1), möglich sind (dazu auch § 1742 Rn. 2, § 1772 Rn. 6),[15]
– **§ 1744** (Adoptionspflege); ihr kommt für die Volljährigenadoption keine Bedeutung zu, weil es nicht um die Integration des Anzunehmenden in die Familie des Annehmenden geht;
– **§ 1745** (Verbot der Annahme); an seine Stelle tritt § 1769, der die Anforderungen an eine Versagung der Annahme auf das tatsächlich festgestellte Überwiegen der Interessen der Kinder des Annehmenden oder des Anzunehmenden reduziert und die bloße Befürchtung der Gefährdung ihrer Interessen nicht ausreichen lässt;
– **§ 1746 Abs. 1, 2** (Einwilligung des Kindes), weil der Anzunehmende im Gegensatz zur Minderjährigenadoption selbst Antragsteller ist (Abs. 1 S. 1);
– **§ 1747** (Einwilligung der Eltern des Kindes), weil die elterliche Sorge der leiblichen Eltern kraft der Volljährigkeit des Anzunehmenden nicht (mehr) besteht und ihm volle Autonomie auch bei der Regelung seiner kindschaftsrechtlichen Angelegenheit zukommt.[16]

---

[5] BT-Drucks. 7/3061 S. 53 Nr. 3 [zu § 1768]; BayObLGZ 1984, 230 = FamRZ 1985, 201, 203; *Erman/Saar* Rn. 3; *Staudinger/Frank* Rn. 3.
[6] OLG München NJW-RR 2010, 1232 = FamRZ 2010, 2087, 2088.
[7] § 1768 Abs. 2 S. 2 – grundsätzlich ebenso § 1746 Abs. 1 S. 3, anders § 1750 Abs. 3 – sah bis 31. 12. 1991 vor, dass der gesetzliche Vertreter der Erklärung des beschränkt Geschäftsfähigen zustimmen muss; mit dem BtG (dazu Vor § 1741 Rn. 13) ist die Entmündigung jedoch entfallen.
[8] OLG Hamm FamRZ 1979, 1082, 1084; s. auch AG Bielefeld FamRZ 1982, 961.
[9] *Staudinger/Frank* Rn. 4.
[10] OLG Zweibrücken FamRZ 1984, 204, 205.
[11] BayObLG FGPrax 2000, 204 = FamRZ 2001, 122, 123.
[12] BayObLG ZBlJugR 1981, 537, 539 = FamRZ 1982, 198 (LS.) = IPRax 1981, 220 (LS.) m. Anm. *Jayme*; BayObLGZ 1982, 318, 321.
[13] BayObLGZ 1982, 318, 321.
[14] BayObLGZ 1995, 245 = NJW-RR 1996, 1092 = FamRZ 1995, 1604, 1606; zum Ganzen auch *Staudinger/Frank* Rn. 5.
[15] BT-Drucks. 12/2506 S. 9 [Zu Nummer 2 (§ 1768 Abs. 2 S. 2 BGB)]; dazu auch *Staudinger/Frank* Rn. 14; *Erman/Saar* Rn. 4; *Soergel/Liermann* § 1742 Rn. 11, § 1768 Rn. 8.
[16] Zur Kritik s. *Staudinger/Frank* Rn. 14. Zur Verfassungsgemäßheit der Regelung s. OLG Zweibrücken FamRZ 1984, 204, 205.

§ 1768 7–11

7 Nicht ausdrücklich angeordnet, aber **gleichfalls unanwendbar,** weil sie keinen Raum für eine sinngemäße Anwendung (§ 1767 Abs. 2 S. 1, dazu dort Rn. 23) bieten, sind
- § 1743 (Mindestalter),[17]
- § 1748 (Ersetzung der Einwilligung eines Elternteils), weil nicht ersetzt werden kann, was nicht erforderlich ist,
- § 1750 (Einwilligungserklärung), weil solche – ausgenommen der eines Ehegatten (§ 1749) – nicht erforderlich sind,
- § 1751 (Wirkung der elterlichen Einwilligung. Verpflichtung zum Unterhalt), der ganz auf die Minderjährigenannahme zugeschnitten ist, und zwar auch nicht im Fall einer Annahme mit den Wirkungen einer Minderjährigenannahme (§ 1772 Abs. 1),
- §§ 1754-1756 (Wirkung der Annahme. Erlöschen und Bestehenbleiben von Verwandtschaftsverhältnissen), die durch § 1770 ersetzt werden (zur Volljährigenadoption mit den Wirkungen der Minderjährigenannahme s. aber § 1772 Abs. 1 S. 1),
- § 1758 (Offenbarungs- und Ausforschungsverbot), weil ein entsprechendes Geheimhaltungsbedürfnis nicht besteht (s. auch § 1770 Abs. 1 S. 1 zum Bestehenbleiben der verwandtschaftlichen Beziehungen zu den leiblichen Eltern),[18]
- §§ 1759-1763 (Aufhebung des Annahmeverhältnisses), weil insoweit § 1771 die speziellere Vorschrift ist, allerdings die sinngemäße Anwendung von § 1760 anordnet (S. 2).

8 **4. Belehrungspflichten.** Die Annahme eines Volljährigen, der leibliche Verwandte hat, birgt Risiken im Unterhalts- und Erbrecht (dazu § 1770 Rn. 7-11), über die nicht frei verfügt werden kann (dazu § 1770 Rn. 6); über sie ist bei der Beurkundung zu belehren (§ 17 BeurkG). – Die Annehmenden sind auch über die unterschiedlichen Wirkungen einer Adoption als Volljähriger und der Anordnung einer „Volladoption" (§ 1772) zu belehren.[19]

III. Annahmeverfahren

9 **1. Zuständigkeit.** Das Annahmeverfahren richtet sich grundsätzlich nach den gleichen Vorschriften wie die Annahme von Minderjährigen (dazu § 1752 Rn. 6-40). **Örtlich** zuständig ist das FamG vornehmlich am gewöhnlichen Aufenthaltsort des Annehmenden (§ 187 Abs. 1 FamFG, zu den Hilfszuständigkeiten s. § 1752 Rn. 8-10), **funktionell** zuständig der Richter (§§ 3 Nr. 2 lit. a, 14 Abs. 1 Nr. 15 RPflG). Jugendamt und Adoptionsvermittlungsstelle wirken nicht mit.

10 **2. Verfahrensgegenstand.** Es liegt in der in der Dispositionsbefugnis der Annehmenden und des Anzunehmenden, den Annahmeantrag übereinstimmend (Abs. 1 S. 1, § 1772 Abs. 1 S. 1) auf eine Adoption mit den schwachen Wirkungen (§ 1770) oder mit den starken Wirkungen einer Volladoption (§ 1772) zu richten. Die schwache Adoption ist gegenüber der starken Adoption kein Minus, sondern ein Aliud. Allerdings können die Antragsteller die Volladoption mit einem Hauptantrag und die Adoption mit den schwachen Wirkungen mit einem Hilfsantrag verfolgen (zum Ganzen § 1772 Rn. 16). – Zur **Anfechtbarkeit** s. Rn. 14-15. – Wird das anzunehmende Kind **während** des Annahmeverfahrens volljährig, ändert sich der Verfahrensgegenstand. Den Annehmenden und dem Kind ist jedoch Gelegenheit zur **Antragsänderung** durch Einreichung eines neuen, notariell beurkundeten Antrags zu geben.[20]

11 **3. Prüfungsumfang.** Das FamG prüft die Voraussetzungen der Annahme **von Amts wegen:**
- Formgerechter **Antrag** und erforderliche **Einwilligungen** oder ihre Ersetzung (§ 1749, dazu dort Rn. 2-6).
- Die Erwartung, dass sich ein **Eltern-Kind-Verhältnis** bildet (dazu § 1767 Rn. 5-13).
- **Sittliche Rechtfertigung** (dazu § 1767 Rn. 14-18).
- Beim nicht voll geschäftsfähigen Anzunehmenden: Die Förderung seines **Wohls** (dazu § 1767 Rn. 4).
- Die Wahrung der **Interessen sonstiger Kinder** des Annehmenden oder von Kindern des Anzunehmenden (§ 1769, der an die Stelle von § 1745 tritt).

---

[17] AA *Staudinger/Frank* § 1767 Rn. 12, 31, die aber einräumen, dass die Alterserfordernisse bei der Erwachsenenadoption „naturgemäß praktisch leerlaufen".
[18] Im Ergebnis ebenso *Staudinger/Frank* § 1767 Rn. 31.
[19] OLG Koblenz OLGR 2002, 139 (dort auch zur Notarhaftung).
[20] OLG Karlsruhe NJWE-FER 2000, 52 = FamRZ 2000, 768; KG FGPrax 2004, 113 = FamRZ 2004, 1315, 1316; LG Düsseldorf FamRZ 2010, 1261, 1262; AG Mainz FamRZ 2001, 1641; *Staudinger/Frank* Rn. 5; *Liermann* FamRZ 1997, 112, 113; von OLG Hamm FGPrax 2001, 20 = FamRZ 2001, 859 f. wurde die Zulässigkeit einer Antragsänderung im Beschwerdeverfahren ausdrücklich offengelassen.

– Das Verbot der **Mehrfachadoption** (§ 1742)[21] gilt nach der Rechtsänderung durch das AdoptRÄndG[22] unabhängig davon nicht (dazu § 1767 Rn. 25), ob es sich bei der Vor-Adoption um eine Minderjährigen- oder Volljährigenadoption gehandelt hat.[23] Praktisch bedeutsam ist die Adoption eines von einem Elternteil in einer aufgelösten Ehe adoptierten Kindes durch dessen neuen Ehegatten oder die Zurückadoption eines Kindes durch seine leiblichen Eltern.[24] Zur Bestimmung der Geltung der Wirkungen einer Volladoption s. § 1772 Rn. 2-8.
– Wegen des Ausschlusses der entsprechenden Anwendung von § 1744 in Abs. 1 S. 2 ist der tatsächliche **Aufenthalt** des Anzunehmenden in der Familie des Angenommenen ein Indiz für ein Eltern-Kind-Verhältnis und für die sittliche Rechtfertigung der Annahme (dazu § 1767 Rn. 7, 13), nicht aber Voraussetzung für die Annahme.

Auf Antrag hat das FamG auch zu prüfen, ob die Voraussetzungen des § 1772 für eine **Volladoption** vorliegen. Werden die besonderen Voraussetzungen des § 1772 verneint, kann ohne einen ausdrücklich hierauf gerichteten Antrag eine **schwache** Adoption nicht ausgesprochen werden.[25]

4. Anhörungen. Anzuhören sind
– zur Prognose einer Eltern-Kind-Beziehung (dazu Rn. 11), zum Kindeswohl und zur Feststellung der sittlichen Rechtfertigung (dazu § 1767 Rn. 14, 18) idR die **Antragsteller** persönlich (§ 192 Abs. 1 FamFG),[26] auch wenn hinreichend rechtliches Gehör eingeräumt war.[27] Doch kann von der Anhörung abgesehen werden, wenn die Anträge ohnehin bereits aus Rechtsgründen unbegründet sind.
– nicht notwendig persönlich die **Kinder** des Annehmenden und des Anzunehmenden (§ 193 S. 1 FamFG; dazu § 1769 Rn. 10-11).
– **Volladoption:** Hierzu sind die **leiblichen Eltern** zu hören (§ 192 Abs. 2 FamFG, Art. 103 Abs. 1 GG), weil sie, da die Verwandtschaftsbeziehung zerschnitten wird (dazu § 1772 Rn. 6-7), materiell Beteiligte sind (dazu § 1752 Rn. 15; zur Verletzung des Anspruchs auf **rechtliches Gehör** s. Rn. 16).[28]

5. Beschluss. Beschwerde. Durch Beschluss wird die Annahme ausgesprochen oder die Anträge zurückgewiesen (§ 38 FamFG). – Auch der Beschluss über die Annahme eines Volljährigen muss – wegen § 1772 – die **gesetzlichen Grundlagen** der Annahme angeben (dazu § 1752 Rn. 30). Er ist **unanfechtbar,** seine nachträgliche **Änderung** ist – von der Berichtigung offenbarer Versehen (§ 42 FamFG) abgesehen – unzulässig (§ 1752 Rn. 34); dies gilt auch für eine Erweiterung der Wirkungen nach § 1772. Zu **Verstößen** s. § 1757 Rn. 12, § 1772 Rn. 9. – Gegen die **Zurückweisung** eines Annahmeantrags ist die Beschwerde nach §§ 58 ff. FamFG statthaft. Beschwerdeberechtigt ist jeder Antragsteller (§ 59 Abs. 2 FamFG).[29]

Haben der Annehmende und der Anzunehmende ihren Antrag auf eine **Volladoption** nach (§ 1772) und hilfsweise auf eine **schwache Adoption** (§ 1770) gerichtet (dazu Rn. 10), und weist das FamG den Hauptantrag ab, entspricht aber dem Hilfsantrag, ist der Annahmebeschluss insoweit unanfechtbar (§ 197 Abs. 3 S. 1 FamFG). Dagegen ist die Abweisung des Hauptantrags mit der Beschwerde anfechtbar. Die erfolgreiche Beschwerde führt zur Ergänzung des bisherigen Ausspruchs dahin, dass „sich die Wirkungen der Annahme nach den Vorschriften über die Annahme eines Minderjährigen richten" (§ 1772).[30] – Aus Gründen der Verfahrensökonomie ist zunächst über den auf eine Volladoption gerichteten Hauptantrag durch Abweisung zu entscheiden und der Eintritt der Rechtskraft dieses Ausspruchs abzuwarten, bevor über den Hilfsantrag entschieden wird,[31] ist nicht zweifelsfrei. Führen auch die Anträge jeweils zu einem anderen Verfahrensgegenstand (dazu

---
[21] Etwa BayObLGZ 1984, 230 = FamRZ 1985, 201, 203; AG Kerpen NJW 1989, 2712 (LS.) = FamRZ 1989, 431, 432 (Verbot der Rückadoption nach altem Recht auch nach Scheitern der Adoptionsfamilie ist verfassungswidrig).
[22] RefE zum AdoptRÄndG [dazu Vor § 1741 Rn. 14] ZfJ 1991, 245, 247 f.; BR-Drucks. 9/92 S. 17.
[23] AG Starnberg FamRZ 1995, 827 m. Anm. Liermann FamRZ 1995, 1229 (auch dann, wenn das Kind den Status als eheliches Kind seiner leiblichen Eltern nach Art 12 § 1 Abs. 1 AdoptG iVm. § 1770 Abs. 2 nF nicht verloren hat); Staudinger/Frank § 1742 Rn. 8; Erman/Saar Rn. 5; aA Soergel/Liermann Rn. 8; § 1742 Rn. 11.
[24] Dazu Liermann FamRZ 1993, 1263, 1265; Palandt/Diederichsen Rn. 2.
[25] RGRK/Dickescheid § 1772 Rn. 8.
[26] BayObLG FamRZ 1982, 644; NJW-RR 1993, 456 = FamRZ 1993, 236 f.; RGRK/Dickescheid Rn. 9.
[27] OLG Köln FamRZ 1982, 642.
[28] BVerfG FamRZ 2008, 243; BayObLG FGPrax 2000, 204 = FamRZ 2001, 122, 123; Staudinger/Frank Rn. 8 mwN; auch RefE zum AdoptRÄndG (dazu Vor § 1741 Rn. 12) ZfJ 1991, 245, 248.
[29] OLG Hamm FamRZ 1979, 1082, 1083; OLG Karlsruhe NJW-RR 2006, 364 = FamRZ 2006, 572 (LS.).
[30] OLG München FGPrax 2010, 190 m. Anm. Grziwotz FamFR 2010, 237 = FamRZ 2010, 2088, 2089; Staudinger/Frank § 1768 Rn. 11; RGRK/Dickescheid § 1772 Rn. 5.
[31] So OLG Hamm OLGZ 1979, 410 = FamRZ 1979, 1082, 1084; Staudinger/Frank § 1768 Rn. 11.

Rn. 10), so ist doch der Ausspruch der Adoption die Grundlage der additiven Bestimmung der Vollwirkungen nach § 1772. Weist man den Annahmeantrag ab, wäre deshalb auch festgestellt, dass die Voraussetzungen für die Annahme nicht vorliegen. Das Beschwerdegericht würde deshalb nicht nur über den Hauptantrag (Volljährigenadoption), sondern auch – erstmals – über den Hilfsantrag zu entscheiden haben.

16 Wurde einem Antragsteller **rechtliches Gehör** nicht gewährt und wird er dadurch in seinen Rechten verletzt – dh. vorliegend sein Antrag abgewiesen –, muss er zuerst Beschwerde einlegen; ist gegen die Entscheidung des Beschwerdegerichts mangels Zulassung die Rechtsbeschwerde unstatthaft (§ 70 Abs. 1, 2 FamFG), kann er zunächst die Anhörungsrüge (§ 44 FamFG) und danach ggf. Verfassungsbeschwerde erheben (dazu § 1752 Rn. 45-47).[32]

17 **6. Verfahrenswert. Gebühren.** Der **Verfahrenswert** bestimmt sich nach § 42 Abs. 2, 3 FamGKG: Regelverfahrenswert 3000 €.[33] Für das Verfahren zur Annahme eines Volljährigen sowie zur Aufhebung einer Annahme wird eine **Gebühr** in zweifacher Höhe erhoben (FamGKG KV Vorbem. 1.3.2 Abs. 2, Nr. 1320).[34] **Kostenschuldner** sind als Antragsteller der Annehmende und der Anzunehmende (§ 21 Abs. 1 S. 1 FamGKG). – **Gebührenfrei** sind als Nebengeschäfte Entscheidungen über die Namensführung und über die Wirkungen wie bei der Annahme eines Minderjährigen (entsprechend § 35 KostO; s. auch FamGKG KV Vorbem. 1.3.2 Abs. 2 [das FamGKG enthält keine spezielle Vorschrift]).[35]

§ 1769 Verbot der Annahme

Die Annahme eines Volljährigen darf nicht ausgesprochen werden, wenn ihr überwiegende Interessen der Kinder des Annehmenden oder des Anzunehmenden entgegenstehen.

Schrifttum: *Grziwotz*, Schützenswerte Interessen der Abkömmlinge des Annehmenden bei der Volljährigenadoption, FamRZ 1991, 1399; *ders.*, Praktische Probleme der Hinzuadoption Volljähriger, FamRZ 2005, 2038.

I. Normzweck

1 Die Vorschrift ersetzt § 1745 für die Volljährigenannahme.[1] Weil der volljährige Anzunehmende nicht besonders schutzbedürftig ist, bedarf es zur Versagung seiner Annahme keiner besonderen Gefährdung seiner Interessen durch Abkömmlinge. Da seine Annahme weniger dringlich ist als die eines Minderjährigen, können auch **vermögensrechtliche** Interessen sonstiger Beteiligter ausschlaggebende Bedeutung erlangen.[2] – Aus Gründen der **Vereinfachung**[3] wird den Interessen von Abkömmlingen des Anzunehmenden in geringerem Umfang als nach ihre Einwilligung voraussetzenden § 1762 aF Rechnung getragen; einen – wenn auch nicht vollständigen – Ausgleich schafft eine Verstärkung der **Verfahrensrechte** (dazu Rn. 10-11). – Für zugefügte Vermögensschäden wird ggf. wegen **Amtspflichtverletzung** gehaftet. – Zum Begriff „Kind" s. § 1741 Rn. 8-12.

II. Bedeutung

2 Die **Sinnhaftigkeit** dieser Vorschrift als eigenständige Regelung wird in Frage gestellt.[4] Denn der Ausspruch der Volljährigenadoption ist ohnehin von ihrer sittlichen Rechtfertigung abhängig,

---

[32] OLG Zweibrücken FamRZ 1984, 204, 205.
[33] OLG Düsseldorf NJW-RR 2010, 1661 = FamRZ 2010, 1937, 1938 f.; *Prütting/Helms/Klüsener* § 42 FamGKG Rn. 15; *Thiel* in: *Schneider/Wolf/Volpert*, Familiengerichtskostengesetz, Rn. 76, jeweils zu § 42 FamGKG.
[34] Ebenso *Bahrenfuss/Schlemm* Rn. 6; *Keidel/Engelhardt* Rn. 7, jeweils zu § 186 FamFG; *Volpert* in: *Schneider/Wolf/Volpert* § 14 FamGKG Rn. 86; aA *Prütting/Helms/Klüsener* FamGKG-Kostenverzeichnis Rn. 58: Nur eine Gebühr.
[35] *Keidel/Engelhardt* § 186 FamFG Rn. 6; *Volpert* in: *Schneider/Wolf/Volpert* Vorbem. 1.3.2 KV Rn. 27.
[1] Zur Entstehungsgeschichte s. *Staudinger/Frank* Rn. 1-2, 9-10.
[2] BT-Drucks. 7/3061 S. 53 Nr. 1 (zu § 1769); s. auch *Staudinger/Frank* Rn. 15.
[3] Nach BT-Drucks. 7/3061 S. 53 Nr. 1 (zu § 1769) ist eine förmliche Zustimmung nicht geboten; kritisch hierzu *Engler* FamRZ 1975, 136.
[4] *Staudinger/Frank* Rn. 3.

Verbot der Annahme 3–5 § 1769

die nur unter umfassender Abwägung aller Umstände des Einzelfalls, also auch der Interessen von Abkömmlingen beurteilt werden kann. Aus der Systematik der gesetzlichen Regelung ist jedoch abzuleiten, dass die sittliche Rechtfertigung zunächst ohne die Interessen der Abkömmlinge zu beurteilen und das so gefundene Ergebnis anhand deren Interessen zu überprüfen ist (s. auch Rn. 4).[5] In diesem Sinne ist § 1769 eine Ausnahmeregelung, die es ausschließt, dass jedweder Nachteil eines Abkömmlings der Annahme entgegensteht. Vielmehr muss der Nachteil im Vergleich zu dem Vorteil für den Annehmenden und den Angenommenen **schwer wiegen**.[6]

III. Kinder des Annehmenden

Den Abkömmlingen des Annehmenden steht keine **Einwilligungsbefugnis** zu (s. dazu auch 3 Vor § 1741 Rn. 33).[7] Ob ihre – ggf. auch erheblichen[8] – Interessen überwiegen, ist auf Grund einer **umfassenden Abwägung** der Interessen des Annehmenden, des Anzunehmenden und der Kinder zu beurteilen.[9]

Immaterielle Interessen der Kinder werden selten betroffen sein: Der Anzunehmende wird idR 4 nicht in die Familie aufgenommen; auf seine persönlichen Umstände wird sich die Annahme eines Volljährigen als solche kaum auswirken. Im Vordergrund stehen **vermögensrechtliche** Interessen – Unterhalt, Erb- und Pflichtteilsrecht,[10] die durch die Annahme notwendig verkürzt werden (dazu § 1745 Rn. 10-12), sowie steuerrechtliche Interessen –, weil anders als § 1745 S. 2, wonach bei der Annahme Minderjähriger vermögensrechtliche Interessen der Kinder nicht ausschlaggebend sein sollen, § 1769 eine entsprechende Einschränkung bewusst nicht vorsieht.[11]

Die Interessen des Abkömmlings **überwiegen,** wenn 5
- sein Unterhaltsanspruch durch eine erhebliche Schmälerung seines Lebensbedarfs (§ 1610 Abs. 2) infolge der Berücksichtigung eines weiteren Unterhaltsberechtigten gefährdet würde,
- der Beeinträchtigung von Erb- oder Pflichtteilsansprüchen erhebliches Gewicht zukommt,[12] etwa wenn der Annehmende in der Vergangenheit bereits seine Unterhalts- oder sonstigen elterlichen Verpflichtungen nicht erfüllt hat,[13]
- er wegen einer Behinderung auf langfristige Unterstützung durch den Annehmenden angewiesen ist,[14] diese aber durch die Annahme gefährdet würde,
- er in seiner persönlichen oder beruflichen Entscheidung erheblich nachteilig beeinflusst wird (dazu § 1745 Rn. 8-13),
- er den elterlichen Betrieb fortführen soll, das Pflichtteilsrecht des Anzunehmenden jedoch dessen Fortbestand gefährden würde,[15]
- kein nachvollziehbarer Grund für eine weitere Schmälerung seines Pflichtteilsrechts nach Enterbung ersichtlich ist,[16]
- zum Anzunehmenden nicht schon bisher oder erst kurzzeitig ein faktisches Eltern-Kind-Verhältnis besteht (dazu § 1767 Rn. 6, 7),[17]
- kein sonstiger Anwendungsfall des § 1772 vorliegt,

---

[5] So *Staudinger/Frank* Rn. 4.
[6] BayObLGZ 1984, 15 = FamRZ 1984, 419, 420 („unangemessene" Beeinträchtigung); *Staudinger/Frank* Rn. 8; aA OLG München NJW-RR 2011, 731 = FamRZ 2011, 1411, 1413.
[7] BayObLGZ 1986, 57 = NJW-RR 1986, 872 = FamRZ 1986, 719, 720 m. Anm. *Bosch*; BayObLGZ 1998, 279 = NJW-RR 1999, 1379 = FamRZ 1999, 1667, 1669.
[8] AG Deggendorf FamRZ 1984, 1265, 1266; FamRZ 1984, 1267 f.
[9] OLG München FGPrax 2005, 261, 262 mwN; AG Bremen NJW-RR 2010, 369, 370 m. Anm. *Brambring* FamRB 2010, 79 = FamRZ 2010, 47 (LS.).
[10] Zum Pflichtteilsrecht s. AG Bremen NJW-RR 2010, 369, 370 m. Anm. *Brambring* FamRB 2010, 79 = FamRZ 2010, 47 (LS.).
[11] BT-Drucks. 7/3061 S. 53 [Zu § 1769, Nr. 1].
[12] OLG München NJW-RR 2011, 731, 732 f.; *Staudinger/Frank* Rn. 8. Zum vertraglichen Erb- und Pflichtteilsverzicht zwischen Annehmendem und Anzunehmendem einschließlich seiner Aufhebbarkeit (§ 2351) s. OLG Hamm FGPrax 2003, 124 = FamRZ 2003, 1867, 1868 f.; LG Fulda FamRZ 2005, 1277, 1278; *Grziwotz* FamRZ 2005, 2028, 2041; s. auch LG Augsburg Beschl. v. 8. 12. 2009 - 5 T 3729/09, juris [22] = BeckRS 2010, 08780 (Erbverzicht ist beabsichtigt).
[13] BVerfG NJW 1988, 1963 = FamRZ 1988, 1247, 1248 m. Anm. *Frank/Wassermann*; AG Hamburg DAVorm. 1969, 71, 72 f.
[14] LG Fulda FamRZ 2005, 1277, 1278; zum „Behindertentestament" s. *Grziwotz* FamRZ 2005, 2038, 2040.
[15] BayObLGZ 1984, 25 = FamRZ 1984, 419, 421.
[16] OLG München FGPrax 2005, 261, 262.
[17] BayObLGZ 1998, 279 = NJW-RR 1999, 1379 = FamRZ 1999, 1667, 1669; AG Deggendorf FamRZ 1984, 1265, 1266; FamRZ 1984, 1267, 1268; *Palandt/Diederichsen* Rn. 1.

– der Anzunehmende auch nicht erhebliche persönliche Opfer bzw. Fürsorgeleistungen erbracht hat.[18]

IV. Kinder des Anzunehmenden

6 **1. Allgemeines.** Abkömmlinge eines Volljährigen schließen seine Annahme zwar – wie im bisherigen Recht (§ 1745 a aF) – nicht aus, doch ist sie nur **ausnahmsweise** zulässig.[19] Doch kommt den immateriellen Kindesinteressen **Betreuung** und **Erziehung** durch seine Eltern deshalb kaum je Bedeutung zu, weil diese im Regelfall trotz der Adoption gewährleistet sein wird.[20] Zudem bleiben im Falle einer schwachen Adoption (§ 1770) ihre **verwandtschaftlichen Beziehungen** zu ihren bisherigen Verwandten einschließlich der Unterhalts- und erbrechtlichen Ansprüche (dazu Rn. 8-9) erhalten.

7 **2. Namenswechsel.** Abkömmlinge können im persönlichen Bereich durch Namenswechsel betroffen werden. Ihre Interessen werden durch §§ 1617c Abs. 2 Nr. 1, 1617 a geschützt: Ohne ihren Willen ändert sich der Name nur, solange sie das 5. Lebensjahr noch nicht vollendet haben (dazu § 1757 Rn. 7, § 1617c Rn. 7-12, 14-22). Schließt sich das ältere Kind wegen seiner Selbstidentifikation einem Namenswechsel nicht an, kommt es freilich zur Namensverschiedenheit in der Familie, was sich auf die persönlichen Beziehungen störend auswirken kann.[21] Das FamG hat den Grund für die Nichtanschließung von Amts wegen zu ermitteln – v.a. persönliche Anhörung des Kindes (dazu auch Rn. 10-12) – und kann daraus auf die Intensität möglicher Störungen und ihre Auswirkungen auf das Eltern-Kind-Verhältnis schließen. Im Zweifel sollte der Anzunehmende zugunsten seines Kindes von der Annahme Abstand nehmen.[22]

8 **3. Vermögensrecht.** In vermögensrechtlicher Hinsicht werden Abkömmlinge des Anzunehmenden durch vermehrte **Unterhaltspflichten** beeinträchtigt, wenn kumulativ der *Annehmende* gegenwärtig versorgungsbedürftig ist oder in absehbarer Zukunft wird, der in erster Linie unterhaltspflichtige *Anzunehmende* (§ 1606 Abs. 2) selbst nur vermindert oder gar nicht leistungsfähig ist und auch kein ausreichendes Vermögen des Annehmenden vorhanden ist, aus dem Unterhaltsleistungen erbracht werden könnten. Durch das Hinzutreten des Annehmenden als neuer Verwandter wird das Unterhaltsrecht ggf., aber auch gestärkt, weil dieser als (weiterer) Großelternteil dem Kind unterhaltspflichtig wird (§§ 1601 ff.).

9 Die Begründung von **erbrechtlichen** Ansprüchen ist in aller Regel interessenneutral: Zum einen stärkt das Hinzutreten weiterer Erbmöglichkeiten die Rechtsposition des Kindes, zum anderen erben nach dem Tod des Kindes seine Abkömmlinge und seine Eltern vorrangig (§§ 1924, 1925). Hat das Kind keine Abkömmlinge (mehr) und sind seine Eltern bereits verstorben, kann ihm gleichgültig sein, ob es auch noch vom Annehmenden als neuem Großelternteil beerbt wird; jedenfalls rechtfertigt seine insoweit ablehnende Haltung nicht das Absehen von der Adoption.

V. Verfahren

10 Auch die **Kinder des Annehmenden** sind am Annahmeverfahren zu beteiligen;[23] als Beteiligten ist ihnen rechtliches Gehör zu gewähren.[24] Sie sind unabhängig davon, ob der Sachverhalt bereits feststeht, ab Eintritt ihrer Urteilsfähigkeit auch – nicht notwendig persönlich – **anzuhören** (§ 192 Abs. 2 FamFG; zur Minderjährigenadoption s. § 1752 Rn. 24).[25] Widersprechen sie der Annahme,

---

[18] Dazu auch OLG Celle ZBlJugR 1960, 305, 306; AG Deggendorf FamRZ 1984, 1267, 1268; AG Backnang FamRZ 2000, 770, 771.
[19] BayObLGZ 1984, 25 = FamRZ 1984, 419, 420; im Ergebnis ebenso OLG Köln FamRZ 1982, 642; RGRK/*Dickescheid* Rn. 3; offengelassen von OLG München FGPrax 2005, 261, 262; aA OLG Hamm OLGZ 1968, 370 = FamRZ 1968, 481; AG Deggendorf FamRZ 1984, 1267; AG Rüdesheim FamRZ 2008, 300 (LS.) = MittBayNot 2009, 57, 58 (zur Schmälerung des Erbrechts); *Staudinger*/*Frank* Rn. 7; *Gernhuber*/*Coester-Waltjen* § 69 Rn. 6-9; *Grziwotz* FamRZ 1991, 1399. Dazu auch § 1767 Rn. 13.
[20] *Staudinger*/*Frank* Rn. 11.
[21] *Staudinger*/*Frank* Rn. 11; RGRK/*Dickescheid* Rn. 5: „nicht zu erwarten".
[22] So zu Recht die Empfehlung von *Staudinger*/*Frank* Rn. 11.
[23] MünchKommZPO/*Maurer* § 188 FamFG Rn. 9.
[24] BayObLG FamRZ 2001, 121, 122; LG Koblenz NJW-RR 2000, 959 = FamRZ 2000, 1095, 1096; s. dazu auch *Soergel*/*Liermann* Rn. 8 iVm. § 1745 Rn. 15.
[25] BVerfG NJW 1988, 1963 = FamRZ 1988, 1247 f. m. abl. Anm. *Frank*/*Wassermann*, *Niemeyer* FuR 1994, 100; BVerfGE 89, 381 = NJW 1994, 1053 m. Anm. *Luther* NJW 1995, 306 = FamRZ 1994, 493, 494 m. Anm. *Niemeyer* FuR 1994, 100; BayObLGZ 1998, 279 = NJW-RR 1999, 1379 = FamRZ 1999, 1667, 1669; FamRZ 2001, 121, 122; s. auch LG Koblenz FamRZ 2000, 1095, 1096. – Nach früherem Recht mussten vorhandene Abkömmlinge des Angenommenen bei der Adoption mitwirken, wenn sich die Annahme auch auf sie erstrecken sollte (§ 1762 aF).

wird damit **indiziert,** dass diese ihren Interessen zuwiderläuft. Keinen Indizwert hat das Einverständnis Minderjähriger.[26]

Kinder des Annehmenden sind zwar nicht berechtigt, die Aufhebung des Annahmeverhältnisses zu beantragen, auch dann nicht, wenn sie im Annahmeverfahren nicht gehört und ihre Interessen bei der Annahme nicht berücksichtigt worden sind (dazu § 1771 Rn. 20).[27] Doch sind sie am Annahmeverfahren zu beteiligen, da sie in ihren Rechten unmittelbar davon betroffen werden (§ 7 Abs. 2 Nr. 1),[28] und anzuhören (§ 192 Abs. 2 FamFG).

Allen Beteiligten oder zu Beteiligenden steht bei Verletzung des rechtlichen Gehörs zwar nicht die Beschwerde (§ 197 Abs. 3 S. 1 FamFG), ggf. jedoch die **Anhörungsrüge** (§ 44 FamFG) und daran anschließend die **Verfassungsbeschwerde** offen (dazu § 1752 Rn. 45-47, § 1771 Rn. 18).[29]

§ 1770 Wirkung der Annahme

(1) ¹Die Wirkungen der Annahme eines Volljährigen erstrecken sich nicht auf die Verwandten des Annehmenden. ²Der Ehegatte oder Lebenspartner des Annehmenden wird nicht mit dem Angenommenen, dessen Ehegatte oder Lebenspartner wird nicht mit dem Annehmenden verschwägert.

(2) Die Rechte und Pflichten aus dem Verwandtschaftsverhältnis des Angenommenen und seiner Abkömmlinge zu ihren Verwandten werden durch die Annahme nicht berührt, soweit das Gesetz nichts anderes vorschreibt.

(3) Der Annehmende ist dem Angenommenen und dessen Abkömmlingen vor den leiblichen Verwandten des Angenommenen zur Gewährung des Unterhalts verpflichtet.

Schrifttum: *Jayme,* Die erbrechtlichen Wirkungen der Adoption, ZRP 1972, 1; *Behr,* Auswirkungen des neuen Adoptionsrechts auf die gesetzliche Erbfolge, RPflStud 1977, 73; *Busch,* Kein Staatsangehörigkeitswechsel bei der Annahme durch den schwachen Auslandsadoption? – Zum Umgang mit einer nur scheinbar eindeutigen Rechtslage, StAZ 2003, 297; *Kraus,* Adoption eines volljährigen Kindes durch die leibliche Mutter nach vorangegangener Minderjährigenadoption, StAZ 2003, 371.

I. Normzweck

Die Annahme Volljähriger führt idR zu lockereren Bindungen als die Annahme Minderjähriger (dazu § 1767 Rn. 5-7), zudem lassen sich noch vorhandene Beziehungen zur leiblichen Verwandtschaft auch nach Jahrzehnten nicht ignorieren. Die Volladoption ist daher in den meisten Fällen nicht angemessen, weshalb sich der Gesetzgeber neben der Regelform und der abgeschwächten Volladoption in § 1756 für einen **dritten Typ** entschied, der im Wesentlichen der Annahme an Kindes statt nach altem Recht entspricht.[1] Lediglich für Ausnahmefälle ist die Volladoption vorgesehen (§ 1772).[2] – Zum **irrtümlichen Ausspruch** einer Volljährigen- statt einer Minderjährigenannahme und umgekehrt s. § 1752 Rn. 42-43, § 1772 Rn. 16-17.

II. Verwandtschaft

1. Leibliche Verwandtschaft. Die Rechtsbeziehungen des Angenommenen zu seinen leiblichen Verwandten bleiben ausnahmslos bestehen (Abs. 2). – Zum Unterhalt s. Rn. 7, zum **Erbrecht** s. Rn. 8-11.

2. Adoptivverwandtschaft. a) Personenkreis. Der Angenommene wird **Kind** des oder der Annehmenden. Nimmt ein Ehegatte das Kind seines Partners an, wird der Angenommene

---
[26] OLG Köln FamRZ 1982, 642, 644.
[27] BayObLGZ 1986, 57 = NJW-RR 1986, 87 = FamRZ 1986, 719, 720 m. Anm. *Bosch.*
[28] Dazu MünchKommZPO/*Pabst* § 7 FamFG Rn. 7 mwN.
[29] BVerfG NJW 1988, 1963 = FamRZ 1988, 1247 m. Anm. *Frank/Wassermann, Niemeyer* FuR 1994, 100; NJW 1995, 316 = FamRZ 1994, 687 f.; RGRK/*Dickescheid* Rn. 7; *Bosch* FamRZ 1986, 722. Zu Art und Umfang der verfassungsgerichtlichen Entscheidung s. BVerfGE 89, 381 = NJW 1994, 1053 m. Anm. *Luther* NJW 1995, 306 = FamRZ 1994, 493, 495 f. m. Anm. *Niemeyer* FuR 1994, 100.
[1] BT-Drucks. 7/3061 S. 23, S. 54 Nr. 1 [Zu § 1770].
[2] Rechtsvergleichende Hinweise s. bei *Staudinger/Frank* Rn. 1.

gemeinschaftliches Kind (§§ 1767 Abs. 2 S. 1, 1754).³ Abs. 1 S. 1⁴ verhindert nur, dass zu den **Verwandten des Annehmenden** eine Verwandtschaftsbeziehung entsteht: Der Angenommene – und entsprechend seine Abkömmlinge – wird kein Geschwister der Abkömmlinge des Annehmenden, die Eltern des Annehmenden werden nicht (auch) seine Großeltern.⁵

4   Die **Abkömmlinge** des Angenommenen werden von der Annahme unabhängig davon erfasst (§§ 1767 Abs. 2 S. 1, 1754), ob sie bei der Annahme bereits geboren waren oder erst später geboren werden (anders § 1762 aF), und ob sie verheiratet sind oder nicht.⁶ Sie werden Adoptivenkel (zur Wahrung ihrer Interessen s. § 1769 Rn. 6-9), Kindeskinder werden Adoptivurenkel des Annehmenden. Sind die Abkömmlinge verheiratet oder heiraten sie nach der Annahme, werden ihre Ehegatten mit dem Annehmenden verschwägert.

5   Dagegen muss der **Ehegatte/Lebenspartner** des Angenommenen zwar in die Annahme einwilligen (dazu § 1749 Rn. 8, § 1767 Rn. 21), wird jedoch mit dem Annehmenden nicht verschwägert (Abs. 1 S. 2).⁷

6   **b) Wirkungen.** Soweit die durch die Annahme begründete Verwandtschaft reicht (dazu Rn. 3-5), treten die **vollen** Wirkungen ein:
- Gegenseitige **Erbrechte**,⁸ **Pflichtteilsrechte**, **Unterhaltsrechte** und **-pflichten**.
- Die für Verwandte und Verschwägerte (dazu Rn. 3-4) geltenden **Eheverbote** (§§ 1308, 1307 S. 2), **Mitwirkungsverbote, Zeugnisverweigerungsrechte** usw. (dazu §§ 1754, 1755 Rn. 14, 23).
- Zum **Familiennamen** s. § 1757 Rn. 3-31. Zwar ist die Anwendung von § 1757 Abs. 4 S. 1 Nr. 1 (Änderung des Vornamens) nicht ausdrücklich ausgeschlossen, doch kann der Zweck einer vertieften Bindung zum Annehmenden nicht mehr erreicht werden. Dass weitere Familienmitglieder den gleichen **Vornamen** tragen, kann sich auch bei der Heirat von Kindern ergeben, ohne dass hierdurch die Familienbeziehungen gestört würden. Die Vorschrift fällt daher nicht unter § 1767 Abs. 2, der lediglich die *sinngemäße* Anwendung der Regeln über die Minderjährigenadoption vorschreibt, und ist nicht anwendbar.⁹
- War der Angenommene in Fällen der Überleitung nach dem **AdoptG** noch minderjährig (Art. 12 § 3 AdoptG, dazu § 1772 Anh. Rn. 11-12), gelten die §§ 1754, 1757, 1758. Die Annehmenden übten die elterliche Sorge allein unter Ausschluss des Besuchsrechts aus (§ 1772 Anh. Rn. 11); dies galt auch, wenn der Angenommene zwar 18 Jahre alt, nach seinem Heimatrecht aber noch nicht volljährig war (dazu § 1741 Rn. 8-9).¹⁰
- Eine **Mehrfachadoption** führt zu mehr als 2 nebeneinander bestehenden Eltern-Kind- und Verwandtschaftsverhältnissen, wenn nicht die Wirkungen einer Volladoption angeordnet worden sind.¹¹
- Das **Eheverbot** des § 1308 Abs. 1 steht einer Heirat des Angenommenen mit einem Abkömmling des Annehmenden nicht entgegen, weil sich bei der Volljährigenadoption die Wirkungen nur auf die Abkömmlinge des Angenommenen und nicht auch auf die Verwandten des Annehmenden beziehen (Abs. 1 S. 1).¹²

III. Unterhalt

7   Die Annahme begründet wechselseitige **Unterhaltspflichten** zwischen Annehmendem und Angenommenem, wechselseitige Unterhaltspflichten zwischen leiblichen Verwandten und dem Angenommenen bleiben bestehen.¹³ Allerdings treten die Unterhaltspflichten der leiblichen Ver-

---

³ BT-Drucks. 7/3061 S. 54 [Nr. 3].
⁴ Abs. 1 entspricht § 1763 aF. Zur Entstehungsgeschichte allgemein s. *Staudinger/Frank* Rn. 2.
⁵ *Staudinger/Frank* Rn. 6.
⁶ BT-Drucks. 7/3061 S. 54 Nr. 4; kritisch hierzu *Staudinger/Frank* Rn. 5; *Engler* FamRZ 1975, 136; *ders.* FamRZ 1976, 592.
⁷ Ebenso *Staudinger/Frank* Rn. 7 (dort auch zur Kritik im Hinblick darauf, dass der Annehmende mit dem Ehegatten eines Kindes des Angenommenen verschwägert wird, dazu Rn. 4); *Erman/Saar* Rn. 3; kritisch *Engler* S. 93 f.; *ders.* FamRZ 1975, 136.
⁸ Zur Auslegung eines Testaments BayObLGZ 1984, 246 = FamRZ 1985, 426 f.: Als Nacherbe eines Abkömmlings kann ein als Volljähriger Adoptierter ausgeschlossen sein.
⁹ Wie hier *Engler* FamRZ 1976, 592; aA *Staudinger/Frank* Rn. 10; *Gernhuber/Coester-Waltjen* § 69 Rn. 18 Fn. 23.
¹⁰ Dazu AG Korbach StAZ 1981, 203 m. krit. Anm. *v. Mangoldt*.
¹¹ BR-Drucks. 9/92 S. 17 f.; *Liermann* FamRZ 1993, 1263, 1265; *Palandt/Diederichsen* § 1768 Rn. 2.
¹² AG Bad Hersfeld StAZ 2007, 275 m. Anm. *Sachse*.
¹³ Zur Anwendung von § 1611 Abs. 1, wenn der volljährige Angenommene einen leiblichen Eltern von der Adoption nicht in Kenntnis gesetzt hat, s. KGR 2007, 441, 442 f.

wandten hinter die des Annehmenden zurück (Abs. 3). Entgegen dessen Wortlaut betrifft dieser **Rangrücktritt** jedoch nur die gleich weit oder noch weiter entfernten Verwandten und den fortbestehenden Haftungsvorrang des Ehegatten des Angenommenen, soweit dieser nicht ausnahmsweise zurücktritt (§ 1608 Abs. 1 S. 1, 2), weil nicht bezweckt ist, den Annehmenden entgegen § 1606 Abs. 1 vor den Abkömmlingen des Angenommenen oder dessen Ehegatten haften zu lassen.[14] – Die Unterhaltspflichten des **Angenommenen** verdoppeln sich. Da § 1609 die Rangfolge der Unterhaltsansprüche des Annehmenden und der leiblichen Eltern nicht regelt, stehen sie im selben Rang; die Aufteilung bestimmt sich nach ihrem Bedarf, ihrer Bedürftigkeit und der Leistungsfähigkeit des Angenommenen (§§ 1602, 1603, 1610).[15]

IV. Erbrecht

Aus der **Kumulation** von Adoptiv- und leiblicher Verwandtschaft ergibt sich für die Erbfolgeordnung,[16] dass der **Angenommene**, ist er vorverstorben, ohne Abkömmlinge zu hinterlassen, von Adoptiv- und leiblichen Eltern beerbt wird. Mangels ausdrücklicher gesetzlicher Regelung[17] ist die **gesetzliche Erbfolge** streitig: 8

– Werden die §§ 1925, 1930 schematisch angewandt, erbt jeder Teil zu $1/3$, wenn der Angenommene stirbt und von 1 Adoptivelternteil und 2 leiblichen Elternteilen überlebt wird.[18] Überleben nur die Adoptiveltern, erben allein sie.[19]
– Zum Teil wird die Erbfolge in 2 „Stämme", den leiblichen und den Adoptivstamm, aufgeteilt: den leiblichen Verwandten soll mindestens immer die Hälfte vorbehalten bleiben; sind insoweit Erben 2. Ordnung nicht vorhanden, soll trotz des Vorhandenseins von Adoptiveltern die 3. Ordnung Platz greifen.[20]

Die letztere Ansicht entspricht jedoch nicht der gesetzlichen Regelung. Sie ist auch nicht durch die Interessenlage geboten, da leibliche Verwandte, deren Rechte aus dem Verwandtschaftsverhältnis durch die Annahme nicht berührt werden (Abs. 2), schon dadurch „begünstigt" werden, dass wegen der beschränkten Adoptionswirkungen von den Adoptivverwandten (Abs. 1) ohnehin nur die Eltern ohne Repräsentationsrecht ihrer Abkömmlinge[21] – dh. lediglich Teile der 2. Ordnung – zum Zuge kommen.[22] Es bleibt daher – wie bei der **Verwandtenadoption** (dazu § 1756 Rn. 8) – bei der Anwendung von §§ 1925, 1930, allerdings mit der Besonderheit, dass in der 2. Ordnung auch ohne Repräsentation 3 oder 4 Personen nebeneinander erben können. Danach gilt: 9

– Adoptiv- und leibliche Eltern erben zu je $1/4$.
– Wurde der Angenommene von einer Einzelperson adoptiert, erbt diese neben den leiblichen Eltern zu $1/2$.

Da aber Rspr. hierzu bisher fehlt, ist eine Regelung durch letztwillige Verfügung anzuraten.

Sind **beide Adoptiveltern** vorverstorben, ohne Abkömmlinge zu hinterlassen, wird ihr Vermögen über den Angenommenen unter Ausschluss leiblicher Verwandter der Annehmenden an die leiblichen Verwandten des Angenommenen weitergegeben.[23] Auf diese Folge ist der Annehmende bei der Beurkundung **hinzuweisen.**[24] Vorsorge kann nicht durch völligen oder teilweisen Ausschluss des Erbrechts getroffen werden. Vielmehr ist die Erbfolge uU durch Erbvertrag, der die leiblichen Verwandten des Annehmenden als Nacherben vorsieht, zu regeln. Sollen Pflichtteilsrechte der Eltern des Angenommenen die Erbfolge nicht stören, ist mit ihnen ein Erbverzicht zu vereinbaren. – Ist nur **ein** Adoptivelternteil vorverstorben, tritt der andere an dessen Stelle (Abs. 1 S. 1). 10

---

[14] *Staudinger/Frank* Rn. 11 mwN.
[15] Zur Hinweispflicht des Notars auf die unterschiedlichen Auswirkungen der §§ 1770, 1772 auf die Unterhaltspflicht bei der Adoption eines langjährigen, zwischenzeitlich volljährigen Pflegekindes s. OLG Koblenz OLGR 2002, 139, 140.
[16] Zum Ganzen auch § 1925 Rn. 8 mwN.
[17] Gegen Warnungen im Schrifttum, *Engler* S. 97; *Lüderitz* S. 75 f. Der RegE (BT-Drucks. 7/3061 S. 23, S. 54 [Nr. 3]) führt lediglich aus, dass Annehmende und leibliche Eltern als Erben der 2. Ordnung „nebeneinander" erben); eine Ergänzung des § 1925 sei deshalb nicht erforderlich.
[18] *Staudinger/Werner* Rn. 9; *Soergel/Stein* Rn. 6, jeweils § 1925; offenbar auch *Palandt/Diederichsen* Rn. 2; *Soergel/Roth-Stielow* 11. Aufl. Rn. 8.
[19] So offenbar *Staudinger/Werner* Rn. 9; *Soergel/Stein* Rn. 6, jeweils zu § 1925, da weder bei § 1925 noch bei § 1930 Ausnahmen mitgeteilt werden.
[20] *Staudinger/Werner* § 1925 Rn. 8; *Erman/Saar* Rn. 5; *RGRK/Dickescheid* Rn. 6; *Staudinger/Frank* Rn. 14, 15; *Soergel/Liermann* Rn. 9, 10; *Kemp* MittRhNotK 1977, 139; *Dittmann* Rpfleger 1978, 283.
[21] *Staudinger/Werner* § 1925 Rn. 18.
[22] BayObLG FamRZ 1994, 853, 854 f.; OLG Zweibrücken FGPrax 1996, 189 f.
[23] Dazu *Lüderitz* S. 72–76.
[24] BGHZ 58, 343 = NJW 1972, 1422; *Erman/Saar* Rn. 6; *RGRK/Dickescheid* Rn. 5.

11 Ist ein **leiblicher Elternteil** vorverstorben, wird er vom Angenommenen entsprechend der gesetzlichen Erbfolge beerbt.[25] Sind **beide** leiblichen Elternteile vorverstorben und haben sie keine Abkömmlinge hinterlassen, erben allein die Adoptiveltern.

V. Öffentlich-rechtliche Folgen

12 Mit der Adoption Volljähriger wird häufig auch bezweckt, öffentlich-rechtliche Positionen zu verbessern. **Steuerrechtlich** ist die einmal ausgesprochene Adoption vorbehaltlich § 42 AO (Umgehung) anzuerkennen.[26] **Erbschaftsteuerrechtlich** kommt der Angenommene im Verhältnis zum Annehmenden in die Steuerklasse I und bleibt es auch im Verhältnis zu seinen leiblichen Eltern, leibliche Eltern bleiben und Annehmende kommen in die Steuerklasse II (§ 15 Abs. 1, Abs. 1a ErbStG). – Die deutsche **Staatsangehörigkeit** erwirbt ein volljähriger Angenommener nicht (§ 6 StAG; zur Minderjährigenadoption s. §§ 1754, 1755 Rn. 13),[27] es sei denn, der Annahmeantrag wurde vor Vollendung des 18. Lebensjahres gestellt und hat zu einer Volladoption geführt.[28] Jedoch steht die durch Adoption begründete Familie unter dem Schutz des Art. 6 Abs. 1 GG (dazu Vor § 1741 Rn. 16); die Verwaltungsbehörde ist an den Adoptionsbeschluss gebunden.[29] – Volljährigen Angenommenen kann eine **Aufenthaltserlaubnis** zum Familiennachzug nur zur Vermeidung einer außergewöhnlichen Härte erteilt werden (§§ 28 Abs. 4, 36 S. 1 AufenthG), da ihnen und ihren Eltern eine räumliche Trennung zumutbar ist.[30] Die Aufenthaltserlaubnis kann verlängert werden, solange die Beistandsgemeinschaft anhält (§§ 36 S. 2, 30 Abs. 3 AufenthG).[31] Wurde die Beistandsgemeinschaft aufgelöst, kann sie unabhängig vom Zweck des Familiennachzugs verlängert werden, wenn sie 2 Jahre bestanden hat oder durch Tod des Annehmenden aufgelöst worden ist (§§ 36 S. 2, 31 Abs. 1 AufenthG). Vom Erfordernis des 2-jährigen Bestehens der Beistandsgemeinschaft kann nach § 31 Abs. 2 AufenthG abgesehen werden, soweit es zur Vermeidung einer besonderen Härte erforderlich ist, dem Angenommenen den weiteren Aufenthalt zu ermöglichen, es sei denn, für den Ausländer ist die Verlängerung der Aufenthaltserlaubnis ausgeschlossen (dazu § 8 AufenthG). Eine besondere Härte liegt insbesondere vor, wenn dem Angenommenen wegen der aus der Auflösung der Beistandsgemeinschaft erwachsenden Rückkehrverpflichtung eine erhebliche Beeinträchtigung seiner schutzwürdigen Belange droht, oder ihm wegen der Beeinträchtigung seiner schutzwürdigen Belange das weitere Festhalten an der Beistandsgemeinschaft unzumutbar ist. Zu den schutzwürdigen Belangen zählt auch das Wohl eines mit ihm in familiärer Lebensgemeinschaft lebenden Kindes. Zur Vermeidung von Missbrauch kann die Verlängerung der Aufenthaltserlaubnis versagt werden, wenn der Angenommene aus einem von ihm zu vertretenden Grund auf Leistungen nach SGB II oder SGB XII angewiesen ist.[32] – Zum Rechtszustand unter der Geltung des AuslG bis zum 31. 12. 2004 s. 4. Aufl. Rn. 9. –

---

[25] OLG Frankfurt/M. FamRZ 1995, 1087; s. auch LG Neuruppin IPRax 1996, 200 f. m. Anm. *Benicke* IPRax 1996, 188.

[26] *Troll* BB 1981, 661, 663 schließt auch die Anwendung von § 42 AO aus. Überholt durch Art. 7 des Gesetzes v. 18. 8. 1980 (BGBl. I S. 1537): *Bausch* FamRZ 1980, 415 f. und die dort in Bezug genommene Rspr.

[27] Dazu BVerwGE 108, 216 = NJW 1999, 1347 f. = FamRZ 1999, 780 (LS.) now m.; NJW 2007, 937, 938 f. [14] = FamRZ 2007, 1168, (LS.); s. auch OVG Hamburg NordÖR 2002, 211 ff.; VGH Baden-Württemberg NJW 2004, 1401 = FamRZ 2004, 194 (LS.) zu einem während der Minderjährigkeit gestellten Annahmeantrag.

[28] BVerwGE 119, 111 = NJW 2004, 1401, 1402 = FamRZ 2004, 194 (LS.).

[29] BVerwG FamRZ 1984, 1011, 1012; OVG Münster FamRZ 1981, 1111; OVG Berlin InfAuslR 1982, 20; BayVGH InfAuslR 1982, 130, 131; auch BVerfG FamRZ 1984, 554 = FamRZ 1984, 554; aA wohl *Sturm*, FS Firsching, 1985, S. 320 f.

[30] (Zu § 2 AuslG aF:) BVerfGE 80, 81 = NJW 1989, 2195 m. Bspr. *Jayme* NJW 1989, 3069 = FamRZ 1989, 715 m. Anm. *Renner* ZAR 1989, 132 und Bspr. *Hohloch* JuS 1990, 59 (unter B II); BVerwG FamRZ 1984, 1011, 1012; OVG Münster FamRZ 1981, 1111; OVG Hamburg FamRZ 1984, 46, 50; VGH Baden-Württemberg FamRZ 1986, 494; *Lüderitz*, FS Oehler, S. 496; aA BayVGH NVwZ 1982, 387; SozG Hamburg InfAuslR 1983, 251.

[31] Zum Rechtszustand vor Inkrafttreten des AufenthG s. BVerfG FamRZ 1984, 554; BVerfGE 80, 81 = NJW 1989, 2195 m. Bspr. *Jayme* NJW 1989, 3069 = FamRZ 1989, 715 m. Anm. *Renner* ZAR 1989, 132, Bspr. *Hohloch* JuS 1990, 59; FamRZ 1990, 363; BVerwG FamRZ 1984, 1011, 1013; OVG Berlin InfAuslR 1982, 20; VGH Baden-Württemberg FamRZ 1986, 494; OVG Hamburg FamRZ 1984, 46, 50. Die bloße Furcht vor Alleinsein genügt nicht, vgl. OLG Frankfurt/M. FamRZ 1980, 503; OLG Düsseldorf StAZ 1985, 163; BayObLG StAZ 1985, 203, 204; dagegen ist die ärztlich bescheinigte Lebensgefahr des Adoptivvaters für den Fall der Trennung beachtlich: VG Freiburg InfAuslR 1983, 250.

[32] Zur Abwägung der Interessen der Beteiligten und der öffentlichen Belange nach dem ehemaligen AuslG s. BVerwG FamRZ 1982, 596, 597 f.; DÖV 1983, 203; FamRZ 1984, 1011, 1012; OVG Münster FamRZ 1981, 1111; OVG Hamburg FamRZ 1984, 46, 49 f.; OVG Bremen NordÖR 2001, 375 f.; VGH Baden-Württemberg FamRZ 2004, 1966 f.

Kindergeldanspruch und **Zählkindvorteil** der leiblichen Eltern erlöschen (§§ 1 Abs. 1, 3 BKGG, § 32 Abs. 1 Nr. 1, Abs. 2 S. 1, Abs. 6, 63 Abs. 1 S. 1 Nr. 1 EStG), nicht dagegen sonstige sozialrechtliche kinderbedingte Leistungen. Soweit die leiblichen Eltern diese – etwa während der Berufsausbildung des Angenommenen – beziehen, entfällt der Kindergeldanspruch des Annehmenden (§ 3 Abs. 1 BKGG, § 64 Abs. 1 EStG). Da die Annehmenden vorrangig zum Unterhalt verpflichtet sind, sind **Sozialleistungen** nach § 48 Abs. 1 S. 4 SGB I an sie zu zahlen.

§ 1771 Aufhebung des Annahmeverhältnisses

¹Das Familiengericht kann das Annahmeverhältnis, das zu einem Volljährigen begründet worden ist, auf Antrag des Annehmenden und des Angenommenen aufheben, wenn ein wichtiger Grund vorliegt. ²Im Übrigen kann das Annahmeverhältnis nur in sinngemäßer Anwendung der Vorschrift des § 1760 Abs. 1 bis 5 aufgehoben werden. ³An die Stelle der Einwilligung des Kindes tritt der Antrag des Anzunehmenden.

Übersicht

	Rn.		Rn.
I. Normzweck	1	V. Anfänglicher Mangel	11–14
II. Anwendungsbereich	2, 3	1. Antrag	11
		2. Aufhebungsgründe	12, 13
III. Anwendbare Vorschriften	4, 5	3. Ausschlussgründe	14
IV. „Wichtiger Grund"	6–10	VI. Eheschließung	15
		VII. Unwirksamkeit	16–19
1. Sachlicher Anwendungsbereich	6	1. Unwirksamkeitsgründe	16, 17
2. Antrag	7, 8	2. Geltendmachung	18, 19
3. „Wichtiger Grund"	9, 10	VIII. Verfahren	20–22

I. Normzweck

Die Volljährigenadoption soll **erleichtert** aufgehoben werden können, da sie nur schwächere 1 Wirkungen als eine Minderjährigenannahme entfaltet. Insbesondere bleiben die Beziehungen zu den leiblichen Verwandten dauernd bestehen, weshalb ihnen durch Aufhebung nach geraumer Zeit die Verwandtschaft nicht wieder „aufgedrängt" wird (zum Unterschied zur Minderjährigenadoption s. § 1764 Rn. 14-15). Doch sollte das Gewicht auch der Volljährigenadoption dadurch erhöht werden, dass eine Aufhebung im bloßen gegenseitigen Einvernehmen, wie sie § 1768 aF erlaubte, ausgeschlossen[1] und vom Vorliegen eines wichtigen Grundes abhängig gemacht werden.[2] – Wie der Adoptionsantrag ist der Antrag auf deren Aufhebung **höchstpersönlich** und **nicht vererbbar**.[3]

II. Anwendungsbereich

§ 1771 gilt nur für die **Volljährigenadoption** (dazu auch § 1759 Rn. 3) und zählt die Aufhe- 2 bungsgründe **abschließend**[4] auf: Neben der Aufhebung auf **kumulativen** Antrag aus **wichtigem Grund** oder – auf Antrag des Betroffenen (dazu Rn. 7-8) – wegen **anfänglicher Mängel** (§ 1767 Abs. 2 iVm. § 1760, dazu Rn. 5; zur Nichtanwendbarkeit von § 1763 s. Rn. 3, § 1767 Rn. 25) besteht keine weitere Möglichkeit der Auflösung. Insbesondere wurde[5] nicht die Aufhebung aus wichtigem Grund auf **einseitigen Antrag** zugelassen.[6] – Die Aufhebung nach § 1771 ist zudem

---

[1] BT-Drucks. 7/3061 S. 55 [Zu § 1771 Nr. 5] im Anschluss an *Gernhuber/Coester-Waltjen* § 69 Rn. 24.
[2] Zur Entstehungsgeschichte s. *Staudinger/Frank* Rn. 1-2.
[3] OLG München NJOZ 2007, 2423 = FamRZ 2008, 299 mwN.
[4] OLG München NJOZ 2007, 2423 = FamRZ 2008, 299.
[5] Entgegen Vorschlägen im Schrifttum (*Heinisch* [Schrifttum zu § 1759] S. 33; *Engler* S. 113) offenbar ohne weitere Diskussion.
[6] Die Kumulation der Anträge in § 1771 entspricht dem seit 1961 geltenden Recht und ist mit Rücksicht auf den klaren Wortlaut hinzunehmen, BGHZ 103, 12 = NJW 1988, 1139 = FamRZ 1988, 390 mwN und m. Anm. *Jayme* IPRax 1988, 251; auch OLG Zweibrücken NJW-RR 1986, 1391 = FamRZ 1986, 1149 m. abl. Anm. *Bosch*; KG OLGZ 1987, 306 = NJW-RR 1987, 776; OLG Karlsruhe FamRZ 1988, 979 (trotz Tötung der Adoptivmutter); OLG München NJOZ 2007, 2423 = FamRZ 2008, 299; LG Düsseldorf NJWE-FER 2001, 9 = FamRZ 2001, 648, 649; AG Langen MDR 1980, 1021; *Behn* ZfJ 1977, 468; *Liermann* FamRZ 1995,

§ 1771 3–6 Abschnitt 2. Titel 7. Annahme als Kind

auf eine schwache Adoption nach § 1770 beschränkt und ist nicht auf die Annahme mit den Wirkungen der Minderjährigenannahme anwendbar (§ 1772 Abs. 2 S. 1, dazu dort Rn. 12-13; s. auch Rn. 6).

3   Geltung **nur** für die Volljährigenadoption ist wörtlich zu nehmen: § 1771 ist nur auf die Adoption anzuwenden, die bei Volljährigkeit des Angenommenen zustande gekommen ist, sei es als schwache Adoption (§ 1770) oder als Volladoption (§ 1772). Da **§ 1763** – Aufhebung von Amts wegen – nur während der Minderjährigkeit des Angenommenen anwendbar ist (dazu Rn. 4, § 1763 Rn. 6), kann eine Minderjährigenadoption nach Eintritt der Volljährigkeit des Kindes nicht mehr aus „schwerwiegenden Gründen zum Wohl des Kindes" aufgehoben werden.[7]

III. Anwendbare Vorschriften

4   Nicht anwendbar sind
- § 1759 (Aufhebung des Annahmeverhältnisses).
- § 1761 (Aufhebungshindernisse). Abs. 1 ist unanwendbar, weil es der von ihm erfassten mangelhaften Erklärungen für eine Volljährigenadoption entweder gar nicht bedarf – Einwilligung der Eltern (§§ 1768 Abs. 1 S. 2, 1747) – oder weil ihr Fehlen bereits kein Aufhebungsgrund und deshalb nicht erforderlich iSd. § 1760 Abs. 1 ist – Einwilligung eines Ehegatten nach § 1749 Abs. 1, 2 (dazu § 1761 Rn. 4) – oder durch die Erklärung des Angenommenen – an die Stelle der **Einwilligung** des Kindes und ggf. der Zustimmung seines gesetzlichen Vertreters tritt der Antrag des Anzunehmenden – ersetzt wird. Abs. 2 kommt nicht zur Anwendung, weil er sich allein auf die Annahme eines fürsorgebedürftigen minderjährigen Kindes bezieht (s. auch § 1765 Abs. 1).[8]
- § 1763 (Aufhebung von Amts wegen),[9] weil das für diese Regelung maßgeblich öffentliche Fürsorgebedürfnis bei einer Volljährigenadoption nicht besteht (dazu auch § 1763 Rn. 6): Volljährige können und werden ihre Angelegenheiten ggf. selbst regeln.

5   Anwendbar sind:
- § 1760 (Aufhebung wegen fehlender Erklärungen): Seine „sinngemäße" Anwendung schreiben §§ 1771 S. 2, 1772 Abs. 2 S. 1 ausdrücklich vor. **Ausgeschlossen**, weil nicht mehr „sinngemäß", ist jedoch die Anwendung von § 1760 Abs. 2 lit. e,[10] Abs. 5, 4 (dazu Rn. 12-14).
- § 1762 (Antragsberechtigung; Antragsfrist, Form).[11] Dies gilt uneingeschränkt für die **Antragsfrist** und die **Form** des Antrags (§ 1762 Abs. 2, 3). Die **Antragsberechtigung** folgt dagegen allein aus § 1771 S. 1, sodass § 1762 Abs. 1 S. 1 nicht, wohl aber S. 2-4 – **Vertretung** – anwendbar sind.[12]

sowie die Regelungen zu den **Wirkungen der Aufhebung:**
- § 1764 (Wirkung der Aufhebung) iVm. § 1767 Abs. 2 S. 1,
- § 1765 (Name des Kindes nach der Aufhebung) iVm. § 1767 Abs. 2 S. 1,
- § 1766 (Ehe zwischen Annehmendem und Kind) iVm. § 1767 Abs. 2 S. 1 (dazu Rn. 15).

IV. „Wichtiger Grund"

6   **1. Sachlicher Anwendungsbereich. S. 1** ist nur anwendbar, wenn die Adoption von vornherein als „schwache", dh. zwischen Volljährigen begründet oder auf Grund einer Option aus altem Recht in eine solche übergeleitet wurde (dazu § 1772 Anh. Rn. 11-12).[13] Er ist nach seinem Zweck und systematischen Stellung (§ 1772 Abs. 2 S. 1, dazu dort Rn. 12-13) auf eine Minderjährigenadop-

---

1229, 1230; RGRK/*Dickescheid* Rn. 2; *Palandt/Diederichsen* Rn. 1; *Staudinger/Frank* Rn. 11 ff.; *Gernhuber/Coester-Waltjen* § 69 Rn. 24.

[7] BayObLGZ 1989, 383 = FamRZ 1990, 204, 205; FamRZ 1990, 1392, 1393; ebenso *Staudinger/Frank* Rn. 5, 6 mwN.

[8] BT-Drucks. 7/3061 S. 55 [Zu § 1771 Nr. 4]; s. auch *Staudinger/Frank* § 1771 Rn. 18; *Bischof* JurBüro 1976, 1569, 1589.

[9] BT-Drucks. 7/5087 S. 21 [Zu Artikel 1 Nr. 1 (§ 1771 BGB)]; s. auch *Bischof* JurBüro 1976, 1569, 1589.

[10] BT-Drucks. 7/5087 S. 21 [Zu Artikel 1 Nr. 1 (§ 1771 BGB)].

[11] So ausdrücklich noch § 1771 Abs. 1 S. 2 RegE, BT-Drucks. 7/ 3061 S. 8; s. auch BT-Drucks. 7/5087 S. 21 [Zu Artikel 1 Nr. 1 (§ 1771 BGB)].

[12] BT-Drucks. 7/3061 S. 55 [Zu § 1771 Nr. 6] (der in Bezug genommene § 1761 RegE wurde in der zu Gesetz gewordenen Fassung zu § 1762, BT-Drucks. 7/5087 S. 40). AA wohl - uneingeschränkte Anwendung von § 1762 - *Staudinger/Frank* Rn. 18.

[13] BayObLGZ 1978, 258 = FamRZ 1978, 944. Ebenso BayObLG FamRZ 1990, 97; OLG Hamm NJW 1981, 2762 = FamRZ 1981, 498, 502; OLG Zweibrücken NJW-RR 1986, 1391 = FamRZ 1986, 1149 m. Anm. *Bosch*.

tion auch dann nicht – auch nicht entsprechend – anzuwenden, wenn das angenommene Kind zwischenzeitlich volljährig geworden ist (s. aber auch § 1742 Rn. 9); insoweit verbleibt es bei § 1760 (§ 1763 scheidet aus, weil er die Minderjährigkeit des angenommenen Kindes im Zeitpunkt der Aufhebung voraussetzt).[14]

2. **Antrag.** Erforderlich ist ausnahmslos[15] ein übereinstimmender Antrag des Annehmenden und des Angenommenen (dazu auch Rn. 2).[16] Diese **Antragkumulation** kann auch bei verweigerter Mitwirkung oder Tod eines Adoptionsbeteiligten nicht durch einen einseitigen Antrag ersetzt werden, um der Adoption die erforderliche Bestandskraft zu verleihen und sie nicht der Beliebigkeit auszusetzen. Korrekturen erlaubt ein einseitiger Aufhebungsantrag wegen schwerer Willensmängel nach S. 2 (dazu Rn. 12). Dies mag **rechtspolitisch** bedenklich erscheinen, wenn man ein Bedürfnis für eine erleichterte Aufhebung der Volljährigenadoption anerkennt.[17] Doch sind Bedenken wegen des Bedürfnisses nach fortbestehender Bestandskraft der Adoption nicht durchgreifend, weil etwa die Fälle erheblicher Täuschung[18] über §§ 1767 Abs. 2, 1760 Abs. 2 lit. c erfasst werden können und die Geltung des Dekretsystems[19] – das auch die Annahme nicht nur von einem Antrag, sondern von weiteren Einwilligungen und Zustimmungen abhängig macht (§ 1768 Abs. 1 S. 1) – die Möglichkeit einer einseitigen Antragstellung nicht erfordert. Eine rechtsmissbräuchliche Verweigerung der Antragstellung (entsprechend § 162)[20] kann es wegen der Antragskumulation für die Annahme und die Bestandsbedürftigkeit der Adoption außerhalb des Anwendungsbereiches von § 1760 nicht geben. – Zur **Verfassungsgemäßheit** der Antragskumulation s. Vor § 1741 Rn. 38.

Die Anträge können einzeln oder gemeinsam gestellt werden. Die Zulässigkeit der Vertretung in der Erklärung und ihre Förmlichkeit richtet sich nach § 1762 Abs. 1 S. 2-4, Abs. 3.[21]

3. **„Wichtiger Grund".** Ein solcher liegt vor, wenn Annehmendem oder Angenommenem das Fortbestehen der Adoption nicht zugemutet werden kann, weil die Entstehung oder Fortsetzung einer einem Eltern-Kind-Verhältnis entsprechenden **emotionalen Beziehung** unmöglich ist.[22] Da sie von der Bereitschaft des Annehmenden wie des Angenommenen abhängt, reicht die Weigerung eines Beteiligten aus, diese Bereitschaft zu zerstören. Hierfür können Entfremdung, Enttäuschung, Lieblosigkeiten usw. die Ursache sein. – Der wichtige Grund muss zum gemeinsamen Antrag hinzutreten. Mag der gemeinsame Antrag auch einen wichtigen Grund vermuten lassen, die Kontrolle des FamG wird dadurch nicht eingeschränkt und nicht auf die Überprüfung der Ernstlichkeit und Freiwilligkeit des Antrags beschränkt.[23]

Zwar ist der Missbrauch der Adoption zu **sachfremden Zwecken** allein kein wichtiger Grund (dazu auch Rn. 13).[24] Konnte aber eine Eltern-Kind-Beziehung nicht entstehen, weil die Annahme

---

[14] BayObLGZ 1989, 383 = FamRZ 1990, 204 f.; FamRZ 1990, 1392; NJW-RR 1991, 1220 = FamRZ 1991, 227, 228 (Vorlage nach Art. 100 Abs. 1 GG abgelehnt); OLG Hamm NJW 1981, 2762 = FamRZ 1981, 498, 500 ff.; OLG Düsseldorf NJW-RR 1986, 300 f.; OLG Zweibrücken NJW-RR 1986, 1391 = FamRZ 1986, 1149 m. Anm. *Bosch* (offengelassen „für krasse Fälle materiellen Unrechts"); FGPrax 1997, 66 = FamRZ 1997, 577, 578; OLG Düsseldorf NJW-RR 1986, 300 f.; OLG Stuttgart OLGZ 1988, 268 = NJW 1988, 2386 = FamRZ 1988, 1096; OLG Karlsruhe FamRZ 1996, 434, 435 (offengelassen noch FamRZ 1988, 979); LG Düsseldorf NJWE-FER 2001, 9 = FamRZ 2001, 648, 649; *Palandt/Diederichsen* Rn. 1; *Staudinger/Frank* Rn. 5; RGRK/*Dickescheid* Rn. 1, 6; *Krause* NotBZ 2007, 276, 279; s. auch BT-Drucks. 7/3061 S. 27; BT-Drucks. 7/5087 S. 22. AA BayObLGZ 1978, 258 = FamRZ 1978, 944 f. m. abl. Bspr. *Bosch* FamRZ 1978, 656 ff. (aufgegeben in BayObLGZ 1989, 383 = FamRZ 1990, 204); *Erman/Saar* Rn. 7; § 1759 Rn. 7.
[15] AA *Erman/Saar* Rn. 6; *Bosch* FamRZ 1978, 656, 665 f. Fn. 120.
[16] BGHZ 103, 12 = NJW 1988, 1139 = FamRZ 1988, 390, 391 m. Anm. *Jayme* IPRax 1988, 251; BayObLGZ 1978, 258 = FamRZ 1978, 944; BayObLGZ 1998, 279 = NJW-RR 1999, 1379 = FamRZ 1999, 1667, 1668; KG NJW-RR 1987, 777 = FamRZ 1987, 635 ff.; OLG Stuttgart NJW-RR 2010, 1231 = FamRZ 2010, 1999, 2000; *Staudinger/Frank* Rn. 11-15; *Soergel/Liermann* Rn. 2; s. auch BT-Drucks. 7/5087 S. 21; aA AG Leutkirch BWNotZ 1989, 145 f.
[17] AG Leutkirch FamRZ 1989, 538; *Erman/Saar* Rn. 5, 6; *Palandt/Diederichsen* Rn. 1; *Bosch* FamRZ 1978, 656, 665; *ders.* FamRZ 1984, 829, 841 f.; *ders.* FamRZ 1986, 1149 f.
[18] AG Leutkirch FamRZ 1989, 538.
[19] So *Palandt/Diederichsen* Rn. 1.
[20] Dazu *Soergel/Liermann* Rn. 8.
[21] BT-Drucks. 7/3061 S. 55 Nr. 6.
[22] OLG Stuttgart NJW-RR 2010, 1231 = FamRZ 2010, 1999, 2000; LG Münster FamRZ 2002, 1655; *Staudinger/Frank* Rn. 9.
[23] BayObLGZ 1978, 1 = FamRZ 1978, 736, 738; LG Münster FamRZ 2002, 1655; RGRK/*Dickescheid* Rn. 5; *Soergel/Liermann* Rn. 10; *Staudinger/Frank* Rn. 10; *Erman/Saar* Rn. 7; *Palandt/Diederichsen* Rn. 2; *Gernhuber/Coester-Waltjen* § 69 Rn. 24 Fn. 31; aA *Lüderitz*, Verhandlungen des 48. DJT, 1970, S. 12-19 (Gutachten B); *Behn* ZfJ 1977, 469; *Engler* FamRZ 1975, 137; *ders.* FamRZ 1976, 592.
[24] OLG Schleswig NJW-RR 1995, 583 = FamRZ 1995, 1016 f.

§ 1771 11–15　　　　　　　　　　　　　　　　　　　　Abschnitt 2. Titel 7. Annahme als Kind

nur zur Begründung gleichgeschlechtlicher Beziehungen betrieben worden war, kann ein wichtiger Grund angenommen werden, wenn die Beteiligten eine **Lebenspartnerschaft** eingehen wollen (vgl. § 1 Abs. 3 Nr. 2 LPartG).[25] Dasselbe gilt, wenn es dem Angenommenen nur um die Erlangung einer erbrechtlichen Stellung, des Aufenthaltsrechts oder um steuerliche Vorteile geht.[26]

V. Anfänglicher Mangel

11　**1. Antrag.** Das Annahmeverhältnis kann nur auf Antrag desjenigen Beteiligten aufgehoben werden, dessen Antrag fehlte oder mangelhaft war (**S. 2,** § 1767 Abs. 2 iVm. § 1762). Anders als zu S. 1 (dazu Rn. 7) genügt ein **einseitiger** Antrag des Betroffenen.[27] – Nicht antragsberechtigt sind die leiblichen **Eltern,** weil es ihrer Einwilligung in die Annahme nicht bedarf (dazu § 1768 Rn. 5).[28] Zur gesetzlichen Vertretung, Form und Frist s. § 1762 Rn. 4-17. Bedenklich ist die auch für den Fall der Täuschung geltende absolute Antragssperre nach Ablauf von 3 Jahren (Abs. 2 S. 1).

12　**2. Aufhebungsgründe.** § 1760 Abs. 1-5 sind sinngemäß anwendbar (S. 2, dazu aber auch Rn. 5). Ein Aufhebungsgrund besteht nur, wenn beide Anträge oder einer von ihnen **fehlt** oder nach § 1760 Abs. 2 **unwirksam** ist (vgl. auch S. 3). Zum Fehlen eines Antrags und zur Unwirksamkeit s. § 1760 Rn. 3-11. Auch die Volljährigenadoption kann wegen eines **Irrtums** über wesentliche Eigenschaften nicht mehr aufgehoben werden (dazu § 1760 Rn. 13),[29] anders wegen **arglistiger Täuschung** (§ 1760 Abs. 2 lit. c). – Kraft der Verweisung in § 1767 Abs. 2 ist auch § 1762 anwendbar, insbesondere auch die Ausschlussfrist in § 1762 Abs. 2.[30]

13　**Kein** Aufhebungsgrund ist der/die
– Missbrauch der Adoption zu sachfremden Zwecken.[31]
– fehlende, weil nicht erforderliche Einwilligung eines leiblichen Elternteils (§ 1768 Abs. 1 S. 2).
– erforderliche, aber fehlende Einwilligung des Ehegatten (§ 1760 Abs. 1, dazu dort Rn. 3, § 1749 Rn. 9, § 1761 Rn. 4-5).
– Irrtum über die Änderung des Geburtsnamens durch die Adoption nach § 1757 Abs. 1 S. 1.[32]
– Verletzung rechtlichen Gehörs (dazu § 1768 Rn. 16, § 1769 Rn. 12).[33]

14　**3. Ausschlussgründe.** Als Gründe, die den Ausschluss einer Aufhebung rechtfertigen, kommen nur die in § 1760 Abs. 3 S. 1,[34] Abs. 4 genannten in Betracht. – Allerdings ist der Ausschluss der Aufhebung bei Täuschung über die **Vermögensverhältnisse** (Abs. 4) zu weitgehend. Dieser Ausschlusstatbestand ist deshalb restriktiv auszulegen; er erfasst nicht eine vermögensbezogene Motivation, weshalb eine Täuschung über hauptsächliche Beerbungsabsichten erheblich ist.[35] Dazu und zur Interessenabwägung s. auch § 1761 Rn. 13. – Die Verweisung auf **§ 1760 Abs. 5** in S. 2 ist ohne eigenen Sinngehalt, weil die Einwilligung der Eltern als solche nicht erforderlich ist (dazu § 1767 Rn. 21, § 1768 Rn. 5).[36]

VI. Eheschließung

15　§ 1766 ist auf die Volljährigenadoption anwendbar (§ 1767 Abs. 2 S. 1, dazu Rn. 5).[37] Deshalb führt die Eheschließung eines Annehmenden mit dem Angenommenen oder seinem Abkömmling

---

[25] AG Wiesbaden FamRZ 2006, 574.
[26] BGHZ 103, 12 = NJW 1988, 1139 = FamRZ 1988, 390, 391 f.; BayObLG ZfJ 1992, 442, 443; OLG Frankfurt/M. OLGZ 1982, 421 = FamRZ 1982, 1241, 1242; LG Augsburg FamRZ 1995, 1017 m. Anm. *Bosch.*
[27] BT-Drucks. 7/5087 S. 21: „..., in der Praxis überwiegend auf gemeinsamen Antrag der Beteiligten erfolgen und die Aufhebung wegen Willensmängeln bei der Annahme die Ausnahme sein wird, ...".
[28] BayObLG FGPrax 2000, 204 = FamRZ 2001, 122, 123.
[29] Zum früheren Recht s. *Staudinger/Engler* 10./11. Aufl. § 1755 Rn. 5-7 mwN.
[30] BayObLG ZfJ 1992, 442 f.; OLG Schleswig NJW-RR 1995, 583 = FamRZ 1995, 1016; OLG München NJOZ 2007, 2423 = FamRZ 2008, 299, 300; offengelassen von BGHZ 103, 12 = NJW 1988, 1139 = FamRZ 1988, 390, 391 m. Anm. *Jayme* IPRax 1988, 251.
[31] BGHZ 103, 12 = NJW 1988, 1139 = FamRZ 1988, 390 m. Anm. *Jayme* IPRax 1988, 251; KG NJW-RR 1987, 777 = FamRZ 1987, 635, 637 f.; OLG Schleswig NJW-RR 1995, 583 = FamRZ 1995, 1016 f.
[32] OLG Stuttgart NJW-RR 2010, 1231 = FamRZ 2010, 1999, 2000.
[33] BayObLGZ 1986, 57 = NJW-RR 1986, 872 = FamRZ 1986, 719, 721 m. Anm. *Bosch;* OLG Zweibrücken FamRZ 1984, 204.
[34] RA-BT BT-Drucks. 7/5087 S. 21.
[35] OLG Frankfurt/M. OLGZ 1982, 42 = FamRZ 1982, 1241, 1242 m. abl. Anm. *Bosch.*
[36] Sie zeigt die eilige Gesetzesredaktion, dazu auch *Engler* FamRZ 1976, 592. § 1771 Abs. 1 S. 2 war folgerichtig formuliert; die Umstellungen in §§ 1760, 1761 durch den RA-BT sind in § 1771 nicht nachvollzogen worden, ohne dass inhaltlich etwas geändert werden sollte, vgl. BT-Drucks. 7/5087 S. 21.
[37] BT-Drucks. 7/3061 S. 55 [Zu § 1771 Nr. 1].

entgegen dem **Eheverbot** des § 1308, ohne von dem Eheverbot befreit worden zu sein, von Gesetzes wegen zur Aufhebung der Annahme. Zu den **Einzelheiten** s. die Ausführungen zu § 1766.

VII. Unwirksamkeit

1. Unwirksamkeitsgründe. Neben der Aufhebung ist für die **Nichtigkeit** der Annahme und 16 eine **Wiederaufnahme** des Annahmeverfahrens grundsätzlich kein Raum (dazu auch § 1759 Rn. 8-11).[38] Doch ist bei der Volljährigenadoption – anders als bei der Minderjährigenadoption – ein Vertrauen des Angenommenen auf den Bestand der Adoption trotz evidenter Rechtsverstöße nicht begründet oder weniger schutzwürdig; zudem ist hier ein Ausgleich von Härten über § 1763 nicht möglich (dazu Rn. 3, § 1767 Rn. 25).

Deshalb ist eine Annahme, die einen im Gesetz nicht vorgesehenen Inhalt hat, nur **ausnahms-** 17 **weise** nichtig, etwa:
– Die gemeinschaftliche Annahme durch Unverheiratete (dazu § 1759 Rn. 10).
– Bloße **Sittenwidrigkeit**, mag sie im Missbrauch der Institution zur Tarnung homophiler Beziehungen[39] oder in der Erschleichung einer Annahme zur Erbteilsminderung von Abkömmlingen bestehen,[40] ist kein Nichtigkeitsgrund.[41] Der Beteiligte, dessen Motivation fast nie rein altruistisch und mehreren Hemmschwellen – notariell beurkundeter Antrag, familiengerichtliche Prüfung – unterworfen ist, hätte sich besser vorsehen sollen.

2. Geltendmachung. Die nichtige Adoption ist unwirksam und braucht deshalb nicht aufge- 18 hoben zu werden. Der Betroffene ist auf **mittelbare Rechtsbehelfe** angewiesen:
– Wurde er nicht gehört, ist sein Anspruch auf **rechtliches Gehör** (Art. 103 GG) verletzt und zunächst die Anhörungsrüge nach § 44 FamFG und danach ggf. die Verfassungsbeschwerde eröffnet (dazu § 1752 Rn. 45-47).[42]
– Ist durch die wirksame Adoption ein Bedingungseintritt **sittenwidrig** herbeigeführt oder verhindert, gilt § 162.[43]
– Ist durch die Annahme ein **Vermögensschaden** entstanden, kann hierfür der Handelnde über die in § 1760 Abs. 2 vorgesehenen Gründe und in § 1762 Abs. 2 angeordneten Fristen hinaus wegen culpa in contrahendo oder nach § 826 haften. Doch ist Schadensersatz in Natur, dh. die Mitwirkung bei einer Aufhebung nach S. 1, ausgeschlossen; eine der freien Entscheidung unterliegende familienrechtliche Erklärung kann auf diese Weise nicht erzwungen werden.[44] Auch die Haftung des beratenden Anwalts (§§ 826, 830) oder Notars (§ 19 BNotO) ist nicht ausgeschlossen.[45]
– Denkbar ist auch ein **Feststellungsantrag** entsprechend § 256 ZPO (vgl. § 113 Abs. 1 FamFG). Zur **Amtshaftung** s. § 839 Rn. 326, zur Wiederherstellung einer Eltern-Kind-Beziehung zu den 19 **leiblichen** Eltern s. § 1742 Rn. 9.

VIII. Verfahren

Das **Aufhebungsverfahren** richtet sich nach denselben Vorschriften wie die Aufhebung der 20 Minderjährigenadoption (dazu § 1759 Rn. 8-38); allerdings wirkt das Jugendamt nicht mit. – Da

---

[38] BGHZ 103, 12 = NJW 1988, 1139 = FamRZ 1988, 390, 392 m. Anm. *Jayme* IPRax 1988, 251.
[39] OLG Köln NJW 1980, 63 m. Bspr. *Lüderitz* NJW 1980, 1087.
[40] Aus der Praxis: A begründet ihren Wohnsitz in X, wo sie nicht näher bekannt ist. Dort beantragt sie zusammen mit B dessen Annahme als Kind. Ihr Sohn C, langjähriger Geschäftsführer des elterlichen Betriebs, der durch B verdrängt werden soll, wird im Antrag weder genannt noch von Amts wegen ermittelt (nach § 81 des Entwurfs einer Verfahrensordnung für die freiwillige Gerichtsbarkeit (FrGO) in Bericht der Kommission für das Recht der freiwilligen Gerichtsbarkeit einschließlich des Beurkundungsrechts, hrg. v. Bundesministerium der Justiz, Dezember 1977, ein Wiederaufnahmegrund). Sein Pflichtteil wird um die Hälfte verkürzt.
[41] BGHZ 103, 12 = NJW 1988, 1139 = FamRZ 1988, 390 m. Anm. *Jayme* IPRax 1988, 251. Näher *Lüderitz* NJW 1980, 1087 f. Zustimmend RGRK/*Dickescheid* Rn. 8, der jedoch in gleichem Atemzug unter vagen Voraussetzungen eine „außerordentliche Aufhebung" zulassen will (Rn. 9).
[42] BVerfG NJW 1988, 1963 = FamRZ 1988, 1247 m. Anm. *Niemeyer* FuR 1994, 100.
[43] Vgl. OLG Stuttgart FamRZ 1981, 818 m. Anm. *Bausch*: Vom Belasteten mehrfach anerkanntes Vermächtnis eines Erblassers, den Betrieb an den Stiefbruder herauszugeben, falls Belasteter kinderlos sterbe, wird durch Annahme eines erwachsenen Dritten kurz vor Tod des Belasteten bewusst unterlaufen.
[44] Die Verweigerung des Antrags ist auch kein Rechtsmissbrauch (§ 226, so *Soergel/Liermann* Rn. 8), da über diese Vorschrift niemand zu einem Handeln gezwungen werden kann. In Betracht kommt nur, dass die Berufung auf das Annahmeverhältnis rechtsmissbräuchlich ist.
[45] Sie hätte in OLG Stuttgart FamRZ 1981, 818 m. Anm. *Bausch* nahe gelegen, wenn ein Vermächtnis tatsächlich vereitelt worden wäre.

§ 1772   1   Abschnitt 2. Titel 7. Annahme als Kind

den Abkömmlingen des Annehmenden weder ein Antragsrecht noch eine Einwilligungsbefugnis zusteht (dazu § 1769 Rn. 3, § 1747 Rn. 17), sind sie und ein Nachlasspfleger auch nicht **beschwerdebefugt**.[46]

21   Die Aufhebung kann bei gemeinschaftlicher Annahme durch ein Ehepaar auf einen Annehmenden **beschränkt** werden (s. § 1764 Abs. 5);[47] sie muss es, wenn nur der Antrag eines Annehmenden mangelhaft war (dazu § 1762 Rn. 7).

22   Die Aufhebung beendet die Rechtsbeziehungen zwischen dem Annehmenden und dem Angenommenen sowie seinen Abkömmlingen **für die Zukunft** (§ 1764 Abs. 1 S. 1, Abs. 2). Für den Namen gilt § 1765. Da weitere Wirkungen nicht eingetreten sind, brauchen solche auch nicht beseitigt zu werden.

§ 1772 Annahme mit den Wirkungen der Minderjährigenannahme

(1) ¹**Das Familiengericht kann beim Ausspruch der Annahme eines Volljährigen auf Antrag des Annehmenden und des Anzunehmenden bestimmen, dass sich die Wirkungen der Annahme nach den Vorschriften über die Annahme eines Minderjährigen oder eines verwandten Minderjährigen richten (§§ 1754 bis 1756), wenn**

a) ein minderjähriger Bruder oder eine minderjährige Schwester des Anzunehmenden von dem Annehmenden als Kind angenommen worden ist oder gleichzeitig angenommen wird oder

b) der Anzunehmende bereits als Minderjähriger in die Familie des Annehmenden aufgenommen worden ist oder

c) der Annehmende das Kind seines Ehegatten annimmt oder

d) der Anzunehmende in dem Zeitpunkt, in dem der Antrag auf Annahme bei dem Familiengericht eingereicht wird, noch nicht volljährig ist.

²Eine solche Bestimmung darf nicht getroffen werden, wenn ihr überwiegende Interessen der Eltern des Anzunehmenden entgegenstehen.

(2) ¹Das Annahmeverhältnis kann in den Fällen des Absatzes 1 nur in sinngemäßer Anwendung der Vorschrift des § 1760 Abs. 1 bis 5 aufgehoben werden. ²An die Stelle der Einwilligung des Kindes tritt der Antrag des Anzunehmenden.

Übersicht

	Rn.		Rn.
I. Normzweck	1	IV. Aufhebung	12, 13
II. Bestimmung	2–8	V. Verfahren	14–19
1. Zulässigkeit	2–5	1. Antrag	15
2. Interessen der leiblichen Eltern	6, 7	2. Verfahrensgegenstand	16, 17
3. Sittliche Rechtfertigung	8	3. Entscheidung	18
III. Wirkungen	9–11	4. Beschwerde	19

I. Normzweck

1   Die Volladoption (dazu §§ 1754, 1755 Rn. 1) soll auch für Volljährige eröffnet werden, wenn sie mit einer Minderjährigenadoption verknüpft ist oder sie praktisch nachholt.[1] Dies ist grundsätzlich zu begrüßen und nur deshalb bedenklich, weil Voraussetzungen und Wirkungen nicht aufeinander abgestimmt sind (dazu Rn. 6–11). – Die gesetzliche Regelung, eine eng auszulegende **Ausnahmeregelung**,[2] „erfasst nicht alle möglichen Fallgestaltungen, in denen Besonderheiten eine spezielle rechtliche Regelung möglich erscheinen ließen." Denn der Gesetzgeber war zu Recht der Auffas-

---

[46] OLG München NJOZ 2007, 2423 = FamRZ 2008, 299.
[47] BT-Drucks. 7/3061 S. 55 Nr. 6.
[1] Zustimmend Akademikerverbände FamRZ 1974, 170; s. dazu auch KG FamRZ 1996, 240, 241. Zur Entstehungsgeschichte s. *Staudinger/Frank* Rn. 1.
[2] OLG Hamm OLGZ 1979, 410 = FamRZ 1979, 1082, 1084; KG FamRZ 1996, 240, 241 (zu lit. b; auch *Staudinger/Frank* Rn. 2 (zu lit. a).

sung, dass „eine weitergehende Typenvielfalt ... zu Unübersichtlichkeit und Unklarheit in familienrechtlichen Beziehungen führen [würde]."[3]

II. Bestimmung

1. Zulässigkeit. Die Volladoption ist, ohne allerdings zwingend geboten zu sein,[4] nur in den in Abs. 1 S. 1 lit. a-d **enumerativ** und **abschließend** aufgezählten Fallgestaltungen zulässig: 2
- Ein **minderjähriges Geschwister** wurde vor dem Volljährigen oder wird zusammen mit ihm von demselben Annehmenden angenommen (lit. a). Beiden soll in der Adoptivfamilie dieselbe Rechtsstellung zukommen.[5] Da die Geschwister – die auch bei schwacher Adoption miteinander verwandt bleiben – bei Unterbleiben der Volladoption nicht anders stehen als **Halbgeschwister**, ist lit a auch auf sie entsprechend anzuwenden.[6] Im Hinblick auf die unklare Rechtslage bei der **Aufhebung** des Annahmeverhältnisses zu den Minderjährigen (dazu Rn. 13) ist dessen Fehlerfreiheit und Beständigkeit besonders genau zu prüfen, bevor mündige Geschwister voll hinzu adoptiert werden.
- Der Anzunehmende war bereits als Minderjähriger[7] in die Familie des Annehmenden aufgenommen, soll aber erst als Volljähriger adoptiert werden (lit. b; **„nachgeholte Minderjährigenadoption"**[8]). „Aufnahme" meint die tatsächliche dauerhafte Betreuung des Anzunehmenden am Wohnsitz des Annehmenden in dessen Familie als seinem Lebensmittelpunkt mit der Bildung einer Eltern-Kind-Beziehung,[9] nicht bloß häufigen Kontakt oder geistige Verbindung.[10] Eine **Mindestdauer** des Aufenthalts ist zwar nicht gesetzlich vorgeschrieben,[11] wird sich aber faktisch wegen des Erfordernisses einer Eltern-Kind-Beziehung ergeben. – Typischer Fall ist die Stiefkindadoption (dazu auch Rn. 4, 8). 3
- Die **Stiefkindadoption** ehelicher wie nichtehelicher Kinder bestimmt sich nach lit. b und lit. c (zur menschenrechtlichen Fragestellung s. Vor § 1741 Rn. 22).[12] Die Regelungen unterscheiden sich dadurch, dass für lit. b der Anzunehmende bereits während der Minderjährigkeit in die Familie des Annehmenden aufgenommen worden sein muss (dazu auch Rn. 3).[13] Liegen die Voraussetzungen von lit. b bezogen auf den einen, die von lit. c bezogen auf dessen „späteren" Ehegatten vor, können die Ehegatten das Kind gemeinschaftlich oder auch getrennt – zunächst der „betreuende", danach der andere Ehegatte – adoptieren.[14] – Ehegatten gleichgestellt sind Lebenspartner (§ 9 Abs. 7 S. 2 LPartG). 4
- Für die Anwendung der Regeln über die Minderjährigenadoption muss der Anzunehmende grundsätzlich bei Erlass des Annahmebeschlusses noch minderjährig sein (§ 1752; dazu auch § 1741 Rn. 9). Ist er bereits volljährig, ist Voraussetzung für den Ausspruch nach lit. d,[15] dass der Antrag des Annehmenden auf Annahme bereits beim FamG **eingereicht** war, als der Anzuneh- 5

---

[3] BT-Drucks. 7/3061 S. 23 [lit. f].
[4] Zu lit. d *Staudinger/Frank* Rn. 5; *Frank* FamRZ 1998, 394, 399.
[5] BT-Drucks. 7/3061 S. 56 [Nr. 2 Abs. 1].
[6] So auch *Staudinger/Frank* Rn. 2 trotz der wegen des Ausnahmecharakters der Regelung gebotenen engen Auslegung (dazu Rn. 1).
[7] Dazu OLG München FGPrax 2010, 190 m. Anm. *Grziwotz* FamFR 2010, 237 = FamRZ 2010, 2088, 2089 (auch dann, wenn die Aufnahme des Angenommenen als Minderjähriger in die Adoptivfamilie beabsichtigt, eine Aufnahme während des Asylverfahrens aber nicht möglich war).
[8] Begriff von OLG Hamm OLGZ 1979, 410 = FamRZ 1979, 1082, 1084; s. auch BT-Drucks. 7/3061 S. 56 [Nr. 2 Abs. 3]; KG FamRZ 1996, 240, 241; *Staudinger/Frank* Rn. 3.
[9] BT-Drucks. 7/3061 S. 56 [Nr. 2 Abs. 3], allerdings im Zusammenhang mit lit. c: „... wie zu leiblichen ehelichen *Kindern* ..."; OLG Hamm OLGZ 1979, 410 = FamRZ 1979, 1082, 1084; *Staudinger/Frank* Rn. 3.
[10] OLG Hamm OLGZ 1979, 410 = FamRZ 1979, 1082, 1084; KG FamRZ 1996, 240, 241.
[11] Anders Art. 266 Abs. 1 Nr. 2, 3 schweiz. ZGB: 5 Jahre.
[12] Die Streichung der Worte „sein nichteheliches Kind oder" (eingefügt auf Vorschlag des RA-BT BT-Drucks. 13/8511 S. 22, 76) ist nicht nur redaktioneller Art (FamRefK/*Maurer* Rn. 1): Sie setzt die Aufhebung der Unterscheidung zwischen „ehelichen" und „nichtehelichen" Kindern durch das KindRG und die Abschaffung der Möglichkeit, sein eigenes Kind anzunehmen, durch die Aufhebung von § 1741 Abs. 3 S. 2 (Art. 1 Nr. 27 lit. c KindRG) um.
[13] *Soergel/Liermann* Rn. 5.
[14] Entsprechende Anwendung von lit. c: KG FamRZ 1996, 240, 241 f.; *Staudinger/Frank* Rn. 4; *Erman/Saar* Rn. 5, auch wenn der Fall des KG aaO. - Annahme mit den Wirkungen einer Volladoption auch, wenn ein Ehegatte sein eigenes Kind annimmt - nicht mehr vorkommen kann, nachdem die Annahme des eigenen Kindes nicht mehr zulässig ist (dazu § 1741 Rn. 11-12).
[15] Zur Entstehungsgeschichte s. FamRefK/*Maurer* Rn. 3 ff. Kritisch *Staudinger/Frank* Rn. 5 mit rechtsvergleichenden Hinweisen.

§ 1772   6–8   Abschnitt 2. Titel 7. Annahme als Kind

mende noch nicht volljährig war.[16] Allerdings muss sich der **Antrag** auf eine Volljährigenadoption mit den Wirkungen einer Minderjährigenannahme richten, ein Antrag auf eine Minderjährigenadoption ist nicht ausreichend (zum Eintritt der Volljährigkeit während des laufenden Verfahrens auf eine Minderjährigenadoption s. Rn. 16-17, § 1768 Rn. 9).[17]

6   **2. Interessen der leiblichen Eltern.** Nicht erforderlich ist die **Einwilligung** der leiblichen oder im Falle einer Mehrfachadoption der Adoptiveltern, obwohl zu ihnen die Verwandtschaftsbeziehung abgebrochen wird.[18] Dies kann insbesondere bei der Annahme eines Stiefkindes (lit. c) für den ehemaligen Ehegatten eine Härte bedeuten.[19] Doch handelt es sich um eine höchstpersönliche Entscheidung des mündigen Kindes, auf die ein leiblicher Elternteil auch sonst keinen Einfluss nehmen kann;[20] die Emanzipation wird konsequent durchgeführt. Dagegen bestehen verfassungsrechtliche Bedenken,[21] weil ein Elternteil zwar nicht gegen den Willen des Kindes über dessen Mündigkeit hinaus geschützt wird,[22] es aber auch nicht geboten war, die Familienzugehörigkeit in dieser Weise zur Disposition zu stellen (dazu auch Vor § 1741 Rn. 18-20).

7   Die Belange der Eltern werden durch Abs. 1 S. 2 **geschützt**,[23] der den Ausspruch der Wirkungen einer Minderjährigenadoption davon abhängig macht, dass ihr Interesse an der Beibehaltung verwandtschaftlicher Beziehungen das Interesse des Anzunehmenden an der Annahme nicht überwiegt. Wie im Rahmen der parallelen Regelungen in §§ 1745, 1769 für die Interessen von Kindern des Annehmenden und des Anzunehmenden können die Interessen der leiblichen Eltern materieller wie auch immaterieller Art sein (dazu § 1745 Rn. 5-13; § 1769 Rn. 4-5). Erforderlich ist eine umfassende **Abwägung** der Interessen der Annehmenden, des Anzunehmenden und seiner leiblichen Eltern. Da die Interessen der leiblichen Eltern die der anderen Beteiligten überwiegen müssen, reicht es nicht aus, wenn sie gleichgewichtig sind; **Zweifel** gehen zu Lasten der leiblichen Eltern. – Stets sind die leiblichen Eltern **anzuhören** (dazu § 1768 Rn. 13),[24] weil sie ggf. Unterhalts- und/oder erbrechtliche Ansprüche verlieren.

8   **3. Sittliche Rechtfertigung.** Die Abwägung der Interessen der am Adoptionsverfahren Beteiligten (dazu Rn. 7) muss dem Erfordernis der sittlichen Rechtfertigung, der jede Volljährigenadoption bedarf (dazu § 1767 Rn. 14-18),[25] Rechnung tragen:[26] Das FamG *kann,* muss dem Antrag aber nicht entsprechen.[27] Außer den Interessen von Abkömmlingen (§ 1769) hat es auch die der leiblichen Familie zu berücksichtigen. Maßstab ist der **Zweck der Volladoption:** Das Kind, dessen Verbindung zur leiblichen Verwandtschaft faktisch oder rechtlich abgebrochen wurde, soll eine vollwertige Ersatzfamilie erhalten, die ihm auch künftig eine **ungestörte Entwicklung** sichert (dazu Vor § 1741 Rn. 4-6, §§ 1754, 1755 Rn. 1). Besteht aber noch eine **Verbindung** zur leiblichen Familie, ist der Abbruch dieser Beziehung auch nach Eintritt der Volljährigkeit grundsätzlich nicht

---

[16] Dazu auch *Lipp/Wagenitz* Rn. 2. Mit dieser Regelung wird einer Anregung des BR (BT-Drucks. 13/4899 S. 158; eingefügt auf Vorschlag des RA-BT [Art. 1 Nr. 34a, BT-Drucks. 13/8511 S. 22, 76] nach Prüfung der Anregung des BR durch die BReg [BT-Drucks. 13/4899 S. 171]; zum Ganzen auch *Greßmann,* Neues Kindschaftsrecht, Rn. 412-414; *Lipp/Wagenitz* Rn. 2; kritisch hierzu *Frank* FamRZ 1998, 393, 399), einen entsprechenden S. 2 in § 1767 Abs. 2 einzufügen, entsprochen (dazu *Liermann* FuR 1997, 266, 268 f.) und nahezu dasselbe Ziel erreicht. Gleichwohl handelt es sich systematisch um zutreffende Regelungen, der BR zutreffend in § 1767 Abs. 2 angesiedelten Regelung (ebenso *Soergel/Liermann* Rn. 6) wäre das auf die Annahme Minderjähriger anzuwendende Recht vorbehaltlos zur Anwendung gekommen, während ein entsprechender Ausspruch nach lit. d nF unter dem Vorbehalt der familiengerichtlichen Prüfung steht, dass dem Ausspruch, die Wirkung der Annahme richte sich nach den Vorschriften über die Annahme eines Minderjährigen, nicht die überwiegenden Interessen der Eltern des Anzunehmenden entgegenstehen (Abs. 1 S. 2), und zudem Einschränkungen bei der Aufhebung der Annahme hinzunehmen sind (Abs. 2 S. 1) (aA insoweit *Soergel/Liermann* Rn. 6). Vorzugswürdig war der Vorschlag des BR auf Regelung in § 1767 Abs. 2, weil es nicht um die Regelung der Wirkungen der Annahme geht, sondern intertemporal um die Regelung ihrer Voraussetzungen. Ohne eine ausdrückliche Regelung kam und käme nach der Neuregelung noch das im Zeitpunkt der Entscheidung des FamG für Volljährige geltende Adoptionsrecht zur Anwendung (zum Ganzen auch FamRefK/*Maurer* Rn. 3-5).
[17] KG FGPrax 2004, 113 = FamRZ 2004, 1315, 1316.
[18] OLG Zweibrücken FamRZ 1984, 204; kritisch *Engler* FamRZ 1975, 137.
[19] Dazu etwa LG Frankenthal FamRZ 1998, 505, 506.
[20] Ebenso BayObLG FGPrax 2000, 24 = FamRZ 2001, 122, 123.
[21] S. dazu auch *Bühler* BWNotZ 1977, 130; aA 3. Aufl. Rn. 4.
[22] Art. 266 schweiz. ZGB lässt die Volladoption von Mündigen unter vergleichbaren Voraussetzungen ebenfalls ohne elterliche Zustimmung zu.
[23] Eingefügt durch Art. 1 Nr. 3 AdoptRÄndG (dazu Vor § 1741 Rn. 12).
[24] BT-Drucks. 12/2506 S. 9.
[25] Zu Unrecht bezweifelt von *Gernhuber/Coester-Waltjen* § 69 Rn. 28 Fn. 36.
[26] RefE zum AdoptRÄndG (Vor § 1741 Rn. 12, 15) ZfJ 1991, 245, 248.
[27] Ebenso *Staudinger/Frank* Rn. 6; RGRK/*Dickescheid* Rn. 4; *Soergel/Liermann* Rn. 9.

gerechtfertigt.[28] – Zudem kann das FamG auf die **Dauer des Verfahrens** abstellen und die Gründe für eine Verzögerung berücksichtigen, um so das Stichtagsprinzip (dazu § 1741 Rn. 9 aE) abzumildern.[29] – Nie aber ist es sittlich gerechtfertigt, dass sich das Kind durch eine Volladoption seiner **Unterhaltspflicht** gegenüber einem leiblichen Elternteil entzieht, weil es von diesem während seiner Bedürftigkeit versorgt worden ist.[30] Art. 14 GG gewährt keinen weiterreichenden Schutz.[31] Auch **ideelle** Beweggründe sind zu berücksichtigen,[32] etwa kann bei einer **Stiefkindadoption** einer Volladoption entgegenstehen, wenn sie nur als Fortsetzung der nachehelichen Auseinandersetzung um das Kind begriffen werden kann.[33]

III. Wirkungen

Werden unter Verletzung von § 1772 BGB, § 197 Abs. 1 S. 1 FamFG die Wirkungen des § 1772 **nachträglich** angeordnet, ist der Beschluss zwar fehlerhaft (dazu Rn. 16), aber nicht nichtig; vielmehr beinhaltet er konkludent die Aufhebung der vorausgegangenen „schwachen" Adoption zwischen denselben Beteiligten und bindet den **Standesbeamten**.[34] Auch wenn die Annahme eines Volljährigen allein nach den Vorschriften über die Minderjährigenadoption ausgesprochen wird, ist sie nicht nichtig und deshalb in den **Geburtseintrag** aufzunehmen (§ 27 Abs. 3 Nr. 1 PStG).[35]

Da die Regelung – in Abgrenzung zu öffentlich-rechtlichen, insbesondere staatsangehörigkeitsrechtlichen Regeln – familienrechtlicher Natur ist, erwirbt ein volljähriger Angenommener, auch wenn sich die Annahme nach den Regeln der Annahme eines Minderjährigen richtet, die deutsche **Staatsangehörigkeit** (§ 6 StAG) nur, wenn der Anzunehmende bei Einreichung des Adoptionsantrags noch nicht volljährig war (s. auch §§ 1754, 1755 Rn. 13).[36] – Auch aufenthaltsrechtlich ist der Angenommene allein durch die Adoption nicht geschützt.[37] – An den Ausspruch einer Volljährigenadoption mit den Wirkungen einer Minderjährigenannahme durch das FamG unter Verstoß gegen § 1772 Abs. 1 S. 1 lit. d sind die Verwaltungsgerichte nicht **gebunden**.[38]

Die Wirkungen der **§§ 1754-1756** treten ohne die Einschränkung des § 1770 ein (dazu aber auch § 1756 Rn. 11). – Für die Anknüpfung an das **Sorgerecht** in § 1756 Abs. 2 besteht allerdings kein schützenswertes Interesse. Die Verweisung auf die Erhaltung der bisherigen Verwandtschaftsbeziehungen durch eine „schwache" Adoption[39] übersieht, dass diese gerade nicht gewollt ist und zudem noch weitere abweichende Wirkungen zeitigt (§ 1770 Abs. 2, dazu dort Rn. 2).[40] – Das **Umgangsrecht** der Großeltern, zu denen keine sozial-familiäre Beziehung besteht (§ 1684 Abs. 2 S. 1), mit dem Kind des Angenommenen erlischt trotz § 1626 Abs. 3 S. 2 (dazu auch §§ 1754, 1755 Rn. 9).[41]

---

[28] Der RefE zum AdoptRÄndG (dazu Vor § 1741 Rn. 11, 14) wollte dies durch die Einfügung eines S. 2 nach lit. c klarstellen: „Eine solche Bestimmung darf nicht getroffen werden, wenn ihr überwiegende Interessen der Eltern des Anzunehmenden entgegenstehen", ZfJ 1991, 245, 246.
[29] *Erman/Saar* Rn. 6; *Soergel/Liermann* Rn. 6.
[30] OLG München ZEV 2009, 355 = NJOZ 2009, 2867 = FamRZ 2009, 1337; LG Heidelberg FamRZ 2001, 120, 121; *Erman/Saar* Rn. 2; RGRK/*Dickescheid* Rn. 4.
[31] OLG Zweibrücken FamRZ 1984, 204.
[32] BT-Drucks. 12/2506 S. 9; *Staudinger/Frank* Rn. 6; *Soergel/Liermann* Rn. 10; *Wagenitz* ZfJ 1991, 241, 245; *Liermann* FamRZ 1993, 1263, 1266.
[33] AG Kamen ZfJ 1996, 536, 537.
[34] BayObLGZ 1986, 57 = NJW-RR 1986, 872 = FamRZ 1986, 719 m. Anm. *Bosch*; aA AG Kaiserslautern StAZ 1983, 17.
[35] BayObLGZ 1996, 77 = NJW-RR 1996, 1093 = FamRZ 1996, 1034 f. m. abl. Anm. *Liermann* FamRZ 1997, 112.
[36] BVerwGE 108, 216 = NJW 1999, 1347 f. = FamRZ 1999, 780 (LS.) (kein Verstoß gegen Art. 3 Abs. 1 GG); BVerwGE 119, 111 = NJW 2004, 1401, 1402 f. = FamRZ 2004, 194 (LS.). S. auch VG Freiburg Beschl. v. 23. 6. 2010 – 1 K 424/09, juris (der Anzunehmende war bei dem ersten – zurückgewiesenen – Annahmeantrag noch minderjährig, beim zweiten – erfolgreichen – dagegen schon volljährig); VG Köln StAZ 2011, 21 f. m. Anm. *Grziwotz* FamRB 2010, 431.
[37] BVerwG InfAuslR 1993, 262.
[38] BVerwGE 108, 216 = NJW 1999, 1347 = FamRZ 1999, 780 (LS.); OVG Berlin-Brandenburg BeckRS 2007, 23840.
[39] LG Wuppertal ZEV 2009, 45 = FamRZ 2009, 1183 f. m. krit. Anm. *Maurer* FamRZ 2010, 47 (dazu die Revisionsentscheidung BGH NJW 2010, 678 = FamRZ 2010, 273).
[40] *Maurer* FamRZ 2010, 47, 48 f.; im Ergebnis ebenso BGH NJW 2010, 678 = FamRZ 2010, 273, 274 f. [14] m. zust. Anm. *Maurer*.
[41] Ebenso *Staudinger/Frank* Rn. 6; aA OLG Rostock FamRZ 2005, 744.

IV. Aufhebung

12 Abs. 2 S. 1 regelt die Aufhebung der Volladoption Volljähriger **abschließend** (dazu auch § 1759 Rn. 1). Sie kann deshalb aus Gründen des Bestandsschutzes nur wegen **Verfahrensmängeln** aufgehoben werden (näher dazu § 1771 Rn. 11-12), nicht auch weitergehend aus „wichtigem Grund" iSd. § 1771 S. 1.[42] Dies ist folgerichtig, da eine Minderjährigenadoption auch nur während der Minderjährigkeit nach § 1763 aufgehoben werden kann (dazu § 1763 Rn. 6). Allerdings lässt § 1768 Abs. 1 S. 2, der § 1742 von der Anwendung auf die Volljährigenadoption ausnimmt, eine Zweitadoption zu (dazu § 1767 Rn. 25, § 1768 Rn. 6) und nimmt so der versagten Aufhebung aus wichtigem Grund einen Teil ihrer Sperrwirkungen,[43] wenn auch nicht alle: Ist keine Zweitadoption aktuell, bleibt es ggf. bei der Bindung an die Annahme.

13 Abs. 2 S. 1 ist freilich für folgenden Fall zum Abs. 1 lit. a unvollständig: Muss das Annahmeverhältnis zu den noch minderjährigen Geschwistern nach § 1763 aufgelöst werden, muss auch eine Auflösung der Volljährigenadoption zulässig sein.[44] Diese war gerade um der Geschwisterbindung willen als Volladoption ausgestaltet worden; wird sie aufrechterhalten, wird die Geschwisterbindung rechtlich zerstört (dazu § 1764 Rn. 14-15).

V. Verfahren

14 S. dazu zunächst § 1767 Rn. 27, und zum **Verfahren** im Allgemeinen s. § 1768 Rn. 9-17.

15 1. **Antrag.** Voraussetzung ist ein gerade auf die Volladoption gerichteter **gemeinschaftlicher** Antrag von Annehmendem und Anzunehmendem *vor* Ausspruch der Annahme; eine Nachholung ist nicht möglich („beim Ausspruch", dazu Rn. 9).[45] – Auch für eine Annahme mit den Wirkungen der Minderjährigenannahme gilt **Antragskumulierung**, sie muss also von dem Annehmenden wie dem Anzunehmenden beantragt werden (Abs. 1 S. 1). Der Antrag kann mit dem Antrag auf eine Volljährigenadoption **zusammengefasst** werden, kann aber auch bis zum Wirksamwerden des Annahmebeschlusses mit Bekanntgabe durch Zustellung an den Annehmenden **nachgeholt** werden (§§ 40 Abs. 1, 41, 197 Abs. 2 FamFG). – Zu **Form** und **Vertretung** s. § 1768 Rn. 3.

16 2. **Verfahrensgegenstand.** Der gemeinschaftliche Antrag bestimmt den Verfahrensgegenstand (dazu auch § 1752 Rn. 42-43). Deshalb und weil es sich nicht lediglich um ein Minus, sondern um ein Aliud handelt,[46] kann ohne ausdrücklichen Antrag statt einer **Volljährigenadoption** mit den Wirkungen nach § 1770 nicht eine solche mit den Wirkungen der Minderjährigenannahme (§ 1772) ausgesprochen werden. **Zulässig** ist allerdings, den Antrag nach § 1772 und einen auf § 1770 gestützten Hilfsantrag zu stellen (dazu § 1768 Rn. 10, 15). Liegen die Voraussetzungen für eine Volladoption nicht vor, weist das FamG den Hauptantrag zurück und spricht die Adoption mit den schwachen Wirkungen aus;[47] auf die Beschwerde der Antragsteller gegen die Zurückweisung ihres Hauptantrags kann das Beschwerdegericht der Adoption die Wirkungen einer Minderjährigenadoption beilegen.[48] **Nicht** zulässig ist, nach Ausspruch der Volljährigenadoption mit schwachen Wirkungen dieser auf gemeinsamen Antrag von Annehmendem und Angenommenem in einem weiteren Verfahren die Wirkungen einer Minderjährigenadoption beizulegen.[49]

17 Wegen der Verschiedenartigkeit des Verfahrensgegenstands wird allgemein zwar zutreffend abgelehnt, einen Antrag auf eine Volladoption (§ 1772) in einen solchen auf eine schwache Adoption (§ 1770) umzudeuten.[50] Denn wer eine Volladoption will, will eben nicht notwendig hilfsweise eine

---

[42] BayObLGZ 1986, 57 = NJW-RR 1986, 872 = FamRZ 1986, 719 m. Anm. *Bosch*; OLG Hamm NJW 1981, 2762 = FamRZ 1981, 498, 500; *Staudinger/Frank* Rn. 8; *Palandt/Diederichsen* Rn. 7; *Soergel/Liermann* Rn. 12; aA *Bosch* FamRZ 1978, 656, 663; *Erman/Saar* Rn. 8.
[43] *Staudinger/Frank* Rn. 8.
[44] Ebenso RGRK/*Dickescheid* Rn. 6; *Soergel/Liermann* Rn. 12. AA *Staudinger/Frank* Rn. 8; *Erman/Saar* Rn. 8; *Bamberger/Roth/Enders* Rn. 7, die darauf abheben, dass eine Aufhebung der Minderjährigenadoption nur möglich ist, wenn sie eine erneute Annahme des Kindes ermöglichen soll (§ 1763 Abs. 2 lit. b); indes geht es darum beim volljährigen Geschwister gerade nicht.
[45] OLG Hamm OLGZ 1979, 410 = FamRZ 1979, 1082, 1084; OLG Frankfurt/M. FGPrax 2009, 17 = FamRZ 2009, 356; AG Kaiserslautern StAZ 1983, 17.
[46] KG FamRZ 1996, 240, 241; OLG München FGPrax 2010, 190 m. Anm. *Grziwotz* FamFR 2010, 237 = FamRZ 2010, 2088, 2089; *Staudinger/Frank* Rn. 9, § 1768 Rn. 11.
[47] Anders OLG Hamm OLGZ 1979, 410 = FamRZ 1979, 1082, 1084; auch *Staudinger/Frank* Rn. 11: Zunächst ist zweckmäßigerweise über den Hauptantrag zu entscheiden und nach Eintritt der Rechtskraft über den Hilfsantrag.
[48] RGRK/*Dickescheid* Rn. 8.
[49] *Keidel/Engelhardt* § 197 FamFG Rn. 26-27 mwN; *Staudinger/Frank* Rn. 11.
[50] KG FamRZ 1996, 240, 241; *Staudinger/Frank* Rn. 9; *Soergel/Liermann* Rn. 13.

schwache Adoption. Dies schließt aber nicht aus, den Antrag nach § 1772 auch ohne ausdrücklichen Antrag nach § 1770 (dazu Rn. 15) entsprechend auszulegen, da die Volljährigenadoption Voraussetzung für die Annahme mit den Wirkungen einer Minderjährigenannahme ist. Doch hat das FamG den Betroffenen Gelegenheit zu geben, einen formgerechten, auf eine Volljährigenadoption mit den Wirkungen einer Minderjährigenannahme gerichteten Antrag zu stellen.[51]

3. Entscheidung. Spricht das FamG die Annahme nach § 1772 aus, ist dies zur Unterscheidung 18 einer Adoption nach § 1770 im Annahmebeschluss ausdrücklich **anzugeben** (§ 197 Abs. 1 S. 1 FamFG).[52] – Auch wenn ein **Minderjähriger** irrtümlich als Volljähriger adoptiert wurde, entfaltet der Annahmebeschluss lediglich die Wirkungen einer Volljährigenadoption nach § 1770. Er kann nur nach §§ 1771 S. 2, 1760 aufgehoben werden,[53] doch dürften die Voraussetzungen hierfür idR nicht vorliegen. Entsprechend lit. d ist jedoch eine **Nachadoption** zuzulassen.[54]

4. Beschwerde. Weist das FamG den Antrag, die Annahme mit den Wirkungen der Minder- 19 jährigenannahme auszusprechen, **ab,** ist diese Entscheidung mit der Beschwerde nach §§ 58 ff. FamFG anfechtbar (dazu näher § 1768 Rn. 14). Weist es den auf eine Volladoption (§ 1772 BGB) gerichteten **Hauptantrag** ab und spricht auf den **Hilfsantrag** die Adoption mit den schwächeren Wirkungen des § 1770 BGB aus, ist gegen die Abweisung des Hauptantrags die Beschwerde des Antragstellers statthaft.[55]

---

[51] OLG Karlsruhe NJWE-FER 2000, 52 = FamRZ 2000, 768; LG Düsseldorf FamRZ 2010, 1261, 1262; AG Mainz FamRZ 2001, 1641.
[52] MünchKommZPO/*Maurer* §§ 197, 198 FamFG Rn. 14.
[53] BayObLGZ 1986, 155, 159 f. = FamRZ 1986, 1042 f. (LS.) = StAZ 1986, 318.
[54] Kritisch, gleichwohl zustimmend *Staudinger/Frank* § 1752 Rn. 27.
[55] OLG München FGPrax 2010, 190 m. Anm. *Grziwotz* FamFR 2010, 237 = FamRZ 2010, 2088, 2089; *Staudinger/Frank* § 1768 Rn. 11; RGRK/*Dickescheid* Rn. 5; *Erman/Saar* Rn. 4, jeweils zu § 1772 BGB; MünchKommZPO/*Maurer* §§ 197, 198 FamFG Rn. 33, 35; *Schulte-Bunert/Weinreich/Sieghörtner* § 197 FamFG Rn. 4; *Krause* NotBZ 2007, 43, 47; aA AnwK-BGB/*Finger* Rn. 2; *Bamberger/Roth/Enders* Rn. 2, jeweils zu § 1772 BGB.

§ 1772 Anh. 1–3　　　　　　　　　　　　　　　　　　　Abschnitt 2. Titel 7. Annahme als Kind

§ 1772 Anhang

Übergangsregelungen

Schrifttum: *Behn*, Alt-Adoptionen und Waisenrente des Adoptivkindes nach dem Tod der leiblichen Eltern – Zur Anwendung des § 1755 I S 2 nF BGB auf vor dem 1. 1. 1977 durchgeführte Adoption, ZfJ 1978, 233; *Kemp*, Die Übergangsvorschriften des Gesetzes über die Annahme als Kind, DNotZ 1976, 646; *ders.* MittRhNotK 1976, 373; s. auch vor Rn. 26 und 27.

I. Zur Rechtsänderung 1976 (Art. 12 AdoptG)

1　Das AdoptG enthält in Art. 12 ausführliche Übergangsregeln zur Umstellung unter altem Recht begründeter Adoptionsverhältnisse und unter ihm erteilter Einwilligungen. Es wird danach unterschieden, ob der Angenommene am 1. 1. 1977 volljährig (§ 1) oder minderjährig ist (§§ 2–4). § 5 betrifft schwebende Verfahren, § 6 schwebende Einwilligungen. § 7 erlaubt die Wiederholung der Annahme nach neuem Recht („Aufstockung").

§ 1 [Volljährigenadoption]

(1) Ist der nach den bisher geltenden Vorschriften an Kindes Statt Angenommene im Zeitpunkt des Inkrafttretens dieses Gesetzes volljährig, so werden auf das Annahmeverhältnis die Vorschriften dieses Gesetzes über die Annahme Volljähriger angewandt, soweit sich nicht aus den Absätzen 2 bis 6 ein anderes ergibt.

(2) Auf einen Abkömmling des Kindes, auf den sich die Wirkungen der Annahme an Kindes Statt nicht erstreckt haben, werden die Wirkungen der Annahme nicht ausgedehnt.

(3) Hat das von einer Frau angenommene Kind den Namen erhalten, den die Frau vor der Verheiratung geführt hat, so führt es diesen Namen weiter.

(4) Für die erbrechtlichen Verhältnisse bleiben, wenn der Erblasser vor dem Inkrafttreten dieses Gesetzes gestorben ist, die bisher geltenden Vorschriften maßgebend.

(5) Ist in dem Annahmevertrag das Erbrecht des Kindes dem Annehmenden gegenüber ausgeschlossen worden, so bleibt dieser Ausschluß unberührt; in diesem Fall hat auch der Annehmende kein Erbrecht.

(6) [1] § 1761 Abs. 1 des Bürgerlichen Gesetzbuchs in der Fassung dieses Gesetzes ist entsprechend anzuwenden. [2] Die in § 1762 Abs. 2 des Bürgerlichen Gesetzbuchs in der Fassung dieses Gesetzes bezeichneten Fristen beginnen frühestens mit dem Inkrafttreten dieses Gesetzes.

2　**1. Voraussetzungen.** Hat der nach altem Recht Angenommene am 1. 1. 1977 (Art. 12 § 10) das 18. Lebensjahr (§ 2 BGB) vollendet, sind auf das Annahmeverhältnis die Vorschriften über die Annahme Volljähriger anzuwenden. Diese Altersgrenze gilt auch für Ausländer, die gemäß Art. 22 Abs. 1 EGBGB nach deutschem Recht adoptiert worden sind (streitig; dazu § 1741 BGB Rn. 8–9); wurden sie zwar nach ausländischem Recht adoptiert, sind aber die Wirkungen der Adoption teilweise nach deutschem Recht zu beurteilen, ist § 1 entsprechend anzuwenden.[1]

3　**2. Rechtsfolgen.** Für das Annahmeverhältnis gelten grundsätzlich die §§ 1770, 1771 BGB (§ 1 Abs. 1). Doch ergeben sich folgende Ausnahmen:

a) Namensrecht. Das alte Namensrecht gilt teilweise weiter (§ 1 Abs. 3). Dies wirkt sich bei einer (Einzel)annahme durch die Frau aus. Bei einer Annahme bis 30. 6. 1976 konnte im Annahmevertrag vereinbart werden, dass das Kind den von ihr vor ihrer Verheiratung geführten Namen trägt (§ 1758 Abs. 2 S. 1 BGB idF des GleichberG, dazu Vor § 1741 BGB Rn. 12); der Angenommene führt diesen Namen weiter (Abs. 3). Die durch das 1. EheRG eingeführte Änderung – insoweit in Kraft seit 1. 7. 1976 (Art. 12 Nr. 13 b 1. EheRG) -, wonach das unverheiratete Kind stets als Geburtsnamen den Familiennamen des Annehmenden ohne vorangestellten „Begleitnamen" erhält, wirkt nicht zurück. Doch konnte die geschiedene oder verwitwete Ehefrau ihren Namen entsprechend § 1355 Abs. 4 BGB nF ändern; dann hat sich auch der Name des Kindes entsprechend § 1617 Abs. 2-4 BGB nF geändert, worauf § 1758 Abs. 2 BGB idF des 1. EheRG – gültig vom 1. 7. – 31. 12. 1976 – ebenso wie § 1757 Abs. 1 S. 4 BGB idF des AdoptG – gültig ab 1. 1. 1977 –

---
[1] Abweichend, weil Problem insoweit nicht erkannt, BGH NJW 1989, 2197 = FamRZ 1989, 378, 381.

Übergangsregelungen 4–7 § 1772 Anh.

verweist. – Für eine nach dem 1. 7. 1976 ausgesprochene Annahme hat § 1 Abs. 3 keine Bedeutung mehr, weil das durch § 1758 Abs. 4 BGB aF begründete Recht des Angenommenen, dem Namen des Annehmenden den eigenen Familiennamen hinzuzufügen, am 31. 12. 1976 erloschen ist.[2]

b) Erbrecht. Ist ein Adoptionsbeteiligter (Annehmender, Angenommener oder Abkömmling) 4 bis zum 30. 6. 1977 gestorben, wird er nach altem Recht beerbt (§ 1 Abs. 4). Der Annehmende erbt also nicht kraft Gesetzes (§ 1759 BGB aF), weil sonst in bereits entstandene Erbrechte Dritter eingegriffen würde. – Bei Erbfällen ab dem 1. 1. 1977 erbt dagegen auch der Annehmende (§ 1770 Abs. 1 S. 1 BGB nF). Doch bleibt ein Ausschluss des Erbrechts nach § 1767 Abs. 1 BGB aF wirksam (Abs. 5; Vertrauensschutz).[3] Aus Gründen der Gegenseitigkeit erhält auch der Annehmende nicht das gesetzliche Erbrecht neuen Rechts; dies gilt auch für den Ausschluss des Pflichtteilsrechts.[4] Wirksam bleibt auch der vertragliche Erbrechtsausschluss gegenüber nur *einem* Annehmenden, sodass dieser das Kind nicht beerbt, ansonsten das Kind benachteiligt würde.[5]

c) Volljährigenadoption. War der Abkömmling bereits nach früherem Recht in die Annahme 5 einbezogen, erstreckt sich die (schwache) Volljährigenadoption für die Abkömmlinge des Angenommenen nach neuem Recht (vgl. § 1770 Abs. 1 S. 1 BGB) auf Alt-Adoptionen (§ 1 Abs. 2): Nach § 1762 BGB aF durfte der Angenommene bei Vertragsschluss noch keinen Abkömmling gehabt haben (S. 1), oder ein vorhandener Abkömmling musste am Vertragsschluss beteiligt worden sein (S. 2).

d) Erklärungsmängel. Infolge der Verweisung auf § 1771 BGB (§ 1 Abs. 1) und der Funktion 6 der Aufhebung nach § 1760 BGB können Mängel der Einwilligung und Vertragserklärung nur im Aufhebungsverfahren geltend gemacht werden (Abs. 6).[6] Der bestätigte Annahmevertrag alten Rechts erfährt damit eine erhöhte Bestandskraft. War aber der Angenommene bei der Annahme minderjährig, ist § 1760 BGB infolge der Verweisung auf § 1771 S. 2 BGB (Abs. 1) nicht nur „sinngemäß", sondern teilweise unmittelbar anzuwenden: Auch die Mängel der Einwilligung bilden einen Aufhebungsgrund. Die fehlende Verweisung auf § 1761 BGB ergänzt Abs. 6 S. 1. Um zu verhindern, dass bei Inkrafttreten des Gesetzes Anfechtungsfristen nach altem Recht noch liefen, Antragsfristen dagegen bereits abgelaufen sind, lässt Abs. 6 S. 2 den Lauf der in § 1762 Abs. 2 BGB vorgeschriebenen Fristen erst am 1. 1. 1977 beginnen.[7]

e) Einverständliche Aufhebung. Eine einverständliche Aufhebung der Annahme ist nur noch 7 bei wichtigem Grund zulässig (§ 1771 S. 1 BGB),[8] auch wenn der Angenommene bei der Annahme noch minderjährig war. Maßgeblich ist allein, ob er am Stichtag (dazu Rn. 1) volljährig war;[9] war er minderjährig, ist § 1771 S. 1 BGB nicht anwendbar.[10]

§ 2 [Minderjährigenadoption; Erklärungsrechte]

(1) Ist der nach den bisher geltenden Vorschriften an Kindes Statt Angenommene im Zeitpunkt des Inkrafttretens dieses Gesetzes minderjährig, so werden auf das Annahmeverhältnis bis zum 31. Dezember 1977 die bisher geltenden Vorschriften über die Annahme an Kindes Statt angewandt.

(2) [1] **Nach Ablauf der in Absatz 1 bestimmten Frist werden auf das Annahmeverhältnis die Vorschriften dieses Gesetzes über die Annahme Minderjähriger angewandt; § 1 Abs. 2 bis 4 gilt entsprechend; die in § 1762 Abs. 2 des Bürgerlichen Gesetzbuchs in der Fassung dieses Gesetzes bezeichneten Fristen beginnen frühestens mit dem Tag, an dem auf das Annahmeverhältnis die Vorschriften dieses Gesetzes anzuwenden sind.** [2] **Das gilt nicht, wenn ein Annehmender, das Kind, ein leiblicher Elternteil eines ehelichen Kindes oder die Mutter eines nichtehelichen Kindes erklärt, daß die Vorschriften dieses Gesetzes über die Annahme Minderjähriger nicht angewandt werden sollen.** [3] **Wurde die Einwilligung eines Elternteils zur**

---

[2] BayObLGZ 1979, 346 = FamRZ 1980, 501, 502; OLG Celle StAZ 1979, 167.
[3] Zur Wirksamkeit dieser Übergangsregelung s. OLG Hamm NJW-RR 2002, 1375 = FamRZ 2003, 165, 166 f.
[4] *Kemp* DNotZ 1976, 648 f.; *Erman/Saar* Rn. 6.
[5] *Dittmann* Rpfleger 1978, 284; aA *Kemp* MittRhNotK 1976, 378.
[6] BT-Drucks. 7/3061 S. 69.
[7] BT-Drucks. 7/3061 S. 69 f.
[8] BayObLGZ 1978, 258 = FamRZ 1978, 944. Eine einseitige Aufhebung ist – wie bisher – ausgeschlossen, BayObLGZ 1978, 1 = FamRZ 1978, 736.
[9] BayObLGZ 1978, 258 = FamRZ 1978, 944 (missverständliche Korrektur in BayObLGZ 1989, 383 = FamRZ 1990, 204); *Behn* ZfJ 1977, 463, 480.
[10] BayObLGZ 1989, 383 = FamRZ 1990, 204; FamRZ 1990, 1392.

§ 1772 Anh.   8–10   Abschnitt 2. Titel 7. Annahme als Kind

Annahme an Kindes Statt durch das Vormundschaftsgericht ersetzt, so ist dieser Elternteil nicht berechtigt, die Erklärung abzugeben.

(3) ¹Die Erklärung nach Absatz 2 Satz 2 kann nur bis zum Ablauf der in Absatz 1 bestimmten Frist gegenüber dem Amtsgericht Schöneberg in Berlin-Schöneberg abgegeben werden. ²Die Erklärung bedarf der notariellen Beurkundung; sie wird in dem Zeitpunkt wirksam, in dem sie dem Amtsgericht Schöneberg in Berlin-Schöneberg zugeht; sie kann bis zum Ablauf der in Absatz 1 bestimmten Frist schriftlich gegenüber dem Amtsgericht Schöneberg in Berlin-Schöneberg widerrufen werden. ³Der Widerruf muß öffentlich beglaubigt werden. ⁴§ 1762 Abs. 1 Satz 2 bis 4 des Bürgerlichen Gesetzbuchs ist anzuwenden.

(4) ¹Eine Erklärung nach Absatz 2 Satz 2 ist den Personen bekanntzugeben, die zur Abgabe einer solchen Erklärung ebenfalls berechtigt sind. ²Ist der Angenommene minderjährig, so ist diese Erklärung nicht ihm, sondern dem zuständigen Jugendamt bekanntzugeben. ³Eine solche Mitteilung soll unterbleiben, wenn zu besorgen ist, daß durch sie ein nicht offenkundiges Annahmeverhältnis aufgedeckt wird.

8   **1. Überleitung.** War der Angenommene am 1. 1. 1977 noch nicht 18 Jahre alt, wurde das Annahmeverhältnis in 2 Schritten in neues Recht übergeleitet: Vom 1. 1. – 31. 12. 1977 galt altes Recht (§ 2 Abs. 1; dazu Vor § 1741 BGB Rn. 15). Doch richten sich rechtsgeschäftliche Einwirkungen auf die Adoption ausschließlich nach Übergangsrecht (§§ 5, 6); daher kann die Adoption eines in der Übergangszeit volljährig Gewordenen nicht durch schlichten Vertrag (§ 1768 Abs. 1 S. 1 BGB aF) aufgehoben werden (dazu Rn. 15).¹¹ – Ab 1. 1. 1978 gilt entweder das neue Recht der Minderjährigenadoption (§§ 1754-1766 BGB) mit gewissen Ausnahmen (§ 2 Abs. 2 S. 1 Halbs. 2, dazu Rn. 9) oder das neue Recht der Volljährigenadoption (§ 3, dazu Rn. 11-13), wenn ein Adoptionsbeteiligter (dazu Rn. 10) erklärt, dass die Wirkungen der Minderjährigenadoption nicht eintreten sollen. – Die Überleitung nach § 2 findet auch dann statt, wenn der Angenommene zwischen dem 1. 1. und 31. 12. 1977 volljährig geworden ist.¹²

9   **2. Regelwirkungen der Minderjährigenadoption.** Wurde bis zum 31. 12. 1977 keine gegenteilige Erklärung eines Adoptionsbeteiligten (dazu Rn. 10) abgegeben, sind die Regelwirkungen der Minderjährigenadoption eingetreten (§ 2 Abs. 2 S. 2). Ausnahmen (§ 2 Abs. 2 S. 1 Halbs. 2): Bei Einzelannahme durch eine Frau wird deren Name weiter geführt, falls so vereinbart (§ 1 Abs. 3, dazu Rn. 3). – Eingetretene Erbfälle bleiben unberührt (§ 1 Abs. 4, dazu Rn. 5). – Bisher nicht einbezogene Abkömmlinge – **Bsp.:** 1976 wurde eine 16-jährige adoptiert, nicht jedoch wurde ihr Kind mitadoptiert – werden vom Annahmeverhältnis auch weiterhin nicht erfasst (§ 1 Abs. 2, dazu Rn. 5). – Für die Aufhebung gelten die neuen Vorschriften,¹³ jedoch beginnen die Fristen des § 1762 Abs. 2 BGB frühestens am 1. 1. 1978 zu laufen (§ 2 Abs. 2 S. 1 Halbs. 3). – Zum Erwerb der deutschen Staatsangehörigkeit s. § 4, dazu Rn. 14-16.

10   **3. Widerspruch.** Der Annehmende, das Kind, (leiblicher) Vater oder Mutter des ehelichen Kindes und Mutter des nichtehelichen Kindes konnten dem Eintritt der Regelwirkungen (dazu Rn. 9) durch eine notariell beurkundete, gegenüber dem AG Schöneberg in Berlin bis spätestens 31. 12. 1977 abzugebende Erklärung widersprechen (§ 2 Abs. 2 S. 2, Abs. 3 S. 1, 2); sie war den sonstigen Adoptionsbeteiligten bekannt zu geben (Abs. 4). Der Widerspruch konnte bis zum 31. 12. 1977 durch schriftliche, öffentlich beglaubigte Erklärung widerrufen werden (Abs. 3 S. 2 Halbs. 3, S. 3), um wenigstens nachträglich eine Beratung und Belehrung durch das Jugendamt zu ermöglichen. Zu den Einzelheiten s. 2. Aufl. Rn. 52 ff. – Über den Widerspruch war ein Randvermerk gemäß § 30 PStG in das Geburtenbuch einzutragen.¹⁴ Er lautete: „Zu dem Annahmeverhältnis wurde eine ab 1. 1. 1978 wirksame Erklärung nach Art. 12 § 2 Abs. 2 S. 2 des AdoptG ... abgegeben ..."¹⁵

---

¹¹ BayObLGZ 1978, 258 = FamRZ 1978, 944; Behn ZfJ 1977, 463, 480 f.; *Erman/Saar* Rn. 6.
¹² *Staudinger/Frank* Rn. 64; *Soergel/Liermann* Rn. 57, jeweils Vor § 1741 BGB. AA *Erman/Saar* Rn. 7; *Behn* ZfJ 1977, 463, 483: § 1 Abs. 2 entsprechend, weil es widersprüchlich sei, den Angenommenen ab Volljährigkeit „dem früheren Recht für Volljährige", ab 1. 1. 1978 aber dem (neuen) Recht der Minderjährigenadoption zu unterstellen; doch behandelte früheres Recht die Adoption Minder- und Volljähriger in ihren Wirkungen völlig gleich (dazu Vor § 1741 BGB Rn. 15) und beschränkte lediglich die einseitige Aufhebung auf die Minderjährigkeit (§§ 1770a, 1770b BGB aF). Unklar BayObLGZ 1978, 258 = FamRZ 1978, 944: Berufung auf § 1 Abs. 1 (unter 3.), Berufung auf §§ 2, 3 (Widerspruch war fristgemäß erfolgt, unter 3 a.).
¹³ BayObLGZ 1979, 386 = FamRZ 1980, 198; OLG Celle FamRZ 1982, 197.
¹⁴ KG FamRZ 1979, 1081; OLG Köln StAZ 1979, 272; *Reichard* StAZ 1979, 106.
¹⁵ OLG Köln StAZ 1979, 272.

Übergangsregelungen 11–13 § 1772 Anh.

§ 3 [Wirkungen der Erklärung nach § 2]

(1) Wird eine Erklärung nach § 2 Abs. 2 Satz 2 abgegeben, so werden auf das Annahmeverhältnis nach Ablauf der in § 2 Abs. 1 bestimmten Frist die Vorschriften dieses Gesetzes über die Annahme Volljähriger angewandt.

(2) ¹Die Vorschriften des § 1 Abs. 2 bis 5 und des § 2 Abs. 2 Satz 1 Halbsatz 3 werden entsprechend angewandt. ² § 1761 des Bürgerlichen Gesetzbuchs ist anzuwenden. ³Solange der an Kindes Statt Angenommene minderjährig ist, kann das Annahmeverhältnis auch nach § 1763 Abs. 1, 2 des Bürgerlichen Gesetzbuchs in der Fassung dieses Gesetzes aufgehoben werden.

1. Überleitung zur Volljährigenadoption. § 3 bestimmt die Rechtswirkungen eines nicht 11 widerrufenen Widerspruchs eines Adoptionsbeteiligten nach § 2 Abs. 2 gegen den Eintritt der Regelwirkungen einer Minderjährigenadoption (dazu Rn. 10); er leitet diese ab 1. 1. 1978 in das neue Recht der Volljährigenadoption über (§ 3 Abs. 1). Da es sich weiterhin um die Annahme eines Minderjährigen handelt, sind die §§ 1754-1766 BGB entgegen § 1767 Abs. 2 BGB nicht nur entsprechend, sondern unmittelbar anzuwenden. *Ausgeschlossen* werden §§ 1754, 1755 BGB durch § 1770 BGB nur insoweit, als nicht auch die Verwandtschaft zu *Verwandten* des Annehmenden begründet wird und somit statt einer Volladoption eine Adoption mit abgeschwächten Wirkungen eintritt. Obgleich nicht ausdrücklich bestimmt, üben die Annehmenden die elterliche Sorge allein und unter Ausschluss eines Besuchsrechts (§ 1684 Abs. 1 BGB) aus (§ 1765 Abs. 1 BGB aF). Die (regelwidrige) Überleitung in das Recht der Volljährigenadoption wird mittelbar durch die Beischreibung des Widerspruchs verlautbart (dazu Rn. 10).

2. Rechtsfolgen der Überleitung. Unberührt bleiben (§ 3 Abs. 2): Altes Namensrecht (§ 1 12 Abs. 3, dazu Rn. 3, 9). – Eingetretene Erbfälle (§ 1 Abs. 4, dazu Rn. 4, 9). – In die Adoption neuen Rechts (mit abgeschwächten Wirkungen) werden nur von der Annahme an Kindes statt bereits erfasste Abkömmlinge des Minderjährigen einbezogen (§ 1 S. 2, dazu Rn. 5, 9). – Anders als für die regelmäßig übergeleiteten Minderjährigenadoptionen muss für die in eine „Volljährigenadoption" übergeleitete Adoption alten Rechts auch § 1 Abs. 5 gelten (Abs. 2 S. 1): Da leibliche Verwandte erbberechtigt bleiben, behält auch der meist mit Rücksicht auf dieses Erbrecht im Annahmevertrag vereinbarte Ausschluss der Erbberechtigung des Kindes seine Wirksamkeit (dazu Rn. 4).

3. Erklärungsmängel. Mängel der Einwilligungen und Vertragserklärungen können nur 13 nach neuem Aufhebungsrecht geltend gemacht werden. Die Verweisung über § 1771 S. 2 BGB auf § 1760 BGB führt teilweise zu dessen uneingeschränkter, nicht nur entsprechender Anwendung (dazu Rn. 6). Die Antragsfristen des § 1762 Abs. 2 BGB laufen wie bei der regelmäßigen Überleitung (dazu Rn. 9) erst ab 1. 1. 1978 (§§ 3 Abs. 2 S. 1, 2 Abs. 2 S. 1 Halbs. 3). Die Verweisung in § 1771 S. 2 BGB wird durch § 3 Abs. 2 S. 3 um §§ 1761, 1763 Abs. 1, 2 BGB ergänzt; eine Aufhebung von Amts wegen ist also weiterhin zulässig.[16] Auf § 1763 Abs. 3 BGB ist bewusst nicht verwiesen worden, weil das alte Recht eine solche Beschränkung nicht enthielt,[17] sodass die nach neuem Recht verstärkte elterliche Sorge (dazu Rn. 12) nicht auf die Alt-Adoptionen mit abgeschwächten Wirkungen erstreckt wird. – Eine einvernehmliche Aufhebung bleibt unter den Voraussetzungen des § 1771 S. 1 BGB nF – „wichtiger Grund"[18] – möglich. Sie ist unproblematisch nach Volljährigkeit des Kindes; dass das Kind noch minderjährig ist, kann zwischenzeitlich nicht mehr vorkommen.[19] – Wird eine nach dem AdoptG in eine Volladoption übergeleitete Minderjährigenannahme **aufgehoben** (s. dazu Rn. 20, § 1759 BGB Rn. 1, § 1763 BGB Rn. 1), gilt § 1765 uneingeschränkt. War sie nur in ein der Volljährigenadoption entsprechendes Verhältnis übergeleitet worden, werden lediglich die Rechtsbeziehungen zwischen Kind und Annehmendem sowie dessen Abkömmlingen aufgelöst; sonstige Veränderungen waren nicht eingetreten (§ 1770 Abs. 1, 2).

---

[16] Auch OLG Frankfurt/M. FamRZ 1982, 848.
[17] BT-Drucks. 7/3061 S. 71.
[18] BayObLGZ 1978, 258 = FamRZ 1978, 944.
[19] Bis zum Eintritt der Volljährigkeit war eine einvernehmliche Aufhebung unzulässig, da sie auf die Minderjährigenadoption auch alten Rechts nicht zugeschnitten ist, und eine Aufhebung allein nach § 1763 BGB möglich ist (BayObLG FamRZ 1990, 97; *Staudinger/Frank* Vor § 1741 Rn. 72 mwN), wofür ein Vergleich mit § 6 Abs. 2 S. 3 spricht (dazu Rn. 20). Jedenfalls liegt unter Beachtung der in §§ 1761 Abs. 2, 1763 Abs. 1 BGB ausgesprochenen Wertung ein „wichtiger Grund" nur vor, wenn das Kindeswohl erheblich gefährdet wird. Dem Minderjährigen war im Aufhebungsverfahren ein Verfahrenspfleger zu bestellen (§ 56f Abs. 2 FGG).

§ 1772 Anh. 14–17   Abschnitt 2. Titel 7. Annahme als Kind

§ 4 [Staatsangehörigkeit]

(1) ¹Das vor dem Inkrafttreten dieses Gesetzes von einem Deutschen nach den deutschen Gesetzen wirksam angenommene und im Zeitpunkt des Inkrafttretens dieses Gesetzes noch minderjährige Kind erwirbt durch die schriftliche Erklärung, deutscher Staatsangehöriger werden zu wollen, die Staatsangehörigkeit, wenn auf das Annahmeverhältnis gemäß § 2 Abs. 2 Satz 1 die Vorschriften dieses Gesetzes über die Annahme Minderjähriger Anwendung finden. ²Der Erwerb der Staatsangehörigkeit erstreckt sich auf diejenigen Abkömmlinge des Kindes, auf die sich auch die Wirkungen der Annahme an Kindes Statt erstreckt haben.

(2) Das Erklärungsrecht besteht nicht, wenn das Kind nach der Annahme an Kindes Statt die deutsche Staatsangehörigkeit besessen oder ausgeschlagen hat.

(3) ¹Das Erklärungsrecht kann nur bis zum 31. Dezember 1979 ausgeübt werden. ²Der Erwerb der Staatsangehörigkeit wird wirksam, wenn die Erklärung
1. vor dem 1. Januar 1978 abgegeben wird, am 1. Januar 1978;
2. ab 1. Januar 1978 abgegeben wird, mit der Entgegennahme der Erklärung durch die Einbürgerungsbehörde.

(4) Artikel 3 Abs. 3 Satz 2 und 3, Abs. 4, 5 Satz 1 und 4 und Abs. 7 bis 9 des Gesetzes zur Änderung des Reichs- und Staatsangehörigkeitsgesetzes vom 20. Dezember 1974 (Bundesgesetzbl. I S. 3714) gelten entsprechend.

(5) Die Staatsangehörigkeit erwirbt nach den Absätzen 1 bis 4 auch das Kind, wenn ein Annehmender im Zeitpunkt der Annahme an Kindes Statt Deutscher ohne deutsche Staatsangehörigkeit im Sinne des Artikels 116 Abs. 1 des Grundgesetzes war.

14 **1. Normzweck.** § 4 ermöglicht ausländischen Adoptivkindern den Erwerb der deutschen Staatsangehörigkeit, wenn ihr Annahmeverhältnis nach § 2 Abs. 2 S. 1 in eine Minderjährigenadoption neuen Rechts übergeleitet wird (Regelwirkung, dazu Rn. 8-9).

15 **2. Voraussetzungen.** Der Annehmende oder – bei gemeinschaftlicher Annahme – einer von ihnen (vgl. Abs. 5, § 6 StAG nF) muss deutscher Staatsangehöriger oder Deutscher iSd. Art. 116 Abs. 1 GG sein (Abs. 1 S. 1, Abs. 5). – Dem Eintritt der Regelwirkungen darf nicht von einem Adoptionsbeteiligten (dazu Rn. 10) widersprochen worden sein (Abs. 1, § 2 Abs. 2 S. 2). – Der Angenommene darf am 1. 1. 1977 nach dem für ihn maßgeblichen Heimatrecht (Art. 7 Abs. 1 EGBGB) noch nicht volljährig gewesen sein (Abs. 1 S. 1, zur Altersgrenze s. §§ 1754, 1755 BGB Rn. 13). – Der Angenommene darf nicht schon früher einmal deutscher Staatsangehöriger gewesen sein und diese Staatsangehörigkeit verloren haben oder sie nach dem 1. oder 2. StAngRegG[20] oder dem RuStAngÄndG 1963[21] ausgeschlagen haben (Abs. 2). Dies ist nicht unbedenklich, weil dadurch Handlungen des (alten) gesetzlichen Vertreters dem Kind zugerechnet werden. – Das Kind musste bis 31. 12. 1979 (Abs. 3 S. 1) erklären, es wolle die deutsche Staatsangehörigkeit erwerben. Zu den Einzelheiten 2. Aufl. Rn. 62.

16 **3. Rechtsfolgen.** Das Kind hat die deutsche Staatsangehörigkeit ab 1. 1. 1978 (Ende der allgemeinen Überleitungsfrist, dazu Rn. 8) erworben, wenn die Erklärung vor diesem Zeitpunkt formgerecht abgegeben wurde, im Übrigen mit – fristgerechtem – Eingang bei der Einbürgerungsbehörde (Abs. 3 S. 2). Die Behörde hat hierüber eine Urkunde auszufertigen (Abs. 4, Art. 3 Abs. 3 S. 2, 3 RuStAngÄndG 1974). Mit dem Kind erwerben seine Abkömmlinge, auf die sich die Adoptionswirkungen nach altem Recht erstrecken (dazu Rn. 5, 9), die deutsche Staatsangehörigkeit (Abs. 1 S. 2).

§ 5 [Schwebende Verfahren]

¹Hat im Zeitpunkt des Inkrafttretens dieses Gesetzes der Annehmende oder das Kind den Antrag auf Bestätigung eines Vertrages über die Annahme oder auf Bestätigung eines Vertrages über die Aufhebung der Annahme an Kindes Statt bei dem zuständigen Gericht eingereicht oder bei oder nach der notariellen Beurkundung des Vertrages den Notar mit der Einreichung betraut, so kann die Bestätigung nach den bisher geltenden Vorschriften erfolgen. ²§ 15 Abs. 1 Satz 3 des Personenstandsgesetzes ist in diesem Fall in der bisher geltenden Fassung anzuwenden.

17 **1. Grundsätze.** Nach § 5 (zum Ganzen näher 2. Aufl. Rn. 65-67) konnte eine nach altem Recht eingeleitete Adoption oder ihre Aufhebung nach den bisherigen Vorschriften abgeschlossen

---
[20] *Gesetz zur Regelung von Fragen der Staatsangehörigkeit* v. 22. 2. 1955 (BGBl. I S. 65; Sammeleinbürgerungen); *Zweites Gesetz zur Regelung von Fragen der Staatsangehörigkeit* v. 17. 5. 1956 (BGBl. I S. 431) (Österreicher).
[21] *Gesetz zur Änderung des Reichs- und Staatsangehörigkeitsgesetzes* v. 19. 12. 1962 (BGBl. I S. 982).

Übergangsregelungen 18–20 § 1772 Anh.

werden. Dies lag im Interesse der Beteiligten, wenn das neue Recht ein Zustandekommen oder eine Aufhebung der Annahme strengeren Voraussetzungen unterstellte oder die Beteiligten einer Minderjährigenadoption lediglich schwächere Wirkungen herbeiführen wollten. – Voraussetzung hierfür war, dass vor dem 1. 1. 1977 beim zuständigen VormG der Antrag auf Bestätigung eines Annahme- oder Aufhebungsvertrages gestellt oder der Notar hierzu – wie idR bei Abschluss eines solchen Vertrages – beauftragt worden war. Die vormundschaftsgerichtliche Genehmigung des Vertrages sowie die Befreiung von den Erfordernissen der Kinderlosigkeit der Annehmenden und der Minderjährigkeit des Anzunehmenden konnten auch noch nach dem 31. 12. 1976 rechtswirksam erteilt werden.[22] – Die Formulierung „*kann* die Bestätigung" räumt dem VormG kein Ermessen ein.[23] – Die „bisher geltenden Vorschriften" sind nach dem Zweck der Überleitungsvorschrift die des materiellen Rechts.

2. Nichtehelicher Vater. Seine Rechte aus § 1747 Abs. 2 S. 2-5 BGB nF berührt § 5 nicht. **18** Da sie auf seinem verfassungsmäßig garantierten Elternrecht beruhen (dazu Vor § 1741 BGB Rn. 23-26) und der Vater die Überleitung der einmal bestätigten Adoption nicht verhindern konnte (vgl. § 2 Abs. 2 S. 2), darf ihm die Priorität nicht versagt werden. Nachdem sich das Kind jedoch regelmäßig bereits in der Pflege der Annehmenden befindet, ist schwer vorstellbar, dass jetzt noch eine Legitimation oder Annahme durch den nichtehelichen Vater – beides abgeschafft durch Art. 1 Nr. 48 KindRG – das Kindeswohl fördern kann.

§ 6 [Einwilligung nach altem Recht]

(1) [1] Hat vor Inkrafttreten dieses Gesetzes ein Elternteil die Einwilligung zur Annahme eines Kindes an Kindes Statt erteilt, so behält diese Einwilligung ihre Wirksamkeit zu einer Annahme als Kind nach den Vorschriften dieses Gesetzes. [2] Dies gilt entsprechend, wenn das Vormundschaftsgericht die Einwilligung eines Elternteils zur Annahme des Kindes an Kindes Statt ersetzt hat.

(2) [1] Hat der Elternteil bei der Einwilligung nicht ausdrücklich zugestimmt, daß die Annahme nach den Vorschriften dieses Gesetzes mit den sich daraus ergebenden Wirkungen erfolgen kann, so kann er bis zum 31. Dezember 1977 erklären, daß die Vorschriften dieses Gesetzes über die Annahme Minderjähriger nicht angewandt werden sollen. [2] § 2 Abs. 3 gilt für die Erklärung entsprechend. [3] Auf das Annahmeverhältnis werden bis zum Ablauf der in Satz 1 bestimmten Frist, im Fall einer Erklärung nach Satz 1 auch nach Ablauf dieser Frist, die Vorschriften dieses Gesetzes über die Annahme Volljähriger mit der Maßgabe angewandt, daß auf die Aufhebung des Annahmeverhältnisses die Vorschriften der §§ 1760 bis 1763 des Bürgerlichen Gesetzbuchs in der Fassung dieses Gesetzes entsprechend anzuwenden sind. [4] Wird keine Erklärung nach Satz 1 abgegeben, so werden nach Ablauf der in Satz 2 bestimmten Frist auf das Annahmeverhältnis die Vorschriften dieses Gesetzes über die Annahme Minderjähriger angewandt.

1. Grundsätze. § 6 überträgt die Übergangsregelung, die für die unter altem Recht vollzogene **19** Minderjährigenadoption geschaffen wurde (§§ 2, 3), auf die vor dem 1. 1. 1977 erteilten elterlichen Einwilligungen.[24] – Diese bleiben idR wirksam (dazu näher 2. Aufl. Rn. 70).[25] Doch konnte ein einwilligungsberechtigter Elternteil bis 31. 12. 1977 dem Eintritt der stärkeren Rechtsfolgen (Minderjährigenadoption neuen Rechts) durch notariell beurkundete Erklärung widersprechen (Abs. 2 S. 1, Abs. 2 S. 2 iVm. § 2 Abs. 3). Zu den Einzelheiten s. Rn. 10. – § 6 verwehrt nicht die Wiederholung einer vor dem 1. 1. 1977 erteilten Einwilligung. Die Annahme richtet sich dann ausschließlich nach den Vorschriften des neuen Rechts über die Minderjährigenadoption.

2. Aufhebung einer Adoption. Sie ist besonders geregelt: Während der Schwebezeit vom **20** 1. 1. – 31. 12. 1977 und für den Fall der Überleitung in die (schwächere) Volljährigenadoption gelten nur die Vorschriften über die Minderjährigenadoption (Abs. 2 S. 3 aE). Diese Rechtsfolge ist angemessen; zu bedauern ist lediglich, dass keine völlige textliche Übereinstimmung mit der Regelung der in die schwächere Volljährigenadoption übergeleiteten Alt-Adoptionen erreicht worden ist. Durch die restriktive Auslegung von § 3 Abs. 2, 3 – Grundsatz der Rechtseinheit! – ist aber Gleichbehandlung anzustreben (dazu Rn. 13).

---

[22] BGH NJW 1979, 216 = FamRZ 1978, 890, 891 ff.; BayObLG FamRZ 1978, 147 (LS.); KG FamRZ 1978, 61 (LS.); OLG Frankfurt/M. FamRZ 1978, 61; OLG Köln DAVorm. 1978, 101, 103 ff.; LG Bonn FamRZ 1978, 62; aA OLG Hamm FamRZ 1978, 58, 59 f.
[23] OLG Frankfurt/M. FamRZ 1978, 61; LG Bonn FamRZ 1978, 62.
[24] Vorgeschlagen vom RA-BT (zum RegE BT-Drucks. 7/3061 S. 72, dazu Bericht des RA-BT BT-Drucks. 7/5087 S. 29).
[25] BayObLG StAZ 1977, 254, 255; BayObLGZ 1977, 193 = FamRZ 1978, 65, 67.

§ 1772 Anh. 21–25   Abschnitt 2. Titel 7. Annahme als Kind

21   **3. Ersetzung der Einwilligung.** Wurde eine elterliche Einwilligung nach altem Recht ersetzt, wirkt diese Ersetzung ebenso wie eine Einwilligung fort, ohne in ihren Wirkungen den Einschränkungen zu unterliegen, weil sich Abs. 2 nur auf die elterliche Einwilligung bezieht. Diese auf eine Volladoption gerichtete Wirkung entspricht § 2 Abs. 2 S. 3, der Eltern, deren Einwilligung ersetzt wurde, auch bei vor dem 1. 1. 1977 abgeschlossenen Adoptionen ein Widerspruchsrecht nicht einräumt.

§ 7 [Wiederholung der Annahme]

(1) [1] Die Annahme als Kind nach den Vorschriften dieses Gesetzes über die Annahme Minderjähriger ist auch dann zulässig, wenn der Annehmende und der Anzunehmende bereits durch Annahme an Kindes Statt nach den bisher geltenden Vorschriften verbunden sind. [2] Besteht das Annahmeverhältnis zu einem Ehepaar, so ist die Annahme als Kind nur durch beide Ehegatten zulässig.

(2) Ist der Angenommene im Zeitpunkt des Inkrafttretens dieses Gesetzes volljährig, so wird § 1772 des Bürgerlichen Gesetzbuchs angewandt.

22   **1. Grundsätze.** Der Widerspruch gegen die Überleitung in das neue Recht der Minderjährigenadoption (§ 2 Abs. 2 S. 2) kann dazu führen, dass vor dem 1. 1. 1977 abgeschlossene oder nach § 5 noch unter altem Recht bestätigte Adoptionen von Minderjährigen nicht zur Volladoption neuen Rechts erstarken. Abs. 1 ermöglicht ohne Fristsetzung[26] eine „Aufstockung"[27] durch die Wiederholung der Adoption nach neuem Recht: Für die wiederholende Annahme gelten alle materiellen und förmlichen Voraussetzungen der Annahme als Kind des neuen Rechts. Insbesondere müssen die Eltern des ehelichen Kindes und die Mutter des nichtehelichen Kindes einwilligen, der nichteheliche Vater muss nach § 1747 Abs. 2 BGB aF beteiligt werden. Sinnvoll ist daher ein solches Verfahren nur, wenn ein Elternteil, der zunächst widersprochen hat, nach Ablauf der Widerrufsfrist (dazu Rn. 10) seine Ansicht ändert oder eine Ersetzung in Betracht kommt (dazu Rn. 23). Soweit für das Kind ein gesetzlicher Vertreter handeln muss (§ 1746 Abs. 1, 2 BGB), sind die Annehmenden von der gesetzlichen Vertretung nicht ausgeschlossen, da ein Interessenwiderstreit nicht besteht (Rn. 10, anders die Interessenlage bei der Aufhebung, Rn. 13).[28]

23   **2. Ersetzung.** Widersprachen Eltern der Überleitung in die Volladoption ohne triftigen Grund, so wäre es rechtspolitisch angemessen gewesen, den Widerspruch in einem vereinfachten Verfahren für unbeachtlich zu erklären. Diesen Weg geht das Gesetz nicht, sondern hat über § 7[29] die Möglichkeit der Ersetzung eröffnet. Entscheidungen hierzu sind nicht bekannt geworden.

24   **3. Volladoption.** War der nach altem Recht Angenommene am 1. 1. 1977 volljährig, kann unter den Voraussetzungen von §§ 1767, 1769, 1772 BGB die Volladoption angeordnet werden (Abs. 2).

II. Beitritt der neuen Länder (Art. 234 § 13 EGBGB)

25   Art. 234 § 13 EGBGB idF des Einigungsvertrages v. 31. 8. 1990 (BGBl. II S. 889, 949)[30] mWv am 3. 10. 1990 bestimmt:

§ 13 Annahme als Kind

(1) [1] Für Annahmeverhältnisse, die vor dem Wirksamwerden des Beitritts begründet worden sind, gelten § 1755 Abs. 1 Satz 2, §§ 1756, 1760 Abs. 2 Buchstabe e, § 1762 Abs. 2 und §§ 1767 bis 1772 des Bürgerlichen Gesetzbuchs nicht. [2] § 1766 des Bürgerlichen Gesetzbuchs gilt nicht, wenn die Ehe vor dem Wirksamwerden des Beitritts geschlossen worden ist.

(2) [1] Vor dem Wirksamwerden des Beitritts ergangene Entscheidungen des Gerichts, durch die ein Annahmeverhältnis aufgehoben worden ist, bleiben unberührt. [2] Dasselbe gilt für Entscheidungen eines staatlichen Organs, durch die ein Annahmeverhältnis aufgehoben worden ist und die vor dem Wirksamwerden des Beitritts wirksam geworden sind.

(3) Ist ein Annahmeverhältnis vor dem Wirksamwerden des Beitritts ohne die Einwilligung des Kindes oder eines Elternteils begründet worden, so kann es aus diesem Grund nur aufgehoben werden, wenn die Einwilligung nach dem bisherigen Recht erforderlich war.

---

[26] Weshalb ihm nach wie vor praktische Bedeutung zukommt, *Staudinger/Frank* Vor § 1741 Rn. 88.
[27] *Engler* FamRZ 1976, 594.
[28] Ebenso *Staudinger/Frank* Vor § 1741 Rn. 86.
[29] So ausdrücklich die Begründung des RegE, BT-Drucks. 7/3061 S. 72; ebenso *Engler* FamRZ 1976, 594.
[30] Geändert durch Gesetz v. 30. 9. 1991 (BGBl. I S. 1930).

(4) ¹Ist ein Annahmeverhältnis vor dem Wirksamwerden des Beitritts begründet worden und war die Einwilligung eines Elternteils nach dem bisherigen Recht nicht erforderlich, weil
1. dieser Elternteil zur Abgabe einer Erklärung für eine nicht absehbare Zeit außerstande war,
2. diesem Elternteil das Erziehungsrecht entzogen war oder
3. der Aufenthalt dieses Elternteils nicht ermittelt werden konnte,

so kann das Annahmeverhältnis gleichwohl auf Antrag dieses Elternteils aufgehoben werden. ²§ 1761 des Bürgerlichen Gesetzbuchs gilt entsprechend.

(5) Ist ein Annahmeverhältnis vor dem Wirksamwerden des Beitritts begründet worden und ist die Einwilligung eines Elternteils ersetzt worden, so gilt Absatz 4 entsprechend.

(6) ¹Ein Antrag auf Aufhebung eines vor dem Wirksamwerden des Beitritts begründeten Annahmeverhältnisses kann nur bis zum Ablauf von drei Jahren nach dem Wirksamwerden des Beitritts gestellt werden. ²Für die Entgegennahme des Antrags ist jedes Vormundschaftsgericht zuständig.

(7) ¹Ist über die Klage eines leiblichen Elternteils auf Aufhebung eines Annahmeverhältnisses am Tag des Wirksamwerdens des Beitritts noch nicht rechtskräftig entschieden worden, so gilt die Klage als Antrag auf Aufhebung des Annahmeverhältnisses. ²§ 1762 Abs. 3 des Bürgerlichen Gesetzbuchs gilt nicht.

Schrifttum: *Adlerstein/Wagenitz*, Das Verwandtschaftsrecht in den neuen Bundesländern, FamRZ 1990, 1169, 1176 f.; *Brüning*, Kinder im Kreidekreis. Ein Report über Zwangsadoptionen und Heimerziehung, 1992; *Fiebig*, Die rechtliche Bewältigung politisch motivierter Sorgerechtsentziehungen und Zwangsadoptionen, ZfJ 1995, 16; *Göser*, Wiederholung der DDR-Adoption, Rpfleger 1994, 21; *Grandke*, Familienrecht in der ehemaligen DDR nach dem Einigungsvertrag, DtZ 1990, 321, 323; *Paulitz/Kannenberg*, Zwangsadoptionen in der ehemaligen DDR – ein abgeschlossenes Kapitel?, ZfJ 2000, 105; *Raack*, Der Einigungsvertrag und die sog. Zwangsadoptionen in der ehemaligen DDR, ZfJ 1991, 449; *Weber*, Gesetz zur Änderung adoptionsrechtlicher Fristen, DtZ 1992, 10; *Wolf*, Überprüfung in der DDR ausgesprochener Adoptionen, FamRZ 1991, 12; *Wyden/Bögeholz*, Die Mauer war unser Schicksal, 1995.

S. dazu die Erläuterungen 4. Aufl. Art. 234 § 13 EGBGB.³¹ **26**

III. Kindschaftsrechtsreformgesetz

Schrifttum: *Baer*, Stellungnahme zum Referentenentwurf zur Reform des Kindschaftsrechts (KindRG) vom Juli 1995, ZfJ 1996, 123; *Frank*, Die Neuregelung des Adoptionsrechts, FamRZ 1998, 393; *Liermann*, Auswirkungen der Reform des Kindschaftsrechts auf das Recht der Adoption, FuR 1997, 217; FuR 1997, 266; *Maurer* in Familienrechtsreformkommentar, 1998; *Paulitz/Kannenberg*, Zwangsadoptionen in der ehemaligen DDR – ein abgeschlossenes Kapitel?, ZfJ 2000, 661.

Die Neuregelung trat am 1. 7. 1998 in Kraft (Art. 17 § 1 KindRG). Da das KindRG keine **27** gesetzliche Regelung zum **Übergangsrecht** enthält, war ab dem Inkrafttreten der Neuregelung auch in laufenden – einschließlich der nach dem Beschluss des BVerfG v. 7. 3. 1995³² ausgesetzten und der diesem Beschluss zugrunde liegenden, nicht jedoch in anderen abgeschlossenen – Adoptionsverfahren das neue Recht anzuwenden.³³ Insbesondere war zu beachten: Die Annahme eines **eigenen Kindes** durfte nicht mehr ausgesprochen werden (dazu § 1741 BGB Rn. 11-12). Dies führte weder zu einer echten noch zu einer unechten Rückwirkung und war deshalb verfassungsrechtlich unbedenklich.³⁴ – Wurde einem früheren Adoptionsantrag nicht entsprochen, etwa weil der andere Ehegatte bereits das **18. Lebensjahr** vollendet hatte (dazu § 1741 BGB Rn. 39), konnte nunmehr erneut ein Adoptionsantrag gestellt werden, über den nach neuem Recht zu entscheiden war.

---

[31] Zur Wirkung der Adoption eines minderjährigen Kindes in der DDR s. LG Mühlhausen FamRZ 2009, 1098, 1099 f.: Volladoption, Ausschluss erbrechtlicher Ansprüche gegenüber den leiblichen Eltern (Art. 234 § 13 EGBGB, § 1755 Abs. 1 S. 1).
[32] BVerfGE 92, 158 = NJW 1995, 2155 = FamRZ 1995, 789 ff.
[33] OLG Thüringen FGPrax 1999, 224 = FamRZ 2000, 767; *Lipp/Wagenitz* Rn. 5; *FamRefK/Maurer* Rn. 22; *Staudinger/Frank* Rn. 53; *Palandt/Diederichsen* Rn. 14, jeweils zu § 1741.
[34] OLG Thüringen FGPrax 1999, 224 = FamRZ 2000, 767.

Abschnitt 3. Vormundschaft, Rechtliche Betreuung, Pflegschaft

Vorbemerkungen

Übersicht

	Rn.		Rn.
1. Begriffe	1–5	h) Beistandschaftsgesetz, KindRG, BtÄndG	14
a) Vormundschaft	2	i) Deutsche Einheit	15
b) Rechtliche Betreuung	3	j) 2. BtÄndG	16
c) Pflegschaft	4	k) FamFG	16a
d) Vormundschaftssachen, Betreuungssachen, Unterbringungssachen	5	l) Gesetz zur Änderung des Vormundschafts- und Betreuungsrechts	16b
2. Überblick	6	4. Privat- und öffentlich-rechtliche Elemente	17–22
3. Geschichtliche Entwicklung	7–16b	a) Personenrechtliche Stellung des Mündels	17
a) Familienrechtliche Gewalt	7	b) Staatliche Fürsorge	18
b) Besonderer Schutz von Seiten der politischen Gewalten	8	c) Privatrechtliche Stellung des Vormundes	19
c) Tendenz zu weiterer Verstaatlichung	9	d) Amtsvormundschaft, Vereinsvormundschaft	20
d) 19. Jahrhundert	10	e) Gesamtbetrachtung	21
e) JWG, NEhelG, SorgeRG	11	f) Betreuung	22
f) KJHG	12	5. Rechtsprechung des BVerfG	23
g) BtG	13		

1 **1. Begriffe.** Traditionell bezeichnete der Begriff der Vormundschaft die rechtlich geregelte umfassende Sorge für eine Person, die ihre Angelegenheiten nicht selbst wahrnehmen kann und für die – soweit es sich um Minderjährige handelt – die Eltern nicht kraft Sorgerechts als gesetzliche Vertreter fungieren. Auf der Grundlage dieses Begriffs unterschied man Vormundschaft über Minderjährige und über Volljährige; daneben trat die Pflegschaft, die ein nur für bestimmte Angelegenheiten bestehendes Fürsorgebedürfnis befriedigen sollte, namentlich im Falle der Gebrechlichkeitspflegschaft den Pfleger aber uU mit umfassenden Sorgezuständigkeiten betraute. Das am 1. 1. 1992 in Kraft getretene Betreuungsgesetz (BtG) hat mit der tradierten Begrifflichkeit gebrochen: Die Entmündigung und die auf sie folgende Vormundschaft über volljährige Personen wurden abgeschafft und durch das neue Rechtsinstitut der „Betreuung" ersetzt. Die Vormundschaft bezieht sich nurmehr auf Minderjährige; die Gebrechlichkeitspflegschaft ist in der Betreuung aufgegangen. Das am 1. 1. 1999 in Kraft getretene Betreuungsrechtsänderungsgesetz (BtÄndG) hat den Begriff der Betreuung nominal klarer gefasst (jetzt: „Rechtliche Betreuung") und den Unterschied des neuen Rechtsinstituts zu Vormundschaft und Pflegschaft auch in der Überschrift des Dritten Abschnitts des Vierten Buchs (statt – wie bislang – nur „Vormundschaft" jetzt „Vormundschaft. Rechtliche Betreuung. Pflegschaft") verdeutlicht.

2 **a) Vormundschaft.** Die Vormundschaft begründet die umfassende Sorge für einen Minderjährigen – also die Personen- wie die Vermögenssorge, die Pflege und Erziehung ebenso wie die gesetzliche Vertretung, sofern dessen Eltern diese Aufgabe nicht – auch nicht teilweise – wahrnehmen können. Nach dem Inhaber des Vormundamts lassen sich die **Einzelvormundschaft,** dh. Vormundschaft durch eine natürliche Person, die **Vereinsvormundschaft** und die **Amtsvormundschaft,** dh. die Vormundschaft durch eine Behörde (Jugendamt) unterscheiden. Bei der Einzelvormundschaft kann man zwischen dem „eigentlichen" Einzelvormund, der nur eine oder wenige Vormundschaften – und das ehrenamtlich, dh. grundsätzlich (§ 1836 Abs. 2) unentgeltlich – führt, und dem Berufsvormund differenzieren, der Vormundschaften und Pflegschaften im Rahmen seiner Berufsausübung übernimmt.

3 **b) Rechtliche Betreuung.** Volljährige, die auf Grund einer psychischen Krankheit oder einer körperlichen oder geistigen oder seelischen Behinderung ihre Angelegenheiten ganz oder teilweise nicht besorgen können, erhalten, soweit erforderlich, einen Betreuer (§§ 1896 ff. idF des BtG). Das Rechtsinstitut der Betreuung unterscheidet sich von der Vormundschaft einmal durch den Personenkreis der Betroffenen (Volljährige – Minderjährige), zum anderen durch den im Regelfall begrenzten Umfang des Sorgebereichs: Während der Vormund – wie auch die Eltern – ein umfassendes Sorge-

Vorbemerkungen 4–7 **Vor § 1773**

recht für sein Mündel hat, so ist der Betreuer nur im Rahmen eines ihm übertragenen Aufgabenkreises zuständig; nur ausnahmsweise kann dieser alle Angelegenheiten des Betreuten umfassen. Nach der Person des Betreuers sind zu unterscheiden: **Einzelbetreuer** (natürliche Personen), **Verein als Betreuer** (§ 1900 Abs. 1 bis 3) und **Behörde als Betreuer** (§ 1900 Abs. 4). Diese zunächst dem Schema bei der Vormundschaft entsprechende Einteilung ist im Betreuungsrecht jedoch dadurch verändert, dass Verein und Behörde in aller Regel nicht als Betreuer fungieren sollen; stattdessen sollen die Mitarbeiter von Vereinen und Behörden *als Einzelbetreuer* bestellt werden können und dann die Betreuungsaufgabe im Rahmen ihres Dienstverhältnisses durchführen; das Gesetz nennt diese Betreuer **Vereinsbetreuer** bzw. **Behördenbetreuer** (§ 1897 Abs. 2), die mithin vom Verein oder der Behörde als Betreuer strikt zu unterscheiden sind. Unter den Begriff des **Einzelbetreuers** fallen folglich sehr unterschiedliche Typen: die privaten Einzelbetreuer, unter denen wiederum die Berufsbetreuer (Rechtsanwälte etc.) eine besondere Gruppe ausmachen; die Vereinsbetreuer; schließlich die Behördenbetreuer.

c) Pflegschaft. Der Vormundschaft ist das Rechtsinstitut der Pflegschaft nachgebildet (§§ 1909, 4 1911 bis 1919, 1921). Es unterscheidet sich von der Vormundschaft dadurch, dass es nur einen begrenzten Kreis von Angelegenheiten zum Gegenstand hat. Die Pflegschaft lässt sich – nach dem Grund ihrer Anordnung – in Ergänzungspflegschaft (§ 1909), Pflegschaft für Abwesende (§ 1911), Pflegschaft für eine Leibesfrucht (§ 1912), Pflegschaft für unbekannte Beteiligte (§ 1913) und Pflegschaft für Sammelvermögen (§ 1914) sondern. Nach dem Funktionsträger lassen sich wie bei der Vormundschaft Einzelpfleger, Vereinspfleger und Amtspfleger unterscheiden; die Besonderheiten des Betreuungsrechts in diesem Punkt gelten bei der Pflegschaft nicht. Die Pflegschaft wird rechtlich wie die Vormundschaft behandelt, soweit sich aus dem Gesetz nicht ein anderes ergibt (§ 1915 Abs. 1). Der Pflegschaft nur terminologisch nahe steht die Verfahrenspflegschaft, über deren genaue Aufgaben man – mit dem BVerfG[1] – lange rätseln kann, die in § 158 (betr. Kindschaftssachen; der Verfahrenspfleger wird hier „Verfahrensbeistand" genannt), §§ 276, 277 (Betreuungssachen), §§ 317, 318 (Unterbringungssachen) und § 419 (Freiheitsentziehungssachen) aber jedenfalls eine weitgehend eigenständige Regelung erfahren hat.

d) Vormundschaftssachen, Betreuungssachen, Unterbringungssachen. Auch verfah- 5 rensrechtlich ist die Unterscheidung bedeutsam: Die Vormundschaft gehört als Kindschaftssache (§ 151 Nr. 4 FamFG) zu den Familiensachen, die (nach §§ 23a Abs. 1 Nr. 1, 23b GVG) den Amtsgerichten als Familiengerichten zugewiesen sind. Dasselbe gilt grundsätzlich für Pflegschaften (§ 151 Nr. 5 FamFG), soweit sie generell (§ 1909) oder konkret (§ 1913) einen Minderjährigen oder aber ein Leibesfrucht (§ 1912) betreffen; Ausnahmen gelten zB gem. § 96 GBO für das grundbuchrechtliche Rangverfahren oder gem. § 342 Abs. 1 Nr. 2 FamFG für die die Nachlasspflegschaft, für die Grundbuchamt oder Nachlassgericht auch dann zuständig sind, wenn einer der grundbuchrechtlich Beteiligten oder der Erbe minderjährig ist. Die übrigen Pflegschaftssachen sind gemäß § 340 Nr. 1 FamFG dem Betreuungsgericht zugewiesen. Die Betreuungs- und Unterbringungssachen sind dagegen stets den Amtsgerichten als Betreuungsgerichten zugewiesen (§ 23a Abs. 2 Nr. 1, § 23c GVG). Zur Zuständigkeit des Notariats als Betreuungsgericht in Württemberg vgl. Art. 147 EGBGB iVm. Landesrecht.

2. Überblick. Das materielle Vormundschaftsrecht ist in §§ 1773 bis 1895 sowie im Vormünder- 6 und Betreuervergütungsgesetz (VBVG = Art. 8 2. BtÄndG) geregelt. Das darauf bezogene gerichtliche Verfahren ist – als Verfahren in Familiensachen – in §§ 151 ff. FamFG („Verfahren in Kindschaftssachen") geregelt. Zum Betreuungsrecht vgl. §§ 1896 bis 1908 i, zum Pflegschaftsrecht §§ 1909, 1911 bis 1919, 1921. Zum Verfahren in Betreuungs- und Unterbringungssachen vgl. §§ 271 ff., § 312 ff. FamFG; zum die Pflegschaft für Minderjährige betreffenden Verfahren vgl. §§ 151 ff. FamFG. Zur Zuständigkeit von Familien- und Betreuungsgericht vgl. Rn. 5.

3. Geschichtliche Entwicklung. a) Familienrechtliche Gewalt. Die Vormundschaft ent- 7 wickelte sich zunächst als familienrechtliche Gewalt (munt) der Verwandtschaft über vaterlose Minderjährige, unverheiratete Frauen und über Personen, die als wahnsinnig angesehen wurden. Frühzeitig schon fiel die Führung der Vormundschaft dem nächsten männlichen Blutsverwandten des Mündels aus dem Mannesstamm zu (siehe noch Sachsenspiegel Landrecht I 23 § 1); die Berufungen zur Erbschaft und zur Vormundschaft nahmen eine korrespondierende Entwicklung. Der Verwandtschaft insgesamt blieb eine Art Oberaufsicht über den Vormund. Die Vormundschaft trug zunächst eigennützige Züge: Zwar hatte der Vormund den Mündel zu unterhalten, dafür gebührten ihm aber die Nutzungen des Mündelvermögens. Nur die Substanz dieses Vermögens sollte unangetastet bleiben („Mündelgut soll weder wachsen noch schwinden").

---

[1] BVerfG FamRZ 2000, 1280 und 1284.

8 b) Besonderer Schutz von Seiten der politischen Gewalten. Im Verlauf des Mittelalters erfuhr das Institut der Vormundschaft einen grundlegenden Wandel. Die theologisch begründete Fürsorge kirchlicher wie weltlicher Obrigkeit für die Waisen stellte die Mündel unter den besonderen Schutz der politischen Gewalten. Anstelle der Verwandtschaft übernahm die Obrigkeit die Aufsicht über die Vormünder, namentlich die Städte, in denen die ersten „modernen" Vormundschaftsordnungen entstanden und spezielle Behörden für die Vormundschaften eingerichtet wurden. In diesen Ordnungen wurde das Amt des Vormunds nun weithin unter den Gedanken der Pflicht gestellt, welcher sich der Berufene nur in bestimmten Ausnahmefällen entziehen konnte. Das Recht der Nutznießung des Mündelvermögens kam dem Vormund nicht mehr zu; dieser wurde als unter obrigkeitlicher Aufsicht stehender und vor der Vormundschaftsbehörde verantwortlicher Vertreter des Mündels angesehen. Auch das Recht der Berufung zum Vormund erfuhr weitreichende Veränderungen: Neben den Berufenen kraft Verwandtschaft trat die Bestimmung durch letztwillige Verfügung der Eltern und schließlich auch durch Verfügung eines Gerichts oder einer Behörde.

9 c) Tendenz zu weiterer Verstaatlichung. Die Geschichte der Vormundschaft vom Spätmittelalter bis ins 18. Jahrhundert ist durch die Tendenz zu weiterer Verstaatlichung gekennzeichnet. Der Obrigkeitsstaat der frühen Neuzeit dehnte seine Kontrolle bis in die Einzelheiten der Amtsführung hinein aus. Der Vormund erschien mehr und mehr als Mandatsträger der öffentlichen Gewalt, der Mündel als Pflegebefohlener des Staates selbst (siehe Preußisches Allgemeines Landrecht von 1794, Teil II Tit. 18 § 1). Fast in jeder Stadt und jedem Territorium wurden Vormundschaftsbehörden eingerichtet und Vormundschaftsordnungen geschaffen. Die Reichspolizeiordnungen von 1548 und 1577 (Tit. 32) schufen einen reichsrechtlichen Rahmen für die mannigfaltige partikulare Gesetzgebung. Die Rezeption des **römischen Rechts** brachte die Unterscheidung zwischen tutela (Vormundschaft über Unmündige) und cura (Vormundschaft über pflegebedürftige Mündige) in die deutsche Rechtsentwicklung ein. Diese Unterscheidung wurde freilich nicht überall eingeführt und, wo sie eine Rolle spielte, nicht stets im ursprünglichen Sinne gebraucht; doch beruht auf ihr letztlich die Unterscheidung von Vormundschaft und Pflegschaft, die auch vom BGB übernommen wurde.

10 d) 19. Jahrhundert. Das 19. Jahrhundert nahm den stark etatistischen Grundzug des Vormundschaftsrechts wieder zurück, ohne die Überwachungsfunktion des Staates grundsätzlich in Zweifel zu ziehen: Dem Vormund wurde nun wiederum eine im Grundsatz selbständige Führung der Vormundschaft im Rahmen eines privatrechtlichen Verhältnisses zu dem Mündel zugestanden, die aber einer weitgehenden gerichtlichen Aufsicht unterstand. Beispielgebend wurde die preußische Vormundschaftsordnung vom 5. Juli 1875, deren Regelungen sich im Großen und Ganzen im Bürgerlichen Gesetzbuch wiederfinden. Die Aufsicht über elterliche Gewalt und Vormundschaft wurde den Vormundschaftsgerichten zugewiesen. Doch wurde die Möglichkeit beibehalten, dass ein unter dem Vorsitz des Vormundschaftsrichters tagender Familienrat die Funktion des Vormundschaftsgerichts übernehmen konnte (§§ 1875 bis 1881 ursprünglicher Fassung).

11 e) JWG, NEhelG, SorgeRG. Eine bedeutende Zäsur in der Entwicklung des Vormundschaftsrechts brachte das **Jugendwohlfahrtsgesetz** vom 9. 7. 1922 (RGBl. I S. 633), das die Möglichkeit der Amtsvormundschaft einführte. Durch das **Gesetz über die Stellung der nichtehelichen Kinder** (NEhelG) vom 19. 8. 1969 wurde das Recht der Amtsvormundschaft in das BGB eingewoben (bei gleichzeitiger Verankerung im JWG) und weiterentwickelt. An die Stelle der generellen Amtsvormundschaft für nichteheliche Kinder trat die elterliche Sorge der Mutter, die jedoch für bestimmte Aufgabenbereiche durch eine gesetzliche Amtspflegschaft des Jugendamtes eingeschränkt wurde. Das **Gesetz zur Neuregelung des Rechts der elterlichen Sorge** (SorgeRG) vom 18. 7. 1979 brachte vor allem verfahrensrechtliche Änderungen sowie die Beseitigung des Familienrats als Rechtsinstitut.

12 f) KJHG. Nächste Reformschritte erfolgten durch das „**Gesetz zur Neuordnung des Kinder- und Jugendhilferechts**" (KJHG) vom 26. 9. 1990 (BGBl. I S. 1163). Obwohl die rechtspolitischen Absichten der Jugendhilfereform hauptsächlich auf anderem Gebiet lagen, wurde bei dieser Gelegenheit auch das Vormundschaftsrecht einigen Änderungen unterzogen (betreffend §§ 1791a, 1791c, 1838, 1849, 1850, 1851, 1851a); die wichtigsten Neuregelungen betreffen die Rolle des Jugendamts im Vormundschafts- und Pflegschaftswesen (§§ 53, 55, 56 SGB VIII) und die Erlaubnis zur Übernahme von Vereinsvormundschaften (§ 54 SGB VIII). Das KJHG unterfällt in mehrere Artikel; in Art. 1 ist das eigentliche Kinder- und Jugendhilferecht enthalten, das nunmehr in das SGB – als SGB VIII – übernommen ist.

13 g) BtG. Eine tief einschneidende Veränderung des Vormundschafts- und Pflegschaftsrechts brachte sodann das am 1. 1. 1992 in Kraft getretene „**Gesetz zur Reform des Rechts der Vormundschaft und Pflegschaft für Volljährige (Betreuungsgesetz – BtG)**" vom 12. 9. 1990

(BGBl. I S. 2002): Entmündigung, Vormundschaft über Volljährige und Gebrechlichkeitspflegschaft wurden abgeschafft, stattdessen wurde ein neues Rechtsinstitut der Betreuung geschaffen (zu den Grundsätzen vgl. Vor § 1896). Das BtG beschränkte sich aber nicht auf die Neuschöpfung des Betreuungsrechts; es nahm Gelegenheit, auch die Vorschriften über die Minderjährigenvormundschaft an vielen Stellen zu verändern. Besonders wichtig erscheinen die Änderungen im Bereich des Aufwendungsersatzes und der Vergütung von Vormündern (Pflegern, Betreuern) nach §§ 1835 bis 1836 a BGB aF, ferner die Erweiterung des Kreises der mündelsicheren Anlagen (§ 1807 Abs. 1 Nr. 5) und die Anhebung bestimmter Höchstsummen, die einen genehmigungsfreien Handlungsbereich des Vormunds umschreiben (§ 1813 Abs. 1 Nr. 2; § 1822 Nr. 12).

h) Beistandschaftsgesetz, KindRG, BtÄndG. Mit dem **Beistandschaftsgesetz** vom 4. 12. **14** 1997 (BGBl. I S. 2846) wurde die Amtspflegschaft für nichteheliche Kinder abgeschafft; an ihre Stelle trat eine freiwillige Beistandschaft, die alle allein sorgeberechtigten Elternteile beantragen können und die vom Jugendamt wahrgenommen wird (§§ 1712 ff.). Das **Kindschaftsrechtsreformgesetz** (KindRG) vom 16. 12. 1997 (BGBl. I S. 2942) gab die Unterscheidung zwischen ehelichen und nichtehelichen Kindern im Grundsatz auf und gestaltete das Kindschaftsrecht in wichtigen Bereichen neu; seine Auswirkungen auf das Vormundschaftsrecht blieben jedoch marginal (Änderung namentlich des § 1779 Abs. 2 S. 2 über die Auswahl des Vormunds). Ungleich gravierender waren die vom **Betreuungsrechtsänderungsgesetz** (BtÄndG) vom 25. 6. 1998 (BGBl. I S. 1580) bewirkten Neuerungen: Mit diesem Gesetz wurde nicht nur das eigentliche Betreuungs- und Betreuungsverfahrensrecht novelliert, sondern – vorrangig wegen der Bezugnahme des Betreuungsrechts auf die Vergütungsregeln des Vormundschaftsrechts – auch das für Vormünder geltende Vergütungsrecht grundlegend neu – zT in einem eigenen Berufsvormündervergütungsgesetz (BVormVG – Art. 2 BtÄndG) – geordnet. Neben diesen primär auf das Betreuungsrecht ausgerichteten Änderungen wurde das Vormundschaftsrecht zielgerichtet auch in seinem originären, nur auf Minderjährige bezogenen Bereich geändert – so hinsichtlich der Erweiterung der Mitvormundschaft (§ 1775), der Berücksichtigung persönlicher Bindungen des Mündels bei der Vormundsauswahl (§ 1779 Abs. 2 S. 2), der besonderen personalen Rechtsstellung eines in den Haushalt des Vormunds aufgenommen Mündels (§ 1793 Abs. 1 S. 2) sowie der Befreiung von bestimmten vormundlichen Verpflichtungen (§ 1817).

i) Deutsche Einheit. Schließlich hatte auch die Herstellung der deutschen Einheit Bedeutung **15** für das Vormundschafts- und Pflegschaftsrecht. Zu den Einzelheiten siehe Erl. zu Art. 234 §§ 14, 15 EGBGB.

j) 2. BtÄndG. Sein Ziel, die enorme Kostenlast, die das Betreuungsrecht der Staatskasse **16** beschert hat, angemessen zu begrenzen, hatte das BtÄndG nicht erreicht. Die steigende Zahl betreuungsbedürftiger, aber mittelloser Menschen und die Begehrlichkeit der vom BtG ins Leben gerufenen Berufsbetreuung standen dagegen. Mit dem am 1. Juli 2005 in Kraft getretenen 2. BtÄndG hat der Gesetzgeber sich erneut das Ziel gesteckt, die einst leichtfertig gerufenen Geister zu kontrollieren. Das Vergütungsrecht für Betreuer bleibt zwar in den Rahmen des Vormundschaftsrechts eingespannt (vgl. § 1908i Abs. 1 S. 1 iVm. § 1835 ff.); auch findet es mit dem neu geschaffenen „Vormünder- und Betreuervergütungsgesetz" (Art. 8 2. BtÄndG) ein mit den Vormündern gemeinsames Deckblatt. In der Sache hat das Gesetz für die Berufsbetreuung jedoch ein völlig eigenständiges Vergütungssystem bereitgestellt; es soll nicht nur die Stundensätze der Betreuer, sondern auch deren Arbeitsaufwand pauschalieren (§§ 4, 5 VBVG). Zur rechtspolitischen Würdigung und zur Forderung nach einer generellen Harmonisierung von Vormundschafts- und Betreuungsrecht vgl. kritisch Vorauf. Vor § 1773 Rn. 16.

k) FamFG. Mit dem Gesetz über das Verfahren in Familiensachen und in den Angelegenheiten **16a** der Freiwilligen Gerichtsbarkeit (FamFG) vom 17. Dezember 2008 (BGBl. I S. 2586) ist das für das Vormundschaftsrecht maßgebende Verfahren neu geordnet (§ 111 Nr. 2, § 151 Nr. 4, §§ 152 ff. FamFG) und – als Kindschaftssache – der Zuständigkeit der Familiengerichte unterstellt worden (§ 23a Abs. 1 Nr. 1, § 23b GVG). Zur Anwendbarkeit des neuen Verfahrensrechts vgl. Art. 111 FGG-Reformgesetz.

l) Gesetz zur Änderung des Vormundschafts- und Betreuungsrechts. Das Gesetz zur **16b** Änderung des Vormundschafts- und Betreuungsrechts vom 29. 6. 2011 (BGBl. I 1306) ist eine politische Antwort auf einen seit langem bekannten Missstand der Amtsvormundschaft und -pflegschaft, die – angesichts der personellen Engpässe in den Jugendämtern - die anfallenden Vormundschaften und Pflegschaften mit den sich aus § 1800, 1631 BGB ergebenden Aufgaben nicht mehr sachgerecht wahrnehmen können. Die Novellierung will durch Ergänzungen der §§ 1793, 1800, 1837 Abs. 2, 1840 Abs. 1, 1908b Abs. 1 den persönlichen Kontakt zwischen Vormund und Mündel vorschreiben und erreichen, dass der Vormund bzw. Pfleger – auch und gerade der Amtsvormund bzw. Amtspfleger – die Pflege und Erziehung des Mündels persönlich fördert und gewährleistet. Ergänzt wird die Regelung durch eine Novellierung des § 55 SGB VIII (mit § 1837 AG 2 S. 2 gültig ab 5. 7. 2012).

4. Privat- und öffentlich-rechtliche Elemente. Im Institut der Vormundschaft treffen sich heute Privatrecht und öffentliches Recht in besonderer Weise.

17 **a) Personenrechtliche Stellung des Mündels.** Zivilrechtlich gesehen geht es zunächst um die konkrete Ausgestaltung der personenrechtlichen Stellung des Mündels im Kontext mit den §§ 2, 104 ff. Dafür wählt das Gesetz die Konstruktion eines dem elterlichen Sorgerecht über minderjährige Kinder nachgebildeten Rechtsverhältnisses, das folglich ebenfalls dem Privatrecht angehört. Die privatrechtliche Natur der Rechtsbeziehung zwischen Vormund und Mündel wird auch nicht dadurch in Frage gestellt, dass das Vormundschaftswesen als öffentliche Aufgabe begriffen wird und ist sogar für den Fall maßgebend, dass eine Behörde als Vormund fungiert.

18 **b) Staatliche Fürsorge.** Das privatrechtliche Verhältnis zwischen Vormund und Mündel ist gesetzlich detailliert ausgestaltet und untersteht darüber hinaus im Gegensatz zu gewöhnlichen Privatrechtsverhältnissen einer weitgehenden Überwachung, Einmischung und Förderung durch den Staat. Im Blickfeld des öffentlichen Rechts stehen insbesondere Schutz und Fürsorge für den Staatsbürger, welcher der vollen Fähigkeit zur Selbstbestimmung entbehrt.[2] Diese staatlichen Einwirkungen unterstehen den Regelungsgedanken des öffentlichen Rechts, auch wenn mit gutem Grund die hauptsächlichen Funktionen staatlicher Fürsorge nicht Behörden, sondern den Gerichten anvertraut sind.

19 **c) Privatrechtliche Stellung des Vormundes.** Die Folge der beschriebenen Konstruktion ist, dass die Tätigkeit des Vormunds selbst stets eine privatrechtliche ist und daher keinesfalls den Regeln, die für das Behördenhandeln maßgeblich sind, unterworfen werden darf, dass ferner Einmischungen in diese Tätigkeit von Seiten des Staats sich als Eingriffe in einen Freiheitsraum des Privatrechts darstellen und dementsprechend begründet sein müssen. Dabei ist, stärker noch als bei der Elternsorge,[3] der Pflichtcharakter des Vormundamts und dessen Ausrichtung auf das Mündelwohl in Rechnung zu stellen. Auf der anderen Seite bleibt es dabei, dass hoheitliche Eingriffe eine gesetzliche Grundlage haben und sachlich gerechtfertigt sein müssen und unter dem Gebot der Verhältnismäßigkeit stehen. Daraus resultiert die prinzipielle **Selbständigkeit** des Vormunds, der gegenüber sich der hoheitliche Eingriff als Ausnahme von der Regel darstellt. Allerdings weist die Regelung des BGB eine (allzu) große Zahl solcher Ausnahmen auf.

20 **d) Amtsvormundschaft, Vereinsvormundschaft.** Der privatrechtliche Charakter des Verhältnisses zwischen Vormund und Mündel erscheint im Institut der Amtsvormundschaft verdunkelt, doch müssen die oben entwickelten Prinzipien auch hier gelten, solange das Gesetz die Einzelvormundschaft und die Amtsvormundschaft mit der Vereinsvormundschaft als ein und dasselbe Rechtsinstitut behandelt und im Prinzip denselben gesetzlichen Regelungen unterwirft. Dass der Amts- und Vereinsvormundschaft im Einzelnen ein größerer Freiheitsraum zugestanden wird als dem Einzelvormund (siehe § 1857a), zeugt von verständlichem Vertrauen des Gesetzes in die professionelle Sachkompetenz, stellt aber konzeptionell die Dinge auf den Kopf. Denn an und für sich gesehen könnte der Staat die Amtswaltung seiner Behörden als Vormünder sehr viel strenger gerichtlich kontrollieren als das Handeln der Privatrechtssubjekte.

21 **e) Gesamtbetrachtung.** Insgesamt gesehen fallen der öffentlichrechtliche Schutzgedanke und die privatrechtliche Konstruktion des Rechtsverhältnisses zwischen Vormund und Mündel im Institut der Vormundschaft untrennbar zusammen. Dabei gibt heute der öffentlichrechtliche Einschlag den Ton an; die zivilrechtliche Konstruktion erscheint eher als ein Mittel zum Zweck („öffentliche Fürsorge durch Wahrnehmung privater Angelegenheiten"[4]). Dennoch muss der privatrechtliche Charakter der Rechtsstellung des Vormunds ernst genommen werden.

22 **f) Betreuung.** Die Diskussion um die öffentlichrechtlichen und privatrechtlichen Elemente, welche seit geraumer Zeit die Deutung der Vormundschaft prägt, wird auch für die rechtliche Charakterisierung der Betreuung maßgeblich sein. Die Grundpositionen dürften hier dieselben sein, da auch die Betreuung Volljähriger, die ihre Angelegenheiten nicht mehr selbst besorgen können,

---

[2] BVerfGE 10, 302, 311.
[3] Dazu BVerfGE 24, 119, 143 ff.
[4] BVerfGE 10, 302, 311.

als öffentliche Schutz- und Fürsorgeaufgabe erscheint, die zwar unter Aufsicht und Mitwirkung des Staates, aber mit Hilfe von Privatpersonen und mit zivilrechtlichen Mitteln erfüllt wird.[5]

5. Rechtsprechung des BVerfG. Die Rechtsprechung des BVerfG akzentuiert stark das öffentlichrechtliche Element des heutigen Vormundschaftswesens. In der grundlegenden Entscheidung vom 10. 2. 1960 (BVerfGE 10, 302) erscheint die Vormundschaft als Amt, das ausschließlich auf obrigkeitlicher Bestellung beruht und zu dessen Übernahme eine staatsbürgerliche Pflicht besteht (BVerfGE 10, 302, 312). Auch bei einem Einzelvormund bedient sich der Staat zur Durchführung der öffentlichen Schutzaufgabe der Privatperson (BVerfGE 10, 302, 324); der Vormund als solcher ist nicht als Mitglied der Familie, sondern als Vertrauensperson des fürsorgenden Staates in sein Amt bestellt (BVerfGE 10, 302, 328). Wenngleich dem Vormund prinzipiell ein eigener Verantwortungsbereich zugestanden wird, unterliegt seine Amtswaltung der Kontrolle durch den Staat auf Grund dessen „obervormundschaftlicher Gewalt" (BVerfGE 10, 302, 312). Zwar bleibt ein familienrechtlicher Einschlag auch aus der Sicht des GG insofern, als Art. 6 Abs. 1 GG eine „bevorzugte Berücksichtigung der Familienangehörigen bei der Auswahl von Pflegern und Vormündern" verlangt, sofern keine Interessenkollision besteht oder der Zweck der Fürsorgemaßnahme aus anderen Gründen die Bestellung eines Dritten fordert (BVerfGE 33, 236). Doch ändert dieser Umstand nichts an der Konzeption der Vormundschaften selbst, deren „Errichtung" und „Verwaltung" nach dem Urteil vom 29. 4. 1980 (BVerfGE 54, 251, 268) zu den obersten Aufgaben der staatlichen Wohlfahrtspflege gehören, auch wenn ihre Wahrnehmung auf Einzelpersonen „übertragen" wird (BVerfGE 54, 251, 269). 23

Titel 1. Vormundschaft

Untertitel 1. Begründung der Vormundschaft

§ 1773 Voraussetzungen

(1) Ein Minderjähriger erhält einen Vormund, wenn er nicht unter elterlicher Sorge steht oder wenn die Eltern weder in den die Person noch in den das Vermögen betreffenden Angelegenheiten zur Vertretung des Minderjährigen berechtigt sind.

(2) Ein Minderjähriger erhält einen Vormund auch dann, wenn sein Familienstand nicht zu ermitteln ist.

Übersicht

	Rn.		Rn.
I. Normzweck, Übersicht	1–3	2. Keine Anwendungsfälle des § 1773 Abs. 1	8
1. Materielle Voraussetzungen der Vormundschaft	1	3. Besonderheiten bei der Annahme als Kind	9–11
2. Fallgruppen	2, 3	a) Rechtsfolgen der Einwilligung	9
		b) Wirksamwerden der Annahme	10
II. Die Voraussetzungen der Vormundschaft nach § 1773 Abs. 1	4–12	c) Aufhebung des Annahmeverhältnisses	11
1. Fehlen elterlicher Sorge oder elterlicher Vertretungsmacht	4–7	4. Vor dem 1. 7. 1998 geborene Kinder	12
a) Gemeinsame Sorge	5, 6	**III. Die Voraussetzungen der Vormundschaft nach § 1773 Abs. 2**	13
b) Alleinsorge eines Elternteils	7	**IV. Auslandsbezug**	14

I. Normzweck, Übersicht

1. Materielle Voraussetzungen der Vormundschaft. Die Vorschrift regelt die materiellen Voraussetzungen der Anordnung einer Vormundschaft über Minderjährige.[1] Diese – geschäftsunfähig oder in der Geschäftsfähigkeit beschränkt – bedürfen eines Sorgeberechtigten und gesetzlichen 1

---

[5] Vgl. auch Begr. RegE BtÄndG BT-Drucks. 13/158 S. 17: „. . erbringt die Staatskasse, wenn sie Ansprüche des Vormunds oder Betreuers befriedigt, eine Sozialleistung für den Mündel oder Betreuten".
[1] Zur Feststellung der Minderjährigkeit etwa LG Berlin JAmt 2006, 161. Von der Minderjährigkeit eines Ausländers darf nur ausgegangen werden, wenn nach umfassender Ermittlung keine eindeutige Feststellung möglich ist: OLG Oldenburg JAmt 2010, 456; weitergehend und zweifelhaft AG Lahr FamRZ 2002, 1285 (Vormundschaft für Ausländer auch bei Zweifeln an der Minderjährigkeit).

Vertreters. Fallen beide Elternteile hierbei aus, so übernimmt die Vormundschaft diese Funktionen. Im Regelfall tritt die Vormundschaft nicht kraft Gesetzes ein (Ausnahmen aber in §§ 1791c, 1751 Abs. 1 S. 2 HS 1); sie ist vielmehr unter den Voraussetzungen des § 1773 vom Familiengericht anzuordnen (§ 1774 S. 1).

2 **2. Fallgruppen.** § 1773 nennt **drei** Fallgruppen: **a)** Der Minderjährige steht überhaupt nicht unter elterlicher Sorge (§ 1773 Abs. 1, 1. Alt.); **b)** die Eltern des Minderjährigen sind weder in den seine Person noch in den sein Vermögen betreffenden Angelegenheiten zu seiner gesetzlichen Vertretung berechtigt (§ 1773 Abs. 1, 2. Alt.); **c)** der Familienstand des Minderjährigen ist nicht zu ermitteln (§ 1773 Abs. 2). Ist schon vor der Geburt eines Kindes abzusehen, dass bei Geburt einer dieser Gründe vorliegen wird, so kann bereits jetzt ein Vormund bestellt werden (§ 1774 S. 2).

3 Keinen Fall für die Anordnung einer Vormundschaft regelt § 1908a BGB: Danach kann für einen Minderjährigen, der das 17. Lebensjahr vollendet hat, ein Betreuer bestellt und auch ein Einwilligungsvorbehalt angeordnet werden; diese Maßnahmen werden erst mit dem Eintritt der Volljährigkeit wirksam. Rückschlüsse auf eine Notwendigkeit, für die verbleibende Zeit der Minderjährigkeit eine Vormundschaft anzuordnen, ergeben sich daraus nicht.

II. Die Voraussetzungen der Vormundschaft nach § 1773 Abs. 1

4 **1. Fehlen elterlicher Sorge oder elterlicher Vertretungsmacht.** Ein Kind steht unter elterlicher Sorge, wenn zumindest ein Elternteil die elterliche Sorge innehat. Fehlt es daran, muss das Kind nach § 1773 Abs. 1 1. Alt. einen Vormund erhalten. Steht das Kind unter elterlicher Sorge, erhält es nach § 1773 Abs. 1 2. Alt. gleichwohl einen Vormund, wenn die sorgeberechtigten Eltern oder der allein sorgeberechtigte Elternteil nicht berechtigt sind, das Kind in Angelegenheiten der Personen- und der Vermögenssorge zu vertreten. Das ist dann der Fall, wenn die Sorge der Eltern oder des allein sorgeberechtigten Elternteils – mit der Folge fehlender Ausübungsberechtigung (§ 1675) – ruht oder wenn den Eltern oder dem allein sorgeberechtigten Elternteil zwar nicht die Sorge, wohl aber die aus ihr folgende Vertretung des Kindes in allen Angelegenheiten der Personen- wie der Vermögenssorge (§ 1629 Abs. 1 S. 1) entzogen worden ist.

5 **a) Gemeinsame Sorge.** Bei gemeinsamer Sorge der Eltern (§ 1626a Abs. 1) setzt die Anordnung einer Vormundschaft folglich voraus, dass **in Ansehung beider Elternteile die elterliche Sorge beendet** ist, dass sie ruht oder dass die elterliche Vertretungsmacht in den die Personen- wie die Vermögenssorge betreffenden Angelegenheiten aus sonstigen Gründen ausgeschlossen ist. In der Person jedes Elternteils kann dabei ein anderer Hinderungsgrund vorliegen: So kann in der 1. Alt. des § 1773 Abs. 1 der Tod der Mutter mit einem Sorgerechtsentzug zu Lasten des Vaters zusammentreffen; ebenso kann in der 2. Alt. die Sorge des einen Elternteils (etwa infolge seines Todes) beendet sein, die des anderen Elternteils aber (etwa wegen seiner Geschäftsunfähigkeit) ruhen. Entscheidend ist, dass beide Elternteile nicht sorgeberechtigt oder doch nicht zur Ausübung des Sorgerechts oder sonst zur Vertretung des Kindes in allen Angelegenheiten der Personen- und Vermögenssorge berechtigt sind und deshalb eine Vormundschaft die fehlende oder nicht ausübbare elterliche Sorge oder Vertretungsmacht umfassend ersetzen muss. Der Verlust der elterlichen Sorge oder der Berechtigung, sie auszuüben, muss folglich für jeden Elternteil gesondert geprüft werden; erst wenn beide Elternteile von – wenn auch unterschiedlichen – Hinderungsgründen betroffen sind, ist für die Anordnung einer Vormundschaft Raum.

6 **Gründe für eine Beendigung** der elterlichen Sorge sind der Tod der Eltern, ferner deren Todeserklärung oder Feststellung ihrer Todeszeit nach dem Verschollenheitsgesetz (§ 1677), außerdem die Entziehung der gesamten elterlichen Sorge nach § 1666 Abs. 1. Mit dem Tod nur eines Elternteils fällt dem anderen – bis dahin mit dem Verstorbenen gemeinsam sorgeberechtigten – die Sorge allein zu; dasselbe gilt, wenn die Sorge dem bis dahin gemeinsam sorgeberechtigten Elternteile entzogen wird (§ 1680 Abs. 1, Abs. 3 1. Alt. iVm. Abs. 1). Für die Anordnung einer Vormundschaft besteht deshalb in beiden Fällen kein Anlass.[2] **Ruhensgründe** sind rechtliches Unvermögen (wegen fehlender oder beschränkter Geschäftsfähigkeit, § 1673) ebenso wie ein – vom FamG konstitutiv festzustellendes – längerfristiges tatsächliches Unvermögen zur Ausübung der Sorge (§ 1674). Ruht die elterliche Sorge nur eines Elternteils, übt sie der andere – mit dem nunmehr verhinderten Elternteil bislang gemeinsam sorgeberechtigte – Elternteil allein aus (§ 1678 Abs. 1 S. 1); auch hier fehlt es deshalb an Bedürfnis und Voraussetzungen für eine Vormundschaft. Ein sonstiger **Verlust der gesetzlichen Vertretungsmacht** im gesamten Umfang kann auf

---

[2] OLG Saarbrücken JAmt 2004, 163. Wird gleichwohl – rechtswidrig – ein Vormund bestellt, ist die Bestellung wirksam, aber auf Beschwerde des sorgeberechtigten Elternteils aufzuheben: DIJuF-Gutachten JAmt 2007, 146.

§§ 1666, 1696 beruhen; wird nur einem Elternteil die Vertretungsmacht entzogen, ist der andere Elternteil allein vertretungsberechtigt (§ 1629 Abs. 1 S. 3), so dass eine Vormundschaft nicht in Betracht kommt.

b) Alleinsorge eines Elternteils. Stand die Sorge nur einem Elternteil allein zu, so setzt die Anordnung einer Vormundschaft zweierlei voraus: Zum Ersten, dass die elterliche Sorge dieses Elternteils beendet ist, dass sie – mit der Folge fehlender Ausübungsberechtigung (§ 1675) – ruht oder dass diesem Elternteil die elterliche Vertretungsmacht in den die Personen- wie die Vermögenssorge betreffenden Angelegenheiten entzogen ist. Zum zweiten, dass die elterliche Sorge oder (im letzten Fall) Vertretungsmacht nicht auf den anderen Elternteil übertragen wird; denn in diesem Fall besteht für die Anordnung einer Vormundschaft ebenso wie für die Fortdauer einer gem. § 1791c bereits mit der Geburt kraft Gesetzes eingetretenen (Amts-) Vormundschaft kein Bedürfnis. Die Möglichkeit, das Sorgerecht auf den anderen Elternteil zu übertragen, ist vor der Anordnung der Vormundschaft zu prüfen.[3] Für die Möglichkeit einer Sorgerechtsübertragung auf den jeweils anderen Elternteil sind **zwei Fallgruppen** zu unterscheiden: Stand die Sorge der Mutter nach **§ 1626a Abs. 2** zu, hat das FamG dem Vater die Sorge für das Kind zu übertragen, wenn die Mutter stirbt, wenn ihr die elterliche Sorge entzogen wird oder wenn ihre Sorge voraussichtlich dauerhaft ruht und eine Sorgerechtsübertragung auf den Vater dem Wohle des Kindes dient (§ 1680 Abs. 2 S. 2, Abs. 3 2. Alt. iVm. Abs. 2, § 1678 Abs. 2). Entsprechendes gilt für den gänzlichen Entzug und die Übertragung (nur) der gesetzlichen Vertretungsmacht (vgl. § 1680 Abs. 3 2. Alt.: „soweit"). Falls für das Kind – etwa wegen des dauerhaften Ruhens der Sorge seiner geschäftsunfähigen ledigen Mutter – bereits mit der Geburt kraft Gesetzes eine (Amts-)Vormundschaft besteht (§ 1791c Abs. 1), endet diese mit der Übertragung der Sorge auf den Vater kraft Gesetzes (§ 1882). Stand dem Vater oder der Mutter die Sorge auf Grund einer Sorgerechtsübertragung nach **§§ 1671, 1672** alleine zu, so war der jeweils andere Elternteil bereits zuvor (zumindest mit-)sorgeberechtigt; deshalb hat das FamG diesem Elternteil das Sorgerecht zu übertragen, wenn der bis dahin alleinsorgeberechtigte Elternteil verstirbt und die Sorgerechtsübertragung auf den früher (mit-)sorgeberechtigten Elternteil dem Kindeswohl nicht widerspricht (§ 1680 Abs. 2 S. 1).[4] Wird dem alleinsorgeberechtigten Elternteil die Sorge oder (nur) die gesetzliche Vertretungsmacht entzogen oder ruht seine Sorge, fehlt eine vergleichbare Regelung; das FamG soll hier gehalten sein, seine ursprüngliche Entscheidung – Sorgerechtsübertragung auf den zuletzt allein sorgeberechtigten Elternteil – nach § 1696 zu ändern; es wird dabei eine Übertragung der Sorge oder Vertretungsmacht auf den anderen Elternteil gegen die – nach § 1773 Abs. 1 1. Alt. an sich mögliche – Anordnung einer Vormundschaft anhand des allgemeinen Kindeswohlmaßstabs des § 1697a abzuwägen haben.

2. Keine Anwendungsfälle des § 1773 Abs. 1. An der Sorge oder Vertretungsmacht zumindest eines Elternteils fehlt es nicht, wenn den gemeinsam sorgeberechtigten Eltern oder dem allein sorgeberechtigten Elternteil nur die Personen- oder nur die Vermögenssorge[5] oder nur einzelne aus ihnen folgende Befugnisse nach § 1666 entzogen werden. Dasselbe gilt, wenn die Eltern oder der alleinsorgeberechtigte Elternteil die Sorge nur vorübergehend tatsächlich nicht ausüben können und ihre Sorge deshalb – mangels tatsächlicher Verhinderung „auf längere Zeit" (§ 1674 Abs. 1) – nicht ruht; ebenso, wenn sich eine tatsächliche oder rechtliche Verhinderung nur auf einzelne Angelegenheiten bezieht. Sorgedefizite sind in all diesen Fällen nicht durch eine – notwendig umfassende – Vormundschaft, sondern durch die Anordnung einer Ergänzungspflegschaft mit bestimmt abgegrenztem Aufgabenkreis auszugleichen.

3. Besonderheiten bei der Annahme als Kind. Besonderheiten ergeben sich bei der Annahme als Kind:

a) Rechtsfolgen der Einwilligung. Mit der Einwilligung eines Elternteils in die Adoption ruht dessen elterliche Sorge (§ 1751 Abs. 1 S. 1); das Jugendamt wird kraft Gesetzes Vormund des Kindes, sofern nicht der andere Elternteil die Sorgerecht (nach § 1678 Abs. 1) allein ausübt oder bereits ein Vormund bestellt ist (§ 1751 Abs. 1 S. 2). Verliert die Einwilligung des Elternteils in die Adoption (nach § 1750 Abs. 4) ihre Kraft, so endet damit nicht automatisch das Ruhen der Sorge; die Sorge ist, wie § 1751 Abs. 3 – angesichts der trotz des Ruhens fortbestehenden Rechtsinhaberschaft dogmatisch wenig folgerichtig – formuliert, dem Elternteil „zu übertragen", wenn und soweit dies dem Wohl des Kindes dient. Unterbleibt eine solche „Rückübertragung", ist gem. § 1773 Vormundschaft anzuordnen.

---

[3] OLG Karlsruhe FamRZ 2003, 1768. Einschränkend AG Leverkusen FamRZ 2004, 1127: § 1680 begründe keinen automatischen Vorrang des überlebenden Elternteils vor der Anordnung der Vormundschaft.
[4] Zu den Kindeswohlkriterien vgl. OLG Schleswig FamRZ 1993, 832.
[5] Vgl. BayObLG FamRZ 1997, 1553; FamRZ 1999, 179, 181; FamRZ 1999, 316, 318.

§ 1773 10–14

10 **b) Wirksamwerden der Annahme.** Mit dem Wirksamwerden der Annahme wird der Annehmende zum Elternteil des Kindes im Rechtssinn: Nimmt ein Ehepaar ein Kind oder nimmt der eine Ehegatte das Kind des anderen Ehegatten an, so wird das Kind gemeinschaftliches Kind der Eheleute; diese werden gemeinsam sorgeberechtigt (§ 1754 Abs. 1, 3). Bei der Annahme durch eine Einzelperson erlangt das Kind die Stellung eines Kindes des Annehmenden und dieser die alleinige Sorge (§ 1754 Abs. 2, 3). Für die künftige Anordnung einer Vormundschaft kommt es folglich darauf an, ob die Voraussetzungen in der Person beider Ehegatten, im zweiten Fall in der Person des Annehmenden Sorgerechtshindernisse vorliegen.

11 **c) Aufhebung des Annahmeverhältnisses.** Wird das Annahmeverhältnis wieder aufgehoben, so kommt es zur Vormundschaft, wenn das Gericht die Sorge entgegen der Regel des § 1764 Abs. 4 nicht (auch nicht teilweise!) wieder auf die leiblichen Eltern zurücküberträgt, weil dies dem Kindeswohl widerspräche (§ 1764 Abs. 4, letzter HS); nicht anwendbar ist § 1764 im Fall des § 1766.

12 **4. Vor dem 1. 7. 1998 geborene Kinder.** Für ein vor dem 1. 7. 1998 geborenes Kind, das auf Antrag des Vaters für ehelich erklärt worden ist, steht dem Vater die alleinige Sorge zu (§§ 1723 ff. insbes. §§ 1736, 1738 Abs. 1 BGB aF). Die Ehelicherklärung ist gem. Art. 224 § 2 Abs. 1 Satz 1 EGBGB als Entscheidung nach § 1672 Abs. 1 BGB anzusehen. Endet oder ruht die Sorge des allein sorgeberechtigten Vaters oder wird ihm die Vertretungsmacht gänzlich entzogen, so ist eine Vormundschaft anzuordnen, falls eine Übertragung der Sorge oder Vertretungsmacht auf die Mutter dem Kindeswohl widerspricht und deshalb gemäß § 1680 Abs. 2 Satz 1 BGB ausscheidet. Für ein vor dem 1. 7. 1998 geborenes Kind, das nach dem Tod der Mutter auf eigenen Antrag für ehelich erklärt worden ist, steht dem Vater ebenfalls die alleinige Sorge zu (§§ 1740a ff., insbes. 1740f Abs. 1 BGB aF). Die Ehelicherklärung ist in diesem Fall gemäß gem. Art. 224 § 2 Abs. 2 EGBGB als Entscheidung nach § 1680 Abs. 2 Satz 2 BGB anzusehen. Endet oder ruht die Sorge des allein sorgeberechtigten Vaters oder wird ihm die Vertretungsmacht gänzlich entzogen, so ist in diesem Fall stets eine Vormundschaft anzuordnen (vgl. zum Ganzen auch oben Rn. 7). Im Übrigen bewendet es für vor dem 1. 7. 1998 geborene Kinder bei der Regelung des § 1626a. Für die Notwendigkeit einer Vormundschaft bei Eintritt von Sorgehindernissen in der Person der (nach § 1626a Abs. 1) gemeinsam sorgeberechtigten Eltern oder der (nach § 1626a Abs. 2) allein sorgeberechtigten Mutter ergeben sich keine Besonderheiten.

III. Die Voraussetzungen der Vormundschaft nach § 1773 Abs. 2

13 Die Feststellung, dass der Familienstand eines Kindes nicht zu ermitteln ist (vgl. § 25 PStG), trifft das FamG. Abs. 2 gilt insbesondere für Findelkinder (§ 24 PStG). Hingegen kommt Vormundschaft nicht in Betracht, wenn der Familienstand nur bestritten ist (statt dessen Pflegschaft, da nicht feststeht, ob der Familienstand nicht zu ermitteln ist).[6]

IV. Auslandsbezug

14 Bei der Vormundschaft über minderjährige Ausländer im Inland bemisst sich die Geschäftsfähigkeit nach deren Heimatrecht (Art. 7 Abs. 1 EGBGB).[7] Die Entstehung der Vormundschaft sowie der Inhalt der gesetzlichen Vormundschaft unterliegen dem Recht des Staates, dem der Mündel angehört (Art. 24 Abs. 1 S. 1 EGBGB). Für den Inhalt einer angeordneten Vormundschaft gilt das Recht des anordnenden Staates (Art. 24 Abs. 3 EGBGB). Zu beachten ist jedoch, dass das EGBGB in diesem Bereich weitgehend durch internationale Vereinbarungen verdrängt wird: Das Haager Übereinkommen über die Zuständigkeit der Behörden und das anzuwendende Recht auf dem Gebiet des Schutzes von Minderjährigen vom 5. 10. 1961 (BGBl. II S. 217; Minderjährigenschutzübereinkommen) ist zum 1. Januar 2011 durch das Haager Übereinkommen vom 19. Oktober 1996 über die Zuständigkeit, die Vollstreckung und die Zusammenarbeit auf dem Gebiet der elterlichen Verantwortung und der Maßnahmen zum Schutz von Kindern (Haager Kinderschutzübereinkommen, BGBl. 2009 II S. 602) abgelöst worden. Dieses Übereinkommen wird innerstaatlich durch Vorschriften im IntFamRVG (BGBl. 2001 I S. 1594) ergänzt. Allerdings werden das Minderjährigenschutzübereinkommen und das Haager Kinderschutzübereinkommen in verfahrensrechtlicher, insbe-

---

[6] Ebenso: *Staudinger/Engler* Rn. 12; *Erman/Saar* Rn. 3 (Pflegschaft nach § 1913); *Soergel/Zimmermann* Rn. 11 und RGRK/*Dickescheid* Rn. 6 (beide für Pflegschaft gem. § 1909); *Dölle* § 118 III.

[7] OLG München FamRZ 2009, 1602, 1603; DIJuF JAmt 2008, 539: Ende der Vormundschaft mit dem Erreichen der Volljährigkeit, die sich nach dem Heimatrecht bestimmt.

sondere zuständigkeitsrechtlicher Hinsicht durch die EheVO („Brüssel IIa" - ABl. EG 2003 Nr. L 338 S. 1) verdrängt.[8]

§ 1774 Anordnung von Amts wegen

[1]Das Familiengericht hat die Vormundschaft von Amts wegen anzuordnen. [2]Ist anzunehmen, dass ein Kind mit seiner Geburt eines Vormunds bedarf, so kann schon vor der Geburt des Kindes ein Vormund bestellt werden; die Bestellung wird mit der Geburt des Kindes wirksam.

I. Normzweck

1. Satz 1. Satz 1 stellt klar, dass mit dem Vorliegen eines Rechtsgrunds für die Vormundschaft (§ 1773) diese nicht ipso jure eintritt (Ausnahmen: Amtsvormundschaft nach §§ 1791c, 1751 Abs. 1 S. 2 HS. 1). Es bedarf vielmehr einer **konstitutiven Anordnung** durch das FamG, mit welcher die Vormundschaft „anhängig" im Sinne der Verfahrensgesetze wird (vgl. etwa § 99 Abs. 3 S. 1 FamFG.[1] Andererseits ist die Anordnung nach § 1774 S. 1 **von der Bestellung** des Vormunds (§ 1789) strikt **zu unterscheiden**; erst mit der Bestellung selbst beginnen Vertretungsrecht und sonstige Befugnisse des Vormunds. Sinn des § 1774 S. 1 ist es hauptsächlich, das FamG zu Ermittlungen von Amts (§ 26 FamFG) wegen darüber anzuhalten, ob eine Vormundschaft nötig ist, ferner dem Gericht zu ermöglichen, schon vor Bestellung eines Vormunds notwendige Maßnahmen zu treffen (§ 1846). Bei Pflichtverletzung kommt Amtshaftung des Staates in Betracht (Art. 34 GG, § 839 BGB).[2] 1

2. Satz 2. Satz 2 wurde durch das NEhelG eingefügt. Die Vorschrift ermöglicht es, die Anordnung der Vormundschaft und die Vormundbestellung in die Zeit vor der Geburt des Mündels zu verlegen. 2

II. Anordnung der Vormundschaft von Amts wegen

1. Form. Nach hM bedarf die Anordnung der Vormundschaft keines förmlichen Beschlusses des FamG;[3] es soll ein Tätigwerden des Gerichts nach außen genügen, das auf der Bejahung eines Vormundschaftsgrunds (§ 1773) basiert (zB Einleitung des Auswahlverfahrens nach § 1779). Diese Auffassung entspricht nicht hinreichend rechtsstaatlichen Bedürfnissen. Da durch die Anordnung der Vormundschaft die Rechtsstellung des Fürsorgebedürftigen bereits betroffen ist (vgl. nur § 1846), setzt die Anordnung grundsätzlich einen förmlichen Beschluss voraus. Dieser ist den Beteiligten bekanntzumachen (§ 41 FamFG),[4] und zwar nach Maßgabe der §§ 164, 60 FamFG auch dem Mündel persönlich. 3

2. Erforderliche Maßnahmen. Nach Anordnung der Vormundschaft, aber vor Bestellung des Vormunds hat das FamG gem. § 1846 selbst die im Interesse des Mündels erforderlichen Maßnahmen zu treffen. Auch kann die Anordnung einer Ergänzungspflegschaft gem. § 1909 Abs. 3 angezeigt sein, wenn sich die Vormundsbestellung verzögert, weil etwa Fragen der Berufung zum Vormund längerer Überprüfung bedürfen. Zu beachten ist, dass die Vorschriften über die Berufung zur Vormundschaft für diese vorläufige Pflegschaft nicht gelten, § 1916. 4

3. Verfahren. a) Anzeigepflichten. Die Amtsermittlungen des FamG werden durch Anzeigepflichten unterstützt: des Jugendamts (§§ 50, 57 SGB VIII), des Standesamts (§ 168a FamFG, § 52a Abs. 4 SGB VIII), anderer Gerichte (§ 22a FamFG),[5] des Vormunds bei Tod des Gegenvormunds (§ 1894 Abs. 2), des Gegenvormunds, wenn das Amt des Vormunds endigt (§ 1799 Abs. 1 S. 2), sowie der Erben des Vormunds (Gegenvormunds) bei dessen Ableben (§§ 1894 Abs. 1, 1895). Im 5

---

[8] Vgl. OLG München FamRZ 2009, 1602, 1603.
[1] BayObLGZ 3, 712, 715; *Staudinger/Engler* Rn. 2; *Soergel/Zimmermann* Rn. 4.
[2] Ebenso *Soergel/Zimmermann* Rn. 1.
[3] *Staudinger/Engler* Rn. 17; *Soergel/Zimmermann* Rn. 4; vgl. auch LG Berlin DAVorm. 1981, 311, 313 (keine materiellen Wirkungen der Vormundschaftsanordnung); anders *Drews* Rpfleger 1981, 13 (ausdrückliche Anordnung, die dem Mündel bekannt gemacht werden muss).
[4] So auch *Drews* Rpfleger 1981, 13.
[5] Zu den Einzelfällen *Keidel/Engelhardt* § 168a FamFG Rn. 2.

Übrigen ist das FamG verpflichtet, Hinweisen von Privatpersonen auf das Bestehen eines Anordnungsgrundes nachzugehen.

6 **b) Zuständigkeit.** Zuständig für die Anordnung nach § 1774 S. 1 ist grundsätzlich das FamG (und zwar der Rechtspfleger, sofern nicht Vormundschaft über einen Ausländer angeordnet werden soll; § 3 Nr. 2 a, § 14 Abs. 1 Nr. 10 RPflG). Zur internationalen Zuständigkeit: § 99 FamFG und die in § 1773 Rn. 15 genannten Übereinkommen. Zur örtlichen Zuständigkeit: § 152 FamFG.

7 **c) Beschwerdefähigkeit.** Gegen die Anordnung der Vormundschaft steht dem Mündel die Beschwerde zu (§ 58 Abs. 1, § 59 Abs. 1 FamFG, § 11 Abs. 1 RPflG), da diese Maßnahme bereits in seine Rechtsstellung eingreift (vgl. nur § 1846). Da die Vormundschaft stets auch Angelegenheiten der Person betrifft, steht dem minderjährigen, beschränkt geschäftsfähigen Mündel ab Vollendung des 14. Lebensjahres ein selbständiges Beschwerderecht zu (§ 60 S. 1 FamFG). Beschwerdeberechtigt ist ferner jeder, dessen Recht sonst beeinträchtigt ist;[6] ein in Aussicht genommener Vormund wird nicht schon durch die Anordnung der Vormundschaft, sondern erst durch seine Auswahl und Bestellung in seinen Rechten tangiert.[7]

8 **4. Wirkung bei Nichtvorliegen der materiell-rechtlichen Voraussetzungen.** Liegen die materiellrechtlichen Voraussetzungen einer auf § 1773 Abs. 1 gestützten Vormundschaftsanordnung nicht vor, so ist diese gegenstandslos und ohne rechtsändernde Wirkung, wie sich aus dem Sinn des § 1882 ergibt.[8] Die Annahme, dass die Anordnung der Vormundschaft in solchen Fällen zwar wirksam ist, aber gem. § 1882 sofort wieder endet,[9] macht wohl keinen wesentlichen Unterschied; die mit dieser Konstruktion erstrebte Anwendung der §§ 1698a, 1698 b, 1893 lässt sich zwanglos auch mit deren analoger Heranziehung begründen. Folgende Fälle kommen bei § 1773 Abs. 1 in Betracht: **a)** Das FamG hat übersehen, dass der „Mündel" unter elterlicher Sorge steht (etwa zu Unrecht das Ruhen des Sorgerechts angenommen) oder dass die Eltern von der gesetzlichen Vertretung nicht gänzlich ausgeschlossen sind. Dann beseitigt die grundlose Anordnung der Vormundschaft das elterliche Sorgerecht keineswegs und hindert auch nicht ihre Ausübung. **b)** Das FamG hat zu Unrecht die Minderjährigkeit des „Mündels" angenommen, während dieser in Wirklichkeit voll geschäftsfähig ist. Dann wird ihm diese Fähigkeit auch durch eine unbegründete Vormundschaftsanordnung nicht genommen. **c)** Vor Anordnung der Vormundschaft ist das Kind gestorben; dann ist die Anordnung gegenstandslos.[10] **d)** Das FamG hat übersehen, dass bereits vorher Vormundschaft angeordnet oder ein Vormund bestellt wurde. Dann endet mit der erneuten Anordnung der Vormundschaft nicht etwa das Amt des zuvor bestellten Vormunds.

9 Eine ganz andere Frage ist, ob die **Bestellung eines Vormunds** (§ 1789) wirksam ist (ob also der Vormund Sorgerecht und gesetzliche Vertretung erhält), wenn schon die Voraussetzungen des § 1773 Abs. 1 für die Anordnung der Vormundschaft nicht vorlagen. Dies wird vielfach bejaht und eine „doppelte Zuständigkeit"[11] angenommen (so dass etwa für den irrig als minderjährig gehaltenen, aber voll geschäftsfähigen „Mündel" dieser selbst, daneben aber auch der „Vormund" handeln könnte; ebenso, wenn versehentlich eine Doppelbestellung erfolgt, für den Mündel also unabhängig voneinander zwei Vormünder auftreten könnten). Doch ist in solchen Fällen auch die Wirksamkeit der Bestellung zum Vormund zu verneinen (siehe die Beendigung der Befugnisse im Fall des § 1882), da eine Vormundschaft über tote, voll geschäftsfähige[12] oder unter elterlicher Sorge und Vertretung stehende Personen rechtlich unmöglich ist; für bereits unter Vormundschaft stehende Mündel kann nichts anderes gelten.[13] Schutzbelangen des unwirksam bestellten Vormunds ist durch die Amtshaftung Rechnung zu tragen; die Probleme des Verkehrsschutzes sind die gleichen wie bei § 1882. Die Rechtsprechung, wonach das Prozessgericht die Stellung einer Person als Vormund hinzunehmen

---

[6] Vgl. LG Hamburg FPR 2003, 323: Eigenes Beschwerderecht eines von der Mutter eines anonym geborenen Kindes zur Personensorge Bevollmächtigten.
[7] *Staudinger/Engler* Rn. 18.
[8] Einschränkend die hM, vgl. RGRK/*Dickescheid* Rn. 10; *Staudinger/Engler* Rn. 27 f.; *Soergel/Zimmermann* Rn. 8; RG HRR 1933 Nr. 1588; BayObLG MDR 1963, 53; in gleicher Richtung auch bezogen auf die Pflegschaft - BGHZ 41, 303, 309; RGZ 84, 92, 95; RG Warn 1919 Nr. 72; OLG Stuttgart OLGE 43, 375; BayObLGZ 1958, 204, 207; wie hier *Habscheid* NJW 1966, 1794.
[9] So *Gernhuber/Coester-Waltjen* § 70 Rn. 23 mit dem begrifflichen Argument, dass nach § 1882 nur enden könne, was begonnen hat.
[10] BGHZ 41, 23, 29.
[11] Vgl. *Soergel/Zimmermann* Rn. 9, wo aber gleichzeitig behauptet wird, die Rechtsstellung des Mündels werde nicht berührt; das ist widersprüchlich, da die Rechtsposition des Mündels durch die – behauptete – gesetzliche Vertretungsmacht des zu Unrecht bestellten Vormunds belastet wird. Vgl. ferner RGRK/*Dickescheid* Rn. 10.
[12] Siehe BGHZ 41, 23, 29.
[13] AA *Erman/Saar* Rn. 5.

habe, auch wenn klar zutage liegt, dass kein Fall begründeter Vormundschaft vorliegt,[14] ist abzulehnen.[15]

Soweit die Anordnung der Vormundschaft auf Bewertungen des Gerichts beruht, ist sie allerdings – unstreitig – nicht deshalb unwirksam, weil diese sachlich angreifbar sind. Nach einer Faustformel sollen die Anordnung der Vormundschaft und wohl auch die darauf gestützte Bestellung eines Vormunds rechtsbegründend wirken, wenn sich das Fehlen der Voraussetzungen des § 1773 „nicht leicht und sicher, sondern erst nach langwieriger Amtsermittlung feststellen lässt".[16] So beseitigt etwa in den Fällen des § 1773 Abs. 2 der Umstand, dass nach der Anordnung der Vormundschaft der Familienstand ermittelt werden kann, die Wirksamkeit der Anordnung nicht (vielmehr § 1882 ex nunc). Im Einzelnen gerät die Abgrenzung freilich nicht ganz scharf.[17]

Eine Verletzung der örtlichen Zuständigkeit beeinträchtigt die Wirksamkeit der Anordnung oder Vormundbestellung nicht (§ 2 Abs. 3 FamFG); zur Verletzung der funktionellen Zuständigkeit vgl. § 8 RPflG.[18]

III. Bestellung des Vormunds vor Geburt des Kindes

Ein Kind bedarf bereits im Zeitpunkt seiner Geburt eines Vormunds, wenn in diesem Zeitpunkt kein Elternteil sorge- und sorgeausübungsberechtigt ist – so namentlich dann wenn die Mutter ledig ist, ihre elterliche Sorge ruht und die Eltern keine Sorgeerklärungen abgegeben haben oder – etwa bei beiderseits minderjährigen Eltern – die elterliche Sorge auch des Vaters ruht. Sind die Voraussetzungen bereits vor der Geburt des Kindes absehbar, gestattet Satz 2 verfahrensrechtlich, den Zeitpunkt der Anordnung der Vormundschaft und der Vormundbestellung in die Zeit vor der Geburt des Mündels zu verlegen. Zweck dieser Vorverlegung ist es, sofort mit der Geburt des Mündels einen handlungsfähigen, gesetzlichen Vertreter zu haben und den Eintritt der Amtsvormundschaft (§ 1791c Abs. 1 S. 1) zu verhindern. Im Zeitpunkt der Anordnung muss das Kind jedoch bereits gezeugt sein. Bei Mehrfachgeburten wird der bestellte Vormund aller geborenen Kinder.

§ 1775 Mehrere Vormünder

¹Das Familiengericht kann ein Ehepaar gemeinschaftlich zu Vormündern bestellen. ²Im Übrigen soll das Familiengericht, sofern nicht besondere Gründe für die Bestellung mehrerer Vormünder vorliegen, für den Mündel und, wenn Geschwister zu bevormunden sind, für alle Mündel nur einen Vormund bestellen.

I. Normzweck

1. Regel zugunsten der einfachen Vormundschaft. Bei der Bestellung des Vormunds (§§ 1775 bis 1791 b) hat das FamG auch die grundsätzliche Frage zu entscheiden, ob *ein* Vormund oder ob *mehrere* Personen als Mitvormünder bestellt werden sollen und ob im letzteren Fall die Form der gemeinschaftlichen (§ 1797 Abs. 1 S. 1) oder einfachen (§ 1797 Abs. 2) Mitvormundschaft gewählt werden soll. § 1775 enthält eine Regel zugunsten der einfachen Vormundschaft, dh. der Führung der Vormundschaft durch einen Vormund: Ein Mündel soll, wenn nicht besondere Gründe für die Mitvormundschaft vorliegen, nach Satz 1 nur einen Vormund haben. Ein **Ausnahme** gilt nach Satz 1 **nur für Ehepaare**: Ehegatten können auch dann zu Mitvormündern bestellt werden, wenn keine „besonderen Gründe" ein solche Mitvormundschaft rechtfertigen.

2. Bestellung desselben Vormunds für alle Geschwister als Regel. Ist eine Vormundschaft für Geschwister angeordnet, muss entschieden werden, ob für die Geschwister ein und derselbe Vormund bestellt werden soll. Satz 2 schreibt die Bestellung desselben Vormunds für alle Geschwister als Regel vor; auch hier bedarf es besonderer Gründe, um die Bestellung unterschiedlicher Vormünder für die einzelnen Geschwister zu rechtfertigen. Ist für ein Geschwister nach Satz 1

---

[14] Siehe BGHZ 5, 240, 242; 33, 195; 41, 303, 310. Ferner OLG Stuttgart FamRZ 1975, 457; RG HRR 1933 Nr. 1588. BGHZ 33, 195, 201 gesteht zu, dass gewisse Voraussetzungen so wichtig sein können, dass ihr Fehlen die Anordnung einer Pflegschaft nichtig macht.
[15] Wie hier BGHZ 41, 23, 29.
[16] RGRK/*Dickescheid* Rn. 10; *Staudinger/Engler* Rn. 28.
[17] Vgl. *Staudinger/Engler* Rn. 27 f. mit Ergebnissen, die von den in Rn. 8 aufgelisteten Fallgruppen zT abweichen.
[18] Zum Ganzen *Keidel/Engelhardt* § 47 FamFG Rn. 4.

ein Ehepaar zu Mitvormündern bestellt, so ist dieses Ehepaar folglich im Regelfall auch für die anderen Geschwister gemeinschaftlich zu Mitvormündern zu bestellen.

3 **3. Gegenvormund?** Die Aussagen des § 1775 betreffen nicht die Frage, ob ein Gegenvormund (§ 1792) zu bestellen ist.

II. Grundsatz der Einzelvormundschaft

4 **1. Zum Grundsatz allgemein.** Die Stellung des Vormunds wird – namentlich auch vor dem Hintergrund des Betreuungsrechtsänderungsgesetzes, das § 1775 Satz 1 neu eingefügt und § 1793 novelliert hat[1] – zunehmend als elternähnlich begriffen. Wie jedes Kind nur ein Elternpaar hat, soll nach dem Grundgedanken des Satzes 2 auch jeder Mündel nur einen Vormund haben.

5 **2. Entscheidung nach pflichtgemäßem Ermessen.** Das FamG entscheidet grundsätzlich nach pflichtgemäßem Ermessen, ob aus besonderen Gründen Mitvormundschaft und gegebenenfalls welche Art von Mitvormundschaft anzuordnen ist.[2] Eine Bindung an die Bestimmung der Eltern, die mehrere Mitvormünder benannt haben, besteht insoweit nicht.[3] Haben die Eltern hingegen nur einen Vormund benannt, so kann ein Mitvormund nur mit Zustimmung des Berufenen bestellt werden (§ 1778 Abs. 4). Haben die Eltern zwar keinen Vormund benannt, aber angeordnet, dass nur *ein* Vormund bestellt werden soll, so bindet diese Anordnung das FamG wiederum nicht.[4]

6 **3. Notwendigkeit besonderer Begründung.** Das Gesetz sieht die Mitvormundschaft als Ausnahmeform an, die besonderer Begründung bedarf. Das zeigt sich außer in § 1775 auch in den Vorschriften der §§ 1778 Abs. 4, 1786 Abs. 1 Nr. 7 (Ablehnungsgrund bei gemeinschaftlicher Mitvormundschaft) und § 1791a Abs. 4. Die „besonderen Gründe" können zB bei schwieriger Vermögensverwaltung gegeben sein.[5] Auch kann Glaubensverschiedenheit zwischen Vormund und Mündel die Bestellung eines Mitvormunds für die religiöse Erziehung rechtfertigen;[6] doch sollte von dieser Gestaltung nur sehr zurückhaltend Gebrauch gemacht werden. Die Bestellung eines Mitvormunds ist grundsätzlich auch nachträglich möglich – also auch dann, wenn bereits ein (Allein-) Vormund bestellt ist. Diese Möglichkeit ist allerdings kein zulässiges Mittel, um die grundsätzlich selbständige Amtsführung des bisherigen Alleinvormunds über die von § 1857 gezogenen Grenzen hinaus zu reglementieren.[7] Nicht zulässig ist die Bestellung eines Mitvormunds zur Vorbereitung der Entlassung des bisherigen Vormunds[8] oder zur Überwachung des Vormunds.[9] Auch eine gegenständlich beschränkte, vorübergehende tatsächliche Verhinderung des bestellten Vormunds rechtfertigt die Bestellung eines Mitvormunds nicht.[10]

III. Ausnahme: Ehepaare als Mitvormünder

7 **1. Intention des Gesetzgebers.** Das gesetzgeberische Ziel, die Vormundschaft dem Eltern-Kind-Verhältnis weiter anzunähern und damit auch die elterliche Stellung des Vormunds zu stärken,[11] legt es nahe, Ehepaaren die gemeinschaftliche Übernahme einer Vormundschaft zu ermöglichen. Satz 1 statuiert deshalb für Ehepaare eine Ausnahme von dem in Satz 2 normierten Prinzip der Einzelvormundschaft. Diese Ausnahme ist ihrerseits nicht als Grundsatz formuliert. Die Bestellung von Ehegatten zu Mitvormündern wird dem Gericht also nicht für den Regelfall vorgeschrieben, sondern in das pflichtgemäße Ermessen des Gerichts gestellt. Eine am Telos des § 1775 Satz 1 orientierte Ermessensausübung wird sich namentlich dann einer Bestellung der Ehegatten zu Mitvormündern öffnen, wenn der Mündel in den Haushalt des Ehepaares aufgenommen ist und die gemeinschaftliche Vormundschaft deshalb in besonderem Maße geeignet ist, ein bereits bestehendes soziales Eltern-Kind-Verhältnis im Recht abzubilden.

---

[1] Vgl. Begr. RegE BtÄndG BT-Drucks. 13/7158 S. 21.
[2] AA *Erman/Holzhauer* (11. Aufl.) Rn. 6 (unbestimmter Rechtsbegriff).
[3] BayObLGZ 21, 60, 63; *Erman/Saar* Rn. 3.
[4] *Dölle* § 122 V.
[5] OLG Frankfurt FamRZ 2009, 247; LG Berlin JW 1934, 1295.
[6] Siehe BayObLG FamRZ 1966, 322, 326.
[7] Vgl. etwa LG Bremen InfAuslR 1992, 281: Nachträgliche Bestellung eines Mitvormunds, wenn das Jugendamt als Amtsvormund (§ 1792 Abs. 1 Satz 2) ein Asylbegehren des Minderjährigen „nicht genügend beachtet" hat. Vgl. auch OLG Düsseldorf Beschl. v. 20. 7. 2010 – II-2 UF 62/10 – juris.
[8] BayObLG NJW 1970, 1687.
[9] LG Berlin Rpfleger 1970, 91.
[10] Vielmehr Ergänzungspflegschaft, BayObLG Rpfleger 1976, 399.
[11] Vgl. Fn. 1.

2. **Gewöhnliche Mitvormundschaft.** Die gemeinschaftliche Übernahme der Vormund- 8
schaft durch ein Ehepaar lässt die rechtliche Konstruktion als gewöhnliche Mitvormundschaft
unberührt; sie ändert also nichts daran, dass das vormundschaftliche Rechtsverhältnis – nicht
anders als bei nicht miteinander verheirateten Mitvormündern – zwischen dem Kind und jedem
der Ehegatten gesondert besteht. Nicht eindeutig beantwortet das Gesetz die Frage, ob Ehegatten
nur in der Form der gemeinschaftlichen (§ 1797 Abs. 1 S. 1) oder auch der einfachen (§ 1797
Abs. 2) Vormundschaft zu Mitvormündern berufen werden können. Bereits der Wortlaut des
Satzes 1 („gemeinschaftlich zu Vormündern bestellen") spricht für die erste Alternative, erst recht
der Gesetzeszweck, der den Ehegatten eine der Elternschaft vergleichbare Rechtsstellung eröffnen
will (vgl. § 1626 Abs. 1). Eine Berufung der Ehegatten zu einfachen Mitvormündern wird dadurch
nicht ausgeschlossen; sie kann sich jedoch nur auf Satz 2 stützen und ist folglich an „besondere
Gründe" gebunden.

IV. Vormundschaft bei Geschwistern

1. **Grundsatz.** Für Geschwister, die unter Vormundschaft stehen, enthält § 1775 eine doppelte 9
Aussage: Erstens ist auch hier die Mitvormundschaft mehrerer Personen – abgesehen von Ehepaa-
ren – die zu begründende Ausnahme. Zweitens soll im Regelfall nicht jeder Mündel einen ande-
ren, selbständig amtierenden Vormund haben; für die Geschwister soll vielmehr ein und derselbe
Vormund bestellt werden. Es handelt sich dann rechtlich gesehen um mehrere Vormundschaften,
die in der Person eines Vormunds zusammentreffen (anders freilich in der Vorschrift des § 1786
Abs. 1 Nr. 8). Aus dem Zusammenspiel beider Regeln folgt, dass ein Ehepaar, das für ein
Geschwister gemeinschaftlich zum Vormund bestellt wird, grundsätzlich auch für die weiteren
Geschwister dieses Mündels gemeinschaftlich zu Mitvormündern bestellt werden soll, sofern nicht
besondere Gründe eine andere Handhabung rechtfertigen. Diese Regeln gelten auch für halbbürtige Geschwister.[12]

2. **Verschiedene Vormünder für Geschwister.** Besondere Gründe ermächtigen das FamG, 10
für die Geschwister verschiedene Vormünder zu bestellen, insbesondere bei dauerndem Interessenwiderstreit zwischen den Mündeln (zB Mitgliedschaften in derselben Personengesellschaft),[13] wohl
eher selten bei Religions- oder Konfessionsverschiedenheit der Mündel.[14] Auch kann die Abgabe
der Vormundschaft bezüglich eines Mündels an ein anderes Gericht gem. § 4 FamFG die Bestellung
eines gesonderten Vormunds rechtfertigen. Andererseits begründet das Vorliegen nur einzelner und
vorübergehender Interessenkollisionen zwischen den Mündeln (etwa bei Erbauseinandersetzung) die
Bestellung gesonderter Vormünder nicht (hier: Ergänzungspflegschaft).

V. Sonstiges

1. **Zuständigkeit.** Zuständig für die Entscheidung, ob besondere Gründe die Mitvormund- 11
schaft oder die gesonderte Vormundschaft über Geschwister rechtfertigen, ist das FamG (und zwar
der Rechtspfleger gem. § 3 Nr. 2 a, § 14 RPflG).

2. **Rechtsstellung.** Zur möglichen Rechtsstellung der Mitvormünder siehe § 1797. 12

3. **Parallelvorschriften.** Gem. § 1792 Abs. 4 findet die Vorschrift auf den Gegenvormund, 13
gem. § 1915 Abs. 1 auf die Pflegschaft entsprechende Anwendung. Zum Betreuungsrecht siehe
§ 1899.

§ 1776 Benennungsrecht der Eltern

(1) Als Vormund ist berufen, wer von den Eltern des Mündels als Vormund
benannt ist.

(2) Haben der Vater und die Mutter verschiedene Personen benannt, so gilt die
Benennung durch den zuletzt verstorbenen Elternteil.

---
[12] KGJ 47, 10.
[13] So auch *Soergel/Zimmermann* Rn. 3.
[14] OLG Darmstadt HRR 1936 Nr. 535. Vgl. auch *Soergel/Zimmermann* Rn. 3: Heute nicht mehr vertretbar.

I. Normzweck

1. Verschiedene Möglichkeiten der Vormundschaftsberufung. Die Berufung zum Vormund über einen Minderjährigen beruht **entweder** auf der **Benennung** durch den Inhaber des elterlichen Sorgerechts (§§ 1776, 1777 Abs. 1) oder auf **Auswahl** durch das FamG (§ 1779); nur in den Sonderfällen der § 1751 Abs. 1 S. 2, § 1791c steht unmittelbar kraft Gesetzes fest, wer Vormund wird.

2. Bestimmungsrecht der Eltern. § 1776 ordnet sorgeberechtigten (§ 1777 Abs. 1) Eltern das Bestimmungsrecht darüber zu, welche Person – wie zu ergänzen ist: im Falle des Todes der Eltern (vgl. Rn. 8) – zum Vormund der minderjährigen Kinder zu berufen ist. Dieses Recht wird durch einseitige, formbedürftige (§ 1777 Abs. 3) Willenserklärung ausgeübt. Die zulässige und formgerechte Ausübung dieses Bestimmungsrechts bindet grundsätzlich das FamG außer in den Fällen des § 1778 Abs. 1 und 3. Dem zur Seite steht die Befugnis der sorgeberechtigten Eltern gem. § 1782 Abs. 1 S. 1, bestimmte Personen von der Vormundschaft auszuschließen. Benennungs- und Ausschließungsbefugnis der Eltern bestehen nicht im Sonderfall des § 1791c.

3. Keine Pflicht zur Vormundschaftsübernahme. Für den Benannten ergibt sich hingegen aus der Bestimmung der Eltern keine Pflicht zur Übernahme der Vormundschaft. Erst wenn das FamG den nach § 1776 Benannten, der auf die Berufung verzichtet hat, nunmehr auf Grund des § 1779 Abs. 1 auswählt, entsteht die Übernahmepflicht gem. § 1785.[1]

II. Das Recht zur Benennung

1. Benennungsrecht. Das Benennungsrecht steht sorgeberechtigten (§ 1777 Abs. 1) Eltern zu – und zwar nicht gemeinsam, sondern, wie aus Abs. 2 folgt, jedem sorgeberechtigten Elternteil allein. Berufen ist deshalb, wer von beiden Elternteilen von dem Benennungsrecht benannt wurde, der allein von dem Benennungsrecht Gebrauch gemacht hat – dies auch dann, wenn der allein benennende Elternteil vor dem anderen verstirbt. Bei divergierender Benennung vgl. Rn. 6. Steht das Sorgerecht einem Elternteil allein zu (etwa nach § 1626a Abs. 2 oder auf Grund einer Entscheidung nach § 1671), so hat er allein die Benennungsbefugnis. Benennungsberechtigt sind auch die Adoptiveltern bzw. der Einzeladoptierende – und zwar auch dann, wenn die Annahme gem. § 1753 Abs. 2 erst nach dem Tod des Annehmenden ausgesprochen wird (§ 1753 Abs. 3). Die natürlichen Eltern sind nach Abgabe der Adoptionseinwilligungserklärung gem. § 1751 nicht mehr benennungsberechtigt; eine zuvor erfolgte Benennung ändert an der nach § 1751 Abs. 1 S. 1, 2 eintretenden Amtsvormundschaft nichts und ist auch für den Fall des Todes beider leiblicher Eltern – mangels Sorgebefugnis im Todeszeitpunkt (§ 1777 Abs. 1) – wirkungslos.

2. Widerruflichkeit der Benennung. Da die Benennung jederzeit widerruflich ist, kann ein Elternteil auch nach einer gemeinsamen Benennung durch neue Verfügung einseitig eine andere Person benennen;[2] verstirbt dieser Elternteil allerdings vor dem anderen, so bleibt die ursprünglich gemeinsame Bestimmung – jetzt als Bestimmung des anderen Ehegatten – maßgebend. Einer Bindung an gemeinsame Benennung stehen der höchstpersönliche Charakter des Bestimmungsrechts und der Sinn des § 1776 Abs. 2 entgegen. Auch durch Erbvertrag oder gemeinschaftliches Testament kann eine solche Bindung nicht erzeugt werden (siehe §§ 2278 Abs. 2, 2270 Abs. 3).

3. Divergierende Benennung. a) Grundsatz. Steht, wie üblich, das Sorgerecht den Eltern gemeinsam zu, so müssten sie nach der allgemeinen Regel des § 1627 das Benennungsrecht an sich gemeinsam ausüben, bei Meinungsverschiedenheiten über die Person des zu berufenden Vormunds wäre § 1628 einschlägig. Stattdessen gilt indes die Sonderregelung des § 1776 Abs. 2. Danach ist auch dann, wenn Vater und Mutter verschiedene Personen benennen, die Bestimmung jedes Elternteils mit der Maßgabe wirksam, dass die Benennung durch den zuletzt verstorbenen Elternteil gilt. Ein Elternstreit zu Lebzeiten ist folglich gegenstandslos. Die Bestimmung des Letztversterbenden ist auch dann maßgebend, wenn sie zeitlich früher als die des Vorverstorbenen getroffen wurde,[3] denn der Gesetzgeber wollte die Meinung desjenigen Elternteils, der zeitlich der Vormundschaft am nächsten war, ausschlaggebend sein lassen unabhängig davon, wann dieser Elternteil die Meinung zum ersten Mal gefasst hat oder durch eine Anordnung nach § 1776 zum Ausdruck gebracht hat.

---

[1] *Staudinger/Engler* Rn. 12; *Gernhuber/Coester-Waltjen* § 70 Rn. 37.

[2] *Soergel/Zimmermann* Rn. 4; *Gernhuber/Coester-Waltjen* § 70 Fn. 42. Anders noch *Soergel/Damrau* (12. Aufl.) Rn. 4 unter Berufung auf OLG Hamm Rpfleger 1954, 99.

[3] *Staudinger/Engler* Rn. 8; *Soergel/Zimmermann* Rn. 5; *Erman/Saar* Rn. 4; *RGRK/Dickescheid* Rn. 3; *Gernhuber/Coester-Waltjen* § 70 Rn. 34 und Fn. 42.

b) Gleichzeitiger Tod der Eltern. Keine ausdrückliche Regelung hat der Fall im Gesetz 7
gefunden, dass die Eltern einander widersprechende Bestimmungen getroffen haben und dann
gleichzeitig versterben. Eine verbreitete Meinung[4] hält die Bestimmung in diesem Fall für gegenstandslos. Dem ist entgegenzuhalten, dass nach dem Sinn des Gesetzes der Elternwille, soweit ihm
Folge geleistet werden kann, beachtlich ist. Das FamG ist daher an die Benennungen gebunden.[5]
Die Bindung lässt sich unschwer in der Form verwirklichen, dass dem FamG die Wahl eingeräumt
ist, ob es die benannten Personen entweder als Mitvormünder oder als Vormund und Gegenvormund bestellt oder nach den Kriterien des § 1779 Abs. 2 einen der Benannten auswählt.[6]

III. Form, Inhalt und Wirkung der Benennung

1. Benennungsform. Die Benennung erfolgt in der Form der **letztwilligen Verfügung** 8
(§ 1777 Abs. 3). Ihre Wirksamkeit setzt voraus, dass dem Bestimmenden zur Zeit seines Todes die
Sorge für die Person und das Vermögen des Kindes zusteht (§ 1777 Abs. 1). Die Benennung wirkt
also nicht zu Lebzeiten des Benennenden, also zB nicht für den Fall, dass das Sorgerecht des Benennenden später von einem Ruhens- oder Ausschlussgrund betroffen wird (vgl. aber § 1779 Abs. 2
S. 2 und § 1779 Rn. 7). In der bloß postmortalen Wirkung liegt kein Verstoß gegen Art. 6 Abs. 2, 3
GG;[7] es steht in der Gestaltungsfreiheit der Rechtsordnung, Eltern, deren Elternsorge nach erfolgter
Benennung ruht oder ausgeschlossen ist, den bindenden Einfluss auf die Person des Vormunds zu
versagen.[8]

2. Inhaltliche Benennungsvoraussetzungen. Die Benennung muss inhaltlich einen siche- 9
ren Schluss auf die Person des Benannten zulassen. Möglich ist auch, dass die Eltern nur den Personenkreis einschränken, aus dem die Person des Vormunds auszuwählen ist. Bestimmen die Benennungsberechtigten ausdrücklich Mitvormundschaft, so ist zwar diese Anordnung hinsichtlich der
Verteilung der Geschäfte unter den Mitvormündern und der Regelung von Meinungsverschiedenheiten für das FamG bindend (§ 1797 Abs. 3), jedoch nicht hinsichtlich der Grundfrage, ob überhaupt Mitvormundschaft anzuordnen ist (dazu § 1775 Rn. 5). Andererseits darf das FamG bei ausdrücklicher Benennung eines Einzelnen als Vormund nicht ohne dessen Zustimmung einen
Mitvormund bestellen (§ 1778 Abs. 4). Auch eine Ersatzberufung ist möglich, ebenso eine bedingte
oder befristete Benennung (dazu § 1778 Rn. 11).[9] Auch ein rechtsfähiger Verein kann als Vormund
benannt werden (§ 1791a Abs. 1 S. 2), nicht jedoch das Jugendamt (§ 1791b Abs. 1 S. 2).

3. Folge der wirksamen Benennung. Die wirksame Bestimmung zum Vormund nach 10
§ 1776 hat zur Folge, dass das FamG die benannte Person zum Vormund bestellen muss, sofern diese
bereit ist und kein Hinderungsgrund (§§ 1780, 1781, 1784) oder Übergehensgrund (§ 1778 Abs. 1
und 3) gegeben ist. Diese Regel gilt auch für den benannten Mitvormund,[10] sofern Mitvormundschaft angeordnet wird. Wird statt des zulässig Benannten eine andere Person zum Vormund bestellt,
so ist diese Bestellung gleichwohl wirksam. Der Übergangene hat das Recht der Beschwerde (§ 58
Abs. 1, § 59 Abs. 1 FamFG, § 11 Abs. 1 RPflG), da ihm aus der Benennung durch die Eltern ein
eigenes subjektiv-öffentliches Recht auf Bestellung zum Vormund erwächst (§ 1778 Rn. 1); eine
Korrektur von Amts wegen findet nicht statt (arg. § 48 Abs. 1, § 166 Abs. 1 FamFG).

IV. Parallelvorschriften

1. Unanwendbarkeit des § 1776. Die Vorschrift ist unanwendbar, soweit die elterliche Sorge 11
nicht in Betracht kommt, so bei der Pflegschaft gem. §§ 1911, 1913, 1914. Ausdrücklich ausgeschlossen ist § 1776 für die Pflegschaften nach § 1909 Abs. 1 S. 1, Abs. 3 (§ 1916).

2. Anwendbarkeit des § 1776. Ausdrücklich anwendbar ist die Vorschrift auf den Gegenvor- 12
mund (§ 1792 Abs. 4) und die Pflegschaft gem. § 1912 (§ 1915 Abs. 1). Inhaltlich entsprechende
Regelungen enthält § 1917 für die Ergänzungspflegschaft nach § 1909 Abs. 1 S. 2.

---

[4] *Staudinger/Engler* Rn. 10; *Soergel/Zimmermann* Rn. 5.
[5] So grundsätzlich auch *Krüger/Breetzke/Nowak* Anm. 2.
[6] So *Schramm* BWNotZ 1958, 121.
[7] Anders *Krüger/Breetzke/Nowak* Vor § 1777 Anm. 1.
[8] So im Ergebnis *Staudinger/Engler* § 1777 Rn. 4; *Soergel/Zimmermann* § 1777 Rn. 1. Zur Möglichkeit einer analogen Anwendung der §§ 1776, 1777, wenn Eltern für den Fall ihrer etwaigen künftigen Geschäftsunfähigkeit einen Vormund für ihr minderjähriges Kind bestimmen wollen: DNotI-Report 2010, 203 (bejahend; zweifelhaft).
[9] BayObLGZ 28, 270, 271 f.
[10] BayObLGZ 21, 60.

§ 1777 Voraussetzungen des Benennungsrechts

(1) Die Eltern können einen Vormund nur benennen, wenn ihnen zur Zeit ihres Todes die Sorge für die Person und das Vermögen des Kindes zusteht.

(2) Der Vater kann für ein Kind, das erst nach seinem Tode geboren wird, einen Vormund benennen, wenn er dazu berechtigt sein würde, falls das Kind vor seinem Tode geboren wäre.

(3) Der Vormund wird durch letztwillige Verfügung benannt.

I. Normzweck

1 Die Vorschrift präzisiert die materiellen Voraussetzungen des den Eltern in § 1776 gewährten Benennungsrechts (Abs. 1 und Abs. 2) und regelt die **Form der Ausübung** (Abs. 3). Hingegen enthält die Vorschrift keine Aussagen über den zulässigen Inhalt der Benennung (dazu §§ 1782, 1797 Abs. 3, 1852 bis 1856). Zur Verfassungsmäßigkeit vgl. § 1776 Rn. 8.

II. Das Recht zur Vormundbenennung (Abs. 1)

2 **1. Ausfluss der elterlichen Sorge.** Wie in der Vorschrift klar zum Ausdruck gelangt, ist das Benennungsrecht Ausfluss der elterlichen Sorge,[1] und zwar sowohl der Personen- als auch der Vermögenssorge. Allerdings kommt es für die wirksame Ausübung des Benennungsrechts auf das Innehaben und Ausüben der Elternsorge **im Zeitpunkt des Todes** der Eltern an. Unerheblich ist, ob die Elternsorge auch schon im Zeitpunkt der Benennung gegeben war.[2] Diese Regelung rechtfertigt sich aus der Erwägung, dass eine Benennung durch den zunächst nicht Sorgeberechtigten durch den späteren Erwerb der elterlichen Sorge rechtsbeachtlich wird und bleibt, wenn sie bis zu seinem Tod nicht widerrufen wird. So ist zB die Benennung durch einen Geschiedenen wirksam, dem zurzeit der Benennung das elterliche Sorgerecht nicht zustand, dem aber später die Elternsorge übertragen wurde (§§ 1696, 1671 f., 1680 Abs. 2 S. 1, § 1681 Abs. 1) und bis zu seinem Tode anvertraut war. Zu Ausnahmefällen siehe die Erl. zu Abs. 2 (Rn. 8).

3 **2. Berechtigung zur Personen- und Vermögenssorge.** Dem Benennenden muss – allein oder gemeinsam mit dem anderen Elternteil – im Zeitpunkt seines Todes die Sorge für Person und Vermögen des Kindes, im Prinzip also das Sorgerecht insgesamt, zugestanden haben. Folglich besteht das Benennungsrecht nicht, wenn dem Verfügenden die gesamte Personensorge oder die gesamte Vermögenssorge im Zeitpunkt seines Todes vorenthalten war (etwa nach Entzug der gesamten Personen- und/oder Vermögenssorge gem. §§ 1666 f.). Gleiches gilt, wenn die Vermögenssorge und/oder die Personensorge des Elternteils im Zeitpunkt des Todes ruht (§§ 1673 ff., 1751 Abs. 1 S. 1).[3]

4 Hingegen ist die **Benennungsbefugnis nicht beeinträchtigt,** wenn dem Elternteil die Personensorge oder die Vermögenssorge nur in einzelnen Angelegenheiten oder nur teilweise vorenthalten war (Beispiele: § 1630 Abs. 1 und Abs. 3, § 1638; Teilentziehung der Personensorge, etwa des Aufenthaltsbestimmungsrechts oder der Vermögenssorge nach §§ 1666 f.; Übertragung von Angelegenheiten nach § 1628 Abs. 1; Beschränkung der gesetzlichen Vertretung nach § 1629 Abs. 2; Anordnung nach § 1632 Abs. 4).

5 **3. Trennung der gemeinsam sorgeberechtigten Eltern.** Eine nicht nur vorübergehende Trennung der gemeinsam sorgeberechtigten Eltern lässt deren gemeinsame Sorge und – als Folge – auch deren gemeinsames Benennungsrecht unberührt. Wird die elterliche Sorge einem Elternteil (nach §§ 1671 f. oder nach § 1696) übertragen, so hat dieser Elternteil das Benennungsrecht, wenn ihm im Zeitpunkt seines Todes die Sorge zustand. War einem Elternteil die Personensorge, dem anderen die gesamte Vermögenssorge übertragen, so hat keiner von ihnen ein selbständiges Bestimmungsrecht; denn hier stand keinem Elternteil, wie von Abs. 1 vorausgesetzt, die Sorge für die Person und (!) das Vermögen des Kindes zu. Allerdings ist in diesem Falle eine gemeinsame oder übereinstimmende Benennung maßgebend. Sie kann als solche praktisch werden, wenn etwa die Eltern gleichzeitig versterben; bei sukzessivem Versterben kann sie als einseitige Benennung des zuletzt verstorbenen und nach § 1680 Abs. 2 S. 1 allein sorgeberechtigt gewordenen Elternteils Bedeutung erlangen. Wird einem Elternteil die Personensorge und ein Teil der Vermögenssorge,

---

[1] BayObLG FamRZ 1992, 1346, 1348 = Rpfleger 1993, 17.
[2] *Staudinger/Engler* Rn. 11; *Soergel/Zimmermann* Rn. 5; *Erman/Saar* Rn. 1; RGRK/*Dickescheid* Rn. 5.
[3] BayObLG FamRZ 1992, 1346, 1348 = Rpfleger 1993, 17; *Soergel/Zimmermann* Rn. 5; aA *Müller* JR 1961, 127.

dem anderen hingegen der andere Teil der Vermögenssorge übertragen, so steht nur dem erstgenannten Elternteil das Bestimmungsrecht zu.

4. Befugnis zur gesetzlichen Vertretung. Streitig ist, ob das Benennungsrecht die Befugnis 6 zur gesetzlichen Vertretung voraussetzt. § 1777 Abs. 1 S. 1 HS 2 in der ursprünglichen Fassung des BGB hatte die gesetzliche Vertretungsmacht des benennenden Vaters ausdrücklich verlangt; in der Neufassung der Vorschrift durch das GleichberG (Art. 1 Nr. 30) findet sich dieses Erfordernis nicht mehr expressis verbis. Unter Berufung auf die Gesetzesmaterialien[4] wurde deshalb die Auffassung vertreten, für das Benennungsrecht genüge nunmehr die Innehabung der tatsächlichen Personen- und Vermögenssorge, der Entzug der gesetzlichen Vertretung insgesamt oder der gesetzlichen Vertretung im Bereich der Vermögens- oder der Personensorge hindere die wirksame Benennung nicht.[5] Demgegenüber ist am Erfordernis der gesetzlichen Vertretungsmacht des Benennenden im Zeitpunkt seines Todes festzuhalten.[6] Die gesetzliche Vertretung ist nicht bloß eine „einzelne Angelegenheit" im Spektrum des Sorgerechts, vielmehr essentieller Bestandteil der Elternsorge. Wenn das Gesetz die bloß tatsächliche Sorge meint, kommt dies im Wortlaut klar zum Ausdruck (vgl. § 1673 Abs. 2 S. 2). Es ergäbe auch einen Widerspruch, wenn ein Elternteil, dem das Recht die gesetzliche Vertretung vorenthalten muss, darüber befinden könnte, wer nach seinem Tod diese Funktion ausüben darf. Nach der Gegenmeinung ergeben sich auch schwierige Probleme, wenn schon zu Lebzeiten der nicht vertretungsbefugten Eltern ein Vormund eingesetzt wurde und wenn nun diese vor ihrem Tod einen anderen Vormund benennen; hatten diese Eltern die tatsächliche Sorge inne, so würde mit ihrem Tod die Benennung verbindlich und der Vormund müsste ausgewechselt werden – schwerlich zum Wohl des Kindes.[7]

5. Benennungsrecht auch bei entfallender tatsächlicher Personensorge. Umgekehrt 7 zeigt § 1633 iVm. § 1778 Abs. 3, dass der Gesetzgeber sogar bei entfallener tatsächlicher Personensorge und fortdauerndem Vertretungsrecht von einem freilich abgeschwächten Benennungsrecht ausgeht. Für ein minderjähriges verheiratetes Kind sind die Eltern zwar nicht personensorge-, wohl aber vertretungsberechtigt (§ 1633). Als Konsequenz bleibt ihnen auch das Benennungsrecht, das freilich vom Vorrang des Ehegatten ihres Kindes als dessen möglicher Vormund überlagert wird (§ 1778 Abs. 3).[8] In allen anderen Fällen setzt das Benennungsrecht auch die Innehabung der tatsächlichen Elternsorge voraus.[9]

III. Benennungsrecht des vor Geburt des Kindes verstorbenen Vaters (Abs. 2)

Das Prinzip, dass der Benennende im Zeitpunkt seines Todes die Elternsorge innegehabt haben 8 muss, wird zugunsten des vor der Geburt seines Kindes verstorbenen Vaters durchbrochen. Dessen Benennung gilt gem. § 1777 Abs. 2, sofern der Vater zur Elternsorge berechtigt wäre, wenn das Kind vor seinem Tod geboren sein würde. Entscheidend ist somit, ob der Vater das Sorgerecht erworben hätte, wäre das Kind unmittelbar vor seinem Tod geboren worden. Das ist nur dann der Fall, wenn der Vater im Todeszeitpunkt mit der Kindesmutter verheiratet war oder die Eltern bereits pränatal übereinstimmende Sorgeerklärungen abgegeben hatten (§ 1626 Abs. 1 S. 1, § 1626a Abs. 1 Nr. 1 iVm. 1626 b Abs. 2); die bloße Heiratsabsicht der Eltern bewirkt dagegen nicht die Rechtsfolge des Abs. 2 nicht, auch nicht die bloße Inaussichtnahme künftiger Sorgeerklärungen. Die Vorschrift ist auf die Mutter entsprechend anwendbar, wenn sie – etwa bei einem Kaiserschnitt – vor der Geburt des Kindes stirbt.[10] Eine vergleichbare Rückwirkung des Sorge- und – in dessen Folge – des Benennungsrechts ergibt sich bei postmortalem Ausspruch der Adoption (§ 1753 Abs. 3).

IV. Die Ausübung des Benennungsrechts (Abs. 3)

Die Benennung erfolgt durch **letztwillige Verfügung** (§§ 1937, 1941). Die Verfügung ist einsei- 9 tig – also auch dann nicht wechselbezüglich oder vertragsmäßig bindend, wenn sie in einem gemeinsamen Testament oder in einem Erbvertrag erfolgt (§§ 2270 Abs. 3, 2278 Abs. 2, 2299). Die Benennung kann jederzeit einseitig widerrufen werden (vgl. § 1776 Rn. 5). Einem Dritten kann die Benennung nicht überlassen werden, auch ist Stellvertretung ausgeschlossen (§§ 2064, 2274). Auf

---

[4] Siehe BT-Drucks. II/224 S. 66.
[5] *Donau* MDR 1958, 9; *Staudinger/Engler* (10./11. Aufl.) Rn. 6; RGRK/*Scheffler* (11. Aufl.) Anm. 3.
[6] Ebenso: *Staudinger/Engler* Rn. 5; RGRK/*Dickescheid* Rn. 2; *Soergel/Zimmermann* Rn. 3 f.
[7] Vgl. *Soergel/Zimmermann* Rn. 4.
[8] *Staudinger/Engler* Rn. 9; *Gernhuber/Coester-Waltjen* § 70 Rn. 35; *Soergel/Zimmermann* Rn. 5.
[9] *Soergel/Zimmermann* Rn. 5.
[10] *Gernhuber/Coester-Waltjen* § 70 Rn. 36; *Soergel/Zimmermann* Rn. 7; *Staudinger/Engler* Rn. 14.

§ 1778 1

das Benennungsrecht kann wirksam nicht verzichtet werden.[11] Ob in einem Testament oder Erbvertrag eine Benennung enthalten ist und welchen näheren Inhalt sie hat, ist im Zweifelsfall durch Auslegung zu ermitteln.[12] Zu bedingten und befristeten Benennungen vgl. § 1778 Rn. 11.

V. Parallelvorschriften

10 Die Vorschrift ist entsprechend anwendbar auf das Recht zur Vormundausschließung (§ 1782 Abs. 2), die Berufung zum Gegenvormund (§ 1792 Abs. 4), die Befugnisabgrenzung bei Mitvormündern (§ 1797 Abs. 3) sowie die Anordnung der befreiten Vormundschaft (§ 1856 S. 1).

§ 1778 Übergehen des benannten Vormunds

(1) Wer nach § 1776 als Vormund berufen ist, darf ohne seine Zustimmung nur übergangen werden,
1. wenn er nach den §§ 1780 bis 1784 nicht zum Vormund bestellt werden kann oder soll,
2. wenn er an der Übernahme der Vormundschaft verhindert ist,
3. wenn er die Übernahme verzögert,
4. wenn seine Bestellung das Wohl des Mündels gefährden würde,
5. wenn der Mündel, der das 14. Lebensjahr vollendet hat, der Bestellung widerspricht, es sei denn, der Mündel ist geschäftsunfähig.

(2) Ist der Berufene nur vorübergehend verhindert, so hat ihn das Familiengericht nach dem Wegfall des Hindernisses auf seinen Antrag anstelle des bisherigen Vormunds zum Vormund zu bestellen.

(3) Für einen minderjährigen Ehegatten darf der andere Ehegatte vor den nach § 1776 Berufenen zum Vormund bestellt werden.

(4) Neben dem Berufenen darf nur mit dessen Zustimmung ein Mitvormund bestellt werden.

Übersicht

	Rn.		Rn.
I. Normzweck	1	c) Abs. 1 Nr. 3	12
II. Verbot der Übergehung	2–5	d) Abs. 1 Nr. 4	13, 14
1. Grundsatz	2	e) Abs. 1 Nr. 5	15
2. Ausnahme: Zustimmung des Benannten	3–5	2. Vorübergehende tatsächliche Verhinderung (Abs. 2)	16
a) Keine Übernahmepflicht	3	3. Vormund für verheirateten Mündel (Abs. 3)	17
b) Erklärung der Zustimmung	4, 5	IV. Folgen unbegründeter Übergehung	18
III. Zulässigkeit der Übergehung	6–17	V. Mitvormund, Gegenvormund	19, 20
1. Gründe, die eine Übergehung rechtfertigen (Abs. 1)	6–15	1. Mitvormund	19
a) Abs. 1 Nr. 1	7–9	2. Gegenvormund	20
b) Abs. 1 Nr. 2	10, 11		

I. Normzweck

1 Die wirksame Berufung zum Vormund gem. §§ 1776, 1777 **gewährt dem Benannten ein subjektiv-öffentliches Recht** gegen den Staat[1] auf Bestellung zum Vormund (Abs. 1) sowie darauf, dass seine Rechtsstellung als Vormund nicht durch die Bestellung eines Mitvormunds beeinträchtigt wird (Abs. 4). In § 1778 kommt daher das Verbot der Übergehung des berufenen Vormunds (Abs. 1 bis 3) und der Schmälerung seiner Position (Abs. 4) zum Ausdruck. Zugleich formuliert die

---
[11] Staudinger/Engler Rn. 21.
[12] OLG Köln ZBlJugR 1961, 61; BayObLGZ 1961, 189 = NJW 1961, 1865; BayObLGZ 1966, 28 = FamRZ 1966, 323, 325. Zur Kombination mit Testamentsvollstreckung: Kirchner MittBayNot 1997, 203; Damrau ZEV 1994, 1.
[1] Dölle § 120 III.

Vorschrift die Ausnahmefälle, in denen eine Bindung des FamG an die Berufung nicht (Abs. 1) oder in nur abgeschwächtem Maße (Abs. 3) besteht. Obwohl die Benennung als Akt des elterlichen Sorgerechts erscheint, gestattet das Gesetz dem FamG ein Abweichen vom Elternwillen unter leichteren Voraussetzungen als in § 1666;[2] das ist gerechtfertigt und hält auch dem Art. 6 Abs. 2 GG stand, weil es bei § 1778 nicht um die Einschränkung aktuell ausgeübter Elternsorge, sondern um die Gestaltung des Sorgerechts nach dem Tod der Eltern geht. Einem **Kind, welches das 14. Lebensjahr vollendet hat,** steht (nach Abs. 1 Nr. 5) ein **Widerspruchsrecht** zu: Der Widerspruch gegen die Bestellung des von den Eltern benannten Vormunds lässt die Bindung des FamG an die elterliche Benennung entfallen.

II. Verbot der Übergehung

1. Grundsatz. Abs. 1 verbindet das Verbot der Übergehung des nach §§ 1776, 1777 wirksam Berufenen mit einem Katalog von zulässigen Ausnahmen. Die – im Grundsatz unzulässige – Übergehung kann darin liegen, dass das FamG eine andere Person zum Vormund bestellt; es genügt aber auch schon, wenn das Gericht nach Eintritt des Vormundschaftsfalls es ablehnt, den Benannten zu bestellen.[3] Der Berufene kann sich gegen die Übergehung wehren (Rn. 18) - gleichgültig, ob ihn das Gericht bewusst übergeht oder nur in Unkenntnis der Berufung vernachlässigt;[4] auch auf ein „Verschulden" des Gerichts kommt es nicht an, maßgeblich ist die objektive Rechtsbeeinträchtigung.

2. Ausnahme: Zustimmung des Benannten. a) Keine Übernahmepflicht. Von einer Übergehung kann nicht die Rede sein, wenn der Benannte die Vormundschaft nicht übernehmen will; eine Übernahmepflicht des durch Elternwillen Berufenen besteht nicht. Folglich kann das FamG einen anderen zum Vormund bestellen, wenn – wie sich das Gesetz ausdrückt – der Berufene die Zustimmung zu seiner Übergehung gibt. Erklärt er, die Vormundschaft nicht übernehmen zu wollen, so darf er nicht bestellt werden, außer wenn ihn das FamG sodann nach § 1779 auswählt. Erklärt er, zur Übernahme bereit, aber auch mit der Bestellung eines anderen einverstanden zu sein, so darf er bestellt, aber auch übergangen werden.

b) Erklärung der Zustimmung. Nach hM ist **Adressat** der wirksamen Zustimmungserklärung nicht notwendig das Gericht.[5] Dem ist zu widersprechen. Das FamG hat sich in dem Verfahren, das zur Vormundbestellung führen soll, davon zu überzeugen, dass die materiellen Voraussetzungen seiner Entscheidung gegeben sind (§ 26 FamFG). Die Zustimmung zur Übergehung ist als Willenserklärung im höchstpersönlichen Bereich bis zur Vormundbestellung jederzeit widerruflich (so dass eine Anfechtung wegen Irrtums entbehrlich ist). Die Erklärung des Benannten außerhalb des Verfahrens und irgendeiner Person gegenüber, womöglich noch durch Rückschluss aus „Stillschweigen" gewonnen, kann dem Gericht folglich keine Gewissheit über die Voraussetzungen seiner Entscheidung gewährleisten. Die Erklärung ist somit dem FamG gegenüber zu verlautbaren und kann mit dieser Einschränkung auch aus schlüssigem Verhalten gefolgert werden.

Ob die einmal gegebene Zustimmung zur Übergehung auch noch für den Fall fortwirkt, dass der zunächst auf Grund des Verzichts bestellte Vormund wegfällt, ist Frage der **Auslegung;**[6] hierbei spielen insbesondere die Gründe für den zunächst erklärten Verzicht eine wesentliche Rolle. Die Zustimmung kann **auch nachträglich,** dh. nach unzulässiger Übergehung, erklärt werden und wirkt dann zurück (§ 184 Abs. 1 entsprechend).[7]

III. Zulässigkeit der Übergehung

1. Gründe, die eine Übergehung rechtfertigen (Abs. 1). Die Gründe, die eine Übergehung rechtfertigen, sind in Abs. 1 grundsätzlich (Abs. 3) abschließend aufgelistet. Greift einer dieser Gründe ein, so kommen anstelle des Benannten zunächst die von den Eltern etwa ersatzweise benannten Personen zum Zuge. Im Übrigen hat das FamG dem Mündel einen Vormund gem.

---
[2] *Gernhuber/Coester-Waltjen* 4. Aufl. § 70 IV 7.
[3] Wie hier auch *Staudinger/Engler* Rn. 6; *Dölle* § 120 III.
[4] KGJ 39 A 5; BayObLG OLGE 43, 377; *Palandt/Diederichsen* Rn. 1; *Dölle* § 120 III.
[5] RGRK/*Dickescheid* Rn. 1; *Staudinger/Engler* Rn. 10; *Dölle* § 120 III 1 a.
[6] *Soergel/Zimmermann* Rn. 2. RGRK/*Dickescheid* Rn. 1 will die Zustimmung „im Zweifel" als nur zugunsten gerade des nachberufenen oder konkret ausgewählten Vormunds erteilt ansehen. AA *Erman/Saar* Rn. 2 (keine Geltung der Zustimmung für künftige Fälle).
[7] RGRK/*Dickescheid* Rn. 1; *Staudinger/Engler* Rn. 10. *Soergel/Zimmermann* Rn. 2 will der nachträglichen Zustimmung offenbar nur prozessuale Wirkung (Rechtsmittelverzicht) zumessen.

§ 1779 auszuwählen. Findet sich kein geeigneter Einzelvormund, so kommen Vereins- und Amtsvormundschaft in Betracht (§§ 1791a, b).

7 a) **Abs. 1 Nr. 1.** Der Berufene darf übergangen werden, wenn er nach §§ 1780 bis 1784 nicht bestellt werden kann oder soll. **Im Fall des § 1780** wäre eine Vormundbestellung sogar nichtig. Ein Recht auf Bestellung entsteht auch dann nicht, wenn der Übergehensgrund aus § 1780 nach Bestellung eines anderen Vormunds wegfällt; der Vormund ist dann nicht etwa zugunsten des vordem Benannten zu entlassen (arg. § 1778 Abs. 2). Sind hingegen die Gründe des § 1780 zu einem Zeitpunkt weggefallen, in dem aus sonstigen Rechtsgründen ein neuer Vormund berufen werden muss, so ist die Berufung nunmehr rechtsbeachtlich.

8 Auch bei den **Untauglichkeitsgründen der §§ 1781 und 1784** besteht bei nachträglichem Wegfall kein Anspruch auf Entlassung des bestellten Vormunds und auf Neubestellung des Berufenen. Allerdings erfolgt bei einer aus anderen Gründen erforderlichen späteren Neubestellung eines Vormunds wiederum die Überprüfung, ob die Untauglichkeitsgründe beim Berufenen noch vorliegen; verneinendenfalls ist er nunmehr zu bestellen. Die Bezugnahme des § 1778 Abs. 1 Nr. 1 auf **§ 1783** ist gegenstandslos, weil diese Vorschrift aufgehoben ist.

9 Die hM behandelt auch den **Bezug auf § 1782** als sinnlos, da ohnehin nur die Anordnung des zuletzt verstorbenen Elternteils gelte.⁸ Dem ist nicht zu folgen, da dem § 1782 durchaus ein Anwendungsbereich verbleibt. Hat der Vorversterbende eine Person als Vormund benannt, der Letztversterbende diese Person aber ausgeschlossen, ohne eine Person zu benennen, so ist die Benennung des Erstverstorbenen nicht schon nach § 1776 Abs. 2 irrelevant; denn dort ist vorausgesetzt, dass die Elternteile verschiedene Personen positiv benennen. Die Ausschließung des Benannten durch den Letztverstorbenen wird folglich erst über § 1782 iVm. § 1778 Abs. 1 Nr. 1 relevant. Gleiches gilt, wenn in dem geschilderten Fall die Elternteile gleichzeitig versterben.

10 b) **Abs. 1 Nr. 2.** Der Berufene darf (und soll) übergangen werden, wenn er **an der Übernahme der Vormundschaft verhindert** ist. Gemeint sind damit vom Gericht zu prüfende, objektive Hinderungsgründe tatsächlicher Natur, die der Übernahme selbst dann entgegenstehen würden, wenn der Benannte die Vormundschaft zu übernehmen bereit wäre, zB fortgeschrittenes Alter, Gebrechlichkeit, Krankheit, längerer Auslandsaufenthalt. Nicht hingegen fällt hierher der Gesichtspunkt mangelnder Sachkunde für die Vermögensverwaltung⁹ oder der beruflichen Überlastung, die unter dem Maßstab der Gefährdung des Mündelwohls zu prüfen sind. Ist die Verhinderung nur vorübergehend, so gilt § 1778 Abs. 2 (Rn. 16).

11 Strenggenommen nicht in das Anwendungsfeld des § 1778 Abs. 1 Nr. 2 fallen **bedingte oder befristete Benennungen,** die allgemein für zulässig gehalten werden. Erwünscht sind sie unter dem Gesichtspunkt des Kindeswohls schwerlich, insbesondere wenn auflösende Bedingungen oder Endtermine zum Vormundwechsel führen würden. Im Einzelnen gilt: Eine Benennung unter **aufschiebender Bedingung** führt zu keiner wirksamen Berufung, solange die Bedingung nicht eingetreten ist. Tritt also vorher die Vormundschaft ein, so hat das Gericht einen anderen Vormund zu bestellen, weil die aufschiebende Bedingung zugleich einen partiellen Ausschluss des Benannten nach § 1782 bedeutet. Dabei hat das FamG die Möglichkeit, den Vormund unter Vorbehalt späteren Bedingungseintritts zu bestellen (§ 1790); bei späterem Bedingungseintritt wäre sodann der zunächst bestellte Vormund durch den Berufenen zu ersetzen. Macht das FamG – wie allerdings dringend zu raten – von der Möglichkeit des § 1790 keinen Gebrauch, so gilt § 1778 Abs. 2 entsprechend.¹⁰ Doch ist dann zu prüfen, ob der Vormundwechsel nicht das Kindeswohl gefährdet (§ 1778 Abs. 1 Nr. 4); bejahendenfalls ist der Benannte zu übergehen und der ursprünglich bestellte Vormund bleibt im Amt. Gleiche Grundsätze gelten, wenn die Benennung unter Angabe eines Anfangstermins erfolgt, der im Zeitpunkt der Vormundbestellung noch nicht eingetreten ist. Ist die Benennung unter einer **auflösenden Bedingung** oder unter Setzung eines **Endtermins** erfolgt, so besteht gegenüber dem Berufenen die Möglichkeit der Bestellung unter Vorbehalt gem. § 1790. Auch bei vorbehaltloser Bestellung hat das FamG den Vormund bei Eintritt der Bedingung oder des Endtermins von Amts wegen zu entlassen,¹¹ da die Fortführung des Amtes von der Berufung nicht mehr getragen wird. Doch wird es in solchen Fällen das Mündelinteresse häufig erfordern, dass das FamG nunmehr dem bisherigen Vormund die Fortsetzung seines Amtes gem. § 1779 ermöglicht. Gleiche Grundsätze gelten, wenn ein Vormund durch Anordnung eines Elternteils gem. § 1782 bedingt oder befristet von der Vormundschaft ausgeschlossen ist.

---

⁸ So *Dölle* § 120 II 2 c; Rn. 8; *Soergel/Zimmermann* Rn. 2. Wie hier RGRK/*Dickescheid* Rn. 3. Vgl. auch Staudinger/Engler Rn. 12.
⁹ AA *Soergel/Zimmermann* Rn. 2.
¹⁰ *Staudinger/Engler* Rn. 14 f. und § 1777 Rn. 18; RGRK/*Dickescheid* Rn. 3.
¹¹ *Staudinger/Engler* § 1777 Rn. 19.

Übergehen des benannten Vormunds　　　　　　　　　　　　　　　　　12–15　§ 1778

c) Abs. 1 Nr. 3. Die **Verzögerung**, die eine Übergehung rechtfertigt, ist schon in der objektiven Nichtübernahme des Amtes binnen angemessener Frist zu sehen. Verschuldet muss die Verzögerung nicht sein.[12] Dem Berufenen ist allerdings eine wirkliche Überlegungsfrist zu gewähren, deren Dauer vom Umfang der auf ihn wartenden Aufgaben und den sonstigen Umständen abhängt. Die schuldhafte Verzögerung durch den Benannten führt nicht zur Schadensersatzpflicht nach § 1787.[13]　12

d) Abs. 1 Nr. 4. Das FamG hat den Benannten zu übergehen, wenn seine Bestellung das **Mündelwohl gefährden** würde. In Betracht kommt die Gefährdung des persönlichen Wohls; es genügt aber auch die Gefährdung wichtiger Vermögensinteressen des Mündels.[14] Nach einem verbreiteten Satz braucht die Gefährdung nicht „erheblich" zu sein.[15] Das widerspricht sich selbst, auf Unerhebliches kommt es nicht an. In der Sache gebietet es die Achtung vor dem Elternwillen, dass der Gefährdungstatbestand auf wichtige Mündelinteressen und auf erhebliche Gefährdungen bezogen wird. Auch genügt für die Übergehung nicht die bloß abstrakte Möglichkeit einer Beeinträchtigung; vielmehr muss im Zeitpunkt der Beurteilung die konkrete Besorgnis begründet sein, dass die Bestellung das Kindeswohl jetzt oder in einem späteren Zeitpunkt gravierend beeinträchtigen werde.[16] Richtig ist, dass der Gefährdungsbegriff auf einer niedrigeren Schwelle anzusiedeln ist als in §§ 1666, 1667, auch als in § 1886.[17] Gefährdung kann auch ohne Verschulden des Berufenen zu bejahen sein.[18] Bei Handhabung des § 1778 Abs. 1 Nr. 4 hat das Gericht kein Ermessen, sondern den unbestimmten Rechtsbegriff „Gefährdung des Mündelwohls" zu konkretisieren.[19]　13

Einzelfälle. Starke Entfremdung zwischen dem Berufenen und dem Mündel;[20] Unvermögen des Berufenen zur rechten Führung des Amtes auf Grund von Alter und Gebrechen[21] (hier liegt zugleich der Übergehensgrund der Nr. 2 vor) – es bedarf hier allerdings konkreter, auf die Person des Benannten bezogener Feststellungen; vom Mündel schwer zu verkraftender Milieuwechsel;[22] hartnäckige Unterhaltsweigerung des Berufenen, wenn er dem Mündel unterhaltspflichtig war;[23] Unvermögen des Berufenen zu einer im konkreten Falle erforderlichen und schwierigen Vermögensverwaltung. Die Tatsache der Konfessionsverschiedenheit[24] genügt für sich gesehen nicht, wohl aber etwa die konkret begründete Besorgnis, dass der Berufene sich intolerant gegen die bisherige religiöse Erziehung des Mündels verhalten werde. Ein potentieller Interessengegensatz zwischen Benanntem und Mündel dürfte nur bei zu erwartender Dauerhaftigkeit eine Übergehung rechtfertigen; vorübergehenden Kollisionen – wie etwa bei einer beabsichtigten Adoption des Mündels durch den Vormund – kann durch einen Ergänzungspfleger begegnet werden.[25]　14

e) Abs. 1 Nr. 5. Abs. 1 Nr. 5, eingeführt durch das SorgeRG, gewährt dem Mündel ab vollendetem vierzehntem Lebensjahr ein **Widerspruchsrecht** gegen die Bestellung des berufenen Vormunds. Der Widerspruch beseitigt nur die Bindung des FamG an die elterliche Benennung, schließt aber eine familiengerichtliche Auswahl des benannten Vormunds nach § 1779 jedenfalls nicht grundsätzlich aus. Kein förmliches Widerspruchsrecht steht dem geschäftsunfähigen Mündel zu, doch können in diesem Falle die zutage tretenden Aversionen des Mündels gegen den Benannten im Rahmen des Abs. 1 Nr. 4 bedeutsam sein. Die gebotene Anhörung des Mündels gem. § 159 FamFG　15

---

[12] *Staudinger/Engler* Rn. 18; *Soergel/Zimmermann* Rn. 2; *RGRK/Dickescheid* Rn. 4; *Dölle* § 120 III 1 d.
[13] *Soergel/Zimmermann* Rn. 2.
[14] BayObLG FamRZ 1997, 1289, 1290.
[15] BayObLGZ 19, 166/169; *Dölle* § 120 III 1 e; *Soergel/Zimmermann* Rn. 4. Sehr zu Recht anderer Ansicht: BayObLGZ 1957, 315, 317; *Staudinger/Engler* Rn. 20.
[16] BayObLG FamRZ 1997, 1289, 1290: „Konkrete Besorgnis" erheblicher Beeinträchtigung. Vgl. auch BayObLG JFG 4, 137, 140; BayObLGZ 1957, 315, 317; OLGR Zweibrücken 2007, 199 (kein Ergänzungspfleger nach § 1909, wenn der Vater zum Testamentsvollstrecker berufen und die Mutter zur Verwaltung des Erbes nach § 1638 Abs. 1 ausgeschlossen ist, sofern keine konkrete Konfliktlage besteht); einschränkend OLGR Schleswig 2007, 442 (betr. gleichzeitig Berufung zum Testamentsvollstrecker und zum Ergänzungspfleger gem. § 1638 Abs. 1, § 1917).
[17] *Staudinger/Engler* Rn. 21.
[18] KG OLGE 42, 111.
[19] HM, siehe Nachweise bei *Soergel/Zimmermann* Rn. 3; doch dürfte im älteren Sprachgebrauch, der von „pflichtgemäßem Ermessen" spricht, nichts anderes gemeint sein, vgl. noch BayObLGZ 1957, 315, 316.
[20] KG OLGE 42, 111.
[21] BayObLGZ 24, 109.
[22] KG OLGE 18, 289.
[23] BayObLGZ 1957, 315. Nach BayObLG FamRZ 1997, 1289, 1290 genügt zögerliche oder nur teilweise Unterhaltszahlung in der Vergangenheit, wenn der Unterhaltsschuldner zum Ergänzungspfleger bestellt werden soll und die Wahrung der Vermögensinteressen den Kern der Ergänzungspflegschaft bildet.
[24] BayObLG OLGE 43, 377, 379.
[25] AA BayObLG FamRZ 1992, 1346, 1348 = Rpfleger 1993, 17.

Wagenitz　　　　　　1373

§ 1778   16–19   Abschnitt 3. Titel 1. Vormundschaft

ist in jedem Falle sorgfältig durchzuführen. Bei Nichtbeachtung seines Widerspruchs ist der Mündel beschwerdeberechtigt (§ 58 Abs.1, § 59 Abs. 1, § 60 FamFG, § 11 Abs. 1 RPflG).

16   **2. Vorübergehende tatsächliche Verhinderung (Abs. 2).** Eine nur vorübergehende tatsächliche Verhinderung rechtfertigt nach Abs. 2 – in Respektierung des Elternwillens – eine nur vorläufige Übergehung des Benannten. Die Vorschrift ist entsprechend anwendbar bei Berufung unter einer Bedingung oder Zeitbestimmung (vgl. Rn. 11); sie scheidet dagegen aus bei einer rechtlichen Verhinderung wie in den Fällen der §§ 1780, 1781, 1784,[26] denn dem Interesse des Mündels ist an sich jeder Vormundwechsel abträglich. Die Vorschrift ist daher eng auszulegen.

17   **3. Vormund für verheirateten Mündel (Abs. 3).** Ist ein Vormund für einen verheirateten Mündel zu bestellen, so ist das FamG nach Abs. 3 an die elterliche Bestimmung nur begrenzt gebunden: Es kann anstelle des Benannten den Ehegatten des Mündels zum Vormund bestellen, sofern dieser die Auswahlkriterien des § 1779 Abs. 2 S. 1 erfüllt. Der Ehegatte erhält durch Abs. 3 kein eigenes Berufungsrecht;[27] bei Nichtbeachtung gewährt ihm seine aus Art. 6 GG herleitbare Rechtsposition aber wohl ein Beschwerderecht aus § 58 Abs. 1, 59 Abs. 1 FamFG, § 11 Abs. 1 RPflG; siehe auch § 1779 Rn. 11, 22, § 1886 Rn. 19, 22.

IV. Folgen unbegründeter Übergehung

18   Wird der Benannte zu Unrecht übergangen, so kann er nicht etwa jederzeit die Entlassung des statt seiner bestellten Vormunds verlangen. Auch kann das Gericht seine Entscheidung nicht von sich aus – etwa bei irrtümlicher Übergehung – korrigieren (§ 48 Abs. 1 FamFG).[28] Der Übergangene ist vielmehr darauf verwiesen, **Beschwerde** einzulegen (§ 58 Abs. 1, § 59 Abs. 1 FamFG, § 11 Abs. 1 RPflG). Die Beschwerde richtet sich gegen den Beschluss des Gerichts, mit dem der Benannte als Vormund zurückgewiesen wird;[29] ist ein solcher Zurückweisungsbeschluss nicht erfolgt, so kann die Bestellung einer anderen Person zum Vormund selbst angegriffen werden. Ist die Beschwerde begründet, so muss der bisher bestellte Vormund entlassen werden, selbst wenn er vorbehaltlos bestellt war (vgl. § 1790) und wenn kein Entlassungsgrund gem. §§ 1886 ff. vorliegt;[30] statt seiner ist der Berufene zum neuen Vormund zu bestellen. Ist die Beschwerdefrist (§ 63 Abs. 1 FamFG) gegenüber dem Zurückweisungsbeschluss abgelaufen (beachte § 164 FamFG), so entsteht durch die Bestellung eines anderen Vormunds die Beschwerdeberechtigung nach § 59 Abs. 1 FamFG nicht etwa erneut,[31] wohl aber dann, wenn das Amt des zunächst bestellten Vormunds endet und ein neuer Vormund ausgewählt ist.[32]

V. Mitvormund, Gegenvormund

19   **1. Mitvormund.** Durch die Bestellung eines Mitvormunds, sei es in der Form der gemeinschaftlichen oder der geteilten Mitvormundschaft, kann das Berufungsrecht des Einzelnen ausgehöhlt werden. Aus diesem Grund bindet Abs. 4 die Bestellung eines Mitvormunds an die Zustimmung des Berufenen. Das Zustimmungsrecht schließt die Befugnis des Benannten ein, seine Zustimmung von der Berufung oder Nichtberufung einer bestimmten Person als Mitvormund abhängig zu machen.[33] Wird ohne die erforderliche Zustimmung ein Mitvormund bestellt, so erlangt der Berufene einen Entlassungsanspruch gem. §§ 1889 Abs. 1, 1786 Abs. 1 Nr. 7, außerdem ein Beschwerderecht gem. § 58 Abs. 1, 59 Abs. 1 FamFG, § 11 Abs. 1 RPflG (siehe auch § 1776 Rn. 10). Sind mehrere als Mitvormünder gem. § 1776 berufen, so entfällt die Zustimmungsbedürftigkeit, da das Recht aus der Berufung von vornherein nur die Mitvormundschaft, nicht aber auch die Einzelvormundschaft umfasst.[34] Unter Umständen kann die Verweigerung der erforderlichen Zustimmung als Interessengefährdung des Mündels gem. § 1778 Abs. 1 Nr. 4, § 1886 erster Fall gewertet werden;[35] jedoch müssen schwerwiegende Gründe zu dieser Annahme berechtigen.

---

[26] *Soergel/Zimmermann* Rn. 6; ähnlich *RGRK/Dickescheid* Rn. 3; aA *Staudinger/Engler* Rn. 16.
[27] BayObLG OLGE 32, 18; *RGRK/Dickescheid* Rn. 7.
[28] Vgl. KGJ 39 A 5/7.
[29] OLG Köln ZBlJugR 1961, 61.
[30] *RGRK/Dickescheid* Rn. 11; *Soergel/Zimmermann* Rn. 9.
[31] BayObLGZ 5, 160/163; KG KGJ 39 A 5.
[32] BayObLG FamRZ 1991, 1480.
[33] *RGRK/Dickescheid* Rn. 8.
[34] *Staudinger/Engler* Rn. 34; *Soergel/Zimmermann* Rn. 8; *Erman/Saar* Rn. 6 aE; *RGRK/Dickescheid* Rn. 8.
[35] BayObLG JW 1922, 36.

2. Gegenvormund. Hingegen ist zur Bestellung eines Gegenvormunds (§ 1792) die Zustimmung des Berufenen nicht erforderlich.[36] Die Eltern können die Bestellung eines Gegenvormunds freilich ausschließen (§§ 1852 Abs. 1, 1855). 20

§ 1779 Auswahl durch das Familiengericht

(1) Ist die Vormundschaft nicht einem nach § 1776 Berufenen zu übertragen, so hat das Familiengericht nach Anhörung des Jugendamts den Vormund auszuwählen.

(2) ¹Das Familiengericht soll eine Person auswählen, die nach ihren persönlichen Verhältnissen und ihrer Vermögenslage sowie nach den sonstigen Umständen zur Führung der Vormundschaft geeignet ist. ²Bei der Auswahl unter mehreren geeigneten Personen sind der mutmaßliche Wille der Eltern, die persönlichen Bindungen des Mündels, die Verwandtschaft oder Schwägerschaft mit dem Mündel sowie das religiöse Bekenntnis des Mündels zu berücksichtigen.

(3) ¹Das Familiengericht soll bei der Auswahl des Vormunds Verwandte oder Verschwägerte des Mündels hören, wenn dies ohne erhebliche Verzögerung und ohne unverhältnismäßige Kosten geschehen kann. ²Die Verwandten und Verschwägerten können von dem Mündel Ersatz ihrer Auslagen verlangen; der Betrag der Auslagen wird von dem Familiengericht festgesetzt.

Übersicht

	Rn.		Rn.
I. Normzweck	1	2. Zur Anwendbarkeit des Kriterienkatalogs	16
II. Auswahl und Auswahlgrundsätze	2–4	3. Nur ein Vormund für Geschwister	17
1. Voraussetzungen	2	**V. Anhörung Verwandter und Verschwägerter (Abs. 3)**	18, 19
2. Anhörung des Jugendamts	3	1. Anhörungspflicht	18
3. Rechtliche Kriterien und Auswahlermessen	4	2. Ersatz der Auslagen	19
III. Eignungsprüfung (Abs. 2 S. 1)	5	**VI. Verfahren**	20–24
IV. Gebundenheit des Auswahlermessens (Abs. 2 S. 2)	6–17	1. Zuständigkeit	20
1. Auswahlkriterien	6–15	2. Beschwerde	21–24
a) Elternwille	7	a) Statthaftigkeit, Beschwerdeberechtigung	21, 22
b) Kindesbindung	8	b) Prüfungsumfang	23
c) Verwandte und Verschwägerte	9–12	c) Beschwerde nach erfolgter Bestellung	24
d) Religion	13–15	**VII. Parallelvorschriften**	25

I. Normzweck

Die Vorschrift wurde durch das NEhelG (Art. 1 Nr. 52), das SorgeRG (Art. 1 Nr. 45), das 1 KindRG (Art. 1 Nr. 34 c) und das BtÄndG (Art. 1 Nr. 4) verändert. Sie gibt **dem FamG die Befugnis**, einen Vormund **nach eigenem Ermessen auszuwählen**, wenn keine wirksame Berufung vorliegt oder wenn der Berufene zu Recht übergangen wird. Zugleich legt die Vorschrift bindende Auswahlgrundsätze fest, deren Beachtung dem Gericht das Auswahlermessen erst eröffnet. Ein eigenes Anrecht auf Bestellung zum Vormund gewährt die Vorschrift im Allgemeinen auch geeigneten Persönlichkeiten nicht (Rn. 11). Andererseits begründet die Entscheidung nach § 1779 für den Ausgewählten die öffentlich-rechtliche Pflicht zur Übernahme der Vormundschaft (§ 1785), sofern nicht Unfähigkeit (§ 1780), Untauglichkeit (§§ 1781, 1784), Ausschluss durch Verfügung der Eltern (§ 1782) oder die Geltendmachung eines Ablehnungsgrundes (§ 1786) dem entgegenstehen. Auf die Behauptung mangelnder Eignung kann der Ausgewählte seine Ablehnung nicht stützen.[1]

---

[36] BayObLGZ 18, 53.
[1] KGJ 45 A 38; KG FamRZ 1963, 376; MDR 1967, 592, 593; LG Stade FamRZ 1965, 98 und die Lit.; aA LG Bielefeld DAVorm. 1975, 438.

II. Auswahl und Auswahlgrundsätze

1. Voraussetzungen. Eine Auswahl nach § 1779 erfolgt, wenn entweder keine wirksame Berufung nach § 1776 vorliegt oder wenn der Berufene mit Grund übergangen wird. Auch bei Eintritt der Amtsvormundschaft nach § 1791c ist für eine Auswahl kein Raum. Hingegen liegt ein Fall des § 1779 Abs. 1 vor, wenn gem. § 1778 Abs. 3 anstelle des Berufenen der Ehegatte für seinen minderjährigen Ehepartner zum Vormund berufen wird; der – nichtberufene – Ehegatte muss also die Kriterien des § 1779 Abs. 2 S. 1 erfüllen.

2. Anhörung des Jugendamts. Vor der Bestellung soll das Gericht das Jugendamt über die Person der in Aussicht Genommenen hören. Gemäß § 53 Abs. 1 SGB VIII hat das Jugendamt darüber hinaus dem FamG geeignete Personen vorzuschlagen. Das Gericht ist an den Vorschlag nicht gebunden, darf sich andererseits auf die Nachforschungen des Jugendamts im gewissen Umfang verlassen;[2] jedoch muss die letzte Beurteilung beim Gericht selbst verbleiben, das auch selbst geeignete Kandidaten suchen oder von dem Vorschlag des Jugendamts sonst abweichen kann. Immer aber soll das Jugendamt hierzu gehört werden. Unterbleibt die Anhörung oder wählt das FamG eine Person aus, die vom Jugendamt nicht als geeignet angesehen wird, so ist die Bestellung gleichwohl wirksam; das Jugendamt hat in diesem Fall ein Beschwerderecht aus § 162 Abs. 3 S. 2 FamFG. Ist in Eilfällen die Anhörung unterblieben, so erfolgt die Bestellung sinnvollerweise gem. § 1790 unter dem Vorbehalt späterer, positiv verlaufender Anhörung des Jugendamts.[3]

3. Rechtliche Kriterien und Auswahlermessen. Bei der Auswahl, die am Mündelwohl auszurichten ist, spielen rechtliche Kriterien und Auswahlermessen ineinander: a) Das FamG darf nur eine geeignete Person auswählen (Kriterium der Eignung, unbestimmter Rechtsbegriff).[4] b) Unter mehreren Geeigneten hat das FamG die Auswahl nach seinem pflichtgemäßen Ermessen.[5] c) Das Ermessen ist aber wiederum rechtlich durch § 1779 Abs. 2 S. 2 sowie durch § 1775 gebunden. Soll ein Verein (§ 1791a) zum Vormund bestellt werden, so ergeben sich aus § 1791a Abs. 1 S. 2 weitere rechtliche Voraussetzungen (vgl. § 1791a Rn. 2, 7). Dieses Zusammenspiel begrenzt die rechtliche Nachprüfbarkeit der Auswahlentscheidung im Verfahren der Rechtsbeschwerde (§ 70 Abs. 1 FamFG): Hier kann die Anwendung des Begriffs der Eignung sowie die Einhaltung der §§ 1775, 1791 a in vollem Umfang überprüft werden, die Auswahl unter mehreren geeigneten Personen aber nur auf Ermessensfehler. Diese liegen (nur) vor, wenn die Auswahlkriterien des § 1779 Abs. 2 S. 2 in ihrer Bedeutung verkannt oder in ihrem Verhältnis zueinander falsch gewichtet werden. Bloße „Zweckmäßigkeitsfragen" unterliegen dagegen nicht der Kontrolle durch das Rechtsbeschwerdegericht.[6]

III. Eignungsprüfung (Abs. 2 S. 1)

Die Eignungsprüfung bezieht die persönlichen Lebensumstände wie Vermögenslage und sonstige Verhältnisse der betreffenden Person ein. Wie häufig bei Kindeswohlprüfungen bietet die negative Selektion am ehesten die Gewähr für plausible Resultate. Ungeeignet ist zB, wer bei Pflege und Erziehung der eigenen Kinder das Eingreifen des FamG provoziert hat oder gar wegen Kindesmisshandlung bestraft ist.[7] Erhebliche kriminelle Vergangenheit lassen ebenso begründete Zweifel an der Eignung aufkommen wie sittenwidrige oder ungeregelte Erwerbsverhältnisse, Überschuldung und Vermögensverfall.[8] Dass der Liebhaber der Kindesmutter möglicherweise ungeeignet ist,[9] kann unter dem Gesichtspunkt der Interessenkollision auch einem liberalisierten Rechtsbewusstsein einleuchten. Drohende Interessenkonflikte können auch sonst die Auswahl eines Vormunds als untunlich erscheinen lassen:[10] So ein zu erwartender Ausschluss von der

---

[2] Vgl. RGZ 67, 408, 411.
[3] *Soergel/Zimmermann* Rn. 3; *Staudinger/Engler* Rn. 42; *RGRK/Dickescheid* Rn. 8.
[4] BayObLG FamRZ 1996, 1356, 1357; KG FamRZ 2008, 2306, 2307.
[5] BayObLG FamRZ 1974, 219, 220; BayObLG Rpfleger 1975, 91, 92; BayObLG FamRZ 1976, 1356; *Soergel/Zimmermann* Rn. 4, 6; *RGRK/Dickescheid* Rn. 1. Abzulehnen die Formulierung in BayObLG FamRZ 1975, 283, wonach „der Geeignetste" auszuwählen ist und das Gericht insoweit nur einen Beurteilungsspielraum haben soll; vgl. auch *Staudinger/Engler* Rn. 56.
[6] Vgl. BayObLG Rpfleger 1975, 91, 92; 1987, 149; BayObLG FamRZ 1993, 241, 242; KG FamRZ 2008, 2306, 2307.
[7] BayObLGZ 20, 358.
[8] Vgl. auch OLG Dresden NotBZ 2003, 428: Mangelnde Eignung eines ehemaligen Mitarbeiters der Staatssicherheit.
[9] So KG ZBlJugR 1928, 140.
[10] BayObLG FamRZ 1993, 241; FamRZ 1997, 1289 (beide zur Bestellung eines Pflegers, § 1915); BayObLG FamRZ 1992, 1346.

gesetzlichen Vertretungsmacht gem. §§ 181, 1795, der gerade bei den Angehörigen geprüft werden muss; nicht dagegen die Adoptionsabsicht eines Bewerbers um das Vormundamt (vgl. § 1778 Rn. 14).[11] Mangelnde Eignung kann auch mit zu geringer Lebenserfahrung, zu hohem Alter und aus Mängeln des Gesundheitszustandes begründet werden; diese Gesichtspunkte hat das FamG unbeschadet der Ablehnungsrechte aus § 1786 Abs. 1 Nr. 2 und 4 vorweg zu prüfen.[12] Das Gericht hat gem. § 26 FamFG von Amts wegen die nötigen Nachforschungen zu betreiben[13] und wird vom Jugendamt unterstützt (vgl. Rn. 3).

IV. Gebundenheit des Auswahlermessens (Abs. 2 S. 2)

1. Auswahlkriterien. Die bei der Auswahl unter mehreren geeigneten Personen zu treffende Ermessensentscheidung (vgl. Rn. 4) ist an den **Kriterienkatalog des Abs. 2 Satz 2** in mehrfacher Weise gebunden. Dieser Katalog ist durch KindRG und BtÄndG neu formuliert; die dabei geänderte Reihenfolge der zu berücksichtigenden Aspekte verdeutlicht deren vom Gesetz gewollte Gewichtung.[14]

a) Elternwille. Da die Benennung einer Person als Vormund das FamG grundsätzlich bindet (§§ 1776, 1777), soll – bei Fehlen einer solchen Benennung – auch dem **mutmaßlichen Elternwillen**[15] für die Auswahl vorrangige Bedeutung zukommen. Die Relevanz der Verwandtschaft oder Schwägerschaft einer Person mit dem Mündel für die Auswahlentscheidung wird damit zurückgedrängt und ermöglicht, dass familiennahe Freunde auch dann zum Vormund bestellt werden können, wenn Verwandte oder Verschwägerte, die dem Mündel und seinen Eltern persönlich ferner stehen, zur Übernahme der Vormundschaft geeignet und bereit sind. Der mutmaßliche Elternwille wird zwar im Regelfall nur postmortal bedeutsam werden. Er kann allerdings auch zu Lebzeiten eines Elternteils Bedeutung erlangen – etwa wenn dieser geschäftsunfähig und deshalb die Anordnung einer Vormundschaft erforderlich wird. Priorität dürfte dem mutmaßlichen Elternwillen allerdings nach dem Rechtsgedanken des § 1777 Abs. 1 stets nur dann zukommen, wenn die Eltern bis zu dem die Anordnung der Vormundschaft auslösenden Umstand sorgeberechtigt waren; wie dort soll auch der nur mutmaßliche Wille eines Elternteils keine Prärogative beanspruchen können, wenn dem Elternteil die elterliche Sorge bereits zuvor nicht mehr zustand oder ruhte, die Sorge also insbesondere entzogen oder auf den anderen Elternteil übertragen war.[16] Ist bei den Elternteilen ein unterschiedlicher Wille zu mutmaßen, entscheidet im Todesfall analog § 1776 Abs. 2 der mutmaßliche Wille des zuletzt verstorbenen Elternteils. Über den Wortlaut des Abs. 2 S. 2 hinaus wird nicht nur ein zu mutmaßender Elternwille Bedeutung erlangen, sondern „erst recht" der ausdrücklich erklärte Wille eines Elternteils – so namentlich dann, wenn dieser Elternteil verstorben ist und seinen Willen lediglich nicht in der Form des § 1777 Abs. 3 bekundet hat; ferner etwa dann, wenn der sorgeberechtigte Elterteil einen Vormund seiner Wahl – formgerecht oder nicht – benennt und sodann ein Ruhensgrund eintritt: Die Benennung bindet, weil nur postmortal wirksam, das FamG nach §§ 1776, 1777 nicht; der Wille des bis zum Eintritt des Anordnungsgrundes sorgeberechtigten Elternteils verlangt jedoch im Rahmen des § 1779 Abs. 2 S. 2 Beachtung. Die Beachtlichkeit des wirklichen (s. zuvor) oder mutmaßlichen Elternwillens für die Auswahlentscheidung des FamG entfällt immer dann, wenn und soweit der (mutmaßlich) gewollte Vormund nach im Falle wirksamer Benennung übergangen werden könnte. Das ergibt sich für die Fälle des § 1778 Abs. 1 Nr. 1, 2 und 4 bereits aus der Eignungsprüfung nach Abs. 1 S. 1, i. ü. aus einem „erst recht"-Schluss zu § 1778 Abs. 1 Nr. 3, 5, Abs. 2 bis 4.

b) Kindesbindung. Zum Kindeswohl gehört die Pflege der emotional-personalen Beziehungen des Kindes. Die an prominenter Stelle angeordnete Berücksichtigung der **persönlichen Bindungen** des Mündels trägt diesem Ziel Rechnung. Die persönlichen Bindungen werden sich im Regelfall mit dem Kindeswunsch nach Bestellung eines bestimmten Vormunds decken. Ein Widerstreit mit dem Elternwillen (vgl. Rn. 7) ist, wenn das Kind das 14. Lebensjahr vollendet hat, analog § 1778 Abs. 1 Nr. 5 zugunsten des Kindeswillens zu entscheiden; bei einem jüngeren Kind dürfte

---

[11] AA BayObLG FamRZ 1992, 1346, 1348.
[12] Vgl. BayObLG EzFamR BGB § 1779 Nr. 1 = FamRZ 1991, 1353 LS: Bei fehlender Eignung kommt einem Bewerber auch der Verwandtenvorzug des § 1779 Abs. 2 S. 2 nicht zu.
[13] Zu Art und Umfang LG Köln FamRZ 2001, 446.
[14] Zu den gesetzgeberischen Motiven: Bericht des Rechtsausschusses des Deutschen Bundestags zum KindRG BT-Drucks. 13/8511 S. 76, Stellungnahme der Bundesregierung zu den Prüfbitten des Bundesrates zum KindRG BR-Drucks. 886/96 Anlage I S. 20 ff.; Stellungnahme des Bundesrates zum BtÄndG BT-Drucks. 13/7158 S. 43; Bericht des Rechtsausschusses des Deutschen Bundestags zum BtÄndG BT-Drucks. 13/10331 S. 27.
[15] Zu diesem Begriff: OLG Jena FamRZ 2004, 1389, 1390; *Staudinger/Engler* Rn. 16.
[16] Vgl. aber OLG Frankfurt FamRZ 2008, 1554.

§ 1779   9–12   Abschnitt 3. Titel 1. Vormundschaft

sich, falls nicht die Voraussetzungen des § 1778 Abs. 1 Nr. 4 erfüllt sind, die – offenbar auch vom Gesetz geteilte – Erkenntnis durchsetzen, dass der Elternwille im Zweifel das Kindeswohl am besten wiedergibt. Eine zum Mündel bestehende Verwandtschaft oder Schwägerschaft hat, wie die Stufung der Kriterien in Abs. 2 S. 2 zeigt, im Kollisionsfall gegenüber der persönlichen Kindesbindung Nachrang (vgl. Rn. 9).[17] Die Bedachtnahme auf die persönliche Bindung des Mündels lässt an sich auch der vorrangigen Berücksichtigung eines bloßen Lebenspartners Raum; allerdings stellt die Minderjährigkeit des Mündels besondere Anforderungen an Beziehungsfestigkeit und -reife (§ 1778 Abs. 1 Nr. 4 analog).

9   c) **Verwandte und Verschwägerte**. Verwandte und Verschwägerte des Mündels sind nicht mehr „zunächst", dh. schlechthin vor allen anderen Personen, zu berücksichtigen. Die Auswahl als Vormund geht vielmehr nur dann zu ihren Gunsten aus, wenn nicht Elternwille oder Kindesbindung die Berücksichtigung eines mit dem Mündel nicht verwandten oder verschwägerten Dritten fordern. Dieser – nur relative – Nachrang der Familienangehörigen verletzt nicht Art. 6 GG, wenn man – zutreffend – das Bestimmungsrecht der Eltern als Ausfluss ihres von Art. 6 Abs. 1 vorrangig geschützten Sorgerechts ansieht und die Berücksichtigung der persönlichen Bindungen als Teil des primär zu wahrenden Kindeswohls begreift.[18]

10 aa) **Ermittlung, Auswahl**. Soweit Elternwille oder Kindesbindung nicht bereits eindeutig die Auswahl eines bestimmten Vormunds verlangt, hat das FamG die Verwandten und Verschwägerten des Mündels zu ermitteln.[19] Das Gericht darf sich also nicht mit der Kenntnis eines geeigneten Verwandten begnügen. Eine unzureichende Prüfung, welche Familienangehörigen vorhanden sind, bedeutet eine Verletzung der gesetzlichen Auswahlvorschrift.[20] Innerhalb der Verwandtschaft und Schwägerschaft ist das FamG nicht an eine Rangfolge nach Gradesnähe oder Art der Rechtsbeziehung (etwa im Sinne: Verwandtschaft vor Schwägerschaft) gebunden.[21] Das Gericht wählt vielmehr unter den geeigneten Familienangehörigen nach pflichtgemäßem Ermessen aus (vgl. Rn. 4). Doch kann die Vernachlässigung auf der Hand liegender wichtiger Sachgesichtspunkte einen Ermessens-(Rechts-)fehler bedeuten.

11 bb) **Recht auf Bestellung?** Nach hM haben die Familienangehörigen kein Recht auf Bestellung zum Vormund.[22] Das ist insofern richtig, als beim Vorhandensein mehrerer geeigneter Familienangehöriger das Gericht zwischen ihnen nach seinem Ermessen wählen kann. Das heißt aber nicht, dass die Verwandten und Verschwägerten aus § 1779 Abs. 2 S. 2 überhaupt keine Rechtsposition herleiten könnten, da ihre Berücksichtigung auf dem Freiheitsrecht gegebenen Grundrecht des Art. 6 Abs. 1 GG beruht. Daher ist das Recht jedes geeigneten und durch Rechtsgründe nicht verhinderten Familienangehörigen verletzt, wenn er zugunsten eines Familienfremden, dem nicht kraft Elternwille oder Kindesbindung Vorrang gebührt, übergangen wird; siehe auch Rn. 22.

12 cc) **Ehegatte, Lebensgefährte**. Vom Gesetzeswortlaut nicht in die Berücksichtigungspflicht einbezogen ist ein **Ehegatte des Mündels**. Er setzt sich freilich gem. § 1778 Abs. 3 sogar gegenüber einem abweichenden Elternwunsch durch (vgl. Rn. 7); gegenüber Verwandten oder Verschwägerten folgt sein Vorrang deshalb zwanglos aus einem „erst recht"-Schluss.[23] Eine Ausdehnung des Berück-

---

[17] Vgl. aber BVerfG – 2. Kammer – FamRZ 2009, 291 Tz. 29: „Es gilt auch weiterhin als Selbstverständlichkeit, dass ... Kinder dann, wenn ihre Eltern ... als Sorgeberechtigte ausscheiden, von Großeltern oder anderen nahen Verwandten aufgenommen ... werden, sofern deren Verhältnisse dies ermöglichen". Einschränkend auch OLG Jena FamRZ 2004, 1389, 1390: „gleichrangige Kriterien".
[18] Nach BVerfGE 33, 326 ist die bevorzugte Berücksichtigung von Familienangehörigen bei Auswahl von Vormündern und Pflegern nur dann verfassungsrechtlich geboten (Art. 6 Abs. 1 GG), wenn nicht der Zweck der Fürsorgemaßnahme die Bestellung eines Dritten verlangt; das ist aber bei Elternwille und Kindesbindung der Fall. Vgl. aber BVerfG – 2. Kammer – FamRZ 2009, 291 Tz. 29; ferner auch OLG Hamm FamRZ 1999, 678.
[19] BayObLG FamRZ 1974, 219, 220 f.; auch bei einem Waisenkind, LG Mannheim MDR 1963, 596.
[20] BayObLG FamRZ 1974, 219, 220 f.
[21] BayObLG FamRZ 1965, 283; FamRZ 1974, 219, 220; FamRZ 1981, 96, 97; FamRZ 1984, 1151, 1153; *Gernhuber/Coester-Waltjen* § 70 Rn. 41; aA *Erman/Saar* Rn. 7 (Gradesnähe als „sachgerechtes Vorzugskriterium") und *Staudinger/Engler* Rn. 25. Vgl. auch BayObLG FamRZ 2000, 972: Nach dem Tod der allein sorgeberechtigten Mutter Bestellung der Schwester zum Vormund unter Absehen von einer Sorgerechtsübertragung auf den Vater gem. § 1680 Abs. 2 S. 1.
[22] RGZ 64, 288; KG OLGE 14, 262; LG Mannheim MDR 1961, 608 und MDR 1963, 596; auch durchaus gängige Meinung im Schrifttum, vgl. *Gernhuber/Coester-Waltjen* § 70 Rn. 42; *Staudinger/Engler* Rn. 27; *Soergel/Zimmermann* Rn. 9; *Erman/Holzhauer* (11. Aufl.) Rn. 14.
[23] RGRK/*Dickescheid* Rd. 2; *Erman/Saar* Rn. 7. Relativierend *Staudinger/Engler* Rn. 26 (kein absoluter Vorrang) Vgl. auch BVerfGE 33, 326 = FamRZ 1972, 445.

sichtigungsprivilegs auf **sonstige dem Mündel nahe stehende Personen**, die nicht mit ihm verheiratet, verwandt oder verschwägert sind, erscheint nicht angezeigt;[24] insbesondere taugt ein Lebensgefährte nicht ohne weiteres vorrangig als Vormund seines minderjährigen Partners (vgl. Rn. 8). Nicht zu den Verwandten zählen die Eltern des Mündels; der mit der Kindesmutter nicht verheiratete Vater kann nur als solcher (nach §§ 1672, 1680, 1681) die elterliche Sorge erlangen; die Anordnung einer Vormundschaft wird in diesem Falle entbehrlich. Der Lebensgefährte der Mutter ist nach Maßgabe des mutmaßlichen Willens der Mutter und seiner persönlichen Bindungen zum Kind zu berücksichtigen.[25]

d) Religion. Schließlich ist das Auswahlermessen des FamG durch das Gebot eingeschränkt, auf das **religiöse Bekenntnis des Mündels** Rücksicht zu nehmen. Die religiöse oder weltanschauliche Erziehung wird von der Rechtsordnung als Teil der Persönlichkeitsentwicklung betrachtet, der gegen Fremdbestimmung besonders sensibel ist (vgl. § 3 des Gesetzes über die religiöse Kindererziehung vom 15. 7. 1921, RGBl. S. 939; ferner § 1801). Die in § 1779 Abs. 2 S. 2 gebotene Rücksicht widerspricht nicht dem Grundsatz des Art. 3 Abs. 3 GG;[26] sie will – im Gegenteil – die Glaubensfreiheit des Mündels sichern. Der Begriff „religiöses Bekenntnis" ist nicht auf das überlieferte Verständnis der christlichen Konfessionen beschränkt, sondern umfasst alle Religionen und Weltanschauungen (Art. 140 GG iVm. Art. 137 Abs. 7 WRV), soweit die in Art. 4 GG gewährte Glaubens- und Gewissensfreiheit reicht.

Die gebotene Rücksicht **muss nicht notwendig durch die Wahl eines religions- und bekenntnisgleichen Vormunds** verwirklicht werden. Zwar liegt es nahe, einen religions- und bekenntnisgleichen Vormund auszuwählen,[27] wobei eine nur nominelle Zugehörigkeit zur selben Religionsgemeinschaft allein wenig Aussagekraft beanspruchen kann.[28] Entscheidend kommt es vielmehr darauf an, ob der Auszuwählende voraussichtlich in der Lage sein wird, die eigenständige religiöse Entwicklung des Mündels behutsam zu begleiten. Ein religions- oder bekenntnisverschiedener Vormund kann danach ohne Verstoß gegen Abs. 2 S. 2 gewählt werden, wenn diese Wahl unter Eignungs- oder Zweckmäßigkeitsgesichtspunkten sachgerechter erscheint als die Bestellung einer bekenntnisgleichen Person und wenn Anhaltspunkte dafür fehlen, dass er einen dem Bekenntnis des Mündels abträglichen Einfluss nehmen werde.[29] Bei Besorgnis intoleranter Indoktrination, die bereits durch die Zugehörigkeit zu besonders glaubenskämpferischen Religionsgemeinschaften indiziert sein kann, dürfte es zumeist schon an der nach Abs. 2 S. 1 zu prüfenden Eignung zum Vormundsamt fehlen. Handelt es sich um ein Kind, das (noch) nicht einer Religionsgemeinschaft oder Weltanschauungsvereinigung angehört oder in ihrem Sinne erzogen ist, so bestimmt der Vormund über die religiöse Erziehung mit Genehmigung des FamG nach Maßgabe des § 3 Abs. 2 RelKErzG; in solchen Fällen ist § 1779 Abs. 2 S. 2 (zunächst) gegenstandslos (vgl. § 1801). Zur Lage bei späterem Konfessionswechsel von Mündel oder Vormund vgl. § 1801 Rn. 4.

Das Gebot der Rücksichtnahme auf das religiöse Bekenntnis rangiert an letzter Stelle des Kriterienkatalogs. Im Falle einer **Prinzipienkollision** beanspruchen Elternwille, persönliche Bindungen des Mündels sowie Verwandtschaft oder Schwägerschaft deshalb an sich Vorrang. Die praktische Relevanz dieses formalen Vorrangs erscheint freilich gering: Personen, von denen angenommen werden muss, dass ihre Amtsführung dem Bekenntnis des Mündels abträglich sein werde, dürften – mangels persönlicher Eignung – wohl zumeist bereits nach Abs. 2 Satz 1 als Vormünder ausscheiden. Umgekehrt ist die besondere Glaubensstärke eines Vormundschaftspätendenten, die eine besondere religiöse Festigung auch des Mündels erwarten lässt, keine Qualität, die nach dem bloßen Toleranzgebot des Abs. 2 S. 2 eine Bevorzugung bei der Auswahl als Vormund gestattet. Für den Normalfall ist diesem Gebot mit der Auswahl eines weltanschauungsoffenen, der kontinuierlichen religiösen Entwicklung des Kindes nicht einzuwendenden Vormunds Genüge getan; ein Widerstreit mit den erstgenannten Kriterien erscheint bei diesem Verständnis kaum möglich. Die selbständige Bedeutung des Rücksichtsgebots wird damit zugleich reduziert: Nur wenn ausnahmsweise Personen als Vormünder zur Wahl stehen, die dieselben persönlichen und/oder verwandtschaftlichen Beziehungen zu Eltern und Mündel aufweisen, mag Religions- oder Bekenntnisgleichheit mit dem Mündel den Wahlausschlag geben.[30]

---

[24] BayObLG FamRZ 1959, 125, 126.
[25] OLG Jena FamRZ 2004, 1389, 1390.
[26] BayObLGZ 1954, 132.
[27] Vgl. KG KGJ 43 A 41; BayObLG FamRZ 1966, 323, 325.
[28] Vgl. BayObLG FamRZ 1966, 323, 325.
[29] BayObLG FamRZ 1966, 323, 325; OLG Frankfurt MDR 1962, 737.
[30] Vgl. KGJ 43, 41.

§ 1779 16–19

16 **2. Zur Anwendbarkeit des Kriterienkatalogs.** Nicht anwendbar ist § 1779 Abs. 2 S. 2 auf die Auswahl unter mehreren Amtsvormündern,[31] zumal Behörden keiner Religion und Konfession zugeordnet werden können. Hingegen lässt sich die gebotene Rücksicht auf das Bekenntnis des Mündels bei der Vereinsvormundschaft durchaus verwirklichen,[32] jedenfalls in dem Sinn, dass ein bekenntnisgebundener Verein grundsätzlich nur bei Übereinstimmung mit dem Bekenntnis des Mündels in Betracht kommt. Zu beachten ist der Vorrang der ehrenamtlichen Einzelvormund vor der Vereins- und Amtsvormundschaft (§ 1791a Abs. 1 S. 2, § 1791b Abs. 1 S. 1); der geeignete, aber bekenntnisverschiedene Einzelvormund ist daher im Prinzip der Vereins- oder Amtsvormundschaft vorzuziehen.[33] Keine Anwendung findet § 1779 Abs. 2 S. 2 auf den von den Eltern gem. § 1776 berufenen Vormund (vgl. Rn. 2).

17 **3. Nur ein Vormund für Geschwister.** Das Auswahlermessen ist schließlich durch den **Grundsatz des § 1775** gebunden, dass für mehrere Geschwister, auch halbbürtige, ein gemeinsamer Vormund bestellt werden soll (siehe § 1775 Rn. 9 f.). Nach gängiger Formulierung soll dieses Prinzip mit dem der „Konfessionsgleichheit" gleichen Rang haben.[34] Doch gibt es ein solches Gebot der Konfessionsgleichheit nicht, vielmehr nur das der Rücksichtnahme auf das religiöse Bekenntnis des Mündels (vgl. Rn. 14 f.). Dem kann, wie gezeigt, bei entsprechender Einstellung und Reife durchaus auch ein bekenntnisverschiedener Vormund genügen, so dass ohne weiteres ein und derselbe Vormund auch für Geschwister mit unterschiedlichem Bekenntnis in Betracht kommen kann; in diesem Fall ist beiden Prinzipien Rechnung getragen.[35] Hingegen ist die Wahl eines dem Bekenntnis des Mündels abträglichen Vormunds unstatthaft; insoweit setzt sich, falls es nicht schon an der Eignung des Vormunds für eines oder beide Geschwister fehlt, Abs. 2 S. 2 notfalls gegen § 1775 durch. In solchen – seltenen – Fällen mag folglich die Rücksicht auf das religiöse Bekenntnis gebieten, für die Geschwister jeweils gesonderte Vormünder zu bestellen. Scheidet diese Lösung im konkreten Fall aus, so kommt auch die Bestellung eines gemeinsamen Vormunds in Betracht, dem dann hinsichtlich des einen oder anderen Mündels die Sorge für die religiöse Erziehung vorenthalten werden kann (§ 1801) – eine sicher unschöne sorgerechtliche Gestaltung.

V. Anhörung Verwandter und Verschwägerter (Abs. 3)

18 **1. Anhörungspflicht.** Abs. 3 S. 1 der Vorschrift begründet die Pflicht des Gerichts, Verwandte und Verschwägerte bei der Auswahl des Vormunds zu hören (vgl. auch § 1847). Der Familienrichter hat nach seinem Ermessen zu entscheiden, wieweit er den Kreis der zu Hörenden ausdehnt und in welcher Form er sie anhört. Bei der Auswahl der in Frage kommenden Personen kann auf deren Sachkunde, den bisherigen Kontakt zum Mündel sowie das Interesse an dessen Wohl und die leichte Erreichbarkeit abgestellt werden.[36] Die Anhörung kann entfallen, wenn sie zu einer erheblichen Verzögerung oder zu unverhältnismäßigen Kosten führen würde, ferner wenn von der Anhörung eine Aufklärung nicht erwartet werden kann (§ 160 Abs. 2 S. 2 FamFG analog) oder wenn ein schwerwiegender Grund vorliegt, aus dem selbst die Anhörung der Eltern des Mündels unterbleiben dürfte (§ 160 Abs. 3 FamFG analog).[37] Weitere Anhörungspflichten sind im FamFG geregelt: So die Anhörung des Mündels (§ 159 FamFG), seiner Eltern (§ 160 FamFG; auch eines nicht-sorgeberechtigten Elternteils, § 160 Abs. 2 S. 2 FamFG), von Pflegeeltern (§ 161 FamFG) sowie des Jugendamtes (§ 162 FamFG; vgl. auch Rn. 3). Der Verstoß gegen die Anhörungspflicht macht die Vormundbestellung nicht unwirksam. Zur Beschwerdeberechtigung in diesen Fällen vgl. Rn. 22 ff.

19 **2. Ersatz der Auslagen.** Nach Abs. 3 S. 2 können die Verwandten und Verschwägerten Ersatz der durch ihre Anhörung anfallenden Auslagen verlangen. Schuldner ist der Mündel, nicht der Staat. Es handelt sich um einen privatrechtlichen Anspruch gegen das Mündelvermögen. Zu seiner Durchsetzung darf das FamG keine Zwangsmaßnahmen nach § 1837 Abs. 3 ergreifen. Das FamG setzt nur auf Antrag die Höhe der Auslagen fest. Diese Festsetzung bindet das Prozessgericht hinsichtlich des Grundes als auch der Höhe. Der Auslagengläubiger ist im Streitfall darauf verwiesen,

---

[31] BayObLG FamRZ 1966, 323, 325. Vgl. aber auch LG Essen DAVorm. 1990, 1152: Auswahl eines von mehreren in Betracht kommenden Jugendämtern nach Maßgabe des Kindeswohls im Einzelfall.

[32] Im Sinne analoger Anwendung auch (vorsichtig) BayObLG FamRZ 1966, 323, 325; vgl. ferner *Soergel/Zimmermann* Rn. 8.

[33] BayObLG FamRZ 1966, 323, 326; einschränkend OLG Köln DAVorm. 1995, 1060: Kein „allgemeingültiger Grundsatz ..., dass die Einzelvormundschaft den Vorrang vor der Amtsvormundschaft verdiene".

[34] So KG KGJ 46 A 69; *Staudinger/Engler* Rn. 34; ebenso *Soergel/Zimmermann* Rn. 7; abwägend *Gernhuber/Coester-Waltjen* § 70 Rn. 41.

[35] In dieser Richtung KG KGJ 46, 69.

[36] BayObLG Rpfleger 1987, 149.

[37] Offengelassen in BayObLG FamRZ 1981, 96, 97.

vor dem Prozessgericht gegen den Mündel zu klagen; anders dort, wo Landesgesetze gem. § 801 ZPO die Festsetzung durch das FamG als Vollstreckungstitel ausgestaltet haben. Ersatzfähig sind nur Auslagen wie zB Porto, Reisekosten, Verpflegungsmehraufwand, Kosten einer erforderlichen Vertreterbestellung, nicht hingegen der Verdienstausfall oder der Einkommensverlust durch Zeitversäumnis. Die Auslagen müssen erforderlich gewesen sein. Gegen die Festsetzung steht dem Angehörten ein Beschwerderecht (aus § 58 Abs. 1, § 59 Abs. 1 FamFG, § 11 Abs. 1 RPflG) zu.

VI. Verfahren

1. Zuständigkeit. Zuständig für die Auswahl des Vormunds ist das FamG (und zwar der Rechtspfleger, § 3 Nr. 2 a, § 14 RPflG). Die Ermittlungen werden von Amts wegen geführt (§ 26 FamFG). 20

2. Beschwerde. a) Statthaftigkeit, Beschwerdeberechtigung. Gegen die Auswahl des Vormunds ist die **Beschwerde** gegeben (§ 58 Abs. 1 FamFG, § 11 Abs. 1 RPflG). Die Beschwerdeberechtigung setzt voraus, dass der Beschwerdeführer in seinen Rechten beeinträchtigt ist (§ 59 Abs. 1 FamFG). Eine fehlerhafte Auswahl wird den Mündel regelmäßig in seinen Rechten beeinträchtigen mit der Folge, dass dieser - nach Maßgabe des § 60 FamFG auch persönlich - zur Einlegung der Beschwerde befugt ist Eine Möglichkeit Dritter, die nicht in eigenen Rechten beeinträchtigt sind, im eigenen Namen, aber im Mündelinteresse Beschwerde einzulegen (vgl. § 57 Abs. 1 Nr. 9 FGG aF), kennt das FamFG nicht. 21

Die Frage, wann ein anderer als der Mündel durch eine fehlerhafte Auswahl des Vormunds in seinen Rechten beeinträchtigt ist, lässt sich nicht immer eindeutig beantworten: 22

Zweifelhaft ist, ob **Personen, die nach Abs. 2 S. 2** – kraft mutmaßlichen Elternwillens, aufgrund der persönlichen Bindungen des Mündels oder im Hinblick auf Ehe, Verwandtschaft oder Schwägerschaft mit dem Mündel – bei der Vormundsauswahl **bevorzugt zu berücksichtigen sind**, gegen die Vormundauswahl Beschwerde einlegen können. Die hM verneint dies generell.[38] ME lässt sich eine Beschwerdeberechtigung dieser Personen in Fällen bejahen, in denen ein Familienangehöriger zugunsten eines Familienfremden übergangen worden ist. Die Beschwerdeberechtigung gründet sich hier auf die behauptete Verletzung des jedem Familienangehörigen insoweit zustehenden Grundrechts aus Art. 6 Abs. 1 GG (vgl. Rn. 11; siehe auch § 1886 Rn. 19, 22).

Die Frage, ob sich der vom Gericht als Vormund Ausgewählte seinerseits - unter Berufung auf seine mangelnde Eignung (§ 1779 Abs. 2) - im Wege der Beschwerde **gegen seine Bestellung zum Vormund wenden** kann, ist zweifelhaft. Unter der Geltung des FGG wurde dem Ausgewählten zum Teil eine Beschwerdebefugnis aus eigenem Recht konzediert: Die Auswahl stelle einen Eingriff in seine Rechte aus Art. 2 Abs. 1 GG dar, wenn das Vormundamt ihn mangels Eignung überfordere.[39] Mit der verfahrensrechtlichen Anerkennung einer solchen Beschwerdebefugnis aus eigenem Recht wird indes materiell-rechtlich die Beschränkung des Verweigerungsrechts (§ 1785) auf die in §§ 1780 bis 1784, 1786 genannten Ablehnungsgründe verlassen.[40]

Zur Beschwerdeberechtigung des **von den Eltern benannten Vormunds** gegen seine Übergehung vgl. § 1776 Rn. 10. Zur Beschwerdebefugnis von Jugendamt und Verfahrensbeistand § 162 Abs. 3 Satz 2, § 158 Abs. 4 Satz 5 FamFG.

b) Prüfungsumfang. Mit der Beschwerde können **nicht nur Rechtsverletzungen** gerügt werden; vielmehr kann die Beschwerdeinstanz auch die Ermessensübung des FamG im vollen Umfang nachprüfen.[41] Hingegen führt die Rechtsbeschwerde (§ 70 FamFG) nur zur Überprüfung von Rechtsverletzungen (vgl. Rn. 4). Im Beschwerdeverfahren können auch **Verfahrensfehler** wie das Unterbleiben der gebotenen Anhörung gerügt werden. Die Verletzung der Anhörungspflichten ist ein von Amts wegen zu beachtender Verfahrensmangel, der im Verfahren der Rechtsbeschwerde zur Aufhebung der angefochtenen Entscheidung und zur Zurückverweisung führt; eine Nachholung in der Rechtsbeschwerdeinstanz ist nicht möglich.[42] Verwandte und Verschwägerte sind, auch wenn ihre Anhörung zu Unrecht versäumt wurde, mangels Beeinträchtigung eigener Rechte nicht ohne weiteres (vgl. Rn. 22) beschwerdeberechtigt. Hingegen bedeutet das Unterlassen einer von § 160 23

---

[38] OLG Hamm FamRZ 2011, 585 Rn. 2. Ebenso die h.M. zum FGG: RGZ 64, 288; BayObLG FamRZ 1959, 125; BayObLG Rpfleger 1975, 91, 92; OLG Celle NdsRpfl 1965, 170; KG FamRZ 1970, 601, 602; KG FamRZ 1981, 1010. HM in der Lit; aA *Gernhuber/Coester-Waltjen* § 70 Rn. 42: Eigenes Recht dieser Personen auf fehlerfreie Ermessensausübung.
[39] *Soergel/Zimmermann* Rn. 15. Vgl. zum Ganzen § 1785 Rn. 9 und (unter der Geltung des FGG) Voraufl. Rn. 22 ff.
[40] *Staudinger/Engler* Rn. 54.
[41] Vgl. etwa BayObLG FamRZ 1997, 1289, 1290.
[42] Vgl. BayObLG FamRZ 1982, 634, 637; FamRZ 1984, 205, 207.

FamFG gebotenen Anhörung eines Elternteils einen Eingriff in das Elternrecht mit der Folge, dass der Elternteil auch dann beschwerdeberechtigt ist, wenn ihm kein Sorgerecht zusteht.[43] Auch der Mündel selbst ist aus § 59 Abs. 1, § 60 FamFG beschwerdeberechtigt, wenn seine Anhörung entgegen § 159 FamFG unterlassen wurde.[44]

24 c) **Beschwerde nach erfolgter Bestellung.** Die Beschwerde kann auch dann noch eingelegt werden, wenn der Vormund schon bestellt ist; sie hat dann das Ziel seiner Entlassung, die nicht an die Voraussetzungen des § 1886 gebunden ist.[45] Doch kann das Beschwerderecht verwirkt sein, zB wenn ein Verwandter es jahrzehntelang hingenommen hat, dass eine mit dem Mündel nicht verwandte oder verschwägerte Person als Vormund bestellt worden ist.[46] Der bestellte Vormund ist im Verfahren zu hören.[47] Ist die Beschwerde begründet, so ist er zu entlassen, ohne dass Entlassungsgründe ist §§ 1886 ff. vorliegen müssten.[48] Die Entscheidung hat keine Rückwirkung.[49] Erfolgt die Entlassung wegen Übergehung anderer Familienangehöriger, so kann der Vormund wieder mit dem Amt betraut werden, wenn die abschließenden Erhebungen ergeben, dass er unter den Familienangehörigen der Geeignetste ist.[50] Wird auf Grund der Beschwerde gegen die Auswahl der Vormund vom Beschwerdegericht gegen seinen Willen entlassen oder seine Entlassung angeordnet, so steht ihm nach Maßgabe des § 70 Abs. 1 FamFG die Rechtsbeschwerde zu Gebote. Zur Entlassung von Amts wegen, wenn der Vormund unter Verstoß gegen die Kriterien des § 1779 Abs. 2 bestellt worden ist, siehe § 1886 Rn. 13.

VII. Parallelvorschriften

25 Die Vorschrift gilt entsprechend bei der Bestellung des Gegenvormunds (§ 1792 Abs. 4). Auf die Pflegschaft ist die Vorschrift zwar gem. § 1915 Abs. 1 entsprechend anwendbar; doch entfällt die Anwendbarkeit von vornherein in den Fällen der §§ 1913, 1914 kraft Natur der Sache. Bei der Ergänzungspflegschaft nach § 1909 Abs. 1 S. 1 kann die Tatsache, dass eine Person mit dem Pflegebefohlenen verwandt ist, ihrer Bestellung als Pfleger gerade entgegenstehen.[51]

§ 1780 Unfähigkeit zur Vormundschaft
Zum Vormund kann nicht bestellt werden, wer geschäftsunfähig ist.

I. Normzweck

1 Die Vorschrift regelt die Unfähigkeit zur Übernahme des Vormundamts. Davon zu unterscheiden ist die bloße Untauglichkeit: Eine entgegen § 1780 vorgenommene Vormundsbestellung ist unheilbar nichtig.[1] Die Bestellung ist dagegen wirksam, wenn nur Untauglichkeit zum Vormundsamt gem. §§ 1781, 1782, 1784 vorliegt. Dieser Unterschied kommt im Gesetzeswortlaut zum Ausdruck, indem § 1780 bestimmt, wer nicht zum Vormund bestellt werden „kann", während die §§ 1781, 1782 und 1784 die Frage regeln, wer nicht zum Vormund bestellt werden „soll".

II. Amtsunfähigkeit

2 1. **Geschäftsunfähigkeit.** Nur noch der Fall des § 104 Nr. 2 führt zur Amtsunfähigkeit. Die beschränkte Geschäftsfähigkeit begründet lediglich Amtsuntauglichkeit, ebenso die Bestellung eines Betreuers (§ 1781).

---

[43] Der Bezug der Anhörung der Eltern zum Elternrecht aus Art. 6 Abs. 2 GG ist herausgestellt in BayObLG FamRZ 1980, 1150, 1151.
[44] *Soergel/Zimmermann* Rn. 18.
[45] Vgl. etwa BayObLG FamRZ 1997, 1289.
[46] BayObLG Rpfleger 1985, 182.
[47] BayObLG Recht 1914 Nr. 942.
[48] Vgl. etwa BayObLG FamRZ 1984, 205, 206; FamRZ 1988, 874, 875; im Ergebnis ebenso OLG Hamm FamRZ 1996, 1356, 1357.
[49] KG KGJ 29 A 12, 15; KG KGJ 22, 213, 216.
[50] BayObLG FamRZ 1974, 219, 221.
[51] BayObLG NJW 1964, 2306; Rpfleger 1981, 281; vgl. auch BayObLG Rpfleger 1982, 13 (Miterbe); ferner OLG Schleswig FamRZ 2003, 117: Bei der Auswahl eines Ergänzungspflegers ist der Vermeidung eines Interessenkonflikts unter den Miterben Vorrang vor den persönlichen Bindungen des Mündels einzuräumen. Zur Handhabung des § 1779 bei der Bestellung eines Ergänzungspflegers allgemein: OLG Düsseldorf FamRZ 2011, 742.

[1] RGSt 45, 309, 311; *Dölle* § 119 II 2; *Gernhuber/Coester-Waltjen* § 70 Rn. 29; allgM.

2. Bewusstlosigkeit oder vorübergehende Störung der Geistestätigkeit. Beides lässt zwar die in diesem Zustand abgegebenen Willenserklärungen nichtig werden (§ 105 Abs. 2), belässt jedoch die Geschäftsfähigkeit und damit die Fähigkeit zur Übernahme des Vormundsamts.[2]

3. Amtsunfähigkeit juristischer Personen. Unfähig zur Übernahme des Vormundsamtes sind alle juristischen Personen; eine Ausnahme gilt nur für den Fall der Vereins- oder Amtsvormundschaft.

III. Wirkungen

1. Keine wirksame Berufung nach § 1776. Wer zur Vormundbestellung unfähig ist, kann und muss auch als gem. § 1776 Berufener übergangen werden, auch wenn er nicht zustimmt (§ 1778 Abs. 1 Nr. 1). Wird er durch das FamG ausgewählt, so ist er zur Übernahme des Amtes nicht gem. § 1785 verpflichtet.

2. Nichtigkeit der Bestellung. Weil die Unfähigkeit die Nichtigkeit der Bestellung zur Folge hat, entfällt eine Entlassung des entgegen § 1780 Bestellten; von ihm für den Mündel vorgenommene Rechtsgeschäfte sind unwirksam (vgl. § 47 letzter HS FamFG). Tritt die Geschäfts- und Amtsunfähigkeit erst nach erfolgter Bestellung zum Vormund ein, so wird die Bestellung damit nicht automatisch nichtig; vielmehr ist der Vormund gem. § 1886 zu entlassen.

3. Haftung bei nichtiger Bestellung. a) Amtshaftung. Für Schäden aus nichtiger Bestellung tritt Amtshaftung gem. § 839, Art. 34 GG ein.

b) Haftung des Bestellten. Der Bestellte kann nicht aus § 1833 haftbar gemacht werden. Vielmehr beurteilt sich die Rechtslage nach den allgemeinen Vorschriften (keine Haftung des Vertreters ohne Vertretungsmacht, arg. §§ 165, 179 Abs. 3 S. 2; Haftung aus Geschäftsführung ohne Auftrag unter Berücksichtigung des § 682; Ansprüche aus ungerechtfertigter Bereicherung und Delikt).[3] Zwar hat der BGH die Vorschrift des § 32 FGG aF (= § 47 FamFG) in einem Fall unwirksamer Bestellung zur Anwendung gebracht;[4] der entschiedene Fall unterscheidet sich jedoch grundsätzlich vom Regelfall des § 1780, denn dort konnte die unwirksame Bestellung einer Anstalt zum Vormund in eine wirksame Bestellung der Person des Anstaltsvorstands umgedeutet werden. Die Entscheidung des BGH betrifft daher einen nicht zu verallgemeinernden Spezialfall.[5]

IV. Parallelvorschriften

Die Vorschrift ist gem. § 1792 Abs. 4 auf die Gegenvormundschaft und gem. § 1915 Abs. 1 auf die Pflegschaft entsprechend anwendbar. Das Betreuungsrecht kennt keine dem § 1780 entsprechende Vorschrift; zum Problem siehe Erl. zu § 1908b.

§ 1781 Untauglichkeit zur Vormundschaft

Zum Vormund soll nicht bestellt werden:
1. wer minderjährig ist,
2. derjenige, für den ein Betreuer bestellt ist.

I. Normzweck

Im Gegensatz zu § 1780 enthält die Vorschrift keine Unfähigkeits-, sondern lediglich Untauglichkeitsgründe; zum Unterschied vgl. § 1780 Rn. 1. Die frühere generelle Amtsuntauglichkeit des Gemeinschuldners ist durch das EGInsO beseitigt worden. Die Auswahl einer Person, die zahlungsunfähig oder überschuldet ist, wird allerdings auch künftig regelmäßig scheitern – sei es nach § 1779 Abs. 2 S. 1, sei es nach § 1778 Abs. 1 Nr. 4.[1]

---

[2] *Staudinger/Engler* Rn. 4.
[3] *Habscheid* NJW 1966, 1787, 1794; *Dölle* § 119 II 2; *Soergel/Zimmermann* Rn. 3; *RGRK/Dickescheid* Rn. 3.
[4] BGH FamRZ 1956, 379.
[5] *Soergel/Zimmermann* Rn. 3.
[1] So auch *Staudinger/Engler* Rn. 5.

II. Amtsuntauglichkeit

§ 1780 nennt zwei Gründe der Amtsuntauglichkeit; zwei weitere Gründe finden sich in §§ 1782, 1784.

1. Minderjährigkeit (Nr. 1). Nach Nr. 1 ist der Minderjährige zum Vormund untauglich; wenn der Minderjährige geschäftsunfähig ist, gilt jedoch § 1780. Der Zustand der Bewusstlosigkeit oder vorübergehenden Störung der Geistestätigkeit (§ 105 Abs. 2) ist in § 1781 nicht als Untauglichkeitsgrund genannt.

2. Betreuung (Nr. 2). Nach Nr. 2 ist derjenige untauglich, für den ein Betreuer bestellt ist. Dabei spielt es keine Rolle, für welchen Wirkungskreis die Betreuung angeordnet ist; auch die Bestellung eines Vollmachtbetreuers (§ 1896 Abs. 3) begründet die Untauglichkeit. Unerheblich ist auch, ob ein Betreuer auf eigenen Antrag des Betroffenen oder von Amts wegen bestellt ist. Auch ein nur körperlich Behinderter, der einen Betreuer hat, ist gem. § 1781 Nr. 2 untauglich; das ist zum Schutze des Mündels auch gerechtfertigt, da nicht angenommen werden kann, dass eine Person, die für die eigenen Angelegenheiten eines Betreuers bedarf, das Amt des Vormunds problemlos wird ausüben können.

III. Wirkungen

1. Keine wirksame Berufung nach § 1776. Ist ein Untauglicher durch die Eltern gem. § 1776 berufen, so darf (und muss) er gem. § 1778 Abs. 1 Nr. 1 auch ohne seine Zustimmung übergangen werden. Wählt das FamG gem. § 1779 einen Untauglichen aus, so ist dieser zur Übernahme der Vormundschaft (§ 1785) nicht verpflichtet.

2. Wirksame Bestellung bei Verstoß. Eine Vormundsbestellung entgegen § 1781 ist wirksam; der Vormund kann jedoch gem. § 1886 entlassen werden, ohne dass im Einzelnen eine Gefährdung des Mündels dargetan werden müsste. Auch wenn der Untauglichkeitsgrund erst nach erfolgter Vormundsbestellung eintritt, kann der Vormund gem. § 1886 entlassen werden. Bis zu seiner Entlassung hat der Vormund alle Rechte und Pflichten seines Amtes. Er ist gesetzlicher Vertreter (§§ 164, 165), er haftet dem Mündel aus § 1833, ggf. mit der Einschränkung aus §§ 276 Abs. 1 S. 2, 827, 828. Bei Bestellung eines Untauglichen zum Vormund kommt zugunsten des Mündels die Staatshaftung in Betracht (§ 839, Art. 34 GG).[2]

IV. Parallelvorschriften

Die Vorschrift ist gem. § 1792 Abs. 4 auf die Gegenvormundschaft und gem. § 1915 Abs. 1 auf die Pflegschaft entsprechend anwendbar. Keine unmittelbare Anwendung ist für das Betreuungsrecht vorgesehen, siehe aber § 1908b Rn. 5.

§ 1782 Ausschluss durch die Eltern

(1) ¹Zum Vormund soll nicht bestellt werden, wer durch Anordnung der Eltern des Mündels von der Vormundschaft ausgeschlossen ist. ²Haben die Eltern einander widersprechende Anordnungen getroffen, so gilt die Anordnung des zuletzt verstorbenen Elternteils.

(2) Auf die Ausschließung ist die Vorschrift des § 1777 anzuwenden.

I. Normzweck

Das Bestimmungsrecht der Eltern über die Person des Vormunds nach ihrem Tode äußert sich nicht nur im Benennungsrecht des § 1776, sondern auch in der **Befugnis zur negativen Bestimmung** nach § 1782. Auch das Recht zum Ausschluss bestimmter Personen von der Vormundschaft ist Ausfluss der Elternsorge; seine wirksame Ausübung setzt die Innehabung des Sorgerechts im Todeszeitpunkt voraus. Ausschlussberechtigung und Form der Erklärung richten sich gem. § 1782 Abs. 2 nach den für die Vormundbenennung geltenden Vorschriften des § 1777. Das bedeutet, dass auch der Ausschluss nur postmortale Wirkung hat, folglich zB nicht maßgeblich ist, wenn die Vor-

---

[2] RGRK/*Dickescheid* Rn. 2; *Soergel*/*Zimmermann* Rn. 1.

mundschaft auf Grund anderer Umstände als des Todes der Eltern notwendig wird. § 1782 Abs. 1 S. 2 entspricht der Regelung des § 1776 Abs. 2.

II. Ausschließungsrecht

1. Befugnis jedes sorgeberechtigten Elternteils. Zur Ausschließung bestimmter Personen von der Vormundschaft ist, wie § 1782 Abs. 1 S. 2 verdeutlicht, jeder sorgeberechtigte Elternteil einseitig befugt, auch wenn ihm das Sorgerecht nur zusammen mit dem anderen Elternteil zusteht. Wie bei der Benennung kommt es auch beim Ausschluss auf die Innehabung und Ausübung des Sorgerechts im Todeszeitpunkt des Verfügenden an; ob ihm im Zeitpunkt der Vornahme der Verfügung das Sorgerecht zustand, ist nicht entscheidend. Das zu 1777 Gesagte gilt entsprechend, auch bezüglich des Sonderfalls des § 1777 Abs. 2 (vgl. § 1777 Rn. 8).

2. Bezug auf bestimmte Personen bzw. Personenkreise. Der Ausschluss muss sich auf bestimmte Personen beziehen, zumindest auf einen durch Auslegung bestimmbaren Personenkreis. Nicht unbedingt erforderlich ist die namentliche Bezeichnung.[1] Bei Ausschluss einer umgrenzten Mehrheit von Personen verfährt die Literatur zu engherzig. Zulässig soll der Ausschluss eines sehr engbegrenzten Personenkreises wie etwa „der Geschwister des ..." sein, hingegen nicht der Ausschluss ganzer „Personenklassen" wie „alle Verwandten".[2] Doch ist nicht einzusehen, warum der Verfügende seine eigene Verwandtschaft oder die Verwandtschaft des anderen Ehegatten, die er gewöhnlich überblicken kann, nicht soll ausschließen können. Die Angabe eines Motivs für den Ausschluss ist nicht nötig. Wird ein durch Irrtum beeinflusstes Motiv angegeben, so ist die Verfügung deshalb nicht unwirksam;[3] freilich kann der angegebene Grund als Bedingung erscheinen und somit in den Inhalt der Verfügung selbst eingehen.[4]

3. Jugendamt, Vereine. Das Jugendamt kann nicht als Vormund ausgeschlossen werden (§ 1791b Abs. 1 S. 2), wohl aber jeder Verein.

4. Form, Bedingungen. Der Ausschluss erfolgt durch **letztwillige Verfügung** (§ 1782 Abs. 2 iVm. § 1777 Abs. 3). Bedingungen und Befristungen des Ausschlusses sind jedenfalls grundsätzlich zulässig (zur vergleichbaren Problematik bei der Vormundbenennung vgl. § 1778 Rn. 11).

5. Kombination von Ausschließung und Benennung. Die Ausschließung nach § 1782 und die Benennung nach § 1776 können miteinander kombiniert werden, es kann zB eine Person benannt und gleichzeitig verfügt werden, dass für den Fall des Scheiterns dieser Bestimmung jedenfalls bestimmte andere Personen ausgeschlossen sind.

III. Wirkungen

1. Allgemein. Der wirksame Ausschluss verbietet sowohl die Auswahl der betreffenden Person nach § 1779 als auch die Bestellung eines etwa vom anderen Elternteil gem. § 1776 Benannten. Im zuletzt genannten Fall setzt sich indes der Ausschluss gegen die Benennung nur durch, wenn der Ausschließende zuletzt verstirbt (§ 1782 Abs. 1 S. 2).

2. Bindung des Familiengerichts. Der gem. §§ 1782, 1777 wirksame Ausschluss bindet das FamG, ohne dass es nachprüfen dürfte, ob der Ausgeschlossene geeignet und ob seine Bestellung im Mündelinteresse wünschenswert wäre.[5] Nach BayObLG soll der Ausschluss die Vormundbestellung nicht hindern, wenn er mit dem Mündelinteresse unvereinbar ist;[6] doch ist eine Kontrolle des Elternwillens abzulehnen. Der Unterschied zur Lage bei der Benennung ist evident: Während die Bestellung der benannten Person zum Vormund das Kindeswohl unmittelbar gefährden kann (§ 1778 Abs. 1 Nr. 4), bedeutet die Nichtbestellung einer bestimmten ausgeschlossenen Person für sich gesehen keine Kindesgefährdung, solange nur irgendeine andere zuträgliche Lösung gefunden werden kann. Auch aus der „Soll"-Fassung des § 1782 ergibt sich nichts für eine Unverbindlichkeit der gesetzlichen Anordnung (beachte das „Soll" sogar in § 1781). Analog anwendbar ist hingegen § 1778

---

[1] BayObLGZ 1961, 189, 192.
[2] *Gernhuber/Coester-Waltjen* § 70 Fn. 35; *Soergel/Zimmermann* Rn. 2; *RGRK/Dickescheid* Rn. 3; *Erman/Saar* Rn. 2. Wie hier *Staudinger/Engler* Rn. 8.
[3] *Staudinger/Engler* Rn. 11; *Soergel/Zimmermann* Rn. 2.
[4] *RGRK/Dickescheid* Rn. 4.
[5] *Gernhuber/Coester-Waltjen* § 70 Rn. 32; *Staudinger/Engler* Rn. 15.
[6] BayObLGZ 1961, 189 = NJW 1961, 1865. Dem folgend *RGRK/Dickescheid* Rn. 5; *Soergel/Zimmermann* Rn. 2.

Abs. 1 Nr. 5: Widerspricht der Mündel, der das 14. Lebensjahr vollendet hat und nicht geschäftsunfähig ist, dem Ausschluss, so ist die Bindungswirkung der elterlichen Anordnung aufgehoben.[7] Das FamG hat dann zu prüfen, ob der Betreffende unter Würdigung der für die Eltern maßgeblichen Gründe geeignet erscheint.

9   **3. Keine Bindung bei divergierenden Verfügungen (Abs. 1 S. 2).** Entsprechend der für widersprüchliche Benennungen geltenden Regelung des § 1776 Abs. 2 bestimmt Abs. 1 S. 2, dass bei divergierenden Verfügungen der Elternteile diejenige des zuletzt Verstorbenen gilt; gleichgültig ist auch hier der Zeitpunkt, in dem die Verfügungen getroffen wurden (§ 1776 Rn. 6). Gleichfalls ist auch hier Voraussetzung der Wirksamkeit, dass der Erklärende im Todeszeitpunkt das Sorgerecht innehatte und ausübte. Sich widersprechende Anordnungen liegen zB vor, wenn ein Elternteil eine bestimmte Person ausschließt, die der andere benannt hat; oder wenn der eine Teil einen bestimmten Personenkreis ausschließt, aus dem der andere den Vormund bestimmt; oder wenn der eine Teil eine Person ausschließt, während der andere diesem Ausschluss widerspricht (was dann nicht gleichbedeutend mit der Benennung der betreffenden Person wäre, sondern nur den Ausschluss des anderen neutralisieren würde). Widersprechende Anordnungen können sich auch in anderer Hinsicht ergeben, zB durch Hinzufügung von Bedingungen.

10   **4. Keine Verpflichtung zur Amtsübernahme.** Ist jemand gem. § 1779 vom FamG ausgewählt, so ist er bei wirksamem Ausschluss zur Übernahme des Amtes nicht verpflichtet (§ 1785). Weigert sich der Ausgeschlossene daher, die Vormundschaft zu übernehmen, wird seine Weigerung aber durch das Gericht zurückgewiesen, so steht ihm gem. § 58 Abs. 1, § 59 Abs. 1 FamFG, § 11 Abs. 1 RPflG die Beschwerde zu Gebote.[8] Die Weigerung kann nur auf den wirksamen Ausschluss (oder andere Gründe der §§ 1785, 1786), nicht aber auf die Behauptung gestützt werden, dass er – der Ausgewählte – ungeeignet sei;[9] vgl. § 1779 Rn. 22.

IV. Rechtsfolgen bei Verstößen

11   **1. Wirksame Bestellung trotz Ausschluss.** Die Bestellung einer nach § 1782 ausgeschlossenen Person zum Vormund ist wirksam, aber mit der Beschwerde gem. § 58 Abs. 1 FamFG, § 11 Abs. 1 RPflG anfechtbar; beschwerdeberechtigt ist in jedem Fall der Mündel (§ 59 Abs. 1, § 60 FamFG; siehe auch § 1779 Rn. 11, 22). Die begründete Beschwerde führt zur Entlassung des Vormunds, auch wenn die Voraussetzungen des § 1886 nicht gegeben sind; der Rechtsfehler liegt bereits in der Übergehung des Elternwillens (vgl. § 1886 Rn. 14).[10]

12   **2. Rechtsbehelf des Ausgeschlossenen.** Wird jemand – als gem. § 1782 ausgeschlossen – nicht berücksichtigt, sieht er aber den Ausschluss für nicht gegeben an, so ist zu unterscheiden: Hat das FamG eine Auswahl nach § 1779, etwa unter den Verwandten oder sonstigen Bezugspersonen des Mündels, getroffen und dabei den Betreffenden wegen Ausschlusses nicht berücksichtigt, so kann dieser gegen die Bestellung eines anderen zum Vormund nur bei Verletzung eigener, etwa aus Art. 6 Abs. 1 GG herleitbarer Rechte vorgehen (§ 58 Abs. 1, § 59 Abs. 1 FamFG; siehe § 1779 Rn. 11, 22, ferner § 1886 Rn. 19, 22). Ist hingegen der Betreffende von einem Elternteil gem. § 1776 benannt, wird er aber nicht berücksichtigt, weil das Gericht einen die Benennung entkräftenden Ausschluss gem. § 1782 annimmt, den Benannte aber nicht für gegeben ansieht, so handelt es sich um die Frage, ob ein Berufener übergangen wird; in diesem Fall ist der Betreffende ohne weiteres in seinem aus der Benennung folgenden Recht verletzt und damit (aus § 58 Abs. 1, § 59 Abs. 1 FamFG) beschwerdeberechtigt.

13   **3. Entlassung von Amts wegen.** Streitig ist, ob das Gericht, das irrtümlich einen Ausgeschlossenen zum Vormund bestellt hat, diesen auch von Amts wegen entlassen kann, auch wenn nicht zugleich ein Entlassungsgrund nach §§ 1886, 1888 vorliegt.[11] Es ist dies im Interesse des Mündels an einer kontinuierlichen Entwicklung seines Sorgerechtsverhältnisses zu verneinen.[12]

---

[7] *Erman/Saar* Rn. 3; *RGRK/Dickescheid* Rn. 5; zweifelnd *Staudinger/Engler* Rn. 16.
[8] *Soergel/Zimmermann* Rn. 4.
[9] Vgl. zur Rechtslage unter der Geltung des FGG: KG FamRZ 1963, 376 (Pflegschaft); BayObLG FamRZ 1968, 606, 607 (Berufung auf § 1779 Abs. 2 ausschließlich im Mündelinteresse).
[10] BayObLGZ 1961, 189, 193 = NJW 1961, 1865; *Staudinger/Engler* Rn. 17; *Soergel/Zimmermann* Rn. 4; *Erman/Saar* Rn. 4.
[11] Bejahend *Gernhuber/Coester-Waltjen* § 73 Rn. 7; *Staudinger/Engler* Rn. 18.
[12] So auch *Soergel/Zimmermann* Rn. 4; *RGRK/Dickescheid* Rn. 7; *Dölle* § 119 III 7; *Erman/Saar* Rn. 4; offen BayObLGZ 1961, 189, 193 = NJW 1961, 1865; aA *Staudinger/Engler* Rn. 18.

V. Parallelvorschriften

Die Vorschrift ist entsprechend anwendbar auf den Gegenvormund (§ 1792 Abs. 4) und die Pfleg- **14** schaft gem. § 1912, § 1915 Abs. 1. Nicht anwendbar ist die Vorschrift dort, wo elterliche Sorge nicht in Betracht kommt, so bei der Betreuung und der Pflegschaft gem. §§ 1911, 1913 und 1914 sowie auf Grund der Bestimmung des § 1916 in den Fällen des § 1909.

§ 1783 *(weggefallen).*

§ 1784 Beamter oder Religionsdiener als Vormund

(1) Ein Beamter oder Religionsdiener, der nach den Landesgesetzen einer besonderen Erlaubnis zur Übernahme einer Vormundschaft bedarf, soll nicht ohne die vorgeschriebene Erlaubnis zum Vormund bestellt werden.

(2) Diese Erlaubnis darf nur versagt werden, wenn ein wichtiger dienstlicher Grund vorliegt.

I. Normzweck

Die Vorschrift will verhindern, dass durch die Übernahme einer Vormundschaft durch Beamte **1** oder „Religionsdiener" **dienstliche Interessen** beeinträchtigt werden. Die Norm dient dem öffentlichen Interesse, bei „Religionsdienern" dem Interesse der jeweiligen Religionsgemeinschaft, nicht aber dem Schutz des Einzelnen. Die Norm regelt die privatrechtliche Seite eines vorausgesetzten öffentlichrechtlichen Erlaubnisvorbehalts. Ohne die erforderliche Erlaubnis sind die genannten Personen zur Bestellung als Vormund untauglich (§ 1778 Abs. 1 Nr. 1; § 1785).

II. Betroffener Personenkreis

1. Beamte. Die Vorschrift bezieht sich ihrem Wortlaut nach auf Beamte, deren Dienstverhält- **2** nisse nach **Landesrecht** geregelt sind, setzt also einen durch Landesrecht angeordneten Erlaubnisvorbehalt voraus.[1] Der dabei verwendete Beamtenbegriff ist nicht vom Zivilrecht her zu bestimmen, sondern dem öffentlichen Dienstrecht zu entnehmen; einzubeziehen sind alle öffentlichrechtlichen Dienstverhältnisse, in denen die Übernahme der Vormundschaft (Pflegschaft) erlaubnispflichtig ist.[2]

Auch für **Bundesbeamte** (§ 97 Abs. 1, 4, § 99 BBG), Bundesrichter (§ 46 DRiG) und Soldaten **3** (§ 21 SoldG) bestehen öffentlichrechtliche Genehmigungsvorbehalte; die zivilrechtliche Folgerung hieraus ist durch entsprechende Anwendung des § 1784 zu ziehen.[3] Die Vorschrift gilt ferner für Kommunalbeamte und Beamte sonstiger öffentlichrechtlicher Stiftungen, Anstalten und Körperschaften,[4] soweit für sie eine Erlaubnis vorgeschrieben ist.

2. Religionsdiener. Unter „Religionsdiener" sind die Geistlichen der öffentlichrechtlichen **4** Religionsgesellschaften (Art. 140 GG iVm. Art. 137 Abs. 5 WRV) zu begreifen;[5] einzubeziehen sind die Ordensleute, nicht aber etwa Pastoralassistenten, Gemeindehelfer, Mesner u. dergl. Die Genehmigungsvorbehalte gründen hier auf autonomem kirchlichem Recht oder auf staatskirchenrechtlichen Verträgen.

---

[1] Überblick über die landesrechtlichen Regelungen bei *Erman/Holzhauer* (11. Aufl.) Rn. 3.
[2] Die Erläuterungen zum Vormundschaftsrecht begrenzen den Personenkreis auf den „beamtenrechtlichen" oder „staatsrechtlichen" Begriff des Beamten. Doch ist es methodisch nicht sinnvoll, vom Zivilrecht her diesen Begriff zu bestimmen; entscheidend ist, in welchen Fällen im öffentlichen Dienstrecht ein entsprechender Erlaubnisvorbehalt besteht. So auch *Soergel/Zimmermann* Rn. 2; ablehnend *Staudinger/Engler* Rn. 3; RGRK/*Dickescheid* Rn. 2.
[3] Angeblich bestand seinerzeit kein Bedürfnis, die Reichsbeamten zu berücksichtigen, Mot. IV, 1073. Die Anwendung des § 1784 Abs. 1 auf Bundesbeamte ist unbezweifelt, vgl. auch *Soergel/Zimmermann* Rn. 3.
[4] *Staudinger/Engler* Rn. 4; *Soergel/Zimmermann* Rn. 2.
[5] Die 2. Aufl. Rn. 3 meinte, keinesfalls seien nur Geistliche betroffen und überließ eine nähere Umschreibung des in Betracht kommenden Personenkreises dem innerkirchlichen Recht. Doch wird die kirchliche Autonomie nicht soweit gehen, dass für alle kirchlichen Bediensteten Erlaubnisvorbehalte eingeführt werden könnten. Weiter-

III. Erlaubniserteilung (Abs. 2)

5   Abs. 2 wurde durch das Reichsjugendwohlfahrtsgesetz eingeführt. Die Vorschrift bindet die Versagung der Erlaubnis an das Vorliegen **wichtiger dienstlicher Gründe**. Sie gehört ihrem Regelungsgehalt nach ins Beamtenrecht und erscheint im BGB deplaziert. Die Beamtengesetze sehen üblicherweise für die Frage, aus welchen Gründen die Erlaubnis versagt werden darf, eigenständige (in der Tendenz freilich übereinstimmende) Regelungen vor. Bei Abweichungen hat § 1784 Abs. 2 Vorrang vor dem Landesrecht, während divergierendes Bundesrecht die insoweit ohnehin nur analog herangezogene BGB-Vorschrift verdrängt.[6]

6   Für **Geistliche** gilt Abs. 2 generell nicht, da die Erteilung oder Versagung der Erlaubnis eine Frage des kirchlichen Selbstbestimmungsrechts bildet.

IV. Folgen fehlender Erlaubnis

7   **1. Untauglichkeit.** Ohne die vorgeschriebene Erlaubnis ist der Beamte oder Geistliche untauglich für die Bestellung zum Vormund. Er kann und soll auch ohne seine Zustimmung übergangen werden, wenn er durch die Eltern berufen ist (§ 1778 Abs. 1 Nr. 1). Vor Erteilung der Genehmigung soll das FamG eine dem Personenkreis angehörige Person auch nach § 1779 nicht auswählen.

8   **2. Verweigerungsrecht des Beamten.** Bei der Frage, ob der Beamte das Recht hat, die Übernahme der Vormundschaft zu verweigern, ist zu unterscheiden: Für den nach § 1779 vom FamG Ausgewählten besteht grundsätzlich die Pflicht zur Übernahme des Amtes (§ 1785). Folglich hat der in Aussicht genommene Beamte sich um die Erlaubnis der zuständigen Dienststelle zu bemühen; eine eigene verwaltungsgerichtliche Klagebefugnis steht ihm – mangels eigener Rechtsbetroffenheit – allerdings nicht zu.[7] Das Recht, die Übernahme der Vormundschaft gem. § 1785 abzulehnen, entsteht somit erst mit Versagung der Erlaubnis.[8] Die gelegentlich vertretene Meinung, dem Beamten stehe überhaupt kein Ablehnungsrecht zu,[9] ist mit § 1785 unvereinbar. Dagegen trifft den nach § 1776 von den Eltern Berufenen von vornherein keine Übernahmepflicht (§ 1776 Rn. 3).

9   **3. Wirksamkeit der Bestellung ohne Erlaubnis.** Die ohne die nötige Erlaubnis vorgenommene Bestellung zum Vormund ist gleichwohl wirksam; das gilt auch, wenn die Erlaubnis versagt worden ist. Wird die zunächst erteilte Erlaubnis zurückgenommen oder die Fortführung der Vormundschaft durch die zuständige Behörde untersagt, so hat das FamG den Vormund zu entlassen; ebenso, wenn die Erlaubnis versagt wird, nachdem der Vormund ohne sie bestellt worden war (Anwendungsfälle des § 1888). Gleiches muss in analoger Anwendung des § 1888 gelten, wenn ein Beamter zum Vormund ernannt wird, obwohl die Erlaubnis im Zeitpunkt der Bestellung bereits versagt war; in diesem Fall hat das FamG von Amts wegen seine Maßnahme zu korrigieren.

V. Parallelvorschriften

10   Die Vorschrift ist anwendbar gem. § 1792 Abs. 4 auf die Gegenvormundschaft, gem. § 1908i Abs. 1 S. 1 auf die Betreuung und gem. § 1915 Abs. 1 auf die Pflegschaft.

§ 1785 Übernahmepflicht

Jeder Deutsche hat die Vormundschaft, für die er von dem Familiengericht ausgewählt wird, zu übernehmen, sofern nicht seiner Bestellung zum Vormund einer der in den §§ 1780 bis 1784 bestimmten Gründe entgegensteht.

---

gehend RGRK/*Dickescheid* Rn. 4 (Seelsorge) und *Staudinger*/*Engler* Rn. 6 (Befassung mit Glaubens- und Weltanschauungsfragen, nicht aber Leistung bloßer Hilfsdienste).

[6] Nach BVerwGE 99, 64 = DVBl. 1995, 1250 = NJW 1996, 139 wird der Begriff des „wichtigen Grundes" iSd. § 1784 Abs. 2 durch das beamtenrechtliche Nebentätigkeitsrecht bestimmt; damit dürften Divergenzen praktisch ausscheiden.

[7] BVerwGE 99, 64 = DVBl. 1995, 1250 = NJW 1996, 139.

[8] So die hM, vgl. *Staudinger*/*Engler* Rn. 9; RGRK/*Dickescheid* Rn. 5.

[9] So anscheinend *Soergel*/*Damrau* (12. Aufl.) Rn. 1; vgl. auch Prot. IV, 751; wie hier: KG KGJ 45, 38.

I. Normzweck

Die Vorschrift erlegt jedem Deutschen die **öffentlichrechtliche Staatsbürgerpflicht** zur Übernahme einer Vormundschaft auf, zu der das FamG ihn gem. § 1779 ausgewählt hat. Die Norm hat den Zweck, die Durchführung von Einzelvormundschaften durch Privatpersonen als die in erster Linie erwünschte Form der Vormundschaft zu fördern. Die Pflicht zur Übernahme der Vormundschaft unterfällt nach hM nicht der Regelung des Art. 12 Abs. 2 GG; da es sich um eine ehrenamtliche Tätigkeit im Gemeinwohlinteresse handelt, wird ihre Anordnung für zulässig gehalten.[1]

II. Voraussetzungen der Übernahmepflicht

1. Deutsche Staatsangehörigkeit. Übernahmepflichtig ist jeder Deutsche iS. des Art. 116 GG.[2] Maßgebend ist die Staatsangehörigkeit des Vormunds im Zeitpunkt der Auswahl durch das FamG. Ein späterer Verlust der deutschen Staatsangehörigkeit ist unerheblich; er berechtigt für sich allein weder das FamG, den Vormund zu entlassen, noch den Vormund, seine Entlassung zu verlangen.[3] Bei mehrfacher Staatsangehörigkeit ist ausreichend, wenn der Ausgewählte *auch* die deutsche Staatsangehörigkeit besitzt. Die Staatsangehörigkeit des Mündels ist für die Übernahmepflicht ohne Belang; ein Deutscher muss also auch im Fall des Art. 24 EGBGB eine Vormundschaft übernehmen.

2. Auswahl durch das Vormundschaftsgericht. Die Verpflichtung entsteht mit der Auswahl durch das FamG gem. § 1779 und ist auf die Einwilligung zur Amtsübernahme gerichtet.[4] Keine Übernahmepflicht trifft den von den Eltern gem. § 1776 Berufenen; doch kann das FamG diesen, wenn er auf die Rechte aus der Berufung verzichtet, gem. § 1779 auswählen und ihm somit die Übernahmepflicht aufbürden. Die Auswahl durch das FamG darf jedoch nur erfolgen, wenn kein weiterer Berufener vorhanden ist, da der Elternwille Vorrang vor der Auswahlbefugnis des FamG hat.

III. Ablehnungsrechte

1. Ablehnungsberechtigte Personen. Die Übernahme der Vormundschaft können folgende Personen ablehnen:

a) Ausländer und Staatenlose. Sie sind nicht zur Übernahme verpflichtet, auch wenn der Mündel die gleiche ausländische Staatsangehörigkeit besitzt. Hat eine dieser Personen die Vormundschaft trotzdem übernommen, so berechtigt dies für sich allein weder das FamG, den Vormund zu entlassen, noch den Vormund, seine Entlassung zu verlangen;[5] denn die Ausländereigenschaft ist nicht als Entlassungsgrund ausgestaltet.

b) §§ 1780 bis 1784. Keine Übernahmepflicht trifft die gem. §§ 1780 bis 1784 zur Vormundschaft Unfähigen oder Untauglichen, im Falle des § 1784 jedoch erst vom Augenblick der Versagung der erforderlichen Erlaubnis an (vgl. § 1784 Rn. 8).

c) Soldaten. Ein besonderes Ablehnungsrecht ist den Soldaten gem. § 21 S. 3 SoldG eingeräumt (gilt auch für Betreuung).

d) Vereine. Ablehnen kann auch der vom FamG ausgewählte Verein, da hier die Bestellung der Einwilligung des Vereins bedarf (§ 1791a Abs. 1 S. 2 HS. 2). Kein Ablehnungsrecht hat dagegen das Jugendamt bei bestellter Amtsvormundschaft (§ 1791b).

e) § 1786. Ferner besteht die Übernahmepflicht nicht bei den Personen, die gem. § 1786 Abs. 1 zur Ablehnung berechtigt sind; freilich erlischt das Ablehnungsrecht, wenn es nicht vor Bestellung bei dem FamG geltend gemacht wird (§ 1786 Abs. 2); tritt nach der Übernahme der Vormundschaft ein Ablehnungsgrund ein, so beurteilt sich die Lage nach § 1889 Abs. 1.

2. Kein Ablehnungsgrund der fehlenden Eignung. Hingegen kann der Ausgewählte die Übernahme nicht mit der Begründung verweigern, dass ihm die gem. § 1779 Abs. 2 erforderliche Eignung fehle.[6] Allerdings hat das FamG die Weigerung des Vormunds und ihre Gründe im Rah-

---

[1] Siehe BVerfGE 10, 302, 312.
[2] *Staudinger/Engler* Rn. 2; *Soergel/Zimmermann* Rn. 1; *Palandt/Diederichsen* Rn. 1.
[3] AA *Staudinger/Engler* Rn. 5.
[4] KG RJJ 14, 8.
[5] KG KGJ 37 A 63 = RJA 10, 99.
[6] KG KGJ 45, 38; KG FamRZ 1963, 376; KG MDR 1967, 592; BayObLG FamRZ 1968, 606, 607; LG Stade FamRZ 1965, 98.

§ 1786 Abschnitt 3. Titel 1. Vormundschaft

men seiner Eignungsprüfung zu berücksichtigen;[7] nur in wenigen Fällen wird ein Ausgewählter, der gegen seinen dezidierten Willen zum Vormund bestellt wird, den Mündelinteressen nach besten Kräften dienen. Zur Beschwerdebefugnis des Ausgewählten, der sich auf mangelnde Eignung beruft, vgl. Rn. 11 und § 1779 Rn. 22.

10   **3. Zwangsgeld und Schadensersatz.** Das FamG kann den zum Vormund Gewählten durch Festsetzung von Zwangsgeld zur Übernahme der Vormundschaft anhalten (§ 1788). Ferner ist der Ausgewählte, der die Übernahme ohne Grund ablehnt, bei Verschulden dem Mündel gem. § 1787 zum Schadensersatz verpflichtet. Sonstige Zwangs- und Druckmittel stehen nicht zu Gebote.

IV. Verfahren

11   Weigert sich der gem. § 1779 Ausgewählte, die Vormundschaft zu übernehmen, und weist das FamG die Weigerung zurück, so ist der Ausgewählte zur **Beschwerde** berechtigt (§ 58 Abs. 1 FamFG, § 11 Abs. 1 RPflG. Die Beschwerdeberechtigung (§ 59 Abs. 1 FamFG) setzt voraus, dass die Zurückweisung seiner Weigerung den Ausgewählten in seinen Rechten beeinträchtigt. Das ist nicht nur bei Geltendmachung von Ablehnungsgründen nach § 1786, sondern auch dann der Fall, wenn der Ausgewählte sich auf eine Untauglichkeit zum Vormundamt gem. §§ 1782 und 1784 beruft, da bei Vorliegen dieser Untauglichkeitsgründe eine Übernahmepflicht ausscheidet (§ 1785) und die gleichwohl erfolgende Bestellung somit unmittelbar in seine Rechtssphäre eingreift.[8] Auf eine Verletzung des § 1779 Abs. 2 kann die Beschwerde hingegen nicht gestützt werden: Insoweit fehlt es an einer Beschwerdebefugnis des als Vormund Ausgewählten (vgl. Rn. 9 und § 1779 Rn. 22). Trotz Einlegung der Beschwerde kann das FamG die vorläufige Übernahme der Vormundschaft anordnen, § 1787 Abs. 2.

V. Parallelvorschriften

12   § 1785 gilt entsprechend für die Bestellung eines Gegenvormunds (§ 1792 Abs. 4) sowie für die Bestellung eines Pflegers (§ 1915 Abs. 1). Für die Betreuung besteht eine eigenständige Regelung gem. § 1898.

§ 1786 Ablehnungsrecht

(1) Die Übernahme der Vormundschaft kann ablehnen:
1. ein Elternteil, welcher zwei oder mehr noch nicht schulpflichtige Kinder überwiegend betreut oder glaubhaft macht, dass die ihm obliegende Fürsorge für die Familie die Ausübung des Amts dauernd besonders erschwert,
2. wer das 60. Lebensjahr vollendet hat,
3. wem die Sorge für die Person oder das Vermögen von mehr als drei minderjährigen Kindern zusteht,
4. wer durch Krankheit oder durch Gebrechen verhindert ist, die Vormundschaft ordnungsmäßig zu führen,
5. wer wegen Entfernung seines Wohnsitzes von dem Sitz des Familiengerichts die Vormundschaft nicht ohne besondere Belästigung führen kann,
6. (weggefallen)
7. wer mit einem anderen zur gemeinschaftlichen Führung der Vormundschaft bestellt werden soll,
8. wer mehr als eine Vormundschaft, Betreuung oder Pflegschaft führt; die Vormundschaft oder Pflegschaft über mehrere Geschwister gilt nur als eine; die Führung von zwei Gegenvormundschaften steht der Führung einer Vormundschaft gleich.

(2) Das Ablehnungsrecht erlischt, wenn es nicht vor der Bestellung bei dem Familiengericht geltend gemacht wird.

---

[7] Vgl. LG Würzburg FamRZ 1972, 391; *Christian* DAVorm. 1983, 89, 94.
[8] KG KGJ 45 A 38 und die durchweg in der Lit. vertretene Ansicht. AA *Soergel/Damrau* (12. Aufl.) Rn. 1, der den aus §§ 1782 und 1784 Untauglichen kein Beschwerderecht einräumen will.

Ablehnungsrecht 1–4 § 1786

Übersicht

	Rn.		Rn.
I. Normzweck	1	4. Krankheit, Gebrechen (Abs. 1 Nr. 4)	8
II. Ablehnungsgründe (Abs. 1)	2–11	5. Räumliche Entfernung (Abs. 1 Nr. 5)	9
1. Belastung durch Kinder und Familie (Abs. 1 Nr. 1)	2–5	6. Gemeinschaftliche Mitvormundschaft (Abs. 1 Nr. 7)	10
a) Allgemeines	2	7. Mehr als eine Vormundschaft, Betreuung oder Pflegschaft (Abs. 1 Nr. 8)	11
b) Betreuung nicht schulpflichtiger Kinder (HS 1)	3		
c) Besondere Erschwerung durch Fürsorge für die Familie (HS. 2)	4, 5	**III. Geltendmachung des Ablehnungsrechts (Abs. 2)**	12
2. Altersgrenze (Abs. 1 Nr. 2)	6	**IV. Verfahren**	13
3. Sorge für mehr als drei Kinder (Abs. 1 Nr. 3)	7	**V. Parallelvorschriften**	14, 15

I. Normzweck

§ 1786 enthält einen **Katalog von Gründen,** aus denen der vom FamG gem. § 1779 Gewählte 1 entgegen der in § 1785 formulierten Pflicht **die Übernahme der Vormundschaft ablehnen** kann. Das Gesetz bemüht sich, die Ablehnungsgründe eng zu begrenzen und genau zu bestimmen. Die Ablehnungsgründe des § 1786 sind für den **Einzelvormund** gedacht (arg. § 1889 Abs. 1). Sie gelten also nicht für den Amtsvormund (soweit überhaupt die Gründe hier vorliegen könnten); der Vereinsvormund kann ohnehin nur mit seiner Einwilligung bestellt werden (§ 1791a Abs. 1 S. 2 HS. 2). Zu weiteren Ablehnungsrechten siehe § 1785 Rn. 4 ff. Kein Ablehnungsrecht aus § 1786 besteht im Fall des § 1787 Abs. 2. Treten die in § 1786 Abs. 1 Nr. 2 bis 7 genannten Umstände nach der Vormundbestellung ein, so gewährt § 1889 Abs. 1 dem Vormund einen Anspruch auf Entlassung. § 1786 ist durch das BtG neu gefasst (betroffen sind Abs. 1 Nr. 1, 6, 8).

II. Ablehnungsgründe (Abs. 1)

1. Belastung durch Kinder und Familie (Abs. 1 Nr. 1). a) Allgemeines. Die Vorschrift 2 ist durch das BtG gleichberechtigungskonform („ein Elternteil" statt bisher „eine Frau") gefasst worden; zu den Problemen dieser Neufassung Rn. 4. Die Regelung enthält zwei Ablehnungsgründe: Ein Elternteil kann die Übernahme der Vormundschaft verweigern, wenn er *entweder* zwei oder mehr noch nicht schulpflichtige Kinder überwiegend betreut; *oder* wenn er glaubhaft macht, dass die ihm obliegende Fürsorge für die Familie die Ausübung des Amtes dauernd besonders erschwert. Völlig eigenständig neben dem Ablehnungsrecht nach Nr. 1 steht der Ablehnungsgrund nach Nr. 3.

b) Betreuung nicht schulpflichtiger Kinder (HS 1). Die Vorschrift kommt in erster Linie 3 dem Alleinerziehenden zugute, selbst wenn er dritte Personen in die Pflege und Erziehung mit einbezieht. Das Ablehnungsrecht hat aber auch – bei Zusammenleben der Eltern – der Partner, der nach der Aufgabenteilung in der Familie die tägliche Kinderbetreuung überwiegend auf sich genommen hat. Die Regelung begründet allerdings kein Hausfrauenprivileg: Sind beide Eltern berufstätig und teilen sie sich – auch unter Inanspruchnahme einer Hilfsperson – die tatsächliche Kinderbetreuung, so ist jeder Elternteil allein ablehnungsberechtigt.[1] Hingegen gilt HS. 1 weder für den Mann noch für die Frau, wenn die Kinder hauptsächlich der Betreuung des anderen Ehegatten überantwortet sind. Nicht unbedingt ist Voraussetzung, dass der Betreuende das Sorgerecht innehat. Freilich muss gefordert werden, dass die Kindesbetreuung nicht widerrechtlich, dh. dass sie mit Einverständnis des Sorgeberechtigten oder auf Grund einer gerichtlichen Entscheidung ausgeübt wird. Das Ablehnungsrecht steht auch Adoptiv- sowie Pflegeeltern und – da die faktische Elternrolle entscheidet – wohl auch einem Stiefelternteil zu.[2]

c) Besondere Erschwerung durch Fürsorge für die Familie (HS. 2). Die Neufassung 4 der Vorschrift (Rn. 2) ist redaktionell missglückt: Während früher jede „Frau" aus den in Abs. 1 Nr. 1 genannten Gründen die Übernahme des Vormundsamtes ablehnen konnte, scheinen nunmehr nur „Elternteile" ablehnungsberechtigt, die die Ablehnung rechtfertigenden besonderen Erschwernisse also notwendig kindbezogen zu sein. Eine kinderlose Frau, die ältere Familienangehörige intensiv betreut, könnte sich danach auf kein Ablehnungsrecht mehr stützen. Eine solche Einengung

---

[1] Staudinger/Engler Rn. 11; RGRK/Dickescheid Rn. 6.
[2] Staudinger/Engler Rn. 11; Soergel/Zimmermann Rn. 4.

des Ablehnungsrechts ist von der Neufassung indes nicht gewollt. Bei den Gesetzesarbeiten hat man offenbar nur auf den HS. 1 gesehen, bei dem es auf eine Elternrolle ankommt; in HS. 2 ist hingegen unerheblich, ob die besondere Fürsorge für die Familie durch Kinder bedingt ist oder nicht. Bei richtigem (berichtigendem) Verständnis der Norm kommt das Ablehnungsrecht vielmehr jeder Person zu, die glaubhaft macht, dass die ihr obliegende Fürsorge für die Familie die Ausübung des Vormundamts dauernd besonders erschwert.[3]

5 Der Begriff „Fürsorge für die Familie" zielt im Kontext mit der Entstehungsgeschichte auf die typische Hausfrauen-(Hausmanns-)tätigkeit, darf aber darauf nicht beschränkt bleiben. Gemeint ist folglich jede Tätigkeit zum Wohl der Familie außerhalb des Bereichs der Berufstätigkeit. Das Gesetz geht davon aus, dass die Aufgaben in der eigenen Familie gewöhnlich die Übernahme einer Vormundschaft nicht hindern. Die Pflichtenkollision muss also aus einer besonderen Lage des Falles hergeleitet werden. Beispiel: Sorge für ein behindertes Kind oder sonst für intensiv betreuungsbedürftige Familienangehörige; Sorge für einen besonders großen Haushalt (dem etwa ältere Menschen angehören), ohne dass die Voraussetzungen der Nr. 3 vorliegen; Ausschöpfung der Kräfte durch die aus sozialen Gründen notwendige Verbindung von Haushaltsführung und Berufstätigkeit; schwierige und zeitraubende Verwaltung des Familienvermögens. Die Frage, ob einer Person die ihr obliegende Fürsorge für die Familie die Ausübung des Vormundamtes besonders erschwert, ist entgegen verbreiteter Meinung keine Ermessens-, sondern Rechtsfrage;[4] sie ist vom FamG auf der Grundlage der glaubhaft gemachten (§ 29 Abs. 1 S. 1, § 30 FamFG) Behauptungen zu beantworten.

6 **2. Altersgrenze (Abs. 1 Nr. 2).** Die Altersgrenze ist strikt zu verstehen (§§ 187 Abs. 2 S. 2; 188 Abs. 2). Entscheidend ist der Zeitpunkt, in dem die Bestellung erfolgen soll. Nicht genügt ein Alter nahe bei 60 Jahren.[5]

7 **3. Sorge für mehr als drei Kinder (Abs. 1 Nr. 3).** Die Vorschrift ist durch das NEhelG neu gefasst und seitdem nicht mehr auf eheliche Kinder beschränkt. Das Ablehnungsrecht hat, wem die Personen- oder Vermögenssorge (oder beides) über mindestens vier minderjährige Kinder zusteht. Ein nasciturus bleibt unberücksichtigt; die nach der Bestellung zum Vormund erfolgende Geburt eines vierten Kindes begründet einen Entlassungsgrund nach § 1889 Abs. 1.[6] Anders als in Nr. 1 kommt es hier allein auf die Innehabung des Sorgerechts an, nicht etwa darauf, ob die Kinder tatsächlich (überwiegend) betreut. Ablehnen kann auch, wer das Sorgerecht über vier oder mehr Kinder zusammen mit dem anderen Elternteil ausübt. Worauf das Sorgerecht beruht (Elternschaft, Adoption, Vormundschaft, Pflegschaft) ist gleichgültig. Die Ablehnungsrechte aus Nr. 1 und Nr. 8 stehen selbstständig neben dem aus Nr. 3.

8 **4. Krankheit, Gebrechen (Abs. 1 Nr. 4).** Es muss sich um körperliche oder geistige Krankheits- oder Schwächezustände handeln, die voraussichtlich nicht rasch behoben werden können. Krankheit und Gebrechlichkeit müssen ihrer Art nach einer ordnungsmäßigen Führung der Vormundschaft entgegenstehen oder sie zumindest erheblich erschweren. Ob eine solche Krankheit oder ein solches Gebrechen vorliegt, bildet keine Ermessens-, sondern eine Rechtsfrage.[7] Das FamG darf eine entsprechend kranke oder gebrechliche Person mangels Eignung gar nicht auswählen (§ 1779 Abs. 2 S. 1); geschieht dies gleichwohl, so kommt das Ablehnungsrecht des Ausgewählten zum Zuge.

9 **5. Räumliche Entfernung (Abs. 1 Nr. 5).** Entscheidend ist nicht die bloße Entfernung, sondern die mit ihrer Überwindung nach den konkreten Umständen verbundene „Belästigung", insbesondere also der Aufwand an Zeit und Mühe, den die möglicherweise häufigen Besuche beim FamG erfordern. Folglich spielen die Verkehrsverbindungen die Hauptrolle, auch etwa die Frage, ob der Ausgewählte unschwer das Gericht mit eigenem Pkw erreichen kann. Es sind auch die persönlichen Umstände und die Erfordernisse der konkreten Vormundschaft[8] zu berücksichtigen. Auch die Beurteilung der „besonderen Belästigung" bildet keine Ermessens-, sondern eine Rechtsfrage.[9]

10 **6. Gemeinschaftliche Mitvormundschaft (Abs. 1 Nr. 7).** Da der Mitvormund seinen Partner nicht bestimmen kann, andererseits aber aus Pflichtverletzungen dem Mündel gem. § 1833

---

[3] *Staudinger/Engler* Rn. 10; *Gernhuber/Coester-Waltjen* § 70 Rn. 48.
[4] AA die hM, vgl. *Staudinger/Engler* Rn. 31; *Soergel/Zimmermann* Rn. 5.
[5] *Soergel/Zimmermann* Rn. 6.
[6] *Staudinger/Engler* Rn. 16.
[7] Anders die 1. Aufl. Rn. 6 und die gängige Meinung vgl. *Staudinger/Engler* Rn. 31; *Soergel/Zimmermann* Rn. 6.
[8] Vgl. BayObLGZ 6, 168; KG OLGE 42, 111 Fn. 1.
[9] AA *Staudinger/Engler* Rn. 31; *Soergel/Zimmermann* Rn. 6.

Abs. 2 S. 1 gesamtschuldnerisch haftet, besteht ein Ablehnungsrecht bei Anordnung der Mitvormundschaft. Das Ablehnungsrecht besteht jedoch nur, wenn gemeinschaftliche Mitvormundschaft iS von § 1797 Abs. 1 S. 1 vorliegt, denn nur dann besteht die gesamtschuldnerische Haftung aus § 1833. Liegt dagegen geteilte Mitvormundschaft iSv. § 1797 Abs. 2 vor, bei der jedem Mitvormund ein selbständiger, sich mit dem anderen Mitvormund nicht überschneidender Wirkungskreis zugewiesen wird, so besteht kein Ablehnungsrecht.[10]

7. Mehr als eine Vormundschaft, Betreuung oder Pflegschaft (Abs. 1 Nr. 8). Mehr als eine Vormundschaft oder Pflegschaft führt jemand, der zwei Vormundschaften/Pflegschaften übernommen hat, aber auch schon der, der eine Vormundschaft/Pflegschaft und eine Gegenvormundschaft oder auch insgesamt drei Gegenvormundschaften führt.[11] Gleiches gilt für Betreuungen; eine Gegenbetreuung ist, obwohl in der Vorschrift nicht genannt, wie eine Gegenvormundschaft zu zählen. Der Umfang der erforderlichen Tätigkeiten ist unmaßgeblich. Die Vormundschaft (Pflegschaft) über Geschwister gilt in diesem Zusammenhang nur als eine, und zwar auch dann, wenn sie über halbbürtige Geschwister[12] geführt wird oder wenn die Vormundschaft/Pflegschaft von verschiedenen Gerichten angeordnet oder überwacht wird. Auf der anderen Seite gibt es keine zahlenmäßige Höchstbegrenzung für die Übernahme von Vormundschaften; sogenannte Sammelvormundschaften, etwa von darauf spezialisierten Anwaltskanzleien, werden für zulässig gehalten.[13] Allerdings ist mE Voraussetzung, dass durch derartige Vormundschaften das Mündelwohl nicht Schaden leidet; auch darf die Form der Sammelvormundschaft nicht für einen Mündel gewählt werden, für den sich ein geeigneter Einzelvormund finden würde.[14]

III. Geltendmachung des Ablehnungsrechts (Abs. 2)

Das Ablehnungsrecht muss vor der Bestellung zum Vormund (§ 1789) bei dem FamG geltend gemacht werden; die Bestellung führt sein Erlöschen herbei. Ein Verzicht auf die Ablehnung vor Bestellung ist nicht bindend.[15] Hat der Ausgewählte vor der Bestellung in die Übernahme eingewilligt, so ist nach der Übernahme eine Anfechtung wegen Irrtums nicht möglich.[16]

IV. Verfahren

Wird die Weigerung, die Vormundschaft zu übernehmen, vom Gericht zurückgewiesen, so steht dem in Aussicht genommenen Vormund die **Beschwerde** (§ 58 Abs. 1, § 59 Abs. 1 FamFG, § 11 Abs. 1 RPflG) zu Gebote. Sie hat keine aufschiebende Wirkung (§ 40 Abs. 1 FamFG).[17] Unbeschadet dieses Rechtsmittels kann das FamG den Ablehnenden dazu anhalten, die Vormundschaft vorläufig zu übernehmen (§ 1787 Abs. 2). Eine ungerechtfertigte Ablehnung kann Zweifel begründen, ob der Ablehnende zur Führung der Vormundschaft geeignet ist (§ 1779 Abs. 2).[18]

V. Parallelvorschriften

Die Vorschrift ist auf den Gegenvormund (§ 1792 Abs. 4) und den Pfleger (§ 1915 Abs. 1) **entsprechend anzuwenden.** Das Betreuungsrecht enthält eine eigenständige Regelung in § 1898.

Nicht anwendbar ist die Vorschrift dort, wo keine Übernahmepflicht besteht, also bei der Berufung zum Vormund kraft Elternwillens (§ 1776) und bei der Vereinsvormundschaft (§ 1791a Abs. 1 S. 2 Hs. 2). Ferner ist die Vorschrift unanwendbar bei der kraft Gesetzes eintretenden Amtsvormundschaft (§ 1791c), aber auch bei der bestellten Amtsvormundschaft des Jugendamtes (§ 1791b), wie der Umkehrschluss aus der nur für den Einzelvormund geltenden Vorschrift des § 1889 Abs. 1 ergibt.

---

[10] *Staudinger/Engler* Rn. 23; *Soergel/Zimmermann* Rn. 7; *Erman/Saar* Rn. 2.
[11] So auch *Staudinger/Engler* Rn. 26; *Soergel/Zimmermann* Rn. 7; aA KG RJA 3, 174.
[12] KG KGJ 47, 10; auch die Führung der Vormundschaft über von verschiedenen Vätern stammende nichteheliche Geschwister gilt in diesem Zusammenhang als eine, BayObLGZ 3, 1021 = SeuffA 58 Nr. 102.
[13] KG KGJ 38 A 34.
[14] Zur Problematik der Sammelvormundschaften BVerfGE 54, 251 = NJW 1980, 2179.
[15] *Soergel/Zimmermann* Rn. 8.
[16] RG RJA 14, 8.
[17] *Keidel/Meyer-Holz* FamFG § 58 Rn. 8.
[18] KGJ 45 A 38, 40 = RJA 13, 188, 190; LG Bielefeld DAVorm. 1975, 438; zu weitgehend *Christian* DAVorm. 1983, 89, 93 und *Soergel/Zimmermann* Rn. 10 (Weigerung beseitigt regelmäßig die Eignung).

§ 1787 Folgen der unbegründeten Ablehnung

(1) Wer die Übernahme der Vormundschaft ohne Grund ablehnt, ist, wenn ihm ein Verschulden zur Last fällt, für den Schaden verantwortlich, der dem Mündel dadurch entsteht, dass sich die Bestellung des Vormunds verzögert.

(2) Erklärt das Familiengericht die Ablehnung für unbegründet, so hat der Ablehnende, unbeschadet der ihm zustehenden Rechtsmittel, die Vormundschaft auf Erfordern des Familiengerichts vorläufig zu übernehmen.

I. Normzweck

1 **1. Privatrechtlicher Anspruch des Mündels.** Die Vorschrift des Abs. 1 verstärkt die öffentlich-rechtliche Übernahmepflicht aus § 1785 durch einen privatrechtlichen Anspruch des Mündels. Dieser kann von einer zum Vormund ausgewählten Person, die grundlos und schuldhaft die Übernahme des Amtes ablehnt, Ersatz der dadurch entstehenden Verzögerungsschäden verlangen. Der Anspruch beschränkt sich auf Ersatz von Vermögensschäden. Auch wenn der Anspruch selten eingeklagt wird, so ist seine präventive Wirkung nicht zu unterschätzen. Systematisch gesehen gehört der Anspruch nicht zum Bereich des Deliktrechts,[1] sondern bildet die Folgewirkung eines unmittelbar auf Grund Gesetzes (iVm. richterlicher Gestaltung) beruhenden Rechtsverhältnisses.[2]

2 **2. Vorläufige Vormundschaftsverpflichtung.** Abs. 2 gibt dem FamG im Mündelinteresse die Möglichkeit, den Ablehnenden zur vorläufigen Vormundschaft anzuhalten, auch wenn er um die Begründetheit seiner Ablehnung noch mit Rechtsmitteln kämpfen kann.

II. Schadensersatzanspruch (Abs. 1)

3 **1. Voraussetzungen.** Voraussetzung des Anspruchs ist,
- dass der Anspruchsgegner zum Vormund ausgewählt ist (§ 1779) oder dass zumindest seine Auswahl durch das FamG angekündigt wurde;
- dass der Anspruchsgegner die Übernahme der Vormundschaft ablehnt;
- dass die Ablehnung ohne Grund geschieht, dh. obwohl die gesetzlichen Voraussetzungen einer Übernahmepflicht vorliegen (§ 1785) und kein Ablehnungsgrund nach § 1786 gegeben ist;
- ferner dass dem Anspruchsgegner ein Verschulden anzulasten ist;
- schließlich, dass durch die grundlose Ablehnung sich die Bestellung des Vormunds verzögert hat und dadurch dem Mündel ein Vermögensschaden entstanden ist.

4 **2. Ablehnung der Übernahme der Vormundschaft.** Neben der ausdrücklichen Ablehnung genügt auch die konkludent erfolgte Weigerung, zB durch Nichtabgabe einer Bereitschaftserklärung oder das Unterlassen jeglicher Reaktion auf die Aufforderung des FamG zur Übernahme, ferner auch eine unangemessen lange verzögerte Übernahmeerklärung oder das Nichterscheinen in dem zur Bestellung (§ 1789) anberaumten Termin.[3] Zweck der Vorschrift ist es, Schäden beim Mündel, die durch schuldhafte Nichterfüllung der Übernahmepflicht entstehen können, zu verhindern. Infolgedessen kommt § 1787 Abs. 1 auch dann in Betracht, wenn die zunächst ablehnende und die Verzögerung herbeiführende Person sich schließlich doch, etwa auf Grund von Zwangsmaßnahmen nach § 1788, zur Übernahme der Vormundschaft bereit findet.

5 **3. Grundlose Ablehnung.** Auch wenn das Nichtvorliegen einer Übernahmepflicht oder das Vorliegen eines Ablehnungsgrundes erst in letzter Instanz festgestellt wird, entfällt der Anspruch, weil sich die Ablehnung letztendlich als begründet erwiesen hat. Andererseits genügt es, wenn die Übernahmepflicht auf § 1787 Abs. 2 beruht: Schadensersatzpflichtig ist also auch derjenige, den das FamG zur vorläufigen Übernahme der Vormundschaft aufgefordert hat und der sich auch diesem Verlangen versagt;[4] die Ablehnungsgründe des § 1786 gelten hier von vornherein nicht, vgl. Rn. 14.

6 **4. Verschulden.** Erforderlich ist Vorsatz oder Fahrlässigkeit (§ 276 Abs. 1 S. 1, Abs. 2). Vorsatz liegt vor bei gewollter Nichterfüllung der erkannten Pflicht; die Fahrlässigkeit liegt entweder im vorwerfbaren Nichterkennen der Übernahmepflicht oder aber in der sorgfaltswidrigen Verzögerung der Übernahme. Der Umfang des Anspruchs bemisst sich nach §§ 249 ff., doch ist Naturalrestitution

---

[1] *Soergel/Zimmermann* Rn. 1; *Staudinger/Engler* Rn. 1.
[2] Hingegen kann ich weder in den Voraussetzungen noch in den Rechtsfolgen eine Ähnlichkeit mit der culpa in contrahendo entdecken, die aber *Gernhuber/Coester-Waltjen* § 70 Rn. 51–53 und die 1. Aufl. Rn. 2 konstatieren.
[3] So auch *Staudinger/Engler* Rn. 2; *Soergel/Zimmermann* Rn. 2; RGRK/*Dickescheid* Rn. 2.
[4] So auch *Soergel/Zimmermann* Rn. 4; RGRK/*Dickescheid* Rn. 5.

praktisch kaum denkbar. Zu ersetzen ist nur der Schaden, der durch die Verzögerung der Vormundbestellung eingetreten ist, für die die unbegründete Ablehnung ursächlich war. Nicht hingegen haftet der Ablehnende für die Schäden, die dadurch entstehen, dass statt seiner ein weniger geeigneter Vormund ausgewählt wurde. Zu ersetzen sind auch die durch die grundlose Weigerung entstandenen Kosten.

5. Kein Ausschluss der Schadensersatzpflicht durch §§ 1846, 1909 Abs. 3. Die Schadensersatzpflicht wird nicht dadurch ausgeschlossen, dass das FamG durch Maßnahmen nach §§ 1846, 1909 Abs. 3 den Schaden verhindern oder mildern kann. Denn ein Anspruch gegenüber dem FamG auf unverzögerte Anordnung derartiger Maßnahmen besteht nicht.

6. Bindung des Prozessgerichts, Verjährung. Der Schadensersatzanspruch steht dem **geschädigten Mündel** zu und ist im **Prozesswege** geltend zu machen. Die streitige Frage, ob das Prozessgericht die Begründetheit der Ablehnung selbständig überprüft oder an die Beurteilung des FamG gebunden ist, muss unterschiedlich beantwortet werden:
– Die Voraussetzungen der §§ 1785, 1786 überprüft das Prozessgericht selbständig;[5] es ist also an den Beschluss des FamG, durch welchen die Ablehnung für unbegründet erklärt wird, nicht gebunden. Wird allerdings ein Ablehnungsrecht vom Familien- oder Rechtsmittelgericht bestätigt, dürfte ein Schadensersatzanspruch entfallen.[6]
– Hat hingegen das FamG die Ablehnung gem. § 1787 Abs. 2 für unbegründet erklärt und den Ablehnenden zur Übernahme der vorläufigen Vormundschaft angehalten, so hat das Prozessgericht die aus § 1787 Abs. 2 resultierende Übernahmepflicht der familiengerichtlichen Anordnung ohne weitere Nachprüfung zu entnehmen.
Der Anspruch verjährt gem. §§ 195, 199.

III. Vorläufige Übernahme der Vormundschaft (Abs. 2)

1. Unbedingte Pflicht zur Übernahme. Selbst dann, wenn der Ausgewählte gegen den Beschluss des FamG, durch den die Ablehnung für unbegründet erklärt wird, mit Rechtsmitteln vorgeht, kann das Gericht ihn zur vorläufigen Übernahme anhalten. Gegen diese vorläufige Übernahmepflicht gibt es kein Ablehnungsrecht. Wird im Instanzenzug letztlich festgestellt, dass die Ablehnung durch den Ausgewählten rechtmäßig war, so entfällt die Übernahmepflicht nicht etwa rückwirkend; doch hat das Gericht den vorläufigen Vormund nunmehr zu entlassen.

2. Begründung der vorläufigen Übernahmepflicht, Rechtsmittel. a) Doppelte Verfügung. Abs. 2 setzt zwei Entscheidungen voraus: (1) eine Entscheidung des FamG, wonach die Ablehnung für unbegründet erklärt wird; (2) eine Entscheidung des FamG des Inhalts, dass der Ausgewählte die Vormundschaft vorläufig zu übernehmen habe. Beide Entscheidungen können in einem Beschluss getroffen werden.

b) Rechtsmittel. Gegen beide Entscheidungen steht dem Ausgewählten die Beschwerde (aus § 58 Abs. 1, § 59 Abs. 1 FamFG, § 11 Abs. 1 RPflG) zu.

c) Bestellung unter Vorbehalt. Keine unbedingte Übernahmepflicht wird begründet, wenn das FamG anstelle einer ausdrücklichen Anordnung nach § 1787 Abs. 2 den Vormund gem. § 1790 unter dem **Vorbehalt** bestellt, ihn zu entlassen, falls das Beschwerdegericht seine Ablehnungsbefugnis feststellt.[7] Eine Weigerung des so bestellten Vormunds begründet deshalb die Schadensersatzpflicht nicht schlechthin (vgl. Rn. 14), sondern nur, wenn dem Vormund ein Ablehnungsrecht erkennbar nicht zustand.

3. Rechtsfolgen. Die Pflicht zur vorläufigen Übernahme kann mit Zwangsgeld gem. § 1788 durchgesetzt werden. Außerdem begründet eine Verletzung der Pflicht zur vorläufigen Übernahme nach § 1787 Abs. 2 einen Schadensersatzanspruch nach § 1787 Abs. 1; Das Verschulden liegt hier bereits darin, dass die auf dem ausdrücklichen Verlangen des FamG beruhende Übernahmepflicht vom Ausgewählten negiert wird. Angesichts der unbedingten Verpflichtung zur vorläufigen Übernahme hindert ein bestehendes Ablehnungsrecht in Bezug auf die *endgültige* Übernahme der Vormundschaft gem. § 1786 die Haftung nicht.

---

[5] AA *Soergel/Damrau* (12. Aufl.) Rn. 4 (Bindung an die Vorentscheidung des Vormundschaftsgerichts). Für selbständige Prüfung der Ablehnungsgründe durch das Prozessgericht auch ; RGRK/*Dickescheid* Rn. 2; *Staudinger/Engler* Rn. 8.
[6] RGRK/*Dickescheid* Rn. 2: Kein Schadensersatzanspruch, wenn rechtskräftig feststeht, dass der Ablehnende das Vormundsamt nicht zu übernehmen braucht. Im Ergebnis ebenso *Staudinger/Engler* Rn. 8 (kein Verschulden).
[7] *Staudinger/Engler* Rn. 13; vgl. auch RGRK/*Dickescheid* Rn. 4.

IV. Parallelvorschriften

14 Die Vorschrift gilt entsprechend für den Gegenvormund (§ 1792 Abs. 4) und für den Pfleger (§ 1915 Abs. 1). Ferner gilt sie auch für das Jugendamt als bestellten Amtsvormund (§ 1791b), da insoweit eine Übernahmepflicht besteht. Für das Betreuungsrecht ist § 1787 Abs. 1 für anwendbar erklärt (§ 1908i Abs. 1 S. 1), nicht aber die Pflicht zur vorläufigen Übernahme nach § 1787 Abs. 2. Nicht anwendbar ist die Vorschrift bei kraft Gesetzes eintretender Vormundschaft (§ 1791c), ferner nicht beim Vereinsvormund, für den eine Übernahmepflicht nicht besteht (§ 1791a Abs. 1 S. 2 HS 2).

§ 1788 Zwangsgeld

(1) Das Familiengericht kann den zum Vormund Ausgewählten durch Festsetzung von Zwangsgeld zur Übernahme der Vormundschaft anhalten.

(2) ¹Die Zwangsgelder dürfen nur in Zwischenräumen von mindestens einer Woche festgesetzt werden. ²Mehr als drei Zwangsgelder dürfen nicht festgesetzt werden.

I. Normzweck

1 § 1788 stellt dem FamG ein Beuge- und Zwangsmittel zur Verfügung, um eine gem. § 1779 zum Vormund ausgewählte Person zur pflichtgemäßen Übernahme (§ 1785) der Vormundschaft zu veranlassen. Zugleich begrenzt die Vorschrift die erlaubten Zwangsmittel: Nur Zwangsgeld ist zulässig, **nicht Freiheitsentzug** oder **Vorführung**. Zutreffend geht das Gesetz von der Erkenntnis aus, dass ein zum Amt gezwungener Vormund voraussichtlich dem Mündelinteresse selten dienlich sein wird[1] und beschränkt daher die Zwangsmittel. Zweck der Androhung und Verhängung von Zwangsgeld ist nicht Bestrafung für rechtswidriges Verhalten in der Vergangenheit, sondern Durchsetzung der Übernahmepflicht aus § 1785.

II. Festsetzung von Zwangsgeld (Abs. 1)

2 **1. Voraussetzungen.** Eine Maßnahme des FamG nach § 1788 Abs. 1 ist unter folgenden Voraussetzungen zulässig:

3 – Der Adressat muss gem. § 1779 zum Vormund ausgewählt sein; die Elternberufung nach § 1776 rechtfertigt den Zwang also nicht.

4 – Der Ausgewählte muss gem. § 1785 zur Übernahme der Vormundschaft verpflichtet sein; auch darf er keinen Ablehnungsgrund nach § 1786 auf seiner Seite haben. Zur Anwendung des § 1788 genügt es auch, wenn sich die Übernahmepflicht aus § 1787 Abs. 2 (Pflicht zur vorläufigen Übernahme der Vormundschaft) ergibt.[2]

5 – Der Ausgewählte kommt der Übernahmepflicht schuldhaft[3] nicht nach, sei es durch ausdrückliche Weigerung, sei es durch bloßes Unterlassen. Das Verschulden ist vor jeder erneuten Androhung oder Festsetzung eines Zwangsgeldes gesondert zu prüfen.[4]

6 **2. Amts- und Vereinsvormundschaft.** Gegen das Jugendamt als Amtsvormund ist Zwangsgeld unzulässig (§ 1837 Abs. 3 S. 2 analog). Auch bei der Vereinsvormundschaft darf kein Zwangsgeld verhängt werden, da keine Übernahmepflicht besteht (§ 1791a Abs. 1 S. 2 HS. 2).

7 **3. Ermessensentscheidung.** Ob überhaupt Zwangsgeld verhängt werden soll, steht im Ermessen des FamG; eine Verpflichtung hierzu besteht nicht.[5]

8 **4. Höhe des Zwangsgelds.** Die Höhe des einzelnen Zwangsgelds beträgt maximal 25.000 € (§ 35 Abs. 3 FamFG). Eine Umwandlung des Zwangsgeldes in Freiheitsentzug ist – auch im Fall der Uneinbringlichkeit des Zwangsgeldes – unzulässig.

---

[1] Gernhuber/Coester-Waltjen § 70 Rn. 50.
[2] Soergel/Zimmermann Rn. 1.
[3] Soergel/Zimmermann Rn. 2.
[4] KG OLGE 42, 111; Soergel/Zimmermann Rn. 2; RGRK/Dickescheid Rn. 4.
[5] Staudinger/Engler Rn. 4.

III. Begrenzung des Zwanges (Abs. 2)

Abs. 2 der Vorschrift beschränkt die Zulässigkeit der Verhängung von Zwangsgeldern. Einer **9** Begrenzung des Zwanges dient insbesondere Abs. 2 S. 2, wonach nicht mehr als drei Zwangsgelder festgesetzt werden können. Diese Beschränkung bezieht sich nur auf die Übernahme ein und derselben Vormundschaft auf Grund einer Auswahlentscheidung des FamG. Bei Heranziehung derselben Person zu einer anderen Vormundschaft[6] oder bei erneuter Auswahl derselben Person als Vormund für denselben Mündel (nachdem etwa ein zwischenzeitlich bestellter Vormund weggefallen ist) ist eine erneute Festsetzung von Zwangsgeld zulässig. Wird jemand durch ein und dieselbe Auswahlentscheidung des FamG als gemeinsamer Vormund für Geschwister ausersehen, so dürfen mE für die Durchsetzung dieser einheitlichen Auswahlentscheidung nicht mehr als drei Zwangsgelder festgesetzt werden; auch die zulässige Höhe bleibt je Festsetzung bei insgesamt maximal 25.000 €.

IV. Verfahren

Zuständig ist der Rechtspfleger (§ 3 Nr. 2 a, § 14 RPflG). Das Verfahren richtet sich nach § 95 **10** Abs. 1 Nr. 3 FamFG iVm. § 888 ZPO.

V. Parallelvorschriften

Die Vorschrift ist entsprechend anwendbar auf Gegenvormünder (§ 1792 Abs. 4) und auf Pfleger **11** (§ 1915 Abs. 1), nicht aber auf Betreuer (siehe Erl. zu § 1898). Die Vorschrift des § 1837 Abs. 3 betrifft im Gegensatz zu § 1788 Maßnahmen gegen bereits im Amt befindliche Vormünder.

§ 1789 Bestellung durch das Familiengericht

¹Der Vormund wird von dem Familiengericht durch Verpflichtung zu treuer und gewissenhafter Führung der Vormundschaft bestellt. ²Die Verpflichtung soll mittels Handschlags an Eides statt erfolgen.

Übersicht

	Rn.
I. Normzweck	1
II. Die Bestellung	2–11
1. Grundsätze	2–4
a) Mitwirkungsbedürftiger Hoheitsakt	2
b) Ordnungsvorschrift	3
c) Ansiedlung im öffentlichen Recht als auch im Zivilrecht	4
2. Verpflichtung durch das Vormundschaftsgericht	5, 6
a) Ausdrücklichkeit	5
b) Bedingung oder Befristung	6
3. Erklärung des Vormunds	7–9
a) Persönliche Anwesenheit	7
b) Anfechtung	8
c) Keine strafrechtlichen Konsequenzen	9
4. Keine sonstigen Förmlichkeiten	10
5. Keine Bestellung für künftige Fälle	11
III. Amtsantritt mit Bestellung	12
IV. Folgen fehlerhafter Bestellung	13
V. Verfahren	14, 15
1. Zuständigkeit	14
2. Rechtsmittel	15
VI. Parallelvorschriften	16

I. Normzweck

Das Vormundschaftsrecht trennt zwischen der Anordnung der Vormundschaft und der Bestellung **1** des benannten oder vom FamG ausgewählten Vormunds. Damit bleibt die Unschärfe des Betreuungsrechts erspart, das beides in einer Einheitsentscheidung zusammenfasst (§ 1896) und doch – spätestens bei Entlassung oder Tod des Betreuers (§§ 1908b, 1908 c) – gedanklich separieren muss. § 1789 erfüllt vor diesem Hintergrund eine doppelte Funktion: Er stellt die Notwendigkeit einer besonderen Bestellung des Vormunds klar (Satz 1) und regelt dabei zu beobachtende Förmlichkeiten (Satz 2).

---

[6] *Staudinger/Engler* Rn. 10.

II. Die Bestellung

2 **1. Grundsätze. a) Mitwirkungsbedürftiger Hoheitsakt.** Weder die Anordnung der Vormundschaft (§ 1774), noch Benennung (§ 1776) oder Auswahl (§ 1779) führen den Erwerb der mit dem Vormundamt verbundenen Rechte und Pflichten herbei. Dieser erfolgt vielmehr erst mit der Bestellung „durch Verpflichtung zu treuer und gewissenhafter Führung der Vormundschaft" (§ 1789). Die Bestellung ist kein Privatrechtsgeschäft, sondern ein öffentlichrechtlicher Akt des Vormundschaftsgerichts.[1] Da § 1789 ein Versprechen des Vormunds erfordert, das Amt treu und gewissenhaft zu führen, handelt es sich um einen mitwirkungsbedürftigen Hoheitsakt,[2] auf den die Regeln über mitwirkungsbedürftige Verwaltungsakte anzuwenden sind.

3 **b) Ordnungsvorschrift.** Die Vorschrift des S. 2, die Verpflichtung solle mittels Handschlags an Eides Statt erfolgen, ist dagegen nur Ordnungsvorschrift, deren Verletzung die Bestellung nicht in Zweifel zieht. Auch der Ausfertigung und Aushändigung einer Bestallungsurkunde nach § 1791 eignet nur deklaratorischer Charakter.

4 **c) Ansiedlung im öffentlichen Recht als auch im Zivilrecht.** Das Vormundamt ist sowohl im öffentlichen Recht als auch im Zivilrecht angesiedelt (Vor § 1773 Rn. 18 ff.). Öffentlichrechtlich zu sehen ist insbesondere die Einsetzung des Vormunds in sein Amt; als vorwiegend privatrechtlich ausgestaltet stellt sich dagegen das zwischen Vormund und Mündel begründete Rechtsverhältnis dar,[3] das freilich unter weitgehender staatlicher Überwachung steht. Ziele und Mittel der Durchführung der Vormundschaft sind dem Eltern-Kind-Verhältnis nachgebildet und bedienen sich insofern weitgehend der Gestaltungsformen des Privatrechts. Das Rechtsverhältnis zwischen Vormund und Mündel wird als „gesetzliches Schuldverhältnis" charakterisiert,[4] doch vernachlässigt diese Definition den personenrechtlichen Einschlag dieser Beziehung.

5 **2. Verpflichtung durch das Vormundschaftsgericht. a) Ausdrücklichkeit.** Die Bestellung des Vormunds muss um der Rechtssicherheit willen ausdrücklich erfolgen. Schlüssiges Verhalten des FamG genügt nicht,[5] denn die Bestellung lässt das Ablehnungsrecht gem. § 1786 Abs. 2 erlöschen. Eine dem Gesetzestext entsprechende Wortwahl ist ratsam, aber nicht unerlässlich; der Handschlag allein genügt jedoch ebenso wie die Aushändigung der Bestallungsurkunde (§ 1791) nicht.[6]

6 **b) Bedingung oder Befristung.** Aus Gründen der Rechtssicherheit ist die Bestellung unter einer Bedingung oder Befristung unzulässig.[7] Das Gericht hat allerdings die Möglichkeit, gem. § 1790 den Vormund unter Vorbehalt zu bestellen; das steht einer bedingten Bestellung deshalb nicht gleich, weil auch beim Eintritt des bestimmten Ereignisses es in der Entscheidung des FamG bleibt, ob es den Vormund entlässt (§ 1790 Rn. 1).

7 **3. Erklärung des Vormunds. a) Persönliche Anwesenheit.** Bei der Bestellung muss der Vormund persönlich anwesend sein und sinngemäß erklären, dass er das Amt treu und gewissenhaft führen wolle. Stellvertretung und Empfangsbotenschaft sind ausgeschlossen. Eine Bestellung durch bloß schriftliche Verfügung gegenüber dem abwesenden Vormund ist unwirksam,[8] wenn sie nicht ausnahmsweise durch besondere gesetzliche Vorschrift angeordnet ist (im Fall der bestellten Amtsvormundschaft § 1791b Abs. 2; der Vereinsvormundschaft § 1791a Abs. 2). Im Fall der gesetzlichen Amtsvormundschaft (§ 1791c) entfällt eine Vormundsbestellung, da das Jugendamt kraft Gesetzes mit der Geburt des Kindes, das seinen gewöhnlichen Aufenthalt im Geltungsbereich dieses Gesetzes hat, Vormund wird; der Eintritt dieser Rechtstatsache wird durch das Gericht nur bescheinigt (§ 1791c Abs. 3).

8 **b) Anfechtung.** Da die im Bestellungsakt erforderte Erklärung des Vormunds kein selbständiges Rechtsgeschäft darstellt, sondern eine Mitwirkung im Rahmen eines Hoheitsakts, unterliegt sie nicht der Anfechtung wegen Willensmängeln nach §§ 119 ff., 123.[9]

---

[1] OLG Karlsruhe OLGR 2002, 85 (betr. Pflegerbestellung: Verwaltungsakt der Freiwilligen Gerichtsbarkeit); *Staudinger/Engler* Rn. 2; *RGRK/Dickescheid* Rn. 1; Gernhuber/Coester-Waltjen § 70 Rn. 54; kritisch *Soergel/Zimmermann* Rn. 1.
[2] Ähnlich *Palandt/Diederichsen* Rn. 1; *RGRK/Dickescheid* Rn. 1.
[3] Siehe BGHZ 17, 108 = NJW 1955, 867; aber auch BVerfGE 10, 302, 312, wo der öffentlich-rechtliche Einschlag stark akzentuiert erscheint.
[4] *Soergel/Zimmermann* Rn. 1; *RGRK/Dickescheid* Rn. 2.
[5] BGH NJW 1974, 1374; *Staudinger/Engler* Rn. 5.
[6] *RGRK/Dickescheid* Rn. 2.
[7] BayObLGZ 28, 270; *Soergel/Zimmermann* Rn. 5; *RGRK/Dickescheid* Rn. 5.
[8] BayObLGZ 24, 193 = JFG 3, 67; KG KGJ 38 A 41; so auch durchweg in der Lit.
[9] BayObLG FamRZ 1959, 373; *Staudinger/Engler* Rn. 3; *RGRK/Dickescheid* Rn. 1.

c) Keine strafrechtlichen Konsequenzen. Die Erklärung des Vormunds kann – bei späterer erklärungswidrig-fehlsamer Amtsführung – für den Vormund keine strafrechtlichen Konsequenzen, etwa aus falscher eidesstattlicher Versicherung (§§ 156, 163 StGB), nach sich ziehen, da nicht das Versprechen falsch ist, vielmehr nur die spätere Amtsführung sich im Widerspruch dazu entwickeln kann.[10]

4. Keine sonstigen Förmlichkeiten. Abgesehen von der bloßen Ordnungsvorschrift des § 1789 S. 2 sind i. ü. keine Förmlichkeiten vorgeschrieben. Die Art der Vornahme ist für die Wirksamkeit der Bestellung unerheblich: Weder ist ein bestimmter Wortlaut vorgeschrieben[11] noch sind der Handschlag oder die Aufnahme eines Verpflichtungsprotokolls Wirksamkeitsvoraussetzungen.[12] Wesentlich sind vielmehr der ausdrücklich geäußerte Verpflichtungsakt des FamG und das gleichzeitig abgegebene Versprechen des Vormunds, das Amt treu und gewissenhaft zu führen.

5. Keine Bestellung für künftige Fälle. Nicht zulässig ist es, jemand zum Vormund nicht nur für eine konkrete Vormundschaft, sondern zugleich für künftige Fälle zu bestellen.[13] Der Wortlaut des § 1789, aber insbesondere der Zweck der Einzelvormundschaft sowie die Möglichkeit eines Ablehnungsrechts hinsichtlich einzelner von mehreren Vormundschaften aus § 1786 Abs. 1 sprechen gegen die Zulässigkeit genereller Verpflichtungen. Ein hinreichender sachlicher Grund, hier für Berufsvormünder eine Ausnahme zu machen,[14] ist angesichts der konstitutiven Bedeutung des Bestellungsaktes für den Beginn des Vormundamts nicht erkennbar.

III. Amtsantritt mit Bestellung

Mit der Bestellung tritt der Vormund sein Amt mit allen Rechten und Pflichten an; die Aushändigung der Bestellungsurkunde gem. § 1791 ist demgegenüber bloß deklaratorischer Natur. In den Fällen der §§ 1791a, 1791 b beginnt das Vormundamt mit Zugang der schriftlichen Verpflichtungserklärung beim Vereins- oder Amtsvormund, sofern der Adressat zur Übernahme bereit ist. Bei Mitvormundschaft beginnt das Amt jedes Mitvormunds mit dessen Bestellung, die Befugnisse im Einzelnen (gemeinschaftliche oder geteilte Mitvormundschaft) bestimmen sich nach dem Bestellungsakt.

IV. Folgen fehlerhafter Bestellung

Die Bestellung kann wegen schwerwiegender Mängel unwirksam sein, namentlich **a)** wenn sie durch eine unzuständige Stelle oder ein sachlich oder funktionell unzuständiges Gericht vorgenommen wurde[15] (nicht aber bei bloß örtlicher Unzuständigkeit, § 2 Abs. 3 FamFG); **b)** wenn es an einem ausdrücklichen Bestellungsakt durch das FamG fehlt (Rn. 5); **c)** wenn er an der erforderlichen persönlichen Anwesenheit und Mitwirkung des Einzelvormunds[16] fehlt, etwa wenn der Einzelvormund ohne persönliche Anwesenheit durch schriftliche Verfügung bestellt wurde (Rn. 7); **d)** wenn die Bestellung bedingt oder befristet wurde (Rn. 6); **e)** ferner kann mE die Vormundbestellung keine die Rechtsstellung des (angeblichen) Mündels oder seiner sorgeberechtigten Eltern beeinträchtigende Wirkung entfalten, wenn die gesetzlichen Voraussetzungen einer Anordnung der Vormundschaft in Wirklichkeit nicht gegeben waren (§ 1774 Rn. 8 f.). Hingegen hat die Außerachtlassung des § 1789 S. 2 keine nachteiligen Wirkungen; nicht notwendig ist auch die Anfertigung eines Protokolls über die Bestellungsverhandlung.

V. Verfahren

1. Zuständigkeit. Die Bestellung obliegt dem FamG (und zwar dem Rechtspfleger, § 3 Nr. 2 a, § 14 RPflG). Der Bestellungsakt kann auch im Wege der Rechtshilfe von einem ersuchten Gericht vorgenommen werden.

---

[10] *Staudinger/Engler* Rn. 13; einschränkend RGRK/*Dickescheid* Rn. 4, der eine Strafbarkeit in Betracht ziehen will, wenn der dolus bereits bei Abgabe der Versicherung vorhanden war.
[11] BayObLG FamRZ 1958, 384, 385 (betr. Pflegschaft); KG OLGE 21, 284.
[12] *Gernhuber/Coester-Waltjen* § 70 Rn. 55; *Staudinger/Engler* Rn. 12; allgM.
[13] BayObLG FamRZ 1992, 854. Ebenso *Goerke* Rpfleger 1982, 169; *Staudinger/Engler* Rn. 9; RGRK/*Dickescheid* Rn. 6; *Gernhuber/Coester-Waltjen* § 70 Rn. 55 und Fn. 81; *Dölle* § 122 I Fn. 7. AA Soergel/*Zimmermann* Rn. 5 und *Damrau* Rpfleger 1984, 48.
[14] So *Erman/Saar* Rn. 2 unter Berufung auf RG HRR 1933 Nr. 1588 und BayObLG JW 1925, 2140, die allerdings den vor dem RJWG von Landesrecht berufenen Berufsvormund betreffen; zu Übertragbarkeit dieser Rspr. BayObLG FamRZ 1992, 854.
[15] So auch RGRK/*Dickescheid* Rn. 9 und die hM.
[16] So wohl auch Soergel/*Damrau* (12. Aufl.) Rn. 7: „Verletzung von S. 1" habe Unwirksamkeit zur Folge.

15 **2. Rechtsmittel.** Gegen die Bestellung sind dieselben Rechtsmittel gegeben wie gegen die Auswahl des Vormunds (§ 1779 Rn. 21 ff.). Im Erfolgsfall ist der Vormund mit der die Bestellung aufhebenden Entscheidung entlassen, eines besonderen Entlassungsbeschlusses des Vormundschaftsgerichts bedarf es nicht.[17]

VI. Parallelvorschriften

16 Die Vorschrift ist entsprechend anwendbar auf die Bestellung und Verpflichtung von Gegenvormündern (§ 1792 Abs. 4) und Pflegern (§ 1915 Abs. 1)[18]. Für das Betreuungsrecht gelten eigenständige Regelungen (§ 289 FamFG).

§ 1790 Bestellung unter Vorbehalt

> Bei der Bestellung des Vormunds kann die Entlassung für den Fall vorbehalten werden, dass ein bestimmtes Ereignis eintritt oder nicht eintritt.

I. Normzweck

1 Die aufschiebend oder auflösend bedingte Bestellung des Vormunds ist unzulässig (§ 1789 Rn. 6). Doch gibt § 1790 dem FamG die Möglichkeit, schon bei der Bestellung eines Vormunds dessen spätere Entlassung für den Fall des Eintritts oder Nichteintritts eines bestimmten Ereignisses vorzusehen. Dieser Vorbehalt befähigt das Gericht sodann, im gegebenen Fall den Vormund von sich aus auch ohne Antrag zu entlassen, selbst wenn keine Entlassungsgründe im Sinne der §§ 1886 bis 1889 vorliegen. Von der (unzulässigen) bedingten Bestellung unterscheidet sich der Entlassungsvorbehalt des § 1790 dadurch, dass die Beendigung des Vormundamtes stets von einer ex nunc wirkenden Entlassungsentscheidung des Gerichts abhängt, die auch nach Eintritt oder Nichteintritt des Ereignisses im Ermessen des Gerichts steht, sofern der Vormund nicht aus besonderem Grund einen Anspruch auf seine Entlassung hat.

II. Zulässigkeit der Bestellung unter Vorbehalt

2 **1. Grundsatz.** Der Entlassungsvorbehalt ist nur zulässig für den Fall des Eintritts oder Nichteintritts eines künftigen und ungewissen Ereignisses. Unstatthaft ist daher der bloß an einen Fristablauf oder an einen Zeitdatum gebundene Vorbehalt.[1] Da ein Vormundwechsel im Mündelinteresse nicht wünschenswert ist, sollte allerdings von der Möglichkeit des § 1790 nur Gebrauch gemacht werden, wenn dem Vormund von vornherein eine zeitlich begrenzte Aufgabe zugedacht und die Übernahme durch einen anderen Vormund angestrebt ist. Beispiele: Es ist eine Person aufschiebend bedingt berufen, das Gericht bestellt zunächst einen anderen unter Vorbehalt der Entlassung bei Bedingungseintritt (vgl. § 1778 Rn. 11); ein Berufener ist vorübergehend verhindert (§ 1778 Abs. 2), das FamG bestellt einen anderen unter Entlassungsvorbehalt für den Fall, dass die Verhinderung entfällt.

3 **2. Unzulässiger Vorbehalt.** Unzulässig ist der Entlassungsvorbehalt gegenüber einem gem. § 1776 unbedingt und unbefristet zum Vormund Berufenen,[2] weil hier der Vorbehalt das elterliche Bestimmungsrecht ohne rechtlichen Grund einschränken würde. Ist jemand gem. § 1776 auflösend bedingt berufen, so kann die Bestellung unter Vorbehalt gem. § 1790 erfolgen; tritt die Bedingung ein, so ist die Entlassung des Vormunds aber auch dann möglich, wenn ein solcher Vorbehalt bei der Bestellung nicht gemacht wurde (vgl. § 1778 Rn. 11).

4 **3. Amts- und Vereinsvormundschaft.** Ein Vorbehalt ist auch möglich bei bestellter Amtsvormundschaft (§ 1791b) und bei der Vereinsvormundschaft (§ 1791a).

III. Entlassung trotz vorbehaltloser Bestellung

5 In bestimmten Fällen ist eine Entlassung des Vormunds möglich, auch wenn er ohne Vorbehalt bestellt war und kein Entlassungsgrund nach §§ 1886 bis 1889 vorliegt, nämlich

---

[17] RGRK/*Dickescheid* Rn. 10.
[18] Auch von Nachlasspflegern: OLG Stuttgart FamRZ 2011, 846 Rn. 13.
[1] Staudinger/*Engler* Rn. 1.
[2] Staudinger/*Engler* Rn. 6.

Bestallungsurkunde 1–4 § 1791

1. wenn der berufene Vormund zu Unrecht übergangen wurde und seine Beschwerde Erfolg hat;
2. wenn der von den Eltern Benannte vorübergehend verhindert war und die Verhinderung entfällt (§ 1778 Abs. 2, vgl. § 1778 Rn. 16);
3. wenn ein gem. § 1779 Ungeeigneter oder ein gem. § 1782 Ausgeschlossener zum Vormund bestellt wurde und die Beschwerde hiergegen Erfolg hatte;
4. im Falle des § 1787 Abs. 2, sofern die Beschwerde des Vormunds erfolgreich ist und er die Entlassung verlangt (vgl. § 1787 Rn. 9);
5. wenn der Vormund auflösend bedingt oder befristet berufen war und die Bedingung eintritt bzw. die Frist abläuft (vgl. § 1778 Rn. 11);
6. wenn ein anderer aufschiebend bedingt, i. ü. aber wirksam nach § 1776 berufen ist und die Bedingung eintritt (vgl. § 1778 Rn. 11).[3]

IV. Parallelvorschriften

Entsprechend anwendbar ist § 1790 für die Bestellung zum Gegenvormund (§ 1792 Abs. 4) sowie zum Pfleger (§ 1915 Abs. 1). Keine Anwendung findet die Vorschrift im Betreuungsrecht. **6**

§ 1791 Bestallungsurkunde

(1) Der Vormund erhält eine Bestallung.

(2) Die Bestallung soll enthalten den Namen und die Zeit der Geburt des Mündels, die Namen des Vormunds, des Gegenvormunds und der Mitvormünder sowie im Falle der Teilung der Vormundschaft die Art der Teilung.

I. Normzweck

Die Bestallung ist ein **gerichtliches Zeugnis** über die Vormundbestellung, das dem Vormund **1** die Amtsführung im Geschäfts- und Behördenverkehr erleichtern soll. Ihre Bedeutung liegt im bloß formellen Nachweis der Vormundbestellung gegenüber Dritten, vor Gericht (vgl. § 417 ZPO), Behörden, bei Urkundspersonen und beim Grundbuchamt. Ferner bildet die Urkunde im Falle ihrer Unrichtigkeit den Anknüpfungspunkt für Schadensersatzansprüche gegen den Staat gem. § 839 BGB, Art. 34 GG.[1]

II. Form und Inhalt

1. Schriftform. Die Bestallung verlangt ihrer Natur nach Schriftform. Unwesentlich ist, ob **2** eine selbständige Urkunde hergestellt oder eine Ausfertigung des Auswahlbeschlusses mit Bestellungsvermerk als Bestallungsurkunde bezeichnet wird.

2. Inhalt. Der Inhalt der Bestallungsurkunde ist in § 1791 Abs. 2 näher beschrieben. Es sind **3** aber auch darüber hinausgehende Angaben möglich und zweckmäßig, zB die Angabe von Befreiungen gem. §§ 1817, 1852 ff., der Außerkraftsetzung solcher Befreiungen (§ 1857),[2] eines Entlassungsvorbehalts (§ 1790) oder auch einer Einschränkung der Vertretungsmacht gem. § 1796.

III. Wirkungen

1. Keine materiell-rechtliche Bedeutung. Die Urkunde hat keinerlei materiell-rechtliche **4** Bedeutung: Die Wirksamkeit der Vormund-Bestellung ist von ihrer Erteilung unabhängig.[3] Auch hat die Urkunde nicht die materiell-rechtliche Wirkung einer Vollmachturkunde; insbesondere sind die §§ 172, 174 unanwendbar.[4] Die Bestallungsurkunde bewirkt auch sonst keinen Rechtsschein für die Wirksamkeit der Bestellung oder für das Fortbestehen des Amtes.[5] Der materielle Umfang der Vormundschaft, insbesondere der Wirkungskreis, ergibt sich allein aus dem Bestellungsakt (§ 1789).[6]

---

[3] *Soergel/Zimmermann* Rn. 2.
[1] *Soergel/Zimmermann* Rn. 1, 2; *Staudinger/Engler* Rn. 10.
[2] *Soergel/Zimmermann* Rn. 2; *Staudinger/Engler* Rn. 3.
[3] *Staudinger/Engler* Rn. 12.
[4] RGZ 74, 263; KG KGJ 41, 38.
[5] *Soergel/Zimmermann* Rn. 1; *Staudinger/Engler* Rn. 6; *Gernhuber/Coester-Waltjen* § 70 Rn. 58–60.
[6] KG KGJ 41, 38.

§ 1791a

Ein Dritter wird deshalb in seinem durch die Urkunde hervorgerufenem Vertrauen auf die Wirksamkeit der Vormundbestellung oder auf Bestand und Umfang der Vertretungsmacht des Vormunds in keinem Fall geschützt.

5 **2. Einsichtsrecht des Geschäftspartners.** Der Geschäftspartner des Mündels kann bei berechtigtem Interesse nach Maßgabe des § 13 Abs. 2 FamFG die Vormundschaftsakten einsehen und eine Bestätigung des Vormundschaftsgerichts über die Person des Vormunds und dessen Wirkungskreis einholen.[7]

6 **3. Änderung des Inhalts, Rückgabe bei Beendigung.** Bei Beendigung hat der Vormund die Bestallungsurkunde zurückzugeben (§ 1893 Abs. 2). Bei Änderungen ist die Urkunde zu berichtigen.

IV. Verfahren

7 **Zuständig** ist der Rechtspfleger (§§ 3 Nr. 2 a, 14 RPflG), der auch die Bestallungsurkunde unterzeichnet. Sind die Befreiungen des Vormunds in die Urkunde nicht vollständig aufgenommen, so hat der Vormund das Recht zur **Beschwerde**.[8]

V. Parallelvorschriften

8 Die Vorschrift findet auf die Gegenvormundschaft (§ 1792 Abs. 4) und die Pflegschaft (§ 1915 Abs. 1) entsprechende Anwendung. Für das Betreuungsrecht gilt § 290 FamFG.

9 Keine Bestallungsurkunde wird bei der Vereinsvormundschaft (§ 1791a Abs. 2) sowie bei der bestellten und der gesetzlichen Amtsvormundschaft (§§ 1791b Abs. 2 Hs. 2; 1791 c Abs. 3 Hs. 2) erteilt.

§ 1791a Vereinsvormundschaft

(1) [1]Ein rechtsfähiger Verein kann zum Vormund bestellt werden, wenn er vom Landesjugendamt hierzu für geeignet erklärt worden ist. [2]Der Verein darf nur zum Vormund bestellt werden, wenn eine als ehrenamtlicher Einzelvormund geeignete Person nicht vorhanden ist oder wenn er nach § 1776 als Vormund berufen ist; die Bestellung bedarf der Einwilligung des Vereins.

(2) Die Bestellung erfolgt durch Beschluss des Familiengerichts; die §§ 1789, 1791 sind nicht anzuwenden.

(3) [1]Der Verein bedient sich bei der Führung der Vormundschaft einzelner seiner Mitglieder oder Mitarbeiter; eine Person, die den Mündel in einem Heim des Vereins als Erzieher betreut, darf die Aufgaben des Vormunds nicht ausüben. [2]Für ein Verschulden des Mitglieds oder des Mitarbeiters ist der Verein dem Mündel in gleicher Weise verantwortlich wie für ein Verschulden eines verfassungsmäßig berufenen Vertreters.

(4) Will das Familiengericht neben dem Verein einen Mitvormund oder will es einen Gegenvormund bestellen, so soll es vor der Entscheidung den Verein hören.

Übersicht

	Rn.		Rn.
I. Normzweck	1–3	2. Erlaubniserteilung	5
1. Bezug zur Kinder- und Jugendhilfe	1	3. Voraussetzungen der Erlaubnis	6
2. Vorrang der Einzelvormundschaft	2	**III. Bestellung des Vereins**	7–9
3. Möglichkeit der Vereinsvormundschaft	3	1. Voraussetzungen der Bestellung	7
II. Geeignete Vereine	4–6	2. Einwilligung des Vereins	8
1. Grundsatz	4	3. Form der Bestellung	9

---

[7] *Staudinger/Engler* Rn. 9; *Soergel/Zimmermann* Rn. 1.
[8] KG KGJ 45 A 66.

	Rn.		Rn.
IV. Führung der Vormundschaft durch Mitglieder oder Mitarbeiter	10–14	5. Haftung	14
1. Nur interne Wirkung	10	V. Mitvormund, Gegenvormund (Abs. 4)	15
2. Form der Betrauung	11	VI. Befreiungen, Sonderregelungen	16
3. Betrauung mehrerer	12	VII. Verfahren	17
4. Ausgeschlossene Mitglieder und Mitarbeiter	13	VIII. Parallelvorschriften	18

I. Normzweck

1. Bezug zur Kinder- und Jugendhilfe. Das KJHG hat Abs. 3 angepasst; durch die Neurege- 1
lung der Jugendhilfe als SGB VIII ist die Vorschrift insgesamt in einen veränderten Bezugsrahmen gestellt worden. Das FamFG hat Abs. 2 modifiziert.

2. Vorrang der Einzelvormundschaft. Das Vormundschaftsrecht wird von der Vorstellung 2
geprägt, dass die Übertragung des Vormundamts auf eine natürliche Person (Einzelvormund) dem Wohl des Mündels am besten entspricht. Andererseits lässt der Mangel an bereitwilligen und geeigneten Einzelvormündern die Formen der Vereinsvormundschaft und Amtsvormundschaft unentbehrlich erscheinen. Dabei genießt die ehrenamtliche Einzelvormundschaft gesetzlich angeordneten Vorrang (§ 1791a Abs. 1 S. 2 Hs. 1; § 1791b Abs. 1 S. 1).[1] Allerdings beschränkt die durch das 2. BtÄndG erfolgte Neufassung des § 1791a Abs. 1 Satz 2 HS 1 den Vorrang der Einzelvormundschaft vor der Vereinsvormundschaft auf ehrenamtliche, also die Vormundschaft nicht berufsmäßig führende (vgl. § 1836 Abs. 1 Satz 3 iVm. § 1 Abs. 1 VBVG) Einzelvormünder; Entsprechendes gilt nach dem durch das 2. BtÄndG ebenfalls novellierten § 1791b Abs. 1 Satz 1 für den Vorrang von Einzelvormündern gegenüber dem Amtsvormund. Da das Vormundschaftsrecht – anders als das Betreuungsrecht (§ 1897 Abs. 6) – keinen Vorrang des ehrenamtlichen Vormunds vor dem Berufsvormund kennt, steht die Bestellung eines Berufsvormunds nunmehr ausschließlich im pflichtgemäßen Ermessen des Gerichts: Es hat zwischen Berufsvormund einerseits und Vereins- oder Amtsvormund ebenso die Wahl wie zwischen Berufsvormund und ehrenamtlichem Vormund.[2]

3. Möglichkeit der Vereinsvormundschaft. Die Möglichkeit der Vereinsvormundschaft ist 3
in § 54 SGB VIII verankert, mit dem § 1791a – eingeführt durch Art. 1 Nr. 54 NEhelG – korrespondiert. Die Hereinnahme in das BGB verdeutlicht, dass der Vereinsvormund den allgemeinen Rechtsregeln der Vormundschaft unterliegt, soweit keine Sondervorschriften gelten. Trotz gleicher Zielsetzung tragen die Vereins- wie die Amtsvormundschaft jedoch andere Züge als die Einzelvormundschaft. Man wird deshalb bei der Anwendung der auf die Einzelvormundschaft zugeschnittenen Regeln stets zu bedenken haben, inwieweit der Eigenart der Vereinsvormundschaft Rechnung getragen werden muss.

II. Geeignete Vereine

1. Grundsatz. Als Vormünder kommen nur rechtsfähige Vereine in Betracht, denen gem. 4
§ 54 Abs. 1 S. 1 SGB VIII vom Landesjugendamt die Erlaubnis erteilt wurde, Vormundschaften zu übernehmen.

2. Erlaubniserteilung. Die Erlaubnis zur Übernahme einer Vereinsvormundschaft wird durch 5
das jeweilige Landesjugendamt erteilt (§ 54 Abs. 1 S. 1 SGB VIII). Die Erlaubnis gilt für das jeweilige Bundesland, in dem der Verein seinen Sitz hat. Sie kann aber auch auf den Bereich eines Landesjugendamts beschränkt werden (§ 54 Abs. 3 S. 2 SGB VIII). Da das VwVfG uneingeschränkt auf die Erlaubnis Anwendung findet, ist diese widerruflich (§ 49 VwVfG) oder kann unter Auflagen erteilt werden (§ 36 Abs. 1 Nr. 4 VwVfG). Bei Ausbleiben der Erlaubniserteilung und gegen den Widerruf ist der Verwaltungsrechtsweg gegeben. Näheres zum Erlaubnisverfahren regelt das Landesrecht (§ 54 Abs. 4 SGB VIII).

3. Voraussetzungen der Erlaubnis. Die Erlaubnis muss bereits im Zeitpunkt der Bestellung 6
des Vereins zum Vormund erteilt sein. Voraussetzungen sind: **a)** Der Verein muss gewährleisten, dass er eine ausreichende Zahl geeigneter Mitarbeiter hat und diese beaufsichtigen, weiterbilden und gegen Schäden, die diese anderen im Rahmen ihrer Tätigkeit zufügen können, angemessen versichern wird (§ 54 Abs. 2 Nr. 1 SGB VIII); **b)** der Verein muss die Gewähr leisten, dass er sich planmä-

---
[1] Vgl. etwa OLG Celle JAmt 2010, 257; zur Begr. siehe BayObLG FamRZ 1966, 323, 325.
[2] *Fröschle* Betreuungsrecht Rn. 797.

§ 1791a 7–12

ßig um die Gewinnung von Einzelvormündern und Einzelpflegern bemüht und sie in ihre Aufgaben einführt, fortbildet und berät (§ 54 Abs. 2 Nr. 2 SGB VIII); **c)** der Verein muss einen Erfahrungsaustausch zwischen den Mitarbeitern ermöglichen (§ 54 Abs. 2 Nr. 3 SGB VIII). War zurzeit der Bestellung die Erlaubnis erteilt, wird diese aber später widerrufen, so entfällt die Stellung des Vereins als Vormund nicht ipso iure; der Vormund ist jedoch nach § 1887 zu entlassen; auch das Jugendamt ist in diesem Fall eine „andere als Vormund geeignete Person" iSv. § 1887 Abs. 1. Die Erlaubnis zur Führung von Vormundschaften und Pflegschaften ist von derjenigen zur Übernahme von Betreuungen zu unterscheiden, siehe § 1908 f.

III. Bestellung des Vereins

7 **1. Voraussetzungen der Bestellung.** Die Bestellung eines Vereins zum Vormund setzt voraus
– entweder, dass er von den Eltern gem. § 1776 als Vormund benannt
– oder, dass er vom FamG gem. § 1779 ausgewählt ist. Nur im Fall des § 1779 gilt der Vorrang der Einzelvormundschaft, darf also der Verein nur dann bestellt werden, wenn ein geeigneter ehrenamtlicher Einzelvormund nicht vorhanden ist (§ 1791a Abs. 1 S. 2 HS. 1). Ist hingegen der Verein gem. § 1776 berufen, so muss er auch dann bestellt werden, wenn dem FamG ein geeigneter ehrenamtlicher Einzelvormund bekannt ist.

8 **2. Einwilligung des Vereins.** Voraussetzung ist gem. § 791a Abs. 1 S. 2 HS. 2 weiterhin die Einwilligung des Vereins in die Übernahme der Vormundschaft (nicht hingegen ein dahin gerichteter Antrag).[3] Es besteht also auch im Falle des § 1779 keine Übernahmepflicht iSv. § 1785. Die Einwilligung ist durch den Vorstand oder das sonst berufene satzungsmäßige Organ dem FamG gegenüber zu erklären und bildet eine Wirksamkeitsvoraussetzung der Vormundbestellung. Die Einwilligung muss zur Übernahme einer konkreten Vormundschaft gegeben werden; nicht genügt die Erklärung, allgemein zur Übernahme von Vormundschaften bereit zu sein.

9 **3. Form der Bestellung.** Die Form der Bestellung ist wie bei der Amtsvormundschaft nach § 1791b stark vereinfacht. § 1791a Abs. 2 schreibt einen Beschluss des FamG vor, der mit Bekanntgabe (§ 41 FamFG) gegenüber dem Verein – dessen Einwilligung vorausgesetzt – wirksam wird. Die Nichtanwendung des § 1789 bedeutet, dass bei dem Bestellungsakt selbst eine Mitwirkung des Vereins – anders als beim Einzelvormund – nicht erforderlich ist. Ferner wird gem. § 1791a Abs. 2 eine Bestellungsurkunde (§ 1791) nicht erteilt.

IV. Führung der Vormundschaft durch Mitglieder oder Mitarbeiter

10 **1. Nur interne Wirkung.** Der Verein bedient sich gem. § 1791a Abs. 3 S. 1 HS. 1 bei der Führung der Vormundschaft einzelner seiner Mitglieder oder Mitarbeiter. Das bedeutet, dass der Vorstand oder ein sonstiges satzungsmäßiges Organ ein Mitglied oder einen bezahlten Mitarbeiter des Vereins damit betraut, die Führung der Vormundschaft für den Verein wahrzunehmen. Diese Aufgabenzuweisung wirkt nur intern; sie ändert nichts daran, dass Vormund ausschließlich der Verein selber ist. Wie die Anwendbarkeit des § 31 ergibt (§ 1791a Abs. 3 S. 2), wird das Handeln der mit der Aufgabe betrauten Mitglieder oder Mitarbeiter bei Führung der Vormundschaft dem Verein unmittelbar zugerechnet; das Handeln des Vereins als gesetzlicher Vertreter wirkt wiederum für den Mündel. Führt der Verein die Vormundschaft über mehrere Mündel, so steht folglich das Verbot des Selbstkontrahierens auch dann entgegen, wenn unterschiedliche Vereinsmitglieder(-mitarbeiter) für die Mündel „zuständig" sind. Ebenso kann ein Mitglied oder Mitarbeiter, weil nicht selbst Vormund, bei pflichtwidriger Ausübung der ihm übertragenen Vormundsaufgaben vom FamG nicht nach § 1886 entlassen werden; das FamG kann den Verein nur anhalten, dem Verhalten durch vereinsinterne Maßnahmen zu begegnen, notfalls den Verein entlassen.[4]

11 **2. Form der Betrauung.** Die Betrauung des Mitglieds oder Mitarbeiters erfolgt durch nicht formbedürftige Erklärung des Vorstands oder des satzungsmäßigen Organs. Praktisch wird sich regelmäßig die Ausstellung einer entsprechenden Urkunde empfehlen, die – in Verbindung mit einer beglaubigten Ausfertigung des Beschlusses des FamG über die Bestellung des Vereins (§ 1791a Abs. 2) – dem Betrauten eine Legitimation ermöglicht.[5]

12 **3. Betrauung mehrerer.** Mit der Führung einer einzelnen Vormundschaft können grundsätzlich auch mehrere Mitglieder oder Mitarbeiter betraut werden – sei es, um deren unterschiedliche

---
[3] *Soergel/Zimmermann* Rn. 3.
[4] BayObLG FamRZ 1994, 991.
[5] RGRK/*Dickescheid* Rn. 6.

Qualifikation nutzbar zu machen, sei es, um für den Vertretungsfall Vorsorge zu treffen. In beiden Fällen sollte die Betrauung allgemein, also nicht auf bestimmte Aufgabenbereiche oder Vertretungsfälle beschränkt, erfolgen, um die eindeutige Zuordnung der Rechtshandlungen zum Verein und über ihn zum Mündel sicherzustellen. Außerdem sollte gewährleistet bleiben, dass der Mündel sich persönlich einer Bezugsperson zugeordnet weiß.[6]

4. Ausgeschlossene Mitglieder und Mitarbeiter. Von der Betrauung ausgeschlossen sind 13 Mitglieder und Mitarbeiter, die als Erzieher den Mündel in einem Heim des Vereins betreuen (§ 1791a Abs. 3 S. 1 HS. 2). Damit sollen – in Parallele zu § 1897 Abs. 3 – Interessenkollisionen vermieden werden. Wird ein Mitglied oder Mitarbeiter entgegen dem Verbot des § 1791a Abs. 3 S. 1 HS. 2 mit der Wahrnehmung von Vormundsaufgaben betraut, so sind die Rechtshandlungen, die der Betraute in dieser Eigenschaft vornimmt, für den Mündel wirksam.[7] Das für die Überwachung des Vereins zuständige Landesjugendamt und das FamG haben jedoch das gesetzwidrige Tätigwerden unverzüglich zu unterbinden. Entsteht dem Mündel Schaden, ist der Verein ersatzpflichtig.

5. Haftung. Für das Handeln und das Verschulden der mit der Führung der Vormundschaft 14 betrauten Mitglieder haftet der Verein unmittelbar nach § 31 (§ 1791a Abs. 3 S. 2); die §§ 278, 831 finden insoweit keine Anwendung. Der Verein haftet nach § 31 auch für diejenigen Mitarbeiter, die nicht Mitglieder sind.

V. Mitvormund, Gegenvormund (Abs. 4)

Auch bei der Vereinsvormundschaft kann die Form der Mitvormundschaft gewählt werden, also 15 neben dem Vereinsvormund ein Einzelvormund als Mitvormund bestellt werden, was durchaus erwünscht sein kann.[8] Auch die Gegenvormundschaft ist möglich. Abs. 4 gewährt dem Verein vor einer solchen Beschränkung seiner Amtsführung ein Recht auf Anhörung, damit er etwaige Bedenken geltend machen kann.

VI. Befreiungen, Sonderregelungen

Da die Vereine der Aufsicht des Landesjugendamts unterliegen, genießen sie bei der Durchfüh- 16 rung der Vormundschaft die Befreiungen der §§ 1852 Abs. 2, 1853 und 1854 (§ 1857a). Ferner gelten eine Reihe von Sonderregelungen, so bei Aufwendungsersatz, Aufwendungsentschädigung und Vergütung (§ 1835 Abs. 5, § 1835a Abs. 5, § 1836 Abs. 4), ferner hinsichtlich der Zwangsmittel (§ 1837 Abs. 3 S. 2). Auch sind die Vereine von der Überwachung durch das Jugendamt (gem. § 1851 Abs. 2, 3, § 53 Abs. 4 S. 2 iVm. Abs. 3 SGB VIII) befreit. Die Entlassung des Vereinsvormunds unterliegt den Sonderregeln der §§ 1887 und 1889 Abs. 2.

VII. Verfahren

Über Bestellung und Entlassung entscheidet gem. §§ 3 Nr. 2 a, 14 RPflG der Rechtspfleger. Zu 17 den Rechtsmitteln vgl. § 1778 Rn. 18, § 1779 Rn. 20 ff., § 1887 Rn. 7.

VIII. Parallelvorschriften

Die Vorschrift ist auf die Gegenvormundschaft (§ 1792 Abs. 4) und die Pflegschaft (§ 1915 Abs. 1) 18 entsprechend anwendbar. Gesondert geregelt ist die Betreuung durch Vereine und ihre Mitarbeiter (§ 1897 Abs. 2 S. 1; § 1900 Abs. 1 bis 3).

§ 1791b Bestellte Amtsvormundschaft des Jugendamts

(1) [1]Ist eine als ehrenamtlicher Einzelvormund geeignete Person nicht vorhanden, so kann auch das Jugendamt zum Vormund bestellt werden. [2]Das Jugendamt kann von den Eltern des Mündels weder benannt noch ausgeschlossen werden.

---

[6] *Staudinger/Engler* Rn. 13.
[7] *Staudinger/Engler* Rn. 14; RGRK/*Dickescheid* Rn. 6; aA 3. Aufl. Rn. 11.
[8] *Reinhart* FamRZ 1981, 7. Vgl. BayObLGZ 1966, 28, 37 f.

§ 1791b 1–3 Abschnitt 3. Titel 1. Vormundschaft

(2) **Die Bestellung erfolgt durch Beschluss des Familiengerichts; die §§ 1789, 1791 sind nicht anzuwenden.**

I. Normzweck

1 Das häufig zu beklagende Fehlen einsatzbereiter Vormünder hat das Rechtsinstitut der Amtsvormundschaft entstehen lassen. Die Amtsvormundschaft tritt entweder kraft Gesetzes ein (§ 1791c; § 55 SGB VIII) oder beruht auf einem Bestellungsakt des FamG (bestellte Amtsvormundschaft, § 1791b; § 55 SGB VIII). Früher war die Amtsvormundschaft ausschließlich im JWG verankert; mit dem NEhelG (Art. 1 Nr. 54) sind die §§ 1791a bis 1791 c in das BGB eingefügt worden. Durch das KJHG sind die Vorschriften des JWG über die Amtsvormundschaft (§ 37, 38) durch §§ 55, 56 SGB VIII ersetzt worden. Die Regelung der bestellten Amtsvormundschaft findet sich nun in § 1791b iVm. §§ 55, 56 SGB VIII.

II. Nachrang der Amtsvormundschaft

2 **1. Vorrang der Einzelvormundschaft.** Wie der gesetzliche Wortlaut des § 1791b Abs. 1 S. 1 klar ergibt, geht das Gesetz vom Vorrang der ehrenamtlichen Einzelvormundschaft vor der Amtsvormundschaft aus.[1] Das Jugendamt darf erst zum Vormund bestellt werden, wenn trotz intensiver Ermittlung kein geeigneter ehrenamtlicher Einzelvormund gefunden werden konnte.[2] Unter einer „als ... Einzelvormund geeigneten Person" versteht das Gesetz ausschließlich die natürliche Person, also weder einen Verein (§ 1791a) noch etwa ein anderes als das zunächst bestellte oder kraft Gesetzes amtierende Jugendamt.[3] Die Auswahl eines Berufsvormunds steht gleichrangig neben der (Vereins- oder) Amtsvormundschaft: Nur der ehrenamtliche Vormund ist – seit der Novellierung des § 1791b durch das 2. BtÄndG – vorrangig auszuwählen, freilich auch das nicht im Verhältnis zu einem Berufsvormund. Eine im Hinblick auf § 1897 Abs. 2 wohl wenig stimmige Regelung.[4] Der Vorrang der Einzelvormundschaft wirkt sich auch bei der Entlassung des Amtsvormunds (§ 1887 Abs. 1, § 1889 Abs. 2, SGB VIII § 87c Abs. 3 S. 3) aus:[5] Auch hier muss das FamG von Amts wegen Erhebungen dahin anstellen, ob eine als Vormund geeignete Einzelperson vorhanden ist, bevor es der Frage näher tritt, ob an Stelle des bisher die Vormundschaft führenden Jugendamts ein anderes zum Vormund bestellt werden soll. Zu den Dissonanzen dieser unverändert geltenden Regelung mit dem nunmehr auf den ehrenamtlichen Vormund beschränkten Vorrang der Einzelvormundschaft vgl. § 1887 Rn. 2. Hat das FamG diese Prüfung unterlassen, so holt das Beschwerdegericht als weitere Tatsacheninstanz dies nach und befindet nach eigenem pflichtgemäßen Ermessen über die Auswahl des Vormunds; gegebenenfalls ist das hierfür funktionell zuständige FamG anzuweisen, den amtierenden Vormund zu entlassen und einen anderen zu bestellen.[6]

3 **2. Vorrang der Vereinsvormundschaft.** Die Frage, ob auch die Vereinsvormundschaft Vorrang vor der Amtsvormundschaft genießt, ist streitig. Z. T. wird angenommen, die Vereinsvormundschaft genieße keinen solchen Vorrang,[7] so dass das FamG nach Zweckmäßigkeitsgesichtspunkten entscheiden könne, ob es einen Verein oder das zuständige Jugendamt bestellen wollte. Dem Wortlaut des § 56 Abs. 4 SGB VIII lässt sich indes eine andere Tendenz entnehmen, mag sich auch dessen Aussagegehalt angesichts der begrenzten legislativen Qualität dieses Gesetzes relativieren:[8] Wenn das Jugendamt in der Regel jährlich zu prüfen hat, ob die Bestellung einer Einzelperson oder eines Vereins angezeigt ist, so ergibt sich daraus die Subsidiarität der Amtsvormundschaft auch gegenüber der Tätigkeit von geeigneten Vereinen.[9]

---

[1] Vgl. etwa BayObLG FamRZ 1977, 664, 667; FamRZ 1984, 205, 207; ferner AG Schöneberg FamRZ 2002, 268 m. Anm. *Hoffmann* FamRZ 2002, 269 (Vorrang gilt auch für eine Incognito-Bestellung der Pflegeeltern als Vormund) und *Hoffmann* BtPrax 2003, 206; wN 5. Aufl. Fn. 1.

[2] Vgl. etwa LG Flensburg FamRZ 2001, 445: Die Fachlichkeit des Jugendamtes ist kein Grund, dieses vor geeigneten Pflegeeltern zum Vormund zu bestellen. Einschränkend OLG Stuttgart FamRZ 2002, 1065 (betr. Ergänzungspfleger im Vaterschaftsanfechtungsverfahren).

[3] BayObLG FamRZ 1977, 664, 667; LG Aachen DAVorm. 1976, 672, 674.

[4] Im Einzelnen *Fröschle*, Betreuungsrecht 2005, Rn. 795. Vgl. aber KG FamRZ 2010, 662: Vorrangig ehrenamtlicher Pfleger, dann Berufspfleger, dann Jugendamt.

[5] BayObLG Rpfleger 1990, 20.

[6] BayObLG Rpfleger 1990, 20.

[7] OLG Köln JMBlNRW 1963, 16; *Soergel/Zimmermann* Rn. 2; *RGRK/Dickescheid* Rn. 2; *Staudinger/Engler* Rn. 5.

[8] So der (im Übrigen durchaus richtige) Einwand von *Staudinger/Engler* Rn. 5.

[9] Vgl. BT-Drucks. 11/5948 S. 91. Wie hier OLG Frankfurt FamRZ 1980, 284 (Pflegschaft); LG Aachen DAVorm. 1976, 672, 674; *Fröschle*, Betreuungsrecht 2005, Rn. 795; offen BayObLG FamRZ 1977, 664, 667.

3. Ermittlungspflicht. Das FamG hat, ehe es das Jugendamt zum Vormund bestellt, intensiv 4
zu ermitteln, **ob nicht** eine für die **Einzelvormundschaft** geeignete (§ 1779 Abs. 1 S. 1) Person
zu finden ist.[10] Dazu gehört auch die Anfrage an das Jugendamt, ob dieses gem. § 53 Abs. 1
SGB VIII geeignete Personen vorschlagen kann.[11] Aus der Entscheidung muss sich ergeben, aus
welchen Gründen etwa vorhandene Familienangehörige des Mündels nicht in Betracht kommen.[12]
Der bloße Umstand, dass die Eltern des Mündels keinen Vorschlag machen, erspart nicht die weiteren Ermittlungen nach geeigneten Personen.[13] Bei alldem darf dem Gericht aber auch keine endlose
Suche, die dem Mündelwohl abträglich wäre, angesonnen werden.

III. Benennung, Bestellung, Entlassung

1. Keine Berufung durch die Eltern. Das Jugendamt kann nur – unter Beachtung des 5
Nachrangs der Amtsvormundschaft – vom FamG zum Vormund bestellt, nicht aber von den Eltern
wirksam als Vormund benannt, desgleichen auch nicht wirksam nach § 1782 ausgeschlossen werden
(§ 1791b Abs. 1 S. 2); dieser Vorschrift entgegenstehende Verfügungen der Eltern sind unbeachtlich.

2. Bestellung. Der Bestellungsvorgang ist wie bei der Vereinsvormundschaft stark verkürzt. 6
Der – dem Jugendamt bekannt zu gebende – Beschluss genügt (§ 1791a Rn. 9). Der Beschluss
ersetzt die Bestallungsurkunde (vgl. auch § 1893 Abs. 2 S. 2).

3. Mit- und Gegenvormundschaft. Das Jugendamt kann auch zum Mitvormund (§ 1775) 7
und zum Gegenvormund (§ 1792 Abs. 1 S. 2; § 58 SGB VIII) bestellt werden. In Einzelfällen kann
es empfehlenswert sein, das Amt zum Mitvormund mit beschränktem Wirkungskreis gem. § 1797
Abs. 2 zu bestellen.

4. Entlassung. Die Entlassung des bestellten Amtsvormunds bestimmt sich nach den §§ 1887, 8
1889 Abs. 2 S. 1. Das Jugendamt hat in der Regel jährlich zu prüfen, ob seine Entlassung als Amtspfleger oder Amtsvormund und die Bestellung einer Einzelperson oder eines Vereins im Interesse
des Kindes oder des Jugendlichen angezeigt ist und ggf. dem FamG Mitteilung zu machen (§ 56
Abs. 4 SGB VIII).

IV. Führung durch das zuständige Jugendamt

1. Örtliche Zuständigkeit. Die Vormundschaft ist dem örtlich zuständigen Jugendamt zu 9
übertragen. Die örtliche Zuständigkeit ist nunmehr in § 87c Abs. 3 S. 1 SGB VIII geregelt; zuständig
ist das Jugendamt, in dessen Bereich das Kind oder der Jugendliche seinen gewöhnlichen Aufenthalt
hat. Zur Bestellung des Jugendamts ist weder dessen Einwilligung noch ein Antrag erforderlich. Die
Regelung des § 87c Abs. 3 S. 1 SGB VIII erscheint zwingend und lässt einem Auswahlermessen des
FamG keinen Raum;[14] allerdings wird man dem FamG aus zwingenden Gründen des Mündelwohls
auch die Bestellung eines örtlich unzuständigen Jugendamtes nicht verwehren können.[15]

2. Übertragung auf einzelne Beamte bzw. Angestellte. Das Jugendamt überträgt die 10
Ausübung der Aufgaben des Vormunds einzelnen seiner Beamten oder Angestellten (§ 55 Abs. 2
S. 1 SGB VIII). Gleichwohl bleibt die Behörde selbst der Vormund;[16] die Handlungen ihrer
Bediensteten werden ihr unmittelbar zugerechnet. Missverständlich spricht § 55 Abs. 3 S. 2 SGB VIII
(gültig ab 5. 7. 2012) davon, dass der Beamte oder Angestellte der gesetzliche Vertreter des Mündels
sei; gesetzlicher Vertreter ist jedoch stets der Vormund selbst, hier also die Behörde. Aus den Materialien (zum wortgleichen § 55 Abs. 2 S. 3 SGB VIII aF) lässt sich immerhin entnehmen, dass mit
dieser Gesetzesformulierung (jetzt: § 55 Abs. 3 S. 2 SGB VIII) keine Neuerung beabsichtigt war.[17]
Zu der nunmehr von § 55 Abs. 3 S. 3 SGB VIII mit Wirkung vom 5. 7. 2012 (eingefügt durch das
Gesetz zur Änderung des Vormundschafts- und Betreuungsrechts) vorgeschriebenen persönlichen

---

[10] Vgl. BayObLG FamRZ 1984, 205, 207; Rpfleger 1985, 361; OLG Naumburg OLGR 2005, 749 m. Anm. *Stockmann* jurisPR-FamR 19/2005 Anm. 4; OLG Koblenz OLGR 2002, 179 = FPR 2002, 272; OLG Schleswig-Holstein JAmt 2003, 47; OLG Frankfurt FamRZ 1980, 284; OLG Stuttgart Rpfleger 1982, 183.
[11] OLG Stuttgart Rpfleger 1982, 183; OLG Hamm FamRZ 2010, 1684.
[12] BayObLG FamRZ 1984, 205, 207.
[13] OLG Stuttgart Rpfleger 1982, 183 (betr. Pflegschaft).
[14] AA RGRK/*Dickescheid* Rn. 4.
[15] BayObLG FamRZ 1997, 897; OLG Zweibrücken FamRZ 2002, 1064.
[16] Vgl. BGHZ 45, 362. Zur Reichweite der Fachaufsicht des Jugendamtes über die mit der Führung einer Vormundschaft betrauten Mitarbeiter: DIJuF-Gutachten JAmt 2007, 534.
[17] BT-Drucks. 11/5948 S. 91. Wie hier auch *Staudinger/Engler* Rn. 8; RGRK/*Dickescheid* Rn. 6.

Förderung und Gewährleistung der Pflege und Erziehung des Mündels siehe § 1793 Rn. 44 ff., § 1800 Rn. 33 ff.

11 **3. Weiterführung durch ein anderes Jugendamt.** Nach Bestellung des örtlich zuständigen Jugendamts zum Vormund kann es im Interesse des Kindeswohls angezeigt sein, die Führung der Vormundschaft auf ein anderes Jugendamt übergehen zu lassen. Nach § 87c Abs. 3 S. 3 iVm. Abs. 2 SGB VIII[18] hat, sobald das Kind seinen gewöhnlichen Aufenthalt im Bezirk eines anderen Jugendamts nimmt, das die Amtsvormundschaft führende Jugendamt beim FamG einen Antrag auf Entlassung zu stellen. Das ergibt nur einen Sinn, wenn das FamG daraufhin die Entlassung zu beschließen und einen neuen Vormund zu bestellen hat; § 87c Abs. 3 S. 3 SGB VIII formuliert mithin einen speziellen Entlassungsgrund.[19] Vor der Neubestellung des nunmehr örtlich zuständigen Jugendamts ist zu prüfen, ob nicht jetzt eine für die Einzelvormundschaft geeignete ehrenamtlich tätige Person oder ein geeigneter Verein zu finden ist.

V. Sondervorschriften

12 Gegenüber der Einzelvormundschaft bestehen für die Amtsvormundschaft eine Reihe von Sondervorschriften: Die Bestellung eines Gegenvormunds ist nicht zulässig (§ 1792 Abs. 1 S. 2 HS. 1); dem Jugendamt stehen die Befreiungen nach §§ 1852 Abs. 2, 1853, 1854 zu (§ 1857a); gegenüber dem Jugendamt als Amtsvormund werden die Vorschriften des § 1802 Abs. 3 und des § 1818 nicht angewandt (§ 56 Abs. 2 S. 1 SGB VIII); in den Fällen des § 1803 Abs. 2, des § 1811 und des § 1822 Nr. 6 und 7 ist eine Genehmigung des FamG nicht erforderlich (§ 56 Abs. 2 S. 2 SGB VIII); die Anlegung von Mündelgeld gem. § 1807 ist auch bei der Körperschaft zulässig, bei der das Jugendamt errichtet ist (§ 1805 S. 2); Mündelgeld kann mit Genehmigung des FamG auf Sammelkonten des Jugendamts bereitgehalten und angelegt werden, wenn es den Interessen des Mündels dient, und sofern die sichere Verwaltung, Trennbarkeit und Rechnungslegung des Geldes einschließlich der Zinsen jederzeit gewährleistet ist (§ 56 Abs. 3 S. 1 SGB VIII); die Festsetzung eines Zwangsgeldes gegen das Jugendamt ist ausgeschlossen (§ 1837 Abs. 3 S. 2); eine Vergütung entfällt (§ 1836 Abs. 3); beim Aufwendungsersatz gelten die Einschränkungen des § 1835 Abs. 5; die Aufwendungspauschale des § 1835a steht dem Jugendamt nicht zu (§ 1835a Abs. 5). Das Landesrecht kann weitergehende Ausnahmen von der Anwendung derjenigen BGB-Vorschriften über die Vormundschaft vorsehen, welche die Aufsicht des Vormundschaftsgerichts in vermögensrechtlicher Hinsicht sowie beim Abschluss von Lehr- und Arbeitsverträgen betreffen (§ 56 Abs. 2 S. 3 SGB VIII).[20] Zur religiösen Erziehung siehe § 1801 Abs. 2.

VI. Verfahren

13 Gegen die Bestellung des Jugendamts sind grundsätzlich die gleichen Rechtsbehelfe gegeben wie gegen die Bestellung des Einzelvormunds (vgl. § 1779 Rn. 21 ff.). Dabei kann das Jugendamt gegen seine Bestellung auch geltend machen, dass eine als Vormund geeignete ehrenamtlich tätige Person oder ein geeigneter Verein vorhanden ist oder ein von den Eltern Berufener unzulässig übergangen wird: Wie § 1889 zeigt, hat das Jugendamt auf Beachtung seiner lediglich subsidiären Heranziehung als Vormund ein Recht; in diesem Recht ist es durch eine vorrangige Berücksichtigung als Vormund beeinträchtigt.[21] Hebt das Beschwerdegericht die Bestellungsverfügung auf, so bleibt das Jugendamt noch solange Vormund, bis es entlassen ist.[22]

VII. Parallelvorschriften

14 Die Vorschrift ist auf die Gegenvormundschaft (§ 1792 Abs. 4) und die Pflegschaft (§ 1915 Abs. 1) entsprechend anzuwenden. Für die Betreuung durch Behördenmitarbeiter oder die Behörde selbst gelten eigenständige Regelungen (§§ 1897 Abs. 2 S. 2, 1900 Abs. 4).

---

[18] Zur rechtspolitischen Begründung der durch das KJHG geschaffenen Neuregelung siehe BT-Drucks. 11/5948 S. 105.
[19] OLG Zweibrücken FamRZ 1992, 1325 = Rpfleger 1992, 483.
[20] Zusammenstellung der landesrechtlichen Regelungen bei *Staudinger/Engler* Rn. 11 ff. Zur Geltung einer landesrechtlichen Befreiung (hier: vom Erfordernis der Genehmigung der Erbausschlagung) in anderen Bundesländern: DIJuF JAmt 2007, 207.
[21] So zu § 20 FGG auch LG Berlin DAVorm. 1973, 611 und 1974, 403; aA LG Paderborn DAVorm. 1974, 404.
[22] OLG Hamm ZBlJR 1967, 200.

§ 1791c Gesetzliche Amtsvormundschaft des Jugendamts

(1) ¹Mit der Geburt eines Kindes, dessen Eltern nicht miteinander verheiratet sind und das eines Vormunds bedarf, wird das Jugendamt Vormund, wenn das Kind seinen gewöhnlichen Aufenthalt im Geltungsbereich dieses Gesetzes hat; dies gilt nicht, wenn bereits vor der Geburt des Kindes ein Vormund bestellt ist. ²Wurde die Vaterschaft nach § 1592 Nr. 1 oder 2 durch Anfechtung beseitigt und bedarf das Kind eines Vormunds, so wird das Jugendamt in dem Zeitpunkt Vormund, in dem die Entscheidung rechtskräftig wird.

(2) War das Jugendamt Pfleger eines Kindes, dessen Eltern nicht miteinander verheiratet sind, endet die Pflegschaft kraft Gesetzes und bedarf das Kind eines Vormunds, so wird das Jugendamt Vormund, das bisher Pfleger war.

(3) Das Familiengericht hat dem Jugendamt unverzüglich eine Bescheinigung über den Eintritt der Vormundschaft zu erteilen; § 1791 ist nicht anzuwenden.

Übersicht

	Rn.		Rn.
I. Normzweck	1, 2	2. Nachträgliche Beseitigung der Vaterschaftsfiktion (Abs. 1 S. 2)	9
II. Fälle der gesetzlichen Amtsvormundschaft	3–11	3. Vorangegangene Pflegschaft des Jugendamts (Abs. 2)	10
1. Kinder, deren Eltern bei der Geburt nicht miteinander verheiratet sind (Abs. 1 S. 1)	4–8	4. Keine gesetzliche Amtsvormundschaft	11
a) Nichtvorliegen einer Ehe	5	III. Führung, Wechsel und Ende der gesetzlichen Amtsvormundschaft	12–15
b) Notwendigkeit eines Vormunds	6	1. Mitteilungspflichten	12
c) Aufenthalt im Geltungsbereich dieses Gesetzes	7	2. Rechtsstellung	13
d) Keine Wirkung bei schon bestelltem Vormund	8	3. Weiterführung durch ein anderes Jugendamt	14
		4. Entlassung	15

I. Normzweck

§ 1791c ist durch das das NEhelG eingefügt, durch das KJHG neugefasst und vom KindRG **1** dessen konsequentem Bestreben unterworfen worden, den bislang klar definierten Begriff der Nichtehelichkeit durch eine unpräzise Umschreibung („eines Kindes, dessen Eltern nicht miteinander verheiratet sind") zu ersetzen.

Die Norm regelt zusammen mit § 55 SGB VIII die unmittelbar kraft Gesetzes eintretende Vor- **2** mundschaft des Jugendamtes (**gesetzliche Amtsvormundschaft**). Diese ist ausschließlich für (nach früherem Sprachgebrauch:) nichteheliche Kinder, die bei ihrer Geburt nicht unter elterlicher Sorge stehen, vorgesehen. Für diese Kinder entfallen eine Anordnung der Vormundschaft im Sinne von § 1774, eine Auswahl des Vormunds nach § 1779 und die Vormundbestellung nach § 1789, ebenso Ermittlungen dahingehend, ob eine für die Einzelvormundschaft geeignete Person gefunden werden kann. Eine Bestallungsurkunde wird nicht erteilt (§ 1791c Abs. 3 HS. 2); das FamG hat dem Jugendamt gem. § 1791c Abs. 3 HS. 1 lediglich deklaratorisch den Eintritt der Vormundschaft zu bescheinigen. Grund für diese fundamentalen Abweichungen vom allgemeinen Vormundschaftsrecht ist das – durch terminologische Verunklarung nicht behebbare – Schutzbedürfnis des nichtehelichen Kindes, das eines sogleich handlungsfähigen gesetzlichen Vertreters bedarf.

II. Fälle der gesetzlichen Amtsvormundschaft

§ 1791c nennt drei Fallkonstellationen, in denen es zur gesetzlichen Amtsvormundschaft kommt. **3** Einen weiteren Fall regelt § 1751 Abs. 1 S. 2 (gesetzliche Amtsvormundschaft bei Einwilligung der Eltern in die Adoption ihres Kindes.¹

---

¹ Zum Verhältnis des 1751 Abs. 1 S. 2 zu § 1791c vgl. OLG Köln FamRZ 1992, 353; *Staudinger/Engler* Rn. 19.

§ 1791c 4–10 Abschnitt 3. Titel 1. Vormundschaft

4 **1. Kinder, deren Eltern bei der Geburt nicht miteinander verheiratet sind (Abs. 1 S. 1).** Die Vorschrift will eine gesetzliche Amtsvormundschaft für alle (nach früherem Sprachgebrauch:) nichtehelichen Kinder begründen, die bei ihrer Geburt nicht unter elterlicher Sorge stehen.

5 a) **Nichtvorliegen einer Ehe.** Die gesetzliche Amtsvormundschaft tritt nur ein, wenn die Mutter – wie zu ergänzen ist: bei der Geburt des Kindes – nicht mit dem Vater verheiratet ist. Ist die Mutter bei der Kindesgeburt („überhaupt") verheiratet, so gilt ihr Ehemann als Vater des Kindes (§ 1592 Nr. 1), so dass für die gesetzliche Amtvormundschaft kein Raum bleibt. Darüber hinaus greift § 1791c wohl auch dann nicht ein, wenn die Ehe der Mutter bei der Geburt des Kindes bereits durch den Tod eines Ehegatten aufgelöst ist: Dem vor der Geburt verstorbenen Ehemann wird das Kind nach Maßgabe des § 1593 abstammungsrechtlich zugeordnet; es fehlt an der für die gesetzliche Amtsvormundschaft nach wie vor erforderlichen nichtehelichen Geburt. Dasselbe gilt in den seltenen Fällen, in denen die Mutter vor der Geburt verstirbt und ihr Ehemann, etwa weil minderjährig, nicht sorge(ausübungs)berechtigt ist.

6 b) **Notwendigkeit eines Vormunds.** Weitere Voraussetzung ist, dass das Kind nach Maßgabe des § 1773 eines Vormunds bedarf. Das ist dann der Fall, wenn das Kind nicht unter elterlicher Sorge steht oder die elterliche Sorge – etwa bei Minderjährigkeit oder Geschäftsunfähigkeit der allein sorgeberechtigten Mutter – ruht. Zu den Einzelheiten vgl. § 1773 Rn. 4 ff.

7 c) **Aufenthalt im Geltungsbereich dieses Gesetzes.** Schließlich ist Voraussetzung, dass das Kind seinen gewöhnlichen Aufenthalt im Geltungsbereich dieses Gesetzes hat. Das Jugendamt, in dessen Bezirk die Mutter ihren gewöhnlichen Aufenthalt hat, wird mit der Geburt des Kindes dessen Vormund. Ist ein gewöhnlicher Aufenthalt der Mutter nicht festzustellen, so ist ihr tatsächlicher Aufenthalt maßgebend (§ 87c Abs. 1 S. 3 SGB VIII). Ist ein Kind im Ausland geboren, so tritt – bei Vorliegen der übrigen Voraussetzungen des Abs. 1 S. 1 – die gesetzliche Amtspflegschaft in dem Zeitpunkt ein, in dem das Kind seinen gewöhnlichen Aufenthalt im Inland nimmt.[2] Das entspricht dem früheren Recht (§ 41 Abs. 1 S. 2 iVm. § 40 Abs. 4 S. 1 JWG; vgl. auch § 1709 Abs. 2 S. 1 BGB aF für den Fall der Amtspflegschaft); der ersatzlose Wegfall dieser Regelung lässt angesichts der legislativen Qualität des SGB VIII keinerlei Schlüsse auf einen vom bisherigen Recht abweichenden – welchen auch? – Gesetzeswillen zu. Das zuständige Jugendamt dürfte sich analog § 87c Abs. 1 S. 1, S. 3 SGB VIII bestimmen.

8 d) **Keine Wirkung bei schon bestelltem Vormund.** Die Amtsvormundschaft tritt allerdings nicht ein, wenn für das Kind schon vor der Geburt ein Vormund bestellt wurde (§ 1774 S. 2). Das Gesetz eröffnet folglich die Möglichkeit, den Eintritt der gesetzlichen Amtsvormundschaft zu vermeiden. Dies kommt insbesondere dann in Betracht, wenn – etwa bei Minderjährigkeit der Kindesmutter – abzusehen ist, dass das Kind eines Vormunds bedürfen wird und wenn eine für die Einzelvormundschaft geeignete Person bereit ist, als Vormund zu fungieren (auch ein Vereinsvormund käme theoretisch in Betracht). Der Zusammenhang mit §§ 1887, 1889 Abs. 2 ergibt, dass das FamG in solchem Fall zur vorgeburtlichen Vormundbestellung verpflichtet ist, um auch hier dem Vorrang der Einzelvormundschaft vor der Amtsvormundschaft Rechnung zu tragen.

9 **2. Nachträgliche Beseitigung der Vaterschaftsfiktion (Abs. 1 S. 2).** Nach Abs. 1 S. 2 tritt die gesetzliche Amtsvormundschaft auch dann ein, wenn nach der Geburt des Kindes die Vaterschaft – in der flachen Diktion des Gesetzes – durch Anfechtung „beseitigt" wird. Auch hier ist erforderlich, dass das Kind im Zeitpunkt der Rechtskraft „der" Entscheidung – gemeint ist: des Statusurteils – gem. § 1773 eines Vormundes bedarf. Mit der Rechtskraft tritt die gesetzliche Amtsvormundschaft ein – freilich auch hier nur, wenn nicht schon zuvor ein Vormund bestellt worden ist, etwa weil den Eltern vor der Entscheidung die Sorge entzogen worden war. Amtsvormund wird das Jugendamt, in dessen Bezirk die Mutter in dem Zeitpunkt, in dem die Entscheidung rechtskräftig wird, ihren gewöhnlichen Aufenthalt hat oder bei Fehlen eines solchen sich tatsächlich aufhält (§ 87c Abs. 1 S. 2, S. 3 SGB VIII).

10 **3. Vorangegangene Pflegschaft des Jugendamts (Abs. 2).** Die Amtsvormundschaft tritt nach Abs. 2 ein, wenn ein Jugendamt zunächst Pfleger (§ 1709) des (nach früherem Sprachgebrauch:) nichtehelichen Kindes war, wenn diese Pflegschaft kraft Gesetzes endet und wenn das Kind nunmehr gem. § 1773 eines Vormundes bedarf. Der Anwendungsbereich der Regelung ist mit dem Wegfall der gesetzlichen Amtspflegschaft (§ 1709 BGB aF) schmal geworden.[3] Vorstellbar sind Fälle, in denen nur ein Elternteil sorgeberechtigt ist, diesem Elternteil ein Teil der Sorge

---
[2] Staudinger/Engler Rn. 8.
[3] Erman/Saar Rn. 5.

entzogen und dem Kind insoweit ein Pfleger bestellt wird.[4] Endet in einem solchen Fall die Sorge des Elternteils – etwa weil der Elternteil stirbt, für tot erklärt wird oder weil ihm die Sorge gänzlich entzogen wird – so endet nach § 1918 auch die Pflegschaft; dasselbe gilt, wenn die Sorge des Elternteils zum Ruhen kommt.[5] Die Regelung des § 1791c Abs. 2 zielt für diese Fälle auf Kontinuität: Bedarf das Kind im Zeitpunkt der Beendigung der Amtspflegschaft eines Vormunds, so wird ipso iure dasjenige Jugendamt Vormund, das bisher Pfleger war. Die Amtsvormundschaft tritt mangels Schutzbedürfnisses allerdings nicht ein, wenn das FamG zugleich mit dem Beschluss, welcher dem bis dahin sorgeberechtigten Elternteil das Sorgerecht entzieht, einen Einzelvormund bestellt.[6]

4. Keine gesetzliche Amtsvormundschaft. Die in § 1791c genannten Fallkonstellationen 11 regeln die gesetzliche Amtsvormundschaft erschöpfend. In einer Reihe von Fällen kommt es deshalb bei (im früheren Sprachgebrauch:) nichtehelichen Kindern nicht zur gesetzlichen Amtsvormundschaft, obwohl auch hier das Kindeswohl eine rasche Klärung verlangt: So etwa, wenn der vor der Geburt bestellte Einzelvormund nach gewisser Amtszeit stirbt; oder wenn das Jugendamt als gesetzlicher Amtsvormund gem. §§ 1887, 1889 entlassen wurde und der statt dessen bestellte Vormund nunmehr wegfällt. In diesen Fällen ist ein Vormund jeweils auszuwählen und zu bestellen, sofern nicht ausnahmsweise eine wirksame Berufung vorliegt.

III. Führung, Wechsel und Ende der gesetzlichen Amtsvormundschaft

1. Mitteilungspflichten. Das Gesetz ist bemüht, dem Jugendamt die alsbaldige Wahrnehmung 12 seiner Vormundaufgaben zu ermöglichen. Der Standesbeamte hat deshalb die Geburt eines Kindes, dessen Eltern nicht miteinander verheiratet sind, unverzüglich dem Jugendamt anzuzeigen (§ 68 Abs. 1 PStG, § 168a Abs. 1 FamFG). Das Jugendamt hat dann seinerseits dem FamG unverzüglich den Eintritt der Vormundschaft mitzuteilen (§ 57 SGB VIII).

2. Rechtsstellung. Die Rechtsfolgen der gesetzlichen Amtsvormundschaft entsprechen denen 13 der bestellten Amtsvormundschaft. Für das Jugendamt als gesetzlichen Amtsvormund gelten mithin die gleichen Besonderheiten wie für das zum Vormund bestellte Jugendamt (vgl. § 1791b Rn. 10, 12). Das Vormundamt beginnt unmittelbar mit der Verwirklichung eines der Tatbestände des § 1791c Abs. 1 S. 1 oder 2, Abs. 2.[7] Das FamG hat dem Jugendamt zwar nach Abs. 3 eine Bescheinigung über den Eintritt der Vormundschaft zu erteilen; für den Beginn des Vormundamts ist diese Erteilung jedoch ohne Belang.

3. Weiterführung durch ein anderes Jugendamt. Sobald das Kind seinen gewöhnlichen 14 Aufenthalt im Bezirk eines anderen Jugendamts nimmt, hat der bisherige Amtsvormund bei dem Jugendamt des anderen Bezirks die Weiterführung der Amtsvormundschaft zu beantragen; der Antrag kann auch von einem anderen Jugendamt, von jedem Elternteil und von jedem, der ein berechtigtes Interesse des Kindes oder Jugendlichen geltend macht, bei dem die Amtsvormundschaft führenden Jugendamt gestellt werden (§ 87c Abs. 2 S. 1 SGB VIII). Die Vormundschaft geht auf das angegangene Jugendamt über, sobald es sich damit einverstanden erklärt (§ 87c Abs. 2 S. 2 SGB VIII).[8] Eine gerichtliche Entscheidung ist nicht erforderlich. Das abgebende Jugendamt hat den Übergang allerdings dem FamG und jedem Elternteil unverzüglich mitzuteilen; die Mitteilung an das Gericht hat nur deklaratorische Bedeutung.[9] Das FamG ist auch nicht befugt, entgegen dem Einvernehmen der Jugendämter ein drittes Amt zu bestellen. Das FamG kann jedoch angerufen werden, wenn das angegangene Jugendamt den Antrag auf Weiterführung ablehnt (§ 87c Abs. 2 S. 4 SGB VIII), ferner, wenn der bisherige Amtsvormund einen an ihn gerichteten Antrag ablehnt, die Führung der Vormundschaft an ein anderes Jugendamt abzugeben.[10]

4. Entlassung. Die Entlassung des Jugendamts erfolgt nach §§ 1887, 1889 Abs. 2. 15

---

[4] *Erman/Saar* Rn. 5.
[5] Nach LG Saarbrücken DAVorm. 1996, 906 soll einer zugleich mit der Ruhensanordnung ausgesprochenen Bestellung des Jugendamtes zum Vormund nur deklaratorische Bedeutung zukommen.
[6] OLG Hamm DAVorm. 1985, 502; *Staudinger/Engler* Rn. 13; RGRK/*Dickescheid* Rn. 7.
[7] Zur örtlichen Zuständigkeit des FamG vgl. § 152 Abs. 2, § 2 Abs. 2 FamFG und (zur Rechtslage unter dem FGG) OLG Hamm FamRZ 1996, 57.
[8] Zur Abgabe des gerichtlichen Verfahrens in einem solchen Fall: BayObLG FamRZ 1994, 1187.
[9] Vgl. BayObLG FamRZ 1977, 664, 666.
[10] BayObLG FamRZ 1977, 664, 667; OLG Stuttgart DAVorm. 1962, 11; OLG Karlsruhe DAVorm. 1967, 297, 298 (zu JWG).

§ 1792 Gegenvormund

(1) ¹Neben dem Vormund kann ein Gegenvormund bestellt werden. ²Ist das Jugendamt Vormund, so kann kein Gegenvormund bestellt werden; das Jugendamt kann Gegenvormund sein.

(2) Ein Gegenvormund soll bestellt werden, wenn mit der Vormundschaft eine Vermögensverwaltung verbunden ist, es sei denn, dass die Verwaltung nicht erheblich oder dass die Vormundschaft von mehreren Vormündern gemeinschaftlich zu führen ist.

(3) Ist die Vormundschaft von mehreren Vormündern nicht gemeinschaftlich zu führen, so kann der eine Vormund zum Gegenvormund des anderen bestellt werden.

(4) Auf die Berufung und Bestellung des Gegenvormunds sind die für die Begründung der Vormundschaft geltenden Vorschriften anzuwenden.

Übersicht

	Rn.
I. Normzweck	1
II. Voraussetzungen	2–11
1. Ermessen als Grundsatz	2
2. Unzulässigkeit eines Gegenvormunds	3–5
3. Ermessensbindung bei Vermögensverwaltung	6–10
a) Regel	6
b) Ausnahmen	7–9
c) Konsequenzen	10
4. Gegenvormund bei Mitvormundschaft	11
III. Anwendbare Vorschriften (Abs. 4)	12
IV. Verfahren	13–16
1. Anordnung oder Ablehnung	14
2. Person des Gegenvormunds	15
3. Zurückweisung der Weigerung	16
V. Parallelvorschriften	17

I. Normzweck

1 Die durch das NEhelG neugefasste Vorschrift betrifft die Bestellung eines Gegenvormunds, dessen Rechtsstellung in § 1799 näher umrissen ist. Der Gegenvormund hat die Funktion, den **Vormund zu überwachen**. Seine Rechtsstellung ist indes nicht stark ausgebaut. Er selbst hat keine rechtlichen Befugnisse, um den Vormund zur Pflichterfüllung anzuhalten;[1] er ist darauf beschränkt, Pflichtwidrigkeiten des Vormunds dem Gericht anzuzeigen (§ 1799 Abs. 1 S. 2). Auch kommt dem Gegenvormund – selbst in Notfällen – keine Vertretungsmacht zu. Allerdings bedürfen bestimmte Rechtsgeschäfte des Vormunds der Zustimmung des Gegenvormunds (§§ 1809, 1810, 1812, 1824); diese kann aber regelmäßig durch die Genehmigung des FamG ersetzt werden (§§ 1809, 1810 S. 1 HS. 2, 1812 Abs. 2). Die Kontrolle des Vormunds ist also hauptsächlich dem FamG überantwortet. Der Mitvormund unterscheidet sich vom Gegenvormund dadurch, dass er die anderen Mitvormünder in der Führung der Vormundschaft unterstützen soll (§ 1797), während der Gegenvormund nur Kontrollorgan ist.

II. Voraussetzungen

2 **1. Ermessen als Grundsatz.** Ein Gegenvormund kann, muss jedoch nicht bestellt werden. Die Entscheidung hierüber liegt grundsätzlich (vgl. die Soll-Vorschrift des Abs. 2) im Ermessen des FamG, das auch durch den Elternwillen nicht gebunden wird: Die Eltern können zwar für den Fall der Bestellung eines Gegenvormunds eine Person als Gegenvormund benennen; sie können aber nicht verbindlich anordnen, dass überhaupt ein Gegenvormund bestellt wird.[2] Entsprechend § 1775 können auch mehrere Gegenvormünder bestellt werden, wenn dafür besondere Gründe vorliegen. Trotz Abs. 2 wird vom Rechtsinstitut der Gegenvormundschaft kein häufiger Gebrauch gemacht.

3 **2. Unzulässigkeit eines Gegenvormunds.** In zwei Fällen darf ein Gegenvormund nicht bestellt werden:

4 – Nach § 1792 Abs. 1 S. 2 ist die Bestellung eines Gegenvormunds neben der **Amtsvormundschaft** (§§ 1791b und c) ausgeschlossen. Eine dem zuwider erfolgende Gegenvormundbestellung

---

[1] KG KGJ 27, 11 = RJA 4, 73; *Soergel/Zimmermann* Rn. 2.
[2] *Soergel/Zimmermann* Rn. 7.

ist unwirksam.³ Ausdrücklich stellt § 1792 Abs. 1 S. 2 Hs. 2 klar, dass umgekehrt das Jugendamt Gegenvormund eines Einzel- oder Vereinsvormundes sein kann.

– Die **Eltern** können die Bestellung eines Gegenvormunds gem. §§ 1852 Abs. 1, 1855 ausschließen (beachte aber § 1857). Eine dem Ausschluss zuwider erfolgte Bestellung eines Gegenvormunds ist gleichwohl wirksam, doch ist der Gegenvormund von Amts wegen mit Wirkung ex nunc zu entlassen.⁴

3. Ermessensbindung bei Vermögensverwaltung. a) Regel. § 1792 Abs. 2 schränkt die grundsätzliche Ermessenfreiheit des Vormundschaftsgerichts für den Fall ein, dass mit der Führung der Vormundschaft eine Vermögensverwaltung verbunden ist. Dies ist – mögen die Vermögensgegenstände auch noch so gering sein – eigentlich immer der Fall.

b) Ausnahmen. Wichtig sind daher die Ausnahmen von der Soll-Vorschrift.

Die Gegenvormundschaft kann entfallen, wenn die Verwaltung des **Mündelvermögens nicht erheblich** ist. Dafür sind Höhe und Umfang des Vermögens nicht allein maßgeblich;⁵ es kommt wesentlich auf Art, Umfang und Schwierigkeit der Vermögensverwaltung an. Allerdings ist dem aus älterer Rechtsprechung datierenden Satz, ein großes Vermögen bedinge nicht notwendig einen erheblichen Verwaltungsaufwand,⁶ in heutigen Zeiten rasch veränderter Währungs- und Wertverhältnisse mit Misstrauen zu begegnen. Sind in größerem Umfang fortlaufende Einnahmen und Ausgaben zu verbuchen, so ist eine erhebliche Vermögensverwaltung anzunehmen.⁷ Andererseits ergibt sich aus dem Vorliegen einzelner genehmigungsbedürftiger Geschäfte noch nicht die Erforderlichkeit einer Gegenvormundbestellung (§§ 1810 S. 2, 1812 Abs. 3).⁸

Die Gegenvormundschaft kann – auch bei erheblicher Vermögensverwaltung – ferner entfallen, wenn die Vormundschaft **von Mitvormündern gemeinschaftlich** geführt wird (§ 1797 Abs. 1). In diesem Fall ergibt sich die gegenseitige Überwachung bereits aus der Notwendigkeit des Zusammenwirkens.

c) Konsequenzen. Bestellt das FamG keinen Gegenvormund, obwohl dies zB wegen umfangreicher Vermögensverwaltung geboten wäre, so kommt für daraus resultierende Schäden die Staatshaftung (Art. 34 GG, § 839 BGB) in Betracht. Liegt dagegen einer der genannten Ausnahmefälle (b) vor, dann entfällt zwar das Gebot, bei erheblicher Vermögensverwaltung einen Gegenvormund zu bestellen; es liegt aber im Ermessen des FamG, ob es nicht gleichwohl einen Gegenvormund für zweckmäßig hält.

4. Gegenvormund bei Mitvormundschaft. Während bei gemeinschaftlicher Mitvormundschaft (§ 1797 Abs. 1) in keinem Fall ein Gegenvormund bestellt werden muss (vgl. Rn. 9), bleibt es bei geteilter Mitvormundschaft (§ 1797 Abs. 2) bei dem Gebot der Gegenvormundbestellung. Sie wird durch die Regelung des § 1792 Abs. 3 ermöglicht, wonach ein Mitvormund jeweils zum Gegenvormund des (oder der) anderen bestellt werden kann. Die Mitvormünder überwachen sich so als Gegenvormünder in den jeweils dem (den) anderen zugewiesenen Wirkungskreisen.

III. Anwendbare Vorschriften (Abs. 4)

Kraft Verweisung gelten für die Berufung und Bestellung des Gegenvormunds die „für die Begründung der Vormundschaft geltenden Vorschriften". Der Ausdruck ist missverständlich. Es muss nicht etwa zunächst die Gegenvormundschaft angeordnet werden, bevor ein Gegenvormund ausgewählt und bestellt werden kann (also keine Anwendung des § 1774, wohl aber der §§ 1775 bis 1791). Ob (überhaupt) ein Gegenvormund bestellt werden soll, entscheidet das FamG nach Maßgabe des Abs. 1, 2. Entschließt sich das FamG, einen Gegenvormund zu bestellen, bestimmt sich die Frage, welche Person Gegenvormund wird, nach Abs. 4 iVm. 1776, 1779: Vorrangig ist eine Berufung durch die Eltern (§ 1776). Liegt keine wirksame Berufung vor, obliegt die Auswahl des Gegenvormunds dem Gericht; die Eltern können jedoch bestimmte Personen gem. Abs. 4 iVm. § 1782 als Gegenvormund ausschließen. Der Umstand, dass die berufene oder ausgewählte Person mit dem Vormund verwandt oder befreundet ist, schließt rechtlich gesehen ihre Bestellung zum Gegenvor-

---

³ *Soergel/Damrau* (12. Aufl.) Rn. 5.
⁴ *Soergel/Zimmermann* Rn. 4.
⁵ BayObLG FamRZ 2004, 1992; 1994, 325.
⁶ BayObLGZ 14, 210, 212.
⁷ *Staudinger/Engler* Rn. 5.
⁸ *Staudinger/Engler* Rn. 5; *Palandt/Diederichsen* Rn. 3.

§ 1793   Abschnitt 3. Titel 1. Vormundschaft

mund nicht aus;⁹ im Rahmen seiner Auswahl nach § 1779 hat freilich das FamG auf nahe liegende Interessenkollisionen Bedacht zu nehmen.

Zum Gegenvormund kann auch ein Verein oder das Jugendamt bestellt werden (Abs. 4 iVm. § 1791a; Abs. 1 S. 2 HS. 2). Der Vereinsvormund kann seinerseits einen Gegenvormund erhalten (§ 1791a Abs. 4), der Amtsvormund nicht (Abs. 1 S. 2 HS 1).

IV. Verfahren

13   Zuständig ist das FamG (Rechtspfleger, § 3 Nr. 2 a, § 14 RPflG). Gegen die Entscheidung findet die Beschwerde statt (§ 58 Abs. 1 FamFG, § 11 Abs. 1 RPflG). **Beschwerdeberechtigt** ist in jedem Fall der Mündel (§ 59 Abs. 1, § 60 FamFG); im übrigen ist zu unterscheiden:

14   1. **Anordnung oder Ablehnung.** Gegen die Ablehnung, einen Gegenvormund zu bestellen, ist der Vormund nicht beschwerdeberechtigt. Dasselbe gilt für die Bestellung eines Gegenvormunds: Auch durch sie werden eigene Rechte des Vormunds (§ 59 Abs. 1 FamFG) nicht beeinträchtigt, da dem Gegenvormund nur eine Kontrollfunktion zukommt, die den Aufgabenkreis des Vormunds als solchen nicht beschneidet (anders bei der Bestellung eines Mitvormunds, die deshalb der Zustimmung des von den Eltern berufenen Vormunds bedarf, § 1778 Abs. 4; anders auch bei der Bestellung eines Pflegers, die nach § 1794 zu einer Einschränkung der Zuständigkeit des Vormunds führt, damit in eigene Rechte jedenfalls eines von den Eltern berufenen Vormunds eingreift und diesem deshalb ein Beschwerderecht eröffnet, vgl. § 1794 Rn. 8). Mangels Beeinträchtigung eigener Rechte ist auch der von den Eltern als Gegenvormund Berufene (§ 1776) nicht beschwerdeberechtigt, wenn sich das FamG dahin entscheidet, (überhaupt) keinen Gegenvormund zu bestellen.

15   2. **Person des Gegenvormunds.** Hinsichtlich der Entscheidung über die Person des Gegenvormunds ist zu unterscheiden zwischen dem Fall der Berufung durch die Eltern (§ 1776) und der Auswahl durch das Gericht (§ 1779). Wer als Gegenvormund trotz (behaupteter) Elternberufung übergangen wird, ist beschwerdeberechtigt (§ 59 Abs. 1 FamFG; vgl. § 1778 Rn. 18) – immer vorausgesetzt, dass das FamG überhaupt einen Gegenvormund bestellt (siehe Rn. 14). Zur Beschwerdeberechtigung dessen, der sich bei der Auswahl gem. § 1779 übergangen fühlt, vgl. § 1779 Rn. 22 ff. Zur Problematik, wenn ein von den Eltern gem. § 1782 Ausgeschlossener zum Gegenvormund bestellt wird, siehe vgl. § 1782 Rn. 11 bis 13.

16   3. **Zurückweisung der Weigerung.** Weigert sich der Gegenvormund, das Amt zu übernehmen und wird die Weigerung zurückgewiesen, so steht ihm hiergegen die Beschwerde zu Gebote (§ 58 Abs. 1, § 59 Abs. 1 FamFG, § 11 Abs. 1 RPflG).

V. Parallelvorschriften

17   Durch Verweisung des § 1908i Abs. 1 S. 1 auf §§ 1792, 1799 ist auch für das Betreuungsrecht die Rechtsfigur des „Gegenbetreuers" geschaffen. Zur Problematik dieser Verweisung im Einzelnen vgl. Erl. zu § 1908i. Gemäß § 1915 Abs. 2 ist bei der Pflegschaft die Bestellung eines Gegenvormunds zulässig, aber auch unter den Voraussetzungen des § 1792 Abs. 2 nicht geboten.

Untertitel 2. Führung der Vormundschaft

§ 1793 Aufgaben des Vormunds, Haftung des Mündels

(1) ¹Der Vormund hat das Recht und die Pflicht, für die Person und das Vermögen des Mündels zu sorgen, insbesondere den Mündel zu vertreten. ² § 1626 Abs. 2 gilt entsprechend. ³Ist der Mündel auf längere Dauer in den Haushalt des Vormunds aufgenommen, so gelten auch die §§ 1618a, 1619, 1664 entsprechend.

(1a) ¹Der Vormund hat mit dem Mündel persönlichen Kontakt zu halten. ²Er soll den Mündel in der Regel einmal im Monat in dessen üblicher Umgebung aufsuchen, es sei denn, im Einzelfall sind kürzere oder längere Besuchsabstände oder ein anderer Ort geboten.

---

⁹ KG DJZ 1913, 236; KG OLGE 43, 380; *Staudinger/Engler* Rn. 10; *Soergel/Zimmermann* Rn. 9; RGRK/ *Dickesscheid* Anm. 9; *Erman/Saar* Rn. 6.

Aufgaben des Vormunds, Haftung des Mündels 1, 2 § 1793

(2) **Für Verbindlichkeiten, die im Rahmen der Vertretungsmacht nach Absatz 1 gegenüber dem Mündel begründet werden, haftet der Mündel entsprechend § 1629a.**

Übersicht

	Rn.		Rn.
I. Normzweck, Überblick	1–16	7. Beschränkungen der Vertretungsmacht	27–34
1. Nachbildung des elterlichen Sorgerechtes	2	a) Rechtsgeschäfte mit höchstpersönlichem Charakter	28
2. Bestimmungsbefugnisse	3	b) Nachteilige Rechtsgeschäfte	29
3. Anwendbarkeit des § 1626 Abs. 2	4	c) Interessenkollisionen	30
4. Unterschied zur Rechtsstellung der Eltern	5–7	d) Ermächtigungen nach §§ 112, 113	31
a) Selbständige Stellung	6	e) Genehmigungsvorbehalt des Familiengerichts	32
b) Geltung der §§ 1618a, 1619, 1664	7	f) Genehmigungsvorbehalte zugunsten eines Gegenvormundes	33
5. Rahmen der Selbständigkeit des Vormunds	8	g) Mehrere Vormünder	34
6. Stärkere Einschränkungen	9–16	**V. Die Beteiligung Dritter**	35–43
a) Bestimmte Sorgebereiche	10	1. Keine Übertragbarkeit der Vormundschaftsrechte	35
b) Hinderung, als gesetzlicher Vertreter zu handeln	11	2. Ermächtigung zur Ausübung tatsächlicher Personensorge	36
c) Genehmigung des Familiengerichts	12	3. Stellvertretung im rechtsgeschäftlichen Bereich	37–39
d) Gegenvormund	13	a) Vertreter des Vormundes	38
e) Mitvormund	14	b) Vollmacht im Namen des Mündels	39
f) Weisungen Dritter (§ 1803)	15	4. Generalvollmacht	40
g) Kontrolle durch das Familiengericht	16	5. Unwiderrufliche Vollmacht	41
II. Die Personensorge	17, 18	6. Kein familiengerichtlicher Genehmigungsvorbehalt	42
1. Anwendbarkeit der Vorschriften über das elterliche Sorgerecht	17	7. Wirksamkeit der Vollmacht und Fortbestand der gesetzlichen Vertretung	43
2. Tatsächliche Personensorge	18	**VI. Pflicht zum persönlichen Kontakt**	44–48
III. Die Vermögenssorge	19, 20	**VII. Haftung**	49–56
1. Detaillierte Regelung	19	1. Haftung des Vormunds	49–51
2. Erhaltung und Vermehrung des Mündelvermögens	20	a) Rechtsgrundlage § 1833	49
IV. Gesetzliche Vertretung	21–34	b) Haftpflichtversicherung	50
1. Grundsätzliche Übereinstimmung mit der elterlichen Vertretung	21	c) Haftungserleichterung nach § 1664	51
2. Geschäftsfähigkeit des Mündels	22	2. Haftung des Mündels für das Verhalten des Vormunds	52–56
3. Umfang der Vertretungsmacht	23	a) Grundsatz: Haftung nach § 278	52
4. Unmittelbare Stellvertretung, Überschuldungsschutz	24	b) Mitverschulden des Vormunds bei Schädigung des Mündels durch Dritte (§ 254)	53
5. Handeln im eigenen Namen	25	c) Fehlende familiengerichtliche Genehmigung	54
6. Über das Vormundschaftsende hinauswirkende Geschäfte	26	d) Überschuldungsschutz	55
		e) Deliktische Haftung	56
		VIII. Parallelvorschriften	57

I. Normzweck, Überblick

Die Vorschrift umschreibt als Zentralnorm die vormundschaftliche Sorge. Das BtÄndG hat der **1** Regelung den Abs. 1 Satz 2 eingefügt; das MHbeG (vgl. Erl. zu § 1629a) hat ihr den Abs. 2 angefügt. Mit dem Gesetz zur Änderung des Vormundschafts- und Betreuungsrechts wurde der neue Abs. 1a eingeschoben. Die Grundstruktur der Vormundschaft wird durch diese Änderungen nicht berührt.

1. Nachbildung des elterlichen Sorgerechtes. Strukturell ist die Rechtsposition des Vor- **2** munds dem elterlichen Sorgerecht nachgebildet. Der Vormund hat umfassend, soweit keine gesetzlichen Ausnahmen bestehen, das Recht und die Pflicht, für Person und Vermögen des Mündels zu sorgen. Soweit diese Aufgabe reicht, hat der Vormund die Funktion des gesetzlichen Vertreters des Mündels (§ 1793 S. 1). Ziel der Ausübung des Sorgerechts ist das „Mündelwohl" als Inbegriff der

§ 1793 3–11 Abschnitt 3. Titel 1. Vormundschaft

Integritäts-, Erziehungs-, Entfaltungs- und Vermögensinteressen des Mündels gemäß seiner jeweiligen Lebenssituation (Alter, Ausbildungsstand etc.). Die Belange der Angehörigen sind zweitrangig.[1]

3 **2. Bestimmungsbefugnisse.** Zur Durchführung stehen dem Vormund wie sorgeberechtigten Eltern Bestimmungsbefugnisse zu, die er – vorbehaltlich gesetzlicher Ausnahmen – einseitig ausüben kann (gesetzliche Vertretungsmacht, auch bei Geschäften des Mündels gemäß §§ 107 bis 113; Befugnis, auf das Verhalten des Mündels durch Ge- und Verbote einzuwirken; Befugnis der Aufenthalts- und Umgangsbestimmung gemäß §§ 1800, 1631 Abs. 1, 1632 Abs. 1, 2; Bestimmungsbefugnisse im Bereich von Ausbildung und Beruf, vgl. dazu § 1800 Rn. 10 ff.).

4 **3. Anwendbarkeit des § 1626 Abs. 2.** Auch für den Vormund gilt nach Satz 2 die Aussage des § 1626 Abs. 2, wonach er die wachsende Fähigkeit und das wachsende Bedürfnis des Mündels zu selbständigem verantwortungsbewusstem Handeln berücksichtigen, Fragen der Vormundschaft mit ihm besprechen und Einvernehmen anstreben soll. Die Relevanz des eigenen Willens des beschränkt geschäftsfähigen Mündels wird darüber hinaus bei einer Reihe von höchstpersönlichen Rechtsgeschäften sichergestellt (vgl. Rn. 28). Im Übrigen ist der Wille des Vormunds – unbeschadet einer familiengerichtlichen Intervention nach § 1837 – auch ohne und gegen den Willen des Mündels maßgebend.[2]

5 **4. Unterschied zur Rechtsstellung der Eltern.** Der Substanz nach ist die Rechtsstellung des Vormunds von derjenigen sorgeberechtigter Eltern wesensverschieden:

6 **a) Selbständige Stellung.** Zwar ist auch dem Vormund für die Durchführung seiner Aufgabe eine selbständige Stellung zuzugestehen,[3] da eine Gängelung durch Behörden und Gerichte die Bereitschaft des Vormunds, insbesondere des Einzelvormunds, zum Engagement ersticken würde. Doch beruht die Selbständigkeit des Vormunds, anders als bei den Eltern, nicht auf verfassungsrechtlichen und naturrechtlichen Positionen, vielmehr auf Zweckerwägungen des Mündelwohls.

7 **b) Geltung der §§ 1618a, 1619, 1664.** Allerdings zeigt sich der moderne Gesetzgeber bestrebt, die Vormundschaft dem Eltern-Kind-Verhältnis anzunähern und damit auch die elternähnliche Stellung des Vormunds stärker zu betonen (Vor § 1773 Rn. 14). Dies gilt namentlich dort, wo der Mündel längerfristig in den Haushalt des Vormunds aufgenommen ist: Die Lebenssituation wird hier vielfach einem leiblichen Eltern-Kind-Verhältnis ähneln. Die von Abs. 1 Satz 2 angeordnete Geltung der §§ 1618a, 1619, 1664, die Ausfluss des personalen Rechtsverhältnisses zwischen den Eltern und ihrem Kind sind, trägt dem Rechnung.

8 **5. Rahmen der Selbständigkeit des Vormunds.** Häufig wird in Lit. und Rspr. die Selbständigkeit des Vormunds darauf beschränkt, dass die von ihm getroffenen Ermessensentscheidungen nicht vom FamG oder von Dritten ersetzt werden können;[4] die Anwendung des für Verwaltungshandeln entwickelten Ermessensbegriffs auf den Vormund zeitigt jedoch – jedenfalls für die Einzelvormundschaft – eine zu stark einengende Tendenz (vgl. § 1837 Rn. 16).

9 **6. Stärkere Einschränkungen.** Die Sorgebefugnisse des Vormunds unterliegen insgesamt gesehen weitaus stärkeren Einschränkungen als die von sorgeberechtigten Eltern. Im Überblick ergeben sich folgende Beschränkungen:

10 **a) Bestimmte Sorgebereiche.** Bestimmte Sorgebereiche oder -angelegenheiten sind von der Sachwaltung des Vormunds **ausgenommen** oder können ausgenommen sein. Das Sorgerecht erstreckt sich nicht auf Angelegenheiten, für die ein Pfleger bestellt ist (§ 1794). Die Personensorge des Vormunds für einen mj. Mündel kann durch ein „Nebensorgerecht" eines Elternteils gemäß § 1673 Abs. 2 eingeschränkt sein. Die Personensorge für einen verheirateten oder verheiratet gewesenen mj. Mündel beschränkt sich auf die Vertretung in persönlichen Angelegenheiten (§§ 1800, 1633). Lebt der verheiratete Mündel in Gütergemeinschaft mit gemeinschaftlicher Verwaltung, so hat der Vormund keine Verwaltungsbefugnisse (§ 1458). Die Sorge für die religiöse Erziehung kann gemäß § 1801 Abs. 1 entzogen sein. Aus §§ 112, 113 kann sich eine Teilmündigkeit des Mündels ergeben.

11 **b) Hinderung, als gesetzlicher Vertreter zu handeln.** In einer Reihe von Fällen ist der Vormund gehindert, als gesetzlicher Vertreter des Mündels zu handeln (Übersicht siehe Rn. 27 bis 31).

---

[1] RG JW 1912, 67, 68; LG Kiel MDR 1955, 37.
[2] BGH NJW 1967, 2404, 2405.
[3] Vgl. BGHZ 17, 108, 116 = NJW 1955, 867; BGH DNotZ 1967, 320, 322.
[4] *Soergel/Zimmermann* Rn. 2; OLG Celle ZBlJugR 1954, 114; BayObLG JW 1927, 1217; BayObLGZ 1951, 440, 441.

c) **Genehmigung des Familiengerichts.** Zu zahlreichen Geschäften bedarf der Vormund 12 der Genehmigung des FamG (siehe §§ 1809 bis 1824 sowie weitere Vorschriften, siehe die Aufzählung unten Rn. 32).

d) **Gegenvormund.** Das Sorgerecht des Vormunds kann durch Kontrollrechte eines Gegenvormunds 13 eingeschränkt sein (§ 1792, § 1799). Für bestimmte Geschäfte bedarf der Vormund der Genehmigung des Gegenvormunds (§ 1812 Abs. 1) oder soll sie einholen (§ 1810). – Zur Genehmigung siehe §§ 1832, 1828 bis 1831.

e) **Mitvormund.** Es kann die Mitwirkung eines Mitvormunds (§§ 1797 bis 1798) oder eines 14 Pflegers erforderlich sein, wenn dessen Wirkungskreis mitbetroffen ist (§ 1794).

f) **Weisungen Dritter (§ 1803).** Weisungen Dritter können im Rahmen des § 1803 für den 15 Vormund verbindlich sein.

g) **Kontrolle durch das Familiengericht.** Der Vormund unterliegt – stärker als die Eltern – 16 in seiner Amtsführung der Kontrolle durch das FamG (§§ 1837 bis 1847) und das Jugendamt (§ 1851; § 53 Abs. 3 SGB VIII).

II. Die Personensorge

1. Anwendbarkeit der Vorschriften über das elterliche Sorgerecht. Für die Personen- 17 sorge des Vormunds gelten die Vorschriften des elterlichen Sorgerechts in §§ 1631 bis 1633, § 1800. Besondere Einschränkungen ergeben sich aus § 1801 (religiöse Erziehung), §§ 1633, 1800 (verheirateter Mündel), sowie § 1673 Abs. 2 (Nebensorgerecht eines Elternteils). Das FamG ist verpflichtet, den Vormund zu beraten und bei der Einführung in seine Aufgaben mitzuwirken (§ 1837 Abs. 1). Auf Antrag hat es den Vormund bei der Ausübung der Personensorge in geeigneten Fällen zu unterstützen (§ 1631 Abs. 3 iVm. § 1800). Auch dem Jugendamt gegenüber hat der Vormund Anspruch auf regelmäßige und dem jeweiligen erzieherischen Bedarf des Mündels entsprechende Beratung und Unterstützung (§ 53 Abs. 2 SGB VIII). Beachte ferner die Möglichkeiten des Vormunds, Hilfen zur Erziehung in Anspruch zu nehmen,[5] etwa eines Erziehungsbeistandes und Betreuungshelfers nach § 30 SGB VIII.

2. Tatsächliche Personensorge. Dem Vormund obliegt auch die tatsächliche Personensorge. 18 Will er den Mündel nicht dauernd bei sich aufnehmen, so kommt die – genehmigungsfreie – Unterbringung in einer Pflegefamilie oder einer offenen Erziehungsanstalt in Betracht (zur Unterbringungsproblematik in geschlossenen Anstalten siehe § 1800 Rn. 22 ff.).

III. Die Vermögenssorge

1. Detaillierte Regelung. Die Vermögenssorge des Vormunds ist detailliert geregelt (§§ 1802 19 bis 1832). Im Übrigen gelten gleiche Regeln wie beim elterlichen Sorgerecht. Der Vormund hat das Recht und die Pflicht, das Vermögen des Mündels in Besitz zu nehmen; Drittverwaltungsrechte wirken auch ihm gegenüber, zB. Testamentsvollstreckung.[6] Der Vormund ist unmittelbarer Fremdbesitzer, der Mündel mittelbarer Eigenbesitzer der zum Mündelvermögen gehörigen Sachen; die Vormundschaft begründet also ein Besitzmittlungsverhältnis nach § 868. Überlässt der Vormund dem Mündel Sachen zur unmittelbaren Ausübung der tatsächlichen Gewalt, so ist dieser in der Regel als Besitzdiener (§ 855) anzusehen; doch kommt je nach dem Entwicklungsstand des Mündels auch unmittelbarer Eigenbesitz in Betracht.[7] Verweigert der Mündel dem Vormund die Herausgabe von Sachen, so kann das FamG – wo nötig – die Wegnahme nach § 90 FamFG anordnen.[8]

2. Erhaltung und Vermehrung des Mündelvermögens. Der Vormund hat das Mündel- 20 vermögen möglichst zu erhalten und zu vermehren,[9] jedoch ist er auch berechtigt, zur Bestreitung des Unterhalts des Mündels und der Erziehungskosten den Stamm des Vermögens anzugreifen, wenn die Erträgnisse nicht ausreichen.[10] Eine gegen die §§ 1804 ff. verstoßende Vermögensanlage,

---

[5] BVerwG FamRZ 1996, 936: Hilfe zur Erziehung in Vollzeitpflege.
[6] RGZ 106, 185, 187.
[7] *Soergel/Zimmermann* Rn. 5; *RGRK/Dickescheid* Rn. 4; *Staudinger/Engler* Rn. 18.
[8] BGHZ 12, 380, 389 = NJW 1954, 918. So auch OLG Dresden OLGE 26, 118, 119; *Palandt/Diederichsen* Rn. 3; *Staudinger/Engler* Rn. 19; *RGRK/Dickescheid* Rn. 4; *Erman/Saar* Rn. 2; aA (Prozessweg, Mündel erhält dafür einen Pfleger) *Jansen* FGG § 33 Rn. 5; *Soergel/Zimmermann* Rn. 5.
[9] Vgl. RG JW 1912, 67; BayObLGZ 22, 144, 146 = JW 1923, 517.
[10] BGH MDR 1967, 473; BayObLG 1923, 517; *Palandt/Diederichsen* Rn. 3; *Soergel/Zimmermann* Rn. 5; *Staudinger/Engler* Rn. 17; *RGRK/Dickescheid* Rn. 3.

die der Vormund bei seinem Amtsantritt vorfindet, hat er in eine ordnungsgemäße umzuwandeln.[11] Bei der Ausübung der Vermögenssorge sind die wirtschaftlichen Interessen des Mündels nicht isoliert zu sehen; möglicherweise können im konkreten Fall wirtschaftliche Nachteile durch Vorteile im personalen Bereich wettgemacht sein.[12] Im Übrigen treffen den Vormund die allgemeinen Pflichten einer ordnungsgemäßen Vermögensverwaltung, vor allem die Pflicht zur vorschriftsmäßigen Buchführung und zur Abgabe von Erklärungen im Rahmen öffentlich-rechtlicher Abgabepflichten (Steuern etc.).[13] Nicht verpflichtet ist der Vormund, die Geschäftsführung und Vertretung einer Gesellschaft wahrzunehmen, wenn zum Mündelvermögen ein Gesellschaftsanteil gehört;[14] generell wird man ihm die Führung eines kaufmännischen Betriebes nicht ansinnen können. Untersteht ein dem Mündel angefallener Nachlass der Verwaltung eines Testamentsvollstreckers, so verdrängt insoweit dessen Verwaltung die Vermögenssorge des Vormunds.[15] Lebt der verheiratete Mündel in Gütergemeinschaft mit gemeinschaftlicher Verwaltung, so ist der Vormund von der Mitverwaltung des Gesamtguts ausgeschlossen; der andere Ehegatte verwaltet das Gesamtgut allein (§ 1458; anders bei Alleinverwaltung des unter Vormundschaft Stehenden, § 1436).

IV. Gesetzliche Vertretung

21 **1. Grundsätzliche Übereinstimmung mit der elterlichen Vertretung.** Die gesetzliche Vertretung des Mündels durch den Vormund entspricht im Prinzip derjenigen der Eltern für ihre Kinder, allerdings mit weitergehenden Einschränkungen. Die gesetzliche Vertretungsmacht äußert sich, wie die elterliche, sowohl in der Befugnis, im Namen des Mündels rechtsgeschäftlich zu handeln, insbesondere Willenserklärungen abzugeben und zu empfangen (§ 131); als auch in der Befugnis, über das rechtliche Schicksal der von einem beschränkt geschäftsfähigen Mündel abgeschlossenen Geschäfte zu entscheiden (§§ 107 bis 111, vgl. auch für den Empfang von Willenserklärungen § 131 Abs. 2).

22 **2. Geschäftsfähigkeit des Mündels.** Der Vormund kann den Mündel grundsätzlich auch in den Fällen vertreten, in denen dieser selbst handeln könnte[16] (etwa bei beschränkt geschäftsfähigen Mündeln im Fall des § 107); hingegen verdrängt die partielle Vollgeschäftsfähigkeit nach §§ 112, 113 die Befugnisse des Vormunds im betreffenden Bereich; auch ergeben sich Ausnahmen im Interesse der höchstpersönlichen Entfaltung des beschränkt Geschäftsfähigen (Rn. 28).

23 **3. Umfang der Vertretungsmacht.** Der Umfang der Vertretungsmacht ist gegenständlich identisch mit dem Bereich der tatsächlichen Sorge (Ausnahmen: §§ 1633; 1673 Abs. 2 S. 2). Die gesetzliche Vertretung bezieht sich auf Rechtsgeschäfte sowie die sonstige Wahrnehmung rechtlicher Interessen,[17] die Führung von Prozessen (§ 51 ZPO) einschließlich der Einlegung von Rechtsbehelfen auch in Angelegenheiten der Freiwilligen Gerichtsbarkeit[18] (gegebenenfalls konkurrierend mit der selbständigen Beschwerdeausübungsbefugnis des Mündels aus § 60 FamFG), ferner auf die Stellung von Strafanträgen (§ 77 Abs. 3 StGB) und die Abgabe und den Empfang von Erklärungen im Bereich des öffentlichen Rechts (etwa Anträge oder Zustimmungen im Rahmen des Baurechts).

24 **4. Unmittelbare Stellvertretung, Überschuldungsschutz.** Die rechtsgeschäftliche Vertretung des Mündels erfolgt nach den Regeln der unmittelbaren Stellvertretung (§§ 164 ff.). Missbraucht der Vormund seine Vertretungsmacht und erkannte der Dritte den Missbrauch oder musste er ihn erkennen, so kann dem Dritten gegenüber die Arglisteinwand erhoben werden.[19] Mit dem Eintritt der Volljährigkeit beschränkt sich nach Abs. 2 die Haftung des Mündels auf die vom Vormund im Rahmen seiner gesetzlichen Vertretungsmacht begründeten Verbindlichkeiten nach Maßgabe des § 1629a.

25 **5. Handeln im eigenen Namen.** Statt im Namen des Mündels zu handeln kann der Vormund Geschäfte, die er im Interesse des Mündels tätigt, auch im eigenen Namen abschließen, zB Verpflichtungen selbst übernehmen. Allerdings darf das Mündelinteresse dadurch nicht beeinträchtigt werden;[20] das Mündelwohl ist verletzt, wenn etwa der Vormund anstelle des Mündels die diesem

---

[11] Einschränkend RGZ 137, 323; KG NJW 1968, 1836.
[12] Vgl. KG JFG 13, 183, 187; KG JW 1938, 1169; LG Kiel MDR 1955, 37.
[13] *Soergel/Zimmermann* Rn. 5; *Palandt/Diederichsen* Rn. 3; *Staudinger/Engler* Rn. 21.
[14] *Soergel/Zimmermann* Rn. 5.
[15] RGZ 91, 69.
[16] *Staudinger/Engler* Rn. 27.
[17] Vgl. etwa AG Essen WuM 1995, 673: Vertretung in der Wohnungseigentümerversammlung.
[18] HM; so schon KG KGJ 25 A 184; OLG Darmstadt OLGE 32, 328.
[19] RGZ 75, 299, 301; *Dölle* § 124 II 2; *Palandt/Diederichsen* Rn. 11; *Staudinger/Engler* Rn. 24.
[20] RGZ 146, 231, 232; *Palandt/Diederichsen* Rn. 5; *Staudinger/Engler* Rn. 26.

gebührenden Rechte erwirbt (allerdings ist in solchen Fällen auch ein unmittelbarer Rechtserwerb des Mündels nach den Grundsätzen über Erwerbsgeschäfte für den, den es angeht, möglich, obwohl der Vormund im eigenen Namen handelt). Eine dem § 1646 entsprechende Surrogationsvorschrift gibt es im Vormundschaftsrecht nicht.

6. Über das Vormundschaftsende hinauswirkende Geschäfte. Die gesetzliche Vertretungsmacht umfasst auch die Befugnis, Rechtsgeschäfte, insbesondere Dauerschuldverhältnisse, einzugehen, die zeitlich über die Beendigung der Minderjährigenvormundschaft hinauswirken. Nur im Fall des § 1822 Nr. 5 ist ausdrücklich hierzu die familiengerichtliche Genehmigung erforderlich, vgl. ferner § 1822 Nr. 6 und 7. Jedoch soll der Vormund dem Mündel nicht ohne hinreichenden Grund derart weitgehende Verpflichtungen auferlegen;[21] anderenfalls handelt der Vormund pflichtwidrig. Entsprechendes gilt idR auch für langfristige Investitionsentscheidungen bei in Kürze bevorstehender Volljährigkeit.[22] Im Übrigen beschränkt sich die Haftung des Mündels auch für solche die Vormundschaft überdauernden Verpflichtungen nach Maßgabe des von Abs. 2 in Bezug genommenen § 1629a.

7. Beschränkungen der Vertretungsmacht. Insgesamt ergeben sich folgende Beschränkungen der Vertretungsmacht des Vormunds:

a) Rechtsgeschäfte mit höchstpersönlichem Charakter. Bestimmte Rechtsgeschäfte kann der Vormund wegen ihres höchstpersönlichen Charakters nicht für den Mündel vornehmen; dieser kann (unter näher geregelten persönlichen Voraussetzungen) nur selbst handeln, teils selbständig, teils gebunden an die Zustimmung des Vormunds. Beispiele:
– Akte der Entscheidung über das religiöse Bekenntnis ab vollendetem 14. Lebensjahr des Mündels (§ 5 S. 1 RelKErzG);
– Eheschließung (§ 1311 S. 1);
– Abschluss eines Ehevertrages durch den beschränkt geschäftsfähigen Mündel (§ 1411 Abs. 1);
– Anfechtung der Vaterschaft durch den beschränkt geschäftsfähigen Elternteil (§ 1600, § 1600a Abs. 2 S. 2);
– Anerkennung der Vaterschaft sowie Zustimmung zur Anerkennung durch den beschränkt geschäftsfähigen, über 14 Jahre alten Mündel (§ 1596);
– namensrechtliche Erklärungen eines Kindes, das beschränkt geschäftsfähig und über 14 Jahre alt ist – und zwar: Anschließung des Kindes an eine elterliche Namensänderung (§ 1617c Abs. 1 S. 2, Abs. 2) oder an eine elterliche Namenswahl (Art. 10 Abs. 2 S. 3 EGBGB); Zustimmung des Kindes zur Änderung seines Namens nach Begründung gemeinsamer Sorge (für Vormund kaum praktisch) oder nach Anfechtung der Vaterschaft (§ 1617b Abs. 1 S. 4, Abs. 2 S. 3, je iVm. § 1617c Abs. 1 S. 2) sowie zur Einbenennung (§ 1618 S. 6 iVm. § 1617c Abs. 1 S. 2);
– Einwilligung des Kindes, der Kindeseltern und des Ehegatten des Annehmenden in eine Adoption (gemäß § 1746 Abs. 1 S. 3, § 1750 Abs. 3);
– Verfügungen von Todes wegen (§§ 2064, 2274);
– Abschluss eines Erbverzichts durch den beschränkt geschäftsfähigen Mündel als Erblasser (§ 2347 Abs. 2 S. 1; ist der Mündel der Verzichtende: § 2347 Abs. 1 S. 1 HS 1);
– Einwilligung in eine ärztliche Heilbehandlung. Hier gelten die gleichen Beschränkungen wie für sorgeberechtigte Eltern: Die ärztliche Maßnahme bedarf der Einwilligung des Mündels selbst, sofern er „nach seiner geistigen und sittlichen Reife die Bedeutung des Eingriffs und seiner Gestattung zu ermessen vermag".[23] Eine Einwilligung in die Sterilisation kommt nicht in Betracht, da eine Sterilisation Minderjähriger unzulässig ist (§ 1631c iVm. § 1800). Zum Schwangerschaftsabbruch beim Mündel siehe Erl. zu § 1626.

b) Nachteilige Rechtsgeschäfte. Bestimmte Geschäfte kann der Vormund wegen der ihnen innewohnenden Nachteile nicht abschließen, so Schenkungen (§ 1804) und die Vereinbarung von Wettbewerbsverboten im Namen des Mündels (§§ 74a Abs. 2 S. 2, 75 d HGB).

c) Interessenkollisionen. Wegen möglicher Interessenkollisionen ist der Vormund in den Fällen des § 181, § 1795 Abs. 2 und des § 1795 Abs. 1 von der Vertretung des Mündels ausgeschlossen. Aus gleichem Grund kann ihm die Vertretung für einzelne Angelegenheiten oder für einen bestimmten Kreis von Angelegenheiten durch gerichtliche Entscheidung entzogen werden (§ 1796). Hierzu gehört auch die mögliche Entziehung der Religionssorge samt der damit verbundenen Vertretungsmacht bei Bekenntnisverschiedenheit zwischen Mündel und Vormund gemäß § 1801 Abs. 1.

---
[21] RGZ 41, 263.
[22] OLG Hamm FamRZ 2010, 239 (betr. Zuwendungspflegschaft nach § 1638 Abs. 1, § 1909 Abs. 1 S. 2).
[23] BGHZ 29, 33, 37; *Gernhuber/Coester-Waltjen* § 57 Rn. 79; *Bamberger/Roth/Veith* § 1626 Rn. 23; vgl. aber auch BGH – VI ZS – FamRZ 2007, 130 (lediglich Veto-Recht).

31   d) Ermächtigungen nach §§ 112, 113. Vertretungsmacht des Vormunds besteht nicht, soweit der Mündel auf Grund von Ermächtigungen nach §§ 112, 113 in den dort genannten Bereichen voll geschäftsfähig ist (beachte auch die Prozess- bzw. Verfahrensfähigkeit nach §§ 52 ZPO, §§ 9, 125 FamFG).

32   e) Genehmigungsvorbehalt des Familiengerichts. Für eine erhebliche Anzahl von Rechtsgeschäften besteht ein Genehmigungsvorbehalt des FamG. Die genehmigungsbedürftigen Rechtsgeschäfte und das Genehmigungsverfahren sind in den §§ 1810 bis 1831 einer detaillierten Regelung unterzogen. Genehmigungsvorbehalte können sich jedoch auch aus sonstigen Vorschriften ergeben, Beispiele:
– § 1411 Abs. 1 S. 3: für Zustimmung zu einem vom Mündel geschlossenen Ehevertrag, in dem der Zugewinnausgleich ausgeschlossen oder eingeschränkt oder mit dem Gütergemeinschaft vereinbart oder aufgehoben wird;
– § 1411 Abs. 2 S. 2: für Abschluss eines Ehevertrags für geschäftsunfähigen Mündel (aber keinesfalls Vereinbarung oder Aufhebung der Gütergemeinschaft!);
– § 1803 Abs. 2: Abweichungen von den Anordnungen eines Erblassers oder Schenkers;
– § 2347 Abs. 1 S. 1; Abs. 2 S. 2: Abschluss eines Erbverzichtsvertrags;
– § 3 Abs. 2 S. 2 RelKErzG: Bestimmung der religiösen Erziehung des Mündels.

33   f) Genehmigungsvorbehalte zugunsten eines Gegenvormundes. Genehmigungsvorbehalte zugunsten eines Gegenvormundes ergeben sich in den Fällen des § 1809 und der §§ 1812, 1813 (s. ferner die Ordnungsvorschrift des § 1810); das Genehmigungsverfahren betreffend siehe § 1832, §§ 1828 bis 1831).

34   g) Mehrere Vormünder. Einschränkungen der Vertretungsmacht können sich ferner bei Bestellung mehrerer Vormünder ergeben, s. §§ 1797, 1798.

V. Die Beteiligung Dritter

35   1. Keine Übertragbarkeit der Vormundschaftsrechte. Die Aufgaben und Rechte des Vormunds sind weder als Ganzes noch in Teilen übertragbar.[24] Wohl aber ist – wie auch bei der elterlichen Sorge – eine Beteiligung Dritter an der Durchführung der Personen- und Vermögenssorge denkbar, freilich stets nur so, dass dem Vormund nie die Befugnis, selbst zu handeln, genommen werden kann, und dass ihm die letzte Verantwortlichkeit bleibt.

36   2. Ermächtigung zur Ausübung tatsächlicher Personensorge. Im Bereich der tatsächlichen Personensorge beruht die Mitwirkung Dritter (Hausangestellte, Kindergarten etc.) auf der durch einseitige, empfangsbedürftige Willenserklärung erteilten Ermächtigung zur Ausübung sorgerechtlicher Befugnisse.[25] Eine solche Ermächtigung ist jederzeit widerruflich; eine rechtliche Bindung für die Zukunft ist hinsichtlich des personensorgerechtlichen Kerns der Ermächtigung nicht möglich, mögen die darüber hinaus eingegangenen schuldrechtlichen Verpflichtungen (etwa aus einem Dienstvertrag oder einem Kindergartenvertrag) sein wie sie wollen.[26]

37   3. Stellvertretung im rechtsgeschäftlichen Bereich. Im rechtsgeschäftlichen Bereich ist Stellvertretung auf Grund einer vom Vormund erteilten Vollmacht möglich.[27] Dabei ist zur Vermeidung von Verwirrungen folgende Unterscheidung bedeutsam:

38   a) Vertreter des Vormundes. Der Vormund kann eine andere Person als seinen Vertreter (dh. als Vertreter des gesetzlichen Vertreters des Mündels) bevollmächtigen. Diese Konstruktion muss gewählt werden,[28] wo es auf das Handeln des Vormunds selbst ankommt, zB. bei der Einwilligung in ein Rechtsgeschäft des beschränkt geschäftsfähigen Mündels nach § 107 oder bei einem Antrag an das FamG, ein Rechtsgeschäft zu genehmigen.

39   b) Vollmacht im Namen des Mündels. Der Vormund kann aber auch – und das wird der gewöhnliche Fall sein – einer anderen Person Vollmacht im Namen des Mündels dergestalt erteilen, dass der Adressat den Mündel unmittelbar vertritt. In diesem Fall handelt der Stellvertreter – ohne

---

[24] RGZ 76, 185; KG KJ 46 A 51, 63; *Dölle* § 124 I; *Soergel/Zimmermann* Rn. 14; *Staudinger/Engler* Rn. 43; RGRK/*Dickescheid* Rn. 15.
[25] Siehe *Schwab*, Gutachten A zum 54. Deutschen Juristentag, Zweiter Teil, 1982, A 76.
[26] *Schwab* (Fn. 25) A 76.
[27] KG JFG 1, 313; KG KGJ 38, 34, 36; BayObLGZ 14, 210, 213; KG OLGE 33, 376.
[28] Die Rechtsfigur eines „Vertreters des Vertreters" wird von der Rechtsprechung anerkannt (BGHZ 32, 250, 253; BGH BB 1963, 1193; NJW 1977, 1535), von der Lehre indes vielfach abgelehnt (vgl. auch § 167 Rn. 95 ff.). Doch ist diese Konstruktion im Rahmen der *gesetzlichen* Stellvertretung notwendig.

die Bevollmächtigung durch den Vormund offenbaren zu müssen – im Namen und mit Wirkung für den Mündel auf Grund der in dessen Namen erteilten Vollmacht. Diese Form wird gewählt werden, wenn der Bevollmächtigte nicht typische Vormundhandlungen vornehmen soll, sondern den Mündel im Geschäftsleben so vertreten soll, wie dieser es – wäre er voll handlungsfähig – auch selbst durch Vollmachterteilung hätte bestimmen können (zB Bevollmächtigung eines Angestellten in einem zum Mündelvermögen gehörenden Ladengeschäft; Erteilung der Prokura in einem Handelsgeschäft, vgl. § 1822 Nr. 11).

4. Generalvollmacht. Generalvollmacht wird – außer wenn sie unwiderruflich erteilt werden soll[29] – für zulässig gehalten.[30] Dem ist entgegenzuhalten: Eine Generalvollmacht, welche den gesamten Aufgabenkreis des Vormunds betrifft (und daher notwendig Vollmacht auch im Sinne der oben Rn. 38 geschilderten Art sein muss), widerspricht der durch Elternberufung oder gerichtliche Auswahl des Vormunds intendierten persönlichen „Zuständigkeit" des Vormunds. Eine solche Generalvollmacht verstößt gegen den Sinn des Rechtsinstituts der Vormundschaft und kann nicht wirksam erteilt werden. Gleiches gilt, wenn über den Gesamtbereich der Personensorge oder der Vermögenssorge Vollmacht verschafft werden soll. Hingegen ist die Erteilung einer Vollmacht für einen abgrenzbaren Geschäftsbereich der Vermögensverwaltung (zB Führung eines Betriebs, Vollmacht bei Durchführung einer Hausverwaltung) unbedenklich.

5. Unwiderrufliche Vollmacht. Differenzierungen sind auch bei der Frage vonnöten, ob der Vormund eine unwiderrufliche Vollmacht erteilen kann. Bei dem Vollmachtstyp der oben Rn. 38 geschilderten Art widerspräche die Unwiderruflichkeit der Vollmacht der persönlichen Verantwortung des Vormunds und ist daher nicht möglich. Hingegen kann eine sonstige Vollmacht (Rn. 39) unwiderruflich erteilt werden. Auch eine solche Vollmacht bleibt allerdings nur bestehen, solange das ihrer Erteilung zugrundeliegende Rechtsverhältnis (etwa ein Dienstvertrag) fortbesteht (§ 168 S. 1, 2). Zur Frage, ob dem Mündel auch in Ansehung solcher Verbindlichkeiten, die der Bevollmächtigte auf Grund einer unwiderruflichen oder vom Mündel nicht rechtzeitig widerrufenen Vollmacht erst nach Eintritt der Volljährigkeit begründet hat, der Überschuldungsschutz nach Abs. 2 iVm. § 1629a zugute kommt, s. Erl. zu § 1629a.

6. Kein familiengerichtlicher Genehmigungsvorbehalt. Soweit eine – auch weitgefasste – Bevollmächtigung zulässig ist, unterliegt sie keinem familiengerichtlichen Genehmigungsvorbehalt; anders nur im Falle der Prokura (§ 1822 Nr. 11) und unter Umständen bei unwiderruflichen Vollmachten (Näheres dazu § 1821 Nr. 12). Selbstredend kann der Vormund nicht zu Geschäften ermächtigen, die er selbst nicht vornehmen könnte.[31] Auch bedarf der Bevollmächtigte derjenigen Genehmigungen, die der Vormund selbst benötigen würde. Der Bevollmächtigte kann – gleichgültig, welche Spielart der Vollmacht vorliegt – nicht von den Beschränkungen des § 181 befreit werden.[32]

7. Wirksamkeit der Vollmacht und Fortbestand der gesetzlichen Vertretung. Die streitige Frage, ob und inwieweit die Wirksamkeit der Vollmacht an den Fortbestand der gesetzlichen Vertretung gebunden ist, wird von der hM verneint,[33] so dass also die Vertretungsmacht fortbestehen kann, obgleich der ehemalige Mündel inzwischen voll geschäftsfähig geworden ist.[34] ME ist dagegen zu unterscheiden: Die Vollmacht, Erklärungen im Namen des Vormunds abzugeben, die dann kraft gesetzlicher Vertretung auch für den Mündel wirken (Rn. 38), ist an den Bestand der Vormundschaft gebunden; mit Beendigung der Vormundschaft oder auch des Amtes des bevollmächtigenden Vormunds fällt die Vollmacht in sich zusammen. Sonstige Vollmachten treten hingegen durch den Wegfall der Vormundschaft oder den Wechsel in der Person des Vormunds nicht ipso jure außer Kraft. In der Regel werden derartige Vollmachten nach § 168 S. 2 widerruflich sein.

VI. Pflicht zum persönlichen Kontakt

Der mit dem Gesetz zur Änderung des Vormundschafts- und Betreuungsrechts eingefügte Abs. 1a ist eine politische Antwort auf einen seit langem bekannten Missstand der Amtsvormundschaft und

---

[29] RGZ 41, 263, 266; RGRK/*Dickescheid* Rn. 20.
[30] OLG Dresden SeuffA 66 Nr. 155; vgl. aber KG OLGE 41, 75. Für die Zulässigkeit der Generalvollmacht auch: *Josef* ZBlfG 15, 453; *Dölle* § 124 I; *Soergel/Zimmermann* Rn. 15; RGRK/*Dickescheid* RdNr 17. Differenzierend *Staudinger/Engler* Rn. 49 f.
[31] KG OLGE 5, 410; JFG 1, 313, 316.
[32] RGZ 71, 162; BGHZ 21, 229, 234.
[33] KG JFG 1, 313; RG HRR 1929 Nr. 1649; *Dölle* § 124 I; *Staudinger/Engler* Rn. 51; RGRK/*Dickescheid* RdNr 19; aA *Soergel/Zimmermann* Rn. 15.
[34] OLG Dresden OLGE 30, 24; RGRK/*Dickescheid* RdNr 19; aA *Soergel/Zimmermann* Rn. 15.

§ 1793 45–49

-pflegschaft,[35] die – angesichts der personellen Engpässe in den Jugendämtern – die anfallenden Vormundschaften und Pflegschaften mit den sich aus § 1800, 1631 BGB ergebenden Aufgaben nicht mehr sachgerecht wahrnehmen können. Der normative Gehalt der gutgemeinten Regelung ist unergiebig; die gesetzestechnische Ausgestaltung ist – auch hinsichtlich der korrespondierenden Regelungen im (mit Wirkung vom 5. 7. 2012) ebenfalls novellierten § 55 SGB VIII – vom Rechtsausschuss des Deutschen Bundestages mitgeprägt[36] und dabei schwerlich verbessert worden.

45 Das an den Vormund gerichtete Gebot, mit dem Mündel „persönlichen Kontakt" zu halten, ergibt sich bereits zwanglos aus der Aufgabe, den Mündel zu pflegen, zu erziehen und zu beaufsichtigen. Denn eine sinnvolle Pflege, Erziehung und Beaufsichtigung des Mündels ist ohne persönlichen Kontakt kaum vorstellbar. Dies gilt auch dort, wo die Sorge für den Mündel – wie bei der Amtsvormundschaft die Regel – weitgehend auf Dritte, etwa auf eine Pflegefamilie oder auf ein Heim, delegiert ist.

46 Eine konkrete Ausformung des verlangten „persönlichen Kontakts" bricht sich an den ganz unterschiedlichen Gegebenheiten des Einzelfalles. Die auf „einmal im Monat" festgelegte Besuchsfrequenz ist – was der Gesetzeswortlaut nicht verhehlt („es sei denn, im Einzelfall sind kürzere oder längere Besuchsabstände … geboten") – der hilflose Versuch, als Regel festzuschreiben, was allein die konkret-praktischen Erfordernisse regeln können. So kann etwa ein großräumigeres Kontaktintervall angezeigt sein, wenn der Mündel in stabilen Verhältnissen lebt und nach Alter und Persönlichkeitsstruktur durchaus in der Lage ist, auf Missstände oder Anliegen in geeigneter Weise selbst hinzuweisen;[37] allerdings dürfte in diesem Fall ein längeres Besuchsintervall zwar „ausreichend", aber deshalb noch keineswegs – wie das Gesetz fehlsam formuliert – „geboten" sein mit der Folge, dass kürzere Besuchsabstände in einem solchen Fall gebotswidrig wären.

47 Auch das für die Kontaktnahme im Regelfall vorgesehene Aufsuchen des Mündels „in dessen üblicher Umgebung" mag in vielen Fällen nützlich sein, entzieht sich aber gleichwohl gesetzlicher Typisierung. Das Gesetz verkennt dies nicht, übersieht indes in sprachlicher Verflachung, dass nicht „ein anderer Ort", sondern allein die Begegnung zwischen Vormund und Mündel an einem anderen Ort geboten sein kann. Das ist etwa dann der Fall, wenn die Anwesenheit von Pflegepersonen einer freien Meinungsäußerung des Mündels entgegensteht oder wenn gemeinsame Aktivitäten mit dem Mündel außerhalb dessen Wohnung das Vertrauensverhältnis zum Vormund zu begründen oder zu vertiefen geeignet sind.[38]

48 Wie man sich bei der Amtsvormundschaft die Durchsetzung des nunmehr ausdrücklich eingeforderten „persönlichen Kontakts" zwischen der Behörde Jugendamt und dem Mündel vorstellen darf, bleibt freilich der Phantasie des Rechtsanwenders überlassen. Zwar schreibt § 55 Abs. 2 S. 1 SGB VIII die persönliche Betrauung[39] einzelner Behördenmitarbeiter mit der konkreten Amtsvormundschaft oder -pflegschaft vor. Auch wird der „persönliche" Charakter dieser Betrauung durch den ebenfalls neu eingefügten § 55 Abs. 3 S. 3 SGB VIII (gültig ab 5. 7. 2012) unterstrichen. Der Personalengpass der Jugendämter lässt sich indes durch einen solchen Appell im BGB ebenso wenig beheben wie durch die Begrenzung der Zahl der Vormundschaften und Pflegschaften, deren Aufgaben den einzelnen Mitarbeiter des Jugendamts nach dem neuen § 55 Abs. 2 S. 4 SGB VII (gültig ab 5. 7. 2012) „höchstens" zur Ausübung übertragen werden „sollen"; und die Aufsicht des FamG erweist sich angesichts des Fehlens von Zwangsmitteln (§ 1837 Abs. 3 Satz 2) und des Mangels an Alternativen als stumpfe Waffe

VII. Haftung

49 **1. Haftung des Vormunds. a) Rechtsgrundlage § 1833.** Der Vormund haftet dem Mündel gemäß § 1833. Soweit er in zulässiger Weise Aufgaben auf Dritte überträgt, haftet er nur für unzureichende Sorgfalt bei der Auswahl, Unterweisung und Überwachung;[40] § 278 ist nicht

---

[35] Vgl. BR-Drucks. 537/10 S. 3: Ausgelöst durch den Fall des 2006 in Bremen zu Tode gekommenen Kleinkindes Kevin, das unter Amtsvormundschaft stand.
[36] BT-Drucks. 17/5512 S, 4, 14.
[37] Vgl. BR-Drucks. 537/10 S. 5.
[38] Vgl. BR-Drucks. 537/10 S. 5.
[39] Der Begriff der „Betrauung" findet sich in § 55 Abs. 2 Satz 4 SGB VIII und ist offenbar synonym mit der „Übertragung" „der Ausübung der Aufgaben des … Amtsvormunds", von der § 55 Abs. 2 Satz 1 SGB VIII spricht und die § 55 Abs. 2 Satz 2 SGB VIII zur „Übertragung der Aufgaben des … Amtsvormunds" verkürzt. Solche rechtsförmliche Indolenz wird nur noch von der Hartnäckigkeit übertroffen, mit welcher der dogmatische Irrtum, der mit der Wahrnehmung von Vormundaufgaben betraute Bedienstete sei „gesetzlicher Vertreter des Kindes oder Jugendlichen", nunmehr in § 55 Abs. 3 Satz 2 SGB VIII fortgeschrieben wird (siehe § 1791b Rn. 10).
[40] RGZ 76, 185.

anwendbar.[41] War die Übertragung der Aufgabe oder die Bevollmächtigung allerdings unzulässig, so haftet der Vormund für jeden durch den Dritten im Rahmen der ihm übertragenden Angelegenheit verursachten Schaden, unabhängig davon, ob den Dritten ein Verschulden trifft oder nicht.[42] Dritten gegenüber haftet der Vormund nach Deliktsrecht (beachte auch § 832).

b) Haftpflichtversicherung. Die Rechtsprechung hält den Vormund nicht generell für verpflichtet, für seinen Mündel eine Haftpflichtversicherung abzuschließen; jedoch erfordern besondere Eigenschaften und Lebensverhältnisse des Mündels, die ihn im besonderen Maße der Gefahr aussetzen, sich durch Schädigung Dritter haftpflichtig zu machen, den Abschluss einer solchen Versicherung.[43]

c) Haftungserleichterung nach § 1664. Die Haftung des Vormunds gegenüber dem Mündel beschränkt sich nach Satz 3 auf den Maßstab des § 1664, wenn der Mündel auf längere Sicht in den Haushalt des Vormunds aufgenommen ist.[44] Die vom BtÄndG eingefügte Vorschrift will das Verhältnis des Vormunds zum faktisch-familienzugehörigen Mündel der Eltern-Kind-Beziehung annähern (vgl. Rn. 7).[45] Deshalb kommt es nicht auf die bisherige Verweildauer, sondern auf die zeitliche Perspektive an, welche die Beteiligten mit der Aufnahme des Mündels in den Haushalt des Vormunds verbinden.

2. Haftung des Mündels für das Verhalten des Vormunds. a) Grundsatz: Haftung nach § 278. Ein Verschulden des Vormunds bei der Abwicklung eines zwischen dem Mündel und einem Dritten bestehenden Schuldverhältnisses wird dem Mündel gemäß § 278 zugerechnet. Grundsätzlich umstritten ist, ob ein Verschulden des gesetzlichen Vertreters bei Vertragsschluss im Regelfall diesen selbst zum Schadensersatz aus culpa in contrahendo verpflichtet[46] oder ob der Mündel für dieses Fehlverhalten gemäß § 278 BGB einzustehen hat.[47] Die Streitfrage ist grundsätzlich im letzteren Sinne zu entscheiden, weil dies dem Konzept des an der Vertragsbeziehung orientierten Schutzpflichtverhältnisses entspricht. Mit der hM sind aber zwei Ausnahmen zu beachten: Liegt das in Aussicht genommene Vertretergeschäft außerhalb der gesetzlichen Zuständigkeit des gesetzlichen Vertreters, so kommt eine Einstandspflicht des Mündels ebenso wenig in Betracht wie eine Erfüllungshaftung, weil der Wirkungskreis die Handlungsbefugnis des gesetzlichen Vertreters generell umgrenzt. Eine Haftung des Mündels kann ferner auch dann nicht eintreten, wenn dem gesetzlichen Vertreter bei der Kontaktaufnahme zum Abschluss eines genehmigungsbedürftigen, aber nicht genehmigten Rechtsgeschäfts eine Pflichtverletzung zur Last fällt. Zwar versagt hier der Gedanke des Zuständigkeitsmangels, soweit eine Nachgenehmigung des FamG möglich ist; es würde jedoch der Schutzzweck der familiengerichtlichen Genehmigung verfehlt, wenn der Mündel im Falle, dass die Genehmigung versagt wird, zwar nicht aus Vertrag, aber aus culpa in contrahendo auf das negative Interesse haften müsste. Hingegen bleibt es bei der Haftung des Mündels, wenn der gesetzliche Vertreter für das Geschäft zwar zuständig war, bei der Anbahnung oder beim Abschluss aber pflichtwidrig gehandelt hat.

b) Mitverschulden des Vormunds bei Schädigung des Mündels durch Dritte (§ 254). Ferner kann ein Schadensersatzanspruch des Mündels gegen einen Dritten durch ein Mitverschulden des Vormunds bei der Schadensentstehung gemäß § 254 gemindert sein oder entfallen, sofern der Vormund als gesetzlicher Vertreter des Mündels und im Rahmen eines zwischen diesem und dem Schädiger bestehenden Schuldverhältnisses gehandelt hat.[48] Die Schadensminderungsobliegenheit des § 254 stellt für sich gesehen noch kein derartiges Schuldverhältnis dar.[49]

c) Fehlende familiengerichtliche Genehmigung. Eine Verschuldens- oder Mitverschuldenszurechnung nach § 278 kommt nicht in Betracht, wenn mangels notwendiger familiengerichtlicher Genehmigung überhaupt kein Schuldverhältnis zwischen dem Mündel und dem Dritten entstanden ist; der Schutzzweck des Genehmigungsvorbehalts verbietet es in solchen Fällen auch, dem Mündel das Verschulden des Vormunds bei Vertragsanbahnung zuzurechnen. Das Gleiche gilt etwa für die Verletzung einer Nebenpflicht im Rahmen eines genehmigungspflichtigen Vertrages, die nicht genehmigt oder dem FamG nicht offenbart wurde.[50]

---

[41] AA *Dölle* § 124 I; wie hier *Staudinger/Engler* Rn. 54; *RGRK/Dickescheid* RdNr 22.
[42] *Dölle* § 124 I; *Soergel/Zimmermann* Rn. 16; *Staudinger/Engler* Rn. 53; *RGRK/Dickescheid* Rn. 22.
[43] BGH NJW 1980, 2249; vgl. auch DIJuF JAmt 2008, 321.
[44] Einschränkend *Staudinger/Engler* Rn. 56.
[45] Rechtspolitische Kritik bei *Staudinger/Engler* Rn. 55.
[46] *Ballerstedt* AcP 151 (1950/51), 501, 525.
[47] HM; vgl. *Flume*, AT II, § 46, 6.
[48] BGHZ 33, 136, 142 = NJW 1961, 20, 22; vgl. RGZ 159, 283, 292; BGHZ 1, 248; 9, 316.
[49] BGHZ 33, 136, 142 f. = NJW 1961, 20, 22.
[50] RGZ 132, 76, 78; *Dölle* § 124 I; *Palandt/Diederichsen* Rn. 15.

§ 1794 1–4

55 **d) Überschuldungsschutz.** Der von Abs. 2 in Bezug genommene § 1629a gewährt dem Mündel mit Eintritt der Volljährigkeit Überschuldungsschutz nicht nur gegenüber Verpflichtungen, die der Vormund durch rechtsgeschäftliches Handeln für ihn begründet hat; der Überschuldungsschutz gilt vielmehr für die Haftung des Mündels auch aus nur tatsächlichem Verhalten des Vormunds, das dem Mündel nach § 278 zugerechnet wird.

56 **e) Deliktische Haftung.** Eine deliktische Haftung des Mündels für tatbestandsmäßig-widerrechtliche Handlungen des Vormunds ergibt sich weder aus § 278 noch aus § 831.[51]

VIII. Parallelvorschriften

57 § 1793 gilt entsprechend für die Pflegschaft (§ 1915 Abs. 1), nicht jedoch im Betreuungsrecht (dort s. §§ 1897 Abs. 1, 1901, 1902).

§ 1794 Beschränkung durch Pflegschaft

Das Recht und die Pflicht des Vormunds, für die Person und das Vermögen des Mündels zu sorgen, erstreckt sich nicht auf Angelegenheiten des Mündels, für die ein Pfleger bestellt ist.

I. Normzweck

1 Wie die Eltern gemäß § 1630 Abs. 1 ist der Vormund von der Ausübung der Personen- und Vermögenssorge einschließlich der Befugnis zur gesetzlichen Vertretung ausgeschlossen, soweit für eine Sorgeangelegenheit ein Pfleger bestellt ist. Der Ausschluss vom Sorgerecht nach § 1794 knüpft an die Tatsache **erfolgter Pflegerbestellung** an, nicht schon an das Vorliegen eines Bedürfnisses für die Bestellung eines Pflegers. Doch ist die gesetzliche Vertretungsmacht gemäß § 1795 Abs. 1, § 1795 Abs. 2 iVm. § 181, § 1796 beschränkt, auch wenn ein Pfleger für die betreffende Angelegenheit noch nicht bestellt ist; es ist folglich möglich, dass der Mündel vorübergehend in einer bestimmten Angelegenheit keinen gesetzlichen Vertreter hat. Keine ausdrückliche Verweisung sieht das Gesetz auf § 1630 Abs. 3 vor; doch ist auch diese Vorschrift entsprechend anwendbar, wenn der Vormund das Kind für längere Zeit in Familienpflege gibt.

II. Notwendigkeit einer Pflegerbestellung

2 **1. Fälle.** Fälle, in denen ein Pfleger zu bestellen ist, ergeben sich hauptsächlich aus § 1909 Abs. 1 S. 1 iVm. §§ 181, 1795, 1796, 1801. Nach § 1909 Abs. 1 S. 2 ist ferner ein Pfleger zur Verwaltung des Vermögens zu bestellen, das der Mündel von Todes wegen erwirbt oder das ihm unter Lebenden unentgeltlich zugewendet wird, wenn der Erblasser durch letztwillige Verfügung, der Zuwendende bei der Zuwendung bestimmt hat, dass der Vormund das Vermögen nicht verwalten soll (vgl. den auf die Vormundschaft entsprechend anwendbaren Regelungsgedanken des § 1638; siehe auch Rn. 4). Möglich ist eine Pflegerbestellung auch auf Grund des Einschreitens des FamG nach § 1837 Abs. 4. Zur Bestellung von Verfahrenspflegern vgl. Erl. Vor § 1909.

3 **2. Unterrichtungspflicht.** Über das Bestehen eines Bedürfnisses für die Pflegschaft ist das FamG durch andere Gerichte (§§ 22a, 356 Abs. 1 FamFG), unter bestimmten Voraussetzungen durch das Jugendamt (§ 53 Abs. 3 S. 5 SGB VIII) und den Vormund (§ 1909 Abs. 2) zu unterrichten.

III. Wirkungen der Pflegerbestellung

4 **1. Wegfall der Vertretungsmacht.** Mit dem Wirksamwerden der Pflegerbestellung entfällt die Sorge des Vormunds in dem dem Pfleger übertragenen Umfang. Als Konsequenz des Sorgeverlusts entfällt auch die Vertretungsmacht des Vormunds. Das schließt nicht aus, dass die Vertretungsmacht des Vormunds bereits vorher – als Folge der tatsächlichen oder rechtlichen Verhinderung des Vormunds – beschränkt war und erst diese Beschränkung Anlass zur Bestellung des Pflegers gegeben hat.[1] Eigenständig praktische Bedeutung erlangt die von § 1794 angeordnete Rechtsfolge allerdings nur in den Fällen des 1909 Abs. 1 S. 2: Da die Vormundschaft keine dem § 1638 entsprechende

---

[51] RG JW 1915, 580; RGZ 121, 114, 118; RGZ 132, 76, 80; BGHZ 1, 248 = NJW 1951, 477; *Josef* AcP 114 (1915/16), 382; *Dölle* § 124 I; *Palandt/Diederichsen* Rn. 15; *Soergel/Damrau* (12. Aufl.) Rn. 10.

[1] RGRK/*Dickescheid* Rn. 2.

automatische Beschränkung der Vermögenssorge kennt, entfallen Vermögenssorge und – als Folge – Vertretungsmacht hier erst konstitutiv mit der Pflegerbestellung.[2]

2. Fehlerhafte Pflegerbestellung. Wird ein Pfleger bestellt, obwohl die gesetzlichen Voraussetzungen der Pflegschaft nicht vorliegen, so tritt gleichwohl die sorgerechtsbeschränkende Wirkung des § 1794 ein; sie besteht fort, bis die Pflegerbestellung wieder aufgehoben wird.[3]

3. Geschäftsfortführung bei Unkenntnis des Vormunds, Anwendbarkeit des § 177. Solange der Vormund von der Bestellung eines Pflegers keine Kenntnis hat und seine Unkenntnis unverschuldet ist, bleibt er zur Fortführung der Geschäfte entsprechend §§ 1893 Abs. 1, 1698 a Abs. 1 befugt.[4] Liegen diese Voraussetzungen nicht (mehr) vor, so sind, wenn der Vormund gleichwohl als gesetzlicher Vertreter innerhalb des Wirkungskreises des Pflegers handelt, die §§ 177 ff. anzuwenden.

4. Aufgabenüberschneidung. Überschneiden sich in einer Angelegenheit die Wirkungskreise des Pflegers und des Vormunds, so entscheidet bei Meinungsverschiedenheiten das FamG (zuständig: Richter, § 14 Abs. 1 Nr. 5 RPflG) entsprechend § 1798.[5]

IV. Verfahren

1. Beschwerderecht des Vormunds. Gegen die **Bestellung** des Pflegers und die somit gegebene Einschränkung der vormundlichen Sorgebefugnisse ist jedenfalls der von den Eltern berufene (§ 1776)[6] Vormund beschwerdeberechtigt, soweit er geltend macht, dass die Voraussetzungen einer Pflegerbestellung nicht gegeben seien[7]: Denn insoweit wird unmittelbar in seine aus der (behaupteten) Elternberufung hergeleiteten Rechte eingegriffen (§ 59 Abs. 1 FamFG; vgl. auch das Zustimmungserfordernis in § 1778 Abs. 4 bei Bestellung eines Mitvormunds; anders bei der bloßen Benennung eines Gegenvormunds, vgl. § 1792 Rn. 14). Soweit sich die Beschwerde gegen die Auswahl der Person des Pflegers richtet, hat der Vormund mangels Beeinträchtigung eigener Rechte kein Beschwerderecht. Auch gegen die **Ablehnung, einen Ergänzungspfleger zu bestellen**, soll der Vormund aus eigenem Recht beschwerdeberechtigt sein;[8] m.E. sich ergibt eine solche Befugnis des Vormunds nur als Vertreter des Mündels, der gegen die Bestellung wie gegen die eine Bestellung ablehnende Entscheidung beschwerdeberechtigt ist (§ 59 Abs. 1; zur eigenständigen Wahrnehmung § 60 FamFG).

2. Beschwerderecht des Pflegers. Gegen Entscheidungen des FamG in Angelegenheiten, die in den Wirkungskreis des Pflegers fallen, hat nicht der Vormund, sondern der Pfleger das Recht zur Beschwerde.[9] Der Vormund kann sich aber gegen die familiengerichtliche Genehmigung eines Geschäfts wenden, das der Pfleger außerhalb seines Wirkungskreises vorgenommen hat.[10]

V. Parallelvorschriften

Nicht anwendbar ist die Vorschrift im Rahmen des Betreuungsrechts, welches ein Nebeneinander von Betreuer und Pfleger nicht kennt (vgl. § 1899 Rn. 4).

§ 1795 Ausschluss der Vertretungsmacht

(1) Der Vormund kann den Mündel nicht vertreten:
1. bei einem Rechtsgeschäft zwischen seinem Ehegatten, seinem Lebenspartner oder einem seiner Verwandten in gerader Linie einerseits und dem Mündel andererseits,

---

[2] *Erman/Saar* Rn. 2.
[3] Siehe KG NJW 1966, 1320; BayObLGZ 6, 553, 558; *Staudinger/Engler* Rn. 1.
[4] *Staudinger/Engler* Rn. 6.
[5] RGRK/*Dickescheid* Rn. 4; *Palandt/Diederichsen* Rn. 1; *Soergel/Zimmermann* Rn. 1; *Staudinger/Engler* Rn. 7.
[6] Die Voraufl. wollte auch dem vom FamG ausgewählten Vormund ein eigenes Beschwerderecht (aus § 20 FGG) einräumen.
[7] So (zur Rechtslage unter dem FGG) auch *Staudinger/Engler* Rn. 10.
[8] OLG Brandenburg Beschl. v. 13. 12. 2010 – 13 UF 96/10 – juris Rn. 7. Unproblematisch ist die Beschwerdebefugnis des Vormunds als Vertreter des Mündels, vgl. etwa OLG Düsseldorf Beschl. v. 20. 7. 2010 – II 2 UF 62/10 – juris.
[9] BayObLG FamRZ 1992, 104; BayObLGZ 13, 563; aA LG Stuttgart WürttNV 1951, 44; *Staudinger/Engler* Rn. 11.
[10] KG JW 1938, 2141.

§ 1795 1 Abschnitt 3. Titel 1. Vormundschaft

es sei denn, dass das Rechtsgeschäft ausschließlich in der Erfüllung einer Verbindlichkeit besteht,
2. bei einem Rechtsgeschäft, das die Übertragung oder Belastung einer durch Pfandrecht, Hypothek, Schiffshypothek oder Bürgschaft gesicherten Forderung des Mündels gegen den Vormund oder die Aufhebung oder Minderung dieser Sicherheit zum Gegenstand hat oder die Verpflichtung des Mündels zu einer solchen Übertragung, Belastung, Aufhebung oder Minderung begründet,
3. bei einem Rechtsstreit zwischen den in Nummer 1 bezeichneten Personen sowie bei einem Rechtsstreit über eine Angelegenheit der in Nummer 2 bezeichneten Art.

(2) Die Vorschrift des § 181 bleibt unberührt.

Übersicht

	Rn.
I. Normzweck	1, 2
1. Mögliche Interessenkollisionen	1
2. Rechtsstreitigkeiten	2
II. Verbot des Selbstkontrahierens (Abs. 2 iVm. § 181)	3–21
1. Grundsatz	3
2. In Betracht kommende Rechtsgeschäfte	4–9
a) Einseitige Rechtsgeschäfte, Ausschlagung	5
b) Vormund und Mündel nicht auf derselben Rechtsgeschäftsseite	6
c) Beteiligung an einer Gesellschaft, Ausübung des Stimmrechts	7
d) Erbauseinandersetzung	8
e) Bankgeschäfte	8a
f) Familienrechtliche Erklärungen	9
3. Strikte Geltung des Vertretungsverbots	10–15
a) Geltung auch im Rahmen des § 107	10
b) Geltung auch bei nur teilweisem Ausschluss	11
c) Genehmigung	12, 13
d) Keine Umgehung	14, 15
4. Ausnahmen vom Verbot des § 181	16–20
a) Erfüllung einer Verbindlichkeit	17
b) Gestattung, insbesondere durch Familiengericht?	18
c) Lediglich rechtlicher Vorteil	19
d) Sonderfall des § 1436 S. 2	20
5. Besonderheiten bei Amts- und Vereinsvormundschaft	21
III. Rechtsgeschäfte mit dem Ehegatten, dem Lebenspartner oder mit Verwandten des Vormunds (Abs. 1 Nr. 1)	22–30
1. Grundsatz	22
2. In Betracht kommende Rechtsgeschäfte	23–25
a) Einseitige Rechtsgeschäfte, Verfahrenshandlungen, familienrechtliche Erklärungen	23
b) Alle Rechtsgeschäfte mit Wirkungen für den Ehegatten, den Lebenspartner oder für Verwandte des Vormunds	24
c) Keine Zugehörigkeit zu derselben Vertragsseite	25
3. Voraussetzung	26, 27
a) Bestehende Ehe, Lebenspartnerschaft	26
b) Verwandtschaft	27
4. Geltung bei Amts- und Vereinsvormundschaft	28
5. Ausnahmen vom Verbot des Abs. 1 Nr. 1	29, 30
a) Ausschließliche Erfüllung einer Verbindlichkeit	29
b) Rechtsgeschäft mit lediglich rechtlichem Vorteil	30
IV. Übertragung oder Belastung in bestimmter Weise gesicherter Forderungen (Abs. 1 Nr. 2)	31–33
1. Grundsatz	31
2. In Betracht kommende Forderungen	32
3. Reichweite des Vertretungsverbots im Einzelnen	33
V. Vertretungsausschluss in einem Rechtsstreit (Abs. 1 Nr. 3)	34–36
1. Prozessführung gegen den Ehegatten, den Lebenspartner oder gegen Verwandte des Vormunds	34
2. Prozessführung gegen den Vormund selbst	35
3. Reichweite des Vertretungsausschlusses	36
VI. Rechtsfolgen	37–39
1. Ergänzungspfleger, Ergänzungsbetreuer	37
2. Handeln als falsus procurator	38
3. Umdeutung	39
VII. Parallelvorschriften	40

I. Normzweck

1. Mögliche Interessenkollisionen. Die Vorschrift beschränkt die gesetzliche Vertretungsmacht des Vormunds wie auch der sorgeberechtigten Eltern (§ 1629 Abs. 2 S. 1) zum Schutze des Mündels bei möglichen Interessenkollisionen. Dem auch für den Vormund geltenden Verbot des

Selbstkontrahierens (§ 1795 Abs. 2, § 181) sind weitere Fallkonstellationen hinzugefügt (§ 1795 Abs. 1), in denen – abstrakt betrachtet – ein Gegensatz zwischen den Interessen des Mündels und denen des Vormunds oder dessen Angehörigen bestehen kann. Auf eine tatsächliche Gefährdung der Mündelinteressen im konkreten Fall kommt es nicht an[1] – der Geschäftsverkehr benötigt klare, unzweifelhafte Regelungen. Ergibt sich in concreto ein von § 1795 nicht erfasster Interessenwiderstreit, so sind die Ausschlussgründe des § 1795 Abs. 1 nicht durch Analogie zu erweitern; vielmehr ist in solchen Fällen nach § 1796 vorzugehen.

2. Rechtsstreitigkeiten. Im Gegensatz zu § 181, der diese Frage nicht ausdrücklich behandelt, bezieht § 1795 Abs. 1 Nr. 3 auch die Führung von Rechtsstreitigkeiten in das Vertretungsverbot mit ein (zur Problematik vgl. Rn. 34 ff.). 2

II. Verbot des Selbstkontrahierens (Abs. 2 iVm. § 181)

1. Grundsatz. § 1795 Abs. 2 stellt klar, dass auch der Vormund in den Fällen des § 181 von der 3 Vertretung des Mündels ausgeschlossen ist; es gelten die zu dieser Vorschrift entwickelten Grundsätze (vgl. Erl. zu § 181). Der Vormund ist an der Vornahme eines Rechtsgeschäfts verhindert, wenn er auf beiden Seiten des Rechtsgeschäfts beteiligt ist. Ausgeschlossen ist die Vertretung folglich
– bei einem Geschäft des Vormunds im Namen des Mündels mit sich im eigenen Namen;
– bei einem Geschäft des Vormunds im Namen des Mündels mit sich als Vertreter eines Dritten;
– bei einem Rechtsstreit des Vormunds im Namen des Mündels mit sich selbst oder mit sich als Vertreter eines Dritten (Rn. 35).

2. In Betracht kommende Rechtsgeschäfte. Zu den Einzelheiten vgl. § 181 Rn. 11 ff. Im 4 Überblick:

a) Einseitige Rechtsgeschäfte, Ausschlagung. Das Vertretungsverbot erfasst auch einseitige Rechtsgeschäfte (zB Kündigung des Vormunds, gerichtet an sich selbst als Vertreter des Mündels;[2] Kündigung als Vertreter des Mündels sich selbst gegenüber). § 181 greift auch dann ein, wenn die einseitige Erklärung des Vormunds (im eigenen Namen oder im Namen des Mündels) einer Behörde oder einem Gericht gegenüber abzugeben ist, sofern die Erklärung sachlich darauf abzielt, die Rechtsposition des Mündels oder des Vormunds unmittelbar zu beeinflussen.[3] So kann der als Alleinerbe berufene Vormund nicht wirksam im Namen des Kindes über die Anfechtung des Testamens entscheiden; vgl. § 181 Rn. 31.[4]

Problematisch erscheint, ob § 181 die **Ausschlagung einer Erbschaft** im Namen des Vertrete- 5 nen hindert, wenn der gesetzliche Vertreter infolge der Ausschlagung selbst als Erbe berufen ist. Das BayObLG[5] verneint dies folgerichtig, weil der gesetzliche Vertreter in diesem Fall auch sachlich gesehen nicht der Erklärungsgegner sei und weil die den gesetzlichen Vertreter treffende Rechtswirkung nicht kraft Rechtsgeschäfts, sondern kraft gesetzlicher Erbfolge eintrete.[6] Gleichwohl bleibt das Ergebnis befremdlich; das schlimmste verhindern die Genehmigungsvorbehalte in § 1822 Nr. 2 und § 1643 Abs. 2 (gäbe es sie nicht, so müsste § 181 auch auf solche Fälle erstreckt werden). Zur Genehmigung von Geschäften des zum Vormund des Nacherben (= Mündels) bestellten Vorerben siehe § 181 Rn. 31 a.

b) Vormund und Mündel nicht auf derselben Rechtsgeschäftsseite. Für die Schranke 6 des § 181 genügt es, wenn der Vormund auf beiden Seiten eines Rechtsgeschäfts steht, auch wenn er hier oder dort nur als Kollektivvertreter (zB als Mitvormund, Mitgesellschafter, Miterbe, etc.) auftritt.[7] § 181 gilt hingegen nicht, wenn der Vormund und der Mündel auf derselben Seite eines Rechtsgeschäfts stehen (zB wenn der Vormund und der Mündel zur selben Vertragspartei gehören[8] und der Vormund zugleich für sich und den Mündel den Vertrag kündigt); bei Interessenkollision im Einzelfall ist die Möglichkeit des § 1796 gegeben.

---

[1] BGHZ 21, 229, 231; BGHZ 50, 8, 11; BGH FamRZ 1961, 473, 475; RGZ 71, 162, 169.
[2] Vgl. etwa BayObLG BtPrax 2004, 69.
[3] Vgl. RGRK/*Dickescheid* Rn. 4: Entscheidend ist nicht, wer Erklärungsempfänger, sondern wer Erklärungsgegner ist.
[4] Vgl. auch *Klühs* ZErb 2010, 316, insbes. zur Frage, ob die Testamentsanfechtung für den Anfechtenden lediglich rechtlich vorteilhaft ist (vgl. Rn. 19).
[5] Rpfleger 1983, 482.
[6] Dagegen RGRK/*Dickescheid* Rn. 4; *Buchholz* NJW 1993, 1161. Vgl. auch OLG Köln FamRZ 2011, 231 (Ergänzungspfleger gem. § 1796).
[7] RGZ 89, 367, 373; RGRK/*Dickescheid* Rn. 4.
[8] BGHZ 50, 8, 10; vgl. auch § 181 Rn. 12. Ebenso für den Fall, dass der Vormund mehrere Mündel auf derselben Vertragsseite vertritt: KG KGJ 40, 1.

7 c) Beteiligung an einer Gesellschaft, Ausübung des Stimmrechts. § 181 findet unstreitig auf die Gründung einer Personengesellschaft Anwendung, bei der sowohl der Vormund oder ein von ihm vertretener Dritter als auch der Mündel beteiligt sein sollen; entsprechendes dürfte für Verträge zur Errichtung einer Kapitalgesellschaft gelten.[9] Zweifelhaft ist, inwieweit § 181 die Ausübung des Stimmrechts im Rahmen einer Gesellschaft oder eines Vereins sowohl im eigenen Namen des Vertreters als auch in dem des Mündels hindert.[10] ME gilt im Grundsatz: § 181 greift bei Beschlüssen, welche die Grundlagen der Gesellschaft, an der der Vormund und der Mündel beteiligt sind, betreffen (Änderungen des Gesellschaftsvertrags,[11] Aufhebung der Gesellschaft).[12] Auch bei einem Beschluss über die nachträgliche Aufnahme des Mündels in eine Gesellschaft, bei der der Vormund oder ein von ihm vertretener Dritter schon als Gesellschafter beteiligt ist, hindert § 181 den Vormund an der Vertretung.[13] Hingegen soll § 181 nicht für Maßnahmen der Geschäftsführung im Rahmen eines bestehenden Gesellschaftsverhältnisses und insofern auch nicht für die Mitwirkung des Vormunds in der Gesellschafterversammlung zugleich im eigenen Namen und im Namen des Mündels gelten.[14] Zum Ganzen, auch zu den Besonderheiten bei Kapitalgesellschaften § 181 Rn. 16 ff.

8 d) Erbauseinandersetzung. Der Vormund ist an der Vertretung des Mündels bei einer Erbauseinandersetzung gehindert, an der er – als Miterbe oder als Vertreter eines Dritten, insbesondere eines anderen Miterben – beteiligt ist.[15] Sind bei einer Erbauseinandersetzung mehrere Mündel beteiligt, so ist die Vertretung durch denselben Vormund nicht zulässig. Eine Ausnahme vom Vertretungsverbot des § 181 besteht allerdings, wenn die Auseinandersetzung genau nach Maßgabe der gesetzlichen Vorschriften (§§ 2042 ff., §§ 752 ff.) vorgenommen wird, denn in diesem Fall erfolgen die Rechtshandlungen des Vormunds ausschließlich in Erfüllung der gesetzlichen Pflicht der Erben, an der Auseinandersetzung mitzuwirken (§ 2042 Abs. 1). Nicht der Maßgabe der gesetzlichen Vorschriften entspricht die Vereinbarung der Erben, das Gesamthandseigentum in Bruchteilseigentum umzuwandeln.[16] Maßnahmen im Vorfeld einer künftigen Erbauseinandersetzung sind vom Anwendungsbereich des § 181 ausgenommen – so etwa die Veräußerung eines Nachlassgrundstücks durch die Miterbengemeinschaft, und zwar auch mit dem Ziel, sich später an dem Veräußerungserlös teilweise auseinanderzusetzen.[17] Das Ergebnis ist der formalen Betrachtung des § 181 geschuldet (vgl. Rn. 6: Vormund und Mündel stehen als Miterben auf derselben Seite des Veräußerungsgeschäfts); Interessenkollisionen im Einzelfall ist mit § 1796 zu begegnen.[18]

8a e) Bankgeschäfte. Forensisch besonders relevant ist auch die Anlegung von Konten durch den Vormund für den Mündel und die Verfügung über solche Konten (noch praktischer im Verhältnis von Eltern und ihren minderjährigen Kindern). Folgende Linien lassen sich ausziehen:

---

[9] *Soergel/Leptien* § 181 Rn. 19.
[10] Grundlegend BGHZ 52, 316 (GmbH) und BGHZ 65, 93 (KG).
[11] BGH NJW 1961, 724.
[12] Zum Fall, dass der an der Gesellschaft beteiligte Vormund zugleich Testamentsvollstrecker über die vom Mündel ererbte Gesellschaftsbeteiligung ist: BGH FamRZ 2008, 1156, 1157 m. Anm. *Zimmermann* FamRZ 2008, 1158, *Werner* GmbHR 2008, 934, *Becker* jurisPR 14/2008 Anm. 8.
[13] BayObLG NJW 1959, 989; insbes. zur schenkweisen Übertragung von Gesellschaftsanteilen OLG Bremen FamRZ 2009, 621 Rn. 13; OLG Frankfurt FamRZ 2009, 620; OLG München FamRZ 2009, 623; OLG Zweibrücken FamRZ 2000, 117, 119; LG Aachen Rpfleger 1994, 104; LG Mainz Rpfleger 2000, 15; *Führ/Nikoleyczik* BB 2009, 2105; *Weinbrenner* FPR 2009, 265; *Werner* GmbHR 2008, 1266. Vgl. auch OLG München Rpfleger 2010, 857 (keine unzulässige Mehrvertretung bei Übertragung von KG-Anteilen auf mehrere Mündel desselben Ergänzungspflegers).
[14] Vgl. etwa BGHZ 65, 93 (Bestellung eines Abschlussprüfers). Wie hier RGRK/*Dickescheid* Rn. 4.
[15] Vgl. etwa BayObLG FamRZ 2004, 906. Unter diesem Aspekt kann der Miterbe von vorneherein als Vormund oder Pfleger ungeeignet erscheinen (§ 1779 Abs. 2), vgl. BayObLG Rpfleger 1982, 13; 1981, 281. Die dem Vormund obliegende Testamentsvollstreckung soll seine gesetzliche Vertretungsmacht für seinen zum Miterben berufenen Mündel nicht schlechthin ausschließen, kann aber einen Interessenkonflikt nach § 1796 begründen: BGH FamRZ 2008, 1156, 1157 f. m. Anm. *Zimmermann* FamRZ 2008, 1158, *Werner* GmbHR 2008, 934, *Becker* jurisPR 14/2008 Anm. 8; OLG Hamm FamRZ 1993, 1122; *Klepsch/Klepsch* NotBZ 2008, 321, 327 ff. Siehe auch § 1796 Rn. 13.
[16] BGHZ 21, 229; RGZ 67, 61; 93, 334.
[17] OLG Frankfurt NJW-RR 2007, 1308; OLG Stuttgart Rpfleger 2003, 501; OLG Jena FamRZ 1996, 185. Vgl. auch *Mahlmann* ZEV 2009, 320; *Klepsch/Klepsch* NotBZ 2008, 321, 324; *Wesche* Rpfleger 1996, 26; DNotI-Report 2007, 12.
[18] Vgl. für den Fall, dass der Vormund des minderjährigen Erben zugleich Testamentsvollstrecker ist: OLG Nürnberg FamRZ 2002, 272 m. Anm. *Kirchner* MittBayNot 2002, 368 und *Schlüter* ZEV 2002, 158. Für den Fall der Betreuung durch den Testamentsvollstrecker: OLG Zweibrücken BtPrax 2004, 75 m. Anm. *Spall* ZEV 2004, 162. Vgl. auch *Bonefeld* ZERB 2006, 737.

– Gläubiger der Bank wird derjenige, der bei der Kontoerrichtung für die Bank als solcher erkennbar wird – bei der Anlegung eines als Treuhandkonto gekennzeichneten Kontos also der Treugeber (Mündel, Kind); im Übrigen entscheiden die Umstände des Einzelfalles.[19]
– Die Vertretungsmacht des Vormunds (der Eltern) wird nicht durch (§ 1629 Abs. 2 S. 1,) 1795 Abs. 2 iVm. § 181 ausgeschossen, da der Bank- oder Überweisungsvertrag von dem vertretenen Mündel mit der Bank, nicht aber mit dem Vormund (mit den Eltern) geschlossen wird. Anderes gilt nur, wenn ein objektiver evidenter Missbrauch der Vertretungsmacht vorliegt.[20]
– Im Innenverhältnis zwischen Vormund (Eltern) und Mündel (Kind) können sich Beschränkungen der Vertretungsmacht aus (§ 1629 Abs. 2 S. 1,) 1795 Abs. 2 iVm. § 181 dann nicht ergeben, wenn der Vormund (die Eltern) Überweisungen von einem auf den Namen des Mündels (Kindes) lautenden Konto auf ein für den Mündel (das Kind) geführtes Treuhandkonto tätigt, da insoweit ein rechtlich neutrales Geschäft vorliegt. Ebenso nicht, wenn der Vormund (die Eltern) vom (eigenen) Konto des Mündels (des Kindes) auf ein eigenes Konto des Vormunds (der Eltern) Gelder überweist, die er zuvor ohne Rechtsgrund – also nicht schenkungsweise – auf das Konto des Mündels (Kindes), etwa aus steuerlichen Motiven, eingezahlt hatte; denn insoweit erfüllt er damit nur eine Verbindlichkeit des Mündels (Kindes) aus § 812, vgl. § 181 2. HS.).[21]

f) Familienrechtliche Erklärungen. Hinsichtlich familienrechtlicher Erklärungen ist zu beachten: Grundsätzlich hindert § 181 den Vormund auch an der Vertretung des Mündels, wenn in einem auf Status- oder Namensänderung gerichteten Rechtsgeschäft oder Verfahren der Vormund zugleich im eigenen Namen und im Namen des Mündels parallel laufende Erklärungen abgeben soll. So kann zB der Vormund, der den Mündel adoptieren will, nicht zugleich im eigenen Namen die Annahme als Kind beantragen und im Namen des Mündels in die Annahme einwilligen (§§ 1752, 1746; zum Problem der Stiefelternadoption vgl. Rn. 23).[22] Nichts anderes dürfte gelten, wenn der Ehemann der Kindesmutter, der zugleich Vormund des fünf oder mehr Jahre alten Kindes ist, im eigenen wie im Kindesnamen eine Einbenennung des Kindes durch die (im Zeitpunkt ihrer Einbenennungserklärung sorgeberechtigte) Mutter konsentiert (§ 1618 S. 1, 3). In derartigen Fällen ist vielmehr für das Kind ein Ergänzungspfleger zu bestellen. Die Auffassung, parallel laufende Erklärungen, bei denen sich die Personen nicht als „Geschäftsgegner" gegenüberstehen, seien von § 181 grundsätzlich nicht erfasst,[23] findet weder im Wortlaut noch im Sinn des § 181 eine hinreichende Stütze. Zum Ausschluss der Vertretungsmacht von Eltern bei Anfechtung der Vaterschaft vgl. Rn. 34, § 1796 Rn. 10 und Erl. zu § 1629.

3. Strikte Geltung des Vertretungsverbots. a) Geltung auch im Rahmen des § 107. § 181 verwehrt dem Vormund nicht nur ein eigenes Kontrahieren als Vertreter des Mündels. Er beschränkt seine Vertretungsmacht schlechthin: Hat der Mündel selbst ein gemäß § 107 der Einwilligung des Vormunds bedürftiges Geschäft abgeschlossen, so ist der Vormund an der Erteilung der Einwilligung gehindert, sofern er wegen § 181 das Geschäft als Mündelvertreter nicht hätte abschließen können[24] (zB der beschränkt geschäftsfähige Mündel schließt mit dem Vormund einen Vertrag; dieser willigt in die Vertragsofferte des Mündels als dessen gesetzlicher Vertreter ein).

b) Geltung auch bei nur teilweisem Ausschluss. Ist der Vormund nur von einem Teil des Rechtsgeschäfts ausgeschlossen, der nach dem Willen der Parteien mit anderen rechtsgeschäftlichen Akten eine Einheit bildet, so umfasst § 181 auch die übrigen Teile des Geschäfts, selbst wenn für diese § 181 – isoliert gesehen – nicht zuträfe.[25]

c) Genehmigung. Ein Rechtsgeschäft, das der Vormund mit dem Mündel abgeschlossen hat, wird naturgemäß nicht dadurch wirksam, dass der **Vormund das Geschäft genehmigt.** Stehen

---

[19] OLG Hamm OLGR 1999, 230; OLG Saarbrücken ZEV 2000, 240; OLG Düsseldorf OLGR 1991, 6 f.; *Spieker* FamRZ 2004, 1350, 1351.
[20] BGH FamRZ 2004, 1349 m. Anm. *Madaus* EWiR 2004, 1023 und EWiR 2006, 58; (vorangehend) OLG Frankfurt OLGR 2003, 352 m. Anm. *Streißle* EWiR 2003, 749; *Klein/Meinhardt* BKR 2004, 180; aA (vorangehend) LG Darmstadt EWiR 2002, 1604 m. Anm. *Streißle* EWiR 2002, 891.
[21] BGH FamRZ 2004, 1349 m. Anm. *Madaus* EWiR 2004, 1023 und EWiR 2006, 58.
[22] AA OLG Zweibrücken FamRZ 2001, 1730: Der adoptionswillige Vormund soll sowohl die Einwilligung des Mündels in die Adoption erklären als auch für den Mündel die Ersetzung der Einwilligung des Elternteils in die Adoption beantragen können.
[23] So aber BayObLG FamRZ 1977, 409 und OLG Frankfurt FamRZ 2002, 260 für eine sorgeberechtigte Mutter, die zu einer Einbenennungserklärung nach § 1618 Abs. 1 S. 1 1. Alt. die Einwilligung des Kindes nach § 1618 Abs. 1 S. 3 erklärt.
[24] KG KGJ 45, 237.
[25] BGHZ 50, 8, 12.

§ 1795 13–18 Abschnitt 3. Titel 1. Vormundschaft

allerdings Vormund und Mündel auf derselben Vertragsseite (zB Verkauf und Veräußerung einer beiden gemeinsam gehörenden Sache), so liegt gar kein Fall des § 181 vor. Ebenso, wenn es bei Abschluss des Geschäfts an der Erklärung des Mündels fehlt (zB der Vormund verkaufte und veräußerte ausschließlich im eigenen Namen): Hier kann der Vormund noch im Namen des Mündels dem Dritten gegenüber genehmigen (§ 185 Abs. 2, § 182 Abs. 1; nicht aber sich selbst gegenüber).[26]

13 § 181 ist auch auf Geschäfte anzuwenden, die der **Genehmigung des FamG** bedürfen. Eine erteilte Genehmigung heilt jedoch den Verstoß gegen § 181 nicht. Eine Befreiung vom Verbot des § 181 durch das FamG ist nicht möglich. Zur Genehmigung durch den vom FamG bestellten Ergänzungspfleger oder den volljährig gewordenen Mündel siehe Rn. 38.

14 **d) Keine Umgehung.** Der Vormund kann dem § 181 nicht dadurch ausweichen, dass er einem anderen **Untervollmacht für die Vertretung des Mündels erteilt** und dann im eigenen Namen mit dem im Namen des Mündels handelnden Untervertreter ein Rechtsgeschäft abschließt. Gleichfalls verbietet sich eine Umgehung des § 181 dadurch, dass der Vormund für seinen eigenen Rechtskreis einem Dritten Vollmacht erteilt und nun im Namen des Mündels mit diesem Bevollmächtigten kontrahiert. Entgegen der Auffassung des RG[27] ergreift § 181 auch solche Geschäfte, weil der Vormund durch die Bestellung eines von ihm abhängigen Bevollmächtigten auf beiden Seiten des Geschäfts steht (zum Ganzen § 181 Rn. 24 ff.).

15 Veräußert der Vormund einen dem Mündel gehörenden Gegenstand an einen sog. **Strohmann**, von dem wiederum der Vormund den Gegenstand erwerben soll, so greift gleichfalls § 181 ein: Das Scheingeschäft mit dem Strohmann ist nach § 117 Abs. 1 nichtig, das verdeckte Geschäft nach § 181 unwirksam.[28] Im Übrigen gelten die Grundsätze über den Missbrauch der Vertretungsmacht, namentlich im Fall der Kollusion (siehe dazu § 164 Rn. 106 ff.).

16 **4. Ausnahmen vom Verbot des § 181.** Auch für den Vormund gelten die allgemeinen Ausnahmen vom Verbot des § 181; siehe § 181 Rn. 43 ff. Im Überblick:

17 **a) Erfüllung einer Verbindlichkeit.** Selbstkontrahieren ist gestattet, soweit das Rechtsgeschäft ausschließlich in der Erfüllung einer Verbindlichkeit besteht (siehe § 181 Rn. 56 ff.). So kann der Vormund zum Zwecke der Erfüllung eines ihm gegen den Mündel zustehenden Anspruchs die erforderlichen Geldbeträge aus dem Mündelvermögen entnehmen.[29] Bedarf ein solches Geschäft der Genehmigung des FamG oder des Gegenvormunds, so bleibt diese Genehmigungspflicht unberührt.[30]

18 **b) Gestattung, insbesondere durch Familiengericht?** Bei rechtsgeschäftlicher Vertretung gilt § 181 nicht, soweit dem Vertreter das In-sich-Geschäft gestattet ist. In diesem Zusammenhang verneint die herrschende Rechtsprechung und Lehre eine Befugnis des FamG, den Vormund vom Verbot des In-sich-Geschäfts zu befreien.[31] Dem steht die Rechtsmeinung gegenüber, dass zumindest der Vormund, der mehrere Mündel betreut, vom Verbot der Mehrvertretung durch das Gericht entbunden werden könne, damit nicht für jeden Mündel ein besonderer Pfleger bestellt werden muss (insbesondere für den Fall der Erbauseinandersetzung unter Geschwistern).[32] Die letztgenannte Auffassung überzeugt nicht: § 1795 lässt im klaren Gegensatz zu § 1796 dem FamG keinen Raum für die Prüfung, ob durch ein geplantes In-sich-Geschäft ein Interessenkonflikt droht oder nicht, und das angesichts der von § 1795 erfassten Konstellationen mit gutem rechtspolitischen Grund. Ein Vermögenszuwender (§ 1803) kann den Vormund von der Beachtung des § 181 nicht entbinden. Auch durch Verfügung der Eltern kann eine Befreiung von § 181 nicht erreicht werden (arg. § 1852 Abs. 2). Der Vormund kann auch nicht etwa einem Dritten Vollmacht unter Befreiung von den Beschränkungen des § 181 erteilen. Ein entgegen § 181 geschlossenes Geschäft wird schließlich auch durch die Genehmigung des FamG nicht wirksam.

---

[26] RGZ 76, 92.
[27] RGZ 108, 405; 157, 24, 31; Bedenken hiergegen auch bei BGHZ 64, 72, 74 = NJW 1975, 1117.
[28] So dass in solchem Fall der Gesichtspunkt des Missbrauchs der Vertretungsmacht nicht bemüht werden muss; anders die 1. Aufl. Rn. 3.
[29] BayObLG Rpfleger 1981, 302, 303.
[30] *Staudinger/Engler* Rn. 4.
[31] BGH FamRZ 1961, 473; BGHZ 21, 229, 234 = NJW 1956, 1433; BayObLGZ 25, 193, 197; OLG Hamm FamRZ 1975, 510; *Staudinger/Engler* Rn. 9; *Soergel/Zimmermann* Rn. 45; *Dölle* § 124 II 5 b; *Buchholz* NJW 1993, 1161.
[32] *Erman/Saar* Rn. 8 (generell für die Möglichkeit einer Gestattung von In-sich-Geschäften durch das Gericht); *U. Hübner*, Interessenkonflikt und Vertretungsmacht, 1977, S. 125 ff.

c) **Lediglich rechtlicher Vorteil.** Die teleologische Reduktion des § 181 trägt die Auffassung, dass § 181 nicht für Geschäfte gilt, die dem Vertretenen lediglich einen rechtlichen Vorteil bringen[33] oder rechtlich neutral sind; siehe hierzu § 107 Rn. 27 ff.[34] Praktische Bedeutung hat vor allem die Schenkung von Grundeigentum der Eltern an ihre minderjährigen Kinder.[35] Der dingliche Erwerb soll dabei – für sich genommen – lediglich vorteilhaft sein; die mit ihm verbundene Verpflichtung des Erwerbers zur Tragung der gewöhnlichen öffentlicher Lasten soll, weil in ihrem Umfang begrenzt und wirtschaftlich unbedeutend, nicht schaden.[36] Auch die Belastung des vom Kind zu erwerbenden Grundstücks mit einer Grundschuld hindert die Einstufung des dinglichen Geschäfts als für das Kind rechtlich lediglich vorteilhaft nicht – dies jedenfalls dann nicht, wenn der jeweilige Eigentümer der sofortigen Zwangsvollstreckung aus der Grundschuld unterworfen ist (mit der Folge, dass dem Kind im Vollstreckungsfall keine zusätzlichen Kosten entstehen).[37] Auch die Belastung mit einem Nießbrauch macht den Grundstückserwerb für das Kind nicht rechtlich nachteilig – dies jedenfalls dann, wenn der Nießbraucher auch außergewöhnliche Kosten und Nutzen zu tragen hat.[38] Anders soll es sein, wenn das schenkweise zu übertragende Grundstück vermietet oder verpachtet ist – und zwar auch dann, wenn der Veräußerer sich ein Nießbrauchsrecht am Grundstück vorbehält und das Miet- oder Pachtverhältnis – jedenfalls nach einer verbreiteten Meinung - deshalb für die Dauer des Nießbrauchs nur mit ihm fortgesetzt wird.[39] Diskutiert wird, ob auch rechtliche Nachteile, die das Kausalgeschäft birgt, bei einer „Gesamtbetrachtung" bewirken können, dass auch das dingliche Geschäft als nicht lediglich rechtlich vorteilhaft eingestuft wird.[40] Anders liegen die Dinge, wenn es um die Schenkung von Wohnungseigentum geht: Hier erwirbt der Mündel nicht nur einen Vermögensgegenstand; er wird zugleich - rechtlich nicht lediglich vorteilhaft – Mitglied der Wohnungseigentümergemeinschaft und hat anteilig – neben den Grundstückslasten – auch die Kosten der Instandhaltung, Instandsetzung etc. zu tragen.[41]

d) **Sonderfall des § 1436 S. 2.** Schließlich kann im Sonderfall des § 1436 S. 2 derjenige Ehegatte, der als Vormund das Gesamtgut verwaltet, im eigenen Namen sich die güterrechtlich erforderliche Zustimmung erteilen, aber nur in der Erklärung gegenüber dem Dritten.[42]

5. Besonderheiten bei Amts- und Vereinsvormundschaft. § 1795 gilt auch für das Jugendamt als bestellter oder gesetzlicher Amtsvormund. Für die Anwendung ist zu unterscheiden:

---

[33] BGHZ 56, 97, 101 = NJW 1971, 1355; BGHZ 59, 236, 240 = FamRZ 1972, 630; BGH FamRZ 1975, 480 – Schenkung eines unbelasteten Grundstücks – m. Anm. *H. Schmidt*; anders noch BGH FamRZ 1962, 464.
[34] Zum schenkweisen Erwerb eines Kommandit-Anteils: Fn. 13 und § 107 Rn. 48.
[35] Zum Ganzen ausführlich *Kölmel* RNotZ 2010, 618; *ders.* RNotZ 2010, 1, 6 ff.; vgl. auch *Keller* JA 2009, 561.
[36] BGHZ 161, 170 = FamRZ 2005, 359, 360 m. Anm. *Wojcik* DNotZ 2005, 655.
[37] BGHZ 161, 170 = FamRZ 2005, 359, 360 m. Anm. *Wojcik* DNotZ 2005, 655 und Fn. 38.
[38] BGHZ 161, 170 = FamRZ 2005, 359, 360 m. Anm. *Wojcik* DNotZ 2005, 655. Zur Belastung mit Grundschuld und Nießbrauch siehe auch: *Fembacher* MittBayNot 2009, 157; *Sonnenfeld* NotBZ 2005, 154; *Böttcher* Rpfleger 2006, 293; *Wilhelm* NJW 2006, 2353; *Rastätter* BWNotZ 2006, 1; *Müßig* JZ 2006, 150; *Schmitt* NJW 2005, 1090; *Führ/Menzel* FamRZ 2005, 1729; *Everts* ZEV 2004, 231. Zur Belastung mit einem durch Reallast gesicherten Leibgeding (§ 1108 Abs. 1): LG Coburg MittBayNot 2008, 224.
[39] BGHZ 162, 137 = NJW 2005, 1430; ebenso BayObLG Rpfleger 2003, 579; OLG Frankfurt OLGR 2005, 329; *Führ/Menzel* FamRZ 2005, 1729. Der schuldrechtliche Schenkungsvertrag als solcher ist auch deshalb nicht rechtlich vorteilhaft, weil das geschenkte Grundstück vermietet ist: KG Beschl. v. 31. 8. 2010 – 1 W 167/10 - juris Rn. 18. Zur Erfüllung eines Vermächtnisses betr. ein vermietetes Grundstück durch die sorgeberechtigte Mutter als Alleinerbin: OLG München FamRZ 2011, 828; DNotI-Report 2008, 131.
[40] So BGHZ 78, 28, 35 = NJW 1981, 109. Offengelassen jetzt von BGHZ 161, 170 = FamRZ 2005, 359, 360 für den Fall eines im Überlassungsvertrag vorbehaltenen Rücktritts des Veräußerers: Eine Haftung des Erwerbers aus § 346 Abs. 2 bis 4 komme nicht in Betracht, da das Kausalgeschäft, weil nicht lediglich rechtlich vorteilhaft, schwebend unwirksam und eine Gesamtbetrachtung deshalb nicht veranlasst sei. Zum Ganzen – auch aus not. Sicht – *Kölmel* RNotZ 2010, 1, 7 ff. mwN; *Klepsch/Klepsch* NotBZ 2008, 321, 323. Ferner aus der neueren Rspr.: OLG München FamRZ 2008, 820 (zum rechtlichen Nachteil eines schuldrechtlichen Rückübertragungsverpflichtung für bestimmte Fallgestaltungen); BayObLG FamRZ 2004, 1055 (Vorlagebeschluss zu BGH aaO); BayObLG NJW 2003, 1129 (Schenkung eines mit einem Nießbrauch belasteten und vermieteten Grundstücks nicht lediglich rechtlich vorteilhaft); OLG München FamRZ 2008, 820 (Grundstücksüberlassungsvertrag unter Anrechnung auf den Pflichtteil; vgl. dazu auch DNotI-Report 2007, 160); OLG Köln Rpfleger 2004, 162 (Schenkung eines Miteigentumsanteils nicht lediglich rechtlich vorteilhaft, wenn die Auseinandersetzung ausgeschlossen ist). Vgl. wN 4. Aufl. Fn. 29–31.
[41] BGH FamRZ 2010, 2065 m.Anm. (u.a.) *Medicus* JZ 2011, 159; *Kölmel* FamRZ 2011, 206; *Schaub* ZEV 2011, 42; *Elzer* ZfIR 2011, 28; *Hartmann* ErbStB 2011, 72; *Lindner* jurisPR-BGHZivilR 5/2011 Anm. 2. Offengelassen noch in BGHZ 78, 28 = NJW 1981, 109.
[42] Vgl. KG RJA 4, 76.

§ 1795   22, 23 Abschnitt 3. Titel 1. Vormundschaft

- Vormund ist nur das Jugendamt, nicht dessen mit der Führung der konkreten Vormundschaft betrauter Mitarbeiter (vgl. § 1791b Rn. 10). Deshalb hindern §§ 1795 Abs. 2, 181, dass zwei Mündel, die von unterschiedlichen Mitarbeitern desselben Jugendamtes vertreten werden, miteinander kontrahieren.
- Vormund ist nur das Jugendamt als solches, nicht also die Gebietskörperschaft (zB Stadt), der das Jugendamt als Behörde zugeordnet ist. Deshalb ist das Jugendamt als Amtsvormund nicht gehindert, für den ausländischen Mündel Anträge beim Ausländeramt zu stellen; für eine Ergänzungspflegschaft (§§ 1909, 1794) ist insoweit kein Raum.[43] Ebenso kann das Jugendamt als Vormund mit dem eigenen Rechtsträger kontrahieren oder trotz § 1795 Abs. 1 Nr. 3 gegen ihn prozessieren;[44] allerdings wird insoweit vielfach § 1796 eingreifen.[45]
- Unbeschadet der Vormundstellung nur des Jugendamtes gilt das Selbstkontrahierungsverbot nicht nur für das Jugendamt,[46] sondern auch für dessen Mitarbeiter, der gem. § 55 Abs. 2 S. 1 SGB VIII mit den Aufgaben des Vormunds betraut ist.[47]

Entsprechendes gilt für die Vereinsvormundschaft. Nichts anderes kann gelten, wenn die Betreuungsbehörde als solche zum Betreuer bestellt ist (§ 1908i Abs. 1 iVm. § 1795).

III. Rechtsgeschäfte mit dem Ehegatten, dem Lebenspartner oder mit Verwandten des Vormunds (Abs. 1 Nr. 1)

22 **1. Grundsatz.** Nr. 1 hindert den Vormund an der Vertretung des Mündels bei einem Rechtsgeschäft mit dem Ehegatten oder Lebenspartner (iSd. § 1 Abs. 1 S. 1 LPartG) des Vormunds oder mit einer in gerader Linie mit dem Vormund verwandten Person,[48] sofern das Rechtsgeschäft nicht in der Erfüllung einer Verbindlichkeit besteht.[49] Damit wird der Gedanke des § 181 personell ausgeweitet; in der Sache gelten die zu Abs. 2 iVm. § 181 aufgezeigten Gedanken entsprechend. Im Einzelnen:

23 **2. In Betracht kommende Rechtsgeschäfte. a) Einseitige Rechtsgeschäfte, Verfahrenshandlungen, familienrechtliche Erklärungen.** Von der Regelung umfasst sind auch einseitige Rechtsgeschäfte, die der Vormund im Namen des Mündels vornehmen will (zB Kündigung). Hingegen beseitigt § 1795 Abs. 1 Nr. 1 nicht die Empfangszuständigkeit des Vormunds für Erklärungen, die an den Mündel gerichtet sind (§ 131), zB für einen diesem gegenüber zu erklärenden Rücktritt.[50] Keine Rechtsgeschäfte iSd. § 1795 Abs. 1 Nr. 1 sind reine Verfahrenshandlungen, die nur unter den Voraussetzungen des § 1795 Abs. 1 Nr. 3 dem Vertretungsverbot unterliegen. So wird die Anmeldung zum Handelsregister von § 1795 nicht erfasst.[51] Verfahrenshandlungen unterfallen allerdings dann der Einschränkung des § 1795 Abs. 1 Nr. 1, wenn sie materiell-rechtliche Wirkungen haben oder wenn mit ihnen eine materiell-rechtlich begründete Rechtsmacht in Anspruch genommen wird, wie dies etwa bei der Bewilligung nach § 19 GBO der Fall ist.[52] § 1795 Abs. 1 Nr. 1 hindert den Vormund auch an der Abgabe familienrechtlicher Erklärungen für den Mündel, wenn diese zu entsprechenden Erklärungen des Ehegatten hinzutreten müssen, um einen Status- oder Namenswechsel des Mündels zu bewirken. Deshalb kann die Mutter, deren Sorgerecht nach § 1629 Abs. 1 ebenfalls von § 1795 begrenzt wird, nicht im Namen ihres Kindes in dessen Adoption durch

---

[43] OLG Düsseldorf Beschl. v. 20. 7. 2010 – II-2 UF 62/10 – juris Rn. 2.
[44] OVG Berlin NJW 1988, 1931; *Soergel/Zimmermann* Rn. 47.
[45] BayObLG DAVorm. 1968, 385.
[46] Vgl. KG JFG 8, 88.
[47] Zur Frage nach früherem Recht, ob das Jugendamt im Verfahren auf Fürsorgeerziehung des Mündels an der gesetzlichen Vertretung gehindert ist: KG JFG 12, 154 = JW 1935, 2517; BayObLG FamRZ 1962, 479.
[48] Vgl. etwa OLG Koblenz OLGR 2006, 1003 (keine Vertretung des minderjährigen Kindes durch Elternteil bei Erbauseinandersetzung mit den Geschwistern); OLG Düsseldorf RNotZ 2006, 68 (Bestellung der Großmutter zur Geschäftsführerin durch den Vater des minderjährigen Alleingesellschafters einer GmbH); OLG Stuttgart FamRZ 2005, 62 (Hofübergabevertrag durch Ehefrau als Betreuerin des Ehemannes mit dem gemeinsamen Kind).
[49] Vgl. etwa BayObLG Rpfleger 2004, 564 (Geltendmachung eines Vermächtnisanspruchs des durch die Eltern vertretenen minderjährigen Kindes gegen einen Großelternteil als Erben). Anders, wenn gerichtliche Geltendmachung (§ 1795 Abs. 1 Nr. 3) in Frage steht: BayObLG FamRZ 2004, 906 (keine gerichtliche Geltendmachung eines Pflichtteilsergänzungsanspruchs der minderjährigen Tochter durch den Vater gegen dessen andere Tochter).
[50] BayObLG FamRZ 1977, 141, 143; *Soergel/Zimmermann* Rn. 26. Einschränkend OLG Celle OLGR 2000, 12: Keine Empfangsvertretung des Kindes durch einen Elternteil bei Mahnung durch den anderen.
[51] BayObLG DNotZ 1971, 107: Anmeldung zugleich im eigenen Namen als Mitgesellschafter und im Namen des Minderjährigen.
[52] BGHZ 77, 7, 9.

ihren Ehemann (Stiefvater) einwilligen; das Dekretsystem hindert nicht, dass die zur Adoption nötigen Erklärungen einen materiell-rechtlichen Kern aufweisen, auch wenn die daraus fließenden Rechtswirkungen erst mit Hilfe eines gerichtlichen Verfahrens existent werden.[53]

b) Alle Rechtsgeschäfte mit Wirkungen für den Ehegatten, den Lebenspartner oder für Verwandte des Vormunds. Die Verhinderung tritt nicht nur ein, wenn der Ehegatte, Lebenspartner oder Verwandte Partei des Rechtsgeschäfts ist. Es genügt, dass das Geschäft Rechtswirkungen zwischen dem Mündel und dem Ehegatten, Lebenspartner oder Verwandten des Vormunds erzeugen soll. Beispiele: Vertrag gemäß § 328 zugunsten des Vormundehegatten; Erklärungen gegenüber dem Grundbuchamt gemäß § 873 Abs. 2 oder § 875, die eine Rechtsänderung zugunsten des Vormundehegatten bewirken sollen.[54] Auch kann der Vormund den Mündel nicht bei einer Zustimmung vertreten, die dieser als Nacherbe einem Rechtsgeschäft des Vormundehegatten als Vorerben erteilt (§§ 2113 ff.; siehe auch § 181 Rn. 31 a).[55] Zur Frage, ob der Vormund im Namen des Mündels eine Erbschaft ausschlagen kann, wenn dadurch der Ehegatte oder ein Verwandter des Vormunds zum Zuge kommt, vgl. Rn. 5.[56]

c) Keine Zugehörigkeit zu derselben Vertragsseite. Wie § 181 greift § 1795 Abs. 1 S. 1 nicht, wenn Mündel und Ehegatte, Lebenspartner oder Verwandter des Vormunds auf derselben Seite eines Vertrags stehen (zB. als Vermieter eines zu Miteigentum stehenden Hauses, vgl. Rn. 6). Die zu § 181 entwickelten Grundsätze über die Mitwirkung an Beschlüssen von Gesellschafterversammlungen (vgl. Rn. 7 und § 181 Rn. 16 ff.) gelten auch im Rahmen des § 1795 Abs. 1 Nr. 1.

3. Voraussetzung. a) Bestehende Ehe, Lebenspartnerschaft. Die Vertretung des Vormunds wird nur für Geschäfte mit dem Ehegatten ausgeschlossen, mit dem er **zurzeit der Vornahme des Geschäfts** in gültiger Ehe **verheiratet** ist. Bei Geschäften nach rechtskräftiger Scheidung entfällt die Sperre des § 1795 Abs. 1 Nr. 1;[57] im Einzelfall ist auch hier an § 1796 zu denken. Hat der Vormund im Namen des Mündels mit seinem Ehegatten kontrahiert, mit dem er in aufhebbarer Ehe lebt, so fällt das Geschäft unter § 1795 Abs. 1 S. 1; die später erfolgende Aufhebung der Ehe wirkt ex nunc und heilt schon deshalb den Mangel der Vertretungsmacht nicht. Diese Grundsätze gelten für die Eingehung und Aufhebung einer **Lebenspartnerschaft** entsprechend.

b) Verwandtschaft. Im Übrigen gilt der Ausschluss nur für Rechtsgeschäfte mit Personen, die mit dem Vormund **in gerader Linie** (§ 1589 Abs. 1 S. 1) **verwandt** sind. Für Rechtsgeschäfte mit Verwandten in der Seitenlinie oder mit Verschwägerten des Vormunds gilt die Vorschrift nicht, auch nicht analog;[58] in derartigen Fällen ist die Möglichkeit des § 1796 zu erwägen.

4. Geltung bei Amts- und Vereinsvormundschaft. § 1795 Abs. 1 Nr. 1 gilt auch für den mit den Aufgaben des Vormunds betrauten Beamten des Jugendamts (§ 55 Abs. 2 S. 1 SGB VIII) sowie – bei entsprechender Betrauung – für das Mitglied oder den Mitarbeiter des Vereinsvormunds, ferner auch für den Mitarbeiter einer Behörde, auf den die als solche zum Betreuer bestellte Behörde die Wahrnehmung der Betreuung übertragen hat (§ 1900 Abs. 4; § 1908i Abs. 1 S. 1 iVm. § 1795).

5. Ausnahmen vom Verbot des Abs. 1 Nr. 1. a) Ausschließliche Erfüllung einer Verbindlichkeit. Wie bei § 181 sind vom Verbot des § 1795 Abs. 1 Nr. 1 solche Rechtsgeschäfte ausgenommen, die ausschließlich in der Erfüllung einer Verbindlichkeit bestehen (Rn. 17). Ob hierunter auch Erfüllungssurrogate fallen können, ist nach den bei § 181 entwickelten Grundsätzen zu beurteilen und im Prinzip zu verneinen. Stets ist vorausgesetzt, dass eine Verbindlichkeit – wozu mE eine Naturalobligation nicht genügt – wirklich begründet ist.[59] Demgemäß sind Verfügungen

---

[53] Anders BGH FamRZ 1980, 675 und Erl. zu § 1746 Rn. 5; ferner OLG Hamm NJW 1979, 49 = Rpfleger 1979, 22; BayObLG DAVorm. 1980, 859; *Brüggemann* FamRZ 1977, 656, 658; vgl. ferner LG Hamburg DAVorm. 1982, 693, 695 (auch kein Fall des § 1796!) und AG Plettenberg IPRax 1994, 218. Für die Anwendung des § 1795 Abs. 1 Nr. 1 – mit der Folge, dass ein Ergänzungspfleger bestellt werden muss – sprechen sich aus: LG Stuttgart FamRZ 1977, 413; *Engler* Rpfleger 1977, 274; vgl. auch *Soergel/Zimmermann* Rn. 33. Vgl. auch OVG Berlin FamRZ 1981, 87: Die Mutter soll das Kind in einem Namensänderungsverfahren vertreten können, wenn das Kind den Namen des Ehemanns der Mutter erhalten soll.
[54] BayObLGZ 9, 413; KG JW 1935, 1439; KG JFG 2, 283, 288.
[55] BayObLGZ 5, 412; KG KGJ 33 A 184; KG KGJ 28, 296.
[56] Vgl. dazu BayObLG Rpfleger 1983, 482.
[57] OLG Stuttgart NJW 1955, 1721, 1722; BGH LM Nr. 4; FamRZ 1958, 178; OLG Düsseldorf FamRZ 1965, 223.
[58] BayObLG FamRZ 1998, 512, 513; OLG Hamm FamRZ 1965, 86.
[59] BGH FamRZ 1961, 473, 475.

des Vormunds über Mündelvermögen an sich selbst wirksam, soweit damit der Anspruch des Vormunds auf Aufwendungsersatz getilgt wird.[60]

30 b) Rechtsgeschäft mit lediglich rechtlichem Vorteil. Auch bei § 1795 Abs. 1 Nr. 1 sind auf Grund teleologischer Reduktion der Vorschrift die Rechtsgeschäfte ausgenommen, die dem Mündel lediglich einen rechtlichen Vorteil bringen oder rechtlich neutral sind. Für die Einschätzung der Vor- und Nachteile und die Frage nach der Möglichkeit einer Gesamtbetrachtung von schuldrechtlichem und dinglichem Geschäft siehe Rn. 19.

IV. Übertragung oder Belastung in bestimmter Weise gesicherter Forderungen (Abs. 1 Nr. 2)

31 1. Grundsatz. Die Übertragung oder Belastung einer Forderung des Mündels gegen den Vormund unterliegt nicht dem Verbot des § 181, da das Verfügungsgeschäft zwischen dem Zedenten und dem Zessionar erfolgt, der Vormund selbst also als Schuldner nicht beteiligt ist. Für Forderungen, die in bestimmter Weise gesichert sind, greift hier die Vorschrift des § 1795 Abs. 1 Nr. 2 ein. Der Vormund ist von der Vertretung des Mündels ausgeschlossen
– bei Verfügungen, welche die Übertragung oder Belastung einer durch Pfandrecht, Hypothek, Schiffshypothek oder Bürgschaft gesicherten Forderung des Mündels gegen den Vormund zum Gegenstand haben;
– bei Verfügungen, durch die eine solche Sicherheit, die für eine Forderung des Mündels gegen den Vormund besteht, aufgehoben oder gemindert werden soll;
– bei allen Rechtsgeschäften, welche die Verpflichtung des Mündels zu einer der genannten Verfügungen begründet.

32 2. In Betracht kommende Forderungen. Erfasst wird insbesondere die Verfügung über eine hypothekarisch gesicherte Forderung des Mündels gegen den Vormund. Hierunter fällt auch die Sicherungshypothek des Mündels für künftige, gegen den Vormund gerichtete Forderungen.[61] Ob der Vormund Eigentümer des belasteten Grundstücks ist, bleibt gleichgültig.[62] Streitig ist, ob die Vorschrift auf Rechtsgeschäfte auszudehnen ist, die anderweitig gesicherte Forderungen zum Gegenstand haben.[63] Es ist dies mE bei Funktionsgleichheit mit den Pfandrechten zu bejahen, so bei der durch Sicherungsgrundschuld[64] und durch Sicherungseigentum[65] gesicherten Forderung, nicht aber bei der isolierten Grundschuld.[66]

33 3. Reichweite des Vertretungsverbots im Einzelnen. Das Vertretungsverbot gilt auch für die Kündigung und Einziehung der Hypothekenforderung[67] sowie für die Genehmigung einer den Vormund befreienden Schuldübernahme aus Anlass der Veräußerung des mit der Hypothek des Mündels belasteten Grundstücks.[68] Für Rechtsgeschäfte, die lediglich in der Erfüllung einer Verbindlichkeit bestehen, sieht § 1795 Abs. 1 Nr. 2 keine Ausnahme vom Vertretungsverbot vor.[69] Hingegen ist der Vormund nicht gehindert, an seinem eigenen Grundstück ein Grundpfandrecht für den Mündel zu bestellen oder im eigenen Namen Rechte Dritter gegen den Mündel zu erwerben.[70] Selbstverständlich ersetzt auch in den Fällen des § 1795 Abs. 1 Nr. 2 eine etwa erforderliche und erteilte Genehmigung des FamG (§ 1822 Nr. 13, § 1812 Abs. 1, 2) die mangelnde Vertretungsmacht nicht.

V. Vertretungsausschluss in einem Rechtsstreit (Abs. 1 Nr. 3)

34 1. Prozessführung gegen den Ehegatten, den Lebenspartner oder gegen Verwandte des Vormunds. Ausdrücklich ist bestimmt, dass der Vormund auch an der Vertretung des Mün-

---

[60] BayObLG Rpfleger 1981, 302.
[61] *Palandt/Diederichsen* Rn. 5.
[62] KG KGJ 43, 147.
[63] Dagegen *Staudinger/Engler* Rn. 28.
[64] *Soergel/Zimmermann* Rn. 36; Bedenken hiergegen bei KG HRR 1933, 1589.
[65] *Soergel/Zimmermann* Rn. 36.
[66] OLG Braunschweig JW 1936, 2937; aA KG HRR 1933, Nr. 1589 (wenn Vormund Grundstückseigentümer ist).
[67] KG KGJ 24, A 17; BayObLG Recht 1901, Nr. 406 (betr. Löschungsbewilligung für die Hypothek); *Staudinger/Engler* Nr. 25; *Palandt/Diederichsen* Rn. 5; *Soergel/Zimmermann* Rn. 38; aA *Gernhuber/Coester-Waltjen* § 61 Rn. 47; *Brachvogel* Gruchot 47 (1903), 544 ff.
[68] RGZ 68, 37, 39; RG Warn 1915 Nr. 140; dazu *Soergel/Zimmermann* Rn. 40; *Gernhuber/Coester-Waltjen* § 61 Rn. 46.
[69] KG OLGE 5, 362.
[70] *Soergel/Zimmermann* Rn. 42.

Ausschluss der Vertretungsmacht 35, 36 § 1795

dels in einem Rechtsstreit gehindert ist, der zwischen seinem Ehegatten, seinem Lebenspartner oder seinem Verwandten (iSd. Nr. 1) und dem Mündel geführt wird oder der eine Angelegenheit iSd. Nr. 2 betrifft. Gemeint sind nicht nur Zivilprozesse,[71] sondern auch Familienstreitverfahren (§ 112 FamFG),[72] ferner auch sonstige Familiensachen oder Verfahren der Freiwilligen Gerichtsbarkeit, die bis zum Inkrafttreten des FamFG dem § 1795 Abs. 1 Nr. 3 unterfielen: So unterfallen § 1795 Abs. 1 Nr. 3 etwa Abstammungssachen;[73] außerdem fällt unter § 1795 Abs. 1 (sei es schon unter Nr. 1 oder unter Nr. 3) mE auch die Beteiligung an einem FG-Verfahren, das auf der Grundlage von Parteierklärungen auf die Durchführung einer Rechtsgestaltung abzielt, sofern von den Rechtswirkungen dieser Gestaltung sowohl der Mündel als auch eine der in Nr. 1 genannten Personen betroffen werden (vgl. Rn. 9).[74] Nicht erfasst durch § 1795 Abs. 1 Nr. 3 werden hingegen auf Rechtsfürsorge abzielende FG-Verfahren, wie etwa das Erbscheinsverfahren;[75] hier ist eine Entziehung der gesetzlichen Vertretung nach § 1796 zu erwägen, sobald im konkreten Fall Interessengegensätze sichtbar werden. Ebenso unterfällt dem § 1795 Abs. 1 Nr. 3 nicht die Nebenklage des von einem Elternteil vertretenen Kindes im Strafverfahren gegen den anderen Elternteil.[76] Zur Frage, ob der Vormund (ein Elternteil) das Mündel (Kind) in einem familiengerichtlichen Verfahren, das – weil kein „Rechtsstreit" – nicht dem § 1795 Abs. 1 Nr. 3 unterfällt und in dem sowohl der Mündel (das Kind) wie auch der Vormund (Elternteil) verfahrensbeteiligt sind, gesetzlich vertreten kann oder ob bei einem Interessenkonflikt ein teilweiser Sorgerechtsentzug gem. § 1796 und die Bestellung eines Ergänzungspflegers erforderlich wird, siehe § 1796 Rn. 13. Zum Ausschluss der elterlichen Vertretungsmacht im Vaterschaftsanfechtungsverfahren[77] und zur Geltendmachung von Unterhaltsansprüchen des einen Elternteils gegen den anderen[78] siehe Erl. zu § 1629.

2. Prozessführung gegen den Vormund selbst. Dem Wortlaut des Gesetzes nach werden 35 von § 1795 Abs. 1 Nr. 3 nicht die Rechtsstreitigkeiten zwischen Vormund und Mündel oder zwischen dem Mündel und einem gleichfalls vom Vormund vertretenen Dritten umfasst. Der Gesetzgeber hat offenbar als selbstverständlich unterstellt, dass der Vormund nicht auf beiden Seiten eines Prozessrechtsverhältnisses – sei es als Partei und Vertreter des Mündels, sei es als Vertreter des Mündels und zugleich als Vertreter von dessen Gegenpartei – agieren kann.[79]

3. Reichweite des Vertretungsausschlusses. Die Konsequenzen mangelnder Vertretungs- 36 macht im Prozess ergeben sich aus §§ 56, 89, 547 Nr. 4, 579 Abs. 1 Nr. 4, 586 Abs. 3 ZPO. Allerdings wird die Entscheidung über die Vorfrage, ob von Seiten des Mündels ein solcher Rechtsstreit – unter Bestellung eines Ergänzungspflegers – überhaupt begonnen werden soll, von § 1795 Abs. 1 Nr. 3 nicht erfasst,[80] ebenso nicht die außerprozessuale Geltendmachung von Ansprüchen des Mündels.[81] Unterlässt es der Vormund, eine im Mündelinteresse gebotene Rechtsverfolgung zu betreiben, so hat das FamG gemäß § 1837 einzuschreiten oder kann nach § 1796 die Vertretungsmacht

---

[71] Auch Vollstreckungsverfahren: OLG Oldenburg FamRZ 2010, 660 (Zwangsversteigerung).
[72] Für Anwendung des § 1795 Abs. 1 Nr. 3 auf streitige Verfahren der Freiwilligen Gerichtsbarkeit unter der Geltung des FGG: Soergel/Zimmermann Rn. 43; BayObLGZ 1961, 277 = FamRZ 1962, 36, 37 (obiter dictum), aA RGRK/Scheffler (11. Aufl.) Anm. 12. Offen ist die Frage in BGH FamRZ 1980, 675, 676 geblieben.
[73] OLG Düsseldorf Beschl. v. 24. 9. 2010 – II-7 UF 112/10 – juris Rn. 16ff; vgl. auch Dressler Rpfleger 2010, 297. Zur Unterscheidung zwischen der Vertretung des Kindes im Vaterschaftsanfechtungsverfahren und der – nicht dem § 1795 Abs. 1 Nr. 3, sondern § 1628 unterfallenden – Entscheidung, ob die Vaterschaft überhaupt angefochten werden soll: BGH FamRZ 2009, 861 Rn. 30 mit Bespr. Wellenhofer FamRZ 2009, 968 und unten Rn. 71.
[74] AA BGH FamRZ 1980, 675, 676.
[75] BayObLGZ 1961, 277; BayObLG FamRZ 1962, 36, 38; LG Bochum Rpfleger 1994, 418; Soergel/Zimmermann Rn. 43.
[76] OLG Frankfurt FamRZ 2009, 1227. Zum Zeugnisverweigerungsrecht des Minderjährigen in den Fällen des § 50 Abs. 2 StPO vgl. OLG Saarbrücken Beschluss vom 22. 03. 2011 – 6 UF 34/11 – juris.
[77] Vgl. etwa BGH FamRZ 2009, 861 m. Bespr. Wellenhofer FamRZ 2009, 968; KG Rpfleger 2011, 157; OLG Brandenburg FamRZ 2010, 742; OLG Hamburg FamRZ 2010, 1825; OLG Düsseldorf JAmt 2010, 505; DIJuF JAmt 2010, 20 und 357. Vgl. auch BGH FamRZ 2002, 880: Bei Anfechtungsklage der Mutter im eigenen Namen ist für die Klagzustellung und die Beiladung des Kindes ein Ergänzungspfleger zu bestellen. Zur Frage einer Ergänzungspflegschaft im Anfechtungsverfahren nach § 1600 Abs. 1 Nr. 5: OLG Hamburg FamRZ 2010, 745; OLG Oldenburg FamRZ 2009, 1925.
[78] Vgl. OLG Koblenz FamRZ 2007, 412; OLG Celle JAmt 2010, 397 m. Anm. Knittel JAmt 2010, 397.
[79] Vgl. etwa BayObLG FamRZ 1982, 1134, 1135; OLG Dresden 2010, 1995; Staudinger/Engler Rn. 29. Vgl. auch § 181 Rn. 40.
[80] BayObLG FamRZ 2004, 906, 907; FamRZ 1982, 1134; BayObLGZ 1963, 132 (betreffend § 181).
[81] BayObLG FamRZ 2004, 906, 907; FamRZ 1962, 36, 37; KG OLGE 14, 273.

§ 1796

für die betreffende Angelegenheit entziehen, so etwa wenn der Vormund als Alleinerbe zu entscheiden hat, ob der Mündel den ihm zustehenden Pflichtteil verlangt.[82]

VI. Rechtsfolgen

37 **1. Ergänzungspfleger, Ergänzungsbetreuer.** Soweit der Vormund an der Vertretung verhindert ist, muss – sofern das Rechtsgeschäft getätigt werden soll – gemäß § 1909 Abs. 1 S. 1 ein Ergänzungspfleger bestellt werden. Im Falle der Verhinderung bezüglich mehrerer Mündel, zB. bei einer Erbauseinandersetzung (vgl. Rn. 8), ist für jeden Mündel ein anderer Pfleger zu bestellen. Ist gemäß § 1908i Abs. 1 S. 1 iVm. § 1795 ein Betreuer an der Vertretung des Betreuten verhindert, so ist kein Ergänzungspfleger, sondern ein Ergänzungsbetreuer zu bestellen.

38 **2. Handeln als falsus procurator.** Nimmt der Vormund entgegen dem Vertretungsverbot des § 1795 Abs. 1 Nr. 1, 2, Abs. 2 ein Rechtsgeschäft vor, so handelt er als falsus procurator (§§ 177 ff.).[83] Verträge sind folglich schwebend, einseitige Rechtsgeschäfte endgültig unwirksam (schwebend in den Fällen des § 180 S. 2, 3). Die bei schwebend unwirksamen Geschäften mögliche Genehmigung kann durch den bestellten Ergänzungspfleger oder durch den voll geschäftsfähig gewordenen Mündel erfolgen,[84] hingegen weder durch den Vormund selbst noch durch das FamG.[85]

39 **3. Umdeutung.** Fraglich erscheint, ob ein nach § 1795 Abs. 1 Nr. 1, § 177 unwirksames Geschäft in ein den Mündel begünstigendes, wirksames Geschäft zwischen dem Vormund selbst und dem Ehegatten oder Verwandten umgedeutet werden kann. Dies wurde früher generell verneint.[86] Diese generalisierende Aussage ist heute insoweit obsolet, als nach nunmehr herrschender Rechtsprechung Rechtsgeschäfte, die dem Mündel lediglich einen rechtlichen Vorteil bringen, dem Vertretungsverbot des § 1795 Abs. 1 Nr. 1 nicht unterliegen (Rn. 19). Nunmehr gilt: Die Möglichkeit der Umdeutung (§ 140) in einen Vertrag, den der Vormund im eigenen Namen zugunsten des Mündels (§ 328) schließt, erscheint an sich schon als zweifelhaft; es fragt sich nämlich, ob die Umdeutung zu einem Wechsel der vertragsschließenden Partei führen kann.[87] Selbst wenn aber eine solche Umdeutung zulässig wäre, so geht doch der Parteiwille in aller Regel nicht in diese Richtung; nur unter außergewöhnlichen Umständen ist denkbar, dass der Vormund aus einem im Namen des Mündels geschlossenen Geschäft notfalls in eigener Person verpflichtet sein will. Setzt man sich über diese Zweifel hinweg, so unterliegt auch der Vertrag zugunsten Dritter (des Mündels) dem § 1795 Abs. 1 Nr. 1, weil Rechtswirkungen in der Sphäre des Mündels eintreten sollen (§ 328, vgl. Rn. 24); hier kann aber dann die Regel zum Zuge kommen, dass Rechtsgeschäfte, die dem Mündel lediglich einen rechtlichen Vorteil bringen, vom Vertretungsverbot ausgenommen sind.

VII. Parallelvorschriften

40 Die Vorschrift findet auf die Pflegschaft (§ 1915 Abs. 1) sowie auf die Betreuung (§ 1908i Abs. 1 S. 1) entsprechende Anwendung. Die Hauptbedeutung des § 1795 liegt jedoch in der Anwendbarkeit auf die elterliche Sorge nach § 1629 Abs. 2 S. 1.

§ 1796 Entziehung der Vertretungsmacht

(1) Das Familiengericht kann dem Vormund die Vertretung für einzelne Angelegenheiten oder für einen bestimmten Kreis von Angelegenheiten entziehen.

(2) Die Entziehung soll nur erfolgen, wenn das Interesse des Mündels zu dem Interesse des Vormunds oder eines von diesem vertretenen Dritten oder einer der in § 1795 Nr. 1 bezeichneten Personen in erheblichem Gegensatz steht.

---

[82] BayObLG FamRZ 2004, 906 (Pflichtteilsergänzungsanspruch der vom Vater vertretenen minderjährigen Tochter gegen dessen andere Tochter); BayObLG FamRZ 1982, 1134 (Schadensersatzanspruch des Mündels gegen Vormund). Vgl. auch BayObLG BtPrax 2005, 110 (Rückforderungsanspruch gegen den vom geschäftsunfähigen Betreuten beschenkten Betreuer); BayObLG BtPrax 2001, 252 (erbrechtliche Ansprüche des Betreuten gegen den zum Betreuer bestellten Erben). Zur Problematik generell § 1796 Rn. 5.
[83] RGZ 68, 37, 40; RG JW 1924, 1862.
[84] BGHZ 65, 123, 126 = NJW 1976, 104.
[85] Vgl. BGHZ 21, 229, 234; BGH FamRZ 1961, 473, 475; RGZ 71, 162; BayObLG Rpfleger 1977, 440.
[86] BGH FamRZ 1962, 464.
[87] Bedenken auch bei BGH FamRZ 1962, 464, 466.

Übersicht

	Rn.		Rn.
I. Normzweck	1, 2	c) Bloße Verhinderung von Vertretungshandlungen	11
1. Widerstreitende Interessen	1	**III. Unstatthafte Entziehung**	12
2. Beschneidung der Vertretungsmacht .	2	**IV. Einzelfälle**	13–15
II. Die Voraussetzungen der Entziehung	3–11	1. Annahme eines erheblichen Interessengegensatzes	13–13a
1. Grundsatz	3, 4	2. Kein konkret sichtbarer Interessengegensatz	14
a) Einheit zwischen Abs. 1 und 2	3	3. Insbesondere: Amts- und Vereinsvormundschaft	15
b) Voraussetzungen im Einzelnen	4	**V. Verfahren und Wirkungen**	16–19
2. Erheblicher Interessengegensatz	5–8	1. Zuständigkeit, Anhörung, Mitteilungspflichten	16
a) Definition	5	2. Entscheidung mit konstitutiver Wirkung	17
b) Bloße Meinungsverschiedenheiten	6	3. Rechtsmittel	18
c) Interessen von Familienangehörigen des Vormunds	7	4. Wegfall des Interessengegensatzes	19
d) Objektive Interessenlage	8	**VI. Parallelvorschriften**	20
3. Interessengegensatz bei Ausübung oder Nichtausübung gerade der Vertretungsmacht	9–11		
a) Bereich nur tatsächlicher Sorge ...	9		
b) Untätigkeit des Vormunds	10		

I. Normzweck

1. Widerstreitende Interessen. Die Vorschrift ermöglicht es dem FamG, dem Vormund die **1** gesetzliche Vertretungsmacht in Fällen zu entziehen, in denen über die von §§ 181, 1795 erfassten Konstellationen hinaus ein Widerstreit zwischen dem Mündelinteresse einerseits und dem Interesse des Vormunds, seiner Angehörigen im Sinne des § 1795 Abs. 1 Nr. 1 oder eines von ihm vertretenen Dritten droht.

2. Beschneidung der Vertretungsmacht. § 1796 betrifft ausschließlich die Beschneidung **2** der Vertretungsmacht,[1] nicht hingegen die Einschränkung des tatsächlichen Sorgerechts. Selbständig neben § 1796 bestehen die sonstigen Eingriffsbefugnisse des FamG, insbesondere die Möglichkeit der Entziehung der Sorge für die religiöse Erziehung nach § 1801 sowie die Möglichkeit von Maßnahmen gegen den Vormund gemäß § 1837, die auch die Entziehung des Personen- oder Vermögenssorgerechts umfassen (§ 1837 Abs. 4 iVm. §§ 1666, 1666 a Abs. 2). Die einschneidenste Maßnahme des FamG bildet schließlich die Entlassung des Vormunds gemäß § 1886, die auch bei andauerndem Interessenwiderstreit zwischen Vormund und Mündelinteresse in Betracht kommt.[2]

II. Die Voraussetzungen der Entziehung

1. Grundsatz. a) Einheit zwischen Abs. 1 und 2. § 1796, normtechnisch wenig geglückt, **3** weist in Abs. 1 dem FamG generell die Befugnis zur Entziehung der Vertretungsmacht für eine einzelne Angelegenheit oder einen Kreis von Angelegenheiten zu, um erst in Abs. 2 mit Hilfe einer „Soll"-Bestimmung die materiellen Voraussetzungen für einen derartigen Eingriff in das Sorgerecht des Vormunds anzufügen. Beide Absätze bilden indes eine Einheit: Das Gericht *darf* von der Befugnis nach Abs. 1 *nur Gebrauch machen,* wenn die in Abs. 2 beschriebenen Voraussetzungen gegeben sind. Bei Prüfung dieser Voraussetzungen besteht kein Ermessensspielraum; es handelt sich vielmehr um einen unbestimmten Rechtsbegriff.[3]

b) Voraussetzungen im Einzelnen. Die Entziehung der Vertretungsmacht ist danach **4** gerechtfertigt, soweit in einer Angelegenheit oder in einem bestimmten Kreis von Angelegenheiten

---

[1] Deshalb kann auf Grund § 1796 nicht die Personensorge oder Vermögenssorge im Ganzen entzogen werden, vgl. KG KJG 45, 42; BayObLG OLGE 33, 367 (wohl aber ist dies möglich nach § 1837 Abs. 4 iVm. §§ 1666, 1666 a Abs. 2).

[2] Vgl. BGH NJW 1975, 1518, 1519; *Soergel/Damrau* (11. Aufl.) Rn. 1.

[3] So auch z. T. die Literatur; vgl. RGRK/*Dickescheid* Rn. 5; *Soergel/Zimmermann* Rn. 3; *Erman/Holzhauer* (11. Aufl) Rn. 1. AA BGH NJW 1975, 345, 347 („freies Ermessen"). BayObLG FamRZ 1976, 539, 543; BayObLGZ 1981, 44/48 = Rpfleger 1981, 302; OLG Hamm FamRZ 1963, 580, 581; Rpfleger 1986, 13, 14 lässt offen, ob Ermessensspielraum besteht, überprüft als Rechtsbeschwerdegericht aber in jedem Fall, ob der Begriff des erheblichen Interessengegensatzes von der unteren Instanz verkannt wurde.

das Interesse des Mündels zu Interessen auf der Seite des Vormunds in erheblichem Gegensatz steht, und zwar
- entweder zu Interessen des Vormunds selbst;
- oder zu Interessen seines Ehegatten, seines Lebenspartners (iSd. § 1 Abs. 1 S. 1 LPartG) oder eines mit dem Vormund in gerader Linie Verwandten;
- oder zum Interesse eines Dritten, den der Vormund gleichfalls vertritt.

5 **2. Erheblicher Interessengegensatz. a) Definition.** Nach verbreiteter Formulierung liegt ein solcher erheblicher Interessengegensatz vor, wenn die Förderung des einen Interesses nur auf Kosten des anderen erfolgen kann.[4] Diese Definition erscheint zu eng: Es muss genügen, wenn auf Grund der Interessenverschränkung die Gefahr besteht, der Vormund werde im Konfliktfall das Mündelwohl nicht mit der gebotenen Zielstrebigkeit verfolgen. Das FamG hat festzustellen, welche Maßnahmen der Vormund in der betreffenden Angelegenheit plant.[5] Kann nach dem Resultat der Ermittlungen erwartet werden, dass der Vormund unbeeinflusst vom Gemenge der Interessen das Mündelwohl wahren wird, so ist eine Maßnahme nach § 1796 nicht gerechtfertigt.[6] Der Interessengegensatz muss sich im jeweiligen Einzelfall hinreichend konkret abzeichnen;[7] mit dieser Maßgabe genügt eine Gefährdung des Mündelinteresses.[8] Bei unzureichender Prüfung des Interessengegensatzes im Einzelfall durch das Beschwerdegericht ist Aufhebung und Zurückverweisung durch das Rechtsbeschwerdegericht geboten.[9] Das Gericht kann die Prüfung der Frage, ob ein erheblicher Interessengegensatz besteht, weder dem Pfleger überlassen[10] noch zur Prüfung dieser Frage einen „Überlegungspfleger" bestellen, der insbesondere eruieren soll, ob eine von § 1796 erfasste Rechtsverfolgung für den Mündel sinnvoll ist.[11]

6 **b) Bloße Meinungsverschiedenheiten.** Bloße Meinungsverschiedenheiten zwischen FamG und Vormund darüber, ob eine Maßnahme dem Mündelwohl dient oder nicht, begründen für sich genommen keinen Interessengegensatz und rechtfertigen deshalb keinen Eingriff nach § 1796;[12] hier kommt allein ein Vorgehen gegen Pflichtwidrigkeiten gemäß § 1837 Abs. 2 bis 4 oder notfalls die Entlassung des Vormunds gemäß § 1886 in Betracht.

7 **c) Interessen von Familienangehörigen des Vormunds.** Die Interessen von Familienangehörigen des Vormunds kommen auch bei § 1796 nur ins Spiel, wenn es sich um den Ehegatten des Vormunds, seinen Lebenspartner (iSd. § 1 Abs. 1 S. 1 LPartG) oder einen mit ihm geradlinig Verwandten handelt (§ 1796 Abs. 2 mit § 1795 Abs. 1 Nr. 1). Besteht zB die Sorge einer Kollision von Mündelinteressen mit Interessen von Geschwistern, geschiedenen Ehegatten, nichtehelichen Partnern oder früheren Lebenspartnern des Vormunds, so ist eine Entziehung der Vertretungsmacht nach § 1796 nur gerechtfertigt, wenn die Interessen dieser Personen sich zugleich als Eigeninteressen des Vormunds darstellen.

8 **d) Objektive Interessenlage.** Verschuldenselemente spielen bei § 1796 keine Rolle,[13] es kommt vielmehr auf die objektive Interessenlage und das wahrscheinliche Verhalten des Vormunds in den möglichen Konfliktlagen an.

9 **3. Interessengegensatz bei Ausübung oder Nichtausübung gerade der Vertretungsmacht. a) Bereich nur tatsächlicher Sorge.** § 1796 zielt auf den Entzug der Vertretungsmacht. Der tatbestandlich geforderte Interessengegensatz muss sich deshalb gerade in der gesetzlichen Vertretung des Mündels niederschlagen. Betrifft die Interessenkollision den Bereich nur tatsächlicher Sorge, ohne dass voraussichtlich Rechtsgeschäfte oder Gerichtsverfahren anfallen, so ist § 1796 – da

---

[4] KG KGJ 29, 24; BayObLG RJA 15, 178; KG NJW 1966, 1320; LG Kempten DAVorm. 1968, 358; OLG Hamm Rpfleger 1986, 13, 14; *Palandt/Diederichsen* Rn. 2; *Staudinger/Engler* Rn. 7; RGRK/*Dickescheid* Rn. 3; *Erman/Saar* Rn. 2; *Dölle* § 124 II 9 a.
[5] BayObLG Recht 1913 Nr. 65; KG JFG 17, 31, 35.
[6] Vgl. BGH NJW 1955, 217; OLG Brandenburg MittBayNot 2011, 240; KG JFG 17, 31, 35; *Schwoerer* NJW 1955, 534.
[7] BGH NJW 1975, 345, 347; OLG Karlsruhe FamRZ 2004, 51 (keine Entzug, wenn ersichtlich ist, dass die Eltern trotz erkennbaren Interessengegensatzes im Interesse ihrer Kinder handeln werden); OLG Stuttgart DAVorm. 1983, 736; OLG Hamm Rpfleger 1986, 13, 14.
[8] KG OLGE 18, 305; OLG Frankfurt MDR 1964, 419; BayObLG RJA 15, 178.
[9] BayObLG Rpfleger 1989, 19.
[10] BGH NJW 1975, 345; KG NJW 1966, 1320.
[11] *Soergel/Strätz* § 1629 Rn. 37. Wie hier *Soergel/Zimmermann* Rn. 3; zurückhaltend auch *Gernhuber/Coester-Waltjen* § 61 Rn. 50.
[12] BayObLG JW 1927, 1217, 1218 = BayObLGZ 25, 200, 203.
[13] OLG Hamburg OLGE 43, 365.

allein auf die Vertretungsmacht bezogen – nicht einschlägig;[14] vielmehr ist – bei Pflichtverletzungen – an Maßnahmen nach § 1837 zu denken oder § 1886 in Betracht zu ziehen.

b) Untätigkeit des Vormunds. Hingegen kommt die Entziehung der Vertretungsmacht nach § 1796 in Betracht, wenn der Vormund zwar keine Rechtsgeschäfte oder Gerichtsverfahren in Aussicht genommen hat, wenn jedoch die Vornahme eines Rechtsgeschäfts oder das Betreiben eines Verfahrens im Mündelinteresse liegt. Der in § 1796 vorausgesetzte Interessenkonflikt kann sich nämlich auch in einer für das Mündelwohl gefährlichen **Passivität** äußern. §§ 1795, 181 helfen hier nicht ab, da sie die Vertretungsmacht des Vormunds nur bei positivem Tun, nicht bei Unterlassen des Vormunds begrenzen. § 1796 kommt deshalb generell dann in Betracht, wenn der Vormund bei der Entscheidung der **Vorfrage, ob er Ansprüche des Mündels gegen sich** selbst oder gegen seine Angehörigen im Sinne des § 1795 Abs. 1 Nr. 1 **geltend machen soll**, in erheblichen Interessenkonflikt gerät.[15] Für die Entscheidung dieser Vorfrage und – im Falle bejahender Antwort – für die Geltendmachung solcher Rechte ist dem Vormund daher die gesetzliche Vertretungsmacht zu entziehen, soweit nach den konkreten Umständen zu besorgen ist, der Vormund werde die Rechte des Mündels nicht mit dem gebotenen Nachdruck verfolgen.[16] Besondere Relevanz erlangt diese Konstellation für die Vertretungsmacht der Eltern bei der Frage einer etwaigen Anfechtung der Vaterschaft; § 1796 gilt hier kraft der Verweisung in § 1629 Abs. 2 S. 3 Hs. 1 entsprechend.[17]

c) Bloße Verhinderung von Vertretungshandlungen. Die beabsichtigte Entziehung muss nicht mit einer Pflegerbestellung Hand in Hand gehen. Sie ist vielmehr auch zur bloßen Verhinderung möglicher Vertretungshandlungen des Vormunds statthaft – auch dann also, wenn noch kein Bedürfnis für eine Pflegerbestellung besteht.[18]

III. Unstatthafte Entziehung

Eine Entziehung der Vertretungsmacht ist unstatthaft, soweit der Vormund schon gemäß §§ 1795, 181 von der Vertretung des Mündels ausgeschlossen ist.[19] Doch empfiehlt es sich, in Fällen, in denen das Vorliegen eines gesetzlichen Hinderungsgrundes zweifelhaft und streitig ist, mit einer Maßnahme gemäß § 1796 Klarheit zu schaffen.

IV. Einzelfälle

1. Annahme eines erheblichen Interessengegensatzes. Hierfür verlangt die Rechtsprechung konkret fallbezogene Feststellungen,[20] so dass Einzelentscheidungen nur mit Vorsicht verallgemeinert werden dürfen. Ein erheblicher Interessengegensatz kommt zB. in folgenden Fällen in Betracht:
– Der Vormund verlangt von Pflegeeltern Herausgabe des Kindes, das er selbst betreuen will;
– der Vormund wird zugleich zum Testamentsvollstrecker für einen Nachlass bestellt, an dem der Mündel beteiligt ist;[21]
– der Vormund will die dem Mündel angefallene Erbschaft in dessen Namen ausschlagen mit der Folge eigener Berufung als Erbe (vgl. § 1795 Rn. 5);[22] der zum Erben berufene Vormund bestreitet im Erbscheinsverfahren, dass der Mündel zum Miterben berufen ist;[23]
– die Anstaltsunterbringung des Mündels bringt dem Vormund erhebliche persönliche Vorteile;[24]

---

[14] Vgl. KG JFG 15, 231, 234; KG JFG 17, 31, 36 (betr. § 1795).
[15] Für Pflichtteilsansprüche: BayObLG FamRZ 2004, 906; FamRZ 1963, 578; LG Bochum Rpfleger 1994, 418; LG Braunschweig Rpfleger 2000, 69. Vgl. auch BayObLGZ 1981, 44; 1982, 86; für Schadensersatzansprüche: BayObLG Rpfleger 1982, 379; für Rückforderungs- und Erstattungsansprüche: BayObLG BtPrax 2005, 110; OLG Hamm FamRZ 1974, 31; BayObLG Rpfleger 1981, 302.
[16] Vgl. etwa OLG Celle FamRZ 2001, 1732 (Ergänzungspfleger für den Antrag des Kindes, die Einwilligung der Mutter nach § 1748 zu ersetzen).
[17] Vgl. Erl. zu § 1629, ferner § 1795 Rn. 34 m. Fn. 73, 77.
[18] BayObLG RJA 15, 178; *Soergel/Zimmermann* Rn. 3; *Dölle* § 124 II 9 a.
[19] BayObLG RJA 15, 178.
[20] Vgl. etwa OLG Frankfurt NJW-RR 2005, 1382.
[21] Vgl. § 1795 Rn. 8 m. Fn. 15, 18.
[22] BayObLG Rpfleger 1983, 482. Vgl. auch OLG Brandenburg MittBayNot 2011, 240; OLG Köln FamRZ 2011, 231.
[23] OLG Köln FamRZ 2001, 430.
[24] BayObLGZ 11, 64.

§ 1796   13a, 14   Abschnitt 3. Titel 1. Vormundschaft

– der Vormund soll über die Ausübung des Zeugnisverweigerungsrechtes durch seinen nicht hinreichend verstandesreifen Mündel in einem Prozess entscheiden, an dem er selbst beteiligt ist.[25]

13a Vielfach besteht Unsicherheit, inwieweit in Kindschaftssachen, in denen sowohl der Vormund (ein Elternteil) als auch der Mündel (das Kind) verfahrensbeteiligt sind und die ges. Vertretungsmacht des Vormunds nicht schon nach § 1795 Abs. 1 Nr. 3 ausgeschossen ist, dem Vormund (Elternteil) die Sorge nach § 1796 Abs. 2 teilweise entzogen werden und für den Mündel, weil (nach § 9 Abs. 1 Nr. 1 bis 3 FamFG) selbst nicht verfahrensfähig, ein **Ergänzungspfleger** (§§ 1909, 1794) bestellt werden muss;[26] **zum Teil wird** bei einem Interessenkonflikt die **Bestellung eines Verfahrensbeistands als ausreichend angesehen**.[27] In Vormundschaftssachen wird die Frage namentlich in den Genehmigungsverfahren nach §§ 1810 ff. praktisch, und zwar spätestens bei der Bekanntgabe der Entscheidung des FamG – letzteres freilich nur, wenn die Bekanntgabe nicht (nach § 164 S. 1 iVm. §§ 60, 159 FamFG) ohnehin an den mindestens 14 Jahre alten Mündel selbst zu erfolgen hat. In anderen Fällen sind mE drei Aspekte zu unterscheiden: (1) In Genehmigungsverfahren nach §§ 1810 ff. kann der Mündel nicht vom Vormund gesetzlich vertreten und diesem auch die Entscheidung nicht für den Mündel bekanntgemacht werden. Das ergibt sich bereits unmittelbar aus dem Anspruch des Mündels auf rechtliches Gehör; der Vormund kann ihm dieses Gehör nicht vermitteln, da es um die Überprüfung von dessen eigenem Handeln geht.[28] Für die Bekanntgabe der Entscheidung über die Genehmigung eines Rechtsgeschäfts folgt dies auch aus § 41 Abs. 3 FamFG. Danach soll es offenbar gerade nicht ausreichen, dass diese Entscheidung dem Vormund (oder Elternteil) als dem Vertreter des Mündels (Kindes) bekannt gemacht wird;[29] andernfalls wäre die Vorschrift ohne Regelungsgehalt.[30] (2) Folgt man dem, ist die Vertretungsmacht des Vormundes insoweit schon kraft Gesetzes beschränkt, so dass es keiner teilweisen Entziehung des Sorgerechts nach § 1796 bedarf.[31] (3) Die Lücke in der gesetzlichen Vertretung des Mündels ist – jedenfalls für die Bekanntgabe von Genehmigungsentscheidungen nach § 41 Abs. 3 FamFG – mE durch die Bestellung eines Ergänzungspflegers zu schließen.[32] Siehe auch § 1828 Rn. 36 ff.

14 **2. Kein konkret sichtbarer Interessengegensatz.** Eine Maßnahme nach § 1796 ist nicht gerechtfertigt, wenn zwar theoretisch ein Interessenwiderstreit möglich ist, aber ein erheblicher Interessengegensatz nach den konkreten Fallumständen nicht sichtbar wird. So sieht man von einer Entziehung der Vertretungsmacht ab, wenn der dem Mündel gegen den Vormund zustehende Pflichtteil wertlos ist[33] oder wenn die Durchsetzung eines gegen den Vormund gerichteten Anspruchs gesichert erscheint.[34] Dass der Vormund in einem namens des Kindes geführten Rechtsstreit nicht als Zeuge auftreten kann, rechtfertigt nicht die Entziehung der Vertretungsmacht für dieses Verfahren nicht, auch wenn der Vormund die Bestellung eines Ergänzungspflegers selbst wünscht, da diese für den Mündel nachteilige Lage nicht auf einem Interessenwiderstreit zwischen seinen und

---

[25] Für Eltern: OLG München FamRZ 1966, 644; nach OLG Stuttgart FamRZ 1965, 515 greift hier schon § 1795 Abs. 1 Nr. 3 (mE abzulehnen). Zu § 50 Abs. 2 StPO vgl. OLG Saarbrücken Beschluss vom 22. 03. 2011 – 6 UF 34/11 – juris.

[26] So KG FamRZ 2010,1171 (betr. Genehmigung einer Erbausschlagung); OLG Oldenburg FamRZ 2010, 660 (betr. Verfahren zur Bestellung eines Ergänzungspflegers für die Vertretung des Kindes in einem von einem Elternteil gegen den anderen betriebenen Zwangsversteigerungsverfahren wegen Kindesunterhalts).

[27] So OLG Stuttgart FamRZ 2010, 1166 (betr. teilweiser Sorgerechtsentzug der allein sorgeberechtigten Mutter). Zum Streitstand etwa: *Kölmel* RNotZ 2010, 466; *ders.* NotBZ 2010, 2, 5; *Keuter* NJW 2010, 1851; *Schürmann* FamFR 2000, 153; *Büte* FuR 2011, 7; *Zorn* Rpfleger 2010, 425; *Sonnenfeld* ZKJ 2010, 271; *Maibach* jurisPR-FamR 7/2011 Anm. 4; *Müller* RpflStud 2010, 140.

[28] BVerfGE 101, 397 = FamRZ 2000, 731, 733.

[29] Vgl. auch BT-Drucks. 16/6308 mit Hinweis auf BVerfGE 101, 397 = FamRZ 2000, 731: Die Regelung soll klarstellen, dass der Rechtsinhaber selbst von der Entscheidung frühzeitig Kenntnis erlangt, so dass der Abwicklung des Rechtsgeschäfts ohne Einbeziehung des Rechtsinhabers entgegengewirkt wird.

[30] OLG Celle Beschluss vom 04. 05. 2011 – 10 UF 78/11 – juris; *Heinemann* DNotZ 2009, 6, 17; *Kölmel* NotBZ 2010, 2, 5; *ders.* RNotZ 466, 467. Im Ergebnis hM, vgl. etwa *Bolkart* MittBayNot 2009, 268, 272; *Litzenburger* RNotZ 2010, 32, 33; *Musielak/Borth*, Familiengerichtliches Verfahren, 2009, § 41 Rn. 4; *Sonnenfeld* NotBZ 2009, 295, 298.

[31] Anders KG FamRZ 2010, 422. Wie hier *Kölmel* RNotZ 2010, 466, 467: Sähe man dies anders, könnte ein nur dem Vormund zugestellter Beschluss bei Fehlen eines vorangehenden - konstitutiven - Sorgerechtzugs nach § 1796 in formelle Rechtskraft erwachsen (§ 40 Abs. 2 FamFG), was den verfassungsrechtlichen Vorgaben nicht Rechnung trüge.

[32] OLG Celle Beschluss vom 04. 05. 2011 – 10 UF 78/11 – juris; aA *Kölmel* RNotZ 2010, 466, 467 f. mit ausführlichen Nachw. zum Streitstand.

[33] KG OLGE 34, 262.

[34] Vgl. KG OLGE 18, 305.

des Vormunds Interessen beruht.³⁵ Nicht zulässig ist eine Ergänzungspflegschaft zur Überprüfung der Rechnungslegung des Vormunds.³⁶

3. Insbesondere: Amts- und Vereinsvormundschaft. § 1796 gilt auch im Fall der Amts- und Vereinsvormundschaft. Auch hier dient die Vorschrift § 1796 nicht der Austragung bloßer Meinungsverschiedenheiten zwischen Gericht und Vormund.³⁷ Hingegen greift § 1796, wenn etwa der Amtsvormund im Namen des Mündels einen Lehr- oder Arbeitsvertrag mit der Stadtgemeinde, bei der das Jugendamt besteht, abschließen will;³⁸ §§ 1795 Abs. 2, 181 sind nicht anwendbar, da das Jugendamt nicht Vertreter der Stadtgemeinde ist (§ 1795 Rn. 21).³⁹ Zu beachten ist, dass nach § 56 Abs. 2 S. 3 SGB VIII das Landesrecht ermächtigt ist, für das Jugendamt als Amtspfleger oder als Amtsvormund weitergehende Ausnahmen von der Anwendung der Bestimmungen des BGB vorzusehen, die die Aufsicht des Vormundschaftsgerichts in vermögensrechtlicher Hinsicht sowie beim Abschluss von Lehr- und Arbeitsverträgen betreffen. Jedoch kann nicht angenommen werden, dass dadurch die zur Vermeidung von Interessenkollisionen geschaffenen Bestimmungen tangiert sein sollen.⁴⁰ [15]

V. Verfahren und Wirkungen

1. Zuständigkeit, Anhörung, Mitteilungspflichten. Das FamG (zuständig: Rechtspfleger, § 3 Nr. 2a, § 14 RPflG) wird von Amts wegen tätig. Tritt das Bedürfnis für eine Pflegerbestellung hervor, so besteht eine Anzeigepflicht des Vormunds gemäß § 1909 Abs. 2. Auch das Prozessgericht kann im Einzelfall gehalten sein, dem FamG von einem Interessenkonflikt Mitteilung zu machen (§ 22a FamFG) und die Bestellung eines Ergänzungspflegers durch das FamG anzuregen.⁴¹ Zu den Anhörungspflichten §§ 159, 160, 162 Abs. 1 FamFG. [16]

2. Entscheidung mit konstitutiver Wirkung. Die nach § 41 FamFG bekanntzumachende Entscheidung des FamG ist für den Entzug der Vertretungsmacht konstitutiv.⁴² Das Vorliegen des Interessengegensatzes allein schränkt die Vertretungsmacht des Vormunds – außer in den Fällen des Missbrauchs der Vertretungsmacht durch Kollusion – nicht ein. Die Entscheidung kann ausdrücklich durch Entziehungsbeschluss erfolgen. Es genügt aber auch die Bestellung eines Ergänzungspflegers für den zu entziehenden Wirkungskreis und ihre Bekanntgabe an den Vormund.⁴³ Die betroffene Angelegenheit oder der Kreis von Angelegenheiten muss genau bezeichnet werden. Der Beschluss ist nach Maßgabe des § 38 Abs. 3 bis 5 FamFG zu begründen. Die Maßnahme kann zeitlich beschränkt oder unbeschränkt erfolgen.⁴⁴ [17]

3. Rechtsmittel. Gegen die Entscheidung nach § 1796 ist die **Beschwerde** statthaft (§ 58 Abs. 1 FamFG). Im Falle der Entziehung **beschwerdeberechtigt** ist der Vormund (§ 59 Abs. 1 FamFG)⁴⁵ und, weil ebenfalls in eigenen Rechten beeinträchtigt, auch der Mündel (§ 59 Abs. 1, zur selbständigen Ausübung § 60 FamFG). Erfolgte die Entziehung ohne ausreichenden Grund, so ist sie bis zu ihrer Aufhebung gleichwohl wirksam.⁴⁶ Lehnt das FamG eine angeregte Entziehung nach § 1796 ab, ist der Mündel beschwerdeberechtigt (§§ 59 Abs. 1, 60 FamFG). Eine Beschwerdeberechtigung Dritter scheidet mangels Beeinträchtigung eigener Rechte aus;⁴⁷ das gilt auch für den Gegenvormund als bloßem Kontrollorgan⁴⁸ (siehe zum Ganzen auch § 1886 Rn. 18 ff.). Vgl. im Übrigen § 158 Abs. 4 S. 5, § 162 Abs. 3 S. 2 FamFG. [18]

---

³⁵ OLG Hamm Rpfleger 1984, 270, 271.
³⁶ BayObLG Rpfleger 1981, 302.
³⁷ Vgl. BayObLG JW 1927, 1217, 1218 = BayObLGZ 25, 200, 203.
³⁸ KG JFG 8, 89; die Frage, ob stets ein erheblicher Interessengegensatz iSv. § 1796 Abs. 2 vorliegt, wurde offen gelassen in BayObLG DAVorm. 1968, 385, 387.
³⁹ BayObLG Rpfleger 1989, 19.
⁴⁰ BayObLG Rpfleger 1989, 19.
⁴¹ OLG Celle FamRZ 1976, 97.
⁴² BGH FamRZ 2007, 538, 539; KG KGJ 30, 34, 35; BayObLG FamRZ 1963, 578; OLG Hamm NJW 1965, 1489; *Dölle* § 124 II 9 b; *Palandt/Diederichsen* Rn. 5; *Staudinger/Engler* Rn. 18; *Soergel/Zimmermann* Rn. 3.
⁴³ BayObLG FamRZ 2004, 906; KG KGJ 30, 34; KG NJW 1966, 1320, 1321; OLG Hamm FamRZ 1974, 31, 33; *Soergel/Zimmermann* Rn. 7.
⁴⁴ *Dölle* § 124 II 9 b.
⁴⁵ Zu § 20 FGG: KG OLGE 65, 237; *Soergel/Zimmermann* Rn. 8; *Staudinger/Engler* Rn. 25; aA *Dölle* § 124 II 9 b, c.
⁴⁶ KG NJW 1966, 1320, 1321.
⁴⁷ Vgl. etwa OLG München OLGR 2009, 733 = BtPrax 2009, 237 (betr. § 1837; keine Beschwerdeberechtigung der Eltern des Mündels).
⁴⁸ Anders noch § 57 Nr. 6, 8 FGG.

19 **4. Wegfall des Interessengegensatzes.** Mit Wegfall des Interessengegensatzes wächst dem Vormund die entzogene Vertretungsmacht nicht etwa ipso iure wieder zu; es bedarf der Rückgängigmachung der Entziehung durch Beschluss des FamG. Freilich kann auch ohne solchen Beschluss dem Vormund die volle Vertretungsmacht wieder zuwachsen, wenn sich die betreffende Angelegenheit erledigt hat (wenn zB eine Erbauseinandersetzung, für deren Durchführung dem Vormund die Vertretungsmacht entzogen war, vollständig durchgeführt ist).

VI. Parallelvorschriften

20 Die Vorschrift ist auf die Pflegschaft (§ 1915 Abs. 1) und kraft der Verweisung in § 1629 Abs. 2 S. 3 auch auf die elterliche Sorge anwendbar. § 1796 gilt ferner auch im Rahmen des Betreuungsrechts (§ 1908i Abs. 1 S. 1); freilich wird, soweit dem Betreuer die Vertretungsmacht gemäß § 1796 entzogen ist, kein Ergänzungspfleger, sondern ein Ergänzungsbetreuer bestellt.

§ 1797 Mehrere Vormünder

(1) ¹Mehrere Vormünder führen die Vormundschaft gemeinschaftlich. ²Bei einer Meinungsverschiedenheit entscheidet das Familiengericht, sofern nicht bei der Bestellung ein anderes bestimmt wird.

(2) ¹Das Familiengericht kann die Führung der Vormundschaft unter mehrere Vormünder nach bestimmten Wirkungskreisen verteilen. ²Innerhalb des ihm überwiesenen Wirkungskreises führt jeder Vormund die Vormundschaft selbständig.

(3) Bestimmungen, die der Vater oder die Mutter für die Entscheidung von Meinungsverschiedenheiten zwischen den von ihnen benannten Vormündern und für die Verteilung der Geschäfte unter diese nach Maßgabe des § 1777 getroffen hat, sind von dem Familiengericht zu befolgen, sofern nicht ihre Befolgung das Interesse des Mündels gefährden würde.

Übersicht

	Rn.		Rn.
I. Normzweck	1, 2	d) Verfahren	10
1. Amtsführung von Mitvormündern	1	4. Gesamtschuldnerische Haftung	11
2. Anordnung bei Vorliegen besonderer Gründe	2	5. Wegfall eines Vormunds	12
II. Die gemeinschaftliche Mitvormundschaft (Abs. 1)	3–12	**III. Die geteilte Mitvormundschaft (Abs. 2)**	13–19
1. Gemeinschaftliche Führung	3	1. Aufteilung nach Wirkungskreisen allgemein	13
2. Bedeutung der Gesamtvertretung	4–6	2. Form und Art der Aufteilung	14, 15
a) Rechtsfolgen bei Alleinentscheidung ohne Rechtsmacht	4	3. Wirkung der Aufteilung	16
b) Bevollmächtigung durch andere Mitvormünder	5	4. Entscheidung bei Meinungsverschiedenheiten	17
c) Einzelvertretungsbefugnis	6	5. Wegfall eines Mitvormunds	18
3. Entscheidung bei Meinungsverschiedenheiten der Mitvormünder	7–10	6. Abänderung der Aufteilung	19
a) Grundsatz	7	**IV. Bestimmungen der Eltern (Abs. 3)**	20, 21
b) Beitritt des Familiengerichts zu einer Auffassung	8	1. Bindende Bestimmungen	20
c) Inhalt der vormundschaftsgerichtlichen Entscheidung	9	2. § 1777	21
		V. Parallelvorschriften	22

I. Normzweck

1 **1. Amtsführung von Mitvormündern.** Die Vorschrift regelt die Amtsführung von Mitvormündern im Innen- und Außenverhältnis. Regelform ist die gemeinsame Mitvormundschaft (Abs. 1), bei der die Vormünder das Amt gemeinschaftlich ausüben und als Gesamtvertreter fungieren. Doch lässt das Gesetz auch die geteilte Mitvormundschaft zu, bei der die Amtsführung unter mehrere Vormünder nach bestimmten Wirkungskreisen verteilt ist (Abs. 2).

2. Anordnung bei Vorliegen besonderer Gründe. Aus gutem Grund zeigt sich das Gesetz 2
gegenüber der Mitvormundschaft zurückhaltend: Ihre Anordnung bedarf besonderer Gründe
(§ 1775; siehe ferner §§ 1778 Abs. 4, 1786 Abs. 1 Nr. 7, 1791 a Abs. 4). Auch die Anordnung der
Eltern, dass die Vormundschaft von mehreren geführt werden solle, bindet insoweit nicht (§ 1775
Rn. 5); doch können die Eltern im Rahmen des § 1797 Abs. 3 bindende Anordnungen für die
Führung einer Mitvormundschaft treffen. Mitvormundschaft ist auch möglich, wenn ein Vereinsvormund beteiligt ist (§ 1791a Abs. 4). Theoretisch kann auch das Jugendamt zum Mitvormund bestellt
werden.

II. Die gemeinschaftliche Mitvormundschaft (Abs. 1)

1. Gemeinschaftliche Führung. Hat das FamG bei der Vormundbestellung nichts anderes 3
bestimmt, so ist eine Mitvormundschaft gemeinschaftlich zu führen. Das bedeutet die gemeinschaftliche Zuständigkeit aller Mitvormünder für alle Angelegenheiten der Personen- und Vermögenssorge sowohl im faktischen als auch im rechtsgeschäftlichen Bereich. Die gesetzliche Vertretungsmacht haben die Mitvormünder gemeinschaftlich inne (Gesamtvertretung, Kollektivvertretung);
siehe im Einzelnen § 164 Rn. 82 ff.

2. Bedeutung der Gesamtvertretung. a) Rechtsfolgen bei Alleinentscheidung ohne 4
Rechtsmacht. Dem einzelnen Mitvormund fehlt die Rechtsmacht, allein ein Rechtsgeschäft für
den Vertretenen abzuschließen. Tut er es gleichwohl, so ist zu unterscheiden:[1] aa) Lässt der Mitvormund erkennen, dass es sich um eine Kollektivvertretung handelt und dass es also noch der Mitwirkung der weiteren Mitvormünder bedarf, so ist seine Erklärung unvollständig. Es müssen also noch
die ergänzenden, ex nunc wirkenden Erklärungen der übrigen Gesamtvertreter hinzukommen; diese
Erklärungen müssen dem Erklärungsgegner gegenüber erfolgen und bedürfen der für das Rechtsgeschäft vorgeschriebenen Form. bb) Handelt der Mitvormund hingegen als Einzelvertreter oder
behauptet er eine nichtgegebene Bevollmächtigung durch die anderen Mitvormünder, so sind die
§§ 177 ff. anwendbar.[2] Die Genehmigung der übrigen Mitvormünder nach § 177 Abs. 1 kann dann
auch dem als falsus procurator handelnden Vormund gegenüber erklärt werden (§ 182 Abs. 1).[3] Zu
verneinen ist die streitige Frage, ob im Zeitpunkt dieser Genehmigung auch der Handelnde noch
mit dem Geschäft einverstanden sein muss.[4] Die Genehmigung wirkt auf den Zeitpunkt der Vornahme des Rechtsgeschäfts zurück (§ 184 Abs. 1) und bedarf nicht der für das Rechtsgeschäft
bestimmten Form (§ 182 Abs. 2).

b) Bevollmächtigung durch andere Mitvormünder. Der einzelne Mitvormund kann von 5
vornherein wirksam handeln, wenn ihn die anderen entsprechend **bevollmächtigt** haben. Es handelt sich hier um die Erteilung einer Untervollmacht auf Grund gesetzlicher Vertretungsmacht. Eine
solche Bevollmächtigung ist grundsätzlich möglich, auch durch konkludentes Handeln. Wegen der
unverzichtbaren persönlichen Verantwortung jedes Mitvormunds ist eine solche Vollmacht jedoch
stets und frei widerruflich. Eine Aufteilung der Geschäftsbereiche unter den Mitvormündern durch
Vereinbarung und dementsprechende Bevollmächtigungen sind aus gleichem Grund in einer für die
Zukunft bindenden Weise nicht möglich. Doch spricht mE nichts dagegen, dass ein Mitvormund
dem anderen in einem bestimmten Geschäftsbereich generelle Vollmacht erteilt, die dann aber stets
widerruflich ist.[5] Ob eine Absprache über gewisse Geschäftsaufteilungen zugleich eine solche
Bevollmächtigung enthält, bemisst sich nach den konkreten Fallumständen.[6] Gegen eine Gestaltung
der Mitvormundschaft, die das Prinzip gemeinsamer Verantwortung unterlaufen würde, hat das
FamG gemäß §§ 1837, 1886 einzuschreiten.

c) Einzelvertretungsbefugnis. In einigen Fällen kann der Mitvormund **allein handeln:** 6
– Ist eine Willenserklärung an den Mündel zu richten, so genügt die Erklärung gegenüber einem
der Mitvormünder (§ 1629 Abs. 1 S. 2 HS. 2 analog).[7]
– Gemäß § 170 Abs. 3 ZPO genügt die Zustellung an einen der Mitvormünder.

---

[1] *Staudinger/Engler* Rn. 10 f.
[2] Vgl. RGZ 81, 325, 326.
[3] RGZ 81, 325.
[4] AA die ganz hM; wie hier § 164 Rn. 92 mwN.
[5] Auch Eltern können im Rahmen ihrer Gesamtvertretung derartige jederzeit widerrufliche Funktionsteilungen vornehmen; vgl. OLG Dresden OLGE 36, 212.
[6] Generell verneinend *Staudinger/Engler* Rn. 12 (keine Übertragung der Vertretungsmacht des Vormunds auf Dritte).
[7] Vgl. RGZ 53, 227, 231.

– Jeder Mitvormund kann die Abgabe der Vormundschaft an einen ausländischen Staat gemäß § 99 Abs. 3 FamFG verweigern.

Zur Erteilung einer Prozessvollmacht bedarf es jedoch der Mitwirkung sämtlicher Vormünder, ebenso jetzt (anders als nach § 58 FGG) zur Einlegung der Beschwerde im Namen des Mündels.

7 **3. Entscheidung bei Meinungsverschiedenheiten der Mitvormünder. a) Grundsatz.** Bei Meinungsverschiedenheiten zwischen den Mitvormündern entscheidet gemäß § 1797 Abs. 1 S. 2 das FamG, soweit nicht bei der Vormundbestellung ein anderes bestimmt ist. Die anderweitige Bestimmung muss mit der Vormundbestellung erfolgen.[8] Sie kann auf Elternverfügung gemäß § 1797 Abs. 3, § 1777 beruhen (dazu Rn. 20), aber auch ohne eine solche Verfügung vom FamG getroffen werden. Es kann zB angeordnet werden, dass Stimmenmehrheit oder die Meinung eines bestimmten Dritten entscheidet. Die abweichende Bestimmung kann für die gesamte Vormundschaft, aber auch nur für gewisse Bereiche vorgesehen werden. Unzulässig wäre die Anordnung, dass die Meinung eines Mitvormunds stets maßgeblich sein solle. Eine derartige Rangordnung unter den Mitvormündern widerstreitet dem Prinzip gemeinschaftlicher Führung des Vormundamts;[9] auch verträgt sich die prinzipielle Vorrangstellung eines Mitvormunds nicht mit der Haftungsvorschrift des § 1833 Abs. 2. Hingegen ist es möglich, einem Mitvormund den Stichentscheid in einem beschränkten Geschäftskreis einzuräumen.

8 **b) Beitritt des Familiengerichts zu einer Auffassung.** Hat mangels anderweitiger Bestimmung das FamG gemäß § 1797 Abs. 1 S. 2 selbst über eine Meinungsverschiedenheit zu entscheiden, so kann es einer der von den Mitvormündern vertretenen Auffassungen beitreten. Nicht aber darf es im Sinn einer eigenen, von keinem Mitvormund vorgeschlagenen Lösung entscheiden; dies widerspräche dem Grundsatz der Selbständigkeit des Vormundamts. Nur unter den Voraussetzungen des § 1837 Abs. 2 bis 4 kann das Gericht den Willen sämtlicher Mitvormünder zugunsten einer eigenen Meinung übergehen[10] oder die Meinung aller Vormünder verwerfen.[11]

9 **c) Inhalt der vormundschaftsgerichtlichen Entscheidung.** Kontrovers ist der mögliche Inhalt der familiengerichtlichen Entscheidung. Das Gericht befindet in der Sache selbst (entscheidet zB, welche Schulart für den Mündel gewählt werden soll, wenn die Vormünder sich in diesem Punkt nicht einigen). Das Gericht überträgt also nicht etwa die Entscheidung dem einen oder dem anderen Vormund;[12] die auf Elternrecht zugeschnittene Vorschrift des § 1628 Abs. 1 ist auch nicht analog anzuwenden. Fraglich ist, ob das Gericht die Zustimmung der „unterlegenen" Vormünder zu einem Rechtsgeschäft, das der „obsiegende" Vormund vornehmen will, ersetzen kann.[13] Es ist dies – soweit nicht ausnahmsweise die Voraussetzungen des § 1837 Abs. 4 iVm. § 1666 Abs. 3 Nr. 5 gegeben sind – zu verneinen.[14] Die Durchführung der vom FamG in der Sache getroffenen Entscheidung obliegt vielmehr den Vormündern, die, auch soweit sie sich mit ihrer Meinung nicht durchsetzen konnten, an die Entscheidung gebunden und zur nötigen Mitwirkung verpflichtet sind. Die Gegenmeinung verkennt, dass die Sachentscheidung nicht zwangsläufig schon einen konkreten Vollzug durch ein bestimmtes Rechtsgeschäft zur Folge hat (zB die Entscheidung, den Mündel in eine Internatsschule zu geben, lässt die Möglichkeit für viele Realisierungen offen). Die Ersetzung der Zustimmung zu bestimmten Rechtsgeschäften stellt sich so gesehen als ein nicht begründeter Eingriff in das Vormundamt dar, sofern sie nicht ausnahmsweise nach § 1837 Abs. 4 erforderlich ist. Handelt der „unterlegene" Mitvormund pflichtwidrig, so hat das Gericht gegen ihn vorzugehen.

10 **d) Verfahren.** Die Entscheidung über Meinungsverschiedenheiten ist dem **Richter** vorbehalten (§ 14 Abs. 1 Nr. 5 RPflG). Obwohl die Entscheidung keine Zustimmung zu einem Rechtsgeschäft ersetzt, trifft der Zweck des § 40 Abs. 2 FamFG, im Sinne der Rechtssicherheit eine Rückgän-

---

[8] *Dölle* § 124 III 3 (S. 710); aA *Staudinger/Engler* Rn. 30 f.; *Soergel/Zimmermann* Rn. 3 (anderweitige Bestimmung kann auch nach der Vormundbestellung getroffen werden, aber nicht mehr nach Entstehen einer bestimmten Meinungsverschiedenheit).
[9] So auch *Staudinger/Engler* Rn. 24, 33; *Soergel/Zimmermann* Rn. 3. Hingegen will *Dölle* (§ 124 III 2, S. 711 unten) die Möglichkeit einer „Oberleitung" eines Mitvormunds über den anderen zulassen.
[10] BGH NJW 1956, 1148, 1149; OLG Dresden JW 1919, 1000; *Staudinger/Engler* Rn. 35; *Soergel/Zimmermann* Rn. 3; *Palandt/Diederichsen* Rn. 4.
[11] Vgl. *Palandt/Diederichsen* Rn. 4; *Soergel/Zimmermann* Rn. 3: Entscheidet sich das Gericht für keine von den Vormündern vertretene Auffassung und liegen die Voraussetzungen des § 1837 nicht vor, so unterbleibt die Handlung.
[12] Anders wohl *Dölle* § 124 III 1 (Erteilung der Alleinvertretungsmacht an den „obsiegenden" Vormund).
[13] Bejahend KG KGJ 26, 18; *Soergel/Zimmermann* Rn. 3; *RGRK/Dickescheid* Rn. 10.
[14] So auch *Staudinger/Engler* Rn. 37.

gigmachung von Rechtshandlungen zu vermeiden, auch auf sie zu. In entsprechender Anwendung dieser Vorschrift wird die Entscheidung also erst mit Rechtskraft wirksam (§ 40 Abs. 2 S. 1 FamFG).

4. Gesamtschuldnerische Haftung. Mitvormünder haften dem Mündel aus Pflichtverletzungen gesamtschuldnerisch (§ 1833 Abs. 2 S. 1). Unter Mitvormündern besteht eine gegenseitige Aufsichtspflicht; deshalb ist eine Gegenvormundbestellung entbehrlich (§ 1792 Abs. 2, letzte Alternative) und eine Bestellung des einen Mitvormunds zum Gegenvormund des anderen nicht möglich (§ 1792 Abs. 3 arg. e contrario). Folgerungen aus der gegenseitigen Aufsichtspflicht zieht das Gesetz auch in § 1810 S. 2 und § 1812 Abs. 3: Bei Anlage von Mündelgeld ist weder die Zustimmung des Gegenvormunds noch diejenige des FamG erforderlich; dasselbe gilt bei der Verfügung über Forderungen und Wertpapiere. 11

5. Wegfall eines Vormunds. Fällt einer der Vormünder weg, so hängt es von der Bestellungsverfügung des FamG ab, ob der übriggebliebene Vormund (beziehungsweise die verbliebenen Vormünder) das Amt allein fortsetzt (fortsetzen). Liegt der Bestellung eine Elternverfügung zugrunde (§ 1797 Abs. 3, § 1777) wird diese für die Auslegung der Bestellungsverfügung maßgebend heranzuziehen sein. Sagt die Bestellungs- oder Elternverfügung darüber nichts aus oder ist Mitvormundschaft ohne entsprechende Elternverfügung angeordnet, so führen bei Wegfall eines Mitvormunds die übrigen Vormünder die Geschäfte zunächst weiter, bis das FamG darüber entscheidet, ob es den weggefallenen Vormund durch einen anderen ersetzen oder das Vormundamt auf die verbliebenen Vormünder beschränken will.[15] Das gilt auch, wenn nur *ein* Mitvormund übrigbleibt;[16] die Gegenmeinung konstruiert einen Wesensunterschied zwischen Einzel- und Kollektivvormundschaft, die auch angesichts der Regelungen in § 1680 Abs. 2 S. 2 und § 2224 Abs. 1 S. 2 übertrieben erscheint.[17] Gemäß § 1894 Abs. 2 hat jeder Vormund den Tod eines Mitvormunds dem FamG anzuzeigen. 12

III. Die geteilte Mitvormundschaft (Abs. 2)

1. Aufteilung nach Wirkungskreisen allgemein. Nach § 1797 Abs. 2 S. 1 kann das FamG die Führung der Vormundschaft unter mehrere Vormünder nach bestimmten Wirkungskreisen mit der Folge verteilen, dass jeder Vormund innerhalb des ihm überwiesenen Wirkungskreises das Amt selbständig führt (§ 1797 Abs. 2 S. 2). Zu einer derart wirkenden Aufteilung ist nur das Gericht selbst befugt, während die zur gemeinsamen Vormundschaft bestellten Mitvormünder Funktionsteilungen unter sich nur mit Hilfe jederzeit widerruflicher Erklärungen bewirken können, die an der gemeinsamen Verantwortlichkeit insgesamt nichts ändern (vgl. Rn. 5). 13

2. Form und Art der Aufteilung. Das FamG kann eine Aufteilung der Geschäfte nach § 1797 Abs. 2 S. 1 bei der Vormundbestellung, aber auch später[18] anordnen. Die Verfügung des Gerichts muss ausdrücklich[19] erfolgen und eine klare Umschreibung der zugewiesenen Wirkungskreise enthalten. Ob und wie eine Funktionsteilung erfolgen soll, liegt im Ermessen des Gerichts;[20] doch ist es an Bestimmungen der Eltern über die Verteilung der Geschäfte gemäß § 1797 Abs. 3, § 1777 gebunden, sofern ihre Befolgung nicht das Mündelinteresse gefährden würde. 14

In Betracht kommt die Aufteilung der gesamten Vormundschaft in selbständige Wirkungskreise (zB. Vormund A zuständig für Personensorge, Vormund B für Vermögenssorge), oder die Zuweisung eines bestimmten Wirkungskreises an einen Mitvormund bei Aufrechterhaltung gemeinsamer Vormundschaft im Übrigen.[21] Nicht zulässig ist eine rangmäßige (vertikale) Verteilung in der Weise, dass ein Mitvormund als Hauptvormund fungiert und die Aufsicht über die übrigen führt (s. Rn. 7 mit Fn. 9). Die Art der Teilung ist in der Bestallungsurkunde zu vermerken (§ 1791 Abs. 2). 15

3. Wirkung der Aufteilung. Die Zuteilung eines Wirkungskreises an einen Mitvormund gemäß § 1797 Abs. 2 S. 1 hat die Folge, dass er in diesem Bereich das Amt als Einzelvormund führt. Er hat alleinige gesetzliche Vertretungsmacht. Zustellungen, die seinen Bereich betreffen, sind nur an ihn wirksam. Ihn trifft für seinen Wirkungskreis grundsätzlich die alleinige Haftung nach § 1833 16

---
[15] AA RGRK/*Scheffler* (11. Aufl.) Anm. 4 (Anwendung des § 1846).
[16] Anders die 1. Aufl., wonach der als einziger verbliebene Mitvormund die Geschäfte noch nicht einmal vorläufig weiterführen dürfte; im gleichen Sinne allerdings auch *Soergel/Zimmermann* Rn. 2; *Palandt/Diederichsen* Rn. 1 (Anwendung der §§ 1846, 1909 Abs. 3).
[17] Wie hier *Staudinger/Engler* Rn. 13 f.
[18] So auch *Soergel/Zimmermann* Rn. 4.
[19] Befremdlich OLG Dresden OLGE 36, 212, 213, wonach mündliche Mitteilung genügen soll.
[20] BayObLGZ 5, 118, 120.
[21] BayObLGZ 5, 118, 121.

§ 1798   1   Abschnitt 3. Titel 1. Vormundschaft

Abs. 1 S. 1.[22] Auch ergibt sich keine Aufsichtspflicht eines Mitvormunds über die Amtsführung des anderen in dessen ausschließlichem Geschäftsbereich. Doch kann ein Mitvormund zum Gegenvormund des anderen – dessen Wirkungskreis betreffend – bestellt werden (§ 1792 Abs. 3).

17   **4. Entscheidung bei Meinungsverschiedenheiten.** Meinungsverschiedenheiten zwischen Mitvormündern sind irrelevant, soweit sie den einem Mitvormund zugewiesenen Wirkungskreis allein betreffen. Anders ist die Lage, wenn eine Angelegenheit gleichzeitig mehreren Wirkungskreisen zugehört oder wenn streitig ist, welchen Wirkungskreis sie betreffen. Hier gilt: In erster Linie ist die von den Eltern gemäß §§ 1797 Abs. 3, 1777 bestimmte Konfliktregelung maßgeblich, soweit das FamG sie – zumindest konkludent – in seine Bestellungsverfügung übernommen hat, was angesichts der Bindung nach § 1797 Abs. 3 zu vermuten ist. Mangels anderweitiger Elternbestimmung entscheidet das FamG. Stehen Personensorge und Vermögenssorge verschiedenen Vormündern zu, so ergibt sich die Befugnis des Gerichts zur Entscheidung über Meinungsverschiedenheiten über Angelegenheiten, die beide Bereiche betreffen, aus § 1798; die Entscheidung ist dem Richter vorbehalten (§ 14 Abs. 1 Nr. 5 RPflG). Sind die Wirkungsbereiche anders aufgeteilt, so sind die §§ 1798, 1630 Abs. 2 entsprechend anzuwenden. Gleiches gilt bei Meinungsverschiedenheiten über die Abgrenzung der Wirkungskreise.[23]

18   **5. Wegfall eines Mitvormunds.** Bei Wegfall eines Mitvormunds hat das FamG unverzüglich einen neuen Mitvormund für diesen Wirkungskreis zu bestellen oder insoweit Pflegschaft nach § 1909 Abs. 3 anzuordnen;[24] den übrigen Vormündern wachsen durch Wegfall eines Mitvormunds keine Befugnisse zu. Zur Anzeigepflicht bei Tod eines Mitvormunds siehe § 1894 Abs. 2.

19   **6. Abänderung der Aufteilung.** Die einmal getroffene Aufteilung nach § 1797 Abs. 2 S. 1 kann nach Maßgabe des § 166 Abs. 1 FamFG abgeändert werden.

IV. Bestimmungen der Eltern (Abs. 3)

20   **1. Bindende Bestimmungen.** Die Eltern können zwar nicht bindend vorschreiben, dass Mitvormundschaft angeordnet werden soll. Doch vermögen sie nach § 1797 Abs. 3 folgende, das FamG bindende Bestimmungen für den Fall der Mitvormundschaft zu treffen: Sie können ein Reglement für die Lösung von Meinungsverschiedenheiten zwischen von ihnen gemäß § 1776 benannten Vormündern vorschreiben. Diese Befugnis erstreckt sich nicht auf Mitvormünder, die vom FamG gemäß § 1779 ausgewählt sind. Sie können ferner für Vormünder, die von ihnen benannt sind, eine Aufteilung der Wirkungskreise vorsehen. Die Bindung des Gerichts an die Elternbestimmung entfällt, soweit ihre Befolgung das Mündelinteresse gefährden würde.

21   **2. § 1777.** Das Bestimmungsrecht der Eltern unterliegt den Voraussetzungen und Formerfordernissen des § 1777. Für die Amtsführung des Vormundes wird die Elternbestimmung jedoch nur dann maßgeblich, wenn das FamG sie bei der Vormundbestellung in seinen Beschluss übernimmt.

V. Parallelvorschriften

22   Die Vorschrift ist auf die Gegenvormundschaft (§ 1792 Abs. 4) und die Pflegschaft (§ 1915 Abs. 1) entsprechend anwendbar. Im Rahmen des Betreuungsrechts ist gemäß § 1908i Abs. 1 S. 1 lediglich § 1797 Abs. 1 S. 2 anzuwenden; vgl. § 1899, Erl. zu § 1908.

§ 1798 Meinungsverschiedenheiten

Steht die Sorge für die Person und die Sorge für das Vermögen des Mündels verschiedenen Vormündern zu, so entscheidet bei einer Meinungsverschiedenheit über die Vornahme einer sowohl die Person als das Vermögen des Mündels betreffenden Handlung das Familiengericht.

I. Normzweck

1   Bei geteilter Vormundschaft (§ 1797 Abs. 2) findet die Regelung des § 1797 Abs. 1 S. 2 über den Austrag von Meinungsverschiedenheiten zwischen den Vormündern keine Anwendung, da jeder

---
[22] OLG Dresden OLGE 36, 212, 213.
[23] *Soergel/Zimmermann* Rn. 6.
[24] *Palandt/Diederichsen* Rn. 1; *Soergel/Zimmermann* Rn. 6.

Mitvormund innerhalb seines Wirkungskreises selbständig handelt (§ 1797 Abs. 2 S. 2). Gleichwohl werden auch bei geteilter Mitvormundschaft **Meinungsverschiedenheiten** dann rechtlich bedeutsam, wenn die betroffene Angelegenheit gleichzeitig in die Wirkungskreise mehrerer Vormünder fällt. Das Gesetz greift in § 1798 den wichtigen Fall heraus, dass die Sorge für die Person und die Sorge für das Vermögen des Mündels **unterschiedlichen Vormündern** zustehen; ergeben sich Meinungsverschiedenheiten über die Vornahme einer sowohl die Person als auch das Vermögen betreffenden Handlung, so entscheidet das FamG. Die Eingriffsschwelle des § 1837 Abs. 2 bis 4 ist für diese Entscheidungsbefugnis nicht maßgebend. § 1798 entspricht seinem Rechtsgedanken nach der Vorschrift des § 1630 Abs. 2.

II. Voraussetzungen

1. Geteilte Mitvormundschaft. a) Aufteilung in Personen- und Vermögenssorge. 2
§ 1798 setzt eine nach Personen- und Vermögenssorge geteilte Mitvormundschaft voraus (§ 1797 Abs. 2 S. 1). Die Meinungsverschiedenheit der Mitvormünder muss beide Bereiche betreffen. Das ist zB der Fall, wenn eine Entscheidung über die Erziehung und Ausbildung des Mündels Aufwendungen aus dem Mündelvermögen zur Folge hat. Zu beachten ist, dass der Bereich des Kindesunterhalts Angelegenheit der Personensorge ist; doch wird zugleich das Mündelvermögen tangiert, wenn der Kindesunterhalt (gem. § 1649 Abs. 1 S. 1) dem Mündelvermögen entnommen werden soll (s. auch Erl. zu § 1630).

b) Anderweitige Aufteilung, Abgrenzungsfragen. Entsprechende Anwendung findet 3 § 1798, wenn die Wirkungskreise der gemeinschaftlich bestellten Mitvormünder anders aufgeteilt sind; ferner dann, wenn die Mitvormünder anlässlich einer konkreten Entscheidung über die Abgrenzung der ihnen gesondert zugewiesenen Aufgabenkreise streiten (vgl. § 1797 Rn. 17). Analog anwendbar ist der Konfliktlösungsmechanismus des § 1798 schließlich bei Meinungsverschiedenheiten zwischen Vormund und Pfleger im Falle des § 1794.[1]

c) Keine Anwendung bei anderweitiger elterlicher Bestimmung. Die Vorschrift gilt 4 allerdings nur, soweit die Eltern nicht eine anderweitige Bestimmung über die Entscheidung von Meinungsverschiedenheiten gemäß § 1797 Abs. 3 getroffen haben und das Gericht diese Bestimmung bei der Vormundbestellung übernommen hat (vgl. § 1797 Rn. 7).

2. Streit über die „Vornahme einer ... Handlung". Die Entscheidungsbefugnis des 5 Gerichts ist gegeben bei Meinungsverschiedenheiten über die „Vornahme" einer in mehrere Wirkungskreise fallenden „Handlung". In Betracht kommen Rechtsgeschäfte, aber auch sonstige Akte der Personen- und Vermögenssorge. Das Gericht entscheidet sowohl, wenn die Vormünder in derselben Angelegenheit unterschiedliche Maßnahmen planen, als auch dann, wenn die Meinungsverschiedenheit darum geführt wird, ob überhaupt eine Maßnahme in der betroffenen Angelegenheit erfolgen soll.

III. Inhalt der familiengerichtlichen Entscheidung

Für den Inhalt der familiengerichtlichen Entscheidung gilt das zu § 1797 Abs. 1 S. 2 Gesagte: Das 6 FamG tritt einer von den Mitvormündern vertretenen Auffassung bei, nicht aber kann es eine von keinem Mitvormund gewünschte Lösung oktroyieren (außer unter den Voraussetzungen des § 1837 Abs. 2 bis 4; vgl. § 1797 Rn. 8). Geht es um die Vornahme eines Rechtsgeschäfts, so nimmt das Gericht die rechtsgeschäftliche Handlung nicht selbst vor, sondern beschränkt sich auf die Entscheidung, dass sie vorgenommen oder unterlassen werde (vgl. § 1797 Rn. 9).

IV. Verfahren

Es gilt das zu § 1797 Abs. 1 S. 2 Gesagte entsprechend (vgl. § 1797 Rn. 10). 7

V. Parallelvorschriften

Eine Entscheidungsbefugnis des FamG nach dem Vorbild des § 1798 ist bei Meinungsverschieden- 8 heiten zwischen mehreren Pflegern (Verweisung des § 1915 Abs. 1 auf §§ 1797, 1798) sowie zwischen mehreren Betreuern (§ 1908i Abs. 1 S. 1 iVm. § 1798) gegeben, sofern eine Angelegenheit zugleich die Wirkungskreise mehrerer der genannten Amtswalter betrifft.

---

[1] Staudinger/Engler § 1794 Rn. 7; Soergel/Zimmermann Rn. 3; Erman/Saar Rn. 3.

§ 1799 Pflichten und Rechte des Gegenvormunds

(1) ¹Der Gegenvormund hat darauf zu achten, dass der Vormund die Vormundschaft pflichtmäßig führt. ²Er hat dem Familiengericht Pflichtwidrigkeiten des Vormunds sowie jeden Fall unverzüglich anzuzeigen, in welchem das Familiengericht zum Einschreiten berufen ist, insbesondere den Tod des Vormunds oder den Eintritt eines anderen Umstands, infolgedessen das Amt des Vormunds endigt oder die Entlassung des Vormunds erforderlich wird.

(2) Der Vormund hat dem Gegenvormund auf Verlangen über die Führung der Vormundschaft Auskunft zu erteilen und die Einsicht der sich auf die Vormundschaft beziehenden Papiere zu gestatten.

I. Normzweck

1   Die Vorschrift umreißt allgemein die **Rechtsstellung des Gegenvormunds:** Er fungiert als Kontrollorgan gegenüber dem Vormund (§ 1799 Abs. 1 S. 1). Bei Pflichtwidrigkeiten des Vormunds ist der Gegenvormund nicht befugt, selbst in die vormundschaftliche Verwaltung einzugreifen,[1] sondern auf eine Anzeige an das FamG beschränkt (§ 1799 Abs. 1 S. 2); gleiches gilt für andere Fälle, in denen das FamG zum Einschreiten berufen ist. Der Überwachungspflicht entspricht die Berechtigung, vom Vormund Auskunft und Einsicht in die Papiere zu begehren (§ 1799 Abs. 2). Zur Anordnung der Gegenvormundschaft und zur Bestellung des Gegenvormunds siehe Erl. zu § 1792.

II. Die Funktion des Gegenvormunds

2   **1. Grundsatz (Abs. 1 S. 1).** Dem Gegenvormund obliegt nach § 1799 ausschließlich die Überwachung des Vormunds. § 1799 Abs. 1 S. 1 enthält eine allgemeine, in Abs. 1 S. 2, Abs. 2 konkretisierte Beschreibung der damit verbundenen Aufgaben und Rechte. Befugnisse, die über diese in § 1799 umrissene allgemeine Rechtsstellung hinausgehen (insbesondere Mitwirkungsrecht mit Außenwirkung), hat der Gegenvormund nur, soweit besondere gesetzliche Vorschriften dies vorsehen (vgl. Rn. 8).

3   Das Amt des Gegenvormunds erstreckt sich grundsätzlich nicht auf Bereiche, für die ein gesonderter Pfleger bestellt ist; doch kann auch für diesen Bereich ein Gegenvormund bestellt werden (siehe § 1915 Abs. 1, 2; der Begriff des „Gegenpflegers" ist unüblich); für den Vormundschafts- und den Pflegschaftsbereich kann in solchen Fällen dieselbe Person als Gegenvormund fungieren.

4   **2. Pflicht zur Anzeige an das Familiengericht (Abs. 1 S. 2).** Im Allgemeinen steht dem Gegenvormund als Reaktion auf eine Pflichtwidrigkeit des Vormunds lediglich die Maßnahme einer Anzeige an das FamG zu Gebote. Die Anzeige hat unverzüglich (§ 121 Abs. 1 S. 1) zu erfolgen, und zwar bei pflichtwidrigem Handeln des Vormunds, mag dieses in der Verletzung der detaillierten Vorschriften über die Vermögensverwaltung oder aber allgemein in Verstößen gegen das Mündelwohl im Bereich der Personen- oder Vermögenssorge bestehen; ferner in allen Fällen, in denen das FamG Maßnahmen ergreifen muss, so bei Tod des Vormunds, sonstiger Erledigung des Vormundamts, erforderlicher Entlassung des Vormunds oder auch bei Notwendigkeit der Bestellung eines Pflegers.

5   **3. Keine gesetzliche Vertretungsmacht.** In keinem Fall hat der Gegenvormund die gesetzliche Vertretungsmacht für den Mündel inne (außer wenn er zugleich Mitvormund gemäß § 1792 Abs. 3 ist). Auch bei rechtlicher oder tatsächlicher Verhinderung des Vormunds kommen dem Gegenvormund keine Vertretungsbefugnisse zu.[2] Auch soweit zu einem Geschäft des Vormunds die Genehmigung des Gegenvormunds erforderlich ist, wird dadurch keine Vertretungsmacht des Gegenvormunds im Verhältnis zu den Geschäftspartnern begründet (§§ 1832, 1828 bis 1831 und die Erl. dort); vielmehr stellt sich der Genehmigungsvorbehalt als bloße Einschränkung der gesetzlichen Vertretungsmacht des Vormunds dar. Der Gegenvormund ist daher auch kein tauglicher Empfangsvertreter für den Mündel. Bei Erteilung oder Verweigerung der Genehmigung ist der Gegenvormund nur dem Mündel im Rahmen des § 1833, nicht aber dem Partner des genehmigungsbedürftigen Rechtsgeschäfts verantwortlich.[3]

---

[1] BGH NJW 1956, 789.
[2] KG RJA 4, 73, 74; *Staudinger/Engler* Rn. 9.
[3] *Dölle* § 124 IV 3.

4. Das Recht auf Auskunft und Einsicht in die Unterlagen (Abs. 2). a) Unterrich- 6
tungspflicht. Um den Vormund überwachen zu können, muss der Gegenvormund ausreichend informiert sein. Er ist insbesondere verpflichtet, sich alsbald über Bestand und Umfang des Mündelvermögens hinreichend zu unterrichten.[4]

b) Auskunftsrecht über Vormundschaftsführung. Dem entspricht das von § 1799 Abs. 2 7
gewährte Recht des Gegenvormunds, vom Vormund Auskunft über die Führung der Vormundschaft (auch in Angelegenheiten der Personensorge!) und Einsicht in die sich auf die Vormundschaft beziehenden Papiere zu verlangen. Nach einhelliger Auffassung gewährt § 1799 Abs. 2 keinen vor den Streitgerichten klagbaren Anspruch auf Auskunftserteilung oder Rechnungslegung. Zutreffende Begründung dafür ist nicht der – fälschlich behauptete[5] – öffentlich-rechtliche Charakter der den Vormund treffenden Auskunftspflicht, sondern das Gebot der Homogenität des vormundschaftlichen Kontrollsystems:[6] Verweigert also der Vormund unstatthafterweise die Auskunft oder Einsichtnahme, so begeht er eine Pflichtwidrigkeit, die der Gegenvormund dem FamG anzeigen und gegen die das FamG gemäß § 1837 Abs. 2 bis 4 einschreiten kann.

III. Anwendbare Vorschriften

1. Besonders geregelte Befugnisse. Die allgemeine Umschreibung der Rechte und Pflichten 8
des Gegenvormunds in § 1799 wird durch eine Reihe von Einzelbestimmungen ergänzt, die dem Gegenvormund zum Teil weiterreichende Befugnisse einräumen: Mitwirkung bei der Aufnahme eines Vermögensverzeichnisses (§ 1802 Abs. 1 S. 2); Mitwirkung bei einzelnen Angelegenheiten der Vermögenssorge (§§ 1809, 1810 S. 1, 1812 Abs. 1, 1813 Abs. 2, 1824); Anhörung des Gegenvormunds über vom FamG zu genehmigende Maßnahmen (§ 1826); Mitwirkung bei der Rechnungslegung des Vormundes (§§ 1842, 1854 Abs. 3, 1891 Abs. 1, 1892 Abs. 2 S. 1).

2. Anwendbare Vorschriften. Die für den Vormund geltenden Vorschriften finden auf den 9
Gegenvormund nicht schlechthin, sondern regelmäßig nur dann Anwendung, wenn das Gesetz dies besonders vorsieht. So kann der Gegenvormund wie ein Vormund gemäß § 1835 Abs. 1 S. 2 Aufwendungsvorschuss und -ersatz verlangen. Dem berufsmäßig tätigen Gegenvormund steht eine Vergütung nach § 1836 Abs. 1 S. 3 iVm. § 1 Abs. 2 S. 1 VBVG zu;[7] dem ehrenamtlich tätigen Gegenvormund kann das FamG gem. § 1836 Abs. 2 aus besonderen Gründen eine angemessene Vergütung bewilligen. Auf die Beendigung des Amtes eines Gegenvormunds und auf die Entlassung des Gegenvormunds finden die für den Vormund geltenden Vorschriften der §§ 1886 bis 1889, 1893, 1894 entsprechende Anwendung (§ 1895). Endet die Vormundschaft, so endet notwendigerweise auch die Gegenvormundschaft, nicht aber umgekehrt.

IV. Pflichtverletzungen des Gegenvormunds

Maßgebliche Richtschnur der Tätigkeit des Gegenvormunds ist das Wohl des Mündels – auch in 10
dem Fall, dass der Gegenvormund über den Rahmen seiner gesetzlichen Pflichten hinaus tätig wird.[8] Kommt der Gegenvormund seinen Überwachungsfunktionen nicht hinreichend oder nicht rechtzeitig nach oder handelt er sonst pflichtwidrig, so setzt er sich familiengerichtlichen Maßnahmen nach §§ 1837 Abs. 2 bis 4, 1895 iVm. 1886 aus. Dem FamG wie dem Mündel gegenüber ist der Gegenvormund gemäß §§ 1839, 1891 Abs. 2 über die Führung der Gegenvormundschaft auskunftspflichtig. Für eigene Pflichtwidrigkeiten haftet der Gegenvormund dem Mündel gemäß § 1833 Abs. 1 S. 2, Abs. 2, und zwar gegebenenfalls neben dem Vormund als Gesamtschuldner (§ 1833 Abs. 2, siehe Erl. dort). Dritte können aus Pflichtwidrigkeiten, die der Gegenvormund dem Mündel gegenüber begeht, grundsätzlich keine für sie günstigen Rechtsfolgen herleiten (anders, wenn der Gegenvormund Dritten gegenüber im Zusammenhang mit der Amtswaltung eine unerlaubte Handlung begeht).

V. Verfahrensrecht

Wird der Antrag des Gegenvormunds an das FamG, gegen den gesetzlichen Vertreter wegen 11
pflichtwidrigen Verhaltens einzuschreiten oder Vormund oder Pfleger nach § 1886 zu entlassen, vom

---

[4] RGZ 79, 9, 11; *Soergel/Zimmermann* Rn. 2; *Staudinger/Engler* Rn. 7; *RGRK/Dickescheid* Rn. 4.
[5] So *Staudinger/Engler* Rn. 8; *Soergel/Zimmermann* Rn. 4; *Dölle* § 124 IV 1. Zweifelnd *RGRK/Dickescheid* Rn. 6.
[6] Zutreffend *Gernhuber/Coester-Waltjen* § 70 Rn. 68; *RGRK/Dickescheid* Rn. 6.
[7] Zur Bemessung bei nachträglicher Bestellung OLG Schleswig FGPrax 2006, 166.
[8] BGH NJW 1956, 789; *Gernhuber/Coester-Waltjen* § 70 Rn. 71.

§ 1800 1   Abschnitt 3. Titel 1. Vormundschaft

FamG zurückgewiesen, so steht dem Gegenvormund hiergegen kein Beschwerderecht zu; ebenso nicht, wenn dem Vormund, Pfleger oder Beistand eine Vergütung bewilligt wird. Denn der Gegenvormund ist insoweit nicht in eigenen Rechten beeinträchtigt.[9] Etwas anderes gilt freilich, wenn der Gegenvormund in seinen gesetzlich vorgeschriebenen Mitwirkungsbefugnissen beeinträchtigt, zB. pflichtwidrig nicht angehört wird.[10]

VI. Parallelvorschriften

12   Vgl. hierzu § 1792 Rn. 17.

§ 1800 Umfang der Personensorge

¹Das Recht und die Pflicht des Vormunds, für die Person des Mündels zu sorgen, bestimmen sich nach §§ 1631 bis 1633. ²Der Vormund hat die Pflege und Erziehung des Mündels persönlich zu fördern und zu gewährleisten.

Übersicht

	Rn.		Rn.
I. Normzweck. Überblick	1–3	b) Herausgabe des Mündels	17
1. Normengeschichte	1	3. Recht zur Bestimmung des Umgangs	18
2. Parallelität zur elterlichen Personensorge	2	4. Streitentscheidung	19–21
		a) Bei Streit über die Herausgabepflicht	19
3. Weitere Verweisungen	3	b) Bei Herausnahme aus längerer Familienpflege	20
II. Inhalt der Personensorge allgemein, Hilfen, Beschränkungen	4–6	c) Bei Streit über den Umgang	21
1. Reichweite der Personensorge	4	V. Insbesondere: Freiheitsentziehende Unterbringung	22–32
2. Hilfen	5	1. Familiengerichtliche Genehmigung	22
3. Beschränkungen	6	2. Die Begriffe der Unterbringung und Freiheitsentziehung	23
III. Pflege und Erziehung, Aufsicht	7–14	3. Freiheitsentziehung	24–27
1. Grundsatz	7	a) Nur bei Verlust der Fortbewegungsfreiheit	25
2. Eigene Betreuung oder Betreuung des Mündels durch Dritte	8, 9	b) Von der Freiheitsentziehung abzugrenzende Maßnahmen	26
a) Aufnahme in den Hausstand des Vormunds	8	c) „Unterbringungsähnliche Maßnahmen"	27
b) Inpflegenahme durch Dritte	9	4. Zustimmung des Mündels	28
3. Betreuung des Mündels in Angelegenheiten von Ausbildung und Beruf	10–12	5. Genehmigungspflicht jedes konkreten Einzelaktes	29–31
a) Verweisung auf § 1631a	10	a) Weitere, von der Genehmigung nicht erfasste Freiheitsentziehungen als Folge	30
b) Gesetzliche Vertretungsmacht, Genehmigungsvorbehalte	11	b) Wirkungsloswerden der Genehmigung, Erfordernis erneuter Genehmigung	31
c) Einschreiten des Familiengerichts	12		
4. Religiöse Erziehung	13		
5. Erziehungsmittel	14	6. Verfahren	32
IV. Recht zur Bestimmung von Aufenthalt und Umgang, Unterbringung	15–21	VI. Persönliche Förderung	33–35
1. Systematischer Zusammenhang	15	VI. Parallelvorschriften	36
2. Aufenthaltsbestimmung, Herausgabeanspruch	16, 17		
a) Bestimmung des Aufenthalts	16		

I. Normzweck. Überblick

1   **1. Normengeschichte.** Die von § 1800 Satz 1 in Bezug genommenen Regelungen sind durch das SorgeRG und durch das KindRG, § 1631b ist außerdem durch das FamFG modifiziert worden.

---

[9] So unter der Geltung des § 20 FGG: BGH NJW 1956, 789. Eine dem § 57 FGG entsprechende Regelung kennt das FamFG nicht. AA *Palandt/Diederichsen* Rn. 3 (Beschwerdeberechtigung aus § 59 Abs. 1 FamFG).
[10] RGRK/*Dickescheid* Rn. 9.

Satz 2 ist durch das Gesetz zur Änderung des Vormundschafts- und Betreuungsrechts angefügt worden.

2. Parallelität zur elterlichen Personensorge. Gemäß § 1793 S. 1 steht dem Vormund das Personensorgerecht einschließlich der diesbezüglichen gesetzlichen Vertretungsmacht zu. § 1800 Satz 1 regelt die sich daraus ergebenden Befugnisse durch Verweisung auf die für die Personensorge der Eltern maßgebenden Bestimmungen; er verdeutlicht damit zugleich die strukturelle Ähnlichkeit von elterlicher und vormundschaftlicher Sorge. Dies darf allerdings nicht darüber hinwegtäuschen, dass die Rechtsstellung des Vormunds grundsätzlich einer **stärkeren Kontrolle des Staates** offensteht als die der Eltern (vgl. § 1793 Rn. 5 ff.).[1] Aus diesem Grund unterliegt die vormundschaftliche Personensorge der Aufsicht des FamG nach § 1837 und der Überwachung durch Gegenvormund (§ 1799) und Jugendamt (§ 53 Abs. 3 SGB VIII). Auch in Einzelregelungen unterliegt sie weiteren Einschränkungen als die elterliche Sorge (vgl. § 113 Abs. 3, § 1746 Abs. 3). Im Bereich der religiösen Erziehung erfährt die Personensorge des Vormunds eine Begrenzung nach § 1801 Abs. 1.

3. Weitere Verweisungen. Weitere Verweisungen auf die für Eltern geltenden Sorgerechtsregeln finden sich in § 1793 Abs. 1, 2 (Verweis auf § 1626 Abs. 2, §§ 1618a, 1619, 1664, § 1629a). Zur Frage des Inhalts der Personensorge im Rahmen der Betreuung Volljähriger siehe Erl. zu § 1901.

II. Inhalt der Personensorge allgemein, Hilfen, Beschränkungen

1. Reichweite der Personensorge. Die Personensorge ist dem Vormund in § 1793 umfassend übertragen. Zu ihr gehören neben der in § 1631 Abs. 1 „insbesondere" genannten Pflege, Erziehung, Aufsicht und Aufenthaltsbestimmung auch die Wahrnehmung der Statusinteressen des Mündels[2] sowie allgemein die Verfolgung von Unterhaltsansprüchen des Mündels gegen seine Eltern und Verwandten (arg. § 1629 Abs. 2 S. 2). Soweit die Befugnisse der Personensorge reichen, hat der Vormund auch die gesetzliche Vertretungsmacht inne.

2. Hilfen. Gemäß § 1800 Satz 1 iVm. § 1631 Abs. 3 hat das FamG den Vormund auf seinen Antrag hin bei der Ausübung der Personensorge in geeigneten Fällen zu unterstützen, etwa durch Maßnahmen gegen den Mündel, der sich den Entscheidungen des Vormunds ohne hinreichenden Grund widersetzt (vgl. Erl. zu § 1631). Auch das Jugendamt ist dem Vormund zur Beratung und Hilfe verpflichtet (§ 53 Abs. 2 SGB VIII). Außerdem kann der Vormund in Ausübung seiner Personensorge die ambulanten und teilstationären Hilfen der **Kinder- und Jugendhilfe** in Anspruch nehmen (§§ 27 bis 40 SGB VIII).[3] Hier kommt vor allem die Einschaltung eines Erziehungsbeistands oder Betreuungshelfers (§ 30 SGB VIII), sozialpädagogische Familienhilfe (§ 31 SGB VIII), Heimerziehung oder Erziehung in einer sonstigen betreuten Wohnform (§ 34 SGB VIII) in Frage.

3. Beschränkungen. Zu beachten ist, dass nach § 1688 die im Rahmen von Maßnahmen der Kinder- und Jugendhilfe verantwortlichen Erziehungs- und Betreuungspersonen berechtigt sind, **den Personensorgeberechtigten** in der Ausübung der elterlichen Sorge **zu vertreten,** sofern nicht der Personensorgeberechtigte etwas anderes erklärt oder das FamG etwas anderes angeordnet hat. Zu Konflikten zwischen dem Personensorgeberechtigten und den nach § 1688 ermächtigten Personen beachte § 38 SGB VIII. Zu beachten ist ferner, dass sich die Personensorge für einen Mündel, der **verheiratet** ist oder war, auf die Vertretung in den persönlichen Angelegenheiten beschränkt, dass also insoweit eine tatsächliche Personensorge nicht in Betracht kommt (§ 1800 iVm. § 1633).

III. Pflege und Erziehung, Aufsicht

1. Grundsatz. Die Personensorge umfasst die Pflicht und das Recht des Vormunds, den Mündel zu pflegen, zu erziehen und zu beaufsichtigen (§ 1800 Satz 1 iVm. § 1631 Abs. 1). Die Wahrnehmung dieser Aufgabe hat sich an den Vorgaben des § 1626 Abs. 2 zu orientieren. Die volle Erziehungsverantwortung ist auch dann gegeben, wenn der Mündel bei einem Elternteil lebt.[4] Während die Pflege und Erziehung ausschließlich kindorientierte Betreuungsleistungen darstellen, hat die Aufsichtspflicht auch Drittbezug: Sie verpflichtet den Vormund nicht nur, das Kind vor Schäden zu schützen, sondern auch Dritte vor Schädigungen durch das Kind zu bewahren (§ 832).

---

[1] BVerfGE 10, 302, 328.
[2] So insbesondere die Ermittlung des Vaters eines nichtehelichen Mündels, vgl. KG OLGE 4, 414; siehe aber auch LG Frankfurt FamRZ 1989, 539 (betr. ausländisches Flüchtlingsmündel).
[3] Vgl. BVerwG FamRZ 1996, 936.
[4] OLG Köln FamRZ 1963, 653.

§ 1800 8–12 Abschnitt 3. Titel 1. Vormundschaft

8   **2. Eigene Betreuung oder Betreuung des Mündels durch Dritte. a) Aufnahme in den Hausstand des Vormunds.** Der Vormund ist als Inhaber des Aufenthaltsbestimmungsrechts zwar nicht verpflichtet, wohl aber berechtigt, den Mündel bei sich aufzunehmen und persönlich zu erziehen. Einer Pflegeerlaubnis bedarf der Vormund oder Pfleger, der das Kind im Rahmen seines Wirkungskreises betreut oder ihm Unterkunft gewährt, nicht (§ 44 Abs. 1 S. 2 Nr. 2 SGB VIII). Unterhalt schuldet der Vormund dem Mündel nicht; für die zum Zwecke der Personensorge gemachten Aufwendungen kann er nach Maßgabe des § 1835 Abs. 1 Ersatz verlangen (vgl. § 1835 Rn. 11). Für die Erziehungs- und Pflegetätigkeit selbst steht dem Vormund kein Aufwendungsersatz zu, und zwar selbst dann nicht, wenn er von Beruf Erzieher ist (vgl. § 1835 Rn. 20, 40 ff.). Für den Berufsvormund kann jedoch ein Vergütungsanspruch gemäß §§ 1836 Abs. 1 S. 3 iVm. § 1 Abs. 2, § 3 VBVG, für den ehrenamtlich tätigen Vormund nur unter den Voraussetzungen des § 1836 Abs. 2 begründet sein; siehe Erl. zu §§ 1835, 1836. Die auf längere Dauer angelegte Aufnahme des Mündels in den Hausstand des Vormunds begründet zwischen beiden ein gesteigertes personales Verhältnis, das die Anwendung der §§ 1618a, 1619, 1664 rechtfertigt (§ 1793 Abs. 1 S. 3).

9   **b) Inpflegenahme durch Dritte.** Der Vormund kann den Mündel auch bei Dritten in Pflege geben. Die schuldrechtlichen Beziehungen betreffend kann der Vertrag sowohl im Namen des Mündels als auch im eigenen Namen des Vormunds abgeschlossen werden.[5] Doch ist unverzichtbarer Kern der Einbeziehung Dritter die Ermächtigung der Pflegeperson durch den Vormund, erlaubterweise Funktionen des Sorgerechts auszuüben. Diese Gestattung ist jederzeit widerruflich.[6] Da § 1800 nicht auf § 1630 verweist, ist eine bindende Übertragung von Sorgeangelegenheiten gem. § 1630 Abs. 3 auf die Pflegeeltern nicht möglich. Allerdings sind diese in Angelegenheiten des täglichen Lebens und bei Gefahr im Verzug für den Mündel entscheidungsbefugt; sie vertreten allerdings rechtsgeschäftlich wohl nicht unmittelbar den Mündel, sondern den Vormund (vgl. im Einzelnen § 1688 Abs. 1 und Erl. dort). Für die Rückkehr des Mündels aus der Drittpflege verweist § 1800 auf § 1632 Abs. 4; das Aufenthaltsbestimmungsrecht des Vormunds ist insoweit eingeschränkt. Die Betrauung Dritter mit Erziehungsaufgaben lässt die letzte Verantwortlichkeit des Vormunds (auch im Sinne der Haftung nach § 832 Abs. 1) unberührt.

10   **3. Betreuung des Mündels in Angelegenheiten von Ausbildung und Beruf. a) Verweisung auf § 1631a.** Wie die Verweisung des § 1800 Satz 1 auf § 1631a klarstellt, umfasst die Personensorge des Vormunds (§ 1793) auch den Bereich von Ausbildung und Beruf des Mündels. Der Vormund bestimmt die Schul- und Berufsausbildung,[7] die Berufswahl[8] sowie die Wahl des Ausbildungs- oder Arbeitsverhältnisses; er entscheidet auch über den für eine Ausbildung einzusetzenden finanziellen Aufwand.[9] Der Vormund soll insbesondere auf Eignung und Neigung des Mündels Rücksicht nehmen (§ 1631a Abs. 1 S. 1) und im Zweifel den Rat eines Lehrers oder einer anderen geeigneten Person einholen (§ 1631a Abs. 1 S. 2); daneben kommen auch andere Gesichtspunkte zur Geltung, wie insbesondere die Frage, für welche Ausbildung die finanziellen Verhältnisse ausreichen.

11   **b) Gesetzliche Vertretungsmacht, Genehmigungsvorbehalte.** Im Rahmen seiner gesetzlichen Vertretungsmacht kann der Vormund Schul-, Lehr-, Arbeits- und Dienstverträge im Namen des Mündels abschließen und bestehende Verträge kündigen.[10] Zu einem Lehrvertrag, der für länger als ein Jahr abgeschlossen wird, bedarf er jedoch der Genehmigung des FamG (§ 1822 Nr. 6), ebenso zu einem Dienstvertrag, der den Mündel für länger als ein Jahr zu persönlichen Leistungen verpflichtet (§ 1822 Nr. 7); ferner kann ein Genehmigungsvorbehalt nach § 1822 Nr. 5 in Betracht kommen (§ 1822 Rn. 36 ff.). Die familiengerichtliche Genehmigung ist auch einzuholen, wenn ein beschränkt geschäftsfähiger Mündel zum selbständigen Betrieb eines Erwerbsgeschäfts ermächtigt werden soll (§ 112).

12   **c) Einschreiten des Familiengerichts.** Das KindRG hat den früheren § 1631a Abs. 2, der das Gericht bei offensichtlichen Verstößen gegen die Vorgaben in § 1631a Abs. 1 (aF) besonders zum Einschreiten ermächtigte, als neben § 1666 überflüssig beseitigt.[11] Grundlage für ein amtswegiges Eingreifen des FamG – wie etwa die Kündigung eines ungeeigneten Lehrvertrags und Abschluss

---

[5] Vgl. *Soergel/Zimmermann* Rn. 3; *RGRK/Dickescheid* Rn. 3.
[6] Zur Begründung *Schwab*, Gutachten A zum 54. DJT, 1982, S. 76 f. Gefährdet ein solcher Widerruf das Mündelwohl, so hat das FamG gemäß § 1837 einzuschreiten.
[7] Vgl. KG OLGE 7, 422, 423.
[8] Vgl. KG DFG 1940, 108.
[9] KG RJA 1, 178, 179 f.
[10] BayObLG SeuffA 56 Nr. 95.
[11] Zur Begründung: BT-Drucks. 13/4899 S. 65, 115.

eines anderen, geeigneteren Vertrags – bietet nunmehr § 1837 Abs. 4 iVm. § 1666 Abs. 1 (s. Erl. zu § 1837).[12]

4. Religiöse Erziehung. Dem Vormund obliegt auch die religiöse Erziehung des Mündels, doch gilt es hier, besondere Einschränkungen zu beachten. Steht das Personensorgerecht dem Vormund allein zu, so bestimmt er die religiöse Erziehung (dh. Religion, Bekenntnis oder anderweitige Grundrichtung der Weltanschauung) des Kindes, bedarf aber hierzu der Genehmigung des FamG (§ 3 Abs. 2 S. 1 und 2 RelKErzG). Eine schon erfolgte Bestimmung über die religiöse Erziehung des Mündels kann der Vormund nicht ändern (§ 3 Abs. 2 S. 6 RelKErzG), und zwar auch dann nicht, wenn die nichtsorgeberechtigten Eltern ihrerseits die Religion oder das Bekenntnis ändern.[13] Zur Entziehung der Befugnis zur religiösen Erziehung bei Konfessionsverschiedenheit von Vormund und Mündel siehe § 1801.

5. Erziehungsmittel. Auch der Vormund ist, wie der Verweis des § 1800 auf § 1631 Abs. 2 ergibt, Adressat des Rechts des Kindes auf gewaltfreie Erziehung; entwürdigende Maßnahmen sind auch ihm als Erziehungsmittel verboten. Zur Reichweite siehe Erl. zu § 1631.

IV. Recht zur Bestimmung von Aufenthalt und Umgang, Unterbringung

1. Systematischer Zusammenhang. Dem Vormund kommt die Befugnis zu, den Aufenthalt des Mündels zu bestimmen (§ 1631 Abs. 1, § 1800). Der ihm von § 1800 Satz 1 iVm. § 1632 Abs. 1 zuerkannte Anspruch auf Herausgabe des Mündels ist Konsequenz dieses Aufenthaltsbestimmungsrechts, ebenso die von § 1800 Satz 1 iVm. mit § 1631b an die gerichtliche Genehmigung gebundene Befugnis zur freiheitsentziehenden Unterbringung des Mündels (s. Rn. 22 ff.). Beide Befugnisse verdeutlichen die absolute Außenwirkung der vormundschaftlichen Personensorge; diese Außenwirkung bildet zugleich die Grundlage für das auch dem Vormund nach § 1800 Satz 1 iVm. § 1632 Abs. 2 zuerkannte Recht zur Bestimmung des Kindesumgangs (siehe auch Erl. zu § 1632).

2. Aufenthaltsbestimmung, Herausgabeanspruch. a) Bestimmung des Aufenthalts. Der Vormund entscheidet über den Aufenthalt des Mündels nach pflichtgemäßem Ermessen, das allerdings durch die Umgangsrechte des Kindes und seiner umgangsberechtigten Verwandten oder Bezugspersonen (§§ 1684, 1685) eingeschränkt wird. Im Interesse des Mündels kann der Vormund die Bekanntgabe des Aufenthaltsortes den Verwandten des Mündels vorenthalten.[14] Zur Rückführung eines entlaufenen Mündels kann der Vormund die Hilfe des FamG in Anspruch nehmen, das den Gerichtsvollzieher beauftragen oder das (nach § 50 Abs. 1 SGB VIII unterstützungspflichtige) Jugendamt betrauen und dabei auch Gewaltanwendung verfügen (§ 90 FamFG) kann.[15]

b) Herausgabe des Mündels. Das Aufenthaltsbestimmungsrecht hat, wie der von § 1800 Satz 1 in Bezug genommene § 1632 Abs. 1 zeigt, Drittwirkung: Der Vormund kann die Herausgabe des Mündels von jedem – auch einem Elternteil – verlangen, der es ihm widerrechtlich vorenthält. An der Widerrechtlichkeit fehlt es etwa bei Schulpflicht, bei Durchführung von Hilfen zur Erziehung (§§ 32 ff. SGB VIII) oder bei einer Strafhaft. Bereits an einem (rechtswidrigen) Vorenthalten fehlt es, wenn der Mündel sich bei einem Dritten aufhält, der sich auf passive Duldung des Kindes beschränkt; in diesem Falle liegt lediglich ein Entlaufen des Mündels vor.[16] Hat das Kind seit längerer Zeit in Familienpflege gelebt, so unterliegt der Herausgabeanspruch den Beschränkungen des § 1632 Abs. 4, wenn und solange das Kindeswohl durch die Herausnahme gefährdet würde (s. Erl. zu § 1632).[17]

3. Recht zur Bestimmung des Umgangs. Kraft der Verweisung des § 1800 Satz 1 auf § 1632 Abs. 2 kann der Vormund auch über den Umgang des Mündels mit Dritten bestimmen.

---

[12] *Soergel/Zimmerman* Rn. 7.
[13] Nicht mehr akzeptabel sind ältere Gerichtsentscheidungen zu diesem Punkt wie BayObLG JFG 12, 149; kritisch zu diesen *Gernhuber/Coester-Waltjen* § 72 Fn. 4.
[14] KG OLGE 40, 99, 100 f.
[15] Zu § 33 FGG: *Soergel/Zimmermann* Rn. 5. Vgl. auch OLG Kiel OLGE 21, 292; KG JW 1918, 144, 145.
[16] *Soergel/Zimmermann* Rn. 23; LG Köln FamRZ 1972, 376.
[17] Nach BayObLG FamRZ 1991, 1080 darf dem Herausgabeverlangen eines Amtsvormunds, das nicht die Zusammenführung der Familie, sondern die Unterbringung in einer anderen Familie bezweckt, sogar nur entsprochen werden, wenn eine Gefährdung des Kindeswohls „ausgeschlossen" ist. In dieser Richtung auch OLG Köln Beschl. v. 3. 4. 2008 – 14 UF 72/07 – juris („wenn mit hinreichender Sicherheit eine Gefährdung ... ausgeschlossen werden kann") und AG Siegen FamRZ 2009, 1501. Vgl. auch BVerfG FamRZ 2004, 771 (zur Anwendung des § 1632 Abs. 4, wenn der Vormund zugleich Großelternteil ist und sich für sein Herausgabeverlangen deshalb auf Art. 6 Abs. 2 S. 1 GG berufen kann; ferner auch OLG Koblenz FamRZ 2005, 1923 (zum Verhältnis von § 1632 Abs. 4 und § 1666).

Dritte sind alle anderen Personen als der Bestimmungsberechtigte, also auch die Eltern sowie die Verwandten oder Bezugspersonen des Mündels.[18] Diese Befugnis findet ihre Grenze im Umgangsrecht des Kindes sowie seiner Eltern (§ 1684) und der in § 1685 genannten Personen.

19 **4. Streitentscheidung. a) Bei Streit über die Herausgabepflicht.** Bei Streit über die Herausgabepflicht entscheidet nach § 1800 Satz 1 iVm. § 1632 Abs. 1, 3 das FamG, und zwar (nur) auf Antrag des Vormunds. Das gilt auch dann, wenn der Vormund die Herausgabe von den Eltern verlangt. Die gleichzeitige Zuständigkeit des FamG für Maßnahmen nach § 1837 Abs. 4, § 1666 ermöglicht es, ein Herausgabeverlangen des Vormunds abzuweisen, wenn es sich als pflichtwidrig darstellt, mag auch die Schwelle des Rechtsmissbrauchs noch nicht überschritten sein.

20 **b) Bei Herausnahme aus längerer Familienpflege.** Bei vom Vormund beabsichtigter Herausnahme aus längerer Familienpflege gewährt § 1800 Satz 1 iVm. § 1632 Abs. 4 auch den Pflegeeltern das Recht, auf eine Entscheidung des FamG anzutragen. Liegen die Voraussetzungen dieser Vorschrift (Gefährdung des Mündelwohls bei Herausnahme aus der Familienpflege) vor, so „hat" – wie sich aus dem Zusammenhang mit § 1837 Abs. 4, § 1666 ergibt – das FamG eine Verbleibensanordnung zu treffen.[19]

21 **c) Bei Streit über den Umgang.** Bei Streitigkeiten über den Umgang des Mündels ist hinsichtlich der Rechtsgrundlage zu unterscheiden, ob es sich um einen Streit des Vormunds mit den Eltern, mit anderen Verwandten oder mit Dritten handelt: § 1684 Abs. 2, 3, § 1685 eröffnet für Streitigkeiten über den Umgang mit den dort genannten Verwandten und Bezugspersonen eine amtswegige gerichtliche Regelungskompetenz. Diese muss auch Kindern zugute kommen, die nicht unter elterlicher, sondern unter vormundschaftlicher Sorge stehen. Bei Streitigkeiten über eine vom Vormund getroffene Bestimmung über den Umgang des Mündels mit dritten, nicht nach §§ 1684 Abs. 1 Hs. 2, 1685 umgangsberechtigten Personen bewendet es dagegen bei der familiengerichtlichen Entscheidungszuständigkeit nach § 1800 Satz 1 iVm. mit § 1632 Abs. 3, die einen Antrag des Vormunds erfordert[20] und – unter dieser Voraussetzung – auch Streitigkeiten zwischen Vormund und Mündel über dessen Umgang mit solchen nicht selbst umgangsberechtigten Dritten erfasst. In beiden Varianten hat das FamG die Möglichkeit, die Ausübung des vormundschaftlichen Bestimmungsrechts am Maßstab des § 1837 Abs. 4, § 1666 zu überprüfen

V. Insbesondere: Freiheitsentziehende Unterbringung

22 **1. Familiengerichtliche Genehmigung.** Das Recht zur Aufenthaltsbestimmung (§ 1800 Satz 1, § 1631 Abs. 1) schließt die Befugnis des Vormunds ein, den Mündel in einer mit Freiheitsentziehung verbundenen Weise unterzubringen; doch bedarf er für diese Maßnahme der familiengerichtlichen Genehmigung.[21] Der Genehmigungsvorbehalt war – veranlasst durch die Rspr. des BVerfG[22] – als § 1800 Abs. 2 (aF) durch das FamRÄndG 1961 eingeführt worden. Nachdem das SorgeRG von 1979 mit einem neuen § 1631b den Genehmigungsvorbehalt auch auf die elterliche Unterbringung erstreckte, konnte § 1800 Abs. 2 entfallen, da die Verweisung des § 1800 Satz 1 die Vorschrift des § 1631b mit umfasst.

23 **2. Die Begriffe der Unterbringung und Freiheitsentziehung.** Der Genehmigungsvorbehalt greift, wenn „Unterbringung" sich mit „Freiheitsentziehung" verbindet. Der Begriff der **Unterbringung** kann dabei weit gefasst werden als Verbringen des Mündels in einen von den bisherigen Lebensverhältnissen verschiedenen Lebensraum[23] (auch in eine Pflegefamilie). Er setzt insoweit stets eine auf Dauer angelegte Maßnahme voraus; ein nur kurzer Arrest oder die Vorführung zur ärztlichen Untersuchung erfüllen dieses Tatbestandsmerkmal nicht.

24 **3. Freiheitsentziehung.** Nur eine mit Freiheitsentzug verbundene Unterbringung ist genehmigungspflichtig. Der Begriff der Freiheitsentziehung ist vom Zweck des § 1631b her zu bestimmen.

---

[18] AA RGRK/*Dickescheid* Rn. 8. Wie hier *Soergel/Zimmermann* Rn. 24.
[19] *Soergel/Zimmermann* Rn. 26. Umgekehrt kann der Vormund nur unter den Voraussetzungen des § 1837 Abs. 4, § 1666 zur Herausnahme des Kindes aus der Pflegefamilie veranlasst werden: BayObLG FamRZ 1977, 1560, 1561.
[20] Ohne einen solchen Antrag kann ein Umgang mit Dritten nach § 1837 Abs. 4 iVm. § 1666 erwirkt werden: OLG Zweibrücken FamRZ 1999, 1161.
[21] Zum Ganzen *Hamdan/Hamdan* ZFE 2010, 414. Zur Unterstützung des Vormunds bei der Zuführung des Mündels zur Unterbringung siehe § 167 Abs. 5 FamFG und DIJuF JAmt 2008, 256.
[22] BVerfGE 10, 302.
[23] Enger AG Wennigsen FamRZ 1962, 40, 42; OLG Hamm FamRZ 1962, 397, 398: lang andauernde, von vornherein nicht sicher begrenzbare Einschränkung der persönlichen Freiheit.

Danach war es nicht Sinn der Einführung dieser Vorschrift, typische Freiheitsbeschränkungen partieller Art, die im Rahmen der Erziehungs- oder sonstigen Sorgeaufgabe gewöhnlich veranlasst sind, einer Genehmigungspflicht zu unterwerfen.[24]

a) Nur bei Verlust der Fortbewegungsfreiheit. Nach verbreiteter Auffassung liegt Freiheitsentziehung vor, „wenn die (Heim-)Insassen auf einem bestimmten beschränkten Raum festgehalten werden, ihr Aufenthalt ständig überwacht und die Aufnahme eines Kontaktes mit Personen außerhalb des Raumes durch Sicherungsmaßnahmen verhindert werden".[25] Diese Definition ist insofern zu eng, als sie die Freiheitsentziehung schon dann entfallen lässt, wenn die untergebrachte Person einen unkontrollierten Kontakt mit der Außenwelt (zum Beispiel durch Telefon) aufnehmen kann. Entscheidend ist vielmehr der mit der Unterbringung verbundene Verlust der Fortbewegungsfreiheit. Unterbringung mit Freiheitsentziehung liegt folglich vor, wenn der Mündel in seiner gesamten Lebensführung auf einen gewissen räumlichen Bereich begrenzt und sein Aufenthalt mittels Überwachung und physischer Vorkehrungen kontrolliert wird. Vorbild sind geschlossene Heil- und Pflegeanstalten, ohne dass der Genehmigungsvorbehalt auf diese herkömmlichen Einrichtungen beschränkt wäre.[26] Auch sogenannte „halboffene" Anstalten können den Begriff der Freiheitsentziehung erfüllen.[27] Mit der Einweisung zu einer stationären Kur oder zur längeren Beobachtung in einer Trinkerheilanstalt oder Anstalt für Drogensüchtige ist in der Regel Freiheitsentziehung verbunden.[28] Auch die Einlieferung des Mündels in eine jugendpsychiatrische Klinik zur stationären Untersuchung und Begutachtung ist – auch wenn sie als einstweilig und nur vorübergehend gedacht ist – Freiheitsentziehung, wenn die oben genannten Erfordernisse erfüllt sind.[29] Freiheitsentziehung bildet auch die Einweisung in eine nicht abgeschlossene Krankenanstalt, wenn die Krankenhausverwaltung berechtigt wird, das Krankenzimmer des Eingewiesenen zu verschließen und ihn am Verlassen der Anstalt zu hindern.[30]

25

b) Von der Freiheitsentziehung abzugrenzende Maßnahmen. Nicht als Unterbringung mit Freiheitsentziehung sind folgende Maßnahmen anzusehen:
– Unterbringung in einer offenen Anstalt, wobei es aber nicht auf die Bezeichnung der Anstalt, sondern auf die Art der tatsächlichen Freiheitsbeschränkungen ankommt;[31]
– Unterbringung in einem Internat oder sonstigem Erziehungsheim mit bloß beschränkten Ausgangsmöglichkeiten;
– Unterbringung bei Verwandten oder in einer Pflegefamilie.[32]
Partielle Freiheitsbeschränkungen im Rahmen erzieherischer Einzelmaßnahmen werden vielfach schon nicht als „Unterbringung" zu qualifizieren sein, so dass kurzfristige „Hausarrest" oder ein Ausgehverbot.[33] Erzieherische Übergriffe wie etwa unvertretbar lange Hausarreste bilden kein Problem des § 1631b, sondern der § 1631 Abs. 2, § 1837 Abs. 4, § 1666; dagegen bleibt die Einweisung in eine geschlossene Anstalt auch dann Freiheitsentzug, wenn sie (unter anderem) pädagogisch motiviert ist (geschlossene Erziehungsheime).[34]

26

c) „Unterbringungsähnliche Maßnahmen". § 1906 Abs. 4 hat für den Bereich des Betreuungsrechts die sogenannten unterbringungsähnlichen Maßnahmen den freiheitsentziehenden Unterbringung gleichgestellt. Solche Maßnahmen liegen vor, wenn dem Betroffenen, der sich in einer Anstalt, einem Heim oder einer sonstigen Einrichtung aufhält, ohne untergebracht zu sein, durch mechanische Vorrichtungen, Medikamente oder auf andere Weise über einen längeren Zeitraum oder regelmäßig die Freiheit entzogen werden soll. Die Frage, ob solche Maßnahmen auch bei Minderjährigen genehmigungsbedürftig sind, ist streitig (s. Erl. zu § 1631b). ME hat das BtG § 1906

27

---

[24] Zu weit daher der Leitsatz AG Kamen FamRZ 1983, 299, mit abl. Anm. *Damrau* FamRZ 1983, 1060, 1061.
[25] BT-Drucks. 8/2788 S. 51.
[26] BT-Drucks. 8/2788 S. 51. OLG Hamm FamRZ 1962, 397; OLG Düsseldorf NJW 1963, 397.
[27] Vgl. AG Kamen FamRZ 1983, 299 (im konkreten Fall gab es keinen freien Zutritt zu den Unterbringungsräumen und keine Möglichkeit, die Anstaltsräume ohne Begleitung oder Aufsicht zu verlassen).
[28] BT-Drucks. 8/2788 S. 51.
[29] Vgl. OLG Stuttgart FamRZ 1976, 538, 539.
[30] BayObLGZ 1956, 353 = NJW 1957, 304.
[31] Vgl. LG Mannheim Justiz 1974, 380, 381.
[32] Zu den rechtlichen Voraussetzungen vgl. Rn. 9.
[33] AG Wennigsen FamRZ 1962, 40, 42.
[34] So zu Recht die hM, OLG Hamm FamRZ 1962, 397; OLG Düsseldorf FamRZ 1963, 312; OLG Celle NJW 1964, 552, 553; LG Göttingen FamRZ 1963, 530; AG Wennigsen FamRZ 1962, 40. AA AG Hamburg NJW 1961, 2160; *Arnold* FamRZ 1963, 485 f.; *Prahl* NJW 1964, 530; *Schüler/Springorum* FamRZ 1961, 296, 298 f.

Abs. 4 absichtsvoll auf das Betreuungsrecht beschränkt.[35] Das ist offenbar auch die Sicht des FamFG, das in § 167 Abs. 1 auf die Unterbringung Minderjähriger (nach §§ 1631b, 1800, 1915) ausschließlich das für Unterbringungssachen nach § 312 Nr. 1 FamFG (freiheitsentziehende Unterbringung eines Betreuten nach § 1906 Abs. 1 bis 3, 5), nicht das auch das für Unterbringungssachen nach § 312 Nr. 2 FamFG (freiheitsentziehende Maßnahmen nach 1906 Abs. 4) maßgebende Verfahrensrecht angewandt wissen will. Folgt man dem, sind namentlich pädagogisch motivierte Freiheitsbeschränkungen Minderjähriger, die nicht den Begriff der freiheitsentziehenden Unterbringung (Rn. 23) erfüllen, deshalb nach wie vor genehmigungsfrei, mögen sie auch begrifflich unter die Maßnahmen des § 1906 Abs. 4 fallen.[36] Den Vorschlag einer Genehmigungspflicht für zumindest solche freiheitsbeschränkenden Maßnahmen, die nach Dauer und Stärke das Maß der in dem Alter des Mündels üblichen Freiheitsbeschränkungen überschreiten,[37] mag man im Schutzinteresse des Minderjährigen begrüßen, realisierbar ist er nicht: Standards der genannten Art werden in einer wertepluralistischen Gesellschaft kaum verlässlich feststellbar sein; und selbst wenn, ließe sich eine Bindung von Eltern oder Vormunds an das Übliche kaum begründen.

28   **4. Zustimmung des Mündels.** Fraglich ist, ob Freiheitsentziehung auch dann vorliegt, wenn der Mündel der Maßnahme zustimmt. Das wird verneint, wenn der Mündel „einsichtsfähig" oder wenn er die Tragweite der Unterbringung zu beurteilen in der Lage ist.[38] Diese Auffassung ist abzulehnen. Die Unterbringung in einer geschlossenen Anstalt bildet einen fundamentalen Eingriff in die persönliche Freiheit. Nach der Entscheidung des Gesetzgebers soll für einen solchen Eingriff der Wille des gesetzlichen Vertreters, der anstelle des Mündels selbst handelt, allein keine hinreichende Grundlage bilden. Umso weniger kann dies der Wille des Mündels selbst, der wegen seines Jugendalters unter Vormundschaft steht. Unklar wäre auch, welche Kriterien an die Einsichtsfähigkeit des Mündels gestellt werden sollen, der sich – wenn wirklich Einweisungen der genannten Art erforderlich sind – stets in einer psychischen Ausnahmesituation befindet. Die freiheitsentziehende Unterbringung ist daher stets genehmigungspflichtig; die Zustimmung des Mündels kann bei der Frage, ob die Genehmigung erteilt werden soll, allenfalls als einer unter vielen Gesichtspunkten eine Rolle spielen.

29   **5. Genehmigungspflicht jedes konkreten Einzelaktes.** Genehmigungspflichtig ist nur die Unterbringung als solche (etwa in einem psychiatrischen Krankenhaus, in einer Klinik für Suchtkranke etc); die Auswahl der konkreten Einrichtung bleibt dem Vormund überlassen.[39] Im Übrigen ist jeder konkrete Einzelakt freiheitsentziehender Unterbringung genehmigungspflichtig.[40] Das bedeutet:

30   **a) Weitere, von der Genehmigung nicht erfasste Freiheitsentziehungen als Folge.** Wird eine Person mit Genehmigung des FamG freiheitsentziehend in einer geschlossenen Anstalt untergebracht, so können weitere Freiheitsentziehungen innerhalb dieser Anstalt, etwa das dauernde oder regelmäßige Einsperren in ein Zimmer, eine neue Stufe des Freiheitsentzugs bilden, die von der Genehmigung nicht gedeckt ist; es ist dann eine weitere Genehmigung einzuholen. Dies entspricht den Erwägungen, die im Rahmen des § 1906 Abs. 1 für den Begriff der freiheitsenziehenden Unterbringung entwickelt werden (vgl. Erl. zu § 1906). Es gibt es keinen Grund, in dieser Frage zwischen Volljährigen und Minderjährigen einen Unterschied zu machen, zumal derartige Maßnahmen der weiteren Freiheitsentziehung Untergebrachter auch nicht auf erzieherischen Erwägungen beruhen, sondern sich aus dem Gedanken des Schutzes und allenfalls der Therapie rechtfertigen.

31   **b) Wirkungsloswerden der Genehmigung, Erfordernis erneuter Genehmigung.** Mit jeder Entlassung des Mündels aus der Anstalt wird die erteilte Genehmigung wirkungslos.[41] Zur erneuten Einweisung ist eine neue Genehmigung zu beantragen.[42] Das gilt selbst nach probeweiser Entlassung oder dann, wenn der Eingewiesene aus der Anstalt entwichen und der Zeitpunkt seiner

---

[35] Zur Gesetzgebungsgeschichte BT-Drucks. 11/4528 S. 82 und ausführlich 3. Aufl. Rn. 28.
[36] LG Essen FamRZ 1993, 1347 m. krit. Anm. *Dodegge* aaO S. 1348; AG Hamburg-Barmbek Beschluss vom 24. 06. 2008 – 887 F 49/06 – juris; DIJuF JAmt 2010, 236. AA MünchKommBGB/*Huber* § 1631b Rn. 8.
[37] So *Gernhuber* (3. Aufl.), § 7 II 6; ähnlich *Hampel* FamRZ 1963, 542; BT-Drucks. 8/2788 S. 51.
[38] So BayObLGZ 1954, 298, 302; *Soergel*/*Zimmermann* Rn. 10; vgl. auch BayObLG FamRZ 1992, 105 (keine Erledigung des Unterbringungsgenehmigungsverfahrens bei nachträglichem Einverständnis eines Entmündigten).
[39] BayObLG FamRZ 1992, 105, 106; OLG Brandenburg FamRZ 2004, 815, 817; OLG Naumburg JAmt 2002, 538.
[40] OLG Celle NJW 1964, 552.
[41] OLG Hamm OLGZ 70, 237.
[42] LG Göttingen FamRZ 1963, 530; LG München FamRZ 1969, 439.

Rückkehr ungewiss ist.⁴³ Unstatthaft ist eine generelle Genehmigung künftiger Freiheitsentziehungen „soweit notwendig." Die Voraussetzungen der Unterbringung müssen stets für eine konkrete Situation im Zeitpunkt der Beurteilung gegeben sein. Kein erneutes Genehmigungserfordernis begründet naturgemäß der bloße Wechsel in der Person des Vormunds; selbstverständlich bedarf auch die Entlassung des Mündels aus einer angeordneten Unterbringung nicht der richterlichen Genehmigung.⁴⁴

6. Verfahren. Das Verfahren über die freiheitsentziehende Unterbringung eines Minderjährigen gemäß §§ 1631b, 1800 Satz 1, 1915 bestimmt sich nach den für Unterbringungssachen nach § 312 Nr. 1 FamFG (freiheitsentziehende Unterbringung eines Betreuten nach § 1906 Abs. 1 bis 3, 5) geltenden Verfahrensvorschriften der §§ 313 ff. FamFG (§ 167 Abs. 1 S.1 iVm. § 151 Nr. 6 FamFG; zum Verfahrensrecht bei freiheitsentziehender Unterbringung Minderjähriger nach den Landesgesetzen über die Unterbringung psychisch Kranker: § 167 Abs. 1 S.1 , § 151 Nr. 7, § 312 Nr. 3, §§ 313 ff. FamFG).⁴⁵ An die Stelle des Verfahrenspflegers tritt der Verfahrensbeistand (§ 167 Abs. 1 S. 2 FamFG). Gegen die familiengerichtliche Genehmigung der Unterbringung des Mündels durch den Vormund steht den Eltern des Mündels auch dann die Beschwerde zu, wenn ihnen das Sorgerecht entzogen ist.⁴⁶ Die Vorschriften des Unterbringungsverfahrens sind, soweit sie die zivilrechtliche Unterbringung betreffen, bei § 1906 systematisch dargestellt (vgl. Erl. zu § 1906). Die Unterbringung Minderjähriger ist dem Richter vorbehalten (Art. 104 Abs. 2 S. 1 GG; keine Übertragung von Unterbringungssachen auf den Rechtspfleger).⁴⁷ **32**

VI. Persönliche Förderung

Der mit dem Gesetz zur Änderung des Vormundschafts- und Betreuungsrechts angefügte Satz 2 ist – wie auch schon der ebenfalls von diesem Gesetz eingefügte § 1793 Abs. 1a – eine politische Antwort auf einen seit langem bekannten Missstand der Amtsvormundschaft und -pflegschaft⁴⁸, die – angesichts der personellen Engpässe in den Jugendämtern – die anfallenden Vormundschaften und Pflegschaften mit den sich aus § 1800, 1631 BGB ergebenden Aufgaben nicht mehr sachgerecht wahrnehmen können. Die Neuregelung ist zwar gut gemeint, in ihrem normativen Gehalt aber wenig ergiebig (siehe zum Ganzen § 1793 Rn. 44 ff.). **33**

Zwar mag man der Pflicht, Pflege und Erziehung des Mündels „persönlich" zu fördern, noch einen Sinn abgewinnen, der über die von § 1800 S. 1 in Bezug genommenen §§ 1631 bis 1633 hinausgeht und dem Vormund eine allzu weitgehende Delegation von Erziehungsaufgaben auf Dritte (Heim, Pflegefamilie) untersagt, ihn jedenfalls nicht aus der Pflicht zur persönlichen Kontrolle des Dritten entlässt.⁴⁹ Die dem Vormund auferlegte Pflicht, die Pflege und Erziehung auch zu „gewährleisten", lässt eine zusätzliche praktische Bedeutung indes auch dann nicht erkennen, wenn man den für die Erziehung geforderten „persönlichen" Charakter – sprachlich nicht zwingend – auch auf diese dem Vormund abverlangte „Gewährleistung" erstreckt. **34**

Wie nun der Amtsvormund – als Behörde – die Pflege und Erziehung des Mündels wenn schon nicht persönlich bewerkstelligen, so doch „persönlich" fördern soll, vermochte man sich unter Zuhilfenahme des ursprünglich vorgesehenen § 55 Abs. 3 Satz 3 SGB VIII idF des RegE eines Gesetzes zur Änderung des Vormundschafts- und Betreuungsrechts vielleicht noch vorzustellen.⁵⁰ Machte doch diese Neuregelung dem mit der Ausübung der Aufgaben des Amtsvormunds betrauten Mitarbeiter des Jugendamtes (vgl. § 55 Abs. 2 S. 1 SGB VIII) eben diese „persönliche" Förderung (und „Gewährleistung") – und zwar durch das Halten von persönlichem Kontakt zum Mündel – zur Pflicht. Die Gesetz gewordene Fassung des § 55 Abs. 3 Satz 3 SGB VIII (gültig ab 5. 7. 2012) überträgt diese Aufgabe indes dem Amtsvormund, also der Behörde selbst⁵¹ – und ist damit sinnentleert: Denn die persönliche Förderung der Erziehung (und deren „Gewährleistung") ist dem Vor- **35**

---

⁴³ LG München FamRZ 1969, 439; aA *Soergel/Zimmermann* Rn. 19; bedenklich OLG Hamm MDR 1967, 1011, 1012, wo eine Entlassung zur Probe in eine kurzfristige Beurlaubung umgedeutet wird.
⁴⁴ LG Berlin FamRZ 1970, 254, 255; gefährdet der Vormund durch unzeitige Rückgängigmachung der Unterbringung das Mündelwohl, so ist gegen ihn gemäß §§ 1837 Abs. 4, 1666 vorzugehen.
⁴⁵ Das gilt auch für die örtliche Zuständigkeit (§ 313 FamFG): OLG Brandenburg FamRZ 2010, 2019.
⁴⁶ OLG Karlsruhe FamRZ 2008, 458: Beschwerderecht aus § 20 Abs. 1 oder § 70m iVm. § 70d FGG (jetzt: § 59 Abs. 1 oder § 335 Abs. 1 Nr. 1 FamFG).
⁴⁷ Trotz Aufhebung des § 14 Nr. 10 RPflG aF durch das BtG (Art. 3). Vgl. auch *Bahrenfuss/Grotkopp* FamFG § 313 Rn. 4.
⁴⁸ Vgl. BR-Drucks. 537/10 S. 3.
⁴⁹ Vgl. aus den Materialien: BR-Drucks. 537/10 S. 6.
⁵⁰ Vgl. BR-Drucks. 537/10 S. 3.
⁵¹ Zur Begründung BT-Drucks. 17/5512 S. 15.

§ 1801 1–3   Abschnitt 3. Titel 1. Vormundschaft

mund – also auch dem Amtsvormund – bereits in § 1800 Satz 2 aufgegeben; und die Pflicht, mit dem Mündel „persönlichen" Kontakt zu halten, folgt – auch für den Amtsvormund – ohnehin schon aus § 1793a Abs. 1. Aufschluss über das „Wie" der „persönlichen" Förderung durch eine Behörde sucht der Rechtsanwender nunmehr im Gesetz vergebens.

VI. Parallelvorschriften

36   Die Vorschrift gilt auch für die Pflegschaft (§ 1915 Abs. 1). Keine Anwendung findet § 1800 im Rahmen des Betreuungsrechts, das eigenständige Vorschriften aufweist (§§ 1897 Abs. 1, 1901, 1906). Indes nimmt auch das Betreuungsrecht auf § 1632 Abs. 1 bis 3 Bezug (1908 i Abs. 1 S. 1).

§ 1801 Religiöse Erziehung

(1) Die Sorge für die religiöse Erziehung des Mündels kann dem Einzelvormund von dem Familiengericht entzogen werden, wenn der Vormund nicht dem Bekenntnis angehört, in dem der Mündel zu erziehen ist.

(2) Hat das Jugendamt oder ein Verein als Vormund über die Unterbringung des Mündels zu entscheiden, so ist hierbei auf das religiöse Bekenntnis oder die Weltanschauung des Mündels und seiner Familie Rücksicht zu nehmen.

Übersicht

	Rn.		Rn.
I. Normzweck	1, 2	5. Konkurrenz mit anderen Eingriffsbefugnissen	7–10
1. Entziehung der Sorge für die religiöse Erziehung	1	a) Gegenüber § 1796	8
2. Berücksichtigung bei Unterbringung	2	b) Gegenüber § 1886	9
		c) Gegenüber §§ 1837 Abs. 4, 1666	10
II. Die Entziehung der Sorge für die religiöse Erziehung nach Abs. 1	3–12	6. Pflegerbestellung	11
1. Enge Voraussetzungen	3	7. Verfahren	12
2. Bekenntnisverschiedenheit	4	III. Rücksicht auf Bekenntnis und Weltanschauung nach Abs. 2	13–15
3. Nachteile für die religiös-weltanschauliche Entwicklung	5	1. Vereins- und Amtsvormundschaft	13
		2. Begriffsbestimmung	14
4. Eingeschränkte Vormundbestellung	6	3. Bekenntnis des Mündels	15

I. Normzweck

1   **1. Entziehung der Sorge für die religiöse Erziehung.** Die religiöse Erziehung ist Teil der Personensorge des Vormunds (siehe § 1800 Rn. 13), doch achtet das Gesetz durch besondere Vorschriften darauf, dass die religiöse Freiheit und Entwicklung des Mündels nicht durch den Vormund beeinträchtigt wird. Dem Einzelvormund kann nach Abs. 1 der Vorschrift die Sorge für die religiöse Erziehung entzogen werden, wenn er einem anderen Bekenntnis angehört als der Mündel. Diese Regelung ergänzt § 1779 Abs. 2 S. 2, wonach schon bei der Auswahl des Vormunds auf das religiöse Bekenntnis des Mündels Rücksicht zu nehmen ist (hingegen spielt dieser Gesichtspunkt bei der Bestellung des nach § 1776 benannten Vormunds keine Rolle).

2   **2. Berücksichtigung bei Unterbringung.** Den Amts- und den Vereinsvormund weist der durch das NEhelG von 1969 hinzugefügte Abs. 2 der Vorschrift an, bei der Unterbringung des Mündels auf das religiöse Bekenntnis oder die Weltanschauung des Mündels und seiner Familie Rücksicht zu nehmen.

II. Die Entziehung der Sorge für die religiöse Erziehung nach Abs. 1

3   **1. Enge Voraussetzungen.** Die ausdrücklich nur für den Einzelvormund[1] geltende Regelung erweckt den falschen Eindruck, als erhebe das Gesetz die Bekenntnisgleichheit von Vormund und Mündel zu einem nur schwerlich abdingbaren Postulat. Das ist indes nicht der Fall. Schon bei der

---

[1] Zur Frage, ob und auf welcher Rechtsgrundlage neben dem Amtsvormund ein Ergänzungspfleger zur religiösen Erziehung des Mündels bestellt werden kann: DIJuF JAmt 2007, 208.

Auswahl nach § 1779 Abs. 2 S. 2 ist nicht Bekenntnisgleichheit, sondern Rücksichtnahme auf das Bekenntnis des Mündels verlangt (siehe § 1779 Rn. 14). Infolgedessen begründet der Umstand, dass Vormund und Mündel unterschiedlichen Bekenntnissen angehören, die Maßnahme partieller Sorgerechtsentziehung allein nicht; es muss vielmehr hinzukommen, dass das ungleiche Bekenntnis im konkreten Fall der religiös-weltanschaulichen Entwicklung des Mündels abträglich ist.[2]

2. Bekenntnisverschiedenheit. Die als erste Eingriffsvoraussetzung verlangte „Bekenntnisverschiedenheit" ist, insoweit sie sich dem Begriffe nach auf christliche Konfessionen beschränkt, im Hinblick auf Art. 140 GG, Art. 137 Abs. 1 WRV antiquiert: Gemeint ist jede Form der Zugehörigkeit zu unterschiedlichen Religionsgemeinschaften oder Weltanschauungsvereinigungen im Sinne des Art. 137 Abs. 2 und 7 WRV; gleichgestellt ist der Fall, dass Vormund oder Mündel einer Religionsgemeinschaft oder Weltanschauungsvereinigung angehört, der jeweils andere aber nicht. Eine solche Ungleichheit des Bekenntnisses kann auf unterschiedliche Weise entstehen. Sie ist möglicherweise von vorneherein gegeben, zB. wenn ein bekenntnisverschiedener Vormund von den Eltern benannt oder vom FamG ausgewählt ist. Die Bekenntnisungleichheit kann ferner entstehen, wenn nach Vormundbestellung der religionsmündig gewordene Mündel oder der Vormund das Bekenntnis wechselt; auch in diesem Fall ist der Bekenntniswechsel oder Kirchenaustritt für sich gesehen noch kein ausreichender Grund für den Sorgerechtsentzug nach § 1801 Abs. 1;[3] vielmehr muss auch hier im konkreten Fall hinzukommen, dass der Bekenntniswechsel oder Kirchenaustritt die religiöse Entwicklung des Mündels zu stören droht.[4] Nicht unter § 1801 Abs. 1 gehört der Fall, dass der bekenntnisgleiche Vormund die religiöse Erziehung des Mündels durch Vernachlässigung oder durch religiösen Fanatismus gefährdet (hier ist § 1837 Abs. 2 bis 4 einschlägig, vgl. unten Rn. 10).

3. Nachteile für die religiös-weltanschauliche Entwicklung. Die Maßnahme des § 1801 Abs. 1 ist nur gerechtfertigt, wenn zu befürchten ist, dass sich aus der Bekenntnisverschiedenheit in Verbindung mit dem konkreten Verhalten des Vormunds gewichtige Nachteile für die religiös-weltanschauliche Entwicklung des Mündels ergeben. Dabei kommt dem Aspekt der religiösen Selbstbestimmung des jungen Menschen die entscheidende Bedeutung zu (ab dem vollendeten 12. Lebensjahr siehe § 5 RelKErzG). Die partielle Sorgerechtsentziehung kommt zB in Betracht, wenn der Vormund beharrlich in einer dem Bekenntnis des Mündels zuwiderlaufenden Weise Einfluss auf dessen Gesinnungen zu nehmen versucht. Verschulden des Vormunds ist hierbei nicht erforderlich.[5] Die Unterbringung des Mündels in einer konfessionsverschiedenen Familie rechtfertigt allein die Maßnahme des § 1801 Abs. 1 noch nicht,[6] ebenso nicht generell die Tatsache, dass der Vormund Geistlicher einer anderen Religionsgesellschaft ist.[7]

4. Eingeschränkte Vormundbestellung. Aus der Regelung des § 1801 Abs. 1 wird die Möglichkeit abgeleitet, den Vormund von vorneherein mit der Maßgabe zu bestellen, dass die Sorge für die religiöse Erziehung einem Pfleger übertragen wird.[8] Eine derart eingeschränkte Bestellung wäre bei benannten Vormündern nur statthaft, wenn die Eltern bei der Benennung eine entsprechende Einschränkung gemacht haben. Bei Vormündern, die nach § 1779 ausgewählt werden, käme eine solche eingeschränkte Bestellung nur in Betracht, wenn schon bei der Bestellung sichtbar ist, dass die Bekenntnisverschiedenheit der religiösen Entwicklung des Mündels nachteilig sein wird.[9] Vor derart antizipiertem Vertrauensentzug ist dringend zu warnen – der Vormund hätte bei einer solchen eingeschränkten Bestellung mE auch das Ablehnungsrecht analog § 1786 Nr. 7.

5. Konkurrenz mit anderen Eingriffsbefugnissen. Die Eingriffsbefugnis des FamG nach § 1801 Abs. 1 konkurriert mit anderweitigen Kontrollbefugnissen. Für das Konkurrenzverhältnis gilt:

a) Gegenüber § 1796. Gegenüber § 1796 ist § 1801 Abs. 1 in Bezug auf die aus der Bekenntnisverschiedenheit von Vormund und Mündel resultierenden Interessenkollisionen lex specialis.[10]

b) Gegenüber § 1886. Gegenüber § 1886 bildet der Teilentzug nach § 1801 Abs. 1 die mildere Maßnahme, die nach dem Grundsatz der Verhältnismäßigkeit vorzuziehen ist, soweit sie zur Wah-

---

[2] In diesem Sinne verlangt die hM „gewichtige Gründe im Mündelinteresse", so KG KGJ 46, 79; BayObLGZ 9, 482. Doch ist hinzuzufügen, dass sich diese Gründe auf die religiöse Entwicklung des Mündels beziehen müssen; nur dann kann § 1801 Abs. 1 eine taugliche Maßnahme bieten.
[3] BayObLG OLGE 30, 148; *Dölle* § 125 I 3; *Soergel/Zimmermann* Rn. 2; *RGRK/Dickescheid* Rn. 5.
[4] Vgl. KG KGJ 37 A 75.
[5] *Staudinger/Engler* Rn. 7; *RGRK/Dickescheid* Rn. 5.
[6] KG KGJ 37 A 75.
[7] AA BayObLG Recht 1925 Nr. 655.
[8] *Soergel/Damrau* (12. Aufl.) Rn. 2 mit Bezug auf KG RJA 12, 173; *Erman/Saar* Rn. 2.
[9] *RGRK/Dickescheid* Rn. 3.
[10] *Soergel/Zimmermann* Rn. 1.

rung des Mündelwohls ausreichend erscheint.[11] Die Entlassung des Vormunds ist aber erforderlich, wenn die Bekenntnisverschiedenheit im Zusammenhang mit dem konkreten Verhalten des Vormunds das gesamte Verhältnis zwischen Vormund und Mündel oder die Amtsführung des Vormunds insgesamt erheblich belastet. Zu berücksichtigen ist dabei insbesondere, dass die religiöse Beziehung keinen isolierten Teilbereich bildet, sondern untrennbar mit der gesamten Persönlichkeitsentwicklung des Mündels verbunden ist. Der bekenntnisverschiedene Vormund, der bei der religiösen Erziehung die Eigenständigkeit der religiösen Entwicklung des Mündels nicht achtet, wird regelmäßig zur Ausübung der Personensorge insgesamt untauglich sein.

10   c) **Gegenüber §§ 1837 Abs. 4, 1666.** Fraglich ist das Normverhältnis des § 1801 Abs. 1 zu §§ 1837 Abs. 4, 1666. Aus der besonderen Bedeutung, die das Gesetz der ungestörten religiösen Entwicklung des Mündels beimisst, ergibt sich: Im Hinblick auf Nachteile für die religiös-weltanschauliche Erziehung des Mündels, die aus der Bekenntnisverschiedenheit resultieren und die durch Entzug der Sorge für die religiöse Erziehung vermieden werden können, bildet § 1801 Abs. 1 die lex specialis. Bei Pflichtwidrigkeiten des Vormunds im Übrigen sind Maßnahmen nach § 1837 möglich (zB bei Vernachlässigung der religiösen Erziehung des Mündels, bei religiösem Fanatismus des Vormunds, bei Auswirkungen der Bekenntnisverschiedenheit auf andere Bereiche der Amtsführung, etc.).

11   **6. Pflegerbestellung.** Wird dem Vormund gemäß § 1801 Abs. 1 die Sorge für die religiöse Erziehung entzogen, so ist für diesen Bereich ein Pfleger zu bestellen (§ 1909 Abs. 1 S. 1);[12] da die Sorge des Vormunds für einen abgegrenzten Bereich dauerhaft ersetzt werden soll, erscheint auch die Bestellung eines Mitvormunds möglich.[13]

12   **7. Verfahren.** Es entscheidet der Richter gemäß § 14 Abs. 1 Nr. 11 RPflG. Gegen die Maßnahme des § 1801 Abs. 1 hat der Vormund ein Beschwerderecht aus § 59 Abs. 1 FamFG;[14] ebenso, wenn der Vormund bereits von Anfang an ohne den Wirkungskreis der religiösen Erziehung bestellt wird, obwohl er von den Eltern wirksam und ohne Einschränkung benannt wurde.[15] Wird der gemäß § 1779 ausgewählte Vormund von Anfang an ohne den Wirkungskreis der religiösen Erziehung bestellt, so ist er, weil nicht in eigenen Rechten beeinträchtigt, nicht beschwerdeberechtigt; er kann jedoch die Übernahme der Vormundschaft analog § 1786 Abs. 1 Nr. 7 ablehnen.

III. Rücksicht auf Bekenntnis und Weltanschauung nach Abs. 2

13   **1. Vereins- und Amtsvormundschaft.** Bei der Vereins- und Amtsvormundschaft ist Bekenntnisidentität von Mündel und Vormund von vorneherein nicht möglich, da juristische Personen und Ämter kein Bekenntnis haben. Die Richtschnur des Abs. 2 betrifft folglich die Durchführung der Vormundschaft und gilt – über den Gesetzeswortlaut hinaus – nicht nur für die Unterbringung des Mündels in einer Familie oder Anstalt, sondern für die Ausübung des Sorgerechts überhaupt. Deshalb muss bei Vereinsvormundschaft die weltanschauliche Ausrichtung des Vereins auf ihre Verträglichkeit mit den religiösen Entwicklungsinteressen des Mündels überprüft werden. Bei Unterbringung in einer Familie soll – wenn ohne Nachteile auf anderen Gebieten des Mündelwohls möglich – Bekenntnisgleichheit von Mündel und Pflegefamilie angestrebt werden. Dagegen wird man nicht verlangen können, dass bei Amtsvormundschaft nach Möglichkeit ein bekenntnisgleicher Sachbearbeiter zu bestimmen ist.[16]

14   **2. Begriffsbestimmung.** Rücksicht auf religiöses Bekenntnis und Weltanschauung bedeutet auch in diesem Zusammenhang nicht unbedingt Bekenntnisgleichheit, sondern Schaffung und Aufrechterhaltung von Lebensbedingungen, in denen eine möglichst ungestörte religiöse Entwicklung des Mündels und – mit wachsendem Alter – seine religiöse Selbstbestimmung verwirklicht werden können. Im konkreten Fall kann dies auch bei Unterbringung in einer bekenntnisverschiedenen Familie durchaus der Fall sein.

15   **3. Bekenntnis des Mündels.** Zu berücksichtigen ist primär das Bekenntnis oder die Weltanschauung des Mündels selbst; bei kleineren Kindern ist auf das religiöse Bekenntnis seiner Familie, dh. der Eltern oder der sonstigen Verwandten, bei denen der Mündel bisher aufgewachsen ist, abzustellen.

---

[11] *Dölle* § 125 I 3.
[12] KG OLGE 33, 373, 375; *Soergel/Zimmermann* Rn. 2; *Dölle* § 125 I 3.
[13] *Palandt/Diederichsen* Rn. 1; *RGRK/Dickescheid* Rn. 6; *Staudinger/Engler* Rn. 10; *Erman/Saar* Rn. 3.
[14] KG KGJ 37 A 86; unstr.
[15] So (zum FGG) auch *Staudinger/Engler* Rn. 17.
[16] *Soergel/Zimmermann* Rn. 4.

§ 1802 Vermögensverzeichnis

(1) ¹Der Vormund hat das Vermögen, das bei der Anordnung der Vormundschaft vorhanden ist oder später dem Mündel zufällt, zu verzeichnen und das Verzeichnis, nachdem er es mit der Versicherung der Richtigkeit und Vollständigkeit versehen hat, dem Familiengericht einzureichen. ²Ist ein Gegenvormund vorhanden, so hat ihn der Vormund bei der Aufnahme des Verzeichnisses zuzuziehen; das Verzeichnis ist auch von dem Gegenvormund mit der Versicherung der Richtigkeit und Vollständigkeit zu versehen.

(2) Der Vormund kann sich bei der Aufnahme des Verzeichnisses der Hilfe eines Beamten, eines Notars oder eines anderen Sachverständigen bedienen.

(3) Ist das eingereichte Verzeichnis ungenügend, so kann das Familiengericht anordnen, dass das Verzeichnis durch eine zuständige Behörde oder durch einen zuständigen Beamten oder Notar aufgenommen wird.

Übersicht

	Rn.		Rn.
I. Normzweck	1	4. Erstellung bei Mit- oder Gegenvormund, Vormundwechsel	8–10
II. Errichtung des Verzeichnisses	2–11	a) Bei Mitvormundschaft	8
1. Stichtag	2	b) Bei Gegenvormundschaft	9
2. Umfang des Verzeichnisses	3–6	c) Beim Vormundwechsel	10
a) Gesamtes Mündelvermögen	3	5. Hilfe durch Dritte (Abs. 2)	11
b) Ungeteilte Rechts- oder Vermögensgemeinschaft mit Dritten	4	III. Befassung des Familiengerichts	12–14
c) Mündelvermögen unter Verwaltung durch Dritte	5	1. Einreichung beim Familiengericht	12
d) Vermögenslosigkeit	6	2. Überprüfung der ordnungsgemäßen Erstellung	13
3. Form des Verzeichnisses	7	3. Anordnung der Verzeichniserstellung durch Dritte (Abs. 3)	14
		IV. Parallelvorschriften	15

I. Normzweck

Das Vermögensverzeichnis soll dem FamG bei Beginn der Vormundschaft die Grundlage für die Ausübung seiner Aufsicht in Bezug auf die Vermögenssorge geben, ferner die Basis für die spätere Rechnungslegung nach § 1840 Abs. 2 bis 4 sowie die Schlussrechnung nach § 1890 bilden. Zugleich stellt es ein wichtiges Beweisanzeichen für den Mündel dafür dar, welche Gegenstände zum Mündelvermögen gehören. Das Verzeichnis dient auch der Verwirklichung des Herausgabeanspruchs nach § 1890. Weder das FamG noch die Eltern noch ein zuwendender Dritter können den Vormund von der Pflicht des § 1802 befreien.[1] **1**

II. Errichtung des Verzeichnisses

1. Stichtag. Zu verzeichnen ist zunächst das Vermögen, das bei Anordnung der Vormundschaft (§ 1774) vorhanden ist. Dieser Zeitpunkt verwundert, da der Vormund erst mit seiner Bestellung die Befugnis zur Vermögensverwaltung erhält und weil die materiellen Wirkungen der Vormundschaft erst mit der Vormundbestellung eintreten (vgl. § 1774 Rn. 1). § 1802 Abs. 1 S. 1 ist daher in diesem Punkt zweckgerecht auszulegen: Das zu errichtende Vermögensverzeichnis bezieht sich auf den Zeitpunkt der auf Grund der Vormundschaftsanordnung erfolgenden Bestellung des Vormunds,[2] nicht also auf einen zurückliegenden Zeitpunkt, der für die Verantwortlichkeit des Vormunds gar nicht relevant werden kann. Werden Gegenstände in der Zeit vor der Vormundbestellung unberechtigt aus dem Vermögen entfernt, so sind die daraus resultierenden Herausgabeansprüche im Vermögensverzeichnis zu berücksichtigen. Das einmal erstellte Verzeichnis ist sodann bei späteren Vermögenszu- und -abgängen während der Vormundschaft entsprechend **zu ergänzen**.[3] Auch **2**

---

[1] RGZ 88, 264; *Staudinger/Engler* Rn. 3; *Soergel/Zimmermann* Rn. 1.
[2] So im Ergebnis auch LG Berlin DAVorm. 1981, 311, allerdings mit der Begründung, die Anordnung der Vormundschaft werde erst mit der „Mitteilung an den Vormund" wirksam. AA (Anordnung der Vormundschaft) *Palandt/Diederichsen* Rn. 2 aE; *Staudinger/Engler* Rn. 24; *Drews* Rpfleger 1980, 178. Vgl. auch *Soergel/Zimmermann* Rn. 2 (Mitteilung der Anordnung der Vormundschaft).
[3] *Bamberger/Roth/Bettin* Rn. 2.

diese Nachträge sind, mit der Versicherung der Richtigkeit und Vollständigkeit versehen, dem FamG einzureichen. Ausgenommen von dem Nachtragsverzeichnis sind regelmäßige, in die periodische Rechnungslegung fallende Ab- und Zugänge wie Zinszahlungen und dergleichen.[4]

3   **2. Umfang des Verzeichnisses. a) Gesamtes Mündelvermögen.** Zu verzeichnen ist bei der ersten Errichtung des Inventars das gesamte Mündelvermögen mit Aktiva und Passiva.[5] Die Mündelgegenstände sind so genau zu bezeichnen, dass keine Zweifel über die Identität aufkommen können.[6] Auch die Schulden sind genau (einschließlich Herkunft der Verbindlichkeit und Zinssatz) aufzuführen.[7] Bei wirklichen Kleinigkeiten genügen zusammenfassende Angaben;[8] doch kommt dem Vormund weder die Erleichterung des § 1640 Abs. 1 S. 3 (Angaben des Gesamtwerts der Haushaltsgegenstände)[9] noch die des § 1640 Abs. 2 zustatten.

4   **b) Ungeteilte Rechts- oder Vermögensgemeinschaft mit Dritten.** Steht der Mündel in einer ungeteilten Rechts- oder Vermögensgemeinschaft mit Dritten (Erbengemeinschaft, Gesellschaft, Gütergemeinschaft, Bruchteilsgemeinschaft), so ist das gesamte Vermögen der Gemeinschaft zu inventarisieren und der Mündelanteil hieran zu bezeichnen.[10] Entsprechend ist bei der Berufung des Mündels zum Nacherben mit dem Nachlass zu verfahren.[11]

5   **c) Mündelvermögen unter Verwaltung durch Dritte.** In das Vermögensverzeichnis sind auch diejenigen Vermögensteile aufzunehmen, die der Verwaltung dritter Personen (Testamentsvollstrecker, Pfleger) unterliegen,[12] da dem FamG ein Gesamtüberblick über die vermögensrechtliche Situation des Mündels verschafft werden soll. Insoweit der Vormund nicht von ihm verwaltetes Mündelvermögen zu verzeichnen hat, kann er die Auskunftsansprüche des Mündels gegen den jeweiligen Verwalter geltend machen.

6   **d) Vermögenslosigkeit.** Ist kein Vermögen vorhanden, so genügt es, wenn der Vormund dies erklärt und als richtig versichert. Liegt bereits ein auf den richtigen Stichtag bezogenes Vermögensverzeichnis vor, so darf sich der Vormund nach Richtigkeitsprüfung darauf beziehen, soweit es den Anforderungen entspricht.[13] Auch hier muss er jedoch die Versicherung der Richtigkeit und Vollständigkeit abgeben, was folglich eine sorgfältige Überprüfung des Verzeichnisses nötig macht.

7   **3. Form des Verzeichnisses.** Außer der Schriftlichkeit ist eine bestimmte Form des Inventars nicht vorgeschrieben. **Belege** müssen nicht beigefügt werden.[14] Auch kann während der Dauer des Vormundamts vom Vormund eine eidesstattliche Versicherung seiner Angaben gemäß § 260 Abs. 2 nicht verlangt werden; dem FamG stehen nur die Maßnahmen nach Abs. 3 sowie nach § 1837 Abs. 2 bis 4 zu. Nach Amtsbeendigung allerdings kann der Mündel auf Grund §§ 1890 iVm. § 260 Abs. 2 eine eidesstattliche Versicherung verlangen.

8   **4. Erstellung bei Mit- oder Gegenvormund, Vormundwechsel. a) Bei Mitvormundschaft.** Bei Mitvormundschaft ist zu unterscheiden: Bei gemeinsamer Mitvormundschaft haben die Mitvormünder das Verzeichnis gemeinsam zu errichten und einzureichen. Das Gleiche gilt, wenn mehrere Vormünder gemeinsam für die Angelegenheiten der Vermögensverwaltung zuständig sind. Ist die Vermögensverwaltung unter mehreren Mitvormündern aufgeteilt, so hat jeder Mitvormund nur das seiner Verwaltung unterstehende Vermögen zu verzeichnen.[15] Hingegen ist ein Mitvormund, dem nur Angelegenheiten der Personensorge anvertraut sind, von § 1802 nicht betroffen.[16]

---

[4] *Bamberger/Roth/Bettin* Rn. 2.
[5] Zu den Anforderungen im einzelnen OLG Schleswig FGPrax 2004, 238.
[6] KG OLGE 24, 45.
[7] RGZ 80, 65, 66.
[8] *Soergel/Zimmermann* Rn. 2.
[9] *Staudinger/Engler* Rn. 14; RGRK/*Dickescheid* Rn. 8; *Soergel/Zimmermann* Rn. 2.
[10] KG RJA 17, 34; KG KGJ 20, 225; KG KGJ 35, 24; KG KGJ 36, 38; im gleichen Sinn die Literaturmeinung, vgl. *Soergel/Zimmermann* Rn. 2.
[11] KG KGJ 20, 225.
[12] KG RJA 17, 34; KG JFG 11, 48; *Soergel/Zimmermann* Rn. 2; *Staudinger/Engler* Rn. 20 (betr. Nacherbschaft des Mündels); RGRK/*Dickescheid* Rn. 6; *Dölle* § 126 II 1 a.
[13] *Dölle* § 126 II 1 c.
[14] KG KGJ 36, 38.
[15] Wie hier *Soergel/Zimmermann* Rn. 3; aA *Erman/Saar* Rn. 6; *Staudinger/Engler* Rn. 10: Jeder Vormund hat das gesamte Vermögen zu verzeichnen, auch soweit es der Verwaltung des anderen unterliegt.
[16] AA 1. Aufl. Rn. 3.

b) Bei Gegenvormundschaft. Ist ein Gegenvormund bestellt, so ist er zur Aufnahme des 9
Verzeichnisses heranzuziehen (§ 1802 Abs. 1 S. 2); das Verzeichnis ist auch von ihm mit der Versicherung der Richtigkeit und Vollständigkeit zu versehen. Jedoch erfordert die Errichtung des Vermögensverzeichnisses nicht eigens die Bestellung eines Gegenvormunds.[17]

c) Beim Vormundwechsel. Beim Vormundwechsel braucht der neue Vormund aus Anlass 10
seiner Benennung kein neues Vermögensverzeichnis zu errichten, sofern vom früheren Vormund
ein Verzeichnis errichtet wurde.[18] Doch hat der Vormund das ihm übergebene Verzeichnis zu
überprüfen und Unstimmigkeiten beim Vormundschaftsgericht anzuzeigen. Den neuen Vormund
trifft ferner die Pflicht, die unter seiner Amtsführung anfallenden Vermögenszu- und -abgänge
gemäß § 1802 Abs. 1 S. 1 zu verzeichnen.

5. Hilfe durch Dritte (Abs. 2). Die Vorschrift gibt dem Vormund das Recht, zur Aufnahme 11
des Verzeichnisses einen Beamten, Notar oder anderen Sachverständigen beizuziehen. Allerdings
bleibt unklar, welcher Beamte auf welcher Rechtsgrundlage unterstützend tätig werden oder in
welcher Weise dem Vormund von einem Notar berufliche Hilfe zuteil werden könnte.[19] Praktische
Bedeutung wird deshalb die Regelung im Wesentlichen dann erlangen, wenn der Vormund ohne
fremden Sachverstand einzelne Vermögensteile nicht beschreiben oder deren Wert nicht einschätzen
kann. Die Kosten für die Inanspruchnahme Dritter trägt grundsätzlich der Mündel; bei Verauslagung
durch den Vormund besteht ein Ersatzanspruch aus den §§ 1835, 670. Indes wird eine derartige
Beiziehung auf Kosten des Mündels nur berechtigt sein, wenn dies in Anbetracht des Vermögens
und der (möglicherweise geringen) Erfahrung des Vormunds in Vermögensangelegenheiten gerechtfertigt ist.[20]

III. Befassung des Familiengerichts

1. Einreichung beim Familiengericht. Das Vermögensverzeichnis ist, versehen mit der 12
Versicherung der Richtigkeit und Vollständigkeit, unaufgefordert beim FamG einzureichen. Das
Gericht kann nach pflichtgemäßem Ermessen eine Frist setzen. Das FamG hat auf Erfüllung der
Pflicht aus § 1802 auch dann zu dringen, wenn kein Anlass zu Misstrauen besteht.[21] Den säumigen
Vormund kann das FamG notfalls durch Zwangsgeld gemäß § 1837 Abs. 3 zur Erfüllung seiner
Pflicht anhalten (nicht indes das Jugendamt oder den Vereinsvormund, § 1837 Abs. 3 S. 2); als letzte
Maßnahme kommt auch Entlassung (§ 1886) in Betracht.

2. Überprüfung der ordnungsgemäßen Erstellung. Das FamG überprüft, ob das Ver- 13
zeichnis formell ordnungsgemäß erstellt ist. Ob das Verzeichnis auch mit der Wirklichkeit übereinstimmt, überprüft das Gericht nur, wenn in dieser Hinsicht erhebliche Zweifel bestehen.[22] Zu
den Befugnissen des FamG siehe ferner § 1802 Abs. 3 (dazu Rn. 14). Kommt das FamG seiner
Überwachungsfunktion unzureichend nach und entsteht dadurch dem Mündel ein Schaden, so
können die Voraussetzungen der Staatshaftung (Art. 34 GG, § 839 BGB) gegeben sein.[23]

3. Anordnung der Verzeichniserstellung durch Dritte (Abs. 3). Ist das eingereichte 14
Verzeichnis ungenügend, so kann das FamG unter anderem (Rn. 12) anordnen, dass das Verzeichnis
durch eine zuständige Behörde oder einen zuständigen Beamten oder Notar aufgenommen wird.
Auch für diese Zuziehung trägt der Mündel die Kosten (für den Notar: § 52 KostO);[24] ist jedoch
eine Pflichtwidrigkeit des Vormunds Grund der Zuziehung, so haftet der Vormund dem Mündel
für den durch den Mehraufwand entstehenden Schaden gemäß § 1833.[25] Die Anordnung nach
§ 1802 Abs. 3 kommt auch in Betracht, wenn der Vormund pflichtwidrig überhaupt kein Verzeichnis
einreicht,[26] wenn das Vermögensverzeichnis formal in Ordnung ist, aber erhebliche Zweifel an
seiner inhaltlichen Richtigkeit bestehen oder wenn spätere Vermögensvorgänge entgegen der Pflicht
des § 1802 Abs. 1 S. 1 nicht verzeichnet werden. Die zuständige Behörde bestimmt sich nach Landesrecht (vgl. § 61 Abs. 1 Nr. 2 BeurkG). Ist das Jugendamt als Amtsvormund oder Amtspfleger
tätig, so findet § 1802 Abs. 3 keine Anwendung (§ 56 Abs. 2 SGB VIII).

---

[17] *Staudinger/Engler* Rn. 33.
[18] *Staudinger/Engler* Rn. 26; aA *Soergel/Zimmermann* Rn. 1.
[19] So mit Recht *Soergel/Zimmermann* Rn. 2.
[20] In diesem Sinne auch *Soergel/Zimmermann* Rn. 5; *Staudinger/Engler* Rn. 37.
[21] RGZ 88, 264.
[22] LG Berlin JR 1955, 261.
[23] Vgl. RG Gruchot 60 (1916), 1018.
[24] *Soergel/Zimmermann* Rn. 5; *Dölle* § 126 II 1 g.
[25] *Soergel/Zimmermann* Rn. 5.
[26] *Staudinger/Engler* Rn. 36; *Soergel/Zimmermann* Rn. 2.

IV. Parallelvorschriften

15 Die Vorschrift findet gemäß § 1915 Abs. 1 auf die Pflegschaft und gemäß § 1908i Abs. 1 S. 1 auf die Betreuung entsprechende Anwendung.

§ 1803 Vermögensverwaltung bei Erbschaft oder Schenkung

(1) Was der Mündel von Todes wegen erwirbt oder was ihm unter Lebenden von einem Dritten unentgeltlich zugewendet wird, hat der Vormund nach den Anordnungen des Erblassers oder des Dritten zu verwalten, wenn die Anordnungen von dem Erblasser durch letztwillige Verfügung, von dem Dritten bei der Zuwendung getroffen worden sind.

(2) Der Vormund darf mit Genehmigung des Familiengerichts von den Anordnungen abweichen, wenn ihre Befolgung das Interesse des Mündels gefährden würde.

(3) ¹Zu einer Abweichung von den Anordnungen, die ein Dritter bei einer Zuwendung unter Lebenden getroffen hat, ist, solange er lebt, seine Zustimmung erforderlich und genügend. ²Die Zustimmung des Dritten kann durch das Familiengericht ersetzt werden, wenn der Dritte zur Abgabe einer Erklärung dauernd außerstande oder sein Aufenthalt dauernd unbekannt ist.

I. Normzweck

1 Wer zugunsten des Mündels unentgeltlich verfügt oder ihm von Todes wegen etwas hinterlässt, soll einen gewissen Einfluss auf die Verwaltung des zugewendeten Vermögens nehmen können (vgl. auch §§ 1638, 1639 in Bezug auf die elterliche Sorge). Der Zuwendende kann gemäß § 1909 Abs. 1 S. 2 sogar bestimmen, dass der Vormund das zugewendete Vermögen überhaupt nicht verwalten soll, so dass ein Ergänzungspfleger zu bestellen ist. Er kann sich aber auch damit begnügen, gemäß § 1803 dem Vormund **bindende Anordnungen für die Vermögensverwaltung** vorzugeben. Um der Rechtsklarheit willen und zum Schutze des Mündels präzisiert § 1803 Voraussetzungen und Grenzen solcher Anordnungen.

II. Zu den Anordnungen im Einzelnen

2 **1. Erwerb von Todes wegen, unentgeltliche Zuwendung als Voraussetzung.** Eine wirksame Anordnung setzt voraus, dass sie sich auf einen Erwerb von Todes wegen (Erbschaft, Vermächtnis) oder auf eine unentgeltliche Zuwendung wie Schenkung und Ausstattung (§ 1624) bezieht. Bei Erwerb von Todes wegen ist nicht unbedingt erforderlich, dass er auf einer Verfügung des Dritten beruht (zB gesetzliche Erbfolge, Pflichtteilsanspruch), sofern nur der Dritte spätestens bis zu seinem Tode die Verwaltungsanordnung durch letztwillige Verfügung getroffen hat.[1]

3 **2. Zeitpunkt der Anordnung.** Die Anordnung muss bei Zuwendung unter Lebenden schon mit der Zuwendung selbst getroffen werden, nicht später; sie bedarf in diesen Fällen keiner Form, muss aber bei der Zuwendung klar zum Ausdruck kommen.[2] Bei Erwerb von Todes wegen bedarf die Anordnung einer letztwilligen Verfügung, die nicht unbedingt zusammen mit der den Erwerb begründenden Verfügung vorgenommen sein muss; es genügt, wenn die Anordnung vor dem Eintritt des Erwerbs von Todes wegen – der auch auf Gesetz beruhen kann – getroffen wurde.

4 **3. Grenzen möglicher Beschränkungen und Befreiungen.** Die Anordnungen können den Vormund in der Vermögensverwaltung gegenüber den gesetzlichen Vorschriften weiter beschränken (zB die Hinterlegungspflichten erweitern) oder aber ihn von gewissen gesetzlichen Beschränkungen befreien, so etwa von den Vorschriften der §§ 1807 ff., 1814 ff. über die Anlegung von Mündelgeld und die Hinterlegung von Inhaberpapieren dispensieren. Die gesetzlichen Schranken der Vertretungsmacht des Vormunds (etwa nach § 1795) können hingegen durch eine Verwaltungsanordnung des Dritten nicht verändert werden, insbesondere kann der Kreis der genehmi-

---

[1] *Bamberger/Roth/Bettin* Rn. 2. Vgl. zur Parallelproblematik bei § 1638: BayObLG FamRZ 1964, 522; OLG Hamm FamRZ 1969, 662.

[2] Dies gegen die Auffassung von *Soergel/Zimmermann* Rn. 2, eine Anordnung könne auch „stillschweigend" erfolgen.

Vermögensverwaltung bei Erbschaft oder Schenkung 5–10 § 1803

gungsbedürftigen Geschäfte nach §§ 1821 ff. weder erweitert noch beschränkt werden.[3] Auch kann die Anordnung des Dritten die Überwachungsfunkionen des FamG nicht grundsätzlich schmälern.

4. Erstreckung auf Surrogate. Die Anordnung umfasst auch die Surrogate; insoweit ist 5
§ 1638 Abs. 2 entsprechend anzuwenden.

5. Wirkungen. a) Keine Beschränkung des Mündels. Die Anordnungen des Erblassers 6
beschränken nur den Vormund. Nicht durch die Anordnungen beschränkt wird dagegen der Mündel; sie werden deshalb mit der Volljährigkeit des geschäftsfähigen Mündels wirkungslos.[4] Dem Mündel gegenüber bedeutet eine solche Anordnung infolgedessen keine Beschränkung oder Beschwerung im Sinne des § 2306, ebenso, soweit es um eine Schenkung geht, keine Auflage im Sinne des § 525. Ist eine Beschränkung des Mündels selbst gewollt, so ist § 1803 unanwendbar.[5]

b) Geltung für Vereins- oder Amtsvormund. Die Anordnungen gelten auch für einen 7
Vereins- oder Amtsvormund; das Jugendamt kann als Amtsvormund allerdings unter den Voraussetzungen des § 1803 Abs. 2 von den Anordnungen abweichen, ohne dafür die Genehmigung des FamG einholen zu müssen (§ 56 Abs. 2 S. 2 SGB VIII).

III. Statthafte Abweichungen von den Anordnungen

1. Grundsatz. Abs. 2, 3 eröffnet die Möglichkeit, von den Anordnungen des Zuwendenden 8
mit Genehmigung des FamG abzuweichen. Maßgebend ist die Erwägung, dass die wirtschaftliche Entwicklung vielfach mittelfristig nicht verlässlich abschätzbar ist, zusätzliche Verwaltungsbeschränkungen für den Vormund deshalb oft lästige Fesseln für eine vernünftige Verwaltung des Mündelvermögens bilden. Zu Lebzeiten des Zuwendenden ist es freilich grundsätzlich allein dessen Sache, veränderten wirtschaftlichen Verhältnissen durch – jederzeit mögliche – Modifikationen seiner Anordnungen Rechnung zu tragen und damit die Nützlichkeit seiner Zuwendung für den Mündel zu optimieren (Abs. 3 S. 1); eine Ausnahme gilt lediglich für den Fall der Erklärungsunfähigkeit oder bei unbekanntem Aufenthalt des Zuwendenden (Abs. 3 S. 2). Mit dem Tod des Zuwendenden tritt an seine Stelle die Genehmigung des FamG (Abs. 2). Im Einzelnen gilt:

2. Abweichung zu Lebzeiten des Zuwendenden (Abs. 3). Hat jemand dem Mündel 9
unter Lebenden etwas zugewendet und dabei eine Anordnung getroffen, so bestimmt im Prinzip er allein, solange er lebt, ob der Vormund von seiner Anordnung abweichen darf oder nicht. Seine Zustimmung zu einer Abweichung kann durch das FamG nur dann ersetzt werden, wenn er zur Abgabe einer Erklärung dauernd außerstande oder sein Aufenthalt dauernd unbekannt ist (Abs. 3 S. 2). Darauf, ob die Anordnung das Mündelinteresse gefährdet oder nicht, kommt es bei alldem nicht an. Die Zustimmung des Zuwenders kann außer im Fall des Abs. 3 S. 2 also auch dann nicht ersetzt werden, wenn seine Anordnung den Wert seiner Zuwendung bedroht.

3. Abweichung nach Tod des Zuwendenden (Abs. 2). Bei Erwerb von Todes wegen, 10
ferner bei Zuwendung unter Lebenden vom Tod des Zuwendenden an kann das FamG dem Vormund die Abweichung von Anordnungen genehmigen, wenn ihre Befolgung das Interesse des Mündels gefährden würde. Eine solche Interessengefährdung liegt nicht schon bei Unzweckmäßigkeit der Anordnung vor.[6] Auch der bloße Umstand, dass durch die Anordnung nicht das höchstmögliche Maß an Gewinn erreicht werden kann, genügt für die Abweichung für sich gesehen nicht.[7] Vielmehr ist zu fragen, ob die Befolgung der Anordnung aufs Ganze gesehen den Vormund hindert, die Ziele einer vernünftigen Vermögensverwaltung (insbesondere die Verbindung von Werterhaltung und Ertrag) mit geeigneten Mitteln zu verfolgen; ist dies nicht auf einem Mindestniveau möglich, so sind die Vermögensinteressen des Mündels gefährdet. Die Genehmigung der Abweichung durch das FamG vermindert das Haftungsrisiko des Vormunds.[8] Will das Jugendamt als Amtsvormund oder Amtspfleger von den Anordnungen gemäß § 1803 Abs. 2 abweichen, so bedarf es nicht der Genehmigung des FamG (§ 56 Abs. 2 S. 2 SGB VIII).

---

[3] KG KGJ 40, 227; OLG Hamburg OLGE 16, 247.
[4] Soergel/Zimmermann Rn. 7.
[5] KG KGJ 35, 26.
[6] RG SeuffA 60 Nr. 194; aA Erman/Saar Rn. 4, der bei Zweckmäßigkeitsfragen differenzieren will. Vgl. auch LG München Rpfleger 2002, 365, aufgehoben durch BayObLG FamRZ 2003, 479 (dort 483: keine Anordnung).
[7] Die Frage wird unter dem mE zu engen Gesichtspunkt erörtert, ob durch die Anordnung „sichere" oder „wahrscheinliche", „kleinere" oder „größere" Gewinne entgehen. So zB für die Statthaftigkeit der Abweichung bei „dem sicheren Entgang kleinerer Gewinne" Soergel/Zimmermann Rn. 5; anders KG KGJ 35, 29; RG SeuffA 60 Nr. 194.
[8] Vgl. RG SeuffA 60, 368.

IV. Rechtsfolgen unstatthafter Abweichungen

11 Unstatthafte Abweichungen des Vormunds von den Anordnungen des Dritten haben keine Unwirksamkeit des Rechtsgeschäfts zur Folge. Das FamG hat aber nach § 1837 Abs. 2 bis 4 einzuschreiten; dem Mündel haftet der Vormund aus § 1833, hingegen ergibt sich gegenüber dem Zuwendenden keine Haftung. Dieser ist indes gem. § 59 Abs. 1, § 60 FamFG beschwerdeberechtigt, wenn das FamG das Eingreifen ablehnt.

V. Parallelvorschriften

12 Die Vorschrift findet auf die Pflegschaft entsprechende Anwendung (§ 1915 Abs. 1). Sie gilt auch im Rahmen des Betreuungsrechts (§ 1908i Abs. 1 S. 1).

§ 1804 Schenkungen des Vormunds

¹ Der Vormund kann nicht in Vertretung des Mündels Schenkungen machen. ² Ausgenommen sind Schenkungen, durch die einer sittlichen Pflicht oder einer auf den Anstand zu nehmenden Rücksicht entsprochen wird.

I. Normzweck

1 Wie den Eltern (§ 1641) ist es auch dem Vormund untersagt, Schenkungen im Namen des Mündels zu machen (S. 1). Ausgenommen sind die sogenannten Pflicht- und Anstandsschenkungen (S. 2). Die Verfassungsmäßigkeit der Vorschrift wird zT bezweifelt: Die Rechtsfolge der unheilbaren Nichtigkeit verstoße gegen das Übermaßverbot; im Wege verfassungskonformer Lückenfüllung soll eine gerichtliche Genehmigung analog § 1822 erforderlich sein.[1]

II. Das Schenkungsverbot

2 **1. Beschränkung der gesetzlichen Vertretungsmacht. a) Eigenes Vertreterhandeln, Zustimmung zu Schenkungen des Mündels.** Dem Vormund sind durch die Vorschrift nicht nur Schenkungen im Namen des Mündels verboten; § 1804 untersagt dem Vormund auch, einer Schenkung zuzustimmen, die der in der Geschäftsfähigkeit beschränkte Mündel selbst vornehmen will oder vorgenommen hat (§ 108). Eine solche Schenkung kann auch vom Mündel selbst nach Erlangung der vollen Geschäftsfähigkeit nicht genehmigt (wohl aber dann neu vorgenommen) werden (vgl. Rn. 12).[2] Auch der Mündel selbst kann also (mit Zustimmung des Vormunds) nur Pflicht- und Anstandsschenkungen tätigen.

3 **b) Schenkung des Vormunds im eigenen Namen.** Macht der Vormund Schenkungen aus dem Mündelvermögen im eigenen Namen (zB indem er dem Beschenkten vorspiegelt, aus eigenem Vermögen zuzuwenden), so ist § 1804 nicht anzuwenden. Auf die Zuwendungsverfügung kommen in diesem Falle die Regeln über den Erwerb von Nichtberechtigten und, gegebenenfalls, § 816 Abs. 1 S. 2 zum Zuge; auch haftet der Vormund bei derartigen Schenkungen nach § 1833.[3]

4 **2. Schenkungen. a) Handschenkung, Schenkungsversprechen.** Von § 1804 erfasst sind sowohl Handschenkungen (§ 516) als auch Schenkungsversprechen (§ 518). Bei Handschenkungen greift § 1804, wenn der Vormund in einer für den Beschenkten erkennbaren Weise als Vertreter des Mündels handelt; dafür genügt es, wenn der Beschenkte weiß oder nach den Umständen erkennen muss, dass die Zuwendung aus dem Mündelvermögen erfolgt.

5 **b) Schenkungsbegriff.** Zum Schenkungsbegriff siehe Erl. zu § 516. Im Überblick:

6 **aa) Zuwendung eines Vermögensvorteils.** Das bloße Unterlassen eines Vermögenserwerbs ist, weil nicht **Zuwendung eines Vermögensvorteils,** keine Schenkung, ebenso nicht die Erfüllung einer schon vor der Bestellung des Vormunds wirksam begründeten Schenkungsverbindlich-

---
[1] Canaris JZ 1987, 993, 998.
[2] OLG Stuttgart FamRZ 1969, 39, 40.
[3] Auf Schenkungen durch Bevollmächtigte, die nicht Vormund (oder mit der Vermögenssorge betraute Betreuer oder Pfleger) sind, ist § 1804 von vornherein unanwendbar: BayObLG FamRZ 2004, 1229.

keit.[4] Die in § 517 genannten Geschäfte sind kraft dieser Fiktion nicht Schenkung und werden deshalb auch von § 1804 nicht erfasst.

bb) Vereinbarung über Unentgeltlichkeit. Die erforderliche Vereinbarung über die **Unentgeltlichkeit** fehlt bei Geldzuwendungen, die dem Zuwendungsempfänger Besuche des Mündels finanziell ermöglichen sollen; hier liegt eine Zweckabsprache nach § 812 Abs. 1 S. 2 Alt. 2 vor.[5] Anders, wenn der Vormund oder Mündel die Bezugsberechtigung an einer Lebensversicherung des Mündels zugunsten eines Dritten ändert: Die Tatsache allein, dass diese Zuwendung im Hinblick auf die Betreuungs- oder Pflegetätigkeit des Bedachten erfolgt, nimmt ihr nicht ohne weiteres den Charakter der Unentgeltlichkeit.[6] Als (verbotene) Schenkung ist grundsätzlich auch die unentgeltliche Aufhebung oder Minderung eines subjektiven Rechts (Erlass, Rechtsverzicht) oder der Verzicht auf seine Ausübung zugunsten eines anderen zu betrachten, soweit die sonstigen Voraussetzungen einer Schenkung (insbesondere Einigsein nach § 516 Abs. 1 oder Versprechen nach § 518) vorliegen.[7] Daran fehlt es bei Vergleichen über bestrittene oder in ihrer Realisierbarkeit unsichere Rechte.[8] Der Charakter einer Zuwendung als vorweggenommene Erbfolge hindert die Annahme einer nach § 1804 verbotenen Schenkung nicht;[9] allenfalls kann eine gemischte Schenkung vorliegen (dazu Rn. 8). Bei Verfügungen in Ansehung von Sicherungsrechten ist zu unterscheiden: Die Aufhebung oder Minderung einer Sicherung kann ebenso wie die Einräumung eines Vorrangs unentgeltlich und damit Schenkung sein;[10] nicht aber die Bestellung einer Sicherheit für eine bestehende Mündelschuld.[11] Wird eine Schenkung als entgeltliches Geschäft getarnt, so gelten §§ 117 Abs. 2, 1804.

cc) Gemischte Schenkungen. Vom § 1804 erfasst sind auch **gemischte Schenkungen**; im Zweifel (§ 139) ist hier das gesamte Geschäft unwirksam. Auch Übertragungsverträge im Wege vorweggenommener Erbfolge können deshalb unter § 1804 fallen,[12] wenn die Verpflichtungen der Empfänger wesentlich hinter dem Wert des übertragenen Vermögens zurückbleiben; jedoch ist dann zu prüfen, ob die Ausnahmevorschrift des § 1804 S. 2 eingreift.[13] Hofübergabeverträge, die ein Betreuer für den Betreuten mit dessen Kind schließt,[14] können sich als Ausstattung darstellen, die nach § 1908 iVm. § 1624 nicht dem Verbot des § 1804 unterfällt. Ebenso unterliegt eine lediglich klarstellende Neubeurkundung einer unentgeltlichen Grundstücksübertragung nicht dem § 1804, wenn das vorausgegangene Grundstücksübertragungsgeschäft an einem dessen Wirksamkeit nicht beeinträchtigenden Mangel (Falschbezeichnung des Grundstücks) litt.[15]

c) Kein Ausschluss genehmigungspflichtiger Rechtsgeschäfte. Falsch wäre es, Rechtsgeschäfte deshalb aus dem Anwendungsbereich des § 1804 herauszunehmen, weil sie nach §§ 1821, 1822 oder sonstigen Vorschriften ihrer Art nach der Genehmigung des FamG bedürfen. Vielmehr sind – gerade umgekehrt – dem § 1804 unterfallende Rechtsgeschäfte, weil nichtig, nicht nach Maßgabe der §§ 1821, 1822 genehmigungsfähig.[16] Daraus folgt für Geschäfte der in § 1822 Nr. 2, 13, § 2347 genannten Art: Die Ausschlagung der Erbschaft oder eines Vermächtnisses, der Pflichtteilsverzicht (§ 1822 Nr. 2) und der Erbverzicht (§§ 2346, 2347) sind kraft der Sonderbestimmung des § 517 keine Schenkungen. Aus diesem Grunde (und nicht im Hinblick auf ihre Genehmigungsbedürftigkeit!) unterliegen sie nicht dem § 1804. Hingegen greift § 1804 ein, wenn im Namen des Mündels ein Erlassvertrag über einen bereits entstandenen Pflichtteilsanspruch („Verzicht" iS des § 1822 Nr. 2) abgeschlossen werden soll (s. § 517 Rn. 4). Bei Rechtsgeschäften der in § 1822 Nr. 13

---

[4] *Eckstein* AcP 107 (1911), 410.
[5] Nähme man gleichwohl eine Schenkung an, so griffe § 1804 S. 2 ein, vgl. BayObLG Rpfleger 1987, 22, 23 (für den Bereich des Pflegschaftsrechts).
[6] OLG Hamm FamRZ 1985, 206, 207. Vgl. aber BayObLG NJW-RR 2003, 4: Schenkung allenfalls im Valutaverhältnis zwischen Betreutem und Drittbegünstigtem.
[7] Abzulehnen ist die Auffassung bei *Soergel/Damrau* (12. Aufl.) Rn. 1, „Verzichte" fielen grundsätzlich nicht unter § 1804.
[8] Vgl. RG Recht 1920 Nr. 685 (Abgeltung bestrittener Erbschaftsansprüche).
[9] BayObLG FamRZ 1996, 1359.
[10] RGZ 48, 133, 136.
[11] AA *Soergel/Zimmermann* Rn. 1.
[12] BayObLG FamRZ 1996, 1359; vgl. auch OLG Frankfurt FamRZ 2008, 544.
[13] OLG Hamm FamRZ 1987, 751; zum Ganzen *Böhmer* MittBayNot 1996, 405.
[14] OLG Stuttgart FamRZ 2005, 62; LG Traunstein MittBayNot 2005, 231, beide mit Anm. *Böhmer* MittBayNot 2005, 232. Vgl. auch BayObLG Rpfleger 2003, 649.
[15] OLG Frankfurt FamRZ 2008, 209 (der spätere Betreute selbst hatte das vorausgegangene unentgeltliche Grundstücksgeschäft wirksam getätigt, der spätere Betreuer an dessen klarstellender Neubeurkundung mitgewirkt).
[16] BayObLG FamRZ 1996, 1359, 1360.

genannten Art kann, muss aber nicht Schenkung vorliegen. Soweit die Voraussetzungen einer Schenkung gegeben sind, gilt § 1804, zB bei Aufhebung oder Minderung einer Sicherheit ohne Gegenleistung.[17] Auch im Übrigen entfällt § 1804 nicht schon dadurch, dass das betreffende Geschäft überdies, wäre es keine Schenkung, genehmigungsbedürftig wäre. So kann die Übernahme einer fremden Verbindlichkeit (§ 1822 Nr. 10) Schenkung und in diesem Falle gänzlich untersagt sein.

10 **d) Schenkungen aus Gesamthandsvermögen.** Auch die Zustimmung des Mündels zu einer Schenkung aus einem Gesamthandsvermögen, an dem er beteiligt ist (siehe §§ 1425, 2040) wird vom Verbot des § 1804 erfasst – so wenn eine Schenkung durch den vertretungsberechtigten Gesellschafter einer OHG, KG oder BGB-Gesellschaft erfolgt, an welcher der Mündel beteiligt ist.[18] Gleiches gilt für die Zustimmung zur Schenkung eines Testamentsvollstreckers (§ 2205).

III. Wirkung des Schenkungsverbots

11 **1. Nichtigkeit.** Die entgegen § 1804 vom Vormund oder vom Mündel mit Zustimmung des Vormunds vorgenommene Schenkung ist schlechthin nichtig, selbst wenn das Geschäft vom FamG genehmigt wurde.[19] Bei der Handschenkung (§ 516) ist sowohl das schuldrechtliche Geschäft als auch die zum Zwecke der Zuwendung getätigte Verfügung unwirksam. Folglich kann der Mündel geschenkte Sachen gemäß § 985 (zudem aus § 812 Abs. 1) vom Beschenkten herausverlangen. Ein Vertrauen des Beschenkten auf das Bestehen einer die Schenkung umfassenden Vertretungsmacht des Vormunds wird nicht geschützt (keine Anwendung des § 932).

12 **2. Keine Genehmigung durch den Mündel, Haftung.** Hat der Vormund oder der Mündel mit Zustimmung des Vormunds eine nach § 1804 S. 1 unwirksame Schenkung vorgenommen, so kann diese vom volljährig gewordenen Mündel nicht rückwirkend genehmigt werden. Hier ist Neuvornahme notwendig; § 177 ist bei Verstoß gegen § 1804 nicht anzuwenden. Der Vormund haftet dem Mündel nach § 1833.

IV. Pflicht- und Anstandsschenkungen

13 Vom Schenkungsverbot ausgenommen sind Schenkungen, durch die einer sittlichen Pflicht oder einer auf den Anstand zu nehmenden Rücksicht entsprochen wird (vgl. auch § 1641 S. 2, § 2205 S. 2, § 1375 Abs. 2 Nr. 1). Zum Begriff der Pflicht- und Anstandsschenkungen siehe Erl. zu § 534; im Hinblick auf die einheitliche Wahl der Begriffe in § 1804 und § 534 ist eine restriktive Auslegung am Platz.[20] Pflichtschenkungen kommen hauptsächlich in Fällen in Betracht, in denen ein naher Verwandter oder sonst Angehöriger des Mündels in Not geraten ist und vom Mündel ohne Gefährdung seiner eigenen Belange unterstützt werden kann. Einer sittlichen Pflicht kann auch die Verwirklichung sozialer Ziele dienen, zB Linderung der Wohnungsnot[21] oder Aufrechterhaltung des Familienfriedens.[22] Auch eine unentgeltliche Zuwendung, die für sich betrachtet einen verhältnismäßig hohen Geldwert darstellt, kann im Einzelfall noch als Anstandsschenkung eingestuft werden, wenn dadurch der Lebensstand des Mündels überhaupt nicht oder sein Vermögen nicht nennenswert berührt wird.[23] Regelmäßig wird eine Pflichtschenkung aber nur in Betracht kommen, wenn und soweit sie nach den im sozialen Umfeld des Mündels geltenden Anschauungen nicht unterbleiben könnte, ohne dass der Schenkende eine Einbuße an Achtung erlitte.[24] Zu weit geht deshalb die Formulierung, ein Rechtsgeschäft, das unter Berücksichtigung aller materiellen und immateriellen Interessen des Pflegebefohlenen (Mündels) für diesen vorteilhaft sei, entspreche zugleich einer sittlichen Pflicht;[25] auch die auf eine verfassungskonforme Auslegung gestützte Forderung, für die

---

[17] KG JFG 16, 88 = JW 1937, 2597.
[18] RGZ 125, 380.
[19] BayObLG OLGE 32, 19; BayObLG Rpfleger 1988, 22; OLG Hamm FamRZ 1985, 206, 207; *Palandt/Diederichsen* Rn. 1; *Staudinger/Engler* Rn. 20; *Soergel/Zimmermann* Rn. 2; *Dölle* § 124 II 1.
[20] Nach BayObLG FamRZ 1996, 1359, 1360 ist § 1804 S. 2 auch auf vorweggenommene Erbfolge nicht ohne weiteres anwendbar: Niemand ist gehalten, zu seinen Lebzeiten auf künftige Erben unentgeltlich Vermögen zu übertragen.
[21] BayObLGZ 22, 249.
[22] KG JFG 13, 187.
[23] So BayObLG FamRZ 1999, 47 (zum Betreuungsrecht); ebenso BayObLG Rpfleger 1987, 22, 23 für den Bereich des Pflegschaftsrechts, wenn der einzigen Verwandten durch die Zuwendung ermöglicht wird, den hochbetagten Pflegling regelmäßig zu besuchen.
[24] BayObLG FamRZ 1999, 47; vgl. zur Abgrenzung auch OLG Brandenburg 4 U 192/04 (juris).
[25] OLG Hamm FamRZ 1987, 751 (für den Bereich des Pflegschaftsrechts). Kritisch dazu auch OLG Frankfurt FamRZ 2008, 542, 544.

Annahme einer sittlichen Pflicht sei auf den Willen des Mündels (Betreuten) Rücksicht zu nehmen,[26] lässt sich dem Wortlaut und Sinn des § 1804 S. 2 schwerlich integrieren. Liegen die Voraussetzungen einer Pflicht- oder Anstandsschenkung vor, so bedarf das Geschäft – soweit nicht ein spezieller Genehmigungsvorbehalt im Hinblick auf den besonderen Geschäftstyp eingreift – keiner familiengerichtlichen Genehmigung.[27] Der Antrag auf Erteilung der Genehmigung ist folglich unstatthaft und kann auch nicht mit dem Ziel gestellt werden, die Voraussetzungen des § 1804 S. 2 durch das FamG überprüfen zu lassen.

V. Parallelvorschriften

Die Vorschrift findet auf die Pflegschaft entsprechende Anwendung (§ 1915 Abs. 1). Sie gilt auch **14** im Rahmen des Betreuungsrechts. Hier wird sie aber durch eine Regelung ergänzt, die den Betreuer über Pflicht- und Anstandsschenkungen hinaus zu bestimmten Gelegenheitsgeschenken ermächtigt (§ 1908i Abs. 2 S. 1). Außerdem ist das Schenkungsverbot hier durch die Möglichkeit des Betreuers eingeschränkt, einem Kind des Betreuten eine Ausstattung zuzuwenden (§ 1908 iVm. § 1624; siehe auch Rn. 8).

§ 1805 Verwendung für den Vormund

¹ Der Vormund darf Vermögen des Mündels weder für sich noch für den Gegenvormund verwenden. ² Ist das Jugendamt Vormund oder Gegenvormund, so ist die Anlegung von Mündelgeld gemäß § 1807 auch bei der Körperschaft zulässig, bei der das Jugendamt errichtet ist.

I. Normzweck

1. Verbot der Eigenverwendung des Mündelvermögens. S. 1 verbietet die Verwendung **1** von Mündelvermögen für Vormund oder Gegenvormund unabhängig davon, ob diese für den Mündel vorteilhaft ist oder nicht. Daraus folgt, dass der Vormund das Mündelvermögen streng von seinem eigenen Vermögen und dem des Gegenvormunds zu trennen hat.

2. Ausnahme des S. 2. S. 2 lässt hinsichtlich der Anlegung von Mündelgeld eine Ausnahme **2** zugunsten derjenigen Körperschaft zu, bei der das als Amtsvormund fungierende Jugendamt errichtet ist. Die Vorschrift wird ergänzt durch § 56 Abs. 3 SGB VIII.

II. Reichweite des Verwendungsverbots

1. Begriff der Verwendung. Eine nach § 1805 S. 1 verbotene Verwendung von Mündelver- **3** mögen liegt in jeder rechtlichen oder faktischen Überführung von Gegenständen des Mündelvermögens in das Vermögen des Vormunds oder Gegenvormunds, folglich zB im Verbrauch oder Gebrauch von Sachen, die dem Mündel gehören, für Eigenzwecke des Vormunds oder in der Einzahlung von Mündelgeld auf ein auf den Namen des Vormunds errichtetes Konto – dies auch dann, wenn dieses Konto treuhänderisch für den Mündel geführt werden soll;[1] zur Frage, ob der Vormund die nach § 1806 HS. 2 zur Ausgabenbestreitung dienenden Gelder auf einem Anderkonto bereithalten darf, s. § 1806 Rn. 16. Darauf, ob eine Gegenleistung für die Verwendung vorgesehen ist oder ob sonst die Verwendung für den Mündel Vorteile bringt, kommt es nicht an. Verboten ist daher auch die verzinsliche Inanspruchnahme von Mündelvermögen durch Vormund oder Gegenvormund (beachte aber § 1805 S. 2). § 1805 S. 1 erfordert eine strikte Trennung des Mündelvermögens vom Vermögen des Vormunds oder Gegenvormunds; schon die Verunklarung der Vermögenssphären bedeutet einen Verstoß gegen die Vorschrift.

2. Verwendung für Gemeinschaft und Gesellschaft. Unzulässig ist auch die Verwendung **4** von Mündelvermögen für eine Gemeinschaft oder Personengesellschaft, an welcher der Vormund

---

[26] OLG Karlsruhe BtPrax 2000, 177; vgl. auch *Holzhauer* FamRZ 2000, 1063.
[27] BayObLGZ 15, 573; BayObLG Rpfleger 1988, 22.
[1] *Soergel/Zimmermann* Rn. 3. Modifizierend aber OLG Rostock FamRZ 2005, 1588: Gemeinsames Girokonto von Vormund und Mündel möglich, wenn Mündel nur geringfügige Rente erhält; zustimmend *Bienwald* FamRZ 2005, 1589. Vgl. auch OLG Köln FamRZ 1997, 899: Kein Sammel- (Treuhand-) Konto für mehrere Betreute.

oder Gegenvormund beteiligt ist;[2] eine Investition in Kapitalgesellschaften (GmbH, AG), an denen auch der Vormund oder Gegenvormund beteiligt ist, wird – mangels personalen Bezugs – durch § 1805 nicht gehindert,[3] unterliegt aber den Beschränkungen der §§ 1806 ff. Ohne weiteres kann der Vormund an der Leitung des Erwerbsgeschäfts des Mündels, zB als Prokurist, beteiligt sein.[4]

5   **3. Nutzung der Arbeitskraft des Mündels.** Nicht zum Mündelvermögen im Sinne des § 1805 gehört die Arbeitskraft des Mündels. Vielmehr folgt aus der Verweisung des § 1793 S. 3 auf § 1619 eine Pflicht des Mündels zur unentgeltlichen Mitarbeit im Hauswesen und Geschäft des Vormunds, wenn der Mündel längerfristig in den Haushalt des Vormunds aufgenommen ist. Im Umkehrschluss ist eine von dieser Voraussetzung losgelöste Heranziehung des Mündels zur unentgeltlichen Arbeitsleistung für Vormund oder Gegenvormund verboten;[5] einer – problematischen – Analogie zu § 1805 bedarf es dazu nicht.[6] Unberührt bleibt die Möglichkeit, den Mündel entgeltlich im Erwerbsbereich des Vormunds oder Gegenvormunds zu beschäftigen;[7] für den Abschluss von Ausbildungs- oder Arbeitsverträgen zwischen Vormund und Mündel ist gemäß § 1795 Abs. 2, § 181 Pflegerbestellung nötig.

III. Rechtsfolgen bei Verstößen

6   Ausnahmen von § 1805 sind, abgesehen vom Fall des S. 2, nicht vorgesehen. Auch das FamG kann keine Befreiungen vom Verwendungsverbot erteilen. Ein entgegen § 1805 vorgenommenes Rechtsgeschäft ist wegen Verstoßes gegen diese Vorschrift allein **nicht unwirksam;**[8] doch können andere Unwirksamkeitsgründe gegeben sein (§ 181, § 1795, Verfügung des Nichtberechtigten etc.). Der Vormund haftet nach § 1833. Verwendetes Geld hat er gemäß § 1834 zu verzinsen. Das FamG hat gegen unerlaubte Verwendung nach §§ 1837 Abs. 2 bis 4, 1886 einzuschreiten.

IV. Anlage von Mündelgeld durch den Amtsvormund

7   Gemäß § 1805 S. 2 kann das Jugendamt als Vormund oder Gegenvormund Mündelgeld nach näherer Maßgabe des § 1807 auch bei der Körperschaft anlegen, bei der das Jugendamt errichtet ist, etwa bei einer kommunalen Sparkasse. Den gleichen Sinn hat die Aussage des § 56 Abs. 3 S. 2 SGB VIII, wonach für das Jugendamt als Amtsvormund oder Amtspfleger die Anlegung von Mündelgeld auch bei der Körperschaft zulässig ist, „die das Jugendamt errichtet hat". § 56 Abs. 3 S. 1 SGB VIII gewährt dem Jugendamt weitere Erleichterungen: Mündelgeld kann mit Genehmigung des FamG auf Sammelkonten des Jugendamts bereit gehalten und angelegt werden, wenn es den Interessen des Mündels dient und sofern die sichere Verwaltung, Trennbarkeit und Rechnungslegung des Geldes einschließlich der Zinsen jederzeit gewährleistet ist. Zuständig für die Genehmigung ist der Rechtspfleger (§ 3 Nr. 2 a, § 14 RPflG). Auf die Vereinsvormundschaft ist § 1805 S. 2 nicht entsprechend anwendbar.[9]

V. Parallelvorschriften

8   Die Vorschrift ist auf die Pflegschaft entsprechend anwendbar (§ 1915 Abs. 1). Sie findet ferner im Rahmen des Betreuungsrechts entsprechende Anwendung (§ 1908i Abs. 1 S. 1). Die Verweisung auf § 1805 S. 2 bedeutet, dass auch die Betreuungsbehörde als Betreuer Geld des Betreuten bei der Körperschaft anlegen darf, bei der sie errichtet ist. Für den Behördenbetreuer (§ 1897 Abs. 2 S. 2) gilt dies ohnehin, da er als Einzelperson zum Betreuer bestellt ist.

---

[2] RG JW 1917, 288 (für OHG); ebenso *Soergel/Zimmermann* Rn. 3; *Staudinger/Engler* Rn. 9; *Palandt/Diederichsen* Rn. 1.
[3] *Soergel/Zimmermann* Rn. 3.
[4] BayObLGZ 18, 53, 55.
[5] Im Ergebnis ebenso *Staudinger/Engler* Rn. 10. Vgl. auch *Soergel/Zimmermann* Rn. 2, der offenbar eine generelle Heranziehung des Mündels zu unentgeltlicher Arbeitsleistung, wenn erzieherisch motiviert, bejaht.
[6] Für eine solche Analogie aber RGRK/*Scheffler* (11. Aufl.) Anm. 2; *Dölle* § 126 II 6; *Erman/Saar* Rn. 2; *Bamberger/Roth/Bettin* Rn. 2.
[7] AA bei analoger Anwendung des § 1805, so konsequent RGRK/*Scheffler* (11. Aufl.) Anm. 2.
[8] RG JW 1917, 288; *Soergel/Zimmermann* Rn. 4; *Staudinger/Engler* Rn. 11; *Dölle* § 126 II 6; *Gernhuber/Coester-Waltjen* § 72 II 1; jurisPK/*Lafontaine* Rn. 25.
[9] *Soergel/Zimmermann* Rn. 6; *Staudinger/Engler* Rn. 14.

§ 1806 Anlegung von Mündelgeld

Der Vormund hat das zum Vermögen des Mündels gehörende Geld verzinslich anzulegen, soweit es nicht zur Bestreitung von Ausgaben bereitzuhalten ist.

Übersicht

	Rn.		Rn.
I. Normzweck	1–3	b) Keine „andere nutzbringende Verwendung"	8
1. Geldanlegung im Mündelinteresse	1	3. Zwingende Wirkung	9, 10
2. Entbindung des Vormunds durch das Familiengericht	2	a) Geltung auch für Amts- und Vereinsvormund	9
3. Keine Anwendung auf elterliche Sorge	3	b) Dispens durch das Familiengericht	9a
II. Pflicht zur verzinslichen Anlage von Mündelgeld	4–11	c) Rechtsfolgen bei Verstoß	10
		4. Prüfung des Familiengerichts	11
1. Das der Verpflichtung unterliegende Vermögen des Mündels	4–6	**III. Bereitzuhaltendes Geld**	12–16
a) Bar- und Buchgeld	4	1. Geld zur Bestreitung von Ausgaben	12
b) Keine Erstreckung auf drittverwaltetes Geld	5	2. Ausgabenbegriff und -höhe	13, 14
		a) Ermessensspielraum	13
c) Keine Pflicht zur Umwandlung anderer Vermögensgegenstände	6	b) Keine Ausgaben	14
2. Anlage gemäß §§ 1807 bis 1811	7, 8	3. Keine Genehmigungspflicht	15
		4. Anderkonto	16
a) Grundsatz	7	**IV. Parallelvorschriften**	17

I. Normzweck

1. Geldanlegung im Mündelinteresse. Die Vermögenssorge des Vormunds (§ 1793 S. 1) hat ausschließlich die Vermögensinteressen des Mündels zu wahren und zu fördern; eigennützige Interessen des Vormunds sind außer Betracht zu lassen. Zum Schutz des Mündels beschränkt sich das Gesetz nicht auf eine allgemeine Überwachung der vormundschaftlichen Vermögenssorge durch Gegenvormund (§ 1799) und FamG (§§ 1837 bis 1843), sondern schränkt die Vermögensverwaltung des Vormunds zudem durch spezielle Regelungen ein. Unter diesen bilden die Vorschriften über die Anlegung von Mündelgeld (§§ 1806 bis 1811) einen zusammengehörigen Komplex. § 1806 bildet die **Grundnorm** für die Anlage von Mündelgeld; auf ihr bauen die §§ 1807 bis 1811 auf, welche die Arten zulässiger Anlagen weiter einengen (insbesondere durch die Vorschrift des § 1807 – Mündelsicherheit – und § 1809 – Sperrvermerk –). 1

2. Entbindung des Vormunds durch das Familiengericht. Mit der Neufassung des § 1817 durch das BtÄndG ist dem FamG die Möglichkeit eröffnet, den Vormund auf seinen Antrag von den Vorgaben der §§ 1806 ff. über die Anlegung von Mündelgeld zu entbinden. Die Verpflichtung des Vormunds zur mündelsicheren Anlage von Mündelgeld wird durch diese Befreiungsmöglichkeit sachgerecht relativiert; die sich ergebenden Handlungsspielräume sind vom Vormund in sinngemäßer Anwendung des § 1642 „nach den Grundsätzen einer wirtschaftlichen Vermögensverwaltung" zu nutzen. 2

3. Keine Anwendung auf elterliche Sorge. Bis zur Sorgerechtsreform waren Eltern grundsätzlich denselben Anlegungsvorschriften unterworfen wie Vormünder; das SorgeRG hat indes die elterliche Vermögenssorge von den engen Fesseln der §§ 1806 bis 1807 befreit (siehe § 1642). 3

II. Pflicht zur verzinslichen Anlage von Mündelgeld

1. Das der Verpflichtung unterliegende Vermögen des Mündels. a) Bar- und Buchgeld. Geld, dh. Bargeld wie Buchgeld (Geld auf Girokonten),[1] das sich im Mündelvermögen befindet, ist der Vorschrift zufolge verzinslich, dh. in verzinslichen Rechten oder in Wertpapieren der in § 1807 Abs. 1 Nr. 4 genannten Art, anzulegen. Irrelevant ist der Zeitpunkt, in dem das Geld dem Mündelvermögen zugeflossen ist: § 1806 gilt deshalb für das bei Antritt des Vormundamts vorhandene Geld ebenso wie für später dem Mündelvermögen zufließende Geldmittel;[2] ein neuer 4

---

[1] Nicht also individuelle, auf Zahlung eines Geldbetrags gerichtete Forderungen, etwa aus Kauf oder Darlehen. Vgl. KG JFG 8, 53, 54; *Staudinger/Engler* Rn. 5; *Soergel/Zimmermann* Rn. 1.
[2] Vgl. OLG Düsseldorf JMBl. 1994, 20: Verpflichtung des Gerichts, sich, wenn es vom Eingang von Mündelgeldern erfährt, nach deren Verwendung zu erkundigen.

Vormund hat demzufolge auch dann nach § 1806 zu verfahren, wenn das Geld längst unter einem früheren Vormund hätte angelegt werden müssen. Gleichgültig ist die Herkunft des Geldes: Auch laufende Einkünfte, etwa aus Renten,[3] die nicht für den angemessenen Unterhalt des Mündels benötigt werden, sind verzinslich anzulegen.[4] Ebenso sind Ersparnisse aus solchen Einkünften, soweit sie ihrer Höhe nach den angemessenen Unterhalt des Mündels übersteigen, einer verzinslichen Anlage zuzuführen.[5] Zum Mündelgeld gehört auch dasjenige Geld, das sich in den Händen des Mündels befindet, zB Taschengeldersparnisse.[6]

5 **b) Keine Erstreckung auf drittverwaltetes Geld.** § 1806 erstreckt sich nicht auf das einer Drittverwaltung (zB Testamentsvollstreckung) unterliegende Geld (selbst wenn der Vormund selbst Testamentsvollstrecker ist),[7] ferner nicht auf das Vermögen einer Gesamthand, an welcher der Mündel beteiligt ist.[8]

6 **c) Keine Pflicht zur Umwandlung anderer Vermögensgegenstände.** § 1806 nötigt den Vormund nicht, andere Gegenstände als Geld zu veräußern und den Erlös verzinslich anzulegen. Ob dies geschehen soll, ist vielmehr nach den allgemeinen Regeln effektiver Vermögensverwaltung zu entscheiden; ergibt sich nach alledem die Pflicht, die Anlageart zu wechseln, so löst das Unterlassen oder Verzögern der gebotenen Maßnahmen die Haftung nach § 1833 aus.[9]

7 **2. Anlage gemäß §§ 1807 bis 1811. a) Grundsatz.** Die Anlage hat unverzüglich zu erfolgen und muss den Erfordernissen der §§ 1807 bis 1811 genügen. Ein Mindestzinssatz ist nicht vorgesehen. Doch genügt eine Anlage auf einem Girokonto den Erfordernissen des § 1806 selbst dann nicht, wenn dort für Guthaben minimale Zinsen gezahlt werden.[10]

8 **b) Keine „andere nutzbringende Verwendung".** ZT wird, gestützt auf Mot. IV 1110, dem Vormund das Recht zuerkannt, statt der verzinslichen Anlage auch eine andere nutzbringende Geldverwendung zu wählen, etwa durch Ankauf von Grundstücken, Anlage in einem Handelsgewerbe, Kauf von Gold etc.[11] Eine solche Interpretation macht die §§ 1806, 1807 – über deren Nutzen man gewiss streiten kann – eigentlich obsolet. Der Hinweis auf Mot. IV 1110 überzeugt schon deshalb nicht, weil bereits dort das Problem der „Anlage in anderer Art" mit der Ausnahme des § 1806 Halbs. 2 (bereitzuhaltendes Geld) in unhaltbarer Weise verquickt worden ist. Plante der Vormund einen Hauskauf, so braucht nach der an die Motive anknüpfenden Auffassung das dafür vorgesehene Mündelgeld deshalb nicht verzinslich angelegt werden, weil es „zur Bestreitung von Ausgaben" (nämlich eben des Hauskaufs) bereitzuhalten ist. Mit dieser Begründung könnte das gewagteste Spekulationsgeschäft die Hürde der §§ 1806, 1807 leicht überspringen. In Wirklichkeit handelt es sich in solchen Fällen um eine „andere Anlage", die der Gestattung des FamG nach § 1811 bedarf.[12]

9 **3. Zwingende Wirkung. a) Geltung auch für Amts- und Vereinsvormund.** Die Vorschrift ist zwingend. Befreiung hiervon ist – außer im Rahmen des § 1803 – durch Elternbestimmung nicht möglich.[13] Sie gilt auch für den Amts- und Vereinsvormund, für den Amtsvormund allerdings nur nach Maßgabe des § 56 Abs. 2 S. 2 SGB VIII (vgl. § 1811 Rn. 20) und mit Erleichterungen kraft Landesrechts gem. § 56 Abs. 2 S. 3 SGB VIII.[14]

9a **b) Dispens durch das Familiengericht.** Das FamG kann gemäß § 1811 eine andere Anlage gestatten. Diese Gestattung kann sich nicht nur auf die Art der verzinslichen Anlage beziehen, sondern dem Vormund auch eine überhaupt nicht verzinsliche, sondern Dividendenanrechte begründende Anlage, etwa in Aktien oder Fonds-Anteilen, erlauben. § 1811 enthält – über seinen

---

[3] KG ZBlJugR 1953, 125.
[4] Vgl. OLG Düsseldorf Rpfleger 1980, 471.
[5] OLG Düsseldorf Rpfleger 1980, 471.
[6] BayObLGZ 17, 124, 128.
[7] OLG Celle OLGZ 1967, 483, 485.
[8] *Gernhuber/Coester-Waltjen* § 72 Fn. 26; aA KG ROLG 4, 359; *Dölle* § 94 VI 3.
[9] RGZ 137, 320, 323; KG NJW 1968, 1836.
[10] Vgl. *Soergel/Zimmermann* Rn. 1. Zur Schadensersatzpflicht des Vormunds bei Geldanlage mit zu niedriger Verzinsung: LG Bremen Rpfleger 1993, 338 und vorgehend AG Bremen Rpfleger 1993, 338.
[11] So KG OLGE 30, 149; KG JW 1937, 637; KG RJA 13, 78; OLG Frankfurt NJW 1953, 67.
[12] So richtig OLG Celle MDR 1959, 212; *Kipp* Gruchot 66 (1923), 510; *Josef* AcP 117 (1919), 395; *Dölle* § 126 II 3 a; *Erman/Saar* Rn. 2; *Staudinger/Engler* Rn. 14 f.; *Soergel/Zimmermann* Rn. 5; *Bamberger/Roth/Bettin* Rn. 3; *Wesche* BtPrax 2003, 56, 59, stellt zur Abgrenzung zwischen § 1806 und § 1811 auf die jeweiligen Lebensverhältnisse ab.
[13] BayObLGZ 22, 154; KG KGJ 24, 8, 11.
[14] Zusammenstellung bei *Soergel/Zimmermann* Vor § 1821 Rn. 2 f.

Wortlaut hinaus – nicht nur eine Ausnahme von § 1807 (Mündelsicherheit), sondern auch von § 1806 (Verzinslichkeit).[15] Zur Möglichkeit einer allgemeinen, nicht auf die konkrete Anlage bezogenen Befreiung vom Gebot des § 1806 vgl. § 1817 und oben Rn. 2.

c) Rechtsfolgen bei Verstoß. Eine entgegen § 1806 erfolgte und vom FamG nicht gestattete Anlage ist wirksam; der Vormund haftet jedoch gemäß § 1833. 10

4. Prüfung des Familiengerichts. Das FamG hat die Anlage des Geldes nicht erst bei der Rechnungslegung zu prüfen, sondern bereits vorher im Rahmen der Aufsichtspflicht.[16] Es hat den Vormund durch die Zwangsmittel des § 1837 Abs. 2 bis 4 zur vorschriftsmäßigen Geldanlage anzuhalten; notfalls kann es die Entlassung gemäß § 1886 aussprechen. 11

III. Bereitzuhaltendes Geld

1. Geld zur Bestreitung von Ausgaben. Mündelgeld, das zur Bestreitung von Ausgaben bereitzuhalten ist, braucht nach § 1806 Halbs. 2 nicht verzinslich angelegt zu werden. Die Vorschrift ist von ihrem Sinn her zu interpretieren: Geldmittel, die für den Unterhalt des Mündels, für die Erfüllung von Mündelpflichten und für die laufenden Kosten der Vermögensverwaltung in nächster Zukunft anfallen, sollen flüssig bereitstehen; eine verzinsliche Anlage würde demgegenüber im Allgemeinen ihre Bindung bedingen. Das Ziel, die Ausgabengelder flüssig zu halten, enthebt den Vormund nicht der Aufgabe, auch für kurzfristig benötigte Mittel wenigstens eine minimale Verzinsung anzustreben, soweit die jeweiligen Bankkonditionen dies ermöglichen. 12

2. Ausgabenbegriff und -höhe. a) Ermessensspielraum. Voraussetzung ist, dass das Geld zur Bestreitung von „Ausgaben" der unterschiedlichsten Art (Unterhalt, auch Sonderbedarf, Unterhaltspflichten, laufende Verwaltungskosten etc.) bereitzuhalten ist. Für die Abschätzung des Umfangs der bereitzuhaltenden Mittel ist dem Vormund ein erheblicher Ermessensspielraum zu lassen.[17] Nicht unter die Ausnahmen des Halbs. 2 fallen Ersparnisse für Notfälle,[18] doch darf der Vormund eine bestimmte, nach dem Lebenszuschnitt des Mündels zu bemessende Summe flüssig bereithalten, weil die Höhe der allfälligen Ausgaben nicht stets genau vorherzusehen ist.[19] 13

b) Keine Ausgaben. Keine Ausgaben sind Maßnahmen der Vermögensanlage selbst (vgl. Rn. 8). Die Gegenmeinung (s. Fn. 11) setzt sich über Wortlaut und Sinn des § 1806 hinweg. Ist jede beliebige vom Vormund geplante Vermögensanlage eine „Ausgabe", so laufen die §§ 1807 ff. ins Leere. Nach der Gegenmeinung würden verzinsliche Anlagen den strengen Regeln der §§ 1807 bis 1810 mit der Folge unterliegen, dass die Anlage in Aktien immerhin noch nach § 1811 vom FamG genehmigt werden muss, während der Kauf beliebiger sonstiger Objekte jenseits der §§ 1807 ff. frei gestattet wäre. Nach der hier vertretenen Auffassung bedarf jede Vermögensanlage, die anders als in verzinslicher Form und anders als nach § 1807 geschehen soll, der Gestattung des FamG nach § 1811. 14

3. Keine Genehmigungspflicht. Soweit die Ausnahme des § 1806 Halbs. 2 greift, gelten die §§ 1807 bis 1811 nicht.[20] Der Vormund kann zur Bestreitung der Ausgaben benötigte Gelder deshalb bar bereit halten oder ohne Sperrvermerk nach § 1809 – etwa auf ein Girokonto – einzahlen. Zur Einziehung oder Abhebung der so eingezahlten Gelder bedarf der Vormund keiner Genehmigung des Gegenvormunds nach § 1812 Abs. 1 S. 1: Da - mangels Sperrvermerks - bei der Anlegung nichts anderes bestimmt worden ist (§ 1813 Abs. 2 S. 1), gilt § 1813 Abs. 1 Nr. 2, 3.[21] 15

4. Anderkonto. Streitig ist, ob der Vormund die nach § 1806 Halbs. 2 zur Ausgabenbestreitung dienenden Gelder auf einem im eigenen Namen errichteten Anderkonto bereithalten darf.[22] Die Frage ist nach den Zielen der vormundschaftlichen Vermögensverwaltung zu entscheiden. Der Trennung von Vormund- und Mündelvermögen entspricht das Eigenkonto des Mündels eher als das Treuhandkonto des Vormunds. Ergeben sich indes im konkreten Fall bei Errichtung des Kontos im Namen des Mündels erhebliche Behinderungen für eine effektive Vermögensverwaltung, so kann 16

---

[15] Darüber, dass eine solche Gestattung des Vormundschaftsgerichts zulässig ist, besteht weithin Übereinstimmung vgl. KG JFG 17, 209; BayObLGZ 22, 26 und 22, 124; KG DFG 1938, 69.
[16] RGZ 88, 264, 266.
[17] LG Darmstadt MDR 1960, 585.
[18] OLG Celle MDR 1959, 212; aA LG Berlin Rpfleger 1973, 356 (bis 1000 DM).
[19] Vgl. LG Berlin Rpfleger 1973, 356.
[20] AA LG Berlin BB 1966, 1170.
[21] So auch *Erman/Saar* Rn. 3; *Palandt/Diederichsen* Rn. 5; *Dölle* § 126 II 3 a.
[22] Bejahend: *Schütz* NJW 1967, 1569; *Beitzke* ZBlJugR 1967, 237; verneinend: KG NJW 1967, 883; *Soergel/Zimmermann* Rn. 4. Zur Unzulässigkeit eines Ander-Sammelkontos für mehrere Betreute OLG Köln FamRZ 1997, 899.

§ 1807　　　　　　　　　　　　　　　　　　　　　　Abschnitt 3. Titel 1. Vormundschaft

auch die Errichtung eines Anderkontos hingenommen werden, da auch hier das Prinzip der Vermögenstrennung – wenngleich in minderem Grade – gewahrt bleibt. Vollstreckt ein Gläubiger des Vormunds in das Anderkonto, so steht dem Mündel die Drittwiderspruchsklage (§ 771 ZPO) zu Gebote (in der Insolvenz des Vormunds § 47 InsO).

IV. Parallelvorschriften

17　Die Vorschrift ist gemäß § 1915 Abs. 1 auf die Pflegschaft und gemäß § 1908i Abs. 1 S. 1 auf die Betreuung entsprechend anwendbar; für den Fall der Betreuung durch die Behörde vgl. § 1811 Rn. 22.

§ 1807 Art der Anlegung

(1) Die im § 1806 vorgeschriebene Anlegung von Mündelgeld soll nur erfolgen:
1. in Forderungen, für die eine sichere Hypothek an einem inländischen Grundstück besteht, oder in sicheren Grundschulden oder Rentenschulden an inländischen Grundstücken;
2. in verbrieften Forderungen gegen den Bund oder ein Land sowie in Forderungen, die in das Bundesschuldbuch oder in das Landesschuldbuch eines Landes eingetragen sind;
3. in verbrieften Forderungen, deren Verzinsung vom Bund oder einem Land gewährleistet ist;
4. in Wertpapieren, insbesondere Pfandbriefen, sowie in verbrieften Forderungen jeder Art gegen eine inländische kommunale Körperschaft oder die Kreditanstalt einer solchen Körperschaft, sofern die Wertpapiere oder die Forderungen von der Bundesregierung mit Zustimmung des Bundesrates zur Anlegung von Mündelgeld für geeignet erklärt sind;
5. bei einer inländischen öffentlichen Sparkasse, wenn sie von der zuständigen Behörde des Landes, in welchem sie ihren Sitz hat, zur Anlegung von Mündelgeld für geeignet erklärt ist, oder bei einem anderen Kreditinstitut, das einer für die Anlage ausreichenden Sicherungseinrichtung angehört.

(2) Die Landesgesetze können für die innerhalb ihres Geltungsbereichs belegenen Grundstücke die Grundsätze bestimmen, nach denen die Sicherheit einer Hypothek, einer Grundschuld oder einer Rentenschuld festzustellen ist.

Schrifttum: *Fiala/Behrendsen,* Gefahren bei der Anlage und Verwaltung von Fremdgeldern, Rpfleger 1997, 281; *Fritsche,* Wertpapierrechtliche Entwicklungen und Schlussfolgerungen für die Wahrung der Mündelsicherheit von Anlagen, Rpfleger 2007, 53; *Jünger,* Geldanlage für Mündel und Betreute, FamRZ 1993, 147; *Klotz,* Die rechtstatsächliche und rechtspolitische Bedeutung der Vorschriften über die Anlage von Mündelgeld, 1966; *Sichtermann,* Das Recht der Mündelsicherheit, 3. Aufl. 1980; *Sorg,* Der Aufgabenkreis Vermögenssorge und die betreuungsrechtlichen Genehmigungen, BWNotZ 2010, 107; *Spanl,* Vermögensverwaltung durch Vormund und Betreuer, 2. Aufl. 2009, Rn. 140 ff.; *Thümmel,* Die Vorschriften zur Anlegung von Mündelgeld, 1983; *Vogt,* Mündelsicherheit der Anlage in Investmentanteilscheinen, Rpfleger 1996, 389.

Übersicht

	Rn.		Rn.
I. Normzweck, Numerus clausus der Anlagearten	1, 2	III. Die mündelsicheren Anlagen im Einzelnen	9–24
II. Allgemeine Grundsätze	3–8	1. Abs. 1 Nr. 1	9–12
1. Wahl der Anlage nach pflichtgemäßem Ermessen	3	a) Grundstücke und grundstücksgleiche Rechte	10
2. Folgen der Nichtbeachtung	4	b) Sichere Grundpfandrechte	11
3. Genehmigung des Gegenvormunds	5	c) Keine Anwendung auf Absicherung bereits bestehender Forderungen	12
4. Keine zwingende Umwandlung schon bestehender Anlagen	6	2. Abs. 1 Nr. 2	13
5. Ausnahmen	7	3. Abs. 1 Nr. 3	14
6. §§ 1805 S. 2 BGB, 56 Abs. 3 SGB VIII	8	4. Abs. 1 Nr. 4	15

	Rn.		Rn.
5. Abs. 1 Nr. 5	16–24	IV. Mündelsicherheit auf Grund sondergesetzlicher Regelung	25, 26
a) Öffentliche Sparkassen	16–19	1. Bundesrecht	25
b) Andere Kreditinstitute	20–23	2. Landesrecht	26
c) Sperrvermerk	24	V. Parallelvorschriften	27

I. Normzweck, Numerus clausus der Anlagearten

Für das nach dem Grundsatz des § 1806 verzinslich anzulegende Mündelgeld schreibt § 1807 **1** einen numerus clausus von Anlagearten vor. § 1807 ist Grundnorm der sogenannten mündelsicheren Anlage. Die Bedeutung der Vorschrift reicht durch Gesetzesverweisungen über das Vormundschaftsrecht hinaus (vgl. §§ 234, 238, 1079, 1083, 1288, 2119 BGB; § 108 ZPO).

Der Kreis der mündelsicheren Anlagen ist durch das BtG wesentlich erweitert worden: In Abs. 1 **2** Nr. 5 sind Anlagen bei Kreditinstituten, die einer ausreichenden Einlagensicherung angehören, den Anlagen bei öffentlichen Sparkassen gleichgestellt.[1] Damit sind Wettbewerbsverzerrungen, die sich auf Grund der früheren Rechtslage ergaben,[2] mit Wirkung ab 1. 1. 1992 beseitigt.

II. Allgemeine Grundsätze

1. Wahl der Anlage nach pflichtgemäßem Ermessen. Unter den in § 1807 Abs. 1 **3** genannten Anlagearten wählt der Vormund nach pflichtgemäßem Ermessen.[3] Allerdings kann eine der Vorschrift entsprechende Anlage gleichwohl pflichtwidrig sein; der Vormund kann also trotz Wahrung des § 1807 aus § 1833 haften,[4] etwa auch, wenn durch eine andere, dem § 1807 entsprechende Anlageart ein erheblich höherer Ertrag zu erzielen gewesen wäre.[5] Hat das FamG allerdings die Anlage nach § 1810 S. 2 genehmigt, so fehlt es in aller Regel am Verschulden des Vormunds.[6]

2. Folgen der Nichtbeachtung. Die Verletzung des § 1807 macht das zum Zwecke der **4** Anlage abgeschlossene Rechtsgeschäft nicht unwirksam,[7] kann aber die Haftung des Vormunds nach § 1833 auslösen und verpflichtet das FamG zum Einschreiten nach §§ 1837 Abs. 2 bis 4, 1886.

3. Genehmigung des Gegenvormunds. Zur Anlage in den Formen des § 1807 soll der **5** Vormund nach der übertriebenen Regelung des § 1810 gleichwohl noch die Genehmigung des Gegenvormunds oder des FamG einholen. Auch die Verletzung dieser Vorschrift lässt die Gültigkeit des Anlagegeschäfts unberührt.

4. Keine zwingende Umwandlung schon bestehender Anlagen. Findet der Vormund **6** beim Amtsantritt Vermögensanlagen vor, die nicht den Anlageformen des § 1807 entsprechen, oder fallen dem Mündel solche Anlagen später zu, so ist der Vormund nicht notwendig zur Umwandlung verpflichtet. Er hat vielmehr nach pflichtgemäßem Ermessen zu entscheiden, ob eine Umwandlung angezeigt ist oder nicht;[8] pflichtwidriges Handeln kann auch hier die Schadensersatzpflicht aus § 1833 begründen.

5. Ausnahmen. Im Überblick ergeben sich von § 1807 folgende Ausnahmen: **7**
– Das FamG kann gemäß § 1811 im Einzelfall eine andere Anlegung gestatten oder den Vormund gemäß § 1817 allgemein von den Vorgaben des § 1807 befreien. Für den Amtsvormund gilt § 56 Abs. 2 S. 2 SGB VIII (vgl. dazu § 1811 Rn. 20).
– Geld, das gemäß § 1806 Halbs. 2 zur Bestreitung von Ausgaben bereitzuhalten ist, unterliegt nicht den Erfordernissen des § 1807.[9]
– Anordnungen des Erblassers oder Vermögenszuwenders gemäß § 1803 sind zu beachten; sie können also eine andere Anlageart gestatten oder auch die Anlagearten weiter einengen. Durch

---

[1] Dazu BT-Drucks. 11/6949 S. 69; *Jünger* FamRZ 1993, 147.
[2] *Thümmel* S. 107 ff.
[3] *Dölle* § 126 II 3 b; *Palandt/Diederichsen* Rn. 1; *Soergel/Zimmermann* Rn. 2. AA *Erman/Saar* Rn. 1: Pflicht zur günstigsten Anlage; wohl auch *Wesche* BtPrax 2003, 56, 57; vgl. auch Fn. 5.
[4] RG JW 1910, 708 (fahrlässiges Vertrauen auf amtliche Grundstückstaxe).
[5] LG Bremen Rpfleger 1993, 338 und vorgehend AG Bremen Rpfleger 1993, 338 m. Anm. *Bergner* WuB IV A § 1811 BGB 1.94. Vgl. auch *Fiala/Behrendsen* Rpfleger 1997, 281.
[6] Vgl. RG JW 1911, 984.
[7] *Soergel/Zimmermann* Rn. 4; *Staudinger/Engler* Rn. 7, allgM.
[8] KG RJA 4, 4; RGZ 137, 320, 323; LG Göttingen BB 1957, 907.
[9] AA LG Berlin BB 1966, 1170.

§ 1807 8–14 Abschnitt 3. Titel 1. Vormundschaft

Art. 212 EGBGB sind landesgesetzliche Vorschriften, nach welchen gewisse Wertpapiere zur Anlegung von Mündelgeld für geeignet erklärt sind, in Kraft geblieben.[10]

8 **6. §§ 1805 S. 2 BGB, 56 Abs. 3 SGB VIII.** Keine Ausnahmen von § 1807 enthalten die §§ 1805 S. 2 BGB, 56 Abs. 3 SGB VIII. Diese Vorschriften stellen lediglich Ausnahmen von § 1805 S. 1 dar. Ob die Anlage bei der Körperschaft, der das Jugendamt angehört, mündelsicher ist, bestimmt sich also nach § 1807; gleiches gilt für die Anlage auf Sammelkonten des Jugendamts gemäß § 56 Abs. 3 S. 1 SGB VIII.

III. Die mündelsicheren Anlagen im Einzelnen

9 **1. Abs. 1 Nr. 1.** Mündelsicher sind danach Forderungen gegen beliebige Schuldner, deren Realisierung durch sichere Rechte an inländischen Grundstücken gedeckt ist. Die Bedeutung der Vorschrift ist gering, die Anlegung von Mündelgeld in hypothekarisch gesicherten Privatdarlehen, weil zu aufwändig, kaum mehr praktisch.[11] Zu den Voraussetzungen:

10 **a) Grundstücke und grundstücksgleiche Rechte.** Gefordert wird eine Sicherung durch Hypothek, Grund- oder Rentenschuld an einem **inländischen Grundstück**; bei ausländischen Grundstücken ist die Gestattung des FamG nach § 1811 nötig. Den Grundstücken stehen gleich: Erbbaurechte (zu deren Mündelsicherheit siehe §§ 18 ff. ErbbauRG), Wohnungs- und Teileigentum,[12] Bergwerkseigentum (§ 9 Abs. 1 S. 2 BBergG), Reichsheimstätten, ferner die nach Landesrecht den Grundstücken gleichgestellten Rechte, zB Stockwerkseigentum, Abbaurechte und Nutzungsrechte (Art. 67, 68, 196 EGBGB). Dagegen fallen Schiffshypotheken nicht unter die Vorschrift.

11 **b) Sichere Grundpfandrechte.** Die geforderte Einstufung des Grundpfandrechts als „sicher" bestimmt sich gemäß § 1807 Abs. 2 nach den Landesgesetzen. Soweit einschlägige Regelungen bestehen,[13] wird für die Mündelsicherheit eines Grundpfandrechts zumeist verlangt, dass es innerhalb der ersten Hälfte oder der Ersten sechs Zehntel des Grundstückswertes (Verkehrswertes, gemeinen Werts) liegt. Wenn keine landesrechtliche Regelung besteht, liegt es nahe, sich an dieser Grenze zu orientieren.[14] Zur Begrenzung des Beleihungswertes bei Erbbaurechten vgl. §§ 19, 22 ErbbauRG.

12 **c) Keine Anwendung auf Absicherung bereits bestehender Forderungen.** Kein Fall des § 1807 Abs. 1 Nr. 1 liegt naturgemäß vor, wenn nicht Geld des Mündels angelegt, sondern eine bereits bestehende Forderung des Mündels, etwa aus dem Verkauf eines Grundstücks oder aus einer Erbauseinandersetzung, durch Grundpfandrechte abgesichert werden soll (keine eigenständige Vermögensanlage, sondern nur Absicherung anderweitiger Vermögensverfügungen).[15]

13 **2. Abs. 1 Nr. 2.** Mündelsicher sind danach verbriefte Forderungen, die sich unmittelbar gegen den Bund oder ein Bundesland richten (also beispielsweise nicht gegen Landesbanken, die eigene Rechtspersönlichkeit besitzen). Verbriefte Forderungen sind solche, über die eine Urkunde ausgestellt ist; nicht erforderlich ist die Qualität eines Wertpapiers. In Betracht kommen Schuldverschreibungen, Anleihen, Schatzanweisungen. Die bisherigen Postanleihen unterfallen infolge der Privatisierung der Post nicht mehr Abs. 1 Nr. 2, sondern nunmehr Abs. 1 Nr. 3 (vgl. § 2 Abs. 2, 4 PostUmwG);[16] zu den bisherigen Bahnanleihen vgl. §§ 5, 17 BEZNG, ferner § 9 DBGrG.[17] Gleichgestellt sind die die in die Schuldbücher des Bundes und der Länder (siehe hierzu Art. 97 EGBGB) eingetragenen Forderungen; hierzu zählen namentlich der Bundesschatzbrief und die Bundesobligationen.[18]

14 **3. Abs. 1 Nr. 3.** Mündelsicher sind danach auch verbriefte (dazu Rn. 13) Forderungen, die sich zwar nicht unmittelbar gegen den Bund oder ein Bundesland richten, für die der Bund oder ein Bundesland aber – etwa auf Grund von Bürgschaft, Schuldmitübernahme oder Schuldbeitritt –

---

[10] Vgl. näher Voraufl. Fn. 10.
[11] *Soergel/Zimmermann* Rn. 6.
[12] *Staudinger/Engler* Rn. 18; *Palandt/Diederichsen* Rn. 3; *Erman/Saar* Rn. 2; *Sichtermann* S. 16.
[13] Übersicht 3. Aufl. Rn. 15; *Staudinger/Engler* Rn. 23; *Soergel/Zimmermann* Rn. 19.
[14] *Staudinger/Engler* Rn. 23. Für *Wesche* BtPrax 2003, 56, muss der Wert des Grundpfandrechts weniger als 50% des Grundstückswerts betragen.
[15] *Staudinger/Engler* Rn. 26; *Soergel/Zimmermann* Rn. 6. Ähnlich RG JW 1938, 3167 betr. Hypotheken, die nicht zu dauernden Innehabung, sondern nur vorübergehend – zur fiduziarischen Abdeckung eines vom Mündel gegebenen Darlehens bis zu dessen Rückzahlung – übertragen werden sollen; vgl. hierzu auch *Staudinger/Engler* Rn. 25.
[16] Vgl. *Erman/Saar* Rn. 4; *Palandt/Diederichsen* Rn. 5; *Bamberger/Roth/Bettin* Rn. 6.
[17] *Palandt/Diederichsen* Rn. 5; *Bamberger/Roth/Bettin* Rn. 4; *Gernhuber/Coester-Waltjen* § 72 Fn. 31.
[18] Vgl. im Einzelnen *Spanl* Rn. 146 ff.

(zumindest, wenn auch in dieser Beschränkung kaum je praktisch, in Ansehung der Zinszahlung) einstehen muss. In Betracht kommen hier namentlich Forderungen gegen Unternehmen, für die Bund oder Land die Gewährleistung übernommen haben, weil sie öffentliche Aufgaben wahrnehmen und ganz oder teilweise Bund oder Land gehören (häufiges Beispiel: Kraftwerke). Zu den Schuldverschreibungen der Lastenausgleichsbank und den Inhaberschuldverschreibungen der Kreditanstalt für den Wiederaufbau vgl. Rn. 25.[19]

4. Abs. 1 Nr. 4. Mündelsicher sind die zur Anlage von Mündelgeld für geeignet erklärten 15 Wertpapiere oder Forderungen.[20] Die Bundesregierung kann Wertpapiere jeglicher Art (also theoretisch auch Aktien, Investmentanteile oder ausländische Wertpapiere) für mündelsicher erklären. Die Erklärung ist jederzeit widerruflich; mit dem Widerruf entfällt die Eignung. Die Staatspraxis kennt, soweit ersichtlich, nur die Erklärung typenspezifischer Gruppen von Wertpapieren und Forderungen, so etwa die generelle Erklärung über die Mündelsicherheit verbriefter Forderungen gegen kommunale Körperschaften oder deren Kreditanstalten (durch Bekanntmachung vom 7. 7. 1901, RGBl. S. 263 = BGBl. III 404–10); vgl. ferner VO v. 7. 5. 1940 (betr. Mündelsicherheit der Pfandbriefe, RGBl. I S. 756), VO v. 18. 3. 1941 (betr. Mündelsicherheit der Schiffspfandbriefe, RGBl. I S. 156).[21]

5. Abs. 1 Nr. 5. a) Öffentliche Sparkassen. Mündelsicher ist die Geldanlage bei einer 16 inländischen öffentlichen und von der zuständigen Landesbehörde für geeignet erklärten Sparkasse. Im Einzelnen:

aa) Öffentlich. Welche Sparkassen als „öffentliche" anzusehen sind, bestimmt sich grundsätzlich 17 nach Landesrecht (Art. 99 EGBGB),[22] eingeschränkt jedoch durch Teil V Kap. I Art. 1 ff. der VO v. 6. 10. 1931 (RGBl. I S. 537) und § 40 Kreditwesengesetz. Soweit das Landesrecht den Begriff der öffentlichen Sparkasse nicht definiert – die meisten landesrechtlichen Vorschriften enthalten keine derartige Definition –, ist der Begriff nach Lehre und Rechtsprechung zu ermitteln. Erfasst werden sowohl Sparkassen in der Rechtsform der öffentlich-rechtlichen, rechtsfähigen Anstalt als auch solche auf privatrechtlicher Basis, vorausgesetzt sie verfolgen gemeinnützige Zwecke und stehen unter staatlicher Aufsicht. Bausparkassen gehören nicht hierzu;[23] die Anlegung von Mündelgeld bei ihnen ist deshalb gem. § 1811 genehmigungspflichtig.

bb) Eignung. Auch über die Eignung öffentlicher Sparkassen und die Zuständigkeit der zur 18 Eignungserklärung berufenen Behörde entscheidet Landesrecht;[24] die Wirkung einer Eignungserklärung gilt jedoch im ganzen Bundesgebiet.[25] Alle – jedenfalls alle alten – Länder haben die Kreditinstitute, welche die Bezeichnung „Sparkasse" führen, für mündelsicher erklärt – und zwar unabhängig davon, ob es sich um Anstalten des privaten oder des öffentlichen Rechts handelt.[26]

cc) Nicht nur Sparkonten. Um eine Anlage bei einer öffentlichen Sparkasse handelt es sich 19 nicht nur bei den herkömmlichen Sparkonten, sondern ebenso bei von den Sparkassen herausgegebenen Sparkassenbriefen, Namensschuldverschreibungen, Sparkassenobligationen, Inhaber- und Orderschuldverschreibungen, auch bei der kurzfristigen Anlage als Termingeld, da § 1807 Abs. 1 Nr. 5 dem Zeitfaktor keine maßgebende Bedeutung beimisst.[27]

b) Andere Kreditinstitute. Durch das BtG ist der Kreis der mündelsicheren Anlagen wesent- 20 lich erweitert worden.

aa) Einlagensicherung. Mündelgeld kann nunmehr genehmigungsfrei auch bei anderen Kre- 21 ditinstituten angelegt werden, die einer für die Anlage „ausreichenden Sicherungseinrichtung" angehören. Das trifft regelmäßig auf die deutschen Geschäftsbanken und Genossenschaftsbanken, aber wohl auch auf die meisten Zweigstellen ausländischer Banken in der Bundesrepublik,[28] zu. Sie sind

---

[19] Vgl. *Sichtermann* S. 27 ff.
[20] Zum Ganzen ausführlich *Staudinger/Engler* Rn. 31 ff.; vgl. auch *Erman/Saar* Rn. 5.
[21] Vgl. zum Ganzen auch *Spanl* Rn. 148 ff.
[22] RGZ 117, 257.
[23] Vgl. *Sichtermann* S. 41.
[24] Übersicht 3. Aufl. Rn. 13.
[25] *Soergel/Zimmermann* Rn. 15.
[26] *Soergel/Zimmermann* Rn. 15; *Sichtermann* S. 41.
[27] *Soergel/Zimmermann* Rn. 15.
[28] *Palandt/Diederichsen* Rn. 9.

§ 1807 22–27 Abschnitt 3. Titel 1. Vormundschaft

sog. Einlagesicherungsfonds angeschlossen;[29] deren Absicherung wird jedenfalls für den Regelfall als ausreichend einzustufen sein.[30]

22 **bb) Deckung.** Erforderlich ist über den Wortlaut des § 1807 Abs. 1 Nr. 5 hinaus, dass auch die vom Vormund gewählte Anlageart vom Einlagesicherungsfond gedeckt ist;[31] daran fehlt es bei Inhaberpapieren, die als mit der personenbezogenen Einlagensicherung unvereinbar angesehen werden.[32]

23 **cc) Prüfung.** Die Prüfung des Vorhandenseins, des Ausreichens und der konkreten Reichweite einer Einlagensicherung obliegt dem Vormund, der die bei den einzelnen Instituten maßgebenden Sicherungsgrenzen durch Nachfrage bei den Landeszentralbanken in Erfahrung bringen muss. Auskünfte erteilen u. a. der Bundesverband deutscher Banken sowie der Bundesverband der Volksbanken und Raiffeisenbanken.[33] Das FamG hat die Mündelsicherheit im Rahmen der Genehmigung nach § 1810 Abs. 2 S. 2, im Übrigen im Rahmen der Rechnungsprüfung nach § 1840 zu kontrollieren.

24 **c) Sperrvermerk.** Anlagen nach § 807 Abs. 1 Nr. 5 sollen nach Maßgabe des § 1809 mit einem Sperrvermerk versehen werden.

IV. Mündelsicherheit auf Grund sondergesetzlicher Regelung

25 **1. Bundesrecht.** Kraft sondergesetzlicher Regelung sind Schuldverschreibungen folgender Einrichtungen für mündelsicher erklärt: Kreditanstalt für Wiederaufbau (§ 4 Abs. 3 Gesetz idF vom 22. 12. 1975, BGBl. I S. 574); Deutsche Genossenschaftsbank (§ 15 Abs. 1 Gesetz vom 22. 12. 1975, BGBl. I S. 3171); Landwirtschaftliche Rentenbank (§ 18 Abs. 3 Gesetz vom 15. 7. 1963, BGBl. I S. 465); Lastenausgleichsbank gem. § 14 Abs. 2 Gesetz vom 28. 10. 1994 (BGBl. I S. 293), der Schuldverschreibungen dieser Bank den Schuldverschreibungen des Bundes gleichstellt, die ihrerseits nach § 1807 Abs. 1 Nr. 2 mündelsicher sind.

26 **2. Landesrecht.** Nach Art. 212 EGBGB bleiben landesrechtliche Vorschriften, nach denen „gewisse Wertpapiere zur Anlegung von Mündelgeld für geeignet erklärt worden sind", in Kraft.[34] Die Mündelsicherheit gilt allerdings nur für Vormundschaften, die in dem betreffenden Land geführt werden (Landesmündelsicherheit). Eine Erweiterung des Kreises mündelsicherer Papiere ist durch Landesrecht nicht mehr möglich.

V. Parallelvorschriften

27 Die Anlagevorschriften der §§ 1807 ff. sind auf die Pflegschaft (§ 1915 Abs. 1) und auf die Betreuung (§ 1908i Abs. 1 S. 1) entsprechend anzuwenden; für den Fall der Betreuung durch die Behörde vgl. § 1811 Rn. 22.

§ 1808 *(weggefallen)*

§ 1808 – aufgehoben durch BtG vom 12. 9. 1990 Art. 1 Nr. 31 – sah vor, dass, sofern Mündelgeld nicht nach § 1807 angelegt werden konnte, das Geld bei der Reichsbank, bei der Deutschen Zentralgenossenschaftskasse oder bei der Deutschen Girozentrale, bei einer Staatsbank oder bei einer anderen durch Landesgesetz dafür geeignet erklärten inländischen Bank oder bei einer Hinterlegungsstelle anzulegen war. Die Vorschrift war zum Teil ohnehin überholt (2. Aufl. Rn. 4). Da mit dem BtG der Kreis der mündelsicheren Anlagen nach § 1807 wesentlich erweitert wurde, erschien die Vorschrift des § 1808 über eine hilfsweise Anlegung entbehrlich.

---

[29] Zu den Einzelheiten *Jünger* FamRZ 1993, 147. Vgl. auch *Soergel/Zimmermann* Rn. 15. Zur Notwendigkeit und Möglichkeit einer Überprüfung im Einzelfall vgl. Rn. 23.

[30] *Spanl* Rn. 151 f.; *Jünger* FamRZ 1993, 147. Zur Postbank vgl. *Jünger* aaO 148 einerseits und *Soergel/Zimmermann* Rn. 16 andererseits; zu den Bausparkassen vgl. *Spanl* Rn. 153.

[31] *Soergel/Zimmermann* Rn. 17.

[32] Vgl. zB § 6 Nr. 1a des Statuts des Einlagesicherungsfonds des Bundesverbands Deutscher Banken eV (abrufbar im Internet); ferner *Spanl* Rn. 152; *Jünger* FamRZ 1993, 147.

[33] Zu weiteren Auskunftsstellen vgl. *Spanl* Rn. 152 f.; *Jurgeleit*, Betreuungsrecht, 2. Aufl., § 1810 Fn. 2.

[34] Zusammenstellung bei *Soergel/Zimmermann* Rn. 13.

§ 1809 Anlegung mit Sperrvermerk

Der Vormund soll Mündelgeld nach § 1807 Abs. 1 Nr. 5 nur mit der Bestimmung anlegen, dass zur Erhebung des Geldes die Genehmigung des Gegenvormunds oder des Familiengerichts erforderlich ist.

I. Normzweck

Der Vormund soll – so der Schutzgedanke des § 1809 – das nach Maßgabe des § 1807 Abs. 1 Nr. 5 1
angelegte Mündelgeld nicht unkontrolliert abheben dürfen – und zwar auch dann nicht, wenn das Geld auf einem Giro- oder Kontokorrentkonto angelegt ist, wenn der Vormund das Geld selbst angelegt hat oder wenn der Abhebungsbetrag geringfügig ist. Die gesetzestechnische Umsetzung dieser schlichten Überlegung ist kompliziert: Nach § 1813 Abs. 1 Nr. 2, 3 bedarf der Vormund zur Abhebung von Mündelgeld (obwohl an sich eine genehmigungspflichtige Verfügung iS von § 1812) nicht der Genehmigung des Gegenvormundes oder des FamG, sofern nicht – wie § 1813 Abs. 2 S. 1 einschränkt – bei der Anlegung des Geldes etwas anderes bestimmt worden ist. § 1809 verpflichtet den Vormund, bei der Geldanlage eben eine solche Bestimmung zu treffen. Der Vormund soll deshalb mit dem Geldinstitut **vereinbaren**, dass ohne die Zustimmung des Gegenvormundes oder des FamG nicht mit schuldbefreiender Wirkung geleistet werden kann. Diese Abrede zwischen Vormund und Geldinstitut, die gewöhnlich durch **Anbringung eines** sogenannten **Sperrvermerks** (zB im Sparbuch) sichtbar gemacht wird, hat zur Folge, dass der Vormund bei diesen Verfügungen nunmehr wiederum doch – in Abweichung von § 1813 Abs. 1 Nr. 2, 3 – den allgemeinen Verfügungsbeschränkungen des § 1812 (Genehmigung des Gegenvormundes oder des FamG) unterworfen ist.

II. Verpflichtung zum Treffen einer Sperrvereinbarung

1. Reichweite der Verpflichtung. a) Allgemein. § 1809 begründet eine Verpflichtung des 2
Vormunds, bei Anlage des Mündelgelds in der Vorschrift beschriebene Sperrvereinbarung zu treffen. Diese Verpflichtung gilt nur für die Anlage von Mündelgeld nach § 1807 Abs. 1 Nr. 5; für eine unmittelbare oder analoge Anwendung auf die Anlage von Mündelgeld in den Formen des § 1807 Nr. 1 bis 4 lässt der klare Wortlaut keinen Raum.[1] Nicht erforderlich ist die Sperrvereinbarung für Geld, das gemäß § 1806 Halbs. 2 bereitzuhalten ist (siehe § 1806 Rn. 12 ff.), ferner nicht bei entsprechender Bestimmung des Zuwendenden gemäß § 1803. Andererseits unterliegen auch Anlagen von einem Wert bis 3000 Euro dem § 1809 (keine Ausnahme nach dem Vorbild des § 1813 Abs. 1 Nr. 2). Außerdem gilt § 1809 auch für Zinsen, sobald sie dem gesperrt angelegten Kapital zugeschlagen sind.[2]

b) Sperrung vorgefundener Anlagen. Bei Mündelgeldern, die der Vormund bei seinem 3
Amtsantritt vorfindet und die nach § 1807 Abs. 1 Nr. 5, jedoch ohne Sperrvermerk angelegt sind, hat der Vormund die Sperrung nachträglich durchführen zu lassen.[3]

c) Weigerung des Geldinstituts. Lehnt das in Aussicht genommene Geldinstitut die Verein- 4
barung der nach § 1809 geforderten Abrede ab, so darf Mündelgeld bei diesem Institut nicht angelegt werden.[4]

2. Erlöschen der Sperrabrede, Entsperrung. Ist die Vormundschaft beendet, so erlischt 5
die Sperrabrede ohne weiteres.[5] Die Löschung des Sperrvermerks erfolgt durch die Anlagestelle selbst, wenn die Beendigung der Vormundschaft nachgewiesen wird. Im Übrigen ist auch eine Entsperrung durch Vereinbarung mit dem Vormund (als actus contrarius) möglich, bedarf aber zu ihrer Wirksamkeit der Genehmigung nach § 1812.

3. Dispens, befreite Vormundschaft, Amts- und Vereinsvormundschaft. Das FamG 6
kann den Vormund gemäß § 1817 von der Verpflichtung des § 1809 befreien. Generell gilt die Verpflichtung aus § 1809 nicht für die befreite Vormundschaft (§§ 1852 Abs. 2, 1855 BGB), ferner nicht für den Amts- und Vereinsvormund (§ 1857a).

---

[1] Vgl. aber § 1813 Abs. 2 S. 2, der die Rückzahlung von nach § 1807 Abs. 1 Nr. 1 bis 4 angelegtem Geld ohnehin von der Genehmigungsfreiheit nach § 1813 Abs. 1 Nr. 3 (nicht auch Nr. 2) ausnimmt. Wie hier *Staudinger/Engler* Rn. 5.
[2] KG DJ 1938, 1428; OLG Naumburg ZAkDR 1938, 243.
[3] *Palandt/Diederichsen* Rn. 1; *Soergel/Zimmermann* Rn. 8; *Staudinger/Engler* Rn. 6; *Dölle* § 127 II 4; offen bei RGZ 154, 110, 113. AA *RGRK/Scheffler* (11. Aufl.) Anm. 6 (Gericht kann Vormund zur Sperrung anhalten, soweit Bedürfnis vorliegt).
[4] *Palandt/Diederichsen* Rn. 1; *Soergel/Zimmermann* Rn. 4; *Staudinger/Engler* Rn. 8; *Dölle* § 127 II 4.
[5] *Staudinger/Engler* Rn. 27; hM; aA KG KGJ 21, 199.

III. Wirkung der Sperrvereinbarung

7 **1. Beschränkung der Vertretungsmacht. a) Genehmigungsbedürftigkeit nach § 1812.** Die Vereinbarung gemäß § 1809 bewirkt, dass Auszahlungen oder Abhebungen des Geldes nach § 1812 genehmigungsbedürftig sind: Da die Regelung des § 1813 Abs. 1 Nr. 2, 3 gem. § 1813 Abs. 2 S. 1 – wegen der getroffenen „anderen" Bestimmung – nicht greift, tritt insoweit eine Begrenzung der vormundlichen Vertretungsmacht ein. Ohne die Genehmigung des Gegenvormunds oder des FamG (§ 1812) kann die Anlagestelle nicht mit befreiender Wirkung dem Mündel gegenüber leisten; die Regel des § 808 ist insoweit eingeschränkt.[6] Darauf, ob in dem von der Anlagestelle ausgestellten Legitimationspapier ein Sperrvermerk angebracht ist, kommt es nicht an,[7] selbst dann nicht, wenn die Sparkassensatzung einen Vermerk vorschreibt. Ist eine dem § 1809 entsprechende Vereinbarung getroffen, so hat die Anlagestelle bei einer nicht vom Gegenvormund oder vom FamG genehmigten Gelderhebung dem Mündel gegenüber auch dann nicht schuldbefreiend geleistet, wenn die Anbringung des Vermerks versehentlich unterblieben ist.

8 **b) Zwangsvollstreckungen.** Die Beschränkung der Vertretungsmacht, die durch die Vereinbarung gemäß § 1809 bewirkt wird, gilt naturgemäß nur für rechtsgeschäftliche Verfügungen des Vormunds, folglich nicht bei Zwangsvollstreckungshandlungen Dritter in das Mündelvermögen.[8]

9 **2. Verpflichtung zur Genehmigungserteilung.** Gegenvormund und FamG sind zur Erteilung der – auf Grund der Sperrvereinbarung erforderlich gewordenen – Genehmigung verpflichtet, wenn die Erhebung des Geldes der Erfüllung einer Verbindlichkeit des Mündels dient oder sich sonst als Maßnahme darstellt, die innerhalb des Handlungsspielraums pflichtgemäßer vormundlicher Vermögensverwaltung bleibt.[9] Ist ein Gegenvormund bestellt, so kann sich der Vormund wahlweise an Gegenvormund oder FamG mit dem Antrag auf Genehmigung wenden. Wendet sich der Vormund erfolglos an den Gegenvormund, so steht ihm gleichfalls der Weg zum FamG offen. Die Zustimmung des einen macht die Weigerung des anderen wirkungslos; eine vorgreifliche Befassung des Gegenvormunds ist nahe liegend, vom Gesetz aber nicht geboten. Entscheidet das FamG, so ist der Gegenvormund nach § 1826 zu hören. Ist ein Gegenvormund nicht bestellt, so ist die Genehmigung des FamG auch dann nötig, wenn die Vormundschaft von mehreren Vormündern gemeinschaftlich geführt wird (arg. e contrario: bei § 1809 befindet sich keine dem § 1810 S. 2 und § 1812 Abs. 3 entsprechende Ausnahmeregelung). Zur Genehmigung des Gegenvormunds oder des FamG s. im Übrigen §§ 1832, 1828 bis 1831.

IV. Verletzung der Verpflichtung zum Treffen einer Sperrvereinbarung

10 **1. Kontrolle durch das Familiengericht.** Das FamG hat die Einhaltung der Verpflichtung des Vormunds nach § 1809 auch außerhalb der periodischen Rechnungslegung zu überwachen.[10] Das gilt auch in Ansehung der Verpflichtung des Vormunds zur Sperrung bereits vorgefundener Anlagen (Rn. 3): Das FamG hat auf ihre Sperrung hinzuwirken, gegebenenfalls Hinterlegung des Depotscheins oder Sparkassenbuches gem. § 1818 zu veranlassen.

11 **2. Leistung mit befreiender Wirkung. a) Leistung der Anlagestelle.** Ist entgegen § 1809 eine Sperrung unterblieben, so fehlt es im Allgemeinen an der Beschränkung der Vertretungsmacht; durch die ungenehmigte Auszahlung an den Vormund leistet die Anlagestelle also mit befreiender Wirkung zu Lasten des Mündels.[11] Anders bei Sparkassen, soweit sie kraft Gesetzes oder Satzung verpflichtet sind, Geld, das erkennbar Mündelgeld und auch nicht „bereitzuhalten" (§ 1806) ist, nur unter den Voraussetzungen des § 1809 auszuzahlen. Eine befreiende Auszahlung an den Vormund scheidet hier schlechthin aus; dem Sperrvermerk im Sparbuch kommt nur deklaratorische Bedeutung zu. Bereitzuhaltendes Geld kann der Vormund deshalb nur mit ausdrücklicher abweichender Vereinbarung bei der Sparkasse einzahlen.[12]

12 **b) Schadensersatzanspruch.** Soweit die Anlagestelle – mangels Sperrung – mit befreiender Wirkung an den Vormund leistet, kommt neben der Haftung des Vormunds (aus § 1833, evtl. § 816 Abs. 2) ein Schadensersatzanspruch des Mündels gegen die Anlagestelle aus culpa in contrahendo

---

[6] *Soergel/Zimmermann* Rn. 2; *Fiala/Müller/Braun* Rpfleger 2002, 389, 396; vgl. RGZ 85, 416, 422.
[7] LG Berlin Rpfleger 1988, 186; *Staudinger/Engler* Rn. 14; *Erman/Saar* Rn. 4.
[8] KG KGJ 43, 58.
[9] Vgl. BayObLGZ 1959, 1.
[10] RGZ 88, 266.
[11] *Staudinger/Engler* Rn. 16; *Dölle* § 127 II 4.
[12] *Soergel/Zimmermann* Rn. 5.

(§§ 311 Abs. 2, 241 Abs. 2, 280 Abs. 1) in Betracht, wenn der Vormund erkennbar in dieser Eigenschaft gehandelt und die rechtskundige Anlagestelle versäumt hat, ihn auf die Notwendigkeit gesperrter Anlage aufmerksam zu machen.

V. Parallelvorschriften

§ 1809 gilt entsprechend für die Pflegschaft (§ 1915 Abs. 1) mit Ausnahme der Amts- oder Vereinspflegschaft (§ 1915 Abs. 1 iVm. § 1857a). Ebenso gilt § 1809 für die Betreuung (§ 1908i Abs. 1), allerdings nicht für die Betreuung durch Vereins- oder Behördenbetreuer (§ 1897 Abs. 2; § 1908i Abs. 2 iVm. § 1857a) sowie durch Behörde oder Verein selbst (§ 1900 Abs. 2, 4; § 1908i Abs. 1 S. 1 iVm. § 1857a). 13

§ 1810 Mitwirkung von Gegenvormund oder Familiengericht

¹Der Vormund soll die in den §§ 1806, 1807 vorgeschriebene Anlegung nur mit Genehmigung des Gegenvormunds bewirken; die Genehmigung des Gegenvormunds wird durch die Genehmigung des Familiengerichts ersetzt. ²Ist ein Gegenvormund nicht vorhanden, so soll die Anlegung nur mit Genehmigung des Familiengerichts erfolgen, sofern nicht die Vormundschaft von mehreren Vormündern gemeinschaftlich geführt wird.

I. Normzweck

Zur **Vermögensanlage** soll der Vormund auch bei mündelsicherer Geldanlage die Genehmigung entweder des Gegenvormunds, eines Mitvormunds nach § 1797 Abs. 1 S. 1 oder des FamG einholen müssen: Ziel dieser bloßen Ordnungsvorschrift („soll") ist nicht die Überprüfung potentiell riskanter Geschäfte, sondern die umfassende familiengerichtliche Kontrolle des Vormunds bei der Vermögensverwaltung für den Mündel. 1

II. Genehmigung auch für mündelsichere Geldanlagen

1. Grundsatz. Die Vorschrift begründet ein Genehmigungserfordernis auch für eine nach §§ 1806, 1807 erfolgende, also ohnehin „mündelsichere" Geldanlage. Insoweit ergänzt die Vorschrift den § 1811, der ein – dort allerdings zwingendes – Genehmigungserfordernis für jede von den §§ 1806, 1807 abweichende Anlage von Mündelgeld statuiert. 2

2. Sollvorschrift ohne Außenwirkung. Eine Verletzung der Ordnungsvorschrift hat – ähnlich wie bei § 1645 – keinerlei Außenwirkung: Das Anlagegeschäft ist unabhängig davon wirksam, ob die Genehmigung vom Vormund nachgesucht und erteilt wird. Allerdings kann die Verletzung der Vorschrift Schadensersatzpflichten des Vormunds auslösen (§ 1833), obwohl die Geldanlage den §§ 1806, 1807 entspricht. Außerdem kann das FamG durch Maßnahmen nach §§ 1837 Abs. 2 bis 4, 1886 die Einhaltung der Vorschrift erzwingen. Die Vorschriften der §§ 1832, 1828 bis 1831 sind mangels Außenwirkung der Genehmigung nicht anwendbar. Die Genehmigung kann formlos und auch gegenüber der Anlagestelle erklärt werden.[1] Sie kann auch nachträglich erfolgen. 3

3. Wahlweise Genehmigung durch Gegenvormund oder Familiengericht. Auch wenn ein Gegenvormund vorhanden ist, genügt in jedem Fall die Genehmigung des FamG.[2] Der Vormund kann also statt des Gegenvormunds auch unmittelbar das FamG um Genehmigung anrufen; der Gegenvormund ist dann gemäß § 1826 zu hören. Genehmigt das FamG die Geldanlage, obwohl die Voraussetzungen der §§ 1806, 1807 nicht erfüllt sind, ist die Genehmigung als Gestattung nach § 1811 anzusehen. 4

4. Genehmigungspflicht bei Mitvormundschaft. Bei geteilter Mitvormundschaft (§ 1797 Abs. 2) ist die Genehmigung des Gegenvormunds oder des FamG erforderlich. Die Genehmigungspflicht entfällt hingegen gem. S. 2 bei gemeinschaftlicher Führung der Mitvormundschaft, sofern nicht ausnahmsweise auch hier ein Gegenvormund bestellt wurde. Bestehen Meinungsverschieden- 5

---

[1] *Soergel/Zimmermann* Rn. 2; *Dölle* § 127 II 5.
[2] *Soergel/Zimmermann* Rn. 2; *Dölle* § 127 II 5.

heiten unter den Mitvormündern, so entscheidet gem. § 1797 Abs. 1 S. 2 das FamG (Richter, § 14 Abs. 1 Nr. 5 RPflG). Jedoch kann das FamG nicht die Zustimmung eines Mitvormunds formell ersetzen;[3] vielmehr ist der unterlegene Mitvormund verpflichtet, an der Verwirklichung der Entscheidung des FamG mitzuwirken.

6 **5. Unanwendbarkeit.** Das FamG kann den Vormund gemäß § 1817 vom Genehmigungserfordernis des § 1810 befreien. Generell ist § 1810 nicht anwendbar bei befreiter Vormundschaft (§§ 1852 Abs. 2, 1855), ferner nicht beim Vereins- und Amtsvormund (§ 1857a). Auch kann im Fall des § 1803 vom Zuwendenden die Befreiung von § 1810 wirksam bestimmt sein.

III. Verfahren

7 Die Entscheidung des FamG (Rechtspfleger, § 3 Nr. 2a RPflG) wird mit der Bekanntmachung an den Vormund gemäß § 40 Abs. 1 FamFG **wirksam**; § 40 Abs. 2 FamFG ist mangels Außenwirkung der Genehmigung nicht anwendbar.[4] Zur **Anhörung** des Gegenvormunds § 1826.

8 **Gegen die Genehmigung** durch das FamG steht dem Gegenvormund die **Beschwerde** gem. § 59 Abs. 1 FamG (iVm. § 11 Abs. 1 RPflG) nur zu, wenn er nicht vorher gemäß § 1826 gehört wurde.[5] Im Übrigen ist der Gegenvormund mangels Beeinträchtigung eigener Rechte nicht beschwerdeberechtigt, wenn das FamG die Genehmigung erteilt – und zwar auch dann nicht, wenn der Gegenvormund zuvor seine Genehmigung verweigert hatte: Da die Genehmigung des Gegenvormunds nicht primär erforderlich ist, handelt es sich bei der Genehmigung durch das FamG nicht um eine „echte", den Gegenvormund in seiner Befugnis zur begleitenden Vermögenssorge beeinträchtigende Ersetzung.[6] **Gegen die Verweigerung** der Genehmigung kann nicht nur der Mündel (und in seinem Namen auch der Vormund als gesetzlicher Vertreter), sondern – nach der hier vertretenen Auffassung - auch der Vormund im eigenen Namen Beschwerde einlegen: Er ist gem. § 59 Abs. 1 FamFG in seiner Amtsführung und seinem Recht auf Vermögenssorge für den Mündel beeinträchtigt;[7] die Rechtslage entspricht insoweit der Situation bei 1828, obschon dort eine Außengenehmigung in Frage steht (siehe § 1828 Rn. 51).

IV. Parallelvorschriften

9 § 1810 gilt auch für Pflegschaft (§ 1915 Abs. 1) und Betreuung (§ 1908i Abs. 1 S. 1).

§ 1811 Andere Anlegung

[1]Das Familiengericht kann dem Vormund eine andere Anlegung als die in § 1807 vorgeschriebene gestatten. [2]Die Erlaubnis soll nur verweigert werden, wenn die beabsichtigte Art der Anlegung nach Lage des Falles den Grundsätzen einer wirtschaftlichen Vermögensverwaltung zuwiderlaufen würde.

Übersicht

	Rn.		Rn.
I. Normzweck	1, 2	b) Fallgruppen	6–9
1. Möglichkeit der Genehmigung anderer wirtschaftlich sinnvoller Anlagen	1	2. Kriterien der Genehmigung	10–17
		a) Allgemein	10–13
2. Entwicklung der Norm	2	b) Insbesondere: Wirtschaftlichkeit der geplanten Anlage	14
II. Reichweite des Genehmigungserfordernisses	3, 4	c) Insbesondere: Sicherheit der geplanten Anlage	15, 16
		d) Sachfremde Kriterien	17
III. Voraussetzungen der Genehmigung	5–9	IV. Erteilung und Fehlen der Genehmigung	18, 19
1. Genehmigung keine Ausnahme	5–9	1. Nur Genehmigung einer konkreten Anlage	18
a) Effektive Vermögensverwaltung	5		

---

[3] *Dölle* § 127 II 5.
[4] *Palandt/Diederichsen* Rn. 1; *Kierig* NJW 2010, 1436; *Wesche* Rpfleger 2010, 403. Für den Fall des § 1810 S. 1 HS. 2 auch *Keidel/Meyer-Holz* FamFG § 40 Rn. 43.
[5] KG RJA 4, 73, 75; KG KGJ 38, 44; hM.
[6] KG KGJ 38, 44; hM., vgl. etwa *Staudinger/Engler* Rn. 13; *Erman/Saar* Rn. 2.
[7] Wie hier *Erman/Saar* § 1811 Rn. 7.

	Rn.		Rn.
2. Wirkung bei Fehlen der Genehmigung	19	VI. Verfahren	21
V. Amtsvormund	20	VII. Parallelvorschriften	22

I. Normzweck

1. Möglichkeit der Genehmigung anderer wirtschaftlich sinnvoller Anlagen. Satz 1 **1** der Norm ermächtigt das FamG, dem Vormund eine andere Anlage von Mündelgeld als in den „mündelsicheren" Formen des § 1807 zu gestatten. Satz 2 fügt eine Richtschnur zugunsten der wirtschaftlichen Bewegungsfreiheit des Vormunds hinzu. Die Interpretation des § 1811 entscheidet über die Möglichkeiten, die für die vormundliche Vermögensverwaltung bestehen. Umso schwerer wiegt der Umstand, dass in Rechtsprechung und Literatur stark divergierende Auffassungen über die Tragweite der Vorschrift vertreten werden.

2. Entwicklung der Norm. Die geltende Fassung beruht hauptsächlich auf dem Reichsgesetz **2** vom 23. 6. 1923 (RGBl. I S. 411). Nach der ursprünglichen Fassung des Gesetzes konnte das Gericht dem Vormund eine abweichende Geldanlage nur aus besonderen Gründen gestatten.[1] Die Vorschrift wurde zuletzt durch das BtG neugefasst (keine Verweisung mehr auf § 1808, da diese Vorschrift außer Kraft getreten ist). Tangiert ist die Vorschrift ferner durch § 56 Abs. 2 S. 2 SGB VIII, nach dem sie gegenüber dem Jugendamt als Amtsvormund und Amtspfleger nicht anzuwenden ist.

II. Reichweite des Genehmigungserfordernisses

Nach § 1811 kann das FamG dem Vormund nicht nur eine andere als die in § 1807 vorgesehene **3** Art verzinslicher Anlagen gestatten. Es kann dem Vormund auch eine überhaupt nicht verzinsliche, sondern Dividendenanrechte begründende Anlage, etwa in Aktien oder Fonds-Anteilen, erlauben. § 1811 enthält – über seinen Wortlaut hinaus – nicht nur eine Ausnahme von § 1807 (Mündelsicherheit), sondern auch von § 1806 (Verzinslichkeit).[2]

Im Übrigen hängt die Tragweite der Vorschrift maßgebend vom Verständnis des § 1806 als der **4** Grundlage des § 1807 ab: Soweit der von §§ 1806, 1807 gezogene Handlungsspielraum reicht, ist für eine Genehmigung nach § 1811 kein Raum. Nach der hier vertretenen Auffassung ziehen die §§ 1806, 1807 dem Vormund enge Grenzen: Danach unterliegt diesen Vorschriften jegliche Anlage von Mündelgeld; eine Abweichung lässt sich weder als „andere nutzbringende Verwendung" rechtfertigen noch damit begründen, dass mit ihr Mündelgeld zur Bestreitung von Ausgaben – nämlich für eine anderweitige Vermögensanlage – bereitgehalten werde (vgl. § 1806 Rn. 8, 14). Daraus folgt für die Reichweite des § 1811: Jede Anlage von Mündelgeld, die abweichend von § 1806 nicht verzinslich erfolgen soll (wie etwa der Erwerb von Grundbesitz, Edelmetallen, Kunstwerken, Patenten, Lizenzen, Aktien, Fonds-Anteilen) ist nur bei familiengerichtlicher Gestattung zulässig; dasselbe gilt für jede Anlage von Mündelgeld, die zwar verzinslich, aber nicht in den Formen des § 1807 bewirkt werden soll. Ob die von §§ 1806, 1807 abweichende Anlageform besonders ertragbringend ist oder nicht, bleibt für das Genehmigungserfordernis – nicht für die Erteilung der Genehmigung – ohne Belang.

III. Voraussetzungen der Genehmigung

1. Genehmigung keine Ausnahme. a) Effektive Vermögensverwaltung. Die hM leitet **5** aus der Entstehungsgeschichte der Norm den Ausnahmecharakter der familiengerichtlichen Gestattung ab; diese soll nur erfolgen dürfen, wenn die geplante Anlage im Rahmen einer wirtschaftlichen Vermögensverwaltung gerechtfertigt ist und eindeutige Vorteile gegenüber der Anlage nach § 1807 erkennen lässt.[3] Dabei soll leitender Grundsatz sein, dass dem Ziel der Erhaltung des Mündelvermögens der Vorrang gebührt vor dem seiner Vermehrung.[4] Diese Interpretation erschwert eine effek-

---

[1] Zur Auswirkung der aF auf die Mündelvermögen in der Inflationszeit siehe *Thümmel*, Die Vorschriften zur Anlegung von Mündelgeld, 1983, S. 289 ff. Vgl. insbesondere BayObLGZ 22, 26; KG Recht 1923 Nr. 1355.
[2] Darüber, dass eine solche Gestattung des Gerichts zulässig ist, besteht weithin Übereinstimmung, vgl. KG JFG 17, 209; BayObLGZ 22, 26 und 22, 124; KG DFG 1938, 69.
[3] RGZ 128, 309, 315; KG JW 1934, 2343; KG JW 1929, 2159; KG NJW 1968, 55; KG FamRZ 1970, 40, 41 (am Ende); OLG Hamm NJW 1953, 186; OLG Saarbrücken OLGZ 1970, 212; OLG Frankfurt Rpfleger 1984, 147; BayObLG JFG 5, 104, 106; LG Göttingen BB 1957, 907; LG Berlin JR 1963, 183, 184; LG Münster Rpfleger 1962, 445; LG Mannheim NJW 1962, 1017; großzügiger LG Hannover FamRZ 1967, 169.
[4] OLG Dresden JFG 6, 96; LG Berlin JR 1961, 183; zum Schutzzweck der §§ 1806 ff. BayObLG FamRZ 2005, 389; vgl. auch OLG Frankfurt NJW-RR 2002, 1660, 1661.

tive Vermögensverwaltung des Vormunds beträchtlich und führt dazu, dass die Anlagen nach § 1807 die Praxis der Mündelgeldanlage bestimmen.[5] Dabei waren es gerade die vom Gesetz vorgesehenen „mündelsicheren Anlagen", die aus den Wirtschaftskatastrophen des 20. Jahrhunderts in besonderem Maß entwertet hervorgingen.[6] Auch eine juristische Interpretation der Vorschrift ergibt keineswegs den Ausnahmecharakter der familiengerichtlichen Gestattung; S. 2 des § 1811 spricht eindeutig dagegen. Aus der Fassung des S. 2 als „Soll-Vorschrift" ergibt sich lediglich, dass dem Gericht ein gewisser Spielraum für rechtmäßige Ablehnungsentscheidungen zugestanden wird.

6 **b) Fallgruppen.** Für den Entscheidungsspielraum des Gerichts lassen sich folgende Fallgestaltungen unterscheiden:

7 Es gibt Fälle, in denen das Gericht die Erlaubnis erteilen kann, aber von Rechts wegen nicht muss, nämlich dann, wenn die anderweitige Anlage zwar wirtschaftlich vertretbar ist, aber auch keine signifikanten Vorteile gegenüber den Anlageformen des § 1807 bietet.[7]

8 Demgegenüber hat das Gericht die Gestattung zu erteilen, wenn die in Aussicht genommene Anlage (als Einzelanlage oder als Gesamtkonzept) gegenüber den Anlagen des § 1807 evidente Vorteile bietet.

9 Schließlich gibt es Fälle, in denen wegen drohender Gefährdung des Mündelvermögens die Erlaubnis versagt werden muss.[8]

10 **2. Kriterien der Genehmigung. a) Allgemein.** Der von der hM aufgestellte Grundsatz, eine Anlage dürfe nicht gestattet werden, wenn sie nur eine der Anlage nach § 1807 gleichwertige Sicherheit und Rendite garantiere,[9] findet im Gesetz keine Stütze.[10] Vielmehr sind die Vor- und Nachteile der in Aussicht genommenen Anlagen unter den folgenden Zielsetzungen zu würdigen:

11 Die Substanz des Vermögens ist, soweit nach den allgemeinen wirtschaftlichen Verhältnissen möglich, zu erhalten.

12 Das Vermögen soll Erträge abwerfen, aus denen der Mündel einen angemessenen Unterhalt beziehen kann.

13 Soweit darüber hinausgehende Erträge ohne Gefährdung der Vermögenssicherheit erzielt werden können, sind sie zum Zwecke der Vermögensmehrung anzustreben. Allgemein ist in der gerichtlichen Praxis zu beachten, dass es, wie die Wirtschaftskrisen und Wechselfälle gezeigt haben, die „absolut sichere" Vermögensanlage nicht gibt, dass ferner zwischen dem Ziel der Sicherheit und der Ertragserzielung häufig Kompromisse zu schließen sind und dass – namentlich bei größeren Vermögen – eine Diversifizierung der Anlagen am ehesten den genannten Zielen gerecht werden wird. So betrachtet werden bei beträchtlichem Anlagevolumen Erlaubnisse nach § 1811 oft geradezu notwendig sein; die Praxis ist indes vielfach von der Fixierung auf die Anlagen des § 1807 noch nicht losgekommen.

14 **b) Insbesondere: Wirtschaftlichkeit der geplanten Anlage.** Das Gericht hat die konkrete Anlage auf ihre Wirtschaftlichkeit unter den oben genannten Kriterien zu prüfen; selbstverständlich kann dies nur bei Würdigung der gesamten Vermögenssituation des Mündels und der allgemeinen wirtschaftlichen Verhältnisse sinnvoll erfolgen. Bei der Frage, ob die geplante Anlage Vorteile oder Nachteile bringt, sind alle Anlagekonditionen (einschließlich Disagio/Agio, zeitliche Bindung, Wertsicherungsklauseln, Kurssicherung, steuerliche Implikationen, günstige Kreditgewährung etc.) zu berücksichtigen. Das Gericht ist jedenfalls zur Ablehnung der anderweitigen Anlage befugt, wenn der antragstellende Vormund für die Abweichung von § 1807 keine plausiblen Gründe sichtbar

---

[5] Siehe die rechtstatsächlichen Erhebungen bei *Thümmel* (Fn. 1) S. 67 ff. Gegen den Ausnahmecharakter der Norm auch *Bamberger/Roth/Bettin* Rn. 3. Vgl. auch *Gernhuber/Coester-Waltjen* § 72 Rn. 27: Je zurückhaltender nicht mündelsichere Anlagen behandelt würden, desto weniger könne § 1811 seinen Zweck erreichen. In § 1811 wirke in Ansätzen „das Ende vom Mythos der mündelsicheren Anlage".

[6] Belege bei *Thümmel* (Fn. 1) S. 289 ff.; siehe auch *Fiala/Müller/Braun* Rpfleger 2002, 389, 397.

[7] Siehe die „großzügigen" Entscheidungen OLG Darmstadt JW 1928, 3057; KG JFG 4, 60; OLG Dresden JFG 6, 96; in einer Reihe von Entscheidungen beschränkt sich die Großzügigkeit allerdings auf die Großbanken, vgl. nur LG Hannover FamRZ 1965, 163; LG Mannheim NJW 1962, 1017. Ich kann der Meinung nicht folgen, dass das Gericht „gleichwertige" andere Anlagen genehmigen *müsse*; dagegen spricht die Fassung des § 1811 S. 2 als Sollvorschrift; auch wären die Gerichte mit der Aufgabe, die Gleichwertigkeit von Anlagen exakt festzustellen, überfordert.

[8] Abweichend davon vertrat die 1. Aufl. (Rn. 6) die Meinung, eine Verpflichtung des Vormundschaftsgerichts zur Ablehnung bei wirtschaftswidriger Anlage bestehe nicht. Diese Auffassung ist mit der Kontrollfunktion des Gerichts unvereinbar; vgl. auch *Gernhuber/Coester-Waltjen* § 72 Rn. 26 Fn. 35; siehe andererseits aber KG KGJ 37, 65; *Dölle* § 126 II 3 b ii.

[9] Nachweise oben Fn. 3.

[10] In gleicher Richtung *Lindacher* BB 1963, 1242; *Sichtermann*, Das Recht der Mündelsicherheit, 3. Aufl. 1980, S. 55; vgl. auch OLG Darmstadt JW 1928, 3057; KG JFG 4, 60; OLG Dresden JFG 6, 96.

machen kann und dem Gericht – gegebenenfalls unter Zuhilfenahme eines Sachverständigen[11] – Vorteile nicht erkennbar sind. Das Gericht darf die Erlaubnis andererseits nicht versagen, wenn die geplante Anlage gegenüber der nach § 1807 evidente Vorteile (zB gleiche Sicherheit und zugleich höheren Ertrag) bietet oder als Gesamtanlage eindeutig sinnvoller ist als die ausschließliche Anlage nach § 1807.

c) Insbesondere: Sicherheit der geplanten Anlage. Bei der Entscheidung des Gerichts bildet die Frage nach der Sicherheit der geplanten Anlage einen wesentlichen – wenngleich nicht den einzigen – Gesichtspunkt.[12] Der Anwendungsbereich des § 1811 erscheint wesentlich reduziert, seit das BtG Anlagen bei anderen Kreditinstituten, die einer ausreichenden Einlagensicherung angeschlossen sind, den Anlagen bei öffentlichen Sparkassen in § 1807 Abs. 1 Nr. 5 gleichgestellt hat (siehe § 1807 Rn. 20 ff.).

Problematisch ist die Nachprüfung der **Sicherheit bei Aktien und Investmentpapieren**, da die Kursschwankungen auch bei günstiger Bankexpertise letztlich nicht vorherzusehen sind. Daher sind die Gerichte bei Gestattung derartiger Anlagen zurückhaltend.[13] Das ist – gerade auch nach den Erfahrungen mit der neueren Wirtschaftsentwicklung – verständlich und tendenziell wohl richtig. Andererseits entspricht insbesondere bei beträchtlichen Vermögen eine auch Aktien nicht generell und von vornherein aussparende Streuung auf verschiedene Anlagearten vielfach einer ausgewogenen Vermögensverwaltung[14] – dies umso mehr, als bei den Anlagen nach § 1807 das Risiko des Währungsverfalls offenkundig geworden ist.[15] Freilich ist einer einseitigen Vermögensanlage und jedem Engagement spekulativer Art zu wehren. Unter diesen Aspekten sind bei größeren Vermögen für längerfristige Anlagen auch Renten- oder Aktienfonds in Betracht zu ziehen.[16] Interessenverbände veröffentlichen Übersichten über die gerichtliche Genehmigungspraxis.[17] Besondere Vorsicht ist bei ausländischen Papieren am Platze, wenn ihre Sicherheit nicht mindestens denen der Anlagen nach § 1807 entspricht.[18] Zutreffenderweise ist die Anlage bei einer KG, die (mit einer GmbH als Komplementärin) auf dem ausländischen Grundstücksmarkt aktiv war, nicht als hinreichend sicher angesehen worden.[19]

d) Sachfremde Kriterien. Die Gründe, die eine anderweitige Anlage tragen, können sowohl in den besonderen Umständen des Einzelfalls[20] als auch in der allgemeinen wirtschaftlichen Entwicklung liegen.[21] Stets muss die Erlaubnis auf wirtschaftliche Gründe im Mündelinteresse gestützt sein. Die Gestattung eines Mündeldarlehens an die Mutter des Mündels, um diese vom wirtschaftlichen Ruin zu retten, ist mit den Zielen der vormundlichen Vermögensverwaltung nicht zu vereinbaren.[22]

IV. Erteilung und Fehlen der Genehmigung

1. Nur Genehmigung einer konkreten Anlage. Die Gestattung nach § 1811 kann nur für individuell bezeichnete Anlagen, nicht abstrakt für künftige Anlagen oder Anlagearten erteilt wer-

---

[11] OLG Schleswig Rpfleger 2000, 112 = BtPrax 2000, 87.
[12] Vgl. KG JFG 6, 92; RGZ 128, 309.
[13] Siehe LG Berlin JR 1961, 183: Ablehnung des Erwerbs von Volkswagen-Aktien trotz vorteilhaften Ausgabekurses; ferner KG DFG 1938, 69; krit. zur Tendenz in der Judikatur *Werkmüller/Oyen* Rpfleger 2003, 66, 67 f.
[14] OLG München FamRZ 2009, 1860, 1861; OLG Frankfurt FamRZ 2003, 59. So auch *Palandt/Diederichsen* Rn. 2 („nach wie vor Streuung"). Vgl. generell *Münchmeyer* DRiZ 1963, 229.
[15] Vgl. *Gernhuber/Coester-Waltjen* § 72 Rn. 27; *Thümmel* (Fn. 1) S. 260 ff.; *Klotz*, Die rechtstatsächliche und rechtspolitische Bedeutung der Vorschriften über die Anlage von Mündelgeld, 1966, S. 64 ff.
[16] OLG München FamRZ 2009, 1860, 1861 (Renten- und Aktienfonds); *Palandt/Diederichsen* Rn. 2 (betr. Aktien, Renten- und Aktienfonds). Vgl. auch: OLG Schleswig Rpfleger 2000, 112 = BtPrax 2000, 87 (Renten- und Aktienfonds); OLG Köln FamRZ 2001, 708 (Aktienfonds); OLG Frankfurt FamRZ 2003, 59 (Immobilienfonds); LG Kempen FamRZ 2009, 724 (Gold). Vgl. ferner *Vogt* Rpfleger 1996, 389; *Wesche* BtPrax 2003, 56, 58; weitergehend aber *Werkmüller/Oyen* Rpfleger 2003, 66, 68 ff., für „innovative Anlageformen".
[17] So etwa im Internet der Bundesverband Investment und Asset Management. Einzelfälle auch bei jurisPK/*Lafontaine* Rn. 19 ff.
[18] Erstaunlich LG Bielefeld NJW 1970, 203 (US-Investment-Zertifikate). Vgl. BayObLG Rpfleger 1985, 182 (kanadische Staatspapiere; evtl. Einholen eines Gutachtens eines Bankenverbandes oder der heutigen Bundesanstalt für Finanzdienstleistungsaufsicht).
[19] LG Darmstadt NJW 1979, 274.
[20] Vgl. etwa OLG Frankfurt FamRZ 2003, 59; OLG Hamm NJW 1953, 186; LG Göttingen BB 1957, 907 (bereits bestehende Beziehungen zum Kreditinstitut).
[21] Vgl. etwa RGZ 128, 309, 313; KG JFG 6, 92; KG NJW 1968, 55; OLG Celle WM 1961, 1362; OLG Hamm NJW 1953, 186.
[22] *Gernhuber/Coester-Waltjen* § 72 Rn. 26 Fn. 35; aA KG KGJ 37, 65; *Dölle* § 126 II 3 b ii. Zur Genehmigungsbedürftigkeit eines solchen Elterndarlehens vgl. auch OLG Köln FamRZ 2000, 42.

§ 1812   Abschnitt 3. Titel 1. Vormundschaft

den;[23] allerdings kann das FamG den Vormund gemäß § 1817 auch allgemein von den Vorgaben der §§ 1806, 1807 befreien. Die Vorschriften der §§ 1828 ff. sind auf die Gestattung nach § 1811, weil nicht nach außen wirkend (vgl. Rn. 19), nicht anzuwenden.[24]

19   **2. Wirkung bei Fehlen der Genehmigung.** Das Anlagegeschäft, das trotz Fehlens der nach § 1811 erforderlichen Erlaubnis getätigt wurde, ist gleichwohl wirksam,[25] doch trifft den Vormund die Haftung unter den Voraussetzungen des § 1833. Umgekehrt kann ein haftungsauslösendes Verschulden auch darin liegen, dass der Vormund sich entgegen evidenter wirtschaftlicher Vernunft in der konkreten Situation mit den Anlagen nach § 1807 begnügt (vgl. § 1807 Rn. 3);[26] allerdings darf man hier die Anforderungen an die wirtschaftliche Voraussicht des Vormunds nicht überspannen; bei der derzeitigen Gesetzeslage und Genehmigungspraxis wird eine Haftung für unterlassene anderweitige Anlage nur in ganz eklatanten Fällen der Fehldisposition in Betracht kommen. Genehmigt das FamG die Anlage, so ist gleichfalls eine Haftung des Vormunds nicht völlig ausgeschlossen.[27] Erlaubt das FamG eine eindeutig nachteilige Anlage oder verwehrt es eine evident vorteilhafte, so kommt auch die Staatshaftung in Betracht.

V. Amtsvormund

20   Nach § 56 Abs. 2 S. 2 SGB VIII ist das Jugendamt als Amtsvormund vom Erfordernis familiengerichtlicher Gestattung befreit. Das bedeutet nach dem Zusammenspiel des § 1811 mit den §§ 1806, 1807, dass das Jugendamt nicht an den Kanon mündelsicherer Anlageformen in § 1807 gebunden und ihm darüber hinaus auch eine von § 1806 abweichende nichtverzinsliche Anlage von Mündelgeld gestattet ist. Diese – riskante – Weite des dem Jugendamt entgegengebrachten Vertrauens kollidiert freilich mit der Bindung an die Anlageformen des § 1807, welche die § 1805 S. 2, § 56 Abs. 3 S. 2 SGB VIII dem Jugendamt auferlegen, wenn es Mündelgeld bei seiner Errichtungskörperschaft anlegen will. Angesichts der traditionellen Schwierigkeit, die dem KJH-Gesetzgeber eine juristisch nachvollziehbare Ausgestaltung seines Normengefüges bereitet, lassen sich aus solchen Diskrepanzen freilich keine Rückschlüsse auf einen „wahren" legislativen Willen ziehen.[28]

VI. Verfahren

21   Die Entscheidung des FamG (Rechtspfleger, § 3 Nr. 2a RPflG) wird mit der Bekanntmachung an den Vormund gemäß § 40 Abs. 1 FamFG **wirksam**; § 40 Abs. 2 FamFG ist mangels Außenwirkung der Gestattung nicht anwendbar. Zur **Anhörung** des Gegenvormunds § 1826. Zum **Beschwerderecht** des Vormunds gegen die Versagung der Gestattung gilt das zu § 1810 (dort Rn. 8) Gesagte.

VII. Parallelvorschriften

22   § 1811 gilt gem. § 1915 Abs. 1 auch für den Pfleger und gem. § 1908i für den Betreuer entsprechend. Die §§ 1806, 1807, 1811 sind – sinnvoll oder nicht – mangels einer dem § 56 Abs. 2 Satz 2 SGB VIII entsprechenden Befreiungsvorschrift auch dann uneingeschränkt anwendbar, wenn die Betreuungsbehörde als solche zum Betreuer bestellt ist.

§ 1812 Verfügungen über Forderungen und Wertpapiere

(1) ¹Der Vormund kann über eine Forderung oder über ein anderes Recht, kraft dessen der Mündel eine Leistung verlangen kann, sowie über ein Wertpapier des Mündels nur mit Genehmigung des Gegenvormunds verfügen, sofern nicht nach den §§ 1819 bis 1822 die Genehmigung des Familiengerichts erforderlich ist. ²Das Gleiche gilt von der Eingehung der Verpflichtung zu einer solchen Verfügung.

---

[23] *Soergel/Zimmermann* Rn. 8; *Staudinger/Engler* Rn. 22.
[24] RG JW 1917, 290; RG JW 1938, 3167; hM.
[25] Vgl. RG JW 1917, 290; *Fiala/Müller/Braun* Rpfleger 2002, 389, 390.
[26] *Dölle* § 126 II 3 b ii; *Staudinger/Engler* Rn. 19.
[27] Vgl. BGH MDR 1962, 466; BGH JZ 1964, 324.
[28] Kritisch zur Gesetzesfassung auch *Staudinger/Engler* Rn. 25.

(2) Die Genehmigung des Gegenvormunds wird durch die Genehmigung des Familiengerichts ersetzt.

(3) Ist ein Gegenvormund nicht vorhanden, so tritt an die Stelle der Genehmigung des Gegenvormunds die Genehmigung des Familiengerichts, sofern nicht die Vormundschaft von mehreren Vormündern gemeinschaftlich geführt wird.

Übersicht

	Rn.		Rn.
I. Normzweck. Systematische Stellung der Vorschrift	1–4	4. Begriff der Verfügung	21–35
1. Weitreichende Beschränkung der rechtsgeschäftlichen Bewegungsfreiheit	1	a) Allgemeines	21–24
		b) Insbesondere: Schuldübernahme durch Dritte, Verfügung Dritter über das Mündelvermögen	25, 26
2. Genehmigungspflichtige Rechtsgeschäfte	2, 3	c) Insbesondere: Annahme einer dem Mündel geschuldeten Leistung	27, 28
3. Einschränkung der gesetzlichen Vertretungsmacht	4	d) Insbesondere: Aufrechnung	29, 30
		e) Insbesondere Grundpfandrechte	31–34
II. Allgemeines zum Anwendungsbereich der Norm	5–8	f) Insbesondere: Prozesshandlungen und Zwangsvollstreckungsmaßnahmen	35
1. Genehmigungspflicht	5	5. Verfügungen, zu deren Vornahme der Mündel verpflichtet ist	36
2. Verfügung über Mündelvermögen	6	**IV. Verpflichtungsgeschäfte über genehmigungsbedürftige Verfügungen**	37, 38
3. Nur Rechtsgeschäfte kraft gesetzlicher Vertretungsmacht	7	1. Genehmigung auch für Verpflichtungsgeschäfte	37
4. Keine Genehmigungspflicht bei Vollstreckungshandlungen Dritter	8	2. Erstreckung der Genehmigung auf die Verfügung	38
III. Begriff und Gegenstand der Verfügung	9–36	**V. Genehmigungsverfahren**	39–42
1. Weite Gesetzesfassung	9, 10	1. Genehmigungserteilung durch Gegenvormund oder Familiengericht	39
2. Einschränkende Interpretation	11–13	2. Pflicht zur Genehmigungserteilung	40
a) Nur Geldforderungen?	11, 12	3. Wirksamwerden der Entscheidung, Beschwerde	41, 42
b) Nur Maßnahmen der Vermögenssorge	13	**VI. Rechtsfolge bei Geschäftsvornahme ohne Genehmigung**	43
3. Verfügungsgegenstand	14–20	**VII. Parallelvorschriften**	44
a) Forderungen	14–17		
b) Andere Rechte, kraft derer der Mündel eine Leistung verlangen kann	18, 19		
c) Wertpapiere	20		

I. Normzweck. Systematische Stellung der Vorschrift

1. Weitreichende Beschränkung der rechtsgeschäftlichen Bewegungsfreiheit. § 1812 ordnet zum Schutze des Mündels eine weitreichende Beschränkung der rechtsgeschäftlichen Bewegungsfreiheit des Vormunds an. Zusammen mit den §§ 1819 bis 1822 bewirkt die Vorschrift ein System von Behinderungen der Vermögenssorge, dessen Sinn in Frage gestellt werden muss.

2. Genehmigungspflichtige Rechtsgeschäfte. Nach § 1812 bedürfen der Genehmigung des Gegenvormunds (Abs. 1) oder des FamG (Abs. 2, 3) folgende Rechtsgeschäfte, die in Ausübung der gesetzlichen Vertretungsmacht des Vormunds getätigt werden:
– Verfügungen über Forderungen und andere Rechte, kraft welcher der Mündel eine Leistung verlangen kann;
– Verfügungen über Wertpapiere des Mündels;
– Rechtsgeschäfte, mit denen die Verpflichtung zu einer der genannten Verfügungen eingegangen werden soll (Abs. 1 S. 2).

Zu den Verfügungen zählt das Gesetz auch die **Annahme einer dem Mündel** geschuldeten Leistung, wie aus der Befreiungsvorschrift des § 1813 zwingend zu folgern ist. § 1812 gilt ausdrücklich nicht, soweit das Rechtsgeschäft der Genehmigung des FamG nach §§ 1819 bis 1822 bedarf, ferner nicht in den in § 1813 aufgelisteten Fällen.

4 **3. Einschränkung der gesetzlichen Vertretungsmacht.** § 1812 schränkt die gesetzliche Vertretungsmacht des Vormunds ein; die erforderliche Genehmigung des Gegenvormunds und des FamG ist folglich Wirksamkeitsvoraussetzung des Rechtsgeschäfts („Außengenehmigung"). Auf die Genehmigung finden die Vorschriften der §§ 1828 bis 1831 (hins. des Gegenvormunds gem. § 1832: entsprechende) Anwendung.[1]

II. Allgemeines zum Anwendungsbereich der Norm

5 **1. Genehmigungspflicht.** Die Genehmigungspflicht besteht nicht in den Fällen des § 1813. Der Genehmigungsvorbehalt zugunsten des FamG nach §§ 1819 bis 1822 geht dem des § 1812 vor, so dass also zunächst stets zu prüfen ist, ob das fragliche Rechtsgeschäft nicht schon nach jenen Vorschriften vom FamG genehmigt werden muss. Die Beschränkungen des § 1812 bestehen nicht bei befreiter Vormundschaft (§ 1852 Abs. 2) sowie bei Vereins- und Amtsvormundschaft (§ 1857a). Gemäß § 1825 kann das FamG dem Vormund zu Rechtsgeschäften des § 1812 eine allgemeine Ermächtigung erteilen oder ihn gemäß § 1817 vom Genehmigungserfordernis des § 1812 dispensieren; § 1817 geht dem schärfere Anforderungen statuierenden § 1825 vor. Ist bei gemeinschaftlicher Mitvormundschaft (§ 1797 Abs. 1 S. 1) – wie üblich – kein Gegenvormund bestellt, so entfällt das Genehmigungserfordernis gänzlich (§ 1812 Abs. 3, letzter Halbs.).[2] Im Übrigen ist § 1812 zwingender Natur, seine Geltung kann durch Vereinbarung mit Dritten nicht abbedungen werden.[3]

6 **2. Verfügung über Mündelvermögen.** Der Genehmigungsvorbehalt betrifft nur Verfügungen über Rechtspositionen, die dem Mündelvermögen zugehören, und die Eingehung entsprechender Verpflichtungen. Daher ist eine Genehmigung nicht erforderlich, wenn der Vormund über Vermögen eines Dritten mit dessen Zustimmung (§ 185) verfügt (hingegen dann, wenn er der Verfügung eines Dritten über Mündelvermögen durch Zustimmung zur Wirksamkeit verhelfen will). Nicht erforderlich ist die Genehmigung nach § 1812, wenn der Mündel nicht im Rahmen der gesetzlichen Vertretung des Vormunds, sondern kraft anderer Normen von Dritten vertreten wird, zB durch den vertretungsberechtigten Gesellschafter einer OHG oder KG, an welcher der Mündel beteiligt ist, oder durch den Vertreter einer Kapitalgesellschaft mit Mündeleinlage.[4] Andererseits besteht die Genehmigungspflicht unabhängig davon, ob dem Mündel das Recht, über das verfügt werden soll, allein oder als Teilhaber einer Bruchteils- oder Gesamthandsgemeinschaft zugehört.[5] Ist der Mündel Nacherbe, so ist durch Verfügungen über Nachlassgegenstände das Mündelvermögen auch schon vor Eintritt des Nacherbfalles betroffen (vgl. Rn. 25).[6]

7 **3. Nur Rechtsgeschäfte kraft gesetzlicher Vertretungsmacht.** Generell gilt, dass § 1812 nur zum Zuge kommt, soweit ein Rechtsgeschäft im Namen des Mündels kraft gesetzlicher Vertretungsmacht oder von ihr abgeleiteter Vollmacht vorgenommen wird. Eine Genehmigung nach § 1812 ist daher nicht erforderlich, wenn der zum Mündelvermögen gehörige Gegenstand einer Drittverwaltung, zB einer Testamentsvollstreckung, unterliegt oder wenn ein Dritter kraft postmortaler Erblasservollmacht über vom Mündel ererbte Gegenstände verfügt oder entsprechende Verpflichtungen eingeht.[7] Die Genehmigungspflicht entfällt auch dann, wenn der Vormund mit Zustimmung des Testamentsvollstreckers (§ 185) über vom Mündel ererbte Nachlassgegenstände verfügt,[8] da der Vormund auch hier nicht von einer aus dem Vormundsamt folgenden gesetzlichen Vertretungsmacht Gebrauch macht.

8 **4. Keine Genehmigungspflicht bei Vollstreckungshandlungen Dritter.** Nicht erforderlich ist die Genehmigung für Vollstreckungshandlungen Dritter in das Mündelvermögen, selbst wenn in diesem Rahmen eine Verfügung des Vormunds erforderlich wird.[9] Auch können Dritte dem Mündel gegenüber genehmigungsfrei aufrechnen (Näheres Rn. 29).

---

[1] *Soergel/Zimmermann* Rn. 21; *Dölle* § 127 II 2.
[2] Weitergehend 1. Aufl. Rn. 15: bei *jeder* gemeinschaftlichen Mitvormundschaft entfällt § 1812. Doch *kann* auch bei gemeinschaftlicher Vormundschaft ein Gegenvormund bestellt sein (arg. § 1792 Abs. 2).
[3] RGZ 79, 9, 13.
[4] RGZ 115, 153, 156.
[5] KG OLGE 5, 410, 411; *Müller* JR 1961, 326, 329.
[6] KG KGJ 33 A 43, 46.
[7] RGZ 88, 345, 350; RGZ 106, 185, 186 f.; KG Recht 1917 Nr. 1790; *Palandt/Diederichsen* Rn. 3; *Staudinger/Engler* Rn. 4; *Dölle* § 127 I.
[8] OLG Celle OLGZ 67, 483; *Palandt/Diederichsen* Rn. 3; *Staudinger/Engler* Rn. 4. Vgl. auch Kölmel RNotZ 2010, 2, 19.
[9] *Staudinger/Engler* Rn. 63.

III. Begriff und Gegenstand der Verfügung

1. Weite Gesetzesfassung. Nach dem Wortlaut des Gesetzes unterliegen dem Genehmigungsvorbehalt grundsätzlich alle Verfügungen über Forderungen und andere Rechte, die dem Mündel ein Recht auf Leistung gewähren, sowie über Wertpapiere (§ 1812 Abs. 1 S. 1), ferner Geschäfte, die eine Verpflichtung zu einer solchen Verfügung begründen (§ 1812 Abs. 1 S. 2). Auf **welche Leistung** die Forderung oder das gleichgestellte Recht gerichtet ist, spielt nach dem Gesetzeswortlaut keine Rolle. Auch verwendet das Gesetz den Begriff der Verfügung in seinem allgemeinen Sinn. Folglich versteht man auch im Rahmen des § 1812 unter Verfügung jedes Rechtsgeschäft, durch das ein bestehendes, als bestehend gedachtes oder künftig entstehendes Recht übertragen, belastet, aufgehoben, inhaltlich oder in seinem Rang geändert werden soll.[10] ZB ist auch die Umbuchung von Mündelgeld von einem Sperrkonto auf ein bestehendes anderes Konto genehmigungspflichtig.[11]

Je deutlicher der **Verfügungsbegriff** im Verlaufe der wissenschaftlichen Entwicklung geklärt (insbesondere erweitert) wurde, desto stärkere Fesseln legte der § 1812 der vormundschaftlichen Vermögensverwaltung an. Die durch das BtG bewirkte Anhebung der für den Ausnahmegrund des § 1813 Abs. 1 Nr. 2 geltenden Obergrenze von ursprünglich „300 Mark" auf 5000 DM und nunmehr 3000 Euro gewährt dem Vormund bei der Annahme geschuldeter Leistungen zwar nunmehr einen weiteren Spielraum, ebenso die durch das Gesetz zur Änderung des Zugewinnausgleichs- und Vormundschaftsrechts eröffnete genehmigungsfreie Abhebung von Giro- und Kontokorrentkonten gem. § 1813 Abs. 1 Nr. 3. Insgesamt gesehen erscheint die gesetzliche Vertretungsmacht des Vormunds aber immer noch übermäßig eingeschränkt, so etwa, wenn nach herkömmlicher Auffassung der Vormund zur Kündigung eines Mietvertrages der Genehmigung des FamG bedarf.[12]

2. Einschränkende Interpretation. a) Nur Geldforderungen? Infolgedessen ist, gestützt auf die Gesetzesmaterialien,[13] eine einschränkende Interpretation der Vorschrift vorgeschlagen worden.[14] Danach bezieht sich die Vorschrift gemäß ihrer konkreten Zielrichtung ausschließlich auf Forderungen und andere Rechte, die **auf Geldleistungen** gerichtet sind,[15] **sowie auf die im Gesetz eigens genannten Wertpapiere**. Außerdem soll bei der Anwendung des § 1812 stets gefragt werden, ob diese konkrete Handhabung es „dem Vormund unmittelbar erleichtern würde, Mündelvermögen zu veruntreuen und ob die Aufsichtspflicht des Gegenvormunds sich auf dieses Rechtsgeschäft bezieht."[16]

Diese Auffassung entspricht einem begründeten rechtspolitischen Anliegen. De lege lata überzeugt sie – wie bereits der Blick auf § 1813 Abs. 1 Nr. 1 zeigt – nicht.[17] Die dem § 1812 unterliegenden Verfügungsgegenstände auf solche Rechte zu beschränken, die auf Geldleistungen gerichtet sind, hieße zudem willkürliche Ergebnisse in Kauf nehmen. Die Verfügung über den Anspruch auf Lieferung einer Sache unterläge zB dann nicht dem § 1812, wohl aber die Verfügung über den an die Stelle dieses Anspruchs getretenen Anspruch auf Schadensersatz statt der Leistung (§§ 280 Abs. 1, 3, 283). Die Verfügung über einen Bereicherungsanspruch unterläge der Beschränkung des § 1812 nicht, wenn die Bereicherung in Natur herauszugeben ist, wohl aber dann, wenn Wertersatz nach § 818 Abs. 2 geschuldet ist. Wirtschaftlich wie juristisch gesehen verläuft zwischen dem Anspruch auf Geldleistungen und anderen Leistungsrechten keine derart strikte Grenze, dass die vorgeschlagene Differenzierung zu rechtfertigen wäre; auch eine Reform des § 1812 könnte sinnvollerweise nicht an diese Unterscheidung anknüpfen. Auch der Auffassung, dem § 1812 solle ein begrenzter Begriff der Verfügung zugeordnet werden, ist nicht zuzustimmen. Die hierzu vorgeschlagenen Einschränkungen sind letztlich nur tendenzieller Art und bieten dem Rechtsverkehr und der Rechtspraxis keine hinreichend klaren Maßstäbe.

b) Nur Maßnahmen der Vermögenssorge. Stattdessen kann mE der Geltungsbereich des § 1812 auf andere Weise eingegrenzt werden. Dabei ist von der das gesamte Kindschaftsrecht durchziehenden Unterscheidung zwischen Personensorge und Vermögenssorge auszugehen. § 1812

---

[10] Vgl. BGHZ 1, 294, 304; OLG Karlsruhe Rpfleger 2007, 606, 607.
[11] LG Münster Rpfleger 1989, 455.
[12] LG Berlin Rpfleger 1973, 135; *Spanl* Rpfleger 1983, 427.
[13] Mot. IV 1122 ff.; Prot. IV 782.
[14] *Damrau* FamRZ 1984, 842 ff.; *Soegel/Damrau* (12. Aufl.) Rn. 1, 2. Ihm folgend *Erman/Holzhauer* (11. Aufl.) Rn. 1; in diese Richtung auch *Staudinger/Engler* Rn. 31 ff. 39 ff., 41.
[15] *Damrau* FamRZ 1984, 842, 844 f; ihm folgend *Palandt/Diederichsen* Rn. 4.
[16] *Damrau* FamRZ 1984, 842, 845; in diese Richtung jetzt auch RGRK/*Dickescheid* Rn. 6; zur Ratio der Norm ausführlich BGH FamRZ 2010, 207 Rn. 16 ff.; auch OLG Karlsruhe OLGR 2007, 508 = NJW-RR 2008, 235.
[17] So jetzt *Soergel/Zimmermann* Rn. 1; RGRK/*Dickescheid* Rn. 6.

betrifft nach Sinn und systematischer Stellung die vormundliche Verwaltung des Mündelvermögens, nicht hingegen ist es Sinn der Vorschrift, die Personensorge des Vormunds zu beschränken. Daher werden von § 1812 von vornherein solche Rechtsgeschäfte nicht umfasst, die sich nicht als Akte der Vermögensverwaltung, sondern als Verwirklichung der Personensorge darstellen.[18] Ausgenommen von § 1812 bleiben folglich solche Rechtsgeschäfte, welche die persönliche Lebensführung des Mündels und dessen angemessenen Unterhalt betreffen (Austritt aus einem Sport- oder Freizeitverein, Kündigung der bisher bewohnten Mieträume bei geplantem Wohnsitzwechsel;[19] Kündigung des Vertrags mit dem Klavierlehrer des Mündels;[20] Kündigung des Vertrags mit einer Internatsschule; Rücktritt vom Reisevertrag oder Kündigung gemäß §§ 651e, 651i, 651j; Rücktritt und Minderung von Kauf- und Werkverträgen, deren Gegenstand dem angemessenen Unterhalt des Mündels zu dienen bestimmt ist). Ferner ist nach dieser Konzeption genehmigungsfrei auch die Annahme von Unterhaltsleistungen für den Mündel, weil auch hierin ein Akt der Personensorge liegt.[21] Hingegen unterliegen Rechtsgeschäfte, die Akte der Vermögensverwaltung sind, in vollem Umfang dem § 1812 – mögen sie auch der Einkommensgewinnung dienen und insofern einen mittelbaren Bezug zum Unterhalt aufweisen; der Verfügungsbegriff ist dabei ungeschmälert in seinem allgemeinen dogmatischen Sinn aufzufassen.[22]

14   **3. Verfügungsgegenstand. a) Forderungen.** Unter den von § 1812 genannten Verfügungsgegenständen stehen die Forderungen des Mündels an erster Stelle.

15   **aa) Andere als schuldrechtliche Ansprüche.** Der Forderungsbegriff **beschränkt sich nicht auf das Schuldrecht**, umfasst demzufolge auch vertragliche und gesetzliche Ansprüche aus Rechtsverhältnissen, die außerhalb des zweiten Buchs des BGB geregelt sind. Auch Ansprüche aus Gesellschafts- und Gemeinschaftsverhältnissen sind betroffen. Forderungsverfügung ist zB auch die Verrechnung des Gewinnanspruchs des an einer KG beteiligten Mündels mit dem Gegenanspruch auf Erhöhung der Kommanditeinlage.[23] Dem § 1812 unterworfen ist auch die Verfügung über Ansprüche auf Auskunft oder Rechnungslegung.[24]

Die Vorschrift erfasst auch Forderungen, die der Vormund bei Amtsantritt vorfindet.[25]

16   **bb) Anspruchsinhalt.** Dem § 1812 unterliegen nach dem entwickelten Grundverständnis der Vorschrift auch Verfügungen über Ansprüche auf **Herausgabe von Gegenständen, auf Übereignung von Sachen, auf Verschaffung von Rechten,** auf Einräumung von beschränkt dinglichen Rechten, auf Beseitigung und Unterlassung von Rechtsbeeinträchtigungen etc. Zu beachten ist stets, dass der Genehmigungsvorbehalt nach § 1812 entfällt, soweit das in Frage stehende Geschäft nach §§ 1819 bis 1822 genehmigungsbedürftig ist.

17   **cc) Abtretung gem. § 931.** Dingliche Ansprüche werden gewöhnlich nicht unter „Forderungen", sondern unter die „anderen" Leistungsrechte gezählt, obwohl sie ebenso gut schon als Forderungen begriffen werden können. Eine Ausnahme von der Genehmigungspflicht wird für Verfügungen über **dingliche Ansprüche auf Herausgabe einer beweglichen Sache** zum Zwecke der Eigentumsübertragung nach § 931 gemacht.[26] Man geht in diesem Zusammenhang von einer „Privilegierung" der Mobilien innerhalb der Vermögenssorge des Vormunds aus und erklärt generell „dingliche Ansprüche hinsichtlich dieser privilegierten Gegenstände" für frei verfügbar.[27] Diese Auffassung bedarf der Präzisierung. Zutreffenderweise nimmt man die Abtretung eines Herausgabeanspruchs zum Zwecke der Eigentumsübertragung nach § 931 aus dem Anwendungsbereich des § 1812 heraus, weil der Vormund bewegliche Sachen nach §§ 929, 930 genehmigungsfrei übereignen kann und kein Grund ersichtlich ist, warum er es nicht auch nach § 931 soll tun können. Das gilt

---

[18] Dieser Linie folgend auch *Erman/Saar* Rn. 6; *Fiala/Müller/Braun* Rpfleger 2002, 389, 399. Kritisch: *Staudinger/Engler* Rn. 42; *RGRK/Dickescheid* Rn. 6; *Gernhuber/Coester-Waltjen* § 72, Fn. 63; *Palandt/Diederichsen* Rn. 4. Offengelassen von BGH FamRZ 2010, 207 Rn. 25.
[19] Wäre die Kündigung bereits nach § 1812 genehmigungsbedürftig, erschiene – kraft der Verweisung in § 1908i Abs. 1 – § 1907 entbehrlich; vgl. auch LG Köln WuM 1997, 219; wie hier wohl auch *Haedicke* JuS 2001, 966, 972.
[20] Gleiche Ergebnisse insoweit *Damrau* FamRZ 1984, 842, 846.
[21] Wenn die Geltendmachung des Kindesunterhalts zur Personensorge gehört (arg. §§ 1612 Abs. 2 S. 3; 1629 Abs. 2 S. 2), dann auch die Annahme der Unterhaltsleistung.
[22] Vgl. zum Ganzen *Erman/Saar* Rn. 6.
[23] OLG Celle OLGZ 1967, 483, 484.
[24] RG Recht 1913 Nr. 2741; aA *Damrau* FamRZ 1985, 842, 846.
[25] OLG Frankfurt WM 1974, 473.
[26] Prot. IV 782; *Dölle* § 127 II 1 a. Vgl. auch *Staudinger/Engler* Rn. 24, 41, 48 f.; *Soergel/Zimmermann* Rn. 2; *Palandt/Diederichsen* Rn. 7.
[27] So 1. Aufl. Rn. 8.

aber folgerichtig nicht nur für die Abtretung eines dinglichen, sondern auch eines obligatorischen Herausgabeanspruchs im Rahmen des § 931. Andererseits folgt daraus nicht, dass Verfügungen über Ansprüche, die sich auf bewegliche Sachen beziehen, allgemein dem § 1812 entzogen wären; hier ergibt sich eine weiterreichende Ausnahme erst aus § 1813 Abs. 1 Nr. 1.[28] Auch erscheint es nicht richtig, nur Verfügungen über Mobilien mit Anlagewert dem Genehmigungsvorbehalt des § 1812 zu unterwerfen, nicht aber über Gebrauchs- und Einrichtungsgegenstände;[29] wie aus der Hausratsdiskussion bekannt, ist die Unterscheidung von Einrichtungs- und Wertgegenständen (man denke an wertvolle Bilder und Möbel) kaum exakt zu ziehen.

b) Andere Rechte, kraft derer der Mündel eine Leistung verlangen kann. Genehmigungsbedürftig sind ferner Verfügungen über andere Rechte, kraft deren der Mündel eine Leistung verlangen kann. Hierzu zählen zB die Hypotheken, Grund- und Rentenschulden, die Reallasten sowie die aus diesen Rechten entspringenden Einzelansprüche. Zu beachten ist hierbei, dass Verfügungen über Hypotheken, Grundschulden und Rentenschulden aus dem Genehmigungsvorbehalt des § 1821 ausgenommen sind (§ 1821 Abs. 2), so dass diesbezüglich § 1812 zum Zuge kommen kann. Genehmigungsbedürftig nach § 1812 ist auch die Übertragung einer Eigentümergrundschuld (vgl. Rn. 32 f.). Bei sonstigen Grundstücksgeschäften sind die dem § 1812 vorrangigen Bestimmungen des § 1821 Abs. 1 Nr. 1, 2, 4 und 5 zu beachten; auch kann bei der Löschung von Grundpfandrechten § 1822 Nr. 13 eingreifen (vgl. § 1822 Rn. 73).

Die **Ausübung von Gestaltungsrechten** (Kündigung, Rücktritt, Anfechtung) fällt für sich gesehen nicht unter § 1812. Selbst wenn man in der Ausübung des Gestaltungsrechts eine Verfügung über dieses sehen sollte – was mE irrig wäre –, so beträfe diese kein „Recht, kraft dessen der Mündel eine Leistung verlangen kann". Kündigung, Rücktritt und Anfechtung können nur dann als Verfügungen der in § 1812 genannten Art begriffen werden, wenn ihre Gestaltungswirkung das Erlöschen oder die Veränderung eines Leistungsanspruchs oder sonst auf Leistung gerichteten Rechts, das gegenständlich dem § 1812 unterliegt, zur Folge hat.[30] Das ist zB der Fall bei Kündigung eines vom Mündel aufgenommenen Darlehens (§ 489)[31] oder bei der Auflösung eines Girokontos.[32] Auch die Kündigung von Mietverhältnissen[33] und die Geltendmachung von Rücktritt oder Minderung gehören an sich hierher. Doch kommt hier die oben (Rn. 13) empfohlene Begrenzung des § 1812 zum Zuge, derzufolge Rechtsgeschäfte, die der persönlichen Lebensführung des Mündels zu dienen bestimmt sind, genehmigungsfrei bleiben. Hingegen ist die Kündigung von Gesellschaftsverträgen – sofern sie nicht dem § 1822 Nr. 3 unterfallen – dem Anwendungsbereich des § 1812 nicht generell entzogen.[34]

c) Wertpapiere. Genehmigungsbedürftig sind schließlich Verfügungen über Wertpapiere gleich welcher Art, dh. über Urkunden, in denen ein privates Recht derart verbrieft ist, dass zur Geltendmachung des Rechts die Innehabung der Urkunde notwendig ist. Dazu gehören auch die qualifizierten Legitimationspapiere des § 808 wie Sparbücher etc.[35] Zur Verfügung über hinterlegte Wertpapiere beachte § 1819. Genehmigungsbedürftig ist – freilich nach der 1. Alt., nicht nach der 2. Alt. des § 1812 Abs. 1 S. 1 – auch eine Verfügung über den Anspruch auf Herausgabe eines Wertpapiers.[36]

4. Begriff der Verfügung. a) Allgemeines. Unter Verfügung ist die Übertragung, Belastung, Aufhebung, Inhalts- oder Ranganderung eines bestehenden, als bestehend gedachten oder künftig entstehenden subjektiven Rechts durch Rechtsgeschäft zu verstehen, wie etwa die Abtretung von Forderungen,[37] auch die Anzeige einer Forderungsabtretung nach § 409.[38]

Verfügungen sind danach unzweifelhaft der **Verzicht** auf ein Recht (gleichgültig, ob die Verzichtserklärung des Vormunds schon als einseitige Erklärung oder als Bestandteil eines Verzichtsvertrages oder kraft § 242 auf das Recht einwirkt), der **Erlass** einer Forderung,[39] ebenso das **negative Schuldanerkenntnis** (§ 397 Abs. 2).

---

[28] RGRK/*Dickescheid* Rn. 4; *Staudinger/Engler* Rn. 24, vgl. aber aaO Rn. 39 ff.
[29] So aber *Erman/Holzhauer* (11. Aufl.) Rn. 5; anders jetzt *Erman/Saar* Rn. 7.
[30] Siehe *Flume*, AT II, § 11 5 b.
[31] BGHZ 1, 294, 303 = NJW 1951, 645, 647.
[32] LG Meiningen FamRZ 2008, 1375; *Spanl* Rpfleger 1989, 392, 394.
[33] OLG Hamm FamRZ 1991, 605; nicht unter § 1812 (vgl. aber § 1822 Nr. 5) fällt die Vermietung einer dem Mündel gehörenden Wohnung: LG Münster FamRZ 1994, 531.
[34] AA *Damrau* FamRZ 1984, 842, 846.
[35] Dass diese als Wertpapiere anzusehen sind, wird von einer Mindermeinung bestritten; näheres bei § 808 Rn. 31.
[36] RGZ 79, 9, 12; *Damrau* FamRZ 1984, 842, 847; fraglich im Hinblick auf den weiten Wertpapierbegriff.
[37] KG KGJ 24 A 20, 21; KG OLGE 25, 390; KG KGJ 42 A 215, 216.
[38] OLG Colmar ZBlFG 17, 36.
[39] BGHZ 44, 325 = FamRZ 1966, 139 („Entlastungserklärung" für Testamentsvollstrecker); RGZ 115, 153, 157. Vgl. auch OLG Frankfurt Rpfleger 1980, 387 („Verzicht" auf Darlehensrückzahlung).

23 Genehmigungsbedürftig sind ferner die **Änderung von Zins- und Zahlungsbestimmungen**[40] sowie **sonstiger Leistungsmodalitäten,** etwa die Vereinbarung der Unkündbarkeit eines Darlehens,[41] die Änderung der Verzinslichkeit und Kündbarkeit einer Hypothek,[42] die Bewilligung der Zahlung an Dritte,[43] die Stundung einer Forderung[44] und – wie dargelegt (Rn. 19) – Kündigungen, soweit sie im Bereich der Vermögensverwaltung liegen und nicht der Ausnahmeregelung des § 1813 (vgl. dort Rn. 4) unterfallen, etwa die Kündigung einer Geldforderung[45] oder eines Mietvertrags über eine vom Mündel vermietete Wohnung.[46]

24 Das **Verlangen nach Aufhebung einer Gemeinschaft** enthält grundsätzlich keine Verfügung über das Recht, die Aufhebung zu verlangen, sondern nur dessen Geltendmachung, die im Prinzip genehmigungsfrei ist; etwas anderes gilt bei Miteigentum an Grundstücken, wo § 181 Abs. 2 S. 2 ZVG die Genehmigung des FamG verlangt.

25 **b) Insbesondere: Schuldübernahme durch Dritte, Verfügung Dritter über das Mündelvermögen.** Dem § 1812 unterliegt ferner die Genehmigung (§ 415) eines Schuldübernahmevertrags, der zwischen dem Schuldner des Mündels und einem Dritten abgeschlossen wurde.[47] Ebenso die Zustimmung zu der Verfügung eines Dritten über Mündelvermögen (zB nach § 185), soweit der Vormund zu dieser Verfügung selbst der Genehmigung gemäß § 1812 bedürfte;[48] außerdem der Fall, dass der Vormund die Erbringung einer dem Mündel gebührenden Leistung an einen Dritten genehmigt.[49] Dem Erfordernis des § 1812 unterliegt schließlich die **Zustimmung des Mündels als Nacherbe** zu Verfügungen des Vorerben, die – würde der Mündel selbst sie vornehmen – genehmigungsbedürftig wären, so etwa die Zustimmung nach § 2114 zur Rückzahlung eines hypothekarisch gesicherten Darlehens an den Vorerben[50] und die Zustimmung zur Verfügung über hinterlegte Wertpapiere gemäß § 2116 Abs. 2.[51]

26 Nicht genehmigungsbedürftig ist hingegen die **Erteilung einer Vollmacht** zu Verfügungs- und Verpflichtungsgeschäften, die dem § 1812 unterfallen,[52] doch sind es die vom Bevollmächtigten vorgenommenen Rechtsgeschäfte, die, vom Vormund selbst getätigt, der Genehmigungspflicht unterfielen.[53]

27 **c) Insbesondere: Annahme einer dem Mündel geschuldeten Leistung.** Nach der eindeutigen Regelung des Gesetzes[54] ist grundsätzlich auch die Annahme (nicht aber schon die bloße Geltendmachung!) einer dem Mündel geschuldeten Leistung nach § 1812 genehmigungsbedürftig. Freilich sieht § 1813 insoweit wiederum einen Katalog von Befreiungen vor. Die Genehmigungsbedürftigkeit besteht ohne Rücksicht auf die in der allgemeinen Zivilrechtsdogmatik streitige Frage, ob die Annahme der Leistung durch den Gläubiger eine Verfügung über den Leistungsanspruch darstellt. Durchweg misst die Rechtsprechung der Annahme von an den Mündel gerichteten Geldleistungen durch den Vormund nur dann befreiende Wirkung zu, wenn Gegenvormund oder FamG zustimmen.[55] Dies gilt trotz § 808 Abs. 1 BGB auch dann, wenn an den Vormund in Kenntnis seiner Amtsstellung ohne Genehmigung von Gegenvormund oder FamG gegen Vorlage des Versicherungsscheins Versicherungsleistungen[56] oder von der Bank Beträge eines Mündelspar-

---

[40] BGHZ 1, 294, 305 = NJW 1951, 645, 648; OLG Hamm NJWE-FER 1996, 37; KG OLGE 14, 262; OLG Karlsruhe Recht 1904 Nr. 2620; RGRK/*Dickescheid* Rn. 11. Vgl. auch *Soergel/Zimmermann* Rn. 5.
[41] AA *Damrau* FamRZ 1984, 842, 846.
[42] KG OLGE 14, 262, 263; KG RJA 5, 197, 199.
[43] Vgl. BayObLG Recht 1907 Nr. 3014 = BayObLGZ 8, 383.
[44] OLG Hamm NJWE-FER 1996, 37; RGRK/*Dickescheid* Rn. 11. Vgl. auch *Soergel/Zimmermann* Rn. 5.
[45] BGHZ 1, 294, 306; OLG Kiel OLGE 8, 367 = ZBlFG 4, 855.
[46] OLG Hamm Rechtspfleger 1991, 56; nicht dagegen die Begründung eines Mietvertrags (siehe aber § 1822 Nr. 5), vgl. LG Münster FamRZ 1994, 531.
[47] RG SoergRspr. 1909, 440; OLG Bamberg LZ 1916, 1503 (betr. das als Genehmigung gewertete Schweigen des Vormunds auf die Mitteilung gemäß § 416); *Erman/Saar* Rn. 8; aA *Damrau* FamRZ 1984, 842, 847.
[48] RGZ 115, 153, 157; KG KGJ 43, A 63, 64; BayObLG OLGE 4, 414.
[49] BayObLGZ 8, 380, 383.
[50] RG LZ 1928, 894 = HRR 1928 Nr. 1629; OLG Dresden ZBlFG 11, 548, 549; *Erman/Saar* Rn. 13; aA *Damrau* FamRZ 1984, 842, 846, der hier aus dem Fehlen der Veruntreuungschance unmittelbar auf Genehmigungsfreiheit schließt.
[51] OLG Dresden ZBlFG 7, 205; aA *Erman/Holzhauer* (11. Aufl.) Rn. 2.
[52] AA *Dölle* § 127 II 1 b.
[53] Wie hier KG OLGE 5, 410; LG Frankfurt FamRZ 1975, 354; *Staudinger/Engler* Rn. 29; *Soergel/Zimmermann* Rn. 8.
[54] Siehe auch Mot. IV 1125.
[55] RG LZ 1928, 893 = HRR 1928 Nr. 1629; RG Recht 1930 Nr. 2022; KG JW 1932, 1387; KG OLGE 44, 81, 82; OLG Karlsruhe Rpfleger 2007, 606, 607.
[56] OLG Karlsruhe OLGR 1998, 411 = NJW RR 1999, 230 = VersR 1999, 1529.

Verfügungen über Forderungen und Wertpapiere   28–30   **§ 1812**

buchs[57] ausbezahlt werden (siehe auch unten „Barabhebungen" und Rn. 43). Genehmigungsbedürftig ist auch die **Annahme an Erfüllungs Statt** (§ 364 Abs. 1).[58] Diese ist auch dann genehmigungspflichtig, wenn anstelle der an sich geschuldeten Geld- oder Wertpapierleistung ein anderer Leistungsgegenstand angenommen wird; § 1813 Abs. 1 Nr. 1 findet hier keine Anwendung, weil die Befreiung nur greift, wenn auch der *geschuldete* Leistungsgegenstand nicht in Geld und Wertpapieren besteht (siehe § 1813 Rn. 5).[59] **Barabhebungen** von einem Sparkonto des Mündels bedürfen nach § 1812 Abs. 1 der Genehmigung, weil insoweit der Rückzahlungsanspruch gegen die Bank erlischt (zur Abhebung gegen Vorlage eines Sparbuchs vgl. oben); für Abhebungen von einem Girokonto gilt die Befreiung nach § 1813 Abs. 1 Nr. 3, falls nicht § 1813 Abs. 2 S. 1 eingreift. **Überweisungen** sind wegen der im Zahlungsdienstevertrag (§ 675f) liegenden Verfügung des Vormunds über die Forderung des Mündels gegen die Bank ebenfalls nach § 1812 genehmigungspflichtig;[60] allerdings dürfte bei Giro- und Kontokorrentkonten auch insoweit die Genehmigungsfreiheit nach § 1813 Abs. 1 Nr. 3, Abs. 2 S. 1 eingreifen (siehe § 1813 Rn. 14 f.). Der Zahlungsdienstevertrag (§ 675f) unterfällt nicht § 1831 mit der Folge, dass die in seinem Abschluss liegende Verfügung des Vormunds nachträglich genehmigt werden kann. Die Auflösung eines Girokontos als solche ist nach § 1812 genehmigungspflichtig; § 1813 Abs. 1 greift nicht ein, da der Vormund nicht nur über das Guthaben, sondern auch über die Rechte des Mündels aus dem Girovertrag verfügt.[61]

Genehmigungsfrei ist grundsätzlich die **Erteilung einer Quittung**;[62] da der Schuldner nur bei   28
Zustimmung des Gegenvormunds oder des FamG befreiend leisten konnte, hat er Anspruch auf Zahlungsbestätigung durch den Zustimmenden.[63] Auch die Erteilung einer löschungsfähigen Quittung (§ 1144) nach (oder Zug um Zug gegen) Rückzahlung einer hypothekengesicherten Forderung an den Mündel ist genehmigungsfrei;[64] wohl aber bedarf die Annahme des Geldes selbst der Genehmigung nach § 1812 (unbeschadet der Ausnahmen des § 1813). Wird die Erteilung der Quittung genehmigt, so bedeutet dies sachlich die Genehmigung der Geldannahme selbst.[65]

d) Insbesondere: Aufrechnung. aa) Durch den Vormund. Dem Genehmigungsvorbehalt des § 1812 unterliegt ferner die Aufrechnung (auch Aufrechnungsvertrag) durch den Vormund,[66] weil sie den Anspruch des Mündels ebenso zum Erlöschen bringt wie die Leistungsannahme. Freilich müssen für die Aufrechnung die gleichen Befreiungen gelten wie für die Leistungsannahme, insbesondere also § 1813 Abs. 1 Nr. 2 bis 5.   29

bb) Gegenüber dem Mündel. Keiner Genehmigung bedarf die Aufrechnung, **die ein Schuld-** 30
ner des Mündels diesem gegenüber **erklärt**,[67] weil § 1812 grundsätzlich nicht in die rechtsgeschäftliche Freiheit Dritter eingreift. Eine Ausnahme wird zB für den Fall gemacht, dass sich als Folge nicht genehmigter Zahlungen von Mündelschuldnern an den Vormund einerseits deren Ansprüche gegen den Mündel aus ungerechtfertigter Bereicherung, andererseits die durch die ungenehmigte Zahlung nicht getilgten Leistungsansprüche des Mündels aufrechenbar gegenüberstehen. Das Argument lautet: Ließe man hier die genehmigungsfreie Aufrechnung der Schuldner gegenüber dem Mündel zu, so werde § 1812 umgangen.[68] Indes könnte die Voraussetzung einer Gesetzesumgehung durch Parteien, an die sich die gesetzliche Bestimmung gar nicht wendet, nur bei Kollusion zwischen dem Vormund und den Mündelschuldnern bejaht werden;[69] anderenfalls können mE die Mündelschuldner aufrechnen, sofern sie überhaupt einen Bereicherungsanspruch gegen den Mündel erlangt haben, was insbes. voraussetzt, dass die ungenehmigte Leistung der Schuldner in das Mündelvermögen gelangt ist.[70]

---

[57] LG Berlin Rpfleger 1988, 186. Das folgt bei versperrter Anlegung bereits aus § 1809; andernfalls gilt § 1812 mit der Einschränkung aus § 1813 Abs. 1 Nr. 2.
[58] *Staudinger/Engler* Rn. 45.
[59] AA *Damrau* FamRZ 1984, 842, 847.
[60] *Erman/Saar* Rn. 8 (zum vor Inkrafttreten des § 675f geltenden Recht).
[61] LG Meiningen FamRZ 2008, 1375; *Palandt/Diederichsen* Rn. 10. Vgl. aber LG Hamburg NJW-RR 2011, 513 für den Fall, dass das Konto kein Guthaben (mehr) aufweist.
[62] KG Recht 1913 Nr. 1308; vgl. KG KGJ 50 A 220, 222.
[63] *Soergel/Zimmermann* Rn. 8; *Dölle* § 127 II 1 b; vgl. KG KGJ 50 A 220.
[64] *Damrau* FamRZ 1984, 842, 849; aA KG KGJ 27 A 169, 171.
[65] Siehe BayObLGZ 8, 380, 383; KG KGJ 50 A 220, 223.
[66] OLG Darmstadt ZBlFG 13, 573; OLG Celle OLGZ 1967, 483, 484; *Staudinger/Engler* Rn. 46; *Gernhuber/Coester-Waltjen* § 72 Rn. 44; *Bamberger/Roth/Bettin* Rn. 6; *Wesche* BtPrax 2004, 49, 51; aA *Damrau* FamRZ 1984, 842, 847; *Soergel/Zimmermann* Rn. 5; *Erman/Saar* Rn. 2.
[67] RG BankA XVI, 358; KG JFG 15, 214, 216; OLG Nürnberg WM 1957, 1317, 1320.
[68] So OLG Stuttgart MDR 1954, 229; *Damrau* FamRZ 1984, 842, 847; *Gernhuber/Coester-Waltjen* § 72 Rn. 34; *Soergel/Zimmermann* Rn. 5.
[69] So auch RGRK/*Dickescheid* Rn. 8.
[70] Grundsätzlich für die Aufrechnungsbefugnis Dritter gegenüber dem Mündel auch in diesen Fällen: RG BankA XVI, 358; vgl. OLG Nürnberg WM 1957, 1317, 1320; *Soergel/Zimmermann* Rn. 5.

31 **e) Insbesondere Grundpfandrechte. aa) Grundpfandrechte des Mündels an fremdem Grundstück.** Hypotheken und Grundschulden sind Rechte, auf Grund derer der Mündel eine Leistung verlangen kann. Die Verfügung über solche Grundpfandrechte ist deshalb grundsätzlich nach § 1812 genehmigungspflichtig; der – an sich vorrangige – § 1821 Abs. 1 Nr. 1 findet auf sie keine Anwendung (§ 1821 Abs. 2). Im Einzelnen ist allerdings zu unterscheiden: Ist das Grundpfandrecht nicht wirksam entstanden, so ist die Bewilligung der – nur berichtigenden – Löschung eine Verfügung über eine bloße Buchposition, die keiner Genehmigung bedarf.[71] Dasselbe gilt, wenn das Grundpfandrecht erloschen oder kraft Gesetzes auf den Eigentümer oder einen Dritten übergegangen ist: So wenn sich der Mündel aus dem Grundstück befriedigt (§ 1181) oder wenn seine hypothekarisch gesicherte Forderung (mit den Rechtsfolgen der §§ 1143, 1163 Abs. 1 S. 2, § 1177 Abs. 1 S. 1) erfüllt wird; ebenso, wenn eine Forderung des Mündels durch eine Grundschuld gesichert ist und (auch) auf die Grundschuld geleistet wird. Zwar bedarf die Annahme der Tilgungsleistung durch den Vormund der Genehmigung nach § 1812; die (vom Mündel gemäß § 1144 geschuldete) Löschungs- oder Berichtigungsbewilligung ist in all diesen Fällen jedoch keine Verfügung über eine (noch) dem Mündel zustehende Forderung.[72] Anders, wenn die Tilgungsleistung (nur) auf die gesicherte Forderung des Mündels erbracht wird: Die Sicherungsgrundschuld bleibt (Fremd-) Grundschuld des Mündels; neben der Annahme der Tilgungsleistung bedarf deshalb auch die nach dem Sicherungsvertrag geschuldete Rückgewähr der Grundschuld – weil nicht nur eine Buchposition in Frage steht – der Genehmigung nach § 812. Die Genehmigungspflicht greift im Prinzip auch dann, wenn die gesicherte Forderung des Mündels fortbestehen, aber das sichernde Grundpfandrecht aufgehoben werden soll; allerdings wird § 1812 hier durch den vorrangigen Genehmigungsvorbehalt des § 1822 Nr. 13 verdrängt.

32 **bb) Grundpfandrechte Dritter am Grundstück des Mündels.** Ist am Grundstück des Mündels eine Hypothek oder eine Grundschuld für einen Dritten eingetragen, so bedarf deren Löschung gemäß § 27 GBO der Zustimmung des Mündels. Auch diese Zustimmung ist keine nach § 1812 genehmigungspflichtige Verfügung, wenn sie lediglich berichtigend wirkt. Das ist freilich dann nicht der Fall, wenn das Grundpfandrecht zum Eigentümergrundpfandrecht geworden ist: So, wenn der Mündel die hypothekarisch gesicherte Forderung getilgt oder (auch) auf die Sicherungsgrundschuld gezahlt hat (§§ 1143, 1163 Abs. 1 S. 2, § 1177 Abs. 1 S. 1).

33 Zwar man mag zweifeln, ob ein Eigentümergrundpfandrecht überhaupt ein Recht ist, „kraft dessen der Mündel eine Leistung verlangen kann". Im Schutzinteresse des Mündels wird man in der Löschung dieses Eigentümergrundpfandrechts jedenfalls eine nach § 1812 genehmigungspflichtige Verfügung sehen müssen[73] – dies auch dann, wenn das Eigentümergrundpfandrecht den letzten Rang einnimmt oder als einziges beschränkt dingliches Recht im Grundbuch eingetragen ist:[74] Auch hier stellt das Grundpfandrecht ein Leistungsrecht dar, dessen Ausübung zwar gemäß § 1197 beschränkt, dessen Substanz aber nicht aufgehoben ist und Rechtswirkungen entfaltet.[75] Entsprechendes soll für die Bewilligung der Löschung einer im Grundbuch eingetragenen und noch als solcher bestehenden Fremdgrundschuld gelten, wenn die Löschung die Anwartschaft des Mündels, das Grundpfandrecht als Eigentümerpfandrecht zu erwerben, zu vereiteln droht.[76] Aus demselben Grund soll der Vormund einer Genehmigung nach § 1812 bedürfen, wenn er dem Rangrücktritt eines am Mündelgrundstück bestellten Grundpfandrechts zustimmen will (§ 880 Abs. 2 S. 2): Durch den Rangrücktritt verschlechtert sich auch der Rang des künftigen Eigentümerrechts; es kann aber keinen Unterschied machen, ob der Eigentümer mit seinem bereits beste-

---

[71] *Staudinger/Engler* Rn. 57. Nach der 3. Aufl. (Rn. 32, 34) soll die Berichtigungsbewilligung nur dann genehmigungsfrei sein, wenn ihr bloß berichtigender Charakter dem Grundbuchamt „in gehöriger Form" nachgewiesen wird. Ähnlich wohl auch *Böttcher* Rpfleger 1987, 485, der nur bei urkundlichem Nachweis (§§ 22, 29 GBO) des lediglich berichtigenden Charakters auf eine Genehmigung des Gerichts verzichtet, bei bloß schlüssiger Behauptung in der Berichtigungsbewilligung aber eine Genehmigung verlangen will. ME ergibt sich die Notwendigkeit grundbuchmäßigen Nachweises bereits aus der allgemeinen Prüfungspflicht des Grundbuchamtes, vgl. Rn. 34. Weitergehend KGJ 42, 215, 218; KG OLGE 25, 390 und – für den Fall einer außerhalb des Grundbuchs erfolgten Abtretung – auch *Böttcher* aaO S. 489 (stets Genehmigungspflicht). Vgl. zum Ganzen auch § 1821 Rn. 30 mit Fn. 92.
[72] *Staudinger/Engler* Rn. 57; *Soergel/Zimmermann* Rn. 14 f.
[73] *Soergel/Zimmermann* Rn. 12; *Staudinger/Engler* Rn. 59.
[74] BayObLG Rpfleger 1985, 24, 25; anders freilich eine verbreitete Meinung: KG JW 1936, 2745; LG Würzburg MittBayNot 1972, 239; LG Limburg NJW 1949, 787; offengelassen von OLG Hamm FGPrax 2011, 61. Wie hier mit treffender Begründung *Böttcher* Rpfleger 1987, 485, 487; *Erman/Saar* Rn. 10.
[75] So auch *Erman/Saar* Rn. 10.
[76] BayObLG Rpfleger 1985, 24, 25; OLG Hamm FGPrax 2011, 61; *Böttcher* Rpfleger 1987, 485, 488 mit Darstellung des Meinungsstandes.

Verfügungen über Forderungen und Wertpapiere 34–37 § 1812

henden Eigentümerrecht zurücktritt oder durch seine Zustimmung die Anwartschaft auf dieses Recht verschlechtert.[77]

cc) Prüfungspflicht des Grundbuchamtes. Das Grundbuchamt muss, wenn ein Beteiligter 34 unter Vormundschaft steht, prüfen, ob die vom Vormund abgegebenen Erklärungen von seiner gesetzlichen Vertretungsmacht gedeckt sind; wird ihm dies nicht nachgewiesen, muss es eine beantragte Eintragung, weil möglicherweise nicht gesetzmäßig, ablehnen. Wird eine Löschungsbewilligung „abstrakt" erteilt, dh. ohne dass sich der Grund der Bewilligung ergibt, so muss das Grundbuchamt zum Schutze des Mündels von ihrer Genehmigungsbedürftigkeit ausgehen, und zwar nach § 1822 Nr. 13, wenn dessen Voraussetzungen im konkreten Fall nicht auszuschließen sind, sonst nach § 1812.[78]

f) Insbesondere: Prozesshandlungen und Zwangsvollstreckungsmaßnahmen. Auch 35 Prozesshandlungen und Zwangsvollstreckungsmaßnahmen können zugleich Verfügungen enthalten und damit dem § 1812 unterliegen.[79] Allerdings ist die Geltendmachung einer Forderung keine Verfügung, ebenso nicht die Mahnung und die Prozessführung als solche. Doch kann in der Klagerhebung eine unter § 1812 fallende Kündigung liegen, im Klageverzicht ein Verzicht auf das geltend zu machende Recht.[80] Hingegen wird in einem Anerkenntnis gemäß § 307 ZPO in der Regel keine materiellrechtliche Verfügung liegen, ebenso wenig in außerprozessualen Anerkennungserklärungen.[81] Soweit in einer Prozesshandlung zugleich eine Verfügung liegt, ist zu beachten, dass die Verletzung des § 1812 nur die Unwirksamkeit der Verfügung zur Folge hat, nicht aber der Prozesshandlung als solcher.[82] Anders verhält es sich bei einem Prozessvergleich, in dem der Vormund über ein Recht der in § 1812 genannten Art verfügt: Wegen der prozessual-materiellen Doppelnatur bedarf der Prozessvergleich der Genehmigung nach § 1812, um überhaupt wirksam zu werden.[83] Deshalb ist vor Erteilung der Vollstreckungsklausel für den gerichtlichen Vergleich der Nachweis der Erteilung der familiengerichtlichen Genehmigung und ihrer Mitteilung an den Gegner erforderlich; anders nur, wenn sich aus dem Vergleich ergibt, dass die familiengerichtliche Genehmigung im Zeitpunkt seines Abschlusses bereits vorgelegen hat.

5. Verfügungen, zu deren Vornahme der Mündel verpflichtet ist. Der Genehmigungs- 36 vorbehalt für eine Verfügung entfällt nicht deshalb, weil der Mündel zu ihrer Vornahme verpflichtet ist.[84] Etwas anderes gilt indes, wenn Geld dem Mündel unter dem Vorbehalt der verzinslichen Überlassung als Darlehen geschenkt wird; die Verpflichtung zur Verfügung (Gewährung des geschenkten Geldes als Darlehen an den Schenker) ist im Zusammenhang mit der Zuwendung an den Mündel zu sehen und nach dem Schutzzweck des § 1812 genehmigungsfrei.[85] Gleiches gilt bei Schenkungen unter Vorbehalt der Nießbrauchsbestellung für den Schenker.[86] Zu Verfügungen, die zur Erfüllung genehmigter Verpflichtungsgeschäfte vorgenommen werden, vgl. Rn. 38.

IV. Verpflichtungsgeschäfte über genehmigungsbedürftige Verfügungen

1. Genehmigung auch für Verpflichtungsgeschäfte. Nicht nur die oben genannten Ver- 37 fügungen unterliegen dem Genehmigungsvorbehalt des § 1812, sondern nach Abs. 1 S. 2 der Vorschrift auch jedes Rechtsgeschäft, mit dem die Verpflichtung zu einer solchen Verfügung eingegangen wird. Der Geschäftstyp ist gleichgültig, solange nur die Verpflichtung zu einer der oben genannten Verfügungen – wenn auch nur im Rahmen einer Nebenleistungspflicht – begründet werden soll.[87] Auch hier ist der Vorrang der §§ 1821, 1822 zu beachten. Die Beschränkung des Vormunds bei Abschluss von Verpflichtungsgeschäften verhindert, dass die Verfügungsbeschränkung mit Hilfe der Zwangsvollstreckung wegen eingegangener Verpflichtungen ausgehöhlt werden kann. Betroffen sind nur solche Verpflichtungen, die kraft rechtsgeschäftlichen Willens eingegangen werden, nicht solche, die sich als bloße gesetzliche Sekundärfolgen eines Rechtsgeschäfts ergeben. Nicht

---

[77] Böttcher/Spanl Rpfleger-Jahrbuch 1990, 193, 214 mit zahlreichen Nachweisen auch zur Gegenmeinung.
[78] So auch *Erman/Saar* Rn. 10; *Damrau* FamRZ 1984, 842, 850.
[79] Als solche unterliegen Prozesshandlungen nicht dem § 1812: Vgl. etwa LSozG NRW FamRZ 2010, 1473.
[80] BGH LM ZPO § 306 Nr. 1. Die Zusage des Vormunds an die Gegenpartei, die Berufung zurückzunehmen, enthält indes keinen Verzicht auf materielles Recht: RGRK/*Dickescheid* Rn. 17; *Damrau* FamRZ 1984, 842, 846.
[81] KG JFG 15, 214, 216; RGRK/*Dickescheid* Rn. 17.
[82] Str.; wie hier *Soergel/Zimmermann* Rn. 7; RGRK/*Dickescheid* Rn. 17; *Staudinger/Engler* Rn. 62.
[83] BGH LM ZPO § 306 Nr. 1; vgl. RGZ 56, 333, 338 f.; RGZ 133, 259; OLG Nürnberg MDR 1960, 318; *Staudinger/Engler* Rn. 64; RGRK/*Dickescheid* Rn. 17; *Fiala/Müller/Braun* Rpfleger 2002, 389, 399.
[84] Mot. IV 1124; OLG Hamm Rpfleger 1976, 309, 310; so auch hM zu § 1821.
[85] BayObLG FamRZ 1974, 320, 323; aA *Damrau* FamRZ 1984, 842, 848.
[86] Vgl. für § 1821: BGH LM § 1643 Nr. 3 = FamRZ 1957, 303, 304.
[87] Vgl. *Dölle* § 127 II 2.

unter § 1812 Abs. 1 Satz 2 fällt die Eingehung eines schuldrechtlichen Geschäfts (etwa Kauf, Dienst- oder Werkvertrag), das den Mündel zu einer Geldleistung (etwa Kaufpreis, Vergütung, Werklohn) verpflichtet – und zwar, wie vom BGH nunmehr ausführlich begründet, auch dann nicht, wenn der Vormund das vom Mündel vertragliche geschuldete Entgelt nur durch eine nach § 1812 Abs. 1 S. 1 genehmigungspflichtige Verfügung (etwa Abhebung vom Konto des Mündels) aufbringen kann. Denn der Mündel schuldet nur das Entgelt schlechthin; er verpflichtet sich aber „ersichtlich" nicht zu einer bestimmten Art der Entgeltbeschaffung.[88]

38 **2. Erstreckung der Genehmigung auf die Verfügung.** Hat der Vormund zu einem nach § 1812 Abs. 1 S. 2 genehmigungsbedürftigen Verpflichtungsgeschäft die Genehmigung eingeholt, so umfasst die Genehmigung auch schon die zur Erfüllung der Verpflichtung vorzunehmenden Verfügungen.

V. Genehmigungsverfahren

39 **1. Genehmigungserteilung durch Gegenvormund oder Familiengericht.** Die Genehmigung erteilt der Gegenvormund und, sofern kein Gegenvormund vorhanden ist, das FamG (Abs. 3); dessen Genehmigung ist nicht erforderlich, wenn die Vormundschaft von mehreren Vormündern gemeinschaftlich geführt wird (Abs. 3 letzter HS.). Ist ein Gegenvormund vorhanden, so kann sich der Vormund an das FamG wenden, wenn der Gegenvormund verhindert ist oder die Genehmigung verweigert. Das FamG braucht also nicht über § 1837 den Gegenvormund zur Genehmigung zu veranlassen, sondern kann selbst genehmigen. Nach gängiger Auffassung soll der Vormund den Gegenvormund auch willkürlich übergehen und sogleich das FamG um Genehmigung angehen können.[89] Soweit das FamG handelt, entscheidet der Rechtspfleger (§ 3 Nr. 2 a RPflG).[90]

40 **2. Pflicht zur Genehmigungserteilung.** Gegenvormund und FamG haben die Genehmigung zu erteilen, wenn der Mündel zu den in Aussicht genommenen Rechtsgeschäften verpflichtet ist oder wenn diese Geschäfte den Regeln einer ordnungsgemäßen Vermögensverwaltung nicht widersprechen. Bei Ermessensfragen darf die Erlaubnis nur verweigert werden, wenn der Vormund den Bereich fehlerfreier Ermessensausübung überschreitet.[91]

41 **3. Wirksamwerden der Entscheidung, Beschwerde.** Die Entscheidung des FamG wird in den Fällen des § 1812 Abs. 3 gem. § 40 Abs. 2 FamFG erst mit der Rechtskraft wirksam[92] – dies schon deshalb, weil es sich insoweit (mangels Gegenvormund) um eine originäre Genehmigungszuständigkeit des FamG handelt.[93] In den Fällen des § 1812 Abs. 2 soll § 40 Abs. 2, 3 unanwendbar sein – Abs. 2 wohl mangels „originärer" Genehmigungskompetenz, Abs. 3 mangels Vorliegens einer Außengenehmigung: Die Mitwirkung des Gegenvormundes diene der Beaufsichtigung des Vormundes mit der Folge, dass die die Genehmigung des Gegenvormundes ersetzende Entscheidung des FamG einer bloßen Innengenehmigung entspreche.[94] Unbeschadet einer verwirrenden, weil den Anwendungsbereich des § 40 Abs. 2 und Abs. 3 FamFG nicht sorgsam voneinander abgrenzenden Gesetzessystematik kann diese Differenzierung mE nicht überzeugen: Richtig dürfte sein, dass § 40 Abs. 2, 3 FamG auf Genehmigungen, die nicht Wirksamkeitsvoraussetzung eines Rechtsgeschäfts sind („Innengenehmigungen", etwa §§ 1810, 1811) nicht anwendbar ist. Im Fall des § 1812 Abs. 2 hängt die Wirksamkeit des Rechtsgeschäfts, falls dieses nicht schon vom Gegenvormund genehmigt worden ist, aber von der Genehmigung des FamG ab, wobei es keine Rolle spielt, ob der Gegenvormund seine Genehmigung zuvor verweigert hat (das FamG also insoweit dessen Genehmigung iS des § 40 Abs. 3 S. 1 FamFG „ersetzt") oder vom Vormund erst gar nicht um seine Genehmigung angegangen worden ist (vgl. Rn. 39). In beiden Fällen liegt ein Beschluss des FamG vor, „der die Genehmigung eines Rechtsgeschäfts zum Gegenstand hat" und daher jedenfalls nach § 40 Abs. 2 FamFG erst mit Rechtskraft wirksam wird.

42 Hinsichtlich der Beschwerdeberechtigung des Vormunds gilt das zu § 1810 (dort Rn. 8) Gesagte; ebenso hins. der Beschwerdebefugnis des Gegenvormunds, wenn man dessen Genehmigungszustän-

---
[88] BGH FamRZ 2010, 207 Rn. 14 ff. m. Anm. *Saar* LMK 2010, 299706.
[89] *Soergel/Zimmermann* Rn. 22; *Staudinger/Engler* Rn. 12; *RGRK/Dickescheid* Rn. 21. ME zweifelhaft.
[90] In der 2. Aufl. wurde vertreten, der Richter entscheide gemäß § 14 Abs. 1 Nr. 5 RPflG, wenn zwischen dem Vormund und dem Gegenvormund keine Einigung erzielt werde; die Auffassung ist aufgegeben; siehe auch *Staudinger/Engler* Rn. 16; *Ermann/Saar* Rn. 14.
[91] KG JW 1937, 1552, 1553.
[92] *Keidel/Meyer-Holz* FamFG § 40 Rn. 29.
[93] Vgl. auch *Bahrenfuss/Rüntz* FamFG § 40 Rn. 13: Unanwendbarkeit des § 40 Abs. 3.
[94] *Keidel/Meyer-Holz* FamFG § 40 Rn. 43.

digkeit mit der gängigen Auffassung nicht als zwingend vorgreiflich ansieht (Rn. 39), das FamG also auch im Bereich des § 1812 nicht darauf beschränkt, eine vom Gegenvormund zuvor verweigerte Genehmigung zu ersetzen.[95] Zu den Einzelheiten siehe auch § 1828 Rn. 33 ff., 30 ff.

VI. Rechtsfolge bei Geschäftsvornahme ohne Genehmigung

Nimmt der Vormund ein Geschäft ohne die erforderliche Genehmigung vor, so handelt er außerhalb seiner gesetzlichen Vertretungsmacht. Das Geschäft ist unwirksam, es gelten die §§ 1828 bis 1831, 1832. Durch Leistung an den nicht empfangsberechtigten Vormund wird der Schuldner des Mündels nicht frei.[96] Indes kann trotz § 1812 ein Rechtsgeschäft wirksam sein, soweit gesetzliche Vorschriften das Vertrauen in die Verfügungsbefugnis schützen. Dies wird etwa für § 366 HGB bejaht;[97] für § 808 soll jedenfalls dann nichts anderes gelten, wenn der Schuldner der verbrieften Forderung nicht weiß, dass für den Gläubiger ein Vormund handelt.[98] Zum Problem der Aufrechnung im Zusammenhang mit einem kraft § 1812 unwirksamen Rechtsgeschäft vgl. Rn. 30. 43

VII. Parallelvorschriften

Die Vorschriften der § 1812, 1813 gelten entsprechend für die Pflegschaft (§ 1915 Abs. 1)[99] und für die Betreuung (§ 1908i Abs. 1 S. 1). 44

§ 1813 Genehmigungsfreie Geschäfte

(1) Der Vormund bedarf nicht der Genehmigung des Gegenvormunds zur Annahme einer geschuldeten Leistung:
1. wenn der Gegenstand der Leistung nicht in Geld oder Wertpapieren besteht,
2. wenn der Anspruch nicht mehr als 3 000 Euro beträgt,
3. wenn der Anspruch das Guthaben auf einem Giro- oder Kontokorrentkonto zum Gegenstand hat oder Geld zurückgezahlt wird, das der Vormund angelegt hat,
4. wenn der Anspruch zu den Nutzungen des Mündelvermögens gehört,
5. wenn der Anspruch auf Erstattung von Kosten der Kündigung oder der Rechtsverfolgung oder auf sonstige Nebenleistungen gerichtet ist.

(2) ¹Die Befreiung nach Absatz 1 Nr. 2, 3 erstreckt sich nicht auf die Erhebung von Geld, bei dessen Anlegung ein anderes bestimmt worden ist. ²Die Befreiung nach Absatz 1 Nr. 3 gilt auch nicht für die Erhebung von Geld, das nach § 1807 Abs. 1 Nr. 1 bis 4 angelegt ist.

Übersicht

	Rn.		Rn.
I. Normzweck	1	b) Abs. 1 Nr. 2	7–11
II. Katalog der Ausnahmen von § 1812 (Abs. 1)	2–18	c) Abs. 1 Nr. 3	12–16
		d) Abs. 1 Nr. 4	17
1. Anwendungsbereich: Leistungsannahme und vergleichbare Willenserklärungen	2–4	e) Abs. 1 Nr. 5	18
a) Aufrechnung	3	III. Gegenausnahmen nach Abs. 2	19
b) Kündigung	4	IV. Sonstige genehmigungsfreie Geschäfte	20
2. Die genehmigungsfreien Geschäfte im Einzelnen	5–18		
a) Abs. 1 Nr. 1	5, 6	V. Parallelvorschriften	21

---

[95] So (im Hinblick auf die von ihnen angenommene alternative Genehmigungskompetenz von Gegenvormund und FamG) konsequent *Staudinger/Engler* Rn. 17; *Erman/Saar* Rn. 14.
[96] Vgl. RGZ 79, 9; BGH NJW 2006, 430, 431; OLG Hamm Beschluss vom 7. 5. 2007 – 13 U 12/07.
[97] RGZ 115, 153, 156 f.; *Staudinger/Engler* Rn. 7; *RGRK/Dickescheid* Rn. 21; *Bamberger/Roth/Bettin* Rn. 12; *Gernhuber/Coester-Waltjen* § 72 Rn. 45.
[98] OLG Karlsruhe OLGR 1998, 411 = NJW-RR 1999, 230 m. Anm. *Littbarski* EWiR 1998, 891.
[99] Zur Unanwendbarkeit des § 1812 auf den Herausgabeanspruch des Nachlasspflegers: OLG Köln FamRZ 2007, 2109.

I. Normzweck

1 Die Annahme einer an den Mündel gerichteten Leistung wird – wie der Zusammenhang der §§ 1812 und 1813 ergibt – unter die Verfügungen gerechnet, die gemäß § 1812 der Genehmigung bedürfen. Von diesem Genehmigungsvorbehalt macht § 1813 wiederum einen Katalog von Ausnahmen, die teils, aber keineswegs ausschließlich Kleingeschäfte des täglichen Lebens betreffen. Der Charakter des § 1813 als Ausnahmevorschrift wird zum Teil stark betont.[1] Zweck der Vorschrift ist es, dem Vormund größere Flexibilität in der Vermögensverwaltung einzuräumen.

II. Katalog der Ausnahmen von § 1812 (Abs. 1)

2 **1. Anwendungsbereich: Leistungsannahme und vergleichbare Willenserklärungen.** Genehmigungsfrei ist nach dem Gesetz nur die Leistungsannahme, nicht sind es anderweitige Verfügungen. Doch sind nach teleologischer Auslegung der Leistungsannahme gleichzustellen:

3 **a) Aufrechnung.** Die Aufrechnung des Vormunds mit einer Mündelforderung, wenn der Vormund die Leistung genehmigungsfrei annehmen könnte (vgl. § 1812 Rn. 29).

4 **b) Kündigung.** Ferner, soweit man sie überhaupt für genehmigungsbedürftig hält (vgl. § 1812 Rn. 19), die Kündigung einer Forderung oder eines sonstigen auf Leistung gerichteten Rechts, sofern die Annahme der Leistung selbst gemäß § 1813 Abs. 1 genehmigungsfrei und die Kündigung nötig ist, um das Recht geltend zu machen.[2]

5 **2. Die genehmigungsfreien Geschäfte im Einzelnen. a) Abs. 1 Nr. 1.** Die Genehmigungsbedürftigkeit der Leistungsannahme entfällt, wenn der geschuldete und der tatsächlich erbrachte Leistungsgegenstand **nicht in Geld oder Wertpapieren** besteht. Die Ausnahmevorschrift greift demnach nicht, wenn eigentlich Geld oder Wertpapiere geschuldet sind, später aber andere Leistungsgegenstände an Erfüllungs Statt angenommen werden.[3] Ebenso bleibt es bei § 1812, wenn ursprünglich ein anderer Leistungsgegenstand geschuldet ist, der Erfüllungsanspruch aber in einen Geldanspruch (zB Schadensersatzanspruch statt der Leistung, stellvertretendes commodum) übergegangen ist.[4] § 1813 Abs. 1 ist auch dann nicht anwendbar, wenn dem Mündel zur Befriedigung seiner Forderung Sachen käuflich derart überlassen werden, dass der Kaufpreis auf die Forderung angerechnet wird.[5] Das Gleiche gilt, wenn bei einer Wahlschuld alternativ Sach- und Geld- (oder Wertpapier-) leistungen geschuldet sind, auch wenn tatsächlich die Sachleistung erbracht wird.[6]

6 Zum **Wertpapierbegriff** vgl. § 1812 Rn. 20. Aus §§ 1812, 1813 Abs. 1 Nr. 1 ergibt sich, dass der Vormund auch Wertpapiere, die für den Mündel bei einer Bank hinterlegt sind, nicht ohne Genehmigung des Gegenvormunds oder des FamG in einer die Bank befreienden Weise entgegennehmen kann.

7 **b) Abs. 1 Nr. 2.** Die Ausnahme bezieht sich **ausschließlich auf Zahlungsansprüche**; sie befreit nicht von der Genehmigungsbedürftigkeit, die gemäß § 1809 aus gesperrter Anlage von Mündelgeld entsteht (siehe Abs. 2 S. 1).

8 Die Höhe des **Freibetrages** ist durch das BtG (Art. 1 Nr. 35) von 3000 auf 5000 DM – nunmehr 3000 Euro (Art. 2 Nr. 17 des Gesetzes vom 27. 6. 2000 BGBl. I S. 897) – erhöht worden. Bei der Bemessung der Anspruchshöhe bleiben Zinsen, Kosten und sonstige Nebenleistungen außer

---

[1] OLG Köln Rpfleger 1986, 432: keine analoge Anwendung auf andere Tatbestände.
[2] *Soergel/Zimmermann* Rn. 2. *RGRK/Dickescheid* Rn. 2; *Erman/Saar* Rn. 6.
[3] *Palandt/Diederichsen* Rn. 2; *Soergel/Zimmermann* Rn. 3, vgl. auch Rn. 2. Nach *Erman/Saar* Rn. 2 und *Staudinger/Engler* Rn. 4 soll es nur darauf ankommen, „was zur Zeit der Leistung deren Gegenstand ist". Folgt man dem, ist die Annahme von anderen Gegenständen als Geld oder Wertpapieren an Erfüllungs Statt zwar als solche nach § 1813 Abs. 1 Nr. 1 genehmigungsfrei; in dem der Leistungs- an Erfüllungs Statt zugrunde liegenden Erfüllungsvertrag, der die zuvor bestehende (auf Geld oder Wertpapiere gerichtete) Schuld zum Erlöschen bringt (§ 364 Rn. 1) dürfte aber wohl eine Verfügung über die ursprüngliche Forderung liegen, die (weil als solche keine „Annahme einer Leistung") von § 1813 Abs. 1 Nr. 1 nicht erfasst wird und deshalb nach § 1812 genehmigungsbedürftig bleibt.
[4] *RGRK/Dickescheid* Rn. 3; *Soergel/Zimmermann* Rn. 2; *Staudinger/Engler* Rn. 6; *Erman/Saar* Rn. 2; *Gernhuber/Coester-Waltjen* § 72 Fn. 63.
[5] OLG Darmstadt HessRspr 13, 289.
[6] Das in Fn. 3 Gesagte gilt insoweit entsprechend: Nach der hier vertretenen Auffassung kein Fall des § 1813 Abs. 1 Nr. 1, so dass es bei § 1812 bewendet. Nach aA unterfällt die Annahme der gewählten (Sach-) Leistung zwar als solche dem § 1813 Abs. 1 Nr. 1; die Wahlentscheidung selbst dürfte aber – als Verfügung über die (wahlweise auch auf Geld bzw. Wertpapiere gerichtete) Mündelforderung - nach § 1812 genehmigungspflichtig bleiben.

Betracht (§ 1813 Abs. 1 Nr. 4).[7] Maßgebend ist die Höhe des Anspruchs im Zeitpunkt der Leistungsannahme, nicht etwa die bei Entstehung des Schuldverhältnisses.

Es kommt nicht auf die Höhe der einzelnen Teilleistung, sondern des gesamten Anspruchs an; folglich ist die Annahme von Teilleistungen unter 3000 Euro genehmigungspflichtig, wenn die Forderung im Annahmezeitpunkt insgesamt die 3000-Euro-Grenze überschreitet.[8] Dies gilt auch für die Abhebung von einem Sparkonto: Sie ist von der Genehmigungspflicht nach § 1812 (dort Rn. 27) gem. § 1813 Abs. 1 Nr. 2 nur befreit, wenn das Sparguthaben 3.000 € nicht übersteigt.[9] Für Abhebungen und Überweisungen von einem Giro- oder Kontokorrentkonto siehe Rn. 12 ff. (zu § 1813 Abs. 1 Nr. 3).

Für **monatliche Zahlungen aus einer Rente** gilt: Zwar lässt sich ein kapitalisierter Rentenwert ermitteln, der die 3000-Euro-Grenze weit übersteigen kann, doch richtet sich auf diese Kapitalsumme kein Anspruch des Rentenbeziehers; für diesen entstehen vielmehr sukzessiv fällige Ansprüche auf den jeweiligen Monatsbetrag der Rente, den der Vormund genehmigungsfrei annehmen kann, wenn er 3000 Euro nicht überschreitet.[10] Ob auch Rentenzahlungen der Sozialversicherung als Nutzungen (wovon?) anzusehen und nach Abs. 1 Nr. 4 ohne Limit vom Genehmigungserfordernis freizustellen sind,[11] ist – unbeschadet ihrer sozialrechtlichen Einordnung – nach dem Regelungszweck des Abs. 1 Nr. 2 zweifelhaft.

Ist der Mündel nur **Gesamthandsgläubiger** mit anderen, so richtet sich die Höhe des Anspruchs nach dem **auf den Mündel entfallenden Anteil**.[12] Werden gleichzeitig Einzelansprüche mehrerer Mündel durch einmalige Zahlung befriedigt, so sind die Ansprüche zu trennen, zB bei Unterhaltsleistung für mehrere Geschwister.[13]

c) **Abs. 1 Nr. 3. aa) Alternative 1 (Girokonten).** Genehmigungsfrei bleibt die Abhebung von Giro- oder Kontokorrentkonten, und zwar unabhängig von der Höhe des Guthabens und des Abhebungsbetrags.

Abs. 1 Nr. 3 ist durch das Gesetz zur Änderung des Zugewinnausgleichs- und Vormundschaftsrechts (vom 6. 7. 2009, BGBl. I S. 1696; Art. 1 Nr. 13) um die nunmehr erste Alternative („wenn der Anspruch das Guthaben aus einem Giro- oder Kontokorrentkonto zum Gegenstand hat") erweitert worden. Die Erweiterung trägt dem Umstand Rechnung, dass zunehmend mehr Kreditinstitute Zahlungsvorgänge bei Giro- oder (wie es wohl richtiger heißen müsste: sonstigen) Kontokorrentkonten dem manuellen Zahlungsverkehr vorbehalten (sprich: Vormund oder Betreuer auf die Überweisung oder Abbuchung am Schalter verwiesen) haben. Zur Begründung wurde von den Instituten geltend gemacht, sie könnten im automatisierten Zahlungsverkehr nicht hinreichend überprüfen, ob das Guthaben 3.000 € übersteige mit der Folge, dass eine befreiende Leistung nur möglich sei, wenn das Gericht die Abhebung oder Überweisung genehmige.[14] Die technische und rechtliche Überzeugungskraft[15] dieser Argumentation kann hier auf sich beruhen. Die Neufassung stellt die Kreditinstitute nunmehr von dem besorgten rechtlichen Risiko frei.

Dogmatisch lässt sich der neue Privilegierungstatbestand als eine Ausnahme von dem in Abs. 1 Nr. 2 gesetzten Limit verstehen (die nach § 1908i Abs. 1 Satz 1 auch für die Vermögensverwaltung durch den Betreuer gilt und hier erst ihre eigentliche praktische Bedeutung erlangt): Die **Abhebung** von Geldern auf Giro- und (sonstigen) Kontokorrentkonten des Mündels/Betreuten ist nunmehr ohne Begrenzung und ohne Rücksicht darauf zulässig, ob das Kontoguthaben einer Anlage des Vormunds / Betreuers beruht oder nicht. Eine Begrenzung ergibt sich nur insoweit, als der Vormund Geld des Mündels gem. § 1806 grundsätzlich verzinslich anzulegen hat; dem wird die Anlage auf einem Girokonto wohl auch dann nicht genügen, wenn dort für Guthaben minimale Zinsen gezahlt werden (vgl. § 1806 Rn. 7). Eine Ausnahme gilt nur für Geld, das zur Bestreitung

---

[7] *Soergel/Zimmermann* Rn. 4; *Dölle* § 127 II 3 b.
[8] Prot. IV 782; *Palandt/Diederichsen* Rn. 3; *Soergel/Zimmermann* Rn. 4; *Staudinger/Engler* Rn. 10; RGRK/*Dickescheid* Rn. 4; *Dölle* § 127 II 3 b; Sorg BWNotZ 2010, 107, 126; *Fiala/Müller/Braun* Rpfleger 2002, 389, 399.
[9] *Staudinger/Engler* Rn. 11.
[10] So im Erg. auch BSG MDR 1982, 698; *Tannen* SozVers 1955, 218, 219, gegen die hM; siehe ferner *Schachtner* SozVers. 1955, 352, 353; *Soergel/Zimmermann* Rn. 6.
[11] So unter Berufung auf BSG MDR 1982, 698: *Staudinger/Engler* Rn. 20; *Soergel/Zimmermann* Rn. 6; *Erman/Saar* Rn. 5; *Wesche* BtPrax 2004, 49, 52.
[12] KG Recht 1929 Nr. 1016.
[13] RG Recht 1913 Nr. 1309; zur Besonderheit der Entgegennahme von Unterhaltsleistungen siehe Erl. zu § 1812 Rn. 13.
[14] Aus den Materialien: BR-Drucks. 635/08 S. 22 f., 50 f.
[15] Zweifel an der technischen Seite offenbar bei *Palandt/Diederichsen* Rn. 4 („angeblich"). Zur Möglichkeit einer genehmigungsfreien Verfügung über Girokonten nach bisherigem Recht vgl. etwa Vorauft. Rn. 9 mwN).

von Ausgaben bereitzuhalten ist (§ 1806 HS. 2). Soweit der Vormund danach Geld verzinslich anzulegen hat, muss er grundsätzlich die in § 1807 genannten mündelsicheren Anlageformen wählen. Dabei hat er nach § 1807 Abs. 1 Nr. 5 angelegtes Geld mit einem Sperrvermerk anzulegen (§ 1809). Ein solcher Sperrvermerk entzieht das solchermaßen angelegte Geld der genehmigungsfreien Disposition des Vormunds nach § 1813 Ab. 1 Nr. 3; denn insoweit ist iS des § 1813 Abs. 2 S. 1 bei der Anlegung des Geldes „etwas anderes bestimmt". Vor diesem Hintergrund relativiert sich die rechtspraktische Bedeutung der 1. Alternative des Abs. 1 Nr. 3 merklich: Sie greift nur bei einem Guthaben ein, das „zur Bestreitung von Ausgaben bereitzuhalten" ist (anderenfalls kommt die Anlegung auf einem Girokonto schon nach § 1806 nicht in Betracht), das dennoch 3.000 € übersteigt (anderenfalls greift bereits Abs. 1 Nr. 2) und das nicht vom Vormund angelegt ist (anderenfalls griffe bereits § Abs. 1 Nr. 3 Alternative 2). Was außer einem bescheidenen praktischen Nutzen bleibt, ist die mit der Neuregelung einhergehende Missbrauchsgefahr – so etwa dann, wenn nicht zur Bestreitung von Auslagen benötigte Mündelgelder entgegen § 1606 und ohne die Sicherungen des § 1809 auf einem Girokonto angelegt sind.[16]

15 Der Abhebung von Giro- und Kontokorrentkonten dürfte die **Überweisung** von solchen Konten gleichstehen. Würde der Vormund /Betreuer gezwungen, sich Geld vom Girokonto des Mündels (nach Abs. 1 Nr. 3 genehmigungsfrei) auszahlen zu lassen, um es sogleich wieder auf das Konto eines Gläubigers des Mündels einzuzahlen, so wäre dies nicht nur unwirtschaftlich, sondern auch juristisch ohne Sinn: Denn bei einer Überweisung vom Mündelkonto auf ein Konto des Vormunds bei sofortiger Weiterüberweisung an den Gläubiger ließe sich die Überweisung auf das Konto des Vormunds als bloßer Zahlstelle als eine nach Abs. 1 Nr. 3 genehmigungsfreie Annahme des Geldes durch den Mündel verstehen; von daher lässt sich auch die unmittelbare Überweisung vom Konto des Mündels auf das des Gläubigers als „Annahme" begreifen.[17]

16 bb) **Alternative 2 (vom Vormund angelegtes Geld).** Genehmigungsfrei bleibt die Annahme der **Rückzahlung desjenigen Geldes, das der Vormund selbst angelegt hat.** Die Vorschrift kommt nicht allzu häufig zum Zuge: Sie gilt gem. Abs. 2 S. 2 von vornherein nicht für Geld, dass nach § 1807 Abs. 1 Nr. 1 bis 4 angelegt ist. Für die Rückzahlung von Geld, das nach § 1807 Abs. 1 Nr. 5 - und dabei gem. § 1809 mit einem Sperrvermerk – angelegt ist, entfällt die Genehmigungsfreiheit bereits nach Abs. 2 S. 1. Was bleibt, sind – neben der Gestattung einer anderweitigen Anlage nach § 1811 – die Fälle, in denen der Vormund Gelder zur Bestreitung von Ausgaben anders als auf einem Giro- oder Kontokorrentkonto (insoweit greift bereits Abs. 1 Nr. 3 Alternative 1) – also etwa auf einem Termingeldkonto – bereit hält; ferner die Fälle, in denen der Vormund Mündelgelder pflichtwidrig in einer anderen als der von §§ 1807, 1809 vorgesehenen mündelsicheren Form angelegt hat. Eine analoge Erweiterung der Nr. 3, etwa auf Geld, das andere Personen als der Vormund angelegt haben, oder auf andere Verfügungen als Leistungsannahmen ist abzulehnen.[18]

17 d) **Abs. 1 Nr. 4.** Die Entgegennahme von **Nutzungen des Mündelvermögens** ist genehmigungsfrei, weil die Nutzungen gewöhnlich der Bestreitung des laufenden Mündelunterhalts dienen.[19] Der Begriff der Nutzungen (Früchte und Gebrauchsvorteile) bestimmt sich nach § 100. Zu den Nutzungen gehören auch dem Mündel gebührende Hypothekenzinsen[20] und Zinsen aus einem Sparguthaben, solange sie nicht zum Kapital geschlagen sind.[21] Zur Erhebung der Zinsen ist die Genehmigung auch dann nicht erforderlich, wenn die Kapitalanlage nach § 1809 erfolgt ist.[22] Auch spielt die 3000-Euro-Grenze bei Abs. 1 Nr. 4 keine Rolle. Werden Sachnutzungen in Geld umgesetzt (zB landwirtschaftliche Ernte, für die durch Verkauf ein Erlös erzielt wird), so ist auch die Entgegennahme des Verkaufserlöses genehmigungsfrei, wenn diese Art der Verwertung noch als typische Vermögensnutzung angesehen werden kann.[23] Zur Qualifikation von Renten der Sozialversicherung als Nutzung des Mündelvermögens vgl. Rn. 10.

18 e) **Abs. 1 Nr. 5.** Die Befreiung der Nr. 5 beschränkt sich auf Ansprüche, die entweder **auf Kostenerstattung** (gleich aus welchem Rechtsgrund, auch im Gewand des Schadensersatzanspruchs) **oder auf sonstige Nebenleistungen** gerichtet sind. Der Begriff der Nebenleistungen ist wie in § 217 – ohne das Merkmal der „Abhängigkeit" – zu bestimmen. Es zählen hierzu Verzugszin-

---

[16] Zu den insoweit fortbestehenden Sicherungen BR-Drucks. 635/08 S. 51.
[17] So zutr. *Palandt/Diederichsen* Rn. 4.
[18] OLG Köln Rpfleger 1986, 432.
[19] Vgl. Mot. IV S. 1125.
[20] KG OLGE 14, 262.
[21] KG DJ 1938, 1428.
[22] KG DJ 1938, 1428, 1429.
[23] AA die hM, siehe die Nachweise bei *Staudinger/Engler* Rn. 21; wie hier RGRK/*Dickescheid* Rn. 6.

sen, Vertragsstrafen, auch der neben der Erfüllung einer Verbindlichkeit zu zahlende Schadensersatz wie Verzugsschaden (§§ 280 Abs. 1, 2, 286 Abs. 1). Dass die Annahme der Kostenerstattung für eine Kündigung befreit ist, sagt nichts darüber aus, ob die Kündigung selbst genehmigungsbedürftig ist oder nicht (vgl. § 1812 Rn. 19).[24] Die Höhe der Nebenleistungen spielt keine Rolle.

III. Gegenausnahmen nach Abs. 2

Abs. 2 nimmt die in Abs. 1 gewährte Befreiung – systematisch konsequent – in wichtigen Fällen wiederum zurück, und zwar
- in den Fällen des Abs. 1 Nr. 2 und 3 für Erhebung von Geld, bei dessen Anlegung die Genehmigungsbedürftigkeit bestimmt ist (insbesondere nach § 1809);
- im Fall des Abs. 1 Nr. 3 für die Erhebung von Geld, das nach § 1807 Abs. 1 Nr. 1 bis 4 angelegt ist.

19

IV. Sonstige genehmigungsfreie Geschäfte

Unabhängig von § 1813 sind nach der hier vertretenen Meinung (vgl. § 1812 Rn. 13) alle Rechtsgeschäfte genehmigungsfrei, die nicht dem Bereich der Vermögensverwaltung angehören und der Verwirklichung der Personensorge dienen, ferner gem. § 1817 alle Geschäfte, für deren Vornahme das FamG den Vormund vom Genehmigungserfordernis befreit hat.

20

V. Parallelvorschriften

Die Vorschriften der § 1812, 1813 gelten entsprechend für die Pflegschaft (§ 1915 Abs. 1)[25] und für die Betreuung (§ 1908i Abs. 1 S. 1), vgl. § 1812 Rn. 44. Zur Entgegennahme von Sozialleistungen durch einen nicht geschäftsunfähigen Mündel, der das 15. Lebensjahr vollendet hat, vgl. § 36 SGB I.

21

§ 1814 Hinterlegung von Inhaberpapieren

¹Der Vormund hat die zu dem Vermögen des Mündels gehörenden Inhaberpapiere nebst den Erneuerungsscheinen bei einer Hinterlegungsstelle oder bei einem der in § 1807 Abs. 1 Nr. 5 genannten Kreditinstitute mit der Bestimmung zu hinterlegen, dass die Herausgabe der Papiere nur mit Genehmigung des Familiengerichts verlangt werden kann. ²Die Hinterlegung von Inhaberpapieren, die nach § 92 zu den verbrauchbaren Sachen gehören, sowie von Zins-, Renten- oder Gewinnanteilscheinen ist nicht erforderlich. ³Den Inhaberpapieren stehen Orderpapiere gleich, die mit Blankoindossament versehen sind.

I. Normzweck

Verfügungen über Inhaberpapiere und blankoindossierte Orderpapiere des Mündelvermögens unterliegen ebenfalls der Genehmigungspflicht aus der Grundnorm des § 1812. Jedoch drohen dem Mündelvermögen auf Grund der Vorschriften der §§ 932, 935 Abs. 2 hinsichtlich dieser Vermögensgegenstände infolge **ihrer Fungibilität erhöhte Gefahren**. Aus diesem Grunde ordnet § 1814 die unbedingte Hinterlegung an, sofern der Vormund nicht die Umwandlung in ein Namenspapier gemäß §§ 1815 Abs. 1, 806 durchführen lässt. Folge der Hinterlegung ist die vereinbarte Verfügungsbeschränkung sowie diejenige nach § 1819. Die Vorschrift ist zwingend; sie ist durch das BtG neu gefasst worden (vgl. Rn. 7).

1

II. Hinterlegungspflicht

1. Gegenstände der Hinterlegungspflicht. a) Inhaberpapiere. Nach **Satz 1** hinterlegungspflichtig sind Inhaberpapiere; vgl. dazu allgemein die §§ 793 ff., zu den Inhaberaktien vgl. die §§ 10, 24 AktG, zu den auf den Inhaber ausgestellten Grundpfandbriefen vgl. die §§ 1195, 1199,

2

---

[24] Staudinger/Engler Rn. 23; Dölle § 127 II 3 e.
[25] Zur Anwendbarkeit auch des § 1813 Abs. 1 Nr. 3 nF auf die Nachlasspflegschaft: LG Hamburg NJW-RR 2011, 513.

1200, zu den Inhaberinvestmentanteilen vgl. § 33 InvG. **Nicht zu den Inhaberpapieren** zählen die qualifizierten Legitimationspapiere des § 808, zB Sparkassenbücher, Depot-, Versicherungs- und Pfandscheine. Zu den blankoindossierten Orderpapieren vgl. die §§ 363 ff. HGB, Art. 13, 14, 16, 77 WG, Art. 15, 16, 17, 19 ScheckG.

3   b) **Verbrauchbare Sachen.** Nach **Satz 2** nicht hinterlegungspflichtig sind Inhaberpapiere, soweit sie zu den verbrauchbaren Sachen zählen (§ 92); hierzu gehören zB Banknoten, Inhaberzeichen nach § 807, zum Umsatz bestimmte blankoindossierte Wechsel, zu den Betriebsmitteln eines Erwerbsgeschäfts gehörende Papiere, zB Bestände eines Geldinstituts. Nicht hinterlegungspflichtig sind auch Zins-, Renten- oder Gewinnanteilscheine (Coupons), wohl aber Erneuerungsscheine (Talons).

4   c) **Möglichkeit der Erweiterung.** Über § 1818 kann die Hinterlegungspflicht vom FamG gegenständlich erweitert werden.

5   d) **Ausschließliches Eigentum des Mündels.** Die Hinterlegungspflicht bezieht sich nur auf Papiere, die ausschließlich dem Mündel gehören.[1] Weder bei Bruchteils- noch bei Gesamthandseigentum ist dem Vormund eine Hinterlegung gegen den Willen des Mitberechtigten möglich. Erst recht erfasst die Vorschrift nicht Papiere, die im Eigentum Dritter stehen, so zB wenn dem Mündel ein Nießbrauchs- oder Pfandrecht zusteht. Im Falle des Nießbrauchs hat der Vormund aber gegebenenfalls auf eine Hinterlegung nach § 1082 hinzuwirken. Ist das dem Mündel gehörende Papier nießbrauchs- oder pfandrechtsbelastet, so besteht ebenfalls keine Hinterlegungspflicht, da es insoweit am erforderlichen (Allein-)Besitz des Mündels fehlt. Erlangt der Mündel Papiere im Wege der Vorerbschaft, so tritt neben die Vorschrift des § 2116 die Bestimmung des § 1814; § 1814 wird also nicht verdrängt.[2]

6   2. **Keine Hinterlegungspflicht.** Die Hinterlegungspflicht nach § 1814 besteht nicht
   – bei befreiter Vormundschaft (§§ 1852 ff., 1855; vgl. auch § 1917 Abs. 2) sowie beim Amts- und Vereinsvormund (§ 1857a);
   – bei Befreiung durch das FamG gem. § 1817;
   – bei Befreiung durch den Drittzuwender im Falle des § 1803.
   – Gleiches soll hinsichtlich der vom Vormund anlässlich seines Amtsantritts vorgefundenen, an sich hinterlegungspflichtigen Papiere gelten, wenn die Papiere sich im Sammeldepot (Stückekonto) einer Bank befinden.[3] Vielmehr soll sich eine Hinterlegungspflicht hier nur aus § 1793 S. 1 ergeben können, wenn die Bank nicht zuverlässig erscheint.

III. Art, Verfahren und Kosten der Hinterlegung

7   1. **Zuständige Hinterlegungsstellen.** Nach § 1 Abs. 2 HintO[4] werden die Aufgaben der Hinterlegungsstellen von den Amtsgerichten wahrgenommen (vgl. näher § 2116 Rn. 5). Darüber hinaus sind Hinterlegungsstellen alle in § 1807 Abs. 1 Nr. 5 (geändert durch das BtG) genannten Kreditinstitute.

8   2. **Art der Hinterlegung.** Hinsichtlich der Art der Hinterlegung ist auch die Sammelverwahrung bei einer Wertpapiersammelbank zulässig (VO vom 29. 9. 1939, RGBl. I S. 1985), nicht nur die Einzelstückverwahrung.

9   3. **Hinterlegungsabrede.** Die Hinterlegung muss mit der Abrede erfolgen, dass die Papierherausgabe nur mit Genehmigung des FamG zulässig ist. Allerdings bedürfen – ebenso wie in den Fällen des § 1812 – auch hier Zwangsvollstreckungsmaßnahmen Dritter in das Mündelvermögen keiner familiengerichtlichen Genehmigung. Ob ein Sperrvermerk angebracht wird, ist Sache der Hinterlegungsstelle. Er dient wie bei § 1809 nur der Ersichtlichmachung der Abrede. Die Herausgabe der Papiere ohne Genehmigung bei vereinbarter Sperre befreit die Hinterlegungsstelle nicht.[5] Letztere haftet dem Mündel. Auch wenn nach den Geschäftsbedingungen der Hinterlegungsstelle die Anbringung eines Sperrvermerks zur Gültigkeitsvoraussetzung für die Verfügungsbeschränkung

---

[1] *Dölle* § 126 II 4 a aa; hM.
[2] *Staudinger/Engler* Rn. 11.
[3] RGZ 137, 320, 322; LG Hamburg MDR 1957, 420; *Graßhoff* JW 1933, 159; *Dölle* § 126 II 4 a aa; *Erman/Saar* Rn. 4; *Palandt/Diederichsen* Rn. 3; *Soergel/Zimmermann* Rn. 3. AA und für unbedingte Hinterlegungspflicht nach § 1814 mit beachtlichen Gründen: *Staudinger/Engler* Rn. 12.
[4] Als Bundesrecht aufgehoben durch Art. 17 Abs. 2 des Zweiten Gesetzes über die Bereinigung von Bundesrecht im Zuständigkeitsbereich des Bundesministeriums der Justiz vom 23. 11. 2007, BGBl. I S. 2614.
[5] RGZ 79, 9, 16; *Dölle* § 126 II 4 a dd.

erklärt ist, wird die Hinterlegungsstelle nicht frei.[6] Wurde keine Sperrabrede getroffen, so gilt gleichwohl § 1812.

4. Durchsetzung der Hinterlegung. Die Einhaltung des § 1814 ist durch das FamG zu überwachen; sie kann durch Zwangsgeld gem. § 1837 Abs. 3 erzwungen werden;[7] auch die Entlassung des Vormunds kommt in Betracht. Bei Verstoß haftet der Vormund nach § 1833. 10

5. Kosten. Die Kosten der Hinterlegung trägt in jedem Fall der Mündel, auch bei freiwilliger, pflichtgemäßer Hinterlegung. 11

IV. Wirkung der Hinterlegung

Die Hinterlegung wirkt in zweifacher Weise: Die Herausgabe bedarf der Genehmigung durch das FamG qua Vereinbarung; die Verfügung über die hinterlegten Papiere und die Eingehung einer Verpflichtung hierzu bedürfen der Genehmigung des FamG gemäß § 1819; zur Verfügung ist die Herausgabe des Papiers nicht unbedingt erforderlich, vgl. zB §§ 1154 Abs. 1 S. 1, 1117 Abs. 1 S. 2, 931. Die Verfügungsbeschränkung tritt nur ein bei den nach §§ 1814, 1818 hinterlegten Papieren, dagegen nicht bei den freiwillig hinterlegten. Dort gilt die Grundnorm der Genehmigungspflicht (§ 1812).[8] Nach Beendigung der Vormundschaft ist eine Erhebung der Papiere ohne Genehmigung des FamG zulässig.[9] 12

V. Parallelvorschriften

§ 1814 gilt entsprechend für die Pflegschaft (§ 1915 Abs. 1) mit Ausnahme der Amts- oder Vereinspflegschaft (§ 1915 Abs. 1 iVm. § 1857a). Ebenso gilt § 1814 für die Betreuung (§ 1908i Abs. 1), allerdings nicht für die Betreuung durch Vereins- oder Behördenbetreuer (§ 1897 Abs. 2; § 1908i Abs. 2 iVm. § 1857a) sowie durch Behörde oder Verein selbst (§ 1900 Abs. 1, 4; § 1908i Abs. 1 S. 1 iVm. § 1857a). 13

§ 1815 Umschreibung und Umwandlung von Inhaberpapieren

(1) ¹Der Vormund kann die Inhaberpapiere, statt sie nach § 1814 zu hinterlegen, auf den Namen des Mündels mit der Bestimmung umschreiben lassen, dass er über sie nur mit Genehmigung des Familiengerichts verfügen kann. ²Sind die Papiere vom Bund oder einem Land ausgestellt, so kann er sie mit der gleichen Bestimmung in Schuldbuchforderungen gegen den Bund oder das Land umwandeln lassen.

(2) Sind Inhaberpapiere zu hinterlegen, die in Schuldbuchforderungen gegen den Bund oder ein Land umgewandelt werden können, so kann das Familiengericht anordnen, dass sie nach Absatz 1 in Schuldbuchforderungen umgewandelt werden.

I. Normzweck

Die Vorschrift will das umständliche Verfahren der Hinterlegung vermeiden. Zu diesem Zweck können der Vormund durch Maßnahmen nach Abs. 1 und das FamG durch Maßnahmen nach Abs. 2 die **Hinterlegung abwenden.** Mit der vom BtG geschaffenen Möglichkeit, Inhaberpapiere bei einem der in § 1807 Abs. 1 Nr. 5 letzte Alt. genannten Kreditinstitute zu hinterlegen, und dem von § 1817 eröffneten Dispens hat die Umwandlung praktische Bedeutung weitgehend eingebüßt. 1

II. Umschreibung

1. Wahlrecht des Vormunds (Abs. 1). Der Vormund kann die ihm von § 1814 aufgegebene Hinterlegung auf zweifache Weise vermeiden: 2

a) **Namenspapier.** Er kann nach Abs. 1 S. 1 aus dem Inhaberpapier durch Umschreibung seitens des Ausstellers (§ 806) auf den Namen des Mündels ein **Namenspapier** machen lassen. 3

---
[6] *Soergel/Zimmermann* Rn. 9; *Staudinger/Engler* Rn. 25; *Bamberger/Roth/Bettin* Rn. 6; *Palandt/Diederichsen* Rn. 6. AA 1. Aufl. unter Berufung auf RG JW 1910, 289; ebenso *Dölle* § 126 II 4 a dd.
[7] Vgl. RGZ 80, 252, 256.
[8] *Staudinger/Engler* Rn. 30.
[9] *Dölle* § 126 II 4 a dd aE; *Staudinger/Engler* Rn. 37. AA KG OLGE 2, 262, 263.

§ 1816

Allerdings ist der Aussteller zur Umschreibung nicht verpflichtet (§ 806 S. 2); Ausnahmen siehe Art. 101 EGBGB (vgl. dort Rn. 2).

4 **b) Buchforderungen.** Er kann nach Abs. 1 S. 2 Inhaberpapiere, ausgestellt von der Bundesrepublik Deutschland (Staatsanleihen), in **Buchforderungen** umwandeln lassen: § 7 Abs. 2 Nr. 2 Bundesschuldenwesengesetz.[1] Auch für die von den Ländern herausgegebenen Inhaberschuldverschreibungen besteht ein Umwandlungsrecht; die Schuldbuchgesetze der Länder verweisen hierzu auf das Bundesschuldenwesengesetz.

5 **2. Sperrwirkung.** In allen Fällen muss jedoch die Umwandlung in ein Namenspapier oder eine Buchforderung mit der Abrede erfolgen, dass jede Verfügung nunmehr nur mit Genehmigung des FamG zulässig ist. Die Folge hiervon ist eine Verfügungsbeschränkung wie bei § 1809; ein gutgläubiger Erwerb nach §§ 932, 935 Abs. 2 ist aufgrund der Umschreibung/Umwandlung ausgeschlossen (es gelten §§ 398 ff.).[2] Weitere Folge ist die Verpflichtungsbeschränkung nach § 1820. Eine Verfügung in diesem Sinne stellt auch die Rückumwandlung der Namenspapiere oder der Buchrechte in Inhaberpapiere dar. Aus §§ 1820, 1814 S. 2 ergibt sich, dass nur das Stammrecht, nicht die Nebenleistungen der Genehmigungspflicht unterliegen. Über die Genehmigung entscheidet der Rechtspfleger (§ 3 Nr. 2 a RPflG), dessen Entscheidung mit der Beschwerde angefochten werden kann.

6 **3. Kosten.** Die Kosten der Umschreibung/Umwandlung trägt der Mündel.

III. Umschreibung auf Verlangen des Familiengerichts (Abs. 2)

7 **1. Anordnung in den Fällen des Abs. 1 S. 2.** Das FamG kann die in Abs. 1 S. 2 als Recht des Vormunds vorgesehene Umwandlung anordnen, auch gegen den Willen des Vormunds. Die Umwandlung hat in gleicher Weise wie auf Verlangen des Vormunds zu erfolgen, also ebenfalls unter der Abrede, dass über die Forderungen nur mit Genehmigung des FamG verfügt werden kann; die Rechtsfolge ist dieselbe wie bei einer unmittelbar vom Vormund verfügten Umschreibung (vgl. Rn. 5).

8 **2. Pflichtgemäßes Ermessen, Verfahren.** Das FamG prüft nach pflichtgemäßem Ermessen, ob es nach § 1815 Abs. 2 vorgeht. Hierbei spielt die erhöhte Verlustsicherheit sowie die leichtere Zinserhebung der Buchrechte eine wesentliche Rolle. Die Umwandlung kann durch Zwangsgeld (§ 1837 Abs. 3) erzwungen werden, bei hartnäckiger Weigerung bleibt die Möglichkeit der Entlassung (§ 1886).[3] Über die Anordnung und deren Durchsetzung entscheidet der Rechtspfleger (§ 3 Nr. 2 a RPflG), dessen Entscheidung mit der Beschwerde angefochten werden kann.

9 **3. Keine Anordnungsbefugnis.** Die Eltern bzw. der Vermögenszuwender können die Befugnis des FamG nach § 1815 Abs. 2 ausschließen (vgl. §§ 1803, 1853).[4] Im Falle des § 1817 ist auch § 1815 Abs. 2 ausgeschlossen. § 1815 gilt nicht für den Amts- und Vereinsvormund (§ 1857a).

IV. Freiwillige Umwandlung

10 Bei freiwilliger Umschreibung/Umwandlung von Papieren durch den Vormund, welche nicht der Hinterlegungspflicht unterfallen, treten die Rechtswirkungen der §§ 1815, 1820 nicht ein (vgl. § 1819 Rn. 3). Die Vorschriften der §§ 1812, 1813 bleiben auch hier anwendbar.

V. Parallelvorschriften

11 Zur Anwendung des § 1815 auf Pflegschaft und Betreuung vgl. § 1814 Rn. 13.

§ 1816 Sperrung von Buchforderungen

Gehören Schuldbuchforderungen gegen den Bund oder ein Land bei der Anordnung der Vormundschaft zu dem Vermögen des Mündels oder erwirbt der Mündel später solche Forderungen, so hat der Vormund in das Schuldbuch den Vermerk

---

[1] Art. 1 Bundesschuldenwesenmodernisierungsgesetz v. 12. 7. 2006 (BGBl. I S. 1466).
[2] *Palandt/Diederichsen* Rn. 1.
[3] *Dölle* § 126 II 4 b aE; *Staudinger/Engler* Rn. 9.
[4] *Staudinger/Engler* Rn. 11.

eintragen zu lassen, dass er über die Forderungen nur mit Genehmigung des Familiengerichts verfügen kann.

I. Normzweck

Die Vorschrift hat den Zweck, zum Mündelvermögen **bereits gehörende Buchforderungen** 1 denselben Beschränkungen zu unterwerfen wie in den Fällen des § 1815, in denen der Vormund die Umwandlung in eine Buchforderung sowie deren Sperrung erst selbst veranlasst. Es wäre unlogisch, bezüglich der vom Vormund im Mündelvermögen bereits vorgefundenen Vermögensanlagen geringere Sicherungen zu verlangen als im Falle der Anlage durch den Vormund. Gleiches gilt, wenn der Mündel im Verlauf der Vormundschaft derartige Buchforderungen, zB auf Grund Erbfolge, erwirbt.

II. Verfügungssperre

1. Abrede der Verfügungssperre. Das Gesetz drückt sich ungenau aus. Gefordert wird nicht 2 lediglich der formale Vermerk, sondern die Abrede der Verfügungssperre, zu deren Ersichtlichmachung der Vermerk lediglich dient. Demnach wird der Schuldner der Forderung wie in § 1815 auch dann nicht befreit, wenn zwar die Abrede getroffen, der Vermerk jedoch unterblieben ist. Andererseits genügt bereits der Vermerk, um die Sperrwirkung eintreten zu lassen.

2. Ohne Aufforderung. Der Vormund ist zur Anbringung der Sperre ohne Aufforderung 3 seitens des FamG verpflichtet. Das FamG kann den Vormund durch Zwangsmittel zur Pflichterfüllung anhalten, nicht aber etwa *anstelle* des Vormunds von Amts wegen die Sperrung veranlassen.[1]

3. Wirkung. Die Wirkung ist dieselbe wie bei §§ 1809, 1815. Nicht jede Verfügung, auch 4 jede Verpflichtung zur Verfügung (siehe § 1820) bedarf der Genehmigung durch das FamG. Über die Genehmigung entscheidet der Rechtspfleger (§ 3 Nr. 2 a RPflG), dessen Entscheidung mit der Beschwerde angefochten werden kann. Aus §§ 1820, 1814 S. 2 ergibt sich, dass nur die Verfügung/Verpflichtung hinsichtlich der Stammforderung, nicht diejenige hinsichtlich der Nebenleistungen, wie zB der Zinsen, der Genehmigung des FamG bedarf.

4. Kosten. Die Kosten der Anbringung des Vermerks trägt der Mündel. 5

III. Unanwendbarkeit

Die Vorschrift ist unanwendbar bei befreiter Vormundschaft (§ 1853), bei Anordnung durch den 6 Vermögenszuwender (§ 1803), beim Amts- und Vereinsvormund (§ 1857a) und bei Befreiungsanordnung durch das FamG (§ 1817). Auch nicht entsprechend ist die Vorschrift anwendbar auf Stiftungsvermögen, das nach der Stiftungssatzung mündelsicher anzulegen ist.[2]

IV. Parallelvorschriften

Zur Anwendung des § 1816 auf Pflegschaft und Betreuung vgl. § 1814 Rn. 13. 7

§ 1817 Befreiung

(1) [1]Das Familiengericht kann den Vormund auf dessen Antrag von den ihm nach den §§ 1806 bis 1816 obliegenden Verpflichtungen entbinden, soweit
1. der Umfang der Vermögensverwaltung dies rechtfertigt und
2. eine Gefährdung des Vermögens nicht zu besorgen ist.
[2]Die Voraussetzungen der Nummer 1 liegen im Regelfall vor, wenn der Wert des Vermögens ohne Berücksichtigung von Grundbesitz 6 000 Euro nicht übersteigt.

(2) Das Familiengericht kann aus besonderen Gründen den Vormund von den ihm nach den §§ 1814, 1816 obliegenden Verpflichtungen auch dann entbinden, wenn die Voraussetzungen des Absatzes 1 Nr. 1 nicht vorliegen.

---

[1] *Staudinger/Engler* Rn. 2; *Soergel/Zimmermann* Rn. 1.
[2] OLG Rostock OLGE 26, 115.

§ 1817 1–4

Abschnitt 3. Titel 1. Vormundschaft

Übersicht

	Rn.		Rn.
I. Normzweck	1	III. Befreiung von den sich aus §§ 1814, 1816 ergebenden Verpflichtungen (Abs. 2)	8–14
II. Befreiung von den sich aus §§ 1806 bis 1816 ergebenden Verpflichtungen (Abs. 1)	2–7	1. Verhältnis zu Abs. 1	8
		2. Voraussetzungen	9–13
1. Regelungen, von denen Befreiung erteilt werden kann	2	a) Antrag	9
2. Umfang der Befreiung	3, 3a	b) Keine Gefährdung des Mündelvermögens	10
		c) Besondere Gründe	11–13
3. Voraussetzungen der Befreiung	4–7	3. Umfang und Wirkung der Befreiung	14
a) Umfang der Vermögensverwaltung	5, 6	IV. Verfahren	15
b) Keine Gefährdung des Mündelvermögens	7	V. Parallelvorschriften	16

I. Normzweck

1   Die Vorschrift will dem Vormund die Führung der Vormundschaft erleichtern. Sie ist durch das BtÄndG, das Abs. 1 neu eingefügt und die bisherige Regelung – als neuen Abs. 2 – redaktionell angepasst hat, effektiviert worden. Das Gesetz vom 27. 6. 2000 (BGBl. I S. 897) hatte die Regelung bei der Umstellung des BGB auf den Euro zunächst versehentlich ausgespart.

II. Befreiung von den sich aus §§ 1806 bis 1816 ergebenden Verpflichtungen (Abs. 1)

2   **1. Regelungen, von denen Befreiung erteilt werden kann.** Die mögliche Dispensierung betrifft zwei Normengruppen.
– Die erste Gruppe bezweckt primär die Sicherheit der Geldanlage: Die §§ 1806, 1807 regeln das Wie und Wo der verzinslichen Anlage, die §§ 1810 bis 1811 die Mitwirkung von Gegenvormund und FamG bei der Geldanlage.
– Die zweite Gruppe zielt vorrangig auf den Schutz des Mündels vor Veruntreuung durch den Vormund: Die §§ 1809, 1812, 1813 beschränken die Vertretungsmacht des Vormunds bei Verfügungen über Forderungen und Wertpapiere; die §§ 1814 bis 1816 sichern dem Mündel gehörige Inhaberpapiere vor missbräuchlichem Zugriff.[1]

3   **2. Umfang der Befreiung.** Das FamG kann den Vormund von allen, von einigen oder auch nur von einzelnen der genannten Vorschriften befreien. Das Gericht kann dabei von einer Vorschrift generell Dispens erteilen; es kann aber auch den Vormund von den sich aus der Vorschrift ergebenden Verpflichtungen nur für bestimmte Arten von Geschäften befreien oder – umgekehrt – bestimmte Arten von Geschäften von der Dispensierung ausnehmen, beispielsweise alle Verfügungen über den im Mündelvermögen vorgefunden Wertpapierbestand. Stets ist zu fragen, inwieweit der Schutz des Mündels und die notwendige Handlungsorientierung für den Vormund eine Dispensierung erlauben. So werden gegen eine Befreiung vom – übertrieben vorsichtigen – § 1810 nur selten Bedenken bestehen; gegenüber einem generellen Verzicht auf die in § 1811 geforderte individuelle Genehmigung einer vom Gesetz abweichenden Geldanlage dürfte sich jedoch eher Zurückhaltung empfehlen.[2]

3a   Zweckmäßigerweise ist die Befreiung in der **Bestallungsurkunde** zu vermerken.[3]

4   **3. Voraussetzungen der Befreiung.** Die Dispensierung nach Abs. 1 setzt einen **Antrag** des Vormunds voraus, dem das FamG entsprechen „kann", aber – auch bei Vorliegen der Voraussetzungen des Abs. 1 – nicht entsprechen muss. Da das FamG die Aufsicht über die Amtstätigkeit des Vormunds zu führen hat (§ 1837 Abs. 2 bis 4), liegt es in seinem **pflichtgemäßen Ermessen** zu entscheiden, inwieweit es sich durch einen Dispens nach § 1817 der Steuerungs- und Kontrollmechanismen der §§ 1806 bis 1816 begeben will.[4] Die Voraussetzungen, unter denen das Gericht einen Dispens erteilen darf, orientieren sich am Ziel der Regelungen, von denen Befreiung erteilt werden kann: Diese dienen zum einen dem Schutz des Mündels vor unsicherer Vermögensanlage oder

---

[1] Staudinger/Engler Rn. 3 ff.
[2] Erman/Saar Rn. 4.
[3] Dölle § 126 II 4 d aE.
[4] RGRK/Dickescheid Rn. 3 (betr. § 1817 aF).

Veruntreuung (vgl. Rn. 2). Sie wollen darüber hinaus aber auch dem Vormund eine klare Handlungsanleitung geben, die ihm eine Amtsführung erleichtert und Regressansprüche erspart.

a) Umfang der Vermögensverwaltung. Klarer Handlungsanweisungen bedarf der redliche 5 Vormund umso weniger, je geringere Anforderungen die Vormundschaft – nach Zeitaufwand und Schwierigkeit – an seine Verwaltungstätigkeit stellt. **Abs. 1 S. 1 Nr. 1** knüpft deshalb die Befreiungsmöglichkeit an den Umfang der vormundschaftlichen Vermögensgeschäfte: Von einer Reglementierung durch die §§ 1806 bis 1816 darf nur abgesehen werden, soweit der Umfang der vormundschaftlichen Geschäfte – dh.: der für sie erforderliche Arbeitsaufwand und die Schwierigkeit ihrer sachgerechten Erledigung – dies rechtfertigt. Umgekehrt ausgedrückt: Eine Dispensierung kommt nicht in Betracht, soweit die Intensität oder Kompliziertheit der Vermögensverwaltung strikte Handlungsanweisungen und eine kontrollierende Unterstützung durch Gegenvormund und FamG ratsam erscheinen lassen.

Der Umfang der Vermögensverwaltung wird zumeist maßgebend durch den Umfang des zu 6 verwaltenden Vermögens bestimmt.[5] **Abs. 1 S. 2 normiert** deshalb eine **Regelvermutung**: Der Umfang der Vermögensverwaltung steht einer Befreiung im Regelfall nicht entgegen, wenn der Wert des Mündelvermögens 6000 Euro nicht übersteigt. Bei dieser Wertbemessung bleibt der Grundbesitz des Mündels – also dessen Eigentum oder andere Rechte an Grundstücken – außer Betracht. Diese Einschränkung ist folgerichtig, da diese Vermögensgüter nicht dem für Geldvermögen geschaffenen Schutz der §§ 1806 bis 1816, sondern dem des § 1821 unterliegen. Umgekehrt werden in die Vermögensbemessung nicht nur Geld oder geldwerte Papiere, auf welche die §§ 1806 bis 1816 zugeschnitten sind, sondern auch andere wertvolle Mobilien wie Schmuck oder Kunstwerke einbezogen. Das mag man als inkonsequent kritisieren,[6] ist aber wohl einer notwendig typisierenden Gesetzgebung geschuldet. Abs. 1 S. 2 will lediglich die Handhabung des Abs. 1 S. 1 Nr. 1 erleichtern; er gestattet – schon aus Praktikabilitätsgründen – nicht, dem Vormund eine Teilbefreiung für das Mündelvermögen bis zum Erreichen der Wertgrenze zu erteilen.[7]

b) Keine Gefährdung des Mündelvermögens. Eine Dispensierung ist nach Abs. 1 S. 1 7 Nr. 2 nur zulässig, wenn und soweit von ihr Gefahren für das Mündelvermögen nicht zu besorgen sind. Dieser Besorgnis wird nicht schon durch Abs. 1 S. 1 Nr. 1 begegnet, der die Befreiungsmöglichkeit für den Regelfall zwar auf geringfügige Vermögen beschränkt und damit die Dimension potentieller Schäden begrenzt, die für den weniger betuchten Mündel nicht minder schmerzliche Einbuße seines geringfügigen Mündelvermögens aber nicht hindert. Eine Gefährdung des Mündelvermögens wird sich dabei wohl kaum jemals auf die mangelnde Vertrauenswürdigkeit des Vormunds stützen lassen, die – falls nachweisbar – dem FamG nicht nur eine Befreiung nach § 1817 Abs. 1 verwehren, sondern ihm vielmehr unverzüglich Maßnahmen nach § 1837 Abs. 2 bis 4 abverlangen würde.[8] Vorstellbar ist aber die Berufung auf das vom Gericht nicht überprüfbare Erfahrungswissen des Vormunds in Vermögensfragen, fehlende Erkenntnisse über eine erfolgreiche Zusammenarbeit des Vormunds mit dem Gericht, aber auch die allgemeine Fürsorge für das Mündelvermögen, die ein Festhalten des Gerichts an den vom Gesetz für sachgerecht erachteten Anlage- und Kontrollregeln jedenfalls nicht ermessensfehlerhaft erscheinen lassen kann.

III. Befreiung von den sich aus §§ 1814, 1816 ergebenden Verpflichtungen (Abs. 2)

1. Verhältnis zu Abs. 1. Die Regelung des Abs. 2 ermöglicht – ebenso wie der neu eingefügte 8 Abs. 1 – eine Dispensierung, allerdings beschränkt auf die Hinterlegungs- und Sperrungsvorschriften der §§ 1814, 1816 und damit auch des § 1815. Insoweit stehen beide Vorschriften als Rechtsgrundlage für einen Dispens nebeneinander. Unterschiedlich sind allerdings die Voraussetzungen für die Erteilung der Befreiung: Anders als Abs. 1 verlangt Abs. 2 nicht, dass der Umfang der Vermögensverwaltung – dh. also deren Intensität und Schwierigkeit – den Dispens rechtfertigt; gefordert werden statt dessen „besondere Gründe", die für eine Dispensierung sprechen.

2. Voraussetzungen. a) Antrag. Abs. 2 setzt – anders als Abs. 1 – nicht ausdrücklich einen 9 Antrag des Vormunds voraus; gleichwohl wird das FamG eine Befreiung nach Abs. 2 nicht aussprechen, die der Vormund nicht zuvor verlangt hat.[9]

---

[5] In dieser schlichten Erkenntnis dürfte auch die Lösung der Auslegungsprobleme liegen, die *Staudinger/Engler* Rn. 15 ff., 18 die Gesetzesfassung – zu Unrecht – als „missglückt" erscheinen lassen.
[6] *Erman/Saar* Rn. 2.
[7] *Erman/Saar* Rn. 4.
[8] So mit Recht *Staudinger/Engler* Rn. 19.
[9] *Staudinger/Engler* Rn. 29.

10 **b) Keine Gefährdung des Mündelvermögens.** Ein Dispens nach Abs. 2 ist ausgeschlossen, wenn von ihm eine Gefährdung des Mündelvermögens zu besorgen ist. Das erscheint selbstverständlich und ergibt sich nunmehr zudem mittelbar aus Abs. 2 letzter Hs., der nur das in Abs. 1 S. 1 Nr. 1 geregelte Erfordernis umfänglicher Vermögensverwaltung als für eine Dispensierung nach Abs. 2 verzichtbar erklärt.

11 **c) Besondere Gründe.** Voraussetzung für die Befreiung des Vormunds ist stattdessen das Vorliegen eines besonderen Grundes im Einzelfall.

12 Gemeint sind **individuelle Gründe;** allgemeine Gesichtspunkte rechtfertigen eine Dispensierung nicht.[10] Eigenschaften der Person des Vormunds und seines Vermögens geben für sich genommen solche Gründe noch nicht her; insbesondere kann die persönliche Vertrauenswürdigkeit des Vormunds allein eine Befreiung nicht begründen.[11] Gefordert werden vielmehr vom Vormund und seiner Vermögenssituation ausgehende, die starke Bindung der Mündelvermögensverwaltung entbehrlich machende Auswirkungen, zB geordnete Vermögensverhältnisse des Vormunds bei klarer Vermögenstrennung von Mündel- und Eigenvermögen und sicherer Vermögensaufbewahrung; oder die Gestellung anderer Sicherheiten oder Garantien, die eine Hinterlegung als überflüssig erscheinen lassen; schließlich auch ein Kostenaufwand für die Hinterlegung, der im Vergleich zum Wert des Hinterlegten unverhältnismäßig erscheint, sofern gleichzeitig die Sicherung vor Verlust oder Veruntreuung – zB durch Abschluss entsprechender Versicherungen – gewährleistet ist.[12]

13 Das Gericht darf die Befreiung erteilen, wenn diese unter dem Gesichtspunkt zweckmäßiger Vermögensverwaltung vorteilhaft erscheint; **zwingende Gründe** – im Sinne notwendiger Abwehr von Gefahren für das Mündelvermögen – sind **nicht erforderlich**.[13]

14 **3. Umfang und Wirkung der Befreiung.** Die Befreiung kann auch hier von allen oder nur von einzelnen Bindungsvorschriften der §§ 1814 bis 1816 erfolgen; auch sind Auflagen zulässig.[14] Die Befreiung **belässt** dagegen die **Genehmigungspflicht** aus den §§ 1812, 1813.[15] Zweckmäßigerweise ist auch hier die Befreiung in der **Bestallungsurkunde** zu vermerken.[16]

IV. Verfahren

15 Es entscheidet der Rechtspfleger (§ 3 Nr. 2 a RPflG). Vor der Entscheidung ist der Gegenvormund entsprechend § 1826 zu **hören**. Die Entscheidung wird nach Maßgabe des § 40 Abs. 2 FamFG **wirksam**, da sie gleichsam pauschal und pro futuro eine („Außen-") Genehmigung des FamG nach § 1812 sowie zu den in §§ 1809, 1814 bis 1816 genannten Verfügungen enthält.[17] Der Vormund ist **beschwerdeberechtigt**, wenn seinem Befreiungsantrag nicht oder nicht in vollem Umfang stattgegeben wird (§ 58 Abs. 1, § 59 Abs. 1 FamFG iVm. § 11 RPflG); ebenso der Gegenvormund, wenn die Befreiung erteilt wird, ohne ihn zuvor entsprechend § 1826 zu hören. Es gilt das zu § 1810 (dort Rn. 8) Gesagte; s. auch § 1812 Rn. 41 f., § 1825 Rn. 5.

V. Parallelvorschriften

16 § 1817 gilt entsprechend für die Pflegschaft (§ 1915 Abs. 1) und für die Betreuung (§ 1908i Abs. 1). Für die Amts- oder Vereinsvormundschaft oder -pflegschaft ist allerdings ein Dispens nach § 1817 Abs. 2 im Hinblick auf §§ 1857a, 1853 entbehrlich, ebenso für die Betreuung durch Vereins- oder Behördenbetreuer (§ 1897 Abs. 2; § 1908i Abs. 2 iVm. §§ 1857a, 1853) sowie durch Behörde oder Verein selbst (§ 1900 Abs. 1, 4; § 1908i Abs. 1 S. 1 iVm. §§ 1857a, 1853).

---

[10] RGZ 80, 252, 257; KG JW 1935, 1881; KG FamRZ 1970, 104; *Palandt/Diederichsen* Rn. 3; *Soergel/Zimmermann* Rn. 3; *Staudinger/Engler* Rn. 24.
[11] KG FamRZ 1970, 104; RGZ 80, 252; *Gernhuber/Coester-Waltjen* § 72 Rn. 39; *RGRK/Dickescheid* Rn. 2; *Dölle* § 126 II 4 d. AA *Soergel/Zimmermann* Rn. 4; *Staudinger/Engler* Rn. 25; *Bamberger/Roth/Bettin* Rn. 4; auch KG KGJ 20, 220, 225; differenzierend jurisPK/*Lafontaine* Rn. 32 ff.
[12] Vgl. KG KGJ 20, 220, 225; siehe auch Prot. IV 787.
[13] *Soergel/Zimmermann* Rn. 4.
[14] *Dölle* § 126 II 4 d.
[15] *Soergel/Zimmermann* Rn. 4; *Dölle* § 126 II 4 d.
[16] *Dölle* § 126 II 4 d aE.
[17] *Sorg* BWNotZ 2010, 107, 115.

§ 1818 Anordnung der Hinterlegung

Das Familiengericht kann aus besonderen Gründen anordnen, dass der Vormund auch solche zu dem Vermögen des Mündels gehörende Wertpapiere, zu deren Hinterlegung er nach § 1814 nicht verpflichtet ist, sowie Kostbarkeiten des Mündels in der in § 1814 bezeichneten Weise zu hinterlegen hat; auf Antrag des Vormunds kann die Hinterlegung von Zins-, Renten- und Gewinnanteilscheinen angeordnet werden, auch wenn ein besonderer Grund nicht vorliegt.

I. Normzweck

Ebenso wie der Vormund nach § 1817 von der Hinterlegungspflicht des § 814 befreit werden kann, kann aus besonderen Gründen gegenläufig eine **gegenständlich erweiterte Hinterlegungspflicht** für Wertpapiere und Kostbarkeiten des Mündels vom FamG angeordnet werden. 1

II. Erweiterte Hinterlegungspflicht

1. Gegenstände der erweiterten Hinterlegungspflicht. Nach Halbs. 1 kann die Hinterlegungspflicht erstreckt werden auf: 2

a) Wertpapiere. Wertpapiere die nicht dem § 1814 unterfallen, zB Sparbücher, Grundpfandbriefe (die nicht auf den Inhaber lauten), nicht dagegen bloße Urkunden wie zB Schuldscheine. Auch Zins-, Renten- und Gewinnanteilscheine unterliegen als Wertpapiere der Anordnungsbefugnis des FamG, sofern ein wichtiger Grund für ihre Hinterlegung vorliegt. Halbs. 2 nimmt sie vom Anwendungsbereich des Halbs. 1 nicht aus, sondern statuiert für sie lediglich eine alternative – neben die Anordnungsgrundlage des Halbs. 1 tretende – Anordnungsvoraussetzung. 3

b) Kostbarkeiten. Maßgebend ist die allgemeine Verkehrsanschauung.[1] Hierzu zählen vor allem Schmuck, Kunstgegenstände, Antiquitäten, wertvolle Filme.[2] Wegen der Hinterlegung von Kostbarkeiten vgl. §§ 5, 9 HintO[3]. 4

2. Voraussetzungen der Anordnung. a) Besonderer Grund. Halbs. 1 verlangt für die Anordnung der erweiterten Hinterlegung einen **besonderen Grund**. Ein solcher Grund kann nicht in der erwiesenen Unzuverlässigkeit des Vormunds gefunden werden; in diesem Fall kommt nur die Entlassung (§ 1886) in Betracht; allerdings ist an eine Anordnung nach Halbs. 1 zu denken, wenn sich Zweifel an der Zuverlässigkeit des Vormunds ergeben, die jedoch für eine Entlassung nach § 1886 nicht ausreichen.[4] Grund für die Anordnung kann auch die mangelhafte, insbesondere die nicht genügend sichere Unterbringung beim Vormund sein.[5] Das FamG entscheidet nach pflichtgemäßem Ermessen, das sich freilich im Einzelfall zur Handlungspflicht verdichten kann.[6] 5

b) Zins-, Renten- und Gewinnanteilscheine. Bei Zins-, Renten- und Gewinnanteilscheinen braucht kein besonderer Grund vorzuliegen, sofern der Vormund die familiengerichtliche Anordnung beantragt, etwa um sein eigenes Haftungsrisiko zu vermindern. Allerdings wird es zu einer solch freiwilligen Hinterlegung in der Regel keiner Anordnung des FamG bedürfen, so dass man an der Notwendigkeit der Regelung zweifeln kann.[7] 6

3. Wirkung. Die **Wirkung** der Hinterlegung bestimmt sich nach §§ 1814, 1819. 7

III. Befreite Vormundschaft, Vereins- und Amtsvormund

Die Vorschrift findet auch auf den befreiten Vormund Anwendung, ohne dass zuvor die Befreiungsanordnung gemäß § 1857 außer Kraft gesetzt werden müsste, da das Gesetz eine Befreiung von den familiengerichtlichen Befugnissen nach § 1818 nicht vorsieht.[8] Es besteht auch kein Grund, die Vereinsvormundschaft aus dem Anwendungsbereich des § 1818 auszunehmen.[9] Hingegen darf 8

---

[1] RGZ 105, 202.
[2] Vgl. RGZ 94, 119.
[3] Vgl. § 1814 Fn. 4.
[4] *Staudinger/Engler* Rn. 7; *Soergel/Zimmermann* Rn. 5.
[5] *Staudinger/Engler* Rn. 7; *Soergel/Zimmermann* Rn. 5.
[6] AA (Pflicht zur Anordnung) *Soergel/Zimmermann* Rn. 5; *Staudinger/Engler* Rn. 8.
[7] *Staudinger/Engler* RdNr 9.
[8] *Staudinger/Engler* Rn. 15; RGRK/*Dickescheid* Rn. 8. AA *Soergel/Zimmermann* Rn. 2.
[9] *Staudinger/Engler* Rn. 14; RGRK/*Dickescheid* Rn. 8. AA *Soergel/Zimmermann* Rn. 2.

§ 1818 nicht mehr gegenüber dem Jugendamt als Amtsvormund angewandt werden (§ 56 Abs. 2 S. 1 SGB VIII).

IV. Verfahren

9 Über den Erlass der Anordnung entscheidet der Rechtspfleger (§ 3 Nr. 2 a RPflG). Gegen die Anordnung der Hinterlegung (Hs. 1) steht dem Vormund die Beschwerde zu, ebenso gegen die Abweisung seines Antrags auf Hinterlegung in den Fällen des Hs. 2 (§ 59 Abs. 1 FamFG); es gilt das zu § 1810 (dort Rn. 8) Gesagte.

V. Parallelvorschriften

10 § 1818 gilt entsprechend für die Pflegschaft (§ 1915 Abs. 1) mit Ausnahme der Amtspflegschaft (§ 56 Abs. 2 S. 1 SGB VIII); zur Anwendbarkeit auf die Vereinspflegschaft vgl. oben Rn. 8. Ebenso gilt § 1818 auch für die Betreuung (§ 1908i Abs. 1 S. 1), und zwar – wenig plausibel, aber mangels einer dem § 56 Abs. 2 S. 1 SGB VIII entsprechenden Ausnahme notgedrungen – auch dann, wenn (gemäß § 1900 Abs. 4) die Behörde selbst zum Betreuer bestellt ist, sofern nicht das Landesrecht anderes vorschreibt (§ 1908i Abs. 2 S. 1).

§ 1819 Genehmigung bei Hinterlegung

¹Solange die nach § 1814 oder nach § 1818 hinterlegten Wertpapiere oder Kostbarkeiten nicht zurückgenommen sind, bedarf der Vormund zu einer Verfügung über sie und, wenn Hypotheken-, Grundschuld- oder Rentenschuldbriefe hinterlegt sind, zu einer Verfügung über die Hypothekenforderung, die Grundschuld oder die Rentenschuld der Genehmigung des Familiengerichts. ²Das Gleiche gilt von der Eingehung der Verpflichtung zu einer solchen Verfügung.

I. Normzweck

1 Ist die Hinterlegung der Gegenstände gemäß §§ 1814, 1818 erfolgt, so bedarf ihre **Herausgabe** der Genehmigung des FamG. § 1819 erweitert diesen Genehmigungsvorbehalt auf **Verfügungen** über die hinterlegten Gegenstände und auf die Eingehung von **Verpflichtungen** zu einer solchen Verfügung. Hinsichtlich der Verfügungen ist § 1819 insbes. in den Fällen von praktischer Bedeutung, in denen über den hinterlegten Gegenstand auch ohne dessen vorherige Herausgabe – etwa nach § 931 – wirksam verfügt werden kann; § 1819 bewirkt, dass anstelle der sonst nach §§ 1812, 1813 erforderlichen Genehmigung (nur) des Gegenvormunds diejenige des FamG tritt. Sobald die Hinterlegung aufgehoben ist, gilt wieder die Rechtslage nach §§ 1812, 1813.[1]

II. Genehmigungspflicht

2 **1. Voraussetzung der Genehmigungspflicht. a) Hinterlegung auf Grund der §§ 1814, 1818.** § 1819 setzt voraus, dass die Wertpapiere oder Kostbarkeiten auf Grund der §§ 1814, 1818 hinterlegt sind. Ist der Gegenstand im Zeitpunkt der Verfügung oder der Eingehung der Verpflichtung zu einer Verfügung tatsächlich nicht oder nicht mehr hinterlegt, ist § 1819 unanwendbar. Dies gilt auch dann, wenn die Hinterlegung zu Unrecht unterblieben oder der Gegenstand ohne die erforderliche Genehmigung des FamG zurückgegeben worden ist. Da nur die objektiv vorliegende Tatsache des Hinterlegtseins Tatbestandsvoraussetzung für die Anwendung des § 1819 ist, kommt es nicht darauf an, ob der Partner der vorzunehmenden Verfügung oder des Verpflichtungsgeschäfts in Bezug auf die Einhaltung der Hinterlegungspflicht oder der Genehmigungspflicht bei der Herausgabe gut- oder bösgläubig war.[2] Hiervon ausgenommen sind freilich die Fälle der Kollusion (§ 826).

3 b) **„Freiwillige" Hinterlegung.** Das Erfordernis familiengerichtlicher Genehmigung gilt nicht bei „freiwilliger" Hinterlegung durch den Vormund – also nicht in Fällen, in denen keine

---

[1] *Palandt/Diederichsen* Rn. 1; *Staudinger/Engler* Rn. 7.
[2] *Soergel/Zimmermann* Rn. 3; *Staudinger/Engler* Rn. 7.

Hinterlegungspflicht nach §§ 1814, 1818 besteht; ebenso nicht bei einer vom Vermögenszuwender gemäß § 1803 angeordneten Hinterlegungs- oder Genehmigungspflicht, da der Kreis der genehmigungspflichtigen Fälle durch Parteiwillen nicht ausgedehnt werden kann.[3] In diesen Fällen verbleibt es bei der Anwendung der §§ 1812 f.

2. Genehmigungspflichtige Rechtsgeschäfte. Genehmigungspflichtig ist: 4
- jede **Verfügung über die hinterlegten Gegenstände.** Der Verfügungsbegriff ist identisch mit demjenigen in § 1812 (vgl. dort Rn. 21 ff.). Insbesondere gehört auch die Annahme der geschuldeten Leistung dazu, ferner die Einlösung eines ausgelosten, gekündigten Wertpapiers.[4]
- bei **Grundpfandrechten, Grundschulden** und **Rentenschulden** auch die Verfügung über das verbriefte Recht. Zur Hypothekenforderung, Grund- oder Rentenschuld gehören nicht nur das Hauptkapital bzw. Stammrecht, sondern auch die Nebenleistungen wie zB Zinsen, Einzelleistungen aus der Reallast;[5] in Analogie zu § 1813 Abs. 1 Nr. 4 bedarf jedoch die Annahme dieser Nutzungen durch den Vormund nicht der Genehmigung des FamG nach § 1819, da Zweck der Hinterlegung und der dadurch ausgelösten Genehmigungspflicht nur die Substanzsicherung ist, nicht jedoch ein Eingreifen in die laufende Vermögensverwaltung des Vormunds.
- die **Eingehung einer Verpflichtung** zu einer der vorgenannten Verfügungen.

III. Wirkung des Genehmigungserfordernisses, Verfahren

1. Beschränkung der gesetzlichen Vertretungsmacht. Die Hinterlegung bewirkt eine 5 Beschränkung der Vertretungsmacht[6] des Vormunds, auch im Außenverhältnis zu Dritten; die §§ 1828 ff. werden anwendbar.

2. Erteilung der Genehmigung. Über die Erteilung der Genehmigung entscheidet der 6 Rechtspfleger (§ 3 Nr. 2 a RPflG). Gegen die Ablehnung ist der Vormund beschwerdeberechtigt (§ 58 Abs. 1, § 59 Abs. 1 FamFG iVm. § 11 RPflG); es gilt das zu § 1810 (dort Rn. 8) Gesagte. Siehe auch § 1828 Rn. 33 ff.

IV. Befreite Vormundschaft, Amts- und Amtsvormund

Die Vorschrift findet auf den befreiten Vormund sowie auf den Vereinsvormund in den Fällen 7 des § 1818 Anwendung (vgl. § 1818 Rn. 8). Unanwendbar ist 1819 auf das Jugendamt als Amtsvormund, da es weder der Hinterlegungspflicht nach § 1814 (vgl. § 1857a) noch der Anordnungsbefugnis des FamG nach § 1818 (vgl. § 56 Abs. 2 S. 1 SGB VIII) unterliegt.

V. Parallelvorschriften

§ 1819 gilt entsprechend für die Pflegschaft (§ 1915 Abs. 1), nicht jedoch für die Amtspflegschaft 8 (vgl. Rn. 7). Ebenso gilt § 1819 für die Betreuung (§ 1908i Abs. 1 S. 1) – allerdings für die Betreuung durch Vereins- oder Behördenbetreuer sowie durch Behörde oder Verein selbst nur in den Fällen des § 1818 (vgl. § 1814 Rn. 13, § 1818 Rn. 10).

§ 1820 Genehmigung nach Umschreibung und Umwandlung

(1) Sind Inhaberpapiere nach § 1815 auf den Namen des Mündels umgeschrieben oder in Schuldbuchforderungen umgewandelt, so bedarf der Vormund auch zur Eingehung der Verpflichtung zu einer Verfügung über die sich aus der Umschreibung oder der Umwandlung ergebenden Stammforderungen der Genehmigung des Familiengerichts.

---

[3] KG KGJ 40, 231; *Dölle* § 126 II 4 h; *Soergel/Zimmermann* Rn. 3; *Staudinger/Engler* Rn. 8, 9; RGRK/*Dickescheid* Rn. 6.
[4] OLG München BayZ 1926, 288.
[5] Str. Ein Teil der Lit. unterwirft die Verfügung über Hypothekenzinsen, Grundschuldzinsen etc. generell nicht dem § 1819, so etwa *Staudinger/Engler* Rn. 5; nach *Soergel/Zimmermann* Rn. 1 unterliegt die Verfügung über Nebenleistungen dem § 1819 nur in dem Fall, dass Verfügung über sie der Briefübergabe oder deren Surrogats bedarf; ebenso jurisPK/*Lafontaine* Rn. 5.
[6] *Dölle* § 126 II 4 h; *Palandt/Diederichsen* Rn. 1; *Soergel/Zimmermann* Rn. 2.

§ 1821

(2) Das Gleiche gilt, wenn bei einer Schuldbuchforderung des Mündels der im § 1816 bezeichnete Vermerk eingetragen ist.

I. Normzweck

1 Der Zweck der Verfügungsbeschränkung erfordert es, dass **auch die Verpflichtung** zu einer gemäß §§ 1815, 1816 genehmigungsbedürftigen Verfügung genehmigungspflichtig ist; sonst könnte der Genehmigungsvorbehalt aus §§ 1815, 1816 über die Zwangsvollstreckung wegen Verfügungsverpflichtungen ausgehöhlt werden.

II. Genehmigungspflicht

2 **1. Voraussetzung.** Voraussetzung ist eine Umschreibung oder Umwandlung gemäß § 1815 oder bei Buchforderungen die Eintragung des Sperrvermerks gem. § 1816. Liegen diese Voraussetzungen nicht vor, sei es zu Recht oder zu Unrecht, so entfällt die Anwendung des § 1820. § 1820 ist auch nicht anwendbar bei außerhalb der Vorschriften der §§ 1815, 1816 vom Vormund freiwillig vorgenommenen oder nach § 1803 angeordneten Sperrungsmaßnahmen, denn die gesetzlich vorgeschriebenen Genehmigungspflichten können nicht durch Parteiwillen ausgedehnt werden.[1]

3 **2. Gegenstand.** Gegenstand der Genehmigungspflicht sind nur Verpflichtungen über das im Inhaberpapier oder im Schuldbuch ausgewiesene Stammrecht. Verpflichtungen zu Verfügungen über Nebenleistungen, zB Zinsen, sind genehmigungsfrei.

4 **3. Wirkung.** Die Pflicht zur Genehmigung der Verfügungen selbst ergibt sich aus §§ 1815, 1816. § 1820 bringt eine Verpflichtungsbindung entsprechend den §§ 1812 Abs. 1 S. 2, 1819 S. 2; seine Wirkung entspricht der Beschränkung der Vertretungsmacht nach § 1819. Die Genehmigung richtet sich nach §§ 1828 ff.

5 **4. Befreite Vormundschaft, Amts- und Vereinsvormund.** Die Vorschrift findet auf den befreiten Vormund sowie auf den Amts- oder Vereinsvormund keine Anwendung, da § 1815 – mangels einer Hinterlegungspflicht gem. § 1814 – für sie nicht gilt und § 1816 durch §§ 1853, 1857 a ausgeschlossen wird.

III. Verfahren

6 Über die Erteilung der Genehmigung entscheidet der Rechtspfleger (§ 3 Nr. 2 a RPflG). Gegen die Ablehnung ist der Vormund beschwerdeberechtigt (§ 58 Abs. 1, § 59 Abs. 1 FamFG iVm. § 11 RPflG); es gilt das zu § 1810 (dort Rn. 8) Gesagte. Siehe auch § 1828 Rn. 33 ff.

IV. Parallelvorschriften

7 Zur Anwendung des § 1820 auf Pflegschaft und Betreuung vgl. § 1814 Rn. 13.

---

§ 1821 Genehmigung für Geschäfte über Grundstücke, Schiffe oder Schiffsbauwerke

(1) Der Vormund bedarf der Genehmigung des Familiengerichts:
1. zur Verfügung über ein Grundstück oder über ein Recht an einem Grundstück;
2. zur Verfügung über eine Forderung, die auf Übertragung des Eigentums an einem Grundstück oder auf Begründung oder Übertragung eines Rechts an einem Grundstück oder auf Befreiung eines Grundstücks von einem solchen Recht gerichtet ist;
3. zur Verfügung über ein eingetragenes Schiff oder Schiffsbauwerk oder über eine Forderung, die auf Übertragung des Eigentums an einem eingetragenen Schiff oder Schiffsbauwerk gerichtet ist;
4. zur Eingehung einer Verpflichtung zu einer der in den Nummern 1 bis 3 bezeichneten Verfügungen;

---

[1] KG KGJ 40, 227, 231.

5. zu einem Vertrag, der auf den entgeltlichen Erwerb eines Grundstücks, eines eingetragenen Schiffes oder Schiffsbauwerks oder eines Rechts an einem Grundstück gerichtet ist.

(2) Zu den Rechten an einem Grundstück im Sinne dieser Vorschriften gehören nicht Hypotheken, Grundschulden und Rentenschulden.

Übersicht

	Rn.
I. Normzweck. Allgemeine Grundsätze zu §§ 1821, 1822	1–16
1. Beschränkung der Vertretungsmacht durch Genehmigungsvorbehalt	1–1a
2. Genehmigungsvorbehalte außerhalb der §§ 1821, 1822	2, 3
3. Befreiungen für die Amtsvormundschaft	4
4. Auslegungsgrundsätze	5
5. Rechtsgeschäfte auf Grundlage der gesetzlichen Vertretungsmacht	6
6. Sekundärfolgen und Genehmigungsvorbehalt	6a
7. Bezug zum Mündelvermögen	7–9
8. Dem Nacherben zuzurechnender Nachlass	10
9. Zustimmung zu Verfügungen eines nichtberechtigten Dritten	11
10. Vollmachtserteilung nicht genehmigungsbedürftig	12
11. Keine Genehmigungspflicht bei Drittverwaltergeschäften	13
12. Unanwendbarkeit der §§ 1821, 1822 auf Akte der Prozessführung und Zwangsvollstreckung	14
13. Sinngemäße Anwendbarkeit des § 1821 auf den gem. § 11b VermG bestellten gesetzlichen Vertreter	15
14. Erfüllung einer Verpflichtung	16
II. Verfügungen über Grundstücke und Grundstücksrechte (Abs. 1 Nr. 1)	17–30
1. Grundstücke	17
2. Rechte an Grundstücken	18
3. Nichtbetroffene Geschäfte	19
4. Bruchteils- oder Gesamthandsgemeinschaften	20
5. Verfügungsbegriff	21
6. Erwerb nicht einbezogen	22–24
7. Belastungen	25
8. Inhaltsänderungen	26
9. Keine Verfügungen: bestimmte auf Grundpfandrechte bezogene Akte	27
10. Weitere nicht unter den Verfügungsbegriff fallende Maßnahmen	28
11. Jur. Person, insbes. GmbH	29
12. Löschungsbewilligung, Bewilligung einer Grundbuchberichtigung	30
III. Verfügungen über grundstücksbezogene Forderungen (Abs. 1 Nr. 2)	31–36
1. Allgemeines	31
2. Auf Übertragung des Grundstückseigentums gerichtete Forderungen	32–34
a) Fallgruppen	32
b) Verfügungen über solche Forderungen	33
c) Nicht genehmigungsbedürftige Maßnahmen	34
3. Auf Begründung oder Übertragung von dinglichen Grundstücksrechten gerichtete Forderungen	35
4. Auf Befreiung eines Grundstücks von einem dinglichen Recht gerichtete Forderungen	36
IV. Schiffe und Schiffsbauwerke (Abs. 1 Nr. 3)	37–39
1. Entstehungsgeschichte	37
2. Genehmigungspflicht im Einzelnen	38
3. Nicht eingeschlossene Fälle	39
V. Verpflichtungsgeschäfte (Abs. 1 Nr. 4)	40–43
1. Zweck und Umfang der Regelung	40
2. Verfügungsbegriff und Verfügungsgegenstände	41
3. Einzelne nicht genehmigungsbedürftige Fälle	42
4. Wirkung der Verfügungsgenehmigung auf das Verpflichtungsgeschäft	43
VI. Auf entgeltlichen Erwerb gerichtete Verträge (Abs. 1 Nr. 5)	44–48
1. Genehmigungspflicht bestimmter Kausalgeschäfte	44, 45
2. Unanwendbarkeit auf unentgeltlichen Erwerb	46, 47
3. Unanwendbarkeit auf das dingliche Erwerbsgeschäft	48
VII. Entscheidung und Verfahren	49–51
VIII. Parallelvorschriften	52

I. Normzweck. Allgemeine Grundsätze zu §§ 1821, 1822

1. Beschränkung der Vertretungsmacht durch Genehmigungsvorbehalt. Neben 1 § 1812 bilden die §§ 1821, 1822 die bedeutsamsten Begrenzungen der rechtsgeschäftlichen Bewegungsfreiheit des Vormunds. Sie beschränken bei einem Katalog von Rechtsgeschäften die gesetzli-

§ 1821   1a–5   Abschnitt 3. Titel 1. Vormundschaft

che Vertretungsmacht des Vormunds durch den Vorbehalt familiengerichtlicher Genehmigung. Sie sind zwingender Natur (Ausnahmen unten Rn. 4). Einzelheiten der Genehmigungserteilung und die Rechtsfolgen ungenehmigter Geschäfte sind in §§ 1828 bis 1831 näher geregelt.

1a Das gesetzliche System der grundsätzlich umfassenden, aber bei gesetzlich genau definierten Geschäftstypen eingeschränkten gesetzlichen Vertretung des Vormunds erfährt eine – verfassungsgerichtlich gebotene[1] – Einschränkung durch § 1629a, der gemäß § 1793 Abs. 2 auch für Verbindlichkeiten gilt, die der Vormund als Vertreter des Mündels begründet (vgl. § 1793 Rn. 55).

2 **2. Genehmigungsvorbehalte außerhalb der §§ 1821, 1822.** Die Fälle, in denen die familiengerichtliche Genehmigung zur Wirksamkeit des Vormundhandelns erforderlich ist, sind in §§ 1821, 1822 nicht vollständig enthalten. Weitere Genehmigungsvorbehalte finden sich in folgenden Vorschriften: § 112 Abs. 1 S. 1, Abs. 2 (Ermächtigung und Rücknahme einer Ermächtigung zum selbständigen Betrieb eines Erwerbsgeschäfts); § 1411 Abs. 1 S. 3 und Abs. 2 S. 2 (Abschluss eines Ehevertrags); § 1484 Abs. 2 S. 2 (Ablehnung der Fortsetzung der Gütergemeinschaft); § 1491 Abs. 3 (Verzicht eines Abkömmlings auf den Anteil am Gesamtgut bei fortgesetzter Gütergemeinschaft); § 1492 Abs. 3 (Aufhebung der fortgesetzten Gütergemeinschaft durch den überlebenden Ehegatten); §§ 1594, 1597 Abs. 3, jeweils iVm. 1596 Abs. 1 S. 3 (Anerkennung der Vaterschaft und Widerruf; jedoch nicht mehr die Anfechtung der Vaterschaft gemäß §§ 1600, 1600 a); § 2275 Abs. 2 S. 2 (Abschluss eines Erbvertrags); § 2282 Abs. 2 (Anfechtung eines Erbvertrags); § 2290 Abs. 3 (Aufhebung eines Erbvertrags, vgl. auch § 2291 Abs. 1 S. 2); § 2347 Abs. 1, Abs. 2 S. 2 (Erbverzicht); § 1517 Abs. 2 iVm. § 2347 (Anteilsverzicht eines Abkömmlings bei fortgesetzter Gütergemeinschaft); § 2351 iVm. § 2347 Abs. 2 (Aufhebung des Erbverzichts); § 2352 S. 3 iVm. § 2347 (Verzicht auf letztwillige Zuwendungen); § 125 Abs. 2 S. 2 FamFG (Antrag auf Scheidung oder Eheaufhebung); § 19 Abs. 1, § 26 Abs. 4 StAG (Antrag auf Entlassung aus der und Verzicht auf die Staatsangehörigkeit); § 16 Abs. 3 VerschG (Antrag auf Todeserklärung); § 3 Abs. 2 S. 2 RelKErzG (Bestimmung der religiösen Erziehung); §§ 2, 11 Namensänderungsgesetz; § 181 Abs. 2 S. 2 ZVG (Antrag auf Teilungsversteigerung).

3 Hinzu kommen die weiteren, im Vormundschaftsrecht des BGB geregelten Vorbehalte familiengerichtlicher Genehmigung in Angelegenheiten der Vermögenssorge (siehe §§ 1811, 1814, 1815, 1816, 1819, 1820, 1824, 1902; vgl. auch § 1803 Abs. 2) und der Personensorge (§ 1800 iVm. § 1631b). Ferner erwachsen dem FamG Genehmigungskompetenzen aus Vorschriften, die zwar die Zustimmung des Gegenvormunds verlangen, aber auch die familiengerichtliche Genehmigung genügen lassen (zB §§ 1809, 1812).

4 **3. Befreiungen für die Amtsvormundschaft.** Amtsvormünder und Amtspfleger benötigen für die in § 1822 Nr. 6, 7 genannten Verträge gemäß § 56 Abs. 2 S. 2 SGB VIII keine Genehmigung des FamG; weitergehende Befreiungsmöglichkeiten kann gemäß § 56 Abs. 2 S. 3 SGB VIII das Landesrecht vorsehen.[2] Das SGB VIII gilt nicht für das Betreuungsrecht.[3] Deshalb enthält § 1908i Abs. 1 S. 2 einen eigenen, dem § 56 Abs. 2 S. 3 SGB VIII entsprechenden Vorbehalt zugunsten des Landesgesetzgebers für den Fall, dass (gem. § 1900 Abs. 4) die Behörde zum Betreuer bestellt wird; für den Behördenbetreuer (§ 1897 Abs. 2 S. 2) gilt die Befreiungsmöglichkeit nicht.[4] Eine dem § 56 Abs. 2 S. 2 SGB VIII entsprechende bundesrechtliche Befreiung der Behörde als Betreuer fehlt.

5 **4. Auslegungsgrundsätze.** Im Interesse der Sicherheit des Rechtsverkehrs ist eine möglichst klare Scheidung zwischen genehmigungspflichtigen und genehmigungsfreien Geschäften anzustreben. Dem dient nach hM die **„rein formale Auslegung"** der §§ 1821, 1822;[5] die teleologische Auslegung soll unterbleiben, wenn sie zu ausufernden Genehmigungspflichten führt (was aber bereits ein teleologisches Argument wäre!) oder wenn der Schutzzweck der Norm keine zu verallgemeinernde Regel ergibt.[6] ME stehen das Klarheitspostulat und die am Sinn des Gesetzes orientierte Auslegung nicht im Widerspruch zueinander. Die „rein formale Auslegung" wird auch von den Autoren und Gerichten, die sich zu ihr bekennen, letztlich nicht durchgehalten oder nicht klar definiert. Deshalb ist der Begriff zu verabschieden. Vielmehr gilt: Regel ist die Handlungsfreiheit

---

[1] BVerfG FamRZ 1986, 769 ff.
[2] Zusammenstellung bei *Soergel/Zimmermann* Vor §§ 1821, 1822 Rn. 3; zur räumlichen Geltung einer landesrechtlichen Befreiung vgl. DIFuJ JAmt 2007, 207.
[3] *Soergel/Zimmermann* Rn. 2.
[4] *Soergel/Zimmermann* Rn. 2.
[5] BGHZ 38, 26, 28 = NJW 1962, 2344; BGHZ 52, 316, 319 = NJW 1970, 33; BGH DB 1968, 932; BGH FamRZ 1983, 371, 372; BGHZ 60, 385, 389; BGH NJW 1974, 1134, 1135; BGH Rpfleger 1989, 281, 282; LG Berlin Rpfleger 1994, 335; KG Berlin FamRZ 1993, 733 ff.; OLG Zweibrücken FamRZ 2005, 832; OLG Düsseldorf RNotZ 2006, 68, 69; *Braun* DNotZ 2005, 730, 740; *Fahl* MittBayNot 2007, 220.
[6] Zur Problematik: *Brüggemann* FamRZ 1990, 5, 9; 124, 128 f.

des Vormunds; Ausnahmen davon müssen gesetzlich angeordnet, dh. von Wortlaut und Sinn (Schutzzweck) des Gesetzes her begründet sein.[7]

5. Rechtsgeschäfte auf Grundlage der gesetzlichen Vertretungsmacht. Von den Genehmigungsvorbehalten betroffen sind Rechtsgeschäfte, die der Vormund oder sein Bevollmächtigter im Namen des Mündels auf Grundlage der gesetzlichen Vertretungsmacht vornimmt.[8] Dem stehen die Rechtsgeschäfte gleich, die der beschränkt geschäftsfähige Mündel selbst tätigt und denen der Vormund durch seine Zustimmung zur Wirksamkeit verhelfen will (§§ 107 ff.). Der Genehmigungspflicht unterliegen die in §§ 1821, 1822 genannten Rechtsgeschäfte selbst dann, wenn der Mündel gemäß § 112 oder § 113 partiell geschäftsfähig ist und das Geschäft sachlich dem Betriebsbereich oder dem Bereich des Arbeitsverhältnisses angehört (§ 112 Abs. 1 S. 2; § 113 Abs. 1 S. 2: keine Erstreckung der partiellen Geschäftsfähigkeit auf genehmigungsbedürftige Geschäfte). Die Genehmigungspflicht kann auch nicht durch Überlassung von Mitteln an den Mündel zur Erfüllung eines von diesem geschlossenen oder zu schließenden Vertrags oder zur freien Verfügung ausgeschaltet werden (§ 1824, § 110).

6. Sekundärfolgen und Genehmigungsvorbehalt. Zweifelhaft ist, inwieweit der Genehmigungsvorbehalt greift, wenn der betreffende rechtliche Erfolg, der durch das rechtsgeschäftliche Handeln des Vormunds gesetzt wird und das Bedürfnis des Mündelschutzes bedingen soll, nicht Gegenstand dieses Rechtsgeschäfts ist, sondern nur gesetzliche Folgewirkung. In der Lit.[9] findet sich hierzu folgende Unterscheidung: Gehört der das Schutzbedürfnis begründende Tatbestand zu den Wesenskennzeichen des Geschäfts, so ist das Geschäft wegen der Folgewirkung genehmigungsbedürftig (Beispiele: §§ 24, 31 Abs. 3 GmbHG – dazu aber § 1822 Rn. 65; § 2382; § 1131 führt zur ausnahmsweisen Genehmigungsbedürftigkeit der Zuschreibung nach § 890 Abs. 2). Ist dagegen die die Schutzbedürftigkeit begründende Folge ein bloß zufälliges accidens des Geschäfts, so bleibt das Geschäft genehmigungsfrei (Beispiele: Haftung des Mündels wie ein selbstschuldnerischer Bürge nach §§ 566 Abs. 2 S. 1; 1251 Abs. 2 S. 2 im Gefolge des Geschäfts führt nicht zur Genehmigungspflicht nach § 1822 Nr. 10; Erfüllung einer gegen den Mündel gerichteten Forderung, gegen die ein Zurückbehaltungsrecht besteht, fällt nicht unter § 1822 Nr. 13; Erwerb eines Erbanteils nach § 2033 Abs. 1 unterfällt nicht § 1821 Abs. 1 Nr. 5, wenn zum Nachlass ein Grundstück gehört). ME ist das Problem, das hauptsächlich im Bereich des § 1822 Nr. 10 angesiedelt ist, nicht für den Gesamtbereich der §§ 1821, 1822 verallgemeinerungsfähig. Nur eine am Schutzzweck des jeweiligen Genehmigungserfordernisses orientierte Auslegung ergibt jeweils, ob gesetzliche Folgen des vorgenommenen Geschäfts dieses genehmigungspflichtig machen; dabei lassen unscharf gefasste Tatbestände wie § 1822 Nr. 10 oder 13 mehr Auslegungsspielraum und Zweifel als andere. Im Übrigen wird von der zitierten Auffassung selbst für den Erwerb des Erbanteils nach § 2033 Abs. 1 eingeräumt, dieser könne nach § 1821 Abs. 1 Nr. 1, 5 genehmigungspflichtig sein, wenn der Nachlass überhaupt nur aus dem Grundstück besteht.

7. Bezug zum Mündelvermögen. Die Genehmigungspflicht besteht nur, wenn sich der Geschäftsgegenstand auf das Mündelvermögen bezieht. Das ist bei Geschäften, die den Mündel verpflichten, ohne weiteres gegeben; bei Verfügungen ist Voraussetzung, dass der Verfügungsgegenstand dem Mündelvermögen angehört, wenn auch nur in Gesamt- oder Bruchteilsgemeinschaft mit anderen:[10] Sowohl die Verfügung über den in Rechtsgemeinschaft stehenden Gegenstand im ganzen als auch die Verfügung über den dem Mündel gehörenden Anteil wird vom Genehmigungsvorbehalt erfasst (vgl. Rn. 20 sowie § 1812 Rn. 6).

Etwas anderes gilt bei Rechtsgeschäften, die von vertretungsberechtigten Organen einer **juristischen Person,** an welcher der Mündel beteiligt ist, in deren Namen geschlossen werden, weil hier nicht für den Mündel, sondern für ein anderes Rechtssubjekt (e. V., AG, GmbH) gehandelt wird. Dies gilt selbst dann, wenn der Mündel Alleingesellschafter der juristischen Person ist.[11]

Die durchaus gefestigte Rechtsprechung überträgt diese Regel zutreffend auch auf die **OHG** und **KG**[12] – dies jedenfalls dann, wenn sie – wie früher zwingend (vgl. jetzt § 105 Abs. 2 Alt. 2 HGB) –

---

[7] Deshalb darf etwa ein Geschäft, das zwar im Zusammenhang mit einem genehmigungspflichtigen anderen Geschäft steht, selbst jedoch nicht dem Tatbestand der §§ 1821, 1822 unterfällt (so zB eine nachträgliche Stundungs- oder Zinsübernahmeabrede nach Abschluss eines Grundstückskaufvertrages) ohne Genehmigung des FamG vorgenommen werden: OLG Hamm NJW-FER 1996, 37.
[8] Das gilt nach OLG Frankfurt Rpfleger 1997, 111 selbst dann, wenn die Erteilung einer dem Genehmigungserfordernis nicht unterliegenden rechtsgeschäftlichen Vertretungsmacht möglich gewesen wäre; handelt der Vormund (bzw. hier Pfleger) tatsächlich auf Grund seiner gesetzlichen Vertretungsmacht, so greifen §§ 1821, 1822 ein.
[9] *Brüggemann* FamRZ 1990, 5 ff.
[10] BayObLGZ 20, 319 = JW 1921, 581; KG KGJ 27, 169, 171; KG KGJ 38, 219 (betr. Erbengemeinschaft).
[11] RGZ 133, 7, 10 f.; *Dümig* FamRZ 2003, 1, 2.
[12] RGZ 54, 278; 125, 380; BGH NJW 1971, 375.

ein Erwerbsgeschäft betreibt. Begründet wird dies u. a. mit der familiengerichtlichen Kontrolle über den Abschluss von Gesellschaftsverträgen (§ 1822 Nr. 3).[13] Z. T. wird die Begründung in dem Gedanken der Teilrechtsfähigkeit auch dieser Gebilde gefunden (vgl. § 124 Abs. 1 HGB).[14] Folgt man dem, wird man **BGB- (Außen-) Gesellschaften**, die Gesellschaftsvermögen gebildet haben, gleichstellen müssen[15] – dies jedenfalls dann, wenn es sich um Erwerbsgesellschaften handelt.[16] Ebenso sind dann aber auch nicht-rechtsfähige Vereine gleichzustellen, bei denen die Trennung von Vereinsvermögen und Privatvermögen der Mitglieder weitestgehend vollzogen ist.[17] Nicht von §§ 1821, 1822 erfasst wird auch der Verkauf einer OHG, an welcher der Mündel beteiligt ist, durch ihre Liquidatoren.[18]

10   8. Dem Nacherben zuzurechnender Nachlass. In vom Gesetz näher bestimmter Weise (§ 2113) wird der Nachlass dem Nacherben auch schon vor Eintritt des Nacherbfalls zugerechnet. Daher ist die Zustimmung des Mündels als Nacherben zu einem Rechtsgeschäft des Vorerben, das unter den Katalog der §§ 1821, 1822 fällt, genehmigungsbedürftig, zB die Zustimmung zur Verfügung des Vorerben über ein Nachlassgrundstück gemäß § 1821 Abs. 1 Nr. 1.[19] Genehmigungspflichtig ist auch die Zustimmung zur Aufhebung eines mit der Nacherbschaft belasteten Rechts, über das nur mit familiengerichtlicher Genehmigung verfügt werden kann[20] sowie die Aufhebung des Nacherbenvermerks im Grundbuch.[21]

11   9. Zustimmung zu Verfügungen eines nichtberechtigten Dritten. Von §§ 1821, 1822 erfasst wird die Zustimmung des Vormunds zu Verfügungen eines nichtberechtigten Dritten über Mündelvermögen (§ 185 BGB),[22] nicht aber die etwa nötige Zustimmung des Mündels zur Verfügung über Vermögen Dritter (zB die Zustimmung nach § 1365 zur Verfügung des Mündelehegatten über sein Vermögen im Ganzen).[23]

12   10. Vollmachtserteilung nicht genehmigungsbedürftig. Grundsätzlich nicht genehmigungsbedürftig ist die vom Vormund einem Dritten erteilte Vollmacht zu einem Rechtsgeschäft im Sinne der §§ 1821, 1822. Vielmehr bedarf erst das sodann vom Bevollmächtigten vorgenommene Rechtsgeschäft selbst der familiengerichtlichen Genehmigung, wenn es in den Katalog der vorbehaltenen Geschäfte fällt. Die Vollmachtserteilung ist der Verfügung nur dann gleichzustellen, wenn sie in ihrer Wirkung einer Verfügung nahekommt, was bei unwiderruflichen Vollmachten angenommen wird.[24] Auch in solchen Fällen ist die Genehmigungsbedürftigkeit der Vollmacht logisch nicht unbedingt zu begründen, solange das auf Grund der Vollmacht abgeschlossene Geschäft genehmigungs-

---

[13] Vgl. *Klüsener* Rpfleger 1981, 461, 464.
[14] In dieser Richtung schon RGZ 54, 278, 280.
[15] Das folgt mE aus der inzwischen vom BGH anerkannten Rechtsfähigkeit der BGB-Außengesellschaft (BGHZ 146, 341).
[16] Zur Gleichbehandlung von BGB-Erwerbsgesellschaften mit OHG und KG vgl. OLG Koblenz NJW 2003, 1401, 1402 (im konkreten Fall aber für Genehmigungspflicht); OLG Schleswig FamRZ 2003, 55, 56; zustimmend *Lautner* MittBayNot 2002, 256, 258 f.; *Palandt/Diederichsen* Rn. 4; vgl. auch *Dümig* FamRZ 2003, 1, 2; *Wolf* Rpfleger 2005, 501, 502. Mit der geänderten BGH-Rspr. (BGHZ 146, 341) und dem (1998 novellierten) § 105 Abs. 2 HGB (grundstücksverwaltende OHG) ist die Beschränkung auf Erwerbsgesellschaften nicht mehr zwingend. Sie lässt sich aber wohl mit dem Schutz des Mündels rechtfertigen: Da nach § 1822 Nr. 3 Gesellschaftsverträge nur dann genehmigungsbedürftig sind, wenn sie zum Betrieb eines Erwerbsgeschäfts eingegangen werden, wäre anderenfalls die Verfügung über Grundstücke einer nicht werbenden Gesellschaft unter Mündelbeteiligung jeder familiengerichtlichen Kontrolle entzogen. Eine entsprechende Einschränkung dürfte dann aber auch für OHG und KG gelten. Vgl. auch *Erman/Saar* Vor § 1821 Rn. 4; ferner OLG Hamburg FamRZ 1958, 333: Genehmigungsbedürftigkeit von Grundstücksgeschäften einer BGB-Gesellschaft, an denen ein Minderjähriger beteiligt ist, wenn die Gesellschaft kein Erwerbsgeschäft betreibt. Gegen eine Differenzierung zwischen werbender und nicht werbender BGB-Gesellschaft *Wertenbruch* FamRZ 2003, 1714, 1715.
[17] Dazu *Flume* AT Bd. 1 § 7 I.
[18] KG JFG 23, 94.
[19] RGZ 148, 385, 392; BayObLGZ 1959, 493, 501 = NJW 1960, 965; OLG Karlsruhe RJA 17, 22.
[20] Vgl. RGZ 102, 332, 338.
[21] Siehe *Klüsener* Rpfleger 1981, 461, 465; vgl. auch BayObLG Rpfleger 1982, 277.
[22] Vgl. RGZ 115, 153, 156; BayObLG OLGE 4, 414.
[23] *Soergel/Zimmermann* Vor § 1821 Rn. 7.
[24] Die Frage ist streitig. Dass eine Vollmacht uU als Verfügung angesehen werden kann, bejahen RGZ 90, 395, 400; BayObLG Rpfleger 1976, 304; BayObLG FamRZ 1977, 141, 143; OLG Celle DNotZ 1974, 731, 733; wohl auch KG Berlin FamRZ 1993, 733 ff.; ebenso wohl OLG Zweibrücken FamRZ 2005, 832; *Müller-Freienfels*, Die Vertretung beim Rechtsgeschäft, S. 255 ff.; *Kölmel* RNotZ 2010, 1, 17; vgl. auch *Maurer* Rpfleger 1982, 26. Verneinend zB *Klüsener* Rpfleger 1981, 461, 463 (nach dem aber der Ausschluss der Widerruflichkeit unter § 1821 Abs. 1 Nr. 4 fallen soll); aA: *Staudinger/Engler* Rn. 57 f.: immer erst das vom Bevollmächtigten vorgenommene Geschäft ist genehmigungsbedürftig; s. a. *Fahl* MittBayNot 2007, 220, für die auch eine unwiderruflich erteilte Vollmacht nicht genehmigungsbedürftig sein soll.

pflichtig bleibt;[25] doch ist der genannten Auffassung aus Gründen vorbeugenden Mündelschutzes zuzustimmen.

11. Keine Genehmigungspflicht bei Drittverwaltergeschäften. Die Genehmigungspflicht gilt nicht für Rechtsgeschäfte, die Drittverwalter für den Mündel tätigen, soweit ihre Rechtsmacht nicht von der gesetzlichen Vertretung des Vormunds abgeleitet ist.[26] Dies gilt zB für Geschäfte des Testamentsvollstreckers,[27] des Insolvenzverwalters oder des Nachlassverwalters. Genehmigungsfrei ist auch die Entgegennahme der Auflassung nach § 848 Abs. 1 S. 1 ZPO und die Bewilligung der Sicherungshypothek nach § 848 Abs. 2 S. 3 ZPO durch einen Sequester als unmittelbaren (Zwangs-)Vertreter des Mündels.[28] Genehmigungsfrei ist auch die Eintragung einer Zwangssicherungshypothek (§ 866 ZPO).[29] Sind die Ämter eines Testamentsvollstreckers und eines Vormunds des Erben in einer Person vereinigt, so kann dies Anlass zur Anordnung einer Ergänzungspflegschaft sein.[30] Nicht dem Genehmigungsvorbehalt unterliegt auch das Handeln eines vom Erblasser, der vom Mündel beerbt wurde, mit **postmortaler Vollmacht** ausgestatteten Bevollmächtigten.[31] Der Vormund hat gegebenenfalls die Vollmacht zu widerrufen.

12. Unanwendbarkeit der §§ 1821, 1822 auf Akte der Prozessführung und Zwangsvollstreckung. Die §§ 1821, 1822 gelten nicht für Akte der Prozessführung und der Zwangsvollstreckung als solche, doch kann in der Vornahme solcher Akte zugleich eine materiellrechtliche Erklärung liegen, deren Wirksamkeit nach §§ 1821, 1822 zu beurteilen ist,[32] während die prozessualen Wirkungen unberührt bleiben.[33] Genehmigungsbedürftig sind deshalb wegen ihrer Doppelnatur Prozessvergleiche, deren Gegenstand dem Katalog der §§ 1821, 1822 zugehört.[34] Ist der Mündel zur Abgabe einer Willenserklärung rechtskräftig verurteilt (zB als Voraussetzung zu einer Grundbucheintragung), so tritt die Vollstreckungswirkung des § 894 ZPO auch ohne Genehmigung des FamG ein, auch wenn für sich gesehen ein nach §§ 1821, 1822 genehmigungsbedürftiges Geschäft vorliegt (str.).[35] Auch die Stimmabgabe zu einem Insolvenzplan soll, anders als früher im Falle eines Zwangsvergleichs im Konkursverfahren oder eines Vergleichs im gerichtlichen Vergleichsverfahren,[36] keiner familiengerichtlichen Genehmigung nach § 1822 Nr. 12 bedürfen (vgl. auch § 1822 Rn. 69).[37] Im Erbauseinandersetzungsverfahren (§§ 363 ff. FamFG) ist nach § 1822 Nr. 2 eine familiengerichtliche Genehmigung erforderlich. Die nachlassgerichtliche Bestätigung (§ 366 Abs. 2 S. 1 FamFG) heilt das Fehlen dieser Genehmigung nicht (Ersetzung sowieso nicht, vgl. § 368 Abs. 3 FamFG), da der Bestätigungsbeschluss nur die Funktion hat, einen Vollstreckungstitel zu schaffen (§ 371 FamFG). Die familiengerichtliche Genehmigung kann auch nicht durch Säumnis nach § 366 Abs. 3 FamFG umgangen werden.[38]

13. Sinngemäße Anwendbarkeit des § 1821 auf den gem. § 11b VermG bestellten gesetzlichen Vertreter. Nur sinngemäß (kraft Verweisung in § 11b Abs. 1 S. 5 VermG) gilt § 1821 für die gemäß Art. 233 § 2 Abs. 3 EGBGB, § 11b VermG bestellten gesetzlichen Vertreter unbekann-

---

[25] In dieser Richtung wohl auch LG Berlin Rpfleger 1994 S. 355: selbst bei einer unwiderruflichen Vollmacht gefährde noch nicht diese, sondern erst ihre Verwendung das durch das Genehmigungserfordernis geschützte Interesse; vgl. auch OLG Zweibrücken FamRZ 2005, 832: Genehmigungspflichtigkeit der Verfügung bei bereits mit dem Verpflichtungsgeschäft genehmigter Vollmacht.
[26] Vgl. RGZ 106, 185, 187; KG OLGE 38, 259; KG OLGE 39, 262; OLG Celle OLGZ 1967, 483.
[27] Bei entgeltlichem Grundstückserwerb des Mündels = Erben mit vom Testamentsvollstrecker freigegebenen Mitteln des Nachlasses differenzierend *Kölmel* RNotZ 2010, 1, 19.
[28] *Brüggemann* FamRZ 1990, 5, 7.
[29] *Böttcher/Spanl* RpflegerJb 1990, 193, 213.
[30] Vgl. § 1795 Rn. 8 mit Fn. 12, 15; ferner BayObLG Rpfleger 1977, 440; aA LG Mannheim MDR 1977, 579.
[31] RGZ 106, 185.
[32] Vgl. BGH JZ 1956, 62; dazu *Pohle* JZ 1956, 55; BayObLG MDR 1953, 561.
[33] Siehe BGH JZ 1956, 62; *Soergel/Zimmermann* Vor §§ 1821, 1822 Rn. 5; ferner die Ausführungen zu § 1812 Rn. 35; zum Ganzen ausführlich *Brüggemann* FamRZ 1990, 5, 7.
[34] Siehe § 1812 Rn. 35; RGZ 133, 259; siehe auch BayObLG Rpfleger 2003, 27.
[35] Wie hier BayObLG MDR 1953, 561; KG KGJ 45 A 264; 31 A 293; *Staudinger/Engler* Rn. 22; RGRK/*Dickescheid* Vor § 1821 Anm. 13; *Erman/Saar* Vor § 1821 Rn. 4; *Klüsener* Rpfleger 1981, 461, 469; *Böttcher/Spanl* Rpfleger 1990, 193, 204; *Brüggemann* FamRZ 1990, 5, 7 (mit ausführlicher Erörterung einzelner Konstellationen). AA *Müller* FamRZ 1956, 44 ff. und JR 1962, 448; *Gernhuber/Coester-Waltjen* § 60 Rn. 81; *Dölle* § 128 V.
[36] Zur alten Rechtslage und zur dortigen Heilungsmöglichkeit durch den Bestätigungsbeschluss des Konkursgerichts (§ 184 Abs. 1 KO) bzw. des Vergleichsgerichts (§ 78 Abs. 1) vgl. noch *Brüggemann* FamRZ 1990, 5, 7.
[37] *Palandt/Diederichsen* § 1822 Rn. 23; *Staudinger/Engler* § 1822 Rn. 151.
[38] Zum ganzen *Brüggemann* FamRZ 1990, 5, 9; das Fehlen der gerichtlichen Genehmigung ist nach seiner Auffassung durch Klauselerinnerung geltend zu machen; mE ist eher an § 767 ZPO zu denken.

ter Grundstückseigentümer im Beitrittsgebiet. Insbesondere ist für die Genehmigung von Rechtshandlungen iSv. §§ 1821, die dieser Vertreter vornimmt, nicht das FamG zuständig, sondern die Bestellungsbehörde.[39]

16 **14. Erfüllung einer Verpflichtung.** Soweit nach § 1821 bestimmte Verfügungen der familiengerichtlichen Genehmigung bedürfen (Abs. 1 Nr. 1 bis 3), steht auch die Eingehung einer Verpflichtung zu einer derartigen Verfügung unter dem Genehmigungsvorbehalt (Abs. 1 Nr. 4). Generell entfällt die Genehmigungspflicht für die Verfügung nicht schon deshalb, weil der Mündel zu ihrer Vornahme verpflichtet ist.[40] In solchen Fällen beschränkt sich die Prüfungspflicht des FamG auf die Frage, ob eine solche Verpflichtung auch wirklich besteht.[41] Das Gericht hat außerdem die Abhängigkeit von einer etwaigen Gegenleistung zu beachten und erforderlichenfalls die Genehmigung als durch deren Erbringung bedingt auszusprechen.[42] Ist das Verpflichtungsgeschäft vom FamG bereits genehmigt, so umfasst diese Genehmigung im Allgemeinen bereits die zur Erfüllung des Verpflichtungsgeschäfts nötigen Verfügungen.[43] Doch gilt dies nur für Verfügungen, die sich aus dem Inhalt des genehmigten Verpflichtungsgeschäfts konkret ergeben; das ist nicht der Fall für Belastungen eines vom Mündel gekauften Grundstücks, wenn im Kaufvertrag eine pauschale „Belastungsvollmacht" erteilt wurde; die Belastungen bedürfen in solchem Fall auch dann der Genehmigung, wenn der Grundstückskaufvertrag genehmigt war.[44] Auch kann sich aus der familiengerichtlichen Genehmigung ergeben, dass das Verfügungsgeschäft nicht mit umfasst sein soll.[45]

II. Verfügungen über Grundstücke und Grundstücksrechte (Abs. 1 Nr. 1)

17 **1. Grundstücke.** Der familiengerichtlichen Genehmigung bedürfen Verfügungen über Grundstücke und über dingliche Grundstücksrechte. Zu Grundstücken im Sinne der Vorschrift zählen das Wohnungseigentum und das Teileigentum nach dem WEG sowie das Erbbaurecht. Gleichgestellt sind auch nach Landesrecht bestehende Rechte, soweit sie gemäß Art. 63, 67, 68 und 74 EGBGB noch bestehen oder entstehen können.

18 **2. Rechte an Grundstücken.** Zu den Rechten an Grundstücken zählen Nießbrauch, Dienstbarkeiten, dingliche Vorkaufsrechte, Dauerwohnrechte nach dem WEG und Reallasten. Ausgenommen vom Genehmigungsvorbehalt des § 1821 Abs. 1 Nr. 1 sind Verfügungen über Hypotheken, Grundschulden und Rentenschulden (§ 1821 Abs. 2);[46] für sie sind indes die Beschränkungen nach §§ 1812, 1819 und 1822 Nr. 10 zu beachten.

19 **3. Nichtbetroffene Geschäfte.** Generell nicht unter § 1821 Abs. 1 Nr. 1 fallen Verfügungen über Rechte an Grundstücksrechten, wie etwa die Aufhebung eines Nießbrauchs an einer Grundschuld[47] oder auch die Zustimmung des Mündels als Grundstückseigentümer zur Übertragung oder Belastung des am Grundstück bestehenden Erbbaurechts eines Dritten.[48] Nicht von der Vorschrift erfasst werden Verfügungen über obligatorische Rechte, die sich auf Grundstücke beziehen (Miete, Pacht) sowie die bloße Gestattung der Ausübung der mit einem dinglichen Recht verbundenen Einzelbefugnisse, soweit diese nach der Struktur des Rechts möglich ist (etwa bei Nießbrauch und dinglichen Nutzungsrechten).[49] Die Annahme der auf Grund einer Reallast zu erbringenden Leistungen bildet keine Verfügung über die Reallast selbst und fällt daher nicht unter § 1821 (siehe aber §§ 1812, 1813 Abs. 1 Nr. 4). Einwilligungsfrei soll eine Vereinbarung des meistbietenden Mündels mit dem Berechtigten nach § 91 Abs. 2 ZVG über das Bestehen bleiben des Rechts sein.[50]

---

[39] OLG Jena Rpfleger 1996, 407; OLG Dresden Rpfleger 1996, 109; LG Berlin Rpfleger 1996, 25 f.; aA (für Zuständigkeit des Vormundschaftsgerichts) *Bendref* ZOV 1992, 250 f.
[40] KG KGJ 28 A 6, 7; KG KGJ 38 A 219, 223; KG OLGE 33, 363; BayObLG FamRZ 1977, 141, 143; einschränkend *Erman/Saar* Vor § 1821 Rn. 3.
[41] KG KGJ 38, 219, 223.
[42] *Brüggemann* FamRZ 1990, 5, 8.
[43] RGZ 130, 148, 150; BayObLG Rpfleger 1983, 344 (betr. Auflassung); BayObLG Rpfleger 1985, 235; KG FamRZ 1993, 733 ff.; KG KGJ 24 A 238, 239; KG RJA 3, 59; KG KGJ 28 A 6, 7; *Gernhuber/Coester-Waltjen* § 60 Rn. 100; *Dölle* § 128 II 2 b aa; anders BayObLG FamRZ 1977, 141, 143 für den Fall, dass die Verpflichtung zur Rückauflassung im Rahmen eines genehmigten Geschäfts von einer Rücktrittserklärung abhängt; differenzierend *Staudinger/Engler* Rn. 24.
[44] LG Saarbrücken Rpfleger 1982, 25 m. Anm. *Maurer*; so jetzt auch OLG Zweibrücken FamRZ 2005, 832.
[45] Vgl. BayObLG Rpfleger 1985, 235.
[46] Vgl. BGHZ 1, 294, 303 (Kündigung einer Hypothek).
[47] KG KGJ 40, 163, 166; auch hier kann dann § 1812 zum Zuge kommen.
[48] LG München I FamRZ 2001, 372; LG Frankfurt Rpfleger 1974, 109.
[49] RGRK/*Dickescheid* Rn. 6; *Soergel/Zimmermann* Rn. 10; *Staudinger/Engler* Rn. 63.
[50] *Brüggemann* FamRZ 1990, 124, 128; str.

4. Bruchteils- oder Gesamthandsgemeinschaften. Genehmigungsbedürftig ist auch die 20 Verfügung über ein Grundstück oder Grundstücksrecht, an dem der Mündel im Rahmen einer Bruchteils- oder Gesamthandsgemeinschaft beteiligt ist (vgl. aber Rn. 7, 9).[51] Bei ungeteilter Erbengemeinschaft mit Mündelbeteiligung ist grundsätzlich jede Verfügung über Nachlassgrundstücke von § 1821 Abs. 1 Nr. 1 erfasst. Der Genehmigung bedarf darüber hinaus auch die Verfügung über den dem Mündel zustehenden Bruchteils- oder Gesamthandsanteil.[52] Genehmigungsfrei ist jedoch die Veräußerung eines Nachlassgrundstücks seitens der Erbengemeinschaft, an welcher der Mündel beteiligt ist, an den Mündel zu Alleineigentum, da hier der Mündel auch bei strikter rechtlicher Betrachtung nur hinzugewinnt[53] (beachte aber in solchen Fällen für den schuldrechtlichen Erbteilungsvertrag § 1822 Nr. 2).[54] Ist der Mündel auf Grund eines Schenkungsvertrages in eine grundstücksverwaltende Gesellschaft bürgerlichen Rechts eingetreten und hat das FamG diesen Eintritt gem. § 1822 Nr. 3 genehmigt, so umfasst die Genehmigung auch spätere genehmigungsbedürftige (s. dazu Rn. 9) Verfügungen des Geschäftsführers, wie etwa Belastung von Grundstücken der Gesellschaft, wenn dem FamG bei der Erteilung der Genehmigung bekannt war, dass der Gesellschaftszweck Geschäfte im Anwendungsbereich der §§ 1821, 1822 einschließt. Soweit solche Geschäfte absehbar waren, sind sie von der Genehmigung des Eintritts in die Gesellschaft mit umfasst.[55]

5. Verfügungsbegriff. Verfügung ist die Übertragung, Belastung, Aufhebung, Inhalts- oder 21 Rangänderung eines Rechts (siehe § 1812 Rn. 21 ff.), hier bezogen auf Grundeigentum und Grundstücksrechte.[56] Genehmigungsbedürftig ist folglich die Veräußerung eines Grundstücks (§§ 873, 925) oder Grundstücksrechts (§ 873), etwa auch die Rückauflassung eines Grundstücks, die im Vollzug eines wirksamen Rücktritts vom Kausalgeschäft geschuldet ist,[57] oder die privatrechtliche Versteigerung, selbst wenn der Einlieferungsvertrag mit dem Auktionator bereits familiengerichtlich genehmigt war;[58] ferner die Dereliktion (§ 928 Abs. 1).[59] Unter den Begriff der Veräußerung (rechtsgeschäftlich bewirkter Wechsel der Rechtszuständigkeit) fällt auch die Umwandlung von Gesamthandseigentum in Bruchteilseigentum und umgekehrt und die Aufteilung eines bisher im Bruchteilseigentum stehenden Grundstücks unter die bisherigen Miteigentümer.[60] Hingegen bedarf die Teilung eines im Alleineigentum des Mündels stehenden Grundstücks keiner Genehmigung. Die Vereinigung oder Zuschreibung von Mündelgrundstücken (§ 890) stellt an sich eine Verfügung dar, doch wird man hier eine Genehmigungspflicht auf die Fälle beschränken, in denen sich aus der Verfügung nachteilige Rechtswirkungen für den Mündel ergeben (zB bei Zuschreibung der Rechtswirkungen des § 1131).[61] Verfügung ist auch die Zustimmungserklärung gemäß § 876 S. 2.[62] Umstritten ist die Genehmigungspflicht der Eigentümerzustimmung nach § 5 Abs. 2 ErbbauR.G.[63] Genehmigungspflichtig ist der Erwerb von Sondereigentum an einer Wohnung durch den Mündel als Grundstücksmiteigentümer gemäß § 3 WEG (weil belastende Verfügung über den Miteigentumsanteil am Grundstück).[64] Ebenfalls als Verfügung iSd. § 1821 Abs. 1 Nr. 1 wird die Übernahme einer Baulast angesehen, weil sie dingliche Wirkung entfaltet.[65]

6. Erwerb nicht einbezogen. Nicht zu den Verfügungen im Sinne des § 1821 Abs. 1 Nr. 1 22 ist der Erwerb von Grundstücken und Grundstücksrechten zu zählen (siehe aber den Genehmigungsvorbehalt nach Nr. 5), da der Verfügungsbegriff des BGB am Problem der Verfügungsmacht orientiert[66] und folglich nicht von der Situation des von der Verfügung bewirkten Rechtserwerbs her gedacht ist.

---

[51] BGH LM § 2208 Nr. 3 = NJW 1971, 1805; BayObLGZ 1, 420, 422; 20, 319 = JW 1921, 581; KG KGJ 38 A 219, 222.
[52] Vgl. OLG Düsseldorf JMBlNRW 1960, 101.
[53] BayObLG NJW 1968, 941; aA KG KGJ 38 A 219.
[54] Dazu *Böttcher/Spanl* RpflegerJb 1990, 193, 205.
[55] LG Wuppertal NJW-RR 1995, 152 f.
[56] Vgl. Auflistung bei *Kölmel* RNotZ 2010, 1, 17 f.
[57] BayObLG FamRZ 1977, 141 (selbst für den Fall, dass das Gericht zuvor schon die unwiderrufliche Rückauflassungsvollmacht genehmigt hatte).
[58] KG NJW-RR 1993, 331 f.; *Palandt/Diederichsen* Rn. 10.
[59] OLG Frankfurt FamRZ 2010, 494.
[60] BGHZ 56, 275, 283; BayObLGZ 1, 419, 420; OLG Colmar Recht 1908 Nr. 3140.
[61] *Klüsener* Rpfleger 1981, 461, 464; siehe auch *Brüggemann* FamRZ 1990, 124, 128.
[62] *Böttcher/Spanl* RpflegerJb 1990, 193, 203.
[63] Streitstand bei *Böttcher/Spanl* RpflegerJb 1990, 193, 206.
[64] Vgl. *Klüsener* Rpfleger 1981, 461, 464.
[65] OVG Münster NJW 1996, 275 f.; *Palandt/Diederichsen* Rn. 10.
[66] *Flume* Bd. 2 § 11 5 a.

23 Doch kann **mit einem Erwerb** des Mündels **eine Verfügung verbunden** sein. Hierzu nimmt die Rechtsprechung zutreffend eine am Zweck des § 1821 ausgerichtete Haltung ein: Nicht nach Abs. 1 Nr. 1 genehmigungsbedürftig ist zB die Bestellung einer Restkaufpreishypothek oder einer Grundschuld im Rahmen des Grunderwerbs für den Mündel, weil diese Vorschrift nur bereits vorhandenes Grundvermögen schützen soll und Belastungen im Zusammenhang mit dem Grundstückserwerb demgemäß nicht erfasst.[67] Gleichfalls genehmigungsfrei ist bei unentgeltlichem Grundstückserwerb die Einräumung des Nießbrauchs oder Wohnungsrechts an den Schenker, den sich dieser beim Zuwendungsgeschäft vorbehalten hat.[68] Dies gilt auch dann, wenn die Schenkungsauflage (etwa die Bestellung der vorbehaltenen Dienstbarkeit) nicht gleichzeitig mit dem Erwerb vollzogen wird, sondern künftig realisiert werden soll;[69] dann ist freilich die spätere Belastung des Grundstücks mit dem vorbehaltenen beschränkt dinglichen Recht selbst genehmigungspflichtig. Eine Genehmigungspflicht ist bei Schenkungserwerb freilich anzunehmen, wenn dem Nießbraucher über das Nutzungsrecht hinaus ein Verfügungsrecht eingeräumt werden soll (zB unwiderrufliche Vollmacht zur Verfügung über das dem Mündel geschenkte Grundstück).[70]

24 Grundsätzlich ist ein Grundstückserwerb nicht schon deshalb nach Abs. 1 Nr. 1 genehmigungsbedürftig, weil das **Grundstück mit einem Grundpfandrecht belastet** ist; so ist genehmigungsfrei der unentgeltliche Erwerb eines Grundstücks unter Übernahme bestehender dinglicher Belastungen oder unter Neubegründung solcher Lasten zugleich mit dem Erwerbsakt selbst.[71] Genehmigungsfrei ist der unentgeltliche Grundstückserwerb somit etwa auch dann, wenn der Mündel ein Grundpfandrecht mit übernimmt, das öffentliche Abgabenforderungen (Erschließungsbeiträge etc.), die sich auf das erworbene Grundstück beziehen, sichert (vgl. zu den Grenzen der Genehmigungsfreiheit Rn. 46 f.).[72] Wird die Belastung bei der Eigentumsübertragung vorbehalten (und uU durch Vormerkung gesichert), bedarf allerdings die spätere dingliche Belastung der Genehmigung, denn die schuldrechtliche Verpflichtung aus dem Vorbehalt ändert nichts an der Genehmigungsbedürftigkeit des Vollzugsgeschäfts.[73]

25 **7. Belastungen.** Genehmigungsbedürftig sind Belastungen des Grundstücks oder Grundstücksrechts, somit auch die Bestellung einer Hypothek, Grund- oder Rentenschuld an dem Mündelgrundstück (nicht aber Verfügungen über diese Rechte selbst, § 1821 Abs. 2). Der Genehmigung bedarf auch die Belastung des Mündelgrundstücks mit einer Eigentümergrundschuld.[74] Unter § 1821 Abs. 1 Nr. 1 fällt auch – schon wegen ihres materiellrechtlichen Charakters[75] – die **Bewilligung einer Auflassungs- oder Löschungsvormerkung**.[76] Genehmigungspflichtig ist auch die Einräumung eines **dinglichen Vorkaufsrechts**. Nicht genehmigungsbedürftig nach § 1821 Abs. 1 Nr. 1 ist die Kündigung eines Grundpfandrechts durch den Mündel als Eigentümer des belasteten Grundstücks.[77]

26 **8. Inhaltsänderungen.** Genehmigungspflichtig sind auch Inhaltsänderungen von Grundstücksrechten. Eine Inhaltsänderung von Grundpfandrechten unterliegt für sich gesehen nicht dem Genehmigungsvorbehalt (§ 1821 Abs. 2); doch stellt sie sich zugleich als genehmigungspflichtige Verfügung über das Grundstück dar, wenn sie Umfang und Modalitäten der Haftung des Mündelgrundstücks in einer dem Mündel belastenden Weise verändert, so bei Erhöhung der Hypothekenzinsen;[78] bei Verkürzung des Rechts des Mündels, als Grundstückseigentümer die Hypothek zu

---

[67] RGZ 108, 356, 362; RGZ 110, 173, 175; BGHZ 24, 372 = NJW 1957, 1187; BGH FamRZ 1998, 24 f. m. Anm.: *Dauner-Lieb* EWiR 1998, 359; *Zimmermann* ZEV 1998, 111; *Gschoßmann* MittBayNot 1998, 236. Vgl. ferner *Marburger* WuB IV A § 1821 BGB 1.98; siehe auch OLG Stuttgart Rpfleger 2001, 203; *Bamberger/Roth/Bettin* Rn. 8; *Brüggemann* FamRZ 1990, 124, 128; aA KG KGJ 32, 232.
[68] BGHZ 24, 372 = FamRZ 1957, 303; BayObLGZ 1967, 245 = Rpfleger 1968, 18; KG JW 1935, 55; vgl. Zu diesem Problemkreis auch BGH FamRZ 1998, 24 f. m. Anm. (Fn. 66); *Brüggemann* FamRZ 1990, 124, 128.
[69] OLG Frankfurt Rpfleger 1981, 19; dazu *Klüsener* Rpfleger 1981, 263, 466.
[70] Vgl. OLG Celle OLGZ 74, 164.
[71] KG JW 1935, 55; BayObLG FamRZ 2004, 1055, 1056.
[72] KG HRR 1932, 1305.
[73] *Böttcher/Spanl* RpflegerJb 1990, 193, 208.
[74] KG JFG 9, 262 = JW 1932, 1388; kritisch dazu *Klüsener* Rpfleger 1981, 461, 465 und *Gottwald* RpflStud 1996, 102.
[75] Gegen diese Begründung *Brüggemann* FamRZ 1990, 5, 10.
[76] RGZ 118, 230, 234; OLG Oldenburg DNotZ 1971, 484; OLG Celle Rpfleger 1980, 187; OLG Frankfurt Rpfleger 1997, 255 f.; *Staudinger/Engler* Rn. 51; *Soergel/Zimmermann* Rn. 5 und hM; aA LG Stade MDR 1975, 933; *Plumbohm* Rpfleger 1980, 343; differenzierend *Klüsener* Rpfleger 1981, 461, 467 f.; zum Ganzen nunmehr *Böttcher/Spanl* RpflegerJb 1990, 193, 208 ff.
[77] Es handelt sich um eine Verfügung über das Grundpfandrecht, nicht über das Grundstück, BGHZ 1, 294, 305.
[78] Vgl. BayObLG KGJ 47, 260 = RJA 13, 249.

Genehmigung für Geschäfte über Grundstücke, Schiffe oder Schiffsbauwerke 27–31 § 1821

kündigen;[79] bei der den Mündel als Grundstückseigentümer beschwerenden Änderung der Fälligkeit einer Hypothek;[80] bei der Umwandlung einer Hypothek an einem Mündelgrundstück in eine Grundschuld[81] (nicht aber umgekehrt bei Umwandlung einer Grundschuld in eine Hypothek);[82] bei Umwandlung einer Sicherungshypothek in eine Verkehrshypothek.[83] Nicht genehmigungsbedürftig ist auch die Umwandlung eines Buchrechts in ein Briefrecht.[84]

9. Keine Verfügungen: bestimmte auf Grundpfandrechte bezogene Akte. Hingegen stellen sich folgende, auf ein Grundpfandrecht bezogene Akte nicht als Verfügung über das Mündelgrundstück selbst dar: Die Bewilligung einer Löschungsvormerkung nach § 1179; die Kündigung der das Grundstück belastenden Hypothek durch den Mündel (als Eigentümer);[85] die Zustimmung des Mündels als Grundstückseigentümer zur Rangänderung oder Löschung des Grundpfandrechts[86] und die Unterwerfung unter die sofortige Zwangsvollstreckung (§§ 794 Abs. 1 Nr. 5, 800 ZPO).[87] Auch bildet die Abtretung einer Eigentümergrundschuld nur eine Verfügung über diese selbst, nicht über das Grundstück.[88] Hat das FamG die Bestellung einer Grundschuld genehmigt, so ist eine weitere Genehmigung nicht erforderlich für ein Rechtsgeschäft, in dem die Darlehensschuld eines Dritten der Grundschuld mit einer Sicherungsabrede (Zweckerklärung) zugrunde gelegt wird.[89]

10. Weitere nicht unter den Verfügungsbegriff fallende Maßnahmen. Nicht als Verfügungen über Grundstücke oder Grundstücksrechte sind anzusehen: Die Verschaffung des Besitzes am Mündelgrundstück; die Verfügung über den Anspruch auf Herausgabe des Grundstücks;[90] die Abtretung des Anspruchs auf Auflassung (siehe hier § 1821 Abs. 1 Nr. 2; Rn. 32); die Einräumung eines obligatorischen Rechts auf Gebrauchsüberlassung oder Nutzung;[91] die Überlassung der Ausübung der Nießbraucherbefugnisse an einen Dritten (vgl. Rn. 19). Generell nicht unter § 1821 Abs. 1 Nr. 1 fallen Verfügungen über Rechte an einem beschränkt-dinglichen Grundstücksrecht (vgl. Rn. 19).

11. Jur. Person, insbes. GmbH. Genehmigungsfrei ist die Beteiligung an der Willensbildung einer juristischen Person, über deren Grundstück oder Grundstücksrecht verfügt werden soll (s. auch Rn. 7 ff.); ferner die Veräußerung des Geschäftsanteils an einer GmbH, deren Vermögen aus Grundstücken besteht (siehe aber § 1822 Nr. 3).[92]

12. Löschungsbewilligung, Bewilligung einer Grundbuchberichtigung. Für die Löschungsbewilligung und die Bewilligung einer Grundbuchberichtigung siehe § 1812 Rn. 31 bis 34 mit Fn. 71. Danach bedürfen Löschungsbewilligungen der Genehmigung, sofern sie nicht nachweislich nur zur Berichtigung falscher Eintragungen erteilt werden.[93] Berichtigungsbewilligungen sind in der Regel genehmigungsfrei (str.).

III. Verfügungen über grundstücksbezogene Forderungen (Abs. 1 Nr. 2)

1. Allgemeines. Die in § 1821 Abs. 1 Nr. 2 genannten Forderungsverfügungen unterliegen dem Genehmigungsvorbehalt des § 1812, sind aber wegen ihrer wirtschaftlichen Bedeutung dort

---

[79] BGHZ 1, 294, 306; KG KGJ 29 A 20.
[80] BGHZ 1, 294, 305 f. = BB 1951, 404.
[81] *Soergel/Zimmermann* Rn. 6; *Palandt/Diederichsen* Rn. 10; *Staudinger/Engler* Rn. 50; *Dölle* § 128 II 2 b aa; aA *Gernhuber/Coester-Waltjen* § 60 Rn. 97.
[82] AA BayObLGZ 2, 795, 799; wie hier *Soergel/Zimmermann* Rn. 6.
[83] AA *Gernhuber/Coester-Waltjen* § 60 Rn. 97; wie hier *Erman/Saar* Rn. 7; *Staudinger/Engler* Rn. 50.
[84] *Böttcher/Spanl* RpflegerJb 1990, 193, 215.
[85] BGHZ 1, 294, 303.
[86] KG KGJ 22 A 140; OLG Schleswig SchlHA 1963, 273; *Scheyhing* SchlHA 1964, 45; *Soergel/Zimmermann* Rn. 7; *Staudinger/Engler* Rn. 60; *Dölle* § 128 II 2 b aa.
[87] KG RJA 7, 224; BayObLGZ KGJ 47, 260 = RJA 13, 249; *Dölle* § 128 II 2 b aa; RGRK/*Dickescheid* Rn. 6; *Staudinger/Engler* Rn. 54; aA KG RJA 2, 44; BayObLGZ 3, 439, 445; OLG Colmar OLGE 21, 287.
[88] KG JFG 9, 262, 268.
[89] BayObLG Rpfleger 1986, 223, zur Problematik *Böttcher/Spanl* Rpfleger 1990, 193, 212 f.; *Böttcher* Rpfleger 1987, 485, 489 f.; *Staudinger/Engler* Rn. 62; jurisPK/*Lafontaine* Rn. 42.
[90] *Soergel/Zimmermann* Rn. 4; *Staudinger/Engler* Rn. 36 f.
[91] RGZ 106, 112.
[92] Vgl. RGZ 133, 7; *Soergel/Zimmermann* Rn. 4.
[93] Weitergehend die hM, die die Bewilligung von Grundbuchberichtigungen hinsichtlich des Eigentums, die zu Lasten des Mündels gehen, stets für genehmigungsbedürftig hält: So die 2. Aufl. Rn. 6; KG OLGE 25, 390; *Soergel/Zimmermann* Rn. 3; *Staudinger/Engler* Rn. 52; vgl. auch *Klüsener* Rpfleger 1981, 461, 468. Jedenfalls entfällt die Genehmigungspflicht dann, wenn die Berichtigungsbewilligung für den Mündel keine nachteiligen Wirkungen haben *kann*, etwa bei Löschungsbewilligung bezüglich Auflassungsvormerkung zugunsten des Mündels, wenn zu dessen Gunsten die zwischenrechtsfreie Eigentumsumschreibung erfolgt ist, vgl. LG Oldenburg Rpfleger

§ 1821 32–38 Abschnitt 3. Titel 1. Vormundschaft

ausgenommen und dem familiengerichtlichen Genehmigungserfordernis unterstellt. Der Verfügungsbegriff ist der gleiche wie bei § 1821 Abs. 1 Nr. 1 (vgl. Rn. 21). Auch die Eingehung von Verpflichtungen zu einer von Nr. 2 erfassten Verfügung ist genehmigungsbedürftig (§ 1821 Abs. 1 Nr. 4).

32   **2. Auf Übertragung des Grundstückseigentums gerichtete Forderungen. a) Fallgruppen.** Zu diesen Forderungen gehören: Der Anspruch auf Auflassung des Grundstücks, gleich ob er durch eine Vormerkung gesichert ist oder nicht;[94] das obligatorische Vorkaufsrecht, soweit es übertragbar ist (siehe § 473); das Wiederkaufsrecht (§ 456); Ankaufs- und Optionsrechte gleich welcher Modalität (sofern sie nur dem Mündel unter bestimmten Voraussetzungen einen Anspruch auf Eigentumsübertragung gewähren); das abtretbare (§ 81 Abs. 2 ZVG) Recht aus einem Meistgebot in der Zwangsversteigerung.[95]

33   **b) Verfügungen über solche Forderungen.** Als Verfügungen über solche **Forderungen** kommen hauptsächlich in Betracht: Die Abtretung; die Aufhebung, zB durch einverständliche Aufhebung des Grundstückskaufvertrags[96] oder durch einverständliche Aufhebung eines Schenkungsvertrags;[97] der Verzicht (gleichgültig, ob er als Verzichtsvertrag oder als einseitige Erklärung wirksam ist).

34   **c) Nicht genehmigungsbedürftige Maßnahmen.** Nicht genehmigungsbedürftig ist die Entgegennahme der Auflassung, mit welcher der Übereignungsanspruch des Mündels erfüllt werden soll (str.).[98] Gleichgültig, ob man generell in der Annahme der Leistung eine Verfügung sieht oder nicht (dazu § 1812 Rn. 27), ist es nicht Zweck des § 1821, den Rechtserwerb durch den Mündel zu behindern. Nicht genehmigungsbedürftig nach Nr. 2 ist ferner die Ausübung eines dem Mündel zustehenden Optionsrechts mit dem Ziel des Grundstückserwerbs durch den Mündel.[99] Auch die Einräumung eines Vorkaufs- oder Optionsrechts hinsichtlich des Mündelgrundstücks bildet kein von § 1821 Abs. 1 Nr. 2 erfasstes Geschäft.[100] Ist der Anspruch des Mündels auf Eigentumsübertragung an einem Grundstück erfüllt, so bedarf die Löschungsbewilligung für die somit erledigte Auflassungsvormerkung keiner Genehmigung.[101]

35   **3. Auf Begründung oder Übertragung von dinglichen Grundstücksrechten gerichtete Forderungen.** Zu diesen Forderungen gehören zB Ansprüche auf Einräumung einer Grunddienstbarkeit oder eines Nießbrauchs. Wichtig ist die Ausnahme des § 1821 Abs. 2: Ansprüche auf Begründung oder Übertragung von Hypotheken, Grund- und Rentenschulden werden von der Norm nicht erfasst; stattdessen kommt aber § 1812 zum Zuge.

36   **4. Auf Befreiung eines Grundstücks von einem dinglichen Recht gerichtete Forderungen.** In Betracht kommt zB der Verzicht auf den Anspruch des Mündels auf Befreiung seines Grundstücks von dinglichen Lasten.[102]

IV. Schiffe und Schiffsbauwerke (Abs. 1 Nr. 3)

37   **1. Entstehungsgeschichte.** § 1821 Abs. 1 Nr. 3 ist eingefügt durch Art. 2 Nr. 26 der VO zur Durchführung des Gesetzes an eingetragenen Schiffen und Schiffsbauwerken vom 21. 12. 1940 (RGBl. I S. 1609).

2. Genehmigungspflicht im Einzelnen.

38   – Genehmigungspflichtig ist die Verfügung über ein eingetragenes Schiff oder Schiffsbauwerk;
– die Verfügung über eine Forderung, die auf Eigentumsübertragung an einem eingetragenen Schiff oder Schiffsbauwerk gerichtet ist. Dabei versteht man unter Schiffsbauwerk ein auf einer Werft im Bau befindliches See- oder Binnenschiff.

1972, 401; *Klüsener* Rpfleger 1981, 461, 468. Vgl. auch BayObLG Rpfleger 1982, 277 (Bewilligung der Löschung des Nacherbenvermerks).
[94] Vgl. KG Recht 1929 Nr. 2371 = HRR 1929 Nr. 2079.
[95] So auch *Brüggemann* FamRZ 1990, 5, 10.
[96] RG WarnR 1926 Nr. 70.
[97] Vgl. OLG Karlsruhe FamRZ 1973, 378.
[98] Wie hier: RGZ 108, 356, 364; OLG München DJ 1941, 315; KG KGJ 51, 174; RGRK/*Dickescheid* Rn. 5; *Dölle* § 128 II 2 b bb; *Gernhuber/Coester-Waltjen* § 60 Rn. 100; *Staudinger/Engler* Rn. 69; *Brüggemann* FamRZ 1990, 124, 128.
[99] Vgl. OGH DNotZ 1951, 124 (Genehmigungsbedürftig nicht nach Nr. 2, jedoch nach Nr. 5).
[100] *Soergel/Zimmermann* Rn. 10.
[101] Vgl. Fn. 93 und LG Oldenburg Rpfleger 1972, 401.
[102] Prot. IV S. 791.

3. Nicht eingeschlossene Fälle. Nicht unter § 1821 Abs. 1 Nr. 3 fällt folglich die Verfügung 39 über beschränkt-dingliche Rechte an eingetragenen Schiffen und Schiffsbauwerken, zB über eine Schiffshypothek, sowie die Verfügung über eine Forderung auf Einräumung eines solchen beschränkt-dinglichen Rechts (beachte hier aber § 1812). Näheres über die an eingetragenen Schiffen und Schiffsbauwerken möglichen beschränkt-dinglichen Rechte ergibt sich aus dem „Gesetz über Rechte an eingetragenen Schiffen und Schiffsbauwerken" vom 15. 11. 1940 (RGBl. I S. 1499); vgl. ferner die Schiffsregisterordnung (Neubekanntmachung vom 26. 5. 1994, BGBl. I S. 1133). Schiffe und Schiffsbauwerke, die nicht im Schiffsregister eingetragen sind, werden als bewegliche Sachen behandelt (§§ 929a, 932a), ebenso reparaturunfähige Wracks eingetragener Schiffe;[103] die Verfügung über sie bedarf keiner familiengerichtlichen Genehmigung gem. § 1821 Abs. 1 Nr. 3.

V. Verpflichtungsgeschäfte (Abs. 1 Nr. 4)

1. Zweck und Umfang der Regelung. Der Schutz des Mündels vor unkontrollierten Verfü- 40 gungen des Vormunds über wichtige Gegenstände des Mündelvermögens wäre weithin nutzlos, wenn nicht auch Verpflichtungsgeschäfte genehmigungsbedürftig wären, durch die eine Verbindlichkeit zu Verfügungen der in § 1821 Abs. 1 Nr. 1 bis 3 genannten Art eingegangen wird. Nr. 4 vervollständigt den Genehmigungsvorbehalt in dieser Richtung. Erfasst sind alle Geschäfte gleich welcher Art, aus denen für den Mündel die Rechtspflicht zu einer nach Abs. 1 Nr. 1 bis 3 genehmigungsbedürftigen Verfügung entsteht. So kann etwa bei einem Grundstücksgeschäft bereits ein notarieller Vorvertrag genehmigungsbedürftig sein, wenn dieser schon die Verpflichtung zur Eigentumsübertragung enthält.[104]

2. Verfügungsbegriff und Verfügungsgegenstände. Die nach Abs. 1 Nr. 4 genehmi- 41 gungsbedürftigen Verpflichtungsgeschäfte müssen sich auf Verfügungen iS des Abs. 1 Nr. 1 bis 3 sowie auf die dort genannten Verfügungsgegenstände beziehen, vgl. Rn. 17 f., 21, 32 f., 38. Auch im Rahmen des Abs. 1 Nr. 4 gilt Abs. 2: Die Eingehung einer Verpflichtung, eine Hypothek abzutreten, fällt nicht unter § 1821 Abs. 1 Nr. 4 (wohl aber unter § 1812; vgl. § 1812 Rn. 37).

3. Einzelne nicht genehmigungsbedürftige Fälle. Nicht genehmigungsbedürftig ist die 42 Verpflichtung zur Einräumung von Nießbrauch oder Wohnungsrecht, die im Rahmen einer Grundstücksschenkung an den Mündel dem Beschenkten zugunsten des Schenkers auferlegt wird (vgl. Rn. 23). Gleiches gilt, wenn im Schenkungsvertrage bedungen ist, dass der Beschenkte das Grundstück unter bestimmten Voraussetzungen wieder an den Schenker zurückzuübereignen habe;[105] auch die Vormerkung dieses Rückauflassungsanspruchs ist, wenn sie zusammen mit dem Erwerb des Grundstücks bestellt wird, genehmigungsfrei.[106] Genehmigungsfrei soll auch die mit der Grundstücksschenkung einhergehende Verpflichtung des Mündels sein, das Grundstück unter bestimmten Voraussetzungen an Dritte zu übertragen – dies jedenfalls dann, wenn die Haftung des Mündels zuverlässig auf das unentgeltlich Zugewandte beschränkt bleibt.[107] Die Genehmigungspflicht wird bei solchen Geschäften bejaht, wenn dem Schenker eine unwiderrufliche Vollmacht zur Erklärung der Rückauflassung im Namen des Mündels erteilt werden soll.[108] Andererseits nicht genehmigungspflichtig ist eine nach genehmigter Grundschuldbestellung erfolgte Sicherungsabrede.[109]

4. Wirkung der Verfügungsgenehmigung auf das Verpflichtungsgeschäft. Ist das Ver- 43 pflichtungsgeschäft nicht genehmigt, wohl aber die zu seiner Erfüllung getroffene Verfügung, so umfasst die Verfügungsgenehmigung auch das Verpflichtungsgeschäft.[110] Zum Verhältnis der Genehmigung von Verfügungs- und Verpflichtungsgeschäften im Übrigen siehe Rn. 16.

---

[103] Siehe dazu *Staudinger/Engler* Rn. 74.
[104] OLG Köln Rpfleger 1995, 353 f.
[105] AA OLG München FamRZ 2008, 820.
[106] Vgl. LG Bonn MittRhNotK 1974, 244/245; LG Münster MittRhNotK 1974, 1; LG Hechingen BWNotZ 1995, 67 f.; *Langenfeld* BWNotZ 1976, 16; aA *Joas* BWNotZ 1974, 146.
[107] OLG Köln FamRZ 1998, 1326 m. Anm. *Zimmermann* ZEV 1998, 111 und *Gschoßmann* MittBayNot 1998, 236; vgl. auch OLG Celle MDR 2001, 931, 932 (für eine vertragliche Rückfallklausel); ebenso BayObLG FamRZ 2004, 1055; LG München II MittBayNot 2005, 234, 235.
[108] OLG Celle DNotZ 1974, 731; *Klüsener* Rpfleger 1981, 461, 467.
[109] BayObLG Rpfleger 1986, 223 f.
[110] RGZ 154, 41, 46; *Braun* DNotZ 2005, 730, 734.

VI. Auf entgeltlichen Erwerb gerichtete Verträge (Abs. 1 Nr. 5)

44 **1. Genehmigungspflicht bestimmter Kausalgeschäfte.** Wegen ihrer wirtschaftlichen Bedeutung unterliegen auch Verträge, die auf den entgeltlichen Erwerb von Grundstückseigentum und beschränkt dinglichen Grundstücksrechten sowie von Eigentum an eingetragenen Schiffen und Schiffsbauwerken gerichtet sind, dem Genehmigungsvorbehalt. Allerdings kann der Anspruch auf Vornahme der beabsichtigten Rechtsänderung – etwa auf Übertragung des Eigentums an einem Grundstück – ggf. bereits vor der Erteilung der Genehmigung durch eine Vormerkung gesichert werden.[111] Von der Vorschrift werden nur die Kausalgeschäfte erfasst:[112] Der Abschluss eines Kaufvertrags für den Mündel als Käufer; der Abschluss eines Tauschvertrages, wenn die dem Mündel gebührende Leistung unter Nr. 5 fällt; die Ausübung eines dem Mündel zustehenden Vorkaufsrechts (§ 464), ebenso eines Wiederkaufsrechts (§ 456) oder Optionsrechts;[113] ferner die Ausübung des Vorkaufsrechts nach § 2034.[114] Wird ein Grundstückskaufvertrag unter der Bedingung abgeschlossen, dass er durch einseitige Erklärung des Mündels wirksam wird, so ist schon dieser Vertrag nach Abs. 1 Nr. 5 genehmigungsbedürftig, ferner zusätzlich die spätere Ausübung des dem Mündel eingeräumten Gestaltungsrechts.[115] Genehmigungspflichtig ist auch das Bieten in der Zwangsversteigerung,[116] das nicht nachweislich genehmigte Gebot des Vormunds ist sofort zurückzuweisen (§ 71 Abs. 2 ZVG); freilich bewirkt der Zuschlagsbeschluss mit seiner Rechtskraft den Eigentumserwerb des Mündels nach § 90 ZVG, auch wenn der Vormund für das Meistgebot des Mündels keine familiengerichtliche Genehmigung erwirkt hat.[117]

45 Die Vorschrift umfasst auch Verträge, die auf den Erwerb von **Miteigentumsanteilen** oder von Anteilen an einer mit Grundbesitz ausgestatteten **Gesamthand** gerichtet sind.[118] Nicht hingegen fallen unter § 1821 Abs. 1 Nr. 5 Geschäfte, die sich auf den Erwerb von Beteiligungen an einer juristischen Person, an einer (ein Erwerbsgeschäft betreibenden) Handelsgesellschaft oder wohl auch an einer BGB-Erwerbsgesellschaft (s. Rn. 9) beziehen, mögen zum Gesellschaftsvermögen auch Grundstücke oder Rechte daran gehören. Es gelten insoweit die zur Verfügungsproblematik entwickelten Grundsätze sinngemäß (vgl. Rn. 7 ff., 29; s. aber auch § 1822 Nr. 3).

46 **2. Unanwendbarkeit auf unentgeltlichen Erwerb.** Nicht anwendbar ist § 1821 Abs. 1 Nr. 5 auf Verträge, die auf unentgeltlichen Erwerb gerichtet sind. Die Schenkung an den Mündel ist genehmigungsfrei, auch wenn das Grundstück mit beschränkt-dinglichen Rechten[119] oder mit einer Reallast[120] belastet ist, ebenso wenn die Schenkung unter der Auflage der Bestellung eines solchen Rechts (etwa eines Wohnrechts oder Nießbrauchs zu Gunsten des Schenkers) erfolgt (zum Problem vgl. auch Rn. 23 f.).

47 Hingegen sind „**gemischte Schenkungen**", dh. entgeltliche Verträge, bei denen die Parteien die Gegenleistung bewusst niedriger ansetzen als es dem Wert der Leistung entspricht, genehmigungsbedürftig.[121] Gleiches gilt für Geschäfte, die sich als Schenkungen mit Auflage ausgeben, in der Sache aber entgeltlich sind.[122] Hier gibt es problematische Grenzfälle, insbesondere wenn mit einer Grundstücks-„Schenkung" die Verpflichtung zur Übernahme persönlicher Verbindlichkeiten – etwa der Zins- und Tilgungsverbindlichkeiten aus einem Baudarlehen – verknüpft wird oder die schenkweise Erbteilsübertragung mit der Haftung für etwaige Nachlassverbindlichkeiten verbunden ist.[123] In solchen Fällen wird man von Schenkung nur sprechen können, wenn die übernommenen Verbindlichkeiten eindeutig durch den Wert des zugewendeten Vermögens gedeckt sind; anderenfalls

---

[111] BayObLG DNotZ 1994, 182, 185; *Palandt/Diederichsen* Rn. 15.
[112] RGZ 108, 356, 364.
[113] OGH-BrZ JR 1951, 280.
[114] AA *Soergel/Zimmermann* Rn. 16; *Staudinger/Engler* Rn. 85; *Böttcher/Spanl* RpflegerJb 1990, 193, 207; wie hier *Palandt/Diederichsen* Rn. 15; differenzierend *Erman/Saar* Rn. 13.
[115] Str., zum Problem *Hense* DNotZ 1951, 128; *Baur* DNotZ 1951, 313.
[116] LG Greifswald DRiZ 1935 Nr. 200; zum Problem des Vormundhandelns in der Zwangsversteigerung siehe auch *Haegele* Rpfleger 1970, 232; *Brüggemann* FamRZ 1990, 5, 10.
[117] Hierzu *Brüggemann* FamRZ 1990, 5, 10.
[118] OLG Köln Rpfleger 1996, 446 f.; *Kölmel* RNotzZ 2010, 1, 18; aA *Brüggemann* FamRZ 1990, 5, 6 für den Fall, dass der miterbende Mündel nach § 2033 Abs. 1 gegen Abfindung den Erbteil eines anderen Miterben erwirbt.
[119] BayObLGZ 1968, 1.
[120] So jedenfalls (trotz § 1108 Abs. 1) LG Coburg MittBayNot 2008, 224.
[121] Etwa OLG Brandenburg OLGR 2009, 496 = MittBayNot 2009, 155; KG Beschluss vom 31. 08. 2010 – 1 W 167/10 – juris Rn. 18 ff., 25.
[122] *Dölle* § 128 II 2 b dd; *Soergel/Zimmermann* Rn. 15; *Staudinger/Engler* Rn. 87 f.; *Kölmel* RNotZ 2010, 1, 19.
[123] OLG Köln Rpfleger 1996, 446 f.; vgl. auch OLG Brandenburg FamRZ 2004, 1049: Entgeltlichkeit bei Pflicht zur Zahlung eines Erbbauzinses.

ist entgeltlicher Erwerb anzunehmen.¹²⁴ Dass die Entgeltlichkeit nicht schon durch den Umstand entfällt, dass der Kaufpreis durch Hypothekenbestellung gedeckt wird, ist selbstverständlich;¹²⁵ ebenso die Genehmigungsbedürftigkeit des Erwerbs von Wohnungseigentum, wenn die Gemeinschaftsordnung dem erwerbenden Mündel eine Beteiligung am Wiederherstellungsaufwand auferlegt, die über § 22 Abs. 2 WEG hinausgeht.¹²⁶

3. Unanwendbarkeit auf das dingliche Erwerbsgeschäft. Das dingliche Erwerbsgeschäft fällt nicht unter § 1821 Abs. 1 Nr. 5.¹²⁷ Dies gilt auch dann, wenn der zugrundeliegende Verpflichtungsvertrag ohne die gebotene Genehmigung abgeschlossen wurde. Ist der Verpflichtungsvertrag genehmigt, so bedürfte das zu seiner Erfüllung getätigte Erwerbsgeschäft an sich der Genehmigung nach § 1812 (Annahme der Leistung, beachte die Ausnahmen in § 1813 Abs. 1); doch ist auch hier anzunehmen, dass die Genehmigung des obligatorischen Geschäfts durch das FamG auch die auf seine Erfüllung gerichteten dinglichen Geschäfte umfasst (vgl. Rn. 16);¹²⁸ die familiengerichtliche Genehmigung ersetzt auch in diesem Zusammenhang die des Gegenvormunds (§ 1812 Abs. 2). 48

VII. Entscheidung und Verfahren

Es entscheidet der Rechtspfleger (§ 3 Nr. 2 a RPflG). Zum Verfahren § 1828 Rn. 33 ff. 49

Das FamG hat seine Entscheidung nach pflichtgemäßem Ermessen zu treffen; maßgebend ist, ob das genehmigungsbedürftige Geschäft im Interesse des Mündels liegt. Vorteile, Risiken, Erträge und Aufwendungen sind dabei gegeneinander abzuwägen; es genügt, wenn das Rechtsgeschäft im Ganzen vorteilhaft ist.¹²⁹ Deshalb darf das genehmigungsbedürftige Geschäft nicht in seine Bestandteile zerlegt werden, mag die Genehmigungsbedürftigkeit sich auch nur aus einzelnen dieser Bestandteile ergeben. Entscheidend ist vielmehr das Gesamtinteresse, das sich aus einer Gesamtabwägung aller Umstände ergibt.¹³⁰ Zum Ganzen siehe auch § 1828 Rn. 15 ff. 50

Das FamG trifft die im Sinne von § 839 BGB drittbezogene Amtspflicht, vor der Erteilung einer Genehmigung den entscheidungserheblichen Sachverhalt aufzuklären und, soweit seine eigene Sachkunde nicht ausreicht, einen Sachverständigen hinzuzuziehen, bevor er in die Ermessensausübung eintritt. Die Haftung aus § 839 BGB tritt jedoch nur ein, wenn der Geschädigte die Ursächlichkeit der fehlenden Sachaufklärung für den Schaden beweist. Dies setzt voraus, dass das Prozessgericht feststellt, dass die ordnungsgemäße Sachverhaltsaufklärung zur Verweigerung der Genehmigung geführt hätte. Dabei streitet zugunsten des Geschädigten keine tatsächliche Vermutung für den Ursachenzusammenhang von Amtspflichtverletzung und Schaden.¹³¹ 51

VIII. Parallelvorschriften

Die Vorschrift ist auf die Pflegschaft (§ 1915 Abs. 1) und auf die Betreuung (§ 1908i Abs. 1 S. 1) entsprechend anzuwenden. Im Rahmen der Betreuung gelten die allgemeinen Verfahrensvorschriften für Betreuungssachen. 52

§ 1822 Genehmigung für sonstige Geschäfte

Der Vormund bedarf der Genehmigung des Familiengerichts:
1. zu einem Rechtsgeschäft, durch das der Mündel zu einer Verfügung über sein Vermögen im Ganzen oder über eine ihm angefallene Erbschaft oder über seinen

---

¹²⁴ In dieser Richtung OLG Düsseldorf MittRhNotK 1975, 113; enger (Genehmigungspflicht bei Schuldenübernahme) LG Köln MittRhNotK 1974, 363; vgl. ferner RGZ 60, 238; RG JW 1935, 513; OLG Köln MittRhNotK 1978, 192; LG Wuppertal MittRhNotK 1975, 4 und 1977, 140; zur Problematik *Klüsener* Rpfleger 1981, 461, 466 f. (Genehmigungspflicht stets, wenn persönliche Verbindlichkeiten übernommen werden). Grundlegend anders *Böttcher/Spanl* RpflegerJb 1990, 193, 208 mit der Begründung, dass durch die Übernahme persönlicher Lasten der Mündel Leistungspflichten ausgesetzt wird, denen er nicht durch Verweisung auf das geschenkte Grundstück entgehen kann.
¹²⁵ BayObLG JFG 5, 308.
¹²⁶ LG Heidelberg BWNotZ 2000, 145.
¹²⁷ OLG Köln Rpfleger 1996, 446; OLG München MittBayNot 2011, 238.
¹²⁸ In dieser Richtung auch *Staudinger/Engler* Rn. 92, 24; *Soergel/Zimmermann* Rn. 15, 3.
¹²⁹ BayObLG FamRZ 2003, 631.
¹³⁰ Vgl. etwa OLG Hamm NJW-RR 2004, 223, 225; OLG München FamRZ 2008, 820; OLG Brandenburg OLGR 2009, 496 = MittBayNot 2009, 155.
¹³¹ BGH FamRZ 1986, 970; BGH FamRZ 1995, 151 f.

§ 1822

künftigen gesetzlichen Erbteil oder seinen künftigen Pflichtteil verpflichtet wird, sowie zu einer Verfügung über den Anteil des Mündels an einer Erbschaft,
2. zur Ausschlagung einer Erbschaft oder eines Vermächtnisses, zum Verzicht auf einen Pflichtteil sowie zu einem Erbteilungsvertrag,
3. zu einem Vertrag, der auf den entgeltlichen Erwerb oder die Veräußerung eines Erwerbsgeschäfts gerichtet ist, sowie zu einem Gesellschaftsvertrag, der zum Betrieb eines Erwerbsgeschäfts eingegangen wird,
4. zu einem Pachtvertrag über ein Landgut oder einen gewerblichen Betrieb,
5. zu einem Miet- oder Pachtvertrag oder einem anderen Vertrag, durch den der Mündel zu wiederkehrenden Leistungen verpflichtet wird, wenn das Vertragsverhältnis länger als ein Jahr nach dem Eintritt der Volljährigkeit des Mündels fortdauern soll,
6. zu einem Lehrvertrag, der für längere Zeit als ein Jahr geschlossen wird,
7. zu einem auf die Eingehung eines Dienst- oder Arbeitsverhältnisses gerichteten Vertrag, wenn der Mündel zu persönlichen Leistungen für längere Zeit als ein Jahr verpflichtet werden soll,
8. zur Aufnahme von Geld auf den Kredit des Mündels,
9. zur Ausstellung einer Schuldverschreibung auf den Inhaber oder zur Eingehung einer Verbindlichkeit aus einem Wechsel oder einem anderen Papier, das durch Indossament übertragen werden kann,
10. zur Übernahme einer fremden Verbindlichkeit, insbesondere zur Eingehung einer Bürgschaft,
11. zur Erteilung einer Prokura,
12. zu einem Vergleich oder einem Schiedsvertrag, es sei denn, dass der Gegenstand des Streites oder der Ungewissheit in Geld schätzbar ist und den Wert von 3 000 Euro nicht übersteigt oder der Vergleich einem schriftlichen oder protokollierten gerichtlichen Vergleichsvorschlag entspricht,
13. zu einem Rechtsgeschäft, durch das die für eine Forderung des Mündels bestehende Sicherheit aufgehoben oder gemindert oder die Verpflichtung dazu begründet wird.

Übersicht

	Rn.
I. Normzweck	1
II. Geschäfte über das Vermögen im ganzen, über eine Erbschaft und über einen Erb- oder Pflichtteil (Nr. 1)	2–7
1. Grundsatz	2
2. Verpflichtung zu einer Verfügung über das Mündelvermögen im Ganzen	3, 4
a) Gesamttheorie	3
b) Nur das Verpflichtungsgeschäft erfasst	4
3. Verpflichtung zur Verfügung über eine dem Mündel angefallene Erbschaft	5
4. Verpflichtung zur Verfügung über einen künftigen Erb- oder Pflichtteil	6
5. Verfügung über den Anteil an einer Erbschaft	7
III. Ausschlagung einer Erbschaft oder eines Vermächtnisses; Pflichtteilsverzicht; Erbteilungsverträge (Nr. 2)	8–10
1. Ausschlagung einer Erbschaft oder eines Vermächtnisses	8
2. Verzicht auf den Pflichtteil	9
3. Erbteilungsverträge	10

	Rn.
IV. Entgeltlicher Erwerb oder Veräußerung eines Erwerbsgeschäfts; Gesellschaftsverträge (Nr. 3)	11–30
1. Begriff des Erwerbsgeschäfts	11, 12
a) Absicht der Gewinnerzielung	11
b) Rechtsform	12
2. Entgeltlicher Erwerb	13–17
a) Nur obligatorische Geschäfte	13
b) Entgeltlichkeit	14
c) Auch Erwerb von Beteiligungen an einem Erwerbsgeschäft	15–17
3. Veräußerung	18–20
a) Allgemein	18
b) Beteiligung an einem Erwerbsgeschäft	19
c) Nicht genehmigungspflichtige Geschäfte	20
4. Abschluss von Gesellschaftsverträgen	21–28
a) Betrieb eines Erwerbsgeschäfts	21
b) Beitritt zu einer bestehenden Gesellschaft	22
c) Anlass des Vertragsabschlusses gleichgültig	23
d) Fortsetzung eines Einzelhandelsgeschäfts als OHG	24

Genehmigung für sonstige Geschäfte 1, 2 § 1822

	Rn.		Rn.
e) Gründung einer Kapitalgesellschaft	25	2. Kaufvertrag, drittfinanzierter Kreditkauf	53
f) Beteiligung als stiller Gesellschafter	26	3. Nicht genehmigungspflichtige Rechtsgeschäfte	54
g) Auflösung einer GmbH	27		
h) Änderung eines Gesellschaftsvertrags	28	4. Insbes. Annahme einer rechtsgrundlosen Leistung	55
5. Entscheidungskriterien	29, 30		
V. Pachtverträge (Nr. 4)	31–35	5. Entscheidungskriterien	56
1. Pachtvertrag über ein Landgut	31–33	6. Geschäfte ohne erforderliche Genehmigung	57
a) Begriff des Landguts	31		
b) Begriff des Pachtvertrags	32	7. Ermächtigung nach § 1825	58
c) Pachtobjekt	33	IX. Schuldverschreibung auf den Inhaber, Wechsel, Orderpapiere (Nr. 9)	59, 60
2. Pachtvertrag über einen gewerblichen Betrieb	34		
		1. Anwendungsbereich	59
3. Zusammentreffen der Genehmigungsvorbehalte	35	2. Auf den Inhaber ausgestellte Schecks	60
VI. Mietverträge, Pachtverträge, Verträge über wiederkehrende Leistungen (Nr. 5)	36–45	X. Übernahme einer fremden Verbindlichkeit, Bürgschaft (Nr. 10)	61–67
1. Miet- und Pachtverträge	36	1. Schutz vor Haftung für fremde Schuld	61
2. Verpflichtungen zu wiederkehrenden Leistungen	37–41	2. Nur Fälle der Subsidiärhaftung	62
a) Anwendungsbereich	37	3. Auch gegenständlich beschränkte Haftung für fremde Schuld	63
b) Einseitige Anerkennung einer gesetzlichen Unterhaltspflicht	38	4. Fallgruppen	64
c) Fortlaufende Teilleistungen	39	5. Haftung für fremde Schuld als gesetzliche Sekundärfolge	65
d) Fortlaufende persönliche Leistungen	40		
e) Keine Umgehung durch Überlassung nötiger Mittel	41	6. Tilgung fremder Verbindlichkeit	66
		7. Entscheidungskriterien	67
3. Das Problem der Dauer	42–44	XI. Erteilung der Prokura (Nr. 11)	68
a) Grundsatz	42	XII. Vergleich und Schiedsvertrag (Nr. 12)	69–71
b) Strikte Handhabung	43		
c) Teilwirksamkeit, § 242	44	1. Vergleich	69
4. Betreuung	45	2. Schiedsvertrag	70
VII. Lehrverträge, Dienst- und Arbeitsverträge (Nr. 6, 7)	46–51	3. Wert des Gegenstandes	71
1. Längerfristige Lehr-, Dienst- und Arbeitsverträge	46	XIII. Aufhebung und Minderung von Sicherheiten (Nr. 13)	72–75
2. Nicht betroffene Verträge	47	1. Anwendungsbereich	72
3. Kündigung, Aufhebung	48	2. Aufgabe einer Sicherheit	73
4. Ermächtigung nach § 113	49	3. Minderungen einer Sicherheit	74
5. Verfahren	50	4. Entscheidungskriterien	75
6. Problem der Teilwirksamkeit	51	XIV. Entscheidung und Verfahren	76
VIII. Aufnahme von Geld auf den Kredit des Mündels (Nr. 8)	52–58	XV. Parallelvorschriften	77
1. Verpflichtungsvertrag	52		

I. Normzweck

Den Grundstücksgeschäften des § 1821 fügt § 1822 einen vielfältigen Katalog weiterer genehmigungspflichtiger Rechtsgeschäfte hinzu, die vom Gesetz als tendenziell riskant oder nachteilig angesehen werden oder eine zu lange rechtsgeschäftliche Bindung des Mündels nach sich ziehen oder aber wegen der besonderen Bedeutung ihres Gegenstands nicht der alleinigen Verantwortung des Vormunds überlassen werden sollen. Es gelten die zu § 1821 entwickelten allgemeinen Grundsätze (vgl. § 1821 Rn. 5 bis 16). Die Wertschwelle in § 1822 Nr. 12 ist durch das BtG angehoben und durch Art. 2 Nr. 17 des Gesetzes über Fernabsatzverträge und andere Fragen des Verbraucherrechts sowie zur Umstellung von DM auf Euro (vom 27. 6. 2000, BGBl. I S. 897) angepasst worden. 1

II. Geschäfte über das Vermögen im ganzen, über eine Erbschaft und über einen Erb- oder Pflichtteil (Nr. 1)

1. Grundsatz. Der familiengerichtlichen Genehmigung bedürfen nach dieser Bestimmung näher bezeichnete Geschäfte, die das Vermögen des Mündels im Ganzen, eine ihm angefallene 2

§ 1822 3–8 Abschnitt 3. Titel 1. Vormundschaft

Erbschaft oder seinen künftigen gesetzlichen Erbteil oder künftigen Pflichtteil zum Gegenstand haben.

3 **2. Verpflichtung zu einer Verfügung über das Mündelvermögen im Ganzen. a) Gesamttheorie.** Erfasst werden nur Geschäfte, bei denen der Wille der Parteien darauf gerichtet ist, das gesamte Mündelvermögen zum Geschäftsgegenstand zu machen (Gesamttheorie); anders als bei § 1365[1] und ebenso wie bei § 311b Abs. 2, 3 genügt es also nicht, dass sich das Geschäft auf Einzelgegenstände bezieht, die tatsächlich (beinahe) das ganze Vermögen ausmachen.[2] Die Einzeltheorie, die schon bei § 1365 zu erheblicher, durch den Schutzzweck der Norm nicht gebotener Rechtsunsicherheit führt, würde bei § 1822 Nr. 1 die Vertretungsmacht des Vormunds bei fast jedem Verpflichtungsgeschäft über wertvolle Einzelgegenstände in Frage stellen; denn immer müsste dann geprüft werden, welches Vermögen der Mündel im Übrigen noch hat.

4 **b) Nur das Verpflichtungsgeschäft erfasst.** Unter dem Genehmigungsvorbehalt steht nur das Verpflichtungsgeschäft, nicht die zu seiner Erfüllung vorgenommenen einzelnen Verfügungsgeschäfte. Dies versteht sich auf Grund des Spezialitätsprinzips, wonach Verfügungsgegenstand gewöhnlich immer nur das einzelne Recht, nicht aber ein Inbegriff von Rechten sein kann. Die Verpflichtung zur Verfügung über das Vermögen im Ganzen wird folglich durch eine Reihe von Verfügungen über Einzelgegenstände erfüllt, und zwar nach den für diese Gegenstände geltenden Regeln (§§ 398, 929 ff., 873 ff. etc.). Diese Einzelverfügungen können aber je nach ihrem Gegenstand nach anderen Vorschriften genehmigungsbedürftig sein (zB § 1821 Abs. 1 Nr. 1 bis 3); ist indes das Verpflichtungsgeschäft gemäß § 1822 Nr. 1 genehmigt, so umfasst diese Genehmigung auch die zur Erfüllung nötigen Verfügungsakte, selbst wenn diese – für sich betrachtet – nach einer anderen Vorschrift genehmigungspflichtig wären (zu dieser Problematik vgl. § 1821 Rn. 16). Wo das Gesetz abweichend vom Spezialitätsprinzip Verfügungen über eine Vermögensmasse im Ganzen kennt (**Universalsukzession**), bestehen für diese Verfügungen gesonderte Genehmigungsvorbehalte (zB § 1411 Abs. 1 S. 3; § 1484 Abs. 2 S. 2, 3; § 1492 Abs. 3). Zu beachten ist, dass für ein nach § 1822 Nr. 1 genehmigungsbedürftiges Geschäft außerdem die Formvorschrift des § 311b Abs. 3 gilt.

5 **3. Verpflichtung zur Verfügung über eine dem Mündel angefallene Erbschaft.** Die Vorschrift umfasst auch die Verpflichtung, über einen angefallenen Erbteil (§§ 2033, 1922 Abs. 2) zu verfügen. In Betracht kommt der Erbschaftskauf (beachte §§ 2371, 2385), aber auch die Nießbrauchsbestellung (§ 1089) am Erbteil oder der Verzicht auf die Zuweisung eines Anspruchs im Rahmen der Auseinandersetzung des Nachlasses. Auch hier unterstehen die zur Erfüllung eines nach Nr. 1 genehmigungsbedürftigen Verpflichtungsvertrages getätigten Einzelverfügungen nicht dem Genehmigungsvorbehalt; es können jedoch auch insoweit andere Vorschriften eingreifen (vgl. Rn. 4).

6 **4. Verpflichtung zur Verfügung über einen künftigen Erb- oder Pflichtteil.** Die Eingehung einer solchen Verpflichtung ist genehmigungsbedürftig, soweit sie überhaupt wirksam möglich ist, dh. nur unter künftigen gesetzlichen Erben (§ 311b Abs. 5)[3] und in notariell beurkundeter Form (§ 311b Abs. 5 S. 2). Zum Erb- und Pflichtteilsverzicht selbst ist die familiengerichtliche Genehmigung nach § 2347 Abs. 1, Abs. 2 S. 2 erforderlich; doch kommt § 1822 Nr. 1 zum Zuge, wenn für den Mündel eine Verpflichtung zum Erb- oder Pflichtteilsverzicht begründet werden soll.

7 **5. Verfügung über den Anteil an einer Erbschaft.** Bei Geschäften über einen dem Mündel angefallenen Erbteil steht nicht nur die Verpflichtung zu einer Verfügung unter dem Genehmigungsvorbehalt, sondern darüber hinaus auch das Verfügungsgeschäft, weil über den Erbteil als Ganzes verfügt werden kann (§ 2033 Abs. 1). Ist schon das Verpflichtungsgeschäft (zB der Erbschaftskauf) genehmigt, so bedarf die Erfüllung keiner weiteren Genehmigung (vgl. § 1821 Rn. 16).

III. Ausschlagung einer Erbschaft oder eines Vermächtnisses; Pflichtteilsverzicht; Erbteilungsverträge (Nr. 2)

8 **1. Ausschlagung einer Erbschaft oder eines Vermächtnisses.** Der Ausschlagung einer Erbschaft[4] steht die Anfechtung der Erbschaftsannahme gleich, da sie als Ausschlagung gilt (§ 1957

---

[1] BGHZ 35, 135, 143; 43, 174 (betr. § 1365).
[2] Str. Für die Gesamttheorie wie hier: BGH FamRZ 1957, 121; *Soergel/Zimmermann* Rn. 2; *Staudinger/Engler* Rn. 2; *RGRK/Dickescheid* Rn. 1; *Erman/Saar* Rn. 2; *Bamberger/Roth/Bettin* Rn. 3; *Fiala/Müller/Braun* Rpfleger 2002, 389, 404. Für die Einzeltheorie demgegenüber: *Gernhuber/Coester-Waltjen* § 60 Rn. 102 iVm. § 35 Rn. 24; *Dölle* § 128 II 2 a; *Reinicke* DNotZ 1957, 505 (mit unterschiedlichen Standpunkten zu den subjektiven Erfordernissen), vgl. auch BGH WM 1972, 766, 767.
[3] Dazu BGHZ 104, 279, noch zu § 312 Abs. 2 aF.
[4] Zum Prüfungsrahmen des FamG: OLG Hamm FamRZ 2009, 2036 (Sittenwidrigkeit der Ausschlagung wegen fortbestehender Sozialhilfebedürftigkeit) m. Anm. *Leipold* ZEV 2009, 472 und *Becker* jurisPR-FamR 16/

Abs. 1). Auch nach Verstreichen der Ausschlagungsfrist kann noch genehmigt werden.[5] Nicht genehmigungspflichtig ist die Annahme der Erbschaft (§ 1943)[6] oder eines Vermächtnisses (§ 2180), wohl auch nicht die Anfechtung der Vermächtnisannahme[7] (§ 1957 Abs. 1 gilt hier nicht, siehe § 2180 Abs. 3). Nicht genehmigungsbedürftig ist die Zurückweisung von Berechtigungen, die durch Vertrag zugunsten Dritter auf den Todesfall begründet worden sind (§ 333).[8]

2. Verzicht auf den Pflichtteil. Da der Verzicht auf den künftigen Pflichtteil bereits nach § 2347 Abs. 1, Abs. 2 S. 2 Hs. 2 der familiengerichtlichen Genehmigung bedarf, kann sich § 1822 Nr. 2 lediglich auf den „Verzicht" auf den schon entstandenen Pflichtteilsanspruch beziehen,[9] meint also den (formlos möglichen) Erlassvertrag über den Pflichtteilsanspruch des Mündels, darüber hinaus einen einseitigen Verzicht auf einen solchen Anspruch, sofern der Verzicht über § 242 wirksam werden könnte (Verbot des venire contra factum proprium).

3. Erbteilungsverträge. Genehmigungsbedürftig sind Auseinandersetzungsverträge unter Miterben, wenn der Mündel an der Erbengemeinschaft beteiligt ist.[10] Gleichgültig ist, ob die Auseinandersetzung hinsichtlich des ganzen Nachlasses oder eines Teils davon erfolgen soll;[11] ferner, ob der Erbteilungsvertrag im gerichtlichen Vermittlungsverfahren (§§ 361 ff. FamFG) zustande kommt (beachte die Ersatzzuständigkeit des Nachlassgerichts gemäß § 368 Abs. 3 FamFG) oder außergerichtlich abgeschlossen wird. Der Erbauseinandersetzungsvertrag ist sowohl in den verpflichtenden wie in den verfügenden Teilen genehmigungspflichtig;[12] die Genehmigung des Verpflichtungsgeschäfts erfasst auch hier in der Regel die zu seiner Ausführung nötigen Verfügungen. Die Genehmigungsbedürftigkeit erstreckt sich indes nicht auf die Kostenklausel, da diese das Verhältnis zu Dritten betrifft.[13] Nicht genehmigungsbedürftig ist die Erhebung der Teilungsklage nach §§ 2042 ff.; ferner nicht die bloße Geltendmachung eines aus der Miterbenstellung (Gesamthänderstellung) resultierenden Rechts. Bei Grundstücken ist § 1821 Abs. 1 Nr. 1 zu beachten (vgl. § 1821 Rn. 20). Keine Verfügung über den Erbteil liegt vor, wenn die Miterben einzelne Nachlassgegenstände an Dritte veräußern, sofern damit keine Auseinandersetzung verbunden ist, zB wenn der Erlös im Nachlass verbleiben soll. Verkaufen die Miterben den gesamten Nachlass (Erbschaftskauf), so ist das Geschäft für den Mündel (als Miterbe) schon deshalb genehmigungsbedürftig, weil er sich zur Verfügung über „eine ihm angefallene Erbschaft" verpflichtet (vgl. Rn. 5).

IV. Entgeltlicher Erwerb oder Veräußerung eines Erwerbsgeschäfts; Gesellschaftsverträge (Nr. 3)

1. Begriff des Erwerbsgeschäfts. Erwerbsgeschäft ist der Inbegriff von Rechten und Rechtspositionen, welcher der selbständigen Ausübung einer Erwerbstätigkeit dient und dadurch eine Sinneinheit bildet.

a) Absicht der Gewinnerzielung. Gleichgültig ist die Art der Tätigkeit, sofern nur die Absicht der Gewinnerzielung besteht,[14] ob es sich also um Gewerbe im Sinne der Gewerbeordnung, um handwerkliche, industrielle, landwirtschaftliche, wissenschaftliche, künstlerische oder sonst frei-

---

2010; OLG Köln FamRZ 2008, 1113 (Ausschlagung für die nicht befreite Vorerbin; keine Berücksichtigung öffentlicher Belange).

[5] KG OLGE 41, 76; BayObLGZ 1969, 14 = MDR 1969, 396. Vgl. auch DIJuF Amt 2010, 441.
[6] KG NJW 1962, 54; OLG Koblenz FamRZ 2008, 1031 (Verstreichenlassen der Ausschlagungsfrist); Ivo ZEV 2006, 181.
[7] Zweifelhaft; aA MünchKomm/*Huber* (5. Aufl.) § 1643 Rn. 13; *Kölmel* RNotZ 2010, 1, 23.
[8] *Brüggemann* FamRZ 1990, 5, 11.
[9] Vgl. Prot. VI S. 394.
[10] Nach *Brüggemann* FamRZ 1990, 124, 128 soll eine Erbauseinandersetzung genehmigungsfrei sein, wenn die Erben sich auf eine Teilung nach dem gesetzlichen Modell des §§ 2042 Abs. 2, 752 ff. BGB geeinigt haben, da Abwicklungen, die nach gesetzlichen Regeln geschehen, keine Mündelinteressen gefährden könnten; ebenso *Erman/Saar* Rn. 4. ME ist gleichwohl eine gerichtliche Genehmigung auch hier sinnvoll, schon allein zur Prüfung, ob sich die Miterben tatsächlich auf der geschilderten Weise geeinigt haben. Auch eine sog. Abschichtungsvertrag, bei dem ein Miterbe gegen Abfindung aus der Miterbengemeinschaft ausscheidet, dürfte mE dem § 1822 Nr. 2 unterfallen – dies jedenfalls dann, wenn man - mit BGH FamRZ 1998, 673 – in einer solchen Vereinbarung keine schon nach § 1822 Nr. 1 genehmigungspflichtige Erbteilsübertragung (auf die übrigen Miterben; § 2033 Abs. 1) sieht; aA *Spanl*, Vermögensverwaltung durch Vormund und Betreuer, 2. Aufl., 248, der § 1812 Abs. 1 S. 1 Variante 2 anwenden will.
[11] KG KGJ 42, 49 (Auseinandersetzung hinsichtlich eines einzelnen Gegenstandes); vgl. auch LG Memmingen FamRZ 1977, 662.
[12] AA KG KGJ 42, 49.
[13] LG Berlin Rpfleger 1981, 63, 64 (Anwaltskosten).
[14] RGZ 133, 7, 11; KG NJW 1976, 1946.

berufliche Tätigkeit handelt.[15] Ausgenommen hat die Rechtsprechung freilich die **Arztpraxis**, deren Verkauf durch die Erben als genehmigungsfrei behandelt wird.[16] Maßgeblich ist dafür die Erwägung, dass eine solche Praxis durch die Persönlichkeit des Arztes geprägt ist, so dass das „Erwerbsgeschäft" mit seinem Tode endet.[17] Würde dieser Umstand genügen, um die Veräußerung der Praxis genehmigungsfrei zu stellen, so müssten allerdings mit der gleichen Begründung auch andere Praxen und Tätigkeitsfelder aus § 1822 Nr. 3 herausgenommen werden (etwa die Anwalts- und Notarpraxis oder die Praxen von Psychotherapeuten, Heilpraktikern, Steuerberatern etc., vielleicht sogar der Betrieb von Tanz- oder privaten „Nachhilfe"-Schulen). ME verkennt diese Auffassung die (auch) wirtschaftliche Natur einer eingerichteten und ausgeübten Arztpraxis mit Patientenkartei etc., die anerkanntermaßen einen good will hat und zumal in Ballungsgebieten Gegenstand des Tausches sein kann;[18] die genannte Meinung führt zudem zu kaum beherrschbaren Abgrenzungsschwierigkeiten, da bei jedem kleineren Betrieb, etwa auch bei Handwerkern, persönliche Tüchtigkeit und Ansehen für Wert und Fortbestand von erheblicher Bedeutung sind; hier in Abwägungen einzutreten, welche Wertanteile personengebunden sind und welche an äußere Umstände wie Inventar, Lage etc. anknüpfen, verspricht keine plausiblen Ergebnisse. Die genannte Rechtsprechung verdient daher keine Fortsetzung:[19] Wird eine freiberufliche Praxis *als solche,* dh. als funktionierende Einheit gegen Entgelt überlassen, so greift – und zwar auch bei der Arztpraxis – § 1822 Nr. 3 ein. Genehmigungsfrei ist allerdings der Verkauf des Inventars zum Zwecke der Auflösung einer solchen Praxis. Dass eine Privatklinik oder ein Sanatorium „Erwerbsgeschäft" im Sinne der Vorschrift ist, unterliegt keinem Zweifel. Ein Betrieb verliert seine Eigenschaft als Erwerbsgeschäft durch eine nur **vorübergehende Schließung** nicht unbedingt.[20] Entscheidend ist, ob er noch als Ganzes, dh. als funktionsfähige Einheit zum Gegenstand eines Rechtsgeschäfts gemacht wird.

12 **b) Rechtsform.** In welcher Rechtsform das Erwerbsgeschäft betrieben wird, ist ohne Belang. Der Genehmigungsvorbehalt greift deshalb auch dann, wenn das Erwerbsgeschäft in Gemeinschaft mit anderen geführt wird,[21] zB wenn der Mündel Gesellschafter einer OHG ist oder durch den Erwerb werden soll (selbst wenn er keinen Anteil an der Geschäftsführung hat).[22] Nicht hingegen gehören hierher bloße Kapitalbeteiligungen, die keine Partizipation an Verlust, Betrieb oder Betriebsführung mit sich bringen.[23] Zu Einzelfragen der Beteiligung an OHG, KG, GmbH und AG siehe Rn. 16 f.

13 **2. Entgeltlicher Erwerb. a) Nur obligatorische Geschäfte.** Dem Genehmigungsvorbehalt unterliegen Verträge, die auf den entgeltlichen Erwerb oder die Veräußerung eines Erwerbsgeschäfts gerichtet sind. Erfasst werden nur das obligatorische Geschäft,[24] also zB der Unternehmenskauf, nicht aber die dinglichen Rechtsakte, mit denen einzelne Gegenstände des Betriebsvermögens zwecks Erfüllung des Kausalverhältnisses erworben werden sollen,[25] sofern nicht diesbezüglich besondere Vorschriften eingreifen. Soweit es um den Erwerb von Gesellschaftsanteilen geht (vgl. dazu Rn. 16 f.), wird man vom Zweck der Norm her auch den Erwerbsakt der Genehmigungspflicht unterstellen müssen.

14 **b) Entgeltlichkeit.** Genehmigungsbedürftig ist nur der auf entgeltlichen Erwerb eines Erwerbsgeschäfts gerichtete Vertrag, nicht also ein Schenkungsvertrag.[26] Die Herkunft der Mittel, mit denen der Erwerb finanziert wird, ist gleichgültig; auch ein schenkweiser Erwerb dieser Mittel ändert an

---

[15] BayObLG FamRZ 1996, 119, 121; *Wüstenberg* Rpfleger 2002, 295, 296.
[16] RG Vereinigte Zivilsenate RGZ 144, 5 gegen RGZ 115, 172; so auch die ältere Lit., vgl. die Nachweise bei *Staudinger/Engler* Rn. 34 ff.
[17] Vgl. *Dölle* § 128 II 2 c.
[18] BGHZ 16, 71.
[19] Ebenso *Palandt/Diederichsen* Rn. 5; *Bamberger/Roth/Bettin* Rn. 9; *Erman/Saar* Rn. 6; *Gernhuber/Coester-Waltjen* § 60 Rn. 104; Bedenken auch bei *Soergel/Zimmermann* Rn. 12.
[20] BGHZ 7, 208.
[21] RGZ 122, 370; BayObLGZ 21, 218, 221.
[22] Vgl. RGZ 127, 110, 114 (betr. Parallelproblematik bei Vorbehaltsgut).
[23] Vgl. BGH FamRZ 1957, 121.
[24] *Dölle* § 128 II 2 c; *Fiala/Müller/Braun* Rpfleger 2002, 389, 406.
[25] So richtig *Dölle* § 128 II 2 c; vgl. auch OLG Breslau OLGE 26, 270. Mit *Brüggemann* (FamRZ 1990, 124, 126) wird man darüber hinaus reale Abspaltung von verselbständigungsfähigen Betriebseinheiten für genehmigungspflichtig halten müssen.
[26] BGH Rpfleger 1989, 281, 282; aA *Wiedemann,* Übertragung und Vererbung von Mitgliedschaftsrechten bei Handelsgesellschaften, 1965, S. 245 f. Wie hier *Brüggemann* FamRZ 1990, 124, 129. Allerdings kann die schenkweise Übertragung des Anteils an einer ein Erwerbsgeschäft betreibenden GmbH oder KG nach Nr. 3 letzte Alt. genehmigungspflichtig sein, siehe Rn. 22.

der Genehmigungsbedürftigkeit des entgeltlichen Erwerbsvertrags nicht.[27] Unentgeltlich ist auch der entschädigungslose Eintritt in eine Gesellschaft auf Grund einer Eintrittsklausel.[28] Unwesentlich ist, ob die Firma mit übergeht[29] und ob alle Verbindlichkeiten übernommen werden.[30]

c) Auch Erwerb von Beteiligungen an einem Erwerbsgeschäft. Auch der Vertrag, der auf eine Beteiligung an einem Erwerbsgeschäft gerichtet ist, unterliegt der Genehmigungspflicht.

aa) Beteiligung an einer OHG oder KG. Das gilt für den entgeltlichen Erwerb von Beteiligungsrechten an einer ein Erwerbsgeschäft betreibenden OHG oder KG (siehe Rn. 21 f.),[31] bei der KG auch dann, wenn ein Kommanditanteil erworben werden soll.[32] Gleiches gilt für den Vertrag, der auf **Erwerb eines Erbteils** gerichtet ist, wenn zum Nachlass ein Erwerbsgeschäft gehört.[33] Zur Beteiligung an einer stillen Gesellschaft siehe unten Rn. 26. Nicht unter Nr. 3 fällt nach bisher hM die Fortsetzung einer Gesellschaft mit dem Mündel als Erben eines verstorbenen Gesellschafters[34] (zur Problematik vgl. Rn. 23); genehmigungsbedürftig ist die vertragliche Einräumung eines Gesellschaftsanteils (Eintrittsklausel) zu Gunsten des Mündels (vgl. Rn. 23).

bb) Beteiligung an einer AG oder GmbH. Der Erwerb von Beteiligungen an einer AG oder GmbH, die ein Erwerbsgeschäft betreibt, fällt für sich gesehen nicht unter Nr. 3,[35] da das „Erwerbsgeschäft" der juristischen Person und nicht etwa den einzelnen Aktionär oder Gesellschafter zugeordnet ist. Doch macht hier die Rechtsprechung – wiederum abweichend von der so häufig verkündeten „formalen Auslegung" – wesentliche Einschränkungen. So kommt es nach der Rspr. des BGH[36] darauf an, ob der Geschäftsanteil an einer GmbH vor oder nach ihrer Eintragung ins Handelsregister vom Minderjährigen erworben wird. Der Anteilserwerb vor Eintragung kann zu einer persönlichen Haftung führen, wenn die GmbH mit Zustimmung aller Gesellschafter bereits vor ihrer Eintragung den Geschäftsbetrieb aufnimmt; der BGH bejaht hier die Genehmigungspflicht. Der Anteilserwerb nach Eintragung der GmbH in das Handelsregister ist demgegenüber grundsätzlich nach § 1822 Nr. 3 genehmigungsfrei.[37] Den Risiken, die dem Minderjährigen aus einer Inanspruchnahme wegen der im Zeitpunkt der Anmeldung bereits fälligen Ansprüche und aus einer möglicherweise später fällig werdenden Ausfallhaftung nach § 24 GmbHG drohen, wird durch die Genehmigungspflicht nach § 1822 Nr. 10 begegnet (vgl. Rn. 65).[38] Ferner wird der Erwerb sämtlicher Gesellschaftsanteile an einer (Erwerbs-) GmbH stets dem Genehmigungsvorbehalt unterworfen.[39] Gleiches wird für den Erwerb[40] und die Veräußerung[41] sämtlicher Aktien einer AG vertreten (nicht aber schon für Erwerb der Sperrminorität[42] oder Aktienmehrheit). Darüber hinaus soll auch der Erwerb eines erheblichen Geschäftsanteils an einer (Erwerbs-) GmbH dem Erwerb eines Erwerbsgeschäfts gleichstehen, wenn die Beteiligung des Mündels nach den konkreten Umständen, insbesondere nach Struktur und Art der GmbH und dem Grad der Mündelbeteiligung sich wirtschaftlich nicht mehr als reine Kapitalinvestition, sondern darüber hinausgehend als Beteiligung an dem von der GmbH betriebenen Erwerbsgeschäft darstellt, wenn also dem Mündel ein Unternehmerrisiko trifft; der BGH zieht die Grenze bei einer Beteiligung von mehr als 50%.[43] Gleiches wird folgerichtig für die Veräußerung eines entsprechenden GmbH-Anteils angenommen.[44]

---

[27] OLG Bremen NJW-RR 1999, 876.
[28] Vgl. KG JW 1933, 118 = HRR 1933 Nr. 815 (zum Eintritt eines Nichterben); doch ist dann der Abschluss des Gesellschaftsvertrages genehmigungspflichtig, vgl. Rn. 23.
[29] RG WarnR 1908 Nr. 70.
[30] OLG Kassel OLGE 10, 11.
[31] Grundsätzlich BGHZ 17, 160; so auch für Ausscheiden aus einer KG oder OHG RGZ 122, 370; BayObLGZ 21, 218.
[32] Vgl. BGHZ 17, 160; RGZ 51, 33, 35; *Rust* DStR 2005, 1942, 1946; *Werner* GmbHR 2006, 737, 740.
[33] Vgl. – betreffend Veräußerung eines Erbteils – RGZ 122, 370; BayObLGZ 21, 218.
[34] KG JW 1933, 118.
[35] Siehe aber die Vorschriften der §§ 1806 ff.
[36] BGHZ 107, 24, 28 = FamRZ 1989, 605, 607.
[37] So auch *Werner* GmbHR 2006, 737, 738 f. AA *Hachenburg/Schilling/Zutt* GmbHG, 7. Aufl., § 15 Rn. 129; anders jetzt *Hachenburg/Zutt* aaO 8. Aufl., § 15 Rn. 129. Ausführlich zur Problematik *Gerken* Rpfleger 1989, 270.
[38] BGHZ 107, 24, 28 = FamRZ 1989, 605, 607.
[39] Ausführlich zur Problematik *Brüggemann* FamRZ 1990, 124, 126; *Staudinger/Engler* Rn. 41 ff.; zweifelhaft ist in diesem Zusammenhang der Verweis auf Entscheidungen, die das Gewährleistungsrecht betreffen, vgl. RGZ 120, 283, 286; RG HRR 1929 Nr. 6, RGZ 122, 378, 380; 124, 164, 166; 150, 397, 400.
[40] *Staudinger/Engler* Rn. 45; *Fiala/Müller/Braun* Rpfleger 2002, 389, 406; *Rust* DStR 2005, 1942, 1948; aA *Hachenburg* JW 1926, 600.
[41] Vgl. (wiederum das Gewährleistungsrecht betreffend) RGZ 122, 378, 380; 150, 397, 400 f.
[42] AA *Erman/Saar* Rn. 9.
[43] BGH DNotZ 2004, 152 m.Anm. *Damrau* ZEV 2003, 377, *Geisler* jurisPR-BGH ZivilR 6/2003 Anm. 4, *Luskt* ZFE 2004, 80. *Erman/Saar* Rn. 9; *Wilde* GmbHR 2010, 123. Weitere Nachw. Voraufl. Rn. 17 Fn. 41 f.
[44] BGH DNotZ 2004, 152 und die wN Fn. 43.

§ 1822 18–21   Abschnitt 3. Titel 1. Vormundschaft

18 **3. Veräußerung. a) Allgemein.** Genehmigungspflichtig sind weiterhin schuldrechtliche (vgl. dazu Rn. 13) Verträge, die auf die Veräußerung eines Erwerbsgeschäfts gerichtet sind. Ob die Veräußerung entgeltlich erfolgt, ist unerheblich;[45] für die unentgeltliche Veräußerung gilt jedoch § 1804. Die Belastung mit einem Nießbrauch steht der Veräußerung nicht gleich, ebenso nicht – soweit sie rechtstechnisch überhaupt in Betracht kommt – die Verpfändung.[46]

19 **b) Beteiligung an einem Erwerbsgeschäft.** Für die Veräußerung einer Beteiligung an einem Erwerbsgeschäft gelten die Überlegungen zum Erwerb von Beteiligungsrechten entsprechend: Die Vereinbarung über das Ausscheiden des Mündels aus einer OHG[47] oder KG[48] gegen Abfindung ist ebenso genehmigungsbedürftig wie der Verkauf eines Miterbenanteils, wenn zum Nachlass ein Erwerbsgeschäft gehört;[49] es gilt dies auch bei „Zwergbeteiligungen".[50] Vgl. im einzelnen Rn. 16; zur Veräußerung eines Geschäftsanteils an einer GmbH vgl. Rn. 17.[51]

20 **c) Nicht genehmigungspflichtige Geschäfte.** Nicht genehmigungspflichtig nach Nr. 3 sind die auf Auflösung des Erwerbsgeschäfts gerichteten Verträge (str.),[52] ebenso nicht die Kündigung eines Gesellschaftsvertrags.[53] Auch gehört der Verkauf von einzelnen Inventarstücken nicht hierher, nicht einmal des gesamten Inventars,[54] solange nicht das Erwerbsgeschäft als Ganzes Vertragsgegenstand ist.[55]

21 **4. Abschluss von Gesellschaftsverträgen. a) Betrieb eines Erwerbsgeschäfts.** Genehmigungspflichtig ist ferner der Abschluss eines Gesellschaftsvertrags im Namen des Mündels, der zum Betrieb eines Erwerbsgeschäfts eingegangen wird. Dazu zählen der Vertrag über die Gründung: einer OHG; einer KG – auch wenn der Mündel nur als Kommanditist beteiligt sein soll;[56] einer BGB-Gesellschaft, die ein Erwerbsgeschäft betreiben soll, etwa wenn die Gesellschaft für eine lange Dauer errichtet wird, um gewerblich nutzbare Immobilien von erheblichem Wert zu verwalten, zu vermieten und zu verwerten.[57] Hiervon abzugrenzen sind freilich die Fälle reiner Vermögensverwaltung, die kein Erwerbsgeschäft darstellt und deshalb die Genehmigungserfordernis nicht auslöst.[58] Das gilt etwa für die Gründung einer Familien-GbR oder Familien-KG (§ 105 Abs. 2 HGB) oder für den Eintritt (siehe Rn. 22) in eine solche Gesellschaft, die allein dem Zweck der privaten Verwaltung und Erhaltung des Familienvermögens dient.[59] Für die Abgrenzung wird u. a. darauf abgestellt, ob eine geschäftsmäßige, gleichsam berufliche Tätigkeit erforderlich ist.[60] Indizien für das Vorliegen eines Erwerbsgeschäfts können auch die lange Dauer der Gesellschaft, der Umfang und Wert des verwalteten Grundvermögens, aber auch das Ziel sein, künftig weiteren Grundbesitz hinzu zu erwerben, ihn zu verwalten, zu vermieten und zu verwerten. Für die Genehmigungspflichtigkeit des Vertrages spricht es auch, wenn der Mündel ein gewisses Mitunternehmerrisiko übernimmt; etwa

---

[45] *Erman/Saar* Rn. 12.
[46] AA *Brüggemann* FamRZ 1990, 124, 126; *Soergel/Zimmermann* Rn. 19; und die wohl hM.
[47] RGZ 122, 370; KG OLGE 40, 96; BayObLGZ 21, 218, 221; auf dieser Linie auch *Brüggemann* FamRZ 1990, 124, 127.
[48] OLG Karlsruhe NJW 1973, 1977.
[49] *Staudinger/Engler* Rn. 49.
[50] OLG Karlsruhe NJW 1973, 1977; anders AG Ilmenau MittBayNot 2000, 461.
[51] Vgl. KG NJW 1976, 1946; nach *Gerken* Rpfleger 1989, 270, 273 ist eine vormundschaftsgerichtliche Genehmigung nur erforderlich, wenn der Mündel durch die Veräußerung seine Stellung als Alleingesellschafter aufgibt; dazu sei allerdings nicht Voraussetzung, dass der Mündel alle Anteile veräußere.
[52] BGHZ 52, 316, 319 = NJW 1970, 33; aA zB *Westermann*, Handbuch der Personengesellschaften, 1980, Bd. 1 Rn. 619.
[53] AA *Wiedemann*, Übertragung und Vererbung von Mitgliedschaftsrechten bei Handelsgesellschaften, 1965, S. 246.
[54] BGH LM § 1822 Ziff. 3 Nr. 2.
[55] Kritisch gegenüber dem BGH *Soergel/Zimmermann* Rn. 19.
[56] BGHZ 17, 160 = NJW 1955, 1067; *Rust* DStR 2005, 1942, 1943.
[57] BayObLG FamRZ 1997, 842 m. Anm. *Gernhuber* EWiR 1997, 451; *Spiegelberger* DNotZ 1998, 500 und *Hettler* ZEV 1998, 109; BayObLG 1995, 230, 234 m. Anm. *Battes* FuR 1996, 75; OLG Naumburg FamRZ 2003, 57; *Hirte* NJW 1996, 3392; *Lautner* MittBayNot 2002, 256, 258 f.
[58] Zu diesem Problem etwa OLG Zweibrücken NJW-RR 1999, 1174 ff.; BayObLG FamRZ 1997, 842 ff.; LG Münster FamRZ 1997, 842; BayObLG FamRZ 1996, 119; BayObLG 1995, 230, 234.
[59] OLG München FamRZ 2009, 623 (KG zur Verwaltung eines von der Familie selbstgenutzten Wohnhauses); OLG Bremen FamRZ 2009, 621; *Werner* GmbHR 2008, 1266; *Weinbrenner* FPR 2009, 265; *Menzel/Wolf* MittBayNot 2010, 186. Vgl. auch LG Mainz Rpfleger 2000, 15 f.; LG Münster FamRZ 1997, 842. Vgl. ferner OLG Hamm FamRZ 2001, 53 (Waldgrundstück bei unklarer Nutzungsabsicht) und *Lohse* ZEV 2000, 337; *Rust* DStR 2005, 1942, 1943. Anders, wenn die Familien-GbR GmbH-Beteiligungen nutzen und deren Erträge anlegen soll: LG München I ZEV 2000, 370.
[60] LG Münster FamRZ 1997, 842. Zum Ganzen *Erman/Saar* Rn. 14.

in Gestalt einer gesamtschuldnerischen Haftung für die Verbindlichkeiten der Gesellschaft oder durch eine dem Gesellschaftsanteil entsprechende Beteiligung am Gewinn und Verlust.[61] Ferner ist auch der Vertrag zur Gründung einer Kommanditgesellschaft auf Aktien genehmigungsbedürftig, wenn vorgesehen ist, den Mündel als persönlich haftenden Gesellschafter zu beteiligen.

b) Beitritt zu einer bestehenden Gesellschaft. Der Genehmigungsvorbehalt bezieht sich auch auf Verträge, die den Beitritt des Mündels zu einer bestehenden ein Erwerbsgeschäft betreibenden Gesellschaft vorsehen (Rn. 16),[62] so etwa auch die Beteiligung des Mündels an einem geschlossenen Immobilienfonds[63] oder an einer grundstücksverwaltenden GbR.[64] Etwas anderes gilt für den Eintritt in eine bestehende Familien-GbR (oder deren Gründung) oder für den Erwerb eines Kommanditanteils, wenn die GbR oder KG nicht auf den Betrieb eines Erwerbsgeschäfts gerichtet ist (siehe § 105 Abs. 2 HGB), sondern allein dem Zweck der privaten Verwaltung und Erhaltung des Familienvermögens dient (vgl. dazu im Einzelnen Rn. 21).[65] Auch die Einräumung von Unterbeteiligungen durch den Gesellschafter einer OHG mit entsprechender Verlustbeteiligung ist genehmigungspflichtig,[66] ferner der unentgeltliche Erwerb eines Kommanditanteils an einer ein Handelsgewerbe betreibenden KG.[67]

c) Anlass des Vertragsabschlusses gleichgültig. Gleichgültig ist der Anlass, aus dem der Gesellschaftsvertrag geschlossen wird. Auch die Frage der Entgeltlichkeit oder Unentgeltlichkeit spielt hier keine Rolle.[68] Genehmigungsbedürftig ist daher auch der Vertrag, mit dem nach dem Tod eines Gesellschafters die Fortsetzung der OHG vereinbart wird, obwohl dies der ursprüngliche Gesellschaftsvertrag nicht vorsah.[69] Gleiches gilt, wenn den Gesellschaftern einer OHG die gesellschaftsvertragliche Verpflichtung auferlegt ist, nach dem Tod eines bestimmten Gesellschafters den Mündel durch Vertrag in die Gesellschaft aufzunehmen; der Abschluss dieses Vertrages fällt unter § 1822 Nr. 3.[70] Als nicht genehmigungsbedürftig wurde nach früherer Rechtsprechung der Fall angesehen, dass ein Gesellschaftsanteil durch Erbfall auf Grund einer Nachfolgeklausel im Gesellschaftsvertrag erworben wird.[71] Dieser Rechtsprechung war mit der Entscheidung des BVerfG vom 13. 5. 1986[72] zunächst der Boden entzogen;[73] mit der Einfügung des § 1629a hat sie ihre Berechtigung zurückerlangt: Die Nachfolge des Mündels in die Gesellschafterstellung von Todes wegen bedarf keiner Genehmigung; dem Schutzinteresse des Mündels ist durch die Haftungsbeschränkung nach § 1629a Rechnung getragen (vgl. auch Rn. 24).

d) Fortsetzung eines Einzelhandelsgeschäfts als OHG. Bei Fortsetzung eines Einzelhandelsgeschäfts durch die Erben als OHG unter Beteiligung von Mündeln hat die Rechtsprechung bisher danach unterschieden, ob die Fortführung des Geschäfts in ungeteilter Erbengemeinschaft ohne Abschluss eines Gesellschaftsvertrags erfolgt[74] oder auf der Grundlage eines – unter Umständen durch schlüssiges Verhalten zustande kommenden – Gesellschaftsvertrages geschieht. Während im zweiten Fall der Genehmigungsvorbehalt unzweifelhaft greift, hat der BGH im ersten Fall – der Mündel hatte einen Anteil an einer OHG geerbt – ein Genehmigungsbedürfnis verneint.[75] Die sich aus dem Erwerb ergebende und durch kein Genehmigungserfordernis kontrollierte Haftung des

---

[61] Vgl. dazu BayObLG FamRZ 1996, 119, 121; OLG Zweibrücken NJW-RR 1999, 1174 f.; LG Münster FamRZ 1997, 842; LG Aachen NJW-RR 1994, 1319, 1321.
[62] BayObLG FamRZ 1990, 208 (BGB-Gesellschaft); OLG Zweibrücken FamRZ 2001, 181 (Erwerb eines Kommanditanteils) m. Anm. *Hergeth* DStR 2000, 1663; vgl. auch *Damrau* ZEV 2000, 209; *Bamberger/Roth/Bettin* Rn. 12.
[63] OLG Frankfurt NJW-RR 1999, 1236 f.
[64] OLG Zweibrücken NJW-RR 1999, 1174 ff.; OLG Hamm FamRZ 2001, 53; *Wertenbruch* FamRZ 2003, 1714, 1715.
[65] OLG München FamRZ 2009, 623 (KG zur Verwaltung eines von der Familie selbstgenutzten Wohnhauses; OLG Bremen FamRZ 2009, 621; *Werner* GmbHR 2008, 1266; *Weinbrenner* FPR 2009, 265; *Menzel/Wolf* MittBayNot 2010, 186. Vgl. auch Fn. 58.
[66] OLG Hamm Rpfleger 1974, 152; *Bilsdorfer* NJW 1980, 2788.
[67] OLG Frankfurt FamRZ 2009, 620 mwN.
[68] BayObLG FamRZ 1990, 208; BayObLG FamRZ 1997, 842, 844; OLG Frankfurt FamRZ 2009, 620. AA *Brox*, FS Bosch, 1976, S. 80 ff.; dazu *Brüggemann* FamRZ 1990, 124, 129.
[69] RG HRR 1932 Nr. 1754; RG JW 1935, 3154.
[70] KG JW 1933, 118 = HRR 1933 Nr. 815; s. auch Rn. 14.
[71] BGHZ 55, 267, 269; BGH WM 1972, 1368; KG JW 1933, 118.
[72] BVerfGE 72, 155 = FamRZ 1986, 769.
[73] Vgl. 3. Aufl. Rn. 23.
[74] Zu dieser Möglichkeit: BGHZ 17, 299, 302; 30, 391; 32, 67; RGZ 127, 153, 157; krit. dazu *R. Fischer* ZHR 144, 4 ff.
[75] Zuletzt BGH FamRZ 1985, 173, 174.

§ 1822 25–28   Abschnitt 3. Titel 1. Vormundschaft

Minderjährigen verletzte – so das BVerfG[76] – dessen Rechte aus Art. 2 Abs. 1, Art. 1 Abs. 1 GG. Diesem verfassungsgerichtlichen Bedenken ist nunmehr durch § 1629a Rechnung getragen; die Fortführung des Geschäfts in ungeteilter Erbengemeinschaft ist weiterhin nicht genehmigungsbedürftig.[77]

25   **e) Gründung einer Kapitalgesellschaft.** Genehmigungsbedürftig ist auch der Abschluss eines Vertrages zur Gründung einer Kapitalgesellschaft, insbesondere einer (Erwerbs-) GmbH[78] und einer AG.[79] Die Grundsätze, die für die Genehmigungspflichtigkeit des Erwerbs eines Geschäftsanteils an einer bestehenden GmbH oder einer AG maßgebend sind (Rn. 17), dürfen nicht auf den Abschluss des Gründungsvertrages angewendet werden, da sich hier ein echtes Unternehmerrisiko ergibt (siehe nur §§ 41 Abs. 1 AktG; § 11 Abs. 2 GmbHG).

26   **f) Beteiligung als stiller Gesellschafter.** Sehr streitig ist die Frage, ob der Vertrag über die Beteiligung des Mündels als stiller Gesellschafter an einem Handelsgewerbe (§§ 230 ff. HGB) dem Genehmigungsvorbehalt unterliegt. Bei „formaler Auslegung" müsste das Ergebnis negativ sein,[80] da das Gewerbe „ein anderer betreibt" (§ 230 Abs. 1 HGB); danach könnten nur atypische Gestaltungsformen die Genehmigungspflicht begründen.[81] Eine am Sinn der Vorschrift orientierte Auffassung wird auch die Beteiligung als stiller Gesellschafter in die Genehmigungspflicht einbeziehen. Im Anschluss an eine Entscheidung des BGH[82] wird vielfach die Meinung vertreten, dies gelte nur dann, wenn der Mündel über die Kapitaleinlage hinaus am Verlust beteiligt werde oder an der Betriebsführung mitwirken solle.[83] Bei der Vielfalt der Gestaltungsmöglichkeiten droht hier indes eine weitreichende Rechtsunsicherheit. Sinn der familiengerichtlichen Genehmigung kann es vielmehr sein, die konkreten Risiken der Beteiligung zu überprüfen. Deshalb ist mE die Beteiligung des Mündels als stiller Gesellschafter an einem Handelsgewerbe generell genehmigungsbedürftig.[84] Auch die Aufnahme eines stillen Gesellschafters in das vom Mündel betriebene Handelsgewerbe ist dann konsequenterweise – und entgegen der hM – genehmigungspflichtig.[85] Nicht genehmigungsbedürftig ist das Eingehen einer stillen Gesellschaft durch eine KG, an welcher der Mündel beteiligt ist, mit einem Dritten, wenn für die KG die vertretungsbefugten Gesellschafter handeln[86] (zur Problematik allgemein vgl. § 1821 Rn. 9).

27   **g) Auflösung einer GmbH.** Genehmigungsfrei ist die Auflösung einer GmbH[87] oder einer Handelsgesellschaft (vgl. Rn. 20).

28   **h) Änderung eines Gesellschaftsvertrags.** Streitig ist generell die Frage, ob die Änderung eines Gesellschaftsvertrages genehmigungsbedürftig ist. Dies wird zB unter Hinweis auf den Wortlaut der Norm verneint,[88] zum Teil grundsätzlich bejaht,[89] zum Teil nur für den Fall „wesentlicher

---

[76] BVerfGE 72, 155 = FamRZ 1986, 769.
[77] Vgl. dazu Erman/Saar Rn. 13.
[78] Str., wie hier: Erman/Saar Rn. 17; Soergel/Zimmermann Rn. 23; RGRK/Dickescheid Rn. 23; Staudinger/Engler Rn. 67; Gernhuber/Coester-Waltjen § 60 Rn. 105; Dölle § 128 II 2 c; Müller JR 1961, 327; Brüggemann FamRZ 1990, 124, 127; Rust DStR 2005, 1942, 1944; Werner GmbHR 2006, 737, 738; aA Winkler ZGR 1973, 182; Klamroth BB 1975, 528; letztlich auch („wenn Mündel Unternehmerrisiko übernimmt") LG Memmingen Rpfleger 1993, 337.
[79] Erman/Saar Rn. 17; Soergel/Zimmermann Rn. 24; RGRK/Dickescheid Rn. 23; jetzt auch Staudinger/Engler Rn. 67; Dölle § 128 II 2 c; aA Winkler ZGR 1973, 182.
[80] Bei diesem Ergebnis belassen es: Gernhuber/Coester-Waltjen § 60 Rn. 110; Fischer JR 1962, 202; Nagel, Familiengesellschaft und Elterliche Gewalt, 1968, S. 72.
[81] Fischer JR 1962, 201; vgl. auch BGH NJW 1953, 818; Siebert NJW 1953, 806.
[82] BGH JZ 1957, 382.
[83] So auch LG München II NJW-RR 1999, 1018 f.; Staudinger/Engler Rn. 64; Dölle § 128 II 2 c; Westermann, Handbuch der Personalgesellschaften, Bd. 1 Rn. 95; Blaurock, Handbuch der stillen Gesellschaft, 5. Aufl. 1998, Rn. 1289. Weitergehend (Genehmigungspflicht entfällt, wenn Verlustbeteiligung ausgeschlossen ist) die 1. Aufl. Rn. 5; LG Bielefeld NJW 1969, 753; Knopp NJW 1962, 2181.
[84] Wie hier Soergel/Zimmermann Rn. 25; Koenigs, Die stille Gesellschaft, 1961, S. 80 ff.; Klauss/Mittelbach, Die stille Gesellschaft, 20. Aufl. 1980, Rn. 51; Brüggemann FamRZ 1990, 124, 127; Erman/Saar Rn. 17; aA Gernhuber/Coester-Waltjen § 60 Rn. 110.
[85] Wie hier Knopp NJW 1962, 2185; Soergel/Zimmermann Rn. 25; Rust DStR 2005, 1942, 1944 f.; aA KG OLGE 21, 290 und 1. Aufl. Rn. 5.
[86] BGH NJW 1971, 375.
[87] Siehe BGHZ 52, 316, 319.
[88] Gernhuber/Coester-Waltjen § 60 Rn. 109; Staudinger/Engler Rn. 68; Dölle § 128 II 2 c; vgl. Darstellung des Streitstandes bei RGRK/Dickescheid Rn. 27; Duden JZ 1963, 601 (differenzierend).
[89] Soergel/Zimmermann Rn. 26; Knopp BB 1962, 939; Stöber Rpfleger 1968, 2; Friess DB 1969, 957; Biddermann, Der minderjährige Gesellschafter, 1965, S. 68; Brüggemann FamRZ 1990, 124, 127 (mit Ausnahmen); Rust DStR 2005, 1992, 1994 (aber nur für Personengesellschaften); Kölmel RNotZ 2010, 1, 21.

Genehmigung für sonstige Geschäfte 29–32 § 1822

Änderungen" des Gesellschaftsvertrags angenommen.[90] Der BGH votiert für die Genehmigungsfreiheit:[91] Weder das Ausscheiden eines Gesellschafters aus einer OHG, an der der Mündel beteiligt ist,[92] noch der Eintritt eines neuen Gesellschafters in eine solche Gesellschaft[93] bedürfen der familiengerichtlichen Genehmigung.[94] Eine Stellungnahme zu diesem Meinungsstreit fordert die Wahl zwischen mehreren Übeln: Generelle Genehmigungsbedürftigkeit ist folgerichtig, denn auch der Änderungsvertrag ist Gesellschaftsvertrag; doch verstärkt diese Auffassung die ohnehin zu starke Bindung des Vormunds. Partielle Genehmigungsbedürftigkeit je nach Relevanz der Änderung führt zu weiterer Verunsicherung der Praxis. Die Genehmigungsfreiheit zeitigt das eigentümliche Ergebnis, dass ein mit familiengerichtlicher Genehmigung eingegangener Gesellschaftsvertrag später ohne eine solche Genehmigung geändert werden kann. Nach alldem muss auch die vertragliche Änderung eines Gesellschaftsvertrags für genehmigungsbedürftig gehalten werden. § 1629a ist nur eine letzte „Auffanglinie"; am Bedürfnis, den Mündel durch einen Genehmigungsvorbehalt vor möglicherweise riskanten Änderungen des Gesellschaftsvertrags zu schützen, ändert er nichts.

5. Entscheidungskriterien. Das FamG hat die Frage, ob der Erwerb oder die Veräußerung 29 eines Erwerbsgeschäfts oder das Eingehen eines Gesellschaftsvertrags genehmigt werden soll, unter Abwägung **wirtschaftlicher Vorteile und Risiken** für den Mündel nach pflichtgemäßem Ermessen zu entscheiden[95] (vgl. näher § 1828 Rn. 15 ff.); dass dem Mündel aus einer Beteiligung auch eine persönliche Haftung erwächst, bietet für sich gesehen noch keinen ausreichenden Grund zur Ablehnung.[96] Das Gericht hat außer der vertraglichen Stellung des Mündels in der Gesellschaft und neben vermögensrechtlichen Gesichtspunkten auch die Mitgesellschafter hinsichtlich ihrer Vermögensverhältnisse sowie ihrer charakterlichen und fachlichen Eignung für den Betrieb eines Erwerbsgeschäfts zu beurteilen, weil die Verantwortung für die Vermögenslage des Mündels in der Gesellschaft vorwiegend bei den geschäftsführenden Gesellschaftern liegt.[97]

Versagt das FamG einem schon geschlossenen Vertrag zur Gründung einer BGB- oder Handels- 30 gesellschaft **die Genehmigung,** so ist der Vertrag in Bezug auf den Minderjährigen nichtig (§ 1829); ob er für die übrigen Vertragsparteien aufrechtzuerhalten ist, entscheidet sich nach der Regel des § 139. Zu Lasten des Mündels darf auch nicht – wenn die Gesellschaft in Vollzug gesetzt worden ist – auf die Grundsätze der faktischen Gesellschaft zurückgegriffen werden.[98] Im Einzelfall kann die Berufung auf die fehlende Genehmigung des FamG unzulässige Rechtsausübung sein.[99]

V. Pachtverträge (Nr. 4)

1. Pachtvertrag über ein Landgut. a) Begriff des Landguts. Landgut ist der land- oder 31 forstwirtschaftliche Betrieb, zu dem mindestens eine diesen Betriebszwecken dienende Bodenfläche, Wirtschaftsgebäude und das Inventar gehören (siehe § 98 Nr. 2). Die Betriebsgröße ist gleichgültig, ebenso bei Nr. 4 die Dauer der Pachtzeit. Der Pachtvertrag unterliegt dem Genehmigungsvorbehalt unabhängig davon, ob der Mündel Verpächter oder Pächter sein soll.[100]

b) Begriff des Pachtvertrags. Der Begriff des Pachtvertrags ist mit dem in § 581 identisch; 32 es muss also über die Pflicht zur Gewährung des Gebrauches die zur Gewährung des Fruchtgenusses hinzutreten. Wird folglich ein landwirtschaftliches Anwesen ge- oder vermietet (zB in Stadtrandnähe), weil etwa die Aufrechterhaltung des landwirtschaftlichen Betriebs nicht rentabel erscheint, so

---

[90] OLG Düsseldorf DB 1951, 443; *Merkel* BB 1963, 456; dagegen *Erman/Saar* Rn. 16.
[91] BGH WM 1972, 1368, 1370; ebenso LG Stuttgart BWNotZ 2001, 91.
[92] BGH NJW 1961, 724.
[93] BGHZ 38, 26 = NJW 1962, 2344.
[94] AA ausdrücklich zu diesem Fall OLG Düsseldorf DB 1951, 443. Zum Problem: zT aA *Erman/Saar* Rn. 16.
[95] BayObLG Rpfleger 1979, 455, 456; 1989, 455, 456; BayObLG FamRZ 1996, 119 ff.; OLG Köln NJW-RR 1994, 1450 (zu § 112 BGB); OLG Zweibrücken FamRZ 2001, 145; zu Abwägungsaspekten bei der Veräußerung *Wüstenberg* Rpfleger 2002, 295, 296.
[96] OLG Hamm BB 1983, 791 = FamRZ 1983, 648 (LS.); vgl. auch BayObLG Rpfleger 1977, 60; BayObLG Rpfleger 1979, 455, 457; BayObLG FamRZ 1996 S. 119 ff. Allerdings ist die Genehmigung zu versagen, wenn sich die Risiken nicht abschätzen lassen: OLG Hamm FamRZ 2001, 53. Zur Berücksichtigung der Haftungsbeschränkung nach § 1629a: LG München I ZEV 2000, 370.
[97] BayObLG FamRZ 1990, 208 f.; OLG Hamm FamRZ 2001, 53.
[98] BGHZ 17, 160, 168; BGH FamRZ 1983, 254. Für Gewinnbeteiligung für die Zeit, da der Mündel der Gesellschaft Kapital überlassen hat: *Fischer* NJW 1955, 851; *Biddermann* GmbHR 1966, 6; dem ist zuzustimmen, weil der Minderjährigenschutz nur eine den Mündel belastende Anwendung der Lehre von der faktischen Gesellschaft verbietet. Abzulehnen die weitergehende Auffassung von *Nagel,* Familiengesellschaft und elterliche Gewalt, S. 80 f.
[99] BGH MDR 1961, 407.
[100] *Staudinger/Engler* Rn. 73; *Soergel/Zimmermann* Rn. 28.

§ 1822 33–37 Abschnitt 3. Titel 1. Vormundschaft

ist die Vorschrift nicht einschlägig (vgl. dann aber Nr. 5), selbst wenn dem Mieter geringfügige Nutzungen (zB Abernten der Obstbäume) zugestanden werden.

33 **c) Pachtobjekt.** Pachtobjekt muss das Landgut selbst sein, nicht genügt die Pacht einzelner Grundstücke (wohl aber des Landgutes unter Aussparung einzelner dem Landgut zugehörender Grund- oder Inventarstücke). Bedenklich erscheint die Auffassung, wonach die Verpachtung von Einzelgegenständen dann unter § 1822 Nr. 4 fällt, wenn ohne sie ein selbständiger Betrieb nicht aufrechterhalten werden kann;[101] die Liquidation eines dem Mündel gehörenden Betriebs fällt gerade nicht unter den Verpachtungsbegriff.

34 **2. Pachtvertrag über einen gewerblichen Betrieb.** Hierzu zählen gewerbliche Unternehmen in jedem erdenklichen Bereich (Handel, Produktion, Dienstleistung, Handwerk); auf das Erfordernis eines in kaufmännischer Weise eingerichteten Gewerbebetriebs kommt es nicht an (zur Pacht eines Handelsgeschäfts vgl. § 22 Abs. 2 HBG). Unter Nr. 4 fallen auch Praxen von Freiberuflern, sofern sie Gegenstand eines Pachtvertrages sein können; ebenso zur Land- und Forstwirtschaft gehörende Nebenbetriebe, wenn sie selbständig verpachtet werden (zB Brennerei). Zum Begriff und Objekt der Pacht vgl. Rn. 32 f.

35 **3. Zusammentreffen der Genehmigungsvorbehalte.** Der Genehmigungsvorbehalt kann zugleich auf Grund Nr. 4 und Nr. 5 gegeben sein.[102] Von Bedeutung ist dies für das elterliche Sorgerecht, das nicht durch Nr. 4, wohl aber durch Nr. 5 gebunden ist (§ 1643 Abs. 1).

VI. Mietverträge, Pachtverträge, Verträge über wiederkehrende Leistungen (Nr. 5)

36 **1. Miet- und Pachtverträge.** § 1822 Nr. 5 stellt die Eingehung bestimmter Dauerrechtsverhältnisse, die den Mündel vertraglich länger als 1 Jahr über den Eintritt seiner Volljährigkeit hinaus binden, unter Genehmigungspflicht. Bei den an erster Stelle genannten Miet- und Pachtverträgen ist es gleichgültig, ob der Mündel auf der Vermieter-/Verpächterseite oder der Mieter-/Pächterseite steht, ebenso, ob bewegliche oder unbewegliche Sachen Vertragsgegenstand sind.[103] Nr. 5 gilt auch dann, wenn – bei der Pacht von Landgütern[104] und gewerblichen Betrieben[105] – schon die Genehmigungspflicht nach Nr. 4 eingreift. Warum die Übernahme der Verpflichtung, Kfz-Einstellplätze bereitzustellen, nicht unter Nr. 5 fallen soll, wie der BGH meint,[106] ist nicht einsichtig.[107] Nicht hierher gehört ein Grunderwerbsgeschäft, als dessen Folge der erwerbende Mündel kraft Gesetzes gemäß § 566 Abs. 1 in die Mietverhältnisse eintritt.[108]

37 **2. Verpflichtungen zu wiederkehrenden Leistungen. a) Anwendungsbereich.** Auch abgesehen von Miet- und Pachtverträgen ist eine vertragliche Bindung des Mündels zur Erbringung von wiederkehrenden Leistungen für einen Zeitraum, der ein Jahr nach Eintritt der Volljährigkeit überschreitet, genehmigungsbedürftig. Hierunter fallen – sofern die genannte Bindung gegeben ist – Versicherungsverträge (zB Lebensversicherungsvertrag),[109] die im Namen des Mündels geschlossen werden[110] (beachte hier auch die Nr. 8, vgl. Rn. 52 ff.), Ratensparverträge, Renten- und Ruhegehaltsversprechen,[111] Leibrenten- und Altenteilsverträge, Bausparverträge,[112] die Begründung vertraglicher Unterhaltspflichten, die über die etwa bestehende gesetzliche Unterhaltspflicht hinausgehen.[113]

---

[101] Vgl. KG JW 1936, 1469; kritisch gegenüber dieser Auffassung auch *Soergel/Zimmermann* Rn. 28; *Staudinger/Engler* Rn. 75.
[102] RGZ 114, 35.
[103] KG JFG 1, 83, 88.
[104] KG JFG 1, 83, 88.
[105] RGZ 114, 35, 37.
[106] NJW 1974, 1134.
[107] Wie hier *Gernhuber/Coester-Waltjen* § 60 Fn. 228. Um die Verpflichtung, den Gebrauch von Einstellplätzen zu gewähren, dem Genehmigungsvorbehalt zu unterstellen, bedarf es keiner Analogie; fortgesetztes Leistungsverhalten steht vom Sinn des § 1822 Nr. 5 her gesehen einer „wiederkehrenden Leistung" gleich; aA *Brüggemann* FamRZ 1990, 5, 12.
[108] BGH FamRZ 1983, 371, 372; LG Hechingen BWNotZ 1995, 67 ff.; LG München II MittBayNot 2005, 234, 235; *Wilhelm* NJW 2006, 2353, 2354; *Kölmel* RNotZ 2010, 1, 21.
[109] LG Frankfurt NJW 1999, 3566 f.; AG Hamburg NJW-RR 1994, 721 für Kapitallebensversicherungsvertrag; OLG Hamm NJW-RR 1992, 1186 f.; vgl. auch LG Verden EWiR 1997, 1077 m. Anm. *Bayer* aaO.
[110] Anders, wenn der Mündel nur Begünstigter ist. Zum Fall, dass der gesetzliche Vertreter die Pflicht zur Prämienzahlung übernimmt, vgl. LG Waldshut VersR 1979, 1147.
[111] BGH FamRZ 1969, 209.
[112] AA LG Heilbronn WM 2001, 566 m. Anm. *Burghardt* WuB IV A § 1822 BGB 1.01. Siehe auch für Ansparverträge LG Dortmund MDR 1954, 546.
[113] *Erman/Saar* Rn. 22.

b) Einseitige Anerkennung einer gesetzlichen Unterhaltspflicht. Nicht dem Genehmigungsvorbehalt der Nr. 5 unterliegt hingegen die einseitige Anerkennung einer gesetzlichen Unterhaltspflicht (etwa in einer öffentlichen Urkunde nach § 794 Abs. 1 Nr. 5 ZPO),[114] so zB die Anerkennung der Unterhaltsverpflichtung gegenüber dem Kind. Dasselbe gilt für Unterhaltsverträge, soweit sie nur die gesetzliche Verpflichtung konkretisieren; doch wird sich hier in aller Regel die Genehmigungsbedürftigkeit aus § 1822 Nr. 12 (Vergleich) ergeben.[115] 38

c) Fortlaufende Teilleistungen. Unter Nr. 5 fällt auch die Verpflichtung, eine einheitliche Verbindlichkeit in fortlaufenden Teilleistungen zu erfüllen, so das Abzahlungsgeschäft[116] oder der Kauf eines Grundstücks gegen ein Rentenversprechen,[117] aber auch die Verpflichtung, eine Einlage als stiller Gesellschafter in monatlichen Raten zu leisten.[118] Zu den Abzahlungsgeschäften siehe ferner Nr. 8 (vgl. Rn. 53). Etwas anderes muss freilich gelten, wenn der Mündel das Recht hat, ohne jegliche Nachteile jederzeit die gesamte Verbindlichkeit zu begleichen. 39

d) Fortlaufende persönliche Leistungen. Nach richtiger Auffassung umfasst Nr. 5 auch Verträge, die zu fortlaufenden persönlichen Leistungen verpflichten, insbesondere Lehr- und Dienstverträge, die den Mündel über das 19. Lebensjahr hinaus zu Dienstleistungen verpflichten.[119] Auch die Ermächtigung nach § 113 Abs. 1 beseitigt das Genehmigungserfordernis nicht (§ 113 Abs. 1 S. 2). 40

e) Keine Umgehung durch Überlassung nötiger Mittel. Der Genehmigungsvorbehalt kann nicht dadurch umgangen werden, dass der Vormund dem Mündel die für die wiederkehrenden Leistungen nötigen Mittel zur freien Verfügung überlässt (§ 110);[120] denn dadurch wird die Bindung für die Zeit nach Eintritt der Volljährigkeit, vor welcher das Gesetz den Mündel schützen will, nicht beseitigt. 41

3. Das Problem der Dauer. a) Grundsatz. Die genannten Verträge fallen unter Nr. 5 nur, wenn das Vertragsverhältnis länger als ein Jahr nach dem Eintritt der Volljährigkeit des Mündels, also bis über die Vollendung des 19. Lebensjahrs hinaus fortdauert. Das ist auch gegeben, wenn der Mündel zwar vorher (dh. mit Wirkung zu einem Zeitpunkt vor Vollendung des 19. Lebensjahrs) das Rechtsverhältnis kündigen kann, wenn die Kündigung aber mit Einbußen verbunden ist.[121] Ebenso soll ein für den Mündel als Vermieter geschlossener Wohnraummietvertrag wegen der nur eingeschränkten Kündigungsmöglichkeiten genehmigungspflichtig sein.[122] Ferner soll etwa im Falle eines Lebensversicherungsvertrages Genehmigungsbedürftigkeit schon dann bestehen, wenn der Vertrag „nur" kündbar ist, weil das Kündigungsrecht leicht übersehen werden könnte, jedenfalls aber eine besondere Willenserklärung zu seiner Ausübung erforderlich ist, vor allem aber, weil die vorzeitige Kündigung regelmäßig mit einem erheblichen Vermögensverlust verbunden ist.[123] Demgegenüber ist der Beitritt zu einer Gewerkschaft oder einem Verein wegen der Austrittsmöglichkeiten im Allgemeinen genehmigungsfrei.[124] Da ein wirtschaftlicher Nachteil mit der Auflösung eines Girovertrages nicht verbunden ist, ist auch die Eröffnung eines Girovertrages nicht nach § 1822 Nr. 5 genehmigungspflichtig; dies gilt unabhängig davon, ob periodische Kontoführungsgebühren erhoben werden oder nicht.[125] 42

---

[114] Str., wie hier: KG FamRZ 1971, 41; LG Berlin FamRZ 1970, 144; *Odersky* FamRZ 1971, 137 ff.; *Staudinger/Engler* Rn. 87; *Soergel/Zimmermann* Rn. 30; *Brüggemann* FamRZ 1990, 5, 9; aA OLG Hamm FamRZ 1961, 128; vgl. auch BGH NJW 1974, 1134.
[115] Vgl. *Odersky* FamRZ 1971, 137, 140.
[116] LG Berlin NJW 1963, 110 und die hM; aA *Hörter* MDR 1968, 547.
[117] BGH FamRZ 1969, 209; OLG Köln MDR 1965, 296.
[118] OLG Stuttgart NJW-RR 1996, 1288 f.
[119] Sehr str. Die Frage ist für die *elterliche* Vertretungsmacht bedeutsam: Nach § 1643 Abs. 1 Nr. 1 benötigen Eltern für Verträge nach § 1822 Nr. 5, nicht auch für Verträge nach § 1822 Nr. 7 der Genehmigung des FamG. Wie hier *Gernhuber/Coester-Waltjen* § 60 Rn. 111; *Soergel/Zimmermann* Rn. 31 mit Nachweisen aus der arbeitsrechtlichen Lit.; *Bamberger/Roth/Bettin* Rn. 19; *Fomferek* NJW 2004, 410, 411 f. (vor allem mit Hinweis auf BVerfG vom 13. 5. 1986); aA: RAG JW 1929, 1263; LG Essen NJW 1965, 2302; *Dölle* § 128 II 2 d bb; *Staudinger/Engler* Rn. 84; *RGRK/Dickescheid* Rn. 35; *Erman/Saar* Rn. 23; *Schlachter* FamRZ 2006, 155, 156 f.
[120] Vgl. *Schilken* FamRZ 1978, 643.
[121] BGHZ 28, 78 = NJW 1958, 1393; *Gernhuber/Coester-Waltjen* § 60 Rn. 112; *Palandt/Diederichsen* Rn. 15; *Staudinger/Engler* Rn. 90; weitergehend *RGRK/Dickescheid* Rn. 32, der auch bei nachteilsfreier Kündigungsmöglichkeit die Genehmigungspflicht bejaht; aA (keine Genehmigungspflicht) *Brüggemann* FamRZ 1990, 124, 129.
[122] LG Wuppertal FamRZ 2007, 1269.
[123] OLG Hamm NJW-RR 1992, 1186 f.; ausführliche Argumentation auch bei AG Hamburg NJW-RR 1994, 721.
[124] *Hoffmann* BB 1965, 126, 128.
[125] *Spanl* Rpfleger 1989, 392, 393 f.

43 **b) Strikte Handhabung.** Das Zeiterfordernis ist strikt zu handhaben. Allerdings hat der BGH[126] die – als Entgelt für einen Grundstückserwerb eingegangene – Verpflichtung des Mündels zur Rentenzahlung auf Lebenszeit des Empfängers in einem Fall genehmigungsfrei gestellt, in dem höchst unwahrscheinlich war, dass der Empfänger die Zeitschwelle der Nr. 5 überleben würde. Der BGH hat den Parteien den Willen unterstellt, das Vertragsverhältnis solle ein Jahr nach dem Volljährigwerden des Mündels nicht überdauern. Eine solche ergebnisbezogene Handhabung ist problematisch. Auch aus dem Umstand, dass die beabsichtigte Einholung der Genehmigung unterblieb, kann nämlich nicht ohne weitere Anhaltspunkte gefolgert werden, die Parteien hätten das Vertragsverhältnis spätestens mit dem 19. Lebensjahr des Mündels beendigen wollen.[127]

44 **c) Teilwirksamkeit, § 242.** Schwierig zu entscheiden ist die Frage, ob bei einem genehmigungsbedürftigen, aber nicht genehmigten Vertrag **Teilwirksamkeit** (§ 139), dh. Geltung bis zum Zeitpunkt der Vollendung des 19. Lebensjahres, angenommen werden kann. Es hängt dies in erster Linie von dem bei Vertragsschluss geäußerten Willen der Parteien ab, bei Fehlen einer expliziten Vertragsregelung vom mutmaßlichen Parteiwillen.[128] Bei Vertragsverhältnissen, bei denen beide Parteien fortlaufende, im Austauschverhältnis zueinander stehende Leistungen erbringen, liegt ein geltungserhaltender Wille nahe, zB bei einem Mietvertrag.[129] Teilwirksamkeit entfällt stets, wenn sich dadurch eine Äquivalenzstörung ergäbe; so kann ein ungenehmigter Lebensversicherungsvertrag auf den Todes- oder Erlebensfall nicht als teilwirksam aufrechterhalten werden;[130] einer Rettung durch Reduzierung der Versicherungssumme steht entgegen, dass damit der Vertragsinhalt im ganzen umgestaltet würde, was § 139 nicht erlaubt.[131] Teilwirksamkeit nach § 139 ist zu erwägen, wenn ein Vertrag für mehrere Mündel abgeschlossen wurde, die Genehmigungspflicht aber nicht für alle gegeben ist. In Einzelfällen kann die Berufung auf die Unwirksamkeit eines nicht genehmigten Geschäfts nach § 242 verwehrt sein.[132]

45 **4. Betreuung.** Die Vorschrift des § 1822 Nr. 5 ist im Rahmen des **Betreuungsrechts** nicht anwendbar (§ 1908i Abs. 1 S. 1); hier gilt die besondere Vorschrift des § 1907.

VII. Lehrverträge, Dienst- und Arbeitsverträge (Nr. 6, 7)

46 **1. Längerfristige Lehr-, Dienst- und Arbeitsverträge.** Genehmigungspflichtig sind Lehrverträge (für den Mündel als Lehrling), die für längere Zeit als ein Jahr geschlossen werden, sowie Dienst- und Arbeitsverträge, die den Mündel zu persönlichen Leistungen für längere Zeit als ein Jahr verpflichten. Der Genehmigungsvorbehalt greift auch bei derartigen Rechtsverhältnissen mit **unbestimmter Dauer,** wenn sie nicht mit Wirkung vor Ablauf eines Jahres mit ordentlicher Kündigung aufgelöst werden können[133] oder wenn eine solche Kündigung zwar zulässig, aber mit erheblichen Rechtsnachteilen verbunden ist. Die bloß „wirtschaftliche Unmöglichkeit der Kündigung" begründet keine Genehmigungspflicht; ob es sich der Mündel wirtschaftlich leisten kann, ein Arbeitsverhältnis aufzulösen, ist im Augenblick der Begründung des Arbeitsverhältnisses nicht abzusehen und ergibt kein brauchbares Kriterium der Genehmigungspflicht.

47 **2. Nicht betroffene Verträge.** Nicht unter Nr. 7 fallen Verträge, in denen sich der Mündel als Gesellschafter zu persönlichen Leistungen verpflichtet; auch bleiben hier alle Verträge außer Betracht, in denen der Mündel als Dienst- oder Arbeitgeber fungiert (diesbezüglich beachte § 1822 Nr. 5). Die Vorschrift des § 1822 Nr. 6 und Nr. 7 ist gemäß 56 Abs. 2 S. 2 SGB VIII ferner nicht anwendbar auf Dienst- und Arbeitsverträge, die der Amtsvormund oder Amtspfleger für den Mündel abschließt. Damit ist der Amtsvormund oder Amtspfleger hier nicht länger auf eine Befreiung vom Genehmigungsvorbehalt durch Landesrecht angewiesen. Landesrecht kann jedoch nach § 56 Abs. 2 S. 3 SGB VIII für das Jugendamt als Amtsvormund oder Amtspfleger weitergehende Ausnahmen vorsehen, die die Aufsicht des FamG beim Abschluss von Lehr- und Arbeitsverträgen betreffen.

48 **3. Kündigung, Aufhebung.** Genehmigungsfrei sind die Kündigung und vertragliche Aufhebung eines Lehr-, Dienst- oder Arbeitsvertrages.

---

[126] FamRZ 1969, 209; zum Problem siehe auch OLG Köln MDR 1965, 296.
[127] Dies gegen BGH FamRZ 1969, 209; wie hier *Kölmel* RNotZ 2010, 1, 21.
[128] Vgl. Mot. IV S. 1142; RGZ 82, 124; RGZ 114, 35, 39; RGZ 154, 41, 45; RAG JW 1933, 239; BGHZ 28, 78 = NJW 1958, 1393.
[129] Vgl. BGH FamRZ 1962, 154.
[130] BGHZ 28, 78 = NJW 1958, 1393.
[131] So noch 2. Aufl. Rn. 10. Wie hier *Gernhuber/Coester-Waltjen* § 60 Rn. 112; *Soergel/Zimmermann* Rn. 32; RGRK/*Dickescheid* Rn. 37.
[132] Vgl. BGH FamRZ 1961, 216.
[133] Prot. IV S. 793.

4. Ermächtigung nach § 113. Zu beachten ist, dass eine Ermächtigung nach § 113 sich nicht auf Verträge erstreckt, zu denen der Vormund der familiengerichtlichen Genehmigung bedarf (§ 113 Abs. 1 S. 2), also auch nicht auf Verträge nach § 1822 Nr. 6 und 7. Ferner kann nach umstrittener Auffassung bei Lehr- und Dienstverträgen auch die Genehmigungspflicht nach § 1822 Nr. 5 greifen (vgl. Rn. 40).

5. Verfahren. Bei dem Genehmigungsverfahren ist vor allem zu bedenken, dass der Abschluss von Lehr- und Dienstverträgen (auch) dem Bereich der Personensorge angehört; insbesondere §§ 1631a, 1800 sind zu beachten. Im Verfahren ist der Mündel zu hören (§ 159 FamFG).

6. Problem der Teilwirksamkeit. Fraglich ist, ob ein genehmigungspflichtiger, aber nicht genehmigter Vertrag ex post als teilwirksam in dem Sinne behandelt werden kann, dass er höchstens bis zu der Zeitdauer gilt, die genehmigungsfrei hätte vereinbart werden können.[134] ME ist es problemgerechter, hier die Lehre vom faktischen Arbeitsverhältnis einzusetzen: Soweit ein genehmigungspflichtiger, aber nicht genehmigter Vertrag durch Erbringung der Dienstleistungen vollzogen ist, kommt dem Mündel der ungeschmälerte Anspruch auf die Gegenleistung zu;[135] die Nichtigkeitsfolge erfasst das Vertragsverhältnis mit Wirkung ex nunc.

VIII. Aufnahme von Geld auf den Kredit des Mündels (Nr. 8)

1. Verpflichtungsvertrag. Die Genehmigungspflicht für „Aufnahme von Geld auf Kredit des Mündels" betrifft den darauf gerichteten Verpflichtungsvertrag, also sowohl das Darlehen nach § 488 Abs. 1 als auch den Darlehensvorvertrag,[136] ferner mE auch die Umwandlung bestehender anderweitiger Verbindlichkeit in ein Darlehen nach § 607 Abs. 2 aF.[137] Unter die Vorschrift fällt darüber hinaus jede Art der Kreditaufnahme in welcher Rechtsform auch immer,[138] etwa in Gestalt des Kontokorrentverkehrs.[139] Bei der Führung eines Girokontos auf den Namen des Mündels empfiehlt es sich daher, einen Vertrag mit der Bank abzuschließen, der zu einer wiederkehrenden Ausnutzung eines gesetzten Kreditrahmens berechtigt, und diesen vom FamG genehmigen zu lassen, um der Genehmigungspflicht für jede einzelne Überweisung zu entgehen.[140] Wegen der wünschenswerten betragsmäßigen Fixierung ist dieser Weg der Ermächtigung nach § 1825 vorzuziehen. Genehmigungsbedürftig sind auch Schuldanerkenntnis und Schuldversprechen, die zum Zweck der Kreditbeschaffung erklärt werden.[141] Ob der aufzunehmende Kredit dinglich gesichert wird, ist unerheblich.[142] Ebenso spielt es keine Rolle, ob der Kredit verzinslich oder unverzinslich gewährt wird.

2. Kaufvertrag, drittfinanzierter Kreditkauf. Nicht unter § 1822 Nr. 8 fällt nach hM der Kaufvertrag, bei welchem dem Mündel der Kaufpreis – wenngleich verzinslich – gestundet wird, folglich auch nicht der gewöhnliche Abzahlungskauf.[143] Demgegenüber wird der drittfinanzierte Kreditkauf als genehmigungsbedürftig angesehen.[144] Genauer gesagt ist der in diesen rechtsgeschäftlichen Gesamtvorgängen enthaltene Darlehensvertrag genehmigungspflichtig. Ist dieser unwirksam, so wird auch der Kaufvertrag selbst von der Unwirksamkeit ergriffen (§ 139), da nach dem Parteiwillen Geschäftseinheit vorliegt.[145] Die unterschiedliche Behandlung des gewöhnlichen und des drittfinanzierten Kreditkaufs ist erstaunlich; doch müsste eine Harmonisierung darauf hinauslaufen, auch das gewöhnliche Abzahlungsgeschäft, welches im wirtschaftlichen Sinn zweifellos als Kreditgeschäft

---

[134] Vgl. RGZ 154, 45; RAG JW 1933, 239; BGH NJW 1962, 734.
[135] Vgl. auch *Picker* ZFA 1981, 1 ff.
[136] Vgl. RAG 21, 129, 141 f.
[137] AA die hM: *Palandt/Diederichsen* Rn. 17; *Soergel/Zimmermann* Rn. 37; *Staudinger/Engler* Rn. 113; *Erman/Saar* Rn. 27; *RGRK/Dickescheid* Rn. 41.
[138] RG JW 1912, 590.
[139] KG OLGE 21, 289.
[140] Vgl. KG FamRZ 2010, 402 (die Vereinbarung eines Überziehungs- und Dispositionskredits ist genehmigungspflichtig; zur Abwägung bei einem vom Betreuer vereinbarten Kreditrahmen bis 500 €); *Spanl* Rpfleger 1989, 392, 394. Vgl. zum Ganzen *Vortmann* WM 1994, 965; *Kunkel* Rpfleger 1997, 1.
[141] KG OLGE 21, 289; RG JW 1912, 590.
[142] Vgl. KG OLGE 5, 409.
[143] BGH WM 1972, 698; LG Berlin NJW 1963, 110; LG Bremen FamRZ 1963, 658, 660; LG Mannheim NJW 1962, 1112; *Gernhuber/Coester-Waltjen* § 60 Rn. 14 m. Fn. 244; *Brüggemann* FamRZ 1990, 124, 125; ebenso, wenn auch mit Kritik, jurisPK/*Lafontaine* Rn. 104.
[144] BGH NJW 1961, 166; LG Mannheim NJW 1962, 1112; LG Bremen FamRZ 1963, 658; *Palandt/Diederichsen* Rn. 17; *Gernhuber/Coester-Waltjen* § 60 Rn. 115 m. Fn. 245. Vgl. ferner *Kümpel* NJW 1966, 2092; *Hörter* MDR 1968, 547; *Gaul* FamRZ 1966, 624, 629; aA LG Berlin NJW 1963, 110.
[145] LG Bremen FamRZ 1963, 658, 660; *Fiala/Müller/Braun* Rpfleger 2002, 389, 407.

anzusehen ist, dem Genehmigungsvorbehalt zu unterwerfen; dies wiederum aber wäre als weitere, unnütze Fesselung des Vormunds nicht zu erstreben, so dass die hM Beifall verdient.

54 **3. Nicht genehmigungspflichtige Rechtsgeschäfte.** Nicht unter die Vorschrift fallen die Verpflichtung des Mündels zum Aufwendungsersatz wegen der Darlehensbeschaffungskosten;[146] die Aufnahme von Geld auf Kredit einer juristischen Person oder einer Handelsgesellschaft, an welcher der Mündel beteiligt ist;[147] dingliche Geschäfte, mit denen ein dem Mündel zu gewährender Kredit gesichert werden soll.[148] Die letztgenannten Geschäfte können jedoch einem anderweitigen Genehmigungsvorbehalt (zB nach § 1821 Abs. 1 Nr. 1) unterliegen. Die Genehmigung der Kreditaufnahme bedeutet nicht auch schon die Genehmigung zur Gestellung von Sicherheiten,[149] weil diese nicht als bloße Konsequenz der Darlehensgewährung erscheinen, sondern das Mündelvermögen zusätzlich belasten. Auch umfasst die Genehmigung zur Bestellung einer Grundschuld nicht ohne weiteres die Kreditaufnahme selbst.[150]

55 **4. Insbes. Annahme einer rechtsgrundlosen Leistung.** Keine Kreditaufnahme ist schließlich die Annahme des Kaufpreises durch den Vormund im Rahmen eines genehmigungspflichtigen (§ 1821 Abs. 1 Nr. 4), aber nicht genehmigten Grundstücksverkaufs.[151] Die Annahme einer rechtsgrundlosen Leistung bildet keine „Kreditaufnahme",[152] die ja einen Schuldgrund voraussetzt. Auch der Schutzzweck der Norm verlangt eine derart ausweitende – alle rechtsgrundlosen Leistungen an den Vormund erfassende – Deutung nicht.

56 **5. Entscheidungskriterien.** Das FamG hat zu prüfen, ob die Kreditaufnahme für den angemessenen Unterhalt des Mündels erforderlich ist oder sich im Rahmen der Vermögensverwaltung als sinnvolle, ohne große Risiken durchführbare Maßnahme darstellt. Tendenziell ist die Genehmigung zu versagen, wenn keine überzeugenden Gründe für die Verschuldung sprechen.[153]

57 **6. Geschäfte ohne erforderliche Genehmigung.** Wird Geld ohne die erforderliche Genehmigung des FamG aufgenommen, so hat der Mündel das Erlangte dem Kreditgeber nach den Grundsätzen der Leistungskondiktion zurückzuerstatten.[154] Zugunsten des Mündels kommt § 818 Abs. 3 zum Zuge. Dies gilt auch dann, wenn der Vormund die Genehmigungsbedürftigkeit des Geschäfts und damit die Rechtsgrundlosigkeit des Erwerbs kannte (§ 819 Abs. 1); dieses Wissen wird dem Mündel nach den Grundsätzen des Mündelschutzes nicht zugerechnet.[155]

58 **7. Ermächtigung nach § 1825.** Zu Geschäften des § 1822 Nr. 8 kann das FamG dem Vormund allgemein eine Ermächtigung erteilen (§ 1825), was indes gewöhnlich nicht ratsam ist.

IX. Schuldverschreibung auf den Inhaber, Wechsel, Orderpapiere (Nr. 9)

59 **1. Anwendungsbereich.** Der Genehmigung nach dieser Vorschrift bedarf die Ausstellung einer **Schuldverschreibung auf den Inhaber** (§§ 793 ff.).[156] Genehmigungspflichtig ist ferner die Eingehung jeglicher Verbindlichkeit aus einem Wechsel oder einem anderen **Orderpapier** (siehe insbes. §§ 363 ff. HGB). Ohne gerichtliche Genehmigung kann für den Mündel keinerlei wechselmäßige Haftung begründet werden, weder durch Ausstellung noch durch Wechselakzept noch durch Indossament. Bei Ausstellung des Wechsels an eigene Order ist erst die Begebung genehmigungspflichtig.[157] Ein Wechselakzept ist auch dann genehmigungsbedürftig, wenn damit eine vertragliche Verpflichtung des Mündels erfüllt werden soll.[158] Auch die Eingehung einer Verpflichtung, eine

---

[146] BGH FamRZ 1957, 120.
[147] BayObLGZ 2, 847.
[148] *Kölmel* RNotZ 2010, 1, 22. Unrichtig OLG Königsberg JW 1933, 2072 (wonach die Verpfändung des Bankguthabens für Kredit des Vaters unter Nr. 8 fallen soll).
[149] AA wohl RG HRR 1932 Nr. 1755; OLG Celle NJW 1954, 1729; wie hier wohl *Soergel/Zimmermann* Rn. 36.
[150] OLG Celle NJW 1954, 1729.
[151] AA RGZ 81, 261, 264; OLG Hamburg NJW 1952, 938; wie hier *Staudinger/Engler* Rn. 112.
[152] Wie hier wohl auch *Soergel/Zimmermann* Rn. 37.
[153] Vgl. aber zur Abwägung KG FamRZ 2010, 402 (betr. einen vom Betreuer vereinbarten Kreditrahmen bis 500 €).
[154] Der Mündel erwirbt durch die rechtsgrundlose Auszahlung Eigentum am empfangenen Geld (aA RGZ 81, 261, 264; OLG Hamburg NJW 1952, 938); § 1822 Nr. 8 durchbricht nicht das Abstraktionsprinzip.
[155] Str.; aA (Zurechnung der Unredlichkeit des Vormunds) *Dölle* § 94 IV 9 (für Eltern: auch wenn nur *ein* Elternteil die Rechtsgrundlosigkeit kennt); *Soergel/Zimmermann* Rn. 37; vgl. auch BGH NJW 1982, 1585 zur Zurechnung des Wissens einer nicht vertretungsberechtigten Person.
[156] *Staudinger/Engler* Rn. 118 f.; *Soergel/Zimmermann* Rn. 38.
[157] RG JW 1927, 1354; hL.
[158] *Soergel/Zimmermann* Rn. 38.

wechselmäßige Haftung zu begründen, dürfte – zwar nicht nach dem Wortlaut, wohl aber nach dem Schutzzweck der Norm – dem Genehmigungsvorbehalt unterfallen.[159] Setzt der Vormund ohne die notwendige Genehmigung seine Unterschrift auf den Wechsel, so haftet er selbst gemäß Art. 8 Wechselgesetz. Die gerichtliche Genehmigung kann auf der Urkunde vermerkt werden; dies ist für die Zulässigkeit des Urkundenprozesses von Bedeutung (§ 592 ZPO).

2. Auf den Inhaber ausgestellte Schecks. Streitig ist die Genehmigungsbedürftigkeit eines auf den Inhaber (oder Überbringer) ausgestellten Schecks. Der Inhaberscheck ist (trotz Art. 20 Scheckgesetz) kein Orderpapier und lässt sich auch nicht als Inhaberschuldverschreibung begreifen.[160] Die mit der erhöhten Umlauffähigkeit eines solchen Schecks einhergehende Risikoträchtigkeit allein ist kein Grund, den Katalog des § 1822 zu erweitern.[161] Die Genehmigungsbedürftigkeit ist deshalb zu verneinen.[162] Die Gegenmeinung hält die Ausstellung auch des Inhaberschecks (nicht aber des Rektaschecks) für genehmigungsbedürftig, nimmt indes den bei Barabhebungen vom Girokonto verwendeten „Quittungsscheck" aus.[163]

X. Übernahme einer fremden Verbindlichkeit, Bürgschaft (Nr. 10)

1. Schutz vor Haftung für fremde Schuld. Der Genehmigungsvorbehalt soll den Mündel vor einer Haftung für fremde Schuld schützen, die in der oft trügerischen Hoffnung begründet werden mag, der „eigentliche" Schuldner werde selbst leisten oder auf dem Regresswege für die Schuld geradestehen. Dieser Regelungszweck bedingt eine teils einschränkende, teils ausdehnende Interpretation der Vorschrift.

2. Nur Fälle der Subsidiärhaftung. Die hM beschränkt die Norm zutreffend auf die Fälle, in denen eine „Subsidiärhaftung"[164] übernommen werden soll, folglich auf die Fälle, in denen dem Mündel, der auf Grund der übernommenen Haftung leisten würde, ein Ersatzanspruch gegen den Primärschuldner zusteht.[165] Nicht hingegen ist die Vorschrift anzuwenden, wenn eine Verbindlichkeit nicht als wirtschaftlich fremde, sondern als eigene übernommen wird,[166] so bei befreiender Schuldübernahme, bei der kein Regress zum bisherigen Schuldner zugelassen ist,[167] etwa bei der Übernahme eines Grundpfandrechts im Rahmen eines Kaufvertrags unter Anrechnung auf den Kaufpreis;[168] auch die Übernahme der auf einem dem Mündel geschenkten Grundstück ruhenden Lasten wird nicht vom Genehmigungsvorbehalt erfasst.[169] Bei alldem ist zu beachten, dass die – nach § 1822 Nr. 10 nach den vorstehenden Grundsätzen genehmigungsfreie – Übernahme fremder Schuld als nunmehr eigene sich als Schenkung darstellen kann und somit der Sperre des § 1804 unterliegt.

3. Auch gegenständlich beschränkte Haftung für fremde Schuld. Eine extensive Auslegung der Vorschrift bezieht auch solche Geschäfte ein, in denen keine persönliche Verpflichtung, jedoch die gegenständlich beschränkte Haftung für fremde Schuld übernommen wird, so also die Begründung von Pfandrechten an Gegenständen des Mündelvermögens für fremde Verbindlichkeit (vgl. näher Rn. 64). Eine Ausdehnung der Vorschrift wird von einer verbreiteten Meinung auch insofern befürwortet, als solche Geschäfte einbezogen werden, bei denen die fremde Verbindlichkeit nicht kraft rechtsgeschäftlichen Willens übernommen wird, sondern sich die Mündelhaftung vielmehr als gesetzliche Sekundärfolge ergibt (vgl. Rn. 65).

---

[159] *Palandt/Diederichsen* Rn. 18; *Erman/Saar* Rn. 28; *Staudinger/Engler* Rn. 123.
[160] RGZ 105, 361; *Sennekamp* NJW 1971, 1785; str.
[161] So mit Recht *Staudinger/Engler* Rn. 122.
[162] *Staudinger/Engler* Rn. 122; *Gernhuber/Coester-Waltjen* § 60 Rn. 114.
[163] *Palandt/Diederichsen* Rn. 18; *Soergel/Zimmermann* Rn. 38; *Sennekamp* NJW 1971, 1785, 1786. Vgl. auch *Westermann* FamRZ 1967, 645, 650.
[164] *Gernhuber/Coester-Waltjen* § 60 Rn. 116.
[165] So auch: BGHZ 60, 365, 368; BGH FamRZ 1983, 371 f.; BGHZ 107, 24 = FamRZ 1989, 605, 606; BayObLG FamRZ 1964, 526; LG Stuttgart BWNotZ 2001, 91; *Soergel/Zimmermann* Rn. 39; *Staudinger/Engler* Rn. 125 f.; *Bamberger/Roth/Bettin* Rn. 25; *Brüggemann* FamRZ 1990, 124; *Rust* DStR 2005, 1942, 1943; *Kölmel* RNotZ 2010, 1, 22; zweifelnd *Dümig* FamRZ 2003, 1, 3 f.; aA KG OLGE 9, 461; KG KGJ 51, 174, 180.
[166] Dass die Übernahme von Schulden des Vormunds als Übernahme von *Fremdschuld* anzusehen ist, versteht sich von selbst, vgl. OLG Hamburg ZBlFG 17, 40.
[167] Vgl. RGZ 158, 210, 216 (hier: Erfüllungsübernahme).
[168] RGZ 110, 173, 175; *Gernhuber/Coester-Waltjen* § 60 Rn. 116.
[169] KG JW 1935, 55; LG Coburg MittBayNot 2008, 224: Die Übernahme der auf dem geschenkten Grundstück ruhenden dinglichen Reallast ist – unbeschadet der persönlichen Haftung des Mündels (§ 1108) - genehmigungsfrei.

64 **4. Fallgruppen.** Nach den genannten Grundsätzen sind genehmigungsbedürftig: Die Übernahme einer Bürgschaft. Die Schuldübernahme und der Schuldbeitritt, sofern dem Mündel die Möglichkeit des Regresses offen stehen soll, unter gleicher Voraussetzung auch die Erfüllungsübernahme (§ 329). Die Übernahme gesamtschuldnerischer Haftung für fremde Schuld.[170] Das **Eingehen einer Gesamtverbindlichkeit** (Gefahr der Inanspruchnahme auf das Ganze, Haftung auf Regress nach § 426).[171] Die Umwandlung der Kommanditeinlage an einer KG in diejenige eines Komplementärs (§§ 161 Abs. 2, 128 HGB).[172] Die Bestellung von Pfandrechten an Gegenständen des Mündelvermögens für fremde Verbindlichkeiten.[173] Nicht jedoch ein Rechtsgeschäft, in dem die Darlehensschuld eines Dritten der genehmigten Grundschuld mit einer Sicherungsabrede zugrunde gelegt wird;[174] das gilt auch, wenn sich der Mündel in demselben Geschäft darüber hinaus verpflichtet, die der Grundschuld haftenden Sachen unter Versicherungsschutz zu bringen und die künftigen Versicherungsforderungen für Zubehör dem Grundschuldgläubiger verpfändet.[175] Die Sicherungsübereignung und Sicherungsabtretung zur Sicherung fremder Schuld.[176] Auch der Austausch des Pfandgegenstandes fällt unter den genannten Voraussetzungen in den Anwendungsbereich der Vorschrift.[177]

65 **5. Haftung für fremde Schuld als gesetzliche Sekundärfolge.** Zum Schutz des Mündels greift die Vorschrift auch dann, wenn sich die Haftung für fremde Schuld als gesetzliche Sekundärfolge des Rechtsgeschäfts ergibt.[178] So bei Erwerb des Bruchteils eines Wohnungseigentums im Hinblick auf die damit eintretende persönliche gesamtschuldnerische Haftung gem. § 16 Abs. 2 WEG.[179] Viel diskutiert ist die Erstreckung der Norm auf Fälle, in denen der Mündel einer jur. Person als deren Mitglied einstehen muss, wenn die von einem anderen Mitglied geschuldete Leistung ausbleibt oder eine Nachschusspflicht besteht.[180] So ist streitig, ob die Beteiligung an einer eingetragenen Genossenschaft dem Genehmigungsvorbehalt unterfällt. Es wird dies vom BGH[181] – jedenfalls für die Genossenschaft mit beschränkter Haftung – zutreffend verneint;[182] die zur Begründung der gegenteiligen Ansicht herangezogene Nachschusspflicht (§ 105 GenG) der Genossen im Fall der Insolvenz der Genossenschaft stellt eine eigene Verbindlichkeit der Genossen, nicht aber Haftung für fremde Schuld dar. Genehmigungspflichtig sind dagegen Übernahme und Erwerb von Geschäftsanteilen an einer GmbH vor Volleinzahlung der Stammeinlage, da hier die Ausfallhaftung aus § 24 GmbHG besteht, insoweit also der Schutzzweck der Vorschrift greift.[183] Nach anderer

---

[170] BGHZ 60, 385 (bei Erwerb von Miteigentum die Haftung für die Kaufpreisschulden auch der übrigen Erwerber auf Grund von § 427).
[171] Vgl. BayObLG FamRZ 1996, 119, 121: Die Übernahme der gesamtschuldnerischen Haftung für durch Grundpfandrechte gesicherte Verbindlichkeiten, wenn der Mündel in eine Grundstücksverwaltungsgesellschaft bR eintritt und damit Anteilseigentum an den sichernden Grundstücken erwirbt. Vgl. auch LG München I MittBayNot 1996, 128 f.: § 1822 Nr. 10 ist auf die Beteiligung eines Minderjährigen an einer Grundstücksverwaltungsgesellschaft anwendbar, weil er durch den Vertrag entsprechend seinem Gesellschaftsanteil nicht nur am Gewinn, sondern auch am Verlust der Gesellschaft beteiligt wird. Ferner OLG Hamm FamRZ 2001, 53.
[172] *Kölmel* RNotZ 2010, 1, 16; *Gernhuber/Coester-Waltjen* § 60 Rn. 109 a. E.
[173] Verpfändung einer Hypothek: RGZ 63, 76; BayObLGZ 9, 50; Bankguthaben: OLG Königsberg JW 1933, 2072; Wertpapiere: OLG Hamburg SeuffA 63 Nr. 15.
[174] BayObLG FamRZ 1986, 597 ff.
[175] BayObLG FamRZ 1986, 597 ff.
[176] RGZ 76, 89; RG SeuffA 91 Nr. 127; RG JW 1915, 141; RG HRR 1936 Nr. 336; KG HRR 1931 Nr. 839 = JW 1932, 1386.
[177] Vgl. *Engler* Rpfleger 1974, 144.
[178] So grundsätzlich BGHZ 107, 24 = FamRZ 1989, 605, 606; *Gernhuber/Coester-Waltjen* § 60 Rn. 118; *Staudinger/Engler* Rn. 134; *Soergel/Zimmermann* Rn. 42; *Brüggemann* FamRZ 1990, 124, 125; RGZ 133, 7, 13; *Rust* DStR 2005, 1942, 1946; im Ergebnis (für die Beteiligung an einer GbR) auch *Dümig* FamRZ 2003, 1, 4; ebenso *Wertenbruch* FamRZ 2003, 1714, 1716; KG KGJ 44, 142, 144; vgl. KG HRR 1933 Nr. 815.
[179] KG Beschluss vom 15. 07. 2010 – 1 W 312/ 10 – juris.
[180] Überblick bei *Erman/Saar* Rn. 30.
[181] BGHZ 41, 71.
[182] Ebenso OLG Karlsruhe FamRZ 1963, 655; OLG Oldenburg NJW 1963, 1551; OLG Hamm NJW 1966, 1971. So auch *Gernhuber/Coester-Waltjen* § 60 Rn. 118; *Erman/Saar* Rn. 30; *Staudinger/Engler* Rn. 140; *Soergel/Zimmermann* Rn. 42; *Dölle* § 128 II 2 e cc; RGRK/*Dickescheid* Rn. 51; *Brüggemann* FamRZ 1990, 124, 125. AA *Paulik* FamRZ 1964, 205 ff.; OLG Braunschweig FamRZ 1963, 657; LG Braunschweig MDR 1963, 761. Weitergehend *Rehbinder* NJW 1964, 1132.
[183] So KG NJW 1962, 54; *Gernhuber/Coester-Waltjen* § 60 Rn. 118; *Soergel/Zimmermann* Rn. 42; *Staudinger/Engler* Rn. 137 f.; *Müller* JR 1961, 326; *Fiala/Müller/Braun* Rpfleger 2002, 389, 408; *Kölmel* RNotZ 2010, 1, 23. In diese Richtung auch BGHZ 107, 24 = FamRZ 1989, 605: Die Übertragung eines GmbH-Anteils bedarf nur dann der vormundschaftlichen Genehmigung nach § 1822 Nr. 10, wenn der Minderjährige damit zugleich eine fremde Verbindlichkeit übernimmt, er im Verhältnis zum bisherigen Schuldner allein dieser zu tragen hat. Das ist der Fall, wenn der den Anteil erwerbende Minderjährige die Möglichkeit hat, nach seiner Inanspruchnahme durch die Gesellschaft beim Rechtsvorgänger oder bei dem Gesellschafter, für dessen Ausfälle er nach § 24, 31

Ansicht besteht hier generell Genehmigungsfreiheit,[184] nach dritter Auffassung ist eine derartige Beteiligung an einer GmbH wegen der Erstattungspflicht des § 31 Abs. 3 GmbHG stets genehmigungsbedürftig.[185] Doch empfiehlt sich bei der Ausdehnung des § 1822 Nr. 10 auf gesetzliche Haftungstatbestände die Mäßigung auf das im Mündelinteresse Erforderliche, so dass der zuerst genannten Auffassung beizupflichten ist. Änderungen eines GmbH-Gesellschaftsvertrages sind nach denselben Grundsätzen genehmigungsbedürftig; sie sind es also dann, wenn sie eine erhöhte Haftung des Mündels für die Verbindlichkeit anderer Gesellschafter herbeiführen.[186]

6. Tilgung fremder Verbindlichkeit. Nicht unter § 1822 Nr. 10 fällt die Tilgung fremder Verbindlichkeit aus Mitteln des Mündelvermögens;[187] doch ist in solchem Falle das Einschreiten des FamG nach § 1837 Abs. 1 veranlasst.

7. Entscheidungskriterien. Das FamG darf die Genehmigung nur erteilen, wenn die Übernahme der fremden Verbindlichkeit durch erhebliche wirtschaftliche oder ausnahmsweise durch besonders dringende persönliche Gründe gerechtfertigt ist. Von der Möglichkeit einer allgemeinen Ermächtigung nach § 1825 ist zurückhaltend Gebrauch zu machen.

XI. Erteilung der Prokura (Nr. 11)

Die Erteilung der Prokura (§§ 48 ff. HGB) ist genehmigungsbedürftig, wenn der Mündel Inhaber des Handelsgeschäfts ist. Ansonsten können die vertretungsberechtigten Organe der Handelsgesellschaft oder juristischen Person selbständig ohne Genehmigung des FamG Prokura erteilen.[188] Ist die Prokura unter Genehmigung erteilt, so kann der Prokurist im Rahmen seiner Vertretungsmacht genehmigungsfrei alle Geschäfte vornehmen, auch solche, zu denen der Vormund sonst die Genehmigung des FamG einholen müsste;[189] dies gilt auch dann, wenn der Prokurist schon bestellt war, als der Mündel erst Geschäftsinhaber oder Geschäftsmitinhaber wurde.[190] Ebenso belässt eine vom Erblasser erteilte und seinen Tod überdauernde (§ 52 Abs. 3 HGB) Prokura dem Prokuristen die genehmigungsfreie Handlungsmacht, auch wenn zu den Erben ein Mündel gehört.[191] Die nicht genehmigte Prokura ist unwirksam, auch wenn sie im Handelsregister eingetragen ist.[192] Der Vormund kann nur durch einen Ergänzungspfleger zum Prokuristen bestellt werden (§§ 1795 Abs. 2, 181). Nicht genehmigungsbedürftig ist die Erteilung sonstiger Handlungsvollmachten, auch nicht die Zurücknahme der Prokura, § 52 HGB.[193]

XII. Vergleich und Schiedsvertrag (Nr. 12)

1. Vergleich. Hierzu zählen neben § 779 auch der Prozessvergleich[194] und der Unterhaltsvergleich (beachte aber § 1614); anders als beim Zwangsvergleich in früheren Konkurs- oder Vergleichsverfahren soll die Stimmabgabe im Insolvenzplanverfahren (§§ 237 ff. InsO) nicht der Genehmigung des FamG bedürfen (vgl. dazu auch § 1821 Rn. 14).[195] Gleichgültig ist, ob – sofern der Vergleich formfrei geschlossen werden kann – eine schriftliche Fixierung erfolgt ist oder nicht. Ist ein Vergleich mündlich abgeschlossen, so kann das Gericht nicht die Vorlage in schriftlicher Form verlangen, sondern hat den Sachverhalt nach dem Amtsermittlungsgrundsatz zu würdigen.[196] Im Übrigen

---

Abs. 3 GmbHG einstehen muss, Regress zu nehmen. Vor anderen Risiken der Anteilsübertragung schützt § 1822 Nr. 10 nicht. Allein wegen der theoretischen Möglichkeit, dass ein Gesellschafter erst nach Übertragung des Anteils Leistungen unter Verstoß gegen § 30 GmbHG erhält und nach § 31 GmbHG nicht erstatten kann, besteht kein Genehmigungserfordernis, wenn dafür im Zeitpunkt der Anteilsübertragung keine Anhaltspunkte vorhanden sind. Differenzierend zur Problematik: *Gerken* Rpfleger 1989, 270, 272 f.

[184] ZB *Zelz* GmbHR 1959, 92; *Winkler* ZGR 1973, 183.
[185] So KG KJG 44 A 142, 144 = OLGE 27, 367; OLG Stuttgart OLGZ 1978, 426; *Dölle* § 128 II 2 e cc; *Pleyer* GmbHR 1962, 49; *Biddermann* GmbHR 1966, 4; *Brüggemann* FamRZ 1990, 124, 125.
[186] Etwa bei Kapitalerhöhung, *Müller* JR 1961, 328.
[187] RGZ 75, 357, 360.
[188] KG RJA 12, 237; *Kölmel* RNotZ 2010, 1, 23.
[189] RGZ 106, 185, 186.
[190] OLG Hamm BB 1956, 900.
[191] *Brüggemann* FamRZ 1990, 5, 8; str.
[192] RGZ 127, 157.
[193] OLG Hamm FamRZ 1972, 270; *Staudinger/Engler* Rn. 145; RGRK/*Dickescheid* Rn. 53; Erman/Saar Rn. 31; *Kölmel* RNotZ 2010, 1, 23.
[194] RGZ 56, 333.
[195] So jedenfalls *Palandt/Diederichsen* Rn. 23; *Staudinger/Engler* Rn. 151; aA Erman/Saar Rn. 32; *Gernhuber/Coester-Waltjen* § 71 Rn. 51; Gutachten DIJuF JAmt 2008, 430.
[196] OLG Frankfurt Rpfleger 1977, 362.

gelten die bei § 1821 entwickelten allgemeinen Grundsätze (vgl. § 1821 Rn. 6 bis 15). Genehmigungsfrei sind insbesondere Vergleiche, die im Namen einer juristischen Person oder Handelsgesellschaft, an denen der Mündel beteiligt ist, geschlossen werden, ebenso Vergleiche, die ein Drittverwalter (zB Testamentsvollstrecker) schließt, der seine Vertretungsmacht nicht vom Vormund ableitet.[197]

70 **2. Schiedsvertrag.** Zum Schiedsvertrag vgl. die Vorschriften der §§ 1025 ff. ZPO. Bei einer Schiedsabrede, die Bestandteil einer i. ü. nicht genehmigungsbedürftigen Gesamtvereinbarung ist, soll die Genehmigung eine Gesamtabwägung erfordern.[198]

71 **3. Wert des Gegenstandes.** Voraussetzung der Genehmigungspflicht bei Vergleichen und Schiedsverträgen ist, dass der Wert des Gegenstands des Streits oder der Ungewissheit (nicht etwa derjenige des gesamten Anspruchs) 3000 Euro übersteigt oder betragsmäßig nicht beziffert ist. Der Wert wird nach §§ 3 ff. ZPO errechnet, also unter Einbeziehung der Hauptleistung, nicht auch der Nebenleistungen.

XIII. Aufhebung und Minderung von Sicherheiten (Nr. 13)

72 **1. Anwendungsbereich.** Der Genehmigungsvorbehalt betrifft Rechtsgeschäfte,[199] durch die eine für eine Mündelforderung bestehende Sicherheit aufgehoben oder gemindert wird,[200] einschließlich der hierauf gerichteten Verpflichtungsgeschäfte. Bezieht sich das Rechtsgeschäft auf die gesicherte Mündelforderung selbst (zB Annahme der Hypothekenvaluta mit Erteilung der Löschungsbewilligung),[201] so ist Nr. 13 nicht einschlägig (vgl. aber § 1821 Rn. 30).

73 **2. Aufgabe einer Sicherheit.** Als Aufgabe einer Sicherheit kommen zB in Betracht: Aufgabe einer dinglichen Sicherheit jeglicher Art bei Fortbestand der Mündelforderung,[202] etwa durch Verzicht auf ein Grundpfandrecht[203] oder seine Aufhebung,[204] die Aufgabe von Sicherungseigentum, die Rückgängigmachung einer Sicherungsabtretung, der Verzicht auf die gemäß § 232 BGB, § 108 ZPO geleistete Sicherheit, ferner die Entlassung des Bürgen aus der Haftung, Pfandfreigabe nach § 1175 Abs. 1 S. 2,[205] Rücknahme des Versteigerungsantrags oder des Beitritts zum Verfahren der Zwangsversteigerung/Zwangsverwaltung von Seiten des nur mit persönlicher Forderung betreibenden oder beitretenden Gläubigers.[206] Auch die Zustimmung des Mündels als Nacherben (vor Eintritt des Nacherbfalls) zur Aufhebung einer für die Nachlassforderung bestehenden Sicherheit bedarf der Genehmigung.[207]

74 **3. Minderungen einer Sicherheit** sind zB die Umwandlung einer für eine Mündelforderung bestehenden Verkehrshypothek in eine Sicherungshypothek, da damit die Rechtsverfolgung erschwert wird[208] (nicht aber der umgekehrte Fall!); ferner der Rangrücktritt,[209] die Verteilung der Gesamthypothek auf die einzelnen Grundstücke nach § 1132 Abs. 2 sowie allgemein der Austausch der Sicherheit gegen eine andere, die weniger sicher erscheint.

75 **4. Entscheidungskriterien.** Die Genehmigung darf nur erteilt werden, wenn dringende Gründe für die Aufgabe oder Minderung der Sicherheit sprechen.[210] Der Genehmigungsvorbehalt entfällt, wenn der Mündel zur Abgabe der Erklärung verurteilt ist (vgl. § 1821 Rn. 14), nicht aber schon immer dann, wenn eine Verpflichtung zu dieser Abgabe besteht (vgl. § 1821 Rn. 16).

---

[197] KG OLGE 38, 259.
[198] OLG Hamm FamRZ 2001, 373.
[199] Die Aufgabe einer Sicherheit durch Realakt, zB Rückgabe des Pfandes nach § 1253 Abs. 1, unterfällt nicht § 1822 Nr. 13. Sobald der Realakt sich mit Elementen eines Rechtsgeschäfts verbindet (zB Pfandauswechslung), unterliegt er der Genehmigungspflicht: *Brüggemann* FamRZ 1990, 5, 9.
[200] Zum Anwendungsbereich der Vorschrift vgl. BGH WM 1966, 575, 577.
[201] Vgl. KG KGJ 27, 169, 171; KG OLGE 8, 359.
[202] KG KGJ 33 A 46.
[203] KG OLGE 8, 359, 361; LG Mönchengladbach Rpfleger 2003, 651, 652 (im konkreten Fall aber gegen die Genehmigungsbedürftigkeit wegen wirtschaftlicher Bedeutungslosigkeit der zugrunde liegenden Forderung).
[204] KG OLGE 10, 10 = KG KGJ 27, 169.
[205] *Böttcher/Spanl* RpflegerJb 1990, 193, 218.
[206] *Brüggemann* FamRZ 1990, 124, 126.
[207] OLG Dresden Recht 1906 Nr. 477.
[208] OLG Dresden OLGE 29, 371, 373.
[209] BayObLGZ 17, 172, 173; RG Recht 1920 Nr. 2443. Ausführlich hierzu *Böttcher/Spanl* RpflegerJb 1990, 193, 217; ferner *Fichtelmann* GmbHR 2007, 518.
[210] Vgl. KG OLGE 31, 402.

XIV. Entscheidung und Verfahren

Es entscheidet der Rechtspfleger (§ 3 Nr. 2 a RPflG). Zu den Genehmigungsvoraussetzungen 76
siehe § 1828 Rn. 15 ff.; zum Verfahren siehe § 1828 Rn. 33 ff.

XV. Parallelvorschriften

Die Vorschrift ist auf die Pflegschaft entsprechend anwendbar (§ 1915 Abs. 1). Im Rahmen des 77
Betreuungsrechts sind die Nr. 1 bis 4, 6 bis 13 anzuwenden (§ 1908i Abs. 1 S. 1); an die Stelle des
§ 1822 Nr. 5 tritt im Betreuungsrecht § 1907 Abs. 3.

§ 1823 Genehmigung bei einem Erwerbsgeschäft des Mündels

Der Vormund soll nicht ohne Genehmigung des Familiengerichts ein neues Erwerbsgeschäft im Namen des Mündels beginnen oder ein bestehendes Erwerbsgeschäft des Mündels auflösen.

I. Normzweck

Die Norm ergänzt die Genehmigungsvorbehalte des § 1822 Nr. 3 und 4 und des § 112, bildet 1
aber im Gegensatz zu diesen eine bloße Sollvorschrift („Ordnungsvorschrift"):[1] Da der Erwerb, die Veräußerung sowie der Gesellschaftsvertrag zum Betrieb eines Erwerbsgeschäfts sowie der Pachtvertrag über ein bestehendes Erwerbsgeschäft bereits nach diesen Vorschriften genehmigungspflichtig sind, erschöpft sich die Bedeutung des § 1823 insoweit auf den Fall, dass der Vormund das Erwerbsgeschäft „aus dem Nichts aufbaut".[2] Anders als § 1645, der nur den Beginn eines neuen Erwerbsgeschäfts durch die Eltern genehmigungspflichtig stellt, bedarf der Vormund auch zur Auflösung eines Erwerbsgeschäfts der Genehmigung: Es soll verhindert werden, dass der Vormund seinen Verantwortungsbereich ohne Not durch Geschäftsauflösung reduziert.[3]

II. Genehmigungspflicht

1. Gegenstand der Genehmigungspflicht. a) Begriff des Erwerbsgeschäfts. Ein 2
Erwerbsgeschäft betreibt, wer berufsmäßig eine auf selbständigen Erwerb gerichtete Tätigkeit ausübt.[4] Zum Begriff siehe 1822 Rn. 11, 12.

b) Neubeginn, nicht Fortführung. Unter § 1823 fällt der Neubeginn eines Erwerbsge- 3
schäfts, nicht dagegen die Fortführung oder Änderung eines bestehenden Erwerbsgeschäfts. Eine Fortführung liegt nur dann vor, wenn dem Mündel das Erwerbsgeschäft durch Schenkung oder Erbfolge/Vermächtnis zufällt, oder, bei einer Gesellschaft, wenn der Mündel im Wege der unmittelbaren Gesamtnachfolge ohne rechtsgeschäftlichen Übertragungsakt Gesellschafter wird. Steht dem Mündel jedoch nur ein sogenanntes Eintrittsrecht oder ein Anspruch auf Aufnahme in die Gesellschaft zu oder wird die Fortsetzung der Gesellschaft erst nach dem Tod des Erblassergesellschafters vereinbart, so liegt ein – allerdings bereits nach § 1822 Nr. 3 – genehmigungspflichtiger Neubeginn vor; ebenso wenn die Erben des Alleininhabers eines Erwerbsgeschäfts einen Gesellschaftsvertrag zur Weiterführung schließen.[5] Im Einzelfall kann auch eine wesentliche **Änderung** des Geschäftszwecks oder der Art des bestehenden Erwerbsgeschäfts qualitativ einer Neubegründung gleichkommen und damit genehmigungspflichtig werden.[6]

c) Auflösung. Unter Auflösung des Geschäfts ist auch der Auflösungsbeschluss bei einer Perso- 4
nengesellschaft zu verstehen, ferner die Veräußerung einer Beteiligung und die Kündigung des Gesellschaftsvertrags.[7]

2. Wirkungen der Genehmigungspflicht. Da § 1823 Ordnungsvorschrift ist, darf der 5
Registerrichter, wenn nicht auch zugleich § 1822 Nr. 3, 4 vorliegt, die Eintragung im Handelsregis-

---

[1] *Soergel/Zimmermann* Rn. 5; *Staudinger/Engler* Rn. 8; *Reymann* ZEV 2005, 457 mit Fn. 4.
[2] *Soergel/Zimmermann* Rn. 1.
[3] *Soergel/Zimmermann* Rn. 1.
[4] RGZ 133, 11.
[5] KG JW 1933, 118; *Soergel/Zimmermann* Rn. 2; *Staudinger/Engler* Rn. 5 f.
[6] BGHZ 38, 26 = NJW 1962, 2344; *Soergel/Zimmermann* Rn. 3; *Staudinger/Engler* Rn. 4.
[7] Vgl. *Soergel/Zimmermann* Rn. 4; *Winkler* ZGR 1973, 177, 205.

§ 1824 1–5   Abschnitt 3. Titel 1. Vormundschaft

ter nicht von dem Nachweis der vormundschaftsgerichtlichen Genehmigung abhängig machen.[8] Der Verstoß gegen § 1823 hat auf die vom Vormund getätigten Rechtsgeschäfte keinen Einfluss. Der Vormund haftet für die pflichtwidrige Nichteinholung der gerichtlichen Genehmigung nach § 1833; außerdem kann das FamG nach §§ 1837 Abs. 2 bis 4, 1886 gegen den Vormund vorgehen.

6   3. **Verfahren.** Es entscheidet der Rechtspfleger (§ 3 Nr. 2 a RPflG). Zu hören sind der Mündel (§ 159 FamFG) und der Gegenvormund (§ 1826); vgl. ferner § 1847.

III. Parallelvorschriften

7   Die Vorschrift ist auf die Pflegschaft (§ 1915 Abs. 1) und die Betreuung (§ 1908i Abs. 1 S. 1) entsprechend anzuwenden. Für Eltern gilt § 1645.

§ 1824 Genehmigung für die Überlassung von Gegenständen an den Mündel

Der Vormund kann Gegenstände, zu deren Veräußerung die Genehmigung des Gegenvormunds oder des Familiengerichts erforderlich ist, dem Mündel nicht ohne diese Genehmigung zur Erfüllung eines von diesem geschlossenen Vertrags oder zu freier Verfügung überlassen.

I. Normzweck

1   Geschäfte, die der beschränkt geschäftsfähige Mündel vornimmt, bedürfen nicht nur der Zustimmung des Vormunds, sondern daneben auch der Genehmigung des Gegenvormunds oder des FamG, wenn auch der Vormund selbst zur Vornahme dieses Geschäfts eine solche Genehmigung benötigt. Ausnahmsweise bedarf der Minderjährige nach § 110 zur Vornahme eines Rechtsgeschäfts nicht der Einwilligung seines gesetzlichen Vertreters. Der Vormund könnte deshalb die für Veräußerungsgeschäfte nach Maßgabe der §§ 1812 ff. bestehenden Genehmigungserfordernisse umgehen, indem er dem Mündel Gegenstände zu einer nach § 110 wirksamen Veräußerung überlässt, für die der Vormund selbst einer Genehmigung bedürfte: Die Überlassung durch den Vormund ist (noch) kein genehmigungspflichtiges Veräußerungsgeschäft; das Veräußerungsgeschäft des Mündels selbst ist – anders als ein Veräußerungsgeschäft des Vormunds – aber nicht genehmigungspflichtig. § 1824 schließt diese **Genehmigungslücke**, indem er auch die Überlassung von Gegenständen, deren Veräußerung durch den Vormund genehmigungspflichtig wäre, der Genehmigungspflicht unterwirft.

II. Genehmigungspflicht

2   1. **Gegenstände der Genehmigungspflicht.** Genehmigungspflichtig ist die Überlassung von Gegenständen an den Mündel, deren Veräußerung durch den Vormund nach den §§ 1812, 1813, 1819, 1820, 1821, 1822 genehmigungspflichtig wäre. Der Gegenstand muss dem Mündel zu Vertragserfüllung oder zur freien Verfügung überlassen sein; im ersten Fall muss – entgegen dem Wortlaut – der Mündel den Vertrag noch nicht abgeschlossen haben. War dem Mündel der Gegenstand bereits aus anderen Gründen überlassen, unterliegt auch die bloße Änderung der ursprünglichen Zweckbestimmung der Genehmigungspflicht.

3   2. **Ersetzung.** Trotz abweichenden Wortlauts wird in Analogie zu §§ 1810 S. 1 Halbs. 2, 1812 Abs. 2 die Genehmigung des Gegenvormunds durch diejenige des FamG ersetzt.[1]

4   3. **Verfahren.** Zuständig ist der Rechtspfleger (§ 3 Nr. 2 a RPflG).

III. Fehlen der Genehmigung

5   Fehlt die gem. § 1824 erforderliche Genehmigung des Vormundschaftsgerichts oder des Gegenvormunds, so tritt die Wirksamkeitsfiktion des § 110 nicht ein, der Vertrag bleibt unwirksam.[2]

---

[8] Str., so KG KGJ 20 A 160; Dölle § 126 II 5; Soergel/Zimmermann Rn. 5; jurisPK/Lafontaine Rn. 13; aA Soergel/Lange 12. Aufl., § 1645 Rn. 3.
[1] Staudinger/Engler Rn. 7; Soergel/Zimmermann Rn. 2; Bamberger/Roth/Bettin Rn. 2.
[2] Staudinger/Engler Rn. 3; Soergel/Zimmermann Rn. 1.

IV. Parallelvorschriften

Die Vorschrift ist auf die Pflegschaft (§ 1915 Abs. 1) und auf die Betreuung (§ 1908i Abs. 1 S. 1) **6** entsprechend anzuwenden. Für Eltern gilt § 1644.

§ 1825 Allgemeine Ermächtigung

(1) **Das Familiengericht kann dem Vormund zu Rechtsgeschäften, zu denen nach § 1812 die Genehmigung des Gegenvormunds erforderlich ist, sowie zu den in § 1822 Nr. 8 bis 10 bezeichneten Rechtsgeschäften eine allgemeine Ermächtigung erteilen.**

(2) **Die Ermächtigung soll nur erteilt werden, wenn sie zum Zwecke der Vermögensverwaltung, insbesondere zum Betrieb eines Erwerbsgeschäfts, erforderlich ist.**

I. Normzweck

Zur Erleichterung des Geschäftsverkehrs im Erwerbsgeschäft des Mündels oder zur Erleichterung **1** der Verfügung über Kapitalvermögen ist eine **allgemeine Ermächtigung** durch das FamG zulässig, die sowohl die Genehmigung des Gegenvormunds als auch die familiengerichtliche Genehmigung im Einzelfall entbehrlich macht.

II. Ermächtigung

1. Grundsatz. Grundsatz ist die Genehmigungsbedürftigkeit des Einzelgeschäfts gemäß §§ 1812, **2** 1822 Nr. 8 bis 10. Als **Ausnahme** hiervon ist jedoch aus besonderen Gründen eine allgemeine Ermächtigung für alle in § 1825 Abs. 1 genannten Rechtsgeschäfte oder für einen bestimmten Teil solcher Geschäfte – etwa für die laufende Inanspruchnahme von Überziehungskredit (§ 1822 Nr. 8) bis zum Betrag von 3000 Euro – zulässig. Über den Rahmen des § 1825 Abs. 1 hinaus ist eine allgemeine Ermächtigung unzulässig[1] und unwirksam. Allerdings kann das FamG den Vormund nach Maßgabe des § 1817 dispensieren.

2. Erforderlichkeit zum Zwecke der Vermögensverwaltung. Die Ermächtigung soll **3** nach Abs. 2 nur erteilt werden, wenn sie zum Zwecke der Vermögensverwaltung erforderlich ist.[2] Auch wenn diese Voraussetzungen nicht vorliegen, ist eine erteilte Ermächtigung wirksam; Abs. 2 ist lediglich Ordnungsvorschrift.[3] Das FamG hat nach pflichtgemäßem Ermessen zu prüfen, ob die Vermögensverwaltung die Ermächtigung erfordert; hierbei kommt es auf die Häufigkeit der genehmigungspflichtigen Geschäftsvorgänge an. Nach Wegfall der Erteilungsvoraussetzungen ist die Ermächtigung von Amts wegen zurückzunehmen, was nach Maßgabe des § 48 Abs. 1 FamFG mit Wirkung ex nunc möglich ist.[4] Solange die Ermächtigung nicht zurückgenommen ist, bleibt sie wirksam, auch wenn sie sachlich nicht mehr gerechtfertigt erscheint.

3. Erteilung gegenüber dem Vormund. Die Ermächtigung wird dem Vormund, nicht **4** einem Dritten gegenüber erteilt. Sie muss ausdrücklich erfolgen.[5] In der Bestallungsurkunde kann die Ermächtigung vermerkt werden, was sich im Hinblick auf den Rechtsverkehr empfiehlt. Bei Rücknahme der Ermächtigung ist die Bestallungsurkunde zu berichtigen.

4. Verfahren. Es entscheidet der Rechtspfleger (§ 3 Nr. 2 a RPflG). Die Entscheidung wird **5** nach Maßgabe des § 40 Abs. 2 FamFG wirksam, da sie gleichsam pauschal und pro futuro eine Genehmigung des FamG nach §§ 1812, 1822 Nr. 10 bis 12 enthält.[6] Hinsichtlich der Beschwerdeberechtigung von Vormund und Gegenvormund (§ 58 Abs. 1, § 59 Abs. 1 FamFG, § 11 Abs. 1 RPflG) gilt das zu § 1810 (dort Rn. 8) Gesagte; siehe auch § 1812 Rn. 41 f., § 1817 Rn. 15.

---

[1] RGZ 85, 416, 421.
[2] Nach LG Duisburg Beschluss vom 14. 06. 2007 – 12 T 41/07 – juris hat sich bei einem Überziehungskredit auch der Kreditrahmen, innerhalb dessen der Vormund genehmigungsfrei verfügen kann, nach der Erfordernissen der Vermögensverwaltung zu bestimmen. Die bei einem niedrigen Kreditrahmen fehlende Möglichkeit des Online-Banking kann die Ermächtigung zur Ausschöpfung eines höheren Kreditrahmens nicht rechtfertigen.
[3] *Soergel/Zimmermann* Rn. 2; *Staudinger/Engler* Rn. 6.
[4] *Palandt/Diederichsen* Rn. 2. Zum FGG: *Soergel/Zimmermann* Rn. 2; *Staudinger/Engler* Rn. 8; *Fiala/Müller/Braun* Rpfleger 2002, 389, 403.
[5] RG HRR 1930 Nr. 791.
[6] Sorg BWNotZ 2010, 107, 115.

III. Parallelvorschriften

6 Die Vorschrift ist gemäß § 1915 Abs. 1 auf die Pflegschaft und gemäß § 1908i Abs. 1 S. 1 auf die Betreuung entsprechend anzuwenden. Für Eltern gilt § 1643 Abs. 3.

§ 1826 Anhörung des Gegenvormunds vor Erteilung der Genehmigung

Das Familiengericht soll vor der Entscheidung über die zu einer Handlung des Vormunds erforderliche Genehmigung den Gegenvormund hören, sofern ein solcher vorhanden und die Anhörung tunlich ist.

I. Normzweck

1 Die Anhörungspflicht begründet kein eigenes materielles Recht des Gegenvormunds auf Anhörung (siehe aber Rn. 5 f.) oder gar auf Berücksichtigung seiner Bedenken; sie soll lediglich die Erkenntnisgrundlagen des eigenverantwortlich entscheidenden Vormundschaftsgerichts erweitern.

II. Art und Reichweite der Anhörungspflicht

2 **1. Anhörungspflichtige Entscheidungen.** Zu den anhörungspflichtigen Entscheidungen des FamG gehören nicht nur Genehmigungen zu Rechtsgeschäften, sondern auch solche zu tatsächlichen Handlungen, zB nach § 1823. Die Anhörung hat auch dann zu erfolgen, wenn die Genehmigung des Gegenvormunds gem. §§ 1810 S. 2, 1812 Abs. 2 ersetzt werden soll.[1]

3 **2. Form.** Ob die Anhörung schriftlich oder mündlich erfolgt, ist unerheblich.[2] Auch ist nicht erforderlich, dass der Gegenvormund tatsächlich gehört wird; es genügt, dass ihm Gelegenheit zur Stellungnahme gegeben wird.

4 **3. Keine Anhörung.** Die Anhörung unterbleibt, wenn
– **kein Gegenvormund vorhanden** ist. Das ist dann der Fall, wenn im Zeitpunkt der Entscheidung keine Gegenvormundschaft besteht oder kein Gegenvormund bestellt ist, sei es, dass er noch nicht bestellt, sei es dass er entlassen oder sonst wie weggefallen ist;
– wenn die Anhörung **untunlich** ist. Das ist der Fall, wenn die Anhörung unverhältnismäßige Kosten oder eine unverhältnismäßige zeitliche Verzögerung verursachen würde;[3] die Unverhältnismäßigkeit richtet sich nach der Wirkung der zu genehmigenden Handlung.

III. Verletzung der Anhörungspflicht

5 § 1826 ist nur Ordnungsvorschrift; seine Verletzung hat auf die Wirksamkeit der Entscheidung des FamG keinen Einfluss.[4]

6 Wird die Anhörung entgegen § 1826 unterlassen, ist der Gegenvormund „in seinen Rechten" zur Wahrung des Mündelinteresses beeinträchtigt und insoweit nach § 59 Abs. 1 FamFG beschwerdeberechtigt.[5] Eine verfahrensrechtliche Position lässt sich nämlich auch dann als „Recht" ansehen, wenn sie lediglich durch eine Soll-Vorschrift begründet wird.

Ist der Gegenvormund gehört worden, so steht ihm ein Beschwerderecht aber nicht etwa schon deshalb zu, weil er mit seiner Auffassung nicht durchgedrungen ist.[6] Zwar kann der Gegenvormund auch durch den Entscheidungsinhalt in seinen Rechten beeinträchtigt und damit nach § 59 Abs. 1 FamFG beschwerdeberechtigt sein, wenn die Entscheidung ihn in seiner Befugnis, durch Kontrolle des Vormunds das Mündelinteresse zu wahren, rechtswidrig beschneidet; dies ist allerdings nicht schon dann der Fall, wenn eine Handlung des Vormunds – alternativ – der Genehmigung des Gegenvormunds oder des FamG bedarf und das FamG die Genehmigung erteilt; siehe auch § 1810 Rn. 8, § 1812 Rn. 41 f., § 1817 Rn. 15.

---

[1] *Palandt/Diederichsen* Rn. 1; *Soergel/Zimmermann* Rn. 1; *Staudinger/Engler* Rn. 3.
[2] *Soergel/Zimmermann* Rn. 1.
[3] *Palandt/Diederichsen* Rn. 1; *Staudinger/Engler* Rn. 2.
[4] *Palandt/Diederichsen* Rn. 1; *Staudinger/Engler* Rn. 4.
[5] *Palandt/Diederichsen* Rn. 1. Ebenso zu § 20 FGG: *Staudinger/Engler* Rn. 5; *Soergel/Zimmermann* Rn. 2
[6] Auch dann nicht, wenn das FamG die Genehmigung des Gegenvormunds ersetzt hat: KG RJA 10, 167; OLG Hamm NJW 1966, 1126.

IV. Parallelvorschriften

Die Vorschrift ist gemäß § 1915 Abs. 1 auf die Pflegschaft entsprechend anzuwenden, falls ausnahmsweise (§ 1915 Abs. 2) einmal ein Gegenpfleger bestellt ist. Ebenso gem. § 1908i Abs. 1 S. 1 auf das Betreuungsrecht für den Fall der Bestellung eines Gegenbetreuers (zu dieser Rechtsfigur siehe Erl. zu § 1908i). 7

§ 1827 *(weggefallen)*

§ 1828 Erklärung der Genehmigung

Das Familiengericht kann die Genehmigung zu einem Rechtsgeschäft nur dem Vormund gegenüber erklären.

Übersicht

	Rn.
I. Normzweck. Überblick	1–3
1. Verhinderung eines Übergehens des Vormunds	1
2. Anwendungsbereich	2, 3
II. Begriff und Rechtsnatur der Genehmigung	4–7
1. Begriff	4
2. Akt der Gerichtsbarkeit	5
3. Korrektur von Genehmigungen	6
4. Anwendbarkeit allgemein geltender Regeln	7
III. Gegenstand, Art und Umfang der Genehmigung	8–14
1. Bezug auf das einzelne Rechtsgeschäft	8
2. Ausmaß der Genehmigung	9
3. Angabe des wesentlichen Inhalts	10
4. Zeitpunkt der Genehmigungserteilung	11
5. Entscheidung	12, 13
6. Entscheidungsreife, Amtsermittlungspflicht	14
IV. Voraussetzungen der Genehmigung	15–24
1. Versagen der Genehmigung nur in begründeten Fällen	15
2. Prüfungsgegenstand und -maßstab	16–20
a) Gegenstand	16
b) Orientierung nur am Mündelinteresse	17
c) Keine Berücksichtigung von Drittinteressen	18
d) Ideelle Gesichtspunkte	19
e) Berücksichtigung wirtschaftlicher Interessen	20
3. Genehmigungspflicht auch bei Verpflichtung zur Vornahme des Rechtsgeschäftes	21
4. Keine Genehmigung gesetzes- oder sittenwidriger Geschäfte	22
5. Negativattest	23, 24
V. Die Erteilung der Genehmigung	25–28
1. Erteilung durch Beschluss	25
2. Erteilung gegenüber dem Vormund	26, 27
3. Empfangsbevollmächtigung	28
VI. Die Wirkung der Genehmigung	29–32
1. Keine Bindungswirkung	29–31
a) Genehmigung vor Geschäftsabschluss	29
b) Genehmigung nach Geschäftsabschluss	30, 31
2. Keine Heilung materieller Mängel	32
VII. Verfahren	33–58
1. Antrag oder von Amts wegen	33
2. Tatsachenermittlung von Amts wegen, Anhörung	34, 35
3. Bekanntgabe und verfahrensrechtliches Wirksamwerden	36–41
a) Art der Bekanntgabe und Wirksamwerden allgemein	36, 37
b) Bekanntgabe gegenüber dem Vormund	38
c) Bekanntgabe auch gegenüber dem Mündel	39, 40
d) Fehlerhafte Nicht-Beteiligung	41
4. Änderung oder Rücknahme	42–47
a) Änderung vor Vornahme des Geschäfts	43
b) Änderung nach Vornahme des Geschäfts	44
c) Abänderungsgründe	45–47
5. Überprüfung in späteren Prozessen	48
6. Tod oder volle Geschäftsfähigkeit des Mündels	49
7. Beschwerde	50–58
a) Versagung der Genehmigung	51–53
b) Erteilung der Genehmigung	54–56
c) Vorsorgliche Genehmigung für anderes Rechtsgeschäft, Abänderung	57
d) Negativattest	58
VIII. Parallelvorschriften	59

Wagenitz

I. Normzweck. Überblick

1 **1. Verhinderung eines Übergehens des Vormunds.** Dem FamG kommt die Kontrolle über den Vormund, nicht aber die Initiative für den Abschluss von Rechtsgeschäften im Rahmen der gesetzlichen Vertretungsmacht zu. Die Regelung des § 1828 verhindert daher, dass der Vormund übergangen werden kann.[1] Sie belässt dem Vormund die Entscheidung darüber, ob er von der erteilten Genehmigung Gebrauch machen will oder nicht.[2] Die Vorschrift ist **zwingend**; auf ihre Geltung kann der Vormund nicht wirksam verzichten.[3]

2 **2. Anwendungsbereich.** Die Vorschrift gilt nur für sog. „Außengenehmigungen": Sie ist nur in allen Fällen anwendbar, in denen als Voraussetzung für die Wirksamkeit eines Geschäfts die Genehmigung des FamG zum Geschäftsabschluss durch den Vormund hinzutreten muss (etwa §§ 1819, 1820, 1821, 1822) oder anstelle der Genehmigung des Gegenvormunds hinzutreten kann (etwa § 1812 Abs. 2, 3; § 1809). In diesen Fällen gilt § 1828 auch für solche Geschäfte, die der beschränkt geschäftsfähige Mündel mit Zustimmung des Vormunds selbst abschließt; auch hier muss nicht bloß die Zustimmung, sondern das vom Mündel getätigte Rechtsgeschäft genehmigt werden.[4]

3 **Nicht anwendbar** ist § 1828 auf sog. „Innengenehmigungen": Sie gilt nicht in Fällen, in denen der der Genehmigungsvorbehalt die Wirksamkeit des Rechtsgeschäfts unberührt lässt (so etwa bei den „Ordnungsvorschriften" der §§ 1810, 1823; ferner beim Gestattungsvorbehalt des § 1811, vgl. § 1811 Rn. 18).[5] Schließlich findet § 1828 keine Anwendung, soweit die Entscheidung des Vormundschaftsgerichts die Erklärung des Vormunds ersetzt (zB § 113 Abs. 3 BGB).

II. Begriff und Rechtsnatur der Genehmigung

4 **1. Begriff.** Der Begriff der Genehmigung umfasst die vorherige wie auch die nachträgliche Zustimmung des Vormundschaftsgerichts zu einem Rechtsgeschäft, das für den Mündel vorgenommen werden soll.[6]

5 **2. Akt der Gerichtsbarkeit.** Die Genehmigung bildet einen Akt der Gerichtsbarkeit, dem – entgegen einer früher verbreiteten Auffassung[7] – jegliches Element einer privatrechtsgeschäftlichen Willenserklärung fehlt.[8] Die Vorschriften des BGB über Willensmängel sind schlechterdings unanwendbar;[9] auch Analogie scheidet aus. Der Gegenmeinung liegt die falsche Vorstellung zugrunde, die Genehmigung des Gerichts sei ein Akt der gesetzlichen Vertretung des Mündels, so als ob Vormund und Gericht gemeinsam die Vormundschaft ausübten. Auch bewirkt die gerichtliche Genehmigung nicht etwa die Erweiterung der gesetzlichen Vertretungsmacht des Vormunds; vielmehr ist sie Bestandteil des genehmigungspflichtigen Rechtsgeschäfts, das sich folglich aus Willenserklärungen der Parteien und dem öffentlichrechtlichen Akt des Gerichts zusammensetzt.[10]

6 **3. Korrektur von Genehmigungen.** Entscheidungen, durch die eine Genehmigung erteilt oder verweigert wird, können nicht abgeändert werden, sobald sie einem Dritten gegenüber wirksam geworden sind (§ 48 Abs. 3, § 40 Abs. 2, 3 FamFG; siehe Rn. 44 ff.). Auf etwaige Fehlvorstellungen des Gerichts kommt es nicht an. Eine entsprechende Anwendung der §§ 116 ff. BGB oder der Grundsätze über den Widerruf fehlerhafter Verwaltungsakte kommt nicht in Betracht; für sie besteht auch kein Bedürfnis: Irrt nämlich der Vormund selbst beim Rechtsgeschäft in einer nach §§ 119, 120 relevanten Weise oder ist er selbst getäuscht worden, so steht ihm das Recht zur Anfechtung

---

[1] *Soergel/Zimmermann* Rn. 2.
[2] Vgl. Mot. IV S. 1154.
[3] jurisPK/*Lafontaine* Rn. 3; zu § 1829: OLG Düsseldorf NJW 1959, 391.
[4] *Staudinger/Engler* Rn. 3; RGRK/*Dickescheid* Rn. 1 f.; *Soergel/Zimmermann* Rn. 3; die gegenteilige Auffassung, die das Mündelgeschäft einem anderen rechtlichen Schicksal anheim geben würde als das Vormundgeschäft (vgl. nur § 109!), ist mE unhaltbar.
[5] RG JW 1917, 288, 290 und RG JW 1938, 3167.
[6] KG RJA 15, 264; RG WarnR 1919 Nr. 59 = RG Recht 1919 Nr. 1521.
[7] Vgl. etwa RGZ 71, 162, 170; RGZ 137, 324, 345.
[8] Wie hier: RGZ 99, 73, 74; *Soergel/Zimmermann* Rn. 4 f.; *Palandt/Diederichsen* Rn. 1; *Gernhuber/Coester-Waltjen* § 60 Rn. 42; *Müller* JR 1962, 326, 328; *Habscheid* FamRZ 1957, 109, 112; *Dölle* § 128 VI 1.
[9] AA (Anwendbarkeit der §§ 119, 123): RG HRR 1934 Nr. 1035; RGZ 25, 281, 283; RGZ 137, 324, 345; OLG Darmstadt OLGE 22, 129; OLG Stuttgart BWNotZ 1956, 196; wie hier hingegen: LG München I FamRZ 2001, 1396; *Dölle* § 128 VI 1; *Gernhuber/Coester-Waltjen* § 60 Rn. 42; *Soergel/Zimmermann* Rn. 6; jetzt auch RGRK/*Dickescheid* Rn. 3 f.; *Palandt/Diederichsen* Rn. 1; jurisPK/*Lafontaine* Rn. 7.
[10] So *Staudinger/Engler* Rn. 9; RGRK/*Dickescheid* Rn. 3 a; *Bamberger/Roth/Bettin* Rn. 2; aA Vgl. noch RGZ 61, 207, 209; RG Recht 1920 Nr. 922; *Dölle* § 94 IV.

ohnehin zu; die unter Einfluss desselben Irrtums erteilte Genehmigung des Gerichts beraubt den Vormund nicht seines Anfechtungsrechts. Gleiches gilt für die Erklärung, mit welcher der Vormund dem Geschäftspartner von der Genehmigung Mitteilung macht.[11] Befindet sich der Vormund hingegen nicht im Irrtum, unterbreitet er dem Gericht aber einen falschen Sachverhalt, so kommt – namentlich bei Kollusion mit dem Geschäftsgegner – Überschreitung der Vertretungsmacht durch ihren Missbrauch in Betracht.[12]

4. Anwendbarkeit allgemein geltender Regeln. Das Gesagte schließt nicht aus, dass bestimmte Regeln, die für Erklärungen – auch des öffentlichen Rechts – allgemein gelten, auch auf die vormundschaftsgerichtliche Genehmigung anzuwenden sind, etwa der selbstverständliche Grundsatz, dass auch eine gerichtliche Entscheidung der Auslegung fähig ist.[13]

III. Gegenstand, Art und Umfang der Genehmigung

1. Bezug auf das einzelne Rechtsgeschäft. Die Genehmigung bezieht sich auf das einzelne Rechtsgeschäft. Doch enthält die Genehmigung des Verpflichtungsgeschäfts schon die Genehmigung der zur Erfüllung der Verpflichtung nötigen Verfügungen;[14] etwas anderes gilt freilich schon dann, wenn über einen anderen Leistungsgegenstand als den geschuldeten an Erfüllungs Statt verfügt werden soll, sofern eine solche Verfügung ihrer Art nach genehmigungspflichtig ist. Auch wird regelmäßig in der Genehmigung einer Verfügung diejenige des zugrunde liegenden Kausalgeschäfts zu sehen sein; dies gilt allerdings unter der Voraussetzung, dass dem Gericht das Kausalgeschäft bekannt war, so dass seine Entscheidung in diesem Sinne ausgelegt werden kann. Die Genehmigung zur Bestellung eines Grundpfandrechts enthält dagegen nicht die Genehmigung der Aufnahme des dadurch zu sichernden Darlehens,[15] während umgekehrt die Genehmigung einer Sicherungsabrede die Bestellung der versprochenen Sicherheit mit umfasst. Wird der Eintritt in eine Handelsgesellschaft genehmigt, so liegt darin keine Genehmigung des selbständigen Betriebs eines Erwerbsgeschäfts nach § 112 Abs. 1.[16]

2. Ausmaß der Genehmigung. Die Genehmigung umfasst das Rechtsgeschäft nur so, wie es **dem Gericht unterbreitet** wurde.[17] Dem Gericht nicht zur Kenntnis gebrachte „Nebenabreden" sind folglich nicht genehmigt,[18] selbst wenn sie für den Mündel weder nachteilig noch riskant sind.[19] Ist ein Teil des Geschäfts nicht genehmigt, so fehlt für das ganze Geschäft die notwendige gerichtliche Zustimmung; entgegen verbreiteter Auffassung ist hier für eine Anwendung des § 139 kein Raum;[20] vielmehr liegt es in der Entscheidung des Gerichts, ob es dem Geschäft durch nachträgliche Genehmigung zur Wirksamkeit verhelfen will. Ein Grundstückskaufvertrag, der trotz notarieller Beurkundung wegen unrichtiger Angabe des Kaufpreises formnichtig ist, kann auch durch Auflassung und Eintragung im Grundbuch nicht geheilt werden, wenn er der vormundschaftsgerichtlichen Genehmigung bedurfte und diese Genehmigung nur auf der Grundlage der unrichtigen Kaufvertragsurkunde erteilt wurde.[21]

3. Angabe des wesentlichen Inhalts. Andererseits genügt zur Genehmigung die Angabe des wesentlichen Inhalts des Rechtsgeschäfts,[22] dh. seiner für die Abschätzung von Vorteilen und Risiken maßgeblichen Bestimmungen (zu denen allerdings auch „Nebenabreden" gehören können). Namentlich bei Genehmigung vor Geschäftsabschluss kann die Unterrichtung sich oft gar nicht auf alle Details erstrecken.[23] Zum wesentlichen und daher dem Gericht vorzulegenden Vertragsinhalt gehören indessen die allgemeinen Geschäftsbedingungen, die von der Gegenpartei dem Mündel

---

[11] BayObLG FamRZ 1974, 320, 321; jurisPK/*Lafontaine* Rn. 127 (unter Hinweis auf den rechtsgeschäftlichen Charakter der Mitteilung).
[12] Dazu *Flume* § 45 II 3, wonach der Missbrauch dem Geschäftsgegner bekannt oder für ihn evident sein muss. *Gernhuber/Coester-Waltjen* § 60 Rn. 43 nimmt in solchen Fällen Sittenwidrigkeit des genehmigungsbedürftigen Geschäfts an – ein m.E. weniger überzeugender dogmatischer Weg.
[13] Vgl. RGZ 59, 277, 279; 99, 72; 114, 35, 38.
[14] BayOLGZ 1985, 43; OLG Celle NJW 1954, 1729; jurisPK/*Lafontaine* Rn. 154.
[15] OLG Celle NJW 1954, 1729.
[16] *Soergel/Zimmermann* Rn. 13 mwN.
[17] RGZ 132, 76, 78; OHG JR 1950, 245.
[18] RGZ 61, 207, 209; RGZ 99, 72, 74; RGZ 132, 76, 78.
[19] *Gernhuber/Coester-Waltjen* § 60 Rn. 46.
[20] Anders zB *Gernhuber/Coester-Waltjen* § 60 Rn. 46.
[21] BayObLGZ 27, 208.
[22] KG MDR 1966, 238; LG Memmingen FamRZ 1977, 662, 663.
[23] Vgl. KG FamRZ 2010, 402: Der Inhalt des erst noch abzuschließenden Vertrags muss „im Wesentlichen feststehen". Vgl. auch jurisPK/*Lafontaine* Rn. 120.

auferlegt werden oder auferlegt werden sollen. Ist ein nicht formbedürftiges Rechtsgeschäft mündlich abgeschlossen, so kann das FamG im Rahmen des Genehmigungsverfahrens allerdings nicht die Vorlage des Geschäfts in schriftlicher Form verlangen, sondern hat nach dem Prinzip der Amtsermittlung den Sachverhalt selbständig aufzuklären.[24]

11 **4. Zeitpunkt der Genehmigungserteilung.** Die Genehmigung kann vor oder nach Abschluss des zu genehmigenden Geschäfts erteilt werden. Es liegt in der Entscheidung des Vormunds, in welchem Zeitpunkt er die Genehmigung einholt; der vorherige Geschäftsabschluss kann ihm vom Gericht nicht auferlegt werden.[25] Bei einseitigen Rechtsgeschäften ist allerdings die nachträgliche Genehmigung unwirksam (§ 1831).

12 **5. Entscheidung.** Das FamG erteilt oder verweigert die Genehmigung. Die Statthaftigkeit von **Zwischenformen** ist zurückhaltend zu beurteilen, da das Gericht zu kontrollieren, nicht aber in die Geschäfte des Vormunds gestaltend einzugreifen hat.[26] Im Einzelnen gilt: Die Ablehnung eines Rechtsgeschäfts kann mit dem vorgelegten Inhalt verbunden werden mit der Genehmigung eines anderen Rechtsgeschäfts verbunden werden, das den vom Vormund verfolgten Zweck vorteilhafter oder verbunden mit geringeren Risiken erreicht[27] (zB Kauf des in Aussicht genommenen Grundstücks mit anderer Gewährleistungsregelung). Bei derartigen Vorgriffen muss es sich aber um ein Geschäft handeln, das im Großen und Ganzen auf der Linie der Intentionen des Vormunds liegt; genehmigt das Gericht ein Geschäft, das der Vormund überhaupt nicht anstrebt, so greift es unzulässig in seine Amtswaltung ein.

13 Vorsicht ist auch gegenüber der Behauptung am Platze, das Gericht könne die Genehmigung an **aufschiebende Bedingungen** knüpfen.[28] Soweit damit gemeint ist, dass die Genehmigung für das vorgelegte Geschäft abgelehnt wird, verbunden mit der Genehmigung für einen anderen Geschäftsinhalt,[29] gilt das vorstehend (Rn. 12) Gesagte. Unstatthaft wäre es hingegen, die Genehmigung von sonstigen künftigen und ungewissen Umständen abhängig zu machen. Unzulässig sind – wegen der mit ihnen verbundenen Rechtsunsicherheit – ferner **auflösende Bedingungen**.[30] Keinen rechten Sinn ergibt die Auffassung, das Gericht könne eine Genehmigung unter **Auflagen** erteilen, deren Einhaltung aber nicht Wirksamkeitsvoraussetzung für das Geschäft sei, sondern mit Zwangsgeld durchgesetzt werden müsse.[31] Es gilt hier zu bedenken, dass – anders als im Verwaltungsrecht – eine Auflage nicht dazu geeignet ist, eine Entscheidung zu korrigieren (siehe dazu Rn. 43 ff.). Das FamG muss sich entscheiden, ob es das vorgelegte Geschäft genehmigt oder nicht, bzw. unter welchen Änderungen das Geschäft genehmigt werden kann. Eine Entscheidung, die einerseits ohne Einschränkung genehmigt, die andererseits aber einen veränderten Inhalt auferlegen will, ist in sich widersprüchlich und bildet eine Quelle von Unklarheiten.

14 **6. Entscheidungsreife, Amtsermittlungspflicht.** Ist die Genehmigung entscheidungsreif, so hat das Gericht die Entscheidung zu treffen. Fehlen dem Gericht andererseits die hinreichenden Informationen über Inhalt oder Umstände des Geschäfts, so hat es von Amts wegen zu ermitteln; der Vormund kann, ehe die Sache entscheidungsreif ist, auch kein „In-Aussicht-Stellen" der Genehmigung verlangen.[32] Unter der Geltung der §§ 16, 55, 62 FGG bestand – als Folgerung aus Art. 19 Abs. 4 GG - die Pflicht, den Beteiligten durch einen rechtsmittelfähigen Vorbescheid Gelegenheit zu geben, gegen die beabsichtige Erteilung oder Verweigerung der Genehmigung rechtzeitig rechtliche Bedenken geltend machen zu können.[33] Mit der Regelung des § 40 Abs. 2, 3 FamFG, der das verfahrensrechtliche Wirksamwerden von Entscheidungen im Genehmigungsverfahren an deren formelle Rechtskraft knüpft, ist für einen solchen Vorbescheid das Bedürfnis entfallen.[34]

---

[24] OLG Frankfurt Rpfleger 1977, 362.
[25] KG KGJ 36 A 29, 30 f.
[26] S. *Gernhuber/Coester-Waltjen* § 60 Rn. 62.
[27] So grundsätzlich KG OLGE 24, 56, 57 f.; OLG München JFG 23, 275, 278; BayObLG FamRZ 1974, 320, 321.
[28] So 2. Aufl. Rn. 3; RGZ 85, 416, 421; KG JW 1937, 1551; BayObLG FamRZ 1974, 320, 321; auch *Gernhuber/Coester-Waltjen* § 60 Rn. 62; jurisPK/*Lafontaine* Rn. 157.
[29] So BayObLGZ 1973, 180, 190; BayObLG FamRZ 1974, 320; KG OLGE 24, 56, 57 f.
[30] KG JW 1937, 1551.
[31] So 1. Aufl. Rn. 3; BayObLGZ 22, 325, 331; RGRK/*Dickescheid* Rn. 19; *Dölle* § 128 VI 1; wie hier: *Gernhuber/Coester-Waltjen* § 60 Rn. 63; *Soergel/Zimmermann* Rn. 15.
[32] KG OLGZ 1966, 78.
[33] Vgl. Vorauf. Rn. 14, 34.
[34] KG FamRZ 2010, 1171 Rn. 13; jurisPK/*Lafontaine* Rn. 50 ff. (unzulässig); ebenso *Zorn* Rpfleger 2009, 421, 431.

IV. Voraussetzungen der Genehmigung

1. Versagen der Genehmigung nur in begründeten Fällen. Die vormundschaftsgericht- 15
lichen Genehmigungsvorbehalte sind als Ausnahmen von dem Prinzip ungeschmälerter gesetzlicher Vertretungsmacht des Vormunds zu verstehen. Infolgedessen darf die Genehmigung nur in begründeten Fällen versagt werden, nämlich wenn das getätigte oder in Aussicht genommene Geschäft nach Auffassung des Vormundschaftsgerichts rechtswidrig ist (dazu Rn. 22); oder wenn nach Inhalt und Zweck des Geschäfts und nach den gesamten Umständen die Sorge begründet ist, dass das Geschäft nicht dem Mündelwohl dient. Dafür genügt es, wenn das gleiche Ziel auf eindeutig vorteilhaftere Weise oder unter eindeutig geringeren Risiken zu erreichen ist. Bei seiner Entscheidung steht dem FamG kein „Ermessensspielraum" zu;[35] das hier anzuwendende Kriterium des Mündelwohls ist unbestimmter Rechtsbegriff, dessen richtige Anwendung auch vom Rechtsbeschwerdegericht in vollem Umfang überprüft werden kann.[36]

2. Prüfungsgegenstand und -maßstab. a) Gegenstand. Die Prüfung, ob das Geschäft 16
dem Mündelwohl dient, bezieht sich auf die im Zeitpunkt der Entscheidung erkennbare Lage;[37] es kommt also nicht darauf an, ob bei einem zuvor abgeschlossenen Geschäft der Vormund damals von der Vorteilhaftigkeit überzeugt sein durfte. Gegenstand der Beurteilung sind das gesamte Rechtsgeschäft[38] oder eine wirtschaftliche Zweckeinheit von mehreren Rechtsgeschäften, nicht aber einzelne Teile ohne Rücksicht auf den wirtschaftlichen Zusammenhang.

b) Orientierung nur am Mündelinteresse. Das FamG hat sich auf den Standpunkt eines 17
verständigen, die Tragweite des Geschäfts überblickenden Volljährigen zu stellen[39] und die Vorteile und Risiken, Erträge und Aufwendungen abzuwägen und auch zu überlegen, ob nicht nahe liegende Geschäftsalternativen dem Mündelwohl dienlicher wären. Überlegungen der „Zweckmäßigkeit" und „Nützlichkeit"[40] sind der anzustellenden Interessenanalyse immanent, ohne dass hieraus der Ermessenscharakter der vormundschaftsgerichtlichen Entscheidung gefolgert werden könnte. Vielmehr ist die Genehmigung zu erteilen, wenn nach Zweck, Inhalt und Umständen des Geschäfts die Sorge, das Geschäft diene nicht dem Mündelwohl, unbegründet ist (dh. auch: vom Gericht nicht begründet werden kann). „Zweckmäßigkeitsfragen", die keinen klar definierbaren und bedeutsamen Bezug zum Mündelwohl im konkreten Falle haben, sind für das Gericht irrelevant und machen den verbleibenden Freiheitsraum des Vormunds aus.

c) Keine Berücksichtigung von Drittinteressen. Maßgebend sind ausschließlich die Inte- 18
ressen des Mündels, nicht die Interessen Dritter,[41] auch nicht öffentliche Interessen.[42] Die Interessen Angehöriger können nur als Interessen des Mündels selbst von Bedeutung sein, dh. also nur dann, wenn den Mündel mit den übrigen Familienmitgliedern in der betreffenden Angelegenheit ein gleichgerichtetes Interesse verbindet.

d) Ideelle Gesichtspunkte. Verwirrend wirken gängige Aussagen, nach denen nicht nur mate- 19
rielle, sondern auch ideelle Gesichtspunkte bei der Genehmigung zu berücksichtigen seien,[43] wie etwa der „Familienfrieden";[44] rein ideelle Gesichtspunkte könnten sogar die unentgeltliche Aufgabe

---

[35] So aber BGH NJW 1986, 2829 („nach pflichtgemäßem Ermessen"); ebenso etwa BayObLG FamRZ 2001, 51, 52; BayObLG Rpfleger 2003, 361; BayObLG NJW-RR 2003, 1587; *Palandt/Diederichsen* Rn. 8.
[36] Wie hier OLG Karlsruhe FamRZ 1973, 378; wohl auch BayObLG FamRZ 1996, 119, 122; *Gernhuber/Coester-Waltjen* § 60 Rn. 59; *Soergel/Zimmermann* Rn. 8; JurisPK/*Lafontaine* Rn. 114 ff. Einschränkend *Mayer* FamRZ 1994, 1007: Unbestimmter Rechtsbegriff, der dem Gericht Beurteilungsspielraum nur eröffnet, wo es um Prognosen oder persönliche Eigenschaften oder Fähigkeiten geht.
[37] KG OLGE 43, 382; KG Recht 1923 Nr. 1357.
[38] BayObLG Rpfleger 1979, 455, 457; OLG Hamm NJW-RR 2004, 223, 225; OLG München FamRZ 2008, 820; OLG Brandenburg OLGR 2009, 496 = MittBayNot 2009, 155. Instruktiv OLG Hamm FamRZ 2001, 373: Gesamtbetrachtung auch dann, wenn nur ein Teil des Geschäfts (Prozessfinanzierungsvertrag) genehmigungsbedürftig (Schiedsvereinbarung) ist.
[39] BayObLG Rpfleger 1979, 455, 456.
[40] BayObLG Rpfleger 1979, 455, 456; OLG Hamm FamRZ 2001, 53.
[41] So grundsätzlich auch BayObLGZ 1977, 121, 126; BayObLG Rpfleger 1979, 455, 456 (verunklarend allerdings: Interessen der Familie „in zweiter Linie", wenn mit den Interessen des Mündels vereinbar). Ebenso OLG Hamm FamRZ 2001, 53.
[42] OLG Köln FamRZ 2008, 1113; So auch RGRK/*Dickescheid* Rn. 11; *Soergel/Zimmermann* Rn. 9. Vgl. aber OLG Hamm FamRZ 2009, 2036 (keine Genehmigung einer Ausschlagung, durch welche die Sozialhilfebedürftigkeit aufrechterhalten würde, wegen Sittenwidrigkeit).
[43] BayObLG FamRZ 1998 S. 445; OLG Brandenburg OLGR 2009, 496 = MittBayNot 2009, 155.
[44] Vgl. KG JW 1938, 2352 f.; LG Lübeck FamRZ 1962, 312 f.; OLG Karlsruhe FamRZ 1973, 378, 379 f.; LG Kiel MDR 1955, 37; vgl. zu den ideellen Gesichtspunkten auch BayObLG FamRZ 1990, 208, 209.

von Vermögenswerten rechtfertigen.[45] Solchen Aussagen gegenüber ist festzustellen: Maßgebend sind allein die Mündelinteressen, und zwar die wirtschaftlichen, wenn nur sie tangiert sind, aber auch die persönlichen, wenn das Rechtsgeschäft Auswirkungen auf den persönlichen Lebensbereich des Mündels hat (wie etwa bei § 1822 Nr. 6, 7; möglicherweise auch bei primär wirtschaftlichen Geschäftsgegenständen).[46] Der „Familienfrieden", hinter dem sich nur allzu leicht egoistische Interessen anderer Familienmitglieder verbergen können, bildet für sich gesehen keine Richtschnur für das Handeln des Vormunds. Wohl aber kann es selbstverständlich im **Mündelinteresse** ratsam sein, bei unsicherer Rechtslage sich auf einen Vergleich einzulassen[47] – dies hat nichts mit „Familienfrieden", sondern mit der Einschätzung der Prozessaussichten zu tun.

20 **e) Berücksichtigung wirtschaftlicher Interessen.** Soweit auf die wirtschaftlichen Interessen abzustellen ist, hat das Gericht dem Vormund eine gewisse Spannweite freier Vermögensverwaltung einzuräumen.[48] Zu genehmigen sind Geschäfte, die nach Art und Umfang des vorhandenen Vermögens den Regeln vernünftiger Vermögensverwaltung entsprechen. Zwischen Sicherheits- und Gewinninteressen ist – unterschiedlich nach der Größe des Vermögens – ein behutsamer Mittelweg zu gehen; es ist aber nicht Sinn des Genehmigungsvorbehalts, von dem Mündel jegliches etwa mit der Beteiligung an einem Erwerbsgeschäft verbundene Risiko fernzuhalten.[49] Vorteile, Risiken, Erträge und Aufwendungen sowie die steuerlichen Folgen sind gegeneinander abzuwägen; es genügt, wenn im Ganzen gesehen der Vertrag für den Mündel vorteilhaft ist.[50] Die Genehmigung ist zu versagen, wenn das gleiche wirtschaftliche Ziel unzweifelhaft mit einem weniger riskanten oder aufwändigen Geschäft erreicht werden kann; ebenso dann, wenn sich die Risiken auch nach gebotener Amtsermittlung nicht verlässlich abschätzen lassen.[51]

21 **3. Genehmigungspflicht auch bei Verpflichtung zur Vornahme des Rechtsgeschäftes.** Die Genehmigungspflicht entfällt nicht auf Grund des Umstandes, dass der Mündel zur Vornahme des Rechtsgeschäfts verpflichtet ist (vgl. auch § 1821 Rn. 16). In solchen Fällen hat das Gericht zu prüfen, ob die behauptete Rechtspflicht wirklich besteht; bejahendenfalls ist die Genehmigung zu erteilen.[52]

22 **4. Keine Genehmigung gesetzes- oder sittenwidriger Geschäfte.** Die Genehmigung darf für ein Geschäft, das gesetz- oder sittenwidrig ist oder unter Verstoß gegen gesetzliche Vorschriften zustande gekommen ist,[53] nicht erteilt werden, so auch nicht bei Verstoß gegen das Vertretungsverbot des § 1795.[54] Eine dennoch erteilte Genehmigung kann die Nichtigkeit nicht heilen.[55] Dieser Grundsatz bringt nicht etwa öffentliche Interessen ins Spiel, sondern entspricht der Gesetzesbindung als dem selbstverständlichen Entscheidungsrahmen des Gerichts. Bloße Zweifel an der Gültigkeit des Geschäfts tragen die Versagung der Genehmigung indes nicht,[56] auch darf das FamG das Verfahren nicht bis zur Klärung von offenen Rechtsfragen aussetzen.[57] Doch bildet die Gefahr eines Rechtsstreits um die Gültigkeit eines bereits abgeschlossenen Geschäfts sehr wohl einen bei der Genehmigung zu berücksichtigenden Umstand, der bei Würdigung der Gesamtlage eine Versagung

---

[45] 1. Aufl. Rn. 6 mit Bezug auf LG Lübeck FamRZ 1962, 312.
[46] Im Ansatz zutreffend OLG Karlsruhe FamRZ 1973, 378, 379 f.
[47] So letztlich der Fall LG Lübeck FamRZ 1962, 312 und wohl auch OLG Karlsruhe FamRZ 1973, 378, wo es um die Rückgängigmachung eines Schenkungsvertrages ging, bei dessen Aufrechterhaltung das beschenkte Kind Anfeindungen und möglicherweise auch ein Verfahren zu erwarten gehabt hätte (hier bleibt das vom OLG gefundene Ergebnis zweifelhaft). Vgl. zum Ganzen auch jurisPK/*Lafontaine* Rn. 108.
[48] Vgl. etwa OLG Zweibrücken NJW-FER 2001, 19 und FamRZ 2001, 181, 182: „Dispositionsbefugnis" (hier: der Eltern).
[49] BayObLG Rpfleger 1979, 455, 457; vgl. auch OLG Hamm FamRZ 2001, 373, 374; OLG Zweibrücken NJW-FER 2001, 19; OLG Braunschweig ZEV 2001, 75 (Gesamtschau); ähnlich OLG Koblenz Rpfleger 2005, 605 (für die familienrechtliche Genehmigung). Zur Berücksichtigung der Haftungsbeschränkung nach § 1629a LG München I ZEV 2000, 370.
[50] Zum maßgebenden „Gesamtinteresse": BayObLG FamRZ 2003, 631; OLG München FamRZ 2008, 820; OLG Brandenburg OLGR 2009, 496 = MittBayNot 2009, 155; OLG Hamm NJW-RR 2004, 223, 225; OLG Koblenz Rpfleger 2005, 665.
[51] OLG Hamm FamRZ 2001, 53, 54.
[52] RG SeuffA 78 Nr. 192; KG JW 1938, 1600.
[53] OLG Frankfurt FamRZ 2005, 60; OLG Hamm FamRZ 2009, 2036.
[54] BayObLG FamRZ 1999, 47; BayObLG FamRZ 2001, 51, 52; KG JW 1935, 1439.
[55] BayObLG FamRZ 1999 S. 47; BayObLG FamRZ 1996 S. 118, 120 für den Fall eines Verstoßes gegen das Schenkungsverbot des § 1804 S. 1; ebenso BayObLG FamRZ 1999, 47 f.; OLG Naumburg Az. 11 U 193/98 für den Fall der Sittenwidrigkeit gem. § 138.
[56] BayObLGZ 1963, 1, 7; BayObLG FamRZ 1969, 434; KG FamRZ 1963, 467, 469; OLG München JFG 15, 177, 183; *Gernhuber/Coester-Waltjen* § 60 Rn. 60.
[57] KG KGJ 52, 50.

Erklärung der Genehmigung 23–27 § 1828

der Genehmigung rechtfertigen kann.[58] Ist **ein Teil des Geschäfts** aus anderen Rechtsgründen **unwirksam** und kann das Geschäft im Übrigen nach § 139 aufrechterhalten werden, so ist der gültige Teil der Genehmigung zugänglich.[59] Ist das gesamte Geschäft bereits genehmigt, so bezieht sich die Genehmigung ipso iure auf den gemäß § 139 aufrechtzuerhaltenden Teil.[60]

5. Negativattest. Die Genehmigung darf selbstverständlich auch nicht deshalb versagt werden, weil das Gericht an der Genehmigungsbedürftigkeit des Geschäfts zweifelt.[61] Vielmehr hat das Gericht diese Rechtsfrage zu entscheiden; wird die Genehmigungspflicht verneint, kann ein Negativattest erteilt werden,[62] das indes keinen Einfluss auf die materielle Wirksamkeit des Rechtsgeschäfts hat:[63] Das Negativattest stellt weder die Genehmigungsfreiheit des Geschäfts bindend fest[64] noch ersetzt es eine (entgegen der Ansicht des Gerichts) erforderliche Genehmigung – letzteres schon deshalb nicht, weil sich das Attest nur zur Genehmigungsbedürftigkeit, nicht aber zur Genehmigungsfähigkeit des Geschäfts verhält.[65] Allerdings begründet das Attest eine „tatsächliche Vermutung" für die Genehmigungsfreiheit[66] und kann den Vormund gegen Schadensersatzansprüche sichern.[67] Deshalb ist dem Vormund das Rechtsschutzinteresse für die Erteilung eines solchen Attests nicht abzusprechen;[68] das Ersuchen auf Genehmigung wird im Regelfall hilfsweise einen Antrag auf Erteilung eines Negativattests enthalten.[69] 23

Streitig ist, ob dem Gericht die Möglichkeit der **vorsorglichen Genehmigung** für den Fall der Genehmigungspflicht offensteht.[70] Die Frage ist bei schon geschlossenen Geschäften zu verneinen: Denn bliebe die Frage der Genehmigungsbedürftigkeit des Geschäfts offen, so stünde auch dahin, ob der Vormund das von ihm schon geschlossene Geschäft noch vereiteln kann oder nicht; das kann nicht der Sinn des Genehmigungsverfahrens sein. 24

V. Die Erteilung der Genehmigung

1. Erteilung durch Beschluss. Die Entscheidung über die Erteilung oder Versagung der Genehmigung erfolgt durch Beschluss (§ 38 Abs. 1 FamFG), der – jedenfalls auch – schriftlich bekannt zu geben ist (§ 41 Abs. 1, Abs. 2 S. 4 FamFG). Es entscheidet der Rechtspfleger (§ 3 Nr. 2 a RPflG). Die Genehmigung ist nicht schon dann erteilt, wenn das FamG die Vornahme des Geschäfts empfiehlt,[71] die Genehmigung in Aussicht stellt[72] oder das Grundbuchamt um Eintragung ersucht.[73] Zur Frage eines (unter der Geltung des FGG gebotenen) Vorbescheids siehe Rn. 14. 25

2. Erteilung gegenüber dem Vormund. Der Beschluss ist dem Vormund bekannt zu geben (§ 41 Abs. 1 S. 1, siehe Rn. 39). Die Regelung des § 1828, nach der das FamG die Genehmigung „nur gegenüber dem Vormund erklären" kann, schließt – wie schon aus § 41 Abs. 3 FamFG erhellt – die verfahrensrechtliche Notwendigkeit, den Genehmigungsbeschluss auch anderen Beteiligten, insbes. dem Mündel, bekannt zu machen (siehe Rn. 41 f.) nicht aus. Sie verdeutlicht – im Kontext mit § 1829 – lediglich, dass der Genehmigungsbeschluss, mag er auch rechtskräftig und damit wirksam geworden sein (§ 40 Abs. 2 FamFG, siehe Rn. 38), für sich genommen nur die im Genehmigungsvorbehalt liegende Begrenzung der Vertretungsmacht des Vormunds aufhebt, aber keine darüber hinausgehenden materiell-rechtlichen Rechtswirkungen entfaltet (siehe Rn. 29 ff.). 26

Materiell-rechtlich kann die Erklärung der Genehmigung deshalb, abweichend vom Prinzip des § 182, nur durch Bekanntgabe gegenüber dem Vormund erfolgen. Eine Bekanntgabe der Genehmi- 27

---

[58] OLG Celle ZBlJugR 1960, 62; KG OLGE 12, 347, 349; so auch jurisPK/*Lafontaine* Rn. 101; aA *Soergel/Zimmermann* Rn. 10.
[59] Vgl. KG JFG 14, 249, 254.
[60] Vgl. BGH JZ 1954, 512.
[61] BayObLGZ 1963, 1, 7.
[62] BayObLG FamRZ 1974, 320, 322; BayObLG FamRZ 1964, 526, 527.
[63] BGHZ 44, 325 = FamRZ 1966, 139, 141; ferner BayObLGZ 1964, 240, 245 = FamRZ 1964, 526, 527 f.; jurisPK/*Lafontaine* Rn. 168. AA *Bergerfurth* NJW 1956, 289, 290; *Müller* JR 1962, 441, 442.
[64] jurisPK/*Lafontaine* Rn. 169.
[65] jurisPK/*Lafontaine* Rn. 168.
[66] LG Meiningen FamRZ 2008, 1375.
[67] jurisPK/*Lafontaine* Rn. 171.
[68] LG Meiningen FamRZ 2008, 1375.
[69] jurisPK/*Lafontaine* Rn. 167.
[70] Bejahend: BayObLGZ 1963, 1, 9; OLG Düsseldorf JMBlNRW 1960, 101; *Soergel/Zimmermann* Rn. 18. Verneinend *Erman/Saar* Rn. 10; RGRK/*Dickescheid* Rn. 16.
[71] RGZ 137, 324, 345; BayObLGZ 5, 450, 453.
[72] BayObLGZ 5, 450, 454.
[73] RGZ 59, 277, 278 f.

§ 1828   28–31   Abschnitt 3. Titel 1. Vormundschaft

gung anderen Personen oder Behörden (Geschäftsgegner, Notar, Grundbuchamt)[74] gegenüber hat keinerlei materiell-rechtliche Wirksamkeit, selbst wenn der Vormund irgendwie von dem anderweit bekannt gegebenen Genehmigungsbeschluss erfährt. Dies gilt auch dann, wenn der Mündel selbst – mit Zustimmung des Vormunds – ein genehmigungspflichtiges Geschäft vorgenommen hat.[75] Ein Verzicht auf eine Bekanntgabe gegenüber dem Vormund ist unwirksam[76], ebenso jede sonstige Schmälerung der dem Vormund von § 1828 gewährten Rechtsposition. Die Bekanntgabe hat an den im Zeitpunkt der gerichtlichen Entscheidung amtierenden Vormund zu erfolgen, auch wenn sein Vorgänger das Rechtsgeschäft abgeschlossen hat.[77]

28   **3. Empfangsbevollmächtigung.** Der Vormund kann eine andere Person (insbesondere den Notar) zum Empfang des Genehmigungsbeschlusses bevollmächtigen,[78] wofür aber – auch beim Notar – keine Vermutung spricht.[79] Zulässig ist auch die Erteilung einer **Doppelvollmacht** an den Notar, nämlich erstens zur Entgegennahme der Genehmigung und zur Mitteilung der Genehmigung an den Vertragspartner, zweitens als Vertreter des Geschäftspartners zur Entgegennahme dieser Mitteilung unter den Voraussetzungen erlaubten Selbstkontrahierens.[80] Der Bevollmächtigte muss erkennbar von der Vertretungsmacht Gebrauch machen,[81] so dass die Genehmigung also nicht wirksam geworden ist, wenn der Stellvertreter des Vormunds sich nicht zum Empfang der an ihn adressierten Genehmigung für ermächtigt hält (vgl. auch § 1829 Rn. 13 ff.).

VI. Die Wirkung der Genehmigung

29   **1. Keine Bindungswirkung.** Die Mitteilung der Genehmigung bindet den Vormund nicht an das genehmigte Rechtsgeschäft. Das bedeutet:

a) Genehmigung vor Geschäftsabschluss. Ist das Geschäft noch nicht abgeschlossen, so liegt es in der freien Entscheidung des Vormunds, ob er von der Genehmigung Gebrauch machen und das Geschäft abschließen will oder nicht. Schließt er es ab, so ist es dann ohne weiteres wirksam, wenn die Genehmigungsentscheidung ihrerseits wirksam – dh. gemäß § 40 Abs. 2 FamFG: rechtskräftig - ist oder wird. Einer besonderen Mitteilung der Genehmigung des Vormunds an den Geschäftspartner bedarf es nicht.[82]

30   **b) Genehmigung nach Geschäftsabschluss.** Wurde das Rechtsgeschäft vor der Genehmigung abgeschlossen, so wird es mit der Bekanntgabe der Genehmigung an den Vormund nicht ipso iure gültig, vielmehr erst dann, wenn die Genehmigung wirksam – dh. rechtskräftig (§ 40 Abs. 2 FamFG) - wird und der Vormund dem Geschäftspartner von der Genehmigung Mitteilung macht (§ 1829 Abs. 1 S. 2). Der Mechanismus des § 1829 Abs. 1 S. 2 erhält dem Vormund somit auch bei einer dem Geschäftsabschluss nachfolgenden Genehmigung die Möglichkeit, das Wirksamwerden des Geschäfts noch zu verhindern (vgl. § 1829 Rn. 3). Teilt der Vormund die nachträgliche Genehmigung dem Geschäftspartner aber mit, so ist das Geschäft von Anfang an wirksam.[83] Die Rückwirkung geht allerdings nicht so weit, dass zwischenzeitliche, genehmigungsfreie Verfügungen des Vormunds dadurch beeinträchtigt würden.[84] Bei fristgebundenen Geschäften kann die nach Fristablauf erteilte Genehmigung keine Wirksamkeit mehr entfalten; die Genehmigung muss vielmehr innerhalb der Frist wirksam geworden (dh. dem Geschäftsgegner mitgeteilt worden) sein.[85]

31   Zweifelhaft ist, ob die nach § 1829 Abs. 1 S. 2 für das Wirksamwerden des Rechtsgeschäfts konstitutive Mitteilung des Vormunds voraussetzt, dass die Genehmigung bereits ihrerseits wirksam – also

---

[74] BayObLG FamRZ 1996 S. 242; BayObLGZ 1960, 276, 284; *Soergel/Zimmermann* Rn. 16.
[75] *Soergel/Zimmermann* Rn. 16.
[76] OLG Düsseldorf NJW 1959, 391; siehe auch oben Fn. 3.
[77] BayObLGZ 21, 375, 377; LG Berlin Rpfleger 1981, 63, 64.
[78] BGHZ 15, 97, 99; BGHZ 19, 5 = NJW 1956, 259; RGZ 121, 30, 33; BayObLGZ 3, 684, 686; BayObLGZ 28, 514, 518; OLG Hamm DNotZ 1964, 541.
[79] *Soergel/Zimmermann* Rn. 16; Vorsicht ist daher am Platz gegenüber der Annahme „stillschweigender" Bevollmächtigungen.
[80] Vgl. etwa BayObLG FamRZ 1998, 1325; BayObLG FamRZ 1997, 1426, 1427; BayObLG FamRZ 1989, 1113, 1115.
[81] BayObLG FamRZ 1997, 1426, 1427; BayObLG FamRZ 1998, 1325, 1326; siehe auch RG WarnR 1922 Nr. 98.
[82] KG OLGZ 1966, 78, 79; BayObLGZ 1960, 276, 283; *Sonnenfeld/Zorn* Rpfleger 2004, 533, 534.
[83] Über die Rückwirkung herrscht im Ergebnis Einigkeit, vgl. bereits RGZ 142, 59, 62 f. Str. ist, ob das Ergebnis auf § 184 gestützt werden soll oder sich aus dem Wesen der vormundschaftsgerichtlichen Kontrolle ergibt, vgl. dazu *Gernhuber/Coester-Waltjen* § 60 Fn. 110; *Soergel/Zimmermann* Rn. 11.
[84] KG OLGE 6, 294, 295.
[85] RGZ 76, 364, 366; RGZ 118, 145, 148; KG KGJ 50, 71.

rechtskräftig - ist[86] oder ob der Vormund dem Geschäftspartner auch eine noch nicht wirksame Genehmigung mitteilen kann mit der Folge, dass die Wirksamkeit des Rechtsgeschäfts unmittelbar – also ohne erneute Mitteilung des Vormunds - mit dem Wirksamwerden der Genehmigung eintritt.[87] Der Gesetzeswortlaut gibt keine Reihenfolge vor; den Materialien lässt sich immerhin die (nicht näher begründete) Auffassung des BT-Rechtsausschusses entnehmen, dass nur eine wirksame Genehmigung wirksam mitgeteilt werden kann.[88]

2. Keine Heilung materieller Mängel. Die Genehmigung vermag – abgesehen von der Überwindung des Genehmigungsvorbehalts – keine materiellen Mängel des genehmigten Geschäfts zu heilen; das genehmigte Geschäft kann also gleichwohl wegen Gesetz- oder Sittenwidrigkeit, Anfechtung oder Dissens unwirksam sein.[89] Überschreitet der Pfleger (Betreuer) bei der Vornahme von Rechtsgeschäften seinen Wirkungskreis, so heilt die gleichwohl erfolgende vormundschaftsgerichtliche Genehmigung nicht den Mangel seiner Vertretungsmacht.[90] Bei **teilnichtigen Geschäften** bezieht sich die Genehmigung auf den nach § 139 wirksamen Teil (vgl. auch Rn. 22).[91] Legt der Vormund ein anderes Rechtsgeschäft zur Genehmigung vor, als er wirklich abgeschlossen hat oder später abschließt, so bezieht sich die Genehmigung ausschließlich auf den Geschäftsinhalt, der dem Gericht zur Kenntnis gebracht worden ist.[92] Unwesentliche Abweichungen zwischen genehmigtem und abgeschlossenem Geschäft behindern die Wirksamkeit der Genehmigung andererseits nicht (vgl. auch Rn. 9, 10).

VII. Verfahren

1. Antrag oder von Amts wegen. Die Genehmigung wird zwar von Amts wegen, regelmäßig aber nur auf Ersuchen des Vormunds erteilt.[93] Eine Pflicht des Vormunds, die Genehmigung einzuholen, besteht weder dem Geschäftspartner noch dem FamG gegenüber.[94] Geht die Anregung zur Genehmigung von einem Dritten – etwa dem Geschäftspartner – aus, so darf die Genehmigung keinesfalls ohne oder gegen den Willen des Vormunds ausgesprochen werden.[95] Die gegenteilige Ansicht[96] verkennt, dass die Erteilung der Genehmigung für ein vom Vormund nicht (mehr) gewünschtes Geschäft einen Eingriff in seine Amtsführung bedeutet. Auch wenn der Vormund von der Genehmigung nicht Gebrauch machen muss, kann seine Amtsführung behindert sein, zB wenn er nun für ein inhaltlich verändertes Geschäft die Genehmigung will und folglich dem Gericht ansinnen muss, seine vorherige Entscheidung abzuändern, oder wenn er auf Grund der erteilten Genehmigung vom Geschäftspartner unter Druck gesetzt wird. Hingegen kann das FamG einem Geschäft, für das der Vormund keine Genehmigung beantragt hat, weil er es irrigerweise für nicht genehmigungsbedürftig hält, die Genehmigung versagen:[97] Der Eingriff ist hier durch die Überwachungsfunktion des Gerichts gerechtfertigt, das auch dafür Sorge zu tragen hat, dass der Vormund nicht den Rahmen seiner gesetzlichen Vertretungsmacht überschreitet.

2. Tatsachenermittlung von Amts wegen, Anhörung. Das FamG ermittelt die für die Genehmigung oder ihre Versagung relevanten Tatsachen von Amts wegen (§ 26 FamFG).[98] Die Verletzung der Pflicht zur sorgfältigen Amtsermittlung kann die Staatshaftung auslösen (§ 839 BGB, Art. 34 GG). Zur Frage, ob das Gericht die Vorlage schriftlicher Vertragsausfertigung verlangen kann, vgl. Rn. 10.

Die Anhörung bestimmt sich nach §§ 1826, 1847 BGB (Gegenvormund, Verwandte und Verschwägerte) sowie nach §§ 159, 160 FamFG (Mündel, Mündeleltern), in – auch – die Person des

---

[86] So mit beachtlichen Gründen *Kölmel* NotBZ 2010, 2, 4; ferner DNotI-Report 2009, 145, 151 Vgl. auch *Bolkart* MittBayNot 2009, 268, 272.
[87] So wohl *Litzenburger* RNotZ 2009, 380.
[88] BT-Drucks. 16/6308 S. 347. Dogmatisch scheint diese Auffassung stimmig zu sein; mit dem vom FamFG auf vier Wochen heraufgesetzten, angesichts der Beschwerdefrist (siehe Rn. 38 f.) aber noch immer knappen Frist des § 1829 Abs. 2 wird sie sich in praxi nicht leicht vertragen.
[89] BayObLG FamRZ 1999, 47 f.; BayObLGZ 1996, 118, 120.
[90] Vgl. BayObLG Rpfleger 1986, 471; OLG Frankfurt FamRZ 2010, 1762.
[91] BGH FamRZ 1954, 110.
[92] Vgl. RG SeuffA 81 Nr. 191.
[93] BGH DNotZ 1967, 320; aA BayObLGZ 1981, 44, 47 – auch ohne Antrag oder Ersuchen. AA mit ausf. Begründung auch jurisPK/*Lafontaine* Rn. 12 ff.
[94] BGHZ 7, 208, 213, 214.
[95] KG KGJ 52, 43; BayObLG DNotZ 1964, 32, 35 (in der Regel); so auch *Gernhuber/Coester-Waltjen* § 60 Rn. 58; BayObLG FamRZ 1977, 141, 144.
[96] *Soergel/Zimmermann* Rn. 21.
[97] KG NJW 1976, 1946.
[98] Vgl. RGZ 148, 385, 392 ff.; KG FamRZ 1963, 467, 468.

§ 1828 36–39 Abschnitt 3. Titel 1. Vormundschaft

Kindes betreffenden Genehmigungsverfahren (etwa Kindesunterhalt) zusätzlich nach §§ 161, 162 FamFG.

36 **3. Bekanntgabe und verfahrensrechtliches Wirksamwerden. a) Art der Bekanntgabe und Wirksamwerden allgemein.** Die Entscheidung über die Erteilung oder Versagung der Genehmigung erfolgt durch Beschluss (§ 38 Abs. 1 FamFG), der – jedenfalls auch – schriftlich bekannt zu geben ist (§ 41 Abs. 1, Abs. 2 S. 4 FamFG; zur Begründungspflicht § 38 Abs. 2 bis 4 FamFG; zur Notwendigkeit förmlicher Zustellung § 41 Abs. 1 S. 2 FamFG). Es entscheidet der Rechtspfleger (§ 3 Nr. 2 a RPflG). Siehe auch Rn. 25.

37 Der Beschluss wird – anders als unter der Geltung des FGG – nicht schon mit seiner Bekanntgabe, sondern erst mit der Rechtskraft wirksam (§ 40 Abs. 2, 3 FamFG; zur materiell-rechtlichen Wirkung gegenüber Dritten siehe Rn. 26 ff.). Die Rechtskraft tritt ein, wenn der Beschluss nicht mehr mit dem zulässigen Rechtsmittel angefochten werden kann (siehe Rn. 50 ff.). Der Eintritt der Rechtskraft wird gehemmt, wenn ein Rechtsmittelberechtigter das Rechtsmittel rechtzeitig einlegt (§ 45 FamFG). Gegen eine Entscheidung, welche die Genehmigung eines Rechtsgeschäfts zum Gegenstand hat, ist die Beschwerde (§ 58 Abs. 1 FamFG, § 11 Abs. 1 RPflG) oder, falls der Beschwerdewert nicht erreicht und die Beschwerde vom FamG nicht zugelassen ist (§ 61 Abs. 1, 2 FamFG), die Erinnerung (§ 11 Abs. 2 RPflG) statthaft; ferner – unter den Voraussetzungen des § 75 FamFG – die Sprungrechtsbeschwerde. Die Frist für Beschwerde und Erinnerung beträgt zwei Wochen (§ 63 Abs. 2 FamFG, § 11 Abs. 2 S. 1 RPflG), für die Sprungsrechtsbeschwerde einen Monat (§ 71 Ab. 1 S. 1 FamFG). Die Frist beginnt „jeweils mit der Zustellung an die Beteiligten" (§ 63 Abs. 3 S. 1 FamFG). Die (formelle) Rechtskraft kann danach erst eintreten und die Genehmigung verfahrensrechtlich wirksam werden, wenn die Monatsfrist (des § 71 Ab. 1 S. 1 FamFG) verstrichen ist; früher – nach Ablauf der Zwei-Wochen-Frist nur dann, wenn alle Beteiligten (also auch der nach Maßgabe des § 60 S. 2 iVm. § 159 Abs. 1 S. 1 FamFG persönlich beschwerdeberechtigte) Mündel, wirksam auf die Einlegung einer Sprungsrechtsbeschwerde verzichtet haben.[99] Die absichtsvoll kurze Beschwerdefrist des § 63 Abs. 2 FamFG dürfte damit praktisch weitgehend leerlaufen.

38 **b) Bekanntgabe gegenüber dem Vormund.** Der Beschluss, durch den die Genehmigung erteilt oder verweigert wird, ist dem Vormund bekannt zu geben. Das ergibt sich für den Fall einer positiven – die Genehmigung erteilenden - Entscheidung bereits aus § 1828, ist aber auch im Übrigen verfahrensrechtlich geboten. Zwar ist der Vormund im Genehmigungsverfahren – da Amtsverfahren (siehe Rn. 33) – nicht im förmlichen Sinn „Antragsteller" (§ 41 Abs. 1 S. 1, § 7 Abs. 1 FamFG); wohl aber ist er als (nach § 7 Abs. 2 FamFG) „hinzugezogener" Beteiligter anzusehen – dies auch und gerade dann, wenn er das Genehmigungsverfahren, wie regelmäßig, selbst initiiert hat und eine förmliche Hinzuziehung deshalb entbehrlich war (zur Beteiligtenstellung des Betreuers ausdrücklich § 274 Abs. 1 Nr. 2 FamFG). Zur Empfangsbevollmächtigung durch den Vormund siehe Rn. 28.

39 **c) Bekanntgabe auch gegenüber dem Mündel.** § 41 Abs. 3 FamG schreibt für Genehmigungsverfahren auch die Bekanntgabe an den vor, „für den das Rechtsgeschäft genehmigt wird", mithin an den Mündel. Dies gilt nach Wortlaut und Sinn nur für die Erteilung der Genehmigung, nicht auch für deren Verweigerung; insoweit bewendet es für noch nicht 14 Jahre alte Mündel bei § 41 Abs. 1 S. 1, § 7 Abs. 2 Nr.1 FamFG (für ältere Mündel siehe Rn. 41). In beiden Fällen – Genehmigung wie Verweigerung - müsste die Bekanntgabe an den minderjährigen Mündel und, da dieser nicht verfahrensfähig ist, statt seiner eigentlich an den gesetzlichen Vertreter, mithin an den Vormund, erfolgen (§ 9 Abs. 1, 2 FamFG). Dieser kann im Falle der Erteilung der Genehmigung dem Mündel jedoch das rechtliche Gehör, um dessen Sicherstellung es in § 41 Abs. 3 FamFG geht, allerdings nicht vermitteln, da er regelmäßig selbst um die Genehmigung nachgesucht hat, es jedenfalls um die Überprüfung seines eigenen Handelns geht und deshalb die erforderliche Objektivität nicht gewährleistet ist.[100] Bleibt zu fragen, wie der Genehmigungsbeschluss für den Mündel zugestellt werden soll. Von Teilen der Literatur wird insoweit die Bestellung eines Verfahrensbeistands gemäß § 158 Abs. 1 FamFG empfohlen.[101] Diese Vorschrift ist allerdings unmittelbar nur auf Verfahren anwendbar, die die Person – nicht, wie regelmäßig die Genehmigungsverfahren nach §§ 1821, 1822 – das Vermögen des Mündels betreffen;[102] zudem ist ein Verfahrensbeistand nicht

---

[99] So wohl auch jurisPK/*Lafontaine* Rn. 136; vgl. auch *Sorg* BWNotZ 2010, 107, 117.
[100] *Keidel/Meyer-Holz* FamFG § 41 Rn. 4.
[101] *Bork/Jacoby/Schwab/Elzer* FamFG § 41 Rn. 17; *Bahrenfuss/Rüntz* FamFG § 41 Rn. 11; *Heinemann* DNotZ 2009, 6, 17; *Bolkart* MittBayNot 2009, 268, 272; *Litzenburger* RNotZ 2009, 380, 381; *Brambring* NotBZ 2009, 394.
[102] So der zutr. Einwand von *Kölmel* NotBZ 2010, 2, 5.

gesetzlicher Vertreter. Wenig praxisfreundlich, aber nach der Gesetzeslage wohl zwingend wird deshalb in der Rechtsprechung die Bestellung eines Ergänzungspflegers verlangt.[103]

Die Probleme relativieren sich bei älteren Mündeln: Hier schreibt § 164 S. 1 FamFG zwingend **40** vor, dass eine Entscheidung, gegen die das Kind selbst das Beschwerderecht geltend machen kann, dem Kind auch selbst zuzustellen ist, wenn es das 14. Lebensjahr vollendet hat und nicht geschäftsunfähig ist. Nach § 60 Satz 2 FamFG kann der Mündel auch in sein Vermögen betreffenden Angelegenheiten, in denen er vor einer Entscheidung des Gerichts gehört werden soll, das Beschwerderecht ohne Mitwirkung seines gesetzlichen Vertreters ausüben, sofern er bei Erlass der Entscheidung das 14. Lebensjahr vollendet hat und nicht geschäftsunfähig ist. Nach § 159 Abs. 1 S. 1 ist das Kind persönlich anzuhören, wenn es das 14. Lebensjahr vollendet hat. Aus all dem folgt, dass dem mindestens 14jährigen nicht-geschäftsunfähigen Mündel der Beschluss über die Genehmigung eines Rechtsgeschäfts oder deren Verweigerung persönlich zuzustellen ist. Die Möglichkeit, unter den Voraussetzungen des § 159 Abs. 1 S. 2 FamFG von der persönlichen Anhörung eines solchen Mündels abzusehen, ändert – schon weil nur auf die „persönliche" Anhörung beschränkt[104] – an der Notwendigkeit, dem Mündel den Beschluss zuzustellen, nichts.[105]

d) Fehlerhafte Nicht-Beteiligung. Schwierigkeiten bereitet auch die Frage, wann ein **41** Beschluss rechtskräftig und damit prozessual wirksam wird, wenn dieser einer Person, die von dem Beschluss „in ihren Rechten beeinträchtigt" und damit gem. § 59 Abs. 1 FamFG beschwerdeberechtigt ist, nicht bekanntgegeben wird. ME dürfte – wenn auch verfassungsrechtlich nicht unproblematisch – § 63 Abs. 3 S. 1 FamFG anwendbar sein, die Unanfechtbarkeit also mit dem Ablauf der Rechtsmittelfrist gegenüber dem tatsächlich Beteiligten eintreten, dem der Beschluss als letztem tatsächlich Beteiligten zugestellt worden ist.[106] Die analoge Anwendung des § 63 Abs. 3 S. 2 FamFG[107] scheitert an der Vergleichbarkeit der Normensituation (keine Unzustellbarkeit). Die Auffassung, dass in solchem Fall die Frist überhaupt nicht zu laufen beginne,[108] bricht sich an der im Bericht des Rechtsausschusses erklärten, wenn auch im Gesetz nicht hinlänglich zum Ausdruck gelangten Ansicht des Gesetzgebers, eine erst mit der Bekanntgabe gegenüber dem „vergessenen Beteiligten" beginnende Rechtsmittelfrist würde die Rechtskraft und damit die Wirksamkeit des Beschlusses ad infinitum hinausschieben und wäre mit der Rechtssicherheit schwerlich vereinbar.[109]

4. Änderung oder Rücknahme. Vom verfahrensrechtlichen Wirksamwerden (§ 40 Abs. 2 **42** FamFG, siehe Rn. 37 ff.) ist der Zeitpunkt zu unterscheiden, ab dem eine Entscheidung über die Genehmigung nicht mehr abgeändert werden kann. Nach § 48 Abs. 3 FamFG ist ein Beschluss, durch den die Genehmigung für ein Rechtsgeschäft erteilt oder verweigert wird, nicht mehr abänderbar, sobald die Genehmigung oder deren Verweigerung gegenüber einem Dritten wirksam geworden ist. Danach ist zu unterscheiden.

a) Änderung vor Vornahme des Geschäfts. Hat das Gericht die Genehmigung zu einem **43** erst noch vorzunehmenden einseitigen oder mehrseitigen Rechtsgeschäft verfahrensrechtlich wirksam – d. h. rechtskräftig (§ 40 Abs. 2 FamFG) **erteilt**, so kann es diese Entscheidung nur solange abändern, bis der Vormund das genehmigte Rechtsgeschäft vornimmt. Danach ist eine Abänderung ausgeschlossen, da das Rechtsgeschäft – und mit ihm auch die Genehmigung gegenüber dem Geschäftspartner – bereits materiell-rechtlich wirksam geworden ist. Hat das Gericht die Genehmigung dagegen **verweigert**, liegt ein materiell-rechtlich wirksames Rechtsgeschäft noch nicht vor und kann es vom Vormund auch nicht wirksam geschlossen werden, solange die ablehnende Entscheidung des Gerichts verfahrensrechtlich wirksam ist. Das Gericht kann deshalb seine ablehnende Entscheidung grundsätzlich (siehe Rn. 46) ändern – und zwar auch dann, wenn der Vormund die Ablehnung dem in Aussicht genommenen Geschäftspartner mitgeteilt hat: Die Verweigerung ist gegenüber dem Dritten nicht wirksam geworden, da § 1829 Abs. 1 S. 2 nur gilt, wenn die Genehmigung nachträglich erteilt oder verweigert wird. § 48 Abs. 3 greift daher nicht ein. Allerdings dürfte

---

[103] KG FamRZ 2010, 1171 m. Anm. (u.a.) *Kölmel* RNotZ 2010, 466 und *Zorn* Rpfleger 2010, 425; zustimmend *Sorg* BWNotZ 2010, 107, 115. Vgl. auch OLG Oldenburg FamRZ 2010, 660 (Vertretung des Kindes im Zwangsversteigerungsverfahren); OLG Koblenz NJW 2011, 236 (Sorgerechtsverfahren).
[104] Die Notwendigkeit einer – nicht persönlichen – Anhörung bleibt unberührt: jurisPK/*Lafontaine* Rn. 32; *Zorn* Rpfleger 2009, 421, 428; *Stößer* FamRZ 2009, 656, 659.
[105] Zum Ganzen ausführlich *Kölmel* NotBZ 2010, 2, 6 mwN.
[106] OLG Hamm FamRZ 2011, 396, 397 m. Anm. (u.a.) *Kölmel* ZNotP 2011, 59, *Leipold* ZEV 2011, 192 und *Bremkamp* RNotZ 2011, 47; *Keidel/Sternal* FamFG § 63 Rn. 44; *Kölmel* NotBZ 2010, 2 , 8 ff.
[107] So *Keidel/Meyer-Holz* FamFG § 41 Rn. 23; *Bork/Jacoby/Schwab/Elzer* FamFG § 41 Rn. 19.
[108] *Bolkart* MittBayNot 2009, 268, 270; *Heinemann* FamFG für Notare Rn. 140 ff.
[109] BT-Drucks. 16/9733 S. 289. Zum Ganzen auch und mwN *Kölmel* NotBZ 2010, 2 , 8 ff.; *Brambring* NotBZ 2009, 394.

§ 1828   44–51   Abschnitt 3. Titel 1. Vormundschaft

mit der Mitteilung der ablehnenden Entscheidung ein Angebot des Dritten hinfällig sein, so dass bei späterer Genehmigung eine Neuvornahme erforderlich wird.

44 **b) Änderung nach Vornahme des Geschäfts.** Hat das Gericht die Genehmigung nach Abschluss des Vertrags (für einseitige Rechtsgeschäfte gilt § 1831 S. 1) erteilt oder verweigert, so ist der Vertrag schwebend unwirksam, solange der Vormund diesen Schwebezustand nicht durch eine Mitteilung nach § 1829 Abs. 1 S. 2 gegenüber dem Vertragspartner beendet. Bis zur Beendigung des Schwebezustandes durch den Vormund ist eine Abänderung möglich, danach ist sie gem. § 48 Abs. 3 FamFG ausgeschlossen.

45 **c) Abänderungsgründe.** Soweit danach eine verfahrensrechtlich wirksam gewordene, mithin rechtskräftige Entscheidung über die Erteilung oder Verweigerung der Genehmigung überhaupt abgeändert werden kann, steht die Abänderung nicht im Belieben des Gerichts: Sie kann nur im Rahmen eines die Rechtskraft des Beschlusses (§ 40 Abs. 2 FamFG) durchbrechenden Verfahrens erfolgen; von Amts wegen könnte eine Abänderung nur nach Maßgabe des 48 Abs. 1 FamFG erfolgen, der allerdings – für Genehmigungsverfahren eher fernliegend – eine „Entscheidung mit Dauerwirkung" voraussetzt.

46 Die Unabänderbarkeit einer Genehmigungsentscheidung kann in Einzelfällen zu schwer hinnehmbaren Konsequenzen führen. Unter der Geltung des FGG (§ 55) wurden deshalb Ausnahmen von der Unabänderbarkeit gemacht - so, wenn Vormund und Geschäftspartner zum Nachteil des Mündels kollusiv zusammengewirkt hatten[110] oder wenn die Mindestanforderungen eines rechtsstaatlichen Verfahrens nicht gewahrt worden waren.[111] Die übergreifende Anwendbarkeit des § 242 BGB dürfte dem ersten Aspekt auch künftig Geltung verschaffen, der zweite sich wohl eher an der strikten Diktion des § 48 Abs. 3 FamFG brechen.[112]

47 Sind mehrere Mündel am Rechtsgeschäft beteiligt, so ist die Frage der Abänderbarkeit der Genehmigung für jeden Mündel gesondert zu prüfen.[113] Eine unzulässige Änderung der Genehmigung oder ihrer Versagung ist materiell-rechtlich bedeutungslos; sie kann aber im Beschwerdewege formell beseitigt werden.[114]

48 **5. Überprüfung in späteren Prozessen.** Wird außerhalb des familiengerichtlichen Verfahrens, etwa in einem späteren Prozess zwischen den Vertragsparteien, streitig, ob die Genehmigung wirksam erteilt und ob von ihr wirksam Gebrauch gemacht worden ist, so entscheidet hierüber incidenter das Prozessgericht.[115]

49 **6. Tod oder volle Geschäftsfähigkeit des Mündels.** Endet die Vormundschaft vor der Entscheidung des Gerichts, etwa weil der Mündel vorher voll geschäftsfähig wird (§ 1829 Abs. 3) oder verstirbt, so ist für die Erteilung oder Verweigerung der Genehmigung kein Raum mehr[116] (siehe § 1829 Rn. 31 bis 34). Dasselbe soll für den Tod des Vormunds gelten.[117]

50 **7. Beschwerde.** Gegen die Erteilung oder der Genehmigung ist gem. § 58 Abs. 1 FamFG die Beschwerde statthaft. Zur Beschwerdefrist siehe Rn. 37 ff. Das FamFG hat die besonderen Beschwerdeberechtigungen in Vormundschaftssachen (§ 57 FGG) nicht übernommen. Beschwerdeberechtigt ist nach § 59 Abs. 1 nur, wer durch die familiengerichtliche Entscheidung – hier: durch die Erteilung oder Verweigerung der Genehmigung - in seinen Rechten beeinträchtigt ist. Im Einzelnen gilt:

51 **a) Versagung der Genehmigung.** Gegen die Versagung der Genehmigung ist der Vormund selbst beschwerdeberechtigt, da in seine Amtsführung eingegriffen wird;[118] ferner der Vormund als

---

[110] BayObLG FamRZ 1998, 1325, 1326; FamRZ 1997, 1426, 1427.
[111] BayObLG FamRZ 1989, 1113, 1116; offengelassen von OLG Stuttgart FamRZ 1998, 1323, 1325.
[112] Vgl. auch jurisPK/*Lafontaine* Rn. 126; *Palandt/Diederichsen* Rn. 19.
[113] KG OLGE 3, 300, 302.
[114] BayObLG 64, 137, 142.
[115] KG KGJ 53, 39, 41.
[116] BayObLG NJW 1965, 397; KG JW 1938, 2142; siehe auch OLG Frankfurt Rpfleger 1978, 99, 100. Zur Beendigung der Vormundschaft nach Bekanntgabe des Genehmigungsbeschlusses, aber vor dem materiellrechtlichen Wirksamwerden des genehmigten Rechtsgeschäfts nach § 1829: *Heggen* NotBZ 2010, 393, 399.
[117] JurisPK/*Lafontaine* Rn. 144. ME zweifelhaft, da so der neue Vormund ohne Not (§ 1829 Abs. 1 S. 2) zu einer Wiederholung des Gesuchs um Genehmigung gezwungen wird.
[118] Str. Wie hier *Spanl*, Vermögensverwaltung durch Vormund und Betreuer, 2. Aufl. 62; jurisPK/*Lafontaine* Rn. 178. Anders die durchaus hM, vgl. BayObLGZ 1988, 385, 387; KG OLGZ 1965, 375; RGRK/*Dickescheid* Rn. 27; *Staudinger/Engler* Rn. 55; wohl auch *Palandt/Diederichsen* Rn. 20. Folgt man dieser Gegenauffassung, muss der Vormund die Beschwerde im Namen des Mündels als dessen gesetzlicher Vertreter einlegen; die eigene Beschwerdeberechtigung des Mündels (§ 60 S. 2 § 159 Abs. 1 S. 1 FamFG) schließt die Beschwerdeberechtigung des gesetzlichen Vertreters nicht aus.

Stellvertreter des Mündels.[119] Außerdem der Mündel selbst nach Maßgabe der § 60 S. 2, § 159 Abs. 1 S. 1 FamFG; die eigene Beschwerdeberechtigung des Mündels lässt die aus der gesetzlichen Vertretungsmacht folgenden Befugnisse unberührt. Der Gegenvormund ist beschwerdeberechtigt nur, wenn entgegen § 1826 seine Anhörung unterblieben ist.

Nicht beschwerdeberechtigt ist der frühere Vormund, der zurzeit der Entscheidung nicht mehr im Amt ist.[120] Nicht beschwerdeberechtigt ist auch der potentielle Erbe des Mündels, weil er noch nicht über eine gefestigte Rechtsposition verfügt;[121] ebenso nicht der Nacherbe, der sich gegen die Genehmigung der Dereliktion eines Grundstücks durch den befreiten Vorerben (Betreuen) wendet.[122] Das Jugendamt ist, wenn die Entscheidung (auch) die Person des Mündels betrifft, nach § 162 Abs. 3 S. 2 FamFG beschwerdeberechtigt; ebenso ein (nur in Verfahren, die – auch - die Person des Mündels betreffen, zu bestellender) Verfahrensbeistand gem. § 158 Abs. 4 S. 5 FamFG.

Kein eigenes Beschwerderecht hat der **Geschäftspartner**.[123] Dies gilt selbst dann, wenn er Anspruch auf Vornahme des Rechtsgeschäfts hatte;[124] in diesem Fall bleibt ihm die Möglichkeit, gegen den Mündel auf Vornahme des Geschäfts vor dem Prozessgericht zu klagen.[125] Ausnahmsweise steht dem Geschäftspartner ein Beschwerderecht gegen die Versagung der Genehmigung zu, wenn er geltend macht, das Geschäft sei nicht genehmigungsbedürftig; wenn dies nämlich zutrifft, so ist die Rechtslage des Geschäftspartners durch den vom Gericht erweckten Anschein, das Geschäft sei unwirksam, beeinträchtigt.[126] Zur Beschwerdeberechtigung des Geschäftspartners bei Änderung und Rücknahme der Genehmigung vgl. Rn. 57. Zum Betreuungsrecht siehe auch § 275, 303 Abs. 2, 3 FamFG.

b) Erteilung der Genehmigung. Auch gegen die Erteilung der Genehmigung ist der Vormund (nach der hier vertretenen Auffassung) im eigenen Namen beschwerdeberechtigt – vorausgesetzt er ist beschwert. Das ist der Fall, wenn das FamG gegen oder ohne seinen Willen tätig geworden ist[127] oder wenn das Rechtsgeschäft nicht genehmigungsbedürftig ist;[128] ferner, wenn einem Pfleger die Genehmigung zu einem Geschäft erteilt wird, das in den Zuständigkeitsbereich des Vormunds fällt.[129] Übersendet das FamG entgegen § 1828 die Genehmigung unmittelbar dem Geschäftsgegner, so ergeben sich daraus keinerlei Rechtswirkungen; für eine Beschwerde ist kein Raum[130] (allenfalls für einen Anspruch auf Herausgabe des dem Gegner fälschlich zugeleiteten Beschlusses).[131]

Der Mündel hat mE gegen die Erteilung der Genehmigung generell ein Beschwerderecht, das er unter den Voraussetzungen des § 60 S. 2, 3 iVm. 159 Abs. 1 S. 1 FamFG selbständig ausüben kann.[132] Der Geltendmachung dieses Beschwerderechts durch den Vormund (im Namen des Mündels) wird allerdings regelmäßig das Rechtsschutzinteresse fehlen, weil es dem Vormund freisteht, von der erteilten Genehmigung keinen Gebrauch zu machen, wenn er das Rechtsgeschäft nachträglich als nicht im Interesse des Mündels gelegen ansieht.[133] Anders ist es in Fallkonstellationen, in denen dem Vormund auch ein eigenes Beschwerderecht zuerkannt wird (siehe Rn. 54).

Dem Gegenvormund steht ein Beschwerderecht zu, wenn er entgegen § 1826 nicht gehört wurde. Der Geschäftspartner ist (schon mangels Beschwer) nicht beschwerdeberechtigt. Ebenso nicht der Schuldner, wenn die Abtretung der Mündelforderung genehmigt wird.[134] Zur Beschwerdeberechtigung von Jugendamt und Verfahrensbeistand siehe Rn. 52.

---

[119] BayObLGZ 5, 76, 78; KG OLGZ 1965, 375.
[120] BayObLG OLGE 32, 19/20; LG Berlin Rpfleger 1981, 63/64.
[121] OLG Köln ZMR 2004, 267; ebenso BayObLG BtPrax 2003, 220 (für ein Vermächtnis).
[122] OLG Frankfurt FamRZ 2010, 494, 495 mit Anm. *Mleczko* jurisPR-FamR 6/2010 Anm. 1.
[123] Vgl. etwa BayObLG Rpfleger 1988, 482; OLG Rostock NJW-RR 2006, 1229; OLG München Rpfleger 2009, 679.
[124] RGZ 56, 124, 129; BayObLG 22, 254; KG RJA 15, 90, 92; OLG Frankfurt Rpfleger 1979, 423; LG Fulda Rpfleger 2002, 206; *Bamberger/Roth/Bettin* Rn. 9.
[125] Vgl. KG KGJ 38 A 56, 62.
[126] BayObLGZ 1964, 240 ff. = FamRZ 1964, 526 f.; OLG Hamm FamRZ 1984, 1036 f.
[127] KG KGJ 52, 43; BayObLGZ 1963, 1, 6.
[128] KG KGJ 52, 30, 32; BayObLGZ 1963, 1, 6.
[129] Vgl. KG JW 1938, 2141.
[130] AA BayObLGZ 1963, 1, 6; KG KGJ 34 A 49, 50; KG KGJ 52 A 46.
[131] So zutreffend *Gernhuber/Coester-Waltjen* § 60 Fn. 116.
[132] Die Zurückhaltung, mit der dem Mündel ein Beschwerderecht nur „ausnahmsweise" zuerkannt wird, findet mE im Gesetz keine Stütze. So aber *Palandt/Diederichsen* Rn. 20 und zum FGG BayObLGZ 1963, 1, 6; *Staudinger/Engler* Rn. 56 („in besonders gelagerten Ausnahmefällen").
[133] Vgl. *Staudinger/Engler* Rn. 55.
[134] BayObLG BtPrax 2001, 85.

§ 1829

57 **c) Vorsorgliche Genehmigung für anderes Rechtsgeschäft, Abänderung.** Wird die Genehmigung versagt, aber vorsorglich für ein anderes Geschäft erteilt (vgl. Rn. 12), so gilt das unter a) (Rn. 51 ff.) Gesagte; ebenso, wenn eine erteilte Genehmigung zu Lasten der Bewegungsfreiheit des Vormunds **abgeändert** oder wenn sie **zurückgenommen** wird. Dem Geschäftspartner wird in diesem Zusammenhang ein Beschwerderecht zugestanden, wenn die Beschwerde darauf gestützt wird, das Gericht habe eine bereits ihm gegenüber wirksam gewordene Genehmigung entgegen § 48 FamFG abgeändert (s. dazu Rn. 43 f.),[135] oder wenn er die Genehmigungsbedürftigkeit bestreitet.[136] Im Falle, dass die Genehmigung gemäß § 1829 Abs. 2 als verweigert gilt, hat der Geschäftspartner kein Beschwerderecht.[137]

58 **d) Negativattest.** Gegen ein Negativattest kann der Vormund im Namen des Mündels,[138] unter den Voraussetzungen des § 60 S. 2, 3 FamFG auch der Mündel selbst Beschwerde einlegen; siehe auch Rn. 23.

VIII. Parallelvorschriften

59 Die Vorschrift ist auf die Pflegschaft (§ 1915 Abs. 1) und auf die Betreuung (§ 1908i Abs. 1 S. 1) entsprechend anzuwenden.

§ 1829 Nachträgliche Genehmigung

(1) ¹Schließt der Vormund einen Vertrag ohne die erforderliche Genehmigung des Familiengerichts, so hängt die Wirksamkeit des Vertrags von der nachträglichen Genehmigung des Familiengerichts ab. ²Die Genehmigung sowie deren Verweigerung wird dem anderen Teil gegenüber erst wirksam, wenn sie ihm durch den Vormund mitgeteilt wird.

(2) Fordert der andere Teil den Vormund zur Mitteilung darüber auf, ob die Genehmigung erteilt sei, so kann die Mitteilung der Genehmigung nur bis zum Ablauf von vier Wochen nach dem Empfang der Aufforderung erfolgen; erfolgt sie nicht, so gilt die Genehmigung als verweigert.

(3) Ist der Mündel volljährig geworden, so tritt seine Genehmigung an die Stelle der Genehmigung des Familiengerichts.

Übersicht

	Rn.		Rn.
I. Normzweck. Überblick	1–5	III. Die Beendigung des Schwebezustandes durch den Vormund	11–25
1. Regelung von Einzelproblemen	1	1. Mitteilung an den Vertragspartner	11, 12
2. Vorherige und nachträgliche Genehmigung	2–5	2. Kein Verzicht auf die Entscheidungsfreiheit	13
a) § 1829 regelt nur nachträgliche Genehmigung	2	3. Möglichkeit der Bevollmächtigung	14–17
b) Vormundschaftliche Besonderheit der nachträglichen Genehmigung	3	a) Allgemein	14
c) Zur vorherigen Genehmigung	4, 5	b) Doppelvollmacht	15–17
II. Der Schwebezustand	6–10	4. Empfangsbedürftigkeit der Mitteilung	18
1. Schwebende Unwirksamkeit	6	5. Notwendiger Inhalt der Mitteilung	19
2. Beendigung des Schwebezustandes	7	6. Formfreiheit	20
3. Folge der wirksamen Genehmigung	8	7. Mitteilung durch den gegenwärtigen Vormund	21
4. Gebundenheit nur des Vertragspartners	9	8. Volle Wirksamkeit des Vertrages mit der Mitteilung	22
5. Keine Möglichkeit, den Vormund zur Einholung der Genehmigung zu verpflichten	10		

---

[135] OLG Schleswig BtPrax 1994, 142; BayObLG Rpfleger 1976, 304; KG JW 1935, 3123; KG KGJ 52, 46; BayObLG FamRZ 1995, 302.
[136] BayObLG FamRZ 1977, 141; BayObLG NJW 1964, 2111.
[137] KG JW 1937, 2975.
[138] BayObLGZ 1964, 240, 244.

	Rn.		Rn.
9. Herbeiführung endgültiger Unwirksamkeit	23–25	3. Vierwochenfrist	29
a) Mitteilung der verweigerten Genehmigung	23	4. Genehmigung nach Fristablauf	30
b) Mitteilung, von der Genehmigung keinen Gebrauch zu machen	24	**V. Volljährigkeit und Tod des Mündels**	31–34
		1. Volle Geschäftsfähigkeit des Mündels	31
c) Keine Rückgängigmachung der endgültigen Unwirksamkeit	25	2. Keine Genehmigung endgültig unwirksamer Geschäfte	32
IV. Die Beendigung des Schwebezustandes durch den Vertragspartner, Abs. 2	26–30	3. Kein Anspruch auf Genehmigungserteilung des Mündels	33
1. Aufforderung	26, 27	4. Tod des Mündels	34
2. Rechtscharakter der Aufforderung	28	**VI. Parallelvorschriften**	35

I. Normzweck. Überblick

1. Regelung von Einzelproblemen. Die §§ 1829 bis 1831 regeln Einzelprobleme, die durch 1 das vom Gesetz erforderte Zusammenwirken des vom Vormund getätigten Rechtsgeschäfts und der gerichtlichen Genehmigung entstehen. Die Lage ist jenen Fällen vergleichbar, in denen die Wirksamkeit eines Rechtsgeschäfts von der Zustimmung eines Dritten abhängt (vgl. insbesondere §§ 108 ff., 182 ff.), doch ergeben sich im Hinblick auf die Rechtsnatur des gerichtlichen Zustimmungsakts wesentliche Unterschiede.

2. Vorherige und nachträgliche Genehmigung. a) § 1829 regelt nur nachträgliche 2 **Genehmigung.** In § 1829 wird nur die nachträgliche Genehmigung geregelt. Nicht hinreichend deutlich wird dabei, dass der Vormund genehmigungsbedürftige Verträge mit vorheriger oder mit nachträglicher Genehmigung des FamG schließen kann; einseitige Rechtsgeschäfte können allerdings nur auf Grund vorhergehender Genehmigung wirksam vorgenommen werden (§ 1831).

b) Vormundschaftliche Besonderheit der nachträglichen Genehmigung. Im Regel- 3 fall der nachträglich erteilten Genehmigung gilt in Abweichung von den allgemeinen Vorschriften der §§ 182 ff. die spezifisch vormundschaftliche Besonderheit, dass die Erteilung der Genehmigung gemäß § 1828 den Vertrag noch nicht wirksam werden lässt, sondern erst die Mitteilung dieser Genehmigung durch den Vormund an den anderen Teil (§ 1829 Abs. 1 S. 2). Daraus folgt, dass der Mündel trotz Vertragsabschluss und Erteilung der Genehmigung durch das FamG noch nicht gebunden ist. Dem Vormund wird damit die Möglichkeit eröffnet, das bereits genehmigte Rechtsgeschäft erneut zu durchdenken und völlig frei von Bindungen oder Haftungsfolgen über dessen Geltung oder Nichtgeltung zu befinden.[1] Demnach kann der Vormund das Wirksamwerden des zunächst ungenehmigt geschlossenen Vertrages auf doppelte Weise verhindern: indem er die Genehmigung weder beantragt noch sonst ihrer Einholung zustimmt (siehe Rn. 9 und § 1828 Rn. 31), oder indem er dem Geschäftsgegner von der erteilten Genehmigung keine Mitteilung macht.

c) Zur vorherigen Genehmigung. Bei vorheriger Genehmigung wird ein Vertrag wirksam, 4 wenn der Vormund in der Weise von ihr Gebrauch macht, dass er den Vertrag mit dem der Genehmigung entsprechenden Inhalt abschließt.[2] Der Vertrag ist dann sofort gültig, selbst wenn der Vormund die Genehmigung dem Geschäftspartner nicht mitgeteilt hat (keine Anwendung des § 1829 Abs. 1 S. 2) und selbst wenn der Geschäftspartner auch keine sonstige Kenntnis von der Genehmigung erhalten hat.[3] Der Geschäftsgegner ist an den Vertrag gebunden; er hat nicht etwa die Möglichkeit der Aufforderung nach § 1829 Abs. 2. Auch gibt es für Verträge keine dem § 1831 S. 2 entsprechende Regelung. Freilich kann der Dritte seine Mitwirkung am Vertragsschluss davon abhängig machen, dass ihm die Genehmigung nachgewiesen wird. Auch kann sich der Partner bei Gericht erkundigen.

Weicht der Vertragsschluss in nicht ganz unwichtigen Details von der Genehmigung ab, so tritt 5 die Lage des § 1829 ein: Es kommt nun darauf an, ob das FamG diesen tatsächlich abgeschlossenen Vertrag nachträglich genehmigt. Für die Anwendung des § 139 ist hier kein Raum;[4] denn die Frage,

---

[1] BGH ZEV 2006, 262; LG Fulda Rpfleger 2002, 206; *Gernhuber/Coester-Waltjen* § 60 Rn. 52.
[2] BayObLGZ 1960, 276, 283. Der wesentliche Inhalt des Vertrages muss im Zeitpunkt der Genehmigung schon feststehen und dem Gericht bekannt sein: KG FamRZ 2010, 402; LG Memmingen FamRZ 1977, 662, 663.
[3] BayObLGZ 1960, 283; OLG Stuttgart Rpfleger 1959, 158; LG Memmingen FamRZ 1977, 662, 663; *Soergel/Zimmermann* Rn. 1.
[4] Zur Anwendung des § 139 siehe § 1828 Rn. 9; anders *Gernhuber/Coester-Waltjen* § 60 Rn. 46.

ob das Gericht auch die Genehmigung für das tatsächlich abgeschlossene Geschäft erteilt hätte, darf kein Gegenstand von Spekulationen sein.

II. Der Schwebezustand

6 **1. Schwebende Unwirksamkeit.** Schließt der Vormund im Namen des Mündels einen genehmigungspflichtigen, aber noch nicht genehmigten Vertrag, oder schließt der beschränkt geschäftsfähige Mündel selbst einen solchen Vertrag, so ist der Vertrag schwebend unwirksam. Dies gilt auch dann, wenn die vor Abschluss des Vertrags nachgesuchte Genehmigung vom Gericht verweigert wurde; auch dann ist der geschlossene Vertrag nachträglicher Genehmigung fähig (siehe § 1828 Rn. 43 ff.), so dass auch hier zunächst schwebende Unwirksamkeit eintritt.

7 **2. Beendigung des Schwebezustandes.** Der Schwebezustand wird beendet
a) durch Wirksamwerden der gerichtlichen Genehmigung nach § 1829 Abs. 1 S. 2 (Mitteilung des Vormunds an den Vertragspartner von der erteilten Genehmigung);
b) durch Wirksamwerden der Verweigerung der Genehmigung nach § 1829 Abs. 1 S. 2 (Mitteilung des Vormunds an den Vertragspartner, die Genehmigung sei verweigert);
c) durch Aufforderung zur Mitteilung der Genehmigung und fruchtlosen Fristablauf gemäß § 1829 Abs. 2;
d) durch Widerruf des Vertragspartners im Fall des § 1830;
e) im Falle des Eintritts der vollen Geschäftsfähigkeit des Mündels vor Beendigung des Schwebezustandes durch Genehmigung oder durch deren Verweigerung seitens des Mündels (gem. § 1829 Abs. 3, vgl. Rn. 31);
f) im Falle des Todes des Mündels durch Genehmigung des Vertrags oder durch deren Verweigerung seitens der Erben (Rn. 34).

8 **3. Folge der wirksamen Genehmigung.** Wird die Genehmigung gemäß § 1829 Abs. 1 S. 2 wirksam, dann ist der Vertrag – soweit nicht sonstige Wirksamkeitshindernisse vorliegen – von Anfang an gültig.[5]

9 **4. Gebundenheit nur des Vertragspartners.** Während des Schwebezustandes ist der Vertragspartner grundsätzlich an den Vertrag gebunden; die Möglichkeit, sich zu lösen, ergibt sich nur im Fall des § 1830. Der Vertragspartner kann den Schwebezustand lediglich gem. § 1829 Abs. 2 abkürzen. Den **Mündel** trifft während des Schwebezustands **keine Bindung.** Deshalb ist der Vormund dem Vertragspartner gegenüber weder verpflichtet, die Genehmigung einzuholen,[6] noch die erteilte Genehmigung durch Mitteilung an ihn wirksam werden zu lassen (siehe Rn. 13); § 162 ist gegenüber Vormund/Mündel nicht anzuwenden.[7] Selbst dann, wenn der Vormund zugleich im eigenen Namen auf derselben Vertragsseite wie der Mündel gehandelt hat, ist er berechtigt und verpflichtet, dem FamG die Gründe mitzuteilen, die nach seiner Ansicht zur Verweigerung der Genehmigung führen;[8] auch hier ist § 162 unanwendbar, obwohl der Verdacht nahe liegen könnte, dass der Vormund in solchem Fall eigennützige Ziele verfolgt.

10 **5. Keine Möglichkeit, den Vormund zur Einholung der Genehmigung zu verpflichten.** Der Vormund kann sich auch nicht in eigener Person dem Vertragspartner gegenüber wirksam verpflichten, die Genehmigung einzuholen oder von ihr Gebrauch zu machen; eine Verpflichtung, von den vormundschaftlichen Befugnissen im bestimmten Sinne Gebrauch zu machen, widerspräche dem Verständnis der Vormundschaft, die ausschließlich an die Wahrung des Mündelwohls gebunden ist. Auch über die Regeln der culpa in contrahendo (§§ 311 Abs. 2, 241 Abs. 2, 280 Abs. 1)[9] darf auf den Vormund **kein indirekter Zwang** zur Einholung oder Mitteilung der Genehmigung ausgeübt werden. Der Vertragspartner hat sich vielmehr darauf einzustellen, dass auf ein genehmigungspflichtiges Geschäft vor Wirksamwerden der Genehmigung kein Verlass ist. Vorsicht ist auch gegenüber der Ansicht geboten, der Vormund könne (für die eigene Person) in diesem Zusammenhang nach § 826 BGB schadensersatzpflichtig werden. Das ist nur denkbar, wenn der Vormund ausschließlich in Schädigungsabsicht handelt, nicht jedoch, wenn er mit seiner Vorgehensweise irgendwelche Mündelinteressen verfolgt.[10] Andererseits können culpa in contrahendo und

---

[5] RGZ 142, 59, 62, 63; *Neuhausen* RNotZ 2003, 157, 173; siehe § 1828 Rn. 29.
[6] BGHZ 7, 208, 213 f. = NJW 1952, 1410.
[7] BGH NJW 1970, 1414, 1415; RG JW 1921, 1237, 1238.
[8] BGH NJW 1970, 1414.
[9] Zur Haftung des Stellvertreters aus culpa in contrahendo siehe BGHZ 56, 81; 63, 382; 74, 103; 77, 172; 79, 281, 340; BGH NJW 1981, 922.
[10] Vgl. zum Ganzen *Gernhuber/Coester-Waltjen* § 60 Rn. 67.

§ 826 zum Zuge kommen, wenn der Vormund dem Vertragspartner gegenüber wahrheitswidrig die Erteilung der gerichtlichen Genehmigung behauptet und ihm dadurch Schaden zufügt.[11] Vgl. ferner § 1830.

III. Die Beendigung des Schwebezustandes durch den Vormund

1. Mitteilung an den Vertragspartner. Der Vormund beendet den Schwebezustand nach Erteilung der familiengerichtlichen Genehmigung dadurch, dass er die ihm zugegangene Genehmigung dem Vertragspartner gemäß § 1829 Abs. 1 S. 2 mitteilt. Der Zugang der Genehmigung an den Vormund hat diese Wirkung noch nicht;[12] vielmehr soll der Vormund nach pflichtgemäßem Ermessen entscheiden, ob er den Vertrag wirksam werden lassen will oder nicht.[13] Auch die Verweigerung der Genehmigung durch das Gericht erhält dem Vertragspartner gegenüber ihre Wirksamkeit erst durch Mitteilung des Vormunds (vgl. Rn. 23).

Zweifelhaft ist, ob die nach § 1829 Abs. 1 S. 2 für das Wirksamwerden des Rechtsgeschäfts konstitutive Mitteilung des Vormunds voraussetzt, dass die Genehmigung bereits ihrerseits wirksam – also rechtskräftig (§ 40 Abs. 2 FamFG) - ist[14] oder ob der Vormund dem Geschäftspartner auch eine noch nicht wirksame Genehmigung mitteilen kann mit der Folge, dass die Wirksamkeit des Rechtsgeschäfts unmittelbar – also ohne erneute Mitteilung des Vormunds - mit dem verfahrensrechtlichen Wirksamwerden der Genehmigung eintritt.[15] Der Gesetzeswortlaut gibt keine Reihenfolge vor; den Materialien lässt sich immerhin die (nicht näher begründete) Auffassung des BT-Rechtsausschusses entnehmen, dass nur eine wirksame Genehmigung wirksam mitgeteilt werden kann.[16]

2. Kein Verzicht auf die Entscheidungsfreiheit. Auf seine Entscheidungsfreiheit kann der Vormund nicht verzichten.[17] Schon deshalb ist etwa die Vereinbarung, dass die Genehmigung mit Eingang beim beurkundenden Notar, bei einem Dritten oder bei dem Vertragspartner selbst wirksam werden soll (etwa: „als mitgeteilt gilt"), unwirksam.[18] Generell unzulässig sind auch Vereinbarungen, die darauf hinauslaufen, dem Vormund das Recht zu beschneiden, über das Wirksamwerden der Genehmigung zu entscheiden; etwa die Vereinbarung, dass ein Schweigen (dh. das Unterlassen des Widerrufs binnen bestimmter Frist) als Mitteilung gewertet werden soll.[19] Jedoch ist eine Vereinbarung möglich, die es dem Vormund freistellt, seinen Betätigungswillen in anderer Weise als durch Mitteilung an den Vertragspartner auszudrücken (etwa gemäß § 151 S. 1),[20] solange nur seine Entscheidungsfreiheit gewahrt bleibt. § 162 ist nicht anwendbar (siehe Rn. 9).[21]

3. Möglichkeit der Bevollmächtigung. a) Allgemein. Die Mitteilung muss der Vormund nicht persönlich vornehmen; eine Bevollmächtigung Dritter, insbesondere des beurkundenden Notars, ist zulässig.[22] Allerdings kommt, um dem Vormund die Entscheidungsfreiheit zu erhalten, nur die Erteilung einer jederzeit widerruflichen Vollmacht in Betracht. Die Vollmacht zum Empfang der Genehmigung kann mit der Vollmacht zu ihrer Mitteilung verbunden werden.[23] Die in einem Grundstückskaufvertrag einem Notariatsgehilfen erteilte Vollmacht „zur Abgabe der mit der Durchführung des Vertrages zusammenhängenden Erklärungen" umfasst indes weder die Vollmacht zur Entgegennahme der familiengerichtlichen Genehmigung[24] noch zu ihrer Weitergabe.

b) Doppelvollmacht. Zulässig ist auch die sog. Doppelbevollmächtigung in der Weise, dass ein Dritter – insbes. der Notar - zur Entgegennahme der Genehmigung nach § 1828 und zum

---

[11] Vgl. zur Haftung des Vertreters allgemein BGHZ 56, 81, 83; BGHZ 79, 281.
[12] BayObLGZ 2, 746, 747.
[13] RGZ 76, 364, 366; 132, 257, 261; KG KGJ 52 A 43, 45.
[14] So mit beachtlichen Gründen *Kölmel* NotBZ 2010, 2, 4; ferner DNotI-Report 2009, 145, 151 Vgl. auch *Bolkart* MittBayNot 2009, 268, 272.
[15] So wohl *Litzenburger* RNotZ 2009, 380.
[16] BT-Drucks. 16/6308 S. 347. Dogmatisch scheint diese Auffassung stimmig zu sein; mit der vom FamFG auf vier Wochen heraufgesetzten, angesichts der Beschwerdefrist (siehe § 1828 Rn. 38 f.) aber noch immer knappen Frist des § 1829 Abs. 2 wird sie sich in praxi nicht leicht vertragen.
[17] KG HRR 1928 Nr. 1426; OLG Düsseldorf NJW 1959, 391; vgl. auch BayObLG FamRZ 1989, 1113.
[18] Vgl. BayObLG FamRZ 1989, 1113 und Rn. 17; vgl. ferner OGHZ 1, 198; OLG Düsseldorf NJW 1959, 391; unhaltbar die gegenteilige Auffassung, vgl. etwa *Wangemann* NJW 1955, 531, 533.
[19] LG Mainz ZBIFG 4, 269.
[20] ZB Einreichung des Vertrags beim Grundbuchamt, vgl. BayObLGZ 22, 139; KG Recht 1928 Nr. 1058; anders RGZ 121, 30, 36 f.; RGRK/*Dickescheid* Rn. 7; *Staudinger/Engler* Rn. 29.
[21] RG JW 1921, 1237.
[22] RG HRR 1929 Nr. 1649; BGHZ 19, 5 11 f. = NJW 1956, 259; OLG Hamm DNotZ 1964, 541; BayObLGZ 22, 156, 157.
[23] Vgl. RG WarnR 1922 Nr. 98; BayObLGZ 22, 156, 157.
[24] LG Oldenburg Rpfleger 1984, 414.

§ 1829 16–18 Abschnitt 3. Titel 1. Vormundschaft

Gebrauchmachen von ihr durch Mitteilung an den Vertragspartner gemäß § 1829 Abs. 1 S. 2 vom Vormund bevollmächtigt wird, außerdem vom Vertragsgegner zur Entgegennahme der Mitteilung – erlaubtes Insichgeschäft.[25] Dem Vormund selbst kann – schon wegen § 1795 Abs. 2 iVm. § 181 – keine Doppelvollmacht in dem Sinne erteilt werden, dass er zugleich im Namen des Mündels die Genehmigung mitteilen und im Namen des Vertragsgegners die Mitteilung empfangen kann.[26] Dagegen wird durch die einem Dritten (Notar) rechtsgeschäftlich erteilte Doppelvollmacht § 1829 eingehalten – und zwar nicht nur formal; denn die jederzeit gegebene Möglichkeit zum Widerruf der Vollmacht belässt dem Vormund die Entscheidungsfreiheit. Bei der Erteilung der Doppelvollmacht wird zu bedenken sein, dass möglicherweise nur die Mitteilung einer bereits verfahrensrechtlich wirksam gewordenen - dh. formell rechtskräftigen (§ 40 Abs. 2 FamFG) - Genehmigung die Rechtsfolge des § 1829 Abs. 1 S 2 auslöst (siehe dazu Rn. 12). Deshalb dürfte sich eine Klarstellung empfehlen, wann der Dritte (Notar), der das Wirksamwerden selbst nicht verlässlich überprüfen kann, die (als Bevollmächtigter des Vormunds) empfangene Genehmigung mitteilen und diese Mitteilung (als Bevollmächtigter des Geschäftspartners) entgegennehmen soll. Vielfach wird es sich empfehlen, insoweit an das Vorliegen eines Rechtskraftzeugnisses (§ 46 FamFG) anzuknüpfen.[27] Im Übrigen ist – wie schon nach bisherigem Recht – zu beachten:

16 **aa) Erkennbarkeit nach außen.** Die mittels Doppelbevollmächtigung vorgenommenen Rechtshandlungen können nicht als rein innerer Akt Wirksamkeit erlangen; vielmehr muss der innere Vorgang der Kenntnisnahme von der Genehmigung, der Mitteilung an den Partner und der Entgegennahme dieser Mitteilung irgendwie nach außen zum Ausdruck kommen.[28] Materiell ausreichend ist die Einreichung der Urkunden zum Grundbuchvollzug beim Grundbuchamt durch den bevollmächtigten Notar;[29] nicht ausreichend ist der Vermerk des Notars auf der Urkunde über die lediglich erfolgte Kenntnisnahme von der Genehmigung für die Beteiligten.[30] Ausreichend ist dagegen ein Vermerk auf der Urkunde, der auch die Gebrauchmachung zum Ausdruck bringt.[31] Da es sich um einen inneren Akt handelt, der nur irgendwie nach außen erkennbar werden muss, ist im Grundbuchverfahren ein Nachweis in Form des § 29 GBO nicht zu verlangen.[32]

17 **bb) Klauseln.** Da auf die Mitteilung der familiengerichtlichen Genehmigung durch den Vormund nicht verzichtet werden kann, deutet die Klausel in notariellen Urkunden, die Genehmigung solle mit dem Zugang an den Notar als wirksam erteilt gelten, in der Regel auf einen unzulässigen Verzicht, nicht aber auf eine zulässige Doppelbevollmächtigung hin.[33] Die Ermächtigung, eine familiengerichtliche Genehmigung für den Vormund entgegenzunehmen, sie in seinem Namen dem Vertragsgegner mitzuteilen und für diesen die Genehmigung in Empfang zu nehmen, kann in der Regel nicht dahin ausgelegt werden, der so Bevollmächtigte solle auch zur Entgegennahme und Weiterleitung eines Beschlusses ermächtigt sein, mit welchem das FamG die Genehmigung versagt.[34]

18 **4. Empfangsbedürftigkeit der Mitteilung.** Die Mitteilung der erteilten Genehmigung, welche den Vertrag gemäß § 1829 Abs. 1 S. 2 wirksam machen soll, ist eine empfangsbedürftige Willenserklärung.[35] Mit ihr wird der Wille ausgedrückt, den Vertrag auf der Grundlage der erteilten Genehmigung gelten zu lassen.[36] Demgegenüber wird zT die Auffassung vertreten, die Mitteilung

---

[25] RGZ 121, 30, 33; BayObLGZ 22, 156; BayObLG Rpfleger 1983, 344; BayObLG FamRZ 1989, 1113 ff.; OLG Neustadt MDR 1957, 752; OLG Düsseldorf NJW 1959, 391; OLG Hamm DNotZ 1964, 541 f.; *Bamberger/Roth/Bettin* Rn. 4; kritisch *Gernhuber/Coester-Waltjen* § 60 Rn. 55; wohl auch *Neuhausen* RNotZ 2003, 157, 174.
[26] AA BayObLG OLGE 43, 384; wie hier *Soergel/Zimmermann* Rn. 9.
[27] Zu den – insbes. notariellen – Gestaltungsmöglichkeiten im einzelnen *Kölmel* NotBZ 2010, 2, 15 ff.; vgl. auch *Litzenburger* RNotZ 2010, 32; *ders.* RNotZ 2009, 380.
[28] BayObLG FamRZ 1998, 1325, 1326; BayObLG FamRZ 1997, 1426, 1427 = BtPrax 1997, 199, 200; BayObLG FamRZ 1989, 1113, 1115. Vgl. ferner RGZ 121, 30, 33 f.; OLG Hamm DNotZ 1964, 541; OLG Neustadt MDR 1957, 752; LG Frankenthal FamRZ 1979, 176.
[29] BayObLG FamRZ 1989, 1113, 1115.
[30] OLG Zweibrücken DNotZ 1971, 731, 732.
[31] OLG Hamm DNotZ 1964, 541, 544.
[32] BayObLGZ 22, 156, 158; OLG Hamm DNotZ 1964, 541, 542; aA *Meyer-Stolte* Rpfleger 1967, 294, 302.
[33] BayObLG FamRZ 1989, 1113, 1115.
[34] BayObLG Rpfleger 1988, 482.
[35] *Staudinger/Engler* Rn. 18; *Zunft* NJW 1959, 516, 517; *Dölle* § 94 IV 16; *Soergel/Zimmermann* Rn. 4; *Bamberger/Roth/Bettin* Rn. 4; jurisPK/*Lafontaine* Rn. 10; *Neuhausen* RNotZ 2003, 157, 173; unentschieden BGHZ 15, 97, 101.
[36] Vgl. KG JFG 2, 118, 120. Vgl. auch BGH FamRZ 2003, 868, 869: „Absicht, den … Schwebezustand zu beenden".

Nachträgliche Genehmigung 19–22 § 1829

sei „geschäftsähnliche Handlung" oder „Tatsachenanzeige mit rechtsgeschäftlichen Wirkungen", die allerdings nach §§ 116 ff. zu behandeln sei.[37] Für eine solche Deutung gibt es keinen überzeugenden Grund: Die von § 1829 Abs. 1 S. 2 vorausgesetzte Mitteilung zielt auf eine durch sie herbeizuführende Rechtswirkung ab.[38] Einen „perfekten" Geschäftswillen in dem Sinne, dass der Vormund eine exakte Vorstellung von den Rechtswirkungen seines Tuns hat,[39] darf man hier ebenso wenig verlangen wie bei beliebigen Willenserklärungen des täglichen Lebens. Die Mitteilung ist folglich uneingeschränkt nach den Regeln über die Willenserklärungen zu behandeln (insbesondere Willensmängel nach §§ 116 ff.).

5. Notwendiger Inhalt der Mitteilung. Die Mitteilung muss zum Ausdruck bringen, dass 19 der Vormund nunmehr, nachdem die Genehmigung erteilt ist, das Geschäft als wirksam gelten lassen will. Sie muss also auf die Tatsache der erteilten Genehmigung Bezug nehmen: sei es, dass der Vormund den Vertragsgegner darüber informiert, sei es, dass er sich sonst erkennbar darauf bezieht (etwa wenn der andere Teil schon Kenntnis davon erlangt hat). Die Mitteilung muss ferner zum Ausdruck bringen, dass der Vertrag Geltung haben soll, mit welchen Worten das auch immer zum Ausdruck gelangen mag („die Sache ist nun erledigt", etc.).[40] Daher ist **keine Mitteilung** im Sinne des § 1829 Abs. 1 S. 2 die Übermittlung der Genehmigung durch den Vormund an den Vertragspartner mit dem Zusatz, dass er von ihr keinen Gebrauch mache oder dass er noch nicht entschieden sei oder dass er noch schwanke, ob er gegen die Erteilung der Genehmigung Beschwerde einlegen wolle. Die Mitteilung, dass der Vertrag nur mit Einschränkungen – also mit verändertem Inhalt – genehmigt werde, kann weder die Wirkungen des § 1829 Abs. 1 S. 2 entfalten noch bedeutet sie schon die Mitteilung endgültiger Verweigerung;[41] vielmehr dürfte in der genannten Mitteilung meist ein neues Vertragsangebot auf der Grundlage der nun gegebenen Vorgenehmigung zu erblicken sein.

6. Formfreiheit. Die Mitteilung ist formfrei; sie kann auch durch schlüssiges Verhalten erfol- 20 gen,[42] nicht aber durch Stillschweigen, dh. durch Unterlassen eines Widerspruchs gegen die Wirksamkeit oä. (siehe Rn. 13). Auch die bloße Entgegennahme der Genehmigung im Beisein des anderen Vertragsteils genügt nicht.[43] Die Mitteilung braucht nur **dem Vertragsgegner gegenüber,** nicht auch den auf Seiten des Mündels stehenden weiteren Vertragspartnern gegenüber erklärt zu werden.[44] Soweit in das Grundbuchamt eingereichter Vertrag der Genehmigung bedarf, ist hinsichtlich der Form der Mitteilung § 29 GBO zu beachten.[45] Das Nichtvorliegen der Umstände nach § 1829 Abs. 2 unterliegt hingegen nicht dem Nachweis im Rahmen der §§ 20, 29 GBO.[46]

7. Mitteilung durch den gegenwärtigen Vormund. Die Mitteilung muss von dem gegen- 21 wärtigen Vormund ausgehen;[47] dieser braucht mit dem seinerzeit vertragsschließenden Vormund nicht notwendig identisch zu sein. Eine unmittelbare Mitteilung durch das FamG lässt den Vertrag nicht wirksam werden.[48] Nach Eintritt der Vollgeschäftsfähigkeit des Mündels kann nur dieser selbst dem Vertrag zur Wirksamkeit verhelfen; eine Mitteilung durch den bisherigen Vormund ist wirkungslos.[49]

8. Volle Wirksamkeit des Vertrages mit der Mitteilung. Die Mitteilung der Genehmi- 22 gung hat, wenn diese verfahrensrechtlich wirksam ist (§ 40 Abs. 2 FamFG; siehe auch Rn. 12), die volle Wirksamkeit des Vertrages vom Zeitpunkt seines Abschlusses an zur Folge.[50] Doch kann die Genehmigung eines Geschäfts nicht zwischenzeitliche Verfügungen unwirksam machen.[51] Nach der

---

[37] Erman/Saar Rn. 3. Vgl. auch BGHZ 15, 97, 101; unter Bezugnahme hierauf *Gernhuber/Coester-Waltjen* § 60 Rn. 53 („eigenartige Stellung zwischen Willenserklärungen und geschäftsähnlichen Handlungen").
[38] Zum Begriff der Willenserklärung und ihrem Unterschied zur geschäftsähnlichen Handlung: *Flume* § 9.
[39] Ihn scheint *Gernhuber/Coester-Waltjen* § 60 Rn. 53 für eine Willenserklärung vorauszusetzen; vgl. demgegenüber BGH NJW 1984, 2279.
[40] Vgl. KG KJG 38 A 62, 64; KG JFG 2, 118, 120; BayObLGZ 27, 85, 86 f.; BGH NJW-RR 2003, 955, 956: Mitteilung muss in der Absicht erfolgen, den Schwebezustand zu beseitigen.
[41] OLG München JFG 23, 275.
[42] Vgl. BGHZ 15, 97, 101 = NJW 1954; 1925; KG OLGE 44, 82, 83; OLG Celle MDR 1965, 577.
[43] KG OLGE 42, 114.
[44] KG HRR 1935 Nr. 182.
[45] OLG Oldenburg DNotZ 1957, 543 (Auflassung).
[46] *Böttcher/Spanl* RpflegerJB 1990, 193, 197.
[47] BayObLGZ 21, 375.
[48] KG KJG 34 A 49.
[49] RGZ 130, 124, 128.
[50] RGZ 142, 59, 62 f.
[51] RGZ 142, 59, 62 f.

§ 1829 23–27 Abschnitt 3. Titel 1. Vormundschaft

Mitteilung des Vormunds an den Vertragspartner gemäß § 1829 Abs. 1 S. 2 kann sich der Vormund nicht mehr darauf berufen, die Genehmigung sei ihm selbst nicht gemäß § 1828 zugegangen.[52] Nach Zugang der wirksamen Mitteilung können auch das FamG und das Beschwerdegericht die Wirksamkeit des Vertrages grundsätzlich nicht mehr durch Änderung oder Rücknahme der Genehmigung vereiteln (§ 48 Abs. 3 FamFG). Zur Wirkung der mitgeteilten Genehmigung vgl. im Übrigen § 1828 Rn. 29 ff., 42 ff.

23 **9. Herbeiführung endgültiger Unwirksamkeit. a) Mitteilung der verweigerten Genehmigung.** Der Schwebezustand wird auch dadurch beendet, dass der Vormund dem Vertragsgegner mitteilt, die Genehmigung sei vom FamG verweigert worden (§ 1829 Abs. 1 S. 2). Es tritt dann endgültige Unwirksamkeit des Geschäfts ein. Der Vertrag lebt auch nicht etwa dadurch wieder auf, dass nach der genannten Mitteilung nunmehr die Genehmigung erteilt wird (vgl. § 48 Abs. 3 FamFG). Es ist Neuabschluss des Vertrags nötig, zu welchem die Geschäftspartner allerdings nicht verpflichtet ist. Auch die Mitteilung an den Vertragspartner, der Vertrag sei „teilweise" oder mit anderem Inhalt genehmigt, bedeutet Mitteilung der in dieser Entscheidung enthaltenen Verweigerung der Genehmigung; wollen die Parteien von dem vom Gericht vorsorglich genehmigten anderen Geschäftsinhalt Gebrauch machen, so müssen sie einen neuen Vertrag schließen.[53] Die Mitteilung des Vormunds an den anderen Vertragsteil, dass das FamG die erforderliche Genehmigung verweigert hat, ist eine empfangsbedürftige Willenserklärung, die voraussetzt, dass der Vormund zu erkennen gibt, er betrachte die Verweigerung als endgültig.[54] Nicht als Mitteilung der Verweigerung ist es anzusehen, wenn der Vormund die Bekanntgabe der gerichtlichen Entscheidung an den Vertragsgegner mit der Erklärung verbindet, dass er sich damit nicht zufrieden geben (zB Beschwerde einlegen) wolle.[55]

24 **b) Mitteilung, von der Genehmigung keinen Gebrauch zu machen.** Der Vormund kann den Schwebezustand im Sinne endgültiger Unwirksamkeit des Vertrags auch dadurch beenden, dass er dem Vertragsgegner mitteilt, er werde von der erteilten Genehmigung keinen Gebrauch machen. Dem gleichzuachten ist die unwahre Behauptung dem Vertragsgegner gegenüber, dass das FamG die Genehmigung versagt habe, sei es, dass das Gericht noch gar nicht entschieden hat, sei es, dass es die Genehmigung erteilt hat.[56] Der Vormund kann die endgültige Unwirksamkeit des Vertrags schließlich dadurch herbeiführen, dass er trotz Aufforderung des Gegners nach § 1829 Abs. 2 während des Laufs der dort genannten Frist jegliche Mitteilung unterlässt.[57]

25 **c) Keine Rückgängigmachung der endgültigen Unwirksamkeit.** Die durch die Beseitigung des Schwebezustandes herbeigeführte endgültige Unwirksamkeit kann – auch durch Vereinbarung[58] – grundsätzlich nicht rückgängig gemacht werden. Eine gerichtliche Abänderung scheitert nach wirksamer Mitteilung jedenfalls an § 48 Abs. 3 FamFG (zu den möglichen Einschränkungen siehe § 1828 Rn. 46; zur Wirksamkeit der Mitteilung siehe Rn. 12 und § 1828 Rn. **32**); eine Beschwerde ist nach wirksamer Mitteilung unzulässig.

IV. Die Beendigung des Schwebezustandes durch den Vertragspartner, Abs. 2

26 **1. Aufforderung.** Der Vertragspartner kann gemäß § 1829 Abs. 2 den Vormund auffordern, ihm mitzuteilen, ob die Genehmigung erteilt sei; diese Aufforderung hat die Wirkung, dass die Mitteilung der Genehmigung nur noch bis zum Ablauf von vier Wochen nach Empfang der Aufforderung wirksam erfolgen kann. Verstreicht die Frist fruchtlos, so ist das Geschäft endgültig unwirksam. Diese Rechtsfolgen treten auch dann ein, wenn die Aufforderung zu einem Zeitpunkt erfolgt, in dem die Genehmigung noch nicht erteilt ist, ja sogar, wenn sie sogleich nach Vertragsschluss erfolgt.[59] Auf die Gründe, warum die Mitteilung innerhalb der Vierwochenfrist nicht erteilt wurde, kommt es nicht an.

27 Stehen auf der anderen Vertragsseite **mehrere Geschäftspartner,** so muss die Aufforderung von allen erklärt werden. Selbstverständlich genügt die Aufforderung durch einen Vertragsgegner, wenn

---

[52] BayObLG MDR 1963, 502.
[53] Eine Ausnahme will *Erman/Saar* Rn. 7 für den Fall machen, dass der Vertragsgegner durch die Änderung des Vertragsinhalts nicht beschwert wird; diese Auffassung führt zu Unsicherheiten und einer Bevormundung des Vertragsgegners.
[54] BayObLGZ 1988, 385, 387; vgl. auch OLG Frankfurt Rpfleger 2004, 694.
[55] OLG München HRR 1936 Nr. 265.
[56] So OLG Stettin LZ 1926, 60; offen in RGZ 130, 148, 152.
[57] Vgl. RGZ 130, 148, 152; RGZ 132, 257, 261.
[58] KG KGJ 25 A 17; OLG Colmar OLGE 18, 292.
[59] RGZ 130, 148, 152.

dieser von den übrigen bevollmächtigt ist und in ihrem Namen handelt. Ebenso selbstverständlich ist es, dass der allein vertretungsberechtigte Gesellschafter einer Handelsgesellschaft auch für die übrigen Gesellschafter auffordern kann.[60] Die in diesem Zusammenhang gängige Formulierung, es komme auf das „Innenverhältnis" unter den Vertragsgegnern an,[61] führt in die Irre: Entscheidend ist allein das Vorhandensein der Vertretungsmacht und das Gebrauchmachen von ihr.

2. Rechtscharakter der Aufforderung. Schwierig ist die Frage zu beurteilen, ob die Aufforderung geschäftsähnliche Handlung[62] oder Willenserklärung[63] ist. An sich trägt sie die charakteristischen Züge einer geschäftsähnlichen Handlung, deren Rechtswirkungen ohne Rücksicht darauf eintreten, ob sie vom Erklärenden gewollt sind oder nicht (wie etwa in § 286 Abs. 1 und § 323 Abs. 1). Das Ergebnis wäre indes befremdlich: Schon die ahnungslose Aufforderung des Vertragsgegners an den Vormund, ihn über eine etwa getroffene Entscheidung des Gerichts zu informieren, könnte die Wirkungen des § 1829 Abs. 2 hervorrufen – oft mit dem beiderseits unerwünschten Ergebnis der Vernichtung des Vertrags. Deshalb ist die Aufforderung als **Willenserklärung** zu verstehen. Als solche setzt sie allerdings voraus, dass der Erklärende mit seinem Handeln Rechtswirkungen herbeiführen will; als solche Wirkungen kommen nur die des § 1829 Abs. 2 in Betracht. Eine Aufforderung liegt daher nur vor, wenn der Erklärende eine ungefähre Vorstellung von den Wirkungen seiner Erklärung hat und diese will.[64] Er muss also mit der Aufforderung zum Ausdruck bringen, dass das Ausbleiben einer Antwort Folgen für seine vertragliche Bindung haben soll. Keine Aufforderung im Sinne des § 1829 Abs. 2 sind dagegen bloße Erkundigungen nach dem Stand der Angelegenheit ohne einen solchen Willen.[65] 28

3. Vierwochenfrist. Das FamFG hat die Frist des Abs. 2 von zwei auf vier Wochen verlängert, da eine wirksame Mitteilung des Vormunds voraussetze, dass die Genehmigungsentscheidung ihrerseits wirksam, d.h. formell rechtskräftig (§ 40 Abs. 2 FamFG) sei, die Beschwerdefrist aber bereits zwei Wochen betrage (§ 63 Abs. 2 Nr. 2 FamFG; siehe hierzu § 1828 Rn. 37).[66] Die Vierwochenfrist kann durch Vereinbarung verlängert oder verkürzt werden. Sie beginnt mit dem Zugang der Aufforderung beim Vormund.[67] Gegen die Fristversäumnis gibt es keinen Rechtsbehelf; auf ihre Ursachen kommt es nicht an. Gibt der Geschäftspartner ein befristetes Vertragsangebot ab, so ist dies nur angenommen, wenn außer der Annahmeerklärung des Vormunds auch dessen Mitteilung der Genehmigung binnen der gesetzten Frist erfolgt. 29

4. Genehmigung nach Fristablauf. Wird die Genehmigung nach Fristablauf erteilt, so ist sie wirkungslos.[68] Die Unwirksamkeit des Vertrages kann dann durch die Feststellungsklage vor dem Prozessgericht geklärt werden.[69] Allerdings dürfte die Genehmigung bei unverändert fortbestehenden Rahmenbedingungen wieder aufleben, wenn die Parteien einen inhaltsgleichen Vertrag neu schließen. 30

V. Volljährigkeit und Tod des Mündels

1. Volle Geschäftsfähigkeit des Mündels. Wird der Mündel nach Abschluss des Vertrages voll geschäftsfähig, so haben FamG und Vormund keine Funktionen mehr: Das Gericht kann nicht mehr über die Genehmigung entscheiden;[70] Eine gleichwohl ergehende Entscheidung kann ebenso wie auch eine bereits zuvor getroffene Entscheidung nicht mehr verfahrensrechtlich wirksam, d. h. formell rechtskräftig (§ 40 Abs. 2 FamFG), werden.[71] Die Entscheidung ist ohne Weiteres gegenstandslos und kann allenfalls deklaratorisch aufgehoben werden. Ist die Entscheidung bereits vor Eintritt der Volljährigkeit verfahrensrechtlich wirksam geworden, so kann der Vormund sie danach nicht mehr dem Vertragpartner mit der Rechtsfolge des § 1829 Abs. 1 S. 2 mitteilen, im Falle der 31

---

[60] Vgl. KG KJG 36 A 160.
[61] ZB *Staudinger/Engler* Rn. 35 und 2. Aufl. Rn. 13; differenzierend *Erman/Saar* Rn. 5.
[62] *Gernhuber/Coester-Waltjen* § 60 Rn. 57; *Dölle* § 128 VI 6 c aa; *Huken* DNotZ 1966, 388, 389; *Erman/Saar* Rn. 5; RGRK/*Dickescheid* Rn. 16.
[63] So 1. Aufl. Rn. 13; *Soergel/Zimmermann* Rn. 14; *Staudinger/Engler* Rn. 32: *Bamberger/Roth/Bettin* Rn. 6; jurisPK/*Lafontaine* Rn. 24.
[64] Ungenügend ist es, das Vorliegen einer Willenserklärung zu behaupten, ohne zu sagen, *worin* die *gewollte* Rechtswirkung bestehen soll.
[65] So auch OLG Düsseldorf DNotZ 2003, 861, 862.
[66] BT-Drucks. 16/6308 S. 347.
[67] RGZ 130, 148, 152.
[68] KG KJG 53, 39, 41.
[69] *Soergel/Zimmermann* Rn. 15.
[70] Auch nicht die Beschwerdeinstanz, OLG Frankfurt Rpfleger 1978, 99.
[71] *Keidel/Meyer-Holz* FamFG § 40 Rn. 31.

§ 1830

erteilten Genehmigung also den Vertrag wirksam werden lassen.[72] In allen genannten Fällen steht die Entscheidung über das Wirksamwerden des Vertrags vielmehr allein dem (früheren) Mündel selbst zu, Abs. 3. Er erteilt oder versagt die Genehmigung, und zwar durch Erklärung gegenüber dem Geschäftsgegner. Die Genehmigung des (früheren) Mündels ist eine Willenserklärung,[73] die auch durch schlüssiges Verhalten gegenüber dem Geschäftsgegner erfolgen kann.[74] Die Aufforderung nach § 1829 Abs. 2 ist an den (früheren) Mündel zu richten (§ 177 Abs. 2). Läuft in dem Zeitpunkt, in dem der Mündel das Volljährigkeitsalter erreicht, bereits die Frist des § 1829 Abs. 2, so ist der Mündel gleichwohl für die Genehmigung „zuständig"; doch muss er den bereits verstrichenen Teil der Frist gegen sich gelten lassen.[75]

32 **2. Keine Genehmigung endgültig unwirksamer Geschäfte.** Kein Raum ist für eine Genehmigung durch den (früheren) Mündel, wenn der Schwebezustand im Zeitpunkt der Erreichung der Vollgeschäftsfähigkeit bereits beendet war, sei es durch Mitteilung der Genehmigung des Vormunds an den Vertragsgegner, sei es durch Mitteilung der Verweigerung oder auf sonstige Weise. Das endgültig unwirksame Geschäft kann der Mündel nicht mehr genehmigen.

33 **3. Kein Anspruch auf Genehmigungserteilung des Mündels.** Einen Anspruch gegenüber dem Volljährigen auf Erteilung der Genehmigung haben weder der bisherige Vormund[76] noch der Vertragsgegner[77] – selbst dann nicht, wenn der Mündel den Vertrag zuvor selbst geschlossen hatte. Doch kann in Ausnahmefällen die Geltendmachung fehlender Genehmigung lange Zeit nach Durchführung des Vertrags rechtsmissbräuchlich sein.[78]

34 **4. Tod des Mündels.** Ebenso wie mit dem Eintritt der Volljährigkeit (Rn. 31) enden auch mit dem Tod des Mündels die Funktionen von FamG und Vormund: Das FamG ist zur Entscheidung über die Genehmigung nicht mehr befugt;[79] Eine gleichwohl ergehende Entscheidung ist obsolet; eine bereits zuvor getroffene Entscheidung kann nicht mehr verfahrensrechtlich wirksam werden. In beiden Fällen kann die Entscheidung, weil gegenstandslos, allenfalls noch zur Klarstellung aufgehoben werden.[80] Falls die Entscheidung bereits vor dem Tod des Mündels wirksam geworden ist, kann sie nach dessen Tod vom Vormund nicht mehr mit der Rechtsfolge des § 1829 Abs. 1 S. 2 dem Geschäftspartner mitgeteilt werden; eine erst nach dem Tod des Mündels erfolgende Mitteilung des Vormunds nach § 1829 Abs. 1 S. 2 geht ins Leere. Der durch den Abschluss des genehmigungsbedürftigen Vertrags entstandene Schwebezustand setzt sich mit dem Tod des Mündels in der Person seines Erben fort: Die Entscheidung über das Wirksamwerden des Vertrags steht nunmehr allein dem Erben zu, der – durch Erklärung gegenüber dem Vertragspartner – den schwebend unwirksamen Vertrag genehmigen oder seine Genehmigung verweigern kann.[81] Zum Mechanismus des § 1829 Abs. 2 siehe Rn. 31; zur Genehmigung in den Fällen des § 1893 Abs. 1 iVm. §§ 1698a, 1698b siehe § 1893 Rn. 9 f.

VI. Parallelvorschriften

35 Die Vorschrift ist auf die Pflegschaft (§ 1915 Abs. 1) und auf die Betreuung (§ 1908i Abs. 1 S. 1) entsprechend anwendbar.

§ 1830 Widerrufsrecht des Geschäftspartners

Hat der Vormund dem anderen Teil gegenüber der Wahrheit zuwider die Genehmigung des Familiengerichts behauptet, so ist der andere Teil bis zur Mitteilung der

---

[72] *Heggen* NotBZ 2010, 393, 400.
[73] Vgl. OGH JR 1950, 245.
[74] Vgl. RGZ 95, 70, 71; LG Bremen FamRZ 1963, 658, 660; einschränkend *Erman/Saar* Rn. 6; ähnl. auch LG Frankfurt RuS 1998 S. 270: Genehmigung durch schlüssiges Verhalten nur, wenn der Mündel schwebende Unwirksamkeit kennt oder zumind. damit rechnet; so auch OLG Hamm NJW-FER 1996, 37, das implizit Notwendigkeit eines Genehmigungswillens voraussetzt.
[75] *RGRK/Dickescheid* Rn. 20; *Staudinger/Engler* Rn. 45; *Palandt/Diederichsen* Rn. 5; *Soergel/Zimmermann* Rn. 16.
[76] Vgl. BGH NJW 1951, 398.
[77] BGH WM 1963, 811.
[78] BGH FamRZ 1961, 216; LG Frankfurt NJW 1999, 3566 f.; LG Freiburg VersR 1998, 41 f.; LG Wuppertal NJW 1995, 152.
[79] LG Memmingen MittBayNot 1983, 76; offen bei BayObLGZ 1964, 350, 353.
[80] *Keidel/Meyer-Holz* FamFG § 40 Rn. 31.
[81] BayObLGZ 1964, 350, 351; KG OLGE 4, 416, 417, jurisPK/*Lafontaine* Rn. 29.

nachträglichen Genehmigung des Familiengerichts zum Widerruf berechtigt, es sei denn, dass ihm das Fehlen der Genehmigung bei dem Abschluss des Vertrags bekannt war.

I. Normzweck

Im Gegensatz zu § 109 Abs. 1 ist der Geschäftspartner des ohne Genehmigung des FamG im Namen des Mündels abgeschlossenen Rechtsgeschäfts grundsätzlich an seine Willenserklärung **gebunden,** unbeschadet der Möglichkeit nach § 1829 Abs. 2. Nur wenn der Vormund bei Abschluss des Geschäfts ihm gegenüber wahrheitswidrig die Erteilung der Genehmigung behauptet hat, erlangt der Geschäftspartner, wie in § 109 Abs. 2, ein **Widerrufsrecht**.

II. Voraussetzungen des Widerrufsrechts

1. Objektive Unwahrheit der Behauptung des Vormunds. Das Widerrufsrecht setzt nur die objektive Unwahrheit der Behauptung des Vormunds voraus; es gilt daher auch bei unbewusst unrichtiger Behauptung durch den Vormund. Der wahrheitswidrigen Behauptung steht das treuwidrige Ausnutzen des beim Geschäftspartner schon vorhandenen Irrtums gleich. Kein Widerrufsrecht entsteht, wenn der Vormund erst nach Vertragsschluss die unwahre Behauptung aufstellt.[1]

2. Auch bei eigenem Handeln des Mündels. Handelt der Mündel selbst mit Zustimmung des Vormunds, so gilt § 1830 entsprechend, gleichviel, wer die Erteilung der Genehmigung behauptet hat, und auch dann, wenn der Vormund die Genehmigung bei Abgabe der Zustimmung behauptet hat. Handelt der Mündel ohne Zustimmung des Vormunds, so gilt bis zur Erteilung der Genehmigung des Vormunds § 109.[2]

3. Keine subjektiven Voraussetzungen. Das Widerrufsrecht steht dem anderen Teil unabhängig davon zu, ob er das Geschäft bei Abschluss überhaupt für genehmigungsbedürftig hielt oder nicht.

4. Ausschluss bei positiver Kenntnis des anderen Teils. Bei positiver Kenntnis des anderen Teils von der fehlenden Genehmigung entfällt das Widerrufsrecht, bei lediglich fahrlässiger Unkenntnis bleibt es bestehen.

III. Modalitäten und Schranken des Widerrufsrechts

1. Widerruf gegenüber dem Vormund. Das Widerrufsrecht ist dem Vormund gegenüber auszuüben; es ist ein einseitiges, empfangsbedürftiges Gestaltungsgeschäft, das an keine Frist gebunden ist.

2. Beweislast. Der Geschäftspartner hat zu beweisen, dass der Vormund die unrichtige Behauptung aufgestellt hat. Dem Vormund obliegt der Beweis, dass der andere Teil Kenntnis vom Fehlen der Genehmigung hatte.

3. Erlöschen des Widerrufsrechts. Das Widerrufsrecht erlischt mit Wirksamwerden der nachträglich erteilten Genehmigung oder bei Verzicht. Ein solcher liegt vor, wenn der Geschäftsgegner den Vormund gemäß § 1829 Abs. 2 zur Mitteilung der Genehmigung auffordert.[3]

4. Ausschluss der Anfechtung. Durch das Widerrufsrecht ist dem Geschäftspartner jegliche Anfechtungsmöglichkeit aus Gründen der Täuschung oder des Irrtums in Bezug auf die familiengerichtliche Genehmigung genommen.[4] § 179 findet auf Grund der Sondernormen der §§ 1828 ff. keine Anwendung.[5]

IV. Parallelvorschriften

Die Vorschrift ist auf die Pflegschaft (§ 1915 Abs. 1) und auf die Betreuung (§ 1908i Abs. 1 S. 1) entsprechend anwendbar.

---

[1] Staudinger/Engler Rn. 7; Soergel/Zimmermann Rn. 1; Dölle § 128 VI 6 c aa (S. 804).
[2] Soergel/Zimmermann Rn. 3.
[3] Staudinger/Engler Rn. 11; jurisPK/Lafontaine Rn. 12; Breit ZBlFG 4, 569, 591; einschränkend Soergel/Zimmermann Rn. 3: nur bei Kenntnis des Widerrufsrechts.
[4] Staudinger/Engler Rn. 13; RGRK/Dickescheid Rn. 7.
[5] Str., wie hier Staudinger/Engler Rn. 16; Soergel/Zimmermann Rn. 3; RGRK/Dickescheid Rn. 7; Erman/Saar Rn. 3; Bamberger/Roth/Bettin Rn. 4; aA Dölle § 128 VI 6 c cc.

§ 1831 Einseitiges Rechtsgeschäft ohne Genehmigung

¹Ein einseitiges Rechtsgeschäft, das der Vormund ohne die erforderliche Genehmigung des Familiengerichts vornimmt, ist unwirksam. ²Nimmt der Vormund mit dieser Genehmigung ein solches Rechtsgeschäft einem anderen gegenüber vor, so ist das Rechtsgeschäft unwirksam, wenn der Vormund die Genehmigung nicht vorlegt und der andere das Rechtsgeschäft aus diesem Grunde unverzüglich zurückweist.

I. Normzweck

1 **1. Vorherige Genehmigung bei einseitigen Rechtsgeschäften.** Bei einseitigen Rechtsgeschäften ist nur eine vorherige Genehmigung des FamG zugelassen, weil der von dem Rechtsgeschäft betroffene Dritte Klarheit darüber haben muss, ob die Rechtswirkungen eintreten oder nicht. Denn er kann sich nicht, wie beim Vertragsschluss nach §§ 1829 Abs. 2, 1830, Gewissheit über die Erteilung oder Nichterteilung der Genehmigung und damit über die Wirksamkeit des Rechtsgeschäfts verschaffen. Der Schwebezustand brächte den Dritten in eine rechtsunsichere Lage, die seine Dispositionen empfindlich stören könnte. Daher ist nach § 1831 S. 1 das einseitige Rechtsgeschäft, ob empfangsbedürftig oder nicht, absolut unwirksam, wenn es ohne Genehmigung des FamG vorgenommen wird. Eine Heilung durch nachträgliche Genehmigung ist ausgeschlossen;[1] das Rechtsgeschäft muss, wenn die Parteien es noch wollen, wiederholt werden.[2]

2 **2. Unwirksamkeit bei mangelndem Nachweis der Genehmigung.** Nach Satz 2 ist ein einseitiges Rechtsgeschäft trotz erteilter Genehmigung unwirksam, wenn dem Dritten der Beschluss über die Genehmigung nicht vorgelegt wird und dieser deshalb das Rechtsgeschäft unverzüglich zurückweist. Dem liegt die Überlegung zugrunde, dass der mangelnde Nachweis der Genehmigung den Dritten gleichfalls in eine unsichere Lage versetzen kann. Das früher geltende Recht verlangte einen Nachweis der Genehmigung „in schriftlicher Form"; die ausdrückliche Hervorhebung dieses Erfordernisses hat der FamFG-Gesetzgeber im Hinblick auf § 58 FamFG (Entscheidung durch Beschluss) für entbehrlich gehalten.[3] Der Nachweis kann durch Vorlage einer Ausfertigung oder einer beglaubigten Abschrift des Genehmigungsbeschlusses erfolgen.[4]

II. Unwirksamkeit nach Satz 1

3 **1. Einseitiges Rechtsgeschäft.** Einseitige Rechtsgeschäfte sind zB die Erteilung einer Vollmacht oder der Prokura, die Ermächtigung nach § 112, die Aufrechnung, die Anfechtung, die Kündigung und der Rücktritt vom Vertrage, die Einwilligung nach § 185, die Ausübung eines Vorkaufsrechts, die Aufgabeerklärung nach § 875,[5] die Annahme oder Ausschlagung einer Erbschaft oder eines Vermächtnisses. Kein einseitiges Rechtsgeschäft ist insbesondere das Vertragsangebot[6] und die Angebotsannahme, da beide nur Teile des Zustandekommens eines Vertrages sind. Kein einseitiges Rechtsgeschäft ist auch die Annahme einer Leistung, die zum Zweck der Erfüllung einer Verbindlichkeit erbracht wird.[7] Einseitiges Rechtsgeschäft ist hingegen die im Falle des Erfüllungssurrogats erforderliche Erklärung des Gläubigers, dass er die zugegangene Leistung als Erfüllung gelten lassen wolle.

4 **2. Vertragsschluss durch den Mündel.** Schließt der Mündel das genehmigungsbedürftige Rechtsgeschäft selbst mit Zustimmung des Vormunds ab, so ist nicht die Zustimmung des Vormunds genehmigungsbedürftig (und damit dessen einseitige Erklärung), sondern das Rechtsgeschäft als solches. Für die Frage, ob § 1831 oder § 1829 anwendbar ist, kommt es daher nur auf die Rechtsnatur des vom Mündel vorgenommenen Rechtsgeschäfts an.[8]

5 **3. Maßgeblicher Zeitpunkt.** Der Zeitpunkt, in dem die Genehmigung vorliegen muss, ist nicht notwendig identisch mit demjenigen der Vornahme der zum Rechtsgeschäft erforderlichen Rechtshandlung durch den Vormund. Maßgebend ist der Zeitpunkt, in dem die Rechtshandlung

---

[1] KG JW 1928, 1405.
[2] RG LZ 1930, 1390; *Palandt/Diederichsen* Rn. 1; *Staudinger/Engler* Rn. 3; jurisPK/*Lafontaine* Rn. 29.
[3] BT-Drucks. 16/6308 S. 347.
[4] *Palandt/Diederichsen* Rn. 3.
[5] KG OLGE 44, 81, 82.
[6] RG Gruchot 71 (1931), 77, 78.
[7] HM; *Palandt/Diederichsen* Rn. 1; *Soergel/Zimmermann* Rn. 4; *Bamberger/Roth/Bettin* Rn. 2; aA RG HRR 1929 Nr. 1441; RG LZ 1930, 1390 (Aufwertungsprobleme).
[8] *Palandt/Diederichsen* Rn. 1; *Staudinger/Engler* Rn. 7; *Soergel/Zimmermann* Rn. 3.

des Vormunds wirksam wird,[9] bei einer empfangsbedürftigen Willenserklärung gegenüber einem Abwesenden also der Zeitpunkt, in dem die Erklärung dem Partner zugeht (§ 130 Abs. 1 S. 1). Unwesentlich ist, ob und wann inhaltlich die Rechtsfolgen der Rechtshandlung eintreten: Inhaltliche Zeitbestimmungen und Bedingungen sind deshalb für § 1831 irrelevant. Das gilt konsequenterweise auch für Erklärungen, in denen bestimmt wird, dass sie erst mit dem Eingang der Genehmigung des FamG als dem Partner zugegangen gelten; denn auch hier soll die Rechtsfolge der Erklärung hinausgeschoben und mithin ein Schwebezustand bewirkt werden, den § 1831 S. 1 gerade vermeiden will.[10]

4. Ausnahmen von S. 1. In einigen Fällen werden aus der Natur des Rechtsgeschäfts oder auch deshalb, weil der Zweck des § 1831 anderweit schon erreicht wird, Ausnahmen von S. 1 zugelassen.

a) Erbschaftsausschlagung. Bei der Erbschaftsausschlagung ist gemäß § 1944 die Erklärung innerhalb einer Frist gegenüber dem Nachlassgericht abzugeben. Es reicht aus, wenn die Genehmigung des FamG innerhalb der Frist nachgebracht wird.[11] Genügend ist sogar die spätere Erteilung der Genehmigung, wenn sie nur innerhalb der Frist des § 1944 beantragt wurde, da es sich hierbei um einen fristhemmenden Fall höherer Gewalt handelt (§ 206).[12] Z. T. wird die Auffassung vertreten, die durch Ausbleiben der gerichtlichen Genehmigung binnen der Frist des § 1944 entstehenden Rechtsnachteile träfen den Mündel und seien – bei rechtzeitigem Antrag auf Genehmigung – über Art. 34 GG, § 839 als Schaden aus erfolgter Amtspflichtverletzung zu liquidieren; eine andere Beurteilung ergebe sich nur dann, wenn die Genehmigung erst im Instanzenzug erteilt werde.[13] Diese Auffassung überzeugt nicht: Die Entscheidung, eine Erbschaft auszuschlagen, ist angesichts der notwendigen Ermittlungen über den Nachlass so schwierig, dass es genügen muss, wenn der Vormund innerhalb der Frist des § 1944 handelt; dass das FamG nicht auch schon innerhalb dieser Frist zu einer Entscheidung gelangt, wird selten eine Amtspflichtverletzung darstellen.

b) Erklärung gegenüber Grundbuchamt. Auch bei Erklärungen gegenüber dem Grundbuchamt (zB § 875) genügt das Nachbringen der Genehmigung, auch wenn sie erst nach Eingang der Urkunde beim Grundbuchamt erteilt wurde.[14] Das gilt auch – soweit sie genehmigungsbedürftig ist – für die Eintragungsbewilligung gemäß § 19 GBO.[15] Der Schutzzweck des § 1831, den Dritten vor unabsehbarer rechtlicher Unsicherheit zu schützen, wird im Grundbuchverfahren durch die Zwischenverfügung gemäß § 18 GBO erreicht.[16]

c) Amtsempfangsbedürftige Willenserklärungen allgemein. Über die unter a) und b) genannten Fälle hinaus wird man es bei amtsempfangsbedürftigen Willenserklärungen allgemein ausreichen lassen, dass eine erforderliche Genehmigung des FamG erst nachträglich erteilt wird;[17] so etwa bei der Anerkennung der Vaterschaft (§ 1596 Abs. 1 S. 3),[18] beim Antrag auf Entlassung aus der Staatsangehörigkeit nach § 19 Abs. 1 StAG[19] oder beim Antrag auf Zwangsversteigerung nach § 181 Abs. 2 S. 2 ZVG;[20] allerdings kann die Behörde/das Gericht für die Nachreichung eine angemessene Frist setzen.[21] Bestehen allerdings gesetzliche Fristen, so muss – soweit nicht § 206 zum Zuge kommt – die gerichtliche Genehmigung innerhalb der Frist erteilt sein.

---

[9] KG JFG 6, 108/110.
[10] AA 3. Aufl. Rn. 4 und RGRK/*Dickescheid* Rn. 4, wie hier *Staudinger/Engler* Rn. 6; *Sonnenfeld/Zorn* Rpfleger 2004, 533, 535.
[11] BGH FamRZ 1966, 504 f.; RGZ 118, 145, 148 f.; KG KGJ 50, 71, 73; BayObLG FamRZ 1969, 434, 436; so auch *Gernhuber/Coester-Waltjen* § 60 Rn. 49; *Palandt/Diederichsen* Rn. 2; *Staudinger/Engler* Rn. 12; weitergehend KG KGJ 38 A 50, 53 f.; aA KG KGJ 42, 89, 91.
[12] OLG Frankfurt DNotZ 1966, 613; *Bamberger/Roth/Bettin* Rn. 3.
[13] *Gernhuber/Coester-Waltjen* § 60 Rn. 49.
[14] HM, vgl. *Staudinger/Engler* Rn. 17 f.; *Soergel/Zimmermann* Rn. 8. Ausführlich zur lange Zeit umstrittenen Anwendung des § 1831 im formellen Grundbuchverfahren *Böttcher/Spanl* RpflegerJb 1990, 193, 201 f.
[15] OLG Celle Rpfleger 1980, 187 (betr. Bewilligung der Auflassungsvormerkung); OLG Hamm DNotZ 1977, 35, 40; vgl. auch OLG Oldenburg DNotZ 1971, 484.
[16] KG JW 1936, 2745 f.; *Gernhuber/Coester-Waltjen* § 60 Rn. 50; *Staudinger/Engler* Rn. 17; *Dölle* § 128 VI 6 c bb.
[17] BayObLG Rpfleger 1996 S. 450, 451; OLG Zweibrücken FamRZ 1996 S. 430 f.; *Soergel/Zimmermann* Rn. 5; *Staudinger/Engler* Rn. 19; *Sonnenfeld/Zorn* Rpfleger 2004, 533, 535; aA jurisPK/*Lafontaine* Rn. 15.
[18] *Staudinger/Engler* Rn. 19.
[19] *Soergel/Zimmermann* Rn. 7; RGRK/*Dickescheid* Rn. 9.
[20] *Soergel/Zimmermann* Rn. 7; *Staudinger/Engler* Rn. 19; RGRK/*Dickescheid* Rn. 9.
[21] *Soergel/Zimmermann* Rn. 5; RGRK/*Dickescheid* Rn. 9.

§ 1832 1-4 Abschnitt 3. Titel 1. Vormundschaft

10   d) **Genehmigungspflichtige Klagen.** Bei genehmigungspflichtigen Klagen ist, falls keine Fristbindung besteht,[22] für die Zulässigkeit der Klage ausreichend, dass die Genehmigung noch in der Revisionsinstanz bis spätestens in der letzten Verhandlung vor der Endentscheidung beigebracht wird (Beispiel: § 125 Abs. 2 S. 2 FamFG).[23]

III. Zurückweisung nach Satz 2

11   Der Erklärungsempfänger kann nach Satz 2 die Unwirksamkeit eines einseitigen Rechtsgeschäfts bewirken, wenn ihm das Vorliegen der vormundschaftlichen Genehmigung nicht nachgewiesen wird. Die Vorschrift gilt nur bei empfangsbedürftigen Willenserklärungen und nur dann, wenn der Empfänger eine Privatperson, nicht jedoch eine Behörde ist.[24] Die Privatperson muss die Zurückweisung unverzüglich gegenüber dem Vormund erklären. Die Zurückweisung muss auf die Nichtvorlage des Genehmigungsbeschlusses gestützt werden; sie ist unbegründet, wenn eine Ausfertigung oder eine beglaubigte Abschrift des Genehmigungsbeschlusses vorgelegt wird.

IV. § 1828 als Grundlage der Genehmigung

12   Zu beachten ist, dass auch im Fall des § 1831 immer § 1828 die verfahrensrechtliche Grundlage der Genehmigung bildet. Die Genehmigung muss dem Vormund gegenüber erklärt werden. Dem Grundbuchamt ist daher zB die Erteilung der Genehmigung nicht schon durch Vorlage des Genehmigungsbeschlusses des FamG nachgewiesen. Vielmehr sind darüber hinaus der grundbuchmäßige Nachweis der Zustellung an den Vormund sowie der Nachweis erforderlich, dass der Vormund von der Genehmigung willentlich Gebrauch gemacht hat.[25] Die beiden letztgenannten Voraussetzungen sind in der Regel nachgewiesen, wenn der Vormund die Genehmigung dem Grundbuchamt selbst vorlegt.

V. Parallelvorschriften

13   Die Vorschrift ist auf die Pflegschaft (§ 1915 Abs. 1) und die Betreuung (§ 1908i Abs. 1 S. 1) entsprechend anwendbar.

§ 1832 Genehmigung des Gegenvormunds

Soweit der Vormund zu einem Rechtsgeschäft der Genehmigung des Gegenvormunds bedarf, finden die Vorschriften der §§ 1828 bis 1831 entsprechende Anwendung; abweichend von § 1829 Abs. 2 beträgt die Frist für die Mitteilung der Genehmigung des Gegenvormunds zwei Wochen.

I. Normzweck

1   Die Vorschrift ist lediglich eine Rechtsfolgeverweisung auf die §§ 1828 bis 1831.

II. Genehmigungserfordernis im Außenverhältnis

2   **1. Anwendungsbereich.** Die Vorschrift ist nur auf diejenigen Rechtsgeschäfte anwendbar, die auch **nach außen** der Genehmigung durch den Gegenvormund bedürfen - so in den Fällen der §§ 1809, 1812, 1813 Abs. 2, nicht dagegen im Fall des § 1810;[1] siehe § 1828 Rn. 2f.

3   **2. Rechtsnatur.** Die Genehmigung durch den Gegenvormund wird durch die Verweisung nicht zum hoheitlichen, gerichtlichen Akt, vielmehr hat die Genehmigung Rechtsgeschäftscharakter.[2]

4   **3. §§ 125, 126.** Der nach § 1832 entsprechend anwendbare § 1831 S. 2 verlangt nicht mehr ausdrücklich, dass der Vormund die gerichtliche Genehmigung „in schriftlicher Form" vorlegt; da

---

[22] BGH FamRZ 1966, 504, 505; *Soergel/Zimmermann* Rn. 9.
[23] RGZ 86, 15/17; *Soergel/Zimmermann* Rn. 9.
[24] *Staudinger/Engler* Rn. 22; *Bamberger/Roth/Bettin* Rn. 5; *Sonnenfeld/Zorn* Rpfleger 2004, 533, 536; aA *Erman/Saar* Rn. 5.
[25] AA LG Berlin Beschl. vom 11. 7. 2006 (Az. 83 T 572/05 – zitiert nach juris): Ein willentliches Gebrauchmachen von der Genehmigung ist nicht erforderlich (entschieden für den Fall einer Erbschaftsausschlagung); ebenso wohl *Sonnenfeld/Zorn* Rpfleger 2004, 533, 537.
[1] *Palandt/Diederichsen* Rn. 1; *Soergel/Zimmermann* Rn. 1; *Staudinger/Engler* Rn. 2.
[2] *Soergel/Zimmermann* Rn. 1; *Staudinger/Engler* Rn. 8.

die Genehmigungsentscheidung stets durch Beschluss ergeht (§ 58 FamFG), erschien dem FamFG-Gesetzgeber die besondere Erwähnung der Schriftform entbehrlich (siehe § 1831 Rn. 2). Für die Genehmigung des Gegenvormunds versteht sich die Schriftform freilich nicht von selbst; der – hier weiterhin erforderliche – schriftliche Nachweis der Genehmigung ist deshalb aus dem Begriff des „Vorlegens" zu erschließen; die §§ 125, 126 sind anwendbar.

4. Frist für die Vorlage der Genehmigung. Im Fall des § 1829 Abs. 2 - Aufforderung des 5 Geschäftspartners an den Vormund, die Genehmigung mitzuteilen – bewendet es für die Genehmigung des Gegenvormunds bei der (bisherigen) Zweiwochenfrist § 1832 HS. 2); denn die vom FamFG bewirkte Ausdehnung der Frist des § 1829 Abs. 2 von bisher zwei auf nunmehr vier Wochen ist nur dem für gerichtliche Genehmigungen geltenden Erfordernis formeller Rechtskraft geschuldet (§ 40 Abs. 2 FamFG; siehe § 1829 Rn. 29).

III. Parallelvorschriften

Die Vorschrift gilt auch für die Betreuung (§ 1908i Abs. 1 S. 1). 6

§ 1833 Haftung des Vormunds

(1) ¹Der Vormund ist dem Mündel für den aus einer Pflichtverletzung entstehenden Schaden verantwortlich, wenn ihm ein Verschulden zur Last fällt. ²Das Gleiche gilt von dem Gegenvormund.

(2) ¹Sind für den Schaden mehrere nebeneinander verantwortlich, so haften sie als Gesamtschuldner. ²Ist neben dem Vormund für den von diesem verursachten Schaden der Gegenvormund oder ein Mitvormund nur wegen Verletzung seiner Aufsichtspflicht verantwortlich, so ist in ihrem Verhältnis zueinander der Vormund allein verpflichtet.

Übersicht

	Rn.		Rn.
I. Normzweck	1	2. Übertragung der Aufgaben des Vormunds auf Dritte	9
II. Voraussetzungen der Haftung	2–7	3. Keine Entlastung des Vormunds infolge Leistungsverpflichtung Dritter	10
1. Anwendbarkeit auf alle Vormünder	2	4. Haftung gegenüber Dritten	11
2. Haftung für Schädigung des Mündels durch Pflichtverletzung	3	5. Weitergehende Haftung, Verzicht	12
3. Verschulden	4	**IV. Verfahren**	13, 14
4. Haftungsbeginn	5	1. Zuständigkeit	13
5. Kasuistik	6, 7	2. Beweislast	14
III. Modalitäten der Haftung	8–12		
1. Gesamtschuldnerhaftung mehrerer Vormünder	8	**V. Parallelvorschriften**	15

I. Normzweck

Die Haftung des Vormunds/Gegenvormunds für dem Mündel zugefügte Schäden resultiert 1 aus dem durch den Bestellungsakt begründeten **gesetzlichen Schuldverhältnis familienrechtlicher Art**.[1] Die Norm gewährt dem Mündel nur eine **Anspruchsgrundlage** gegen den Vormund/Gegenvormund, nicht gegenüber Dritten. Der Anspruch ist weder vertraglicher noch deliktischer Natur; er verjährt nach Maßgabe der §§ 195, 199 Abs. 1, 3; während der Dauer der Vormundschaft ist er gehemmt (§§ 207 Abs. 1 S. 2 Nr. 3–5).

II. Voraussetzungen der Haftung

1. Anwendbarkeit auf alle Vormünder. Die Vorschrift gilt für alle Vormünder, also für den 2 Alleinvormund wie für den Mitvormund, ebenso für den (bestellten wie kraft Gesetzes eintretenden) Amtsvormund und für den Vereinsvormund. Bei der **Amtsvormundschaft** haftet die Körperschaft,

---

[1] BGHZ 17, 108, 116 = NJW 1955, 867.

§ 1833 3–5

bei der das Jugendamt errichtet ist (§§ 55 Abs. 1, 69 SGB VIII) für das Handeln des Beamten oder Angestellten, dem die Ausübung des Vormundamts gemäß § 55 Abs. 2 S. 1 SGB VIII übertragen ist;[2] uU kommt auch die Haftung wegen Organisationsmangels in Frage.[3] Im Rahmen der Haftung des Amtsvormunds aus § 1833 gelten nicht die Grundsätze der beschränkten gerichtlichen Nachprüfung von Ermessensentscheidungen bei Verwaltungsakten.[4] Neben der Haftung aus § 1833 kommt die Haftung des Dienstherrn für schuldhafte Amtspflichtverletzungen gemäß § 839 BGB, Art. 34 GG in Betracht;[5] zwischen Haftung aus § 1833 und Amtshaftung besteht Anspruchsnormenkonkurrenz.[6] Bei der **Vereinsvormundschaft** haftet der Verein nach § 31 nicht nur für den Vorstand und die verfassungsmäßig berufenen Vertreter, sondern kraft ausdrücklicher Bestimmung in § 1791a Abs. 3 S. 2 auch für jedes einfache Mitglied und für Mitarbeiter. Gemäß der ausdrücklichen Bestimmung des § 1833 Abs. 1 S. 2 gilt die Vorschrift auch für den **Gegenvormund**.

3   **2. Haftung für Schädigung des Mündels durch Pflichtverletzung.** Der Vormund/Gegenvormund haftet für die Schädigung des Mündels, die er durch eine Pflichtverletzung hervorgerufen hat. Eine Pflichtverletzung liegt in jeglichem Verstoß gegen das Gebot treuer und gewissenhafter Amtsführung; sie kann in einem Tun oder Unterlassen liegen, in der Abgabe oder Unterlassung einer Willenserklärung, in der Vornahme oder Nichtvornahme beliebiger Rechtshandlungen oder Realakte. Nicht nötig ist, dass der Vormund gegen gesetzliche Vorschriften oder gegen eine Anordnung des Vormundschaftsgerichts verstößt. Der Gegenvormund verletzt seine Pflichten, wenn er den Vormund nicht ordnungsgemäß überwacht oder eine Genehmigung pflichtwidrig erteilt oder sich sonst mündelschädigend verhält.

4   **3. Verschulden.** Die Pflichtwidrigkeit muss vom Vormund/Gegenvormund schuldhaft begangen worden sein.[7] Gemäß § 276 haften der Vormund und der Gegenvormund für Vorsatz und jede Fahrlässigkeit. Der Maßstab der geforderten Sorgfalt wird jedoch von der hM gegenüber dem objektiven Maßstab des § 276 zu Recht eingeschränkt: Das Maß der Sorgfalt bemisst sich nach dem Lebenskreis, den Lebensumständen und der Rechts- und Geschäftserfahrung des Vormunds,[8] freilich nicht nach der eigenüblichen Sorgfalt. Das Haftungsprivileg des § 1664 Abs. 1 kommt dem Vormund nur unter den Voraussetzungen des § 1793 Abs. 1 S. 3 zu. Beim Amts- und Vereinsvormund sowie bei berufsmäßigen Vormündern sind infolge der vorauszusetzenden Rechts- und Geschäftskenntnisse die Sorgfaltsanforderungen weitaus strenger anzusetzen als bei einem gewöhnlichen Einzelvormund.[9]

5   **4. Haftungsbeginn.** Die Haftung beginnt **mit der Bestellung** (§ 1789); eine Schadensersatzforderung kann auch schon während des Vormundamts gem. § 1843 Abs. 2 durch einen Pfleger geltend gemacht werden. Die Haftung gilt nicht für Rechtshandlungen, die nach Amtsbeendigung vorgenommen werden.[10] Die Haftung dauert allerdings dann fort, wenn der Vormund trotz Amtsbeendigung ungerügt als Vormund weiterhandelt,[11] oder wenn er im Falle des § 1893 Abs. 1 Geschäfte gem. §§ 1698a, 1698 b tätigt. War der Vormund gem. § 1780 amtsunfähig, so löst die Bestellung keine Haftung aus § 1833 aus. Hingegen bleibt § 1833 anwendbar, wenn zwar nicht § 1780 vorliegt, der Vormund aber untauglich (§§ 1781 ff.) ist oder die Vormundschaft später – als von Anfang an unzulässig – aufgehoben wird.[12]

---

[2] Zum ganzen *Deinert* DAVorm. 1993, 1143.
[3] KG DAVorm. 1975, 439.
[4] BGHZ 9, 255.
[5] BGHZ 9, 255, 256 f.; BGH FamRZ 1983, 1220; BGHZ 100, 313, 316; Zu weitgehend *Pardey* FamRZ 1989, 1030 ff.: Staatshaftung für die Tätigkeit aller Vormünder, Pfleger und Betreuer wegen der hoheitlichen Tätigkeit, die mit diesen Funktionen ausgeübt wird. Zur Problematik grundlegend: *Schreiber* AcP 178 (1978), 533 ff.
[6] BGH FamRZ 1983, 1220; missverständlich die Formulierung, der Anspruch aus § 1833 sei „vorzuziehen", vgl. *Soergel/Zimmermann* Rn. 2. Eine Subsidiarität der Amtshaftung kann aus BGHZ 9, 255, 257 und BGH FamRZ 1980, 874, 876 nicht hergeleitet werden.
[7] So ausdr. OLG Schleswig FamRZ 1997, 1427.
[8] BGH FamRZ 1964, 199; RG JW 1911, 1016; KG ZMR 2002, 265, 267; BGH FamRZ 2003, 1924, 1925; OLG München OLGR München 2006, 139; vgl. *Gernhuber/Coester-Waltjen* § 71 Rn. 32; *Locher* FamRB 2005, 308, 310.
[9] Vgl. BGH FamRZ 1983, 1220 (Haftung für leichte Fahrlässigkeit, wobei auf zu erwartenden Wissensstand des handelnden Kreisamtsrates abgestellt wurde).
[10] RG DR 1940, 726.
[11] RG JW 1938, 3116; *Bamberger/Roth/Bettin* Rn. 3; str., nach aA ist GoA anzunehmen, so *Soergel/Zimmermann* Rn. 1.
[12] RGZ 84, 92.

5. Kasuistik. Pflichtwidrig sind: Das Unterlassen eines Tätigwerdens für den Mündel, weil 6
eigene Geschäfte des Vormunds drängen.[13] Überschreitung des Aufgabenkreises.[14] Der Abschluss
eines Unterhaltsvergleichs zur Unzeit;[15] ebenso das Nichtverhindern der Passerteilung an den
Unterhaltspflichtigen, wenn dieser sich ins Ausland absetzen will, um den Unterhaltsanspruch des
Mündels zu vereiteln;[16] der Vormund kann nicht geltend machen, dass noch andere unterhaltspflichtige Personen vorhanden seien (arg. § 843 Abs. 4). Das Unterlassen, für einen hinreichenden Kranken- und Pflegeversicherungsschutz des Mündels (Betreuten) zu sorgen.[17] Die Führung eines aussichtslosen Prozesses[18] oder die fehlerhafte Führung eines Prozesses.[19] Das Unterlassen der
Klageeinreichung vor Verjährung.[20] Die Bewilligung zur Löschung einer Vormerkung beim Scheitern eines Grundstücksgeschäfts, ohne die Rückzahlung des bereits erbrachten Teils des Kaufpreises
sicherzustellen.[21] Die Durchführung unwirtschaftlicher Reparaturen.[22] Die Versäumung der Frist
zur Stellung eines Rentenantrags[23] und uU. die Unterlassung des Widerspruchs gegen einen ablehnenden Sozialhilfebescheid.[24] Pflichtwidrig kann es auch sein, wenn der Vormund es unterlässt, ein
Mietverhältnis, in das der Mündel kraft Erbfolge eingetreten ist, rechtzeitig zu kündigen;[25] ebenso,
wenn der Vormund ein Wohnungsrecht des Mündels nicht ablöst, obwohl der Mündel endgültig in
einer Einrichtung untergebracht wird (vgl. aber § 1907 Abs. 1, 2);[26] schließlich, wenn der Vormund
Mündelgeld bei einem Kreditinstitut ohne hinreichende Einlagensicherung anlegt[27] oder einem
Dritten die EC-Karte nebst PIN des Mündelkontos überlässt.[28] Pflichtwidrig ist es, wenn der Vormund bei vertraglicher Anerkennung des Pflichtteilsanspruches seines Mündels das dem zugrunde
liegende Gutachten nicht kritisch überprüft.[29] Der rechtlich nicht beschlagene Vormund muss sich
Rechtsrat, notfalls beim FamG, einholen;[30] ist ein Rechtsanwalt Vormund, so muss er die Aussicht
eines Prozesses oder Rechtsmittels sorgfältig und gewissenhaft prüfen.[31]

Nicht pflichtwidrig handelt das Jugendamt, wenn es im Unterhaltsprozess gegen den mutmaßlichen Vater die Mutter des Mündels als Zeugin nicht auf die für den Mündel nachteiligen Folgen 7
der Geltendmachung ihres Zeugnisverweigerungsrechts hinweist.[32] Als „gegenwärtig" nicht pflichtwidrig hat es der BGH angesehen, dass ein Vormund es unterlassen hatte, eine Haftpflichtversicherung für seinen Mündel abzuschließen; etwas anderes soll bei erhöhter Gefahr haftpflichtrechtlicher
Inanspruchnahme gelten (vgl. auch § 1793 Rn. 50).[33] Andererseits wird der Vormund nicht allein
durch die Tatsache entlastet, dass das FamG seine Maßnahme genehmigt hat:[34] Wie die Bestimmung
des § 1829 Abs. 1 verdeutlicht, haben beide, das FamG und der Vormund, je ein selbständiges
Prüfungsrecht hinsichtlich der Maßnahme; der Vormund kann trotz Erteilung der Genehmigung

---

[13] KG OLGE 4, 414.
[14] OLG Hamm FamRZ 2001, 861 (betr. Betreuungsrecht) mit kritischer Anm. *Beck* BtPrax 2001, 195, 196 f.
[15] RGZ 132, 257; BGHZ 22, 72 = NJW 1957, 138; RGZ 132, 257; BGHZ 22, 72 = NJW 1957, 138.
[16] OLG Nürnberg FamRZ 1965, 454.
[17] OLG Hamm FamRZ 2010, 754; OLG Brandenburg OLGR 2008, 614 = FamRZ 2008, 916 (LS; freiwillige Versicherung nach Erlöschen der Familienversicherung infolge Scheidung); LG Dessau-Roßlau BtPrax 2010, 192.
[18] RG WarnR 1932 Nr. 76; OLG Hamburg NJW 1960, 1207.
[19] RG JW 1922, 1006; OLG Stuttgart MDR 1956, 169.
[20] BGH VersR 1968, 1165; vgl. auch OLG München Urt. vom 1. 3. 2005 - 19 U 5127/00: Unterlassen der Geltendmachung von Gewinnansprüchen vor dem Konkurs der Gesellschaft (betrifft Pflegschaft); dazu auch BGH FamRZ 2005, 358, 359; s. a. *Harm* Rpfleger 2007, 374, 375.
[21] OLG Hamm FamRZ 1995, 696.
[22] OLG Karlsruhe FamRZ 2010, 2018: Anders bei Reparatur auf Wunsch der Betreuten.
[23] OLG Stuttgart RdJ 1967, 192; LG Berlin FamRZ 2002, 345, 347: unterlassene Beantragung von EU-Rente (betrifft Betreuung); LG Köln FamRZ 2006, 1874.
[24] OLG Schleswig FamRZ 1997, 1464: keine Pflichtverletzung etwa bei Rechtsunkundigkeit des Betreuers; vgl. auch AG Kirchhain, Urt. v. 29. 12. 2004 (zitiert nach juris): Pflichtverletzung durch unterlassene Meldung bewilligten Übergangsgeldes an das Sozialamt; zur unterlassenen Beantragung von Sozialhilfe OLG Schleswig Urt. v. 30. 8. 2002 (zitiert nach juris).
[25] LG Berlin FamRZ 2000, 1526; bestätigt durch KG ZMR 2002, 265, 267.
[26] BGH LM Nr. 1.
[27] LG Waldshut-Tiengen BtPrax 2008, 82 m. Anm. *Balzer/Warlich* EWiR 2008, 297.
[28] LG Berlin FamRZ 2010, 492.
[29] BGH FamRZ 1983, 1220 – hier Schätzung des Grundstückswerts allein nach dem Ertragswertverfahren.
[30] RG JW 1922, 1006; BGH FamRZ 1983, 1220.
[31] RG WarnR 32, 76.
[32] OLG Celle Rpfleger 1956, 310.
[33] BGH FamRZ 1980, 874; vgl. auch DIJuF JAmt 2008, 321. Zur Versicherung des Vormunds vgl. nun § 1835 Abs. 2 und § 1837 Abs. 2 S. 2.
[34] BGH FamRZ 1964, 199; BGH FamRZ 1983, 1220; *Locher* FamRB 2005, 308, 312.

von der Gebrauchmachung absehen. Auch sind dem FamG in der Regel nicht alle tatsächlichen, zur umfassenden Beurteilung maßgebenden wirtschaftlichen und sonstigen außerrechtlichen Umstände des Einzelfalles bekannt; geht es allerdings bei der Entscheidung nur um eine Rechtsfrage oder sind dem FamG alle tatsächlichen Umstände der Entscheidung bekannt, so wird der Vormund in diesem Ausnahmefall durch die Genehmigung des Vormundschaftsgerichts entlastet.[35] Der Gegenvormund handelt pflichtwidrig bei fehlerhafter Überwachung des Vormundes.[36]

III. Modalitäten der Haftung

8   **1. Gesamtschuldnerhaftung mehrerer Vormünder.** Sind mehrere Vormünder für den Schaden verantwortlich, so haften sie gemäß § 1833 Abs. 2 S. 1 als Gesamtschuldner. Bei geteilter Mitvormundschaft ist jeder Vormund nur für seinen Wirkungskreis verantwortlich;[37] eine gemeinsame Verantwortung kann sich bei Angelegenheiten ergeben, die beide Sorgebereiche berühren. Die Gesamtschuldner haften im Innenverhältnis im Zweifel nach Kopfteilen (§ 426 Abs. 1). Abweichend davon bestimmt § 1833 Abs. 2 S. 2, dass Gegenvormund oder Mitvormund, die dem Mündel nur wegen Verletzung ihrer Aufsichtspflicht haften, im Innenverhältnis zum gleichfalls schadensersatzpflichtigen (Mit-)Vormund nachrangig haften. Dies gilt nicht, wenn dem Mit- oder Gegenvormund sonstige Pflichtverletzungen zur Last fallen; dann bleibt es bei der Regel des § 426.

9   **2. Übertragung der Aufgaben des Vormunds auf Dritte.** Überträgt der Vormund seine Aufgaben auf Dritte, so ist zu unterscheiden: Der Dritte haftet immer nur nach allgemeinem Schuldrecht, nicht nach § 1833. Der Vormund haftet:
a) wenn die Aufgabenübertragung auf Dritte **unzulässig** war, für jeden entstehenden Schaden unmittelbar aus § 1833,[38]
b) wenn die Aufgabenübertragung auf Dritte **zulässig** war:
   aa) wenn es sich um eigentliche vormundschaftliche Geschäfte handelt, die der Vormund auch hätte selbst vornehmen **können,** analog § 278 für ein Verschulden des ausübenden Dritten, wie wenn es eigenes Verschulden wäre;[39]
   bb) wenn es sich um Geschäfte des Vormunds handelt, die **er selbst nicht** vornehmen kann, also Geschäfte, bei denen notwendigerweise nach dem Inhalt des Geschäfts Hilfspersonen zugezogen werden müssen, zB ein Arzt, ein Rechtsanwalt im Anwaltsprozess, wenn die Tätigkeit des Vormunds sich also auf die Aufsicht und Überwachung beschränkt, nur für culpa in eligendo.[40]

10   **3. Keine Entlastung des Vormunds infolge Leistungsverpflichtung Dritter.** Der Vormund ist gegenüber der Schadensersatzforderung nicht dadurch entlastet, dass ein Dritter dem Mündel Unterhalt oder Schadloshaltung schuldet.[41] Der Vormund kann uU. ein Mitverschulden des Mündels (§ 254) einwenden,[42] nach einer Auffassung sogar mit der Begründung, der Mündel habe die Einlegung eines Rechtsmittels, wozu er gemäß § 60 FamFG in der Lage war, unterlassen.[43]

11   **4. Haftung gegenüber Dritten.** Die Haftung aus § 1833 besteht nur gegenüber dem Mündel.[44] Für Schadensersatzansprüche Dritter bietet § 1833 keine Rechtsgrundlage. Hier bleibt es bei den allgemeinen Anspruchsgrundlagen, insbesondere aus Deliktsrecht. Soweit der Vormund als gesetzlicher Vertreter des Mündels rechtsgeschäftlich tätig wird, haftet der Vertretene gemäß § 278 (siehe auch § 1629a); den gesetzlichen Vertreter kann eine persönliche Haftung aber nach den Grundsätzen treffen, die für die Eigenhaftung des Gehilfen entwickelt worden sind.[45] Handelt der Amtsvormund, so ergeben sich Amtspflichten in erster Linie gegenüber dem Mündel; diese Pflichten haben regelmäßig keine drittschützende Wirkung.[46] Ausnahmsweise können sich die Amtspflichten

---

[35] RGZ 132, 257; BGH FamRZ 2003, 1924, 1925 mit Anm. *Lipp/Tietze* LMK 2004, 86 f.
[36] OLG Breslau SeuffA 63 Nr. 163.
[37] OLG Dresden SeuffA 72 Nr. 222.
[38] *Soergel/Zimmermann* Rn. 5; *Staudinger/Engler* Rn. 40.
[39] RGZ 76, 185; *Gernhuber/Coester-Waltjen* § 71 Rn. 35-37; *Dölle* § 124 I; *Bamberger/Roth/Bettin* Rn. 5; aA (nur Auswahl- und Überwachungsverschulden) *Soergel/Zimmermann* Rn. 5; *Staudinger/Engler* Rn. 40.
[40] *Gernhuber/Coester-Waltjen* § 71 Rn. 35-37; insofern besteht weithin Einigkeit.
[41] BGHZ 22, 72, 78 = NJW 1957, 138.
[42] KG JW 1933, 184.
[43] *Palandt/Diederichsen* Rn. 10; tendenziell dagegen mit gutem Grund *Gernhuber/Coester-Waltjen* § 71 Rn. 33; *Soergel/Zimmermann* Rn. 6.
[44] OLG Düsseldorf FamRZ 1999, 1166; LG Flensburg FamRZ 2008, 2232; *Locher* FamRB 2005, 308 (für Betreuerhaftung).
[45] Vgl. etwa BGH FamRZ 1995, 282; OLG Schleswig OLGR 2003, 8; LG Flensburg FamRZ 2008, 2232.
[46] BGHZ 100, 313, 316 = FamRZ 1987, 904, 905 f.

gegenüber dem Mündel aber auch auf Dritte erstrecken, wenn sie zumindest auch den Zweck haben, gerade Interessen Dritter wahrzunehmen.[47]

5. Weitergehende Haftung, Verzicht. Eine weitergehende Haftung des Vormunds/Gegenvormunds wird durch § 1833 nicht ausgeschlossen; in Betracht kommen insbesondere die §§ 823, 826. Eine dem Vormund für die Führung der Vormundschaft erteilte Entlastung enthält nicht ohne Weiteres einen Verzicht auf noch gar nicht streitige Schadensersatzansprüche.[48] 12

IV. Verfahren

1. Zuständigkeit. Der Gerichtsstand bestimmt sich nach § 31 ZPO, nicht nach § 32 ZPO. 13

2. Beweislast. Die Beweislast für Pflichtverletzung, Schaden, Kausalität und Verschulden trägt der Mündel.[49] Liegt die Pflichtwidrigkeit im Unterlassen einer gesetzlichen Pflicht, so wird der Mündel in der Regel durch den Beweis des ersten Anscheins begünstigt. 14

V. Parallelvorschriften

Die Vorschrift ist auf die Pflegschaft (§ 1915 Abs. 1) sowie auf die Betreuung (§ 1908i Abs. 1 S. 1) entsprechend anzuwenden. Zu den Problemen, die sich insbesondere bei der Haftung der Vereins- und Behördenbetreuer sowie bei Verein und Behörde als Betreuer ergeben, siehe Erl. zu § 1908i. 15

§ 1834 Verzinsungspflicht

Verwendet der Vormund Geld des Mündels für sich, so hat er es von der Zeit der Verwendung an zu verzinsen.

I. Normzweck

Die Vorschrift gewährt dem Mündel gegenüber dem Vormund einen vom Verschulden des Vormunds unabhängigen Anspruch in Gestalt eines **pauschalierten Mindestanspruchs auf entgangenen Gewinn** in Bezug auf das vom Vormund entgegen der Vorschrift des § 1805 S. 1 erste Alternative für sich verwendete Geld des Mündels. 1

II. Voraussetzungen und Inhalt der Verzinsungspflicht

1. Anwendung nur bei Geld. Nur bei Verwendung von Geld, nicht auch bei der Nutzung anderer Vermögensgegenstände des Mündels ist die Norm einschlägig.[1] 2

2. Verwendung für sich selbst. Der Anspruch ist nur gegeben, wenn der Vormund Geld des Mündels für sich selbst verwendet, wozu bereits die Einzahlung auf ein eigenes Konto genügt.[2] Der Anspruch ist nicht gegeben, wenn der Vormund unter Verstoß gegen die Vorschrift des § 1805 Geld für den Gegenvormund verwendet. Als Verwendung für den Vormund gilt nicht die Anlage bei der Trägerkörperschaft des § 1805 S. 2. 3

3. Unzulässige Vermischung. Bei unzulässiger Vermischung mit eigenem Geld des Vormunds gelten die Grundsätze des § 948. Eine Verwendung iSv. § 1834 liegt erst dann vor, wenn der Vormund das vermischte Geld für sich verwendet. Dann entsteht anteilige Verzinsungspflicht nach § 1834.[3] 4

4. Verschuldensunabhängigkeit; kein Schaden erforderlich. Der Anspruch ist verschuldensunabhängig; daneben bestehen bei Verschulden selbständige Ansprüche aus § 1833. Es besteht 5

---

[47] BGHZ 100, 313, 317 = FamRZ 1987, 904, 905 f.: Haftung der beklagten Stadt aus § 839 Abs. 1 BGB, Art. 34 GG für Vertragsverhandlungen des Amtsvormunds ohne pflichtgemäßen Hinweis auf krankhafte Neigung des Mündels zum Feuerlegen; zur Gefährlichkeit eines Betreuten im Hinblick auf Feuer vgl. auch LG Nürnberg-Fürth BtPrax 2006, 112, 113.
[48] LG München FamRZ 2009, 2118.
[49] BGH NJW-RR 2011, 1009 (Schadensersatz u. a. wegen nicht rechtzeitig gestellten Sozialhilfeantrags); RGZ 76, 186, RG JW 1911, 984.
[1] *Staudinger/Engler* Rn. 5.
[2] Differenzierend aber *jurisPK/Lafontaine* Rn. 9.
[3] *Palandt/Diederichsen* Rn. 1; *Soergel/Zimmermann* Rn. 1; *Staudinger/Engler* Rn. 7.

Vor § 1835 1, 2   Abschnitt 3. Titel 1. Vormundschaft

Anspruchskonkurrenz. Bei § 1834 ist die Entstehung eines Schadens nicht Voraussetzung der Entstehung des Anspruchs.[4]

6   **5. Anspruchsinhalt.** Der Anspruch geht inhaltlich auf Zahlung von 4% Jahreszins bezogen auf die verwendete Geldsumme, § 246.

7   **6. Verjährung.** Der Anspruch kann auch schon während der Dauer der Vormundschaft von einem Pfleger gem. § 1843 Abs. 2 geltend gemacht werden. Er verjährt gem. § 195; während der Dauer der Vormundschaft ist der Ablauf der Verjährungsfrist gehemmt (§ 207 Abs. 1 S. 2 Nr. 3).

8   **7. Amts- und Vereinsvormund.** Die Vorschrift gilt auch für den Amts- und Vereinsvormund.[5]

III. Parallelvorschriften

9   Die Vorschrift ist entsprechend auf die Pflegschaft (§ 1915 Abs. 1) und die Betreuung (§ 1908i Abs. 1 S. 1) anzuwenden.

Vorbemerkungen

Übersicht

	Rn.		Rn.
I. Entstehung und Anwendungsbereich der §§ 1835 ff	1–5	4. Einzelheiten zur Festsetzung von Vergütung und Regress	17–21
1. Anwendungsbereich	1	a) Antrag	17
2. Entstehungsgeschichte	2–5	b) Prüfungsmaßstab	18
II. System des Vergütungsrechts	6–12	c) Vollstreckbarkeit, Bindungswirkung, rechtliches Gehör	19, 20
1. Vorrang der Ehrenamtlichkeit	6	d) Rechtsmittel	21
2. Vergütung des Berufsvormunds	7–12	**IV. Aufwendungsersatz**	22
a) Berufsmäßigkeit	7	**V. Parallelvorschriften**	23–30
b) Anspruch gegen den Mündel und gegen die Staatskasse	8–11	1. Betreuungsrecht	23
c) Vergütungshöhe	12	2. Pflegschaftsrecht	24
III. Vergütungsverfahren	13–21	3. Verfahrenspflegschaft	25–29
1. Feststellung der Berufsmäßigkeit	13	a) Aufwendungsersatz und Vergütung aus der Staatskasse	26
2. Festsetzung der Vergütung	14, 15	b) Zahlungen als Auslagen für das Verfahren	27
a) Vormundschaftsgerichtliche Bewilligung	14	c) Limitierung der Vergütung	28
b) Festsetzung durch den Urkundsbeamten	15	d) Ausschluss des pauschalen Aufwendungsersatzes	29
3. Festsetzung von Regressansprüchen	16	5. Verfahrensbeistandschaft	30

I. Entstehung und Anwendungsbereich der §§ 1835 ff

1   **1. Anwendungsbereich.** Die §§ 1835 ff. regeln unmittelbar nur Vergütung und Ersatz der Aufwendungen des Vormunds. Kraft der Verweisung in §§ 1908i gelten sie allerdings entsprechend auch für die Betreuung und – nach Maßgabe des § 1915 Abs. 1 und der §§ 277, 318, 419 Abs. 5 S. 1 FamFG – mit unterschiedlichen Modifikationen auch für die Pflegschaft und die Verfahrenspflegschaft. Vgl. Rn. 23 ff. Unbeschadet dieser Gesetzestechnik sind die Vergütungsregelungen in der Sache auf die Vergütung von Betreuern zugeschnitten; in der Berufsbetreuung sowie in der berufsmäßig geführten Verfahrenspflegschaft finden sie denn auch ihren eigentlichen praktischen Anwendungsbereich. Vergütung und Aufwendungsersatz des Verfahrensbeistands sind in § 158 Abs. 7 FamFG weitgehend eigenständig geregelt.

2   **2. Entstehungsgeschichte.** Die Ursprungsfassung des BGB ging von der grundsätzlichen Unentgeltlichkeit des Vormundamtes aus. Das Gericht konnte dem Vormund – im Wesentlichen unter den Voraussetzungen des heutigen § 1836 Abs. 2 – nach billigem Ermessen eine angemessene Vergütung bewilligen; im Übrigen konnte der Vormund nur Erstattung seiner Aufwendungen ver-

---

[4] Staudinger/Engler Rn. 2; Soergel/Zimmermann Rn. 1; Palandt/Diederichsen Rn. 1.
[5] Soergel/Zimmermann Rn. 2; Staudinger/Engler Rn. 8.

Vorbemerkungen   3–7   **Vor § 1835**

langen. Für den Anwaltsvormund galt allerdings die Führung der Vormundschaft selbst, weil zu seinem Beruf gehörig, als nach § 1835 Abs. 3 erstattungspflichtige Aufwendung.

Das BVerfG[1] hat diese Regelung nicht für verfassungswidrig erklärt, gegen eine allzu strikt 3 gehandhabte Unentgeltlichkeit aber doch vage Bedenken angemeldet und jedenfalls dann einem Staatsbürger (in casu: einem Anwalt) in verfassungskonformer Auslegung des § 1835 einen seinen Zeitaufwand sowie anteilige Bürokosten umfassenden Aufwendungsersatzanspruch zuerkannt, wenn ihm in großem Umfang Vormundschaften und Pflegschaften über mittellose Personen übertragen werden und er die damit verbundenen Aufgaben nur als Teil seiner Berufsausübung wahrnehmen kann.

Das BtG[2] hat dies mit einer Novellierung des § 1836 zu verarbeiten versucht.[3] Das Entgelt des 4 Berufsvormunds wurde dabei nicht mehr als Aufwendungsersatz, sondern als Vergütung konzipiert. Dem Berufsvormund und – kraft Verweisung – vor allem dem neu geschaffenen Berufsbetreuer wurde ein Vergütungsanspruch zuerkannt, dessen Höhe sich nach dem für die Entschädigung von Zeugen geltenden Höchstsatz bestimmen sollte und unter besonderen Voraussetzungen bis zum Dreifachen, ausnahmsweise bis zum Fünffachen dieses Satzes angehoben werden konnte. Die Neuregelung bewirkte einen Wildwuchs von Judikaten, eine unverhältnismäßige Belastung der (damals: Vormundschafts-) Gerichte mit Streitigkeiten über Abrechnung und Bemessung der Vergütung sowie eine bedrohliche Beanspruchung des Justizfiskus, auch durch zT erheblich überzogene Vergütungserwartungen mancher Berufsbetreuer.

Das am 1. Januar 1999 in Kraft getretene BtRÄndG[4] hat das Vergütungsrecht – als erste Antwort 5 auf diese Entwicklung – weitgehend neu konzipiert, vermochte der mit der berufsmäßigen Betreuung mittelloser Betroffener einhergehenden Kostenbelastung der Staatskassen aber letztlich nicht wirksam genug zu begegnen. Mit dem am 1. Juli 2005 in Kraft getretenen 2. BtÄndG[5] wurde das Vergütungsrecht für Berufsbetreuer grundlegend neu gestaltet. Zwar ist dieses Berufsbetreuer-Vergütungsrecht weiterhin in den Rahmen des Vormundschaftsrechts eingespannt. Es hat jedoch in dem vom 2. BtÄndG kreierten Gesetz über die Vergütung von Vormündern und Betreuern (Vormünder- und Betreuervergütungsgesetz – VBVG; Art. 8 2. BtÄndG) ein weitgehend eigenständiges und – nach der Hoffnung seiner Verfasser – für den Fiskus kostengünstiges Abrechnungsmodell erhalten. Das FamFG hat die Verfahrensregelungen über die Festsetzung von Vergütung und Aufwendungsersatz (früher: § 56g FGG) in § 168 (Vormund), § 292 Abs. 1 (Betreuer) FamFG im wesentlichen übernommen, ebenso die Regelung über Vergütung und Aufwendungsersatz des Verfahrenspflegers (früher: § 67a FGG) in § 277 (Betreuungssachen), § 318 (Unterbringungssachen), 419 Abs. 5 S. 1 (Freiheitsentziehungssachen). Vergütung und Aufwendungsersatz des Verfahrensbeistands (= Verfahrenspflegers in Kindschaftssachen) sind eigenständig und weitgehend abweichend in § 158 Abs. 7 FamFG geregelt.

II. System des Vergütungsrechts

1. Vorrang der Ehrenamtlichkeit. Das Gesetz knüpft an die Dichotomie zwischen nicht- 6 berufsmäßig und berufsmäßig geführter Vormundschaft (und kraft Verweisung somit auch Betreuung) an. § 1836 Abs. 1 Satz 1 stellt den nicht-berufsmäßig tätigen Vormund als gesetzliches Leitbild voran: Er wird grundsätzlich unentgeltlich tätig und kann nur unter den engen Voraussetzungen des § 1836 Abs. 2 vom bemittelten Mündel eine Vergütung beanspruchen. Ansonsten wird eine Vergütung nach § 1836 Abs. 1 S. 2 nur „ausnahmsweise" – nämlich nur dem berufsmäßig tätigen Vormund (Betreuer) – geschuldet. Seinem Vergütungsanspruch widmet sich – Tribut an die Lebenswirklichkeit jedenfalls im Betreuungsrecht – ausführlich das VBVG (vgl. Rn. 5).

2. Vergütung des Berufsvormunds. a) Berufsmäßigkeit. Ein Vergütungsanspruch steht 7 (abgesehen von den seltenen Fällen des § 1836 Abs. 2) nur dem Berufsvormund zu. Berufsvormund ist ein Vormund nur dann, wenn das FamG bei seiner Bestellung gemäß § 1836 Abs. 1 S. 2 förmlich festgestellt hat, dass er die Vormundschaft berufsmäßig führt. Die Voraussetzungen für diese Feststel-

---

[1] BVerfGE 54, 251.
[2] Gesetz zur Reform der Vormundschaft und Pflegschaft für Volljährige (Betreuungsgesetz – BtG) vom 12. 9. 1990 (BGBl. I S. 2002). Materialien: BT-Drucks. 11/4528 und 11/6949.
[3] Zur Verfassungsmäßigkeit BVerfG FamRZ 2000, 345.
[4] Gesetz zur Änderung des Betreuungsrechts sowie weiterer Vorschriften (Betreuungsrechtsänderungsgesetz – BtÄndG) vom 25. 6. 1998 (BGBl. I S. 1580). Materialien: BT-Drucks. BT-Drucks. 13/7158 und 13/10331.
[5] Zweites Gesetz zur Änderung des Betreuungsrechts (Zweites Betreuungsrechtsänderungsgesetz – 2. BtÄndG) vom 21. 5. 2005 (BGBl. I S. 1073). Materialien: Abschlussbericht der Bund-Länder-Arbeitsgruppe „Betreuungsrecht" für die 74. Konferenz der Justizministerinnen und -minister vom 11. bis 12. Juni 2003 in Glücksburg. BT-Drucks. BT-Drucks. 15/72494 und 15/4874.

lung werden durch die – nicht erschöpfende – Umschreibung der Berufsmäßigkeit in § 1 Abs. 1 S. 1 VBVG erläutert, dessen Handhabung den Gerichten wiederum durch die Regelvermutung berufsmäßiger Tätigkeit in § 1 Abs. 1 S. 2 VBVG erleichtert wird.

8 **b) Anspruch gegen den Mündel und gegen die Staatskasse.** Der Vergütungsanspruch richtet sich stets gegen den Mündel; daneben gem. § 1 Abs. 2 S. 2 VBVG auch gegen die Staatskasse, wenn der Mündel in Anwendung des § 1836c mittellos ist oder gemäß § 1836d als mittellos gilt. Beide Ansprüche stehen nebeneinander; vgl. § 1836d Rn. 11.

9 aa) **Bemittelter Mündel.** Die **Haftung des Mündels** ist allerdings auf das nach § 1836c einzusetzende Einkommen und Vermögen beschränkt. Verfügt der Mündel über kein die in § 1836c bezeichneten Beträge übersteigendes Einkommen oder Vermögen, so ist er mittellos; er haftet dem Vormund deshalb ebenso wenig wie ein Erbe dem Nachlassgläubiger bei Erschöpfung des Nachlasses. Diese Mittellosigkeit führt allerdings nicht zu einem Erlöschen des Anspruchs. Der gegen den Mündel gerichtete Anspruch besteht vielmehr unabhängig von seiner Mittellosigkeit und geht, wenn die Staatskasse den Vormund befriedigt, gemäß § 1836e auf diese über.

10 bb) **Mittelloser Mündel.** Der Vergütungsanspruch des Vormunds ist **gegen die Staatskasse** gerichtet, wenn der Mündel mittellos ist. Zwei Fälle sind dabei zu unterscheiden: (1) Der Mündel „ist" mittellos, wenn er über kein einzusetzendes Einkommen oder Vermögen verfügt; in diesem Falle besteht der Anspruch zwar an sich auch gegenüber dem Mündel; dem Mündel kommt jedoch die Haftungsbeschränkung des § 1836c zugute. (2) Der Mündel „gilt" nach § 1836d darüber hinaus schon dann als mittellos, wenn er zwar über einzusetzendes Einkommen oder Vermögen verfügt, dieses jedoch zur vollständigen Erfüllung des Vergütungsanspruchs nicht oder nur bei gerichtlicher Geltendmachung von Unterhaltsansprüchen ausreicht. Aufgrund dieser Fiktion des § 1836d wird der Weg für eine Inanspruchnahme der Staatskasse eröffnet, eine persönliche Inanspruchnahme des Mündels aber nicht ausgeschlossen. Der Vormund hat also die Wahl: Er kann den Mündel im Rahmen des § 1836c auf Teilzahlungen in Anspruch nehmen oder dessen Unterhaltsansprüche pfänden und sich lediglich wegen etwa verbleibender Restbeträge an die Staatskasse halten.[6] Oder er kann – und wird vernünftigerweise regelmäßig – von dem an ihn gerichteten Angebot des § 1836d Gebrauch machen, sich auf die dort normierte fiktive Mittellosigkeit des Mündels berufen und die Staatskasse von vornherein voll auf seine Vergütung in Anspruch nehmen (s. aber Erl. zu § 5 VBVG).

11 cc) **Anspruchsübergang bei Leistung der Staatskasse.** Soweit die Staatskasse den Vergütungsanspruch des Vormunds befriedigt, **geht** gemäß § 1836e der (stets auch) gegen Mündel gerichtete **Vergütungsanspruch auf die Staatskasse über.** Einzige Voraussetzung dieser Cessio legis ist die Zahlung der Vergütung durch den Fiskus; die Frage, ob der Fiskus zu dieser Zahlung verpflichtet war, der Mündel also über kein nach § 1836c einzusetzendes Einkommen oder Vermögen verfügte oder doch nach § 1836d als mittellos galt, ist für den Forderungsübergang ohne Belang. Naturgemäß kann der Anspruch gegen den Mündel nur übergehen, wenn und soweit eine Vergütungspflicht des Mündels gegenüber dem Vormund überhaupt begründet war; Zuvielleistungen des Fiskus gehen also zu seinen Lasten. Die Beschränkung der Haftung des Mündels auf dessen einzusetzendes Einkommen und Vermögen berührt Bestand und Umfang des gegen den Mündel gerichteten Vergütungsanspruchs nicht, sondern begrenzt nur seine Realisierbarkeit gegenüber dem Mündel. Deshalb geht der Vergütungsanspruch gegen den Mündel unabhängig von den sich aus § 1836c ergebenden persönlichen Haftungsgrenzen auf den Fiskus über; erst recht wird dieser Übergang nicht durch eine von § 1836d lediglich fingierte Mittellosigkeit des Mündels gehindert. Allerdings muss sich auch der Fiskus, wenn er den nach § 1836e auf ihn übergegangenen Anspruch gegenüber dem Mündel geltend machen will, dessen etwaige tatsächliche Mittellosigkeit entgegenhalten lassen: Das nach § 1836c – und zwar im Zeitpunkt des Rückgriffs – einzusetzende Einkommen und Vermögen begrenzt nicht nur die Haftung des Mündels gegenüber dem Vormund; es limitiert – als „Opfergrenze" – auch einen etwaigen Rückgriff der Staatskasse aus übergegangenem Recht. Dagegen kann sich der Mündel gegenüber der Staatskasse nicht darauf berufen, dass er nach § 1836d als mittellos „gilt": Die Fiktion der Mittellosigkeit in § 1836d will lediglich dem Vormund zugute kommen. Sie lässt der Staatskasse die Möglichkeit unbenommen, den Mündel – bis zur Grenze des § 1836c – auf Teilleistungen oder Ratenzahlungen in Anspruch zu nehmen oder – im Vollstreckungswege – auf Unterhaltsansprüche des Mündels zuzugreifen; Vollstreckungsschutz besteht, wie § 1836e Abs. 2 klarstellt, insoweit nicht. Nach dem Tod des Mündels richtet sich der übergegangene Anspruch gegen dessen Erben, der sich allerdings nicht auf die nur dem Mündel selbst zustehende Haftungsbeschränkung des § 1836c berufen kann und dem – von der allgemeinen Beschränkung

---

[6] So auch *Erman/Holzhauer* (11. Aufl.) § 1836d Rn. 2; ähnlich *Erman/Saar* § 1836d Nr. 1; *Jurgeleit* Betreuungsrecht 2. Aufl., § 1836d Rn. 8.

der Erbenhaftung auf den Nachlass abgesehen – gem. § 1836e Abs. 1 S. 3 nur begrenzt Verschonungen zugute kommen.

c) Vergütungshöhe. Die Höhe der dem Berufsvormund geschuldeten Vergütung bemisst sich nach § 1836 Abs. 1 S. 3 iVm. §§ 1 bis 3 VBVG. Die in § 3 Abs. 1 VBVG genannten Stundensätze sind grundsätzlich zwingend; eine Anhebung ist nur unter den Voraussetzungen des § 3 Abs. 3 VBVG möglich, und zwar auch nur dann, wenn der Mündel nicht mittellos ist, eine Inanspruchnahme der Staatskasse (§ 1 Abs. 2 S. 2 VBVG) also ausscheidet. Für den Berufsbetreuer ist mit § 1836 Abs. 1 S. 3 iVm. §§ 4 ff. VBVG ein eigenständiges Vergütungssystem geschaffen worden, das neben zwingend vorgeschriebenen Stundensätzen auch den abrechenbaren Zeitaufwand pauschalierend regelt.

III. Vergütungsverfahren

1. Feststellung der Berufsmäßigkeit. Ein Vergütungsanspruch ist nur begründet, wenn das FamG gem. § 1836 Abs. 1 S. 2 bereits bei der Bestellung des Vormunds festgestellt hat, dass die Vormundschaft berufsmäßig geführt wird. Die Feststellung ist konstitutiv. Sie kann nicht – mit der Folge einer rückwirkend begründeten Vergütungspflicht – nachgeholt werden. Vgl. näher § 1836 Rn. 5 ff.

2. Festsetzung der Vergütung. a) Vormundschaftsgerichtliche Bewilligung. Nach § 1836 Abs. 1 S. 3 iVm. § 1 Abs. 2 S. 1 VBVG muss das FamG dem Vormund die Vergütung „bewilligen". In dem Bewilligungsbeschluss wird die Höhe der Vergütung – nach Prüfung des vom Vormund zur Abrechnung gestellten Zeitaufwands und unter Heranziehung der vom VBVG vorgeschriebenen Vergütungssätze – festgesetzt. Diese Festsetzung erfolgt im Nachhinein: Der Vormund ist vorleistungspflichtig; er kann aber nach § 1836 Abs. 1 S. 3 iVm. § 3 Abs. 4 VBVG Abschlagszahlungen verlangen.

b) Festsetzung durch den Urkundsbeamten. Soweit der Vormund die Staatskasse in Anspruch nehmen will, ist ein förmlicher Beschluss des FamG zwar möglich, aber nicht nötig. Die Vergütung kann vielmehr – ähnlich wie die Entschädigung für Zeugen oder Sachverständige – gem. § 168 Abs. 1 S. 4 FamFG auch durch den Urkundsbeamten der Geschäftsstelle zahlbar gestellt werden. Die Entscheidung durch gerichtlichen Beschluss ist allerdings vorgreiflich: Für die vereinfachte Festsetzung ist kein Raum, wenn das Gericht die Vergütung bereits selbst festgesetzt hat (§ 168 Abs. 1 S. 4 FamFG: „Erfolgt keine Festsetzung nach Satz 1.") oder selbst festsetzen will (§ 168 Abs. 1 S. 1 FamFG: „für angemessen hält") oder wenn der Vormund – und sei es auch erst nach der Entscheidung des Urkundsbeamten – auf eine gerichtliche Festsetzung anträgt (§ 168 Abs. 1 S. 1, 4 FamFG). Ob auch die Staatskasse eine Festsetzung durch das Gericht beantragen kann, ist zweifelhaft; § 168 Abs. 1 S. 1 FamFG kennt nur ein Antragsrecht des Vormunds, Gegenvormunds oder Mündels (vgl. § 1836 Rn. 47).

3. Festsetzung von Regressansprüchen. Zugleich mit der Festsetzung einer aus der Staatskasse zu erbringenden Vergütung entscheidet das Gericht – nicht auch der Urkundsbeamte im vereinfachten Verfahren nach § 168 Abs. 1 S. 4 FamFG – über Höhe und Zeitpunkt der Zahlungen, die der Mündel an die Staatskasse auf Grund des auf die Staatskasse übergegangenen Vergütungsanspruchs des Vormunds zu erbringen hat (§ 168 Abs. 1 S. 2 FamFG). Zur Möglichkeit, die Einstellung der Zahlungen zu bestimmen oder die getroffenen Zahlungsbestimmungen zu ändern vgl. § 168 Abs. 2 S. 2 FamFG iVm. § 120 Abs. 3, Abs. 4 S. 1 ZPO.

4. Einzelheiten zur Festsetzung von Vergütung und Regress. a) Antrag. Der Antrag auf Bewilligung der Vergütung soll dem Gericht eine Prüfung ermöglichen, ob der Mündel mittellos ist (§ 1836c) oder doch als mittellos gilt (§ 1836d), im zweiten Fall, ob und in welcher Höhe dem Mündel Regresszahlungen aufgegeben werden können. Nach § 168 Abs. 2 S. 1 FamFG soll deshalb der Vormund bei der Antragstellung die persönlichen und wirtschaftlichen Verhältnisse des Mündels darstellen. Sinn macht dies – ebenso wie die dem Vormund abverlangte Glaubhaftmachung (§ 168 Abs. 2 S. 2 FamFG iVm. § 118 Abs. 2 S. 1 ZPO) – allerdings nur dann, wenn der Vormund die Vergütung aus der Staatskasse verlangt (was ein der Realität verbundener Gesetzgeber offenbar als selbstverständlich unterstellt).

b) Prüfungsmaßstab. Realitätsnah ist auch die Sorge, eine der Genauigkeit ebenso wie dem Bezirksrevisor verpflichtete Justiz könnte in die Prüfung von Mittellosigkeit und Regresschancen eine Arbeit investieren, deren Aufwand zur Höhe der vom Fiskus verlangten Vergütung oder der vom Mündel beitreibbaren Regressleistungen in keinem vernünftigen Verhältnis steht. § 168 Abs. 2

S. 3 FamFG will solch unwirtschaftlicher Akribie mit einer doppelten Ermächtigung zugunsten des FamG vorbeugen: Ob der voraussichtlich notwendige Prüfungsaufwand außer Verhältnis zur Höhe der von der Staatskasse zu erbringenden Leistungen oder vom Mündel zu erwartenden Regresszahlungen steht, unterliegt der freien – d.h. nicht, auch nicht vom Bezirksrevisor, nachprüfbaren – Beurteilung des FamG. Bejaht das Gericht in freier Überzeugungsbildung diese Voraussetzung, so braucht es keine weiteren Ermittlungen anzustellen; es kann vielmehr die beantragte Vergütung aus der Staatskasse zubilligen und von der Festsetzung von Regresszahlungen absehen. Da die Regelung ausschließlich der Verwaltungsökonomie dient, können weder Vormund noch Mündel aus ihr Ansprüche (auf Vergütung aus der Staatskasse oder auf Regressverzicht) herleiten. Ob diese Ermächtigung auch in den Fällen des § 168 Abs. 1 S. 4 FamFG für den Urkundsbeamten gilt, ist nach dem Wortlaut des § 168 Abs. 2 S. 3 FamFG („Gericht") zweifelhaft, im Interesse der Effektivität beider Regelungen aber wohl zu bejahen.

19 **c) Vollstreckbarkeit, Bindungswirkung, rechtliches Gehör. aa) Vollstreckbarkeit der Festsetzung.** Der Beschluss, durch den gemäß § 1836 Abs. 1 S. 3 BGB iVm. § 1 Abs. 2 S. 1 VBVG, § 168 Abs. 1 S. 1 Nr. 2 FamFG die vom Mündel an den Vormund zu zahlende Vergütung festgesetzt wird, ist gem. § 86 Abs. 1 Nr. 1 FamFG ein Vollstreckungstitel, aus dem gem. § 95 Abs. 1 Nr. 1 FamFG die Vollstreckung nach ZPO-Vorschriften betrieben werden kann.[7] Auch die gemäß § 168 Abs. 1 S. 2 FamFG erfolgte Festsetzung der Zahlungen, die der Mündel an die Staatskasse – auf Grund des vom Vormund auf sie übergegangenen Vergütungsanspruchs – zu leisten hat, ist nach § 1 Abs. 1 Nr. 4 b JBeitrO unmittelbar vollstreckbar. Daraus folgt, dass vor diesen Festsetzungen der Mündel (nach Maßgabe des § 159 Abs. 1 FamFG uU sogar persönlich) zu hören ist.

20 **bb) Keine Bindung für das Regressverfahren.** Der Beschluss, der dem Vormund einen Vergütungsanspruch gegen die Staatskasse zubilligt, wirkt nur inter partes, bindet also den Mündel im Falle von Rückgriffsforderungen der Staatskasse nicht. Der Mündel ist deshalb nicht gehindert, im Verfahren nach § 168 Abs. 1 S. 2, 3 FamFG die von der Staatskasse anerkannte Vergütungsforderung des Vormunds nach Grund und Höhe zu bestreiten. Allerdings ist ihm der Einwand verwehrt, dass er nicht mittellos gewesen und die Staatskasse deshalb nicht zahlungspflichtig gewesen sei; denn der Anspruchsübergang auf die Staatskasse setzt nur deren tatsächliche Leistung, nicht aber auch die wirkliche oder (nach § 1836d) fiktive Mittellosigkeit des Mündels voraus. Mangels einer Bindung des Mündels an die Festsetzung der von der Staatskasse zu zahlenden Vergütung muss der Mündel vor der Festsetzung nicht notwendig gehört werden; ebenso nicht vor einer Entscheidung, welche die Mittellosigkeit des Mündels und damit die Einstandspflicht der Staatskasse verneint.[8] Bei mehreren Mündeln desselben Vormunds (etwa Geschwistern) erfolgt die Festsetzung auch gegenüber der Staatskasse für jeden Mündel gesondert.[9]

21 **d) Rechtsmittel.** Gegen gerichtliche Entscheidungen, durch die über einen Vergütungsantrag entschieden wird oder Regresszahlungen festgesetzt werden, ist nach Maßgabe des § 58 Abs. 1 (iVm. § 61 Abs. 1, 2) FamFG die Beschwerde statthaft, im Übrigen die Erinnerung nach § 11 Abs. 2 RPflG. Gegen die Festsetzung der Vergütung durch den Urkundsbeamten kann gem. § 168 Abs. 1 S. 1 FamFG vom Vormund oder Mündel auf die förmliche Festsetzung durch das FamG angetragen werden. Zu den Einzelheiten vgl. § 1836 Rn. 47, 51.

IV. Aufwendungsersatz

22 Das Recht des Aufwendungsersatzes (§ 1835; § 1835a) ist in seiner Substanz unberührt: Der Vormund kann für erforderliche Aufwendungen, die er im Rahmen seiner – gleichviel ob berufsmäßigen oder ehrenamtlichen – Amtsausübung tätigt, Vorschuss und Erstattung verlangen. Bei Mittellosigkeit

---

[7] §§ 168, 292 Abs. 1 FamFG kennen keine dem § 56g Abs. 6 FGG entsprechende Vorschrift. Danach fand aus einem gegen den Mündel zugunsten des Vormunds ergangenen Festsetzungsbeschluss die Vollstreckung nach ZPO-Vorschriften statt. Eine dem § 56g Abs. 6 FGG entsprechende Vorschrift Regelung erschien dem FamFG-Gesetzgeber offenbar wegen der allgemeinen Regelung in § 86 Abs. 1 Nr. 1, § 95 Abs. 1 Nr. 1 FamFG verzichtbar (vgl. BT-Drucks. 16/6308 S. 219). Der Umstand, dass § 1 Nr. 4b JBeitrO „nach den §§ 168 und 292 Abs. 1 festgesetzte Ansprüche" pauschal erfasst, dürfte nicht den Schluss rechtfertigen, dass nunmehr – neben den Festsetzungsbeschlüssen zugunsten der Staatskasse (§ 168 Abs. 1 S. 2, § 292 Abs. 1) - auch Festsetzungsbeschlüsse zugunsten des Vormunds oder Betreuers nach der JBeitrO beigetrieben werden sollen. Wie hier: *Keidel/Giers* FamFG § 95 Rn. 5; *Thomas/Putzo/Hüßtege* ZPO § 95 FamFG Rn. 2.

[8] Ob dies auch für das Betreuungsrecht gilt, nachdem § 274 Abs. 1 Nr. 1 FamFG den Betreuten in allen Betreuungsverfahren zum Muß-Beteiligten erklärt, ist zweifelhaft. M.E. ist (mit *Prütting/Helms/Fröschle* FamFG § 274 RdNr. 11) die Regelung sinnvoll nur deklaratorisch, d.h. dahin zu verstehen, dass sie den Betreuten nur dann meint, wenn er auch tatsächlich vom Verfahren „betroffen" ist.

[9] LG Berlin FamRZ 2011, 230.

kommt für diesen Anspruch die Staatskasse auf; der Begriff der Mittellosigkeit und der Rückgriff der Staatskasse sind – ebenso wie für die Vergütung – auch für den Aufwendungsersatz in §§ 1836c bis 1836 e geregelt. Weitgehend gleichgezogen ist auch das Verfahrensrecht: Wie die Vergütung wird auch der Aufwendungsersatz vom FamG festgesetzt. Ist der Mündel nicht mittellos, ist eine familiengerichtliche Festsetzung freilich nur ausnahmsweise vonnöten: Dem vermögenssorgeberechtigten Vormund steht, da eine Verbindlichkeit zu tilgen ist, der Zugriff auf das Mündelvermögen frei;[10] bei fehlender Vermögenssorge muss sich der Anspruchsberechtigte (etwa der Gegenvormund oder Betreuer) zunächst an den Mündel (Betreuten) oder dessen vermögenssorgeberechtigten Vertreter halten. Nur im Streitfall wird hier der Ersatzanspruch vom FamG festgesetzt; soweit Einwendungen des Mündels gegen den Aufwendungsersatzanspruch im Festsetzungsverfahren nach § 168 Abs. 1 S. 1 FamFG überprüfbar sind, bleibt dem Vormund der (Klage-)Weg zum Prozessgericht mangels Rechtsschutzbedürfnisses verschlossen. Vgl. § 1835 Rn. 59.

V. Parallelvorschriften

1. Betreuungsrecht. Die Vorschriften der §§ 1835 bis 1836 e gelten kraft der Verweisung in 23 § 1908i Abs. 1 S. 1 auch für die Betreuung, auf die sie in der Sache zugeschnitten sind und die ihren eigentlichen Anwendungsschwerpunkt bilden. Besonderheiten ergeben sich hins. der Bemessung der einem Berufsbetreuer zustehenden Vergütung, die in (§ 1836 Abs. 1 S. 3 iVm.) §§ 4, 5, 9 VBVG eine eigenständige Regelung erfahren hat, ferner für Vereins- und Behördenbetreuer in §§ 7, 8 VBVG sowie für die in § 6 VBVG besonders geregelten Betreuungsarten. Für das Festsetzungsverfahren verweist § 292 Abs. 1 FamFG auf § 168 FamFG; zuständig ist das Betreuungsgericht (§ 23c GVG).

2. Pflegschaftsrecht. Außerdem finden die §§ 1835 bis 1836 e und die in § 1836 Abs. 1 S. 3 24 in Bezug genommenen §§ 1 bis 3 VBVG über § 1915 Abs. 1 S. 1 auf die Pflegschaft Anwendung. Allerdings wird die Höhe der dem Berufspfleger zustehenden Vergütung abweichend von § 3 Abs. 1, 3 VBVG für den Fall eines bemittelten Pfleglings in § 1915 Abs. 1 S. 2 eigenständig geregelt. Der Sinn dieser besonderen Regelung erschließt sich indes kaum: Ihr Wortlaut ist mit dem bis zum Inkrafttreten des 2. BtÄndG geltenden § 1836 Abs. 2 aF, der den Vergütungsanspruch des Berufsvormunds (Berufsbetreuers) gegen seinen bemittelten Mündel (Betroffenen) erfasste, nahezu identisch. Zur Ausfüllung des § 1836 Abs. 2 aF hatte der BGH auf die für den Vormund (Betreuer) eines mittellosen Mündels (Betroffenen) geltenden Stundensätze (damals: § 1836a iVm. § 1 Berufsvormündervergütungsgesetz) als „Orientierungshilfe" rekurriert.[11] Dem § 1915 Abs. 1 S. 2 könnte dasselbe Schicksal – und dem Berufspfleger mithin dann doch die Anwendung des § 3 Abs. 1 VBVG – widerfahren.[12] Für das Festsetzungsverfahren gilt hinsichtlich der Pflegschaft für Minderjährige § 168 FamFG entsprechend (§ 168 Abs. 5 FamFG); diese Regelung dürfte wohl auch hinsichtlich der Pflegschaft für Volljährige (betreuungsgerichtliche Zuweisungssache gem. § 340 Nr. 1 FamFG) – jedenfalls unter Heranziehung des (wenn auch materiell-rechtlichen) Rechtsgedankens des § 1915 Abs. 1 S. 1 – entsprechend anwendbar sein.[13]

3. Verfahrenspflegschaft. Die § 1835 Abs. 1, 2, § 1836 Abs. 1, 3 finden schließlich über die 25 Verweisung des § 277 (für Betreuungssachen; für Unterbringungssachen: iVm. § 318; für Freiheitsentziehungssachen: iVm. § 419 Abs. 5 S. 1) FamFG auch auf den Verfahrenspfleger Anwendung. Dabei ergibt sich jedoch eine Reihe von Besonderheiten. Im Überblick:

a) Aufwendungsersatz und Vergütung aus der Staatskasse. Der Verfahrenspfleger erhält 26 Aufwendungsersatz und Vergütung nur aus der Staatskasse (§ 277 Abs. 5 S. 1 FamFG) – dies auch dann, wenn der Pflegling bemittelt ist. Die Festsetzung erfolgt – wie sonst auch – wahlweise durch Bewilligung des FamG oder durch Zahlbarstellung im vereinfachten Verfahren (§ 277 Abs. 5 S. 2 iVm. § 168 Abs. 1 FamFG).

b) Zahlungen als Auslagen für das Verfahren. Die generelle Leistungspflicht der Staats- 27 kasse ist dabei nur als vorgreifliche Haftung gedacht: Die von ihr erbrachten Zahlungen gelten als Auslagen für das Verfahren. § 93a Abs. 2 iVm. § 137 Nr. 16 KostO schreibt ihre Erhebung bei dem Pflegling vor – freilich nicht, ohne ausdrücklich auf § 1836c zu verweisen: Mit der Befriedigung des Verfahrenspflegers entsteht zwar in voller Höhe die Kostenschuld; ihre – ggf. monatliche – Beitreib-

---

[10] BayObLG FamRZ 2001, 793, 794.
[11] BGHZ 145, 104, 114 = FamRZ 2000, 1569, 1571.
[12] Vgl. etwa OLG Dresden Rpfleger 2007, 547 m. Anm. *Bestelmeyer* Rpfleger 2007, 548; wN § 3 VBVG Fn. 5.
[13] So wohl im Ergebnis auch jurisPK/*Locher* § 1915 Rn. 37.

§ 1835 Abschnitt 3. Titel 1. Vormundschaft

barkeit („Erheblichkeit") hat sich jedoch auf das vom Pflegling nach § 1836c einzusetzende Einkommen und Vermögen zu beschränken. Zur Verjährung dieses Rückgriffsanspruchs vgl. § 17 KostO.

28 **c) Limitierung der Vergütung.** Mit der generellen Haftung der Staatskasse geht, systemkonform, eine generelle Limitierung der Vergütung einher: Sie ist stets – also auch bei einer Verfahrenspflegschaft für einen bemittelten Pflegling – nach § 3 Abs. 1 VBVG zu bemessen; die von § 3 Abs. 3 VBVG eröffnete Möglichkeit einer Anhebung der von § 3 Abs. 1 VBVG vorgegebenen Stundensätze bleibt also ausgespart. Für den anwaltlichen Verfahrenspfleger gilt kein Sonderrecht: Auch er muss sich mit den Sätzen des § 3 Abs. 1 VBVG bescheiden. Der Zugriff auf das RVG wird ihm – soweit reine Verfahrenspfleger-Tätigkeiten (in der Diktion des BVerfG: nicht „rechtsanwaltsspezifische" Dienste[14]) zu vergüten sind – von dessen § 1 Abs. 2 klar verwehrt; § 1835 Abs. 3 bleibt, um jedes Missverständnis auszuschließen, von der Verweisung in § 277 Abs. 1 S. 1 FamFG ausdrücklich ausgenommen. Vgl. – auch zur verfassungsrechtlichen Problematik – § 1835 Rn. 44 ff., § 1836 Rn. 17.

29 **d) Ausschluss des pauschalen Aufwendungsersatzes.** Ausgeschlossen wird von § 277 Abs. 1 S. 1 FamFG für ehrenamtliche Verfahrenspfleger der pauschale Aufwendungsersatz (§ 1835a); für berufsmäßig tätige Verfahrenspfleger hat § 277 Abs. 3 FamFG eine sowohl Aufwendungsersatz wie Vergütung umfassende Pauschalierungsmöglichkeit geschaffen.

30 **5. Verfahrensbeistandschaft.** Vergütung und Aufwendungsersatz des Verfahrensbeistands (= Verfahrenpflegers in Kindschaftssachen, § 158 FamFG) sind in § 158 Abs. 7 FamFG eigenständig - und gegenüber den §§ 277, 318, 419 Abs. 5 S. 1 FamFG restriktiv - geregelt: Der ehrenamtliche Verfahrensbeistand erhält - entsprechend § 277 Abs. 1 FamFG (dh.: nach § 1835 Abs. 1, 2) - konkret geltend gemachte Aufwendungen aus der Staatskasse (§ 158 Abs. 7 S. 5 FamFG) ersetzt; Vorschuss kann er nicht verlangen. Der berufsmäßig tätige Verfahrensbeistand erhält als Vergütung aus der Staatskasse eine Fallpauschale, die Aufwendungen und Umsatzsteuer abdeckt (§ 158 Abs. 7 S. 2-5 FamFG). Für das Festsetzungsverfahren gilt § 168 Abs. 1 entsprechend (§ 158 Abs. 7 S. 6 FamFG). Die danach - als Aufwendungsersatz oder Vergütung - festgesetzten Beträge sind gerichtliche Auslagen, die vom Mündel gem. Anlage 1 zu § 3 Abs. 2 FamGKG (KV Nr. 2013) erhoben werden, jedoch nur nach Maßgabe des § 1836c.

§ 1835 Aufwendungsersatz

(1) ¹Macht der Vormund zum Zwecke der Führung der Vormundschaft Aufwendungen, so kann er nach den für den Auftrag geltenden Vorschriften der §§ 669, 670 von dem Mündel Vorschuss oder Ersatz verlangen; für den Ersatz von Fahrtkosten gilt die in § 5 des Justizvergütungs- und -entschädigungsgesetzes für Sachverständige getroffene Regelung entsprechend. ²Das gleiche Recht steht dem Gegenvormund zu. ³Ersatzansprüche erlöschen, wenn sie nicht binnen 15 Monaten nach ihrer Entstehung gerichtlich geltend gemacht werden; die Geltendmachung des Anspruchs beim Familiengericht gilt dabei auch als Geltendmachung gegenüber dem Mündel.

(1a) ¹Das Familiengericht kann eine von Absatz 1 Satz 3 abweichende Frist von mindestens zwei Monaten bestimmen. ²In der Fristbestimmung ist über die Folgen der Versäumung der Frist zu belehren. ³Die Frist kann auf Antrag vom Familiengericht verlängert werden. ⁴Der Anspruch erlischt, soweit er nicht innerhalb der Frist beziffert wird.

(2) ¹Aufwendungen sind auch die Kosten einer angemessenen Versicherung gegen Schäden, die dem Mündel durch den Vormund oder Gegenvormund zugefügt werden können oder die dem Vormund oder Gegenvormund dadurch entstehen können, dass er einem Dritten zum Ersatz eines durch die Führung der Vormundschaft verursachten Schadens verpflichtet ist; dies gilt nicht für die Kosten der Haftpflichtversicherung des Halters eines Kraftfahrzeugs. ²Satz 1 ist nicht anzuwenden, wenn der Vormund oder Gegenvormund eine Vergütung nach § 1836 Abs. 1 Satz 2 in Verbindung mit dem Vormünder- und Betreuervergütungsgesetz erhält.

---

[14] BVerfG FamRZ 2000, 1280, 1282 und FamRZ 2000, 1284.

Aufwendungsersatz 1, 2 **§ 1835**

(3) Als Aufwendungen gelten auch solche Dienste des Vormunds oder des Gegenvormunds, die zu seinem Gewerbe oder seinem Beruf gehören.

(4) ¹Ist der Mündel mittellos, so kann der Vormund Vorschuss und Ersatz aus der Staatskasse verlangen. ²Absatz 1 Satz 3 und Absatz 1a gelten entsprechend.

(5) ¹Das Jugendamt oder ein Verein kann als Vormund oder Gegenvormund für Aufwendungen keinen Vorschuss und Ersatz nur insoweit verlangen, als das einzusetzende Einkommen und Vermögen des Mündels ausreicht. ²Allgemeine Verwaltungskosten einschließlich der Kosten nach Absatz 2 werden nicht ersetzt.

Übersicht

	Rn.		Rn.
I. Normzweck, Überblick	1–8	b) Versicherung gegen bestimmte Eigenschäden	34
1. Allgemeines	1	3. Nicht erfasste Versicherungen	35, 36
2. Entstehungsgeschichte	2	a) Kfz-Haftpflichtversicherung	35
3. System	3–8	b) Versicherung gegen andere Eigenschäden	36
a) Aufwendungsersatz und Vergütung	3–7	4. Angemessenheit	37
b) Haftung von Mündel und Staatskasse, Regress	8	5. Beschränkung auf nicht-berufsmäßig tätige Vormünder	38
II. Der Aufwendungsersatz im Allgemeinen (Abs. 1)	9–31	**IV. Berufliche und gewerbliche Dienste (Abs. 3)**	39–49
1. Art und Inhalt des Anspruchs	9, 10	1. Sinn der Regelung	39
a) Gesetzlicher Anspruch	9	2. Abgrenzung der Regelung	40–43
b) Anspruchsinhalt	10	3. Insbesondere: Anwalt als Vormund, Betreuer, Verfahrenspfleger oder Verfahrensbeistand	44–47
2. Aufwendungen im Einzelnen	11–23	4. Voraussetzungen der Erstattungspflicht	48, 49
a) Aufwendungen im Rahmen der Amtsführung	12–14	a) Berufsbezug	48
b) Keine Allgemeinkosten	15	b) Erforderlichkeit, fristgerechte Geltendmachung	49
c) Hilfsleistungen Dritter	16–19		
d) Zeitaufwand	20	**V. Vorschuss und Ersatz aus der Staatskasse (Abs. 4)**	50–52
e) Mehrwertsteuer auf die Vergütung	21		
f) Freiwillige Vermögensopfer	22	**VI. Amts- und Vereinsvormund (Abs. 5)**	53–56
g) Maßnahmen vor Beginn und nach Beendigung des Vormundamtes	23	**VII. Geltendmachung und Verfahren**	57–59
3. Höhe des Aufwendungsersatzes	24–27	1. Inanspruchnahme der Staatskasse	57
a) Allgemeines	24	2. Inanspruchnahme des Mündels	58, 59
b) Umsatzsteuer	25	a) Entnahme aus dem Mündelvermögen bei Vermögenssorge	58
c) Fahrtkosten	26	b) Festsetzung durch das Familiengericht	59
d) Sonstige Pauschalierungen	27		
4. Erlöschen des Anspruchs, Fristverlängerung	28–31		
III. Versicherungskosten (Abs. 2)	32–38		
1. Allgemeines	32		
2. Die erfassten Versicherungen	33, 34		
a) Haftpflichtversicherung	33	**VIII. Parallelvorschriften**	60, 61

I. Normzweck, Überblick

1. Allgemeines. Vormund, Mitvormund und Gegenvormund können nach § 1835 Ersatz ihrer 1 Aufwendungen verlangen – und zwar unabhängig davon, ob sie die Vormundschaft berufsmäßig führen oder nicht. Ein Vormund, dem für seine Amtsführung keine Vergütung zusteht, kann anstelle des Ersatzes für im Einzelnen nachzuweisende Aufwendungen gem. § 1835a eine Aufwendungspauschale beanspruchen.

2. Entstehungsgeschichte. Das BtG hatte § 1835 novelliert und die Möglichkeit einer Auf- 2 wendungspauschale neu eingeführt. Mit dem BtÄndG sind beide Regelungen erneut geändert, dabei um Streitfragen bereinigt und u. a. an das vom BtÄndG geschaffene neue Vergütungssystem angeglichen worden. Das 2. BtÄndG hat beide Regelungen an das JVEG angepasst. Zugleich hat es mit (§§ 1836 Abs. 1 S. 3 iVm.) § 4 Abs. 2 S. 1 VBVG dem § 1835 einen wesentlichen Teil seiner praktischen Bedeutung genommen. Nach dieser – auf Berufsbetreuer beschränkten – Regelung

Wagenitz 1587

werden Aufwendungen, soweit sie nicht unter § 1835 Abs. 3 fallen, durch die nunmehr in §§ 4, 5 VBVG vorgesehene „Inklusiv-Vergütung" abgegolten. Einen zusätzlichen Bedeutungsverlust hat § 67a Abs. 3 FGG (jetzt: § 277 Abs. 3 FamFG) bewirkt: Danach können Aufwendungsersatz und Vergütung des Verfahrenspflegers durch Zubilligung eines Pauschalbetrags abgefunden werden. Aufwertung erfährt allerdings möglicherweise § 1835 Abs. 3, da der nach dieser Vorschrift geschuldete Aufwendungsersatz vom Berufsbetreuer nicht mehr nur wahlweise anstelle der Vergütung geltend gemacht werden kann, der Aufwendungsersatz nach § 1835 Abs. 3 vielmehr gem. § 4 Abs. 2 S. 2 VBVG zusätzlich zur pauschalierten Vergütung nach den §§ 4, 5 VBVG gewährt wird.[1] Das FamFG hat die Vorschrift an die Zuständigkeit des FamG angepasst und in § 158 Abs. 7 FamFG für berufsmäßige Verfahrensbeistände eine Fallpauschale vorgesehen, die auch Aufwendungsersatzansprüche abdeckt, einen Rückgriff auf § 1835 also ausschließt (§ 158 Abs. 7 S. 4 FamFG).

3 **3. System. a) Aufwendungsersatz und Vergütung.** Aufwendungsersatz und Vergütung sind strikt zu unterscheiden – und zwar im Wesentlichen aus zwei Gründen:

4 **aa) Verfahrensrechtliche Unterschiede.** Beide Ansprüche entstehen zwar kraft Gesetzes, werden aber verfahrensrechtlich in unterschiedlicher Weise geltend gemacht:

5 **(1) Festsetzung der Vergütung.** Die Vergütung wird (ebenso wie Abschlagszahlungen auf die Vergütung, § 3 Abs. 4 VBVG) vom FamG – auf Antrag oder von Amts wegen – im förmlichen Verfahren (§ 168 Abs. 1 S. 1 bis 3 FamFG) festgesetzt. Der Festsetzungsbeschluss ist Vollstreckungstitel (§ 86 Abs. 1 Nr. 1 FamFG) und Grundlage einer Entnahme der vom Mündel geschuldeten Vergütung aus dem Mündelvermögen. Soweit der Anspruch auf Vergütung (oder auf Abschlagszahlungen) gegen die Staatskasse gerichtet ist, kann die Vergütung (Abschlagszahlung), wenn eine förmliche Festsetzung nicht beantragt oder vom FamG nicht für angemessen erachtet wird, auch vom Urkundsbeamten der Geschäftsstelle des FamG im Verwaltungsverfahren – also auf formlosen Antrag – festgestellt und (zur Auszahlung) angewiesen werden (§ 168 Abs. 1 S. 4 FamFG).

6 **(2) Festsetzung oder Entnahme des Aufwendungsersatzes.** Der Aufwendungsersatz (ebenso wie ein etwaiger Vorschuss für zu tätigende Aufwendungen) wird nur dann vom FamG im förmlichen Verfahren (§ 168 Abs. 1 S. 1 bis 3 FamFG) festgesetzt oder vom Urkundsbeamten im Verwaltungsverfahren zur Auszahlung angewiesen (§ 168 Abs. 1 S. 4 FamFG), wenn der Anspruch gegen die Staatskasse gerichtet ist oder wenn der Vormund nicht zur Vermögenssorge berechtigt ist (§ 168 Abs. 1 S. 1 Nr. 1 HS. 2 FamFG). Im ersten Fall (Anspruch gegen die Staatskasse) kann der Aufwendungsersatz oder Vorschuss, wenn eine förmliche Festsetzung nicht beantragt oder vom FamG nicht für angemessen erachtet wird, auch hier vom Urkundsbeamten im Verwaltungsverfahren festgestellt und angewiesen werden (§ 168 Abs. 1 S. 4 FamFG). Im zweiten Fall (Anspruch gegen den bemittelten Mündel) gilt: Ist der Vormund zur Vermögenssorge berechtigt, kann er den als Aufwendungsersatz oder Vorschuss geschuldeten Betrag unmittelbar dem Mündelvermögen entnehmen; ein Festsetzungsverfahren ist dann nicht zulässig.[2] Ist der Vormund nicht (mehr) zur Vermögenssorge berechtigt, kann und muss er m. E. den Aufwendungsersatz zunächst gegenüber dem vermögenssorgeberechtigten Vertreter des Mündels oder gegenüber dem volljährig gewordenen Mündel selbst geltend machen. Erst im Weigerungsfall ist für eine Festsetzung durch das FamG – nicht auch für eine Zahlbarstellung durch den Urkundsbeamten – Raum.

7 **bb) Materiell-rechtliche Unterschiede.** Materiell-rechtlich ist der Vergütungsanspruch durch das VBVG limitiert, dessen Vergütungssätze auch für die vom Mündel selbst geschuldete Vergütung gelten (§ 3 iVm. § 1 Abs. 2 VBVG; vgl. aber § 3 Abs. 3 VBVG). Diese Limitierung darf nicht dadurch unterlaufen werden, dass mit der Vergütung abgegoltene Unkosten des Vormunds gesondert als Aufwendungen geltend gemacht werden (vgl. Rn. 39 ff.) – eine Gefahr, der § 4 Abs. 2 S. 1 VBVG für die Berufsbetreuung weitgehend (vgl. § 4 Abs. 2 S. 2 VBVG) begegnet.[3]

8 **b) Haftung von Mündel und Staatskasse, Regress.** Im Übrigen lehnt sich der Aufwendungsersatzanspruch eng an das Vergütungsrecht an: Der Anspruch ist gegen den Mündel gerichtet; bei Mittellosigkeit (§ 1836d) stehen die Haftung des Mündels und die der Staatskasse nebeneinander. Der Mündel kann sich allerdings auf die Haftungsbeschränkung des § 1836c berufen. Diese Einrede steht ihm auch gegenüber der Staatskasse zu, auf die, soweit sie den Vormund befriedigt, der Auf-

---

[1] *Palandt/Brudermüller* Anh. zu § 1836 § 4 VBVG Rn. 23.
[2] BayObLG FamRZ 2001, 793, 794.
[3] Zur Frage der Verfassungsmäßigkeit des § 4 Abs. 2 S. 1 VBVG: BVerfG FamRZ 2007, 622; OLG Braunschweig FamRZ 2007, 303; OLG Köln FGPrax 2008, 108; OLG Karlsruhe FamRZ 2007, 303. Zur Verfassungsmäßigkeit des Pauschalierungssystems der §§ 4, 5 VBVG allgemein: BGH FamRZ 2010, 199; OLG Karlsruhe OLGR 2009, 813; OLG Celle FamRZ 2009, 978. Vgl. auch *Zimmermann* FamRZ 2008, 1307.

wendungsersatzanspruch gegen den Mündel nach § 1836e übergeht. Vgl. zum Ganzen Vor § 1835 Rn. 8 ff.

II. Der Aufwendungsersatz im Allgemeinen (Abs. 1)

1. Art und Inhalt des Anspruchs. a) Gesetzlicher Anspruch. Gläubiger des Anspruchs 9 ist der Vormund, Mitvormund oder Gegenvormund; Schuldner ist der Mündel, bei dessen Mittellosigkeit (§ 1836d) auch die Staatskasse (Abs. 4 S. 1). Der rein privatrechtliche Anspruch entsteht kraft Gesetzes; er unterliegt – auch wenn er gegen die Staatskasse gerichtet und deshalb gem. § 168 Abs. 1 S. 1 Nr. 1 FamFG festzusetzen ist – nicht der Disposition des FamG, das den Anspruch deshalb weder kürzen noch pauschal festsetzen kann; Abweichungen ergeben sich aus der praktischen Notwendigkeit pauschalierender Schätzungen.

b) Anspruchsinhalt. Inhalt des Anspruchs ist angemessener Vorschuss nach § 669, Ersatz nach 10 § 670, Verzinsung der Aufwendungen nach §§ 256, 246,[4] Schuldbefreiung bzw. Sicherheitsleistung gem. § 257. Von der Sonderregelung in § 1835 Abs. 2 abgesehen gelten die Auftragsbestimmungen für den Aufwendungsersatzanspruch nach Grund und Höhe entsprechend: Danach sind nur solche Aufwendungen erstattungsfähig, die der Vormund „nach den Umständen für erforderlich halten durfte". Maßgebend ist nicht die objektive Erforderlichkeit ex post betrachtet; entscheidend ist vielmehr die Lage, wie sie sich dem Vormund – bei Beachtung der ihm nach § 1833 obliegenden Sorgfalt – im Zeitpunkt der Vornahme der Aufwendung darstellten musste.[5] An der so verstandenen Erforderlichkeit fehlt es, wenn der Vormund eine überflüssige Aufwendung tätigt oder nicht anderweitige Hilfsmöglichkeiten ausschöpft[6], weil er pflichtwidrig nicht die nötigen Informationen eingeholt hat; erst recht dann, wenn das Tätigen der Aufwendung schon als solches pflichtwidrig war.[7]

2. Aufwendungen im Einzelnen. Das Gesetz regelt die Erstattung von Fahrtkosten der Höhe 11 (§ 1835 Abs. 1 S. 1 HS. 2; vgl. Rn. 26) und von Versicherungskosten dem Grunde nach (§§ 1835 Abs. 2; vgl. Rn. 32 ff.), außerdem die Erstattungsfähigkeit von Leistungen, die zum Beruf, aber nicht zur Amtsführung des Vormunds gehören (§ 1835 Abs. 3, vgl. Rn. 39 ff.). Im Übrigen ist die Erstattungspflicht von Aufwendungen Gegenstand einer umfänglichen – freilich fast ausschließlich im Betreuungsrecht angesiedelten – Kasuistik,[8] die allerdings durch die in § 4 Abs. 2 S. 1 VBVG vorgesehene „Inklusiv-Vergütung" des Berufsbetreuers ihr Hauptanwendungsgebiet eingebüßt hat. Folgende Leitlinien lassen sich nachzeichnen:

a) Aufwendungen im Rahmen der Amtsführung. Erstattungsfähig sind nach § 1835 nur 12 solche Aufwendungen, deren Vornahme zur Amtsführung des Vormunds (Betreuers) gehört.[9]
Das wird sich bei **Auslagen für die Lebensführung eines Mündels** – angesichts der dem 13 Vormund zustehenden umfassenden Personensorge – jedenfalls dann bejahen lassen, wenn eine rechtzeitige Deckung durch Unterhaltspflicht, Sozialhilfe, Prozesskostenhilfe oder Krankenkasse nicht erreichbar ist; anderenfalls fehlt es an der Erforderlichkeit.[10]

Einem Betreuer werden – im Hinblick auf die Einstandspflicht der Staatskasse, aber auch ange- 14 sichts der begrenzten Aufgaben rechtlicher Betreuung – **Aufwendungen für den Lebensunterhalt eines Betreuten** (wie etwa Einkäufe) einschließlich der Wohnbedürfnisse und der medizinischen Versorgung regelmäßig nicht nach § 1835 zu erstatten, sondern allenfalls unmittelbar über die §§ 670, 677 zu ersetzen oder von der Sozialhilfe, Prozesskostenhilfe oder Krankenkasse zu erlangen sein.[11]

---

[4] BayObLG FamRZ 2001, 934; bei einem gegen die Staatskasse gerichteten Anspruch ab Rechtskraft des Festsetzungsbescheids (§ 291): OLG Hamm FGPrax 2003, 73.
[5] BayObLG BtPrax 1998, 146.
[6] OLG Köln OLGR 2009, 737 = BtPrax 2009, 250: Beauftragung eines Anwalts ohne vorherige Inanspruchnahme von Beratungshilfe. Zur Plausibilitätskontrolle: OLG Brandenburg Beschluss vom 31. 08. 2010 – 9 WF 160/10 – juris; ferner § 1836 Rn. 21.
[7] BayObLG FamRZ 2005, 550.
[8] Vgl. die thematisch geordnete Zusammenstellung bei *Knittel* BtG § 1835 Rn. 3 ff.; eine alphabetische Übersicht bietet *Soergel/Zimmermann* Rn. 8.
[9] BGH FamRZ 2007, 1548 (betr. Verfahrenspflegschaft). Vgl. ferner zur Betreuung: etwa BayObLG FGPrax 2002, 31; OLG Schleswig FGPrax 2007, 231. Zur Verfahrenspflegschaft, jetzt auch Verfahrensbeistandschaft: OLG Brandenburg FamRZ 2007, 1576; FamRZ 2008, 1633 und 2221; FamRZ 2009, 1007; OLG Koblenz FamRZ 2008, 1633; OLG Köln ZKJ 2009, 80.
[10] Vgl. auch BayObLG FamRZ 2003, 405, 406 (die Geltendmachung von geringfügigen Sozialleistungen darf nicht unwirtschaftlich sein).
[11] *Knittel* BtG § 1835 Rn. 2. AA *Soergel/Zimmermann* Rn. 8, der solche Aufwendungen beim bemittelten Mündel für nach § 1835 erstattungsfähig hält, aber eine Inanspruchnahme der Staatskasse für Lebenshaltungskosten untersagen will. Vgl. auch *Karmasin* BtPrax 1998, 133.

§ 1835   15–18

Entsprechendes gilt für vom Betreuer erbrachte Pflegeleistungen: Sie sind keine Aufwendungen im Rahmen rechtlicher Betreuung und können allenfalls auf Grund eines Pflegevertrags vergütet werden, den der Betreuer mit dem Betreuten – ggf. nach vorheriger Bestellung eines Ergänzungspflegers – abschließen muss.

15   **b) Keine Allgemeinkosten.** Erstattungsfähig sind ferner nur solche Aufwendungen, die individualisierbar, dh. auf die konkrete Vormundschaft bezogen sind. Deshalb können allgemeine Bürokosten (Miete, Personal, Strom, Schreibmaterial[12]) nicht anteilig als Aufwendungen in Ansatz gebracht werden, ebenso nicht Kosten für Fachliteratur, für Einführungs- oder Fortbildungsveranstaltungen oder für dem Erfahrungsaustausch dienende Geselligkeiten.[13]

16   **c) Hilfsleistungen Dritter. aa) Allgemeines.** Die Delegation von Arbeiten, welche die Aufgabenerfüllung des Vormunds mit sich bringt, die aber nicht der persönlichen Amtsführung des Vormunds vorbehalten sind, auf Dritte ist zulässig – so etwa bei Schreib- oder sonstige Büroarbeiten, Kontenführung, Ordnung von Belegen. Die durch die Vergabe solcher Arbeiten entstehenden Kosten sind als Aufwendungen zwar grundsätzlich erstattungsfähig – dies aber nur dann, wenn sie individualisierbar, erforderlich und nicht bereits als üblicher Büroaufwand durch die Vergütung des Vormunds abgegolten sind.[14] Zur Beauftragung eines Urlaubs- oder Krankheitsvertreters und zum Ganzen § 1836 Rn. 23 ff.

17   **bb) Büro- und Personalkosten.** Diese – sich in praxi zumeist überschneidenden – Voraussetzungen lassen der Erstattung von Büro-, insbes. von Personalkosten nur begrenzt Raum: So werden Allgemeinkosten nicht dadurch individualisiert, dass sie nach einem bestimmten Schlüssel auf die mehreren Mündel des Vormunds verteilt werden.[15] Außerdem ist die Vormundschaft – auch bei berufsmäßiger Ausübung – nicht auf Aktenbearbeitung und büromäßige Verwaltung, sondern auf persönliche Obsorge angelegt; dies wird – bei adäquater technischer Ausstattung und deren von einem Berufsvormund zu erwartender Beherrschung[16] – Büropersonal im Regelfall entbehrlich und jedenfalls eine anwaltsähnliche Kanzlei nicht erforderlich erscheinen lassen.[17] Schließlich verstehen sich die in § 3 VBVG vorgesehenen Vergütungssätze als ein angemessenes Entgelt für die vom Vormund (Betreuer) erbrachte Gesamtleistung und decken damit – jedenfalls für den Regelfall – auch dessen Sach- und Personalkosten ab.[18]

18   **cc) Büro- und Personalkosten von Rechtsanwälten und Steuerberatern als Berufsvormündern.** Ausnahmen können sich allerdings ergeben, wenn der Vormund einer Berufsgruppe angehört, deren allgemeine Berufsausübung die Unterhaltung eines Büros mit Büropersonal erfordert, ja sogar als selbstverständlich erwarten lässt, und wenn die Übernahme der Büroarbeiten durch dieses Personal sogar zur Kostenreduzierung beiträgt, weil zB Schreibarbeiten von ihm schneller und günstiger erledigt werden können. Diese Voraussetzung ist bei Rechtanwälten und Steuerberatern gegeben. Werden sie als Berufsvormünder tätig, können sie individualisierbare, also auf eine konkrete Vormundschaft bezogene Hilfsarbeiten ihres Büropersonals nach § 1835 Abs. 1 als Aufwendung geltend machen. Dabei können sie die für die Vormundschaft angefallene Arbeitszeit dieses Büropersonals mit den Stundensätzen in Rechnung stellen, die nach § 3 Abs. 1 VBVG der Qualifikation der jeweiligen Hilfskraft entspricht; um eine mühevolle Aufschlüsselung von Arbeitsvorgängen nach Person und Qualifikation der jeweils tätig gewordenen Bürokräfte zu vermeiden, wird man den vom Büropersonal insgesamt geleisteten Arbeitsaufwand mit einem einheitlichen Stundensatz bemessen können, der zwischen den in § 3 Abs. 1 S. 1 und S. 2 Nr. 1 VBVG genannten Sätzen liegt.[19] Diese Grundsätze gelten allerdings nicht für Berufsbetreuer, deren Allgemeinkosten durch ihre – gegenüber Berufsvormündern deutlich gehobene – Vergütung gem. (§ 1836 Abs. 1 S. 3 iVm.) § 4 Abs. 2 S. 1 VBVG abgegolten sind; ebenso nicht für Verfahrensbeistände im Hinblick auf § 158 Abs. 7 S. 4 FamFG.

---

[12] OLG Zweibrücken FamRZ 2003, 477.
[13] BGH FamRZ 2007, 1548; OLG Frankfurt FamRZ 2004, 1751; OLG Brandenburg FamRZ 2003, 256 und ZfJ 2002, 233 (jeweils „Supervision"). Vgl. ferner Soergel/Zimmermann Rn. 8;. zum Begriff der Allgemeinkosten vgl. auch BGH FamRZ 2000, 1566, 1568.
[14] BGH FamRZ 2006, 111, 112 (die Entscheidung betrifft die Zuarbeit des Büropersonals bei zu Berufsbetreuern bestellten Rechtsanwälten oder Steuerberatern. Insoweit ist sie durch § 4 Abs. 2 S. 1 VBVG obsolet. Für als Berufsvormünder tätige Rechtsanwälte und Steuerberater behält die Entscheidung indes Gültigkeit); OLG Bremen FamRZ 2000, 555.
[15] Vgl. auch BGH FamRZ 2000, 1566, 1568.
[16] Vgl. AG Koblenz FamRZ 2003, 1872 (betr. moderne Kommunikationsmittel).
[17] BVerfG FamRZ 2000, 345, 348; BGH FamRZ 2006, 111, 112 f. (vgl. Fn. 13).
[18] BGHZ 145, 104, 114 = FamRZ 2000, 1569, 1572 m. Anm. *Engers* MDR 2001, 92.
[19] BGH FamRZ 2006, 111, 112 (vgl. Fn. 13).

dd) Inanspruchnahme des Fachwissens Dritter. Eine effektive Amtsführung des Vormunds kann die Inanspruchnahme des Fachwissens Dritter, etwa von Rechtsanwälten, oder die Delegation von Arbeiten auf Dritte, etwa auf Steuerberater, nicht nur (mit der Konsequenz eines Aufwendungsersatzanspruchs) als erforderlich gestatten, sondern sogar gebieten; vgl. dazu § 1836 Rn. 23 ff. Auch auf Dritte, die über keinen nutzbaren Wissens- oder Erfahrungsvorsprung gegenüber dem Vormund verfügen, soll der Vormund im Einzelfall Hilfsaufgaben delegieren und die damit verbundenen Kosten als Aufwendung geltend machen können – dies allerdings regelmäßig nur dann, wenn er die Vormundschaft berufsmäßig führt und durch die Delegation keine höheren Kosten entstehen als bei Ausführung durch ihn selbst.[20]

d) Zeitaufwand. Als Aufwendung nicht erstattungsfähig ist die vom Vormund für die Amtsführung aufgewandte Arbeitszeit. Der Zeitaufwand des Berufsvormunds wird über die Vergütung abgegolten; dem Einsatz des nicht berufsmäßig tätigen Vormunds kann nach § 1836 Abs. 2 Rechnung getragen werden. Diese klare Trennung darf nicht dadurch unterlaufen werden, dass für einen – auch nachweislichen – Verdienstausfall des Vormunds, der etwa unbezahlten Urlaub für die Amtsführung nehmen oder der seine nach Arbeitszeit entgoltene Berufstätigkeit dafür einschränken muss, über § 1835 Abs. 1 eine vom System des § 1836 Abs. 1 S. 2, 3 iVm. §§ 1 bis 3 VBVG losgelöste Vergütung zugebilligt wird.[21]

e) Mehrwertsteuer auf die Vergütung. Unterliegt die Vergütung des Vormunds aus § 1836 der Mehrwertsteuer, so kann deren Erstattung zwar nicht über § 1835 erfolgen; denn insoweit handelt es sich nicht um eine Aufwendung für den Mündel, sondern um die Erfüllung der eigenen Steuerschuld des Vormunds. Eine auf die Vergütung erhobene Steuer ist dem Berufsvormund – anders als dem Berufsbetreuer, vgl. § 4 Abs. 2 S. 1 VBVG) – jedoch gem. (§ 1836 Abs. 1 S. 3 iVm.) § 3 Abs. 1 S. 3 VBVG zu ersetzen. Zur Erstattung einer vom Vormund auf den Aufwendungsersatz zu leistenden USt vgl. Rn. 25.

f) Freiwillige Vermögensopfer. Zu den Aufwendungen zählen nur freiwillige Vermögensopfer. Daher kann der Vormund keinen Ersatz der Vermögensschäden aus dem Mündelvermögen beanspruchen, die ihm bei Gelegenheit seiner Amtsführung entstehen.[22] Liegt allerdings ein dem § 683 entsprechender Fall vor – nimmt zB der Vormund eine im Interesse des Mündels unbedingt erforderliche, gefährliche Handlung vor – so kann er im Schadensfall Ersatz vom Mündel verlangen,[23] da schon die Risikoübernahme im Mündelinteresse lag. Zur Unfallversicherung nicht berufsmäßig tätiger Vormünder (Betreuer) gegen Personenschäden vgl. § 2 Abs. 1 Nr. 10 SGB VII.

g) Maßnahmen vor Beginn und nach Beendigung des Vormundamtes. Keine Aufwendungen iSd. § 1835 entstehen durch Maßnahmen, die der Vormund vor seiner Bestellung ergreift.[24] Dasselbe gilt für Maßnahmen nach Beendigung der Vormundschaft.[25] Ausnahmen gelten für Aufwendungen, die der Vormund (Betreuer) in Unkenntnis der Beendigung seines Amtes (etwa bei Tod des Betreuten) gem. § 1893 Abs. 1, § 1698a oder als Notgeschäftsführung gem. § 1893 Abs. 1, § 1698b tätigt. Die Bestattung des Mündels (Betreuten) gehört grundsätzlich nicht hierher: Sie ist nicht Angelegenheit des Mündels (Betreuten) und damit – vorbehaltlich landesrechtlicher Besonderheiten[26] – auch nicht Aufgabe des vormaligen Vormunds (Betreuers), sondern seiner Erben.[27] Sind Erben nicht feststellbar, obliegt die Bestattung den Ordnungsbehörden und deshalb nicht – auch nicht nach § 1698b – dem Vormund (Betreuer). Ist der Betreuer vom (geschäftsfähigen) Betreuten mit der Totensorge beauftragt, kann er Aufwendungsersatz nur unmittelbar nach § 670 und nur von den

---

[20] BayObLG FamRZ 2003, 405, 407; vgl. auch BGH FamRZ 2010, 199, 200 und OLG München FamRZ 2008, 1560.
[21] Str.; aA *Soergel/Zimmermann* Rn. 8; *Bobenhausen* Rpfleger 1985, 426, 430; *Seitz* BtPrax 1992, 82, 85; Wie hier: *Staudinger/Engler* Rn. 18; *Knittel* BtG § 1835 Rn. 7.
[22] LG Hamburg BtPrax 2002, 270 (betr. Schäden, die dem Betreuer vom Betreuten zugefügt werden); LG Bückeburg NJW-RR 2002, 506 (Kfz-Beschädigung).
[23] *Staudinger/Engler* Rn. 16; *Jurgeleit/Maier* Betreuungsrecht 2. Aufl., Rn. 12 „Schäden".
[24] So hins. der Betreuung: OLG Stuttgart FamRZ 2005, 655; OLG Braunschweig FamRZ 2006, 290 (Bestellungsvakanz mit Ankündigung, den bisherigen Betreuer erneut zu bestellen); LG Bayreuth Beschluss vom 04. 03. 2011 – 42 T 3/11 - juris. Hins. der Bestellung von Pfleger oder Verfahrenspfleger: OLG Brandenburg FamRZ 2008, 1478; FamRZ 2008, 1480; FamRZ 2009, 1169; vgl. aber LG Münster 2010, 473. Zum ganzen auch *Palandt/Diederichsen* Rn. 2.
[25] LG Koblenz FamRZ 2005, 1928; LG Cottbus FamRZ 2004, 401.
[26] Vgl. HK-BUR/*Bauer/Deinert* § 1698b BGB Rn. 37.
[27] LG Bochum Rpfleger 1985, 147. Zu Abwicklungstätigkeiten (des Betreuers): OLG Frankfurt FamRZ 2006, 1151.

§ 1835 24–29 Abschnitt 3. Titel 1. Vormundschaft

Erben oder von einem für sie handelnden Nachlasspfleger, nicht aber aus der Staatskasse beanspruchen.[28] S. zum Ganzen § 1836 Rn. 29.

24 **3. Höhe des Aufwendungsersatzes. a) Allgemeines.** Die Höhe des Ersatzanspruchs bestimmt sich nach § 670; zu ersetzen sind die dem Vormund tatsächlich entstandenen Kosten.

25 **b) Umsatzsteuer.** Eine Umsatzsteuer, die von einem berufsmäßig tätigen Vormund auf seine Auslagen erhoben wird, ist untrennbar mit der Führung der Vormundschaft verbunden und deshalb ebenfalls zu ersetzen;[29] zum Berufsbetreuer vgl. § 4 Abs. 2 S. 1 VBVG.

26 **c) Fahrtkosten.** Nach § 1835 Abs. 1 S. 1 2. HS. bestimmt sich der Fahrkostenersatz nach der von § 5 JVEG für Sachverständige getroffenen Erstattungsregelung.[30] Die Vorschrift regelt nur die Höhe des Erstattungsanspruchs, besagt aber nichts darüber, ob eine Fahrt überhaupt erstattungsfähig ist, also insbesondere zur Amtsführung des Vormunds gehört und erforderlich ist.

27 **d) Sonstige Pauschalierungen.** Diskutiert werden Pauschalen für Fotokopien, die auch dann zu erstatten sind, wenn sie der Handaktenführung des Vormunds dienen,[31] sowie für Verpflegungsmehraufwand bei länger dauernden Reisen.[32] Weiterungen sind nach Maßgabe des § 287 ZPO möglich.[33]

28 **4. Erlöschen des Anspruchs, Fristverlängerung.** Abs. 1 S. 3 unterwirft den Ersatzanspruch einer 15monatigen Ausschlussfrist,[34] die mit der Entstehung des Anspruchs – also mit der Vornahme der Aufwendung[35] – beginnt und nach Abs. 1 a modifiziert werden kann. Die Ausschlussfrist wird nur durch einen Antrag auf Festsetzung von Aufwendungsersatz gewahrt, der durch das FamG hinreichend überprüfbar ist.[36]

29 Abs. 1 S. 3 2. HS. will sicherstellen, dass der Anspruch auch gegenüber dem Mündel nicht erlischt, wenn er nur gegen die Staatskasse geltend gemacht wird: Ist der Mündel mittellos, tritt die Haftung der Staatskasse neben die des Mündels, der sich freilich auf die Haftungsbeschränkung des § 1836c berufen kann. Die Ausschlussfrist gilt dabei für die Haftung der Staatskasse wie des Mündels gleichermaßen. Der Vormund, der – in Annahme der Mittellosigkeit des Mündels – die Staatskasse in Anspruch nimmt, soll jedoch nicht gezwungen sein, vorsorglich auch gegen den Mündel vorzugehen, um eine Verfristung seines Anspruchs gegen den Mündel für den Fall zu verhindern, dass die Haftung des Staatskasse mangels Mittellosigkeit des Mündels nicht greift. § 1835 Abs. 1 S. 3 2. HS. schreibt deshalb vor, dass die gerichtliche Geltendmachung des Anspruchs (gegenüber der Staatskasse) als Geltendmachung auch gegenüber dem Mündel gilt.[37] Umgekehrt dürfte nichts anderes gelten: Die Geltendmachung gegenüber dem Mündel hindert die Verfristung gegenüber der Staatskasse, denn es handelt sich in der Sache um denselben Anspruch (siehe auch § 2 VBVG Rn. 2).[38]

---

[28] *Knittel* BtG § 1835 Rn. 11; *Paßmann* BtPrax 1995, 202.
[29] BayObLG FamRZ 2004, 403; OG Düsseldorf FPR 2002, 93; OLG Celle NdsRpfl 2001, 460; OLG Zweibrücken FamRZ 2001, 447; OLG Düsseldorf FamRZ 2001, 447; OLG Brandenburg FamRZ 2001, 448 (Aufgabe von FamRZ 2000, 1441); OLG Frankfurt FGPrax 2000, 111 = BtPrax 2000, 131; OLG Hamm FamRZ 2000, 549; OLG Dresden FamRZ 2000, 851 (Aufgabe von BtPrax 2000, 35). Zu den Gesetzesmotiven: BT-Drucks. 13/7158 S. 28.
[30] Zu praktischen Einzelheiten ausführlich *Knittel* BtG § 1835 Rn. 5.
[31] BayObLG FamRZ 2002, 495; OLG Zweibrücken FamRZ 2001, 864 = BtPrax 2001, 169; OLG Dresden BtPrax 2001, 220.
Soergel/Zimmermann Rn. 8; *Knittel* BtG § 1835 Rn. 6.
[32] BayObLG FamRZ 2004, 565; *Soergel/Zimmermann* Rn. 8.
[33] Allerdings ist hier bei ehrenamtlichen Vormündern (Betreuern) im Hinblick auf die Möglichkeit des § 1836a Zurückhaltung geboten: LG Lübeck Beschluss vom 03. 03. 2011 – 7 T 201/10 – juris.
[34] Zu praktischen Konsequenzen vgl. etwa LG Koblenz FamRZ 2001, 934.
[35] Vgl. etwa OLG Saarbrücken Beschluss vom 18. 01. 2011 – 6 W 1/ 11 – juris. Wohl missverständlich OLG Zweibrücken BtPrax 2010, 38 Rn. 21, wonach die Frist nicht mit dem Tod des Betreuten, sondern erst mit der Einreichung der Schlussrechnung in Lauf gesetzt werden soll.
[36] OLG München MDR 2006, 815; OLG Dresden FamRZ 2004, 137; OLG Frankfurt FamRZ 2002, 193 (Benennung von „Phantombeträgen" reicht nicht aus). Einschränkend *Dodegge* BtKomm Rn. F 36 (Bezifferung reicht aus, Belege können nachgereicht werden). Ein Antrag auf Ersatz nach § 1835 Abs. 3 iVm. § 1 RVG wahrt auch die (die Vergütung betreffende) Ausschlussfrist aus § 2 VBVG: LG München FamRZ 2008, 2296.
[37] Zur Entstehung dieser Regelung vgl. 4. Aufl. Rn. 24. Mit dem grundsätzlich auch für die Inanspruchnahme des Mündels vorgesehenen gerichtlichen Festsetzungsverfahren (§ 168 Abs. 1 S. 1 Nr. 1 Alt. 2 FamFG) hat die Regelung ihre praktische Relevanz weitgehend verloren.
[38] OLG Hamm FGPrax 2007, 171.

Nach Abs. 1 a S. 1 kann das FamG die 15monatige Ausschlussfrist – von Amts wegen oder auf 30 Antrag – auf bis zu zwei Monate verkürzen; es kann sie aber auch nach Abs. 1 a S. 3 – auf Antrag – verlängern. Die Verlängerungsmöglichkeit gilt nicht, wie der Wortlaut nahelegt, nur dann, wenn die 15-Monats-Frist zunächst verkürzt worden ist und sich die verkürzte Frist später als zu knapp erweist. Vielmehr kann von vornherein auch die 15-Monatsfrist des Abs. 1 S. 3 verlängert werden.[39] Bei Verkürzung der Frist ist der Vormund über die Folgen der Fristversäumung zu belehren; bei Beibehaltung oder Verlängerung der 15-Monatsfrist ist eine solche Belehrung nicht vorgeschrieben und gegenüber ehrenamtlichen Vormündern allenfalls im Hinblick auf § 1837 empfehlenswert, aber nicht geboten.[40] Ein Fristverlängerungsantrag muss hinreichend konkret sein[41] und vor Fristablauf beim FamG eingehen, mag er auch erst später beschieden werden. Eine Fristverlängerung liegt nur vor, wenn das FamG dem Vormund einen Schlusszeitpunkt für die Einreichung seines Antrags mitteilt.[42]

Gegen die Fristversäumung findet eine Wiedereinsetzung nicht statt;[43] allenfalls kann sich im 31 Einzelfall die Berufung auf den Fristablauf als rechtsmissbräuchlich erweisen.[44] Ist die Ausschlussfrist gewahrt, verjährt der Anspruch gem. § 195, nach rechtskräftiger Festsetzung gem. § 197 Abs. 1 Nr. 3; die Verjährung des gegen den Mündel selbst gerichteten Anspruchs ist nach § 207 Abs. 1 S. 2 Nr. 3 (bis 5) gehemmt; siehe aber Rn. 51.

III. Versicherungskosten (Abs. 2)

1. Allgemeines. Abs. 2 hat gegenüber Abs. 1 klarstellende Bedeutung:[45] Er legt fest, welche 32 vom Vormund eingegangenen Versicherungen als für den Mündel getätigte Aufwendungen erstattungsfähig sind.

2. Die erfassten Versicherungen. a) Haftpflichtversicherung. Ersatzfähig sind zum 33 einen die Kosten einer angemessenen Versicherung gegen Schäden, die der Vormund dem Mündel aus Anlass der Amtsführung zufügt. Hauptsächlich handelt es sich um die Haftung des Vormunds aus § 1833 sowie aus allgemeinen, insbesondere deliktischen Haftungstatbeständen.

b) Versicherung gegen bestimmte Eigenschäden. Die Kosten einer Versicherung gegen 34 Eigenschäden, die der Vormund im Zusammenhang mit seiner Amtstätigkeit erleidet, sind nur begrenzt erstattungsfähig: Es muss sich um Versicherungen gegen Schäden handeln, die den Vormund treffen, weil er seinerseits Dritten ersatzpflichtig wird. Hauptsächlich kommen hier Ansprüche aus Delikt, Gefährdungshaftung und culpa in contrahendo in Betracht (zu den Anspruchsgrundlagen § 1833 Rn. 11).

3. Nicht erfasste Versicherungen. a) Kfz-Haftpflichtversicherung. Von der Erstat- 35 tungspflicht ausgenommen sind kraft der ausdrücklichen Regelung in § 1835 Abs. 2 S. 1 2. HS. die Kosten einer Haftpflichtversicherung des Kraftfahrzeughalters – dies auch dann, wenn der Vormund sein Kraftfahrzeug in erheblichem Umfange für die Führung der Vormundschaft einsetzt. Das erscheint sachgerecht, da diese Kosten durch die Fahrtkostenpauschale mit abgedeckt werden.[46]

b) Versicherung gegen andere Eigenschäden. Nicht ersatzfähig sind ferner die Kosten für 36 Versicherungen gegen solche Eigenschäden, die nicht vom Wortlaut des Abs. 2 S. 1 HS. 1, 2. Alt. erfasst werden. Nicht ersatzfähig sind deshalb die Kosten einer Vollkaskoversicherung des (auch) für die Amtsführung eingesetzten Kraftfahrzeugs, weil das dadurch versicherte Risiko nicht unter Abs. 2 S. 1 fällt.[47]

4. Angemessenheit. Die genannten Versicherungskosten sind nur insoweit ersatzfähig, als sie 37 nach Grund und Höhe angemessen sind. Die Angemessenheit einer vom Vormund vereinbarten Deckungssumme richtet sich nach der Art und den Umständen der übernommenen Aufgabe; doch ist hier Kleinlichkeit nicht am Platz, weil gerade im Zusammenhang mit der Sorge für die Person

---

[39] *Palandt/Diederichsen* Rn. 19.
[40] BayObLG FamRZ 2004, 1137.
[41] BayObLG FamRZ 2003, 1414: „eindeutiges Begehren" auf Fristverlängerung.
[42] OLG Schleswig FGPrax 2006, 119. Vgl. auch OLG München FamRZ 2008, 1632, 1633.
[43] BayObLG FamRZ 2004, 1137; OLG Brandenburg ZKJ 2008, 123 m. Anm. *Menne* ZKJ 2008, 114.
[44] OLG Koblenz FamRZ 2003, 168; *Palandt/Diederichsen* Rn. 18; aA OLG Frankfurt KindPrax 2004, 67; OLG Köln OLGR 2009, 220.
[45] Zur Gesetzgebungsgeschichte der durch das BtÄndG eingefügten Vorschrift 3. Aufl. Rn. 12.
[46] Anders die rechtspolitische Kritik der 3. Aufl. Rn. 14 („kleinliche Gesetzesbestimmung").
[47] *Knittel* BtG § 1835 Rn. 19. AA *Seitz* BtPrax 1992, 83; *Sonnenfeld* Rpfleger 1993, 97, 98. Zum weitergehenden Vorschlag des Bundesrates BT-Drucks. 11/4528 S. 205.

eines anderen die möglichen Schäden kaum absehbar sind. Soweit eine gesetzliche Versicherung das Risiko abdeckt (so die gesetzliche Unfallversicherung die einem ehrenamtlich Tätigen entstehenden Personenschäden: § 2 Abs. 1 Nr. 10 SGB VII), bedarf es keiner weiteren Versicherung. Ebenso nicht, soweit die Länder Sammelversicherungen abgeschossen haben,[48] in denen nicht berufsmäßig tätige Betreuer automatisch versichert sind.

38   **5. Beschränkung auf nicht-berufsmäßig tätige Vormünder.** Abs. 2 S. 2 stellt klar, dass Kosten für die in S. 1 genannten Versicherungen nicht zu ersetzen sind, wenn der Vormund eine Vergütung nach § 1836 Abs. 1 S. 2, 3 iVm. § 1 VBVG erhält, dh. wenn er berufsmäßig tätig ist. Eine Aufwendung wird in diesen Fällen zumeist schon an der fehlenden Individualisierbarkeit scheitern; im Übrigen werden die Versicherungskosten durch die Vergütung mit abgegolten. Anders ist die Lage, wenn Vergütung nach § 1836 Abs. 2 bewilligt ist: Hier kann der Aufwendungsersatzanspruch nach § 1835 Abs. 2 zusätzlich neben dem Vergütungsanspruch geltend gemacht werden.[49]

IV. Berufliche und gewerbliche Dienste (Abs. 3)

39   **1. Sinn der Regelung.** Die vom Vormund für seine Amtstätigkeit aufgewandte Zeit ist keine Aufwendung, vgl. Rn. 20. Von diesem Grundsatz normiert § 1835 Abs. 3 eine – allerdings nur scheinbare (vgl. Rn. 42 f.) – Ausnahme.

40   **2. Abgrenzung der Regelung.** Das Ziel des § 1835 Abs. 3 wird vielfach in dem Bedürfnis gesehen, eine Tätigkeit des Vormunds, die nicht jedermann erbringen kann und die deshalb üblicherweise auf für diese Tätigkeit besonders ausgebildete oder spezialisierte Dritte übertragen wird, besonders zu honorieren. Ein Vormund, der beispielsweise als Arzt, Rechtsanwalt oder Handwerker[50] für den Mündel tätig wird, soll – auch wenn er als Vormund (oder Betreuer, Pfleger) ehrenamtlich tätig ist – die zu seinem Beruf oder Gewerbe gehörende Dienstleistung vergütet erhalten. Anders gewendet: Der Mündel (Betreute, Pflegling) soll nicht dadurch bereichert werden, dass der Vormund (Betreuer, Pfleger) zufällig auf Grund seiner spezialisierten Ausbildung der Herbeiziehung eines Dritten nicht bedarf.[51] Die so formulierte Abgrenzung war schon immer problematisch – etwa wenn ein auf Grund seiner familiären Beziehung zum Betreuer mit dem Aufgabenkreis Gesundheitsfürsorge bestellter Arzt auf Grund seines medizinischen Wissen Einwilligungen erteilt, für die ein nicht fachkundiger Betreuer sich zuvor – ggf. weiteren – fachlichen Rates hätte versichern müssen. Vergleichbare Beispiele mit nicht in beruflicher Eigenschaft zum Vormund, Betreuer oder Pfleger bestellten Rechtsanwälten, Steuerberatern oder Handwerkern sind wohlfeil.[52]

41   Für die berufsmäßige Wahrnehmung von Vormundschaften (Betreuungen, Pflegschaften, Verfahrenspflegschaften) ist eine klare Abgrenzung vonnöten. Das ergibt sich bereits aus der an die Qualifikation des Berufsvormunds (berufsmäßig tätigen Betreuers, Pflegers, Verfahrenspflegers) anknüpfenden Staffelung der Vergütungssätze in den §§ 3, 4 VBVG (jeweils iVm. § 1836 Abs. 1 S. 3; vgl. auch § 1915 Abs. 1 S. 2). Erst recht folgt diese Notwendigkeit aus (§ 1836 Abs. 1 S. 3 iVm.) § 4 Abs. 2 S. 1 VBVG, der dem Berufsbetreuer die Möglichkeit bietet, Ersatz für die in § 1835 Abs. 3 genannten Aufwendungen neben der Pauschalvergütung nach (§ 1836 Abs. 1 S. 3 iVm.) §§ 4, 5 VBVG geltend zu machen. Die zu erwartende Begehrlichkeit verlangt Restriktion. Sie lässt sich mE nur über eine klare Trennung zwischen der eigentlichen Amtstätigkeit und einer Aufgabenwahrnehmung „aus Anlass" der Amtstätigkeit erreichen.

42   Das Vergütungssystem unterscheidet zwischen berufsmäßiger und nicht berufsmäßiger Vormundschaft (Betreuung, Pflegschaft, Verfahrenspflegschaft). Grundsätzlich ist nur die berufsmäßig geführte Vormundschaft (Betreuung, Pflegschaft, Verfahrenspflegschaft) zu vergüten; die Höhe der Vergütung bestimmt sich vorrangig nach den für seine Amtsführung nutzbaren Fachkenntnissen des Vormunds (Betreuers, Pflegers, Verfahrenspflegers). An diesem System muss sich auch der Anwendungsbereich des § 1835 Abs. 3 orientieren: Aufwendungsersatz wird dem berufsmäßig wie nicht berufsmäßig tätigen Vormund geschuldet. Spezielle Fachkenntnisse allein können dem ehrenamtlich Tätigen nicht zu einer Vergütung verhelfen, die ihm § 1836 Abs. 1 S. 1 gerade versagt. Und dem berufsmäßig Tätigen verschaffen sie keinen Aufwendungsersatz, weil sie bereits mit einer gesteigerten Vergütung abgegolten werden. Die Grenze des § 1835 Abs. 3 verläuft deshalb nicht zwischen Jedermann-Wissen und Fachkenntnis. Sie ist vielmehr im Umfang der vormundschaftlichen (Betreuungs- oder

---

[48] Übersicht bei *Knittel* BtG § 1835 Rn. 21.
[49] *Knittel* BtG § 1835 Rn. 23.
[50] Vgl. LG Frankenthal Rpfleger 1985, 148.
[51] *Staudinger/Engler* Rn. 29 f.; *Knittel* BtG § 1835 Rn. 25.
[52] Vgl. auch OLG Braunschweig NdsRpfl 2001, 261 und OLG Köln FamRZ 2008, 921 (Bestellung eines gerade im Hinblick auf seine Sprachkenntnisse ausgewählten Dolmetschers zum Betreuer).

Pflegschafts-) Geschäfte zu finden: Soweit die Amtsführung reicht, wird sie unentgeltlich oder – nach Maßgabe des § 1836 Abs. 1 S. 3 iVm. §§ 3 ff. VBVG – gegen Vergütung erbracht.[53] Das gilt auch für den Arzt, Rechtsanwalt, Steuerberater oder Handwerker. Ihre Fachkenntnis mag für den Mündel von besonderem Nutzen sein; zur Aufwendung lassen sie die bloße Amtsausübung nicht werden. Ganz anders, wenn die Amtstätigkeit verlassen wird – wenn also der Arzt zur Heilbehandlung seines Mündels, der Anwalt zur Klage für den von ihm Betreuten (s. Rn. 44 ff.), der Steuerberater zur Erstellung von dessen ESt-Erklärung[54] oder der Handwerker zur Reparatur des Hauses seines Betreuten schreitet. Mit der Amtstätigkeit haben diese Verrichtungen nichts zu tun – was deutlich wird, wenn ein Nicht-Arzt, Nicht-Anwalt, Nicht-Steuerberater oder Nicht-Handwerker das Vormund-(Betreuer-)amt bekleidet. Vom gesetzlichen Vergütungsanspruch werden solche Tätigkeiten nicht umfasst. Als Aufwendung sind sie nach § 1835 Abs. 1, 3 nur zu erstatten, wenn und soweit der Vormund (Betreuer, Pfleger, Verfahrenspfleger) auch einen Dritten mit der Verrichtung beauftragen und die ihm daraus entstehenden Kosten dem Mündel (Betreuten, Pflegling) nach § 1835 Abs. 1 in Rechnung stellen könnte. Darüber hinausgehende Verrichtungen sind dem Vormund (Betreuer, Pfleger, Verfahrenspfleger) nur kraft besonderen (etwa mit einem Ergänzungspfleger oder dem geschäftsfähigen Betreuten selbst geschlossenen) Vertrags zu honorieren.[55]

Mit der hier vertretenen Trennlinie wird vor allem dreierlei erreicht: (1) Beiträge zur persönlichen Lebensführung, insbesondere zum Unterhalt des Mündels (Betreuten, Pflegings), sind, wenn sie von Dritten erbracht und vom Vormund (Betreuer, Pfleger) verauslagt werden, keine – bei Mittellosigkeit: vom Fiskus – erstattungsfähigen Auslagen (vgl. Rn. 14). Daran ändert sich nichts, wenn diese Beiträge nicht von Dritten, sondern vom Vormund (Betreuer, Pfleger) selbst als Teil seiner Berufsausübung erbracht werden.[56] § 1835 Abs. 3 dehnt also nicht die Erstattungsfähigkeit von Aufwendungen über § 1835 Abs. 1 aus; er korrigiert für das Vormundschaftsrecht (Betreuungs- und Pflegschaftsrecht) lediglich den Grundsatz, dass der Einsatz eigener Arbeitskraft keine nach § 670 erstattungsfähige Aufwendung begründet. (2) Außerdem erhellt aus dieser Abgrenzung, dass dem Berufsvormund kein Wahlrecht zwischen einem Vergütungs- und einem Aufwendungsersatzanspruch zustehen kann: Für seine Amtstätigkeit steht dem berufsmäßig tätigen Vormund (Betreuer, Pfleger, Verfahrenspfleger) die – vom VBVG limitierte – Vergütung zu; für darüber hinausgehende Maßnahmen gebührt ihm – freilich nur in dem von § 1835 Abs. 1 gezogenen Rahmen, d.h. nicht anders als bei Inspruchnahme von Drittleistungen – nach § 1835 Abs. 3 Aufwendungsersatz.[57] (3) Für den Berufsbetreuer wird die von der – nicht gerade luziden – Fassung des § 1836 Abs. 1 S. 3 iVm. § 4 Abs. 2 S. 2 in Kauf genommene Möglichkeit, seine Tätigkeit doppelt, nämlich im Wege der Pauschalvergütung und als Aufwendung vergütet zu erhalten, teleologisch sinnvoll verschlossen: Die Pauschalvergütung deckt die Amtstätigkeit des Berufsbetreuers ab; nur für darüber hinausgehende Dienstleistungen bleibt ihm nach § 4 Abs. 2 S. 2 VBVG – nicht anders als bei der entgeltlichen Inanspruchnahme des Sachverstandes Dritter – ein Aufwendungsersatzanspruch nach § 1835 Abs. 1, 3 ausdrücklich unbenommen.

3. Insbesondere: Anwalt als Vormund, Betreuer, Verfahrenspfleger oder Verfahrensbeistand.

Für den zum Vormund (Betreuer, Pfleger, Verfahrenspfleger, Verfahrensbeistand) bestellten Anwalt hat das Gesetz mit der Grenzziehung in § 1 Abs. 2 RVG noch einmal unmissverständlich klargestellt: Die Amtstätigkeit als Vormund (Betreuer oder Pfleger, auch als Verfahrenspfleger oder Verfahrensbeistand) wird nicht nach dem RVG, sondern (nur) nach § 1836 Abs. 1 S. 3 iVm. §§ 3 ff. VBVG, nach § 1915 Abs. 1 S. 2 bzw. nach § 277 Abs. 2, § 158 Abs. 7 FamFG vergütet. Ein Aufwendungsersatz nach § 1835 Abs. 3 bleibt nach § 1 Abs. 2 S. 2 RVG zwar ausdrücklich „unberührt" – dies aber (recht verstanden) nur für nicht schon in die Amtstätigkeit fallende Dienste.

Für den Verfahrenspfleger waren dem Gesetzgeber – wohl wegen des begrenzten Aufgabenbereichs – solche Zusatzleistungen kaum vorstellbar; ein ängstlicher § 277 Abs. 1 S. 1 FamFG lässt § 1835 Abs. 3 deshalb für den Verfahrenspfleger – so scheint es – erst gar nicht gelten.[58] Doch der Schein trügt: Auch der anwaltliche Verfahrenspfleger kann für zu seinem Beruf gehörende Dienste, die er zwar nicht in seiner Eigenschaft als Verfahrenspfleger, wohl aber aus Anlass der übernomme-

---

[53] So jetzt ausdrücklich auch BGH FamRZ 2010, 199, 201.
[54] LG Düsseldorf Rpfleger 2008, 361.
[55] BGH FamRZ 2010, 199, 201; OLG München FamRZ 2008, 1560; vgl. auch AG München BtPrax 2010, 195 („Budgetassistenz").
[56] Anders (zum früheren Recht) etwa BayObLG BtPrax 1998, 146 = Rpfleger 1998, 339: Psycho-soziale Therapie durch den Betreuer als erstattungsfähige Aufwendung.
[57] Grundsätzlich anders OLG Hamm FamRZ 2007, 1186 (Wahlrecht); ebenso LG Münster FamRZ 2009, 151; in diese Richtung auch OLG Düsseldorf FamRZ 2008, 76, 77; OLG Köln NJW-RR 2003, 712; ebenso *Knittel* BtG § 1835 Rn. 25 ff., 26.
[58] OLG Dresden Rpfleger 1999, 539.

nen Verfahrenspflegschaft dem Pflegling gleichsam „zusätzlich" erbracht hat, gem. § 1835 Abs. 3 Aufwendungsersatz verlangen, sprich: nach dem RVG, liquidieren. § 277 Abs. 1 S. 1 FamFG verwehrt ihm ein solches Vorgehen nicht. Er stellt – jedenfalls bei einschränkender Auslegung – nur klar, dass die Führung der Verfahrenspflegschaft für sich genommen nicht als eine anwaltliche Dienstleistung gilt, für die § 1 Abs. 2 S. 2 RVG iVm. § 1835 Abs. 3 den Weg zu einer Liquidation nach RVG-Sätzen öffnet. So verstanden ist § 277 Abs. 1 S. 1 FamFG nicht nur, wie das BVerfG bestätigt hat,[59] verfassungs-, sondern obendrein systemkonform. Für den ehrenamtlichen Verfahrensbeistand kann nichts anderes gelten: § 158 Abs. 7 S. 1 FamFG enthält ihm Aufwendungsersatz für eigene berufliche Dienstleistungen nicht generell, sondern nur insoweit vor, als sich die berufliche Dienstleistung mit seiner (ehrenamtlichen) Aufgabe als Verfahrenspfleger deckt. Und nur insoweit ist auch für den berufsmäßig tätigen Verfahrensbeistand nach § 158 Abs. 7 S. 4 FamFG ein Aufwendungsersatzanspruch von der ihm zugebilligten Fallpauschale abgedeckt.

46 Bleibt zu fragen, wie sich die der Verfahrenspflegschaft als solcher zuzuordnenden Tätigkeiten von zusätzlichen – und deshalb über § 1835 Abs. 3 nach dem RVG zu vergütenden – Diensten eines anwaltlichen Verfahrenspflegers sondern lassen. Das BVerfG sieht in der Verfahrenspflegschaft „eine gesetzliche Vertretung" des Mündels (Betroffenen) zur verfahrensmäßigen Durchsetzung seiner „tatsächlich formulierten oder auch nur zu ermittelnden Interessen und Wünsche"; hierin soll offenbar zugleich die Grenze zu den Aufgaben eines Rechtsanwalts nach § 1 Abs. 1 RVG mit der Folge verlaufen, dass ein anwaltlicher Verfahrenspfleger („rechtsanwaltsspezifische") Dienste, für die ein juristischer Laie vernünftigerweise einen Rechtsanwalt zuziehen würde, weiterhin über § 1835 Abs. 3 nach dem RVG liquidieren kann.[60] Mit dieser Grenzziehung werden freilich ungleich mehr Fragen aufgeworfen als gelöst. Warum etwa verlangen „rechtsanwaltsspezifische" Tätigkeiten nach einer besonderen Vergütung, wenn doch das VBVG den anwaltlichen Verfahrenspfleger für seine in die Verfahrenspflegschaft eingebrachten Fachkenntnisse bereits durch einen gesteigerten Vergütungssatz besonders honoriert (§ 277 Abs. 2 S. 1 FamFG iVm. § 1836 Abs. 1 S. 3, § 3 VBVG)? Und welchen Sinn hat wohl eine Verfahrenspflegschaft, die sich auf eine bloße – dem Gesetzgeber als gewollt unterstellte – Dolmetscherfunktion beschränkt? Mehr noch: Darf der auf eine bloße Dolmetscherfunktion beschränkte nichtanwaltliche Verfahrenspfleger dann überhaupt auf die Heranziehung eines Anwalts verzichten, wenn die Interessenwahrung des Mündels (Betroffenen) eine rechtliche Einschätzung erfordert? Schließlich: Gilt die Ausgliederung „rechtsanwaltsspezifischer" Tätigkeiten nur für die Verfahrenspflegschaft oder sind solche Tätigkeiten auch im Bereich rechtlicher (!) Betreuung schlechthin privilegiert? Diese Fragen belegen immerhin zweierlei: Die verschwommenen Konturen der Verfahrenspflegschaft und Verfahrensbeistandschaft als eines vielleicht gut gemeinten, aber letztlich völlig unausgegorenen Rechtsinstituts. Und die Gefahr, dass unter dem Mantel verfassungskonformer Auslegung ein stimmiges Normensystem nahezu auf den Kopf zu gestellt wird. Die Verwirrung bei den Fachgerichten über Art und Umfang anwaltspezifischer Tätigkeit hat denn auch nicht auf sich warten lassen.[61] Wohl nicht zuletzt deshalb schützt eine wohlmeinende Judikatur den anwaltlichen Verfahrenspfleger in seiner Erwartung auf eine Vergütung nach dem RVG, wenn er bei der Übernahme des Amtes auf Grund der ihm mitgeteilten Tatsachen auf eine solche Honorierung vertrauen durfte.[62] Mehr noch: Gerichte gehen zunehmend dazu über, bereits im Beschluss über die Bestellung (als Verfahrenspfleger oder Verfahrensbeistand) festzustellen, dass eine anwaltsspezifische Tätigkeit erforderlich sei; solche Feststellung ist für die anschließende Kostenfestsetzung bindend.[63] Vgl. auch § 1836 Rn. 17.

---

[59] BVerfG FamRZ 2000, 1280, 1282 (betr. § 67 Abs. 3 FGG aF) unter ausführlicher Bezugnahme auf die Begr. RegE BtÄndG: Danach sollen solche „Dienste des Anwalts, die zu seinem Beruf gehören und die er anlässlich seiner Tätigkeit als ... Verfahrenspfleger ... (zusätzlich) erbringt", über § 1835 Abs. 3 nach der BRAGO abgerechnet werden können. „§ 1 Abs. 2 BRAGO, der nur noch auf Abs. 3 des § 1835 verweist" stelle „nunmehr gerade dies positiv klar".

[60] BVerfG FamRZ 2000, 1280, 1281.

[61] Beispielhaft: Verfahrenspflegschaft in Unterbringungssachen wird als anwaltsspezifisch angesehen von LG Aachen FamRZ 2003, 706; LG Koblenz JurBüro 2001, 472; LG Leipzig FamRZ 2001, 864; anders KG FamRZ 2003, 936; LG Mönchengladbach FamRZ 2005, 922. Im Betreuungsverfahren hängt die Einstufung vom Einzelfall ab: OLG Köln FamRZ 2001, 1643. Im Verfahren auf Nachprüfung der Betreuervergütung wird Verfahrenspflegschaft als anwaltsspezifische Tätigkeit eingestuft von LG Berlin FamRZ 2001, 1029; anders BayObLG FamRZ 2003, 1046; OLG Frankfurt OLGR 2006, 131. Zur Vertretung (durch anwaltlichen Betreuer) im Mietrechtsstreit LG Mainz NJW-RR 2006, 1444 (im Einzelfall nicht anwaltsspezifisch), im Asylverfahren LG OLG Frankfurt FamRZ 2002, 59 (anwaltsspezifisch), im Unterhaltsrechtsstreit BayObLG FamRZ 2002, 573 (anwaltsspezifisch), bei Abschluss eines Grabpflegevertrags LG Karlsruhe FamRZ 2004, 403 (nicht anwaltsspezifisch). Zur Abgrenzung von anwaltsspezifischen Aufgaben eines Gegenbetreuers: OLG München FamRZ 2008, 2309; OLG Köln FamRZ 2008, 2064.

[62] BayObLG FamRZ 2002, 1201; OLG Stuttgart NJW-RR 2004, 424.

[63] BGH FamRZ 2011, 203, 204 Rn. 17 mwN.

Unbeschadet aller Zweifel im Detail werden von der Rspr. folgende Linien ausgezogen: (1) Eine 47
Vergütung des anwaltlichen Vormunds (Betreuers, Pflegers, Verfahrenspflegers) nach § 1835 Abs. 3
iVm. dem RVG kommt nur in Betracht, wenn ein nicht-anwaltlicher Vormund (Betreuer, Pfleger,
Verfahrenspfleger, Verfahrensbeistand) bei sachgerechter Arbeitsweise seinerseits einen Rechtsanwalt
beauftragt hätte.[64] Fehlt es daran, bewendet es bei den von § 1836 Abs. 1 S. 3 iVm. den vom VBVG
vorgesehenen Vergütungssätzen. (2) Ist der Mündel mittellos, hat ein anwaltlicher Vormund für
dessen Rechtsverfolgung um PKH nachzusuchen. Fehlt es an der für die Gewährung von PKH
erforderlichen Erfolgsaussicht, wird ein Vergütungsanspruch gegen den Mündel im Regelfall an der
Erforderlichkeit der anwaltlichen Tätigkeit scheitern. Ausnahmsweise kann ein Vergütungsanspruch
dann gegeben sein, wenn mit der Versagung von PKH nicht gerechnet werden konnte. In diesem
Fall kann der Betreuer aber nur die Gebühr als Aufwendung verlangen, die er bei Gewährung von
PKH als beigeordneter Rechtsanwalt hätte beanspruchen können; denn derjenige Anwalt, dem
keine PKH bewilligt wird, kann nicht besser gestellt werden als derjenige, dem sie bewilligt wurde
und der nach § 122 Abs. 1 Nr. 3 ZPO keine weitergehenden Gebührenansprüche gegen seinen
mittellosen Mandanten stellen kann.[65] (3) Dieselben Maßstäbe gelten für die außergerichtliche Beratung und Vertretung des Mündels (Betreuten, Pfleglings) durch den anwaltlichen Vormund
(Betreuer, Pfleger, Verfahrenspfleger, Verfahrensbeistand);[66] ferner auch für die Vertretung des Mündels im Strafverfahren.[67] (4) In Ausnahmefällen, in denen der mit der Amtsführung einhergehende
Arbeitsaufwand für den Vormund (Betreuer, Pfleger) zur Vergütung in keinem vom Pauschalierungsgedanken gedeckten wirtschaftlichen Verhältnis steht, soll der Vormund (Betreuer, Pfleger) Teile
seiner Tätigkeit gegen Vergütung auf Dritte übertragen, aber die Tätigkeit in einem mit einem
Ergänzungspfleger zu schließenden Vertrag auch selbst gegen (gesondertes) Entgelt übernehmen
können.[68]

4. Voraussetzungen der Erstattungspflicht. a) Berufsbezug. Der fehlende Bezug zur 48
Amtstätigkeit allein macht die Tätigkeit des Vormunds nicht geldeswert; sie muss zu seinem Beruf
oder Gewerbe gehören. Gemeint ist damit dreierlei: Zum Ersten, dass die Verrichtung üblicherweise
vergütungspflichtig ist, dh. gemeinhin nur gegen Entgelt erbracht wird. Zum Zweiten muss sie
berufs- oder gewerbetypisch sein; der Beruf wird – anders als das Gewerbe – dabei regelmäßig eine
Ausbildung erfordern. Zum dritten muss es sich dabei um den Beruf oder das Gewerbe gerade des
Vormunds handeln. Dass der Vormund diesen Beruf noch ausübt, wird – im Gegensatz zum
Gewerbe – nicht verlangt; ein nicht (mehr) ausgeübter Beruf rechtfertigt einen („Aufwendungs-")
Ersatzanspruch aber nur, wenn er besondere („geldwerte") Fachkenntnisse erfordert.

b) Erforderlichkeit, fristgerechte Geltendmachung. § 1835 Abs. 3 erschöpft sich in der 49
Klarstellung des Aufwendungsbegriffs. Daraus folgt: (1) Die Erstattungsfähigkeit der so verstandenen
Aufwendungen wird von § 1835 Abs. 3 nicht geregelt. Insoweit bewendet es bei § 1835 Abs. 1, der
auf § 670 Bezug nimmt und – als Rechtsgrundverweisung – Erforderlichkeit der Aufwendung verlangt; vgl. Rn. 10. (2) Auch die in § 1835 Abs. 3 genannten Aufwendungen unterliegen der Ausschlussfrist nach § 1835 Abs. 1 S. 3, Abs. 1 a[69] und sind nach Maßgabe des § 168 FamFG geltend zu
machen.[70]

V. Vorschuss und Ersatz aus der Staatskasse (Abs. 4)

Ist der Mündel mittellos (§ 1836d), so ist nach Abs. 4 der Zugriff auf die Staatskasse eröffnet. 50
Beide Ansprüche – gegen den Mündel und gegen die Staatskasse – stehen nebeneinander; der

---

[64] BGH FamRZ 2011, 203 Rn. 13; OLG München FamRZ 2008, 2150; OLG München Rpfleger 2009,
455; OLG Schleswig OLGR 2008, 800 = NJW-RR 2009, 79; OLG Rostock Rpfleger 2010, 77.
[65] BGH FamRZ 2007, 381; BGH FamRZ 2011, 331 und – parallel – FamFR 2011, 181 (nur PKH auch für
Umgangsrechtsverfahren, in denen der Vormund nicht als ges. Vertreter, sondern – als Inhaber
des Aufenthaltsbestimmungsrechts – im eigenen Namen handelt); OLG Köln OLGR 2009, 839 = BtPrax 2009,
248; OLG Frankfurt FamRZ 2011, 607; LSG Berlin-Brandenburg FamRZ 2009, 809. Vgl. auch OLG Frankfurt
Beschluss vom 03. 02. 2011 – 2 WF 457/10 – juris (keine Begrenzung auf Beratungshilfe-Sätze in Flughafenasylverfahren).
[66] BGH FamRZ 2007, 381; OLG Frankfurt FamRZ 2010, 64; LG Münster BtPrax 2011, 146.
[67] OLG Köln OLGR 2009, 736 = BtPrax 2009, 192 (vorgreifliche Beiordnung als Pflichtverteidiger). Vgl.
auch LG Mainz FamRZ 2009, 251 (fehlende Erforderlichkeit).
[68] OLG München FamRZ 2008, 1560. Problematisch; vgl. dazu BGH FamRZ 2010, 199, 200.
[69] BayObLG OLGR 2006, 139 und FamRZ 2003, 1413; OLG Frankfurt FamRZ 2004, 736; NJW-RR
2004, 1664; OLG Schleswig FamRZ 2003, 1128; LG Münster FamRZ 2008, 1659 (sämtlich betr. Abrechnung
nach BRAGO bzw. RVG).
[70] OLG Hamm FamRZ 2004, 1065.

Mündel kann sich jedoch auf die Haftungsbeschränkung des § 1836c berufen. Soweit die Staatskasse den Vormund befriedigt, geht der gegen den Mündel gerichtete Anspruch gem. § 1836e auf sie über.

51 Die Ausschlussfrist des § 1835 Abs. 1 S. 3, Abs. 1 a gilt kraft ausdrücklicher Verweisung auch für die Haftung des Fiskus. Die Verjährung bestimmt sich nach § 195 (vgl. Rn. 31) und wird – anders als die Verjährung des gegen den Mündel selbst gerichteten Anspruchs – nicht nach § 207 Abs. 1 S. 1 Nr. 3 (bis 5) gehemmt.[71]

52 Die Regelung des § 1835 Abs. 4 deckt sich mit der des § 1 Abs. 2 S. 2 VBVG; das Ineinandergreifen der Haftung von Mündel und Fiskus sowie der Regress der Staatskasse gegen den Mündel und dessen Erben entsprechen dem Vergütungsrecht, vgl. Vor § 1835 Rn. 8 ff. und § 1836 Rn. 12 ff.

VI. Amts- und Vereinsvormund (Abs. 5)

53 Der Amts- und der Vereinsvormund können keinen Vorschuss verlangen. Aufwendungsersatz wird diesen Vormündern nur insoweit gewährt, als das vom Mündel einzusetzende Einkommen und Vermögen (§ 1836c) ausreicht. Die Vorschrift ist missverständlich: Sie soll verhindern, dass der Amts- oder Vereinsvormund bei Mittellosigkeit des Mündels die Staatskasse auf Aufwendungsersatz in Anspruch nimmt. Dieses Ziel wird nur erreicht, wenn ein Aufwendungsersatzanspruch des Amts- oder Vereinsvormunds immer schon dann entfällt, wenn der Mündel nach § 1836d als mittellos gilt, mithin nicht erst dann, wenn er in Ansehung seines nach § 1836c einzusetzenden Einkommens und Vermögens tatsächlich mittellos ist. Anderenfalls könnte der Amts- oder Vereinsvormund bei Teilleistungsfähigkeit des Mündels unter Berufung auf § 1836d die Staatskasse auf Aufwendungsersatz in Anspruch nehmen, die dann ihrerseits beim Mündel Regress nehmen könnte. Das würde den Zweck des § 1835 Abs. 5 unterlaufen.

54 Allgemeine Verwaltungskosten, also die Kosten des Verwaltungsapparats des Jugendamts oder des Vereins, werden nicht ersetzt. Das ist folgerichtig, denn insoweit handelt es sich nicht um – individualisierungsfähige– Aufwendungen. Dasselbe gilt für die Versicherungsaufwendungen, die diesen Vormündern – entgegen der Ausnahmeregelung des § 1835 Abs. 2 S. 1 – nicht ersetzt werden. Zudem wird die Aufwendungspauschale nach § 1835a ausgeschlossen.

55 Dieselben Regeln gelten im Betreuungsrecht, wenn nämlich ein Verein als juristische Person oder die Behörde als solche zum Betreuer bestellt ist (§ 1908i Abs. 1 S. 1). Anders ist die Rechtslage hingegen bei Vereinsbetreuern (vgl. § 7 VBVG); für Behördenbetreuer gilt § 8 VBVG.

56 § 1835 Abs. 5, der über die Verweisung des § 1915 Abs. 1 auch für das Pflegschaftsrecht gilt, ist problematisch geworden, nachdem das BVerfG es für verfassungswidrig erklärt hat, einem Betreuungsverein jegliche angemessene Entschädigung für die Wahrnehmung einer Verfahrenspflegschaft durch einen Vereinsmitarbeiter vorzuenthalten.[72] Anders als dem Betreuungsrecht ist dem Vormundschafts- und Pflegschaftsrecht zwar die Rechtsfigur eines Vereinsvormunds oder -pflegers mit der Rechtsfolge des § 7 VBVG eigentlich fremd. Für das Recht der Verfahrenspflegschaft hat der Gesetzgeber jedoch mit § 277 Abs. 4 S. 1, 2 FamFG (= § 67a Abs. 4 S. 1, 2 FGG) iVm. § 7 Abs. 3 VBVG (in Reaktion auf die Entscheidung des BVerfG) eine dem Vereinsbetreuer entsprechende Regelung für Aufwendungsersatz und Vergütung getroffen – und dies, obwohl das Recht der Verfahrenspflegschaft die Rechtsfigur eines Vereinsverfahrenspflegers an sich ebenfalls nicht kennt. Diese für die Verfahrenspflegschaft geltende Regelung lässt sich auf das Vormundschafts- und Pflegschaftsrecht übertragen: Durch die Rspr. des BVerfG ist im Vormundschafts- und Pflegschaftsrecht eine Gesetzeslücke entstanden, die im Wege der Analogie zu § 277 Abs. 4 S. 1, 2 FamFG ausgefüllt werden muss. Im Ergebnis kann damit ein Verein, dessen Mitarbeiter in dieser Eigenschaft zum Vormund oder Pfleger bestellt wird, analog § 277 Abs. 4 S. 1, 2, Abs. 1 S. 1 und Abs. 2 S. 2 FamFG Aufwendungsersatz nach § 1835 Abs. 1 und Vergütung nach Maßgabe des § 1836 Abs. 1 S. 2, Abs. 2 iVm. § 3 Abs. 1, 2 VBVG verlangen.[73] Soweit § 277 Abs. 4 S. 2 iVm. § 7 Abs. 1 S. 2 VBVG einen Aufwendungsersatzanspruch für berufsmäßig erbrachte Leistungen (§ 1835 Abs. 3) ausschließt, gilt das zu Rn. 39 ff. Gesagte. In Fortführung dieser Analogie muss einem Verein auch dann ein Vergütungsanspruch zugebilligt werden, wenn ein Vereinsmitarbeiter zum Verfahrensbeistand bestellt wird; die Vergütung wird in diesem Fall aber nach § 158 Abs. 7 S. 2, 3 FamFG zu bemessen sein und auch die Aufwendungen des Verfahrensbeistands abgelten (§ 158 Abs. 7 S. 4 FamFG). Wird der Verein selbst zum Vormund, Pfleger, Verfahrenspfleger oder Verfahrensbeistand bestellt, versagt die Analogie

---

[71] Nach OLG Köln FamRZ 2001, 251, 252 soll – wegen der zumeist unklaren Frage der Mittellosigkeit – auch der gegen die Staatskasse gerichtete Anspruch gem. §§ 207 Abs. 1 Nr. 3 (bis 5; entspricht §§ 204, 205 aF) gehemmt sein. AA LG München FamRZ 1998, 323, 324 und 5. Aufl. § 207 Rn. 9.
[72] BVerfG FamRZ 2000, 414 (Kammerbeschluss).
[73] Siehe § 1836 Fn. 64.

zu § 277 Abs. 4 FamFG schon mangels Regelungslücke: Es bewendet beim Ausschluss des Aufwendungsersatzes nach § 1835 Abs. 5, § 1835a Abs. 5 und nach § 277 Abs. 1 S. 3 sowie der Vergütung nach § 1836 Abs. 3.[74] S. zum Ganzen auch § 1836 Rn. 42.

VII. Geltendmachung und Verfahren

1. Inanspruchnahme der Staatskasse. Wird – bei Mittellosigkeit des Mündels – die Staatskasse auf Vorschuss für oder Ersatz von Aufwendungen in Anspruch genommen (§ 1835 Abs. 4; vgl. oben Rn. 50 ff.), so bestimmen sich Geltendmachung und Durchsetzung des Anspruchs nach den auch für die Festsetzung des Vergütungsanspruchs geltenden Regeln (§ 168 Abs. 1 S. 1 Nr. 1 Alt. 1 FamFG; für den Betreuer in Bezug genommen in § 292 Abs. 1 FamFG, für den Pfleger in § 168 Abs. 5 FamFG, für den Verfahrenspfleger in § 277 Abs. 5 S. 2, § 318, § 419 Abs. 5 S. 1 FamFG, für den Verfahrensbeistand in § 158 Abs. 7 S. 6 FamFG). 57

2. Inanspruchnahme des Mündels. a) Entnahme aus dem Mündelvermögen bei Vermögenssorge. Wird der Mündel auf Vorschuss für oder Ersatz von Aufwendungen in Anspruch genommen, kann der Vormund, weil vermögenssorgeberechtigt, die von ihm gegenüber dem Mündel – unter Berücksichtigung des § 1836c – zu beanspruchenden Beträge unmittelbar dem Mündelvermögen entnehmen; einer vorherigen gerichtlichen Festsetzung bedarf er – anders als bei der Vergütung – dazu nicht. Ein Festsetzungsverfahren ist, wie § 168 Abs. 1 S. 1 Nr. 1 2. Alt. FamFG zeigt, insoweit auch nicht eröffnet. §§ 1795, 1805 hindern die Eigenentnahme nicht, da es sich nur um die Erfüllung einer Verbindlichkeit handelt (§ 1795 Abs. 2, § 181).[75] Soweit § 1836c den Zugriff auf angelegtes Vermögen des Mündels gestattet, kann der Vormund die Erteilung einer nach den §§ 1812 ff. erforderlichen Genehmigung des FamG verlangen. Ein entsprechendes Entnahmerecht steht auch dem Betreuer oder Pfleger zu, sofern ihm die Vermögenssorge übertragen ist. 58

b) Festsetzung durch das Familiengericht. Ist der Vormund nicht (mehr) vermögenssorgeberechtigt, so kann er seinen Aufwendungsersatzanspruch gegenüber dem vermögenssorgeberechtigten Vertreter des Mündels oder gegenüber dem – volljährig gewordenen – Mündel selbst geltend machen. Ebenso kann sich der Gegenvormund wegen seines Aufwendungsersatzanspruchs an den Vormund halten. Entspricht der Vormund, der sonst vermögenssorgeberechtigte Vertreter oder der volljährig gewordene Mündel dem Erstattungsverlangen nicht, kann der Vormund oder Gegenvormund – nach dem wenig glückhaft gefassten § 168 Abs. 1 S. 1 Nr. 1 2. Alt. FamFG – die Festsetzung seines Anspruchs durch das Gericht – nicht auch die Zahlbarstellung des Anspruchs durch den Urkundsbeamten – beantragen (§ 168 Abs. 1 S. 1 Nr. 1 2. Alt., S. 4 FamFG).[76] Das Festsetzungsverfahren bestimmt sich – ebenso wie die gerichtliche Geltendmachung des Aufwendungsersatzanspruchs gegenüber der Staatskasse – auch hier nach den für die gerichtliche Festsetzung und Durchsetzung des Vergütungsanspruchs geltenden Regeln. Für eine Klage des Vormunds vor dem Prozessgericht fehlt es jedenfalls insoweit am Rechtsschutzbedürfnis, als die Einwendungen des Mündels, etwa hinsichtlich der Höhe und Erforderlichkeit der Aufwendungen, im Festsetzungsverfahren Berücksichtigung finden können.[77] Entsprechendes gilt für die Geltendmachung eines Aufwendungsersatzanspruchs des nicht vermögenssorgeberechtigten Betreuers oder Pflegers (§ 292 Abs. 1, § 168 Abs. 5 FamFG). Besonderheiten gelten für den Verfahrenspfleger oder Verfahrensbeistand, dessen Aufwendungsersatzanspruch stets gegen die Staatskasse gerichtet ist und gem. § 277 Abs. 5 S. 2, § 158 Abs. 7 S. 6 iVm. § 168 Abs. 1 S. 1 Nr. 1 FamFG festgestellt oder im vereinfachten Verfahren (gem. § 277 Abs. 5 S. 2, § 158 Abs. 7 S. 6 iVm. § 168 Abs. 1 S. 4 FamFG zur Zahlung angewiesen werden muss. Vgl. zum Ganzen, auch zu 59

---

[74] So jetzt auch BGH FamRZ 2011, 1314 (betr. § 1836 Abs. 3). Ferner OLG Düsseldorf BtPrax 2010, 126; OLG Koblenz FamRZ 2011, 61. AA OLG München FGPrax 2011, 23; vgl. auch BGH FamRZ 2007, 900, 901 (obiter dictum).
[75] RGZ 127, 103, 105; KG OLGE 18, 298; OLG Colmar OLGE 31, 416.
[76] BayObLG FamRZ 2005, 393. Ebenso im Falle des Todes des Mündels: OLG Hamm OLGR 2003, 275.
[77] So auch BayObLG FamRZ 2001, 793, 794 (aE); *Soergel/Zimmermann* Rn. 25. AA OLG München OLGR 2006, 139 und *Knittel* BtG Rn. 13, der den Vormund (Betreuer) des nicht-mittellosen Mündels (Betreuten) stets auf den Prozessweg verweist. Das ist möglicherweise vom Vermittlungsausschuss als Schöpfer des § 56g Abs. 1 S. 1 Nr. 1 Alt. 2 FGG (jetzt: § 168 Abs. 1 S. 1 Nr. 1 Alt. 2 FamFG) gewollt, mit dem klaren Wortlaut der Norm aber nicht zu vereinbaren: Danach findet die Festsetzung durch das FamG immer dann statt, wenn dem Vormund (Betreuer) „die Vermögenssorge nicht übertragen" ist, mithin auch dann, wenn der Mündel inzwischen volljährig ist oder wenn einem anderen als dem Vormund (oder Betreuer) die Vermögenssorge zusteht. Vgl. auch OLG Hamm FamRZ 2004, 1065. Siehe zum Ganzen auch § 1836 Rn. 43 ff.

§ 1835a   Abschnitt 3. Titel 1. Vormundschaft

den **Rechtsmitteln** und zur Rechtskraft bei Irrtum über die Mittellosigkeit/Bemitteltheit – § 1836 Rn. 46 ff., ferner Vor § 1835 Rn. 13 ff.

VIII. Parallelvorschriften

60 Die Vorschrift ist gem. § 1908i Abs. 1 S. 1 auf den Betreuer (zum Berufsbetreuer vgl. aber § 4 Abs. 2 VBVG; zum Vereins- und Behördenbetreuer vgl. § 7 Abs. 1, § 8 Abs. 2 VBVG) entsprechend anwendbar (zuständig: Betreuungsgericht, und zwar in Betreuungssachen der Rechtspfleger gem. § 3 Nr. 2 b RPflG, in Unterbringungssachen der Richter).[78] Auf den Pfleger ist § 1835 gemäß § 1915 Abs. 1 S. 1, 3 entsprechend anwendbar. Zum (stets gegen die Staatskasse gerichteten) Aufwendungsersatzanspruch des Verfahrenspflegers und Verfahrensbeistands: vgl. § 277, 318, 419 Abs. 5 S. 1 FamFG und § 158 Abs. 7 FamFG. Zum Festsetzungsverfahren: § 168 iVm. § 292 Abs. 1 FamFG (Betreuer), § 168 Abs. 5 FamFG (Pfleger), § 168 Abs. 1 iVm. § 277 Abs. 5 S. 2 FamFG (Verfahrenspfleger), § 168 Abs. 1 iVm. § 158 Abs. 7 S. 6 FamFG (Verfahrensbeistand).

61 Auslagenersatz für Eltern regelt § 1648, für Verwandte und Verschwägerte des Mündels § 1847 S. 2 iVm. § 1779 Abs. 3 S. 2.

§ 1835a Aufwandsentschädigung

(1) ¹Zur Abgeltung seines Anspruchs auf Aufwendungsersatz kann der Vormund als Aufwandsentschädigung für jede Vormundschaft, für die ihm keine Vergütung zusteht, einen Geldbetrag verlangen, der für ein Jahr dem Neunzehnfachen dessen entspricht, was einem Zeugen als Höchstbetrag der Entschädigung für eine Stunde versäumter Arbeitszeit (§ 22 des Justizvergütungs- und -entschädigungsgesetzes) gewährt werden kann (Aufwandsentschädigung). ²Hat der Vormund für solche Aufwendungen bereits Vorschuss oder Ersatz erhalten, so verringert sich die Aufwandsentschädigung entsprechend.

(2) Die Aufwandsentschädigung ist jährlich zu zahlen, erstmals ein Jahr nach Bestellung des Vormunds.

(3) Ist der Mündel mittellos, so kann der Vormund die Aufwandsentschädigung aus der Staatskasse verlangen; Unterhaltsansprüche des Mündels gegen den Vormund sind insoweit bei der Bestimmung des Einkommens nach § 1836c Nr. 1 nicht zu berücksichtigen.

(4) Der Anspruch auf Aufwandsentschädigung erlischt, wenn er nicht binnen drei Monaten nach Ablauf des Jahres, in dem der Anspruch entsteht, geltend gemacht wird; die Geltendmachung des Anspruchs beim Familiengericht gilt auch als Geltendmachung gegenüber dem Mündel.

(5) Dem Jugendamt oder einem Verein kann keine Aufwandsentschädigung gewährt werden.

Übersicht

	Rn.		Rn.
I. Normzweck und -geschichte	1	IV. Fälligkeit, Erlöschen des Anspruchs auf die Pauschale	7–10
II. Anspruchsberechtigung	2–4	1. Fälligkeit	7–9
1. Unentgeltlich geführte Vormundschaft	2	a) Jährliche Zahlung	7
2. Mehrere Vormundschaften	3	b) Kein Vorschuss auf die Pauschale	8
3. Mehrere Vormünder	4	c) Fälligkeit bei Ende der Vormundschaft	9
III. Wirkung der Pauschale, Wahlrecht	5, 6	2. Erlöschen des Anspruchs	10
1. Abgeltung	5	V. Aufwendungspauschale aus der Staatskasse (Abs. 3)	11–15
2. Wahlrecht	6	1. Grundsatz	11

---

[78] LG Kaiserslautern FamRZ 1996, 896; *Soergel/Zimmermann* Rn. 50.

	Rn.		Rn.
2. Unterhaltspflicht des Vormunds	12–15	**VI. Amts- und Vereinsvormund**	
a) Mittellosigkeit trotz Unterhaltsberechtigung	13	**(Abs. 5)**	16
b) Kein Rückgriff gegen den Unterhaltsberechtigten	14, 15	**VII. Geltendmachung und Verfahren**	17
		VIII. Parallelvorschriften	18

I. Normzweck und -geschichte

§ 1835a soll dem ehrenamtlich tätigen Vormund die Mühe ersparen, auch geringfügige Aufwendungen zu dokumentieren und abzurechnen. Die Regelung ist – als § 1836a BGB aF – vom BtG eingefügt worden. Das BtÄndG hat ihren Standort verschoben und sie – ebenso wie auch schon § 1835 – an das System des neuen Vergütungsrechts angepasst. Dabei ist der Pauschbetrag angehoben worden; er gilt, wenn er in Anspruch genommen wird, nicht mehr, wie nach früherem Recht, nur geringfügige, sondern alle vom Vormund getätigten Aufwendungen ab. Das FamFG hat die Vorschrift an die Zuständigkeit des FamG angepasst. 1

II. Anspruchsberechtigung

1. Unentgeltlich geführte Vormundschaft. Die Pauschale kann nicht in Anspruch nehmen, wer die Vormundschaft berufsmäßig führt und deshalb eine Vergütung nach § 1836 Abs. 1 S. 3 iVm. § 1 VBVG beanspruchen kann. Ebenso ist nicht anspruchsberechtigt, wem eine Vergütung nach § 1836 Abs. 2 zugebilligt wird. Auch auf diese Vergütung besteht nach der hier vertretenen Auffassung ein Rechtsanspruch (vgl. § 1836 Rn. 36). Dieser Anspruch darf allerdings nicht dazu führen, dass sich der nicht berufsmäßig tätige Vormund auf Grund der ihm gewährten Vergütung schlechter steht als er sich ohne die Vergütung stünde. Deshalb ist ihm die Pauschale jedenfalls insoweit zu gewähren, als die ihm zuerkannte Vergütung den Pauschbetrag unterschreitet.[1] Ein dem Vormund nach § 1835 Abs. 3 zuerkannter Aufwendungsersatz ist keine Vergütung. Er schließt deshalb zwar nicht die Anspruchsberechtigung des Vormunds aus; doch kann die Aufwandspauschale nach § 1835a nicht neben dem – von ihr mit abgegoltenen – Aufwendungsersatzanspruch aus § 1835 Abs. 3 geltend gemacht werden (vgl. Rn. 5). 2

2. Mehrere Vormundschaften. Die Pauschale wird für jede einzelne Vormundschaft gewährt, mögen sich die Aufgaben – etwa bei der Vormundschaft für Geschwister – auch überschneiden. Ebenso wird die Unentgeltlichkeit der Amtsführung für jede Vormundschaft gesondert geprüft; ein Berufsvormund kann deshalb für eine einzelne, von ihm unentgeltlich geführte Vormundschaft die Pauschale des § 1835a beanspruchen. 3

3. Mehrere Vormünder. Das Gesetz will mit der Pauschale alle Aufwendungen abgelten, welche die Führung einer Vormundschaft pro Jahr typischerweise mit sich bringt. Dem Gesetz liegt insoweit die Vorstellung zugrunde, dass die Pauschale für jede Vormundschaft nur einmal gewährt wird. Deshalb können mE – entgegen der ganz hM[2] – zu Mitvormündern bestellte Ehegatten die Pauschale nicht doppelt beanspruchen (auch dann nicht, wenn sie gemeinsam zu Betreuern für ihr behindertes volljähriges Kind bestellt sind).[3] Ist ein Betreuer lediglich für den Vertretungsfall bestellt, kann er nur die seiner Vertretungszeit entsprechende Quote des Pauschbetrags verlangen.[4] Dem Hauptbetreuer steht dann nur die Restquote zu; entscheidet er sich für eine Einzelabrechnung seiner Aufwendungen, ist – in entsprechender Anwendung des § 1835a Abs. 1 S. 2 – von seinem Aufwendungsersatzanspruch die dem Vertreter gewährte Quote abzuziehen. Auch dem Gegenvormund wird man, obschon in § 1835a – anders als etwa in § 1835 Abs. 1 S. 2 – nicht ausdrücklich genannt, einen Anspruch auf die Aufwendungspauschale zubilligen können.[5] Die Bestellung eines Gegenvormunds (Gegenbetreuers) zwingt nicht zu einer der Mitvormundschaft vergleichbaren Quotierung, da sie typischerweise nur bei besonderen Erschwernissen angeordnet wird und eine doppelte Pauschale einen zu vermutenden Mehraufwand ausgleicht. 4

---

[1] AA *Staudinger/Engler* Rn. 6; *Knittel* BtG § 1835a Rn. 1.
[2] BayObLG FamRZ 2003, 479 und NJW-RR 2002, 942; OLG Jena FamRZ 2005, 478; OLG Hamm RdLH 2005, 83; OLG Düsseldorf RdLH 2003, 36; OLG Frankfurt FGPrax 2002, 115; OLG Zweibrücken FamRZ 2002, 1061 und MDR 2002, 396; LG Koblenz BtPrax 2010, 189. Im Falle der Unterhaltspflicht beider Elternteile führt dies über § 1835a Abs. 3 HS. 2 zu einer kaum noch vertretbaren, jedenfalls vom Gesetz so nicht gewollten Kumulierung von Begünstigungen.
[3] Wie hier LG Kempten Rpfleger 2001, 348.
[4] LG Nürnberg-Fürth FamRZ 2008, 719; LG Frankenthal BtPrax 2001, 88; LG Münster MDR 1996, 1262.
[5] *Soergel/Zimmermann* Rn. 16.

III. Wirkung der Pauschale, Wahlrecht

5 **1. Abgeltung.** Mit der Pauschale, deren Höhe derzeit (19 × 17 € =) 323 € beträgt, werden alle, also nicht nur – wie nach § 1836a Abs. 1 BGB aF – geringfügige Aufwendungen, die der Vormund im Abrechnungsjahr (= Amtsjahr, vgl. § 1835a Abs. 2) getätigt hat, abgegolten. Diese Wirkung erstreckt sich auch auf solche Aufwendungen, die in der eigenen berufs- oder gewerbsmäßigen Arbeitsleistung des Vormunds liegen (§ 1835 Abs. 3); denn es macht für § 1835a keinen Unterschied, ob der Vormund (Betreuer) selbst – außerhalb seiner eigentlichen Amtstätigkeit – berufliche oder gewerbliche Leistungen für den Mündel (Betreuten) erbringt oder ob er Dritte mit deren Erbringung beauftragt und die von ihm dabei verauslagten Kosten als Aufwendungen ersetzt verlangt.[6]

6 **2. Wahlrecht.** § 1835a eröffnet dem Vormund ein Wahlrecht: Er kann entweder seine Aufwendungen spezifiziert belegen und einzeln abrechnen. Er kann aber auch auf eine Einzelabrechnung verzichten und die Pauschale geltend machen. Eine Kumulation – etwa Einzelabrechnung für das erste Halbjahr, hälftiger Pauschalbetrag für das zweite – ist nicht möglich. Das Wahlrecht muss binnen der Ausschlussfrist des Abs. 4 ausgeübt sein. Es wird nicht dadurch ausgeschlossen, dass der Vormund innerhalb des Abrechnungsjahres bereits Vorschuss auf Aufwendungen oder Ersatz für einzelne Aufwendungen erhalten hat: Vorschuss und Ersatzleistungen sind vielmehr nach Abs. 1 S. 2 auf die Pauschale anzurechnen.

IV. Fälligkeit, Erlöschen des Anspruchs auf die Pauschale

7 **1. Fälligkeit. a) Jährliche Zahlung.** Der Pauschbetrag wird jährlich gezahlt, erstmals ein Jahr nach der Bestellung des Vormunds. Auch die folgenden Abrechnungsjahre, für die – anstelle einer Einzelabrechung – der Pauschbetrag verlangt werden kann, werden durch das Datum der Bestellung vorgegeben.[7] Maßgebendes Datum ist die Verpflichtung nach § 1789; beim Betreuer entscheidet das Wirksamwerden des Beschlusses über die Bestellung (§ 287 Abs. 1 FamFG).

8 **b) Kein Vorschuss auf die Pauschale.** Einen Anspruch auf Vorschuss auf die Pauschale selbst kennt § 1835a, wie sein klarer Wortlaut ergibt, nicht. Allerdings kann der Vormund für im Einzelnen darzustellende Aufwendungen einen Vorschuss beanspruchen, der, wenn der Vormund sich später für die Geltendmachung der Pauschale entscheidet, mit dieser verrechnet wird.

9 **c) Fälligkeit bei Ende der Vormundschaft.** Endet die Vormundschaft (Betreuung) vor Ablauf des Jahres (der Mündel wird volljährig, der Betreute stirbt), so kann der Vormund (Betreuer) nur eine dem Abrechnungszeitraum entsprechende Quote der Pauschale verlangen. Diese Pauschale wird sofort fällig; es muss also nicht etwa bis zum Ende des Abrechnungsjahres zugewartet werden.

10 **2. Erlöschen des Anspruchs.** Die Erlöschensregelung in Absatz 4 ist dem § 1835 Abs. 1 S. 3 nachgebildet. Die Erlöschensfrist beträgt drei Monate und beginnt mit dem Ablauf des Kalenderjahrs, in dem der Anspruch entstanden ist (bei einer am 1. Juli erfolgten Bestellung als Vormund also am 1. Januar des Folgejahres.[8] Eine Fristverlängerung ist – anders als nach § 1835 Abs. 1 S. 4 – nicht möglich; auch eine Wiedereinsetzung in den vorigen Stand kommt nicht in Betracht.[9] Wird der Anspruch rechtzeitig geltend gemacht, aber nicht erfüllt, so verjährt er nach § 195, § 197 Abs. 1 Nr. 3; die Verjährungsfrist ist, soweit sich der Anspruch gegen den Mündel richtet, nach § 207 Abs. 1 S. 2 Nr. 3 (bis 5) gehemmt. Zu den Einzelheiten vgl. § 1835 Rn. 31.

V. Aufwendungspauschale aus der Staatskasse (Abs. 3)

11 **1. Grundsatz.** Die Aufwendungspauschale wird – nicht anders als der Aufwendungsersatz – vom Mündel (Betreuten) geschuldet. Ist der Mündel (Betreute) mittellos (§ 1836d), tritt nach Abs. 3 neben seine Haftung die Haftung der Staatskasse, die ggf. beim Mündel (Betreuten) oder dessen Erben Regress nehmen kann. Wegen der Einzelheiten vgl. § 1835 Rn. 50 ff.

12 **2. Unterhaltspflicht des Vormunds.** Besonderheiten gelten, wenn der Vormund dem Mündel unterhaltspflichtig ist (von erheblicher praktischer Bedeutung, wenn die unterhaltspflichtigen Eltern zu Betreuern ihres volljährigen Kindes bestellt worden sind). Abs. 3 HS. 2 bewirkt hier zweierlei:

---

[6] AA *Knittel* BtG § 1835a Rn. 1.
[7] OLG Celle FamRZ 2002, 1591; vgl. auch LG Koblenz FamRZ 2002, 1291.
[8] OLG Frankfurt FamRZ 2005, 393; OLG Celle FamRZ 2002, 1591.
[9] LG Koblenz FamRZ 2003, 1970; LG Stendal Beschluss vom 29. 6. 2007 – 25 T 94/07 – juris. Zu § 1835 Abs. 1 S. 3 und VBVG § 2: OLG Brandenburg ZKJ 2008, 123.

a) Mittellosigkeit trotz Unterhaltsberechtigung. Abweichend von § 1836c Nr. 1 S. 3 13
bleibt ein Unterhaltsanspruch gegen den Vormund für die Beurteilung der Mittellosigkeit des Mündels unberücksichtigt; der Mündel „gilt" also nicht nur dann nach § 1836d Nr. 2 als mittellos, wenn der Unterhaltsanspruch gegen den Vormund gerichtlich durchgesetzt werden müsste. Die Staatskasse ist damit dem Vormund (Betreuer) schlechthin einstandspflichtig, sofern der Mündel (Betreute) außer seiner Unterhaltsberechtigung gegenüber dem (unterhaltspflichtigen) Vormund (Betreuer) kein weiteres nach § 1836c einzusetzendes Einkommen oder Vermögen hat.[10]

b) Kein Rückgriff gegen den Unterhaltsberechtigten. Zahlt die Staatskasse die Pauschale 14
an den Vormund, geht der Anspruch des Vormunds gegen den Mündel zwar nach § 1836e auf die Staatskasse über. Der Mündel kann sich aber gegenüber dem Regressverlangen auf seine Mittellosigkeit (§ 1836c) berufen.[11] Auch insoweit bleiben für die Beurteilung der Mittellosigkeit des Mündels die Unterhaltsansprüche des Mündels gegen den Vormund unberücksichtigt. Die Staatskasse kann deshalb keine Regresszahlung gegen den Mündel festsetzen lassen und im Vollstreckungsweg auf die Unterhaltsansprüche Zugriff nehmen.

Die Regelung will im Ergebnis dem Unterhaltspflichtigen, der den Unterhaltsberechtigten selbst 15
betreut, als „Belohnung" auf Kosten der Staatskasse die Aufwendungspauschale zugute kommen lassen.[12] Das ist gut gemeint; mit dem System der §§ 1835 ff. vereinbar ist die Regelung nicht.

VI. Amts- und Vereinsvormund (Abs. 5)

Ein Amts- oder Vereinsvormund kann keinen pauschalierten Aufwendungsersatz beanspruchen. 16
Entsprechendes gilt im Betreuungsrecht: Das folgt, wenn ein Verein als juristische Person oder die Behörde als solche zu Betreuern bestellt sind, aus § 1908i Abs. 1 S. 1 iVm. § 1835a Abs. 5 und für Vereins- und Behördenbetreuer aus §§ 7, 8 VBVG.

VII. Geltendmachung und Verfahren

Die Geltendmachung des Anspruchs auf pauschalierten Aufwendungsersatz folgt den zum Auf- 17
wendungsersatz nach § 1835 dargestellten Regeln. Wegen der Einzelheiten vgl. § 1835 Rn. 57 ff.

VIII. Parallelvorschriften

Die Vorschrift ist gem. § 1908i Abs. 1 S. 1 auf den Betreuer (zum Vereins- und Behördenbetreuer 18
vgl. Rn. 16) und gem. §§ 1915 Abs. 1 auf den Pfleger entsprechend anwendbar. Eine Anwendung auf den Verfahrenspfleger oder Verfahrensbeistand wird von § 277 Abs. 1, § 158 Abs. 7 S. 1 FamFG ausgeschlossen.

---

§ 1836 Vergütung des Vormunds

(1) [1]Die Vormundschaft wird unentgeltlich geführt. [2]Sie wird ausnahmsweise entgeltlich geführt, wenn das Gericht bei der Bestellung des Vormunds feststellt, dass der Vormund die Vormundschaft berufsmäßig führt. [3]Das Nähere regelt das Vormünder- und Betreuervergütungsgesetz.

(2) Trifft das Gericht keine Feststellung nach Absatz 1 Satz 2, so kann es dem Vormund und aus besonderen Gründen auch dem Gegenvormund gleichwohl eine angemessene Vergütung bewilligen, soweit der Umfang oder die Schwierigkeit der vormundschaftlichen Geschäfte dies rechtfertigen; dies gilt nicht, wenn der Mündel mittellos ist.

(3) Dem Jugendamt oder einem Verein kann keine Vergütung bewilligt werden.

---

[10] Nach OLG Düsseldorf FamRZ 2002, 1590 bleibt nicht nur ein Unterhaltsanspruch des Betreuten gegen seinen zum Betreuer bestellten Elternteil bei der Prüfung der Mittellosigkeit des Betreuten unberücksichtigt, sondern auch ein Unterhaltsanspruch des Betreuten gegen den anderen (nicht betreuenden) Elternteil, sofern der Betreute mit beiden Elternteilen im selben Haushalt lebt.
[11] Auch insoweit bleiben Unterhaltsansprüche gegen den Vormund gem. § 1835a Abs. 3 HS. 2 unberücksichtigt: LG Konstanz RdLH 2003, 81.
[12] Vgl. auch BayObLG FamRZ 2002, 1222: § 1835a auch zugunsten des Vormunds, der für den Mündel Pflegegeld bezieht.

Übersicht

	Rn.		Rn.
I. Normzweck	1, 2	4. Abrechnung und Fälligkeit der Vergütung, Abschlagszahlungen, Erlöschen und Verjährung des Anspruchs	30
II. Allgemeine Voraussetzungen des Vergütungsanspruchs	3, 4		
1. Wirksame Bestellung	3	**IV. Die Vergütung des nicht berufsmäßig tätigen Vormunds (Abs. 2)**	31–39
2. Keine Vereinbarungen	4	1. Zum Vorrang der Ehrenamtlichkeit	31
III. Die Vergütung des Berufsvormunds (Abs. 1 S. 2, 3)	5–30	2. Anspruchsvoraussetzungen	32–36
1. Berufsmäßige Führung der Vormundschaft	5–10	a) Angemessenheit einer Vergütungspflicht	32
a) Konstitutive Feststellung, Verfahren	6–8	b) Abwägungskriterien	33–35c
b) Voraussetzungen der Berufsmäßigkeit	9	c) Ermessen des Gerichts?	36
c) Rechtsmittel	10	3. Höhe der geschuldeten Vergütung	37
2. Anspruch auf Vergütung	11–17	4. Art der geschuldeten Vergütung	38
a) Schuldner des Vergütungsanspruchs	12–14	5. Gegenvormund	39
b) Höhe der Vergütung	15, 16	**V. Amts- oder Vereinsvormund (Abs. 3)**	40–42
c) Abgrenzung von Vergütung und Aufwendungsersatz	17	**VI. Geltendmachung und Verfahren**	43–51c
3. Vergütungspflichtige Tätigkeiten im Einzelnen	18–29	1. Bewilligung	43–45
a) Nur zur Amtsführung erforderliche Tätigkeiten	19–21	a) Ansprüche gegen den Mündel	44
b) Keine Abrechnung von Allgemeinkosten	22	b) Inanspruchnahme der Staatskasse	45
c) Keine Abrechnung von Hilfsleistungen Dritter	23, 24	2. Förmliche Festsetzung von Amts wegen oder auf Antrag	46
d) Gebotene Delegation auf Dritte	25	3. Prüfungspflicht	47–49
e) Persönliche Kontakte	26	a) Einwendungen und Einreden des Mündels	48
f) Auftreten bei Gericht, Aktenführung, Abrechnung	27–28a	b) Mittellosigkeit	49
g) Tätigkeiten nach Beendigung des Amtes	29	4. Entscheidung; rechtliches Gehör	50
		5. Rechtsmittel	51–51b
		6. Rechtskraft und falsche Annahmen über die Vermögensverhältnisse	51c
		VII. Parallelvorschriften	52

I. Normzweck

1 § 1836 ist die zentrale Vergütungsvorschrift des Vormundschaftsrechts, die durch das VBVG, auf das Absatz 1 Satz 3 verweist, ausgefüllt und ergänzt wird. Die Vergütungsregelung gilt zwar unmittelbar nur für den Vormund, wird jedoch vom Betreuungsrecht (§§ 1908i Abs. 1 Satz 1), im Wesentlichen auch vom Pflegschaftsrecht (§ 1915 Abs. 1 S. 1, vgl. aber S. 2) sowie teilweise auch vom Recht der Verfahrenspflegschaft (§§ 277, 318, 419 Abs. 5 S. 1 FamFG) in Bezug genommen. In der Vergütung des Betreuers wie auch des Verfahrenspflegers findet die Regelung zugleich ihren praktisch bedeutsamsten Anwendungsbereich.

2 Vor diesem Hintergrund hat § 1836 hat eine doppelte Funktion: Zum Ersten ist die Vorschrift Grundlage für den Vergütungsanspruch des Vormunds (Betreuers, Pflegers, Verfahrenspflegers) – gleichgültig, ob sich der Anspruch gegen den Mündel oder gegen Staatskasse richtet. Als anspruchsgewährende Norm bietet § 1836 zwei Anspruchsgrundlagen, die sich in Voraussetzungen und Folgen unterscheiden: Der nicht-berufsmäßig tätige Vormund handelt nach § 1836 Abs. 1 Satz 1 grundsätzlich unentgeltlich; er kann deshalb nur nach Maßgabe des § 1836 Abs. 2 eine Vergütung von dem nicht-mittellosen Mündel verlangen. Dem berufsmäßig tätigen Vormund wird von § 1836 Abs. 1 Satz 2 generell eine Vergütung zuerkannt; Schuldner und Umfang dieser Vergütung sind im VBVG näher geregelt. Zum zweiten präsentiert § 1836 in seinem Abs. 1 Satz 1, 2 eine – vorrangig auf das Betreuungsrecht zielende – programmatische Aussage: Der Gesetzgeber bekennt sich zum Vorrang der Ehrenamtlichkeit, indem er den nicht-berufsmäßig tätigen Vormund (Betreuer, Pfleger, Verfahrenspfleger) als gesetzliches Leitbild voranstellt und dessen berufsmäßig tätigem Kollegen den Status einer „Notlösung" zuweist, auf die nur „ausnahmsweise" Zugriff genommen werden darf. Über die Realitätsnähe gesetzgeberischer Zielvorstellungen im modernen Familienrecht zu räsonieren ist hier nicht der Ort. Immerhin hat der Gesetzgeber sich mit § 1836 Abs. 1 S. 1, 2 nicht auf

Vergütung des Vormunds 3–6 § 1836

die Normierung einer Wunschvorstellung beschränkt, sondern seinen aus Erfahrung geschöpften Vorbehalten gegen eine Berufsbetreuung mit strikten Regeln über die Auswahl und Entlassung berufsmäßiger Betreuer (vgl. § 1897 Abs. 6, § 1908b Abs. 1 Satz 3) Durchsetzungskraft verliehen, die freilich an den schmalen Ressourcen der Ehrenamtlichkeit ihre Grenze findet.

II. Allgemeine Voraussetzungen des Vergütungsanspruchs

1. Wirksame Bestellung. Ein Vormund kann eine Vergütung nur dann verlangen, wenn er 3 wirksam als Vormund bestellt ist.[1] Ist die Vormundschaft zu Unrecht angeordnet, so berührt dies den Vergütungsanspruch des Vormunds nicht;[2] ebenso tangiert eine spätere Aufhebung der Vormundschaft nicht den Anspruch des Vormunds auf Vergütung für bereits geleistete Arbeit.[3] Die Vergütungspflicht beginnt frühestens mit der Bestellung.[4] Sie endet pro futuro mit dem Ende des Vormundsamtes. Allerdings kann dem Vormund auch für die Zeit nach der formellen Beendigung seines Amtes eine Vergütung zustehen, wenn die Voraussetzungen der §§ 1893, 1698 a, 1698 b erfüllt sind, vgl. Rn. 29.

2. Keine Vereinbarungen. Der Vergütungsanspruch des Vormunds ist als gesetzlicher, aus 4 einem öffentlichen Amt folgender Anspruch nach Grund und Höhe Vereinbarungen nicht zugänglich;[5] vorstellbar ist immerhin ein „belohnendes" Vermächtnis, etwa im Zusammenhang mit der Benennung nach § 1777 Abs. 3. Unbeschadet bleibt die – namentlich im Betreuungsrecht denkbare – Möglichkeit, die Wahrnehmung von Betreuungsaufgaben als Dienst- oder Werkleistung zu versprechen.[6] Für die Geltendmachung entsprechender vertraglicher Vergütungsansprüche ist das Bewilligungsverfahren nach (§ 1836 Abs. 1 Satz 3 iVm.) §§ 1 ff. VBVG, § 168 FamFG nicht eröffnet. Bei vertraglich vereinbarter Vergütung kann der Geltendmachung des gesetzlichen Vergütungsanspruchs § 242 entgegenstehen.

III. Die Vergütung des Berufsvormunds (Abs. 1 S. 2, 3)

1. Berufsmäßige Führung der Vormundschaft. Ein Vergütungsanspruch steht nach Abs. 1 5 S. 2 lediglich dem Berufsvormund (nur „ausnahmsweise" auch dem nicht-berufsmäßig tätigen Vormund gem. Abs. 2; vgl. Rn. 31 ff.) zu. Berufsvormund ist, wie § 1 Abs. 2 S. 1 VBVG ergibt, auch ein Gegenvormund, wenn die Übernahme der Gegenvormundschaft zu seiner Berufsausübung gehört.[7] Allerdings ist ein Vormund oder Gegenvormund nur dann „Berufsvormund", wenn das FamG bei seiner Bestellung gem. Abs. 1 S. 2 förmlich festgestellt hat, dass er die Vormundschaft berufsmäßig führt. Die Voraussetzungen für diese Feststellung werden durch die – nicht erschöpfende – Umschreibung der Berufsmäßigkeit in (§ 1836 Abs. 1 S. 3 iVm.) § 1 Abs. 1 S. 1 VBVG erläutert, dessen Handhabung den Gerichten wiederum durch die Regelvermutung berufsmäßiger Tätigkeit in (§ 1836 Abs. 1 S. 3 iVm.) § 1 Abs. 1 S. 2 VBVG erleichtert wird. Für Vereins- und Behördenbetreuer ist die Feststellung berufsmäßiger Amtsführung entbehrlich (§ 7 Abs. 1 S. 2, § 8 Abs. 1 VBVG).[8]

a) Konstitutive Feststellung, Verfahren. Abs. 1 S. 2 knüpft die Vergütung des Berufsvor- 6 munds an die vom FamG zu treffende Feststellung an, dass der Vormund die Vormundschaft berufs-

---

[1] OLG Karlsruhe OLGR 2002, 232; OLG Düsseldorf FamRZ 2011, 141.
[2] BayObLG FamRZ 1999, 1603.
[3] BayObLG FamRZ 1997, 701 (Aufhebung der Betreuerbestellung im Beschwerdeweg).
[4] BayObLG FamRZ 2001, 575; OLG Stuttgart FamRZ 2005, 655; OLG Karlsruhe BtPrax 2002, 124; OLG Brandenburg FamRZ 2008, 1478; FamRZ 2008, 1480; FamRZ 2009, 1169; LG Hildesheim FamRZ 2006, 291; LG Koblenz FamRZ 2004, 1752. Problematisch LG Münster FamRZ 2010, 473 (entsprechend § 242 Vergütung auch für Tätigkeiten vor formeller Bestellung); LG Kassel FamRZ 2010, 1108 (Vergütung bei rückwirkender Bestellung , die zwar rechtswidrig, aber nicht nichtig war).
[5] LG Saarbrücken FamRZ 2009, 1091; vgl. auch LG Köln FamRZ 2009, 371.
[6] Allerdings können sich Vormund oder Betreuer ein Entgelt nur für solche Leistungen vertraglich zusagen lassen, die außerhalb der eigentlichen Vormundschaft oder Betreuung liegen: BGH FamRZ 2010, 199 Rn. 24 m. krit. Anm. *Bienwald* FamRZ 2010, 201.Weitergehend OLG München FamRZ 2008, 1560.
[7] Zur Bemessung der Vergütung: BayObLG BtPrax 2004, 195; OLG Schleswig FGPrax 2006, 166 (beide betr. Gegenbetreuer).
[8] Allerdings soll hier der Bestellung des Betreuers „als Mitarbeiter des Betreuungsvereins" konstitutive, dh. insbes. einen Vergütungsanspruch des Vereins (§ 7 VBVG) begründende Wirkung zukommen: OLG Zweibrücken OLGR 2001, 201; LG Koblenz FamRZ 2001, 303. Wird ein Vereinsmitarbeiter zum Vormund oder Pfleger bestellt, kann der Verein Vergütung analog § 168 Abs. 4 FamFG beanspruchen: BGH FamRZ 2007, 900; s. Rn. 41 f.

mäßig führt. Damit soll „Rechtsklarheit und Kalkulierbarkeit", letzteres namentlich für den Vormund, erreicht werden.[9] Die Feststellung wirkt positiv wie negativ konstitutiv:[10] Positiv ist die getroffene Feststellung für das spätere Verfahren über die Bewilligung einer Vergütung des Vormunds bindend;[11] negativ ist ohne eine solche Feststellung ein Vergütungsanspruch des Vormunds materiell-rechtlich nicht begründet. Aus dieser Rechtswirkung ergeben sich zwei Folgerungen: Die Feststellung erfolgt durch Beschluss (§ 38 Abs. 1 FamFG), der dem Vormund wie dem Mündel bekanntzugeben ist (§ 41 Abs. 1 FamFG). Außerdem muss diese Entscheidung bereits bei der Bestellung des Vormunds – und damit vom Rechtspfleger – getroffen werden (§ 3 Nr. 1b RPflG; für den Betreuer wird sie regelmäßig in dem Beschluss über die Bestellung des Betreuers – und damit grundsätzlich durch den Richter erfolgen, § 15 Abs. 1 Nr. 1 iVm. § 6 RPflG).[12] Eine spätere Feststellung ist zwar möglich (arg. § 48 Abs. 1 FamFG); denn es wäre bloße Förmelei, bei einer Änderung der Verhältnisse den ohne Feststellung seiner berufsmäßigen Amtsführung bestellten Vormund zu entlassen und nunmehr – unter Feststellung der Berufsmäßigkeit – neu zu bestellen. Allerdings wirkt eine solche nachträgliche Feststellung grundsätzlich nur für die Zukunft; mit Wirkung für die Vergangenheit kann sie nur Vergütungsansprüche begründen, wenn die Bestellung des Vormunds erfolgreich mit dem Ziel angefochten wird, die Berufsmäßigkeit der Führung der Vormundschaft festzustellen.[13] Das folgt zum einen aus dem zwingenden Charakter des Abs. 1 S. 2 („bei der Bestellung"), zum andern aber auch aus dessen Telos, der nachträglichen Streit über die Berufsmäßigkeit einer bereits geführten Vormundschaft gerade vermeiden will. Aus diesem Grunde kann die Feststellung der Berufsmäßigkeit auch nicht mit rückwirkender Kraft aufgehoben werden.[14]

7 Die Feststellung muss nicht mit der Festlegung eines bestimmten Stundensatzes verbunden sein;[15] wird sie es, ist die Festlegung für das spätere Bewilligungsverfahren analog §§ 304, 305 ZPO bindend.[16] Eine negative Feststellung, dass die Vormundschaft nicht berufsmäßig geführt wird, ist vom Gesetz nicht vorgesehen und wegen der konstitutiven Wirkung der positiven Feststellung auch überflüssig, aber unschädlich.[17]

8 Die Feststellung unterliegt nicht der Disposition des Vormunds, sie bedarf insbesondere keines Antrags. Ein Berufsvormund hat deshalb kein Wahlrecht, ob er die konkrete Vormundschaft berufsmäßig führen oder ob er sich mit der – bei zu erwartendem geringen Arbeitsanfall vielleicht günstigeren – Aufwandspauschale begnügen will.[18] Das schließt nicht aus, dass ein Berufsvormund (Berufsbetreuer) im Einzelfall – etwa auf Grund seiner persönlichen Bindungen an den Mündel (Betreuten) – nicht als solcher bestellt wird (vgl. § 1 VBVG Rn. 3 ff.).

9 **b) Voraussetzungen der Berufsmäßigkeit.** Abs. 1 S. 2 definiert den Begriff der Berufsmäßigkeit nicht, sondern verweist – über Abs. 1 S. 3 – auf § 1 Abs. 1 VBVG.

---

[9] BT-Drucks. 13/10331 S. 27.
[10] BGH FamRZ 2006, 111, 114; BayObLG BtPrax 2000, 34.
[11] Dennoch keine Beschwerdebefugnis der Staatskasse: BayObLG FamRZ 2001, 1484; OLG Frankfurt FGPrax 2004, 122; OLG Hamm FGPrax 2001, 18. AA Köln FamRZ 2001, 1643, 1644. Vgl. auch Rn. 10.
[12] Vgl. BayObLG FamRZ 2001, 1484 (Richterzuständigkeit für die – auch nachträgliche – Feststellung der Berufsmäßigkeit); Zimmermann FamRZ 2000, 630, 631.
[13] BGH FamRZ 2006, 111, 114 (konstitutive Wirkung, die in Fällen einer Anfechtung der Bestellung aber auch zurückliegende Zeiträume erfassen kann). So wohl auch OLG Brandenburg ZKJ 2009, 132. Weitergehend OLG Naumburg FamRZ 2009, 370; FamRZ 2010, 836; MDR 2011, 547 („jederzeit" nachholbar). Weitergehend auch OLG Hamm OLGR 2004, 180; offengelassen von OLG Hamm FamRZ 2008, 449 = BtPrax 2008, 136 (Berichtigung der Entscheidung über die Bestellung bei erkennbar versehentlich unterbliebener Feststellung); w.N. 5. Aufl. Fn. 12. Eine fehlerhafte Bestellung des Verfahrenspflegers oder Verfahrensbeistands kann nicht isoliert, sondern nur im Wege eines Rechtsmittels gegen die Endentscheidung – das ist die Festsetzung der Vergütung – angefochten werden (§ 276 Abs. 6, § 158 Abs. 3 S. 4, § 58 Abs. 2 FamFG); er muss deshalb die unterlassene Feststellung der Berufsmäßigkeit im Beschwerdeverfahren gegen die Vergütungsfestsetzung und damit sinnvollerweise auch bereits im Vergütungsfestsetzungsverfahren vor dem Rechtspfleger geltend machen können. Für die positive Feststellung der Berufsmäßigkeit bewendet es dagegen – in Anlehnung an den Rechtsgedanken des § 47 FamFG – bei der zusammen mit der Bestellung getroffenen Entscheidung: Der Verfahrenspfleger, der aufgrund des die Berufsmäßigkeit feststellenden Beschlusses tätig wird, muss sich auf den Bestand dieser Feststellung (und die künftige Vergütungsleistung) verlassen können. Zur Rechtslage in Fällen, in denen der Vormund (Betreuer) vor dem 1. 1. 1999 bestellt worden ist, vgl. 4. Aufl. Vor § 1835 Rn. 30.
[14] BayObLG FamRZ 2000, 1450.
[15] Jurgeleit/Maier Betreuungsrecht 2. Aufl., § 1 VBVG Rn. 16.
[16] Vgl. BayObLG FamRZ 1996, 250; Jurgeleit/Maier Betreuungsrecht 2. Aufl., § 1 VBVG Rn. 16.
[17] Soergel/Zimmermann Rn. 7 will gleichwohl die Beschwerde gegen eine negative Feststellung eröffnen. Ein Rechtsschutzbedürfnis besteht für eine solche Beschwerde mE nur dann, wenn der Beschwerdeführer zugleich die positive Feststellung erstrebt, dass er die Vormundschaft berufsmäßig führt.
[18] Zimmermann FamRZ 1999, 630, 632.

c) Rechtsmittel. Lehnt das Gericht es ab, eine Feststellung nach Abs. 1 S. 2 zu treffen, so kann 10
der Vormund, der sich auf die Berufsmäßigkeit seiner Tätigkeit beruft, die Übernahme der – bei
fehlender Feststellung nach Abs. 1 S. 2 zwingend: unentgeltlichen – Vormundschaft ablehnen. Das
Ablehnungsrecht ergibt sich für einen Berufsbetreuer zwanglos aus § 1898 Abs. 2; für den Berufsvormund wird es aus entsprechender Anwendung des unmittelbar nur für den ehrenamtlich tätigen
Vormund geltenden § 1786 Abs. 1 Nr. 8 herleiten lassen. Ein die Ablehnung zurückweisender
Beschluss ist mit der Beschwerde angreifbar (§ 58 Abs. 1, § 59 Abs. 1 FamFG); die Verpflichtung
auch des Berufsvormunds aus § 1787 Abs. 2 bleibt unberührt. Auch gegen eine bewusst unterlassene
Feststellung nach Abs. 1 S. 2 dürfte der Beschwerdeweg eröffnet sein.[19] Eine im Erfolgsfall nachgeholte Feststellung nach Abs. 1 S. 2 wirkt ex tunc vergütungsbegründend.[20] Bei nur versehentlich
unterbliebener Feststellung ist die Entscheidung über die Bestellung des Vormunds ergänzungsfähig
(§ 42 Abs. 1 FamFG).[21] Zweifelhaft ist, ob die Feststellung nach Abs. 1 S. 2 isoliert Gegenstand einer
Beschwerde sein kann;[22] wegen des engen Zusammenhangs mit der Auswahl des Vormunds wird
bei positiver Feststellung jedenfalls eine Beschwerdeberechtigung der Staatskasse verneint.[23]

2. Anspruch auf Vergütung. Aus der nach Abs. 1 S. 2 getroffenen Feststellung, dass der 11
Vormund die Vormundschaft berufsmäßig führt, folgt – wie § 1 Abs. 2 S. 1 VBVG verdeutlicht –
zwingend ein Vergütungsanspruch des Vormunds. Die Bewilligung der Vergütung liegt also nicht
im Ermessen des Gerichts; ihre Berechtigung kann auch nicht rückwirkend dadurch in Frage gestellt
werden, dass das Gericht die zuvor festgestellte Berufsmäßigkeit einer erneuten Prüfung unterzieht.

a) Schuldner des Vergütungsanspruchs. Der Vergütungsanspruch richtet sich stets gegen 12
den Mündel; daneben richtet er sich auch gegen die Staatskasse, wenn der Mündel in Anwendung
des § 1836c mittellos ist oder gem. § 1836d als mittellos gilt. Beide Ansprüche stehen nebeneinander.
Vgl. Vor § 1835 Rn. 8 ff.

aa) Haftung des Mündels. Die Inanspruchnahme des Mündels ist auf dessen nach § 1836c 13
einzusetzende Einkommen und Vermögen beschränkt. Verfügt der Mündel über kein die in § 1836c
bezeichneten Beträge übersteigendes Einkommen oder Vermögen, so ist er mittellos; er haftet dem
Vormund deshalb ebenso wenig wie ein Erbe dem Nachlassgläubiger bei Erschöpfung des Nachlasses. Diese Mittellosigkeit führt allerdings nicht zu einem Erlöschen des Anspruchs. Der gegen den
Mündel gerichtete Anspruch besteht vielmehr unabhängig von seiner Mittellosigkeit und geht, wenn
die Staatskasse den Vormund befriedigt, gem. § 1836e auf diese über.

bb) Haftung der Staatskasse. Der Vergütungsanspruch des Vormunds ist **gegen die Staats-** 14
kasse gerichtet, wenn der Mündel mittellos ist. Zwei Fälle sind dabei zu unterscheiden: (1) Der
Mündel „ist" mittellos, wenn er über kein einzusetzendes Einkommen oder Vermögen verfügt; in
diesem Falle besteht der Anspruch zwar an sich auch gegenüber dem Mündel; dem Mündel kommt
jedoch die Haftungsbeschränkung des § 1836c zugute. (2) Der Mündel „gilt" nach § 1836d darüber
hinaus schon dann als mittellos, wenn er zwar über einzusetzendes Einkommen oder Vermögen
verfügt, dieses jedoch zur vollständigen Erfüllung des Vergütungsanspruchs nicht oder nur bei
gerichtlicher Geltendmachung von Unterhaltsansprüchen ausreicht. Aufgrund dieser Fiktion des
§ 1836d wird der Weg für die Inanspruchnahme der Staatskasse eröffnet, eine persönliche Inanspruchnahme des Mündels aber nicht ausgeschlossen. Der Vormund hat also die Wahl: Er kann den
Mündel im Rahmen des § 1836c auf Teilzahlungen in Anspruch nehmen oder dessen Unterhaltsansprüche pfänden und sich lediglich wegen etwa verbleibender Restbeträge an die Staatskasse halten.[24] Oder er kann – und wird vernünftigerweise regelmäßig – von dem an ihn gerichteten Angebot des § 1836d Gebrauch machen, sich auf die dort normierte fiktive Mittellosigkeit des Mündels
berufen und die Staatskasse von vornherein voll auf seine Vergütung in Anspruch nehmen (anders
evtl. die Entscheidung des Betreuers, vgl. Erl. zu § 5 VBVG).

---

[19] Zur Rechtslage unter dem FGG: BayObLG FamRZ 2001, 867.
[20] BGH FamRZ 2006, 111, 114.
[21] Zur Rechtslage unter dem FGG: OLG Frankfurt FamRZ 2003, 1414; *Knittel* BtG § 1836 Rn. 2; *Zimmermann* FamRZ 1999, 630, 632.
[22] Zur Rechtslage unter dem FGG: Verneinend OLG Hamm FamRZ 2006, 1785.
[23] Durch § 304 Abs. 1 S. 1 FamFG soll der Staatskasse nunmehr generell ein Beschewerderecht eröffnet sein , soweit ihre „Interessen" durch einen Beschluss betroffen sind. Mitunter wird hierunter auch die erstmalige Bestellung eines Berufsbetreuers oder die Feststellung der Berufsmäßigkeit subsumiert, vgl. etwa *Keidel/Budde* FamFG § 304 RdNr. 1 (mit rechtspol. Kritik). Zur Rechtslage unter dem FGG: BayObLG FamRZ 2001, 1484; OLG Frankfurt FGPrax 2004, 122; OLG Hamm BtPrax 2000, 265. AA OLG Köln FamRZ 2001, 1643, 1644.
[24] So auch *Erman/Saar* § 1836d Rn. 1; *Jurgeleit* Betreuungsrecht 2. Aufl., § 1836d Rn. 8.

15 **b) Höhe der Vergütung.** Die Kriterien, nach denen sich die Vergütung des berufsmäßig tätigen Vormunds bemisst, werden in (§ 1836 Abs. 1 S. 3 iVm.) § 3 VBVG geregelt. Die dort vorgesehenen Stundensätze sind grundsätzlich zwingend und gelten für Ansprüche gegen den (bemittelten) Mündel wie gegen die Staatskasse gleichermaßen; sie können allerdings, wenn der Mündel bemittelt ist, nach § 3 Abs. 3 VBVG angehoben werden.

16 Die Vergütung des berufsmäßig tätigen Betreuers, Pflegers und Verfahrenspflegers findet sich in einem etwas verwirrenden Regelungsgeflecht: So ist die Höhe der Vergütung des Berufsbetreuers in einem von den §§ 4, 5 VBVG gebildeten speziellen Pauschalsystem geregelt; für Sonderfälle der Betreuung hält § 6 VBVG eine besondere Regelung bereit. Für den Vereins- und Behördenbetreuer finden sich die maßgebenden Regelungen in § 7 VBVG (iVm. § 1 Abs. 2, 4, 5 VBVG) und in § 8 VBVG (iVm. § 1836 Abs. 2). Die Höhe der Vergütung des berufsmäßig tätigen Pflegers ist – für den Fall eines bemittelten Pfleglings – in § 1915 Abs. 1 S. 2 eigenständig geregelt; ist der Pflegling mittellos, bestimmt sie sich – wie aus § 1915 Abs. 1 S. 1 folgt – nach den Stundensätzen des (§ 1836 Abs. 1 S. 3 iVm.) § 3 Abs. 1, 2 VBVG. Die Vergütung des berufsmäßig tätigen Verfahrenspflegers hat in § 277 Abs. 2 (vgl. auch Abs. 3), §§ 318, 419 Abs. 5 FamFG ebenfalls eine besondere Regelung erfahren, die für die Vergütungshöhe gleichermaßen auf die Stundensätze des § 3 Abs. 1, 2 VBVG verweist, und zwar unabhängig von der Bemitteltheit des Pfleglings. Für den Verfahrensbeistand ist die Vergütung eigenständig und auch strukturell abweichend (Fallpauschale) in § 158 Abs. 7 FamFG geregelt.

17 **c) Abgrenzung von Vergütung und Aufwendungsersatz.** Im Grundsatz bereitet die Abgrenzung keine Schwierigkeiten; praktische Bedeutung erlangt sie vorrangig im Betreuungsrecht. Aufgaben, die der berufsmäßig tätige Vormund (Betreuer) selbst wahrnimmt, sind nach Vergütungsrecht (§ 1836 Abs. 1 S. 3 iVm. VBVG) zu entlohnen, wenn sie zur Personen- und Vermögenssorge (zur rechtlichen Betreuung) gehören. Leistungen Dritter, die der Vormund (Betreuer) in Wahrnehmung der Personen- oder Vermögenssorge (der rechtlichen Betreuung) in Anspruch nimmt und die er dem Dritten vergüten muss, begründen dagegen Aufwendungen, deren Erstattung er nach Maßgabe des § 1835 Abs. 1 verlangen kann. Überschneidungen ergeben sich, wenn der Vormund (Betreuer) zu seinem Beruf gehörende Leistungen für den Mündel (Betreuten) erbringt, deren Erbringung aber nicht zu den Aufgaben eines Vormunds (Betreuers) gehört und für deren Inanspruchnahme sich ein anderer, berufsfremder Vormund (Betreuer) deshalb der professionellen Hilfe Dritter bedient hätte. Nach § 1835 Abs. 3 gelten derart berufsbezogene, aber nicht zu seiner Amtsführung gehörende Leistungen des Vormunds (Betreuers) als Aufwendungen, die er nach Maßgabe des § 1835 Abs. 1 erstattet verlangen kann. Diese Abgrenzung gilt im Prinzip auch dort, wo ein Rechtsanwalt mit der berufsmäßigen Führung von Vormundschaften (insbes. aber: von Betreuungen oder Verfahrenspflegschaften) betraut wird: Alle Tätigkeiten, die zur Personen- oder Vermögenssorge für den Mündel (zur rechtlichen Betreuung durch den Betreuer oder zur verfahrensmäßigen Interessenwahrung durch den Pfleger) gehören, sind nach Vergütungsrecht – und d.h.: nach den im VBVG vorgesehenen Sätzen – zu entgelten. Ein Rückgriff auf § 1835 Abs. 3 ist, wie § 277 Abs. 1 S. 1 FamFG für den Verfahrenspfleger verdeutlicht, grundsätzlich verwehrt; eine Heranziehung des RVG wird von dessen § 1 Abs. 2 S. 1 ausdrücklich untersagt Unberührt bleibt die Möglichkeit des anwaltlichen Vormunds (Betreuers, Verfahrenspflegers), solche Tätigkeiten nach Maßgabe des § 1835 Abs. 3 zu liquidieren, die nicht zu seiner Amtstätigkeit gehören. Dabei ist allerdings im Grundsatz ein scharfer Maßstab anzulegen: Da die besonderen Fachkenntnisse des anwaltlichen Vormunds (Betreuers, Verfahrenspflegers) bereits bei seiner Auswahl und der Bemessung seiner Vergütung Berücksichtigung finden, gehören vielfach auch solche Geschäfte zu seiner Amtsführung, zu deren sachgerechter Erledigung ein nicht-anwaltlicher Vormund (Betreuer, Verfahrenspfleger) sich anwaltlichen Rates versichern würde. Die bis hierhin noch leidlich handhabbare Abgrenzung gerät freilich durch die Rspr. des BVerfG in Schwimmen: Danach sind „rechtsanwaltsspezifische" Tätigkeiten eines zum Verfahrenspfleger bestellten Anwalts – weil (nach Auffassung des BVerfG) nicht eigentlich Aufgabe des Verfahrenspflegers – über § 1835 Abs. 3 nach Maßgabe des RVG zu vergüten.[25] Die Abgrenzung von spezifisch anwaltlichen und „schlichten" Aufgaben eines Verfahrenspflegers erscheint indes kaum leistbar. Auf die rechtliche (!) Betreuung ist die Ausgliederung „rechtsanwaltsspezifischer" Tätigkeiten jedenfalls nur mit großer Zurückhaltung übertragbar. Das gilt umso mehr, als nunmehr die Vergütung des Berufsbetreuers nach §§ 1908i Abs. 1 S. 1, 1836 Abs. 1 S. 3, §§ 4, 5 VBVG neben dem Aufwendungsersatzanspruch aus § 1835 Abs. 3 geltend gemacht werden kann (§ 4 Abs. 2 S. 2 VBVG). Vgl. zum Ganzen, auch zum Verfahrensbeistand (§ 158 Abs. 7 FamFG), § 1835 Rn. 39 ff.

---

[25] BVerfG FamRZ 2000, 1280, 1281; FamRZ 2000, 1284.

3. Vergütungspflichtige Tätigkeiten im Einzelnen. Die Abgrenzung von abrechenbaren, weil vergütungspflichtigen Tätigkeiten war in der Vergangenheit namentlich im Betreuungsrecht Gegenstand einer umfänglichen Kasuistik.[26] Mit der vom 2. BtÄndG für Berufsbetreuer vorgeschriebenen Pauschalvergütung (§§ 4, 5 VBVG) hat diese Frage ihre wesentliche Bedeutung verloren. Sie ist nur noch für die Vergütung des Berufsvormunds oder – eingeschränkt – Berufspflegers (§ 1836 Abs. 1 S. 3 iVm. § 3 Abs. 1, 2 VBVG, § 1915 Abs. 1) von Bedeutung. Für die Vergütung des berufsmäßig tätigen Verfahrenspflegers wird die Frage nur dann praktisch, wenn nicht die Pauschalierungsmöglichkeit des § 277 Abs. 3, §§ 318, 419 Abs. 5 S. 1 FamFG genutzt wird; für den berufsmäßig tätigen Verfahrensbeistand stellt sie sich im Hinblick auf die in § 158 Abs. 7 S. 2, 3 FamFG vorgesehenen Fallpauschalen grundsätzlich (§ 1835 Rn. 45) nicht. Zu den Grundzügen:

a) Nur zur Amtsführung erforderliche Tätigkeiten. Abrechenbar sind nur solche Tätigkeiten, die zur Wahrnehmung der dem Vormund (Pfleger, Verfahrenspfleger) übertragenen Aufgaben erforderlich sind. Die Aufgaben des Vormunds sind in § 1793 festgeschrieben.[27] Maßgebend ist nicht, ob die einzelne Tätigkeit des Vormunds ex post betrachtet zur Erfüllung dieser Aufgaben erforderlich war; entscheidend ist vielmehr die Lage, wie sie sich dem Vormund – bei Beachtung der ihm nach § 1833 obliegenden Sorgfalt – im Zeitpunkt seines Tätigwerdens darstellten musste;[28] vgl. auch § 1835 Rn. 10.

Die Erforderlichkeit bezieht sich nicht nur auf das „Ob" der Tätigkeit. Auch der Umfang der Zeit, die der Vormund auf die an sich erforderliche Erledigung einer vormundschaftlichen Aufgabe verwendet, muss erforderlich sein: Ineffizienz des Vormunds geht zu seinen Lasten.[29] Der objektiv erforderliche Zeitaufwand ist allerdings individuell – also unter Berücksichtigung nutzbarer Fachkenntnisse des konkreten Vormunds – zu ermitteln.

Die Erforderlichkeit ist als Rechtsbegriff grundsätzlich vom Gericht überprüfbar.[30] Deshalb kann das Gericht die für unnötige oder vorhersehbar nutzlose Tätigkeiten abgerechnete Zeit grundsätzlich in Abzug bringen. Dabei ist allerdings Zurückhaltung geboten: Der Vormund nimmt seine Aufgaben grundsätzlich in eigener Verantwortung wahr; diese grundsätzlich eigenverantwortliche Aufgabenerfüllung kann, sollte aber vom Gericht nicht über eine allzu penible Erforderlichkeitsprüfung bei der Vergütungsabrechnung reglementiert und damit unterlaufen werden.[31]

---

[26] Vgl. insoweit die Nachweise in der 4. Aufl. Rn. 35 ff.

[27] Die Judikatur beschäftigt sich denn auch vornehmlich mit dem diffusen Aufgabenbereich, den das Gesetz dem Verfahrenspfleger in Kindschaftssachen – jetzt „Verfahrensbeistand" – zugedacht hat (§ 158 FamFG), etwa OLG Brandenburg FamRZ 2008, 1633; FamRZ 2008, 2221; FamRZ 2009, 1007; ferner Beschluss vom 31. 08. 2010 – 9 WF 160/10 – juris; OLG Koblenz FamRZ 2008, 1633; OLG Köln ZKJ 2009, 80. § 158 Abs. 7 S. 2, 3 FamFG, der dem berufsmäßigen Verfahrensbeistand nunmehr Fallpauschalen als Vergütung zuweist, dürfte ich insoweit forensisch entlastend auswirken.

[28] BayObLG FGPrax 2002, 31; vgl. auch OLG Stuttgart FamRZ 2004, 1126 (Erteilung eines gerichtlichen Auftrags außerhalb der eigentlichen Amtsführung als Verfahrenspfleger).

[29] BayObLG FamRZ 2005, 550: „effizient und kostengünstig"; OLG Naumburg OLGR 2001, 559: „notwendig und angemessen". Ähnliche Formulierungen in LG Koblenz FamRZ 2004, 220 und FamRZ 2002, 845; LG Bielefeld Beschl. v. 18. 10. 2007 – 23 T 655/07 – juris; AG Koblenz FamRZ 2003, 1872 (sämtlich zu Betreuung und Verfahrenspflegschaft).

[30] Dem Tatrichter steht hinsichtlich der Erforderlichkeit von Art und Umfang der abgerechneten Tätigkeiten ein – vom Gericht der weiteren (Rechts-)Beschwerde nur beschränkt nachprüfbarer – Beurteilungsspielraum zu: BayObLG BtPrax 2000, 124 und BtPrax 2001, 76, 77. Unscharf OLG Zweibrücken FamRZ 2000, 1533: „Schätzungsermessen".

[31] Vgl. OLG Zweibrücken FamRZ 2000, 1533: „Plausibilitätsprüfung". Bedenklich weitgehend die Formulierung in BayObLG BtPrax 2001, 76 und OLG Zweibrücken BtPrax 2001, 87. Danach soll es für die Frage, ob eine Tätigkeit zu vergüten ist, grundsätzlich auf die Sicht des Betreuers ankommen; denn es sei grundsätzlich dessen Sache, in der seinen Pflichten wahrnehme. Noch weitergehend und mE nicht mehr vertretbar OLG Zweibrücken BtPrax 2000, 220, 221, wonach es „im Ermessen (!) des Betreuers" stehen soll, „welchen Zeitaufwand er ... als erforderlich ansehen durfte". Ähnlich auch OLG Zweibrücken FamRZ 2000, 1533: „Ermessen des Betreuers"; ebenso OLG Zweibrücken FamRZ 2008, 818, 819 m. Anm. *Melchers* Rpfleger 2008, 137: Auch dann keine Vergütungskürzung, wenn das Gericht „die erbrachte Tätigkeit für unangebracht" gehalten hat. Von der dem FamG grundsätzlich uneingeschränkt obliegenden Erforderlichkeitsprüfung (zum Beurteilungsspielraum des Tatrichters vgl. Fn. 30) ist die Aufgabe des Gerichts zu unterscheiden, die Richtigkeit der tatsächlichen Abrechnungsgrundlagen – insbesondere also die tatsächliche Erbringung des geltend gemachten Zeitaufwands (nicht dessen Erforderlichkeit) – zu überprüfen. Der abgerechnete tatsächliche Zeitaufwand ist, wenn der Vormund ihn nach Tätigkeiten aufgeschlüsselt hat, vom FamG einer Plausibilitätskontrolle zu unterziehen; erforderlichenfalls ist er zu schätzen (§ 287 ZPO). Beide Aufgaben – die Erforderlichkeitsprüfung und die Kontrolle des tatsächlichen Zeitaufwands – sind zu trennen. Sie werden unzulässig vermengt, wenn das Gericht auf die Beanstandung „offensichtlich nicht berechtigter, missbräuchlicher und/oder erkennbar unschlüssiger Vergütungsansprüche" (LG Oldenburg JurBüro 1997, 543) beschränkt oder ihm die Aufbringung eines „gewissen Grundmaßes an Vertrauen" abverlangt (AG Betzdorf FamRZ 2000, 172) wird.

22 **b) Keine Abrechnung von Allgemeinkosten.** Die abgerechneten Tätigkeiten müssen individualisierbar, also auf den konkreten Mündel bezogen sein. Fortbildungsmaßnahmen des Vormunds wie etwa die Teilnahme an Seminaren, die Lektüre von Fachliteratur oder ein Erfahrungsaustausch sind deshalb auch dann nicht vergütungsfähig, wenn sie der Amtsführung des Vormunds zugute kommen.[32]

23 **c) Keine Abrechnung von Hilfsleistungen Dritter.** Abrechenbar ist nur die vom Vormund selbst aufgewandte Zeit. Das Gesetz kennt keine Vertretung des höchstpersönlichen Amtes eines Vormunds. Ein von dem Vormund gleichwohl eingesetzter Urlaubs- oder Krankheitsvertreter kann deshalb – mangels Bestellung zum Vormund – aus eigenem Recht keinen Vergütungsanspruch geltend machen. Der Vormund selbst kann die von dem Vertreter aufgewandte Zeit, weil Fremdleistung, nicht als vergütungspflichtig abrechnen; er kann die ihm entstandenen Vertretungskosten, falls überhaupt individualisierbar, auch nicht nach § 1835 erstattet verlangen: Eine unzulässige Vertretungstätigkeit ist keine erforderliche Aufwendung.[33]

24 Die Delegation von Arbeiten, die nicht der persönlichen Amtsführung des Vormunds vorbehalten sind, auf Dritte ist möglich. Dies gilt nicht nur für Schreib- oder sonstige Büroarbeiten, sondern beispielsweise auch für die Verwaltung von Konten oder Liegenschaften durch geschultes Personal. Solche von Hilfskräften erledigten Arbeiten dürfen aber nicht als – notwendige eigene – Arbeitszeit des Vormunds in Rechnung gestellt werden. Der Arbeitsaufwand etwa einer Bürohilfe kann deshalb nur als Aufwendung in Ansatz gebracht und, soweit individualisierbar und nicht bereits als üblicher Büroaufwand durch die Vergütung des Vormunds mit abgegolten, nach § 1835 erstattet werden.[34] So wird man Vormündern, die – wie Anwälte oder Steuerberater – einer Berufsgruppe angehören, deren allgemeine Berufsausübung die Unterhaltung eines Büros mit Büropersonal erfordert, gestatten müssen, die vom Büropersonal für die konkrete Vormundschaft aufgewandte Arbeitszeit – und zwar nach Maßgabe der Qualifikation dieses Personals in den von § 3 Abs. 1 vorgesehenen Stundensätzen – als Aufwendungsersatz geltend zu machen. Dieser individualisierbare Personalaufwand von Rechtsanwälten und Steuerberatern dürfte von deren eigener Honorierung nach (§ 1836 Abs. 1 S. 3 iVm.) § 3 VBVG, wie der relativ enge Abstand der dort vorgesehenen Vergütungsgruppen belegt, nicht als abgegolten anzusehen sein.[35] Anderes gilt nach § 4 Abs. 2 S. 1 VBVG für Berufsbetreuer, deren Vergütungssätze allerdings – zumindest nominell – über dem in § 3 VBVG vorgesehenen Niveau liegen und sich auch in ihrer Abstufung deutlich unterscheiden. Vgl. Zum ganzen auch § 1835 Rn. 17 f.

25 **d) Gebotene Delegation auf Dritte.** Geboten ist die Delegation solcher Arbeiten auf Dritte immer dort, wo der Dritte diese Arbeiten effektiver oder sachkundiger wahrnehmen kann und die Inanspruchnahme seiner Dienste deshalb wirtschaftlicher Vernunft entspricht. So wird sich der Vormund beispielsweise bei der Beantwortung schwieriger Rechtsfragen anwaltlichen Rates zu versichern oder die Erstellung einer komplizierteren Steuererklärung einem Steuerberater zu überantworten haben.[36] Die dafür anfallenden Kosten kann er als Aufwendungen in Rechnung stellen. Unternimmt der Vormund es stattdessen, sich sachkundig zu machen und die anstehenden Aufgaben selbst zu bewältigen, so kann er für den damit verbundenen Arbeitsaufwand jedenfalls keine höhere Vergütung beanspruchen als eine professionelle Hilfe kosten würde: Da die Inanspruchnahme von Drittleistungen hier wirtschaftlicher Vernunft entspricht, fehlt es auch bei gleicher Leistungsqualität für die kostenintensiveren Bemühungen des Vormunds an der Erforderlichkeit.[37]

26 **e) Persönliche Kontakte.** Persönliche Kontakte mit dem Mündel sind als Teil der umfassenden Personensorge grundsätzlich vergütungsfähig; in welcher Häufung Besuche beim Mündel erforderlich und damit vergütungspflichtig sind, lässt nicht verallgemeinern. Zwar bemüht sich der (durch das Gesetz zur Änderung des Vormundschafts- und Betreuungsrechts) neu eingefügte § 1793 Abs. 1a, den wünschenswerten Besuchskontakt zwischen Vormund und Mündel quantitativ zu erfassen („in der Regel einmal im Monat"); er relativiert diese Vorgabe jedoch durch die - evident richtige – Erkenntnis, dass „im Einzelfall … kürzere … Besuchsabstände … geboten" sein

---

[32] BGH FamRZ 2007, 1548 betr. „Supervision"; dazu auch OLG Frankfurt FamRZ 2004, 1751; OLG Brandenburg FamRZ 2003, 256. Abwägend BayObLG FamRZ 2003, 1969.
[33] OLG Frankfurt NJW-RR 2004, 295 und FamRZ 2002, 1362; OLG Dresden BtPrax 2001, 260. (Sämtlich zum Betreuungsrecht; vgl. auch § 1899 Abs. 4).
[34] OLG Bremen FamRZ 2000, 555. Vgl. auch OLG Hamm FamRZ 1999, 1231.
[35] BGH FamRZ 2006, 111, 112 f. (vgl. § 1835 Fn. 13). Vgl. auch OLG Frankfurt FamRZ 2007, 236 und – verfehlt – LG Bremen FamRZ 2005, 393.
[36] Vgl. etwa LG Zweibrücken FamRZ 2003, 477 (verwaltungsgerichtliche Klage).
[37] Vgl. auch BayObLG FamRZ 1997, 578: Niedrigerer Stundensatz, wenn der Betreuer in erheblichem Umfang Arbeiten erledigt, die üblicherweise Bürokräften überlassen werden.

Vergütung des Vormunds 27–30 § 1836

oder längere Besuchsabstände ausreichen können; siehe § 1793 Rn. 44 ff. Vergütungsrechtlich läßt sich die Besuchshäufigkeit jedenfalls nicht – auch nicht für einen Regelfall – dahin schematisieren, dass häufigere als nur monatliche Besuche des Vormunds beim Mündel nicht erforderlich und deshalb nicht zu vergüten sind.

f) Auftreten bei Gericht, Aktenführung, Abrechnung. Zu den Aufgaben des Vormunds 27 zählen auch alle Aktivitäten gegenüber dem Gericht, soweit sie der Bestellung zum Vormund nachfolgen und der Interessenwahrung des Mündels dienen.[38] Die Verpflichtung des Vormunds durch das Gericht (§ 1789) ist Wirksamkeitsvoraussetzung seiner Bestellung und die darauf entfallende Zeit deshalb nicht vergütungspflichtig.

Die ordnungsgemäße Führung einer Vormundschaft wird vielfach eine – wenn auch regelmäßig 28 bescheidene – Aktenführung oder Dokumentation erfordern. Die hier anfallenden Tätigkeiten sind abrechenbar.[39] Das gilt erst recht für die dem Vormund obliegende Erstellung von Berichten sowie für die von ihm verlangte Rechnungslegung sowie die hierzu erforderlichen vorbereitenden Maßnahmen.[40]

Die Zeit, die der Vormund darauf verwendet, seine Vergütungstätigkeit abzurechnen, ist als solche 28a nicht vergütungsfähig.[41] Schließlich geht es bei der Abrechnung nicht um Sorge für den Mündel, sondern um die Wahrnehmung der geschäftlichen Belange des Vormunds. Allerdings wird sich der zur Vorbereitung der eigentlichen Abrechnung anfallende Dokumentationsaufwand – wie etwa die Sammlung und Ordnung von Belegen – vielfach als Teil einer ordnungsgemäßen Aktenführung begreifen und als solche abrechnen lassen.

g) Tätigkeiten nach Beendigung des Amtes. Mit dem Ende des Amts als Vormund 29 können grundsätzlich keine vergütungspflichtigen Tätigkeiten mehr anfallen.[42] Eine Ausnahme bilden vom Vormund in Unkenntnis des Endes seines Amtes vorgenommene Geschäfte (§ 1893 iVm. § 1698a),[43] die Rechnungslegung,[44] ferner die dem Vormund nach § 1893 iVm. § 1698b obliegenden unaufschiebbaren Geschäfte[45] sowie Maßnahmen, deren Erledigung das FamG dem Vormund gleichsam als nachwirkende Amtspflicht aufgibt, so etwa die Erteilung von Auskünften oder die Bewirkung von Zahlungen.[46] Im Falle des Todes des Mündels ergeben sich keine Besonderheiten. Die Sicherung und Regelung des Nachlasses ist nicht Aufgabe des Vormunds, wohl aber die Herausgabe des Nachlasses an den Erben.[47] Die Bestattungspflicht obliegt den Angehörigen, nicht dem Vormund, hilfsweise der Ordnungsbehörde; die Kostenlast trifft die Erben. Vgl. auch § 1835 Rn. 23.

4. Abrechnung und Fälligkeit der Vergütung, Abschlagszahlungen, Erlöschen und 30 **Verjährung des Anspruchs.** Der Vergütungsanspruch entsteht unmittelbar mit der vergütungspflichtigen Tätigkeit kraft Gesetzes – genau genommen also für jede einzelne und mit jeder einzel-

---

[38] OLG Frankfurt OLGR 2004, 109 (Information des Gerichts über notwendige Erweiterung des Aufgabenkreises); LG Koblenz FamRZ 2006, 506 (Jahresbericht); LG Hannover FamRZ 2008, 817 (auf Wunsch des Gerichts Begleitung des Betreuten in strafgerichtliche Verhandlung); *Soergel/Zimmermann* Rn. 23.
[39] LG Frankfurt/Oder FamRZ 2003, 190 („Aktenpflege"); LG Hamburg BtPrax 1997, 207; LG Kleve FamRZ 2003, 708; *Zimmermann* FamRZ 1998, 521, 524.
[40] BayObLG FamRZ 1999, 462.
[41] BayObLG BtPrax 2001, 76; FamRZ 1999, 1233; FamRZ 1999, 1606; OLG Brandenburg Rpfleger 2003, 365; OLG Naumburg OLGR 2002, 302 (Durchsetzung des Vergütungsanpruchs); OLG Schleswig FamRZ 1999, 462. LG Düsseldorf Rpfleger 2004, 488.
[42] OLG Braunschweig FamRZ 2006, 290; OLG Köln OLGR 2002, 142. Einschränkungen sollen für den Fall der Vakanz zwischen zwei Vereinsbetreuern desselben Vereins gelten: BayObLG BtPrax 2004, 34; OLG Brandenburg MDR 2002, 397; LG Cottbus FamRZ 2004, 401 (GoA); vgl. auch OLG Hamm FGPrax 2006, 161; LG Koblenz FamRZ 2005, 1298 (Geltendmachung aus GoA nur vor dem Prozessgericht). Zur Vergütung von Abwicklungstätigkeiten (insbes. Schlussabrechnung) des Berufsbetreuers nach § 5 VBVG vgl. nunmehr OLG München FamRZ 2006, 1787 m. Anm. *Moll-Vogel* FRB 2006, 370. Allgemein zur Vergütung von Abschlusstätigkeiten *Klinger/Roth* NJW-Spezial 2005, 253.
[43] LG Traunstein FamRZ 2010, 329.
[44] OLG München FamRZ 2006, 1787 (Schlussabrechnung); OLG Schleswig FamRZ 2000, 1048 (Schlussbericht); LG Mainz BtPrax 2002, 132.
[45] BayObLG FamRZ 1999, 465; LG Stendal FamRZ 2006, 1063; LG Traunstein BtPrax 2006, 117 (Betreuervergütung nicht nach §§ 4, 5, sondern nach tatsächlichem Zeitaufwand). Zur Vergütung von Abwicklungstätigkeiten nach § 5 VBVG vgl. nunmehr OLG München FamRZ 2006, 1787.
[46] Etwa LG Mühlhausen Beschl. v. 24. 9. 2008 – 2 T 123/08 – juris; vgl. auch *Soergel/Zimmermann* Rn. 30, der insoweit eine konkludente Neubestellung annehmen will.
[47] Vgl. OLG Frankfurt FamRZ 2006, 1151: Abwicklungstätigkeiten. Zum Ganzen auch *Brauer* BtPrax 2009, 226.

nen Handlung des Vormunds.⁴⁸ Fällig wird der Anspruch allerdings erst mit seiner Festsetzung durch das FamG oder durch den Urkundsbeamten (§ 168 Abs. 1 S. 1 Nr. 2, S. 4 FamFG),⁴⁹ welche die Erteilung einer prüffähigen Abrechnung voraussetzt; zur Abrechnung vgl. § 3 VBVG Rn. 10 ff. Der Vormund kann gem. (§ 1836 Abs. 1 S. 3 iVm.) § 3 Abs. 4 VBVG Abschlagszahlungen auf seine Vergütung verlangen. Der Vergütungsanspruch erlischt bei Versäumung der in (§ 1836 Abs. 1 S. 3 iVm.) § 2 VBVG vorgesehenen Ausschlussfrist. Zur Verjährung vgl. § 1835 Rn. 31, 51.

IV. Die Vergütung des nicht berufsmäßig tätigen Vormunds (Abs. 2)

31 **1. Zum Vorrang der Ehrenamtlichkeit.** § 1836 Abs. 1 S. 1, 2 stellt der Unentgeltlichkeit nicht berufsmäßiger Vormundschaft die berufsmäßig geführte und (nur) deshalb zu vergütende Vormundschaft als Ausnahme gegenüber. Vor diesem Hintergrund erscheint eine Regelung, die auch dem nicht berufsmäßig tätigen Vormund eine Vergütung zuerkennt, als ein Fremdkörper. Dem muss die Auslegung des Abs. 2 Rechnung tragen: Sie darf nicht zu einer weitgehenden Kommerzialisierung auch der Ehrenamtlichkeit und zum Abbau von (letztlich: Solidaritäts-) Pflichten führen, deren unentgeltliche Wahrnehmung der Staat seinen Bürgern abverlangt.

32 **2. Anspruchsvoraussetzungen. a) Angemessenheit einer Vergütungspflicht.** Die Unterscheidung zwischen vergütungspflichtiger und nicht-vergütungspflichtiger Tätigkeit eines Vormunds, der sein Amt nicht berufsmäßig ausübt, lässt sich nicht nach der Bemitteltheit oder Mittellosigkeit des Mündels treffen. Abs. 2 2. HS. stellt klar, dass ein Vergütungsanspruch des nicht berufsmäßig tätigen Vormunds in jedem Falle ausgeschlossen ist, wenn der Mündel mittellos ist oder – wie man ergänzen muss – nach § 1836d als mittellos gilt.⁵⁰ Daraus folgt im Umkehrschluss, dass bei fehlender Mittellosigkeit des Mündels ein Vergütungsanspruch des Vormunds (Betreuers; Pflegers) nicht schlechthin oder auch nur im Regelfalle begründet ist, sondern stets einer besonderen Rechtfertigung bedarf. Für die Vergütung (nur) des nicht-berufsmäßig tätigen Gegenvormunds verlangt Abs. 2 das Vorliegen „besonderer Gründe". Für den Vergütungsanspruch des nicht berufsmäßig tätigen Vormunds selbst wird man auf das Erfordernis der „Angemessenheit" zurückgreifen können, die – so verstanden – nicht nur die Höhe eines dem Vormund zustehenden Vergütungsanspruchs determiniert, sondern bereits für die Frage heranzuziehen ist, ob den bemittelten Mündel überhaupt eine Vergütungspflicht gegenüber dem Vormund trifft. Dem Grunde nach angemessen ist ein solche Vergütungspflicht mE nur dann, wenn eine unentgeltliche Wahrnehmung der Aufgaben dem Vormund im Hinblick auf Umfang und Schwierigkeit dieser Aufgaben oder das Vermögen des Mündels – auch unter Würdigung aller sonstigen Umstände – als staatsbürgerlichen Ehrenpflicht nicht zugemutet werden kann. Die Prüfung der Unzumutbarkeit erfordert mithin eine Gesamtabwägung, in die – obschon nicht als eigenständiger Zurechnungsgrund hervorgehoben – auch das Vermögen des Mündels einzubeziehen ist.⁵¹

33 **b) Abwägungskriterien. aa) Umfang der vormundschaftlichen Geschäfte.** Ausgangspunkt ist der Umfang der vormundschaftlichen Geschäfte, mithin die Zeit, die der Vormund auf die Führung der Vormundschaft verwendet. In Ansatz zu bringen sind auch hier nicht der tatsächliche, sondern der erforderliche und auch tatsächlich erbrachte Zeitaufwand, außerdem nur solche Tätigkeiten, die bei einer berufsmäßig geführten Vormundschaft (Betreuung) als vergütungspflichtig abgerechnet werden könnten (vgl. dazu Rn. 18 ff.). Leistungen, die der Vormund für den Mündel erbringt und die zu seinem Beruf, nicht aber zu seiner eigentlichen Amtsführung gehören und für deren Erbringung ein anderer berufsfremder Vormund deshalb die professionelle Hilfe Dritter in Anspruch genommen hätte, kann der Vormund gem. § 1835 Abs. 3 als Aufwendung erstattet verlangen; für die Frage eines Vergütungsanspruchs bleiben sie unberücksichtigt.⁵² Gehört die Führung von Vormundschaften – namentlich bei einem zum Vormund bestellten Rechtsanwalt – schlechthin zum Berufsbild

---

⁴⁸ BGH FamRZ 2008, 1611 m. krit. Anm. *Zimmermann* FamRZ 2008, 1613: Der Anspruch entsteht grundsätzlich tagweise; anders allerdings dann, wenn – wie in § 5 VBVG – die Vergütung nicht mehr an ein bestimmtes Tätigwerden geknüpft, sondern dem Betreuer eine vom konkreten Zeitaufwand unabhängige Pauschale zuerkannt wird. In solchem Fall entsteht der Vergütungsanspruch jedenfalls nicht vor Ablauf des einzelnen Betreuungsmonats. Offen bleibt, ob die Ausschlussfrist des § 2 VBVG darüber hinaus erst dagegen greift, wenn der Vergütungsanspruch nach § 9 VBVG erstmals geltend gemacht werden kann: So OLG Köln OLGR 2009, 509 = BtPrax 2009, 80; KG FamRZ 2009, 456.
⁴⁹ OLG Rostock FamRZ 2007, 1690: Verzinsung ab Rechtskraft der Festsetzungsentscheidung; ebenso OLG Hamm FGPrax 2003, 73.
⁵⁰ Zur Anwendbarkeit der nur „fiktiven" Mittellosigkeit nach § 1836d Nr. 1 Alt. 2, 3, Nr. 2 im Rahmen des § 1836 Abs. 2 HS. 2: *Palandt/Diederichsen* Rn. 11; *Erman/Saar* Rn. 7; *Gernhuber/Coester-Waltjen* § 71 Rn. 62.
⁵¹ Vgl. zum Ganzen eingehend BayObLG FamRZ 2004, 1138 (betr. Betreuervergütung).
⁵² *Soergel/Zimmermann* Rn. 38: Der Vormund hat insoweit kein Wahlrecht.

des Vormunds, so liegt jedenfalls dann eine berufsmäßig geführte Vormundschaft vor, wenn der Rechtsanwalt wegen seines Berufs bestellt wurde (vgl. § 1 VBVG Rn. 3). Die Berufsmäßigkeit bedarf hier förmlicher Feststellung nach Abs. 1 S. 2. Unterbleibt sie, ist ein Vergütungsanspruch überhaupt nicht begründet; er kann nicht „subsidiär" aus Abs. 2 hergeleitet werden, da ein „Wahlrecht", nach Abs. § 1836 Abs. 1 S. 2, 3 (iVm. § 3 VBVG) oder nach Abs. 2 abzurechnen, nicht besteht.

bb) Schwierigkeit der vormundschaftlichen Geschäfte. Die Schwierigkeit der vor- 34 mundschaftlichen Geschäfte wird – für sich genommen – nur dann vergütungsbegründend wirken, wenn sie außergewöhnlich ist und nicht von jedermann bewältigt werden kann. Insoweit können auch besondere Fachkenntnisse des Vormunds Berücksichtigung finden – dies aber, anders als nach (§ 1836 Abs. 1 S. 3 iVm.) § 3 Abs. 1, 2 VBVG wohl nur dann, wenn sie bei der Führung der Vormundschaft konkret zum Einsatz gekommen sind. Da der nicht-berufsmäßig tätige Vormund (Betreuer) regelmäßig nicht schon auf Grund solcher besonderen Fachkenntnisse ausgewählt wird, kann deren bloße Vorhaltung allein einen Vergütungsanspruch nicht rechtfertigen.

cc) Weitere Gesichtspunkte. Im Rahmen der geforderten Gesamtabwägung kommt den vom 35 Gesetz ausdrücklich genannten Kriterien – Umfang und Schwierigkeit der vormundschaftlichen Geschäfte – zwar besonderes Gewicht, aber keineswegs ausschließliche Bedeutung zu.

(1) Vermögen des Mündels. So wird das Vermögen des Mündels zwar (seit dem BtÄndG) 35a nicht mehr als eigenständiges Kriterium für die Zuerkennung einer Vergütung an den nicht-berufsmäßig tätigen Vormund genannt. Der Gesetzgeber wollte offenbar dem Missverständnis vorbeugen, dass der Wohlstand des Mündels schon für sich genommen ausreicht, um eine Vermögensverschiebung zugunsten des Vormunds zu rechtfertigen, der wohlhabende Mündel also von unentgeltlicher Solidarität ausgespart bleibt. Das darf allerdings über zweierlei nicht hinwegtäuschen: Zum einen kann sich die Verwaltung eines umfänglichen Vermögens als besonders zeitaufwändig oder schwierig erweisen und schon von daher eine Vergütungspflicht rechtfertigen.[53] Zum andern wird in die geforderte Abwägung, ob dem Vormund angesichts der Gesamtumstände eine unentgeltliche Wahrnehmung seiner Aufgaben nicht zugemutet werden kann, auch das Vermögen des Mündels als ein Aspekt einbezogen werden müssen – so etwa dann, wenn der Vormund auch die tatsächliche Personensorge für den Mündel ausübt und dafür Einbußen in seiner Erwerbstätigkeit in Kauf nimmt. Die Frage, ob dabei nur auf das Reinvermögen abgestellt werden kann und welche Vermögenspositionen dabei im Einzelnen berücksichtigungsfähig sind, ob nur liquide Mittel zu berücksichtigen sind oder auch auf die Vermögenssubstanz Zugriff genommen werden kann, entzieht sich einer generellen Antwort.[54] Allgemein dürfte die Berücksichtigung des Mündelvermögens jedenfalls dort ihre Grenze finden, wo die Zubilligung einer Vergütung den angemessenen Unterhalt des Mündels gefährdet.

(2) Situation des Vormunds. Einzubeziehen ist auch die Situation des Vormunds. So schlie- 35b ßen verwandtschaftliche oder persönliche Bindungen des Vormunds zum Mündel eine Vergütungspflicht nicht generell aus, werden die Zumutbarkeit eines unentgeltlichen Tätigwerdens aber regelmäßig steigern. Von solcher Zumutbarkeit nicht ohne weiteres erfasst ist freilich ein teilweiser Erwerbsverzicht, den der Vormund (nachweisbar) zugunsten einer effektiven Personensorge für den Mündel leistet. Die beengte Einkommens- oder Vermögenssituation des Vormunds kann eine Vergütungspflicht für sich genommen nicht begründen; sie darf aber bei der Zumutbarkeitsprüfung auch nicht völlig unbeachtet bleiben.[55]

(3) Qualität der Aufgabenwahrnehmung. Berücksichtigungsfähig ist schließlich auch die 35c Qualität der Aufgabenwahrnehmung durch den Vormund, also etwa sein Pflichteifer oder ein besonderer Einsatz für die Vermögensverwaltung sowie deren Erfolg. Umgekehrt kann eine nachlässige oder oberflächliche Amtsführung einem Vergütungsanspruch entgegenstehen; Mängel in der Aufgabenerfüllung können also keineswegs nur in einem gesonderten Schadensersatzprozess geltend gemacht werden.[56]

c) Ermessen des Gerichts? Nach der Fassung des Abs. 3 „kann" das Gericht dem Vormund 36 eine Vergütung gewähren. Daraus wird gefolgert, dass die Bewilligung einer Vergütung an den nicht-berufsmäßig tätigen Vormund im pflichtgemäßen Ermessen des Gerichts liegt.[57] Geht man

[53] Vgl. BayObLG FamRZ 2004, 1138, 1140: Höhe des Vermögens als Indiz für die Schwierigkeit der Betreuung.
[54] Übersicht über die Kasuistik vor dem BtÄndG: 3. Aufl. Rn. 7 ff. Für die seit dem 1. 1. 1999 geltende Rechtslage dürfte die frühere Judikatur nur begrenzt aussagekräftig sein.
[55] AA *Soergel/Zimmermann* Rn. 37.
[56] *Soergel/Zimmermann* Rn. 39 unter Hinweis auf den Charakter des Bewilligungsbeschlusses als Vollstreckungstitel.
[57] BayObLG FamRZ 2004, 1138, 1139.

mit der hier vertretenen Auffassung davon aus, dass eine Vergütung auch dem Grunde nach „angemessen" sein muss und – im Hinblick auf den Grundsatz der Ehrenamtlichkeit – deshalb nur dann geschuldet ist, wenn bei einer umfassenden Abwägung aller Umstände dem Vormund die unentgeltliche Aufgabenwahrnehmung als staatsbürgerlichen Ehrenpflicht nicht zugemutet werden kann, bleibt für eine sachgerechte die Würdigung zusätzlicher Aspekte kein Raum. Ist dem Vormund eine unentgeltliche Aufgabenerfüllung in diesem Sinne unzumutbar, muss ihm eine Vergütung zugebilligt werden. Allerdings relativiert sich der Rechtscharakter seines Leistungsanspruchs durch die Weite der dem Gericht aufgegebenen Gesamtwürdigung deutlich.

37 **3. Höhe der geschuldeten Vergütung.** Die **Angemessenheit** bestimmt nicht nur das Ob, sondern auch die Höhe der Vergütung. Im Hinblick auf die grundsätzliche Unentgeltlichkeit einer nicht berufsmäßig geführten Vormundschaft darf die Vergütung nur so hoch bemessen werden, dass sie dem Vormund die Aufgabenerfüllung – unter Berücksichtigung seiner staatsbürgerlichen Pflichten – zumutbar werden lässt. Gefordert ist danach eine abwägende Gesamtbetrachtung, die in Struktur und Kriterien den bereits zum Grund des Anspruchs anzustellenden Überlegungen entspricht. Als Ausgangspunkt wird sich auch hier regelmäßig der Zeitaufwand des Vormunds empfehlen; eine prozentuale Beteiligung am Mündelvermögen dürfte den gesetzlichen Kriterien widersprechen.[58] Für die Bemessung im Einzelnen zieht das Gesetz keinen Rahmen; insbesondere bilden die vom VBVG vorgegebenen Stundensätze keine geeignete Orientierung.[59] Allenfalls bietet sich – umgekehrt – als Kontroll- und Höchstwert die Vergütung an, die einem berufsmäßig tätigen Vormund für die Führung der konkreten Vormundschaft geschuldet wäre; denn ein „an sich" ehrenamtlich tätiger Vormund kann schwerlich eine höhere Vergütung liquidieren als sein berufsmäßig tätiger Kollege.[60]

38 **4. Art der geschuldeten Vergütung.** Auch die Art der Vergütungsleistung ist vom Gesetz – über das Erfordernis der „Angemessenheit" hinaus – nicht näher vorgegeben. Eine periodische Zahlung erscheint im Regelfall nahe liegend; eine einmalige Vergütung oder eine Honorierung nur einzelner Tätigkeiten des Vormunds ist möglich und mag sich im Einzelfall als sachgerecht darstellen.

39 **5. Gegenvormund.** Der berufsmäßig tätige Gegenvormund kann nach (§ 1836 Abs. 1 S. 3 iVm.) § 1 Abs. 2 S. 1 VBVG ohne weitere Voraussetzungen eine Vergütung verlangen, der nicht berufsmäßig tätige Gegenvormund nach Abs. 2 nur „aus besonderen Gründen". Geht man davon aus, dass dem nicht berufsmäßig tätigen Vormund eine Vergütung ohnehin nur geschuldet wird, wenn ihm bei einer Gesamtwürdigung die grundsätzlich unentgeltlich angesonnene Aufgabenerfüllung nicht zugemutet werden kann, fällt es schwer, für den Gegenvormund abstrakt-definitorisch eine weitere Abstufung vorzusehen: Unzumutbares kann auch vom Gegenvormund schlechthin nicht verlangt werden, mögen auch zusätzliche „besondere Gründe" fehlen. Richtigerweise wird man die „besonderen Gründe" deshalb nicht als ein zusätzliches Tatbestandsmerkmal verstehen, sondern als einen mehr tatsächlichen Befund auffassen müssen: Da schon dem Vormund, wenn er nicht-berufsmäßig als solcher tätig ist, ein Vergütungsanspruch keineswegs regelmäßig, sondern nur bei Unzumutbarkeit einer unentgeltlichen Aufgabenerfüllung zugebilligt wird, kann ein nicht-berufsmäßig tätiger Gegenvormund seine nach Umfang und Schwierigkeit zumeist weniger anspruchsvolle Tätigkeit allenfalls ausnahmsweise – eben nur bei Vorliegen „besonderer Gründe" – vergütet verlangen.

V. Amts- oder Vereinsvormund (Abs. 3)

40 Vergütungsberechtigt ist nur der Einzelvormund. Amts- oder Vereinsvormund können nach Abs. 3 weder gegen den Mündel noch gegen die Staatskasse Vergütungsansprüche geltend machen.

41 Die Gesetzeslage unterscheidet sich insoweit vom Betreuungsrecht: Dort können der Betreuungsverein und die Behörde zwar dann keine Vergütung beanspruchen, wenn sie als solche zu Betreuern bestellt werden (§ 1900 Abs. 1, 4; § 1908i Abs. 1 S. 1 iVm. § 1836 Abs. 3). Jedoch können die Mitarbeiter des Vereins oder der Behörde auch unmittelbar zu Betreuern („Vereinsbetreuern, Behördenbetreuern", § 1897 Abs. 2 S. 1, 2) bestellt werden. Für die Tätigkeit der Vereinsbetreuer ist (nur) der Verein vergütungsberechtigt (§ 1836 Abs. 1 S. 3 iVm. § 7 Abs. 1, 3 VBVG); für die Tätigkeit der

---

[58] Vgl. auch OLG Hamm FamRZ 2003, 116.
[59] BayObLG FamRZ 2004, 1138, 1139; aA *Soergel/Zimmermann* Rn. 37.
[60] BayObLG FamRZ 2004, 1138, 1139. Auf die Betreuung lässt sich dieser – naheliegende – Gedanke seit dem 2. BtÄndG nicht mehr übertragen: Die von den §§ 4, 5 VBVG vorgesehene Pauschalvergütung unterstellt, dass sich der Mehraufwand im einen und ein Minderaufwand in einem anderen Fall ausgleichen. Die Vergütung des ehrenamtlichen Betreuers hat sich demgegenüber an den konkreten Betreuungsgeschäften zu orientieren und ist einer - auch vergleichenden – Pauschalierung entzogen: OLG Karlsruhe FamRZ 2007, 1270; OLG Köln FamRZ 2009, 76; OLG München FamRZ 2009, 78; OLG Frankfurt FamRZ 2008, 2153; LG München FamRZ 2008, 1118; LG Kleve BtPrax 2008, 138.

Behördenbetreuer kann ebenfalls nur die Behörde liquidieren, die allerdings auf Ansprüche gegen bemittelte Mündel nach § 1836 Abs. 2 beschränkt ist (§ 1836 Abs. 1 S. 3 iVm. § 8 Abs. 1, 3, § 7 Abs. 3 VBVG).[61] Über die dogmatische Sinnhaftigkeit und den praktischen Nutzen dieser feingesponnenen Regelungen mag man lange sinnieren.

Das Vormundschaftsrecht kennt ebenso wie das Pflegschaftsrecht eine dem Betreuungsrecht vergleichbare Bestellung der Mitarbeiter von Vereinen oder des Jugendamtes zu Vormündern an sich nicht. Werden sie gleichwohl als solche bestellt, steht ihnen persönlich – weil jedenfalls nicht Berufsvormund – eine Vergütung nach § 1836 Abs. 1 S. 2, 3 (iVm. §§ 1, 3 VBVG) nicht zu; ein auf § 1836 Abs. 2 gestützter Vergütungsanspruch dürfte sich an der Wertentscheidung des Abs. 3 brechen.[62] Nachdem das BVerfG es für verfassungswidrig erklärt hat, einem Betreuungsverein jegliche angemessene Entschädigung für die Wahrnehmung einer Verfahrenspflegschaft durch einen Vereinsmitarbeiter vorzuenthalten,[63] besteht insoweit im Vormundschafts- und Pflegschaftsrecht eine Regelungslücke, die durch eine analoge Anwendung des § 277 Abs. 4 Satz 1, 2 (ggf. iVm. §§ 318, 419 Abs. 5 S. 1) FamFG zu schließen ist: Mit dieser Vorschrift hat der Gesetzgeber (in Reaktion auf die Entscheidung des BVerfG) für das Recht der Verfahrenspflegschaft eine dem Vereinsbetreuer dem Grunde nach vergleichbare Vergütungsregelung getroffen – und dies, obwohl das Recht der Verfahrenspflegschaft die Rechtsfigur eines Vereinsverfahrenspflegers an sich (vgl. § 276 FamFG) nicht kennt. Diese für die Verfahrenspflegschaft geltende Vergütungsregelung lässt sich auf das Vormundschafts- und Pflegschaftsrecht übertragen: Im Ergebnis kann danach ein Verein, dessen Mitarbeiter in dieser Eigenschaft zum Vormund oder Pfleger bestellt wird, analog § 277 Abs. 4, Abs. 2 FamFG Vergütung nach Maßgabe des § 1836 Abs. 1 S. 2, 3 iVm. § 3 Abs. 1, 2 VBVG verlangen.[64] In Fortführung dieser Analogie muss einem Verein auch dann ein Vergütungsanspruch zugebilligt werden, wenn ein Vereinsmitarbeiter zum Verfahrensbeistand bestellt wird; allerdings wird die Vergütung in diesem Fall nach § 158 Abs. 7 S. 2, 3 FamFG zu bemessen sein. Wird der Verein selbst zum Vormund, Pfleger oder Verfahrenspfleger bestellt, versagt die Analogie zu § 277 Abs. 4 FamFG schon mangels einer Regelungslücke: Es bewendet beim Ausschluss nach § 1836 Abs. 3 (iVm. § 1915 Abs. 1 S. 1 oder iVm. § 277 Abs. 2 S. 1 FamFG;[65] für einen zum Verfahrensbeistand bestellten Verein dürfte sich dieses Ergebnis aus § 158 Abs. 7 S. 2, 3 FamFG (keine „brufsmäßige" Führung), jedenfalls aber aus einer Analogie zu § 277 Abs. 2 S. 1 FamFG iVm. § 1836 Abs. 3 ergeben. Siehe auch § 1835 Rn. 56.

VI. Geltendmachung und Verfahren

1. Bewilligung. § 1836 Abs. 1 S. 2, 3 gewährt dem Vormund – nach der hier vertretenen Auffassung Abs. 2 auch dem nicht-berufsmäßig tätigen Vormund – einen Rechtsanspruch auf Vergütung. Dieser Anspruch entsteht materiell-rechtlich mit der Ausübung der vergütungspflichtigen Tätigkeit. Fällig ist der Anspruch erst, wenn das FamG dem Vormund die Vergütung „bewilligt" (§§ 1836 Abs. 2; 168 Abs. 1 S. 1 FamFG: „festsetzt") oder der Urkundsbeamte die Vergütung zur Zahlung anweist (§ 168 Abs. 1 S. 4 FamFG). Mit der Rechtskraft des Festsetzungsbeschlusses ist der Vergütungsanspruch zu verzinsen (§ 291).[66]

---

[61] Versuche, diese Beschränkung durch die Gründung von (insbesondere „kommunalen") Betreuungsvereinen zu umgehen, belegt mehr den Ideenreichtum denn die Gesetzestreue der zu Vereinsmitgliedern mutierten Betreuungsbehörden oder der sie tragenden Körperschaften; sie zielen auf eine Umverteilung der Betreuungslasten von den Kommunalkassen auf den Justizfiskus, die vergütungsrechtlich nicht hingenommen werden kann.

[62] AA Soergel/Zimmermann Rn. 57, der dem Vereins- oder Behördenmitarbeiter einen – an den Verein oder die Behörde abzuführenden – Anspruch nach § 1836 Abs. 2 zubilligen will.

[63] BVerfG FamRZ 2000, 414.

[64] Ebenso im Ergebnis BGH FamRZ 2011, 1394, der allerdings nunmehr einen Vergütungsanspruch des Vereins für die Tätigkeit seines Mitarbeiters, der in dieser Eigenschaft zum Vormund bestellt worden ist, auf eine Analogie zu § 1897 Abs. 2 BGB iVm. § 7 VBVG stützen, die Vergütung des Vereins aber gleichwohl nach § 3 VBVG bemessen will. Vgl. auch BGH FamRZ 2007, 900, 901, der – mit der hier vertretenen Auffassung – insoweit von einer analogen Heranziehung des § 67 Abs. 3 S. 2 FGG aF (vgl. jetzt § 277 Abs. 4 S. 2 FamFG) ausgeht. Ich halte den zweiten Weg nach wie vor für richtiger, da er zwanglos zur angestrebten Rechtsfolge – Aufwendungsersatz nach § 1835 Abs. 1 und Vergütung nach Maßgabe des § 1836 Abs. 1 S. 2, 3 iVm § 3 Abs. 1, 2 VBVG – führt. Auch ist die Normsituation des § 277 Abs. 4 S. 2 FamFG näherliegend als die Heranziehung des § 1897 Abs. 2 iVm. § 7 VBVG: Ebenso wie das Recht der Verfahrenspflegschaft – und anders als das Betreuungsrecht – kennt das Vormundschaftsrecht die Rechtsfigur eines Vereinsvormunds nicht; gleichwohl gewährt es dem Verein für die Tätigkeit seines zum Vormund bestellten Mitarbeiters eine Vergütung.

[65] So jetzt auch BGH FamRZ 2011, 1394. Ferner OLG Düsseldorf BtPrax 2010, 126; OLG Koblenz FamRZ 2011, 61. AA OLG München FGPrax 2011, 23; vgl. auch BGH FamRZ 2007, 900, 901 (obiter dictum).; ferner LG Köln FamRZ 2011, 401.

[66] BayObLG FamRZ 2004, 1995, 1996. Zweifelhaft ist, ob der Zinsanspruch im Festsetzungsverfahren nach § 168 FamFG geltend gemacht werden kann; zur Rechtslage unter dem FGG: Verneinend OLG Celle FamRZ 2002, 1431; bejahend OLG Hamm BtPrax 2003, 81.

44 a) Ansprüche gegen den Mündel. Der Vergütungsanspruch gegen den Mündel setzt in jedem Fall eine förmliche Festsetzung (Bewilligung) der Vergütung durch das FamG voraus. Der Bewilligungsbescheid ist Vollstreckungstitel gegen den Mündel (§ 186 Abs. 1 S. 1 FamFG), aber auch notwendige Grundlage für eine Entnahme der Vergütung aus dem Mündelvermögen durch den Vormund. Auch nach dem Tod des (bemittelten) Mündels wird eine noch ausstehende Vergütung gem. § 168 Abs. 1 S. 1 FamFG – allerdings nunmehr gegen den Erben – festgesetzt; vgl. § 1836e Rn. 21.[67]

45 b) Inanspruchnahme der Staatskasse. Aus der Staatskasse kann eine Vergütung nur geleistet werden, wenn sie zuvor vom FamG bewilligt oder vom Urkundsbeamten zahlbar gestellt worden ist. Der Vormund hat grundsätzlich die Wahl, ob er auf eine förmliche Bewilligung durch das Gericht antragen oder sich mit einer Prüfung und Anweisung durch den Urkundsbeamten im vereinfachten Verfahren begnügen will.

46 2. Förmliche Festsetzung von Amts wegen oder auf Antrag. Die förmliche Festsetzung der Vergütung durch das FamG kann von Amts wegen, aber auch auf Antrag erfolgen. Ein Antrag soll die von § 168 Abs. 2 S. 1, 2 FamFG geforderten Angaben enthalten und im Übrigen so detailliert sein, dass er dem FamG oder Urkundsbeamten ermöglicht, die vom Vormund abgerechneten Tätigkeiten nach Art und Umfang nachzuvollziehen.

47 3. Prüfungspflicht. Im Festsetzungsverfahren hat das Gericht die materiellen Voraussetzungen des Vergütungsanspruchs nach Grund und Höhe von Amts wegen zu prüfen; erforderlichenfalls hat es die Beibringung von Belegen zu verlangen. Zum Ganzen vgl. § 3 VBVG Rn. 10 ff. Der weite Umfang der Prüfungspflicht folgt bereits aus dem Charakter des Bewilligungsbeschlusses als Vollstreckungstitel, auch wenn er eine spätere Geltendmachung von bereits anfänglich vorliegenden Einwendungen oder Einreden wohl nicht präkludiert (vgl. § 767 Abs. 2 ZPO: „nach den Vorschriften dieses Gesetzes" [!]). Dieselbe Prüfungspflicht obliegt im vereinfachten Verfahren dem Urkundsbeamten; der Vormund kann hier jederzeit – und sei es auch erst nach der Entscheidung des Urkundsbeamten[68] – auf eine gerichtliche Feststellung antragen, ebenso wohl auch die Staatskasse (sofern das vereinfachte Verfahren von einem nach § 168 Abs. 1 S. 1, 4 FamFG Antragsberechtigten eingeleitet worden ist; vgl. Vor § 1835 Rn. 15. Ein eigenes Recht des Urkundsbeamten zur Vorlage an das Gericht wäre sachgerecht, ist jedoch nicht vorgesehen.

48 a) Einwendungen und Einreden des Mündels. Zweifelhaft ist, wie weit sich die amtswegige Prüfungspflicht auf die dem Mündel gegen den Anspruch zustehenden Einwendungen und Einreden erstreckt: Richtigerweise wird das FamG Einwänden, welche die Entstehung (etwa: keine wirksame Bestellung), den Umfang (etwa: keine erbrachte oder abrechenbare Tätigkeit) oder das Erlöschen des Anspruchs (durch Fristversäumung, § 2 VBVG) nachgehen müssen, nicht jedoch der Geltendmachung von Gegenansprüchen.[69] Vgl. hierzu auch § 1836e Rn. 5.

49 b) Mittellosigkeit. Im Falle der Inanspruchnahme der Staatskasse wird dem Gericht oder Urkundsbeamten die dann notwendige Prüfung der Mittellosigkeit durch die von § 168 Abs. 2 S. 1, 2 FamFG für den Vergütungsantrag vorgeschriebenen Darlegungen sowie durch den von § 168 Abs. 2 S. 3 FamFG vorgegebenen großzügigen Prüfungsmaßstab erleichtert.

---

[67] BayObLG FamRZ 2001, 866; OLG Jena FGPrax 2001, 22. Für die Haftungsbeschränkung soll § 1836e Abs. 1 S. 2 (aF: S. 3) gelten: OLG Düsseldorf FamRZ 2002, 1659; OLG Brandenburg OLGR 2003, 499 = FGPrax 2003, 220; OLG Schleswig OLGR 2004, 147; OLG Frankfurt OLGR 2004, 149 = BtPrax 2004, 37; OLG München FamRZ 2006, 508, 509; LG Saarbrücken BtPrax 2009, 88. Bei Erschöpfung des Nachlasses haftet die Staatskasse: OLG Brandenburg FGPrax 2003, 220; LG Chemnitz FamRZ 2003, 708. Vgl. zum Ganzen auch BayObLG FamRZ 2004, 305 und FamRZ 2003, 1129; OLG Stuttgart FamRZ 2007, 1912; *Brauer* BtPrax 2009, 226.

[68] Diese Entscheidung wird mit dem Antrag auf gerichtliche Festsetzung wirkungslos: AG Westerburg FamRZ 2007, 1844.

[69] Nach BayObLG FamRZ 2004, 1323 kann „jedenfalls der Einwand der Verwirkung" geltend gemacht werden; vgl. auch OLG Hamm FamRZ 2007, 1185. AA OLG München OLGR 2006, 139 und OLG Schleswig FamRZ 2000, 1048, 1049: Materiell-rechtliche Einwendungen seien – ähnlich wie im Falle der §§ 103, 104 ZPO – nicht im Verfahren nach § 168 FamFG (entspr. § 56g FGG), sondern im Wege der Vollstreckungsgegenklage geltend zu machen. OLG Celle RVGreport 2004, 120 schließt die Geltendmachung streitiger Gegenforderungen aus; vgl. auch LG Koblenz FamRZ 2009, 1710 (keine Aufrechnung von Schadensersatzansprüchen gegen den Betreuer). Eine mangelhafte Amtsführung dürfte schon materiell-rechtlich den Vergütungsanspruch nicht tangieren, muss aber jedenfalls im Festsetzungsverfahren unberücksichtigt bleiben: BayObLG FamRZ 1999, 1591, 1592; OLG Düsseldorf FamRZ 2011, 141; KG FamRZ 2008, 81, 82; LG Koblenz FamRZ 2006, 647; LG Saarbrücken FamRZ 2010, 328; LG Münster Rpfleger 2003, 369.

Vergütung des Vormunds 50–51c § 1836

4. Entscheidung; rechtliches Gehör. Das FamG entscheidet über den Vergütungsantrag 50 durch Beschluss; es kann über die Einstufung des Vormunds in die Vergütungsgruppen des VBVG auch eine (Vorab-) Zwischenentscheidung treffen.[70] Zuständig ist der Rechtspfleger (§ 3 Nr. 2 a RPflG) Die Bewilligung einer vom Mündel selbst zu entrichtenden Vergütung setzt dessen vorherige Anhörung (§ 168 Abs. 4 FamFG) voraus, außerdem die Bestellung eines Verfahrensbeistands nach Maßgabe des § 158 Abs. 2 Nr. 1 FamFG, insbes. auch zur Ermöglichung des rechtlichen Gehörs.[71] Zur Bewilligung eines Vergütungsanspruchs gegen die Staatskasse bedarf es einer solchen Anhörung des Mündels nicht, ebenso nicht zu einer Entscheidung, welche die Mittellosigkeit und damit die Einstandspflicht der Staatskasse verneint. Vgl. Vor § 1835 Rn. 19 f.

5. Rechtsmittel. Gegen die Entscheidung des Gerichts ist die **Beschwerde** statthaft (§ 58 51 Abs. 1 FamFG). Wird der Beschwerdewert nicht erreicht und die Beschwerde vom Rechtspfleger nicht zugelassen (§ 61 Abs. 1, 2 FamFG), findet die Erinnerung nach § 11 Abs. 2 RPflG statt. Die formelle Rechtskraft des Beschlusses über die (Nicht-) Bewilligung einer Vergütung bewirkt, dass rückwirkende Änderungen des Beschlusses nicht möglich sind; zur Abänderung pro futuro siehe § 158 Abs. 2 S. 2 FamFG iVm. § 120 Abs. 4 S. 1, 2 ZPO.[72]

Beschwerdeberechtigt ist der Vormund; die Staatskasse nur dann, wenn der zuerkannte Vergü- 51a tungsanspruch gegen sie gerichtet ist.[73] Ein Beschwerderecht des Mündels kann, wenn der zuerkannte Vergütungsanspruch gegen ihn gerichtet ist, vom Verfahrensbeistand ausgeübt werden (§ 158 Abs. 4 S. 5 FamFG), vom Mündel selbst unter den Voraussetzungen des § 60 S. 2, 3 FamFG. Wird der Vergütungsanspruch gegen die Staatskasse gerichtet, ist der Mündel auch dann nicht beschwerdeberechtigt, wenn die Festsetzung gegen die Staatskasse mangels Mittellosigkeit des Mündels abgelehnt wird;[74] vgl. auch § 1 VBVG Rn. 15.

Gegen Entscheidungen des Urkundsbeamten im vereinfachten Verfahren haben der Vor- 51b mund oder die Staatskasse die Möglichkeit, gemäß § 168 Abs. 1 Satz 1 FamFG die förmliche Festsetzung durch das Gericht zu beantragen.[75] Vgl. Rn. 47 und Vor § 1835 Rn. 15.

6. Rechtskraft und falsche Annahmen über die Vermögensverhältnisse. Bei falschen 51c Annahmen über die Mittellosigkeit / Bemitteltheit des Mündels (Betreuten) hindert weder die rechtskräftige Festsetzung einer Vergütung gegen die Staatskasse die spätere Festsetzung gegen den Mündel[76] noch – umgekehrt - eine rechtskräftige Vergütungsfestsetzung gegen den Mündel die spätere Festsetzung gegen die Staatskasse;[77] denn die inter partes wirkende Rechtskraft der Ausgangsentscheidung erfasst im ersten Fall nicht den Mündel, im zweiten nicht die Staatskasse. Anders ist es im zweiten Fall dann, wenn das Gericht vor oder zugleich mit der Vergütungsfestsetzung gegen den Mündel die Festsetzung einer Vergütung gegen die Staatskasse wegen fälschlich verneinter Mittellosigkeit des Mündels rechtskräftig abgelehnt hatte. Hier wirkt die Rechtskraft der ablehnenden Entscheidung fort;[78] allerdings wird ihr zum Teil eine „zeitliche Schranke" auch dort gezogen, wo sich die Annahme der Bemitteltheit als von vornherein unzutreffend erweist und die Mittellosigkeit nicht auf Gründen beruht, die der Vormund zu vertreten hat.[79] Tragend ist dabei der Gedanke, der Staat, der einen Berufsvormund heranziehe, habe auch für dessen Vergütung zu sorgen. Begründungsbedürftig bleibt m.E. jedoch, warum sich dieser (richtige) Gedanke gegenüber der Rechtskraft der die Einstandspflicht des Fiskus ablehnenden Entscheidung durchsetzt.

---

[70] Zur Rechtslage unter dem FGG: LG Neubrandenburg FamRZ 2000, 1305 (mit einfacher Beschwerde anfechtbar); vgl. dazu auch BayObLG FamRZ 1996, 250 (Vorabentscheidung über die Vergütung dem Grunde nach).
[71] *Keidel/Engelhardt* FamFG § 168 Rn. 13. Zur Rechtslage unter dem FGG: BayObLG FamRZ 2004, 1231, 1232.
[72] Zur Frage der materiellen Rechtskraft vgl. *Keidel/Engelhardt* FamFG § 168 Rn. 22; zur Rechtslage unter dem FGG: BayObLG FamRZ 1998, 1055, 1056.
[73] OLG Hamm FamRZ 2002, 266 (keine Beschwerde der Staatskasse mit dem Ziel der Herabsetzung des gegen den Mündel gerichteten Vergütungsanspruchs, um den freiwerdenden Vermögensbetrag für einen Rückgriff wegen zurückliegender eigener Zahlungen in Anspruch nehmen zu können).
[74] BayObLG FamRZ 2001, 377.
[75] Mit dem Antrag wird die Entscheidung des Urkundsbeamten wirkungslos: AG Westerburg FamRZ 2007, 1844.
[76] OLG Hamm OLGR 2007, 249 = FGPrax 2007, 171 sub II.2., Rn. 23 ff.
[77] OLG Frankfurt OLGR 2009, 825 = FGPrax 2009, 160 – allerdings wohl nur unter der (mE verzichtbaren) Voraussetzung, der Betreuer habe mangels Vermögenssorge keine genaue Kenntnis über das Vermögen des Betreuten gehabt.
[78] OLG Hamm OLGR 2007, 249 = FGPrax 2007, 171 sub II.1., Rn. 11 ff.: Der Betreuer wird auf die (in casu nicht durchgreifende) Möglichkeit der Wiedereinsetzung gegen die eine Haftung der Staatskasse ablehnende Vorentscheidung verwiesen.
[79] BayObLG FamRZ 2004, 305, 306.

§ 1836c 1   Abschnitt 3. Titel 1. Vormundschaft

VII. Parallelvorschriften

52   Die Vorschrift ist gem. § 1908i Abs. 1 S. 1 auf den Betreuer (zum Vereins- und Behördenbetreuer vgl. § 1836 Abs. 1 S. 3 iVm. 7, 8 VBVG) entsprechend anwendbar (zuständig: Betreuungsgericht, und zwar in Betreuungssachen der Rechtspfleger gem. § 3 Nr. 2b RPflG, in Unterbringungssachen der Richter).[80] Auf den Pfleger ist § 1836 nach Maßgabe des § 1915 Abs. 1 entsprechend anwendbar. Zum – stets gegen die Staatskasse gerichteten – Vergütungsanspruch des Verfahrenspflegers und des Verfahrensbeistands: §§ 277, 318, 419 Abs. 5 S. 1 FamFG und § 158 Abs. 7 FamFG. Zum Festsetzungsverfahren: § 168 iVm. § 292 Abs. 1 FamFG (Betreuer), § 168 Abs. 5 FamFG (Pfleger), § 168 Abs. 1 iVm. § 277 Abs. 5 S. 2 FamFG (Verfahrenspfleger), § 168 Abs. 1 iVm. § 158 Abs. 7 S. 6 FamFG (Verfahrensbeistand).

§§ 1836a und 1836b *(aufgehoben)*

§ 1836c Einzusetzende Mittel des Mündels

Der Mündel hat einzusetzen:
1. nach Maßgabe des § 87 des Zwölften Buches Sozialgesetzbuch sein Einkommen, soweit es zusammen mit dem Einkommen seines nicht getrennt lebenden Ehegatten oder Lebenspartners die nach den §§ 82, 85 Abs. 1 und § 86 des Zwölften Buches Sozialgesetzbuch maßgebende Einkommensgrenze für die Hilfe nach dem Fünften bis Neunten Kapitel des Zwölften Buches Sozialgesetzbuch übersteigt. Wird im Einzelfall der Einsatz eines Teils des Einkommens zur Deckung eines bestimmten Bedarfs im Rahmen der Hilfe nach dem Fünften bis Neunten Kapitel des Zwölften Buches Sozialgesetzbuch zugemutet oder verlangt, darf dieser Teil des Einkommens bei der Prüfung, inwieweit der Einsatz des Einkommens zur Deckung der Kosten der Vormundschaft einzusetzen ist, nicht mehr berücksichtigt werden. Als Einkommen gelten auch Unterhaltsansprüche sowie die wegen Entziehung einer solchen Forderung zu entrichtenden Renten;
2. sein Vermögen nach Maßgabe des § 90 des Zwölften Buches Sozialgesetzbuch.

Übersicht

	Rn.		Rn.
I. Normzweck, insbesondere Funktion im Vergütungssystem	1–4	2. Einkommen zur Deckung eines bestimmten Bedarfs (Nr. 1 S. 2)	8
1. Ausfüllung des Begriffs der Mittellosigkeit	2	3. Unterhaltsansprüche (Nr. 1 S. 3)	9
2. Haftungsbeschränkung	2–4	4. Einkommen des Ehegatten	10
a) Grundsatz	2, 3	5. Angemessener Umfang, Zumutbarkeit	11
b) Dogmatische Einordnung	4	III. Einzusetzendes Vermögen (Nr. 2)	12–16
II. Das einzusetzende Einkommen (Nr. 1)	5–11	1. Grundsatz	12
1. Grundsatz (Nr. 1 S. 1 HS 1)	6, 7	2. Vermögen, Schonvermögen	13–15
a) Bereinigtes Einkommen	7	a) Hausgrundstück	14
b) Einkommensgrenze	7	b) Kleinere Barbeträge	15
		3. Keine unzumutbare Härte	16

I. Normzweck, insbesondere Funktion im Vergütungssystem

1   § 1836c hat im System des Vergütungsrechts (zu den Parallelvorschriften vgl. § 1836 Rn. 52) eine doppelte Funktion:

1. Ausfüllung des Begriffs der Mittellosigkeit. Nach §§ 1835 Abs. 4 S. 1, 1835 a Abs. 3 HS. 1, § 1836 Abs. 1 S. 3 iVm. § 1 Abs. 2 S. 2 VBVG eröffnet die Mittellosigkeit des Mündels dem Vormund den Zugriff auf die Staatskasse. Der Begriff der Mittellosigkeit ist in § 1836d definiert.

---

[80] LG Kaiserslautern FamRZ 1996, 896; Soergel/Zimmermann Rn. 50.

Diese Definition stellt maßgebend darauf ab, ob der Mündel den Vergütungs- oder (auch pauschalierten) Aufwendungsersatzanspruch mit seinem einzusetzenden Einkommen und Vermögen überhaupt nicht, nur nach gerichtlicher Geltendmachung von Unterhaltsansprüchen, nur teilweise oder nur in Raten befriedigen kann; vgl. Erl. zu § 1836d. Der Umfang des einzusetzenden Einkommens und Vermögens wird durch § 1836c bestimmt, der insoweit die Definition der Mittellosigkeit in § 1836d ausfüllt.

2. Haftungsbeschränkung. a) Grundsatz. Die Haftung der Staatskasse schließt den Anspruch gegen den Mündel nicht aus: § 1835 Abs. 1 S. 1, 2, § 1835a Abs. 1 S. 1, § 1836 Abs. 1 S. 3 iVm. § 1 Abs. 2 S. 1 VBVG beschränken den Vergütungs- oder Aufwendungsersatzanspruch nicht auf den bemittelten Mündel. Gleichwohl begrenzt § 1836c die Möglichkeit des Vormunds, den mittellosen Mündel persönlich auf Vergütung oder Aufwendungsersatz in Anspruch zu nehmen. Vgl. Vor § 1835 Rn. 8 ff. 2

Eine gleiche Begrenzung ergibt sich für den Rückgriff der Staatskasse in Fällen, in denen der Mündel aus dem einzusetzenden Einkommen und Vermögen (nur) Teil- oder Ratenleistungen erbringen kann, in denen dem Mündel die Erfüllung des Anspruchs erst nach gerichtlicher Geltendmachung von Unterhaltsansprüchen möglich wäre oder in denen die wirtschaftlichen Verhältnisse des Mündels sich nachträglich ändern oder von Anfang an unrichtig beurteilt worden sind. In den ersten beiden Fällen gilt der Mündel nach 1836 d als mittellos mit der Folge, dass die Staatskasse die Vergütungsschuld in vollem Umfang trägt; in den beiden letzten Fällen kann eine anfänglich vorliegende oder nur irrig angenommene Vermögenslosigkeit nach Leistung der Staatskasse entfallen oder als falsch erkannt werden.[1] In allen diesen Varianten geht der Anspruch des Vormunds gegen den Mündel mit der Leistung der Staatskasse auf diese über; tatsächliche oder von § 1836d fingierte Mittellosigkeit verlangt der Anspruchsübergang nicht (vgl. § 1836e Rn. 3). Der Rückgriff der Staatskasse gegen den Mündel ist aber auf das nach § 1836c einzusetzende Einkommen und Vermögen beschränkt (arg. § 1836e Abs. 1 S. 2 HS. 3 e contr.). Der Mündel soll sich nicht schlechter stehen als er sich bei unmittelbarer Inanspruchnahme durch den Vormund stünde. 3

b) Dogmatische Einordnung. Die dogmatische Erfassung der Haftungsbeschränkung fällt nicht leicht. Gewollt ist eine materiell-rechtliche, nicht vollstreckungsrechtliche Begrenzung. Als Einwendung lässt sich die Haftungsbeschränkung dabei wohl nicht verstehen; als solche führte sie nämlich zum – vom Gesetz nicht gewollten – Erlöschen des Anspruchs. Näherliegend ist es, dem Mündel die Einrede zuzugestehen, dass er den Vergütungs- oder Aufwendungsersatzanspruch nur mit seinem einzusetzenden Einkommen und Vermögen befriedigen könnte. Soweit die Einrede greift, ist eine Klage auf die Vergütung oder den Aufwendungsersatz nicht begründet; für einen der beschränkten Erbenhaftung nachempfundenen Vorbehalt bieten die § 1836c, §§ 780 ff. ZPO keinen Raum. 4

II. Das einzusetzende Einkommen (Nr. 1)

Der Mündel hat nach Nr. 1 sein Einkommen einzusetzen, soweit es die für die Hilfe nach dem Fünften bis Neunten Kapitel des Zwölften Buches Sozialgesetzbuch geltende Einkommensgrenze (§§ 82, 85 Abs. 1, § 86 SGB XII) übersteigt und ihm die Aufbringung der Mittel (nach Maßgabe des § 87 SGB XII) „in angemessenem Umfang zuzumuten" ist; zum Wortlaut der in Bezug genommen Vorschriften vgl. Anhang zu § 1836c. 5

1. Grundsatz (Nr. 1 S. 1 HS 1). Das einzusetzende Einkommen wird danach in zwei Rechenschritten ermittelt.[2] 6

a) Bereinigtes Einkommen. Ausgangspunkt ist das bereinigte Einkommen des Mündels (Betreuten) und seines von ihm nicht getrennt lebenden Ehegatten oder Lebenspartners (iS des § 1 Abs. 1 LPartG). Es bestimmt sich, wie die – zT als unglückt kritisierte[3] – Verweisung des § 1836c Nr. 1 S. 1 ergibt, aus § 82 SGB XII. Das Einkommen umfasst danach alle Einkünfte in Geld oder Geldeswert; ausgenommen bleiben im wesentlichen Leistungen nach dem SBG XII, Grundrente nach dem Bundesversorgungsgesetz sowie bestimmte Renten nach dem Bundesentschädigungsgesetz (§ 82 Abs. 1 SGB XII); ferner wohl auch (gem. § 13 Abs. 5 SGB XI) Leistungen der Pflegeversiche-

---

[1] OLG Düsseldorf FGPrax 2001, 110.
[2] Zum Folgenden *Knittel* BtG § 1836c Rn. 1 ff., auf dessen ausführliche Darstellung für die praktische Handhabung verwiesen wird. Vgl. eingehend auch *Bienwald/Sonnenfeld/Hoffmann* § 1836c Rn. 6 ff.; *Jürgens/Marschner* Betreuungsrecht § 1836c Rn. 2 ff.
[3] *Jürgens/Marschner* Betreuungsrecht § 1836c Rn. 1: § 82 SGB XII bezeichnet keine „Einkommensgrenze".

§ 1836c 7–10 Abschnitt 3. Titel 1. Vormundschaft

rung⁴ und – nach Maßgabe des § 37 SGB XI oder gleichartiger Vorschriften – Pflegegeld.⁵ Weitere Einkommensarten werden auf Grund rechtlicher Vorgaben anderer Sozialleistungsgesetze sowie nach einschlägigen Empfehlungen oder Richtlinien nicht angerechnet.⁶ Für den Mündel gezahltes Kindergeld ist nach Maßgabe des § 82 Abs. 1 S. 2 als Einkommen des Mündels zu berücksichtigen. Das so ermittelte Einkommen ist um die in § 82 Abs. 2, 3 SGB XII genannten Positionen zu bereinigen.⁷

7 **b) Einkommensgrenze.** Dem bereinigten Einkommen wird die sich aus § 85 Abs. 1 SGB XII ergebende allgemeine **Einkommensgrenze gegenübergestellt**.⁸ Die Differenz macht das einzusetzende Einkommen aus.⁹

8 **2. Einkommen zur Deckung eines bestimmten Bedarfs (Nr. 1 S. 2).** Soweit Einkommensteile bereits zur Deckung eines bestimmten Bedarfs im Rahmen der Hilfe nach dem Fünften bis Neunten Kapitel des Zwölften Buches Sozialgesetzbuch einzusetzen sind, stehen diese Beträge zur Vergütung des Vormunds nicht zur Verfügung. Denn derselbe Einkommensteil kann nicht zu Lasten des Mündels doppelt herangezogen werden; auch soll die Justizkasse nicht auf Kosten des Sozialfiskus entlastet werden; er bleibt deshalb nach § 1836c Nr. 1 S. 2, der dem § 89 Abs. 1 SGB XII nachgebildet ist, als einzusetzendes Einkommen außer Betracht, erhöht also rechnerisch die maßgebende Einkommensgrenze.

9 **3. Unterhaltsansprüche (Nr. 1 S. 3).** Zum Einkommen zählen, wie Nr. 1 S. 3 klarstellt, auch Unterhaltsansprüche sowie Renten, die dem Mündel aus dem Entzug solcher Ansprüche (etwa nach den §§ 844, 845) zustehen.¹⁰ Eine besondere Behandlung erfahren Unterhaltsansprüche lediglich im Rahmen des § 1836d Nr. 2: Unterhaltsansprüche schließen, auch wenn sie allein oder zusammen mit dem übrigen Einkommen die nach § 1836c maßgebenden Einkommensgrenzen übersteigen, die Annahme von Mittellosigkeit nicht aus; denn der Vormund soll nicht gezwungen sein, zur Befriedigung seiner Vergütungs- oder Aufwendungsersatzansprüche auf die Unterhaltsforderungen seines Mündels gegen Verwandte oder Ehegatten Zugriff zu nehmen. Dieses Zartgefühl des Gesetzes hindert freilich nicht, dass der Vergütungs- oder Aufwendungsersatzanspruch gegen den nur nach § 1836d als mittellos „geltenden" Mündel auf die Staatskasse übergeht, die diesen Anspruch gegen den Mündel geltend machen kann: § 1836c hindert den Rückgriff gegen den Mündel nicht; der Mündel haftet – unbeschadet seiner fiktiven Mittellosigkeit – mit seinem nach § 1836c einzusetzenden Einkommen; zu diesem rechnen aber auch die Unterhaltsansprüche, die damit dem Vollstreckungszugriff der Staatskasse offen stehen.¹¹ Der Beantwortung durch das Unterhaltsrecht überlassen bleiben muss die Frage, ob die dem Vormund (Betreuer) zustehenden Beträge als zusätzlicher Bedarf den Unterhaltsanspruch des Mündels (Betroffenen) steigern.¹²

10 **4. Einkommen des Ehegatten.** Nicht einzusetzen ist das Einkommen des Ehegatten, da dieser nicht Vergütungsschuldner ist. Das Einkommen des Ehegatten ist allerdings bei der Ermittlung des die sozialhilferechtliche Einkommensgrenze übersteigenden Familieneinkommens zu berücksichtigen. Dies kann dazu führen, dass das Ehegatteneinkommen bereits die Schonbeträge ganz oder teilweise erschöpft und das Einkommen des Mündels (Betreuten) deshalb ganz oder teilweise zur Begleichung der Vergütungs- oder Aufwendungsersatzforderung des Vormunds (Betreuers) einzusetzen ist.

---

⁴ *Knittel* BtG § 1836c Rn. 5 sub a); ebenso LG Koblenz FamRZ 2001, 308 = BtPrax 2000, 222; aA BayObLG FamRZ 2000, 562 = BtPrax 2000, 83.
⁵ *Knittel* BtG § 1836c Rn. 5 sub r).
⁶ Vgl. ausführlich *Knittel* BtG § 1836c Rn. 5 f.
⁷ Vgl. im Einzelnen *Knittel* BtG § 1836c Rn. 7 ff.
⁸ Zur Ermittlung: *Knittel* BtG § 1836c Rn. 9.
⁹ Zur Berechnung beispielhaft BayObLG FamRZ 2000, 562 = BtPrax 2000, 83.
¹⁰ Dies gilt – anders als im Sozialhilferecht – unabhängig vom tatsächlichen Zufluss der Unterhalts- oder Rentenleistung, vgl. *Jürgens/Marschner* Betreuungsrecht § 1836c Rn. 5.
¹¹ Im Regressverfahren nach § 168 Abs. 1 S. 2, 3 FamFG ist der Bestand der Unterhaltsansprüche nicht zu prüfen: OLG Schleswig FamRZ 2005, 1579 (zu § 56g Abs. 1 S. 2, 3 FGG aF). Sind die Unterhaltsansprüche nur gerichtlich durchsetzbar, hat das FamG, wenn es im Regressansinnen des Mündels festsetzt, deutlich zu machen, dass dieser Titel nur die Grundlage für die Einziehung der Unterhaltsansprüche sein kann: BayObLG FamRZ 2002, 417. Vgl. auch BayObLG NJW-RR 2002, 943, OLG Schleswig FamRZ 2005, 1579 und OLG Düsseldorf Rpfleger 2003, 28 (keine Prüfung, ob die Unterhaltsansprüche bestehen). Zur Frage, ob bei der Geltendmachung des Anspruchs aus § 1835a Abs. 3 Unterhaltsansprüche, die dem Betreuten nicht gegen den betreuenden Elternteil (insoweit gilt § 1835a Abs. 3 HS. 2), sondern gegen den anderen, mit dem betreuenden Elternteil in Haushaltsgemeinschaft zusammenlebenden Elternteil zustehen, unberücksichtigt bleiben, vgl. OLG Düsseldorf FamRZ 2002, 1590.
¹² Vgl. *Deinert/Lütgens*, Die Vergütung des Betreuers, 5. Aufl., Rn. 1256 ff. mwN.

5. Angemessener Umfang, Zumutbarkeit. Die bis dahin handhabbare Regelung wird 11 durch den Verweis auf § 87 SGB XII erschwert und – namentlich im Hinblick auf dessen schwerlich passende Bewertungshilfen – zusätzlich verdunkelt. Im Ergebnis wird man dem Mündel (Betreuten) einen Abzug vom „an sich" einzusetzenden Einkommen konzedieren, dessen Höhe das Gesetz offen lässt; zum Teil wird vorgeschlagen, dem Mündel (Betreuten) einen Betrag zu belassen, der die Pfändungsfreigrenze maßvoll – um bis zu 50 € – übersteigt.[13]

III. Einzusetzendes Vermögen (Nr. 2)

1. Grundsatz. Die Frage, in welchem Umfang der Mündel (Betreute) sein Vermögen zur 12 Befriedigung der Vergütungs- oder Aufwendungsersatzansprüche des Vormunds (Betreuers) einzusetzen hat, wird von Nr. 2 mit einem Verweis auf § 90 SGB XII beantwortet; zum Wortlaut dieser Vorschrift vgl. Anhang zu § 1836c.

2. Vermögen, Schonvermögen. Zum Vermögen iS des § 90 Abs. 1 SGB XII zählt das 13 gesamte verwertbare Vermögen – mithin gehören dazu auch schuldrechtliche oder erbrechtliche Ansprüche.[14] Zu berücksichtigen ist das gesamte Aktivvermögen;[15] die Verbindlichkeiten des Mündels bleiben unberücksichtigt – und zwar auch dann, wenn sie tituliert oder durch öffentlich-rechtlichen Leistungsbescheid festgesetzt sind.[16] Zum Vermögen zählen auch Nachzahlungen, die zum Ausgleich rückständiger Renten- oder Sozialleistungen erbracht werden.[17] Verwertbar ist Vermögen immer schon dann, wenn es finanziell nutzbar gemacht werden kann, etwa auch durch Vermietung, Verpachtung oder Beleihung.[18] Voraussetzung ist allerdings, dass sich der finanzielle Nutzen in angemessener Zeit realisieren lässt.[19] Hinsichtlich des in § 90 Abs. 2 SGB XII aufgelisteten Schonvermögens sind von besonderer praktischer Bedeutung:[20]

a) Hausgrundstück. Ein Hausgrundstück muss, um unter das Schonvermögen zu fallen, 14 „angemessen" sein (§ 90 Abs. 2 Nr. 8 SGB XII). Die Angemessenheit beurteilt sich nach der Bewohnerzahl sowie nach Wohnbedarf, Haus- und Grundstücksgröße, Ausstattung, Haus- und Grundstückswert.[21] Wohnflächen von 120 bis 156 m² werden als noch angemessen diskutiert; bei 500 m² übersteigenden Grundstücksflächen soll die Abtrennbarkeit und wirtschaftliche Verwertbarkeit von Teilflächen über die Angemessenheit entscheiden.[22] Kapital zur Beschaffung eines Hausgrundstücks

---

[13] Vgl. *Knittel* BtG § 1836c Rn. 14; *Deinert* FamRZ 1999, 1187, 1192 f. Vgl. auch BayObLG FamRZ 2000, 562 (tatrichterliche Beurteilung; maßgebend sind insbesondere die Ausgaben, die der Betreute zu bestreiten hat, um seine angemessene Lebensführung nicht unzumutbar einschränken zu müssen); BayObLG FamRZ 2002, 418 (auch Berücksichtigung besonderer Belastungen).
[14] Vgl. etwa LG Koblenz FamRZ 2005, 306 (Bausparverträge in Höhe des Rückkaufwertes); LG Osnabrück NdsRpfl 2005, 254 (Miterbenanteil).
[15] Hierzu zählen Ersparnisse auch dann, wenn sie auf nach § 82 Abs. 1 SGB XII nicht anrechenbaren Einkünften beruhen: BayObLG FGPrax 2005, 119 und FamRZ 2002, 1289.
[16] BayObLG FamRZ 2004, 308; vgl. auch BayObLG BtPrax 2002, 262; ferner LG Detmold FamRZ 2009, 544; LG Koblenz BtPrax 2010, 191.
[17] OLG Zweibrücken OLGR 2007, 665 = FGPrax 2007, 232: Bei Nachzahlung von rückständigen Rentenbeträgen kann sich allerdings der Rückgriff gem. § 90 Abs. 3 SGB XII auf die Summe der Teilbeträge reduzieren, auf die bei rechtzeitiger Auszahlung der Rente hätte zugegriffen werden können. Vgl. auch LG Gießen FamRZ 2009, 457 betr. Nachzahlungen von Kindergeld.
[18] LG Frankenthal BtPrax 2001, 264 (Beleihung eines noch nicht fälligen Sparbriefs). Anders, wenn der Verwertung rechtliche oder tatsächliche Hindernisse entgegenstehen oder wenn sie unwirtschaftlich ist: BayObLG FamRZ 2002, 416; OLG Naumburg MDR 2011, 547 (betr. Vergütungsanspruch des Nachlasspflegers bei Mittellosigkeit des Nachlasses).
[19] Etwa OLG Köln FamRZ 2009, 1091 (ererbte Wertpapiere, wenn Erblasser Dauertestamentsvollstreckung angeordnet und bestimmt hat, dass nur der – hier nicht hinreichende – Reinertrag monatlich auszuzahlen ist); OLG Schleswig FamRZ 2003, 1130 (Miterbenanteil, dessen Höhe vor Auseinandersetzung nicht feststeht); OLG Oldenburg FamRZ 2000, 1534 (nicht auseinandersetzungsfähiger Nachlass); OLG Frankfurt OLGR 2009, 505 = BtPrax 2008, 269; LG Bückeburg FamRZ 2009, 1709 und LG Koblenz BtPrax 2002, 222 (in absehbarer Zeit nicht verwertbares Hausgrundstück); LG Oldenburg FamRZ 2001, 309 (Notwendigkeit einer Teilungsversteigerung). Vgl. aber auch LG Schleswig FamRZ 2004, 979 (Verwertung einer Eigentumswohnung nicht ohne weiteres wegen Zeit- und Arbeitsaufwand unzumutbar); LG Arnsberg FamRZ 1998, 119 (Anspruch auf Erbauseinandersetzung); LG Koblenz FamRZ 2000, 981 (ungeteilte Erbengemeinschaft mit verkauftem Grundstück).
[20] Zum Folgenden *Knittel* BtG § 1836c Rn. 16 ff., 23, auf dessen ausführliche Darstellung für die praktische Handhabung verwiesen wird. Eingehend auch *Deinert/Lütgens*, Die Vergütung des Betreuers 5. Aufl., RdNr. 1323 ff. Ergänzend etwa: OLG Frankfurt FamRZ 2001, 868.
[21] BayObLG FamRZ 1996, 245. Vgl. auch OLG Düsseldorf FGPrax 2001, 110 (kein Anspruch des Fiskus auf Zwangshypothek zur Sicherung eines künftigen Rückgriffs).
[22] *Soergel/Zimmermann* Rn. 10.

§ 1836c 15, 16   Abschnitt 3. Titel 1. Vormundschaft

(iS des § 90 Abs. 2 Nr. 8 SGB XII) gehört nur dann nach § 90 Abs. 2 Nr. 3 SGB XII zum Schonvermögen, wenn bereits konkrete Bau- oder Erwerbspläne bestehen.[23]

15 **b) Kleinere Barbeträge.** Kleinere Barbeträge oder sonstige Geldwerte bleiben (nach § 90 Abs. 2 Nr. 9 SGB XII) außen vor. Dieser Begriff wird in der DVO zu § 90 Abs. 2 Nr. 9 SGB XII konkretisiert. Der danach dem Mündel (Betreuten) anrechnungsfrei verbleibende Betrag ergibt sich grundsätzlich aus § 1 Abs. 1 Nr. 1 lit. b) **DVO zu § 90 Abs. 2 Nr. 9 SGB XII**.[24]

16 **3. Keine unzumutbare Härte.** Dem Schonvermögen gleichgestellt sind nach § 90 Abs. 3 SGB XII Vermögensgegenstände, deren Verwertung für den Mündel (Betreuten) eine besondere Härte begründen, d.h.: zu einem den Leitvorstellungen des § 90 Abs. 2 SGB XII widersprechenden Ergebnis führen würde.[25] Das wird bei Guthaben aus Schmerzensgeldzahlungen,[26] Zahlung von Rentenrückständen[27] oder – weniger nachvollziehbar – angespartem Erziehungsgeld[28] angenommen[29] und lässt sich – nach Lage des Einzelfalls – etwa auch der Verwertung von „unangemessenen", weil zu großen Häusern entgegensetzen,[30] wenn den Belangen des Mündels (Betreuten) nicht bereits durch Einräumung eines lebzeitigen Wohnrechts Rechnung getragen werden kann.[31] Sterbegeldversicherungen sind wohl schwerlich mit einer „Alterssicherung" (§ 90 Abs. 3 S. 2 Alt. 2 SGB XII); doch wird sich ihr Einsatz für den Betroffenen vielfach als Härte iS des § 90 Abs. 3 S. 1 SGB XII darstellen.[32] Auch eine Lebensversicherung soll, soweit sie nicht § 90 Abs. 2 Nr. 2 unterfällt, uU nach § 90 Abs. 3 S. 2 Alt. 2 SGB XII dem Zugriff entzogen sein – dies allerdings nur dann, wenn der Mündel (Betreute) glaubhaft macht, dass sie zum Aufbau einer angemessenen Altersversorgung zwingend erforderlich ist.[33] Eine Abfindung für laufenden Unterhalt kann, soweit sie der Deckung des aktuellen Unterhaltsbedarfs dient, zur angemessenen Lebensführung notwendig sein (§ 90 Abs. 3 S. 2 Alt. 1 SGB XII);[34] der Zugriff auf die Nachzahlung von Grundsicherungsleistungen soll sich, wenn auf fehlerhafter Sachbearbeitung beruhend, als Härte darstellen können.[35] Umgekehrt stellt sich der Zugriff auf erhebliches Vermögen nicht schon deshalb als Härte (iS des § 90 Abs. 3 S. 1 SGB XII) dar, weil er zu schnellerem Vermögensverbrauch und damit zu einem früher einsetzenden Sozialhilfebedarf führen könnte.[36] Generell soll Kapitalvermögen nach § 90 Abs. 3 S. 2 Alt. 2 SGB XII verschont bleiben, wenn eine von der Sozialhilfe unabhängige Altersversorgung existiert und die anderweitige Verwertung des Kapitals dazu führt, dass der Betroffene künftig seine Altersversorgung zumindest teilweise von Sozialhilfe wird bestreiten müssen.[37]

---

[23] OLG Hamm OLGR 2006, 19. Vgl. auch OLG Frankfurt FamRZ 2001, 1486 (Anspruch auf Eigentumsverschaffung an einer vom Betroffenen bereits bewohnten Eigentumswohnung unterfällt dem § 90 Abs. 2 Nr. 3 SGB XII).
[24] BGH FamRZ 2002, 157 und BGH FuR 2002, 268; vgl. näher *Jürgens/Marschner* Betreuungsrecht § 1836c Rn. 12; *Knittel* BtG § 1836c Rn. 33; *Palandt/Diederichsen* Rn. 11. Vgl. ferner OLG Frankfurt FGPrax 2004, 72.
[25] BayObLG FamRZ 1996, 245, 247. Vgl. auch BayObLG FamRZ 2004, 566 (Berücksichtigung auch persönlicher, aus dem Krankheitsbild des Betroffenen folgender Umstände). Zu § 90 Abs. 3 S. 3 SGB XII: BayObLG FamRZ 2003, 966; OLG Celle FamRZ 2003, 1047.
[26] OLG Jena FGPrax 2005, 125; OLG Frankfurt FamRZ 2008, 2152. Auch Zinsen aus der Anlage von Schmerzensgeld: OLG Frankfurt BtPrax 2009, 305. Vgl. auch LG Gera Beschluss vom 10.04.08 – 5 T 312/07 – juris.
[27] OLG Zweibrücken OLGR 2007, 665 = FGPrax 2007, 232; vgl. auch LG Gießen FamRZ 2009, 457 (Nachzahlung von Kindergeld).
[28] BVerwG NJW 1998, 397.
[29] Die Einsatzfreiheit bestimmter Sozialleistungen als Einkommen führt grundsätzlich nicht zur Einsatzfreiheit des mit diesen Sozialleistungen angesparten Vermögens: BayObLG FamRZ 2002, 1289, 1290.
[30] *Soergel/Zimmermann* Rn. 12. Dies allerdings wohl nur unter engsten Voraussetzungen: LG Braunschweig NdsRpfl 2009, 216.
[31] BayObLG FamRZ 1996, 245.
[32] OLG Schleswig FamRZ 2007, 1188; OLG München FamRZ 2007, 1189; OLG Zweibrücken FGPrax 2006, 21; LG Stade BtPrax 2003, 233; vgl. auch OLG Frankfurt FamRZ 2001, 868 (keine fiktive Zurechnung von bereits getätigten Ausgaben für eine Sterbegeldversicherung); LG Verden FamRZ 2007, 1189 (Ersparnisse für angemessene Bestattung); ebenso OLG Koblenz Beschluss vom 06. 12. 2010 – 2 T 644/10 – juris. Vgl. auch Jacobsen ZfS 1007, 132.
[33] LG Koblenz FamRZ 2010, 329; LG Koblenz MDR 2009, 1048; LG Detmold Beschl. v. 26. 1. 2011 – 3 T 161/10 – juris. Vgl. auch LG Köln FamRZ 2009, 1092 (keine Mittellosigkeit, wenn der Betreute nach Errichtung der Betreuung hins. einer Kapitallebensversicherung einen Verwertungsausschluss vereinbart hat). Zum Ganzen ausführlich *Hille* Rpfleger 2009, 653.
[34] OLG Hamm FGPrax 2003, 223.
[35] LG Aachen BtPrax 2009, 142 (mE problematisch).
[36] OLG München FGPrax 2005, 210. Vgl. auch LG Osnabrück NdsRpfl 2009, 13: Verwertung einer vermieteten Eigentumswohnung auch dann keine Härte, wenn die Mieterträge für den Lebensunterhalt, insbes. für Heimkosten, benötigt werden.
[37] OLG Karlsruhe FamRZ 2004, 1122 mwN; OLG München FamRZ 2009, 1092: Für die Angemessenheit soll die aktuelle Höhe des Sozialhilfebedarfs zugrunde gelegt und dieser um einen Zuschlag (vertretbar: 100 €) erhöht werden.

Sozialgesetzbuch (SGB) Zwölftes Buch (XII) – Sozialhilfe § 1836c Anh.

Anhang

Sozialgesetzbuch (SGB)
Zwölftes Buch (XII) – Sozialhilfe

in der Fassung vom 27. Dezember 2003
(BGBl. I S. 3022), zuletzt geändert durch Gesetz vom 17. 10. 2011 (BGBl. I S. 2090)
BGBl. III/860-12
– Auszug –

Elftes Kapitel. Einsatz des Einkommens und des Vermögens

Erster Abschnitt. Einkommen

§ 82 Begriff des Einkommens

(1) ¹Zum Einkommen gehören alle Einkünfte in Geld oder Geldeswert mit Ausnahme der Leistungen nach diesem Buch, der Grundrente nach dem Bundesversorgungsgesetz und nach den Gesetzen, die eine entsprechende Anwendung des Bundesversorgungsgesetzes vorsehen und der Renten oder Beihilfen nach dem Bundesentschädigungsgesetz für Schaden an Leben sowie an Körper oder Gesundheit, bis zur Höhe der vergleichbaren Grundrente nach dem Bundesversorgungsgesetz. ²Einkünfte aus Rückerstattungen, die auf Vorauszahlungen beruhen, die Leistungsberechtigte aus dem Regelsatz erbracht haben, sind kein Einkommen. ³Bei Minderjährigen ist das Kindergeld dem jeweiligen Kind als Einkommen zuzurechnen, soweit es bei diesem zur Deckung des notwendigen Lebensunterhaltes, mit Ausnahme der Bedarfe nach § 34, benötigt wird.

(2) Von dem Einkommen sind abzusetzen
1. auf das Einkommen entrichtete Steuern,
2. Pflichtbeiträge zur Sozialversicherung einschließlich der Beiträge zur Arbeitsförderung,
3. Beiträge zu öffentlichen oder privaten Versicherungen oder ähnlichen Einrichtungen, soweit diese Beiträge gesetzlich vorgeschrieben oder nach Grund und Höhe angemessen sind, sowie geförderte Altersvorsorgebeiträge nach § 82 des Einkommensteuergesetzes, soweit sie den Mindesteigenbeitrag nach § 86 des Einkommensteuergesetzes nicht überschreiten,
4. die mit der Erzielung des Einkommens verbundenen notwendigen Ausgaben,
5. das Arbeitsförderungsgeld und Erhöhungsbeträge des Arbeitsentgelts im Sinne von § 43 Satz 4 des Neunten Buches.

(3) ¹Bei der Hilfe zum Lebensunterhalt und Grundsicherung im Alter und bei Erwerbsminderung ist ferner ein Betrag in Höhe von 30 vom Hundert des Einkommens aus selbständiger und nichtselbständiger Tätigkeit der Leistungsberechtigten abzusetzen, höchstens jedoch 50 vom Hundert der Regelbedarfsstufe 1 nach der Anlage zu § 28. ²Abweichend von Satz 1 ist bei einer Beschäftigung in einer Werkstatt für behinderte Menschen von dem Entgelt ein Achtel der Regelbedarfsstufe 1 nach der Anlage zu § 28 zuzüglich 25 vom Hundert des diesen Betrag übersteigenden Entgelts abzusetzen. ³Im Übrigen kann in begründeten Fällen ein anderer als in Satz 1 festgelegter Betrag vom Einkommen abgesetzt werden. ⁴Erhält eine leistungsberechtigte Person mindestens aus einer Tätigkeit Bezüge oder Einnahmen, die nach § 3 Nummer 12, 26, 26a oder 26b des Einkommensteuergesetzes steuerfrei sind, ist abweichend von den Sätzen 1 und 2 ein Betrag von bis zu 175 Euro monatlich nicht als Einkommen zu berücksichtigen.

Zweiter Abschnitt. Einkommensgrenzen für die Leistungen nach dem Fünften bis Neunten Kapitel

§ 85 Einkommensgrenze

(1) Bei der Hilfe nach dem Fünften bis Neunten Kapitel ist der nachfragenden Person und ihrem nicht getrennt lebenden Ehegatten oder Lebenspartner die Aufbringung der Mittel nicht zuzumuten, wenn während der Dauer des Bedarfs ihr monatliches Einkommen zusammen eine Einkommensgrenze nicht übersteigt, die sich ergibt aus

Wagenitz

§ 1836c Anh. Abschnitt 3. Titel 1. Vormundschaft

1. einem Grundbetrag in Höhe des Zweifachen der Regelbedarfsstufe 1 nach der Anlage zu § 28,
2. den Kosten der Unterkunft, soweit die Aufwendungen hierfür den der Besonderheit des Einzelfalles angemessenen Umfang nicht übersteigen und
3. einem Familienzuschlag in Höhe des auf volle Euro aufgerundeten Betrages von 70 vom Hundert der Regelbedarfsstufe 1 nach der Anlage zu § 28 für den nicht getrennt lebenden Ehegatten oder Lebenspartner und für jede Person, die von der nachfragenden Person, ihrem nicht getrennt lebenden Ehegatten oder Lebenspartner überwiegend unterhalten worden ist oder für die sie nach der Entscheidung über die Erbringung der Sozialhilfe unterhaltspflichtig werden.

(2) [1] Ist die nachfragende Person minderjährig und unverheiratet, so ist ihr und ihren Eltern die Aufbringung der Mittel nicht zuzumuten, wenn während der Dauer des Bedarfs das monatliche Einkommen der nachfragenden Person und ihrer Eltern zusammen eine Einkommensgrenze nicht übersteigt, die sich ergibt aus
1. einem Grundbetrag in Höhe des Zweifachen der Regelbedarfsstufe 1 nach der Anlage zu § 28,
2. den Kosten der Unterkunft, soweit die Aufwendungen hierfür den der Besonderheit des Einzelfalles angemessenen Umfang nicht übersteigen und
3. einem Familienzuschlag in Höhe des auf volle Euro aufgerundeten Betrages von 70 vom Hundert der Regelbedarfsstufe 1 nach der Anlage zu § 28 für einen Elternteil, wenn die Eltern zusammenleben, sowie für die nachfragende Person und für jede Person, die von den Eltern oder der nachfragenden Person überwiegend unterhalten worden ist oder für die sie nach der Entscheidung über die Erbringung der Sozialhilfe unterhaltspflichtig werden.
[2] Leben die Eltern nicht zusammen, richtet sich die Einkommensgrenze nach dem Elternteil, bei dem die nachfragende Person lebt. [3] Lebt sie bei keinem Elternteil, bestimmt sich die Einkommensgrenze nach Absatz 1.

(3) [1] Die maßgebende Regelbedarfsstufe 1 nach der Anlage zu § 28 bestimmt sich nach dem Ort, an dem der Leistungsberechtigte die Leistung erhält. [2] Bei der Leistung in einer Einrichtung sowie bei Unterbringung in einer anderen Familie oder bei den in § 107 genannten anderen Personen bestimmt er sich nach dem gewöhnlichen Aufenthalt des Leistungsberechtigten oder, wenn im Falle des Absatzes 2 auch das Einkommen seiner Eltern oder eines Elternteils maßgebend ist, nach deren gewöhnlichem Aufenthalt. [3] Ist ein gewöhnlicher Aufenthalt im Inland nicht vorhanden oder nicht zu ermitteln, ist Satz 1 anzuwenden.

§ 86 Abweichender Grundbetrag

Die Länder und, soweit landesrechtliche Vorschriften nicht entgegenstehen, auch die Träger der Sozialhilfe können für bestimmte Arten der Hilfe nach dem Fünften bis Neunten Kapitel der Einkommensgrenze einen höheren Grundbetrag zu Grunde legen.

§ 87 Einsatz des Einkommens über der Einkommensgrenze

(1) [1] Soweit das zu berücksichtigende Einkommen die Einkommensgrenze übersteigt, ist die Aufbringung der Mittel in angemessenem Umfang zuzumuten. [2] Bei der Prüfung, welcher Umfang angemessen ist, sind insbesondere die Art des Bedarfs, die Art oder Schwere der Behinderung oder der Pflegebedürftigkeit, die Dauer und Höhe der erforderlichen Aufwendungen sowie besondere Belastungen der nachfragenden Person und ihrer unterhaltsberechtigten Angehörigen zu berücksichtigen. [3] Bei schwerstpflegebedürftigen Menschen nach § 64 Abs. 3 und blinden Menschen nach § 72 ist ein Einsatz des Einkommens über der Einkommensgrenze in Höhe von mindestens 60 vom Hundert nicht zuzumuten.

(2) Verliert die nachfragende Person durch den Eintritt eines Bedarfsfalles ihr Einkommen ganz oder teilweise und ist ihr Bedarf nur von kurzer Dauer, so kann die Aufbringung der Mittel auch aus dem Einkommen verlangt werden, das sie innerhalb eines angemessenen Zeitraumes nach dem Wegfall des Bedarfs erwirbt und das die Einkommensgrenze übersteigt, jedoch nur insoweit, als ihr ohne den Verlust des Einkommens die Aufbringung der Mittel zuzumuten gewesen wäre.

(3) Bei einmaligen Leistungen zur Beschaffung von Bedarfsgegenständen, deren Gebrauch für mindestens ein Jahr bestimmt ist, kann die Aufbringung der Mittel nach Maßgabe des Absatzes 1 auch aus dem Einkommen verlangt werden, das die in § 19 Abs. 3 genannten Personen innerhalb eines Zeitraumes von bis zu drei Monaten nach Ablauf des Monats, in dem über die Leistung entschieden worden ist, erwerben.

Verordnung zur Durchführung des § 90 Abs. 2 Nr. 9 SGB XII § 1836c Anh.

Dritter Abschnitt. Vermögen

§ 90 Einzusetzendes Vermögen

(1) Einzusetzen ist das gesamte verwertbare Vermögen.

(2) Die Sozialhilfe darf nicht abhängig gemacht werden vom Einsatz oder von der Verwertung
1. eines Vermögens, das aus öffentlichen Mitteln zum Aufbau oder zur Sicherung einer Lebensgrundlage oder zur Gründung eines Hausstandes erbracht wird,
2. eines Kapitals einschließlich seiner Erträge, das der zusätzlichen Altersvorsorge im Sinne des § 10a oder des Abschnitts XI des Einkommensteuergesetzes dient und dessen Ansammlung staatlich gefördert wurde,
3. eines sonstigen Vermögens, solange es nachweislich zur baldigen Beschaffung oder Erhaltung eines Hausgrundstücks im Sinne der Nummer 8 bestimmt ist, soweit dieses Wohnzwecken behinderter (§ 53 Abs. 1 Satz 1 und § 72) oder pflegebedürftiger Menschen (§ 61) dient oder dienen soll und dieser Zweck durch den Einsatz oder die Verwertung des Vermögens gefährdet würde,
4. eines angemessenen Hausrats; dabei sind die bisherigen Lebensverhältnisse der nachfragenden Person zu berücksichtigen,
5. von Gegenständen, die zur Aufnahme oder Fortsetzung der Berufsausbildung oder der Erwerbstätigkeit unentbehrlich sind,
6. von Familien- und Erbstücken, deren Veräußerung für die nachfragende Person oder ihre Familie eine besondere Härte bedeuten würde,
7. von Gegenständen, die zur Befriedigung geistiger, insbesondere wissenschaftlicher oder künstlerischer Bedürfnisse dienen und deren Besitz nicht Luxus ist,
8. eines angemessenen Hausgrundstücks, das von der nachfragenden Person oder einer anderen in den § 19 Abs. 1 bis 3 genannten Person allein oder zusammen mit Angehörigen ganz oder teilweise bewohnt wird und nach ihrem Tod von ihren Angehörigen bewohnt werden soll. Die Angemessenheit bestimmt sich nach der Zahl der Bewohner, dem Wohnbedarf (zum Beispiel behinderter, blinder oder pflegebedürftiger Menschen), der Grundstücksgröße, der Hausgröße, dem Zuschnitt und der Ausstattung des Wohngebäudes sowie dem Wert des Grundstücks einschließlich des Wohngebäudes,
9. kleinerer Barbeträge oder sonstiger Geldwerte; dabei ist eine besondere Notlage der nachfragenden Person zu berücksichtigen.

(3) ¹Die Sozialhilfe darf ferner nicht vom Einsatz oder von der Verwertung eines Vermögens abhängig gemacht werden, soweit dies für den, der das Vermögen einzusetzen hat, und für seine unterhaltsberechtigten Angehörigen eine Härte bedeuten würde. ²Dies ist bei der Leistung nach dem Fünften bis Neunten Kapitel insbesondere der Fall, soweit eine angemessene Lebensführung oder die Aufrechterhaltung einer angemessenen Alterssicherung wesentlich erschwert würde.

Verordnung zur Durchführung des § 90 Abs. 2 Nr. 9 des Zwölften Buches Sozialgesetzbuch

Vom 11. Februar 1988 (BGBl. I S. 150),
zuletzt geändert durch Gesetz vom 27. Dezember 2003 (BGBl. I S. 3022)
BGBl. III/FNA 2170-1-20

§ 1 [Kleinere Barbeträge oder sonstige Geldwerte]

(1) ¹Kleinere Barbeträge oder sonstige Geldwerte im Sinne des § 90 Abs. 2 Nr. 9 des Zwölften Buches Sozialgesetzbuch sind,
1. wenn die Sozialhilfe vom Vermögen der nachfragenden Person abhängig ist,
   a) bei der Hilfe zum Lebensunterhalt nach dem Dritten Kapitel des Zwölften Buches Sozialgesetzbuch 1 600 Euro, jedoch 2 600 Euro bei nachfragenden Personen, die das 60. Lebensjahr vollendet haben, sowie bei voll Erwerbsgeminderten im Sinne der gesetzlichen Rentenversicherung und den diesem Personenkreis vergleichbaren Invalidenrentnern,
   b) bei den Leistungen nach dem Fünften bis Neunten Kapitel des Zwölften Buches Sozialgesetzbuch 2 600 Euro, zuzüglich eines Betrages von 256 Euro für jede Person, die von der nachfragenden Person überwiegend unterhalten wird,

§ 1836d

2. wenn die Sozialhilfe vom Vermögen der nachfragenden Person und ihres nicht getrennt lebenden Ehegatten oder Lebenspartners abhängig ist, der nach Nummer 1 Buchstabe a oder b maßgebende Betrag zuzüglich eines Betrages von 614 Euro für den Ehegatten oder Lebenspartner und eines Betrages von 256 Euro für jede Person, die von der nachfragenden Person, ihrem Ehegatten oder Lebenspartner überwiegend unterhalten wird,
3. wenn die Sozialhilfe vom Vermögen einer minderjährigen unverheirateten nachfragenden Person und ihrer Eltern abhängig ist, der nach Nummer 1 Buchstabe a oder b maßgebende Betrag zuzüglich eines Betrages von 614 Euro für einen Elternteil und eines Betrages von 256 Euro für die nachfragende Person und für jede Person, die von den Eltern oder von der nachfragenden Person überwiegend unterhalten wird. ²Im Falle des § 64 Abs. 3 und des § 72 des Zwölften Buches Sozialgesetzbuch tritt an die Stelle des in Satz 1 genannten Betrages von 614 Euro ein Betrag von 1 534 Euro, wenn beide Eheleute oder beide Lebenspartner (Nummer 2) oder beide Elternteile (Nummer 3) die Voraussetzungen des § 72 Abs. 5 des Zwölften Buches Sozialgesetzbuch erfüllen oder so schwer behindert sind, dass sie als Beschädigte die Pflegezulage nach den Stufen III bis VI nach § 35 Abs. 1 Satz 2 des Bundesversorgungsgesetzes erhielten.

(2) ¹Ist im Falle des Absatzes 1 Satz 1 Nr. 3 das Vermögen nur eines Elternteils zu berücksichtigen, so ist der Betrag von 614 Euro, im Falle des § 64 Abs. 3 und des § 72 des Zwölften Buches Sozialgesetzbuch von 1 534 Euro, nicht anzusetzen. ²Leben im Falle von Leistungen nach dem Fünften bis Neunten Kapitel des Zwölften Buches Sozialgesetzbuch die Eltern nicht zusammen, so ist das Vermögen des Elternteils zu berücksichtigen, bei dem die nachfragende Person lebt; lebt sie bei keinem Elternteil, so ist Absatz 1 Satz 1 Nr. 1 anzuwenden.

§ 2 [Erhöhung oder Herabsetzung des Barbetrags]

(1) ¹Der nach § 1 Abs. 1 Satz 1 Nr. 1 Buchstabe a oder b maßgebende Betrag ist angemessen zu erhöhen, wenn im Einzelfall eine besondere Notlage der nachfragenden Person besteht. ²Bei der Prüfung, ob eine besondere Notlage besteht, sowie bei der Entscheidung über den Umfang der Erhöhung sind vor allem Art und Dauer des Bedarfs sowie besondere Belastungen zu berücksichtigen.

(2) Der nach § 1 Abs. 1 Satz 1 Nr. 1 Buchstabe a oder b maßgebende Betrag kann angemessen herabgesetzt werden, wenn die Voraussetzungen der §§ 103 oder 94 des Gesetzes vorliegen.

§ 3 *(gegenstandslos)*

§ 4 [Inkrafttreten]

¹Diese Verordnung tritt am 1. April 1988 in Kraft. ²Gleichzeitig tritt die Verordnung zur Durchführung des § 88 Abs. 2 Nr. 8 des Bundessozialhilfegesetzes vom 9. November 1970 (BGBl. I S. 1529), zuletzt geändert durch die Verordnung vom 6. Dezember 1979 (BGBl. I S. 2004), außer Kraft.

§ 1836d Mittellosigkeit des Mündels

Der Mündel gilt als mittellos, wenn er den Aufwendungsersatz oder die Vergütung aus seinem einzusetzenden Einkommen oder Vermögen
1. nicht oder nur zum Teil oder nur in Raten oder
2. nur im Wege gerichtlicher Geltendmachung von Unterhaltsansprüchen
aufbringen kann.

Übersicht

	Rn.		Rn.
I. Normzweck	1	b) Tatsächliche Mittellosigkeit	5
II. Fälle der Mittellosigkeit	2–11	c) Fiktive Mittellosigkeit	6–8
1. Tatsächliche und fiktive Mittellosigkeit	2–8	2. Abschließende Wirkung	9
a) Unterschiedliche rechtliche Behandlung	3, 4	3. Mittellosigkeit in Bezug auf Auslagenersatz oder Vergütung	10

Mittellosigkeit des Mündels 1–7 § 1836d

	Rn.		Rn.
4. Funktion der Mittellosigkeit im System des Vergütungsrechts	11	IV. Feststellung der Mittellosigkeit	13
III. Maßgebender Zeitpunkt	12	V. Parallelvorschriften	14

I. Normzweck

§ 1836d definiert den Begriff der Mittellosigkeit und füllt damit die § 1835 Abs. 4 S. 1, § 1835a **1** Abs. 3 HS 1, § 1836 Abs. 1 S. 3 iVm. § 1 Abs. 2 S. 2 VBVG aus: Danach haftet dem Vormund die Staatskasse auf Vergütung oder auf (auch pauschalierten) Aufwendungsersatz, wenn der Mündel mittellos ist.

II. Fälle der Mittellosigkeit

1. Tatsächliche und fiktive Mittellosigkeit. Nach der Begriffsbestimmung des § 1836d ist **2** ein Mündel mittellos, wenn er den Anspruch seines Vormunds auf Aufwendungsersatz oder Vergütung nicht – auch nicht teilweise oder in Raten – aus seinem nach § 1836c einzusetzenden Einkommen oder Vermögen befriedigen kann. Darüber hinaus „gilt" als mittellos, wer die Vergütungsforderung des Vormunds (Betreuers) aus seinem einzusetzenden Einkommen oder Vermögen nur in Raten oder nur nach gerichtlicher Geltendmachung von Unterhaltsansprüchen, die ihm gegen Dritte (Verwandte, Ehegatten) zustehen, befriedigen kann.

a) Unterschiedliche rechtliche Behandlung. § 1836d erfasst – wohl aus Gründen der **3** sprachlichen Vereinfachung – beide Fallgruppen in der Form einer Fiktion. Diese Gesetzesfassung darf jedoch nicht darüber hinweg täuschen, dass beide Fallgruppen eine partiell unterschiedliche rechtliche Behandlung erfahren:

(1) Ist der Mündel „wirklich" mittellos, kann der Vormund ihn nicht – auch nicht teilweise – **4** mit Erfolg auf Zahlung von Aufwendungsersatz oder Vergütung in Anspruch nehmen; denn der Mündel hat kein, die Selbstbehalte des § 1836c überschießendes Einkommen oder Vermögen, mit dem er – in Höhe des Überschusses – für die Vergütung des Vormunds aufkommen müsste. Eine persönliche Inanspruchnahme des Mündels wird insoweit durch § 1836c schlechthin versperrt.

(2) In den Fällen der nur fiktiven Mittellosigkeit lässt das Gesetz dem Vormund die Wahl: Er kann sich nach § 1835 Abs. 4, § 1835a Abs. 3, § 1836 Abs. 1 S. 3 iVm. § 1 Abs. 2 S. 2 VBVG an die Staatskasse halten, weil der Mündel als mittellos gilt. Der Vormund ist allerdings nicht gezwungen, diesen Weg zu gehen. Er kann sich vielmehr auch mit seiner Aufwendungsersatz- oder Vergütungsforderung zumindest teilweise an den Mündel selbst halten: Die Anspruchsgrundlage des § 1835 Abs. 1, § 1835a Abs. 1 § 1836 Abs. 1 S. 2, 3 iVm. § 1 Abs. 2 S. 1 VBVG verlangt „Bemitteltheit" des Mündels nicht und § 1836c schließt eine persönliche Inanspruchnahme des Mündels nur dort schlechthin aus, wo der Mündel „wirklich" mittellos ist, aus seinem einzusetzenden Einkommen und Vermögen einschließlich ihm zustehender Unterhaltsansprüche also auch keine Teil- oder Ratenleistungen an den Vormund zu erbringen vermag. Vgl. Vor § 1835 Rn. 10, § 1836 Rn. 14.

b) Tatsächliche Mittellosigkeit. Nach § 1836d Nr. 1 1. Alt. „gilt" ein Mündel (Betreuter) **5** als mittellos, wer er den Anspruch seines Vormunds (Betreuers) auf Vergütung, auf Aufwendungsersatz oder auf die Aufwendungspauschale überhaupt nicht – also auch nicht teilweise oder in Raten – aus seinem nach § 1836c einzusetzenden Einkommen oder Vermögen befriedigen kann. Das Gesetz formuliert diesen Fall – wohl im Interesse des sprachlichen Gleichklangs mit den folgenden Alternativen – als Fiktion. Das kann leicht missverstanden werden: Übersteigen Einkommen und Vermögen die in § 1836c genannten Verschonungen nicht, so verfügt der Mündel über kein einzusetzendes Einkommen und Vermögen; er kann deshalb – gem. der Haftungsbeschränkung des § 1836c – vom Vormund nicht auf Vergütung oder Aufwendungsersatz in Anspruch genommen werden. In Ansehung des allein relevanten Einkommens und Vermögens „gilt" der Mündel hier also nicht nur als mittellos, er ist es auch „wirklich".

c) Fiktive Mittellosigkeit. Darüber hinaus ist der Mündel in zwei weiteren Fällen als mittellos **6** zu behandeln:

aa) Teilweise Leistungsunfähigkeit. Zum Ersten bei nur teilweiser Leistungsunfähigkeit: **7** Das einzusetzende Einkommen oder Vermögen übersteigt die von § 1836c vorgesehenen Verschonungen; die überschießenden Beträge reichen aber zur vollständigen Befriedigung des Vergütungs- oder Aufwendungsersatzanspruchs des Vormunds nicht aus. In diesen Fällen gilt der Mündel gleichwohl als mittellos mit der Folge, dass der Vormund sich nicht mit Ratenzahlungen des Mündels bescheiden oder ihm Teilleistungen abfordern muss, sondern die Befriedigung seines

Wagenitz 1627

§ 1836d 8, 9

Vergütungs- oder Aufwendungsersatzanspruchs insgesamt aus der Staatskasse verlangen kann. Nach der hier vertretenen Auffassung führt die Mittellosigkeit des Mündels nicht zu einem Erlöschen des Anspruchs gegen den Mündel. Vielmehr stehen der Anspruch gegen die Staatskasse und der gegen den Mündel nebeneinander; allerdings kann der Mündel dem Vormund in den Fällen der tatsächlichen Mittellosigkeit die Haftungsbeschränkung des § 1836c entgegenhalten. Für die Fälle der bloß fiktiven Mittellosigkeit steht dem Mündel eine dem § 1836c vergleichbare Einrede nicht zur Seite: Der Vormund hat deshalb die Wahl, ob er den Mündel – im Rahmen der von § 1836c gezogenen Grenzen – auf Teilleistungen in Anspruch nehmen oder sich insgesamt an die Staatskasse halten will; zum Regress der Staatskasse vgl. Erl. zu § 1836e. Zur Frage, ob der Berufsbetreuer, der seine Vergütung für mehrere (dreimonatige) Abrechnungsperioden auf einmal geltend macht, damit mehrere und für die Frage der (fiktiven) Mittellosigkeit jeweils gesondert zu beurteilende Ansprüche geltend macht, siehe Erl. zu § 9 VBVG.

8 **bb) Leistungsfähigkeit nur nach Geltendmachung von Unterhalt.** Zum Zweiten gilt der Mündel auch dann als mittellos, wenn er den Anspruch des Vormunds auf Vergütung oder Aufwendungsersatz nur nach vorheriger gerichtlicher Geltendmachung von Unterhaltsansprüchen, die ihm gegen einen Ehegatten oder Verwandte zustehen, befriedigen könnte. Derartige Unterhaltsansprüche zählen, wie § 1836c Nr. 1 S. 2 klarstellt, zwar zum einzusetzenden Einkommen. Gleichwohl soll der Vormund nicht gezwungen sein, zur Befriedigung seiner Vergütungs- und Unterhaltsansprüche gegen den Mündel und – nach Titelerwerb sowie Pfändung und Überweisung der Unterhaltsansprüche – gegen dessen Ehegatten oder Verwandte vorzugehen. Die bloße Fiktion der Mittellosigkeit versperrt ihm diese Möglichkeit zwar auch hier nicht; sie eröffnet ihm jedoch die Alternative, sich für Vergütung und Aufwendungen bei der Staatskasse schadlos zu halten, die ihrerseits – über den Mündelregress – die dem Mündel Unterhaltspflichtigen für die Kosten der Vormundschaft in Anspruch nehmen kann;[1] vgl. Erl. zu § 1836e.

9 **2. Abschließende Wirkung.** Die Definition des § 1836d ist grundsätzlich abschließend; es sind also keine Fälle vorstellbar, in denen zwar die Voraussetzungen des § 1836d nicht vorliegen, der Mündel aber gleichwohl als mittellos anzusehen ist.

Eine Ausnahme von der grundsätzlich abschließenden Definition des § 1836d gilt in Fällen, in den der Mündel (Betreute) verstirbt, der Vergütungsanspruch des Vormunds (Betreuers) aber noch nicht erfüllt ist: Die Vergütungsforderung begründet als eine vom Erblasser herrührende Schuld (§ 1967 Abs. 2) eine Nachlassverbindlichkeit, für welche die Erben nach § 1967 Abs. 1 haften. Die Haftung der Erben ist analog § 1836e Abs. 1 Satz 2 beschränkt: Die Erben haften also nur mit dem Wert des im Zeitpunkt des Todes vorhandenen Reinnachlasses, also des Aktivnachlasses abzüglich der (übrigen) Nachlassverbindlichkeiten; außerdem kommen ihnen die in § 102 Abs. 3, 4 SGB XII vorgesehenen Freibeträge und Vergünstigungen zugute.[2] Zwar regelt § 1836e unmittelbar nur die Haftung der Erben für Regressforderungen der Staatskasse; es kann jedoch keinen Unterschied machen, ob nach dem Tod des Mündels (Betreuten) der Vormund (Betreuer) unmittelbar die Erben in Anspruch nimmt oder die Staatskasse in Vorleistung tritt und später bei den Erben – einen notwendig nach § 1836e Abs. 1 Satz 2 HS. 2 iVm. § 102 Abs. 3, 4 SGB XII limitierten – Regress nimmt. Soweit danach eine unmittelbare Inanspruchnahme der Erben durch den Vormund (Betreuer) nicht in Betracht kommt, sind diese als mittellos anzusehen mit der Folge, dass die Staatskasse für die Vergütung haftet.[3] Die für die Haftung der Staatskasse geforderte Mittellosigkeit

---

[1] Vgl. BayObLG FamRZ 2002, 417 und OLG Düsseldorf Rpfleger 2003, 28: Ist die Staatskasse zahlungspflichtig, weil der Mündel zwar Unterhaltsansprüche hat, diese aber nur gerichtlich durchsetzbar sind, so hat das VormG (jetzt: FamG) Rückzahlungen des Mündels an die Staatskasse festzusetzen, damit dieser die Verfolgung der Unterhaltsansprüche ermöglicht wird. Nach BayObLG aaO hat das Gericht dabei aber kenntlich zu machen, dass der Titel nur die Grundlage für die Einziehung der Unterhaltsansprüche sein kann. Zur Frage, ob der Bestand der Unterhaltsansprüche im Regressverfahren zu prüfen ist; OLG Schleswig FamRZ 2005, 1579.
[2] Vgl. etwa: OLG Düsseldorf FamRZ 2002, 1659; OLG Brandenburg OLGR 2003, 499 = FGPrax 2003, 220; OLG Schleswig OLGR 2004, 147; OLG Frankfurt OLGR 2004, 149 = BtPrax 2004, 37; OLG München FamRZ 2006, 508, 509; LG Saarbrücken BtPrax 2009, 88. Vgl. auch *Brauer* BtPrax 2009, 226.
[3] Str. ist, ob auch ein Kostenersatzanspruch des Sozialhilfeträgers – als Nachlassverbindlichkeit – bei der Ermittlung des Nachlasswertes mindernd zu berücksichtigen ist und die Mittellosigkeit des Nachlasses mit der Folge der Haftung des Justizfiskus für die Vergütungsansprüche des Vormunds (Betreuers) begründen kann: bejahend OLG Frankfurt OLGR 2004, 149 = BtPrax 2004, 37 (weil der Kostenersatzanspruch wegen Überschreitens der Schongrenze bereits zu Lebzeiten dem Grund nach entstanden sei). Verneinend BayObLG FamRZ 2005, 1590 (weil der Kostenersatzanspruch des Sozialhilfeträgers erst in der Person des Erben entstehe, während der Vergütungsanspruch des Vormunds (Betreuers) bereits in der Peson des Mündels (Betreuten) entstehe, dem Kostenersatzanspruch mithin kein Vorrang gegenüber dem Vergütungsanspruch einzuräumen sei); ferner OLG Stuttgart FamRZ 2007, 1912, 1913. Vgl. auch LG Saarbrücken BtPrax 2009, 1094: Rückzahlungsanspruch des Sozial-

beurteilt sich m.a.W. hier nicht nach dem einzusetzenden Einkommen und Vermögen der Erben, sondern nach dem Nachlass. Sie liegt vor, wenn die Vergütungsschuld von dem die Grenzen des § 102 Abs. 3 SGB XII übersteigenden Reinnachlass nicht gedeckt wird. Bei teilweiser Deckung hat der Vormund die Wahl, ob er sich teilweise auch aus dem Nachlass befriedigt oder die Staatskasse in vollem Umfang in Anspruch nimmt.

3. Mittellosigkeit in Bezug auf Auslagenersatz oder Vergütung. Stehen dem Vormund 10 Ansprüche auf Aufwendungsersatz und Vergütung zu, so muss die Mittellosigkeit für Auslagenersatz und Vergütung gesondert geprüft werden.[4] Reicht das einzusetzende Einkommen und Vermögen aus, um die Aufwendungen des Vormunds zu erstatten, so kann gleichwohl die Vergütung aus der Staatskasse geschuldet sein, weil der Mündel insoweit – vielleicht auch erst unter Berücksichtigung des von ihm zu leistenden Aufwendungsersatzes – mittellos ist oder als mittellos gilt.[5]

4. Funktion der Mittellosigkeit im System des Vergütungsrechts. Die Mittellosigkeit 11 erweist sich damit als eine „Schaltstelle" im System des Vergütungsrechts: Sie eröffnet den Zugang zur Staatskasse. Sie schließt aber den Vergütungsanspruch gegen den Mündel nicht aus: Die Vergütungsschuld von Mündel und Staatskasse stehen vielmehr nebeneinander. Dies gilt nicht nur für den Fall fiktiver Mittellosigkeit, die nach der hier vertretenen Auffassung eine Inanspruchnahme von Mündel und Staatskasse jeweils auf Teilleistungen zwar entbehrlich macht, aber nicht verbietet. Auch die „wirkliche" Mittellosigkeit lässt die Existenz des Vergütungsanspruchs gegen den Mündel unberührt; wäre es anders, könnte dieser Anspruch nicht mit der Leistung der Staatskasse auf diese übergehen und einen Regress – bei veränderter Vermögenslage: gegen den Mündel; ansonsten: gegen dessen Erben, denen § 1836c nicht zugute kommt – eröffnen. Allerdings schließt die wirkliche Mittellosigkeit die Geltendmachung und Durchsetzung des Vergütungsanspruchs gegen den Mündel aus; denn dieser haftet nach § 1836c für die Vergütungsschuld – auch materiell – nur mit dem einzusetzenden Einkommen und Vermögen (vgl. Erl. zu § 1836c).

III. Maßgebender Zeitpunkt

Die Abrechnung des Berufsvormunds erfolgt im Nachhinein; für die Zukunft sind Pauschalen 12 oder Abschlagszahlungen geschuldet. Bleibt zu fragen, ob für die Beurteilung der Mittellosigkeit der Abrechnungszeitraum maßgebend ist, also die Zeit, für die der Mündel die Vergütung schuldet. Das von § 1836c in Bezug genommene SGB XII geht von einem Gleichlauf aus: Der Zeitraum künftiger Hilfe ist mit dem Zeitraum, in dem Einkünfte anfallen oder Vermögen vorhanden ist, identisch. Für die Vergütung in der Vergangenheit geleisteter Vormundtätigkeit wäre sein solches Kongruenzgebot fatal: Bei einem nachträglichen Vermögensverfall wäre der Mündel für die – dann maßgebende – Vergangenheit nicht mittellos; der Vormund bliebe ohne einen solventen Vergütungsschuldner. Auch der Fiskus schnitte bei solcher Retrospektive keineswegs immer günstig ab – so wenn der ursprünglich mittellose Mündel erst nachträglich Einkünfte und Vermögen erzielt. Richtigerweise kommt es auf die aktuellen wirtschaftlichen Verhältnisse des Mündels an;[6] dabei ist freilich zu unterscheiden: Über die Mittellosigkeit des Mündels befindet das Gericht, wenn es über die Kostenübernahme durch die Staatskasse entscheidet. Diese Entscheidung wird durch das im Zeitpunkt der Entscheidung (der letzten Tatsacheninstanz) vorhandene Einkommen und Vermögen determiniert; frühere wirtschaftliche Verhältnisse sind – auch bei Abrechnung zurückliegender Zeiten – ohne Bedeutung.[7]

---

hilfeträgers jedenfalls dann vorrangig abzusetzen, wenn die Sozialhilfe als Darlehen gewährt worden sei; ferner DIJuF Gutachten JAmt 2009, 181.

[4] AA offenbar OLG Schleswig FamRZ 2001, 252: Vergleich des nach § 1836c einzusetzenden Einkommens mit den Gesamtkosten der Betreuung.

[5] *Staudinger/Engler* Rn. 6.

[6] Allerdings wird dem Vormund uU zugemutet, mit der Geltendmachung seines Anspruchs zuzuwarten, bis Vermögensgegenstände des Mündels verwertet worden sind: OLG Schleswig FamRZ 2004, 979; LG Koblenz FamRZ 2002, 970 und FamRZ 2001, 1645; LG Schweinfurt FamRZ 2002, 1146; AG Sinzig FamRZ 2006, 730; vgl. aber LG Koblenz FamRZ 2003, 115. Auch wird verlangt, dass noch nicht fällige Forderungen (Sparbrief) als Sicherung für ein aufzunehmendes Darlehen genutzt werden: LG Frankenthal BtPrax 2001, 264. Vgl. ferner OLG München FGPrax 2005, 210.

[7] OLG Hamm OLGR 2009, 509 = NJW-RR 2009, 1310; OLG Hamburg OLGR 2008, 201 = FGPrax 2008, 154; OLG Frankfurt OLGR 2009, 18 = BtPrax 2008, 175; OLG München FamRZ 2009, 453; OLG Brandenburg FamRZ 2007, 2109; OLG München FamRZ 2007, 1188; OLG Dresden Beschl. v. 5. 11. 2007 – 3 W 1246/07 – Rn. 10 juris; LG Halle FamRZ 2009, 371. Zu Einzelheiten: BayObLG FamRZ 1998, 1618 und OLG Frankfurt EzFamR aktuell 2002, 235 (Hat der Vormund die zuvor festgesetzte Vergütung bereits dem Mündelvermögen entnommen, ist der Zeitpunkt der Entnahme maßgebend). OLG Zweibrücken FGPrax 2005, 264 (Es bewendet bei der letzten Tatsachenentscheidung als maßgeblichem Zeitpunkt allerdings dann, wenn der Vormund den Betrag - hier: Aufwandsentschädigung - zunächst entnommen, dann aber zurückerstattet hat). OLG

§ 1836d   12   Abschnitt 3. Titel 1. Vormundschaft

Auch für einen etwaigen Regress des Fiskus (nach § 1836e) kommt es nicht auf die Verhältnisse im Zeitraum der Vormundschaft an; maßgebend ist das im Zeitpunkt der Entscheidung über den Regress einzusetzende Einkommen und Vermögen. Die Entscheidung über Vergütung und Regress ergeht - so die Vorstellung des § 168 Abs. 1 S. 2 FamFG - im Regelfall zur selben Zeit. Fallen beide Entscheidungen auseinander (vgl. § 168 Abs. 1 S. 3 FamFG), so divergieren auch die zeitlichen Anknüpfungen für die Mittellosigkeit.

Eine andere Frage ist, nach welchem Zeitpunkt die Mittellosigkeit zu beurteilen ist, wenn es – bei der Anwendung des legislativ misslungenen § 5 Abs. 1, 2 VBVG - nicht um die Person des Vergütungsschuldners, sondern um die Höhe des dem Vergütungsgläubiger zustehenden Anspruchs geht: Der in § 5 VBVG vorgesehene – für bemittelte und mittellose Betreute unterschiedlich hohe - Stundensatz macht (wenn überhaupt) nur dann vertretbar Sinn, wenn man typisierend unterstellt, dass die Betreuung eines Bemittelten mit mehr Zeitaufwand verbunden ist als die eines mittellosen Betreuten. Dann aber kommt es für die Bestimmung der Bemitteltheit/Mittellosigkeit auf die wirtschaftlichen Verhältnisse des Betreuten im Vergütungszeitraum an,[8] auch wenn man mit dem BGH - praxisgerecht - auf eine taggenaue Abrechnung verzichtet.[9] Im Ergebnis ist die Mittellosigkeit damit doppelt und in unterschiedlicher Weise - für die Frage nach der Haftung der Staatskasse und für die Vergütungshöhe – relevant. Sie ist deshalb für beide Aspekte gesondert – nach unterschiedlichen Zeitpunkten - zu prüfen: Für die Haftung der Staatskasse kommt es auf die Mittellosigkeit im Zeitpunkt der gerichtlichen Entscheidung an; über den Stundensansatz kann nur die Mittellosigkeit / Bemitteltheit im Tätigkeits- (Abrechnungs-) Zeitraum entscheiden. Zwar liegt der Gedanke nicht fern, der Gesetzgeber habe eine Lösung gewollt, nach der die Staatskasse stets nur für den niederen Stundenansatz aufkommen muss[10] und der für bemittelte Betreute geltende höhere Stundensansatz die etwaigen Vergütungsdefizite bei mittellosen Betreuten ausgleicht. Indes hat § 5 Abs. 1, 2 VBVG den niedrigeren Stundenansatz nicht unmittelbar mit der Haftung der Staatskasse verknüpft (also nicht: mittellos = Staatskasse = geringerer Stundenansatz und damit geringere Vergütung). Der Gesetzgeber hat – wohl weil er den Eindruck einer Zwei-Klassen-Betreuung scheute – vielmehr die Vergütungshöhe mit dem pauschalierten Zeitaufwand (Stundenansatz) und diesen mit der Mittellosigkeit im Vergütungszeitraum verbunden (also: niedrigere Vergütung aufgrund geringeren Stundenansatzes = geringeren Zeitaufkommens = weil mittellos). Die Mittellosigkeit als Haftungsvoraussetzung der Staatskasse steht unverbunden daneben. Der niedrigere Stundenansatz und die Haftung der Staatskasse setzen in diesem System zwar gleichermaßen die Mittellosigkeit des Betreuten voraus; der zeitliche Bezug der Mittellosigkeit ist jedoch für die Haftung der Staatskasse (von dem zu vergütenden Zeitraum auf den Zeitpunkt der Inanspruchnahme der Staatskasse) ver-

---

Frankfurt FamRZ 2001, 1098 (Auch bei vorangegangener Abschlagszahlung aus dem damals noch vorhandenen Mündelvermögen ist die Mittellosigkeit nach den Verhältnissen im Zeitpunkt der – späteren – Vergütungsentscheidung zu beurteilen). BayObLG FamRZ 2000, 558, 559 (Der Zeitpunkt der Beschwerdeentscheidung ist auch dann maßgebend, wenn die Betreuung zu diesem Zeitpunkt nicht mehr besteht). OLG Frankfurt BtPrax 2003, 85 (Die Festsetzung einer Regresszahlung ist bei Mittellosigkeit auch dann nicht zulässig, wenn mit ihr ein sich bei späterer Leistungsfähigkeit des Mündels ergebender Rückzahlungsanspruch der Staatskasse dinglich gesichert werden soll).

[8] So OLG Hamm OLGR 2009, 509 = NJW-RR 2009, 1310; OLG Hamburg OLGR 2008, 201 = FGPrax 2008, 154; OLG Frankfurt OLGR 2009, 18 = BtPrax 2008, 175; OLG München FamRZ 2009, 453; OLG Brandenburg FamRZ 2007, 2109; LG Halle FamRZ 2009, 371. Offengelassen in OLG München FamRZ 2007, 1188.

[9] BGH FamRZ 2011, 368.

[10] So Vorauf. VBVG § 5 Rn. 22 ff.: Danach soll der höhere Stundenansatz beim Berufsbetreuer eines bemittelten Betreuten die seit dem 2. BtÄndG fehlende Möglichkeit kompensieren, in schwierigen Fällen eine höhere Vergütung als mit den in § 4 VBVG festgelegten Stundensätzen zu verlangen (vgl. jetzt für Berufsvormünder § 3 Abs. 3 S. 1 VBVG); eine solche Erhöhungsmöglichkeit bestand bei Inanspruchnahme der Staatskasse nicht (vgl. § 1836 aF und für Berufsvormünder jetzt § 3 Abs. 3 S. 2 VBVG). Deshalb soll der erhöhte Stundenansatz auch jetzt nur für den im Zeitpunkt der Vergütungsentscheidung bemittelten Mündel gelten. Das Ergebnis deckt sich mit der hier vertretenen Aussage insoweit, als es für die Haftung der Staatskasse auf die Mittellosigkeit im Zeitpunkt der Vergütungsentscheidung – der letzten Tatsacheninstanz – ankommt. Unterschiede ergeben sich hinsichtlich der Anspruchshöhe: Folgt man der Meinung *Fröschles*, bemisst sich die Vergütungshöhe – soweit der Anspruch gegen die Staatskasse gerichtet ist und deshalb Mittellosigkeit im Zeitpunkt der Vergütungsentscheidung voraussetzt – stets nach dem von § 5 Abs. 2 VBVG vorgeschriebenen niedrigeren Stundensatz. Nach der hier vertretenen Auffassung sind für den die Vergütungshöhe bestimmenden Stundensatz die wirtschaftlichen Verhältnisse im Vergütungszeitraum entscheidend. So jetzt auch BGH FamRZ 2011, 368: Die nach § 5 Abs. 1, 2 VBVG für den monatlichen Stundenansatz maßgebende Bemitteltheit oder Mittellosigkeit ist auch bei Inanspruchnahme der Staatskasse nach den wirtschaftlichen Verhältnissen im Abrechnungszeitraum zu beurteilen, dort allerdings nicht taggenau, sondern für ganze Abrechnungsmonat einheitlich und damit notwendig zu dessen Ende.

schoben. Dieses Ergebnis hätte man vermieden, hätte man die Vergütungshöhe (also den Stundensatz) unmittelbar – bei einem für bemittelte und mittellose Betreute gleichem Stundenansatz – mit der Mittellosigkeit und diese mit der Haftung der Staatskasse verquickt. Indes ist das Gesetz genau diesen naheliegenden Weg – wohl aus optischen Gründen – nicht gegangen.

Nicht generell zu beantworten ist die Frage, ob die Staatskasse dem Vormund (Betreuer) entgegenhalten kann, er hätte vor Befriedigung anderer Gläubiger aus dem Vermögen des Mündels (Betreuten) seine eigenen Ansprüche abdecken müssen. Zum einen gibt das das Gesetz keine Handhabe, zur Sicherung eines vom FamG erst noch festzusetzenden Vergütungsanspruchs Rücklagen zu bilden.[11] Zum andern kann es treuwidrig sein, wenn der Vormund (Betreuer) angesichts eines sich abzeichnenden Vermögensverfalls des Mündels (Betreuten) nicht das ihm Zumutbare unternimmt, um seinen Vergütungsanspruch – statt gegen die Staatskasse – gegen den Mündel (Betreuten) durchzusetzen.[12]

IV. Feststellung der Mittellosigkeit

Die Mittellosigkeit ist von Amts wegen festzustellen; dabei kann das Gericht insbesondere die 13
Vorlage von Urkunden anordnen oder Auskünfte einholen. Allerdings wird dem Vormund in § 168 Abs. 2 S. 1 FamFG aufgegeben, im Vergütungsantrag die persönlichen und wirtschaftlichen Verhältnisse des Mündels darzustellen[13] und, wie sich aus dem in Bezug genommenen § 118 Abs. 2 S. 1 ZPO ergibt, seine Angaben auf Erfordern glaubhaft zu machen.[14] § 168 Abs. 2 S. 3 FamFG relativiert die Prüfungsgenauigkeit am Maßstab fiskalischer Verhältnismäßigkeit. Zweifel gehen zu Lasten der Staatskasse.[15]

V. Parallelvorschriften

Die Vorschrift gilt gem. § 1908i Abs. 1 S. 1 auch für den Betreuer (vgl. auch § 292 Abs. 1 iVm. 14
§ 168 FamFG) und gem. § 1915 Abs. 1 S. 1 auch für den Pfleger (vgl. auch § 168 Abs. 5 FamFG). Der Anspruch des Verfahrenspflegers auf Aufwendungsersatz und Vergütung ist stets gegen die Staatskasse gerichtet (§ 277 Abs. 5 S. 1, §§ 318, 419 Abs. 5 S. 1 FamFG), ebenso der Vergütungsanspruch des Verfahrensbeistands (§ 158 Abs. 7 S. 5 FamFG); auf die Mittellosigkeit des Pfleglings/Mündels kommt es deshalb nicht an.

§ 1836e Gesetzlicher Forderungsübergang

(1) [1]Soweit die Staatskasse den Vormund oder Gegenvormund befriedigt, gehen Ansprüche des Vormundes oder Gegenvormunds gegen den Mündel auf die Staatskasse über. [2]Nach dem Tode des Mündels haftet sein Erbe nur mit dem Wert des im Zeitpunkt des Erbfalls vorhandenen Nachlasses; § 102 Abs. 3 und 4 des Zwölften Buches Sozialgesetzbuch gilt entsprechend, § 1836c findet auf den Erben keine Anwendung.

(2) Soweit Ansprüche gemäß § 1836c Nr. 1 Satz 3 einzusetzen sind, findet zugunsten der Staatskasse § 850b der Zivilprozessordnung keine Anwendung.

---

[11] BayObLG FamRZ 1998, 507, 508. Anders bei Aufwendungsersatzansprüchen, deren Fälligkeit keine gerichtliche Festsetzung erfordert. Hier ist dem Vormund (Betreuer) eine rechtzeitige Entnahme oder – bei Vermögenssorge eines Dritten – Geltendmachung möglich und ein Zuwarten bis zum Eintritt der Mittellosigkeit uU gegenüber der Staatskasse treuwidrig: LG Saarbrücken FamRZ 2003, 60. Nach OLG Köln BtPrax 2002, 264 soll der Vormund (Betreuer) nicht verpflichtet sein, die Abrechnungszeiträume so zu wählen, dass einsetzbares Vermögen des Mündels noch zur Verfügung steht (zweifelhaft).
[12] BayObLG FamRZ 2004, 305, 307; OLG München OLGR 2009, 579 = BtPrax 2009, 191.
[13] Nach LG Düsseldorf Rpfleger 2004, 488 soll dazu soll auch die Benennung von Personen gehören, die als Unterhaltsschuldner in Betracht kommen.
[14] Zur Darlegungspflicht des Betreuers näher LG Kleve BtPrax 1999, 201.
[15] *Soergel/Zimmermann* § 1836a (aF) Rn. 5: Der Staat habe den Vormund (Betreuer) „eingestellt" und müsse deshalb auch seine Entlohnung sicherstellen. Ebenso im Ergebnis BayObLG FamRZ 1997, 1498; LG Duisburg BtPrax 2000, 42; LG Zwickau FamRZ 2009, 250 „Das Risiko der Unaufklärbarkeit der Vermögensverhältnisse des Betroffenen nach Ausschöpfung aller zumutbaren Aufklärungsmöglichkeiten geht zulasten der Staatskasse"); problematisch LG Duisburg JurBüro 2001, 267. Vgl. auch *Knittel* BtG § 1836d Rn. 13 mwN.

§ 1836e

Übersicht

	Rn.		Rn.
I. Normzweck	1	b) Prüfungsmaßstab	10
II. Forderungsübergang	2–4	c) Ratenzahlungen	11
1. Voraussetzungen	2, 3	d) Rechtsmittel, Vollstreckung	12
a) Anspruch des Vormunds	2	IV. Regress gegen den Erben des Mündels (Abs. 1 S. 3)	13–24
b) Zahlung durch die Staatskasse	3	1. Voraussetzungen	13
2. Wirkung	4	2. Einwendungen und Einreden des Erben	14–18
III. Regress gegen den Mündel	5–12	a) Grundsatz	14
1. Einwendungen und Einreden des Mündels	5	b) Unterschiedliche Haftungsbeschränkung	15–18
2. Fälle eines möglichen Regresses	6–8	3. Erlöschen des Anspruchs	19
a) Bei Zahlung der Staatskasse wegen tatsächlicher Mittellosigkeit	6	4. Verfahren	20
b) Bei Zahlung der Staatskasse wegen fiktiver Mittellosigkeit	7	5. Entsprechende Anwendung des Abs. 1 S. 2	21
c) Verfahrenspfleger, Verfahrensbeistand	8	6. Zugriff auf Unterhaltsansprüche (Abs. 2)	22–24
3. Verfahren	9–12	V. Parallelvorschriften	25
a) Festsetzung durch Beschluss	9		

I. Normzweck

1 § 1836e sieht vor, dass der Anspruch des Vormunds gegen den Mündel auf Vergütung oder auf Aufwendungsersatz auf die Staatskasse übergeht, soweit diese die Ansprüche des Vormunds befriedigt. Mit dieser Legalzession wird ein Rückgriff der Staatskasse gegen den Mündel oder dessen Erben für die von ihr an den Vormund erbrachen Leistungen eröffnet. Die praktische Bedeutung auch dieser Regelung zentriert nicht im Vormundschafts-, sondern im Betreuungsrecht. Mit der vom BtÄndG geschaffenen Regressmöglichkeit wird verdeutlicht, dass der Staat mit der Übernahme der Vormundschafts- und Betreuungskosten lediglich eine Sozialleistung an die Betroffenen erbringt, deren Einkommen und Vermögen deshalb zur Deckung dieser – namentlich im Betreuungsrecht erheblichen – Kosten heranzuziehen ist. Für den übergegangenen Anspruch galt ursprünglich eine zehnjährige Ausschlussfrist (Abs. 1 S. 2 aF); sie ist durch dass Gesetz zur Änderung des Erb- und Verjährungsrechts (vom 24. 9. 2009 BGBl. I S. 3142, Art. 1 Nr. 9) beseitigt worden.[1]

II. Forderungsübergang

2 **1. Voraussetzungen.** Der Forderungsübergang setzt zweierlei voraus:

a) Anspruch des Vormunds. Dem Vormund (Betreuer) muss gegen den Mündel (Betreuten) ein Anspruch auf Vergütung oder auf Aufwendungsersatz – dazu zählt auch der Anspruch auf die Aufwendungspauschale – zustehen. Über Grund und Höhe des Anspruchs entscheidet das materielle Recht; eine Festsetzung der von der Staatskasse zu erbringenden Leistungen durch das Gericht wirkt keine Rechtskraft gegenüber dem Mündel. Das gilt erst recht für die bloße Zahlbarstellung der vom Fiskus zu zahlenden Beträge durch den Urkundsbeamten nach § 168 Abs. 1 S. 4 FamFG.

3 **b) Zahlung durch die Staatskasse.** Außerdem muss die Staatskasse diesen Anspruch ganz oder teilweise befriedigen. Nicht erforderlich ist, dass die Voraussetzungen (der § 1835 Abs. 4 S. 1, § 1835a Abs. 3, § 1836 Abs. 1 S. 3 iVm. § 1 Abs. 2 S. 2 VBVG) für eine Inanspruchnahme gerade der Staatskasse vorliegen, der Mündel also (im Sinne des § 1836d) mittellos ist oder im Zeitpunkt der Leistung der Staatskasse mittellos war.

4 **2. Wirkung.** Mit der Leistung der Staatskasse geht der Anspruch des Vormunds gegen den Mündel, soweit der Anspruch besteht und von der Staatskasse befriedigt wird, auf diese über. Damit ist der Staatskasse die Möglichkeit eröffnet, nunmehr ihrerseits diesen Anspruch geltend zu

---

[1] Zu den Problemen, die sich aus der Streichung der Ausschlussfrist und der nur die Verjährung einbeziehenden Übergangsregelung des Art. 229 § 23 EGBGB ergeben, vgl. etwa LG Augsburg Beschluss vom 07. 10. 2010 – 52 T 3326/10 und 52 T 3545/10; LG Schweinfurt Beschluss vom 18. 08. 2010 – 11 T 177/10; LG Würzburg Beschluss vom 03. 11. 2010 – 3 T 1458/10.

machen – also beim Mündel (Betreuten) oder dessen Erben Regress zu nehmen.² Dogmatisch verdeutlicht der Anspruchsübergang, dass die Haftung des mittellosen Mündels und der Staatskasse nebeneinander bestehen, der Mündel sich aber auf die Haftungsbeschränkung des § 1836c berufen kann, solange er tatsächlich mittellos ist, also nicht nur nach § 1836d als mittellos gilt; vgl. § 1836d Rn. 7, 11.

III. Regress gegen den Mündel

1. Einwendungen und Einreden des Mündels. Gegenüber dem auf die Staatskasse überge- 5 gangen Anspruch stehen dem Mündel alle Einwendungen und Einreden zu, die der Mündel auch gegenüber dem Vormund selbst geltend machen konnte: Also etwa, dass ein Anspruch in der geltend gemachten und von der Staatskasse befriedigten Höhe nicht bestand, weil die Aufwendungen nicht erbracht waren oder die in Rechnung gestellte Tätigkeit nicht zur Amtsführung gehörte oder nicht erforderlich war (zur fehlenden Bindungswirkung einer gerichtlichen Festsetzung der von der Staatskasse zu erbringenden Leistungen vgl. oben Rn. 2); ferner, dass der Anspruch zwar entstanden war, aber nicht innerhalb der Fristen der § 1835 Abs. 1 S. 3, § 1835a Abs. 4, § 1836 Abs. 1 S. 3 iVm. § 2 VBVG geltend gemacht worden war und deshalb – vom Gericht übersehen – bereits erloschen war; schließlich, dass der Anspruch verwirkt war.³ Zweifelhaft ist, ob im Festsetzungsverfahren geltend gemacht werden kann, dass dem Mündel gegenüber dem Vormund ein Schadensersatzanspruch gem. § 1833 zusteht, mit dem er gegenüber dem Vormund aufgerechnet hat oder nunmehr (gem. §§ 406, 412) gegenüber der Staatskasse aufrechnet.⁴ Insbesondere kann sich der Mündel gegenüber dem Regressverlangen der Staatskasse – nicht anders als gegenüber dem Anspruch des Vormunds selbst – auf die Haftungsbeschränkung nach § 1836c berufen (arg. § 1836e Abs. 1 S. 2 letzter HS. e contr.; vgl. § 1836c Rn. 3). Allerdings wird der Regress nur durch die „tatsächliche" Mittellosigkeit (§ 1836d Nr. 1 1. Alt.) ausgeschlossen; die nur fiktive Mittellosigkeit (§ 1836d Nr. 1 2. und 3. Alt., Nr. 2) soll nur den Vormund begünstigen, hindert aber einen Regress der Staatskasse ebenso wenig wie die persönliche Inanspruchnahme des Mündels durch einen Vormund, der von dem „Angebot" des § 1836d keinen Gebrauch macht (vgl. § 1836d Rn. 7). Zum Regress in den Fällen des § 5 VBVG siehe Erl. zu § 5 VBVG.

2. Fälle eines möglichen Regresses. a) Bei Zahlung der Staatskasse wegen tatsächli- 6 **cher Mittellosigkeit.** Da sich der Mündel auch gegenüber der Staatskasse auf die Haftungsbeschränkung des § 1836c berufen kann, wird ein Regress gegen den Mündel, wenn die Staatskasse wegen tatsächlicher Mittellosigkeit (§ 1836d Nr. 1 1. Alt.) des Mündels geleistet hat, nur in zwei Fällen praktisch: Zum Ersten dann, wenn die Staatskasse den Vormund befriedigt hat, weil sie irrig davon ausging, dass der Mündel die Forderung des Vormunds aus seinem einzusetzenden Einkommen und Vermögen nicht werde tilgen können. Zum zweiten dann, wenn diese Annahme zwar zutraf, sich die Verhältnisse jedoch inzwischen – etwa auf Grund einer Erbschaft – geändert haben: Die Mittellosigkeit beurteilt sich ebenso wie das Eingreifen der Haftungsbeschränkung des § 1836c nach den Verhältnissen im Zeitpunkt der Entscheidung (der letzten Tatsacheninstanz, hier im Festsetzungsverfahren nach § 168 Abs. 1 S. 2 FamFG); deshalb begründet die anfänglich vorliegende tatsächliche Mittellosigkeit zwar eine Einstandspflicht der Staatskasse, schließt eine spätere Rückforderung bei veränderten Verhältnissen aber nicht aus (vgl. § 1836d Rn. 12).⁵

b) Bei Zahlung der Staatskasse wegen fiktiver Mittellosigkeit. Bei nur fiktiver Mittello- 7 sigkeit (§ 1836d Nr. 1 2. und 3. Alt., Nr. 2) ist ein Regress gegen Mündel stets möglich: Der Zugriff auf die Staatskasse ist hier nur als eine vorläufige Einstandspflicht gedacht, die dem Vormund erspart, vom Mündel Teilleistungen oder Ratenzahlungen entgegennehmen oder mit gerichtlicher Hilfe auf Unterhaltsansprüche des Mündels zugreifen zu müssen. Eine über die Grenzen des § 1836c hinausgehende Verschonung des Mündels ist nicht beabsichtigt, ebenso nicht eine staatsfinanzierte Befreiung der Ehegatten oder Verwandten von der ihnen gegenüber dem Mündel (Betreuten) obliegenden Unterhaltslast. Beides wird mittels des Rückgriffs vermieden.

---

² Bei Wohnsitzwechsel des Mündels in ein anderes Bundesland Verfahrenstandschaft der nunmehr örtlich zuständigen Landeskasse: OLG Köln FamRZ 2009, 1248.
³ OLG Hamm FamRZ 2007, 1185.
⁴ Verneinend OLG Celle RVGreport 2004, 120; KG FamRZ 2008, 81 (auch zum Einwand mangelhafter Amtsführung); vgl. auch § 1836 Fn. 70.
⁵ Etwa OLG Hamm OLGR 2006, 768 = Rpfleger 2006, 466 Rn. 8; OLG Brandenburg Beschl. v. 14. 11. 2006 – 11 Wx 45/06 – Rn. 6 juris. Die Festsetzung von Regresszahlungen verlangt dabei die positive Feststellung der Leistungsfähigkeit, vgl. etwa BayObLG FamRZ 2000, 562, 563; OLG Frankfurt OLGR 2009, 505 = BtPrax 2008, 269.

§ 1836e 8–13   Abschnitt 3. Titel 1. Vormundschaft

8   c) **Verfahrenspfleger, Verfahrensbeistand.** Kein Fall des § 1836e ist die Erstattung der dem Verfahrenspfleger oder Verfahrensbeistand – stets – aus der Staatskasse als Aufwendungsersatz oder Vergütung zu zahlenden Beträge: Aufwendungsersatz und Vergütung des Verfahrenspflegers (§§ 277, 318, 419 Abs. 5 S. 1 FamFG) sind Auslagen für das Verfahren, die nach § 93a Abs. 2 iVm. §§ 128b, 137 Nr. 16 KostO beim Pflegling erhoben und ebenfalls durch den – dort ausdrücklich in Bezug genommenen – § 1836c begrenzt werden. Auch bei der Vergütung des Verfahrensbeistands (§ 158 Abs. 7 FamFG) handelt es sich um gerichtliche Auslagen, die gem. Anlage 1 zu § 3 Abs. 2 FamGKG (KV 2013) vom Mündel erhoben werden, jedoch nur nach Maßgabe des § 1836c. S. Vor § 1835 Rn. 25 ff.

9   **3. Verfahren. a) Festsetzung durch Beschluss.** Die vom Mündel auf Grund des übergegangenen Anspruchs zu erbringenden Leistungen werden vom FamG – Rechtspfleger (§ 3 Nr. 2a RPflG) – durch Beschluss festgesetzt. Vor der Festsetzung ist der Mündel – nicht notwendig persönlich – zu hören (§ 168 Abs. 4 S. 1 FamFG). Der Beschluss erfolgt regelmäßig zugleich mit der Festsetzung der an den Vormund aus der Staatskasse als Vergütung oder Aufwendungsersatz zu leistenden Zahlungen (§ 168 Abs. 1 S. 1, 3 FamFG), da diese ohnehin eine amtswegige Feststellung der Mittellosigkeit des Mündels erfordert und die Feststellung der wirtschaftlichen Verhältnisse des Mündels bereits durch den Antrag des Vormunds auf Leistung aus der Staatskasse vorbereitet wird (vgl. § 168 Abs. 2 S. 1 FamFG). Bei Zahlbarstellung von Vergütung oder Aufwendungsersatz durch den Urkundsbeamten erfolgt die – notwendig: gerichtliche – Festsetzung der Regressleistung gesondert, ebenso bei Unmöglichkeit oder Unzweckmäßigkeit gleichzeitiger Festsetzung (§ 168 Abs. 1 S. 3 FamFG).

10 **b) Prüfungsmaßstab.** § 168 Abs. 2 S. 3 FamFG ermächtigt („kann") das Gericht, von einer Festsetzung von Regresszahlungen abzusehen, wenn nach seiner freien – dh. auch im Beschwerdeweg nicht nachprüfbaren – Beurteilung der Prüfungsaufwand zur Höhe der zu erwartenden Regressleistungen außer Verhältnis steht. Vgl. dazu Vor § 1835 Rn. 18.

11 **c) Ratenzahlungen.** Bei Teilleistungsfähigkeit des Mündels (§ 1836d Nr. 1 2. und 3. Alt.) sind Ratenzahlungen möglich, deren Höhe und Fälligkeit sich nach Umfang und Zeitpunkt der zum einzusetzenden Einkommen und Vermögen zählenden Vermögenszuflüsse des Mündels bestimmt. Der Endzeitpunkt der Ratenzahlungen wird von der Justizkasse errechnet und muss deshalb nicht besonders angegeben werden. Die Bestimmung über Höhe und Zeitpunkt der Raten kann bei wesentlicher Veränderung der für ihre Festsetzung maßgebenden Verhältnisse jederzeit geändert werden (§ 168 Abs. 2 S. 2 FamFG iVm. § 120 Abs. 4 S. 1 ZPO). Das Gericht soll die vorläufige Einstellung der Zahlungen anordnen, wenn abzusehen ist, dass die geleisteten Zahlungen den Anspruch der Staatskasse decken (§ 168 Abs. 2 S. 2 FamFG iVm. § 120 Abs. 3 Nr. 1 ZPO).

12 **d) Rechtsmittel, Vollstreckung.** Die Festsetzung – auch die Nichtfestsetzung[6] – von Regresszahlungen unterliegt der Beschwerde (§ 58 Abs. 1 FamFG). Wird der Beschwerdewert nicht erreicht und die Beschwerde vom Rechtspfleger nicht zugelassen (§ 61 Abs. 1, 2 FamFG), findet die Erinnerung nach § 11 Abs. 2 RPflG statt. Beschwerdeberechtigt sind der Mündel und die Staatskasse (§ 59 Abs. 1 FamFG).[7] Das Beschwerderecht des Mündels kann vom Verfahrensbeistand ausgeübt werden (§ 158 Abs. 4 S. 5 FamFG), vom Mündel selbst unter den Voraussetzungen des § 60 S. 2, 3 FamFG. Die formelle Rechtskraft des Beschlusses über die (Nicht-) Festsetzung von Ratenzahlungen bewirkt, dass rückwirkende Änderungen des Beschlusses nicht möglich sind; zur Abänderung pro futuro siehe § 168 Abs. 2 S. 2 FamFG iVm. § 120 Abs. 4 S. 1, 2 ZPO.[8] Der Festsetzungsbeschluss ist Vollstreckungstitel; die Vollstreckung erfolgt nach § 1 Abs. 1 Nr. 4 b JBeitrO.

IV. Regress gegen den Erben des Mündels (Abs. 1 S. 3)

13 **1. Voraussetzungen.** Mit dem Tod des Mündels (praktisch ungleich bedeutsamer: des Betreuten) richtet sich der auf die Staatskasse übergegangene Anspruch auf Vergütung oder Aufwendungsersatz gegen den oder die Erben des Mündels (Betreuten). Unerheblich ist, ob der Anspruch bereits zu Lebzeiten des Mündels übergegangen war oder ob die Staatskasse den Vormund erst nach dem Tod des Mündels befriedigt und damit den Anspruchsübergang herbeigeführt hat. Im ersten Fall ist ohne Belang, ob die Regressforderung bereits gegenüber der Mündel festgesetzt worden war; die

---

[6] BayObLG NJW-RR 2002, 943 (Beschwerde der Staatskasse).
[7] Nicht beschwerdeberechtigt sind Dritte, die im Falle des Regresses gegen den Mündel von diesem auf Unterhalt in Anspruch genommen werden könnten: LG Koblenz Beschluss vom 18. 08. 2010 – 2 T 420/10 – juris.
[8] Vgl. zur Rechtslage unter dem FGG etwa: LG Koblenz Beschl. v. 5. 7. 2007 – 2 T 485/07 – juris.

Inanspruchnahme des Erben bedarf – schon im Hinblick auf die unterschiedlichen Haftungsbeschränkungen – in jedem Fall einer erneuter Festsetzung.⁹

2. Einwendungen und Einreden des Erben. a) Grundsatz. Dem Erben stehen gegen 14 den Anspruch grundsätzlich alle Einwendungen und Einreden zu, die auch der Mündel selbst dem Anspruch entgegensetzen könnte; vgl. dazu Rn. 5. Etwas anderes gilt freilich dann, wenn der Regressanspruch gegen den Mündel bereits rechtskräftig festgesetzt war: Die rechtskräftige Festsetzung gegenüber dem Mündel bindet auch dessen Erben.

b) Unterschiedliche Haftungsbeschränkung. Die dem Erben zustehende Haftungsbe- 15 schränkung unterscheidet sich allerdings von der des Mündels in zweifacher – grundsätzlicher – Hinsicht. Diese Unterschiede sind auch dann zu berücksichtigen, wenn die Regressforderung bereits gegenüber dem Mündel rechtskräftig festgesetzt war:

aa) Keine Haftungsbeschränkung nach § 1836c. Negativ kann sich der Erbe nicht auf 16 die Haftungsbeschränkung des 1836 c berufen (§ 1836e Abs. 1 S. 2 letzter HS.). Die weitgehenden Verschonungen sollen – so der Gedanke – nur dem Mündel (Betreuten) selbst, nicht aber seinen Erben zugute kommen, die nicht bereit oder in der Lage waren, die Vormundschaft (Betreuung) selbst zu übernehmen.

bb) Nachlasswert und Verschonungen nach § 102 Abs. 3 SGB XII. Positiv kommt 17 dem Erben jedoch eine zweifache Haftungsbeschränkung zugute:
(1) Zum Ersten haftet der Erbe **nur mit dem Wert des** im Zeitpunkt des Erbfalls vorhandenen **Nachlasses**. Die Haftungsbeschränkung ist wertmäßig, nicht gegenständlich zu verstehen: Der Nachlass muss also nicht zum Zwecke der Befriedigung an die Staatskasse herausgegeben werden; geschuldet ist lediglich Geldzahlung in Höhe des Nachlasswertes. (§ 1836e Abs. 1 S. 2 1. HS.).
Die Beschränkung auf den Nachlasswert soll dem Erben bei geringfügigen Nachlässen haftungsbegrenzende Verfahren nach den §§ 1945 ff., 1975 ff. ersparen.¹⁰ Einer Geltendmachung der Haftungsbeschränkung nach §§ 1975 ff. bedarf es deshalb nicht. Der Nachlasswert wird deshalb – wie auch in den Fällen des § 2311 – ermittelt, indem vom Aktivvermögen des Erblassers die Nachlassverbindlichkeiten abgezogen werden. Zu den Nachlassverbindlichkeiten gehören neben den bereits im Zeitpunkt des Erbfalls vorhandenen rechtlichen Verpflichtungen des Erblassers (§ 1967 Abs. 2) auch solche Verbindlichkeiten, deren Rechtsgrund bereits beim Erbfall bestand (vgl. § 2311 Abs. 1 S. 1) – dies jedenfalls insoweit, als sie wegen ihrer Zwangsläufigkeit für die Erben nach Sinn und Zweck des § 1836 Abs. 1 S. 3 Vorrang vor dem Rückgriff der Staatskasse beanspruchen können.¹¹ Dies wird insbes. für die Beerdigungskosten bejaht.¹² Ansprüchen des Sozialhilfeträgers auf Ersatz der dem Erblasser gewährten Sozialhilfe kommt ein solcher Vorrang vor dem Rückgriffsanspruch des Justizfiskus nicht zu. Sozialhilfeträger und Justizfiskus können also gleichermaßen auf den Nachlass Zugriff nehmen.¹³ Soweit der Erbe den Anspruch des Sozialhilfeträgers befriedigt und damit den Nachlass bis zur Freistellungsgrenze aufgebraucht hat, hindert dies nicht die Festsetzung des gleichrangigen Anspruchs aus § 1836e Abs. 1 S. 3, wohl aber dessen Durchsetzbarkeit.¹⁴
(2) Zum zweiten kommen dem Erben die **Verschonungen des § 102 Abs. 3 SGB XII** zugute: (a) 18 Danach kommt ein Regress gegen den Erben nicht in Betracht, soweit der Nachlasswert die Bagatellgrenze (§ 102 Abs. 3 Nr. 1 SGB XII) nicht übersteigt. (b) Außerdem scheidet ein Erbenregress aus, soweit der Nachlasswert 15 340 Euro unterschreitet – vorausgesetzt, dass der Erbe der Ehegatte des Mündels (Betreuten), dessen Lebenspartner oder mit dem Mündel (Betreuten) verwandt ist und bis zu dessen Tode mit diesem dauerhaft in häuslicher Gemeinschaft gelebt und ihn – wenn auch nicht notwendig allein – gepflegt hat (§ 102 Abs. 3 Nr. 2 SGB XII); eine dem Tod vorangehende kurze Unterbringung des Mündels (Betreuten) im Krankenhaus schadet nicht.¹⁵ (c) Schließlich entfällt ein Erbenregress in besonderen Härtefällen (§ 102 Abs. 3 Nr. 3 SGB XII); als Beispiel wird auf die mit dem Mündel (Betreuten) nicht verheiratete Lebensgefährtin verwiesen, welche die übrigen Voraussetzungen des §§ 102 Abs. 3 Nr. 2 SGB XII erfüllt.¹⁶ Die in § 102 Abs. 3 Nr. 1, 2 SGB XII genannten Summen sind

---
⁹ Ein gegen den Mündel (Betreuten) anhängiges Festsetzungsverfahren wird von Amts wegen gegen die Erben fortgesetzt: OLG Stuttgart FamRZ 2007, 1912.
¹⁰ BayObLG FamRZ 2005, 1590.
¹¹ BayObLG FamRZ 2005, 1590, 1591; FamRZ 2002, 699, 700.
¹² BayObLG FamRZ 2002, 699, 700; OLG Zweibrücken Rpfleger 2004, 488; OLG Düsseldorf FamRZ 2002, 1658; LG Koblenz FamRZ 2004, 221; zur Abgrenzung: OLG München FamRZ 2006, 508.
¹³ Zum Ganzen § 1836d Fn. 3; *Knittel* BtG § 1836e Rn. 10 ff.
¹⁴ BayObLG FamRZ 2005, 1590, 1591; OLG Stuttgart FamRZ 2007, 1912. Vgl. auch *Knittel* BtG § 1836e Rn. 11 ff.
¹⁵ *Knittel* BtG § 1836e Rn. 16.
¹⁶ *Soergel/Zimmermann* Rn. 17.

§ 1836e 19–24 Abschnitt 3. Titel 1. Vormundschaft

Freibeträge: Sie verbleiben dem Erben in jedem Fall („soweit") – also auch dann, wenn der Nachlass die Bagatellgrenze oder – unter den zusätzlichen Voraussetzungen des § 102 Abs. 3 Nr. 2 SGB XII – den Betrag von 15 340 Euro übersteigt. Mehreren Erben kommt der Freibetrag nur einmal zugute; er ist im Verhältnis der Erbteile aufzuteilen.[17] Allerdings soll eine Kumulierung der sich aus § 102 Abs. 3 Nr. 1 und 2 SGB XII ergebenden Freibeträge möglich sein, wenn einer der Miterben die zusätzlichen Voraussetzungen des § 102 Abs. 3 Nr. 2 SGB XII erfüllt.[18]

19 **3. Erlöschen des Anspruchs.** Der Anspruch gegen den Erben erlischt nach dem in § 1836e S. 2 für entsprechend anwendbar erklärten § 102 Abs. 4 SGB XII in drei Jahren. Die Frist beginnt mit dem Tod des Mündels (Betreuten). § 102 Abs. 4 S. 2 SGB XII verweist auf 103 Abs. 3 S. 2, 3 SGB XII, der seinerseits die §§ 203 ff. BGB für entsprechend anwendbar erklärt und den Erlass eines Leistungsbescheids der Klagerhebung gleichstellt. Daraus folgt, dass bei unbekannten Erben gem. § 211 Ablaufhemmung eintritt.

20 **4. Verfahren.** Der Erbe ist nach § 168 Abs. 3 S. 2, 3 FamFG zur Erteilung von Auskunft über den Bestand des Nachlasses verpflichtet. Die Verpflichtung ist nach § 35 FamFG erzwingbar. Für unbekannte Erben ist ein Nachlasspfleger zu bestellen.[19] Die Festsetzung von Höhe und Zeitpunkt der vom Erben geschuldeten Leistungen erfolgt nach § 168 Abs. 3 S. 1 FamFG durch Beschluss; das Verfahren entspricht der Festsetzung von Regressleistungen gegen den Mündel; vgl. dazu Rn. 9 ff.

21 **5. Entsprechende Anwendung des Abs. 1 S. 2.** § 1836e Abs. 1 S. 2 gilt unmittelbar nur für den Regressanspruch der Staatskasse gegen den Erben. Entsprechend wird die Vorschrift allerdings auf Fälle anzuwenden sein, in denen der Erbe des Mündels (Betreuten) unmittelbar vom Vormund (Betreuer) auf Zahlung von Vergütung oder Aufwendungsersatz in Anspruch genommen wird, die Staatskasse also nicht in Vorleistung getreten und der Anspruch des Vormunds (Betreuers) auf sie deshalb auch nicht übergegangen ist;[20] siehe § 1836 Rn. 44, § 1836d Rn. 9. Im Übrigen gilt § 1836e nur für die Inanspruchnahme des Erben des Mündels; sie lässt sich nicht analog für einen Rückgriff der Staatskasse gegen dritte Personen heranziehen, etwa gegen den Bezugsberechtigten aus einem vom Mündel abgeschlossenen Lebensversicherungsvertrag.[21]

22 **6. Zugriff auf Unterhaltsansprüche (Abs. 2).** Unterhaltsansprüche, die dem Mündel (Betreuten) gegen seinen Ehegatten oder Verwandte zustehen, zählen nach § 1836c Nr. 1 S. 2 zu seinem einzusetzenden Einkommen – und zwar auch dann, wenn sie nicht freiwillig erfüllt werden, sondern gerichtlich durchgesetzt werden müssen. Die von § 1836d Nr. 2 für diesen Fall normierte fiktive Mittellosigkeit des Mündels begründet nur eine vorläufige Einstandspflicht der Staatskasse nach § 1836 Abs. 1 S. 3 iVm. § 1 Abs. 2 S. 2 VBVG, die einen Rückgriff der Staatskasse gegen den Mündel oder dessen Erben nicht ausschließt; vgl. dazu Rn. 7.

23 Das FamG muss vor der Festsetzung von Regresszahlungen des Mündels an die Staatskasse (§ 168 Abs. 1 S. 2, 3 FamFG) nicht prüfen, ob die angeblichen Unterhaltsansprüche des Mündels bestehen und der Mündel insoweit „tatsächlich" (vgl. § 1836d Nr. 1 1. Alt.) nicht mittellos ist.[22] Es kann, wenn das Bestehen dieser Ansprüche nicht offensichtlich ausgeschlossen ist, vielmehr die Verpflichtung des Mündels zur Rückzahlung der von der Staatskasse an den Vormund erbrachten Leistungen aussprechen, wenn es dabei kenntlich macht, dass dieser Ausspruch nur die Grundlage für die Einziehung der Unterhaltsansprüche sein kann.[23] Auf diese Weise ist es der Staatskasse an die Hand gegeben, das Bestehen dieser Unterhaltsansprüche in eigener Verantwortung zu prüfen und diese ggf. durchzusetzen.

24 Die Staatskasse kann sich auf zweifache Weise aus den dem Mündel zustehenden Unterhaltsansprüchen befriedigen: Zum Ersten kann der Vormund (oder der mit der Vermögenssorge beauftragte Betreuer) den Unterhaltsschuldner des Mündels gerichtlich in Anspruch nehmen; das FamG kann den Vormund nach Maßgabe des § 1837 hierzu anweisen; der – erforderlichenfalls im Wege der

---

[17] *Knittel* BtG § 1836e Rn. 16.
[18] *Knittel* BtG § 1836e Rn. 16.
[19] Vgl. näher OLG Jena FamRZ 2006, 645: Dem unbekannten Erben ist entspr. §§ 305, 780 ZPO das Recht vorzubehalten, die persönliche Haftungsbeschränkung des § 1836c Abs. 1 S. 3 geltend zu machen. AA BayObLG FamRZ 2005, 1590, 1591; OLG Stuttgart FamRZ 2007, 1912.
[20] OLG Düsseldorf FamRZ 2002, 1659; OLG Brandenburg OLGR 2003, 499 = FGPrax 2003, 220; OLG Schleswig OLGR 2004, 147; OLG Frankfurt OLGR 2004, 149 = BtPrax 2004, 37; OLG München FamRZ 2006, 508, 509; LG Saarbrücken BtPrax 2009, 88.
[21] OLG Frankfurt NJW-RR 2003, 1586.
[22] BayObLG FamRZ 2002, 417; NJW-RR 2002, 943; OLG Schleswig FamRZ 2005, 1579; OLG Düsseldorf Rpfleger 2003, 28; LG Kleve FamRZ 2002, 1290. Anders, wenn ein Unterhaltsanspruch offensichtlich nicht besteht: LG Duisburg FamRZ 2006, 507.
[23] BayObLG FamRZ 2002, 417.

Gesetzlicher Forderungsübergang · 25 · § 1836e

Zwangsvollstreckung beigetriebene – Unterhalt unterliegt nach Maßgabe des § 1836c dem Zugriff der Staatskasse. Die Staatskasse kann aber auch auf Grund des Beschlusses, der die vom Mündel zu erbringenden Regressleistungen festsetzt, unmittelbar (gem. § 1 Abs. 1 Nr. 4 b JBeitrO) in das Mündelvermögen vollstrecken und die dem Mündel zustehenden Unterhaltsforderungen pfänden und sich zur Einziehung überweisen lassen. § 1836e Abs. 2 erklärt zu diesem Zweck die Unterhaltsforderungen als für die Staatskasse pfändbar.

V. Parallelvorschriften

Die Vorschrift gilt gem. § 1908i Abs. 1 S. 1 auch für den Regress der Staatskasse bei Befriedigung 25 des Betreuers (zuständig: Betreuungsgericht, und zwar der Rechtspfleger gem. § 3 Nr. 2b RPflG, in Unterbringungssachen der Richter; Festsetzung gem. § 292 Abs. 1 iVm. § 168 FamFG). Auf den Regress der Staatskasssse nach Befriedigung des Pflegers ist § 1836e gem. § 1915 Abs. 1 S. 1 entsprechend anwendbar (Festsetzung gem. § 168 Abs. 5 FamFG). Zu Verfahrenspfleger und Verfahrensbeistand siehe Rn. 8.

§ 1836e Anh. Abschnitt 3. Titel 1. Vormundschaft

Anhang

Sozialgesetzbuch (SGB) Zwölftes Buch (XII) – Sozialhilfe

in der Fassung vom 27. Dezember 2003
(BGBl. I S. 3022), zuletzt geändert durch Gesetz vom 9. 12.2010 (BGBl. I S. 1885)
BGBl. III/860-12
– Auszug –

Dreizehntes Kapitel. Kosten

Erster Abschnitt. Kostenersatz

§ 102 Kostenersatz durch Erben

(1) ¹Der Erbe der leistungsberechtigten Person oder ihres Ehegatten oder ihres Lebenspartners, falls diese vor der leistungsberechtigten Person sterben, ist vorbehaltlich des Absatzes 5 zum Ersatz der Kosten der Sozialhilfe verpflichtet. ²Die Ersatzpflicht besteht nur für die Kosten der Sozialhilfe, die innerhalb eines Zeitraumes von zehn Jahren vor dem Erbfall aufgewendet worden sind und die das Dreifache des Grundbetrages nach § 85 Abs. 1 übersteigen. ³Die Ersatzpflicht des Erben des Ehegatten oder Lebenspartners besteht nicht für die Kosten der Sozialhilfe, die während des Getrenntlebens der Ehegatten oder Lebenspartner geleistet worden sind. ⁴Ist die leistungsberechtigte Person der Erbe ihres Ehegatten oder Lebenspartners, ist sie zum Ersatz der Kosten nach Satz 1 nicht verpflichtet.

(2) ¹Die Ersatzpflicht des Erben gehört zu den Nachlassverbindlichkeiten. ²Der Erbe haftet mit dem Wert des im Zeitpunkt des Erbfalles vorhandenen Nachlasses.

(3) Der Anspruch auf Kostenersatz ist nicht geltend zu machen,
1. soweit der Wert des Nachlasses unter dem Dreifachen des Grundbetrages nach § 85 Abs. 1 liegt,
2. soweit der Wert des Nachlasses unter dem Betrag von 15 340 Euro liegt, wenn der Erbe der Ehegatte oder Lebenspartner der leistungsberechtigten Person oder mit dieser verwandt ist und nicht nur vorübergehend bis zum Tod der leistungsberechtigten Person mit dieser in häuslicher Gemeinschaft gelebt und sie gepflegt hat,
3. soweit die Inanspruchnahme des Erben nach der Besonderheit des Einzelfalles eine besondere Härte bedeuten würde.

(4) ¹Der Anspruch auf Kostenersatz erlischt in drei Jahren nach dem Tod der leistungsberechtigten Person, ihres Ehegatten oder ihres Lebenspartners. ²§ 103 Abs. 3 Satz 2 und 3 gilt entsprechend.

(5) Der Ersatz der Kosten durch die Erben gilt nicht für Leistungen nach dem Vierten Kapitel und für die vor dem 1. Januar 1987 entstandenen Kosten der Tuberkulosehilfe.

Gesetz über die Vergütung von Vormündern und Betreuern (Vormünder- und Betreuervergütungsgesetz – VBVG)

Vom 21. April 2005 (BGBl. I S. 1073)

= Art. 8 des Zweiten Gesetzes zur Änderung des Betreuungsrechts (Zweites Betreuungsrechtsänderungsgesetz – 2. BtÄndG) vom 21. April 2005 (BGBl. I S. 1073), geändert durch Gesetz vom 17. 12. 2008 (BGBl. I S. 2586)

Abschnitt 1. Allgemeines

§ 1 Feststellung der Berufsmäßigkeit und Vergütungsbewilligung

(1) [1]Das Familiengericht hat die Feststellung der Berufsmäßigkeit gemäß § 1836 Abs. 1 Satz 2 des Bürgerlichen Gesetzbuchs zu treffen, wenn dem Vormund in einem solchen Umfang Vormundschaften übertragen sind, dass er sie nur im Rahmen seiner Berufsausübung führen kann, oder wenn zu erwarten ist, dass dem Vormund in absehbarer Zeit Vormundschaften in diesem Umfang übertragen sein werden. [2]Berufsmäßigkeit liegt im Regelfall vor, wenn
1. der Vormund mehr als zehn Vormundschaften führt oder
2. die für die Führung der Vormundschaft erforderliche Zeit voraussichtlich 20 Wochenstunden nicht unterschreitet.

(2) [1]Trifft das Familiengericht die Feststellung nach Absatz 1 Satz 1, so hat es dem Vormund oder dem Gegenvormund eine Vergütung zu bewilligen. [2]Ist der Mündel mittellos im Sinne des § 1836d des Bürgerlichen Gesetzbuchs, so kann der Vormund die nach Satz 1 zu bewilligende Vergütung aus der Staatskasse verlangen.

I. Normzweck

Die Vorschrift regelt drei Fragen: Absatz 1 umschreibt den Begriff der Berufsmäßigkeit der Tätigkeit des Vormunds, die gemäß § 1836 Abs. 1 S. 2 festgestellt werden muss, damit ein Vergütungsanspruch des Vormunds entsteht. Abs. 2 S. 1 verdeutlicht, dass die Feststellung der berufsmäßigen Führung der Vormundschaft für den Vergütungsanspruch konstitutiv ist. Abs. 2 S. 2 sieht vor, dass bei Mittellosigkeit des Mündels die Staatskasse für die Vergütung des Berufsvormunds aufkommt. 1

II. Feststellung der Berufsmäßigkeit

1. **Begriff der Berufsmäßigkeit.** § 1836 Abs. 1 S. 2 definiert den Begriff der Berufsmäßigkeit nicht. Auch der in § 1836 Abs. 1 S. 3 in Bezug genommene § 1 Abs. 1 S. 1 VBVG trifft keine abschließende Bestimmung dieses Begriffs; er schreibt lediglich vor, dass Berufsmäßigkeit jedenfalls dann anzunehmen ist, wenn die Tätigkeit quantitativ ein Maß erreicht, dessen ehrenamtliche Bewältigung den zumutbaren Rahmen staatsbürgerlicher Pflichterfüllung übersteigt. Anders ausgedrückt: Abs. 1 S. 1 normiert eine unwiderlegbare, auf die Quantität der vormundschaftlichen Geschäfte abstellende Fiktion der Berufsmäßigkeit, schließt es aber nicht aus, im Einzelfall auch aus anderen, nicht im Umfang der vormundschaftlichen Geschäfte liegenden Gründen eine berufsmäßige Führung der Vormundschaft zu bejahen.[1] 2

Das wird sich allerdings nur bei „**geborenen Berufsvormündern**" anbieten, zu deren tradiertem Berufsbild die Wahrnehmung von Vormundschaften gehört. So wird namentlich bei Rechtsanwälten im Regelfall von einer berufsmäßigen Führung der Vormundschaft auszugehen sein, und zwar unabhängig davon, ob der Anwalt schwerpunktmäßig Vormundschaften führt und damit die Voraussetzungen des Abs. 1 S. 2 erfüllt.[2] Ebenso werden Steuerberater auch dann als Berufsvormünder anzusehen sein, wenn ihnen in dieser Eigenschaft die Vermögenssorge für einen oder mehrere Mündel übertragen wird, ohne dass der Umfang der damit verbundenen Aufgaben den Rahmen 3

---

[1] Das Vormundamt wird zur eigenverantwortlichen, d.h. grundsätzlich selbständigen Wahrnehmung übertragen. Das dürfte die Bestellung des Angestellten eines „Betreuungsbüros" als Vormund (auch als Betreuer, arg. § 1897 Abs. 2 e contr.) regelmäßig ausschließen. Vgl. aber LG Halle Beschluss vom 10. 07. 2007 – 1 T 11/07 – juris.

[2] BayObLG FamRZ 1999, 462.

einer ehrenamtlichen Aufgabenerfüllung sprengen müsste.[3] Etwas anderes gilt allerdings dann, wenn der Rechtsanwalt oder Steuerberater nicht in dieser Eigenschaft zum Vormund bestellt, sondern auf Grund anderer Umstände, etwa auf Grund seiner persönlichen Bindung zu dem Mündel oder dessen Familie, mit dem Vormundsamt betraut wird.[4]

4 Außerhalb derart tradierter Berufsbilder bewendet es allerdings bei dem von Abs. 1 S. 1 für maßgebend erklärten **Umfang der vormundschaftlichen Geschäfte**.[5] Dies gilt namentlich für nichtanwaltliche Berufsvormünder (Berufsbetreuer, berufsmäßig tätige Pfleger oder Verfahrenspfleger), die sich allenfalls durch ihr Selbstverständnis als eine eigenständige Berufsgruppe begreifen und abgrenzen lassen. Auch eine erfolgreiche Umschulungs- oder Fortbildungsmaßnahme nach § 11 VBVG vermittelt deren Absolventen lediglich für die Führung von Vormundschaften nutzbare Fachkenntnisse, wie sie andere Vormünder bereits im Rahmen einer abgeschlossenen Ausbildung erworben haben; ein einheitliches Berufsbild „des" Vormunds (oder „des" Betreuers), das einen Rückgriff auf die von Abs. 1 S. 1 vorgeschriebene quantitative Abgrenzung der Berufsmäßigkeit verzichtbar werden ließe, vermitteln solche Veranstaltungen nicht.

5 Die Formulierung des Abs. 1 S. 1 bedarf der Ausformung nach zwei Richtungen: Zum einen „zwingt" Abs. 1 S. 1 niemanden in die Berufsmäßigkeit: Ein ehrenamtliches Engagement wird mit anderen Worten nicht schon dadurch berufsmäßig, dass der ohne Erwerbsabsicht tätige Vormund eine Vielzahl von Mündeln betreut und ihnen seine gesamte Zeit widmet. Abs. 1 S. 1 fordert deshalb neben dem objektiven Geschäftsumfang ein **subjektives Moment:** Der Berufsvormund muss sich als solcher begreifen; er muss die Führung der vormundschaftlichen Geschäfte also – wie die Gesetzesfassung ebenso zielsicher wie unbeabsichtigt formuliert – zu „seiner Berufsausübung" machen.[6] Zum andern fordert Abs. 1 S. 1 nicht, dass sich der **Berufsanfänger** solange unentgeltlich „hochdient", bis der Umfang der ihm schließlich übertragenen Geschäfte die Annahme von Berufsmäßigkeit rechtfertigt. Ausreichend ist vielmehr nach Abs. 1 S. 1 Alt. 2 die Erwartung, dass dem Vormund in absehbarer Zeit vormundschaftliche Geschäfte in einem Berufsmäßigkeit begründenden Umfang übertragen sein werden. Für diese – auf ein bis zwei Jahre auszurichtende – Prognose wird man nicht allein auf die Willensrichtung des Betroffenen abstellen, sondern auch die von ihm für die Umsetzung seiner Absicht unternommenen Vorkehrungen sowie Eignung und „Marktlage" einbeziehen müssen.

6 **2. Regelvermutung.** Die Handhabung des Abs. 1 S. 1 soll der Praxis durch die Regelvermutung des Abs. 1 S. 2 erleichtert werden. Nach Nr. 1 ist im Regelfall von einer berufsmäßigen Führung der Vormundschaft auszugehen, wenn der Vormund mit der ihm nunmehr neu zu übertragenden Vormundschaft mehr als zehn Vormundschaften führt. Da Betreuungen und Pflegschaften vergütungsrechtlich wie Vormundschaften behandelt werden, sind sie bei der Feststellung der Berufsmäßigkeit Vormundschaften gleichzustellen, bei der Anwendung des Abs. 1 S. 2 Nr. 1 also mitzuzählen. Alternativ lässt Nr. 2 es für die Annahme von Berufsmäßigkeit der Vormundschaft (nicht auch der Betreuung, vgl. § 4 Abs. 3 S. 2 VBVG, siehe Erl. dort) genügen, dass dem Vormund zwar nicht mehr als zehn Vormundschaften übertragen sind, die Führung seiner vormundschaftlichen Geschäfte aber – unter Einschluss der ihm nunmehr neu zu übertragenden Vormundschaft – mindestens 20 Wochenstunden erfordert. Auch hier sind Vormundschaften, Betreuungen und Pflegschaften gleichermaßen zu berücksichtigen; der auf sie entfallende wöchentliche Zeitaufwand ist dementsprechend zu addieren. In Ansatz zu bringen ist nicht der bloß tatsächliche, sondern der erbrachte und auch erforderliche Zeitaufwand; dieser ist allerdings individuell – also unter Berücksichtigung nutzbarer Fachkenntnisse des konkreten Vormunds – zu ermitteln.

7 Die Regelvermutung des Abs. 1 S. 2 lässt sich **umkehren:** Ein Vormund, der nicht mehr als zehn Vormundschaften führt oder dessen auf Vormundschaften entfallender Arbeitsaufwand

---

[3] LG Darmstadt FamRZ 2000, 1450, 1451.
[4] LG München I FamRZ 1999, 1235; LG München I FamRZ 2000, 981.
[5] Weitergehend und mit Gesetzeswortlaut und -ziel schwerlich vereinbar *Staudinger/Engler* § 1836a (aF) Rn. 33, der es ausreichen lassen will, dass ein nach seinem Beruf geeigneter Interessent sich zur (berufsmäßigen) Führung von Vormundschaften „erboten hat". Vgl. auch *Soergel/Zimmermann* § 1836a (aF) Rn. 15, der eine „Gesamtbetrachtung" fordert, die der Gesetzgeber mit der Schematisierung des Abs. 1 S. 2 aber gerade ersparen wollte. Noch weitergehend AG Northeim BtPrax 1999, 79: Danach soll genügen, dass die Führung der Betreuung der sonstigen beruflichen Tätigkeit des Betreuers (in casu: als Sozialarbeiter im Landeskrankenhaus) entspricht. Damit wird der Grundsatz der Unentgeltlichkeit vollends aufgegeben.
[6] Nach *Soergel/Zimmermann* § 1836a (aF) Rn. 7 kann, wenn Berufsmäßigkeit dem Gericht bekannt ist, deren Feststellung auf Wunsch des Betreuers unterlassen werden. Das ist richtig, setzt aber voraus, dass auch subjektiv überhaupt Berufsmäßigkeit vorliegt. Deshalb kann ein Berufsvormund (Berufsbetreuer) eine Vormundschaft (Betreuung) ehrenamtlich übernehmen, muss sich aber bei unveränderten Verhältnissen hieran festhalten lassen: AG Koblenz FamRZ 2009, 2116 m. Anm. *Heitmann* jurisPR 12/2010 Anm. 5.

20 Wochenstunden unterschreitet, wird im Regelfall nicht berufsmäßig tätig.[7] Damit ist zugleich die Frage, ob und unter welchen Voraussetzungen eine **nebenberufliche Führung von Vormundschaften** (Betreuungen) berufsmäßig und damit vergütungspflichtig ist,[8] beantwortet: Abs. 1 S. 2 verlangt keine hauptberufliche Ausübung des Vormundsamtes, wohl aber für den Regelfall ein Arbeitsaufkommen, welches das Quorum des Abs. 1 S. 2 wahrt.[9] In seiner Wirkung ist Abs. 1 S. 2 allerdings auf die nach Abs. 1 S. 1 zu treffende Feststellung beschränkt, dass eine neu zu übertragende Vormundschaft berufsmäßig geführt wird. Die Regelvermutung erlaubt also nicht den Schluss, dass eine Vormundschaft nicht länger berufsmäßig geführt wird, wenn die **Zahl der übernommenen Vormundschaften oder der Arbeitsaufwand rückläufig ist** und schließlich das Quorum des Abs. 1 S. 2 unterschreitet: Die Berufsmäßigkeit der Vormundschaft endet nicht, wenn die Nachfrage sinkt oder der Berufsvormund sich schrittweise aus dem Berufsleben zurückzieht.[10]

Generell nimmt die Schematisierung des Abs. 1 S. 2 – auch durch die Gleichsetzung von Vormundschaften, Betreuungen und Pflegschaften – Verzerrungen in Kauf, so etwa beim Zusammentreffen einer Vielzahl nur kurzfristiger Verfahrenspflegschaften; als widerlegbare Vermutung kann die Regelung, sachgerecht gehandhabt, solche Unstimmigkeiten jedoch unschwer korrigieren. 8

3. Feststellung und Rechtsmittel. Zur Feststellung der Berufsmäßigkeit und zu den diesbezüglichen Rechtsmitteln vgl. § 1836 Rn. 5 ff.; für Vereins- und Behördenbetreuer vgl. § 7 Abs. 1 S. 2, § 8 Abs. 1 VBVG. Lehnt das Gericht es ab, eine Feststellung nach § 1836 Abs. 1 S. 2, § 1 Abs. 1 Satz 1, Abs. 2 S. 1 VBVG zu treffen, so kann der Vormund, der sich auf die Berufsmäßigkeit seiner Tätigkeit beruft, die Übernahme der – bei fehlender Feststellung nach Abs. 2 S. 1, § 1836 Abs. 1 S. 2 zwingend: unentgeltlichen – Vormundschaft ablehnen. Das Ablehnungsrecht ergibt sich für einen Berufsbetreuer zwanglos aus § 1898 Abs. 2; für den Berufsvormund wird es aus entsprechender Anwendung des unmittelbar nur für den ehrenamtlich tätigen Vormund geltenden § 1786 Abs. 1 Nr. 8 herleiten lassen. Vgl. § 1836 Rn. 10. 9

III. Anspruch auf Vergütung

1. Allgemeines. Aus der nach Abs. 1 S. 1 getroffenen Feststellung, dass der Vormund die Vormundschaft berufsmäßig führt, folgt – wie Abs. 1 S. 1 verdeutlicht – zwingend ein Vergütungsanspruch des Vormunds (Betreuers, Pflegers, Verfahrenspflegers; § 1908i Abs. 1 S. 1, § 1915 Abs. 1, § 277 Abs. 2 FamFG). Die Bewilligung der Vergütung liegt also nicht im Ermessen des Gerichts; ihre Berechtigung kann auch nicht rückwirkend dadurch in Frage gestellt werden, dass das Gericht die zuvor festgestellte Berufsmäßigkeit einer erneuten Prüfung unterzieht; vgl. § 1836 Rn. 6. Der Anspruch ist gegen den Mündel gerichtet. Zu Geltendmachung und Verfahren vgl. Vor § 1835 Rn. 13 ff., § 1836 Rn. 43 ff.; für den Fall des Todes des Mündels vgl. § 1836 Rn. 44. Ist der Mündel mittellos, kann der Anspruch nach Abs. 2 S. 2 auch gegen die Staatskasse gerichtet werden. 10

2. Insbes.: Anspruch gegen die Staatskasse. Bei Mittellosigkeit des Mündels kann der Vormund die Vergütung – jedenfalls auch – aus der Staatskasse beanspruchen. 11

a) Mittellosigkeit. Das Gesetz definiert den Begriff der Mittellosigkeit in § 1836d. Hierzu und zum Zusammenspiel der Haftung von Mündel und Staatskasse vgl. § 1836d Rn. 2 ff., ferner Vor § 1835 Rn. 8 ff. und § 1836 Rn. 12 ff. 12

b) Sonstige Voraussetzungen. Abs. 2 S. 2 eröffnet dem Vormund lediglich den Zugriff auf die Staatskasse in Fällen, in denen der Mündel mittellos ist oder als mittellos gilt. Die sonstigen Voraussetzungen, die der Vergütungsanspruch dem Grunde nach verlangt, sind – wie die ausdrückliche Bezugnahme auf die „nach Satz 1 zu bewilligende Vergütung" verdeutlicht – weiterhin der Generalnorm des § 1836 Abs. 1 S. 2, 3 iVm. dem VBVG zu entnehmen. Auch von der Staatskasse kann ein Vormund nur dann förmlich festgestellt worden ist, dass er die Vormundschaft berufsmäßig führt. Der nicht berufsmäßig tätige Vormund kann nur vom Mündel selbst nach Maßgabe des § 1836 Abs. 2 eine Vergütung beanspruchen. Dieser Anspruch ist 13

---

[7] Einschränkend OLG Zweibrücken FamRZ 2000, 556, 557: Unterhalb der Zahlengrenzen des Abs. 1 S. 2 entscheidet eine Gesamtbetrachtung. Restriktiv auch OLG Frankfurt FamRZ 2001, 790 und FamRZ 2005, 239 für Fälle, in denen ein nebenberuflicher tätiger Betreuer vor dem 1. 1. 1999 bestellt worden ist.
[8] Vgl. etwa BayObLG FamRZ 1997, 1305; FamRZ 1996, 371.
[9] In diese Richtung wohl auch *Knittel* BtG § 1 VBVG Rn. 6 f. AA *Zimmermann* FamRZ 1999, 630: Keine Anwendung der quantitativen Voraussetzungen auf nebenberufliche Amtsführung.
[10] BayObLG FamRZ 1998, 187.

freilich ausdrücklich ausgeschlossen, wenn der Mündel mittellos ist oder nach § 1836d als mittellos gilt;[11] für eine Einstandspflicht der Staatskasse ist hier kein Raum.

14 **c) Geltendmachung und Verfahren.** Für die Geltendmachung der gegen die Staatskasse gerichteten Vergütungsansprüche gelten die allgemeinen Grundsätze; vgl. Vor § 1835 Rn. 13 ff., § 1836 Rn. 43 ff. Neben die gerichtliche Bewilligung tritt gem. § 168 Abs. 1 S. 4 FamFG die Festsetzung durch den Urkundsbeamten der Geschäftsstelle. Bei mehreren Mündeln desselben Vormunds (etwa Geschwistern) erfolgt die Festsetzung auch gegenüber der Staatskasse für jeden Mündel gesondert.[12]

15 Durch die Feststellung des gegen die Staatskasse gerichteten Vergütungsanspruchs wird der Mündel nicht beschwert, falls nicht gem. § 168 Abs. 1 S. 2 FamFG zugleich Erstattungsleistungen festgesetzt werden; ebenso nicht durch eine Entscheidung, welche die Vergütungspflicht der Staatskasse mangels Mittellosigkeit des Mündels verneint und den Vormund auf die Inanspruchnahme des Mündels verweist. In beiden Fällen kann der Mündel seine Rechte (erst) in dem gegen ihn selbst gerichteten Erstattungs- oder Vergütungsfestsetzungsverfahren geltend machen.[13]

IV. Parallelvorschriften

16 Die Vorschrift gilt gem. § 1908i Abs. 1 S. 1, § 1836 Abs. 1 S. 3 für den Betreuer (vgl. aber §§ 4 ff. VBVG), gem. § 1915 Abs. 1 S. 1, § 1836 Abs. 1 S. 3 für den Pfleger (vgl. aber § 1915 Abs. 1 S. 2) und gem. § 277 Abs. 2, 318, 419 Abs. 5 S. 1 FamFG für den Verfahrenspfleger (vgl. aber § 277 Abs. 3, 5 FamFG). Zum Verfahrensbeistand vgl. § 158 Abs. 7 FamFG, der § 1 VBVG nicht - jedenfalls nicht erkennbar - in Bezug nimmt.

§ 2 Erlöschen der Ansprüche

¹Der Vergütungsanspruch erlischt, wenn er nicht binnen 15 Monaten nach seiner Entstehung beim Familiengericht geltend gemacht wird; die Geltendmachung des Anspruchs beim Familiengericht gilt dabei auch als Geltendmachung gegenüber dem Mündel. ² § 1835 Abs. 1a des Bürgerlichen Gesetzbuchs gilt entsprechend.

I. Normzweck

1 Die Vorschrift unterwirft den Vergütungsanspruch einer 15monatigen Ausschlussfrist. Die an § 1835 Abs. 1 S. 3, Abs. 1a angepasste Regelung zielt auf Überschaubarkeit des Abrechnungszeitraums und fördert damit zugleich die Abrechnungsehrlichkeit. Sie verhindert aber auch, dass der Vormund durch säumige Abrechnung so erhebliche Vergütungsrückstände auflaufen lässt, dass er nach § 1 Abs. 2 S. 2 den Fiskus in Anspruch nehmen kann, weil der Mündel jedenfalls zu einer vollständigen Begleichung nicht mehr in der Lage ist und deshalb nach § 1836d Nr. 1 2. und 3. Alt. Nr. 2 als mittellos gilt.[1]

II. Ausschlussfrist

2 Die Ausschlussfrist gilt unabhängig davon, ob die Vergütung **vom Mündel oder aus der Staatskasse** beansprucht wird; im zweiten Fall wird man auch einen Antrag auf Anweisung der Vergütung durch den Urkundsbeamten (§ 168 Abs. 1 S. 4 FamFG) als gerichtliche Geltendmachung anerkennen müssen.[2] Der Sinn des (dem § 1835 Abs. 1 S. 3 2. HS. nachgebildeten) S. 1 2. HS. ist dunkel, da der Vergütungsanspruch - anders als ein Anspruch auf Aufwendungsersatz - stets beim FamG geltend zu machen ist, also auch dann, wenn er sich gegen den bemittelten Mündel selbst richtet. Richtig dürfte sein, dass der Antrag auf Bewilligung einer vom Mündel zu

---

[11] Zur Anwendbarkeit der nur „fiktiven" Mittellosigkeit nach § 1836d auch im Rahmen des § 1836 Abs. 1 HS 2: *Palandt/Diederichsen* § 1836 Rn. 11; *Erman/Saar* § 1836 Rn. 7; *Gernhuber/Coester-Waltjen* § 71 Rn. 62.
[12] LG Berlin FamRZ 2011, 230.
[13] BayObLG FamRZ 2001, 377.

[1] Schon diese Zielrichtung verbietet es, den Rückforderungsanspruch der Staatskasse wegen überzahlter Vergütung der Ausschlussfrist nach § 2 zu unterstellen; so aber LG Braunschweig FamRZ 2008, 1117.
[2] *Jurgeleit/Maier* Betreuungsrecht Rn. 2.

zahlenden Vergütung die Frist des S. 1 auch dann wahrt, wenn für denselben Zeitraum später die Staatskasse in Anspruch genommen wird oder umgekehrt; denn es handelt sich in der Sache um denselben Anspruch.[3]

Die Frist **beginnt** mit der Entstehung des Vergütungsanspruchs.[4] Der Anspruch entsteht mit der vergütungspflichtigen Tätigkeit, dh. bei einer auf Dauer angelegten Amtsführung wie der Vormundschaft tagweise;[5] für die Vergütung des Berufsbetreuers beginnt die Ausschlussfrist mit dem Ablauf der in § 9 VBVG vorgesehenen dreimonatigen Abrechnungsperiode (siehe Erl. zu § 9 VBVG).[6] Die Frist berechnet sich nach §§ 186 ff.; die Bewilligung oder Festsetzung der Vergütung für eine am 10. Oktober geleistete Tätigkeit muss also spätestens am 10. Januar des Folgejahres beantragt sein. Der Antrag muss bewilligungsfähig sein, also den Erfordernissen einer ordnungsgemäßen Abrechnung entsprechen.[7] Die Notwendigkeit einzelner Nachbesserungen, etwa die Nachreichung einzelner vom FamG geforderter Belege, führt als solche nicht zur Fristversäumung. Eine pauschale oder auf Nachweisungen weitgehend verzichtende Abrechnung ist jedoch nicht prüffähig; sie ist keine ordnungsgemäße Geltendmachung und vermag deshalb die Ausschlussfrist nach deren Sinn und Zweck nicht zu wahren.[8] In jedem Fall wahrt ein Antrag die Frist nur in der Höhe, in der die Vergütung tatsächlich geltend gemacht wird.[9]

Die Ausschlussfrist ist von Amts wegen zu beachten[10] und bei Versäumung einer Wiedereinsetzung nicht zugänglich.[11] Eine Belehrungspflicht besteht grundsätzlich nicht (vgl. aber § 1835 Abs. 1 a S. 2);[12] ob einer Verfristung § 242 entgegengehalten werden kann, ist str.[13] S. 2 eröffnet mit der Verweisung auf § 1835 Abs. 1 a die Möglichkeit einer **abweichenden Fristbestimmung** durch das FamG. Hierzu und zur Verjährung des (innerhalb der Frist des S. 1 geltend gemachten) Anspruchs vgl. § 1835 Rn. 28 ff. Zur Verjährung des Vergütungsanspruchs für den Behördenbetreuer siehe Erl. zu § 8 VBVG.

III. Parallelvorschriften

Die Vorschrift gilt gem. § 1908i Abs. 1 S. 1, § 1836 Abs. 1 S. 3 für den Betreuer mit den sich aus § 9 ergebenden Modifikationen; für den Behördenbetreuer vgl. § 8 Abs. 4 VBVG. Sie gilt gem. § 1915 Abs. 1 S. 1, § 1836 Abs. 1 S. 3 für den Pfleger und gem. § 277 Abs. 2, §§ 318, 419 Abs. 5 S. 1 FamFG, § 1836 Abs. 1 S. 3 für den Verfahrenspfleger. Zum Verfahrensbeistand vgl. § 158 Abs. 7 FamFG, der § 2 VBVG nicht - jedenfalls nicht erkennbar - in Bezug nimmt.

---

[3] OLG Hamm FGPrax 2007, 171: Geltendmachung gegenüber dem Mündel wahrt – auch umgekehrt – die Möglichkeit einer späteren Inanspruchnahme der Staatskasse. So auch LG Saarbrücken BtPrax 2009, 42; LG Mönchengladbach Beschl. v. 10. 1. 2007 – 5 T 416/06 – juris.

[4] OLG Köln OLGR 2002, 338: nicht erst mit Ablauf der Abrechnungsperiode.

[5] Vgl. BayObLG NJW-RR 2003, 438 = FamRZ 2003, 325: Jeweils mit dem Zeitpunkt der erbrachten Betreuungstätigkeit. Ähnlich OLG Schleswig-Holstein FamRZ 2002, 1288; OLG Koblenz FamRZ 2002, 1355. Weitergehend offenbar OLG Köln FamRZ 2001, 47: Beginn mit dem Zeitpunkt, in dem – im Falle des Todes des Betroffenen – die Zuziehung des Betreuers tatsächlich endet.

[6] BGH FamRZ 2011, 368, 369; BGH FamRZ 2008, 1611, 1613: Jedenfalls nicht vor Ablauf des Betreuungsmonats; beachtliche Gründe sprechen für Fristbeginn erst mit Ablauf des Abrechnungsquartals. Für Letzteres auch: OLG Brandenburg FamRZ 2010, 65; OLG Köln OLGR 2009, 509 = BtPrax 2009, 80; KG FamRZ 2009, 456; OLG Dresden FamRZ 2008, 1285; LG Göttingen FamRZ 2008, 92. AA OLG Düsseldorf FamRZ 2008, 1284; OLG Düsseldorf Beschluss vom 12. 03. 2010 – I – 25 Wx 82/09 – juris (Ablauf des einzelnen Betreuungsmonats); OLG Frankfurt FamRZ 2008, 304; LG Münster 2008, 187. Offengelassen von OLG München FamRZ 2008, 1285.

[7] Vgl. etwa OLG München FamRZ 2006, 891; OLG Dresden FamRZ 2004, 137; OLG Frankfurt FamRZ 2002, 193 (Angabe von „Phantombeträgen" genügt nicht). Nach OLG Hamm BtPrax 2009, 130 ist eine Bezifferung der Pauschalvergütung nach §§ 4, 5 nicht erforderlich; es genügt die Mitteilung der für die Bemessung maßgebenden Tatsachen. Nach LG München FamRZ 2008, 2296 soll auch ein Antrag auf Vergütung nach (§ 1835 Abs. 3 iVm.) RVG die Frist des § 2 wahren (mE nur, wenn sich aus dem Antrag die für die Bemessung nach §§ 1 ff. maßgebenden Tatsachen ergeben).

[8] AA *Soergel/Zimmermann* § 1836a (aF) Rn. 29, der offenbar eine beliebige Nachreichung von Belegen gestatten will. Weitergehend auch KG Beschluss vom 05. 04. 2011 – 1 W 518/10 – juris, das eine Konkretisierung des Vergütungsanspruchs durch Übersendung der Handakte ausreichen lässt.

[9] OLG Hamm BtPrax 2009, 161.

[10] OLG Köln OLGR 2009, 220.

[11] BayObLG FamRZ 2004, 1137; OLG Brandenburg ZKJ 2008, 123 m. Anm. *Menne* ZKJ 2008, 114.

[12] BayObLG FamRZ 2004, 1137; KG FamRZ 2006, 225.

[13] Bejahend OLG Koblenz FamRZ 2003, 190; OLG Frankfurt BtPrax 2002, 131; verneinend OLG Frankfurt KindPrax 2004, 67; OLG Köln OLGR 2009, 220. Jedenfalls steht dem Fristablauf nicht entgegen, dass ein früherer Vergütungsantrag noch nicht beschieden ist: LG Nürnberg FamRZ 2004, 138.

Abschnitt 2. Vergütung des Vormunds

§ 3 Stundensatz des Vormunds

(1) ¹Die dem Vormund nach § 1 Abs. 2 zu bewilligende Vergütung beträgt für jede Stunde der für die Führung der Vormundschaft aufgewandten und erforderlichen Zeit 19,50 Euro. ²Verfügt der Vormund über besondere Kenntnisse, die für die Führung der Vormundschaft nutzbar sind, so erhöht sich der Stundensatz
1. auf 25 Euro, wenn diese Kenntnisse durch eine abgeschlossene Lehre oder eine vergleichbare abgeschlossene Ausbildung erworben sind;
2. auf 33,50 Euro, wenn diese Kenntnisse durch eine abgeschlossene Ausbildung an einer Hochschule oder durch eine vergleichbare abgeschlossene Ausbildung erworben sind.

³Eine auf die Vergütung anfallende Umsatzsteuer wird, soweit sie nicht nach § 19 Abs. 1 des Umsatzsteuergesetzes unerhoben bleibt, zusätzlich ersetzt.

(2) ¹Bestellt das Familiengericht einen Vormund, der über besondere Kenntnisse verfügt, die für die Führung der Vormundschaft allgemein nutzbar und durch eine Ausbildung im Sinne des Absatzes 1 Satz 2 erworben sind, so wird vermutet, dass diese Kenntnisse auch für die Führung der dem Vormund übertragenen Vormundschaft nutzbar sind. ²Dies gilt nicht, wenn das Familiengericht aus besonderen Gründen bei der Bestellung des Vormunds etwas anderes bestimmt.

(3) ¹Soweit die besondere Schwierigkeit der vormundschaftlichen Geschäfte dies ausnahmsweise rechtfertigt, kann das Familiengericht einen höheren als den in Absatz 1 vorgesehenen Stundensatz der Vergütung bewilligen. ²Dies gilt nicht, wenn der Mündel mittellos ist.

(4) Der Vormund kann Abschlagszahlungen verlangen.

I. Normzweck

1 Die Vorschrift bemisst die Vergütung des (Berufs-) Vormunds im Interesse leichter Handhabbarkeit nach festen Stundensätzen. Diese – verbindlichen – Sätze gelten unabhängig davon, ob sich der Vergütungsanspruch des Vormunds gegen die Staatskasse (§ 1 Abs. 2 S. 2 VBVG) oder gegen den (bemittelten) Mündel selbst richtet; im zweiten Fall gestattet Abs. 3 „ausnahmsweise" und unter engen Voraussetzungen eine Anhebung. Für die Vergütung des Betreuers treffen die §§ 4, 5 VBVG eine besondere Regelung; zu Sonderfällen sowie zu Vereins- und Behördenbetreuer vgl. §§ 6 f. VBVG. Angesichts der begrenzten Zahl berufsmäßig geführter Vormundschaften relativiert sich die Bedeutung des § 3 VBVG damit deutlich.

II. Höhe des Vergütungsanspruchs

2 **1. Zwingendes Recht.** Die Stundensätze des Abs. 1 S. 1, 2 gelten zwingend; eine Anhebung ist nur unter den engen Voraussetzungen des Abs. 3 gestattet. Auch für den Berufsvormund selbst sind die Sätze nicht disponibel; sie können also auch nicht mit seinem Einverständnis unterboten werden.

3 **2. Vergütung nach Zeit.** Ausgangspunkt der geschuldeten Vergütungshöhe ist die Zeit, die der Vormund für die Besorgung der vormundschaftlichen Geschäfte tatsächlich aufgewandt hat und die zu dieser Geschäftsbesorgung auch erforderlich war.

4 Grundlage ist die vom Vormund in Rechnung gestellte tatsächliche Arbeitszeit. § 1 Abs. 1 geht zwar von Stundensätzen aus, gestattet aber deshalb keineswegs „Aufrundungen" für jede angebrochene Stunde. Abrechenbar ist nur die vom Vormund selbst geleistete Arbeit; die Kosten für von Dritten geleistete Hilfstätigkeiten können nur als Aufwendungen geltend gemacht werden, sofern sie individualisierbar und nicht bereits durch die Vergütung mit abgegolten sind; vgl. § 1835 Rn. 16 ff., § 1836 Rn. 23 f.

5 Die in Rechnung gestellte tatsächliche Arbeitszeit muss **auf die Führung der vormundschaftlichen Geschäfte verwandt** worden sein. Zur Abgrenzung der abrechnungsfähigen Tätigkeiten vgl. § 1836 Rn. 18 ff.

6 Außerdem muss der tatsächliche Arbeitsaufwand **objektiv erforderlich** sein. Maßgebend ist nicht eine ex-post-Betrachtung; entscheidend ist vielmehr die Lage, wie sie sich dem Vormund –

bei Beachtung der ihm nach § 1833 obliegenden Sorgfalt – im Zeitpunkt seines Tätigwerdens darstellten musste. Die Erforderlichkeit bezieht sich zum einen auf das „Ob" der Tätigkeit: So ist ein eigenes uU zeitintensives Tätigwerden des Vormunds nicht erforderlich, wenn Dritte diese Arbeiten effektiver oder sachkundiger wahrnehmen können und die – als Aufwendung erstattungsfähige – Inanspruchnahme der Drittleistung deshalb wirtschaftlicher Vernunft entspricht. Zum andern muss auch der Umfang der Zeit, die der Vormund auf die an sich erforderliche Erledigung einer vormundschaftlichen Aufgabe verwendet, erforderlich sein: Ineffizienz des Vormunds geht zu seinen Lasten.[1] Der objektiv erforderliche Zeitaufwand ist allerdings individuell – also unter Berücksichtigung nutzbarer Fachkenntnisse des konkreten Vormunds – zu ermitteln. Die Erforderlichkeit ist als Rechtsbegriff grundsätzlich vom Gericht überprüfbar. Bei dieser Prüfung ist im Hinblick auf die eigenverantwortliche Amtsführung des Vormunds jedoch Zurückhaltung geboten. Vgl. zum Ganzen § 1836 Rn. 19 ff.

3. Vergütungsstufung nach Fachkenntnissen. Abs. 1 S. 1, 2 sieht gestufte Vergütungssätze vor. Die Stufung orientiert sich am Vorhandensein „besonderer Kenntnisse" des Vormunds, die für die Führung der Vormundschaft nutzbar sind. Die für die Einstufung maßgebenden Kriterien entsprechen denen, die § 4 VBVG für die Vergütung des (Berufs-) Betreuers normiert. Auch die Vermutung des Abs. 2, dass besondere Kenntnisse, die für die Führung (wie es richtig heißen müsste:) *von* Vormundschaf*ten* allgemein nutzbar sind, sich auch für die Führung der konkret zu vergütenden Vormundschaft als nutzbar erweisen, findet in § 4 Abs. 3 S. 1 VBVG eine Entsprechung. Wegen der Einzelheiten vgl. Erl. zu § 4 VBVG.

4. Erhöhung des Stundensatzes. Mit der von Abs. 3 eröffneten Möglichkeit, die in Abs. 1 S. 1, 2 vorgesehenen Stundensätze anzuheben, soll die bis zum 2. BtÄndG geltende Rechtslage kodifiziert werden. Danach hatte sich die vom bemittelten Mündel geschuldete Vergütung an den für die Inanspruchnahme der Staatskasse geltenden Stundensätzen „zu orientieren"; diese durften nur überschritten werden, wenn die Schwierigkeit der vormundschaftlichen Geschäfte dies ausnahmsweise gebot.[2] § 3 Abs. 3 VBVG findet in der Vergütung des Berufsbetreuers keine Entsprechung.[3] Der Umstand, dass für die Berufsbetreuer nominal höhere Stundensätze als für den Berufsvormund gelten (vgl. § 4 VBVG), rechtfertigt – schon im Hinblick auf das unterschiedliche Vergütungssystem der §§ 4, 5 VBVG – keine großzügige Auslegung. Eine höhere Qualifikation des Vormunds wird regelmäßig bereits durch die höhere Einstufung nach Abs. 1 S. 2 abgegolten. Eine Anhebung kommt deshalb nur dann in Betracht, wenn eine Vergütung nach den Stundensätzen des Abs. 1 S. 1, 2 zu der vom Vormund erbrachten Leistung – im Hinblick auf die Schwierigkeit der konkreten Vormundschaft – in einem deutlichen Missverhältnis stünde.[4] Dabei muss eine Gesamtwürdigung erfolgen,[5] die im Einzelfall auch eine besondere und durch die grob typisierende Stufung nach Abs. 1 S. 2 nicht hinreichend abgegoltene Qualifikation des Berufsvormunds berücksichtigen kann.[6]

III. Abrechnung und Fälligkeit der Vergütung, Abschlagszahlungen

1. Entstehung, Fälligkeit. Der Vergütungsanspruch entsteht unmittelbar mit der vergütungspflichtigen Tätigkeit kraft Gesetzes – genau genommen also für jede einzelne und mit jeder einzelnen Handlung des Vormunds. Fällig wird der Anspruch allerdings erst mit seiner Festsetzung durch das FamG oder durch den Urkundsbeamten (§ 168 Abs. 1 S. 1 Nr. 2, S. 4 FamFG), welche die Erteilung einer prüffähigen Abrechnung voraussetzt.

2. Abrechnung. a) Zeitraum. Das Gesetz stellt die Abrechnungszeiträume in das Belieben des Vormunds; ein einjähriger Abrechnungsturnus mag sich als praktisch erweisen, ist aber vom

---

[1] Beispielhaft: OLG Zweibrücken FamRZ 2001, 447; AG Betzdorf FamRZ 2000, 981; FamRZ 2000, 1047; vgl. ferner § 1836 Fn. 29.
[2] BGHZ 145, 104, 114 = FamRZ 2000, 1569, 1572 (zum Betreuungsrecht).
[3] OLG München FGPrax 2007, 25; OLG Celle FamRZ 2009, 78: Auch keine analoge Anwendung.
[4] *Dodegge/Roth* BtKomm F 136.
[5] Praktisch wurde die Anhebung früher bei der Pflegschaft für vermögende Nachlässe, vgl. etwa OLG Dresden FamRZ 2002, 1634. Die Frage ist nunmehr durch § 1915 Abs. 1 S. 2 offen gehalten; vgl. hierzu OLG Dresden Rpfleger 2007, 547 m. Anm. *Bestelmeyer* Rpfleger 2007, 548; OLG Schleswig FGPrax 2010, 140; OLG Brandenburg ZEV 2010, 637 (geschuldet ist eine kostendeckende, aber nicht die „übliche" Vergütung, die der anwaltliche Nachlasspfleger als Rechtsanwalt erzielen könnte); probl. OLG Düsseldorf FamRZ 2011, 141 (Wahlrecht zwischen Abrechnung nach RVG oder nicht überhöhten Stundensätzen).
[6] OLG Köln OLGR 2002, 75. Allerdings sind die für die private Vermögensverwaltung üblichen Honorare nicht maßgebend: BayObLG FamRZ 2002, 1591.

Gesetz nicht vorgegeben sich und lässt sich – mangels Rechtsähnlichkeit der Normsituation – auch nicht mit einer Analogie zu § 1835a Abs. 2 erzwingen.[7] Zum Betreuungsrecht § 9 VBVG.

11 **b) Darstellung des Arbeitsaufwands.** Die Abrechnung hat den Arbeitsaufwand darzustellen und zumindest auf Anforderung – im Rahmen des Erforderlichen und Zumutbaren – zu belegen.[8] Die Frage, welche **Detailliertheit** dabei von einer Abrechnung zu verlangen ist, entspricht spiegelbildlich den Kompetenzen, die dem Gericht bei ihrer Überprüfung zugebilligt werden.[9] Deshalb wird man hinsichtlich der Notwendigkeit vormundlichen Handelns alle Angaben erfordern, die dem Gericht zumindest eine Plausibilitätskontrolle ermöglichen;[10] hinsichtlich der tatsächlichen Erbringung des geltend gemachten Zeitaufwands wird man dem Gericht jedenfalls nicht grundsätzlich die Befugnis bestreiten können, einen vollen Nachweis der in Rechnung gestellten Leistung zu fordern. Grenzen werden von Praktikabilität und Zumutbarkeit gezogen und können – auch nach den Erfahrungen mit dem einzelnen Vormund (Betreuer) und im Hinblick auf die Freiheit richterlicher Überzeugungsbildung – unterschiedlich weit gezogen sein.[11] Eine Aufrundung angebrochener Stunden ist nicht zulässig.[12] Pauschalierungen sind grundsätzlich nicht möglich; allerdings wird man sich – zur Vermeidung eines unverhältnismäßigen Dokumentations- und Prüfungsaufwands – vielfach, etwa bei Telefonaten,[13] mit Schätzungen begnügen müssen.

12 **c) Darlegung von Qualifikation und Schwierigkeit.** Hinsichtlich der Qualifikation des Vormunds wird die Abrechnung sich – jedenfalls im Wiederholungsfall – mit einer Bezugnahme begnügen dürfen. Darlegungen zur besonderen Schwierigkeit der Vormundschaft sind nur veranlasst, soweit der Vormund gem. Abs. 3 eine Anhebung der in Abs. 1 S. 1, 2 vorgesehen Stundensätze beansprucht und auf diese Schwierigkeit stützt.

13 **3. Abschlagszahlungen.** Vor Erteilung oder Prüfung der Abrechnung kann der Vormund nach Abs. 4 Abschlagszahlungen verlangen. Dabei handelt es sich nicht um einen Vorschuss; der Vormund bleibt vielmehr uneingeschränkt vorleistungspflichtig. Das Verlangen nach Abschlagzahlung setzt nämlich voraus, dass der Vormund bereits vergütungspflichtige Leistungen erbracht hat, mangels einer abgeschlossenen Abrechnung die genaue Höhe seines Vergütungsanspruchs aber noch nicht feststeht. Die Höhe der Abschlagszahlung soll die künftige Vergütung nicht übersteigen, um Rückforderungen zu vermeiden. Das Gericht ist deshalb zwar zur Bewilligung von Abschlagszahlungen verpflichtet;[14] es unterliegt jedoch seinem freien Ermessen, welche Anforderungen es an die – notwendige – Darlegung der voraussichtlichen Vergütungshöhe stellt[15] und welche Zeitspannen es für angemessen erachtet. Vertretbar erscheinen Abschlagszahlungen nach etwa drei Monaten.[16] Der Anspruchscharakter des Abs. 4 wird durch die Weite dieses Ermessens spürbar relativiert.

14 Auf den Vergütungsanspruch sind Abschlagszahlungen auch dann anzurechnen, wenn der Vormund sie dem Mündelvermögen entnommen hat, das Mündel aber inzwischen mittellos ist und der Vergütungsanspruch sich deshalb nunmehr gegen die Staatskasse richtet.[17] Solche dem Mündelvermögen entnommenen Abschlagszahlungen können auch dann nicht zurückgefordert werden, wenn der Vergütungsanspruch vor seiner endgültigen Festsetzung gem. § 2 verfristet.[18] Überzahlungen, die auf Grund von Abschlagszahlungen erfolgen, können zurückgefordert werden.[19]

---

[7] Vgl. BayObLG FamRZ 1998, 507, 508: „Vergütungsanträge für Zeiträume von einem Jahr ... nicht unüblich und ... nicht zu beanstanden".
[8] Vgl. OLG Schleswig FGPrax 2004, 281 (zumindest Zuordnung der Zeitansätze zu konkreten Lebenssachverhalten).
[9] LG Braunschweig NdsRpfleger 2003, 9.
[10] LG Erfurt BtPrax 2005, 240.
[11] OLG Zweibrücken FamRZ 2000, 1533 = BtPrax 2000, 220 will das Gericht auf eine bloße Plausibilitätskontrolle beschränken, wenn der Vormund (Betreuer) seinen Zeitaufwand im Einzelnen für bestimmte Tätigkeiten aufschlüsselt; in diese Richtung auch OLG Schleswig FamRZ 1998, 185 und FamRZ 2001, 1480; LG Dessau FamRZ 2000, 1530. ME ist das FamG zu einer solchen Selbstbeschränkung berechtigt, aber nicht verpflichtet.
[12] AG Westerburg FamRZ 2000, 682; *Soergel/Zimmermann* § 1836 (aF) Rn. 26.
[13] Beispielhaft OLG Schleswig OLGR 2003, 291.
[14] Zum Rechtsschutzbedürfnis für das Verlangen nach Abschlagszahlung, wenn eine Vergütungsfestsetzung möglich wäre: OLG Zweibrücken FamRZ 2007, 1192; LG Leipzig FamRZ 2000, 850. Zur Beschwerdebefugnis des Betreuers, wenn das Gericht in einem solchen Fall statt der begehrten Abschlagszahlung eine Vergütung festsetzt: LG Leipzig FamRZ 2000, 851.
[15] OLG Zweibrücken FamRZ 2007, 1191, 1192.
[16] *Soergel/Zimmermann* § 1836 (aF) Rn. 28.
[17] KG FamRZ 2005, 1778.
[18] BayObLG FamRZ 2003, 1221.
[19] BayObLG FamRZ 2003, 1221, 1223: Allerdings keine Festsetzung gem. § 168 FamFG, sondern Durchsetzung gem. § 1837 Abs. 2.

IV. Parallelvorschriften

An die Stelle des § 3 treten für Betreuer die §§ 4 ff. VBVG (vgl. § 1908i Abs. 1 S. 1 iVm. § 1836 Abs. 1 S. 3). Für den (Berufs-) Pfleger gilt § 3 nach Maßgabe des § 1915 Abs. 1 iVm. § 1836 Abs. 1 S. 3, für den Pfleger eines bemittelten Pfleglings also nur hins. des § 3 Abs. 4 (vgl. im Übrigen § 1915 Abs. 1 S. 2). Auf den berufsmäßig tätigen Verfahrenspfleger ist nach Maßgabe des § 277 Abs. 2 S. 1, 2, §§ 318, 419 Abs. 5 S. 1 FamFG (nur) § 3 Abs. 1, 2 anwendbar (vgl. aber § 277 Abs. 3[20], 5 FamFG). 15

Abschnitt 3. Sondervorschriften für Betreuer

§ 4 Stundensatz und Aufwendungsersatz des Betreuers

(1) [1]Die dem Betreuer nach § 1 Abs. 2 zu bewilligende Vergütung beträgt für jede nach § 5 anzusetzende Stunde 27 Euro. [2]Verfügt der Betreuer über besondere Kenntnisse, die für die Führung der Betreuung nutzbar sind, so erhöht sich der Stundensatz
1. auf 33,50 Euro, wenn diese Kenntnisse durch eine abgeschlossene Lehre oder eine vergleichbare abgeschlossene Ausbildung erworben sind;
2. auf 44 Euro, wenn diese Kenntnisse durch eine abgeschlossene Ausbildung an einer Hochschule oder durch eine vergleichbare abgeschlossene Ausbildung erworben sind.

(2) [1]Die Stundensätze nach Absatz 1 gelten auch Ansprüche auf Ersatz anlässlich der Betreuung entstandener Aufwendungen sowie anfallende Umsatzsteuer ab. [2]Die gesonderte Geltendmachung von Aufwendungen im Sinne des § 1835 Abs. 3 des Bürgerlichen Gesetzbuchs bleibt unberührt.

(3) [1]§ 3 Abs. 2 gilt entsprechend. [2]§ 1 Abs. 1 Satz 2 Nr. 2 findet keine Anwendung.

Schrifttum zu §§ 4 bis 10 VBVG: *Bund-Länder-Arbeitsgruppe „Betreuungsrecht":* Abschlußbericht (BLAG-Abschlußbericht), Betrifft: Betreuung Bd. 6, 2003; *Bestelmeyer,* Die Neuregelung des Vergütungsrechts nach dem 2. BtÄndG – eine vergütungs- und verfassungsrechtliche Totgeburt, Rpfleger 2005, 583; *Deinert,* Gewöhnlicher (Heim-)Aufenthalt und pauschale Betreuervergütung, FamRZ 2005, 951; *Deinert/Lütgens,* Die Vergütung des Betreuers, 5. Aufl. 2008; *Diekmann/Jurgeleit,* Die Reform des Betreuungsrechts, BtPrax 2002, 197; *Feldmann,* Mittellosigkeit im Sinne des § 5 Abs. 1, Abs. 2 VBVG, BtPrax 2009, 221; *Fröschle,* Betreuungsrecht 2005, 2005; *ders.,* Der gewöhnliche Aufenthalt im Vergütungsrecht, BtPrax 2006, 219; *Lipp/Ohrt,* Betreutes Wohnen als „Heim"?, BtPrax 2005, 209; *A. Neumann/T. Neumann,* Zur praktischen Umsetzung des ab 1. 7. 2005 geltenden Vergütungssystems, BtMan 2005, 90; *Unruh,* Zur Verfassungsmäßigkeit der Vergütung von Berufsbetreuern nach dem 2. BtÄndG, BtPrax 2005, 121; *Zimmermann,* Probleme der Betreuervergütung gemäß VBVG, FS Bienwald, 2006, S. 345; *ders.,* Die Rechtsprechung zur Betreuervergütung nach dem VBVG, FamRZ 2006, 1802; *ders.,* Neuere Rechtsprechung zur Betreuervergütung (VBVG), FamRZ 2008, 1307.

Übersicht

	Rn.		Rn.
I. Bedeutung der Norm	1	b) Abgeschlossene Ausbildung	12–16
II. Anwendungsbereich	2–6	c) Vermittlung nutzbarer Fachkenntnisse durch die Ausbildung	17, 18
1. Berufsmäßig tätige Betreuer	2	d) Einzelfälle	19, 20
2. Nicht berufsmäßig tätige Betreuer	3	3. Rechtstatsachen zur Qualifikation	21
3. Mehrere Betreuer	4–6	4. Verfahren	22
III. Entschädigung nach Stundensätzen (Abs. 1)	7–22	**IV. Reichweite der Pauschalierung (Abs. 2)**	23–30
1. Rechenfaktor (Satz 1)	8	1. Abgeltung von Aufwendungen	23–29
2. Erhöhung nach nutzbaren Fachkenntnissen (Satz 2)	9–20	a) Ausnahme: berufliche und gewerbliche Dienste (Satz 2)	24
a) Nutzbare Fachkenntnisse	10, 11		

---

[20] Zur Frage, ob bei der auf den Stundensätzen des § 3 Abs. 1 S. 1, 2 aufbauenden Pauschale nach § 277 Abs. 3 FamFG die Umsatzsteuer entsprechend § 3 Abs. 1 S. 3 hinzurechnen ist: LG Frankfurt FamRZ 2010, 921.

	Rn.		Rn.
b) Aufwendungen außerhalb der Betreuung	25–27	V. **Anwendung von §§ 1 bis 3 (Abs. 3)**	31–33
c) Außergewöhnliche Aufwendungen	28, 29	1. Nichtanwendung von § 1 Abs. 1 S. 2 Nr. 2	31
2. Abgeltung der Umsatzsteuer	30	2. Anwendung von § 3 Abs. 2	32, 33

I. Bedeutung der Norm

1 Die Vorschrift regelt Bemessung (Abs. 1) und Reichweite (Abs. 2) der **Entschädigungspauschale** für **berufsmäßig tätige Betreuer**. Sie bestimmt außerdem, inwiefern die für die in §§ 1 bis 3 enthaltenen Regelungen auch auf Betreuer Anwendung finden (Abs. 3). Die Pauschalierung ist mit Wirkung vom 1. Juli 2005 an die Stelle des vorher geltenden Systems der Entschädigung nach tatsächlichem und erforderlichem Aufwand getreten, wie es für den Vormund auch weiterhin gilt (siehe dazu § 3 Rn. 3 ff.). Erklärtes Ziel des Gesetzgebers ist es gewesen, damit eine „einfache, streitvermeidende" und gerechte Regelung zu treffen,[1] die es Betreuern und Gerichten erspart, sich komplexen Abrechnungsfragen zu widmen[2] (zu weiteren Einzelheiten der Gesetzgebungsgeschichte siehe § 5 Rn. 3 f.). Wie alle Pauschalen, erreicht auch diese allerdings nur eine **durchschnittliche Gerechtigkeit**. Nicht der einzelne Fall wird angemessen vergütet. Erst durch die Übernahme einer Vielzahl von Fällen erreicht der Betreuer im Idealfall eine insgesamt angemessene, auskömmliche Entschädigung für seine Tätigkeit.[3]

II. Anwendungsbereich

2 **1. Berufsmäßig tätige Betreuer.** § 4 gilt für **selbständig** tätige Berufsbetreuer, mit Ausnahme der in § 6 S. 1 genannten Konstellationen (dort Rn. 2 ff.). Der Umfang des Aufgabenkreises spielt ansonsten keine Rolle. Auch ein reiner **Vollmachtsbetreuer** iSv. § 1896 Abs. 3 BGB (siehe § 1896 BGB Rn. 236 ff.) erhält die volle Pauschale, zum **Gegenbetreuer** iSv. § 1908i Abs. 1 S. 1 iVm. § 1792 BGB siehe unten Rn. 4. Für den **Vereinsbetreuer** iSv. § 1897 Abs. 2 S. 1 BGB siehe § 7, für den **Behördenbetreuer** iSv. § 1897 Abs. 2 S. 2 BGB siehe § 8. Für die **Betreuungsbehörde** und den anerkannten **Betreuungsverein** als Betreuer gelten §§ 1835 Abs. 5, 1835 a Abs. 5, 1836 Abs. 3 BGB entsprechend.

3 **2. Nicht berufsmäßig tätige Betreuer.** Nicht berufsmäßig tätigen Betreuern kann nach §§ 1908i Abs. 1 S. 1 iVm. 1836 Abs. 2 BGB eine Vergütung aus dem Vermögen des Betreuten bewilligt werden, die sich – genau wie beim Vormund – nach Umfang und Schwierigkeit der Betreuung bemessen soll (dazu im Einzelnen § 1836 Rn. 33 ff.). Eine **Obergrenze** bildet hierfür die Vergütung, die im Rahmen der Berufstätigkeit bewilligt werden könnte.[4] Diese darf allerdings nicht an §§ 4, 5 gemessen werden.[5] Einem nicht berufsmäßigen Betreuer fehlt schließlich die Möglichkeit, durch Übernahme einer Vielzahl von Betreuungen zu einer durchschnittlich richtigen Entschädigung zu gelangen.[6] Obergrenze für die Ermessensvergütung ist daher diejenige, die einem berufsmäßigen Vormund in Anwendung von § 3 VBVG bewilligt werden kann.[7]

4 **3. Mehrere Betreuer.** Mehrere Betreuer, die die Betreuung jeweils berufsmäßig führen, dürfen nur in den in § 1899 Abs. 1 S. 3 BGB genannten Sonderfällen bestellt werden. Diese wiederum sind – bis auf den **Gegenbetreuer** – in § 6 einer besonderen Regelung unterworfen. Hieraus folgt im Umkehrschluss, dass für den Gegenbetreuer §§ 4, 5 gelten sollen, er also – ggf. zusätzlich zum Betreuer – eine Entschädigungspauschale erhält.[8] Ist er (wie er es eigentlich sein sollte) höher qualifi-

---

[1] BT-Drucks 15/2494 S. 46.
[2] BLAG-Abschlussbericht, Betrifft: Betreuung 6 (2003), 113.
[3] BT-Drucks 15/2494 S. 86 f.
[4] BayObLG FamRZ 2004, 1138; siehe auch § 1836 BGB Rn. 37.
[5] So aber LG Kleve BtPrax 2008, 139; LG Kassel NJOZ 2009, 4520 und FamRZ 2006, 1302 (evtl. mit Ausnahmen in extrem gelagerten Einzelfällen) mit abl. Anm. *Bienwald*; auch noch *Fröschle* Rn. 675: Der dort geschilderten Umgehungsgefahr werden die Gerichte aber auch auf anderem Wege begegnen können.
[6] OLG München MDR 2009, 149; OLG Köln FamRZ 2009, 76; OLG Karlsruhe NJW-RR 2007, 1084.
[7] OLG Frankfurt FamRZ 2008, 2153 (LS.); *Jurgeleit/Maier* § 1836 BGB Rn. 16 f.; die Möglichkeit einer Erhöhung des Stundensatzes nach § 3 Abs. 3 ist freilich in die Überlegungen einzubeziehen, siehe OLG Köln FamRZ 2009, 76 (bewilligter Stundensatz dort: € 43,49); ganz gegen die Bemessung nach Stundensätzen: LG München II FamRZ 2008, 1118 (LS.).
[8] OLG Schleswig FGPrax 2006, 166 (auch zur Vergütungshöhe); *Bienwald/Bienwald* § 1836 BGB Rn. 155; vgl. auch BT-Drucks 15/2494 S. 92.

ziert als der Betreuer, erhält er demnach sogar mehr als dieser, was dem Arbeitsanfall wohl nicht entspricht.[9]

Werden **gesetzeswidrig** mehrere Berufsbetreuer bestellt, ist das wirksam. Jeder von ihnen kann bis zu seiner Entlassung (für die wegen § 1899 Abs. 1 S. 3 BGB ein wichtiger Grund besteht)[10] nach §§ 4, 5 abrechnen.[11] Der Betreute kann sich wegen seiner doppelten Inanspruchnahme an das Land halten (§ 839 Abs. 1 S. 1 BGB iVm. Art. 34 S. 1 GG).[12] 5

Ist ein Berufsbetreuer **neben einem ehrenamtlichen Betreuer** bestellt, kann der ehrenamtliche Betreuer zwar Aufwendungsersatz oder pauschale Aufwandsentschädigung nach § 1835a BGB verlangen, aber keine Vergütung nach § 1836 Abs. 2 BGB, weil sonst (entgegen § 1899 Abs. 1 S. 3 BGB) doch mehrere vergütete Betreuer bestellt worden wären, dem Betreuungsgericht aber nicht *unterstellt* werden kann, dass es eine gesetzwidrige Bestellung vornehmen wollte.[13] Dasselbe dürfte gelten, wenn neben dem Berufsbetreuer ein Behördenbetreuer bestellt ist. Die Behörde kann dann nur Ansprüche nach § 8 Abs. 2 geltend machen. 6

III. Entschädigung nach Stundensätzen (Abs. 1)

Die **Stundensätze,** die einem Vormund oder Betreuer für seine Tätigkeit zu zahlen sind, sind schon am 1. Januar 1999 zunächst nur für die Vergütung aus der Staatskasse gesetzlich festgelegt worden. Damals betrugen sie 35 DM, 45 DM und 60 DM. Mit der Euro-Einführung sind sie geringfügig auf € 18, € 23 und € 31 angehoben worden. Ursprünglich sollten die Stundensätze sich mit dem 2. BtÄndG nicht ändern.[14] Für Betreuer wäre freilich der Aufwendungsersatz mit zusätzlich € 3 pro angesetzter Stunde ebenfalls pauschaliert worden,[15] so dass sie im Ergebnis € 21, € 26 und € 34 zuzüglich Mehrwertsteuer erhalten hätten. Erst auf Vorschlag des Rechtsausschusses wurden die Stundensätze für Vormünder auf € 19,50, € 25 und € 33,50 „angemessen angehoben"[16] und für Betreuer in Abs. 4 S. 1 völlig andere Sätze eingeführt, die auf den ersten Blick noch einmal deutlich höher aussehen. In Wirklichkeit ist der Unterschied für voll berufstätige selbständige Betreuer gering, wenn man ihre **Umsatzsteuerpflicht** und Abs. 2 S. 1 in Rechnung stellt. Mit – netto – € 22,69, € 28,15 und € 36,97 liegen sie seit der Mehrwertsteuererhöhung vom 1. Januar 2007 nur noch ganz geringfügig über denjenigen, die sich ergeben hätten, wäre es bei dem System des Bundesratsentwurfs geblieben. Anders ist das freilich bei den Betreuungsvereinen (s. § 7 Rn. 6) und bei Betreuern, die unter die Kleinunternehmerregelung des § 19 UStG fallen (s. Rn. 30). Sie sind die großen „Gewinner" dieser Systemumstellung.[17] 7

1. Rechenfaktor (Satz 1). Abs. 1 S. 1 bestimmt, dass der Betreuer für jede „nach § 5 anzusetzende" Stunde mit einem bestimmten Stundensatz vergütet wird, der von seiner Ausbildung abhängt (dazu Rn. 9 ff.). Es handelt sich dabei nicht um die von ihm geleistete oder zu leistende Arbeitszeit oder auch nur um die Zeit, die das Gesetz hierzu für erforderlich hält.[18] Der „Stundenansatz" ist vielmehr ein Rechenfaktor, der in einer Multiplikationsaufgabe (Stundenansatz × Stundensatz = Entschädigung) die Höhe der dem Betreuer zu bewilligenden Entschädigung ergibt. Maßgeblich ist dafür – unabhängig von tatsächlichem oder auch nur möglichem Tätigwerden – allein der Zeitraum, für den er als Betreuer zur Verfügung gestanden hat (dazu im Einzelnen § 5 Rn. 32 ff.). Der Stundensatz beträgt **grundsätzlich 27 Euro.** 8

2. Erhöhung nach nutzbaren Fachkenntnissen (Satz 2). Der Stundensatz erhöht sich auf **33,50 Euro,** wenn der Betreuer über besondere Kenntnisse (= Fachkenntnisse) verfügt, die für die Betreuung nutzbar sind und die aus einer abgeschlossenen Berufsausbildung herrühren (Abs. 1 S. 2 Nr. 1), auf **44 Euro,** wenn es sich dabei um Kenntnisse aus einer abgeschlossenen Hochschulausbildung handelt (Abs. 1 S. 2 Nr. 2). 9

---

[9] *Zimmermann* FamRZ 2006, 1802, 1805 will auf den Gegenbetreuer daher § 6 S. 1 analog anwenden.
[10] OLG München FGPrax 2006, 117.
[11] So für den Fall, dass eine nach altem Recht bestehende Doppelbestellung nicht durch Entlassung eines Betreuers aufgehoben wurde: OLG Hamm FamRZ 2007, 497; vgl. auch BT-Drucks 15/2494 S. 92.
[12] *Damrau/Zimmermann* § 5 Rn. 30.
[13] *Fröschle* Rn. 679; aA HK-BUR/*Bauer* § 1899 BGB Rn. 30.
[14] BLAG-Abschlussbericht Betrifft: Betreuung 6 (2003), 112.
[15] § 1908n BGB-E; siehe auch § 277 Abs. 3 S. 2 FamFG, wo dieses System für den Verfahrenspfleger beibehalten wurde.
[16] BT-Drucks 15/4874 S. 70.
[17] Die Besserstellung der Vereine verstößt nicht gegen Art. 3 Abs. 1 GG, OLG Karlsruhe FamRZ 2007, 2008; vorsichtiger BVerfG FamRZ 2009, 1123: jedenfalls ist nicht Abs. 2 S. 2 deshalb verfassungswidrig, sondern wenn überhaupt, dann die unterschiedliche Besteuerung.
[18] Anders aber offenbar *Bienwald/Bienwald* § 1836 BGB Rn. 125.

10 **a) Nutzbare Fachkenntnisse. Fachkenntnisse** sind solche, die nicht zum allgemeinen Bildungsstand gehören, also innerhalb eines bestimmten Faches über dasjenige hinausgehen, was schon durch die – ggf. höhere – Schulbildung vermittelt wird.[19] Für die konkrete Betreuung **nutzbar** sind sie, wenn ihr Vorhandensein die Annahme gestattet, dass der Betreuer die Betreuung effektiver und besser[20] führen kann als wenn er sie nicht hätte. Nicht nötig ist, dass die Fachkenntnisse für die Führung der Betreuung *erforderlich* sind, auch nicht, dass er sie *tatsächlich* nutzen kann.[21] Der höhere Stundensatz ist dadurch gerechtfertigt, dass dem Betreuten ein gesetzlicher Vertreter zur Seite gestellt wird, der nicht nur die Defizite des Betreuten ausgleicht, sondern dessen Kompetenzen darüber noch hinausgehen.

11 Man muss – schon wegen der Vermutung aus Abs. 4 S. 1 iVm. § 3 Abs. 2 – zwischen Fachkenntnissen, die für Betreuungen **ganz allgemein nutzbar** sind und solchen unterscheiden, die es nur auf Grund einer speziellen Situation für die konkrete Betreuung sind. Letztere lassen sich schlecht typisieren. Welche dafür in Frage kommen, ist anhand des Einzelfalles zu beurteilen. Bei einer strengen Betrachtung wäre es schwer, andere als **Rechtskenntnisse** als allgemein nutzbar anzusehen.[22] Mit Blick auf § 1901 Abs. 2 S. 2, Abs. 3 S. 3 BGB ist es jedoch auch noch richtig, Fachkenntnisse als allgemein nutzbar anzusehen, die die Kommunikation mit[23] und das Verständnis der besonderen sozialen Situation von psychisch Kranken oder Behinderten fördern,[24] wozu Kenntnisse auf dem Gebiet der **Psychologie, Pädagogik** und der **Sozialen Arbeit,** vielleicht auch **Soziologie** gehören.[25] Alles andere ist mE allenfalls **bereichsspezifisch** anzuerkennen, nämlich wenn die konkrete Betreuung einen Aufgabenkreis umfasst, für dessen Erledigung solche Kenntnisse die Arbeit erleichtern, also etwa **medizinische** Kenntnisse im Bereich der Gesundheitssorge,[26] **ökonomische** Kenntnisse im Bereich der Vermögenssorge.[27] Auch **Sprachkenntnisse** können nur im konkreten Einzelfall nutzbare Fachkenntnisse sein.[28] Die gerichtliche Praxis verfährt recht großzügig.[29] Sie bewertet Fachkenntnisse in der Regel als nutzbar, wenn sie die individuellen Lebensbedingungen des Menschen und ihre Gestaltung betreffen, was fast nur naturwissenschaftliche und musische Fächer ausschließt.[30]

12 **b) Abgeschlossene Ausbildung.** Umso größeres Gewicht hat das Erfordernis einer *abgeschlossenen* Ausbildung. Der höchste Stundensatz (Abs. 1 S. 2 Nr. 2) erfordert den Abschluss eines **Universitäts- oder Fachhochschulstudiums** oder einen damit **vergleichbaren Abschluss.** Vergleichbar ist nur, was sowohl von den vermittelten Inhalten als auch der Wertigkeit her (mindestens) einem Fachhochschulabschluss gleichkommt, wie etwa der Abschluss an einer Berufsakademie.[31] Ist die Vergleichbarkeit von der Kultusverwaltung **festgestellt** worden, bindet dies das Betreuungsgericht.[32] Die Eröffnung eines sonst Akademikern vorbehaltenen **Tätigkeitsfeldes** kann Indiz für die Vergleichbarkeit sein.[33] Abgeschlossen wird das Studium mit der durch die Prüfungsordnung geregelten **Abschlussprüfung.** Das kann eine staatlich reglementierte Prüfung (Staatsexamen) sein oder ein akademischer Grad (Diplom, Bachelor, Master). Jedenfalls müssen Ausbildungsgang und Prüfung gesetzlich geregelt oder wenigstens staatlicherseits besonders anerkannt sein.[34] Ob dies bei neuen Bachelor- oder Master-Abschlüssen die **Akkreditierung** des Studiengangs durch eine (ihrerseits akkreditierte) Agentur erfordert, ist noch nicht ausgemacht. Angesichts der großen Zahl nicht akkreditierter Studiengänge neige ich dazu, es zu verneinen.

---

[19] OLG Saarbrücken BtPrax 2003, 228.
[20] OLG Hamm BtPrax 2002, 42; BayObLG BtPrax 2003, 135; OLG Saarbrücken BtPrax 2003, 228.
[21] *Knittel* Rn. 15.
[22] So *Damrau/Zimmermann* Rn. 32 ff.; sie sind es jedenfalls stets: BayObLG FamRZ 2000, 844; BtPrax 2002, 135; OLG Dresden FamRZ 2000, 1306.
[23] Nach BayObLG BtPrax 2003, 130 gehört der persönliche Kontakt zum Betreuten unabhängig vom Aufgabenkreis zu den Pflichten eines jeden Betreuers.
[24] OLG Hamm NJW-RR 2002, 654 (einschränkend: wenn Aufgabenkreis *intensiven* Kontakt erfordert).
[25] LG Saarbrücken BtPrax 2002, 268.
[26] OLG Dresden FamRZ 2000, 1306; OLG Frankfurt BtPrax 2002, 272 (LS.).
[27] BGH BtPrax 2003, 264.
[28] BayObLG BtPrax NJOZ 2004, 3861.
[29] Regelmäßig werden Ausbildungen in Rechtswissenschaft, Medizin, Psychologie, Sozialer Arbeit, Soziologie und Betriebswirtschaft als allgemein nutzbar aufgezählt, vgl. zB BayObLG FamRZ 2000, 844; OLG Hamm FGPrax 2003, 126.
[30] LG Hamburg BtPrax 2000, 221.
[31] BayObLG FamRZ 2003, 787 (LS.) für die Bayerische Verwaltungs- und Wirtschaftsakademie (VWA).
[32] LG Magdeburg FamRZ 2008, 1660 (LS.).
[33] OLG Hamm BtPrax 2002, 132 (LS.).
[34] BayObLG FamRZ 2000, 554.

13 Der mittlere Stundensatz (Abs. 1 S. 2 Nr. 2) erfordert den Abschluss einer **Lehre** (§ 4 BBiG) oder einer hiermit **vergleichbaren Ausbildung**. Vergleichbar ist auch hier, was gemessen am Umfang der vermittelten Inhalte und den Erfordernissen der Abschlussprüfung einer Lehre gleichkommt und zwar nicht im BBiG geregelt ist, aber doch mindestens staatlich anerkannt.[35]

14 Bei einer **mehrstufigen Ausbildung** werden für gewöhnlich beide Teile durchlaufen sein müssen, ehe sie als „abgeschlossen" gelten kann. Das gilt allerdings nicht für das zweistufige Studienmodell des Bachelor- und Masterstudiums, da schon der Bachelor einen berufsqualifizierenden Charakter hat.[36] Bei Juristen soll das erste Examen genügen, was wohl richtig ist, weil das zweite Examen überhaupt nicht auf Grund eines Studiums erworben wird.[37] Es dürfte dann allerdings auch fürs Lehrerexamen nichts anderes gelten.[38] Für den Bereich der Sozialen Arbeit genügt ebenfalls der Abschluss des Studiums. Die staatliche Anerkennung als Sozialpädagoge oder Sozialarbeiter ist nicht notwendig.

15 **Fort- oder Weiterbildungslehrgänge** (auch entsprechende Master-Abschlüsse) genügen den Anforderungen an eine abgeschlossene Ausbildung nicht.[39] Sie sind nur ausnahmsweise relevant, wenn sie unter den Bedingungen eines Ausführungsgesetzes zu § 11 (s. dort) besucht wurden. Auch die bloße **Zulassung** zu einem Beruf, der keine besondere Ausbildung vorangeht, genügt den Anforderungen nicht.[40] Anders ist das bei einem echten **Aufbaustudiengang**, der bereits einen akademischen Abschluss voraussetzt (s. Rn. 18).

16 **Ausländische Abschlüsse** werden im Allgemeinen unter den Bedingungen anerkannt werden können, unter denen sie inländischen auch sonst als gleichwertig betrachtet werden.[41] Kenntnisse des **ausländischen Rechts** sind allerdings im Inland nicht allgemein nutzbar, sondern nur wenn der Betreuer tatsächlich in dem betreffenden Land tätig werden muss. Ein ausländisches Jurastudium kann ausnahmsweise relevant sein, wenn ein Teil in Deutschland studiert und auf den ausländischen Abschluss angerechnet wurden.[42]

17 **c) Vermittlung nutzbarer Fachkenntnisse durch die Ausbildung.** Die Ausbildung muss die nutzbaren Kenntnisse vermitteln. Sie müssen dazu zum **Kernbereich** der vermittelten Inhalte gehören.[43] Es genügt nicht, wenn diese nur am Rande gestreift[44] oder nur Grundkenntnisse vermittelt[45] werden. Indessen scheinen die Gerichte auch dieses Erfordernis in der Praxis relativ großzügig zu handhaben, zB wenn sie die Vermittlung von Kenntnissen der Gesprächsführung zum Kernbereich eines Theologiestudiums rechnen,[46] pädagogische Kenntnisse zum Kernbereich einer Ausbildung zum Handwerksmeister.[47]

---

[35] BGH v. 26. 10. 2011 – XII ZB 312/11; OLG Zweibrücken FamRZ 2000, 1303; OLG Hamm BtPrax 2002, 125.
[36] *Deinert/Lütgens* Rn. 545.
[37] OLG Düsseldorf NJW-RR 2001, 583.
[38] LG Saarbrücken BtPrax 2002, 268; *Deinert/Lütgens* Rn. 582; aA BayObLG FamRZ 2001, 306 und wohl auch OLG Hamm NJW-RR 2004, 654.
[39] OLG Frankfurt OLGRep 2009, 317 (berufsbegleitend erworbener Abschluss als Gesundheits- und Sozialökonom an einer Verwaltungs- und Wirtschaftsakademie); OLG München FGPrax 2008, 25 (Bausparfachmann); BayObLG FamRZ 2005, 932; OLG Schleswig FamRZ 2005, 1200; LG Augsburg FamRZ 2010, 1474 (LS.); auch die Kooperation des Fortbildungsinstituts mit einer Fachhochschule und die Verleihung des Titels „Sozialwirt" ändert hieran nichts, vgl. OLG München BtPrax 2006, 79 (LS.).
[40] Anders aber: KG FamRZ 2005, 1862: Rechtsbeistand für Erbrecht; LG Hamburg FamRZ 2000, 1168: Heilpraktiker; problematisch auch BayObLG FamRZ 2000, 554, wonach die Feststellung der Ausbildereignung nach § 76 BBiG (auch ohne Besuch der Meisterschule) einer pädagogischen Ausbildung gleichstehen soll.
[41] BayObLG FamRZ 2004, 1232; OLG Frankfurt FamRZ 2008, 1659 (LS.): kasachisches Lehramtstudium; *Knittel*, Rn. 13. Wird das in Deutschland erfolgreich begonnene Studium erst im Ausland abgeschlossen, ist es unschädlich, dass die nutzbaren Fachkenntnisse noch aus dem in Deutschland absolvierten Studienteil stammen, KG BtMan 2008, 99 (LS.).
[42] BayObLG FamRZ 2004, 1604 (LS.).
[43] BayObLG BtPrax 2002, 216; BtPrax 2003, 135; OLG Saarbrücken BtPrax 2003, 228. Nach LG Münster v. 1. 3. 2011 – 5 T 328/10 können in einem Nebenfach studierte Kenntnisse einer Lehre vergleichbar sein. Mir erscheint das zweifelhaft.
[44] OLG Frankfurt BtPrax 2005, 198 (LS.); wichtiges Kriterium soll nach OLG Saarbrücken BtPrax 2003, 227 sein, ob sie zum verpflichtenden Gegenstand der Abschlussprüfung gehören, siehe auch OLG Schleswig FamRZ 2000, 1309. Ein Studium vermittelt nur dann in seinem Kernbereich Rechtskenntnisse, wenn außer konkreten Inhalten auch rechtswissenschaftliches und systematisches Denken und die juristische Methodik vermittelt werden, BayObLG BtPrax 2003, 135.
[45] OLG Köln OLGRep 2009, 53 (LS.).
[46] OLG Köln FamRZ 2004, 1604 mit (zu Recht) kritischer Anm. *Bienwald;* ebenso aber OLG Hamm FamRZ 2006, 1630 (LS.).
[47] OLG Köln FamRZ 2000, 303; OLG Braunschweig BtPrax 2002, 131 (LS.).

18 Soweit die grundständige Ausbildung noch keine nutzbaren Kenntnisse vermittelt hat, kann es genügen, dass dies durch eine **darauf aufbauende Zusatzausbildung** geschieht,[48] so zB durch einen inländischen rechtswissenschaftlichen Abschluss (LL.M.) für ausländische *postgraduates*.[49] Ein Sammelsurium von *jeweils* nicht ausreichenden Qualifikationen kann dagegen auch in ihrer Kombination die entsprechende Erhöhung nicht rechtfertigen.

19 **d) Einzelfälle. aa) Lehre oder einer Lehre vergleichbar.** Von den **Lehrberufen** iSd. BBiG vermitteln vor allem die verschiedenen kaufmännischen Lehren[50] nutzbare Fachkenntnisse. Einer (nutzbaren) **Lehre vergleichbar** sind vor allem die Gehilfenausbildungen im medizinischen[51] und juristischen Bereich,[52] Pflegeberufe[53] und pädagogische Ausbildungen unterhalb des Fachhochschulniveaus,[54] ferner die Ausbildung für den mittleren nichttechnischen Verwaltungsdienst.[55] Technische Ausbildungen vermitteln dagegen **keine nutzbaren Fachkenntnisse**.[56]

20 **bb) Hochschulabschluss oder einem Hochschulabschluss vergleichbar.** Außer den oben schon erwähnten **Studiengängen** der Rechtswissenschaft, Psychologie, Medizin, Pädagogik, Sozialen Arbeit und Soziologie vermitteln vor allem ökonomische Abschlüsse aller Art[57] nutzbare Fachkenntnisse, ferner Studiengänge, in denen eines dieser Fächer **zum Kernbereich des Studiums** gezählt werden kann,[58] wozu vor allem die Lehramtsstudiengänge[59] gehören. Das Studium zum Patentingenieur der DDR dürfte im Kernbereich juristische Kenntnisse vermittelt haben, ihre Nutzbarkeit für Betreuungen erscheint mir allerdings eher zweifelhaft.[60] Zu großzügig ist die Rechtsprechung mE auch, soweit sie annimmt, dass das Studium der Veterinärmedizin,[61] der Politologie[62] oder zum Diplom-Staatswissenschaftler der DDR[63] für Betreuungen nutzbare Fachkenntnisse vermittelt. Bei Ingenieurstudiengängen kann es sehr auf das jeweilige Curriculum ankommen.[64] Abgelehnt wurde die Vermittlung nutzbarer Fachkenntnisse vor allem für in erster Linie technische oder naturwissenschaftliche Fächer.[65] Einer nutzbaren Fachhochschulausbildung **ver-**

---

[48] Siehe KG BtPrax 2002, 167 für ein Beispiel.
[49] BayObLG FamRZ 2003, 1873; BtPrax 2005, 76 (LS.): türkischer Jurist mit deutschem LL.M. – nicht klar ist mir allerdings, weshalb das Gericht in diesem Fall nur den *mittleren* Satz bewilligt hat. Wäre der türkische Abschluss kein akademischer, hätte der Betreuer zu dem Aufbaustudium im Inland schon gar nicht *zugelassen* werden dürfen.
[50] BayObLG BtPrax 2002, 216: hauswirtschaftlicher Betriebsleiter (vermittelt im Kernbereich der Ausbildung sowohl ökonomische als auch soziale Kompetenz); OLG Saarbrücken BtPrax 2003, 184 (LS.): Kaufmannsgehilfe im Hotel- und Gaststättengewerbe; LG Koblenz FamRZ 2000, 181: Industriekaufmann; LG Saarbrücken BtPrax 2002, 272 (LS.): Einzelhandelskaufmann.
[51] OLG Schleswig FamRZ 2000, 846: Arzthelfer; LG Stendal FamRZ 2006, 1229 (LS.): Zahnarzthelfer; LG Zwickau v. 7. 1. 2010 – 9 T 366/09: Apothekenfacharbeiter.
[52] OLG Hamm BtPrax 2002, 125: Rechtsanwalts- und Notarsgehilfe.
[53] OLG Dresden FamRZ 2000, 551: Kinderkrankenpfleger; OLG Dresden FamRZ 2000, 552: Krankenpfleger; OLG Dresden FamRZ 2000, 1306: Altenpfleger; OLG Hamm BtPrax 2002, 271 (LS.): Lehrer für Pflegeberufe; LG Zwickau FamRZ 2004, 220 (LS.): Heilerziehungspfleger; nicht jedoch: Krankenpflegehelfer, BGH v. 26. 10. 2011 – XII ZB 312/11, a.A. hierzu noch OLG Hamm RPfleger 2002, 313 (LS.).
[54] OLG Braunschweig BtPrax 2000, 130: Erzieher; OLG Frankfurt BtPrax 2002, 169: Ingenieurpädagoge; BayObLG FamRZ 2004, 1065 (LS.): staatlich anerkannter Heilpädagoge; soweit das andere Gerichte – OLG Frankfurt BtPrax 2002, 272 (LS.) bzw. OLG Zweibrücken FamRZ 2004, 1323 (LS.) – sogar einem *Hochschulabschluss* gleichsetzen wollen, geht das mE zu weit.
[55] Auch zum Verwaltungsangestellten: BayObLG NJW-RR 2001, 582.
[56] LG Chemnitz BtPrax 2002, 269.
[57] OLG Hamm FGPrax 2003, 126: Diplom-Kaufmann; OLG Saarbrücken BtPrax 2003, 227: Forstwirtschaft; LG Fulda FamRZ 2003, 707: Milch- und Molkereiwirtschaft.
[58] LG Würzburg BtPrax 2010, 290: Diplom-Musiktherapeut (Psychologie und Sozialpädagogik Kernstoff).
[59] OLG Dresden FamRZ 2000, 847; LG Saarbrücken BtPrax 2002, 268; vorsichtiger OLG Hamm NJW-RR 2002, 654 (für Aufgabenkreise, die intensiven Kontakt mit dem Betreuten voraussetzen); ganz aA noch OLG Dresden FamRZ 2000, 846 (weil pädagogische Kenntnisse auf Kinder und Jugendliche bezogen).
[60] Anders aber KG BtPrax 2002, 167.
[61] So OLG Frankfurt BtPrax 2002, 272 (LS.); LG Kassel BtPrax 2002, 132 (LS.).
[62] So KG FamRZ 2006, 291 (LS.); LG Hamburg FamRZ 2000, 1309; LG Frankfurt/O FamRZ 2003, 221.
[63] So OLG Brandenburg BtPrax 2002, 131 (LS.); zweifelnd: BayObLG BtPrax 2003, 135; abgelehnt aber für den Diplom-Militärwissenschaftler, KG FamRZ 2006, 1630 (LS.).
[64] Bejaht für Dipl.-Ing. Landbau: OLG Schleswig FamRZ 2000, 1309; verneint für Agraringenieur: OLG Naumburg FGPrax 2008, 27.
[65] OLG Hamburg BtPrax 2002, 131 (LS.): Architektur; OLG Frankfurt FamRZ 2005, 1279 (LS.): Landschafts- und Freiraumplanung; OLG München BtPrax 2005, 199 (LS.): Chemie; OLG Rostock OLGRep KG 2008, 464: Maschinenbau; LG Bonn BtPrax 2002, 272 (LS.): Humanbiologie (obwohl mE immer noch „näher dran" als Tiermedizin); OLG Köln OLGRep 2009, 53: Agrarwissenschaften; LG Essen FamRZ 2005, 134: Informatik.

gleichbar ist die Aufstiegsprüfung für den gehobenen, nichttechnischen Verwaltungsdienst.[66] **Nicht vergleichbar** ist dagegen die Ausbildung zum Pflegedienstleiter.[67]

3. Rechtstatsachen zur Qualifikation. Im Zuge der Vorbereitung des 2. BtÄndG wurde 21 auch erhoben, welche Qualifikation Berufsbetreuer tatsächlich in der Regel vorweisen. Dabei zeigte es sich, dass **Sozialarbeiter und Sozialpädagogen** mit etwa 35% aller Berufsbetreuer die größte Einzelgruppe, aber keineswegs eine Mehrheit bilden. Juristen machen weitere 12% aus. Der Rest verteilt sich auf alle anderen Qualifikationen.[68] Die weit überwiegende Zahl aller Betreuer[69] liegt in der höchsten Vergütungsstufe des Abs. 1 S. 2 Nr. 2, was das Regel-/Ausnahmeverhältnis des Gesetzes in der Praxis umkehrt.[70]

4. Verfahren. Ist der Stundensatz des Betreuers unklar oder streitig, kann das Betreuungsgericht 22 ihn durch Feststellungsentscheidung mit Bindungswirkung für die konkrete Betreuung – jedoch nicht darüber hinaus – verbindlich festlegen.[71]

IV. Reichweite der Pauschalierung (Abs. 2)

1. Abgeltung von Aufwendungen. Abs. 2 S. 1 bestimmt zunächst, dass durch die nach §§ 4, 23 5 zu zahlende Vergütung auch Ansprüche des Betreuers auf Aufwendungsersatz (§ 1835 BGB) grundsätzlich abgegolten sind. Es ist daher mE genauer, von einer **Pauschalentschädigung** statt von einer Pauschalvergütung zu sprechen.

a) Ausnahme: berufliche und gewerbliche Dienste (Satz 2). Von dieser Abgeltungsrege- 24 lung nimmt Abs. 2 S. 2 Ansprüche auf Aufwendungsersatz für berufliche oder gewerbliche Dienste (§ 1835 Abs. 3 BGB) aus, die dem Betreuer **zusätzlich zur Pauschalentschädigung** zustehen, was ihn nicht unerheblich besser stellt als den Vormund, der dergleichen zwar ebenfalls als Aufwendungsersatz erhalten kann, aber nicht außerdem vergütet erhält. Es ist daher eine **restriktive Auslegung** von Abs. 2 S. 2 angebracht: Nur Tätigkeiten, die **nicht zur Betreuertätigkeit** gehören, unterfallen § 1835 Abs. 3 BGB. Alles was dazu noch gerechnet werden kann, ist (auch ohne Abs. 2 S. 1) mit der Vergütung abgegolten[72] (siehe dazu ausführlich § 1835 BGB Rn. 39 ff.). Entscheidendes Kriterium ist, ob ein vernünftig denkender Betreuer, der dem betreffenden Beruf nicht angehört, die Tätigkeit auf einen entsprechenden Berufsträger übertragen hätte (s. dazu Rn. 26).[73] Ist die Betreuertätigkeit mit der sonstigen beruflichen **deckungsgleich**, hat der Betreuer die Wahl zwischen der Vergütung nach §§ 4, 5 und Aufwendungsersatz nach § 1835 Abs. 3 BGB, kann aber nicht beides verlangen.[74]

b) Aufwendungen außerhalb der Betreuung. Von der Pauschalentschädigung abgegolten 25 sind nur Aufwendungen, die andernfalls nach § 1835 Abs. 1 BGB zu erstatten gewesen wären. Nicht davon erfasst werden Ausgaben, die der Betreuer zwar *für* den Betreuten aber *außerhalb* der eigentlichen Betreueraufgaben tätigt. Abs. 2 S. 1 hindert den Betreuer auch weiterhin nicht daran, solche Ausgaben den baren Mitteln des Betreuten zu entnehmen und zwar ohne Rücksicht darauf, ob dieser mittellos ist oder nicht. Die Abgrenzung kann im Einzelfall schwierig sein. So sind zB die Gebühren für einen **Postnachsendeantrag** von der Pauschale abgegolten, wenn er vom Betreuer gestellt wird, um den Aufgabenkreis des § 1896 Abs. 4 BGB erledigen zu können.[75] Sie sind es aber nicht, wenn der Betreuer die Post dem Betreuten an *dessen* neue Adresse nachsenden lässt.

Ähnliche Abgrenzungsfragen entstehen, wenn der Betreuer **Dritte gegen Entgelt einschaltet,** 26 soweit er das überhaupt darf (s. dazu § 1835 BGB Rn. 19 und § 1836 BGB Rn. 26 ff.). Ist der Dritte im Rahmen der Aufgaben des Betreuers tätig, ist das nach Abs. 2 S. 1 von der Pauschalentschädigung

---

[66] LG Kiel BtPrax 2002, 174.
[67] OLG Zweibrücken FamRZ 2003, 1047 (LS.).
[68] BLAG-Abschlussbericht Betrifft: Betreuung 6 (2003), 163 f.
[69] Zimmermann, FS Bienwald, 2006, S. 346 geht von 90% aus; lt. BLAG-Abschlussbericht Betrifft: Betreuung 6 (2003), 163 sind 81% in den alten, 53% in den neuen Bundesländern.
[70] Auf der Grundlage der großzügigen Anwendungspraxis ist die Dreiteilung rechtspolitisch durchaus fragwürdig, vgl. die Kritik bei *Damrau/Zimmermann* Rn. 2
[71] LG Neubrandenburg FamRZ 2000, 1305; *Damrau/Zimmermann* Rn. 3
[72] ZB der Abschluss eines Grabpflegevertrages, LG Karlsruhe FamRZ 2004, 403; sehr restriktiv LG Mainz NJW-RR 2006, 1444: Vertretung in einfach gelagertem Mietrechtsstreit gehört zur Betreuertätigkeit. Einem Rechtsanwalt ist aus der Staatskasse nur die PKH- bzw. Beratungshilfe-Vergütung zu bewilligen, BGH Rpfleger 2007, 197.
[73] BGH FGPrax 2010, 23.
[74] KG NZI 2011, 856.
[75] OLG Köln BtMan 2007, 38.

abgegolten und der Betreuer trägt das Entgelt. Andernfalls trägt es der Betreute, niemals allerdings die Staatskasse.[76] Auch hier fällt die Abgrenzung nicht immer leicht.[77] Die **Verwaltung des Vermögens** gehört zu den dem Vermögensbetreuer obliegenden Aufgaben. Das hindert ihn aber sicher nicht daran, das Portfolio des Betreuten auch weiterhin (auf dessen Kosten) dem Depotverwalter zu überlassen, der es bisher betreut hat. Kann er aber auch die Verwaltung der beiden Mietshäuser des Betreuten auf dessen Kosten einer Wohnungsverwaltungsgesellschaft übertragen? Letztlich wird es hier darauf ankommen, ob der Betreute selbst solche Aufgaben schon „ausgegliedert" hat, dann wird das der Betreuer auch weiterhin so halten dürfen, oder ob man zumindest annehmen kann, dass es ein vernünftiger Durchschnittsbürger in dieser Situation getan hätte. **Ganz ausnahmsweise** kann es auch gerechtfertigt sein, die gesamte Vermögensverwaltung gegen Entgelt einem Dritten zu überlassen, nämlich wenn sie einen so außergewöhnlichen Aufwand erfordert, dass sie von einem Betreuer schlechterdings nicht mehr erwartet werden kann.[78]

27   Es ist für diese Abgrenzung *nicht* entscheidend, wer **Schuldner im Außenverhältnis** ist. Schließt der Betreuer im Namen des Betreuten einen Vertrag mit einem Dritten über eine eigentliche Betreueraufgabe, so schuldet er ihm Ersatz sowohl unter dem Gesichtspunkt des Schadensersatzes (§§ 1908i Abs. 1 S. 1, 1833 BGB) als auch der ungerechtfertigten Bereicherung (§ 812 Abs. 1 S. 2 2. Alt. BGB). Umgekehrt braucht er das Handeln für den Betreuten nicht stets offenzulegen, um die von diesem zu tragenden Aufwendungen aus seinen Mitteln entnehmen zu dürfen.

28   **c) Außergewöhnliche Aufwendungen.** Der Pauschalentschädigung liegt die Idee zugrunde, dass sich bei einer Vielzahl von Fällen *insgesamt* eine gerechte Entschädigung für den Betreuer ergeben wird, ohne dass sich dies auch *im Einzelfall* so zu ergeben braucht. Abs. 2 S. 1 birgt dabei eine gewisse Gefahr, dass die Aufwendungen in einem einzelnen Fall so exorbitant sein könnten, dass sie dieses System sprengen. Es wird daher vereinzelt vertreten, Abs. 2 S. 1 sei insofern verfassungswidrig oder aber verfassungskonform dahin auszulegen, dass für ungewöhnliche und zugleich hohe Aufwendungen dennoch nach § 1835 Abs. 1, 2 und 4 BGB Ersatz verlangt werden könne,[79] dies wohl auch unter dem Eindruck von Einzelfällen ausgesprochen gut situierter Betreuter.[80] Das *BVerfG* hat solchen Überlegungen allerdings eine weitgehende Absage erteilt: Dass Abs. 2 S. 1 auch hohe und ungewöhnliche Aufwendungen erfasst, sei nicht zu beanstanden, jedenfalls solange sie nicht so außerordentlich hoch sind, dass sie die Zweijahreskalkulation des Betreuers über den Haufen werfen[81] (s. § 5 Rn. 2).

29   Ggf. kommt es in solchen Fällen jedoch in Frage, dem Betreuer auch Tätigkeiten zu vergüten, die über das von einem Betreuer Geschuldete hinausgehen und die nicht unter § 1835 Abs. 3 BGB fallen, weil sie nicht zu einem vom Betreuer sonst ausgeübten Beruf oder Gewerbe gehören. Das setzt dann jedoch den **Abschluss eines gesonderten Geschäftsbesorgungsvertrages** voraus, wozu dem Betreuten ein Ergänzungsbetreuer zu bestellen ist.[82] Eine Abbedingung von §§ 4, 5 VBVG für die eigentliche Betreuertätigkeit kommt dagegen nicht in Frage.[83] Es handelt sich um zwingendes Recht (s. § 1836 Rn. 4).

30   **2. Abgeltung der Umsatzsteuer.** Abs. 2 S. 2 bestimmt außerdem, dass die Pauschale auch darauf anfallende Umsatzsteuer abgilt. Es handelt sich also um **Bruttozahlungen,** aus denen die abzuführende Umsatzsteuer heraus zu rechnen ist. Ist der Betreuer **Kleinunternehmer** iSv. § 19 Abs. 1 UStG, ändert das nichts an der an ihn zu zahlenden Pauschalentschädigung. Abs. 2 S. 1 geht nicht davon aus, dass *tatsächlich* stets Steuer anfällt. Er will nur (im Unterschied zu § 3 Abs. 1 S. 3) regeln, dass sie nicht besonders erstattet wird, *wenn* sie anfällt.[84]

---

[76] OLG Köln FGPrax 2009, 112 (vom Betreuer beauftragter Anwalt); OLG Frankfurt FamRZ 2009, 1008 und OLG Schleswig FamRZ 2009, 1180 (jeweils zu vom Betreuer hinzugezogenem Dolmetscher).
[77] Vgl. zu dieser Abgrenzungsfrage: *Fröschle/Rogalla* BtPrax 2007, 4 ff.
[78] OLG München FamRZ 2008, 1560; viel zu weitgehend BT-Drucks 15/2494 S. 29, wonach dies Sozialarbeitern generell möglich sein soll.
[79] *Knittel* Rn. 29 schlägt eine Ausnahme für „aus dem Rahmen fallende und nicht von vornherein kalkulierbare Beträge" vor. Er will dies zwar nur „höchst ausnahmsweise" gelten lassen, die Erfahrung zeigt aber, dass solche Ausnahmen rasch eine Tendenz zur extensiven Anwendung annehmen, wenn man sie erst einmal zugelassen hat.
[80] Siehe OLG Braunschweig FamRZ 2007, 303.
[81] BVerfG BtPrax 2007, 122.
[82] BGH FGPrax 2010, 23.
[83] AA *Damrau/Zimmermann* Rn. 43.
[84] OLG München FamRZ 2006, 1152; OLG Stuttgart FamRZ 2007, 1271; *Fröschle* Rn. 245; *Jurgeleit/Maier* Rn. 42; aA LG Passau FamRZ 2006, 1482 (LS.); AG Ludwigshafen FamRZ 2006, 361; *Zimmermann* FamRZ 2006, 1802, 1808.

V. Anwendung von §§ 1 bis 3 (Abs. 3)

1. Nichtanwendung von § 1 Abs. 1 S. 2 Nr. 2. Die **allgemeinen Vorschriften** des VBVG (§§ 1 und 2) gelten eigentlich für Betreuer und Vormünder gleichermaßen. Abs. 3 S. 1 bestimmt jedoch, dass § 1 Abs. 1 S. 2 Nr. 2 keine Anwendung findet. Das hat Konsequenzen für die **Feststellung der Berufsmäßigkeit** des Betreuers. Einziges Regelbeispiel für Betreuer ist danach die Übernahme von mehr als zehn Betreuungen. Auf wie viele Wochenstunden Arbeitszeit der Betreuer kommt, ist hingegen nicht relevant. Die Regelung ist unlogisch.[85] Sie könnte – streng angewendet – dazu führen, dass jemandem, der Betreuungen *und* Vormundschaften führt, zwar für die Vormundschaften die Berufsmäßigkeit attestiert werden könnte, nicht aber für die Betreuungen.[86] Die Praxis wird solche Seltsamkeiten durch direkte Anwendung von § 1 Abs. 1 S. 1 vermeiden können. 31

2. Anwendung von § 3 Abs. 2. § 3 stellt eine Sondervorschrift für **Vormünder** dar. Sie gilt für Betreuer *insgesamt* im Rahmen der Verweisung des § 6 S. 1. Für pauschal vergütete Betreuer bleibt es nach Abs. 3 S. 2 bei der **gesetzlichen Vermutung** des § 3 Abs. 2 S. 1: Sind Fachkenntnisse aus einer Ausbildung (also solche, die nach Abs. 1 S. 2 die Erhöhung des Stundensatzes rechtfertigen) allgemein für Betreuungen nutzbar, so wird *vermutet*, dass das auch für den konkreten Betreuungsfall gilt. Nach § 3 Abs. 2 S. 2 gilt die Vermutung nicht, wenn das Betreuungsgericht bei der Bestellung des Betreuers etwas anderes bestimmt. Dazu müssen „besondere Gründe" vorliegen. Vorwiegend ist dabei an sehr einfach gelagerte Fälle gedacht, die einem besonders qualifizierten Berufsbetreuer nur übertragen werden müssen, weil andere Betreuer nicht zur Verfügung stehen.[87] 32

§ 3 Abs. 2 verteilt indessen nur die **Aufklärungslast**.[88] Auch ohne einen Beschluss nach § 3 Abs. 2 S. 2 ist die Vermutung von § 3 Abs. 2 S. 1 widerlegbar,[89] und auch wenn ein solcher Beschluss ergangen ist, bleibt der Nachweis der Nutzbarkeit im konkreten Einzelfall offen. Ob § 3 Abs. 2 S. 1 bei typischerweise nutzbaren Fachkenntnissen alle Betreuungen erfasst[90] oder doch nur diejenigen, bei denen auch „passende" Aufgabenkreise angeordnet sind,[91] hat der *BGH* im Ergebnis offengelassen.[92] 33

§ 5 Stundenansatz des Betreuers

(1) [1] Der dem Betreuer zu vergütende Zeitaufwand ist
1. in den ersten drei Monaten der Betreuung mit fünfeinhalb,
2. im vierten bis sechsten Monat mit viereinhalb,
3. im siebten bis zwölften Monat mit vier,
4. danach mit zweieinhalb

Stunden im Monat anzusetzen. [2] Hat der Betreute seinen gewöhnlichen Aufenthalt nicht in einem Heim, beträgt der Stundenansatz
1. in den ersten drei Monaten der Betreuung achteinhalb,
2. im vierten bis sechsten Monat sieben,
3. im siebten bis zwölften Monat sechs,
4. danach viereinhalb

Stunden im Monat.

---

[85] *Damrau/Zimmermann* § 1 Rn. 16 (mit dem richtigen Hinweis, dass § 1 Abs. 1 S. 2 Nr. 2 ja in den Fällen des § 6 möglicherweise sogar auf Betreuer anzuwenden ist, was die Sache noch unlogischer macht); *Jürgens/Jürgens* Rn. 2 erklärt sie damit, dass aus 11 Betreuungen stets mindestens 22 abrechenbare Stunden folgen, übersieht hierbei freilich, dass es sich dabei nicht um die Arbeitszeit des Betreuers handelt. BtKomm/*Dodegge* F Rn. 159 erklärt die Regel damit, dass der Betreuer seine Arbeitszeit nicht mehr festhält, doch sind Schwierigkeiten des Nachweises ja eigentlich noch kein ausreichender Grund, eine Tatbestandsalternative zu streichen.
[86] Wenn er zB 2 Betreuungen und 8 Vormundschaften führt, für letztere er durchschnittlich 22 Stunden pro Woche abrechnet, wäre nach § 1 Abs. 1 S. 2 Nr. 2 die berufsmäßige Führung nur der Vormundschaften zu unterstellen, nicht aber der Betreuungen.
[87] BT-Drucks 13/7158 S. 28.
[88] BGH BtPrax 2003, 264: Aus dem konkret übertragenen Aufgabenkreis kann jeweils folgen, dass die Fachkenntnisse entgegen der Vermutung doch nicht nutzbar sind.
[89] BGH BtPrax 2003, 264; aA noch OLG Zweibrücken FGPrax 2000, 64.
[90] OLG Schleswig BtPrax 2003, 183; BtPrax 2003, 224 (jeweils für ökonomische Fachkenntnisse auch bei Betreuungen *ohne* Vermögenssorge).
[91] OLG Hamm BtPrax 2003, 184 (LS).
[92] BGH BtPrax 2003, 264.

(2) ¹Ist der Betreute mittellos, beträgt der Stundenansatz
1. in den ersten drei Monaten der Betreuung viereinhalb,
2. im vierten bis sechsten Monat dreieinhalb,
3. im siebten bis zwölften Monat drei,
4. danach zwei

Stunden im Monat. ²Hat der mittellose Betreute seinen gewöhnlichen Aufenthalt nicht in einem Heim, beträgt der Stundenansatz
1. in den ersten drei Monaten der Betreuung sieben,
2. im vierten bis sechsten Monat fünfeinhalb,
3. im siebten bis zwölften Monat fünf,
4. danach dreieinhalb

Stunden im Monat.

(3) ¹Heime im Sinne dieser Vorschrift sind Einrichtungen, die dem Zweck dienen, Volljährige aufzunehmen, ihnen Wohnraum zu überlassen sowie tatsächliche Betreuung und Verpflegung zur Verfügung zu stellen oder vorzuhalten, und die in ihrem Bestand von Wechsel und Zahl der Bewohner unabhängig sind und entgeltlich betrieben werden. ²§ 1 Abs. 2 des Heimgesetzes gilt entsprechend.

(4) ¹Für die Berechnung der Monate nach den Absätzen 1 und 2 gelten § 187 Abs. 1 und § 188 Abs. 2 erste Alternative des Bürgerlichen Gesetzbuchs entsprechend. ²Ändern sich Umstände, die sich auf die Vergütung auswirken, vor Ablauf eines vollen Monats, so ist der Stundenansatz zeitanteilig nach Tagen zu berechnen; § 187 Abs. 1 und § 188 Abs. 1 des Bürgerlichen Gesetzbuchs gelten entsprechend. ³Die sich dabei ergebenden Stundenansätze sind auf volle Zehntel aufzurunden.

(5) ¹Findet ein Wechsel von einem beruflichen zu einem ehrenamtlichen Betreuer statt, sind dem beruflichen Betreuer der Monat, in den der Wechsel fällt, und der Folgemonat mit dem vollen Zeitaufwand nach den Absätzen 1 und 2 zu vergüten. ²Dies gilt auch dann, wenn zunächst neben dem beruflichen Betreuer ein ehrenamtlicher Betreuer bestellt war und dieser die Betreuung allein fortführt. ³Absatz 4 Satz 2 und 3 ist nicht anwendbar.

Schrifttum: (siehe § 4).

Übersicht

	Rn.		Rn.
I. Bedeutung der Norm	1–2a	III. Vergütungsrechtlicher Heimbegriff (Abs. 3)	27–32
II. Monatliche Stundensätze (Abs. 1 und 2)	3–26a	1. Voraussetzungen von Abs. 3 im Einzelnen	28–31
		a) Unabhängigkeit von Person und Zahl der Bewohner	28
1. Empirische Grundlagen	3, 4	b) Entgeltlichkeit	29
2. Übersicht	5	c) Wohnraum, Verpflegung und tatsächliche Betreuung	30, 31
3. Absenkung infolge der Betreuungsdauer	6–12b	2. Eigenständigkeit des Heimbegriffs	32
		IV. Berechnung der Monate. Taggenaue Abgrenzung (Abs. 4)	33–42
a) Absenkung in drei Schritten	6		
b) Betreuerwechsel	7, 8	1. Anwendung von §§ 187, 188 BGB (Satz 1)	33, 34
c) Andere Zweifelsfragen	9–12b	2. Taggenaue Abgrenzung (Satz 2)	35–41
4. Absenkung bei Heimaufenthalt	13–20	a) Allgemeines	35, 36
a) Heimbegriff	15	b) Einzelfälle	37–41
b) Gewöhnlicher Aufenthalt	16–20	3. Aufrundung auf Zehntelstunden (Satz 3)	42
5. Absenkung bei Mittellosigkeit	21–26a		
a) Regelungszweck	21, 22	V. Betreuerwechsel zum Ehrenamt (Abs. 5)	43–45
b) Systematische Einordnung	23–26a		

I. Bedeutung der Norm

§ 5 bestimmt die pauschalen Zeitansätze, die mit den Stundensätzen des § 4 multipliziert die an den Betreuer zu zahlende Pauschalentschädigung ergeben. Abs. 1 und 2 nennen die **drei Parameter**, von denen der Zeitansatz abhängt, nämlich Betreuungsdauer, Wohnsituation des Betreuten und vorhandene oder fehlende Mittellosigkeit. Abs. 3 führt einen zwar an das HeimG angelehnten, aber doch eigenständigen **vergütungsrechtlichen Heimbegriff** ein. Abs. 4 enthält **Detailvorschriften für die Berechnung** sowohl der Betreuungsdauer als auch des Stundenansatzes in Fällen einer Veränderung der für den Stundenansatz entscheidenden Parameter. Abs. 5 regelt einen **Sonderfall des Betreuerwechsels** abweichend von Abs. 4. 1

Von Anfang an ist die **Verfassungsmäßigkeit** der Regelung in Zweifel gezogen worden[1] – und zwar in zwei Richtungen: Einmal könne es Art. 3 Abs. 1 GG wie auch Art. 14 GG widersprechen, wenn ein **nicht mittelloser Betreuer** für höchst unterschiedliche Leistungen nach §§ 4, 5 die gleichen Zahlungen schulde. Das ist indessen eine mit jeder Pauschalierung verbundene Folge und hier wie sonst nicht verfassungswidrig, zumal die Vergütung ja durchaus nach verschiedenen Faktoren, die *typischerweise* den Arbeitsanfall beeinflussen, unterschiedlich hoch ausfällt.[2] Zum anderen widerspreche es Art. 12 GG, wenn einem Berufsbetreuer **in extrem arbeitsintensiven Einzelfällen** keine dem annähernd entsprechende Vergütung bewilligt werden könne.[3] Das *BVerfG* hat eine hierauf gestützte Vorlage nach Art. 100 GG nicht zur Entscheidung angenommen, weil das vorlegende OLG die Entscheidungserheblichkeit nicht hat deutlich machen können:[4] Als ein Fall, in dem sich diese Überlegung stellen kann, komme nur einer in Frage, der die auf einen Zeitraum von zwei Jahren zu betrachtende Mischkalkulation des *durchschnittlichen* Betreuers sprengt, etwas, was kaum wahrscheinlich ist. Wenn dem einzelnen dagegen **zu viele aufwändige Betreuungen** übertragen würden, spreche das nicht für die Verfassungswidrigkeit des Gesetzes, sondern höchstens die des Gesetzesvollzugs. 2

Das wirft freilich die Frage auf, welche rechtlichen Möglichkeiten Betreuer überhaupt haben, eine **verfassungswidrige Vergabepraxis** anzugreifen. Möglicherweise kann hier die Rechtsprechung zur Vergabe von Insolvenzverwaltungen[5] als Richtschnur dienen.[6] 2a

II. Monatliche Stundensätze (Abs. 1 und 2)

1. Empirische Grundlagen. Die Bund-Länder-Arbeitsgruppe, die das 2. BtÄndG vorbereitet hat, hat eine empirische Untersuchung zur durchschnittlich von Berufsbetreuern abgerechneten Stundenzahl in Auftrag gegeben.[7] Die Untersuchung wurde darauf erstreckt, inwiefern verschiedene Faktoren diese Zahl signifikant beeinflussen, um eine **Datenbasis** für die Einführung von Pauschalvergütungen zu erhalten. Untersucht wurde dies für 3

– das Alter des Betreuten
– die Dauer der Betreuung
– die der Betreuung zugrundeliegende Krankheit oder Behinderung (Diagnose) und
– die Wohnsituation des Betreuten.

Hierbei ergab sich überraschenderweise, dass die zur Betreuung führende **Diagnose** ebenso wenig einen klar nachweisbaren Einfluss auf die Anzahl der geleisteten Stunden hat wie das Alter des Betreuten. Was die **Betreuungsdauer** angeht, fand die Studie heraus, dass anfangs mit Andauern der Tätigkeit ein starker Rückgang der geleisteten Stunden zu verzeichnen ist, deren Zahl aber etwa ab dem 2. Jahr konstant bleibt. Die **Wohnsituation** hat – wie zu erwarten war – einen beträchtlichen Einfluss auf die Zahl der geleisteten Stunden. Der Entwurf des Bundesrates für das 2. BtÄndG sah dann eine auf den jeweils in der Studie ermittelten Median gegründete Pauschalierung der Abrechnungsstunden in acht verschiedenen Stufen vor, die den in Abs. 2 geregelten entsprechen. Der Entwurf ging dabei noch von **einheitlichen Stundensätzen** für Betreuer und Vormünder 4

---

[1] Siehe ausführlich: *Unruh* BtPrax 2005, 121 ff.
[2] BVerfG v. 18. 8. 2011 – 1 BrL 10/11 OLG München NJW-RR 2007, 227; auch die unterschiedliche Höhe der Pauschalen in Abs. 1 und Abs. 2 verstößt nicht gegen Art. 3 Abs. 1 GG, BVerfG FamRZ 2009, 1899.
[3] OLG Braunschweig FamRZ 2007, 303; *Bestelmeyer* Rpfleger 2005, 583, 591.
[4] BVerfG BtPrax 2007, 122; keine Anhaltspunkte für Verfassungswidrigkeit sehen OLG Karlsruhe OLGRep München 2009, 813; OLG Celle FGPrax 2008, 241.
[5] BVerfG NJW 2006, 2613.
[6] *Zimmermann* FamRZ 2008, 1307.
[7] Zum Untersuchungsauftrag näher: *Diekmann/Jurgeleit* BtPrax 2002, 197; eine Zusammenfassung der Ergebnisse findet sich im BLAG-Abschlussbericht, Anlage 1, Betrifft: Betreuung 6 (2003), 280 ff.

aus – inklusive der heute in § 3 Abs. 3 enthaltenen[8] Erhöhungsmöglichkeit bei nicht mittellosen Betreuten in Ausnahmefällen.[9] Hiervon ist dann auf **Vorschlag des Rechtsausschusses** des Bundestags abgewichen worden: Bei insgesamt etwas höherem Stundensatz wurde die Erhöhungsmöglichkeit bei nicht mittellosen Betreuten gestrichen,[10] dafür aber die Zahl der abrechenbaren Stunden bei ihnen allgemein (also nicht nur ausnahmsweise) auf das heute in Abs. 1 zu findende Niveau angehoben. Das nimmt der Reform einen Teil ihrer Logik. Nur die Stundenansätze des Abs. 2 basieren auf empirischen Daten. Die Stundenansätze des Abs. 1 kompensieren dagegen die weggefallene Möglichkeit, aus dem Vermögen des Betreuten einen höheren Stundensatz zu gewähren (dazu näher Rn. 22).

5 **2. Übersicht.** Abs. 1 und Abs. 2 kennen insgesamt 16 verschiedene monatliche Stundenansätze, die der folgenden Tabelle entnommen werden können:

monatlicher Stundenansatz des Betreuers	nicht mittellos nicht im Heim	mittellos nicht im Heim	nicht mittellos im Heim	mittellos im Heim
1. Quartal	8½ h	7 h	5½ h	4½ h
2. Quartal	7 h	5½ h	4½ h	3½ h
2. Halbjahr	6 h	5 h	4 h	3 h
restliche Zeit	4½ h	3½ h	2½ h	2 h

Der **höchstmögliche Stundenansatz** von $8^1/_2$ Stunden je Monat ist während der ersten drei Monate der Betreuung gegenüber einem nicht mittellosen Betreuten gerechtfertigt, der sich nicht gewöhnlich in einem Heim aufhält. Die Dauer der Betreuung, der gewöhnliche Aufenthalt in einem Heim und die Mittellosigkeit wirken sich jeweils **absenkend** auf diesen Stundenansatz aus.

6 **3. Absenkung infolge der Betreuungsdauer. a) Absenkung in drei Schritten.** Die Dauer der Betreuung führt in drei Schritten zur Absenkung der Stundansätze, nämlich jeweils nach Ende eines viertel, eines halben und eines ganzen Jahres. Ab dem 2. Jahr bleibt der Stundenansatz dann konstant (falls nicht bei einem der anderen Faktoren eine Änderung eintritt). In denkbar umständlicher Gesetzgebungstechnik[11] ist das insgesamt viermal geregelt: in Abs. 1 S. 1, Abs. 1 S. 2, Abs. 2 S. 1 und Abs. 2 S. 2. Maßgeblich ist der **Tag des Wirksamwerdens** der Betreuerbestellung[12] (s. dazu § 287 Abs. 1 und 2 FamFG), im Falle des § 1908a BGB der Eintritt der Volljährigkeit.[13] Für den Gegenbetreuer ist die Bestellung des Betreuers, nicht seine eigene maßgebend.[14] Zur genauen Rechenweise siehe Abs. 4 (Rn. 32 ff.). Geht eine **vorläufige Betreuung** nahtlos in die endgültige über, kommt es auf das Wirksamwerden der Bestellung des (ersten) vorläufigen Betreuers an.[15] Für Tätigkeiten, die er vor wirksamer Bestellung entfaltet hat, konnte ein Betreuer schon nach der alten Rechtslage nicht entschädigt werden.[16]

7 **b) Betreuerwechsel.** Mit dem Begriff der „Dauer der Betreuung" wollte der Gesetzgeber klarstellen, dass ein Betreuerwechsel die Absenkung nicht hindert, vielmehr als Beginn „der Betreuung" der Berechnung stets **die Bestellung des ersten Betreuers** zu Grunde zu legen ist.[17] Auch wenn der Vorbetreuer wegen Ungeeignetheit oder wegen Pflichtwidrigkeiten entlassen wurde, ist

---

[8] § 3 Abs. 3 entspricht der Rechtsprechung des BGH zu § 1836 Abs. 2 BGB aF; vgl. BGHZ 145, 104 = FamRZ 2000, 1569, 1571 (siehe auch § 3 Rn. 8).
[9] Siehe § 1908l Abs. 4 BGB-E, BT-Drucks 15/2494 S. 11.
[10] BT-Drucks 15/4874 S. 72.
[11] *Zimmermann*, FS Bienwald, 2006, S. 347 meint, Tabellen seien dem Gesetzgeber offenbar unbekannt.
[12] AllgM: *Neumann/Neumann* BtMan 2005, 92; HK-BUR/*Deinert/Lütgens* Rn. 66; *Jurgeleit/Maier* Rn. 39; BtKomm/*Dodegge* F Rn. 188; kurios das Ergebnis in LG Kassel BtPrax 2010, 49: rückwirkende Vergütung, da Betreuer ausdrücklich (fehlerhaft, aber rechtskräftig) mit Rückwirkung bestellt wurde.
[13] LG Erfurt BtMan 2009, 163.
[14] OLG Schleswig FGPrax 2006, 166.
[15] *Knittel* Rn. 26; BtKomm/*Dodegge* F Rn. 188.
[16] OLG Stuttgart FamRZ 2005, 655; OLG Hamm FGPrax 2006, 161.
[17] BT-Drucks 15/2494 S. 91 f.; OLG München FamRZ 2006, 647; OLG Schleswig FamRZ 2006, 649; OLG Hamm FGPrax 2006, 209; OLG Karlsruhe FamRZ 2006, 1483 (LS.), OLG Köln FamRZ 2006, 1876 (LS.); OLG Stuttgart FGPrax 2007, 131; *Fröschle* Rn. 324 f.; *Zimmermann*, FS Bienwald, 2006, S. 348; *Knittel* Rn. 27; *Jurgeleit/Maier* Rn. 38; BtKomm/*Dodegge* F Rn. 189; aA LG Braunschweig FamRZ 2006, 1483 (LS.): mit jedem Betreuerwechsel neu zu zählen.

der Zeitraum seiner Bestellung auf die Betreuungsdauer anzurechnen[18]. Zwar mag ungerecht erscheinen, den Nachfolger eines unfähigen Betreuers mit einer schon abgesenkten Vergütung zu bestrafen, doch nehmen die §§ 4, 5 nun einmal eine typisierende Einordnung vor, die sich solchen Einzelfallargumenten verschließt.[19] Selbst wenn die Geltendmachung von Schadensersatzansprüchen gegen den Vorbetreuer ausdrücklich zum Aufgabenkreis des Betreuers gehört, kann nichts anderes gelten,[20] denn eine Erweiterung des Aufgabenkreises hat auch sonst keinen Einfluss auf die Pauschale.[21]

Schließlich ist auch der Wechsel von einem **ehrenamtlichen** zu einem Berufsbetreuer nicht anders zu beurteilen. Daraus, dass für ehrenamtliche Betreuer § 5 VBVG gar nicht gilt, folgt nichts anderes. Sonst würde auf den Beginn der zu *vergütenden* Tätigkeit, nicht auf den Beginn der Betreuung abgestellt.[22]

c) Andere Zweifelsfragen. Andere Fragen sind noch nicht klar zu beantworten. Falls ein Bundesland aufgrund der Ermächtigung in § 19 Abs. 1 S. 1 Nr. 1 RPflG die Einheitsentscheidung abschafft, kann sich die Frage stellen, ob die Betreuung nicht schon mit ihrer isolierten **Anordnung** beginnt. ME ist das aber nicht der Fall, denn bevor noch *irgendein* Betreuer bestellt wurde, *kann* sich der Arbeitsaufwand nicht reduzieren.

Eine viel aktuellere, keineswegs abschließend geklärte Frage ist die nach den **Auswirkungen einer Vakanz,** also eines Zwischenzeitraums ohne Betreuer. Hier sind zwei Varianten zu unterscheiden:

aa) Fehlen eines Betreuers bei andauernder Betreuung. Wenn der Betreuer **entlassen** wird (§ 1908b BGB) oder **stirbt,** endet damit nicht auch die Betreuung, wie § 1908c BGB klarstellt. Vielmehr ist auch in der betreuungsrechtlichen Einheitsentscheidung die **Anordnung der Betreuung** mit enthalten, die von einem solchen Ereignis unberührt bleibt. Da die Betreuung also andauert, führt eine solche Vakanz auch zu keinem Zurückstellen der Vergütungsuhr.[23] Auf ihre Länge kann es eigentlich nicht ankommen.[24] Die Rechtsprechung scheint allerdings dazu zu neigen, dass bei einem ungewöhnlich langen Zeitraum bis zur Neubestellung eine neue Betreuung anzunehmen sein kann, wenngleich das in den entschiedenen Fällen jeweils nicht angenommen wurde.[25]

Eine andere Frage ist, ob der neue Betreuer erst ab seiner Bestellung oder schon **ab Wegfall des Vorgängers** zu vergüten ist.[26] Das dürfte aber nur ganz ausnahmsweise in Frage kommen, wenn das Betreuungsgericht die ordnungsgemäße Neubestellung verzögert und den neuen Betreuer inzwischen zum Handeln veranlasst hat.[27]

bb) Unterbrechung der Betreuung. Anders sieht die Sache aus, wenn die Betreuung durch **Aufhebung** (§ 1908d Abs. 1 S. 1 BGB) oder – im Falle einer vorläufigen Betreuung – durch **Fristablauf** (§ 302 FamFG) als solche beendet worden ist und später erneut eingerichtet wurde. Dies ist – wie schon der Gesetzgebungsentwurf ausführt[28] – als **neue Betreuung** zu begreifen. Nur in Ausnahmefällen kann dies anders zu beurteilen sein. Primär ist dafür auf den **Grund der Beendigung** der Betreuung abzustellen, wogegen ihre Dauer eigentlich auch hier keine Rolle spielen dürfte:[29]

---

[18] AA LG Kiel FamRZ 2006, 223; LG Wiesbaden bei *Deinert* BtPrax 2006, 115.
[19] OLG München FamRZ 2006, 647; OLG Schleswig FamRZ 2006, 649.
[20] *Zimmermann* FamRZ 2006, 1802, 1804; aA OLG Zweibrücken NJW-RR 2006, 873.
[21] OLG Stuttgart FGPrax 2007, 131; *Zimmermann,* FS Bienwald, 2006, S. 349; BtKomm/*Dodegge* F Rn. 189; aA *Deinert/Lütgens* Rn. 1050 für *gravierende* Änderungen – übersehend, dass die Gesamtvergütung – bei insgesamt gleichem Arbeitsanfall – identisch ausfiele, wenn der Aufgabenkreis von Anfang an entsprechend weit gewesen wäre.
[22] OLG München FamRZ 2006, 647; OLG Schleswig FamRZ 2006, 649; OLG Saarbrücken OLGRep 2007, 904; *Knittel* Rn. 29 ff.; aA LG Arnsberg FamRZ 2006, 1061; *Bestelmeyer* Rpfleger 2005, 583, 590; *Deinert/Lütgens* Rn. 1024.
[23] *Fröschle* Rn. 325.
[24] *Zimmermann* FamRZ 2006, 1802, 1803.
[25] OLG München FamRZ 2006, 647 (3 Monate); LG Lübeck FamRZ 2007, 1917 (7 Monate), wobei dort – mE unzulässigerweise – darauf abgestellt wurde, ob im *konkreten Einzelfall* Arbeit liegengeblieben ist. Das widerspricht der Idee der Durchschnittspauschale.
[26] So HK-BUR/*Deinert/Lütgens* Rn. 88.
[27] OLG Frankfurt OLGRep 2009, 607 (falsche Auskunft, der Ersatzbetreuer amtiere nach dem Tod des Hauptbetreuers bis zu seiner Bestellung zum Nachfolger weiter).
[28] BT-Drucks 15/2494 S. 92.
[29] *Knittel* Rn. 34 und *Zimmermann,* FS Bienwald, 2006, S. 349 halten dagegen die *Dauer* der Unterbrechung für das entscheidende Kriterium.

12a Ist der Fristablauf nur auf Grund richterlichen Versehens oder verzögerter Bearbeitung der Sache durch das Gericht eingetreten, liegt – auch bei längerer Unterbrechung – keine neue Betreuung vor.[30] Der Betreuer müsste dann allerdings – entgegen der Rechtsprechung[31] – unter dem Gesichtspunkt der berechtigten Geschäftsführung ohne Auftrag auch **für die Zwischenzeit zu vergüten** sein.[32]

12b Beruht die Unterbrechung jedoch darauf, dass eine Betreuung in der Zwischenzeit **nicht für erforderlich** (oder jedenfalls nicht für dringend erforderlich) gehalten wurde, bleibt es dabei, dass eine neue Betreuung anzunehmen ist. Die Rechtsprechung macht auch hier wieder einen Vorbehalt wegen der Dauer der Unterbrechung, hat sie jedoch meist als lang genug angesehen.[33] Auch ob nach der Unterbrechung ein anderer Betreuer bestellt[34] oder der angeordnete Aufgabenkreis verändert wurde, wird mit berücksichtigt.[35]

13 **4. Absenkung bei Heimaufenthalt.** Der mit einer Betreuung verbundene Aufwand sinkt am signifikantesten, wenn der Betreute in eine stationäre Einrichtung mit Rundumversorgung aufgenommen wird. Da es Aufgabe des Betreuers ist, das Leben des Betreuten zu organisieren, ihm aber genau dies vom Heim fast ganz abgenommen wird, kann er sich darauf beschränken, die Tätigkeit des Heimes zu überwachen und gegen Missstände einzuschreiten. Deshalb ist der Stundenansatz des Betreuers nur gut halb so hoch, wenn sein Betreuer sich gewöhnlich in einem Heim aufhält. Formuliert ist das umgekehrt: Der Stundenansatz ist höher, wenn sich der Betreute *nicht* gewöhnlich in einem Heim aufhält (Abs. 1 S. 2, Abs. 2 S. 2). Dies verteilt – wie negative Formulierungen auch sonst – die **Darlegungs- und Aufklärungslast** zum Nachteil des Betreuers: Kann nicht geklärt werden, ob oder ab wann der Betreute sich gewöhnlich in einem Heim aufgehalten hat, muss das Gericht vom Heimaufenthalt ausgehen[36] (s. Rn. 20).

14 Die Idee der Pauschalierung verbietet es, *im Einzelfall* darauf abzustellen, ob der Betreuer tatsächlich entsprechend entlastet ist oder ob er – zB durch eine Wohnungsauflösung – noch umfangreiche Tätigkeiten entfalten muss.[37] In **zweifelhaften Auslegungsfragen** kann es aber angebracht sein, die Absenkung davon abhängig zu machen, ob die strittige Situation *typischerweise* zu einer entsprechenden Entlastung des Betreuers führt.[38]

15 **a) Heimbegriff.** Der Heimbegriff ist hier ein spezifischer, siehe zu den Einzelheiten die Ausführungen zu Abs. 3 (Rn. 27 ff.).

16 **b) Gewöhnlicher Aufenthalt. aa) Begriff.** Ein vorübergehender Heimaufenthalt führt nicht – auch nicht vorübergehend – zur Verringerung der Stundenansätze, der Heimaufenthalt muss dazu vielmehr ein **gewöhnlicher** sein. Das ist stets der Fall, wenn er ein dauerhafter oder jedenfalls als dauerhaft beabsichtigter Aufenthalt ist.[39] Es ist weder notwendig, noch ausreichend, dass der Betreute im Heim einen **Wohnsitz** iSv. § 7 BGB begründet, erst recht nicht, dass er dort polizeilich gemeldet ist. Entscheidend ist, welches der Ort ist, der für den Betreuten seinen **Daseinsmittelpunkt**,[40] den Mittel- oder Schwerpunkt seiner Lebensverhältnisse[41] darstellt.

17 Bei einem **freiwilligen Aufenthalt** im Heim kommt es entscheidend auf die Absichten an, mit denen die Heimaufnahme verbunden wurde.[42] Nur wenn damit der bisherige Lebensmittelpunkt aufgegeben werden sollte, ist vom ersten Tag an von einem gewöhnlichen Aufenthalt im Heim auszugehen. Andernfalls ist entscheidend, ab wann die Rückkehr an den seitherigen gewöhnlichen Aufent-

---

[30] OLG München FamRZ 2007, 83 (sechs Monate); aA OLG Zweibrücken NJW-RR 2006, 725 bei noch längerer Unterbrechung (neun Monate), wobei auch nicht derselbe Betreuer bestellt wurde.
[31] OLG Braunschweig FamRZ 2006, 290; OLG Hamm NJW-RR 2006, 1299; LG Koblenz NJW-RR 2005, 660 anders jedoch LG Bayreuth v. 4. 3. 2011 – 42 T 3/11.
[32] So wohl auch *Zimmermann* FamRZ 2006, 1802, 1804, freilich dürfte für die Festsetzung eines solchen Anspruchs das Verfahren nach §§ 292, 168 FamFG nicht eröffnet sein, auch hierzu aA jedoch LG Bayreuth v. 4. 3. 2011 – 42 T 3/11.
[33] OLG Frankfurt FGPrax 2009, 213 (7 Wochen reichen); OLG Karlsruhe NJW-RR 2007, 1086 (zwei Monate reichen); anders allerdings: LG Koblenz FamRZ 2007, 677 (zwei Wochen reichen nicht); LG Meiningen BtMan 2008, 167 (LS. – „verhältnismäßig kurzer" Zeitraum reicht nicht).
[34] LG Koblenz FamRZ 2006, 1066; anders aber LG Koblenz 2007, 677 (trotz anderen Betreuers dieselbe Betreuung).
[35] OLG Karlsruhe NJW-RR 2007, 1086.
[36] *Fröschle* Rn. 311; HK-BUR/*Deinert*/*Lütgens* Rn. 138; *Jurgeleit*/*Maier* Rn. 19; aA BtKomm/*Dodegge* F Rn. 168.
[37] LG Arnsberg FamRZ 2006, 1788 (LS.); LG Mönchengladbach FamRZ 2006, 1229 (LS.).
[38] BGH NJW-RR 2008, 739; *Fröschle* Rn. 298.
[39] *Deinert* FamRZ 2005, 954, 958.
[40] BayObLG BtPrax 2003, 132; *Jurgeleit*/*Maier* Rn. 20.
[41] OLG München FamRZ 2006, 1562.
[42] OLG Köln BtPrax 2008, 178.

haltsort nicht mehr beabsichtigt war oder aber bei realitätsnaher Betrachtung nicht mehr möglich erschien.[43] Hierbei kann es auf die Absichten des Betreuers statt des Betreuten ankommen, wenn ihm die Aufenthaltsbestimmung übertragen ist.[44] **Kurzzeitpflege** wird daher regelmäßig keinen gewöhnlichen Aufenthalt begründen,[45] es sei denn, sie soll nur die Zeit bis zum Freiwerden eines regulären Heimplatzes überbrücken. Erst recht liegt kein gewöhnlicher Aufenthalt vor, wenn die Einrichtung schon **ihrer Zweckbestimmung nach** keine Möglichkeit zum Daueraufenthalt bietet.[46] Mit Rücksicht auf seine Endgültigkeit genügt jedoch der Aufenthalt in einem Sterbehospiz.[47]

Komplizierter liegen die Dinge beim **unfreiwilligen Aufenthalt** in einem Heim iSv. Abs. 3. **18** Auch das kann zu einer Verlagerung des Daseinsmittelpunktes führen. Ein **insgesamt nur kurzer Aufenthalt** von weniger als sechs Monaten ist jedenfalls kein gewöhnlicher.[48] Das gilt zB für eine Unterbringung lediglich zur Untersuchung oder Behandlung[49] (§ 1906 Abs. 1 Nr. 2 BGB). Eine schon ihrem Charakter nach nur **vorläufige Maßnahme** – wie eine einstweilige Anordnung nach §§ 331, 427 FamFG, Untersuchungshaft[50] oder die vorläufige Unterbringung nach § 126a StPO[51] – reicht mE nicht aus, um von einer Verlagerung des Daseinsmittelpunktes auszugehen, anders vielleicht, wenn auf Grund der Umstände sicher ist, dass es dabei nicht bleiben wird, falls solchen Überlegungen nicht die strafprozessualen Maßnahmen nicht die Unschuldsvermutung entgegensteht.[52] Die **endgültige Anordnung** einer längerdauernden Freiheitsentziehung führt jedenfalls dann zum gewöhnlichen Aufenthalt, wenn der Betreute über **keinen weiteren Daseinsmittelpunkt** (mehr) verfügt.[53] Hierfür kann schon ein zu erwartender Aufenthalt von mehr als einem Jahr ausreichen.[54] Wann von einer Verlagerung des gewöhnlichen Aufenthalts in die Einrichtung auszugehen ist, wenn die Möglichkeit zur Rückkehr zwar theoretisch besteht, aber auf **voraussichtlich längere Zeit** nicht wahrgenommen werden kann (wie zB bei Verurteilung zu lebenslanger oder langjähriger Haft, zu Sicherungsverwahrung,[55] zur Unterbringung nach § 63 StGB),[56] entzieht sich wohl einer abstrakten Beurteilung.[57] Hier kann es auf den Einzelfall ankommen.[58]

bb) Weitere Zweifelsfragen. Der Wortlaut des Gesetzes lässt keinen sicheren Schluss darauf **19** zu, ob die Absenkung erst greift, wenn der Betreute einen gewöhnlichen Aufenthalt in **einem konkreten Heim** begründet oder ob es dafür ausreicht, dass er sich jedenfalls dauerhaft **in irgendeinem Heim** aufhalten wird. Legt man es nach seinem Zweck aus, so kommt es darauf an, ob ein Zustand eingetreten ist, in dem der Betreuer einen Folgeaufenthalt nicht mehr organisieren muss, weil dies schon zu den Aufgaben der Einrichtung (zB der Aufnahmehaftanstalt) gehört.[59]

Nicht völlig klar ist auch, wie der Betreuer zu vergüten ist, dessen Betreuter sich überhaupt **an 20 einem unbekannten Ort** aufhält. Dauert dies länger, wird es Anlass sein, die Betreuung aufzuheben und ggf. Abwesenheitspflegschaft (§ 1911 BGB) anzuordnen. Bis dahin wird man von einer **tatsächlichen Vermutung** dafür ausgehen können, dass der Betreute sich *nicht* in einem Heim aufhält, andernfalls er gefunden werden könnte.[60]

---

[43] HK-BUR/*Deinert/Lütgens* Rn. 127.
[44] OLG München FamRZ 2007, 83; *Deinert* FamRZ 2005, 954, 958; ggf. ist zu prüfen, ob die Entscheidung des Betreuers den Vorgaben des § 1901 Abs. 2, 3 BGB entspricht, HK-BUR/*Deinert/Lütgens* Rn. 127.
[45] BtKomm/*Dodegge* Rn. 167.
[46] OLG Hamm FamRZ 2010, 2020 (auf Verselbständigung junger Erwachsener angelegte Jugendhilfeeinrichtung); LG Kassel FamRZ 2006, 1483.
[47] OLG Köln FGPrax 2007, 84; *Fröschle* BtPrax 2006, 219, 223; BtKomm/*Dodegge* F Rn. 168; aA *Deinert* FamRZ 2005, 954, 958.
[48] *Fröschle* BtPrax 2006, 219, 220.
[49] LG Stendal FamRZ 2007, 500.
[50] OLG München FGPrax 2007, 224.
[51] OLG Köln FGPrax 2007, 83.
[52] So *Fröschle* BtPrax 2006, 219, 221; *Deinert/Lütgens* Rn. 1147; *Knittel* Rn. 57; anders aber: OLG Köln FGPrax 2007, 23 (gewöhnlicher Aufenthalt nach 9 Monaten Unterbringung gem. § 126a StPO); LG Koblenz FamRZ 2006, 1630 (nach 6 Monaten).
[53] BayObLG BtPrax 2003, 132; OLG München FamRZ 2007, 83; BtPrax 2007, 29; OLG Hamm FamRZ 2007, 501 (LS.).
[54] OLG München FamRZ 2006, 1562 (14 Monate).
[55] LG Koblenz FamRZ 2007, 238 (LS.).
[56] OLG Köln NJOZ 2006, 4741; LG Regensburg bei *Deinert* BtPrax 2006, 238.
[57] Dem LG Koblenz FamRZ 2006, 1631; FamRZ 2007, 501 wollen *regelmäßig* sechs Monate reichen. Das ist mE zu schematisch.
[58] OLG Zweibrücken Rpfleger 207, 545 für Dauerunterbringung nach § 1906 BGB.
[59] *Fröschle* BtPrax 2006, 219, 222.
[60] *Fröschle* BtPrax 2006, 219, 223; aA (abgesenkte Vergütung): HK-BUR/*Deinert/Lütgens* Rn. 138 und noch *Fröschle* Rn. 312.

21 **5. Absenkung bei Mittellosigkeit. a) Regelungszweck.** Äußerst komplexe Rechtsfragen wirft die völlig systemwidrige Berücksichtigung auch der Mittellosigkeit für die Höhe des Stundenansatzes auf. Der Gesetzgeber hätte es wesentlich besser getroffen, wenn er dies bei der Höhe des Stundensatzes berücksichtigt hätte – entweder durch Beibehaltung der Erhöhungsmöglichkeit in Ausnahmefällen (§ 3 Abs. 3) oder durch eine pauschale Erhöhung. Die Unklarheiten beginnen schon bei der Frage nach dem mit Abs. 2 verfolgten **Regelungszweck**. Die Andeutungen, die der Rechtsausschuss statt einer Begründung macht, nennen zwei völlig unterschiedliche Zwecke: Erstens soll damit einem unterschiedlichen **Betreuungsaufwand**, zweitens – wie bei den PKH-Gebühren – den „berechtigten Interessen der Staatskasse" Rechnung getragen werden.[61] Die erste dieser beiden Überlegungen trägt nicht: Ein höherer Aufwand durch die Vermögensverwaltung bei vermögenden Betreuten ist nicht empirisch belegt, fällt außerdem allenfalls an, wenn dem Betreuer die Vermögenssorge tatsächlich obliegt. Gerade bei Mittellosen kann es umgekehrt sehr aufwändig sein, den Lebensunterhalt (durch Sozialleistungen etc.) sicherzustellen.[62]

22 Einzig wirklich tragfähig ist daher der Gedanke der Begünstigung der Staatskasse.[63] Die höheren Stundenansätze des Abs. 1 **kompensieren** damit die weggefallene Möglichkeit, in Ausnahmefällen von nicht mittellosen Betreuten einen **erhöhten Stundensatz** zu verlangen, während das auch schon vorher zur Schonung der Staatskasse bei mittellosen Betreuten nicht möglich war. Damit ist mE auch klar: Die Stundenansätze des Abs. 1 können **nur vom Betreuten selbst** verlangt werden. Die **Staatskasse** schuldet stets **die abgesenkten Sätze** des Abs. 2,[64] denn ihr gegenüber konnten besondere Schwierigkeiten schon bisher nicht berücksichtigt werden.

23 **b) Systematische Einordnung.** Damit lässt sich ein in sich einigermaßen stimmiges System begründen: Dem Berufsbetreuer steht immer ein Vergütungsanspruch **gegen den Betreuten** aus §§ 1836 Abs. 1 S. 2 BGB iVm. § 1 Abs. 2 S. 1, § 4, § 5 Abs. 1 zu, für den dieser aber nur nach Maßgabe des § 1836c BGB haftet (s. § 1836 BGB Rn. 13; § 1836c BGB Rn. 2). Liegen – zum Zeitpunkt der letzten Tatsachenentscheidung im Vergütungsfestsetzungsverfahren – die Voraussetzungen des § 1836d BGB vor, hat er **außerdem** einen abgesenkten Vergütungsanspruch **gegen die Staatskasse** aus §§ 1836 Abs. 1 S. 2 BGB iVm. § 1 Abs. 2 S. 2, § 4, § 5 Abs. 2. Ob die Voraussetzungen des § 1836d BGB vorliegen, ist nach dem **abgesenkten Anspruch** zu beurteilen.[65] Übersteigen die einzusetzenden Mittel des Betreuten diesen, muss der Betreuer sich an ihn halten, auch wenn er seinen Anspruch dann nicht voll realisieren kann. Er erhält ja aber mindestens das, was er von der Staatskasse erhalten würde.

24 Da sich die beiden Ansprüche **der Höhe nach unterscheiden,** bleibt dem Betreuer (in den durch § 1836c BGB gezogenen Grenzen) die Möglichkeit, die Differenz vom Betreuten zu verlangen. Soweit er durch die Staatskasse befriedigt ist, geht sein Anspruch zwar auf die Staatskasse über, aber nur in der durch Abs. 2 determinierten Höhe. In Höhe der Differenz zu Abs. 1 verbleibt er ihm. Durch Zahlung der Staatskasse entstehen so **zwei Teilansprüche** mit unterschiedlichem Schicksal. Der Betreuer kann den seinen nur innerhalb der Ausschlussfrist des § 2 VBVG verwirklichen, die Staatskasse wegen des ihren nach Maßgabe von § 1836e BGB Regress nehmen. Wie bei anderen gesetzlichen Forderungsübergängen (zB in § 426 Abs. 2 S. 2 BGB, § 67 Abs. 1 S. 2 VVG) sollte der Betreuer mit seinem Anspruch Vorrang genießen.

25 **Die Rspr.**[66] ist dagegen der Auffassung, dass es für die Vergütungshöhe nicht auf den Zeitpunkt der letzten Tatsachenentscheidung, sondern den des zu vergütenden Zeitraums ankommt, es sei denn, der Betreuer hat die Inanspruchnahme des Betreuten **treuwidrig verzögert**.[67] Das hat den Vorteil eines einheitlich hohen Anspruchs, gleichgültig gegen wen er sich richtet. Es führt aber zu anderen Schwierigkeiten. Die Frage der Mittellosigkeit kann nämlich wegen § 1836d BGB gar nicht losgelöst von der Frage der Höhe der augenblicklichen Vergütungsschuld beantwortet werden.[68] Sie kann daher nicht ohne erhebliche Schwierigkeiten in Anwendung von Abs. 4 S. 2 **taggenau** abge-

---

[61] BT-Drucks 15/4874 S. 73.
[62] Ähnlich: *Zimmermann,* FS Bienwald, 2006, S. 353.
[63] Die Ungleichbehandlung zum Zwecke der Schonung der Landeskasse ist mir Art. 3 Abs. 1 GG vereinbar, BVerfG FamRZ 2009, 1899.
[64] IE wie hier: BVerfG FamRZ 2010, 1899; *Deinert/Lütgens* Rn. 1226; *Jurgeleit/Maier* Rn. 42.
[65] Anders (Beurteilung nach dem höheren Ansatz) noch: *Fröschle* Rn. 284; *Deinert/Lütgens* Rn. 1230, was aber zur unsinnigen Haftung der Staatskasse bei zugleich möglichem sofortigem vollen Regress führen würde.
[66] BGH FGPrax 2011, 74; OLG Frankfurt FGPrax 2008, 203; OLG Hamm NJW-RR 2009, 1310; OLG München FGPrax 2009, 21; OLG Hamburg FGPrax 2009, 154; OLG Dresden BtPrax 2007, 256 (LS.); das LG Koblenz NJW-RR 2005, 724 will anscheinend auch für die Haftung der Staatskasse auf Abs. 4 S. 2 abstellen, hiergegen – zu Recht: OLG München BtPrax 2007, 256 (LS.).
[67] OLG München NJOZ 2009, 2088.
[68] *Feldmann* BtPrax 2009, 221.

grenzt werden.[69] Der BGH will sie für jeden **Betreuungsmonat** getrennt beurteilen.[70] Das ist eher möglich, berücksichtigt aber nicht, dass der Betreuer ja wegen § 9 VBVG doch nur ganze Quartale abrechnen kann, so dass man – wenn schon – die Vergütungshöhe einheitlich für einen kompletten Abrechnungszeitraum nach dem *Vermögensstand* am Ende desselben bewerten sollte.[71] Das schließt es nicht aus, für die Berücksichtigung einzusetzenden *Einkommens* eine monatsweise Betrachtung vorzunehmen.

Die Rechnung sähe dann in einem beliebig gewählten **Beispiel** wiefolgt aus: Angenommen der 26 Betreute würde eine Pauschale nach § 5 Abs. 1 S. 2 Nr. 3 (zweites Halbjahr, kein Heim) mit dem höchsten Stundensatz schulden. Das sind € 264 monatlich. So müsste nun zuerst geprüft werden, ob und inwieweit er dies aus seinem einzusetzenden monatlichen Einkommen zahlen muss. Nimmt man nun an, er hätte € 100 seines Einkommens einzusetzen, so stünde fest, dass er am Quartalsende aus seinem Vermögen noch € 492 zu zahlen hätte. Ist am Ende des Abrechnungsquartals einzusetzendes Vermögen in dieser Höhe vorhanden, gilt für das ganze Quartal § 5 Abs. 1, andernfalls gilt § 5 Abs. 2. Oder man prüft – mit dem BGH – ob am Ende des Betreuungsmonats noch jeweils € 164 einzusetzendes Vermögen vorhanden waren.

Unproblematisch ist auch das nicht. Endet der Betreuungsmonat z. B. am fünften, wird zu dieser 26a Zeit von der Rente noch mehr vorhanden sein als wenn der Betreuungsmonat am 25. endet. Womöglich muss daher vom vorhandenen Vermögen (etwa nach dem Muster des § 811 Abs. 1 Nr. 8 ZPO) der **nicht verbrauchte Einkommensrest** bis zum nächsten Zahltag wieder abgezogen werden, ehe man anhand des verbleibenden Vermögens die Mittellosigkeit beurteilt.

III. Vergütungsrechtlicher Heimbegriff (Abs. 3)

Das „Heim" erfährt in Abs. 3 eine eigenständige Definition, die an diejenige im **Heimgesetz ange-** 27 **lehnt,** aber nicht mit ihr identisch ist. Abs. 3 S. 1 wiederholt fast wortgleich § 1 Abs. 1 HeimG mit Unterschied, dass er alle Einrichtungen erfasst, die „Volljährige" aufnehmen, ohne dies auf ältere, pflegebedürftige oder behinderte Menschen zu beschränken. Das ist so zu verstehen, dass es auf den **Zweck der Einrichtung** überhaupt nicht entscheidend ankommt, denn wenn sie *keine* Volljährigen aufnimmt, dann auch keine Betreuten.[72] Abs. 3 S. 2 verweist sodann wegen der schwierigen Abgrenzung des Heims zum nicht heimgleichen betreuten Wohnen auf § 1 Abs. 2 HeimG. Die Modifikationen der übrigen Absätze des § 1 HeimG übernimmt Abs. 3 nicht. Damit ist festzustellen: Der Heimbegriff des Abs. 3 weicht in **genau drei Punkten** vom Anwendungsbereich des Heimgesetzes ab:
– Auf den Personenkreis, den die Einrichtung aufnimmt, kommt es nicht an.
– Reine Tages- und reine Nachteinrichtungen (§ 1 Abs. 5 HeimG) erfüllen den Begriff nicht.
– Dafür aber können Krankenhäuser, Rehabilitationseinrichtungen und Internate ihn (entgegen § 1 Abs. 6 HeimG) erfüllen.

1. Voraussetzungen von Abs. 3 im Einzelnen. a) Unabhängigkeit von Person und 28 **Zahl der Bewohner.** Nur **Institutionen** sind Heime. Wer – auch mehrere – Menschen mit Rücksicht auf ihre Person aufnimmt, betreibt kein Heim.[73] Nur wenn er die Absicht[74] hat, sich dies unabhängig von den konkreten Bewohnern zur Gewohnheit zu machen, betreibt er ein Heim. Bei familienförmiger Pflege scheidet die Annahme eines Heims daher regelmäßig aus, falls sie nicht über einen Heimträger organisiert und engmaschig begleitet wird.[75] Die Entscheidung der **Heimaufsicht** über die Anwendbarkeit des Heimgesetzes kann **indizielle Bedeutung** haben.[76] Die Gesetzgebungszuständigkeit des Bundes für die Heimaufsicht ist allerdings entfallen, so dass das HeimG in manchen Ländern gar keine Anwendung mehr findet. Hat die Heimaufsicht aufgrund abweichenden Landesrechts die Heimeigenschaft bejaht oder verneint, dürfte das für Abs. 3 nicht einmal mehr Indizwirkung haben.

b) Entgeltlichkeit. Entscheidend ist, dass für die Aufnahme der Bewohner ein Entgelt **über-** 29 **haupt geschuldet** wird, ob vom Bewohner selbst oder von Dritten spielt keine Rolle. Gewinner-

---

[69] Das verlangen aber: OLG Frankfurt FGPrax 2008, 203; OLG Brandenburg FamRZ 2007, 2109; OLG Dresden BtPrax 2007, 256 (LS.); LG München I FamRZ 2006, 970; *Dodegge* NJW 2005, 1896, 1899; *Zimmermann* FamRZ 2006, 1802, 1806; Jürgens/*Jürgens* Rn. 8; zu den komplexen Berechnungen, die das erfordert siehe Feldmann BtPrax 2009, 221 (223 ff.).
[70] BGH FGPrax 2011, 74; auch *Knittel* Rn. 67.
[71] So BtKomm/*Dodegge* F Rn. 195 f.
[72] So auch Lipp/Ohrt BtPrax 2005, 209.
[73] LG Heilbronn FamRZ 2007, 1915; LG Ravensburg BtMan 2007, 158.
[74] Diese ist in einer objektiven Gesamtschau zu ermitteln: *Knittel* Rn. 42.
[75] BGH FGPrax 2008, 101; OLG Frankfurt FGPrax 2009, 159; OLG Stuttgart BtPrax 2008, 36.
[76] BGH FGPrax 2011, 75.

zielungsabsicht wird nicht vorausgesetzt. Noch nicht einmal kostendeckend braucht das Entgelt zu sein. Ob es vom Betreuten erlangt werden kann, ist auch nicht wichtig, so lange nur **dem Grundsatz nach** eines geschuldet wird. **Justizvollzugsanstalten** sind daher schon mit Blick auf § 50 StVollzG Heime[77] iSv. Abs. 3. Dasselbe gilt für **forensische Kliniken,** auch wenn der dort Untergebrachte den Pflegesatz nicht schuldet.[78]

30 c) **Wohnraum, Verpflegung und tatsächliche Betreuung.** Ein Heim betreibt nur, wer Wohnraum, Verpflegung[79] und tatsächliche Betreuung zur Verfügung stellt (nämlich ggf. selbst erbringt) oder bereitstellt (nämlich ggf. durch Dritte erbringt). Gemeint ist damit, dass der Bewohner sich darauf verlassen kann, in allen Bereichen der Daseinsvorsorge Hilfe zu erhalten, sobald er sie benötigt.[80] Ein Sonderkündigungsrecht für den Fall einer erheblichen Verschlechterung des Zustandes schließt die Annahme eines Heimes nicht aus, wenn schon der für den jetzigen Zustand vereinbarte Leistungsumfang für die Annahme eines Heimes ausreicht.[81]

31 Diese Voraussetzung wird durch Abs. 3 S. 2 iVm. § 1 Abs. 2 HeimG **näher konkretisiert:** Eine Wohnung wird **nicht schon dadurch** zum Heim, dass der Vermieter dem Mieter anbietet, ihm bei Erforderlichkeit Verpflegung und tatsächliche Betreuung durch eine Drittfirma **zu vermitteln,** solange der Mieter nicht vertraglich gebunden ist, dieses Angebot im Bedarfsfall anzunehmen (§ 1 Abs. 2 S. 1, 3 HeimG).[82] Der vertraglichen Bindung steht es gleich, wenn der Mieter **tatsächlich keine andere Möglichkeit** hat, als diese Leistungen von dem ihm vom Vermieter genannten Dritten anzunehmen oder wenn er statt der (möglichen) Wahl von Drittanbietern die entsprechenden Dienste des Vermieters tatsächlich in Anspruch nimmt.[83] Außerdem begründet das Zurverfügungstellen oder Vorhalten eines **Grundservice** (Hausmeisterdienste, Hausnotruf, Pförtner) ebenfalls nicht die Voraussetzungen des Heimes, falls das hierfür zu zahlende Entgelt im Verhältnis zur Miete von untergeordneter Bedeutung ist. Die Grenze hierfür soll regelmäßig bei 20% liegen.[84]

32 2. **Eigenständigkeit des Heimbegriffs.** In **Zweifelsfällen** ist bei der Auslegung von Abs. 3 zu beachten, dass hier ein anderer Zweck verfolgt wird als mit der Abgrenzung in § 1 Abs. 1 und 2 HeimG. Geht es dort vornehmlich um die Frage, inwieweit eine Aufsicht veranlasst ist, so ist hier letztlich entscheidend, ob die Einrichtung dem Betreuer einen Großteil seiner Arbeit abnimmt oder nicht.[85] Das kann dazu führen, dass gleiche Begriffe – selbst im Rahmen der Verweisung auf § 1 Abs. 2 HeimG – anders auszulegen sind. Vor allem bei den unterschiedlichen Formen des Betreuten Wohnens kommt es im Vergütungsrecht entscheidend darauf an, wie stark der Betreuer durch die konkrete Wohnform typischerweise von Betreueraufgaben entlastet wird. Entscheidendes Kriterium hierfür dürfte sein, ob die Wohnform durch ausgebildetes Leitungs- und geschultes Pflegepersonal **professionell begleitet** wird.[86] Systemkonform ist nur eine abstrakte Betrachtung[87] ohne Berücksichtigung der Belastung des Betreuers im konkreten Einzelfall.[88] **Kein Heim** ist anzunehmen, wenn sich die angebotene Betreuung auf allgemeine Lebenshilfe beschränkt und weder Verpflegung, noch Gesundheitssorge oder Pflegeleistungen angeboten werden.[89]

IV. Berechnung der Monate. Taggenaue Abgrenzung (Abs. 4)

33 1. **Anwendung von §§ 187, 188 BGB (Satz 1).** Was mit „Monat" in Abs. 1 und 2 gemeint ist, ist nach Abs. 4 S. 1 durch **entsprechende Anwendung** von §§ 187, 188 Abs. 2 BGB zu bestimmen. Unmittelbar können diese Vorschriften nicht angewendet werden, weil es hier nicht um die Berechnung von Fristen geht. Der Gesetzgeber hat lediglich eine Verweisung auf § 187 Abs. 1 BGB

---

[77] OLG München FamRZ 2006, 1562; OLG Hamm FamRZ 2007, 501 (LS.).
[78] OLG München FamRZ 2007, 83; OLG Köln NJOZ 2006, 4741.
[79] Dafür reicht die Existenz einer Kantine noch nicht: OLG Schleswig FamRZ 2006, 1229 (LS.).
[80] *Lipp/Ohrt* BtPrax 2005, 209, 211.
[81] BGH FGPrax 2011, 75 gegen OLG Dresden FamRZ 2007, 499.
[82] OLG Brandenburg BtMan 2009, 102 (LS.).
[83] OLG München NJW-RR 2006, 1016.
[84] LG Dortmund FamRZ 2006, 1788; *Lipp/Ohrt* BtPrax 2005, 211; auch zur genauen Bedeutung dieser Grenze, die letztlich nur eine tatsächliche Vermutung beinhaltet.
[85] BGH FGPrax 2008, 101.
[86] OLG Stuttgart BtPrax 2008, 36; OLG Hamm FamRZ 2010, 2021.
[87] OLG Zweibrücken v. 20. 1. 2011 – 3 W 124/09; OLG Hamm FamRZ 2010, 2021; OLG Celle NJW 2009, 2336; *Zimmermann* FamRZ 2006, 1802, 1806 („typischerweise").
[88] Auf diesen abstellen wollen aber: OLG München NJW-RR 2006, 1016; *Lipp/Ohrt* BtPrax 2005, 209, 210, 213.
[89] LG Koblenz v. 13. 5. 2008 – 2 T 248/08.

und § 188 Abs. 2, 1. Alt. BGB für notwendig gehalten, weil er den **Fall des § 1908a S. 2 BGB** schlicht übersehen hat. Mangels irgendeiner brauchbaren Alternative sind auf ihn § 187 Abs. 2 S. 1 BGB und § 188 Abs. 2, 2. Alt. BGB anzuwenden,[90] denn die Volljährigkeit tritt (wegen § 187 Abs. 2 S. 2 BGB) mit **Beginn des 18. Geburtstages** ein (siehe § 2 BGB Rn. 2).

Abs. 4 S. 1 betrifft sowohl die Berechnung der Betreuungsdauer als auch der Monate, für die der **34** jeweilige Stundenansatz gilt. Vergütet werden demnach **Betreuungsmonate,** deren Lauf durch das Wirksamwerden der Bestellung (dazu Rn. 6) determiniert ist und die jeweils einen mit den Kalendermonaten nicht (oder nur zufällig) übereinstimmenden **Zeitraum von zwischen 28 und 31 Tagen** umfassen. Wird die Bestellung zB am 15. Mai wirksam, so umfasst der erste Betreuungsmonat die Zeit vom 16. Mai bis zum 15. Juni (31 Tage) usw. Wird die Bestellung am 28. Februar wirksam, umfasst der erste Betreuungsmonat die Zeit vom 1. bis 28. März (28 Tage) oder im Schaltjahr vom 29. Februar bis 28. März (29 Tage), der zweite die vom 29. März bis 28. April (31 Tage) usw. Wird die Bestellung für einen am 1. August geborenen Betreuten mit seiner Volljährigkeit wirksam (§ 1908a S. 2 BGB), so umfasst der erste Betreuungsmonat den Zeitraum von 1. bis 31. August und auch die weiteren Betreuungsmonate stimmen (zufällig) mit den Kalendermonaten überein.

2. Taggenaue Abgrenzung (Satz 2). a) Allgemeines. Die Änderung vergütungsbestim- **35** mender Umstände während eines solchen Betreuungsmonats führt nach Abs. 2 dazu, dass er in zwei (oder mehr) unterschiedliche Zeiträume **aufgeteilt** werden muss,[91] für die jeweils ein Teilstundenansatz zu bilden sein wird. Hierfür gilt zunächst § 188 Abs. 1 BGB: Der Tag, an dem das ändernde Ereignis eintritt, zählt noch vollständig zum **ablaufenden Teilmonat.** Ferner gilt erneut § 187 Abs. 1 BGB: Der **folgende Teilmonat** beginnt mit dem Folgetag. Erscheint diese Regelung auf den ersten Blick auch klar, hat sie doch schon einige Streitfragen provoziert, woran die Gesetzesmaterialien nicht unschuldig sind. Dort wird nämlich ein Beispiel gebildet, das in einer dem Gesetz gar nicht entsprechenden Weise gelöst wird:[92] Eine am 10. April wirksam gewordene Betreuung soll (durch den Tod des Betreuten) am 2. November enden. Der (siebte) Betreuungsmonat umfasst demnach den Zeitraum vom 11. Oktober bis 10. November. Dieser ist in zwei Teilmonate aufzuteilen, den – zu vergütenden – ersten Teil vom 11. Oktober bis 2. November und den – nicht mehr zu vergütenden – zweiten Teil vom 3. bis 10. November. Die Gesetzgebungsmaterialien nehmen an, es seien dann 22 von 31 Tagen zu vergüten. Das kann aber überhaupt nicht sein, so dass ein Versehen vorliegen muss. Richtigerweise muss es 23 von 31 Tagen heißen.[93]

Einige wollen jedoch – auf Grund dieses und eines anderen Beispiels an derselben Stelle – § 191 **36** BGB auf die Aufteilung anwenden und den Monat stets mit 30 Tagen rechnen[94] (nehmen also an, in dem fehlerhaften Beispiel müsse es richtig 22 von 30 Tagen heißen). Das ist aber schon deshalb falsch, weil die Betreuungsmonate einen **zusammenhängenden Zeitraum** von Tagen umfassen. Sie sind daher mit ihrer **tatsächlichen Länge** zu rechnen.[95] Die Berufung auf das andere Rechenbeispiel in der Gesetzesbegründung gibt nichts für das Gegenteil her, denn es bezieht sich auf den Betreuungsmonat vom 11. Juni bis 10. Juli, der *tatsächlich* 30 Tage hat.

b) Einzelfälle. aa) Ende der Betreuung. Stirbt der Betreute, so endet die Betreuung unmit- **37** telbar mit seinem Tod. Wird sie aufgehoben, endet sie, sobald der entsprechende Beschluss nach § 287 FamFG Wirksamkeit erlangt.[96] Vom letzten Betreuungsmonat ist nur der Teilzeitraum bis einschließlich des Tages, in den dieses Ereignis fällt, noch zu vergüten. Die nachwirkenden **Abwicklungspflichten** des Betreuers oder Gegenbetreuers aus §§ 1908i Abs. 1 S. 1 iVm. § 1890 ff. BGB sind **nicht gesondert** zu vergüten, vielmehr – da regelmäßig anfallend – von der Pauschale abgegol-

---

[90] LG Erfurt BtMan 2009, 163 (LS.); *Fröschle* Rn. 322; *Jurgeleit/Maier* Rn. 40; ebenso bei einer aufschiebend befristeten Betreuerbestellung („ab dem 1. 1. 2008").
[91] Anders rechnet: *Jürgens/Jürgens* Rn. 8, der nach jeder Änderung einen neuen *vollen* Monat beginnen lassen will.
[92] BT-Drucks 15/2494 S. 90.
[93] HK-BUR/*Deinert/Lütgens* Rn. 140.
[94] LG Duisburg bei *Deinert* BtPrax 2006, 116; *Jürgens/Jürgens* Rn. 8.
[95] Ebenso *Knittel* Rn. 59; *Jurgeleit/Maier* Rn. 41; auch *Zimmermann*, FS Bienwald, 2006, S. 359, allerdings scheint letzterer dabei auf den Kalendermonat abzustellen, was zu ganz unlogischen Resultaten führt: Der Zeitraum vom 11. September bis 2. Oktober soll mit $^{22}/_{31}$ zu rechnen sein, weil der Oktober 31 Tage hat. Der volle Betreuungsmonat (11. September bis 10. Oktober) hat aber nur 30 Tage. Es würde eine Aufteilung in $^{22}/_{31}$ und $^{8}/_{31}$ entstehen, so dass $^{1}/_{31}$ ganz fehlt. Zur Begründung bezieht sich *Zimmermann* auf das (aus anderem Grund fehlerhafte) Beispiel des Gesetzgebers, das aber genau einen Monat später (11. Oktober bis 2. November) spielt.
[96] *Damrau/Zimmermann* Rn. 19; auch § 287 Abs. 2 FamFG ist zu beachten, AG Weißenburg v. 8. 2. 2011 – VII 366/06.

ten.[97] Versuchen der Instanzgerichte, sie durch eine Art „Karenzzeitraum" noch zu honorieren,[98] erteilen die Obergerichte – zu Recht – eine klare Absage.[99]

38 Etwas anderes kann freilich gelten, wenn der Betreuer noch nach Ende der Betreuung **wirksame Betreuertätigkeiten** entfaltet hat, was aus §§ 1908i Abs. 1 S. 1, 1893 Abs. 1 iVm. §§ 1698a, 1698 b BGB folgen kann. Dies ist die Ausnahme, so dass nicht angenommen werden kann, es sei ebenfalls schon von der bis zum Betreuungsende gezahlten Pauschale abgegolten. Für solche Einzeltätigkeiten passen §§ 4, 5 freilich nicht, denn dort ist das Betreuersein, nicht die Betreuertätigkeit Anknüpfungspunkt für die Vergütung. Deshalb sollte auf sie § 6 S. 1 entsprechend angewendet werden. Wer als nicht mehr amtierender Betreuer **einzelne Tätigkeiten** entfaltet hat, die entweder nach §§ 1908i Abs. 1 S. 1, 1893 Abs. 1, 1698 a BGB **wirksam** sind oder zu denen er nach §§ 1908i Abs. 1 S. 1, 1893 Abs. 1, 1698 b BGB sogar **verpflichtet** war, ist **wie ein Vormund** zu entschädigen[100] (siehe zur analogen Anwendung von § 6 S. 1 auf die Betreuung für Einzeltätigkeiten auch § 6 Rn. 4 f.).

38a Das ganze System der §§ 4, 5 VBVG versagt, wenn der Betreute noch **am Tag der Bestellung** des Betreuers stirbt, denn dann fiele Beginn und Ende der vergütungsfähigen Zeit zusammen. Auch das sollte dadurch gelöst werden, dass der Betreuer analog § 6 S. 1 für den tatsächlichen Aufwand entschädigt wird.[101]

39 **bb) Betreuerwechsel.** Komplex sind die Fragen, die sich bei einem Betreuerwechsel stellen. Für den **ausscheidenden Berufsbetreuer** gilt – falls nicht Abs. 5 greift – dasselbe wie wenn die Betreuung endet. Ein anteiliger Stundenansatz ist bis einschließlich seines Todestages oder des Tages gerechtfertigt, an dem seine Entlassung wirksam wird. Klar ist auch, dass der Nachfolger ab dem Tag zu vergüten ist, an dem *seine* Bestellung wirksam wird. Zum Teil wird vertreten, dass er auch den schon vorhandenen **Rhythmus der Betreuungsmonate** weiterführen muss,[102] was daran hieße, dass der Übernahmemonat wiederum – in aller Regel – in Anwendung von Abs. 4 S. 2 nur teilweise zu vergüten wäre. Stirbt zB der am 10. April bestellte Betreuer am 5. Juli und wird erst am 27. Juli ein Nachfolger bestellt, so können die Erben des Vorbetreuers für den dritten Betreuungsmonat (11. Juni bis 10. Juli) noch $25/30$ des Stundenansatzes fordern. Der Nachfolger könnte wiederum – bei gleich bleibendem Rhythmus – für den zweiten Teil des vierten Betreuungsmonats (11. Juli bis 10. August) $14/31$ des Stundenansatzes abrechnen.

40 Mit dem Gesetz besser zu vereinbaren ist es, dem neuen Betreuer auch einen **neuen Abrechnungsrhythmus** zuzugestehen.[103] Sein erster Betreuungsmonat ist in dem Beispiel aus Rn. 40 dann der vom 28. Juli bis 27. August. Das hat nun allerdings den Nachteil, dass das Ende des (insgesamt) 3., 6. und 12. Betreuungsmonats nicht mehr auf das Ende eines Abrechnungsmonates fällt. So muss hier der Abrechnungsmonat vom 28. September bis 27. Oktober aufgeteilt werden, denn die Zeit bis zum 10. Oktober fällt noch in das erste halbe Jahr der Betreuung. Das ist unpraktisch, mit dem Gesetz vereinbar, denn auch die Absenkung der Pauschale wegen der Betreuungsdauer ist ein die Vergütung beeinflussender Umstand, für den die Regelung des Abs. 4 S. 2 passt, außerdem ist es ein Problem, das nur auftritt, wenn schon im ersten Jahr der Betreuung ein Betreuerwechsel stattfindet, was nicht eben häufig der Fall sein wird. Entscheidend spricht der Wortlaut des Gesetzes für einen neuen Abrechnungsrhythmus, denn wenn auch der Nachfolgebetreuer nach „jeweils drei Monaten" abrechnen können soll, müssen diese „Monate" mit *seiner* Bestellung zu laufen beginnen, andernfalls sein erster Abrechnungszeitraum zwangsläufig kürzer oder länger als drei Monate wäre (siehe zu dieser Frage auch § 9 Rn. 11).

41 **cc) Andere Änderungen.** Außer dem Ende der Betreuung, dem Betreuerwechsel und einer Absenkung wegen der Betreuungsdauer kommen als vergütungsrelevante Änderungen der Verhältnisse noch in Betracht:

---

[97] *Fröschle* Rn. 361; *Knittel* Rn. 76; *Jurgeleit/Maier* Rn. 36; *Deinert/Lütgens* Rn. 1690; aA *Zimmermann*, FS Bienwald, 2006, S. 357.
[98] So zB LG Traunstein bei *Deinert* BtPrax 2006, 116.
[99] OLG Dresden FamRZ 2006, 1483; OLG München NJW-RR 2006, 1517; OLG Köln FGPrax 2006, 163.
[100] OLG München NJW-RR 2006, 1517; *Zimmermann* FamRZ 2006, 1802, 1803; aA (Vergütung nach §§ 4, 5): LG Stendal NJW-RR 2006, 1085; Berechnung der Vergütung offengelassen bei OLG Köln bei *Deinert* BtPrax 2006, 238; *Jurgeleit/Maier* Rn. 36 verweisen auf §§ 677, 683 S. 1 BGB, übersehen hierbei aber, dass der Betreuer gar nicht „ohne Auftrag" handelt, soweit die §§ 1698a, 1698 b BGB reichen; LG Traunstein FamRZ 2010, 329 will zwischen § 1698a (Vergütung nach §§ 4, 5) und § 1698b (Vergütung nach §§ 6, 3) unterscheiden; ebenso *Knittel* Rn. 78 f.
[101] AA BtKomm/*Dodegge* F Rn. 188, Fußn. 16: Pauschalvergütung für einen Tag.
[102] So HK-BUR/*Bauer/Deinert* § 9 Rn. 29.
[103] So BGH FamRZ 2011, 1220; *Fröschle* Rn. 339; *Damrau/Zimmermann* § 9 Rn. 9.

– die Änderung des **Aufenthaltsstatus** und
– das Ablegen einer Prüfung, die zur **Erhöhung des Stundensatzes** (§ 4 Abs. 1 S. 2) führt.[104] Änderungen in den finanziellen Verhältnissen (Eintritt oder Beendigung der Mittellosigkeit) fallen dagegen weder nach der hier vertretenen Auffassung (s. Rn. 23 f.), noch nach der Auffassung des BGH (s. Rn. 25) unter Abs. 4 S. 2.

3. Aufrundung auf Zehntelstunden (Satz 3). Die sich aus einer Aufteilung von Monaten ergebenden Stundenansätze sind nach Abs. 4 S. 3 **auf volle Zehntel aufzurunden,** dem klaren Wortlaut nach **immer nach oben,** also nicht kaufmännisch.[105] Indessen hat auch hier der Gesetzgeber für Verwirrung gesorgt. In dem schon oben (Rn. 35) erwähnten (auch anderweitig fehlerhaften) Beispiel errechnet er aus $^{22}/_{31}$ von 3 Stunden 2,2129 Stunden und rundet diese anscheinend dann auf 2,2 Stunden *ab*. In Wirklichkeit liegt wohl ein reiner Druckfehler vor,[106] denn $^{22}/_{31} \times 3 = 2{,}129$, was auf 2,2 Stunden *aufzurunden* ist. Tatsächlich (s. Rn. 35) müssen es $^{23}/_{31}$ von 3 Stunden = 2,2258 Stunden sein, die auf 2,3 Stunden aufzurunden sind. **42**

V. Betreuerwechsel zum Ehrenamt (Abs. 5)

Grundsätzlich ist ein entlassener Betreuer nur bis zum Tag des Wirksamwerdens seiner Entlassung zu vergüten. Abs. 5 S. 1 bestimmt, dass ausnahmsweise etwas anderes für den Berufsbetreuer gilt, der **durch einen ehrenamtlichen Betreuer abgelöst** wird. Er kann die Pauschalvergütung noch für den **vollen Betreuungsmonat**[107] seines Ausscheidens und den **Folgemonat** verlangen. Der Sinn dieses Privilegs liegt darin, dem Betreuer die Abgabe einfacher Betreuungen an Ehrenamtliche (zu der er nach § 1897 Abs. 2 S. 2 BGB gesetzlich verpflichtet ist), zu „versüßen", denn aus wirtschaftlichen Gründen mag er versucht sein, gerade eine unproblematisch gewordene Betreuung möglichst lange zu behalten.[108] Der Gerechtigkeitsgehalt der Norm ist zweifelhaft.[109] Die weitere Begründung, mit der Abgabe sei ein Mehraufwand verbunden,[110] trägt nicht. Denn erstens muss das nicht so sein, zweitens gelten Abwicklungspflichten ja auch sonst mit der Pauschale als abgegolten und drittens ist die Regelung hierfür viel zu großzügig. **43**

Die Vorschrift greift nur, wenn die Betreuung **vollständig im Ehrenamt** weitergeführt wird. Werden als Nachfolger zwei Betreuer ernannt, von denen nur einer ehrenamtlich tätig ist, bleibt es bei den sich aus Abs. 4 ergebenden Folgen.[111] Dagegen gilt Abs. 5, wenn der bisherige Berufsbetreuer die Betreuung selbst ehrenamtlich weiterführt.[112] Nach Abs. 5 S. 2 ist es unschädlich, wenn Berufsbetreuer und ehrenamtlicher Nachfolger zunächst noch gemeinsam amtiert haben (sog. Tandembetreuung). Abs. 5 ist auch anwendbar, wenn die Ablösung des berufsmäßigen Betreuers nicht durch Entlassung und Neubestellung nach §§ 1908b, 1908c BGB vollzogen wird, sondern dadurch, dass auf die vorläufige Bestellung eines berufsmäßigen die endgültige Bestellung eines ehrenamtlichen Betreuers folgt[113] oder dass der Beschwerde gegen die Bestellung des berufsmäßigen Betreuers stattgegeben wird.[114] **44**

Da es sich um eine Art „Abgabeprämie" handelt, ist sie mit dem vollzogenen Betreuerwechsel „verdient". Ihre Höhe bestimmt sich nach den **zu dieser Zeit** bekannten Verhältnissen. Eine spätere Änderung des Aufenthaltsstatus wirkt sich nicht mehr auf sie aus (wohl aber eine an die Betreuungsdauer geknüpfte Absenkung der Vergütung).[115] Ebenso verliert der Betreuer die Abgabeprämie nicht, wenn die Betreuung noch vor Ablauf des Folgemonats endet[116] oder erneut berufsmäßig geführt wird. Übernimmt er sie erneut selbst, wird sie aber auf die ihm dann zustehende Pauschale angerechnet werden müssen. **45**

---

[104] *Deinert/Lütgens* Rn. 1056 f.
[105] *Zimmermann,* FS Bienwald, 2006, S. 346; HK-BUR/*Deinert/Lütgens* Rn. 141; BtKomm/*Dodegge* F Rn. 197.
[106] Teilweise berichtigt bei *Jurgeleit/Maier* Rn. 41, wo (auch falsch) 2,1229 Stunden herauskommen, aber dann (richtig) auf 2,2 Stunden aufgerundet werden.
[107] *Jurgeleit/Maier* Rn. 48; *Jürgens/Jürgens* Rn. 14; aA LG Münster v. 22. 4. 2010 – 5 T 63/10 (Kalendermonat).
[108] *Jurgeleit/Maier* Rn. 44.
[109] *Zimmermann* FamRZ 2005, 950 nennt sie „Sozialplan"; ähnlich kritisch: BtKomm/*Dodegge* F Rn. 198 Fn. 526.
[110] BT-Drucks 15/4874 S. 74.
[111] AG Kassel bei *Deinert* BtPrax 2006, 116.
[112] OLG Hamm FamRZ 2008, 92; *Fröschle* Rn. 370; a. A.: *Damrau/Zimmermann* Rn. 54.
[113] LG Bad Kreuznach FamRZ 2009, 2118.
[114] OLG Frankfurt FamRZ 2008, 1562.
[115] Siehe das Beispiel bei *Jurgeleit/Maier* Rn. 48.
[116] LG Hildesheim BtMan 2009, 162 (LS.).

§ 6 Sonderfälle der Betreuung

¹In den Fällen des § 1899 Abs. 2 und 4 des Bürgerlichen Gesetzbuchs erhält der Betreuer eine Vergütung nach § 1 Abs. 2 in Verbindung mit § 3; für seine Aufwendungen kann er Vorschuss und Ersatz nach § 1835 des Bürgerlichen Gesetzbuchs mit Ausnahme der Aufwendungen im Sinne von § 1835 Abs. 2 des Bürgerlichen Gesetzbuchs beanspruchen. ²Ist im Fall des § 1899 Abs. 4 des Bürgerlichen Gesetzbuchs die Verhinderung tatsächlicher Art, sind die Vergütung und der Aufwendungsersatz nach § 4 in Verbindung mit § 5 zu bewilligen und nach Tagen zu teilen; § 5 Abs. 4 Satz 3 sowie § 187 Abs. 1 und § 188 Abs. 1 des Bürgerlichen Gesetzbuchs gelten entsprechend.

Schrifttum: (siehe § 4).

I. Bedeutung der Norm

1 § 6 enthält zwei unterschiedliche Regelungen: Satz 1 erklärt für zwei Sonderfälle der Betreuung – nämlich den des **Sterilisationsbetreuers** und den des **Ergänzungsbetreuers** – die Vorschriften über die Entschädigung des berufsmäßigen Vormunds für anwendbar. Satz 2 regelt den Fall, dass bei tatsächlicher Verhinderung des Betreuers ein **Ersatzbetreuer** eingesetzt war oder wurde. Die Regelung berücksichtigt bei weitem nicht alle Sonderfälle. Sie ist nach den Gesetzesmaterialien wohl als abschließend gedacht, so dass im Übrigen stets §§ 4, 5 zur Anwendung kommen sollten. Es sollte mE dennoch daran gedacht werden, sie in einigen wenigen Fällen analog anzuwenden, in denen die Pauschalvergütung sich als nicht sachgerecht erweist[1] (dazu Rn. 4).

II. Abrechnung nach den für Vormünder geltenden Normen (Satz 1)

2 **1. Anwendungsbereich.** Satz 1 betrifft zwei Sonderfälle der Betreuung. Einer davon ist die Bestellung eines Betreuers mit dem Aufgabenkreis der **Einwilligung in die Sterilisation** des Betreuten, also nur einer einzelnen Angelegenheit, denn das Gesetz schließt es aus, dass einem solchen Betreuer irgendein anderer Aufgabenkreis übertragen wird (§ 1899 Abs. 2 BGB). Es ist hingegen nicht erforderlich, dass ein weiterer Betreuer existiert, denn die Betreuungsbedürftigkeit kann sich überhaupt auf die Frage der Sterilisation beschränken.

3 Der andere Fall ist der eines weiteren Betreuers, der wegen Verhinderung des ersten Betreuers bestellt wird. Wie sich aus Satz 2 ergibt, fallen alle Arten von tatsächlicher Verhinderung nicht unter Satz 1. Dieser betrifft daher nur die Fälle **rechtlicher Verhinderung.** Die rechtliche Verhinderung des Betreuers kann aus einem gesetzlichen Vertretungsverbot (§ 181 BGB, §§ 1908i Abs. 1 S. 1, 1795 BGB) oder daraus folgen, dass dem Betreuer vom Betreuungsgericht wegen eines Interessengegensatzes die Vertretungsmacht in einer bestimmten Angelegenheit entzogen wurde (§§ 1908i Abs. 1 S. 1, 1796 BGB), siehe hierzu im Einzelnen § 1908i Rn. 17. Der Gesetzgeber geht davon aus, dass die Bestellung eines solchen **Ergänzungsbetreuers** ein Anwendungsfall von § 1899 Abs. 4 BGB ist. Er dürfte in der Praxis nicht immer ganz leicht von der Bestellung eines zusätzlichen Betreuers nach § 1899 Abs. 1 Satz 2 oder Abs. 3 BGB abzugrenzen sein,[2] zumal in der Bestellung eines (zweiten) Betreuers für eine bestimmte Angelegenheit der konkludente Entzug der Vertretungsmacht nach §§ 1908i Abs. 1 S. 1, 1796 BGB enthalten sein kann.[3] Im Zweifel ist das Gericht um einen klarstellenden Beschluss zu ersuchen.

4 Die beiden in Satz 1 genannten Fälle betreffen jeweils die Betreuung in **einer einzelnen Angelegenheit.** Sie unterscheiden sich hierdurch von anderen Betreuungen mit stark eingeengtem Aufgabenkreis, für die die §§ 4, 5 dennoch Anwendung finden, so zB für den **Kontrollbetreuer**[4] (Vollmachtsbetreuer) iSv. § 1896 Abs. 3 BGB oder den **Gegenbetreuer**[5] iSv. §§ 1908i Abs. 1 S. 1, 1792 BGB.

---

[1] Für keiner Analogie fähig hält die Norm *Jurgeleit/Maier* Rn. 12, was aber zu seiner Ansicht, nach der die Norm einen abstrakten Regelungsgrund hat (Rn. 8) nicht passt.

[2] Siehe zB OLG Schleswig FGPrax 2004, 70: Weiterer Betreuer (nicht nur Ergänzungsbetreuer), wenn Betreuer für den Aufgabenkreis, in dem er verhindert ist, bisher gar nicht zuständig war.

[3] BayObLG NJW-RR 2004, 1157.

[4] OLG Köln FGPrax 2008, 155; *Zimmermann*, FS Bienwald, 2006, S. 345, 350; HK-BUR/*Deinert* § 5 Rn. 28; *Bienwald/Bienwald* § 1836 BGB Rn. 139.

[5] OLG Schleswig FGPrax 2006, 166; HK-BUR/*Bauer/Deinert* Rn. 36; aA *Zimmermann*, FS Bienwald, 2006, S. 345, 351, vgl. auch § 4 Rn. 4.

Entscheidender Gesichtspunkt ist mE, dass eine an die Dauer der Betreuung gebundene Pauschale 4a auch nur für eine auf Dauer angelegte Betreuung passt.⁶ Bei einer Betreuung für einzelne Angelegenheiten würde sie dagegen zu dem kuriosen Ergebnis führen, dass der Betreuer eine umso höhere Vergütung erhielte, je weniger er sich um die ihm übertragene Angelegenheit kümmert. ME sollte Satz 1 daher in allen anderen Fällen der Betreuung für eine **einzelne Angelegenheit** *analog* angewendet werden.⁷ Dem Sinn von Satz 1 nach sollte in ihm der Unterschied aus dem Kostenrecht zwischen **Dauerbetreuung** und **Einzelbetreuung** (vgl. §§ 92, 93 KostO) wiederkehren. Der Gesetzgeber hat es nur versäumt, die Vorschrift auch dieser Absicht entsprechend zu formulieren.

Die **analoge Anwendung** von Satz 1 kommt danach zB in Frage, wenn ein Betreuer bestellt 5 werden muss, weil **der Vorsorgebevollmächtigte** an der Vornahme eines einzelnen Geschäftes (durch § 181 BGB) rechtlich verhindert ist,⁸ oder wenn die Erledigung einer einzelnen Angelegenheit einem Berufsbetreuer übertragen wird, weil der im Übrigen tätige ehrenamtliche Betreuer damit überfordert wäre. Ein weiterer Fall der analogen Anwendung von Satz 1 sind **Einzeltätigkeiten nach Betreuungsende** in Anwendung von §§ 1908i Abs. 1 S. 1, 1893 Abs. 1, 1698 a, 1698 b BGB,⁹ denn auch sie fallen nicht mehr in die Dauerbetreuung (s. § 5 Rn. 38).

Dagegen kommt die **teleologische Reduktion** des Satzes 1 für Fälle, in denen ein Ergänzungs- 5a betreuer *dauerhaft* erforderlich ist, nicht in Betracht, da Satz 2 für diesen Fall nämlich ebenfalls nicht passt und die Bezahlung einer Pauschale an zwei Betreuer nach § 1899 Abs. 1 S. 3 BGB nicht in Frage kommt.¹⁰

2. Rechtsfolgen. Soweit Satz 1 greift, wird der Betreuer **wie ein berufsmäßig tätiger Vor-** 6 **mund** entschädigt. Er erhält **Vergütung** nach näherer Maßgabe der §§ 1 bis 3 VBVG und zudem **Aufwendungsersatz** nach Maßgabe von § 1835 BGB (wegen der Einzelheiten siehe jeweils dort), ggf. auch **Vorschuss** auf konkret zu erwartende Aufwendungen. Er ist nach § 9 S. 2 auch nicht an die für Betreuer geltenden **Abrechnungsrhythmen** gebunden.

III. Geteilte Pauschale (Satz 2)

1. Grundsätze. Ein zweiter Betreuer (Ersatzbetreuer), der nach § 1899 Abs. 4 BGB im Fall – 7 oder für den absehbaren Fall – einer tatsächlichen Verhinderung des ersten Betreuers (Hauptbetreuer) bestellt wird, soll sich nach Satz 2 die Pauschalentschädigung mit dem Hauptbetreuer pro rata temporis teilen. Ein erst **nach Eintreten des Verhinderungsfalles** bestellter Ersatzbetreuer erhält den auf die Zeit vom Wirksamwerden seiner Bestellung bis zum Ende der Verhinderung des Hauptbetreuers entfallenden Anteil. Ein **auf Vorrat** bestellter Ersatzbetreuer erhält ihn für die Zeit von Eintritt bis Ende der Verhinderung des Hauptbetreuers.¹¹

Der **Sinn der Regelung** ist offensichtlich: Der Betreute soll nicht für zwei Betreuer zahlen 7a müssen, von denen ihm doch nur einer zur Verfügung steht, weil der Ersatzbetreuer ja überhaupt nur tätig werden *darf*, wenn der Hauptbetreuer nicht tätig werden *kann*.¹² Die – früher außerdem gegebene – Möglichkeit, den Ersatzbetreuer im Einzelfall mit Tätigkeiten zu beauftragen, ist mit dem 2. BtÄndG abgeschafft worden.

Satz 2 betrifft seinem unmittelbaren Wortlaut nach nur den Fall, dass **beide Betreuer berufsmä-** 8 **ßig** tätig sind, denn nur dann kommt auch für beide die Berechnung einer Pauschale nach §§ 4, 5 VBVG in Frage. Da sich allerdings nicht berufsmäßige Haupt- und Ersatzbetreuer die Aufwandspauschale aus § 1835a BGB in genau entsprechender Weise pro rata temporis teilen müssen (siehe § 1835a BGB Rn. 4), entspricht es den Geboten der Logik, ebenso zu verfahren, wenn einer von ihnen berufsmäßig tätig ist und der andere nicht.¹³ Außerdem gilt auch dann, dass dem Betreuten jeweils nur entweder der eine oder der andere zur Verfügung stehen kann.¹⁴

Die **Verhinderung als solche** führt dagegen nicht zur Kürzung der Pauschalvergütung.¹⁵ Allen- 8a falls kann das Nichtmitteilen einer Verhinderung schadensersatzpflichtig machen.

---

⁶ *Fröschle* Rn. 413; *Jurgeleit/Maier* Rn. 2.
⁷ LG München I v. 27. 11. 2009 – 13 T 11628/09.
⁸ OLG München v. 15. 9. 2010 – 33 Wx 60/10.
⁹ Ausdrücklich eine Analogie zu § 6 S. 1 für diesen Fall: OLG München BtPrax NJW-RR 2006, 1517.
¹⁰ OLG Celle OLGRep 2008, 650.
¹¹ Nicht etwa nur für die Tage seiner tatsächlichen Tätigkeit: HK-BUR/*Bauer/Deinert* Rn. 27.
¹² Siehe auch OLG Köln BtPrax 2004, 77 für die pauschale Aufwandsentschädigung nach § 1835a BGB.
¹³ LG Nürnberg-Fürth FamRZ 2008, 719; *Damrau/Zimmermann* Rn. 9 (für ehrenamtlichen Haupt-, berufsmäßigen Ersatzbetreuer).
¹⁴ AA HK-BUR/*Bauer/Deinert* Rn. 32 ff., die zwar dem Ersatzbetreuer jeweils eine zeitanteilige Pauschale (nach §§ 4, 5 oder § 1835a BGB) gewähren, diejenige des Hauptbetreuers aber nicht kürzen wollen.
¹⁵ AA LG Frankfurt/O BtMan 2008, 158 für zweimonatigen Kuraufenthalt, der dem VormG aber mitgeteilt worden war.

9   **2. Rechenweise.** Nach dem Wortlaut von Satz 2 Hs. 1 wäre eigentlich die nach §§ 4, 5 zu zahlende Pauschalentschädigung zuerst zu errechnen und dann aufzuteilen. Dann wäre aber die Verweisung auf § 5 Abs. 4 S. 3 in Satz 2 Hs. 2 sinnlos, denn dort wird die Aufrundung des Stundenansatzes auf volle Zehntel vorgeschrieben, wofür kein Raum mehr ist, wenn erst die komplett berechnete Vergütung aufgeteilt wird. Richtigerweise ist daher **der Stundenansatz zu teilen** und zwar mit der aus § 5 Abs. 4 bekannten Methode. Nur so kann auch jedem der beiden Betreuer sein **eigener Stundensatz** zugestanden werden, was ein Gebot der Gerechtigkeit ist.[16]

10 Der **Stundenansatz des Hauptbetreuers** wird entsprechend **vermindert** und zwar nur für den Zeitraum, für den (nach dem oben Rn. 7 Ausgeführten) ein Ersatzbetreuer zu entschädigen ist. Wenn und solange kein Ersatzbetreuer bestellt ist, erhält auch der verhinderte Betreuer die unverminderte Pauschale. Aus der Verweisung auf §§ 187 Abs. 1, 188 Abs. 1 BGB folgt, dass das Beginn oder Ende des Zeitraums bestimmende Ereignis sich immer erst am Folgetag auswirkt. Das so entstehende „Loch" ist unter **Beibehaltung des Abrechnungsrhythmus** herauszurechnen: Ist der am 15. Januar bestellte Betreuer eines mittellosen Heimbewohners vom 20. Februar bis 10. März verreist[17] (und war während dieser ganzen Zeit ein Ersatzbetreuer bestellt), so kann er für den zweiten Betreuungsmonat vom 16. Februar bis 15. März nur für 10 von 28 Tagen abrechnen (10 von 29 Tagen, wenn es sich um ein Schaltjahr handelt), nämlich 5 Tage vom 16. bis 20. Februar[18] und 5 Tage vom 11. bis 15. März. **Der Ersatzbetreuer** ist für 18 von 28 Tagen[19] (bzw. für 19 von 29 Tagen) zu entschädigen. Das ergibt einen Stundenansatz von $^{18}/_{28} \times 4{,}5$ h = 2,89 h, aufzurunden auf 2,9 für den Ersatzbetreuer, $^{10}/_{28} \times 4{,}5$ h = 1,61 h, aufzurunden auf 1,7 h[20] für den Hauptbetreuer.

11 Für den Ersatzbetreuer gelten die **objektiven Vergütungsparameter** – Wohnsituation und Betreuungsdauer – der Hauptbetreuung,[21] jedoch sein eigener, seiner Ausbildung entsprechender Stundensatz. Ob § 5 Abs. 1 oder Abs. 2 gilt, ist – nach hier vertretener Auffassung – davon abhängig, gegen wen sich sein Vergütungsanspruch richtet, was sich vom Hauptbetreuer wiederum unterscheiden kann,[22] zumal der Ersatzbetreuer an den Abrechnungsrhythmus des § 9 S. 1 nicht gebunden ist (vgl. § 9 Rn. 4).

12 Führt nur einer der Betreuer die Betreuung **berufsmäßig**, ändert dies an der genannten Rechnung für ihn nichts. Für den berufsmäßig tätigen Ersatzbetreuer sind die objektiven Vergütungsparameter so zu bestimmen, wie sie für den Hauptbetreuer gelten würden, wenn er Berufsbetreuer wäre (also fiktiv). Der ehrenamtliche Ersatz- oder Hauptbetreuer hat die Wahl, die **Aufwandspauschale** des § 1835a BGB in **entsprechend anteiliger Weise** geltend zu machen[23] oder nach § 1835 BGB seine wirklichen Aufwendungen abzurechnen.

§ 7 Vergütung und Aufwendungsersatz für Betreuungsvereine

(1) ¹Ist ein Vereinsbetreuer bestellt, so ist dem Verein eine Vergütung und Aufwendungsersatz nach § 1 Abs. 2 in Verbindung mit den §§ 4 und 5 zu bewilligen. ²§ 1 Abs. 1 sowie § 1835 Abs. 3 des Bürgerlichen Gesetzbuchs finden keine Anwendung.

(2) ¹§ 6 gilt entsprechend; der Verein kann im Fall von § 6 Satz 1 Vorschuss und Ersatz der Aufwendungen nach § 1835 Abs. 1, 1 a und 4 des Bürgerlichen Gesetzbuchs verlangen. ²§ 1835 Abs. 5 Satz 2 des Bürgerlichen Gesetzbuchs gilt entsprechend.

---

[16] *Fröschle* Rn. 421; HK-BUR/*Bauer*/*Deinert* Rn. 25.
[17] Beispiel von *Jurgeleit*/*Maier* Rn. 11.
[18] *Jurgeleit*/*Maier* Rn. 11 wollen für den 20. Februar den Ersatzbetreuer vergüten. Das ist aber nur richtig, wenn die Verhinderung des Hauptbetreuers Schlag Mitternacht eingetreten ist, eine Zeit, zu der kaum jemand verreist. Denselben Fehler macht *Damrau*/*Zimmermann* § 5 Rn. 28.
[19] Falls man hier nicht § 191 BGB anwenden will, was mit der Idee der Teilung des Stundensatzes wohl aber nicht zu vereinbaren ist; *Fröschle* Rn. 425; HK-BUR/*Bauer*/*Deinert* Rn. 29.
[20] *Jurgeleit*/*Maier* Rn. 11 will nur beim Ersatzbetreuer aufrunden, den Stundenansatz des Hauptbetreuers dann durch Subtraktion ermitteln. Das hat zwar den Vorteil, dass der Betreute nicht 4,6 h (statt 4,5 h) vergüten muss, ist aber weder mit dem Wortlaut von Satz 2 HS. 2 zu vereinbaren noch mit dem Gleichbehandlungsgebot. Rundungsregeln wie die des § 5 Abs. 4 S. 3 führen eben zwangsläufig zu Seltsamkeiten.
[21] OLG Karlsruhe FamRZ 2007, 1272.
[22] Ebenso: HK-BUR/*Bauer*/*Deinert* Rn. 30.
[23] LG Nürnberg-Fürth FamRZ 2008, 719.

(3) Der Vereinsbetreuer selbst kann keine Vergütung und keinen Aufwendungsersatz nach diesem Gesetz oder nach den §§ 1835 bis 1836 des Bürgerlichen Gesetzbuchs geltend machen.

Schrifttum: (siehe § 4).

I. Bedeutung der Norm

§ 7 ist mit dem 2. BtÄndG an die Stelle von § 1908e BGB getreten. Er behält den **Grundgedanken der Vorgängernorm** bei: Für die Tätigkeit des nach § 1897 Abs. 2 S. 1 BGB persönlich zum Betreuer bestellten Vereinsmitarbeiters (Vereinsbetreuers) soll der Verein ebenso entschädigt werden, wie ein selbständiger Berufsbetreuer entschädigt würde, nämlich normalerweise pauschal (Abs. 1), in Sonderfällen nach Aufwand (Abs. 2). Der Mitarbeiter hat dagegen persönlich keinerlei Ansprüche (Abs. 3). 1

Die Vorschrift regelt nicht den Fall der Bestellung des **Vereins zum Betreuer** (§ 1900 Abs. 1 BGB). Hier bleibt es bei der – für Vereine finanziell unattraktiven – Regelung des Vormundschaftsrechts, wonach dem Verein eine Vergütung gar nicht[1] und Aufwendungsersatz nur unter eingeschränkten Voraussetzungen (siehe dazu § 1835 BGB Rn. 53 ff.) zusteht (§§ 1835 Abs. 5, 1835 a Abs. 5, 1836 Abs. 3 BGB). Durch § 7 soll es den Vereinen ermöglicht werden, die von ihren bezahlten Mitarbeitern geleistete Betreuertätigkeit über Ansprüche gegen die Betreuten oder – hilfsweise – gegen die Staatskasse zu refinanzieren, wozu der Staat letzten Endes auch von Verfassungs wegen verpflichtet ist.[2] 2

§ 7 gilt für einen Vormundschaftsverein, dessen Mitarbeiter analog § 1897 Abs. 2 S. 1 BGB zum Vormund oder Pfleger bestellt wurde, entsprechend. Die Ansprüche folgen dann jedoch nicht §§ 4 bis 6, sondern § 3.[3] 2a

II. Einzelerläuterung

1. Anspruchsvoraussetzungen. Dem Verein steht Entschädigung nach § 7 Abs. 1 und 2 zu, wenn der Mitarbeiter in dem Beschluss über seine Bestellung **als Vereinsbetreuer bezeichnet** wird (vgl. § 286 Abs. 1 Nr. 2 FamFG). Er muss die in § 1 Abs. 1 genannten Voraussetzungen nicht erfüllen (Abs. 1 S. 2). Auch die gesonderte Feststellung der Berufsmäßigkeit ist entbehrlich, denn sie ist folglich in der Bezeichnung als Vereinsbetreuer enthalten.[4] 3

Die **staatliche Anerkennung** als Betreuungsverein gehört nicht zu den Anspruchsvoraussetzungen. Fehlt sie, ist die Bestellung zum Vereinsbetreuer fehlerhaft, aber nicht unwirksam. Der Verein kann dennoch bis zu ihrer Korrektur (durch Entlassung des Vereinsbetreuers oder „Umwandlungsbeschluss" iSv. § 1908b Abs. 4 Satz 2 BGB) Entschädigung nach § 7 Abs. 1 und 2 verlangen.[5] 4

2. Pauschalentschädigung (Abs. 1). a) Höhe des Anspruchs. Abs. 1 S. 1 gibt dem Verein einen unmittelbaren Anspruch auf pauschale Entschädigung nach den Regeln, nach denen der Mitarbeiter entschädigt werden müsste, wäre er als selbständiger Betreuer berufsmäßig tätig geworden. Es ist eine **fiktive Berechnung** der Vergütung des Mitarbeiters nach §§ 4, 5 anzustellen. Die Höhe des Stundenansatzes richtet sich nach den üblichen drei Parametern der Betreuungsdauer, Wohnsituation des Betreuten und vorhandenen oder fehlenden Mittellosigkeit (s. die Erläuterungen zu § 5), für den Stundensatz ist die **Ausbildung des Mitarbeiters** entscheidend.[6] Nicht entscheidend ist dagegen, welche Kosten dem Verein für dessen Tätigkeit entstehen.[7] 5

Ein beträchtlicher – vom Gesetzgeber beabsichtigter[8] – Vorteil erwächst dem Verein daraus, dass § 4 Bruttostundensätze ausweist, die die jeweils anfallende **Mehrwertsteuer** abgelten (s. § 4 Rn. 7). Anerkannte Betreuungsvereine schulden auf die Entschädigungen nach § 7 Abs. 1 keine Umsatzsteuer, jedenfalls wenn sie einem der anerkannten Verbände der Freien Wohlfahrtspflege angehören,[9] 6

---

[1] LG Koblenz FamRZ 1994, 832.
[2] BVerfG NJW 2002, 2091.
[3] BGH FamRZ 2011, 1394 m. Anm. Bienwald u. Fröschle.
[4] HK-BUR/*Bauer* Rn. 9; *Jurgeleit/Maier* Rn. 7; *Damrau/Zimmermann* Rn. 5.
[5] KG Rpfleger 2006, 398.
[6] BayObLG FamRZ 2005, 133.
[7] OLG Hamm BtPrax 2003, 84.
[8] BT-Drucks 15/4874 S. 72: „gezielte Förderung" der Vereine gewollt.
[9] BFH DStR 2009, 687; FG Niedersachsen FamRZ 2010, 1477 (LS.). Das folgt aus der direkten Anwendung von Art. 132 Abs. 1 lit. g, Art. 133 lit. c MwStSystRL, mit der § 4 Nr. 18 lit. c UStG insofern unvereinbar ist, als er das Abstandsgebot auch dann für die Steuerbefreiung voraussetzt, wenn das Entgelt für die Leistung staatlich festgesetzt ist. Genau das ist aber bei der Betreuervergütung der Fall.

in jedem Fall aber nicht mehr als 7%. Dadurch ist die Vergütung des Vereins im Ergebnis deutlich höher. Für einen Mitarbeiter in der höchsten (dritten) Vergütungsstufe beträgt der **Nettostundensatz** selbst bei bestehender Umsatzsteuerpflicht € 41,12, während er bei einem (mit 19%) umsatzsteuerpflichtigen selbständigen Berufsbetreuer bei nur € 36,97 liegt. Ein Verstoß gegen Art. 3 Abs. 1 GG liegt in dieser Bevorzugung der Vereine nicht (s. § 4 Rn. 7).

7 **b) Reichweite der Pauschalierung.** Die Pauschale gilt **sämtliche Ansprüche** des Vereins ab. Die in § 4 Abs. 1 S. 2 enthaltene Ausnahme für berufliche oder gewerbliche Dienste gilt für ihn nach Abs. 1 S. 2 nicht. Das gilt nicht nur für den Fall, dass der Verein ein (weiteres) Gewerbe betreibt, sondern auch für den, dass dies auf den Vereinsbetreuer zutrifft.

8 **3. Entschädigung in Sonderfällen (Abs. 2).** Abs. 2 S. 1 Hs. 1 erklärt § 6 für entsprechend anwendbar. Daraus folgt zunächst, dass der Verein im Fall der **tatsächlichen Verhinderung** des Vereinsbetreuers die Pauschale in gleicher Weise mit dem Ersatzbetreuer teilen muss wie ein selbständiger Berufsbetreuer dies müsste. Umgekehrt erhält der Verein einen entsprechenden Anteil der Pauschale, wenn einer seiner **Mitarbeiter zum Verhinderungsbetreuer** bestellt wird. Hier kann auf die Ausführungen zu § 6 S. 2 verwiesen werden (s. § 6 Rn. 7 ff.). Es ist jedoch keine Aufteilung nach § 6 S. 2 vorzunehmen, wenn beide Betreuer beim selben Verein tätig sind und für sie derselbe Stundensatz gilt.[10]

9 Es folgt daraus außerdem, dass der Verein in den in § 6 S. 1 genannten Fällen (s. § 6 Rn. 2 f.) **nach tatsächlichem und erforderlichem Aufwand** abzurechnen hat. Dies muss auch angenommen werden, wenn einer der Fälle vorliegt, in denen § 6 S. 1 entsprechend anzuwenden ist (s. § 6 Rn. 4 f.). Dem Verein steht dann Aufwendungsersatz nach Maßgabe von § 1835 Abs. 1, 1 a, 4, 5 S. 2 BGB und eine Vergütung nach Maßgabe von § 1 Abs. 2 und § 3 zu. Da dann Nettostundensätze zur Anwendung kommen (vgl. § 3 Abs. 1 S. 3), entfällt in solchen Fällen der oben (Rn. 6) skizzierte Steuervorteil.

10 **a) Aufwendungsersatz.** In den Fällen des § 6 S. 1 sind die sowohl erforderlichen als auch tatsächlich angefallenen Aufwendungen grundsätzlich im selben Umfang **wie bei einem Berufsvormund** zu ersetzen. Gemeint sind nicht nur die Aufwendungen, die der Vereinsbetreuer selbst hatte (Fahrtkosten, Porti, Telefon etc.), sondern auch diejenigen des Vereins, die diesem im Zusammenhang mit der Tätigkeit des Vereinsbetreuers entstanden sind. Aus Abs. 2 S. 2 iVm. § 1835 Abs. 5 S. 2 BGB folgt jedoch, dass **allgemeine Verwaltungskosten** nicht erstattet werden. Die Aufwendungen, die der Verein geltend machen will, muss er daher der konkreten Betreuung zuordnen können.[11] Allgemeine Bürokosten (Miete, Personalkosten, Kosten für das Vorhalten von Kraftfahrzeugen, Kosten für Fortbildung der Mitarbeiter) können nicht auf den einzelnen Betreuungsfall umgelegt werden.[12] Genau wie beim Berufsvormund (dort § 1835 Abs. 2 S. 2 BGB) ist auch die Geltendmachung von **Versicherungsaufwand ausgeschlossen,** da in Abs. 2 S. 1 HS. 2 auf § 1835 Abs. 2 insgesamt nicht verwiesen wird. Aufwendungsersatz für berufliche oder gewerbliche Dienste kann auch hier nicht verlangt werden, denn auch auf § 1835 Abs. 3 BGB wird nicht verwiesen.

11 **b) Vergütung.** In den Fällen des § 6 S. 1 steht dem Verein die Vergütung zu, die ein selbständiger Berufsvormund verlangen könnte. Für jede tatsächlich geleistete und erforderliche Stunde der Arbeitszeit des Mitarbeiters erhält der Verein daher grundsätzlich den in § 3 Abs. 1 bezeichneten – von der Ausbildung des Mitarbeiters abhängigen – Stundensatz. Dabei, dass der Mitarbeiter **mittellos**, bleibt es in allen Fällen dabei. Ist der Betreute **nicht mittellos,** kann der Stundensatz unter den in § 3 Abs. 3 genannten Voraussetzungen erhöht werden, falls die konkrete Betreuung **besondere Schwierigkeiten** aufweist, die dies ausnahmsweise rechtfertigen (dazu § 3 Rn. 8). Die Neufassung hat den früheren Streit darüber, ob hierbei höhere *allgemeine* Kosten des Vereins berücksichtigt werden können,[13] endgültig erledigt. Allein besondere Erschwernisse der *konkreten* Betreuung für den Mitarbeiter vermögen nach der – nun klaren – Gesetzesfassung noch eine Erhöhung zu rechtfertigen.

12 **4. Schuldner.** Die Ansprüche des Vereins richten sich unmittelbar **gegen den Betreuten.** Ist der Betreute mittellos, haftet **die Staatskasse** nach Maßgabe von § 1 Abs. 2 S. 2 bzw. nach Abs. 2 S. 1 HS. 2 iVm. § 1835 Abs. 4 S. 1 BGB.

---

[10] HK-BUR/*Bauer*/*Deinert* Rn. 24.
[11] LG Koblenz Rpfleger 1994, 352.
[12] OLG Schleswig FGPrax 2002, 219 mit weiteren Beispielen; BtKomm/*Dodegge* F Rn. 217.
[13] Dagegen BGH BtPrax 2000, 256; in begrenztem Umfang dafür: BVerfG BtPrax 2002, 35.

5. Zahlungsmodalitäten. Für die **Geltendmachung** des Anspruchs aus Abs. 1 S. 1 gilt § 9 S. 1 unmittelbar. Sie kann nur im Dreimonatsrhythmus erfolgen. Für den Anspruch aus Abs. 2 gilt dies nach § 9 S. 2 dagegen nicht. Er kann jederzeit geltend gemacht werden (s. § 9 Rn. 3 f.).

Für alle Ansprüche gilt eine **Ausschlussfrist von 15 Monaten.** Ansprüche auf Pauschalentschädigung und auf Vergütung unterfallen § 2, für Ansprüche auf Aufwendungsersatz gilt dieselbe Frist auf Grund der Verweisung in Abs. 2 S. 1 HS. 2 auf § 1835 Abs. 1 S. 3 und 4, Abs. 1 a BGB (s. § 2 Rn. 2 ff. und § 1835 BGB Rn. 28 ff.).

Für Tätigkeiten, für die der Verein gemäß Abs. 2 S. 1 iVm. § 6 S. 1 nach konkretem Aufwand abrechnen kann, kann er nach Abs. 2 S. 1 HS. 2 **Vorschuss** auf die Aufwendungen und nach Abs. 2 S. 1 HS. 1 iVm. §§ 6 S. 1, 3 Abs. 4 einen **Abschlag** auf die Vergütung (dazu näher § 3 Rn. 13 f.) verlangen. Soweit er nach Abs. 1 oder Abs. 2 S. 1 iVm. § 6 S. 2 pauschal entschädigt wird, ist dies **ausgeschlossen.**

6. Keine Ansprüche des Vereinsbetreuers (Abs. 3). Der Vereinsbetreuer kann für sich selbst weder Aufwendungsersatz noch Vergütung, noch pauschale Entschädigung verlangen. Das ist zwar nur gerecht, wenn er für seine Tätigkeit vom Verein angemessen vergütet wird. Eine hier eventuell vorhandene Diskrepanz hat jedoch das Arbeitsrecht, nicht das Betreuungsrecht aufzulösen. Ein lediglich ehrenamtlich – also gänzlich unbezahlt – für den Verein tätiger Mitarbeiter kann nicht zum Vereinsbetreuer bestellt werden.[14] Ihm stehen die sich aus §§ 1835, 1835a, 1836 Abs. 2 BGB folgenden Ansprüche selbst zu.

§ 8 Vergütung und Aufwendungsersatz für Behördenbetreuer

(1) ¹Ist ein Behördenbetreuer bestellt, so kann der zuständigen Behörde eine Vergütung nach § 1836 Abs. 2 des Bürgerlichen Gesetzbuchs bewilligt werden, soweit der Umfang oder die Schwierigkeit der Betreuungsgeschäfte dies rechtfertigen. ²Dies gilt nur, soweit eine Inanspruchnahme des Betreuten nach § 1836c des Bürgerlichen Gesetzbuchs zulässig ist.

(2) Unabhängig von den Voraussetzungen nach Absatz 1 Satz 1 kann die Betreuungsbehörde Aufwendungsersatz nach § 1835 Abs. 1 Satz 1 und 2 in Verbindung mit Abs. 5 Satz 2 des Bürgerlichen Gesetzbuchs verlangen, soweit eine Inanspruchnahme des Betreuten nach § 1836c des Bürgerlichen Gesetzbuchs zulässig ist.

(3) Für den Behördenbetreuer selbst gilt § 7 Abs. 3 entsprechend.

(4) § 2 ist nicht anwendbar.

Schrifttum: (siehe § 4).

I. Bedeutung der Norm

§ 8 ist mit dem 2. BtÄndG an die Stelle von § 1908h BGB getreten.[1] Er privilegiert die Betreuungsbehörde, deren **Mitarbeiter** nach § 1897 Abs. 2 S. 2 BGB persönlich zum Betreuer (Behördenbetreuer) bestellt wurde gegenüber der als Institution zum Betreuer bestellten Behörde in zwei Punkten: Erstens kann sie vom Betreuten nicht nur Aufwendungsersatz (Abs. 2), sondern unter Umständen auch eine Vergütung verlangen (Abs. 1). Ihre Ansprüche unterliegen zweitens keiner Ausschlussfrist (Abs. 4). Genau wie beim Vereinsbetreuer sind jegliche Ansprüche des Behördenbetreuers auf Entschädigung ausgeschlossen (Abs. 3).

§ 8 gilt nicht für den Fall der Bestellung **der Behörde zum Betreuer** nach § 1900 Abs. 4 BGB. Insofern bleibt es bei der im Vormundschaftsrecht für die Amtsvormundschaft getroffenen Regelung, wonach der Behörde zwar ein Anspruch auf Aufwendungsersatz gegen den nicht mittellosen Betreuten (§ 1835 Abs. 5 BGB), aber weder auf Aufwandsentschädigung noch auf Vergütung zusteht (§§ 1835a Abs. 5, 1836 Abs. 3 BGB). Merkwürdigerweise ist die Behörde, die als solche zum Betreuer bestellt wurde, auch nicht von der Ausschlussfrist des § 1835 Abs. 1 S. 3 BGB ausgenommen.

In **rechtspolitischer Hinsicht** ist die Norm insgesamt fragwürdig. Anders als beim Betreuungsverein, bei dem zwischen der Tätigkeit eines fest angestellten Vereinsbetreuers und der des Vereins

---

[14] Damrau/Zimmermann Rn. 5.
[1] BT-Drucks 15/4874 S. 76.

als solchem, die (wenigstens zum Teil) durch ehrenamtlich tätige Mitglieder gewährleistet wird, durchaus unterschieden werden muss, ist dies bei der Behörde unsinnig. Sie wird so oder so durch ihre Bediensteten tätig.[2] Wenn man es für richtig hält, dem leistungsfähigen Betreuten die Kosten dieser Tätigkeit (wenigstens teilweise) aufzuerlegen, ist ein Unterschied nach der Art der Bestellung nicht sachgerecht.

II. Einzelerläuterung

4 **1. Allgemeine Anspruchsvoraussetzungen.** Ansprüche aus § 8 entstehen nur, wenn ein Bediensteter der Betreuungsbehörde persönlich zum Betreuer bestellt und hierbei **als Behördenbetreuer bezeichnet** wird (§ 286 Abs. 1 Nr. 3 FamFG). Die **Zuständigkeit** der Behörde gehört zu den Bestellungs-, nicht zu den Anspruchsvoraussetzungen. Auch der örtlich oder sachlich unzuständigen Behörde können Ansprüche aus § 8 zustehen, solange ihr Bediensteter nicht als Behördenbetreuer entlassen wurde oder ein „Umwandlungsbeschluss" iSv. § 1908b Abs. 4 S. 2, 3 BGB ergangen ist.[3]

5 Gemeinsame Voraussetzung der Ansprüche aus Abs. 1 und Abs. 2 ist die **Leistungsfähigkeit** des Betreuten. Ansprüche können nur entstehen, wenn seine Inanspruchnahme nach § 1836c BGB zulässig ist (Abs. 1 S. 2, Abs. 2 aE). Das ist schon deshalb richtig, weil andernfalls die Staatskasse von der Betreuungsbehörde in Anspruch genommen werden könnte und das Betreuungsrecht nicht der richtige Ort ist, um einen Finanzausgleich zwischen Ländern und Kommunen zu regeln. Der Behörde stehen daher **keine Ansprüche** zu, wenn der Betreute mittellos *ist*. Ob ihr ein **Teilanspruch** zustehen kann, wenn der Betreute zwar einzusetzendes Einkommen oder Vermögen hat, aber in so geringem Umfang, dass er nach § 1836d BGB als mittellos *gilt*, ist dagegen nicht ganz klar. Der Wortlaut der Norm („soweit") legt es jedenfalls nahe. Es ist im Übrigen auch sachgerecht, die Teilinanspruchnahme des Betreuten zuzulassen. Andernfalls hätte der Betreute nämlich umso bessere Chancen, keinerlei Kostenbeiträge leisten zu müssen, je höher die Kosten sind, die er verursacht. Mindestens für den Anwendungsbereich des § 8 ist daher anzunehmen, dass nur tatsächliche Mittellosigkeit Ansprüche der Behörde ausschließt.[4] Das Argument, das im Anwendungsbereich von § 1835 Abs. 5 S. 1 BGB möglicherweise für das gegenteilige Ergebnis spricht (dazu § 1835 BGB Rn. 53) greift hier nicht: Die Inanspruchnahme der Staatskasse ist in jedem Fall ausgeschlossen (s. Rn. 12).

6 **2. Vergütung (Abs. 1). a) Besondere Anspruchsvoraussetzungen.** Eine Vergütung kann der Behörde bewilligt werden, wenn der **Umfang** oder die **Schwierigkeit** der Betreuungsgeschäfte dies **rechtfertigt.** Anders als beim Einzelbetreuer (s. § 1836 BGB Rn. 32 ff.) kann das entscheidende Kriterium hierfür nicht die Zumutbarkeit des unentgeltlichen Einsatzes ihrer Bediensteten für die Behörde sein. Einer kommunalen Behörde sind Aufgaben der Daseinsvorsorge – zu denen die rechtliche Betreuung letztlich gehört – stets zumutbar. Es kommt hier umgekehrt auf Gerechtigkeitsüberlegungen aus fiskalischer Sicht an. Wäre es im Hinblick auf den Umfang und die Schwierigkeit der Betreuung ungerecht, den Steuerzahler in vollem Umfang mit den Kosten für den Personaleinsatz zu belasten, ist der Behörde eine Vergütung zu bewilligen. Das setzt voraus, dass sich die Betreuung von einem durchschnittlich einfachen Betreuungsfall entweder durch besondere tatsächliche oder rechtliche Schwierigkeiten abhebt oder von dem Betreuer einen überdurchschnittlichen Einsatz an Arbeitszeit verlangt.

7 Ist der Behördenbetreuer zum **Gegenbetreuer** bestellt, darf der Behörde eine Vergütung nur „aus besonderen Gründen" (§ 1836 Abs. 2 BGB) bewilligt werden,[5] zB wenn die vom Gegenbetreuer nach §§ 1908i Abs. 1 S. 1, 1842, 1891 BGB vorgenommene Rechnungsprüfung außergewöhnlich aufwändig war.

8 **b) Rechtsfolgen.** Liegen diese Voraussetzungen vor, entscheidet das Betreuungsgericht zunächst nach **pflichtgemäßem Ermessen,** *ob* es eine Vergütung bewilligt. Dabei hat es auch alle anderen Umstände des Falles zu berücksichtigen und in die Gesamtabwägung einzustellen. Es kann von der Bewilligung zB auch absehen, wenn andernfalls zu befürchten ist, dass das Vertrauensverhältnis des Betreuten zu dem Behördenbetreuer Schaden nehmen würde. Auch kann es von ihr absehen, weil es nicht sachgerecht wäre, von dem Betreuten die Verwertung von nicht schon unter § 90

---

[2] Ebenso *Damrau/Zimmermann* Rn. 2.
[3] Das kann nicht anders zu beurteilen sein als bei einem nicht anerkannten Verein, dazu KG Rpfleger 2006, 398.
[4] IE wie hier *Jurgeleit/Maier* Rn. 5; § 1836d BGB anwenden wollen dagegen BtKomm/*Dodegge* F Rn. 222; *Damrau/Zimmermann* Rn. 6.
[5] *Damrau/Zimmermann* Rn. 11.

SGB XII fallendem Vermögen zu verlangen. Umgekehrt kann es für die Bewilligung sprechen, wenn der Behördenbetreuer durch seine Tätigkeit für eine nicht unbeträchtliche Vermehrung des Betreutenvermögens gesorgt hat.

Zur **Höhe des Anspruchs** bestimmt § 1836 Abs. 2 BGB, dass die „angemessene" Vergütung zu bewilligen ist. Das ist ein unbestimmter Rechtsbegriff, der erneut eine Abwägung aller dafür maßgeblichen Umstände verlangt, insbesondere des konkreten Umfangs der Betreuertätigkeit, der besonderen Schwierigkeiten, die sie aufweist und der Höhe der zur Verfügung stehenden Mittel des Betreuten. Die **Obergrenze** für die Vergütung dürften die der Behörde **tatsächlich entstandenen Personalkosten** bilden.[6] Allgemeine Verwaltungskosten dürfen auch nicht auf dem Umweg über eine Vergütung auf den Betreuten umgelegt werden.

3. Aufwendungsersatz (Abs. 2). Soweit die von dem Betreuten nach § 1836c BGB einzusetzenden Mittel dafür ausreichen, erhält die Behörde außerdem die Aufwendungen ersetzt, die sie der konkreten Betreuung zuordnen kann. Darunter fallen alle Aufwendungen, die dem Behördenbetreuer entstanden sind, aber auch diejenigen, die der Behörde durch seinen Einsatz im konkreten Einzelfall entstanden sind, mit Ausnahme seiner Besoldung bzw. seines Arbeitsentgelts, das unter Abs. 1 fällt. **Keinen Ersatz** erhält die Behörde für Versicherungsaufwand und berufliche oder gewerbliche Dienste, da auf § 1835 Abs. 2 und 3 BGB nicht verwiesen wird. Außerdem kann sie **allgemeine Verwaltungskosten** (siehe dazu auch § 7 Rn. 10) nicht auf den einzelnen Betreuungsfall umlegen, wie aus der Verweisung auf § 1835 Abs. 5 S. 2 BGB folgt.

Vorschuss steht der Behörde nicht zu. Dies folgt daraus, dass Abs. 2 ihn – im Unterschied zu § 7 Abs. 2 – nicht erwähnt.[7] Dieser Unterschied bestand schon im Verhältnis von § 1908h BGB zu § 1908e BGB, mit deren dem 1. BtÄndG entstammenden Formulierung die vorher umstrittene Frage für Verein und Behörde unterschiedlich entschieden werden sollte.[8]

4. Schuldner. Die Ansprüche der Betreuungsbehörde richten sich stets **gegen den Betreuten**. Die Inanspruchnahme der Staatskasse ist ausgeschlossen. Das folgt für den Aufwendungsersatz daraus, dass Abs. 2 nicht auf § 1835 Abs. 4 BGB verweist. Für die Vergütung gilt nichts anderes, denn § 1 Abs. 2 S. 2 gilt unmittelbar nur für die „nach § 1 Abs. 1" zu bewilligende Vergütung, also für den selbständigen Berufsbetreuer und eine Verweisung auf § 1 Abs. 2 fehlt in § 8 Abs. 1 (im Unterschied zu § 7).

5. Zahlungsmodalitäten (Abs. 4). Ob die **Geltendmachung** der Ansprüche jederzeit oder nur im Dreimonatsrhythmus des § 9 S. 1 erfolgen kann, ist unklar. Der Wortlaut des § 9 enthält eine entsprechende Einschränkung nicht. (§ 9 S. 2 erwähnt nur § 6, nicht § 8.) Andererseits gibt es keine Hinweise darauf, dass der Gesetzgeber sich vorgestellt hat, die Behörde an den Dreimonatsrhythmus binden zu wollen. Dagegen spricht, dass die Norm in allen anderen Konstellationen nur Pauschalen erfasst und der Rhythmus im Übrigen an die dreimonatigen Abstufungen der Pauschale nach Betreuungsdauer (§ 5 Abs. 1 und 2) angepasst ist. Es ist daher von einem Versehen des Gesetzgebers auszugehen. Die Behörde kann ihre Ansprüche **jederzeit** geltend machen.[9]

Die Ansprüche unterliegen **keiner Ausschlussfrist.** Auf § 1835 Abs. 1 S. 3 BGB wird in Abs. 2 nicht verwiesen. Die Anwendung von § 2 ist nach Abs. 4 ausgeschlossen. Die Ansprüche unterliegen somit lediglich der regelmäßigen **Verjährung.** Die Verjährung ist *nicht* nach § 207 Abs. 1 S. 2 Nr. 4 BGB gehemmt, solange die Betreuung besteht, denn der Anspruch steht nicht dem Betreuer zu. Der Anspruch auf Aufwendungsersatz verjährt somit am Ende des dritten Jahres nach dem Jahr, in dem der Aufwand angefallen ist (§§ 195, 199 Abs. 1 BGB). Da der Anspruch auf Zahlung einer Vergütung in das Ermessen des Gerichts gestellt ist, entsteht er überhaupt erst mit der gerichtlichen Festsetzung und verjährt folglich nach §§ 197 Abs. 1 Nr. 3, 201 S. 1 BGB erst dreißig Jahre nach Rechtskraft des Bewilligungsbeschlusses. Die Festsetzung ist daher theoretisch zeitlich unbegrenzt möglich, doch kann es auch aus Gründen des Zeitablaufs nicht mehr „angemessen" sein, sie noch zu bewilligen.

6. Keine Ansprüche des Behördenbetreuers (Abs. 3). Der Behördenbetreuer selbst kann nach Abs. 3 iVm. § 7 Abs. 3 weder Vergütung noch Aufwendungsersatz beanspruchen und wegen § 331 StGB auch nicht entgegennahmen, wenn der Betreute es ihm anbietet.

---

[6] Das LG Kassel NJOZ 2009, 4520 will auch für diesen Fall die Obergrenze bei der einem Berufsbetreuer nach §§ 4, 5 VBVG zu zahlenden Vergütung ziehen. Das ist jedoch aus den gleichen Gründen wie bei § 1836 Abs. 2 BGB nicht sachgerecht, siehe § 4 Rn. 3.
[7] BtKomm/*Dodegge* F Rn. 223.
[8] BT-Drucks 13/7158 S. 34 f.
[9] Allg.M.: *Jurgeleit/Maier* § 9 Rn. 3; BtKomm/*Dodegge* F Rn. 225; *Damrau/Zimmermann* Rn. 18.

§ 9 Abrechnungszeitraum für die Betreuungsvergütung

¹Die Vergütung kann nach Ablauf von jeweils drei Monaten für diesen Zeitraum geltend gemacht werden. ²Dies gilt nicht für die Geltendmachung von Vergütung und Aufwendungsersatz in den Fällen des § 6.

Schrifttum: (siehe § 4).

I. Bedeutung der Norm

1 Mit § 9 soll sichergestellt werden, dass das Betreuungsgericht nicht jederzeit, sondern nur **in regelmäßigen Abständen** mit der Geltendmachung der Pauschalvergütung rechnen muss.[1] Der Vormund kann Vergütung und Aufwendungsersatz jederzeit geltend machen, bestimmt somit seinen Abrechnungsrhythmus grundsätzlich selbst. Er hat es auch in der Hand – durch entsprechendes Zuwarten – die fiktive Mittellosigkeit des Mündels selbst herbeizuführen oder – durch entsprechend rasches Abrechnen – zu vermeiden. Für die Pauschalentschädigung des Betreuers hielt der Gesetzgeber dies nicht für sachgerecht und wollte ihm daher den Abrechnungsrhythmus vorschreiben. Unausgesprochen mag auch der Gedanke eine Rolle gespielt haben, dass der Betreuer nicht die Möglichkeit haben sollte, die Rundungsregel in § 5 Abs. 4 S. 3 zu einer maßvollen Erhöhung seiner Ansprüche auszunutzen.

2 Die Norm lässt viele Fragen offen. Das gilt für ihren Anwendungsbereich (Satz 2), für die exakte Berechnung der Dreimonatsrhythmen und auch für die Frage, ob sie das Entstehen des Anspruchs, seine Fälligkeit oder nur seine gerichtliche Geltendmachung betrifft.

II. Anwendungsbereich (Satz 2)

3 Satz 1 gilt für den **selbständigen Berufsbetreuer,** dem eine Pauschale nach §§ 4, 5 zusteht, ferner für den Betreuungsverein, der eine solche Pauschale für die Tätigkeit des **Vereinsbetreuers** verlangen kann (§ 7 Abs. 1). Er gilt **nicht** für den **Vormund** und nach Satz 2 auch nicht in den Fällen, in denen der Berufsbetreuer oder der Betreuungsverein nach §§ 7 Abs. 2, 6 S. 1 **wie ein Vormund** abrechnen muss.

4 Nach seinem Wortlaut schließt Satz 2 die Anwendung von Satz 1 auch für den Fall aus, dass die Pauschale nach § 6 S. 2 zwischen dem Betreuer und einem **Ersatzbetreuer** geteilt werden muss (dazu § 6 Rn. 7 ff.). Dies ist allerdings nur für den Ersatzbetreuer sachgerecht. Er sollte durchaus die Möglichkeit haben, nach jeder Verhinderung des Betreuers seinen Anteil der Pauschale abzurechnen.[2] Für den verhinderten Betreuer dagegen muss es bei der Abrechnung nach den Dreimonatsrhythmen des Satzes 1 bleiben, zumindest ist nicht erkennbar, warum allein seine zeitweilige Verhinderung eine Ausnahme rechtfertigen könnte.

5 Nach seinem Wortlaut gilt Satz 1 auch für Ansprüche der Betreuungsbehörde aus § 8 Abs. 1, nimmt man den Wortlaut des Satz 2 hinzu, vielleicht sogar auch für Ansprüche aus § 8 Abs. 2. Auch die Gesetzessystematik spricht dafür, steht § 9 doch *hinter* § 8. Seine Anwendung auf die Ansprüche der Behörde ist jedoch *insgesamt* nicht sachgerecht, denn diese nähern sich denen eines Vormunds, die auch sonst nicht dem Dreimonatsrhythmus unterworfen werden. ME ist nach dem Zweck des § 9 daher seine einschränkende Auslegung dahin angezeigt, dass er auf Ansprüche aus § 8 keine Anwendung findet (siehe auch § 8 Rn. 13).

III. Geltendmachung der Pauschalentschädigung (Satz 1)

6 **1. Entstehen und Fälligkeit des Anspruchs. Ausschlussfrist.** Für Ansprüche des Vormunds auf Aufwendungsersatz und Vergütung ist stets angenommen worden, dass sie mit der einzelnen Tätigkeit **entstehen**.[3] Das ist für den Anspruch aus §§ 4, 5 nicht möglich, denn er hängt von einer Tätigkeit nicht ab. Der Berufsbetreuer wird für die – jederzeitige – Bereitschaft zum Tätigwerden vergütet, nicht für das Tätigwerden selbst. Der BGH nimmt an, der Anspruch entstehe daher mit dem Ende des **jeweiligen Betreuungsmonats**.[4] Das soll aus dem Umstand folgen, dass § 5 Abs. 1 und Abs. 2 Monatspauschalen regeln. In Wirklichkeit erfolgt nur die *Berechnung* der Pauschale

---

[1] BT-Drucks 15/2494 S. 97.
[2] *Knittel* Rn. 3; aA HK-BUR/*Bauer/Deinert* Rn. 35, die darauf hinweisen, dass bei gleichzeitiger Abrechnung mit dem Hauptbetreuer ein Streit um die exakte Dauer der Verhinderung für das Betreuungsgericht besser erkennbar ist.
[3] Siehe zB: OLG Schleswig FGPrax 2002, 175; BayObLG FamRZ 2003, 325.
[4] BGH BtPrax 2008, 207; 2011, 83.

nach Monaten, *gezahlt* wird sie – wie § 5 Abs. 4 S. 2 anordnet – aber auch für einzelne Tage. Daher entsteht sie mE auch **täglich** in Höhe des entsprechenden Anteils der Monatsvergütung.[5]

Fällig wird der Vergütungsanspruch wohl auch unter dem neuen Recht erst mit der **Festsetzung** 7 durch den Rechtspfleger (bzw. im Fall des § 168 Abs. 1 S. 4 FamFG mit der Zahlungsanweisung durch den Kostenbeamten).[6] Zumindest ist nichts dafür ersichtlich, dass der Gesetzgeber mit der Neufassung hieran etwas ändern wollte. Die Formulierung in § 9 S. 1 („kann ... geltend gemacht werden") spricht ebenfalls nicht für eine Fälligkeitsregelung, bei der es hätte „kann verlangen" heißen müssen.[7]

§ 9 S. 1 enthält demnach einen **befristeten Ausschluss** der gerichtlichen Geltendmachung. Die 8 Frist ist materiellrechtlicher Natur. Der Festsetzungsantrag ist, solange die Festsetzung ausgeschlossen ist, unbegründet. Dies kann nicht ohne Einfluss auf die Auslegung von § 2 bleiben: Die **Ausschlussfrist** für die Geltendmachung eines Anspruchs kann nicht zu laufen beginnen, ehe diese Geltendmachung ihrerseits erfolgen darf. Etwas anderes hätte im Gesetz zumindest ausdrücklich angeordnet werden müssen. § 2 ordnet aber lediglich an, dass der Anspruch „innerhalb von 15 Monaten" geltend zu machen ist. Das spricht dafür, ihn im Zusammenhang mit § 9 S. 1 so auszulegen, dass der Betreuer **genau 15 Monate** Zeit hat, den Antrag zu stellen, die Frist des § 2 also erst beginnt, wenn die des § 9 S. 1 abgelaufen ist.[8] Für einen am 10. April 2011 bestellten Betreuer endet die Frist des § 9 S. 1 für seine erste Abrechnung mit Ablauf des 10. Juli 2011. Damit beginnt die Frist des § 2, die folglich am 10. Oktober 2012 endet. Der Zeitraum, während dessen die Festsetzung der Entschädigung für das erste Betreuungsquartal beantragt werden kann, beträgt genau 15 Monate (11. Juli 2011 bis 10. Oktober 2012). § 9 S. 1 enthält keine Frist, innerhalb derer eine Handlung vorzunehmen wäre. **§ 193 BGB** findet daher keine Anwendung. Im oben genannten Beispiel kann am 11. Juli 2011 schon abgerechnet werden, obwohl der 10. Juli ein Sonntag ist.

2. Abrechnung anderer als dreimonatiger Zeiträume. Satz 1 gibt dem Dreimonatsrhyth- 9 mus einen **strengen Charakter.** Er schließt nicht nur die Geltendmachung der Pauschale in kürzeren Abständen als jeweils drei Monaten aus,[9] sondern in **anderen Abständen** überhaupt.[10] Nicht nur spricht der Wortlaut des Satzes 1 („jeweils") hierfür. Auch sein Zweck erfordert die strenge Handhabung. Nur sie verhindert, dass Betreuer ihre Abrechnungen in großer Zahl auf „bequemere" Stichtage – wie zB das Ende von Kalenderquartalen – umstellen und so die mit dem System auch beabsichtigte gleichmäßige Verteilung des Arbeitsanfalls bei Gericht untergraben.[11] Hat die Abrechnung zu einem anderen Tag als dem Ende eines Dreimonatszeitraums zu einer **rechtskräftigen Festsetzung** geführt, ist von da an allerdings der neue Stichtag entscheidend.

Ist die Betreuung **beendet,** kann der – verbleibende – Anspruch entgegen Satz 1 sofort abgerech- 10 net werden.[12] Ein Abwarten bis zum nächsten „regulären" Abrechnungszeitpunkt wäre in diesem Falle sinnlos, da ja die Vergütung schon feststeht.[13] Auch zu § 1835a Abs. 2 BGB ist anerkannt, dass

---

[5] Wie hier: BtKomm/*Dodegge* F Rn. 205; *Damrau*/*Zimmermann* Rn. 4; ganz aA (Anspruch *entsteht* erst mit Ablauf der Dreimonatsfrist): *Jurgeleit*/*Maier* § 2 Rn. 2.

[6] So für das alte Recht: OLG Hamm BtPrax 2003, 81; aA allerdings BayObLG FamRZ 2003, 25 (Fälligkeit mit der *Möglichkeit* zur Abrechnung, das wäre dann jetzt wohl nach § 9 S. 1); für das neue Recht offengelassen von OLG Rostock BtMan 2007, 157, das aber jedenfalls den Anfall von *Zinsen* erst ab der gerichtlichen Festsetzung zulassen will. Das ist wiederum unlogisch, denn wenn § 9 S. 1 die Fälligkeit regelt, ist das eine kalendermäßige Bestimmung, so dass mit dem Folgetag Verzug eintritt (§ 286 Abs. 2 Nr. 1 BGB).

[7] Wie hier *Jurgeleit*/*Maier* Rn. 8; aA (§ 9 regelt die Fälligkeit): *Neumann*/*Neumann* BtMan 2005, 90; HK-BUR/*Bauer*/*Deinert* Rn. 11; BtKomm/*Dodegge* F Rn. 205; aber auch noch: *Fröschle* Rn. 335; die BLAG-Arbeitsgruppe Betrifft: Betreuung 6 (2003), 112 hatte eine Fälligkeitsregelung vorgeschlagen, sie hielt die Festsetzung wohl überhaupt für entbehrlich; *Damrau*/*Zimmermann* Rn. 4 will differenzieren (Anspruch gegen Betreuten wird nach Maßgabe von § 9 S. 1 fällig, Anspruch gegen die Staatskasse erst mit Festsetzung).

[8] Wie hier OLG Düsseldorf v. 12. 3. 2010 – 25 Wx 82/09; KG FGPrax 2009, 63; OLG Köln FamRZ 2009, 1009 (LS.); OLG Dresden FamRZ 2008, 1285; OLG München NJW 2008, 1895; *Fröschle* Rn. 392; *Jurgeleit*/*Maier* § 2 Rn. 3; HK-BUR/*Bauer*/*Deinert* Rn. 17; *Damrau*/*Zimmermann* § 2 Rn. 6; aA (Frist beginnt täglich) OLG Frankfurt FGPrax 2008, 19; *Jürgens*/*Jürgens* § 2 Rn. 1; BtKomm/*Dodegge* F Rn. 205; *Zimmermann*, FS Bienwald, 2006, S. 359; nicht abschließend entschieden in BGH BtPrax 2008, 207 (Frist beginnt *frühestens* mit Ablauf des jeweiligen Betreuungsmonats).

[9] Das will anscheinend das LG Wuppertal FamRZ 2006, 1066 (LS.) zulassen: Einem Antrag, Vergütung für den Zeitraum vom 6. August bis zum 30. September zu bewilligen, stehe nichts im Wege, so lange er nicht vor dem 6. November gestellt wird.

[10] BGH FamRZ 2011, 1220 OLG München BtPrax 2007, 31; *Fröschle* Rn. 337; *Deinert*/*Lütgens* Rn. 1675.

[11] OLG München BtPrax 2006, 184.

[12] BGH FamRZ 2011, 1220.

[13] *Zimmermann*, FS Bienwald, 2006, S. 359; HK-BUR/*Bauer*/*Deinert* Rn. 27; *Jurgeleit*/*Maier* Rn. 7; BtKomm/*Dodegge* F Rn. 204; aA *Jürgens*/*Jürgens* Rn. 1.

bei Beendigung der Betreuung die (anteilige) pauschale Aufwandsentschädigung sofort verlangt werden kann.[14]

11   Auch bei einem **Betreuerwechsel** kann der **ausscheidende Betreuer** seine Restvergütung sofort abrechnen[15] – und zwar inklusive einer eventuellen „Abgabeprämie" nach § 5 Abs. 5.[16]

12   Wie sich die Abrechnungszeiträume in **Altfällen** der schon vor dem 1. Juli 2005 eingerichteten Betreuungen berechnet, ist inzwischen nicht mehr von Bedeutung, da inzwischen längst rechtskräftige Festsetzungen erfolgt sein müssen.[17] Richtigerweise war hier auf den Beginn des 1. Juli 2005 abzustellen.[18]

13   **3. Einheitlicher Anspruch?** Da der Betreuer insgesamt 15 Monate für die Geltendmachung des Anspruchs Zeit hat, ist er nicht gehindert, **mehrere Dreimonatszeiträume** auf einmal abzurechnen.[19] Dadurch kann er auch Mittellosigkeit iSv. § 1836d BGB herbeiführen,[20] nämlich wenn das einzusetzende Vermögen zwar für eine, aber nicht für mehrere Quartalsvergütungen ausreicht. Nach der hier (§ 5 Rn. 23 f.) vertretenen Auffassung ist das ohnehin zum Nachteil des Betreuers, da damit ja zugleich seine Vergütung sinkt. Die RSpr kommt zum selben Ergebnis, wenn der Betreuer durch Zuwarten die Mittellosigkeit des Betreuten treuwidrig herbeiführt (s. § 5 Rn. 25). Für den Betreuten entsteht weder ein Vor- noch ein Nachteil, denn er muss so oder so das einzusetzende Vermögen abführen, ob an den Betreuer direkt oder nach § 1836e BGB an die Staatskasse, bleibt sich für ihn gleich. Daher wird an der hier noch in der Vorauft. vertretenen Auffassung, die Mittellosigkeit sei hier für jedes gleichzeitig abzurechnende Quartal *einzeln* zu prüfen, nicht mehr festgehalten.

§ 10 Mitteilung an die Betreuungsbehörde

(1) Wer Betreuungen entgeltlich führt, hat der Betreuungsbehörde, in deren Bezirk er seinen Sitz oder Wohnsitz hat, kalenderjährlich mitzuteilen
1. die Zahl der von ihm im Kalenderjahr geführten Betreuungen aufgeschlüsselt nach Betreuten in einem Heim oder außerhalb eines Heims und
2. den von ihm für die Führung von Betreuungen im Kalenderjahr erhaltenen Geldbetrag.

(2) [1] Die Mitteilung erfolgt jeweils bis spätestens 31. März für den Schluss des vorangegangenen Kalenderjahrs. [2] Die Betreuungsbehörde kann verlangen, dass der Betreuer die Richtigkeit der Mitteilung an Eides statt versichert.

(3) Die Betreuungsbehörde ist berechtigt und auf Verlangen des Betreuungsgerichts verpflichtet, dem Betreuungsgericht diese Mitteilung zu übermitteln.

Schrifttum: (siehe § 4).

I. Bedeutung der Norm

1   § 10 ist an die Stelle von § 1908k BGB getreten. Die zu meldenden Umstände (Abs. 1) sind gegenüber der Vorgängernorm teils erweitert, teils eingeschränkt worden. Die Vorgängernorm sollte nach dem Willen des Gesetzgebers die „Abrechnungsehrlichkeit von Betreuern fördern", die Kontrolle der Voraussetzungen der Berufsmäßigkeit erleichtern und einer – im Hinblick auf die Pflicht zur persönlichen Betreuung – unerwünschten Konzentration zu vieler Betreuungen bei einem Betreuer vorbeugen.[1] Der erstgenannte Zweck ist mit der Pauschalierung entfallen, der zweite war noch nie erreichbar, da ja die Jahresmeldung eine vergütete Tätigkeit *voraussetzt*, die Entscheidung über die Berufsmäßigkeit also schon vorher gefallen ist.[2] Übrig bleibt daher allein die Konzentrationskontrolle, womit Abs. 1 Nr. 2 allerdings nur schwer zu vereinbaren ist. Zudem ist die Bestands-

---

[14] HK/BUR/*Bauer*/*Deinert* § 1835a Rn. 36; *Jurgeleit*/*Maier* § 1835a Rn. 12; s. auch § 1835a Rn. 9.
[15] So auch *Jurgeleit*/*Maier* Rn. 7; *Damrau*/*Zimmermann* Rn. 11.
[16] aA konsequenterweise HK-BUR/*Bauer*/*Deinert* Rn. 29.
[17] *Damrau*/*Zimmermann*, Rn. 6.
[18] OLG München NJW 2008, 1895; zum Meinungsstand siehe im Übrigen 5. Aufl. Rn. 12.
[19] BGH FamRZ 2011, 1220 *Zimmermann*, FS Bienwald, 2006, S. 358 f.; *Deinert*/*Lütgens* Rn. 1675.
[20] Siehe auch Recht hierzu BayObLG BtPrax 2002, 123; OLG Schleswig BtPrax 2002, 271 (LS).
[1] BT-Drucks 13/10331 S. 28.
[2] Die Berufsmäßigkeit wird nicht dadurch in Frage gestellt, dass die Tätigkeit des Betreuers später an Umfang verliert, BayObLG FamRZ 1998, 187; siehe auch § 1 Rn. 7.

meldung nach § 1897 Abs. 8 BGB dafür das bessere Instrument. Der Sinn der Norm ist daher insgesamt zweifelhaft.³

II. Die Jahresmeldung (Abs. 1)

1. Betroffene Betreuer. Seinem Wortlaut nach trifft die Pflicht zur Jahresmeldung jeden, der „Betreuungen entgeltlich führt". Damit ist jedenfalls jeder **selbständige Berufsbetreuer** gemeint. Aus Wortlaut und Stellung der Norm (im zweiten Abschnitt des VBVG) folgt auch, dass **nur Betreuer** zur Jahresmeldung verpflichtet sein können, dagegen weder Vormünder noch Pfleger aller Art, auch Verfahrenspfleger in Betreuungssachen nicht.⁴

Auch ein **nicht berufsmäßig tätiger Betreuer** führt die Betreuung nicht mehr „unentgeltlich", wenn ihm eine Vergütung nach § 1836 Abs. 2 BGB bewilligt wird. Das VBVG gilt für ihn jedoch *insgesamt* nicht. Dass er trotz Bewilligung einer Vergütung keine Jahresmitteilung abzugeben hat, folgt also schon aus der Gesetzessystematik.⁵ Es ist freilich schon zur Vorgängernorm allgemein so gesehen worden.⁶

Der Mitarbeiter eines Betreuungsvereins, der als **Vereinsbetreuer** Betreuungen persönlich führt, führt diese nicht eigentlich unentgeltlich. Er verfügt aber zum Teil nicht ohne weiteres über die Daten, die zu melden sind, da die Überwachung des Zahlungseinganges Sache des Vereines ist (falls sie nicht zu den ihm übertragenen Arbeiten gehört). Es wird deshalb meist angenommen, dass an seiner Stelle der Betreuungsverein zur Abgabe einer Jahresmeldung verpflichtet ist.⁷ Der mit § 10 verfolgte Zweck wird freilich nur erreicht, wenn der Verein **individuelle Jahresmeldungen** für jeden seiner Mitarbeiter vorlegen muss. Dies wird man daher annehmen müssen.⁸ Der Vereinsbetreuer selbst unterliegt der Pflicht dagegen nicht. Betreuungen, die **der Verein als Institution** führt, sind stets unentgeltlich und daher nicht zu melden.

Die **Betreuungsbehörde** schließlich kann Abs. 1 schon deshalb nicht unterfallen, weil sie Empfängerin der Jahresmeldungen ist und schlechterdings nicht zu einer Meldung an sich selbst verpflichtet sein kann. Allenfalls wäre es denkbar, dass sie verpflichtet ist, auf Anforderung nach Abs. 3 dem Betreuungsgericht für ihre Bediensteten entsprechende Daten zu melden. Da ihr aber auch bei Bestellung eines Behördenbetreuers eine Vergütung nur ausnahmsweise bewilligt werden kann, ist sie auch hierzu nicht verpflichtet.⁹

2. Inhalt. Zu melden ist nach Abs. 1 Nr. 1 die **Gesamtzahl** der **im Berichtszeitraum** – nicht etwa zu einem Stichtag – geführten Betreuungen. Berichtszeitraum ist jeweils ein Kalenderjahr. Gemeldet werden muss jede Betreuung, die irgendwann im Berichtszeitraum wirksam war, auch wenn sie dort erst wirksam wurde, geendet hat oder gar beides. Die Meldung muss über die Fluktuation keine Auskunft geben,¹⁰ obwohl das mit Blick auf den Zweck der Norm eigentlich sinnvoll wäre. Zu melden sind **alle Betreuungen,** auch wenig aufwändige, wie Gegen-, Kontroll- oder Ergänzungsbetreuungen. Eine Ersatzbetreuung wird aber nur „geführt", wenn der Verhinderungsfall irgendwann während des Jahres auch tatsächlich eintritt. Ist das nicht der Fall gewesen, braucht sie nicht mit aufgeführt zu sein. Zu melden sind andererseits **nur Betreuungen**. Führt der Betreuer außerdem Vormundschaften, Verfahrenspflegschaften oder andere Pflegschaften, braucht er dies nicht anzugeben. Auch das nimmt die Meldung einen Teil ihres Sinnes.¹¹

Die Zahl der Betreuungen ist nach dem **Aufenthaltsstatus** des Betreuten **aufzuschlüsseln**. Das knüpft an § 5 Abs. 1 und 2 an und sollte entsprechend ausgelegt werden. Der Status „Heim" ist bei allen Betreuten zu melden, bei denen die Vergütung entsprechend abgesenkt ist (s. § 5 Rn. 13 ff., 27 ff.), der Status „Nichtheim" bei allen anderen. Wechselt er während des Jahres, ist die Betreuung doppelt aufzuführen, so dass im Ergebnis **drei Zahlen** zu melden sind: Gesamtzahl, Zahl der Heimfälle und Zahl der Nichtheim-Fälle. Die Summe der letzten beiden kann höher sein als die Gesamtzahl.¹²

---

³ Ausführliche, überwiegend berechtigte Kritik übt: HK-BUR/*Walther* Rn. 39 ff.
⁴ HK-BUR/*Walther* Rn. 6.
⁵ *Fröschle* Rn. 594; ähnlich *Knittel* Rn. 1; iErg. ebenso HK-BUR/*Walther* Rn. 8 f. (die dort vorgeschlagene teleologische Reduktion ist nicht erforderlich); *Jurgeleit/Kania/Langholf/Schmidt* Rn. 3; aA BtKomm/*A. Roth* D Rn. 51.
⁶ Vgl. zB *Bienwald/Bienwald* 4. Aufl. § 1908k BGB Rn. 6.
⁷ BT-Drucks 13/10331 S. 28; *Knittel* Rn. 1; HK-BUR/*Walther* Rn. 8; *Jurgeleit/Kania/Langholf/Schmidt* Rn. 14; aA: *Schwab* 4. Aufl. § 1908k BGB Rn. 2.
⁸ Wie hier: *Damrau/Zimmermann* Rn. 3; aA *Deinert/Lütgens* Rn. 1735.
⁹ *Jurgeleit/Kania/Langholf/Schmidt* Rn. 13; *Damrau/Zimmermann* Rn. 4.
¹⁰ HK-BUR/*Walther* Rn. 15; BtKomm/*A. Roth* D Rn. 53; aA *Gregersen* BtPrax 1999, 16, 17.
¹¹ *Deinert/Lütgens* Rn. 1737.
¹² *Fröschle* Rn. 601 mit einem Musterbeispiel in Rn. 609; aA (Stichtagsregelung für die Aufteilung): *Jurgeleit/Kania/Langhof/Schmidt* Rn. 5; *Damrau/Zimmermann* Rn. 6 (Stichtag 31.12.).

8 Abs. 1 Nr. 2 verlangt außerdem die Meldung der **Gesamtsumme** der für die Führung von Betreuungen erhaltenen **Zahlungen**. Hiervon werden jedenfalls alle Pauschalentschädigungen nach §§ 4, 5 und alle Vergütungen nach §§ 6 S. 1, 3 VBVG erfasst. Zu § 1908k BGB ist angenommen worden, dass erhaltener **Aufwendungsersatz** nicht mit anzugeben ist.[13] Das würde aber nunmehr zu Verzerrungen führen, da er in den nach §§ 4, 5 gezahlten Pauschalen ja enthalten ist. Man wird also annehmen müssen, dass der gesamte **Bruttozahlbetrag** aus allen berufsmäßig geführten Betreuungen zu melden ist, inklusive eventuellen Aufwendungsersatzes aus § 6 S. 1 iVm. § 1835 BGB.[14] Entscheidend ist das Kalenderjahr des **Zahlungseingangs** beim Betreuer. Ein direkter Bezug zwischen Abs. 1 Nr. 1 und Nr. 2 ist damit nicht gegeben. Der Sinn der Meldung der Gesamteinnahmen ist noch zweifelhafter als der der Fallzahlen. Allenfalls kann damit argumentiert werden, dass ein Betreuer nicht *zu wenig* verdienen darf, wenn er seinen Pflichten adäquat nachzukommen in der Lage sein soll.

9 **3. Adressat.** Die Jahresmeldung ist der Behörde zu übersenden, in deren Bezirk der Betreuer zur Zeit der Abgabe der Meldung[15] seinen Sitz oder Wohnsitz hat. Es kommt in erster Linie auf die **Geschäftsadresse** (Büroadresse) an.[16] Nur wer den Betreuerberuf von zuhause ausübt, hat an seine Wohnsitzbehörde zu melden. Bei Vereinen dürfte es auf den tatsächlichen Sitz der Verwaltung, nicht auf die Satzung ankommen.[17]

III. Zeitpunkt. Durchsetzung (Abs. 2)

10 **1. Zeitpunkt.** Die Pflicht entsteht mit Ablauf jedes Kalenderjahres. Sie trifft daher nur denjenigen noch, auf den zu diesem Zeitpunkt die Voraussetzungen des § 10 zutreffen.[18] Die Meldung muss nach Abs. 2 S. 1 spätestens bis zum 31. März des Folgejahres bei der Betreuungsbehörde vorliegen. § 193 BGB ist anwendbar. Fällt der 31. März auf einen Samstag, Sonntag oder Feiertag, ist die Vorlage am darauf folgenden Werktag noch rechtzeitig.[19]

11 **2. Durchsetzung. a) Verlangen der eidesstattlichen Versicherung.** Die Betreuungsbehörde kann nach Abs. 2 S. 2 vom Betreuer verlangen, dass er die **Richtigkeit** der abgegebenen Meldung **an Eides Statt** versichert. Man wird annehmen müssen, dass sie dem Betreuer die eidesstattliche Versicherung nicht grundlos abverlangen darf, sondern nur, wenn nach pflichtgemäßem Ermessen Zweifel daran bestehen, dass die Meldung mit der erforderlichen Sorgfalt erstellt wurde.[20]

12 **b) Zwangsweise Durchsetzung der Pflichten.** § 10 regelt nicht, mit welchen Mitteln die Pflichten aus Abs. 1 und 2 durchgesetzt werden können. Allgemein anerkannt ist inzwischen, dass dies jedenfalls nicht im Aufsichtsverfahren nach §§ 1908i Abs. 1 S. 1, 1837 Abs. 2 BGB möglich ist. Die richtige Begründung dafür ist, dass der Betreuer mit den dort genannten Aufsichtsmitteln nur dazu angehalten werden kann, die einzelne Betreuung pflichtgemäß zu führen.[21] Allerdings kann die beharrliche Weigerung, Jahresmeldungen zu errichten, im Einzelfall Zweifel an der Eignung des Betreuers begründen, die nach § 1908b Abs. 1 S. 1 BGB seine Entlassung rechtfertigen.[22]

13 Überwiegend wird inzwischen angenommen, dass es sich bei den in § 10 begründeten Pflichten um **öffentlich-rechtliche Pflichten** des Betreuers handelt, die grundsätzlich im **Verwaltungszwang** durchzusetzen wären.[23] Dies setzt eine **vollziehbare Verfügung** der Betreuungsbehörde voraus. Es genügt dafür nicht, dass der Betreuer die Frist des Abs. 2 S. 1 versäumt. Die Behörde muss ihm **durch Verwaltungsakt** aufgeben, die Meldung abzuliefern bzw. ihre Richtigkeit an Eides Statt zu versichern und kann – nach Eintritt der Bestandskraft – diesen Verwaltungsakt vollziehen.

---

[13] Vgl. 4. Aufl. § 1908k BGB Rn. 3 mwN.
[14] HK-BUR/*Walther* Rn. 16; *Damrau/Zimmermann* Rn. 7.
[15] *Damrau/Zimmermann* Rn. 5
[16] *Knittel* Rn. 2; HK-BUR/*Walther* Rn. 12; *Jürgens/Winterstein* Rn. 5; *Damrau/Zimmermann* Rn. 5; aA („„Sitz" ist nur auf den Verein bezogen): *Deinert/Lütgens* Rn. 1752; *Jurgeleit/Kania/Langholf/Schmidt* Rn. 4.
[17] *Deinert/Lütgens* Rn. 1753 wollen anscheinend auf den satzungsmäßigen Sitz abstellen.
[18] *Damrau/Zimmermann* Rn. 4.
[19] HK-BUR/*Walther* Rn. 20.
[20] Ebenso *Damrau/Zimmermann* Rn. 11; die übrigen Literaturansichten gehen sehr weit auseinander: am weitestgehenden *Knittel* Rn. 7; *Bienwald/Bienwald* 4. Aufl. § 1908k BGB Rn. 21 (soll Behörde von vornherein von allen Betreuern fordern); am engsten *Jurgeleit/Kania/Langholf/Schmidt* Rn. 8 (nur bei offensichtlicher Falschmeldung); ähnlich wie hier: *Deinert/Lütgens* Rn. 1773 (bei konkretem Verdacht); *Erman/Saar* Anh. § 1836 Rn. 21 (bei begründeten Zweifeln an der Richtigkeit).
[21] HK-BUR/*Walther* Rn. 37.
[22] AA *Damrau/Zimmermann* Rn. 13.
[23] *Fröschle* Rn. 618.

Unumstritten ist auch dies nicht. Die Literatur bezweifelt, dass Abs. 1 und 2 eine **ausreichende Ermächtigungsgrundlage** für den Erlass eines solchen Verwaltungsaktes darstellen.[24] Mecklenburg-Vorpommern hat darum durch Landesrecht eine solche Eingriffsermächtigung gesondert erlassen (§ 2 Abs. 3 AGBtG). Zumindest für Niedersachsen scheinen die Verwaltungsgerichte aber davon auszugehen, dass eine Verfügung auch direkt auf Abs. 1 gestützt werden kann.[25] Wer eine ausreichende Ermächtigungsgrundlage zum Erlass von Verwaltungsakten verneint, müsste im Übrigen die **Leistungsklage** gegen den Betreuer beim VerwG für zulässig halten.

Die **Praxis** verfährt offenbar sehr unterschiedlich.[26] Einige Behörden beachten Abs. 1 gar nicht, andere schlagen Betreuer nicht zur Bestellung vor, deren Meldung nicht vorliegt.[27] Nur ganz wenige versuchen, die Pflicht unmittelbar durchzusetzen. Es ist allerdings fraglich, ob der Betreuungsbehörde hier wirklich ein Ermessensspielraum zusteht. Der Wortlaut des Abs. 1 legt das zumindest nicht nahe. 14

IV. Übermittlung an das Betreuungsgericht (Abs. 3)

Die Behörde ist ohne weiteres berechtigt, die Jahresmeldung dem Betreuungsgericht zu übermitteln. Auf dessen Verlangen ist sie dazu auch verpflichtet. Voraussetzung ist allerdings, dass das für **ein konkretes Verfahren** erfolgt.[28] Dem Verlangen eines Betreuungsgerichts, sämtliche ihr vorliegenden Jahresmeldungen zu übersenden, braucht die Behörde nicht zu entsprechen.[29] Die **Übermittlung an andere Stellen** – auch an andere Betreuungsbehörden – folgt den jeweils einschlägigen Datenschutzbestimmungen.[30] 15

Abschnitt 4. Schlussvorschriften

§ 11 Umschulung und Fortbildung von Berufsvormündern

(1) ¹Durch Landesrecht kann bestimmt werden, dass es einer abgeschlossenen Lehre im Sinne des § 3 Abs. 1 Satz 2 Nr. 1 und § 4 Abs. 1 Satz 2 Nr. 1 gleichsteht, wenn der Vormund oder Betreuer besondere Kenntnisse im Sinne dieser Vorschrift durch eine dem Abschluss einer Lehre vergleichbare Prüfung vor einer staatlichen oder staatlich anerkannten Stelle nachgewiesen hat. ²Zu einer solchen Prüfung darf nur zugelassen werden, wer
1. mindestens drei Jahre lang Vormundschaften oder Betreuungen berufsmäßig geführt und
2. an einer Umschulung oder Fortbildung teilgenommen hat, die besondere Kenntnisse im Sinne des § 3 Abs. 1 Satz 2 und § 4 Abs. 1 Satz 2 vermittelt, welche nach Art und Umfang den durch eine abgeschlossene Lehre vermittelten vergleichbar sind.

(2) ¹Durch Landesrecht kann bestimmt werden, dass es einer abgeschlossenen Ausbildung an einer Hochschule im Sinne des § 3 Abs. 1 Satz 2 Nr. 2 und § 4 Abs. 1 Satz 2 Nr. 2 gleichsteht, wenn der Vormund oder Betreuer Kenntnisse im Sinne dieser Vorschrift durch eine Prüfung vor einer staatlichen oder staatlich anerkannten Stelle nachgewiesen hat. ²Zu einer solchen Prüfung darf nur zugelassen werden, wer
1. mindestens fünf Jahre lang Vormundschaften oder Betreuungen berufsmäßig geführt und
2. an einer Umschulung oder Fortbildung teilgenommen hat, die besondere Kenntnisse im Sinne des § 3 Abs. 1 Satz 2 und § 4 Abs. 1 Satz 2 vermittelt, welche nach

---

[24] *Knittel* Rn. 7; HK-BUR/*Walther* Rn. 36; *Jurgeleit/Kania/Langholf/Schmidt* Rn. 12; BtKomm/ *A. Roth* D Rn. 56; *Damrau/Zimmermann* Rn. 15.
[25] Vgl. OVG Niedersachsen BtPrax 2005, 193; VG Lüneburg FamRZ 2002, 1061.
[26] Vgl. die ausführliche Schilderung bei HK-BUR/*Walther* Rn. 56.
[27] Eine „informelle Sanktion" (so HK-BUR/*Walther* Rn. 37), die mE gerechtfertigt ist, da der Verstoß gegen klare gesetzliche Pflichten zumindest *Zweifel* an der generellen Eignung begründen kann.
[28] HK-BUR/*Walther* Rn. 23; aA *Damrau/Zimmermann* Rn. 12.
[29] *Erman/Saar* Anh. § 1836 Rn. 21.
[30] HK-BUR/*Walther* Rn. 30 ff. mit weiteren Einzelheiten.

Art und Umfang den durch eine abgeschlossene Ausbildung an einer Hochschule vermittelten vergleichbar sind.

(3) ¹Das Landesrecht kann weitergehende Zulassungsvoraussetzungen aufstellen. ²Es regelt das Nähere über die an eine Umschulung oder Fortbildung im Sinne des Absatzes 1 Satz 2 Nr. 2, Absatzes 2 Satz 2 Nr. 2 zu stellenden Anforderungen, über Art und Umfang der zu erbringenden Prüfungsleistungen, über das Prüfungsverfahren und über die Zuständigkeiten. ³Das Landesrecht kann auch bestimmen, dass eine in einem anderen Land abgelegte Prüfung im Sinne dieser Vorschrift anerkannt wird.

I. Bedeutung der Norm

1 § 11 schafft einen **Landesrechtsvorbehalt** für die Nachqualifizierung von Personen, die bereits berufsmäßig als Vormund oder Betreuer tätig sind, um ihnen die Erhöhung des Stundensatzes auf Berufsausbildungs- oder Hochschulausbildungsniveau zu ermöglichen. Derzeit existieren **keine Ausführungsvorschriften** mehr, die noch eine solche Nachqualifizierung erlauben würden.[1] Die Bedeutung der Norm beschränkt sich also im Moment darauf, dass sie Betreuern und Vormündern, die eine solche **Nachqualifizierung durchlaufen haben,** einen erhöhten Stundensatz zubilligt.

II. Erhöhung des Stundensatzes

2 Abs. 1 und 2 gewähren dem nachqualifizierten Vormund eine Erhöhung seines Stundensatzes auf das in § 3 Abs. 1 Satz 2 bestimmte Maß (€ 25 bzw. € 33,50), dem nachqualifizierten Betreuer auf das nach § 4 Abs. 1 Satz 2 bestimmte Maß (€ 33,50 bzw. € 44). Diese Wirkung gilt direkt für die Tätigkeit in dem Bundesland der Nachqualifizierung und in den Bundesländern, die eine **Anerkennungsregelung** iSv. Abs. 3 S. 3 erlassen haben, unter die der Vormund oder Betreuer fällt.[2] Fehlt eine solche, kann die Anerkennung bei einem Berufsbetreuer, der schon vor dem 1. 1. 1999 tätig war, aus Gründen des Vertrauensschutzes erforderlich sein.[3]

---

[1] Die letzte ist Ende 2005 in Hamburg ausgelaufen, siehe die Übersicht bei *Deinert/Lütgens,* Die Vergütung des Betreuers, 5. Aufl. 2008 Rn. 696 ff. Alle Regelungen waren auf Betreuer beschränkt, die zu einem bestimmten Stichtag (zwischen 1998 und 2001) schon als Berufsbetreuer tätig waren, in Nordrhein-Westfalen setzt die Anerkennung *zusätzlich* die Tätigkeitsaufnahme vor dem 30. 5. 1998 voraus.

[2] Die Anerkennung setzt voraus, dass zum Zeitpunkt der Abschlussprüfung am Prüfungsort eine wirksame Nachqualifizierungsregelung existiert hat: OLG Schleswig FGPrax 2003, 170.

[3] BVerfG NJW-FER 2000, 284, 286.

Untertitel 3. Fürsorge und Aufsicht des Familiengerichts

§ 1837 Beratung und Aufsicht

(1) ¹Das Familiengericht berät die Vormünder. ²Es wirkt dabei mit, sie in ihre Aufgaben einzuführen.

(2) ¹Das Familiengericht hat über die gesamte Tätigkeit des Vormunds und des Gegenvormunds die Aufsicht zu führen und gegen Pflichtwidrigkeiten durch geeignete Gebote und Verbote einzuschreiten. ²Es hat insbesondere die Einhaltung der erforderlichen persönlichen Kontakte des Vormunds zu dem Mündel zu beaufsichtigen. ³Es kann dem Vormund und dem Gegenvormund aufgeben, eine Versicherung gegen Schäden, die sie dem Mündel zufügen können, einzugehen.

(3) ¹Das Familiengericht kann den Vormund und den Gegenvormund zur Befolgung seiner Anordnungen durch Festsetzung von Zwangsgeld anhalten. ²Gegen das Jugendamt oder einen Verein wird kein Zwangsgeld festgesetzt.

(4) §§ 1666, 1666 a und 1696 gelten entsprechend.

Übersicht

	Rn.		Rn.
I. Normzweck und systematische Stellung der Vorschrift	1–4	3. Wahrung des Mündelwohls	12
1. Grundnorm für die familiengerichtliche Aufsicht	1	4. Kriterien der Pflichtwidrigkeit	13–16
2. Spezialnormen	2	5. Gerichtliches Ermessen bei der Aufsicht	17
3. Selbständigkeit des Vormunds	3	6. Unzulässigkeit weiterer Eingriffe	18
4. Information und Unterstützung des Familiengerichts	4	7. Art der Maßnahme	19
II. Beratung, Einführung und Unterstützung der Vormünder (Abs. 1)	5–9	8. Mangelnde oder unzureichende Aufsicht	20
1. Beratung	5	9. Aufgaben des Jugendamtes	21
2. Konflikte zwischen Vormund und Mündel	6	**IV. Versicherung (Abs. 2 S. 3)**	22
3. Mitwirkung an der Einführung des Vormunds	7	**V. Festsetzung von Zwangsgeld (Abs. 3)**	23
4. Unterstützung durch das Gericht	8	**VI. Die entsprechende Anwendung der §§ 1666, 1666 a, 1696 (Abs. 4)**	24–27
5. Beratung und Unterstützung durch Ämter	9	1. Entsprechende Geltung des § 1666	25
III. Aufsicht und Maßnahmen nach Abs. 2 S. 1, 2	10–21	2. Entsprechende Anwendung der § 1666 Abs. 2, § 1666a Abs. 1, § 1696	26
1. Gesamte Vormundtätigkeit, Einhaltung der persönlichen Kontakte zu dem Mündel	10, 10a	3. Entzug von Teilbereichen des Sorgerechts	27
2. Beginn und Ende	11	**VII. Verfahren**	28–30
		1. Zuständigkeit, Anhörung, Kosten	28
		2. Rechtsmittel	29, 30
		VIII. Parallelvorschriften	31

I. Normzweck und systematische Stellung der Vorschrift

1. Grundnorm für die familiengerichtliche Aufsicht. Für die familiengerichtliche Aufsicht über die Amtsführung des Vormunds und des Gegenvormunds bildet § 1837 die Grundnorm mit der allgemeinen Ermächtigung, gegen Pflichtwidrigkeiten des Vormunds (Gegenvormunds) durch Ge- und Verbote einzuschreiten (Abs. 2 S. 1) und nötigenfalls die Befolgung der gerichtlichen Anordnungen durch Festsetzung von Zwangsgeld durchzusetzen (Abs. 3 S. 1). Der durch das SorgeRG eingeführte Abs. 4 erklärt zusätzlich einige für die elterliche Sorge konzipierte Eingriffsnormen im Rahmen der Aufsicht über den Vormund für anwendbar. Mit dem durch das BtG eingefügten Abs. 1 wird zudem die Beratungspflicht des Gerichts ausdrücklich formuliert (Abs. 1 S. 1) und den Gerichten zudem die Aufgabe zugewiesen, bei der Einführung der Vormünder in ihre Aufgaben mitzuwirken (Abs. 1 S. 2). Die Pflicht, die Einhaltung der persönlichen Kontakte zum Mündel zu

§ 1837 2–6

beaufsichtigen (Abs. 2 S. 2), ist durch das Gesetz zur Änderung des Vormundschafts- und Betreuungsrechts eingefügt worden und gilt nach dessen Art. 3 ab 5. 7. 2012.

2. Spezialnormen. Neben § 1837 Abs. 2 bis 4 kennt das Gesetz eine Reihe weiterer, spezieller Ermächtigungsnormen für familiengerichtliche Eingriffe in die Amtsführung des Vormunds (zB §§ 1796, 1801, 1886; vgl. ferner die Genehmigungsvorbehalte der §§ 1811 ff.).

3. Selbständigkeit des Vormunds. Nach dem Grundsatz der Selbständigkeit des Vormunds sind Eingriffe in seine Amtsführung auf das für das Mündelwohl Notwendige zu beschränken und somit nur dann statthaft, wenn anders wichtigen persönlichen oder wirtschaftlichen Mündelinteressen gewichtige Nachteile drohen. Zwar genießt der Vormund nicht den verfassungsrechtlichen Schutz gegenüber staatlicher Intervention wie die Eltern (Art. 6 Abs. 2 GG); die Eingriffsschwelle ihm gegenüber ist deutlich niedriger als die gegenüber sorgeberechtigten Eltern. Doch würde eine staatliche Gängelung des Vormunds die Bereitschaft zur Übernahme und zur verantwortlichen Wahrnehmung des Vormundsamts mindern. Das Prinzip der Selbständigkeit der vormundschaftlichen Tätigkeit wirkt sich auch darin aus, dass das FamG grundsätzlich nicht anstelle des Vormunds handeln kann; Ausnahmen von diesem Prinzip bedürfen besonderer Verankerung im Gesetz (siehe §§ 1837 Abs. 4 iVm. 1666 Abs. 3 Nr. 5; § 1846). Im Übrigen muss sich das Gericht darauf beschränken, den Vormund zur Pflichterfüllung gemäß § 1837 Abs. 2, 3 anzuhalten; als äußerste Maßnahmen bleiben der Entzug von Sorgebereichen (§ 1837 Abs. 4 iVm. §§ 1666, 1666 a) oder die Entlassung (§ 1886). Unstatthaft ist zB die Anweisung des FamG an die Sparkasse, vom Mündel geschuldete Zahlungen an den Gläubiger vorzunehmen[1] oder die Anweisung, Rentenzahlungen auf ein bestimmtes Sparkonto des Mündels zu leisten.[2]

4. Information und Unterstützung des Familiengerichts. Um die Aufsicht durchführen zu können, ist das FamG auf Informationen und Unterstützung angewiesen. Diesem Zweck dienen die §§ 1802, 1839 ff., ferner § 1799 Abs. 1 S. 2, Abs. 2 (Gegenvormund) und § 53 Abs. 3 S. 3 bis 5 SGB VIII (Jugendamt). Bei schwieriger Vermögensverwaltung kann das Gericht fachkundige Hilfspersonen heranziehen, ohne aber die Verantwortung aus der Hand geben zu dürfen.[3]

II. Beratung, Einführung und Unterstützung der Vormünder (Abs. 1)

1. Beratung. Gem. § 1837 Abs. 1 S. 1 ist das Gericht verpflichtet, die Vormünder zu beraten. Hierauf besteht ein subjektiv-öffentliches Recht. Die ausdrückliche Regelung soll den fürsorglichen Charakter der gerichtlichen Tätigkeit betonen,[4] damit die aufsichtlichen Funktionen nicht einseitig in den Vordergrund treten. So kann das FamG etwa den rechtsunkundigen Vormund (Betreuer) auf die rechtlichen Folgen seines Handelns hinweisen oder ihm die Unzweckmäßigkeit oder Pflichtwidrigkeit einer in Aussicht genommenen Maßnahme aufzeigen.[5] Dem Mündel (Betroffenen) selbst ist ein Anspruch auf Beratung nicht eingeräumt, doch ist das Gericht nicht gehindert, dem Betroffenen und seinen Angehörigen mit Hinweisen und Ratschlägen zur Seite zu stehen, soweit sich das Gericht dadurch nicht durch Art und Umfang der Beratung an die Stelle des Vormunds (Betreuers) setzt.[6] Den Umfang der Beratungspflicht darf man nicht überdehnen: Es würde die Kapazität der Gerichte überlasten, wenn die Vormünder jede einzelne Maßnahme mit dem Gericht besprechen und sich so absichern wollten; die Beratung beschränkt sich im Allgemeinen auf Grundfragen der Amtsführung und auf wichtige Entscheidungen.

2. Konflikte zwischen Vormund und Mündel. Für den Fall, dass Vormund und Mündel (Betreuer und Betroffener) miteinander streiten, sieht das Gesetz kein besonderes Verfahren zur Konfliktlösung vor.[7] Gleichwohl ist es Aufgabe des Gerichts, auf die Bereinigung derartiger Auseinandersetzungen hinzuwirken; Gelegenheit dazu ergibt sich zB in Verfahren, in denen aufsichtliche Maßnahmen gegen den Vormund – etwa auf Anregung des Mündels – in Frage stehen, wie auch im Rahmen von Genehmigungsverfahren, bei denen zwischen Vormund und Mündel kein sachliches Einverständnis besteht.

---

[1] Soergel/Zimmermann Rn. 3.
[2] Soergel/Zimmermann Rn. 3; aA KG ZBlJugR 1953, 125; anders wohl auch LG Meiningen Rpfleger 1998, 285.
[3] KG JW 1936, 2461 = JFG 13, 373.
[4] BT-Drucks. 11/4528 S. 113.
[5] Palandt/Diederichsen Rn. 2; vgl. BayObLGZ 1999, 117.
[6] BT-Drucks. 11/4528 S. 113.
[7] Begründung BT-Drucks. 11/4528 S. 113.

3. Mitwirkung an der Einführung des Vormunds. Diese findet zweckmäßigerweise in 7
Form eines Einführungsgesprächs (für die Betreuung siehe § 289 Abs. 2 FamFG) aus Anlass der
Amtsverpflichtung (§ 1789) und Übergabe der Bestallungsurkunde (§ 1791) statt.

4. Unterstützung durch das Gericht. Die Pflicht des Gerichts, den Vormund bei seiner 8
Amtsführung zu unterstützen, ergibt sich für die Personensorge aus § 1800 iVm. § 1631 Abs. 3, für
die Vermögenssorge aus dem Sinn der Aufsicht (vgl. den Titel vor § 1837: „Fürsorge"). Die Unterstützung kann sich auch auf den Bereich selbständiger Amtsführung des Vormunds („Zweckmäßigkeitsentscheidungen") beziehen, doch darf das FamG diesbezüglich keine bindenden Anordnungen treffen,[8] selbst wenn der Vormund damit einverstanden wäre.[9] Zulässig ist jedoch zB, dass das FamG dem Vormund weitere Entscheidungsunterlagen, auch durch Inanspruchnahme anderer Behörden, verschafft.[10] Die Grenze ist dort zu ziehen, wo die Ermittlungstätigkeit des Gerichts dem Mündel Sondervorteile verschaffen würde, so etwa bei vorprozessualer Beweiserhebung des Vormunds mit Hilfe des FamG.[11]

5. Beratung und Unterstützung durch Ämter. Vormünder haben Anspruch auf regelmä- 9
ßige und dem jeweiligen erzieherischen Bedarf entsprechende Beratung und Unterstützung (§ 53
Abs. 2 SGB VIII); der Anspruch richtet sich gegen das Jugendamt (§ 3 Abs. 2 S. 2 SGB VIII). Zum
Betreuungsrecht vgl. §§ 4, 6 BtBG.

III. Aufsicht und Maßnahmen nach Abs. 2 S. 1, 2

1. Gesamte Vormundstätigkeit, Einhaltung der persönlichen Kontakte zu dem 10
Mündel. Die Aufsicht des FamG umfasst die Personensorge ebenso wie die Vermögenssorge. Auch
das privatrechtliche Verhältnis zwischen Mündel und Vormund unterliegt dieser Aufsicht.[12] Zwar
ist die Feststellung von Forderungen oder Verbindlichkeiten Aufgabe des Prozessgerichts; das FamG
hat aber das Verhalten des Vormunds im Umfeld oder im Rahmen solcher Verfahren zu überwachen.
So entscheidet über Ansprüche des Mündels im Streitfall zwar das Prozessgericht,[13] doch kann der
Vormund bei der Abwicklung solcher Ansprüche gegen die Mündelinteressen handeln (zB Erhebung
aussichtsloser Klagen), so dass insofern Maßnahmen nach § 1837 Abs. 2 in Betracht kommen.
Umgekehrt darf § 1837 nicht dazu dienen, dem Mündel zusätzliche oder bessere Durchsetzungsmöglichkeiten gegen Dritte zu verschaffen, die Gläubigern im allgemeinen Rechtsverkehr nicht zur
Verfügung stehen.[14]

„Insbesondere" soll sich die Aufsicht nach dem (durch das Gesetz zur Änderung des Vormund- 10a
schafts- und Betreuungsrechts) neu eingefügten Abs. 2 Satz 2 (gültig ab 5. 7. 2012) auf die Einhaltung der erforderlichen persönlichen Kontakte des Vormunds zum Mündel erstrecken. In der Sache
ist damit der (ebenfalls neu eingefügte) § 1793 Abs. 1a in Bezug genommen. Das FamG wird deshalb
nicht nur auf die Wahrung der von § 1793 Abs. 1a vorgegebenen Regelabstände, in denen der
Vormund den Mündel persönlich aufzusuchen hat, sondern auch darauf Bedacht zu nehmen haben,
dass der Vormund – falls nicht im Einzelfall besondere Umstände entgegen stehen – den Mündel in
dessen persönlicher Umgebung besucht. Die Wahrnehmung der Aufsicht wird dem FamG durch
die vom (neu eingefügten) § 1840 Abs. 1 Satz 2 erweiterte Berichtspflicht erleichtert.

2. Beginn und Ende. Die familiengerichtliche Aufsicht beginnt mit der Bestellung des Vor- 11
munds/Gegenvormunds und endet grundsätzlich mit der Beendigung der Vormundschaft oder der
Beendigung des Amtes des Vormunds.[15] Nach Beendigung des Amtes kann das FamG nur noch
die Einreichung der formellen Schlussrechnung (§ 1892 Abs. 1) und die Rückgabe der Bestallungsurkunde (§ 1893 Abs. 2) durch Maßnahmen nach § 1837 Abs. 2, 3 gegenüber dem bisherigen Vormund durchsetzen,[16] den bisherigen Vormund jedoch nicht zur Herausgabe des Mündelvermögens
oder zu weiterer Auskunftserteilung[17] anhalten. Auch eine sachliche Berichtigung oder Ergänzung

---

[8] BGHZ 17, 108, 116 = NJW 1955, 867; BayObLG JW 1927, 1218; LG Berlin DAVorm. 1979, 434.
[9] BayObLGZ 1951, 440, 447; LG Berlin JR 1963, 346. Weitergehend BayObLG FamRZ 1999, 1460: Berechtigung und Verpflichtung des Gerichts aufzuzeigen, ob ein beabsichtige Maßnahme des Vormunds (Betreuers) pflichtwidrig ist.
[10] RGZ 75, 230.
[11] RG JW 1911, 781; RG LZ 1917, 333.
[12] RGRK/*Dickescheid* Rn. 5.
[13] BayObLGZ 23, 224.
[14] Vgl. RG JW 1911, 781; RG LZ 1917, 333; KG DJ 40, 1174; OLG Colmar OLGE 31, 416.
[15] KG RJA 16, 18.
[16] BayObLG FamRZ 2001, 934; Rpfleger 1997, 476; OLG Jena FamRZ 2001, 579, 581; KG KGJ 50, 28; MDR 1969, 669; OLG Hamm NJW 1966, 2125.
[17] Vgl. OLG Hamm OLGZ 1966, 484; KG OLGE 40, 99; BayObLG Rpfleger 1996, 246.

der Schlussrechnung kann nach Ende des Vormundsamtes nicht mehr erzwungen werden. Andererseits wird der Vormund aber auch nicht materiell entlastet, wenn das FamG die Schlussrechnung anerkennt; streitige Ansprüche aus der Abrechnung können vor dem Prozessgericht geltend gemacht werden[18] (vgl. dazu Rn. 10 und § 1843 Rn. 1).

12 **3. Wahrung des Mündelwohls.** Die Aufsicht des FamG dient ausschließlich der Wahrung des Mündelwohls. Die Interessen Dritter sind als solche nicht zu berücksichtigen.[19] Auch Interessen naher Angehöriger können nur insoweit Bedeutung haben, als ihre Wahrung zugleich im Mündelinteresse liegt.[20]

13 **4. Kriterien der Pflichtwidrigkeit.** Das Einschreiten des FamG setzt pflichtwidriges Tun oder Unterlassen des Vormunds voraus. Kriterien der Pflichtwidrigkeit sind einzig Rechtsverstoß und Handeln gegen das Mündelwohl.[21] Pflichtwidrig handelt der Vormund folglich,
- wenn er gegen gesetzliche Vorschriften verstößt, zB die Vorschrift über die Anlage von Mündelgeld nicht beachtet;[22]
- wenn er gegen gerichtliche Anordnungen handelt, zB gegen eine Anordnung nach § 1818;
- wenn er durch sein Handeln wichtige persönliche oder wirtschaftliche Interessen des Mündels verletzt oder vernachlässigt.

14 Die Pflichtwidrigkeit setzt kein Verschulden des Vormunds voraus; denn wenn, wie die Verweisung des Abs. 4 auf § 1666 Abs. 1 ergibt, sogar für die Entziehung eines gesamten Sorgebereichs unverschuldetes Versagen ausreichen kann, dürfte für mildere Eingriffe nichts anderes gelten. Ebenso ist nicht erforderlich, dass dem Mündel schon ein Schaden entstanden ist oder ein solcher unmittelbar bevorsteht.[23] Es genügt, dass das Verhalten des Vormunds das Wohl des Mündels im Verlaufe seiner weiteren Entwicklung beeinträchtigt. Präventive Weisungen sind nur berechtigt, wenn die auf Tatsachen begründete Besorgnis besteht, der Betreuer werde pflichtwidrig handeln.[24]

15 Die nach Abs. 4 angeordnete „entsprechende Geltung" der §§ 1666, 1666 a ändert nichts daran, dass das FamG Maßnahmen gemäß Abs. 2 und Abs. 3 auch dann treffen kann, wenn die Eingriffsschwelle gegenüber sorgeberechtigten Eltern noch nicht erreicht ist. Der Vormund ist also in seiner Selbständigkeit weiter eingeschränkt als sorgeberechtigte Eltern; Maßnahmen nach Abs. 2, 3 kommen auch dann in Frage, wenn die Tatbestände der §§ 1666, 1666 a noch nicht erfüllt sind.

16 Soweit der Vormund bei seiner Amtsführung nicht gegen Gesetz und richterliche Anordnungen verstößt, räumt ihm die hM ein „Ermessen" ein. Erst der Fehlgebrauch dieses Ermessens soll eine Pflichtwidrigkeit begründen.[25] Dem ist in der Tendenz, nicht aber in der Begriffswahl zu folgen: Vor allem darf sich der Begriff des Ermessens und Ermessensfehlgebrauchs nicht an den Grundsätzen orientieren, die für das Verwaltungsrecht entwickelt worden sind; die Selbständigkeit des Vormunds geht sehr viel weiter als etwa der Ermessensspielraum, der einer Behörde bei Eingriffen in die Freiheitssphäre der Bürger eingeräumt sein kann. Andererseits kann die immer wieder anzutreffende Einteilung in Fälle der Ermessensüberschreitung und Fälle der Entscheidung von bloßen Zweckmäßigkeitsfragen die Sache nicht treffen.[26] So ist – um ein Beispiel aufzugreifen – die Berufswahl keine „Zweckmäßigkeitsfrage", sondern eine fundamentale Lebensentscheidung für den Mündel. Die Entscheidungskompetenz des Vormunds in diesem Bereich entspringt auch nicht seiner Zuständigkeit für „Zweckmäßigkeitsfragen", sondern der Personensorge, in der er auch in Fragen von grundlegender Bedeutung selbständig handeln kann, solange er nicht durch Pflichtwidrigkeit gegen wichtige Mündelinteressen (hier § 1631a) verstößt. In jeder der sogenannten „Zweckmäßigkeitsfragen" gibt es zwar einen mehr oder minder weiten Raum für selbständiges Vormundhandeln, zugleich aber eine Grenze, von der an das Einschreiten des FamG zulässig und geboten ist. Der übliche Katalog von Zweckmäßigkeitsfragen ist daher aufzugeben: Der Vormund ist grundsätzlich selbständig in allen Fragen der ihm überantworteten Mündelsorge, soweit keine gesetzlichen Bindungen bestehen; in

---

[18] BayObLG Rpfleger 1997, 476; Rpfleger 1996, 246.
[19] BayObLGZ 23, 224, 228 (Interessen des Geschäftspartners).
[20] Vgl. OLG Hamm Rpfleger 1985, 294 (Kontakte mit Großeltern); OLG Schleswig FamRZ 1996, 1368 (Verlegung in anderes Pflegeheim zur Erleichterung von Besuchen durch den Ehemann).
[21] Zur Definition der Pflichtwidrigkeit vgl. etwa BayObLG FamRZ 2000, 565; FamRZ 1999, 1457, 1459; OLG Schleswig FamRZ 1996, 1368, 1369.
[22] S. OLG Frankfurt Rpfleger 1983, 151.
[23] Vgl. BayObLGZ 30, 345.
[24] OLG Karlsruhe FamRZ 2006, 507; OLG Saarbrücken OLGR 2004, 318.
[25] BayObLG FamRZ 2000, 565; FamRZ 1999, 1457, 1459; Rpfleger 1984, 466, 467; OLG Stuttgart FamRZ 1981, 99; OLG Bremen OLGZ 1966, 455; OLG Hamm JMBlNRW 1956, 221. So auch die Lit., vgl. *Gernhuber/Coester-Waltjen* § 71 Rn. 24; *RGRK/Dickescheid* Rn. 9; *Soergel/Zimmermann* Rn. 7.
[26] Zur Kasuistik 4. Aufl. Rn. 23 ff., ferner dort Fn. 28.

allen diesen Fragen begründet indes der Verstoß gegen wichtige Mündelinteressen die Eingriffsbefugnis des FamG.

5. Gerichtliches Ermessen bei der Aufsicht. Von der Frage der Selbständigkeit des Vormunds strikt zu unterscheiden ist die Frage, ob dem Gericht im Rahmen seiner Aufsicht ein Ermessen bei dem Ob und Wie seines Einschreitens zusteht. Das FamG kann nicht über die Grundvoraussetzungen seines Einschreitens, nämlich das Vorliegen einer Pflichtwidrigkeit, nach „pflichtgemäßem" Ermessen entscheiden.[27] Die Frage, ob eine (hinreichend schwere) Pflichtwidrigkeit des Vormunds gegeben ist, bildet eine Tatbestandsvoraussetzung für einen hoheitlichen Eingriff und damit zwingend eine Rechtsfrage.[28] Die weitere Frage, welche Maßnahme ergriffen werden darf, steht unter dem Gebot der Verhältnismäßigkeit, das ein gerichtliches Ermessen in der **Auswahl der geeigneten Maßnahmen** einschränkt. Somit ist die Pflichtwidrigkeit als maßgebliches Kriterium für das „Ob" des Eingreifens als unbestimmter Rechtsbegriff einzustufen, während bei der Frage des „Wie" des Eingreifens Raum für eine – wenn auch eingeschränkte – Ermessensentscheidung bleibt.

6. Unzulässigkeit weiterer Eingriffe. Soweit der Vormund nicht pflichtwidrig handelt, hat das Gericht die Einflussnahme auf die Führung der Vormundschaft zu unterlassen, wenn nicht der Vormund selbst um Unterstützung bittet. Auch „Ermahnungen" und andere mit gerichtlicher Autorität unternommene Einflussversuche sind bereits Eingriffe.[29] Im Bereich selbständiger Amtsführung sind auch keine bindenden gerichtlichen Anweisungen auf Wunsch des Vormunds statthaft.[30]

7. Art der Maßnahme. Das FamG hat diejenigen Gebote und Verbote gegen den Vormund zu erlassen, die **geeignet** sind, die Beeinträchtigung der Mündelinteressen abzuwehren und die zu diesem Zweck als **erforderlich** erscheinen.[31] Es gilt der Grundsatz der Verhältnismäßigkeit: Unstatthaft sind Maßnahmen dann, wenn das gleiche Ziel durch minderbelastende Maßnahmen erreicht werden kann.[32] Die Gebote und Verbote müssen das konkrete Handeln des Vormunds betreffen, der zB angewiesen werden kann, Geld bei der Sparkasse anzulegen.[33] Nicht statthaft nach § 1837 Abs. 2 S. 1 sind der Teilentzug eines Sorgebereichs und Maßnahmen gegen Dritte (siehe aber § 1837 Abs. 4 iVm. § 1666 Abs. 1, 2; vgl. Rn. 24 ff.). Auch kann im Rahmen des § 1837 Abs. 2 das FamG nicht selbst anstelle des Vormunds handeln (siehe aber § 1837 Abs. 4 iVm. § 1666 Abs. 3, vgl. Rn. 25).

8. Mangelnde oder unzureichende Aufsicht des FamG über den Vormund kann zugunsten des Mündels die Staatshaftung begründen (Art. 34 GG, § 839 BGB); gleiches gilt, wenn ungeeignete Ge- und Verbote erlassen werden oder wenn das FamG notwendige Maßnahmen dieser Art versäumt.[34]

9. Zu den **Aufgaben des Jugendamtes** vgl. § 53 Abs. 3 SGB VIII.

IV. Versicherung (Abs. 2 S. 3)

Der durch das BtG eingefügte (jetzt) S. 3 des Abs. 2 räumt dem Gericht ausdrücklich die Befugnis ein, dem Vormund aufzugeben, sich wegen möglicher Schäden, die er dem Mündel zufügt, versichern zu lassen. Die Vorschrift erklärt sich aus dem Umstand, dass das Gesetz keine allgemeine Pflichtversicherung für Vormünder, Pfleger und Betreuer vorsieht. § 1835 Abs. 2 S. 1 (Ersatzfähigkeit der Versicherungskosten als Aufwendungen) begründet zwar einen Anreiz zum Abschluss solcher Versicherungsverträge, doch keine allgemeine Pflicht hierzu. Die Regelung des § 1837 Abs. 2 S. 3 läuft darauf hinaus, dass das Gericht *in Einzelfällen* eine Pflichtversicherung anordnen kann. Sachliche Voraussetzung ist nicht etwa, wie man aus der Platzierung im Gesetz folgern könnte, eine Pflichtwidrigkeit des Vormunds, sondern das im konkreten Fall erkennbare Schadensrisiko: Entscheidender Gesichtspunkt ist, ob das Sicherungsinteresse des Mündels nach Art und Umfang der zu erledigenden Aufgaben und

---

[27] Vgl. aber BayObLG FamRZ 1997, 1560; Rpfleger 1984, 466, 467; ähnlich *Staudinger/Engler* Rn. 25.
[28] *Soergel/Zimmermann* Rn. 6.
[29] AA wohl *Soergel/Zimmermann* Rn. 10 unter Verweisung auf KG RJA 16, 13.
[30] Nicht unproblematisch deshalb BayObLG FamRZ 1999, 1460: Berechtigung und Verpflichtung des Gerichts aufzuzeigen, ob eine beabsichtigte Maßnahme des Vormunds (Betreuers) pflichtwidrig ist.
[31] OLG Hamm FamRZ 1998, 570. Zur Weisung bei geteilter Mitvormundschaft vgl. OLG München Beschluss vom 24. 04. 2011 – 31 Wx 274/10 – juris (betr. Meinungsverschiedenheiten zwischen Mitnachlasspflegern mit unterschiedlichern Aufgabenkreisen).
[32] Vgl. aber BayObLG BtPrax 2004, 153: Entlassung (des Betreuers, § 1908b Abs. 1) setzt nicht voraus, dass zuvor sämtliche mögliche Aufsichtsmaßnahmen ausgeschöpft worden sind.
[33] KG KGJ 51, 36, 39.
[34] Vgl. OLG Oldenburg Rpfleger 1979, 101.

nach den konkreten Lebensumständen einen derartigen Versicherungsschutz verlangt[35] oder doch nahelegt. Das Gericht kann auch die Mindesthöhe der Haftungssumme bestimmen.

V. Festsetzung von Zwangsgeld (Abs. 3)

23 Das FamG kann zur Erzwingung seiner Anordnungen **Zwangsgeld festsetzen,** wenn der Vormund einem Gebot oder Verbot zuwiderhandelt (Abs. 3 iVm. § 35 FamFG). Die Festsetzung von Zwangsgeld setzt voraus, dass der Vormund zuvor auf die Folgen einer Zuwiderhandlung gegen das familiengerichtliche Ge- oder Verbot hingewiesen worden ist (§ 35 Abs. 2 FamFG).[36] Das FamG kann die Anordnung von Zwangsgeld im Gegensatz zu § 1788 beliebig oft wiederholen;[37] jedes Mal ist eine gesonderte vorherige Androhung notwendig.[38] Eine Umwandlung in Freiheitsentzug ist nicht zulässig, auch nicht im Fall der Uneinbringlichkeit des Zwangsgelds; Abs. 3 S. 1 geht § 35 Abs. 1 S. 2 FamFG vor.[39] Die Festsetzung von Zwangsgeld ist nur als Beugemaßnahme zulässig. Die Anordnung von Zwangsgeld ist daher unstatthaft, wenn das Gebot oder Verbot, das durchgesetzt werden soll, bereits befolgt ist oder wenn seine Befolgung nicht mehr möglich oder sonst gegenstandslos geworden ist.[40] Auch darf das Zwangsgeld nur zur Durchsetzung der in Abs. 2 genannten Maßnahmen festgesetzt werden,[41] nicht aber etwa, um den Vormund zu gebührlichem Verhalten gegenüber dem FamG zu veranlassen, ebenso wenig, um dem Mündel einen Prozess gegen den Vormund zu ersparen (etwa nach § 1843 Abs. 2 iVm. § 1833).[42] Nach Beendigung des Vormundsamts ist die Anordnung von Zwangsgeld nur mehr statthaft, um den bisherigen Vormund zur Rückgabe der Bestallung oder zu ordnungsgemäßer Schlussrechnung zu veranlassen (siehe § 1892 Rn. 2, § 1893 Rn. 13).[43] Die Höhe des Zwangsgelds bemisst sich nach Art. 6 EGStGB, § 35 Abs. 3 S. 1 FamFG und beträgt mindestens 5 €, höchstens 25 000 €.[44] Vom Zwangsgeld ausgenommen sind der Amts- und der Vereinsvormund, ferner im Rahmen des Betreuungsrechts der Verein und die Behörde, die als solche zu Betreuern bestellt sind (§ 1900; § 1837 Abs. 3 S. 2 iVm. § 1908i Abs. 1 S. 1). Nach § 1908g Abs. 1 kann auch gegen den Behördenbetreuer im Sinne von § 1897 Abs. 2 S. 2 kein Zwangsgeld festgesetzt werden; der Umkehrschluss ergibt, dass gegen den Vereinsbetreuer iSv. § 1897 Abs. 2 S. 1 die Festsetzung von Zwangsgeld zulässig ist.

VI. Die entsprechende Anwendung der §§ 1666, 1666 a, 1696 (Abs. 4)

24 § 1837 Abs. 4 erklärt die kindschaftsrechtlichen Vorschriften über die Aufsicht durch das FamG für entsprechend anwendbar.

25 **1. Entsprechende Geltung des § 1666.** Die „entsprechende Geltung" des § 1666 bedeutet, dass das FamG unter den strengeren Voraussetzungen dieser Vorschrift (qualifizierte Kindeswohlgefährdung) Maßnahmen ergreifen kann, die über die Gebote und Verbote des § 1837 Abs. 2 S. 1 hinausgehen.[45] Das FamG kann somit, wenn der Vormund den **Tatbestand des § 1666 Abs. 1** erfüllt hat,
- dem Vormund **Teilbereiche des Sorgerechts entziehen** (§ 1666 Abs. 1, Abs. 3 Nr. 6; zB das Aufenthaltsbestimmungsrecht; das Recht, den Umgang des Mündels zu bestimmen; das gesamte Personensorgerecht, allerdings nur nach Maßgabe des § 1666a Abs. 2). Eine vollständige Entziehung des Sorgerechts kann nicht auf § 1837 Abs. 4 iVm. § 1666 Abs. 1, Abs. 3 Nr. 6 gestützt werden; soweit die Fortführung des Vormundamtes das Mündelwohl gefährdet, ist der Vormund gem. § 1886 zu entlassen. Zum Verhältnis zu § 1886 siehe auch Rn. 27;
- **Maßnahmen gegen einen** das Mündelwohl gefährdenden **Dritten** ergreifen (§ 1666 Abs. 4);

---

[35] BT-Drucks. 11/4528 S. 114.
[36] Zu Form, Inhalt und Nachholbarkeit des „Hinweises" (in der dankenswert-klaren Diktion des § 33 Abs. 3 FGG: „Androhung von Zwangsgeld") sowie zur Notwendigkeit seiner Wiederholung vor erneuter Festsetzung: Keidel/Zimmermann FamFG § 35 Rn. 13 ff.
[37] BayObLGZ 2, 800; *Soergel/Zimmermann* Rn. 16 f.; *Staudinger/Engler* Rn. 40; *Palandt/Diederichsen* Rn. 11.
[38] BayObLGZ 2, 800.
[39] *Keidel/Zimmermann* FamFG § 35 Rn. 29.
[40] BayObLG FGPrax 2002, 118; Rpfleger 1997, 476; KG OLGE 38, 261.
[41] KG KGJ 51, 49.
[42] Vgl. BayObLGZ 3, 797.
[43] Dies allerdings nicht, wenn der volljährig gewordene Mündel zuvor auf die Legung der Schlussrechnung verzichtet hat: LG Saarbrücken BtPrax 2009, 195.
[44] *Soergel/Zimmermann* Rn. 17; *Staudinger/Engler* Rn. 38.
[45] Zum Verhältnis des § 1837 Abs. 2 zu Abs. 4 vgl. auch die vorsichtigen Formulierungen bei BayObLG Rpfleger 1984, 466, 467; OLG Hamm Rpfleger 1985, 294.

– sowie **Erklärungen des Vormunds** zum Zwecke der Abwehr einer Mündelwohlgefährdung ersetzen (§ 1666 Abs. 3 Nr. 5).
Diese Maßnahmen sind nur statthaft, wenn das Gericht nach allen Umständen davon ausgehen darf, dass die Ge- und Verbote nach § 1837 Abs. 2 zur Wahrung der Mündelinteressen nicht ausreichend sind oder wenn sich solche Maßnahmen als fruchtlos erwiesen haben.[46]

2. Entsprechende Anwendung der § 1666 Abs. 2, § 1666a Abs. 1, § 1696. Die Regelbeispiele, die § 1666 Abs. 2 für eine Vermögensgefährdung bereithält, wollen auf den Vormund nur begrenzt passen, da er dem Mündel nicht unterhaltspflichtig ist (vgl. § 1666 Abs. 2 1. Fall). Immerhin ist denkbar, dass der Vormund seine Pflicht zur Vermögenssorge verletzt (§ 1666 Abs. 2 2. Fall), indem er dem Mündel die nötigen Mittel zum Unterhalt aus dem Mündelvermögen vorenthält, Unterhaltsansprüche des Mündels nicht verfolgt oder dem Mündel zustehende Sozialleistungen nicht in Anspruch nimmt. Ebenso ist vorstellbar, dass der Vormund die ihm nach § 1837 Abs. 2 erteilten Gebote und Verbote nicht befolgt (§ 1666 Abs. 2 3. Fall). Auch die Anwendung der Maßnahmen nach § 1666a Abs. 1 gegen den Vormund kommt kaum in Betracht, weil er mit dem Mündel auch dann keine „elterliche Familie" bildet, wenn er ihn bei sich aufgenommen hat. Keine Probleme bereitet die entsprechende Anwendung des § 1696. Sie ist auf die vom FamG nach § 1837 Abs. 2 bis 4 getroffenen Maßnahmen beschränkt, kann also die Abänderung anderer vormundschaftlicher Entscheidungen des FamG (etwa über die Auswahl und Entlassung des Vormunds) nicht begründen. Nach § 1896 Abs. 1 hat das FamG seine Anordnungen zu ändern, wenn dies aus triftigen Gründen, die das Wohl des Mündels berühren, angezeigt ist. § 166 Abs. 2 FamFG (iVm. § 1696 Abs. 2) verpflichtet das FamG, Maßnahmen nach §§ 1666 bis 1667 in angemessenen Zeitabständen zu überprüfen. Nach § 1696 Abs. 2 sind solche Maßnahmen aufzuheben, wenn eine Gefahr für das Mündelwohl nicht mehr besteht.

3. Entzug von Teilbereichen des Sorgerechts. Durch die Verweisung des § 1837 Abs. 4 auf § 1666 Abs. 1, Abs. 3 Nr. 6, § 1666a können dem Vormund auch Teilbereiche des Sorgerechts entzogen werden. Eine vollständige Entziehung des Sorgerechts ist nur im Wege der Entlassung nach Maßgabe des § 1886 möglich (siehe Rn. 25). Für das Verhältnis zu § 1886 gilt dabei: Nach dem Prinzip der Verhältnismäßigkeit bildet § 1886 die ultima ratio. Der Vormund ist deshalb nur dann nach § 1886 zu entlassen, wenn der Gefährdung des Mündelwohls nicht durch Maßnahmen nach §§ 1666, 1666a vorgebeugt werden kann. Insbesondere kann die Entlassung des Vormunds nicht auf § 1837 Abs. 4 iVm. § 1666 Abs. 1, Abs. 3 Nr. 6, § 1666a gestützt werden.[47] Das bedeutet indes nicht, dass der Vormund nur noch dann entlassen werden kann, wenn bei gleichem Verhalten auch den Eltern das gesamte Sorgerecht entzogen werden müsste.[48] Vielmehr kommt der fundamentale Unterschied zwischen Vormundschaft und Elternschaft zum Tragen. Die Eltern haben das natürliche und verfassungsrechtlich garantierte Recht auf die Kindessorge; sie sind im Prinzip unersetzlich; folglich muss im Verhältnis der Eltern zu ihren Kindern auch beim Fehlverhalten der Eltern vom Sorgerechtsverhältnis soviel gerettet werden, wie ohne Kindesgefährdung irgendwie möglich erscheint (vgl. § 1666a Abs. 2). Derartige Erwägungen entfallen bei dem Vormund, der prinzipiell ersetzbar ist. Hier stellt sich die Frage anders, nämlich dahin, ob ein Vormund, der seine Pflichten gegenüber dem Mündel in wichtigen Punkten mit der Folge einer Gefährdung des Mündelwohls verletzt hat, noch die Annahme rechtfertigt, künftig sein Amt im Interesse des Mündelwohls auszuüben.

VII. Verfahren

1. Zuständigkeit, Anhörung, Kosten. Das FamG (zuständig: grundsätzlich Rechtspfleger, § 3 Nr. 2a, § 4 RPflG, und zwar auch für Beratung und Einführung, Abs. 1; ebenso für die Zwangsgeldfestsetzung, § 4 Abs. 1 RPflG, soweit das Ge- oder Verbot, das befolgt werden soll, zu seinem Zuständigkeitsbereich gehört. Richterzuständigkeit nach Maßgabe des § 14, insbes. Abs. 1 Nr. 2, 12a RPflG) wird von Amts wegen tätig (§ 26 FamFG). Zu den Anhörungspflichten §§ 159, 160, 162 Abs. 1 FamFG. Die Kosten der Zwangsgeldfestsetzung (gerichtliche Kosten: § 119 Abs. 2 KostO, Nr. 1602 KV FamGKG; Auslagen: § 137 KostO, Nr. 2000 ff. KV FamGKG) trägt der Vormund (§ 3 Nr. 1 KostO, § 35 Abs. 3 S. 2 FamFG). Die Einziehung des Zwangsgeldes und der Kosten bestimmt sich nach § 1 JBeitrO.

---

[46] RGRK/*Dickescheid* Rn. 22; aA *Soergel/Zimmermann* Rn. 17 („pflichtgemäßes Ermessen").
[47] Entlassung ist nur nach § 1886 statthaft: BayObLG Rpfleger 1999, 126; aA offenbar OLG Köln OLGR 2009, 438.
[48] Unklar in diesem Punkt BT-Drucks. 8/2788 S. 70: Es erscheine denkbar, dass der Vormund – bis auf eine Angelegenheit – durchaus geeignet sei; dann gehe die Abberufung zu weit, zumal häufig die Vormünder aus dem Verwandtenkreis kämen.

§ 1839 1, 2

29 **2. Rechtsmittel.** Gegen die Entscheidung über Maßnahmen nach § 1837 Abs. 2 bis 4 ist grundsätzlich die **Beschwerde** statthaft (§ 58 Abs. 1 FamFG), gegen die Anordnung von Zwangsgeld nach § 1837 Abs. 3 die sofortige Beschwerde entsprechend §§ 567 bis 572 ZPO (§ 35 Abs. 5 FamFG) - u.a. mit der Folge aufschiebender Wirkung nach § 570 ZPO. Die Anordnung von Zwangsgeld ist aufzuheben, wenn der Vormund vor der Beitreibung das Ge- oder Verbot erfüllt bzw. beachtet.[49] Str. ist, ob die Festsetzung des Zwangsgeldes auch dann noch angreifbar ist, wenn das Zwangsgeld inzwischen bezahlt ist.[50] Der einer Festsetzung notwendig vorausgehende Hinweis auf die Folgen einer Zuwiderhandlung (35 Abs. 2 FamFG) soll, wenn er (etwa bei erneuter Festsetzung oder im Wege der Nachholung) isoliert erfolgt, auch für sich genommen rechtsmittelfähig sein[51] – dies aber wohl nur mit der einfachen Beschwerde (§ 58 Abs. 1 FamFG).

30 **Beschwerdeberechtigt** gegen die Anordnung von Maßnahmen nach § 1837 Abs. 2 bis 4 ist der Vormund (§ 59 Abs. 1 FamFG) und, weil ebenfalls in eigenen Rechten beeinträchtigt, auch der Mündel (§ 59 Abs. 1, zur selbständigen Ausübung § 60 FamFG). Gegen die Ablehnung solcher Maßnahmen ist der Mündel beschwerdeberechtigt (§§ 59 Abs. 1, 60 FamFG). Ein Beschwerdeberechtigung Dritter scheidet mangels Beeinträchtigung eigener Rechte aus;[52] das gilt auch für den Gegenvormund als bloßem Kontrollorgan[53] (s. zum Ganzen auch § 1886 Rn. 18 ff.). Vgl. im Übrigen § 158 Abs. 4 S. 5, § 162 Abs. 3 S. 2 FamFG.

VIII. Parallelvorschriften

31 Die Vorschrift gilt auch für das Pflegschaftsrecht (§ 1915 Abs. 1). Im Rahmen des Betreuungsrechts finden die Absätze 1 bis 3 des § 1837 Anwendung (§ 1908i Abs. 1 S. 1; zur Festsetzung von Zwangsgeld siehe Rn. 23; ferner Erl. zu § 1908i).

§ 1838 *(weggefallen)*

§ 1839 Auskunftspflicht des Vormunds
> Der Vormund sowie der Gegenvormund hat dem Familiengericht auf Verlangen jederzeit über die Führung der Vormundschaft und über die persönlichen Verhältnisse des Mündels Auskunft zu erteilen.

I. Normzweck

1 Die Berichterstattungspflicht von Vormund und Gegenvormund besteht während der **Dauer der Vormundschaft/Gegenvormundschaft** umfassend, also sowohl hinsichtlich der **Vermögens- als auch der Personensorge**. Sie besteht auch bei Amts-, Vereins- und befreiter Vormundschaft.[1] Die Berichterstattungspflicht ergänzt die Pflicht zur unaufgeforderten periodischen Rechnungslegung über die persönlichen und die Vermögensverhältnisse des Mündels gem. § 1840 durch die Option, Auskünfte im Einzelfall einzuholen. So kann sich das FamG etwa, wenn es Kenntnis vom Eingang von Mündelgeldern erlangt, alsbald nach deren Verwendung erkundigen.[2] Die Kombination von § 1839 mit §§ 1840 ff. ermöglicht es dem FamG, seiner Aufsichtspflicht umfassend Genüge zu tun (vgl. dazu § 1840 Rn. 1 f.).

II. Aufsichtsrecht und Berichtspflicht

2 **1. Verhältnis zum Aufsichtsrecht nach § 1837.** Die Vorschrift entspringt dem in § 1837 Abs. 2 normierten Aufsichtsrecht des FamG, daher kann das FamG Auskunft über die gesamte

---
[49] Keidel/Zimmermann FamFG § 35 Rn. 67.
[50] Keidel/Zimmermann FamFG § 35 Rn. 67 (unzulässig, weil in der Hauptsache erledigt). Ebenso unter der Geltung des FGG: OLG Hamm OLGZ 1966, 484; Soergel/Zimmermann Rn. 28; aA *Staudinger/Engler* Rn. 52.
[51] So unter der Geltung des FGG: KG OLGE 18, 298; BayObLG JW 1927, 1218.
[52] Vgl. etwa OLG München OLGR 2009, 733 = BtPrax 2009, 237 (keine Beschwerdeberechtigung der Eltern des Mündels).
[53] Anders noch § 57 Nr. 6, 8 FGG.
[1] Palandt/Diederichsen Rn. 1; OLG Saarbrücken DAVorm. 1995, 248.
[2] OLG Düsseldorf JMBl NW 1994, 20.

Tätigkeit verlangen, auch analog § 1799 Abs. 2 Einsicht in Belege und Papiere nehmen, soweit sie dem Vormund vorliegen oder er sie zu beschaffen in der Lage ist.[3] Allerdings muss das FamG sein Auskunftsbegehren inhaltlich präzisieren; die pauschale Aufforderung zur Erteilung eines Mündelberichts genügt – in Abgrenzung zu § 1840 Abs. 1 – im Regelfall nicht.[4]

2. Jederzeitige Berichtsanforderung. Das FamG kann diese Berichte jederzeit erfordern; es bedarf dazu keines besonderen Anlasses.[5] Daher kann das FamG auch periodische Berichterstattung verlangen.[6]

3. Pflicht zur persönlichen Abgabe. Das FamG kann auch verlangen, dass die Berichte persönlich abgegeben werden.[7]

III. Durchsetzung der Berichtspflicht

1. Durchsetzung bis zur Beendigung des Amtes. Bis zur Beendigung des Amtes kann das FamG die Einhaltung dieser Pflichten durch **Zwangsgeld** (§ 1837 Abs. 3) von dem Vormund/ Gegenvormund erzwingen.[8] Bei Nichteinhaltung trotz Zwangsgeld ist eine Entlassung gem. §§ 1886, 1895 möglich. Mit Amtsbeendigung endet auch die Pflicht aus § 1839 (vgl. §§ 1890 bis 1892).[9]

2. Klagemöglichkeiten nach Amtsbeendigung. Erst nach Amtsbeendigung ist Klage auf Auskunft und Leistung der eidesstattlichen Versicherung gemäß § 260 vor dem ordentlichen Gericht möglich (vgl. § 1890), und zwar durch den Mündel oder seinen neuen Vertreter.[10]

IV. Parallelvorschriften

Die Vorschrift findet auf die Pflegschaft (§ 1915 Abs. 1) sowie auf die Betreuung (§ 1908i Abs. 1 S. 1) entsprechende Anwendung.

§ 1840 Bericht und Rechnungslegung

(1) ¹Der Vormund hat über die persönlichen Verhältnisse des Mündels dem Familiengericht mindestens einmal jährlich zu berichten. ²Der Bericht hat auch Angaben zu den persönlichen Kontakten des Vormunds zu dem Mündel zu enthalten.

(2) Der Vormund hat über seine Vermögensverwaltung dem Familiengericht Rechnung zu legen.

(3) ¹Die Rechnung ist jährlich zu legen. ²Das Rechnungsjahr wird von dem Familiengericht bestimmt.

(4) Ist die Verwaltung von geringem Umfang, so kann das Familiengericht, nachdem die Rechnung für das erste Jahr gelegt worden ist, anordnen, dass die Rechnung für längere, höchstens dreijährige Zeitabschnitte zu legen ist.

I. Normzweck

1. Bericht über die persönlichen Verhältnisse, Abs. 1. Die durch das BtG neu eingefügte Bestimmung erlegt dem Vormund über seine Auskunftspflicht nach § 1839 hinaus eine periodische Berichterstattung über die persönlichen Verhältnisse des Mündels auf. Damit soll der Bedeutung der Personensorge Rechnung getragen und das Gericht instand gesetzt werden, auch auf diesem Gebiete seiner Aufsichtspflicht zu genügen.[1]

---

[3] KG RJA 15, 269; KG RJA 16, 18; *Palandt/Diederichsen* Rn. 1; *Soergel/Zimmermann* Rn. 1; *Staudinger/Engler* Rn. 1.
[4] LG Saarbrücken DAVorm. 1994, 645.
[5] Offengelassen für Amtspfleger von OLG Saarbrücken DAVorm. 1995, 248.
[6] *Staudinger/Engler* Rn. 2; *Soergel/Zimmermann* Rn. 1.
[7] KG RJA 13, 70; *RGRK/Dickescheid* Rn. 2.
[8] OLG Hamm Rpfleger 1966, 17; *Palandt/Diederichsen* Rn. 1; *Soergel/Zimmermann* Rn. 2; *Staudinger/Engler* Rn. 7.
[9] KG RJA 15, 255; *Soergel/Zimmermann* Rn. 2.
[10] *Soergel/Zimmermann* Rn. 2; *Staudinger/Engler* Rn. 8 f.
[1] BT-Drucks. 11/4528 S. 114.

2. 2. Rechnungslegung, Abs. 2 bis 4. Der Vormund hat während der Dauer der Vormundschaft hinsichtlich der Vermögensverwaltung dem FamG **unaufgefordert und periodisch Rechnung zu legen,** während § 1839 die Auskunft auf Verlangen des FamG im Einzelfall regelt. Die Pflicht des Vormunds zur Rechnungslegung beim FamG besteht sowohl gegenüber dem FamG selbst als auch dem Mündel gegenüber.[2] Eine Verletzung der Rechnungslegungspflicht stellt daher auch eine Pflichtverletzung iSv. § 1833 dar. Jedoch ist für die Überwachung der Erfüllung dieser Pflicht während bestehender Vermögensverwaltung des Vormunds allein das FamG zuständig; erst nach Beendigung der Vermögensverwaltung des Vormunds kann der Mündel aus § 1890 klagen (str.; vgl. Rn. 9).

II. Bericht über die persönlichen Verhältnisse des Mündels und die persönlichen Kontakte zu ihm (Abs. 1)

3   Abs. 1 Satz 1 erlegt dem Vormund die Verpflichtung auf, dem FamG mindestens einmal jährlich über die persönlichen Verhältnisse des Mündels zu berichten. Die „persönlichen Verhältnisse" umfassen die äußeren persönlichen Lebensumstände (Wohnverhältnisse, Unterbringung bei einer Pflegefamilie, Internat, etc.) wie Fragen der körperlichen und geistig-seelischen Entwicklung; auch die Beziehungen zu nahe stehenden Personen, insbesondere zu nicht sorgeberechtigten Eltern, sowie die Handhabung des Umgangsrechts sind einzubeziehen. Der Inhalt des Berichts wird durch seinen Zweck bestimmt: Das Gericht soll sich ein Bild davon machen können, ob der Vormund seiner Pflicht, das Mündelwohl im persönlichen Bereich zu wahren und zu fördern, nachzukommen vermag. Eine Form des Berichts ist nicht vorgesehen;[3] das eröffnet die Chance, den Bericht in einem persönlichen Gespräch entgegenzunehmen statt einen schriftlichen Bericht einzufordern, der den Vormündern neben den ohnehin anfallenden büromäßigen Vorgängen schwer fallen dürfte. Der Bericht muss unaufgefordert erstattet werden; der Vormund entscheidet, ob er jährlich oder in kürzeren Zeitabständen berichten will. Wünscht das Gericht zusätzliche Informationen vor Jahresablauf, so kann es Auskunft nach § 1839 verlangen.[4] Kommt der Vormund seiner Pflicht nach § 1840 Abs. 1 Satz 1 nicht nach, so kann das Gericht mit Zwangsmitteln gegen ihn vorgehen (§ 1837 Abs. 2, 3). Die Pflicht zur Erstattung eines „Anfangsberichts" bei Beginn der Vormundschaft oder eines „Abschlussberichts" bei ihrer Beendigung ist nicht vorgesehen.[5]

3a Der (durch das Gesetz zur Änderung des Vormundschafts- und Betreuungsrechts) neu eingefügte Abs. 1 Satz 2 erweitert diese Berichtspflicht um Angaben über die persönlichen Kontakte des Vormunds zum Mündel. Die Vorschrift ergänzt insoweit die Regelungen der (ebenfalls neu eingefügten) § 1793 Abs. 1a, (gültig ab 5. 7. 2012:) § 1837 Abs. 2 Satz 2: Danach hat der Vormund zum Mündel persönlichen Kontakt zu halten und ihn in der Regel einmal im Monat in seiner persönlichen Umgebung aufzusuchen; das FamG hat die Einhaltung dieser Pflicht zum persönlichen Kontakt zu beaufsichtigen. Die Berichtspflicht wird – wie der Kontext der Vorschriften ergibt - deshalb nähere Angaben umfassen, wann der Vormund den Mündel wo persönlich aufgesucht hat; der Vormund wird dabei ggf. auch die Gründe zu benennen haben, warum er die von § 1793 Abs. 1a Satz 2 vorgesehene Besuchsfrequenz nicht eingehalten oder den Mündel nur an einem Ort außerhalb der üblichen Umgebung des Mündels aufgesucht hat.

III. Rechnungslegung (Abs. 2 bis 4)

4   **1. Der Rechnungslegungspflicht unterliegendes Vermögen.** Die Rechnungslegungspflicht umfasst das gesamte zu verwaltende Mündelvermögen einschließlich der laufenden Einkünfte des Mündels aus Renten und dergleichen.[6] Hierzu zählen auch diejenigen Vermögensteile, deren Verwaltung vom Vormund auf Dritte delegiert wurde, nicht jedoch die kraft Gesetzes einer Drittverwaltung unterliegenden Vermögensmassen,[7] wie zB der Nachlass bei angeordneter Testamentsvollstreckung (§ 2205) oder bei angeordneter Nachlassverwaltung (§ 1984), das Gesamtgut der Güterge-

---

[2] Gernhuber/Coester-Waltjen § 72 Rn. 21–23: Dölle § 130 III 1; Soergel/Zimmermann Rn. 6; aA Staudinger/Engler Rn. 25, 27: rein öffentlich-rechtliche Pflicht, aber im Interesse des Mündels. Anders wohl auch BayObLG BayZ 1934, 193; OLG Düsseldorf FamRZ 2000, 1536; Palandt/Diederichsen Rn. 5. Vgl. auch Erman/Saar Rn. 5.
[3] BT-Drucks. 11/4528 S. 114.
[4] BT-Drucks. 11/4528 S. 114.
[5] BT-Drucks. 11/4528 S. 114.
[6] AA Klotz, Die rechtstatsächliche und rechtspolitische Bedeutung der Vorschriften über die Anlage von Mündelgeld, 1966, S. 20. Bei einem Taschengeldkonto beschränkt sich die Rechnungslegung auf die vom Vormund aus dem Mündelvermögen getätigten Einzahlungen: LG Mönchengladbach FamRZ 2010, 1190 (betr. Betreuer). Anderes soll für ein in einem Heim geführtes Taschengeldkonto gelten: Palandt/Diederichsen Rn. 3; Bienwald FamRZ 2010, 1191.
[7] Palandt/Diederichsen Rn. 3; Soergel/Zimmermann Rn. 4; Staudinger/Engler Rn. 15 f.

meinschaft bei Verwaltung durch den anderen Ehegatten (§ 1422) oder durch den überlebenden Ehegatten im Falle des § 1487 oder das der Verwaltung durch einen Pfleger unterliegende Mündelvermögen (§ 1794). Dies gilt auch dann, wenn der Vormund selbst diese Drittverwaltung führt. Andererseits unterliegen auch bei gesetzlicher Drittverwaltung die dem Mündel verbleibenden Restrechte, zB aus §§ 1423 bis 1426, 1429, 2218 ff., der Rechnungslegungspflicht. Die Pflicht erfasst auch das dem Nießbrauch oder Pfandrecht eines Dritten unterliegende Vermögen.[8]

2. Mitvormundschaft. Bei geteilter Mitvormundschaft hat jeder Mitvormund für seinen Wirkungskreis selbständig Rechnung zu legen, bei gemeinschaftlicher Führung der Vormundschaft haben die Mitvormünder gemeinschaftlich Rechnung zu legen.[9] 5

3. Gemeinschaftlicher Vormund. Ist eine Person gemeinschaftlicher Vormund für mehrere Geschwister iSv. § 1775 S. 2, so bedarf es einer getrennten Rechnungslegung nur bei geteilten Vermögensmassen.[10] 6

4. Inhalt der Rechnungslegung. Hinsichtlich des Inhalts der Rechnungslegung vgl. § 1841, hinsichtlich der Mitwirkung des Gegenvormunds vgl. § 1842. 7

5. Jährliche Rechnungslegung. Regelmäßig ist jährlich Rechnung zu legen. Hinsichtlich der ersten Rechnungslegung kann das FamG hiervon nach Abs. 4 nicht abweichen. Jedoch kann es für alle späteren Rechnungslegungen bei geringem Verwaltungsumfang – nicht notwendig auch geringem Vermögen – längere Berichtsintervalle, Höchstgrenze 3 Jahre, festlegen. Diese Anordnung ist jederzeit abänderbar und gilt regelmäßig nur für den jeweiligen Vormund.[11] Nicht möglich ist die Abkürzung des Rechnungszeitraumes auf eine Zeitdauer von weniger als einem Jahr.[12] Daneben kann das FamG immer nach § 1839 Auskunft verlangen. Eine völlige Befreiung von der Rechnungslegungspflicht oder die inhaltliche Reduzierung auf eine Vermögensübersicht kann das FamG nicht anordnen.[13] Selbst der geschäftsfähige Betreute kann den Betreuer nicht von der Verpflichtung zur Rechnungslegung dem FamG gegenüber rechtswirksam entbinden.[14] Die Betreuung setzt nämlich voraus, dass der Betreute im Wirkungskreis des Betreuers seine Angelegenheiten nicht selbst zu besorgen vermag; das birgt die Gefahr in sich, dass der Betreute Versäumnisse seines Betreuers nicht erkennt und somit des Schutzes des § 1840 bedarf. 8

6. Erzwingung der Pflichteinhaltung. Die Einhaltung der Pflicht kann das FamG durch Zwangsgeld nach § 1837 Abs. 3 erzwingen.[15] Bleibt diese Maßnahme erfolglos, so kann dem Vormund unter den Voraussetzungen des § 1837 Abs. 4 iVm. § 1666 Abs. 1, 2 die Vermögenssorge entzogen werden oder – wenn dies zur Wahrung des Mündelwohls nicht als genügend erscheint – der Vormund entlassen werden (§ 1886).[16] Hingegen kann der Mündel selbst während der Dauer der Vermögenssorge des Vormunds keine Klage auf Rechnungslegung gemäß § 1840 erheben (str.), auch keine eidesstattliche Versicherung der Angaben gemäß § 259 Abs. 2 verlangen.[17] Auch wenn die Pflicht aus § 1840 im Mündelinteresse angeordnet ist und somit auch dem Mündel gegenüber besteht (mit der Folge möglicher Haftung des Vormunds aus § 1833), so ergibt die gesetzliche Systematik eindeutig, dass die Pflicht zur periodischen Rechnungslegung während laufender Vormundschaft dem Vormund allein dem FamG gegenüber obliegen soll. Erst mit Beendigung des Amtes – gleichzustellen ist die Beendigung der Vermögenssorge nach § 1837 Abs. 4 iVm. § 1666 Abs. 1, 2 – kann der Mündel selbst klagen (§ 1890, siehe auch § 1843 Abs. 2). 9

7. Kosten. Die Kosten der Rechnungslegung trägt der Mündel; dazu gehören auch Honoraransprüche der zur Rechnungserstellung etwa erforderlichen Fachkräfte (§ 1835).[18] 10

---

[8] *Palandt/Diederichsen* Rn. 3; *Soergel/Zimmermann* Rn. 4; *Staudinger/Engler* Rn. 15 f.
[9] *Palandt/Diederichsen* Rn. 2; *Soergel/Zimmermann* Rn. 3; *Staudinger/Engler* Rn. 12.
[10] *Palandt/Diederichsen* Rn. 2; *Soergel/Zimmermann* Rn. 3; *Staudinger/Engler* Rn. 13.
[11] *Soergel/Zimmermann* Rn. 5; vgl. auch *Staudinger/Engler* Rn. 10, der die Verkürzungsmöglichkeit auch gegenüber einem nachfolgenden Vormund eröffnen will, sofern der erste Vormund für das erste Jahr seiner Vormundschaft Rechnung gelegt hat.
[12] LG Frankfurt Rpfleger 1993, 336.
[13] *Staudinger/Engler* Rn. 10; RGRK/*Dickescheid* Rn. 7; BayObLG FamRZ 1994, 1189.
[14] OLG München Rpfleger 2006, 73; vgl. auch OLG Hamm FamRZ 1989, 665, 666 (betr. die frühere Gebrechlichkeitspflegschaft).
[15] *Palandt/Diederichsen* Rn. 5; *Soergel/Zimmermann* Rn. 6; *Staudinger/Engler* Rn. 24.
[16] OLG Schleswig FGPrax 2006, 74; vgl. auch BayObLG BtPrax 2002, 218.
[17] Str., wie hier *Dölle* § 130 III 1 (kein Rechtsschutzbedürfnis für eine Mündelklage); *Staudinger/Engler* Rn. 26; aA RGRK/*Dickescheid* Rn. 8; *Soergel/Zimmermann* Rn. 6. Vgl. auch *Erman/Saar* Rn. 5 und oben Fn. 2.
[18] *Palandt/Diederichsen* Rn. 5; *Soergel/Zimmermann* Rn. 7.

§ 1841 1–4　　　　　　　　　　　　　　　　　　　Abschnitt 3. Titel 1. Vormundschaft

11　**8. Rechte Dritter.** Dritten gegenüber besteht keine Pflicht zur Rechnungslegung;[19] auch können Dritte nicht Einsicht in die Rechnung oder ein ihr (etwa nach § 1842 S. 1) beigefügtes Vermögensverzeichnis verlangen.[20]

12　**9. Befreite Vormundschaft.** Der Vormund kann nach Maßgabe des § 1854 von der Pflicht zur Rechnungslegung – nicht auch von der Berichtspflicht nach § 1840 Abs. 1 – mit der Folge befreit werden, dass sich seine Pflicht auf die Erstellung einer Vermögensübersicht reduziert (siehe § 1854 Abs. 2, 3). Dieselbe Befreiung steht dem Amts- oder Vereinsvormund gem. § 1857a zu; auch sie lässt die Berichtspflicht aus § 1840 Abs. 1 unberührt.[21] Eine entsprechende Befreiung gilt für die in § 1908i Abs. 2 S. 2 genannten Betreuer.[22]

IV. Parallelvorschriften

13　Die Vorschrift findet gemäß § 1915 Abs. 1 auf die Pflegschaft (mit den Befreiungen gemäß § 1917 Abs. 2) entsprechende Anwendung. Sie gilt auch im Rahmen des Betreuungsrechts sinngemäß (§ 1908i Abs. 1 S. 1; vgl. auch § 1908i Abs. 2 S. 2).[23]

§ 1841 Inhalt der Rechnungslegung

(1) Die Rechnung soll eine geordnete Zusammenstellung der Einnahmen und Ausgaben enthalten, über den Ab- und Zugang des Vermögens Auskunft geben und, soweit Belege erteilt zu werden pflegen, mit Belegen versehen sein.

(2) [1] Wird ein Erwerbsgeschäft mit kaufmännischer Buchführung betrieben, so genügt als Rechnung ein aus den Büchern gezogener Jahresabschluss. [2] Das Familiengericht kann jedoch die Vorlegung der Bücher und sonstigen Belege verlangen.

I. Normzweck

1　Die Vorschrift bestimmt die **inhaltliche und formale Gestaltung** der nach § 1840 Abs. 2 bis 4 zu erstellenden **Rechnung** über die Verwaltung des Mündelvermögens. Sie ist eine den § 259 ausschließende Sondernorm[1] und hat den Charakter einer Ordnungsvorschrift.

II. Inhalt und Form der Rechnungslegung (Abs. 1)

2　**1. Inhalt.** Da dem FamG der Stand des Vermögens auf Grundlage des Vermögensverzeichnisses nach § 1802 bekannt ist, genügt inhaltlich der Nachweis des Vermögensab- und -zugangs mit der Zusammenstellung der Einnahmen und Ausgaben nach Grund und Höhe. Ist allerdings ein Gegenvormund vorhanden, so ist gem. § 1842 S. 1 immer ein Vermögensverzeichnis beizufügen.

3　**2. Ordnung der Zusammenstellung.** Welcher Art die Ordnung der Zusammenstellung zu sein hat, bestimmt sich jeweils nach dem zu verwaltenden Vermögen. Bindende Richtlinien hierfür gibt es nicht, die Ordnung muss zweckorientiert sein: Dem FamG muss eine klare Übersicht über die Vermögensverwaltung im Berichtszeitraum ermöglicht werden. Es genügt deshalb nicht, wenn lediglich Unterlagen und Belege vorgelegt werden.[2] Vielmehr muss eine geordnete Zusammenstellung der Einnahmen und Ausgaben erfolgen, die aus sich heraus verständlich ist.[3] Zieht der Vormund zur Rechnungslegung sachkundige Hilfspersonen heran, so kann er, wenn die Zuziehung erforderlich erscheint, die Kosten gemäß § 1835 vom Mündel verlangen.

4　**3. Belege.** Belege, dh. Beweisstücke ohne Eigenwert, kann das FamG nach Ermessen verlangen, wenn solche nach der Verkehrssitte erteilt zu werden pflegen. Nicht zu den Belegen zählen zB

---

[19] BayObLG BayZ 1934, 193.
[20] LG Braunschweig FamRZ 2000, 613.
[21] LG Heilbronn DAVorm. 1993, 954.
[22] Zu dem in § 1908i Abs. 2 S. 2 genannten Personenkreis vgl. BayObLG Rpfleger 2003, 188.
[23] LG Heilbronn DAVorm. 1993, 954.
[1] KGJ 37 A 110.
[2] BayObLG FamRZ 1993, 237.
[3] BayObLG nach *Plötz* Rpfleger 1987, 358 L; *Soergel/Zimmermann* Rn. 3; Einzelheiten zu Rechnungslegung und Rechnungsprüfung siehe *Birkenfeld* FamRZ 1976, 197 ff.

Sparbücher, Wertpapiere, Depotscheine;[4] in diesem Falle sind daher Bescheinigungen der Bankinstitute beizubringen.

III. Erwerbsgeschäft mit kaufmännischer Buchführung (Abs. 2)

Gehört zum Mündelvermögen ein Erwerbsgeschäft mit kaufmännischer Buchführung, so lässt Abs. 2 für diesen Vermögensteil als Rechnungslegung einen aus den Büchern gezogenen Jahresabschluss genügen.

1. Anwendungsbereich. Ein Erwerbsgeschäft mit kaufmännischer Buchführung ist unabhängig davon anzunehmen, ob ein Handelsgewerbe im Sinne des HGB vorliegt. Maßgebend ist nur, dass das Geschäft dem Vermögenserwerb dient und dass tatsächlich in kaufmännischer Weise Buch geführt wird.[5]

2. Ermessen des Familiengerichts. Das FamG kann sich nach eigenem Ermessen nur mit der Vorlage des Jahresabschlusses (vgl. §§ 242 ff. HGB) begnügen, worunter hier die nach Aktiva und Passiva geordnete Zusammenstellung aller auf das zeitlich letzte Geschäftsjahresende festgestellten Kontoführungsbeträge unter Einschluss einer Gewinn- und Verlustrechnung zu verstehen ist. Das Gericht kann aber auch die Vorlage sämtlicher Bücher und Belege verlangen. Besteht der Verdacht auf Unregelmäßigkeiten, so muss das FamG auf der Vorlage der Bücher und Belege bestehen.[6]

IV. Parallelvorschriften

Die Vorschrift ist für die Pflegschaft (§ 1915 Abs. 1) und für die Betreuung (§ 1908i Abs. 1 S. 1) sinngemäß anzuwenden.

§ 1842 Mitwirkung des Gegenvormunds

[1] Ist ein Gegenvormund vorhanden oder zu bestellen, so hat ihm der Vormund die Rechnung unter Nachweisung des Vermögensbestands vorzulegen. [2] Der Gegenvormund hat die Rechnung mit den Bemerkungen zu versehen, zu denen die Prüfung ihm Anlass gibt.

I. Normzweck

1. Aufsichtsfunktion. Die Vorschrift über die Beteiligung an der periodischen Rechnungslegung bringt die Aufsichtsfunktion des Gegenvormunds zum Ausdruck.

2. § 1792 Abs. 2. Ob ein Gegenvormund zu bestellen ist, bestimmt sich nach § 1792 Abs. 2; ggf. ist vor Rechnungsabnahme ein Gegenvormund zu bestellen.

II. Rechnungslegung und Prüfung

1. Inhalt der Rechnungslegung im Unterschied zu § 1841. Der Inhalt der Rechnungslegung weicht von demjenigen in § 1841 ab: Es ist auch der Vermögensbestand anzugeben und nachzuweisen;[1] nicht ausreichend sind die Angabe und der Nachweis der Ab- und Zugänge.

2. Rechnungsüberprüfungspflicht des Gegenvormunds. Aufgabe des Gegenvormunds ist es, die Rechnung rechnerisch und sachlich zu prüfen; auf die Vertrauenswürdigkeit des Vormunds darf er sich nicht verlassen.[2] Hierzu gewährt ihm § 1799 Abs. 2 ein Auskunfts- und Einsichtsrecht gegenüber dem Vormund.

3. Prüfungsbemerkungen. Die Prüfungsbemerkungen sind auch abzugeben, wenn keine Beanstandungen vorliegen.

---

[4] KGJ 50, 31; *Dölle* § 130 III 2; *Palandt/Diederichsen* Rn. 1; *Soergel/Zimmermann* Rn. 4; *Staudinger/Engler* Rn. 5.
[5] *Staudinger/Engler* Rn. 8; *Dölle* § 130 III 2.
[6] OLG Frankfurt/M. NJW 1963, 2278; *Soergel/Zimmermann* Rn. 5; anders RGRK/*Dickescheid* Rn. 4: Anordnung der Vorlage der Bücher steht im freien, nicht nachprüfbaren Ermessen des Gerichts.
[1] *Palandt/Diederichsen* Rn. 1; *Soergel/Zimmermann* Rn. 1; *Staudinger/Engler* Rn. 3.
[2] *Soergel/Zimmermann* Rn. 1.

§ 1843 1–5 Abschnitt 3. Titel 1. Vormundschaft

III. Parallelvorschriften

6 § 1891 Abs. 1 enthält eine dem § 1842 entsprechende Regelung für die Schlussrechnung. § 1842 ist für die Pflegschaft (§ 1915 Abs. 1) und für die Betreuung (§ 1908i Abs. 1 S. 1) sinngemäß anzuwenden.

§ 1843 Prüfung durch das Familiengericht

(1) Das Familiengericht hat die Rechnung rechnungsmäßig und sachlich zu prüfen und, soweit erforderlich, ihre Berichtigung und Ergänzung herbeizuführen.

(2) Ansprüche, die zwischen dem Vormund und dem Mündel streitig bleiben, können schon vor der Beendigung des Vormundschaftsverhältnisses im Rechtsweg geltend gemacht werden.

I. Normzweck

1 Die Vorschrift umfasst zwei Regelungen, die in keinem unmittelbaren Zusammenhang zueinander stehen:

1. Abs. 1. Abs. 1 regelt die familiengerichtliche **Überprüfung der Rechnungslegung** durch den Vormund und damit einen wesentlichen Aspekt der Aufsicht des FamG im Bereich der Vermögenssorge. Die pflichtwidrige Nichteinhaltung dieser Überwachungspflicht löst gem. Art. 34 GG, § 839 Schadensersatzansprüche des Mündels aus. Andererseits erteilt das FamG dem Vormund keine Entlastung;[1] folglich bleibt es dem Mündel oder dem nachfolgenden Mündelvertreter unbenommen, nach der Beendigung des Vormundamts gegen den bisherigen Vormund die während der Dauer des Vormundamts bezüglich der Verjährung gem. § 207 Abs. 1 S. 2 Nr. 3 (bis 5) gehemmten Ansprüche aus pflichtwidriger Vermögenssorge oder unrichtiger Rechnungslegung geltend zu machen.[2]

2 **2. Abs. 2.** Abs. 2 dient der Klarstellung. **Ansprüche zwischen Mündel und Vormund** können während der Dauer des Vormundamts vom Mündel gegen den Vormund regelmäßig deshalb nicht geltend gemacht werden, weil der Mündel insoweit gegenüber dem Vormund keinen Vertreter hat. Umgekehrt kann der Vormund eigene Ansprüche gegen den Mündel nicht geltend machen, weil er insoweit gem. §§ 1795 Abs. 2, 181 von der Vertretung des Mündels ausgeschlossen ist. Abhilfe schafft während der Dauer des Vormundsamts die Anordnung einer Ergänzungspflegschaft gem. § 1909 Abs. 1 S. 1. Die Vorschrift des Abs. 2 stellt hierbei fest, dass die Fortdauer des Vormundamts der Anspruchsdurchsetzung nicht im Wege steht, andererseits eine Anspruchsdurchsetzung nur auf diesem Wege, also vor dem ordentlichen Prozessgericht, möglich ist, nicht aber über das FamG.[3]

II. Prüfungspflicht des Familiengerichts (Abs. 1)

3 **1. Umfang der Prüfung.** Die Prüfungspflicht des FamG umfasst sowohl die formelle als auch die sachliche Prüfung der Rechnung, die der Vormund gem. §§ 1840 ff. vorzulegen hat.

4 **a) Formelle Prüfung.** Die formelle, rein rechnerische Prüfung der Rechnung und der Belege bezieht sich auf die zahlenmäßige Übereinstimmung von Rechnungsposten, Belegen und des Rechnungsabschlusses. Insoweit ist die Hinzuziehung von Hilfspersonen (Rechnern) zulässig;[4] in diesem Fall beschränkt sich die Staatshaftung auf ein Auswahl- bzw. Überwachungsverschulden.[5]

5 **b) Sachprüfung.** In sachlicher Hinsicht hat das FamG die Rechnung auf die Einhaltung der gesetzlichen Verwaltungsvorschriften, die Einholung der erforderlichen Genehmigungen, die voll-

---

[1] *Dölle* § 130 III 4 d; *Palandt/Diederichsen* Rn. 1; *Soergel/Zimmermann* Rn. 2; *Staudinger/Engler* Rn. 9; BayObLG Rpfleger 1997, 476; BayObLG Rpfleger 1996, 246; LG Hannover Rpfleger 1987, 247 (zur Schlussrechnung nach § 1890).
[2] OLG Karlsruhe FamRZ 2004, 1601.
[3] BayObLG NJWE-FER 1997, 227; BayObLGZ 3, 797; BayObLG JFG 6, 104; *Dölle* § 130 III 4 d; *Palandt/Diederichsen* Rn. 2; *Soergel/Zimmermann* Rn. 3; *Staudinger/Engler* Rn. 7 f.
[4] Zur Kostentragung bei Beauftragung eines Sachverständigen wegen Unterbesetzung eines Gerichts: AG Bad Oeynhausen FamRZ 2004, 284.
[5] RGZ 80, 406; KG JW 1936, 2461; *Palandt/Diederichsen* Rn. 1; *RGRK/Dickescheid* Rn. 2; *Staudinger/Engler* Rn. 6.

ständige Anführung von Einnahmen und Ausgaben und die Pflichtgemäßheit der Vermögensverfügungen zu überprüfen.

2. Keine Eigenvornahme von Berichtigungen und Ergänzungen. Aufgrund der Selbständigkeit des Vormundes darf das FamG weder Berichtigungen noch Ergänzungen selbst vornehmen, noch in einer Art Ersatzvornahme die Rechnung selbst erstellen oder erstellen lassen.[6] Vielmehr kann das FamG den Vormund nur durch Gebote/Verbote bzw. Zwangsgeld (§ 1837 Abs. 2, 3) anhalten, Berichtigungen oder Ergänzungen der Rechnung vorzunehmen.[7] Allerdings darf der Vormund nicht gezwungen werden, von ihm bestrittene Einnahmen aus eigenem Vermögen zu ersetzen oder Mittel, die er dem Mündelvermögen zur Bestreitung von Ausgaben und Aufwendungen entnommen hat, zurückzuerstatten oder zu streichen. Denn streitige Ansprüche sind zwischen Vormund und Mündel vor dem ordentlichen Gericht zu klären.[8] Die §§ 1843, 1837 können nur dazu dienen, die bisherige Vermögensverwaltung möglichst genau darzustellen und die genaue Darstellung notfalls zu erzwingen. Lenkenden Einfluss kann das FamG nur hinsichtlich zukünftigen Verhaltens des Vormunds durch Gebote oder Verbote gem. § 1837 Abs. 2, 3 oder durch Maßnahmen nach §§ 1837 Abs. 4 iVm. 1666 oder 1886 ausüben. Zur Anordnung derartiger lenkender Maßnahmen ist die bisherige Vermögensverwaltung, wie sie sich aus der Rechnungslegung ergibt, Beurteilungsbasis. Daher erfasst die Prüfung auch die Pflichtgemäßheit der bisher vom Vormund veranlassten Maßnahmen hinsichtlich des Vermögens. Unzulässig wäre die Bestellung eines Ergänzungspflegers nur zur Überprüfung der Rechnungslegung des Vormunds.[9]

3. Richtigkeitsnachweis. Gemäß § 1839 kann das FamG im Einzelfall vom Vormund den Nachweis für die Richtigkeit der vorgelegten Rechnungsposten und Vermögensverfügungen verlangen, zB die Vorlage von Depotscheinen, Urkunden, Grundbuchauszügen usw. Eine generelle Pflicht des FamG, sich vom Vorhandensein derartiger Dokumente durch Vorlage zu überzeugen, besteht indes nicht.[10]

4. Eidesstattliche Versicherung. Gegenüber dem FamG besteht **keine Pflicht** zur Ablegung einer eidesstattlichen Versicherung gem. § 259 Abs. 2. Gegenüber dem Mündel besteht eine solche Pflicht erst nach Amtsbeendigung im Falle des § 1890 (vgl. § 1840 Rn. 9).

III. Geltendmachung von Ansprüchen zwischen Mündel und Vormund (Abs. 2)

1. Beanstandungsrecht des Mündels. Der Mündel kann die Rechnungslegung des Vormunds auch dann beanstanden, wenn das FamG die Rechnungslegung als formell und sachlich ordnungsgemäß anerkannt hat, denn das FamG kann dem Vormund keine Entlastung erteilen.[11]

2. Geltendmachung streitiger Ansprüche schon während des laufenden Vormundschaftsverfahrens. Streitige Ansprüche zwischen Mündel und Vormund, die sich etwa bei Gelegenheit der Rechnungslegung gem. §§ 1840 ff. ergeben, können gem. § 1843 Abs. 2 schon während des Bestehens des Vormundschaftsverhältnisses geltend gemacht werden.

3. Zuständigkeit des Prozessgerichts. Für die Geltendmachung solcher Ansprüche ist nicht das FamG als Organ der freiwilligen Gerichtsbarkeit zuständig, sondern das Prozessgericht.[12] Dieses ist bei seiner Entscheidung an die Rechtsauffassung des FamG nicht gebunden.[13]

4. Bestellung eines Ergänzungspflegers für den Mündel erforderlich. Bei der Geltendmachung von Ansprüchen zwischen Mündel und Vormund während der Dauer des Vormundschaftsverhältnisses ist die Bestellung eines Ergänzungspflegers für den Mündel gem. § 1909 Abs. 1 S. 1 erforderlich (vgl. Rn. 2).[14]

---

[6] BayObLG DJZ 1929, 778; KG OLGE 30, 151; LG Bonn Rpfleger 1985, 297; LG Hannover Rpfleger 1987, 247; *Dölle* § 130 III 4 c; Vgl. näher auch *Palandt/Diederichsen* Rn. 1; *Soergel/Zimmermann* Rn. 4; *Staudinger/Engler* Rn. 3.
[7] Weitergehend OLG Zweibrücken Rpfleger 1980, 103, wonach das Gericht auch keine Änderung bezüglich einzelner Rechnungsposten verlangen darf.
[8] KG OLGE 30, 151; BayObLG JFG 6, 104; Rpfleger 1981, 303; OLG Zweibrücken Rpfleger 1980, 103; LG Berlin NJW 1969, 1122; LG Bonn Rpfleger 1985, 297; *Dölle* § 130 III 4 d; *Staudinger/Engler* Rn. 7.
[9] BayObLG Rpfleger 1981, 302.
[10] *Dölle* § 130 III 4 b; *Staudinger/Engler* Rn. 2.
[11] *Soergel/Zimmermann* Rn. 3; *Palandt/Diederichsen* Rn. 1; *Staudinger/Engler* Rn. 9. Vgl. auch OLG Karlsruhe FamRZ 2004, 1601 (für die Geltendmachung von Ansprüchen nach Beendigung der Betreuung).
[12] *Soergel/Zimmermann* Rn. 3; *Palandt/Diederichsen* Rn. 2; BayObLG NJW-FER 1997 S. 227.
[13] *Staudinger/Engler* Rn. 8.
[14] *Soergel/Zimmermann* Rn. 3; *Staudinger/Engler* Rn. 10; *Palandt/Diederichsen* Rn. 2; *Erman/Saar* Rn. 3; BayObLGZ 3, 797, 800; BayObLGZ 29, 126.

§ 1846 1, 2

IV. Verfahren

13 Gegen den Rechnungsprüfungsbescheid des FamG (zuständig: Rechtspfleger, § 3 Nr. 2 a, § 14 RPflG) ist die Beschwerde (§ 58 Abs. 1 FamFG, § 11 Abs. 1 RPflG,) statthaft. Der Vormund ist beschwerdeberechtigt (§ 59 Abs. 1 FamFG), sofern er sich gegen Berichtigungsweisungen des FamG wendet.[15]

§§ 1844, 1845 *(weggefallen)*

§ 1846 Einstweilige Maßregeln des Familiengerichts

Ist ein Vormund noch nicht bestellt oder ist der Vormund an der Erfüllung seiner Pflichten verhindert, so hat das Familiengericht die im Interesse des Betroffenen erforderlichen Maßregeln zu treffen.

Übersicht

	Rn.		Rn.
I. Normzweck	1	b) Ausländer als Mündel	6
II. Voraussetzungen für einstweilige Maßregeln des Familiengerichts	2–4	2. Mündelinteresse als alleiniger Maßstab	7
		3. § 181	8
1. Nichtvorhandensein oder Verhinderung des Vormundes	2	4. Verhältnis von Maßnahmen des Familiengerichts und des Vormunds	9, 10
2. Dringlichkeit	3	IV. Verfahren	11–15
3. Erforderlichkeit einer vorangegangenen oder gleichzeitigen Anordnung der Vormundschaft?	4	1. Zuständigkeit, Bindung des Prozessgerichts	11, 12
III. Pflicht zum Eingreifen; Inhalt der Maßregeln	5–10	2. Rechtsmittel	13
1. Pflicht zum Eingreifen	5, 6	3. Insbesondere: Unterbringung des Mündels nach § 1800, 1631b	14, 15
a) Allgemein	5	V. Parallelvorschriften	16

I. Normzweck

1 Die Vorschrift will ausschließen, dass der Betroffene rechtliche Nachteile dadurch erleidet, dass er zeitweise keinen gesetzlichen Vertreter hat, sei es dass der Vormund verhindert oder weggefallen, sei es dass ein Vormund noch nicht bestellt ist.[1] Deshalb durchbricht § 1846 den Grundsatz, dass nur der Vormund für den Mündel handeln kann und das FamG die Tätigkeit des Vormunds nur überwacht. Der Ausnahmecharakter der Vorschrift zeigt sich auch in der Stufenfolge der erforderlichen Maßregeln des FamG: Eine Pflegerbestellung gem. § 1909 Abs. 1 S. 1, Abs. 3 ist vorrangig, unmittelbares Handeln des FamG kommt nur dann in Betracht, wenn eine Pflegerbestellung nicht ausreicht, zB wenn diese zeitlich zu spät käme.

II. Voraussetzungen für einstweilige Maßregeln des Familiengerichts

2 **1. Nichtvorhandensein oder Verhinderung des Vormundes.** Voraussetzung für Maßregeln des Familiengerichts ist entweder das Nichtvorhandensein eines Vormunds oder die Verhinderung des Vormundes. Ob die Verhinderung tatsächliche Gründe, zB Krankheit, Abwesenheit, Freiheitsentzug, oder eine rechtliche Ursache, zB Interessenkollision,[2] hat, ist unerheblich, ebenso, ob die Verhinderung vorübergehend, ob sie von langer oder kurzer Dauer ist.[3] Keine Verhinderung ist hingegen die bloße Weigerung des Vormunds, in einer bestimmten Weise tätig zu werden, etwa bei Meinungsverschiedenheit zwischen Vormund und FamG. Das Gericht darf in diesem Fall nicht

---

[15] BayObLG JFG 6, 104 = DRiZ 1929 Nr. 329; LG Berlin Rpfleger 1969, 53; *Soergel/Zimmermann* Rn. 6.
[1] BayObLGZ 1987, 7, 8.
[2] KG KGJ 27 A 178.
[3] *Dölle* § 130 V 1; *Palandt/Diederichsen* Rn. 2; *Staudinger/Engler* Rn. 5.

§ 1846 dazu benutzen, die grundsätzlich selbständige Amtsführung des Vormunds durch eigene Maßnahmen zu ersetzen.[4]

2. Dringlichkeit. Aus dem Ausnahmecharakter der Vorschrift ergibt sich, dass das Eingreifen des FamG nur in dringenden Fällen statthaft ist.[5] Die Dringlichkeit ist ungeschriebenes Tatbestandsmerkmal; ob sie in concreto eine familiengerichtliche Maßregel rechtfertigt, entscheidet das Gericht allerdings nach pflichtgemäßem Ermessen.[6] Hingegen bieten die gesetzlichen Voraussetzungen des § 1846 keinerlei Raum für Ermessen: Ob ein Dringlichkeitsfall vorliegt, ob ein Vormund noch nicht bestellt ist oder ob der bestellte Vormund verhindert ist, bildet eine Rechtsfrage:[7] Pflichtwidrige Versäumnisse eines an sich einsatzfähigen Vormunds stehen einer Verhinderung nicht gleich; hier gelten §§ 1837 Abs. 2, 3; 1837 Abs. 4 iVm. 1666, 1666 a. Auch darf das Vorliegen eines dringenden Falles nicht nur deshalb bejaht werden, um eine zB wegen § 1795 erforderliche Pflegerbestellung zu umgehen.[8]

3. Erforderlichkeit einer vorangegangenen oder gleichzeitigen Anordnung der Vormundschaft? Zweifelhaft ist, ob § 1846 die förmliche Anordnung einer Vormundschaft (in den Fällen des § 1908i Abs. 1 S. 1: die Bestellung eines Betreuers) verlangt oder doch erfordert, dass die Maßregel nach § 1846 mit einer solchen Anordnung (Bestellung) zumindest Hand in Hand geht. Für das Betreuungsrecht ist die Frage geklärt: Eine nach § 1846 erfolgende Unterbringung ist – so der BGH – auch dann zulässig, wenn dem Betroffenen nicht zugleich ein Betreuer bestellt wird. Allerdings sei das Gericht in einem solchen Fall verpflichtet, durch geeignete Maßnahmen sicherzustellen, dass dem Betroffenen unverzüglich ein Betreuer oder jedenfalls ein vorläufiger Betreuer zur Seite gestellt wird; anderenfalls sei die Anordnung der Unterbringung unzulässig.[9] Für andere Maßnahmen als Unterbringungen dürfte nichts anderes gelten.[10] Auch für das Vormundschaftsrecht wird sich eine Beschränkung des § 1846 auf Fälle, in denen eine Vormundschaft bereits angeordnet ist oder zeitgleich angeordnet wird, nicht länger rechtfertigen lassen; dies gilt umso mehr, als § 1846 – nach seinem vom BtG geänderten und jetzt systematisch verfehlten Wortlaut – nicht mehr von einem Mündel, sondern von einem Betroffenen spricht.[11] Mit der Bestellung eines Vormunds (oder Betreuers) wird eine auf § 1846 gestützte, aber noch nicht wirksam gewordene (anderenfalls siehe Rn. 9) Anordnung gegenstandslos.[12]

III. Pflicht zum Eingreifen; Inhalt der Maßregeln

1. Pflicht zum Eingreifen. a) Allgemein. Sind die gesetzlichen Voraussetzungen gegeben und liegt ein dringlicher Fall vor, so besteht für das FamG auch eine Pflicht zum Eingreifen. Deshalb kann nicht nur bei einem ungerechtfertigten Eingreifen, sondern auch bei einem pflichtwidrigen Unterlassen die Staatshaftung zugunsten des Betroffenen nach Art. 34 GG, § 839 begründet sein.

b) Ausländer als Mündel. Im Sonderfall der Vormundschaft für Ausländer (Art. 24 EGBGB) besteht nach Art. 24 Abs. 3 EGBGB iVm. § 1846 ein Recht und eine Pflicht zur Anordnung vorläu-

---

[4] BayObLG FamRZ 2002, 419; FamRZ 2000, 566; OLG Schleswig NJW-RR 2001, 1370 (Maßnahmen nach § 1846 nur solange zulässig, wie ein bestellter Betreuer an einer Entscheidung verhindert ist; bei pflichtwidriger Verweigerung des Betreuers § 1837 oder Entlassung); OLG Frankfurt FamRZ 2007, 673 (Maßnahmen nach § 1846 auch dann rechtswidrig, wenn dem Gericht nicht bekannt ist, dass Betreuer bereits bestellt ist); OLG Düsseldorf FamRZ 1995, 637; LG Frankfurt/Main BtPrax 2001, 174; *Staudinger/Engler* Rn. 5; *Soergel/Zimmermann* Rn. 3; problematisch daher AG Nettetal FamRZ 1996, 1104: Verhinderung aus religiösen Gründen, wenn ein zu den Zeugen Jehovas gehörender Vormund die Einwilligung zu einer Bluttransfusion verweigert.
[5] RGZ 71, 162, 168; BayObLG FamRZ 1990, 1154, 1156; OLG Hamm FamRZ 1964, 380; *Dölle* § 130 V 1; *Palandt/Diederichsen* Rn. 3; *Soergel/Zimmermann* Rn. 3; *Staudinger/Engler* Rn. 6 f.
[6] KG RJA 15, 99.
[7] BayObLG FamRZ 2000, 566; OLG Düsseldorf FamRZ 1995, 637.
[8] RGZ 71, 162; BayObLG FamRZ 1990, 1154, 1156.
[9] BGHZ 150, 45 = FamRZ 2002, 744 m. Anm. *Bienwald* FamRZ 2002, 746 und *Locher* BGHReport 2002, 497; vorausgehend BayObLG FamRZ 2001, 576. Ebenso BayObLG FamRZ 2003, 1322 (auch für den Fall, dass sich die Anordnung bereits zu einem Zeitpunkt erledigt, in dem mit der Bestellung eines Betreuers noch gar nicht gerechnet werden konnte); OLG München FamRZ 2008, 917; OLG Brandenburg OLGR 2008, 339 = BtPrax 2007, 223.
[10] BayObLG NJW-RR 2002, 1446 (auch für auf § 1846 gestützte Anordnungen über ärztliche Behandlung oder Körperpflege, soweit sie nicht sofort zu vollziehen sind und damit noch Raum für die Bestellung eines Betreuers lassen). Zum früheren Streitstand ausführlich *Staudinger/Engler* Rn. 3 ff.
[11] Vgl. auch BT-Drucks. 11/4528 S. 114.
[12] BayObLG FamRZ 2003, 783 (das Beschwerdeverfahren erledigt sich in der Hauptsache). Vgl. auch OLG Zweibrücken FamRZ 2003, 1127 (für eine weitere Beschwerde, die auf Wiederherstellung einer vom Beschwerdegericht aufgehobenen Anordnung nach § 1846 zielt, fehlt das Rechtsschutzbedürfnis).

figer Maßnahmen. Die internationale und örtliche Zuständigkeit richtet sich nach §§ 99, 152 FamFG; zu den einschlägigen internationalen Vereinbarungen und zum IntFamRVG siehe § 1773 Rn. 14.

7   **2. Mündelinteresse als alleiniger Maßstab.** Die Maßregeln, zu denen das FamG berechtigt und verpflichtet ist, orientierten sich am Mündelinteresse als alleinigem Maßstab. In der Regel genügt die Bestellung des Pflegers[13] (§ 1909 Abs. 1 S. 1, Abs. 3). Reicht diese Maßnahme nicht aus, so ist auch unmittelbares Handeln des FamG für den Mündel zulässig, tatsächlich etwa durch anderweitige Unterbringung des Mündels, Sicherstellung von Mündelvermögen durch eigene Inbesitznahme, oder rechtlich etwa durch Abgabe oder Entgegennahme von den Mündel betreffenden Willenserklärungen[14] (Beispiele: Kündigung einer gefährdeten Mündelforderung; Erwirkung eines Arrests oder einer einstweiligen Verfügung für den Mündel; Stellung eines Strafantrags für den Mündel;[15] Unterbringung des Mündels in einer geschlossenen Anstalt, sofern im Übrigen die Voraussetzungen von § 1800 iVm. § 1631b vorliegen,[16] wobei die Verfahrensvorschriften des Unterbringungsverfahrens zu beachten sind, vgl. auch Rn. 14 f. und Erl. zu § 1906).

8   **3. § 181.** Soweit das FamG selbst handelt, ist es auch den Beschränkungen des § 181 unterworfen, kann also auf Grund § 1846 nicht für mehrere Mündel gleichzeitig handeln, wenn es sich um Rechtsgeschäfte zwischen diesen Mündeln handelt, zB bei Erbauseinandersetzungen.[17]

9   **4. Verhältnis von Maßnahmen des Familiengerichts und des Vormunds.** Haben Vormund und FamG einander widersprechende Maßnahmen getroffen, so bestimmt sich – entgegen einer Literaturmeinung[18] – deren Wirksamkeit nicht nach dem Prioritätsprinzip (analog § 2 FamFG). Vielmehr gilt: War der Vormund rechtlich verhindert, so ist seine gleichwohl entfaltete Tätigkeit (etwa ein Rechtsgeschäft entgegen § 1795) wirkungslos; zu einer eigentlichen Kollision mit der gerichtlichen Maßnahme kommt es nicht. Ist hingegen der Vormund nicht verhindert, bejaht das Gericht also zu Unrecht die Voraussetzungen des § 1846, so ist das Handeln des Vormunds maßgebend.[19]

10 Die vom FamG getroffenen Maßregeln verlieren nicht automatisch ihre Gültigkeit, wenn die Voraussetzungen für ein unmittelbares Eingreifen des FamG entfallen, weil nunmehr ein Vormund bestellt oder die Verhinderung entfallen ist.[20] Vielmehr ist es Aufgabe und Pflicht des Vormunds, die Aufrechterhaltung dieser Maßnahmen zu überprüfen und sie ggf. abzuändern.[21] Mit der Bestellung des Vormunds oder dem Wegfall seiner Verhinderung reduziert sich die Pflicht des FamG wieder auf die bloße Aufsichtsfunktion.

IV. Verfahren

11 **1. Zuständigkeit, Bindung des Prozessgerichts.** Maßnahmen nach § 1846 trifft das FamG (Zuständigkeit örtlich: § 152 FamFG. Funktional: grundsätzlich Rechtspfleger; Richter dann, wenn eine Maßnahme getroffen werden soll, zu welcher der Vormund einer Genehmigung durch den Richter bedürfte, etwa bei freiheitsentziehender Unterbringung; § 3 Nr. 2a, § 14 RPflG und Rn. 14 f.). Bei örtlicher Zuständigkeit mehrerer FamGe § 2 Abs. 1 FamFG; treffen die mehreren Gerichte einander widersprechende Anordnungen, ist – entsprechend § 2 Abs. 1 FamFG - nur die früher getroffene Anordnung wirksam. Zu Fällen mit Auslandsbezug: § 99 FamFG, IntFamRVG und Rn. 6.

12 Die Frage, ob die Voraussetzungen für ein Eingreifen des FamG nach § 1846 vorgelegen haben, kann nur im familiengerichtlichen Verfahren überprüft werden; das Prozessgericht ist an die Entscheidung des FamG gebunden.[22]

---

[13] RGZ 71, 168; KG RJA 15, 99; *Dölle* § 130 V 2; *Palandt/Diederichsen* Rn. 4; *Soergel/Zimmermann* Rn. 3; *Staudinger/Engler* Rn. 8; vgl. *RGRK/Dickescheid* Rn. 5.
[14] Vgl. BayObLGZ 33, 329, 332; LG Tübingen DNotZ 1952, 484; *Dölle* § 130 V 2; *Palandt/Diederichsen* Rn. 4; *Soergel/Zimmermann* Rn. 4; *Staudinger/Engler* Rn. 10, 11.
[15] RGSt 75, 146; OLG Schleswig FamRZ 1956, 117.
[16] OLG Hamm FamRZ 1964, 380.
[17] RGZ 71, 170; *Dölle* § 130 V 2.
[18] *Dölle* § 130 V 3; *Soergel/Damrau* (12. Aufl.) Rn. 5.
[19] Vgl. *Staudinger/Engler* Rn. 13; *Palandt/Diederichsen* Rn. 5; *Erman/Saar* Rn. 10.
[20] *Erman/Saar* Rn. 10; weitergehend wohl BayObLG FamRZ 1990, 1154, 1156.
[21] *Staudinger/Engler* Rn. 12; *Soergel/Zimmermann* Rn. 4; aA OLG Hamm FamRZ 1968, 541.
[22] RGSt 75, 146; OLG Schleswig FamRZ 1956, 117; *Dölle* § 130 V 4; *Staudinger/Engler* Rn. 18; *RGRK/Dickescheid* Rn. 12.

2. Rechtsmittel. Gegen Entscheidungen nach § 1846 ist die Beschwerde nach § 58 Abs. 1 **13** FamFG statthaft. Beschwerdeberechtigt sind Vormund und Mündel (§ 59 Abs. 1; zur eigenständigen Wahrnehmung durch den Mündel § 60 FamFG).

3. Insbesondere: Unterbringung des Mündels nach § 1800, 1631b. Für die Unterbrin- **14** gung Minderjähriger (gem. §§ 1800, 1631b) ergibt sich die Zuständigkeit des FamG aus § 151 Nr. 6 FamFG (funktional: wie bisher der Richter,[23] was sich mE allerdings nicht unmittelbar aus dem RPflG herleiten lässt, nachdem die Unterbringung als Kindschaftssache § 3 Nr. 2a RPflG unterfällt und §§ 14, 15 RPflG insoweit keinen ausdrücklichen Richtervorbehalt vorsehen).

Auf das Verfahren findet nach Maßgabe des § 167 FamFG das für Unterbringungssachen nach **15** § 312 Nr. 1 FamFG geltende Verfahrensrecht (§§ 312 ff. FamFG) Anwendung; siehe insbes. zur (erweiterten) Beschwerdeberechtigung § 335 FamFG und zur Aufhebung der Unterbringung bei Wegfall der Voraussetzungen § 330 FamFG.[24] Zum Fortsetzungsfeststellungsbegehren in Fällen, in denen die (hier: Unterbringungs-) Entscheidung sich (durch Beendigung der Unterbringung[25]) vor oder nach Einlegung der Beschwerde in der Hauptsache erledigt hat: § 62 FamFG.[26]

V. Parallelvorschriften

Die Vorschrift ist gemäß § 1915 Abs. 1 auf die Pflegschaft und gemäß § 1908i Abs. 1 S. 1 auf die **16** Betreuung entsprechend anzuwenden; für die Anwendung bei Unterbringungsmaßnahmen vgl. Erl. zu § 1906.

§ 1847 Anhörung der Angehörigen

[1]Das Familiengericht soll in wichtigen Angelegenheiten Verwandte oder Verschwägerte des Mündels hören, wenn dies ohne erhebliche Verzögerung und ohne unverhältnismäßige Kosten geschehen kann. [2]§ 1779 Abs. 3 Satz 2 gilt entsprechend.

I. Normzweck

Die durch das FamRÄndG von 1961, durch das NEhelG und durch Art. 1 Nr. 53 SorgeRG **1** geänderte sowie durch das FGGRG an die Zuständigkeit des FamG angepasste Vorschrift verpflichtet das FamG, Verwandte oder Verschwägerte des Mündels, also die Familie, **anzuhören**. Da die Anhörung nur im Mündelinteresse erfolgt und ausschließlich die bessere und umfassendere Information des FamG zum Ziele hat, gewährt sie umgekehrt den Verwandten und Verschwägerten **kein eigenes Anhörungsrecht**. Die Vorschrift ist nur Ordnungsvorschrift, ihre Verletzung hat auf die Wirksamkeit der Entscheidung des FamG keinen Einfluss.[1]

II. Voraussetzungen der Anhörungspflicht

1. Wichtige Angelegenheiten. Die Anhörung wird dem Gericht nur in wichtigen Angele- **2** genheiten zu Pflicht gemacht; freilich hindert die Norm das FamG nicht, die anhörungsberechtigten Personen auch in weniger wichtigen Angelegenheiten zu hören. Die pflichtwidrige Unterlassung der Anhörung stellt eine Rechtsverletzung (§ 72 Abs. 1 FamFG) dar. Die Frage, was eine wichtige Angelegenheit ist, unterliegt keiner Ermessensentscheidung; es handelt sich um eine Rechtsfrage (unbestimmter Rechtsbegriff).[2]

2. Kasuistik. Wichtige Angelegenheiten sind: **Personenstands- und Statusfragen** wie die **3** Ersetzung der Zustimmung des gesetzlichen Vertreters zur Bestätigung einer aufhebbaren Ehe (§ 1315 Abs. 1 S. 3); die Genehmigung für den Scheidungs- oder Aufhebungsantrag (§ 125 Abs. 2

---
[23] Palandt/Diederichsen Rn. 6.
[24] Zum Verfahrensgegenstand im Aufhebungsverfahren BGH NJW 2009, 299: Rechtmäßigkeit des Fortbestands der Unterbringung bezogen auf den Entscheidungszeitpunkt; mithin auch bei unveränderter Sachlage Aufhebung, wenn Grund für die Unterbringung nicht bestand. Zum Ganzen Keidel/Budde FamFG § 330 Rn. 2.
[25] Keidel/Sternal FamFG § 22 Rn. 48.
[26] Keidel/Budde FamFG § 62 Rn. 7 ff., 17 ff.
[1] BayObLG JFG 6, 47; Dölle § 132 IV; Staudinger/Engler Rn. 16, 18; Soergel/Zimmermann Rn. 8; RGRK/Dickescheid Rn. 8, 9.
[2] Erman/Holzhauer Rn. 1; aA Soergel/Zimmermann Rn. 5. Zum Begriff vgl. auch OLG Düsseldorf FamRZ 2000, 1536, 1537 (betr. § 1901 Abs. 2 S. 3).

§ 1847 4–10

S. 2 HS. 2 FamFG); die Änderung der Staatsangehörigkeit des Mündels (§§ 19 Abs. 1, 25 StAG); die Todeserklärung des Mündels (§ 16 VerschG); die Ersetzung der Einwilligung des Vormunds oder Pflegers zur Annahme des Mündels als Kind (§ 1746 Abs. 3); die Ersetzung der Elterneinwilligung zur Annahme des Mündels als Kind (§ 1748); die Annahme des Mündels als Kind (§ 1752).[3] **Berufliche und vermögensrechtliche Fragen** wie die Ermächtigung zum Betrieb eines Erwerbsgeschäfts und deren Rücknahme (§ 112); die Ersetzung der Vormundsermächtigung zur Eingehung eines Dienst- oder Arbeitsverhältnisses (§ 113 Abs. 3); der Beginn eines neuen und die Auflösung eines bestehenden Erwerbsgeschäfts (§ 1823); die Auseinandersetzung des Nachlasses der Mündeleltern, insbesondere der Verkauf des ererbten Hofgrundstücks;[4] der Abschluss eines Unterhaltsvergleichs betreffend den Lebensunterhalt des Mündels;[5] die Außerkraftsetzung der Befreiungsanordnungen der Eltern (§ 1857).

4   **3. Keine Untunlichkeit.** Auch wenn eine wichtige Angelegenheit vorliegt, kann die Anhörung unterbleiben, wenn sie untunlich – dh. ohne erhebliche Verzögerung und ohne unverhältnismäßige Kosten nicht durchführbar – ist (vgl. § 1826 Rn. 4).

5   **4. Verwandte, Verschwägerte.** Wer Verwandter bzw. Verschwägerter des Mündels ist, bestimmt sich nach §§ 1589, 1590. Auf den Grad der Verwandtschaft/Schwägerschaft kommt es nicht an; die Person der oder des Anzuhörenden ist nach dem Zweck der Anhörung, der möglichst umfassenden und genauen Information des FamG, auszuwählen.[6]

III. Durchführung der Anhörung

6   **1. Form.** Die Form der Anhörung ist nicht vorgeschrieben. Eine lediglich formale Anhörung genügt den Anforderungen jedoch nicht,[7] vielmehr müssen die wesentlichen Aspekte der Angelegenheit zur Sprache kommen.

7   **2. Kein Auskunftszwang.** Sofern der Anzuhörende nicht als Zeuge gem. § 30 Abs. 1 FamFG iVm. §§ 373 ff. ZPO vernommen wird, besteht kein Auskunftszwang.

8   **3. Anspruch auf Auslagenersatz gem. S. 2.** Die angehörten Angehörigen können gem. S. 2 iVm. § 1779 Abs. 3 S. 2 Ersatz ihrer Auslagen verlangen (vgl. § 1779 Rn. 19).

IV. Verfahren

9   Die Nichtanhörung gewährt den Verwandten oder Verschwägerten **kein eigenes Beschwerderecht** aus § 59 Abs. 1 FamFG, da ausschließlich Mündelinteressen zu berücksichtigen sind (s. Rn. 1). Vormund und Mündel können rügen, dass die Entscheidung des Gerichts infolge der unterlassenen Anhörung nicht alle für das Mündelwohl wichtigen Umstände berücksichtigt oder dass das Gericht – sofern die Nichtanhörung mit Untunlichkeit begründet ist – diesen Begriff falsch aufgefasst hat; Voraussetzung ist allerdings, dass die Entscheidung des FamG in der Sache selbst den Vormund oder Mündel in seinen Rechten beeinträchtigt (§ 59 Abs. 1 FamFG).

V. Parallelvorschriften

10   Die Vorschrift ist für die Pflegschaft (§ 1915 Abs. 1) entsprechend anzuwenden. Eigenständig ist die Anhörung nahe stehender Personen im Betreuungsrecht geregelt (§ 279 FamFG).

§ 1848 *(weggefallen)*

---

[3] BayObLGZ 21, 201.
[4] BayObLGZ 13, 429.
[5] *Staudinger/Engler* Rn. 12; RGRK/*Dickescheid* Rn. 2; aA OLG Hamburg JFG 3, 52; *Soergel/Zimmermann* Rn. 5; zur Genehmigungsbedürftigkeit von Unterhaltsvergleichen siehe § 1822 Nr. 12.
[6] *Staudinger/Engler* Rn. 5 ff.
[7] BayObLG JFG 6, 47.

Untertitel 4. Mitwirkung des Jugendamts

§§ 1849, 1850 *(weggefallen)*

§ 1851 Mitteilungspflichten

(1) Das Familiengericht hat dem Jugendamt die Anordnung der Vormundschaft unter Bezeichnung des Vormunds und des Gegenvormunds sowie einen Wechsel in der Person und die Beendigung der Vormundschaft mitzuteilen.

(2) Wird der gewöhnliche Aufenthalt eines Mündels in den Bezirk eines anderen Jugendamts verlegt, so hat der Vormund dem Jugendamt des bisherigen gewöhnlichen Aufenthalts und dieses dem Jugendamt des neuen gewöhnlichen Aufenthalts die Verlegung mitzuteilen.

(3) Ist ein Verein Vormund, so sind die Absätze 1 und 2 nicht anzuwenden.

1. **Abs. 1.** Die durch das KJHG neu gefasste Vorschrift soll dem Jugendamt die Erfüllung der Pflichten nach § 53 Abs. 3 SGB VIII erleichtern. 1

2. **Abs. 2.** Eine nach Abs. 2 mitteilungspflichtige Aufenthaltsverlegung nach Abs. 2 muss von längerer Dauer sein, wie der Begriff des „gewöhnlichen Aufenthalts" zum Ausdruck bringt. 2

3. **Abs. 3.** Da gemäß § 1791a nur solche Vereine zum Vormund bestellt werden, denen das Landesjugendamt dazu eine Erlaubnis erteilt hat (§ 54 SGB VIII), entfällt hier die überwachende Mitwirkung des Jugendamts. 3

Über § 1915 Abs. 1 ist die Vorschrift auf die Pflegschaft entsprechend anwendbar. 4

Untertitel 5. Befreite Vormundschaft

§ 1852 Befreiung durch den Vater

(1) Der Vater kann, wenn er einen Vormund benennt, die Bestellung eines Gegenvormunds ausschließen.

(2) ¹Der Vater kann anordnen, dass der von ihm benannte Vormund bei der Anlegung von Geld den in den §§ 1809, 1810 bestimmten Beschränkungen nicht unterliegen und zu den in § 1812 bezeichneten Rechtsgeschäften der Genehmigung des Gegenvormunds oder des Familiengerichts nicht bedürfen soll. ²Diese Anordnungen sind als getroffen anzusehen, wenn der Vater die Bestellung eines Gegenvormunds ausgeschlossen hat.

Übersicht

	Rn.		Rn.
I. Normzweck	1	2. Bestallungsurkunde	11
II. Art und Umfang der Befreiung	2–8	3. Wirkung	12, 13
1. Arten der Befreiung	2	a) Ipso iure	12
2. Inhalt der Befreiung	3–8	b) Wirkung nur für den benannten Vormund	13
a) Verhältnis von Abs. 1 und 2	3		
b) Dispensable Regelungen	4–8		
III. Anordnung und Wirkung der Befreiung	9–13	IV. Amts- und Vereinsvormundschaft	14
1. Berechtigung zur Befreiung, Form	9, 10	V. Parallelvorschriften	15

I. Normzweck

Die vielfältigen Beschränkungen der Selbständigkeit des Vormunds, namentlich auf dem Gebiet der Vermögensverwaltung, passen nicht, wenn dem Vormund Vertrauen entgegengebracht wird. 1

Dem kommt das Gesetz mit dem Institut der von bestimmten Beschränkungen befreiten Vormundschaft entgegen.

II. Art und Umfang der Befreiung

2   **1. Arten der Befreiung.** Das Gesetz kennt die befreite Vormundschaft in doppelter Gestalt, nämlich als
- **gewillkürte Befreiung** durch Vater oder Mutter des Mündels, die den Vormund benannt haben (§§ 1852 bis 1857);
- **gesetzliche Befreiung,** die dem Amtsvormund und dem Vereinsvormund von § 1857a zugestanden wird (vgl. Rn. 14). Hinsichtlich des Amts- und Vereinsvormunds bestehen darüber hinaus weitere Sondervorschriften (vgl. §§ 1791a bis c; 1792 Abs. 1 S. 2; 1805 S. 2; 1835 Abs. 5; § 1835a Abs. 5, 1836 Abs. 3; 1837 Abs. 3 S. 2; 1851 Abs. 3; 1887; §§ 53 Abs. 4 S. 2, § 56 SGB VIII). Eigenständig neben die Befreiungsmöglichkeiten nach §§ 1852 ff. treten die der §§ 1817, 1825.

3   **2. Inhalt der Befreiung. a) Verhältnis von Abs. 1 und 2.** Abs. 1 eröffnet die Möglichkeit, die Bestellung eines Gegenvormunds auszuschließen; damit wird zugleich das in §§ 1809, 1810 S. 1, § 1812 Abs. 1 S. 1 normierte Erfordernis einer Genehmigung des Gegenvormunds obsolet. Da die §§ 1809, 1810 S. 2, § 1812 Abs. 3 für den Fall, dass ein Gegenvormund nicht bestellt ist, die Genehmigung des Vormundschaftsgerichts vorschreiben, ermöglicht § 1852 Abs. 2 S. 1, den Vormund auch von diesem Genehmigungserfordernis zu befreien. § 1852 Abs. 2 S. 2 verquickt beide Regelungen miteinander (vgl. Rn. 8).

4   **b) Dispensable Regelungen.** Der Inhalt der möglichen Befreiungen ist in §§ 1852 bis 1854 genauer beschrieben). Zusammenfassend gilt:

5   **aa) Unzulässige Befreiung.** Unzulässig ist die Befreiung von:
- der Einreichung eines Vermögensverzeichnisses (§ 1802);
- der Anlage von Mündelgeld entsprechend §§ 1806, 1807,[1] es sei denn, es liegt ein Fall des § 1803 vor (vgl. aber § 56 Abs. 3 SGB VIII);
- den Genehmigungserfordernissen nach §§ 1821, 1822 (beachte aber § 56 Abs. 2 S. 2, Abs. 3 S. 1 SGB VIII);[2]
- der Aufsicht durch das FamG allgemein;[3]
- der Verpflichtung zur Rechenschaftslegung bei Amtsbeendigung (§ 1890).

6   **bb) Individuelle Bestimmung des Umfangs.** Die gewillkürte Befreiung kann in allen in §§ 1852 bis 1854 genannten Punkten erteilt werden, sie kann sich aber auch auf einzelne beschränken (beachte § 1852 Abs. 2 S. 2) oder sogar nur einen Teil davon erfassen (zB Befreiung von der Verpflichtung, *bestimmte* Inhaberpapiere zu hinterlegen, § 1853). Bestimmung „befreiter Vormundschaft" schlechthin umfasst im Zweifel sämtliche gesetzlichen Befreiungsmöglichkeiten. Ebenso bezieht sich die Befreiung durch Vater oder Mutter im Zweifel auf die Vermögensverwaltung des Vormunds schlechthin, nicht etwa allein auf das von Vater oder Mutter dem Mündel zugewendete Vermögen.

7   **cc) Insbesondere: Ausschluss der Bestellung eines Gegenvormunds.** Der Möglichkeit, den Umfang der Befreiung individuell zu bestimmen, gilt auch im Verhältnis der von Abs. 1 und 2 vorgesehenen Befreiungsmöglichkeiten zueinander. Deshalb kann der Vater zB die Bestellung eines Gegenvormundes ausschließen, jedoch die Genehmigungserfordernisse nach §§ 1810, 1812 belassen, so dass das FamG zu genehmigen hat. Andererseits kann der Vater auch die Bestellung eines Gegenvormundes belassen, den Vormund aber von den Beschränkungen der §§ 1809, 1810, 1812 befreien, so dass in diesen Fällen weder eine Genehmigung durch das FamG noch durch den Gegenvormund in Betracht kommt.[4]

8   Nach **Abs. 2 S. 2** bedeutet der Ausschluss der Bestellung eines Gegenvormunds (Abs. 1) allerdings im Zweifel – also sofern nichts anderes bestimmt ist – zugleich die Befreiung von den in Abs. 2 S. 1 genannten Beschränkungen und Genehmigungsvorbehalten. Ist irrtümlich gleichwohl ein Gegenvormund bestellt worden, so ist der Vormund auch dann gemäß Abs. 2 S. 1 befreit, so dass etwa Geschäfte nach § 1812 weder der Genehmigung des Gegenvormunds noch des Vormundschaftsgerichts bedürfen;[5] die Bestellung des Gegenvormunds ist auf Beschwerde hin aufzuheben.

---

[1] BayObLGZ 22, 154; KG KGJ 24, 8, 11.
[2] KG KGJ 21 A 24, 27; OLG Kassel OLGE 14, 265.
[3] KG KGJ 24 A 8.
[4] *Soergel/Zimmermann* Rn. 2.
[5] *Soergel/Zimmermann* Rn. 3.

III. Anordnung und Wirkung der Befreiung

1. Berechtigung zur Befreiung, Form. Die Berechtigung, eine Bestimmung gemäß §§ 1852 bis 1855 zu treffen, ist in § 1856 durch Verweisung auf § 1777 Abs. 1, 2 näher geregelt, die Form dieser Bestimmung durch Verweisung auf § 1777 Abs. 3 (letztwillige Verfügung). 9

Anordnungsbefugt sind der Vater und die Mutter (§ 1855) hinsichtlich des jeweils von dem einen Elternteil benannten Vormunds. Hat der Vater eine Vormundsbenennung ohne Befreiung vorgenommen, die Mutter eine solche mit Befreiung, ist aber dieselbe Person benannt, so gilt § 1856 S. 2 (vgl. im Übrigen § 1856 Rn. 4 f.). Zu den Voraussetzungen und zur wirksamen Ausübung des Bestimmungsrechts siehe im Übrigen § 1856 iVm. § 1777. Über den Elternbegriff („Vater", „Mutter") vgl. § 1776 Rn. 4; über die Voraussetzung der Innehabung des Sorgerechts im Zeitpunkt des Todes vgl. § 1776 Rn. 2, 8 und Erl. zu § 1777. 10

2. Bestallungsurkunde. Zweckmäßig wird die Befreiung, und zwar vollständig,[6] in der Bestallungsurkunde vermerkt. 11

3. Wirkung. a) Ipso iure. Die befreienden Anordnungen von Vater oder Mutter wirken, wenn sie wirksam getroffen sind (§ 1777), ipso iure. Sie können vom FamG außer Kraft gesetzt werden, wenn ihre Befolgung das Interesse des Mündels gefährden würde (§ 1857). 12

b) Wirkung nur für den benannten Vormund. Die angeordnete Befreiung ist personell an den benannten Vormund gebunden. Sie gilt nicht für den nicht benannten Nachfolger im Vormundsamt, nicht für den nicht benannten Mitvormund und nicht für den nicht benannten Pfleger, auch wenn er nur für den Verhinderungsfall des benannten Vormunds (§§ 1795, 1796) bestellt ist.[7] 13

IV. Amts- und Vereinsvormundschaft

Jugendamt und Vereinsvormund steht gem. § 1857a die in Abs. 2 vorgesehene Befreiung kraft Gesetzes zu, so dass für eine Befreiungsanordnung durch Vater oder Mutter insoweit kein Raum bleibt. Die Bestellung eines Gegenvormunds ist dagegen bei Vereinsvormundschaft möglich, da § 1857a nur auf § 1852 Abs. 2, nicht auch auf § 1852 Abs. 1 verweist; sie kann aber nach § 1852 Abs. 1 vom Vater oder Mutter ausgeschlossen werden. Für die Amtsvormundschaft schließt § 1792 Abs. 1 S. 2 auch die Bestellung eines Gegenvormunds aus. 14

V. Parallelvorschriften

§§ 1852 bis 1857 sind auf die Pflegschaft entsprechend anwendbar (§ 1915 Abs. 1; zur gewillkürten Befreiung vgl. § 1917 Abs. 2), nicht aber auf das Betreuungsrecht. Zur Anwendbarkeit des § 1857a im Betreuungsrecht siehe § 1908i Abs. 1 S. 1 (Verein oder Behörde als Betreuer), § 1908i Abs. 2 S. 2 (Ehegatten, Eltern und Abkömmlinge als Betreuer, Vereins- und Behördenbetreuer);[8] vgl. auch § 1857a Rn. 5. 15

§ 1853 Befreiung von Hinterlegung und Sperrung

Der Vater kann den von ihm benannten Vormund von der Verpflichtung entbinden, Inhaber- und Orderpapiere zu hinterlegen und den in § 1816 bezeichneten Vermerk in das Bundesschuldbuch oder das Schuldbuch eines Landes eintragen zu lassen.

I. Normzweck

Die Vorschrift enthält **weitere über § 1852 hinausgehende Befreiungsmöglichkeiten** durch Vater und Mutter; dem Amts- und Vereinsvormund stehen diese weiteren Befreiungen kraft Gesetzes zu (§ 1857a). 1

---

[6] Beschwerderecht des Vormunds bei unvollständiger Angabe: KG KGJ 45, 66.
[7] KG KGJ 21 A 24, 27; *Palandt/Diederichsen* Vor § 1852 Rn. 3; *RGRK/Dickescheid* Rn. 2; *Staudinger/Engler* §§ 1852 bis 1857 a Rn. 4.
[8] Zur anderweitigen Anordnung des Gerichts: BayObLG FamRZ 2003, 475 (Ermessensentscheidung des Tatrichters).

§ 1854 1–3

II. Umfang der Befreiungsmöglichkeit

1. Umfang. Die Befreiung kann die gesamten Vorschriften der §§ 1814, 1815 Abs. 2, 1816 erfassen oder auch nur Teile hiervon; auch eine gegenständliche Bestimmung der Befreiung ist zulässig.[1] Von der Befreiung nicht erfasst wird die Hinterlegungsanordnung nach § 1818 (str.; vgl. hierzu § 1818 Rn. 8).

2. Wegfall bestimmter Genehmigungspflichten. Die Befreiung lässt die Genehmigungspflichten nach §§ 1819, 1820 entfallen,[2] nicht jedoch diejenige aus §§ 1818 iVm. 1819. Ob Befreiung von der dann noch verbleibenden Genehmigungspflicht nach § 1812 erteilt ist, beurteilt sich danach, ob auch ein Fall des § 1852 vorliegt. Maßgebend ist, was der Elternteil mit der Befreiung bezweckt hat.

III. Parallelvorschriften

Zu den Parallelvorschriften vgl. § 1852 Rn. 15.

§ 1854 Befreiung von der Rechnungslegungspflicht

(1) Der Vater kann den von ihm benannten Vormund von der Verpflichtung entbinden, während der Dauer seines Amtes Rechnung zu legen.

(2) ¹Der Vormund hat in einem solchen Falle nach dem Ablauf von je zwei Jahren eine Übersicht über den Bestand des seiner Verwaltung unterliegenden Vermögens dem Familiengericht einzureichen. ²Das Familiengericht kann anordnen, dass die Übersicht in längeren, höchstens fünfjährigen Zwischenräumen einzureichen ist.

(3) ¹Ist ein Gegenvormund vorhanden oder zu bestellen, so hat ihm der Vormund die Übersicht unter Nachweisung des Vermögensbestands vorzulegen. ²Der Gegenvormund hat die Übersicht mit den Bemerkungen zu versehen, zu denen die Prüfung ihm Anlass gibt.

I. Normzweck

Die Vorschrift erweitert den Katalog der Befreiungsmöglichkeiten. Sie zielt auf Vereinfachung und Entbürokratisierung des Vormundamtes.[1]

II. Befreiung von der Rechnungslegungspflicht

Die Befreiungsmöglichkeit erfasst **nur die periodische Rechnungslegungspflicht** nach § 1840 Abs. 2 bis 4, dagegen nicht die Fälle des § 1802 und des § 1890.[2] Der Gegenvormund kann nicht befreit werden[3] (vgl. auch § 1854 Abs. 3). Ist – sofern hiervon keine Befreiung besteht – ein Gegenvormund bestellt, so lässt § 1854 die Pflicht aus § 1799 Abs. 2 unberührt. Keine Anwendung findet § 1854 auf die Pflicht des Vormunds, über die persönlichen Verhältnisse des Mündels zu berichten (§ 1840 Abs. 1).[4] Dem Jugendamt und dem Verein als Vormund steht die Befreiung gem. § 1854 kraft Gesetzes zu (§ 1857a).[5]

III. Verbleibende Pflichten bei Befreiung von der Rechnungslegung

1. Vermögensbestandsverzeichnis. Der Vormund hat ein Vermögensbestandsverzeichnis einzureichen. Ab- und Zugänge muss er dabei nicht angeben, jedoch den Stand der Verbindlichkeiten.[6] Auf das eingereichte Vermögensverzeichnis kann er dabei Bezug nehmen.

---

[1] *Soergel/Zimmermann* Rn. 1; *Staudinger/Engler* §§ 1852–1857 a Rn. 19.
[2] *Soergel/Zimmermann* Rn. 1; *Staudinger/Engler* §§ 1852–1857 a Rn. 21.
[1] LG München I FamRZ 1998, 701; *Palandt/Diederichsen* Rn. 1 und Einf. 6 vor § 1852.
[2] OLG Frankfurt Rpfleger 1980, 18; OLG Stuttgart Rpfleger 1979, 61, 62; *Palandt/Diederichsen* Rn. 1; *Soergel/Zimmermann* Rn. 1; *Staudinger/Engler* §§ 1852–1857 a Rn. 23.
[3] *Dölle* § 131 I 5; *Soergel/Zimmermann* Rn. 3; *Staudinger/Engler* §§ 1852–1857 a Rn. 27.
[4] LG Heilbronn DAVorm. 1993, 954.
[5] *Soergel/Zimmermann* Rn. 4.
[6] *Dölle* § 131 I 5; *Palandt/Diederichsen* Rn. 2; *Soergel/Zimmermann* Rn. 2; *Staudinger/Engler* §§ 1852–1857 a Rn. 24.

Voraussetzungen der Befreiung 1–3 §§ 1855, 1856

2. Längere Zwischenräume. Nur das FamG (nicht auch die Eltern) kann längere Zwischenräume als 2 Jahre anordnen. Im Übrigen unterliegt die Elternanordnung der Vorschrift des § 1857. 4

3. Einzelauskunftspflicht. Auch bei Anordnung der Befreiung bleibt die Einzelauskunftspflicht des Vormunds nach § 1839 unberührt.[7] 5

4. Belege. Belege muss der Vormund dem FamG **nicht** einreichen.[8] Bei begründeten Zweifeln bleibt dem FamG die Möglichkeit, die Befreiung gem. § 1857 außer Kraft zu setzen. 6

5. Mitvormundschaft. Sind bei einer Mitvormundschaft nicht alle Vormünder befreit, so haben die Nichtbefreiten nach § 1840 Rechnung zu legen; die Befreiten sind den Nichtbefreiten zur Auskunft verpflichtet.[9] 7

IV. Parallelvorschriften

Zu den Parallelvorschriften vgl. § 1852 Rn. 15. 8

§ 1855 Befreiung durch die Mutter

Benennt die Mutter einen Vormund, so kann sie die gleichen Anordnungen treffen wie nach den §§ 1852 bis 1854 der Vater.

1. Getrennte Behandlung von Vater und Mutter. Die getrennte Behandlung von Vater und Mutter, die bei den §§ 1852 bis 1854 von vornherein durch die Bezeichnung Eltern (wie in § 1776) vermieden worden wäre, ist durch die vor dem Gleichberechtigungsgesetz bestehende Regelung bedingt. Die Neufassung der Vorschrift durch Art. 1 Nr. 70 NEhelG stellt klar, dass auch die (sorgeberechtigte) nichteheliche Mutter die Befreiung erteilen kann. 1

2. Widersprechende Anordnungen. Hinsichtlich einander widersprechender Anordnungen des Vaters und der Mutter siehe § 1856 S. 2. Bezüglich des Inhalts der Anordnungen vgl. Erl. zu §§ 1852 bis 1854. 2

§ 1856 Voraussetzungen der Befreiung

¹ Auf die nach den §§ 1852 bis 1855 zulässigen Anordnungen ist die Vorschrift des § 1777 anzuwenden. ² Haben die Eltern denselben Vormund benannt, aber einander widersprechende Anordnungen getroffen, so gelten die Anordnungen des zuletzt verstorbenen Elternteils.

I. Normzweck

Die Vorschrift regelt, welche sachlichen und formellen Voraussetzungen für eine Befreiungsanordnung nach §§ 1852 bis 1854 erfüllt sein müssen. 1

II. Anordnung der Befreiung (S. 1)

1. Anordnungsberechtigung. S. 1 regelt die Berechtigung, eine Bestimmung gem. §§ 1852 bis 1854 zu treffen, durch Verweisung auf § 1777 Abs. 1, 2. Anordnungsbefugt sind der Vater und die Mutter (§ 1855) hinsichtlich des jeweils von dem einen Elternteil benannten Vormunds. Über den Elternbegriff („Vater", „Mutter") vgl. § 1776 Rn. 4; über die Voraussetzung der Innehabung des Sorgerechts im Zeitpunkt des Todes vgl. § 1776 Rn. 2, 8 und Erl. zu § 1777. Bei widersprüchlichen Bestimmungen durch die anordnungsberechtigten Elternteile siehe § 1776 Abs. 2 (Benennung verschiedener Vormünder) und § 1856 S. 2 (unterschiedliche Befreiungen hins. desselben benannten Vormunds; vgl. Rn. 5). 2

2. Form der Anordnung. Die Form, in der die Bestimmungen nach §§ 1852 bis 1854 getroffen werden muss, regelt S. 2 durch Verweisung auf § 1777 Abs. 3 (letztwillige Verfügung). Der Wille 3

---

[7] LG Saarbrücken DAVorm. 1994, 645; hM.
[8] *Staudinger/Engler* §§ 1852–1857 a Rn. 25.
[9] *Dölle* § 131 I 5.

der Eltern, eine befreite Vormundschaft anzuordnen, muss in der letztwilligen Verfügung zum Ausdruck gelangen; dass ein solcher Wille möglich erscheint, genügt nicht.[1] Die Vormundsbenennung und die Befreiungsanordnungen können auch in getrennten Verfügungen erfolgen.

III. Widersprüchliche Anordnungen von Vater und Mutter (S. 2)

4 **1. Benennung seitens beider Eltern.** Voraussetzung der Vorschrift ist, dass beide Eltern denselben Vormund gem. § 1776 benannt haben. Andernfalls bestimmen sich die Rechtsfolgen ausschließlich nach § 1776 Abs. 2.[2]

5 **2. Widersprüchliche Anordnungen.** Einander widersprechende Anordnungen iS des Gesetzes liegen auch dann vor, wenn nur ein Elternteil Befreiungsanordnungen getroffen hat, der andere nicht oder nicht dieselben.[3] Da die in der letztwilligen Verfügung enthaltenen Bestimmungen einer sehr weiten Auslegung fähig sind, ist jedoch nicht ausgeschlossen, dass dann, wenn der erstverstorbene Elternteil Benennung und Befreiung vorgenommen hat, der Letztsterbende jedoch ausdrücklich nur Benennung ohne Erwähnung der Befreiung, im Wege der Auslegung eine gleichartige Befreiungsanordnung gefunden werden kann, sofern der Letztsterbende sich nur der ihm bekannten Verfügung des Erststerbenden anschließen wollte.[4]

§ 1857 Aufhebung der Befreiung durch das Familiengericht

Die Anordnungen des Vaters oder der Mutter können von dem Familiengericht außer Kraft gesetzt werden, wenn ihre Befolgung das Interesse des Mündels gefährden würde.

I. Normzweck

1 Aufgabe des staatlichen Wächteramts ist es vornehmlich, eine Verletzung der Mündelinteressen zu verhindern. Aus diesem Grunde hat das FamG nicht nur die rechtliche Möglichkeit, bei Gefährdung dieses Interesses die Bestellung eines gem. § 1776 Berufenen zu verhindern (§ 1778 Abs. 1 Nr. 4), die Maßnahmen nach § 1837 Abs. 2 bis 4 zu ergreifen oder den Vormund zu entlassen (§ 1886); es kann auch die Befreiungsanordnung der Eltern **ganz oder teilweise außer Kraft** setzen.

II. Voraussetzungen und Modalitäten der Außerkraftsetzung

2 **1. Verletzung der Interessen des Mündels.** Ob eine Verletzung der Interessen des Mündels anzunehmen ist, ist keine Ermessensfrage.[1] Vielmehr liegt ein **unbestimmter Rechtsbegriff** vor, dessen Anwendung gerichtlich voll nachprüfbar ist. Die Gefährdung des Mündelinteresses muss erheblich, dh. von solchem Gewicht sein, dass die Außerkraftsetzung der Befreiung nach dem Verhältnismäßigkeitsprinzip gerechtfertigt erscheint.[2] Das soll etwa dann der Fall sein, wenn erhebliches Vermögen zu verwalten ist, der Vormund sich aber trotz unzureichender Sachkunde Ratschlägen verschließt.[3]

3 **2. Aufhebung, Wiederinkraftsetzung.** Das FamG kann die Befreiung ganz oder teilweise für die Zukunft aufheben, auch jederzeit nach Wegfall der Gefährdung wieder in Kraft setzen.[4]

4 **3. Keine Befreiungsmöglichkeit.** Da § 1857 die Aufsichtspflicht des FamG betrifft, ist hiervon keine Befreiung durch die Eltern möglich. Ein Vormund hat allein wegen dieser Maßnahme keinen Anspruch auf Entlassung gem. § 1889.[5]

---

[1] OLG Frankfurt Rpfleger 1983, 275; allgemein: BGH Rpfleger 1981, 288.
[2] *Soergel/Zimmermann* Rn. 3.
[3] *Soergel/Zimmermann* Rn. 3.
[4] *Staudinger/Engler* §§ 1852–1857 a Rn. 10; aA *Soergel/Zimmermann* Rn. 3.

[1] BayObLGZ 1957, 315 nimmt Ermessen an; ebenso BayObLG FamRZ 2003, 475 (für die Aufhebung von Befreiungen nach § 1908i Abs. 2 S. 2). Wie hier *Staudinger/Engler* §§ 1852–1857 a Rn. 31 f.
[2] So auch *Staudinger/Engler* §§ 1852–1857 a Rn. 31 f.; vgl. auch LG München I FamRZ 1998, 701.
[3] So LG München I FamRZ 1998, 701 (betr. Betreuung; § 1908i Abs. 2 S. 2 letzter HS.).
[4] *Palandt/Diederichsen* Rn. 1; *Soergel/Zimmermann* Rn. 1; *Staudinger/Engler* §§ 1852–1857 a Rn. 34.
[5] *Staudinger/Engler* §§ 1852–1857 a Rn. 36.

4. Bestallung. Die Außerkraftsetzung der Befreiung ist in der Bestallung zu vermerken, sofern die Befreiung darin angegeben war.[6]

III. Amts- und Vereinsvormund

§ 1857 ist auf den Amtsvormund unanwendbar, weil dessen Befreiung nicht, wie von § 1857 vorausgesetzt, auf einer Anordnung durch Vater oder Mutter, sondern auf Gesetz – nämlich auf § 1792 Abs. 1 S. 2 HS. 1(betr. § 1852 Abs. 1) und auf § 1857a (betr. § 1852 Abs. 2, §§ 1853, 1854) – beruht. Bei Vereinsvormundschaft können die kraft Gesetzes bestehenden Befreiungen (von den § 1852 Abs. 2, §§ 1853, 1854; siehe § 1857a) ebenfalls nicht nach § 1857 außer Kraft gesetzt werden, wohl aber eine – hier mögliche – elterliche Anordnung, durch welche die Bestellung eines Gegenvormunds nach § 1852 Abs. 1 ausgeschlossen wird. Zum Ganzen vgl. § 1852 Rn. 14. Unberührt bleibt die auch gegenüber dem Amts- oder Vereinsvormund bestehende Möglichkeit (und Pflicht) des FamG, Maßnahmen nach §§ 1837, 1887 zu ergreifen und erforderlichenfalls den Amts- oder Vereinsvormund durch einen nicht befreiten Einzelvormund zu ersetzen.

IV. Verfahren

Über die Aufhebung der Befreiung entscheidet das FamG (zuständig: Rechtspfleger, § 3 Nr. 2 a, § 14 RPflG) von Amts wegen durch Beschluss (§ 38 FamFG). Vor der Entscheidung sind regelmäßig der Vormund sowie gem. § 1847 die Verwandten/Verschwägerten zu hören.[7] Gegen die Entscheidung ist die Beschwerde statthaft (§ 58 Abs. 1 FamFG, § 11 Abs. 1 RPflG). Beschwerdeberechtigt ist der Vormund, da ihn die Entscheidung in seiner Rechtsstellung beeinträchtigt, wie sie sich aus seiner Benennung und der Befreiung durch die Eltern des Mündels ergibt (§ 59 Abs. 1 FamFG); ebenso auch der Mündel (§ 59 Abs. 1; zur selbständigen Ausübung § 60 FamFG).

V. Parallelvorschriften

Zu den Parallelvorschriften vgl. § 1852 Rn. 15. Auf die für Ehegatten, Eltern und Abkömmlinge als Betreuer sowie für Vereins- und Behördenbetreuer geltenden Befreiungen ist – weil sie auf Gesetz (§ 1908i Abs. 2 S. 2) beruhen – § 1857 unanwendbar; allerdings eröffnet § 1908i Abs. 2 S. 2 letzter HS. dem Betreuungsgericht die Möglichkeit, die gesetzlichen Befreiungen nach seinem Ermessen außer Kraft zu setzen, ohne dass die von § 1857 vorausgesetzte Interessengefährdung nachgewiesen sein müsste.[8]

§ 1857a Befreiung des Jugendamts und des Vereins

Dem Jugendamt und einem Verein als Vormund stehen die nach § 1852 Abs. 2, §§ 1853, 1854 zulässigen Befreiungen zu.

I. Normzweck

Die durch das NehelG eingefügte Regelung ist Ausdruck eines besonderen Vertrauens in die Amtsführung von Amts- oder Vereinsvormündern, denen deshalb schon kraft Gesetzes Befreiungen zugestanden werden.

II. Art und Umfang der Befreiung

1. Befreiung kraft Gesetzes. Die in §§ 1852 Abs. 2, 1853, 1854 genannten Befreiungen gelten für Jugendamt und Verein kraft Gesetzes; für eine Anordnung der Eltern ist insoweit kein Raum. Das FamG ist nicht befugt, die gesetzlichen Befreiungen nach § 1857 außer Kraft zu setzen (vgl. § 1857 Rn. 6).[1]

---

[6] *Soergel/Zimmermann* Rn. 2; *Staudinger/Engler* §§ 1852–1857 a Rn. 38; *Erman/Saar* Rn. 1 („zweckmäßig").
[7] *Staudinger/Engler* §§ 1852–1857 a Rn. 37.
[8] *Soergel/Zimmermann* Rn. 3; *Staudinger/Engler* §§ 1852–1857 a Rn. 44; vgl. dazu auch LG München I FamRZ 1998, 701.
[1] *Palandt/Diederichsen* Rn. 1; *Soergel/Zimmermann* § 1857 Rn. 3.

3 **2. Weitere Befreiungen für den Amtsvormund.** Für das Jugendamt als Amtsvormund enthält § 56 Abs. 2 SGB VIII zusätzliche Befreiungen: Die § 1802 Abs. 3, § 1818 werden ihm gegenüber nicht angewandt. In den Fällen des § 1803 Abs. 2, des § 1811 und des § 1822 Nr. 6 und 7 ist eine Genehmigung des FamG nicht erforderlich. Landesrecht ist ermächtigt, weitergehende Ausnahmen von denjenigen Bestimmungen vorzusehen, die die Aufsicht des FamG in vermögensrechtlicher Hinsicht sowie beim Abschluss von Lehr- und Arbeitsverträgen betreffen. Zur Anlegung von Mündelgeld durch das Jugendamt siehe auch § 56 Abs. 3 SGB VIII.

4 **3. Insbesondere: Keine Bestellung eines Gegenvormunds.** Dem Jugendamt kann ebenfalls kraft Gesetzes – 1792 Abs. 1 S. 2 HS 1 – kein Gegenvormund bestellt werden. Anders ist es beim Vereinsvormund; hier ist jedoch eine Befreiung durch Anordnung der Eltern gem. §§ 1852 Abs. 1, 1855 zulässig.

III. Parallelvorschriften

5 § 1857a ist auf die Pflegschaft entsprechend anwendbar (§ 1915 Abs. 1). Die Vorschrift gilt – anders als die §§ 1852 bis 1857 – auch im Betreuungsrecht, und zwar zunächst nach § 1908i Abs. 1 S. 1, wenn ausnahmsweise ein Verein oder die Behörde als solche zum Betreuer bestellt ist (§ 1900). Darüber hinaus ist nach § 1908i Abs. 2 im Rahmen des Betreuungsrechts die Befreiung kraft Gesetzes erweitert, und zwar auf die Betreuung durch den Vater, die Mutter, den Ehegatten oder einen Abkömmling des Betroffenen sowie auf den Vereinsbetreuer und den Behördenbetreuer; das FamG kann freilich etwas anderes anordnen. Zu beachten ist, dass die gemäß § 56 Abs. 2, 3 SGB VIII dem Jugendamt als Amtsvormund und Amtspfleger zugestandenen Erleichterungen für die Behörde als Betreuer nicht gelten (siehe hierzu nur § 1908i Abs. 1 S. 2); zum Behördenbetreuer siehe auch § 1908g Abs. 2.

§§ 1858–1881 *(weggefallen)*

Untertitel 6. Beendigung der Vormundschaft

§ 1882 Wegfall der Voraussetzungen

Die Vormundschaft endigt mit dem Wegfall der in § 1773 für die Begründung der Vormundschaft bestimmten Voraussetzungen.

Übersicht

	Rn.		Rn.
I. Überblick. Normzweck	1–5	II. Wegfall der Voraussetzungen für die Begründung der Vormundschaft	6–14
1. Rechtsfolgen nach Beendigung der Vormundschaft	1	1. Nachträglicher Wegfall	6
		2. Eintritt der Volljährigkeit	7, 8
		3. (Wieder)Eintritt elterlicher Sorge; Rückgewinnung des Vertretungsrechts	9, 10
2. Vormundschaftsende, Amtsende	2–4	4. Tod des Mündels	11
3. Auflösung der Rechtswirkungen ipso iure	5	5. Keine Beendigung der Vormundschaft	12–14
		III. Verfahren	15, 16

I. Überblick. Normzweck

1 **1. Rechtsfolgen nach Beendigung der Vormundschaft.** Die §§ 1882 bis 1894 regeln die Beendigung der Vormundschaft und des Vormundamts und die daran geknüpften Rechtsfolgen. Die Beendigung des Amtes des Gegenvormunds wird in § 1895 im Wege der Verweisung normiert.

2 **2. Vormundschaftsende, Amtsende.** Es ist strikt zu unterscheiden zwischen der Beendigung der Vormundschaft und der Beendigung des Amtes des jeweiligen Vormunds.

3 Die Beendigung der Vormundschaft tritt im Regelfall kraft Gesetzes, also ohne verfahrensrechtlichen Konstitutivakt ein (§ 1882; § 1884 Abs. 2); eine ausdrückliche Aufhebung der Vormundschaft

Wegfall der Voraussetzungen 4–11 § 1882

durch das FamG entfällt,[1] das Gericht kann lediglich deklaratorisch das Ende der Vormundschaft feststellen. Nur in Ausnahmefällen (§ 1884 Abs. 1 S. 1 und 2) endet die Vormundschaft durch familiengerichtliche Aufhebung. Mit Beendigung der Vormundschaft endet auch das Amt des Vormunds ipso iure; es bedarf folglich keiner Entlassung.

Auch bei fortbestehender Vormundschaft kann das Amt des jeweiligen Vormunds durch dessen 4 Tod (§ 1894) oder Entlassung durch das FamG (§§ 1886 bis 1889) enden.

3. Auflösung der Rechtswirkungen ipso iure. Die Beendigung der Vormundschaft löst 5 alle ihre Rechtswirkungen ipso iure auf, insbesondere das Sorgerecht und die gesetzliche Vertretung des Vormunds. Bei Beendigung des vormundschaftlichen Amtes unter Fortbestehen der Vormundschaft gilt Gleiches für den konkret betroffenen Vormund. Nachwirkungen über den Zeitpunkt der Beendigung der Vormundschaft oder des Amtes hinaus ergeben sich aus §§ 1890 bis 1892; § 1893 Abs. 1 iVm. §§ 1698a, b; § 1893 Abs. 2.

II. Wegfall der Voraussetzungen für die Begründung der Vormundschaft

1. Nachträglicher Wegfall. Ein Ende der Vormundschaft nach § 1882 erfordert den nachträg- 6 lichen Wegfall der Voraussetzungen für ihre Begründung. Lagen die Voraussetzungen des § 1773 Abs. 1 von vornherein nicht vor, so ist nach richtiger Auffassung[2] und entgegen der hM[3] zu keinem Zeitpunkt ein wirksames Vormundschaftsverhältnis entstanden (vgl. § 1774 Rn. 8 ff.); es kann dann auch keinen konstitutiven Aufhebungsakt des Vormundschaftsgerichts geben.

2. Eintritt der Volljährigkeit. Wird der Mündel volljährig, endet die Vormundschaft. Dies 7 gilt auch im Falle der Verschollenheit des Mündels; § 1884 Abs. 1 S. 1 hat insoweit subsidiären Charakter (vgl. § 1884 Rn. 2). Bei ausländischen Mündeln ist für den Eintritt der Volljährigkeit das Heimatrecht maßgebend (Art. 7 EGBGB).[4] Bei Findelkindern und Personen mit nicht feststellbarem Personenstand bestimmt sich die Volljährigkeit ausschließlich nach dem gem. §§ § 24 Abs. 2 S. 1, § 25 S. 1 HS. 1 PStG von der zuständigen Verwaltungsbehörde festgesetzten Geburtsdatum.[5]

Der Eintritt der Volljährigkeit beendet die bisherige Vormundschaft auch dann, wenn für die Folge- 8 zeit die Voraussetzungen für eine Betreuung gem. §§ 1896 ff. vorliegen. Es ist dann ein Betreuer zu bestellen, der mit dem bisherigen Vormund personengleich sein kann. Um einen reibungslosen Übergang zu ermöglichen, sieht § 1908a S. 1 vor, dass ein Betreuer schon bestellt werden kann, wenn der Minderjährige das 17. Lebensjahr vollendet hat und anzunehmen ist, dass der Betroffene bei Eintritt der Volljährigkeit einen Betreuer benötigen wird. Die Betreuerbestellung wird dann aber erst mit dem Eintritt der Volljährigkeit wirksam, § 1908a S. 2. In gleicher Weise kann auch bereits die Anordnung eines Einwilligungsvorbehalts vorweggenommen werden (vgl. Erl. zu § 1908a).

3. (Wieder)Eintritt elterlicher Sorge; Rückgewinnung des Vertretungsrechts. Die 9 Vormundschaft endet, wenn die Eltern oder ein Elternteil die Ausübung des elterlichen Sorgerechts soweit (wieder-)gewinnen, dass die Voraussetzungen des § 1773 Abs. 1 entfallen. Dafür genügt es folglich, wenn den Eltern oder einem Elternteil wenigstens im Bereich der Personensorge des Kindes oder im Bereich der Sorge für dessen Vermögen die Befugnis zur gesetzlichen Vertretung zukommt.[6]

Beispiele: Die Beendigung des Ruhens der elterlichen Sorge (§ 1674 Abs. 2, vgl. auch § 1673 Abs. 2); die 10 Übertragung des von einem Vormund wahrgenommenen Sorgerechts auf den Vater gem. §§ 1678 Abs. 2, § 1680 Abs. 2, 3, § 1681 Abs. 1; die Aufhebung der den Eltern vom Sorgerecht ausschließenden Verfügungen (zB nach § 1666 Abs. 1, § 1666a Abs. 2) gemäß § 1696 durch das Familiengericht auch nur hinsichtlich eines Elternteils; die Annahme als Kind (§§ 1754, 1626); die Ermittlung des bisher unbekannten Personenstandes des Minderjährigen, sofern der Minderjährige sich dann unter elterlicher Sorge befindet.

4. Tod des Mündels. Der Tod des Mündels ist ein weiterer Grund für die Beendigung der 11 Vormundschaft kraft Gesetzes.[7] Gleiches gilt für die Rechtskraft des Beschlusses über die Todeserklärung oder die Feststellung der Todeszeit (vgl. hierzu und zur Verschollenheit Erl. zu § 1884).

---

[1] Ebenso *Erman/Holzhauer* (11. Aufl.) Rn. 2; RGRK/*Dickescheid* Rn. 3; *Staudinger/Engler* Rn. 2, 26; differenzierend *Soergel/Zimmermann* Rn. 2, § 1884 Rn. 2.
[2] *Staudinger/Engler* Rn. 6.
[3] Vgl. *Erman/Saar* § 1774 Rn. 5; *Soergel/Zimmermann* Rn. 8; differenzierend RGRK/*Dickescheid* Rn. 2; *Palandt/Diederichsen* § 1774 Rn. 2.
[4] OLG München FamRZ 2009, 1602; DIJuF Gutachten JAmt 2008, 539. Siehe auch § 1773 Rn. 14.
[5] *Soergel/Zimmermann* Rn. 3; *Staudinger/Engler* Rn. 9; RGRK/*Dickescheid* Rn. 4.
[6] RGRK/*Dickescheid* Rn. 4; *Staudinger/Engler* Rn. 13; *Soergel/Zimmermann* Rn. 5; anders noch *Soergel/Damrau*, 12. Aufl., Rn. 4, 5.
[7] BayObLGZ 19, A 126; KG KJ 51, 47, 49 = RJA 16, 181; *Staudinger/Engler* Rn. 7.

§ 1884

12 **5. Keine Beendigung der Vormundschaft.** Keine Beendigung der Vormundschaft tritt ein a) durch **Eheschließung des Mündels.** Jedoch beschränkt sich dann die Personensorge auf die Vertretung in persönlichen Angelegenheiten (§§ 1800, 1633).

13 b) durch **Wohnsitzverlegung ins Ausland** bzw. Auswanderung des Mündels unter Beibehaltung der deutschen Staatsangehörigkeit.[8] Bei konkurrierender Zuständigkeit kann die Vormundschaft aber an den ausländischen Staat abgegeben werden (§ 99 Abs. 2 FamFG). Verliert der Mündel die deutsche Staatsangehörigkeit, so ist das Schicksal der Vormundschaft nach den Grundsätzen des internationalen Privatrechts zu beurteilen (Art. 7, 24 EGBGB); sie endet aber in jedem Falle erst mit ihrer Aufhebung.[9]

14 c) wenn zwar der für die Anordnung der Vormundschaft konkret maßgebende Fall iSv. § 1773 nachträglich entfallen ist, jedoch **gleichzeitig ein anderer Fall des § 1773** vorliegt (zB: Der Personenstand des minderjährigen Findelkindes wird ermittelt, aber beide Eltern sind verstorben; die elterliche Gewalt beider Elternteile ruht, sodann versterben beide).[10] Denn die Vormundschaft über Minderjährige bleibt auch beim Auswechseln des sie rechtfertigenden Grundes dieselbe, weil die unterschiedlichen Anordnungsgründe ein und dasselbe Schutzbedürfnis des Minderjährigen betreffen. Die Gegenansicht[11] fordert jeweils die erneute Anordnung der Vormundschaft und die Neubestellung des Vormunds, was in der Praxis zu erheblicher Rechtsunsicherheit führen würde.

III. Verfahren

15 Ob die Voraussetzungen des § 1882 vorliegen, ist **von Amts wegen** festzustellen.[12] Das FamG kann daher einen den Tod des Mündels anzeigenden Vormund nicht zwingen, die Sterbeurkunde beizubringen.[13]

16 Gegen die deklaratorische Feststellung des Endes der Vormundschaft (vgl. Rn. 3) ist die **Beschwerde** statthaft (§ 58 Abs. 1 FamFG, § 11 Abs. 1 RPflG). Beschwerdeberechtigt, weil in seiner Rechtsstellung beeinträchtigt (§ 59 Abs. 1 FamFG), ist der Vormund, wenn er geltend macht, dass das Ende der Vormundschaft in Wirklichkeit nicht eingetreten sei; unter derselben Voraussetzung ist auch der Mündel beschwerdeberechtigt (§ 59 Abs. 1 FamFG; zur selbständigen Ausübung § 60 FamFG).[14]

§ 1883 *(weggefallen)*

§ 1884 Verschollenheit und Todeserklärung des Mündels

(1) [1]Ist der Mündel verschollen, so endigt die Vormundschaft erst mit der Aufhebung durch das Familiengericht. [2]Das Familiengericht hat die Vormundschaft aufzuheben, wenn ihm der Tod des Mündels bekannt wird.

(2) Wird der Mündel für tot erklärt oder wird seine Todeszeit nach den Vorschriften des Verschollenheitsgesetzes festgestellt, so endigt die Vormundschaft mit der Rechtskraft des Beschlusses über die Todeserklärung oder die Feststellung der Todeszeit.

I. Normzweck

1 Es liegt in der Natur der Verschollenheit begründet, dass die Tatsache des Todes ungewiss ist (vgl. § 1 VerschG). Die Vorschrift lässt deshalb **in Abweichung von § 1882** die Vormundschaft über einen verschollenen Mündel nicht schon mit dessen tatsächlichem Tod oder dessen in der Todeserklärung oder in der Feststellung der Todeszeit (nach dem VerschG) fiktiv bestimmten Todeszeitpunkt kraft Gesetzes enden; vielmehr ist im Interesse des Mündels, seiner Erben und Dritter, vor allem

---

[8] LG Bielefeld DAVorm. 1963, 32, 33; RGRK/*Dickescheid* Rn. 7; *Staudinger/Engler* Rn. 21.
[9] LG Köln DAVorm. 1954, 291; RGRK/*Dickescheid* Rn. 7; *Staudinger/Engler* Rn. 22.
[10] BayObLGZ 6, 517; *Erman/Saar* Rn. 2; RGRK/*Dickescheid* Rn. 5; *Soergel/Zimmermann* Rn. 7; *Staudinger/Engler* Rn. 17 f.; *Dölle* § 136 I 2 d.
[11] BayObLGZ 20, A 290, 293; grundsätzlich auch *Gernhuber/Coester-Waltjen* § 73 Rn. 2.
[12] BayObLGZ 19, 126; *Soergel/Zimmermann* Rn. 9.
[13] KG KGJ 51, 47 = RJA 16, 181.
[14] RGRK/*Dickescheid* Rn. 8.

aber der **Rechtssicherheit,** ein anderer, eindeutig feststellbarer Zeitpunkt für die Beendigung maßgebend. So endet die Vormundschaft hier grundsätzlich **erst mit der Aufhebung durch das FamG** (Abs. 1). Nur bei **Todeserklärung** oder **Feststellung der Todeszeit** des verschollenen Mündels endet die Vormundschaft kraft Gesetzes mit der Rechtskraft des Todeserklärungs- bzw. Todesfeststellungsbeschlusses (Abs. 2).

II. Fallgruppen

1. Subsidiarität. Nur hinsichtlich des Todes des Mündels weicht § 1884 von § 1882 ab. Im 2 Übrigen gelten auch hier die kraft Gesetzes eintretenden Beendigungsgründe des § 1882, zB die Volljährigkeit oder der Wiedereintritt der elterlichen Sorge; § 1884 hat Ausnahmecharakter.[1] Bei Fortdauer der Verschollenheit nach Eintritt der Volljährigkeit kann Abwesenheitspflegschaft (§ 1911) angeordnet werden.

2. Verschollenheit (Abs. 1). Die Vormundschaft besteht fort, bis sie **aufgehoben** wird. Die 3 Verschollenheit selbst ist allein noch kein Grund zur Aufhebung. Das FamG hat die Vormundschaft jedoch aufzuheben, wenn ihm der Tod des Mündels bekannt wird oder es auf Grund eigener, von Amts wegen vorzunehmender Ermittlungen (§ 26 FamFG) zu dieser Erkenntnis gelangt.

Trat der **Tod des Mündels vor Aufhebung** der Vormundschaft ein, so wirkt die gesetzliche 4 Vertretungsmacht des Vormunds für und gegen die Erben des Mündels.[2]

3. Todeserklärung, Feststellung der Todeszeit, (Abs. 2). Wird ein verschollener Mündel 5 für tot erklärt (§§ 2, 13 ff. VerschG) oder wird für einen Mündel, dessen Tod nach den Umständen nicht zweifelhaft ist, die Todeszeit festgestellt (vgl. §§ 1 Abs. 2, 39 ff. VerschG), so endet die Vormundschaft ohne Aufhebung **kraft Gesetzes;** dies jedoch nicht bereits mit der im Beschluss festgestellten Todeszeit, sondern mit dem **Zeitpunkt der Rechtskraft des Beschlusses.** Damit werden Unzuträglichkeiten vermieden, die sich daraus ergeben, dass zum einen zwischen dem Tod des Mündels und dem Feststellungsbeschluss meist längere Zeit liegt und zum anderen die festgestellte Todeszeit (vgl. §§ 9 Abs. 1, 44 Abs. 2 VerschG) sich im Nachhinein als unzutreffend herausstellen und abgeändert werden kann (§ 33a VerschG).

Erweist sich die Todeserklärung oder Feststellung der Todeszeit **als irrig** und lebt der Mündel 6 noch, so ist die Vormundschaft mit Rechtskraft jenes Beschlusses gleichwohl aufgehoben;[3] erforderlichenfalls ist dann erneut die Vormundschaft anzuordnen.

III. Verfahren

Die Entscheidung des FamG (zuständig: Rechtspfleger, § 3 Nr. 2 a, § 14 RPflG) über die Aufhe- 7 bung nach Abs. 1 wird mit Bekanntgabe an den Vormund wirksam (§§ 40, 41 Abs. 1 S. 1 FamFG). Gegen die Entscheidung ist die Beschwerde statthaft (§ 58 Abs. 1 FamFG, § 11 Abs. 1 RPflG). Zur Beschwerdeberechtigung gilt das zu § 1882 Rn. 16 Gesagte.

IV. Parallelvorschriften

Trotz fehlender Verweisung in § 1908i ist die Vorschrift auf die Betreuung entsprechend anwend- 8 bar.[4] Bei der Abwesenheitspflegschaft entspricht § 1921 Abs. 2 und 3 dem § 1884.

§ 1885 *(aufgehoben)*

§ 1886 Entlassung des Einzelvormunds

Das Familiengericht hat den Einzelvormund zu entlassen, wenn die Fortführung des Amts, insbesondere wegen pflichtwidrigen Verhaltens des Vormunds, das Inte-

---

[1] Ebenso *Erman/Holzhauer* (11. Aufl.) Rn. 3; *RGRK/Dickescheid* Rn. 5; *Staudinger/Engler* Rn. 4 ff.; *Gernhuber/Coestem-Waltjen* § 73 Rn. 3 Fn. 3; aA OLG Oldenburg NJW 1952, 939; OLG Nürnberg WM 1957, 1317; *Soergel/Zimmermann* Rn. 2.
[2] *Soergel/Zimmermann* Rn. 2; *Dölle* § 136 II 1.
[3] *RGRK/Dickescheid* Rn. 6; *Soergel/Zimmermann* Rn. 3; *Staudinger/Engler* Rn. 11.
[4] *Soergel/Zimmermann* Rn. 4.

§ 1886 1–7   Abschnitt 3. Titel 1. Vormundschaft

resse des Mündels gefährden würde oder wenn in der Person des Vormunds einer der in § 1781 bestimmten Gründe vorliegt.

Übersicht

	Rn.		Rn.
I. Bedeutung und Anwendungsbereich der Vorschrift	1–4	IV. Entlassung aus sonstigen Gründen	11–16
1. Entlassung des Einzelvormunds von Amts wegen	1	1. Geschäftsunfähigkeit	11
2. Entlassungstatbestände	2	2. Übergehen des benannten Vormunds	12
3. Bezug zu § 1837	3	3. Verstoß gegen § 1779 Abs. 2	13
4. Entlassungspflicht	4	4. Bestellung entgegen § 1782	14
II. Gefährdung des Mündelinteresses (1. Alt.)	5–9	5. Bestellung unter Vorbehalt	15
1. Entlassungsvoraussetzung	5	6. Erfolgreiche Beschwerde des früheren Vormunds	16
2. Unbestimmte Rechtsbegriffe	6	V. Verfahren	17–22
3. Verhältnismäßigkeit	7	1. Entlassungsentscheidung	17
4. Objektive Gefährdung des Mündelinteresses	8	2. Rechtsmittel	18–22
5. Entlassungsgründe im Einzelnen	9	a) Beschwerde gegen die Entlassung	19–21
III. Vorliegen eines Untauglichkeitsgrundes nach § 1781 (2. Alt.)	10	b) Beschwerde gegen Ablehnung der Entlassung	22
		VI. Parallelvorschriften	23

I. Bedeutung und Anwendungsbereich der Vorschrift

1 **1. Entlassung des Einzelvormunds von Amts wegen.** Die §§ 1886 und 1888 regeln die Fälle, in denen ein Einzelvormund von Amts wegen zu entlassen ist. Auf den Amts- und Vereinsvormund ist § 1886 nicht anzuwenden (vgl. § 1887), auch nicht bei pflichtwidrigem Verhalten.[1] Andererseits gilt die Vorschrift für alle Einzelvormünder, und zwar auch dann, wenn sie gemäß § 1776 berufen oder gemäß §§ 1852 ff. befreit sind.

2 **2. Entlassungstatbestände.** § 1886 formuliert zwei Entlassungstatbestände, die streng zu unterscheiden sind:
– **Gefährdung des Mündelinteresses** durch die Fortführung des Amtes durch den Vormund, insbesondere wegen pflichtwidrigen Verhaltens;
– **Vorliegen der Untauglichkeitsgründe** nach § 1781.

3 **3. Bezug zu § 1837.** Im Falle der Gefährdung des Mündelinteresses ist eine Entlassung des Vormunds nur zulässig, wenn Maßnahmen nach § 1837 nicht ausreichen (vgl. Rn. 7).

4 **4. Entlassungspflicht.** Liegen die Voraussetzungen des § 1886 vor, so ist der Vormund zu entlassen; das Gericht trifft insoweit eine Rechtspflicht gegenüber dem Mündel,[2] deren Verletzung die Staatshaftung auslösen kann (Art. 34 GG, § 839 BGB).

II. Gefährdung des Mündelinteresses (1. Alt.)

5 **1. Entlassungsvoraussetzung.** Voraussetzung der Entlassungsbefugnis ist, dass bei Fortführung der Vormundschaft durch diesen Vormund das Interesse des Mündels, folglich das Mündelwohl gefährdet wäre. Die Entlassung des Vormunds (und Bestellung eines anderen) muss sich demnach als geeignetes Mittel darstellen, die drohende Gefährdung zu vermeiden.

6 **2. Unbestimmte Rechtsbegriffe.** Bei der Frage, ob die Fortführung des Amtes durch den Vormund das Mündelinteresse gefährdet, steht dem Gericht **keinerlei Ermessensspielraum** zu; die Begriffe „Gefährdung des Mündelinteresses" und „pflichtwidriges Verhalten" sind unbestimmte Rechtsbegriffe.[3]

7 **3. Verhältnismäßigkeit.** Die Entlassung ist nur gerechtfertigt, wenn kein anderes, in die Rechtsstellung des Vormunds minder eingreifendes Mittel voraussichtlich die Gefährdung des Mün-

---
[1] BayObLGZ 1976, 247; FamRZ 1994, 991 f.
[2] BayObLG JW 1931, 1374, 1375; Rpfleger 1977, 254, 255; KG OLGE 33, 373, 374; RGRK/*Dickescheid* Rn. 4; *Staudinger/Engler* Rn. 7.
[3] RGRK/*Dickescheid* Rn. 4; *Soergel/Zimmermann* Rn. 3; aA BayObLG Rpfleger 1988, 259, 260; RGRK/*Scheffler*, 11. Aufl., Anm. 2 („pflichtgemäßes Ermessen").

Entlassung des Einzelvormunds 8, 9 § 1886

dels abwenden kann[4] (Grundsatz der Verhältnismäßigkeit). Vorrangig sind folglich Maßnahmen nach § 1837 Abs. 2, 3[5] und – wenn diese nicht ausreichen – nach § 1837 Abs. 4 iVm. §§ 1666, 1666 a zu ergreifen. Nach den zuletzt genannten Vorschriften ist auch der Teilentzug eines Sorgebereichs möglich[6] (zB nur des Aufenthaltsbestimmungsrechts; des Rechts, den Umgang zu bestimmen; des Personensorgerechts im Ganzen, vgl. § 1666a Abs. 2; des Vermögenssorgerechts). Die teilweise Entziehung ist nach dem Verhältnismäßigkeitsgrundsatz der Entlassung – soweit zur Vermeidung der Mündelgefährdung ausreichend – vorzuziehen, doch muss bei der Beurteilung der Gesamtzusammenhang vormundschaftlicher Amtsführung berücksichtigt werden. Vom Normzweck her ist auch zu prüfen, ob die mit dem Vormundwechsel verbundenen Nachteile nicht schwerer wiegen als die Gefahren bei Fortführung des Amtes.[7] Die Schwierigkeiten, einen neuen geeigneten Vormund zu finden, allein fallen bei dieser Abwägung indes nicht ausschlaggebend ins Gewicht.[8]

4. Objektive Gefährdung des Mündelinteresses. Ausreichend ist die objektive Gefährdung 8 des Mündelinteresses; Verschulden des Vormunds ist nicht erforderlich.[9] Eine Schädigung braucht noch nicht eingetreten zu sein; es ist erforderlich und genügend, dass durch die Fortführung des Amtes durch den bisherigen Vormund der Eintritt des Schadens mit einer gewissen Wahrscheinlichkeit zu erwarten ist.[10] Eine Pflichtwidrigkeit des Vormunds muss nicht unbedingt die Ursache der Gefährdung sein. Es genügt, wenn durch die bloße Tatsache der weiteren Amtsführung das Mündelinteresse gefährdet wird. Die im Gesetzestext genannte Pflichtwidrigkeit ist nur als – wohl häufigstes – Beispiel für eine durch das Verhalten des Vormunds bedingte Gefährdung der Mündelinteressen genannt.[11] Die Gefährdung kann sich auch aus Umständen ergeben, die zeitlich vor der Vormundsbestellung liegen.[12]

5. Entlassungsgründe im Einzelnen. Als Entlassungsgründe kommen in Betracht: Längere 9 Erkrankung oder Abwesenheit des Vormunds, weite Entfernung des Wohnsitzes des Vormunds vom Sitz des FamG;[13] mangelndes Verständnis für die Aufgaben des Vormunds;[14] fehlende Sachkenntnis;[15] mangelnde Fachkenntnisse hinsichtlich des Geschäftsbetriebs des Mündels;[16] schädliche Auswirkung der Amtsführung auf den Geisteszustand des Mündels;[17] Starrsinn und Unbelehrbarkeit des Vormunds;[18] dauernder Interessenwiderstreit zwischen Vormund und Mündel, der nicht bloß im Einzelfall besteht;[19] tiefe Entfremdung zwischen Vormund und Mündel, insbesondere wenn die Vormundschaft persönlichen Umgang erfordert;[20] ständige Unterwerfung des Vormunds unter den Willen des Mündels;[21] Religionswechsel durch Vormund oder Mündel außer im Falle des § 1801, wenn dadurch ein tiefer Zwiespalt in der Lebensauffassung zutage tritt;[22] missbräuchliche Hintertreibung des persönlichen Umgangs zwischen Eltern und Mündel,[23] nicht aber bei bloßen Spannungen zwischen den Eltern des Vormunds und dem Mündel, die wahr-

---

[4] BayObLG FamRZ 2004, 1817, 1818; BayObLGR 2003, 361; BayObLG FamRZ 1988, 543; FamRZ 1988, 874, 875; OLG Frankfurt OLGR 2005, 405; *Erman/Saar* Rn. 4; *RGRK/Dickescheid* Rn. 6; *Soergel/Zimmermann* Rn. 2; *Staudinger/Engler* Rn. 11; *Dölle* § 135 I 4 a aa; *Gernhuber/Coester-Waltjen* § 73Rn. 8.
[5] Allerdings müssen nicht sämtliche möglichen Aufsichtsmaßnahmen nach § 1837 zuvor ausgeschöpft sein: BayObLG BtPrax 2004, 153 (betr. Betreuung).
[6] Vgl. BayObLG FamRZ 1999, 1457.
[7] BayObLG Recht 1913 Nr. 1472; Rpfleger 1983, 252 (Berücksichtigung der Kontinuitätsinteressen); KG OLGE 24, 48.
[8] Vgl. BayObLGZ 19, 249, 253.
[9] BayObLGZ 1952, 336, 338; OLG Celle ZBlJugR 1953, 39; BayObLG FamRZ 1959, 32, 33; FamRZ 1990, 205, 206; FamRZ 1991, 1353; *Erman/Saar* Rn. 3; *Soergel/Zimmermann* Rn. 3; *Dölle* § 135 I 4 a aa.
[10] BayObLGZ 18, 206; BayObLGZ 1958, 244, 246; OLG Hamm Rpfleger 1966, 17 f.; BayObLG Rpfleger 1977, 254, 255; Rpfleger 1984, 355, 356; FamRZ 1988, 874; *RGRK/Dickescheid* Rn. 5; *Staudinger/Engler* Rn. 10.
[11] KG RJA 5, 219, 22216; BayObLG Rpfleger 1977, 254, 255; *RGRK/Dickescheid* Rn. 5; *Staudinger/Engler* Rn. 10.
[12] OLG Hamburg OLGE 30, 158; OLG Colmar Recht 1909 Nr. 1331.
[13] BayOLGZ 6, 45; 10, 311; 15, 341; 18, 41; 18, 206.
[14] BayObLGZ 19, 82.
[15] OLG Karlsruhe JW 1920, 502.
[16] BayObLGZ 33, 345, 346.
[17] BayObLGZ 18, 206.
[18] BayObLGZ 21, 339.
[19] BayObLG MDR 1959, 48.
[20] BayObLGZ 34, 398; KG OLGE 8, 361.
[21] KG Recht 1916 Nr. 698.
[22] BayObLG JFG 3, 76.
[23] RGZ 153, 238.

scheinlich auch bei einem anderen Vormund auftreten würden;[24] beharrliche Weigerung, dem FamG Auskunft zu erteilen oder ordnungsgemäß Rechnung zu legen;[25] Pflichtwidrigkeiten im Bereich der Vermögenssorge, zB Nichterfüllung bestehender Forderungen,[26] Anerkennung nicht bestehender Forderungen,[27] Führung eines von vornherein aussichtslosen Prozesses,[28] Aufwendungen für bestimmte Zwecke trotz Verbots durch das FamG,[29] treuwidrige Verwendung des Mündelvermögens für eigene Anschaffungen,[30] andauernder Verstoß gegen die Pflicht zur mündelsicheren Vermögensanlage.[31] Bei dieser Kasuistik ist allerdings zu beachten, dass stets zu prüfen ist, ob die Entlassung des Vormunds sich im konkreten Fall als die zur Abwendung der Mündelgefährdung erforderliche Maßnahme darstellt oder ob ein geringerer Eingriff in die Stellung des Vormunds genügt.[32]

III. Vorliegen eines Untauglichkeitsgrundes nach § 1781 (2. Alt.)

10 Untauglich ist nach § 1781 ein Vormund, der minderjährig ist (Nr. 1) oder für den ein Betreuer – gleichgültig mit welchem Aufgabenkreis – bestellt ist (Nr. 2). Der untaugliche Vormund ist von Amts wegen zu entlassen; eine konkrete Gefährdung des Mündelinteresses wird nicht vorausgesetzt. Auch ist ohne Belang, ob der Untauglichkeitsgrund schon bei der Bestellung zum Vormund vorlag oder erst später eingetreten ist.[33]

IV. Entlassung aus sonstigen Gründen

Neben den weiteren, in §§ 1887 bis 1889 geregelten Entlassungstatbeständen kommen noch die folgenden Entlassungsgründe in Betracht:

11 **1. Geschäftsunfähigkeit.** Erweist es sich, dass der Vormund bei seiner Bestellung geschäftsunfähig war und daher nach § 1780 nicht bestellt werden konnte, so ist die Bestellung nichtig (vgl. § 1780 Rn. 1, 6). Tritt der Unfähigkeitsgrund später ein, so ist der Vormund (obwohl § 1886 den 1780 nicht erwähnt) von Amts wegen zu entlassen.[34]

12 **2. Übergehen des benannten Vormunds.** Ist eine Bestellung entgegen den Berufungsvorschriften des § 1776 Abs. 1 erfolgt, so darf der Vormund nicht von Amts wegen entlassen werden (arg. § 48 Abs. 1 FamFG);[35] siehe § 1778 Rn. 18. Im Falle des § 1778 Abs. 2 setzt die amtswegige Entlassung des bisherigen Vormunds voraus, dass der Berufene beantragt, sich selbst nunmehr zum Vormund zu bestellen.[36]

13 **3. Verstoß gegen § 1779 Abs. 2.** Erfolgte die Auswahl des Vormunds unter Verstoß gegen die rechtlichen Kriterien des Auswahlverfahrens nach § 1779 Abs. 2 (vgl. § 1779 Rn. 4–17), so wird zT eine Korrekturmöglichkeit durch Entlassung des Vormunds von Amts wegen bejaht,[37] obwohl der Gesetzeswortlaut dies nicht ausdrücklich anordnet (zur Entlassung auf Beschwerde hin siehe § 1779 Rn. 24). Gleiches soll hingegen nicht gelten, wenn das FamG zwar alle rechtlichen Kriterien und Verfahrensvorschriften beachtet, doch im Rahmen des Auswahlermessens nicht die bestmögliche Entscheidung getroffen hat. Soll also die Entlassung darauf gestützt werden, dass der Vormund

---

[24] BayObLG Recht 1904 Nr. 140; Recht 1917 Nr. 2027.
[25] OLG Schleswig FGPrax 2006, 74; OLG Hamm Rpfleger 1966, 17; BayObLG Rpfleger 1982, 265; FamRZ 1988, 543.
[26] KG JW 1937, 1552.
[27] Vgl. KG JFG 15, 214, 217.
[28] KG JW 1936, 2753.
[29] KG OLGE 30, 151, 152.
[30] OLG Düsseldorf FamRZ 1981, 98.
[31] OLG Frankfurt Rpfleger 1983, 151.
[32] Vgl. BayObLG FamRZ 1997, 1289; OLG Hamm FamRZ 1997, 1561.
[33] RGRK/*Dickescheid* Rn. 8; *Soergel*/*Zimmermann* Rn. 6.
[34] *Erman*/*Saar* Rn. 5; RGRK/*Dickescheid* Rn. 1.
[35] RGRK/*Dickescheid* Rn. 2; *Soergel*/*Zimmermann* Rn. 7 aE.
[36] *Staudinger*/*Engler* Rn. 20.
[37] So *Gernhuber*/*Coester-Waltjen* § 73 Rn. 7. ME steht § 48 Abs. 1 FamFG einer amtswegigen Korrektur einer von Anfang an fehlerhaften Auswahlentscheidung des FamG entgegen. § 166 FamG iVm. § 1696 ändert daran nichts: § 1696 ist auf die Vormundschaft unmittelbar nicht anwendbar und gilt auch nach § 1837 Abs. 4 nur für die in § 1837 Abs. 2 bis 4 genannten Maßnahmen entsprechend (siehe § 1837 Rn. 26). Anders unter der Geltung des FGG, vgl. BayObLG NJW 1961, 1865; Rpfleger 1979, 307, 308; FamRZ 1988, 874, 875; FamRZ 1989, 1342; FamRZ 1991, 1480; OLG Hamm FamRZ 1996, 1356; Voraufl. Rn. 13; *Erman*/*Saar* Rn. 6; *Soergel*/*Zimmermann* Rn. 7.

sich durch seine Amtsführung als ungeeignet erwiesen hat, so ist unstr. ausschließlich § 1886 maßgebend.

4. Bestellung entgegen § 1782. Eine entgegen § 1782 erfolgte Bestellung ist auf Beschwerde 14 hin auch ohne die Voraussetzungen des § 1886 aufzuheben (vgl. § 1782 Rn. 12), nicht hingegen von Amts wegen (str., s. § 1782 Rn. 13). Wirkt sich die Elternausschließung erst später auf Grund einer aufschiebenden Bedingung oder Befristung aus, so ist dem Elternwillen nur dann durch Entlassung des Vormunds Folge zu leisten, wenn dadurch das Mündelwohl nicht gefährdet wird (§ 1778 Abs. 1 Nr. 4 entsprechend).[38]

5. Bestellung unter Vorbehalt. Erfolgte die Bestellung des Vormunds gem. § 1790 unter 15 Vorbehalt, so kann das FamG von Amts wegen entlassen, muss es aber nicht.[39]

6. Erfolgreiche Beschwerde des früheren Vormunds. Schließlich ist der neue Vormund 16 zu entlassen, wenn der frühere Vormund entlassen worden ist und erfolgreich dagegen Beschwerde erhoben hat (vgl. Rn. 21, 22).[40]

V. Verfahren

1. Entlassungsentscheidung. Über die Entlassung entscheidet das FamG (zuständig: Rechts- 17 pfleger, §§ 3 Nr. 2 a, 14 RPflG) durch Beschluss (§ 38 FamFG), der dem Vormund und dem Mündel bekanntzugeben ist (§ 41 FamFG). Im Rahmen der Amtsermittlung (§ 26 FamFG) sind der Vormund,[41] nach Maßgabe der §§ 159, 160 FamFG der Mündel und dessen Eltern sowie nach Maßgabe des § 1847 dessen Verwandte und Verschwägerte[42] zu hören. Ein Vorbescheid, mit dem das FamG die beabsichtigte Entlassung ankündigt, ist nicht vorgesehen.[43]

2. Rechtsmittel. Gegen den Beschluss über die Entlassung ist die Beschwerde statthaft (§ 58 18 Abs. 1 FamFG, § 11 Abs. 1 RPflG).

a) Beschwerde gegen die Entlassung. Gegen den die Entlassung aussprechenden Beschluss 19 ist der Vormund **beschwerdeberechtigt**: Mit der Bestellung, gleich ob kraft elterlicher Benennung oder durch Auswahl des FamG, erwachsen dem Vormund Rechte, in denen er durch eine unbegründete Entlassung beeinträchtigt wird (§ 59 Abs. 1 FamFG). Auch schon gegen die Androhung seiner Entlassung soll dem Vormund die Beschwerde eröffnet sein.[44] Ebenso ist der Mündel beschwerdeberechtigt (§ 59 Abs. 1; zur selbständigen Ausübung § 60 FamFG).[45] Dritten könnte eine Beschwerdebefugnis - allenfalls - aus der Beeinträchtigung von aus Art. 6 Abs. 1 GG herleitbaren eigenen Rechten (etwa als Eltern) zustehen; doch ist hier mE Zurückhaltung geboten.[46] Im Übrigen sind

---

[38] BayObLG NJW 1961, 1865; OLG Hamm DAVorm. 1997, 47, 49; RGRK/*Dickescheid* Rn. 2.
[39] RGRK/*Dickescheid* Rn. 1; *Staudinger/Engler* Rn. 21.
[40] KG JW 1935, 2157; BayObLG FamRZ 1988, 874, 875.
[41] BayObLG Recht 1914 Nr. 942; JZ 1953, 185; Rpfleger 1975, 92; KG JR 1967, 26.
[42] *Erman/Holzhauer* (11. Aufl.) Rn. 9; RGRK/*Dickescheid* Rn. 9; *Staudinger/Engler* Rn. 24.
[43] BayObLG FamRZ 1994, 51: Ein gleichwohl erlassener Vorbescheid ist auf Beschwerde des Vormunds hin aufzuheben. Zust. jurisPK/*Pammler/Klein-Pammler* Rn. 25.
[44] Unter der Geltung des FGG: KG KGJ 51, 36; RGRK/*Dickescheid* Rn. 10; *Staudinger/Engler* Rn. 30. Vgl. auch Rn. 17 und BayObLG FamRZ 1994, 51: Ein Vorbescheid ist unzulässig und auf Beschwerde des Vormunds hin aufzuheben.
[45] Unter der Geltung des FGG wurde dem Mündel das eigenständige Beschwerderecht (§ 59 FGG, jetzt § 60 FamFG) z. T. abgesprochen, wenn der entlassene Vormund auf die Vermögenssorge beschränkt war: KG RJA 6, 7; JFG 15, 198; *Soergel/Zimmermann* Rn. 10 Fn. 46; *Keidel/Engelhardt* FGG (15. Aufl.) § 59 Rn. 13; aA RGRK/ *Dickescheid* Rn. 10 (Entlassung des Vormunds ist stets eine die Person betreffende Angelegenheit iSv. § 59 Abs. 1 FGG). Für eine solche Unterscheidung dürfte nach § 60 S. 2 iVm. § 159 Abs. 1 S. 2 FamFG kein Raum sein.
[46] Das ergibt sich aus dem Umstand, dass das FamFG keine dem § 57 FGG entsprechende Regelung kennt und damit – obschon in den Materialien nicht näher begründet – offenbar auf eine deutliche Reduzierung der Rechtsmittelberechtigung zielt. ME lässt sich die Frage einer Beschwerdeberechtigung naher Angehöriger nicht generell, sondern nur danach beantworten, inwieweit die Entscheidung ihrer Art nach den Angehörigen in seiner Rechtsstellung i. S. d. Art. 6 Abs. 1 GG tangiert. Dies wird sich – nach der hier vertretenen Auffassung – bejahen lassen, wenn der nahe Angehörige bei der Auswahl des Vormunds übergangen wird (siehe § 1778 Rn. 17; § 1779 Rn. 11, 22; § 1782 Rn. 12); aA OLG Hamm NJW-RR 2011, 585. Zu weit gehen dürfte - von Ausnahmefällen abgesehen – eine auf Art. 6 Abs. 1 GG gestützte Beschwerdebefugnis naher Angehöriger gegen Entscheidungen, durch die ein Dritter als Vormund entlassen oder die Entlassung eines Dritten als Vormund abgelehnt wird (vgl. zu Art. 20 FGG etwa KG FamRZ 2008, 2306). Insgesamt lässt sich zur Kasuistik zur Beschwerdeberechtigung in Kindschaftssachen bislang wenig klare Linien erkennen; Überblick bei *Keidel/Meyer-Holz* FamFG § 59 Rn. 70. Mit dem ersatzlosen Wegfall des § 57 FGG dürfte die Frage, wann in Kindschaftssachen „eigene Rechte" beeinträchtigt sind, an Bedeutung gewinnen und die Diffusion weiter wachsen.

§ 1887   1   Abschnitt 3. Titel 1. Vormundschaft

Dritte mangels Beeinträchtigung eigener Rechte gemäß § 59 Abs. 1 FamFG nicht beschwerdebefugt; das gilt auch für einen Gegenvormund. Vgl. im übrigen § 158 Abs. 4 S. 5, § 162 Abs. 3 S. 2 FamFG.

20 Nach der Entlassung hat das FamG **unverzüglich einen neuen Vormund** zu bestellen; es darf nicht abwarten, bis über die Beschwerde des entlassenen Vormunds entschieden ist.[47] Der Wechsel in der Person des Vormunds ist dem Jugendamt mitzuteilen, § 1851.

21 Wird der die Entlassung aussprechende Beschluss **auf Beschwerde hin aufgehoben**, so entfallen die Wirkungen der Entlassung ex tunc. Der neue Vormund ist zu entlassen, eine Neubestellung des früheren Vormunds ist nicht erforderlich.[48] Bis zur Entlassung des neuen Vormunds besteht Doppelvertretungsrecht.[49] Gegen seine Entlassung steht dem neuen Vormund nicht die Möglichkeit offen, nunmehr seine Entlassung im Beschwerdeweg überprüfen zu lassen; denn insoweit handelt es sich nur um eine zwingende Folge der vorangehenden Beschwerdeentscheidung.[50]

22 **b) Beschwerde gegen Ablehnung der Entlassung.** Gegen die Ablehnung sind Dritte, auch wenn sie die Entlassung angeregt haben, nicht beschwerdeberechtigt; s. Rn. 19. Das gilt auch für den Gegenvormund als einem bloßen Kontrollorgan:[51] Für die Beschwerdeberechtigung nach § 59 Abs. 1 FamG fehlt es an der Beeinträchtigung eigener Rechte; die Voraussetzungen des § 59 Abs. 2 FamFG (Antragsverfahren) liegen nicht vor. Die Beschwerdeberechtigung des Mündels folgt aus § 59 Abs. 1 FamFG, zu selbständigen Ausübung vgl. § 60 FamFG.

VI. Parallelvorschriften

23 Die Vorschrift findet gem. § 1895 auf den Gegenvormund und gem. § 1915 Abs. 1 auf den Pfleger entsprechende Anwendung. Das Betreuungsrecht sieht eigenständige Regelungen vor (§§ 1908b, d).

§ 1887 Entlassung des Jugendamts oder Vereins

(1) Das Familiengericht hat das Jugendamt oder den Verein als Vormund zu entlassen und einen anderen Vormund zu bestellen, wenn dies dem Wohl des Mündels dient und eine andere als Vormund geeignete Person vorhanden ist.

(2) ¹Die Entscheidung ergeht von Amts wegen oder auf Antrag. ²Zum Antrag ist berechtigt der Mündel, der das 14. Lebensjahr vollendet hat, sowie jeder, der ein berechtigtes Interesse des Mündels geltend macht. ³Das Jugendamt oder der Verein sollen den Antrag stellen, sobald sie erfahren, dass die Voraussetzungen des Absatzes 1 vorliegen.

(3) Das Familiengericht soll vor seiner Entscheidung auch das Jugendamt oder den Verein hören.

I. Normzweck

1 Die durch Art. 1 Nr. 81 NEhelG eingefügte Vorschrift regelt die **Entlassung von Amtsvormund oder Vereinsvormund im Interesse des Mündels,** während § 1889 Abs. 2 die Entlassung im Interesse von Amtsvormund oder Vereinsvormund zum Gegenstand hat (vgl. § 1889 Rn. 5 f.). Der schon in den §§ 1791a bis 1791 c zum Ausdruck gekommene Subsidiaritätsgrundsatz wird hier erneut bestätigt. Nach Abs. 2 kann die Entlassung entweder von Amts wegen oder auf Antrag erfolgen. Abs. 3 ist auf das Jugendamt und den Verein beschränkt, da die Anhörung der Eltern und des Mündels nunmehr in §§ 159, 160 FamFG geregelt ist. Ergänzend zu § 1887 erlegt § 56 Abs. 4 SGB VIII dem Jugendamt die Pflicht auf, in der Regel jährlich zu prüfen, ob im Interesse des Kindes oder des Jugendlichen seine Entlassung als Amtsvormund und die Bestellung einer Einzelperson oder eines Vereins angezeigt ist. Aus dieser Vorschrift ergibt sich, dass der Gesetzgeber nunmehr auch von der Subsidiarität der Amtsvormundschaft gegenüber der Vereinsvormundschaft ausgeht.

---

[47] KG JW 1935, 2157; BayObLGZ 1990, 79, 80 = Rpfleger 1990, 361; *Soergel/Zimmermann* Rn. 8.

[48] BayObLG FamRZ 1988, 874, 875; *Staudinger/Engler* Rn. 23; aA KG JW 1935, 2157, 2158 (aufgegeben in KG NJW 1971, 53).

[49] KG NJW 1971, 53; RGRK/*Dickescheid* Rn. 11; *Soergel/Zimmermann* Rn. 8.

[50] KG FamRZ 1981, 607; OLG Frankfurt Rpfleger 1982, 422; BayObLG DAVorm. 1988, 702; RGRK/*Dickescheid* Rn. 12; *Staudinger/Engler* Rn. 32.

[51] Anders noch § 57 Abs. 1 Nr. 6 FGG, der dem Gegenvormund – sachgerecht – ein eigenes Beschwerderecht einräumte, im FamFG aber keine Entsprechung findet.

II. Entlassung von Amts- oder Vereinsvormund

1. Subsidiarität der Amts- und der Vereinsvormundschaft. Grundsätzlich dient dem 2 Wohl des Mündels ein Einzelvormund mehr als eine Vereins- oder Amtsvormundschaft **(Subsidiaritätsgrundsatz)**;[1] allerdings wird man diesen Grundsatz nunmehr – in Übereinstimmung mit der Novellierung der §§ 1791a, 1791 b durch das 2. BtÄndG – auf den ehernamtlichen Einzelvormund beschränken müssen. Es muss folglich überhaupt eine geeignete ehrenamtlich tätige Person als Einzelvormund zur Verfügung stehen.[2] Ihre Eignung bestimmt sich nach der konkreten Sachlage (vgl. § 1779 Rn. 5). Nicht geeignet wird die vorgesehene Person in der Regel dann sein, wenn die Vaterschaft noch nicht festgestellt, der Unterhalt noch nicht geklärt oder prozessual noch nicht durchgesetzt ist, es sei denn, dass der in Aussicht genommene Einzelvormund genügende Rechtskenntnisse und Erfahrung hat oder der bisherige Vormund insoweit zum Pfleger bestellt wird. Ist andererseits eine als Einzelvormund geeignete Person gefunden, so *muss* der Amts- oder Vereinsvormund durch das FamG entlassen werden, wenn dies dem Wohl des Mündels dient.

Aus der Subsidiarität der der Amtsvormundschaft gegenüber der Vereinsvormundschaft (str., vgl. Rn. 1 und § 1791b Rn. 3) wird gefolgert, dass ein Amtsvormund nach Maßgabe des § 1887 auch dann zu entlassen ist, wenn ein als Vormund geeigneter Verein zur Verfügung steht.[3] Das ist folgerichtig, zumal anderenfalls die dem Amtsvormund in § 56 Abs. 4 SGB VIII aufgegebene Prüfungspflicht (s. Rn. 1) wenig Sinn macht.

2. Aufenthaltswechsel des Mündels. Von der Entlassung des Amtsvormunds ist der Wechsel 3 des Amtsvormunds auf Grund Änderung der örtlichen Zuständigkeit gemäß § 87c Abs. 2, Abs. 3 S. 3 SGB VIII zu unterscheiden. Sobald das Kind seinen gewöhnlichen Aufenthalt im Bezirk eines anderen Jugendamtes nimmt,[4] hat bei **gesetzlicher Amtsvormundschaft** (§ 1791c) das die Amtsvormundschaft führende Jugendamt bei dem Jugendamt des anderen Bezirks die Weiterführung zu beantragen. Mit der Erklärung des anderen Jugendamts geht die Vormundschaft auf dieses über; gegen die Ablehnung kann das FamG angerufen werden (§ 87c Abs. 2 S. 2, 4 SGB VIII).[5] Bei **bestellter Amtsvormundschaft** (§ 1791b) hat das Jugendamt, sobald das Kind seinen gewöhnlichen Aufenthalt im Bezirk eines anderen Jugendamts nimmt,[6] beim FamG einen Antrag auf Entlassung zu stellen (§ 87c Abs. 3 S. 3 SGB VIII). Sofern es dem Wohl des Mündels dient[7] und keine geeignete Einzelperson gefunden werden kann, bedarf es dann der Neubestellung des (nunmehr) zuständigen Jugendamts zum Amtsvormund.[8]

3. Wechsel des Vereinsvormunds. Erfordert das Wohl des Mündels einen Wechsel des Ver- 4 einsvormunds, so ist § 1887 sinngemäß anzuwenden.[9]

III. Verfahren

1. Antragsbefugnis (Abs. 2). Über die Entlassung entscheidet das FamG (zuständig: Rechts- 5 pfleger, §§ 3 Nr. 2 a, 14 RPflG) durch Beschluss (§ 38 FamFG), und zwar von Amts wegen oder auf Antrag. Antragsberechtigt sind der Mündel, der das 14. Lebensjahr vollendet hat, sowie jeder am Mündelwohl berechtigt Interessierte; ein allgemein menschliches Interesse ist nicht ausreichend.[10]

---

[1] RGRK/*Dickescheid* Rn. 1; *Soergel/Zimmermann* Rn. 1; Missverständlich OLG Köln DAVorm. 1995, 1060, 1062: ein „allgemeingültiger Grundsatz" der Subsidiarität sei wegen der anderen Entlassungsvoraussetzungen nach Abs. 1 nicht anzuerkennen. Dem ist entgegenzuhalten, dass beides nicht im Widerspruch steht; ebenso *Staudinger/Engler* Rn. 2. Vgl. auch KG FamRZ 2002, 267.
[2] Etwa die Pflegeeltern: LG Frankfurt FamRZ 2009, 2103. Zum Verhältnis von Amts- und Einzelvormundschaft DIJuF Gutachten JAmt 2010, 437.
[3] OLG Celle JAmt 2010, 257; *Erman/Saar* Rn. 2; *Palandt/Diederichsen* Rn. 2.
[4] Zu diesem Erfordernis LG Saarbrücken JAmt 2008, 436 m.Anm. *Greff* aaO: Ausreichend, dass der neue Aufenthalt von vornherein auf längere Dauer angelegt ist, mag sich der Mündel auch noch nicht in die neue soziale Umwelt eingegliedert haben.
[5] Vgl. OLG Düsseldorf DAVorm. 1992, 971 (zur Möglichkeit, im Rahmen der Entscheidung auch familiengerichtliche Maßnahmen zu treffen).
[6] Vgl. Fn. 4.
[7] OLG Dresden JAmt 2001, 492; OLG Hamm FamRZ 1995, 830; FGPrax 1998, 103; *Soergel/Zimmermann* Rn. 7 (aus Gründen des Kindeswohls kann es bei der Vormundschaft des nunmehr örtlich unzuständigen Jugendamts verbleiben).
[8] RGRK/*Dickescheid* Rn. 9; *Staudinger/Engler* Rn. 11.
[9] *Soergel/Zimmermann* Rn. 2, 7.
[10] Die Antragsberechtigung am Mündelwohl interessierter Dritter deckte sich mit der besonderen Beschwerdeberechtigung in § 57 Abs. 1 Nr. 9 FGG. Diese Regelung hat im FamFG keine Entsprechung gefunden mit der Folge, dass die genannten Dritten zwar die Entlassung des Amts- oder Vereinsvormunds beantragen können, eine ablehnende Entscheidung aber – mangels Vorliegens der Voraussetzungen des § 59 Abs. 1 oder 2 FamFG – nicht

§ 1888   1, 2   Abschnitt 3. Titel 1. Vormundschaft

Bei fehlender Antragsberechtigung kann aber Anlass bestehen, eine Entscheidung von Amts wegen zu treffen. Hierzu ist das FamG bei Vorliegen der Voraussetzungen nach Abs. 1 verpflichtet;[11] eine Pflichtverletzung zieht die Haftung nach § 839, Art. 34 GG nach sich. Andererseits sind das Jugendamt und der Vereinsvormund zur Antragstellung verpflichtet; bei Nichteinhaltung dieser Pflicht droht die Haftung aus § 1833.

6   **2. Anhörung (Abs. 3).** Das FamG hat das betroffene Jugendamt bzw. den betroffenen Verein zu hören, ferner den Mündel und die Eltern gemäß §§ 159, 160 FamFG.[12]

7   **3. Rechtsmittel.** Gegen die Entscheidung über die Entlassung ist die Beschwerde statthaft (§ 58 Abs. 1 FamFG, § 11 Abs. 1 RPflG). Beschwerdeberechtigt ist der Amts- oder Vereinsvormund (§ 59 Abs. 1 FamFG) – gegen eine die Entlassung aussprechende Entscheidung allerdings nur, wenn er die Entlassung nicht selbst beantragt hat; außerdem der Mündel (§ 59 Abs. 1 FamFG; zur selbständigen Ausübung § 60 FamFG). Dritten steht eine Beschwerdebefugnis grundsätzlich (vgl. § 1886 Rn. 19, 22) - mangels Beeinträchtigung eigener Rechte – nicht zu. Das gilt auch für Dritte, die nach § 1887 Abs. 2 S. 2 antragsberechtigt sind: § 59 Abs. 2 FamFG greift nicht ein, da die Entlassung nicht „nur auf Antrag", sondern auch von Amts wegen erfolgen kann.[13]

IV. Parallelvorschriften

8   Die Vorschrift ist gem. § 1915 Abs. 1 auf die Pflegschaft entsprechend anzuwenden, nicht aber auf die Betreuung (siehe dort § 1908b Abs. 5).

§ 1888 Entlassung von Beamten und Religionsdienern

Ist ein Beamter oder ein Religionsdiener zum Vormund bestellt, so hat ihn das Familiengericht zu entlassen, wenn die Erlaubnis, die nach den Landesgesetzen zur Übernahme der Vormundschaft oder zur Fortführung der vor dem Eintritt in das Amts- oder Dienstverhältnis übernommenen Vormundschaft erforderlich ist, versagt oder zurückgenommen wird oder wenn die nach den Landesgesetzen zulässige Untersagung der Fortführung der Vormundschaft erfolgt.

I. Normzweck

1   § 1888 ergänzt und effektiviert die Regelung des § 1784. Wie diese Vorschrift will auch § 1888 verhindern, dass die Fortführung der Vormundschaft durch den zum Vormund bestellten Beamten oder Religionsdiener dienstliche Interessen beeinträchtigt.

II. Entlassungsvoraussetzungen

2   **1. Anwendungsfälle.** Der gesetzliche Wortlaut unterscheidet folgende Anwendungsfälle:
– Die Erlaubnis, die der Beamte oder „Religionsdiener" (zum Personenkreis vgl. § 1784 Rn. 4) zur Führung der Vormundschaft erhalten hatte, ist später zurückgenommen worden;
– der Vormund war vor Eintritt in das Dienstverhältnis als Beamter oder „Religionsdiener" zum Vormund bestellt worden und ihm wird nach Eintritt in das Dienstverhältnis die erforderliche Erlaubnis zur Fortführung der Vormundschaft versagt. Gleichzustellen ist der Fall, dass der Vormund bei Bestellung schon Beamter war, aber der beamtenrechtliche Genehmigungsvorbehalt erst später eingeführt wurde;
– dem Vormund wird – gleichgültig ob schon eine Erlaubnis zur Führung der Vormundschaft vorlag oder nicht – die Fortführung der Vormundschaft untersagt, etwa wenn er trotz fehlender Genehmigung bestellt worden ist oder wenn eine Genehmigung zwar nicht vorgesehen ist, das

---

mit der Beschwerde angreifen können. Zu § 57 Abs. 1 Nr. 9 FamFG vgl. BVerfGE 72, 122, 131 = FamRZ 1986, 871, 874: Danach ist ein berechtigtes Interesse des Dritten dann gegeben, wenn dieser „wegen der persönlichen Beziehung zu dem Kind berechtigten Anlass hat, für dessen Wohl einzutreten"); wN Voraufl. Fn. 7.
[11] RGRK/*Dickescheid* Rn. 4; *Staudinger/Engler* Rn. 14.
[12] Vgl. BayObLG FamRZ 1984, 205, 207; FamRZ 1989, 1340, 1341; OLG Hamm DAVorm. 1990, 555; FamRZ 1995, 830; aber auch BVerfG FamRZ 1995, 795, 796 (Anhörung der Pflegeeltern, wenn der Amtsvormund entlassen und die Großeltern des Mündels zu Vormündern bestellt werden sollen).
[13] Vgl. zum Ganzen Fn. 10.

Beamtenrecht jedoch die Untersagung der übernommenen Tätigkeit als mögliche Maßnahme vorsieht.

– § 1888 ist darüber hinaus auch anzuwenden, wenn bei Bestellung die Erlaubnis bereits versagt war (vgl. § 1784 Rn. 9).

2. Nicht nur landesrechtliche Versagungsgründe. Der Ausdruck „nach den Landesgesetzen" trifft nicht mehr den heutigen Rechtszustand. Gemeint sind auch entsprechende Versagungen etc. auf Grund Bundesrechts und auf Grund des Rechts sonstiger juristischer Personen des öffentlichen Rechts (§ 1784 Rn. 3) sowie des Kirchenrechts (§ 1784 Rn. 4).

3. Akt der zuständigen Behörde als Voraussetzung. § 1888 verlangt stets einen Akt der zuständigen Behörde, mit dem die Erlaubnis zur Führung der Vormundschaft versagt oder zurückgenommen oder mit dem die Führung der Vormundschaft untersagt wird. Das FamG hat zu prüfen, ob für einen solchen Akt überhaupt eine gesetzliche Grundlage gegeben ist; nicht jedoch darf es nachprüfen, ob die Voraussetzungen einer solchen Versagung etc. im Einzelnen gegeben sind („dienstliche Gründe").[1] Unbeschadet dieser beschränkten Prüfungskompetenz ist der Grundsatz des § 1784 Abs. 2 auch bei § 1888 entsprechend anwendbar (zur Bedeutung vgl. § 1784 Rn. 5 f.).[2] Besonderheiten gelten auch hier für den kirchenrechtlichen Akt auf Grund der kirchlichen Autonomie (§ 1784 Rn. 4, 6).

4. Entscheidung. Das FamG (zuständig: Rechtspfleger, § 3 Nr. 2 a, § 14 RPflG) entscheidet über die Entlassung durch Beschluss (§ 38 FamFG) und von Amts wegen; ein Antrag der Behörde ist nicht erforderlich.

5. Unanwendbarkeit auf Amts- und Vereinsvormundschaft. Nicht anwendbar ist die Vorschrift auf den Amts- und Vereinsvormund. Bestellt ist hier nicht der einzelne Bedienstete des Jugendamts oder das einzelne Vereinsmitglied, vielmehr „das Jugendamt" oder „der Verein", nur bedienen sich diese Institutionen bei der Führung der Vormundschaft der genannten Einzelpersonen.

III. Parallelvorschriften

§ 1888 ist auf den Gegenvormund (§ 1895) und auf den Pfleger (§ 1915 Abs. 1) entsprechend anwendbar. Auf den Betreuer ist die Vorschrift grundsätzlich anwendbar (§ 1908i Abs. 1 S. 1). § 1888 ist allerdings nicht auf Vereine und Behörden anwendbar, die als solche zu Betreuern bestellt sind (§ 1900), wohl aber gilt er für den Vereins- und Behördenbetreuer iSv. § 1897 Abs. 2.

§ 1889 Entlassung auf eigenen Antrag

(1) Das Familiengericht hat den Einzelvormund auf seinen Antrag zu entlassen, wenn ein wichtiger Grund vorliegt; ein wichtiger Grund ist insbesondere der Eintritt eines Umstands, der den Vormund nach § 1786 Abs. 1 Nr. 2 bis 7 berechtigen würde, die Übernahme der Vormundschaft abzulehnen.

(2) [1]Das Familiengericht hat das Jugendamt oder den Verein als Vormund auf seinen Antrag zu entlassen, wenn eine andere als Vormund geeignete Person vorhanden ist und das Wohl des Mündels dieser Maßnahme nicht entgegensteht. [2]Ein Verein ist auf seinen Antrag ferner zu entlassen, wenn ein wichtiger Grund vorliegt.

I. Normzweck

Die durch Art. 1 Nr. 82 NEhelG geänderte Vorschrift regelt die **Entlassung** des Vormunds **auf Grund des eigenen Interesses,** nicht des Mündelinteresses.[1*] Sie verleiht dem bestellten Vormund daher einen eigenen Anspruch auf Entlassung. Abs. 1 regelt die Entlassung für den Einzelvormund, Abs. 2 für den Amts- und Vereinsvormund. Die Entlassung setzt immer einen **Antrag** des zu Entlassenden voraus.

---

[1] Ebenso RGRK/*Dickescheid* Rn. 4; Staudinger/*Engler* Rn. 4.
[2] Soergel/*Zimmermann* Rn. 1; Staudinger/*Engler* Rn. 3.
[1*] RGRK/*Dickescheid* Rn. 1; Gernhuber/*Coester-Waltjen* § 73 Rn. 14–16.

II. Entlassung auf eigenen Antrag

2   **1. Entlassung des Einzelvormunds (Abs. 1). a) Wichtiger Grund.** Ob ein wichtiger Grund vorliegt (unbestimmter Rechtsbegriff),[2] entscheidet das FamG unter Abwägung der Eigeninteressen des Vormunds an der Entlassung und der Interessen des Mündels an der Fortführung der Vormundschaft, wobei in erster Linie das Interesse des Vormunds an der Entlassung zu berücksichtigen ist.[3]

3   **b) Gründe nach Abs. 1 Halbs. 2 („insbesondere").** Als wichtigen Grund nennt das Gesetz insbesondere den Fall, dass nach der Vormundbestellung ein Umstand eintritt, der den Vormund – hätte der Umstand seinerzeit schon vorgelegen – zur Ablehnung gemäß § 1786 Abs. 1 Nr. 2 bis 7 berechtigt hätte. In diesem Fall besteht ein unbedingter Entlassungsanspruch.[4] Der unbedingte Entlassungsanspruch aus § 1786 Abs. 1 Nr. 5 wird nicht dadurch verwirkt, dass der Vormund einem dem Mündelwohl entsprechenden Wohnungswechsel gem. § 1800, 1631 Abs. 1 zustimmt und danach die Abgabe an ein anderes FamG erfolgt.[5]

4   **c) „Wichtiger Grund" nach Abs. 1 Halbs. 1, andere Gründe.** Die *nachträglich* eintretenden Umstände des § 1786 Abs. 1 Nr. 2 bis 7 sind jedoch **nur Beispielsfälle** für das Vorliegen eines wichtigen Grundes. So geht zwar ein *vor* der Bestellung zum Vormund entstandenes Ablehnungsrecht mit der Bestellung gem. § 1786 Abs. 2 unter; der Ablehnungstatbestand kann jedoch einen „wichtigen Grund" iSv. Abs. 1 Halbs. 1 darstellen, ohne einen unbedingten Entlassungsanspruch (nach Halbs. 2) zu geben.[6] So kann etwa auch in den Fällen des § 1786 Abs. 1 Nr. 1 und 8 ein wichtiger Grund vorliegen; dies wird vor allem bei Abs. 1 Nr. 1 regelmäßig anzunehmen sein. Ferner soll ein Soldat auch nachträglich unter Berufung auf sein Ablehnungsrecht gem. § 21 SoldG die Entlassung verlangen können.[7] Andererseits ist ein wichtiger Grund zB. dann nicht gegeben, wenn ein Ausländer nur unter Berufung auf seine Ausländereigenschaft die Entlassung verlangt.[8]

5   Ein weiterer - im Gesetz nicht berücksichtigter - Entlassungsanspruch entsteht im Falle des § 1787 Abs. 2, wenn nach vorläufiger Amtsübernahme die Beschwerde des vorläufigen Vormunds gegen die Zurückweisung seiner Ablehnung, dieses Amt zu übernehmen, für begründet erklärt wird (vgl. § 1787 Rn. 10).

6   **2. Entlassung des Jugendamts oder des Vereins (Abs. 2).** Auch im Anwendungsbereich des **Abs. 2 S. 1** dominiert im Gegensatz zu § 1887 das Eigeninteresse des (hier: Amts- oder Vereins-)Vormunds. Er ist zu entlassen, wenn eine andere als Vormund geeignete Person vorhanden ist (siehe dazu § 1887 Rn. 2) und das Wohl des Mündels nicht nachteilig berührt wird (vgl. die Negativformulierung in § 1889 „... das Wohl ... nicht entgegensteht" und die Positivformulierung in § 1887 „... dem Wohle ... dient."). Das Ausstehen der Klärung der Vaterschaft und des Unterhalts kann ein solcher dem Wohle des Mündels entgegenstehender Grund sein.[9]

7   Zusätzlich kann ein **Vereinsvormund nach Abs. 2 S. 2** einen Entlassungsanspruch haben, wenn ein wichtiger Grund vorliegt; dies ist insbesondere dann der Fall, wenn entweder Vereinsmittel oder -mitgliederzahl unzureichend werden.[10] Die Entlassung geschieht dann ohne Rücksicht auf das Kindeswohl, allerdings muss gleichzeitig ein anderer Vormund (nötigenfalls das Jugendamt gem. § 1791b) bestellt werden.[11]

III. Verfahren

8   Über die Entlassung entscheidet das FamG (zuständig: Rechtspfleger §§ 3 Nr. 2 a, 14 RPflG). Gegen die Entscheidung ist die Beschwerde statthaft (§ 58 Abs. 1 FamFG, § 11 Abs. 1 RPflG). Lehnt das FamG die Entlassung ab, ist der antragstellende Vormund (aus § 59 Abs. 1, 2 FamFG) beschwerdeberechtigt. Der Mündel kann die Entlassung mit der Beschwerde angreifen (§ 59 Abs. 1; zur

---

[2] *Erman/Saar* Rn. 1; *Soergel/Zimmermann* Rn. 2; *Staudinger/Engler* Rn. 2.
[3] BayObLGZ 1958, 306, 307 = FamRZ 1959, 373.
[4] *Erman/Saar* Rn. 1; RGRK/*Dickescheid* Rn. 2; *Soergel/Zimmermann* Rn. 2; *Staudinger/Engler* Rn. 4.
[5] OLG Stuttgart Justiz 1972, 284.
[6] RGRK/*Dickescheid* Rn. 2; *Soergel/Zimmermann* Rn. 2; *Staudinger/Engler* Rn. 4.
[7] *Soergel/Zimmermann* Rn. 2; *Staudinger/Engler* Rn. 11; aA RGRK/*Dickescheid* Rn. 5.
[8] KGJ 37, A 63 = RJA 10, 99; RGRK/*Dickescheid* Rn. 5; *Soergel/Zimmermann* Rn. 2; aA *Staudinger/Engler* Rn. 10.
[9] KG JFG 18, 274; BayObLG NJW 1960, 245; *Palandt/Diederichsen* Rn. 2.
[10] *Palandt/Diederichsen* Rn. 2; *Soergel/Zimmermann* Rn. 4.
[11] RGRK/*Dickescheid* Rn. 7; *Staudinger/Engler* Rn. 16.

selbständigen Ausübung § 60 FamFG), nicht hingegen die Ablehnung der Entlassung (§ 59 Abs. 2 FamFG). Zum Beschwerderecht Dritter siehe § 1886 Rn. 19, 22, § 1887 Rn. 7.

IV. Parallelvorschriften

Die Vorschrift findet gem. § 1895 auf den **Gegenvormund** und gem. § 1915 Abs. 1 auf die **Pflegschaft** entsprechende Anwendung. Im Betreuungsrecht gilt die eigenständige Regelung des § 1908b Abs. 2. 9

§ 1890 Vermögensherausgabe und Rechnungslegung

¹ Der Vormund hat nach der Beendigung seines Amts dem Mündel das verwaltete Vermögen herauszugeben und über die Verwaltung Rechenschaft abzulegen. ² Soweit er dem Familiengericht Rechnung gelegt hat, genügt die Bezugnahme auf diese Rechnung.

I. Normzweck

Der Vormund schuldet, wenn die Vormundschaft oder doch sein Vormundsamt endet, sowohl die **Herausgabe** des seiner Verwaltung unterliegenden **Mündelvermögens** als auch die **Rechenschaftslegung** für seine Amtszeit. Diese Ansprüche stehen dem Mündel zu und haben **rein privatrechtlichen Charakter**. Die Tätigkeit des FamG in diesem Zusammenhang ist in § 1892 geregelt (vgl. dort Rn. 2 ff., 5 ff.; zum Gegenvormund vgl. § 1891); darüber hinaus braucht hier das FamG nicht mitzuwirken und kann auch keinerlei Zwangsmaßnahmen gem. § 1837 anordnen.[1] 1

II. Pflicht zur Herausgabe

1. Anspruch auf sofortige Herausgabe. Der Vormund bzw. dessen Erbe oder gesetzlicher Vertreter ist zur sofortigen Herausgabe des der Vormundsverwaltung unterliegenden Vermögens verpflichtet.[2] Gläubiger des Anspruchs ist der Mündel selbst, uU vertreten durch einen neuen Vormund bzw. sonstigen gesetzlichen Vertreter, oder der Erbe des Mündels. Bei einer Gesamtberechtigung geht der Anspruch nur auf Herausgabe an alle Berechtigten.[3] Zur Vermögensherausgabe gehört auch die Herausgabe der zur Geltendmachung von Forderungen oder hinterlegten Gegenständen erforderlichen Urkunden. Nach § 260 ist der Vormund zur Vorlage eines **Bestandsverzeichnisses** verpflichtet, das sich an dasjenige nach § 1802 anschließen kann.[4] Auf Verlangen hat er diesbezüglich die eidesstattliche Versicherung abzugeben (§§ 260 Abs. 2, 3, 261, §§ 410 Nr. 1, 413 FamFG). **Sperrvermerke** gem. §§ 1809, 1815, 1816 braucht der Vormund nicht löschen zu lassen, der Mündel kann jedoch vom FamG eine Bescheinigung über die Beendigung der Vormundschaft verlangen.[5] 2

2. Durchsetzung. a) Prozessgericht. Wegen des privatrechtlichen Charakters der Herausgabepflicht sind streitige Ansprüche allein vor dem ordentlichen Prozessgericht durchzusetzen.[6] Die Herausgabeklage kann mit einer Klage auf Auskunft und Rechnungslegung verbunden werden (vgl. §§ 254, 888, 889 ZPO). 3

b) Zurückbehaltungsrecht. Dem Vormund steht wegen eigener, aus der Vermögensverwaltung herrührender Ansprüche, zB aus §§ 1835 ff., ein Zurückbehaltungsrecht zu (§§ 273, 274).[7] Jedoch darf das Zurückbehaltungsrecht nicht überdehnt werden; wegen relativ geringfügiger Gegenansprüche darf nicht das gesamte Mündelvermögen, sondern nur ein verhältnismäßiger Teil zurück- 4

---

[1] KGJ 33, A 54; *Palandt/Diederichsen* Rn. 1; RGRK/*Dickescheid* Rn. 5, 12; *Soergel/Zimmermann* Rn. 3, 5; *Staudinger/Engler* Rn. 2; aA OLG Frankfurt MDR 1961, 57.
[2] Zum Umfang des Herausgabeanspruchs OLG Brandenburg ZFE 2008, 319; ZFE 2008, 198; OLGR 2008, 295 = NJW-RR 2008, 95.
[3] *Erman/Saar* Rn. 1; *Staudinger/Engler* Rn. 10; *Dölle* § 137 I 1.
[4] *Palandt/Diederichsen* Rn. 3; RGRK/*Dickescheid* Rn. 4; *Staudinger/Engler* Rn. 12; *Dölle* § 137 I 1.
[5] *Palandt/Diederichsen* Rn. 2; *Erman/Saar* Rn. 2; *Soergel/Zimmermann* Rn. 2; *Staudinger/Engler* Rn. 11.
[6] KGJ 33, A 54, 61; *Erman/Saar* Rn. 2; RGRK/*Dickescheid* Rn. 5; *Soergel/Zimmermann* Rn. 3.
[7] Zur Entnahme und Einbehaltung der Vergütung des Vormunds: BGH FamRZ 2006, 411 (betr. Nachlasspflegschaft).

behalten werden.[8] Inwieweit der bisherige Vormund Anspruch auf **Quittung** über das Herausgegebene hat, bestimmt sich nach § 368.

5   c) **Insolvenz.** Ist über das Vermögen des Vormunds das Insolvenzverfahren eröffnet, so besteht im Hinblick auf Gegenstände (Sachen und Rechte), die dem Mündel gehören, ein Aussonderungsrecht (§§ 47, 48 InsO). Andere (schuldrechtliche) Vermögensansprüche sind beim Insolvenzverwalter als Insolvenzforderung zur Tabelle anzumelden (§§ 38, 174 InsO).

III. Pflicht zur Rechenschaftslegung

6   1. **Umfang der Verpflichtung. a) Schlussrechnung, Belege, Auskunft.** Hat der Vormund Mündelvermögen verwaltet, so ist er bzw. sein Erbe oder gesetzlicher Vertreter verpflichtet, Rechenschaft über die gesamte Verwaltungstätigkeit abzulegen. Dies umfasst das Legen einer formell und sachlich richtigen **Schlussrechnung,** die Vorlage von **Belegen** und – wie auch die von § 1840 abweichende Wortwahl („Rechenschaft ablegen", nicht: „Rechnung legen") andeutet – die Erteilung von **Auskünften** zur sachlichen Rechtfertigung der Vermögensdispositionen.[9] Die Durchführung der Rechenschaft richtet sich nach § 259, ebenso die Abgabe der eidesstattlichen Versicherung.[10] Analog § 666 besteht auch ein Auskunftsanspruch bezüglich noch schwebender vermögensbezogener Geschäfte.[11] Haben mehrere **Mitvormünder** das Amt gemeinschaftlich geführt und endet nur das Amt eines Mitvormundes, ohne dass wieder ein neuer Mitvormund bestellt wird, so kann der verbleibende nunmehrige Einzelvormund die Schlussrechnung nicht abnehmen, da diese notwendig auch seine Amtsführung mit beinhaltet; vielmehr ist für diesen Zweck ein Ergänzungspfleger zu bestellen (§ 1909 Abs. 1 S. 1).[12]

7   b) **Abgrenzung zur Rechnungslegung gem. § 1840 Abs. 2 bis 4.** Die Pflicht, dem Mündel gemäß § 1890 Rechenschaft abzulegen, ist von der Pflicht zur periodischen Rechnungslegung dem FamG gegenüber (§ 1840 Abs. 2 bis 4) strikt zu unterscheiden. Doch kann der Vormund gemäß § 1890 S. 2 auf die dem FamG gem. §§ 1840 ff. gelegten Jahresrechnungen Bezug nehmen;[13] insoweit sind auch die Erleichterungen des § 1841 Abs. 2 anzuwenden.[14] Die Bezugnahme auf die Rechnungslegung hindert den Mündel aber nicht, Rechnungsposten zu beanstanden, die das FamG unbeanstandet gelassen hat.[15]

8   c) **Verzicht.** Durch Vertrag (§ 397)[16] kann der unbeschränkt geschäftsfähig gewordene **Mündel** (oder dessen Erbe) ganz oder teilweise auf die Rechenschaftslegung verzichten, denn diese Pflicht des Vormunds besteht – anders als die Rechnungslegungspflicht gegenüber dem FamG nach § 1840 – nur im Mündelinteresse.[17] Solange der Mündel noch nicht unbeschränkt geschäftsfähig geworden ist, steht nach überwiegender Ansicht die Möglichkeit, den Vormund von seiner Rechenschaftspflicht zu entbinden, weder den **Eltern** des Mündels noch einem **Drittzuwender** (vgl. § 1803) zu,[18] richtigerweise auch nicht einem **neuen Vormund**.[19] In Fällen unkomplizierter Vermögensverwaltung kann das FamG auch einen Verzicht des (früheren) Mündels anregen.[20] Ein solcher Verzicht erfasst nicht notwendig die Geltendmachung von Ersatzansprüchen gegen den Vormund.[21]

---

[8] RGZ 61, 128, 133; Erman/Saar Rn. 2 aE; Staudinger/Engler Rn. 13; Dölle § 137 I 1.
[9] KGJ 37, A 110, 111; OLG Düsseldorf FamRZ 1996, 374; RGRK/Dickescheid Rn. 7; Soergel/Zimmermann Rn. 5; Staudinger/Engler Rn. 21 ff.; Wesche Rpfleger 1986, 44 f. Zu den formalen Anforderungen vgl. auch BayObLG FamRZ 1993, 237, 238; BayObLG FamRZ 2001, 934, 935. Die Erfordernisse des § 1841 gelten auch für die Schlussrechnung nach befreiter Vormundschaft: OLG Jena FamRZ 2001, 579, 581.
[10] KG JW 1939, 351; RGRK/Dickescheid Rn. 8; Staudinger/Engler Rn. 24, 27; Dölle § 137 I 2.
[11] Staudinger/Engler Rn. 24 aE; Dölle § 137 I 2 a.
[12] Soergel/Zimmermann Rn. 1; RGRK/Dickescheid Rn. 9 aE; Dölle § 137 I 2 a; Gernhuber/Coester-Waltjen § 73 Fn. 31.
[13] Zum Umfang der Rechenschaftspflicht bei befreiten Vormündern Wesche Rpfleger 1986, 44, 45.
[14] KGJ 37, A 110; RGRK/Dickescheid Rn. 8; Soergel/Zimmermann Rn. 5; Staudinger/Engler Rn. 23 f.
[15] OLG Karlsruhe FamRZ 2004, 1601; Palandt/Diederichsen Rn. 4; RGRK/Dickescheid Rn. 8; Soergel/Zimmermann Rn. 5; Dölle § 137 I 2 a.
[16] KGJ 23, A 11; RGRK/Dickescheid Rn. 10; Staudinger/Engler Rn. 31; Dölle § 137 I 2 a.
[17] LG Saarbrücken BtPrax 2009, 195 (bei Streit über die Wirksamkeit einer Anfechtung des Verzichts: Prozessgericht); Palandt/Diederichsen Rn. 4; Soergel/Zimmermann Rn. 7; Gernhuber/Coester-Waltjen § 73 Rn. 22.
[18] Soergel/Zimmermann Rn. 7; Staudinger/Engler Rn. 30. AA RGRK/Dickescheid Rn. 11; allein für Drittzuwender: Palandt/Diederichsen Rn. 4. Auch die Befreiung nach § 1857a entbindet nicht von der Schlussrechnung: OLG Jena FamRZ 2001, 579.
[19] Gernhuber/Coester-Waltjen § 73 Rn. 22 (Anwendung des § 1804).
[20] RGZ 115, 368, 370; RGRK/Dickescheid Rn. 10; Soergel/Zimmermann Rn. 7.
[21] Soergel/Zimmermann Rn. 7.

2. Durchsetzung. Die Rechenschaftslegung erfolgt gegenüber dem volljährigen Mündel bzw. 9
dessen gesetzlichen Vertreter oder Erben; die Verpflichtung trägt **privatrechtlichen Charakter**.
Das FamG hat zwar die Einreichung einer formell ordnungsgemäßen Schlussrechnung zu verlangen
und kann dies mit Zwangsmitteln durchsetzen (vgl. § 1892 Rn. 2). Sachliche Bedenken darf es aber
dem Mündel nur mitteilen, nicht selber verfolgen.[22] Ist deshalb streitig, ob der Vormund seiner
Rechenschaftspflicht sachlich umfänglich nachgekommen ist, so entscheidet das ordentliche Prozessgericht.[23]

Im Falle der Eröffnung des **Insolvenzverfahrens** über das Vermögen des Vormunds richtet sich 10
der Anspruch auf Rechnungslegung nach wie vor gegen den Gemeinschuldner als bisherigen Vormund, nicht jedoch gegen den Insolvenzverwalter.[24]

IV. Anwendungsbereich, Parallelvorschriften

1. Teilbeendigung. Die Vorschrift ist entsprechend anwendbar, wenn die Vermögensverwal- 11
tung oder ein Teil hiervon auf einen Pfleger oder einen Mitvormund übergeht.[25]

2. Übergang in Betreuung. Endet die Vormundschaft wegen Volljährigkeit des Mündels 12
und wird der bisherige Vormund nun dessen Betreuer (vgl. § 1882 Rn. 8), so erübrigt sich eine
Vermögensherausgabe. Es ist jedoch bezogen auf diesen Zeitpunkt ein Bestandsverzeichnis zu fertigen und Rechnung zu legen.[26]

3. Amts- und Vereinsvormund. Die Vorschrift ist auch auf den Amts- und Vereinsvormund 13
anwendbar,[27] wobei sich die Ansprüche gegen den bestellten Verein bzw. gegen die Körperschaft,
die das Jugendamt eingerichtet hat, richten.[28] Die Befreiung der §§ 1857a, 1854 bezieht sich nur
auf die periodische Pflicht zur Rechnungslegung nach § 1840 Abs. 2 bis 4, nicht jedoch auf die
Schlussrechnung.[29] Die Pflicht zu deren Erstellung kann auch nicht durch bloße Bezugnahme auf
die Bestandsübersichten gem. § 1854 Abs. 2 erfüllt oder ersetzt werden.[30]

4. Entsprechende Anwendung. Entsprechende Anwendung findet die Vorschrift gem. 14
§ 1908i Abs. 1 S. 1 auf die **Betreuung** und gem. § 1915 Abs. 1 auf die **Pflegschaft**.

§ 1891 Mitwirkung des Gegenvormunds

(1) ¹Ist ein Gegenvormund vorhanden, so hat ihm der Vormund die Rechnung vorzulegen. ²Der Gegenvormund hat die Rechnung mit den Bemerkungen zu versehen, zu denen die Prüfung ihm Anlass gibt.

(2) Der Gegenvormund hat über die Führung der Gegenvormundschaft und, soweit er dazu imstande ist, über das von dem Vormund verwaltete Vermögen auf Verlangen Auskunft zu erteilen.

I. Normzweck

Die Vorschrift regelt (nachwirkende) **Pflichten des Gegenvormunds** gegenüber Mündel und 1
FamG, wenn die Vormundschaft insgesamt – und mit ihr das Amt des Gegenvormunds – oder auch
nur das Amt des Vormunds endet.

---

[22] So *Gernhuber/Coester-Waltjen* § 73 Rn. 19.
[23] OLG Schleswig FamRZ 2006, 574; LG Münster Rpfleger 2002, 265; KG JW 1939, 351; LG Hannover Rpfleger 1987, 247; *RGRK/Dickescheid* Rn. 12; *Soergel/Zimmermann* Rn. 5;. Vgl. auch OLG Stuttgart BtPrax 2001, 79: Weigerung des Gerichts, die Schlussrechnung zu beanstanden, ist keine rechtsmittelfähige Entscheidung.
[24] *Erman/Saar* Rn. 5.
[25] *Palandt/Diederichsen* Rn. 1; *Soergel/Zimmermann* Rn. 8; *Staudinger/Engler* Rn. 5.
[26] *Palandt/Diederichsen* Rn. 1; *RGRK/Dickescheid* Rn. 6; *Soergel/Zimmermann* Rn. 8; *Staudinger/Engler* Rn. 8 f.; *Dölle* § 137 I 1.
[27] OLG Stuttgart Rpfleger 1979, 61; *Palandt/Diederichsen* Rn. 1; *Soergel/Zimmermann* Rn. 8.
[28] *RGRK/Dickescheid* Rn. 13.
[29] OLG Frankfurt Rpfleger 1980, 18; *Erman/Saar* Rn. 6; *RGRK/Dickescheid* Rn. 13; *Staudinger/Engler* Rn. 32.
[30] *Erman/Saar* Rn. 6; *RGRK/Dickescheid* Rn. 13; aA Dt. Institut für Vormundschaftswesen DAVorm. 1982, 152; *Wesche* Rpfleger 1986, 44, 45.

II. Pflichten des Gegenvormunds und deren Durchsetzung

2   **1. Prüfung der Schlussrechnung (Abs. 1).** Die Regelung entspricht weitgehend § 1842, jedoch hat der Vormund dem Gegenvormund hier nicht den Vermögensbestand zu erläutern und nachzuweisen;[1] diesen Bestand muss der Vormund nur dem Mündel nachweisen. Anders als in § 1842 ist nach der Beendigung des Vormundamts, auch wenn an sich ein Fall des § 1792 Abs. 2 vorliegt, kein Gegenvormund mehr nur zum Zwecke der Abnahme der Schlussrechnung zu bestellen.[2]

3   Die Pflichten nach Abs. 1 bestehen sowohl gegenüber dem Mündel als auch gegenüber dem FamG; dieses kann deshalb durch Maßnahmen nach § 1837 Abs. 2 und 3 den Vormund zur Vorlage der Rechnung (vgl. auch § 1892 Rn. 2)[3] und den Gegenvormund zur Äußerung[4] anhalten.

4   **2. Auskunftspflicht (Abs. 2).** Die Pflicht zur Auskunft besteht hiernach allein **auf Verlangen des Mündels,** seines Rechtsnachfolgers oder jetzigen gesetzlichen Vertreters.[5] Aufgrund der privatrechtlichen Natur dieser Pflicht ist der Berechtigte ggf. auf eine klagweise Durchsetzung verwiesen; § 260 findet keine Anwendung.[6]

5   Für ein Auskunftsverlangen des FamG ist allein § 1839 maßgeblich. Der Gegenvormund ist deshalb diesem gegenüber nur verpflichtet, wenn sein Amt fortdauert;[7] insofern ist das Gericht dann auch zu Zwangsmaßnahmen nach § 1837 Abs. 2 und 3 berechtigt.

III. Parallelvorschriften

6   Die Vorschrift gilt gem. § 1908i Abs. 1 S. 1 auch für das Betreuungsrecht.

---

§ 1892 Rechnungsprüfung und -anerkennung

(1) Der Vormund hat die Rechnung, nachdem er sie dem Gegenvormund vorgelegt hat, dem Familiengericht einzureichen.

(2) ¹Das Familiengericht hat die Rechnung rechnungsmäßig und sachlich zu prüfen und deren Abnahme durch Verhandlung mit den Beteiligten unter Zuziehung des Gegenvormunds zu vermitteln. ²Soweit die Rechnung als richtig anerkannt wird, hat das Familiengericht das Anerkenntnis zu beurkunden.

I. Normzweck

1   Obwohl § 1890 nur die Verpflichtung des Vormunds gegenüber dem Mündel regelt, hat gem. § 1892 das FamG die **Rechnungsprüfung** vorzunehmen und die **Abnahme** zu vermitteln. Diese Tätigkeiten des Vormundschaftsgerichts zur Abwicklung der Führung des Vormundamtes durch den bisherigen Vormund entspringen dem Rest an aufsichtsrechtlicher Fürsorge,[1] haben jedoch ihre Grenze darin, dass das FamG nur die rein **formale Erfüllung** dieser Restpflicht von Vormund und ggf. Gegenvormund verlangen kann (vgl. Rn. 2; zum Gegenvormund vgl. § 1891 Rn. 2 f.). Insbesondere ist die Vermittlung der Abnahme der Rechnung nur aus Zweckmäßigkeitsgründen dem FamG übertragen (vgl. Rn. 5).

II. Rechnungsprüfung

2   **1. Einreichen der Schlussrechnung.** Das FamG kann die Einreichung der Schlussrechnung durch Zwangsgeld gem. § 1837 Abs. 3 erzwingen, aber nur eine **formell ordnungsgemäße**, also

---

[1] *Erman/Saar* Rn. 1; *Palandt/Diederichsen* Rn. 1; *Soergel/Zimmermann* Rn. 1; *Staudinger/Engler* Rn. 1.
[2] *Staudinger/Engler* Rn. 2; *Dölle* § 137 I 2 b aE.
[3] RGRK/*Dickescheid* Rn. 4; *Soergel/Zimmermann* Rn. 1.
[4] RGRK/*Dickescheid* Rn. 4; *Soergel/Zimmermann* Rn. 1; *Staudinger/Engler* Rn. 5; aA *Dölle* § 137 I 2 b (keine Ordnungsstrafen nach Amtsbeendigung).
[5] RGRK/*Dickescheid* Rn. 5; *Soergel/Zimmermann* Rn. 2; *Staudinger/Engler* Rn. 7.
[6] RGRK/*Dickescheid* Rn. 5; *Soergel/Zimmermann* Rn. 2; *Staudinger/Engler* Rn. 7.
[7] RGRK/*Dickescheid* Rn. 7; *Soergel/Zimmermann* Rn. 2; *Staudinger/Engler* Rn. 11.
[1] *Palandt/Diederichsen* Rn. 1; RGRK/*Dickescheid* Rn. 1; *Soergel/Zimmermann* Rn. 1.

dem § 1841 entsprechende, nicht auch eine materiell richtige.² Grund für diese beschränkten Eingriffsbefugnisse des FamG ist die Amtsbeendigung und das beendete Aufsichtsrecht, dem gegenüber der rein privatrechtliche Anspruch des Mündels gegenüber dem bisherigen Vormund aus § 1890 die dominierende Rolle erhält (vgl. § 1890 Rn. 9).

Die **Pflicht zur Einreichung einer Schlussrechnung entfällt** zum einen, wenn **kein Vermögen zu verwalten** war. War zwar bei Beginn der Vormundschaft Mündelvermögen vorhanden, bei Beendigung jedoch nicht, so ist trotzdem Schlussrechnung zu legen. Die Pflicht entfällt zum anderen, wenn auf die Legung einer **Schlussrechnung verzichtet** wurde (vgl. § 1890 Rn. 8).³   3

2. Prüfung. Hinsichtlich der Rechnungsprüfung gilt § 1843 Abs. 1 entsprechend, nur stehen   4
dem FamG weitergehende Zwangsmittel als in Rn. 2 angegeben nicht zu.⁴ Insbesondere kann das FamG nicht mehr gem. § 1839 verfahren und es kann keine Unterlagen über den tatsächlichen Vermögensstand mehr verlangen. Die Prüfung durch das FamG hat daher in materieller Hinsicht nur die Bedeutung, den Vormund zu einer freiwilligen Anpassung der Schlussrechnung zu bewegen und dem Mündel Entscheidungsgrundlagen für die Entlastung oder Nichtentlastung zu geben.⁵

III. Abnahmevermittlung

1. Verfahren. Die Abnahmevermittlung durch das FamG ist aus Zweckmäßigkeitsgründen   5
angeordnet worden; irgendwelche Zwangsmaßnahmen stehen dem FamG hierbei nicht zu, insbesondere kann es nicht das persönliche Erscheinen des bisherigen Vormunds oder Mündels erzwingen.⁶ In der Verhandlung teilt das FamG das Ergebnis seiner Rechnungsprüfung mit und gibt den Beteiligten Gelegenheit zur Stellungnahme. Der Mündel ist frei, die Rechnung insgesamt oder unter einem Vorbehalt bzgl. einzelner Posten als formal ordnungsgemäß und sachlich richtig anzuerkennen.⁷ Ein Anerkenntnis durch den neuen Vormund bedarf der Genehmigung gem. § 1812.⁸ Das FamG hat ein Anerkenntnis der Rechnung und dessen Umfang zu beurkunden, ohne dass dies aber eine Wirksamkeitsvoraussetzung wäre.⁹ Es kann die Entlastungsvermittlung auch im Wege der Rechtshilfe durch ein anderes Gericht vornehmen lassen.¹⁰

2. Entlastung. Soweit das Anerkenntnis reicht, führt es zu einer (teilweisen) Entlastung des   6
Vormunds und bedeutet es ein negatives, kausales Schuldanerkenntnis (§ 397 Abs. 2).¹¹ Stellt es sich als unrichtig heraus, so kann es nach § 812 Abs. 2 kondiziert werden.¹² Einen Anspruch auf Entlastung haben freilich weder der bisherige Vormund noch das FamG.¹³ Bleiben Ansprüche streitig, so hat das FamG auf den ordentlichen Rechtsweg vor dem Prozessgericht zu verweisen.¹⁴

IV. Anwendungsbereich; Parallelvorschriften

Die Vorschrift gilt sowohl bei der Beendigung der Vormundschaft überhaupt als auch nur des   7
Vormundamts einer Person. Sie gilt auch für den **Amts- und Vereinsvormund**,¹⁵ Zwangsgeld ist dann jedoch gem. § 1837 Abs. 3 S. 2 nicht zulässig.

---

² BayObLG Rpfleger 1997, 476; OLG Schleswig FamRZ 2006, 574; LG Münster Rpfleger 2002, 265; LG Saarbrücken BtPrax 2009, 195; *Palandt/Diederichsen* Rn. 2; *RGRK/Dickescheid* Rn. 2; *Soergel/Zimmermann* Rn. 3; *Staudinger/Engler* Rn. 7 f.; *Dölle* § 137 I 2 c; *Gernhuber/Coester-Waltjen* § 73 Rn. 19. Zu den formalen Anforderungen vgl. § 1890 Rn. 6 und Fn. 7.
³ KG KGJ 23 A 11; KGJ 33 A 54; *Palandt/Diederichsen* Rn. 2; *RGRK/Dickescheid* Rn. 8; *Soergel/Zimmermann* Rn. 7; *Staudinger/Engler* Rn. 22 ff.; *Dölle* § 137 I 2 c; *Gernhuber/Coester-Waltjen* § 73 Rn. 22.
⁴ *Erman/Saar* Rn. 2; *Palandt/Diederichsen* Rn. 2; *RGRK/Dickescheid* Rn. 3; *Soergel/Zimmermann* Rn. 3; *Staudinger/Engler* Rn. 8 f.
⁵ *RGRK/Dickescheid* Rn. 1, 3. Vgl. auch OLG Karlsruhe FamRZ 2004, 1601: Ob und inwieweit das Gericht Abrechnungen beanstandet oder nicht, ist für die Ansprüche des Mündels ohne Bedeutung.
⁶ *Soergel/Zimmermann* Rn. 4; *Dölle* § 137 I 2 c.
⁷ *Palandt/Diederichsen* Rn. 4; *RGRK/Dickescheid* Rn. 4.
⁸ *RGRK/Dickescheid* Rn. 5; *Soergel/Zimmermann* Rn. 4; *Dölle* § 137 I 2 c.
⁹ *Palandt/Diederichsen* Rn. 5; *Staudinger/Engler* Rn. 13; *Dölle* § 137 I 2 c.
¹⁰ RGZ 115, 368, 371; *Erman/Saar* Rn. 4; *RGRK/Dickescheid* Rn. 7; aA KG KGJ 51 A 42, 43.
¹¹ RGZ 115, 368, 371; OLG Köln FamRZ 1996, 249; *RGRK/Dickescheid* Rn. 5; *Soergel/Zimmermann* Rn. 5; vgl. auch *Staudinger/Engler* Rn. 21. Vgl. auch LG München FamRZ 2009, 2117: Entlastung enthält keinen Verzicht auf noch nicht feststehende oder noch nicht streitige Haftungsansprüche.
¹² OLG Köln FamRZ 1996, 249; *Erman/Saar* Rn. 3; *RGRK/Dickescheid* Rn. 5; *Soergel/Zimmermann* Rn. 5; grdsl. auch *Staudinger/Engler* Rn. 20; aA *Dölle* § 137 I 2 c (Anfechtung).
¹³ KG KGJ 51, 42; LG Stuttgart DAVorm. 1974, 670, 672; OLG Rostock OLGE 1, 313; OLG Naumburg OLGE 21, 295; *Staudinger/Engler* Rn. 15 ff.; *Dölle* § 137 I 2 c.
¹⁴ BayObLGZ 3, 182; *RGRK/Dickescheid* Rn. 6; *Soergel/Zimmermann* Rn. 4, 6; *Staudinger/Engler* Rn. 13, 19.
¹⁵ *RGRK/Dickescheid* Rn. 9; *Staudinger/Engler* Rn. 5.

8 Die Vorschrift findet gem. § 1908i Abs. 1 S. 1 auf die **Betreuung** sowie gem. § 1915 Abs. 1 auf die **Pflegschaft** entsprechende Anwendung.

§ 1893 Fortführung der Geschäfte nach Beendigung der Vormundschaft, Rückgabe von Urkunden

(1) Im Falle der Beendigung der Vormundschaft oder des vormundschaftlichen Amts finden die Vorschriften der §§ 1698a, 1698 b entsprechende Anwendung.

(2) ¹Der Vormund hat nach Beendigung seines Amts die Bestallung dem Familiengericht zurückzugeben. ²In den Fällen der §§ 1791a, 1791b ist der Beschluss des Familiengerichts, im Falle des § 1791c die Bescheinigung über den Eintritt der Vormundschaft zurückzugeben.

Übersicht

	Rn.		Rn.
I. Normzweck	1, 2	2. Pflicht zur Fortführung (§ 1698b)	7, 8
1. Regelung des Problems der Fortdauer vormundlicher Befugnisse	1	3. Vormundschaftsrecht	9, 10
		4. Widersprüchliche Geschäfte	11
2. Abs. 2	2	5. Keine Anwendbarkeit auf Erben des Vormunds	12
II. Fortführung vormundschaftlicher Geschäfte (Abs. 1)	3–12	III. Rückgabe von Urkunden (Abs. 2)	13, 14
1. Befugnis zur Fortführung (§ 1698a)	3–6	IV. Parallelvorschriften	15

I. Normzweck

1 **1. Regelung des Problems der Fortdauer vormundlicher Befugnisse.** Mit der Beendigung der Vormundschaft oder des Vormundsamts, gleichviel aus welchen Gründen, entfallen die Rechte und Pflichten des Vormunds zur Fortführung der Geschäfte. Da die Beendigung häufig kraft Gesetzes eintritt und der Vormund davon nicht notwendig Kenntnis erhält, entsteht das Problem der Fortdauer der vormundlichen Befugnisse zugunsten des redlichen Vormunds und Geschäftspartners. Das Gesetz löst das Problem durch die Verweisung auf § 1698a. Ferner muss der Vormund entsprechend § 1698b auch bei Kenntnis von der Beendigung der Vormundschaft durch den Tod des Mündels die **unaufschiebbaren Geschäfte** weiter besorgen. Nur in diesen Bereichen ist die Amtsführung noch den Vorschriften über die Vormundtätigkeit unterworfen; im Übrigen gelten die §§ 177, 677¹ und besteht keine Pflicht zur Weiterführung der Geschäfte mehr.²

2 **2. Abs. 2.** Aus der formellen Abwicklung der Vormundschaft oder des Vormundamts ergibt sich die Pflicht gegenüber dem Vormundschaftsgericht, die Bestallungsurkunde oder deren Ersatz (§§ 1791a Abs. 2, 1791 b Abs. 2; 1791 c Abs. 3) zurückzugeben.

II. Fortführung vormundschaftlicher Geschäfte (Abs. 1)

3 **1. Befugnis zur Fortführung (§ 1698a).** Der Vormund darf von der Beendigung der Vormundschaft oder seines Vormundsamts **weder Kenntnis** haben **noch** darf er **fahrlässig** darüber **in Unkenntnis** sein (§ 122 Abs. 2). Die Befugnis des Vormunds endet in jedem Fall dann, wenn bei ihm die subjektiven Voraussetzungen entfallen sind, unabhängig davon, ob sie beim **Geschäftspartner** noch vorliegen oder nicht.³ Aber auch auf die Befugnis des redlichen Vormunds kann sich der Geschäftspartner nicht berufen, wenn er bei Vornahme eines Rechtsgeschäfts die Beendigung kennt oder kennen muss (§ 1698a Abs. 1 S. 2). Die Vorschrift gilt entsprechend, wenn die Befugnis des Vormunds nur **in einzelnen Bereichen** endet (vgl. zB §§ 1794, 1796).⁴

4 Sind mehrere **Mitvormünder** bestellt, so müssen die subjektiven Erfordernisse im Falle gemeinschaftlicher Führung bei allen Vormündern, im Fall geteilter Mitvormundschaft bei demjenigen Vormund vorliegen, dessen Wirkungskreis betroffen ist. Sind mehrere Wirkungskreise zugleich

---

[1] RG JW 1910, 233; Erman/Saar Rn. 1; Palandt/Diederichsen Rn. 4; Staudinger/Engler Rn. 11.
[2] RG DR 1940, 726; RGRK/Dickescheid Rn. 4, 6; Soergel/Zimmermann Rn. 3.
[3] RGSt 45, 434; RGRK/Dickescheid Rn. 2; Staudinger/Engler Rn. 2.
[4] Palandt/Diederichsen Rn. 2; Soergel/Zimmermann Rn. 2; Staudinger/Engler Rn. 3.

betroffen, so müssen alle Mitvormünder, deren Geschäftskreis tangiert ist, redlich sein. Bedarf das Geschäft der Zustimmung des **Gegenvormunds,** so muss auch er den genannten subjektiven Erfordernissen genügen.[5] Dies gilt unabhängig davon, ob alle Ämter der Mitvormünder oder Gegenvormünder beendet sind oder nur eines.

Die **Beweislast** für die Kenntnis oder fahrlässige Unkenntnis trägt derjenige, der sich auf die Wirkungen dieses Normelements beruft.[6]

Eine **Pflicht** zur Fortführung besteht im Fall des § 1698a **nicht.**

2. Pflicht zur Fortführung (§ 1698b). Auslösendes Element der Amtsbeendigung muss der **Tod des Mündels** sein. Bei Todeserklärung des Mündels bzw. der Feststellung seiner Todeszeit (vgl. § 1884 Abs. 2) ist die Vorschrift entsprechend anwendbar, nicht jedoch bei sonstigem Beendigungsgrund.[7]

Die Vorschrift gewährt dem Vormund das Recht und die Pflicht zur Fortführung der Geschäfte, begrenzt einerseits durch **anderweitige Fürsorge** des oder der Erben, andererseits auf die **nicht aufschiebbaren Geschäfte.** Die Gefahr orientiert sich am Wohl der Erben des Mündels; es muss zu besorgen sein, dass sie durch einen Aufschub zumindest vergrößert wird.

3. Vormundschaftsrecht. In allen Fällen zulässigen Handelns des Vormunds bestimmt sich die Beurteilung der Tätigkeit nach Vormundschaftsrecht, sei es bezüglich der Haftung (§ 1833), des Auslagenersatzes (§§ 1835, 1835 a) oder der Vergütung (§§ 1836 ff.).[8]

Nach einer unter der Geltung des FGG vertretenen Auffassung[9] sollte das Gericht genehmigungsbedürftige Rechtsgeschäfte auch noch nach Beendigung der Vormundschaft wirksam genehmigen können, wenn es von der Beendigung keine Kenntnis hatte oder die Voraussetzungen des § 1698b vorlagen. Ob an dieser Auffassung festgehalten werden kann, ist zweifelhaft, nachdem § 40 Abs. 2 FamFG die Genehmigung erst mit Eintritt der formellen Rechtskraft verfahrensrechtlich wirksam werden lässt mit der Folge, dass – jedenfalls nach der hier vertretenen Auffassung (§ 1829 RdNr. 31 ff.) - eine Entscheidung über die Genehmigung nach Beendigung der Vormundschaft nicht mehr in Rechtskraft erwachsen kann; die Entscheidung ist gegenstandslos und kann allenfalls zum Zwecke der Klarstellung aufgehoben werden.[10] Entsprechendes gilt für die unter der Geltung des FGG vertretene Ansicht, der Vormund könne auch noch nach Beendigung der Vormundschaft eine Entscheidung des FamG über die Genehmigung eines Rechtgeschäfts nach § 1829 Abs. 1 S. 2 gegenüber dem Vertragspartner wirksam werden lassen, wenn die Voraussetzungen des § 1893 Abs. 1 iVm. 1698a, 1698b vorlägen.[11] Unter der Geltung des § 40 Abs. 2 FamFG wird sich eine solche Möglichkeit – nach der hier vertretenen Auffassung (§ 1829 RdNr. 31 ff.) allenfalls dann bejahen lassen, wenn die Entscheidung über die Genehmigung noch vor der Beendigung der Vormundschaft durch Volljährigkeit oder Tod des Mündels getroffen und auch verfahrensrechtlich wirksam geworden ist. Eine abweichende Lösung bietet sich nur an, wenn man ein verfahrensrechtliches Wirksamwerden der Entscheidung über die Genehmigung – etwa im Wege einer auf die Fälle des § 1893 Abs. 1 iVm. §§ 1698a, 1698b beschränkten teleologischen Reduktion des § 40 Abs. 2 FamFG – für möglich hält. M.E. bietet § 40 Abs. 2 FamFG mE für eine solche differenzierende Handhabung keinen Raum. Für die Genehmigung des Gegenvormunds dürfte im Interesse eines wünschenswerten Gleichlaufs der Ergebnisse nichts anderes gelten.[12]

4. Widersprüchliche Geschäfte. Widersprechen sich die Geschäfte des bisherigen Vormunds und diejenigen des Mündels oder des nunmehrigen gesetzlichen Vertreters, so gelten die Regeln der doppelten Rechtszuständigkeit. In Analogie zu § 185 Abs. 2 S. 2 wird nur die zeitlich frühere Rechtshandlung wirksam.[13]

5. Keine Anwendbarkeit auf Erben des Vormunds. Sämtliche Rechte aus § 1893 gelten nur für die Person des Vormunds, nicht für seine Erben, denn diese sind und waren nie Vormund. Aus diesem Grund obliegt ihnen auch keine Pflicht zur Fortführung der Geschäfte im Fall des § 1698b und trifft sie nur die Anzeigepflicht aus § 1894.

---

[5] BayObLG FamRZ 1965, 101; RGRK/*Dickescheid* Rn. 3; Staudinger/*Engler* Rn. 5.
[6] Soergel/*Zimmermann* Rn. 2; Staudinger/*Engler* Rn. 7.
[7] Dölle § 137 III 2; RGRK/*Dickescheid* Rn. 6; Staudinger/*Engler* Rn. 9.
[8] Vgl. zur Vergütung für Abwicklungstätigkeiten § 1836 RdNr. 29; OLG München FamRZ 2006, 1787; OLG Frankfurt FamRZ 2006, 1151; LG Stendal FamRZ 2006, 1063.
[9] Zum Sach- und Streitstand: Voraufl. § 1893 RdNr. 9.
[10] Keidel/Meyer-Holz FamFG § 40 RdNr. 31.
[11] Voraufl. § 1893 RdNr. 10.
[12] Auch hierzu – unter der Geltung des FGG - Voraufl. RdNr. 10.
[13] *Riezler* AcP 98 (1906), 372 ff.; RGRK/*Dickescheid* Rn. 4; Soergel/*Zimmermann* Rn. 4.

III. Rückgabe von Urkunden (Abs. 2)

13 Die Rückgabe der hier genannten Urkunden stellt ein Abwicklungsgeschäft der Vormundschaft dar. Ihre Durchsetzung kann daher vom FamG mit den Mitteln des § 1837 Abs. 2, 3 unter der Maßgabe erzwungen werden, dass die **Verhängung eines Zwangsgeldes** zwar gegen den Einzelvormund,[14] nicht aber gegen das Jugendamt oder gegen den Verein möglich ist (§ 1837 Abs. 3 S. 2).

14 Auch die **Erben des Vormunds** sind zur Rückgabe der Bestallungsurkunde nach Abs. 2 verpflichtet, jedoch bestehen ihnen gegenüber nicht die Zwangsbefugnisse des Vormundschaftsgerichts aus § 1837 Abs. 2, 3;[15] es muss, sofern der Mündel ein Rechtsschutzinteresse geltend machen kann, auf Herausgabe vor dem Prozessgericht geklagt werden.[16]

IV. Parallelvorschriften

15 Die Vorschrift findet Anwendung auch auf den **Amts- und Vereinsvormund,** sowie kraft der Verweisung in § 1895 auf den **Gegenvormund.** Entsprechend anzuwenden ist sie gem. § 1908i Abs. 1 S. 1 auf die **Betreuung und** gem. § 1915 Abs. 1 auf die **Pflegschaft.**

§ 1894 Anzeige bei Tod des Vormunds

(1) Den Tod des Vormunds hat dessen Erbe dem Familiengericht unverzüglich anzuzeigen.

(2) Den Tod des Gegenvormunds oder eines Mitvormunds hat der Vormund unverzüglich anzuzeigen.

I. Normzweck

1 Da der Tod des Vormunds das an seine Person gebundene Amt beendet, muss das FamG im Interesse des Mündels **rasch handeln** (vgl. § 1846). Um dem FamG die hierzu erforderliche **Information** zu verschaffen, sind die Anzeigepflichten in § 1894 normiert worden; diese bestehen neben den behördlichen Mitteilungspflichten zB in §§ 50, 53 SGB VIII (Jugendamt), § 22a FamFG (Gerichte), § 168a FamFG (Standesamt). Das rasche Eingreifen ist vor allem auch deshalb erforderlich, weil auf Seiten des Erben – im Gegensatz zu den Fällen der §§ 673 S. 2, 727 Abs. 2 S. 1, 2218 Abs. 1 – weder eine Verpflichtung noch eine Befugnis auch nur zur einstweiligen Fortführung der Geschäfte besteht (vgl. § 1893 Rn. 12).[1] Handelt der Erbe trotzdem, so finden die §§ 677 ff. Anwendung.[2]

II. Anzeigepflicht

2 **1. Pflicht zur unverzüglichen Anzeige.** Die Pflicht zur unverzüglichen Anzeige besteht sowohl beim Tod des Vormunds/Mitvormunds/Gegenvormunds als auch bei dessen Todeserklärung.[3] Unverzüglich bedeutet ohne schuldhaftes Zögern (§ 121 Abs. 1 S. 1). Die Form der Anzeige ist bedeutungslos.[4]

3 **2. Haftung.** Bei schuldhafter **Pflichtverletzung** haftet der Erbe des Vormunds dem Mündel aus dem durch § 1894 Abs. 1 begründeten gesetzlichen Schuldverhältnis nach allgemeinen Haftungsregeln.[5] Im Falle des Abs. 2 haftet der Vormund dem Mündel nach § 1833.[6]

III. Parallelvorschriften

4 **1. Gegenvormund.** Beim Tod des Gegenvormunds trifft dessen Erben gem. § 1895 iVm. Abs. 1 die Pflicht, diesen Umstand dem FamG anzuzeigen. In Erweiterung des Abs. 2 hat den Tod

---

[14] HM, vgl. OLG Neustadt NJW 1955, 1724; *Dölle* § 137 II; *Gernhuber/Coester-Waltjen* § 73 Rn. 17; RGRK/*Dickescheid* Rn. 8; *Soergel/Zimmermann* Rn. 5; *Staudinger/Engler* Rn. 15; aA OLG Darmstadt ZBlFG 15, 260.

[15] *Erman/Saar* Rn. 5; *Palandt/Diederichsen* Rn. 5; *Soergel/Zimmermann* Rn. 5; *Staudinger/Engler* Rn. 16.

[16] Zweifelnd RGRK/*Dickescheid* Rn. 9; *Staudinger/Engler* Rn. 16.

[1] RGRK/*Dickescheid* Rn. 2; *Staudinger/Engler* Rn. 2 ff.

[2] *Erman/Saar* Rn. 1; RGRK/*Dickescheid* Rn. 2; *Soergel/Zimmermann* Rn. 1.

[3] RGRK/*Dickescheid* Rn. 4; *Staudinger/Engler* Rn. 8.

[4] *Staudinger/Engler* Rn. 3.

[5] RGRK/*Dickescheid* Rn. 2; *Soergel/Zimmermann* Rn. 2; *Staudinger/Engler* Rn. 2 f.

[6] RGRK/*Dickescheid* Rn. 3; *Soergel/Zimmermann* Rn. 2; *Staudinger/Engler* Rn. 6.

Amtsende des Gegenvormunds 1–4 § 1895

des Vormunds nach § 1799 Abs. 1 S. 2 auch der Gegenvormund dem FamG unverzüglich anzuzeigen. Die obigen Ausführungen gelten sinngemäß.

2. Betreuung, Pflegschaft. Entsprechende Anwendung findet die Vorschrift gem. § 1908i 5 Abs. 1 S. 1 auf die Betreuung und gem. § 1915 Abs. 1 auf die Pflegschaft.

§ 1895 Amtsende des Gegenvormunds

Die Vorschriften der §§ 1886 bis 1889, 1893, 1894 finden auf den Gegenvormund entsprechende Anwendung.

1. Ende der Gegenvormundschaft. Über den Wortlaut dieser Verweisungsvorschrift hinaus 1 endet die Gegenvormundschaft nicht nur in den Fällen der §§ 1886 bis 1889, sondern als Anhängsel der Vormundschaft auch in den Fällen der §§ 1882, 1884.[1] Zudem kann das FamG die Gegenvormundschaft aufheben, wenn die Voraussetzungen ihrer Anordnung (§ 1792 Abs. 2) nachträglich weggefallen sind.[2]

Im Hinblick auf die Fortführung der Geschäfte nach Amtsende und die Verpflichtung zur Rück- 2 gabe der Bestallung bzw. der vormundschaftsgerichtlichen Verfügung oder Bescheinigung gilt § 1893 entsprechend. Die Spezialregelung des § 1891 statuiert Auskunfts- (Abs. 2) und Mitwirkungspflichten (Abs. 1 S. 2).

2. Anzeigepflicht. Der Gegenvormund hat den Tod des Vormunds (§ 1799 Abs. 1 S. 2), des 3 Mitvormunds und des Mitgegenvormunds (§ 1894 Abs. 2) dem FamG anzuzeigen. Der Tod des Gegenvormunds ist gem. § 1894 Abs. 1 von dessen Erben und gem. § 1894 Abs. 2 auch vom Vormund dem FamG anzuzeigen.

3. Entsprechende Anwendung. Entsprechende Anwendung findet die Vorschrift gem. 4 § 1908i Abs. 1 S. 1 auf das Betreuungsrecht.

---

[1] *Soergel/Zimmermann* Rn. 1; *Staudinger/Engler* Rn. 2.
[2] RGRK/*Dickescheid* Rn. 2; *Soergel/Zimmermann* Rn. 2; *Staudinger/Engler* Rn. 2.

Titel 2. Rechtliche Betreuung

Kommentare, Hand- und Lehrbücher: *Bauer/Klie/Lütgens,* Heidelberger Kommentar zum Betreuungs- und Unterbringungsrecht, Loseblatt, (abgekürzt zitiert HK-BUR/*Autor*); *Bienwald/Sonnenfeld/Hoffmann,* Betreuungsrecht, 4. Aufl. 2006 (abgekürzt zitiert: *Bienwald* bzw. *Bienwald/*Autor); *Damrau/Zimmermann,* Betreuung und Vormundschaft, 4. Aufl. 2011; (abgekürzt zitiert: *Damrau/Zimmermann*); *Jürgens,* Betreuungsrecht, 4. Aufl. 2010 (zitiert: *Jürgens/Autor*); *Jürgens/Lesting/Marschner/Winterstein,* Betreuungsrecht kompakt, 7. Aufl. 2011 (abgekürzt zitiert: *Jürgens/Lesting/Marschner/Winterstein*); *Jurgeleit,* Betreuungsrecht, 2006; *Jurgeleit* (Hrsg.), Betreuungsrecht, 2. Aufl. 2010; *Knittel,* Betreuungsgesetz, Kommentar, Loseblatt, Stand 1. Februar 2007 (abgekürzt zitiert: *Knittel*); *Knittel,* Betreuungsrecht, 2009; *Marschner/Volckart,* Freiheitsentziehung und Unterbringung, 4. Aufl. 2001; *Pardey,* Betreuungs- und Unterbringungsrecht, 2009; *Probst,* Betreuungs- und Unterbringungsverfahren, 2. Aufl. 2009; *Sonnenfeld,* Betreuungs- und Pflegschaftsrecht, 2. Aufl. 2001.

Grundlegende Monographien: *V. Lipp,* Freiheit und Fürsorge: Der Mensch als Rechtsperson (Jus Privatum, Beiträge zum Privatrecht, Bd. 42), 2000; *G. Müller,* Betreuung und Geschäftsfähigkeit, 1998; *K. A. Prinz von Sachsen Gessaphe,* Der Betreuer als gesetzlicher Vertreter für eingeschränkt Selbstbestimmungsfähige (Jus Privatum, Beiträge zum Privatrecht, Bd. 39), 1999; *Marschner,* Psychisch Kranke im Recht, 2008.

Sammelwerke: *Sonnenfeld* (Hrsg.). Nichtalltägliche Fragen aus dem Alltag des Betreuungsrechts. FS Bienwald, 2006 (abgekürzt: FS Bienwald).

Materialien zum BtG: Diskussions-Teilentwurf Gesetz über die Betreuung Volljähriger (Betreuungsgesetz-BtG), hrsg. vom Bundesminister der Justiz, Erster Teil 1987 (auch in Buchform); Zweiter Teil 1988; Referenten-Entwurf 1989; Regierungsentwurf BT-Drucks. 11/4528; Stellungnahme des Bundesrates BT-Drucks. 11/4528 Anlage 2; Gegenäußerung der Bundesregierung BT-Drucks. 11/4528 Anlage 3; Beschlussempfehlung und Bericht des Rechtsausschusses des Bundestages BT-Drucks. 11/6949; siehe ferner BT-Drucks. 10/4271; 10/5911; 10/5970; 11/669.

Schrifttum zur Reform von 1992 (Auswahl): *Bienwald,* Zur Umsetzung des Betreuungsgesetzes in der Praxis, FamRZ 1992, 1125; *Bruder,* Gutachten C zum 57. Deutschen Juristentag Mainz 1988, 1988; *Bürgle,* Auf dem Weg zu einem neuen Betreuungsrecht, NJW 1988, 1881; *Dieckmann,* Empfiehlt es sich, das Entmündigungsrecht, das Recht der Vormundschaft und der Pflegschaft über Erwachsene sowie das Unterbringungsrecht neu zu ordnen?, JZ 1988, 789; *Diederichsen,* Zur Reform des Vormundschafts- und Entmündigungsrechts in der Bundesrepublik Deutschland, FS Max Keller, 1989, S. 3; *Hellmann* (Hrsg.), Beiträge zur Reform des Vormundschafts- und Pflegschaftsrechts für Menschen mit geistiger Behinderung, 1986; *Holzhauer,* Gutachten B zum 57. Deutschen Juristentag Mainz 1988, 1988; *ders.,* Verfassungsrechtliche Beurteilung des Entwurfs eines Betreuungsgesetzes, ZRP 1989, 451; *Pardey,* Verfassungsrechtliche Rahmenbedingungen einer gesetzlichen Neuregelung der bürgerlich-rechtlichen Betreuung Volljähriger, 1988; *ders.,* Betreuung Volljähriger: Hilfe oder Eingriff. Anspruch und Leistungsfähigkeit des Betreuungsrechts im Lichte des Grundgesetzes, 1989; *Schwab,* Empfiehlt es sich, das Entmündigungsrecht, das Recht der Vormundschaft und der Pflegschaft über Erwachsene sowie das Unterbringungsrecht neu zu ordnen? (Referat), Sitzungsbericht K zum 57. Deutschen Juristentag Mainz 1988, 1988, S. K 8 ff.; *ders.,* Strukturfragen des neuen Betreuungsrechts, FS Mikat 1989, S. 681; *ders.,* Das neue Betreuungsrecht, FamRZ 1990, 681; *Zenz,* Reformbedarf und Reformentwürfe zur Neuregelung des Vormundschafts- und Pflegschaftsrechts über Volljährige, NDV 1989, 33; *Zenz/von Eicken/Ernst/Hofmann,* Vormundschaft und Pflegschaft für Volljährige. Eine Untersuchung zur Praxis und Kritik des geltenden Rechts, 1987; *Zimmermann/Damrau,* Das neue Betreuungs- und Unterbringungsrecht, NJW 1991, 538.

Neueres Schrifttum (Auswahl): *Abram,* Zwangsweiser Zutritt des Betreuers zur Wohnung des Betroffenen und Befugnis zur Entrümpelung, FamRZ 2004, 11; *Adolph/Foerster,* Prozessfähigkeit und unerwünschte Prozesse, BtPrax 2005, 126; *Arnold/Kloß,* Offene Psychiatrie, ambulante Behandlung und Betreuungsgesetz, FuR 1996, 263; *Bauer,* Zwangsbefugnisse des Betreuers im Aufgabenkreis „Wohnungsangelegenheiten", FamRZ 1994, 1562; *Bauer/Hasselbeck,* „Fürsorglicher Zwang zum Wohle des Betreuten", FuR 1994, 293; *Bauer/Knieper,* Haftung des Betreuers wegen Verletzung der Aufsichtspflicht über einen drittschädigenden Betreuten?, BtPrax 1998, 123, 168; *Bernau/Rau/Zschieschack,* Die Übernahme einer Betreuung - ein straf- und zivilrechtliches Haftungsrisiko?, NJW 2008, 3756; *Bienwald,* Die Einschränkung der Betreuung nach § 1908d BGB und deren Folgen für die elterliche Sorge und/oder das Umgangsrecht der Mutter eines nichtehelichen Kindes, FamRZ 1994, 484; *ders.,* Der Betreuer mit dem Aufgabenkreis nach § 1896 Abs. 3, Rpfleger 1998, 231; *ders.,* Ist das geltende Betreuungsrecht wirklich nicht mehr zeitgemäß?, BtPrax 2010, 3; *Bobenhausen,* Wohnungskündigung durch den Betreuer, Rpfleger 1994, 13; *ders.,* Konkurrenzen zwischen dem Willen des Betreuten und des Betreuers, BtPrax 1994, 158; *ders.,* Rückkehr zur Entmündigung? Auswirkungen der Rechtsprechung zum Betreuungsrecht, Rpfleger 1997, 52; *Brill/Marschner,* Psychisch Kranke im Recht, 4. Aufl. 2005; *Brucker,* Aufgaben der örtlichen Betreuungsbehörde und deren Organisation, NDV 1996, 330; *ders.,* Frust und Perspektiven der ehrenamtlichen Betreuung, BtPrax 1997, 139; *Coeppicus,* Das Betreuungsgesetz schützt die Betroffenen nicht, FamRZ 1993, 1017; *ders.,* Vorschläge zur Reform und Handhabung des Betreuungsgesetzes, Jur. Diss. Göttingen, 1995; *Coester,* Betreuungsrecht: Neuerungen und Akzentverlagerungen, Jura 2008, 594; *Deinert,* Kirchenaustritt und Betreuung, FamRZ 2006, 243; *Deinert/Lütgens,* Betreuung und Postverkehr, BtPrax 2009, 212; *Deinert/Schreibauer,* Haftung und Haftungsübernahme im Betreuungsverhältnis, BtPrax 1993, 184 und 1994, 9; *Derleder,* Die Betreuung alter Menschen im Widerstreit der beteiligten Interessen, FuR 1996, 309; *Diederichsen,* Zivilrechtliche Haftungsverhältnisse im Betreuungsrecht, FS Erwin Deutsch, 1999,

Vorbemerkungen **Vor § 1896**

S. 131; *Diekmann*, Neue Verfahrensvorschriften in Betreuungssachen nach dem FamFG - ein Überblick, BtPrax 2009, 149; *Dodegge*, Zwangsbehandlung und Betreuungsrecht, NJW 2006, 1627; *ders.*, Die Entwicklung des Betreuungsrechts NJW 2003, 2645; 2005, 2660; 2006, 2670; *ders.*, Der Schutz des freien Willens durch die Rechtsinstitute Betreuung, Vorsorgevollmacht, Betreuungs- und Patientenverfügung, FPR 2008, 591; *Dröge*, Die Betreuungsanordnung gegen den Willen des Betroffenen, FamRZ 1998, 1209; *Elzer*, Die Teilnahme von Betreuern am Strafverfahren, BtPrax 2000, 139; *Enderlein*, Geschäftsunfähigkeit und Einwilligungsvorbehalt, JR 1998, 485; *Fenge*, Selbstbestimmung im Alter, 2002; *Formella*, Aufsicht über die persönliche Betreuung, Rpfleger 1994, 238; *ders.*, Der Vertreter des Vertreters, BtPrax 1996, 208; *Fröschle*, Beteiligte und Beteiligung am Betreuungs- und Unterbringungsverfahren nach dem FamFG, BtPrax 2009, 155; *Habermeyer*, Der "freie Wille" aus medizinischer Sicht, BtPrax 2010, 69; *Harm*, Die „Angelegenheiten" einer volljährigen Person im Sinne des Betreuungsgesetzes, Rpfleger 1998, 89; *ders.*, Die Personensorge im Betreuungsrecht, BtPrax 2005, 98; *Hellmann*, Betreuungsvereine – Perspektiven und Probleme, BtPrax 1992, 4; *Holzhauer*, Betreuungsrecht in der Bewährung, FamRZ 1995, 1463; *Hoffmann*, Das Leben ist voller Risiken – Lebensrisiken und Betreuung, BtPrax 2001, 60; *Hoffmann*, Persönliche Betreuung im Betreuungsrecht, BtPrax 2008, 95; *Hufen*, Selbstverständnis von Betreuern – Sozialarbeit versus Betreuungsrecht, BtPrax 1996, 56; *Jaschinski*, Der Vereinsbetreuer – freier Mitarbeiter oder Arbeitnehmer des Betreuungsvereins?, NJW 1996, 1521; *Jörg*, Die Betreuung über den Tod hinaus, BWNotZ 1994, 31; *Jürgens*, Betreuung wider Willen, BtPrax 1992, 47; *ders.*, Der Betreuer zwischen rechtlicher Vertretung und persönlicher Betreuung, BtPrax 1998, 129; *Jurgeleit*, Der geschäftsunfähige Betreute unter Einwilligungsvorbehalt, Rpfleger 1995, 282; *Klüsener/Rausch*, Praktische Probleme bei der Umsetzung des neuen Betreuungsrechts, NJW 1993, 617; *Kurze*, Die Kontrollbetreuung, NJW 2007, 2220; *Lachwitz*, Menschen mit geistiger Behinderung im Spannungsfeld zwischen Selbst- und Fremdbestimmung, BtPrax 1995, 114; *Ludyga*, Rechtmäßigkeit von medizinischen Zwangsmaßnahmen bei einer Unterbringung gemäß § 1906 BGB, FPR 2007, 104; *Lipp*, Betreuung und Zwangsbehandlung, JZ 2006, 661; *ders.*, Die Betreuungsverfügung als Instrument privater Vorsorge, FS Bienwald, 2006, S. 177; *ders.*, Rechtliche Betreuung und das Recht auf Freiheit, BtPrax 2008, 51; *ders.*, Die Zwangsbehandlung eines Betreuten nach der aktuellen Rechtsprechung, BtPrax 2009, 53; *ders.*, UN-Behindertenrechtskonvention und Betreuungsrecht, BtPrax 2010, 263; *Marschner*, Die Zwangsbehandlung in der ambulanten und stationären Psychiatrie, RuP 2005, 47; *Meier*, Demenz und rechtliche Betreuung, BtPrax 2006, 159; *Narr/Saschenbrecker*, Unterbringung und Zwangsbehandlung, FamRZ 2006, 1079; *Pardey*, Alltagsprobleme im Betreuungsrecht, insbesondere zu §§ 1904 und 1906 Abs. 4, BtPrax 1995, 81; *ders.*, Vollzugsdefizite oder Fortschreibungsbedarf im Betreuungsrecht, Rpfleger 1995, 393; *Pawlowski*, Betreuung wider Willen?, FS Fenge, 1996, S. 479; *Quambusch*, Das Recht der Geistigbehinderten, 3. Aufl. 1995; *Rausch/Rausch*, Betreuung Geschäftsfähiger gegen ihren Willen?, NJW 1992, 274; *Rinck*, Die Wirksamkeit von Entscheidungen in Betreuungs- und Unterbringungssachen, FamRZ 1992, 1011; *Roth*, Ehe und Betreuung, BtPrax 2007, 100; *Roth*, Erbrecht und Betreuungsfall, 2005; *Saliger*, Sterbehilfe und Betreuungsrecht, MedR 2004, 237; *Schwab*, Betreuung und private Fürsorge, FS Gernhuber, 1993, S. 815; *ders.*, Probleme des materiellen Betreuungsrechts, FamRZ 1992, 493; *Seitz*, Wohl und Wille als Handlungsnormen im Betreuungsrecht, BtPrax 2005, 170; *Sonnenfeld*, Selbst- und Fremdbestimmung des Aufenthaltes Volljähriger, FamRZ 1995, 393; *dies.*, Bericht über die Rechtsprechung zum Betreuungsrecht, FamRZ 2005, 762; 2006, 653; 2007, 783; *dies.*, Die Verantwortung des Rechts am Beispiel des Betreuungsrechts, RpflStud 2007, 129; *Spickhoff*, Autonomie und Heteronomie im Alter, AcP 208, 345; *Stolz*, Betreuungsgesetz: Umsetzungsdefizite im Bereich Heilbehandlung und freiheitsentziehende Maßnahmen bei Heimbewohnern, FamRZ 1993, 642; *Tietze*, Zwangsbehandlungen in der Unterbringung, BtPrax 2006, 131; *Veit*, Das Betreuungsrechtsverhältnis zwischen gesetzlicher und rechtsgeschäftlicher Vertretung, FamRZ 1996, 1309; *Walter*, Betreuung und elterliche Sorge, FamRZ 1991, 765; *Werner*, Der dauernd handlungsfähige Gesellschafter, StBW 2010, 523; *Wesche*, Geschäftsfähigkeit und Betreuung, Handeln im Spannungsfeld der Ungewissheit, Rpfleger 2008, 449; *Weser*, Die Auswirkungen des Betreuungsgesetzes auf die Notarpraxis, MittBayNot 1992, 161; *Wienand* (Hrsg.), Betreuungsrecht, 2. Aufl. 1992; *Wilde*, Der unter Betreuung stehende Gesellschafter, GmbHR 2010, 123; *Windel*, Darf der Betreuer sein Aufenthaltsbestimmungsrecht gegenüber dem Betreuten zwangsweise durchsetzen?, BtPrax 1999, 46; *Wojnar*, Freiheitsentziehende Maßnahmen und ihre Auswirkungen auf die Persönlichkeit behinderter Menschen, BtPrax 1997, 92; *Zimmermann*, Das Wahlrecht des Betreuten, FamRZ 1996, 79; *ders.*, Der Tod des Betreuten, ZEV 2004, 453; *ders.*, Betreuung und Testamentsvollstreckung, FS Schwab, 2006, S. 1099, s. ferner oben unter „Sammelwerke".

Rechtssprechungsberichte: *Dodegge* NJW 2007, 2673; 2008, 2689; 2009, 2727; *Jurgeleit* FGPrax 2008, 185; *Müller* ZFE 2008, 50; *Sonnenfeld* FamRZ 2008, 1803; 2009, 1027; 2010, 1029; 2011, 1013.

Schrifttum zum 1. BtÄndG (Auswahl): *Bienwald*, Hat das Betreuungsgesetz eine Zukunft?, BtPrax 1993, 79; *Binschus*, Zur Vorsorgevollmacht, DAVorm. 1998, 275; *Coeppicus*, Zur ersten Reform des Betreuungsgesetzes, Rpfleger 1996, 425; *Deinert*, Zur Änderung des Betreuungs- und Vormundschaftsrechts, ZfJ 1998, 323; *Dodegge*, Das Betreuungsrechtsänderungsgesetz, NJW 1998, 3073; *Gregesen*, Ausgewählte Fragen zum Betreuungsrechtsänderungsgesetz, BtPrax 1999, 16; *Knittel*, Notwendige Änderungen des Betreuungsrechts aus der Sicht einer Landesjustizverwaltung, BtPrax 1996, 217; *Meier*, Änderungen durch das Betreuungsrechtsänderungsgesetz, BtPrax 1998, 214; *Wagenitz/Engers*, Betreuung – rechtliche Betreuung – sozial(rechtlich)e Betreuung – Über ein Rechtsgebiet im Wandel, FamRZ 1998, 1273; *Wesche*, Das Betreuungsrechtsänderungsgesetz, Rpfleger 1998, 93.

Schrifttum zum 2. BtÄndG (Auswahl): *Bienwald*, Das Zweite Gesetz zur Änderung des Betreuungsrechts, FF 2005, 239; *Dodegge*, Das 2. Betreuungsrechtsänderungsgesetz, NJW 2005, 1896; *Fröschle*, Betreuungsrecht 2005, 2005; *Krauß*, Die Änderung des Betreuungsrechts durch das 2. BtÄndG, BWNotZ 2006, 35; *Sonnenfeld*, Das 2. BtÄndG, FamRZ 2005, 941; *Sorg*, Zweites Betreuungsrechtsänderungsgesetz, BWNotZ 2005, 73; *Tänzer*, Das neue Betreuungsrecht, 2005.

Vor § 1896

Abschnitt 3. Titel 2. Rechtliche Betreuung

Schrifttum zum 3. BtÄndG: Siehe Lit. zu §§ 1901a, 1904.

Schrifttum zur Vorsorgevollmacht (Auswahl): Monographien: *A. Langenfeld,* Vorsorgevollmacht, Betreuungsverfügung und Patiententestament nach dem neuen Betreuungsrecht, 1994; *V. Lipp* (Hrsg.), Handbuch der Vorsorgeverfügungen, 2009: *G.Müller/Th.Renner,* Betreuungsrecht und Vorsorgeverfügungen in der Praxis, 2. Aufl. 2008; *U. Walter,* Die Vorsorgevollmacht, 1997; *W. Zimmermann,* Vorsorgevollmacht, Betreuungsverfügung, Patientenverfügung für die Beraterpraxis, 2007.

Aufsätze: *Baumann,* Nochmals: Die Altersvorsorge-Vollmacht. Zwei grundsätzliche Fragen, NJW 1996, 2418; *ders.,* Generalvollmachten oder Vorsorgevollmachten, MittRhNotK 1998, 1; *Baumann/Hartmann,* Die zivilrechtliche Absicherung der Patientenautonomie am Ende des Lebens aus der Sicht der notariellen Praxis, DNotZ 2000, 594; *Bienwald,* Die Vorsorgevollmacht – ein gleichwertiger Ersatz der Betreuerbestellung?, BtPrax 1998, 164; *Bühler,* Vorsorgevollmacht zur Vermeidung einer Gebrechlichkeitspflegschaft oder Betreuung, BWNotZ 1990, 1; *ders.,* Zum Betreuungsrechtsänderungsgesetz und zur Vorsorgevollmacht, BWNotZ 1999, 26; *Dodegge,* Die Vorsorgevollmacht im Lichte des Betreuungsrechtsänderungsgesetzes, BtPrax 2000, 99; *Eisenbart,* Die Stellvertretung in Gesundheitsangelegenheiten, MedR 1997, 305; *Hollenders,* Die Vorsorgevollmacht im Spannungsfeld zwischen Autonomie und Kontrolle, NotBZ 2005, 168; *Litzenburger,* Vorsorgevollmacht ohne Auftrag?, NotBZ 2007, 1; *G. Müller,* Altersvorsorgevollmacht – Gestaltung ihres Inkrafttretens, DNotZ 1997, 100; *dies.,* Auswirkungen des Betreuungsrechtsänderungsgesetzes (BtÄndG) auf die Vorsorgevollmacht in Angelegenheiten der Personensorge, DNotZ 1999, 107; *Müller-Freienfels,* Die Altersvorsorge-Vollmacht, FS Coing, 1982, Bd. 2, S. 395; *ders.,* Privatfürsorge und Staatsfürsorge im alten Recht, FS Max Keller, 1989, S. 35; *Reymann,* Vorsorgevollmachten von Berufsträgern, Bestandssicherung, Dritteinflussabwehr und Kontrolle, ZEV 2006, 12; *Perau,* Betreuung, Betreuungsverfügung und Vorsorgevollmacht, MittRhNotK 1996, 285; *Rieger,* Machtlos trotz Vollmacht?, Materiell- und verfahrensrechtlicher Schutz von Vorsorgevollmacht und Betreuungsverfügung, FS Schwab, 2005, S. 1043; *Rudolf/Bittler,* Vorsorgevollmacht, Betreuungsverfügung, Patientenverfügung, 2000; *Schwab,* Betreuung und private Fürsorge, FS Gernhuber, 1993, S. 815; *von Sachsen Gessaphe,* Private Vorsorge für den Zivilprozess, ZZP 113 (2000), 25; *Schaal,* Betreuungsrechtliche Fragestellungen in der Vertragsgestaltung, notar 2010, 268; *Tersteegen,* Bankgeschäfte mittels Vorsorgevollmacht – Verpflichtung der Banken zur Anerkennung von Vorsorgevollmachten?, NotBZ 2007, 1717; *Weise,* Altersvorsorge-Vollmacht in höchstpersönlichen Angelegenheiten?, NJW 1996, 2418; *Zimmermann,* Die Vertretung in höchstpersönlichen Angelegenheiten – neuere Entwicklungen im Betreuungsrecht, BWNotZ 1998, 101.

Vorbemerkungen zu §§ 1896 bis 1908i

Übersicht

	Rn.
I. Die Entstehung des BtG	1–3
1. Der Gang der Gesetzgebung	1
2. Vorarbeiten	2
3. Bedeutung	3
II. Die Grundstrukturen des Betreuungsrechts	4–16
1. Das Rechtsinstitut der Betreuung	4
2. Voraussetzungen der Betreuung	5–7
a) Materielle Voraussetzungen	5
b) Auf Antrag oder von Amts wegen	6
c) Erforderlichkeit	7
3. Einheitsentscheidung	8
4. Die Person des Betreuers	9
5. Selbstbestimmung des Betreuten	10
6. Persönliche Betreuung	11
7. Bestimmungsbefugnisse des Betreuers	12
8. Einwilligungsvorbehalt	13
9. Betreuungsgerichtliche Genehmigungen	14
10. Gegenbetreuer	15
11. Verfahren	16
III. Betreuungsbehörden	17–19
1. Organisation der Betreuungsbehörden	17
2. Örtliche Zuständigkeit	18
3. Aufgaben	19
IV. Landesrecht	20
V. Übergangsvorschriften des BtG	21
VI. Das Betreuungsrechtsänderungsgesetz von 1999	22–27
1. Der Gang der Gesetzgebung	22
2. Wesentlicher Inhalt	23–27
a) Vergütung und Aufwendungsersatz	23
b) Rechtliche Betreuung	24
c) Vorrang der ehrenamtlichen Betreuung	25
d) Vorsorgevollmacht	26
e) Verfahrensrecht	27
VII. Das zweite Betreuungsrechtsänderungsgesetz von 2005	28, 29
1. Gang der Gesetzgebung	28
2. Wesentlicher Inhalt	29
VIII. Das 3. Betreuungsrechtsänderungsgesetz von 2009	30, 31
1. Gang der Gesetzgebung	30
2. Inhalt	31
IX. FGG-Reform	32
X. Die UN-Behindertenrechtskonvention	33

Vorbemerkungen 1–4 **Vor § 1896**

I. Die Entstehung des BtG

1. Der Gang der Gesetzgebung. Am 25. 4. 1990 hat der Bundestag den Entwurf eines 1
Gesetzes zur Reform des Rechts der Vormundschaft und Pflegschaft für Volljährige (Betreuungsgesetz – BtG) in der Fassung der Beschlüsse des Rechtsausschusses in 2. und 3. Lesung angenommen. Der Bundesrat hat dem Gesetz am 1. 6. 1990 zugestimmt. Damit konnte eine der wichtigsten und tiefgreifendsten Reformen unseres Rechtssystems verwirklicht werden. Das Gesetz ist zum 1. 1. 1992 in Kraft getreten (Art. 11 BtG). Ausgangspunkt des Gesetzesbeschlusses ist der Regierungsentwurf (RegE) vom 1. 2. 1989 (BT-Drucks. 11/4528). Zu diesem Entwurf hat der Bundesrat mit grundsätzlicher Zustimmung, aber Änderungswünschen im Detail Stellung genommen (BT-Drucks. 11/4528 Anlage 2), die Bundesregierung hat dazu eine Gegenäußerung vorgelegt (BT-Drucks. 11/4528 Anlage 3). Der Deutsche Bundestag hat sodann den RegE in seiner 153. Sitzung vom 23. 6. 1989 in erster Lesung beraten und zur federführenden Beratung an den Rechtsausschuss überwiesen. Dieser hat am 15. und 16. 11. 1989 eine öffentliche Anhörung durchgeführt. Die vom Rechtsausschuss des Bundestages gefundene Gesetzesfassung (BT-Drucks. 11/6949) ist schließlich Gegenstand des endgültigen Gesetzesbeschlusses durch Bundestag und Bundesrat geworden.

2. Vorarbeiten. Die Reformbedürftigkeit des Rechts der Vormundschaft und Pflegschaft über 2
Volljährige hatte schon den 10. Bundestag beschäftigt.[1] Im April 1986 wurde vom Bundesminister der Justiz eine interdisziplinär besetzte *Arbeitsgruppe* gebildet, deren Arbeiten sich auch auf vorbereitende Gutachten stützen konnten.[2] Die von der Arbeitsgruppe erzielten Ergebnisse veröffentlichte der Bundesminister der Justiz als *Diskussions-Teilentwürfe*, den ersten Diskussions-Teilentwurf im November 1987,[3] den zweiten im April 1988. Hierauf setzte die Erörterung in der Fachöffentlichkeit, aber auch in der weiteren Publizistik ein. Maßgeblich für die Breitenwirkung der Reformdiskussion war, dass sich der im September 1988 zu Mainz stattfindende 57. Deutsche Juristentag mit dem Reformprojekt beschäftigte.[4] Die in Mainz gefassten Beschlüsse drückten insgesamt gesehen eine breite Unterstützung der rechtspolitischen Linien der Entwürfe aus. Auf den Verlauf der Diskussion, insbesondere auch mit den Länderministerien, Vertretern der Gerichte, Verbänden und Wissenschaft ist es zurückzuführen, dass der unter dem 2. 11. 1989 präsentierte *Referentenentwurf* gegenüber den Diskussions-Teilentwürfen zahlreiche Änderungen aufwies. Der schließlich der parlamentarischen Behandlung zugeführte *Regierungsentwurf* (BT-Drucks. 11/4528) war mit dem Referentenentwurf weitgehend identisch.

3. Bedeutung. Durch die intensiven Diskussionen in Fachkreisen, auf dem Juristentag 1988 3
und in der weiteren Öffentlichkeit war das gesellschaftliche Bewusstsein darauf vorbereitet, dass mit der Reform eine der wichtigsten Änderungen des BGB seit 1900 vorgenommen wurde. Das Betreuungsgesetz zeitigte Auswirkungen auf alle Teile der Rechtsordnung, wie schon die Vielzahl der textlich tangierten Gesetze (bis hin zu Wahlgesetzen, Beamtenrecht, Kostenrecht, ja sogar zum Waffengesetz) beweist.

II. Die Grundstrukturen des Betreuungsrechts

1. Das Rechtsinstitut der Betreuung. Durch das BtG wurde das Rechtsinstitut der Entmündigung abgeschafft. Das betraf sowohl die Entmündigung wegen Geisteskrankheit (§ 6 Abs. 1 Nr. 1; 4
§ 104 Nr. 3 BGB aF) als auch wegen Geistesschwäche, Suchtkrankheit und Verschwendung (§ 6 Abs. 1 Nr. 2, 3; § 114 BGB aF). Eine Vormundschaft über Volljährige gibt es nicht mehr, desgleichen nicht mehr den „beschränkt geschäftsfähigen" Volljährigen. Geschäftsunfähig sind Volljährige nur noch aus dem in § 104 Nr. 2 genannten Grunde („natürliche Geschäftsunfähigkeit"). Desgleichen wurde das Rechtsinstitut der Gebrechlichkeitspflegschaft (§ 1910 BGB aF) beseitigt. An die Stelle der Vormundschaft über Volljährige und der Gebrechlichkeitspflegschaft trat ein neues Rechtsinstitut, welches zunächst „Betreuung" genannt wurde, dann aber durch das 1. BtÄndG (unten Rn. 22) in „rechtliche Betreuung" umbenannt wurde. Die Rollenbezeichnungen sind „Betreuer(in)" und

---

[1] Siehe BT-Drucks. 10/4271; 10/5911; 10/5970, 11/669.
[2] Bundesminister der Justiz (Hrsg.), Gutachten zu einer Neuordnung des Entmündigungs-, des Vormundschafts- und des Pflegschaftsrechts, 1985 (auf Innenseite des Buches: 1986); *Zenz/von Eicken/Ernst/Hofmann*, Vormundschaft und Pflegschaft für Volljährige, Eine Untersuchung zur Praxis und Kritik des geltenden Rechts, 1987.
[3] Auch in Buchform erschienen unter dem Titel: Diskussions-Teilentwurf Gesetz über die Betreuung Volljähriger (Betreuungsgesetz-BtG), hrsg. vom Bundesminister der Justiz, 1987.
[4] Verhandlungen des 57. Deutschen Juristentages, Bd. 1, Gutachten B/C von *Holzhauer* und *Bruder*, 1988; Bd. 2, Sitzungsberichte, mit den Referaten von *Hopf* und *D. Schwab*, 1989.

„Betreute(r)". Im Verfahren wird derjenige, um dessen Betreuung es geht, als „Betroffener" bezeichnet.

5 **2. Voraussetzungen der Betreuung. a) Materielle Voraussetzungen.** Die gesetzlichen Voraussetzungen der Betreuung heben darauf ab, ob ein Volljähriger „auf Grund einer psychischen Krankheit oder einer körperlichen, geistigen oder seelischen Behinderung seine Angelegenheiten ganz oder teilweise nicht besorgen" kann (§ 1896 Abs. 1 S. 1). Die Konzeption des BtG, wonach nur noch nach dem krankheits- oder behinderungsbedingten Unvermögen, die eigenen Angelegenheiten zu besorgen, gefragt werden sollte, nicht aber mehr nach einem Zustand fehlender oder geminderter Fähigkeit zur Selbstbestimmung, ist freilich durch die Rspr. und schließlich auch durch die Gesetzgebung überholt worden.[5]

6 **b) Auf Antrag oder von Amts wegen.** Die Bestellung des Betreuers erfolgt auf Antrag des Betroffenen oder von Amts wegen, bei einem bloß körperlich Behinderten nur auf Antrag, es sei denn, dass dieser seinen Willen nicht kundtun kann (§ 1896 Abs. 1 S. 3). Den Antrag kann auch ein Geschäftsunfähiger stellen (§ 1896 Abs. 1 S. 2). Damit ist klargestellt, dass der Antrag als Verfahrenshandlung nichts mit einer Einwilligung des materiellen Rechts zu tun hat.

7 **c) Erforderlichkeit.** Auch wenn diese Voraussetzungen vorliegen, ist das Prinzip der Erforderlichkeit (§ 1896 Abs. 2 S. 1) zu beachten: Der Betreuer darf nur für die Aufgabenkreise bestellt werden, in denen die Betreuung im konkreten Falle nötig ist. Dadurch unterscheidet sich die Betreuung unter anderem von der früheren Entmündigung, dass sie eine Fürsorge mit Fremdbestimmungsbefugnissen nur soweit zulässt, als es nach dem Zustand des Betreuten und seinen Lebensverhältnissen erforderlich erscheint. Das Erforderlichkeitsprinzip durchzieht das gesamte Betreuungsrecht. Es hat auch zur Folge, dass eine Betreuung auch dann entbehrlich ist, wenn zwar an sich ihre Voraussetzungen gegeben sind, die Angelegenheiten des Betroffenen durch Bevollmächtigte oder andere Hilfen „bei denen kein gesetzlicher Vertreter bestellt wird" ebenso gut wie durch einen Betreuer besorgt werden können (§ 1896 Abs. 2 S. 2). Die Fürsorge durch Personen, die vom Betroffenen wirksam bevollmächtigt sind, hat also den Vorrang vor der Betreuung. Das gilt selbst dann, wenn der Vollmachtgeber geschäftsunfähig geworden ist, sofern die Vollmachten über den Eintritt seiner Geschäftsunfähigkeit hinaus wirksam bleiben. Im Laufe der Reformen des BtG zeigte sich eine zunehmende Favorisierung der durch Vollmachten installierten „privaten Fürsorge". In Fällen, in denen der Vollmachtgeber außerstande ist, den Bevollmächtigten selbst zu kontrollieren, kann die Bestellung eines „Überwachungsbetreuers" (§ 1896 Abs. 3) erforderlich werden.

8 **3. Einheitsentscheidung.** Anders als im Vormundschaftsrecht wird zwischen *Anordnung der Betreuung* und *Bestellung des Betreuers* nicht unterschieden; der entscheidende Akt ist die Bestellung des Betreuers. Das bedeutet: Erst mit der Bestellung eines Betreuers wird die Betreuung in der Regel wirksam (§ 287 Abs. 1 FamFG). In Eilfällen kann ein vorläufiger Betreuer bestellt (§ 300 FamFG) oder es können Maßnahmen nach § 1846 getroffen werden (§ 1908i Abs. 1 S. 1 iVm. § 1846). Das 2. BtÄndG hat die Möglichkeit geschaffen, vom Prinzip der Einheitsentscheidung durch landesrechtliche Regelungen abzugehen (s. § 1896 Rn. 134).

9 **4. Die Person des Betreuers.** Zum Betreuer zu bestellen ist vorrangig eine geeignete natürliche Person (§ 1897). Der *Vorrang der Einzelbetreuung* vor Vereins- und Amtsbetreuung ist allerdings durch eine Neukonstruktion verdunkelt. Auch der Einsatz der Vereine und Ämter wird nämlich im Regelfall *als Einzelbetreuung* geleistet. Es geschieht dies dadurch, dass die Mitarbeiter von Betreuungsvereinen und die Bediensteten von Betreuungsbehörden als Einzelpersonen zu Betreuern bestellt werden, welche die Betreuungsaufgaben allerdings im Rahmen ihrer Dienstpflichten erfüllen (Vereinsbetreuer, Behördenbetreuer, § 1897 Abs. 2). Nur wenn der Betreuungsbedürftige durch eine oder mehrere natürliche Personen nicht betreut werden kann, kann der Verein als solcher die Betreuungsfunktion erhalten (§ 1900 Abs. 1 bis 3). Wenn auch diese Möglichkeit versagt, kann die Behörde als solche zum Betreuer bestellt werden (§ 1900 Abs. 4). Dem ersten Anschein nach bleibt also der Vorrang der Einzelbetreuung vor Vereins- und Amtsbetreuung gewahrt; da indes die Betreuung durch Vereine und Behörden regelmäßig in der Form der Einzelbetreuung der jeweiligen Mitarbeiter im Rahmen ihrer Dienstverhältnisse geleistet wird, erscheint der Vorrang der echten Einzelbetreuung stark relativiert. Durch das 1. BtÄndG hat die Rangfolge der Betreuertypen neue Akzente erfahren (unten Rn. 25).

10 **5. Selbstbestimmung des Betreuten.** Ein besonderes Anliegen der Reform war es, die Fähigkeit des Betroffenen zur Selbstbestimmung soweit als möglich zu achten. Dies zeigt sich bei der Frage, ob es überhaupt zur Bestellung eines Betreuers kommt (§ 1896 Abs. 1, 2), bei der Auswahl

---

[5] Siehe § 1896 Abs. 1 a BGB idF des 2. BtÄndG.

Vorbemerkungen 11–16 Vor § 1896

des Betreuers (§ 1897 Abs. 4), bei Aufhebung der Betreuung (§ 1908d Abs. 2), bei Betreuerwechsel (§ 1908b Abs. 3) ebenso wie bei der Durchführung der Betreuung selbst. Zum „Wohl des Betreuten", welchem der Betreuer verpflichtet ist (§ 1901 Abs. 2 S. 1), gehört auch die Möglichkeit für den Betreuten, im Rahmen seiner Fähigkeiten sein Leben nach seinen eigenen Wünschen und Vorstellungen zu gestalten (§ 1901 Abs. 2 S. 2). Deshalb hat der Betreuer Wünschen des Betreuten zu entsprechen, soweit dies dessen Wohl nicht zuwiderläuft und dem Betreuer zuzumuten ist (§ 1901 Abs. 3 S. 1). Auch die vor Bestellung des Betreuers in einer Betreuungsverfügung geäußerten Wünsche können hier noch relevant sein (§ 1901 Abs. 3 S. 2). Dem Betreuer ist die Einbeziehung des Betreuten in wichtige Entscheidungen im Wege des Gesprächs auferlegt (§ 1901 Abs. 3 S. 3). Diese Anforderungen haben keine unmittelbare Außenwirkung, begrenzen also die gesetzliche Vertretungsmacht des Betreuers nicht; doch hat das Betreuungsgericht gegen erhebliche Verletzungen der genannten Pflichten einzuschreiten (§ 1837 Abs. 2, 3 iVm. § 1908i Abs. 1 S. 1).

6. Persönliche Betreuung. Das BtG legt großen Wert darauf, dass die Betreuung im Rahmen 11 eines persönlichen Verhältnisses zwischen Betreutem und Betreuer verwirklicht wird; die erforderliche Eignung des Betreuers bezieht sich auch auf die Fähigkeit, den Betroffenen im erforderlichen Umfang *persönlich* zu betreuen. Nur so können auch die Selbstbestimmungsinteressen des Betreuten gewahrt werden. Der persönliche Kontakt ist auch bei der Vermögensbetreuung anzustreben. Die Umbenennung der Betreuung in „rechtliche Betreuung" durch das 1. BtÄndG (Rn. 24) hat am Grundsatz der persönlich zu leistenden Fürsorge nichts geändert.

7. Bestimmungsbefugnisse des Betreuers. Obwohl die Bestellung eines Betreuers für sich 12 gesehen die Geschäftsfähigkeit des Betreuten unberührt lässt, fungiert der Betreuer in seinem Aufgabenkreis als gesetzlicher Vertreter des Betreuten (§ 1902 BGB). Eindeutig ist damit eine einschneidende Rechtsmacht des Betreuers gegeben, welche eine Fremdbestimmung ermöglicht. Aus Rechtsgeschäften des Betreuers im zugewiesenen Aufgabenkreis wird der Betreute berechtigt und verpflichtet (§ 164 Abs. 1). Auch die Tatsache, dass der Betreute, soweit er nicht nach § 104 Nr. 2 geschäftsunfähig ist, selbst handlungsfähig bleibt („Doppelzuständigkeit"), ändert daran nichts. Auch sonstige Bestimmungsbefugnisse können mit der Betreuung verbunden sein (zB Umgangsbestimmung, § 1908i Abs. 1 S. 1 iVm. § 1632 Abs. 2, 3; Aufenthaltsbestimmung). Die Tatsache, dass ein Betreuer bestellt ist, kann auch sonst in die Rechtsposition des Betreuten mindernd eingreifen (Zusammenstellung § 1896 Rn. 139–145).

8. Einwilligungsvorbehalt. Eine letzte Reminiszenz an die Entmündigung bildet die Mög- 13 lichkeit, für den Aufgabenkreis des Betreuers oder einen Teil davon einen „Einwilligungsvorbehalt" anzuordnen (§ 1903). Dieser bewirkt, dass der Betreute zu einer Willenserklärung auf dem genannten Gebiet der Einwilligung (genauer: Zustimmung) des Betreuten bedarf. Die Rechtslage ist der beschränkten Geschäftsfähigkeit Minderjähriger nachgebildet (Verweisung auf §§ 108 bis 113, 131 Abs. 2, 206 in § 1903 Abs. 1 S. 2). Doch ist es unzulässig, den vom Vorbehalt betroffenen Betreuten als „beschränkt geschäftsfähig" zu bezeichnen, da im Regelfall nur bestimmte Aufgabenkreise von der Regelung betroffen sind, der Betreute im Übrigen also voll geschäftsfähig bleibt. Die Voraussetzungen für die Anordnung eines Einwilligungsvorbehalts sind eng umschrieben: Sie muss zur Abwendung einer erheblichen Gefahr für die Person oder das Vermögen des Betreuten erforderlich sein.

9. Betreuungsgerichtliche Genehmigungen. Die gesetzliche Vertretungsmacht des 14 Betreuers wird durch eine Reihe von gerichtlichen Genehmigungsvorbehalten beschränkt. Zum einen gelten insoweit die meisten Vorschriften des Vormundschaftsrechts entsprechend (§ 1908i Abs. 1 S. 1), auch was die Vermögensverwaltung im Allgemeinen betrifft (§§ 1803, 1805 ff.). Genehmigungspflichtig sind insbesondere Rechtsgeschäfte nach §§ 1812, 1821, 1822 (ohne Nr. 5, dafür aber § 1907). Hinzu kommen speziell für die Betreuung weitere genehmigungspflichtige Handlungen (§§ 1904 bis 1907).

10. Gegenbetreuer. Die Vorschriften über den Gegenvormund sind auf die Betreuung entspre- 15 chend anzuwenden (§ 1908i Abs. 1 S. 1 iVm. §§ 1792, 1799). Es gibt also unter bestimmten Voraussetzungen einen „Gegenbetreuer" als Kontrollorgan für den Betreuer.

11. Verfahren. Auf die Ausgestaltung eines Verfahrens in Betreuungssachen, das die optimale 16 Erfüllung rechtsstaatlicher Postulate anstrebt, ist besonderer Wert gelegt worden. Das Verfahren richtete sich ursprünglich nach dem FGG (§§ 65 ff.). Seit der FGG-Reform von 2009 finden sich die einschlägigen Vorschriften nunmehr im FamFG (siehe Rn. 140 ff.).

Schwab 1737

III. Betreuungsbehörden

17 **1. Organisation der Betreuungsbehörden.** Art. 8 BtG enthält das Betreuungsbehördengesetz (BtBG), das für die Organisation der Betreuungsbehörden einige Grundvorschriften bringt. Welche Behörde auf örtlicher Ebene für die Betreuungsangelegenheiten zuständig ist, bestimmt sich nach Landesrecht (§ 1 BtBG), das auch überörtliche Behörden und weitere Behörden zur Erfüllung einzelner Aufgaben der örtlichen Behörde vorsehen kann (§ 2 BtBG).

18 **2. Örtliche Zuständigkeit.** Örtlich zuständig ist diejenige Behörde, in deren Bezirk der Betroffene seinen gewöhnlichen Aufenthalt hat (§ 3 Abs. 1 S. 1 BtBG). Die Behörde, in deren Bezirk das Bedürfnis für eine Maßnahme hervortritt, ist zuständig, wenn der Betroffene im Geltungsbereich des BtBG keinen gewöhnlichen Aufenthalt hat oder wenn ein solcher nicht feststellbar ist oder wenn die Maßnahme keine Einzelperson betrifft (§ 3 Abs. 1 S. 2 BtBG). Gleiches gilt, wenn mit dem Aufschub der Maßnahme Gefahr verbunden ist (§ 3 Abs. 1 S. 3).

19 **3. Aufgaben.** Der Betreuungsbehörde kommen hauptsächlich folgende Aufgaben zu:
- Beratung und Unterstützung von Betreuern (seit dem 2. BtÄndG auch von Bevollmächtigten) auf ihren Wunsch bei der Wahrnehmung ihrer Aufgaben (§ 4 BtBG);
- Sorge für einführende Information und Fortbildung der Betreuer (§ 5 BtBG);
- Anregung und Förderung von Tätigkeiten einzelner Personen und von gemeinnützigen und freien Organisationen zugunsten Betreuungsbedürftiger (§ 6 Abs. 1 S. 1 BtBG), desgleichen Förderung der Aufklärung und Beratung über Vollmachten und Betreuungsverfügungen (§ 6 Abs. 1 S. 2 BtBG);
- Die Beglaubigung von Unterschriften und Handzeichen auf Vorsorgevollmachten und Betreuungsverfügungen (§ 6 Abs. 2–6 BtBG);[6]
- Unterstützung des Betreuungsgerichts (§ 7 Abs. 1, 2; § 8 BtBG); die Behörde kann dem Gericht Umstände mitteilen, die die Bestellung eines Betreuers oder eine andere Maßnahme in Betreuungssachen erforderlich machen, soweit dies unter Beachtung berechtigter Interessen des Betroffenen nach den Erkenntnissen der Behörde erforderlich ist, um eine erhebliche Gefahr für das Wohl des Betroffenen abzuwenden (§ 7 Abs. 1 BtBG). Die Behörde unterstützt das Gericht, insbesondere bei der Feststellung eines aufklärungsbedürftigen Sachverhalts und bei der Gewinnung geeigneter Betreuer (§ 8 S. 2 BtBG);
- Vorschlag einer Person, die im Einzelfall zum Betreuer oder Verfahrenspfleger geeignet ist, auf Anforderung des Gerichts (§ 8 S. 2, 3 BtBG).

IV. Landesrecht

20 Die Länder haben auf Grund der im Betreuungsgesetz näher geregelten Kompetenzen Ausführungsgesetze zum BtG erlassen. Hier sind vor allem die Zuständigkeiten sowie Fragen der Anerkennung und Förderung von Betreuungsvereinen geregelt.

V. Übergangsvorschriften des BtG

21 Das BtG trat am 1. 1. 1992 in Kraft. Art. 9 BtG verfügte eine automatische Überführung der bis dahin bestehenden Vormundschaften und Gebrechlichkeitspflegschaften über Volljährige in das neue Recht. Mit Inkrafttreten des BtG wurden Vormundschaften und Gebrechlichkeitspflegschaften zu Betreuungen (Art. 9 § 1 Abs. 1 BtG), der bisherige Vormund oder Pfleger wurde Betreuer (Art. 9 § 1 Abs. 2 BtG). Das galt auch dann, wenn der bisherige Vormund/Pfleger nach BtG nicht hätte zum Betreuer bestellt werden können (Art. 9 § 1 Abs. 2 BtG), und auch, soweit bisher ein Verein oder Amt Vormund oder Pfleger war (Art. 9 § 3 BtG). Vorläufige Vormundschaften wurden zu Betreuungen, bei denen der Betreuer als durch einstweilige Anordnungen bestellt gilt (Art. 9 § 1 S. 2 BtG). Hatte bisher Vormundschaft oder vorläufige Vormundschaft bestanden, so umfasste der Aufgabenkreis des Betreuers alle Angelegenheiten des Betreuten mit Ausnahme der Einwilligung in eine Sterilisation. Es galt für den gesamten Aufgabenkreis der Einwilligungsvorbehalt als angeordnet (Art. 9 § 1 Abs. 3 BtG). Hatte bisher Pflegschaft bestanden, so bezog sich die Betreuung nun auf denselben Aufgabenkreis, den der Pfleger bisher hatte (wiederum mit Ausnahme der Sterilisationsangelegenheit, Art. 9 § 1 Abs. 4 BtG). Die Übergangsregelung bedeutete auch, dass es seit 1. 1. 1992 in der Bundesrepublik keine Entmündigten mehr gibt. Eintragungen über Entmündigungen waren aus dem Bundeszentralregister zu entfernen (Art. 9 § 6 BtG).

---

[6] Hinzufügt durch das 2. BtÄndG.

VI. Das Betreuungsrechtsänderungsgesetz von 1999

1. Der Gang der Gesetzgebung. Das Betreuungsgesetz sah sich alsbald Novellierungsbestre- 22
bungen ausgesetzt. Diese betrafen zunächst zwei Hauptpunkte: zum einen das Verfahrensrecht, zum anderen das Recht der Vergütung und des Aufwendungsersatzes, das in einigen Punkten zweifelhaft erschien und zudem zu einer erheblichen Belastung des Justizhaushalts der Länder führte. Weitere Zielrichtungen wie die Stärkung der ehrenamtlichen Betreuung und der Ausbau des Rechts der Vorsorgevollmacht kamen hinzu. Unter dem 7. Februar 1996 unterbreitete der Bundesminister der Justiz den Referentenentwurf eines Betreuungsrechtsänderungsgesetzes, diesem folgte der Regierungsentwurf vom 20. 12. 1996.[7] Im Laufe der Beratungen fand eine öffentliche Anhörung im Rechtsausschuss des Bundestages statt (11. 6. 1997), in der die kritische Äußerungen zum Entwurf überwogen.[8] Der Bundestag nahm das Gesetz in der vom Rechtsausschuss überarbeiteten Fassung[9] am 3. 4. 1998 mehrheitlich an. Der vom Bundesrat angerufene Vermittlungsausschuss[10] schlug weitere Änderungen vor. Dieser Beschlussempfehlung[11] haben Bundestag und Bundesrat am 29. 5. 1998 zugestimmt. Das so beschlossene „Gesetz zur Änderung des Betreuungsrechts sowie weiterer Vorschriften (Betreuungsrechtsänderungsgesetz – BtÄndG)" ist in seinen hauptsächlichen Teilen zum 1. Januar 1999 in Kraft getreten.[12] Im Hinblick auf spätere Novellierung bezeichnen wir das Gesetz als „1. BtÄndG".

2. Wesentlicher Inhalt. a) Vergütung und Aufwendungsersatz. Für die Betreuungspra- 23
xis standen die Änderungen des Rechts der Vergütung und des Aufwendungsersatzes im Vordergrund. Die Vorschriften der §§ 1835, 1836, 1836 a BGB wurden durch eine ausführlichere und strukturell wesentlich veränderte Regelung ersetzt. Die Novellierung betraf insoweit nicht allein das Betreuungsrecht, sondern auch das gesamte Recht der Vormundschaft und Pflegschaft.

b) Rechtliche Betreuung. Um klarzustellen, dass den Betreuern nicht die Aufgabe bloß 24
faktischer Hilfeleistung und Fürsorge zugewiesen ist, griff das 1. BtÄndG zu einer Umbenennung des Rechtsinstituts. An die Stelle des Begriffs „Betreuung" trat in der Titelüberschrift vor § 1896 der Begriff „Rechtliche Betreuung". Damit übereinstimmend umschreibt der eingefügte Abs. 1 des § 1901 die Pflichten des Betreuers wie folgt: Die Betreuung umfasst alle Tätigkeiten, die erforderlich sind, um die Angelegenheiten des Betreuten nach Maßgabe der folgenden Vorschriften *rechtlich* zu besorgen (vgl. auch die Umformulierung des § 1897 Abs. 1). Damit soll zwar der Grundsatz der persönlichen Betreuung (§ 1897 Abs. 1) nicht in Frage gestellt werden; doch soll der neue Begriff aus der Betreuungsfunktion alle Tätigkeiten ausnehmen, „die sich in der tatsächlichen Hilfeleistung für den Betroffenen erschöpfen, ohne zu dessen Rechtsfürsorge erforderlich zu sein".[13] Hintergrund dieser Klarstellung ist wiederum die Frage der Betreuervergütung.[14]

c) Vorrang der ehrenamtlichen Betreuung. Auf Initiative des Bundesrates[15] wurde der 25
Vorrang der ehrenamtlichen vor der berufsmäßig ausgeübten Betreuung im Gesetz verankert: Wer Betreuungen im Rahmen seiner Berufsausübung führt, soll nur dann zum Betreuer bestellt werden, wenn keine andere geeignete Person zur Verfügung steht, die zur ehrenamtlichen Führung der Betreuung bereit ist (§ 1897 Abs. 6 S. 1, vgl. auch S. 2 und Abs. 7; § 1908b Abs. 1 S. 2).

d) Vorsorgevollmacht. Obwohl der Gesetzgeber die Vorsorgevollmacht als Alternative zur 26
Betreuung zu stärken beabsichtigte,[16] führte das 1. BtÄndG einige Beschränkungen ein. So gilt der Vorrang der Vollmacht vor der Betreuung nicht bei Vollmachten für Personen, die zur Einrichtung, in welcher der Betreute lebt, in einem Anhängigkeitsverhältnis oder einer engen Beziehung stehen (§ 1896 Abs. 1 S. 2 iVm. § 1897 Abs. 3). Ferner wurden für die stellvertretende Einwilligung in die Heilbehandlung und für die Unterbringung und die Einwilligung in unterbringsähnliche Maßnahmen durch einen Bevollmächtigten die gerichtlichen Genehmigungsvorbehalte eingeführt, die für Betreuer gelten.[17]

---

[7] BR-Drucks. 960/96; BT-Drucks. 13/7158.
[8] S. Protokoll Nr. 90 des Rechtsausschusses des Bundestages, 13. Wahlperiode.
[9] BT-Drucks. 13/10331.
[10] BR-Drucks. 338/98.
[11] BT-Drucks. 13/10874; BR-Drucks. 517/98.
[12] BGBl. 1998 I 1580, Art. 5 Abs. 2 des Gesetzes.
[13] BT-Drucks. 13/7158 S. 33.
[14] Vgl. BT-Drucks. 13/7158 S. 1.
[15] BT-Drucks. 13/7158 S. 49.
[16] BT-Drucks. 13/7158 S. 1.
[17] Begründung BT-Drucks. 13/7158 S. 19.

27 **e) Verfahrensrecht.** Schließlich zielte das 1. BtÄndG darauf ab, „Überregulierungen des Verfahrensrechts" zu korrigieren und unnötigen Verfahrensaufwand zu vermeiden, ohne den Wesensgehalt der mit dem Betreuungsgesetz erstrebten Reformziele und den Kern der gesetzlichen Verfahrensgarantien antasten zu wollen.[18]

VII. Das zweite Betreuungsrechtsänderungsgesetz von 2005

28 **1. Gang der Gesetzgebung.** Die Unzufriedenheit mit der Betreuungspraxis und vor allem den steigenden Kosten für die öffentlichen Haushalte hielt auch nach der Novellierung von 1999 an. Eine Bund-Länder-Arbeitsgruppe „Betreuungsrecht" legte der 74. Konferenz der Justizministerinnen und -minister am 11./12. 6. 2003 einen Abschlussbericht[19] vor, der Vorschläge zu einer umfassenden Reform enthielt. Auf dieser Grundlage beruht der Gesetzentwurf des Bundesrates zu einem „Zweiten Gesetz zur Änderung des Betreuungsrechts (Zweites Betreuungsrechtsänderungsgesetz – 2. BtÄndG)" vom 12. 2. 2004,[20] der hochgesteckte Ziele verfolgte. Vor allem sollten viele Betreuungen durch Regelungen entbehrlich werden, die Ehegatten, eingetragenen Lebenspartnern, Eltern und Kindern im Fürsorgefall im Verhältnis zueinander ein *gesetzliches Vertretungsrecht* einräumen wollten.[21] Im Verlaufe der parlamentarischen Beratung führte der Rechtsausschuss des Bundestages eine öffentliche Anhörung (26. 5. und 16. 6. 2004) durch, in der u. a. Bedenken gegen die Einführung einer gesetzlichen Vertretungsmacht für nahe Angehörige geäußert wurden. Das Gesetz wurde schließlich in einer vom Rechtsausschuss wesentlich veränderten Fassung[22] am 18. 2. 2005 in zweiter und dritter Lesung vom Bundestag verabschiedet und fand auch die Zustimmung des Bundesrates (18. 3. 2005). Es trat zum 1. 7. 2005 in Kraft (BGBl. 2005 I S. 1073, Art. 12). Mit der gesetzlichen Vertretung naher Angehöriger war allerdings ein Kernstück der geplanten Reform entfallen.

29 **2. Wesentlicher Inhalt.** Die durch das 2. BtÄndG eingeführten Neuerungen betreffen erneut vor allem Aufwendungsersatz und Vergütung der Betreuer. Die einschlägigen Vorschriften für Vormünder und Betreuer wurden wiederum verändert,[23] das Berufsvormündervergütungsgesetz vom 25. 6. 1998 (BGBl. I S. 1580, 1586) aufgehoben und durch das „Gesetz zur Vergütung von Vormündern und Betreuern (Vormünder- und Betreuervergütungsgesetz – VBVG)" ersetzt.[24] In dieses Gesetz sind einige vordem im BGB geregelte Materien hinübergewandert (§§ 1908e, 1908 h, 1908 k). Im Übrigen finden sich die Änderungen über das Betreuungsrecht verstreut. Ins Grundsätzliche reicht die Aussage des neuen Abs. 1 a in § 1896, dass gegen den freien Willen des Volljährigen ein Betreuer nicht bestellt werden darf; der Gesetzgeber hat sich damit der Rspr. des BayObLG angeschlossen (s. § 1896 Rn. 23 ff.). Der Gesetzgeber lässt auch eine weitere Favorisierung der Vorsorgevollmacht erkennen. So trifft auch den Besitzer von Vollmachtsurkunden die Unterrichtungspflicht des § 1901a Abs. 2 (jetzt § 1901c Abs. 2). Die Vereine sollen auch für Bevollmächtigte Beratungsdienste anbieten (§ 1908f Abs. 1 Nr. 2) und können im Einzelfall Personen bei Errichtung einer Vorsorgevollmacht beraten (§ 1908f Abs. 4). Eine Reihe von neuen Vorschriften betrifft die Berufsbetreuer, die stärkeren Einschränkungen als vordem unterliegen (vgl. § 1897 Abs. 7 und 8; § 1899 Abs. 1; § 1904 Abs. 4; § 1908b Abs. 1 S. 2).

VIII. Das 3. Betreuungsrechtsänderungsgesetz von 2009

30 **1. Gang der Gesetzgebung.** Der Novelle, die hauptsächlich das Problem der Sterbehilfe durch Betreuer oder Bevollmächtigte regeln will, ging ein längerer Anlauf voraus, der von einer Publikationsflut begleitet wurde. Seit der Entscheidung des 12. Zivilsenats des BGH vom 17. 3. 2003 (BGHZ 154, 205), welche die Genehmigungsbedürftigkeit einer Einwilligung von Betreuern in die Unterlassung oder den Abbruch medizinischer Maßnahmen betraf, mehrten sich die Forderungen nach einer gesetzlichen Regelung. Mehrere Entwürfe wurden diskutiert, unter anderem der Referentenentwurf des Bundesministeriums der Justiz eines 3. Betreuungsrechtsänderungsgesetzes vom 1. 11. 2004; der Entwurf der Abgeordneten Stünker u.a. zu einem Dritten Gesetz zur Ände-

---

[18] BT-Drucks. 13/7158 S. 1, 2.
[19] Nach einem „Zwischenbericht", vorgelegt zur 73. Justizministerkonferenz am 10.–12. Juni 2002.
[20] BT-Drucks. 15/2494.
[21] §§ 1358, 1358 a, 1618 b in der Fassung des Entwurfs, s. BT-Drucks. 15/2494 S. 5 f.
[22] Beschlussempfehlung und Bericht des Rechtsausschusses des Deutschen Bundestages vom 16. 2. 2005, BT-Drucks. 15/4874.
[23] Nunmehr: §§ 1835, 1835 a, 1836, 1836 c–e BGB.
[24] Art. 8 des 2. BtÄndG.

rung des Betreuungsrechts vom 6. 3. 2008[25]; der Entwurf der Abgeordneten Bosbach u. a. zu einem Gesetz zur Verankerung der Patientenverfügung im Betreuungsrecht vom 16. 12. 2008[26]; sowie der Entwurf der Abgeordneten Zöller u.a. zu einem Gesetz zur Klarstellung der Verbindlichkeit von Patientenverfügungen (Patientenverfügungsverbindlichkeitsgesetz – PVVG) vom 18. 12. 2008[27]. Auf der Grundlage des Entwurfs der Abgeordneten Stünker u.a. erarbeitete der Rechtsausschuss des Bundestages die Beschlussempfehlung vom 8. 6. 2009, welcher der Bundestag am 18. 6. 2009 folgte.[28] Ein Antrag auf Anrufung des Vermittlungsausschusses wurde von Seiten des Bundesrates nicht gestellt.[29] Das Dritte Gesetz zur Änderung des Betreuungsrechts (im Folgenden: 3. BtÄndG) datiert vom 9. Juli 2009 (BGBl. I S. 2286) und ist zum 1. September 2009 in Kraft getreten. Die Reform ist die zeitgleich mit dem FamFG in Kraft getreten, auf dessen Text sie noch Einfluss genommen hat.

2. Inhalt. Das 3. BtÄndG fügt zwei neue Vorschriften (§ 1901a und § 1901b) in das Betreuungsrecht ein. Der bisherige § 1901a (Ablieferung von Dokumenten etc.) firmiert nun als § 1901c. Die neuen Vorschriften regeln den Begriff und die Bedeutung der Patientenverfügung (§ 1901a Abs. 1) und beschreiben die Funktionen, die der Betreuer, der Bevollmächtigte und der Arzt bei der medizinischen Behandlung eines entscheidungsunfähigen Patienten wahrnehmen (§§ 1901a und b). Zugleich wurde § 1904 in dem Sinne erweitert, dass nun auch die Nichteinwilligung und der Widerruf einer Einwilligung in medizinische Maßnahmen durch Betreuer oder Bevollmächtigte der gerichtlichen Genehmigung bedürfen (§ 1904 Abs. 2 FamFG).

IX. FGG-Reform

Durch das ebenfalls zum 1. 9. 2009 in Kraft getretene Gesetz zur Reform des Verfahrens in Familiensachen und in den Angelegenheiten der freiwilligen Gerichtsbarkeit (FGG-Reformgesetz) vom 17. 12. 2008 (BGBl. I S. 2586) sind die Vormundschaftsgerichte abgeschafft. Die Betreuungs- und Unterbringungssachen sowie zusätzliche betreuungsgerichtliche Zuweisungssachen sind den neuen Betreuungsgerichten zugewiesen (§ 23a Abs. 2 Nr.1 GVG, § 23c Abs. 1 GVG). Das einschlägige Verfahren ist durch das im FGG-Reformgesetz enthaltene FamFG neu geregelt (spezielle Vorschriften für Betreuungssachen §§ 271 bis 311 FamFG; für Unterbringungssachen §§ 312 bis 339 FamFG; für betreuungsgerichtliche Zuweisungssachen §§ 340, 341 FamFG).

X. Die UN-Behindertenrechtskonvention

Die Bundesrepublik Deutschland hat das Übereinkommen der Vereinten Nationen vom 13. 12. 2006 über die Rechte von Menschen mit Behinderungen am 30. 3. 2007 unterzeichnet. Durch Gesetz vom 21. 12. 2008 wurde dem Übereinkommen sowie dem Fakultativprotokoll vom 13. 12. 2006 zugestimmt (BGBl. 2008 II S. 1419) Die Konvention ist auch für das Betreuungsrecht einschlägig. In Art. 12 des Übereinkommens bekräftigen die Vertragsstaaten unter anderem, dass Menschen mit Behinderungen das Recht haben, überall als Rechtssubjekt anerkannt zu werden. Sie anerkennen, dass Menschen mit Behinderungen in allen Lebensbereichen gleichberechtigt mit anderen Rechts- und Handlungsfähigkeit genießen und treffen geeignete Maßnahmen, um Menschen mit Behinderungen Zugang zu der Unterstützung zu verschaffen, die sie bei der Ausübung ihrer Rechts- und Handlungsfähigkeit gegebenenfalls benötigen. Die Vertragsstaaten stellen sicher, dass zu allen die Ausübung der Rechts- und Handlungsfähigkeit betreffenden Maßnahmen im Einklang mit den internationalen Menschenrechtsnormen geeignete und wirksame Sicherungen vorgesehen werden, um Missbräuche zu verhindern. Diese Sicherungen müssen gewährleisten, dass bei den Maßnahmen betreffend die Ausübung der Rechts- und Handlungsfähigkeit die Rechte, der Wille und die Präferenzen der betreffenden Person geachtet werden, es nicht zu Interessenkonflikten und missbräuchlicher Einflussnahme kommt, dass die Maßnahmen verhältnismäßig und auf die Umstände der Person zugeschnitten sind, dass sie von möglichst kurzer Dauer sind und dass sie einer regelmäßigen Überprüfung durch eine zuständige, unabhängige und unparteiische Behörde oder gerichtliche Stelle unterliegen. Welche Auswirkungen die Konvention für das deutsche Betreuungsrecht hat, ist Gegen-

---

[25] BT-Drucks. 16/8442.
[26] BT-Drucks. 16/11360.
[27] BT-Drucks. 16/11493. Siehe ferner Zwischenbericht der Enquete-Kommission des Deutschen Bundestages „Ethik und Recht der modernen Medizin", Patientenverfügungen, BT-Drucks. 15/3700; Empfehlungen des nationalen Ethikrates 2005 (www. ethikrat.org/archiv/nationaler-ethikrat/stellungnahmen). Zu den Entwürfen *Wagenitz* FamRZ 2005, 669; *Heßler* in *Hager* (Hrsg.), Die Patientenverfügung, 2006, 40.
[28] Stenographischer Bericht, 227. Sitzung, Plenarprotokoll 16/227 S. 25094 C ff.
[29] Bundesrat, 860. Sitzung vom 10. 7. 2009; Plenarprotokoll 860 S. 283 A

§ 1896

stand aktueller Diskussion (vgl. *Aichele/ Bernstorff* BtPrax 2010, 199; *Lachwitz* BtPrax 2008, 143; *Lipp*, BtPrax 2010, 263). Für internationale Sachverhalte siehe das **Haager Übereinkommen vom 13. 1. 2000 über den internationalen Schutz von Erwachsenen** (Gesetz vom 17. 3. 2007, BGBl. 2007 II S. 323).

§ 1896 Voraussetzungen

(1) ¹Kann ein Volljähriger auf Grund einer psychischen Krankheit oder einer körperlichen, geistigen oder seelischen Behinderung seine Angelegenheiten ganz oder teilweise nicht besorgen, so bestellt das Betreuungsgericht auf seinen Antrag oder von Amts wegen für ihn einen Betreuer. ²Den Antrag kann auch ein Geschäftsunfähiger stellen. ³Soweit der Volljährige auf Grund einer körperlichen Behinderung seine Angelegenheiten nicht besorgen kann, darf der Betreuer nur auf Antrag des Volljährigen bestellt werden, es sei denn, dass dieser seinen Willen nicht kundtun kann.

(1a) Gegen den freien Willen des Volljährigen darf ein Betreuer nicht bestellt werden.

(2) ¹Ein Betreuer darf nur für Aufgabenkreise bestellt werden, in denen die Betreuung erforderlich ist. ²Die Betreuung ist nicht erforderlich, soweit die Angelegenheiten des Volljährigen durch einen Bevollmächtigten, der nicht zu den in § 1897 Abs. 3 bezeichneten Personen gehört, oder durch andere Hilfen, bei denen kein gesetzlicher Vertreter bestellt wird, ebenso gut wie durch einen Betreuer besorgt werden können.

(3) Als Aufgabenkreis kann auch die Geltendmachung von Rechten des Betreuten gegenüber seinem Bevollmächtigten bestimmt werden.

(4) Die Entscheidung über den Fernmeldeverkehr des Betreuten und über die Entgegennahme, das Öffnen und das Anhalten seiner Post werden vom Aufgabenkreis des Betreuers nur dann erfasst, wenn das Gericht dies ausdrücklich angeordnet hat.

Übersicht

	Rn.		Rn.
A. Normzweck	1–6	e) Zeitpunkt. Schubförmig verlaufende Krankheiten	13
I. Terminologie	1	f) Sachverständigengutachten	14
II. Bedeutung	2	3. Seelische Behinderung	15
III. Keine Betreuung gegen den freien Willen (Abs. 1 a)	3	4. Geistige Behinderung	16
IV. Erforderlichkeitsgrundsatz (Abs. 2)	4	5. Körperliche Behinderung	17–19
		a) Begriff	17
V. Besondere Aufgabenkreise (Abs. 3, 4)	5	b) Verbindung mit psychischen Krankheiten oder geistigen/seelischen Behinderungen	18
VI. Einheitsentscheidung	6	c) Wesensverschiedenheit	19
B. Die Voraussetzungen der Bestellung eines Betreuers (Abs. 1, 1 a)	7–37	III. Das Unvermögen, die eigenen Angelegenheiten zu besorgen	20–22
		1. Art des Unvermögens	20
I. Übersicht	7	2. Kausalität	21
II. Krankheit und Behinderung	8–19	3. Betreuung im Drittinteresse	22
1. Verhältnis zur früheren Terminologie	8	IV. Keine Betreuung gegen den freien Willen (Abs. 1 a)	23–37
2. Psychische Krankheit	9–14	1. Die Vorgeschichte der Regelung	23–25
a) Körperlich begründbare (exogene, organische, symptomatische) Psychosen	9	a) Das Problem	23
		b) Die Konzeption des BtG	24
		c) Die Rechtssprechung	25
b) Körperlich nicht begründbare (endogene) Psychosen	10	2. Die Bedeutung des Abs. 1 a	26–28
		a) Konstellationen	26
c) Suchtleiden	11	b) Funktion als Einwendung	27
d) Psychopathien	12	c) „Zustimmung" und Antrag	28

Voraussetzungen

	Rn.
3. Der relevante Wille	29–34
a) Kriterien der Willensfreiheit	29
b) Bezugspunkt	30
c) Untaugliche Bezugspunkte	31
d) Zeitpunkt	32
e) Partielle Fähigkeit zur Selbstbestimmung	33
f) Antizipierte Ablehnung, Ablehnungsvollmacht	34
4. Die Folgen einer Ablehnung	35, 36
a) Verbindlichkeit des freien Willens	35
b) Unverbindliche Ablehnung	36
5. Keine Absenkung der Eingriffsschwelle bei Zustimmung	37

C. Der Erforderlichkeitsgrundsatz (Abs. 2) ... 38–119

I. Bedeutung ... 38

II. Erforderlichkeit der Betreuerbestellung – allgemeine Grundsätze ... 39–43

1. Subjektive Betreuungsbedürftigkeit und objektiver Betreuungsbedarf ... 39
2. Der Betreuungsbedarf (Handlungsbedarf) ... 40, 41
  a) Aufgabenkreise ... 40
  b) Abstellen auf konkrete gegenwärtige Lebenssituation ... 41
3. Das Problem künftiger Bedarfslagen ... 42
4. Das Problem zu enger Umschreibung des Aufgabenkreises ... 43

III. Die Orientierung am Bedarf für gesetzliche Vertretung (§ 1896 Abs. 2 S. 2) ... 44–65

1. Grundsatz ... 44
2. Begriff und Reichweite der gesetzlichen Vertretung ... 45
3. Abgrenzung von bloß tatsächlicher Hilfsbedürftigkeit ... 46, 47
  a) Bedarf für nur faktische Hilfe ... 46
  b) Zusammentreffen von rechtlichem und faktischem Handlungsbedarf ... 47
4. Vorrang der Fürsorge durch Bevollmächtigte ... 48–64
  a) Grundsatz ... 48
  b) Vorliegen hinreichender Vollmachten ... 49
  c) Wirksamkeit der Vollmacht ... 50–54
  d) Probleme des Wirksamkeitsbeginns von Vorsorgevollmachten ... 55
  e) Erlöschen der Vollmacht ... 56
  f) Betreuung trotz wirksamer Vollmachten ... 57–61
  g) Kein Vorrang der Vollmacht für die in § 1897 Abs. 3 genannten Personen ... 62
  h) Obliegenheit zur Erteilung von Vollmachten? ... 63
  i) Zentrales Vorsorgeregister ... 64
5. Ausschluss der Betreuung ohne Erteilung einer Vollmacht? ... 65

	Rn.
IV. Die Aufgabenkreise	66–119
1. Allgemeines	66–72
a) Erforderlichkeitsprinzip	66
b) Zur Terminologie	67
c) Gesetzliche Umschreibungen	68
d) Aufgabenkreis und Befugnisse zur Fremdbestimmung	69–72
2. Aufgabenkreis im Bereich persönlicher Angelegenheiten	73–107
a) „Personensorge"	73
b) Gesundheitsbetreuung	74–83
c) Aufenthaltsbetreuung	84–89
d) Wohnungsfürsorge	90–92
e) Umgang	93–96
f) Verantwortung für das Handeln des Betreuten	97–99
g) Strafverfahren	100, 101
h) Sonstige Verfahren (außer Betreuungsverfahren)	102, 103
i) Totenfürsorge	104–107
3. Betreuung in Familienangelegenheiten	108–110
a) Eheschließung	108
b) Ehescheidung und Eheaufhebung, Aufhebung einer eingetragenen Partnerschaft	109
c) Eltern-Kind-Verhältnis	110
4. Vermögensbetreuung	111–115
a) Grundsätze	111
b) Erforderlichkeitsgrundsatz	112
c) Einzelfragen	113
d) Wahrnehmung von Gesellschafterrechten	114
e) Unterhalt, der Versorgung dienende Ansprüche	115
5. Sonstige Angelegenheiten und Umschreibungen	116
6. Die Betreuung für alle Angelegenheiten	117–119
a) Ausnahme	117
b) Präzisierung des Begriffs	118
c) Sonderregeln	119

D. Betreuerbestellung auf Antrag oder von Amts wegen ... 120–132

I. Betreuerbestellung von Amts wegen ... 120, 121

1. Statthaftigkeit ... 120
2. Verhältnis zur Betreuerbestellung auf Antrag ... 121

II. Betreuerbestellung auf Antrag ... 122–132

1. Bedeutung ... 122
2. Antragsberechtigung ... 123
3. Rechtsnatur des Antrags ... 124
4. Inhalt und Modalitäten ... 125
5. Wirkung des Antrags ... 126, 127
  a) Grundsatz ... 126
  b) Einzelheiten ... 127
6. Antrag und Einwilligungsvorbehalt ... 128
7. Unterschiede zum Amtsverfahren ... 129–131
  a) Ärztliches Zeugnis ... 129
  b) Aufhebung ... 130

§ 1896

	Rn.
c) Beschwerde	131
8. Antragsbefugnis von Behörden	132
E. Inhalt und Wirkungen der Entscheidung	133–145
I. Einheitsentscheidung	133–138
1. Grundsatz	133–135
a) Einheitsentscheidung	133
b) Ausnahme vom Prinzip der Einheitsentscheidung durch Landesrecht	134
c) Keine Betreuung ohne Betreuer	135
2. Aufgabenkreis und Dauer	136, 137
a) Aufgabenkreis	136
b) Zeitpunkt	137
3. Einwilligungsvorbehalt	138
II. Wirkungen	139–145
1. Das Rechtsverhältnis der Betreuung	139
2. Einzelne Bereiche	140–145
a) Geschäftsfähigkeit	140
b) Ehefähigkeit	141
c) Elterliche Sorge	142
d) Testierfähigkeit	143
e) Rechtswirkungen ipso iure	144
f) Wahlberechtigung	145
F. Verfahren	146–220
I. Anwendbare Vorschriften	146
II. Zuständigkeit	147–149
1. Sachliche und funktionelle Zuständigkeit	147
2. Örtliche Zuständigkeit, Abgabe	148
3. Internationale Zuständigkeit	149
III. Beteiligte	150, 151
1. Muss-Beteiligte	150
2. Kann-Beteiligte	151
IV. Verfahrensfähigkeit, § 275 FamFG	152
V. Verfahrenspfleger, §§ 276, 277 FamFG	153–160
1. Grundsätze	153
2. Die Regelfälle (§ 276 Abs. 1 S. 2 FamFG)	154, 155
a) Absehen von der persönlichen Anhörung des Betroffenen (§ 276 Abs. 1 S. 2 Nr. 1 FamFG)	154
b) Betreuer für alle Angelegenheiten (§ 276 Abs. 1 S. 2 Nr. 2 FamFG)	155
3. Die Generalklausel (§ 276 Abs. 1 S. 1 FamFG)	156
4. Vorrang von Verfahrensbevollmächtigten (§ 276 Abs. 4 FamFG)	157
5. Zum Verfahren	158
6. Rechtsstellung des Pflegers	159, 160
a) Grundsätze	159
b) Einschränkungen, Verhältnis zum Betreuer insbesondere	160

	Rn.
VI. Zum Verfahrensablauf im Allgemeinen	161, 162
1. Einleitung	161
2. Elemente des Verfahrens	162
VII. Die Anhörung des Betroffenen, 278 FamFG	163–172
1. Sinn der Anhörung	163
2. Die Elemente der Anhörung	164
3. Persönliche Anhörung/ persönlicher Eindruck	165–169
a) Ort	165
b) Rechtshilfe	166
c) Zweck der Anhörung	167
d) Anwesenheit weiterer Personen	168
e) „Schlussgespräch" nicht mehr erforderlich	169
4. Unterrichtung	170
5. Unterbleiben der Anhörung	171
6. Vorführung	172
VIII. Das Sachverständigengutachten, §§ 280 – 284 FamFG	173–190
1. Grundsatz	173
2. Inhalt, Überprüfung	174–180
a) Inhalt des Gutachtens	174
b) Geschäftsunfähigkeit. Fähigkeit zur freien Willensbestimmung	175
c) Konkrete und hinreichend detaillierte Ausführungen	176
d) Psychologische und soziale Gesichtspunkte	177
e) Eigene Feststellungen des Gutachters	178
f) Form	179
g) Überprüfung des Gutachtens	180
3. Gutachter	181
4. Durchführung der Begutachtung	182–184
a) Persönliche Untersuchung und Befragung des Betroffenen	182
b) Keine Rechtsmittel?	183
c) Unterbringungsanordnung (§ 284 FamFG)	184
5. Rechtliches Gehör	185
6. Die Ersetzung des Gutachtens durch ärztliches Zeugnis	186, 187
a) Gesetzliche Regelung (§ 281 FamFG)	186
b) Bedenken	187
7. Absehen von einer Begutachtung nach § 282 FamFG	188–190
a) Verwendung eines Gutachtens des Medizinischen Dienstes	188
b) Einwilligung des Betroffenen oder des Pflegers	189
c) Zusätzliches Gutachten?	190
IX. Anhörung Dritter, § 279 FamFG	191–196
1. Beteiligte	191
2. Betreuungsbehörde	192
3. Nahestehende Personen	193
4. Gesetzlicher Vertreter	194

Voraussetzungen § 1896

	Rn.		Rn.
5. Art der Anhörung	195	5. Entlassung des Betreuers	230
6. Sonstige Personen und Stellen	196	6. Fortsetzung der Betreuung eines bisherigen Vereins- oder Behördenbetreuers als Privatperson	231
X. Die Entscheidung, ihre Bekanntmachung und ihre Wirksamkeit	197–204		
1. Inhalt	197	7. Bestellung eines neuen Betreuers nach Tod oder Entlassung des bisherigen	232
2. Bekanntgabe	198–200	8. Bestellung eines Gegenbetreuers	233
a) Grundsätze	198	9. Einwilligungsvorbehalt	234
b) Einschränkung bei der Bekanntgabe an den Betroffenen	199	10. Verbindung von Entscheidungen	235
c) Form	200	**H. Die Vollmachtsbetreuung (Abs. 3)**	236–253
3. Wirksamwerden	201	**I. Voraussetzungen**	236–246
4. Sonstige Mitteilungen	202	1. Übersicht	236
5. Verpflichtung des Betreuers und Einführungsgespräch (§ 289 FamFG)	203	2. Zweck	237
6. Urkunde (§ 290 FamFG)	204	3. Hinreichende Vollmachten	238, 239
XI. Einstweilige Anordnung, §§ 300-302 FamFG	205–207	a) Umfang	238
		b) Wirksamkeit	239
1. Bestellung eines vorläufigen Betreuers	205	4. Unvermögen zur Überwachung des Bevollmächtigten	240
2. Gesteigerte Dringlichkeit (§ 301 FamFG)	206	5. Überwachungsbedarf	241–245
3. Dauer (§ 302 FamFG)	207	a) Konkrete Erforderlichkeit	241
XII. Rechtsbehelfe	208–220	b) Geschäftsunfähigkeit des Vollmachtgebers	242
1. Beschwerde, Rechtsbeschwerde	208	c) Umfang und Schwierigkeit der Geschäfte	243
2. Beschwerdeberechtigung	209–217	d) Ausschluss der Kontrollbetreuung durch Vollmacht?	244
a) Grundsätzliches	209	e) Überwachungsvollmacht	245
b) Der Betroffene	210	6. Unzureichende Kontrollbetreuung	246
c) Betreuer	211	**II. Die rechtliche Ausgestaltung**	247–252
d) Bevollmächtigte	212	1. Aufgaben und Befugnisse des Betreuers	247–250
e) Angehörige und Vertrauenspersonen	213, 214	a) Grundsätzliches	247
f) Betreuungsbehörde	215	b) Teilüberwachung	248
g) Vertreter der Staatkasse	216	c) Bestellung eines Ersatzsatzbevollmächtigten?	249
h) Sonstige Personen	217	d) Aufsicht des Gerichts	250
3. Umfang der Beschwerde	218	2. Die Stellung des Betreuten	251
4. Beschwerdeverfahren	219	3. Die Stellung des Bevollmächtigten	252
5. Feststellung der Rechtswidrigkeit nach erledigtem Verfahren	220	**III. Verfahrensrechtliche Besonderheiten**	253
G. Weitere Entscheidungen	221–235	**J. Kontrolle des Post- und Fernmeldeverkehrs (Abs. 4)**	254–259
I. Allgemeines	221	**I. Sinn der Regelung**	254
II. Die Entscheidungen im Einzelnen	222–235	**II. Voraussetzungen**	255–257
1. Verlängerung der Betreuerbestellung (§ 295 FamFG)	222–226	1. Erforderlichkeit	255
a) Zeitpunkt	222	2. Umfang	256
b) Prüfung vor Fristablauf	223	3. Entscheidung	257
c) Fortführung des Amtes	224	**III. Rechtswirkungen**	258
d) Inhalt der Entscheidung	225	**IV. Verfahrensrechtliche Besonderheiten**	259
e) Verfahren	226		
2. Erweiterung des Aufgabenkreises, § 293 FamFG	227		
3. Bestellung eines weiteren Betreuers	228		
4. Aufhebung der Betreuung, Einschränkung des Aufgabenkreises (§ 294 FamFG)	229		

A. Normzweck

I. Terminologie

1 Durch das **1. BtÄndG** ist mit Wirkung zum 1. 1. 1999 die Titelüberschrift vor § 1896 von „Betreuung" in „Rechtliche Betreuung" umgeändert worden. So heißt nun auch das Rechtsinstitut. Damit soll klargestellt werden, dass dem Betreuer nicht die Aufgabe bloß faktischer Hilfe und Fürsorge zugewiesen ist, sondern die Sorge um *rechtliche* Besorgung der Angelegenheiten des Betreuten (s. § 1901 Rn. 5 ff.).

II. Bedeutung

2 § 1896 bildet die Fundamentalnorm des Betreuungsrechts. Die Absätze 1 bis 3 legen die Grundvoraussetzungen fest, unter denen für eine Person ein Betreuer bestellt werden kann. Da die Bestellung eines Betreuers für den Betroffenen einen gewichtigen Grundrechtseingriff darstellt und die Betreuung stets die Freiheit der Selbstbestimmung tangiert,[1] haben die gesetzlichen Voraussetzungen der Betreuung nach § 1896 den Charakter einer Schwelle für Eingriffe in die Freiheit des Betroffenen und sind strikt zu interpretieren. Zugleich formulieren die in § 1896 genannten Erfordernisse die Voraussetzungen für einen öffentlichrechtlichen Anspruch auf Betreuung, die der Betreuungsbedürftige für sich beantragen kann. Der Betreuung eignet folglich ein Doppelcharakter als soziale Leistung und als Eingriff.

III. Keine Betreuung gegen den freien Willen (Abs. 1 a)

3 Durch das **2. BtÄndG** ist Abs. 1 a eingefügt worden, wonach gegen den freien Willen des Betroffenen ein Betreuer nicht bestellt werden darf. Damit folgte der Gesetzgeber in der Sache der schon seit längerem vom BayObLG entwickelten Rechtsauffassung, wonach die Bestellung eines Betreuers ohne Einverständnis des Betroffenen nur zulässig ist, wenn dieser auf Grund einer psychischen Krankheit oder einer geistigen oder seelischen Behinderung seinen Willen nicht frei bestimmen kann.[2] Umgekehrt kann die Einwilligung des Betroffenen in eine Betreuung die Erfordernisse des § 1896 Abs. 1 und 2 nicht ersetzen.

IV. Erforderlichkeitsgrundsatz (Abs. 2)

4 Abs. 2 konturiert den schon in Abs. 1 enthaltenen Grundsatz der Erforderlichkeit. Dieses Prinzip gilt a) für die Frage, ob überhaupt ein Betreuer bestellt werden darf und muss; b) für die Frage, für welche Aufgabenkreise gegebenenfalls ein Betreuer zu bestellen ist. Dem Idealbild des Gesetzgebers zufolge soll die Bestellung eines Betreuers für alle Angelegenheiten einer Person möglichst die Ausnahme bleiben; deshalb wird die Geltung des Erforderlichkeitsgrundsatzes auch bei der Festlegung der Aufgabenkreise hervorgehoben (Abs. 2 S. 1). § 1896 Abs. 2 S. 2 stellt klar, dass die Betreuung auch durch Vollmachten oder andere Hilfen entbehrlich werden kann, durch welche die Angelegenheiten des Betroffenen ebenso gut wie durch einen Betreuer besorgt werden können. Für einen Sonderfall hat das **1. BtÄndG** die Subsidiarität der Betreuung gegenüber der Bevollmächtigung durch Änderung des § 1896 Abs. 2 S. 2 aufgehoben: Trotz ausreichender Vollmachten kann eine Betreuung angeordnet werden, wenn eine Person bevollmächtigt ist, die zu der Einrichtung, in welcher der Betroffene untergebracht ist oder wohnt, in einem Abhängigkeitsverhältnis oder sonst einer engen Beziehung steht und die somit nach § 1897 Abs. 3 nicht zum Betreuer bestellt werden könnte.

V. Besondere Aufgabenkreise (Abs. 3, 4)

5 Abs. 3 und 4 des § 1896 betreffen einige Sonderfragen aus den Tätigkeitsfeldern des Betreuers, deren Zuschnitt der Gesetzgeber im Allgemeinen der Rechtsprechung überlassen hat. Nur einige wenige Aufgabenkreise oder Einzelangelegenheiten sind im Hinblick auf Besonderheiten erwähnt. **Abs. 3** der Norm stellt klar, dass als Aufgabenkreis auch die Geltendmachung von Rechten des Betreuten gegenüber seinem Bevollmächtigten bestimmt werden kann. Somit kann eine Konstruktion gewählt werden, wonach einerseits die Fürsorge nicht durch einen Betreuer, sondern durch

---

[1] BVerfG FamRZ 2002, 312, 313; FamRZ 2008, 2260; FamRZ 2010, 1624.
[2] BayObLG FamRZ 1994, 720 und stRspr.

einen privatrechtlich Bevollmächtigten ausgeübt wird und andererseits ein Betreuungsverhältnis ausschließlich zur Überwachung des Bevollmächtigten eingerichtet wird („Überwachungsbetreuung", „Kontrollbetreuung", „Vollmachtsbetreuung", „Auftragsbetreuung"). Auch für diese Betreuung sind die Voraussetzungen des § 1896 Abs. 1, 1a und Abs. 2 zu prüfen. **Abs. 4** erschwert es, die Betreuung auf die Entscheidung über den Fernmeldeverkehr des Betreuten und die Entgegennahme, das Öffnen und das Anhalten seiner Post zu erstrecken. Diese Befugnisse werden vom Aufgabenkreis des Betreuers nur erfasst, wenn das Gericht dies ausdrücklich angeordnet hat.

VI. Einheitsentscheidung

In § 1896 Abs. 1 S. 1 kommt zum Ausdruck, dass das Betreuungsrecht anders als das Vormundschaftsrecht zwischen der Anordnung der Betreuung und der Bestellung des Betreuers nicht unterscheidet (Einheitsentscheidung): Der Bestellung des Betreuers geht keine Anordnung der Betreuung voraus, die beiden Akte fallen notwendig zusammen. Gleichwohl ist die in der Bestellung des Betreuers liegende Anordnung der Betreuung von der Bestellung des konkreten Betreuers theoretisch zu unterscheiden; die Relevanz zeigt sich etwa beim Tod des Betreuers (s. § 1908c Rn. 2). Das 2. BtÄndG hat zudem die Möglichkeit geschaffen, durch landesrechtliche Regelungen vom Prinzip der Einheitsentscheidung abzuweichen (dazu Rn. 134).

B. Die Voraussetzungen der Bestellung eines Betreuers (Abs. 1, 1 a)

I. Übersicht

§ 1896 Abs. 1 bis 3 regelt die materiellen Voraussetzungen für die Bestellung eines Betreuers. Folgende Erfordernisse müssen nach dem Wortlaut des Gesetzes erfüllt sein:
a) Eine Person leidet unter einer psychischen Krankheit oder einer körperlichen, geistigen oder seelischen Behinderung.
b) Aufgrund der Krankheit oder der Behinderung ist der Betreffende ganz oder teilweise außerstande, seine Angelegenheiten zu besorgen.
c) Der freie Wille des Betroffenen steht der Bestellung eines Betreuers nicht entgegen (§ 1896 Abs. 1 a).
d) Die Bestellung eines Betreuers ist für den in Aussicht genommenen Aufgabenkreis erforderlich (§ 1896 Abs. 2). Das Prinzip der Erforderlichkeit gilt gleichermaßen für das Ob und für den Umfang der Betreuerbestellung.
e) Der Betreuungsbedürftige ist volljährig (§ 1896 Abs. 1 S. 1; Ausnahme § 1908a).
f) Soweit die Betreuungsbedürftigkeit ausschließlich auf einer körperlichen Behinderung beruht, ist außerdem ein Antrag durch den Betroffenen erforderlich, außer wenn er seinen Willen nicht kundtun kann (§ 1896 Abs. 1 S. 3).

II. Krankheit und Behinderung

1. Verhältnis zur früheren Terminologie. Erste Voraussetzung ist das Vorliegen eines bestimmten medizinischen Befunds,[3] nämlich einer psychischen Krankheit oder einer körperlichen, geistigen oder seelischen Behinderung. Mit diesen Begriffen distanziert sich das Betreuungsgesetz von der früheren Terminologie des Entmündigungs- und Pflegschaftsrechts („Geisteskrankheit" „Geistesschwäche"). Diese Begriffe erscheinen als ungeeignet, da sie nicht mehr den von der medizinischen Wissenschaft verwendeten Begriffen entsprechen.[4] Die im früheren Recht genannten Suchtzustände sollen als psychische Krankheiten begriffen werden und daher keiner gesonderten Erwähnung bedürfen.[5] In diesem Zusammenhang ist allerdings darauf hinzuweisen, dass die Umschreibung der Testierunfähigkeit in § 2229 Abs. 4 sich nach wie vor an den traditionellen Begriffen „krankhafte Störung der Geistestätigkeit" und „Geistesschwäche" orientiert.[6]

2. Psychische Krankheit. Der Begriff bezieht sich auf die anerkannten Krankheitsbilder der Psychiatrie.[7] Zu nennen sind insbesondere:

---
[3] BT-Drucks. 11/4528 S. 115; BayObLG FamRZ 1993, 1489.
[4] BT-Drucks. 11/4528 S. 115.
[5] BT-Drucks. 11/4528 S. 116.
[6] Dazu BayObLG NJW 1992, 248.
[7] So wohl auch BT-Drucks. 11/4528 S. 116 mit Aufzählung psychiatrischer Kategorien.

a) **Körperlich begründbare (exogene, organische, symptomatische) Psychosen.** Hier sind für den Anwendungsbereich des Betreuungsrechts namentlich degenerative Hirnprozesse (Alzheimer-Krankheit, senile Demenz, Morbus Pick, Chorea Huntington) sowie gefäßbedingte Hirnprozesse (zerebrale Arteriosklerose)[8] von Bedeutung. Eine weitere Gruppe bilden die Psychosen auf Grund von Intoxinationen und insbesondere auf Grund des Medikamenten-, Drogen- und Alkoholmissbrauchs (Suchtzustände, Delirien, Hirnschädigungen). Zu den organischen Psychosen gehören ferner entzündliche Gehirnerkrankungen (wie progressive Paralyse), schwere traumatische Hirnschädigungen (wie Hirnquetschung), Epilepsien sowie sonstige die Gehirntätigkeit beeinflussende Krankheitsentwicklungen (etwa psychopathologische Veränderungen auf Grund von Hirntumoren und ähnliche Prozesse).

10 b) **Körperlich nicht begründbare (endogene) Psychosen.** Es sind dies Psychosen, bei denen kein somatisches pathologisches Substrat bekannt ist und die folglich rein psychopathologisch diagnostiziert werden.[9] Hierzu zählen vor allem die Erscheinungsformen der Schizophrenie, ferner die Zyklothymien (manisch-depressiven Krankheiten) sowohl in der Erscheinungsform der endogenen Depression wie der endogenen Manie. Bei den Zyklothymien ist der phasenhafte Verlauf der Krankheit besonders zu beachten.[10]

11 c) **Suchtleiden.** Zu den psychischen Krankheiten zählt die Begründung zum BtG auch die Suchtleiden (Drogen-, Medikamenten- und Alkoholabhängigkeit).[11] Zutreffend wird diese Aussage von der Rspr. relativiert: Die Feststellung einer Alkohol- und Drogenabhängigkeit allein rechtfertigt noch nicht die Bestellung eines Betreuers; es muss hinzukommen, dass die Alkohol- und Rauschgiftsucht entweder im ursächlichen Zusammenhang mit einer geistigen Behinderung steht oder ein darauf zurückzuführender Zustand im psychischen Bereich eingetreten ist, der die Annahme einer psychischen Krankheit rechtfertigt.[12] Einfacher ausgedrückt: Eine geistige oder seelische Krankheit oder Behinderung muss entweder als *Ursache* oder als *Folge* der Alkohol- oder Drogenabhängigkeit feststellbar sein. Das ist etwa der Fall bei drogeninduzierter Psychose, wenn bereits geistige Funktionen deutlich abgebaut sind.[13] Soweit das Suchtmittel den Organismus, insbesondere das Nervensystem geschädigt und zu organischen Persönlichkeitsveränderungen geführt hat, ist auch die Erscheinungsform der exogenen Psychose gegeben.[14] Bei den Suchtkrankheiten sind die Rehabilitationschancen bei Umfang und Dauer der Betreuung besonders zu berücksichtigen. Bei ausgeprägten Persönlichkeitsveränderungen kann auch Geschäftsunfähigkeit nach § 104 Nr. 2 vorliegen.[15] Auch Spielsucht kann eine Betreuung rechtfertigen, wenn sie auf psychische Erkrankung zurückgeführt werden kann.[16]

12 d) **Psychopathien.** Schließlich kommen sonstige „**Abnorme Variationen seelischen Wesens**" in Betracht, wozu – nach traditioneller Terminologie – vor allem **psychopatische** und **neurotische Störungen** zählen.[17] In diesem Bereich ist, was die Notwendigkeit einer Betreuerbestellung betrifft, wegen der fließenden Übergänge zum Normalmaß menschlicher Unzulänglichkeiten größte Zurückhaltung am Platz.[18] Am ehesten kommt die Betreuerbestellung (mit eng geschnittenem Aufgabenkreis) bei fanatischen Psychopathen[19] (Querulant, Kampffanatiker) und bei „willenlosen Persönlichkeiten"[20] in Frage.

13 e) **Zeitpunkt. Schubförmig verlaufende Krankheiten.** Die Behinderung oder Erkrankung muss im **Zeitpunkt der Betreuerbestellung** feststellbar sein, der Aufweis zurückliegender Leiden genügt nicht. Bei **schubförmig** oder **in Phasen** auftretenden psychischen Krankheiten darf

---

[8] Ich folge im Wesentlichen den Einteilungen in: *Gerd Huber* Psychiatrie, 6. Aufl. 1999, S. 47 ff., 91 ff.
[9] *Huber* (Fn. 8) S. 163 ff.
[10] *Huber* (Fn. 8) S. 172.
[11] BT-Drucks. 11/4528 S. 116. Vgl. auch BayObLG FamRZ 1991, 608, 609.
[12] BayObLG FamRZ 1993, 1489, 1490; 1998, 1327, 1328 = NJW-RR 1998, 1014; FamRZ 1999, 1304; 1999, 1306, 1307; FamRZ 2001, 1403, 1404; OLG Hamm BtPrax 2001, 40; AG Neuruppin FamRZ 2005, 2097, 2098. Zur Problematik *Wojnar* BtPrax 1992, 17; *Wetterling ua.*, BtPrax 1995, 86; *Pardey* Rpfleger 1995, 393, 396.
[13] So BayObLG FamRZ 1993, 1489, 1490 unter Berufung auf *Wojnar* BtPrax 1992, 16, 17.
[14] *Huber* (Fn. 8) S. 101 ff.
[15] *Huber* (Fn. 8) S. 539.
[16] Zur Möglichkeit der „Computersucht" vgl. den Fall LG Essen FamRZ 2008, 183 (im konkreten Fall keine Betreuung erforderlich).
[17] *Huber* (Fn. 8) S. 398 ff.
[18] S. auch *Huber* (Fn. 8) S. 496; AG Obernburg FamRZ 2009, 1515 („Persönlichkeitsstörung").
[19] *Huber* (Fn. 8) S. 413.
[20] *Huber* (Fn. 8) S. 420.

der Betreuer nur für den Zeitraum bestellt werden, in dem die Selbstverantwortlichkeit des Betroffenen krankheitsbedingt eingeschränkt ist.[21] Dieser abstrakt richtige Grundsatz wirft in der Praxis schwierige Probleme auf, weil bei einer latent vorhandenen psychischen Erkrankung oft nicht genau vorhersehbar ist, wann und in welchem Grad sich akute Schübe einstellen werden. Die Ablehnung der Betreuerbestellung kann sich dann ebenso fatal auswirken wie die im Einzelfall zu voreilige Bestellung. Jedenfalls dann, wenn mit Krankheitsschüben konkret gerechnet werden muss, die einen sofortigen Handlungsbedarf auslösen, kann sich auch vorsorglich die Bestellung eines Betreuers als notwendig erweisen.[22] In solchen Fällen muss bei Festlegung der Überprüfungsfrist der bisherige Verlauf der Krankheit berücksichtigt werden, der Betreuer unterliegt auch erhöhten Mitteilungspflichten nach § 1901 Abs. 5 S. 1.[23]

f) Sachverständigengutachten. Da die Bestellung eines Betreuers schon für sich gesehen eine wesentliche Freiheitsbeschränkung darstellt, kommt der Erstattung eines **zeitnahen und sorgfältigen Gutachtens** (§ 280 FamFG) durch einen qualifizierten Sachverständigen allergrößte Bedeutung zu. Aus dem Gutachten müssen sich ergeben: Art und Schwere der Erkrankung oder Behinderung, die wesentlichen tatsächlichen Feststellungen, die zu der Diagnose geführt haben,[24] die Auswirkungen der festgestellten Erkrankung oder Behinderung auf die Fähigkeit des Betroffenen, seine Angelegenheiten in den fraglichen Lebensbereichen zu besorgen, wobei die ins Auge gefassten Aufgabenkreise konkret zu untersuchen sind.[25] Näheres s. Rn. 173 ff.

3. Seelische Behinderung. Darunter versteht die Begründung zum BtG[26] bleibende psychische Beeinträchtigungen, die Folge von psychischen Krankheiten sind. Ob es geboten war, diesen von der Psychiatrie kaum verwendeten Begriff als Betreuungsgrund zu nennen, ist zweifelhaft.[27] Denn die Folgen psychischer Krankheiten können ohnehin dem Krankheitsbegriff selbst zugerechnet werden. Das gilt auch für Ausfallerscheinungen auf Grund von Alterskrankheiten. Um schwer fassbare Grauzonen zu vermeiden, empfiehlt es sich, vorrangig zu prüfen, inwieweit die festgestellten Defizite der Selbstbestimmung auf eine psychische Krankheit zurückzuführen sind. Auf keinen Fall darf die Eingriffsschwelle mit Hilfe des Betreuungsgrundes „seelische Behinderung" abgesenkt werden. Das fachärztliche Gutachten unterliegt bei Feststellung einer „seelischen Behinderung" denselben strengen Anforderungen wie bei Beurteilung von psychischen Krankheiten.

4. Geistige Behinderung. Darunter versteht die Begründung zum BtG[28] „angeborene oder frühzeitig erworbene Intelligenzdefekte verschiedener Schweregrade". Gemeint sind Oligophrenien, die unterschiedliche Ursachen haben können (genetische Ursachen, Intelligenzminderungen als Krankheitsfolgen).[29] Unrichtig ist die in der eingangs zitierten Definition gemachte Einschränkung auf angeborene und frühzeitig erworbene Intelligenzdefekte.[30] Die Anforderungen an das ärztliche Gutachten sind dieselben wie bei den psychischen Krankheiten.

5. Körperliche Behinderung. a) Begriff. Für sich gesehen umfasst der Begriff jede Einschränkung der körperlichen Fähigkeiten einer Person gegenüber denjenigen, die einem Durchschnittsmenschen zur Verfügung stehen (Blindheit, Taubheit, schwere Seh- und Hörstörungen, die nicht durch Apparate ausgeglichen werden können, Einschränkungen der Fähigkeit zur Fortbewegung, etwa auf Grund von Lähmung, Herz- oder Lungenkrankheit oder auf Grund von alters- oder krankheitsbedingten Schwächezuständen, Einschränkung der Fähigkeit zu sonstigen körperlichen Betätigungen etc). Die bloß körperliche Behinderung wird im Hinblick auf das Erforderlichkeits-

---

[21] BayObLG FamRZ 1995, 510 = NJW-RR 1995, 1274. Anders, wenn die Selbstbestimmung auch außerhalb der Schübe krankheitsbedingt so eingeschränkt ist, dass sich die Betreuung als erforderlich erweist, vgl. BayObLG FamRZ 1996, 1370 (LS).
[22] BayObLG FamRZ 1994, 319, 320; 1994, 1551, 1553; sehr eng die Formulierung in BayObLG FamRZ 1995, 510 = NJW-RR 1995, 1274: „Befindet sich der Betroffene in einer Phase, in der seine Willensbestimmung nicht eingeschränkt ist, kann ein Betreuer nicht bestellt werden, selbst wenn damit gerechnet werden muss, dass der Betroffene durch das Auftreten eines akuten Schubs die Fähigkeit, seinen Willen zu betätigen, verlieren könnte." ME kommt es darauf an a) wie wahrscheinlich der Eintritt eines Schubs ist; b) ob im Falle des Eintritts ein so akuter Handlungsbedarf für einen Betreuer entsteht, dass die Einleitung eines Betreuungsverfahrens erst in diesem Zeitpunkt den Betroffenen gefährdet.
[23] BayObLG FamRZ 1995, 510 = NJW-RR 1995, 1274.
[24] S. OLG Hamm FamRZ 1995, 433, 435; BayObLG FamRZ 1994, 720, 721 („Anknüpfungstatsachen").
[25] OLG Hamm FamRZ 1995, 433, 435; BayObLG FamRZ 1995, 1082, 1083.
[26] BT-Drucks. 11/4528 S. 116.
[27] S. die Kritik des Bundesrates BT-Drucks. 11/4528 S. 206.
[28] BT-Drucks. 11/4528 S. 116.
[29] Übersicht bei *Huber* (Fn. 8) S. 553 ff.
[30] BayObLG FamRZ 1994, 318, 319.

prinzip die Betreuung selten rechtfertigen.[31] Für den Anwendungsbereich des Betreuungsrechts kommen allenfalls in Betracht: schwere Lähmungen, schwere Beeinträchtigungen der Wahrnehmungsfähigkeit (etwa Verbindung von Blindheit und Taubheit), hochgradige Gebrechlichkeitszustände, fortgeschrittene multiple Sklerose (die allerdings je nach Erscheinungsform auch unter die geistigen Behinderungen fallen kann). Den geschäftsfähigen Körperbehinderten trifft keine Pflicht, durch Erteilung von Vollmachten die Bestellung eines Betreuers überflüssig zu machen.[32]

18   **b) Verbindung mit psychischen Krankheiten oder geistigen/seelischen Behinderungen.** Körperliche Behinderungen können **mit psychischen Krankheiten oder geistigen und seelischen Behinderungen verbunden** sein, zum Teil auch in einem Ursachenzusammenhang mit diesen stehen. Das ist wichtig, weil eine Betreuung bei bloß körperlicher Behinderung grundsätzlich einen Antrag des Betroffenen voraussetzt, sonst hingegen nicht. Es darf folglich weder im Sachverständigengutachten noch im gerichtlichen Beschluss offen bleiben, ob die Betreuung allein wegen einer körperlichen Behinderung oder (auch) wegen einer psychischen Krankheit oder geistigen Behinderung für erforderlich gehalten wird. Gegebenenfalls muss klargestellt werden, für welche Angelegenheiten die körperliche, für welche die geistig-seelische Behinderung oder Krankheit den Betroffenen unfähig macht, seine Angelegenheiten zu besorgen. Auch wenn ein Antrag des Betroffenen auf Betreuerbestellung vorliegt, ist eine präzise Trennung der körperlichen Behinderung und der geistig-seelischen Defizite im Hinblick auf den Erforderlichkeitsgrundsatz unerlässlich.

19   **c) Wesensverschiedenheit.** Allgemein ist zu beachten, dass die Betreuung für bloß körperlich Behinderte von der Betreuung psychisch Kranker und geistig oder seelisch Behinderter wesensverschieden ist. Der Gesetzgeber hat dies erkannt,[33] aber im Gesetzestext selbst nicht hinreichend zum Ausdruck gebracht. Maßgebend dafür war die Erwartung, dass sich die rechtlichen Differenzierungen schon aus dem Erforderlichkeitsgrundsatz ergeben.[34] So können die Befugnisse der Fremdbestimmung nach §§ 1896 Abs. 4, 1904 bis 1906 bei körperlich Behinderten, die ihren Willen kundtun können, nicht dem Betreuer eingeräumt werden. Auch kommt für solche Personen keine Betreuung für alle Angelegenheiten in Betracht; es kann auch kein Einwilligungsvorbehalt angeordnet werden. Es ist dann inkonsequent, wenn das Gesetz in der Frage der gesetzlichen Vertretungsmacht auf die entgegengesetzte Linie einschwenkt (§ 1902).

III. Das Unvermögen, die eigenen Angelegenheiten zu besorgen

20   **1. Art des Unvermögens.** Um eine Betreuung zu rechtfertigen, muss die Krankheit oder Behinderung *zur Folge* haben, dass der Betroffene ganz oder teilweise außerstande ist, seine Angelegenheiten zu besorgen („Zweigliedrigkeit der Betreuungsvoraussetzungen").[35] Bei bloß körperlicher Behinderung wird auch das Unvermögen physischer Natur sein, zB die Unfähigkeit, die nötigen Kontakte zu Behörden und Banken aufrechtzuerhalten. Bei psychischer Krankheit oder geistiger oder seelischer Behinderung meint das Unvermögen die (partielle) Unfähigkeit, in dem betreffenden Bereich eigenständig und selbstverantwortlich zu handeln. Die Erkrankung oder Behinderung muss einen solchen Grad erreichen, dass die Fähigkeit des Betroffenen zur Wahrnehmung seines Selbstbestimmungsrechts ausgeschlossen oder so erheblich beeinträchtigt ist, dass er zu eigenverantwortlichen Entscheidungen im betreffenden Aufgabenbereich nicht in der Lage ist.[36] Ist die Selbstbestimmung nicht beeinträchtigt, so besteht ein Betreuungsbedürfnis nicht schon dort, wo auch ein gesunder Volljähriger sich der Hilfe eines anderen (Rechtsanwalt, Steuerberater usw.) bedienen würde; in diesem Fall kann die Betreuung auch nicht auf Antrag des Betroffenen eingerichtet werden.[37] Das Unvermögen muss sich gerade in dem Bereich zeigen, für den der Betreuer bestellt werden soll. Da sich der Betreuungsbedarf auf die Rechtsfürsorge beschränkt, muss das krankheits- oder behinderungsbedingte Unvermögen des Betroffenen vorausgesetzt werden, seine *rechtlich relevanten Angelegenheiten* eigenständig zu besorgen. Das Unvermögen kann sich zB darin zeigen, dass sich der Betroffene in dem betreffenden Lebensbereich in einer für ihn grob schädlichen, mit Vernunftgründen nicht erklärbaren Weise verhält.[38]

---

[31] OLG Köln FamRZ 1996, 249, 250.
[32] Str., s. Rn. 63.
[33] Vgl. BT-Drucks. 11/4528 S. 116 ff.
[34] BT-Drucks. 11/4528 S. 117.
[35] Dieser Begriff bei *Knittel* § 1896 Rn. 22. In der Sache besteht Einigkeit vgl. OLG München BtPrax 2005, 156.
[36] OLG Hamm FamRZ 1995, 433, 435; OLG München BtPrax 2005, 156.
[37] OLG München BtPrax 2005, 156.
[38] So auch OLG Saarbrücken OLGR 2005, 215.

2. Kausalität. Das Unvermögen, die eigenen Angelegenheiten zu besorgen, muss aus der 21
Krankheit oder Behinderung resultieren. Dieser Kausalnexus ist strikt zu beachten: Aus einem von
durchschnittlichen Lebensauffassungen abweichenden Verhalten des Betroffenen allein lässt sich die
Notwendigkeit der Betreuerbestellung nicht herleiten. Die Unfähigkeit, die eigenen Angelegenheiten einigermaßen angemessen wahrzunehmen, muss sich aus dem festgestellten Krankheitsbild und
der mit ihm gegebenen eingeschränkten Selbstbestimmung ergeben.[39] Auch zu dieser Kausalität
muss sich das Sachverständigengutachten äußern.[40]

3. Betreuung im Drittinteresse. Die Bestellung eines Betreuers kann auch im Interesse eines 22
Dritten erforderlich sein. Dies ist der Fall, wenn der Dritte ohne Betreuerbestellung gehindert wäre,
seine Rechte gegen den Betroffenen Geltend zu machen,[41] zB wenn nur durch die Betreuerbestellung die Möglichkeit für einen Vermieter geschaffen werden kann, wirksam zu kündigen, oder
wenn ein Gläubiger eine Forderung gegen den prozessunfähigen Schuldner einklagen will. Die
Frage berührt sowohl das Normelement des Unvermögens, die eigenen Angelegenheiten zu besorgen, als
auch das der Erforderlichkeit. Freilich ist die Möglichkeit der Betreuerbestellung in Fällen ausschließlichen Drittinteresses mit Hilfe des Erforderlichkeitsgrundsatzes einzuschränken: Die
Geschäftsunfähigkeit des Betroffenen für den fraglichen Bereich muss feststehen; die Betreuerbestellung muss die einzige Möglichkeit für den Dritten darstellen, seine Rechte gerichtlich oder außergerichtlich zu verfolgen. Für den Zivilprozess ist die Möglichkeit des § 57 ZPO zu beachten. Im
Zusammenhang mit der Betreuerbestellung im Drittinteresse können auch die Fälle genannt werden,
in denen der Betroffene durch Anordnung der Betreuung gehindert werden soll, durch verkehrswidriges Verhalten andere zu gefährden; doch geht es hier häufig auch um das eigene Interesse des
Betroffenen, eine Haftung für gefährliches Tun (eventuell über § 829 BGB) zu vermeiden. Nach
OLG München kann ein Betreuer bestellt werden, wenn den Betroffenen vor den berechtigten Reaktionen und Maßnahmen der von ihm durch Telefonanrufe belästigten Dritten zu schützen, nicht
aber unmittelbar zu Schutz der Dritten.[42] Wird ein Betreuer ausschließlich im Drittinteresse bestellt,
so ist er freilich in keiner Weise Sachwalter des Dritten; er hat ausschließlich das Wohl des Betreuten
zu verfolgen,[43] etwa unbegründete Ansprüche zurückzuweisen und bei zweifelhaften Begehren
gegen den Betreuten in kostensparender Weise eine Klärung herbeizuführen. Ein förmliches
Antragsrecht ist dem Dritten in den genannten Fällen nicht zugewiesen,[44] er ist auf eine Anregung
an das Betreuungsgericht beschränkt. Doch hat er ein Beschwerderecht nach § 59 Abs. 1 FamFG
gegen die Ablehnung der angeregten Betreuerbestellung, wenn er die Erforderlichkeit der Betreuung
für die Geltendmachung seiner Rechte und die Geschäftsunfähigkeit des Betroffenen schlüssig dargelegt hat.[45]

IV. Keine Betreuung gegen den freien Willen (Abs. 1 a)

1. Die Vorgeschichte der Regelung. a) Das Problem. Schon bei Schaffung des Betreu- 23
ungsrechts und in der Folgezeit ist diskutiert worden, ob die in § 1896 Abs. 1, 2 formulierten
Voraussetzungen für die Bestellung eines Betreuers nicht **durch ungeschriebene Merkmale
ergänzt** werden müssen, um einer Absenkung der Schwelle für Eingriffe in die Freiheit einer
Person vorzubeugen. Anlass zu solchen Erwägungen gab unter anderem das frühere Recht der
Gebrechlichkeitspflegschaft, wonach eine Person einen Pfleger ohne ihre Einwilligung nur dann
erhalten konnte, wenn eine Verständigung mit ihr nicht möglich war, das hieß nach der damaligen
Rechtsprechung, wenn sie im Bereich der zu pflegenden Angelegenheiten geschäftsunfähig war.[46]
Nach diesem Vorbild wurde auch für das Betreuungsrecht erwogen, eine Betreuerbestellung nur
dann als statthaft anzusehen, wenn der Betroffene *entweder* einwilligt *oder* von einer wesentlichen
Einschränkung in seiner Handlungsfähigkeit betroffen ist. Wie dieses Defizit in der Fähigkeit zur

---

[39] S. BayObLG FamRZ 1993, 1489, 1490; 1996, 897.
[40] S. BayObLG FamRZ 1993, 1489, 1490; OLG Hamm FamRZ 1995, 433, 435.
[41] BGHZ 93, 1; BayObLG FamRZ 1996, 1369, 1370; OLG München FamRZ 2008, 1476 = FGPrax 2008. 110, 111; vgl. auch BayObLG NJW-RR 1998, 1459 = FamRZ 1998, 922; im gleichen Sinne schon BT-Drucks. 11/4528 S. 117 f.
[42] OLG München FamRZ 2008, 1476 = FGPrax 2008, 110.
[43] BT-Drucks. 11/4528 S. 118.
[44] *Damrau/Zimmermann* § 1896 Rn. 26.
[45] Zum alten Recht (§ 20 FGG) BayObLG FamRZ 1996, 1369, 1370. An dem genannten schlüssigen Vortrag fehlte es im Fall BayObLG NJW-RR 1998, 1459.
[46] S. die 2. Aufl. dieses Kommentars § 1910 Rn. 37 ff.; BGHZ 48, 147, 158 ff.; 70, 252 = NJW 1979, 992; BayObLGZ 1965, 59, 62; dazu auch BVerfGE 19, 93; es war freilich streitig gewesen, ob nicht eine „natürliche Einsichtsfähigkeit" genügen sollte.

Selbstbestimmung näher zu umschreiben sei, war streitig, teils stellte man auf die Geschäftsunfähigkeit ab,[47] zum Teil auf das Fehlen einer „natürlichen Einwilligungsfähigkeit", die man zB annahm, wenn dem Betroffenen auf Grund seiner Krankheit oder Behinderung die Einsichtsfähigkeit fehlt, um die Erforderlichkeit der Betreuung zu erkennen, und die Steuerungsfähigkeit, um nach dieser Einsicht zu handeln.[48]

24 **b) Die Konzeption des BtG.** Die früheren Auflagen dieses Kommentars[49] sind hingegen der Konzeption des BtG gefolgt, das ohne ein derartiges zusätzliches Normelement auskommen wollte: *Wenn* als Voraussetzungen der Betreuung das Vorliegen einer psychischen Krankheit oder einer körperlichen, geistigen oder seelischen Behinderung, ferner das Unvermögen, die eigenen Angelegenheiten zu besorgen und schließlich die Kausalität der Krankheit oder Behinderung für dieses Unvermögen verlangt werden, dann ergab sich nach dieser Ansicht aus der strikten Gesetzesanwendung von selbst, dass – sieht man von dem Sonderfall bloß körperlicher Behinderung ab – ein wesentliches Defizit im Erkenntnisvermögen oder der Willensbildung beim Betroffenen vorausgesetzt werden muss. Es war gerade die Absicht des Gesetzgebers gewesen, das Selbstbestimmungsdefizit der betreuungsbedürftigen Person nicht als der Person anhaftende Eigenschaft, sondern handlungs- und bereichsbezogen zu definieren.

25 **c) Die Rechtssprechung.** Dem ist die Rechtsprechung jedoch überwiegend nicht gefolgt. Insbesondere hat das **BayObLG** in den Tatbestand des § 1896 Abs. 1 ungeschriebene Merkmale eingefügt: Die Bestellung eines Betreuers ohne Einverständnis des Betroffenen sei nur zulässig, wenn der Betroffene auf Grund der psychischen Krankheit oder der geistigen oder seelischen Behinderung seinen Willen nicht frei bestimmen kann (BayObLG FamRZ 1994, 720). Voraussetzung der Betreuung war nach dieser Ansicht folglich über den Tatbestand des § 1896 Abs. 1 hinaus die *Einwilligung des Betroffenen oder dessen Unvermögen zur freien Willensbestimmung.*[50] Das BVerfG ist dieser Linie gefolgt.[51] Das Unvermögen, den Willen frei zu bestimmen, haben die Gerichte auch als Voraussetzung für die Anordnung eines Einwilligungsvorbehalts (§ 1903)[52] und für die freiheitsentziehende Unterbringung[53] formuliert. Zur Begründung beriefen sich die Gerichte auf eine verfassungskonforme Auslegung des Gesetzes: Der Staat habe nicht das Recht, seine erwachsenen und zur freien Willensbestimmung fähigen Bürger zu erziehen, zu „bessern" oder zu daran hindern, sich selbst zu schädigen.[54]

26 **2. Die Bedeutung des Abs. 1 a. a) Konstellationen.** Auf der Grundlage dieser Rspr. bestimmt nun § 1896 Abs. 1 a, dass gegen den freien Willen des Betroffenen ein Betreuer nicht bestellt werden darf. Daraus ergeben sich folgende mögliche Konstellationen:
– der Betroffene hat die Fähigkeit zu freiem Willen und stimmt der Bestellung eines Betreuers zu. Dann kann ein Betreuer bestellt werden, soweit die übrigen Voraussetzungen (Abs. 1, 2) gegeben sind.
– der Betroffene hat die Fähigkeit zu freiem Willen und lehnt die Bestellung eines Betreuers ab. Dann ist die Bestellung eines Betreuers unzulässig.
– Der Volljährige entbehrt der Fähigkeit zum freien Willen und stimmt der Betreuung zu. Dann kann ein Betreuer unter den Voraussetzungen des § 1896 Abs. 1, 2 bestellt werden. In diesem Fall ist aber nicht die Zustimmung des Betroffenen Grundlage der Betreuung, sondern allein der Tatbestand des § 1896 Abs. 1, 2.

---

[47] Dazu *Knittel* § 1896 Rn. 98 ff.; *Soergel/Zimmermann* § 1896 Rn. 26, 32.
[48] *Holzhauer* ZRP 1989, 451, 457 und FamRZ 1995, 1463 ff. *Lipp* stellte als Voraussetzung jeglicher Betreuung darauf ab, dass die Fähigkeiten des Betroffenen im künftigen Aufgabenbereich des Betreuers nicht diejenigen eines typisch 14-Jährigen erreichen, *Lipp,* Freiheit und Fürsorge: Der Mensch als Rechtsperson, S. 68 ff., 238. Vgl. ferner *Prinz von Sachsen Gessaphe,* Der Betreuer als gesetzlicher Vertreter für beschränkt Selbstbestimmungsfähige, S. 415 ff., 497; *Klüsener* Rpfleger 1991, 225 ff.; *Klüsener/Rausch* NJW 1993, 617 f.
[49] Vgl. 4. Aufl. § 1896 Rn. 23–37.
[50] Ferner BayObLG FamRZ 1994, 1551, 1552; 1995, 116, 117; 1995, 510 = NJW-RR 1995, 1274; FamRZ 1995, 1085; 1995, 1296; 1996, 897; 1996, 1035, 1036; 1996, 1370, 1371; 1997, 900, 901 = NJW-RR 1997, 69; FamRZ 1997, 388 f. = NJW 1997, 834; FamRZ 1997, 901; 1997, 1288; 1998, 920; 1998, 921; 1998, 922; 1998, 1183, 1184; 1999, 1612, 1613; 2000, 189; 2000, 1524; 2001, 1244; 2002, 1225, 2005, 63; OLG Hamm FamRZ 1995, 433, 435; 1995, 1517; 2000, 494, 496; OLG Köln FamRZ 2000, 908.
[51] BVerfG FamRZ 2010, 1624, 1625.
[52] S. zB BayObLG FamRZ 1993, 851; 1994, 1551, 1552; 1996, 1370, 1371; OLG Zweibrücken FamRZ 2004, 1897 (m. abl. Anm. *Bienwald*).
[53] S. zB BayObLG FamRZ 1993, 600; FamRZ 1998, 1327; FamRZ 1999, 1306, 1307; OLG Stuttgart FamRZ 2004, 834.
[54] BVerfG FamRZ 2010, 1624, 1625; BayObLG FamRZ 1994, 1551, 1552; 1995, 510 = NJW-RR 1995, 1274 und öfter.

– Der Volljährige entbehrt der Fähigkeit zum freien Willen und lehnt eine Betreuung ab. Dann kann gleichwohl ein Betreuer unter den Voraussetzungen des § 1896 Abs. 1, 2 bestellt werden.
– Der Betroffene stimmt der Betreuung weder zu noch lehnt er sie ab. Dann ist gleichfalls eine Betreuerbestellung nach den Erfordernissen des § 1896 Abs. 1, 2 möglich.

b) Funktion als Einwendung. § 1896 Abs. 1 a wird nur relevant, wenn ein Betroffener, der 27 zur Selbstbestimmung fähig ist, die Bestellung eines Betreuers ablehnt. Es handelt sich um eine Einwendung gegen eine – nach § 1896 Abs. 1, 2 möglicherweise zulässige – Betreuerbestellung. Die Vorschrift wirkt sich praktisch auf die meisten Betreuungsverfahren aus. Denn das Gericht muss sicherstellen, dass durch seine Entscheidung nicht gegen die Norm des Abs. 1 a verstoßen wird. Es hat also mit Hilfe von Sachverständigen[55] zu ermitteln, ob der Betroffene mit der Bestellung eines Betreuers einverstanden ist. Lehnt dieser die Betreuung ab, so ist weiterhin zu prüfen, ob diese Ablehnung den Ausdruck eines freien Willens bildet.[56] Es versteht sich, dass die Prüfung des § 1896 Abs. 1 a mit derjenigen der Erfordernisse des Abs. 1 praktisch zusammenhängt, doch empfiehlt es sich, die gedanklichen Schritte getrennt zu halten. Aus Abs. 1 a ergibt sich ferner die Konsequenz, dass das Sachverständigengutachten in allen Fällen, in denen der Betroffene überhaupt noch einen Willen bilden und äußern kann, zur Frage der Fähigkeit zur *freien Selbstbestimmung* Stellung nehmen muss.[57] Denn selbst wenn der Betroffene anfänglich zustimmt, kann er im Laufe des Verfahrens jederzeit zur Ablehnung übergehen.

c) „Zustimmung" und Antrag. Die Zustimmung eines Betroffenen zur Bestellung eines 28 Betreuers darf nicht mit dem **Antrag** als Verfahrenshandlung verwechselt werden. Diesen kann auch ein Geschäftsunfähiger stellen, die Frage nach der Fähigkeit zum freien Willen stellt sich für die Wirksamkeit des Antrags nicht. Doch liegt im Antrag des Betroffenen auf Einrichtung einer Betreuung zugleich seine Zustimmung als ein Element des materiellen Rechts. Das hat Bedeutung für Volljährige, die ausschließlich wegen körperlicher Behinderung eine Betreuung wünschen. In diesem Fall setzt die Betreuung grundsätzlich einen dahin gehenden Antrag des Betroffenen voraus (§ 1896 Abs. 1 S. 3). Bei dieser Konstellation ist der Antrag nicht bloße Verfahrenshandlung; in ihm steckt vielmehr zugleich eine materiellrechtliche Voraussetzung für die Betreuerbestellung, nämlich die Einwilligung des Betroffenen (Doppelnatur des Antrags). Erhält ein bloß körperlich Behinderter einen Betreuer ohne seinen nach § 1896 Abs. 1 S. 3 erforderlichen Antrag, so liegt folglich nicht nur ein Verfahrensfehler vor, sondern zugleich ein rechtswidriger Eingriff des Staates in das Selbstbestimmungsrecht. Eines Antrags bedarf es allerdings bei einem bloß körperlich Behinderten nicht, wenn er seinen Willen nicht kundtun kann.

3. Der relevante Wille. a) Kriterien der Willensfreiheit. Für die Anwendung des Abs. 1 a 29 ist entscheidend, an welchen Kriterien der eine Betreuung ablehnende freie Wille zu messen ist. Da die Selbstbestimmungsfähigkeit des erwachsenen Menschen vermutet wird, ist die Frage negativ zu stellen, nämlich dahin, unter welchen Voraussetzungen die Ablehnung einer Betreuung *nicht* auf freiem Willen beruht. Den *Grad* der erforderlichen Einschränkung der Selbstbestimmung betreffend ist die weiterhin die Frage relevant, ob es auf die Geschäftsunfähigkeit des Betroffenen oder ein anders umschriebenes Defizit an Selbstbestimmung ankommen soll. Die Begründung zum 2. BtÄndG[58] will sich mit gewundenen Formulierungen letztlich an den Kriterien des § 104 Nr. 2 BGB orientieren.[59] Da der sachliche Bezugspunkt des die Betreuung ablehnenden Willens indes kein Rechtsgeschäft betrifft, wird man eher auf die natürliche Einsichts- und Steuerungsfähigkeit abstellen; dies ist der gleiche Ansatz wie bei Heilbehandlungen (siehe § 1904 Rn.11 ff.), nur unter Veränderung des Bezugspunkts. Der BGH sieht den Begriff der freien Willensbestimmung in § 1896 Abs.1a und § 104 Nr.2 „im Kern deckungsgleich"; es kommt auf die „Einsichtsfähigkeit des Betroffenen und dessen Fähigkeit, nach dieser Einsicht zu handeln", an. Dabei wird aber der Bezugspunkt des Willens hervorgehoben: Die Einsichtsfähigkeit setzt die Fähigkeit des Betroffenen voraus, im Grundsatz die für und wider eine Betreuerbestellung sprechenden Gesichtspunkte zu erkennen und

---

[55] BGH FamRZ 2011, 630 Tz. 10; OLG Köln FamRZ 2006, 889; OLG Brandenburg FamRZ 2009, 152.
[56] Das kann im Einzelfall sehr schwierig sein, vgl. OLG Köln FamRZ 2006, 889 (schwerwiegende Behinderung der Kommunikationsfähigkeit auf Grund autistischer Veranlagung; gleichwohl Betreuung gegen den Willen des Betroffenen unzulässig, wenn nicht festgestellt werden kann, dass dieser keinen freien Willen zu bilden vermag).
[57] Siehe BayObLG FamRZ 2005, 63 (zur Rechtslage vor dem 2. BtÄndG); OLG Brandenburg FamRZ 2009, 152.
[58] BT-Drucks. 15/2494 S. 28.
[59] Siehe auch BayObLG FamRZ 2005, 63: Die Fähigkeit zur freien Willensbildung bezüglich der Ablehnung einer Betreuung ist zugleich die notwendige Grundlage der Erteilung einer Vollmacht im Sinne der Geschäftsfähigkeit.

gegeneinander abzuwägen (BGH FamRZ 2011, 630 Tz. 7); dabei sei das jeweilige Krankheitsbild zu berücksichtigen.

30 **b) Bezugspunkt.** Sachliche Bezugspunkte des freien Willens sind Bedeutung und Erforderlichkeit der Bestellung eines Betreuers für den in Frage stehenden Aufgabenkreis. In diesem Sinne wird die „Einsichtsfähigkeit" auch von der Gesetzesbegründung verstanden: Die „Einsichtsfähigkeit" setzt danach die Fähigkeit des Betroffenen voraus, „im Grundsatz die für und wider eine Betreuerbestellung sprechenden Gesichtspunkte zu erfassen und gegeneinander abzuwägen".[60] der Betroffene muss Grund, Bedeutung und Tragweite einer Betreuung intellektuell erfassen können. Das setzt voraus, dass er seine Defizite im Wesentlichen zutreffend einschätzen kann (BGH FamRZ 2011, 630 Tz. 8); das kann in Bezug auf einzelne Bereiche (zB „Sammelwut") auch fehlen, wenn der Betroffene im Übrigen intellektuell einsichtsfähig ist.[61] Entscheidend kommt es auch darauf an, ob eine „eigene Entscheidung" des Betroffenen vorliegt oder der beherrschende Einfluss Dritter anzunehmen ist.[62] Nach meiner Auffassung beruht die Ablehnung einer Betreuerbestellung in der kognitiven Ebene dann auf dem freien Willen des Betroffenen, wenn er verstehen kann, was die Bestellung eines Betreuers als eines gesetzlichen Vertreters im betreffenden Aufgabenkreis bedeutet, und wenn er die Gründe, die für oder gegen eine Betreuerbestellung sprechen, nachvollziehen kann.[63] Weiter ist Voraussetzung, dass der Volljährige in der Lage ist, nach einer so gebildeten Einsicht zu handeln. Hingegen trägt die Mahnung in der Gesetzesbegründung, es dürften keine überspannten Anforderungen auf die Auffassungsgabe gestellt werden,[64] nicht zur Klarheit bei. Es geht darum, ob der Betroffene erfassen und rational würdigen kann, welche Folgen die Ablehnung einer Betreuung für ihn hat. Dabei muss in Ansatz kommen, dass ohne Betreuer eine objektiv möglicherweise notwendige Fürsorge unterbleibt. Der Volljährige, der nicht durch Vollmachten vorgesorgt hat und auch nicht Betreuung ablehnt, bleibt in den Angelegenheiten, die er nicht mehr selbst besorgen kann, hilflos; eine solche Selbstschädigung ist nur tragbar, wenn die Entscheidung gegen eine Betreuung in der Erkenntnis ihrer wesentlichen Konsequenzen erfolgt.

31 **c) Untaugliche Bezugspunkte.** Sachlicher Bezugspunkt des freien Willens ist im Zusammenhang des Abs. 1 a nicht die Frage, ob der Betroffene aus Gründen der geistig-seelischen Behinderung oder psychischen Krankheit in der Lage ist, seine Angelegenheiten selbst zu besorgen. Die Voraussetzungen des § 1896 Abs. 1 sind von der Aussage des Abs. 1 a zu unterscheiden, auch wenn sie damit in einem sachlichen Zusammenhang stehen. Ferner bezieht sich der in Abs. 1 a genannte Wille nur auf die Einrichtung einer Betreuung also solche, **nicht** auf die **Auswahl der Person des Betreuers**: Äußert der Betroffene, dass er nichts gegen einen Betreuer habe, aber die ins Auge gefasst Person nicht akzeptiere, so liegt kein Fall des § 1896 Abs. 1 a vor, sondern des § 1897 Abs. 4 S. 2.

32 **d) Zeitpunkt.** Der ablehnende freie Wille ist auf jeden Fall dann relevant, wenn er **im Laufe des Verfahrens geäußert** und bis zum Schluss aufrechterhalten ist. Da dem zur Selbstbestimmung fähigen Volljährigen die Möglichkeit eingeräumt ist, auch eine nach § 1896 Abs. 1, 2 erforderliche Betreuung abzulehnen, ist er vor Abschluss der Verfahrens über Sinn und Zweck einer ins Auge gefassten Betreuung aufzuklären[65] und über die Möglichkeit einer Ablehnung zu informieren. Die Ablehnung kann während des Verfahrens jederzeit und ohne Gründe **widerrufen oder eingeschränkt** werden. Das **Sachverständigengutachten** muss jedenfalls dann, wenn Anzeichen für eine Ablehnung der Betreuung durch den Betroffenen sichtbar werden, die Frage der Fähigkeit zum freien Willen im Sinne des Abs. 1 a umfassen.[66] Ist im Gutachten zunächst eine Stellungnahme zu diesem Punkt unterblieben, so ist ein ergänzendes Gutachten nachzufordern, sobald der Betroffene die Einrichtung einer Betreuung ablehnt. Eine Ablehnung, die in Zeitpunkten vor dem aktuellen Betreuungsverfahren geäußert wurde, begründet die Einwendung nach § 1896 Abs. 1a nicht.[67]

33 **e) Partielle Fähigkeit zur Selbstbestimmung.** Bei der Frage, ob die Ablehnung des Betroffenen auf seinem freien Willen beruht, ist zu berücksichtigen, dass die Fähigkeit zur Selbstbestimmung partiell fehlen und partiell gegeben sein kann (entsprechend der Theorie von der partiellen

---

[60] BT-Drucks. 15/2494 S. 28. BGH FamRZ 2011, 630 Tz.7; OLG Brandenburg FamRZ 2009, 152; OLG Hamm FamRZ 2009, 1436, 1437; AG Neuruppin FamRZ 2005, 2097.
[61] OLG Hamm FamRZ 2009, 1136, 1137.
[62] Vgl. OLG Brandenburg FamRZ 2009, 152.
[63] Ähnlich BGH FamRZ 2011, 630 Tz.7; OLG Brandenburg FamRZ 2009, 152 („…das Verständnis, dass ein gesetzlicher Vertreter bestellt wird, der eigenständige Entscheidungen in dem ihm übertragenen Aufgabenkreis treffen kann"9:
[64] BT-Drucks. 15/2494 S. 28; so auch BGH FamRZ 2011, 630 Tz.7; OLG Brandenburg FamRZ 2009, 152.
[65] BT-Drucks. 15/2494 S. 28.
[66] OLG Schleswig FamRZ 2007, 1126.
[67] KG FamRZ 2010, 924, 925.

Geschäftsfähigkeit).[68] In solchen Fällen ist die Ablehnung zu beachten, *soweit* sie einen Aufgabenkreis betrifft, in dem die Fähigkeit zur freien Selbstbestimmung gegeben ist.

f) Antizipierte Ablehnung, Ablehnungsvollmacht. Fraglich erscheint, ob die nach Abs. 1 a relevante Ablehnung auch **antizipiert** mit der Wirkung geäußert werden kann, dass sie für ein späteres Betreuungsverfahren verbindlich ist (man könnte von einer negativen Betreuungsverfügung sprechen). Das ist zu verneinen. Die Frage kann nur praktisch werden, wenn der Betroffene im Zeitpunkt der geplanten Betreuerbestellung nicht mehr zur Selbstbestimmung fähig ist. Die Entscheidung für oder gegen eine Betreuung muss mE *situationsbezogen* erfolgen, der konkret zu bewältigende Fürsorgebedarf kann nicht antizipiert werden. Ferner stellt sich die Frage, ob eine Person für den Fall eines späteren Betreuungsverfahrens jemanden **bevollmächtigen** kann, in ihrem Namen eine Betreuung abzulehnen, sofern sie dann selbst keinen freien Willen mehr bilden kann. Auch eine solche **isolierte Ablehnungsvollmacht** ist mE nicht anzuerkennen: Wer eine künftig notwendig werdende Fürsorge anders als durch eine Betreuung organisieren will, muss die Erforderlichkeit einer Betreuung durch Erteilung von Vollmachten für den Fürsorgebereich selbst aus dem Wege räumen.

4. Die Folgen einer Ablehnung. a) Verbindlichkeit des freien Willens. Lehnt der hinreichend aufgeklärte und zu freiem Willen fähige Volljährige die Bestellung eines Betreuers ab, so ist dieser Wille für das Gericht **verbindlich**.[69] Die Bestellung eines Betreuers hat zu unterbleiben, gleichgültig welche Schäden für den Betroffenen daraus entstehen. Bezieht sich die Ablehnung nur auf **einen Teil der** in Aussicht genommenen **Aufgabenkreise oder Angelegenheiten,** so ist die Bestellung eines Betreuers *insoweit* unzulässig. Der zu freiem Willen fähige Betroffene kann also sein Einverständnis mit der geplanten Vermögensbetreuung erklären und gleichzeitig die Einrichtung einer Gesundheitsbetreuung ablehnen; dann ist nur die letztere ausgeschlossen. Der ablehnende Wille kann sich auch auf eine einzelne Angelegenheit, etwa die Einwilligung in eine Sterilisation (§ 1905), beschränken.

b) Unverbindliche Ablehnung. Steht auf Grund des Sachverständigengutachtens fest, dass die Ablehnung des Betroffenen nicht auf seinem freien Willen beruht, so ist die Einwendung des Abs. 1 a aus dem Weg geräumt. Die Betreuerbestellung kann und muss erfolgen, soweit die sonstigen Erfordernisse gegeben sind. Verunklarend wirken in diesem Zusammenhang die Erwägungen in der Gesetzesbegründung zur gleichwohl gegebenen Relevanz des „natürlichen Willens", dem uneingeschränkte Geltung zukomme, soweit er nicht durch gewichtige sachliche Erwägungen eingeschränkt werden könne.[70] Das gilt bei der Frage, ob einer hilfebedürftigen Person überhaupt eine Fürsorge durch Betreuung gewährt wird, *gerade nicht*: Wenn die Voraussetzungen des § 1896 Abs. 1 und 2 gegeben sind und der entgegenstehende Wille nicht als Ausdruck freier Selbstbestimmung gelten kann, so *muss* im Rahmen der Erforderlichkeit ein Betreuer bestellt werden, alles andere wäre rechtswidrig unterlassene Hilfeleistung.

5. Keine Absenkung der Eingriffsschwelle bei Zustimmung. Die Aussage des Abs. 1 a bedeutet keineswegs, dass bei Zustimmung einer Person, die zum freien Willen fähig ist, ein Betreuer unter erleichterten Bedingungen bestellt werden kann. Auch die Einwilligung eines voll Geschäftsfähigen rechtfertigt die Anordnung einer Betreuung nur unter den strikten Voraussetzungen des § 1896 Abs. 1, 2. Sie ersetzt insbesondere nicht das Erfordernis des durch Krankheit oder Behinderung bedingten Unvermögens, die eigenen Angelegenheiten zu besorgen. Der Gesetzgeber hat mit gutem Grund davon abgesehen, die Einwilligung zum materiellrechtlichen Normmerkmal zu erheben. Ein offenbar verbreitetes Denken, dass bei Zustimmung des Betroffenen die Schwelle für die Bestellung eines Betreuers niedriger anzusetzen sei, entfaltet letztlich eine *freiheitsgefährdende Tendenz*.

C. Der Erforderlichkeitsgrundsatz (Abs. 2)

I. Bedeutung

Das Prinzip der Erforderlichkeit durchzieht das gesamte Betreuungsrecht.[71] Soweit die Betreuung oder weitere mit ihr verbundene Anordnungen (etwa des Einwilligungsvorbehalts) sich als Eingriffe

---

[68] S. *G. Müller,* Betreuung und Geschäftsfähigkeit, 1998, S. 124 ff., 258. S. auch den Ansatz bei *Lipp* S. 44 ff., 237, der die Handlungsunfähigkeit bei Volljährigen auf die einzelne Rechtshandlung bezieht.
[69] Nicht bloß, wie die Gesetzesbegründung (Begründung BT-Drucks. 15/2494 S. 28) meint, „zu respektieren".
[70] BT-Drucks. 15/2494 S. 28.
[71] BVerfG FamRZ 1999, 1419, 1420. Zum Erforderlichkeitsgrundsatz und seinen Elementen *Prinz von Sachsen Gessaphe* S. 214 ff.

§ 1896 39, 40   Abschnitt 3. Titel 2. Rechtliche Betreuung

in die Freiheitssphäre der Person darstellen,[72] hat der Erforderlichkeitsgrundsatz Verfassungsrang.[73] Aber auch soweit die Betreuung als Sozialleistung zu betrachten ist, gilt nach der Entscheidung des Gesetzgebers das Erforderlichkeitsprinzip.[74] Für die Frage, a) ob überhaupt ein Betreuer zu bestellen ist und b) ggf. für welche Aufgabenkreise, findet sich das Erforderlichkeitsprinzip in § 1896 Abs. 2 formuliert. Darüber hinaus ist es auch für andere Entscheidungen des Gerichts maßgeblich, in qualifizierter Form für die Anordnung eines Einwilligungsvorbehalts (§ 1903 Abs. 1 S. 1), ferner für die Bestellung eines Vereins oder einer Behörde zum Betreuer (§ 1900 Abs. 1, Abs. 4), für Maßnahmen in Bezug auf Minderjährige (§ 1908a), für die Erweiterung von Aufgabenkreis und Einwilligungsvorbehalt (§ 1908d Abs. 3, 4) und konsequenterweise bei den gegenläufigen Akten der Aufhebung oder Einschränkung (§ 1908d Abs. 1, 2, 4). Bei der freiheitsentziehenden Unterbringung kommt dem Prinzip der Erforderlichkeit besondere Bedeutung zu (§ 1906 Abs. 1), in qualifizierter Form ist es auch für die Einwilligung in die Sterilisation formuliert (§ 1905 Abs. 1 S. 1 Nr. 4, 5).

II. Erforderlichkeit der Betreuerbestellung – allgemeine Grundsätze

39 **1. Subjektive Betreuungsbedürftigkeit und objektiver Betreuungsbedarf.** Die Erforderlichkeit der Bestellung eines Betreuers muss sich aus einem zweifachen Gesichtspunkt ergeben: Einmal dem Unvermögen des Betroffenen, die eigenen Angelegenheiten zu besorgen (subjektive Betreuungsbedürftigkeit, siehe oben Rn. 8–22), zum anderen aus dem konkreten Bedarf für die Tätigkeit eines Betreuers, der sich aus der jeweiligen Lebenssituation des Betroffenen ergibt (objektiver Betreuungsbedarf; Handlungsbedarf).[75] Beide Voraussetzungen müssen gegeben sein.[76] Der objektive Betreuungsbedarf muss von dem Unvermögen, die eigenen Angelegenheiten zu besorgen, unterschieden[77] und darf nicht etwa ohne weiteres aus ihm hergeleitet werden.[78] Es ist also denkbar, dass eine Person zwar außerstande ist, ihre Angelegenheiten zu besorgen, dass aber gleichwohl keine Betreuung statthaft ist, weil kein konkreter Handlungsbedarf besteht.[79]

40 **2. Der Betreuungsbedarf (Handlungsbedarf). a) Aufgabenkreise.** Die Einschränkung der zulässigen Betreuung auf Aufgabenkreise, in denen die Tätigkeit eines Betreuers erforderlich wird, ist in § 1986 Abs. 2 S. 1 klar formuliert. Da schon die Bestellung eines Betreuers in die Selbstbestimmungsrechte des Betroffenen eingreift, verlangt das Rechtsstaatsprinzip die strikte Achtung des Erforderlichkeitsgrundsatzes. Die Bestellung eines Betreuers ist nur unter folgenden Voraussetzungen statthaft:
– Ein Betreuer darf nur für solche Aufgabenkreise bestellt werden, in denen der Betroffene auf die Hilfen eines Betreuers konkret angewiesen ist.[80] Es muss sich ein Handlungsbedarf ergeben, der auch durch andere Hilfen (§ 1896 Abs. 2 S. 2) nicht gedeckt werden kann.
– Es muss sich um Angelegenheiten des Betroffenen selbst handeln, also nicht um Angelegenheiten, die der Betroffene vertraglich für Dritte übernommen oder kraft gesetzlicher Vertretung für Dritte zu besorgen hat.
– Das Handeln des Betreuers in dem betreffenden Aufgabenkreis muss geeignet sein, die betreffenden Angelegenheiten rechtlich zu besorgen. Dazu ist die Frage zu stellen, was sich für den Betroffenen ändert, wenn ein Betreuer bestellt wird, was der Betreuer also konkret unternehmen oder bewirken kann.[81]
– In diesem Zusammenhang ist die Einschränkung auf die „rechtliche" Besorgung zu beachten. Sie bedeutet freilich nicht eine Reduzierung auf „Rechtsangelegenheiten"[82] im landläufigen Sinne,

---
[72] Dazu BVerfG FamRZ 2008, 2260; FamRZ 2010, 1624.
[73] BVerfGE 19, 342, 348 f.
[74] Nach BT-Drucks. 11/4528 S. 121 dient der Erforderlichkeitsgrundsatz auch öffentlichen Interessen.
[75] BGH FamRZ 2011, 1391 Rn. 9; BayObLG BtPrax 1995, 64, 65; BayObLG FamRZ 1997, 388; 1998, 452, 453; OLG Zweibrücken FamRZ 2005, 748, 749.
[76] BVerfG FamRZ 1999, 1419, 1420; BGH FamRZ 2011, 1391 Rn. 9; OLG München FamRZ 2006, 575.
[77] BayObLG BtPrax 1995, 64, 65.
[78] Ein anderer Ansatz findet sich vereinzelt, etwa in der Entscheidung BayObLG FamRZ 1994, 1551, 1553: Wenn feststehe, dass der Betroffene in bestimmten Beziehungen seine Angelegenheiten nicht selbst zu besorgen vermag, erübrigten sich in der Regel besondere Feststellungen zur Erforderlichkeit; das BayObLG macht aber andererseits deutlich, dass subjektive Betreuungsbedürftigkeit und objektiver Betreuungsbedarf klar unterschieden werden müssen.
[79] BayObLG BtPrax 1995, 64, 65.
[80] So die Formulierung des BayObLG, s. FamRZ 1995, 1085; 1996, 897; 1997, 901, 902; 1997, 902, 903; 1998, 920; 1998, 921; 1999, 1612, 1613; 2000, 1524; OLG München FamRZ 2006, 575.
[81] BayObLG FamRZ 1994, 1551, 1553.
[82] So freilich *Soergel/Zimmermann* § 1896 Rn. 18, die aber offenbar den Begriff weit nehmen.

vielmehr auf Angelegenheiten, in denen möglicherweise *rechtlich relevantes Verhalten* erforderlich ist (zB auch Einwilligung in eine Heilbehandlung).
- Weniger einschneidende Maßnahmen kommen zur Erreichung des Betreuungszieles nicht in Betracht.[83]
- Es ist angesichts der mit der Betreuung verbundenen Einschränkung der Selbstbestimmung auch der Verhältnismäßigkeitsgrundsatz zu wahren.[84]

b) Abstellen auf konkrete gegenwärtige Lebenssituation. Die Erforderlichkeit einer Betreuung muss von der **konkreten, gegenwärtigen Lebenssituation** des Betroffenen aus beurteilt werden.[85] Ebenso müssen die Aufgabenkreise, für die der Betreuer bestellt wird, im Bestellungsbeschluss so konkret wie möglich formuliert sein,[86] und zwar so, dass ihr Umfang aus der Beschlussformel selbst (§ 286 Abs. 1 FamFG) ohne Auslegung der Entscheidungsgründe bestimmt werden kann.[87] Der aktuelle Handlungsbedarf muss für jeden einzelnen Aufgabenkreis dargelegt sein.[88] Zu pauschal wäre es, den Handlungsbedarf allein aus dem Fehlen von Einkommen beim Betroffenen zu schließen.[89] Die Umschreibung des Aufgabenkreises darf über den ermittelten Betreuungsbedarf nicht hinausgehen.[90] Deshalb geht es möglicherweise zu weit, wenn die Betreuung für größere Lebensbereiche eingerichtet wird, obwohl sie nur für einen spezielleren Aufgabenkreis notwendig erscheint (zB für die gesamte Gesundheitsfürsorge, wenn die Betreuung nur für die psychiatrische Behandlung erforderlich erscheint, dazu aber unten Rn. 43). Die Gerichte haben sich offenkundig daran gewöhnt, die Aufgabenkreise eng zu umschreiben. Der Preis ist allerdings eine gewisse Vielfalt in den verschiedenen Gerichtsbezirken, zum Teil auch Mangel an Klarheit. Nicht zulässig wäre es, die Betreuung nur deshalb auf alle Angelegenheiten zu erstrecken, um den Ausschluss vom Wahlrecht zu erreichen und somit der Gefahr von Wahlmanipulationen vorzubeugen, wenn die Totalbetreuung nicht schon nach allgemeinen Grundsätzen als erforderlich erscheint.[91]

3. Das Problem künftiger Bedarfslagen. Der Erforderlichkeitsgrundsatz soll verhindern, dass die Freiheitssphäre des Betroffenen weiter eingeengt wird als nötig. Andererseits kann aber auch eine allzu enge Umschreibung der Aufgabenkreise für die Betreuten, die weit überwiegend schwer kranke Menschen sind, schädlich werden, wenn nämlich die Betroffenen wiederholt weiteren Gerichtsverfahren zum Zweck der Erweiterung des Aufgabenkreises ausgesetzt werden, obwohl der Bedarf dazu schon bei Bestellung des Betreuers absehbar war. In dieser Frage die richtige Mitte zu halten, erscheint schwierig. Einerseits kann der Aufgabenkreis nicht so bestimmt werden, dass alle möglichen künftigen Ereignisse oder Notfälle schon abgedeckt sind,[92] obwohl gegenwärtig keine konkreten Anzeichen für ihren Eintritt sprechen. Andererseits muss die Erforderlichkeit zwar vom gegenwärtigen Zeitpunkt (der Betreuerbestellung) aus, gleichzeitig aber vorausschauend beurteilt werden.[93] Künftigen Entwicklungen und Bedarfslagen, die sich jetzt schon konkret abzeichnen, ist vorausschauend Rechnung zu tragen,[94] zB wenn die Absicht des Betroffenen bekannt wird, demnächst seinen Aufenthalt zu wechseln oder bestimmte schädliche Rechtsgeschäfte zu tätigen.[95] Freilich muss sich diese vorausschauende Einschätzung an den konkreten Gegebenheiten und nicht an abstrakten Wahrscheinlichkeiten oder Möglichkeiten orientieren.[96] Die noch unbestimmte Aussicht auf künftige Erbschaft rechtfertigt keine Vermögensbetreuung (wenn gegenwärtig weder Vermögen

---

[83] BayObLG FamRZ 1995, 1085; 1996, 897; 1997, 902, 903; 1998, 920; 1998, 921; 2000, 1524.
[84] BayObLG FamRZ 1995, 1085; 1994, 1551, 1553.
[85] BayObLG FamRZ 1997, 388; 1998, 452, 453 („konkrete Lebenssituation, dh. soziale Stellung und bisherige Lebensgestaltung"); OLG Hamm FamRZ 1995, 433, 435; LG Regensburg FamRZ 1993, 476.
[86] BayObLG FamRZ 1994, 1059, 1060; 1995, 116, 117; 1996, 897; 1997, 901, 902; 1997, 902, 903; 1998, 920; 1998, 921; OLG Hamm FamRZ 1995, 433, 435.
[87] BayObLG FamRZ 1994, 1059, 1060.
[88] BayObLG FamRZ 1999, 1612, 1613; BayObLG FamRZ 2003, 1044, 1045.
[89] So aber LG Bochum FamRZ 2010, 1471, 1472 (wohl aber begründet die im gleichen Fall fehlende Krankenversicherung einen Handlungsbedarf).
[90] S. BayObLG FamRZ 1995, 116, 117; BtPrax 1995, 64, 65; LG Regensburg FamRZ 1993, 476, 477.
[91] In diesem Sinne BayObLG FamRZ 1998, 452, 453.
[92] BayObLG BtPrax 1995, 64, 65; insoweit richtig auch OLG Köln FamRZ 2000, 908, 909.
[93] In gleicher Richtung Das BayObLG FamRZ 2003, 1043 (Betreuerbestellung, wenn zwar kein akuter Handlungsbedarf besteht, ein erneutes Auftreten von Verwirrtheitszuständen mit halluzinatorischen Symptomen, welches ein sofortiges Betreuerhandeln erforderlich macht, aber konkret zu erwarten ist); BayObLG FamRZ 2004, 1993, 1994; *Erman/Roth* § 1896 Rn. 57; *Soergel/Zimmermann* § 1896 Rn. 61.
[94] *Schwab* FamRZ 1992, 493, 495; BayObLG FamRZ 2003, 1043 (erneutes Auftreten von Verwirrtheitszuständen mit halluzinatorischen Symptomen konkret zu erwarten), OLG Hamm FamRZ 1995, 433, 435.
[95] S. OLG Hamm FamRZ 1995, 433, 435.
[96] Zutreffend OLG Hamm FamRZ 1995, 433, 435.

noch Einkünfte zu verwalten sind).[97] Hat das Gericht die Betreuerbestellung auf Grund einer durch seine Ermittlungen und die Gutachten fundierten Prognose angeordnet, so ist die Entscheidung auch dann rechtmäßig, wenn sich die Dinge später anders entwickeln als erwartet.[98]

43 **4. Das Problem zu enger Umschreibung des Aufgabenkreises.** Aus den gleichen Gründen kann es generell zum Schaden des Betroffenen gereichen, wenn das Betreuungsgericht den Aufgabenkreis so eng umschreibt, dass die Handlungsmacht des Betreuers schon bei Anlässen endet oder zweifelhaft wird, die nach der konkreten Lebenssituation durchaus ins Haus stehen. Die Rechtsprechung hat den Grundsatz entwickelt, dass die Gesundheitsfürsorge des Betreuers auf den nervenärztlichen Bereich zu beschränken ist, wenn sich nur auf diesem Gebiet ein Handlungsbedarf abzeichnet. Dass sich hier Probleme der Abgrenzung zu allgemeinmedizinischen Heilbehandlungen ergeben, wird unten (Rn. 74) näher behandelt. Eine solche Eingrenzung kann auch übertrieben sein. Das zeigt etwa der Fall BayObLG BtPrax 1995, 64, 65: Der psychisch kranke Betreute war körperlich im Wesentlichen gesund, der Zustand seiner Zähne war indes „nicht zufrieden stellend". Obwohl der Betroffene für den gesamten Gesundheitsbereich seinen Willen nicht frei bestimmen konnte, sah das BayObLG die Erstreckung des Aufgabenkreises auch nur auf die Zahnbehandlung als unstatthaft an; für die „reine Gesundheitsvorsorge" werde unter Beachtung des Erforderlichkeitsgrundsatzes kaum ein Betreuer bestellt werden können; nicht zufrieden stellende Zähne hätten auch psychisch gesunde Menschen. Diese Linie läuft allen medizinischen und gesundheitspolitischen Einsichten zuwider: Regelmäßige Zahnkontrolle ist *medizinisches* Gebot zur Erhaltung der Gesundheit (nicht nur der Zähne!). Wer sie bei voller Fähigkeit zur Selbstverantwortung vernachlässigt, handelt auf eigenes Risiko; wer hingegen in seiner Selbstbestimmung wegen psychischer Krankheit eingeschränkt ist, muss noch vor Eintritt der Zahnfäule einen Betreuer für diesen Bereich erhalten können. Es gilt, das Erforderlichkeitsprinzip mit Augenmaß zu handhaben, wenn es nicht gegen die Betroffenen ausschlagen soll.

III. Die Orientierung am Bedarf für gesetzliche Vertretung (§ 1896 Abs. 2 S. 2)

44 **1. Grundsatz.** Der Erforderlichkeitsgrundsatz erhält durch § 1896 Abs. 2 S. 2 eine nähere Ausrichtung: Die Betreuung ist nicht erforderlich, soweit die Angelegenheiten, in denen Handlungsbedarf besteht, durch Bevollmächtigte oder durch andere Hilfen, bei denen kein gesetzlicher Vertreter bestellt wird, ebenso gut wie durch einen Betreuer besorgt werden können. Die Zuspitzung auf die **Erforderlichkeit gesetzlicher Vertretung** wurde durch das 1. BtÄndG bekräftigt: Bei der Betreuung geht es um die „rechtliche Besorgung" der Angelegenheiten des Betroffenen (§ 1897 Abs. 1) oder um die „Rechtsfürsorge".[99] § 1896 Abs. 2 S. 2 schließt die Erforderlichkeit für zwei Konstellationen aus: 1) für diejenigen Angelegenheiten, die überhaupt keine Rechtsfürsorge, sondern eine bloß faktische Hilfeleistung erfordern; 2) für diejenigen Angelegenheiten, in denen der festgestellte Betreuungsbedarf zwar eine Rechtsfürsorge erfordert, die aber durch Bevollmächtigte des Betroffenen ebenso gut wie durch einen Betreuer durchgeführt werden kann.

45 **2. Begriff und Reichweite der gesetzlichen Vertretung.** Bei Einschätzung der Erforderlichkeit darf der somit entscheidende Begriff der „gesetzlichen Vertretung" nicht unangemessen eng verstanden werden. Es geht hier nicht nur um Rechtsgeschäfte und Verfahrenshandlungen, die der Vertreter im Namen des Vertretenen tätigt, sondern um jedes Handeln, durch das der Vertreter auf die Rechtslage des Vertretenen einwirken will. So können mit der Stellung eines gesetzlichen Vertreters auch Fremdbestimmungsbefugnisse verbunden sein, die mit der Stellvertretung im Sinne der §§ 164 ff. nichts zu tun haben, etwa die Befugnis zur Umgangsbestimmung (§ 1908i Abs. 1 S. 1 iVm. § 1632 Abs. 2) oder zur Post- und Telefonkontrolle (§ 1896 Abs. 4). Ein Akt der gesetzlichen Vertretung ist ferner die Einwilligung in die Heilbehandlung im Namen des Betreuten, auch dann, wenn man mit der hM diese Einwilligung nicht als Rechtsgeschäft, sondern als geschäftsähnliche Handlung deutet. Gleiches gilt für die Aufenthaltsbestimmung (§ 1906). „Gesetzliche Vertretung" bildet also einen komplexen Begriff *möglicher* Befugnisse, die bei der Erforderlichkeitsprüfung zu berücksichtigen sind.

46 **3. Abgrenzung von bloß tatsächlicher Hilfsbedürftigkeit. a) Bedarf für nur faktische Hilfe.** Mit der Regel des § 1896 Abs. 2 S. 2 ist zunächst klargestellt, dass Hilfslagen, die ausschließlich durch faktische Sorge behebbar sind (Gewährung von Unterkunft und Verpflegung, Körperpflege, Sorge für Wäsche, Nahrung, Botengänge etc.) nicht dem Zweckbereich des Betreu-

---

[97] BayObLG BtPrax 1995, 64, 65.
[98] BayObLG FamRZ 2004, 657, 658.
[99] S. BT-Drucks. 13/7158 S. 33.

ungsrechts angehören, sondern im allgemeinen Recht der sozialen Hilfen angesiedelt sind.[100] So kann zB eine nicht mit Freiheitsentziehung verbundene faktische Fürsorge für den Betroffenen durch das Heimpersonal eine „andere Hilfe" sein, bei deren Funktionieren sich die Bestellung eines Betreuers erübrigt.[101] Bei der Frage, ob die faktischen Hilfen durch Verwandte, Freunde oder soziale Dienste ausreichen, kommt es darauf an, ob der festgestellte Betreuungsbedarf die Vornahme rechtlicher Handlungen im Namen des Betroffenen einschließt oder nicht.[102] Seit der Umbenennung der Betreuung in „rechtliche Betreuung" obwaltet bei vielen Gerichten freilich eine rigide Reduktion der möglichen Aufgaben eines Betreuers. So wird generell gesagt, die Bestellung eines Betreuers für Sozialhilfeangelegenheiten sei nicht erforderlich, weil für die Gewährung von Sozialhilfe kein förmlicher Antrag nötig sei und die nötige Mitwirkung durch Familienangehörige geleistet werden könne.[103] Demgegenüber ist klarzustellen: Auch die Geltendmachung von Ansprüchen gegenüber Behörden ist eine *Rechtsangelegenheit;* darauf, ob „förmliche Anträge" notwendig sind, kommt es nicht an. Bloß faktische Hilfestellungen machen die Betreuung dann nicht entbehrlich, wenn der Betroffene eigenständig keine sachgerechten Entscheidungen mehr treffen kann.[104]

b) Zusammentreffen von rechtlichem und faktischem Handlungsbedarf. Oft treffen im konkreten Fall rechtlicher und faktischer Handlungsbedarf zusammen. Dann entsteht die Frage, wie weit die Aufgaben des Betreuers, dessen gesetzliche Vertretung in bestimmten Angelegenheiten erforderlich ist, auch in den faktischen Hilfsbereich hineinreichen können. Dazu hatte die Begründung zum Betreuungsgesetz folgende Auffassung vertreten: Die Bestellung eines Betreuers setzte nicht unbedingt voraus, dass der Betroffene für jede einzelne Besorgung des Aufgabenkreises eines gesetzlichen Vertreters bedarf; nur wenn in keiner Angelegenheit des Aufgabenkreises eine gesetzliche Vertretung erforderlich ist, gelte der Vorrang anderer Hilfen.[105] Nachdem das 1. BtÄndG die Betreuung als Rechtsinstitut generell auf die Rechtsfürsorge beschränkt hat, ist diese Deutung überholt. Wenn sich die Funktion des Betreuers darauf beschränkt, das Leben des Betreuten in rechtlichen Bahnen zu ordnen,[106] dann bedeutet das die *Organisation* der nötigen tatsächlichen Hilfe, nicht aber die Leistung dieser Hilfe selbst.[107] Freilich ist vom Sinn des Betreuungsrechts her die Zuständigkeit des Betreuers für faktische Hilfen nach wie vor dann zu bejahen, wenn die nötigen Hilfen anderweit nicht oder nicht rechtzeitig zu erlangen sind,[108] eine anderweitige „rechtliche Organisation" der Hilfen also nicht möglich erscheint. Zur Klarstellung sei hinzugefügt: Selbstverständlich umfasst die Funktion des Betreuers solche bloß faktischen Handlungen, die zur der Vorbereitung und Durchführung der Rechtsfürsorge anfallen, einschließlich der laufenden Kontakte mit dem Betreuten, die für das Vertrauensverhältnis wichtig erscheinen. Zutreffend empfiehlt die Begründung zum 1. BtÄndG bei der Überprüfung der Erforderlichkeit faktischer Maßnahmen zur Rechtsfürsorge einen großzügigen Maßstab.[109]

4. Vorrang der Fürsorge durch Bevollmächtigte. a) Grundsatz. Auch wenn eine Rechtsfürsorge für den Betroffenen nötig erscheint, darf nach § 1896 Abs. 2 S. 2 kein Betreuer bestellt werden, wenn die betreffenden Angelegenheiten *ebenso gut* durch einen Bevollmächtigten des Betroffenen besorgt werden können. Mit dieser Aussage verbindet das Gesetz zwei Ziele miteinander: Wahrung des Selbstbestimmungsrechts des Betroffenen und Entlastung des Staates.[110] Das das Gesetz favorisiert die private Fürsorge durch Vollmacht: Den Vereinen wird die Aufgabe zugewiesen, planmäßig über Vorsorgevollmachten zu informieren (§ 1908f Abs. 1 Nr. 2 a), und auch die Gerichte sollen die Betroffenen in geeigneten Fällen über die Möglichkeit von Vorsorgevollmachten

---

[100] Vgl. BT-Drucks. 11/4528 S. 121. Aus der Rspr. vgl. OLG Köln FamRZ 1993, 850; AG Sinzig FamRZ 2004, 1065 (Erstellen von Passfotos, Anbringen einer Grabumrandung – allerdings auch, wie das AG meint, der Kauf?).
[101] S. BayObLG FamRZ 1998, 452, 453.
[102] Vgl. OLG Köln FamRZ 1993, 850, OLG Oldenburg FamRZ 2004, 1320, 1321. Das wird im Vermögensbereich übersehen von *Lachwitz* BtPrax 1995, 114, 116.
[103] AG Duisburg-Hamborn BtPrax 2004, 79; in gleicher Richtung LG Duisburg BtPrax 2004, 156.
[104] LG Berlin FamRZ 2007, 931
[105] BT-Drucks. 11/4528 S. 122.
[106] *Wagenitz/Engers* FamRZ 1998, 1273.
[107] Vgl. AG Neuruppin FamRZ 2005, 2097, 2098 (sehr eng: die Aufgabe, den suchtkranken Betreuten von der Zweckmäßigkeit einer Alkoholentwöhnung zu überzeugen, soll keine Aufgabe des Betreuers sein!).
[108] So zutreffend *Dodegge* NJW 1998, 3073, 3076.
[109] BT-Drucks. 13/7158 S. 33.
[110] S. BT-Drucks. 11/4528 S. 122; zur Entwicklung der Gesetzgebung: *Schwab* Sitzungsbericht K zum 57. DJT, 1988, S. 14. Siehe auch OLG Köln FamRZ 1996, 249, 250: Der Grundsatz der Erforderlichkeit dient auch öffentlichen Interessen.

belehren (§ 278 Abs. 2 S. 2 FamFG). Hingegen bietet der Grundsatz des § 1896 Abs. 2 S. 2 keine Grundlage für einen Anspruch von Berufsbetreuern, als Berufs*bevollmächtigte* tätig zu werden.[111]

49 **b) Vorliegen hinreichender Vollmachten.** Die Bestellung eines Betreuers scheidet infolgedessen grundsätzlich für diejenigen Aufgabenkreise aus, für die der Betroffene wirksame Vollmachten erteilt hat, es sei denn im konkreten Fall könnten die betreffenden Angelegenheiten durch den Bevollmächtigten *nicht ebenso gut* wahrgenommen werden wie durch einen Betreuer. Gleichgültig ist, ob die Vollmachten speziell für den Fürsorgefall erteilt wurden („Vorsorgevollmacht")[112] oder unabhängig davon,[113] sofern sie nur das Fürsorgebedürfnis sachlich abdecken[114] und ihre Wirksamkeit den Eintritt des Fürsorgefalls oder sogar der Geschäftsunfähigkeit des Vollmachtgebers überdauert. Unerheblich ist auch, ob die Vollmachten schon vor dem Betreuungsverfahren erteilt wurden oder während des Verfahrens.[115] Weist ein Beteiligter im Betreuungsverfahren auf die Existenz einer Vorsorgevollmacht hin, so muss der Tatrichter dem gemäß § 26 FamFG nachgehen.[116] Selbstverständlich ist das Zentrale Vorsorgeregister abzurufen. Der Umfang der Vollmacht ist aus ihrem Wortlaut und Sinn sowie dem zugrundeliegenden Rechtsverhältnis[117] zu erschließen. Auch Generalvollmachten kommen in Frage.[118] Soll sich die Vollmacht auf die Einwilligung, Nichteinwilligung oder den Widerruf einer Einwilligung in medizinische Maßnahmen oder die Einwilligung in freiheitsentziehende Maßnahmen erstrecken, sind die Vorschriften der §§ 1904 Abs. 5, 1906 Abs. 5 zu beachten. Umfasst die Vollmacht nur einen Teil der Angelegenheiten, für den ein Betreuungsbedarf besteht, so darf ein Betreuer nur für die übrigen Angelegenheiten bestellt werden, es sei denn, dass die Aufspaltung dem Wohl des Betreuten zuwider wäre. Decken die Vollmachten den gesamten Fürsorgebedarf ab, so kann es im Einzelfall gleichwohl erforderlich sein, einen Überwachungsbetreuer zu bestellen (dazu Rn. 236–253).

50 **c) Wirksamkeit der Vollmacht. aa) Erteilung, Geschäftsfähigkeit.** Der Vorrang der Vollmacht greift nur, wenn sie **wirksam erteilt** und im Zeitpunkt des Betreuungsverfahrens noch nicht erloschen ist. **Formvorschriften** bestehen außerhalb der Sonderfälle in §§ 1904 Abs. 5 S. 2, 1906 Abs. 5 S. 1 nicht, doch wird eine bloß mündlich gegebene Vollmacht im Streitfall auf Beweisschwierigkeiten stoßen. Eine Vollmacht ist dann unwirksam, wenn der Vollmachtgeber im Zeitpunkt ihrer Erteilung **geschäftsunfähig** war (§ 104 Nr. 2 BGB) oder sich in einem Zustand gemäß § 105 Abs. 2 BGB befand. Das muss bewiesen werden; derjenige, der sich auf diese Ausnahmetatbestände beruft.[119] Geschäftsunfähig ist der Betroffene nach der Rechtsprechung, wenn er nicht mehr in der Lage ist, seine Entscheidung von vernünftigen Erwägungen abhängig zu machen.[120] Dieser Befund kann auch auf „Geistesschwäche" beruhen.[121] Die „übermäßig krankhafte Beherrschung durch den Willen anderer" kann die Anwendung des § 104 Nr. 2 BGB rechtfertigen.[122] Bloße Willensschwäche oder leichte Beeinflussbarkeit genügen nicht.[123] Bedenklich ist die Auffassung, das Unvermögen, die „Tragweite der abgegebenen Willenserklärung zu erfassen", begründe die Annahme der Geschäftsunfähigkeit insoweit nicht;[124] es kommt darauf an, was man unter „Tragweite" versteht. Jedenfalls ist Geschäftsunfähigkeit anzunehmen, wenn der Erklärende die grundsätzliche Bedeutung des Erklärungsinhalts nicht verstehen und bewerten kann. Die bisherige Rspr. neigt dazu, Vorsorgevollmachten gegenüber Zweifeln an der Geschäftsfähigkeit möglichst zu retten. Es soll genügen,

---

[111] OLG Saarbrücken FamRZ 2003, 1044 (hier Ablehnung der beantragten Erlaubnis nach dem RBerG).
[112] Zur Vorsorgevollmacht grundlegend: *W. Müller-Freienfels*, FS Coing, 1982, Bd. 2, S. 395 ff.; *ders.*, FS Max Keller, 1989, S. 35 ff.; *Schwab*, FS Gernhuber, 1993, S. 815 ff.; *A. Langenfeld*, Vorsorgevollmacht, Betreuungsverfügung und Patiententestament nach dem neuen Betreuungsrecht, 1994; *U. Walter*, Die Vorsorgevollmacht, 1997. S. ferner die Literaturangaben vor § 1896.
[113] Vgl. BT-Drucks. 11/4528 S. 122; LG Wiesbaden FamRZ 1994, 778; OLG Brandenburg OLGR 2005, 587.
[114] Nicht genügt die für eines von mehreren Konten erteilte Vollmacht, OLG Köln FamRZ 2000, 188.
[115] LG Wiesbaden FamRZ 1994, 778.
[116] BayObLG FamRZ 2003, 704.
[117] Dazu BayObLG FamRZ 1994, 1550.
[118] Vgl. OLG Düsseldorf FamRZ 1997, 904; OLG Wiesbaden FamRZ 1994, 778; BayObLG BtPrax 1995, 64, 65; FamRZ 1996, 1370, 1371; LG Frankfurt FamRZ 1994, 125.
[119] BGH NJW 1972, 681; OLG Düsseldorf FamRZ 1998, 1064; OLG München FamRZ 2009, 2033.
[120] BGH FamRZ 1970, 545; FamRZ 1984, 1003; BayObLG NJW 1992, 2101; OLG München FamRZ 2009, 2033; FamRZ 2010, 756.
[121] OLG München FamRZ 2010, 756 unter Berufung auf RGZ 130, 71; RGZ 162, 228; BGH WM 1965, 895.
[122] OLG München FamRZ 2009, 2033 unter Berufung auf eine Entscheidung des Reichsgerichts von 1938 (JW 1938, 1590) und OLG Düsseldorf FamRZ 1938, 1590).
[123] OLG München FamRZ 2009, 2033; FamRZ 2010, 756.
[124] OLG München FamRZ 2009, 2033, 2034; FamRZ 2010, 756.

wenn der Betroffene „zumindest in den wesentlichen Grundzügen verstanden" hat, welche Befugnisse die bevollmächtigten Person als bewusst ausgewählter Vertrauensperson eingeräumt werden sollen; nicht notwendig sei, dass der Vollmachtgeber jede Einzelheit der Urkunde oder der Erläuterungen des Notars versteht.[125] Nach dem Gedanken einer bloß „partiellen Geschäftsunfähigkeit" kann die Wirksamkeit einer Vollmacht nach OLG München[126] auch dann bejaht werden, wenn die Geschäftsfähigkeit im allgemeinen Rechtsverkehr im konkreten Fall nicht gesichert ist, sofern nur der Vollmachtgeber zweifelsfrei „das Wesen seiner Erklärung begriffen hat und diese in Ausübung freier Willensentschließung abgibt"; dann können „leichtere kognitive Defizite", die im allgemeinen Rechtsverkehr zum Schutz des Betroffenen Bedeutung haben können, von geringerem Gewicht sein.[127] Mit besonderer Vorsicht begegnet die Rspr. Sachverständigengutachten, welche die Einschätzung der Geschäftsunfähigkeit aus einer „rückschauenden Diagnose" gewinnen.[128]

bb) Akzeptanzprobleme. Häufig wird trotz der gebotenen Amtsermittlung[129] nicht hinreichend sicher geklärt werden können, ob der Vollmachtgeber im Zeitpunkt seiner Erklärung (noch) geschäftsfähig war. Dann ist er an sich als geschäftsfähig zu betrachten. Doch können die Zweifel zur Folge haben, dass der Gebrauch der Vollmacht auf Akzeptanzprobleme im Rechtsverkehr stößt. Dann kann dieser Gesichtspunkt zu Folge haben, dass die Angelegenheiten durch den Bevollmächtigten nicht „ebenso gut" wahrgenommen werden können wie durch einen Betreuer.[130] Doch macht die neuere Rspr. hier zutreffende Einschränkungen: Eine derartige Einschätzung schließt die Vollmacht als gleich geeignete Alternative zur Betreuung nur dann aus, wenn absehbar ist, dass im konkreten Fall der Bevollmächtigte im Rechtsverkehr erhebliche Schwierigkeiten haben wird, die Wirksamkeit der Vollmacht gegenüber zu erwartenden Zweifeln Dritter geltend zu machen.[131] Solche Akzeptanzprobleme sind bei privatschriftlichen Vollmachten eher zu erwarten als bei notariellen.[132] Ist eine später erteilte Vollmacht nicht aufzuklärenden Zweifeln an der Geschäftsfähigkeit ausgesetzt, kann nicht ohne weiteres eine inhaltlich abweichende frühere, unzweifelhaft wirksame Vollmacht als zur Betreuungsvermeidung geeignet beurteilt werden.[133]

cc) Vollmachten zur Einwilligung in medizinische Maßnahmen oder Freiheitsentziehung. Bezieht sich die Vollmacht auf die Einwilligung in medizinische oder freiheitsentziehende Maßnahmen, so ist fraglich, ob die wirksame Erteilung die Geschäftsfähigkeit oder nur die „natürliche Einsichtsfähigkeit" voraussetzt, da nach hM für die Einwilligung in die Beeinträchtigung persönlicher Rechtsgüter die genannte „Einsichtsfähigkeit" genügen würde.[134] Nach meiner Auffassung besteht hier ein terminologisches, aber kein wirkliches Problem. Nach den Grundsätzen der „partiellen Geschäftsfähigkeit" ist stets nach der Fähigkeit zur Selbstbestimmung *im konkreten Bereich* zu fragen. Es geht also darum, ob der Vollmachtgeber Sinn und Bedeutung einer solchen Vollmacht erkennen und danach handeln kann, gleichgültig ob man diesen Sachverhalt nun „Geschäftsfähigkeit" oder „Einwilligungsfähigkeit" nennt. Dabei ist zu beachten, dass die Vollmachterteilung auch bezüglich persönlicher Bereiche stets Rechtsgeschäft ist, weil sie auf die Einräumung rechtlicher Handlungsmacht im eigenen Rechtskreis und damit auf die Schmälerung der eigenen Rechtsposition abzielt. Ob im konkreten Fall eine Vorsorgevollmacht oder eine Betreuungsverfügung vorliegt, ist durch Auslegung zu ermitteln; da sich die Vollmacht an einen unbestimmten Personenkreis richtet, ist auf die objektive Bedeutung der Erklärung abzustellen.[135]

---

[125] OLG München FamRZ 2009, 2033, 2034 (mit der interessanten Erwägung, dass andernfalls auch im sonstigen Rechtsverkehr ein nicht ganz unbedeutender Anteil aller notariellen Beurkundungen dem Verdacht der Unwirksamkeit ausgesetzt wäre).
[126] OLG München FamRZ 2009, 2033, 2034.
[127] OLG München FamRZ 2009, 2033, 2034.
[128] OLG München FamRZ 2010, 756 (die Vollmachterteilung lag 5 Monate vor der Begutachtung); vgl. schon den Fall BayObLG FamRZ 2009, 2033. Zu lückenhaften Gutachten OLG Hamm NJW-RR 2009, 2035.
[129] OLG Hamm NJW-RR 2010, 799.
[130] Siehe BGH FamRZ 2011, 285 ; FamRZ 2001, 964 Tz. 14 (Bedenken gegen die Wirksamkeit der Vollmacht); BayObLG FamRZ 1994, 720, 721; FamRZ 1996, 1370, 1371; FamRZ 2004, 402 (Zweifel, welche von mehreren erteilten Vorsorgevollmachten wirksam sind); BayObLG FamRZ 2004, 1814, 1815; OLG Brandenburg FamRZ 2005, 1859; OLGR 2005, 587; OLG Schleswig FamRZ 2006, 1629 (Zweifel, ob der Widerruf der Vollmacht wirksam war); LG Neuruppin FamRZ 2007, 932.
[131] OLG München FamRZ 2009, 2033, 2034; FamRZ 2010, 756, 757 f.
[132] OLG München FamRZ 2009, 2033, 2035.
[133] OLG München FamRZ 2009, 2033, 2035.
[134] Für Geschäftsfähigkeit *Walter*, Die Vorsorgevollmacht, S. 231; unklar *Bienwald* BtPrax 1998, 164, 167, wonach der Notar die Geschäftsfähigkeit und die Einwilligungsfähigkeit des Vollmachtgebers prüfen soll; nicht haltbar ist die Vorstellung, der Vollmachtgeber „befinde" über seine Einwilligungsfähigkeit.
[135] OLG Frankfurt FamRZ 2004, 1322 f. (Unklarheit über das Vorliegen einer Vollmacht oder Betreuerverfügung in einer notariellen Urkunde!).

53 **dd) Widerruf durch den Vollmachtgeber.** Vollmachten machen eine Betreuung ferner dann nicht überflüssig, wenn sie zum Zeitpunkt des Betreuungsverfahrens **widerrufen** oder **gemäß dem Kausalverhältnis erloschen** sind (§ 168 BGB). Ein **Widerruf** ist nach der Rspr. stets möglich, wenn es sich um eine Generalvollmacht handelt oder wenn die Vollmacht – wie bei Vorsorgevollmachten üblich – ausschließlich im Interesse des Vollmachtgebers erteilt wurde.[136] Die Vollmacht zum stellvertretenden Handeln in persönlichen Angelegenheiten ist stets widerruflich. Auch hier wird diskutiert, ob der Widerruf einer Vollmacht, die zur Einwilligung in die Heilbehandlung oder Freiheitsentziehung ermächtigt, die Geschäftsfähigkeit des Widerrufenden voraussetzt oder ob hier die für die Einwilligung selbst maßgebliche „Einwilligungsfähigkeit" genügt.[137] Es gilt das Gleiche wie für die Erteilung der Vollmacht. Wenn danach der Betroffene in dem Zeitpunkt, dem er die Vollmacht widerruft, nicht geschäftsfähig („einwilligungsfähig") ist, bleibt der Widerruf ohne Wirkung, die Vollmachterteilung ist zu beachten.[138]

54 **ee) Widerruf durch einen Betreuer?** Problematisch erscheint, inwieweit ein schon bestellter Betreuer die vom Betreuten wirksam erteilten Vollmachten widerrufen kann. Hier ist zu unterscheiden:
– **Gewöhnliche Vollmachten**, die vom Betroffenen für beliebige Geschäftszwecke erteilt worden sind (Bankvollmachten etc.) können vom Betreuer widerrufen werden, soweit die entsprechende Angelegenheit in seinen Aufgabenkreis fällt und ein Widerruf nach allgemeinen Grundsätzen möglich ist. So kann der Betreuer für Vermögensangelegenheiten Bankvollmachten ebenso widerrufen wie Einzugsermächtigungen und dergleichen.
– Anders ist die Lage bei **Vollmachten**, die erkennbar den Sinn haben, **die Erforderlichkeit einer Betreuung zu vermeiden** wie Vorsorgevollmachten oder Generalvollmachten mit gleichem Zweck. Hier würde es gegen die Selbstbestimmung des Betroffenen verstoßen, würde man einen trotz Vollmacht bestellten Betreuer für befugt ansehen, die Vollmacht zu widerrufen und damit selbst die – vielleicht in Instanzenzug noch streitige – Voraussetzung seiner eigenen Betreuerbestellung zu schaffen.[139] Die Betreuung für einen bestimmten Aufgabenkreis wie Vermögenssorge enthält daher nicht die Befugnis, eine Vorsorgevollmacht auf diesem Gebiet zu widerrufen. Soll eine solcher Widerruf stattfinden können, so ist der Betreuer expressis verbis mit der Aufgabe des Vollmachtswiderrufs zu betrauen. Beim **Vollmachtsbetreuer (§ 1896 Abs. 3)** gehören die Überwachung und notfalls auch der Widerruf der Vollmacht zu den für diese Betreuungsart typischen Aufgaben.

55 **d) Probleme des Wirksamkeitsbeginns von Vorsorgevollmachten.** Ist eine Vollmacht nur für den Fall des Fürsorgebedürfnisses erteilt („... wenn ich eines Tages nicht mehr selbst handlungsfähig bin ...", etc.), so ergibt sich die Frage, zu welchem Zeitpunkt die Vollmacht wirksam wird. Maßgebend ist der zum Ausdruck gelangte Wille des Vollmachtgebers, der in Zweifelsfällen auszulegen ist. Wird deutlich, dass der Vollmachtgeber die Vollmacht erst ab dem Zeitpunkt festgestellter Hilfsbedürftigkeit gelten lassen möchte, so ist die Vollmacht aufschiebend bedingt erteilt, also erst bei nachgewiesener Hilfsbedürftigkeit wirksam. Daraus ergeben sich für die Tauglichkeit der Vollmacht indes Probleme, weil für den Rechtsverkehr erhebliche Unsicherheiten entstehen: Zum einen gibt es im Allgemeinen kein Verfahren, in dem die Hilfsbedürftigkeit des Vollmachtgebers zuverlässig festgestellt würde; zum anderen sind in den einzelnen Vollmachten die Fürsorgelagen recht unterschiedlich umschrieben („Geschäftsunfähigkeit" etc.).[140] Allerdings ginge es zu weit, wollte man solche „bedingten Vollmachten" generell für ungeeignet erklären.[141] In der Kautelarjurisprudenz erwägt man besondere Erteilungsformen, die der Unsicherheit von Vorsorgevollmachten abhelfen sollen. Es ist vorgeschlagen worden[142] wie folgt zu verfahren: Der Vollmachtgeber errichtet eine notarielle Vollmachtsurkunde, händigt sie dem Bevollmächtigten aber nicht aus; in der Urkunde ist bestimmt, dass die Vollmacht erst in Kraft tritt, wenn der Bevollmächtigte eine Ausfertigung der notariell beurkundeten Vollmacht besitzt; zugleich weist der Vollmachtgeber den Notar an, eine Ausfertigung der Vollmachtsurkunde nur nach Vorlage einer ärztlichen Bescheinigung über seine Geschäftsunfähigkeit an den Bevollmächtigten zu erteilen. Auch ein derart kompliziertes Verfahren löst nicht sämtliche

---

[136] BayObLG FamRZ 2003, 1219, 1220.
[137] Für letzteren Standpunkt *Walter* FamRZ 1999, 685, 693.
[138] BayObLG 2002, 1220 (das Gleiche gilt, wenn der Betroffenen äußert, er wolle den Bevollmächtigten nicht als Betreuer haben).
[139] AA OLG Brandenburg FamRZ 2009, 912.
[140] Zur Problematik *Walter* S. 68 ff.; *Müller* DNotZ 1997, 100 ff.; *Weser* MittBayNot 1992, 161 ff.; *Knittel* § 1896 Rn. 133 ff.
[141] KG FamRZ 2010, 835, 836.
[142] *Bühler* BWNotZ 1990, 1 ff.; zu den Gestaltungsmöglichkeiten eingehend *Müller* DNotZ 1997, 100 ff.; *A. Langenfeld* S. 144 ff.

Probleme; insbesondere stellt sich die Frage nach dem Informationsfluss zwischen dem beurkundenden Notariat und dem in Aussicht genommenen Bevollmächtigten, wenn man bedenkt, dass die „Vorsorgevollmacht" möglicherweise erst lange nach ihrer Errichtung akut werden kann. Daher ist in der Praxis zu *unbedingten Vollmachten* zu raten,[143] von denen zwar jederzeit Gebrauch gemacht werden *könnte*, nach dem zugrunde liegenden Kausalverhältnis oder den im Innenverhältnis erteilten Weisungen aber nur im Falle des Fürsorgebedürfnisses Gebrauch gemacht werden *darf*.[144] Bei der Frage der Erforderlichkeit der Bestellung eines Betreuers ist jedenfalls vom Gericht zu prüfen, ob die gegebenen Vollmachten auch nach den Modalitäten ihrer Erteilung als geeignet erscheinen, die Bewältigung des Fürsorgebedarfs ebenso gut zu gewährleisten wie eine Betreuung.

e) Erlöschen der Vollmacht. Die Vollmachten müssen, um eine Betreuung überflüssig zu machen, zur Zeit des Betreuungsverfahrens *noch wirksam* sein. Die Vollmacht kann aus unterschiedlichen Gründen erlöschen, zB mit Zeitablauf, wenn sie von vorne herein befristet ist, oder mit Erledigung des einzelnen Geschäfts, zu dem speziell bevollmächtigt war. Die Hauptgründe des Erlöschens sind der Widerruf durch den Vollmachtgeber (§ 168 S. 2) und das Erlöschen gemäß dem zugrunde liegenden Rechtsverhältnis (§ 168 S. 1). Sind mehrere Personen in der Weise bevollmächtigt, dass jeder eigenständig handeln kann, so ist keiner von ihnen befugt, die Vollmacht des anderen zu widerrufen, sofern der Vollmachtgeber nichts anderes bestimmt hat.[145] Für unseren Zusammenhang ist wichtig, dass die Wirksamkeit der Vollmacht grundsätzlich den Eintritt der Geschäftsunfähigkeit des Vollmachtgebers überdauert;[146] der Zweck von Vorsorgevollmachten könnte ohne diese Fortdauer gar nicht erreicht werden. Aus den Umständen der Vollmachterteilung kann sich im Einzelfall ein anderes ergeben.[147] Das Grundverhältnis betreffend ist § 672 S. 1 (§ 675) zu beachten, wonach der Auftrag durch den Tod des Auftraggebers *im Zweifel* nicht erlischt; der Vertrag ist in diesem Punkt auszulegen.[148] Erlischt allerdings entgegen der Vermutung des § 672 S. 1 der Auftrag, so ist auch die auf seiner Grundlage erteilte Vollmacht hinfällig (§ 168 S. 1). Ferner ist zu beachten, dass der **Eintritt der Geschäftsunfähigkeit des Vollmachtgebers** die Vertretungsmacht des Bevollmächtigten grundsätzlich nicht einschränkt. Der Auffassung von *Flume*, der Bevollmächtigte unterliege in diesem Fall den Beschränkungen wie ein gesetzlicher Vertreter,[149] wird weit überwiegend nicht gefolgt;[150] sie ist im Lichte der §§ 1904 Abs. 5, 1906 Abs. 5 auch de lege lata überholt. Freilich kann der mit Vollmacht ausgestattete Beauftragte auf Grund der vertraglich übernommenen Pflicht, die Interessen des Auftraggebers zu wahren, gehalten sein, der Betreuungsbehörde oder dem Gericht den (vermutlichen) Eintritt der Geschäftsunfähigkeit anzuzeigen, wenn ein vom Auftragsverhältnis nicht abgedeckter Betreuungsbedarf sichtbar wird oder wenn gewichtige Zweifel entstehen, ob die Durchführung des Auftrags jetzt noch einen Sinn für den Vollmachtgeber hat.[151] Bei der Frage der Entbehrlichkeit der Betreuung sind diese Gesichtspunkte gleichfalls sorgfältig zu prüfen.

f) Betreuung trotz wirksamer Vollmachten. Auch wenn Vollmachten wirksam erteilt sind, kann die Bestellung eines Betreuers für die von der Vollmacht umfassten Angelegenheiten statthaft und notwendig sein, wenn diese Angelegenheiten durch den Bevollmächtigten **nicht ebenso gut** wahrgenommen werden können wie durch einen Betreuer. Folgende Fälle kommen in Betracht:

aa) Kontrollbetreuer. Die gegebenen Vollmachten sind (noch) wirksam, der Betroffene kann den Bevollmächtigten aber nicht mehr überwachen und es entsteht Überwachungsbedarf. In diesem Fall kommt die Bestellung eines **Kontrollbetreuers** nach § 1896 Abs. 3 in Betracht (unten Rn. 236 ff.).

---

[143] *Müller* DNotZ 1997, 100, 112.
[144] Zur schwierigen Frage eines möglichen Durchschlagens des Kausalverhältnisses auf die Vollmacht siehe *Walter* S. 84 f.
[145] OLG Karlsruhe FamRZ 2010, 1762, 1763.
[146] Dazu *Walter* S. 127 ff. mwN.
[147] Vgl. OLG Brandenburg OLGR 2005, 587.
[148] Dazu *Walter* S. 127 f. Nach OLG Hamm FamRZ 2003, 324 erlischt die Vorsorgevollmacht gemäß dem erkennbaren Willen des Vollmachtgebers in der Regel mit dessen Tod. Für die Praxis ergibt sich nach dieser Rechtsprechung die Notwendigkeit, eine gewünschte Fortwirkung über den Tod hinaus ausdrücklich zu verlautbaren.
[149] *W. Flume*, Allgemeiner Teil des Bürgerlichen Rechts, Bd. II, Das Rechtsgeschäft, 4. Aufl. 1992, § 51, 6.
[150] S. BGH NJW 1969, 1245, 1246; *Müller-Freienfels*, FS Coing, 1982, Bd. 2, S. 395 ff.; *Müller* DNotZ 1997, 100, 105; Anders zum Teil *Lipp* S. 200 ff., 245 (Überwachungsbetreuung nur überflüssig, wenn der Bevollmächtigte wie ein Betreuer für genehmigungspflichtige Geschäfte die Zustimmung des Betreuungsgerichts einholen muss).
[151] Das wird kaum die Vorsorgevollmacht betreffen, wohl aber Vollmachten, bei denen an den Fall der Hilflosigkeit des Vollmachtgebers überhaupt nicht gedacht war.

58 **bb) Prozessführung.** Nach der Rechtslage bis 1. 7. 2005 war stets ein Betreuer zu bestellen, wenn für eine **prozessunfähige Person** ein **Zivilprozess** zu führen war (§ 51 Abs. 1 ZPO; vgl. § 57 ZPO).[152] Das 2. BtÄndG hat dem § 51 ZPO einen Abs. 3 hingefügt, der unter bestimmten Voraussetzungen die Betreuerbestellung entbehrlich macht, wenn eine ausreichende Vollmacht erteilt wurde: Hat eine nicht prozessfähige Partei, die eine volljährige natürliche Person ist, wirksam eine andere natürliche Person schriftlich mit ihrer gerichtlichen Vertretung bevollmächtigt, so steht diese Person einem gesetzlichen Vertreter gleich, wenn die Bevollmächtigung geeignet ist, gemäß § 1896 Abs. 2 S. 2 die Erforderlichkeit einer Betreuung entfallen zu lassen.[153] Das setzt voraus, dass die Vollmacht den Wirkungskreis umfasst, auf den sich der Prozess bezieht.[154]

59 **cc) Weitere Fälle, in denen ein Betreuer zu bestellen ist.** Ein Betreuer muss bestellt werden, soweit die Anordnung eines **Einwilligungsvorbehalts** (§ 1903) erforderlich erscheint, da eine verdrängende Vollmacht unzulässig wäre. Grundlage für die Anordnung eines Einwilligungsvorbehalts ist das Bestehen einer – zumindest vorläufigen – Betreuung.[155] Freilich erlischt eine schon zuvor erteilte Vollmacht nicht dadurch, dass ein Betreuer bestellt und ein Einwilligungsvorbehalt angeordnet wird.[156] Weiterhin ist eine Betreuung erforderlich, wenn Handlungen vorzunehmen sind, die der rechtsgeschäftlichen Stellvertretung nicht offen stehen.[157] Besondere Probleme bereitet unter diesem Aspekt die Einräumung von **Bestimmungsbefugnissen über die eigene persönliche Freiheit** an den Bevollmächtigten. Sie ist rechtstechnisch dadurch möglich, dass die Vertrauensperson bevollmächtigt wird, im Falle, dass der Vollmachtgeber insoweit sich nicht mehr selbst bestimmen kann, in seinem Namen die *Einwilligung in die Beeinträchtigung des persönlichen Rechtsguts* (körperliche Unversehrtheit, Freiheit der Fortbewegung, Persönlichkeitsrecht) mit Rechtswirkung gegenüber Dritten und dem Vollmachtgeber selbst zu erklären. Im Hinblick auf die gerichtlichen Kontrollen nach §§ 1904 Abs. 5, 1906 Abs. 5 ist die Möglichkeit derartiger Vollmachten zu bejahen.[158] Klärungsbedürftig erscheint nach wie vor, inwieweit **Bestimmungsbefugnisse über die persönliche Freiheit der Person außerhalb der gesetzlich geregelten Fälle** auf diese Weise durch Vollmacht einem anderen eingeräumt werden können (Vollmacht zur Umgangsbestimmung, zur Ausübung der Post- und Telefonkontrolle, zur zwangsweisen Zuführung zu einer ambulanten Heilbehandlung, zum Betreten der Wohnung auch gegen den Willen des geschäftsunfähig gewordenen Vollmachtgebers).[159] Die zuverlässige Lösung dieser Frage wird umso dringender, als nach der Rechtsprechung in einigen Konstellationen entsprechende Befugnisse dem *Betreuer* mangels gesetzlicher Grundlage für den Einsatz von Zwang verwehrt werden.[160]

60 **dd) Unzureichende Vollmachten.** Der Vorrang der Vollmachten entfällt, wenn sie nach ihrem Inhalt oder nach den konkreten Umständen nicht geeignet sind, das Wohl des Betreuten ebenso gut zu gewährleisten wie die Wahrnehmung der betreffenden Angelegenheiten durch einen Betreuer.[161] Bei diesem Gesichtspunkt ist eine gewisse Zurückhaltung am Platz, da zunächst das vom Betroffenen in den Bevollmächtigten gesetzte Vertrauen zu respektieren ist.[162] Insbesondere genügt es nicht, wenn ein Qualitätsvergleich zwischen professioneller Betreuung und der Fürsorge durch den Bevollmächtigten

---

[152] BayObLG FamRZ 1998, 920; 1991, 737, 738; OLG Brandenburg OLGR 2005, 587; LG Mönchengladbach FamRZ 2002, 1431. Zur Frage der Fortführung des Rechtsstreits durch den Prozessbevollmächtigten, nachdem die Partei geschäftsunfähig geworden ist, s. *Prinz von Sachsen Gessaphe* S. 260 ff.

[153] Die Prüfung der Frage, ob eine ausreichende Vollmacht vorliegt, obliegt dem jeweiligen Prozessgericht, BT-Drucks. 15/4874 S. 28.

[154] OLG Karlsruhe FamRZ 2010, 1762, 1763.

[155] BayObLG FamRZ 2004, 1814.

[156] Dann entsteht eine schwierige Lage, die unterschiedlich gestaltet sein kann. Insoweit der Bevollmächtigte zum Wohl des Betreuten handelt, ist die Betreuung weiterhin subsidiär, der Betreuer ist dann nur dafür zuständig, das eigene Handeln des Betreuten im Rahmen des § 1903 zu kontrollieren; die Auffassung von *Veit*, die wirksame Vorsorgevollmacht erübrige die Einwilligungsvorbehalt (FamRZ 1996, 1309, 1317), ist nicht haltbar. Gibt die Tätigkeit des Bevollmächtigten zu Beanstandungen Anlass, so kommt zusätzlich eine Kontrollbetreuung (§ 1896 Abs. 3) in Betracht. Nach Anordnung des Einwilligungsvorbehalts kann der Betreute eine Vollmacht nicht ohne Zustimmung des Betreuers erteilen, *Veit* aaO.

[157] *Walter* S. 14, 21.

[158] Die Frage war für die Rechtslage vor dem 1. BtÄndG heftig diskutiert, siehe *Schwab* FamRZ 1992, 195; *Walter* S. 259 ff.; *Kern* MedR 1993, 249; *Jürgens* BtPrax 1994, 10; *Klie* BtPrax 1996, 38; *Veit* FamRZ 1996, 1309 ff.

[159] Grundsätzlich zu dieser Problematik *Prinz von Sachsen Gessaphe* S. 265 ff. (mit der Tendenz weitgehender Zulässigkeit).

[160] S. BGH FamRZ 2001, 149 ff.

[161] Dazu BayObLG FamRZ 1997, 1358; OLG Hamm NJW-RR 2009, 2035.

[162] In dieser Richtung auch OLG Brandenburg FamRZ 2005, 1859, 1860; zum Problem auch HK-BUR/*Bauer* § 1896 Rn. 199, 200.

ergibt, die Betreuung sei „vorzuziehen". Die Vollmacht steht aber der Bestellung eines Betreuers nicht im Wege, wenn die Wahrnehmung der Fürsorge durch den Bevollmächtigten dem Wohl des Betreuten klar zuwiderläuft.[163] So kommt die Bestellung eines Betreuers in Frage, wenn Anzeichen dafür vorliegen, dass mit den – nicht unter gerichtlicher Kontrolle stehenden – Vollmachten Abhängigkeitsverhältnisse geschaffen oder verstärkt werden, die der Staat auf Grund seines Fürsorgeauftrages nicht dulden oder fördern darf. Eine gesetzliche Anwendung dieses Gedankens findet sich in der durch das 1. BtÄndG novellierten Fassung des § 1896 Abs. 2 S. 2. Ferner ist denkbar, dass die erteilten Vollmachten und die ihnen zugrunde liegenden Rechtsverhältnisse keine hinreichend klare Gestaltung der Handlungskompetenzen für den Fall des Fürsorgebedarfs bieten (sich überschneidende Kompetenzen mehrerer Bevollmächtigter, unklare Abgrenzung der Kompetenzbereiche und ähnliches).[164] Eine Vollmacht ist sogar dann als unzureichend angesehen worden, wenn sie nur bedingt für den Fall erteilt wurde, dass der Betroffene nicht in der Lage ist, seine Angelegenheiten selbst zu regeln und seinen Willen zu äußern.[165] Dem ist in dieser Allgemeinheit nicht zu folgen, dem Willen des Vollmachtgebers ist soweit nur immer möglich Rechnung zu tragen; erst dann, wenn sich die Vollmacht im konkreten Fall als ungeeignet erweist, weil ihre Geltung in Zweifel steht, kommt die Bestellung eines Betreuers in Frage. Die Bestellung eines Betreuers ist auch dann veranlasst, wenn die Vollmacht derart begrenzt ist, dass der Bevollmächtigte das Wohl des Betroffenen nicht in dem Sinne des § 1901 wahren kann.[166] In diesem Zusammenhang ist zu beachten, dass die gesetzlichen Voraussetzungen der Betreuerbestellung nicht zur Disposition des Betroffenen stehen (s. Rn. 244). Übertrieben scheint mir die Auffassung, eine Vollmacht könne nur dann als vorrangig vor der Betreuung angesehen werden, wenn das Gericht auch das der Vollmacht zugrunde liegende Rechtsverhältnis und dessen Inhalt geprüft hat.[167] Andererseits hat das Gericht Zweifeln nachzugehen, wenn sich Bedenken gegen das Funktionieren der privaten Fürsorge zum Wohl des Betreuten aus den vorliegenden Informationen ergeben. Auch innerfamiliäre Streitigkeiten über die Wirksamkeit der Vollmacht können Zweifel an ihrer Eignung begründen.[168] Gelegentlich wird die Erforderlichkeit einer Betreuung trotz Vorliegens von sachlich hinreichenden Vollmachten auf mangelnde Akzeptanz der Vollmacht im Geschäftsverkehr gestützt.[169] In solchen Fällen kann in der Tat eine Betreuung notwendig werden, wenn sonst wichtige Angelegenheiten des Betroffenen unerledigt blieben; doch muss es auch Ziel des Betreuers in solchem Fall sein, den Vollmachten, wenn sie zweifelsfrei wirksam erteilt sind, zur Durchsetzung zu verhelfen; gelingt dies, so entfällt insoweit die Erforderlichkeit der Betreuung.

ee) Nicht handelnder oder untauglicher Bevollmächtigter. Ein Betreuer ist ferner zu bestellen, wenn der **Bevollmächtigte nicht willens oder in der Lage** ist, den ihm erteilten Auftrag auszuführen und von der Vollmacht Gebrauch zu machen.[170] Dem ist der Fall gleichzustellen, dass der Bevollmächtigte zur Wahrnehmung der Interessen des Betroffenen als **untauglich** erscheint, zB wenn seine Geschäftsfähigkeit selbst zweifelhaft ist[171] oder wenn der Verdacht begründet ist, er werde die Vollmacht zu eigenen Zwecken missbrauchen[172] oder seine Tätigkeit als Stellvertreter werde aus sonstigen Gründen das Wohl des Betroffenen gefährden.[173] Der bloße Umstand

---

[163] In diesem Sinn zutreffend OLG Brandenburg FamRZ 2005, 1859, 1860 (entsprechende Anwendung des § 1897 Abs. 4).
[164] Auf das Problem der Rechtssicherheit bei Vollmachten weist insbesondere *Bienwald* hin (BtPrax 1998, 164, 166).
[165] KG FamRZ 2010, 835, 836.
[166] KG KGR 2006, 359 = FamRZ 2006, 1481 (keine Vollmacht zur Einwilligung in die Verabreichung bestimmter Medikamente, die aber im konkreten Fall medizinisch indiziert waren).
[167] So aber *Krauß* BWNotZ 1999, 86, 90.
[168] BayObLG FamRZ 2004, 1403.
[169] Vgl. OLG Schleswig FamRZ 2006, 645 = SchlHA 2006, 279 (mangelnde Akzeptanz wegen Bedenken gegen die Wirksamkeit der Vollmacht wegen Verstoßes gegen das Rechtsberatungsgesetz); KG FamRZ 2009, 910 (Besorgnis mangelnder Akzeptanz bei den Banken).
[170] Vgl. BGH FamRZ 2011, 964 Tz.20; BayObLG FamRZ 2004, 1403; OLG Schleswig FamRZ 2008, 1376. Siehe den Fall LG Bochum FamRZ 2010, 1471 (Untätigkeit des Bevollmächtigten); AG Hildesheim Az. 27 XVII SCH 1132 (nach juris).
[171] Zum Problem der „Tauglichkeit" *A. Langenfeld,* Vorsorgevollmacht S. 60 ff.
[172] BGH FamRZ 2011, 964 Tz.15 (erhebliche Bedenken betr. die Redlichkeit des Bevollmächtigten), BayObLG FamRZ 2003, 1219, 1220 (konkrete Verdachtsmomente für nicht plausible Vermögenstransfers und abruptes Herausreißen des Betroffenen aus seiner gewohnten Umgebung); OLG Brandenburg FamRZ 2005, 1859; OLGR 2005, 587 (Frage, ob öffentliche Berichterstattung der Bevollmächtigten über ihr Leben mit dem Betroffenen einen Missbrauch darstellt); OLG Hamm NJW-RR 2009, 2035; OLG Zweibrücken FamRZ 2006, 1710; LG Wiesbaden FamRZ 1994, 778.
[173] Vgl. KG FamRZ 2006, 1301; FamRZ 2010, 924, 925 (Bedenken gegen die Redlichkeit des Bevollmächtigten). Problematisch der Fall KG FamRZ 2007, 580 m. Anm. *Nagel* (Bestellung eines Betreuers trotz Vollmacht, die darauf abzielt, psychiatrische Behandlung und Unterbringung zu verhindern).

größerer Entfernung zum Aufenthaltsort des Betroffenen berechtigt nur dann zu Zweifeln an der Eignung des Bevollmächtigten, wenn nach Art der Angelegenheit die örtliche Nähe erforderlich ist.[174] Eine **juristische Person** kann in Vermögensangelegenheiten bevollmächtigt werden; eine Stellvertretung in persönlichen Angelegenheiten hingegen wäre nicht „gleich geeignet" wie eine Betreuung,[175] bei der die persönliche Zuwendung durch Rechtsvorschriften sichergestellt ist.

62 **g) Kein Vorrang der Vollmacht für die in § 1897 Abs. 3 genannten Personen.** Für einen Sonderfall hat das 1. BtÄndG die Subsidiarität der Betreuung gegenüber der Bevollmächtigung durch Änderung des § 1896 Abs. 2 S. 2 ausdrücklich aufgehoben: Trotz ausreichender Vollmachten kann eine Betreuung angeordnet werden, wenn Personen bevollmächtigt sind, die zu der Einrichtung, in welcher der Betroffene untergebracht ist oder wohnt, in einem Abhängigkeitsverhältnis oder sonst einer engen Beziehung stehen, und die somit nach § 1897 Abs. 3 nicht zum Betreuer bestellt werden könnten. Damit soll typischen Interessenkollisionen auch bei Erteilung von Vollmachten vorgebeugt werden.[176] Freilich bedeutet die Regelung nicht, dass bei Vorliegen solcher Vollmachten in jedem Fall ein Betreuer bestellt werden müsste, es ist lediglich der nach § 1896 Abs. 2 S. 2 bestehende Vorrang ist beseitigt.[177] Das Gericht kann also gleichwohl im Hinblick auf die Vollmacht für den Heimangestellten von der Bestellung eines Betreuers absehen, wenn es die Gefahr von Interessenkollisionen im konkreten Fall verneint und überzeugt ist, dass der Bevollmächtigte die Angelegenheiten des Betroffenen ebenso gut wahrnehmen kann. Dies bedarf allerdings eingehender Begründung.[178] Ist ein derartiger Ausnahmefall nicht gegeben, so muss trotz der Vollmachten ein Betreuer bestellt werden. Diskutiert wird, ob im Regelfall nur die Bestellung eines Überwachungsbetreuers nach § 1896 Abs. 3 in Betracht kommt, um die Selbstbestimmung des Vollmachtgebers soweit als möglich zu wahren;[179] das ist im Prinzip zu bejahen, doch muss *konkret* eingeschätzt werden, ob eine Kontrollbetreuung von außen in die Anstalt hinein effektiv wahrgenommen werden kann. Wird ein Betreuer bestellt, so erhebt sich die Frage nach dem rechtlichen Schicksal der erteilten Vollmachten. Dies richtet sich nach allgemeinem Stellvertretungsrecht: Ist kein besonderer Nichtigkeitsgrund gegeben,[180] so bleiben die Vollmachten auch nach der Bestellung des Betreuers wirksam,[181] bis sie entweder durch Widerruf oder gemäß dem zugrunde liegenden Rechtsverhältnis erlöschen (§ 168 BGB). Der Betreuer muss gegebenenfalls das Erlöschen der Vollmachten herbeiführen. Auf bloße **Verfahrensvollmachten,** die die Bestellung eines Verfahrenspflegers erübrigen, bezieht sich die Regelung des § 1897 Abs. 3 nicht.[182]

63 **h) Obliegenheit zur Erteilung von Vollmachten?** Die Subsidiarität der Betreuung wirft die Frage auf, ob der Betroffene zur Vermeidung einer Betreuung verpflichtet sein kann, entsprechende Vollmachten zu erteilen. Man könnte den Gesetzeswortlaut in dem Sinne auffassen, dass nicht nur bereits erteilte Vollmachten, sondern schon die *mögliche* Bevollmächtigung nahe stehender Personen die Bestellung eines Betreuers ausschließt. Die Frage spitzt sich insbesondere bei Personen zu, die ausschließlich unter körperlichen Behinderungen leiden und zweifellos wirksame Vollmachten erteilen können.[183] Im früheren Pflegschaftsrecht ist die Erforderlichkeit verneint worden, wenn der Betroffene in der Lage war, einen geeigneten Bevollmächtigten zu bestellen, ihm Anweisungen zu erteilen und ihn zu überwachen.[184] Eine Obliegenheit zur Vollmachterteilung ist jedoch abzulehnen:[185] Der

---

[174] Vgl. den Fall AG Obernburg FamRZ 2010, 403.
[175] *Walter* S. 59 f.
[176] BT-Drucks. 13/7158 S. 33.
[177] BT-Drucks. 13/7158 S. 33.
[178] *Walter* FamRZ 1999, 685, 688. Es ist nicht angebracht, die Notwendigkeit der Betreuung in diesen Fällen auf außergewöhnliche Gefährdungslagen zu beschränken, wie das in der Tendenz von *Perau* (MittRhNotK 1996, 285, 298) vertreten wird.
[179] So *Walter* FamRZ 1999, 685, 689.
[180] § 138 Abs. 1 BGB dürfte selten in Betracht zu ziehen sein.
[181] *Walter* FamRZ 1999, 685, 688.
[182] OLG München FamRZ 2006, 441.
[183] S. den Fall OLG Köln FamRZ 1996, 249, 250.
[184] S. die 2. Aufl. dieses Kommentars § 1910 Rn. 33. So auch für die heutige Rechtslage *Soergel/Zimmermann* § 1896 Rn. 75.
[185] S. dazu meinen Beitrag in der FS Gernhuber, 1993, S. 817, 822. Grundsätzlich wie hier BayObLG FamRZ 2005, 63, 64; einschränkend jedoch OLG München BtPrax 2005, 156, 157 (ausgenommen Ablehnung einer Bevollmächtigung „aus sachfremden Erwägungen"), einschränkend auch *Knittel* § 1896 Rn. 127; **aA** jedoch der Leitsatz des OLG Zweibrücken FamRZ 2004, 1815 (im konkreten Fall hatte der Betroffene allerdings bisher Vollmachten an Anwälte erteilt). Nach OLG Hamm (FamRZ 2001, 870) ist die Erforderlichkeit der Betreuerbestellung dann gegeben, wenn der Betroffene auf Grund seiner Lebenssituation einen nachvollziehbaren Grund hat, von einer Bevollmächtigung abzusehen, insbesondere wenn er nicht mehr in der Lage ist, die Tätigkeit des eines Bevollmächtigten hinreichend zu überwachen.

Vorrang der Vollmacht basiert wesentlich auf dem Selbstbestimmungsrecht; dieses würde umgekehrt gefährdet, wenn eine Person praktisch gezwungen würde, einer anderen, zu der sie möglicherweise nicht das volle Vertrauen hat, Vollmachten zu erteilen; die Verweigerung der Bestellung eines Betreuers könnte praktisch auf einen solchen Zwang hinauslaufen. Man muss sich klarmachen, dass die Betreuung für den Betroffenen als vorteilhaft erscheinen kann: Sie begründet im Gegensatz zur Vollmacht eine *gerichtlich präventiv kontrollierte* Vertretungsmacht. Das fiskalische Interesse der öffentlichen Hand darf nicht zu einer Vermeidung von Betreuungen um jeden Preis führen.

i) Zentrales Vorsorgeregister. Um die Akzeptanz und Effektivität von Vorsorgevollmachten 64 zu erhöhen, wurde im Jahre 2004[186] die Einrichtung eines Zentralen Vorsorgeregisters geschaffen, das von der Bundesnotarkammer geführt wird (§ 78a Abs. 1 BNotO). Die Einzelheiten ergeben sich aus der auf Grund § 78a Abs. 3 BNotO erlassenen „Verordnung über das Zentrale Vorsorgeregister".[187] Auf Ersuchen wird dem Betreuungsgericht Auskunft aus dem Register erteilt (§ 78a Abs. 2 S. 1 BNotO).

5. Ausschluss der Betreuung ohne Erteilung einer Vollmacht? Die Abneigung gegen 65 staatliche Einmischung in persönliche Angelegenheiten mag eine Person zu veranlassen, die Möglichkeit, dass für sie ein Betreuer bestellt wird, durch privatautonomen Akt auszuschließen, ohne einen Bevollmächtigten zu bestellen.[188] Es könnte also jemand verfügen: „Im Falle, dass ich meinen Willen nicht mehr frei bestimmen kann, schließe ich die Bestellung eines Betreuers für mich aus." Auch könnte ein solcher Ausschluss mit einer Vorsorgevollmacht verbunden werden für den Fall, dass die Vollmacht nicht wirksam ist, nicht akzeptiert wird oder dass der Bevollmächtigte nicht bereit oder in der Lage ist, von ihr Gebrauch zu machen. Es stellt sich die Frage, ob ein solcher Ausschluss wirksam sein kann. Sie ist zu verneinen. Das Selbstbestimmungrecht endet dort, wo eine Person die Rechtsgemeinschaft dazu verpflichten will, sie im Falle der Hilflosigkeit dem Verderben zu überlassen; das widerspräche den Mindeststandards des Sozial- und Rechtsstaates. Gleichfalls ist eine Verfügung unwirksam, welche die Voraussetzungen der Bestellung eines Betreuers gegenüber den gesetzlichen Vorgaben verändern wollte. Zur Problematik bei der Kontrollbetreuung siehe unten Rn. 244.

IV. Die Aufgabenkreise

1. Allgemeines. a) Erforderlichkeitsprinzip. Nach dem Erforderlichkeitsgrundsatz richtet 66 sich nicht nur, ob überhaupt ein Betreuer bestellt werden darf, sondern auch für welchen Aufgabenkreis dies geschehen soll. Der Aufgabenkreis soll so konkret wie möglich formuliert sein und sich auf die gegenwärtige Lebenssituation des Betroffenen beziehen. Auch ist bei der Umschreibung der Aufgabenkreise darauf zu achten, dass sich die Betreuung am Bedarf für gesetzliche Vertretung orientiert. Die Bestellung eines Betreuers für alle Angelegenheiten des Betreuten ist zwar nicht ausgeschlossen, soll aber die Ausnahme sein.[189]

b) Zur Terminologie. Das Gesetz unterscheidet zwischen einem **„Aufgabenkreis"** (§ 1896 67 Abs. 2 S. 1) und den dazu gehörenden (einzelnen) **„Angelegenheiten"** (§ 1897 Abs. 1). Aufgabenkreis ist ein funktional zusammenhängendes Betreuungsgebiet (zB Gesundheitsfürsorge, Vermögensverwaltung). Unter Angelegenheiten sind hingegen die Einzelnen im Aufgabenkreis anfallenden Verrichtungen zu verstehen (zB bei der Gesundheitsfürsorge: Abschluss eines Arztvertrages; bei der Vermögensfürsorge: Kündigung eines Darlehens). Die Grenze zwischen Aufgabenkreis und Angelegenheit wird zuweilen unscharf: Ein sehr eng geschnittener „Aufgabenkreis" kann sich quantitativ der „Angelegenheit" nähern (Beispiel insbesondere: Betreuung für die Entscheidung zur Einwilligung in eine Sterilisation, § 1899 Abs. 2). Auch sonst ist es denkbar, einen Betreuer nur für eine **einzige Angelegenheit** zu bestellen, wenn nur für sie ein konkreter Handlungsbedarf besteht (zB Führung eines bestimmten Rechtsstreits).[190]

c) Gesetzliche Umschreibungen. Das Gesetz bietet keine geschlossene Typologie der mögli- 68 chen Aufgabenkreise, doch finden sich in den gesetzlichen Bestimmungen einige mögliche Umschreibungen erwähnt, zB „Personensorge" (§ 293 Abs. 2 S. 2 FamFG); „Aufenthaltsbestim-

---

[186] §§ 78a-c BNotO, eingefügt mit Wirkung vom 31. 7. 2004 durch den am 30. April 2004 in Kraft getretenen Art. 2 b des Gesetzes zur Änderung der Vorschriften über die Anfechtung der Vaterschaft und das Umgangsrecht von Bezugspersonen des Kindes, zur Registrierung von Vorsorgeverfügungen und zur Einführung von Vordrucken für die Vergütung von Berufsbetreuern vom 23. 4. 2004 (BGBl. I S. 598):
[187] Vorsorgeregister-Verordnung – VRegV vom 21. 2. 2005 (BGBl. I S. 318), dazu *Görk* DNotZ 2005, 87.
[188] Siehe den Fall LG Bochum FamRZ 2010, 1471, 1472.
[189] Dazu BT-Drucks. 11/4528 S. 122.
[190] BayObLG BtPrax 2001, 79.

§ 1896 69–72

mung" (§ 309 Abs. 2 FamFG), „Einwilligung in eine Sterilisation" (§ 1899 Abs. 2), „Entscheidung über den Fernmeldeverkehr des Betreuten und über die Entgegennahme, das Öffnen und das Anhalten seiner Post" (§ 1896 Abs. 4); „Geltendmachung von Rechten des Betreuten gegenüber seinem Bevollmächtigten" (§ 1896 Abs. 3).

69 **d) Aufgabenkreis und Befugnisse zur Fremdbestimmung. aa) Die Konzeption des Gesetzes.** Bei der Festlegung der Aufgabenkreise ist eine Grundfrage des Betreuungsrechts zu berücksichtigen, nämlich wie sich die **sachliche Umschreibung des Betreuungsgebietes** zu den möglichen **Befugnissen** des Betreuers zur **Fremdbestimmung** verhält, ob zB in der Bestellung eines Betreuers für die „Personensorge" alle denkbaren Fremdbestimmungsbefugnisse (Aufenthaltsbestimmung, Umgangsbestimmung, etc.) enthalten sind. Diese Grundfrage dürfte dem Gesetzgeber nicht völlig klar vor Augen gestanden haben, es ist aber folgendes gesetzliche System erkennbar:
– Nach der Konzeption des Gesetzes enthält die **Zuweisung eines Sachgebietes zugleich die Befugnisse,** die zur Durchführung der Betreuung nötig erscheinen. Voran steht die *gesetzliche Vertretungsmacht* des Betreuers (§ 1902). Konsequent enthält die generelle Zuweisung der Personensorge ohne weiteres die Befugnis zur Aufenthaltsbestimmung (die in § 309 Abs. 2 FamFG als Funktion der gesetzlichen Vertretung behandelt wird), ferner der Umgangsbestimmung (§ 1908i Abs. 1 S. 1 iVm. § 1632 Abs. 2).
– Nur in einigen **Sonderfällen** macht das Gesetz die Zuweisung einer Befugnis des Betreuers davon abhängig, dass sie ihm vom Gericht ausdrücklich eingeräumt ist. Das ist der Fall bei der Befugnis zur Post- und Telefonkontrolle (§ 1896 Abs. 4) und bei der Einwilligung in eine Sterilisation (§ 1899 Abs. 2).

70 **bb) Gegenläufige Auffassungen.** Die Praxis und ein Teil der Literatur folgen dieser gesetzlichen Konzeption nicht. Entgegen dem gesetzlichen System wird verlangt, dass **einschneidende Befugnisse der Fremdbestimmung ausdrücklich** im Bestellungsbeschluss verlautbart sein müssen, auch wenn es das Gesetz nicht verlangt (vor allem Aufenthaltsbestimmung, Befugnis zur Unterbringung).[191] Diese Auffassung wirkt darauf hin, dass die Erforderlichkeit auch in Bezug auf diese Befugnisse gesondert geprüft wird. Wie immer man zu diesen Fragen steht – schon um Unklarheiten zu vermeiden, empfehlen sich ausdrückliche Verlautbarungen, wenn mit dem Aufgabenkreis wichtige Fremdbestimmungsbefugnisse verbunden sein sollen. Freilich – die gesetzliche Vertretung als das wichtigste Instrument der Einwirkung auf die Rechtslage des Betreuten wird nicht eigens erwähnt sein müssen.

71 **cc) Das Problem der Gewaltanwendung. (1) Ausgangslage.** Umstritten ist, ob eine zugewiesene Fremdbestimmungsbefugnis den Betreuer auch instand setzt, seine Entscheidungen auch gegen den Willen des Betreuten durchzusetzen („Gewaltanwendung").[192] Bei der Diskussion hierüber wird vielfach nicht beachtet, in dem diese Frage steht.
– Der Betreuer repräsentiert in seinem Aufgabenkreis den Betreuten *im Willen*. Demzufolge treffen den Betreuten Rechtswirkungen ohne Rücksicht darauf, ob er *selbst* einen Willen dahin gebildet hat oder nicht. In diesem Sinne geschieht dem Betreuten notwendigerweise „Gewalt", auch körperlicher Art, wenn zB eine medizinische Behandlung durchgeführt wird, in die der Betreute nicht selbst, in seinem Namen aber der Betreuer eingewilligt hat. Doch wird der eigene Wille gerade durch den Willen des gesetzlichen Vertreters substituiert.
– Die gesetzliche Vertretungsmacht hat Außenwirkung auch in dem Sinne, dass Dritte ihre Ausübung zu respektieren haben und notfalls dazu gerichtlich gezwungen werden können. Wenn der Betreuer den Umgang des Betreuten regelt, indem er zB einer Person, die dem suchtkranken Betreuten gefährlich werden kann, Kontakte verbietet, dann hat sich diese Person daran zu halten und kann notfalls gezwungen werden (§ 1908i Abs. 1 S. 1 iVm. § 1632 Abs. 3).

72 **(2) Meinungsstand.** Die Problematik spitzt sich zu, wenn der Betreuer sich über den **entgegenstehenden natürlichen Willen eines (insoweit) geschäftsunfähigen Betreuten** hinwegsetzen muss, um eine Maßnahme durchführen zu können. Das Problem ist im Gesetz nur in zwei sehr speziellen Zusammenhängen geregelt: Bei der Sterilisation, die gegen den natürlichen Willen der Betroffenen unzulässig ist (§ 1905 Abs. 1 S. 1 Nr. 1) und bei der freiheitsentziehenden Unterbringung, wo der vom Betreuer zur Hilfe gerufenen *Behörde* der Einsatz von Gewalt erlaubt ist (§ 326 Abs. 2 FamFG). Aus dem Schweigen des Gesetzes im Übrigen lässt sich das Konzept entnehmen, dass der Betreuer ansonsten im Rahmen seines Wirkungskreises Maßnahmen, wenn

---

[191] S. dazu ausführlich *Lipp* S. 98 ff., 242 (nach dem Vorbild des Einwilligungsvorbehalts vom Gericht gesondert zu prüfen und anzuordnen).
[192] Zum Problem: *Dodegge* NJW 2006, 1627; *Lipp* JZ 2006, 661; *Marschner* RuP 2005, 47; *Narr/Saschenbrecker* FamRZ 2006, 1079; *Tietze* BtPrax 2006, 131.

notwendig, auch gegen den natürlichen Willen des Betreuten vornehmen kann, zB ihn widerstrebend in ein offenes Heim überführen oder einer ambulanten Medikation zuführen kann.[193] Diese Auffassung wird vom **BGH** (FamRZ 2001, 149, 151) abgelehnt. Danach ist zB eine Zuführung zur ambulanten Behandlung gegen den Willen des Betreuten nicht zulässig, weil der Gesetzesvorbehalt der Art. 2 Abs. 2, Art. 104 Abs. 1 GG greift: Es bedürfe eines förmlichen Gesetzes, welches das Betreuungsrecht für diesen Fall nicht bietet. Dem folgt überwiegend auch die weitere Rechtsprechung.[194]

– Diese Auffassung stellt den Betreuer nur deshalb, weil der Staat zum Schutze der Betroffenen das Betreuungswesen organisiert und kontrolliert, als **Organ der öffentlichen Gewalt** dar, das in der Fürsorgetätigkeit denselben Begrenzungen unterliegt wie eine beliebige Behörde. Dieser Standpunkt entspricht jedenfalls nicht dem Konzept des Betreuungsgesetzes. Der Betreuer ist wie der Vormund eine private Fürsorgeperson, die im Aufgabenkreis umfassend das Wohl des Betroffenen zu wahren hat. Das Amt ist der elterlichen Sorge nachgebildet, die gleichfalls nicht Staatsgewalt ist, nur weil staatliches Recht über ihren Erwerb entscheidet und ein staatliches Gericht ein Wächteramt ausübt. Die dem Betreuer überantworteten Fürsorgeaufgaben liegen **auf einer völlig anderen Ebene als staatliches Handeln**.

– Nach der Entscheidung des BGH befindet sich ein hilfsbereiter Betreuer in Fällen, in denen dem Betroffenen akute Gefahr durch sich selbst droht, in einer schwierigen Lage. Es ist darauf hinzuweisen, dass die Regeln über den gerechtfertigten Notstand (§ 34 StGB) nicht aufgehoben sind. So wird ein einwilligungsunfähiger Betreuter auch gegen seinen Willen medizinisch behandelt werden dürfen (und müssen), wenn ohne den Eingriff Gefahr für Leib und Leben droht.

– Die Auffassung des BGH bedeutet, dass eine medizinische Behandlung des Betreuten gegen dessen Willen nur unter den Voraussetzungen und mit Hilfe einer freiheitsentziehenden Unterbringung nach § 1906 Abs. 1 Nr. 2 zulässig ist, sodass das „mildere Mittel" der ambulanten Behandlung ausscheidet.[195] Zur medizinischen „Zwangsbehandlung" siehe ferner Rn. 77.

– Dem BGH[196] ist allerdings in der Auffassung beizupflichten, dass die Bestimmung des § 326 Abs. 2 FamFG, welche die Voraussetzungen *behördlichen* Gewalteinsatzes regelt, nicht durch Analogie auszuweiten ist.

2. Aufgabenkreis im Bereich persönlicher Angelegenheiten. a) „Personensorge". 73
Wie im Vormundschaftsrecht lassen sich auch bei der Betreuung zwei große Felder möglicher Fürsorge unterscheiden: die **persönlichen Angelegenheiten** des Betreuten und sein **Vermögen**. Die persönlichen Angelegenheiten betreffend verwendet das Gesetz gelegentlich den aus dem elterlichen Sorgerecht bekannten Begriff „Personensorge", doch muss man sich dabei klarmachen, dass dieser Terminus im Betreuungsrecht nur einen begrenzten Sinn hat. Besser ist es jedenfalls, von Betreuung **„in persönlichen Angelegenheiten"** zu sprechen. Es ist theoretisch möglich, einen Betreuer generell für „die persönlichen Angelegenheiten" (oder „Personensorge") des Betroffenen zu bestellen. Ob dies sinnvoll ist, unterliegt Zweifeln. Gegen eine Betreuung generell „in persönlichen Angelegenheiten" spricht der Mischcharakter vieler in Betracht kommender Lebensbereiche.[197] So bestehen insbesondere bei der Frage der Aufbringung der Mittel zum Lebensunterhalt häufig Bezüge zwischen dem persönlichen und dem vermögensrechtlichen Bereich. Es kann dann unklar sein, welche Ausstrahlungen auf das Vermögen noch im Begriff „persönliche Angelegenheiten" enthalten sind und welche nicht. Auf der anderen Seite könnte eine derart pauschale Umschreibung im Einzelfall auch gegen den Erforderlichkeitsgrundsatz verstoßen. Schließlich lässt, wie gezeigt, eine generelle Zuweisung der Personensorge die Frage offen, welche Fremdbestimmungsbefugnisse damit verbunden sein sollen, sofern dies nicht zusätzlich verlautbart wird. Das alles spricht dafür, die Lebensbereiche, die den Wirkungskreis des Betreuers ausmachen sollen, konkreter so zu umschrei-

---

[193] Das war früher überwiegende Meinung, vgl. *Frost*, Arztrechtliche Probleme des Betreuungsrechts, 1994, S. 72; *Schweitzer* FamRZ 1996, 1317, 1324; *Soergel/Zimmermann* § 1896 Rn. 57; *Sonnenfeld* Rn. 283. S. andererseits *Lipp* S. 110 (weil der Arzt als Dritter tätig wird, muss Zwangsbehandlung gerichtlich genehmigt werden).
[194] Dem BGH folgt die Rechtsprechung: OLG Hamm FamRZ 2003, 255; KG FamRZ 2010, 835; AG Neuruppin FamRZ 2005, 2096, 2097; AG Garmisch-Partenkirchen vom 2. 6. 2008 Az. XVII 0042/02 (nach juris); AG Obernburg FamRZ 2009, 1515, 1517. Nach OLG Thüringen (Rechts und Psychologie 2003, 29) und OLG Celle (FamRZ 2006, 663) soll noch nicht einmal § 1906 Abs. 1 Nr. 2 einen ausreichende gesetzliche Grundlagen für eine stationäre Zwangsbehandlung bieten; das ist angesichts der klaren gesetzlichen Regelung abwegig.
[195] Siehe den Fall AG Garmisch-Partenkirchen vom 8. 6. 2008 AZ XVII 0042/02 (nach juris; ambulante Röntgenuntersuchung).
[196] BGH FamRZ 2001, 149, 151 (zur Rechtslage nach FGG).
[197] *Gernhuber* FamRZ 1976, 189, 192 f.

ben, dass die Frage, ob es sich im Einzelfall um eine reine Vermögensangelegenheit handelt oder auch der persönliche Bereich tangiert ist, unerheblich wird.

74   **b) Gesundheitsbetreuung. aa) Begriff.** Eines der hauptsächlichen Tätigkeitsfelder der Betreuer ist die Sorge für die Gesundheit von Betroffenen, die selbst nicht (mehr) dazu in der Lage sind. Man kann den Aufgabenkreis als „Sorge für die Gesundheit" umschreiben. Ich habe den Begriff „Gesundheitsbetreuung" vorgeschlagen. Dieser Bereich kann dem Betreuer **generell** oder auch **eingeschränkt** auf Krankheitsbilder oder bestimmte therapeutische Maßnahmen zugewiesen werden. Nach der Rechtsprechung darf eine unbeschränkte Gesundheitsbetreuung nicht eingerichtet werden, wenn eine Betreuung nur im nervenärztlichen Bereich erforderlich ist. Ein weiter gefasster Aufgabenkreis setzt voraus, dass tatsächliche Feststellungen zum Betreuungsbedarf in anderen medizinischen Bereichen getroffen sind.[198] Diese Grundsätze entsprechen dem Erforderlichkeitsprinzip, doch dürfen sie nicht falsch angewendet werden. Man muss unterscheiden zwischen der Gesundheitsfürsorge für die Krankheit, welche die Betreuungsbedürftigkeit begründet (zB Psychose, welche die Einwilligungsunfähigkeit des Patienten zur Folge hat) und der allgemeinen Gesundheitsfürsorge, welche die sonstige medizinische Versorgung umfasst. Wenn feststeht, dass für den psychiatrischen Bereich ein Betreuer bestellt werden muss, so ist auch zu fragen, ob die Sorge für die Gesundheit auch im Übrigen sichergestellt ist. Es ergibt keinen Sinn, zu verlangen, dass der Betroffene stets erst akut erkrankt sein muss, um – sofern er nicht selbst handeln kann – gerade für diese Krankheit einen Betreuer (bzw. die Erweiterung des Aufgabenkreises für diese Krankheit) zu erhalten. Das führt gerade bei alten Menschen zu einer dem Wohl der Betroffenen wenig dienlichen Häufung von Verfahren.[199] Als sehr eng und tendenziell schädlich für die Betroffenen erscheint die Rspr., wonach eine Gesundheitsbetreuung nur eingerichtet werden kann, wenn der Betroffene entweder freiwillig die benötigte Hilfe des Betreuers zumindest teilweise annehmen würde oder wenn bei vollständig fehlender Bereitschaft, sich einer Heilbehandlung zu unterziehen, eine Behandlung in einer geschlossenen Einrichtung nach § 1906 BGB in Betracht kommt;[200] die Erfolge der Bemühungen eines Betreuers dürfen nicht negativ antizipiert werden. Nach heutigem medizinischen Verständnis ist Gesundheitsprophylaxe ein wichtiger Teil der Gesundheitssorge bei jedem Menschen. Es wäre gegen den Sinn des Betreuungsrechts, wenn zB die ärztlich empfohlenen Vorsorgeuntersuchungen deshalb unterblieben, weil die nicht einwilligungsfähige Person *auf diesem Gebiet* (zB der Herz-Kreislauf-Erkrankungen) keinen Betreuer hat. Ob die Gesundheitsbetreuung auf den psychiatrischen Bereich beschränkt werden muss oder darf, richtet sich daher nach einer vorausschauenden Beurteilung des gesundheitlichen Gesamtzustandes des Betroffenen. Gerade bei mangelnder Fähigkeit zur Einwilligung in die Heilbehandlung ist zu überlegen, ob nicht im konkreten Fall die medizinische Versorgung des Betroffenen insgesamt sichergestellt werden muss. Wenig sinnvoll und unklar ist die Beschränkung des Aufgabenkreises auf „Zuführung zur ärztlichen Behandlung".[201] Für die Einwilligung in eine Sterilisation ist stets ein besonderer Betreuer zu bestellen (§ 1899 Abs. 2).

75   **bb) Umfasste Angelegenheiten.** Mit dem Aufgabenkreis „Gesundheitsfürsorge" ist seinem Zweck nach vor allem die **gesetzliche Vertretung für die anfallenden medizinischen Angelegenheiten** (Abschluss von Arzt-, Krankenhaus- und Krankentransportverträgen, Beschaffung von Arzneimitteln) verbunden. Auch die mit der finanziellen Sicherstellung der Heilbehandlung verbundenen Maßnahmen gehören hierzu,[202] daher auch die nötigen Kontakte zu den Krankenversicherungen. Dem Betreuer obliegt es auch, für eine zureichende Krankenversicherung zu sorgen, wenn der Betreute nicht angemessen versichert ist.[203] Ist der Betreute außerstande, die **Einwilligung in eine Heilbehandlung** selbst zu erklären, so kommt die Entscheidung hierüber ebenfalls dem

---

[198] BayObLG FamRZ 1993, 1489, 1490; 1994, 1059, 1060; 1994, 1060, 1061; BayObLG BtPrax 1995, 64, 65; FamRZ 1996, 250 (LS.); FamRZ 2001, 935; LG Regensburg FamRZ 1994, 402; OLG Oldenburg NdsRpfl 2003, 387; FamRZ 2004, 1320, 1321; KG OLG-Report 2006, 359.
[199] Nicht beistimmen kann ich daher folgenden Sätzen des BayObLG (BtPrax 1995, 64, 65): „Für die reine (vorbeugende) Gesundheitsvorsorge wird bei Beachtung des Erforderlichkeitsgrundsatzes kaum ein Betreuer bestellt werden können. Im gesundheitlichen Bereich setzt die Bestellung eines Betreuers in der Regel eine nicht nur unbedeutende Erkrankung voraus." Zu eng mE auch OLG Köln FamRZ 2000, 908, 909.
[200] So aber OLG Schleswig FGPrax 2010, 32 (der Fall bietet ein Lehrbespiel dafür, wie man schwer kranke Personen im Namen des Rechtsstaats dem Elend überlassen kann).
[201] So auch *Knittel* § 1896 Rn. 172a.
[202] BSG FamRZ 2002, 1471 (Erklärung für den bei seiner Ehefrau in der gesetzlichen Krankenversicherung mitversicherten Betreuten). Siehe ferner die Umschreibung bei OLG Hamm FamRZ 2007, 1841.
[203] OLG Brandenburg FamRZ 2008, 916 (Weiterversicherung bei Erlöschen der Familienversicherung durch Scheidung; gegenteilige Wünsche des Betreuten für dem fehlender Krankheitseinsicht stehen der Verpflichtung des Betreuers nicht entgegen); OLG Hamm FamRZ 2010, 754, 755 (Unterlassung der Anmeldung zur freiwilligen Pflegeversicherung); LG Dessau-Roßlau FamRZ 2010, 1011.

Betreuer zu (Näheres Erl. zu § 1904 Rn. 10 ff.). In diesem Fall ist auch die **ärztliche Aufklärung** dem Betreuer gegenüber zu leisten, da sie die Grundlage wirksamer Einwilligung bildet. Bei einwilligungsunfähigen Betreuten besteht für den Arzt auch keine **Schweigepflicht** gegenüber dem Betreuer, der Betreuer kann die Einsicht in die Krankenpapiere verlangen. Ist der Betreute hingegen selbst einwilligungsfähig, so darf der Arzt den Betreuer nicht ohne Zustimmung des Betroffenen über den ärztlichen Befund informieren. Unzutreffend ist die Auffassung, das Unvermögen zur Einwilligung in die Heilbehandlung sei prinzipiell Erfordernis für die Gesundheitsbetreuung;[204] es ist durchaus möglich, dass der Betroffene zwar in Bezug auf die Heilbehandlung einwilligungsfähig, in Bezug auf die begleitenden Verträge hingegen geschäftsunfähig ist.

cc) Keine freiheitsentziehende Unterbringung. Der Aufgabenkreis „Gesundheitsfürsorge" enthält für sich gesehen **nicht** die Befugnis, den Betroffenen **freiheitsentziehend unterzubringen** oder in unterbringungsähnliche Maßnahmen einzuwilligen; hierzu bedarf es einer – meist mit der Gesundheitsbetreuung verbundenen – Zuweisung auch der Aufenthaltsbestimmung.[205]

dd) Das Problem der „Zwangsbehandlung". Umstritten ist die Frage, ob die Befugnis des Betreuers, in Vertretung des einwilligungsunfähigen Betreuten in eine medizinische Behandlung einzuwilligen, auch die Möglichkeit der „Zwangsbehandlung" einschließt, dh. der Heilbehandlung auch ohne und notfalls gegen den natürlichen Willen des Betreuten.
Hierzu sind im Wesentlichen drei Auffassungen (mit gewissen Variationen) entwickelt worden:
– Nach der ersten Meinung ist eine Behandlung auch gegen den natürlichen Willen des Betreuten zulässig, wenn ohne die vorgesehene Maßnahme die Gefahr besteht, dass der Betreute stirbt oder einen erheblichen gesundheitlichen Schaden erleidet.[206]
– Nach einer weiteren Auffassung sind auf derartige Zwangsbehandlungen die Vorschriften der §§ 1906 Abs. 1 oder Abs. 4 BGB, 326 FamFG entsprechend anzuwenden. Das würde im Ergebnis bedeuten, dass ein Behandlungszwang nur unter den sachlichen Voraussetzungen des § 1906 Abs. 1 und nur mit Genehmigung des Betreuungsgerichts zulässig ist, dann aber mit Hilfe der Behörde durchgesetzt werden könnte. Man argumentiert damit, dass die erzwungene ambulante Behandlung als das mildere Mittel gegenüber der freiheitsentziehenden Unterbringung möglich sein müsse.[207]
– Nach Auffassung des BGH (BGHZ 145, 297 = FamRZ 2001, 149, 151) und der weitaus herrschenden Rechtsprechung sind medizinische Behandlungen gegen den natürlichen Willen des einwilligungsunfähigen Betreuten außerhalb des § 1906 Abs. 1 Nr. 2 unzulässig, weil es keine Rechtsgrundlage hierfür gebe;[208] es greife auch bei solchen Freiheitsbeschränkungen der Gesetzesvorbehalt in Art. 2 Abs. 2, 104 Abs. 1 GG ein, so dass es zur Zulässigkeit von Zwangsbehandlungen gegen den Widerstand des Betreuten eines formellen Gesetzes bedürfe. Ergänzend hat der BGH im Jahr 2006 ausgesprochen, dass eine Zwangsbehandlung im Rahmen einer Unterbringung des Betroffenen nach § 1906 Abs. 1 Nr. 2 zulässig sei; diese Vorschrift sieht das Gericht als gesetzliche Grundlage an.[209] Die Auffassung des BGH hat zur Folge, dass ein nicht entscheidungsfähiger Betreuter, der sich gegen eine lebensrettende medizinische Maßnahme wehrt, erst freiheitsentziehend untergebracht werden muss, bevor er gegen seinen Willen ärztlich behandelt werden kann (siehe Erl. zu § 1906 Rn. 19 ff.).

Einigkeit besteht darüber, dass gegen den *selbstbestimmungsfähigen* Betreuten kein Zwang angewendet werden darf.

Die Auffassung des BGH berührt das Grundverständnis der Betreuung. Die These, gegen den natürlichen Willen des einwilligungsunfähigen Betreuten dürfe in keinem Fall eine medizinische

---

[204] *Soergel/Zimmermann* § 1896 Rn. 55.
[205] KG FamRZ 2010, 835.
[206] So OLG Hamm NJW 2003, 2392, 2393; *J. Taupitz*, Gutachten A zum 63. Deutschen Juristentag Leipzig 2006, S. 73. Vgl. auch BT-Drucks. 11/4528 S. 72, 141 (dort das Beispiel: der Betreute lehnt Blinddarmoperation in der wahnhaften Vorstellung ab, keinen Blinddarm mehr zu besitzen). Ähnlich *Frost*, Arztrechtliche Probleme des neuen Betreuungsrechts, 1994, S. 72; *Schweitzer* FamRZ 1996, 1317, 1324. Dass eine Zwangsbehandlung *einwilligungsfähiger* Patienten unzulässig ist (LG Kassel FamRZ 1996, 1501), ist bare Selbstverständlichkeit.
[207] So die sorgfältig begründete Entscheidung des OLG Hamm FamRZ 2000, 1115, 1117 ff. (aufgehoben durch BGH FamRZ 2001, 149) unter folgender Einschränkung: Wenn der richterlichen Genehmigung dazu dient, einerseits die freiheitsbeschränkenden Wirkungen unter Beachtung des Verhältnismäßigkeitsgrundsatzes graduell auf das unabdingbar notwendige Maß zu begrenzen, während die Durchführung der Behandlung ohne diese Beschränkung nur unter den Bedingungen einer freiheitsentziehenden Maßnahme möglich wäre. Für Analogie auch *Soergel/Zimmermann* § 1904 Rn. 16; *Bienwald/Hoffmann* § 1904 Rn. 89–94.
[208] S. auch LG Kassel FamRZ 1996, 1501; OLG Zweibrücken FamRZ 2000, 1114, 1115; AG Neuruppin FamRZ 2005, 2096.
[209] BGHZ 166, 141-154 = FamRZ 2006, 615, 617 f.

Behandlung erfolgen, *außer verbunden mit einer genehmigten freiheitsentziehenden Unterbringung*, erschwert das Betreueramt außerordentlich, man denke nur an die künstliche Ernährung eines heilungsfähigen, in einer depressiven Phase aber nicht heilungswilligen Menschen. Diese Rechtsprechung beruht auf dem **Missverständnis, der Betreuer übe Hoheitsgewalt über den Betreuten aus wie eine beliebige staatliche Stelle**, während er ihn in Wirklichkeit *repräsentiert*.[210] Wenn es Funktion des Betreuers ist, die Lebens- und Gesundheitsinteressen des Patienten, der nicht mehr selbstverantwortlich handeln kann, wahrzunehmen, dann muss auch die Rettung des Lebens und die Wiederherstellung der Gesundheit auf der Grundlage einer Entscheidung des Betreuers notfalls gegen den aktuellen natürlichen Willen des Patienten möglich sein. Bei einem erkennbaren Widerwillen des Betreuten gegen die ärztliche Maßnahme ist deren Notwendigkeit besonders sorgfältig zu prüfen. Es ist auch abzulehnen, dem einwilligungsunfähigen Patienten generell oder beschränkt auf bestimmte Befunde und Therapien ein „Vetorecht" zuzumessen,[211] dessen Auswirkung ja nur sein könnte, dass eine ärztlich indizierte, für Leben und Gesundheit notwendige Behandlung unterbleiben müsste.[212] Für die – eine kurzzeitige Einschränkung der Bewegungsfreiheit umfassende – Einwilligung des Betreuers ist nach der klaren Konzeption des Betreuungsrechts auch keine betreuungsgerichtliche Genehmigung erforderlich.

79 **ee) Organisation der Gesundheitsfürsorge.** Im Bereich der Gesundheitsfürsorge darf auch die Beschränkung der Betreueraufgabe auf die **„rechtliche Besorgung"** der Angelegenheiten des Betroffenen nicht falsch aufgefasst werden. Gewiss ist es nicht Aufgabe des Betreuers, selbst Krankenpflege zu leisten. Andererseits beschränkt sich die Gesundheitsfürsorge nicht auf die Vornahme von Rechtsakten (Einwilligung, Arztvertrag); denn diese sind nur punktuelle Maßnahmen innerhalb eines umfassenderen Geschehens. Aufgabe des Betreuers ist es vielmehr darüber hinaus, in dem ihm zugewiesenen Gebiet für die **Organisation der Gesundheitsfürsorge** tätig zu werden und sicherzustellen, dass der Betreute die für sein gesundheitliches Wohl nötigen Untersuchungen und daraus folgend die nötigen Heilbehandlungen auch tatsächlich erhält. Das setzt – im Vorfeld möglicher Rechtsakte – in erheblichem Umfange auch **tatsächliche** Leistungen, insbesondere den fortgesetzten Kontakt mit dem Betreuten und seiner Umgebung voraus.[213] Sind nötige tatsächliche Hilfen nicht (rechtzeitig) zu erlangen, so ist auch der Betreuer selbst gehalten, im Rahmen des ihm Zumutbaren für den Betreuten auch in diesem Bereich tätig zu werden.

80 **ff) Rehabilitation.** Die Betreuung hat gemäß **§ 1901 Abs. 4** auch das Ziel, die Möglichkeiten zu nutzen, die Krankheit oder Behinderung des Betreuten zu beseitigen, zu bessern, ihre Verschlimmerung zu verhüten oder ihre Folgen zu mildern. Diese Aufgabe wird insbesondere das Handeln des Gesundheitsbetreuers bestimmen. Auch diese Konzeption spricht gegen eine zu enge Sicht der Gesundheitsbetreuung, die dem gesamten Wohl des Patienten verpflichtet ist. Der Bestellung eines Betreuers bedarf es in diesem Zusammenhang nicht, wenn die Aufnahme des *einwilligungsfähigen* Betroffenen in eine Reha-Einrichtung mit seiner Zustimmung ohne Betreuer durchgeführt werden kann.[214]

81 **gg) Allgemeine Versorgung.** Erscheint es im konkreten Fall notwendig, bei einem in der eigenen Wohnung lebenden Kranken außer der ärztlichen Behandlung auch die allgemeine Versorgung sicherzustellen (Essen auf Rädern, Pflege der Wohnung und dergleichen), so empfiehlt es sich, dies bei der Beschreibung des Aufgabenkreises zu verlautbaren (zB „Gesundheitsbetreuung einschließlich der allgemeinen Versorgung und Wohnungsfürsorge"). Selbstverständlich ist stets die Erforderlichkeit zu prüfen, insbesondere, ob der Betroffene auch insoweit seine Angelegenheiten nicht selbst zu erledigen vermag.

82 **hh) Betreuung nach Eintritt des Hirntodes?** Einen aufsehenerregenden Fall hatte das AG Hersbruck[215] zu entscheiden: Einer infolge eines Verkehrsunfalls bereits **hirntoten schwangeren**

---

[210] Ausführlich hierzu *Schwab*, FS Frank, 2008, S. 491, 495 ff. Die Unterscheidung des BGH (BGHZ 166, 141) zwischen der stellvertretenden Einwilligung in die Heilbehandlung (gegen den Willen des Betreuten möglich) und die Überwindung des natürlichen Willens durch Zwang (stellvertretender Wille des Betreuers nicht genügend, zusätzlich gesetzliche Grundlage erforderlich) übersieht, dass die Einwilligung durch den Betreuer dem Betreuten als *dessen Wille zuzurechnen* ist.
[211] Dazu differenzierend: *J. Taupitz*, Gutachten A zum 63. Deutschen Juristentag Leipzig 2000, S. 69 ff.
[212] *Soergel/Zimmermann* § 1904 Rn. 14.
[213] Nach LG Koblenz FamRZ 2003, 1777 aber nicht Kontakte mit dem Heim, in dem die Kinder des Betreuten leben und einschlägige Gespräche mit dem Jugendamt.
[214] Unklar LG Hamburg BtPrax 1993, 209, 210, das prüft, ob gegen die *Geschäftsfähigkeit* „Bedenken bestehen".
[215] FamRZ 1992, 1471 mit Anm. *Schwab* = NJW 1992, 3245. Zur strafrechtlichen Lage *Hilgendorf* JuS 1993, 97.

Frau bestellte das Gericht eine Betreuerin für „die Sorge um die Durchführung der für das Leben der Leibesfrucht medizinisch indizierten funktionserhaltenden Techniken" sowie für die Vermögenssorge; Ziel war, Kreislauf und Atmung der Toten solange aufrechtzuerhalten, bis es möglich war, das Kind durch Kaiserschnitt zur Welt zu bringen; das Gericht stellte zugleich klar, dass die Entscheidung über das Abschalten der funktionserhaltenden Apparate der gerichtlichen Genehmigung bedürfe. Der Einsatz des Betreuungsrechts in solchen Fällen ist verfehlt, weil für einen Toten kein Betreuer bestellt werden kann;[216] vielmehr war die Maßnahme auf den mutmaßlichen Willen der Verstorbenen zu stützen.

ii) Sonstiges. Durch das 3. BtÄndG ist die Funktion des Gesundheitsbetreuers bei der Einwilligung bzw. Nichteinwilligung in eine medizinische Maßnahme näher geregelt worden, siehe § 1901a, § 1901b und die neu gestaltete Vorschrift des § 1904 (Erl. siehe dort). Die Bestellung eines Gesundheitsbetreuers ist nicht erforderlich und daher nicht statthaft, soweit der Betroffene hinreichende Befugnisse einer anderen Person durch **Vollmacht** eingeräumt hat. Zu **Arzneimittelversuchen an Betreuten** s. Erl. zu § 1904 Rn. 61 ff.; **Organspende** s. Erl. zu § 1904 Rn. 65; **Kastration** s. Erl. zu § 1904 Rn. 66; **Sterilisation** s. Erl. zu § 1905. 83

c) Aufenthaltsbetreuung. aa) Begriff. Häufig wird dem Betreuer der Aufgabenkreis „Aufenthaltsbestimmung" zugewiesen. Dieser Begriff bezeichnet an sich nur die mit der Betreuung verbundene Befugnis, den Aufenthalt des Betreuten auch ohne dessen Willen rechtsverbindlich auch für Dritte festzulegen und ihn nötigenfalls in einem Heim oder sogar freiheitsentziehend unterzubringen. Als Bezeichnung für einen Aufgabenkreis wird der Terminus jedoch in weiterem Sinne verstanden. Einbezogen wird auch die Vertretung bei Begründung oder Wechsel des Wohnsitzes und bei Abschluss oder Kündigung von Wohnungsmietverträgen und Heimverträgen.[217] Dass der Aufgabenkreis „Aufenthaltsbestimmung" nicht die Vertretung beim Antrag auf einen neuen Personalausweis umfassen soll, wenn er nicht konkret für eine Aufenthaltsänderung benötigt wird,[218] erscheint zu eng. Ich habe die Bezeichnung **„Aufenthaltsbetreuung"** vorgeschlagen, mit der klargestellt ist, dass zwischen der Befugnis zur Aufenthaltsbestimmung als einer **Einzelbefugnis zur Fremdbestimmung** und dem **sachlichen Fürsorgebereich** zu unterscheiden ist. Doch begnügt sich die Praxis oft damit, ganz einfach den „Aufgabenkreis Aufenthaltsbestimmung" zuzuweisen und damit mehr zu verbinden, als der Begriff eigentlich aussagt.[219] Daraus resultieren Verwirrungen, denn die Anforderungen an den Gebrauch einer Fremdbestimmungsbefugnis sind naturgemäß andere als an beliebige sonstige Sorgetätigkeiten, die sich auf den Aufenthalt des Betreuten beziehen. 84

bb) Befugnis zur Aufenthaltsbestimmung. Da nach verbreiteter Praxis die Befugnis zur Aufenthaltsbestimmung mit der Zuweisung des Aufgabenkreises „persönliche Angelegenheiten" nicht automatisch verbunden ist, empfiehlt sich die ausdrückliche Zuweisung. Die Erforderlichkeit ist auf der Grundlage des Sachverständigengutachtens zu begründen.[220] Das Aufenthaltsbestimmungsrecht kommt zB in Frage, wenn der bisherige Aufenthalt des Betroffenen sein Wohl gefährdet, er aber außerstande ist, aus eigenem Entschluss die Verhältnisse zu ändern. Beim Betroffenen muss die Willensbildung oder Willenssteuerung derart eingeschränkt sein, dass er in diesem Bereich nicht selbstverantwortlich handeln kann.[221] „Geschäftsunfähigkeit" im üblichen generalisierenden Sinne – dh. bezogen auf beliebige andere, etwa vermögensrechtliche Angelegenheiten – ist nicht vorausgesetzt.[222] Außerdem muss ein konkreter Bedarf für die Aufenthaltsbestimmung sichtbar sein.[223] Das kann bedeuten, dass das Aufenthaltsbestimmungsrecht dem Betreuer nur in einem begrenzten Bereich zugewiesen werden darf, wenn es der Verwirklichung einer nur begrenzten Gesundheitsfürsorge dient.[224] 85

cc) Rechtsnatur. Die Rechtsnatur der Aufenthaltsbestimmung durch eine dritte Person wird unterschiedlich gedeutet. Die *Selbstbestimmung* des Aufenthalts ist sicherlich kein Rechtsakt (auch 86

---

[216] Ablehnend auch *Kern* MedR 1993, 112.
[217] BayObLG FamRZ 1999, 1300, 1301.
[218] In dieser Richtung BayObLG FamRZ 1999, 1300, 1301.
[219] Dazu auch *Pardey* Rpfleger 1988, 451, 452.
[220] Vgl. BayObLG FamRZ 1995, 1082, 1083.
[221] *Bienwald* § 1896 Rn. 133 S. 96 f. Zum Problem *Sonnenfeld* FamRZ 1995, 393; *Coeppicus* FamRZ 1992, 741 ff.
[222] Vgl. OLG Hamm FamRZ 1995, 433, 435. Deshalb kann auch aus der Anordnung einer Betreuung mit Aufenthaltsbestimmung nicht ohne weiteres auf die Testierunfähigkeit geschlossen werden, OLG Frankfurt FamRZ 1996, 635.
[223] AG Obernburg FamRZ 2010, 404.
[224] BayObLG FamRZ 1994, 1060, 1061.

kein „geschäftsähnlicher")²²⁵ und es erscheint als absonderliche Vorstellung des Gesetzgebers, dass ein Einwilligungsvorbehalt angeordnet werden könne, „der sich auf die Aufenthaltsbestimmung des Betroffenen erstreckt" (§ 309 Abs. 2 S. 1 FamFG). Denn der Einwilligungsvorbehalt bezieht sich auf Willenserklärungen (§ 1903 Abs. 1 S. 1). Deshalb wird von einem Teil der Lit. vertreten, dass für den Bereich der Aufenthaltsbestimmung kein Einwilligungsvorbehalt angeordnet werden könne,²²⁶ allenfalls für die damit zusammenhängenden schuldrechtlichen Geschäfte (Kündigung einer Wohnung etc.). Immerhin kann aus dieser gesetzlichen Bestimmung folgende Deutung hergeleitet werden. *Fremdbestimmter* Aufenthalt bedeutet einen Eingriff in die persönliche Freiheit, der prinzipiell der Rechtfertigung durch die Einwilligung des Rechtsträgers bedarf. Die Übertragung des Aufenthaltsbestimmungsrechts auf den Betreuer räumt diesem die gesetzliche Vertretungsmacht ein, diese Einwilligung im Namen des Betroffenen zu erklären. Wenn man dem folgt, so bedeutet die Aufenthaltsbestimmung durch den Betreuer **die stellvertretende Einwilligung des Betreuten in die Einschränkung seiner Freiheit durch seinen gesetzlichen Vertreter**. Dass diese Einwilligung nicht als Rechtsgeschäft im strengen Sinne, sondern geschäftsähnliche Handlung gedeutet wird, ändert daran nichts. Daher setzt die Übertragung des Aufenthaltsbestimmungsrechts das Unvermögen zur Selbstbestimmung des Betroffenen auf diesem Gebiet voraus.²²⁷

87   **dd) Inhalt der Befugnis zur Aufenthaltsbestimmung.** Soweit die Befugnis zur Aufenthaltsbestimmung zugewiesen ist, kann der Betreuer beispielsweise bestimmen, dass der Betroffene in ein Heim überwechseln soll. Mit der Aufenthaltsbetreuung ist auch die gesetzliche Vertretung beim Abschluss des Heimvertrages und bei Wahrnehmung der darin begründeten Rechte und Pflichten verbunden.²²⁸ Der zur Aufenthaltsbestimmung befugte Betreuer kann den Betroffenen erforderlichenfalls unter Beachtung des § 1906 freiheitsentziehend unterbringen. Einer gesonderten Übertragung der „Unterbringungsbefugnis" bedarf es nicht. In der Praxis wird gleichwohl die „Zuführung zur Unterbringung" in der Umschreibung des Aufgabenkreises häufig angesprochen.²²⁹ Die Bestimmungsbefugnisse des Betreuers betreffen nicht nur das Ob einer Freiheitsentziehung, sondern auch die Wahl der geeigneten Einrichtung.²³⁰ Die Aufenthaltsbestimmung schließt das Recht ein, die Herausgabe des Betreuten zu verlangen, wenn dieser widerrechtlich von Dritten festgehalten wird (§ 1908i Abs. 1 S. 1 iVm. § 1632 Abs. 1).²³¹ Auch enthält sie die Befugnis, den Betreuten bei der Bestimmung des Wohnsitzes zu vertreten.²³² Die Festlegung des Aufenthalts durch den Betreuer geht einer Unterbringungsentscheidung des Unterhaltsschuldners gemäß § 1612 Abs. 2 (Unterhalt durch Gewährung von Kost und Logis) im Range vor.²³³ Fraglich ist, ob die generelle Zuweisung der Aufenthaltsbestimmung auch die Befugnis einschließt, für den einwilligungsunfähigen Betreuten in unterbringungsähnliche Maßnahmen (§ 1906 Abs. 4) einzuwilligen; mE ist dies zu bejahen; denn die Maßnahmen des § 1906 Abs. 4 sind sämtlich als Beschränkungen der Fortbewegungsfreiheit und damit des Aufenthalts gekennzeichnet.²³⁴

88   **ee) Abgrenzung zur Gesundheitsfürsorge.** Die Aufenthaltsbetreuung umfasst für sich gesehen nicht die Sorge für die Gesundheit (Verträge über ärztliche oder pflegerische Leistungen, Einwilligung in die Heilbehandlung). Häufig ist eine Kombination des Aufgabenkreises Gesundheitsfürsorge mit der Aufenthaltsbetreuung notwendig, zB wenn eine Heilbehandlung nur stationär möglich ist. Nach Auffassung des OLG München bildet die Aufenthaltsbestimmung einen bloßen Annex zur Gesundheitsfürsorge und geht ins Leere, wenn diese dem Betreuer nicht übertragen ist.²³⁵ Umgekehrt umfasst der Aufgabenkreis „Gesundheitsbetreuung" (oder ein Teil hieraus) nicht

---

²²⁵ Zutreffend OLG Hamm FamRZ 1995, 433, 435.
²²⁶ LG Köln FamRZ 1992, 857; *Dodegge* NJW 2353, 2358; *Sonnenfeld* FamRZ 1995, 393, 396; anders BayObLG FamRZ 1993, 852.
²²⁷ OLG Hamm FamRZ 1995, 433, 435 („natürliche Einsichts- und Steuerungsfähigkeit").
²²⁸ Zur Frage, ob der Betreuer auch zur Heimunterbringung gegen den Willen des Betroffenen befugt ist und ob hier § 1906 Abs. 1 entsprechend anzuwenden ist, s. LG Bremen BtPrax 994, 102.
²²⁹ Nach OLG Schleswig FamRZ 2005, 1776 soll eine Betreuung für Gesundheitsfürsorge und Unterbringung, die auf eine Unterbringung zur Heilbehandlung abzielt, nur zulässig sein, wenn eine Unterbringung nach § 1896 Abs. 1 Nr. 2 überhaupt in Betracht kommt; auch hier ist der Erforderlichkeitsgrundsatz zu eng geführt, es kann doch auch Sinn der Betreuung sein, die Voraussetzungen und den medizinischen Nutzen einer solchen Unterbringung im Rahmen der Gesundheitsbetreuung einer Klärung zuzuführen.
²³⁰ Vgl. LG Köln NJW 1993, 206.
²³¹ OLG Frankfurt FamRZ 2003, 964.
²³² BayObLG FamRZ 1992, 1222.
²³³ Vgl. BGH NJW 1985, 2590.
²³⁴ AA *Bienwald* § 1896 Rn. 133 S. 116.
²³⁵ OLG München FamRZ 2006, 440, 441 (als generelle Aussage zweifelhaft).

schon die Befugnis zur Aufenthaltsbestimmung, daher auch nicht zur Unterbringung nach § 1906.[236]

ff) Durchsetzung. Die Zuweisung des Aufenthaltsbestimmungsrechts an den Betreuer besagt 89 nichts darüber, auf welche Weise eine Entscheidung des Betreuers **gegen den Willen des geschäftsunfähigen Betreuten durchgesetzt** werden kann. Die Frage ist nicht ausdrücklich geregelt, nach der Konzeption des BtG ist eine solche Möglichkeit zu bejahen, wenn anders das Wohl des Betreuten nicht gewahrt werden kann.[237] Gegenteilig allerdings der BGH (FamRZ 2001, 149, 151; s. oben Rn. 69 ff.).

d) Wohnungsfürsorge. aa) Begriff. Der Betreuer ist erforderlichenfalls für den **Aufgaben-** 90 **kreis** „Wohnungsfürsorge" oder „Wohnungsangelegenheiten" zu bestellen. Es handelt sich um Fälle, in denen der Betroffene auf Grund von Krankheit oder Behinderung die Organisation seines Wohnbereichs nicht (mehr) zu leisten vermag und dadurch in erheblicher Weise Schaden zu nehmen droht. Die zu befürchtenden Schäden sind oft gesundheitlicher Art. Die Wohnungsfürsorge kommt jedoch auch dann in Betracht, wenn dem Betroffenen auf Grund erheblicher und fortdauernder Verletzungen des Mietvertrages der Verlust des Wohnraums droht.[238] Mit der Wohnungsfürsorge ist die Befugnis verbunden, Mietverhältnisse im Namen des Betreuten zu begründen und aufzuheben, allerdings in den Schranken des § 1907. Hingegen ist der Aufgabenkreis „Mietangelegenheiten" enger als „Wohnungsangelegenheiten" und nicht zu empfehlen. Gelegentlich wird der sehr punktuelle Aufgabenkreis „Entmüllung/Entrümpelung der Wohnung" eingerichtet.[239]

bb) Betreten bestehender Wohnräume. Streitig ist die in den Vorschriften des Betreuungs- 91 rechts nicht berücksichtigte Frage, ob mit der Zuweisung der „Wohnungsangelegenheiten" die Befugnis des Betreuers verbunden ist, auch **ohne oder gegen den Willen des Betreuten** dessen Wohnräume **zu betreten**, um nötige Feststellungen treffen und nötige Hilfe veranlassen zu können. Die Zwangsproblematik erhält hier einen besonderen Akzent, weil das Grundrecht der Unverletzlichkeit der Wohnung zusätzlich ins Spiel kommt.[240] Weit überwiegend wird angenommen, dass die Übertragung des Aufgabenkreises „Wohnungsangelegenheiten" allein diese Befugnis wegen des Verfassungsschutzes der Unverletzlichkeit der Wohnung (Art. 13 Abs. 1 GG) nicht begründet. Ob eine solche Befugnis für den Betreuer durch ausdrückliche gerichtliche Ermächtigung geschaffen werden kann, wird kontrovers diskutiert. Einige Gerichte lehnen diese Möglichkeit generell ab,[241] während andere[242] es für zulässig halten, den Betreuer in einem gesonderten gerichtlichen Verfahren zur Ausübung von Zwang beim Zutritt zur Wohnung zu ermächtigen; in dem Verfahren sollen Erforderlichkeit, Verhältnismäßigkeit und Zumutbarkeit des Eindringens in die Wohnung konkret geprüft werden; Rechtsgrundlage der Anordnung soll mangels einfachgesetzlicher Regelung Art. 13 Abs. 2 GG unmittelbar sein; die Umschreibung des Aufgabenkreises mit Hilfe des Zusatzes „Zutritt zur Wohnung" soll diese spezielle gerichtliche Ermächtigung noch nicht enthalten. Zu einem ähnlichen Ergebnis kommt die Auffassung, dass der Betreuer das Recht zum Betreten der Wohnung ohne Zustimmung des Betreuten nur dann habe, wenn es ihm analog § 1896 Abs. 4 durch Gerichtsbeschluss ausdrücklich eingeräumt wurde.[243] Wenn man der fürsorgenden Tätigkeit des Betreuers im Hinblick auf die staatliche Organisation des Betreuungswesens und die dahinter stehende staatliche Fürsorgeaufgabe ein hoheitliches Element zumisst,[244] so ist Art. 13 GG folgerichtig anwendbar, obwohl diese Vorschrift die Interessenlagen des Betreuungsrechts nicht trifft: Art. 13 Abs. 2 GG scheidet dann mE als taugliche Grundlage aus, da es nicht um eine Durchsuchung durch Staatsorgane geht, Art. 13 Abs. 7 GG verlangt außer bei der Abwehr von Gemein- und von Lebensgefahr eine spezialgesetzliche Ermächtigung (s. folgende Rn.).

cc) Stellungnahme. Die Streitfrage offenbart wiederum die Konstruktionsmängel des Geset- 92 zes, das bestrebt war, den unvermeidlichen Eingriffscharakter des Betreuungsrechts zu verbergen. Eine Wohnungsfürsorge des Betreuers, bei der ihm keine Befugnis eingeräumt werden kann, im

---

[236] KG FamRZ 2010, 2010, 835.
[237] Die Frage ist umstritten, vgl. LG Offenburg FamRZ 1997, 899, 900; LG Bremen BtPrax 1994, 102 f.
[238] Vgl. LG Berlin FamRZ 1996, 821.
[239] BayObLG FamRZ 2002, 348; OLG Oldenburg FamRZ 2004, 1320, 1321.
[240] Zum Problem: *Abram* FamRZ 2004, 11; *Bauer* FamRZ 1994, 1562.
[241] LG Frankfurt FamRZ 1994, 1617; BtPrax 1994, 216; OLG Frankfurt BtPrax 1996, 71 = FamRZ 1996, 375 (LS.); LG Görlitz NJWE-FER 1998, 153; OLG Oldenburg FamRZ 2004, 1320, 1321; OLG Schleswig FamRZ 2008, 918.
[242] LG Berlin FamRZ 1996, 821, 823 f.; ähnlich auch LG Freiburg FamRZ 2000, 1316, 1321; AG Neuruppin FamRZ 2009, 1863.
[243] LG Frankfurt/Main Beschl. v. 9. 6. 1993; dagegen *Bauer* FamRZ 1994, 1562.
[244] Dazu BVerfGE 10, 302, 326 ff. = FamRZ 1960, 186; LG Berlin FamRZ 1996, 821, 822.

§ 1896 93, 94   Abschnitt 3. Titel 2. Rechtliche Betreuung

Bedarfsfall die Wohnung auch ohne Zustimmung des Betreuten zu betreten, um sich überhaupt ein Bild vom Betreuungsbedarf machen zu können, ist weithin sinnlos. Der Standpunkt, der Betreuer könne ja den Betreuten auf Zutritt verklagen (!)[245] oder bei Störung der öffentlichen Ordnung die erforderlichen Maßnahmen dem Polizeirecht überlassen, kann zwar für die Betreuer bequem sein, steht dem Sinn der Betreuung aber entgegen.[246] Deshalb ist denjenigen Gerichten zuzustimmen, welche es für zulässig halten, dem Betreuer durch ausdrückliche gerichtliche Anordnung das Betreten der Wohnung des Betreuten zu gestatten; mE genügt dafür die Formulierung im Aufgabenkreis „Wohnungsangelegenheiten einschließlich der Befugnis zum Betreten der Wohnung".[247] Verfassungsrechtliche Grundlage ist, wenn man Art. 13 GG für anwendbar hält, dessen Abs. 7,[248] die dort geforderte besondere gesetzliche Grundlage kann in § 1902 BGB gesehen werden, derzufolge dem Betreuer die gesetzliche Vertretung zusteht, die sich bei dem Aufgabenkreis „Wohnungsfürsorge" mE auch auf die Einwilligung in das Betreten der Wohnung erstreckt. Sachlich ist die Einräumung der Befugnis, auch ohne Zustimmung des Betroffenen die Wohnung zu betreten, an die Kriterien des Art. 13 Abs. 7 GG gebunden: Der Eingriff ist nur zulässig zur Abwehr einer gemeinen Gefahr oder einer Lebensgefahr, ferner zur Verhütung dringender Gefahren für die öffentliche Sicherheit und Ordnung, insbesondere beispielsweise zur Bekämpfung von Seuchengefahr oder zum Schutze gefährdeter Jugendlicher. Die drohende „Vermüllung" einer Person mit erheblicher Gesundheitsgefährdung für sie selbst und andere genügt diesen Anforderungen, ebenfalls die auf Grund von Vertragsverletzungen drohende Obdachlosigkeit. Ist eine derartige gerichtliche Entscheidung ergangen, so hat die Betreuungsbehörde den Betreuer bei der Durchführung der Wohnungsfürsorge durch geeignete Mittel zu unterstützen (§ 4 BetreuungsbehördenG).[249] **Leerstehende Räumlichkeiten,** die nicht als Wohnung oder Geschäftsräume des Betroffenen dienen, kann der Betreuer mit entsprechendem Aufgabenkreis kraft seiner gesetzlichen Vertretungsmacht betreten; Einschränkungen aus Art. 13 GG ergeben sich hier nicht.[250]

93   **e) Umgang. aa) Begriff.** Insbesondere bei Suchtkranken, aber auch sonst sind Fälle möglich, in denen sich der Betroffene gegen gefährliche Kontakte selbst nicht hinreichend wehren kann.[251] Es kann dann eine Betreuung notwendig werden, welche die Befugnis zur Umgangsbestimmung enthält. Diese Möglichkeit sieht das Gesetz ausdrücklich vor (§ 1908i Abs. 1 S. 1 iVm. § 1632 Abs. 2). Gewöhnlich wird eine Umgangsbetreuung nicht isoliert stehen, sondern mit anderen Aufgabenbereichen, insbesondere Gesundheitsbetreuung kombiniert werden. Auch hier ergibt sich die Frage, ob die Befugnis zur Umgangsbestimmung ausdrücklich angeordnet sein muss oder in einer generellen Umschreibung des Aufgabenkreises (zB alle persönlichen Angelegenheiten) ohne weiteres enthalten ist. Der Gesetzgeber ging von dem letztgenannten Standpunkt aus.[252] Es ist jedoch zu empfehlen, die Befugnis zur Umgangsbestimmung ausdrücklich im Bestellungsbeschluss zuzuweisen. Die Aufgabenkreise „Gesundheitsfürsorge" und „Aufenthaltsbestimmung" enthalten als solche keine Befugnis zur Festlegung des Umgangs.[253] Soweit die Umgangsbestimmung den Post- und Telefonverkehr einschließen soll, ist § 1896 Abs. 4 zu beachten.

94   **bb) Wirkung gegenüber Dritten.** Die Umgangsbestimmung des Betreuers wirkt auch gegenüber Dritten (§ 1632 Abs. 2).[254] Über Streitigkeiten mit dem Dritten in dieser Frage entscheidet das Betreuungsgericht (§ 1908i Abs. 1 S. 1 iVm. § 1632 Abs. 3; § 271 Nr. 3 FamFG). Das vom Betreuer zu Hilfe gerufene Gericht hat zu prüfen, ob zB ein vom Betreuer ausgesprochenes Umgangsverbot auf triftigen Gründen beruht. Ein Betreuer, zu dessen Wirkungskreis die Bestimmung des Umgangs gehört, kann Besuche eines Rechtsanwalts beim Betreuten nicht verhindern,

---

[245] Ablehnend auch *Damrau/Zimmermann* § 1896 Rn. 94.
[246] Besonders wenig befriedigend ist der Standpunkt, eine mangels ausreichender Befugnisse sinnlose Betreuung sei dann eben aufzuheben, s. aber *Bauer* FamRZ 1994, 1562, 1565.
[247] Nicht einsichtig insoweit LG Berlin FamRZ 1996, 821: Die Übertragung des Aufgabenkreises „Zutritt zur Wohnung" soll nicht genügen, sondern es soll eine weitere Ermächtigung erforderlich sein; dann fragt sich aber, wozu der „Zutritt zur Wohnung" eigentlich berechtigten soll.
[248] AA BayObLG FamRZ 2002, 348, 349; der Leitsatz der Entscheidung erscheint allerdings unklar: Der Aufgabenkreis „Betreten der Wohnung auch gegen den Willen des Betroffenen" könne nicht zur Ermöglichung der Durchführung einer Entrümpelung bestimmt werden „wenn nicht eine erhebliche Gefahr für die Gesundheit des Betroffenen durch die Vermüllung verursacht ist" (in diesem Falle also doch?).
[249] LG Berlin FamRZ 1996, 821, 825.
[250] BayObLG FamRZ 1999, 1460.
[251] Vgl. BayObLG FamRZ 2000, 1524; vgl. auch OLG Köln FamRZ 2001, 872 („Umgang mit der Presse").
[252] So auch BayObLG FamRZ 2003, 402, 403; OLG München FamRZ 2008, 1030.
[253] BayObLG FamRZ 2003, 402, 403; OLG München BtPrax 2008, 74, 75 = FamRZ 2008, 1030 (LS.).
[254] Vgl. BayObLG FamRZ 2000, 1524.

wenn der Rechtsanwalt versichert, vom Betreuten damit beauftragt zu sein, die Aufhebung der Betreuung zu betreiben.[255]

cc) Umgang Angehöriger. In diesem Zusammenhang ist die Frage aufgeworfen worden, ob **95 Angehörige** des Betreuten ein Recht darauf haben, mit dem Betreuten Kontakte pflegen zu können (**„Umgangsrecht"**). Ein solches Recht gibt es unabhängig vom Willen des Betroffenen grundsätzlich nicht,[256] weil jede volljährige Person über ihre persönlichen Kontakte selbst entscheidet. Eine Ausdehnung der in Bezug auf Minderjährige gegebenen Umgangsrechte (§§ 1684, 1685) auf das Verhältnis unter Erwachsenen wäre abwegig. Maßgebend ist also prinzipiell der Wille des Betreuten selbst. Kann der Betreute vorübergehend einen aktuellen Willen nicht bilden (zB nach einem Unfall), so ist sein mutmaßlicher Wille maßgebend.[257] Ist der Betreute auf Grund seiner Krankheit oder Behinderung grundsätzlich nicht in der Lage, über den Umgang zu bestimmen, so liegt die Entscheidung beim Betreuer mit entsprechendem Aufgabenkreis. Dieser hat den (mutmaßlichen) Willen des Betreuten und in diesem Rahmen die persönlichen Bindungen des Betreuten zu beachten. Eine Verweigerung von Kontakten bei entgegenstehendem Willen des Betroffenen kann ebenso rechtswidrig sein[258] wie die Zulassung von nicht gewünschten Besuchen. Der Betreuer kann **Umgangsregelungen gegen den natürlichen Willen des Betreuten** treffen, wenn die Wünsche des Betreuten krankheitsbedingt zustande gekommen sind und ihre Erfüllung seinem Wohl zuwiderlaufen würde.[259] Will der Betreuer den Umgang des Betreuten mit dessen Eltern oder (volljährigen) Kindern einschränken, so ist der Schutz der Familie nach Art. 6 Abs. 1 GG zu beachten. Nach der Rspr.[260] gewinnt das Eltern-Kind-Verhältnis über die bloße Begegnungsgemeinschaft hinaus in persönlichen Krisensituationen erhöhte Bedeutung; der Umgang darf nur eingeschränkt werden, wenn der Grundrechtsschutz durch die immanente Schranke anderer verfassungsrechtlich geschützter Rechtsgüter wie der körperlichen Unversehrtheit zurückgedrängt wird; dabei ist der Verhältnismäßigkeitsgrundsatz zu beachten. Aber auch der Schutz der Familie erlaubt es nicht, einem insoweit selbstbestimmungsfähigen Betreuten Kontakte aufzunötigen, die er ablehnt. Wenden sich Dritte, denen der Betreuer den Kontakt mit dem Betreuten verwehrt, mit einem Antrag an das Gericht, durch aufsichtliche Maßnahmen gegen den Betreuer den Umgang zu ermöglichen, so steht ihnen gegen die ablehnende Entscheidung im allgemeinen kein Beschwerderecht nach § 59 Abs. 1 FamFG zu;[261] etwas anderes gilt, wenn der kontaktwillige nähere Verwandte geltend macht, mit der Verhinderung des Umgangs sei seine Rechtsposition aus Art. 6 Abs. 1 GG verletzt.[262]

dd) Verhältnis zur Vollmacht. Wie bei anderen Fremdbestimmungsbefugnissen erhebt sich **96** die Frage, ob die Umgangsbestimmung auch durch privatrechtliche **Vollmacht** einem anderen eingeräumt werden kann, so dass es auch insofern an der Erforderlichkeit der Betreuung fehlen kann. Wenn dies beim Aufenthaltsbestimmungsrecht möglich ist, dann muss es auch beim Umgangsbestimmungsrecht denkbar sein.[263]

f) Verantwortung für das Handeln des Betreuten. aa) Aufsichtspflicht? Im Rahmen **97** des § 832 kann die Frage relevant werden, ob und unter welchen Voraussetzungen der Betreuer kraft Gesetzes zur Aufsicht über den Betreuten befugt und verpflichtet ist. Das Betreuungsrecht hat eine solche Aufsichtspflicht nicht normiert; auf die einschlägigen Normen des Kindschafts- und Vormundschaftsrechts (§ 1931 Abs. 1, § 1800) verweist das Betreuungsrecht gerade nicht.[264] Daraus ist zu schließen, dass eine gesetzliche Aufsichtspflicht nach § 832 auch dann nicht besteht, wenn die Betreuung die gesamte Personensorge oder die Aufenthaltsbestimmung umfasst.[265] Auch die Betreu-

---

[255] BayObLGZ 1990, 88 = FamRZ 1990, 1273 (LS.). – zur Pflegschaft.
[256] S. auch BayObLG FamRZ 1993, 1222.
[257] BayObLG FamRZ 2003, 402, 403.
[258] S. die Fälle außerhalb des Betreuungsrechts LG Bochum NJW-RR 1997, 1050; AG Arnsberg NJW-RR 1996, 1156. Diese Entscheidungen sind insofern zu bemängeln, als der Wille der Person, die besucht werden sollte, in den Begründungen überhaupt keine Rolle spielt.
[259] BayObLG FamRZ 2003, 402, 403.
[260] BayObLG FamRZ 2003, 962; FamRZ 2004, 1670, 1671; ob gleiches für Geschwister gilt, lässt das Gericht offen; ablehnend im konkreten Fall BayObLG FamRZ 2002, 907. Siehe ferner OLG München BtPrax 2008, 74, 75 = FamRZ 2008, 1030 (LS.).
[261] Für die Rechtslage nach § 20 FGG: BayObLG FamRZ 1993, 1222.
[262] In diesem Sinne nun OLG München BtPrax 2009, 237, 238 = FamRZ 2009, 2119 (LS.). Zum Beschwerderecht von Angehörigen unten Rn. 213 f.
[263] Im Ergebnis auch *Bienwald* § 1896 Rn. 133 S. 167.
[264] Arg. e contrario aus § 1908i Abs. 1 S. 1; zutreffend *Bauer/Knieper* BtPrax 1998, 123.
[265] OLG Düsseldorf BtPrax 2010, 138, 139 (mit Erwägung von Ausnahmen je nach Aufgabenkreis); AG Düsseldorf FamRZ 2008, 1029. Soweit sich OLG Celle FamRZ 2008, 1026, 1027 auf eine dem entgegenste-

§ 1896 98–100   Abschnitt 3. Titel 2. Rechtliche Betreuung

ung für „Wohnungsangelegenheiten" enthält eine solche Aufsichtspflicht.[266] Auch ist die Zuweisung eines Aufgabenkreises „Beaufsichtigung des Betreuten" nicht statthaft,[267] weil die Aufsichtsführung keine Angelegenheit des Betreuten sein kann. Es ist daher nicht statthaft, einem Betreuer, nachdem der Betroffene durch Tierquälereien aufgefallen ist, den Aufgabenkreis „Beaufsichtigung des Betreuten in Bezug auf die Tierhaltung" zu übertragen;[268] auch der Aufgabenkreis „Sorge für die Tierhaltung" enthält eine solche Aufsichtspflicht nicht.[269] Eine analoge Anwendung des § 832 wird zutreffend gleichfalls abgelehnt.[270]

98   **bb) Verantwortung für die Lebensorganisation.** Das bedeutet andererseits nicht, dass der Betreuer für das Verhalten des Betreuten keinerlei Verantwortung trüge. Vielmehr kann zu den Aufgaben des Betreuers die *Organisation* des Lebens des Betreuten auch in der Richtung gehören, dass Verletzungen der Rechte Dritter möglichst vermieden werden. Den auf rechtliche Angelegenheiten beschränkten Betreuer trifft nicht die Pflicht, einen für Dritte gefährlichen Betreuten *persönlich* zu überwachen, aber er hat im Rahmen seiner Aufgabe für eine solche Aufsicht zu sorgen, wenn sie nötig erscheint, zB durch eine notwendig gewordene Unterbringung oder durch eine geeignete Gestaltung der Wohnverhältnisse. Gegebenenfalls ist eine Erweiterung des Aufgabenkreises anzuregen. Die Einrichtung, die *vertraglich* die Aufsicht übernimmt, haftet gemäß § 832 Abs. 2. Schädigt der Betreute Dritte und ist dafür eine Organisationspflichtverletzung des Betreuers mitursächlich, so kann sich eine Haftung des Betreuers aus § 823 Abs. 1 oder Abs. 2 ergeben.[271] Dabei entsteht allerdings die grundsätzliche Frage, inwieweit die dem Betreuer zum Wohl des Betreuten auferlegten Pflichten gleichzeitig den Schutz Dritter bezwecken und somit diesen gegenüber eine Verkehrssicherungspflicht begründen können; das ist im Allgemeinen zu verneinen.[272]

99   **cc) Haftung aus culpa in contrahendo?** In diesem Zusammenhang kann auch die Frage entstehen, ob den Betreuer, der für den Betreuten **Vertragsverhandlungen** führt, dem Verhandlungspartner gegenüber eine Eigenhaftung nach §§ 311 Abs. 3, 243 Abs. 2, 280 Abs. 1 BGB treffen kann, wenn er in besonderem Maße Vertrauen für sich in Anspruch genommen hat. Zutreffend wendet die Rechtsprechung hier die allgemeinen Grundsätze auch auf den Betreuer als gesetzlichen Vertreter an. Doch darf aus der Tätigkeit des Betreuers als Sachwalter des Betreuten nicht schon die Inanspruchnahme besonderen Vertrauens geschlossen werden;[273] es kommt darauf an, ob der Betreuer über seine gesetzliche Funktion hinaus durch sein Verhalten in der Weise Einfluß genommen hat, dass er eine zusätzliche persönliche Gewähr für die Seriosität und Durchführung des angebahnten Vertrags übernimmt.[274] Zu beachten sind aber drittschützende Mitteilungs- und Unterstützungspflichten nach Spezialgesetzen.[275]

100 **g) Strafverfahren. aa) Stellung eines Strafantrags.** Ein Betreuungsbedarf kann sich auch daraus ergeben, dass für den Betroffenen ein **Strafantrag** gestellt werden soll, den er wegen Geschäftsunfähigkeit nicht selbst wirksam stellen kann (§ 77 Abs. 3 StGB). Es bedarf dann bei Volljährigen der Vertretung durch einen Betreuer. Die Angelegenheit ist in dem Aufgabenkreis, dem das verletzte Rechtsgut angehört, ohne weiteres enthalten (zB bei Sachbeschädigung in der Vermögenssorge, § 303c StGB).[276] Die Angelegenheit kann aber erforderlichenfalls einem Betreuer auch gesondert zugewiesen werden. Die Befugnis zur Antragstellung schließt diejenige zur Rücknahme des Antrags ein.[277]

---

hende „herrschende Meinung" beruft, mag das bei Kommentierungen zu § 832 zutreffen, ist aber nicht die überwiegende Auffassung der betreuungsrechtlichen Lit.

[266] OLG Düsseldorf BtPrax 2010, 138, 139.
[267] Gegenteiliger Ansicht *Jürgens/Lesting/Marschner/Winterstein* Rn. 247.
[268] AA OLG Celle Strafsenat FamRZ 2008, 1026, 1027.
[269] AA OLG Celle Strafsenat FamRZ 2008, 1026, 1027.
[270] OLG Düsseldorf BtPrax 2010, 138, 139.
[271] Im Ansatz ähnlich, aber enger *Bauer/Knieper* BtPrax 1998, 123, 171.
[272] OLG Düsseldorf BtPrax 2010, 138, 139.
[273] BGH FamRZ 1995, 282, 283 f.; OLG Düsseldorf BtPrax 2010, 138; LG Flensburg FamRZ 2008, 2232, 2233 (Mietvertrag, Verwahrlosungstendenzen). Grenzfall nach früherem Recht BGHZ 100, 313, 316 f. (unterlassene Information über die Neigung des volljährigen Mündels zu Brandstiftungen bei Arbeitsvertragsverhandlungen).
[274] OLG Düsseldorf BtPrax 2010, 138, 139.
[275] Zutreffende Hinweise bei *Bauer/Knieper* BtPrax 1998, 123, 168.
[276] AA OLG Köln (Strafsenat) JMBl. NW 2005, 272. Das läuft, wenn der Schutz des Betroffenen gewahrt werden soll, auf eine unsinnige Häufung von Betreuungsverfahren hinaus. Zum Problem auch LG Ravensburg FamRZ 2001, 937.
[277] *Bienwald* § 1896 Rn. 133 S. 149.

bb) Strafverfahren gegen den Betreuten. In einem Strafverfahren gegen den Betreuten ist **101** der Betreuer als gesetzlicher Vertreter in der Hauptverhandlung als Beistand zuzulassen und auf sein Verlangen zu hören. Zeit und Ort der Hauptverhandlung sollen ihm rechtzeitig mitgeteilt werden (§ 149 Abs. 2 StPO). Das gilt nur, wenn der Tatvorwurf oder die zu erwartende Sanktion einen Bezug zum Aufgabenkreis des Betreuers hat.[278] Im **Sicherungsverfahren** liegt es nach BGHSt FamRZ 1997, 175 regelmäßig nahe, den Betreuer als Zeugen zu hören.

h) Sonstige Verfahren (außer Betreuungsverfahren). aa) Geschäftsunfähigkeit des **102** **Betreuten.** Soweit der Betreute geschäftsunfähig ist, kommt ihm **keine Prozessfähigkeit** zu (§ 52 ZPO). Er wird durch den Betreuer gesetzlich vertreten, soweit dessen Aufgabenkreis reicht (§ 51 Abs. 1 ZPO, § 1902 BGB). Das Gleiche gilt für den Betreuten für diejenigen Angelegenheiten, für die ein Einwilligungsvorbehalt (§ 1903) angeordnet ist; auch insoweit ist er prozessunfähig.[279] Bestehen konkrete Anhaltspunkte dafür, dass in einem Verfahren eine Partei prozessunfähig sein könnte, so hat das Gericht von Amts wegen zu ermitteln, ob Prozessunfähigkeit vorliegt; gegebenenfalls muss das Gericht den Betreffenden darauf hinweisen, dass er sich um die Bestellung eines Betreuers bemühen muss.[280] Ist in einem Prozess eine Partei prozessunfähig, so kann ihr rechtliches Gehör nur durch Anhörung eines gesetzlichen Vertreters gewährt werden, weil sie sich nicht selbstverantwortlich äußern kann.[281] Allerdings ist für den Streit über die Prozessfähigkeit die betroffene Partei als prozessfähig anzusehen.[282]

bb) Prozessführung durch den Betreuer. Selbst der **prozessfähige Betreute** steht einer **103** nicht prozessfähigen Person gleich, wenn er im Verfahren durch einen Betreuer vertreten wird (§ 53 ZPO). Das setzt voraus, dass die Angelegenheit in den Aufgabenkreis des Betreuers fällt.[283] Die Regelung des § 53 ZPO gilt kraft Verweisung oder gleichlaufender Regelung auch in anderen Verfahren (vgl. § 71 Abs. 6 SGG, § 62 Abs. 4 VwGO, § 58 Abs. 2 S. 2 FGO).

i) Totenfürsorge. aa) Ende der Betreuung. Die Gesundheitsbetreuung endet mit dem **Tod** **104** **des Betreuten.** Die Totenfürsorge gehört nicht mehr zu den Angelegenheiten, für die der Betreuer bestellt ist. Sie kann ihm auch nicht durch das bestellende Gericht ausdrücklich übertragen werden, weil in das Totensorgerecht nicht eingegriffen werden darf. Wer das Totensorgerecht innehat, entscheidet sich in erster Linie nach dem zu Lebzeiten geäußerten Willen des Verstorbenen.[284] Lediglich wenn und soweit der Wille des Verstorbenen nicht erkennbar ist, sind nach gewohnheitsrechtlichem Grundsatz die nächsten Angehörigen des Verstorbenen berechtigt und verpflichtet, über den Leichnam zu bestimmen und über die Art der Bestattung sowie die letzte Ruhestätte zu entscheiden.[285] Eine Aufzählung und Rangfolge der Angehörigen enthält § 2 Abs. 2, 3 des Gesetzes über die Feuerbestattung vom 15. Mai 1934 (RGBl. I S. 380): Ehegatte, Verwandte und Verschwägerte absteigender und aufsteigender Linie, Geschwister und deren Kinder sowie Verlobte. Bei Meinungsverschiedenheiten unter den Angehörigen geht der Wille des Ehegatten demjenigen der Verwandten,[286] der Wille näherer Verwandter dem der entfernteren Verwandten und des Verlobten vor. Ob die Angehörigen auch Erben sind, ist an sich unerheblich;[287] doch ist zu prüfen, ob die Enterbung einer gesetzlich zur Erbfolge berufenen Person nicht auch den Entzug des Totensorgerechts zum Ausdruck bringt. Die Regelungen des genannten Reichsgesetzes sind vielfach durch Landesgesetze abgelöst, welche die Verantwortung für die Bestattung und das Totensorgerecht nach unterschiedlichen Auflistungen regeln. Nach dem Bayerischen Bestattungsgesetz kann der personensorgeberechtigte Betreuer des Verstorbenen verpflichtet werden, für dessen Bestattung zu sorgen; ein Recht zur Totenfürsorge steht ihm aber nicht zu.[288]

---

[278] Zu den Problemen *Elzer* BtPrax 2000, 139.
[279] *Bork* MDR 1991, 98. S. ferner § 62 Abs. 2 VwGO.
[280] BGH, NJW-RR 2011, 284; OLG Düsseldorf BtPrax 2010, 85; zur Wiedereinsetzung in den vorigen Stand in solchem Fall bei Versäumung einer Einspruchsfrist BGH FamRZ 2008, 680; BAG FamRZ 2009, 1665.
[281] BAG FamRZ 2009, 1665 Tz. 5; OLG Düsseldorf BtPrax 2010, 85; LandesSozG Berlin-Brandenburg FamRZ 2010, 1472.
[282] BAG FamRZ 2009, 1665 Tz. 3.
[283] *Bork* MDR 1991, 97.
[284] OLG Zweibrücken FamRZ 2006, 65. Zur Problematik s. insbesondere *Widmann* FamRZ 1992, 759 ff.; *Stockert* BtPrax 1996, 203.
[285] BGH FamRZ 1992, 657 = NJW-RR 1992, 834; BGH FamRZ 1978, 15; OLG Zweibrücken NJW-RR 1993, 1482. S. auch die Entscheidung des Hess. StGH NJW 1968, 1923.
[286] So für die Totenfürsorge allgemein auch AG Frankfurt/Main FamRZ 1997, 1505.
[287] OLG Frankfurt NJW-RR 1989, 1159, 1160; LG Bonn FamRZ 1993, 1121.
[288] Art. 1 Abs. 2, Art. 15 Abs. 2 S. 1 Nr. 3 Bayerisches Bestattungsgesetz idF vom 26. 7. 2005 (GVBl. 2005, S. 287).

105 bb) Bestimmung durch den Betroffenen. Durch Bestimmung des Betroffenen kann nicht nur die Reihenfolge, in der die Angehörigen berufen sind, geändert oder durchbrochen, sondern das Totensorgerecht auch gänzlich entzogen werden.[289] Bei der Ermittlung des für die Wahrnehmung der Totenfürsorge maßgebenden Willens des Verstorbenen kommt es nicht nur auf dessen ausdrückliche Willensbekundungen an; vielmehr genügt es, wenn der Wille aus den Umständen mit Sicherheit geschlossen werden kann.[290] Ist ein zur Totensorge berufener Angehöriger zugleich Betreuer, bleibt ihm selbstverständlich das Totensorgerecht aus der Angehörigeneigenschaft; die Rechtsstellung als (ehemaliger) Betreuer begründet andererseits keinen Vorrang vor gleich nahen Verwandten.[291] Zwar bestimmt nach § 5 des Feuerbestattungsgesetzes bei Geschäftsunfähigen die Art der Bestattung derjenige, dem zu Lebzeiten die Personensorge für den Verstorbenen oblag; doch ist diese Regelung nicht verallgemeinerungsfähig und auch bedenklich: Die Bestellung des Betreuers erfolgt nach eigenständigen Kriterien, die mit der Interessenlage bei der Totenfürsorge nichts zu tun haben. Ein Totensorgerecht des Betreuers kann sich aber aus dem Willen des Verstorbenen ergeben, zB daraus, dass der Betroffene mit seinem Betreuervorschlag (§ 1897 Abs. 4 S. 1) ein besonderes Vertrauensverhältnis zur vorgeschlagenen Person bekundet hat.

106 cc) Notgeschäftsführung. Eine Befugnis, sich um die Bestattung zu kümmern, kann dem Betreuer als solchem allerdings auf Grund der Vorschriften über die **Notgeschäftsführung** zukommen (§ 1908i Abs. 1 S. 1 iVm. §§ 1698b, 1893 Abs. 1), wenn die zur Totenfürsorge berufenen Personen nicht tätig werden oder nicht ausfindig gemacht werden können. Für die Notgeschäftsführung kann der Betreuer im Rahmen der §§ 1835 ff. Aufwendungsersatz und Vergütung verlangen.[292] Im Verhältnis zu den Erben (§ 1968) oder Unterhaltspflichtigen (§§ 1360a Abs. 3, 1361 Abs. 4 S. 2, 1615 Abs. 2) handelt der Betreuer insoweit als berechtigter Geschäftsführer ohne Auftrag (§§ 683 S. 1 iVm. § 670); ein entgegenstehender Wille der Kostentragungspflichtigen beseitigt die Berechtigung nicht (§ 679).[293] Die Notgeschäftsführungsbefugnis endet, wenn der Totensorgeberechtigte selbst tätig wird.[294]

107 dd) Totenfürsorge durch den Betreuten. Anders ist die Lage, wenn dem Betreuten selbst die Totenfürsorge für einen Angehörigen zukommt. Dies ist eine persönliche Angelegenheit des Betreuten, auf welche eine Betreuung grundsätzlich erstreckt werden kann. Der Umstand, dass die Totenfürsorge eine höchstpersönliche Angelegenheit ist, schließt die Einschaltung eines Betreuers nicht aus. Ob der Betreuer in der Lage ist, als gesetzlicher Vertreter des Betreuten zB ein Widerspruchsrecht gegen eine Obduktion zu erklären, richtet sich nach dem jeweiligen Bestattungsrecht.[295]

108 3. Betreuung in Familienangelegenheiten. a) Eheschließung. Für die Frage der Eheschließung ergibt sich kein Betreuungsbedarf. Die Ehewillenserklärung ist höchstpersönlicher Natur (§ 1311 S. 1). Die Ehe kann nicht eingehen, wer geschäftsunfähig ist (§ 1304). Das trifft bei Volljährigen nur unter den Voraussetzungen des § 104 Nr. 2 zu.[296] Auch der Einwilligungsvorbehalt kann sich auf die Ehewillenserklärung nicht beziehen (§ 1903 Abs. 2), so dass die Bestellung für einen Aufgabenkreis „Eheschließung" unstatthaft ist. Zu beachten ist, dass nach neuem Eheschließungsrecht[297] die Heirat eines Geschäftsunfähigen nur zur Aufhebbarkeit der Ehe führt (§ 1314 Abs. 1). Die Aufhebbarkeit entfällt, wenn der Ehegatte nach Wegfall seiner Geschäftsunfähigkeit zu erkennen gegeben hat, dass er die Ehe fortsetzen will (§ 1315 Abs. 1 S. 1 Nr. 2). Auch ein **Verlöbnis** kann der Betreute nur selbst eingehen, sofern er nicht geschäftsunfähig ist; gesetzliche Vertretung scheidet hier ebenso aus wie die Anordnung eines Einwilligungsvorbehalts.[298] Hat sich eine Person wirksam verlobt und wird sie später geschäftsunfähig, so muss ihr der Rücktritt vom Verlöbnis möglich sein. Insofern kann dem Betreuer diese Angelegenheit übertragen werden, der jedoch dem Willen des

---
[289] BGH FamRZ 1992, 657 = NJW-RR 1992, 834; RGZ 154, 271 f.
[290] BGH FamRZ 1992, 657 = NJW-RR 1992, 834; RGZ 154, 271, 272.
[291] AA LG Bonn FamRZ 1993, 1121, 1122 (unter Berufung auf § 5 FeuerbestattungsG).
[292] Das ist mE selbstverständlich, eine andere Frage ist, *welche* Vergütung anfällt, siehe OLG München FamRZ 2006, 1787; LG Stendal FamRZ 2006, 1063.
[293] S. AG Neustadt FamRZ 1995, 731 (betrifft Kostenbeteiligung des von der Mutter geschiedenen Kindesvaters aus GoA).
[294] Vgl. LG Koblenz FamRZ 1995, 1376.
[295] Verneinend für das Brandenburgische Bestattungsgesetz AG Neuruppin FamRZ 2005, 2097 unter Berufung auf BGH FamRZ 1973, 620, 621 (Geschäftsfähigkeit als Voraussetzung des Totenfürsorgerechts).
[296] Zu den Problemen für die Lage vor dem Eheschließungsrechtsgesetz von 1998 siehe *Schwab*, FS Rebmann, S. 685 ff.
[297] Eheschließungsrechtsgesetz vom 4. 5. 1998 (BGBl. I S. 833).
[298] AA *Bienwald* § 1896 Rn. 133 S. 157.

Betreuten in dieser höchstpersönlichen Angelegenheit strikt zu folgen hat. Auch bei der Eingehung einer eingetragenen Partnerschaft ist Stellvertretung unzulässig (§ 1 Abs. 1 S. 1 LPartG). Wohl aber kann sich eine Betreuung für die mit der Eheschließung oder Partnerschaftsbegründung verbundenen vermögensrechtlichen Geschäfte als notwendig erweisen (Eheverträge, Unterhaltsverträge).

b) Ehescheidung und Eheaufhebung, Aufhebung einer eingetragenen Partnerschaft. Erweist es sich im Einzelfall als erforderlich, so kommt auch eine Betreuung in einer Scheidungsangelegenheit in Betracht. Das gilt sowohl für das Scheidungsverfahren selbst als auch für das Verfahren in Folgesachen. Gleiches ist für Aufhebungsverfahren, auch betreffend eine eingetragene Lebenspartnerschaft, anzunehmen. In den genannten Bereichen ist eine Reihe von besonderen Vorschriften zu beachten, s. § 1902 Rn. 30 ff. 109

c) Eltern-Kind-Verhältnis. Eine Betreuung kommt in bestimmten Fällen auch in Bezug auf kindschaftsrechtliche Verhältnisse in Betracht, niemals aber in Bezug auf die *Ausübung* der elterlichen Sorge selbst.[299] Deshalb muss der Antrag auf Geltendmachung eines Entschädigungsanspruchs eines minderjährigen Kindes im Strafprozess (Adhäsionsverfahren, § 404 StPO) von der sorgeberechtigten Mutter gestellt werden; deren Betreuer ist dazu nicht befugt.[300] Der Betreuer kann nicht gesetzlicher Vertreter des Betreuten in der Ausübung der elterlichen Sorge sein. Muss aus zwingenden Gründen die elterliche Sorge des Betreuten eingeschränkt oder entzogen werden, so ist ein Pfleger, äußerstenfalls ein Vormund für das Kind zu bestellen. Wohl aber kann ein Betreuer zur *Unterstützung* des Betreuten bei Ausübung der elterlichen Sorge bestellt werden,[301] wenn diese Lösung dem Kindeswohl hinreichend Rechnung trägt. Betreffend Anerkennung und Anfechtung der Vaterschaft, Erwerb der elterlichen Sorge, Beistandschaft, Bestimmung des Kindesnamens und Adoption siehe § 1902 Rn. 34 ff. 110

4. Vermögensbetreuung. a) Grundsätze. Wenn voraussehbar ist, dass Vermögensangelegenheiten anfallen werden, die der Betroffene nicht mehr selbst erledigen kann, ist ein Betreuer für Vermögensangelegenheiten zu bestellen. Bei ausgedehntem Handlungsbedarf, zB wenn erhebliches Vermögen zu verwalten ist oder der Betroffene zu beliebigen sinnlosen Geschäften neigt, sollte der Aufgabenkreis die Vermögensangelegenheiten schlechthin (oder „alle Vermögensangelegenheiten") umfassen. Der Aufgabenkreis kann aber auch auf einzelne Vermögensmassen (zB einen dem Betreuten anfallenden Nachlass) oder bestimmte Vermögensgegenstände (zB Verwaltung eines Miethauses) beschränkt werden. Wie weit die Vermögensverwaltung gezogen wird, ist nach dem Erforderlichkeitsgrundsatz zu bestimmen. Doch ist gerade bei der Vermögenssorge *vor einer zu engen Umschreibung zu warnen,* weil es schwierig ist, den Kreis der auf das Vermögen bezogenen Geschäfte (einschließlich der Zuständigkeit für den Empfang von Erklärungen bei geschäftsunfähigen Betreuten, § 131 Abs. 1!) sinnvoll einzuschränken. Es wäre misslich, wenn ein bloßer Wechsel des Vermögensobjekts (zB Schadensersatzanspruch anstelle der zerstörten Sache) die Kompetenzen des Betreuers enden ließe. Wenig einsichtig sind daher Aufgabenkreise wie „Bankangelegenheiten" oder „Versicherungsangelegenheiten",[302] auch wenn *derzeit* der Betreute sein Vermögen hauptsächlich bei Banken angelegt hat. Die Beschränkung auf „Bankangelegenheiten" enthielte dann eine Entscheidung, dass der Betreuer auf die Anlage bei Banken beschränkt sein soll, eine schwerlich aus dem Wohl des Betreuten zu rechtfertigende Einengung. Die **Ziele der Vermögensbetreuung** werden vom Gedanken bestimmt, dass der Betreuer so handeln soll, wie der Betreute, könnte er es selbst, handeln würde. Objektiv hat der Betreuer die Aufgabe, das Vermögen des Betreuten ordnungsgemäß zu verwalten sowie bestmöglich zu sichern und, wenn möglich, zu vermehren.[303] Gleichzeitig ist aber das Interesse des Betreuten zu berücksichtigen, den angemessenen aktuellen Nutzen von seinem Vermögen zu haben. Ob es sinnvoll ist, weitere Ersparnisse zu bilden, oder ob es im konkreten Fall angemessen erscheint, einen Teil der Vermögenssubstanz für den angemessenen Unterhalt zu verwenden, hängt von der Situation des Betreuten im Einzelfall ab; auf keinen Fall kann es Ziel der Betreuung sein, den Erwartungen künftiger Erben zu dienen.[304] 111

b) Erforderlichkeitsgrundsatz. Auch bei der Vermögensbetreuung ist der **Erforderlichkeitsgrundsatz** zu beachten.[305] Ein Vermögensbetreuer darf in der Regel nicht bestellt werden, 112

---

[299] BayObLG 2005, 236; LG Rostock FamRZ 2003, 1691; ausführlich hierzu *Walter* FamRZ 1991, 765 ff.; *Sonnenfeld* Rn. 47.
[300] BGHSt NStZ 2009, 586.
[301] Vgl. AG Koblenz FamRZ 2005, 478; LG Koblenz FamRZ 2003, 1777 (im konkreten Fall war der Betreuer aber für diese Angelegenheit nicht bestellt); an der Grenze LG Rostock FamRZ 2003, 1691.
[302] Dazu HK-BUR/*Bauer* § 1896 Rn. 235.
[303] OLG München Rpfleger 2006, 14, 15.
[304] Vgl. OLG München Rpfleger 2006, 14, 15.
[305] S. den Fall LG Regensburg FamRZ 1993, 477, 478.

§ 1896   113–115   Abschnitt 3. Titel 2. Rechtliche Betreuung

wenn weder Vermögen vorhanden ist noch Einkünfte erzielt werden oder erzielbar sind.[306] Doch kann die Bestellung eines Betreuers darüber hinaus zu dem Zweck notwendig sein, um eine (weitere) Verschuldung des Betroffenen zu verhindern, auch wenn er vermögenslos ist.[307] Soweit Vermögen oder Einkünfte vorhanden sind, ist die Betreuung nicht nur dann erforderlich, wenn gerade „aktueller Handlungsbedarf" besteht. Es genügt, wenn der Bedarf, das Notwendige zu veranlassen, jederzeit auftreten kann.[308] Überhaupt dürfen die Erfordernisse einer geordneten Vermögensverwaltung nicht unterschätzt werden; hier ist auch „Nichtstun" (zB die Unterlassung notwendiger Sanierungsmaßnahmen an einem Haus) ein wirtschaftlich relevantes Verhalten. Das Vermögen des Betroffenen, der es nicht selbst verwalten kann, darf nicht gleichsam sich selbst überlassen werden. Auch bei geregelten Vermögensverhältnissen bleibt die Aufgabe, darauf zu achten, dass die geordneten Verhältnisse aufrechterhalten bleiben und bei Bedarf das Notwendige veranlasst wird.[309] Andererseits ist die Einrichtung einer Vermögensbetreuung selbstverständlich nur dann gerechtfertigt, wenn das Unvermögen des Betroffenen, sinnvoll zu wirtschaften, auf einer der in § 1896 Abs. 1 genannten Krankheiten oder Behinderungen beruht; dass jemand durch Ungeschick in die Schuldenfalle gerät, genügt für sich gesehen nicht.[310]

113   c) **Einzelfragen.** Fällt dem Betreuten eine **Erbschaft** an, so ist die Entscheidung darüber, ob die Erbschaft ausgeschlagen werden soll, keine rein vermögensrechtliche Angelegenheit; es ist – allerdings in gebotener Eile – der Aufgabenkreis auf die Angelegenheit „Entscheidung über die Ausschlagung der Erbschaft" zu erweitern.[311] Andererseits umfasst die Vermögensbetreuung ohne weiteres auch die Verwaltung eines angefallenen Nachlasses einschließlich der Befugnis, im Namen des Betreuten einen Erbschein zu beantragen oder die Erbauseinandersetzung mit Miterben zu betreiben.[312] Der Vermögensbetreuer kann den Betreuten ferner im **Insolvenzverfahren** vertreten, zB beim Antrag auf Eröffnung (§ 13 Abs. 1 InsO, beachte § 53 ZPO) oder beim Antrag auf Restschuldbefreiung (§ 287 Abs. 1 S. 1 InsO). Zur Vermögenssorge gehört auch die **Geltendmachung von vermögensrechtlichen Ansprüchen** beliebiger Art, die in den Aufgabenkreis fallen, auch wenn sie schon vor Bestellung des Betreuers entstanden waren.[313] Hingegen fällt in den Kreis der Vermögensbetreuung nicht die Geltendmachung von Ansprüchen auf Herausgabe persönlicher Briefe und sonstigen persönlichen Unterlagen.[314]

114   d) **Wahrnehmung von Gesellschafterrechten.** Eine Betreuung ist auch speziell für die Wahrnehmung von Gesellschafterrechten denkbar. Der Betreuer kann freilich gesellschaftsrechtliche Funktionen nicht wahrnehmen, die persönliches Handeln erfordern. In den Fällen, in denen das Gesetz die unbeschränkte Geschäftsfähigkeit zur Innehabung gesellschaftsrechtlicher Funktionen verlangt (§ 6 Abs. 2 S. 1 GmbHG; § 76 Abs. 3 S. 1 AktG), erlischt das Amt mit dem Eintritt der Geschäftsunfähigkeit von selbst.[315] Gleiches gilt in den genannten Fällen für denjenigen Amtsträger, der bei der Besorgung seiner Vermögensangelegenheiten ganz oder teilweise einem Einwilligungsvorbehalt (§ 1903) unterliegt (§ 76 Abs. 3 S. 2 AktG; § 6 Abs. 2 S. 2 Nr. 1 GmbHG).

115   e) **Unterhalt, der Versorgung dienende Ansprüche.** Mit der Vermögenssorge allein ist nicht die Entscheidungsbefugnis darüber verbunden, in welcher Höhe die Einkünfte oder die Vermögenssubstanz dem Unterhalt des Betreuten zugeführt werden sollen und über welches Taschen-

---

[306] So im Prinzip BayObLG BtPrax 1995, 64, 65, freilich mit etwas zu enger Formulierung (wenn kein Vermögen vorhanden ist und keine *regelmäßigen* Einkünfte *erzielt* werden; indes muss auch ein Betreuer bestellt werden können, wenn unregelmäßige Einkünfte anfallen oder wenn es darum geht, mögliche Einkommensquellen zu aktivieren). Grenzfall BayObLG FamRZ 2004, 1229: Keine Betreuerstellung nötig, wenn – bei Fehlen nennenswerten Vermögens – die Nichte der Betroffenen in Form eines Oder-Kontos befugt ist, über die Rente der Betroffenen, von der nach Abzug der fixen Ausgaben monatlich 330 Euro verbleiben, zu verfügen, selbst wenn sie auf Grund einer Gestattung 150 Euro monatlich für eigene Zwecke verwendet.
[307] BayObLG FamRZ 1997, 902, 903 gegen die Auffassung, eine vermögenslose Person schädige sich durch weiteres Schuldenmachen nicht selbst und bedürfe daher in dieser Hinsicht keines Betreuers; s. auch BayObLG FamRZ 2001, 935. So auch *Soergel/Zimmermann* § 1896 Rn. 48.
[308] BayObLG FamRZ 1995, 117; 1997, 902, 903.
[309] BayObLG FamRZ 1997, 902, 903.
[310] Vgl. OLG Köln MDR 2005, 1114; FamRZ 2006, 288 (aus dem Auflaufen und Fortbestehen bescheidener Schulden kann nicht einfach auf das krankheitsbedingte Unvermögen zur Besorgung der eigenen Angelegenheiten geschlossen werden).
[311] So *Bienwald* § 1896 Rn. 133 S. 113. Zur Genehmigungsfähigkeit einer Ausschlagung der Erbschaft durch Betreuer siehe OLG Hamm FamRZ 2009, 2036; OLG Köln FamRZ 2008, 1113.
[312] *Bienwald* § 1896 Rn. 133 S. 113.
[313] Betr. Bereicherungsansprüche OLG München Rpfleger 2006, 14 = FamRZ 2006, 62 (LS.).
[314] AG Halberstadt FamRZ 2008, 2308.
[315] BayObLGZ 1982, 267, 269 f. = Rpfleger 1982, 428.

geld er verfügen soll. Gleiches gilt für die Geltendmachung von Unterhaltsansprüchen, die – ähnlich wie die Geltendmachung des Kindesunterhalts[316] – auch die persönliche Sphäre tangiert.[317] Sollen auch die Unterhaltsangelegenheiten vom Aufgabenkreis umfasst werden, so ist dies ausdrücklich im Bestellungsbeschluss festzulegen (zB Betreuung für Vermögens- und Unterhaltsangelegenheiten). Nicht zu empfehlen ist die Einschränkung auf einzelne Unterhaltsquellen (zB „Rentenangelegenheiten"), weil dann das Bekanntwerden jeder neuen Einkunftsart (zB das Bekanntwerden eines Unterhaltspflichtigen) überflüssige Erweiterungsverfahren provoziert. Die Zuständigkeit für Unterhaltsangelegenheiten umfasst auch die Befugnis zur **Geltendmachung von Sozialhilfeansprüchen** und anderen Sozialleistungen. Diese ist an sich auch schon im Aufgabenkreis „Vermögenssorge" („Vermögensbetreuung") enthalten,[318] da die Vermögenssorge auch die Aufgabe einschließt, für die Erzielung von Einkünften, auf die der Betreute Anspruch hat, zu sorgen; ein persönliches Element, das der Geltendmachung von Unterhaltsansprüchen gegen Verwandte und Ehegatten innewohnt, ist dem Sozialhilfeantrag nicht eigen. Doch ist zu empfehlen, zur Klarstellung den Bereich „Renten- und Sozialhilfeangelegenheiten" eigens zu nennen, wenn ein Handlungsbedarf absehbar ist.[319] Nach BayObLG FamRZ 1994, 1551 darf ein Betreuer zur Stellung eines Rentenantrages gegen den Willen des Betreuten nur dann bestellt werden, wenn die Ursache der Weigerung des Betroffenen, selbst den Antrag zu stellen, eine psychische Krankheit ist. Die **Verwaltung der Einkommen** aus Sozialhilfe und Renten untersteht zweifellos der Vermögenssorge.[320] Nach einer Entscheidung des III. Zivilsenats des BGH gehört hierzu allerdings nicht die *tatsächliche Verwaltung* der Barbeträge, die einem Betreuten neben der Eingliederungshilfe gemäß § 35 Abs. 2 S. 1 SGB XII gewährt werden, da insoweit nur eine tatsächliche Hilfeleistung vorliege.[321] Soweit eine Angelegenheit in den Aufgabenkreis fällt, ist der Betreuer auch zur **Geltendmachung von Auskunftsansprüchen** befugt, zB bei Unterhaltsbetreuung zur Geltendmachung der Ansprüche aus §§ 1605, 1361 Abs. 4 S. 4, 1580. Auch kann er den Betreuten bei seinem Anspruch auf Einsichtnahme in die beim Sozialhilfträger geführte Akte vertreten.[322]

5. Sonstige Angelegenheiten und Umschreibungen. In der Frage der Umschreibung des Aufgabenkreises bestehen zwar gewisse gerichtliche Usancen, indes ist man leider von einer einheitlichen Handhabung weit entfernt. Es hängt dies damit zusammen, dass die dem Betreuer anvertrauten Angelegenheiten unterschiedlich detailliert benannt werden. Gelegentlich herrscht der Eindruck der Beliebigkeit, so wenn dem Betreuer „Behördenangelegenheiten", „Vertretung gegenüber der Behörde" oder „Vertretung gegenüber der Heimleitung" zugewiesen werden. Derartige Verengungen sind meist unzweckmäßig: Wo der Betreuer *in der Sache* zuständig ist, ist er es auch gegenüber Behörden; es ist bei der Betreuerbestellung ein *sachliches* Aufgabenfeld zu benennen, die gesetzliche Vertretung – auch gegenüber Behörden, Heimleitung u. ä. – ergibt sich daraus von selbst (§ 1902).[323] Soll der Aufgabenkreis des Betreuers über seine bisherige sachliche Zuständigkeit hinaus auf Behörden- oder Gerichtsverfahren erweitert werden, so sind die Verfahren *konkret* zu benennen; eine allgemeine Übertragung „Vertretung vor Gerichten und Behörden" (unabhängig von der sonstigen sachlichen Zuständigkeit des Betreuers) ist nur dann zulässig, wenn der Betroffene krankheitsbedingt dazu neigt, eine Vielzahl sinnloser Verfahren zu betreiben und sich dadurch zu schädigen.[324] Die Beschränkung auf einzelne aus einem größeren Aufgabenbereich herausgenommene Aufgaben kann sich ergeben, wenn Vollmachten erteilt sind, die Betreuung nur teilweise ersetzen können; gesetzliches Beispiel ist die Kontrollbetreuung des § 1896 Abs. 3. Wenig sinnvoll ist aus den genannten Gründen die Zuweisung des Aufgabenkreises „Besorgung juristischer Angelegenheiten".[325]

6. Die Betreuung für alle Angelegenheiten. a) Ausnahme. Die Bestellung eines Betreuers für alle Angelegenheiten ist möglich, aber unter der Herrschaft des Erforderlichkeitsgrundsatzes die Ausnahme. Sie ist im Bestellungsbeschluss klar und unmissverständlich zu verlautbaren. Unzulässig ist ein Beschluss, der zunächst einzelne Aufgabenkreise addiert und dann die bloße Feststellung

---

[316] S. LG Köln FamRZ 1998, 919.
[317] OLG Zweibrücken FamRZ 2000, 1324; *Gernhuber* FamRZ 1976, 189, 192.
[318] LG Regensburg FamRZ 1993, 477, 478; LG Berlin FamRZ 2002, 345; *Soergel/Zimmermann* § 1896 Rn. 47; aA LG Köln FamRZ 1998, 919.
[319] Vgl. den Fall BayObLG FamRZ 1994, 1551.
[320] OLG Köln FamRZ 1993, 850.
[321] BGH FamRZ 2011, 293 (Ergebnis zweifelhaft).
[322] SG Würzburg FamRZ 2009, 543.
[323] KG FamRZ 2008, 919; FamRZ 2008, 1114; FamRZ 2009, 910, 911.
[324] KG FamRZ 2008, 919; FamRZ 2008, 1114. Eine solche Gefahr soll aber nach KG nicht gegeben sein, wenn bei dem betreffenden Verfahren keine Gebühren erhoben werden.
[325] ZB LG Regensburg FamRZ 1993, 476.

§ 1896 118–120 Abschnitt 3. Titel 2. Rechtliche Betreuung

hinzufügt, damit sei Betreuung für alle Angelegenheiten angeordnet.[326] Betreuung für alle Angelegenheiten kommt nur dann in Betracht, wenn der Betroffene auf Grund seiner Krankheit oder Behinderung keine seiner Angelegenheiten mehr selbst besorgen kann und die Betreuerbestellung für alle seine Angelegenheiten erforderlich ist.[327] Bei der Frage, was „alle Angelegenheiten" sind, stellt die Rechtsprechung nicht auf alle *abstrakt denkbaren,* sondern auf die in der konkreten Lebenssituation anfallenden Angelegenheiten ab: Voraussetzung sei, dass der Betroffene nicht (mehr) imstande ist, den seiner konkreten Lebenssituation (soziale Stellung, bisherige Lebensgestaltung) entsprechenden Alltag wenigstens teilweise zu beherrschen und zu gestalten; hinsichtlich sämtlicher Bereiche, welche die konkrete Lebenssituation des Betroffenen ausmachen, müsse auch Handlungsbedarf bestehen.[328] Im Hinblick auf die einschneidenden Folgen einer Betreuung für alle Angelegenheiten überzeugt diese verengte Sichtweise nicht. Wenn der Betroffene zB dauerhaft der stationären ärztlichen Behandlung bedarf und die Gesundheitsfürsorge in seiner konkreten Lebenslage der einzige jetzt relevante Lebensbereich ist, so darf der Betreuer nicht für alle Angelegenheiten bestellt werden. Die Betreuung für alle Angelegenheiten ist mE nur zulässig, wenn der Betroffene sämtliche Angelegenheiten, die in seinem Lebenskreis realistischerweise anfallen können, rechtlich nicht selbst zu besorgen vermag, auch wenn (zurzeit) nicht für alle ein konkreter Handlungsbedarf besteht. In allen übrigen Fällen sind die Aufgabenkreise konkret zu umschreiben. Unzulässig wäre es, die Totalbetreuung nur deshalb anzuordnen, um befürchteten Wahlmanipulationen zu begegnen.[329]

118 **b) Präzisierung des Begriffs.** Nach ausdrücklicher gesetzlicher Regelung ist eine „Betreuung für alle Angelegenheiten" auch dann gegeben, wenn die Befugnis zur Post- und Telefonkontrolle (§ 1896 Abs. 4) und zur Entscheidung über die Einwilligung in eine Sterilisation (§ 1905) vom Wirkungskreis nicht erfasst ist (§ 276 Abs. 1 S. 2 Nr. 2 FamFG; § 309 Abs. 1 S. 2 FamFG), alle übrigen Angelegenheiten aber einbezogen sind. Gleichgültig ist, ob ein Einwilligungsvorbehalt angeordnet ist oder nicht. Andererseits ist in der Bestellung eines Betreuers für alle Angelegenheiten die Befugnis zur Post- und Fernmeldekontrolle nicht enthalten.[330]

119 **c) Sonderregeln.** Wegen der Schwere des Eingriffs gelten bei Betreuung für alle Angelegenheiten einige Sonderregeln:
– Es ist grundsätzlich ein Verfahrenspfleger zu bestellen (§ 276 Abs. 1 S. 2 Nr. 2 FamFG).
– Da sich die Bestellung eines Betreuers für alle Angelegenheiten auf die Wahlfähigkeit des Betreuten auswirkt, hat das Betreuungsgericht der für die Führung des Wählerverzeichnisses zuständigen Behörde Mitteilung zu machen (§ 309 Abs. 1 S. 1 FamFG).
Die genannten Sonderregeln gelten auch, wenn der bisher beschränkte Aufgabenkreis des Betreuers auf alle Angelegenheiten **erweitert** werden soll. Bestellung für alle Angelegenheiten oder Erweiterung auf alle Angelegenheiten sind auch dann anzunehmen, wenn mehrere Betreuer mit geteilten Aufgabenkreisen (§ 1899 Abs. 1) so bestellt werden, dass insgesamt alle Angelegenheiten des Betroffenen umfasst sind.

D. Betreuerbestellung auf Antrag oder von Amts wegen

I. Betreuerbestellung von Amts wegen

120 **1. Statthaftigkeit.** Sind die Voraussetzungen einer Betreuung einschließlich ihrer Erforderlichkeit gegeben, so kann das Gericht für den Betroffenen von Amts wegen einen Betreuer bestellen. Eines Antrages des Betroffenen selbst bedarf es nur dann, wenn dessen Betreuungsbedürftigkeit lediglich auf einer körperlichen Behinderung beruht (§ 1896 Abs. 1 S. 3). Auch in den Fällen körperlicher Behinderung soll indes ein Handeln von Amts wegen statthaft sein, wenn der Betroffene seinen Willen nicht kundtun kann. Das wird kaum je vorkommen, ohne dass nicht zugleich eine geistige Behinderung gegeben ist; die Gesetzesbegründung[331] denkt an einen Fall, in dem der Betroffene vom dritten Halswirbel an gelähmt ist und seinen Willen trotz vermutlich voller geistiger Orientierung nicht kundtun kann. Treffen körperliche und geistige Behinderungen zusammen, so ist eine Betreuerbestellung von Amts wegen möglich, soweit das Betreuungsbedürfnis auf den geistigen Defiziten beruht. Die Möglichkeit, einen Betreuer von Amts wegen zu bestellen, berücksichtigt die

---

[326] BayObLG FamRZ 1997, 388.
[327] BayObLG FamRZ 1997, 388; 1998, 452, 453.
[328] BayObLG FamRZ 1998, 452, 453; FamRZ 2002, 1255; auf der gleichen Linie schon BayObLG FamRZ 1997, 388.
[329] Vgl. BayObLG FamRZ 1998, 452, 453.
[330] BayObLG FamRZ 2002, 1255.
[331] BT-Drucks. 11/4528 S. 116.

Tatsache, dass bei gewissen psychischen Krankheiten oder geistigen oder seelischen Behinderungen die Betroffenen oft nicht imstande sind, ihre Betreuungsbedürftigkeit einzusehen.[332] Auch ist eine Betreuerbestellung im Drittinteresse möglich (Rn. 22), bei der ebenfalls mit einem Antrag des Betreuungsbedürftigen nicht zu rechnen ist. Zu berücksichtigen ist bei all dem, dass ein Betreuer nicht gegen den freien Willen des Betroffenen bestellt werden darf (§ 1896 Abs. 1 a).

2. Verhältnis zur Betreuerbestellung auf Antrag. Die Bestellung eines Betreuers von Amts wegen ist, soweit statthaft, gegenüber derjenigen auf Antrag des Betroffenen nicht subsidiär. Wenngleich die Gesetzesbegründung[333] der Betreuung auf eigenen Antrag eine günstigere psychologische Konstellation zumisst, ist eine Rangfolge dem Gesetz nicht zu entnehmen. Der Richter ist also vor Einleitung eines Amtsverfahrens nicht gehalten, zunächst zu erkunden, ob ein Antrag des Betroffenen zu erwarten ist. Wohl aber kann der Betroffene nach Einleitung des Betreuungsverfahrens von Amts wegen noch seinerseits den Antrag stellen; dann wird der Antrag zur Verfahrensgrundlage der Betreuerbestellung (Konsequenzen unten Rn. 126 ff.). Erklärt der Betroffene im Verfahren, er sei mit einer Betreuung einverstanden, so kann darin ein Antrag zum Ausdruck kommen.[334] Doch darf die bloße Äußerung des Betroffenen im Verfahren, er habe „nichts gegen die Betreuung einzuwenden" oder er habe am liebsten eine bestimmte Person als Betreuer, nicht ohne weiteres in einen Antrag umgedeutet werden; vielmehr muss der Betroffene den *Wunsch* nach Bestellung eines Betreuers erkennen lassen. 121

II. Betreuerbestellung auf Antrag

1. Bedeutung. Die Bestellung des Betreuers kann auch auf Antrag des Betreuungsbedürftigen erfolgen (§ 1896 Abs. 1 S. 1). Gegenüber dem Amtsverfahren hat die Betreuung auf Antrag nach den Vorstellungen des BtG[335] praktische Vorteile: Das Wissen, dass der Betreuer auf eigenen Antrag bestellt wurde, könne sich für die Zusammenarbeit mit dem Betreuer und die Rehabilitationsmöglichkeiten vorteilhaft auswirken; der Betreute sei bei eigenem Antrag leichter in der Lage, die Betreuung als Hilfe zu begreifen. Gleichwohl folgt die Bestellung auf Antrag im Allgemeinen denselben Verfahrensregeln und führt im Allgemeinen zu denselben Wirkungen wie die Bestellung von Amts wegen (Ausnahmen s. Rn. 129 ff.). 122

2. Antragsberechtigung. Antragsberechtigt ist **nur der Betroffene,** der für sich die Bestellung eines Betreuers begehrt. Kein Antragsrecht haben Dritte, die an der Betreuerbestellung interessiert sein können; eine Ausnahme gilt nur für gewisse Behörden in besonderen Verfahren. Auch die nächsten Angehörigen des Betroffenen haben kein Antragsrecht. Das Begehren Dritter, für eine Person einen Betreuer zu bestellen, ist als bloße Anregung zu werten, von Amts wegen ein Betreuungsverfahren einzuleiten.[336] Der Arzt, der eine Betreuung anregt, um Schaden von seinem Patienten abzuwenden, verletzt nicht die Schweigepflicht.[337] Auch der Betreuungsbehörde kommt kein Antragsrecht zu.[338] 123

3. Rechtsnatur des Antrags. Der Antrag ist im Allgemeinen bloße Verfahrenshandlung, die im Betreuungsverfahren keine Geschäftsfähigkeit voraussetzt (§ 1896 Abs. 1 S. 2 BGB; § 275 FamFG). Die Geschäftsfähigkeit wird daher auch nicht anlässlich eines Antrags geprüft; es kam dem Gesetzgeber gerade darauf an, eine Einteilung der Betroffenen in geschäftsfähige und nichtgeschäftsfähige Personen im Rahmen des Verfahrens zu vermeiden.[339] Stellt der Betroffene hingegen den Antrag, ihm wegen bloß körperlicher Behinderungen einen Betreuer zu bestellen, so enthält der Antrag zugleich eine Einwilligung, die in diesem Fall materiellrechtliche Voraussetzung der Betreuung ist. 124

4. Inhalt und Modalitäten. Der Antrag ist auf die Bestellung eines Betreuers für einen bestimmten Aufgabenkreis oder für alle Angelegenheiten gerichtet; der Aufgabenkreis darf nicht unbestimmt bleiben.[340] Der Antrag kann mit dem Vorschlag, eine bestimmte Person als Betreuer auszuwählen (§ 1897 Abs. 4 S. 1), verbunden werden, muss es aber nicht. Es ist also auch ein Antrag 125

---

[332] Vgl. BT-Drucks. 11/4528 S. 118.
[333] BT-Drucks. 11/4528 S. 118.
[334] *Knittel* § 1896 Rn. 91; *Soergel/Zimmermann* § 1896 Rn. 20.
[335] BT-Drucks. 11/4528 S. 118.
[336] Richtig BT-Drucks. 11/4528 S. 117; als Rechtsschutzbegehren sind aber auch solche Anregungen nicht bedeutungslos.
[337] *Kern* MedR 1993, 245, 247.
[338] Zu den rechtspolitischen Gründen BT-Drucks. 11/4528 S. 117.
[339] BT-Drucks. 11/4528 S. 120.
[340] AA *Knittel* § 1896 Rn. 91.

statthaft, der auf die Betreuung auf einem bestimmten Gebiet abzielt und die Auswahl des Betreuers dem Ermessen des Gerichts anheim stellt (§ 1897 Abs. 1). Der Antrag ist auch noch statthaft, nachdem ein Betreuungsverfahren von Amts wegen eingeleitet wurde, solange es noch nicht abgeschlossen ist (auch noch in der Beschwerdeinstanz). Wird ein solcher Antrag während des Verfahrens gestellt, so bildet er, soweit sein Gegenstand reicht, die Verfahrensgrundlage. Ist ein Verfahrenspfleger bestellt, so ist dieser mE nicht befugt, im Namen des Betroffenen den Antrag zu stellen, weil dies eine nicht im Sinne des Betreuungsrechts liegende Fremdbestimmung darstellen würde. Der Antrag kann in jedem Stadium eines noch nicht rechtskräftig abgeschlossenen Verfahrens zurückgenommen werden; in diesem Fall hat das Gericht zu prüfen, ob eine Betreuerbestellung von Amts wegen erforderlich ist. Auch die Rücknahme des Antrags kann durch einen Geschäftsunfähigen erfolgen.

126 **5. Wirkung des Antrags. a) Grundsatz.** Der vom Betroffenen gestellte Antrag verpflichtet das Gericht, die Voraussetzungen einer Betreuerbestellung zu überprüfen und gegebenenfalls einen Betreuer für den erforderlichen Aufgabenkreis zu bestellen. Abgesehen vom Sonderfall der Betreuung für ausschließlich körperlich behinderte Personen sind die Voraussetzungen für Betreuerbestellung auf Antrag dieselben wie für die Betreuung von Amts wegen.[341] Der Antrag ersetzt keine der gesetzlichen Voraussetzungen der Betreuung. Umgekehrt besteht, wenn die gesetzlichen Voraussetzungen gegeben sind, ein **subjektiv-öffentliches Recht** des Betroffenen **auf Bestellung eines Betreuers.**

127 **b) Einzelheiten.** Auch im Antragsverfahren hat das Gericht zu prüfen, ob der Antrag gegenständlich ausreicht oder ob nicht eine Ausweitung des Aufgabenkreises über das Beantragte hinaus erforderlich ist. Geht das Gericht in diesem Sinne über den Antrag hinaus, so müssen freilich die Voraussetzungen eines Handelns von Amts wegen gegeben sein, zB wenn die Bestellung eines Vermögensbetreuers beantragt ist und das Gericht den Betreuer außerdem für persönliche Angelegenheiten bestellt. Gleiches gilt, wenn der Betroffene den Antrag stellt, eine bestimmte Person zum Betreuer zu bestellen, und das Gericht einen anderen Betreuer auswählt, weil es den Vorgeschlagenen für unfähig hält (§ 1897 Abs. 4 S. 1); in einem solchen Fall trägt der Antrag insgesamt die Betreuerbestellung nicht, da der Betroffene den Antrag im Zweifel nur im Hinblick auf die gewünschte Betreuungsperson stellt.[342]

128 **6. Antrag und Einwilligungsvorbehalt.** Dass das Gericht auf Antrag tätig wird, entbindet es (außer bei bloß körperlicher Behinderung) nicht von der Prüfung, ob ein Einwilligungsvorbehalt (§ 1903) angeordnet werden kann und muss. Für die Entscheidung hierüber spielt ein Antrag des Betroffenen keine Rolle; die Entscheidung ergeht in jedem Fall von Amts wegen.

129 **7. Unterschiede zum Amtsverfahren.** Antragsverfahren und Amtsverfahren unterliegen grundsätzlich denselben Verfahrensregeln und führen zu denselben Rechtswirkungen. Von diesem Prinzip macht das Gesetz einige Ausnahmen.

a) Ärztliches Zeugnis. Nach § 281 Abs. 1 Nr. 1 FamFG genügt im Betreuungsverfahren auf Antrag anstelle des Sachverständigengutachtens ein „ärztliches Zeugnis", wenn der Betroffene die Bestellung eines Betreuers beantragt und auf die Begutachtung verzichtet hat und die Einholung des Gutachtens insbesondere im Hinblick auf den Umfang des Aufgabenkreises des Betreuers unverhältnismäßig wäre. Diese Regelung ist nicht unbedenklich, da der Antrag auch von einem Geschäftsunfähigen gestellt werden kann (§ 1896 Abs. 1 S. 2) und auch der „Verzicht auf die Begutachtung" als Verfahrenshandlung die Geschäftsfähigkeit des Betroffenen nicht voraussetzt (§ 275 FamFG). Das Gericht hat daher auch im Antragverfahren zu prüfen, ob ein ärztliches Zeugnis für die notwendigen Ermittlungen (§ 26 FamFG) genügt. Zu beachten ist auch, dass die Begutachtung nachzuholen ist, wenn ein Antrag des Betroffenen auf Aufhebung der Betreuung oder auf Einschränkung des Aufgabenkreises erstmals abgelehnt werden soll (§ 294 Abs. 2 FamFG).

130 **b) Aufhebung.** Ferner ist die Betreuung auf Antrag grundsätzlich auf Antrag des Betreuten auch wieder aufzuheben (§ 1908d Abs. 2). Auch den Aufhebungsantrag kann ein Geschäftsunfähiger stellen (§ 1908d Abs. 2 S. 2). Trotz des Aufhebungsantrags bleibt die Betreuung indes aufrechterhalten, wenn die Prüfung ergibt, dass sie von Amts wegen erforderlich ist (§ 1908d Abs. 2 S. 1).

131 **c) Beschwerde.** Einen entscheidenden Unterschied macht das Gesetz bei der Beschwerdeberechtigung. Während gegen die Bestellung eines Betreuers von Amts wegen bestimmten nahen Angehörigen und Vertrauenspersonen des Betroffenen ein Beschwerderecht wenigstens dann zusteht, wenn sie im ersten Rechtszug beteiligt worden sind (§ 303 Abs. 2 FamFG), soll gleiches bei

---

[341] So auch BayObLG FamRZ 1998, 1998, 1057, 1058.
[342] So auch BayObLG FamRZ 2003, 1871, 1872.

der Betreuerbestellung auf Antrag nicht gelten; hier ist eine Beschwerdeberechtigung der genannten Personen also nur unter den allgemeinen Voraussetzungen des § 59 Abs. 1 FamFG gegeben. Das ist im Hinblick darauf, dass den Betreuungsantrag auch ein Geschäftsunfähiger stellen kann, rechtspolitisch sehr bedenklich.[343] Umso mehr ist darauf hinzuweisen, dass der Antrag keine der materiellen Voraussetzungen der Betreuerbestellung ersetzt.[344] Zutreffend ist entschieden worden, dass ein auf Antrag eingeleitetes Verfahren im Einzelfall zu einer amtswegigen Betreuerbestellung führen kann, sofern die Voraussetzungen hierfür gegeben sind.[345]

8. Antragsbefugnis von Behörden. Eine behördliche Antragsbefugnis ist in wenigen, eng umgrenzten Ausnahmefällen vorgesehen. Auf das Betreuungsrecht greift zB § 16 VwVfG zurück: Für einen Beteiligten, der infolge psychischer Krankheit oder körperlicher, geistiger oder seelischer Behinderung nicht in der Lage ist, in dem Verwaltungsverfahren selbst tätig zu werden, hat das Betreuungsgericht auf Ersuchen der Behörde einen geeigneten Vertreter zu bestellen (Abs. 1 Nr. 4); dafür gelten die Vorschriften über die Betreuung entsprechend (Abs. 4). Parallel dazu ist § 81 Abs. 1 Nr. 4, Abs. 4 Abgabenordnung gefasst. In den genannten Verfahren ist eine Einwilligung des Betroffenen nicht erforderlich,[346] selbstverständlich aber die Überprüfung der sachlichen Voraussetzungen geboten.[347] Die Einwilligung des Betroffenen ist allerdings unabdingbare Voraussetzung, wenn er nur körperlich behindert ist. **132**

F. Inhalt und Wirkungen der Entscheidung

I. Einheitsentscheidung

1. Grundsatz. a) Einheitsentscheidung. Liegen die Voraussetzungen des § 1896 Abs. 1, 1a und 2 vor, so bestellt das Gericht dem Betroffenen im notwendigen Umfang einen Betreuer. Zwischen Anordnung der Betreuung und Bestellung des Betreuers wird nach der Konzeption des BtG nicht unterschieden (Einheitsentscheidung; dazu BGH FamRZ 2011, 367 Tz.9). Eine Aufteilung in eine abstrakte Betreuungsanordnung und eine Betreuerbestellung wäre nach dem klaren Willen des Gesetzgebers nicht statthaft.[348] Auch geht dem Beschluss, mit dem der Betreuer bestellt wird, keine gesonderte Auswahlentscheidung voraus (Näheres Erl. zu § 1898). In der Bestellung des konkreten Betreuers liegt zugleich seine konstitutive Auswahl; die vorgeschaltete „Inaussichtnahme" bildet einen gerichtsinternen Vorgang.[349] **133**

b) Ausnahme vom Prinzip der Einheitsentscheidung durch Landesrecht. Das 2. BtÄndG hat die Möglichkeit geschaffen, vom Prinzip der Einheitsentscheidung abzuweichen. Die Landesregierungen sind danach ermächtigt, durch Rechtsverordnung den Richtervorbehalt in Betreuungssachen aufzuheben, freilich mit Ausnahme einiger Verrichtungen. Zu diesen Ausnahmen gehören die Anordnung einer Betreuung und die Festlegung des Aufgabenkreises (§ 19 Abs. 1 S. 1 Nr.1 RPflG). Folglich können die **Auswahl** und **Bestellung eines Betreuers** durch Landesrecht auf den Rechtspfleger übertragen werden, während die Anordnung der Betreuung und die Bestimmung des Aufgabenkreises dem Richter verbleibt. Wird die Entscheidung auf diese Weise aufgespaltet, so sind auf die Anordnung der Betreuung und die Feststellung des Aufgabenkreises die Vorschriften des FamFG über die Betreuerbestellung anzuwenden (§ 19 Abs. 3 RPflG). **134**

c) Keine Betreuung ohne Betreuer. Unter dem Prinzip der Einheitsentscheidung gibt es im Grundsatz keine Betreuung ohne Betreuer; die Wirkungen eines Betreuungsverhältnisses können erst mit der Bestellung eines individuellen Betreuers eintreten. Diese klare Konstruktion ist aber – was die Beendigung betrifft – nicht konsequent durchgehalten. So spricht § 1908d von „Aufhebung der Betreuung", die von der „Entlassung des Betreuers" (§ 1908b) unterschieden wird. Auch ergibt sich die Frage, ob nicht zwischen Entlassung oder Tod eines Betreuers und Bestellung eines neuen **135**

---
[343] Die Bedenken wurden allerdings für Lage nach FGG vom BayObLG nicht geteilt, vgl. FamRZ 1998, 1057, 1058.
[344] BayObLG FamRZ 1998, 1057, 1058 im Anschluss an meine Ausführungen FamRZ 1992, 493, 494.
[345] BayObLG FamRZ 2003, 1871, 1872 (Bestellung des Betreuers für weitere Aufgabenkreise als vom Antrag umfasst).
[346] KGJ 30 A 28; BayObLGZ 1957, 349, 352; 1964, 396, 398; OLG Stuttgart OLGZ 1969, 490; LG Dortmund FamRZ 1962, 485.
[347] BayObLGZ 1957, 349, 352.
[348] Siehe BT-Drucks. 11/4528 S. 118 f. (ausführliche Rechtfertigung der Einheitsentscheidung). So auch BGH MDR 2011, 164 Tz.9.
[349] *Zimmermann* FamRZ 1991, 275 Fn. 42.

Betreuers gewisse Rechtswirkungen des Betreuungsverhältnisses aufrechterhalten bleiben (siehe Erl. § 1908c).

136 **2. Aufgabenkreis und Dauer. a) Aufgabenkreis.** In dem Beschluss, mit dem der Betreuer bestellt wird, ist zugleich sein **Aufgabenkreis** zu benennen (§ 286 Abs. 1 Nr. 1 FamFG). Der Aufgabenkreis wird auch in die Bestellungsurkunde aufgenommen (§ 290 Nr. 3 FamFG), so dass diesbezüglich eine Vertrauenswirkung im Rechtsverkehr entsteht. Die Umschreibung des Aufgabenkreises erfolgt nach dem Prinzip der Erforderlichkeit. Das Sachverständigengutachten hat sich auf diese Frage zu erstrecken (§ 280 Abs. 3 S. 4 FamFG).

137 **b) Zeitpunkt.** Der Bestellungsbeschluss muss den **Zeitpunkt** nennen, zu dem das Gericht spätestens über die Aufhebung oder Verlängerung zu entscheiden hat (§ 286 Abs. 3 FamFG); dieser Zeitpunkt darf höchstens sieben Jahre nach Anordnung der Betreuung liegen (§ 295 Abs. 2 FamFG) Der Ablauf der im Beschluss zu nennenden Frist beendet die Betreuung nicht automatisch, sondern gibt lediglich dem Richter zur gegebenen Zeit auf, die getroffene Maßnahme zu überprüfen. Wird der Termin übersehen, so ist die Aufrechterhaltung der Betreuung rechtswidrig,[350] die Betreuerbestellung bleibt gleichwohl wirksam. Leider ordnet das Gesetz nicht an, den Zeitpunkt, in welchem das Gericht spätestens über eine Aufhebung oder Verlängerung zu entscheiden hat, in der Bestellungsurkunde festzuhalten. Welche Frist gewählt wird, hängt von der voraussichtlichen Dauer des Betreuungsbedürfnisses ab; das Sachverständigengutachten hat auch hierzu Stellung zu nehmen (§ 280 Abs. 3 Nr. 5 FamFG). Fraglich ist, ob das Gericht nicht – abweichend vom gesetzlichen Modell – den Betreuer von vornherein nur auf Zeit bestellen kann, nach deren Ablauf das Amt automatisch endet (mE zu bejahen).

138 **3. Einwilligungsvorbehalt.** Die Anordnung eines Einwilligungsvorbehalts (§ 1903) bildet eine gesonderte Maßnahme. Sie kann, wenn ihre Voraussetzungen gegeben sind, mit der Betreuerbestellung verbunden werden. Das Sachverständigengutachten muss auch auf die Frage ihrer Notwendigkeit, ihres Umfangs und ihrer Dauer eingehen (§ 280 Abs. 1, 3 FamFG). Die Anordnung eines Einwilligungsvorbehalts und die Bezeichnung des Kreises der einwilligungsbedürftigen Willenserklärungen sollen in die Bestellungsurkunde aufgenommen werden (§ 290 Nr. 4 FamFG).

II. Wirkungen

139 **1. Das Rechtsverhältnis der Betreuung.** Mit der Wirksamkeit des Beschlusses, dh. in der Regel mit Bekanntmachung an den Betreuer (§ 287 Abs. 1 FamFG), entsteht das gesetzliche Rechtsverhältnis der Betreuung, bezogen auf den im Beschluss genannten Aufgabenkreis. Von diesem Augenblick an – und nicht erst ab mündlicher Verpflichtung und Aushändigung der Bestellungsurkunde – wachsen dem Betreuer die Pflichten und Rechte seines Amtes zu: Er ist verpflichtet, in dem übertragenen Aufgabenkreis die Angelegenheiten des Betreuten zu dessen Wohl zu besorgen (§ 1901 Abs. 2). Der Betreuer ist ferner im Aufgabenkreis gerichtlich wie außergerichtlich der gesetzliche Vertreter des Betreuten (§ 1902). Wird in einem Rechtsstreit eine prozessfähige Person durch einen Betreuer oder Pfleger vertreten, so steht sie für den Rechtsstreit einer nicht prozessfähigen Person gleich (§ 53 ZPO).[351] Dem Betreuer können je nach Aufgabenkreis auch weitere Befugnisse zustehen (zB § 1908i Abs. 1 S. 1 iVm. § 1632 Abs. 1 bis 3; § 1904; § 1905; § 1906). Für seine Tätigkeit entstehen die Ansprüche auf Ersatz der Aufwendungen und auf Vergütung gem. §§ 1835, 1835a, 1836 iVm. § 1908i Abs. 1 S. 1. Die Einzelheiten des Betreuungsverhältnisses betreffend verweist § 1908i Abs. 1 S. 1 auf zahlreiche Vorschriften des Vormundschaftsrechts.

140 **2. Einzelne Bereiche. a) Geschäftsfähigkeit.** Die Bestellung des Betreuers für sich gesehen nimmt nach der Konzeption des Gesetzes dem Betreuten nicht die Geschäftsfähigkeit. Geschäftsunfähig ist der Betreute nur dann, soweit die Voraussetzungen des § 104 Nr. 2 BGB vorliegen.[352] Eine Feststellung hierüber wird im Bestellungsbeschluss nicht notwendig getroffen; die Geschäftsunfähigkeit des Betreuten kann sich aus dem Sachverständigengutachten und den Gründen des Beschlusses ergeben. Im Übrigen tritt eine Einschränkung der rechtsgeschäftlichen Handlungsfähigkeit des Betreuten nur ein, soweit ein Einwilligungsvorbehalt (§ 1903) angeordnet wird. Den allgemeinen Status beschränkter Geschäftsfähigkeit gibt es bei Volljährigen seit Inkrafttreten des BtG nicht mehr.[353] Folglich bleibt der Betreute – von den Fällen der Geschäftsunfähigkeit und des Einwilli-

---

[350] LG Frankfurt FamRZ 2003, 185.
[351] Dazu LG Hannover FamRZ 1998, 380 (keine wirksame Einlegung der Berufung durch den Betreuten, wenn er im Rechtsstreit durch den Betreuer vertreten war).
[352] Dazu *Schwab*, FS Mikat, 1989, S. 881 ff.
[353] Vgl. BT-Drucks. 11/4528 S. 63.

Voraussetzungen 141–144 § 1896

gungsvorbehalts abgesehen – neben dem Betreuer selbständig handlungsfähig. Zu den hieraus entstehenden Problemen siehe Erl. zu § 1902 Rn. 20–23.

b) Ehefähigkeit. Die Bestellung eines Betreuers, gleichviel für welchen Aufgabenkreis, beeinträchtigt auch nicht die Fähigkeit, selbständig eine Ehe einzugehen. Nur derjenige kann eine Ehe nicht eingehen, der geschäftsunfähig ist (§ 1304 iVm. § 104 Nr. 2); doch führt die Eheschließung eines Geschäftsunfähigen nur zur Aufhebbarkeit der Ehe mit Wirkung ex nunc (§ 1314 Abs. 1). In keinem Fall ist die Gültigkeit oder Statthaftigkeit einer Eheschließung von der Zustimmung des Betreuers abhängig; ein Einwilligungsvorbehalt kann sich auf die Ehewillenserklärung nicht beziehen (§ 1903 Abs. 2). Der Standesbeamte hat erforderlichenfalls zu prüfen, ob sich Anzeichen für eine Geschäftsunfähigkeit bei dem Ehewilligen ergeben. Dazu soll er die betreuungsgerichtlichen Akten einschließlich der Gutachten einsehen.[354] Nach § 308 Abs. 1 FamFG kann für das Gericht die Pflicht bestehen, dem Standesamt über eine während des Verfahrens erkennbare Eheunfähigkeit Mitteilung zu machen, wenn die Eheschließung eines geschäftsunfähigen Betroffenen zu erwarten ist; die Mitteilungspflicht kann sich schon im Laufe des Verfahrens ergeben (§ 308 Abs. 2 FamFG). Zum Abschluss von Eheverträgen siehe § 1902 Rn. 27. 141

c) Elterliche Sorge. Hat der Betroffene die elterliche Sorge für ein Kind inne, so hat die Bestellung eines Betreuers für sich gesehen keine Auswirkungen auf die Fähigkeit, das Sorgerecht auszuüben.[355] Nur bei Geschäftsunfähigkeit ruht die elterliche Sorge (§ 1673 Abs. 1), gleichgültig, ob ein Betreuer bestellt ist oder nicht. Gleiches gilt, wenn das Familiengericht feststellt, dass der Elternteil auf längere Zeit die elterliche Sorge tatsächlich nicht ausüben kann (§ 1674 Abs. 1). S. im Übrigen § 1902 Rn. 34 ff. 142

d) Testierfähigkeit. Die Bestellung eines Betreuers hat als solche keine Auswirkungen auf die Testierfähigkeit.[356] Diese richtet sich nach § 2229 Abs. 4. Wer die Voraussetzungen der dort beschriebenen „natürlichen Testierunfähigkeit" nicht erfüllt, ist voll testierfähig. Nach der Rspr. genügt für die Testierfähigkeit nicht, dass der Erblasser eine allgemeine Vorstellung von der Errichtung des Testaments und von dem Inhalt seiner letztwilligen Verfügung hat; er muss vielmehr auch in der Lage sein, sich über die Tragweite dieser Anordnungen und ihrer Auswirkungen auf die persönlichen und wirtschaftlichen Verhältnisse der Betroffenen sowie über die Gründe, die für und gegen ihre sittliche Berechtigung sprechen, ein klares Urteil zu bilden und nach diesem Urteil frei von Einflüssen etwaiger interessierter Dritter zu handeln.[357] Die Testierunfähigkeit festzustellen, ist in vielen Fällen, zumal geraume Zeit nach dem Tode, außerordentlich schwierig. Ein Erblasser ist so lange als testierfähig anzusehen, als nicht das Gegenteil zur vollen Überzeugung des Gerichts feststeht;[358] das gilt auch, wenn ein Betreuer für ihn bestellt war.[359] Die Feststellungslast trifft denjenigen, der sich auf die Testierunfähigkeit beruft.[360] Ein Einwilligungsvorbehalt kann für Verfügungen von Todes wegen nicht angeordnet werden (§ 1903 Abs. 2). 143

e) Rechtswirkungen ipso iure. In einzelnen Bereichen kommen der Bestellung des Betreuers Rechtswirkungen ipso iure zu. So soll derjenige nicht zum Vormund bestellt werden, für den ein Betreuer bestellt ist (§ 1781 Nr. 2). Besonders gravierend sind die gesetzlichen Auswirkungen der Betreuerbestellung im Güterstand der Gütergemeinschaft. So kann ein Ehegatte auf Aufhebung der Gemeinschaft klagen, wenn die Verwaltung des Gesamtguts in den Aufgabenkreis des Betreuers fällt.[361] Die Ernennung eines Testamentsvollstreckers ist unwirksam, wenn er in der Zeit, in welcher er das Amt anzutreten hat, nach § 1896 einen Betreuer zur Besorgung seiner Vermögensangelegenheiten erhalten hat (§ 2201). Mit einer solchen Betreuung erlischt sein Amt (§ 2225); das gilt auch bei Bestellung eines *vorläufigen* Betreuers.[362] Schon die Tatsache, dass eine Nachlassangelegenheit in den Aufgabenkreis eines Betreuers des Erben fällt, veranlasst das Nachlassgericht zur Mitteilung der Inventarfrist (§ 1994) an das Betreuungsgericht (§ 1999 S. 2). Die vertragliche Aufhebung eines Erbvertrags bedarf der Genehmigung des Betreuungsgerichts, wenn die Angelegenheit vom Aufgabenkreis des Betreuers erfasst wird (§ 2290 Abs. 3 S. 1). Zu den Rechtswirkungen des Einwilligungsvorbehalts siehe weiterhin § 1903 Rn. 42 ff. 144

---

[354] BT-Drucks. 11/4528 S. 65.
[355] Dazu *Walter* FamRZ 1991, 765 ff.
[356] Hierzu BT-Drucks. 11/4528 S. 65.
[357] BGH FamRZ 1958, 127; BayObLG NJW 1992, 248; FamRZ 1994, 593, 594; FamRZ 2005, 555 und 658; OLG Frankfurt FamRZ 1996, 635; OLG Köln FamRZ 1994, 1135 = NJW-RR 1994, 396.
[358] BayObLG FamRZ 1994, 593; OLG Frankfurt FamRZ 1996, 635.
[359] BayObLG FamRZ 1994, 593, 594; OLG Frankfurt FamRZ 1996, 635.
[360] BayObLG FamRZ 1995, 898, 899; OLG Frankfurt FamRZ 1996, 635; OLG Köln FamRZ 1994, 1135.
[361] § 1447 Nr. 4; siehe ferner § 1469 Nr. 5, § 1495 Nr. 3.
[362] BayObLG FamRZ 1995, 926 = NJW-RR 1995, 330.

145 **f) Wahlberechtigung.** Nach § 13 Nr. 2 BWG ist eine Person, der zur Besorgung aller Angelegenheiten ein Betreuer bestellt ist, vom Wahlrecht ausgeschlossen. Die Bestellung für „fast alle" Angelegenheiten genügt nicht.[363] Der Ausschluss greift auch dann, wenn der Aufgabenkreis die in § 1896 Abs. 4 und § 1905 genannten Angelegenheiten nicht umfasst, aber im Übrigen alle Angelegenheiten in den Wirkungskreis des Betreuers fallen. Ob ein Einwilligungsvorbehalt angeordnet ist, bleibt für die Wahlfähigkeit unerheblich.[364] Das Wahlrecht ist nicht ausgeschlossen, solange der für alle Angelegenheiten zuständige Betreuer lediglich auf Grund einstweiliger Anordnung bestellt ist.[365] Bei Körperbehinderten kommt ein Wahlrechtsausschluss überhaupt nur in Betracht, wenn sie ihren Willen nicht kundtun können, also ohnehin nicht zu wählen im Stande sind;[366] im Übrigen scheidet bei dieser Personengruppe eine Betreuung für alle Angelegenheiten aus. Ob die Wahlgesetze dem Gleichheitsgrundsatz Rechnung tragen, scheint zweifelhaft.[367] Denn die Entscheidung darüber, ob der Aufgabenkreis des Betreuers alle Angelegenheiten des Betreuten oder nur einen Ausschnitt hiervon erfasst, hängt nicht nur von dem geistig-seelischen Zustand des Betroffenen, sondern auch von objektiven Betreuungsbedürfnissen ab; diese vermögen aber über die Wahlfähigkeit nichts auszusagen. Keinesfalls ist es zulässig, eine – nicht erforderliche – Totalbetreuung nur deshalb anzuordnen, um der Gefahr von Wahlmanipulationen zu begegnen.[368]

F. Verfahren

I. Anwendbare Vorschriften

146 Das Verfahrensrecht ist durch das am 1. 9. 2009 in Kraft getretene Gesetz zur Reform des Verfahrens in Familiensachen und in den Angelegenheiten der freiwilligen Gerichtsbarkeit (FGG-Reformgesetz) vom 17. 12. 2008 (BGBl. I S. 2586) neu geregelt. Anstelle der Vormundschaftsgerichte wurden mit Betreuungsrichtern besetzte Betreuungsgerichte eingeführt, die bei den Amtsgerichten gebildet wurden (§ 23c GVG). Diese Gerichte sind für alle Betreuungssachen, ferner für Unterbringungssachen und betreuungsrechtliche Zuweisungssachen zuständig (§ 23a Abs. 2 Nr. 1 GVG). Bei allen diesen Gegenständen handelt es sich nicht um Familiensachen, sondern um Angelegenheiten der freiwilligen Gerichtsbarkeit gemäß § 23a Abs. 1 S. 1 Nr. 2 GVG. Das Verfahren in Betreuungssachen ist im Gesetz über das Verfahren in Familiensachen und in den Angelegenheiten der freiwilligen Gerichtsbarkeit (FamFG) geregelt, welches das Kernstück des FGG-Reformgesetzes ausmacht. Spezielle Vorschriften für Betreuungssachen finden sich in §§ 271 bis 311 FamFG. Soweit dort keine Besonderheiten geregelt sind, bleiben die allgemeinen Verfahrensvorschriften des FamFG (§§ 1 bis 110) maßgebend. Im Vergleich zum außer Kraft getretenen FGG ergibt sich eine Reihe von verfahrensrechtlichen Änderungen, doch ist vieles auch gleich geblieben. Deshalb ist ein Teil der zum FGG ergangenen Rechtsprechung auch unter der Geltung des FamFG noch relevant. Für Unterbringungssachen gelten die Vorschriften der §§ 312 bis 339 FamFG.

II. Zuständigkeit

147 **1. Sachliche und funktionelle Zuständigkeit.** Sachlich zuständig ist das Amtsgericht (Betreuungsgericht), § 23a Abs. 1 S. 1 Nr. 2, Abs. 2 Nr. 1, § 23c GVG). Die Entscheidung über die Bestellung eines Betreuers nach § 1896 ist dem Richter vorbehalten (§ 3 Nr. 2b; § 15 S. 1 Nr. 1 RPflG), ausgenommen den Fall der Vollmachtsbetreuung nach § 1896 Abs. 3 (§ 15 S. 2 RPflG). Die Landesregierungen sind freilich ermächtigt, den Richtervorbehalt für Geschäfte aufgrund des § 1896 ganz oder teilweise aufzuheben, soweit nicht sie nicht die Anordnung einer Betreuung und die Festlegung des Aufgabenkreises des Betreuers betreffen (§ 19 Abs. 1 S. 1 Nr. 1 RPflG). Soweit davon Gebrauch gemacht wird, kommt es zu einer gespaltenen Zuständigkeit von Richter und Rechtspfleger. Dem Richter vorbehalten sind auch die Anordnung einer Betreuung auf Grund dienstrechtlicher Vorschriften und die Anordnung einer Betreuung über einen Angehörigen eines fremden Staates einschließlich der vorläufigen Maßregeln nach Art. 24 EGBGB (§ 15 S. 1 Nr. 5, 6 RPflG). Der Richtervorbehalt erstreckt sich auch auf die Betreuerbestellung durch einstweilige Anordnung.

---

[363] Problematisch die Entscheidung VerwG Neustadt a. d. Weinstraße FamRZ 2000, 1049 (Rückfrage beim Richter, ob er eine Kumulation einzelner Aufgabenkreise als „vollständige Betreuung" habe verstehen wollen).
[364] Vgl. die rechtspolitischen Erwägungen in BT-Drucks. 11/4528 S. 188.
[365] Vgl. BT-Drucks. 11/4528 S. 236; BT-Drucks. 11/6949 S. 85.
[366] BT-Drucks. 11/4528 S. 189.
[367] Vgl. die Entscheidung BVerfG FamRZ 1999, 1419, 1420; die Vorlagen waren aber als unzulässig zu verwerfen.
[368] BayObLG FamRZ 1998, 452 = NJW 1997, 2962.

Ein Richter auf Probe darf die Geschäfte eines Betreuungsrichters im ersten Jahr seiner Ernennung nicht wahrnehmen (§ 23c Abs. 2 S. 2 GVG).

2. Örtliche Zuständigkeit, Abgabe. Die örtliche Zuständigkeit ist in § 272 Abs. 1 FamFG **148** als ausschließliche und im Sinne einer verdrängenden Rangfolge geregelt. In erster Linie ist das Gericht zuständig, bei dem die Betreuung anhängig ist, wenn bereits ein Betreuer bestellt ist; in zweiter Linie das Gericht, in dessen Bezirk der Betroffene seinen gewöhnlichen Aufenthalt hat; an dritter Stelle das Gericht, in dessen Bezirk das Bedürfnis der Fürsorge hervortritt; schließlich viertens das Amtsgericht Schöneberg in Berlin, wenn der Betroffene Deutscher ist. Für die Bestellung eines vorläufigen Betreuers durch einstweilige Anordnung (§ 300 Abs. 1 FamFG) und sonstige vorläufige Maßregeln ist stets *auch* das Gericht zuständig, in dessen Bezirk das Fürsorgebedürfnis *bekannt wird* (§ 272 Abs. 2 FamFG). Das Gericht kann die Sache aus wichtigem Grund an ein anderes Gericht abgeben, wenn sich dieses zur Übernahme bereit erklärt (§ 4 FamFG); als wichtiger Grund in diesem Sinne ist es in der Regel anzusehen, wenn sich der gewöhnliche Aufenthalt des Betroffenen geändert hat und die Aufgaben des Betreuers im Wesentlichen am neuen Aufenthaltsort des Betroffenen zu erfüllen sind; der Änderung des gewöhnlichen Aufenthalts steht ein tatsächlicher Aufenthalt von mehr als einem Jahr an einem anderen Ort gleich (§ 273 S. 1, 2 FamFG). Die Abgabe ist erst mit der Übernahmeerklärung des adressierten Gerichts vollzogen.[369] Die Entscheidung, mit der das Verfahren wegen Aufenthaltswechsels an ein anderes Amtsgericht abgegeben wird, ist nicht selbständig anfechtbar (BGH FamRZ 2011, 282 m.krit. Anm. *Fröschle*).

3. Internationale Zuständigkeit. International zuständig sind die deutschen Gerichte, wenn **149** der Betroffene Deutscher ist oder seinen gewöhnlichen Aufenthalt im Inland hat (§ 104 Abs. 1 S. 1 FamFG), ferner, soweit der Betroffene der Fürsorge durch ein deutsches Gericht bedarf (§ 104 Abs. 1 S. 2 FamFG). Sind sowohl die deutschen Gerichte als auch die Gerichte eines anderen Staates zuständig, gelten die Regeln des § 99 Abs. 2 und 3 FamFG (§ 104 Abs. 2 FamFG).

III. Beteiligte

1. Muss-Beteiligte. Wer am Verfahren der Betreuerbestellung zu beteiligen ist, ergibt sich aus **150** einem Zusammenspiel der allgemeinen Vorschrift des § 7 FamFG mit der für das Betreuungsverfahren hin zugefügten Regel des § 274 FamFG. Die letztere ist nicht etwa lex specialis, welche § 7 FamFG verdrängen würde, sondern hat teils klarstellenden, teils ergänzenden Charakter.[370] Obligatorisch ist nach § 274 Abs. 1 Nr. 1 FamFG der „Betroffene" zu beteiligen, dh. die Person, für die der Betreuer bestellt werden soll oder schon bestellt ist. Wird das Verfahren auf Antrag des Betroffenen eingeleitet, so ist er als Antragsteller kraft Gesetzes beteiligt (§ 7 Abs. 1 FamFG). Zu beteiligen sind ferner der (in Aussicht genommene) Betreuer und der Vorsorgebevollmächtigte, wenn ihr Aufgabenkreis betroffen ist (§ 274 Abs. 1 Nr. 2, 3 FamFG); letzteres ist auch der Fall, wenn der Aufgabenkreis erweitert werden soll. Der Verfahrenspfleger wird durch seine Bestellung als Beteiligter zum Verfahren hinzugezogen (§ 274 Abs. 2 FamFG), die Behörde auf ihren Antrag im Verfahren der Betreuerbestellung und dem gleichgestellten Verfahren (§ 274 Abs. 3 FamFG). Über die in § 274 Abs. 1 genannten hinaus sind obligatorisch alle Personen zu beteiligen, deren Recht durch das Verfahren unmittelbar betroffen wird (§ 7 Abs. 2 Nr. 1 FamFG). In diesem Zusammenhang ergibt sich die schwierige Frage, inwieweit nahe Angehörige aufgrund ihrer verfassungsrechtlichen Position aus Art. 6 Abs. 1 GG durch die Bestellung eines Betreuers in ihren Rechten betroffen sein können; das ist für Eltern, Ehegatten und Kinder des Betroffenen zu bejahen, wenn sie selbst das Betreueramt anstreben[371] (siehe im Übrigen die folgende Rn.). Auch Dritte können obligatorisch zu beteiligen sein, wenn sie ohne Bestellung eines Betreuers an der Geltendmachung oder Ausübung von Rechten gegenüber dem Betroffenen gehindert wären, zB ein Mietverhältnis nicht kündigen könnten.[372] Muss-Beteiligter nach § 7 Abs. 2 Nr. 1 FamFG ist auch die Person, die zwar noch nicht zum Betreuer bestellt ist, deren mögliche Bestellung aber Gegenstand des Verfahrens ist;[373] denn mit der Auswahl- und Bestellungsentscheidung wird in ihre Rechtssphäre unmittelbar eingegriffen.

2. Kann-Beteiligte. Am Betreuungsverfahren können nach § 274 Abs. 4 S. 1 iVm. § 7 Abs. 3 **151** FamFG weitere Personen *im Interesse des Betroffenen* beteiligt werden, nämlich dessen Ehegatte oder Lebenspartner, wenn die Ehegatten oder Lebenspartner nicht dauernd getrennt leben, sowie dessen

---

[369] BayObLG FamRZ 2000, 1443 (zum früheren Recht).
[370] In diesem Sinne auch BT-Drucks. 16/6308 S.264.
[371] *Prütting/Helms/Fröschle* § 274 FamFG Rn.14.
[372] BayObLG FamRZ 1998, 922 (zum früheren Recht).
[373] In dieser Richtung, aber letztlich nicht klar, die Gesetzesbegründung BT-Drucks. (16/6308 S.265; „... kann etwa erforderlich sein...").

Eltern, Pflegeeltern, Großeltern, Abkömmlinge, Geschwister und eine Person seines Vertrauens. Wie oben gezeigt, kann es aber sein, dass Ehegatten, Eltern und Kinder obligatorisch bereits nach § 7 Abs. 2 Nr. 1 beteiligt werden müssen. Ob jemand als „Person des Vertrauens" des Betroffenen anzusehen ist, ist aus dessen Sicht zu beurteilen; es muss für das Gericht erkennbar sein, dass sich der Betroffene dieser Person besonders nahe fühlt (nicht genügt das Umgekehrte!). Beteiligt werden kann auch der Vertreter der Staatskasse, soweit das Interesse der Staatskasse durch den Ausgang des Verfahrens betroffen sein kann (§ 274 Abs. 4 Nr. 2 FamFG). Die Hinzuziehung der „Kann-Beteiligten" geschieht auf Antrag oder von Amts wegen (§ 7 Abs. 3 FamFG).

IV. Verfahrensfähigkeit, § 275 FamFG

152 Abweichend von den allgemeinen Regeln (§ 9 FamFG) ist der Betroffene in Betreuungssachen ohne Rücksicht auf seine Geschäftsfähigkeit voll verfahrensfähig (§ 275 FamFG). „Betroffener" derjenige, für den entweder ein Betreuer bestellt werden soll oder dessen Rechtslage als Betreuter durch die Entscheidung verändert werden soll (Erweiterung des Aufgabenkreises, Aufhebung der Betreuung, Genehmigung einer Heilbehandlung, Anordnung eines Einwilligungsvorbehalts etc.).[374] Auch der Geschäftsunfähige kann folglich den Antrag auf Bestellung eines Betreuers, auf Erweiterung des Aufgabenkreises, auf Aufhebung der Betreuung, auf Entlassung des Betreuers usw. stellen, beliebige Verfahrenshandlungen vornehmen und selbständig Rechtsmittel einlegen. Auch kann er einem Anwalt Verfahrensvollmacht erteilen. Streitig ist diesbezüglich, ob die Bevollmächtigung wenigstens von einem „natürlichen Willen" des Betroffenen getragen sein muss.[375] Die volle Verfahrensfähigkeit auch des Geschäftsunfähigen hat zur Folge, dass der Betroffene auch solche Verfahrenshandlungen wirksam vornehmen kann, die für ihn nachteilig sind oder sein können. In Fällen unzureichender Interessenwahrnehmung durch den Betroffenen selbst obliegt es dem Gericht, ihm einen Verfahrenspfleger an die Seite zu stellen (§ 276 Abs. 1 S. 1 FamFG); doch ändert auch diese Bestellung nichts an der Verfahrensfähigkeit des Betroffenen.

V. Verfahrenspfleger, §§ 276, 277 FamFG

153 **1. Grundsätze.** Unter bestimmten Voraussetzungen ist das Betreuungsgericht verpflichtet, dem Betroffenen einen Verfahrenspfleger zu bestellen (§ 276 Abs. 1 FamFG). Das gilt für alle eine Betreuung betreffenden Verfahren. In der Frage, wann ein Pfleger hinzuzuziehen ist, arbeitet das Gesetz zweigleisig. Nach der **Generalklausel** des § 276 Abs. 1 S. 1 ist ein Verfahrenspfleger immer dann zu bestellen, wenn dies zur Wahrnehmung der Interessen des Betroffenen erforderlich ist; hier sind keine Ausnahmen vorgesehen. Darüber hinaus nennt § 276 Abs. 1 S. 2 **spezielle Fälle**, in denen eine solche Bestellung **in der Regel erforderlich** ist. In diesen besonderen Fällen kann das Gericht jedoch von der Hinzuziehung eines Pflegers absehen, wenn ein Interesse des Betroffenen an der Bestellung des Verfahrenspflegers offensichtlich nicht besteht (§ 276 Abs. 2 S. 1 FamFG); die Nichtbestellung ist dann zu begründen (§ 276 Abs. 2 S. 2 FamFG). Darüber hinaus kennt das FamFG **weitere Verfahren,** in denen die Bestellung eines Verfahrenspfleger zwingend erforderlich ist: im Verfahren zur Genehmigung der Einwilligung in eine Sterilisation (§ 297 Abs. 5 FamFG) und von Erklärungen nach § 1904 Abs. 2 BGB (§ 298 Abs. 3 FamFG).

154 **2. Die Regelfälle (§ 276 Abs. 1 S. 2 FamFG). a) Absehen von der persönlichen Anhörung des Betroffenen (§ 276 Abs. 1 S. 2 Nr. 1 FamFG).** Ein Verfahrenspfleger ist in der Regel zu bestellen, wenn von der persönlichen Anhörung des Betroffenen abgesehen werden soll, weil nach ärztlichem Gutachten hiervon erhebliche Nachteile für dessen Gesundheit zu besorgen sind (§ 278 Abs. 4 iVm. § 34 Abs. 2 Alt. 1 FamFG). Dem steht – obwohl dies nach dem ungeschickten Bezug im Gesetz zweifelhaft sein könnte – der Fall gleich, dass die Anhörung unterbleibt, weil der Betroffene offensichtlich nicht in der Lage ist, seinen Willen kundzutun (§ 34 Abs. 2 Alt. 2 FamFG).[376] Die Frage, wann in solchen Fällen ausnahmsweise kein Verfahrenspfleger nötig ist, weil ein Interesse des Betroffenen daran nicht besteht, ist restriktiv zu beurteilen.[377] Gerade in den Fällen, in denen der Betroffene nach dem unmittelbaren Eindruck des Gerichts offensichtlich nicht in der Lage ist, seinen Willen kundzutun, ist in rechtsstaatlicher Perspektive die Bestellung eines Verfahrenspflegers besonders wichtig: Der Betroffene, der seinen Anspruch auf rechtliches

---
[374] Zum Begriff „Betroffener" allgemein siehe BT-Drucks 11/4528 S. 89.
[375] Dazu BayObLG BtPrax 2005, 148; OLG Saarbrücken FGPrax 1999, 106; KG FamRZ 2010, 835, 836 mN.
[376] Für die Rechtslage unter FGG: OLG Brandenburg FamRZ 2007, 1688, 1689; KG FamRZ 2009, 641.
[377] Siehe *Jansen/Sonnenfeld* § 67 FGG Rn. 27; BGH FamRZ 2010, 1648 Tz. 15, 16 (Entlassung des Betreuers).

Gehör nicht selbst wahrnehmen und seinen Willen nicht artikulieren kann, bedarf eines Sachwalters seiner Interessen,[378] auch zur Durchsetzung seines Anspruchs auf rechtliches Gehör.[379]

b) Betreuer für alle Angelegenheiten (§ 276 Abs. 1 S. 2 Nr. 2 FamFG). Obligatorisch **155** ist die Bestellung eines Pflegers ferner dann, wenn Gegenstand des Verfahrens die Bestellung eines Betreuers zur Besorgung aller Angelegenheiten des Betroffenen oder die Erweiterung des Aufgabenkreises hierauf ist, wobei Postkontrolle und Einwilligung zur Sterilisation nicht eingeschlossen sein müssen.[380] Zutreffend hat der BGH[381] die Vorschrift auch auf einen Fall angewandt, in dem die Betreuung auf *fast alle* Angelegenheiten erweitert wurde (insgesamt: Gesundheitsfürsorge, Vermögensangelegenheiten, Aufenthaltsbestimmung und Wohnungsangelegenheiten); für die Anwendung der Vorschrift sei entscheidend, dass der *Verfahrensgegenstand* die Anordnung einer umfassenden Betreuung als möglich erscheinen lasse; auch wenn dem Betreuten letztlich einzelne rechtliche Bereiche zur eigenverantwortlichen Wahrnehmung verblieben seien, sei ein Verfahrenspfleger zu bestellen, wenn die verbleibenden Befugnisse dem Betroffenen in seiner Lebenssituation keinen nennenswerten eigenverantwortlichen Handlungsspielraum mehr belassen.

3. Die Generalklausel (§ 276 Abs. 1 S. 1 FamFG). In den übrigen Fällen richtet sich die **156** Erforderlichkeit der Pflegerbestellung nach der Bedeutung der zu regelnden Angelegenheit und nach den subjektiven Fähigkeiten des Betroffenen, seine Interessen effektiv wahrzunehmen.[382] Auch hier stehen die Fälle im Vordergrund, in denen der Betroffene seinen Willen nicht hinreichend kundtun kann.[383] Auch einem schwer ansprechbaren Betroffenen ist in der Regel ein Verfahrenspfleger zu bestellen.[384] In Fällen schwerer Krankheit oder Behinderung und gravierender Bedeutung des Verfahrensgegenstandes ist ein Pfleger zu bestellen, wenn der Betroffene seine Interessen nicht mehr in ausreichendem Umfang selbst vertreten kann.[385] In Verfahren zur Genehmigung von Rechtsgeschäften ist die Bestellung eines Verfahrenspflegers nur ausnahmsweise erforderlich, z. B. wenn sonst die Gewährung rechtlichen Gehörs nicht sichergestellt ist, weil der Betreute seinen Willen nicht mehr in ausreichender Weise kundtun kann.[386] Keine Pflegerbestellung wird im Verfahren der Rechtsbeschwerde für notwendig gehalten, wenn diese offensichtlich begründet[387] oder unzulässig ist.[388]

4. Vorrang von Verfahrensbevollmächtigten (§ 276 Abs. 4 FamFG). Auch wenn die **157** genannten Voraussetzungen gegeben sind, „soll" die Bestellung eines Verfahrenspflegers unterbleiben, wenn der Betroffene von einem Rechtsanwalt oder einem anderen geeigneten Verfahrensbevollmächtigten vertreten wird. Erfolgt die Bevollmächtigung, nachdem schon ein Pfleger bestellt ist, so soll die Bestellung aufgehoben werden. Die Form der Soll-Vorschrift wurde gewählt, weil eine Pflegerbestellung trotz anwaltlicher Vertretung für atypische Fälle, etwa des ständigen Anwaltwechsels, möglich bleiben soll.[389] Das trifft nicht das Problem: Der Richter darf einen Verfahrenspfleger nur bestellen, soweit dies zur Interessenwahrnehmung für den Betroffenen erforderlich ist. Hat der Betroffene einen gewillkürten Vertreter für das Verfahren, so ist die Bevollmächtigung als Akt der Selbstbestimmung zu achten. Für die Bestellung eines Pflegers ist dann nur Raum, wenn sich im Hinblick auf die Person des Bevollmächtigten, seine Eignung oder auf mögliche Interessenkonflikte begründete Zweifel an dessen Fähigkeit oder Willen ergeben, die Interessen des Betroffenen wahrzu-

---

[378] Für die Rechtslage nach FGG: BayObLG Rpfleger 1993, 491; FamRZ 1993, 602; 1997, 1358 (betr. Entlassung des Betreuers); vgl. auch BayObLG FamRZ 1993, 602; 1993, 1110.
[379] Vgl. KG FamRZ 1996, 1362 (Festsetzung einer Vergütung); OLG Karlsruhe Rpfleger 1996, 27; LG München I FamRZ 1998, 1183; LG München FamRZ 1995, 1440, 1441; OLG Hamm FamRZ 1993, 988 (Auswahlentscheidung).
[380] Für die Rechtslage nach FGG: BayObLG FamRZ 1994, 327; 1997, 388; OLG Düsseldorf FamRZ 1994, 451; OLG München Rpfleger 2005, 429, 420 (auch dann wenn die Erweiterung einzeln aufgezählte Angelegenheiten betrifft, insgesamt aber der Umfang einer Betreuung für alle Angelegenheiten erreicht wird).
[381] BGH FamRZ 2010, 1648 Tz. 12, 13.
[382] Für die Rechtslage nach FGG: BT-Drucks. 11/4528 S. 171; OLG Hamm FamRZ 1993, 988.
[383] Für die Rechtslage nach FGG: OLG Hamm FamRZ 1993, 988 (Auswahl des Betreuers); BayObLG Rpfleger 1993, 491; FamRZ 1997, 1358 (Entlassung des Betreuers).
[384] Für die Rechtslage nach FGG: BayObLG FamRZ 1993, 602
[385] Für die Rechtslage nach FGG: BayOBLG FamRZ 2003, 1044, 1045; OLG München Rpfleger 2005, 429, 430.
[386] So BGHZ 182, 116 Tz. 51.
[387] Für die Rechtslage nach FGG: BayObLG FamRZ 1994, 780.
[388] Für die Rechtslage nach FGG: BayObLG FamRZ 1994, 1270; 1994, 1189; 1993, 602.
[389] Vgl. BT-Drucks. 11/4528 S. 171.

§ 1896   158, 159   Abschnitt 3. Titel 2. Rechtliche Betreuung

nehmen. Der Vorrang des Bevollmächtigten gilt nicht nur für Anwälte, sondern auch für sonstige Verfahrensbevollmächtigte.[390]

158 **5. Zum Verfahren.** Die **funktionelle Zuständigkeit** richtet sich nach derjenigen für die Hauptsache. Zuständig ist der Richter bzw. der Rechtspfleger, der über den Gegenstand des Verfahrens zu unterscheiden hat.[391] Ein bestimmter **Zeitpunkt** ist für die Pflegerbestellung nicht festgelegt. Diese kann also auch im Verlaufe des Verfahrens erfolgen, doch erfüllt sie ihren Zweck nur, wenn der Pfleger hinreichende Zeit vor der Entscheidung bestellt ist.[392] Auch ein vorläufiger Betreuer kann, wenn die Voraussetzungen des § 276 FamFG gegeben sind, durch **einstweilige Anordnung** nur bestellt werden, wenn ein Verfahrenspfleger bestellt worden ist (§ 300 Abs. 1 S. 1 Nr. 3 FamFG); nur bei Gefahr im Verzug kann das Gericht die einstweilige Anordnung bereits vor Bestellung und Anhörung des Pflegers erlassen; diese Verfahrenshandlungen sind dann unverzüglich nachzuholen (§ 301 Abs. 1 FamFG). Neu ist die Bestimmung des § 276 Abs. 5 FamFG, wonach die Bestellung erst mit der Rechtskraft der Endentscheidung **endet**, sofern sie nicht schon vorher durch gerichtlichen Beschluss aufgehoben wird. Somit erfolgt die Bestellung nicht, wie früher, für jeden Rechtszug gesondert. Für die **Auswahl** bestimmt § 276 Abs. 3 FamFG, dass eine Person, die Verfahrenspflegschaften im Rahmen ihrer Berufsausübung führt, nur dann zum Verfahrenspfleger bestellt werden soll, wenn keine andere geeignete Person zur Verfügung steht, die zur ehrenamtlichen Führung der Verfahrenspflegschaft bereit ist. Sieht das Gericht von der Bestellung eines Verfahrenspflegers ab, so ist diese Entscheidung jedenfalls dann zu begründen, wenn einer der Regelfälle des § 276 Abs. 1 S. 2 FamFG vorliegt (§ 276 Abs. 2 S. 2 FamFG). Die Bestellung eines Verfahrenspflegers und ihre Aufhebung sowie die Ablehnung einer derartigen Maßnahme sind **nicht selbständig anfechtbar** (§ 276 Abs. 6 FamFG; beachte aber die Möglichkeit der Erinnerung, wenn der Rechtspfleger entscheidet, nach § 11 Abs. 2 S. 1 RPflG[393]).

159 **6. Rechtsstellung des Pflegers. a) Grundsätze.** Nach der Konzeption des FamFG ist der Verfahrenspfleger nicht gesetzlicher Vertreter des Betroffenen.[394] Gemäß § 274 Abs. 2 FamFG wird er mit seiner Bestellung zum eigenständigen Verfahrensbeteiligten mit der Aufgabe, die objektiven Interessen des Betroffenen im Verfahren zur Geltung zu bringen.[395] Die Vorschriften des BGB über die Pflegschaft sind grundsätzlich nicht anwendbar. Der Pfleger unterliegt nicht der Aufsicht des Betreuungsgerichts. Mit seiner Hinzuziehung erhält er alle Rechte und Pflichten eines Verfahrensbeteiligten.[396] Insbesondere hat Anspruch auf rechtliches Gehör.[397] Da der Pfleger selbständiger Verfahrensbeteiligter ist, sind alle Verfahrenshandlungen gesondert auch ihm gegenüber vorzunehmen. Ihm steht ein selbständiges Beschwerderecht zu (§ 303 Abs. 3 FamFG); die Rechtsmittelfristen laufen für den Betroffenen und den Verfahrenspfleger jeweils gesondert.[398] Da er nicht gesetzlicher Vertreter ist, kann der Pfleger keine Verfahrenshandlungen im Namen des Betroffenen vornehmen und auch nicht in dessen Namen Rechtsmittel einlegen. Der Verfahrenspfleger hat auch kein Vorschlagsrecht zur Auswahl des Betreuers nach § 1897 Abs. 4.[399] Die ärztliche Schweigepflicht besteht auch ihm gegenüber, nur der Patient selbst kann davon entbinden.[400] Die Bestellung des Verfahrenspflegers beseitigt oder mindert die Verfahrensfähigkeit des Betroffenen (§ 275 FamFG) nicht („Doppelzuständigkeit").[401] Der Pfleger ist auch keinem Willensvorrang des Betroffenen unterworfen (im Gegensatz zum Verfahrensbevollmächtigten auf Grund Auftragsrechts, § 665).[402] Gleichwohl kann die Funktion nur sinnvoll ausgeübt werden, wenn der Verfahrenspfleger den Kontakt mit dem Betroffenen sucht, um dessen Interessenlage, die stets auch subjektiv geprägt ist, zu erforschen. Zu Fragen des Aufwendungsersatzes und der Vergütung siehe die detaillierte Regelung des § 277 FamFG.

---

[390] Dazu BT-Drucks. 11/4528 S. 214; 11/6949 S. 78.
[391] *Jansen/Sonnenfeld* § 67 FGG Rn. 46; *Keidel/Budde* § 276 FamFG Rn.10.
[392] *Zimmermann* FamRZ 1991, 274; vgl. BayObLG NJW-RR 1988, 72.
[393] *Keidel/Budde* § 276 FamFG Rn. 14.
[394] *Keidel/Budde* § 276 FamFG Rn. 12. In der Lit. wird demgegenüber auch von einem „Sonderfall des gesetzlichen Vertreters gesrpochen, zB bei *Bork/Jacoby/Schwab/Heiderhoff* § 276 FamFG Rn.8.
[395] BT-Drucks. 16/6308 S.265; die Gesetzesbegründung führt noch die Beschreibung als „Pfleger eigener Art" fort; siehe schon BT-Drucks. 11/4528 S. 171.
[396] BT-Drucks. 16/6308 S.265.
[397] Für die Rechtslage nach FGG: BayObLG FamRZ 1998, 1182 (auch zur Abgabe des Betreuungsverfahrens); LG München I FamRZ 1998, 1183; OLG Köln FamRZ 2000, 492, 493.
[398] *Keidel/Budde* § 276 FamFG Rn. 13.
[399] OLG Hamm NJW-RR 1997, 70 (gegen Entscheidung des Senats FamRZ 1993, 988, 990).
[400] *Keidel/Budde* § 276 FamFG Rn. 13.
[401] OLG Köln FamRZ 2000, 492, 493.
[402] BT-Drucks. 11/4528 S. 171.

b) Einschränkungen, Verhältnis zum Betreuer insbesondere. Die Formulierung, der Verfahrenspfleger habe die Interessen des Betreuten nach objektiven Maßstäben wahrzunehmen, ist vom **BGH** zumindest für die Fälle, in denen bereits ein Betreuer bestellt ist, wie folgt eingeschränkt worden. Im Hinblick darauf, dass die Sorge für das Wohl des Betreuten im allgemeinen dem vom Gericht kontrollierten Betreuer obliegt, ist die Aufgabe des Verfahrenspfleger darauf beschränkt, die **verfahrensmäßigen Rechte des Betreuten**, insbesondere dessen Anspruch auf Gewährung rechtlichen Gehörs **zur Geltung zu bringen**.[403] Vorrangig hat der Verfahrenspfleger deshalb darauf Bedacht zu nehmen, dass das Gericht nicht zu Unrecht von einer offensichtlichen Unfähigkeit des Betreuten ausgeht, seinen Willen kundzutun. Hat der Pfleger nach persönlicher Rücksprache mit dem Betreuten den Eindruck gewonnen, dieser sei entgegen der Einschätzung des Gerichts doch in der Lage, zumindest in beschränktem Umfang seinen Willen zu äußern oder wichtige Informationen zu erteilen, hat er auf eine persönliche Anhörung durch das Gericht hinzuwirken.[404] Weiterhin gehört es nach BGH zu den Aufgaben des Verfahrenspflegers, den tatsächlichen oder mutmaßlichen Willen des Betreuten zu erforschen und in das Verfahren einzubringen. Ist der Betreute in der Lage, seine Wünsche zu äußern, hat der Verfahrenspfleger den Betreuten im Gespräch über seine Wünsche und Interessen zu befragen. Dabei hat der Verfahrenspfleger auch ihm bekannte Umstände, die für die Willensbildung des Betreuten von Bedeutung sein könnten (etwa steuerliche Risiken eines beabsichtigten Rechtsgeschäfts), anzusprechen. Über Ablauf und Ergebnis des Gesprächs mit dem Betreuten hat der Verfahrenspfleger das Gericht - in wesentlichen Zügen - zu **informieren** und gegebenenfalls auch darüber zu berichten, wie der Betreute auf etwaige Hinweise zu Risiken des beabsichtigten Geschäfts reagiert hat. Kann der Betreute dagegen keinen Willen mehr bilden oder seine Wünsche nicht mehr artikulieren, hat der Verfahrenspfleger - in angemessenem Rahmen - Möglichkeiten zu nutzen, den wirklichen oder mutmaßlichen Willen des Betreuten anderweit zu erkunden. Dabei ist etwa an eine Kontaktaufnahme mit Bezugspersonen des Betreuten zu denken, wenn deren Befragung - etwa im Hinblick auf zurückliegende Äußerungen des Betreuten - Aufschlüsse über dessen tatsächlichen oder hypothetischen Willen erwarten lässt.[405] Schließlich hat der Verfahrenspfleger auf der Grundlage dieser Gespräche und Erkundigungen für den Betreuten dessen Verfahrensrechte wahrzunehmen, indem er gegebenenfalls zu einzelnen Verfahrensergebnissen Stellung nimmt oder Rechtsmittel einlegt. Hinzu kommt die Aufgabe des Verfahrenspflegers, dem Betreuten - soweit möglich - den Gegenstand des jeweiligen Verfahrens und das Verfahrensgeschehen zu erläutern.[406] Hingegen obliegt es dem Pfleger in einem Verfahren zur Genehmigung eines Rechtsgeschäfts nicht, in der Sache selbst Aufklärung über die für das Wohl des Betreuten relevanten Umstände zu betreiben, etwa zur Wirtschaftlichkeit des in Aussicht genommenen Geschäfts Nachforschungen anzustellen.[407]

VI. Zum Verfahrensablauf im Allgemeinen

1. Einleitung. Das Betreuungsverfahren wird entweder auf Antrag des Betroffenen oder von Amts wegen eingeleitet (§ 1896 Abs. 1 S. 1). Soll der Betreuer lediglich wegen einer körperlichen Behinderung bestellt werden, so darf dies nur auf Antrag des Betroffenen geschehen, es sei denn, dass dieser seinen Willen nicht kundtun kann (§ 1896 Abs. 1 S. 3). Nur ausnahmsweise steht bestimmten Behörden ein Antragsrecht zu. Kein Antragsrecht hat die Betreuungsbehörde. Diese kann nach § 7 Abs. 1 BtBG dem Betreuungsgericht Umstände mitteilen, die die Bestellung eines Betreuers oder eine andere Maßnahme in Betreuungssachen erforderlich machen, soweit dies unter Beachtung berechtigter Interessen des Betroffenen nach den Erkenntnissen der Behörde erforderlich ist, um eine erhebliche Gefahr für das Wohl des Betroffenen abzuwenden. Die Mitteilungsbefugnis besteht also nicht, soweit eine gerichtliche Maßnahme nur im Interesse Dritter in Betracht kommt.[408] Inhalt der Mitteilung, Art und Weise der Übermittlung und der Empfänger sind aktenkundig zu machen (§ 7 Abs. 2 BtBG).

2. Elemente des Verfahrens. Die Verhandlung ist nicht öffentlich (§ 170 S. 1 GVG). Das Gericht kann die Öffentlichkeit zulassen, jedoch nicht gegen den Willen eines Beteiligten (§ 170 S. 3 GVG). In Betreuungs- und Unterbringungssachen ist auf Verlangen des Betroffenen einer Person seines Vertrauens die Anwesenheit zu gestatten (§ 170 S. 3 GVG). Es gilt der Grundsatz der Amtsermittlung (§ 26 FamFG). Da die Bestellung eines Betreuers stets einen Eingriff in das Persön-

---

[403] BGHZ 182, 116 Tz. 45.
[404] BGHZ 182, 116 Tz. 46.
[405] Vorstehende Sätze nach BGHZ 182, 116 Tz. 47.
[406] BGHZ 182, 116 Tz. 48.
[407] In diesem Sinne BGHZ 182, 116 Tz. 49, 50.
[408] BT-Drucks. 11/4528 S. 199.

lichkeitsrecht des Betroffenen bildet und für ihn eine „stigmatisierende Wirkung" entfaltet, ist sie auch aus verfassungsrechtlicher Sicht nur gerechtfertigt, wenn das Gericht nach angemessener Untersuchung des Sachverhalts davon ausgehen darf, dass die Voraussetzungen der Betreuerbestellung tatsächlich gegeben sind.[409] Wenn der Betroffene nicht zustimmt, müssen auch hinreichende Tatsachen für eine Beeinträchtigung seines freien Willens vorliegen.[410] Das Verfahren weist folgende Elemente auf:
- die Anhörung und Unterrichtung des Betroffenen (§ 278 FamFG);
- die Einholung eines Sachverständigengutachtens oder eines ärztlichen Zeugnisses (§§ 281-284 FamFG);
- die Anhörung der sonstigen Beteiligten, der Betreuungsbehörde und – bei Minderjährigen – des gesetzlichen Vertreters (§ 279 FamFG);
- die Prüfung der Frage, ob und für welchen Aufgabenkreis die Bestellung eines Betreuers erforderlich ist, insbesondere auch die Prüfung, inwieweit vorliegende Vollmachten wirksam sind und ausreichen (vgl. § 285 FamFG);
- die Auswahl des Betreuers nach Maßgabe der §§ 1897, 1899, 1900 (beachte § 291 FamFG);
- die Klärung der Frage, ob der in Aussicht Genommene zur Übernahme der Betreuung bereit ist (§ 1898 Abs. 2);
- bei Vereins- oder Behördenbetreuern die Einholung der Einwilligung des Vereins oder der Behörde (§ 1897 Abs. 2);
- bei Betreuung durch einen Verein dessen Einwilligung (§ 1900 Abs. 1 S. 2);
- die Entscheidung über die Bestellung des Betreuers (§ 286 FamFG);
- die Bekanntmachung der Entscheidung und Herbeiführung ihrer Wirksamkeit (§§ 287, 288 FamFG);
- Mitteilungen der Entscheidung an andere Gerichte, Behörden und sonstige öffentliche Stellen (§ 308 bis 311 FamFG);
- die Verpflichtung und Unterrichtung des Betreuers und die Übergabe der Urkunde (§§ 289, 290 FamFG);
- in geeigneten Fällen das Einführungsgespräch mit Betreuer und Betroffenem (§ 289 Abs. 2 FamFG).

VII. Die Anhörung des Betroffenen, 278 FamFG

163 **1. Sinn der Anhörung.** Da die Bestellung eines Betreuers in die Grundrechte des Betroffenen eingreift, entspricht die Anhörung des Betroffenen im Betreuungsverfahren vor einer Entscheidung dem rechtsstaatlichen Gebot der Gewährung rechtlichen Gehörs (Art. 103 Abs. 1 GG).[411] Maßgebend ist der Gedanke, dass der Betroffene Gelegenheit haben muss, die Willensbildung des Gerichts zu beeinflussen. Das setzt voraus, dass das Gericht seine Ausführungen zur Kenntnis nimmt und in Erwägung zieht.[412] Das gilt schon für einen gerichtlichen Beschluss, mit dem das Gericht einen Sachverständigen beauftragt, über die Erforderlichkeit der Betreuung ein Gutachten zu erstatten,[413] oder die Vorführung zur Untersuchung anordnet.[414] Auch für die Ermittlung der entscheidungserheblichen Umstände ist ein persönlicher Kontakt zwischen Betroffenem und Gericht von großer Bedeutung. Durch den Verzicht auf die Anhörung vor dem Gericht der ersten Instanz wird die Anhörung durch das Beschwerdegericht nicht entbehrlich.[415]

164 **2. Die Elemente der Anhörung.** Die persönliche Kontaktaufnahme des Gerichts mit dem Betroffenen umfasst folgende Elemente:
- seine persönliche Anhörung (§ 34 Abs. 2, § 278 Abs. 1 S. 1 FamFG) als **Gewährung rechtlichen Gehörs** (Art. 103 Abs. 1 GG),
- die Gewinnung eines **persönlichen Eindrucks** von der Person des Betroffenen (§ 278 Abs. 1 S. 2 FamFG),
- die **Unterrichtung** des Betroffenen über den möglichen Verlauf des Verfahrens (§ 278 Abs. 2 S. 1 FamFG);

---

[409] BVerfG FamRZ 2010, 1624, 1625.
[410] BVerfG FamRZ 2010, 1624, 1625.
[411] BVerfG FamRZ 2010, 1624, 1625.
[412] BVerfG FamRZ 2010, 186, 187; FamRZ 2010, 1970; FamRZ 2011, 272, 273.
[413] BVerfG FamRZ 2010, 186, 187; FamRZ 2010, 1970, FamRZ 2011, 272, 274 (selbst wenn in dem Beschluss nicht ausgesprochen ist, dass der Betroffene zur Mitwirkung an der Begutachtung verpflichtet sei).
[414] BVerfG FamRZ 2010, 1145, 1146.
[415] BGH FamRZ 2010, 1650.

– die **Erörterung** des Umfangs des Aufgabenkreises und der Betreuerauswahl mit dem Betroffenen (§ 278 Abs. 2 S. 3 FamFG).

3. Persönliche Anhörung/ persönlicher Eindruck. a) Ort. Den persönlichen Eindruck 165 vom Betroffenen soll sich das Gericht **in dessen üblicher Umgebung** verschaffen, wenn es der Betroffene verlangt oder wenn es der Sachaufklärung dient und der Betroffene nicht widerspricht (§ 278 Abs. 1 S. 2 FamFG). Im Übrigen findet die Anhörung **bei Gericht** statt. Für die Sachaufklärung wird die Anhörung in der Wohnung des Betroffenen oder in dem Heim, in dem er lebt, in vielen Fällen wichtig sein, weil hier die sozialen und persönlichen Ursachen seiner Hilfsbedürftigkeit erkennbar werden können. Das Widerspruchsrecht des Betroffenen ist zum Schutze seiner Intimsphäre strikt zu achten. Widersprechen kann auch der Geschäftsunfähige (§ 275 FamFG). Der Widerspruch kann jederzeit erhoben werden und braucht nicht begründet zu werden. Fraglich ist, ob die Regel des § 278 Abs. 1 S. 2 FamFG nur für das Verschaffen des persönlichen Eindrucks gilt, wie der Gesetzestext zu besagen scheint, so dass also die Anhörung selbst stets im Gerichtsgebäude stattfinden müsste. Meines Erachtens gilt die Regel indes für den gesamten Anhörungsvorgang. Eine Verdoppelung der Gerichtskontakte des Betroffenen ist nicht Sinn der gesetzlichen Regelung.

b) Rechtshilfe. Verfahrenshandlungen nach Absatz 1 dürfen nur dann **im Wege der Rechts-** 166 **hilfe** erfolgen, wenn anzunehmen ist, dass die Entscheidung ohne eigenen Eindruck von dem Betroffenen getroffen werden kann (§ 278 Abs. 3 FamFG). Die persönliche Anhörung durch einen ersuchten Richter muss die begründete Ausnahme bleiben.[416] Zu denken ist an den Fall, dass der Betroffene krankheitsbedingt ohne Wechsel seines gewöhnlichen Aufenthalts längere Zeit ortsabwesend ist und die Anreise des erkennenden Richters angesichts der Bedeutung des Verfahrensgegenstandes nicht zwingend erforderlich erscheint,[417] oder dass sich der Betroffene bewusstlos in einer weit entfernten Klinik aufhält.[418] Jedenfalls bei der Erstbestellung eines Betreuers ist die Anhörung durch den erkennenden Richter grundsätzlich erforderlich (BGH FamRZ 2011, 880 Tz. 19).

c) Zweck der Anhörung. Die persönliche Anhörung soll – über die Gewährung rechtlichen 167 Gehörs hinaus - der **Klärung folgender Fragen** dienen: ob die Voraussetzungen für die Bestellung eines Betreuers gegeben sind, gegebenenfalls für welche Aufgabenkreise Betreuungsbedarf besteht; ob die Anordnung eines Einwilligungsvorbehalts veranlasst ist und nötigenfalls für welchen Aufgabenkreis; welche Person auf Vorschlag des Betroffenen zum Betreuer bestellt werden (§ 1897 Abs. 4) oder welcher Betreuer sonst ausgewählt werden soll;[419] welche weiteren Personen anzuhören sind. Auch kann sich aus der persönlichen Anhörung die Notwendigkeit der Bestellung eines Verfahrenspflegers ergeben. Das Gericht darf nur solche Tatsachen und Beweisergebnisse verwenden, zu denen der Betroffene Stellung nehmen konnte (§ 37 Abs. 2 FamFG). Der Grundsatz des rechtlichen Gehörs verpflichtet das Gericht jedoch nicht, auf alle Ausführungen und Anliegen eines Verfahrensbeteiligten ausdrücklich einzugehen; eine Verletzung des rechtlichen Gehörs liegt nur vor, wenn sich aus den besonderen Umständen des Einzelfalls klar und deutlich ergibt, dass das Gericht ein tatsächliches Vorbringen eines Beteiligten entweder überhaupt nicht zur Kenntnis genommen oder bei seiner Entscheidung nicht in Erwägung gezogen hat.[420]

d) Anwesenheit weiterer Personen. Nach § 68 Abs. 4 S. 1 FGG aF konnte das Gericht zur 168 Anhörung und zur Verschaffung des unmittelbaren Eindrucks einen Sachverständigen hinzuziehen. Die Gesetzesbegründung zum FamFG hält eine solche Vorschrift für entbehrlich; der Sachverständige habe ohnehin den Betroffenen persönlich zu untersuchen, das Gericht könne ihn schon zum Anhörungstermin bestellen.[421] Auch die Regel des § 68 Abs. 4 S. 2, 3 FGG aF, welche die Anwesenheit weiterer Personen, insbesondere einer Vertrauensperson des Betroffenen, gestattete, ist entfallen, weil der Betroffene „jederzeit mit einer ihm vertrauten Person als Beistand erscheinen" könne.[422]

e) „Schlussgespräch" nicht mehr erforderlich. Nach dem früheren § 68 Abs. 5 FGG 169 war ein Schlussgespräch vorgesehen, soweit es zur Gewährung des rechtlichen Gehörs oder zur Sachaufklärung erforderlich war. Diese Vorschrift ist durch das FamFG ersatzlos entfallen. Die Gesetzesbegründung verweist darauf, dass das Gericht seine Entscheidung ohnehin nur auf Feststellungen

---

[416] Vgl. OLG Frankfurt FamRZ 1993, 1221; OLG Schleswig FamRZ 1995, 1596; BayObLG Urt. v. 29. 4. 2003 - 3Z BR 75/03; offener BayObLG FamRZ 1993, 450.
[417] BT-Drucks. 11/4528 S. 172.
[418] BT-Drucks. 11/4528 S. 214 (Bundesrat).
[419] BayObLG FamRZ 1995, 1082; KG FamRZ 1995, 1442.
[420] BayVerfGH NJW-RR 1994, 1136; BayObLG FamRZ 1995, 1232, 1233.
[421] BT-Drucks. 16/6308 S. 267.
[422] BT-Drucks. 16/6308 S. 267; wir geben den grammatisch verunglückten Satz in der Fassung der Gesetzesbegründung wieder.

§ 1896 170–173   Abschnitt 3. Titel 2. Rechtliche Betreuung

stützen dürfe, zu denen sich die Beteiligten äußern konnten (§ 37 Abs. 2 FamFG) und dass sich der Anspruch auf rechtliches Gehör aus § 34 Abs. 1 FamFG ergebe.[423] Aus diesen Aspekten kann sich die Erforderlichkeit einer weiteren Anhörung ergeben, dem Gericht ist aber ein größerer Handlungsspielraum gelassen.[424]

170 **4. Unterrichtung.** Für die **Unterrichtung** (§ 278 Abs. 2 S. 1 FamFG) ist keine Form vorgesehen, auch der Zeitpunkt ist in das Ermessen des Gerichts gestellt.[425] Damit der Betroffene seine Rechte und Interessen in der Anhörung geltend machen kann, ist er rechtzeitig und vollständig über den Stand des Verfahrens zu informieren; das Sachverständigengutachten ist ihm rechtzeitig und in schriftlicher Form zur Verfügung zu stellen;[426] das Gutachten darf ihm nur vorenthalten werden, soweit die Voraussetzungen des 34 Abs. 2 FamFG gegeben sind.[427] Die Unterrichtung umfasst in geeigneten Fällen auch den Hinweis auf die Möglichkeit der Vorsorgevollmacht, deren Inhalt und die Möglichkeit der Registrierung im zentralen Vorsorgeregister (§ 278 Abs. 2 S. 2 FamFG).

171 **5. Unterbleiben der Anhörung.** Nach § 34 Abs. 2 FamFG kann die persönliche Anhörung in zwei Fällen unterbleiben, nämlich
– wenn hiervon erhebliche Nachteile für die Gesundheit des Betroffenen zu besorgen sind;
– ferner wenn der Betroffene offensichtlich nicht in der Lage ist, seinen Willen kundzutun.
Die Regelung wird durch § 278 Abs. 4 FamFG ergänzt: Die Entscheidung, von der Anhörung aus gesundheitlichen Gründen abzusehen, darf nur auf Grundlage eines **ärztlichen Gutachtens** getroffen werden. Die Aufzählung des § 34 Abs. 2 FamFG ist abschließend; andere schwerwiegende Gründe reichen nicht aus.[428] Unterbleibt die Anhörung, so ist in der Regel ein Verfahrenspfleger zu bestellen (§ 276 Abs. 1 S. 2 Nr. 1 FamFG). Bei Anwendung des § 34 Abs. 2 FamFG ergibt sich bei Betreuungssachen die Frage, was eigentlich unterbleiben kann: nur die persönliche Anhörung im engen Sinne oder auch das Gewinnen eines persönlichen Eindrucks vom Betroffenen. Die erstgenannte Auffassung ist zutreffend. Einen persönlichen Eindruck vom Betroffenen muss sich das Gericht auf jeden Fall verschaffen, auch wenn die Voraussetzungen des § 34 Abs. 2 FamFG vorliegen.[429]

172 **6. Vorführung.** Weigert sich der Betroffene, an Verfahrenshandlungen nach § 278 Abs. 1 mitzuwirken, so kann ihn das Gericht durch die Behörde vorführen lassen (§ 278 Abs. 5 FamFG). Die Vorführung kann angedroht werden, wenn auf Grund des hartnäckigen Widerstands des Betroffenen gegen eine Kontaktaufnahme mit dem Gericht weniger einschneidende Maßnahmen nicht zur Verfügung stehen.[430] Gegen die Anordnung oder Androhung der zwangsweisen Vorführung ist, da es sich um Zwischenentscheidungen handelt, nach dem FamFG kein Rechtsmittel gegeben (§ 58 Abs. 1 FamFG, arg. e contr.).[431] Das ist rechtsstaatlich bedenklich, da eine solche Anordnung erheblich in die Rechte des Betroffenen eingreift.[432]

VIII. Das Sachverständigengutachten, §§ 280 – 284 FamFG

173 **1. Grundsatz.** Ein **Betreuer** darf erst **bestellt** werden, nachdem eine förmliche Beweisaufnahme durch Einholung eines Gutachtens über die Notwendigkeit der Betreuung stattgefunden hat (§ 280 Abs. 1 S. 1 FamFG). Gleiches gilt, wenn ein **Einwilligungsvorbehalt** angeordnet werden soll. Der Sachverständige soll Arzt für Psychiatrie oder Arzt mit Erfahrung auf dem Gebiet der Psychiatrie sein (§ 280 Abs. 1 S. 2 FamFG). Das Gericht veranlasst von sich aus[433] die Erstattung

---

[423] BT-Drucks. 16/6308 S.267.
[424] *Keidel/Budde* § 276 FamFG Rn. 7.
[425] Dazu BT-Drucks. 11/4528 S. 172.
[426] BayObLG FamRZ 1993, 1489, 1490; 1994, 1059, 1060; 1997, 900, 901; OLG Düsseldorf FamRZ 1997, 1361.
[427] OLG Düsseldorf FamRZ 1997, 1361.
[428] So schon BT-Drucks. 11/4528 S. 172.
[429] So schon BT-Drucks. 11/4528 S. 172. Wie hier *Bork/Jacoby/Schwab/Heiderhoff* § 278 FamFG Rn.1.
[430] BayObLG FamRZ 1997, 1568.
[431] *Keidel/Budde* § 278 FamFG Rn. 11.
[432] Daher konnte die Anordnung nach FGG durch Beschwerde angefochten werden, BayObLG FamRZ 1997, 1568.
[433] Vgl. OLG Stuttgart FamRZ 1993, 1365 („Privatgutachten"); KG FamRZ 1995, 1379, 1380 (behördenintern erstellte ärztliche Stellungnahmen, die nicht gerichtlich veranlasst sind, genügen nicht); KG FamRZ 2007, 81 (nicht vom Gericht angeforderte ärztliche Stellungnahme des Sozialpsychiatrischen Dienstes genügt nicht).

des Gutachtens, wobei es jedenfalls im Kern die Tatsachen bezeichnet, auf deren Feststellung es für die gerichtliche Entscheidung ankommt.[434]

2. Inhalt, Überprüfung. a) Inhalt des Gutachtens. Für das Gutachten ist sind die zu behandelnden Punkte vom FamFG vorgegeben (§ 280 Abs. 3 FamFG). Das Gutachten erstreckt sich auf das Krankheitsbild einschließlich der Krankheitsentwicklung; die durchgeführten Untersuchungen und die diesen zugrunde gelegten Forschungserkenntnisse; den körperlichen und psychiatrischen Zustand des Betroffenen; den möglichen Umfang des Aufgabenkreises und die voraussichtliche Dauer der Maßnahme. Das Krankheitsbild betreffend muss das Gutachten auch die tatsächlichen Feststellungen enthalten, die zu der Diagnose geführt haben.[435] Es muss auf die Auswirkungen der festgestellten Erkrankung oder Behinderung auf die Fähigkeit des Betroffenen eingehen, seine Angelegenheiten in den fraglichen Lebensbereichen zu besorgen.[436] Verlangt sind auch eine Prognose über die Dauer der Betreuungsbedürftigkeit[437] sowie gegebenenfalls Vorschläge zu deren Milderung.[438] Da eine Betreuung wegen psychischer Krankheit oder geistiger oder seelischer Behinderung eine wesentliche Einschränkung der Fähigkeit zu selbstverantwortlichem Handeln in den Angelegenheiten voraussetzt, für die der Betreuer bestellt werden soll, muss diese Frage im Mittelpunkt des Gutachtens stehen.

b) Geschäftsunfähigkeit. Fähigkeit zur freien Willensbestimmung. Zur Frage, ob der Betroffene **geschäftsunfähig** im Sinne des § 104 Nr. 2 BGB ist, muss das Gutachten jedenfalls soweit Stellung nehmen, als davon die Bestellung eines Betreuers oder die Umschreibung seines Aufgabenkreises abhängt, zB wenn die Wirksamkeit einer vom Betroffenen erteilten Vollmacht in Frage steht. Zur Frage, ob der Betroffene in Bezug auf die Bestellung eines Betreuers einen **freien Willen bilden** kann, muss das Gutachten jedenfalls dann eingehen, wenn sich Anzeichen dafür ergeben, das der Betroffene eine etwa erforderliche Betreuung ablehnt.[439] Soweit das Gutachten auf die Fähigkeit zur freien Willensbildung eingeht, sind konkrete Ausführungen zu den tatsächlichen Auswirkungen der Erkrankung erforderlich; bloße Feststellungen zu den allgemeinen Folgen einer Krankheit ohne Bezug auf den Betroffenen genügen nicht.[440]

c) Konkrete und hinreichend detaillierte Ausführungen. Die Ausführungen müssen sich **konkret und hinreichend detailliert** mit dem Betroffenen befassen, bloße Etikettierungen ohne nähere und nachvollziehbare Begründung tragen die Bestellung eines Betreuers nicht.[441] Das Gutachten muss Art und Ausmaß der Erkrankung im Einzelnen anhand der Vorgeschichte, der durchgeführten Untersuchungen und der sonstigen Erkenntnisse darstellen und wissenschaftlich begründen (BGH FamRZ 2011, 637 Tz. 12). Der Sachverständige muss darlegen, welche Befragungen und Untersuchungen er vorgenommen, welche Tests er angewandt und welche Befunde er erhoben hat.[442] Die Folgerungen aus den Befundtatsachen auf die Diagnose oder sonst gestellte Beweisfragen müssen in einer Weise nachvollziehbar dargestellt werden, dass eine richterliche Überprüfung auf ihre wissenschaftliche Fundierung, Logik und Schlüssigkeit möglich ist.[443] Auf ein Gutachten, das den bloßen *Verdacht* einer psychischen Krankheit mitteilt, kann eine Betreuung nicht gestützt werden.[444] Soll eine Betreuung wegen Drogen- oder Alkoholabhängigkeit angeordnet werden, so muss sich das Gutachten dazu äußern, inwieweit die Sucht auf einer psychischen Krankheit oder geistig-seelischen Behinderung beruht oder zu einer solchen geführt hat.[445]

---

[434] KG FamRZ 1995, 1379.
[435] BayObLG FamRZ 1994, 720, 721 („Anknüpfungstatsachen"); BayObLG FamRZ 2002, 494; OLG Hamm FamRZ 1995, 433, 435; KG FamRZ 1995, 1379, 1380.
[436] OLG Hamm FamRZ 1995, 433, 435; BayObLG FamRZ 1995, 1082, 1083 (betr. Aufenthaltsbestimmung; Vermögenssorge); BayObLG FamRZ 2002, 494. In der Terminologie des BayObLG muss das Unvermögen zur freien Willensbestimmung (für den jeweiligen Bereich) festgestellt sein (vgl. BayObLG FamRZ 1994, 1551, 1552).
[437] Vgl. BayObLG FamRZ 1993, 1489, 1490 (Drogenabhängigkeit).
[438] OLG Düsseldorf FamRZ 1993, 1224.
[439] OLG Schleswig FamRZ 2007, 1126; vgl. auch BGH FamRZ 2011, 630 Tz. 10 ff.
[440] OLG München FamRZ 2006, 440.
[441] Vgl. OLG Hamm FamRZ 1995, 433, 434 („Kurzgutachten"); KG FamRZ 1995, 1379, 1380 (keine bloßen Untersuchungsergebnisse und pauschalen Wertungen); BayObLG FamRZ 2002, 494 (Feststellung, der Betroffene leide an „Altersstarrsinn", genügt nicht); OLG Köln FamRZ 2009, 2116 (keine bloße Verdachtsdiagnose).
[442] OLG Brandenburg FamRZ 2001, 38, 39.
[443] Zutreffende Umschreibung der Anforderungen bei KG FamRZ 1995, 1379, 1380; BGH FamRZ 2011, 637 Tz.12.
[444] BayObLG FamRZ 1995, 1182, 1183; OLG Köln FamRZ 2006, 505.
[445] BayObLG FamRZ 1993, 1489, 1490.

177 **d) Psychologische und soziale Gesichtspunkte.** Der Vorschlag des Diskussionsentwurfs zum BtG,[446] wonach sich das Gutachten auch auf die **psychologischen und sozialen Gesichtspunkte** erstrecken müsse, ist nicht Gesetz geworden; das hindert die Einbeziehung dieser Aspekte keineswegs.[447] Es steht im Ermessen des Gerichts, ob es außer dem medizinischen noch ein psychologisches Gutachten einholen will.[448]

178 **e) Eigene Feststellungen des Gutachters.** Das Gutachten muss auf **eigenen Feststellungen des Gutachters** beruhen und zeitnah erstellt sein.[449] Der Sachverständige hat den Betroffenen vor Erstattung des Gutachtens *persönlich* zu untersuchen oder zu befragen (§ 280 Abs. 2 FamFG). Er darf Hilfskräfte heranziehen, aber nicht die Verantwortung auf sie verlagern.

179 **f) Form.** Eine bestimmte äußere **Form des Gutachtens** ist vom Gesetz nicht vorgeschrieben, doch ergibt sich aus seinem oben erläuterten Zweck, dass es schriftlich erstattet werden muss.[450] Anders könnten weder das Gericht noch die sonstigen Verfahrensbeteiligten die Sachgründe des Gutachtens mit der nötigen Sorgfalt überprüfen.

180 **g) Überprüfung des Gutachtens.** Das Gutachten muss so gehalten sein, dass es eine richterliche Prüfung in Bezug auf wissenschaftliche Fundierung, Logik und Schlüssigkeit zulässt. Der Untersuchungsbefund muss im Einzelnen mitgeteilt und die Schlussfolgerungen aus dem Befund auf die Diagnose müssen nachvollziehbar dargestellt werden.[451] Das **Tatsachengericht** hat das Gutachten sorgfältig und kritisch zu würdigen.[452] Dabei ist insbesondere auch zu prüfen, ob der dem Gutachten zugrunde gelegte Sachverhalt zutrifft und ob er richtig und vollständig gewürdigt worden ist.[453] Das Gericht ist verpflichtet, konkreten Einwendungen des Betroffenen gegen die tatsächlichen Grundlagen eines Sachverständigengutachtens nachzugehen.[454] Ist das Gericht nicht von der Richtigkeit des Gutachtens überzeugt, so muss es ein weiteres Gutachten in Auftrag geben;[455] eine abweichende eigene Auffassung darf das Gericht nur dann an die Stelle des angezweifelten Gutachtens setzen, wenn es seine Überzeugung begründet und zudem seine eigene Sachkunde nachprüfbar darlegt.[456] Bei Zweifeln an der Richtigkeit eines Gutachtens, das die Betreuungsbedürftigkeit bejaht, darf auch nicht einfach davon ausgegangen werden, dass der Betroffene gesund ist; denn wenn eine Betreuung für diesen erforderlich sein sollte, darf er nicht ohne Hilfe gelassen werden;[457] vielmehr ist die Frage durch weitere Gutachten zu klären. Durch das **Rechtsbeschwerdegericht** ist das Gutachten nur auf Rechtsfehler überprüfbar, dh. dahin, ob der Tatrichter den maßgeblichen Sachverhalt ausreichend ermittelt und bei der Erörterung des Beweisstoffes alle wesentlichen Gesichtspunkte berücksichtigt hat, ob seine Beweiswürdigung in sich widerspruchsfrei ist und nicht gegen gesetzliche Beweisregeln oder Denkgesetze oder feststehende Erfahrungssätze verstößt, ferner, ob die Beweisanforderungen vernachlässigt oder überspannt worden sind.[458]

181 **3. Gutachter.** Der Sachverständige „soll" Arzt für Psychiatrie oder Arzt mit Erfahrung auf dem Gebiet der Psychiatrie sein (§ 280 Abs. 1 S. 2 FamFG). Die Ausgestaltung als Soll-Vorschrift hat der Gesetzgeber gewählt, um Erkrankungen Rechnung tragen, die nicht lediglich aus psychiatrischer Sicht beurteilt werden können (BGH FamRZ 2011, 630 Tz.11 – sehr zweifelhaft; in solchen Fällen müsste *zusätzlich* zum psychiatrischen oder neurologischen Gutachten ein weiteres Gutachten erstattet werden). Welcher Gutachter zu bestellen ist und wie viele Gutachten eingeholt werden, entscheidet das Gericht nach pflichtgemäßem Ermessen.[459] Die Anforderungen an die Qualifikation richten sich nach der Art der Krankheit oder Behinderung, um die es im konkreten Fall geht.[460] Bei

---

[446] 1. Diskussions-Teilentwurf S. 9.
[447] BT-Drucks. 11/4528 S. 174.
[448] Weitergehend *Schumacher* ZRP 1989, 9 (im Regelfall zwei Gutachten).
[449] Vgl. BayObLG FamRZ 1998, 323; 1998, 1327, 1328; 1994, 318, 319; OLG Brandenburg FamRZ 2001, 40.
[450] AA OLG Brandenburg FamRZ 2001, 38, 39.
[451] KG FamRZ 1995, 1379, 1380; OLG Zweibrücken FamRZ 2005, 1196.
[452] BayObLG FamRZ 1993, 1489, 1490; 1994, 720; 1994, 1059, 1060.
[453] BayObLG FamRZ 1994, 1059, 1060.
[454] BayObLG FamRZ 1994, 1059, 1060.
[455] BayObLG FamRZ 1994, 720, 721; vgl. auch BayObLG FamRZ 1994, 318.
[456] BayObLG FamRZ 1994, 720, 721.
[457] BayObLG FamRZ 1994, 720, 721.
[458] BayObLGZ 1993, 18, 19 = FamRZ 1993, 600; BayObLG FamRZ 1994, 319, 320; 1995, 1517, 1518; 1995, 1518, 1519; 1996, 1370; OLG München BtPrax 2005, 156, 157.
[459] BayObLG FamRZ 1997, 901, 902; KG FamRZ 1995, 1379, 1381.
[460] BayObLG FamRZ 1997, 901, 902; BayObLG FamRZ 2002, 494, 495. Für die Beurteilung, ob eine Ablehnung der Betreuung durch den Betroffenen auf freiem Willen beruht (§ 1896 Abs.1a), hat der BGH einen Amtsarzt für hinreichend kompetent gehalten (FamRZ 2011, 630 Tz.11).

Voraussetzungen 182, 183 § 1896

psychischen Krankheiten und geistigen oder seelischen Behinderungen ist grundsätzlich ein Facharzt für Psychiatrie oder Neurologie zum Gutachter zu bestellen;[461] bei derartigen Sachverständigen sind weitere Ausführungen zu ihrer Sachkunde entbehrlich.[462] Auch ein in der Psychiatrie erfahrener sonstiger Arzt kommt nun nach ausdrücklicher gesetzlicher Bestimmung als Gutachter in Frage.[463] Wird ein Gutachter beauftragt, dessen Sachkunde sich nicht ohne weiteres aus seiner Berufsbezeichnung oder aus der Art seiner Berufstätigkeit ergibt, ist seine Sachkunde in der Entscheidung darzulegen.[464] Bei Ärzten, die sich noch in Fachausbildung für Psychiatrie oder Neurologie befinden, bedarf die Sachkunde besonderer Feststellungen.[465] Gleiches gilt für die Ärzte im öffentlichen Gesundheitsdienst.[466] Ist der Sachverständige nicht hinreichend qualifiziert, darf sein Gutachten nicht verwertet werden (BGH FamRZ 2011, 637 Tz. 19).

4. Durchführung der Begutachtung. a) Persönliche Untersuchung und Befragung des Betroffenen. Vor Erstattung des Gutachtens hat der Sachverständige den Betroffenen persönlich zu untersuchen oder zu befragen (§ 280 Abs. 2 FamFG). Es muss also derjenige Arzt das Gutachten erstatten, der den Betroffenen persönlich untersucht hat. Das Gericht kann anordnen, dass der Betroffene zur Vorbereitung eines Gutachtens untersucht und durch die zuständige Behörde zu einer Untersuchung vorgeführt wird (§ 283 Abs. 1 S. 1 FamFG). Zuvor soll der Betroffene persönlich angehört werden (§ 283 Abs. 1 S. 2 FamFG). Die unter Geltung des FGG zweifelhafte Frage zulässiger Gewaltanwendung ist nun ausdrücklich geregelt: Gewalt darf die Behörde nur anwenden, wenn das Gericht dies auf Grund einer ausdrücklichen Entscheidung angeordnet hat; die zuständige Behörde ist dann befugt, erforderlichenfalls die Unterstützung der polizeilichen Vollzugsorgane nachzusuchen (§ 283 Abs. 2 FamFG). Die Wohnung des Betroffenen darf ohne dessen Einwilligung – außer bei Gefahr im Verzug – nur betreten werden, wenn das Gericht dies auf Grund einer ausdrücklichen Entscheidung angeordnet hat (§ 283 Abs. 3 FamFG). Diese Neuregelung korrespondiert mit der Entscheidung des BVerfG (FamRZ 2009, 1814), wonach die frühere Vorschrift des § 68b Abs. 1 S. 1 FGG, die nur die Untersuchung und die Vorführung hierzu thematisierte, nicht als hinreichende Ermächtigungsgrundlage für das zwangsweise Betreten der Wohnung anerkannt wurde; der Entscheidung kann auch für das neue Recht entnommen werden, dass durch die Art des Verfahrens und eine ausreichende Anhörung sichergestellt sein muss, dass dem Betroffenen nur diejenige Beeinträchtigung seiner Persönlichkeitssphäre zugemutet wird, die „bei Beachtung der berechtigten Anforderungen einer geregelten Rechtspflege nach seinen Bedürfnissen als die geringfügigste erscheint".[467]

b) Keine Rechtsmittel? Das frühere Recht des FGG schloss die Anfechtbarkeit der gerichtlichen Anordnung, dass der Betroffene zur Vorbereitung eines Gutachtens untersucht und durch die zuständige Behörde zu einer Untersuchung vorgeführt werden soll, ausdrücklich aus (§ 68b Abs. 3 S. 2 FGG aF). Diese Aussage findet sich im FamFG nicht. Gleichwohl wird die Auffassung vertreten, dass die Anordnung der Untersuchung und Vorführung als bloße Zwischenentscheidung nicht anfechtbar sei.[468] Das entspricht zwar der Regel des § 58 FamFG, wonach nur Endentscheidungen mit der Beschwerde angegriffen werden können, nicht aber den Geboten des Rechtsstaats. Schon die Regelung des FGG war auf begründete verfassungsrechtliche Bedenken gestoßen. Der BGH hat – noch zur Lage nach FGG – in der Anordnung der Untersuchung einen schwerwiegenden Eingriff in die Grundrechte des Betroffenen gesehen, gegen den zumindest in Fällen krasser Rechtsfehlerhaftigkeit die Beschwerde gegeben sein muss.[469] Rechtsstaatlichen Zweifeln unterliegt vor

---

[461] BayObLG FamRZ 1993, 351; 1993, 851, 852; 1997, 901, 902; BayObLG FamRZ 2002, 494, 495. Vgl. auch BayObLG FamRZ 1994, 319, 320.
[462] BayObLG FamRZ 1998, 921; 1995, 1517.
[463] So schon die Rspr. zum FGG, vgl. BayObLG FamRZ 1997, 901, 902; KG FamRZ 1995, 1379, 1380.
[464] BGH FamRZ 2011, 637 Tz. 17; BayObLG FamRZ 1997, 901, 902; FamRZ 1988, 433; BayObLG FamRZ 2002, 494, 495; OLG Zweibrücken FamRZ 2005, 1196.
[465] BayObLG FamRZ 1993, 351; vgl. auch OLG Brandenburg FamRZ 2001, 40 (Arzt in Facharztausbildung genügt, wenn der leitende Chefarzt das Gutachten unterschreibt und billigt).
[466] BayObLG FamRZ 1997, 1565 (betr. höherer öffentlicher Gesundheitsdienst in Staatlichen Gesundheitsämtern); OLG Stuttgart FamRZ 1993, 1365.
[467] BVerfG FamRZ 2009, 1814, 1816.
[468] *Keidel/Budde* § 283 FamFG Rn. 4; so sieht auch das BVerfG (FamRZ 2010, 1145) die Rechtslage nach dem FamFG; dazu krit. *Schmidt-Recla/ Diener* FamRZ 2010, 1146 f.
[469] BGHZ 171, 326 Tz. 15-17; die Anfechtbarkeit verneint der BGH für die bloße Beauftragung eines Sachverständigen, die den Betroffenen nicht verpflichtet, sich untersuchen zu lassen, BGH FamRZ 2008, 774. Vgl. auch KG FamRZ 2001, 311; FamRZ 2002, 970; FamRZ 2010, 494; vgl. auch OLG Saarbrücken OLG-Report 2005, 215 (vorbereitende Zwischenverfügungen anfechtbar, wenn sie derart in die Rechte des Betroffenen eingreifen, dass die selbständige Anfechtbarkeit unbedingt geboten ist); OLG Celle FamRZ 2007, 167 (Untersu-

allem der Ausschluss von Rechtsmitteln gegen die gemäß § 268 Abs. 2 und 3 mögliche Anordnung von Zwangsmaßnahmen.[470] Die Gestattung, die Wohnung des Betroffenen zwangsweise zu betreten, wird auf Art. 13 Abs. 2 GG gestützt;[471] damit lässt sich aber nicht der Ausschluss jeglicher Rechtsmittel begründen. Nach meiner Ansicht ist der Ausschluss von Rechtsmitteln speziell gegen die in diesem Rahmen angeordneten Maßnahmen rechtsstaatlich nur haltbar, wenn der Betroffene gegen die Grundentscheidung, dass er überhaupt gegen seinen Willen einer Untersuchung unterzogen werden soll, Beschwerde führen kann. Folgerichtig ist die **generelle Zulassung der Beschwerde gegen Zwischenentscheidungen, die schwerwiegend in Grundrechte eingreifen**. Analog zu den Rechtsmitteln gegen Zwischenentscheidungen, bei denen sie ausdrücklich zugelassen sind (zB § 33 Abs. 3 S. 5; § 284 Abs. 3 S. 2 FamFG) findet daher in grundgesetzkonformer Auslegung gegen die Anordnung der Untersuchung, der Vorführung und der Maßnahmen nach § 283 Abs. 2 und 3 FamFG die sofortige Beschwerde nach §§ 567 bis 572 ZPO statt.[472] Hält man die genannten Zwischenentscheidungen generell für unanfechtbar (so nun auch BVerfG FamRZ 2010, 186, 187)[473], so steht ohne weiteres der Weg der Verfassungsbeschwerde zum BVerfG offen, mit der schwerwiegende Verfahrensmängel als Grundrechtsverstöße gerügt werden können; es erscheint allerdings fraglich, ob eine solche direkte Verlagerung an das BVerfG sinnvoll ist.[474]

184 **c) Unterbringungsanordnung (§ 284 FamFG).** Über die Untersuchungsanordnung hinaus kann das Gericht nach Anhörung eines Sachverständigen beschließen, dass der Betroffene auf bestimmte Dauer untergebracht und beobachtet wird, soweit dies zur Vorbereitung des Gutachtens erforderlich ist (§ 284 Abs. 1 S. 1 FamFG). Der Betroffene ist vorher persönlich anzuhören (§ 284 Abs. 1 S. 2 FamFG). Dabei sind die Grundsätze der Erforderlichkeit und Verhältnismäßigkeit strikt zu wahren.[475] Weitere Voraussetzung ist ein konkreter Verdacht auf Betreuungsbedürftigkeit, der im Zeitpunkt der Unterbringung gegeben sein muss.[476] Die Unterbringung darf die Dauer von sechs Wochen nicht überschreiten; reicht dieser Zeitraum nicht aus, um die erforderlichen Erkenntnisse für das Gutachten zu erlangen, so kann die Unterbringung bis zu einer Gesamtdauer von drei Monaten verlängert werden (§ 284 Abs. 2 FamFG). Zwangsmaßnahmen betreffend gilt § 283 Abs. 2, 3 entsprechend (§ 284 Abs. 3 S. 1 FamFG). Die Anordnung der Unterbringung ist mit der sofortigen Beschwerde nach den §§ 567 bis 572 ZPO anfechtbar (§ 284 Abs. 3 S. 2 FamFG).

185 **5. Rechtliches Gehör.** Dem Betroffenen ist Gelegenheit zu geben, zum Gutachten Stellung zu nehmen.[477] Das Gutachten muss dem Betroffenen vollständig, schriftlich und rechtzeitig vor seiner persönlichen Anhörung übergeben werden.[478] Hiervon darf nur abgewichen werden, wenn zu befürchten ist, die Bekanntgabe des Gutachtens werde dessen Gesundheit schädigen oder ernsthaft gefährden oder wenn der Betroffene aus anderen Gründen nicht in der Lage ist, sein Recht auf Gehör selbst wahrzunehmen.[479] In einem solchen Fall ist es unerlässlich, dem Betroffenen einen Verfahrenspfleger zu bestellen.[480]

186 **6. Die Ersetzung des Gutachtens durch ärztliches Zeugnis. a) Gesetzliche Regelung (§ 281 FamFG). In zwei Fällen** soll anstelle des Gutachtens **ein ärztliches Zeugnis genügen:** (1) wenn der Betroffene die Bestellung eines Betreuers beantragt und auf die Begutachtung verzichtet hat und die Einholung des Gutachtens insbesondere im Hinblick auf den Umfang des Aufgabenkreises des Betreuers unverhältnismäßig wäre (§ 281 Abs. 1 Nr. 1 FamFG); (2) wenn ein Betreuer nur zur Geltendmachung von Rechten des Betroffenen gegenüber seinem Bevollmächtigten bestellt wird (§ 281 Abs. 1 Nr. 2 FamFG). Das ärztliche Zeugnis soll sich von einem Sachverstän-

---

chungs- und Vorführungsanordnung zumindest dann anfechtbar, wenn gleichzeitig die Befugnis zur Gewaltanwendung oder des gewaltsamen Zutritts zur Wohnung erteilt wird).

[470] So für die frühere Rechtslage BayObLG FamRZ 1994, 1190 (LS.); FamRZ 2003, 60 (unanfechtbar die mit der Untersuchungs- und Vorführungsanordnung verbundene Gestattung der Gewaltanwendung und des Betretens der Wohnung); OLG Hamm FamRZ 1997, 440; KG FamRZ 1997, 442;

[471] KG FamRZ 1997, 442, 443.

[472] In diesem Sinne auch *Prütting/Helms/Fröschle* § 283 FamFG Rn. 22.

[473] Auch FamRZ 2010, 1145, 1146; krit. Hierzu *Schmidt-Recla/Diener* FamRZ 2010, 1146 f.

[474] Siehe die Fälle BVerfG FamRZ 2010, 1145;

[475] BayObLG FamRZ 2001, 1559, 1560; FamRZ 2006, 289; OLG Saarbrücken OLGR 2005, 215.

[476] BayObLG FamRZ 2006, 289, 290 (die Rechtswidrigkeit der Unterbringung ist also der Sicht des Zeitpunktes der Unterbringung zu beurteilen).

[477] Zimmermann FamRZ 1991, 270, 274; BayObLG FamRZ 1974, 44; OLG Zweibrücken FamRZ 1989, 544.

[478] BayObLG FamRZ 1993, 1489, 1490; OLG Düsseldorf BtPrax 1996, 188.

[479] BayObLG FamRZ 1993, 1489, 1490; OLG München FamRZ 2006, 289 und 440; KG FamRZ 2006, 1228.

[480] BGH FamRZ 2011, 1289; BayObLG FamRZ 1993, 1489, 1490.

digengutachten dadurch unterscheiden, dass es der Betroffene selbst vorlegen und den Aussteller selbst bestimmen kann und dass im Zeugnis möglicherweise die für die Entscheidung erheblichen Gesichtspunkte nur in verkürzter Form enthalten sind.[481] Auch beim Zeugnis muss der Arzt den Betroffenen persönlich untersucht haben (§ 281 Abs. 2 iVm. § 280 Abs. 2 FamFG). Das Zeugnis muss zu den für die Entscheidung erheblichen Gesichtspunkten Stellung nehmen; dazu gehören hinreichend konkrete Angaben zum Sachverhalt, der Vorgeschichte und den Untersuchungsergebnissen.[482]

b) Bedenken. Beide Ausnahmefälle begegnen Bedenken. **Zu (1):** Den Antrag auf Bestellung des Betreuers kann auch ein Geschäftsunfähiger stellen. Es ist nicht einzusehen, dass eine möglicherweise geschäftsunfähige Person sich des Schutzes, das ein sorgfältiges Sachverständigengutachten für die Wahrung seiner Freiheitsinteressen bedeutet, ohne weiteres begeben kann; ob Geschäftsunfähigkeit vorliegt, könnte ja erst Ergebnis des Gutachtens sein, auf das verzichtet wird. **Zu (2):** Dass bei Bestellung eines Betreuers mit dem Aufgabenkreis des § 1896 Abs. 3 ein ärztliches Zeugnis genügen soll, unterschätzt die Bedeutung dieser Betreuung. Auch die Betreuung zur Überwachung von Bevollmächtigten setzt nämlich voraus, dass der Betroffene diese Angelegenheit nicht mehr hinreichend wahrnehmen kann; der Aufgabenkreis kann je nach dem Gegenstand der Vollmachten von größter Bedeutung sein.

7. Absehen von einer Begutachtung nach § 282 FamFG. a) Verwendung eines Gutachtens des Medizinischen Dienstes. Das Ziel der Kostenersparnis, welche den Sinn des Betreuungsrechts seit geraumer Zeit konterkariert, führte zu dem Gedanken, dass unter Umständen auf die Erstellung eines ärztlichen Gutachtens für die Zwecke des Betreuungsverfahrens überhaupt verzichtet werden soll, wenn aus schon vorhandenen Dokumenten die nötigen Feststellungen entnommen werden können. Der durch das 2. BtÄndG eingeführte § 68b Abs. 1 a FGG ermächtigte das Gericht, von der Einholung eines Gutachtens im Verfahren der Betreuerbestellung abzusehen, soweit durch die Verwendung eines bestehenden ärztlichen Gutachtens des Medizinischen Dienstes der Krankenversicherung nach § 18 des Elften Buches Sozialgesetzbuch festgestellt werden kann, inwieweit bei dem Betroffenen infolge einer psychischen Krankheit oder einer geistigen oder seelischen Behinderung die Voraussetzungen für die Bestellung eines Betreuers vorliegen. Die Regelung ist in das FamFG übernommen (§ 282 FamFG). Das Gericht des Betreuungsverfahrens darf ein solches Gutachten einschließlich dazu vorhandener Befunde zur Vermeidung weiterer Gutachten bei der Pflegekasse anfordern (§ 282 Abs. 2 S. 1 FamFG) und hat dabei anzugeben, für welchen Zweck das Gutachten und die Befunde verwendet werden sollen (§ 282 Abs. 2 S. 2 FamFG). Die Regelung ist bedenklich: Es verwundert, dass die für *ganz andere Zwecke* erstellten Gutachten des Medizinischen Dienstes den hohen Anforderungen genügen sollen, welche die Rechtsprechung an die Gutachten für ein Betreuungsverfahren stellt. Die Pflegestufe sagt über die Erforderlichkeit der Bestellung eines gesetzlichen Vertreters für einen bestimmten Aufgabenkreis üblicherweise nichts aus. Sinn des Gutachtens im Betreuungsverfahren ist es aber, die festgestellte Krankheit oder Behinderung in einen konkreten Bezug zur Erforderlichkeit einer rechtlichen Betreuung in bestimmten Aufgabenkreisen zu bringen. Stellt das Gericht fest, dass das Gutachten des ärztlichen Dienstes für die Zwecke des Betreuungsverfahren ungeeignet ist, so hat es die übermittelten Daten unverzüglich zu löschen (§ 282 Abs. 2 S. 3 FamFG). Die Möglichkeit, von der Einholung eines Sachverständigengutachtens ganz oder teilweise abzusehen, **gilt nicht** im Verfahren zur **Anordnung eines Einwilligungsvorbehalts**.

b) Einwilligung des Betroffenen oder des Pflegers. Kommt das Gericht zur Überzeugung, dass das Gutachten des Medizinischen Dienstes und die Befunde geeignet sind, im Betreuungsverfahren eine weitere Begutachtung ganz oder teilweise zu ersetzen, so hat es vor einer weiteren Verwendung die Einwilligung des Betroffenen *oder* des Pflegers für das Verfahren einzuholen (§ 282 Abs. 3 S. 1 FamFG). Wird die Einwilligung nicht erteilt, hat das Gericht die übermittelten Daten unverzüglich zu löschen (§ 282 Abs. 3 S. 2 FamFG).[483] Die Verweigerung der Einwilligung muss nicht begründet werden.[484] Das Erfordernis der Einwilligung ist mE nicht geeignet, die Bedenken gegen die Regelung zu zerstreuen. Soweit es um die Einwilligung des Betroffenen geht, stellt sich die Frage, ob dafür die Fähigkeit zur Selbstbestimmung gegeben sein muss. Die Frage ist zu bejahen: Die Einwilligung in die Verwendung von persönlichen Daten außerhalb ihres bisherigen Zwecks ist keinesfalls bloße Verfahrenshandlung, sondern materiellrechtliche Erklärung persönlich-

---

[481] BT-Drucks. 11/4528 S. 174.
[482] Vgl. OLG Hamm FamRZ 2000, 494, 496.
[483] Bzw. in Papierform übermittelte Originale zurückzusenden, BT-Drucks. 15/4874 S. 29.
[484] BT-Drucks. 15/4874 S. 29.

keitsrechtlichen Inhalts. Das Gericht benötigt also bereits insoweit Befunde über die Fähigkeit zur Selbstbestimmung, die schwerlich einem Pflegebedürftigkeitsgutachten entnommen werden können. Die Einwilligung durch den Verfahrenspfleger trägt nicht, wenn der Betroffene selbst einwilligungsfähig ist und somit einen selbstbestimmten Willen äußern kann.[485]

190 **c) Zusätzliches Gutachten?** Erscheint das Gutachten des ärztlichen Dienstes als geeignet und wird die erforderliche Einwilligung erteilt, so stellt sich für das Gericht die Frage, ob es hinsichtlich der in diesem Gutachten nicht geklärten Voraussetzungen der Betreuung ein Sachverständigengutachten einholen muss. Das ist logischerweise zu bejahen. § 282 Abs. 4 FamFG ermöglicht aber das völlige Absehen von einer speziellen Begutachtung für das Betreuungsverfahren, wenn die sonstigen Voraussetzungen für die Bestellung eines Betreuers zur Überzeugung des Gerichts feststehen.

IX. Anhörung Dritter, § 279 FamFG

191 **1. Beteiligte.** Die Frage, welche dritten Personen oder Institutionen vor der Bestellung eines Betreuers anzuhören sind, hat durch das FamFG eine Neuregelung erfahren, weil dieses Gesetz den Beteiligtenbegriff ausdrücklich definiert (§§ 7, 274 FamFG). Folgerichtig sind alle Beteiligten vor der Bestellung eines Betreuer oder der Anordnung eines Einwilligungsvorbehaltes anzuhören (§ 279 Abs. 1 FamFG). Dazu gehören die Muss-Beteiligten ebenso wie die vom Gericht hinzugezogenen Kann-Beteiligten. Die Zweifelsfragen um den Beteiligtenbegriff schlagen auch hier durch. Deshalb ist es wichtig, dass das Gesetz die Anhörung weiterer Personen ohne Rücksicht auf ihre Beteiligteneigenschaft zulässt (§ 279 Abs. 2, 3 FamFG).

192 **2. Betreuungsbehörde.** Vor der Bestellung eines Betreuers oder der Anordnung eines Einwilligungsvorbehalts hat das Gericht die zuständige Behörde anzuhören, wenn es der Betroffene verlangt oder es der Sachaufklärung dient (§ 279 Abs. 2 FamFG). Das gilt auch dann, wenn die Behörde nicht gemäß § 274 Abs. 3 als Beteiligte hinzugezogen ist. Die Form der Äußerung, zu der die Gelegenheit gegeben wird, ist nicht bestimmt; es genügt also Gelegenheit zu schriftlicher Stellungnahme binnen angemessener Frist.[486] Das Gericht kann die Behörde auch um Unterstützung (Aufklärung des Sachverhalts, Gewinnung geeigneter Betreuer, Vorschlag einer geeigneten Person) angehen (§ 8 BtBG).

193 **3. Nahestehende Personen.** Auf Verlangen des Betroffenen hat das Gericht eine ihm nahe stehende Person anzuhören, wenn dies ohne erhebliche Verzögerung möglich ist (§ 279 Abs. 3 FamFG). Die typischerweise nahe stehenden Personen, die in § 68 S. 3 FGG aF erwähnt waren (Ehegatten, eingetragene Lebenspartner, Eltern, Kinder) sind im FamFG nicht mehr ausdrücklich aufgeführt. Für diesen Personenkreis gilt nun: Soweit sie Beteiligte sind, müssen sie bereits nach § 279 Abs. 1 FamFG angehört werden; dabei sind sie Muss-Beteiligte, soweit sie in ihren eigenen Rechten betroffen sind (zum Problem Rn. 150). Auf Verlangen des Betroffenen sind nach § 179 Abs. 3 aber auch solche ihm nahe stehende Personen anzuhören, die nicht zum Kreis der Beteiligten gehören.[487] Das FGG sah ein Widerspruchsrecht des Betroffenen gegen die Anhörung bestimmter Angehöriger aus erheblichem Grund vor; dieses Recht wurde vom FamFG beseitigt.[488]

194 **4. Gesetzlicher Vertreter.** Nach § 279 Abs. 4 FamFG ist auch dem gesetzlichen Vertreter rechtliches Gehör zu gewähren, wenn für einen noch Minderjährigen vorsorglich gemäß § 1908a ein Betreuer bestellt oder wenn für ihn ein Einwilligungsvorbehalt angeordnet werden soll.

195 **5. Art der Anhörung.** Die Form der Anhörung Dritter liegt im Ermessen des Gerichts. Es muss nicht persönlich anhört werden. Auch bei den nahe stehenden Personen ist eine bestimmte Form der Anhörung nicht vorgesehen; es genügt uU die Gelegenheit zur schriftlichen Äußerung.[489] Soweit sich die in § 279 FamFG genannten Personen und Stellen im Verfahren geäußert haben und soweit ihre Äußerung für die Entscheidung von Bedeutung ist, muss dem Betroffenen rechtliches Gehör gewährt werden (BVerfGE 17, 95).

196 **6. Sonstige Personen und Stellen.** Von den in § 279 FamFG genannten Personen und Stellen abgesehen liegt es im pflichtgemäßen Ermessen des Gerichts, wem es im Rahmen der Amts-

---

[485] In diesem Sinne auch die Gesetzesbegründung BT-Drucks. 15/4874 S. 29; aA *Jansen/Sonnenfeld* § 68b FGG Rn. 42.
[486] *Zimmermann* FamRZ 1991, 274.
[487] BT-Drucks. 16/6308 S.268.
[488] Begründung BT-Drucks. 16/6308 S.267.
[489] OLG Hamm FamRZ 1993, 988, 990; KG FamRZ 1995, 1442, 1444.

ermittlung sonst Gelegenheit zur Äußerung geben will (§ 26 FamFG). Dabei sind die Interessen des Betroffenen, insbesondere der Schutz seiner Privatsphäre, besonders zu berücksichtigen.[490]

X. Die Entscheidung, ihre Bekanntmachung und ihre Wirksamkeit

1. Inhalt. Das Gericht entscheidet durch Beschluss (§ 38 Abs. 1 FamFG). Der Inhalt des Beschlusses, mit dem über die Betreuerbestellung entschieden wird, ergibt sich zunächst aus § 38 Abs. 2 FamFG. Wird ein Betreuer bestellt, so enthält die Beschlussformel außerdem die Bezeichnung des Betreuers sowie nach § 286 Abs. 1 FamFG die Bezeichnung seines Aufgabenkreises, bei Bestellung eines Vereinsbetreuers die Bezeichnung als Vereinsbetreuer und die des Vereins, bei Bestellung eines Behördenbetreuers die Bezeichnung als Behördenbetreuer und die der Behörde, bei Bestellung eines Berufsbetreuers die Bezeichnung als Berufsbetreuer.[491] Wird ein Einwilligungsvorbehalt angeordnet, so enthält die Beschlussformel die Bezeichnung des Kreises der einwilligungsbedürftigen Willenserklärungen (§ 286 Abs. 2 FamFG). In der Beschlussformel ist auch der Zeitpunkt zu benennen, bis zu dem das Gericht über die Aufhebung oder Verlängerung der Betreuerbestellung oder des Einwilligungsvorbehalts zu entscheiden hat (§ 286 Abs. 3 FamFG). Die gesetzliche Höchstfrist von sieben Jahren, nach deren Ablauf über die Aufhebung oder Verlängerung dieser Maßnahmen spätestens zu entscheiden ist, ergibt sich aus §§ 294 Abs. 3, 295 Abs. 2 FamFG. Der Beschluss ist in jedem Falle zu begründen (§ 38 Abs. 3 S. 1, Abs. 5 Nr. 3 FamFG). Er muss eine Rechtsbehelfsbelehrung enthalten (§ 39 FamFG, zu den Folgen des Fehlens § 17 Abs. 2 FamFG).

2. Bekanntgabe. a) Grundsätze. Der Beschluss ist grundsätzlich allen Beteiligten bekannt zu geben (§ 41 Abs. 1 S. 1 FamFG), insbesondere also dem Betroffenen, dem Betreuer, dem Verfahrenspfleger (§ 274 Abs. 2 FamFG), den Angehörigen, wenn sie Beteiligte sind, und der Behörde, wenn sie auf ihren Antrag als Beteiligte hinzugezogen ist (§ 274 Abs. 3 FamFG). Darüber hinaus hat das Gericht nach § 288 Abs. 2 S. 1 FamFG der zuständigen Behörde, auch wenn sie nicht beteiligt ist, Beschlüsse über die Bestellung eines Betreuers oder die Anordnung eines Einwilligungsvorbehalts und Beschlüsse über deren Umfang, Inhalt oder Bestand einer solchen Maßnahme stets bekannt zu geben. Andere Beschlüsse sind der zuständigen Behörde bekannt zu geben, wenn sie vor deren Erlass angehört wurde.

b) Einschränkung bei der Bekanntgabe an den Betroffenen. Dem Betroffenen selbst ist in jedem Fall der Entscheidungstenor bekannt zu machen. Von der Bekanntmachung der Entscheidungs*gründe* an ihn kann abgesehen werden, wenn dies nach ärztlichem Zeugnis erforderlich ist, um erhebliche Nachteile für seine Gesundheit zu vermeiden (§ 288 Abs. 1 FamFG). Von dieser Möglichkeit der Einschränkung des rechtlichen Gehörs ist zurückhaltender Gebrauch zu machen.[492] Hat der Betroffene einen Verfahrensbevollmächtigten (§ 276 Abs. 4 FamFG), so ist die Entscheidung gleichwohl stets auch dem Betroffenen selbst bekannt zu machen.[493]

c) Form. Zur Form der Bekanntgabe siehe §§ 15 und 41 FamFG. Die Bekanntgabe erfolgt im Allgemeinen schriftlich (siehe § 63 Abs. 3 S. 1 FamFG). Zur Möglichkeit der mündlichen Bekanntgabe siehe § 41 Abs. 2 FamFG. Förmlich zuzustellen ist ein anfechtbarer Beschluss demjenigen, dessen erklärtem Willen er nicht entspricht (§ 41 Abs. 1 S. 2 FamFG).

3. Wirksamwerden. Beschlüsse über die Betreuerbestellung sowie alle Beschlüsse über Umfang, Inhalt oder Bestand der Bestellung eines Betreuers, über die Anordnung eines Einwilligungsvorbehalts oder über den Erlass einer einstweiligen Anordnung nach § 300 werden **mit der Bekanntgabe an den Betreuer** wirksam (§ 287 Abs. 1 FamFG). Insoweit ist die allgemeine Regel des § 40 Abs. 1 FamFG verdrängt, wonach die Wirksamkeit mit der Bekanntgabe an den Betroffenen eintreten würde; diese Vorschrift gilt aber für sonstige Entscheidungen im Betreuungsverfahren.[494] Grund für die abweichende Regel des § 287 Abs. 1 FamFG ist die Erwägung, dass der Betreuer erst mit der Bekanntmachung an ihn selbst seinen Aufgaben nachkommen kann.[495] Wenn die Bekanntmachung an den Betreuer nicht möglich oder Gefahr im Verzug ist, so kann das Gericht die sofortige Wirksamkeit anordnen (§ 287 Abs. 2 S. 1 FamFG). In diesem Fall wird die Entscheidung in dem Zeitpunkt wirksam, in dem sie und die Anordnung der sofortigen Wirksamkeit *entweder* dem

---

[490] BT-Drucks. 11/4528 S. 173.
[491] Begründung zu dieser Neuerung BT-Drucks. 16/6308 S.268.
[492] *Keidel/Budde* § 288 FamFG Rn. 5
[493] BayObLG FamRZ 1994, 1060, 1061 (betr. einstweilige Anordnung).
[494] Nach *Bork/Jacoby/Schwab/Heiderhoff* § 287 Rn. 5 auch für Genehmigungen der Einwilligung nach §§ 1904, 1905, 1906.
[495] BT-Drucks. 11/4528 S. 175.

§ 1896   202–204   Abschnitt 3. Titel 2. Rechtliche Betreuung

Betroffenen *oder* seinem Verfahrenspfleger bekannt gemacht *oder* der Geschäftsstelle des Gerichts zur Bekanntmachung übergeben werden (§ 287 Abs. 2 S. 2 FamFG). Das Gericht hat den Zeitpunkt der sofortigen Wirksamkeit auf dem Beschluss zu vermerken (§ 287 Abs. 2 S. 3 FamFG). Für das Wirksamwerden eines Beschlusses, der der die Genehmigung nach § 1904 Abs. 2 zum Gegenstand hat, gilt die Sondervorschrift des § 287 Abs. 3 FamFG. Für das Wirksamwerden einer Genehmigung der Sterilisation siehe § 297 Abs. 7 FamFG.

202   **4. Sonstige Mitteilungen.** Die Entscheidung über die Bestellung eines Betreuers teilt das Gericht – wie andere Entscheidungen in Betreuungssachen – anderen Gerichten, Behörden oder sonstigen öffentlichen Stellen mit, soweit dies unter Beachtung berechtigter Interessen des Betroffenen nach den Erkenntnissen im gerichtlichen Verfahren erforderlich ist, um eine erhebliche Gefahr für das Wohl des Betroffenen, für Dritte oder für die öffentliche Sicherheit abzuwenden (§ 308 Abs. 1 FamFG). Diese Mitteilungspflicht kann sich bereits vor der Entscheidung im Verlauf des gerichtlichen Verfahrens ergeben (§ 308 Abs. 2 FamFG). Das Gericht hat zugleich mit der Mitteilung den Betroffenen, den Verfahrenspfleger und den Betreuer über Inhalt und Empfänger der Mitteilung zu unterrichten. Die Unterrichtung des Betroffenen kann unter engen Voraussetzungen unterbleiben, unter anderem wegen gesundheitlicher Gefahren (siehe § 308 Abs. 3 S. 1, 2 FamFG). Sobald die Gründe für das Unterbleiben der Unterrichtung des Betroffenen entfallen sind, ist die Unterrichtung nachzuholen (§ 308 Abs. 3 S. 3 FamFG). Wird dem Betroffenen zur Besorgung aller seiner Angelegenheiten ein Betreuer bestellt oder der Aufgabenkreis hierauf erweitert, so ist dies auch der für die Führung des Wählerverzeichnisses zuständigen Behörde mitzuteilen (§ 309 Abs. 1 FamFG). Wird ein Einwilligungsvorbehalt angeordnet oder aufgehoben, der sich auf die Aufenthaltsbestimmung des Betroffenen erstreckt, so hat das Gericht dies der Meldebehörde unter Angabe des Betreuers mitzuteilen; das gilt auch, wenn ein Wechsel in der Person des Betreuers eintritt (§ 309 Abs. 2 FamFG).

203   **5. Verpflichtung des Betreuers und Einführungsgespräch (§ 289 FamFG).** Der Betreuer wird mündlich **verpflichtet** und über seine Aufgaben **unterrichtet** (§ 289 Abs. 1 S. 1 FamFG). Zuständig hierfür ist der Rechtspfleger (§§ 3 Nr. 2b, 15 RPflG). Für Vereinsbetreuer, Behördenbetreuer, Vereine als Betreuer und die Betreuungsbehörde selbst ist die mündliche Verpflichtung und Unterrichtung nicht vorgesehen, da diese Personen und Stellen einer eingehenden Information nicht bedürfen. Das FamFG hat diese Regelung auf Berufsbetreuer und ehrenamtliche Betreuer, die mehr als eine Betreuung führen oder in den letzten zwei Jahren geführt haben, erweitert (§ 289 Abs. 1 S. 2 FamFG). Die mündliche Verpflichtung und Unterrichtung haben den Zweck, den Betreuer über Sinn und Umfang seiner Aufgabe umfassend zu informieren und zwischen ihm und dem Gericht ein persönliches Verhältnis herzustellen.[496] Die mündliche Verpflichtung erfordert die persönliche Anwesenheit bei Gericht; die Form einer fernmündlichen Verpflichtung ist vom Gesetz nicht vorgesehen.[497] Zu beachten ist, dass der mündlichen Verpflichtung keinerlei konstitutive Bedeutung zukommt:[498] Rechte und Pflichten kommen dem Betreuer mit dem Wirksamwerden der gerichtlichen Entscheidung zu, mit der er zum Betreuer bestellt wird (§ 287 FamFG). In geeigneten Fällen soll das Gericht (Rechtspfleger §§ 3 Nr. 2b, 15 RPflG) mit dem Betreuer und dem Betroffenen ein **Einführungsgespräch** führen (§ 289 Abs. 2 FamFG). Durch dieses Gespräch soll die Basis für eine vertrauensvolle Zusammenarbeit der Beteiligten untereinander und mit dem Gericht hergestellt werden.[499]

204   **6. Urkunde (§ 290 FamFG).** Der Betreuer erhält eine Urkunde über seine Bestellung, die nach § 290 FamFG enthalten soll:
– die Bezeichnung des Betroffenen und des Betreuers;
– bei Bestellung eines Vereinsbetreuers oder Behördenbetreuers diese Bezeichnung sowie die Bezeichnung des Vereins oder der Behörde;
– den Aufgabenkreis des Betreuers;
– bei Anordnung eines Einwilligungsvorbehalts die Bezeichnung des Kreises der einwilligungsbedürftigen Willenserklärungen;
– bei der Bestellung eines *vorläufigen Betreuers* durch einstweilige Anordnung das Ende der einstweiligen Maßnahme.
Abgesehen von der Bestellung eines vorläufigen Betreuers ist der Zeitpunkt, zu dem das Gericht spätestens über die Aufhebung oder Verlängerung der Betreuung zu entscheiden hat, nicht aufzuneh-

---
[496] BT-Drucks. 11/4528 S. 176.
[497] KG FamRZ 1994, 1600, 1601; aA ein Teil der Lit., siehe *Bienwald/Sonnenfeld* § 69b FGG Rn. 5 mwN.
[498] BayObLG FamRZ 1993, 602, 603.
[499] BT-Drucks. 11/4528 S. 176.

men.[500] Die Bestallungsurkunde hat keine konstitutive Wirkung,[501] sondern dient der Legitimation des Betreuers im Rechtsverkehr. Rechtsscheinswirkung zu Lasten des Betreuten entfaltet sie nicht; sie steht einer Vollmachtsurkunde nicht gleich, sodass §§ 172 ff. BGB nicht anzuwenden sind.[502] Nach BGH ist eine Bank nicht berechtigt, nach erstmaliger Vorlage des Betreuerausweises im Original dessen erneute Vorlage bei jeder nachfolgenden Verfügung zu verlangen.[503]

XI. Einstweilige Anordnung, §§ 300–302 FamFG

1. Bestellung eines vorläufigen Betreuers. Da häufig zum Schutz des Betroffenen Eile geboten ist, kann das Gericht durch einstweilige Anordnung einen vorläufigen Betreuer bestellen und einen vorläufigen Einwilligungsvorbehalt anordnen. Solche Anordnungen sind nur zulässig, wenn folgende **Voraussetzungen** zusammenkommen (§ 300 Abs. 1 FamFG):
- Es müssen dringende Gründe für die Annahme bestehen, dass die Voraussetzungen für die Bestellung eines Betreuers oder die Anordnung eines Einwilligungsvorbehalts gegeben sind und ein dringendes Bedürfnis für ein sofortiges Tätigwerden besteht. Konkrete Umstände müssen also mit erheblicher Wahrscheinlichkeit darauf hindeuten, dass der Betroffene auf Grund von Krankheit oder Behinderung seine Angelegenheiten nicht zu besorgen vermag;[504] diese Umstände müssen glaubhaft gemacht sein.[505] Widerspricht der Betroffene der Bestellung eines Betreuers, so müssen konkrete Umstände für sein Unvermögen zu freien Willensbestimmung (§ 1896 Abs. 1a) sprechen.[506]
- Es muss ein dringendes Bedürfnis für ein sofortiges Tätigwerden bestehen. Nach FGG-Recht war vorausgesetzt, dass mit einem Aufschub der Betreuerbestellung oder der Anordnung des Einwilligungsvorbehalts Gefahr verbunden sein müsse; die Umformulierung soll keine inhaltliche Bedeutung haben.[507] Auch für das dringende Bedürfnis für ein sofortiges Tätigwerden müssen konkrete Umstände sprechen,[508] die sich aus dem Gutachten des Sachverständigen ergeben können.[509]
- Es muss ein ärztliches Zeugnis (nicht also notwendig: Sachverständigengutachten) über den Zustand des Betroffene vorliegen.
- Soweit nach § 276 FamFG die Bestellung eines Verfahrenspflegers erforderlich ist, muss auch für das Verfahren der einstweiligen Anordnung ein Pfleger für das Verfahren bestellt werden. Dieser muss angehört werden.
- Der Betroffene muss persönlich angehört werden. Das BVerfG hat die Bedeutung der persönlichen Anhörung auch in Verfahren der einstweiligen Anordnung zutreffend hervorgehoben.[510] Die Anhörung kann auch – abweichend von der Regel des § 278 Abs. 3 FamFG – im Wege der Rechtshilfe erfolgen (§ 300 Abs. 1 S. 2 FamFG).

2. Gesteigerte Dringlichkeit (§ 301 FamFG). Eine Einschränkung der für die Betreuerbestellung maßgeblichen Verfahrensgarantien und Selbstbestimmungsbefugnisse ist vorgesehen, wenn „Gefahr in Verzug" besteht. Hier kann das Gericht auch ohne Anhörung des Betroffenen sowie vor Bestellung und Anhörung des Verfahrenspflegers handeln. Diese Verfahrenshandlungen sind unverzüglich nachzuholen (§ 301 Abs. 1 FamFG). In einem Fall derart gesteigerter Dringlichkeit kann das Gericht bei der Auswahl der Person des vorläufigen Betreuers von den Regeln des § 1897 Abs. 4 und 5 abweichen (§ 301 Abs. 2 FamFG), zB einen anderen Betreuer bestellen, als der Betroffene vorschlägt. Gewiss wird das Gericht von dieser Befugnis nur aus guten, der Gefahrensituation entsprechenden Gründen Gebrauch machen.[511] Entfällt nach Bestellung des vorläufigen Betreuers

---

[500] Anders noch der Regelungsvorschlag des RegE zum BtG bei der nach den ursprünglichen Vorstellungen grundsätzlich befristeten Betreuung.
[501] BayObLG FamRZ 1994, 1059, 1060.
[502] BGH FamRZ 2010, 968.
[503] BGH FamRZ 2010, 968.
[504] BayObLG FamRZ 1997, 1288; FamRZ 2001, 935.
[505] BayObLG FamRZ 1997, 1288, 1289.
[506] Siehe BayObLG FamRZ 1996, 898; 1999, 1612.
[507] BT-Drucks. 16/6308 S.271.
[508] Für die Rechtslage nach FGG: BayObLG FamRZ 1997, 1288; FamRZ 2001, 935; OLG Oldenburg NdsRpfl 2003, 387; OLG Schleswig SchHA 2005, 352.
[509] BayObLG FamRZ 1996, 898.
[510] BVerfG FamRZ 2010, 1624, 1625.
[511] ZB BayObLG FamRZ 2005, 931 (Bestellung eines Berufsbetreuers, wenn Eignung der Tochter wegen Verdachts, selbst psychisch erkrankt zu sein, ungeklärt ist).

die Gefahr im Verzug, so ist das Gericht nicht verpflichtet, die Auswahl der Person des vorläufigen Betreuers nach den Kriterien des § 1897 Abs. 4, 5 zu überprüfen.[512]

207   **3. Dauer (§ 302 FamFG).** Die Geltungsdauer der einstweiligen Anordnung ist auf höchstens 6 Monate begrenzt, nach deren Ablauf sie außer Kraft tritt (§ 302 S. 1 FamFG). Der Zeitpunkt ihrer Beendigung ist in der Bestellungsurkunde zu verlautbaren (§ 290 S. 2 Nr. 5 FamFG), selbstverständlich auch schon in der Beschlussformel. Die einstweilige Anordnung kann jeweils nach Anhörung eines Sachverständigen durch weitere einstweilige Anordnungen bis zu einer Gesamtdauer von einem Jahr verlängert werden (§ 302 S. 2 FamFG). Mit Ablauf des Zeitpunkts ist ein schwebendes Beschwerdeverfahren, das sich zB gegen die Bestellung des vorläufigen Betreuers richtet, in der Hauptsache erledigt.[513] Endet die Befristung, bevor über eine hiergegen gerichtete Beschwerde entschieden ist, so hat der Betroffene gleichwohl ein berechtigtes Interesse an einer Überprüfung der Rechtmäßigkeit der vorläufigen Betreuungsanordnung.[514] Das Verfahren auf Bestellung eines einstweiligen Betreuers erledigt sich auch durch Bestellung eines „endgültigen" Betreuers.[515] Das für die Bestellung eines vorläufigen Betreuers und die Anordnung eines vorläufigen Einwilligungsvorbehalts Gesagte gilt grundsätzlich auch für entsprechende Erweiterungen (s. § 293 Abs. 1 FamFG).

XII. Rechtsbehelfe

208   **1. Beschwerde, Rechtsbeschwerde.** Die Rechtsbehelfe sind durch das FamFG weitgehend neu geregelt. In Betreuungssachen gelten die allgemeinen Vorschriften nach §§ 58 ff. FamFG. Nur einige wenige Ergänzungen dazu finden sich in §§ 303 bis 305 FamFG. Gegen die im ersten Rechtszuge ergangenen Entscheidungen der Amts- und Landgerichte in Angelegenheiten nach dem FamFG findet, soweit nichts Abweichendes bestimmt ist, die Beschwerde statt (§ 58 Abs. 1 FamFG). Somit ist ein Beschluss des Betreuungsgerichts, mit dem ein Betreuer bestellt oder seine Bestellung abgelehnt wird, die Beschwerde geben. Gleiches gilt für die Anordnung des Einwilligungsvorbehalts und die Ablehnung einer solchen Maßnahme. Die Beschwerde ist befristet (§ 63 FamFG). Beschwerdegericht ist das Landgericht (§§ 72 Abs. 1 S. 2, 119 Abs. 1 Nr. 1b GVG). Gegen die Entscheidung des Beschwerdegerichts ist die **Rechtsbeschwerde** statthaft (§ 70 FamFG); zuständig hierfür ist der Bundesgerichtshof (§ 133 GVG). Die Rechtsbeschwerde bedarf keiner Zulassung, wenn es sich um eine Betreuungssache „zur Bestellung eines Betreuers, zur Aufhebung einer Betreuung oder zur Anordnung oder Aufhebung eines Einwilligungsvorbehalts" handelt (§ 70 Abs. 3 S. 1 Nr. 1 FamFG). Dazu gehört auch das Verfahren über die Verlängerung einer Betreuung nach § 295 FamFG, selbst wenn sich der Rechtsbeschwerdeführer nicht gegen die Verlängerung als solche, sondern nur gegen die Auswahl des Betreuers wendet.[516] Gleiches gilt für Verfahren über die Verlängerung eines Einwilligungsvorbehalts. Nach Auffassung des BGH[517] ist die Rechtsbeschwerde ohne Zulassung in allen Verfahren statthaft, die von § 271 Nr. 1 und 2 FamFG erfasst werden. Dazu gehört nicht die Beschwerde gegen die Entlassung des Betreuers bei Fortbestehen der Betreuung (BGH FamRZ 2011, 632; 2011, 1143; 2011, 1393), ebenso nicht die Beschwerde gegen einen Beschluss, der bei fortbestehender Betreuung allein über die Person des Betreuers entscheidet (BGH FamRZ 2011, 966), ferner nicht die Beschwerde gegen die Bestellung eines Ergänzungsbetreuers (BGH FamRZ 2011, 1219). Die Einleitung eines Betreuungsverfahrens stellt noch keine anfechtungsfähige Verfügung dar,[518] ebenso wenig Mitteilungen des Gerichts, die keine sachliche Entscheidung mit Außenwirkung enthalten.[519]

209   **2. Beschwerdeberechtigung. a) Grundsätzliches.** Die Regelung der Beschwerdeberechtigung ergibt sich aus einem **Zusammenspiel der allgemeinen Vorschrift des § 59 Abs. 1 FamFG mit Ergänzungen in §§ 303, 304 FamFG.** Von § 59 Abs. 1 FamFG ist auszugehen: Beschwerdeberechtigt ist, wer durch den anzugreifenden Beschluss in seinen Rechten beeinträchtigt ist. Davon unabhängig gewährt das Gesetz ein Beschwerderecht der zuständigen Behörde gegen bestimmte Entscheidungen (§ 303 Abs. 1 FamFG), bestimmten Angehörigen und Vertrauensperso-

---

[512] BayObLG BtPrax 2004, 111, 112 = FamRZ 2004, 978 (LS.).
[513] BayObLG FamRZ 1993, 720; 1998, 1325, 1326. Betr. vorläufige Unterbringung BayObLG FamRZ 1996, 898.
[514] OLG Rostock FamRZ 2007, 302. Siehe die Neuregelung in § 62 FamFG, siehe Rn. 220.
[515] BayObLG FamRZ 1994, 1270; 1994, 1190; OLG Hamm FamRZ 1993, 722, 723 (das OLG Hamm entscheidet aber gegenteilig für die vorläufige Anordnung eines Einwilligungsvorbehalts, diese kann auch noch angefochten werden, nachdem der Einwilligungsvorbehalt „endgültig" angeordnet worden ist).
[516] BGH FamRZ 2010, 1897 Tz. 8-10; FamRZ 2011, 357 Tz. 9, 10; MDR 2011, 164 Tz.9.
[517] BGH FamRZ 2010, 1897 Tz. 8-10; BGH FamRZ 2011, 632 Tz.7.
[518] BayObLG FamRZ 2001, 707.
[519] OLG München FamRZ 2009, 1351, 1352 (Mitteilung an eine Person, die sich zur ehrenamtlichen Führung anstelle des bestellten Berufsbetreuers bereit erklärte, dass kein Bedürfnis für einen Betreuerwechsel bestehe).

nen „im Interesse des Betroffenen" (§ 303 Abs. 2 FamFG) und dem Verfahrenspfleger (§ 303 Abs. 3 FamFG). Bestimmt ist weiterhin, dass Betreuer und Vorsorgebevollmächtigte gegen Entscheidungen, die ihren Aufgabenkreis betreffen, „auch im Namen des Betroffenen" Beschwerde einlegen können (§ 303 Abs. 4 FamFG). Zusätzlich ist das Beschwerderecht der Staatskasse detailliert und mit verlängerter Beschwerdefrist geregelt (§ 304 FamFG). Die Frage, **gegen welche Entscheidungen** das Beschwerderecht besteht, ergibt sich aus den jeweiligen Voraussetzungen der Beschwerdeberechtigung, in den Fällen des § 303 Abs. 1, 2, 4 und § 304 ist die Frage gesondert geregelt.

b) Der Betroffene. Die Beschwerdeberechtigung setzt voraus, dass durch die Entscheidung in ein subjektives Recht des Beschwerdeführers eingegriffen wird.[520] Das ist bei der Bestellung eines Betreuers und Anordnung eines Einwilligungsvorbehalts für den Betroffenen ohne Zweifel der Fall. Der Betroffene ist auch dann beschwerdeberechtigt, wenn der Betreuer auf seinen Antrag hin bestellt worden ist.[521] Das Beschwerderecht besteht auch gegen die Ablehnung der Betreuerbestellung, da der Betroffene unter den Voraussetzungen des § 1896 einen öffentlichrechtlichen Anspruch auf Einrichtung einer Betreuung hat.

c) Betreuer. Auch der **Betreuer** ist aus § 59 Abs. 1 FamFG beschwerdebefugt, weil die Bestellung in seine Rechtsposition eingreift.[522] Nach herrschender Auffassung zur Rechtslage nach dem FGG wurde dem Betreuer kein Beschwerderecht gegen die Aufhebung der Betreuung als solche zugemessen;[523] das ist abzulehnen, weil auch diese Entscheidung die Rechtsgrundlage für seine Rechtsposition als Betreuer beseitigt. Eindeutig ist der Betreuer berechtigt, gegen seine Entlassung Beschwerde einzulegen.[524] Wurde ein Betreuer entlassen und ein neuer Betreuer bestellt, dann die Entlassung des ersten Betreuers auf Beschwerde hin aufgehoben und der zweite entlassen, so steht diesem ein Beschwerderecht nur gegen seine eigene Entlassung, nicht aber gegen die Aufhebung der Entlassung des ersten Betreuers zu.[525] Das eigene Beschwerderecht des Betreuers, soweit er in seinen Rechten betroffen ist, läuft parallel zu seiner Befugnis nach § 303 Abs. 4 FamFG, im Namen des Betroffenen Beschwerde einzulegen. Auch wenn mehrere Betreuer ihr Amt gemeinschaftlich führen, kann jeder von ihnen unabhängig vom anderen von dieser Befugnis Gebrauch machen (§ 303 Abs. 4 S. 2 FamFG).

d) Bevollmächtigte. Die hM unter der Geltung des FGG gestand der vom Betroffenen **bevollmächtigten Person** kein Beschwerderecht aus eigener Rechtsbetroffenheit zu, selbst wenn der Sinn der Vollmacht in der Vermeidung einer Betreuung bestand und es sich um eine Generalvollmacht handelte.[526] Dies wurde damit begründet, dass die Bestellung eines Betreuers nicht in die eigenen Rechte des Bevollmächtigten eingreife, sondern allenfalls in die des Vollmachtgebers. Auch gegen die Bestellung eines Kontrollbetreuers nach § 1896 Abs. 3 wurde der Bevollmächtigte nicht als beschwerdeberechtigt angesehen.[527] Ob diese Auffassung ins neue Recht zu übernehmen ist, muss kritisch erörtert werden. Denn das Rechtsverhältnis zwischen dem Bevollmächtigten und dem Vollmachtgeber erschöpft sich nicht in der Vollmacht als abstrakter Befugnis, im Namen des Vollmachtgebers zu handeln; der Vollmacht liegt ein **Kausalverhältnis** zugrunde (Auftrag, Geschäftsbesorgung), in das eingegriffen wird, wenn der schuldrechtlich zur Fürsorge Berechtigte und Verpflichtete durch Bestellung eines Betreuers an der Erfüllung der von ihm vertraglich übernommenen Aufgaben

---

[520] BGH FamRZ 1996, 607, 608; BayObLG FamRZ 1993, 1222, 1223.
[521] OLG Hamm FamRZ 1995, 1519 (ausgenommen den Fall der Betreuung auf Antrag bei ausschließlich körperlicher Behinderung).
[522] Vgl. BayObLG FamRZ 1994, 1061 (Vereinsbetreuer).
[523] BayObLG FamRZ 1994, 1190; BtPrax 2004, 159; OLG München FamRZ 2006, 577; FamRZ 2006, 1301; OLG Köln FamRZ 1997, 1293; OLG Düsseldorf FamRZ 1998, 1244, 1245; KG BtPrax 2006, 39 (im konkreten Fall wurde aber ein Beschwerderecht des Betreuers bejaht, weil mit der Entlassung des bisherigen Betreuers die Bestellung eines Überwachungsbetreuers verbunden war; das Gericht deutete den Vorgang nicht als Aufhebung der bisherigen Betreuung). Es ist aber doch evident, dass die Aufhebung der Betreuung das Rechtsverhältnis der Betreuung beendet und somit auch in die Rechtsposition des Betreuers eingreift; dass der Betreuer verpflichtet ist, diese Position *fremdnützig* wahrzunehmen, hat mit ihrer Struktur als Rechtsposition nichts zu tun.
[524] Vgl. BayObLG FamRZ 1995, 1232.
[525] BayObLG FamRZ 1996, 58; OLG Köln FamRZ 1998, 841. OLG Düsseldorf (FamRZ 1995, 1234) will mit der Voraufl. (Rn. 27 zu § 1908b) dem zweiten Betreuer in diesem Fall noch nicht einmal die Beschwerde gegen seine Entlassung zugestehen, weil seine Bestellung nur vorläufig gewesen sei.
[526] BayObLGZ 2003, 106, 108; BayObLG v. 10. 10. 2003 - 3Z BR 163/03; BayObLG FamRZ 2003, 1219; OLG Frankfurt FamRZ 2009, 911, 912; KG FamRZ 2009, 908; LG Hof Rpfleger 2010, 426; aA OLG Zweibrücken FamRZ 2003, 703, 704. Folgerichtig gesteht das BayObLG (FamRZ 2002, 1590) einem Betreuer, dem der Aufgabenkreis Vermögenssorge nicht übertragen ist, der jedoch Bankvollmacht des Betroffenen hat, kein Beschwerderecht gegen die Bestellung eines weiteren Betreuers für einen Teilbereich der Vermögenssorge zu.
[527] OLG Stuttgart FamRZ 1995, 427.

gehindert wird. Auf jeden Fall kann der „Vorsorgebevollmächtigte" nach § 303 Abs. 4 FamFG im Namen des Betroffenen Beschwerde einlegen, wenn sein Aufgabenkreis betroffen ist. Dabei darf der Begriff „Vorsorgebevollmächtigter" nicht eng verstanden werden; gemeint ist jede Vollmacht, die geeignet ist, die Bestellung eines Betreuers ganz oder teilweise als nicht erforderlich erscheinen zu lassen.[528]

213 **e) Angehörige und Vertrauenspersonen. aa) Beschwerderecht aus § 59 Abs. 1 FamFG.** Bei einer Beschwerde durch nahe Angehörige und Vertrauenspersonen ist zunächst zu prüfen, ob sich ihre eigene Beschwerdeberechtigung nicht aus **§ 59 Abs. 1 FamFG** ergibt. Allerdings steht die bisherige Rechtsprechung zum FGG der Herleitung von Beschwerdebefugnissen für nahe Angehörige aus eigener Rechtsbetroffenheit zurückhaltend gegenüber. Die Frage wird vor allem akut, wenn ein Familienangehöriger, der zur Übernahme der rechtlichen Betreuung bereit ist, übergangen wird, ferner in Fällen, in denen ein Angehöriger vom Gericht erfolglos die Entlassung des Betreuers verlangt. Gegen die ablehnende Entscheidung des Gerichts wurde dem Angehörigen kein Beschwerderecht aus eigenem Recht zugestanden: Der in § 1897 Abs. 5 formulierte Vorrang im Rahmen der Betreuerbestellung gebe den Angehörigen weder ein Recht auf Entlassung eines einmal bestellten Betreuers noch ein eigenes Recht, zum Betreuer bestellt zu werden.[529] Das BayObLG hatte sogar die Zulässigkeit der Beschwerde gegen eine Entscheidung verneint, in der es das Gericht ablehnte, gegen ein Umgangsverbot des Betreuers zugunsten der Verwandten einzuschreiten.[530] Ob unter erwachsenen Verwandten keinerlei Rechtsposition in Bezug auf gegenseitigen Umgang besteht, sondern allenfalls ein moralisches Interesse, das im Rahmen des § 59 Abs. 1 FamFG irrelevant ist,[531] unterliegt Zweifeln. Generell ist es eine Frage des verfassungsrechtlichen Familienverständnisses (Art. 6 Abs. 1 GG), welche Rechtspositionen sich aus der nahen Verwandtschaft gegenüber staatlichen Maßnahmen ergeben, die mE noch grundlegend zu diskutieren ist.

214 **bb) Beschwerderecht aus § 303 Abs. 2 FamFG.** Unabhängig davon, ob Angehörige in ihren eigenen Rechten betroffen sind, gewährt ihnen § 303 Abs. 2 FamFG ein Beschwerderecht, allerdings unter einschränkenden Maßgaben:
– Es muss sich um Ehegatten oder Lebenspartner, Eltern, Großeltern, Pflegeeltern, Abkömmlinge oder Geschwister des Betroffenen handeln; Ehegatten oder Lebenspartner dürfen nicht dauernd getrennt leben. Offen erscheint, ob der Begriff „Pflegeeltern" nur bei minderjährigen Betroffenen eine Rolle spielen kann[532] oder auch – wie mE richtig – frühere Pflegeeltern von jetzt volljährigen Personen erfasst.
– Diese Personen müssen im ersten Rechtszuge beteiligt worden sein (so auch BGH FamRZ 2011, 966 Tz.6). Diese Einschränkung begegnet schwerwiegenden Bedenken:[533] Es liegt dann praktisch in der Hand des Betreuungsrichters, durch Verweigerung der Zuziehung als Beteiligte (§ 274 Abs. 4 Nr. 1 FamFG) den nahen Angehörigen auch ein Beschwerderecht vorzuenthalten.[534] Die Gesetzesbegründung zielt gegen ein Beschwerderecht solcher Angehöriger, die am Verfahren erster Instanz kein Interesse gezeigt haben. Das trifft aber bei weitem nicht alle Fälle, in denen die letztlich vom Gericht abhängige Beteiligung scheitert. Die familienfeindliche Tendenz des FamFG bedarf der verfassungsgerichtlichen Überprüfung.
– Das Beschwerderecht ist nur gegen eine von Amts wegen ergangene Entscheidung gegeben. Auch das ist bedenklich, weil der Antrag auf Betreuerbestellung auch von einem Betroffenen gestellt werden kann, der nicht zur Selbstbestimmung fähig ist.
– Das Beschwerderecht ist nur „im Interesse des Betroffenen" gegeben. Damit ist die Beschwerde ausschließlich im Interesse des Beschwerdeführers unzulässig, nicht aber die Beschwerde, die neben eigenen Interessen auch diejenigen des Betroffenen verfolgt.[535]

Unter gleichen Voraussetzungen hat auch eine **Person des Vertrauens** des Betroffenen das Beschwerderecht (§ 303 Abs. 2 Nr. 2 FamFG). Personen des Vertrauens sind diejenigen, deren Betei-

---

[528] Vgl.BayObLG FamRZ 2003, 1219, 1220; KG FamRZ 2007, 1041; FGPrax 2006, 18.
[529] Vgl. für § 20 Abs. 1 FGG: BGH FamRZ 1996, 607, 608; BayObLG FamRZ 1998, 1186, 1187; 1996, 508; OLG Zweibrücken FamRZ 2003, 706; für § 59 Abs. 1 FamFG LG Frankenthal Beschl. v. 6. 1. 2010 – 1 T 2/10 (nach juris). AA betr. § 20 FGG OLG Köln FamRZ 1996, 1024 (Beschwerderecht der Angehörigen aus Art. 6 Abs. 1 GG), LG Krefeld BtPrax 1993, 106.
[530] BayObLG FamRZ 1993, 1222, 1223. Anders nun OLG München BtPrax 2009, 237 = FamRZ 2009, 2119 (L.S.).
[531] Siehe BayObLG FamRZ 1993, 1222, 1223.
[532] So Keidel/Budde § 303 FamFG Rn. 14.
[533] So auch Keidel/Budde § 303 FamFG Rn. 16; Bork/Jacoby/Schwab/Heiderhoff § 303 FamFG Rn.9.
[534] Siehe nur die Entscheidungen LG Landau FamRZ 2011, 60; LG Frankenthal v. 6. 1. 2010 – 1 T 2/10 (nach juris).
[535] BayObLG FamRZ 1990, 909; OLG Hamm FamRZ 1965,85.

ligung der Betroffene wünscht (dazu ist keine Selbstbestimmungsfähigkeit notwendig) oder mit denen ihn für das Gericht erkennbar ein persönliches Vertrauensverhältnis verbindet. Es können dies auch Verwandte und Verschwägerte sein, die in der Aufzählung des § 303 Abs. 2 Nr. 1 FamFG nicht berücksichtigt sind, wie etwa Neffen oder verschwägerte Personen. Als Person des Vertrauens kommt vor allem der derzeitige Lebensgefährte des Betroffenen in Frage.

f) Betreuungsbehörde. Das Beschwerderecht der Behörde ist durch § 303 Abs. 1 das FamFG erweitert worden. Es steht der zuständigen Behörde gegen alle Entscheidungen über die Bestellung eines Betreuers, die Anordnung eines Einwilligungsvorbehalts und den Umfang, Inhalt oder Bestand einer solchen Maßnahme zu. Die Beschwerde der Behörde kann sich demzufolge auch gegen Betreuerbestellungen richten, die auf Antrag erfolgt sind,[536] ferner auch gegen die Aufhebung einer Betreuung und gegen die Entlassung des Betreuers.[537] Das Beschwerderecht besteht unter denselben Voraussetzungen wie das Recht der Behörde auf Beteiligung (§ 274 Abs. 3 FamFG), ist aber nicht davon abhängig, dass die Behörde beteiligt worden ist.

g) Vertreter der Staatskasse. Auch das Beschwerderecht des Vertreters der Staatskasse ist durch das FamFG in höchst bedenklicher Weise erweitert worden.[538] Es ist nach § 304 FamFG nun generell gegeben, soweit die Interessen der Staatskasse durch den Beschluss betroffen sind. Das können alle Entscheidungen sein, die wirtschaftliche Auswirkungen auf die Staatskasse haben. Das bisher eingeschränkte Beschwerderecht dient noch als Beispiel: Hat der Vertreter der Staatskasse geltend gemacht, der Betreuer habe eine Abrechnung falsch erteilt oder der Betreute könne anstelle eines nach § 1897 Abs. 6 bestellten Betreuers durch eine oder mehrere andere geeignete Personen außerhalb einer Berufsausübung betreut werden, steht ihm gegen einen die Entlassung des Betreuers ablehnenden Beschluss die Beschwerde zu. Die Frist zur Einlegung der Beschwerde ist für den Vertreter der Staatskasse verlängert und beträgt drei Monate. Sie beginnt mit der formlosen Mitteilung an ihn (§ 15 Abs. 3 FamFG).

h) Sonstige Personen. Personen und Stellen, die nicht in §§ 303, 304 FamFG genannt sind, können nur unter den Voraussetzungen des § 59 Abs. 1 FamFG beschwerdeberechtigt sein. Das trifft für Verwandte und Verschwägerte, die nicht unter den Katalog es § 303 Abs. 2 S. 1 FamFG fallen, nicht zu;[539] sie können ein Beschwerderecht nur aus § 303 Abs. 2 Nr. 2 herleiten, wenn sie Vertrauensperson des Betroffenen sind. Gleiches gilt für den faktischen Lebensgefährten des Betroffenen.[540] Kein Beschwerderecht haben Personen, die meinen, als Betreuer geeignet zu sein,[541] selbst wenn sie vom Betroffenen oder von der Behörde vorgeschlagen, vom Gericht aber nicht bestellt worden sind.[542] In ihren Rechten betroffen können hingegen Dritte sein, die ohne Bestellung eines Betreuers gehindert wären, ihre Rechte gegen den Betroffenen geltend zu machen. Zum Beispiel hat der Vermieter eines geschäftsunfähigen Betroffenen ein Beschwerderecht, wenn die Bestellung eines Betreuers abgelehnt wird und der Vermieter somit gehindert ist, seine vertraglichen Rechte gegenüber dem Betroffenen auszuüben.[543]

3. Umfang der Beschwerde. Soweit die Beschwerdeberechtigung besteht, kann sie sich auf die Bestellung des Betreuers oder die Anordnung des Einwilligungsvorbehalts generell beziehen, aber auch auf ihren Umfang (Umschreibung des Aufgabenkreises),[544] insbesondere die Wahrung des Erforderlichkeitsprinzips. Die Beschwerde kann sich auch auf die **Auswahl des Betreuers** beschränken.[545] Dann hat das Rechtsmittelgericht die Voraussetzungen der Betreuung als solche

---

[536] Zur Begründung s. BT-Drucks. 16/6308 S.271.
[537] *Keidel/Budde* § 303 FamFG Rn. 9.
[538] Praktisch ohne rechtspolitische Begründung, vgl. BT-Drucks. 16/6308 S.272.
[539] Für die Rechtslage nach FGG: BayObLG FamRZ 1995, 302 (Schwägerin), aA LG Oldenburg FamRZ 1996, 1343.
[540] BayObLG FamRZ 1998, 1185, 1186; OLG Oldenburg NJW-RR 1997, 451.
[541] Vgl. BayObLG FamRZ 1997, 900 = NJW-RR 1997, 69.
[542] OLG Düsseldorf FamRZ 1998, 700; OLG München OLGR 2007, 894 (ausnahmsweise soll aber ein Berufsbetreuer nach FGG-Recht beschwerdeberechtigt sein, wenn im konkreten Fall seine Betreuerbestellung vom Gericht mit der Begründung abgelehnt wurde, er sei generell nicht zur Führung von Betreuungen geeignet; ein Beschwerderecht ist aber auch in diesem Fall abzulehnen, weil das Ziel „berufliche Rehabilitation" nicht durch das Betreuungsverfahren erreicht werden kann).
[543] BayObLG FamRZ 1996, 1369, 1370.
[544] BayObLG FamRZ 2000, 189.
[545] BGH FamRZ 1996, 607; OLG Celle FamRZ 1997, 845; OLG Düsseldorf FamRZ 1994, 451; OLG Hamm FamRZ 1996, 1372; OLG Karlsruhe FamRZ 1995, 431; KG FamRZ 1995, 1442, 1443; OLG Oldenburg FamRZ 1996, 1343 (unter Aufgabe der gegenteiligen Ansicht in FamRZ 1995, 432), OLG Schleswig FamRZ 1995, 432; OLG Zweibrücken FamRZ 2005, 932; LG Oldenburg FamRZ 1994, 178; aA LG Zweibrücken BtPrax 1992. 75; LG Hildesheim BtPrax 1993, 211.

§ 1896   219, 220   Abschnitt 3. Titel 2. Rechtliche Betreuung

nicht mehr zu prüfen.[546] Eine der in § 303 Abs. 2 S. 1 FamFG genannten Personen kann Beschwerde auch mit dem Ziel einlegen, an Stelle der als Betreuer vorgesehenen Person selbst als Betreuer zum Zuge zu kommen.[547] Auf diese Zielrichtung ist das Rechtsmittel jedoch nicht beschränkt; die Beschwerdebefugnis ist auch gegeben, wenn der Angehörige eine familienfremde, aber sachkundige Person ausgewählt wissen will.[548] Wird in einem Beschwerdeverfahren, in dem es um die Erweiterung des Aufgabenkreises des bisherigen Betreuers geht, erstmals ein Antrag auf Betreuerwechsel gestellt, so ist – im System der Einheitsentscheidung – auch die Auswahl des Betreuers Gegenstand des Beschwerdeverfahrens (BGH FamRZ 2011, 367 Tz.9). Die Beschwerde der Betreuungsbehörde kann auch das Ziel verfolgen, die Aufnahme der Tätigkeit des ausgewählten Betreuers *als Berufsbetreuer* zu verhindern.[549]

219   **4. Beschwerdeverfahren.** Ist der Betroffene untergebracht, so kann er die Beschwerde auch bei dem Amtsgericht einlegen, in dessen Bezirk er untergebracht ist (§ 305 FamFG). Im Übrigen gelten für das Beschwerdeverfahren die Vorschriften über den ersten Rechtszug entsprechend (§ 68 Abs. 3 S. 1 FamFG). Das gilt auch für die gebotene Anhörung des Betroffenen (BGH FamRZ 2010, 1650 Tz.5; FamRZ 2011, 805 Tz. 11 – Unterbringung). Die Anhörung darf gemäß § 68 Abs.3 S.2 FamFG nur unterbleiben, wenn sie bereits im ersten Rechtszug vorgenommen worden ist und von einer erneuten Anhörung keine neuen Erkenntnisse zu erwarten sind; „neue Erkenntnisse" sind in der Regel zu erwarten, wenn der Betroffene an seinem vor dem Amtsgericht erkärten Einverständnis mit der Betreuung nicht mehr festhält oder im Beschwerdeverfahren erstmals den Wunsch nach einem bestimmten Betreuer äußert (BGH FamRZ 2011, 880 Tz. 16, 17). Für das Beschwerdeverfahren in Betreuungssachen sind im FamFG keine weiteren Sondervorschriften vorgesehen; insoweit gilt also das allgemeine Verfahrensrecht des FamG.

220   **5. Feststellung der Rechtswidrigkeit nach erledigtem Verfahren.** Es kommt vor, dass das gegen die Bestellung des Betreuers gerichtete Beschwerdeverfahren gegenstandslos wird, zB dadurch, dass das erstinstanzliche Gericht die Betreuung aufhebt oder die Frist einer vorläufigen Betreuung abläuft. An sich ist die Hauptsache erledigt, da mit der Beschwerde keine rückwirkende Aufhebung der Betreuung begehrt werden kann, ihr Ziel also ohnehin erreicht ist. Es ergibt sich dann die Frage, ob trotz Erledigung der Hauptsache das Beschwerdeverfahren mit dem Ziel fortgeführt werden kann, die Rechtswidrigkeit der Betreuung festzustellen. Das war von den Gerichten unter Geltung des FGG überwiegend verneint worden,[550] diese Auffassung ist jedoch auf begründete Bedenken des BVerfG[551] gestoßen. Die Problematik ist nun in **§ 62 FamFG** ausdrücklich geregelt. Wenn sich die angefochtene Entscheidung in der Hauptsache erledigt hat, so spricht das Beschwerdegericht auf Antrag (BGH FamRZ 2011, 1390) aus, dass die Entscheidung des Gerichts des ersten Rechtszugs den Beschwerdeführer in seinen Rechten verletzt hat, wenn der Beschwerdeführer ein berechtigtes Interesse an der Feststellung hat (§ 62 Abs. 1 FamFG). Ein solches berechtigtes Interesse wird in der Regel zugestanden, wenn entweder schwerwiegende Grundrechtseingriffe vorliegen oder eine Wiederholung konkret zu erwarten ist (§ 62 Abs. 2 FamFG).[552] Bei der Interpretation der Vorschrift ist die Rspr. des BVerfG zu beachten, wonach schon die Bestellung eines Betreuers einen schwerwiegenden Grundrechtseingriff darstellt. Für ein fortbestehendes Feststellungsinteresse genügt es, wenn das Ansehen der betroffenen Person aufgrund der stigmatisierenden Wirkung der Betreuerbestellung weiterhin beeinträchtigt ist.[553] Auch die Bestellung eines Kontrollbetreuers mit der Befugnis zum Widerruf erteilter Vollmachten stellt einen gewichtigen Eingriff in das Selbstbestimmungsrecht des Betroffenen dar; hat der Betreuer die Vollmachten widerrufen und

---

[546] BayObLG FamRZ 1996, 419. Vgl. auch BayObLG FamRZ 1996, 507; OLG Rostock FamRZ 2007, 235, 236; OLG Zweibrücken FamRZ 2005, 932.
[547] Ein Elternteil kann auch gegen die Bestellung des anderen Elternteils Beschwerde mit dem Ziel einlegen, die gemeinsame Betreuung zu erreichen, OLG Zweibrücken NJW-RR 2002, 292.
[548] OLG Zweibrücken FamRZ 2000, 302.
[549] OLG Hamm FamRZ 2006, 1785.
[550] Vgl. BayObLG FamRZ 2004, 485; BtPrax 2005, 30 = FamRZ 2005, 477 (LS); noch OLG München FamRZ 2008, 2216. Medizinische Maßnahmen betreffend: OLG Hamm FamRZ 2006, 288. Anders für Fälle der rechtswidrigen Freiheitsentziehung BayObLGZ 2002, 307, 307 = FamRZ 2003, 190 (LS.); OLG Köln FamRZ 2006, 1875. Zum isolierten Verfahren auf Feststellung der Rechtswidrigkeit einer Betreuerbestellung BayObLG FamRZ 2004, 485.
[551] BVerfGE 104, 220; BVerfG FamRZ 2002 312, 313; FamRZ 2008, 2260; FamRZ 2010, 1624, 1626; FamRZ 2007, 1627 (für die Unterbringung Minderjähriger). Vgl. auch BVerfG FamRZ 2009, 1814 (Gestattung der Öffnung und des Betretens der Wohnung); nunmehr auch OLG München FamRZ 2009, 1246 (vorläufige Betreuung); damit verbundene Unterbringungsmaßnahme).
[552] Zu der schwierigen Norm siehe die ausführliche Kommentierung bei *Keidel/Budde* § 62 FamFG.
[553] BVerfG FamRZ 2010, 1624.

ist damit sein Amt gegenstandslos geworden, so verlangt das Recht des Betroffenen auf effektiven Rechtsschutz (Art. 19 Abs. 4 GG), dass die Rechtmäßigkeit der Betreuerbestellung auch nach dieser Erledigung noch gerichtlich überprüft werden kann.[554] Ein berechtigtes Interesse an der Feststellung der Rechtswidrigkeit wird vom KG verneint, wenn es im Verfahren nur um die Entlassung des Betreuers und gegebenenfalls Bestellung eines neuen Betreuers ging.[555]

G. Weitere Entscheidungen

I. Allgemeines

Die Entscheidung über die erstmalige Bestellung eines Betreuers bildet den im Gesetz detailliert geregelten Grundtyp, nach dessen Vorbild andere Entscheidungen ähnlicher Bedeutung behandelt werden: Die Verlängerung der Betreuerbestellung, die Erweiterung des Aufgabenkreises, die Bestellung eines weiteren Betreuers sowie die Bestellung eines „Gegenbetreuers". Diese Entscheidungen basieren grundsätzlich auf denselben materiellrechtlichen Grundlagen wie die erstmalige Bestellung eines Betreuers. Insbesondere gilt das Prinzip der Erforderlichkeit. Auch die Verfahrensvorschriften sind dieselben, soweit nicht in Einzelfragen Abweichungen vorgesehen sind. Verfahrensrechtlich ähnlich werden im Prinzip auch die gegenläufigen Akte behandelt: Einschränkung des Aufgabenkreises, Aufhebung der Betreuung, Entlassung des Betreuers; doch sind hier die verfahrensrechtlichen Besonderheiten stärker ausgeprägt als bei den oben genannten Entscheidungen. Auch die Anordnung eines Einwilligungsvorbehalts und seine Erweiterung werden überwiegend nach denselben Verfahrensgrundsätzen behandelt, wie sie für die Betreuerbestellung normiert sind. 221

II. Die Entscheidungen im Einzelnen

1. Verlängerung der Betreuerbestellung (§ 295 FamFG). a) Zeitpunkt. Der Beschluss, mit dem ein Betreuer bestellt wird, muss den Zeitpunkt benennen, zu dem das Gericht spätestens über die Aufhebung oder Verlängerung der Betreuung zu entscheiden hat (§ 286 Abs. 3 FamFG). Sieben Jahre beträgt der längstmögliche Zeitraum (§ 295 Abs. 2 FamFG). Das Gericht kann je nach Krankheit oder Behinderung und nach den Besserungschancen eine kürzere Frist bestimmen. Das Gericht hat spätestens nach sieben Jahren „nach Anordnung" der Maßnahme über die Verlängerung zu entscheiden; das kann nur so gemeint sein, dass das Gericht so frühzeitig tätig werden muss, dass die Verlängerung – wenn sie erforderlich sein sollte – im unmittelbaren Anschluss an den Endtermin wirksam werden kann. 222

b) Prüfung vor Fristablauf. Rechtzeitig vor Fristablauf hat das Gericht demnach zu prüfen, ob und in welchem Umfang die Voraussetzungen der Betreuerbestellung noch vorliegen. Die Verlängerung darf nur und insoweit erfolgen, als die materiellrechtlichen Voraussetzungen einer Betreuung noch vorliegen.[556] Bei der Verlängerungsentscheidung handelt es sich um eine erneute Anordnung der Betreuung einschließlich der Auswahl des Betreuers, auch wenn der bisherige Betreuer wieder bestellt wird.[557] Im Fall der Antragsbetreuung bedarf es eines Verlängerungsantrags des Betroffenen, es sei denn, dass eine Verlängerung von Amts wegen erforderlich ist (§ 1908d Abs. 2 S. 1 analog). Anzuwenden ist auch die Vorschrift des § 1896 Abs. 1 a: Gegen den freien Willen des Betroffenen darf eine Verlängerung der Betreuung nicht erfolgen.[558] Für die Auswahl des Betreuers gilt § 1897, insbesondere auch § 1897 Abs. 4.[559] Dabei kann sich auch die Frage des Betreuerwechsels stellen, wenn zB der Betroffene inzwischen geheiratet hat[560] oder wenn er nunmehr anstelle des bisher tätigen Berufsbetreuers ein Mitglied der Familien vorschlägt.[561] Abgesehen vom Fristablauf hat das Gericht über den Fortbestand einer Betreuung nur zu entscheiden wenn ein besonderer Anlass hierzu besteht (Antrag des Betroffenen auf Aufhebung, neue Tatsachen).[562] 223

c) Fortführung des Amtes. Der Betreuer ist entsprechend § 1898 Abs. 1 **verpflichtet, das Amt fortzuführen,** wenn er weiterhin geeignet ist und ihm die Übernahme unter Berücksichti- 224

---

[554] BVerfG FamRZ 2008, 2260, 2261 f.
[555] KG FamRZ 2009, 1942, 1943.
[556] BayObLG FamRZ 1998, 921; OLG Köln FamRZ 2000, 908, 909; OLG Frankfurt OLGR 2006, 882.
[557] BGH FamRZ 2010, 1897 Tz.17.
[558] OLG Frankfurt OLGR 2006, 882 = FamRZ 2006, 1629 (LS.).
[559] BGH FamRZ 2010, 1897 Tz.17; BayObLG FamRZ 2005, 654, 655; OLG Schleswig FamRZ 2006, 288; OLG Frankfurt OLGR 2006, 882; FamRZ 2006, 1874.
[560] OLG Frankfurt FamRZ 2006, 1874.
[561] Siehe den Fall BGH FamRZ 2010, 1897.
[562] BayObLG BtPrax 2005, 69 = FamRZ 2005, 752 (LS.).

§ 1896

gung seiner familiären, beruflichen und sonstigen Verhältnisse zugemutet werden kann. Fraglich ist hingegen, ob es einer erneuten Bereiterklärung gemäß § 1898 Abs. 2 bedarf. Dagegen spricht, dass der Betreuer die Aufgabe schon zuvor mit seinem Willen übernommen hat und dass es nicht in sein Belieben gestellt sein kann, das gewachsene Verhältnis zum Betreuten einseitig abzubrechen. Liegen im Verlängerungszeitpunkt Umstände vor, welche die Fortführung des Amtes für den Betreuer als unzumutbar erscheinen lassen, so kann er nach § 1908b Abs. 2 auch im Überprüfungsverfahren seine Entlassung verlangen; es kommt dann nicht zu einer Verlängerung, sondern zur Bestellung eines neuen Betreuers. Entsprechendes gilt, wenn im Überprüfungsverfahren der Verein die Entlassung des Vereinsbetreuers bzw. die Behörde die Entlassung des Behördenbetreuers verlangt (§ 1908b Abs. 4). Bestand bisher Betreuung durch den Verein oder die Behörde selbst, so ist aus Anlass einer Verlängerung auch zu prüfen, ob der Verein oder die Behörde entlassen werden und eine natürliche Person als Betreuer bestellt werden muss (§ 1908b Abs. 5).[563]

225 **d) Inhalt der Entscheidung.** Die Entscheidung kann die Verlängerung der Betreuerbestellung mit dem bisherigen Aufgabenkreis, die Verlängerung mit eingeschränktem Aufgabenkreis (§ 1908d Abs. 1 S. 2), die Verlängerung mit erweitertem Aufgabenkreis (§ 1908d Abs. 3), die Entlassung des bisherigen Betreuers und Bestellung eines neuen Betreuers, die Verlängerung unter Hinzunahme eines weiteren Betreuers oder schließlich die Aufhebung der Betreuung (§ 1908d Abs. 1 S. 1) anordnen. Jede Fortsetzung der Betreuung hat wiederum einen Überprüfungszeitpunkt gemäß § 286 Abs. 3, § 295 Abs. 2 FamFG zu enthalten.

226 **e) Verfahren.** Das Überprüfungsverfahren folgt den Vorschriften über die erstmalige Entscheidung über die Bestellung eines Betreuers (§ 295 Abs. 1 S. 1 FamFG). So ist nach gleichen Grundsätzen ein Verfahrenspfleger zu bestellen.[564] Es gelten auch die Vorschriften über die persönliche Anhörung des Betroffenen.[565] Freilich soll von der erneuten **Einholung eines Gutachtens** abgesehen werden können, wenn sich aus der persönlichen Anhörung des Betroffenen und einem ärztlichen Zeugnis ergibt, dass sich der Umfang der Betreuungsbedürftigkeit offensichtlich nicht verringert hat (§ 295 Abs. 1 S. 2 FamFG). Die Entbehrlichkeit des Sachverständigengutachtens ist indes nur vertretbar, wenn die fortdauernde Betreuungsbedürftigkeit aus einem detaillierten und substantiierten ärztlichen Zeugnis evident wird; insbesondere hat auch das ärztliche Zeugnis über die Entwicklung der Krankheit oder Behinderung seit der Erstbestellung und die weiteren Heilungsaussichten genaue Auskunft zu geben,[566] schon weil das Gericht einen weiteren Prüfungszeitpunkt festlegen muss. Auch in der Beschwerdeinstanz muss ein Gutachten eingeholt werden, wenn das Gutachten der Vorinstanz nicht so zeitnah liegt, dass keine weiteren Erkenntnisse zu erwarten sind.[567] Auch in Bezug auf die der **Auswahl des Betreuers** finden die Vorschriften über die Erstbestellung Anwendung.[568] Wird mit der Verlängerung eine **Erweiterung des Aufgabenkreises** verbunden, so sind insoweit auch die Verfahrensvorschriften gemäß § 293 FamFG zu beachten.

227 **2. Erweiterung des Aufgabenkreises, § 293 FamFG.** Der Aufgabenkreis des Betreuers ist zu erweitern, wenn dies im konkreten Fall erforderlich ist (§ 1908d Abs. 3 S. 1). Für die zusätzlichen Aufgabenkreise müssen materiellrechtlich die Voraussetzungen des § 1896 gegeben sein. Die Erweiterung gegen den Willen des Betroffenen setzt insbesondere voraus, dass dieser auf Grund seiner Krankheit oder Behinderung seinen Willen nicht frei bestimmen kann (§ 1908d Abs. 3 S. 2 iVm. § 1896 Abs. 1 a). Die mangelnde Einsicht in die Notwendigkeit einer stationären Behandlung kann die Erweiterung auf die Aufenthaltsbestimmung rechtfertigen.[569] Für die Erweiterung gelten grundsätzlich dieselben Verfahrensregeln wie für die erstmalige Bestellung (§ 293 Abs. 1 FamFG); einige Besonderheiten bestehen nach § 293 Abs. 2 FamFG; siehe § 1908d Rn. 16, 17.

228 **3. Bestellung eines weiteren Betreuers.** Mehrere Betreuer können unter den Voraussetzungen des § 1899 von vorneherein bestellt werden. Es kann aber auch vorkommen, dass zunächst nur ein Betreuer bestellt war und sich das Bedürfnis für die Einschaltung eines weiteren Betreuers erst später ergibt; auch dann kann ein weiterer Betreuer bestellt werden. Ist damit die Erweiterung des Aufgabenkreises verbunden, so gelten dieselben Verfahrensregeln wie bei Erweiterung des Aufgabenkreises im Allgemeinen (§ 293 Abs. 3 FamFG).

---

[563] BayObLG v. 22. 3. 2000 – 3Z BR 36/00, zit. nach juris.
[564] OLG Hamm FamRZ 1995, 433, 434.
[565] OLG Köln FamRZ 2000, 1440 f.
[566] Vgl. OLG Hamm FamRZ 2000, 494, 496.
[567] OLG Köln FamRZ 2000, 1440 f.
[568] BayObLG FamRZ 2001, 1100; 2002, 1145, OLG Hamm NJW-RR 2001, 797.
[569] BayObLG FamRZ 1999, 1299, 1300.

Voraussetzungen 229–237 § 1896

4. Aufhebung der Betreuung, Einschränkung des Aufgabenkreises (§ 294 FamFG). 229
Eine Aufhebung der Betreuung oder Einschränkung des Aufgabenkreises ist unter den Voraussetzungen des § 1908d Abs. 1 und 2 geboten. Für das Verfahren gelten wesentliche Erleichterungen, § 294 Abs. 1, 2 FamFG, s. § 1908d Rn. 4 bis 6.

5. Entlassung des Betreuers. Die Voraussetzungen, unter denen ein Betreuer entlassen werden 230
kann oder muss, sind in § 1908b und ergänzend dazu in § 1888 iVm. § 1908i Abs. 1 S. 1 geregelt.
Zum Verfahren bestimmt § 296 Abs. 1 FamFG, dass das Gericht den Betroffenen persönlich anzuhören hat, wenn der Betroffene der Entlassung des Betreuers widerspricht. Siehe weiterhin Erl. zu § 1908b Rn. 34 ff.

6. Fortsetzung der Betreuung eines bisherigen Vereins- oder Behördenbetreuers 231
als Privatperson. § 1908b Abs. 4 S. 2 sieht eine gerichtliche Entscheidung besonderer Art vor. Es kann ausgesprochen werden, dass ein Vereinsbetreuer, der an sich auf Antrag des Vereins zu entlassen wäre, die Betreuung als Privatperson fortsetzt. Entsprechendes gilt für den Behördenbetreuer (S. 3). Zum Verfahren hierbei s. § 1908b Rn. 31.

7. Bestellung eines neuen Betreuers nach Tod oder Entlassung des bisherigen. Ein- 232
schlägig sind § 1908c BGB, § 296 Abs. 2 FamFG. Der Betroffene ist persönlich anzuhören, es sei denn, dass er sein Einverständnis mit dem Betreuerwechsel erklärt hat. Die Anhörung der sonstigen Beteiligten richtet sich nach § 279 FamFG (§ 296 Abs. 2 S. 3 FamFG), s. ferner § 1908c 6 ff.

8. Bestellung eines Gegenbetreuers. Das Betreuungsrecht (§ 1908i Abs. 1 S. 1) verweist auf 233
die Vorschriften über den Gegenvormund. Das Verfahrensrecht weist keine besonderen Regeln über die Bestellung des Gegenbetreuers auf, so dass die Vorschriften über die Betreuerbestellung entsprechend heranzuziehen sind. Näheres s. § 1908i Rn. 9 bis 16.

9. Einwilligungsvorbehalt. Die Anordnung eines Einwilligungsvorbehalts bildet über die 234
Betreuerbestellung hinaus einen weiteren gravierenden Eingriff in die Rechtsposition des Betreuten. Deshalb ist eine solche Anordnung nur unter engen Voraussetzungen statthaft (§ 1903 Rn. 2 bis 13). Das Verfahren folgt weitgehend denselben Regeln wie die Bestellung eines Betreuers (Näheres § 1903 Rn. 25 ff.). Auch die Erweiterung des Kreises der einwilligungsbedürftigen Geschäfte (§ 293 FamFG), die Aufhebung des Einwilligungsvorbehalts oder Einschränkung der betroffenen Geschäfte (§ 294 FamFG) sowie die Verlängerung des Einwilligungsvorbehalts (§ 295 FamFG) werden nach den entsprechenden Regeln behandelt.

10. Verbindung von Entscheidungen. Die vorstehend genannten Entscheidungen können, 235
soweit sinnvoll, miteinander verbunden werden (§ 20 FamFG), zB die Verlängerung mit Erweiterung des Aufgabenkreises oder Bestellung eines weiteren Betreuers. Dabei ist zu beachten, dass die materiellrechtlichen Voraussetzungen für jede einzelne Entscheidung gegeben sein müssen und ferner diejenigen Verfahrensregeln einzuhalten sind, die für die jeweilige Entscheidung vorgesehen sind. Wichtig ist vor allem, dass jede Hinausschiebung des Überprüfungszeitpunkts eine Verlängerung der Betreuerbestellung darstellt.

H. Die Vollmachtsbetreuung (Abs. 3)

I. Voraussetzungen

1. Übersicht. Eine Betreuung kann sich auf „die Geltendmachung von Rechten des Betreuten 236
gegenüber seinem Bevollmächtigten" beschränken (§ 1896 Abs. 3). Dabei ist vorausgesetzt, dass
a) der Betroffene wirksame Vollmachten erteilt hat, mit denen seine Fürsorgebedürfnisse hinreichend befriedigt werden können;
b) dass er aber seine(n) Bevollmächtigten selbst aus den in § 1896 Abs. 1 S. 1 genannten Ursachen nicht hinreichend überwachen kann;
c) dass ein konkreter Überwachungsbedarf besteht, dem nicht anderweitig abgeholfen wird.

2. Zweck. Der Sinn des § 1896 Abs. 3 ergibt sich aus folgendem Zusammenhang. Eine Person, 237
die krankheits- oder behinderungsbedingt ihre Angelegenheiten nicht besorgen kann, erhält gleichwohl keinen Betreuer, soweit ihre Angelegenheiten durch einen Bevollmächtigten ebenso gut wie durch einen Betreuer besorgt werden können (§ 1896 Abs. 2 S. 2). Der Bevollmächtigte steht anders als ein Betreuer nicht unter der Aufsicht des Betreuungsgerichts; der Betroffene als Vertragspartner und Vollmachtgeber kontrolliert ihn vielmehr selbst. Es kann aber die Lage eintreten, dass der Vollmachtgeber zu dieser Überwachung nicht mehr in der Lage ist, vor allem wenn er geschäftsunfä-

hig wird. Dann besteht die Gefahr, dass er unter die unkontrollierte, in der Regel auch zeitlich unbeschränkte Fremdbestimmung des Bevollmächtigten gerät. Selbst dann, wenn von der Vollmacht gegen die Selbstbestimmungs- und sonstigen Interessen des Betroffenen Gebrauch gemacht würde, könnte keine Überwachungsinstanz einschreiten. Bei Gefahr für das Wohl des Betroffenen müsste dann ein Betreuer bestellt werden, der die Vollmacht widerruft und die betreffenden Angelegenheiten übernimmt. In § 1896 Abs. 3 bietet das Gesetz für diesen Fall indes eine weniger einschneidende Alternative: Es kann auch ein Betreuer bestellt werden, dessen Aufgabenkreis sich auf die Geltendmachung von Rechten des Vollmachtgebers gegenüber seinem Bevollmächtigten beschränkt (Vollmachtsbetreuer, Kontrollbetreuer, Überwachungsbetreuer).

238 **3. Hinreichende Vollmachten. a) Umfang.** Die Betreuung des § 1896 Abs. 3 setzt voraus, dass die **Fürsorgebedürfnisse durch privatrechtlich Bevollmächtigte hinreichend abgedeckt** sind, so dass insoweit die Bestellung eines Betreuers für den betreffenden Aufgabenkreis nicht erforderlich erscheint. Bei Prüfung dieser Frage ist die Gesamtheit der Umstände zu würdigen, also nicht allein die Wirksamkeit und Sachdienlichkeit der Vollmachten, sondern auch der zugrunde liegenden schuldrechtlichen Verträge (Auftrag, Geschäftsbesorgung) sowie die Reichweite der Kompetenzen. Ferner ist festzustellen, ob der Beauftragte/Bevollmächtigte überhaupt willens und in der Lage ist, die ihm eingeräumte Rechtsmacht zugunsten des Betroffenen auszuüben. Bei all dem ist der Tatsache Rechnung zu tragen, dass der Vollmachtgeber gerade diesem Bevollmächtigten sein Vertrauen schenkt; das Gericht darf den Bevollmächtigten also keiner Eignungsprüfung unterziehen. Anderseits kann von hinreichender Vollmacht nicht die Rede sein, wenn die Geschäftsfähigkeit des Bevollmächtigten in Zweifel steht oder er selbst der Betreuung bedarf.

239 **b) Wirksamkeit.** Die Bestellung eines Kontrollbetreuers kommt nur in Betracht, wenn die betreffenden **Vollmachten wirksam** erteilt sind und noch bestehen.[570] Geht es darum, die Rechte des Betroffenen gegen einen falsus procurator geltend zu machen, ist die Vollmachtsbetreuung nicht geeignet, es muss dann ein Betreuer für diese Angelegenheit selbst bestellt werden.[571] Die Wirksamkeit der Vollmachten betreffend ist zu unterscheiden, ob sie in zeitlichem Zusammenhang mit einem Betreuungsverfahren erteilt werden – dann hat der Richter unter anderem die Geschäftsfähigkeit des Betroffenen sorgfältig zu prüfen – oder ob sie schon früher erteilt wurden. Im letzteren Fall hat der Richter zu eruieren, ob die Vollmachten und die zugrunde liegenden Rechtsverhältnisse wirksam entstanden und noch wirksam sind, ob sie etwa zwischenzeitlich widerrufen wurden.[572] Konkreten Zweifeln an der Geschäftsfähigkeit im Zeitpunkt der Vollmachtserteilung ist auch in diesem Fall nachzugehen. Andererseits erlischt eine Vollmacht im Allgemeinen nicht dadurch, dass der Vollmachtgeber nach ihrer Erteilung geschäftsunfähig wird (§§ 168 S. 1, 672, 675 BGB, § 86 ZPO).[573] In diesem Fall ist zu prüfen, ob der Bevollmächtigte (auch nach Eintritt des Betreuungsfalls) auf Grund der fortwirkenden Vollmachten in der Lage ist, für die Angelegenheiten des Betroffenen zu sorgen. Bei Vollmachten, die nur für den Betreuungsfall erteilt wurden, muss auch feststehen, dass sie bereits in Kraft getreten sind. Ist anderseits die Vollmacht wirksam, so wird sie nicht dadurch in Frage gestellt, dass der Betroffene nach Eintritt seiner Geschäftsunfähigkeit die Vollmacht mit „natürlichem Willen" widerruft oder einschränkt, ebenso wenig wie er unter diesen Voraussetzungen die Vollmacht erweitern kann;[574] in solchen Fällen gibt aber das auftretende Misstrauen Anlass, die Notwendigkeit einer Kontrollbetreuung zu überprüfen.[575]

240 **4. Unvermögen zur Überwachung des Bevollmächtigten.** Auch für die Bestellung eines Kontrollbetreuers gilt das Erforderlichkeitsprinzip sowohl in subjektiver wie in objektiver Hinsicht.[576] Das Unvermögen des Betroffenen, seinen Bevollmächtigten zu überwachen, muss auf den Betreuungsgründen iSd. § 1896 Abs. 1 S. 1 beruhen.[577] Es gilt auch hier § 1896 Abs. 1a: Gegen den freien Willen des Betroffenen darf auch kein Kontrollbetreuer bestellt werden.[578] Zu eng stellt das Gesetz auf die „Geltendmachung von Rechten gegenüber dem Bevollmächtigten" ab. Die Voll-

---

[570] BayObLG FamRZ 1993, 1249; OLG München FamRZ 2007, 582 m. Anm. *Schwab*; OLG München FamRZ 2009, 1437; OLG Schleswig Rpfleger 2003, 245.
[571] BayObLG FamRZ 1993, 1249.
[572] BayObLG FamRZ 1993, 1249.
[573] BayObLG FamRZ 1993, 1249; LG Wiesbaden FamRZ 1994, 778; siehe oben Rn. 52.
[574] Bedenklich OLG München FamRZ 2007, 582 (die Einschränkungen, die einer Vollmacht hinzugefügt waren, wurde später mit „natürlichem Willen" des Betroffenen zurückgenommen).
[575] OLG Köln FamRZ 2005, 1777.
[576] BayObLG FamRZ 1249; FamRZ 1994, 1550, 1551; OLG München FamRZ 2007, 582.
[577] BayObLG FamRZ 1999, 1302; LG München FamRZ 1998, 700; OLG München FamRZ 2007, 582; FamRZ 2009, 1437.
[578] KG FamRZ 2009, 152.

macht steht nicht isoliert, sondern beruht auf einem schuldrechtlichen Grundverhältnis, in der Regel einem Auftrag (§§ 662 ff.) oder einem Geschäftsbesorgungsvertrag (§ 675). Es geht folglich darum, ob der Betroffene (noch) in der Lage ist, den Gebrauch, den der Bevollmächtigte von der Vollmacht macht, zu überprüfen und die sich aus dem Grundverhältnis ergebenden Rechte geltend zu machen. Zu diesen Rechten gehören auch die Befugnis, dem Beauftragten Weisungen zu erteilen und von ihm Auskunft und Rechenschaft zu verlangen (§§ 665, 666), ferner der Anspruch auf Herausgabe des aus der Geschäftsführung Erlangten (§ 667) und die Befugnis zum Widerruf (§ 671 Abs. 1). Ein Unvermögen des Vollmachtgebers liegt also schon dann vor, wenn er außerstande ist, die Informationen des Beauftragten entgegenzunehmen oder Weisungen zu erteilen.[579]

5. Überwachungsbedarf. a) Konkrete Erforderlichkeit. Die bloße Unfähigkeit des Betroffenen, seinen Bevollmächtigten zu überwachen, soll nach den Vorstellungen des Gesetzgebers[580] die Betreuung nach § 1896 Abs. 3 noch nicht rechtfertigen. Es muss vielmehr die konkrete Erforderlichkeit einer Überwachung hinzukommen.[581] In der Frage, wann dies angenommen werden kann, liegt das eigentliche Problem des § 1896 Abs. 3. Die Begründung zum BtG[582] nennt die Fälle, dass der Umfang oder die Schwierigkeit der Geschäfte eine Kontrolle indizieren (dazu Rn. 243) oder dass ein vorangegangenes Verhalten des Bevollmächtigten einen Kontrollbedarf anzeigt; hingegen bräuchten die für Alltagsgeschäfte bevollmächtigten Verwandten und Freunde in der Regel keine Aufsicht. Eindeutig kommt die Erforderlichkeit bei ernstzunehmenden Zweifeln an der Redlichkeit des Bevollmächtigten in Betracht;[583] freilich genügt hier nicht ein bloßer Verdacht, welcher einer tatsächlichen Grundlage entbehrt (BGH FamRZ 2011, 1047 Tz.10). Eine Kontrollbetreuung ist aber auch in anderen Fällen nötig, in denen erkennbar wird, dass der Bevollmächtigte die ihm anvertraute Fürsorge nicht leisten kann oder will. Es genügt, wenn schwerwiegende Interessenkonflikte sichtbar werden.[584] Die Bestellung eines Kontrollbetreuers kann notwendig werden, wenn von mehreren Bevollmächtigten der eine die Vollmacht des anderen unzulässig widerruft und in diesem Zusammenhang ein Überwachungsbedarf sichtbar wird.[585] Hingegen lässt es der BGH nicht genügen, wenn zwischen mehreren Einzelbevollmächtigten Meinungsverschiedenheiten bestehen, solange die Pflege und die Wahrnehmung der Interessen des Vollmachtgebers keine konkrete Beeinträchtigung erfahren (BGH FamRZ 2011, 1047 Tz.14). Ist bei einer umfassenden Vollmacht ein Überwachungsbedarf nur im Vermögensbereich gegeben, so ist eine Kontrollbetreuung hierauf zu beschränken; widerruft der Betreuer in diesem Fall die Vollmacht im Bereich der Vermögensangelegenheiten, so kann er vom Bevollmächtigten nicht die Herausgabe der Vollmachturkunde insgesamt, sondern nur deren Vorlage zur Anbringung eines entsprechenden Vermerks verlangen.[586]

b) Geschäftsunfähigkeit des Vollmachtgebers. Die eigentlich problematische Konstellation tritt ein, wenn der Vollmachtgeber geschäftsunfähig wird. Von diesem Augenblick an steht fest, dass er seine Rechte in Bezug auf die Vollmacht nicht mehr wahrnehmen kann und daher dem Wohlverhalten des Bevollmächtigten ausgeliefert ist. Man könnte daher die Auffassung vertreten, der Eintritt der Geschäftsunfähigkeit begründe regelmäßig auch objektiv den Bedarf für einen Kontrollbetreuer (außer bei Vollmachten für bloße Alltagsgeschäfte).
– Dem steht indes bei **Vorsorgevollmachten** der Umstand entgegen, dass der Vollmachtgeber dem Bevollmächtigten gerade auch für diesen Fall sein Vertrauen schenken will. Die Vorsorgevollmacht hat gerade den Sinn, staatliche Intervention auch für den Fall eigener Geschäftsunfähigkeit zu vermeiden und sich in gewisser Weise in die Hand des Bevollmächtigten zu begeben. Das muss solange respektiert werden, als keine konkreten Anzeichen dafür vorhanden sind, dass der Bevollmächtigte von seinen Befugnissen einen Gebrauch macht, der dem geäußerten oder mutmaßlichen Willen des Betroffenen oder seinem nach § 1901 Abs. 1, 2 begriffenen Wohl zuwiderläuft. Erst konkrete Indizien für einen solchen Fehlgebrauch der Vollmacht[587] und der zugrunde

---
[579] LG München FamRZ 1998, 700; vgl. auch BayObLG FamRZ 1994, 1550, 1551.
[580] BT-Drucks. 11/4528 S. 123; so auch BayObLG FamRZ 1999, 1302, 1303.
[581] In diesem Sinne auch BGH FamRZ 2011, 1047 Tz. 10; BayObLG FamRZ 1999, 1302, 1303; OLG München FamRZ 2007, 582; FamRZ 2009, 1437; LG München FamRZ 1998, 700; OLG Schleswig FamRZ 2004, 835; FamRZ 2006, 645 = SchlHA 2006, 279; OLG Brandenburg OLGR 2005, 587; LG Kleve FamRZ 2008, 303; Walter S. 33. Anders der Leitsatz des AG Nidda BtPrax 2004, 118.
[582] BT-Drucks. 11/4528 S. 123, dem folgend auch BGH FamRZ 2011, 1047 Tz.10..
[583] Dazu OLG Köln FGPrax 2009, 220; BGH FamRZ 2011, 1047 Tz.10.
[584] Vgl. LG Kleve FamRZ 2008, 303.
[585] Vgl. den Fall OLG Karlsruhe FamRZ 2010, 1762.
[586] Vgl. OLG München FamRZ 2009, 1437.
[587] In diesem Sinne BayObLG FamRZ 2005, 1777 und 1927; OLG Köln FamRZ 2000, 909; LG München I FamRZ 2007, 1008. In diesem Zusammenhang sollte der Begriff „Missbrauch" der Vollmacht vermieden werden.

liegenden schuldrechtlichen Positionen rechtfertigen die Einleitung eines Betreuungsverfahrens, in dessen Rahmen die Tätigkeit des Bevollmächtigten auf die Notwendigkeit eines Kontrollbetreuers hin zu überprüfen ist. Die Schwierigkeiten liegen allerdings im Faktischen: Häufig werden weder Gericht noch Betreuungsbehörde die nötigen Informationen erhalten, da sich die Bevollmächtigten außerhalb der gerichtlichen Aufsicht bewegen. Es wird also unvermeidlich Fälle geben, in denen mit Hilfe von Vollmachten bedrückende Abhängigkeiten geschaffen werden.

– Bei Vollmachten andererseits, bei deren Erteilung **kein besonderer Vertrauenserweis** für den Fall eigener Geschäftsunfähigkeit zum Ausdruck kommt, ist schon dann ein Überwachungsbetreuer zu bestellen, wenn der Vollmachtgeber geschäftsunfähig ist und konkreter Handlungsbedarf sichtbar wird.[588]

243 **c) Umfang und Schwierigkeit der Geschäfte.** Der Gedanke, schon der Umfang oder die Schwierigkeit der Geschäfte könnten die Erforderlichkeit einer Betreuerbestellung nach § 1896 Abs. 3 begründen,[589] verstößt in dieser Allgemeinheit gegen das Erforderlichkeitsprinzip. Namentlich bei der Vorsorgevollmacht ist wiederum zu beachten, dass der Vollmachtgeber Ausmaß und Grenzen seines Vertrauens in den Bevollmächtigten selbst festgelegt hat. Der Bedarf für eine Kontrollbetreuung kann also nicht allein aus der Schwierigkeit der Geschäfte hergeleitet werden, sondern muss sich aus konkreten Anzeichen dafür begründen, dass der Bevollmächtigte der Aufgabe nicht gewachsen ist und folglich dem Betreuungsbedarf nicht Genüge getan wird.[590]

244 **d) Ausschluss der Kontrollbetreuung durch Vollmacht?** Es fragt sich, ob der Vollmachtgeber bei Erteilung der Vollmacht für das Gericht verbindlich anordnen kann, dass ein Überwachungsbetreuer nicht oder nur unter gegenüber der Gesetzeslage eingeschränkten Voraussetzungen bestellt wird. Das ist mE zu verneinen:[591] Die gesetzlichen Erfordernisse der Bestellung eines Betreuers, die das Gesetz zum Schutz des Betroffenen verlangt, stehen nicht zu dessen Disposition. Der Betroffene kann durch Vollmachten die *Erforderlichkeit* einer Betreuung vermeiden; *ergibt sich aber diese Erforderlichkeit* trotz der Vollmacht, so darf der Staat trotz entgegenstehender Willensbekundungen bei der Vollmachterteilung seinen Schutz nicht versagen. Wäre dies anders, so müsste generell eine Betreuung auch ohne Vollmacht ausgeschlossen werden können, indem etwa eine der Selbstbestimmung fähige Person zwar keine Vollmachten erteilt, aber in einer „negativen Betreuungsverfügung" bestimmt, im Fürsorgefall dürfe kein Betreuer bestellt werden. Die Vollmacht tritt an die Stelle der Betreuung nur soweit, als sie sie überflüssig macht.

245 **e) Überwachungsvollmacht.** Ein Betreuer nach § 1896 Abs. 3 darf nicht bestellt werden, wenn der Überwachungsbedarf anderweitig gedeckt ist. Die Notwendigkeit einer Kontrollbetreuung kann dadurch vermieden werden, dass der Betroffene außer dem Bevollmächtigten für die Fürsorge selbst eine weitere Person mit entsprechenden Vollmachten damit betraut, den Fürsorgebevollmächtigten zu überwachen (Überwachungsvollmacht).[592] Der Überwachungsbevollmächtigte ist dann für den Fall der Geschäftsunfähigkeit des Betroffenen befugt, dessen Rechte in Bezug auf die Vollmacht und das zugrunde liegende Rechtsverhältnis im Namen des Betroffenen geltend zu machen.[593] Freilich steht der Überwachungsbevollmächtigte nicht unter der Aufsicht des Gerichts; eine Kontrollbetreuung kann also gleichwohl erforderlich werden, wenn der Überwachungsbevollmächtigte seine Aufgaben nicht hinreichend erfüllt.

246 **6. Unzureichende Kontrollbetreuung.** Ergeben die Ermittlungen des Gerichts, dass der Bevollmächtigte seine Aufgaben nach den in § 1901 Abs. 2, 3 genannten Kriterien nicht hinreichend

---

Unter der Signatur „Vollmachtsmissbrauch" werden die – sehr umstrittenen – Fälle bezeichnet, in denen ein zwar von der Vertretungsmacht an sich gedecktes, aber im Innenverhältnis pflichtwidriges Verhalten wegen mangelnder Schutzwürdigkeit des Geschäftspartners auf die Vollmacht selbst durchschlägt; ein Missbrauchsverdacht in diesem Sinne ist in unserem Zusammenhang nicht erforderlich, zutreffend LG München FamRZ 1998, 700; vgl. auch BayObLG FamRZ 1999, 1302, 1303.

[588] S. LG München FamRZ 1998, 700.
[589] Vgl. auch den Leitsatz BayObLG FamRZ 1994, 1550; ferner BayObLG FamRZ 1999, 151; OLG München FamRZ 2007, 582, 583; OLG Schleswig SchlHA 2003, 171 und FGPrax 2004, 70; dazu auch *Knittel* § 1896 Rn. 198 ff.
[590] Zutreffend BayObLG FamRZ 2005, 1777 und 1927.
[591] Zutreffend KGR 2006, 359 = FamRZ 2006, 1481 (LS.); aA OLG München FamRZ 2007, 582 für den Fall, dass der Vollmachtgeber angeordnet hatte, ein Überwachungsbetreuer dürfe nur bestellt werden, wenn dem Gericht konkrete Tatsachen über den Missbrauch der Vollmacht offengelegt werden (also nicht in den Fällen bloßer Untauglichkeit des Bevollmächtigten).
[592] BT-Drucks. 11/4528 S. 123; vgl. LG Augsburg BtPrax 1994, 176; Näheres bei *Walter* FamRZ 1999, 685, 686; *Walter* ZEV 2000, 353; vgl. auch *Knittel* § 1896 Rn. 202; HK-BUR/*Bauer* § 1896 Rn. 257; *Erman/Roth* § 1896 Rn. 50.
[593] Dazu *Walter* S. 145 ff.

erfüllt, so stellt sich die Frage, ob die Bestellung eines Überwachungsbetreuers ausreicht oder ein Betreuer für das Fürsorgegebiet selbst zu bestellen ist.[594] Letzteres ist zu bejahen, wenn nach den Umständen auch ein Überwachungsbetreuer die Wahrung des Wohls des Betreuten nicht sicherstellen könnte, zB weil sich der Bevollmächtigte als völlig untauglich erwiesen hat, die ihm übertragene Aufgabe zu erfüllen, oder weil im Hinblick auf vorsätzliche Verstöße gegen seine aus dem Grundverhältnis entspringenden Pflichten seine Redlichkeit in Frage steht (zB bei Wirtschaften in die eigene Tasche).[595] Erweckt der Bevollmächtigte schon im Verlaufe des Betreuungsverfahrens gewichtige Zweifel an seiner Redlichkeit oder Tauglichkeit, so erscheint eine bloße Kontrollbetreuung nach § 1896 Abs. 3 von vorne herein nicht als ausreichend.[596] Unter diesem Gesichtspunkt ist erstaunlich, dass das OLG Köln nur eine Kontrollbetreuung in einen Fall vorgesehen hat, in dem Bevollmächtigte nach den Feststellungen des Gerichts „eine generelle Unredlichkeit in wirtschaftlichen Angelegenheiten" erkennen ließ;[597] die Beschränkung auf eine Überwachungsbetreuung wird in solchem Fall dem Rechtsschutzauftrag der Gerichte nicht gerecht. Die Einrichtung einer Kontrollbetreuung genügt ferner nicht, wenn anzunehmen ist, dass der Bevollmächtigte nicht willens ist, mit dem Kontrollbetreuer zu kooperieren.[598]

II. Die rechtliche Ausgestaltung

1. Aufgaben und Befugnisse des Betreuers. a) Grundsätzliches. Der Vollmachtsbetreuer ist berechtigt und verpflichtet, die Tätigkeit des Bevollmächtigten als gesetzlicher Vertreter des Vollmachtgebers zu überwachen und die Rechte des Betreuten geltend zu machen.[599] Dazu gehören das Verlangen nach Auskunft und Rechenschaft (§ 666), die Entschließung über die Abweichung von Weisungen (§ 665 S. 2), die Geltendmachung von Ersatzansprüchen, nötigenfalls auch Widerruf oder Kündigung des Auftrags- oder Geschäftsbesorgungsverhältnisses oder der Widerruf der Vollmacht.[600] Ob der Kontrollbetreuer von diesen Befugnissen Gebrauch macht, ist Angelegenheit seiner selbständigen Entscheidungsbefugnis.[601] Die Kriterien der Überwachung ergeben sich aus § 1901 Abs. 2 bis 4.[602] Dabei ist zu beachten, dass sich die Pflichten des Bevollmächtigten aus dem zugrunde liegenden Rechtsverhältnis (Auftrag, Geschäftsbesorgung) ergeben; die in diesem Vertragsverhältnis für die Tätigkeit des Bevollmächtigten vereinbarten Modalitäten sind auch für die Überwachungstätigkeit des Kontrollbetreuers maßgeblich, soweit sie nicht gegen Gesetze oder die guten Sitten verstoßen.[603] Der Vollmachtgeber kann für den Fall einer Kontrollbetreuung auch Anweisungen in einer Betreuungsverfügung niederlegen.[604]

b) Teilüberwachung. Denkbar wäre auch, den Betreuer nach § 1896 Abs. 3 nur für einen Teil der Überwachungsfunktionen zu bestellen, etwa die Befugnis zum Widerruf der Vollmacht zunächst auszuschließen. Sinnvoll ist das kaum; die Befugnis, Weisungen zu erteilen, entbehrt der Sanktion, wenn dem Zuwiderhandeln nicht mit Einschränkung oder Entzug der Vertretungsmacht begegnet werden kann. Zudem kann die Vollmacht auch über den Widerruf des Auftrags als Grundverhältnis zu Fall gebracht werden (§§ 671 Abs. 1 iVm. § 168 S. 1).

c) Bestellung eines Ersatzsatzbevollmächtigten? Nicht hingegen umfasst die gesetzliche Vertretungsmacht des Kontrollbetreuers die Bevollmächtigung einer Ersatzperson, die an die Stelle eines ausgeschiedenen Bevollmächtigten treten soll.[605] Hat der Betreute nicht selbst schon für einen Ersatzbevollmächtigten Sorge getragen, so bedeutet der Wegfall des Bevollmächtigten in aller Regel, dass an die Stelle der Vollmachtsbetreuung eine Betreuung im Aufgabenkreis selbst treten muss. Der Vollmachtsbetreuer selbst kann die Angelegenheiten nicht aus eigener Rechtsmacht an sich ziehen.

---

[594] Zum Problem *Walter* S. 367 ff.
[595] In diesem Sinne auch BGH FamRZ 2011, 964 Tz. 26; BayObLG FamRZ 2005, 1777; BayObLG FamRZ 2001, 1402, 1403; OLG München FamRZ 2007, 582.
[596] BayObLG FamRZ 1994, 778.
[597] OLG Köln FGPrax 2009, 220.
[598] OLG Schleswig FamRZ 2008, 1376.
[599] Dazu im Einzelnen *Walter* ZEV 2000, 353.
[600] BayObLG FamRZ 1994, 1550, 1551; OLG München FamRG 2009, 1437; OLG Frankfurt FamRZ 2009, 911; KG FamRZ 2007, 1041; FamRZ 2009, 910 (nicht aber, wenn der Betreuer weder zur Vollmachtüberwachung noch für alle Angelegenheiten bestellt ist); LG Wiesbaden FamRZ 1994, 778;.
[601] BayObLG FamRZ 1994, 1550, 1551; 1992, 108.
[602] LG München FamRZ 1994, 923.
[603] Zum Problem *Walter* S. 149 ff.
[604] Dazu *Walter* ZEV 2000, 353, 354.
[605] Bühler BWNotZ 1990, 1, 2; *Knittel* § 1896 Rn. 205; anders, wenn die Vollmacht auch die Betreuung einer Ersatzperson umfasst.

§ 1896

250 d) Aufsicht des Gerichts. Der Vollmachtsbetreuer steht unter Aufsicht des Betreuungsgerichts (§ 1908i Abs. 1 S. 1 iVm. § 1837 Abs. 2, 3). Rechnungslegungspflichtig nach § 1840 Abs. 2, 3 ist er dem Gericht allerdings nicht, da seine Tätigkeit nicht als „Vermögensverwaltung" angesehen werden kann.[606]

251 2. Die Stellung des Betreuten. Obwohl der Vollmachtsbetreuer als gesetzlicher Vertreter des Betreuten tätig wird, bleibt dieser auch im Rahmen des § 1896 Abs. 3 grundsätzlich selbst handlungsfähig, soweit auf ihn nicht § 104 Nr. 2 BGB zutrifft. Es kann also zu konkurrierenden Handlungen kommen. Daher kann es im Einzelfall notwendig werden, einen Einwilligungsvorbehalt anzuordnen (§ 1903).

252 3. Die Stellung des Bevollmächtigten. Die Rechtsstellung des Bevollmächtigten bestimmt sich ausschließlich nach der Vollmacht und dem ihr zugrunde liegenden Rechtsverhältnis. Die Vorschriften für Betreuer sind auf ihn nicht anzuwenden. Er unterliegt auch nicht der Aufsicht des Betreuungsgerichts (im Gegensatz zum Vollmachtsbetreuer selbst). Die Genehmigungsvorbehalte der §§ 1812, 1821, 1822 gelten für ihn nach hM nicht.[607] Die Rechtsstellung des Bevollmächtigten wird durch die Bestellung eines Vollmachtsbetreuers nicht gemindert; denn der Betreuer fungiert als gesetzlicher Vertreter des Betroffenen, hat also nicht mehr Rechte und Befugnisse, als dieser selbst; deshalb ist der Bevollmächtigte gegen die Bestellung des Kontrollbetreuers nicht beschwerdeberechtigt.[608]

III. Verfahrensrechtliche Besonderheiten

253 Für die Bestellung des Vollmachtbetreuers gelten die allgemeinen Vorschriften des Betreuungsverfahrens. Abweichend davon ist der Rechtspfleger für die Betreuerbestellung zuständig (§ 15 Abs. 1 S. 2 RPflG). Gleiches gilt für die Erweiterung oder Beschränkung des Aufgabenkreises, für die Verlängerung der Bestellung und für die Entlassung. Eine weitere verfahrensrechtliche Besonderheit liegt darin, dass bei der Betreuung nach § 1896 Abs. 3 stets ein ärztliches Zeugnis – anstelle eines Sachverständigengutachtens – genügt (§ 281 Abs. 1 Nr. 2 FamFG). Auch die Bestellung eines Kontrollbetreuers bedeutet einen gewichtigen Eingriff in das Selbstbestimmungsrecht des Betroffenen, bei der die allgemeinen Verfahrensgarantien zu beachten sind. Auch nach Erledigung der Betreuerbestellung kann ein Rechtsschutzinteresse daran bestehen, die Widerrechtlichkeit der Betreuerbestellung feststellen zu lassen (§ 62 FamFG).[609]

J. Kontrolle des Post- und Fernmeldeverkehrs (Abs. 4)

I. Sinn der Regelung

254 Um sein Amt zum Wohle des Betreuten ausüben zu können, braucht der Betreuer die für seinen Aufgabenkreis wichtigen Informationen, die ihm vorenthalten sein können, wenn der Betreute sie ihm nicht geben kann oder will. Ferner kann es sein, dass der Betreuer, der zur Bestimmung über den Umgang des Betreuten befugt ist, von unerwünschten Kontakten keine Kenntnis erhält. Daher kann es im einzelnen Fall als notwendig erscheinen, dem Betreuer die Befugnis einzuräumen, die Post des Betreuten zu öffnen und zu lesen oder seinen Fernmeldeverkehr (einschließlich der modernen elektronischen Kommunikationsformen) zu überwachen. Eine derartige Kontrolle bedeutet indes einen schweren Eingriff in das Grundrecht des Post- und Fernmeldegeheimnisses (Art. 10 GG) und in das Persönlichkeitsrecht (Art. 2 Abs. 1 GG),[610] der nur unter strengen Voraussetzungen statthaft sein kann. Daher legt Abs. 4 des § 1896 fest, dass der Betreuer die Befugnis, Post des Betreuten entgegenzunehmen, anzuhalten und zu öffnen, überhaupt nur dann hat, wenn das Gericht dies bei Umschreibung des Aufgabenkreises ausdrücklich angeordnet hat. Gleiches gilt für die Befugnis, über den Fernmeldeverkehr des Betreuten zu entscheiden, etwa telefonische Kontakte zu verhindern. Die Zuweisung des Aufgabenkreises „Erledigung der persönlichen Angelegenheiten", „Umgangsbe-

---

[606] *Bühler* BWNotZ 1990, 1; *Knittel* § 1896 Rn. 206.
[607] RGZ 88, 345, 350; *Müller-Freienfels*, FS Coing, 1982, Bd. 2, S. 395, 406; aA *Flume, Allgemeiner Teil* II § 51, 6, zum Teil auch OLG Köln FamRZ 2000, 1525, 1526 (für den Fall, dass der Bevollmächtigte zugleich zum Betreuer bestellt wird).
[608] OLG Stuttgart FamRZ 1995, 427.
[609] Zur Rechtslage vor Inkrafttreten des FamFG siehe BVerfG FamRZ 2008, 2260.
[610] BayObLG FamRZ 1997, 244, 245.

stimmung", „Betreuung in Vermögenssachen"[611] oder „alle Angelegenheiten" begründet diese Befugnisse also nicht.

II. Voraussetzungen

1. Erforderlichkeit. Die vom Gesetz verlangte ausdrückliche Zuweisung der in Abs. 4 genannten Befugnisse setzt voraus, dass der Betreuer ohne sie die ihm übertragene Aufgabe nicht zum Wohl des Betreuten erfüllen kann.[612] Das setzt in der Regel die konkrete Erwartung voraus, dass der Betreuer die Kontrollbefugnisse benötigen wird, um erhebliche Beeinträchtigungen der Rechtsgüter des Betreuten oder Dritter zu vermeiden.[613] Dabei sind die Prinzipien der Erforderlichkeit und der Verhältnismäßigkeit zu wahren.[614] Zu denken ist zB an Fälle, in denen wahnhafte Vorstellungen des Betreuten durch briefliche Kontakte mit bestimmten Personen verstärkt werden oder in denen sich der Betreute durch Schmähbriefe oder unsinnige Geschäftspost selbst schädigt.[615] Die Befugnis des Betreuers zur Entscheidung über den Fernmeldeverkehr kann notwendig werden, um rechtswidrige telefonische Belästigungen Dritter einzuschränken und einzudämmen und den Betroffenen vor berechtigten Gegenmaßnahmen dieser Dritten zu bewahren.[616] Es genügt auch, wenn der Betreute nicht mehr in der Lage ist, die Post zu sichten und die für den Aufgabenkreis des Betreuers betreffende Korrespondenz bereit zu legen.[617] Eine Postkontrolle kann auch zur Durchführung der Vermögenssorge notwendig sein, zB wenn sonst wichtige Erklärungen Dritter (Rechnungsstellung, Mahnung, Kündigung) dem Betreuer unbekannt bleiben und dem Betreuten dadurch wesentliche Nachteile drohen.[618] Auch die dem Betreuer eingeräumte Befugnis zur Bestimmung des Umgangs des Betreuten mit anderen Personen enthält die Befugnis zur Telefon- und Postkontrolle nicht; erweist diese sich für die Durchführung der Umgangsbestimmung als notwendig, so muss sie zusätzlich angeordnet werden.[619]

2. Umfang. Die Befugnis der Post- und Telefonkontrolle darf dem Betreuer nur in Bezug auf seinen Aufgabenkreis zugeordnet werden. Unzulässig wäre es, wenn der Vermögensbetreuer auch die vertrauliche private Post ohne Vermögensbezug überwachen dürfte.[620] Freilich ist eine Trennung der Post praktisch schwer durchzuführen, die nötigen Einschränkungen muss der Betreuer selbst vornehmen.[621] Post, die ungeöffnet nicht zuzuordnen ist, darf er öffnen.[622] Der Umfang der nach § 1896 Abs. 4 zu übertragenden Befugnisse richtet sich nach den Erfordernissen des konkreten Falles. Es ist also nicht so, dass im Einzelfall stets alle in der Norm genannten Befugnisse übertragen werden dürften. Droht von telefonischen Kontakten keine Gefahr, so ist die Kontrolle auf den schriftlichen Postverkehr zu beschränken. Resultiert die Gefahr nicht aus der aktiven Kommunikation des Betreuten, sondern daraus, dass die an ihn gerichtete Post ungelesen oder dem Betreuer unbekannt bleibt, so beschränkt sich die Kontrolle auf die beim Betreuten eingehende Post. Im Einzelfall kann es auch notwendig sein, die vom Betreuten ausgehenden Briefe zu lesen und – sofern wesentliche Nachteile für dessen Wohl davon zu erwarten sind – anzuhalten. Die Auffassung, dass die Postkontrolle sich generell nicht auf die Korrespondenz mit einem vom Betreuten beauftragten Anwalt beziehen dürfe,[623] ist schwerlich begründbar (man denke nur an Fälle krankhafter Streitsucht). Wohl aber darf Korrespondenz mit dem Verfahrenspfleger oder Bevollmächtigten in einem die Betreuung betreffenden Verfahren, ferner mit Volksvertretern, Petitionsausschüssen usw. nicht kontrolliert werden.[624] Auch die Art und Weise der Postkontrolle hat das Selbstbestimmungsrecht des Betroffenen so weit wie möglich zu achten; so kann der Betreuer die Post erst *nach* Aushändigung an den Betroffenen

---

[611] S. LG Köln FamRZ 1992, 856, 857 = NJW 1993, 207, 208.
[612] BayObLG FamRZ 1992, 244, 245.
[613] BayObLG FamRZ 1997, 244; FamRZ 2001, 871, 872; BayObLG v. 29. 4. 2003 - 3 Z BR 75/03; LG Köln FamRZ 1992, 856, 857 = NJW 1993, 207, 208, zum früheren Recht OLG Hamm NJW-RR 1986, 81 = Rpfleger 1985, 362.
[614] BayObLG FamRZ 1997, 244; LG Köln FamRZ 1992, 856 = NJW 1993, 207, 208; s. auch *Erman/Roth* Rn. 70.
[615] 1. Diskussions-Teilentwurf S. 113.
[616] Siehe den Fall OLG München FamRZ 2008, 1476 = FGPrax 2008, 110.
[617] So AG Obernburg FamRZ 2010, 403.
[618] Siehe den Fall LG Köln FamRZ 1992, 856, 857 = NJW 1993, 207, 208.
[619] Vgl. den Fall BayObLG FamRZ 2003, 962, 963.
[620] In gleicher Richtung *Knittel* Rn. 213; *Soergel/Zimmermann* Rn. 97.
[621] *Knittel* Rn. 213.
[622] *Soergel/Zimmermann* Rn. 97.
[623] *Soergel/Zimmermann* Rn. 97; wie hier (Ausnahmefälle) *Knittel* Rn. 215.
[624] *Knittel* Rn. 219.

§ 1897 Abschnitt 3. Titel 2. Rechtliche Betreuung

sichten, wenn von der Aushändigung der (noch unkontrollierten) Post keine Gefahren für den Betroffenen ausgehen.[625]

257 **3. Entscheidung.** Der Beschluss, mit dem die Befugnisse nach § 1896 Abs. 4 zugewiesen werden, bedarf – auch wenn er zusammen mit der Betreuerbestellung gefasst wird – der gesonderten Begründung.[626] Die Erforderlichkeit ist aus den konkreten Umständen herzuleiten.

III. Rechtswirkungen

258 Werden die Befugnisse des Abs. 4 dem Betreuer ausdrücklich eingeräumt, so kann er, soweit begründeter Anlass besteht,[627] davon Gebrauch machen, ohne für die einzelne Maßnahme einer gerichtlichen Genehmigung zu bedürfen. Willkürliche Eingriffe in das Post- und Fernmeldegeheimnis und das Persönlichkeitsrecht des Betreuten stellen auch bei gerichtlicher Ermächtigung schwere Rechtsverletzungen dar, gegen die das Betreuungsgericht einzuschreiten hat (§ 1837 iVm. § 1908i Abs. 1 S. 1). Hingegen kann sich der Betreute gegen den Fehlgebrauch der dem Betreuer nach § 1896 Abs. 4 zugestandenen Befugnisse nicht durch negatorische Klage vor dem Prozessgericht wehren. Die Bestellungsurkunde des Betreuers muss bei Bezeichnung des Aufgabenkreises (§ 290 Nr. 3 FamFG) auch die Anordnung der nach § 1896 Abs. 4 eingeräumten Befugnisse enthalten.

IV. Verfahrensrechtliche Besonderheiten

259 Die Befugnisse des § 1896 Abs. 4 können dem Betreuer schon bei seiner Bestellung oder später im Wege einer Erweiterung des Aufgabenkreises eingeräumt werden. Da sie besonders tief in die Rechtsstellung des Betreuten eingreifen, findet ihre Anordnung in einigen Punkten das besondere Augenmerk des Verfahrensrechts. Soweit für die Bestellung eines Betreuers für alle Angelegenheiten des Betreuten besondere Regeln gelten, sind diese auch dann maßgebend, wenn die Angelegenheiten des § 1896 Abs. 4 nicht mitumfasst sind (§ 276 Abs. 1 S. 2 Nr. 2 FamFG – Verfahrenspfleger; § 309 Abs. 1 S. 2 FamFG – Mitteilung an die für das Wählerverzeichnis führende Behörde). Eine Erweiterung des Aufgabenkreises auf die Befugnisse des § 1896 Abs. 4 ist nie als „unwesentliche Erweiterung" anzusehen, so dass die entsprechenden Verfahrenserleichterungen nicht zum Zuge kommen (§ 293 Abs. 2 S. 2 FamFG).

§ 1897 Bestellung einer natürlichen Person

(1) Zum Betreuer bestellt das Betreuungsgericht eine natürliche Person, die geeignet ist, in dem gerichtlich bestimmten Aufgabenkreis die Angelegenheiten des Betreuten rechtlich zu besorgen und ihn in dem hierfür erforderlichen Umfang persönlich zu betreuen.

(2) ¹Der Mitarbeiter eines nach § 1908f anerkannten Betreuungsvereins, der dort ausschließlich oder teilweise als Betreuer tätig ist (Vereinsbetreuer), darf nur mit Einwilligung des Vereins bestellt werden. ²Entsprechendes gilt für den Mitarbeiter einer in Betreuungsangelegenheiten zuständigen Behörde, der dort ausschließlich oder teilweise als Betreuer tätig ist (Behördenbetreuer).

(3) Wer zu einer Anstalt, einem Heim oder einer sonstigen Einrichtung, in welcher der Volljährige untergebracht ist oder wohnt, in einem Abhängigkeitsverhältnis oder in einer anderen engen Beziehung steht, darf nicht zum Betreuer bestellt werden.

(4) ¹Schlägt der Volljährige eine Person vor, die zum Betreuer bestellt werden kann, so ist diesem Vorschlag zu entsprechen, wenn es dem Wohl des Volljährigen nicht zuwiderläuft. ²Schlägt er vor, eine bestimmte Person nicht zu bestellen, so soll hierauf Rücksicht genommen werden. ³Die Sätze 1 und 2 gelten auch für Vorschläge, die der Volljährige vor dem Betreuungsverfahren gemacht hat, es sei denn, dass er an diesen Vorschlägen erkennbar nicht festhalten will.

---

[625] OLG München FamRZ 2008, 89.
[626] *Soergel/Zimmermann* Rn. 98.
[627] BayObLG FamRZ 2001, 871, 872.

Bestellung einer natürlichen Person § 1897

(5) Schlägt der Volljährige niemanden vor, der zum Betreuer bestellt werden kann, so ist bei der Auswahl des Betreuers auf die verwandtschaftlichen und sonstigen persönlichen Bindungen des Volljährigen, insbesondere auf die Bindungen zu Eltern, zu Kindern, zum Ehegatten und zum Lebenspartner, sowie auf die Gefahr von Interessenkonflikten Rücksicht zu nehmen.

(6) [1] Wer Betreuungen im Rahmen seiner Berufsausübung führt, soll nur dann zum Betreuer bestellt werden, wenn keine andere geeignete Person zur Verfügung steht, die zur ehrenamtlichen Führung der Betreuung bereit ist. [2] Werden dem Betreuer Umstände bekannt, aus denen sich ergibt, dass der Volljährige durch eine oder mehrere andere geeignete Personen außerhalb einer Berufsausübung betreut werden kann, so hat er dies dem Gericht mitzuteilen.

(7) [1] Wird eine Person unter den Voraussetzungen des Absatzes 6 Satz 1 erstmals in dem Bezirk des Betreuungsgerichts zum Betreuer bestellt, soll das Gericht zuvor die zuständige Behörde zur Eignung des ausgewählten Betreuers und zu den nach § 1 Abs. 1 Satz 1 zweite Alternative des Vormünder- und Betreuervergütungsgesetzes zu treffenden Feststellungen anhören. [2] Die zuständige Behörde soll die Person auffordern, ein Führungszeugnis und eine Auskunft aus dem Schuldnerverzeichnis vorzulegen.

(8) Wird eine Person unter den Voraussetzungen des Absatzes 6 Satz 1 bestellt, hat sie sich über Zahl und Umfang der von ihr berufsmäßig geführten Betreuungen zu erklären.

Schrifttum: *Dodegge,* Die Auswahl und Kontrolle des Betreuers, FPR 2004, 664; *Fesel,* Die Eignung von Betreuern, BtPrax 1996, 57; *Mann,* Der Berufsbetreuer – ein Freier Beruf?, NJW 2008, 121.

Übersicht

	Rn.		Rn.
I. Normzweck, Übersicht	1–8	**III. Auswahl des Betreuers**	20–34
1. Regelungsinhalt	1	1. Auswahlkriterien, Übersicht	20
2. Änderungen der Vorschrift	2	2. Bestellung auf Vorschlag des Betreuten (Abs. 4)	21–28
3. Die Person des Betreuers	3–6	a) Bindung	21
a) Betreuertypen	3	b) Betreuungsverfügung	22
b) Vorrang der ehrenamtlichen Betreuung	4	c) Keine bestimmte Person	23
c) System der Betreuertypen	5	d) Verein oder Behörde	24
d) Änderungen durch das 1. und 2. BtÄndG	6	e) Ausnahmen von der Bindung an den Vorschlag	25–27
4. Die Kriterien der Auswahl	7	f) Entgegenstehender Wille des Vorgeschlagenen	28
5. Das Prinzip der persönlichen Betreuung insbesondere	8	3. Die Auswahl in den übrigen Fällen	29–34
		a) Auswahlermessen	29
II. Die Betreuertypen	9–19	b) Eignung	30
1. Der private Einzelbetreuer	9–11	c) Gebundenes Ermessen	31, 32
a) Natürliche Personen	9	d) Wille des Betreuten	33
b) Organisierte Einzelbetreuung	10	e) Berechtigung zur Ablehnung	34
c) Entgeltliche Betreuung	11	**IV. Einschränkung der Betreuerauswahl nach Abs. 3**	35–37
2. Der Vereinsbetreuer (Abs. 2 S. 1)	12–16	1. Sinn und Grenzen der Regelung	35
a) Funktion als Einzelbetreuer	12	2. Die Voraussetzungen des Ausschlusses	36, 37
b) Der Vereinsbetreuer im Spannungsfeld zwischen Betreutem und dienstvertraglichen Pflichten	13	a) Wohnen/Unterbringung in einer Einrichtung	36
c) Auswahl	14	b) Abhängigkeitsverhältnis/enge Beziehung	37
d) Anerkennung nach § 1908f	15	**V. Ehrenamtlichkeit und Berufsbetreuung (Abs. 6 bis 8)**	38–46
e) Sonstige „Firmenbetreuer"?	16	1. Nachrang der Berufsbetreuung (Abs. 6 S. 1)	38–42
3. Der Behördenbetreuer (Abs. 2 S. 2)	17–19	a) Grundsätzliches	38
a) Einzelbetreuer	17		
b) Rechtsstellung	18		
c) Haftung	19		

§ 1897 1–5 Abschnitt 3. Titel 2. Rechtliche Betreuung

	Rn.		Rn.
b) Einzelfragen des Nachrangs	39, 40	3. Mitwirkung der Behörde bei erstmaliger Bestellung eines Berufsbetreuers (Abs. 7)	44, 45
c) Bereitschaft eines geeigneten ehrenamtlichen Betreuers	41	a) Anhörung der Behörde	44
d) Wohl und Wille des Betroffenen	42	b) Führungszeugnis, Schuldnerverzeichnis (Abs. 7 S. 2)	45
2. Informationspflicht des Betreuers (Abs. 6 S. 2)	43	4. Erklärungspflicht des Berufsbetreuers (Abs. 8)	46

I. Normzweck, Übersicht

1 **1. Regelungsinhalt.** Die Vorschrift regelt, ergänzt durch § 1900, wer als Betreuer in Betracht kommt (Abs. 1, 2) und nach welchen Kriterien der Betreuer auszuwählen ist (Abs. 1, 3, 4, 5). Bestellung des Betreuers und Anordnung der Betreuung fallen in einem gerichtlichen Akt zusammen.[1] Der Bestellung ist die Auswahl des Betreuers vorgelagert; diese bildet jedoch einen bloß gerichtsinternen Vorgang (§ 1898 Rn. 12).

2 **2. Änderungen der Vorschrift.** Die Vorschrift hat seit Inkrafttreten des Betreuungsgesetzes diverse Änderungen erfahren. Durch das 1. BtÄndG ist in Abs. 1 klargestellt, dass es sich um die *rechtliche* Betreuung handelt. Außerdem ist in den hinzugefügten Absätzen 6 und 7 der Vorrang der ehrenamtlichen Betreuung vor der berufsmäßig geführten festgelegt. Diese zuletzt genannte Regelung ist durch das 2. BtÄndG ergänzt worden (Neufassung des Abs. 7, Hinzufügung des Abs. 8). Durch das FGG-Reformgesetz wurde in Abs. 1 und 7 dem Umstand Rechnung getragen, dass nunmehr die Betreuungsgerichte zuständig sind.

3 **3. Die Person des Betreuers. a) Betreuertypen.** Analog zum Vormundschaftsrecht unterscheidet das Gesetz die **Einzelbetreuung** (§ 1897 Abs. 1, 2), welche die Regel sein soll, von der Betreuung durch **Vereine** (§ 1900 Abs. 1 bis 3) und **Behörden** (§ 1900 Abs. 4). Klar ist der Vorrang der Einzelbetreuung vor der Betreuung durch Vereine (§ 1900 Abs. 1) und dieser Betreuungsform wiederum vor der Betreuung durch Behörden (§ 1900 Abs. 4) festgelegt. Doch ist dieses insoweit einsichtige System dadurch aufgebrochen, dass die Betreuung durch Mitarbeiter eines Vereins und sogar durch Mitarbeiter der Behörde im Regelfall als „Einzelbetreuung" konstruiert ist: Diese Mitarbeiter werden im Fall des § 1897 Abs. 2 als natürliche Personen zu Betreuern bestellt, verrichten die Betreuungsarbeit gleichwohl im Rahmen ihrer Dienstpflichten, sind also berufsmäßig tätige Betreuer (**„Vereinsbetreuer", „Behördenbetreuer"**). Nach der bis zum 1. BtÄndG geltenden Fassung sah das Gesetz innerhalb des Kreises der Einzelbetreuer keinen Vorrang der privaten Einzelbetreuer vor den Vereins- und Behördenbetreuern vor.

4 **b) Vorrang der ehrenamtlichen Betreuung.** Das **1. BtÄndG** hat die Lage insofern verändert, als **§ 1897 Abs. 6, 7** den **Vorrang der ehrenamtlichen Betreuung** vor der professionellen festlegt.[2] Das betrifft zum einen das Rangverhältnis unter rein privaten Einzelbetreuern, zum anderen aber auch das Verhältnis zwischen ehrenamtlichen privaten Betreuern einerseits und den Vereins- und Behördenbetreuern andererseits, die als bezahlte Arbeitnehmer des Vereins oder der Behörde die Betreuungen begriffsnotwendig im Rahmen ihrer Berufsausübung führen.[3] Damit bleibt von der gesetzlichen Lage her gesehen nur das Rangverhältnis zwischen privaten Berufsbetreuern einerseits und Vereins- und Behördenbetreuern andererseits offen; auch hier spricht der Sinn des Gesetzes für den Vorrang der privaten Berufsbetreuung vor dem Einsatz der in § 1897 Abs. 2 genannten Betreuungsformen.[4]

5 **c) System der Betreuertypen.** Insgesamt gesehen ergibt sich folgendes System der **Betreuertypen:**
- der private ehrenamtliche Einzelbetreuer (Betreuung durch eine Privatperson, vgl. § 1908b Abs. 4 S. 2);
- der private Betreuer, der gegen Vergütung tätig wird, und zwar entweder als Berufsbetreuer (§ 1836 Abs. 1 S. 2 iVm. § 1908i Abs. 1 S. 1) oder als Betreuer, der nach § 1836 Abs. 2 eine Vergütung erhält;

---

[1] Zu Ausnahmen s. § 1896 Rn. 6, 127.
[2] Auf den Systembruch im Hinblick auf § 1 Abs. 2 S. 2 BVormVG macht HK-BUR/*Bauer* Rn. 31 aufmerksam.
[3] Im Ergebnis ebenso HK-BUR/*Bauer* Rn. 28 a.
[4] So auch *Knittel* Rn. 4.

– der Vereinsbetreuer, dh. der Mitarbeiter des Vereins, der als Einzelperson bestellt ist (§ 1897 Abs. 2 S. 1);
– der Behördenbetreuer, dh. der Mitarbeiter der Behörde, der als Einzelperson bestellt ist (§ 1897 Abs. 2 S. 2);
– der Verein als Betreuer (§ 1900 Abs. 1 bis 3);
– die Behörde als Betreuer (§ 1900 Abs. 4).

Nach dieser Reihenfolge bestimmt sich auch – vorbehaltlich der Bindung an den Vorschlag des Betreuten – das Rangverhältnis.

d) Änderungen durch das 1. und 2. BtÄndG. Das 1. BtÄndG hat die Abs. 6 und 7 hinzugefügt, um das Prinzip der **ehrenamtlichen Tätigkeit** im Betreuungswesen zu stärken.[5] Über den Vorrang des ehrenamtlichen Betreuers hinaus (Abs. 6 S. 1) wird ein bestellter Berufsbetreuer verpflichtet, dem Gericht Mitteilung zu machen, wenn Umstände bekannt werden, welche die Möglichkeit einer unbezahlten Betreuung eröffnen (Abs. 6 S. 2). Nach Abs. 7 soll das Gericht, bevor es einen Berufsbetreuer bestellt, die Betreuungsbehörde anhören a) zur Eignung des Betreuers und b) zu seiner Professionalität, insofern es auf die Feststellung nach dem Vormünder- und Betreuungsvergütungsgesetz ankommt. Der Abs. 8, der durch das 2. BtÄndG eingefügt wurde, gibt dem Berufsbetreuer auf, sich vor seiner Bestellung über Zahl und Umfang der von ihm geführten Betreuungen zu erklären.

4. Die Kriterien der Auswahl. Für die Auswahl des Betreuers sind positive und negative Kriterien genannt. Primär kommt es auf den Willen des Betroffenen an (§ 1897 Abs. 4). Soweit ein solcher Wille nicht geäußert oder nicht bindend ist, bildet das „Wohl des Betroffenen" die entscheidende Richtschnur (arg. § 1897 Abs. 1 S. 1, Abs. 4). Hierbei ist die Eignung der in Betracht kommenden Person, die Angelegenheiten des Betreuten rechtlich zu besorgen und ihn im erforderlichen Umfang persönlich zu betreuen, entscheidend (§ 1897 Abs. 1). Innerhalb des Spektrums der Eignung ist auf die verwandtschaftlichen und sonstigen persönlichen Bindungen des Betroffenen, insbesondere zu Eltern, Kindern, zum Ehegatten oder zum eingetragenen Lebenspartner Rücksicht zu nehmen (§ 1897 Abs. 5). Negativ ist festgehalten, dass bei der Betreuerauswahl auf die Gefahr von Interessenkonflikten zu achten ist (§ 1897 Abs. 5). Für einen besonderen Fall typischer Interessengegensätze enthält § 1897 Abs. 3 einen eigenständigen Ausschlussgrund.

5. Das Prinzip der persönlichen Betreuung insbesondere. Im Rahmen der Auswahlkriterien thematisiert das Gesetz ein wichtiges Prinzip des Betreuungsrechts, nämlich den Grundsatz der persönlichen Betreuung. Dieser bedeutet, dass der Betreuer die Rechtsfürsorge für den Betreuten grundsätzlich in eigener Person zu leisten hat. Selbstverständlich bleibt es dem Betreuer unbenommen, dritte Personen unterstützend heranzuziehen und in einzelnen Angelegenheiten an Dritte auch Vollmachten zu erteilen, soweit dies die Erledigung der Aufgabe erleichtert oder – wenn zB Anwaltszwang besteht – sogar vorgeschrieben ist. Hingegen ist es nicht zulässig, die Aufgaben des Betreuers ganz oder teilweise so auf einen Dritten zu übertragen, dass dieser praktisch anstelle des Betreuers fungiert.[6] Generalvollmachten für den gesamten Betreuungsbereich sind unzulässig.[7] Außerdem kann der Betreuer bei der Heranziehung Dritter keine unwiderruflichen Vollmachten erteilen, soweit es sich um die Verlagerung von Betreuerfunktionen handelt[8] (anders bei unwiderruflichen Vollmachten für Einzelgeschäfte, die im allgemeinen Rechtsverkehr verwendet werden). Auch für die Dauer eines Urlaubs kann der Betreuer nicht sein Amt als Ganzes an einen „Urlaubsvertreter" delegieren,[9] sondern nur zu einzelnen Tätigkeiten unter Fortdauer seiner Verantwortung ermächtigen.[10] Soweit die Einschaltung von Hilfspersonen zulässig ist, bleibt die Verantwortung für die Amtsführung und die Haftung beim bestellten Betreuer. Vollmachten, die pflichtwidrig erteilt wurden, sind freilich nicht ohne weiteres unwirksam; ihnen ist zunächst durch aufsichtliche Maßnahmen des Gerichts (§ 1908i Abs. 1 S. 1 iVm. § 1837 Abs. 2–4) zu begegnen. Die Eignung zur persönlichen Betreuung ist schon bei der Auswahl zu prüfen. Damit scheidet die Möglichkeit aus, einen „Sammelbetreuer" zu bestellen, der die Fülle der ihm übertragenen Fürsorgeämter nur mit Hilfe von Substituten erledigen kann.

---

[5] Zur Begründung BT-Drucks. 13/7158 S. 50 (Bundesrat); BT-Drucks. 13/10331 S. 27 f.
[6] BayObLG BtPrax 2000, 214, 215; OLG Brandenburg OLGR 2001, 556, 557; OLG Dresden Rpfleger 2002, 25; OLG Frankfurt FamRZ 2002, 1362; OLG Frankfurt Rpfleger 2004, 161.
[7] AA *Soergel/Zimmermann* Rn. 31, der zwischen der Übertragung der sachlichen Aufgaben und der Einräumung der abstrakten Rechtsmacht unterscheiden will; aber wozu die umfassende Rechtsmacht, wenn sie funktionslos bleiben soll? Wie hier *Jürgens* BtPrax 1994, 10; *Knittel* Rn. 1a.
[8] In diesem Sinn auch *Knittel* Rn. 1a.
[9] OLG Frankfurt FamRZ 2002, 1362.
[10] Vgl. BayObLG BtPrax 2000, 214, 215.

II. Die Betreuertypen

9 **1. Der private Einzelbetreuer. a) Natürliche Personen.** Primär ist eine **natürliche Person** zu bestellen (§ 1897 Abs. 1), dabei wiederum vorrangig eine Person, welche die Betreuung **ehrenamtlich** führen kann (§ 1897 Abs. 6 S. 1). Der Auszuwählende muss geeignet sein, die Angelegenheiten des Betreuten im Rahmen des Aufgabenkreises rechtlich zu besorgen und die Betreuung im erforderlichen Umfang persönlich zu leisten. Die genannte Eignung ist im Hinblick auf die konkrete Betreuungsaufgabe und auf die Person des Betreuten zu beurteilen; insoweit stellt § 1897 Abs. 1 auch Auswahlkriterien zur Verfügung. Die Eignung zur persönlichen Betreuung bedeutet nicht, dass der Betreuer in der Lage sein muss, den Betreuten bei sich aufzunehmen oder ihn sonst faktisch zu versorgen. Er muss aber fähig und willens sein, die Aufgabe der Lebensorganisation in ständigem persönlichem Kontakt mit dem Betreuten durchzuführen.

10 **b) Organisierte Einzelbetreuung.** Ehrenamtliche private Einzelbetreuung ist in der Regel auch die „**organisierte Einzelbetreuung**".[11] Hier wird die Betreuung durch ehrenamtlich tätige Personen durchgeführt, die ihrerseits durch Vereine unterstützt werden (Anleitung, Fortbildung, Supervision, Unterstützung bei bürokratischen Vorgängen). Wichtig ist: Der Einzelbetreuer ist auch bei dieser Konstruktion allein verantwortlich, er hat auch selbst den Anspruch auf Aufwendungsersatz.

11 **c) Entgeltliche Betreuung. Private Betreuung** kann auch **entgeltlich** geleistet werden. Es ist dies immer dann der Fall, wenn der Betreuer – außer im Falle des § 1835 Abs. 3 – für seinen reinen Zeitaufwand eine wirtschaftliche Gegenleistung erhält. Wie das Entgelt benannt wird („Aufwandsentschädigung" etc.) ist gleichgültig. Die entgeltliche Betreuung ist in unterschiedlichen Formen denkbar.

aa) Berufsbetreuer. Prototyp ist der Betreuer, der sein Amt berufsmäßig führt (§ 1908i Abs. 1 S. 1 iVm. § 1836 Abs. 1 S. 2; siehe § 1 Abs. 1 VBVG).[12] Dem Berufsbetreuer ist obligatorisch eine Vergütung zu bewilligen.

bb) Sonstiger Betreuer mit Vergütung. Es ist aber auch möglich, dass ein Betreuer sein Amt zwar nicht berufsmäßig wahrnimmt, gleichwohl aber gemäß § 1836 Abs. 2 eine angemessene Vergütung erhält, weil Umfang und Schwierigkeit der Geschäfte dies rechtfertigen. Diese Vergütung *kann* bewilligt werden, insbesondere wenn beim Betreuten ausreichende Mittel vorhanden sind. So kann eine Person, die an sich ehrenamtlich tätig wird, im Einzelfall auch eine Vergütung bewilligt erhalten, wenn der Aufgabenkreis zB eine aufwändige Vermögensverwaltung umfasst.

cc) Aufwendungsersatz. Schließlich ist es denkbar, dass ein Betreuer – gleichgültig ob er im Übrigen berufsmäßig tätig wird oder nicht – im Rahmen seines Aufgabenkreises Dienste verrichtet, die zu seinem Beruf oder Gewerbe gehören und für die er, auch was seinen Zeitaufwand betrifft, Aufwendungsersatz nach § 1835 Abs. 3 erhält.

Der Vorrang der ehrenamtlichen Betreuung nach Abs. 6 S. 1 bezieht sich nach Wortlaut und Sinn des Gesetzes nur auf die berufsmäßig geführte Betreuung nach § 1836 Abs. 1 S. 2 (oben aa).

12 **2. Der Vereinsbetreuer (Abs. 2 S. 1). a) Funktion als Einzelbetreuer.** Einzelbetreuer ist nach der gesetzlichen Konstruktion auch der Vereinsbetreuer (§ 1897 Abs. 2 S. 1),[13] dh. der Vereinsangestellte, der zwar in eigener Person zum Betreuer bestellt wird, diese Betreuungsaufgabe aber im Rahmen seiner Dienstaufgaben erfüllt. Hier kommen keine ehrenamtlich tätigen Vereinsmitglieder in Betracht, vielmehr ausschließlich angestellte Mitarbeiter,[14] die in einem anerkannten Betreuungsverein (§ 1908f) als Betreuer tätig sind. Die Beschränkung auf angestellte Mitarbeiter ergibt sich aus der gesamten Konstruktion, die eine Personalhoheit des Vereins über den Mitarbeiter

---

[11] Vgl. *Kleinz* FuR 1990, 287 ff.; *Wienand* FuR 1990, 282; BT-Drucks. 11/4528 S. 126 spricht missverständlich von den „ehrenamtlichen Helfern" eines Vereins; bei der organisierten Einzelbetreuung ist es genau umgekehrt: Der Verein hilft den privaten Betreuern, die in eigener Verantwortung fungieren.
[12] Grundlegend BVerfGE 54, 251, 268 ff.
[13] BT-Drucks. 11/4528 S. 126; BayObLG FamRZ 1994, 1061, 1062 (Vereinsbetreuung ist persönliche Betreuung).
[14] Auch der Abteilungsleiter eines Betreuungsvereins, BayObLG FamRZ 1994, 1061, 1062. Dass ehrenamtliche Kräfte nicht als „Vereinsbetreuer" bestellt werden können, siehe auch LG München I BtPrax 1999, 117 und FamRZ 2000, 321; aA *Jaschinski* NJW 1996, 1521.

voraussetzt.[15] Gegen das Prinzip der Einzelbetreuung verstößt es, wenn das Gericht eine größere Zahl von Mitarbeitern als Betreuer (Ersatzbetreuer) einer Person bestellt.[16]

b) Der Vereinsbetreuer im Spannungsfeld zwischen Betreutem und dienstvertraglichen Pflichten. In der Figur des Vereinsbetreuers mischen sich heterogene Elemente. Als Einzelbetreuer ist er dem Betreuten und dem Gericht gegenüber (§ 1837) in eigener Person verantwortlich. Ihm sind die Rechte und Pflichten des Betreuers zugeordnet, aufsichtliche Maßnahmen des Gerichts sind ihm gegenüber (nicht dem anstellenden Verein gegenüber) zu treffen.[17] Gleichzeitig aber erfüllt er durch die Betreuung die **dienstvertraglichen Pflichten gegenüber seinem Arbeitgeber (Verein)**, dem er folglich in vertraglicher Verantwortung verbunden ist. Letztlich steht der anstellende Verein doch „über" ihm (Personalhoheit).[18] Demzufolge darf der Vereinsbetreuer nur mit Einwilligung des Vereins bestellt werden (§ 1897 Abs. 2 S. 1).[19] Er ist zu entlassen, wenn der Verein dies beantragt (§ 1908b Abs. 4 S. 1), kann allerdings die Betreuung sodann losgelöst vom Verein „als Privatperson" weiterführen (§ 1908b Abs. 4 S. 2). Der Vereinsbetreuer selbst hat keinen Anspruch auf Aufwendungsersatz und Vergütung (§ 7 Abs. 3 VBVG). Bei Spannungen zwischen den Pflichten gegenüber dem Betreuten und den Anforderungen des anstellenden Vereins haben erstere den Vorrang. Glaubt der Vereinsbetreuer, die Anforderungen des Amtes mit seinen Dienstpflichten nicht vereinbaren zu können, so kann er nach § 1908b Abs. 2 seine Entlassung verlangen, insoweit ihm die Fortsetzung des Amtes nicht zumutbar ist. Zur Haftung siehe § 1908i Rn. 24. Insgesamt betrachtet, hat die Zwitterstellung des Vereinsbetreuers zur Folge, dass er nicht als „privater Einzelbetreuer" anzusehen ist (arg. § 1908b Abs. 4 S. 2, wo „Vereinsbetreuer" und „Betreuer als Privatperson" als Gegensätze begriffen sind).

c) Auswahl. Bei der Betreuerauswahl darf die Personalhoheit des Vereins nicht übergangen werden. Hat sich der Verein zur Bestellung eines bestimmten Mitarbeiters bereit erklärt, so darf das Gericht keinen anderen Mitarbeiter bestellen, etwa mit der Begründung, dieser erscheine als geeigneter.[20] Auch der anderweitige Wunsch des Betreuten (§ 1897 Abs. 4) kann insoweit die Personalhoheit des Vereins nicht durchbrechen.[21] Ferner darf eine Person als Vereinsbetreuer nur bestellt werden, wenn sie sich auch selbst zur Übernahme des Amtes bereit erklärt hat (§ 1898 Abs. 2).[22]

d) Anerkennung nach § 1908f. Vereinen, die **nicht die Anerkennung nach § 1908f** genießen, steht die Figur des Vereinsbetreuers nicht zu Gebote.[23] Freilich können auch Mitarbeiter und Mitglieder eines nicht anerkannten Vereins als Betreuer bestellt werden, indes nur als echte private Einzelbetreuer.

e) Sonstige „Firmenbetreuer"? In der Praxis ist der Gedanke aufgekommen, nach dem Vorbild des Vereinsbetreuers eine weitere privatrechtliche Konstruktion zu schaffen: die Bestellung einer Person, die zwar die Betreuung selbständig, zugleich aber im Rahmen eines Dienstverhältnisses zu einem Unternehmen führt. Eine solche Konstruktion ist vereinzelt für zulässig gehalten worden,[24] widerspricht aber dem Gesetz, das den selbständigen Betreuer voraussetzt, soweit nicht ausdrückliche Ausnahmen (nämlich beim Vereins- und Behördenbetreuer) zugelassen sind. Die Möglichkeit, Vereinsbetreuer zu stellen, ist vom Gesetz auf anerkannte Betreuungsvereine beschränkt, die eine Reihe von Garantien erfüllen müssen (§ 1908f). Es wäre gegen den Sinn des Gesetzes und würde auch dem Grundsatz der Gleichbehandlung (Art. 3 Abs. 1 GG) widersprechen, wollte man anderen privaten Gesellschaftsformen einen unkontrollierten Zugang zum Einsatz „angestellter Betreuer" eröffnen.

3. Der Behördenbetreuer (Abs. 2 S. 2). a) Einzelbetreuer. Analog zum Vereinsbetreuer ist auch die Figur des Behördenbetreuers konstruiert. Hier wird ein beruflicher Mitarbeiter der

---

[15] Vgl. BayObLG FamRZ 1994, 1061, 1062. Daher scheiden auch „freie Mitarbeiter" aus, OLG Hamm BtPrax 2000, 218.
[16] OLG Braunschweig FamRZ 2007, 63 (Bestellung aber nicht unwirksam).
[17] LG Chemnitz FamRZ 2000, 1311 (Anordnung der Auflösung von Sammelverwahrkonten auf den Namen des Vereins).
[18] BT-Drucks. 11/4528 S. 126.
[19] Dazu BayObLG FamRZ 1994, 1061, 1062.
[20] BT-Drucks. 11/4528 S. 126.
[21] BayObLG FamRZ 1994, 1061, 1062.
[22] BayObLG FamRZ 1994, 1061, 1062.
[23] BT-Drucks. 11/4528 S. 126. Ist freilich eine Person als Vereinsbetreuer bestellt, obwohl der sie anstellende Verein nicht als Betreuungsverein anerkannt war, so wird aus Anlass eines Verfahrens um die Vergütung die Eigenschaft als Vereinsbetreuer nicht erneut geprüft (in diesem Sinn KG FamRZ 2006, 1481).
[24] LG Halle v. 10. 7. 2007 – 1 T 11/07 (nach juris).

Behörde (Beamter oder Angestellter), der dort ausschließlich oder teilweise als Betreuer tätig ist, in eigener Person[25] zum Betreuer bestellt; mit der Betreuungstätigkeit erfüllt er zugleich seine Dienstpflichten. Auch der Behördenbetreuer darf nur mit Einwilligung seines Dienstherrn (Verweisung von § 1897 Abs. 2 S. 2 auf S. 1) und zudem nur dann bestellt werden, wenn er sich zur Übernahme des Amtes bereit erklärt hat.[26]

18 **b) Rechtsstellung.** Die rechtliche Position ist durch dieselbe Zwiespältigkeit gekennzeichnet wie die des Vereinsbetreuers. Treffen den Behördenbetreuer einerseits Rechte, Pflichten und Verantwortung persönlich, so ist er andererseits bei seiner Tätigkeit dienstrechtlich gebunden. Nur mit Einwilligung der Behörde darf er zum Betreuer bestellt werden (§ 1897 Abs. 2 S. 2, 1), auf Antrag der Behörde ist er zu entlassen, kann aber uU die Betreuung dann als „Privatperson" fortführen (§ 1908b Abs. 4 S. 3 iVm. S. 1, 2); er selbst hat keine Ansprüche auf Aufwendungsersatz und Vergütung (§ 8 Abs. 3 iVm. § 7 Abs. 3 VBVG).

19 **c) Haftung.** Die Figur des Behördenbetreuers verdeckt die Tatsache, dass auch in diesem Fall die Behörde selbst in der Betreuungsangelegenheit tätig ist. Denn sie stellt ihren Bediensteten im Rahmen von dessen Dienstaufgaben zur Verfügung und bestimmt über Anfang und Ende seiner Tätigkeit, nimmt ferner durch dienstliche Ordnungen und Weisungen auf seine Tätigkeit Einfluss. Deshalb kann sich die Behörde durch Verweisung auf die Konstruktion des Behördenbetreuers ihrer Haftung nicht entziehen: Die Behörde haftet nach § 1833 wie für einen Amtsvormund, ferner für schuldhafte Amtspflichtverletzung gemäß § 839 BGB, Art. 34 GG.[27] Zu den Betreuertypen „Verein als solcher", „Behörde als solche" s. Erl. zu § 1900.

III. Auswahl des Betreuers

20 **1. Auswahlkriterien, Übersicht.** Die Maßstäbe der Auswahl lassen sich auf die Formel bringen, dass **Wille** und **Wohl** des Betroffenen ausschlaggebend sein sollen. Dabei hat der Wille (Vorschlag) des Betreuten den Vorrang, weil er nach den Vorstellungen des Gesetzes vermutlich mit dem Wohl des Betreuten harmoniert.[28] Nur wenn dies im konkreten Fall nicht zutrifft oder soweit der Betreute keinen Willen äußert, wird auf das objektive Wohl des Betreuten als Auswahlkriterium zurückgegriffen. Zur Konturierung dieses Maßstabs macht das Gesetz einige Elemente namhaft, nämlich
– die Eignung des Ausgewählten zur persönlichen rechtlichen Betreuung (§ 1897 Abs. 1);
– die Berücksichtigung der verwandtschaftlichen und sonstigen persönlichen Bindungen (§ 1897 Abs. 5);
– die Beachtung der Gefahr von Interessenkonflikten (§ 1897 Abs. 5);
– insbesondere die Beachtung der Gefahr, die sich aus einer engen Beziehung des Betreuers zu der Einrichtung ergibt, in welcher der Betreute untergebracht ist oder wohnt (§ 1897 Abs. 3);
– der Vorrang der ehrenamtlichen vor der beruflichen Betreuung (Abs. 6);
– schließlich ist bei der Auswahl nach dem „Wohl des Betroffenen" dessen Willen zumindest in negativer Hinsicht beachtlich: Auf seinen Vorschlag, eine bestimmte Person *nicht* zu bestellen, soll Rücksicht genommen werden (§ 1897 Abs. 4 S. 2).
Diese Grundsätze sind auch für die vorläufige Betreuerbestellung maßgebend.[29]

21 **2. Bestellung auf Vorschlag des Betreuten (Abs. 4). a) Bindung.** Die Vorschrift des § 1897 Abs. 4 dient dem Selbstbestimmungsinteresse des Betroffenen, darüber hinaus auch der vertrauensvollen Zusammenarbeit zwischen dem Betroffenen und dem Betreuer.[30] Der Vorschlag des Betroffenen, eine bestimmte Person zum Betreuer zu bestellen, ist für das Gericht **grundsätzlich bindend**; ein Ermessen hat das Gericht diesbezüglich nicht.[31] Für die Beachtlichkeit des Vorschlags

---

[25] Vgl. BayObLG FamRZ 1994, 1061, 1062.
[26] Vgl. BayObLG FamRZ 1994, 1061, 1062.
[27] AA *Deinert/Schreibauer* BtPrax 1993, 185, 189; *Knittel* § 1897 Rn. 13 mit Hinweis auf die mangelnde Weisungsgebundenheit des Vereins- und Behördenbetreuers; doch steht diese auf dem Papier, wenn der Verein jederzeit die Entlassung seines Mitarbeiters verlangen kann (§ 1908b Abs. 4 S. 1). Zum Problem auch *Schulz* BtPrax 1995, 56.
[28] Grundsätzlich und zutreffend zum Rang der Kriterien BayObLG FamRZ 2004, 1600.
[29] BayObLG FamRZ 2001, 935.
[30] BayObLG FamRZ BtPrax 2003, 270 = FamRZ 2003, 1871 (LS.); BayObLG FamRZ 2005, 548.
[31] BGH FamRZ 2010, 1897 Tz. 20; FamRZ 2011, 100 Tz.4; BayObLG FamRZ 1993, 998; 1996, 1374, 1375; 1997, 900, 901 = NJW-RR 1997, 69; BayObLG FamRZ 2001, 1100; OLG Düsseldorf FamRZ 1996, 1373; 1995, 894, 895; OLG München OLGR 2007, 894.

ist weder Geschäftsfähigkeit des Betroffenen[32] noch irgendein Grad natürlicher Einsichtsfähigkeit erforderlich.[33] Es genügt, wenn der Betroffene im Verfahren formlos den Wunsch ausdrückt, eine bestimmte Person möge als sein Betreuer ausgewählt werden.[34] Einige Gerichte verlangen, dass der Vorschlag auch eines Geschäftsunfähigen, um bindend zu sein, ernsthaft, eigenständig gebildet und dauerhaft sein müsse.[35] Eine derartige Differenzierung von Willensäußerungen Geschäftsunfähiger erscheint problematisch. Es muss genügen, dass der Betroffene seinen Willen oder Wunsch kundtut, eine bestimmte Person solle ihr Betreuer werden.[36] Nicht genügt es, wenn der Betroffene nur sein Einverständnis mit einem Vorschlag des Gerichts erklärt.[37] Der Betroffene kann einen einmal gemachten Vorschlag beliebig widerrufen oder ändern, auch nachdem er geschäftsunfähig geworden ist.[38] Ein Vorschlag kann auch in einer wegen Geschäftsunfähigkeit unwirksamen Bevollmächtigung zum Ausdruck kommen.[39] Die Bindung des Gerichts an den Vorschlag kann dadurch weiteres Gewicht erhalten, dass der Vorgeschlagene zu den Personen gehört, die wegen ihrer persönlichen Bindungen zum Betroffenen ohnehin nach § 1897 Abs. 5 in die nähere Auswahl kommen.[40]

b) **Betreuungsverfügung.** Der Vorschlag ist auch dann bindend, wenn er **vor dem Betreuungsverfahren** gemacht ist (zB in einer Betreuungsverfügung: „Wenn ich einmal einen Betreuer brauche, soll X dazu bestellt werden", uä.). Freilich entfällt die Bindung, wenn der Betroffene während des Verfahrens zu erkennen gibt, dass er an seinem Vorschlag nicht festhalten will; eine Selbstbindung würde zu einer Art Selbstentmündigung führen (§ 1897 Abs. 4 S. 3).[41] Bei der persönlichen Anhörung ist der Betroffene darauf anzusprechen. Massive Konflikte zwischen dem Betroffenen und dem Vorgeschlagenen, die nach Äußerung des Vorschlags ausgebrochen sind, geben besonderen Anlass zur Prüfung, ob an dem Vorschlag noch festgehalten wird.[42] Auch der Widerruf einer Betreuungsverfügung setzt keine Geschäftsfähigkeit voraus.[43] Derartige Betreuungsverfügungen sind an keine Form gebunden,[44] es genügt also schriftliche Aufzeichnung, sogar bewiesene mündliche Äußerung.

c) **Keine bestimmte Person.** Fraglich ist, ob die strikte Bindungswirkung des Vorschlags auch gegeben ist, wenn **keine bestimmte Person,** sondern wenn mehrere Personen oder ein Kreis von Personen benannt sind („einer aus meiner Familie", „ein Mitarbeiter des X-Vereins" uä.). Die hohe Wertschätzung der Selbstbestimmungsinteressen durch das Gesetz spricht dafür, die Formulierung des § 1897 Abs. 4 S. 2 bei negativen Willensäußerungen spricht indes dagegen („soll Rücksicht genommen werden"). Es ist zu unterscheiden: Werden mehrere bestimmte Personen alternativ benannt (X, Y oder Z), so ist das Gericht auf eine Auswahl unter ihnen beschränkt. Ist der Personenkreis hingegen abstrakt beschrieben, so entsteht keine Bindungswirkung nach § 1897 Abs. 4 S. 1; wohl aber soll, wie stets, nach Möglichkeit auch auf solche Wünsche Rücksicht genommen werden (analog § 1897 Abs. 4 S. 2; beachte auch die nötige Rücksicht auf die persönlichen Bindungen nach Abs. 5).

d) **Verein oder Behörde.** Nicht verbindlich ist der Vorschlag des Betreuten, **einen Verein als solchen oder die Behörde als solche** zum Betreuer zu bestellen; § 1897 Abs. 4 meint wie Abs. 1 eine natürliche Person.[45] Die Betreuung durch Körperschaften ist eindeutig subsidiär, auch der

---

[32] BT-Drucks. 11/4528 S. 127; BGH FamRZ 2011, 285 Tz. 14; BayObLG FamRZ 1996, 1374; 1993, 1110; 1999, 53; 2002, 1145; 2002, 1220, 1221; OLG Düsseldorf FamRZ 1996, 1373; OLG Zweibrücken FamRZ 2003, 187, 188. Vgl. auch BayObLG FamRZ 1994, 322 (Wunsch zur Bestellung eines neuen Betreuers).
[33] BGH FamRZ 2011, 285 Tz. 14; BGH FamRZ 2011, 880 Tz.14; BGH FamRZ 2011, 964 Tz. 28; BayObLG FamRZ 2004, 976.
[34] BGH FamRZ 2011, 285 Tz. 14. Es genügt, wenn sich der Betroffene dem Vorschlag seines Verfahrensbevollmächtigten zu eigen macht, OLG Schleswig FamRZ 2006, 289.
[35] BayObLG OLGR 2004, 251; BayObLG BtPrax 2003, 270 = FamRZ 2003, 1871 (LS); BayObLG FamRZ 2005, 588; BtPrax 2005, 110; OLG Hamm OLGR 2005, 648; OLG München OLGR 2007, 894: zutreffend aA BGH FamRZ 2011, 285 14.
[36] BGH FamRZ 2011, 285 Tz. 14; BGH FamRZ 2011, 964 Tz. 28.
[37] BayObLG OLGR 2004, 251.
[38] BayObLG FamRZ 1993, 1110.
[39] BayObLG FamRZ 1993, 1110.
[40] Vgl. BGH FamRZ 2011, 285 Tz. 15, 16; FamRZ 2011, 285 Tz.15.
[41] Zur rechtspolitischen Diskussion hierüber BT-Drucks. 11/4528 S. 128. Vgl. auch BayObLG FamRZ 1993, 1110.
[42] Siehe den Fall BayObLG FamRZ 2004, 1750.
[43] BayObLG FamRZ 1993, 1110.
[44] BT-Drucks. 11/4528 S. 128.
[45] BayObLG FamRZ 1999, 52; offen noch in BayObLG FamRZ 1994, 1203, 1204. Wie hier auch HK-BUR/*Bauer* Rn. 60; *Knittel* Rn. 19; *Erman/Roth* Rn. 2; *Palandt/Diederichsen* Rn. 17.

Wunsch des Betreuten kann ihr diesen Charakter nicht nehmen. Wohl aber kann der Betroffene einen bestimmten Vereinsbetreuer oder Behördenbetreuer vorschlagen;[46] der Vorschlag ist für das Gericht verbindlich, wenn auch der Verein bzw. die Behörde zustimmt. Auch der **Vorrang der ehrenamtlichen Betreuung** (§ 1897 Abs. 6 S. 1) findet ihre Grenze im **entgegenstehenden Willen des Betroffenen:** Schlägt dieser eine Person vor, die nur im Rahmen ihrer Berufausübung als Betreuer tätig wird, so ist der Vorschlag trotz § 1897 Abs. 6 S. 1 verbindlich.[47]

25 **e) Ausnahmen von der Bindung an den Vorschlag. aa) Unvereinbarkeit mit dem Wohl des Betreuten.** Die Bindung des Gerichts an den Vorschlag entfällt, wenn seine Verwirklichung dem **Wohl des Betroffenen** zuwiderläuft.[48] Dies ist aus der Person des Vorgeschlagenen, dessen persönlichem Verhältnis zum Betroffenen[49] und den gesamten Umständen zu begründen.[50] Abstrakte Befürchtungen reichen nicht.[51] Vielmehr muss die konkrete Gefahr begründet sein, dass der Vorgeschlagene das Amt nicht zum Wohle des Betreuten führen kann oder will (BGH FamRZ 2011, 100 Tz.4); das muss sich deutlich aus der Gesamtabwägung ergeben.[52] Die Bindung an den Vorschlag kann zB entfallen, wenn der Vorschlag nicht dem ureigenen Willen des Betroffenen entspricht, sondern auf den **Einfluss eines Dritten** zurückgeht, der erkennbar eigene Interessen verfolgt,[53] oder wenn der Vorgeschlagene sichtlich kein Interesse für den Betroffenen aufbringt[54] oder auf Grund eigener Hilfsbedürftigkeit zur Führung einer Betreuung außerstande ist. Auch erhebliche **Spannungen** zwischen dem Vorgeschlagenen und dem Angehörigen, bei dem der Betroffene wohnt, können im Einzelfall die Bindung an den Vorschlag entfallen lassen.[55] Bei der Frage, ob triftige Gründe bestehen, den Vorgeschlagenen zu übergehen, sind an die Amtermittlung des Gerichts besondere Anforderungen zu stellen; vor allem ist der Vorgeschlagene zu den gegen seine Eignung erhobenen Bedenken anzuhören.[56] Die Tatsache allein, dass **geeignetere Personen** in Betracht kommen, genügt hingegen nicht, um den Willen des Betroffenen zu entkräften.[57] So vermag der Umstand, dass der Vorgeschlagene nicht vergleichbar gut geeignet ist wie die Eltern des Behinderten, die Bindung an den Vorschlag nicht aufzuheben.[58]

26 **bb) Interessenkollisionen insbesondere.** Das Hauptproblem für die Grenzen der Verbindlichkeit eines Vorschlages stellt die **Gefahr von schwerwiegenden Interessenkollisionen** dar, die erhebliche Zweifel daran begründen können, dass der Vorgeschlagene das Amt zum Wohl des Betreuten ausüben werde. Solche Kollisionen dürfen nicht vorschnell unterstellt werden. Ihr Vorliegen und die Annahme, dass sie die Führung der Betreuung zum Nachteil des Betroffenen beeinflussen werden, müssen auch hier aus *konkreten* Umständen begründet sein.[59] Bloße Verdächtigungen dürfen nicht ungeprüft übernommen werden.[60] Der zu befürchtende Interessenkonflikt muss anhand konkreter Tatsachen festgestellt und so schwerwiegend sein, dass das Wohl des Betroffenen ernsthaft gefährdet

---

[46] *Palandt/Diederichsen* Rn. 17; *Knittel* Rn. 19.
[47] AA OLG Thüringen FamRZ 2001, 714; KG Rpfleger 2006, 651.
[48] BGH FamRZ 2010, 1897 Tz. 20; OLG Hamm FamRZ 2001, 254, 255.
[49] BayObLG FamRZ 1996, 1374, 1375.
[50] BayObLG FamRZ 1996, 1374, 1375 (umfassende Abwägung aller Umstände); 1997, 900, 901 = NJW-RR 1997, 69; FamRZ 2004, 976, 977; OLG München OLGR 2007, 894.
[51] BGH FamRZ 2010, 1897 Tz. 20; BayObLG FamRZ 1996, 1374, 1375; 1994, 323, 324; OLG Düsseldorf FamRZ 1989, 4, 895.
[52] BayObLG FamRZ 1996, 1374, 1375; 1997, 900, 901 = NJW-RR 1997, 69; 1997, 1360; BayObLG BtPrax 2005, 110, 111; OLG Schleswig BtPrax 2005, 194 = FamRZ 2005, 1860 (LS.), OLG Köln FamRZ 2000, 513; OLG Brandenburg OLGR 2005, 587 (Gefahr der Selbstschädigung beu unbedachtem oder von schlechten Ratgebern beeinflussten Vorschlag).
[53] BayObLG FamRZ 1996, 1374, 1375; 1997, 900, 901 = NJW-RR 1997, 69; 1999, 49; OLG Düsseldorf FamRZ 1996, 1373, 1374; 1995, 1234.
[54] Vgl. BGH FamRZ 2010, 1897 Tz. 20.
[55] OLG Köln FamRZ 2000, 188; BayObLG FamRZ 2004, 976, 977.
[56] BGH FamRZ 2011, 285 Tz. 17, 18.
[57] BayObLG FamRZ 1996, 1374, 1375; FamRZ 1999, 53; FamRZ 2004, 976, 977; OLG Köln NJWE-FER 1999, 57; HK-BUR/*Bauer* Rn. 72; *Knittel* Rn. 17 b.
[58] AA offenbar der Rechtsausschuss des BT (BT-Drucks. 11/6949 S. 73).
[59] BGH FamRZ 2010, 1897 Tz.20; BayObLG FamRZ 1997, 246; 1999, 49, 50 (Interessenkonflikte im Rahmen von Pflichtteilsprozessen); BayObLG BtPrax 2000, 260; FamRZ 2004, 976, 977; OLG Düsseldorf FamRZ 2000, 1536 (mangelnde Eignung zur Vermögensbetreuung nicht schon, wenn die eigenen Einkünfte unsicher und wechselnd sind); OLG Düsseldorf FamRZ 1995, 895, 895; OLG Brandenburg FamRZ 2001, 936; OLG Zweibrücken FamRZ 2005, 832, 833 (Interessenkonflikt, wenn die vorgeschlagene Personen Pflegekosten aus dem Vermögen des Betroffenen entnimmt, die sie möglicherweise auf Grund eines Vertrages selbst zu tragen hat); KG FamRZ 2009, 910, 911; FamRZ 2009, 924, 926.
[60] Vgl. OLG Düsseldorf FamRZ 1995, 894, 895.

ist.[61] Ein Anwalt, der für eine andere Partei einen Rechtsstreit gegen den Betroffenen geführt hat, scheidet als dessen Betreuer aus, selbst wenn er das Mandat mittlerweile niedergelegt hat.[62] Die Tatsache allein, dass der Vorgeschlagene erbberechtigt ist, genügt nicht,[63] ferner reichen Interessenkonflikte von geringerem Gewicht nicht aus.[64] Der Vorschlag des Betroffenen hat generell **Vorrang vor der Berücksichtigung verwandtschaftlicher Beziehungen,** die zum Tragen kommen, wenn *kein* zu beachtender Vorschlag gemacht wurde.[65] Werden erhebliche Interessengegensätze festgestellt, so ist zu prüfen, ob sie alle in Aussicht genommenen Aufgabenkreise betreffen, so dass uU gleichwohl die Bestellung für einen Teilbereich möglich erscheint.[66] Brisante Probleme wirft der Fall auf, dass der Betroffene einen Gesundheitsbetreuer vorschlägt, der voraussichtlich nach seinen Wünschen, aber entgegen den allgemeinen Standards der Medizin handeln wird.[67]

cc) Abhängigkeitsverhältnis. Der Vorschlag ist ferner nicht verbindlich, wenn die Person zur Einrichtung, in welcher der Betreute untergebracht ist oder wohnt, in einem **Abhängigkeitsverhältnis** oder einer anderen engen Beziehung steht (dazu Rn. 35–37). Das Verbot des § 1837 Abs. 3 gilt auch gegenüber dem Vorschlag des Betroffenen nach Abs. 4 S. 1.[68]

f) Entgegenstehender Wille des Vorgeschlagenen. Dass der Vorgeschlagene die Betreuung **nicht übernehmen will,** ist für sich gesehen kein Grund, den Vorschlag des Betroffenen zu übergehen.[69] Doch ist zu bedenken, dass der Vorgeschlagene zur Übernahme des Amtes letztlich nicht gezwungen werden kann (§ 1898 Rn. 10). Weigert sich der Vorgeschlagene nachhaltig oder besteht die Gefahr, dass er sich nach einer Bestellung nicht ausreichend um die Betreuungsaufgaben kümmern wird, so kann seine Bestellung dem Wohl des Betreuten zuwiderlaufen.

3. Die Auswahl in den übrigen Fällen. a) Auswahlermessen. Hat der Betroffene keinen Vorschlag gemacht oder ist der Vorschlag nicht bindend, so hat das Gericht ein **pflichtgebundenes Auswahlermessen unter den geeigneten Personen.**[70] Entscheidendes Kriterium ist die Eignung des Auszuwählenden, den vorgesehenen Aufgabenkreis wahrzunehmen und den Betroffenen hierbei in erforderlichem Umfang persönlich zu betreuen (§ 1897 Abs. 1). Dabei ist zu berücksichtigen, dass es auf die Eignung zur *rechtlichen* Betreuung ankommt.[71] Das Merkmal der Eignung bildet einen unbestimmten Rechtsbegriff.[72] Die Frage, ob der bestellte Betreuer auf Grund der festgestellten Tatsachen als geeignet erscheint, unterliegt der Nachprüfung durch das Rechtsbeschwerdegericht.[73] Die Ermessensentscheidung kann vom Rechtsbeschwerdegericht nur auf Rechtsfehler, nicht auf die Zweckmäßigkeit[74] überprüft werden. Zu prüfen ist, ob der Tatrichter von seinem Ermessen keinen oder einen rechtlich fehlerhaften, insbesondere Sinn und Zweck des Gesetzes zuwiderlaufenden Gebrauch gemacht hat, von ungenügenden oder verfahrenswidrig zustande gekommen Feststellungen ausgegangen ist oder wesentliche Umstände unberücksichtigt gelassen hat; insbesondere ist zu prüfen, ob der Tatrichter die im Einzelfall wesentlichen Auswahlkriterien herangezogen und bei der Abwägung die im Gesetz vorgesehenen Regeln für ihre Gewichtung und ihr Verhältnis zueinander beachtet hat; ein rechtsfehlerhafter Ermessensgebrauch liegt auch vor, wenn der Richter einen relevanten Umstand unvertretbar über- oder unterbewertet hat.[75] Die Ausübung des Auswahlermes-

---

[61] OLG Schleswig BtPrax 2005, 194, 195 = FamRZ 2005, 1860 (LS.).
[62] OLG Köln FamRZ 1999, 54 (im Hinblick auf die nachvertraglichen Pflichten des Anwalts).
[63] OLG Düsseldorf FamRZ 1996, 1373, 1374; vgl. auch OLG Köln FamRZ 1996, 506 (im Rahmen des § 1897 Abs. 5). Wohl aber kann der Umstand, dass der Betreffende sich in kontroversen Auseinandersetzungen mit seinen Geschwister befindet, die Bestellung eines zusätzlichen (Berufs-)Betreuers notwendig machen, OLG Köln FamRZ 2009, 1005.
[64] BT-Drucks. 11/4528 S. 127; BayObLG FamRZ 1996, 1374, 1375; KG FamRZ 1995, 1442, 1443.
[65] BayObLG FamRZ 1999, 53.
[66] Vgl. BayObLG FamRZ 1994, 323, 324 (Vermögensbetreuung einerseits, Gesundheitsbetreuung andererseits); 1996, 1374; 1999, 49, 50; OLG Düsseldorf FamRZ 2000, 1536.
[67] Vgl. LG Frankfurt FamRZ 2003, 632 (betr. Zeugen Jehovas; voraussichtliche Entscheidung über Bluttransfusion).
[68] BayObLG FamRZ 1997, 245.
[69] Anders für den Vereinsbetreuer BayObLG FamRZ 1994, 1061, 1062.
[70] BayObLG FamRZ 1994, 530, 531; 1995, 1232, 1234; 1995, 1596, 1597; 1996, 507, 508; OLG Düsseldorf FamRZ 1998, 700; OLG Karlsruhe BtPrax 1994, 214.
[71] HK-BUR/*Bauer* Rn. 18 ff.
[72] BayObLG FamRZ 1994, 530; FamRZ 2003, 1775, 1776.
[73] BayObLG FamRZ 1994, 530.
[74] BayObLG FamRZ 1994, 530, 531; FamRZ 2003, 1775, 1776; OLG Celle FamRZ 1997, 845, 846; OLG Karlsruhe FamRZ 1995, 431.
[75] Zur Lage nach FGG: BayObLG FamRZ 2002, 1589; BayObLG FamRZ 2004, 1600; BayObLG FamRZ 2004, 1991; der folgend OLG Zweibrücken FamRZ 2005, 832; BayObLG BtPrax 2005, 110, 111. Vgl. auch KG FamRZ 2009, 1438; OLG Zweibrücken FamRZ 2005, 932.

§ 1897   30, 31   Abschnitt 3. Titel 2. Rechtliche Betreuung

sens ist fehlerhaft, wenn der Tatrichter sich des ihm zustehenden Ermessens nicht bewusst ist, nicht alle wesentlichen Umstände berücksichtigt, von dem Ermessen in einer dem Zweck der Ermächtigung nicht entsprechenden Weise Gebrauch macht oder die gesetzlichen Grenzen des Ermessens überschreitet.[76] Das Auswahlermessen ist auch nicht eingeschränkt, wenn die Behörde eine Person vorgeschlagen hat.[77] Andererseits ist zu berücksichtigen, ob einer Person im Hinblick auf den Betreuungstyp der Vorrang zukommt, insbesondere muss der Vorrang der ehrenamtlichen Betreuung beachtet werden (Abs. 6). Verein und Behörde als solche dürfen nur unter den Voraussetzungen des § 1900 bestellt werden.

30 **b) Eignung.** Bei der Eignung[78] kommt es auf die **Eigenschaften, Fähigkeiten und die Einstellung** der auszuwählenden Person an. Grundsätzlich ist jede natürliche Person als geeignet zur Führung von Betreuungen anzusehen. Es geht folglich bei der Eignungsprüfung weniger um einen positiven Eignungsnachweis als um eine negative Selektion auf Grund konkreter Umstände.[79] Der vorgesehene Aufgabenkreis kann aber Besonderheiten bedingen, zB im Einzelfall eine kaufmännische Erfahrung.[80] Soll ein Berufsbetreuer bestellt werden, so ist die professionelle Eignung allerdings erforderlich.[81] Im persönlichen Bereich (etwa der Gesundheitssorge) kann die Eignung zweifelhaft sein, wenn zwischen den Vorstellungen des Betroffenen und des in Aussicht genommenen Betreuers grundlegende Unterschiede bestehen.[82] Der Eignung kann auch der Umstand entgegenstehen, dass die in Aussicht genommene Person erkennbar die Wünsche und Vorstellungen des Betroffenen (§ 1901 Abs. 2 S. 2) negiert.[83] Die Ankündigung eines Suizids durch die als Betreuer in Aussicht genommene Person begründet Zweifel an ihrer Eignung.[84] Verfügt die zur Auswahl stehende Person nicht über hinreichende deutsche Sprachkenntnisse, so kommt es darauf an, ob sie dieses Manko mit Hilfe Dritter zu kompensieren und so die Angelegenheiten des Betroffenen in eigener Verantwortung zu erledigen vermag.[85]

31 **c) Gebundenes Ermessen.** Das **Auswahlermessen** ist durch einige Normelemente **gebunden**.

aa) Besondere Bindungen. Es ist auf **die verwandtschaftlichen und sonstigen persönlichen Bindungen** (Lebensgefährten, Freundeskreis), insbesondere auf die Bindungen zu Eltern, Kindern, Ehegatten und Lebenspartnern[86] Rücksicht zu nehmen. Ein Anspruch auf Bestellung ergibt sich hieraus für eine einzelne Person nicht. Doch gebietet Art. 6 Abs. 1 GG eine bevorzugte Berücksichtigung der Familienangehörigen.[87] Besonders die Position der Eltern des Betroffenen wird vom BVerfG stark akzentuiert.[88] Berücksichtigung der persönlichen Bindungen heißt aber nicht zwangsläufig, dass der persönlich Nächststehende bestellt werden muss. Vor allem hat das Gericht auch bei dem genannten Personenkreis die Eignung hinsichtlich der konkret betroffenen Aufgabenbereiche zu überprüfen.[89] Auch hier sind sämtliche für und wider eine Bestellung sprechenden Gesichtspunkte abzuwägen.[90] Ob in Fällen, in denen ein behindertes Kind volljährig wird, eine gemeinschaftliche Betreuung durch beide Eltern in Betracht kommt, ist nach den konkreten

---

[76] BayObLG FamRZ 1995, 507; vgl. auch BayObLG FamRZ 1996, 507.
[77] OLG Düsseldorf FamRZ 1998, 700; OLG Hamm FamRZ 2006, 1785, 1786.
[78] Ausführlich zu den Aspekten der Eignung *Bienwald* Rn. 45 ff.; HK-BUR/*Bauer* Rn. 36 ff.; *Knittel* Rn. 6 ff.
[79] Vgl. BayObLG FamRZ 1994, 530.
[80] BayObLG FamRZ 1994, 530 (wenn ein kaufmännischer Geschäftsbetrieb in das zu betreuende Vermögen fällt).
[81] Abwegig die Auffassung, aus „eher mangelhaften" Rechtskenntnissen eines Berufsbetreuers ergäben sich „nicht unbedingt" Zweifel an der Eignung, so aber LG Arnsberg FamRZ 2000, 1313, 1314 m. krit. Anm. *Bienwald*.
[82] Vgl. aber AG Dülmen FamRZ 1999, 1300 (keine Bedenken gegen ein Mitglied der „Zeugen Jehovas" bei Bestellung für die Gesundheitssorge, wenn der Betroffene ein mit den Überzeugungen dieser Religionsgemeinschaft übereinstimmendes Patiententestament errichtet hat; das ist nicht unproblematisch, da der Betreute das Patiententestament jederzeit mit sofortiger Wirkung widerrufen kann).
[83] BayObLG FamRZ 2003, 1775, 1776 (nicht aber genügt bloßes Misstrauen des Gerichts in diesem Punkt; auch nicht der Umstand, dass die in Betracht kommende Person die Bestellung eines Berufsbetreuers als Mitbetreuer ablehnt).
[84] OLG Brandenburg v. 22. 2. 2007 – 11 Wx 3/07 (nach juris).
[85] Zutreffend KG FamRZ 2009, 1438, 1439.
[86] Gemäß Art. 2 Nr. 19 des Gesetz zur Beendigung der Diskriminierung gleichgeschlechtlicher Gemeinschaften: Lebenspartnerschaften vom 26. 2. 2001 (BGBl. I S. 266).
[87] BVerfGE 33, 236, 238; BVerfG FamRZ 2006, 1509, 1510.
[88] BVerfG FamRZ 2006, 1509, 1510.
[89] KG FamRZ 2006, 889, 890 (betr. Bedeutung der Verurteilung der als Betreuerin in Frage kommenden Tochter wegen Aussagedelikten).
[90] BayObLG FamRZ 1996, 507; 1996, 1370, 1371.

Umständen und dem Wohl des Betroffenen zu entscheiden.[91] Auch die Fähigkeit, die Betreuung persönlich durchzuführen, ist zu prüfen. Eine räumliche Entfernung zum Wohnort des Betroffenen zieht diese Möglichkeit nicht generell in Zweifel;[92] die Betreuungsaufgabe selbst darf aber nicht delegiert werden.[93] Letztlich entscheidet das Wohl des Betreuten, durch wen die bestmögliche Kombination von persönlicher Betreuung und Wahrnehmung der Betreuungsaufgaben gewährleistet ist.[94] Allerdings müssen im Hinblick auf die verfassungsrechtliche Lage (BVerfGE 33, 236, 238) gewichtige Bedenken gegen die Eignung von einsatzbereiten Angehörigen bestehen, bevor die Betreuung einer „neutralen" Person übertragen werden darf.[95] Ergeben sich Zweifel an der Geeignetheit eines nahe stehenden Verwandten nur aus Mitteilungen Dritter, so gebietet die Amtsermittlungspflicht, dem Verwandten Gelegenheit zur Stellungnahme zu geben (BGH FamRZ 2011, 285 Tz. 17).

bb) Interessenkonflikte. Auf die Gefahr von Interessenkonflikten ist bei der Auswahl Rücksicht zu nehmen. Es dürfen also nicht Personen bestellt werden, die in Erfüllung des Betreueramts objektiv in einen Widerstreit zwischen eigenen Interessen und denen ihrer Angehörigen einerseits und denen des Betroffenen andererseits zu geraten drohen.[96] Auch dieser Gesichtspunkt ist relativ zu sehen. Bestehen Interessenkonflikte mit einer Person in verhältnismäßig unbedeutenden Fragen und ist kein anderer geeigneter Einzelbetreuer in Sicht, so kann die Bestellung dieser Person insgesamt gesehen für den Betroffenen die beste Lösung darstellen. Die Besorgnis von Interessenkonflikten muss aus den konkreten Umständen begründet sein.[97] Dass der Angehörige erbberechtigt ist, genügt allein nicht,[98] ebenso wenig die Tatsache, dass der Betreuer den Betroffenen in seinen Haushalt aufgenommen hat und so gemeinsame Kosten anfallen, die zu verteilen sind.[99] Für eine schwerwiegende Interessenkollision spricht hingegen der Verdacht, der als Betreuer in Aussicht genommene Verwandte werde den Betreuten als Pflichtteilsberechtigten benachteiligen.[100] Die Gefahr eines erheblichen Interessenkonflikts kann sich im Rahmen der Vermögenssorge daraus ergeben, dass der als Betreuer in Aussicht Genommene Ansprüche des Betroffenen aus einem Übergabevertrag (dingliches Wohnrecht, vereinbarte Naturalleistungen und Taschengeldzahlungen) nicht oder nur unzureichend erfüllt hat.[101] Streit unter den Geschwistern über die Verwaltung des elterlichen Vermögens allein disqualifiziert nicht ohne weiteres das zur Übernahme der Betreuung bereite Kind, sofern kein Konflikt mit den Interessen der zu betreuenden Eltern sichtbar wird.[102] Allerdings brauchen die Interessenkonflikte im Rahmen des § 1897 Abs. 5 nicht das gleiche Gewicht zu haben, wie im Rahmen des § 1897 Abs. 4: Es ist ein Unterschied, ob der Wille des Betroffenen beiseite geschoben wird oder ob im Rahmen der Eignungsprüfung oder des Auswahlermessens nahe liegende Interessenkonflikte eine Rolle spielen.[103] Es ist auch zu prüfen, ob den Interessenkonflikten nicht durch Aufhebung der Befreiungen begegnet werden kann (§ 1908i Abs. 2 S. 2 iVm. § 1857a).[104] Mangelnde Eignung ergibt sich auch nicht ohne weiteres daraus, dass die in Aussicht genommene

---

[91] Zutreffend OLG Zweibrücken NJW-RR 2002, 292 (in konkreten Fall verneint wegen erheblichen Spannungen im laufenden Scheidungsverfahren, insbesondere in Bezug auf den Umgang mit dem Kind).
[92] Möglicherweise aber bei der Betreuung für Wahrnehmung der Heimangelegenheiten bei Unterbringungsmaßnahmen, wenn der persönliche Kontakt nicht aufrechterhalten wird, vgl. den Fall AG Obernburg FamRZ 2010, 403.
[93] S. OLG Köln FamRZ 1996, 506; 2000, 512, 513.
[94] BayObLG FamRZ 1996, 507; OLG Celle FamRZ 1997, 845, 846; BayObLG FamRZ 2004, 1991.
[95] OLG Köln FamRZ 2000, 188: Erhebliche Konflikte unter den Familienangehörigen rechtfertigen die Bestellung eines berufsfremden Betreuers nur dann, wenn der Betroffene unter den Spannungen leidet und die Auswahl eines familienfremden Betreuers die Spannungen zu mindern geeignet ist. Problematisch die Entscheidung BayObLG FamRZ 1996, 507 (der Bruder, der sich bisher um die Betroffene mit „beispielhaftem Einsatz" gekümmert hat, wurde wegen möglicher Kompetenzkonflikte mit dem – zur Betreuung ungeeigneten – Ehemann übergangen).
[96] Nur diese sind gemeint (BayObLG FamRZ 1999, 51, 52), nicht etwa Interessenkonflikte zwischen dem in Aussicht genommenen Betreuer und konkurrierenden Verwandten. Interessenkonflikt zB zwischen dem Betroffenen und seinem Ehegatten bei Erhebung eines Scheidungsantrags gegen diesen, OLG München BtPrax 2006, 229, 230.
[97] BayObLG FamRZ 2000, 1183. Besonders bei Familienangehörigen oder gar den Eltern genügt eine entfernte abstrakte Möglichkeit der Interessenkollision nicht, BVerfG FamRZ 2006, 1509, 1510.
[98] OLG Hamm FamRZ 1993, 988. 990; OLG Köln FamRZ 1996, 506, 507.
[99] OLG München FamRZ 2008, 1115
[100] BayObLG FamRZ 2000, 1183.
[101] BayObLG FamRZ 2002, 1589.
[102] Vgl. OLG Köln FamRZ 2000, 512, 513.
[103] S. OLG Hamm FamRZ 1993, 988, 990; KG FamRZ 1995, 1442, 1443.
[104] BayObLG FamRZ 1999, 51, 52.

Betreuungsperson „lebensverlängernde Maßnahmen" für den Betroffenen ablehnt.[105] Ungeeignet ist jedoch, wer entgegen §§ 1901a, b nicht bereit ist, dem Willen des Betroffenen bei medizinischen Behandlungen zu entsprechen. Im Übrigen ist auch die **Regelung des § 1795** zu berücksichtigen: Wenn absehbar ist, dass der in Aussicht genommene Betreuer in wichtigen, zur Erledigung anstehenden Angelegenheiten von der Vertretung des Betroffenen kraft Gesetzes ausgeschlossen ist, liegt ein rechtlicher Hinderungsgrund vor.[106] Nicht zum Gesetz geworden ist der Vorschlag des RegE zum BtG,[107] wonach der **Verfahrenspfleger** nicht zum Betreuer bestellt werden soll. Das hindert den Richter indes nicht, auf Interessenkollisionen zu achten, die sich ergeben können, wenn der Verfahrenspfleger von vorne herein schon als Betreuer ins Auge gefasst ist.[108] Zur Gefahr von Interessenkonflikten mit Einrichtungen siehe nachfolgend Rn. 35–37.

33 d) **Wille des Betreuten.** Auch bei der Auswahl nach § 1897 Abs. 5 ist der Wille des Betroffenen zu berücksichtigen. Sofern eine nach § 1897 Abs. 4 vorgeschlagene Person zum Betreuer bestellt werden kann, ist für eine Auswahl auch unter (weiteren) Angehörigen kein Raum.[109] Aber auch, wenn es sich nicht um einen Vorschlag nach § 1897 Abs. 4 handelt, sind die Wünsche des Betroffenen zu berücksichtigen.[110] Ist die gewünschte Person nicht für alle erforderlichen Aufgabenkreise geeignet, so kommt die Bestellung mehrerer Betreuer in Frage, wenn so dem Willen des Betroffenen am ehesten entsprochen werden kann.[111] Schlägt der Betroffene vor, eine bestimmte Person *nicht* zu bestellen,[112] so soll hierauf Rücksicht genommen werden (§ 1897 Abs. 4 S. 2). Das gilt auch für negative Vorschläge, die bereits vor Beginn des Betreuungsverfahrens gemacht wurden (§ 1897 Abs. 4 S. 3). Hat der Betroffene bloß geäußert, er benötige keine Betreuung, sondern jemanden, der ihn „psychosozial an die Hand nimmt", so kann darin keine Ablehnung einer bestimmten Person gesehen werden.[113] Nach der Formulierung des Gesetzes ergibt sich kein striktes Ablehnungsrecht des Betroffenen.[114] Doch ist zu bedenken, dass die in der Ablehnung ausgedrückte Aversion ein starkes Indiz dafür ist, dass der Betroffene zu dieser Person kein Vertrauen hat und daher die persönlichen Voraussetzungen einer Betreuung schwerlich gegeben sind. Der negative Betreuerwunsch lässt im Allgemeinen auch die gesetzliche Favorisierung der Angehörigen zurücktreten; doch kommt es letztlich auf eine Gesamtabwägung der für und gegen die Bestellung einer bestimmten Person sprechenden Gesichtspunkte an.[115] Der Betroffene kann auch bestimmte Vereins- und Behördenbetreuer ablehnen und auch einen bestimmten Verein als Betreuer (§ 1900 Abs. 1), nicht jedoch die zuständige Behörde (§ 1900 Abs. 4), weil diese Betreuungsform ohnehin die ultima ratio bildet. Bei der Berücksichtigung des Willens kommt es auch in diesem Zusammenhang nicht auf die Geschäftsfähigkeit des Betroffenen an.[116] § 1897 Abs. 4 S. 2 ist auch dann einschlägig, wenn der vorläufige Betreuer zum endgültigen bestellt werden soll und vom Betroffenen abgelehnt wird.[117] Anders ist die Lage zu beurteilen, wenn der Betroffene den schon bestellten und ohne Beanstandung tätigen Betreuer im Laufe der Betreuung ablehnt; dem muss das Gericht nicht folgen, wenn die Ablehnung nicht auf triftigen Gründen beruht.[118]

34 e) **Berechtigung zur Ablehnung.** Nicht bestellt werden darf, wer berechtigt ist, die Übernahme des Amtes abzulehnen (§ 1898 Abs. 1) und davon Gebrauch macht.[119] Wer sich unbegründet

---

[105] Vgl. OLG Frankfurt NJW 2006, 3436 (betr. Tochter des Betroffenen als Betreuerin); vgl. auch LG Frankfurt FamRZ 2003, 632.
[106] BayObLG OLGR 2004, 251, 252; FamRZ 2004, 1991, 1992; BtPrax 2005, 110, 111 (Prüfung etwaiger Ansprüche auf Rückforderung von Geschenken an die Betreuerin) = FamRZ 2005, 1196 (LS).
[107] § 1897 Abs. 4 idF des RegE zum BtG.
[108] *Schwab* FamRZ 1990, 681, 689; vgl. BT-Drucks. 11/4528 S. 207 (Bundesrat); S. 226 (Bundesregierung). Nach OLG Naumburg (FamRZ 2002, 986) ist die Bestellung zum Verfahrenspfleger mit der zum Betreuer unvereinbar, die gleichwohl erfolgte Betreuerbestellung bleibt wirksam, unwirksam wird jedoch die Bestellung zum Verfahrenspfleger.
[109] OLG Düsseldorf FamRZ 1998, 510; KG FamRZ 1995, 1442, 1443.
[110] BayObLG FamRZ 1994, 530, 531 (Wunsch, der bisherige Betreuer möge seine Tätigkeit fortsetzen); 1995, 1596, 1597; KG FamRZ 2009, 910, 911.
[111] KG FamRZ 2009, 910, 911.
[112] Die Ablehnung muss sich explizit auf *bestimmte Personen* beziehen; nicht reicht eine „Freude signalisierende nonverbale Reaktion" auf die Frage, ob der familienfremde vorläufige Betreuer im Amt bleiben solle, um bei der Auswahl des endgültigen Betreuers die Suche nach einem geeigneten Betreuer in der Familie auszuschließen, OLG Köln FamRZ 2005, 1860.
[113] BGH FamRZ 2010, 1651.
[114] BT-Drucks. 11/4528 S. 127 f.
[115] BayObLG FamRZ 2004, 1600.
[116] BayObLG FamRZ 1994, 930, 931.
[117] OLG Köln FamRZ 2005, 237 (trotz tadelloser Amtswaltung des vorläufigen Betreuers).
[118] BayObLG FamRZ 2002, 1362.
[119] Vgl. BT-Drucks. 11/4528 S. 127.

weigert, kann ausgewählt werden, doch besteht keine Möglichkeit, ihn zur Übernahme zu zwingen (s. § 1898 Rn. 10).

IV. Einschränkung der Betreuerauswahl nach Abs. 3

1. Sinn und Grenzen der Regelung. Die Vorschrift des § 1897 Abs. 3 nimmt eine strikte 35 Einschränkung der Betreuerauswahl vor: Es darf nicht zum Betreuer bestellt werden, wer zu einer Anstalt, einem Heim oder einer sonstigen Einrichtung, in welche der Volljährige untergebracht ist oder wohnt, in einem **Abhängigkeitsverhältnis** oder in einer anderen **engen Beziehung** steht. Dieser Ausschlussgrund will die oft schwerwiegenden Interessengegensätze zwischen Einrichtungen und Betroffenen vorbeugend vermeiden.[120] Die Vorschrift lässt dem Gericht keinen Ermessensspielraum,[121] ist andererseits aber auch nicht auf andere Fälle auszudehnen.[122] Die Tragweite der Vorschrift ist durch eine Kammerentscheidung des BVerfG (FamRZ 2006, 1509) relativiert worden. In dem entschiedenen Fall hatte die zur Betreuerin bestellte Mutter ihren erwachsenen Sohn in einer von ihr selbst geleiteten und ihr mitgehörenden Einrichtung unentgeltlich untergebracht und war wegen § 1897 Abs. 3 als Betreuerin entlassen worden. Das BVerfG sah darin einen Verstoß gegen Art. 6 Abs. 2 (trotz Volljährigkeit des Sohnes!); das Elternrecht gestatte es nicht, in diesem Fall bereits eine entfernte, abstrakte Möglichkeit der Interessenkollision genügen zu lassen. Die Entscheidung wirft die Frage auf, ob nicht auch in anderen Fällen, etwa wenn der Betroffene die Person des Betreuers vorschlägt, für die Anwendung des § 1897 Abs. 3 eine konkrete Interessenkollision verlangt werden muss.[123] Dies ist zu verneinen. Die Entscheidung des BVerfG betrifft einen Sonderfall, in denen der Schutz des Betroffenen mit dem Sinn der Norm in einem Spannungsverhältnis steht. Ist diese Konstellation nicht gegeben, so bleibt es bei der vorsorglichen Regelung des Gesetzes: Eine Person, für welche Voraussetzungen des § 1897 Abs. 3 gegeben sind, darf nicht bestellt werden, gleichgültig, ob konkret ein Interessengegensatz absehbar ist oder nicht.[124] § 1897 Abs. 3 gilt auch, wenn der Betroffene die ausgeschlossene Person als Betreuer wünscht.[125]

2. Die Voraussetzungen des Ausschlusses. a) Wohnen/Unterbringung in einer Ein- 36 **richtung.** Schon das Wohnen in der Einrichtung genügt; darauf, ob dies mit Freiheitsentziehung verbunden ist, kommt es nicht an. Erfasst wird also auch das Wohnen in Altenheimen, Seniorenresidenzen, Einrichtungen des betreuten Wohnens etc.[126] Keine Einrichtung ist die private Wohnung, auch wenn sie im Eigentum Angehöriger steht oder von ihnen gemietet ist; die Familienpflege soll durch die Vorschrift nicht betroffen sein.[127] Auch eine selbstorganisierte Wohngemeinschaft, die nicht unter einer gesamtverantwortlichen Leitung steht, gehört nicht hierher.[128] Wohl aber kann eine Villa, die gewerbsmäßig als Altersresidenz für mehrere Mieter genutzt wird, bereits eine Einrichtung darstellen.

b) Abhängigkeitsverhältnis/enge Beziehung. Ausgeschlossen als Betreuer ist jede Person, 37 die zu dieser Einrichtung entweder in einem **Abhängigkeitsverhältnis** (zB als Arbeitnehmer) oder sonst in einer **engen Beziehung** steht (der Inhaber selbst,[129] aber auch dessen Ehegatte,[130] nichtehelicher Partner, nähere Angehörige uä.). Die Beschäftigung eines nahen Angehörigen des vorgeschlagenen Betreuers in der Einrichtung stellt insbesondere dann eine enge Beziehung her, wenn nicht ausgeschlossen werden kann, dass der Vorgeschlagene bei der Durchsetzung der Interessen des Betroffenen gegenüber der Einrichtung Rücksicht auf die Situation seines Angehörigen nehmen wird.[131] Es ist gleichgültig, ob die enge Beziehung zur Einrichtung selbst oder zu ihrem Inhaber

---

[120] Dazu BT-Drucks. 11/4528 S. 126. Die Regelung verstößt nicht gegen das GG (BayObLG FamRZ 2002, 702, 703).
[121] BayObLGZ 1996, 250, 252 = FamRZ 1997, 245; BayObLG FamRZ 1999, 50. Es handelt sich um einen unbestimmten Rechtsbegriff; die „mangelnde Begriffsschärfe", die das BVerfG anmerkt (FamRZ 2006, 1509, 1510), ist nicht auffälliger als bei anderen, zum Teil vom BVerfG kreierten unbestimmten Rechtsbegriffen.
[122] ZB BayObLG FamRZ 2003, 1043: Bestellung des behandelnden Nervenarztes zum Betreuer ist nicht ausgeschlossen.
[123] Vgl. *Bienwald* FamRZ 2006, 1510.
[124] Nach AG Nettetal (FamRZ 1998, 510) gilt § 1897 Abs. 3 nicht, wenn die Fürsorgeperson vor Inkrafttreten des BtG (als Vormund) bestellt wurde und es nun um die Verlängerung geht, sofern ein Betreuerwechsel das Wohl des Betreuten gefährden würde.
[125] S. BayObLG FamRZ 1997, 245; OLG Düsseldorf FamRZ 1994, 1416.
[126] Im gleichen Sinne HK-BUR/*Bauer* Rn. 52.
[127] Vgl. BT-Drucks. 11/4528 S. 126.
[128] LG Neuruppin FamRZ 2009, 727, 728.
[129] BT-Drucks. 11/4528 S. 127.
[130] Siehe den Fall OLG Düsseldorf FamRZ 1997, 1416.
[131] BayObLG FamRZ 1999, 50.

besteht.[132] Die Vorschrift greift hingegen in der Regel nicht, wenn das Abhängigkeitsverhältnis oder die enge Beziehung nicht zur Einrichtung, aber zu der sie tragenden Körperschaft gegeben ist.[133] So können kommunale Bedienstete, die nicht in der Einrichtung beschäftigt sind, auch dann zum Betreuer bestellt werden, wenn der Träger der betreffenden Einrichtung die Kommune ist.[134] Freilich ist nach dem Zweck der Regelung Voraussetzung hierfür, dass der Gemeindebedienstete in einem Bereich tätig ist, der in keinem unmittelbaren Zusammenhang mit der Einrichtung steht; dies erfordert eine Prüfung für den konkreten Einzelfall, ob eine Konfliktsituation dadurch gegeben ist, dass der Betreuer im Dienst der Gebietskörperschaft steht, die das Altenheim betreibt.[135] Der Ausschlussgrund ist ferner gegeben, wenn ein Betreuungsverein Alleingesellschafter der Träger-GmbH und der Vereinsmitarbeiter dem Geschäftsführer der Gesellschaft disziplinarisch unterstellt ist.[136] Die enge Beziehung zur Einrichtung kann sich auch dadurch ergeben, dass der vorgeschlagene Betreuer in einem Heim als Angestellter tätig ist, in dem der Betreute zwar nicht wohnt, das aber derselben Leitung unterliegt wie das Wohnheim des Betreuten.[137] Nach dem Eintritt in den Ruhestand besteht das Abhängigkeitsverhältnis oder das enge Verhältnis in der Regel nicht mehr.[138]

V. Ehrenamtlichkeit und Berufsbetreuung (Abs. 6 bis 8)

38 **1. Nachrang der Berufsbetreuung (Abs. 6 S. 1). a) Grundsätzliches.** Die Vorschrift ist durch das 1. BtÄndG eingeführt worden. Danach soll eine Person, die Betreuungen im Rahmen ihrer Berufsausübung führt, nur dann zum Betreuer bestellt werden, wenn keine andere geeignete Person zur Verfügung steht, die zur ehrenamtlichen Führung der Betreuung bereit ist. Damit soll vermieden werden, dass überqualifizierte Betreuer bestellt werden, und zwar im Interesse der Staatskasse ebenso wie der übrigen Betroffenen, die einen Betreuer mit berufsmäßiger Qualifikation wirklich benötigen.[139] Das Wohl des Betroffenen selbst, der einen Betreuer erhalten soll, spielt hingegen in der Begründung der Neuregelung keine Rolle. Die Favorisierung des Ehrenamts kommt in weiteren Akzenten des 1. BtÄndG zum Ausdruck (§ 1897 Abs. 6 S. 2; § 1908b Abs. 1 S. 2 BGB; § 304 FamFG). Soll ein Berufsbetreuer bestellt werden, so ist in den Gründen der Entscheidung darzulegen, dass kein geeigneter ehrenamtlicher Betreuer zur Verfügung steht.[140]

39 **b) Einzelfragen des Nachrangs. aa) Betreuertyp.** Vom Nachrang betroffen ist der Betreuer, der „Betreuungen im Rahmen seiner Berufsausübung führt". Gemeint ist[141] der Berufsbetreuer im Sinne des § 1836 Abs. 1 S. 2 (§ 1908i Abs. 1 S. 1). Hingegen ist derjenige Betreuer nicht vom Nachrang betroffen, dem, obwohl er nicht als Berufsbetreuer tätig ist, eine Vergütung nach § 1836 Abs. 2 bewilligt wird. Eine Anwendung des § 1897 Abs. 6 S. 1 ergäbe hier keinen rechten Sinn: Wenn die Schwierigkeiten und der Umfang der Geschäfte sowie die finanziellen Verhältnisse des Betroffenen eine Vergütung rechtfertigen, gibt es für den Vorrang unbezahlter Tätigkeit kein treffendes Argument. Der Nachrang trifft auch nicht den Betreuer, der für seine Tätigkeit im Rahmen des § 1835 Abs. 3 (iVm. § 1908i Abs. 1 S. 1) einen Aufwendungsersatz erhält.

40 **bb) Bezug des Nachrangs.** Es ist auch die Frage zu stellen, **welcher Betreuungsform gegenüber** der Nachrang besteht. Nach dem Gesetz ist vorrangig nur die Person, welche die Betreuung **ehrenamtlich**, und das bedeutet unbezahlt zu führen bereit ist. Daraus ergibt sich insbesondere, dass für die Berufsbetreuung kein Nachrang gegenüber einer Betreuung besteht, für die gemäß § 1836 Abs. 2 (iVm. § 1908i Abs. 1 S. 1) eine Vergütung zu bewilligen ist.

41 **c) Bereitschaft eines geeigneten ehrenamtlichen Betreuers.** Der Nachrang der Berufsbetreuung setzt voraus, dass keine andere geeignete Person zur Verfügung steht, die zur ehrenamtlichen Führung der Betreuung *in dem konkreten Fall* bereit wäre. Ob diese Voraussetzungen gegeben sind, ermittelt das Gericht von Amts wegen (§ 26 FamFG). Dabei darf allerdings zu Lasten des Betroffenen keine unnötige Zeit verloren werden. Der Nachrang der Berufsbetreuung setzt voraus,

---

[132] OLG Düsseldorf FamRZ 1994, 1416; HK-BUR/*Bauer* § 1897 Rn. 54.
[133] BayObLG FamRZ 1997, 245, 246.
[134] BT-Drucks. 11/4528 S. 127; LG Berlin BtPrax 1997, 39 f.; LG Stuttgart BtPrax 1996, 75.
[135] BayObLG FamRZ 1997, 245, 246.
[136] BayObLG FamRZ 1998, 924; Auch der Geschäftsführer einer Komplementär-GmbH der Betreiber-KG einer Einrichtung, in welcher der Betroffene wohnt oder untergebracht ist, fällt unter die Norm (BayObLG FamRZ 2002, 702) – zu dieser Entscheidung vgl. allerdings BVerfG FamRZ 2006, 1509.
[137] BayObLG FamRZ 1997, 245, 246.
[138] OLG Schleswig FamRZ 2002, 983 (pensionierter Heimleiter).
[139] So die merkwürdige Begründung in BT-Drucks. 13/7158 S. 50.
[140] BayObLG FamRZ 1999, 1612.
[141] BT-Drucks. 13/7158 S. 50 (Bundesrat; „Berufsbetreuer").

Bestellung einer natürlichen Person 42–44 § 1897

dass die für das Ehrenamt ausersehene Person zur Übernahme der Betreuung auch wirklich bereit ist. Die bloß abstrakte Möglichkeit, noch ehrenamtliche Betreuer zu suchen und möglicherweise zu finden, begründet den Nachrang nicht.

d) Wohl und Wille des Betroffenen. Der Nachrang setzt voraus, dass die ehrenamtlich tätige 42 Person, welche das Amt zu übernehmen bereit ist, die nötige Eignung iSd. § 1897 Abs. 1 gerade für die vorgesehenen Aufgabenkreise aufweist. Entscheidend ist also die Frage, ob die Alternativperson in der Lage sein wird, das Amt zum Wohl des Betreuten auszuüben; je nach Art der Angelegenheiten kann auch eine fachliche Qualifikation erforderlich sein. Der Nachrang der Berufsbetreuung findet mE dann ihre Grenze, wenn ein Berufsbetreuer die konkreten Aufgaben eindeutig besser wahrnehmen könnte als der zur Verfügung stehende ehrenamtliche Betreuer.[142] Die Bestellung eines Berufsbetreuers kann auch notwendig sein, wenn angesichts der engen vermögensmäßigen Verquickung zwischen den Angehörigen ein neutraler Betreuer erforderlich ist, um den Betroffenen ausreichend vor Übergriffen zu schützen.[143] Nach meiner Auffassung gilt der Nachrang ferner nicht, soweit dem der Wille des Betroffenen entgegensteht. Schlägt der Betroffene eine Person als Betreuer vor, die als Berufsbetreuer tätig ist, so ist der Vorschlag in den Grenzen des § 1897 Abs. 4 S. 1 bindend. Auch der negative Wille des Betroffenen ist nach § 1897 Abs. 4 S. 2 beachtlich.

2. Informationspflicht des Betreuers (Abs. 6 S. 2). Werden dem Betreuer Umstände 43 bekannt, aus denen sich ergibt, dass der Volljährige durch eine oder mehrere andere geeignete Personen außerhalb einer Berufsausübung betreut werden kann, so hat er dies dem Gericht mitzuteilen. Das kommt insbesondere in Frage, wenn wesentliche Angelegenheiten des Betreuten, die die Fachkenntnisse eines Berufsbetreuers erfordern, geregelt sind,[144] so dass die weitere Betreuung einem Ehrenamtlichen überlassen werden kann. Die Mitteilungspflicht besteht auch, wenn der Berufsbetreuer keine konkrete ehrenamtlich tätige Person vorschlagen kann.[145] Die Folge der in § 1897 Abs. 6 S. 2 anbefohlenen Mitteilung ist die Entlassung des Berufsbetreuers (§ 1908b Abs. 1 S. 2) und Bestellung des ehrenamtlichen Betreuers, allerdings nur, soweit dies dem Wohl des Betreuten entspricht.[146] Als Druckmittel für den Vorrang des Ehrenamts ist dem Vertreter der Staatskasse gemäß § 304 FamFG ein eigenständiges Beschwerderecht eingeräumt: Macht er u.a. geltend, der Betreute könne anstelle des bestellten Berufsbetreuers durch eine oder mehrere andere geeignete Personen außerhalb einer Berufsausübung betreut werden, so steht ihm gegen den die Entlassung des Betreuers ablehnenden Beschluss die Beschwerde zu. Eine solche Beschwerde ist jedoch nur begründet, wenn sich eine konkrete Möglichkeit zu dem vorgeschlagenen Betreuerwechsel ergibt,[147] die mit Wohl und Wille des Betreuten in Einklang steht. Im Übrigen obliegt es dem Gericht („soll"), den Berufsbetreuer gegen einen Ehrenamtlichen unter den gegebenen Voraussetzungen auch dann auszuwechseln, wenn der bestellte Berufsbetreuer keine Mitteilung macht, die Möglichkeit der ehrenamtlichen Betreuung aber anderweit zur Kenntnis des Gerichts gelangt.

3. Mitwirkung der Behörde bei erstmaliger Bestellung eines Berufsbetreuers 44 **(Abs. 7). a) Anhörung der Behörde.** Die Vorschrift des Abs. 7 ist gleichfalls durch das 1. BtÄndG eingeführt[148] und durch das 2. BtÄndG ergänzt worden. Die Vorschrift ist im Zusammenhang mit § 1836 Abs. 1 S. 2 iVm. § 1908i Abs. 1 S. 1 zu sehen: Grundsätzlich wird eine Betreuung nur dann entgeltlich geführt, wenn das Gericht bei der Bestellung feststellt, dass der Betreuer das Amt berufsmäßig führt. Die Regelungen des § 1897 Abs. 7 und 8 dienen der Vorbereitung dieser Entscheidung. Wenn eine Person unter den Voraussetzungen des Absatzes 6 Satz 1 erstmals im Bezirk des Betreuungsgerichts zum Betreuer bestellt werden soll, so soll nach § 1897 Abs. 7 S. 1 das Gericht zuvor die zuständige Behörde zur Eignung des ausgewählten Betreuers und zu den nach § 1 Abs. 1 Satz 1 Alt. 2 VBVG zu treffenden Feststellungen anhören. Die Vorschrift zielt auf eine Qualitätssicherung der professionellen Betreuung ab, die allerdings nur die „Newcomer" in einem Gerichtsbezirk trifft. Der Bezug auf § 1 Abs. 1 Satz 1 Alt. 2 VBVG betrifft Personen, die zwar noch nicht viele Vormundschaften (Betreuungen) wahrnehmen, dass dies nur im Rahmen der Berufsausübung geschehen kann, von denen es aber in absehbarer Zeit zu erwarten ist. Die Behörde soll sich also außer zur Eignung auch dazu äußern, ob sich die Fürsorgetätigkeiten der in Frage stehenden Person in absehbarer Zeit auch quantitativ auf eine professionelle Beanspruchung hin entwickeln wird, so

---
[142] BayObLG FamRZ 2002, 768 (mit problematischem Ergebnis im Einzelfall, siehe *Bienwald* FamRZ 2002, 769).
[143] BayObLG FamRZ 2001, 1402, 1403.
[144] BT-Drucks. 13/7158 S. 50.
[145] HK-BUR/*Bauer* Rn. 33 a; aA *Knittel* Rn. 23 b.
[146] BayObLG BtPrax 2005, 148. Vgl. auch OLG Hamm OLGR 2005, 648.
[147] Siehe BT-Drucks. 13/7158 S. 50.
[148] Rechtspolitische Begründung BT-Drucks. 13/7158 S. 27 f.

dass jetzt schon von einer berufsmäßigen Führung gesprochen werden kann. § 1897 Abs. 7 S. 1 ist als Soll-Vorschrift gestaltet. Die Behörde ist zur Äußerung zu den ihr gestellten Fragen verpflichtet (§ 8 S. 1, 2 BtBG). Schlägt die Behörde eine Person vor, die sich im Einzelfall als Betreuer eignet, so hat sie dem Gericht auch den Umfang der berufsmäßig geführten Betreuungen mitzuteilen (§ 8 S. 4 BtBG).[149]

45 **b) Führungszeugnis, Schuldnerverzeichnis (Abs. 7 S. 2).** Nach dem durch das 2. BtÄndG eingefügten S. 2 soll die als Betreuer in Aussicht genommene Person von der Behörde aufgefordert werden, ein Führungszeugnis und eine Auskunft aus dem Schuldnerverzeichnis (§ 915 ZPO) vorzulegen.[150]

46 **4. Erklärungspflicht des Berufsbetreuers (Abs. 8).** Der Wortlaut der durch das 2. BtÄndG[151] eingeführten Vorschrift gibt Rätsel auf: Wer als Berufsbetreuer bestellt wird, soll sich über Zahl und Umfang der von ihm geführten Betreuungen erklären. Diese Pflicht hat aber nur einen Sinn, wenn sie *vor der Bestellung zum Betreuer* besteht und damit die Entscheidung des Gerichts noch beeinflussen kann. Die Erklärung ist dem Gericht gegenüber abzugeben und soll die Prüfung erleichtern, ob der betreffende Berufsbetreuer bereits ausgelastet ist und damit als ungeeignet erscheinen kann.[152]

§ 1898 Übernahmepflicht

(1) Der vom Betreuungsgericht Ausgewählte ist verpflichtet, die Betreuung zu übernehmen, wenn er zur Betreuung geeignet ist und ihm die Übernahme unter Berücksichtigung seiner familiären, beruflichen und sonstigen Verhältnisse zugemutet werden kann.

(2) Der Ausgewählte darf erst dann zum Betreuer bestellt werden, wenn er sich zur Übernahme der Betreuung bereit erklärt hat.

I. Normzweck

1 Abs. 1 der Vorschrift bürdet der vom Gericht als Betreuer ausgewählten Person die staatsbürgerliche Verpflichtung auf, die Betreuung „zu übernehmen". Zugleich werden die Gründe formuliert, aus denen der Ausgewählte die Übernahme ablehnen kann. Abs. 2 stellt andererseits klar, dass der Ausgewählte erst dann zum Betreuer bestellt werden darf, wenn er sich zur Übernahme der Betreuung bereit erklärt hat. Die Übernahmepflicht bleibt im Ergebnis sanktionslos.

II. Übernahmepflicht (Abs. 1)

2 **1. Die verpflichteten Personen.** Die Pflicht zur Übernahme des Betreueramtes trifft grundsätzlich alle vom Betreuungsgericht ausgewählten Betreuer (auch wenn mehrere Betreuer bestellt werden, auch Vollmachtsbetreuer nach § 1896 Abs. 3; auch Gegenbetreuer). Im Gegensatz zum Vormundschaftsrecht (§ 1785) ist die Verpflichtung nicht auf Deutsche beschränkt; bei der Betreuung von Ausländern kann gerade die Bestellung eines Betreuers mit gleicher Staatsangehörigkeit sinnvoll sein.[1] Zur Übernahme verpflichtet sind auch Vereins- und Behördenbetreuer; freilich steht es Verein und Behörde trotz § 1898 Abs. 1 frei, ihre Einwilligung zur Bestellung ihres Mitarbeiters zu versagen (§ 1897 Abs. 2); wird diese Einwilligung aber erteilt, so ist der als Vereins- oder Behördenbetreuer Ausgewählte grundsätzlich zur Übernahme verpflichtet.[2] Keine Übernahmepflicht besteht, wenn der Verein als solcher zum Betreuer bestellt werden soll (§ 1900 Abs. 1 S. 2). Hingegen ist die zuständige Behörde als solche zur Übernahme verpflichtet, wenn die Voraussetzungen des § 1900 Abs. 4 S. 1 gegeben sind. Die Vorschrift gilt auch bei Erweiterung des Aufgabenkreises (§ 1908d Abs. 3 S. 2).

3 **2. Ablehnungsgründe. a) Allgemeines.** Die Gründe, aus denen der Ausgewählte die Übernahme des Amts ablehnen kann, sind anders als im Vormundschaftsrecht (§ 1786) nicht kasuistisch

---
[149] Dieser Satz eingefügt durch das 2. BtÄndG, Begründung BT-Drucks. 15/2494 S. 44.
[150] Dazu BT-Drucks. 15/2494 S. 29.
[151] Dazu BTÄndG 15/2494 S. 29.
[152] In diesem Sinn auch *Jürgens* Rn. 22.
[1] So BT-Drucks. 11/4528 S. 129; *Knittel* Rn. 1.
[2] Das bleibt offen in BayObLG FamRZ 1994, 1061, 1062.

aufgezählt. Für das Betreuungsrecht sah der Gesetzgeber einen solchen Katalog als zu unflexibel an.[3] Dies schließt nicht aus, die Aufzählung des § 1786 zu Hilfe zu nehmen, doch ist eine pauschale Übernahme nicht gerechtfertigt, schon weil es im Einzelfall entscheidend auf den Umfang der konkreten Betreuungsaufgabe ankommt.[4]

b) Mangelnde Eignung. Die Übernahmepflicht besteht nur, wenn der Ausgewählte zur Betreuung im Sinne von § 1897 Abs. 1 geeignet ist. Der Ausgewählte kann sich – anders als im Vormundschaftsrecht[5] – auf seine mangelnde Eignung berufen, also zB geltend machen, zu der in § 1897 Abs. 1 geforderten persönlichen Betreuung nicht in der Lage zu sein. Denn der zum Betreuer Auserwählte hat ein eigenes Interesse daran, nicht mit einer Aufgabe belastet zu werden, zu deren Erledigung er nicht fähig ist.[6] Beruht die Auswahl auf einem Vorschlag des Betroffenen (§ 1897 Abs. 4 S. 1), so kann der Ausgewählte geltend machen, er sei derart ungeeignet, dass seine Bestellung dem Wohl des Betroffenen zuwiderliefe.[7]

c) Unzumutbarkeit. Der Ausgewählte kann die Übernahme des Amtes ferner ablehnen, wenn ihm die Übernahme unter Berücksichtigung seiner familiären, beruflichen oder sonstigen Verhältnisse nicht zugemutet werden kann.

aa) Familiäre Verhältnisse. Dazu vgl. § 1786 Nr. 1, 3, 8. Doch ist bei Belastung mit der Sorge für minderjährige Kinder die Zumutbarkeitsgrenze schon bei weniger als vier Kindern überschritten, zumal wenn diese noch sehr jung, krank oder behindert sind.[8] Für allein erziehende Mütter und Väter kann schon die Sorge für *ein* Kleinkind das Ablehnungsrecht begründen.[9] Zu den familiären Verhältnissen gehört auch die faktische Sorge für Pflegekinder und für gebrechliche Familienmitglieder, die ohne förmliches Betreuungsverhältnis versorgt werden.

bb) Berufliche Verhältnisse. Die beruflichen Belastungen sind umso gewichtiger, je unvermeidlicher sie erscheinen (Reisetätigkeit, Auslandsaufenthalte uä.); der Verweis auf Nebentätigkeiten, deren Ertrag der Ausgewählte nicht zu seinem angemessenen Unterhalt benötigt, überzeugt weniger. Auch der Berufsbetreuer kann Auslastung für die bereits übernommenen Betreuungen, Vormundschaften und Pflegschaften geltend machen.

cc) Sonstige Verhältnisse. Unter „sonstige Verhältnisse" fallen Gesundheitszustand, Alter, schon übernommene pflegerische oder sonstige soziale Aufgaben (zB tatsächliche Pflege anderer ohne förmliche Bestellung zum Betreuer uam.). Das Lebensalter betreffend ist § 1786 Abs. 1 Nr. 2 zu starr, auch nach Vollendung des 60. Lebensjahres kann einer gesunden Person die Übernahme einer Betreuung zumutbar sein.[10] Relevant ist auch die räumliche Entfernung vom Sitz des Betreuungsgerichts (vgl. § 1786 Abs. 1 Nr. 5). Unzumutbar ist dem ehrenamtlich Tätigen grundsätzlich die Übernahme von mehr als einer Vormundschaft, Pflegschaft oder Betreuung (vgl. § 1786 Abs. 1 Nr. 8). Grundlegend anders ist die Lage bei Berufsbetreuern: Hier setzt die Unzumutbarkeit erst mit der beruflichen Überlastung ein. Zu beachten ist ferner der in § 1786 Abs. 1 Nr. 7 enthaltene Gedanke: Ein Ablehnungsrecht hat, wer gemeinschaftlich mit einem anderen mit einem Aufgabenkreis betraut werden soll (§ 1899 Abs. 3), da ihm die gesamtschuldnerische Haftung gem. § 1908i Abs. 1 S. 1 iVm. § 1833 Abs. 2 S. 1 droht.

3. Inhalt der Übernahmepflicht. Die Pflicht zur Übernahme der Betreuung wird dadurch erfüllt, dass sich der Ausgewählte dazu bereit erklärt (§ 1898 Abs. 2). Diese Erklärung macht den Weg zur Bestellung frei, eine weitere Bedeutung hat sie nicht. Insbesondere entstehen die Rechte und Pflichten des Betreuers erst mit Wirksamwerden der Bestellung (siehe § 1896 Rn. 201). Zur Durchsetzung der Übernahmepflicht nachfolgende Rn.

III. Die Bereiterklärung; Durchsetzung der Übernahme (Abs. 2)

1. Grundsatz. Nach § 1898 Abs. 2 darf der Ausgewählte erst dann bestellt werden, wenn er sich zur Übernahme der Betreuung bereit erklärt hat. Diese Erklärung ist spätestens zum Ende des Betreuungsverfahrens einzuholen. Auch der Vereinsbetreuer darf nicht bestellt werden, ohne – über

---

[3] BT-Drucks. 11/4528 S. 129.
[4] BT-Drucks. 11/4528 S. 129.
[5] S. § 1779 Rn. 1; auch BT-Drucks. 11/4528 S. 129.
[6] BT-Drucks. 11/4528 S. 129.
[7] *Schwab* FamRZ 1990, 681, 685.
[8] BT-Drucks. 11/4528 S. 129.
[9] So auch *Knittel* Rn. 3.
[10] BT-Drucks. 11/4528 S. 129.

§ 1899

die nötige Zustimmung des Vereins hinaus – auch selbst seine Bereitschaft erklärt zu haben.[11] Gleiches gilt für den Behördenbetreuer. Der Umstand, dass der Betroffene die ausgewählte Person vorgeschlagen hat, ersetzt ihre Bereiterklärung nicht.[12] Die Bereiterklärung ist bis zum Schluss der Tatsachenverhandlung widerruflich. Ist aber der Betreuer nach erklärter Bereitschaft bestellt, so kann er seine Erklärung nicht nachträglich widerrufen und damit der Bestellung den Boden entziehen; vielmehr kann er sodann nur unter den Voraussetzungen des § 1908b entlassen werden.[13] Freilich ist dann die Entlassung nur gerechtfertigt, wenn die oben beschriebenen Gründe der Unzumutbarkeit vorliegen.[14]

10   **2. Kein Zwangsgeld.** Der Ausgewählte kann zur Abgabe dieser Erklärung nicht gezwungen werden.[15] Die Möglichkeit, ein Zwangsgeld festzusetzen, war im Diskussionsentwurf vorgesehen,[16] wurde aber im RegE gestrichen.[17] Damit hat der Gesetzgeber eindeutig erkennen lassen, dass er die Sanktion des Zwangsgeldes für den Bereich des Betreuungsrechts ablehnt. Auch § 1787 Abs. 2 ist nicht anwendbar (§ 1908i Abs. 1 S. 1 arg. e contr.).

11   **3. Schadensersatz.** Die unbegründete Ablehnung gemäß § 1908i Abs. 1 S. 1 iVm. § 1787 Abs. 1 kann eine mittelbare Sanktion nach sich ziehen: Bei Verschulden ist der Ausgewählte für den Schaden verantwortlich, der dem Betroffenen dadurch entsteht, dass sich die Betreuerbestellung verzögert. Derartige Schäden sind durchaus denkbar, zB wenn sich durch die unbegründete Weigerung des Ausgewählten die Bestellung eines Betreuers verzögert und daraus vermögensrechtliche Nachteile für den Betroffenen entstehen. Das erforderliche Verschulden bezieht sich auf die unbegründete Ablehnung der Bereiterklärung; es ist gegeben, wenn der Ausgewählte weiß oder fahrlässig nicht weiß, dass er zur Übernahme verpflichtet ist.[18] Der ausdrücklichen Ablehnung der Übernahme steht die Verhinderung der Betreuerbestellung durch passives Verhalten gleich.[19] Der Anspruch steht dem Betreuungsbedürftigen zu und ist im Prozesswege geltend zu machen.

IV. Verfahrensrecht

12   Dem Wortlaut des § 1898 könnte man entnehmen, dass schon die Auswahl des Betreuers eine eigenständige gerichtliche Entscheidung darstellt, da sie eine Rechtswirkung (Übernahmepflicht) für den Ausgewählten äußert. Demzufolge wäre zunächst die Auswahlentscheidung bekanntzumachen; diese könnte auch mit Rechtsmitteln angefochten werden. Eine solche Interpretation der Gesetzeslage erscheint indes unzweckmäßig. Da die Übernahme des Amtes nicht unmittelbar erzwungen werden kann, liegt es nahe, in der **Auswahl eine bloß gerichtsinterne Willensbildung** zu sehen. Eine Beschwerde findet nur gegen die im ersten Rechtszug ergangenen Endentscheidungen statt, soweit das Gesetz nichts anderes bestimmt (§ 58 Abs. 1 FamFG), also gegen die Betreuerbestellung selbst (s. § 1896 Rn. 208 ff.). In diesem Rahmen kann dann auch die Auswahl angegriffen (§ 58 Abs. 2 FamFG) und geltend gemacht werden, dass gegen die Auswahlvorschriften des § 1897 oder gegen die Regel des § 1898 Abs. 2 verstoßen worden sei; die Beschwerde kann auch auf diesen Punkt beschränkt werden.

§ 1899 Mehrere Betreuer

(1) ¹Das Betreuungsgericht kann mehrere Betreuer bestellen, wenn die Angelegenheiten des Betreuten hierdurch besser besorgt werden können. ²In diesem Falle bestimmt es, welcher Betreuer mit welchem Aufgabenkreis betraut wird. ³Mehrere Betreuer, die eine Vergütung erhalten, werden außer in den in den Absätzen 2 und 4 sowie § 1908i Abs. 1 Satz 1 in Verbindung mit § 1792 geregelten Fällen nicht bestellt.

---

[11] BayObLG FamRZ 1994, 1061, 1062.
[12] BayObLG FamRZ 1994, 1061, 1062 (betr. Vereinsbetreuer).
[13] AA LG Duisburg FamRZ 1993, 851 mit zu Recht ablehnender Anm. *Luthin*; träfe die Auffassung des Gerichts zu, so wäre § 1908b Abs. 2 gegenstandslos.
[14] Unhaltbar mE die gegenteilige Auffassung des LG Duisburg FamRZ 1993, 851.
[15] LG Duisburg FamRZ 1993, 851. So auch die Lit., vgl. *Knittel* Rn. 4.
[16] § 1899 Abs. 2 S. 2 BGB – 1. Diskussions-Teilentwurf.
[17] Zu den Gründen BT-Drucks. 11/4528 S. 129.
[18] *Jürgens/Lesting/Marschner/Winterstein* Rn. 239.
[19] *Jürgens/Lesting/Marschner/Winterstein* Rn. 238.

(2) Für die Entscheidung über die Einwilligung in eine Sterilisation des Betreuten ist stets ein besonderer Betreuer zu bestellen.

(3) Soweit mehrere Betreuer mit demselben Aufgabenkreis betraut werden, können sie die Angelegenheiten des Betreuten nur gemeinsam besorgen, es sei denn, dass das Gericht etwas anderes bestimmt hat oder mit dem Aufschub Gefahr verbunden ist.

(4) Das Gericht kann mehrere Betreuer auch in der Weise bestellen, dass der eine die Angelegenheiten des Betreuten nur zu besorgen hat, soweit der andere verhindert ist.

Übersicht

	Rn.		Rn.
I. Normzweck	1	3. Haftung	14
II. Die Voraussetzungen (Abs. 1 S. 1, Abs. 2)	2–11	4. Wegfall eines Mitbetreuers	15
1. Grundsatz	2	**IV. Die gemeinschaftliche Betreuung (Abs. 3)**	16–21
2. Gesetzliche Gründe	3, 4	1. Gemeinschaftliche Führung	16
a) Sterilisation (Abs. 2)	3	2. Alleinzuständigkeit	17
b) Ergänzungsbetreuer	4	3. Meinungsverschiedenheiten	18
3. Bessere Amtsführung	5, 6	4. Gesamtschuldnerische Haftung	19
a) Grundsatz	5	5. Wegfall eines Mitbetreuers	20
b) Einzelfälle	6	6. Entbehrlichkeit eines Gegenbetreuers und von Genehmigungen	21
4. Ausschluss mehrerer vergüteter Betreuer (Abs. 1 S. 3)	7	**V. Die Ersatzbetreuung (Abs. 4)**	22–26
5. Wille des Betroffenen	8	1. Gesetzesänderung	22
6. Verfahren	9–11	2. Die Verhinderung des „Hauptbetreuers"	23, 24
a) Grundsatz	9	a) Rechtliche Verhinderung	23
b) Bestellung eines weiteren Betreuers	10	b) Tatsächliche Verhinderung	24
c) Entscheidung, Bestellungsurkunde	11	3. Rechtswirkungen	25, 26
III. Die geteilte Mitbetreuung (Abs. 1 S. 2)	12–15	a) Rechtsstellung des Ersatzbetreuers	25
1. Selbständige Führung innerhalb des Aufgabenkreises	12	b) Legitimation im Außenverhältnis	26
2. Meinungsverschiedenheiten	13	**VI. Gegenbetreuer**	27

I. Normzweck

Im Regelfall soll für einen Betreuten nur *ein* Betreuer bestellt werden. Dies erleichtert die Betreuung und die Bildung eines persönlichen Vertrauensverhältnisses.[1] Doch sollen mehrere Betreuer bestellt werden können, wenn die Angelegenheiten des Betreuten hierdurch besser zu besorgen sind. Das Gesetz kennt drei Typen der Mitbetreuung: Die **gemeinschaftliche Mitbetreuung**, dh. die Bestellung mehrerer Betreuer für denselben Aufgabenkreis (§ 1899 Abs. 3; § 1908i Abs. 1 S. 1 iVm. § 1797 Abs. 1); die **geteilte Mitbetreuung**, dh. die Bestellung mehrerer Betreuer für verschiedene Aufgabenkreise (§ 1899 Abs. 1 S. 2, § 1908i Abs. 1 S. 1 iVm. § 1798); schließlich die **Ersatzbetreuung** (§ 1899 Abs. 4), eine für das Betreuungsrecht besonders entwickelte Figur. Soweit das Gesetz nicht entgegensteht, können die Betreuungstypen miteinander gemischt werden, zB können teils getrennte, teils gemeinsame Aufgabenkreise gebildet werden.[2] Geteilte Mitbetreuung kann obligatorisch sein, wenn es um die Einwilligung des Betreuers in eine **Sterilisation** geht; hierfür ist stets ein besonderer Betreuer zu bestellen (§ 1899 Abs. 2). Über § 1908i Abs. 1 S. 1 sind einige Vorschriften über Mitvormundschaft (§§ 1797 Abs. 1, 1798) entsprechend anwendbar. Hinsichtlich einer **Mehrheit von Berufsbetreuern** hat das **2. BtÄndG** eine Einschränkung hinzugefügt (Abs. 1 S. 3). 1

---

[1] BT-Drucks. 11/4528 S. 130. Siehe auch BayObLG FamRZ 1997, 1502; 1998, 512, 513. Ob das Gericht einen Ermessensspielraum hat, wird zT bejahend angedeutet, zB OLG Celle FamRZ 1997, 845, 846 („Ermessensfehlgebrauch nicht ersichtlich"). Eher handelt es sich, soweit die Mitbetreuung nicht auf zwingenden gesetzlichen Gründen beruht, um einen Beurteilungsspielraum im Rahmen des unbestimmten Rechtsbegriffs „bessere Besorgung".

[2] BT-Drucks. 11/4528 S. 130.

Durch das gleiche Gesetz ist auch die Möglichkeit entfallen, mehrere Betreuer so zu bestellen, dass der eine nur amtiert, wenn der andere ihm die Besorgung überträgt (Abs. 4).

II. Die Voraussetzungen (Abs. 1 S. 1, Abs. 2)

2 **1. Grundsatz.** Die Bestellung mehrerer Betreuer steht nicht im Belieben des Gerichts.[3] Vielmehr
- müssen entweder die Angelegenheiten des Betroffenen im konkreten Fall durch mehrere Betreuer besser besorgt werden können (§ 1899 Abs. 1 S. 1);
- oder es ist die Bestellung eines weiteren Betreuers aus Rechtsgründen notwendig. Nicht entsprechend anwendbar ist § 1775 (§ 1908i Abs. 1 S. 1 arg. e contr.).

Auch wenn diese Voraussetzungen gegeben sind, dürfen – von Ausnahmen abgesehen – nicht mehrere Betreuer, die eine Vergütung erhalten, für denselben Betreuten bestellt werden (§ 1899 Abs. 1 S. 3).

3 **2. Gesetzliche Gründe. a) Sterilisation (Abs. 2).** Soll ein Betreuer anstelle des insoweit einwilligungsunfähigen Betroffenen in eine Sterilisation einwilligen, so bedarf es für diese Einwilligungserklärung stets eines besonderen Betreuers (§ 1899 Abs. 2). Dieser Betreuer darf mit keiner anderen Betreuungsaufgabe betraut sein. Ergibt sich ein Bedarf auch für Betreuung in anderen Aufgabenkreisen, so kommt es zwangsläufig zu einer geteilten Mitbetreuung. Die Befugnis zur Einwilligung in die Sterilisation darf unter keinen Umständen mit anderen Aufgabenkreisen gemischt werden; der hier zuständige Betreuer entscheidet über die Einwilligung völlig selbständig. Theoretisch möglich ist es, den Aufgabenkreis „Einwilligung in eine Sterilisation" mehreren gemeinschaftlichen Mitbetreuern zu übertragen, die dann aber allesamt keinen weiteren Aufgabenkreis haben dürfen; zweckmäßig ist dies aber nicht.

4 **b) Ergänzungsbetreuer.** Aus Rechtsgründen kommt es ferner zu einer geteilten Mitbetreuung, wenn ein Betreuer an der Vornahme eines Rechtsgeschäfts oder der Führung eines Rechtsstreits nach §§ 1795, 1796 (§ 1908i Abs. 1 S. 1) gehindert ist.[4] In diesem Fall ist nicht etwa, wie bei der Vormundschaft, ein Ergänzungspfleger zu bestellen,[5] sondern ein weiterer Betreuer, dessen Aufgabenkreis sich auf die Angelegenheiten erstreckt, an denen der zunächst bestellte Betreuer verhindert ist.[6] Damit soll erreicht werden, dass nicht Pflegschafts-, sondern Betreuungsrecht anzuwenden ist (zB Willensvorrang des Betreuten nach § 1901 Abs. 2 S. 1).[7] Der „Ergänzungsbetreuer" ist in seiner Rechtsstellung echter Betreuer; die Bestellung erfolgt nach den Vorschriften des Betreuungsverfahrens. Soweit die rechtliche Verhinderung des Betreuers reicht, ist der Ergänzungsbetreuer für die betreffenden Angelegenheiten in alleiniger Verantwortung zu bestellen und daher selbständig handlungsbefugt[8] (geteilte Mitbetreuung).

5 **3. Bessere Amtsführung. a) Grundsatz.** Mehrere Betreuer können über die genannten Fälle hinaus immer dann bestellt werden, wenn die Angelegenheiten, auf die sich die Betreuung erstreckt, hierdurch besser besorgt werden können. Da es hier häufig auf Zweckmäßigkeitsgesichtspunkte ankommt, ist dem Gericht ein gewisser Ermessensspielraum eingeräumt. Richtschnur ist das Wohl des Betreuten. Dieses ist auch für die Frage maßgeblich, ob geteilte oder gemeinschaftliche Betreuung eingerichtet werden soll.

6 **b) Einzelfälle.** Als Hauptfall der Mitbetreuung nennt die Gesetzesbegründung die Konstellation, dass ein behindertes Kind volljährig wird und die **Eltern** geeignet und bereit sind, die Sorgeaufgabe gemeinschaftlich weiterzuführen. § 1899 ermöglicht dies ohne weiteres, auch in der Form der gemeinschaftlichen Betreuung; die Hindernisse des früheren Rechts[9] sind obsolet. Eine gemeinsame Betreuung durch beide Eltern liegt, wenn nicht der Wille des Betreuten entgegensteht, häufig in dessen Interesse,[10] besonders wenn sich die Eltern schon bisher gemeinsam um das Kind gekümmert haben und eine harmonische Beziehung der Eltern untereinander und zum Kind vorhanden

---

[3] BayObLG FamRZ 1998, 512, 513; LG München II v. 13. 2. 2008 - 6 T 6215/07 (nach juris).
[4] BayObLG FamRZ 1999, 1303; 1998, 512, 513; das Gericht vertritt im Anschluss an *Spanl* (Rpfleger 1992, 142, 142) die Auffassung, im Falle der gesetzlichen Verhinderung brauche wegen der speziellen Regelung des Abs. 4 nicht auf Abs. 1 zurückgegriffen werden; Abs. 4 beschäftigt sich indes mit einer speziellen *Form* der Mitbetreuung, nicht mit den Voraussetzungen, unter denen die Mitbetreuung allgemein zulässig ist.
[5] § 1909 nennt den Fall des verhinderten Betreuers nicht, vgl. auch BT-Drucks. 11/4528 S. 130.
[6] BT-Drucks. 11/4528 S. 130.
[7] BT-Drucks. 11/4528 S. 130.
[8] BayObLG FamRZ 1998, 512, 513.
[9] S. BT-Drucks. 11/4528 S. 130; dazu noch LG Berlin FamRZ 1986, 103; 1988, 211.
[10] BT-Drucks. 11/4528 S. 130.

ist.[11] Eine weitere Konstellation betrifft Fälle, in denen der Betreuer zwar nicht kraft Gesetzes von der Vertretung ausgeschlossen ist, in denen aber nahe liegende **Interessenkonflikte** die Bestellung eines weiteren Betreuers für diese Angelegenheit im Sinne des Betreutenwohls angezeigt erscheinen lassen;[12] in diesem Fall ist dem weiteren Betreuer die betreffende Angelegenheit zur selbständigen Erledigung zu übertragen (geteilte Mitbetreuung). Die Bestellung mehrerer Betreuer kommt ferner in Betracht, wenn ein **größeres Vermögen** zu verwalten ist und ein Fachmann eingeschaltet werden muss, während die außerdem erforderliche Betreuung in persönlichen Angelegenheiten von einer nahe stehenden Person geleistet werden kann.[13] Denkbar ist auch, dass sich der Betroffene eine bestimmte Person als Betreuer wünscht, die aber nicht für alle zu besorgenden Angelegenheiten geeignet erscheint; dann kann es dem Wohl des Betreuten dienlich sein (§ 1897 Abs. 4 S. 1), wenn zwar die gewünschte Person zum Betreuer bestellt wird, aber für einen bestimmten Kreis von Angelegenheiten ein entsprechend qualifizierter Mitbetreuer hinzutritt.[14] Allerdings ist bei der Frage, ob der (vorgesehene) Betreuer für die Besorgung aller Angelegenheiten geeignet ist, zu berücksichtigen, dass es dem Betreuer durchaus möglich ist, für bestimmte Angelegenheiten Fachleute einzuschalten. Zutreffend hat das BayObLG daher die Bestellung eines weiteren Betreuers speziell zur Rechtsverteidigung gegen eine Honorarklage abgelehnt, weil die schon vorhandenen Betreuer unschwer im Rahmen ihres Aufgabenkreises (Vermögensverwaltung) einen beim Prozessgericht zugelassenen Anwalt beauftragen können.[15] Auch die Entfernung zwischen den Wohnsitz des Betreuers und des Betreuten kann die Bestellung eines weiteren Betreuers rechtfertigen.[16] Eine Häufung von Betreuern ist aber möglichst zu vermeiden.[17] Nicht zulässig ist die Bestellung eines weiteren Betreuers zu dem Zweck, den Betreuer bei nicht aufgeklärtem Verdacht auf Pflichtverletzungen kontrollieren zu lassen und damit die betreuungsgerichtliche Aufsicht zu verlagern.[18]

4. Ausschluss mehrerer vergüteter Betreuer (Abs. 1 S. 3). Das 2. BtÄndG hat die Regel 7 hinzugefügt, wonach außer in Sonderfällen nicht mehrere Betreuer bestellt werden dürfen, die eine Vergütung erhalten. Die Gesetzesbegründung führt ins Feld, § 1899 habe im Bereich der Berufsbetreuer keine praktische Bedeutung.[19] Doch ist die genannte Einschränkung im Zusammenhang mit den Bestrebungen zu sehen, die professionelle Betreuung einzuschränken. Betroffen sind nicht nur selbständige Berufsbetreuer, sondern auch Vereins- und Behördenbetreuer, ferner diejenigen Betreuer, welche die Betreuung zwar nicht berufsmäßig führen, aber gemäß § 1836 Abs. 2 eine Vergütung erhalten. Die Regel gilt unabhängig davon, ob die Staatskasse oder der Betroffene für die Vergütung aufkommen müsste.[20] Sie schränkt die Möglichkeiten der Betreuermehrheit wesentlich ein. So kann zB neben einem selbständigen Berufsbetreuer auch kein Vereinsbetreuer bestellt werden. Wohl aber kann weiterhin ein vergüteter Betreuer, zB ein Vereinsbetreuer, zusammen mit einem ehrenamtlichen Betreuer bestellt werden. Die Einschränkung des Abs. 1 S. 3 gilt nicht, soweit es sich um Sterilisationsbetreuung (Abs. 2), Ersatzbetreuung (Abs. 4) oder Gegenbetreuung (§ 1792 iVm. § 1908i Abs. 1 S. 1) handelt. So können zwei Berufsbetreuer in der Weise bestellt sein, dass der eine für die Einwilligung in eine Sterilisation, der andere für die Betreuung in den anderen persönlichen Angelegenheiten zuständig ist. Waren vor dem Inkrafttreten des 2. BtÄndG mehrere Berufsbetreuer bestellt, so ist nun, wenn kein Ausnahmefall vorliegt, ein wichtiger Grund (§ 1908b Abs. 1 S. 1) zur Entlassung eines der Betreuer gegeben.[21]

5. Wille des Betroffenen. Die Voraussetzungen dafür, ob eine Person überhaupt als Betreuer 8 ausgewählt werden soll, richten sich auch im Fall der Mitbetreuung nach § 1897, in erster Linie also nach dem Vorschlag des Betroffenen. Das Vorschlagsrecht bezieht sich auf die Person(en), nicht aber

---

[11] Es entscheidet im konkreten Fall das Wohl des Betroffenen, vgl. OLG Zweibrücken NJW-RR 2002, 292 (verneint wegen erheblicher Spannungen zwischen den Eltern im Scheidungsverfahren); OLG Schleswig FamRZ 2005, 1278 (nicht automatisch).
[12] BayObLG FamRZ 1998, 512, 513; FamRZ 2004, 1991 (Streit um den Umgang des Betroffenen mit Angehörigen), OLG Frankfurt a. M. FamRZ 2009, 247.
[13] BT-Drucks. 11/4528 S. 130; *Schwab*, 57. DJT, Sitzungsbericht K 24; so auch BayObLG FamRZ 1997, 1502.
[14] In diesem Sinne auch BayObLG FamRZ 1997, 1502.
[15] BayObLG FamRZ 1997, 1512.
[16] BayObLG FamRZ 2000, 1183; OLG Frankfurt a. M. FamRZ 2009, 247.
[17] Vgl. BayObLG FamRZ 2003, 1967 (Bestellung von vier Betreuern mit Einzelvertretungsmacht für den gesamten Aufgabenkreis nur bei besonderen Umständen).
[18] OLG Frankfurt a. M. FamRZ 2009, 247, 248 (dort auch zur Bestellung eines Gegenbetreuers in solchem Fall).
[19] BT-Drucks. 15/2494 S. 29.
[20] *Bienwald* Rn. 8.
[21] OLG München BtPrax 2006, 34 = FamRZ 2006, 506 (LS.); BtPrax 2006, 109 = FamRZ 2006, 890 (LS.).

auf die Struktur der Betreuung, sodass zB der Vorschlag, X und Y zu Betreuern zu bestellen, das Gericht nur an die vorgeschlagenen Personen, nicht aber an die Figur der Mitbetreuung bindet. Freilich ist der Wille des Betreuten auch diesbezüglich im Rahmen des § 1897 Abs. 1 angemessen zu berücksichtigen. Die Einschränkung des Abs. 1 S. 3 kann auch durch den Willen des Betroffenen nicht beiseite geräumt werden.

9   **6. Verfahren. a) Grundsatz.** Die Bestellung von Mitbetreuern erfolgt nach den allgemeinen Regeln des Betreuungsverfahrens; es gilt dies auch für die Bestellung eines Ergänzungsbetreuers.

10 **b) Bestellung eines weiteren Betreuers.** Für den Fall, dass schon ein Betreuer bestellt ist und später ein Mitbetreuer hinzukommen soll, enthält § 293 Abs. 3 FamFG – ähnlich dem früher einschlägigen § 69i Abs. 5 FGG – eine unverständliche Regelung: Ist mit der Bestellung eines weiteren Betreuers nach § 1899 des Bürgerlichen Gesetzbuchs eine **Erweiterung des Aufgabenkreises** verbunden, sollen sollen sollen die Absätze des § 293 Abs. 1 und 2 entsprechend gelten (Verfahrenserleichterungen unter besonderen Voraussetzungen). Nach welchen Regeln ist aber zu verfahren, wenn mit der Bestellung eines weiteren Betreuers der **Aufgabenkreis nicht erweitert** wird? Gelten dann die Verfahrensregeln der Betreuerbestellung überhaupt nicht? Ein solches Ergebnis wäre ganz unhaltbar. Es ist festzuhalten: Auch die Bestellung eines weiteren Betreuers ist „Bestellung eines Betreuers" im Sinn des § 271 Nr. 1 FamFG, es gelten infolgedessen **alle Verfahrensregeln, die für die Betreuerbestellung einschlägig** sind. Der Betroffene ist nach § 278 FamFG anzuhören,[22] auch die Anhörung dritter Personen richtet sich nach der allgemeinen Regel des § 279 FamFG. Auch die Notwendigkeit der Einholung eines Gutachtens wäre an sich nach den allgemeinen Regeln des Betreuungsverfahrens zu beurteilen. Jedoch ergibt sich ein Wertungswiderspruch im Gesetz: Wenn bei *Erweiterung des Aufgabenkreises* die Bestellung eines weiteren Betreuers gewisse Verfahrenserleichterungen gelten (§ 272 Abs. 1 und 2), dann kann das Verfahren schwerlich strenger sein, weil ein weiterer Betreuer *ohne Erweiterung des Aufgabenkreises* bestellt wird. Es liegt offenkundig ein rechtstechnischer Fehler vor, der nicht anders als durch vernünftige Interpretation des Gesetzes behoben werden kann: § 293 Abs. 2 gilt generell für die Bestellung eines weiteren Betreuers, **gleichgültig ob damit eine Erweiterung des Aufgabenkreises verbunden ist oder nicht.** Wenn man dem nicht folgt, muss man erklären, nach welchen Verfahrensregeln überhaupt die Bestellung eines weiteren Betreuers betrieben werden soll. Entweder sie *ist* Bestellung eines Betreuers, dann gilt das dafür vorgesehene Verfahren, oder *sie ist es nicht*, dann wird zweifelhaft, ob es sich überhaupt um eine Betreuungssache handelt.

11 **c) Entscheidung, Bestellungsurkunde.** Die Entscheidung, durch die mehrere Betreuer bestellt werden, muss diese Tatsache und die Bezeichnung aller Betreuer und ihrer Aufgabenkreise enthalten (§ 286 FamFG äußert sich dazu nicht). Gleiches gilt für den Inhalt der Bestellungsurkunde; zwar enthält § 290 FamFG für diesen Fall keine Regelung, doch ist § 1791 Abs. 2 analog anzuwenden.

III. Die geteilte Mitbetreuung (Abs. 1 S. 2)

12 **1. Selbständige Führung innerhalb des Aufgabenkreises.** Die Betreuungsaufgabe kann unter mehreren Betreuern so aufgeteilt werden, dass sie jeweils für einen verschiedenen Aufgabenkreis zuständig sind (§ 1899 Abs. 1 S. 2). In diesem Fall handelt jeder Betreuer in seinem Aufgabenkreis selbständig (vgl. § 1797 Abs. 2 S. 2, auf den § 1908i Abs. 1 S. 1 allerdings nicht verweist). Er braucht folglich den anderen Mitbetreuer weder um Zustimmung zu einer Maßnahme zu ersuchen noch ihn zu informieren, wenn ausschließlich sein eigener Wirkungskreis tangiert ist. Freilich fordert der Gedanke des Wohls des Betreuten auch hier Bereitschaft zum Zusammenwirken. In Betracht kommt die Aufteilung von Angelegenheiten der Personensorge einerseits, der Vermögenssorge andererseits; ferner die Herausnahme von einzelnen Angelegenheiten aus dem Betreuungsgebiet im Übrigen (zB Führung eines Schadensersatzprozesses;[23] ferner bei der Ergänzungsbetreuung). Für die Einwilligung in die Sterilisation ist stets ein besonderer Betreuer zu bestellen (§ 1899 Abs. 2). Die Einschränkungen für eine Mehrheit von Berufstreuern (Abs. 1 S. 3) gelten auch hier.

13 **2. Meinungsverschiedenheiten.** Uneinigkeit unter den Mitbetreuern entfaltet nur dann Außenwirkung, wenn die betreffende Angelegenheit sowohl in den Aufgabenkreis des einen als auch des anderen fällt. In diesem Fall können sie nur gemeinsam handeln, bei Meinungsverschiedenheiten bedarf es einer Entscheidung des Betreuungsgerichts. Dies ist ausdrücklich für den Fall geregelt, dass dem einen Betreuer Personensorgeangelegenheiten, dem anderen Aufgaben der Vermö-

---

[22] Schwächer Damrau/Zimmermann § 293 FamFG Rn. 29 („sollte" angehört werden).
[23] Vgl. BayObLG FamRZ 1999, 1168.

genssorge zugewiesen sind und die fragliche Handlung in beide Bereiche fällt (§ 1908i Abs. 1 S. 1 iVm. § 1798). Gleiches muss jedoch auch für die übrigen Fälle gelten, in denen bei geteilter Mitbetreuung eine Angelegenheit in den Aufgabenkreis mehrerer Betreuer fällt und zwischen ihnen Meinungsverschiedenheiten bestehen (§§ 1798, 1630 Abs. 2 analog),[24] ferner wenn der Streit um die Abgrenzung der Aufgabenkreise geht.[25] Die Entscheidung ist dem Richter vorbehalten (§ 15 S. 1 Nr. 1 RPflG).

3. Haftung. Jeder Mitbetreuer haftet gem. § 1908i Abs. 1 S. 1 iVm. § 1833 Abs. 1 für die Tätigkeit in seinem Wirkungskreis allein. Gesamtschuldnerische Haftung (§ 1833 Abs. 2) kann sich ergeben, wenn eine Angelegenheit in den Wirkungskreis mehrerer Mitbetreuer fällt.

4. Wegfall eines Mitbetreuers. Bei Wegfall eines Mitbetreuers ist für den betroffenen Aufgabenkreis unverzüglich ein neuer Betreuer zu bestellen; uU hat das Gericht Maßnahmen nach § 1846 iVm. § 1908i Abs. 1 S. 1 zu treffen. Dem verbleibenden Mitbetreuer wachsen keine weiteren Kompetenzen zu. Er ist verpflichtet, den Tod seines Mitbetreuers dem Betreuungsgericht unverzüglich anzuzeigen (§ 1908i Abs. 1 S. 1 iVm. § 1894 Abs. 2).

IV. Die gemeinschaftliche Betreuung (Abs. 3)

1. Gemeinschaftliche Führung. Ist ein Aufgabenkreis mehreren Vormündern gemeinschaftlich zugewiesen, so sind sie grundsätzlich nur zusammen zu handeln befugt (§ 1899 Abs. 3). Die gesetzliche Vertretungsmacht steht ihnen gemeinsam zu (Gesamtvertretung). Freilich können sie sich gegenseitig Untervollmachten erteilen und so zu einer gewissen Aufgabenteilung kommen; doch entfalten derartige Arrangements keine Bindung für die Zukunft und heben die gemeinsame Verantwortung nicht auf. Soweit ein **Einwilligungsvorbehalt** angeordnet ist, bedarf der Betreute der Einwilligung aller Mitbetreuer.[26]

2. Alleinzuständigkeit. Abweichend vom Grundprinzip ist unter bestimmten Voraussetzungen ein Mitbetreuer allein zu handeln befugt. a) Das **Gericht** kann **bestimmen,** dass in gewissen Angelegenheiten der eine oder andere Betreuer allein handeln kann (§ 1899 Abs. 3 Alt. 1). b) Wenn **mit dem Aufschub Gefahr** verbunden ist, kann gleichfalls ein Mitbetreuer allein tätig werden (§ 1899 Abs. 3 Alt. 2). Es muss eine Gefahr für wichtige persönliche oder wirtschaftliche Interessen des Betreuten drohen. Die Fühlungnahme mit dem anderen Betreuer muss unmöglich oder zu zeitaufwändig sein. Die Gefahr muss gerade aus einem Aufschub erwachsen oder durch ihn verschärft werden. c) Die Befugnis, allein zu fungieren kann sich ferner aus **sonstigen gesetzlichen Regelungen** ergeben (vgl. § 170 Abs. 1, 3 ZPO – Zustellung an nicht geschäftsfähige Personen; § 304 Abs. 4 S. 2 FamFG – selbständiges Beschwerderecht im Namen des Betreuten). Ist eine Willenserklärung an den Betreuten zu richten **(passive Stellvertretung)**, so genügt mE die Erklärung gegenüber einem der gemeinschaftlichen Mitbetreuer (§§ 1629 Abs. 1 S. 2 Halbs. 2, 28 Abs. 2 BGB, § 170 Abs. 3 ZPO analog).

3. Meinungsverschiedenheiten. Bei Meinungsverschiedenheiten zwischen den Betreuern, die das gemeinsame Betreuungsgebiet betreffen, entscheidet das Betreuungsgericht, sofern nicht bei Bestellung ein anderes bestimmt ist (§ 1908i Abs. 1 S. 1 iVm. § 1797 Abs. 1 S. 2). Die Entscheidung ist dem Richter vorbehalten (§ 15 S. 1 Nr. 1 RPflG).

4. Gesamtschuldnerische Haftung. Gemeinschaftliche Mitbetreuer haften dem Betreuten aus Pflichtverletzungen gesamtschuldnerisch (§ 1908i Abs. 1 S. 1 iVm. § 1833 Abs. 2 S. 1); das Verschulden kann auch in vernachlässigter Aufsichtspflicht über den anderen Mitbetreuer bestehen (s. § 1833 Abs. 2 S. 2). Interne Funktionsteilungen unter den Mitbetreuern heben die gesamtschuldnerische Haftung nicht auf.

5. Wegfall eines Mitbetreuers. Stirbt ein Mitbetreuer oder wird er entlassen, so führen die übrigen Mitbetreuer die Betreuung zunächst allein fort, bis das Betreuungsgericht darüber entscheidet, ob es den weggefallenen Betreuer durch einen anderen ersetzen oder den Aufgabenkreis den verbleibenden Betreuern belassen will. Den verbleibenden Mitbetreuer trifft die Anzeigepflicht nach § 1894 Abs. 2 iVm. § 1908i Abs. 1 S. 1.

6. Entbehrlichkeit eines Gegenbetreuers und von Genehmigungen. Gemeinschaftliche Betreuung macht selbst bei umfangreicher Vermögensverwaltung die Bestellung eines Gegenbetreuers entbehrlich (§ 1908i Abs. 1 S. 1 iVm. § 1792 Abs. 2). Die gemeinschaftliche Mitbetreuung

---

[24] Vgl. § 1797 Rn. 17; *Knittel* Rn. 10.
[25] So auch HK-BUR/*Bauer* Rn. 44; *Knittel* Rn. 10.
[26] *Bienwald* Rn. 15; *Knittel* Rn. 16.

lässt auch bestimmte Genehmigungserfordernisse entfallen (§ 1908i Abs. 1 S. 1 iVm. § 1810 S. 2, § 1812 Abs. 3).

V. Die Ersatzbetreuung (Abs. 4)

22　**1. Gesetzesänderung.** § 1899 Abs. 4 bietet die Möglichkeit, mehrere Betreuer auch in der Weise zu bestellen, dass der eine hauptsächlich zuständig ist, während der andere nur fungieren kann, wenn jener verhindert ist. Nach der ursprünglichen Fassung des BtG war zusätzlich die Konstruktion geschaffen, dass neben dem in erster Linie bestellten Betreuer ein weiterer Betreuer bestellt werden kann, dem der Hauptbetreuer die Besorgung der Angelegenheiten des Betreuten ganz oder teilweise übertragen kann. Mit dieser Regelung sollte unter anderem ein absehbarer Betreuerwechsel und die Einarbeitung von ehrenamtlichen Betreuern durch Berufsbetreuer erleichtert werden.[27] Das 2. BtÄndG hat, gestützt auf unsere Kommentierung,[28] die zweite Variante gestrichen. Damit kann ein Ersatzbetreuer nunmehr nur in dem Fall bestellt werden, dass der Hauptbetreuer verhindert ist.

23　**2. Die Verhinderung des „Hauptbetreuers". a) Rechtliche Verhinderung.** § 1899 Abs. 4 kommt hauptsächlich für den Fall zum Zug, dass der Hauptbetreuer in einer Angelegenheit rechtlich verhindert ist. Dann kann ein Ergänzungsbetreuer für diese Angelegenheit bestellt werden. Dies kann vorausschauend geschehen, wenn die Notwendigkeit einer Ergänzungsbetreuung absehbar ist. Hauptfall ist die Verhinderung des Hauptbetreuers bei einem Rechtsgeschäft oder einer Prozessführung nach § 1908i Abs. 1 S. 1 BGB iVm. §§ 1795, 181 und 1796 BGB.[29] Soweit der Hauptbetreuer von der Vertretung des Betreuten ausgeschlossen ist, hat er keine Vertretungsmacht für den Betreuten;[30] der weitere Betreuer ist dann für diesen Bereich in alleiniger Verantwortung bestellt bzw. zu bestellen.[31]

24　**b) Tatsächliche Verhinderung.** Fraglich ist, ob ein Ersatzbetreuer auch für den Fall *bloß tatsächlicher* Verhinderung bestellt werden kann. Bejaht man das mit der hM,[32] so können sich schwierige Probleme ergeben, weil die tatsächlichen Voraussetzungen schwer überschaubar sind und die Frage der gesetzlichen Vertretung geklärt sein muss. Tatsächliche Verhinderungen wie Krankheit können kommen und gehen. Bleibt die Frage offen, welcher Betreuer in welchem Zeitpunkt vertretungsbefugt war, können die Interessen des Betreuten gefährdet sein. Die Bestellung eines Ersatzbetreuers für den Fall tatsächlicher Verhinderung muss folglich den Verhinderungsfall möglichst konkret festlegen.[33] Sie muss auch erforderlich sein; es muss die Annahme begründet sein, dass ein Ersatzbetreuer mit eigener Entscheidungsverantwortlichkeit in einem überschaubaren Zeitraum benötigt werden wird.[34] Fraglich könnte werden, ob ein Ersatzbetreuer auch in dem Sinne bestellt werden kann, dass er den voraussichtlich öfter verhinderten Hauptbetreuer auf Dauer ersetzt. Eine solche Handhabung widerspräche den Zielen des Betreuungsrechts, das eine persönliche Beziehung zwischen Betreuer und Betreutem anstrebt.[35] Ein „Hauptbetreuer", der voraussichtlich faktisch verhindert sein wird, ist für seine Fürsorgeaufgabe von vorne herein nicht geeignet. Ergibt sich die häufige oder dauerhafte faktische Verhinderung im Laufe der Betreuung, so ist ein Betreuerwechsel anzustreben. Lässt man die Ersatzbetreuung bei bloß tatsächlicher Verhinderung zu, so ist der verhinderte Hauptbetreuer gleichwohl nicht seiner Verantwortung ledig; er hat so bald wie möglich die Betreuung wieder an sich zu ziehen und auszuüben.

25　**3. Rechtswirkungen. a) Rechtsstellung des Ersatzbetreuers.** Ist ein Ersatzbetreuer bestellt und tritt der Fall der Verhinderung ein, so fungiert er eigenständig anstelle des verhinderten Betreuers.[36] Auch die Verantwortung für die Führung des Amtes liegt, solange die Verhinderung andauert, bei ihm. Für seine Pflichtwidrigkeiten haftet nach § 1908i Abs. 1 S. 1 iVm. § 1833 der Ersatzbetreuer selbst, nicht aber der Hauptbetreuer. Den Hauptbetreuer kann eine Haftung treffen,

---

[27] BT-Drucks. 11/4528 S. 131.
[28] BT-Drucks. 15/2494 S. 29.
[29] Vgl. OLG Schleswig FamRZ 2004, 835.
[30] BayObLG FamRZ 2002, 61.
[31] BayObLG FamRZ 2002, 61.
[32] BayObLG FamRZ 1993, 1994; LG Frankfurt/Oder FamRZ 1999, 1221, 1222; *Knittel* Rn. 24 ff.; *Bienwald* Rn. 2 (auch bei „regelmäßiger tatsächlicher Verhinderung"; wozu ist dann aber der Betreuer bestellt worden?). Vgl. auch § 6 VBVG.
[33] Vgl. BayObLG FamRZ 2004, 1993, 1994 (konkret umrissener oder anhand tatsächlicher Umstände umrissener Zeitraum).
[34] BayObLG FamRZ 2004, 1993, 1994.
[35] In diesem Sinne LG Frankfurt/Oder FamRZ 1999, 1221, 1222; HK-BUR/*Bauer* Rn. 87 b; aA *Knittel* Rn. 25.
[36] Zum Unterschied zur Bestellung eines weiteren Betreuers OLG Schleswig FamRZ 2004, 835.

wenn er es verabsäumt, für seine absehbare Verhinderung Vorsorge zu treffen, indem er zB es unterlässt, das Gericht rechtzeitig auf den Verhinderungsfall hinzuweisen. Selbstverständlich ist der Hauptbetreuer verpflichtet, dem Ersatzbetreuer die nötigen Informationen zur Verfügung zu stellen, damit dieser seine Aufgabe erfüllen kann. Ist der Ersatzbetreuer auch für den Fall tatsächlicher Verhinderung bestellt, so hat der Hauptbetreuer ihn unverzüglich zu informieren, wenn die Verhinderung endet.

b) Legitimation im Außenverhältnis. Darüber, wie die Ersatzbetreuung nach außen verlautbart wird (§§ 286, 290 FamFG) findet sich im Gesetz nichts. Zweifellos muss der Bestellungsbeschluss auch die Tatsache der Bestellung eines Ersatzbetreuers, den Fall seiner Berechtigung zur Amtsführung, die betroffenen Angelegenheiten und die Person des Ersatzbetreuers nennen. Es liegt dann nahe, auch die Bestellungsurkunde für den Hauptbetreuer mit diesen Angaben zu versehen. Der Ersatzbetreuer erhält eine eigene Bestellungsurkunde, die über Folgendes Auskunft geben muss: Person des Ersatzbetreuers, Tatsache, dass nur Ersatzbetreuung gegeben ist, Bezeichnung des Hauptbetreuers und seines Aufgabenkreises, Fall der Berechtigung zur Amtsführung des Ersatzbetreuers, betroffene Angelegenheiten. 26

VI. Gegenbetreuer

Der Regelung des § 1899 unterfällt nicht die Figur des Gegenbetreuers. Die Möglichkeit, einen Gegenbetreuer zu bestellen, ergibt sich aus der Verweisung des § 1908i Abs. 1 S. 1 auf § 1799 (s. § 1908i Rn. 9 ff.). 27

§ 1900 Betreuung durch Verein oder Behörde

(1) ¹Kann der Volljährige durch eine oder mehrere natürliche Personen nicht hinreichend betreut werden, so bestellt das Betreuungsgericht einen anerkannten Betreuungsverein zum Betreuer. ²Die Bestellung bedarf der Einwilligung des Vereins.

(2) ¹Der Verein überträgt die Wahrnehmung der Betreuung einzelnen Personen. ²Vorschlägen des Volljährigen hat er hierbei zu entsprechen, soweit nicht wichtige Gründe entgegenstehen. ³Der Verein teilt dem Gericht alsbald mit, wem er die Wahrnehmung der Betreuung übertragen hat.

(3) Werden dem Verein Umstände bekannt, aus denen sich ergibt, dass der Volljährige durch eine oder mehrere natürliche Personen hinreichend betreut werden kann, so hat er dies dem Gericht mitzuteilen.

(4) ¹Kann der Volljährige durch eine oder mehrere natürliche Personen oder durch einen Verein nicht hinreichend betreut werden, so bestellt das Gericht die zuständige Behörde zum Betreuer. ²Die Absätze 2 und 3 gelten entsprechend.

(5) Vereinen oder Behörden darf die Entscheidung über die Einwilligung in eine Sterilisation des Betreuten nicht übertragen werden.

I. Normzweck

Nach der Konzeption des Betreuungsrechts soll die Betreuungstätigkeit der Vereine und Behörden in der Regel in Form der Einzelbetreuung geleistet werden, nämlich durch Vereinsbetreuer und Behördenbetreuer als natürliche Personen (§ 1897 Abs. 2). Darüber hinaus ermöglicht es § 1900, dass auch Vereine als juristische Personen bzw. die Betreuungsbehörde *als solche* zu Betreuern bestellt werden können.[1] Allerdings hat die Einzelbetreuung (auch durch Vereins- und Behördenbetreuer) den Vorrang vor der Betreuung durch den Verein als juristische Person (§ 1900 Abs. 1 bis 3) und diese wiederum den Vorrang vor der Bestellung der Behörde als Betreuer (§ 1900 Abs. 4). Zu den Rangverhältnissen zwischen den Betreuertypen im Übrigen s. § 1897 Rn. 3 ff., 38 ff. 1

---

[1] Ob diese Möglichkeit geschaffen werden sollte, war im Gesetzgebungsverfahren umstritten gewesen, s. BT-Drucks. 11/4528 S. 131.

II. Der Verein als Betreuer (Abs. 1 bis 3)

2 **1. Voraussetzungen. a) Nachrang.** Ein Verein **darf nur zum Betreuer bestellt werden, wenn** der Betroffene durch eine oder mehrere natürliche Personen nicht hinreichend betreut werden kann (§ 1900 Abs. 1 S. 2). Dies trifft jedenfalls dann zu, wenn eine Körperschaft nach der Art der Betreuungsaufgabe wesentlich besser geeignet erscheint als eine natürliche Person. Die Gesetzesbegründung nennt zwei Fälle: **aa)** Die Zuordnung konkreter Einzelpersonen kann nach Art der Erkrankung/Behinderung die Betreuung erschweren (Aggressionen gegen einen Betreuer bei Alkoholikern oder manisch Kranken); hier könne der Verein oder die Behörde durch Wechsel der Betreuungsperson auf die Situation flexibel reagieren.[2] **bb)** Bei argwöhnischen und misstrauischen Betreuten könne die Betreuung durch den Verein eine Erprobungsphase ermöglichen, in der sich zeigt, zu welcher Betreuungsperson der Betroffene Vertrauen fasst; der hier erforderliche Wechsel der Betreuungsperson lasse sich flexibler handhaben, wenn zunächst Verein oder Behörde als Betreuer bestellt würden.[3]

3 Über diese beiden Konstellationen hinaus ergibt sich die Frage, ob der Verein mit der Begründung bestellt werden kann, dass keine geeignete natürliche Person zur Verfügung steht. Das ist jedenfalls für die Betreuung durch den Verein „als solchen" im Regelfall zu verneinen; denn ein Verein, der in einer Betreuungsaufgabe tätig werden will, kann dies durch Stellung eines Vereinsbetreuers tun; scheitert dies, weil der Verein nicht einwilligt (§ 1897 Abs. 2 S. 1), so kann sich der Verein auf den von ihm selbst mitgeschaffenen Mangel an Einzelbetreuern nicht berufen.[4] Es wäre sonst möglich, den Vorrang der Einzelbetreuung praktisch dadurch zu unterlaufen, dass Vereine und Behörden ihre Einwilligung zur Tätigkeit ihrer Mitarbeiter als Einzelbetreuer versagen. Etwas anderes gilt, wenn sämtliche geeigneten Vereinsmitarbeiter sich weigern, sich als Einzelbetreuer bestellen zu lassen.[5] Auch die Bestellung eines Behördenbetreuers im Sinne von § 1897 Abs. 2 S. 2 geht der Bestellung des Vereins als Körperschaft im Range vor.[6] Besteht der Mangel an geeigneten Einzelbetreuern nur in Teilbereichen des Fürsorgebedarfs, so ist zu prüfen, ob sich die Bestellung des Vereins auf diesen Teil beschränken kann und für die übrigen Angelegenheiten ein Einzelbetreuer bestellt werden kann;[7] freilich muss sich insgesamt eine dem Betreutenwohl dienende Organisation der Betreuung ergeben.

4 **b) Einwilligung.** Die Bestellung des Vereins bedarf seiner Einwilligung (§ 1900 Abs. 1 S. 2). Weder ist also der Verein verpflichtet, Mitarbeiter als Einzelbetreuer zu stellen (§ 1897 Abs. 2 S. 1), noch kann er selbst zur Übernahme des Amtes gezwungen werden. Ist der Verein freilich mit seiner Einwilligung wirksam bestellt, so kann er nicht beliebig sein Einverständnis widerrufen. Eine Regelung, dass der Verein auf seinen Antrag jederzeit zu entlassen sei, findet sich im Gesetz nicht (anders hinsichtlich des Vereinsbetreuers, § 1908b Abs. 4).

5 **c) Anerkannter Betreuungsverein.** Es muss sich um einen anerkannten Betreuungsverein iSv. § 1908f handeln (Erl. siehe dort). Soweit Landesrecht gem. § 1908f Abs. 3 S. 2 weitere Anerkennungsvoraussetzungen vorsieht, müssen auch diese erfüllt sein.

6 **2. Übertragung der Aufgabe auf einzelne Personen. a) Übertragung.** Der Verein überträgt die Wahrnehmung der Betreuung **einzelnen Personen.** Damit ist dasselbe gemeint, was § 1791a Abs. 3 S. 1 mit dem Ausdruck „bedient sich" umschreibt. Die Übertragung geschieht durch nicht formbedürftige, im Rahmen der Personalhoheit widerrufliche Erklärung des Vorstands oder sonst satzungsmäßig zuständigen Organs an die Betreuungsperson. Auffälligerweise verlangt das Gesetz nicht, dass die „einzelne Person", an welche die Aufgabe übertragen werden soll, Mitglied oder Mitarbeiter des Vereins ist. Gleichwohl wird man annehmen müssen, dass jedenfalls kein Vereinsfremder herangezogen werden kann: Die „einzelne Person" muss entweder Mitglied oder Bediensteter des Vereins sein[8] (s. § 1791a Abs. 3: „Mitglieder oder Mitarbeiter").

---

[2] BT-Drucks. 11/4528 S. 131 f.
[3] BT-Drucks. 11/4528 S. 132.
[4] So auch HK-BUR/*Birk* Rn. 10. Eine gegenteilige Auffassung ist in der amtl. Begr. zwar nicht ausgesprochen, aber angedeutet (BT-Drucks. 11/4528 S. 132, linke Spalte Mitte).
[5] *Knittel* Rn. 4.
[6] HK-BUR/*Birk* Rn. 11.
[7] HK-BUR/*Birk* Rn. 13.
[8] Streitig, wie hier: *Knittel* Rn. 7. Die Gegenmeinung (zB HK-BUR/*Birk* Rn. 26) ist mE nicht haltbar: Wie soll der als Betreuer bestellte Verein seiner Verantwortung nachkommen können, wenn er sich durch Personen substituieren lässt, die weder seiner Verbands- noch seiner dienstrechtlichen Leitungsgewalt unterliegen? Auch *Soergel/Zimmermann* (Rn. 10) verlangt in der Regel Bedienstateneigenschaft, zumindest Unterwerfung der betreffenden Person unter die Weisungen des Vereins.

b) Auswahl. Die Auswahl der „einzelnen Person" liegt im **Ermessen** der satzungsmäßig zustän- 7
digen Organe des Vereins. Dieses Ermessen ist jedoch doppelt gebunden. **aa) Vorschlägen des
Betroffenen**, an wen die Betreuungsaufgabe übertragen werden soll, hat der Verein zu entsprechen,
soweit nicht wichtige Gründe entgegenstehen (§ 1900 Abs. 2 S. 2). Als wichtige Gründe kommen
aber bereits organisatorische Schwierigkeiten in Betracht;[9] der Vorschlag entfaltet also nicht die
starke Bindungswirkung wie im Fall des § 1897 Abs. 4. Die Gesetzesbegründung hält den Verein an
einen Vorschlag ferner nicht für gebunden, wenn dessen Verwirklichung die gleichmäßige Auslastung der für ihn tätigen Einzelpersonen gefährden würde.[10] Immerhin steht dem Betroffenen zur
Durchsetzung seines Vorschlags ein Rechtsbehelf zur Verfügung: Gegen die Auswahl der Betreuungsperson kann er gerichtliche Entscheidung beantragen (§ 291 S. 1 FamFG). Zuständig ist das
Betreuungsgericht. Ist einem Vorschlag des Betroffenen nicht entsprochen worden, obwohl ihm
keine wichtigen Gründe entgegenstehen, oder läuft die bisherige Auswahl dem Wohl des Betroffenen zuwider, so kann das Gericht dem Verein aufgeben, eine andere Person auszuwählen (§ 291 S. 2
FamFG). Freilich kann der Verein nicht durch Festsetzung von Zwangsgeld dazu angehalten werden
(§ 291 S. 3 FamFG schließt § 35 FamFG aus). **bb)** § 1908i Abs. 1 S. 1 verweist auf **§ 1791a Abs. 3
S. 1 Halbs. 2.** Danach darf eine Person, die den Mündel in einem Heim des Vereins als Erzieher
betreut, die Aufgaben des Vormunds nicht ausüben. Was die „entsprechende Anwendung" auf die
Betreuung Volljähriger besagt, erscheint unklar. Der Volljährige wird nicht mehr erzogen; gemeint
ist wohl die tatsächliche Fürsorge für diejenigen persönlichen Angelegenheiten, für die auch die
Vereinsbetreuung eingerichtet ist.[11] So darf dem Krankenpfleger, der im Heim den Betroffenen
pflegt, nicht die Wahrnehmung der Gesundheitsbetreuung oder andere Aufgaben, die mit der
Gesundheitsbetreuung im unmittelbaren Zusammenhang stehen (zB Befugnis zur freiheitsentziehenden Unterbringung) übertragen werden. Sinnvoller ist die analoge Anwendung des § 1897 Abs. 3
auf § 1900 Abs. 2 S. 1: Wer als Betreuer ausscheidet, kann die Fürsorgeaufgabe auch nicht im Rahmen der Vereinsbetreuung wahrnehmen.[12]

3. Mitteilungspflichten. Gerichtliche Überprüfung. Der Verein hat dem Betreuungsge- 8
richt alsbald mitzuteilen, wem er die Wahrnehmung der Betreuung übertragen hat (§ 1900 Abs. 2
S. 3). Ferner hat der Verein von sich aus dem Gericht Mitteilung zu machen, wenn ihm Umstände
bekannt werden, die eine Einzelbetreuung als möglich erscheinen lassen (§ 1900 Abs. 3). Die
Umstände können in der Person des Betreuten (Besserung seines Zustandes) liegen, aber auch zB
darin, dass der Betreute zu dem Vereinsmitglied nunmehr soweit Vertrauen gefasst hat, dass eine
Einzelbetreuung möglich ist, oder dass eine andere Person das Vertrauen des Betreuten gewinnt.
Freilich sind im letztgenannten Fall die nachteiligen Folgen eines Wechsels der Betreuungsperson
mit zu berücksichtigen. Kommt das Gericht zur Überzeugung, dass eine Einzelbetreuung zum
Wohle des Betreuten möglich ist, so hat es den Verein zu entlassen (§ 1908b Abs. 5) und einen oder
mehrere Einzelbetreuer zu bestellen.

III. Die Behörde als Betreuer (Abs. 4)

1. Voraussetzungen. a) Nachrang. Die Behörde als solche darf nur als Betreuer bestellt 9
werden, wenn aa) der Betroffene durch eine oder mehrere natürliche Personen (auch in Gestalt von
Vereins- und Behördenbetreuern)[13] nicht hinreichend betreut werden kann *und* bb) auch ein geeigneter Verein nicht zur Verfügung steht,[14] zB die Mitarbeiter der in Betracht kommenden Vereine
ausgelastet sind und/oder der Verein die Einwilligung in seine Bestellung verweigert.[15] Die Amtsbetreuung durch die Behörde selbst ist nach der Konzeption des BtG ultima ratio. § 1900 Abs. 4 bildet
folglich den „letzten Auffangtatbestand" sowohl bei einem qualitativen wie quantitativen Mangel an
vorrangigen Betreuern.[16] Die Tatsacheninstanzen müssen nachvollziehbar begründen, ob und weshalb vorrangig zu bestellende Betreuer nicht gefunden werden konnten.[17] Ist die Behörde zum
Betreuer bestellt, so ist bei einer Verlängerung zu prüfen, ob nunmehr eine geeignete natürliche

---

[9] BT-Drucks. 11/4528 S. 132.
[10] BT-Drucks. 11/4528 S. 132.
[11] So auch *Knittel* Rn. 9.
[12] In dieser Richtung HK-BUR/*Birk* Rn. 28.
[13] BayObLG FamRZ 1993, 1248.
[14] BayObLG FamRZ 1993, 1248; 1994, 1203.
[15] BT-Drucks. 11/4528 S. 132.
[16] BayObLG FamRZ 1993, 1248; 1994, 1203.
[17] BayObLG FamRZ 1993, 1248 (der Landkreis war zum Betreuer bestellt worden, obwohl der Betroffene zwei erwachsene Töchter hatte; warum diese nicht in Betracht kamen, war nicht begründet); BayObLG FamRZ 1994, 1203; 1999, 1303.

Person oder ein Verein zur Verfügung steht.[18] Der Nachrang der Betreuung durch die Behörde gilt auch, wenn es um die Bestellung eines vorläufigen Betreuers geht.[19] Die Bestellung der Behörde kommt vor allem in Betracht, wenn wegen besonderer Eilbedürftigkeit umfangreiche Ermittlungen nach Personen oder Vereinen, die sich zur Übernahme der Betreuung bereit finden, nicht rechtzeitig möglich sind; doch scheidet in solchem Fall die Behörde schon dann aus, wenn eine geeignete vorrangige Person zur Verfügung steht, auch wenn die Rangverhältnisse unter den Gesichtspunkten des § 1897 noch nicht ermittelt sind.[20]

10 **b) Einwilligung. Zuständigkeit.** Im Gegensatz zum Verein kommt es auf die Einwilligung der Behörde nicht an. Diese ist, wenn die Voraussetzungen einer Betreuung durch die Behörde gegeben sind, zur Übernahme verpflichtet,[21] siehe §§ 5, 8 S. 3 BtBG. Zuständig ist die Betreuungsbehörde; zur örtlichen Zuständigkeit, siehe § 3 BtBG. Welche Behörde als Betreuungsbehörde fungiert, richtet sich nach Landesrecht (§ 1 S. 1 BtBG).

11 **2. Übertragung der Aufgabe auf einzelne Personen.** Es gilt § 1900 Abs. 2 entsprechend (Abs. 4 S. 2). Die „einzelne Person" muss Bediensteter der Behörde sein.[22] Auch hier hat der Betroffene ein Vorschlagsrecht und kann gegen die Auswahl der Betreuungsperson das Gericht anrufen (§ 291 S. 1 FamG).

12 **3. Mitteilungspflichten. Gerichtliche Überprüfung.** Die Behörde hat dem Gericht alsbald mitzuteilen, welchem Bediensteten sie die Wahrnehmung der Betreuungsaufgabe übertragen hat (§ 1900 Abs. 2 S. 3 iVm. Abs. 4 S. 2). Umstände, die eine Einzelbetreuung möglich erscheinen lassen, sind gleichfalls dem Gericht mitzuteilen (§ 1900 Abs. 3 iVm. Abs. 4 S. 2). Gegebenenfalls hat das Gericht die Behörde zu entlassen und einen oder mehrere Einzelbetreuer zu bestellen (§ 1908b Abs. 5).

IV. Keine Sterilisationsbetreuung durch Verein und Behörde (Abs. 5)

13 Die Entscheidung über die Einwilligung in eine Sterilisation darf keinem Verein und keiner Behörde übertragen werden. Gemeint ist, dass Verein und Behörde als Betreuer in dieser Angelegenheit, für die stets ein besonderer Betreuer zu bestellen ist (§ 1899 Abs. 2), ausscheiden. Die Gesetzesbegründung sieht hier schon die allgemeinen Voraussetzungen einer Betreuung durch Verein oder Behörde nicht als gegeben an und hält einen möglichen Wechsel der Betreuungsperson nicht für wünschenswert.[23] Zu beachten ist: Verein und Behörde sind als Betreuer für die Frage der Einwilligung anstelle des einwilligungsunfähigen Betroffenen ausgeschlossen, nicht als Betreuer für die sonstige Angelegenheiten (zB Gesundheitsfürsorge im Übrigen). Dem Sinn des Gesetzes wäre es freilich zuwider, wenn die Angelegenheit der Einwilligung in die Sterilisation einem Behördenmitarbeiter als Einzelbetreuer übertragen würde, während im Übrigen die Betreuung von der anstellenden Behörde als solcher geführt würde.[24]

§ 1901 Umfang der Betreuung, Pflichten des Betreuers

(1) Die Betreuung umfasst alle Tätigkeiten, die erforderlich sind, um die Angelegenheiten des Betreuten nach Maßgabe der folgenden Vorschriften rechtlich zu besorgen.

(2) ¹Der Betreuer hat die Angelegenheiten des Betreuten so zu besorgen, wie es dessen Wohl entspricht. ²Zum Wohl des Betreuten gehört auch die Möglichkeit, im Rahmen seiner Fähigkeiten sein Leben nach seinen eigenen Wünschen und Vorstellungen zu gestalten.

(3) ¹Der Betreuer hat Wünschen des Betreuten zu entsprechen, soweit dies dessen Wohl nicht zuwiderläuft und dem Betreuer zuzumuten ist. ²Dies gilt auch für Wünsche, die der Betreute vor der Bestellung des Betreuers geäußert hat, es sei denn, dass

---

[18] BayObLG v. 22. 3. 2000 – 3Z BR 36/00, zit. nach juris.
[19] BayObLG FamRZ 2001, 316.
[20] BayObLG FamRZ 2001, 316, 317.
[21] BayObLG FamRZ 2001, 316, 317.
[22] *Knittel* Rn. 15; *Soergel/Zimmermann* Rn. 18.
[23] BT-Drucks. 11/4528 S. 132 f.
[24] HK-BUR/*Birk* Rn. 35; aA *Bienwald* Rn. 25.

Umfang der Betreuung, Pflichten des Betreuers **§ 1901**

er an diesen Wünschen erkennbar nicht festhalten will. ³Ehe der Betreuer wichtige Angelegenheiten erledigt, bespricht er sie mit dem Betreuten, sofern dies dessen Wohl nicht zuwiderläuft.

(4) ¹Innerhalb seines Aufgabenkreises hat der Betreuer dazu beizutragen, dass Möglichkeiten genutzt werden, die Krankheit oder Behinderung des Betreuten zu beseitigen, zu bessern, ihre Verschlimmerung zu verhüten oder ihre Folgen zu mildern. ²Wird die Betreuung berufsmäßig geführt, hat der Betreuer in geeigneten Fällen auf Anordnung des Gerichts zu Beginn der Betreuung einen Betreuungsplan zu erstellen. ³In dem Betreuungsplan sind die Ziele der Betreuung und die zu ihrer Erreichung zu ergreifenden Maßnahmen darzustellen.

(5) ¹Werden dem Betreuer Umstände bekannt, die eine Aufhebung der Betreuung ermöglichen, so hat er dies dem Betreuungsgericht mitzuteilen. ²Gleiches gilt für Umstände, die eine Einschränkung des Aufgabenkreises ermöglichen oder dessen Erweiterung, die Bestellung eines weiteren Betreuers oder die Anordnung eines Einwilligungsvorbehalts (§ 1903) erfordern.

Schrifttum: *Fröschle,* Der Betreuungsplan nach § 1901 Abs. 4 S. 2 und 3 BGB, BtPrax 2006, 43; *Kollmer,* Selbstbestimmung im Betreuungsrecht, 1992; *von Looz, Selbstbestimmung und Teilhabe rechtlich betreuter Menschen,* BtPrax 2009, 3-6; *Mees-Jacobi/Stolz,* Rechtliche und psychologisches Aspekte einer Betreuung entsprechend den Wünschen und Vorstellungen des Betreutem, BtPrax 1994, 83; *Seitz,* Wohl und Wille als Handlungsnormen im Betreuungsrecht, BtPrax 2005, 170; *Sorg, Der Aufgabenkreis Vermögenssorge und die betreuungsgerichtlichen Genehmigungen in der Vermögensverwaltung, BWNotZ 2010, 107; Wüstenberg,* Die Verletzung des sexuellen Selbstbestimmungsrechts des Betreuten, BtPrax 2006, 12.

Übersicht

	Rn.		Rn.
I. Normzweck	1–4	b) Verschlechterung der Lebens- und Versorgungssituation des Betreuten	15
1. Rechtliche Betreuung (Abs. 1)	1	c) Kontrolle durch das Betreuungsgericht	16
2. Richtschnur und Durchführung der Betreuung (Abs. 2–4)	2	d) Volle Geschäftsfähigkeit des Betreuten	17
3. Der Regelungskontext	3	5. Unzumutbare Wünsche	18
4. Mitteilungspflicht (Abs. 5)	4	6. Die rechtliche Bedeutung der Wünsche	19, 20
II. Rechtliche Besorgung der Angelegenheiten (Abs. 1)	5–8	a) Innenverhältnis	19
1. Die Aussagen im Überblick	5	b) Außenverhältnis	20
2. Rechtliche Besorgung	6–8	**V. Die Pflicht zu persönlicher Besprechung (Abs. 3 S. 3)**	21
a) Grundsätzliches	6	**VI. Die Pflicht zur Förderung der Gesundheit (Abs. 4)**	22–25
b) Faktische Tätigkeiten im Rahmen der Rechtsbetreuung	7	1. Das Ziel der Rehabilitation (Abs. 4 S. 1)	22
c) Notzuständigkeit für faktische Hilfeleistungen	8	2. Betreuungsplan (Abs. 4 S. 2, 3)	23–25
III. Das Wohl des Betreuten (Abs. 2)	9, 10	a) Zweck des Betreuungsplans	23
1. Zum Begriff	9	b) Gerichtliche Anordnung	24
2. Der eigene Lebensentwurf des Betreuten (Abs. 2 S. 2)	10	c) Prüfung des Plans	25
IV. Die Pflicht, den Wünschen des Betreuten zu entsprechen (Abs. 3 S. 1, 2)	11–20	**VII. Mitteilungspflichten (Abs. 5)**	26–30
1. Grundsatz	11	1. Aufhebung der Betreuung (Abs. 5 S. 1)	26
2. Tätigkeiten außerhalb der übertragenen Funktion	12	2. Einschränkung des Aufgabenkreises (Abs. 5 S. 2)	27
3. Wünsche vor Bestellung des Betreuers	13	3. Erweiterung des Aufgabenkreises	28
4. Konflikt zwischen Wunsch und Wohl	14–17	4. Bestellung eines weiteren Betreuers	29
a) Gefährdete Rechtsgüter des Betreuten	14	5. Einwilligungsvorbehalt (Abs. 5 S. 2)	30

I. Normzweck

1. Rechtliche Betreuung (Abs. 1). Der jetzige Abs. 1 ist durch das 1. BtÄndG eingeführt worden. Die Vorschrift beschränkt die Aufgabe des Betreuers auf das *rechtliche* Besorgen der ihm übertragenen Angelegenheiten. Das zielt in erster Linie auf eine Abgrenzung gegenüber der faktischen Fürsorge ab, die von der Betreuerfunktion grundsätzlich nicht mitumfasst sein soll.

2. Richtschnur und Durchführung der Betreuung (Abs. 2–4). § 1901 Abs. 2 S. 1 erklärt das Wohl des Betreuten zum Ziel und Richtmaß der Betreuertätigkeit. Die inhaltliche Konturierung des Betreutenwohls erfolgt durch Abs. 2 S. 2: Dieses Wohl ist auch subjektiv als Möglichkeit für den Betreuten zu verstehen, sein Leben nach eigenen Wünschen und Vorstellungen zu gestalten. Abs. 3 und 4 der Vorschrift treffen sodann Aussagen über die Art und Weise der Betreuung. Folgerichtig erlegt Abs. 3 S. 1, 2 dem Betreuer die Pflicht auf, grundsätzlich den Wünschen des Betreuten zu entsprechen; dies gilt auch für Wünsche, die in einer Betreuungsverfügung oder sonst vor Bestellung des Betreuers geäußert wurden (Abs. 3 S. 2). Der Einbeziehung des Betreuten in die Besorgung seiner Angelegenheiten dient auch die Pflicht, wichtige Angelegenheiten vor ihrer Erledigung mit dem Betreuten zu besprechen (Abs. 3 S. 3). Abs. 4 formuliert die spezielle Pflicht des Betreuers, auf eine Besserung des Gesundheitszustandes des Betreuten hinzuwirken. Diese Vorschrift ist durch das 2. BtÄndG für beruflich tätige Betreuer ergänzt: Das Gericht kann anordnen, dass sie einen Betreuungsplan zu erstellen haben (Abs. 4 S. 2, 3).

3. Der Regelungskontext. Die Pflichten des § 1901 Abs. 1 bis 4 sind im Zusammenhang mit dem Gesamtkonzept des Betreuungsrechts zu sehen. Die Pflichten des Betreuers bestehen unmittelbar aufgrund Gesetzes. Zwischen ihm und dem Betreuten besteht kein Auftragsverhältnis im Sinne der §§ 662 ff. BGB. Das schließt nicht aus, dass einzelne Vorschriften wie § 667 (Pflicht zur Herausgabe des aus der Geschäftsführung Erlangten) entsprechend auch auf den Betreuer angewendet werden.[1] Denn auch das Rechtsverhältnis zwischen dem Betreuer und dem Betreuten ist ein Treuhandverhältnis mit der diesem eigenen Grundstruktur.[2] Welche Angelegenheiten der Betreuer zu besorgen hat, ergibt sich aus seinem Aufgabenkreis. Gemäß § 1897 Abs. 1 ist die Betreuung im erforderlichen Umfang persönlich zu leisten; § 1901 Abs. 3 lässt sich als Konkretisierung dieses Prinzips verstehen. Dem Grundsatz der persönlichen Betreuung steht nicht entgegen, dass sie sich funktional auf die Rechtsbetreuung beschränkt (Abs. 1). Die Bindung der Betreuertätigkeit an das Wohl des Betreuten (§ 1901 Abs. 2 S. 1) ist für einige Einzelfragen spezieller ausgeformt (vgl. §§ 1904, 1905, 1906).

4. Mitteilungspflicht (Abs. 5). Der Erforderlichkeitsgrundsatz soll nicht nur für die Bestellung, sondern auch für die Aufrechterhaltung der Betreuung gelten. Deshalb obliegt dem Betreuer die Pflicht, dem Betreuungsgericht Umstände mitzuteilen, die eine Aufhebung der Betreuung oder eine Einschränkung des Aufgabenkreises ermöglichen. Umgekehrt müssen auch solche Umstände mitgeteilt werden, die die Erweiterung des Aufgabenkreises, die Bestellung eines weiteren Betreuers oder die Anordnung eines Einwilligungsvorbehalts erfordern.

II. Rechtliche Besorgung der Angelegenheiten (Abs. 1)

1. Die Aussagen im Überblick. § 1901 Abs. 1 legt die *Art* der vom Betreuer zu leistenden Tätigkeit im Sinne einer Beschränkung fest, hat also mit dem *Umfang* des Aufgabenkreises nichts zu tun.[3] **Drei Grundaussagen** sind hervorgehoben:
– Es geht der Betreuertätigkeit um die **rechtliche Besorgung** der ihm im Rahmen seines Aufgabenkreises übertragenen Angelegenheiten. Damit korrespondiert Titelüberschrift vor § 1896 „Rechtliche Betreuung".[4]
– Hervorgehoben ist weiterhin, dass der Betreuer im Rahmen der Rechtsfürsorge auf diejenigen Tätigkeiten beschränkt ist, die im Rahmen der Rechtsfürsorge **erforderlich** sind. Der Erforderlichkeitsgrundsatz wirkt hier als Begrenzung der Fürsorgetätigkeit. Freilich kommt dieser Einschränkung keine Außenwirkung zu; die gesetzliche Vertretungsmacht des Betreuers besteht im Aufgabenkreis ohne Rücksicht darauf, ob später bei der Vergütungsabrechnung eine Tätigkeit als erforderlich eingestuft wird oder nicht.

---

[1] OLG Naumburg FamRZ 2008, 182.
[2] Dazu *Löhnig*, Treuhand. Interessenwahrnehmung und Interessenkonflikte, 2006.
[3] HK-BUR/*Bauer* Rn. 9; *Jürgens* BtPrax 1998, 130.
[4] In den Materialien ist auch von „Rechtsfürsorge" die Rede, BT-Drucks. 13/7158 S. 33.

– Schließlich ist klargestellt, dass die Besorgung der Angelegenheiten „nach Maßgabe der folgenden Vorschriften" stattzufinden hat. Das bedeutet insbesondere, dass die Beschränkung auf Rechtsfürsorge nicht nur auf das objektive, sondern auch auf das subjektive Wohl des Betreuten (Wünsche und Vorstellungen) auszurichten ist und dass der Grundsatz der persönlichen Betreuung keine Einbuße erleidet.

2. Rechtliche Besorgung. a) Grundsätzliches. Die rechtliche Besorgung bildet den Gegensatz zu rein faktischer Hilfeleistungen,[5] soweit diese nicht als vorbereitende oder nachbereitende Tätigkeit der Rechtsfürsorge begriffen werden können. Das bedeutet zunächst, dass es nicht Aufgabe des Betreuers ist, die tatsächlichen Lebens- und Pflegebedürfnisse des Betreuten in eigener Person zu befriedigen:[6] Er ist weder Haushälter noch Reinigungsdienst noch Krankenpfleger noch Arzt des Betreuten.[7] Vielmehr hat er – wenn nötig, mit Hilfe von Rechtsgeschäften und anderen Rechtsakten – dafür zu sorgen, dass diese Bedürfnisse erfüllt werden. Dafür trägt er die Verantwortung, gleichgültig, welche Personen und Einrichtungen zur Durchführung dieser Aufgabe eingeschaltet werden. Anders ausgedrückt: Der Betreuer hat die Befriedigung der Lebensbedürfnisse des Betreuten zu organisieren,[8] grundsätzlich aber die dafür nötige Hilfe nicht in eigener Person zu leisten. An der Grenze liegt die Frage, ob es zum Amt des rechtlichen Betreuers gehört, Barbeträge, die dem Betreuten im Rahmen der Sozialhilfe gewährt werden, tatsächlich zu verwalten;[9] wenn zur „Verwaltung" auch die Bestimmung darüber gehört, für welche Zwecke die Beträge ausgegeben werden, ist mE die Bereich des bloß Tatsächlichen überschritten.

b) Faktische Tätigkeiten im Rahmen der Rechtsbetreuung. Die Beschränkung auf die Rechtsbetreuung bedeutet aber keineswegs, dass sich der Betreuer auf die Vornahme von Rechtsakten oder die Entscheidung hierüber beschränken könnte. Tatsächliche Handlungen ohne Rechtscharakter werden von der Betreuerfunktion unter folgenden Gesichtspunkten erfasst:
– Pflege von Kontakten mit dem Betreuten, um dessen Vorstellungen und Wünsche zu erfahren und dessen Vertrauen zu gewinnen und zu erhalten;[10] diese Pflicht ist durch das Gesetzes zur Änderung des Vormundschafts- und Betreuungsrechts vom 29. 6. 2011 (BGBl. I S. 1306) stark akzentuiert worden (vgl. § 1908b Rn. 10a; §§ 1837 Abs.2 S.2; 1840 Abs.1 S.2 jeweils in der Fassung dieses Gesetzes);
– Einholung von sonstigen Informationen über die Sachlage, um die Betreuung nach dem Wohl und den Wünschen des Betreuten ausrichten zu können;
– faktische Handlungen, die zur Vorbereitung einer Rechtshandlung oder der Entscheidung über ihre Vornahme erforderlich erscheinen;[11]
– faktische Handlungen, die zur Durchführung einer rechtlich relevanten Handlung nötig sind. Dazu gehört wiederum auch die persönliche Zuwendung zum Betreuten, die angezeigt ist, um ihm mögliche Veränderungen seines Lebens verständlich zu machen und ihm die Umstellung zu erleichtern;[12]
– die nötige Anlage von Akten, Erstellung der Berichte und sonstiger nötiger Dokumentationen, Information des Betreuungsgerichts.[13]

Auch der Gesetzgeber hat gesehen, dass die Beschränkung auf die „rechtliche Betreuung" bei falschem Verständnis das Prinzip der persönlichen Betreuung gefährden könnte. Die Gesetzesmateria-

---

[5] BT-Drucks. 13/7158 S. 33.
[6] OLG Schleswig FamRZ 1998, 1259; LG Koblenz FamRZ 1998, 495; FamRZ 2004, 220.
[7] Vgl. LG Limburg BtPrax 1997, 119 (Körperpflege); BayObLGZ 1998, 44 (therapeutische Maßnahmen).
[8] Zutreffend *Wagenitz/Engers* FamRZ 1998, 1273; *Jürgens* BtPrax 1998, 129, 131; HK-BUR/*Bauer* § 1901 Rn. 6; *Palandt/Diederichsen* Rn. 1; LG Koblenz FamRZ 1998, 495.
[9] Verneinend BGH FamRZ 2011, 293.
[10] In diesem Sinne auch die amtliche Begründung zum 1. BtÄndG BT-Drucks. 13/7158 S. 33; BT-Drucks. 13/10331 S. 26. Vgl. etwa BayObLG FamRZ 2000, 1048; FamRZ 2003, 633 (auch wöchentliche Besuche des Gesundheitsbetreuers können im Einzelfall dann erforderlich sein, wenn sie neben der Kontaktaufnahme der seelischen Stabilisierung und der Beseitigung einer Verwahrlosung dienen und die Hilfen durch staatliche oder private Organisationen offensichtlich nicht zu dem selben Erfolg führen oder wenn die Besuche durch den Betreuer mit wesentlich geringerem Aufwand erbracht werden können); LG Koblenz BtPrax 1998, 195 (Begleitung zu Festveranstaltungen und Kursen), LG Koblenz FamRZ 2004, 220 (Hausbesuch bei schwierigen Betreuungen „allenfalls" alle 14 Tage); LG Memmingen NJW-RR 1998, 1227 (Teilnahme an Strafverfahren). Siehe zur Problematik auch *Erman/Roth* Rn. 8a;
[11] ZB Begleitung zur Besichtigung in Betracht kommenden Heimes, *Erman/Roth* § 1901 Rn. 7-9; *Bienwald* BtPrax 1999, 18, gegen LG Potsdam BtPrax 1998, 242.
[12] Das ist angedeutet in BT-Drucks. 13/10331 S. 26.
[13] OLG Frankfurt OLGR 2004, 109. ME trifft die Auflistung von *Zimmermann* FamRZ 1998, 521, 523 ff. auch für das geänderte Recht zu. Zu den Bürotätigkeiten vgl. BayObLG FamRZ 1999, 1300, 1301.

lien empfehlen daher für die Abgrenzung von Betreuertätigkeit und bloß faktischer Hilfeleistung die Anwendung eines großzügigen Maßstabs.[14] Andererseits gelten Erforderlichkeitsprinzip und Verhältnismäßigkeitsgrundsatz: Auch vertrauensbildende Maßnahmen dürfen zu dem angestrebten Zweck nicht außer Verhältnis stehen.[15] Innerhalb der Grenzen der Erforderlichkeit und Verhältnismäßigkeit hat der Betreuer einen Ermessensspielraum.[16]

8 **c) Notzuständigkeit für faktische Hilfeleistungen.** Es kann zu Situationen kommen, in denen die notwendige faktische Hilfe für den Betreuten im konkreten Fall durch bloße Organisation nicht oder nicht rechtzeitig erlangt werden kann (zB Rückführung eines verwirrt umherlaufenden Betreuten in das Heim). Es wäre ganz sinnwidrig, es in solchem Fall dem für das persönliche Wohl verantwortlichen Betreuer zu verwehren, in eigener Person helfend einzugreifen oder diese Hilfe „als privater Dritter" außerhalb des Betreuungsverhältnisses zu leisten. In solchen Notfällen gehört faktische Hilfe auch dann in den Rahmen der Betreuung, wenn sie keinen Bezug auf rechtliche Akte oder die Entscheidung hierüber aufweist.[17] Wie bei der elterlichen Sorge ist die **gesetzliche Vertretung nicht das Wesen des Fürsorgeverhältnisses,** sondern nur ein rechtstechnisches Mittel zu Wahrnehmung einer Gesamtverantwortung für die Interessen des Betroffenen im zugewiesenen Aufgabenkreis. Eine Einengung der Betreuerfunktion auf den Einsatz der mit ihr verbundenen rechtstechnischen Mittel wäre gegen den Sinn des Rechtsinstituts der Betreuung selbst.

III. Das Wohl des Betreuten (Abs. 2)

9 **1. Zum Begriff.** Der Terminus „Wohl des Betreuten" bezeichnet Ziel und Maßstab der Betreuertätigkeit. Wie das „Wohl des Kindes" enthält er zugleich die Eingriffslegitimation[18] des Betreuungsgerichts in die Tätigkeit des Betreuers (§ 1908i Abs. 1 S. 1 iVm. § 1837 Abs. 2, 3), ungleich die Interventionsschwelle bedeutend niedriger anzusetzen ist als bei der elterlichen Sorge. „Wohl des Betreuten" umschreibt als unbestimmter Rechtsbegriff die Gesamtheit der Bewahrungs- und Entfaltungsinteressen, der persönlichen wie der wirtschaftlichen. Unter ihnen ragt das Interesse des kranken und behinderten Menschen an der Wiederherstellung seiner Gesundheit und Beseitigung seiner Behinderung heraus und wird daher in Abs. 4 besonders akzentuiert. Im Übrigen aber ist zu bedenken, dass es sich bei Betreuten um Volljährige handelt, bei denen „Entwicklung" in anderem Sinne zu verstehen ist als bei Minderjährigen. Der Betreuer hat kein Erziehungsrecht.[19] Bei den großen Unterschieden, die in den Lebenslagen der Menschen bestehen, ist es wichtig, das „Wohl des Betreuten" **konkret** zu verstehen: bezogen auf seine Situation, seine Krankheit oder Behinderung, seine inneren und äußeren Möglichkeiten, seine finanzielle Lage. Es wäre daher falsch, den Begriff allzu sehr mit allgemeingültigen Standards zu besetzen.[20] Bezugspunkte sind auf jeden Fall die grundrechtlich verbürgten Rechtspositionen des Individuums, insbesondere auch das Recht auf freie Entfaltung der Persönlichkeit.[21]

10 **2. Der eigene Lebensentwurf des Betreuten (Abs. 2 S. 2).** Die Subjektivität des „Betreutenwohls" wird in § 1901 Abs. 2 S. 2 besonders hervorgehoben: Die Möglichkeit des Betreuten, im Rahmen seiner Fähigkeiten sein Leben nach eigenen Wünschen und Vorstellungen zu gestalten, wird als Teil seines Wohls begriffen. Betätigte Selbstbestimmung ist auch für den kranken und behinderten Menschen ein hoher persönlicher Wert, dessen Verwirklichung der Betreuer zu unterstützen hat. „Wohl" ist in dem Sinne subjektiv zu nehmen, dass es auch vom eigenen Lebensentwurf des Betreuten bestimmt wird.[22] So bilden Wohl und Wille (eigene Wünsche und Vorstellungen) zunächst keine Gegensätze. Sie werden es erst, wenn die Erfüllung von Wünschen des Betreuten seine höherrangigen Rechtsgüter gefährdet oder seine Lebenslage insgesamt erheblich zu verschlechtern droht (vgl. Abs. 3 S. 1).

---

[14] BT-Drucks. 13/7158 S. 33; BT-Drucks. 13/10331 S. 26.
[15] BT-Drucks. 13/7158 S. 33.
[16] HK-BUR/*Bauer* Rn. 9 (Gericht beschränkt auf Missbrauchskontrolle).
[17] In dieser Richtung BT-Drucks. 13/10331 S. 26 (mit nicht nachvollziehbarer Einschränkung auf „tatsächliche Verrichtungen, die im Falle berufsmäßiger Betreuung entsprechende Vergütungsansprüche auslösen"). Vgl. OLG Schleswig FamRZ 1998, 1259 (Einkäufe für den Betreuten).
[18] Dazu *Coester* Kindeswohl S. 135 ff.
[19] Für das frühere Recht: BayObLG FamRZ 1988, 874.
[20] In dieser Richtung auch BT-Drucks. 11/4528 S. 133.
[21] HK-BUR/*Bauer* Rn. 24.
[22] Dazu ausführlich HK-BUR/*Bauer* Rn. 25 ff.

IV. Die Pflicht, den Wünschen des Betreuten zu entsprechen (Abs. 3 S. 1, 2)

1. Grundsatz. Ausfluss des subjektiv gefassten Begriffs des Betreutenwohls ist die strikt gehaltene Anweisung des Gesetzes an den Betreuer, den Wünschen des Betreuten zu entsprechen, soweit dies dessen Wohl nicht zuwiderläuft und dem Betreuer zuzumuten ist. „Wünsche" sind nicht als Willenserklärungen zu verstehen. Es genügt, dass dem Betreuer bestimmte Neigungen des Betreuten durch dessen Äußerungen erkennbar werden. Gleichgültig ist die Form der Äußerungen. Unerheblich ist auch, ob und inwieweit der Betreute geschäftsfähig ist;[23] die Vorschrift ist gerade bei Geschäftsunfähigen bedeutsam. Die Pflicht des Betreuers, den Wünschen zu entsprechen, besteht nicht nur bei wichtigen Angelegenheiten.[24] Sie kann sich theoretisch auf alle Lebensbereiche beziehen: Wohnsitz, Art und Auswahl des Pflegeheimes,[25] Lebensstil,[26] Erwerbstätigkeit, Urlaub, Freizeit, Entscheidung zwischen Konsum und Kapitalbildung,[27] Maßnahmen der Vermögensverwaltung,[28] Entscheidung über die Reparatur eines beschädigten Fahrzeugs,[29] Angelegenheiten der Grabpflege.[30] Freilich muss es sich um Wünsche handeln, die zweifelsfrei vom Betreuten ausgehen.[31] Auch der Überwachungsbetreuer (§ 1896 Abs. 3) hat seine Funktion so auszuüben, wie es den Wünschen des Betreuten entspricht.[32] Rücksicht auf die Wünsche des Betreuten ist auch im Rahmen des § 1908b zu nehmen.[33]

2. Tätigkeiten außerhalb der übertragenen Funktion. Die Wünsche des Betreuten können nie den Aufgabenkreis des Betreuers erweitern. Die Bindung an Wünsche besteht nur bei Angelegenheiten innerhalb des Aufgabenkreises[34] und hier nur, soweit sie vom Prinzip der Rechtsfürsorge gedeckt sind (§ 1901 Abs. 1). Gehen die Wünsche darüber hinaus, so geschieht ihre Erfüllung freiwillig und außerhalb der Betreuerfunktion; bei Rechtsgeschäften ist wirksame Bevollmächtigung (und damit Geschäftsfähigkeit des Vollmachtgebers) erforderlich.

3. Wünsche vor Bestellung des Betreuers. § 1901 Abs. 3 S. 2 erklärt auch solche Wünsche für beachtlich, die der Betroffene vor Betreuerbestellung geäußert hat, es sei denn, dass er an diesen Wünschen erkennbar nicht festhalten will (Formulierung parallel zu § 1897 Abs. 4 S. 3). Eine Person kann also durch eine **Betreuungsverfügung** in gesunden Tagen für einen späteren Fall der Betreuungsbedürftigkeit nicht nur auf die Auswahl des Betreuers, sondern auch auf die Durchführung der Betreuung Einfluss nehmen. An solche in beliebiger Form gemachten Äußerungen ist der Betreuer gleichfalls gebunden, wenn nicht der Betreute nunmehr anderweitige Wünsche erkennen lässt. Auch hier kommt es auf Geschäftsfähigkeit nicht an, weder im Zeitpunkt der Betreuungsverfügung noch ihres Widerrufs. Für den Betreuer ist primär relevant, was der Betreute im jeweiligen Zeitpunkt, in dem eine Angelegenheit zu besorgen ist, (noch) wünscht. Der Rückgriff auf das früher Geäußerte ist nur dann statthaft, wenn ein aktueller Wunsch trotz Besprechung (§ 1901 Abs. 3 S. 3) nicht geäußert wird oder nicht mehr geäußert werden kann oder wenn dem aktuellen Wunsch aus triftigen Gründen des § 1901 Abs. 3 S. 1 nicht entsprochen wird. Zur Patientenverfügung s. § 1901a Rn. 7 ff.).

4. Konflikt zwischen Wunsch und Wohl.[35] **a) Gefährdete Rechtsgüter des Betreuten.** Der Betreuer darf solchen Wünschen nicht nachkommen, deren Verwirklichung dem Wohl des Betreuten zuwiderläuft. Dies ist vor allem der Fall, wenn Rechtsgüter des Betreuten gefährdet werden, die im Rang über den vom Wunsch verfolgten Interessen stehen (Leben, Gesundheit, sonstige fundamentale Persönlichkeitsrechte etwa gegenüber Freizeitwünschen des Betreuten).[36] Die

---

[23] BT-Drucks. 11/4528 S. 133.
[24] BT-Drucks. 11/4528 S. 133; BayObLG FamRZ 2000, 565.
[25] OLG Köln NJW-RR 1997, 451.
[26] OLG Düsseldorf FamRZ 1999, 1166.
[27] BayObLG FamRZ 1993, 851; zum früheren Recht BayObLG FamRZ 1991, 481.
[28] BayObLG FamRZ 1998, 455 (Verkauf eines Grundstücks; die Wünsche sind auch im Genehmigungsverfahren zu berücksichtigen).
[29] OLG Karlsruhe FamRZ 2010, 2018 (Unwirtschaftlichkeit der vom Betroffenen gewünschten Reparatur nach Totalschaden).
[30] OLG Köln FamRZ 2003, 189 (Kündigung eines Grabpflegevertrages).
[31] Vgl. KG FamRZ 2009, 1942, 1943 (keine Weisung des Gerichts an den Betreuer zur Erfüllung von Wünschen, bei denen unklar ist und auch nicht geklärt werden kann, ob sie vom Betreuten stammen).
[32] LG München I FamRZ 1998, 923.
[33] BayObLG FamRZ 1994, 322; 1995, 1232, 1233; vgl. auch BayObLG FamRZ 1994, 323, 324.
[34] *Knittel* Rn. 45.
[35] Zur Problematik *Bienwald* FamRZ 1992, 1125, 1128; *Kollmer* FuR 1993, 325; *Kollmer*, Selbstbestimmung im Betreuungsrecht, 1992; *Mees-Jacobi/Stolz* BtPrax 1994, 83.
[36] *Knittel* (§ 1901 Rn. 48) verlangt „erhebliche Gefährdung".

Gefährdung der Gesundheit entkräftet auch den Wunsch, in der eigenen von Vermüllung bedrohten Wohnung „in Ruhe gelassen" zu werden.[37] Freilich ist die Abwägung zwischen den zu berücksichtigenden Wünschen und den entgegenstehenden objektiven Kriterien des Wohlergehens schwierig, weil riskantes Tun keineswegs auf psychisch Kranke beschränkt ist. Das Betreuungsrecht hat nicht den Sinn, kranke Menschen in besonderem Maße zu disziplinieren. Bei der Frage, ob der Betreuer die Wünsche des Betreuten erfüllen muss, darf er deshalb berücksichtigen, inwieweit eine Gefährdung der eigenen Rechtsgüter des Betroffenen als Ausdruck von dessen Krankheit erscheint. Im Zweifel ist die Selbstbestimmung zu achten.[38] Auf der Linie dieser Kommentierung liegt auch die **Rspr. des BGH**[39], der sich zur Frage des Widerstreits zwischen Wohl und Wille zu folgenden Grundsätzen bekennt:

– Der Begriff des Wohles des Betreuten darf nicht losgelöst von seinen subjektiven Vorstellungen und Wünschen bestimmt werden; ein Wunsch läuft nicht bereits dann im Sinne des § 1901 Abs. 3 Satz 1 BGB dem Wohl des Betreuten zuwider, wenn er dessen objektivem Interesse widerspricht; vielmehr entsteht ein beachtlicher Gegensatz zwischen Wohl und Wille des Betreuten erst dann, wenn die Erfüllung der Wünsche höherrangige Rechtsgüter des Betreuten gefährden oder seine gesamte Lebens- und Versorgungssituation erheblich verschlechtern würde.[40]

– Ist danach ein Wunsch des Betreuten im Grundsatz beachtlich, kann dies freilich nur unter der Voraussetzung gelten, dass der Wunsch nicht Ausdruck der Erkrankung des Betreuten ist. Dies bedeutet allerdings nicht, dass jeder Wunsch unbeachtlich wäre, den der Betreute ohne Erkrankung nicht hätte oder der als irrational zu bewerten ist. Vielmehr ist ein Wunsch lediglich dann unbeachtlich, wenn der Betreute infolge seiner Erkrankung entweder nicht mehr in der Lage ist, eigene Wünsche und Vorstellungen zu bilden und zur Grundlage und Orientierung seiner Lebensgestaltung zu machen oder wenn er die der Willensbildung zugrunde liegenden Tatsachen infolge seiner Erkrankung verkennt.

– Der Betreuer kann sich nur dann auf einen – dem objektiven Wohl des Betreuten zuwiderlaufenden – Wunsch berufen, wenn dieser Wunsch auf ausreichender tatsächlicher Grundlage gefasst wurde. Diese Aussage des BGH verlangt vor allem, dass der Betreute über den Sachverhalt und die Auswirkungen seines Wunsches hinreichend informiert ist.

– Der Vorrang des Willens des Betreuten gilt nur für solche Wünsche, die Ausfluss des Selbstbestimmungsrechts des Betreuten sind; er bezieht sich nicht auf bloße Zweckmäßigkeitserwägungen, die der Betreute angestellt hat, um mit ihrer Hilfe sein eigentliches und weitergehendes Ziel zu erreichen (zB den Grundbesitz in Österreich möglichst zu erhalten).

15 b) Verschlechterung der Lebens- und Versorgungssituation des Betreuten. Dem Wohl des Betreuten laufen auch solche Wünsche zuwider, deren Erfüllung die **gesamte Lebens- und Versorgungssituation des Betreuten erheblich verschlechtern** würde (zB wirtschaftlich unvertretbarer Umgang mit dem Vermögen, wenn daraus die Gefahr erwächst, dass künftig der angemessene Unterhalt nicht mehr bestritten werden kann).[41] Umgekehrt gesagt: Der Betreuer darf einen Wunsch des Betreuten nicht wegen Vermögensgefährdung ablehnen, solange der Betreute sich von seinen Einkünften und aus seinem Vermögen voraussichtlich bis zu seinem Tod wird unterhalten können.[42] Selbst wenn durch die Erfüllung der Wünsche des Betreuten dessen Vermögen den Interessen seiner Erben zuwider erheblich geschmälert wird, ist der Wunsch in diesem Fall zu respektieren; es ist nicht Aufgabe des Betreuers, das Vermögen des Betreuten zugunsten der Erben zu erhalten.[43] In diesem Zusammenhang ist zu bedenken, dass – je nach Alter und Situation – die Erhaltung und Vermehrung des Vermögens nicht unbedingt im Interesse des Betreuten liegt. Gerade ein älterer Mensch kann den mit seinem Wohl vereinbarten Wunsch nach einem gewissen, aus seinem Vermögen bestreitbaren Luxus haben.[44] Bei Zugriff auf die Vermögenssubstanz ist also konkret zu prüfen, welche Bedeutung das Vermögen nach seiner Größe und nach der Lebenssituation des Betreuten für die künftige Versorgung und soziale Sicherung des Betreuten haben wird. Andererseits müssen kleinere Nachteile in Kauf genommen werden, wenn es darum geht, dem Willen des Betroffenen Geltung zu verschaffen.[45] Die Vergütungsinte-

---

[37] AA offenkundig LG Frankfurt/Main FamRZ 1994, 1617.
[38] Vgl. auch den Text bei HK-BUR/*Bauer* Rn. 42 ff.
[39] BGHZ 182, 116 Tz. 18-21.
[40] Dem folgend KG FamRZ 2010, 402, 403.
[41] So auch BGHZ 182, 116 Tz. 18. Zur Vermögensgefährdung BayObLG FamRZ 1993, 851.
[42] BGHZ 182, 116 Tz. 18.
[43] BGHZ 182, 116 Tz. 19; siehe auch den Fall OLG Karlsruhe FamRZ 2010, 2018 (unwirtschaftliche Reparatur eines Fahrzeugs bei Vorhandensein eines beträchtlichen Vermögens des Betreuten).
[44] BT-Drucks. 11/4528 S. 133; *Knittel* Rn. 38; *Soergel/Zimmermann* Rn. 5.
[45] BayObLG FamRZ 1994, 323, 324; 1995, 1232, 1234.

ressen des Betreuers selbst bieten keine Handhabe, den Wünschen des Betreuten entgegenzustehen.[46]

c) Kontrolle durch das Betreuungsgericht. Ob die Erfüllung eines Wunsches des Betreuten dessen Wohl zuwiderläuft, hat **der Betreuer zu beurteilen**. Er unterliegt hierbei der **Kontrolle des Betreuungsgerichts**. Ein Wunsch darf nicht nur dann abgeschlagen werden, wenn seine Erfüllung die Gefahr *schwerer* Selbstschädigung heraufbeschwört.[47] Auch wenn sich der zu erwartende Schaden in Grenzen hält, darf der Betreuer seinem Schutzbefohlenen nicht die Hand zur Selbstschädigung reichen.[48] Ohnehin befindet sich der Betreuer in einer schwierigen Lage, einerseits den Wünschen des Betreuten so weit wie möglich willfahren, andererseits Schaden von ihm abwenden zu sollen. Daraus können sich schwierige Haftungsprobleme ergeben (§ 1833), zumal oft erst hinterher offenbar wird, ob die Erfüllung oder Abweisung eines Wunsches des Betreuten schädlich ist.[49] Daher ist dem Betreuer, soweit nicht bindende gesetzliche Bestimmungen oder gerichtliche Anordnungen vorliegen, ein gewisser Gestaltungsspielraum zuzugestehen.[50]

d) Volle Geschäftsfähigkeit des Betreuten. Auch dann, wenn der Betreute **voll geschäftsfähig**, etwa nur körperlich behindert ist, kann der Betreuer die Erfüllung schädlicher Wünsche ablehnen. Auch in diesem Fall besteht kein Anspruch darauf, dass der Staat bei einer Selbstschädigung durch einen gerichtlich bestellten, möglicherweise aus öffentlichen Mitteln bezahlten Betreuer hilft.[51] Freilich kann hier der geschäftsfähige Betreute durch eigenes Tun gegen das eigene Wohl handeln; eine Verpflichtung, ihn hiervon abzuhalten, trifft den Betreuer nicht.

5. Unzumutbare Wünsche. Der Betreuer braucht solchen Wünschen nicht zu entsprechen, deren Erfüllung ihm nicht zuzumuten ist. Vor überzogenen Anforderungen des Betreuten etwa an die Dauer des täglichen Betreuungsaufwandes ist der Betreuer zu schützen.[52] Nach der Gesetzesbegründung soll sich zB der Betreuer dem Wunsch des Betreuten entziehen können, täglich mehrere Stunden mit ihm über die Betreuungsangelegenheiten zu sprechen. Generell ist hervorzuheben, dass § 1901 Abs. 3 S. 1 nicht zu einer Art Disposition des Betreuten über seinen Betreuer führen kann: Die Wünsche des Betreuten verpflichten nur im Rahmen der nach Art des Aufgabenkreises und nach der individuellen Situation *erforderlichen* Betreuung.

6. Die rechtliche Bedeutung der Wünsche. a) Innenverhältnis. Im Innenverhältnis ist der Betreuer an die Wünsche des Betreuten gebunden, sofern keiner der erörterten Ausnahmefälle vorliegt. Das nicht gerechtfertigte Übergehen der Wünsche stellt eine Pflichtwidrigkeit dar, die – u. a. auf Anregung des Betreuten – aufsichtliche Maßnahmen des Betreuungsgerichts (§ 1908i Abs. 1 S. 1 iVm. § 1837 Abs. 2, 3) auslösen kann. Wiederholte Vernachlässigung der Wünsche dem Betreuten kann Zweifel an der Eignung des Betreuers begründen; gemäß § 1908b Abs. 1 kommt dann seine Entlassung in Betracht.

b) Außenverhältnis. Im Außenverhältnis schränkt die Bindung an die Wünsche des Betreuten die Befugnisse des Betreuers grundsätzlich nicht ein,[53] da Dritte im Allgemeinen weder die Wünsche noch ihre Schädlichkeit noch ihre Zumutbarkeit abzuschätzen vermögen und der Betreuer nach außen einen gewissen Bewegungsspielraum haben muss. In einem Rechtsstreit, die der Betreuer im Namen des Betreuten mit Dritten führt, ist das Prozessgericht nicht befugt, zu prüfen, ob das vom Betreuer geltend gemachte Begehren gemäß § 1901 Abs. 3 den Wünschen des Betreuten entspricht.[54] Bei Rechtsgeschäften, die der Betreuer als gesetzlicher Vertreter vornimmt, ergeben sich jedoch Außenwirkungen nach den Grundsätzen des Missbrauchs der Vertretungsmacht (Näheres § 1902 Rn. 16). Gleiches gilt für andere Bestimmungsbefugnisse: Eine Aufenthalts- oder Umgangsbestimmung des Betreuers ist unwirksam, wenn der Betreuer die Wünsche des Betreuten pflichtwidrig übergeht und dies für den jeweils Drittbetroffenen evident ist.

V. Die Pflicht zu persönlicher Besprechung (Abs. 3 S. 3)

Der Betreuer ist gehalten, wichtige Angelegenheiten vor ihrer Erledigung mit dem Betreuten zu besprechen. Dies folgt aus dem Prinzip der persönlichen Betreuung und der Achtung der Selbstbe-

---

[46] Vgl. BayObLG FamRZ 1998, 508; OLG Düsseldorf FamRZ 1999, 1166, 1167.
[47] BayObLG FamRZ 2000, 565.
[48] BT-Drucks. 11/4528 S. 133 f.
[49] Siehe auch *Soergel/Zimmermann* Rn. 10, 11.
[50] BayObLG FamRZ 2000, 565.
[51] BT-Drucks. 11/4528 S. 133.
[52] BT-Drucks. 11/4528 S. 134.
[53] BGHZ 176, 262, Tz. 23 = FamRZ 2008, 1404; LG Berlin FamRZ 2000, 1526, 1529; *Schwab* FamRZ 1990, 681, 683; *Erman/Roth* Rn. 25; *Soergel/Zimmermann* Rn. 9; HK-BUR/*Bauer* Rn. 56; *Knittel* Rn. 58.
[54] BGHZ 176, 262, Tz. 23 = FamRZ 2008, 1404.

stimmungsinteressen des Betreuten. Dieser kann realistische Wünsche und Vorstellungen (§ 1901 Abs. 2 S. 2, Abs. 3 S. 1) nur entwickeln, wenn er ausreichend informiert ist. Als „wichtige Angelegenheiten" versteht die Gesetzesbegründung zum BtG[55] beispielsweise die in §§ 1896 Abs. 4, 1904, 1905, 1906, 1907 genannten Gegenstände. Entscheidend ist, welche Bedeutung die Angelegenheit gerade für den Betreuten und sein Leben hat. Deshalb können auch Fragen, die objektiv geringfügig erscheinen (wie Kauf eines Hausratsgegenstands), subjektiv wichtig sein.[56] Auch bei weniger wichtigen Angelegenheiten kann eine Besprechungspflicht entstehen, wenn der Betreute ein Gespräch darüber wünscht und dies dem Betreuer zumutbar ist (§ 1901 Abs. 3 S. 1).[57] Die Besprechungspflicht bezieht sich auch auf die Vermögensverwaltung, insbesondere auf geplante größere Transaktionen, nicht aber auf Routineangelegenheiten wie regelmäßige Zahlungseingänge und Ausgaben; die Pflicht zur Rechnungslegung besteht nur gegenüber dem Gericht.[58] Die Pflicht zur Besprechung bedeutet: Der Betreute ist über den Stand der Angelegenheit zu informieren, die möglichen Maßnahmen und die Auffassung des Betreuers hierzu sind zu erörtern. Das Gespräch dient vor allem dem Ziel, die Vorstellungen und Wünsche des Betreuten zu erfahren. Das Unterlassen gebotener Besprechung stellt eine Pflichtwidrigkeit dar; es gilt das oben Gesagte entsprechend. Andererseits braucht der Betreuer nicht als Gesprächspartner für beliebige Angelegenheiten außerhalb seines Aufgabenkreises zur Verfügung zu stehen.[59]

VI. Die Pflicht zur Förderung der Gesundheit (Abs. 4)

22 **1. Das Ziel der Rehabilitation (Abs. 4 S. 1).** Das Gesetz hebt in § 1901 Abs. 4 das Ziel der Rehabilitation stark hervor. Im Rahmen seiner Möglichkeiten hat der Betreuer dazu beizutragen, dass Möglichkeiten genutzt werden, die Krankheit oder Behinderung des Betreuten zu beseitigen, zu bessern, ihre Verschlimmerung zu verhüten und ihre Folgen zu mildern.[60] Wichtig ist, dass diese Pflicht „innerhalb des Aufgabenkreises" besteht. Das will nicht sagen, nur der Betreuer mit dem Aufgabenkreis „Gesundheitsfürsorge" sei von der Pflicht des Abs. 4 betroffen. Vielmehr hat jeder Betreuer, auch der Vermögensverwalter, bei Durchführung seiner Aufgaben die Rehabilitation vor Augen zu haben, etwa dadurch, dass er die verbliebenen Fähigkeiten des Betroffenen fördert, ihn an die eigenverantwortliche Besorgung seiner Geschäfte heranführt,[61] vor allem aber Einkünfte und Vermögen soweit möglich und nötig für diese Zwecke einsetzt. Andererseits gibt § 1901 Abs. 4 keinen Anlass für die Überschreitung des Aufgabenkreises: In Angelegenheiten der Gesundheitssorge selbst darf sich der Vermögensbetreuer nicht einmischen; erforderlichenfalls hat er dem Vormundschaftsgericht Mitteilung zu machen, dass sein Aufgabenkreis zu erweitern oder ein weiterer Betreuer zu bestellen ist. Auch bei § 1901 Abs. 4 ist Abs. 1 zu beachten: Dem Betreuer obliegt nur die *Rechtsfürsorge* für Maßnahmen der Rehabilitation, tatsächliche ärztliche oder pflegerische Leistungen hat er nicht zu erbringen.[62]

23 **2. Betreuungsplan (Abs. 4 S. 2, 3). a) Zweck des Betreuungsplans.** Im Rahmen des Rehabilitationszieles ist dem Gericht die Befugnis eingeräumt, **Berufsbetreuern** die Erstellung eines Betreuungsplans aufzuerlegen. Unter Betreuungsplan versteht das Gesetz eine vorausschauende Beschreibung der Ziele der Betreuung und der Maßnahmen, die zu ihrer Erreichung ergriffen werden sollen (Abs. 4 S. 3). Die Ziele und Maßnahmen sind soweit möglich konkret darzustellen. Im Übrigen betont die Gesetzesbegründung die nötige Flexibilität der Anforderungen je nach Aufgabenkreis, Komplexität der Betreuung, Krankheitstyp, Wünschen und Widerständen des Betroffenen und tatsächlichen Besserungsmöglichkeiten.[63] Zweck des Betreuungsplans ist die gesteigerte Effektivität der Tätigkeit des Betreuers für die Förderung der Gesundheit des Betreuten. Der Betreuer soll veranlasst werden, sich rechtzeitig Gedanken über die Ziele und Möglichkeiten seiner Amtsführung zu machen. Auch für das Gericht soll sich eine „objektivierbare Grundlage zur Beurteilung der Effektivität des Betreuerhandelns" ergeben.[64]

---

[55] BT-Drucks. 11/4528 S. 134.
[56] BT-Drucks. 11/4528 S. 134 nennt den Kauf eines Bettes oder einer Matratze für einen Betreuten, der unter Rückenschmerzen leidet.
[57] Vgl. BT-Drucks. 11/4528 S. 134.
[58] OLG Düsseldorf FamRZ 2000, 1356, 1357.
[59] *Soergel/Zimmermann* Rn. 17.
[60] Das bezieht sich nicht nur auf medizinische, sondern auch auf sozialpsychiatrische und sozialintegrative Aspekte, HK-BUR/*Bauer* Rn. 62.
[61] BT-Drucks. 11/4528 S. 134.
[62] BT-Drucks. 11/4528 S. 134.
[63] BT-Drucks. 15/2494 S. 29.
[64] BT-Drucks. 15/2494 S. 29.

b) Gerichtliche Anordnung. Die Pflicht zur Erstellung eines Betreuungsplans entsteht nicht 24 unmittelbar aufgrund Gesetzes, sondern nur auf gerichtliche Anordnung hin.[65] Die Anordnung darf unter folgenden Voraussetzungen ergehen:
– Die Betreuung wird berufsmäßig geführt. Das gilt auch für Vereins- und Behördenbetreuer (§ 1897 Abs. 2) sowie für Betreuer, denen nach § 1836 Abs. 2 eine Vergütung gewährt wird. Für ehrenamtliche Betreuer ist die Anordnung eines Betreuungsplans nicht vorgesehen, vielmehr nach der Gesetzesbegründung ausgeschlossen.[66]
– Es muss sich um einen „geeigneten Fall" handeln, d. h. um einen Fall, in dem die Aufstellung eines Betreuungsplans sinnvoll erscheint, vornehmlich bei der Gesundheitsbetreuung und der Aufenthaltsbestimmung.[67]
– Der Plan ist „bei Beginn der Betreuung" zu erstellen. Die gerichtliche Anordnung wird diesen Zeitpunkt konkretisieren. Nach den Vorstellungen der Gesetzesbegründung ist dem Betreuer zunächst Zeit zu lassen, die Verhältnisse und Wünsche des Betreuten kennen zu lernen,[68] sodass die Anordnung nicht unbedingt schon bei Betreuerbestellung ergehen muss. Trotz des zeitlichen Bezugs „bei Beginn" kann das Gericht mE auch später einen Betreuungsplan anordnen, wenn sich die Notwendigkeit im Verlauf der Betreuung ergibt.

c) Prüfung des Plans. Das Gericht hat den Betreuungsplan zu prüfen und zu bewerten, 25 Freilich darf es sich nicht unangemessen in die Amtsführung des Betreuers einmischen und eigene Zweckmäßigkeitserwägungen an die Stelle der Erwägungen des Betreuers setzen.[69] Nur wenn die vom Betreuer angesteuerten Ziele und Maßnahmen dem Wohl des Betroffenen oder dessen beachtlichen Wünschen zuwiderlaufen, kann das Gericht aufsichtliche Schritte nach § 1837 iVm. § 1908i Abs. 1 S. 1 einleiten. Auch wenn der Betreuer der Anordnung, einen Betreuungsplan zu erstellen, nicht nachkommt, sind solche Maßnahmen anzustrengen.

VII. Mitteilungspflichten (Abs. 5)

1. Aufhebung der Betreuung (Abs. 5 S. 1). Der Betreuer ist verpflichtet, dem Betreuungs- 26 gericht Umstände mitzuteilen, die eine Aufhebung der Betreuung (§ 1908d Abs. 1 S. 1) ermöglichen, zB wenn nach seiner Beobachtung sich die Krankheit so gebessert hat, dass der Betreute nun wiederum für sich selbst sorgen kann, oder wenn die Angelegenheit, derentwegen der Betreuer bestellt wurde, erledigt ist. Die Mitteilungspflicht ist besonders bei solchen Erkrankungen zu beachten, die schubförmig verlaufen, so dass mit Besserungen gerechnet werden kann.[70] Die Entscheidung über die Aufhebung der Betreuung trifft das Gericht; folglich entsteht die Mitteilungspflicht schon beim Bekanntwerden von Umständen, die das Gericht zu einer Aufhebung veranlassen *können*.

2. Einschränkung des Aufgabenkreises (Abs. 5 S. 2). Werden dem Betreuer Umstände 27 bekannt, die eine Einengung des Aufgabenkreises ermöglichen, so trifft ihn ebenfalls die Mitteilungspflicht; die Gründe sind dieselben wie bei Rn. 26.

3. Erweiterung des Aufgabenkreises. Werden dem Betreuer Umstände bekannt, die eine 28 Erweiterung seines Aufgabenkreises erforderlich machen, so hat er dies gleichfalls dem Gericht mitzuteilen, obwohl er damit dazu beiträgt, die Rechtsstellung seines Schutzbefohlenen zu beeinträchtigen.[71] Nach der Gesetzesbegründung[72] trifft den Betreuer allerdings keine Ermittlungspflicht darüber, ob etwa der Betreute auch auf anderen Gebieten betreuungsbedürftig ist. Doch darf man die Lebenszusammenhänge nicht isolieren: Die Mitteilungspflicht besteht schon dann, wenn sich für den Betreuer Anzeichen dafür ergeben, dass Angelegenheiten anfallen werden, für die er nicht zuständig ist und die der Betreute voraussichtlich nicht selbst erledigen kann.[73]

4. Bestellung eines weiteren Betreuers. Das bei Rn. 28 Gesagte gilt auch, wenn dem 29 Betreuer Umstände bekannt werden, welche die Bestellung eines weiteren Betreuers erfordern. Oft wird entweder die Erweiterung des Aufgabenkreises oder die Bestellung eines weiteren Betreuers in

---

[65] In diesem Punkt ist der ursprüngliche Entwurf des 2. BtÄndG einer Änderung unterzogen worden, vgl. BT-Drucks. 15/4874 S. 27.
[66] S. BT-Drucks. 15/2494 S. 29 (auf ehrenamtliche Betreuer würde diese Pflicht abschreckend wirken).
[67] BT-Drucks. 15/2494 S. 30.
[68] BT-Drucks. 15/2494 S. 29.
[69] BT-Drucks. 15/2494 S. 30.
[70] BayObLG FamRZ 1995, 510.
[71] Dazu BT-Drucks. 11/4528 S. 135. Krit. hierzu *Knittel* Rn. 73.
[72] BT-Drucks. 11/4528 S. 135.
[73] In gleicher Richtung *Knittel* Rn. 73.

§ 1901a

Betracht kommen. Die Mitteilungspflicht ist besonders dann akut, wenn ein Rechtsgeschäft getätigt werden soll, an dessen Vornahme der Betreuer verhindert ist (**Ergänzungsbetreuer**); hier wäre es eine schwere Pflichtverletzung, wenn der Betreuer die Mitteilung an das Gericht unterließe und als falsus procurator selbst handelte.

30   **5. Einwilligungsvorbehalt (Abs. 5 S. 2).** Dass der Betreuer dem Gericht auch die Umstände mitteilen soll, welche die Anordnung eines Einwilligungsvorbehalts erfordern, kann das persönliche Verhältnis zum Betreuten beeinträchtigen, ist jedoch zu dessen Schutz geboten.[74] Die Mitteilungspflicht ist zB gegeben, wenn der Betreute sich anschickt, schädliche Rechtsgeschäfte abzuschließen, die er nach Art und Grad seiner Krankheit oder Behinderung nicht selbst zu verantworten vermag.

§ 1901a Patientenverfügung

(1) ¹**Hat ein einwilligungsfähiger Volljähriger für den Fall seiner Einwilligungsunfähigkeit schriftlich festgelegt, ob er in bestimmte, zum Zeitpunkt der Festlegung noch nicht unmittelbar bevorstehende Untersuchungen seines Gesundheitszustands, Heilbehandlungen oder ärztliche Eingriffe einwilligt oder sie untersagt (Patientenverfügung), prüft der Betreuer, ob diese Festlegungen auf die aktuelle Lebens- und Behandlungssituation zutreffen.** ²**Ist dies der Fall, hat der Betreuer dem Willen des Betreuten Ausdruck und Geltung zu verschaffen.** ³**Eine Patientenverfügung kann jederzeit formlos widerrufen werden.**

(2) ¹**Liegt keine Patientenverfügung vor oder treffen die Festlegungen einer Patientenverfügung nicht auf die aktuelle Lebens- und Behandlungssituation zu, hat der Betreuer die Behandlungswünsche oder den mutmaßlichen Willen des Betreuten festzustellen und auf dieser Grundlage zu entscheiden, ob er in eine ärztliche Maßnahme nach Absatz 1 einwilligt oder sie untersagt.** ²**Der mutmaßliche Wille ist aufgrund konkreter Anhaltspunkte zu ermitteln.** ³**Zu berücksichtigen sind insbesondere frühere mündliche oder schriftliche Äußerungen, ethische oder religiöse Überzeugungen und sonstige persönliche Wertvorstellungen des Betreuten.**

(3) **Die Absätze 1 und 2 gelten unabhängig von Art und Stadium einer Erkrankung des Betreuten.**

(4) ¹**Niemand kann zur Errichtung einer Patientenverfügung verpflichtet werden.** ²**Die Errichtung oder Vorlage einer Patientenverfügung darf nicht zur Bedingung eines Vertragsschlusses gemacht werden.**

(5) **Die Absätze 1 bis 3 gelten für Bevollmächtigte entsprechend.**

Schrifttum: *Albrecht/Albrecht*, Die Patientenverfügung, 2009; *Beckmann*, Wünsche und Mutmaßungen - Entscheidungen des Patientenvertreters, wenn keine Patientenverfügung vorliegt, FPR 2010, 278; *Beermann*, Die Patientenverfügung, FPR 2010, 252; *Brosey*, Psychiatrische Patientenverfügung nach dem 3. Betreuungsrechtsänderungsgesetz, BtPrax 2010, 161; *Bühler/Stolz*, Das neue Gesetz zu Patientenverfügungen in der Praxis, BtPrax 2009, 261; *Diehn/Rebhan*, Vorsorgevollmacht und Patientenverfügung, NJW 2010, 326; *Diekmann*, Die Aufgaben des Betreuers im Aufgabenkreis Gesundheitssorge - ein Überblick, BtPrax 2010, 53; *Höfling*, Das neue Patientenverfügungsgesetz, NJW 2009, 2849; *Klöppieper*, Patientenverfügung und Strafrecht, FPR 2010, 260; *Kutzer*, Ärztliche Pflicht zur Lebenserhaltung unter besonderer Berücksichtigung des neuen Patientenverfügungsgesetzes, MedR 2010, 531; *Lange*, Das Patientenverfügungsgesetz, ZEV 2009, 537; *Lipp* (Hrsg.), Handbuch der Vorsorgeverfügungen, 2009; *Locher*, Die neuen Regelungen zur Patientenverfügung, FamRB 2010, 745; *Ludyga*, Der Abbruch lebensverlängernder oder -erhaltender Maßnahmen auf Grund von Patientenverfügungen und die Genehmigung des Betreuungsgerichts, FPR 2010, 266; *G. Müller*, Gesetzliche Regelung der Patientenverfügung durch das 3. BtÄndG - Erster Überblick, NotBZ 2009, 289; *G. Müller*, Die Patientenverfügung nach dem 3. Betreuungsrechtsänderungsgesetz: alles geregelt und vieles ungeklärt, DNotZ 2010, 169; *Olzen/Schneider*, Das Patientenverfügungsgesetz (PatVG) vom 1. 9. 2009 - Eine erste Bilanz, MedR 2010, 745; *Olzen*, Die gesetzliche Neuregelung der Patientenverfügung, JR 2009, 354; *Spickhoff*, Rechtssicherheit kraft Gesetzes durch sog. Patientenverfügungen?, FamRZ 2009, 1949; *Pakaki/Riedel/Stolz*, Palliative Sedierung, BtPrax 2010, 156-161; *Probst*, Patientenverfügung – gelöste und ungelöste Probleme nach der Neuregelung, FF 2010, 144; *Reus*, Die neue gesetzliche Regelung der Patientenverfügung und die Strafbarkeit des Arztes, JZ 2010, 80; *Rieger*, Gesetzliche Regelung von Patientenverfügungen und Behandlungswünschen: Auswirkungen auf die Beraterpraxis, FamRZ

[74] So BT-Drucks. 11/4528 S. 135.

Patientenverfügung **1 § 1901a**

2010, 1601; *Roglmeier,* Der Bevollmächtigte oder der gerichtlich bestellte Betreuer als zentraler Kompetenzträger im Rahmen der gesetzlichen Neuregelungen zur Patientenverfügung, FPR 2010, 282; *Schumacher,*, Ist die Umsetzung des Patientenverfügungsgesetzes gefährdet?, FPR 2010, 474; *Spickhoff (Hrsg)*, Medizinrecht, 2011.

Übersicht

	Rn.		Rn.
I. Normzweck	1–6	b) Entscheidungsfähigkeit	35
1. Gesetzesgeschichte	1	c) Änderung der Patientenverfügung; Teilwiderruf	36
2. Gesetzliche Regelung der Patientenverfügung (Abs. 1)	2	**III. Die Entscheidung des Betreuers nach Behandlungswünschen oder mutmaßlichem Willen des Betreuten (Abs. 2)**	37–47
3. Aufgaben des Betreuers, wenn keine oder keine situationsgerechte Patientenverfügung vorliegt (Abs. 2)	3	1. Allgemeine Voraussetzungen für eine Entscheidung des Betreuers	37
4. Geltung der Regeln ohne Rücksicht auf Art und Stadium der Erkrankung (Abs. 3)	4	2. Notwendige Betreuerbestellung	38
		3. Rechtsstellung des Betreuers	39
5. Keine Verpflichtung zur Errichtung einer Patientenverfügung (Abs. 4)	5	4. Die Behandlungswünsche	40, 41
		a) Doppelter Bezugspunkt	40
6. Bevollmächtigte (Abs. 5)	6	b) Notwendigkeit der Differenzierung	41
II. Begriff und Bedeutung der Patientenverfügung (Abs. 1)	7–36	5. Der mutmaßliche Wille	42–46
1. Definition (Abs. 1 S. 1)	7	a) Definition	42
2. Einseitige Erklärung	8	b) Gegensatz: wirklicher Wille	43
3. Subjektive Voraussetzungen	9, 10	c) Konkret-individuelle Anhaltspunkte	44
a) „Natürliche Einwilligungsfähigkeit" (Entscheidungsfähigkeit)	9	d) Rückgriff auf „objektive Vernunft"?	45
		e) Unterschiedliche Konstellationen	46
b) Erfordernis der Volljährigkeit?	10	7. Gerichtliche Kontrolle bei verweigerter Einwilligung	47
4. Schriftliche Festlegung	11, 12	**IV. Art und Stadium der Erkrankung (Abs. 3)**	48–50
a) Schriftform	11	1. Zweck und Begründung der Vorschrift	48
b) Keine Schriftform für aktuelle Festlegungen	12	2. Tragweite der Vorschrift im Fall der Patientenverfügung	49
5. Geltungsbezug: künftige Einwilligungsunfähigkeit	13	3. Tragweite bei Annahme eines mutmaßlichen Willens	50
6. Geltungsdauer	14	**V. Keine Pflicht zur Errichtung einer Patientenverfügung (Abs. 4)**	51–54
7. Inhalt der Patientenverfügung	15–24	1. Sinn und Bedeutung der Vorschrift	51
a) Festlegung	15	2. Grundsatz (Abs. 4 S. 1)	52
b) Festlegung der Einwilligung	16–18	3. Koppelungsverbot (Abs. 4 S. 2)	53
c) Festlegung der Untersagung	19–23	4. Zivilrechtliche Folgen von Verstößen	54
d) Sonstige Festlegungen	24	**VI. Bevollmächtigte (Abs. 5)**	55–58
8. Funktion des Betreuers bei Vorliegen einer Patientenverfügung (Abs. 1 S. 1, 2)	25–32	1. Grundsätze	55
a) Prüfungspflicht	25, 26	2. Vollmacht und Patientenverfügung	56, 57
b) Die Pflicht, der Verfügung Ausdruck und Geltung zu verschaffen	27–31	a) Pflichten des Bevollmächtigten	56
c) Weitere Pflichten des Betreuers	32	b) Probleme der Form	57
9. Notwendigkeit der Betreuerbestellung?	33	3. Mutmaßlicher Patientenwille und Vollmacht	58
10.Widerruflichkeit der Patientenverfügung (Abs. 1 S. 3)	34–36		
a) Grundsätze	34		

I. Normzweck

1. Gesetzesgeschichte. Die Vorschrift ist durch das Dritte Gesetz zur Änderung des Betreu- **1** ungsrechts (im Folgenden: 3. BtÄndG) vom 29. Juli 2009 (BGBl. I S. 2286) eingeführt worden und zum 1. September 2009 in Kraft getreten. Die unter der gleichen Zählung stehende bisherige Vorschrift über Pflichten in Bezug auf schriftliche Betreuungsverfügungen und Vollmachten findet sich nun in § 1901c. Der Reform, die zeitgleich mit dem FamFG in Kraft getreten ist, geht eine lange Gesetzgebungsgeschichte voraus, die von einer Publikationsflut begleitet wurde. Vor allem seit der Entscheidung des 12. Zivilsenats des BGH vom 17. 3. 2003 (BGHZ 154, 205) zur Funktion des Betreuers bei Maßnahmen der Sterbehilfe mehrten sich die Forderungen nach einer gesetzlichen

§ 1901a 2–5 Abschnitt 3. Titel 2. Rechtliche Betreuung

Regelung. Mehrere Entwürfe wurden diskutiert: der Referentenentwurf des Bundesministeriums der Justiz eines 3. Betreuungsrechtsänderungsgesetzes vom 1. 11. 2004; der Entwurf der Abgeordneten Stünker u.a. zu einem Dritten Gesetz zur Änderung des Betreuungsrechts vom 6. 3. 2008[1]; der Entwurf der Abgeordneten Bosbach u. a. zu einem Gesetz zur Verankerung der Patientenverfügung im Betreuungsrecht vom 16. 12. 2008[2]; der Entwurf der Abgeordneten Zöller u.a. zu einem Gesetz zur Klarstellung der Verbindlichkeit von Patientenverfügungen (Patientenverfügungsverbindlichkeitsgesetz – PVVG) vom 18. 12. 2008[3]. Auf der Grundlage des Entwurfs der Abgeordneten Stünker u.a. erarbeitete der Rechtsausschuss des Bundestages eine Beschlussempfehlung vom 8. 6. 2009, der vom Bundestag am 18. 6. 2009 beschlossen wurde.[4] Ein Antrag auf Anrufung des Vermittlungsausschusses wurde von Seiten des Bundesrates nicht gestellt.[5]

2 **2. Gesetzliche Regelung der Patientenverfügung (Abs. 1).** Die Vorschrift bringt in Abs. 1 Vorschriften über die Normierung der „Patientenverfügung", die sie zugleich **gesetzlich definiert**. Die Patientenverfügung soll als „Rechtsinstitut" im Betreuungsrecht verankert werden.[6] Die Regelung steht im Zusammenhang mit allgemeinen Vorschriften über die Aufgaben eines Betreuers oder Bevollmächtigten, wenn bei dem Betroffenen medizinische Maßnahmen vorgenommen werden sollen (§§ 1901a Abs. 2, 3, 5; 1901b, 1904). Nach der Gesetzesbegründung ist die Patientenverfügung das herausragende, aber nicht das einzige Instrument, um die Beachtlichkeit des Patientenwillens zu sichern; um dies zu erreichen, gilt es nach der Gesetzesbegründung, „alle verfügbaren Kommunikationswege zur Ermittlung des Patientenwillens zu nutzen."[7] Auffälligerweise ist die Regelung der Patientenverfügung, an sich eine **Materie des allgemeinen Persönlichkeits- und Medizinrechts**, in das **Betreuungsrecht** platziert. Sie ist also für die Fälle gedacht, in denen es um Einwilligungen bzw. Nichteinwilligungen geht, die Betreuer oder Bevollmächtigte im Namen des Patienten erklären.[8] Freilich muss der **Definition der Patientenverfügung** in § 1901a Abs. 1 S. 1 **allgemeine Bedeutung** zugemessen werden. Mit dieser Begriffsbestimmung hat der Gesetzgeber zugleich die vordem streitige Frage entschieden, ob eine antizipierte Willensentscheidung schon eine im aktuellen Fall wirksame Einwilligung/Nichteinwilligung in eine medizinische Maßnahme sein kann oder – wie eine verbreitete Rechtsmeinung annahm – immer nur ein (starkes) Indiz für den mutmaßlichen Willen.[9] Der Gesetzgeber hat sich für die erstgenannte Auffassung entschieden, freilich **gebunden an die in § 1901a Abs. 1 S. 1 gemachten formellen und inhaltlichen Voraussetzungen**. Diese Entscheidung ist auch für das allgemeine Medizinrecht maßgeblich.

3 **3. Aufgaben des Betreuers, wenn keine oder keine situationsgerechte Patientenverfügung vorliegt (Abs. 2).** Abs. 2 der Vorschrift umschreibt die Pflichten des Betreuers bei Einwilligung in eine medizinische Maßnahme oder bei ihrer Untersagung, wenn keine wirksame oder keine die konkrete Situation treffende Patientenverfügung vorliegt. Die Norm wirkt darauf hin, dass in diesem Fall die Behandlungswünsche „oder" der mutmaßliche Wille der Patienten die Grundlage der Entscheidung bilden. In diesem Zusammenhang ist die Regelung des § 1901b Abs. 2 ergänzend hinzuzuziehen.

4 **4. Geltung der Regeln ohne Rücksicht auf Art und Stadium der Erkrankung (Abs. 3).** Die Regelung betrifft die im Rahmen der Sterbehilfe relevante Frage, ob der in einer Patientenverfügung niedergelegte oder der mutmaßliche Wille des Patienten auch dann beachtlich ist, wenn im konkreten Fall der Sterbevorgang noch nicht eingesetzt hat. Das Gesetz entscheidet sich auch in diesem Fall für die Geltung des Patientenwillens.

5 **5. Keine Verpflichtung zur Errichtung einer Patientenverfügung (Abs. 4).** Die Vorschrift verdeutlicht, dass es keinen wie auch immer gearteten Zwang zur Abfassung einer Patienten-

---

[1] BT-Drucks. 16/8442.
[2] BT-Drucks. 16/11360.
[3] BT-Drucks. 16/11493. Siehe ferner Zwischenbericht der Enquete-Kommission des Deutschen Bundestages „Ethik und Recht der modernen Medizin", Patientenverfügungen, BT-Drucks. 15/3700; Empfehlungen des nationalen Ethikrates 2005 (www. ethikrat.org/archiv/nationaler-ethikrat/stellungnahmen). Zu den Entwürfen *Wagenitz* FamRZ 2005, 669; *Heßler* in *Hager* (Hrsg.), Die Patientenverfügung, 2006, S. 40.
[4] Stenographischer Bericht, 227. Sitzung, Plenarprotokoll 16/227 S. 25094 C ff.
[5] Bundesrat, 860. Sitzung vom 10. 7. 2009; Plenarprotokoll 860 S. 283 A
[6] BT-Drucks. 16/8442 S.11.
[7] BT-Drucks. 16/8442 S.12.
[8] So auch *Damrau/ Zimmermann* Rn.3; so auch die Begründung zum Stünker-Entwurf BT-Drucks. 16/8442 S.11: Die Reform beschränkt sich auf Regelungen, die die Berücksichtigung eines für den Fall der späteren Einwilligungsunfähigkeit geäußerten Behandlungswillens des Betreuten *im Verhältnis zum Betreuer oder zu einem Bevollmächtigten* betreffen
[9] Zum Meinungsstand *Reus* JZ 2010, 80 f.

verfügung geben darf und statuiert in S. 2 ein Verbot der Koppelung von Vertragsschluss und Vorliegen einer Patientenverfügung in Form einer Bedingung. Individuellem und gesellschaftlichem Druck zur Errichtung von Patientenverfügungen soll die Norm entgegenwirken.

6. Bevollmächtigte (Abs. 5). Die Norm erklärt die Regelungen über die Patientenverfügung 6 und über die Aufgaben des Betreuers nach § 1901a Abs. 1 bis 3 für *entsprechend* anwendbar, wenn statt des Betreuers ein Bevollmächtigter des Patienten handelt.

II. Begriff und Bedeutung der Patientenverfügung (Abs. 1)

1. Definition (Abs. 1 S. 1). Das Gesetz bietet in § 1901a Abs. 1 S. 1 eine Legaldefinition der 7 Patientenverfügung mit dem offenkundigen Ziel, die unmittelbar bindende Patientenverfügung von anderen Willensbekundungen abzugrenzen. Danach ist die Patientenverfügung eine schriftliche Willensbekundung, mit der ein einwilligungsfähiger Volljähriger für den Fall seiner Einwilligungsunfähigkeit festgelegt, ob er in bestimmte, zum Zeitpunkt der Festlegung noch nicht unmittelbar bevorstehende Untersuchungen seines Gesundheitszustands, Heilbehandlungen oder ärztliche Eingriffe einwilligt oder sie untersagt. Bei der Präzisierung des Begriffs sind die folgenden Elemente zu beachten, bei deren Fehlen eine Patientenverfügung nicht vorliegt oder keine Bindungswirkung im Sinne des § 1901a Abs. 1 entfaltet.

2. Einseitige Erklärung. Die Patientenverfügung stellt eine einseitige, nicht empfangsbedürf- 8 tige Erklärung dar, die für jede Person verbindlich ist, die in den Entscheidungsprozess über die Vornahme oder Unterlassung einer medizinischen Maßnahme involviert ist.[10] Die Verfügung wendet sich also in erster Linie also an Ärzte, Betreuer, Bevollmächtigte und ein möglicherweise einzuschaltendes Gericht (§ 1904), ohne dass diese Personen Adressaten im Sinne der Rechtsgeschäftslehre wären. Freilich gibt es eine verbreitete Literaturmeinung, wonach die Patientenverfügung keine Außenwirkung haben, sondern nur Anweisungen an den Betreuer oder Bevollmächtigten enthalte; dann müsste Adressat allein ein – notfalls zu bestellender – Stellvertreter sein; diese für die Autonomie des Patienten gefährliche Auffassung ist abzulehnen (siehe Rn. 16, 29). Vielmehr ist die Patientenverfügung für jede Person und Institution verbindlich, die von ihrem Inhalt Kenntnis erhält und mit der medizinischen Behandlung des Verfügenden befasst ist. Bei der Einwilligung bzw. ihrer Untersagung geht es nicht um schuldrechtliche Arzt- und Krankenhausverträge, sondern um die Einwilligung im Sinne des deliktsrechtlichen Rechtfertigungsgrundes für medizinische Intervention. Nicht ausdrücklich geregelt ist die Frage, ob die Geltung der Patientenverfügung an **Bedingungen** geknüpft werden kann; dies ist im Sinne der Rechtsklarheit zu verneinen; der Erklärende kann die Reichweite seiner Erklärung dadurch konturieren, dass er die betreffende medizinische Maßnahme hinreichend genau umschreibt. Als höchstpersönliche Willensäußerung kann eine Patientenverfügung **nicht durch Stellvertreter** erklärt werden.[11] Wohl aber kann sich der Verfügende eines Boten bedienen.

3. Subjektive Voraussetzungen. a) „Natürliche Einwilligungsfähigkeit" (Entschei- 9 **dungsfähigkeit).** Da mit der Patientenverfügung die Einwilligung in eine medizinische Maßnahme oder deren Untersagung erklärt wird, gelten die allgemeinen Grundsätze über die „natürliche Einsichts- und Steuerungsfähigkeit"; dies gilt ohne Rücksicht darauf, ob man die Einwilligung als Willenserklärung ansieht oder nicht (s. § 1904 Rn. 9). Da auch die Untersagung der Einwilligung in Betracht kommt, sprechen wir von **Entscheidungsfähigkeit.** Als entscheidungsfähig ist der Betroffene anzusehen, wenn er Art, Bedeutung, Tragweite und auch die Risiken der Maßnahme zu erfassen und seinen Willen hiernach zu bestimmen vermag.[12] Ob der Erklärende im konkreten Fall als entscheidungsfähig angesehen werden kann, ist im Kontext mit dem zu behandelnden Leiden und den angezeigten Therapien zu beurteilen: Je komplizierter sich nach medizinrechtlichen Grundsätzen die ärztliche Aufklärung über die therapeutischen Möglichkeiten und Risiken gestaltet, desto höhere Anforderungen sind an die Entscheidungsfähigkeit zu stellen.

b) Erfordernis der Volljährigkeit? Die Definition des § 1901a Abs. 1 S. 1 beschränkt die 10 Patientenverfügung begrifflich auf Festlegungen volljähriger Personen. Das wird als inkonsequent oder sogar verfassungswidrig bemängelt, da nach fast unbestrittener Ansicht auch Minderjährige

---

[10] Nach BT-Drucks. 16/8442 S.15 ist Adressat der Patientenverfügung jede an der Behandlung und Betreuung beteiligte Person, die entsprechend ihrer Verantwortung in die vorzunehmenden Prüfungen eingebunden ist; dass der behandelnde Arzt in erster Linie dazu gehört, versteht sich von selbst, siehe auch BT-Drucks. 16/8442 S.11. Vgl. auch *Brosey* BtPrax 2010, 161, 162; *Damrau/Zimmermann* § 1901a Rn.59; *Palandt/Diederichsen* § 1901a Rn.24.
[11] *Spickhoff* FamRZ 2009, 1949, 1950; *Locher* FamRB 2010, 56, 58.
[12] BT-Drucks. 16/8442 S. 11 f.; siehe auch die Legaldefinition in § 40 Abs. 1 S.3 Nr. 3a Arzneimittelgesetz.

§ 1901a 11–16

einwilligungsfähig sein können.[13] Nach meiner Auffassung kann auch ein hinreichend entscheidungsfähiger Minderjähriger eine Patientenverfügung errichten, die freilich *im betreuungsrechtlichen Sinne* erst nach Erreichen der Volljährigkeit zum Einsatz kommen kann. Auch wenn man dem nicht folgt, sind Verfügungen eines Minderjährigen im Rahmen des § 1901a Abs. 2 beachtlich.[14]

11   **4. Schriftliche Festlegung. a) Schriftform.** Um begrifflich als Patientenverfügung anerkannt zu werden, muss die Festlegung der Einwilligung oder ihrer Untersagung schriftlich erfolgt sein. Für die einzuhaltenden Formalien gilt § 126. Die Urkunde muss eigenhändig unterschrieben sein. Die Schriftform wird sowohl durch die notarielle Beurkundung als auch durch die elektronische Form (§ 126a) ersetzt, nicht hingegen durch die Textform (126b). Es genügt also nicht die Festlegung durch ein E-Mail, wenn nicht die Voraussetzungen der elektronischen Form erfüllt sind. Eine Datierung des Dokuments ist nicht erforderlich,[15] auch bedarf es keiner Zeugen.[16] **Mündlich geäußerte Willensbekundungen** sind nach den Vorstellungen des Gesetzgebers nicht etwa (bloß) unwirksam, sondern fallen von vornherein nicht unter den Begriff der Patientenverfügung;[17] sie bleiben aber im Rahmen der Ermittlung der Behandlungswünsche (Abs. 2) durchaus relevant.

12   **b) Keine Schriftform für aktuelle Festlegungen.** Das Erfordernis der Schriftform gilt nur für Festlegungen, die eine **noch nicht unmittelbar bevorstehende** medizinische Maßnahme betreffen, nicht hingegen für die Einwilligung oder Nichteinwilligung in aktuell anstehende Behandlungen.[18] Die gewöhnliche Einwilligung in eine aktuell bevorstehende, konkrete Heilbehandlung ist selbstverständlich auch mündlich und sogar durch konkludentes Handeln möglich.

13   **5. Geltungsbezug: künftige Einwilligungsunfähigkeit.** Die Festlegung muss für den Fall der Einwilligungsunfähigkeit erfolgen, dh. für den Fall, dass der Betreute in dem Zeitpunkt, in dem über die medizinische Maßnahme konkret zu entscheiden ist, nicht mehr einwilligungsfähig ist. Das ist selbstverständlich: Denn wenn der Betroffene in der aktuellen Situation der Entscheidung über die Behandlung die Einwilligung selbst erteilen oder die Behandlung untersagen kann, ist allein sein *jetziger Wille* maßgebend; eine etwa zuvor errichtete Patientenverfügung läuft ins Leere. Aus diesem Grund darf man an die Verlautbarung des Geltungsbezugs „im Falle meiner Einwilligungsunfähigkeit" in der Patientenverfügung keine übertriebenen Anforderungen stellen; es genügt, wenn sich diese Einschränkung aus dem Sinn der Festlegung ergibt.

14   **6. Geltungsdauer.** Das Gesetz hat davon abgesehen, die Geltungsdauer einer Patientenverfügung zu begrenzen und eine Aktualisierungspflicht einzuführen.[19] Bei größeren zeitlichen Abständen zwischen der Errichtung oder letzten Bestätigung der Patientenverfügung und dem Behandlungszeitpunkt muss selbstverständlich – wie stets! – geprüft werden, ob der Verfügende seine Festlegungen widerrufen oder geändert hat[20] und ob die Festlegungen wirklich die konkrete Situation treffen, insbesondere wenn sich für das konkrete Leiden die therapeutischen Möglichkeiten inzwischen erweitert haben.

15   **7. Inhalt der Patientenverfügung. a) Festlegung.** Die Patientenverfügung hat zum Inhalt die verbindliche **Festlegung** *entweder* der **Einwilligung** in bestimmte, zum Zeitpunkt der Erklärung noch nicht unmittelbar bevorstehende medizinische Maßnahmen *oder* die **Untersagung** solcher noch nicht unmittelbar bevorstehender Maßnahmen. Als medizinische Maßnahmen sind, wie in § 1904 Abs. 1, die Untersuchung des Gesundheitszustands, die Heilbehandlung und der ärztliche Eingriff aufgezählt. Voraussetzungen und Wirkungen betreffend sind Festlegung der Einwilligung und Festlegung der Untersagung zu unterscheiden.

16   **b) Festlegung der Einwilligung. aa) Rechtsnatur.** Der Terminus „Festlegung der Einwilligung" führt zur Frage, ob die **Festlegungserklärung** identisch ist mit der **Einwilligung als**

---

[13] Siehe G. *Müller* DNotZ 2010, 169, 182; *Lange* ZEV 2009, 537, 539; *Spickhoff* FamRZ 2009, 1949, 1951; zum Problem auch *Rieger* FamRZ 2010, 1601, 1603.
[14] *Spickhoff* FamRZ 2009, 1949, 1951.
[15] *Damrau/Zimmermann* § 1901a Rn. 48.
[16] *Damrau/Zimmermann* § 1901a Rn. 50.
[17] Siehe BT-Drucks. 16/8442 S. 13: Mündliche Äußerungen „sind keine Patientenverfügungen, weil sie nicht in schriftlicher Form vorliegen".
[18] Die Begründung zum Stünker-Entwurf unterscheidet von der Patientenverfügung „die aktuell erklärte Einwilligung" (BT-Drucks. 16/8442 S.12).
[19] Ausführliche Begründung BT-Drucks. 16/8442 S.14.
[20] BT-Drucks. 16/8442 S.14.

Rechtfertigungsgrund für die medizinische Intervention[21] oder ob sie nur eine **verbindliche Anweisung an den Betreuer** darstellt, in künftig aktuell werdenden Fällen die Einwilligung im Namen des Patienten zu erteilen.[22] Die erstgenannte Auffassung entspricht dem Willen des Gesetzgebers und der im Vordringen begriffenen Rechtsauffassung von der Autonomie des Patienten.[23] Wenn die festgelegte Einwilligung auf die konkret eingetretene Lebens- und Behandlungssituation zutrifft, ist eine Einwilligung des Betreuers in die anstehende ärztliche Behandlung nicht erforderlich, da der Betreute diese Entscheidung bereits selbst getroffen hat.[24] Die antizipierte, hinreichend konkrete Festlegung bildet die unmittelbare rechtliche Grundlage für die medizinische Maßnahme. Allerdings setzt auch die antizipierte Einwilligung voraus, dass der Patient bei der Patientenverfügung bereits über den medizinischen Sachverhalt (in der Verfügung berücksichtigte Krankheiten, therapeutische Alternativen, Chancen und Risiken der in Aussicht genommenen Behandlung) **aufgeklärt** ist oder auf die **Aufklärung verzichtet**.[25] Ein Aufklärungsverzicht, der weithin für möglich angesehen wird,[26] liegt nicht schon „konkludent" darin, dass der Patient überhaupt eine Patientenverfügung errichtet; der Verzicht muss ausdrücklich erklärt werden.

bb) Bestimmte Maßnahmen. Als Definitionsmerkmal der Patientenverfügung verlangt das Gesetz die Einwilligung in eine *bestimmte* medizinische Maßnahme. Da ärztliche Behandlungen immer nur in Bezug auf konkrete Erkrankungen stattfinden, kann sich die Festlegung nicht auf eine abstrakte therapeutische Maßnahme beziehen, sondern muss einen Bezug zu konkreten Krankheitsbildern aufweisen. Schon dieser Gesichtspunkt lässt **positive Festlegungen** der Einwilligung in eine bestimmte Behandlung künftiger Krankheiten als **sehr unzweckmäßig** erscheinen. Dies gilt zweifelsfrei für Festlegungen in einem Zeitpunkt, in dem der Verfügende noch gesund ist, daher noch keine konkrete Krankheitsdiagnose möglich ist und daher auch keine therapeutischen Abwägungen vorgenommen werden können. Eine antizipierte Festlegung der Einwilligung in bestimmte medizinische Maßnahmen kommt andererseits in Fällen in Betracht, in denen der noch entscheidungsfähige Betreute bereits an einer schweren, sich voraussichtlich länger hinziehenden Krankheit leidet und in denen er, über Diagnose und Therapien aufgeklärt, sich auf eine bestimmte Behandlung festlegen und daran auch für den Fall späterer Entscheidungsunfähigkeit festhalten möchte. Welche **Anforderungen an die Bestimmtheit** zu stellen sind, wird überdies kontrovers diskutiert. Einerseits wird vertreten, der Grad der Bestimmtheit müsse demjenigen entsprechen, der bei der Einwilligung in eine ärztliche Behandlung auch sonst verlangt wird.[27] Andere Stimmen plädieren für einen elastischeren Bestimmtheitsgrad; das Bestimmtheitsmerkmal beziehe sich auf ärztliche Maßnahmen und nicht auf Krankheitsbilder.[28] Doch gleicht eine Einwilligung, die sich nur auf eine Behandlungstechnik beziehen würde ohne Rücksicht auf die Krankheit, die damit behandelt werden soll, einem Schuss in den Nebel. Deshalb ist bei der **positiven Festlegung einer Einwilligung** ein Bezug zu einer bestimmten Art (bestimmten Arten) von Krankheit unabdingbar (zur Parallelfragen bei **negativen Festlegungen** unten Rn. 20). Nach den Gesetzesmaterialien sind **allgemeine „Richtlinien"** über die Art der Behandlung unabhängig von der Art der Krankheit nicht als Patientenverfügung im Sinne des § 1901a anzusehen;[29] so genügt der Wunsch, bei medizinischen Maßnahmen möglichst wenig zu leiden oder „würdevoll zu sterben", dem Bestimmtheitserfordernis nicht.[30] Das gleiche gilt für Wünsche über Art und Weise und Ort der Behandlung, zB in einem bestimmten Krankenhaus oder von einem bestimmten Arzt behandelt zu werden.[31]

cc) Noch nicht unmittelbar bevorstehende Maßnahmen. Als Patientenverfügung wird nur eine Festlegung angesehen, die sich auf noch nicht unmittelbar bevorstehende medizinische Behandlungen bezieht. Damit will das Gesetz die Patientenverfügung von der aktuellen Einwilligung

---

[21] So die Konzeption des Gesetzes und die hM, siehe *Lipp* in *Lipp/Röthel/Spalckhaver* § 17 Rn. 46 ff.; *Brosey* BtPrax 2009, 175; *Lange* ZEV 2009, 537, 539; *G. Müller* NotBZ 2009, 289, 293; *ders.* DNotZ 2010, 169, 172 ff.; *Olzen* JR 2009, 354, 358; *Reus* JZ 2010, 80, 83; *Probst* FF 2010, 144, 146; *Knittel* § 1904 Rn.79; *Palandt/Diederichsen* Rn. 27.
[22] In diesem Sinne *Albrecht/Albrecht*, Die Patientenverfügung, 2009, Rn. 38 ff.; *Diehn/Rebhan* NJW 2010, 326, 327 ff.; *Roglmeier* FPR 2010, 282, 284; *Locher* FamRB 2010, 56, 60.
[23] Siehe BGHZ 154, 205, 210 f.
[24] BT-Drucks. 16/8442 S.14; siehe auch S. 11 („unmittelbare Bindungswirkung").
[25] So auch BT-Drucks. 16/8442 S.14; *Damrau/Zimmermann* Rn.34.
[26] BT-Drucks. 16/8442 S.14.
[27] *Albrecht/Albrecht,* Die Patientenverfügung, 2009, Rn.163.
[28] *G. Müller* DNotZ 2010, 169, 180; für „weite Auslegung" *Renner* ZNotP 2009, 371, 375. Zum Problem siehe auch *Rieger* FamRZ 2010, 1601, 1603 f.
[29] So die Begründung zum Stünker-Entwurf, BT-Drucks. 16/8442 S. 13.
[30] Dieses Beispiel nach BT-Drucks. 16/8442 S. 13.
[31] BT-Drucks. 16/8442 S.13

in eine unmittelbar bevorstehende medizinische Behandlung („**aktuell erklärte Einwilligung**")[32] unterscheiden mit der Folge, dass die letztgenannte nicht der Schriftform bedarf.[33] Die Unterscheidung ist in Einzelfällen nicht leicht durchzuführen. Es gilt das Prinzip: Im Zweifel für den Patientenwillen. Unmittelbar bevorstehend ist auch die für den nächsten Tag oder die nächsten Tage anberaumte Operation. So kann die zeitnahe Einwilligung in einen mit einer Anästhesie verbundenen ärztlichen Eingriff nach wie vor mündlich erklärt werden. Sie bleibt auch dann wirksam, wenn der durch die Einwilligung legitimierte ärztliche Eingriff erst vorgenommen wird, nachdem der Patient durch Beruhigungsmittel oder anästhesiebedingt nicht mehr einwilligungsfähig ist.[34] Umgekehrt darf daraus, dass eine Einwilligung schriftlich erklärt wird, nicht geschlossen werden, dass es sich um eine Patientenverfügung handelt; entscheidend ist allein, ob die konsentierte Behandlung aus der Sicht des Erklärenden unmittelbar bevorsteht. Ist eine einschlägige Patientenverfügung errichtet und erklärt der einwilligungsfähige Patient für eine unmittelbar bevorstehende Behandlung seine aktuelle Einwilligung, so ist die letztere allein maßgeblich; die Patientenverfügung wird insoweit gegenstandslos.

19 **c) Festlegung der Untersagung. aa) Rechtsnatur. Unterschiede zur Festlegung der Einwilligung.** Die Festlegung der Untersagung einer bestimmten medizinischen Maßnahme ist für alle in die medizinische Behandlung involvierten Personen gleichfalls **unmittelbar verbindlich**. Sie nimmt dem Betreuer bzw. Bevollmächtigten die Befugnis, im Namen des Patienten Einwilligungen zu erklären, die im Widerspruch zu der in der Patientenverfügung getroffenen Festlegung stehen. Da die Versagung keine medizinische Maßnahme rechtfertigt, sondern nur bestimmte Maßnahmen ausschließt, soll nach den Gesetzesmaterialien eine vorhergehende ärztliche Aufklärung und Beratung nicht erforderlich sein.[35] Hieran kann man zweifeln: Auch die Untersagung einer bestimmten medizinische Maßnahme ist eine Entscheidung über den Einsatz der Medizin im Falle eigener Erkrankung; das Behandlungsverbot kann genau so gefährlich sein wie die Einwilligung in bestimmte Maßnahmen und setzt daher eine Information über Chancen und Risiken voraus. Will man die Verbindlichkeit der antizipierten Untersagung sichern, so empfiehlt sich – sofern keine ärztliche Aufklärung stattfindet – auch bei negativen Patientenverfügungen die Verlautbarung eines Aufklärungsverzichts.

20 **bb) Bestimmte Maßnahmen.** Auch die negative Festlegung muss sich auf *bestimmte* medizinische Maßnahmen beziehen. Eine verbreitete Meinung versteht den Bestimmtheitsgrundsatz hier anders als bei der Festlegung einer Einwilligung; da das Behandlungsverbot keine rechtliche Grundlage für ärztliches Handeln bilde, brauche es nicht auf bestimmte Krankheiten oder Krankheitsverläufe Bezug zu nehmen.[36] Dem ist nicht zu folgen. Eine Untersagung *nur einer Maßnahme* ohne Bezug auf ein Krankheitsbild ist – abgesehen von religiös bedingten Untersagungen bestimmter Heilbehandlungen – sinnlos. Wenn zB jemand „künstliche Ernährung" untersagt, so hat dies nur Sinn, wenn ein Bezug auf den Einsatz dieser Maßnahme im Kontext mit bestimmten Situationen ausweglosen Leidens hergestellt wird; das Verbot künstlicher Ernährung schlechthin würde die medizinische Hilfe auch für Fälle ausschließen, in denen durch kurzzeitiges Überbrücken eines Mangelzustandes ein „lebenswertes" Leben gerettet werden kann. Auch die antizipierte Untersagung macht im allgemeinen nur einen Sinn, wenn zumindest die Behandlungssituation umschrieben wird, in der sie gelten soll. Andernfalls riskiert man von vornherein die Entwertung der Verfügung, weil Arzt und Betreuer sich fragen müssen, ob die Untersagung wirklich auch für die Fälle gemeint sei, in denen der Patient nach aller Voraussicht durch Einsatz des untersagten Mittels die Gesundheit wiedererlangen kann. Die Erklärung, **keine lebensverlängernden Maßnahmen zu wünschen**, wenn keine Aussicht auf Besserung im Sinne eines erträglichen Lebens besteht, soll dem Bestimmtheitsgrundsatz nicht genügen, ist aber jedenfalls im Rahmen der allgemeinen Beachtlichkeit von Patientenwünschen nach § 1901a Abs. 2 relevant.[37] Viele der bisher empfohlenen Formulare dürften zu allgemein gehalten sein, um als Patientenverfügung im Sinne des § 1901a Abs. 1 anerkannt zu werden; das muss nicht unbedingt ein Schaden sein.

---

[32] BT-Drucks. 16/8442 S.12.
[33] Begründung hierzu BT-Drucks. 16/8442 S.13.
[34] BT-Drucks. 16/8442 S.13; zum Problem *Spickhoff* FamRZ 2009, 1949, 1951.
[35] Die Wirksamkeit der Ablehnung einer ärztlichen Maßnahme hängt auch nach BT-Drucks. 16/8442 S.14 nicht von einer ärztlichen Beratung und Aufklärung ab; desgl. *Damrau/Zimmermann* Rn. 36.
[36] *Palandt/Diederichsen* § 1901a Rn. 6 („schlichte Untersagung bestimmter Maßnahmen unabhängig von der Art der Erkrankung genügt"; andererseits werden Pauschalverbote von künstlichen lebensverlängernden Maßnahmen als Patientenverfügung für unwirksam erklärt).
[37] *Höfling* NJW 2009, 2849.

cc) **Noch nicht unmittelbar bevorstehende Maßnahmen.** Diesbezüglich gilt das zur 21
Festlegung der Einwilligung Gesagte (Rn.18). Formbedürftige Patientenverfügung ist nur die Festlegung für noch nicht unmittelbar bevorstehende medizinische Maßnahmen. Eine akut anstehende medizinische Maßnahme kann der entscheidungsfähige Patient stets auch formlos untersagen. Hat der Betroffene eine Behandlung durch Patientenverfügung ausgeschlossen, willigt er aber später im Stand der Einwilligungsfähigkeit in eine aktuelle Behandlung ein, so ist die Verfügung insoweit widerrufen, rechtliche Basis des ärztlichen Handelns ist allein die aktuelle Einwilligung.

dd) **Unterlassung/ Abbruch lebenserhaltender Maßnahmen insbesondere.** Die Fest- 22
legung der Untersagung der Einwilligung betrifft auch lebenserhaltende medizinische Maßnahmen. Darin liegt in der Regel der eigentliche Sinn der Patientenverfügung, die auf die Vermeidung sinnlosen Leidens durch die technischen Möglichkeiten der modernen Medizin ausgerichtet zu sein pflegt. Besondere sachliche Voraussetzungen für die Relevanz des Patientenwillens macht das Gesetz nicht. Daraus ist zu schließen, dass der in einer Patientenverfügung geäußerte, die Situation treffende Wille nicht nur dann verbindlich ist, wenn der Patient tödlich erkrankt ist und sein Grundleiden mit infauster Prognose einen irreversiblen Verlauf angenommen hat und zum *nahen* Tode führen wird (**passive Sterbehilfe**).[38] Vielmehr trägt der Patientenwille auch den Fall der so genannten **erweiterten Sterbehilfe**, die voraussetzt, dass der Patient tödlich erkrankt ist, ohne dass aber der konkrete Sterbevorgang schon eingesetzt hat (siehe § 1901a Abs. 3, unten Rn. 48 ff.). Insoweit folgt das Gesetz der Linie des BGHSt[39] gegenüber derjenigen des BGHZ[40]. Die Grenze der Verbindlichkeit einer Patientenverfügung bilden das Strafrecht und die medizinische Ethik (Rn. 30). Aus diesem Grunde unterliegen der Patientenverfügung nicht die **Maßnahmen der Basisbetreuung**, für die Arzt und Pflegepersonal in jedem Fall zu sorgen haben.[41]

ee) **Gerichtliche Genehmigung?** Trägt die Patientenverfügung die Unterlassung/ den 23
Abbruch einer lebenserhaltenden Maßnahme, bedarf es im konkreten Fall keiner gerichtlichen Genehmigung, wenn zwischen Arzt und dem Betreuer oder Bevollmächtigten Einigkeit darüber besteht, dass die Festlegung dem Willen des Patienten entspricht (§ 1904 Abs. 4). Ist kein Betreuer bestellt und trifft die Festlegung der Patientenverfügung eindeutig die konkrete Situation, so ist für die Verbindlichkeit des Patientenwillens weder die Bestellung eines Betreuers noch eine gerichtliche Genehmigung nötig; der Arzt kann dem Willen des Patienten ohne weiteres folgen.

d) **Sonstige Festlegungen.** Nach der Begründung zum Stünker-Entwurf kann „selbstver- 24
ständlich" in der Patientenverfügung auch festgelegt werden, dass die Patientenverfügung trotz konkreter Entscheidungen *nicht unmittelbar gelten*, sondern der Betreuer immer die Entscheidung über die Behandlung treffen soll; es kann dann auch festgelegt sein, welchen Entscheidungsspielraum der Betreuer bei seiner Entscheidung hat.[42] In solchem Fall stellt sich die Festlegung nicht als Einwilligung bzw. Versagung der Einwilligung selbst dar, sondern als Weisung an den Betreuer oder Bevollmächtigten, von ihrer Vertretungsmacht in bestimmtem Sinne Gebrauch zu machen. Die Einwilligung/ Nichteinwilligung als Grundlage ärztlichen Handelns wird in diesem Fall durch den Vertreter erklärt. Bei der „Ermächtigung zur Einwilligung" fragt sich auch in diesem Fall, ob der Verfügende ärztlich aufgeklärt sein muss; es ist dies, da die Verfügung bindend sein soll, zu bejahen. Ist allerdings der Beurteilungsspielraum für den Vertreter so groß, dass von einer Ermächtigung zur Einwilligung in *bestimmte* medizinische Maßnahmen nicht die Rede sein kann, so gilt dasselbe wie sonst bei Einwilligungen, die durch den Betreuer/Bevollmächtigten erklärt werden; in diesem Fall muss der Vertreter des entscheidungsunfähig gewordenen Patienten ärztlich aufgeklärt werden.

8. Funktion des Betreuers bei Vorliegen einer Patientenverfügung (Abs. 1 S. 1, 2). 25
a) Prüfungspflicht. aa) Prüfung nur durch den Betreuer? Hat der Patient im Zeitpunkt, in dem die fragliche medizinische Maßnahme ansteht, einen Betreuer und kann es im konkreten Fall auf die Patientenverfügung ankommen, so ist der Betreuer nach § 1901a Abs. 1 S. 1 verpflichtet, zu prüfen, ob die Festlegungen der Verfügung auf die aktuelle Lebens- und Behandlungssituation zutreffen und ob sie für diese Situation eine Entscheidung über die anstehende ärztliche Maßnahme enthalten.[43] Auch soll der Betreuer prüfen, ob die Festlegungen *noch* dem Willen des Patienten entsprechen; das soll auch die Prüfung einschließen, ob das aktuelle Verhalten des nicht mehr ent-

---
[38] Dazu BGHSt NJW 1995, 204, 205; 1997, 807; BGHZ 154, 205, 215.
[39] BGHSt NJW 1995, 204 ff.
[40] BGHZ 154, 205, 215 (doch hatte der Senat die Möglichkeit erlaubter Sterbehilfe in einem Fall angenommen, der eigentlich der weiteren Sterbehilfe zuzuordnen war, siehe Vorauf. § 1904 Rn.45).
[41] BT-Drucks. 16/8442 S.13.
[42] BT-Drucks. 16/8442 S.15.
[43] BT-Drucks. 16/8442 S. 14.

§ 1901a 26, 27　　　　　　　　　　　　　　　Abschnitt 3. Titel 2. Rechtliche Betreuung

scheidungsfähigen Patienten konkrete Anhaltspunkte dafür zeigt, dass er unter den gegebenen Umständen den zuvor schriftlich geäußerten Willen nicht mehr gelten lassen will und ob der Betroffene bei seinen Festlegungen diese Lebenssituation mitbedacht hat.[44] Die Prüfungspflicht des Betreuers ist dahin **missverstanden** worden, als ob dem Betreuer die **exklusive oder doch eine vorrangige Entscheidungskompetenz** über die Geltung der in der Patientenverfügung niedergelegten Entscheidung des Betreuten zukomme.[45] Das ist **unhaltbar**: *Zum einen* ist der Betreuer für eine Einschätzung der „Behandlungssituation" fachlich nicht kompetent, es **fehlt ihm in aller Regel der nötige medizinische Sachverstand**. *Zum andern* geht das Gesetz davon aus, dass Arzt und Betreuer den Willen des Patienten unterschiedlich auffassen können und sieht für diesen Fall des Dissenses ein gerichtliches Verfahren vor (§ 1904 Abs. 4); das ergäbe keinen Sinn, wenn der Betreuer allein über die Tragweite einer Patientenverfügung entscheiden könnte. Vielmehr trifft eine entsprechende Prüfungspflicht **auch die behandelnden Ärzte**, die selbst beurteilen müssen, ob für ihr Tun die erforderliche Einwilligung des Patienten vorliegt oder nicht.[46] Daraus folgt, dass der Betreuer in jedem Fall, in dem die Patientenverfügung einschlägig sein *könnte*, diese dem behandelnden Arzt vorzulegen und sich mit ihm zu beraten hat (siehe § 1901b Abs. 1). Die Einschätzung des Betreuers, ob die Festlegungen der Patientenverfügung auf den Fall zutreffen, bindet den Arzt nicht.

26　　**bb) Ausnahme: Keine Geltung der Festlegungen.** Der in der wirksamen Patientenverfügung zum Ausdruck gebrachte Wille ist **nur in zwei Fällen nicht maßgeblich**, die genau unterschieden werden müssen:

– *Erstens:* Der Betroffene hat seine Verfügung **wirksam widerrufen** (§ 1901a Abs. 1 S. 3). Ist dem Betreuer ein solcher Widerruf oder ein Verhalten, das so gedeutet werden kann, bekannt, so ist dies selbstverständlich bei der Prüfung der Relevanz der Patientenverfügung zu berücksichtigen. Auch diese Prüfung obliegt aber nicht exklusiv dem Betreuer, zumal der Widerruf auch dem Arzt gegenüber geäußert werden kann.

– *Zweitens:* Die verfügte Festlegung **trifft nicht die konkrete Lebens- und Behandlungssituation.** Das kann sich daraus ergeben, dass die Festlegung nach ihrem Sinn nicht für das konkreten Krankheitsbild gedacht ist, aber auch daraus, dass sich seit der Errichtung bzw. letzten Bestätigung der Verfügung die therapeutischen Möglichkeiten für das konkrete Leiden derart verändert haben, dass angenommen werden muss, der Verfügende hätte bei Kenntnis dieser Veränderungen seine Festlegung nicht oder anders getroffen. Auch für diese Einschätzung hat der Betreuer keine exklusive Entscheidungsbefugnis, vielmehr ist auch der Arzt berechtigt und verpflichtet, seinerseits die Verbindlichkeit einer Patientenverfügung unter diesem Gesichtspunkt zu prüfen.[47] Bei Meinungsverschiedenheiten über diesen Punkt kann ein Genehmigungsverfahren nach § 1904 die Sachlage klären (Rn. 19, 40). Zeigt sich, dass die in der Verfügung getroffene Festlegung den konkreten Fall nicht (mehr) trifft, so kann die medizinische Maßnahme nicht mehr auf die Verfügung gestützt werden, es bedarf *dann* im Hinblick auf die vom Arzt als indiziert angebotene Behandlung einer Entscheidung des Betreuers nach § 1901a Abs. 2.

27　　**b) Die Pflicht, der Verfügung Ausdruck und Geltung zu verschaffen. aa) Verschaffung des Ausdrucks.** Hält der Betreuer die Patientenverfügung im konkreten Fall für wirksam und einschlägig,[48] so ist er verpflichtet, nach Kräften darauf hinzuwirken, dass den verbindlichen Festlegungen des Patienten im konkreten Fall Folge geleistet wird. Das ist der Sinn des § 1901a Abs. 1 S. 2. Mit der Pflicht, dem (schriftlich niedergelegten!) Willen des Betreuten „**Ausdruck zu verschaffen**" ist gemeint, dass der Betreuer die Verfügung allen in die Behandlung des Patienten

---

[44] BT-Drucks. 16/8442 S. 14, 15.
[45] So eine verbreitete Auffassung z. B. *Diehn/Rebhahn* NJW 2010, 326, 327 (der Vertreter legt die Festlegungen aus); *Locher* FamRB 2010, 56, 61 f., ferner die Vertreter der Auffassung, wonach auch bei einer die Situation treffenden Patientenverfügung nicht der Patient, sondern der Betreuer die Einwilligung/Nichteinwilligung erklärt. Ausgewogen hingegen *Beermann* FPR 2010, 252, 254 (Deutungshoheit bei Betreuer und Arzt; *Knittel* § 1904 Rn. 77-79; *Palandt/Diederichsen* Rn.6. Vgl. auch BGHSt FamRZ 2011, 108 Tz. 14.
[46] Zutreffend *Reus* JZ 2010, 80, 82; *Damrau/Zimmermann* Rn. 75 (Prüfung des Arztes zusammen mit den Stellvertretern); Grundsätze der Bundesärztekammer zur ärztlichen Sterbebegleitung vom 21. 1. 2011, Deutsches Ärzteblatt 2011 A 346, 347.
[47] Anders wohl die Begründung zum Stünkerentwurf (BT-Drucks. 16/8442 S.15): Ergebe die Prüfung, dass sich die Sachlage nachträglich so erheblich geändert hat, dass die frühere selbstverantwortlich getroffene Entscheidung eben diese aktuelle Lebenssituation nicht umfasse, so könne der Betreuer von den getroffenen Festlegungen abweichen; in allen anderen Fällen sei mit dem XII. Zivilsenat des BGH daran festzuhalten, dass die Willensbekundung des Betroffenen für oder gegen bestimmte medizinische Maßnahmen vom Betreuer nicht durch einen Rückgriff auf den mutmaßlichen Willen des Betroffenen korrigiert werden dürften.
[48] Vgl. BT-Drucks. 16/8442 S.15.

involvierten Personen **bekanntmachen** und **präsentieren** muss. „Ausdruck verschafft" hat der Patient seinem Willen bereits *selbst*. Dem Betreuer, der ja üblicherweise nicht Zeuge der Entstehung der Verfügung war, steht in diesem Zusammenhang kein Interpretationsmonopol für den Inhalt der Verfügung zu (oben Rn. 25).

bb) Geltungsverschaffung. Auch die Aussage, der Betreuer habe dem Willen des Patienten 28 „Geltung zu verschaffen", darf nicht missverstanden werden. Der in der Verfügung festgelegte **Patientenwille gilt, weil er vom Patienten in freier Selbstbestimmung geäußert ist**; es bedarf keiner Entscheidung durch den Betreuer mehr.[49] Dem Betreuer obliegt die Pflicht, durch **Einwirken auf die an der medizinischen Behandlung beteiligten Personen dafür zu sorgen, dass dieser Wille beachtet wird**. Der Wille der Patienten gilt für den behandelnden Arzt auch dann, wenn der Betreuer sich nicht für seine Beachtung einsetzt. Erhält der Arzt zB Kenntnis von der Patientenverfügung nicht durch den Betreuer, sondern durch einen (anderen) Angehörigen, so ist er auch in diesem Fall an die Verfügung gebunden, selbst wenn der Betreuer sich nicht für ihre Geltung einsetzen sollte.

cc) Andere Auffassungen. Ein Teil der Literatur vertritt die Auffassung, auch bei einer die 29 Situation treffenden Patientenverfügung werde die Einwilligung/Nichteinwilligung nicht durch den Patienten selbst mit Außenwirkung erklärt, vielmehr habe auch in diesem Fall der Betreuer zu entscheiden, wenngleich grundsätzlich gebunden an die Festlegungen des Patienten. Die eine medizinische Behandlung rechtfertigende Einwilligung erkläre auch in diesem Fall der Stellvertreter.[50] Diese Auffassung läuft darauf hinaus, dass die Festlegungen in einer Verfügung nur nach Maßgabe einer Prüfung und Entscheidung des Betreuers für eine medizinische Behandlung Geltung erlangen können; der Arzt wäre an die Interpretation der Verfügung durch den Betreuer gebunden. Zum Teil wird auch von einer notwendigen „Aktualisierungentscheidung" durch den Betreuer gesprochen.[51] Diese Auffassung widerspricht der Konzeption des Gesetzes und der im Persönlichkeitsrecht wurzelnden Patientenautonomie. Sie führt zu der ans Absurde grenzenden Frage, ob der Arzt wenigstens in „Eilsituationen bis zur Erreichbarkeit des Betreuungsgerichts oder des Vertreters" selbst den Willen aus einer Patientenverfügung ermitteln dürfe.[52]

dd) Grenzen der Verbindlichkeit einer Patientenverfügung. Weder für den Betreuer 30 noch für den Arzt verbindlich ist eine Festlegung, welche dem Arzt ein strafbares oder sittenwidriges Tun ansinnen würde.[53] In diesem Zusammenhang ist zu beachten, dass der 2. Strafsenat des BGH jüngst die Grenze der erlaubten passiven Sterbehilfe neu gezogen hat. Der Senat löst sich von der Beschränkung der passiven Sterbehilfe auf ein „Unterlassen im Rechtssinn", setzt nun aber andere Maßstäbe ein. Danach setzt der Begriff der Sterbehilfe durch Behandlungsunterlassung, -begrenzung oder -abbruch voraus, dass die betroffene Person lebensbedrohlich erkrankt ist und die betreffende Maßnahme medizinisch zur Erhaltung oder Verlängerung des Lebens geeignet ist; vorsätzliche lebensbeendende Handlungen, die außerhalb eines solchen Zusammenhangs mit einer medizinischen Behandlung einer Erkrankung vorgenommen werden, seien, wie aus §§ 216, 228 StGB hergeleitet wird, einer Rechtfertigung durch Einwilligung dagegen von vornherein nicht zugänglich.[54] Eine durch Einwilligung gerechtfertigte Handlung der Sterbehilfe setze überdies voraus, dass sie objektiv und subjektiv unmittelbar auf eine medizinische Behandlung im oben genannten Sinn bezogen ist.[55] Eine Rechtfertigung durch Einwilligung komme daher nur in Betracht, wenn sich das Handeln darauf beschränke, einen Zustand (wieder-)herzustellen, der einem bereits begonnenen Krankheitsprozess seinen Lauf lässt, indem zwar Leiden gelindert, die Krankheit aber nicht (mehr) behandelt wird, so dass der Patient letztlich dem Sterben überlassen wird; nicht erfasst seien dagegen Fälle eines gezielten Eingriffs, der die Beendigung des Lebens vom Krankheitsprozess abkoppelt.[56]

ee) Nachforschung und Beschaffung. Zu den Pflichten des Betreuers gehört es auch, 31 über den Verbleib einer Patientenverfügung Nachforschungen anzustellen, wenn Hinweise darauf vorliegen, dass eine solche Verfügung besteht. Der Betreuer ist insbesondere verpflichtet, Dritte, die im Besitz einer einschlägigen Verfügung sind, zur Erfüllung ihrer Pflicht nach § 1901c anzuhalten

---

[49] *Damrau/Zimmermann* Rn.56 („keine Umsetzung durch den Betreuer").
[50] *Albrecht/Albrecht*, Die Patientenverfügung, 2009, Rn. 38 ff.; *Diehn/Rebhan* NJW 2010, 326, 327 ff.; *Roglmeier* FPR 2010, 282, 284; *Locher* FamRB 2010, 56, 60. Unklar *Jürgens* Rn. 15 (bei Vorliegen einer treffenden Patientenverfügung „kann" Betreuer die Entscheidung treffen).
[51] *Brosey* BtPrax 2010, 161, 162.
[52] Diskussion dazu *Olzen/ Schneider* MedR 2010, 745, 746.
[53] *Palandt/Diederichsen* Rn.19.
[54] BGHSt FamRZ 2010, 1551 Tz.33.
[55] BGHSt FamRZ 2010, 1551 Tz.34.
[56] BGHSt FamRZ 2010, 1551 Tz.35.

und gegebenenfalls das Gericht einzuschalten. Misslicherweise sind die Herausgabe- und Unterrichtungspflichten Dritter nur dem Betreuungsgericht, nicht dem Betreuer gegenüber angeordnet.

32 **c) Weitere Pflichten des Betreuers.** Über die Pflicht nach § 1901a Abs. 1 S. 1, 2 hinaus hat der Betreuer im Rahmen seines Aufgabenkreises für die **Einleitung und Organisation der angezeigten medizinischen Maßnahmen** zu sorgen, etwa die Arzt- und Krankenhausverträge abzuschließen, den nötigen Kontakt mit Versicherungen zu halten, die vermögensrechtliche Seite der medizinischen Behandlungen zu regeln, etc. Allerdings muss beachtet werden, dass auch in diesem Rahmen der Wille des *entscheidungsfähigen* Betreuten unmittelbare Bedeutung zukommt. Zum Beispiel ist die Auswahl des behandelnden Arztes Teil der Einwilligung in die medizinische Behandlung; diese Auswahl kann der Gesundheitsbetreuer nicht gegen den Willen Betreuten treffen, solange dieser noch entscheidungsfähig ist.[57]

33 **9. Notwendigkeit der Betreuerbestellung?** Liegt eine den konkreten Fall treffende Patientenverfügung vor, so fragt sich, ob vor einer medizinischen Behandlung des einwilligungsunfähigen Patienten obligatorisch ein Betreuer bestellt werden muss, der die in § 1901a Abs. 1 und § 1901b umschriebenen Funktionen erfüllt. Diese Frage ist der Angelpunkt der durch das 3. BtÄndG unternommenen Reform. Da der Patient seine Entscheidung selbst getroffen hat, ist *insoweit* die Bestellung eines Betreuers nicht erforderlich. Die **Gegenposition** nehmen vor allem Autoren ein, die den Festlegungen der Patientenverfügung keine unmittelbare Außenwirkung zumessen (s. Rn. 29), darüber hinaus aber auch andere Literaturstimmen.[58] Die richtige Lösung liegt in der konsequenten Anwendung des **Erforderlichkeitsprinzips**:[59] *Soweit* der Betreute selbst verbindlich entschieden hat, ist ein Betreuer nicht zur Entscheidung berufen und daher für *diese Entscheidung* auch nicht zu bestellen. Selbst wenn ein Betreuer „für Gesundheitsangelegenheiten" vorhanden ist, hat er für *diese Entscheidung* keine Kompetenz. Vor allem bei Maßnahmen der Sterbehilfe, die den Festlegungen in einer Patientenverfügung entsprechen, ist nicht einzusehen, warum noch ein Betreuer bestellt und das Sterben somit zu einem staatlich-bürokratischen Vorgang gemacht werden muss. Meist wird es freilich so sein, dass für weitere Bereiche der medizinischen Behandlung die Bestellung eines Betreuers notwendig ist, vor allem wenn wie üblich in der Patientenverfügung nur Untersagungen festgelegt sind. Es kann also sein, dass die Einwilligung in eine medizinische Behandlung der Betreuer erteilen muss, aber die in einer Patientenverfügung verlautbarten *Untersagungen* unmittelbar wirksam sind. Die Diskussion über „Eilfälle"[60] – das Zuwarten bis zur Bestellung eines Betreuers wäre für den Patienten riskant – verliert an Brisanz, wenn man den formgerecht niedergelegten Willen des Patienten ernst nimmt.

34 **10. Widerruflichkeit der Patientenverfügung (Abs. 1 S. 3). a) Grundsätze.** Nach § 1901a Abs. 1 S. 3 kann eine Patientenverfügung jederzeit formlos widerrufen werden. Auf die Widerruflichkeit kann nicht wirksam verzichtet werden.[61] Der Widerruf ist „ohne Formerfordernisse wirksam".[62] Er kann folglich auch mündlich oder durch nonverbales Verhalten erfolgen, sofern nur die Willensänderung hinreichend deutlich zum Ausdruck kommt.[63] Der Widerruf ist auch dann formlos möglich, wenn die Patientenverfügung notariell beurkundet ist. Der Widerruf hat die gleiche Rechtsnatur wie die Patientenverfügung. Sie kann folglich nicht durch Stellvertreter erklärt werden. Ein Widerruf durch Betreuer oder Bevollmächtigte wäre überhaupt nur für Fälle denkbar, in denen sich der Patient bei der Verfügung in einem gravierenden Irrtum befand oder in denen sich seit der Errichtung der Verfügung die Lebensverhältnisse oder der Stand der Medizin so verändert haben, dass der Patient bei Kenntnis der Entwicklung seine Verfügung nicht oder mit anderem Inhalt getroffen hätte. Hier bedarf es aber eines Widerrufs durch den Betreuer nicht, weil in solchen

---

[57] Mißverständlich daher BT-Drucks. 16/8442 S.15: Die Tätigkeit des Betreuers bleibe „notwendig" für alle anderen in der Patientenverfügung nicht getroffenen Entscheidungen wie Auswahl des Arztes; soweit diese Entscheidungen die Einwilligung in eine medizinische Maßnahme betreffen, kann der einwilligungsfähige Patient sie nur *selbst* treffen.
[58] *G. Müller* DNotZ 2010, 169, 174; *Olzen* JR 2009, 354, 358; *Olzen/Schneider* MedR 2010, 745, 746; *Beckmann* MedR 2009, 582, 583; tendenziell auch *Spickhoff* FamRZ 2009, 1949, 1953 f.; *Damrau/Zimmermann* Rn. 83 ff.
[59] Zutreffend *Lipp* in *Lipp/Röthel/Spalckhaver* § 17 Rn. 46; im Ergebnis auch *Palandt/Diederichsen* Rn.15. So auch Grundsätze der Bundesärztekammer zur ärztlichen Sterbebegleitung vom 21. 1. 2011, Deutsches Ärzteblatt 2011 A 346, 347.
[60] Dazu *G. Müller* DNotZ 2010, 169, 178; *Spickhoff* FamRZ 2009, 1949, 1954.
[61] *Damrau/Zimmermann* Rn.52; vgl. BGH FamRZ 2005, 1474.
[62] BT-Drucks. 16/8442 S.13.
[63] So BT-Drucks. 16/8442 S.13.

Fällen die Festlegung den konkreten Fall nicht (mehr) trifft, sodass ohnehin von ihr abgewichen werden darf.

b) Entscheidungsfähigkeit. Weder Gesetz noch Gesetzesmaterialien äußern sich dazu, ob ein 35 wirksamer Widerruf die Entscheidungsfähigkeit („natürliche Einwilligungsfähigkeit") des Betroffenen voraussetzt.[64] Das ist zu bejahen.[65] Der Widerruf setzt als actus contrarius zur Patientenverfügung die Entscheidungsfähigkeit des Erklärenden voraus; anders wäre eine Patientenverfügung weithin wertlos, wenn sogar das nonverbale Widerstreben des entscheidungsunfähigen Patienten ihre Geltung beseitigen könnte. Doch hat auch das Widerstreben des einwilligungsunfähigen Patienten Bedeutung für die Frage, ob die in einer Patientenverfügung getroffene Festlegung noch für die konkreten Lebenssituation zutrifft, insbesondere wenn der Patient jetzt – im Widerspruch zum Text der Verfügung – erkennen lässt, dass er die Weiterbehandlung wünscht.[66] Wird ein Widerruf erklärt und besteht eine Meinungsverschiedenheit zwischen Arzt und Betreuer über seine Wirksamkeit, so kann, soweit es um eine Maßnahme nach § 1904 geht, eine Klärung im Rahmen des gerichtlichen Genehmigungsverfahrens erfolgen.

c) Änderung der Patientenverfügung; Teilwiderruf. So wie die Verfügung jederzeit 36 widerrufen werden kann, ist sie auch stets abänderbar. Freilich ist für *neue* Festlegungen die Schriftform zu beachten. Auch wenn diese nicht beachtet ist, kann der Änderungswunsch den Willen manifestieren, die bisherige Verfügung nicht mehr gelten zu lassen, sodass er jedenfalls den formlos möglichen Widerruf enthält. Der zum Ausdruck gebrachte Änderungswunsch kann sich als Teilwiderruf darstellen, der insoweit ebenfalls formlos möglich ist. Um Probleme zu vermeiden, empfiehlt es sich, bei einem Wunsch nach Änderung der Patientenverfügung stets die gesamte Erklärung neu zu fassen und die bisherige Verfügung für obsolet zu erklären.

III. Die Entscheidung des Betreuers nach Behandlungswünschen oder mutmaßlichem Willen des Betreuten (Abs. 2)

1. Allgemeine Voraussetzungen für eine Entscheidung des Betreuers. Ist der Betrof- 37 fene außerstande, zu einer anstehenden medizinischen Maßnahme seine wirksame Einwilligung oder Nichteinwilligung zu erklären und liegt auch keine Patientenverfügung vor, welche die Entscheidung für den konkreten Fall bindend festlegt, so muss der **Betreuer** an seiner Stelle **entscheiden** und die entsprechende **Erklärung abgeben**.[67] § 1901a Abs. 2 bindet diese Entscheidung des Betreuers *im Innenverhältnis* an die „Betreuungswünsche oder den mutmaßlichen Willen" des Betreuten und gibt einige Hinweise für die Ermittlung dieses Willens. Ehe die Vorschrift zur Anwendung gelangen kann, ist zunächst die **Kompetenz des Betreuers zur Entscheidung** über die Einwilligung zu überprüfen:
– Selbstverständliche Voraussetzung ist, dass die Entscheidung des Betreuers bezüglich der betreffenden medizinischen Maßnahme vom Aufgabenkreis des Betreuers umfasst ist.
– Selbstverständliche Voraussetzung ist weiterhin, dass sich der Betreute aktuell in einem Zustande befindet, in dem er nicht selbst über die Einwilligung oder ihre Versagung entscheiden kann (dazu Erl. zu § 1904 Rn.11 ff.). Bevor eine Entscheidung des Betreuers in Betracht kommt, hat der Arzt immer zunächst zu prüfen, ob der Patient selbst in der Lage ist, die ärztliche Aufklärung zu verstehen und auf ihrer Grundlage über die Einwilligung zu entscheiden.
– Selbstverständliche Voraussetzung ist ferner, dass die betreffende Einwilligung nicht bereits durch den Patienten selbst in (noch) wirksamer Weise erteilt ist, sei es in Form einer aktuellen, noch fortwirkenden Einwilligung, sei es in Form einer Patientenverfügung.

2. Notwendige Betreuerbestellung. Soll eine Person einer ärztlichen Behandlung unterzo- 38 gen werden, die selbst entscheidungsunfähig ist und von der auch keine bindende Entscheidung vorliegt, so ist ein Betreuer mit entsprechendem Aufgabenkreis zu bestellen. Denn der Betroffene kann in diesem Fall seine Angelegenheiten krankheits- oder behinderungsbedingt nicht selbst besorgen. Die Rekonstruktion eines „mutmaßlichen Willens" macht die Bestellung eines Betreuers nicht überflüssig (Prinzip der Erforderlichkeit), auch wenn der Betreuer auf der Grundlage dieses Willens zu entscheiden hat. Der Bestellung eines Betreuers bedarf es indes bei **Gefahr im Verzug** für Leib

---
[64] Unklar die Ausführungen in der Begründung zum Stünker-Entwurf BT-Drucks. 16/8442 S.13.
[65] So *Spickhoff* FamRZ 2009, 1949, 1955; *Damrau/Zimmermann* Rn. 53; im Ergebnis auch *Olzen* JR 2009, 354, 357 f.; *Olzen/Schneider*, MedR 2010, 745; *Palandt/Diederichsen* Rn. 25; aA *Beermann* FPR 2010, 252, 254; *Jürgens* Rn.12; *Knittel* § 1904 Rn. 69.
[66] *Spickhoff* FamRZ 2009, 1949, 1955; *Locher* FamRB 2010, 56, 59.
[67] AA wohl *Palandt/Diederichsen* Rn. 27 (auch bei mutmaßlichem Behandlungswillen des Patienten keine Entscheidung des Betreuers).

und Leben nicht; in solchen Notfällen, etwa bei Bewusstlosigkeit nach einem Verkehrsunfall, ist ärztliches Handeln allein aufgrund des mutmaßlichen Willens des Patienten erlaubt und geboten.

39 **3. Rechtsstellung des Betreuers.** Wenn der Betreuer nach oben entwickelten Grundsätzen die Befugnis innehat, im Namen des Betreuten die Einwilligung zu erklären oder zu verweigern, repräsentiert er den Betreuten auch beim Aufklärungsgespräch des Arztes[68] und auch bei den übrigen rechtlichen Aspekten des Patient-Arzt-Verhältnisses (Einsicht in die Krankenunterlagen etc.). Eine ärztliche Schweigepflicht gegenüber dem Betreuer gibt es dann nicht.[69] Der Betreute soll in das Gespräch eingebunden werden, soweit dies für ihn unschädlich und für das Erfassen seiner Wünsche dienlich ist. Die Entscheidung trifft der Betreuer nach den Grundsätzen der §§ 1901a Abs. 2, 1901 Abs. 2, 3. Auch wenn der Betreuer einwilligungsbefugt ist, hat er die Angelegenheit mit dem Betreuten zu besprechen (§ 1901 Abs. 3 S. 3) und auf seine Wünsche im Rahmen des § 1901 Abs. 2, 3 Rücksicht zu nehmen. Bei einem Widerstreit zwischen einem objektiv begriffenen Wohl und den Wünschen des Betreuten haben die subjektiven Vorstellungen wegen der Höchstpersönlichkeit des betroffenen Rechtsgutes ein starkes Gewicht.

40 **4. Die Behandlungswünsche. a) Doppelter Bezugspunkt.** Für seine Entscheidung hat der Betreuer „die Behandlungswünsche oder den mutmaßlichen Willen" des Betreuten festzustellen. Er hat sodann „auf dieser Grundlage" zu entscheiden. Die Verdoppelung des Bezugspunkts „Behandlungswünsche oder mutmaßlicher Wille" ist im Gesetzgebungsverfahren anstelle des noch im Stünker-Entwurf vorgesehenen „mutmaßlichen Willens" getreten und trägt eher zu Verwirrung bei.

41 **b) Notwendigkeit der Differenzierung.** Die **Behandlungswünsche** betreffen ist zu unterscheiden:
aa) Äußert der Patient einen **aktuellen Willen zu einer konkret anstehenden Behandlung**, so kommt es auf seine „natürliche Entscheidungsfähigkeit" an; ist diese gegeben, so hat der Betreuer insoweit keine Funktion, die Entscheidung hat der Patient selbst getroffen. Ist er nicht entscheidungsfähig, so lässt sein Behandlungswunsch möglicherweise Rückschlüsse auf seinen mutmaßlichen Willen zu, den er *jetzt* bilden würde, wenn er entscheidungsfähig wäre; die Entscheidung über die Einwilligung/Nichteinwilligung trifft der Betreuer.
bb) Äußert der Patient Behandlungswünsche in Bezug auf eine **noch nicht unmittelbar bevorstehende medizinische Maßnahme**, ist wie folgt zu unterscheiden:
– Handelt es sich um eine wirksame und für die konkrete Situation zutreffende Patientenverfügung, so gilt Abs. 1; der Betreuer hat über die Einwilligung/Nichteinwilligung nicht zu entscheiden.
– Liegt keine wirksame oder keine die Situation treffende Patientenverfügung vor, so ist weiter zu unterscheiden. War der Patient im Zeitpunkt der Äußerung **entscheidungsfähig**, so trifft gleichwohl der Betreuer die Entscheidung, die Behandlungswünsche entfalten jedoch, sofern und soweit sie für die konkrete Situation zutreffen, eine **Bindungswirkung im engeren Sinne**. In diesem Sinn hat der BGHSt für Willensäußerungen entschieden, die – für die konkrete Situation einschlägig – vom entscheidungsfähigen Patienten lediglich mündlich, aber nachweislich bekundet waren.[70]
– Im Übrigen gibt diese Art von Behandlungswünschen, auch wenn von einem **nicht entscheidungsfähigen** Patienten geäußert, Hinweise auf den **mutmaßlichen Willen**.

42 **5. Der mutmaßliche Wille. a) Definition.** Als „mutmaßlich" ist der Wille anzusehen, den der Patient vermutlich *jetzt* (im Zeitpunkt der Entscheidung über die konkrete medizinische Maßnahme) haben würde, wenn er selbstverantwortlich entscheiden könnte. Das Gesetz spricht nicht von „Bindung"[71] an diesen Willen, sondern von einer Entscheidung „auf dieser Grundlage". Darin kommt zum Ausdruck, dass der mutmaßliche Wille, der häufig nur eine Rekonstruktion aus diversen Äußerungen und Werthaltungen darstellt, nicht dieselbe Bindungswirkung entfalten kann wie die vom entscheidungsfähigen Patienten festgelegte Einwilligung/Nichteinwilligung.

43 **b) Gegensatz: wirklicher Wille.** Der mutmaßliche Wille steht nach herkömmlicher juristischer Begriffsbildung im Gegensatz zu dem tatsächlich gebildeten und geäußerten Willen einer Person. Der mutmaßliche Wille bildet infolgedessen ein Konstrukt, das *andere Personen* dem „Wollenden" zurechnen. Soweit eine *entscheidungsfähige* Person zu einer konkreten Entscheidungslage einen tatsächlichen Willen gebildet und geäußert hat, verbietet es sich in einer auf Privatautonomie beruhenden Rechtsordnung, auf einen mutmaßlichen Willen zu rekurrieren und gegen den tatsächlichen

---

[68] *Kuhlmann* S. 108; *Schwab*, FS Henrich, 2000, S. 511, 515.
[69] *Soergel/Zimmermann* § 1904 Rn. 18.
[70] Siehe BGHSt FamRZ 2010, 1551 Tz.17, 21ff., 38.
[71] Wohl aber die Materialien, vgl. BT-Drucks 16/13314 S. 20.

Willen auszuspielen. Anders ist es, wenn die Person *nicht entscheidungsfähig* ist; in diesem Fall können der tatsächliche und der dann maßgebende mutmaßliche Wille divergieren.

c) Konkret-individuelle Anhaltspunkte. Das Gesetz gibt einige Hinweise für die Ermitt- 44
lung des mutmaßlichen Willens an die Hand. Nach **§ 1901a Abs. 2 S. 2** ist der mutmaßliche Wille aufgrund konkreter Anhaltspunkte zu ermitteln; diese müssen einen individuellen Bezug zur Person des Patienten haben und aussagekräftig sein.[72] In **§ 1901a Abs. 2 S. 3** werden **frühere** mündliche oder schriftliche **Äußerungen** des Patienten, ethische oder religiöse Überzeugungen und seine sonstigen **persönlichen Wertvorstellungen** ausdrücklich genannt.[73] Auch die religiösen Überzeugungen betreffend sind *konkrete Feststellungen* erforderlich; es kann also nicht aus der formalen Zugehörigkeit zu einer Religion oder Konfession bereits ein bestimmter mutmaßlicher Wille für eine konkrete Entscheidung über ärztliche Maßnahmen gefolgert werden. In den Materialien ist auch die „altersbedingte Lebenserwartung" als Indikator für den mutmaßlichen Willen angegeben.[74] Doch kann die „Lebenserwartung" als bloß objektiver Umstand keine entscheidende Rolle spielen. Der Stünker-Entwurf hatte zudem „das Schmerzempfinden" des Patienten als Orientierungspunkt genannt; dieser Aspekt ist im Verlauf des Gesetzgebungsverfahrens entfallen; das Schmerzempfinden sei derart subjektiv, dass es durch einen außen stehenden Dritten kaum beurteilt werden könne.[75] Der Ermittlung des mutmaßlichen Willens/der Behandlungswünsche des Betreuten soll es weiterhin dienen, dass nahen **Angehörigen** oder sonstigen **Vertrauenspersonen gemäß § 1901b Abs. 2 Gelegenheit zur Äußerung** gegeben wird (Erl. siehe dort).

d) Rückgriff auf „objektive Vernunft"? Bei der Rekonstruktion des mutmaßlichen Willens 45
fragt sich, wie weit die allgemeine Lebenserfahrung und das durchschnittliche Denken „vernünftiger Menschen" als Kriterien herangezogen werden können. Kann bei einer Person, bei der sich keine konkreten Äußerungen und Einstellungen finden lassen, ihr mutmaßlicher Wille darauf gestützt werden, was „ein vernünftig Denkender" oder was „ein durchschnittlicher Mensch" wollen würde? Das ist im Hinblick auf die Bedeutung des mutmaßlichen Willens, insbesondere im Zusammenhang mit Entscheidungen im Bereich des § 1904, strikt zu verneinen.[76] Der mutmaßliche Wille kann nur aus den konkreten Äußerungen und belegbaren Einstellungen hergeleitet werden, die *gerade für die Person des Betreuten* feststellbar sind **(individuell-mutmaßlicher Wille).** Fehlt es an der Möglichkeit einigermaßen sicherer Einschätzungen, so fehlt es an einem mutmaßlichen Willen. Dann trifft der Betreuer die Entscheidung über Einwilligung/Nichteinwilligung nach objektiven Kriterien, insbesondere danach, was medizinisch indiziert ist. Nach der Begründung zum Stünker-Entwurf sei dann nach dem Wohl des Betreuten zu entscheiden und dabei dem Schutz seines Lebens Vorrang einzuräumen.[77] Soweit die vorgesehene Behandlung unter die Fälle des § 1904 Abs. 1 oder 2 fällt, ist eine gerichtliche Genehmigung erforderlich; diese entfällt auch dann nicht, wenn Arzt und Betreuer sich in der Sache einig sind, wenn aber kein Wille des Betroffenen zu der konkreten medizinische Maßnahme eruiert werden kann.

e) Unterschiedliche Konstellationen. Folgende Konstellationen lassen sich unterscheiden: 46
aa) Der Patient hat eine Festlegung der Einwilligung/Nichteinwilligung nach Art einer Patientenverfügung getroffen, sie ist aber *nicht schriftlich* abgefasst, zB nur mündlich auf Tonband gesprochen. Dann soll nach der Begründung des Stünker-Entwurfs dieser Wille, selbst wenn er auf die konkrete Behandlungssituation zutrifft, nur als mutmaßlicher Wille relevant sein.[78] Nachdem nun aber die Behandlungswünsche als eigenständiges Element im Gesetz genannt sind, ist dem nicht zu folgen; es handelt sich um einen Fall des *wirklichen* Willens.[79]

bb) Der Patient war im Zeitpunkt der Errichtung der Patientenverfügung nicht einwilligungsfähig. Dann kann die Verfügung gleichwohl Hinweise darauf geben, was der Betreffende jetzt wollen würde, wenn er entscheidungsfähig wäre.

cc) Es liegt zwar eine Festlegung durch Patientenverfügung vor, welche die konkrete Situation trifft, doch fehlt es an der nötigen vorherigen ärztlichen Aufklärung oder am wirksamen Aufklärungsverzicht.[80]

---

[72] BT-Drucks. 16/8442 S. 15.
[73] Folgend der Rechtsprechung des BGHSt 35, 246, 249; 40, 257.
[74] BT-Drucks. 16/8442 S. 15.
[75] BT-Drucks 16/13314 S. 20.
[76] Zutreffend *Höfling* NJW 2009, 2849, 2851; *Locher* FamRB 2010, 56, 59; *Brosey* BtPrax 175, 177; *Bühler/Stolz* BtPrax 2009, 261, 263.
[77] BT-Drucks. 16/8442 S.16.
[78] BT-Drucks. 16/8442 S.15.
[79] BGHSt FamRZ 2010, 1551 Tz.17, 21 ff., 38.
[80] Siehe BT-Drucks. 16/8442 S.14.

dd) Es liegen zwar Festlegungen durch Patientenverfügung vor, doch treffen sie nicht auf die anstehende konkrete Lebens- und Behandlungssituation zu.[81] In diesem Fall ist zur konkreten Situation kein tatsächlicher Wille geäußert, doch sind aus der Verfügung möglicherweise Rückschlüsse auf den mutmaßlichen Willen im vorliegenden Fall möglich.

ee) Es liegt eine schriftliche Verfügung vor, mit der aber nicht eine Einwilligung direkt erklärt oder untersagt, sondern der Betreuer nur angewiesen wird, in einem bestimmten Sinne zu handeln. In diesem Fall ist es gleichfalls nicht angemessen, von einem nur mutmaßlichen Willen zu sprechen.[82]

ff) Es liegen wirksame Festlegungen durch Patientenverfügung vor, die auch den konkreten Fall treffen; doch ergeben sich durch spätere Entwicklungen insbesondere bei den therapeutischen Möglichkeiten gravierende Hinweise darauf, dass der Betreute bei Kenntnis dieser Entwicklungen seine Entscheidungen nicht oder anders getroffen hätte; dann kann (und muss) von der Patientenverfügung abgewichen werden, soweit sie dem mutmaßlichen Willen des Betreuten widerspricht.

gg) Es liegt zwar eine Patientenverfügung vor, die den konkreten Fall treffen könnte, aber später widerrufen wurde.[83] Der Widerruf lässt Rückschlüsse darauf zu, was nunmehr gewollt sein würde, wenn der Patient jetzt entscheidungsfähig wäre. Ist allerdings mit dem Widerruf die Errichtung einer neuen wirksamen Patientenverfügung verbunden, dann gilt vorrangig diese.

hh) Es liegt zwar eine schriftliche Verfügung des Betreuten vor, die aber mangels Bestimmtheit nicht als Patientenverfügung anerkannt wird; dann sind die dort niedergelegten Wünsche gleichwohl für den Betreuer bei dessen Entscheidung beachtlich; auch hier handelt es sich aber nicht um „mutmaßlichen Willen".

ii) Es liegen *keine Äußerungen des Betreuten* vor, die auf die Entscheidung im konkreten Fall abzielen, doch lässt sich sein mutmaßlicher Wille *aus anderen Umständen* erschließen (mündliche Äußerungen beliebiger Art gegenüber anderen Personen, Mitteilungen in Briefen, eigene Entscheidungen zu ärztlichen Behandlungen in früheren Fällen; Einstellungen bei Erkrankung von Angehörigen etc.). Das ist der klassische Fall eines mutmaßlichen Willens. Doch ist hier große Vorsicht geboten.

47 7. Gerichtliche Kontrolle bei verweigerter Einwilligung. Verweigert der Betreuer die Einwilligung in eine medizinisch indizierte, zu seinem Wohl erforderliche Behandlung, obwohl ihr kein relevanter Wille des Betreuten entgegensteht, so kann das Betreuungsgericht ihn durch aufsichtliche Maßnahmen zur Erteilung der Einwilligung anhalten (§ 1908i Abs. 1 S. 1 iVm. § 1837 Abs. 2, 3). Die Einwilligung selbst kann es nicht ersetzen (keine Verweisung des § 1908i Abs. 1 S. 1 auf § 1837 Abs. 4); notfalls ist der Betreuer zu entlassen oder sein Aufgabenkreis einzuschränken und ein neuer Betreuer zu bestellen. Nur unter den Voraussetzungen des § 1846 (§ 1908i Abs. 1 S. 1) hat das Gericht die Befugnis, die Einwilligung selbst zu erteilen.

IV. Art und Stadium der Erkrankung (Abs. 3)

48 1. Zweck und Begründung der Vorschrift. Die Aussage des Abs. 3, wonach die vorstehenden Absätze unabhängig von Art und Stadium einer Erkrankung des Betreuten gelten, will unter anderem die Streitfrage entscheiden, ob der in einer Patientenverfügung niedergelegte Wille auch dann beachtlich ist, wenn **der Sterbevorgang noch nicht unmittelbar eingesetzt** hat. Die Vorschrift zielt also auf Fälle der Sterbehilfe, also der Untersagung einer medizinischen Maßnahme oder ihrer Fortsetzung. Das Gesetz entscheidet sich dafür, dass der Patientenwille – sowohl der in einer Patientenverfügung niederlegte als auch der mutmaßliche – auch dann maßgeblich ist, wenn noch kein „unumkehrbarer tödlicher Verlauf des Grundleidens" erwartet wird. Die Gesetzesmaterialien stützen sich auf BGHSt 40, 257 (Kemptener Fall): Danach ist der Wille des Patienten für die Beurteilung der Zulässigkeit einer ärztlichen Behandlung oder Maßnahme auch dann maßgebend, wenn der Sterbevorgang noch nicht eingesetzt hat; der Abbruch einer lebenserhaltenden Maßnahme ist bei entsprechendem Patientenwillen als Ausdruck der allgemeinen Entscheidungsfreiheit und des Rechts auf körperliche Unversehrtheit grundsätzlich zulässig (passive Sterbehilfe im weiteren Sinne); für den Fall, dass kein ausdrücklich erklärter Wille in Bezug auf die ärztliche Behandlung oder Maßnahme vorliegt, rekurrierte der Strafsenat auf den mutmaßlichen Willen des Patienten.[84]

49 2. Tragweite der Vorschrift im Fall der Patientenverfügung. Die Aussage des § 1901a Abs. 3 darf nicht missverstanden werden.

---

[81] BT-Drucks. 16/8442 S. 15.
[82] Anders die Begründung zum Stünker-Entwurf BT-Drucks. 16/8442 S.15.
[83] BT-Drucks. 16/8442 S.15.
[84] BT-Drucks. 16/8442 S.16; die gegenläufige Auffassung des BGHZ 12. ZS wird mit der strafrechtlichen Lit. als Missverständnis dargestellt; das ergebe sich auch aus BGHZ 163, 195.

– Die Geltung „unabhängig von Art und Stadium der Erkrankung" kann nur den Fall betreffen, dass die in einer Patientenverfügung getroffene **Festlegung** den akuten Fall, also die **konkrete Art und das konkrete Stadium der tatsächlich beim Betreuten eingetretenen Erkrankung trifft**. Die Patientenverfügung legt fest, für welche Erkrankungen und Therapien und auch für welche Art und für welches Stadium eines Leidens sie den Patientenwillen festlegt und ist verbindlich, wenn Art und Grad der Erkrankung in den Rahmen dieser Festlegung fällt. Für die Frage aber, **ob sie in diesen Rahmen fällt**, kann Art und Stadium der Erkrankung sehr wohl entscheidend sein – es kommt allein auf den erkennbaren Willen des Verfügenden an.

– Die Vorschrift verhält sich nicht dazu, **ob überhaupt eine zum Tode führende Erkrankung** vorliegen muss oder nicht. Der Wortlaut scheint dies zu verneinen, sodass in der Patientenverfügung verbindlich auch die Nichteinwilligung in medizinische Maßnahmen bei solchen Leiden verbindlich erklärt werden könnte, die ohne besonderes Risiko durchaus heilbar sind. Doch sind die Grenzen erlaubter Sterbehilfe zu beachten (oben Rn.30).

3. Tragweite bei Annahme eines mutmaßlichen Willens. Die Vorschrift des § 1901a Abs. 3 soll auch gelten, wenn der Betreuer auf der Grundlage des mutmaßlichen Willens oder der Behandlungswünsche des Betreuten zu entscheiden hat. Bei der Rekonstruktion eines mutmaßlichen Willens ist indes besonders in den Fällen Vorsicht geboten, in denen das Grundleiden sich noch nicht im Stadium eines irreversibel tödlichen Verlaufs befindet.[85] Die Aussage des Abs. 3 könnte zu dem Missverständnis führen, dass der mutmaßliche Wille des Patienten unabhängig von Art und Stadium seines Leidens *ermittelt* werden soll, was absolut sinnwidrig wäre. Vielmehr sind für die Frage, was der Patient wollen würde, wenn er jetzt selbstbestimmt entscheiden könnte, Art und Stadium der Krankheit, damit auch die gegebenen Heilungsmöglichkeiten geradezu *entscheidende Umstände*. Es darf also unter keinen Umständen so vorgegangen werden, dass zunächst unabhängig von Art, Schwere und Fortschreiten des Leidens ein mutmaßlicher Wille konstruiert wird, der dann ohne Rücksicht auf die konkreten Gegebenheiten maßgeblich sein soll.

V. Keine Pflicht zur Errichtung einer Patientenverfügung (Abs. 4)

1. Sinn und Bedeutung der Vorschrift. Die Vorschrift soll verdeutlichen, dass es keinen wie auch immer gearteten Zwang zur Abfassung einer Patientenverfügung gibt, und statuiert in S. 2 ein allgemeines zivilrechtliches Koppelungsverbot. Individuellem und gesellschaftlichem Druck zur Errichtung einer (bestimmten) Patientenverfügung soll entgegengewirkt werden.[86]

2. Grundsatz (Abs. 4 S. 1). Das Verbot, zur Errichtung von Patientenverfügungen zu verpflichten, wendet sich sowohl an öffentlichrechtliche Stellen als auch an Subjekte des Privatrechts. Es gilt gleichermaßen für Behörden und öffentlichrechtliche Versicherungen wie für private Versicherungen, Ärzte und Krankenhäuser. Gegen das Verbot kann auch *mittelbar* dadurch verstoßen werden, dass an das Fehlen einer Patientenverfügung Nachteile angeknüpft werden, zB der Entzug von sonst angebotenen Vergünstigungen. Alle öffentlichrechtlichen und privatvertraglichen Regelungen, die eine Person deshalb schlechter behandeln als andere, weil sie keine (oder keine dem anderen Teil genehme) Patientenverfügung errichtet hat, verstoßen gegen § 1901a Abs. 4 S. 1.

3. Koppelungsverbot (Abs. 4 S. 2). Nach § 1901a Abs. 4 S. 2 darf die Errichtung oder Vorlage einer Patientenverfügung nicht zur Bedingung eines Vertragsschlusses gemacht werden. Die Vorschrift zielt insbesondere auf Heim- und Versicherungsverträge. Der Begriff der Bedingung ist hier nicht ausschließlich im Sinne der §§ 158 ff. BGB zu verstehen. Gegen das Verbot verstößt bereits jedes Verhalten bei den Vertragsverhandlungen, das die Verhandlungsbereitschaft oder die Gestaltung des Vertragsinhalts von der Errichtung oder Präsentation einer Patientenverfügung abhängig macht. Auch wenn ein Vertrag ohne Bedingung zustande gekommen ist, wird gegen die Vorschrift verstoßen, wenn die Gewährung einer vertraglichen Leistung quantitativ oder qualitativ das Vorliegen einer Patientenverfügung oder bestimmter inhaltlicher Festlegungen voraussetzt.

4. Zivilrechtliche Folgen von Verstößen. Die Formulierung „kann nicht" in **S. 1** sagt aus, dass entsprechende Verpflichtungen **nicht entstehen können**. Eines Rückgriffs auf § 134 BGB bedarf es nicht.[87] Abgesehen von den untersagten Verpflichtungen bleiben die Verträge im Übrigen – unter Eliminierung des unerlaubten Inhalts – bestehen und gültig. Auch ein Verstoß gegen das Verbot des **S. 2** („darf nicht") führt zur **Unwirksamkeit** der zu beanstandenden Vertragsbestim-

---

[85] Insoweit enthält die Entscheidung des LG Kleve FamRZ 2010, 1841, 1843 einen berechtigten Kern.
[86] BT-Drucks 16/13314 S.20. Die Vorschrift ist gegenüber dem Stünker-Entwurf neu eingefügt.
[87] Anders, wenn man mit *Spickhoff* FamRZ 2009, 1949, 1954 das „kann nicht" auf „darf nicht" reduziert; dann bleibt die Anwendung des § 134 BGB.

§ 1901a 55–58   Abschnitt 3. Titel 2. Rechtliche Betreuung

mung, weil die Vorschrift ein gesetzliches Verbot enthält (§ 134 BGB). Auch hier bleibt nach der Regel des § 139 BGB der Vertrag im Zweifel ohne die zu beanstandenden Teile wirksam.[88] Wird das Vorliegen einer Patientenverfügung zu einer echten Bedingung der Vertragsgeltung gemacht, so ist die Bedingung als nicht vereinbart zu betrachten. Eine Partei, die unerlaubte Klauseln in die Vertragsverhandlungen einführt, haftet nach §§ 280, 241 Abs. 2, 311 BGB auf Schadensersatz. Die unter dem Eindruck einer unerlaubten Koppelung errichtete Patientenverfügung bleibt von der Unwirksamkeit solcher Vertragbestimmungen an sich unberührt, doch kann dann im Einzelfall fraglich sein, ob eine unter Druck errichtete Verfügung auf die konkrete Behandlungssituation zutrifft.[89]

VI. Bevollmächtigte (Abs. 5)

55   **1. Grundsätze.** Die Regelung über die Patientenverfügung und über die Aufgaben des Betreuers nach § 1901a Abs. 1 bis 3 geltend *entsprechend* auch für den Bevollmächtigten. Die „entsprechende" Anwendung soll nach der Gesetzesbegründung[90] klarstellen, dass sich die Pflichten des Bevollmächtigten „vorrangig aus der Vollmacht" ergeben. Gemeint ist allerdings nicht die Vollmacht, aus der sich keine Pflichten ergeben können, sondern das zugrunde liegende Treuhandverhältnis (Auftrag, Geschäftsbesorgung). Bei Anwendung der einschlägigen Vorschriften ist der Bevollmächtigte an die Stelle des Betreuers zu setzen. Voraussetzung ist, dass der gewillkürte Vertreter **hinreichende Vollmachten** hat. Dabei ist die Vorschrift § 1904 Abs. 5 zu beachten. Für Erteilung und Bestand der Vollmacht gelten im Übrigen die allgemeinen Regeln (vgl. Erl. zu § 1896 Rn. 49 ff.).

56   **2. Vollmacht und Patientenverfügung. a) Pflichten des Bevollmächtigten.** Liegt eine Patientenverfügung vor, so treffen den Gesundheitsbevollmächtigten die Prüfungspflicht nach § 1901a Abs. 1 S. 1 sowie die Pflicht, auf die Beachtung des Patientenwillens nach Kräften hinzuwirken („Ausdruck und Geltung zu verschaffen", § 1904 Abs. 1 S. 2). Kommt er dem nicht hinreichend nach, so ist – etwa auf Anregung von Angehörigen – ein Betreuer zu bestellen. Ist die Patientenverfügung so formuliert, dass der Betroffene die Einwilligung oder Nichteinwilligung nicht schon selbst erklärt, sondern den Bevollmächtigten nur anweist, in gewissem Sinn zu entscheiden, so obliegt dem Bevollmächtigten auch die Erklärung der Einwilligung bzw. Versagung im Namen des Vollmachtgebers. Im Übrigen treffen den Bevollmächtigten die Pflichten, die sich aus dem der Vollmacht zugrunde liegenden Kausalverhältnis (Auftrag oder Geschäftsbesorgung) ergeben. Es kann sich die Frage ergeben, ob der Betroffene die Pflichtenlage gegenüber den gesetzlichen, für Betreuer konzipierten Regeln verändern kann, zB anordnen kann, dass für die Feststellung des Inhalts seiner Patientenverfügung keine weiteren Angehörigen herangezogen werden dürfen oder müssen (§ 1901b Abs. 2). Das ist im Sinne der Vertragsfreiheit zu bejahen.

57   **b) Probleme der Form.** Wenn die Patientenverfügung Maßnahmen nach § 1904 Abs. 1 oder 2 betrifft, die im konkreten Fall zum Zuge kommen sollen, so fragt sich, ob der Bevollmächtigte nur dann tätig werden kann, wenn die formellen Voraussetzungen des § 1904 Abs. 5 S. 2 erfüllt sind. Nach Wortlaut und Sinn des Gesetzes ist das zu verneinen: Die genannten Erfordernisse gelten nur für den Fall, dass der *Bevollmächtigte* einwilligt, nicht einwilligt oder eine Einwilligung widerruft. Das tut er im Fall des § 1901a Abs. 1 gerade nicht, da die Einwilligung etc. bereits durch den Betroffenen selbst erklärt ist; der Bevollmächtigte hat nur zu prüfen und „Ausdruck und Geltung zu verschaffen." Diese Pflichten treffen ihn auch, wenn die formellen Voraussetzungen des § 1904 Abs. 5 S. 2 nicht gewahrt sind. Anders ist es nur, wenn durch abweichende Gestaltung der Vollmacht dem Bevollmächtigten die Entscheidung über die Einwilligung selbst übertragen ist. Glücklich ist diese Lage allerdings nicht; es ist also dringend zu empfehlen, die Formerfordernisse des § 1904 Abs. 5 S. 2 auch dann zu erfüllen, wenn eine Patientenverfügung vorliegt oder gleichzeitig errichtet werden soll. Eine analoge Anwendung der Genehmigungspflicht nach § 1904 Abs. 5 S. 1 kommt in Frage, wenn Arzt und Bevollmächtigter verschiedener Meinung darüber sind, ob die Patientenverfügung wirksam ist oder den konkreten Fall trifft (§ 1904 Rn.19).

58   **3. Mutmaßlicher Patientenwille und Vollmacht.** Kommt es auf den mutmaßlichen Willen des Betroffenen an, so tritt der Bevollmächtigte bei Anwendung des § 1901a Abs. 2 gleichfalls an die Stelle des Betreuers und hat über Einwilligung/Nichteinwilligung zu entscheiden und eine dementsprechende Erklärung abzugeben. Doch gilt hier vorrangig der **Inhalt des zwischen dem Vollmachtgeber und dem Bevollmächtigten bestehenden Treuhandverhältnisses.** Gerade

---

[88] So auch *Spickhoff* FamRZ 2009, 1949, 1954.
[89] *Spickhoff* FamRZ 2009, 1949, 1955.
[90] BT-Drucks 16/13314 S.20. Der Stünker-Entwurf hatte nicht die „entsprechende", sondern schlicht die Anwendung auf Bevollmächtigte vorgesehen, dazu BT-Drucks. 16/8442 S.18.

bezüglich des Konstrukts „mutmaßlicher Wille" verlangt das Prinzip der Patientenautonomie, dass der Betroffene anderweitige Festlegungen treffen kann. So kann der Vollmachtgeber zB untersagen, bestimmte frühere Äußerungen für die Ermittlung seines mutmaßlichen Willens heranzuziehen oder bestimmten Personen Gelegenheit zur Äußerung zu geben oder solche Äußerungen zu beachten. Er kann mE sogar die **Rückgriff auf einen „mutmaßlichen Willen" völlig untersagen** und die Entscheidung über die Einwilligung/Nichteinwilligung ganz in die Hände des Bevollmächtigten legen: „Der Wille, den Du in der betreffenden aktuellen Situation haben wirst, ist auch der meine." Dagegen wird eingewandt, eine solche in der Sache ungebundene Rechtsmacht liefere den Betroffenen zu weit der Bestimmung durch den Bevollmächtigten aus. Dieses Argument trifft nicht: Auch der Betreuer ist für Entscheidungen über medizinische Maßnahmen für einen selbst nicht entscheidungsfähigen Betreuten auch in dem Fall zuständig, dass kein mutmaßlicher Wille festgestellt werden kann. Was der Betreuer kann, muss auch einem Bevollmächtigten, dem der Vollmachtgeber vertraut, eingeräumt werden können. Es muss einer Person möglich sein, ihr Vertrauen in einen Bevollmächtigten in der Weise zu setzen, dass dessen stellvertretender Wille eine umständliche und vielfach ergebnisoffene Rekonstruktion des „mutmaßlichen Willens" verdrängt. Zur Funktion des Bevollmächtigten weiterhin Erl. zu § 1904 Rn. 68 ff.

§ 1901b Gespräch zur Feststellung des Patientenwillens

(1) [1] Der behandelnde Arzt prüft, welche ärztliche Maßnahme im Hinblick auf den Gesamtzustand und die Prognose des Patienten indiziert ist. [2] Er und der Betreuer erörtern diese Maßnahme unter Berücksichtigung des Patientenwillens als Grundlage für die nach § 1901a zu treffende Entscheidung.

(2) Bei der Feststellung des Patientenwillens nach § 1901a Absatz 1 oder der Behandlungswünsche oder des mutmaßlichen Willens nach § 1901a Absatz 2 soll nahen Angehörigen und sonstigen Vertrauenspersonen des Betreuten Gelegenheit zur Äußerung gegeben werden, sofern dies ohne erhebliche Verzögerung möglich ist.

(3) Die Absätze 1 und 2 gelten für Bevollmächtigte entsprechend.

Übersicht

	Rn.		Rn.
I. Normzweck	1–3	3. Die Rolle des Betreuers	8
1. Dialog zwischen Arzt und Betreuer (Abs. 1)	1	**III. Heranziehung von Angehörigen und Vertrauenspersonen (Abs. 2)**	9–15
2. Hinzuziehung von Angehörigen und Vertrauenspersonen (Abs. 2)	2	1. Anwendungsbereich und Rechtsnatur	9
3. Bevollmächtigte (Abs. 3)	3	2. Der Kreis der Angehörigen	10
II. Prüfung, Entscheidung über die medizinische Behandlung (Abs. 1)	4–8	3. Die Frage des Adressaten	11
1. Anwendungsbereich der Norm	4	4. Die Durchführung	12
2. Die Rolle des Arztes	5–7	5. Das Problem der Schweigepflicht	13
a) Die ärztliche Verantwortung	5	6. Die Vermeidung von Verzögerungen	14
b) Mögliche Gegenstände des Gesprächs mit dem Betreuer	6, 7	7. Entgegenstehender Wille des Betroffenen	15
		IV. Bevollmächtigte (Abs. 3)	16

I. Normzweck

1. Dialog zwischen Arzt und Betreuer (Abs. 1). Die eigentümliche Bestimmung ist im Laufe der Beratungen zum 3. BtÄndG in den Entwurf eingefügt worden. Abs. 1 beschreibt den „dialogischen Prozess"[1] zwischen Arzt und Betreuer, welcher nach der Vorstellung der Gesetzesverfasser der Entscheidung über die medizinischen Behandlung an einem Betreuten vorausgehen soll. Das gibt nur dann einen Sinn, wenn der Betreute selbst nicht einwilligungsfähig ist.[2]

---

[1] BT-Drucks 16/13314 S. 20.
[2] BT-Drucks 16/13314 S. 20.

§ 1901b 2–7   Abschnitt 3. Titel 2. Rechtliche Betreuung

2 2. **Hinzuziehung von Angehörigen und Vertrauenspersonen (Abs. 2).** Die Vorschrift ergänzt § 1901a, insoweit es dort darauf ankommt, den Willen des Patienten als Grundlage der medizinischen Behandlung festzustellen. Für die Zwecke dieser Feststellung „soll" nahen Angehörigen und sonstigen Vertrauenspersonen des Betreuten „Gelegenheit zur Äußerung" gegeben werden. Das soll nicht nur dann geschehen, wenn es um die Rekonstruktion des mutmaßlichen Willens geht (§ 1901a Abs. 2), sondern auch bei Feststellung des in einer förmlichen Patientenverfügung verlautbarten Willens (§ 1901a Abs. 1).

3 3. **Bevollmächtigte (Abs. 3).** Gleichlaufend mit §§ 1901a Abs. 5 und 1904 Abs. 5 gelten die Regelungen des § 1901b entsprechend auch für Bevollmächtigte.

II. Prüfung, Entscheidung über die medizinische Behandlung (Abs. 1)

4 1. **Anwendungsbereich der Norm.** Die Vorschrift stellt die medizinische Behandlung eines Betreuten als Ergebnis einer Erörterung zwischen Arzt und Betreuer dar und suggeriert eine gemeinsame Entscheidung beider. „Betreuer" und „Arzt" werden als feststehende Figuren betrachtet. Von dem Aufklärungsgespräch, das einer medizinischen Behandlung vorauszugehen hat, ist erstaunlicher Weise nicht die Rede. Vorab muss ins Gedächtnis gerufen werden: Ist der Betreute selbst entscheidungsfähig, so findet ein „Dialog" zwischen *ihm selbst* und dem Arzt statt; der Betreute *selbst* ist vom Arzt über Diagnose, möglichen Verlauf der Krankheit, Behandlungsalternativen, Chancen und Risiken einer vorgeschlagenen Therapie aufzuklären. Der Betreuer kann den Betreuten bei all dem unterstützen, *wenn dieser es wünscht*. Die Vorschrift des § 1901b Abs. 1 ist demgemäß **nur anwendbar**, wenn im Zeitpunkt der in Aussicht genommenen medizinischen Maßnahme der **Betreute insoweit entscheidungsunfähig** ist.

5 2. **Die Rolle des Arztes. a) Die ärztliche Verantwortung.** Die Gesetzesbegründung stellt sich den Ablauf wie folgt vor: „Der behandelnde Arzt prüft, welche ärztliche Maßnahme indiziert ist, und zwar im Hinblick auf den Gesamtzustand und die Prognose des Patienten. An zweiter Stelle steht, sofern ein Betreuer bestellt ist, die Erörterung dieser indizierten Maßnahme zwischen dem Betreuer und dem behandelnden Arzt. Bei dieser Erörterung haben sie den Patientenwillen nach § 1901a zu berücksichtigen. Als Ergebnis dieser Erörterungen handelt der Betreuer nach § 1901a Absatz 1 oder Absatz 2 entsprechend dem festgestellten Patientenwillen."[3] Indes sind **die Rollen des Arztes und des Betreuers auseinander zu halten**. Keinesfalls handelt es sich um *gemeinsame* Entscheidungen von Arzt und Betreuer über die medizinische Behandlung des Betreuten. Der behandelte **Arzt** leistet die medizinische Untersuchung, stellt die Diagnose, klärt über die therapeutischen Möglichkeiten und Risiken auf und bietet medizinische Maßnahmen an; insoweit ist der Arzt nur seiner professionellen Kompetenz und seinem ärztlichen Gewissen verpflichtet.[4]

6 b) **Mögliche Gegenstände des Gesprächs mit dem Betreuer.** Gegenstand eines Gesprächs zwischen Arzt und Betreuer kann sein
– die Frage, ob der Betreute selbst **einwilligungsfähig** ist oder nicht; dem behandelnden Arzt (eventuell in Zusammenarbeit mit einem von diesem herangezogenen psychiatrischen oder neuropsychologischen Gutachter) steht aber letztlich die Entscheidung darüber zu, weil der Betreuer schon mangels Sachkunde diese Entscheidung nicht mitverantworten kann;
– die **ärztliche Aufklärung**, die bei Entscheidungsunfähigkeit des Betreuten dem Betreuer gegenüber zu leisten ist;
– die Einschätzung, ob die Einwilligung/ Nichteinwilligung dem in einer Patientenverfügung geäußerten oder dem mutmaßlichen **Willen des Patienten** entspricht.

7 Auch bei Vorliegen einer **Patientenverfügung** muss der Arzt für seinen Verantwortungsbereich entscheiden, welche medizinische Maßnahme er angesichts der ihm bekannten Patientenverfügung anbieten kann.[5] An Einschätzungen des Betreuers ist der Arzt nicht gebunden (§ 1901a Rn. 25 ff.); auch die Frage, ob die Festlegung die konkrete Behandlungssituation trifft, kann ohne die Fachkompetenz des Arztes nicht entschieden werden. Natürlich ist eine Verständigung zwischen Betreuer und Arzt über die Tragweite des Patientenwillens aus Gründen der Rechtssicherheit und auch im Hinblick auf § 1904 Abs. 4 anzustreben. Weder Betreuer noch Arzt können aber in den Verantwortungsbereich des anderen „hineinregieren". Im Fall des **§ 1901a Abs. 2** liegt die Entscheidung, ob in die vorgeschlagene Behandlung eingewilligt wird, beim Betreuer; dieser hat den mutmaßlichen

---
[3] BT-Drucks 16/13314 S.20
[4] *Locher* FamRB 2010, 56, 61.
[5] Grundsätzlich anders *Diehn/Rebhan* NJW 2010, 326, 328 (die Patientenverfügung allein, dh. ohne Entscheidung des Betreuers) könne ärztliches Handeln nicht rechtfertigen; das setzt die Auffassung voraus, dass die Patientenverfügung sich gar nicht an den Arzt richtet).

Willen also in erster Linie festzustellen, doch kann der Arzt durch seine fachliche Kompetenz zur Klärung des mutmaßlichen Patientenwillens beitragen und auch Behandlungsangebote verweigern, die nach seiner Auffassung nicht dem mutmaßlichen Willen des Patienten entsprechen.

3. Die Rolle des Betreuers. Diese ist unterschiedlich, je nachdem (a) ein wirksamer aktueller Patientenwille oder eine relevante Patientenverfügung vorliegt, (b) oder ob es auf den mutmaßlichen Willen des Patienten ankommt oder (c) ob keiner dieser Fälle gegeben ist. Im ersten Fall (a) setzt sich der Betreuer für die Durchsetzung des festgelegten Patientenwillens ein (vgl. § 1901a Abs. 1 S. 2). Ergibt sich im konkreten Fall eine Meinungsverschiedenheit zwischen Arzt und Betreuer über Inhalt und Tragweite dieses Willens, so kann der Betreuer dem Arzt die Behandlung des Betreuten entziehen und einen anderen Arzt betrauen. In den Fällen des § 1904 ist eine gerichtliche Entscheidung möglich. Im zweiten Fall (b) liegt es am Betreuer, über die Einwilligung oder Nichteinwilligung zu entscheiden, vorbehaltlich einer etwa erforderlichen gerichtlichen Genehmigung nach § 1904, wenn insoweit kein Einvernehmen mit dem Arzt über den Willen des Patienten besteht. Auch im dritten Fall (c) entscheidet der Betreuer über die Einwilligung in die vom Arzt vorgeschlagenen medizinische Maßnahme; hier ist unter den Voraussetzungen des § 1904 in jedem Fall eine gerichtliche Genehmigung einzuholen.

III. Heranziehung von Angehörigen und Vertrauenspersonen (Abs. 2)

1. Anwendungsbereich und Rechtsnatur. Es handelt sich um eine „**Soll-Vorschrift**". Ihre Nichtbeachtung führt weder zur Fehlerhaftigkeit einer vom Betreuer erklärten Einwilligung/Nichteinwilligung noch zur Rechtswidrigkeit der von einer wirksamen Einwilligung des Patienten oder des Betreuers getragenen medizinischen Maßnahme. Wie im Falle des Abs. 1 ist auch Abs. 2 nur anwendbar, wenn der Betreute im Zeitpunkt, in dem die medizinische Maßnahme aktuell durchgeführt werden soll, **nicht (mehr) entscheidungsfähig** ist. Die Angehörigen und Vertrauenspersonen sollen sowohl bei Feststellung des Inhalts einer Patientenverfügung (§ 1901a Abs. 1) als auch bei Feststellung eines mutmaßlichen Willens (Abs. 2) Gelegenheit zur Äußerung haben.

2. Der Kreis der Angehörigen. Gelegenheit zur Äußerung ist zwei Personengruppen zu geben.

– **Nahe Angehörige** sind jedenfalls Kinder und Eltern des Betreuten, der Ehegatte und der eingetragene Lebenspartner. Weitere Verwandte gehören hierzu, wenn sie in einem tatsächlichen persönlichen Näheverhältnis zu dem Betroffenen stehen.[6]

– **Vertrauenspersonen** können Lebensgefährten, Freunde, Seelsorger, auch Pflegeeltern und Pflegekinder sein.[7] Entscheidend ist eine enge persönliche Beziehung,[8] welche die Gewinnung fundierter Informationen über den Willen des Patienten verspricht. Bei einer Person, die in regem sozialen Leben steht, ist der vom Gesetz umschriebene Kreis fast grenzenlos. Demgemäß kann die Vorschrift zu einer **beträchtlichen Gefahr den Betreuten** werden, wenn sie nicht restriktiv gehandhabt wird, weil mit der „Gelegenheit zur Äußerung" wichtige Zeit verloren gehen kann. Schon die Ermittlung des im konkreten Fall in Betracht zu ziehenden Personenkreises durch den Betreuer kann sich schwierig und zeitraubend gestalten. Die Pflicht zur Heranziehung ist daher auf Personen zu beschränken, deren Wissen nach Einschätzung des Betreuers wirklich Wesentliches über den Willen des Betroffenen aussagen kann. Liegt eine klare, den Fall treffende Patientenverfügung vor, so sollte sie durch Meinungen Dritter nicht in Zweifel gezogen werden; die Rückfrage bei Angehörigen kann aber zum Thema haben, ob die Verfügung durch spätere Äußerungen widerrufen sein könnte. Der Patient kann in einer Patientenverfügung oder sonstigen antizipierten Verlautbarung Vertrauenspersonen benennen, die heranzuziehen sind.[9]

3. Die Frage des Adressaten. Der Wortlaut des § 1901b Abs. 2 spricht zwar eine Verpflichtung aus, schweigt aber darüber, wenn sie trifft. Im Fall einer **Patientenverfügung (§ 1901a Abs. 1)** ist dies neben dem Betreuer in erster Linie der Arzt; denn für diesen geht es darum, ob die vom Patienten erklärte Festlegung den konkreten Fall trifft und somit die rechtliche Grundlage für das ärztliche Handeln schafft. Im Fall des **§ 1901a Abs. 2 („mutmaßlicher Wille")** hingegen ist der primäre Adressat der Betreuer, denn dieser muss entscheiden, ob er aufgrund des festzustellenden mutmaßlichen Willens des Betreuten die Einwilligung (oder Untersagung einer Maßnahme) erklärt

---

[6] BT-Drucks. 16/8442 S.16.
[7] So die Aufzählung bei BT-Drucks. 16/8442 S.16.
[8] BT-Drucks 16/13314 S. 20 stellt auf das Vertrauensverhältnis ab, das zu dem Betreuten bestand; auch Pflegekräfte kämen in Betracht.
[9] Rieger FamRZ 2010, 1601, 1605.

§ 1901b 12–16   Abschnitt 3. Titel 2. Rechtliche Betreuung

oder nicht. Da der Gesetzgeber sich einen dialogischen Prozess zwischen Arzt und Betreuer vorstellt (siehe auch § 1904 Abs. 4), dürfte er sich beide als Adressaten des § 1901b Abs. 2 vorgestellt haben.

12 **4. Die Durchführung.** Die einzuholenden Äußerungen sollen bei der zutreffenden Feststellung des Inhalts einer Patientenverfügung (§ 1901a Abs. 1) oder bei der Einschätzung des mutmaßlichen Patientenwillens (§ 1901a Abs. 2) behilflich sein. Bei den Gesetzesberatungen setzte sich die Auffassung durch, dass die Äußerungen nahe stehender Personen die Auslegung und konkrete Relevanz einer Patientenverfügung auf eine „fundierte Grundlage" stellen könnten.[10] Einsichtiger ist, dass die Äußerungen nahe stehender Personen für die Feststellung eines mutmaßlichen Willens dienlich sein können. Den Betreuer trifft die Pflicht, die betreffenden Personen nach seiner Kenntnis der Lebensumstände des Betreuten kontaktieren. In welcher Form der Kontakt geschaffen und die Äußerung eingeholt wird, ist nicht vorgeschrieben. Soweit es um den **mutmaßlichen Willen** geht, sind die Äußerungen an den Betreuer zu richten; nicht notwendig ist in diesem Fall ein direkter Kontakt der dritten Personen mit dem Arzt. Gleichwohl sprechen die Gesetzesmaterialien davon, durch die Einbeziehung dieses Personenkreises werde auch die Entscheidung des Arztes auf eine „umfassendere" oder „fundierte" Grundlage gestellt.[11] Auch ist von „Beratungen des Arztes mit Dritten" die Rede.[12] Doch ist festzuhalten: Ein großes Verwandtenpalaver am Krankenbett verlangt das Gesetz nicht.

13 **5. Das Problem der Schweigepflicht.** Eine schwierige Frage ist, inwieweit der Betreuer oder gar der Arzt den Angehörigen und Vertrauenspersonen gegenüber von seiner Schweigepflicht freigestellt ist. Die Gesetzesbegründung scheint das zu verneinen: Sowohl der Arzt als auch der Betreuer hätten bei Beratungen mit Dritten auch den Willen des Patienten zur Weitergabe persönlicher krankheitsrelevanter Daten zu achten.[13] Da der einwilligungsunfähige Patient aber nicht von der Schweigepflicht entbinden kann, fragt sich dann, *wozu* sich die Angehörigen eigentlich äußern sollen, wenn sie die konkrete medizinische Situation, für welche der Wille des Patienten festgestellt werden soll, nicht kennen. Eine Lösung des Problems könnte darin gesehen werden, dass man den Betreuer für befugt hält, im Namen des Patienten den Arzt von der Schweigepflicht bestimmten Dritten gegenüber zu entbinden.[14]

14 **6. Die Vermeidung von Verzögerungen.** Die Pflicht zur Heranziehung Dritter in der beschriebenen Weise besteht für den Betreuer nur, sofern diese ohne erhebliche Verzögerung möglich ist. Der Gesetzgeber sieht, dass ärztliche Maßnahmen in vielen Fällen eilbedürftig sind.[15] Erheblich ist eine Verzögerung immer, wenn und soweit das Zuwarten mit einer ärztlichen Maßnahme oder der Entscheidung hierüber die Gesundheit des Betreuten gefährden oder das Leiden grundlos verlängern kann oder für den Betreuten sonst unzumutbar ist. Für die Einschätzung der „Erheblichkeit" kommt es unter anderem auf die Dringlichkeit der medizinischen Behandlung und den Zeitaufwand für die Ermittlung und Kontaktaufnahme mit nahestehenden Personen an.[16] Bei Gefahr im Verzug darf also mit der Einholung von Äußerungen keine Zeit verloren werden, wenn Arzt und Betreuer sich nicht einer Haftung aussetzen wollen.

15 **7. Entgegenstehender Wille des Betroffenen.** In den Gesetzesmaterialien wird die Auffassung vertreten, dass der Betreuer von der Beteiligung einzelner Personen absehen „sollte", wenn dies dem erklärten oder erkennbaren Willen des Betroffenen widerspricht.[17] Dem ist zuzustimmen. Stellt man sich auf diesen Standpunkt, so bedeutet das gleichzeitig, dass das mit der Heranziehung Dritter verfolgte Erkenntnisinteresse hinter dem aktuellen Selbstbestimmungsinteresse des einwilligungsunfähigen Patienten zurücksteht. Zu fragen ist, ob der Betroffene in einer antizipierten Festlegung bestimmen kann, dass das „Anhörungsverfahren" ganz unterbleibe; dies ist zu bejahen.[18]

IV. Bevollmächtigte (Abs. 3)

16 Auch beim Dialog mit dem Arzt und der Heranziehung nahe stehender Personen tritt der Bevollmächtigte gemäß entsprechender Anwendung der Absätze 1 und 2 an die Stelle des Betreuers. Zu

---

[10] BT-Drucks 16/13314 S.20. Zu Recht moniert *Olzen* JR 2009, 354, 358 in diesem Zusammenhang die mangelnde Differenzierung des Gesetzes zwischen den Fällen des § 1901a Abs. 1 und Abs. 2.
[11] BT-Drucks. 16/8442 S. 16; BT-Drucks 16/13314 S. 20.
[12] BT-Drucks 16/13314 S.21.
[13] BT-Drucks 16/13314 S.21.
[14] Zum Problem auch *Rieger* FamRZ 2010, 1601, 1605 f.
[15] BT-Drucks 16/13314 S. 20.
[16] In diesem Sinn BT-Drucks 16/13314, S.20 f.
[17] BT-Drucks 16/13314 S. 21; in diesem Sinne auch *Diehn/Rebhan* NJW 2010, 326.
[18] AA *Diehn/Rebhan* NJW 2010, 326, 327.

den Voraussetzungen wirksamer Vollmacht siehe Erl. zu § 1896 Rn. 69 ff.; zur Möglichkeit abweichender Bestimmungen durch den Vollmachtgeber § 1901a Rn. 87.

§ 1901c Schriftliche Betreuungswünsche, Vorsorgevollmacht

¹Wer ein Schriftstück besitzt, in dem jemand für den Fall seiner Betreuung Vorschläge zur Auswahl des Betreuers oder Wünsche zur Wahrnehmung der Betreuung geäußert hat, hat es unverzüglich an das Betreuungsgericht abzuliefern, nachdem er von der Einleitung eines Verfahrens über die Bestellung eines Betreuers Kenntnis erlangt hat. ²Ebenso hat der Besitzer das Betreuungsgericht über Schriftstücke, in denen der Betroffene eine andere Person mit der Wahrnehmung seiner Angelegenheiten bevollmächtigt hat, zu unterrichten. ³Das Betreuungsgericht kann die Vorlage einer Abschrift verlangen.

I. Normzweck

Die Vorschrift verfolgt das Ziel, die Beachtung des Willens des Betroffenen zu sichern.[1] Sie ist dem § 2259 nachgebildet (Erl. siehe dort). Das 2. BtÄndG hat auch Vollmachten in die Regelung einbezogen (S. 2) und das Gericht ermächtigt, die Vorlage einer Abschrift zu verlangen (S. 3).

II. Die Ablieferungspflicht nach S. 1

1. Die betroffenen Schriftstücke. Der Ablieferungspflicht unterliegen schriftlich niedergelegte Betreuungsverfügungen,[2] gleichgültig ob sie sich auf die Auswahl des Betreuers oder auf die Durchführung der Betreuung beziehen oder auf beides. Es genügt, wenn sich das Schriftstück auf Teilbereiche, zB die Gesundheitsbetreuung, beschränkt. Gleichgültig ist, ob der niedergelegte Wille nach Auffassung des Besitzers durchführbar oder noch relevant ist; das zu beurteilen ist Sache des Gerichts.[3] Ablieferungspflichtig sind auch Patientenverfügungen, in denen der Wille in Bezug auf Heilbehandlungen niedergelegt ist. Diese sind vom Besitzer nach Kenntnis von der Einleitung eines Betreuungsverfahrens auch dann abzuliefern, wenn sie sich nicht speziell auf den Fall der Betreuung beziehen, aber im Fall der Betreuung für den Betreuer als Wünsche des Betroffenen wichtig werden können.[4] Hingegen unterliegen der Ablieferungspflicht nach S. 1 nicht Vollmachten, auch wenn sie als Vorsorgevollmachten ausgestaltet sind. Zweifel können sich ergeben, wenn in einem Schriftstück Vollmachten (hilfsweise) mit Betreuungsverfügungen gekoppelt sind; in diesem Fall ist mE nach S. 2 zu verfahren.

2. Andere Informationsträger. Die Ablieferungspflicht erstreckt sich nach dem Wortlaut des Gesetzes nur auf Schriftstücke, daher nicht auf Tonbänder und andere Informationsträger, wie zB elektronische Datenträger. Diese Regelung ist im Hinblick auf die rasante Entwicklung der elektronischen Medien unglücklich. Eine generelle Analogie des § 1901a ist hier nicht möglich, weil zB die auf einer Festplatte gespeicherte Willensäußerung schwerlich „abgeliefert" werden kann. Doch ist § 1901a in den Fällen analog anzuwenden, in denen der sonstige Datenträger gleich einem Schriftstück herausgegeben werden kann (Diskette, USB-Stick, Videoband, Tonband).[5] Befinden sich auf dem Datenträger noch andere, nicht einschlägige Informationen, so genügt die Herausgabe einer Kopie der Teile, die sich auf die Betreuungsverfügung beziehen.

3. Die Person des Ablieferungspflichtigen. Abzuliefern hat, wer das Schriftstück „besitzt". Damit kann nur der unmittelbare Besitzer (§ 854) gemeint sein. Hat jemand zB im Rahmen eines Arbeitsverhältnisses die tatsächliche Sachherrschaft als Besitzdiener, so trifft die Ablieferungspflicht den Arbeitgeber, nicht den Besitzdiener selbst. Gleichgültig ist die Berechtigung zum Besitz.[6] Nicht ablieferungspflichtig ist allerdings der Betroffene selbst;[7] da es um die Kundgabe seines Willens geht,

---

[1] Vgl. BT-Drucks. 11/4528 S. 208; BT-Drucks. 11/6949 S. 72.
[2] Dazu *Epple* BWNotZ 1992, 27.
[3] Im gleichen Sinne *Bienwald* § 1901a Rn. 6.
[4] Zum Verhältnis Betreuungsverfügung – Patientenverfügung siehe *Erman/Roth* § 1901a Rn. 7; ferner *Walter* ZEV 2000, 353.
[5] In diesem Sinne *Soergel/Zimmermann* § 1901a Rn. 1.
[6] *Bienwald* § 1901a Rn. 10.
[7] AA *Bienwald* § 1901a Rn. 10.

liegt es in seiner freien Entscheidung, ob er die Betreuungsverfügung gelten lassen will oder nicht; auf seine Geschäftsfähigkeit kommt es auch in diesem Zusammenhang nicht an.

5 **4. Zeitpunkt.** Die Ablieferungspflicht **entsteht** erst, wenn der Besitzer des Schriftstücks positive Kenntnis von der Einleitung eines Verfahrens über die Betreuerbestellung für den Betroffenen erlangt hat. Ist ein Betreuungsverfahren noch nicht eingeleitet, so fragt sich, ob gleichwohl entsprechende Schriftstücke beim Betreuungsgericht abgeliefert werden *können*. Das wird zT im Hinblick darauf abgelehnt, dass vor Einleitung eines Betreuungsverfahrens noch nicht sicher feststeht, welches Gericht künftig zuständig sein wird.[8] Doch haben einige Länder durch Verwaltungsvorschriften des zuständigen Justizministeriums die Pflicht der Betreuungsgerichte zur Verwahrung von Betreuungsverfügungen begründet. Die **Beendigung des Betreuungsverfahrens** lässt die Ablieferungspflicht nicht entfallen, weil auch die nachträglich bekannt werdende Betreuungsverfügung für die Amtswaltung des Betreuers, möglicherweise sogar für seine Entlassung von Bedeutung sein kann; nach Aufhebung der Betreuung besteht indes keine Ablieferungspflicht mehr.[9]

6 **5. Durchführung.** Die Pflicht besteht gegenüber dem örtlich zuständigen Betreuungsgericht. Dieses kann durch Beschluss die Ablieferung oder Vorlage der Schriftstücke anordnen (§ 285 FamFG); der Besitzer kann durch Festsetzung von Zwangsgeld, notfalls sogar durch Anordnung von Zwangshaft (§ 35 Abs. 1 FamFG) zur Pflichterfüllung angehalten werden. Auch kann die Ablieferungspflicht durch unmittelbaren Zwang gemäß § 35 Abs. 4 FamFG durchgesetzt werden. Besteht Grund zu der Annahme, dass jemand ein ablieferungspflichtiges Schriftstück besitzt, so kann er vom Gericht zur Abgabe einer eidesstattlichen Versicherung über den Verbleib angehalten werden (§ 35 Abs. 4 S. 1 FamFG iVm. § 883 Abs. 2 ZPO). Abzuliefern ist das Original, wenn es dem Besitzer verfügbar ist, sonst auch Abschriften und Kopien.

III. Die Unterrichtungspflicht über Vollmachten nach S. 2

7 **1. Die Pflicht zur Unterichtung.** Nach verbreiteter Kritik hat das 2. BtÄndG auch Vollmachten in die Regelung des § 1901a einbezogen. Eine Ablieferungspflicht kam hier nicht in Frage, da sich der Bevollmächtigte mit Hilfe des Originals der Vollmacht im Rechtsverkehr legitimieren muss.[10] Stattdessen ist die Pflicht statuiert, das Betreuungsgericht zu unterrichten (S. 2) und auf dessen Verlangen eine Abschrift vorzulegen (S. 3). Die Pflicht trifft jeden, der ein einschlägiges Schriftstück „besitzt", es gilt das oben Gesagte. Betroffen sind Schriftstücke „in denen der Betroffene eine andere Person mit der Wahrnehmung seiner Angelegenheiten bevollmächtigt hat" (es lebe die deutsche Grammatik!). Das ist in erster Linie die Vollmachtsurkunde selbst, gleichgültig, ob sie sich im Besitz des Bevollmächtigten oder eines Dritten befindet (§ 167 Alt. 2). Auch derjenige, der die Vollmacht nur verwahrt und unter bestimmten Voraussetzungen an den Bevollmächtigten übergeben soll, ist zur Information verpflichtet, gegebenenfalls auch der Notar.[11] ME bezieht sich die Unterrichtungspflicht auch auf Schriftstücke, die zwar nicht die Vollmacht selbst enthalten, aus denen sich aber die Tatsache der Bevollmächtigung ergibt (Abschriften u. ä.). Das Hauptproblem der Vorschrift stellt die Frage, ob nur **Vorsorgevollmachten** der Informationspflicht unterfallen oder auch **andere Vollmachten**. Die Überschrift vor § 1901a spricht von Vorsorgevollmacht, auch die Gesetzesbegründung,[12] nicht aber der Gesetzestext selbst. Erkennbar vor allem an Vorsorgevollmachten gedacht, dh. solche, die ersichtlich den Zweck haben, für einen der in § 1896 Abs. 1 oder 3 umschriebenen Fälle Vorsorge zu treffen, gleichgültig ob der Eintritt des Fürsorgefalls zur Wirksamkeitsbedingung gemacht ist oder nicht. Doch muss angesichts der Gesetzeswortlauts die Unterrichtungspflicht auf alle Vollmachten erstreckt werden, die für das Betreuungsverfahren überhaupt von Bedeutung sein können,[13] die also auf Dauer erteilt sind und deren Wirksamkeit den Eintritt eines Fürsorgefalls überdauern soll (etwa auf Dauer erteilte Bankvollmachten, Vollmachten zur Erledigung von Rentenangelegenheiten). Nicht betroffen sind hingegen Vollmachten zu einzelnen Geschäften, die unabhängig von einem Fürsorgefall zu erledigen sind (Prozessvollmacht für eine bestimmte Rechtsangelegenheit; Vollmacht an den Notar bei Durchführung eines Grundstückserwerbs, Vollmacht an den Nachbarn zur Entgegennahme der Post während des Urlaubs und dergleichen). Für eine weite Ausdehnung der Informationspflicht spricht auch, dass oft nicht auf den ersten Blick erkennbar ist, ob es sich um eine Vorsorgevollmacht handelt oder nicht. Nicht von Bedeutung ist,

---

[8] KG FamRZ 1995, 1295; aA *Bienwald* § 1901a Rn. 11.
[9] *Bienwald* § 1901a Rn. 12.
[10] BT-Drucks. 15/4874 S. 27; der ursprüngliche Entwurf des 2. BtÄndG sah noch die Ablieferungspflicht vor.
[11] *Bienwald* § 1901a Rn. 22 (anderes soll für eine bloße Hinterlegungsstelle gelten, das ist nicht folgerichtig).
[12] BT-Drucks. 15/2494 S. 30.
[13] In dieser Richtung auch *Bienwald* § 1901a Rn. 17.

ob die Vollmacht wirksam ist und geeignet erscheint, eine Betreuung zu vermeiden – dies alles ist von dem Gericht zu beurteilen, dem die Informationen zufließen sollen. ME ist die Unterrichtspflicht auch auf Schriftstücke auszudehnen, die einen actus contrarius verlautbaren, also auf den **Widerruf** einer einschlägigen Vollmacht und auf die **Auflösung** des **Grundverhältnisses,** auf dem die Vollmacht basiert (§ 168 S. 1).

2. Modalitäten. Die Pflicht beginnt in dem Augenblick, in dem der Besitzer des Schriftstücks von der Einleitung eines Verfahrens über die Bestellung eines Betreuers für den Vollmachtgeber Kenntnis erhalten hat; es gilt das oben Rn. 5 Gesagte. Die Informationspflicht endet mit der Bestellung eines Betreuers keineswegs; denn nun kann sich aus der Vollmacht ergeben, dass die Betreuung aufzuheben ist (§ 1908d Abs. 1). Hingegen endet die Informationspflicht, wenn das eingeleitete Betreuungsverfahren ohne Bestellung eines Betreuers beendet oder die Betreuung aufgehoben ist.[14] Die Möglichkeit des § 285 FamFG, durch Beschluss die Ablieferung oder Vorlage der in § 1901c S. 1 genannten Schriftstücke anzuordnen, bezieht sich nicht auf die Unterrichtspflicht nach § 1901c S. 2. Auch die Befugnis, gegen den Verpflichteten ein Zwangsgeld festzusetzen, besteht nur für die Ablieferungspflicht nach § 1901a S. 1, nicht für die Informationspflicht nach S. 2. Die Pflicht besteht gegenüber dem mit der Betreuungssache befassten Gericht, nicht gegenüber dem Bevollmächtigten oder einem schon bestellten Betreuer (§ 1901a Rn. 31). – Zum **Zentralen Vorsorgeregister** s. § 1896 Rn. 64.

8

§ 1902 Vertretung des Betreuten

In seinem Aufgabenkreis vertritt der Betreuer den Betreuten gerichtlich und außergerichtlich.

Schrifttum: *Deinert,* Kirchenaustritt und Betreuung, FamRZ 2006, 243; *Kierig,* Wirksamkeit der Geldanlage für den Betreuten erst mit Rechtskraft?, NJW 2010, 1436; *Neuhausen,* Rechtsgeschäfte mit Betreuten, RNotZ 2003, 157.

Übersicht

	Rn.		Rn.
I. Normzweck	1	3. Pflichtwidriges Übergehen der Wünsche und Außenverhältnis	16
II. Gesetzliche Vertretung zwingend	2–4	4. Willensvorrang des geschäftsfähigen Betreuten?	17–19
1. Grundsatz	2	a) Das Problem	17
2. Besondere Vorschriften	3	b) Aufhebung der Betreuung beim Übergehen des Willens	18
3. Eigenhaftung des Betreuers	4	c) Außenwirkung des Willens des Betreuten	19
III. Betätigung der Vertretungsmacht	5, 6	**VI. Widersprüchliche Rechtsgeschäfte**	20–23
IV. Gesetzliche Vertretung und Geschäftsfähigkeit des Betreuten	7–13b	1. Grundsatz	20
1. Grundsatz	7	2. Kollidierende Rechtsgeschäfte	21
2. Deutung	8–12	3. Nichtkollidierende Rechtsgeschäfte	22
a) „Staatlich bestellter Bevollmächtigter"?	8	4. Rückgängigmachung von Rechtsgeschäften	23
b) Das Konzept des Betreuungsrechts	9–12	**VII. Beschränkungen der Vertretungsmacht**	24–51
3. Besonderheiten im gerichtlichen Verfahren	13–13b	1. Geschäfte höchstpersönlicher Natur oder mit persönlichem Einschlag	24–44
a) Prozessfähigkeit	13	a) Heilbehandlung, Schwangerschaftsabbruch	24
b) Einwilligungsvorbehalt	13a	b) Unterbringung, Einwilligung in Freiheitsentziehung	25
c) Verfahrensfähigkeit	13b	c) Religiöses Bekenntnis	26
V. Gesetzliche Vertretung und Wille des Betreuten	14–19	d) Ehe, Verlöbnis	27
1. Befugnis des Betreuers zu selbständigem Handeln	14		
2. Berücksichtigung der Wünsche	15		

---

[14] AA *Bienwald* § 1901a Rn. 25 (erst mit dem Tod des Betreuten).

	Rn.		Rn.
e) Eingehung einer eingetragenen Partnerschaft	28	p) Erbverzicht	43
f) Bestimmung des Ehenamens/Lebenspartnerschaftsnamens	29	q) Aufgebot zur Todeserklärung	44
		2. Nachteilige Rechtsgeschäfte	45, 46
		a) Schenkung	45
g) Ehescheidung, Eheaufhebung, Auflösung einer eingetragenen Partnerschaft	30–33	b) Ausstattung	46
		3. Ausschluss wegen Interessenkollisionen	47, 48
h) Auflösung einer nichtehelichen Gemeinschaft	34	a) Vertretung in den Fällen des § 1795 Abs. 1 iVm. § 1908i Abs. 1 S. 1	47
i) Elterliche Sorge	35	b) Entziehung der Vertretung gem. § 1796 iVm. § 1908i Abs. 1 S. 1	48
k) Vaterschaftsanerkennung und -anfechtung	36	4. Vorbeugende gerichtliche Kontrolle	49
l) Kindesname	37		
m) Adoptionsrecht	38–40	5. Vorbeugende Kontrolle durch Gegenbetreuer oder Betreuungsgericht	50
n) Kündigung eines Mietverhältnisses über Wohnraum	41		
o) Verfügung von Todes wegen	42	6. Die Beteiligung Dritter	51

I. Normzweck

1 § 1902 verleiht dem Betreuer die Rechtsstellung eines gesetzlichen Vertreters. Die gesetzliche Vertretungsmacht des Betreuers in dem ihm übertragenen Aufgabenkreis bildet ein wichtiges Mittel zur Erfüllung seiner Aufgaben. Sie enthält – trotz § 1901 Abs. 2 – eine Befugnis zur Fremdbestimmung über den Betreuten.[1] Der Gesetzgeber richtet das Erforderlichkeitsprinzip entscheidend am Bedarf für gesetzliche Vertretung aus (§ 1896 Abs. 2 S. 2). Bei alledem darf nicht verkannt werden, dass die gesetzliche Vertretung ebenso wie andere Bestimmungsbefugnisse nur ein Mittel zum Zweck bildet. Die schuldrechtliche Grundlage bildet ein gesetzliches Treuhandverhältnis.

II. Gesetzliche Vertretung zwingend

2 **1. Grundsatz.** Die gesetzliche Vertretung ist mit jeder Betreuung **zwingend** verbunden. Ebenso strikt sind Aufgabenkreis und Umfang der Vertretungsmacht identisch.[2] Es gibt also keinen Betreuer ohne Vertretungsmacht. Die Qualität der dem Betreuer zugestandenen Rechtsmacht soll auch nicht von Art und Grad der Behinderung oder Krankheit abhängig sein.[3] Der Umfang der Vertretungsmacht ergibt sich aus dem Bestellungsbeschluss. Dieser ist auch maßgebend, wenn in der Bestallungsurkunde fälschlich etwas anderes verlautbart ist.[4] Die Umschreibung des Aufgabenkreises hat die gesetzliche Vertretung nicht nur auf privatrechtlichem Gebiet zur Folge, sondern umfasst auch das rechtlich relevante Handeln gegenüber Behörden, Trägern von Sozialleistungen und Gerichten aller Art, soweit nichts anderes bestimmt ist. In Betreuungs- und Unterbringungsverfahren selbst hat hingegen der Betreuer keine gesetzliche Vertretung; hierfür ist gegebenenfalls ein Verfahrenspfleger zu bestellen (§ 276 FamFG).[5] Auch die Betreuung zur Vollmachtsüberwachung (§ 1896 Abs. 3) ist mit gesetzlicher Vertretung verbunden; der Betreuer macht hier die Rechte des Betreuten aus der Vollmacht und dem ihr zugrunde liegenden Rechtsverhältnis gegenüber dem Bevollmächtigten geltend. Gesetzlicher Vertreter ist hingegen nicht der Gegenbetreuer.[6]

3 **2. Besondere Vorschriften.** Vereinzelt finden sich über die Rechtsordnung verstreut weitere Vorschriften, welche die gesetzliche Vertretungsmacht des Betreuers betreffen. So hat nach § 6 Abs. 1 S. 2 VwZG eine **Zustellung** an den Betreuer zu erfolgen, soweit der Aufgabenkreis des Betreuers reicht (problematisch, da nach der Konzeption des Gesetzes mit der Betreuung nicht ohne weiteres Geschäftsunfähigkeit gegeben ist). Über die **Untersuchungsverweigerung** im Strafprozess entscheidet der Betreuer als gesetzlicher Vertreter, wenn der Betreute wegen einer psychischen Krankheit oder einer geistigen oder seelischen Behinderung von der Bedeutung seines Weigerungsrechts keine genügende Vorstellung hat (§ 81c Abs. 3 S. 2 StPO). Ähnlich ist die Ausübung des Rechts zur **Zeugnisverweigerung** geregelt: Hat ein Betreuer wegen einer psychischen Krankheit oder einer geistigen oder seelischen Behinderung von der Bedeutung des Zeugnisverweigerungsrechts keine

---

[1] Gesehen von der amtlichen Begründung BT-Drucks. 11/4528 S. 59; zum Problem *Schwab*, FS Mikat, 1989, S. 881, 891 ff.
[2] Vgl. BT-Drucks. 11/4528 S. 59.
[3] Vgl. BT-Drucks. 11/4528 S. 59.
[4] HK-BUR/*Bauer* Rn. 11.
[5] *Bienwald* Rn. 33.
[6] HK-BUR/*Bauer* Rn. 2.

genügende Vorstellung, so darf er nur vernommen werden, wenn er zur Aussage bereit ist und auch sein Betreuer der Vernehmung zustimmt (§ 52 Abs. 2 S. 1 StPO). Diese und ähnliche Vorschriften sind nur besondere Ausprägungen der dem Betreuer generell für seinen Aufgabenkreis erteilten gesetzlichen Vertretungsmacht.

3. Eigenhaftung des Betreuers. Aus Rechtsgeschäften, die der Betreuer innerhalb seiner 4 Vertretungsmacht im Namen des Betreuten abschließt, wird allein der Betreute berechtigt und verpflichtet. Dies gilt auch für vertragliche Schadensersatzansprüche, die aus Störungen im Schuldverhältnis resultieren. Es kann sich im Einzelfall jedoch die Frage stellen, ob neben dem Betreuten auch der Betreuer dem Dritten nach den Grundsätzen über die Inanspruchnahme besonderen Vertrauens haften kann (§§ 311 Abs. 3, 243 Abs. 2, 280 Abs. 1 BGB). Zutreffend wendet die Rechtsprechung die allgemeinen Grundsätze auch auf den Betreuer als gesetzlichen Vertreter an. Doch darf aus der Tätigkeit als Betreuers Sachwalter des Betreuten nicht schon die Inanspruchnahme besonderen Vertrauens geschlossen werden;[7] es kommt darauf an, ob der Betreuer über seine gesetzliche Funktion hinaus durch sein Verhalten in der Weise Einfluss genommen hat, dass er eine zusätzliche persönliche Gewähr für die Seriosität und Erfüllung des angebahnten Vertrags übernimmt.[8]

III. Betätigung der Vertretungsmacht

Die gesetzliche Vertretungsmacht umfasst im Rahmen des Aufgabenkreises folgende Befugnisse: 5
– Abgabe von Willenserklärungen einschließlich der Vornahme geschäftsähnlicher Handlungen im Namen des Betreuten;
– Empfang von Willenserklärungen etc. für den Betreuten;[9]
– Vertretung des Betreuten im gerichtlichen Verfahren; dazu gehört auch die Leistung der eidesstattlichen Offenbarungsversicherung im Namen des Betreuten gegenüber dem Vollstreckungsgericht, auch wenn kein Einwilligungsvorbehalt angeordnet ist;[10]
– Zustimmung zu einwilligungsbedürftigen Geschäften des Betreuten, wenn dieser unter Einwilligungsvorbehalt steht, bzw. Verweigerung dieser Zustimmung;
– sonstige vom Gesetz vorgesehene Akte (zB § 52 Abs. 2 S. 1 StPO).

Nach allgemeinen Grundsätzen des Vertretungsrechts wird der Betreuer nur dann im Namen des 6 Betreuten tätig, wenn der Wille, für den Betreuten zu handeln, dem jeweiligen Geschäftspartner erkennbar ist. Das Handeln des Betreuers wird für den Betreuten nur wirksam, wenn es sich im Rahmen der gesetzlichen Vertretungsmacht hält (zum Problem darüber hinausgehender Vollmachten s. Rn. 10). Entscheidend für den Umfang der Vertretungsmacht ist der bei Betreuerbestellung festgelegte Aufgabenkreis;[11] wird dieser überschritten, so wird die fehlende Vertretungsmacht auch nicht durch die gerichtliche Genehmigung des betreffenden Geschäfts (etwa nach § 1821) geheilt.[12] Überschreitet der Betreuer den Rahmen seiner Vertretungsmacht, so haftet er selbst im Rahmen der §§ 177 ff. Eine Überschreitung der Vertretungsmacht kommt auch im Falle des Missbrauchs in Betracht (s. Rn. 16).

IV. Gesetzliche Vertretung und Geschäftsfähigkeit des Betreuten

1. Grundsatz. Die Bestellung eines Betreuers lässt trotz der gesetzlichen Vertretung für sich 7 betrachtet die Geschäftsfähigkeit des Betreuten unberührt. Dieser ist bei seinem eigenen Handeln auch nicht von den Beschränkungen betroffen, die für den Betreuer gelten (zB §§ 1821, 1822). Der Betreute bleibt selbständig handlungsfähig, es sei denn
– dass er im Augenblick der Vornahme des Rechtsgeschäfts auf dem betreffenden Gebiet geschäftsunfähig ist (§ 104 Nr. 2);
– oder dass ein Einwilligungsvorbehalt angeordnet ist und das Geschäft in den Vorbehaltsbereich fällt (§ 1903).

2. Deutung. a) „Staatlich bestellter Bevollmächtigter"? Liegen diese Ausnahmegründe 8 nicht vor, so ergibt sich die eigentümliche Lage, dass eine voll handlungsfähige Person gleichwohl gesetzlich vertreten wird. Diese Lage bestand schon im früheren Recht der Gebrechlichkeitspfleg-

---

[7] BGH FamRZ 1995, 282, 283 f.; OLG Düsseldorf BtPrax 2010, 138; Grenzfall nach früherem Recht BGHZ 100, 313, 316 f. (unterlassene Information über die Neigung des volljährigen Mündels zu Brandstiftungen bei Arbeitsvertragsverhandlungen).
[8] OLG Düsseldorf BtPrax 2010, 138, 139.
[9] Betr. Schätzungsbescheide des Finanzamts FG Niedersachsen FamRZ 2003, 1511.
[10] BGH FamRZ 2008, 2109.
[11] Siehe den Fall AG Halberstadt FamRZ 2008, 2308.
[12] OLG Frankfurt am Main FamRZ 2010, 1762.

schaft, wenn der Pflegling nicht geschäftsunfähig war. Doch versuchte die Rechtsprechung den inneren Widerspruch aufzulösen: Der Pfleger eines geschäftsfähigen Gebrechlichen wurde als „staatlich bestellter Bevollmächtigter" angesehen,[13] der einem Willensvorrang des Pfleglings unterworfen war.[14] Die Frage, ob diese Deutung in das Betreuungsrecht zu übernehmen sei,[15] wird von der Gesetzesbegründung zum BtG verneint; dort ist von einer Beseitigung der Rechtsfigur des staatlich bestellten Bevollmächtigten die Rede.[16] Doch ist die Rechtsprechung nicht gehindert, im Betreuungsrecht ihre im Sinne der Selbstbestimmung des Betroffenen entwickelte Linie fortzusetzen. Doch dafür bedarf es des außergesetzlichen und wenig aussagekräftigen Begriffs „staatlich bestellter Bevollmächtigter" nicht.

9 **b) Das Konzept des Betreuungsrechts. aa) Aufgabe der herkömmlichen Deutung.** Die Kennzeichnung des Betreuers als staatlich (oder: durch Hoheitsakt) Bevollmächtigter ist zu verabschieden.[17] Es handelt sich vielmehr um echte gesetzliche Vertretung einer – möglicherweise – geschäftsfähigen Person; sie entsteht ohne darauf gerichtete Willenserklärung des Betreuten. Die Unfähigkeit des Vertretenen, selbst zu handeln, ist kein allgemeines Erfordernis gesetzlicher Vertretung. Ist der Betreute geschäftsfähig, so ergeben sich alle weiteren Konsequenzen allein aus der Tatsache seiner ungeminderten Handlungsfähigkeit.

10 **bb) Handlungsfähigkeit des Betreuten.** Soweit der Betreute weder geschäftsunfähig ist noch unter Einwilligungsvorbehalt steht, verdrängt die gesetzliche Vertretung seine eigene Handlungsfähigkeit nicht, folgerichtig auch nicht seine Fähigkeit, dem Betreuer beliebige Vollmachten (auch den Wirkungskreis des Betreuers betreffend) zu erteilen, die über die gesetzliche Vertretungsmacht hinausgehen. Es wäre nicht einsichtig, wenn der Betreute jedermann bevollmächtigen könnte, nur seinen Betreuer nicht.[18] Die gegenteilige Auffassung verstößt auch gegen den Erforderlichkeitsgrundsatz. Ist in Ausübung der gesetzlichen Vertretungsmacht ein Geschäft ohne die nötige Genehmigung des Betreuungsgerichts abgeschlossen worden, so kann der Betreute allerdings nicht selbst anstelle des Gerichts genehmigen.[19] Für den Betreuer ist es ausgesprochen riskant, auf Grund einer erteilten Vollmacht über die Befugnisse, die ihm die gesetzliche Vertretungsmacht gewährt, hinauszugehen; stellt sich die Geschäftsunfähigkeit des Betreuten bei Erteilung heraus, so trägt der Betreuer die Folgen als falsus procurator.[20]

11 **cc) Vollmacht und Erforderlichkeit der Betreuung.** Indes ist nach dem Betreuungsrecht zu beachten, dass das Prinzip der Erforderlichkeit an der gesetzlichen Vertretung ausgerichtet ist. Erteilt also der Betreute dem Betreuer Vollmachten der genannten Art, so liegt es nahe, dass die Betreuung aufgehoben werden muss (§ 1908d Abs. 1 S. 1), weil sie auf Grund der Fähigkeit des Betreuten, die Fürsorge privatrechtlich zu regeln, nicht mehr erforderlich erscheint (§ 1896 Abs. 2).

12 **dd) Aufhebung der Betreuung auf Antrag.** Die gesetzliche Vertretungsmacht des Betreuers und damit die Betreuung selbst, brauchen als Freiheitsbeschränkung von einem voll handlungsfähigen Betroffenen nicht hingenommen zu werden, wenn er sie nicht will. Zwar steht dem Betreuten nicht die Befugnis zu, die gesetzliche Vertretung wie eine Vollmacht zu widerrufen; doch ist seinem Antrag auf Aufhebung der Betreuung unverzüglich Folge zu leisten, es sei denn
– dass das Gericht feststellt, dass der Betreute auf dem betreffenden Gebiet geschäftsunfähig ist bzw. seinen Willen nicht frei bestimmen kann,
– oder dass das Gericht zur Überzeugung gelangt, dass die Voraussetzungen eines Einwilligungsvorbehalts vorliegen.[21]

13 **3. Besonderheiten im gerichtlichen Verfahren. a) Prozessfähigkeit.** Abweichend vom Prinzip der doppelten Handlungsfähigkeit bestimmt **§ 53 ZPO**, dass der **prozessfähige** Betreute in

---

[13] Bevollmächtigung beruht auf Hoheitsakt: BGHZ 48, 147, 161.
[14] BGHZ 48, 147, 160: „Bei geschäftsfähigen Gebrechlichen befugt das Recht zur tatsächlichen Sorge ... den Pfleger nicht, den Willen des Pfleglings zu übergehen und einseitige Maßnahmen zu treffen ... Maßnahmen des Pflegers, mit denen der Pflegebefohlene nicht einverstanden ist, braucht er nicht hinzunehmen.".
[15] Dazu *Schwab*, FS Mikat, 1989, S. 881, 891 ff.
[16] BT-Drucks. 11/4528 S. 135.
[17] Dagegen schon *Gernhuber* (3. Aufl.) § 70 VI, 4; *Müller-Freienfels*, FS Coing, 1982, Bd. 2, S. 400 (contradictio in adiecto); *Bobenhausen* Rpfleger 1986, 248, 250.
[18] Diese Konsequenz nimmt die amtliche Begründung allerdings in Kauf, BT-Drucks. 11/4528 S. 135, 136. Wie hier *Bienwald* Rn. 8; HK-BUR/*Bauer* Rn. 17, 18; *Soergel/Zimmermann* Rn. 3; *Cypionka* DNotZ 1991, 571, 577; zum Problem differenzieren *Erman/Roth* Rn. 16.
[19] OLG Frankfurt/Main FamRZ 1997, 1424, 1425.
[20] Vgl. HK-BUR/*Bauer* Rn. 19.
[21] Dem folgend HK-BUR/*Bauer* Rn. 16.

Vertretung des Betreuten 13a–17 § 1902

einem Rechtsstreit, den der Betreuer in seinem Namen führt, einer nicht prozessfähigen Person gleichsteht.[22] Die Prozessfähigkeit des Betreuten für andere Verfahren wird dadurch nicht berührt. Die durch einen Betreuer vertretene Partei kann nur durch den Betreuer, nicht aber selbst wirksam Berufung einlegen.[23] Die Regelung des § 53 ZPO gilt kraft Verweisung auch für einige andere Verfahrensordnungen (§ 11 Abs. 3 SGB X; § 71 Abs. 6 SGG; § 62 Abs. 4 VwGO; § 12 Abs. 3 VwVfG). Die Regelung des § 53 ZPO erstreckt sich nicht auf die Fähigkeit, materiellrechtlich über den streitbefangenen Gegenstand zu verfügen.

b) Einwilligungsvorbehalt. Soweit Einwilligungsvorbehalt angeordnet ist, gilt **§ 52 ZPO,** 13a dh. der Betreute ist insoweit pozessunfähig.[24]

c) Verfahrensfähigkeit. Im Betreuungsverfahren selbst ist der Betreute auch dann verfahrensfä- 13b hig, wenn er geschäftsunfähig ist (§ 275 FamFG). § 53 ZPO gilt hier nicht. Gleiches gilt für das Unterbringungsverfahren (§ 316 FamFG).

V. Gesetzliche Vertretung und Wille des Betreuten

1. Befugnis des Betreuers zu selbständigem Handeln. Die gesetzliche Vertretungsmacht 14 des Betreuers in seinem Aufgabenkreis besteht im Außenverhältnis ohne Rücksicht darauf, ob der Betreute mit dem Vertreterhandeln einverstanden ist oder nicht.[25] Sofern nicht das Gesetz ausnahmsweise ein Zusammenwirken von Betreuer und Betreutem vorschreibt, ist der Betreuer selbständig befugt, im Namen des Betreuten zu handeln. Dass der geschäftsfähige Betreute seinerseits eigenständig handeln kann, steht dem nicht entgegen.

2. Berücksichtigung der Wünsche. An der Selbständigkeit des Betreuers ändert auch das 15 Gebot der § 1901 Abs. 3, die Wünsche des Betreuten zu berücksichtigen, grundsätzlich nichts. Die Beachtlichkeit dieser Wünsche betrifft grundsätzlich nur das Innenverhältnis (s. § 1901 Rn. 19).[26] Das ergibt sich schon daraus, dass die Pflicht, den Wünschen des Betreuten zu entsprechen, im konkreten Fall von Umständen abhängt, die für den Rechtsverkehr nicht überschaubar sind (zB „Unzumutbarkeit für den Betreuer"). Auch von den oft komplizierten Abwägungen, ob Wünsche und Wohl des Betreuten im Einklang miteinander stehen, kann der Bestand eines vom Betreuer im Namen des Betreuten abgeschlossenen Rechtsgeschäfts nicht abhängen.

3. Pflichtwidriges Übergehen der Wünsche und Außenverhältnis. Eine Ausnahme von 16 diesen Grundsätzen ist zu machen, soweit die Voraussetzungen des Missbrauchs der Vertretungsmacht vorliegen.[27] In Übereinstimmung mit der herrschenden Doktrin bedeutet das: Ein Rechtsgeschäft wirkt nicht für den Betreuten,
a) wenn entweder Betreuer und Geschäftspartner bewusst zusammenwirken, um die mit seinem Wohl zu vereinbarenden Wünsche des Betreuten zu übergehen (Kollusion, § 138);
b) oder wenn der Betreuer die Wünsche des Betreuten pflichtwidrig übergeht und dies dem Geschäftspartner bekannt oder für ihn evident ist.[28]
In den anderen Fällen, in denen das Übergehen der Wünsche nicht auf das Außenverhältnis durchschlägt, kann sich der Betreuer schadensersatzpflichtig machen.[29]

4. Willensvorrang des geschäftsfähigen Betreuten? a) Das Problem. Fraglich ist, ob 17 die oben entwickelten Rechtsauffassungen auch für den Fall gelten, dass der Betreute voll geschäftsfähig ist, dh. weder geschäftsunfähig ist noch unter Einwilligungsvorbehalt steht. Zum früheren Pflegschaftsrecht war in solchen Fällen ein Willensvorrang des Pflegebefohlenen angenommen worden,[30] ohne dass Klarheit über die Außenwirkung bestand.[31] Nur vereinzelt war explizit ausgespro-

---

[22] Zum Umfang BGH NJW 1988, 49.
[23] LG Hannover FamRZ 1998, 380, 381.
[24] Dazu *Bork* MDR 1991, 97 ff.; *Soergel/Zimmermann* Rn. 34.
[25] LG Berlin FamRZ 2000, 1526, 1528.
[26] So auch *Erman/Roth* § 1901 Rn. 25; hM.
[27] BGHZ 176, 262 Tz. 23 = FamRZ 2008, 1404.
[28] Die Voraussetzungen und Folgen dieser Fallgestaltung sind im Vertretungsrecht streitig, ich folge *Flume*, Allgemeiner Teil § 45 II, 3; *Larenz/Wolf* AT § 46 Rn. 148; *Medicus* AT Rn. 967; statt der Evidenz wird zT „grobe Fahrlässigkeit" des Geschäftspartners verlangt; die Rechtsprechung ist uneinheitlich, s. MünchKommBGB/ *Schramm* § 164 Rn. 98 ff.
[29] *Soergel/Zimmermann* § 1901 Rn. 28; *Bienwald* FamRZ 1988, 1014.
[30] BGHZ 48, 147, 160; BGH WM 1974, 272, 274.
[31] Für die Berücksichtigung des Willensvorrangs im Genehmigungsverfahren nach § 1821, 1822 *Soergel/Damrau*, 12. Aufl., § 1910 Rn. 14.

chen worden, dass der gegen den Willen des Pfleglings handelnde Pfleger seine Vertretungsmacht überschreite.[32]

18 **b) Aufhebung der Betreuung beim Übergehen des Willens.** Diese Auffassung ist für das Betreuungsrecht nicht zu übernehmen. Die Betätigung der gesetzlichen Vertretungsmacht hängt ebenso wie die einer Vollmacht grundsätzlich nicht davon ab, ob der Vertretene dem konkreten Geschäft zustimmt oder nicht. Einem entgegenstehenden Willen des Vertretenen kommt nur als Widerruf der Vollmacht Bedeutung zu; bei gesetzlicher Vertretung hingegen gibt es einen solchen Widerruf nicht. Auch bei Betreuten, die weder geschäftsunfähig sind noch unter Einwilligungsvorbehalt stehen, berühren entgegenstehende Wünsche des Betreuten die Wirksamkeit des Geschäftes nur im Fall des Missbrauchs der Vertretungsmacht. Der Betreute kann das Übergehen seines Willens mit dem Antrag auf Aufhebung der Betreuung beantworten (§ 1908d Abs. 1).

19 **c) Außenwirkung des Willens des Betreuten.** Eine Außenwirkung kommt dem Willen des Betreuten dann zu, wenn das vom Betreuer abgeschlossene Rechtsgeschäft zwar seinen Wirkungskreis betrifft, zugleich aber in einen anderen Lebensbereich fällt (zB der Vermögensbetreuer will eine Unterhaltspflicht des Betreuten erfüllen). Bei derartigen gemischten Angelegenheiten ist analog zur Zuständigkeit mehrerer Vormünder (Betreuer) zu verfahren (§ 1899 Rn. 13).

VI. Widersprüchliche Rechtsgeschäfte

20 **1. Grundsatz.** Zum früheren Pflegschaftsrecht wurde zum Teil, keineswegs aber einhellig die Meinung vertreten, bei sich widersprechenden Rechtsgeschäften von Pfleger und geschäftsfähigem Pflegling sei das letztere maßgebend.[33] In dieser Allgemeinheit war die These dogmatisch nicht haltbar, in das Betreuungsrecht war sie nicht zu übernehmen. Vielmehr gelten die Regeln, die allgemein im Vertretungsrecht bei konkurrierendem Handeln von Vollmachtgeber und Stellvertreter maßgeblich sind.

21 **2. Kollidierende Rechtsgeschäfte.** Bei Rechtsgeschäften, deren Rechtswirkungen kollidieren (zB mehrere Verfügungen über dieselbe Sache; divergierende Ausübung eines Gestaltungsrechts), gilt das Prinzip der Priorität.[34] Das zeitlich nachfolgende Geschäft kann bei Verfügungen nach den Regeln des Erwerbs vom Nichtberechtigten wirksam sein. Werden solche Geschäfte gleichzeitig getätigt (was selten vorkommen wird), so sind sie wegen Perplexität unwirksam.

22 **3. Nichtkollidierende Rechtsgeschäfte.** Rechtsgeschäfte, deren Wirkungen sich nicht widersprechen, wie etwa Schuldverträge, sind sämtlich wirksam;[35] auf Gleichzeitigkeit oder zeitliches Nacheinander kommt es nicht an. Das gilt auch dann, wenn das Nebeneinander der Geschäfte keinen wirtschaftlichen Sinn ergibt (zB der Betreuer bucht für seinen Schützling eine Ferienreise; der Betreute lässt für dieselbe Zeit ein Hotelzimmer anderwärts reservieren), ja selbst dann, wenn beide Geschäfte nicht zugleich erfüllt werden können (Betreuer und Betreuter verkaufen dieselbe Sache an verschiedene Käufer).

23 **4. Rückgängigmachung von Rechtsgeschäften.** Ist das vom Betreuer abgeschlossene Rechtsgeschäft sonach wirksam, so kann es der Betreute nur dann einseitig rückgängig machen, wenn die Befugnis hierzu aus allgemeinem Zivilrecht begründet ist (Anfechtung, Rücktritt, Kündigung, Widerruf nach § 130 Abs. 1 S. 2 etc., Widerruf nach den Verbraucherschutzvorschriften).[36] Ein Widerrufsrecht des Betreuten allein auf Grund eines „Willensvorrangs" gibt es nicht.

VII. Beschränkungen der Vertretungsmacht

24 **1. Geschäfte höchstpersönlicher Natur oder mit persönlichem Einschlag. a) Heilbehandlung, Schwangerschaftsabbruch.** Keine Vertretungsbefugnis besteht für die Einwilligung in eine ärztliche **Heilbehandlung, wenn der Betreute** diese **selbst wirksam erklären kann;**[37] andernfalls ist der Betreuer dazu befugt, bedarf aber in den Fällen des § 1904 der Genehmigung des Betreuungsgerichts. Ähnliches gilt für die Einwilligung in eine **Sterilisation** (Sonderrege-

---

[32] *Kemper* NJW 1962, 677, 678.
[33] Allgemein: 2. Aufl. § 1910 Rn. 69 unter Berufung auf BGHZ 78, 147, 160. Die Aussage des BGH bezieht sich indes nur auf *gleichzeitige* Erklärungen: „Handeln der Pfleger und der Pflegebefohlene gleichzeitig in verschiedenem Sinn, so ist die Handlung des Pfleglings maßgebend".
[34] *Soergel/Zimmermann* Rn. 28; *Knittel* Rn. 43; *Erman/Roth* Rn. 19; *Rietzler* AcP 98 (1906), 372.
[35] *Knittel* Rn. 44.
[36] *Moser* Rpfleger 1984, 45, 47 f.; *Bobenhausen* Rpfleger 1986, 248, 250.
[37] So ausdrücklich Diskussions-Teilentwurf I, dazu *Wolf* ZPR 1988, 314.

Vertretung des Betreuten 25–29 § 1902

lung in § 1905). Zur Einwilligung in eine **Organspende** siehe Erl. zu § 1904 Rn. 65. Auch die für den straflosen **Schwangerschaftsabbruch** nötige Einwilligung kann grundsätzlich nur die Schwangere selbst geben; ist sie nicht einwilligungsfähig, so entsteht eine schwierige Problemlage, siehe § 1904 Rn. 29.

b) Unterbringung, Einwilligung in Freiheitsentziehung. Eine wesentliche Beschränkung der Vertretungsmacht ergibt sich bei freiheitsentziehenden Unterbringungen und „unterbringungsähnlichen Maßnahmen". Eine Stellvertretung kommt hier insofern in Betracht, als die rechtfertigende Einwilligung in die Freiheitsentziehung durch den gesetzlichen Vertreter erklärt werden könnte. Doch kann eine solche Zustimmung nur der Betroffene selbst erklären, sofern er einwilligungsfähig ist. Ist er es nicht, so kommt ein Handeln des gesetzlichen Vertreters nur unter den Einschränkungen des § 1906 in Betracht. 25

c) Religiöses Bekenntnis. Keine Vertretungsbefugnis besteht in Angelegenheiten des religiösen Bekenntnisses. So kann der Betreuer nicht im Namen des Betreuten den Kirchenaustritt erklären oder die Konfession, Religion oder Weltanschauung des Betreuten wechseln. Freilich muss der Betreute zur Betätigung seiner Religionsfreiheit (Art. 4 Abs. 1 GG) handlungsfähig bleiben; folglich kann auch der Geschäftsunfähige selbständig über sein religiöses Bekenntnis bestimmen.[38] Ein diesbezüglicher Einwilligungsvorbehalt wäre unstatthaft. Das Problem entschärft sich dadurch, dass auf jeden Fall derjenige in religiösen Fragen als „geschäftsfähig", dh. fähig zur Selbstbestimmung angesehen werden muss, der in etwa die Einsichtsfähigkeit eines 14-jährigen jungen Menschen besitzt[39] – es gilt auch hier die Theorie der partiellen Geschäftsfähigkeit. 26

d) Ehe, Verlöbnis. Der Betreuer kann nicht im Namen des Betreuten eine **Ehe** schließen (§ 1311 S. 1); auf Abgabe und Empfang einer Ehewillenserklärung können sich ferner weder die Betreuung überhaupt noch der Einwilligungsvorbehalt (§ 1903 Abs. 2) beziehen. Gleiches gilt für die Eingehung eines **Verlöbnisses.** Ferner kann der Betreuer für einen *geschäftsfähigen* Betreuten keinen **Ehevertrag** schließen (§ 1411 Abs. 1 S. 4). Für den *geschäftsunfähigen* Betreuten hat der Betreuer Vertretungsmacht zum Abschluss eines Ehevertrages, jedoch bedarf er der Genehmigung des Betreuungsgerichts (§ 1411 Abs. 2 S. 1, 2); zur Vereinbarung oder Aufhebung der Gütergemeinschaft ist er in keinem Falle befugt (§ 1411 Abs. 2 S. 1 HS. 2). Steht der geschäftsfähige Betreute unter Einwilligungsvorbehalt, so kann er den Ehevertrag gleichwohl nur selbst schließen, jedoch muss der Betreuer zustimmen; zusätzlich bedarf es der Genehmigung des Betreuungsgerichts, wenn der Ausgleich des Zugewinns ausgeschlossen oder eingeschränkt oder wenn Gütergemeinschaft vereinbart oder aufgehoben wird (§ 1411 Abs. 1 S. 2, 3). Gerichtliche Genehmigungsvorbehalte finden sich ferner im Recht der **Gütergemeinschaft** (§ 1484 Abs. 2 S. 3; § 1491 Abs. 3 S. 2; § 1492 Abs. 3 S. 2; § 1517 Abs. 2 iVm. § 2347). 27

e) Eingehung einer eingetragenen Partnerschaft. Auch die Eingehung einer **eingetragenen Partnerschaft** setzt die *persönliche* Abgabe der entsprechenden Erklärungen vor der zuständigen Behörde voraus (§ 1 Abs. 1 S. 1 LPartG). Auch hier ist weder Vertretung noch Einwilligungsvorbehalt möglich (§ 1903 Abs. 2). Für den Abschluss eines – die güterrechtlichen Verhältnisse regelnden – „Lebenspartnerschaftsvertrages" selbst gelten wiederum die Regeln des § 1411 entsprechend (§ 7 S. 2 LPartG). 28

f) Bestimmung des Ehenamens/Lebenspartnerschaftsnamens. Nicht ausdrücklich geregelt ist die Frage, ob eine gesetzliche Stellvertretung bei der **Bestimmung des Ehenamens** (§ 1355 Abs. 1 S. 1) möglich ist. Der Zusammenhang mit der vertretungsfeindlichen Eheschließung spricht auf den ersten Blick dagegen. Doch kann die Wahl eines Ehenamens nach Beseitigung der 5-Jahresfrist[40] beträchtliche Zeit nach der Eheschließung erfolgen; Eheschließung und Ehenamensbestimmung sind ihrer Art nach völlig unterschiedliche Akte. Auch zeigt das Kindesnamensrecht, dass bei entsprechenden Erklärungen durchaus die Einschaltung des gesetzlichen Vertreters vorausgesetzt wird (zB § 1617c Abs. 1 S. 2). Da der Verlust des angestammten Namens durchaus ein Nachteil sein kann, ist es auch sonst gerechtfertigt, bei der Namensbestimmung etwa von dem Erfordernis der Geschäftsfähigkeit abzugehen.[41] Daher gilt: Für den geschäftsunfähigen Ehegatten handelt auch hier ausschließlich der gesetzliche Vertreter. Der *geschäftsfähige* Betreute kann hingegen die Ehenamensbestimmung nur selbst erklären (Analogie zu § 1617c Abs. 1 S. 2); doch ist ein Einwilligungsvorbehalt in dieser Angelegenheit theoretisch nicht ausgeschlossen. Gleiches gilt bei Bestimmung 29

---
[38] AA *Knittel* Rn. 64.
[39] *Fritsche* StAZ 1993, 82; *Knittel* Rn. 64.
[40] § 1355 Abs. 3 in der Fassung des KindRG sieht keine Frist für die Bestimmung des Ehenamens mehr vor.
[41] Vgl. auch *Wagenitz/Bornhofen*, Familiennamensrechtsgesetz, 1994, § 1355 Rn. 61.

eines **Lebenspartnerschaftsnamens** (§ 3 LPartG). Einschränkungen der gesetzlichen Vertretungsmacht ergeben sich auch bei Anwendung des **NamensänderungsG:** Den Antrag auf Namensänderung für eine geschäftsunfähige Person muss der Betreuer stellen und bedarf dazu der Genehmigung des Gerichts. Gleiches gilt für einen Geschäftsfähigen, der insoweit unter Betreuung und Einwilligungsvorbehalt steht (§ 2 des Gesetzes).

30 **g) Ehescheidung, Eheaufhebung, Auflösung einer eingetragenen Partnerschaft. aa) Ehescheidung bei Geschäftsunfähigkeit.** Gewisse Einschränkungen der gesetzlichen Vertretung ergeben sich auch bei Scheidung oder Aufhebung der Ehe eines Betreuten. Für die Ehescheidung ist § 125 FamFG Folgendes zu entnehmen: Ist der Betroffene geschäftsunfähig, so bedarf er für ein Verfahren in Ehesachen zwingend eines gesetzlichen Vertreters, der Volljährige also eines Betreuers (§ 125 Abs. 2 S. 1 FamFG).[42] Für einen Antrag auf Scheidung oder Aufhebung der Ehe bedarf der Betreuer bei einem Volljährigen der Genehmigung des Betreuungsgerichts (§ 125 Abs. 2 S. 2 FamFG). Folgerichtig ist die Betreuung auf die Folgesachen zu erstrecken, zweckmäßigerweise auch auf die mit dem Getrenntleben anfallenden Angelegenheiten (Ehewohnung, Haushaltsgegenstände, Unterhalt). Hat ein Geschäftsunfähiger den Scheidungsantrag gestellt, so muss der Betreuer nicht unbedingt den Antrag erneut stellen; es genügt, wenn er die zunächst unwirksame Prozesshandlung des Geschäftsunfähigen genehmigt, sofern die erforderliche Genehmigung des Betreuungsgerichts hinzukommt.[43]

31 **bb) Ehescheidung bei Geschäftsfähigkeit.** Ist der Betroffene hingegen geschäftsfähig, so wird es in der Regel keiner Betreuung bedürfen.[44] Wird sie im Einzelfall für erforderlich gehalten, so gilt nach hM § 53 ZPO im Vorrang vor den Regelungen des § 125 FamFG: Wird der Betreute im Eheverfahren durch einen Betreuer vertreten, so gilt er als prozessunfähig, auch wenn er an sich prozessfähig (§ 52 ZPO) wäre.[45] Soweit der Betreuer ein Scheidungsverfahren betreiben will, ist dann auf den höchstpersönlichen Charakter des Scheidungsentschlusses Rücksicht zu nehmen;[46] ob diesbezüglich ein Einwilligungsvorbehalt statthaft wäre, ist gesetzlich nicht klar geregelt und im Ergebnis zu verneinen.[47] Die Betreuung für die Scheidungsangelegenheiten umfasst, wenn nichts anderes verlautbart wird, auch die Folgesachen, in dieser Hinsicht kommt auch ein Einwilligungsvorbehalt in Frage.

32 **cc) Eheaufhebung.** Die gleichen Grundsätze gelten für das Eheaufhebungsverfahren. Hier ist im BGB ausdrücklich gesagt, dass der Antrag auf Eheaufhebung für einen geschäftsunfähigen Ehegatten nur von dessen gesetzlichem Vertreter gestellt werden kann (§ 1316 Abs. 2 S. 1). Das zusätzliche Erfordernis der gerichtlichen Genehmigung ergibt sich wiederum aus § 125 Abs. 2 S. 2 FamFG. Hat der gesetzliche Vertreter eines geschäftsunfähigen Ehegatten den Aufhebungsantrag nicht innerhalb der vorgeschriebenen Frist gestellt, so kann der Ehegatte selbst noch innerhalb von sechs Monaten nach dem Wegfall der Geschäftsunfähigkeit den Antrag stellen (§ 1317 Abs. 2).

33 **dd) Aufhebung einer Lebenspartnerschaft.** Für das Verfahren der Aufhebung einer eingetragenen Lebenspartnerschaft gilt § 125 FamFG entsprechend (§ 269 Abs. 1 Nr.1, § 270 Abs. 1 S. 1 FamFG). Für den geschäftunfähigen Partner ist das Verfahren also durch den Betreuer mit Genehmigung des Betreuungsgerichts zu führen (entsprechende Anwendung auch des § 125 Abs. 2 FamFG).

34 **h) Auflösung einer nichtehelichen Gemeinschaft.** Für den Fall einer nicht registrieren Lebensgemeinschaft sieht das Gesetz keine besonderen Regelungen vor. Das ehelose Zusammenleben ist ein tatsächlicher Zustand, der sich einer Disposition durch den Betreuer entzieht. Auch die Trennung, zB durch Übersiedlung eines Partners in ein Pflegeheim, muss nicht unbedingt die Auflösung der faktischen Lebensgemeinschaft bedeuten.[48] Ist die Lebensgemeinschaft aufgelöst, so kann zum Aufgabenkreis des Betreuers die Geltendmachung der aus der Trennung resultierenden Ansprüche gehören. Wohnen die Partner in dem einem von ihnen gehörenden Haus und übersiedelt der Eigentümer in ein Pflegeheim, so kann es nach BGH zum Aufgabenkreis des Betreuers gehören, von dem anderen die Räumung des Hauses zu verlangen, selbst wenn noch offen ist, ob die Lebens-

---

[42] S. den Fall OLG Zweibrücken FamRZ 1999, 27 (dort zur „Ehezeit" im Sinne des Versorgungsausgleichs, wenn ein Scheidungsurteil gegen einen prozessunfähigen Ehegatten, der im Verfahren nicht ordnungsgemäß vertreten war, formell rechtskräftig wird).
[43] OLG Hamm FamRZ 1990, 166, 167.
[44] *Soergel/Zimmermann* Rn. 26; *Kern* (FS Bienwald, 2006, S. 137 ff.) schließt den Scheidungsantrag durch den Betreuer eines Geschäftsfähigen generell aus; dagegen mit guten Gründen *Erman/Roth* § 1896 Rn.66.
[45] Zum früheren Recht: BGHZ 41, 303; OLG Hamm FamRZ 1997, 301, 302.
[46] S. hierzu die Entscheidung BGH FamRZ 1989, 479, 481.
[47] Zum Problem *Schwab*, FS Rebmann, 1989, S. 685, 701.
[48] BGHZ 176, 262 Tz.25.

gemeinschaft ihr Ende gefunden hat; die „tatsächliche Gestattung" des Wohnens des anderen Partners durch den Eigentümer werde von der gesetzlichen Vertretung des Betreuers überlagert.[49]

i) Elterliche Sorge. Der Betreuer ist nicht gesetzlicher Vertreter des Betreuten bei **Ausübung der elterlichen Sorge.** Schon der Aufgabenkreis „Erziehung der Kinder des Betreuten" wäre nicht statthaft.[50] Muss aus zwingenden Gründen des Kindeswohls die elterliche Sorge des „Betreuten" eingeschränkt werden, so ist ein Pfleger zu bestellen (Näheres § 1896 Rn. 110). Die **Sorgeerklärung** von nicht miteinander verheirateten Eltern, kraft welcher ihnen die elterliche Sorge gemeinsam zusteht (§ 1626a Abs. 1 Nr. 1), kann nicht durch einen Betreuer als gesetzlichen Stellvertreter abgegeben werden (§ 1626c Abs. 1). Die Tatsache, dass ein Elternteil unter Betreuung steht, hindert für sich gesehen nicht die Wirksamkeit der von ihm abgegebenen Sorgeerklärung. Streitig ist, ob ein Geschäftsunfähiger eine wirksame Sorgeerklärung abgeben kann; die Frage ist im Gegensatz zur Lage bei beschränkt geschäftsfähigen Eltern (§ 1626c Abs. 2) nicht geregelt und zu verneinen. Andererseits ist es mE möglich, für den Bereich der Sorgeerklärung einen Einwilligungsvorbehalt anzuordnen und damit – nach dem Vorbild des § 1626c Abs. 2 – einen Betreuten, dessen Fähigkeit zur Selbstbestimmung auf diesem Gebiet nicht gewährleistet erscheint, zu schützen.

35

k) Vaterschaftsanerkennung und -anfechtung. Die Vaterschaft kann ein *geschäftsfähiger* Betreuter nur selbst **anerkennen** (§ 1596 Abs. 3). Gleiches gilt für die Zustimmung zur Vaterschaftsanerkennung. Freilich kann in diesen Angelegenheiten ein Einwilligungsvorbehalt angeordnet werden (§ 1596 Abs. 3 HS 2). Für den *geschäftsunfähigen* Betreuten handelt der Betreuer mit Genehmigung des Betreuungsgerichts (§ 1596 Abs. 1 S. 3). Eine kraft Ehe oder kraft Anerkennung bestehende Vaterschaft kann der *geschäftsfähige* Anfechtungsberechtigte nur selbst **anfechten,** auch wenn er unter Betreuung steht (§ 1600a Abs. 5; § 1600a Abs. 2 S. 1); jegliche Stellvertretung, auch die gewillkürte (§ 1600a Abs. 1) ist insoweit ausgeschlossen. Die Vertretungsfeindlichkeit gilt auch für beschränkt geschäftsfähige, also minderjährige Scheinväter und Mütter; sie können ohne Zustimmung ihres gesetzlichen Vertreters anfechten (§ 1600a Abs. 2 S. 2). Daraus folgt, dass auch für den volljährigen Anfechtungsberechtigten kein Einwilligungsvorbehalt angeordnet werden darf (§ 1903 Abs. 2). Umgekehrt kann die Anfechtung für den *geschäftsunfähigen* Scheinvater oder die *geschäftsunfähige* Mutter nur durch ihren Betreuer erfolgen (§ 1600a Abs. 2 S. 3). Eine Sonderregelung gilt für das **anfechtungsberechtigte Kind:** Wenn es geschäftsunfähig oder beschränkt geschäftsfähig ist, kann nur der gesetzliche Vertreter anfechten (§ 1600a Abs. 3); ein Einwilligungsvorbehalt ergäbe hier keinen Sinn. Soweit nach diesen Regeln eine Anfechtung durch den gesetzlichen Vertreter in Betracht kommt, schärft § 1600a Abs. 4 Selbstverständliches ein: Die Anfechtung durch den gesetzlichen Vertreter ist nur zulässig, wenn sie dem Wohl des Vertretenen dient. Nicht ausdrücklich sind die einschlägigen Fragen bei der Geltendmachung von Ansprüchen auf **Abstammungserklärung** nach § 1598a geregelt. Es liegt nahe, die Vorschriften über die Vaterschaftsanfechtung entsprechend anzuwenden: Der Betreute kann diese Ansprüche nur selbst geltend machen, wenn er insoweit geschäftsfähig (selbstbestimmungsfähig) ist. Ein Einwilligungsvorbehalt ist insoweit unzulässig; für den geschäftsunfähigen Betreuten handelt der Betreuer mit entsprechendem Aufgabenkreis. Will der volljährige Betreute die Klärung *in seiner Rolle als Kind* geltend machen, so kommt es ebenfalls auf seine Selbstbestimmungsfähigkeit an; ist diese gegeben, so handelt er ausschließlich selbst, andernfalls sein Betreuer. Auch soweit die Handlungsbefugnis beim Betreuer liegt, hat er in dieser sensiblen Materie auf den Willen des Betroffenen besondere Rücksicht zu nehmen.

36

l) Kindesname. Im Bereich des **Kindesnamensrechts** kann das Betreuungsrecht Bedeutung erlangen, wenn ein bereits volljähriges Kind sich einer Namensänderung seiner Eltern bzw. des namengebenden Elternteils **anschließt** (zB § 1617c Abs. 1 S. 1, Abs. 2)[51] oder wenn dessen Ehegatte im Falle des § 1617c Abs. 3 den Anschluss erklärt. Die Frage, ob für das volljährige Kind bzw. dessen Ehegatten auch ein gesetzlicher Vertreter handeln kann, ist im Gesetz nicht ausdrücklich geregelt. Wenn aber das minderjährige Kind ab 14 Jahren nur selbst die Anschließung erklären kann, so muss gleiches auch für den *geschäftsfähigen* Betreuten gelten. Die Anordnung eines Einwilligungsvorbehalts in dieser Angelegenheit ist nicht ausgeschlossen, wenngleich wenig sinnvoll. Für den *geschäftsunfähigen* Betreuten handelt ausschließlich der Betreuer. Gleiches gilt für die Erklärungen des Ehegatten des einbenennenden Elternteils und für die Einwilligung des anderen Elternteils bei der Namenserteilung nach § 1618, dessen S. 6 auf § 1617c verweist. Zu beachten ist auch hier: Alle

37

---

[49] BGHZ 176, 262 Tz.22 (ein interessanter, diskussionswürdiger Fall; dort auch zur Geltendmachung eines Anspruchs auf Nutzungsentschädigung).
[50] Hierzu ausführlich *Walter* FamRZ 1991, 765 ff.
[51] Neu geregelt durch das KindRG; vorher konnte sich nur das minderjährige Kind solchen Namensänderungen anschließen.

Erklärungen, welche die Eltern in diesem Zusammenhang *als Inhaber des Sorgerechts* abgeben (zB die Bestimmung des Kindesnamens nach § 1617), liegen außerhalb denkbarer Kompetenz eines Betreuers.

38 **m) Adoptionsrecht. aa) Grundsätze.** Im Adoptionsrecht ergibt sich die Frage, ob ein Betreuter ein Kind (oder auch einen Volljährigen) zu adoptieren vermag und wer gegebenenfalls den Antrag stellen kann. Ausgangspunkt ist der Grundsatz, dass ein Geschäftsunfähiger (§ 104 Nr. 2) den Antrag auf Adoption nicht stellen kann (siehe § 1741 Abs. 2 S. 4); auch ein Antrag durch Stellvertreter ist unstatthaft (§ 1752 Abs. 2 S. 1). Der *geschäftsfähige* Betreute kann hingegen adoptieren, den Antrag kann nur er selbst stellen (§ 1752 Abs. 2 S. 1).[52] Fraglich ist, ob ein Einwilligungsvorbehalt zulässig ist.[53] Dagegen spricht der höchstpersönliche Charakter der Entscheidung (vgl. für die zur Adoption nötigen Einwilligungen siehe § 1750 Abs. 3).

39 **bb) Einwilligungen.** Die bei der Adoption erforderlichen Einwilligungen der Kindeseltern und des Ehegatten des Annehmenden – wie auch die Verzichtserklärung des nichtehelichen Vaters (§ 1747 Abs. 3 S. 1 Nr. 3)[54] – sind vertretungsfeindlich (§ 1750 Abs. 3 S. 1). Es kann insoweit kein Einwilligungsvorbehalt angeordnet werden, weil im Fall beschränkter Geschäftsfähigkeit die Zustimmung des gesetzlichen Vertreters nicht nötig ist (§ 1750 Abs. 3 S. 2 iVm. § 1903 Abs. 2). Bei Geschäftsunfähigkeit entfällt das Einwilligungserfordernis (§ 1747 Abs. 4; § 1749 Abs. 3). Auf die Regelung des § 1750 Abs. 3 S. 1, 2 ist ferner in § 1760 Abs. 3 S. 2, Abs. 5 S. 2 verwiesen (Betr. Aufhebung der Adoption). Vgl. ferner § 1762 Abs. 1 S. 4 (Antrag auf Aufhebung der Adoption).

40 **cc) Volljährigenadoption.** Bei der Volljährigenadoption kann der Antrag des Anzunehmenden, wenn er geschäftsunfähig ist, nur vom Betreuer gestellt werden (§ 1768 Abs. 2 S. 1), ansonsten nur von ihm selbst;[55] Einwilligungsvorbehalt ist hier möglich;[56] im letzteren Fall gilt § 1746 Abs. 3. Auf der Seite des *Annehmenden* gelten die unter aa) dargestellten Regeln.

41 **n) Kündigung eines Mietverhältnisses über Wohnraum.** Damit der Betreute nicht ohne weiteres aus seiner vertrauten Umgebung gerissen werden kann, bedarf der Betreuer zur **Kündigung eines Mietverhältnisses** über Wohnraum, den der Betreute gemietet hat, der Genehmigung des Betreuungsgerichts; gleiches gilt für eine Willenserklärung, die sich auf die Aufhebung eines solchen Mietverhältnisses richtet (§ 1907).

42 **o) Verfügung von Todes wegen.** Der Betreuer kann keine **Verfügung von Todes wegen** im Namen des Betreuten errichten (§§ 2064, 2274).[57] Ob der Betreute selbst testieren kann, richtet sich allein danach, ob er die „natürliche Testierfähigkeit" besitzt (§ 2229 Abs. 4).[58] Die Anordnung eines Einwilligungsvorbehalts ist bei Verfügungen von Todes wegen unzulässig (§ 1903 Abs. 2). Die Fähigkeit, einen **Erbvertrag** zu schließen, setzt beim *Erblasser* unbeschränkte Geschäftsfähigkeit voraus (§ 2275 Abs. 1), Stellvertretung ist hier im Regelfall ausgeschlossen (§ 2274); die Sondervorschriften für den Erbvertrag eines beschränkt Geschäftsfähigen mit seinem Ehegatten (§ 2275 Abs. 2) haben im Rahmen des Betreuungsrechts keine Bedeutung. Für den *Vertragspartner, der nicht letztwillig verfügt,* gelten die allgemeinen Vorschriften über Willenserklärungen und Vertragsschluss.[59] Für die **Aufhebung eines Erbvertrags** gilt: Als *Erblasser* kann der geschäftsfähige Betreute den Aufhebungsvertrag nur selbst schließen; die Anordnung eines Einwilligungsvorbehalts ist insoweit unzulässig, weil ein beschränkt Geschäftsfähiger nicht der Einwilligung des gesetzlichen Vertreters bedürfte (§ 2290 Abs. 2 S. 2 iVm. § 1903 Abs. 2); ist der Erblasser geschäftsunfähig, so kann kein Aufhebungsvertrag mehr geschlossen werden.[60] Ist der Betreute *Vertragspartner des Erblassers,* so ist gemäß § 2290 Abs. 3 S. 1 die Genehmigung des Betreuungsgerichts erforderlich. Das kann aber nur gelten, wenn der Betreuer den Vertrag abschließt oder der unter Einwilligungsvorbehalt stehende Betreute mit Zustimmung des Betreuers (nicht also, wenn der geschäftsfähige und nicht unter Einwilligungsvor-

---

[52] *Soergel/Zimmermann* Rn. 16.
[53] Dafür *Soergel/Zimmermann* Rn. 16.
[54] Auf diese Verzichtserklärung sind die Regelungen des § 1750 Abs. 1–3, Abs. 4 S. 2 anwendbar, siehe § 1747 Abs. 3 S. 3.
[55] *Soergel/Zimmermann* Rn. 17.
[56] *Soergel/Zimmermann* Rn. 17; arg.: Nach früherem Recht hätte der beschränkt Geschäftsfähige der Zustimmung seines gesetzlichen Vertreters bedurft (§ 1768 Abs. 2 S. 2 aF).
[57] Zum folgenden auch *Weser* MittBayNot 1992, 161, 169 ff.
[58] Zum Problem der Testierunfähigkeit siehe BayObLG NJW 1992, 248 = FamRZ 1991, 990; 1992, 724; 1996, 969; 1997, 1028; 1997, 1511; 1998, 514 und 515; OLG Frankfurt/Main FamRZ 1996, 970; FamRZ 1998, 1061.
[59] Näheres bei MünchKommBGB/*Musielak* § 2275 Rn. 6.
[60] *Palandt/Edenhofer* § 2290 Rn. 2.

behalt stehende Betreute das Geschäft selbst tätigt).[61] Bei der **Anfechtung** eines Erbvertrags ist Vertretung grundsätzlich ausgeschlossen (§ 2282 Abs. 1 S. 1), auch kann kein Einwilligungsvorbehalt angeordnet werden (§ 2282 Abs. 1 S. 2 iVm. § 1903 Abs. 2). Ist jedoch der anfechtende Erblasser *geschäftsunfähig*, so handelt der Betreuer mit Genehmigung des Betreuungsgerichts (§ 2282 Abs. 2).

p) Erbverzicht. Für einen Erbverzicht bedarf der Betreuer *des Verzichtenden* der betreuungsgerichtlichen Genehmigung (§ 2347 Abs. 1 S. 2). Das gilt nicht, wenn der geschäftsfähige Betreute selbst den Verzichtsvertrag abschließt. Ein Einwilligungsvorbehalt ist zulässig. Der *Erblasser* kann den Verzichtsvertrag nur persönlich schließen, die Anordnung eines Einwilligungsvorbehalts ist unzulässig (§ 2347 Abs. 2 S. 1 HS 2 iVm. § 1903 Abs. 2). Für den geschäftsunfähigen Erblasser handelt der Betreuer mit Genehmigung des Betreuungsgerichts (§ 2347 Abs. 2 S. 2). Vgl. auch die Regelung für die Aufhebung des Erbverzichtsvertrages nach § 2351. 43

q) Aufgebot zur Todeserklärung. Ein Aufgebot zur Todeserklärung kann der Betreuer des Verschollenen nur mit Genehmigung des Betreuungsgerichts beantragen (§ 16 Abs. 3 Verschollenheitsgesetz). 44

2. Nachteilige Rechtsgeschäfte. a) Schenkung. Der Betreuer kann nicht in Vertretung des Betreuten **Schenkungen** machen (§ 1908i Abs. 2 S. 1 iVm. § 1804 S. 1). Ausgenommen sind Pflicht- und Anstandsschenkungen (§ 1804 S. 2), darüber hinaus aber auch „Gelegenheitsgeschenke, wenn dies dem Wunsch des Betreuten entspricht und nach seinen Lebensverhältnissen üblich ist" (§ 1908i Abs. 2 S. 1). Dabei ist aber zu prüfen, ob die vom Betreuten gewünschte Schenkung nicht seinem Wohl widerspricht, weil er auf den Zuwendungsgegenstand angewiesen sein könnte. Dass der Betreuer nicht im Namen des Betreuten Schenkungen an sich selbst machen kann, versteht sich ohnehin (§ 181 iVm. § 1795 Abs. 2). Unberührt bleibt die Fähigkeit des Betreuten, selbst aus seinem Vermögen Schenkungen zu machen, sofern er nicht geschäftsunfähig oder durch einen Einwilligungsvorbehalt gehindert ist. Der geschäftsfähige, nicht unter Einwilligungsvorbehalt stehende Betreute kann also den Betreuer beschenken, eine nicht unproblematische Rechtslage. 45

b) Ausstattung. Zuwendungen, die unter den Begriff der Ausstattung fallen (§§ 1624, 1625), sind aus dem Schenkungsbegriff ausgenommen, § 1804 findet insoweit keine Anwendung. Für das Versprechen oder Gewähren von Ausstattungen durch den Betreuer verlangt § 1908 indes die Genehmigung des Betreuungsgerichts. 46

3. Ausschluss wegen Interessenkollisionen. a) Vertretung in den Fällen des § 1795 Abs. 1 iVm. § 1908i Abs. 1 S. 1. Wegen möglicher Interessenkollisionen ist der Betreuer von der Vertretung in den Fällen der **§§ 1795 Abs. 1, 181** (1795 Abs. 2), ausgeschlossen (§ 1908i Abs. 1 S. 1). Sollen derartige Geschäfte vorgenommen werden, so ist nach allgemeinem Pflegschaftsrecht ein Ergänzungspfleger zu bestellen; doch nennt § 1909 Abs. 1 den Fall der Betreuung nicht; auch verweist das Betreuungsrecht nicht auf § 1794. Daraus ist zu schließen, dass in den Fällen, in denen ein Betreuer wegen § 1795 ausgeschlossen ist, erforderlichenfalls ein weiterer Betreuer **(Ergänzungsbetreuer)** für diese Angelegenheit bestellt werden muss. 47

b) Entziehung der Vertretung gem. § 1796 iVm. § 1908i Abs. 1 S. 1. Gemäß § 1796 iVm. § 1908i Abs. 1 S. 1 kann das Betreuungsgericht dem Betreuer die Vertretung für einzelne Angelegenheiten oder für einen bestimmten Kreis von Angelegenheiten entziehen, wenn erhebliche Interessengegensätze bestehen.[62] Auch hier ist die Folge die Bestellung eines Ergänzungsbetreuers, sofern ein Tätigwerden in den betreffenden Angelegenheiten als notwendig erscheint. Andernfalls ist der Aufgabenkreis des Betreuers entsprechend einzuschränken. 48

4. Vorbeugende gerichtliche Kontrolle. Einer vorbeugenden Kontrolle des Betreuers dienen die zahllosen Vorbehalte, die sein wirksames Handeln an eine gerichtliche Genehmigung binden. Zuständig ist das Betreuungsgericht (§ 271 Abs. 3 FamFG). Die einschlägigen Vorschriften finden sich zum Teil speziell in den Vorschriften des Betreuungsrechts, teils ergeben sie sich aus der Verweisung des § 1908i Abs. 1 S. 1 auf das Vormundschaftsrecht, teils sind sie über die gesamte Rechtsordnung verstreut. Derartige Einschränkungen bezüglich der Geschäfte mit persönlichem Einschlag sind oben Rn. 24 ff. genannt. Darüber hinaus ist auf folgende Regelungen hinzuweisen: 49
– die Vorschriften der §§ 1805 ff. über die Vermögensverwaltung (§ 1908i Abs. 1 S. 1);
– die Genehmigungsvorbehalte nach §§ 1821, 1822 Nr. 1 bis 4, 6 bis 13; 1823, 1824 (§ 1908i Abs. 1 S. 1);

---

[61] So auch *Soergel/Zimmermann* Rn. 19.
[62] Der Verweis des § 1908i Abs. 1 S. 1 auf § 1796 fand sich erstaunlicherweise noch nicht im RegE.

§ 1903   Abschnitt 3. Titel 2. Rechtliche Betreuung

- die Genehmigungsvorbehalte des §§ 1907 Abs. 1 (Kündigung von Wohnraum, Aufhebung einer Wohnraummiete) und des § 1907 Abs. 3 (Verpflichtung zu wiederkehrenden Leistungen; Parallelvorschrift zu § 1822 Nr. 5);
- die Genehmigungsvorbehalte im ehelichen Güterrecht (§ 1411 Abs. 1 S. 3, Abs. 2; § 1484 Abs. 2 S. 3; § 1491 Abs. 3 S. 2; § 1492 Abs. 3 S. 2);
- die Genehmigungsvorbehalte bei Erbangelegenheiten (§§ 2290 Abs. 3 S. 1; 2347 Abs. 1 S. 2);
- den Genehmigungsvorbehalt bei der Abweichung von Anordnungen des Erblassers oder unentgeltlich Zuwendenden (§ 1803 Abs. 2 iVm. § 1908i Abs. 1 S. 1);
- den Genehmigungsvorbehalt beim Antrag auf Teilungsversteigerung (§ 180 ZVG). Einen solchen Antrag kann der Betreuer eines Miteigentümers nur mit Genehmigung des Betreuungsgerichts stellen, wenn es sich um ein Grundstück, Schiff, Schiffsbauwerk oder Luftfahrzeug handelt (§ 181 Abs. 2 S. 2 ZVG).

50 **5. Vorbeugende Kontrolle durch Gegenbetreuer oder Betreuungsgericht.** In der endgültigen Fassung des BtG ist das Rechtsinstitut des Gegenbetreuers eingeführt worden (§ 1908i Abs. 1 S. 1 iVm. §§ 1792, 1799). Der Genehmigung des Gegenbetreuers bedürfen Geschäfte nach §§ 1812, 1813; ist ein Gegenbetreuer nicht bestellt, so ist die Genehmigung des Betreuungsgerichts (§ 271 Nr. 3 FamFG) erforderlich (§ 1812 Abs. 3). Vgl. ferner §§ 1809, 1810 (jeweils iVm. § 1908i Abs. 1 S. 1).

51 **6. Die Beteiligung Dritter.** Der Betreuer kann zur Erfüllung seiner Aufgaben Dritte heranziehen, soweit das mit dem Sinn seiner Funktion vereinbar ist. Dies gilt nicht nur für faktische Hilfen. Vielmehr kann der Betreuer auch Vollmachten erteilen, *entweder* als Untervollmacht zur gesetzlichen Vertretung *oder* als unmittelbare Bevollmächtigung, im Namen des Betreuten zu handeln (zB einen Kauf im Namen des Betreuten) abzuschließen. Auf keinen Fall kommt (abgesehen von der Sonderform des § 1899 Abs. 4) eine *Übertragung* der Betreuerfunktion (ganz oder teilweise) auf eine andere Person in Betracht. Es muss das Prinzip der persönlichen Betreuung *durch den Betreuer* gewahrt sein und die gesamte Verantwortung für die Durchführung der Betreuung beim Betreuer verbleiben (siehe Erl. zu § 1897 Rn. 8).

§ 1903   Einwilligungsvorbehalt

(1) [1] Soweit dies zur Abwendung einer erheblichen Gefahr für die Person oder das Vermögen des Betreuten erforderlich ist, ordnet das Betreuungsgericht an, dass der Betreute zu einer Willenserklärung, die den Aufgabenkreis des Betreuers betrifft, dessen Einwilligung bedarf (Einwilligungsvorbehalt). [2] Die §§ 108 bis 113, 131 Abs. 2 und § 210 gelten entsprechend.

(2) Ein Einwilligungsvorbehalt kann sich nicht erstrecken auf Willenserklärungen, die auf Eingehung einer Ehe oder Begründung einer Lebenspartnerschaft gerichtet sind, auf Verfügungen von Todes wegen und auf Willenserklärungen, zu denen ein beschränkt Geschäftsfähiger nach den Vorschriften des Buches vier und fünf nicht der Zustimmung seines gesetzlichen Vertreters bedarf.

(3) [1] Ist ein Einwilligungsvorbehalt angeordnet, so bedarf der Betreute dennoch nicht der Einwilligung seines Betreuers, wenn die Willenserklärung dem Betreuten lediglich einen rechtlichen Vorteil bringt. [2] Soweit das Gericht nichts anderes anordnet, gilt dies auch, wenn die Willenserklärung eine geringfügige Angelegenheit des täglichen Lebens betrifft.

(4) § 1901 Abs. 5 gilt entsprechend.

Schrifttum: *Cypionka*, Die Auswirkungen des Betreuungsgesetzes auf die Praxis des Notars, DNotZ 1991, 571; *Dodegge*, Selbstbestimmung trotz Einwilligungsvorbehalt, FuR 2008; *Franzen*, Rechtsgeschäfte erwachsener Geschäftsunfähiger nach § 105a BGB, JR 2004, 221; *Hahn*, Die Auswirkungen des Betreuungsrechts auf das Erbrecht, FamRZ 1991, 571; *Jurgeleit*, Der geschäftsfähige Betreute unter Einwilligungsvorbehalt, Rpfleger 1995, 282; *Klüsener/Rausch*, Praktische Probleme bei der Umsetzung des neuen Betreuungsrechts, NJW 1993, 617; *V. Lipp*, Freiheit und Fürsorge: Der Mensch als Rechtsperson, 2000, insbes. S. 89 ff.; *Löhnig/Schärtl*, Zur Dogmatik des § 105a BGB, AcP 204 (2004), 25; *B. Mitko*, Der Einwilligungsvorbehalt, Regensburger Jur. Diss., 1993; *Prinz von Sachsen Gessaphe*, Der Betreuer als gesetzlicher Vertreter für eingeschränkt Selbstbestimmungsfähige, 1999, insbes. S. 434 ff.; *Schreieder*, Ist § 1903 eine Spezialvorschrift zu § 105 BGB?, BtPrax 1996, 96.

Übersicht

	Rn.		Rn.

I. Normzweck, Textgeschichte 1–3
1. Grundsatz 1
2. Ausschluss des Einwilligungsvorbehalts (Abs. 2) 2
3. Anwendung von Regeln des Minderjährigenrechts (Abs. 1 S. 2) 3

II. Voraussetzungen des Einwilligungsvorbehalts (Abs. 1 S. 1) 4–21
1. Übersicht 4
2. Bestellung eines Betreuers 5
3. Einschränkung der Selbstbestimmung .. 6–8
   a) Grundsatz 6
   b) Bezug 7
   c) Körperlich Behinderte 8
4. Abwendung erheblicher Gefahr für Person oder Vermögen des Betreuten 9–13
   a) Die abzuwendende Gefahr 9
   b) Ungenügende Gefahren 10
   c) Innerer Zusammenhang 11
   d) Konkrete Äußerung zur Gefahr 12
   e) Drittinteressen 13
5. Erforderlichkeit 14–18
   a) Eignung 14
   b) Erforderlichkeit 15
   c) Beschränkung des Einwilligungsvorbehalts 16
   d) Geschäftsunfähigkeit als Hindernis? . 17, 18
6. Gegenstand des Einwilligungsvorbehalts 19, 20
   a) Willenserklärungen und geschäftsähnliche Handlungen 19
   b) Aufenthaltsbestimmung 20
7. Entscheidung von Amts wegen 21

III. Willenserklärungen, die keinem Einwilligungsvorbehalt unterliegen können (Abs. 2) 22–25
1. Bedeutung 22
2. Die betroffenen Erklärungen 23
3. Sonstige Erklärungen, bei denen kein Einwilligungsvorbehalt statthaft ist 24
4. Prozesshandlungen insbesondere 25

IV. Entscheidung und Verfahren 26–40
1. Allgemeines 26
2. Zuständigkeit 27
3. Verfahrensfähigkeit, Verfahrenspfleger .. 28
4. Zum Verfahrensablauf im Allgemeinen . 29

5. Anhörung des Betroffenen 30
6. Sachverständigengutachten 31
7. Anhörungen Dritter 32
8. Die Entscheidung, ihre Bekanntmachung und ihre Wirksamkeit 33–36
   a) Inhalt, Zeitpunkt 33
   b) Bekanntmachung 34
   c) Mitteilungen 35
   d) Inhalt der Urkunde 36
9. Einstweilige Anordnung 37
10 Rechtsbehelfe 38–40
   a) Beschwerde 38
   b) Beschwerdeberechtigung 39
   c) Verlängerung des Einwilligungsvorbehalts 40

V. Weitere Entscheidungen im Hinblick auf den Einwilligungsvorbehalt (Übersicht) 41, 42
1. Verlängerung des Einwilligungsvorbehalts 41
2. Sonstige Entscheidungen 42

VI. Die Wirkungen des Einwilligungsvorbehalts für die Teilnahme am Rechtsverkehr (Abs. 1 S. 2, Abs. 3) 43–60
1. Anwendung der Regeln über Rechtsgeschäfte Minderjähriger 43
2. Einwilligungsfreie Geschäfte (Abs. 3) ... 44–51
   a) Rechtlicher Vorteil 44
   b) Geringfügige Angelegenheit des täglichen Lebens 45
   c) Einzelheiten 46–51
3. Die Zustimmung des Betreuers 52–58
   a) Geltung der §§ 108 ff., 182 ff 52
   b) Genehmigungsbedürftige Geschäfte . 53
   c) Taschengeldparagraph 54
   d) Fehlende Einwilligung 55, 56
   e) Geschäftsunfähigkeit 57
   f) §§ 112, 113 58
4. Das Verhältnis des § 1903 zu §§ 105, 105 a 59, 60
   a) § 105 59
   b) § 105a 60

VII. Weitere Wirkungen des Einwilligungsvorbehalts 61–63
1. Verfahrensfähigkeit 61
2. Namensänderung 62
3. Gesellschaftsrecht 63

I. Normzweck, Textgeschichte

1. Grundsatz. Die Bestellung eines Betreuers hat für sich gesehen keinen Einfluss auf die rechtliche Handlungsfähigkeit des Betreuten. Dieser ist geschäftsfähig, wenn nicht die Voraussetzungen der „natürlichen Geschäftsunfähigkeit" (§ 104 Nr. 2) vorliegen. Das Rechtsinstitut des Einwilligungsvorbehalts ermöglicht es, die Teilnahme eines geschäftsfähigen Betreuten am Rechtsverkehr in der Weise zu beschränken, dass er der Zustimmung seines Betreuers bedarf.[1] Nicht hingegen ist es Sinn

---

[1] Bedenkenswerte rechtspolitische Kritik an dem Rechtsinstitut des Einwilligungsvorbehalts bei *Prinz von Sachsen Gessaphe* S. 434 ff., 450, 453 ff.

des § 1903, die Pflichtenlage des Betreuers im Innenverhältnis zu verändern.² Der Betreuer ist auch im Bereich des Einwilligungsvorbehalts verpflichtet, den Wünschen des Betreuten zu entsprechen, soweit sie nicht dessen Wohl zuwider oder dem Betreuer unzumutbar sind (§ 1901 Abs. 3). Willenserklärungen bezüglich geringfügiger Angelegenheiten des täglichen Lebens sollen in der Regel vom Einwilligungsvorbehalt nicht betroffen sein (Abs. 3 S. 2).

2 **2. Ausschluss des Einwilligungsvorbehalts (Abs. 2).** Bei einer Reihe von Erklärungen, die höchstpersönliche Angelegenheiten betreffen, ist die Anordnung eines Einwilligungsvorbehalts ausgeschlossen. Ein Teil davon ist in Abs. 2 genannt. Der Text dieses Absatzes ist erweitert durch das „Gesetz zur Beendigung der Diskriminierung gleichgeschlechtlicher Gemeinschaften: Lebenspartnerschaften" vom 26. 2. 2001 (BGBl. I S. 266).

3 **3. Anwendung von Regeln des Minderjährigenrechts (Abs. 1 S. 2).** Der Einwilligungsvorbehalt schafft eine ähnliche Lage, wie sie bei beschränkter Geschäftsfähigkeit besteht: Der Betroffene vermag rechtsgeschäftlich zu handeln, ist aber grundsätzlich an die Zustimmung seines gesetzlichen Vertreters gebunden. Soweit der Einwilligungsvorbehalt reicht, sind daher die §§ 108 bis 113, 131 Abs. 2 und 210³ entsprechend anzuwenden (§ 1903 Abs. 1 S. 2). Im Unterschied zur beschränkten Geschäftsfähigkeit ist der Einwilligungsvorbehalt aber gewöhnlich auf einen bestimmten Geschäftskreis eingeschränkt. Daher schafft der Vorbehalt auch keinen der Person anhaftenden „Status" beschränkter Geschäftsfähigkeit. Die Rechtsvorschriften, welche die „beschränkte Geschäftsfähigkeit" einer Person zur Voraussetzung von Rechtswirkungen machen, sind grundsätzlich auf Betreute nicht anzuwenden; diese Vorschriften betreffen nach Inkrafttreten des Betreuungsrechts nurmehr die beschränkt geschäftsfähigen Minderjährigen, soweit nicht das Betreuungsrecht auf sie verweist oder ihr Schutzzweck die Anwendung auch auf unter Einwilligungsvorbehalt stehende Betreute gebietet (zB bei §§ 165, 179 Abs. 3 S. 2).

II. Voraussetzungen des Einwilligungsvorbehalts (Abs. 1 S. 1)

4 **1. Übersicht.** Die Anordnung eines Einwilligungsvorbehalts ist nur unter folgenden Voraussetzungen zulässig:
a) Es muss ein Betreuer für den Kreis der betroffenen Angelegenheiten bestellt sein.
b) Der Betreute muss in diesem Bereich außerstande sein, selbstverantwortlich zu handeln.
c) Daraus muss eine erhebliche Gefahr für Person oder Vermögen des Betreuten resultieren.
d) Die Anordnung des Einwilligungsvorbehalts muss geeignet und erforderlich sein, diese erhebliche Gefahr abzuwenden.

5 **2. Bestellung eines Betreuers.** Ein Einwilligungsvorbehalt kann nur angeordnet werden, wenn vorher oder gleichzeitig ein Betreuer für den entsprechenden Geschäftskreis bestellt ist.⁴ Das ergibt sich nicht nur aus dem Wortlaut, sondern auch aus dem notwendigen Vorhandensein eines gesetzlichen Vertreters, ohne den die §§ 108 ff. nicht angewendet werden können. Ein Betreuer darf andererseits nur bestellt werden, wenn dies erforderlich ist – es findet also eine zweistufige Erforderlichkeitsprüfung statt.⁵ Betreuerbestellung und Anordnung des Einwilligungsvorbehalts können in einem einheitlichen Verfahren erfolgen; die Bestellung des Betreuers muss spätestens in dem Augenblick wirksam sein, in dem auch die Wirksamkeit der Anordnung des Einwilligungsvorbehalts eintritt.⁶ Der von Einwilligungsvorbehalt umfasste Geschäftskreis kann identisch mit dem Aufgabenkreis des Betreuers sein oder sich infolge des Erforderlichkeitsgrundsatzes nur auf einen Teil dieses Aufgabenkreises beschränken.⁷ Keinesfalls kann der Einwilligungsvorbehalt gegenständlich über den Aufgabenkreis des Betreuers hinausgehen. Die Anordnung eines Einwilligungsvorbehalts für eine Angelegenheit, die nicht in den Aufgabenkreis eines Betreuers fällt, ist mE unwirksam.⁸ Das Bestehen eines Einwilligungsvorbehalts ohne Vorhandensein eines Betreuers ist – als vorübergehender Zustand – nur bei Tod und Entlassung eines Betreuers denkbar (s. § 1908c Rn. 17).

6 **3. Einschränkung der Selbstbestimmung. a) Grundsatz.** Die Anordnung eines Einwilligungsvorbehalts setzt voraus, dass der Betroffene wegen einer psychischen Krankheit oder einer

---
² Zutreffend HK-BUR/*Bauer* Rn. 39.
³ Durch das Schuldrechtsmodernisierungsgesetz vom 26. 11. 2001 (BGBl. I 3138) wurde die Verweisung auf das Verjährungsrecht geändert (nunmehr auf § 210 statt auf § 206).
⁴ BT-Drucks. 11/4528 S. 138. Siehe auch BayObLG FamRZ 1995, 1517, 1518; BayObLG FamRZ 2004, 1814.
⁵ Vgl. BayObLG FamRZ 2004, 1814, 1815.
⁶ BT-Drucks. 11/4528 S. 138.
⁷ BT-Drucks. 11/4528 S. 63, 136.
⁸ So auch HK-BUR/*Bauer* Rn. 19; *Knittel* Rn. 5.

geistigen oder seelischen Behinderung in seiner Selbstbestimmung wesentlich eingeschränkt ist;[9] insofern ergibt sich ein enger Zusammenhang mit den allgemeinen Betreuungsvoraussetzungen mit dem Unterschied, dass für bloß körperlich Behinderte ein Einwilligungsvorbehalt ausscheidet. Nach der Rechtsprechung muss der Betreute auf Grund seiner psychischen Erkrankung außerstande sein, in dem betreffenden Bereich seinen Willen frei zu bestimmen.[10] Wie dieses Unvermögen sich zum Begriff der Geschäftsunfähigkeit im Sinne des § 104 Nr. 2 verhält, bleibt offen.[11] Leichtere seelische Erkrankungen, bei denen keine Gefahr gravierender Selbstschädigung gegeben ist, gehören nicht hierher.[12]

b) Bezug. Das Unvermögen zur freien Willensbestimmung muss sich gerade **auf dem Lebensgebiet** ergeben, für das der Einwilligungsvorbehalt angeordnet werden soll. Zur Frage des Unvermögens der freien Willensbestimmung müssen sich sowohl das Sachverständigengutachten als auch der Gerichtsbeschluss konkret äußern.[13]

c) Körperlich Behinderte. Für Personen, die ausschließlich wegen körperlicher Behinderung einen Betreuer haben, ist die Anordnung eines Einwilligungsvorbehalts schlechthin unzulässig.[14] Kann der körperlich Behinderte seinen Willen nicht kundtun, so ist er ohnehin außerstande, Willenserklärungen abzugeben. Auch in den übrigen Fällen besteht für eine Beschränkung der rechtsgeschäftlichen Bewegungsfreiheit kein Anlass.

4. Abwendung erheblicher Gefahr für Person oder Vermögen des Betreuten. a) Die abzuwendende Gefahr. Die Anordnung des Einwilligungsvorbehalts muss erforderlich sein, um eine erhebliche Gefahr für die Person oder das Vermögen des Betreuten abzuwenden. Es muss eine **Selbstschädigung an persönlichen oder wirtschaftlichen Gütern** drohen, die durch den Einwilligungsvorbehalt abgewendet werden kann. Die drohende Selbstschädigung muss nach Art des Rechtsguts und nach dem Grad der Beeinträchtigung **gewichtig** sein, dh. sich insgesamt gesehen als wesentliche Beeinträchtigung des Wohls des Betreuten in seiner konkreten Lebenssituation darstellen. In Betracht kommen: Gefährdung des Lebens, der Gesundheit, anderer wichtiger Persönlichkeitsgüter, Gefährdung des Vermögens, soweit es der Betreute für seinen weiteren Lebensunterhalt und die Erfüllung seiner Verpflichtungen benötigt. Die Anordnung eines Einwilligungsvorbehalts kann zB erforderlich sein, wenn der Betroffene eine schuldrechtliche Verpflichtung ohne Gegenleistung (Schuldanerkenntnis) eingehen will[15] oder sich sonst finanziell zu ruinieren droht. Es genügt auch Gefährdung der rechtsgeschäftlichen Entschließungsfreiheit, wenn ein geistig Behinderter oder psychisch Kranker durch versierte Geschäftspartner häufig übervorteilt zu werden droht und daher des schützenden Beistandes bedarf. Die Gefahr für das Vermögen des Betreuten kann sich auch daraus ergeben, dass er sein umfangreiches Vermögen, das aus Grundstücken und einem Betrieb besteht, nicht überblicken und verwalten kann.[16] Auch die massenhafte Führung sinnloser Rechtsstreitigkeiten kann das Vermögen des Betroffenen gefährden, sodass ein Einwilligungsvorbehalt „für Behördenangelegenheiten und gerichtliche Auseinandersetzungen" erforderlich sein kann.[17]

b) Ungenügende Gefahren. Nicht genügt die Gefahr bloß geringfügiger Vermögensschäden.[18] Für den Einwilligungsvorbehalt in Angelegenheiten der Vermögensverwaltung reicht es auch nicht aus, wenn der Betreute innerhalb eines vertretbaren Rahmens von der Substanz seines Vermögens lebt; hier sind die legitimen Selbstbestimmungsinteressen (§ 1901) und die Gefahr gravierender

---

[9] BT-Drucks. 11/4528 S. 138.
[10] BayObLG FamRZ 1993, 851; 1993, 852; 1994, 1135; 1994, 1551, 1552; 1995, 1296, 1297; 1995, 1518, 1519; 1996, 897; 1996, 1370, 1371; 1997, 902, 903; BayObLG NJWE-FER 1998, 273; 1999, 681; OLG Zweibrücken FamRZ 2004, 1897; dieser Linie folgend HK-BUR/*Bauer* Rn. 65.
[11] BayObLG FamRZ 1994, 1135; 1996, 1370, 1371; 1997, 902, 903. Von Geschäftunfähigkeit ist aber in BayObLG FamRZ 1995, 1518, 1519 die Rede. Ein gestuftes Modell für die Eingriffsschwelle entwickelt *Prinz von Sachsen Gessaphe* S. 434 ff.; im Kern soll es auf eine *besondere Krankheitsdisposition* ankommen, die den Betreuten besonders gefährdet, sich durch eigenes rechtsgeschäftliches Handeln erheblich selbst zu schädigen (aaO S. 479). Nach *Lipp* S. 241 ist der Einwilligungsvorbehalt erforderlich, wenn die vorbeugende Kontrolle des Betreuers nicht schon auf freiwilliger Basis erfolgt, sondern rechtlich erzwungen werden muss
[12] S. BT-Drucks. 11/4528 S. 137. BT-Drucks. 11/4528 S. 137 spricht davon, dass bei leichteren Fällen psychischer Krankheiten oder geistiger oder seelischer Behinderungen, in denen keine Gefahr der Selbstschädigung durch unvernünftige Willenserklärungen bestehe, ein Einwilligungsvorbehalt nicht nötig sei. Das ist richtig. Man fragt sich aber, ob in solchem Fall überhaupt ein Betreuer als gesetzlicher Vertreter erforderlich ist.
[13] Zu den Anforderungen an die gerichtliche Entscheidung BayObLG FamRZ 1993, 442, 443.
[14] S. BT-Drucks. 11/4528 S. 137.
[15] Vgl. BayObLG FamRZ 2000, 1327.
[16] BayObLG FamRZ 1995, 1518, 1519.
[17] KG FamRZ 2007, 1127; zurückhaltend OLG Schleswig FamRZ 2005, 1196.
[18] BT-Drucks. 11/4528 S. 136. Vgl. LG Köln FamRZ 1992, 856; LG Marburg FamRZ 2005, 549, 550.

Selbstschädigung gegeneinander abzuwägen, eine gewiss nicht leichte Aufgabe.[19] Jedenfalls dient der Einwilligungsvorbehalt nicht dem Ziel, den Betreuten entgegen seinen Wünschen vom Genuss seiner Einkünfte und seines Vermögens auszuschließen; er soll seinen gewohnten Lebenszuschnitt beibehalten können,[20] soweit dies nach den Verhältnissen vertretbar ist.[21] Andererseits kann die Erforderlichkeit eines Einwilligungsvorbehalts nicht mit dem Argument verneint werden, ein vermögensloser Betreuter schädige sich nicht selbst, wenn er Schulden mache, da er diese voraussichtlich ohnehin nicht zahlen könne.[22] Diese Auffassung erscheint schon deshalb als unhaltbar, weil eine Prognose über die künftige Entwicklung von Vermögensverhältnissen nicht sicher möglich ist, man denke nur an Erbfälle. Die Beschränkung einer Person auf das pfändungsfreie Einkommen auf unabsehbare Zeit als Folge einer Überschuldung kann sehr wohl eine bedrückende Lebenssituation zur Folge haben.[23] Untauglich ist der Einwilligungsvorbehalt als Disziplinierungsinstrument bei bloßen Meinungsverschiedenheiten zwischen Betreuer und Betreutem.[24]

11 c) **Innerer Zusammenhang.** Zwischen der Krankheit oder Behinderung und der durch den Einwilligungsvorbehalt abzuwendenden Gefahr muss ferner ein **innerer Zusammenhang** bestehen. Die erhebliche Gefahr für Person oder Vermögen muss aus einer psychischen Krankheit oder geistigen oder seelischen Behinderung resultieren.

12 d) **Konkrete Äußerung zur Gefahr.** Auch zu Art und Umfang der dem Betreuten drohenden Gefahr müssen sich Sachverständigengutachten und Gerichtsbeschluss **konkret** äußern.[25] Es genügt nicht die hypothetische Besorgnis einer schädigenden Teilnahme am Geschäftsverkehr; vielmehr muss es sich um eine erhebliche Gefahr handeln, deren Eintritt in der real gegebenen Situation zu besorgen ist.[26]

13 e) **Drittinteressen.** Interessen Dritter sollen durch Anordnung eines Einwilligungsvorbehalts **nicht** geschützt werden.[27] Deshalb kann die Anordnung nicht mit dem Anliegen der Familienangehörigen begründet werden, das „Familienvermögen" zu erhalten.[28] Auch das Interesse von Gläubigern daran, dass das vollstreckungsfähige Vermögen nicht durch willkürliche Maßnahmen vermindert wird, liegt nicht im Zweckbereich des Einwilligungsvorbehalts. „Verschwendung"[29] bildet für sich gesehen keinen Grund für die Anordnung eines Einwilligungsvorbehalts, da jedermann grundsätzlich Dispositionsfreiheit über sein Vermögen genießt. Die Verschwendung von Vermögenswerten kann nur unter dem Gesichtspunkt der Selbstgefährdung relevant werden.

14 5. **Erforderlichkeit. a) Eignung.** Der Einwilligungsvorbehalt muss erforderlich sein, um die genannten Gefahren abzuwenden. Das setzt zunächst seine Eignung dazu voraus.[30] Der Einwilligungsvorbehalt nützt nur gegen die Gefahren, die aus unkontrolliertem *rechtsgeschäftlichem* Handeln des Betreuten drohen, nicht gegen die Risiken deliktischen Handelns, ebenso nicht gegen die Gefahren von Seiten Dritter, die dem Betreuten ohne seine Beteiligung an Rechtsgeschäften drohen. Auch kann durch einen Einwilligungsvorbehalt nicht der Gefahr unzureichender Ernährung begegnet werden, die sich auf Grund des Sparzwangs des Betreuten ergibt.[31]

15 b) **Erforderlichkeit.** Erforderlichkeit bedeutet zunächst, dass keine weniger gravierenden Maßnahmen (zB Beratung, Hilfe bei der Vermögensverwaltung) zur Gefahrenabwehr ausreichen. Sie setzt auch voraus, dass der Betreute überhaupt Gelegenheit hat, sich auf dem betreffenden Gebiet

---

[19] Vgl. den Fall BayObLG FamRZ 1993, 851, 852 (die Betreute aß öfters außer Haus und übernachtete einmal im Monat in einem Hotel, um Ruhe zu haben).
[20] BayObLG FamRZ 1993, 851, 852.
[21] Anders zB, wenn der Betreute Schulden für diese Zwecke macht, ohne sein Vermögen überblicken zu können, BayObLG FamRZ 1993, 851, 852.
[22] BayObLG FamRZ 1997, 902, 904.
[23] In diesem Zusammenhang wird gesagt, der Einwilligungsvorbehalt könne dem Zweck dienen, den Betreuten vor dem „Absinken ins soziale Abseits" zu bewahren (*Staudinger/Bienwald* § 1903 Rn. 27; dem folgend BayObLG FamRZ 1997, 902, 904). Ähnlich *Knittel* § 1903 Rn. 10.
[24] Zu diesem Aspekt *Prinz von Sachsen Gessaphe* S. 461.
[25] S. BayObLG FamRZ 1993, 442, 443; 1995, 1517, 1518 (Umfang).
[26] In diesem Sinne LG Köln FamRZ 1992, 856; LG Marburg FamRZ 2005, 549, 550.
[27] BT-Drucks. 11/4528 S. 136. *Prinz von Sachsen Gessaphe* S. 462.
[28] Konzeptionell anders *Erman/Holzhauer*, 11. Aufl., Rn. 10 („transpersonaler Sinn von Privatvermögen"); wie hier *Erman/Roth* Rn. 11.
[29] Die Verschwendung war Entmündigungsgrund nach §§ 6 Abs. 1 Nr. 2, 114 aF; zur Nichtberücksichtigung im neuen Recht siehe BT-Drucks. 11/4528 S. 62, 116. Zum Verschwendungsbegriff *Schwab*, FS Kanzleiter, 2010, S. 365, 374.
[30] Vgl. OLG Schleswig FamRZ 2005, 1196 (Verursachung sinnloser Gerichtskosten).
[31] BayObLG FamRZ 2000, 1523, 1524; LG München I FamRZ 1999, 1303.

durch Rechtsgeschäfte zu schädigen. Das ist nach der Gesetzesbegründung zu verneinen, wenn die Krankheit oder Behinderung so offenkundig ist, dass der Rechtsverkehr die Willenserklärungen des Betreuten ohnehin nicht akzeptiert;[32] ferner wenn nach Art der Krankheit oder Behinderung überhaupt der Antrieb fehlt, durch Willenserklärungen am Rechtsverkehr teilzunehmen.[33] Bei solchen Aussagen ist Vorsicht am Platze. Der Betreute kann ja auch durch Dritte zu einem schädlichen Rechtsgeschäft verleitet werden; ferner geht es nicht nur um **Willenserklärungen**, die der Betreute abgibt, sondern auch um solche, **die an den Betreuten gerichtet werden** (Empfangszuständigkeit, § 131 Abs. 2 iVm. § 1903 Abs. 1 S. 2).[34] Die Erforderlichkeit ist nach der konkreten Lebenssituation des Betroffenen zu beurteilen. Sie kann auch bedeuten, dass der vom Einwilligungsvorbehalt betroffene Geschäftsbereich enger zu ziehen ist als der Aufgabenkreis des Betreuers. Sind dem Betreuer **mehrere Aufgabenkreise** übertragen, für die sämtlich ein Einwilligungsvorbehalt angeordnet werden soll, so muss der Tatrichter die Erforderlichkeit für jeden Aufgabenkreis darlegen.[35]

c) Beschränkung des Einwilligungsvorbehalts. Der Grundsatz der Erforderlichkeit bedeutet auch, dass der Einwilligungsvorbehalt je nach den Umständen auf ein einzelnes Objekt beschränkt werden kann (zB Sanierung und Verwaltung eines Hauses).[36] Bei der Frage, ob eine solche Eingrenzung *geboten* ist, muss allerdings berücksichtigt werden, wie wahrscheinlich es ist, dass der Einwilligungsvorbehalt in absehbarer Zeit auch für andere Angelegenheiten der gleichen Art erforderlich werden wird; denn häufige Betreuungsverfahren können ihrerseits dem Wohl des Betreuten zuwiderlaufen. Eine Beschränkung des Einwilligungsvorbehalts ist auch in der Form möglich, dass er sich – über die Möglichkeiten des Abs. 3 S. 2 hinaus – auf Rechtsgeschäfte ab einer bestehenden Werthöhe beschränkt, zB auf Verpflichtungen, die mehr als 200 Euro zum Gegenstand haben.[37] Wird der einwilligungsfreie Bereich mit einer Höchstsumme umschrieben, so sind damit in der Regel nur Bargeschäfte gemeint, keinesfalls aber die Eingehung von Dauerschuldverhältnissen.[38] Der Grundsatz der Erforderlichkeit kann – bei Beschränkung des Einwilligungsvorbehalts auf einzelne Vorhaben – auch besagen, dass sich das Gericht im Einzelfall schon vor Ablauf der generellen Überprüfungsfrist darüber informieren muss, ob das Vorhaben (zB die Sanierungsmaßnahme eines Hauses) vollendet ist.[39] 16

d) Geschäftsunfähigkeit als Hindernis? aa) Das Problem der Erforderlichkeit. Da § 104 Nr. 2 unverändert gilt, scheint der Einwilligungsvorbehalt gegenstandslos zu sein, wenn er für einen Geschäftsunfähigen angeordnet wird. Dieser kann keinerlei Willenserklärung wirksam abgeben (§ 105 Abs. 1), also auch nicht mit Einwilligung des Betreuers. Man könnte daraus schließen, für einen Geschäftsunfähigen sei die Anordnung des Einwilligungsvorbehalts nicht erforderlich; da die Erforderlichkeit positiv formulierte Voraussetzung ist, sei vor Anordnung eines Vorbehalts stets festzustellen, dass der Betroffene *nicht geschäftsunfähig* ist.[40] 17

bb) Klarstellungsfunktion des Einwilligungsvorbehalts. Dieser Auffassung ist nicht zu folgen. Die Grenze zwischen Geschäftsunfähigkeit und einem Befund, in dem zwar keine Geschäftsunfähigkeit konstatiert wird, aber gleichwohl eine Beschränkung der Handlungsfähigkeit erforderlich erscheint, ist außerordentlich subtil und unsicherer als je zuvor. Die Unsicherheiten werden durch Anerkennung einer partiellen, dh. auf bestimmte Geschäftsbereiche beschränkten Geschäftsunfähigkeit vermehrt. Gerade weil diese Unsicherheiten bestehen, ist die Anordnung eines Einwilligungsvorbehalts auch bei Personen, die (möglicherweise) geschäftsunfähig sind, durchaus sinnvoll:[41] Der Einwilligungsvorbehalt stellt klar, dass der Betroffene jedenfalls und unabhängig von seinem augenblicklichen Befinden keine wirksame Erklärung ohne Zustimmung des Betreuers abgeben oder empfangen kann. Im Streitfall verbessert der Einwilligungsvorbehalt die Beweislage des Betreuten, der sich auf die Unwirksamkeit seiner Erklärung beruft.[42] Die Anordnung des Einwilligungs- 18

---

[32] BT-Drucks. 11/4528 S. 137.
[33] BT-Drucks. 11/4528 S. 137. So auch OLG Zweibrücken FamRZ 1999, 1171, 1172.
[34] Zutreffend auch *Knittel* Rn. 13; *Lipp* S. 91.
[35] BayObLG FamRZ 2003, 476.
[36] BayObLG FamRZ 1995, 1517, 1518; s. a. OLG Brandenburg FamRZ 2007, 1127 (Dauerschuldverhältnisse, Ratengeschäfte).
[37] BayObLG FamRZ 1994, 1135 (unter Auseinandersetzung mit den Bedenken aus dem Aspekt der Rechtssicherheit); BayObLG FamRZ 1995, 517, 518.
[38] LG Trier BtPrax 2004, 78 (Mobilfunkvetrag).
[39] BayObLG FamRZ 1995, 1517, 1518; das Gericht stützt dies auf den Grundsatz der Verhältnismäßigkeit.
[40] So *Zimmermann* FamRZ 1991, 270, 277; dazu auch *Schwab*, FS Mikat, 1989, S. 894.
[41] So auch BT-Drucks. 11/4528 S. 147; BayObLG FamRZ 2000, 567, 568; 1994, 1135; 1995, 1518, 1519; vgl. auch OLG Düsseldorf FamRZ 1993, 1224, 1225; HK-BUR/*Bauer* Rn. 67; *Knittel* Rn. 14; *Soergel/Zimmermann* Rn. 13; *Erman/Roth* Rn. 3, 13; *Prinz von Sachsen Gessaphe* S. 471 f.
[42] BT-Drucks. 11/4528 S. 137.

§ 1903   19–22   Abschnitt 3. Titel 2. Rechtliche Betreuung

vorbehalts setzt also keineswegs voraus, dass der in § 104 Nr. 2 beschriebene Befund auszuschließen ist; und selbst dann, wenn das Sachverständigengutachten diese Feststellung trifft, ist das Gericht an einer solchen Anordnung nicht gehindert, wenn dadurch eine Selbstschädigung des Betreuten zuverlässiger ausgeschlossen werden kann.

19 **6. Gegenstand des Einwilligungsvorbehalts. a) Willenserklärungen und geschäftsähnliche Handlungen.** Der Einwilligungsvorbehalt bezieht sich nach dem Wortlaut des Gesetzes auf Willenserklärungen, dh. Erklärungen, durch die eine Rechtswirkung deshalb eintritt, weil sie gewollt ist. Dieser Bezug ist insofern zu eng, als vom Einwilligungsvorbehalt auch geschäftsähnliche Handlungen umfasst werden, die zwar auch einen Willen kundtun, bei denen aber die Rechtswirkungen ohne Rücksicht darauf eintreten, ob sie gewollt sind oder nicht (zB Mahnung, Fristsetzung mit Ablehnungsandrohung).[43] Es hätte keinen Sinn, zB für die Vermögensverwaltung einen Einwilligungsvorbehalt anzuordnen, wenn der Betreute dann gleichwohl durch geschäftsähnliche Handlungen auf die Rechtslage des Vermögens ohne Mitwirkung des Betreuers Einfluss nehmen könnte.

20 **b) Aufenthaltsbestimmung.** Probleme ergeben sich aus der Vorstellung des Gesetzgebers, wonach sich der Einwilligungsvorbehalt auch auf die Aufenthaltsbestimmung soll erstrecken können (§ 309 Abs. 2 FamFG). Die Entscheidung einer Person über ihren eigenen tatsächlichen Aufenthalt ist weder Rechtsgeschäft noch geschäftsähnliche Handlung, ein darauf bezogener Einwilligungsvorbehalt daher sinnlos. Der die Aufenthaltsbestimmung umschließende Einwilligungsvorbehalt kann daher sich nur auf Willenserklärungen beziehen, mit deren Hilfe ein Aufenthaltswechsel ins Werk gesetzt werden kann[44] (Änderung des Wohnsitzes,[45] Kündigung der bisherigen Wohnung oder des Heimvertrags;[46] Anmietung einer neuen Wohnung, etc.). Darüber hinaus stellt die Einwilligung in die freiheitsentziehende Unterbringung oder andere freiheitsentziehende Maßnahmen eine Willenserklärung oder zumindest eine geschäftsähnliche Handlung dar (dazu Erl. zu § 1906 Rn. 6); auch hierauf könnte sich der Einwilligungsvorbehalt beziehen, doch scheidet diese Möglichkeit im Hinblick auf den höchstpersönlichen Charakter dieser Erklärungen aus.

21 **7. Entscheidung von Amts wegen.** Die Entscheidung erfolgt von Amts wegen, auch der Betroffene selbst, sein Betreuer wie Dritte können nur Anregungen an das Gericht herantragen.[47] Der Betreuer ist verpflichtet, dem Gericht Umstände mitzuteilen, welche die Anordnung eines Einwilligungsvorbehalts erfordern (§ 1903 Abs. 4 iVm. § 1901 Abs. 5 S. 2).[48] Die Anordnung eines Einwilligungsvorbehalts erfolgt auch dann nicht auf Antrag, wenn die Bestellung des Betreuers selbst auf den Antrag des Betroffenen zurückgeht. Betreute, die einen Betreuer auf ihren Antrag hin erhalten haben, können die Anordnung des Einwilligungsvorbehalts dadurch zu verhindern suchen, dass sie gemäß § 1908d Abs. 2 die Aufhebung der Betreuung beantragen. Doch wird das Gericht diesen Antrag ablehnen, wenn die Betreuung von Amts wegen erforderlich ist; mit dieser Ablehnung kann dann auch die Anordnung eines Einwilligungsvorbehalts verbunden werden.

III. Willenserklärungen, die keinem Einwilligungsvorbehalt unterliegen können (Abs. 2)

22 **1. Bedeutung.** Gewisse höchstpersönliche Willenserklärungen können nach § 1903 Abs. 2 vom Einwilligungsvorbehalt nicht erfasst werden. Es sind dies Willenserklärungen, die auf Eingehung einer Ehe oder die Begründung einer eingetragenen Lebenspartnerschaft gerichtet sind, Verfügungen von Todes wegen sowie alle Willenserklärungen, zu denen ein beschränkt Geschäftsfähiger nach den Vorschriften des Vierten und Fünften Buches des BGB nicht der Zustimmung seines gesetzlichen Vertreters bedarf. Genauer betrachtet erstreckt sich bereits die gesetzliche Vertretungsmacht des Betreuers nicht auf diese Erklärungen: Der Betreuer kann weder zustimmen noch selbst im Namen des Betreuten handeln. Das bedeutet: Die genannten Willenserklärungen kann ausschließlich der Betreute selbst abgeben. Sie sind wirksam, wenn er nicht geschäftsunfähig ist; im Falle seiner Geschäftsunfähigkeit sind sie unheilbar nichtig (§ 105 Abs. 1) oder gegenstandslos. Ist der Einwilligungsvorbehalt so allgemein formuliert, dass eine der in § 1903 Abs. 2 genannten Erklärungen davon

---

[43] Enger OLG Hamm FamRZ 1995, 433, 435 (nur Willenserklärungen).
[44] HK-BUR/*Bauer* Rn. 35; *Erman/Roth* Rn. 38. Zu schroff mE die Aussage, der Einwilligungsvorbehalt *könne* sich nicht auf die Aufenthaltsbestimmung beziehen (zB *Soergel/Zimmermann* Rn. 27); es geht nur darum, den Bezugspunkt richtig zu verstehen. Differenziert zum Problem *Knittel* Rn. 7 a.
[45] Dazu BayObLG FamRZ 1992, 1222; OLG Hamm FamRZ 1995, 433, 435.
[46] BayObLG FamRZ 1993, 852 (Kündigung des Heimvertrages); zu eng in dieser Frage LG Köln FamRZ 1992, 857, 858.
[47] BT-Drucks. 11/4528 S. 137.
[48] Siehe zur Absatzzählung unten Fn. 49.

umfasst sein könnte („Personensorge"), so scheiden sie gleichwohl aus dem Kreis der einwilligungsbedürftigen Geschäfte aus. Nennt die Umschreibung des Einwilligungsvorbehalts ausdrücklich eine der in § 1903 Abs. 2 genannten Erklärungen, so ist die gerichtliche Anordnung insoweit unwirksam.

2. Die betroffenen Erklärungen. Die vom Ausschluss des § 1903 Abs. 2 betroffenen Rechtsgeschäfte sind an anderer Stelle erläutert (§ 1902 Rn. 24 ff.); die wichtigsten seien hier im Überblick genannt: 23
- Willenserklärung, die auf Eingehung einer Ehe oder Lebenspartnerschaft gerichtet ist;
- Verfügungen von Todes wegen (siehe § 1902 Rn. 42);
- Antrag auf Aufhebung einer Ehe (§ 1316 Abs. 2 S. 2);
- Zustimmung zu bestimmten Verfügungen des anderen Ehegatten bei fortgesetzter Gütergemeinschaft (§ 1516 Abs. 2 S. 2);
- Anfechtung der Vaterschaft durch Vater oder Mutter (§ 1600a Abs. 2 S. 2; dazu § 1902 Rn. 36);
- Antrag auf Beistandschaft durch die werdende Mutter (§ 1713 Abs. 2 S. 2);
- Einwilligung der Kindeseltern und des Ehegatten des Annehmenden in die Adoption (§ 1750 Abs. 3 S. 2; dazu § 1902 Rn. 39); zum Widerruf der Einwilligung des Kindes vgl. § 1746 Abs. 2 S. 3. Siehe ferner § 1760 Abs. 3 S. 2, Abs. 5 S. 2 (Ausschluss des Rechts, die Aufhebung der Adoption zu verlangen, durch Nachholung der Einwilligung oder wenn der Betreffende zu erkennen gibt, dass das Annahmeverhältnis aufrecht erhalten werden soll); § 1762 Abs. 1 S. 4 (Antrag auf Aufhebung der Adoption);
- erbrechtliche Erklärungen: § 2282 Abs. 1 S. 2 (Anfechtung des Erbvertrags); § 2290 Abs. 2 S. 2 (Aufhebung des Erbvertrags durch den Erblasser); § 2296 Abs. 1 S. 2 (Rücktritt des Erblassers vom Erbvertrag); 2347 Abs. 2 S. 1 (Erklärung des Erblassers bei Erbverzicht; zum Erbverzicht auch § 1902 Rn. 43).

3. Sonstige Erklärungen, bei denen kein Einwilligungsvorbehalt statthaft ist. Für eine Reihe von Erklärungen, die in § 1903 Abs. 2 nicht genannt sind, ist die Anordnung eines Einwilligungsvorbehalts **kraft ihrer Eigenart** unstatthaft. Es sind dies: 24
- Schließung eines Verlöbnisses;
- Antrag auf Adoption durch den Annehmenden (§ 1752; dazu § 1902 Rn. 38);
- Einwilligung in eine ärztliche Untersuchung oder Behandlung (dazu § 1904 Rn. 12);
- Einwilligung in eine Sterilisation (§ 1905 Rn. 2);
- Einwilligung in den Schwangerschaftsabbruch (dazu § 1904 Rn. 29);
- Einwilligung in freiheitsentziehende Maßnahmen (dazu § 1906 Rn. 29 ff.);
- Willenserklärungen, die der Betreute als gesetzlicher Vertreter seiner Kinder abgibt oder empfängt (dazu § 1896 Rn. 110);
- Willenserklärungen in Angelegenheiten des religiösen Bekenntnisses (dazu § 1902 Rn. 26).

4. Prozesshandlungen insbesondere. Streitig ist, ob sich der Einwilligungsvorbehalt auch auf Verfahrenshandlungen wie Klageerhebung beziehen kann.[49] Das ist zu verneinen: Die Regelung des § 1903 bezieht sich auf Rechtsgeschäfte. Ist ein Einwilligungsvorbehalt für einen Umkreis von Rechtsgeschäften angeordnet, dann hat das allerdings *Auswirkungen* auf die Prozessfähigkeit (§ 52 ZPO). 25

IV. Entscheidung und Verfahren

1. Allgemeines. Die Anordnung eines Einwilligungsvorbehalts ist stärker noch als die Bestellung eines Betreuers ein schwerwiegender Eingriff in die Rechtsstellung des Betroffenen. Das Verfahren ist im Großen und Ganzen das Gleiche wie bei der Betreuerbestellung. Auf die Erläuterungen zu § 1896 Rn. 146 ff. wird verwiesen. Einige wichtige Punkte und Besonderheiten sollen hervorgehoben werden. 26

2. Zuständigkeit. Die Entscheidung ist dem Richter vorbehalten, und zwar auch dann, wenn lediglich ein Vollmachtsbetreuer (§ 1896 Abs. 3) amtiert (§ 3 Nr. 2b, § 15 Abs. 1 S. 1 Nr. 4 RPflG). Sachliche und örtliche Zuständigkeit sowie Möglichkeit der Abgabe wie bei Betreuerbestellung (§ 1896 Rn. 142). Internationale Zuständigkeit: § 104 FamFG. 27

3. Verfahrensfähigkeit, Verfahrenspfleger. Der Betroffene ist ohne Rücksicht auf seine Geschäftsfähigkeit verfahrensfähig (§ 275 FamFG). Für die Bestellung eines Verfahrenspflegers gelten die gleichen Regeln wie bei der Betreuerbestellung (§ 276 FamFG). Doch ist bei der Schwere des drohenden Eingriffs anzunehmen, dass der Betroffene in der Regel durch einen Verfahrensbevoll- 28

---

[49] Bejahend *Cypionka* DNotZ 1991, 571, 583; verneinend *Soergel/Zimmermann* Rn. 27.

mächtigten vertreten werden (§ 276 Abs. 4 FamFG) oder einen Verfahrenspfleger haben muss. Dies gilt auch, wenn kein besonderer Grund der in § 276 Abs. 1 S. 2 FamFG genannten Art vorliegt.

29 **4. Zum Verfahrensablauf im Allgemeinen.** Das Verfahren wird von Amts wegen eingeleitet. Dahingehende „Anträge" sind als Anregungen zu betrachten. Der Betreuer hat Umstände, welche die Anordnung eines Einwilligungsvorbehalts erfordern, dem Gericht mitzuteilen (§ 1903 Abs. 4 iVm. § 1901 Abs. 5). Ist ein Einwilligungsvorbehalt angeordnet, so hat der Betreuer dem Betreuungsgericht Mitteilung zu machen, wenn ihm Umstände bekannt werden, die eine Aufhebung oder Einschränkung des Einwilligungsvorbehalts ermöglichen oder dessen Erweiterung als notwendig erscheinen lassen. Die Betreuungsbehörde und andere Behörden können entsprechende Mitteilungen gemäß § 7 BtBG machen. Es gilt der Grundsatz der Amtsermittlung (§ 26 FamFG).

30 **5. Anhörung des Betroffenen.** Es gilt § 278 FamFG ohne Besonderheiten. Erforderlich ist also, dass der Richter a) den Betroffenen persönlich anhört,[50] b) sich einen unmittelbaren Eindruck von ihm verschafft; c) ihn über den möglichen Verlauf des Verfahrens unterrichtet. Die persönliche Anhörung kann aus den Gründen des § 34 Abs. 2 FamFG auf der Grundlage eines ärztlichen Gutachtens unterbleiben.

31 **6. Sachverständigengutachten.** Die Einholung eines Sachverständigengutachtens ist stets erforderlich (§ 280 Abs. 1 S. 1 FamFG).[51] Die Vorlage eines ärztlichen Zeugnisses genügt nicht (kein Fall des § 281 FamFG), ebenso nicht ein Gutachten des Medizinischen Dienstes der Krankenversicherung. Es kann die Untersuchung und Vorführung des Betroffenen, notfalls auch seine Unterbringung zum Zwecke der Begutachtung gemäß § 283, 284 FamFG angeordnet werden. Für die Rechtsmittel gilt das für die Betreuerbestellung Gesagte (§ 1896 Rn. 208 ff.).

32 **7. Anhörungen Dritter.** Die Behörde, die Angehörigen und nahe stehende Personen sind nach denselben Grundsätzen anzuhören wie im Verfahren der Betreuerbestellung (§ 279 FamFG), s. § 1896 Rn. 191 ff.

33 **8. Die Entscheidung, ihre Bekanntmachung und ihre Wirksamkeit. a) Inhalt, Zeitpunkt.** Der Beschluss, mit dem ein Einwilligungsvorbehalt angeordnet wird, enthält nach § 286 Abs. 2 FamFG die Bezeichnung des Kreises der einwilligungsbedürftigen Willenserklärungen. Die Entscheidung muss konkret begründet werden.[52] Der Beschluss über die Anordnung eines Einwilligungsvorbehalts wird mit der Bekanntgabe an den Betreuer wirksam (§ 287 Abs. 1 FamFG); es gilt das zur Betreuerbestellung Gesagte (§ 1896 Rn. 201). Auch beim Einwilligungsvorbehalt ist der **Zeitpunkt** anzugeben, in dem das Gericht spätestens über seine Aufhebung oder Verlängerung zu entscheiden hat (§ 286 Abs. 3 FamFG). Spätestens sieben Jahre nach Anordnung des Einwilligungsvorbehalts ist zu entscheiden, ob diese Maßnahme aufzuheben oder zu verlängern ist (§§ 294 Abs. 3, 295 Abs. 2 FamFG). Wird eine kürzere Überprüfungsfrist festgelegt, so ist diese maßgebend. Wird der im Beschluss angegebene Zeitpunkt überschritten, so tritt allerdings der Einwilligungsvorbehalt nicht ipso iure außer Kraft.[53]

34 **b) Bekanntmachung.** Die Entscheidung ist grundsätzlich allen Beteiligten bekannt zu geben (§ 41 Abs. 1 S. 1 FamFG), insbesondere also dem Betroffenen, dem Betreuer, dem Verfahrenspfleger (§ 274 Abs. 2 FamFG), den Angehörigen, wenn sie Beteiligte sind, und der Behörde, wenn sie auf ihren Antrag als Beteiligte hinzugezogen wurde (§ 274 Abs. 3 FamFG). Darüber hinaus ist die *Anordnung eines Einwilligungsvorbehalts* der zuständigen Behörde gemäß § 288 Abs. 2 S. 1 FamFG stets bekanntzumachen.

35 **c) Mitteilungen.** Mitteilungen von der Anordnung eines Einwilligungsvorbehalts erfolgen gemäß § 308 FamFG (dazu § 1896 Rn. 202). Für die Frage, ob auch der für die Führung des Wählerverzeichnisses zuständigen Behörde Mitteilung gemacht werden muss, ist zu bedenken, dass der Einwilligungsvorbehalt für die Wahlfähigkeit ohne Belang ist. Hingegen gibt nach § 309 Abs. 2 FamFG die Anordnung des Einwilligungsvorbehalts Anlass zur Mitteilung an die Meldebehörde unter Angabe der Person des Betreuers, sofern der Einwilligungsvorbehalt sich auf die Aufenthaltsbestimmung erstreckt (§ 309 Abs. 2 S. 1 FamFG). Eine Mitteilung hat in solchen Fällen auch zu erfolgen, wenn der Einwilligungsvorbehalt aufgehoben wird oder ein Wechsel in der Person des Betreuers eintritt (§ 309 Abs. 2 S. 2 FamFG).

---

[50] Siehe BayObLG FamRZ 1994, 318, 319; OLG Schleswig FamRZ 2005, 1196 (keine zureichende Anhörung, wenn das Gericht die Anordnung des Einwilligungsvorbehalts auf ein Telefonat mit dem Betreuer stützt, dessen Inhalt der Betroffenen nicht mitgeteilt wurde).
[51] BayObLG FamRZ 1995, 1517.
[52] Vgl. BayObLG FamRZ 1993, 442; 1996, 897; 1998, 454, 455 (Erweiterung).
[53] BayObLG FamRZ 1998, 1183, 1185.

d) Inhalt der Urkunde. Die Urkunde des Betreuers enthält auch die Anordnung eines Einwilligungsvorbehalts und bezeichnet den Kreis der einwilligungsbedürftigen Willenserklärungen (§ 290 Nr. 4 FamFG). Bei nachträglichem Einwilligungsvorbehalt ist eine neue Urkunde auszustellen. 36

9. Einstweilige Anordnung. In dringenden Fällen kann das Gericht einen vorläufigen Einwilligungsvorbehalt durch einstweilige Anordnung beschließen (§ 300 FamFG). Die Voraussetzungen und die Modalitäten sind dieselben wie bei der Bestellung eines vorläufigen Betreuers (dazu § 1896 Rn. 205 ff.). Insbesondere gelten auch hier die Vorschriften über die Höchstdauer nach § 302 FamFG. Auch gelten die Verfahrenserleichterungen bei gesteigerter Dringlichkeit nach § 301 FamFG. 37

10. Rechtsbehelfe. a) Beschwerde. Die Rechtsbehelfe betreffend gilt das für die Bestellung eines Betreuers Gesagte sinngemäß (§ 1896 Rn. 208 ff.). Die Anordnung eines Einwilligungsvorbehalts oder deren Ablehnung sind gemäß §§ 58 ff. FamFG mit der Beschwerde, gemäß § 70 FamFG mit der Rechtsbeschwerde angreifbar. 38

b) Beschwerdeberechtigung. Die Beschwerdeberechtigung richtet sich nach denselben Regeln, die auch für die Beschwerde bei Betreuerbestellung gelten (§ 1896 Rn. 209 ff.). Das gilt auch für eine Entscheidung, mit der ein Einwilligungsvorbehalt aufgehoben wird.[54] Generell gelten die ergänzenden Vorschriften des § 303 FamFG. Hingegen sind die Interessen der Staatskasse durch die Anordnung eines Einwilligungsvorbehalts nicht berührt, ein Beschwerderecht aus § 304 FamFG ist nicht gegeben. 39

c) Verlängerung des Einwilligungsvorbehalts. Wird der Einwilligungsvorbehalt verlängert, während eine Beschwerde gegen die erstmalige Anordnung läuft, so wird die Beschwerde durch die Verlängerung nicht unzulässig; das Rechtschutzinteresse an der Überprüfung der erstmaligen Anordnung ist nicht entfallen.[55] Auch erledigt sich ein Verfahren, in dem ein vorläufiger Einwilligungsvorbehalt angeordnet worden ist, nicht durch seine „endgültige" Anordnung; auch danach kann die einstweilige Anordnung noch angefochten werden.[56] 40

V. Weitere Entscheidungen im Hinblick auf den Einwilligungsvorbehalt (Übersicht)

1. Verlängerung des Einwilligungsvorbehalts. Für die Verlängerung gelten die Regeln wie bei erstmaliger Anordnung (§ 295 Abs. 1 S. 1 FamFG). Die Verlängerung setzt voraus, dass die Voraussetzungen fortbestehen, insbesondere dass die konkrete Gefahr für Person oder Vermögen des Betroffenen nach wie vor besteht.[57] § 295 Abs. 1 S. 2 FamFG sieht vor, dass von der erneuten Einholung eines Gutachtens abgesehen werden kann, wenn sich aus der persönlichen Anhörung des Betroffenen und einem ärztlichen Zeugnis ergibt, dass sich der Umfang der Betreuungsbedürftigkeit offensichtlich nicht verringert hat. Da es für den Einwilligungsvorbehalt aber nicht nur auf den Umfang der Betreuungsbedürftigkeit ankommt, sondern auf die zusätzlichen Voraussetzungen des § 1903, ist bei der Verlängerung die Einholung eines Gutachtens erforderlich. Hat das Gericht die Überprüfungsfrist überschritten, so tritt der Einwilligungsvorbehalt nicht automatisch außer Kraft, sondern besteht bis zu einer gerichtlichen Entscheidung fort.[58] 41

2. Sonstige Entscheidungen.
– **Erweiterung des Einwilligungsvorbehalts:** § 1908d Abs. 4 iVm. Abs. 3 BGB; § 293 FamFG. Dazu § 1908d Rn. 19. 42
– **Aufhebung oder Einschränkung des Einwilligungsvorbehalts:** § 1908d Abs. 4 iVm. Abs. 1 BGB; § 294 FamFG. Dazu § 1908d Rn. 18.
– **Vorweggenommener Einwilligungsvorbehalt** für einen Minderjährigen (§ 1908a). Es gelten die Regeln für die Anordnung eines Einwilligungsvorbehalts.
– Zu den Auswirkungen einer **Aufhebung** der Betreuung oder des **Todes** und der **Entlassung des Betreuers** auf den Einwilligungsvorbehalt siehe § 1908c.

VI. Die Wirkungen des Einwilligungsvorbehalts für die Teilnahme am Rechtsverkehr (Abs. 1 S. 2, Abs. 3)

1. Anwendung der Regeln über Rechtsgeschäfte Minderjähriger. Wenngleich sich der Einwilligungsvorbehalt von der beschränkten Geschäftsfähigkeit dadurch unterscheidet, dass er sich 43

---

[54] BayObLG FamRZ 2000, 567.
[55] BayObLG FamRZ 1999, 1692, 1693.
[56] OLG Hamm FamRZ 1993, 722.
[57] BayObLG FamRZ 2000, 1327, allerdings mit der problematischen Einschränkung, es müsse sich um die Gefahr handeln, die zur Anordnung des Einwilligungsvorbehalts geführt hat.
[58] BayObLG FamRZ 1998, 1183, 1185.

gewöhnlich nur auf bestimmte Geschäftsbereiche bezieht, ist er ihr in der Struktur ähnlich: Der Betroffene kann rechtsgeschäftlich handeln, die Wirksamkeit dieses Handelns ist aber an eine Mitwirkung (Zustimmung oder Ermächtigung) des gesetzlichen Vertreters gebunden. Unabhängig davon kann der gesetzliche Vertreter auch selbst im Namen des Betroffenen handeln. Diese Konstellation ist die gleiche wie bei beschränkt geschäftsfähigen Minderjährigen. Daher verweist § 1903 Abs. 1 S. 2 auf die einschlägigen Vorschriften der §§ 108 bis 113, 131 Abs. 2 und 210. Bei der entsprechenden Anwendung tritt der Betreute, soweit der Einwilligungsvorbehalt reicht, an die Stelle des Minderjährigen. Im Übrigen sind die Regeln so anzuwenden, wie sie auch für Minderjährige gelten.[59] Ferner ist die Vorschrift des § 130 Abs. 2 entsprechend anzuwenden[60]: Auf die Wirksamkeit einer Erklärung ist es ohne Einfluss, wenn für den Erklärenden *nach der Abgabe der Erklärung*, aber vor ihrem Wirksamwerden ein Einwilligungsvorbehalt angeordnet wird.

44 **2. Einwilligungsfreie Geschäfte (Abs. 3). a) Rechtlicher Vorteil.** Wie der beschränkt Geschäftsfähige bedarf auch der unter Einwilligungsvorbehalt stehende Betreute nicht der Einwilligung des Betreuers zu einer Erklärung, die ihm lediglich einen rechtlichen Vorteil bringt (§ 1903 Abs. 3 S. 1). Gleiches gilt für die Fähigkeit, eine Willenserklärung zu empfangen (§ 131 Abs. 2 S. 2 iVm. § 1903 Abs. 1 S. 2). Die Rspr. und Lit. zur Frage des rechtlichen Vorteils bei § 107 sind auch für das Betreuungsrecht maßgebend.

45 **b) Geringfügige Angelegenheit des täglichen Lebens.** Darüber hinaus kann der Betreute nach § 1903 Abs. 3 S. 2 einwilligungsfrei auch solche Willenserklärungen abgeben, die eine „geringfügige Angelegenheit des täglichen Lebens" betreffen. Damit soll auch der in seiner Handlungsfähigkeit Eingeschränkte wenigstens in kleinen Dingen des täglichen Lebensvollzugs einen gewissen Spielraum für Eigenständigkeit haben.[61]

46 **c) Einzelheiten. aa) Empfang einer Erklärung.** Was für die Abgabe einer Erklärung gesagt ist, muss auch für den Empfang gelten; die Regel des § 1903 Abs. 3 S. 2 ist also auch in § 131 Abs. 2 hineinzulesen.

47 **bb) Angelegenheit des täglichen Lebens.** Was eine Angelegenheit des täglichen Lebens ist, lässt sich nur schwer exakt umreißen.[62] Die amtl. Begr. zum BtG denkt an „alltägliche Bargeschäfte über geringwertige Gegenstände", ohne dass das Rechtsgeschäft üblicherweise täglich vorgenommen werden muss (Kauf einer Tube Zahnpasta).[63] Es muss sich jedenfalls um Gegenstände handeln, die dem gewöhnlichen Lebensvollzug angehören und zum alsbaldigen Genuss oder Verbrauch angeschafft werden: Kauf von Lebensmitteln und Hygieneartikeln in kleineren Mengen (dh. nicht zum Zweck längerfristiger Vorratshaltung), auch das Lösen einer Eintrittskarte zu einer Sportveranstaltung oder einem Kino. Auch die Anschaffung von Gebrauchstextilien von geringerem Wert fällt unter die Vorschrift, nicht hingegen die Inanspruchnahme von Krankentransporteinrichtungen, um Ausflugsfahrten zu Gaststätten zu unternehmen.[64]

48 **cc) Geringfügigkeit.** Ob die Angelegenheit geringfügig ist, bestimmt die Höhe des Preises, nicht die subjektive Wertschätzung. Doch kommt es auch auf die finanziellen Verhältnisse des Betreuten an.[65] Für einen Betreuten mit erheblichem Einkommen und daher höherem Lebensstandard mag anderes geringfügig erscheinen als für eine Person, die in beengten wirtschaftlichen Verhältnissen lebt. Die obere Grenze orientiert sich auf jeden Fall daran, dass es sich um eine „Angelegenheit des täglichen Lebens" handeln muss.[66] Die Gesetzesbegründung verweist im Übrigen auf die Abgrenzungskriterien, die bei der **Schlüsselgewalt** (§ 1357) angewandt werden.[67] Das ist **irreführend**. Bei § 1357 handelt es sich keineswegs nur um geringfügige Angelegenheiten, wie ein Blick auf Operationskosten lehren mag.[68] Die Abgrenzungen sind aus dem Sinn des § 1903 Abs. 3 S. 2 eigenständig zu entwickeln. Der Begriff „geringfügige Angelegenheit des täglichen Lebens" muss im Kontext mit dem Betreuungsrecht eigenständig interpretiert werden. Er hat auch nichts mit dem Begriff „Angelegenheiten des täglichen Lebens" bei der gemeinsamen Sorge getrennt

---

[59] BT-Drucks. 11/4528 S. 138.
[60] OLG Celle NJW 2006, 3501, 3503.
[61] Zur rechtspolitischen Begründung BT-Drucks. 11/4528 S. 64, 139.
[62] Siehe *Lipp* S. 91, der das Erfordernis des „täglichen Lebens" fallen lassen will.
[63] BT-Drucks. 11/4528 S. 139.
[64] LG Gießen FamRZ 2003, 476.
[65] HK-BUR/*Bauer* Rn. 57.
[66] So auch HK-BUR/*Bauer* Rn. 57.
[67] BT-Drucks. 11/4528 S. 139.
[68] BGH FamRZ 1985, 576.

Einwilligungsvorbehalt 49–53 § 1903

lebender Eltern gemäß § 1687 Abs. 1 S. 2 zu tun, weil dieser sich an der Bedeutung für die Entwicklung des Kindes orientiert.

dd) Betroffene Geschäfte. Einwilligungsfrei sind **sowohl das Verpflichtungs- als auch das Verfügungs- und das Erwerbsgeschäft.** Mit dem Taschengeldparagraph (§ 110) hat § 1903 Abs. 3 S. 2 also nichts zu tun.[69] Liegen die Voraussetzungen des § 1903 Abs. 3 S. 2 vor, so ist das Verpflichtungsgeschäft von vorneherein wirksam, gleichgültig mit welchen Mitteln die Gegenleistung bewirkt wird, zB also auch dann, wenn die Mittel dem Betreuten ohne Kenntnis des Betreuers von Dritten überlassen wurden.[70] Darüber hinaus fragt sich, ob sich die Regelung des § 1903 Abs. 3 S. 2 überhaupt auf **Bargeschäfte** beschränkt, wie die Gesetzesbegründung BtG meint.[71] Aus dem Gesetzeswortlaut ergibt sich dies nicht ausdrücklich. Geringwertige Bedarfsartikel des täglichen Lebens werden zwar überwiegend durch Bargeschäfte verschafft, doch sind Stundungen hier nicht außergewöhnlich. Man kann die Beschränkung auf Bargeschäfte aber aus dem Zweck der Vorschrift folgern:[72] Der Betreute soll trotz Einwilligungsvorbehalts in seiner täglichen Bedarfsdeckung einen gewissen Bewegungsspielraum haben, nicht aber soll er sich verschulden dürfen. Schuldenmachen ist keine geringfügige Angelegenheit des täglichen Lebens. Würde man Kreditgeschäfte hier einbeziehen, so müsste man die Dimension der geringfügigen Angelegenheit gleichzeitig erheblich verkleinern, der Bewegungsspielraum des Betreuten würde letztendlich geringer. Fällt ein Rechtsgeschäft unter § 1903 Abs. 3 S. 2, so kommt es indes auf § 110 nicht mehr an.

ee) Mehrzahl von Geschäften. Keine Lösung hält das Gesetz für den Fall bereit, dass der kauflustige Betreute **zahlreiche Einzelgeschäfte** tätigt, von denen jedes einzelne zwar die Voraussetzungen des § 1903 Abs. 3 S. 2 erfüllt, die aber insgesamt gesehen diese Dimension überschreiten (zB der Betreute kauft am selben Tage in verschiedenen Geschäften fünf Fieberthermometer). ME ist die Anwendung des § 1903 Abs. 3 S. 2 nicht an das Vorliegen eines wirklichen Bedarfs zu binden. Beschränkt man die Vorschrift auf Bargeschäfte, so hält sich das Risiko im Rahmen. Der Betreuer, der feststellt, dass sein Sorgebefohlener unsinnige Käufe tätigt, kann bei Gericht erwirken, dass der Einwilligungsvorbehalt auch auf die geringfügigen Angelegenheiten des täglichen Lebens erstreckt wird.

ff) Anderweitige Anordnung. Das Gericht kann zusammen mit dem Einwilligungsvorbehalt oder auch später anordnen, dass sich der Vorbehalt auch auf die geringfügigen Angelegenheiten des täglichen Lebens erstreckt. Auch diese Anordnung setzt Erforderlichkeit im Sinne des Betreutenwohls voraus. Teilanordnungen sind zulässig;[73] so kann für einen Alkoholkranken angeordnet werden, dass auch beim Ankauf kleinerer Alkoholmengen der Einwilligungsvorbehalt greift.[74] Zulässig ist es auch, einen festen Geldbetrag als Höchstgrenze für selbständige Geschäfte des Betreuten zu bestimmen.[75]

3. Die Zustimmung des Betreuers. a) Geltung der §§ 108 ff., 182 ff. Es gelten die §§ 108 ff., 182 ff. Die Zustimmung kann also als Einwilligung oder Genehmigung erteilt werden, und zwar in der Regel sowohl dem Geschäftspartner als auch dem Betreuten gegenüber (beachte § 108 Abs. 2). Die Zustimmung bedarf nicht der für das Rechtsgeschäft bestimmten Form (§ 182 Abs. 2). Im Minderjährigenrecht wird die Möglichkeit anerkannt, die Einwilligung als Generalkonsens zu erteilen.[76] Das ist auch im Betreutenrecht theoretisch nicht ausgeschlossen, doch ist zu fragen, ab welcher Grenze dadurch der Sinn des Einwilligungsvorbehalts in Frage gestellt wird. Jedenfalls haftet der Betreuer, wenn er zulässt, dass der nicht voll zur Selbstbestimmung fähige Betreute sich auf Grund eines weiten Konsenses selbst schädigt.

b) Genehmigungsbedürftige Geschäfte. Ist ein Geschäft betroffen, für dessen Vornahme der Betreuer der **Genehmigung durch das Betreuungsgericht** bedürfte (insbesondere § 1812 Abs. 3, §§ 1821, 1822 iVm. § 1908i Abs. 1 S. 1; §§ 1907, 1908), so ist auch für die nötige *Zustimmung zum Geschäft des Betreuten* die gerichtliche Genehmigung erforderlich (vgl. § 1821 Rn. 6). Entsprechendes gilt, wenn ein Gegenbetreuer bestellt und dessen Genehmigung erforderlich ist (zB § 1812). Ist der Betreuer wegen §§ 1795, 1796 im konkreten Fall von der gesetzlichen Vertretung ausgeschlos-

---

[69] Missverständlich BT-Drucks. 11/4528 S. 139.
[70] BT-Drucks. 11/4528 S. 139.
[71] BT-Drucks. 11/4528 S. 139 „alltägliche Bargeschäfte".
[72] Wie hier *Lipp* S. 90. AA *Soergel/Zimmermann* Rn. 30; *Erman/Roth* Rn. 17.
[73] BT-Drucks. 11/4528 S. 139.
[74] Vgl. BT-Drucks. 11/4528 S. 139.
[75] BayObLG FamRZ 1994, 1135; *Soergel/Zimmermann* Rn. 32.
[76] 2. Aufl. § 107 Rn. 24.

sen, so kann er auch dem Geschäft des Betreuten nicht zustimmen; denn auch seine Zustimmung beruht auf der gesetzlichen Vertretungsmacht (§ 107).

54 **c) Taschengeldparagraph.** Der Taschengeldparagraph (§ 110) ist anwendbar. Voraussetzung ist, dass der Betreute die vertragsgemäße Leistung mit Mitteln bewirkt, die ihm zu diesem Zweck oder zur freien Verfügung *vom Betreuer* oder *mit dessen Zustimmung* von dritter Seite überlassen worden sind. § 110 greift also nicht, wenn der Betreute die Mittel ohne Kenntnis des Betreuers von anderen Personen erhalten hat (hier kann aber § 1903 Abs. 3 S. 2 gegeben sein). Allgemein ist zu beachten, dass viele Geschäfte, die unter § 110 fallen könnten, schon nach § 1903 Abs. 3 S. 2 wirksam sind; dann ist § 110 nicht anzuwenden, weil der Verpflichtungsvertrag von vorneherein wirksam ist (außer wenn der Einwilligungsvorbehalt durch besondere Anordnung auch auf die geringfügigen Angelegenheiten erstreckt ist).

55 **d) Fehlende Einwilligung. aa) Unwirksamkeit. Einseitige Rechtsgeschäfte,** die der Betreute ohne die nötige Einwilligung des Betreuers vornimmt, entbehren von vorneherein der Wirksamkeit (§ 111), **Verträge** hingegen sind zunächst schwebend unwirksam (§§ 108, 109). Zu beachten ist auch die Regel des § 108 Abs. 3: Ist der Schwebezustand in dem Zeitpunkt noch nicht beendet, in dem der Einwilligungsvorbehalt aufgehoben wird (§ 1908d Abs. 4),[77] so liegt es am Betreuten selbst, die Genehmigung zu erteilen oder zu verweigern. Die Unwirksamkeit des Geschäfts schließt nicht aus, dass gesetzliche Ansprüche gegen den Betreuten entstehen können; diesbezüglich sind jedoch die zum Schutz Minderjähriger entwickelten Rechtsgedanken entsprechend anwendbar.[78]

56 **bb) Sonderregel, § 306 FamFG.** Eine Sonderregel (§ 306 FamFG) gilt für den Fall, dass ein Einwilligungsvorbehalt vom Rechtsmittelgericht **als von vorneherein ungerechtfertigt aufgehoben** wird. Dann berührt die Aufhebung des Einwilligungsvorbehalts die *vom Betreuten* seit Anordnung abgeschlossenen Geschäfte nicht. Das gilt auch für Rechtsgeschäfte, die dem Betreuten gegenüber vorgenommen wurden. Die *vom Betreuer* vorgenommenen Geschäfte bleiben von der Aufhebung des Einwilligungsvorbehalts ohnehin unberührt; denn die gesetzliche Vertretungsmacht des Betreuers (§ 1902) besteht ohne Rücksicht darauf, ob ein Einwilligungsvorbehalt angeordnet ist oder nicht. Nicht geregelt ist das Schicksal der von und gegenüber dem Betreuer vorgenommenen Geschäfte, wenn die Bestellung des Betreuers später als ungerechtfertigt aufgehoben wird; mE bleiben auch diese Geschäfte wirksam.

57 **e) Geschäftsunfähigkeit.** Die Rechtswirkungen der §§ 108 ff. treten nicht ein, wenn der unter Einwilligungsvorbehalt stehende Betreute im Zeitpunkt der Abgabe oder des Empfangs einer Willenserklärung geschäftsunfähig war (§ 104 Nr. 2, § 105 Abs. 1, § 131 Abs. 1). Die Beweislast für das Vorliegen der Geschäftsunfähigkeit trägt derjenige, der sich auf diesen Umstand beruft. Ist der Betreute geschäftsunfähig, so treten auch die Wirkungen des § 1903 Abs. 3 S. 2 und des § 110 nicht ein. Zum Verhältnis des § 1903 zu §§ 105, 105 a s. unten Rn. 59, 60.

58 **f) §§ 112, 113.** § 1903 Abs. 1 S. 2 **verweist** auch auf §§ 112, 113. Danach könnte der Betreuer seinen Schützling ermächtigen (im Fall des § 112 mit Genehmigung des Betreuungsgerichts), ein selbständiges Erwerbsgeschäft zu betreiben oder in Dienst oder Arbeit zu treten; der Betreute wäre dann für diese Bereiche unbegrenzt geschäftsfähig, dh der Einwilligungsvorbehalt wäre beiseite geschoben. Die Regelung ist verwunderlich.[79] Denn es ist ein Widerspruch in sich, einerseits den Betreuten für die Bereiche des Erwerbs- oder Arbeitslebens unter Einwilligungsvorbehalt zu stellen, weil es erforderlich ist, ihn aber zugleich durch Ermächtigung für dieselben Bereiche vom Einwilligungsvorbehalt zu befreien. Kann der von einem Einwilligungsvorbehalt in Vermögens- und Erwerbsangelegenheiten Betroffene (nunmehr) selbständig einen Betrieb führen, so ist der Einwilligungsvorbehalt (und höchstwahrscheinlich auch die Betreuung) insoweit aufzuheben (§ 1908d Abs. 4, 1).

59 **4. Das Verhältnis des § 1903 zu §§ 105, 105 a. a) § 105.** Der Umstand, dass der Einwilligungsvorbehalt vielfach Personen betrifft, die geschäftsunfähig (§ 104 Nr. 2) sind, wirft das Problem auf, in welchem Verhältnis die Verweisung des § 1903 Abs. 1 S. 2 auf das Minderjährigenrecht zur Regelung des § 105 Abs. 1 steht, wonach **Willenserklärungen Geschäftsunfähiger nichtig** sind. Nach der Konzeption des Gesetzes gilt § 105 auch für den Fall, dass ein Einwilligungsvorbehalt angeordnet ist. Wenn die Geschäftsunfähigkeit des Erklärenden zur Zeit der Abgabe bzw. des Empfangs feststeht, läuft die Verweisung auf das Minderjährigenrecht folglich leer. Das hat Bedeutung

---

[77] Ungenau BT-Drucks. 11/4528 S. 138.
[78] Vgl. AG Wuppertal FamRZ 2009, 1350 (kein Anspruch auf erhöhtes Förderungsgeld bei „Schwarzfahrt" eines unter Einwilligungsverbehalt stehenden Betreuten).
[79] Offenbar nicht für das BAG, das § 113 ohne weitere Einschränkung für anwendbar hält, BAGE 125, 345.

insbesondere für Geschäfte, die dem Betreuten lediglich einen rechtlichen Vorteil bringen und die im Falle der Geschäftsunfähigkeit gleichwohl nichtig sind. Ferner kann der Betreuer einem vom Betreuten getätigten Geschäft, zu dem dieser nach §§ 1903 Abs. 1 S. 2 iVm. § 107 der Zustimmung des Betreuers bedurft hätte, *im Falle der Geschäftsunfähigkeit* auch durch nachträgliche Genehmigung nicht zur Gültigkeit verhelfen. Bei vorteilhaften Geschäften bleibt dann nur der mühsame und nicht stets zum Erfolg führende[80] Weg, die Genehmigung des Betreuers in eine Eigenvornahme durch den Betreuer umzudeuten. Diese gesetzliche Lage wird als misslich empfunden. Daher ist die Auffassung vertreten worden, § 1903 sei als verdrängende lex specialis aufzufassen; soweit der Einwilligungsvorbehalt reiche, sei der Betreute als beschränkt geschäftsfähig zu behandeln, auch wenn er nach den Kriterien des § 104 Nr. 2 geschäftsunfähig wäre.[81] Diese Auffassung hat wenig Gefolgschaft gefunden.[82] Das Problem müsste durch eine Reform des § 105 selbst gelöst werden.[83]

b) § 105a. Im Jahre 2002[84] hat der Gesetzgeber in den Allgemeinen Teil des BGB die Vorschrift 60 des § 105a eingefügt, die aber das oben beschriebene Grundproblem nicht vollständig löst. Danach ist allgemein, dh. ohne Rücksicht auf das Bestehen einer Betreuung oder eines Einwilligungsvorbehaltes, folgende Regelung getroffen: Wenn ein volljähriger Geschäftsunfähiger ein **Geschäft des täglichen Lebens** tätigt, das mit geringwertigen Mitteln bewirkt werden kann, so gilt der von ihm geschlossene Vertrag hinsichtlich der bedungenen Leistungen als wirksam, sobald Leistung und Gegenleistung bewirkt sind. Nach § 105a S. 2 gilt dies nicht bei einer erheblichen Gefahr für die Person oder das Vermögen des Geschäftsunfähigen. Die Vorschrift ähnelt dem § 1903 Abs. 3 S. 2 mit dem Unterschied, dass hier die Geschäfte über geringfügige Angelegenheiten des täglichen Lebens, die der Betreute tätigt, von vornherein wirksam sind, während bei § 105a erst die Leistungsbewirkung zur Fiktion ihrer Wirksamkeit führt. Auch § 105a ist selbständig neben § 1903 Abs. 3 anwendbar, die Vorschriften ergänzen sich: Steht fest, dass der Betroffene zur Zeit der Abgabe seiner Erklärung geschäftsunfähig war, so kann das Geschäft nicht nach § 1903 Abs. 3 wirksam sein, weil diese Vorschrift die Wirkung des § 105 nicht verdrängt; wohl aber kann die Wirksamkeit unter den Voraussetzungen des § 105a eintreten. Steht die Geschäftsunfähigkeit des Handelnden bei Geschäftsabschluss hingegen nicht fest und fällt das Geschäft in den Bereich des Einwilligungsvorbehalts, so kann es nach § 1903 Abs. 3 wirksam sein. Trifft keiner der genannten Tatbestände zu, so bleibt es bei der Unwirksamkeit des Geschäfts. Die Neuregelung löst nicht die Probleme, die entstehen, wenn ein Geschäftsunfähiger ein Geschäft nicht alltäglicher Art abschließt, das für ihn lediglich rechtliche Vorteile bringt. Sie wirft zudem überflüssige Rechtsprobleme auf.[85]

VII. Weitere Wirkungen des Einwilligungsvorbehalts

1. Verfahrensfähigkeit. Nach § 52 Abs. 1 ZPO ist eine Person nur insoweit prozessfähig, als 61 sie sich durch Verträge verpflichten kann.[86] Der Einwilligungsvorbehalt begründet zwar nicht die Eigenschaft der beschränkten Geschäftsfähigkeit als solche, nimmt aber dem Betroffenen die Fähigkeit, sich selbständig vertraglich zu verpflichten. Soweit der Einwilligungsvorbehalt reicht, ist der Betreute daher nicht prozessfähig.[87] Ausgenommen sind die Geschäfte über geringfügige Angelegenheiten des täglichen Lebens nach § 1903 Abs. 3 S. 2.[88] Führt der Betreuer den Prozess als gesetzlicher Vertreter, so gilt unabhängig vom Bestehen eines Einwilligungsvorbehalts die Vorschrift des § 53 ZPO. Der Einwilligungsvorbehalt beschränkt die Fähigkeit des Betreuten zur Vornahme von Verfahrenshandlungen auch im Verwaltungsprozess. Betrifft der Einwilligungsvorbehalt den Gegenstand des Verfahrens, so besteht diese Fähigkeit nur, soweit der Betreute nach Bürgerlichem Recht

---

[80] ZB wenn das Geschäft formbedürftig ist: Da die Bestätigung durch den Betreuer als Neuvornahme gedeutet wird (§ 141 Abs. 1), bedarf sie nach hM der für das Rechtsgeschäft vorgesehenen Form, Anders, wenn der unter Einwilligungsvorbehalt stehende Betreute geschäftsfähig ist, siehe § 182 Abs. 2. Zu den Problemen der Umdeutung auch *Soergel/Zimmermann* Rn. 14; *Knittel* Rn. 15; *Erman/Roth* Rn. 21.
[81] *Jürgens* Rn. 16 (frühere Meinung). Weitergehend noch *Enderlein* JR 1998, 485.
[82] Dagegen *Schreieder* BtPrax 1996, 96; *Prinz von Sachsen Gessaphe* S. 447 f.; *Jürgens* (§ 1903 Rn. 15–17) hat seine Meinung wieder aufgegeben.
[83] Dazu *Canaris* JZ 1987, 993 (Verfassungswidrigkeit des § 105, weil die Vorschrift unverhältnismäßig in die rechtsgeschäftliche Freiheit eingreift). Dazu kritisch *Ramm* JZ 1988, 489; *Wieser* JZ 1988, 493.
[84] Gesetz vom 23. 7. 2002 (BGBl. I S. 2850).
[85] *Casper* NJW 2002, 3425; *Lipp* FamRZ 2003, 721; *Pawlowski* JZ 2003, 66; *Löhnig/Schärtl* AcP 204 (2004), 25.
[86] Grundsätzlich zu diesem Aspekt *Lipp* S. 91 ff.
[87] BFH vom 18. 6. 2007 Az. II B 26/07 (nach juris).
[88] AA *Bork* MDR 1991, 97, 98; *Damrau/Zimmermann* § 1902 Rn. 8; HK-BUR/*Bauer* Rn. 69 mit der Begründung, die Prozessführung sei keine Angelegenheit des täglichen Lebens; darauf kommt es jedoch bei § 52 ZPO nicht an. Wie hier: *Bienwald* Rn. 79; *Prinz von Sachsen Gessaphe* S. 444 f.

§ 1904   Abschnitt 3. Titel 2. Rechtliche Betreuung

ohne Einwilligung des Betreuers handeln kann oder durch Vorschriften des öffentlichen Rechts als handlungsfähig anerkannt ist (§ 62 Abs. 2 VwGO). Gleiche Regelungen bestehen für das Verwaltungsverfahren (§ 12 Abs. 2 VwVfG), das Verfahren vor den Finanzgerichten (§ 58 Abs. 3 Finanzgerichtsordnung), das Verfahren nach der Abgabenordnung (§ 79 Abs. 2 AO) sowie für das sozialrechtliche Verwaltungsverfahren (§ 11 Abs. 2 SGB X)

62   **2. Namensänderung.** Für den Antrag auf Namensänderung des Betreuten gilt: Ist in dieser Angelegenheit ein Betreuer bestellt und ein Einwilligungsvorbehalt angeordnet, so stellt der Betreuer den Antrag, auch wenn der Betreute geschäftsfähig ist (§ 2 Abs. 1 S. 2 Namensänderungsgesetz); der Antrag bedarf der Genehmigung des Betreuungsgerichts.

63   **3. Gesellschaftsrecht.** Ein Betreuer, der ganz oder teilweise einem Einwilligungsvorbehalt unterliegt, kann nicht Mitglied des Vorstands oder des Aufsichtsrats einer Aktiengesellschaft sein (§§ 76 Abs. 3 S. 2; 100 Abs. 1 S. 2 AktG). Unter gleichen Voraussetzungen entfällt die Fähigkeit, Geschäftsführer einer GmbH zu sein (§ 6 Abs. 2 S. 2 GmbHG).

§ 1904 Genehmigung des Betreuungsgerichts bei ärztlichen Maßnahmen

(1) [1] **Die Einwilligung des Betreuers in eine Untersuchung des Gesundheitszustands, eine Heilbehandlung oder einen ärztlichen Eingriff bedarf der Genehmigung des Betreuungsgerichts, wenn die begründete Gefahr besteht, dass der Betreute auf Grund der Maßnahme stirbt oder einen schweren und länger dauernden gesundheitlichen Schaden erleidet.** [2] **Ohne die Genehmigung darf die Maßnahme nur durchgeführt werden, wenn mit dem Aufschub Gefahr verbunden ist.**

(2) **Die Nichteinwilligung oder der Widerruf der Einwilligung des Betreuers in eine Untersuchung des Gesundheitszustands, eine Heilbehandlung oder einen ärztlichen Eingriff bedarf der Genehmigung des Betreuungsgerichts, wenn die Maßnahme medizinisch angezeigt ist und die begründete Gefahr besteht, dass der Betreute auf Grund des Unterbleibens oder des Abbruchs der Maßnahme stirbt oder einen schweren und länger dauernden gesundheitlichen Schaden erleidet.**

(3) **Die Genehmigung nach den Absätzen 1 und 2 ist zu erteilen, wenn die Einwilligung, die Nichteinwilligung oder der Widerruf der Einwilligung dem Willen des Betreuten entspricht.**

(4) **Eine Genehmigung nach den Absätzen 1 und 2 ist nicht erforderlich, wenn zwischen Betreuer und behandelndem Arzt Einvernehmen darüber besteht, dass die Erteilung, die Nichterteilung oder der Widerruf der Einwilligung dem nach § 1901a festgestellten Willen des Betreuten entspricht.**

(5) [1] **Die Absätze 1 bis 4 gelten auch für einen Bevollmächtigten.** [2] **Er kann in eine der in Absatz 1 Satz 1 oder Absatz 2 genannten Maßnahmen nur einwilligen, nicht einwilligen oder die Einwilligung widerrufen, wenn die Vollmacht diese Maßnahmen ausdrücklich umfasst und schriftlich erteilt ist.**

Schrifttum zu § 1904 allgemein (Auswahl): *Alberts,* Sterbehilfe, Vormundschaftsgericht und Verfassung, NJW 1999, 835; *Amelung,* Vetorechte beschränkt Einwilligungsfähiger in Grenzbereichen medizinischer Intervention, 1995; *Baumann/Hartmann,* Die zivilrechtliche Absicherung der Patientenautonomie am Ende des Lebens aus der Sicht der notariellen Praxis, DNotZ 2000, 594; *Becker-Schwarze,* Patientenautonomie aus juristischer Sicht, FPR 2007, 52; *Coeppicus,* Behandlungsabbruch, mutmaßlicher Wille und Betreuungsrecht, NJW 1998, 3381; *Deinert,* Organspende und Betreuung, BtPrax 1998, 60; *Dodegge,* Die Elektrokrampftherapie, FamRZ 1996, 74; *ders.,* Zwangsbehandlung und Betreuungsrecht, NJW 2006, 1627; *Diekmann,* Die Aufgaben des Betreuers im Aufgabenkreis Gesundheitssorge - ein Überblick, BtPrax 2010, 53; *Dose,* Medikamentöse Versorgung als Heilbehandlung gemäß § 1904 BGB, FamRZ 1993, 1032; *Eisenbart,* Patienten-Testament und Stellvertretung in Gesundheitsangelegenheiten, 1998; *Elsbernd/Stolz,* Zwangsbehandlung und Zwangsernährung in der stationären Altenhilfe?, BtPrax 2008, 57; *Fiala/Müller/Braun,* Genehmigungserfordernisse im Bereich der medizinischen Gesundheitsfürsorge, Rpfleger 2002, 597; *Hager* (Hrsg.), Die Patientenverfügung, 2006; *Heide,* Medizinische Zwangsbehandlung, 2001; *Freund/Heubel,* Forschung mit einwilligungsfähigen und beschränkt einwilligungsfähigen Personen, MedR 1997, 347; *Fröschle,* Maximen des Betreuerhandelns und die Beendigung lebenserhaltender Eingriffe, JZ 2000, 72; *Frost,* Arztrechtliche Probleme des neuen Betreuungsrechts, 1994; *Guy,* Ambulante Zwangsbehandlung und fürsorglicher Zwang, BtPrax 2001, 96; *Holzhauer,* Zur klinischen Prüfung von Medikamenten an Betreuten, NJW 1992, 2325; *Kern,* Die Bedeutung des Betreuungsgesetzes für das Arztrecht, MedR 1991, 66; *ders.,* Arzt und Betreuungsrecht, MedR 1993, 245; *ders.,* Fremdbestimmung bei der Einwilligung in ärztliche Eingriffe, NJW 1994, 753; *Knieper,* Vormundschaftsgerichtliche Genehmigung des Abbruchs lebenserhaltender Maßnahmen, NJW 1998, 2720; *Kuhlmann,* Einwilligung in die Heilbehandlung alter Menschen, 1996 (zitiert: *Kuhlmann); Laufs,* Zivilrichter über Leben und Tod?, NJW 1998, 3399; *Lipp,* Betreuung und Zwangsbehandlung, JZ 2006, 661; *Marschner,* Zwangsbehandlung in der ambulanten und stationären Psychiatrie, RuP 2005, 47; *Ludyga,* Rechtmäßigkeit von medizinischen Zwangsmaßnahmen bei einer Unterbringung gemäß § 1906 BGB, FPR 2007, 104; *Mayer,* Medizinische Maßnahmen an Betreuten – §§ 1904, 1905 BGB, 1995 (zit. *Mayer); Nedopil,* Die medikamentöse Versorgung als Heilbehandlung gemäß § 1904 BGB, FamRZ 1993, 24; *Olzen,* Zulässigkeit stationärer Zwangsbehandlungsmaßnahmen im Falle der Unterbringung, JR 2007, 248; *Popp,* Patientenverfügung, mutmaßliche Einwilligung und prozedurale Rechtfertigung, Zeitschrift für die gesamte Strafrechtswissenschaft 118 (2006), 639; *Rieger,* Die mutmaßliche Einwilligung in den Behandlungsabbruch, 1998 (zitiert: *Rieger); Röver,* Einflußmöglichkeiten des Patienten im Vorfeld einer medizinischen Behandlung. Antezipierte Erklärung und Stellvertretung in Gesundheitsangelegenheiten, 1997 (zitiert: *Röver); Roth,* Die Verbindlichkeit der Patientenverfügung und der Schutz des Selbstbestimmungsrechts, JZ 2004, 494; *Saliger,* Sterbehilfe und Betreuungsrecht, MedR 2004, 237; *Schmidl,* Zur Bedeutung der Wohlschranke des § 1901 BGB bei Patientenverfügungen, ZEV 2006, 484; *Schöllhammer,* Die Rechtsverbindlichkeit des Patiententestaments. Eine Untersuchung aus zivilrechtlicher Sicht, 1993 (zitiert: *Schöllhammer); Schreiber,* Die medikamentöse Versorgung als Heilbehandlung gemäß § 1904 BGB nF im zukünftigen Betreuungsgesetz, FamRZ 1991, 1014; *Schwab,* Stellvertretung bei der Einwilligung in die medizinische Behandlung, FS Henrich, 2000, S. 511; *Schweitzer,* Heilbehandlung und Selbstbestimmung, FamRZ 1996, 1317; *K. Sobota,* Patientenrecht und Forschungsfreiheit. Ein Konflikt aufgezeigt am Beispiel der klinischen Forschung an nicht einwilligungsfähigen Patienten, FS Martin Kriele, 1997, S. 367; *Deutsch/Spickhoff,* Medizinrecht, 6. Aufl. 2008; *Stolz,* Medikamentöse Versorgung von Heimbewohnern nach dem Betreuungsgesetz, BtPrax 1994, 49; *J. Taupitz,* Gutachten A zum 63. Deutschen Juristentag Leipzig 2000, 2000; *Taupitz/Fröhlich,* Medizinische Forschung mit nichteinwilligungsfähigen Personen, VersR 1997, 911; *Tietze,* Zwangsbehandlungen in der Unterbringung, BtPrax 2006, 131; *ders.,* Ambulante Zwangsbehandlungen im Betreuungsrecht, 2005; *Verrel,* Selbstbestimmung contra Lebensschutz, JZ 1996, 224; *Wagner,* Psychiatrische Zwangsbehandlung und rechtfertigender Notstand, Recht & Psychiatrie 1990, 166; *K. Wiebach/M. Kreyßig/ H. Peters/P. Winterstein,* Was ist „gefährlich"? – Ärztliche und juristische Aspekte bei der Anwendung des § 1904 BGB, BtPrax 1997, 48; *Wojnar,* Der Einsatz von Psychopharmaka in der Betreuung demenzkranker Menschen, BtPrax 1999, 11; *Wolter-Henseler,* Betreuungsrecht und Arzneimittel – wann ist eine medikamentöse Behandlung genehmigungspflichtig iS des § 1904 BGB?, BtPrax 1994, 183.

Siehe ferner Lit. zu § 1901a.

Schrifttum zu § 1904 Abs. 5 (Auswahl): *Baumann,* Generalvollmachten als Vorsorgevollmachten, MittRhNotK 1998, 1, 7; *Bühler,* Zum Betreuungsrechtsänderungsgesetz und zur Vorsorgevollmacht, BWNotZ 1999, 25; *Milzer,* Delegierte Patientenautonomie – Wahrnehmung von Patientenrechten durch Vorsorgebevollmächtigte, FPR 2007, 69; *Müller,* Altersvorsorgevollmacht – Gestaltung ihres Inkrafttretens, DNotZ 1997, 100; *Müller,* Auswirkungen des Betreuungsrechtsänderungsgesetzes (BtÄndG) auf die Vorsorgevollmacht in Angelegenheiten der Personensorge, DNotZ 1999, 107; *Müller-von Münchow,* Rechtliche Vorgaben zu Inhalt und Form von Vollmachten, NotBZ 2010, 31; *Krauß,* Vermeidung der Betreuung durch Erteilung einer Vollmacht, BWNotZ 1999, 86; *Perau,* Betreuungsverfügung und Vorsorgevollmacht, MittRhNotK 1996, 285; *Popp,* Patientenverfügung, mutmaßliche Einwilligung und prozedurale Rechtfertigung, Zeitschrift für die gesamte Strafrechtswissenschaft 118 (2006), 639; *Rudolf/Bittler,* Vorsorgevollmacht, Betreuungsverfügung, Patientenverfügung, 2000; *Uhlenbruck,* Selbstbestimmtes Sterben durch Patiententestament, Vorsorgevollmacht, Betreuungsverfügung, 1997; *Walter,* Die Vorsorgevollmacht, 1996; *dies.,* Das Betreuungsrechtsänderungsgesetz und das Rechtsinstitut der Vorsorgevollmacht, FamRZ 1999, 685; *Zimmermann,* Die Vertretung in höchstpersönlichen Angelegenheiten – neuere Entwicklungen im Betreuungsrecht, BWNotZ 1998, 101; *ders.,* Vorsorgevollmacht, Betreuungsverfügung, Patientenverfügung für die Beratungspraxis, 2007.

Übersicht

	Rn.		Rn.
I. Normzweck	1–6	6. Regelungen für Bevollmächtigte (Abs. 5)	6
1. Gesetzesgeschichte	1		
2. Genehmigungsvorbehalt für die Einwilligung in medizinische Maßnahmen durch Betreuer (Abs. 1)	2	**II. Genehmigungsvorbehalt bei Einwilligung des Betreuers in medizinische Maßnahmen (§ 1904 Abs. 1)**	7–36
3. Genehmigungsvorbehalt für die Nichteinwilligung oder den Widerruf einer Einwilligung durch Betreuer (Abs. 2)	3	1. Voraussetzungen des Genehmigungsvorbehalts nach § 1904 Abs. 1 im Überblick	7
4. Der Wille des Betreuten (Abs. 3)	4	2. Betroffene Erklärungen	8, 9
		a) Einwilligung des Betreuers im Namen des Betreuten	8
5. Nicht erforderliche Genehmigung (Abs. 4)	5	b) Rechtsnatur der Einwilligung	9

§ 1904

	Rn.
3. Die Einwilligungsbefugnis des Betreuers	10–20
a) Aufgabenkreis	10
b) Fehlende Einwilligungsfähigkeit des Betreuten	11–16
c) Keine Entscheidungsbefugnis des Betreuers bei wirksamer aktueller Einwilligung durch den Betreuten	17, 18
d) Die Aufgabe des Betreuers bei Vorliegen einer Patientenverfügung	19
e) Entscheidungsbefugnis des Betreuers bei „mutmaßlichem Willens" des Betreuten	20
4. Allgemeine Voraussetzungen des Genehmigungsvorbehalts	21, 22
a) Keine Genehmigungspflicht für Einwilligung durch den Betroffenen selbst	21
b) Genehmigungspflicht trotz Patientenverfügung?	22
5. Die vom Genehmigungsvorbehalt erfassten Maßnahmen	23–29
a) Die gesetzlichen Begriffe	23
b) Entscheidung über Nichtvornahme, Widerruf der Einwilligung	24
c) Gefahr für Leben oder Gesundheit	25–28
d) Der Schwangerschaftsabbruch insbesondere	29
6. Kriterien der Entscheidung	30
7. Die Bedeutung der Genehmigung	31–33
a) Außenwirkung	31
b) Versagung der Genehmigung	32
c) Präventives Eingreifen des Betreuungsgerichts	33
8. Maßnahmen ohne Genehmigung (Abs. 1 S. 2)	34–36
a) Grundsatz	34
b) Voraussetzungen	35
c) Keine Nachholung	36
III. Genehmigungsvorbehalt bei Nichteinwilligung oder Widerruf einer Einwilligung durch den Betreuer in medizinische Maßnahmen (§ 1904 Abs. 2)	37–49
1. Allgemeines	37
2. Voraussetzung des Genehmigungsvorbehalts nach § 1904 Abs. 2 im Überblick	38
3. Befugnis des Betreuers zur Entscheidung	39
4. Unzuständigkeit des Betreuers bei Festlegung der Nichteinwilligung in einer Patientenverfügung	40
5. Betroffene Entscheidungen des Betreuers	41, 42
a) Nichteinwilligung	41
b) Widerruf einer Einwilligung	42
6. Allgemeine Voraussetzungen des Genehmigungsvorbehalts	43, 44
a) Genehmigungspflicht trotz Patientenverfügung?	43
b) Obligatorische Betreuerbestellung trotz Patientenverfügung?	44

	Rn.
7. Die vom Genehmigungsvorbehalt erfassten Maßnahmen	45, 46
a) Allgemeines	45
b) Todesgefahr oder Gefahr schwerer und länger dauernder gesundheitlicher Schädigung	46
8. Kriterien der Entscheidung	47
9. Die Bedeutung der Genehmigung und ihrer Versagung	48, 49
a) Genehmigung	48
b) Versagung der Genehmigung	49
IV. Entscheidung nach dem Willen des Betroffenen (Abs. 3)	50, 51
1. Erteilung der Genehmigung nach dem Willen des Patienten	50
2. Zusätzliche Kriterien?	51
V. Kein Genehmigungsvorbehalt bei Einvernehmen (Abs. 4)	52–56
1. Verhältnis zur bisherigen Rechtslage	52
2. Zu den Voraussetzungen	53
3. Lage bei Fehlen eines relevanten Patientenwillens	54
4. Missbrauchsgefahr	55
5. Negativattest	56
VI. Verfahren	57–60
1. Gesetzeslage	57
2. Für Verfahren nach § 1904 generell geltende Regeln	58
3. Besonderheiten für Verfahren nach § 1904 Abs. 1	59
4. Besonderheiten für Verfahren nach § 1904 Abs. 2	60
VII. Sonderregelungen	61–67
1. Klinische Prüfung von Arzneimitteln	61–64
a) § 40 AMG	62
b) § 41 AMG	63
c) Verhältnis zu § 1904	64
2. Organspende	65
3. Kastration	66
4. Freiheitsentziehende Unterbringung	67
VII. Genehmigungsvorbehalt bei Einwilligung durch Bevollmächtigte (Abs. 5)	68–92
1. Sinn der Vorschrift	68
2. Voraussetzungen wirksamer Einwilligung durch Bevollmächtigte	69–83
a) Einwilligungsunfähigkeit des Vollmachtgebers	69
b) Wirksam erteilte und fortbestehende Vollmacht – Übersicht	70
c) „Handlungsfähigkeit" des Vollmachtgebers im Zeitpunkt der Vollmachterteilung	71
d) Schriftliche Erteilung	72
e) Inhaltliche Erfordernisse an die Vollmacht	73–79
f) Fortbestehende Wirksamkeit der Vollmacht	80, 81
g) Mehrere Bevollmächtigte	82

Genehmigung des Betreuungsgerichts bei ärztlichen Maßnahmen 1–3 § 1904

	Rn.		Rn.
h) Betreuer bei unbekannter Vollmacht	83	d) Abdingbarkeit?	87
3. Gegenstand und Voraussetzungen der Genehmigungsbedürftigkeit	84–88	e) Sonderfälle	88
a) Grundsatz	84	4. Die Entscheidung des Gerichts	89–91
b) Eilfälle	85	a) Allgemeine Voraussetzungen	89
c) Anwendbarkeit bei Vorliegen einer Patientenverfügung?	86	b) Kriterien für die Entscheidung	90, 91
		5. Verfahren	92

I. Normzweck

1. Gesetzesgeschichte. Die rechtspolitisch umstrittene Vorschrift des § 1904 beruht auf dem **1** BtG von 1990, das für Einwilligungen des Betreuers in medizinische Maßnahmen unter bestimmten Voraussetzungen die vormundschaftsgerichtliche Genehmigung verlangte (Abs. 1). Durch das 1. BtÄndG von 1998[1] wurde der Genehmigungsvorbehalt auch auf Bevollmächtigte erstreckt; zugleich wurden die Voraussetzungen für derartigen Vollmachten näher festgelegt (damaliger Abs. 2, jetzt Abs. 5). In der Folgezeit ergab sich u.a. die Frage, ob eine gerichtliche Genehmigung auch bei Maßnahmen der Sterbehilfe erforderlich sein könne; diese Frage wurde zunächst durch den 1. Strafsenat,[2] später auch durch den 12. Zivilsenat des BGH[3] bejaht, doch ergaben sich zwischen den Entscheidungen rechtliche Differenzen, die eine gesetzliche Regelung als dringend erscheinen ließen. Diese Regelung erfolgte mit dem 3. Betreuungsrechtsänderungsgesetz vom 29. 7. 2009[4] durch Einfügung eines neuen Abs. 2. Bei dieser Gelegenheit wurde die gesamte Problematik der Einwilligung, Nichteinwilligung oder des Widerrufs einer Einwilligung in medizinische Maßnahmen durch einen Betreuer durch weitere Vorschriften modifiziert. Im neuen Abs. 3 ist angeordnet, dass die gerichtliche Genehmigung zu erteilen ist, wenn die Einwilligung dem Willen des Betreuten entspricht. Die damit angestrebte Stärkung der Patientenautonomie steht im Zusammenhang mit den zugleich eingeführten Regelungen der §§ 1901a und b über Patientenverfügung und Feststellung des Patientenwillens. Weiterhin wurde im neuen Abs. 4 der Vorbehalt gerichtlicher Genehmigung für dem Fall aufgehoben, dass zwischen Betreuer und behandelndem Arzt Einvernehmen darüber besteht, dass die Erteilung, die Nichterteilung oder der Widerruf der Einwilligung dem nach § 1901a festgestellten Willen des Betreuten entspricht. Damit ist auch für den Fall der Heilbehandlung (Abs. 1) das Erfordernis gerichtlicher Genehmigung wesentlich zurückgenommen. Die Erstreckung der Regelungen auf Bevollmächtigte ist geblieben (Abs. 5), aber der neuen erweiterten Regelung angepasst. Schließlich haben sich rechtliche Veränderungen zum 1. 9. 2009 insofern ergeben, als durch das FGG-RG[5] an die Stelle der Vormundschaftsgerichte die Betreuungsgerichte getreten sind (§ 23c GVG; §§ 271 ff. FamFG).

2. Genehmigungsvorbehalt für die Einwilligung in medizinische Maßnahmen 2 durch Betreuer (Abs. 1). Die Vorschrift bindet die Einwilligung, die der Betreuer im Namen des Betreuten in eine Untersuchung des Gesundheitszustands, eine Heilbehandlung oder einen ärztlichen Eingriff erklären will, unter bestimmten Voraussetzungen an eine betreuungsgerichtliche Genehmigung. Als Zweck der Vorschrift wird die Stärkung des personalen Elements der Betreuung und der Selbstbestimmung des Betreuten angegeben.[6] Auch die Rechtssicherheit für Betreuer und Ärzte wird als Argument angeführt.[7]

3. Genehmigungsvorbehalt für die Nichteinwilligung oder den Widerruf einer 3 Einwilligung durch Betreuer (Abs. 2). Der Einwilligung sind seit dem 3. BtÄndG die Nichteinwilligung und der Widerruf einer schon erteilten Einwilligung in eine medizinische Maßnahme gleichgestellt. Vorausgesetzt ist auch hier, dass die betreffende Maßnahme medizinisch angezeigt ist und die begründete Gefahr besteht, dass der Betreute auf Grund des Unterbleibens oder des Abbruchs der Maßnahme stirbt oder einen schweren und länger dauernden gesundheitlichen Schaden erleidet. Damit ist der Bereich der **Sterbehilfe** von der Vorschrift erfasst. Die Voraussetzungen des Genehmigungsvorbehalts sind denen in Abs. 1 nachgebildet.

---

[1] 1. BtÄndG vom 29. 6. 1998 (BGBl. I S. 1580).
[2] BGHSt NJW 1995, 204; ihm folgend OLG Frankfurt NJW 1998, 2747 = FamRZ 1998, 1137; LG Duisburg NJW 1999, 2744.
[3] BGHZ 154, 205 = FamRZ 2003, 748.
[4] 3. BtÄndG vom 29. 7. 2009 (BGBl. I S. 2286).
[5] Vom 17. 12. 2008 (BGBl. I S. 2586); darin das Herzstück das FamFG.
[6] BT-Drucks. 11/4528 S. 70 f.; 140 f.; *Wolf* ZRP 1988, 313, 314. Zur Kritik *Schwab*, 57. DJT Sitzungsbericht K S. 29 f.
[7] *Ludyga* FPR 2010, 266, 268.

§ 1904 4–8

4 4. Der Wille des Betreuten (Abs. 3). Wenn eine geplante Maßnahme vom Gericht genehmigt werden muss, stellt sich die Frage, **nach welchen Kriterien d**as Gericht entscheidet. Dazu bringt Abs. 3 die Aussage, dass die Genehmigung zu erteilen ist, wenn die Einwilligung, die Nichteinwilligung oder der Widerruf der Einwilligung **dem Willen des Betreuten** entspricht. Die neue Vorschrift will dem Selbstbestimmungsrecht des Patienten ein entscheidendes Gewicht geben, wirft aber eine Reihe von Fragen auf.

5 5. Nicht erforderliche Genehmigung (Abs. 4). Auch wenn die Einwilligung (Nichteinwilligung/Widerruf) an sich der gerichtlichen Genehmigung bedürfte, ist eine solche **nicht erforderlich**, wenn **zwischen Betreuer und behandelndem Arzt Einvernehmen** darüber besteht, dass die Erteilung, die Nichterteilung oder der Widerruf der Einwilligung dem nach § 1901a festgestellten **Willen des Betreuten** entspricht. Diese Beschränkung des Genehmigungsvorbehalts geht auf die Entscheidung des 12. Zivilsenats des BGH zurück, der die Genehmigung der Einwilligung in die Beendigung oder Unterlassung lebenserhaltender Maßnahmen nur dann für erforderlich erklärte, wenn diese vom Arzt angeboten, vom Betreuer aber abgelehnt worden waren.[8] Die neue Regelung des Abs. 4 geht indes über den Bereich der Sterbehilfe weit hinaus und gilt auch für alle Fälle des § 1904 Abs. 1. Die Anwendung des Abs. 4 auf die Fälle des Abs. 1 bedeutet eine **wesentlichen Einschränkung des Genehmigungsvorbehalts** gegenüber der vor dem 3. BtÄndG bestehenden Rechtslage. Was den Willen des Betreuten betrifft, bezieht sich die Norm auf den „nach § 1901a festgestellten Willen", also auch auf den mutmaßlichen Willen nach § 1901a Abs. 2.

6 6. Regelungen für Bevollmächtigte (Abs. 5). Die Vorschrift erstreckt den Vorbehalt gerichtlicher Genehmigung auch auf die Einwilligung, Nichteinwilligung und den Einwilligungswiderruf, die durch einen Bevollmächtigten im Namen des Patienten erklärt werden. Zugleich klärt der Gesetzgeber damit die früher umstrittene Frage, ob die Einwilligung in die Heilbehandlung und die Ablehnung einer lebenserhaltenden Maßnahme überhaupt der gewillkürten Stellvertretung zugänglich sind. Der Gesetzgeber bejaht diese Frage,[9] unterwirft die entsprechende Vollmacht zum Schutz des Vollmachtgebers aber besonderen Modalitäten. Diese Besonderheiten finden sich in § 1904 Abs. 5 S. 2. Im Übrigen gelten die Absätze 1 bis 4 für Bevollmächtigte entsprechend.

II. Genehmigungsvorbehalt bei Einwilligung des Betreuers in medizinische Maßnahmen (§ 1904 Abs. 1)

7 1. Voraussetzungen des Genehmigungsvorbehalts nach § 1904 Abs. 1 im Überblick. Die Genehmigungspflicht nach § 1904 Abs. 1 besteht unter folgenden Voraussetzungen:
– Es ist ein Betreuer bestellt, dessen Aufgabenkreis die Einwilligung in medizinische Maßnahmen umfasst;
– der Betroffene selbst ist nicht in der Lage, über die Einwilligung selbstbestimmt zu entscheiden (mangelnde „Einwilligungsfähigkeit");
– der Betreuer will im Namen des Betreuten eine solche Einwilligung erteilen;
– es besteht die begründete Gefahr, dass der Betreute auf Grund der Maßnahme stirbt oder einen schweren und länger dauernden gesundheitlichen Schaden erleidet;
– zwischen Betreuer und behandelndem Arzt besteht kein Einvernehmen darüber, dass die Erteilung der Einwilligung dem nach § 1901a festgestellten Willen des Betreuten entspricht (§ 1904 Abs. 4);
– mit dem Aufschub der Maßnahme ist keine Gefahr verbunden (§ 1904 Abs. 1 S. 2).

8 2. Betroffene Erklärungen. a) Einwilligung des Betreuers im Namen des Betreuten. § 1904 Abs. 1 kommt nur zur Anwendung, wenn der Betreuer die zur Rechtfertigung einer medizinischen Behandlung[10] nötige Einwilligung in die Beeinträchtigung der körperlichen Unversehrtheit oder der Freiheit oder des allgemeinen Persönlichkeitsrechts im Namen des Betreuten erklärt. Es geht folglich nicht um den Abschluss schuldrechtlicher Arzt- und Krankenhausverträge, die der Betreuer, soweit seine gesetzliche Vertretungsmacht reicht, grundsätzlich genehmigungsfrei im Namen des Betreuten abschließen kann. Dem Vorbehalt des § 1904 Abs. 1 unterliegt nur die Einwilligung im Sinne des strafrechtlichen (§ 228 StGB) und zivilrechtlich-deliktischen Rechtfertigungsgrundes. Nicht betroffen von § 1904 ist die Einwilligung in eine Sterilisation, da hierzu § 1905 eine lex specialis enthält.[11]

---

[8] BGHZ 154, 205, 218 ff.
[9] S. BT-Drucks. 13/7158 S. 34.
[10] Unter dem Begriff „medizinische Behandlung" fassen wir im Folgenden die gesetzlichen Termine „Untersuchung des Gesundheitszustandes, Heilbehandlung, ärztlicher Eingriff" zusammen.
[11] In diesem Sinne auch BT-Drucks. 11/4528 S. 141.

b) Rechtsnatur der Einwilligung. Zur Frage, ob es sich bei der Einwilligung in eine medizinische Behandlung um eine Willenserklärung im Sinne des Allgemeinen Teils des BGB handelt oder nicht, äußert sich das Gesetz nicht. Die weitaus hM sieht in der Einwilligung in die Beeinträchtigung der körperlichen Unversehrtheit keine Willenserklärung, sondern eine geschäftsähnliche Handlung oder einen Realakt.[12] Die Qualifizierung als bloßer Realakt ist unhaltbar. Auch die Einordnung als bloß geschäftsähnliche Handlung widerspricht an sich dem klaren Begriff der Willenserklärung. Denn die Einwilligung *erstrebt und bewirkt* als Rechtsfolge die Rechtmäßigkeit einer sonst widerrechtlichen Beeinträchtigung des Rechtsguts, ist also ebenso Willenserklärung wie die Einwilligung in die Verfügung über Vermögensgüter (zB § 185 BGB).[13] Die Vorstellung, Willenserklärungen müsste sich auf wirtschaftliche Sachverhalte beziehen, widerlegt ein Blick auf das Abstammungs- und Adoptionsrecht. Es ist aber zuzugeben, dass sich mit der Theorie von der „geschäftsähnlichen Handlung" in der Praxis flexibel arbeiten, insbesondere begründen lässt, dass hinreichend einsichtsfähige Minderjährige oder unter Einwilligungsvorbehalt stehende Betreute jenseits der Regeln der §§ 106 ff. BGB selbst einwilligen können. Wir legen also die hM unserer Kommentierung zugrunde.

3. Die Einwilligungsbefugnis des Betreuers. a) Aufgabenkreis. Die Anwendung des § 1904 Abs. 1 kommt nur in Betracht, wenn dem Betreuer die Befugnis zusteht, die Einwilligung für den Betreuten zu erklären. Das bedeutet zunächst: Die Einwilligung in die betreffende Heilbehandlung muss von der Umschreibung des Aufgabenkreises umfasst sein. Das ist der Fall, wenn dem Betreuer entweder die Personensorge oder Gesundheitsfürsorge oder die Fürsorge für die vorgesehene Behandlung oder für die Einwilligung in die konkrete Einzelmaßnahme übertragen ist.[14] Im Gegensatz zur Lage bei der Sterilisation muss die Einwilligungsbefugnis bei Umschreibung des Aufgabenkreises nicht ausdrücklich genannt sein, der Aufgabenkreis „Gesundheitsfürsorge" umfasst die Einwilligungsbefugnis, soweit deren weitere Voraussetzungen gegeben sind.[15]

b) Fehlende Einwilligungsfähigkeit des Betreuten. aa) Grundsätze. Der Betreuer ist nur dann befugt, die Einwilligung anstelle des Betreuten zu erklären, wenn dieser nicht selbst wirksam einwilligen kann.[16] Grund für diese Einschränkung der gesetzlichen Vertretungsmacht des Betreuers ist nicht die dogmatische Einordnung der Einwilligung als bloß „geschäftsähnliche Handlung", sondern ihr höchstpersönlicher Charakter. Im Bereich der Selbstbestimmung über die eigene körperliche Unversehrtheit und andere höchstpersönliche Güter muss sich die gesetzliche Vertretungsmacht auf die Fälle beschränken, in denen der Betroffene selbst nicht wirksam handeln kann. Ist der Betroffene einwilligungsfähig, so kann er nur selbst einwilligen;[17] er bedarf dazu weder der Zustimmung des Betreuers noch der Genehmigung des Betreuungsgerichts. Das gilt auch dann, wenn in der Umschreibung des Aufgabenkreises die „Einwilligung in die Heilbehandlung" ausdrücklich genannt ist; es entsteht dann nicht, wie eine Literaturmeinung vertritt, eine „Doppelkompetenz",[18] sondern die Befugnis zur Einwilligung bleibt auch dann allein bei dem dazu fähigen Patienten selbst.[19]

bb) Einwilligungsvorbehalt. In diesem Zusammenhang ergibt sich die Frage, ob für einen an sich einwilligungsfähigen Betreuten insoweit ein Einwilligungsvorbehalt (§ 1903) angeordnet werden kann, mit der Wirkung, dass zwar der Betreute selbst einwilligen kann, dazu aber der Zustimmung des Betreuers bedarf. Die Frage ist zu verneinen:[20] Wenn der Betreute in der Lage ist, selbstverant-

---

[12] Oft wird die Erklärung überhaupt nicht näher qualifiziert. Überblick über den Meinungsstand bei *Röver* S. 86 ff.; für das Zivilrecht BGHZ 29, 33, 36; BGH NJW 1988, 2946, 2947.
[13] Näheres *Schwab*, in *Neuer-Miebach/Krebs*, Schwangerschaftsverhütung bei Menschen mit geistiger Behinderung – notwendig, möglich, erlaubt?, 1987, S. 136 ff.
[14] Anforderungen an eine engere Umschreibung verlangen zB HK-BUR/*Rinck* Vor § 1904 Rn. 17; jedoch ist das sachliche Gebiet einer Betreuung nicht zu verwechseln mit den im konkreten Fall dem Betreuer zustehenden Befugnissen; gerade die zu enge Umschreibung (zB Einwilligung in eine bestimmte Behandlung) kann Rechtsunsicherheiten schaffen; siehe *Schwab*, FS Henrich, 2000, S. 511, 514 f.
[15] So auch *Damrau/Zimmermann* Rn.12; *Soergel/Zimmermann* Rn. 15.
[16] Diese Aussage war im 1. Diskussions-Teilentwurf zum BtG (S. 3) ausdrücklich enthalten gewesen, ist aber in der Gesetzesfassung als selbstverständlich weggelassen worden. Sie entspricht der fast durchweg vertretenen Meinung, vgl. BayObLG FamRZ 1990, 1154, 1155; OLG Hamm NJWE-FER 1998, 178.
[17] *Kuhlmann*, Einwilligung in die Heilbehandlung alter Menschen, S. 145. Diese Auffassung liegt auch der Entscheidung BGHZ 154, 205 zugrunde.
[18] So aber *Holzhauer* NJW 1992, 2325, 2329.
[19] So auch *Kuhlmann* S. 144 f.; *J. Taupitz*, Gutachten A zum 63. Deutschen Juristentag Leipzig 2000, S. 63 ff.; HK-BUR/*Rinck* Vor § 1904 Rn. 9; *Soergel/Zimmermann* Rn. 2.
[20] So auch *Holzhauer* NJW 1992, 2325, 2329; *Soergel/Zimmermann* Rn. 11; *Damrau/Zimmermann* Rn.13; *Klüsener/Rausch* NJW 1993, 617, 619; *Jürgens/Lesting/Marschner/Winterstein* Rn. 189. AA *Kuhlmann* S. 188.

§ 1904   13–15   Abschnitt 3. Titel 2. Rechtliche Betreuung

wortlich in diesem höchstpersönlichen Bereich zu handeln, dann kann ihm diese Kompetenz durch einen Einwilligungsvorbehalt nicht genommen werden. Insoweit gibt es nur ein Entweder – Oder: Es kann entweder nur der Betreute selbst oder nur der Betreuer einwilligen. Der vorsichtige Arzt wird sich im Zweifelsfall gleichwohl möglichst der Einwilligung beider versichern.

13   **cc) "Natürliche" Einsichts- und Steuerungsfähigkeit.** Ein entscheidendes Anwendungsproblem des § 1904 ist somit die Frage, unter welchen Voraussetzungen der Betreute selbst wirksam in eine medizinische Behandlung einwilligen kann. Hierzu bezieht sich die Begründung zum BtG[21] auf die gängige Rechtsprechung und Lehre, wonach nicht die Geschäftsfähigkeit entscheidet, sondern die – jeweils individuell festzustellende – „natürliche" Einsichts- und Steuerungsfähigkeit.[22] Dieser Auffassung ist im Ergebnis zuzustimmen: Für die Einwilligung in die Beeinträchtigung höchstpersönlicher Rechtsgüter kommt es auf die individuelle Fähigkeit zur selbstverantwortlichen Willensbildung und -steuerung *in diesem Bereich* an.[23] Nicht zwingend ist es jedoch, „natürliche Einsichtsfähigkeit" und „Geschäftsfähigkeit" als Gegensätze zu begreifen; vielmehr ist der Befund, der als **„natürliche Einsichtsfähigkeit"** bezeichnet wird, **identisch mit der Geschäftsfähigkeit einer Person in diesem Entscheidungsbereich.**[24] Das entspricht der anerkannten Lehre von der Möglichkeit *partieller Geschäftsfähigkeit*. Wenn die Strafrechtsdogmatik sagt, es komme bei der Fähigkeit zur Einwilligung in eine Heilbehandlung nicht auf die „Geschäftsfähigkeit" an, so kann damit nur gemeint sein, dass es nicht auf diejenigen Anforderungen an die Fähigkeit zur Selbstbestimmung ankommen kann, die für *andere Rechtsakte* (etwa die Aufnahme eines Darlehens) von Belang sein mögen. Nicht zu folgen ist den Ansätzen, die Einsichtsfähigkeit Erwachsener an den (vorgestellten) Fähigkeiten von 14 jährigen Personen zu orientieren.[25]

14   **dd) Richtiger Begriff.** Die somit entscheidende **Einsichts- und Steuerungsfähigkeit des Betreuten** oder **natürliche Entscheidungsfähigkeit** darf freilich nicht falsch begriffen werden. Zunächst ist sie nicht zu verwechseln mit der „natürlichen Handlungsfähigkeit" als der Fähigkeit, überhaupt willentlich zu handeln; diese kann auch schon das Kleinkind entwickeln. Ferner ist es unstatthaft, allein auf die Fähigkeit zur Einsicht in die „Tragweite" der ärztlichen Behandlung abzustellen.[26] Vielmehr bezieht sich die Einsichtsfähigkeit auch auf den Grund und die Dringlichkeit der in Aussicht genommenen Heilbehandlung, also die ärztliche Diagnose, das Begreifen der therapeutischen Möglichkeiten und das Abschätzen der jeweils damit verbundenen Heilungschancen und der Risiken.[27] Grundvoraussetzung ist die Fähigkeit, das vom Arzt geführte **Aufklärungsgespräch zu erfassen**[28] und auf seiner Grundlage die Entscheidung für oder gegen die Einwilligung selbstverantwortlich treffen zu können.[29] Um die Dimension der „Einwilligungsfähigkeit" richtig einschätzen zu können, muss folglich die Rechtsprechung zur ärztlichen Aufklärungspflicht herangezogen werden. Nicht nachvollziehbar ist die Aussage, die Feststellung der „Krankheitsuneinsichtigkeit" reiche oft für die Begründung der Einwilligungsunfähigkeit nicht aus;[30] wenn der Patient außerstande ist, die Tatsache seiner Erkrankung zu erkennen, dann kann er weder Diagnose noch Therapie verstehen.

15   **ee) Betreuer für Gesundheitsangelegenheiten.** Der Umstand, dass der Betreute wegen geistiger oder seelischer Defizite einen Betreuer für Gesundheitsangelegenheiten erhalten hat, begründet für sich gesehen noch nicht seine Einwilligungsunfähigkeit, die stets im Bezug auf kon-

---

[21] BT-Drucks. 11/4528 S. 71, 140.
[22] Grundlegend BGHZ 29, 33. So auch BGH FamRZ 2001, 149, 161; OLG Hamm NJWE-FER 1997, 178; LG Berlin FamRZ 1993, 597, 598; BayObLG FamRZ 1994, 1060, 1061 (betreffend die Voraussetzungen der Gesundheitsbetreuung generell).
[23] Ähnlich *Soergel/Zimmermann* Rn. 4, 5. Siehe die Konkretisierung der Kriterien der Einwilligungsfähigkeit bei *Amelung*, Vetorechte, S. 8 ff., 11.
[24] So noch mE ganz zutreffend BayObLG FamRZ 1990, 1154, 1155, wo Einwilligungsunfähigkeit mit partieller Geschäftsunfähigkeit gleichgesetzt wird. Leider ist diese Linie aufgegeben, siehe BayObLG FamRZ 1994, 1060, 1061.
[25] So aber *J. Taupitz*, Gutachten A zum 63. Deutschen Juristentag Leipzig 2000, S. 60 ff.; *Lipp*, Freiheit und Fürsorge: Der Mensch als Rechtsperson, S. 82 ff.
[26] Einseitig *Eser* MedR 1984, 8.
[27] Die Formulierungen sind unterschiedlich, meist zu eng, vgl. BayObLG FamRZ 1994, 1060, 1061 („Grund und Tragweite"); OLG Hamm NJWE-FER 1997, 178 („Bedeutung, Dringlichkeit und Tragweite – auch die Risiken").
[28] Vgl. BayObLG FamRZ 1990, 1154, 1155. Grundsätzlich; *J. Taupitz*, Gutachten A zum 63. Deutschen Juristentag Leipzig 2000, S. 28 ff. Zur Aufklärung bei älteren Patienten *Kuhlmann* S. 94 ff. Allgemein zu den Erfordernissen der Aufklärung: *Deutsch/Spickhoff*, Medizinrecht, 6. Aufl. 2008, Rn. 265 ff.
[29] Näheres bei *Kuhlmann* S. 77 ff.
[30] So aber BayObLG FamRZ 1994, 1060, 1061.

krete ärztliche Maßnahmen zu beurteilen ist. Doch bildet eine solche Betreuerbestellung ein Indiz;[31] denn Voraussetzung der Betreuung ist das krankheits- oder behinderungsbedingte Unvermögen, die betreffenden Angelegenheiten selbst zu besorgen. Nun kann dieses Unvermögen in Bezug auf die schuldrechtlichen Verträge gegeben sein, während die Einwilligung in die medizinische Behandlung vom Betroffenen selbst erteilt werden kann. Doch wird das wohl nicht häufig vorkommen: Der Vorstellung, der Betreute könne möglicherweise zwar keinen Arztvertrag schließen, weil er insoweit geschäftsunfähig (§ 104 S. 2) sei, zur Einwilligung in den Eingriff selbst sei er jedoch imstande, liegt die veraltete Auffassung zugrunde, der Rechtsbereich persönlicher Güter sei einfacher strukturiert als derjenige vermögensrechtlicher Positionen.

ff) Beurteilung durch den Arzt. Ob der Betreute im konkreten Fall einsichts- und steuerungsfähig ist, hat der Arzt vor einer Maßnahme zu beurteilen.[32] Es hängt dies auch von der Schwierigkeit der Einsicht in Grund und Folgen der in Aussicht genommenen Behandlung ab.[33] Je schwieriger sich die ärztliche Aufklärung gestaltet, desto höhere Anforderungen stellt sie an die Einsichtsfähigkeit des Patienten. Die Einschätzung des Arztes unterliegt der Nachprüfung des Gerichts, der Arzt hat keinen Ermessensspielraum.

c) Keine Entscheidungsbefugnis des Betreuers bei wirksamer aktueller Einwilligung durch den Betreuten. aa) Aktuelle Einwilligung. Keiner Einwilligung durch den Betreuer bedarf es, wenn der Betreute selbst seine aktuelle Einwilligung zur ärztlichen Behandlung erteilt hat und diese auch noch wirksam ist, nachdem der Betreute später einwilligungsunfähig geworden ist. Der reale und geäußerte Wille des Patienten verdrängt dann den Willen eines Stellvertreters.[34] Dieser Gesichtspunkt kommt vor allem in den Fällen zum Tragen, in denen ein einwilligungsfähiger Patient selbst die Einwilligung erteilt hat, im Verlaufe der Heilbehandlung aber die Einwilligungsfähigkeit verliert. Grundsätzlich gilt: Der einwilligungsfähige Patient kann die einmal erteilte Einwilligung in eine Heilbehandlung jederzeit widerrufen.[35] Unterbleibt ein solcher Widerruf, so gilt die gegebene Einwilligung für die im Aufklärungsgespräch vorgestellten und vom Patienten akzeptierten medizinischen Maßnahmen, ohne dass sich der Arzt unentwegt um fortlaufende Bestätigungen der Einwilligung bemühen müsste. Daher verliert die einmal wirksam erteilte Einwilligung in eine bestimmte medizinische Behandlung ihre Wirksamkeit nicht dadurch, dass der Patient im Verlaufe der Behandlung einwilligungsunfähig wird. Das gilt zumindest dann, wenn bei der Einwilligung der Zustand künftiger Einwilligungsunfähigkeit als sicher oder möglich vorausgesehen wurde („antizipierte Einwilligung", zB Einwilligung in eine Operation unter Vollnarkose; Einwilligung in eine Medikation, die als Nebenwirkung Bewusstseinstrübungen zur Folge haben kann). Solange diese Einwilligung wirksam ist, bedarf es keiner stellvertretenden Einwilligung durch einen Betreuer oder Bevollmächtigten, daher scheidet auch die Anwendung des § 1904 aus. Auch die auf die Einwilligung folgende Bestellung eines Betreuers ändert daran nichts.

bb) Notwendigkeit der Bestellung eines Betreuers; Widerruf. Ist kein Betreuer bestellt, so ist in Bezug auf die Einwilligung des Patienten eine Betreuerbestellung solange nicht notwendig, als eine das ärztliche Handeln tragende Einwilligung vorhanden und wirksam ist. Die fortwirkende Einwilligung ist keine „mutmaßliche", sondern sie ist wirklich und verbindlich. Ist ein Gesundheitsbetreuer bestellt, so liegt allerdings in seiner Zuständigkeit die Möglichkeit des Widerrufs der Einwilligung, solange der Zustand der Einwilligungsunfähigkeit fortbesteht.[36] Die fortwirkende Einwilligung verliert ihre rechtfertigende Wirkung, wenn sich eine Situation ergibt, in der auch bei einem einwilligungsfähigen Patienten ein neues Aufklärungsgespräch und eine neue Einwilligung erforderlich wären (Auftreten unerwarteter Komplikationen, die eine neue Entscheidungssituation schaffen; Änderung des Behandlungszieles oder der dafür eingesetzten Mittel). Unter diesem Gesichtspunkt kann die Bestellung eines Gesundheitsbetreuers notwendig werden.

d) Die Aufgabe des Betreuers bei Vorliegen einer Patientenverfügung. Der Betreuer kann den Betreuten bei der Einwilligung in eine ärztliche Behandlung auch insoweit nicht vertreten, als eine wirksame und den Fall treffende Patientenverfügung vorliegt. Denn insoweit hat der Betreute

---
[31] Ähnlich *Soergel/Zimmermann* Rn. 5; *Damrau/Zimmermann* Rn.14; aA *Staudinger/Bienwald* Rn. 25 (Betreuer entscheidet im Zweifelsfall; dafür fehlt diesem aber gewöhnlich die medizinische Kompetenz).
[32] *Kuhlmann* S. 87 ff.; nach S. 147 soll auch der Betreuer gehalten sein, die Einwilligungsfähigkeit zu überprüfen, was er schwerlich wird leisten können.
[33] In dieser Richtung BT-Drucks. 11/4528 S. 71; *Soergel/Zimmermann* Rn. 4, 5.
[34] Grundsätzlich ebenso *Röver*, Einflussmöglichkeiten des Patienten, S. 135 ff.
[35] Dazu *Röver* S. 93, 117; *Taupitz*, Gutachten A zum 63. Deutschen Juristentag Leipzig 2000, S. 41, 105 ff. *Kuhlmann* S. 90 ff.
[36] *Röver* S. 136.

bereits selbst entschieden. Die Aufgabe des Betreuers beschränkt sich in diesem Fall darauf, zu prüfen, ob die in der Patientenverfügung getroffene Festlegung auf die aktuelle Lebens und Behandlungssituation zutrifft und, wenn dies der Fall ist, auf die Beachtung des Patientenwillens hinzuwirken (§ 1901a Abs. 1 BGB, siehe dort Erl. Rn. 27 ff.). Ferner hat er sonstige notwendige Rechtshandlungen im Namen des Betreuten zu vorzunehmen.

20 **e) Entscheidungsbefugnis des Betreuers bei „mutmaßlichem Willens" des Betreuten.** Liegt keine treffende Patientenverfügung, aber ein feststellbarer mutmaßlicher Wille des Betreuten zu der in Frage stehenden medizinischen Behandlung vor, so ist gleichwohl der Betreuer ist für die Entscheidung über die Einwilligung zuständig. Im Strafrecht ist anerkannt, dass die Rechtmäßigkeit einer Heilbehandlung unter gewissen Voraussetzungen auch aus der mutmaßlichen Einwilligung des Patienten hergeleitet werden kann.[37] Im Zusammenhang mit dem Betreuungsrecht ist wichtig, dass die Annahme einer mutmaßlichen Einwilligung im konkreten Fall die Kompetenz eines bestellten Gesundheitsbetreuers für die Erteilung der Einwilligung nicht in Frage stellt: Wenn der Betreute einwilligungsunfähig ist, so liegt die Entscheidung über die Einwilligung grundsätzlich beim Betreuer,[38] der freilich im Innenverhältnis sich am mutmaßlichen Willen des Betreuten auszurichten hat (§ 1901a Abs. 2).[39] Soweit der Betreuer für den einwilligungsunfähigen Betroffenen handelt, ist der so geäußerte Wille freilich kein „mutmaßlicher" mehr, sondern der wirkliche, durch den Stellvertreter gebildete Wille des Betreuten. Ob dieser dem mutmaßlichen Willen des Betreuten entspricht, ist im Rahmen des § 1904 dann möglicher Gegenstand der gerichtlichen Überprüfung. Wenn für eine behandlungsbedürftige, einwilligungsunfähige Person noch kein Betreuer bestellt ist, kann die Erforderlichkeit der Betreuung in der Regel nicht mit der Begründung verneint werden, dass der mutmaßliche Wille des Betreuten genüge. Denn die mutmaßliche Einwilligung ist kein wirklicher Akt der Selbstbestimmung, sondern ein bloßes „normatives Konstrukt",[40] das nur in Notfällen bei akuter Lebens- und Leibesgefahr die ärztliche Hilfe unmittelbar rechtfertigt.[41]

21 **4. Allgemeine Voraussetzungen des Genehmigungsvorbehalts. a) Keine Genehmigungspflicht für Einwilligung durch den Betroffenen selbst.** Will der entscheidungsfähige Betreute selbst in eine der in § 1904 Abs. 1, 2 genannten Maßnahmen einwilligen, so benötigt er in keinem Fall einer gerichtlichen Genehmigung hierfür. Das gilt auch, wenn der entscheidungsunfähige Patient zuvor im Zustand der Entscheidungsfähigkeit seine Einwilligung erklärt hat und diese noch wirksam ist (oben Rn. 17 f.). Der Genehmigungsvorbehalt betrifft nur die Einwilligung, die der Betreuer im Namen des Betreuten und mit Wirkung für ihn erklärt.

22 **b) Genehmigungspflicht trotz Patientenverfügung?** Genehmigungsbedürftig ist folglich auch nicht die Einwilligung in eine medizinische Behandlung, die in einer wirksamen Patientenverfügung festgelegt ist (siehe Erl. zu § 1901a Rn. 23).[42] Nun ist es freilich denkbar, dass über die Frage, ob eine (noch) wirksame Patientenverfügung vorliegt und ob sie den konkreten Fall trifft, **Meinungsverschiedenheiten zwischen dem Arzt und dem Betreuer** bestehen. In diesem Fall kommt nach dem Sinn der Regelung zum Schutz des Betreuten der Genehmigungsvorbehalt zum Zuge.[43] Dass auch der Gesetzgeber dies so gesehen hat, lässt sich daraus ableiten, dass § 1904 Abs. 4 auf den *gesamten* § 1901a, also auch auf die Vorschrift über die Patientenverfügung (Abs. 1) Bezug nimmt. Ist zB der Arzt der Auffassung, eine ärztlich indizierte, aber riskante Behandlung sei von der in einer Patientenverfügung festgelegten Einwilligung umfasst, während der Betreuer das Gegenteil annimmt, so betrifft die Meinungsverschiedenheit letztlich die Frage, ob der Betreuer für die Einwilligung bzw. Untersagung zuständig ist. Dieser Dissens muss einer gerichtlichen Klärung zugeführt werden, bevor die medizinische Maßnahme durchgeführt, unterlassen oder abgebrochen wird. § 1904 Abs. 1 ist also auch dann anwendbar, wenn eine Maßnahme der in § 1904 Abs. 1, 2 genannten Art sich möglicherweise auf den in einer Patientenverfügung festgelegten Willen des Patienten stützen kann, wenn aber sich Arzt und Betreuer über die Relevanz dieses Willen für die konkrete Behandlung nicht einig sind.

23 **5. Die vom Genehmigungsvorbehalt erfassten Maßnahmen. a) Die gesetzlichen Begriffe. Untersuchung des Gesundheitszustandes** ist jedes diagnostische Verfahren, gleichgül-

---

[37] BGHSt NJW 1988, 2310. Ausführlich dazu *Rieger* S. 67 ff.; *Kuhlmann* S. 124 ff.
[38] Grundsätzlich ebenso *Rieger* S. 127 ff.; BGHZ 154, 205, 211.
[39] Grundlegend BGHZ 154, 205, 217 f.
[40] Nachweise bei *Rieger* S. 72 f.
[41] Näheres bei *Kuhlmann* S. 124 ff.
[42] *Palandt/Diederichsen* Rn. 4. Anders der Auffassung, nach der auch bei einer die Situation treffenden Patientenverfügung stets der Betreuer/Bevollmächtigte zu entscheiden hat, siehe *Diehn/Rebhan* NJW 2010, 326, 328.
[43] In diesem Sinn auch *Reus* JZ 2010, 80, 82.

tig ob es mit einer körperlichen Untersuchung oder mit einem körperlichen Eingriff verbunden ist oder nicht. **Heilbehandlungen** sind Maßnahmen jeglicher Art, die auf Herstellung der Gesundheit, Linderung der Krankheit, Beseitigung oder Linderung von Krankheitsfolgen sowie Verhütung von Krankheiten und ihrer Verschlimmerung gerichtet sind. Auch „alternative" Behandlungsmethoden jeglicher Art fallen unter den Begriff, so dass § 1904 auch für Heilpraktiker von Bedeutung ist. **Ärztliche Eingriffe** sind in aller Regel ohnehin unter die Heilbehandlungen zu subsumieren, doch sind sie eigens erwähnt, da dies bei einigen Eingriffen zumindest zweifelhaft sein kann (Schönheitschirurgie, Schwangerschaftsabbruch, der nicht medizinisch indiziert ist etc.). „Eingriff" setzt eine Beeinträchtigung der körperlichen Unversehrtheit voraus.

b) Entscheidung über Nichtvornahme, Widerruf der Einwilligung. Nicht unter 24 § 1904 Abs. 1 fällt die Entscheidung über die Nichtvornahme einer bestimmten Heilbehandlung oder eines bestimmten ärztlichen Eingriffs.[44] Diese Problematik war vor dem 3. BtÄndG umstritten und ist nun in § **1904 Abs. 2** einer ausdrücklichen gesetzlichen Regelung zugeführt (Rn. 37 ff.); auch der Abbruch einer mit Einwilligung des Patienten oder seines Betreuers begonnenen Behandlung unterliegt als solcher nicht dem § 1904 Abs. 1,[45] sondern ist nach § 1904 Abs. 2 zu beurteilen. Es kann aber der Wechsel der Therapie einer neuen ärztlichen Aufklärung und Einwilligung bedürfen und dann unter den Voraussetzungen des § 1904 Abs. 1 genehmigungsbedürftig sein.

c) Gefahr für Leben oder Gesundheit. aa) Die „begründete Gefahr". Nicht die Ein- 25 willigung in jede der oben beschriebenen Maßnahmen ist genehmigungspflichtig, sondern nur in solche, die als riskant erscheinen. Die genaue Umschreibung des Risikos hat dem Gesetzgeber des BtG erhebliche Probleme bereitet.[46] Nach dem Gesetz ist die Genehmigung erforderlich, wenn „die begründete Gefahr" besteht, dass der Betreute auf Grund der geplanten Maßnahme stirbt oder einen schweren und länger dauernden gesundheitlichen Schaden erleidet. Der „begründete Gefahr" verdeutlicht, dass es nicht um subjektive Befürchtungen, sondern um objektive Gefahren geht.[47] Da fast jede nennenswerte Heilbehandlung Risiken für Leben und Gesundheit einschließt, ist in § 1904 ein **besonderes, über das Gewöhnliche hinausgehendes Risiko** gemeint, das sich auch bei kunstfehlerfreier Behandlung ergibt. Es muss eine „ernste und konkrete Erwartung" der näher bezeichneten Folgen vorliegen.[48] Begründet ist die Gefahr des Todes daher nur, wenn die in Aussicht genommene Maßnahme im konkreten Fall ein signifikant hohes, das Durchschnittsrisiko medizinischer Behandlungen klar überschreitendes Lebensrisiko in sich schließt;[49] entsprechendes gilt für Gesundheitsrisiken. Das ist nach dem jeweiligen Stand der Medizin zu beurteilen, also dem Wandel offen. Ob die Auffassungen, die das Risiko nach Prozentsätzen der Komplikationshäufigkeit einschätzen wollen, letztlich viel zur Klarheit beitragen, sei bezweifelt.[50] Es kommt *nicht* darauf an, ob die Behandlung im Hinblick auf die Schwere der Krankheit notwendig ist oder nicht; ob die Unterlassung der Maßnahme gefährlicher für Leben und Gesundheit des Patienten als ihre Vornahme ist oder nicht. Solche Gesichtspunkte sind für die Erteilung der gerichtlichen Genehmigung entscheidend, nicht aber schon für die Genehmigungsbedürftigkeit. Die Einschätzung des Risikos ist konkret vorzunehmen; Alter und der Gesundheitszustand des Patienten sind zu berücksichtigen.[51]

bb) Art und Grad der Gefährdung. Lebensgefahr ist begründet, wenn die Maßnahme 26 nach dem Stand der Medizin das klar überdurchschnittliche Risiko einer Verkürzung des Lebens des Patienten in sich birgt. Die **Gefahr eines schweren und länger dauernden Gesundheitsschadens** ist gleichfalls am Durchschnittsrisiko ärztlicher Behandlungen zu messen. Nicht genügt ein Gesundheitsschaden, der schwer ist, aber nicht länger andauert (zB die übliche Operationswunde).[52] Auf der anderen Seite genügt auch nicht das Risiko einer länger dauernden, aber nicht schweren Gesundheitsschädigung (zB übliche, erträgliche Schmerzen an einer Operationsnarbe, Fehlen eines

---

[44] *Wagenitz* FamRZ 1998, 1256; *Steffen* NJW 1996, 1581; *Soergel/Zimmermann* Rn. 26. AA *Winkler-Wilfurt*, Betreuung und Heilbehandlung S. 139 f.; *Kuhlmann* S. 149; *Rieger* S. 124; *Taupitz*, Gutachten A zum 63. Deutschen Juristentag Leipzig 2000, S. 86 ff.
[45] *Wagenitz* FamRZ 1998, 1256.
[46] Siehe die unterschiedlichen Formulierungen im Verlauf des Gesetzgebungsverfahrens: 1. Diskussions-Teilentwurf S. 4; BT-Drucks. 11/4528 S. 16; BT-Drucks. 11/6949 S. 73.
[47] BT-Drucks. 11/6949 S. 73.
[48] BT-Drucks. 11/4528 S. 140.
[49] Ähnlich *Jürgens/Lesting/Marschner/Winterstein* Rn. 194. Die Ansätze in der Lit. sind recht unterschiedlich, zT auch wenig nachvollziehbar, was die Unsicherheiten erheblich vermehrt; siehe den guten Überblick bei *Knittel* Rn. 28 ff., 81 ff.
[50] Solche Ansätze zB bei *Wiebach/Kreyßig/Peters/Winterstein* BtPrax 1997, 48 ff.; LG Berlin FamRZ 1993, 597; kritisch dazu auch *Soergel/Zimmermann* Rn. 27.
[51] *Schwab* FamRZ 1990, 681, 686; *Soergel/Zimmermann* Rn. 28.
[52] BT-Drucks. 11/4528 S. 140.

gezogenen Zahnes.⁵³ Schwere und Zeitmoment müssen zusammenkommen.⁵⁴ Als **"länger dauernd"** sieht die Begründung zum BtG eine Beeinträchtigung der Gesundheit an, die ein Jahr oder länger andauert, doch soll es hier auch auf die Schwere ankommen; außergewöhnliche Schmerzen sollen den Begriff „länger dauernd" schon nach kürzerer Zeit erfüllen als mindere Beeinträchtigungen.⁵⁵ Für die Frage, wann von einem **schweren Gesundheitsschaden** zu sprechen ist, verweist die Gesetzesbegründung⁵⁶ auf den Katalog des § 226 Abs. 1 StGB: Verlust eines wichtigen Körpergliedes,⁵⁷ des Sehvermögens auf einem oder beiden Augen, des Gehörs, des Sprechvermögens oder der Zeugungsfähigkeit; dauernde Entstellung in erheblicher Weise, Verfallen in Siechtum, Lähmung, Geisteskrankheit oder Behinderung. Zutreffend wird dieser Aufzählung aber kein erschöpfender Charakter zugemessen. Auch muss die Schwere nicht denselben Grad erreichen wie bei den in § 226 StGB genannten Körperverletzungen. Der schwere Gesundheitsschaden kann auch in gravierenden Nebenwirkungen von Medikamenten liegen,⁵⁸ ferner in Schmerz- und Schwächezuständen von erheblichem Gewicht. Auch die Besorgnis schwerer psychischer Schäden rechtfertigt den Genehmigungsvorbehalt.⁵⁹

27 **cc) Kategorien.** Der Genehmigungsvorbehalt des § 1904 Abs. 1 zwingt dazu, sämtliche Arten der medizinischen Behandlung einschließlich der Medikationen in Kategorien einzuteilen, nämlich in
- solche, die wegen des mit ihnen verbundenen Risikos *stets* dem § 1904 Abs. 1 unterfallen („hochriskante Eingriffe"),⁶⁰
- solche, die je nach Konstitution des Patienten und den weiteren Umständen im konkreten Fall von § 1904 Abs. 1 erfasst sein *können* („relativ riskante Eingriffe"), und schließlich
- solche, in die der Betreuer gewöhnlich ohne gerichtliche Genehmigung einwilligen kann, weil sie mit keinem signifikant erhöhten Risiko verbunden sind.

Bei den **Medikamenten** ist weiterhin zu unterscheiden, ob sich ein deutlich erhöhtes Risiko schon bei *kurzzeitiger Gabe* oder erst bei *Dauermedikation* ergibt. Bei der Vielzahl denkbarer medizinischer Behandlungen und bei dem ständigen Wandel des Standes der medizinischen Wissenschaft ist eine verlässliche Kategorisierung nicht zu leisten, das Ergebnis ist eine spürbare Verunsicherung der Ärzte, Betreuer und Gerichte.⁶¹ Der Versuch, genehmigungsbedürftige Untersuchungen und Behandlungen, insbesondere medikamentöse Wirkstoffe aufzulisten,⁶² ist auf Protest gestoßen.⁶³ Doch scheint es unerlässlich, Risikostandards für die gängigsten medizinischen Maßnahmen für den Normalfall („durchschnittliche Konstitution") zu erarbeiten und ständig zu überprüfen.

28 **dd) Beispiele.** Die veröffentlichte Rechtsprechung zu § 1904 Abs. 1 bleibt hinter der Fülle des Schrifttums zurück. Nach LG Berlin⁶⁴ bedarf die ärztliche Behandlung eines 49 jährigen psychotischen Betreuten mit Glianimon, Atosil und Neurocil über mehrere Wochen wegen der Gefahr von Spätfolgen (Parkinsonoid und Spätdyskinesien) der gerichtlichen Genehmigung. Die Einwilligung in eine Elektrokrampftherapie wurde vom LG Hamburg zunächst generell für genehmigungsbedürftig gehalten,⁶⁵ später wurde das Erfordernis auf die Elektrokrampftherapie mit bilateraler Stimulation eingeschränkt.⁶⁶ Von den operativen Eingriffen sind vor allem die Eingriffe am offenen Herzen (auch Bypassoperationen) und die meisten Transplantationen (Herz, Leber, Bauchspeicheldrüse, Lunge und Knochenmark) mit besonderen Risiken verbunden. Genehmigungsbedürftig sind ferner neurochirurgische Eingriffe an Gehirn und Rückenmark. Der notwendige Einsatz einer Vollnarkose begründet die Genehmigungsbedürftigkeit regelmäßig nicht.⁶⁷ Die Amputation eines Beines im

---
⁵³ Letzteres Beispiel bei BT-Drucks. 11/4528 S. 140.
⁵⁴ BT-Drucks. 11/4528 S. 140.
⁵⁵ BT-Drucks. 11/4528 S. 141. Das Verfahren, zunächst Schwere *und* Dauer zu Voraussetzungen zu machen, dann aber die Dauer an der Schwere zu messen (und dann wohl auch umgekehrt!), mutet eigenartig an.
⁵⁶ BT-Drucks. 11/4528 S. 140.
⁵⁷ AA *Mayer* S. 132 (Amputation nicht stets genehmigungspflichtig).
⁵⁸ BT-Drucks. 11/4528 S. 140.
⁵⁹ *Soergel/Zimmermann* Rn. 32.
⁶⁰ Bezeichnungen nach HK-BUR/*Rinck* Rn. 13, 14.
⁶¹ S. *Pardey* BtPrax 1995, 81, 84.
⁶² ZB *Schreiber* FamRZ 1991, 1014; *Stolz* BtPrax 1994, 49; HK-BUR/*Rinck* Rn. 15.
⁶³ Vgl. *Nedopil* FamRZ 1993, 24; *Wolter/Henseler* BtPrax 1994, 183; *Pardey* BtPrax 1995, 81, 83.
⁶⁴ FamRZ 1993, 597.
⁶⁵ FamRZ 1994, 1204; siehe auch *Dodegge* FamRZ 1996, 74 ff.
⁶⁶ Nicht also generell für die Elektrokrampftherapie mit unilateraler Stimulation, LG Hamburg NJWE-FER 1998, 205. Zur Problematik ausführlich *Knittel* Rn. 83, 84 mwN.
⁶⁷ OLG Hamm NJW 2003, 2392, 2393.

Unterschenkel wird gleichfalls für genehmigungspflichtig gehalten.[68] Unter den nichtoperativen Heilbehandlungen ragen die Chemotherapien durch besondere Risiken hervor. Ob Strahlenbehandlungen generell unter § 1904 fallen, erscheint diskussionswürdig. Im Rechtsausschuss des Bundestages wurde der Vorschlag diskutiert, die nicht nur vorübergehende Behandlung mit Psychopharmaka der Genehmigungspflicht zu unterstellen;[69] da der Vorschlag abgelehnt wurde, ist bei solchen Behandlungen die konkrete Gefährdung für den Patienten entscheidend.[70] Auch bei „persönlichkeitsverändernden Behandlungen" gelten die allgemeinen Kriterien des Betreutenwohls und der Achtung der Selbstbestimmung,[71] nach denen auch beliebige andere Medikationen, etwa hohe und über längere Zeit hinweg verordnete Cortison-Gaben, zu beurteilen sind.

d) Der Schwangerschaftsabbruch insbesondere. Die Frage einer möglichen Einwilligung des Betreuers in einen Schwangerschaftsabbruch bei der betreuten Frau ist nicht gesondert geregelt.[72] Es gelten daher zunächst die allgemeinen Grundsätze wie bei sonstigen ärztlichen Eingriffen. Vorausgesetzt, dass die übrigen Erfordernisse eines straflosen Schwangerschaftsabbruchs gegeben sind, kommt es allein auf die Einwilligung der Schwangeren selbst an, wenn diese einwilligungsfähig ist. Andernfalls entsteht die Frage, ob eine stellvertretende Entscheidung durch den Betreuer überhaupt denkbar ist.[73] Das Problem ist in der strafrechtlichen Lit. streitig und kann hier nicht vertieft werden.[74] Als besonders brisant erscheint es bei einem Schwangerschaftsabbruch auf Grundlage des § 218a Abs. 1 StGB, dessen Tatbestand das „Verlangen der Schwangeren" voraussetzt. Folglich ergibt sich die Frage, ob auch dieses Verlangen durch Stellvertreter soll erklärt werden können. ME muss ein Schwangerschaftsabbruch auf Grund der Einwilligung des Betreuers bei Vorliegen der medizinischen Indikation (§ 218a Abs. 2) möglich sein.[75] In den übrigen Fällen[76] darf die Abtreibung mE keinesfalls gegen den Willen *auch der einwilligungsunfähigen* Frau durchgeführt werden; ihre Selbstbestimmung ist zu achten, soweit sie sich der Schwangerschaft bewusst ist und hierzu Stellung bezieht. Einer betreuungsgerichtlichen Genehmigung nach § 1904 Abs. 1 bedarf die Einwilligung des Betreuers, soweit es auf sie ankommt, in aller Regel nicht, weil der Schwangerschaftsabbruch üblicherweise nicht zu den besonders riskanten Eingriffen gehört.[77]

6. Kriterien der Entscheidung. Das Gericht hat zunächst zu prüfen, ob es auf die Einwilligung des Betreuers in die geplante Behandlung ankommt, ob der Betreuer also einwilligungsbefugt ist. Sodann hat das Gericht nach der durch das 3. BtÄndG geschaffenen Rechtslage zu prüfen, ob der Genehmigungsvorbehalt deshalb entfällt, weil zwischen Betreuer und behandelndem Arzt Einvernehmen darüber besteht, dass die Erteilung der Einwilligung dem nach § 1901a festgestellten Willen des Betreuten entspricht (§ 1904 Abs. 4, s. Rn. 52 ff.). Bejaht das Gericht die Voraussetzungen des Genehmigungsvorbehalts, so ist genereller Maßstab das Wohl des Betreuten. Doch bringt der durch das 3. BtÄndG eingeführte Abs. 3 im Sinne der Selbstbestimmung einen vorrangigen Grundsatz zur Geltung: Die Genehmigung ist zu erteilen, wenn die Einwilligung **dem Willen des Betreuten entspricht** (dazu Rn. 50, 51). Ist kein bindender Wille des Betreuten festzustellen, so ist allein der medizinische Befund maßgeblich. Die Dringlichkeit der Maßnahme und die Abwägung ihrer Gefährlichkeit im Vergleich zu den gesundheitlichen Risiken der Behandlungsalternativen spielen die wesentliche Rolle,[78] sodass der Einsatz von Sachverständigen unverzichtbar ist. Auch das Ziel der Schmerzlinderung kann die Genehmigung sachlich tragen.[79] Chancen und Risiken sind gegeneinander abzuwägen.[80] Weiteres wichtiges Element sind die Wünsche des Betreuten (§ 1901 Abs. 1, 2), soweit sie nicht schon im genannten Willensmoment berücksichtigt sind. Die Genehmi-

---

[68] LG Darmstadt FamRZ 2009, 543.
[69] BT-Drucks. 11/6949 S. 72.
[70] Dazu *Wojnar* BtPrax 1999, 11, 13. Zum Einsatz von Neuroleptika differenzierend OLG Zweibrücken FamRZ 2000, 1114; OLG Hamm FamRZ 2000, 1115, 1119.
[71] S. die Erwägungen bei BT-Drucks. 11/4528 S. 142.
[72] Dazu BT-Drucks. 11/4528 S. 141.
[73] Vgl. *mein* Referat auf dem 57. DJT, Sitzungsbericht K S. 33.
[74] S. *Schönke/Schröder/Eser* StGB, § 218a StGB Rn. 61; *Henke* NJW 1976, 1773 ff.
[75] OLG Frankfurt am Main FamRZ 2009, 368. Weitergehend Österr. OGH FamRZ 1999, 115 (Einwilligung der nicht einsichtsfähigen Schwangeren grundsätzlich durch Erklärung des Sachwalters und durch Gerichtsentscheidung ersetzbar).
[76] Grundsätzlich für die Möglichkeit des Schwangerschaftsabbruchs auf Grund Einwilligung des Betreuers auch hier: *Knittel* Rn. 98–100, dort auch weit. Lit.
[77] So auch HK-BUR/*Rinck* Rn. 21; *Knittel* Rn. 98.
[78] S. LG Berlin FamRZ 1993, 597, 599.
[79] HK-BUR/*Rinck* Rn. 25.
[80] S. OLG Hamm NJWE-FER 1997, 178, 179 („Verhältnismäßigkeit").

gung der Unterbringung oder einer vorläufige Unterbringung nach § 1846 ersetzt die nach § 1904 erforderliche Genehmigung nicht.[81]

31 **7. Die Bedeutung der Genehmigung. a) Außenwirkung.** Die Genehmigung und ihre Verweigerung entfalten Außenwirkung auch im Verhältnis zwischen dem Betreuten und dem Arzt sowie den sonst in die medizinische Maßnahme involvierten Personen.[82] Wird die Genehmigung für eine **Einwilligung** des Betreuers **erteilt**, so ist der Betreuer befugt, die Einwilligung dem Arzt gegenüber zu erklären (soweit dies nicht schon zuvor geschehen ist). Im Fall des § 1904 Abs. 3 ist der Betreuer aufgrund des Patientenwillens dazu verpflichtet und kann vom Gericht dazu angehalten werden. Liegt der Genehmigung kein eindeutiger Wille des Patienten zugrunde, so besteht eine solche Pflicht nicht in dem gleichen strengen Sinne. Keinesfalls ersetzt der gerichtliche Beschluss bereits die Erklärung der Einwilligung durch den Betreuer. Sind die genannten Erfordernisse – Einwilligung des Betreuers und gerichtliche Genehmigung – gegeben, so darf der behandelnde Arzt in aller Regel annehmen, dass er die genehmigte Behandlung durchführen darf. Halten Arzt, Betreuer und Gericht den Betreuten zu Unrecht für einwilligungsunfähig, so sind sowohl die Einwilligung des Betreuers als auch die gerichtliche Genehmigung gegenstandslos; es kommt allein auf die Einwilligung des Betreuten an; ist diese nicht gegeben, so vermag auch die gerichtliche Genehmigung den Eingriff nicht zu rechtfertigen. Unschädlich ist die Genehmigung der Einwilligung in eine Behandlung, die in Wirklichkeit nicht genehmigungsbedürftig ist.

32 **b) Versagung der Genehmigung.** Hält das Gericht die Voraussetzungen des Genehmigungsvorbehalts nicht für gegeben, so lehnt es die Genehmigung mit dieser Begründung ab. Die Rechtmäßigkeit der geplanten Maßnahme richtet sich dann nach allgemeinen Grundsätzen. Lehnt das Gericht die Erteilung der Genehmigung ab, weil es diese zwar für erforderlich, aber im Sinne des Betreutenwohls nicht für angebracht hält, so steht fest, dass die geplante Maßnahme rechtmäßig nicht durchgeführt werden kann. Das ist freilich nicht das Ende der ärztlichen Tätigkeit. Die Behandlung des Patienten im Sinne der Lebenserhaltung und Besserung des Gesundheitszustands ist weiterhin Aufgabe des Arztes, die Einwilligung durch den Betreuer bildet hierfür die ausreichende Grundlage, soweit nicht die nun geplanten Behandlungsalternativen ihrerseits unter die Maßnahmen nach § 1904 Abs. 1 fallen.

33 **c) Präventives Eingreifen des Betreuungsgerichts.** Erhält das Gericht Kenntnis von einer beabsichtigten Maßnahme, in die der Betreuer nur mit seiner Genehmigung einwilligen darf, so kann es dem Betreuer verbieten, in die Maßnahme ohne gerichtliche Genehmigung einzuwilligen bzw. ihn anweisen, die Genehmigung einzuholen (§ 1908i Abs. 1 S. 1 iVm. § 1837 Abs. 2 S. 1, Abs. 3).[83] Ist das Gericht umgekehrt der Meinung, dass eine medizinisch indizierte Behandlung durch Untätigkeit oder Weigerung des Betreuers unterbleibt, so kann es die Einwilligung nur unter den Voraussetzungen des § 1846 ersetzen.

34 **8. Maßnahmen ohne Genehmigung (Abs. 1 S. 2). a) Grundsatz.** Um Leben und Gesundheit betreuter Menschen durch die in § 1904 liegende Bürokratisierung ärztlicher Behandlung nicht zu gefährden, sieht § 1904 Abs. 1 S. 2 eine wichtige Ausnahme vor: Eine Maßnahme, in die an sich der Betreuer nur mit Genehmigung des Betreuungsgerichts einwilligen kann, darf gleichwohl ohne diese Genehmigung durchgeführt werden, wenn mit dem Aufschub Gefahr verbunden ist. Unter dieser Voraussetzung entfällt das Erfordernis gerichtlicher Genehmigung, nicht das der Einwilligung des Betreuers! Nur wenn diese nicht rechtzeitig zu erlangen ist, darf in Eilfällen mit Gefahr für Leib und Leben des Patienten eine Rettungsmaßnahme unmittelbar auf dessen mutmaßlichen Willen gestützt werden. Auf die Fälle des § 1904 Abs. 2 ist § 1904 Abs. 1 S. 2 nicht anwendbar.

35 **b) Voraussetzungen.** Die genehmigungsfreie Durchführung der Maßnahme ist unter der einzigen Voraussetzung zulässig, dass mit ihrem Aufschub Gefahr verbunden ist. Eigentümlicherweise ist in diesem Fall die „Gefahr" nicht näher qualifiziert, doch ergibt der Sachzusammenhang, dass es sich um eine **ernstliche und dringende Gefahr für Leben oder Gesundheit des Betreuten** handeln muss.[84] Die Gefahr muss aus dem Aufschub resultieren, den die Einholung der betreuungsgerichtlichen Genehmigung mit sich bringen würde.

36 **c) Keine Nachholung.** Im Gegensatz zu § 1631b S. 2 Halbs. 2 ist nicht erforderlich, nach Durchführung einer gemäß § 1904 Abs. 1 S. 2 genehmigungsfreien Maßnahme die Genehmigung unverzüglich nachzuholen. Eine solche Nachholung wäre nicht sinnvoll, da sich die Heilmaßnahme

---

[81] BayObLG FamRZ 1990, 1154.
[82] Weitaus hM, vgl. *Soergel/Zimmermann* Rn. 7; *Rieger* S. 118 ff.; *Bienwald/Hoffmann* Rn. 127.
[83] HK-BUR/*Rinck* Rn. 28.
[84] HK-BUR/*Rinck* Rn. 31; *Knittel* Rn. 113.

in der Regel nicht rückgängig machen lässt.⁸⁵ Ein Antrag auf nachträgliche Genehmigung ist unzulässig. Die Frage, ob die Voraussetzungen des § 1904 Abs. 1 S. 2 vorlagen, ist in etwaigen Folgeverfahren zu klären.⁸⁶

III. Genehmigungsvorbehalt bei Nichteinwilligung oder Widerruf einer Einwilligung durch den Betreuer in medizinische Maßnahmen (§ 1904 Abs. 2)

1. Allgemeines. Mit der Einfügung des Abs. 2 durch das 3.BetrÄndG sollten die Probleme der Unterlassung oder des Abbruchs einer medizinischen Behandlung, die bisher im Gesetz nicht ausdrücklich geregelt waren, einer gesetzlichen Regelung zugeführt werden. Es geht insbesondere um die Rolle und die Befugnisse von Betreuern oder Bevollmächtigten im Bereich der Sterbehilfe. Grundsätzlich kann der Betreuer oder Bevollmächtigte zu der Nichteinwilligung oder zu dem Widerruf einer erteilten Einwilligung befugt sein. Er bedarf jedoch dazu unter bestimmten, den Fällen des § 1904 Abs. 1 nachgebildeten Voraussetzungen der Genehmigung des Betreuungsgerichts (§ 1904 Abs. 2). Entscheidend ist auch hier der Wille des Betroffenen (Abs. 3). Eine solche Genehmigung ist nicht erforderlich, wenn zwischen Betreuer und behandelndem Arzt Einvernehmen darüber besteht, dass die Nichterteilung oder der Widerruf der Einwilligung dem nach § 1901a festgestellten Willen des Betreuten entspricht (Abs. 4). Für die Genehmigungspflicht für Nichteinwilligung oder Widerruf der Einwilligung gilt das zu § 1904 Abs. 1 Gesagte, doch ergeben sich einige besondere Aspekte.

2. Voraussetzung des Genehmigungsvorbehalts nach § 1904 Abs. 2 im Überblick. Die Genehmigungspflicht nach § 1904 Abs. 2 besteht unter folgenden Voraussetzungen:
– Es ist ein Betreuer bestellt, dessen Aufgabenkreis die Nichteinwilligung/ den Widerruf der Einwilligung in medizinische Maßnahmen umfasst;
– der Betreuer ist befugt, im Namen des Betreuten in eine Untersuchung des Gesundheitszustands, eine Heilbehandlung oder einen ärztlichen Eingriff zu erklären;
– der Betreuer will im Namen des Betreuten eine solche Nichteinwilligung/ eines solchen Widerruf erklären;
– es besteht die begründete Gefahr, dass der Betreute auf Grund des Unterbleibens/ des Abbruchs der medizinisch indizierten Maßnahme stirbt oder einen schweren und länger dauernden gesundheitlichen Schaden erleidet;
– zwischen Betreuer und behandelndem Arzt besteht kein Einvernehmen darüber, dass die Erteilung, die Nichterteilung oder der Widerruf der Einwilligung dem nach § 1901a festgestellten Willen des Betreuten entspricht (§ 1904 Abs. 4).

3. Befugnis des Betreuers zur Entscheidung. Die Vorschrift ist nur anwendbar, wenn der Betreuer überhaupt befugt ist, im Namen des Betreuten die Einwilligung in eine medizinische Maßnahme zu verweigern oder eine erteilte Einwilligung zu widerrufen. Das ist ausnahmslos nur dann der Fall, wenn der Betreute selbst nicht mehr in der Lage ist, mit freiem Willen über die Einwilligung zu entscheiden oder eine solche Entscheidung zu äußern. Weiterhin ist Voraussetzung, dass der **Aufgabenkreis des Betreuers** derartige Entscheidungen umfasst. Hier wird zu unterscheiden sein. Geht es um die Entscheidung darüber, ob eine vorgesehene medizinische Maßnahme wegen der mit ihr verbundenen Risiken vorgenommen werden oder unterbleiben soll (**Entscheidung über eine medizinische Alternative**), so gilt das bei § 1904 Abs. 1 Gesagte (Rn. 10); es genügt der Aufgabenkreis Gesundheitsfürsorge oder Personensorge. Wenn hingegen die Entscheidung ansteht, lebenserhaltende Maßnahmen nicht einzuleiten oder zu beenden (**Entscheidung zum Sterben**), könnte es zweifelhaft sein, ob die allgemeine Umschreibung „Gesundheitsfürsorge" etc. genügt oder ob die Umschreibung des Aufgabenkreises speziell Entscheidungen über die Herbeiführung des Lebensendes umfassen muss. ME muss die allgemeine Gesundheitsfürsorge genügen; anders würde die Gesundheitsfürsorge künstlich aufgespalten. Die Verweigerung der Einwilligung in eine ärztliche Maßnahme ist nicht anders als die Einwilligung selbst eine Willensentscheidung über den sinnvollen, für den Patienten subjektiv tragbaren Einsatz der Medizin im Krankheitsfalle; sie steht im Zusammenhang mit der gesamten medizinischen Situation. Würde man die Entscheidung zur Unterlassung lebenserhaltender Maßnahmen nicht unter den Aufgabenkreis „Gesundheitsfürsorge" rechnen, so müsste in dem konkreten Fall zusätzlich zum Betreuer, der allgemein für die Gesundheitsfürsorge zuständig ist, ein spezieller Betreuer für Sterbehilfeentscheidungen bestellt werden. Dem könnte man dann nur entgehen, wenn man den Aufgabenkreis von vornherein „als Gesundheitsbetreuung einschließlich Entscheidungen nach § 1904 Abs. 2" umschreibt. Das empfiehlt sich in jedem Falle, solange die genannte Zweifelsfrage nicht höchstrichterlich geklärt ist.

---
⁸⁵ BT-Drucks. 11/4528 S. 141.
⁸⁶ S. BT-Drucks. 11/4528 S. 141.

40 **4. Unzuständigkeit des Betreuers bei Festlegung der Nichteinwilligung in einer Patientenverfügung.** Ist die Nichteinwilligung in eine bestimmte ärztliche Behandlung bereits wirksam in einer Patientenverfügung festgelegt und betrifft sie den konkreten Fall, so ist eine Entscheidung des Betreuers nach richtiger Auffassung insoweit nicht erforderlich und auch nicht zulässig (oben Rn. 19). Im Rahmen der Prüfung der Relevanz der Verfügung für den konkreten Fall hat der Betreuer aber Erwägungen darüber anzustellen, ob durch wesentliche Änderungen in der Lebenssituation des Betreuten und in der Entwicklung der Medizin der festgelegte Wille des Patienten wirklich noch die jetzt gegebenen Realität trifft. Ist dies nicht der Fall und hätte der Betroffene bei Kenntnis der Entwicklungen seine Verfügung mit hoher Wahrscheinlichkeit anders getroffen, so sind Betreuer und Arzt befugt, vom Patientenwillen abzuweichen.

41 **5. Betroffene Entscheidungen des Betreuers. a) Nichteinwilligung.** Dieser Terminus wirft Fragen auf, weil er ein rein passives Verhalten beschreibt, das schwerlich genehmigungsbedürftig sein kann. Gemeint ist die **Verweigerung der Einwilligung** in eine konkrete, als medizinisch indizierte oder zumindest als Behandlungsalternative angebotene medizinische Maßnahme,[87] z. B. die Ablehnung einer Maßnahme der künstlichen Ernährung, die vom Arzt als mögliche Behandlung zur Entscheidung gestellt wird. Demgegenüber ist es nicht zulässig, die Nichteinwilligung in abstrakt mögliche medizinische Behandlungen „vorsorglich" genehmigen zu lassen.

42 **b) Widerruf einer Einwilligung.** Als Widerruf ist eine einseitige Erklärung zu verstehen, kraft derer eine zuvor erteilte Einwilligung in eine medizinische Maßnahme mit Wirkung *ex nunc* kraftlos werden soll. Sie hat zur Folge, dass die betreffende medizinische Maßnahme nicht fortgesetzt oder nicht begonnen werden darf. Gleichgültig ist, ob die Einwilligung von dem (im entscheidenden Zeitpunkt noch) entscheidungsfähigen Patienten selbst oder von einem Betreuer oder einem Bevollmächtigten im Namen des nicht mehr entscheidungsfähigen Patienten erklärt war. Handelt es sich um eine **aktuelle Einwilligung** des Betroffenen, der im Laufe der ärztlichen Behandlung entscheidungsunfähig geworden ist (zB das Bewusstsein verloren hat), so ist der Betreuer zum Widerruf befugt, wenn ein unerwarteter Verlauf ein neues Arzt-Patientengespräch und neue Entscheidungsalternativen angezeigt erscheinen lässt; der Betreuer vertritt auch insoweit den entscheidungsunfähigen Betreuten. Dem Widerruf gleichzustellen sind sonstige Erklärungen, welche die Geltung einer erteilten Einwilligung beseitigen, zB die Anfechtung wegen Irrtums oder arglistiger Täuschung. Auch in solchen Fällen soll die Geltung einer – möglicherweise von dem Betroffenen selbst erteilten – Einwilligung in eine medizinische Maßnahme außer Kraft gesetzt werden; die Gründe für eine gerichtliche Überprüfung sind auch hier gegeben. Problematisch ist, ob der Betreuer befugt sein kann, die in einer **Patientenverfügung** festgelegte, im konkreten Fall einschlägige Entscheidung zu widerrufen (s. Rn. 34 ff.).

43 **6. Allgemeine Voraussetzungen des Genehmigungsvorbehalts. a) Genehmigungspflicht trotz Patientenverfügung?** Es gilt das Rn. 22 Gesagte. Zwar spricht die Begründung zum Stünker-Entwurf davon, dass die Einschaltung des Gerichts der Kontrolle diene, ob die Entscheidung des Betreuers tatsächlich dem *ermittelten individuell- mutmaßlichen Patientenwillen* entspricht.[88] Damit wäre der Fall einer Festlegung der Nichteinwilligung durch Patientenverfügung außerhalb des Anwendungsbereichs der Norm. Da aber Meinungsverschiedenheiten zwischen Arzt und Betreuer über die Relevanz einer Patientenverfügung im konkreten Fall denkbar sind, ist mE § 1904 Abs. 2 auch anwendbar, wenn zB der Arzt gestützt auf eine Patientenverfügung die Behandlung abbrechen will, der Betreuer die Verfügung aber nicht für einschlägig hält oder wenn der Betreuer gestützt auf die Verfügung die Einstellung einer Behandlung verlangt, der Arzt aber deren Wirksamkeit oder Relevanz anzweifelt.

44 **b) Obligatorische Betreuerbestellung trotz Patientenverfügung ?** Auch diesbezüglich ist die Lage wie bei § 1904 Abs. 1 (Rn. 18). Eine Betreuerbestellung ist nicht erforderlich, wenn der Arzt sich auf eine eindeutige, den konkreten Fall treffende Entscheidung des Patienten, die durch eine Patientenverfügung festgelegt ist, stützen kann, auch wenn der Patient mittlerweile seine Entscheidungsfähigkeit verloren hat. Hat sich der Patient selbst für die Nichteinwilligung entschieden, so ist diese Entscheidung verbindlich. Etwas anderes gilt, wenn der Arzt Zweifel hat, ob die Festlegung den konkreten Fall trifft. Diese Zweifel können auch daraus resultieren, dass die vom Verfügenden bei Abfassung seiner Festlegung vorgestellte Realität sich wesentlich verändert hat; in diesem Fall ist ein Betreuer zu bestellen.

45 **7. Die vom Genehmigungsvorbehalt erfassten Maßnahmen. a) Allgemeines.** Die Nichteinwilligung oder der Widerruf müssen sich auf eine Untersuchung des Gesundheitszustands, eine Heilbehandlung oder einen ärztlichen Eingriff beziehen. Diese Begriffe entsprechen der Terminologie des Abs. 1. Fragen wirft die im Gesetz gemachte Einschränkung auf, dass die Maßnahme

---

[87] In diesem Sinn auch *Palandt/Diederichsen* Rn.18.
[88] BT-Drucks. 16/8442 S.39.

„medizinisch angezeigt" sein muss, wenn die Entscheidung über sie genehmigungspflichtig sein soll. Das könnte zum Umkehrschluss führen, dass die Nichteinwilligung in *medizinisch nicht angezeigte* Maßnahmen *nicht* der gerichtlichen Genehmigung bedürften. Gewiss müssen Behandlungen, die ärztlich nicht indiziert sind, ohnehin unterbleiben; doch kann die Genehmigungsbedürftigkeit nicht von einem Befund abhängen, der möglicherweise erst in einem späteren Verfahren mit Hilfe von Sachverständigen geklärt wird. Nach sinnvoller Interpretation der Vorschrift ist gemeint, dass die Maßnahme, um deren Unterlassung oder Beendigung es geht, von Seiten des behandelnden Arztes als medizinisch vertretbare Behandlungsmöglichkeit angeboten wird. Wird um die Genehmigung für eine medizinische Maßnahme nachgesucht, die vom Arzt angebotet wird, an deren ärztlicher Vertretbarkeit aber das Gericht zweifelt, so ist der Genehmigungsantrag nicht unzulässig; kommt das Gericht aufgrund von Sachverständigengutachten zum Ergebnis, dass die in Aussicht genommene Behandlung medizinisch „nicht angezeigt" ist, so wird es die Nichteinwilligung genehmigen.

b) Todesgefahr oder Gefahr schwerer und länger dauernder gesundheitlicher Schädigung. Ob eine solche begründete Gefahr besteht, beurteilt sich nach den gleichen Maßstäben wie nach Absatz 1 (Rn. 23 ff.).[89] Die Gefahr muss vom Unterbleiben oder vom Abbruch derjenigen medizinischen Maßnahme drohen, in Bezug auf welche die Einwilligung verweigert oder widerrufen werden soll. Hatte zB der Betreuer bisher in eine künstliche Ernährung eingewilligt und will er diese Einwilligung widerrufen, so entsteht die Gefahr, dass der Betreute durch Abbruch der bisher praktizierten Ernährung stirbt. Soweit ein dringendes Bedürfnis für ein unverzügliches Einschreiten des Gerichts besteht, welches ein Abwarten bis zur endgültigen Entscheidung nicht gestattet, können vorläufige Anordnungen nach allgemeinen Grundsätzen ergehen.[90]

8. Kriterien der Entscheidung. Das Gericht hat auch in den Fällen des § 1904 Abs. 2 zunächst zu prüfen, ob der Betreuer bei der Entscheidung über eine medizinische Maßnahme überhaupt für Nichteinwilligung oder Widerruf zuständig ist (Entscheidungsunfähigkeit des Betreuten; hinreichender Aufgabenkreis, etc.). Sodann hat das Gericht nach der durch das 3. BtÄndG geschaffenen Rechtslage zu prüfen, ob der Genehmigungsvorbehalt deshalb entfällt, weil zwischen Betreuer und behandelndem Arzt Einvernehmen darüber besteht, dass der Widerruf etc. der Einwilligung dem nach § 1901a festgestellten Willen des Betreuten entspricht (§ 1904 Abs. 4, s. Rn. 52 ff.). Bejaht das Gericht die Voraussetzungen des Genehmigungsvorbehalts, so ist auch hier genereller Maßstab das Wohl des Betreuten, das nach § 1904 Abs. 3 eine starke subjektive Komponente erhält: Auch in den Fällen des § 1904 Abs. 2 ist die Genehmigung zu erteilen, wenn die Einwilligung **dem Willen des Betreuten entspricht**. Ist ein solcher Wille nicht ausdrücklich geäußert, so kommt es auf den mutmaßlichen Willen an, ist auch ein solcher nicht feststellbar, so entscheidet das Wohl des Betreuten.

9. Die Bedeutung der Genehmigung und ihrer Versagung. a) Genehmigung.
– Wird die Genehmigung für eine **Nichteinwilligung** erteilt, so darf der Betreuer die Einwilligung zu der etwa vom Arzt vorgeschlagenen Maßnahme verweigern, ist aber streng genommen dazu nicht gezwungen, die Entscheidung liegt nach wie vor bei ihm. *Dem Betreuten gegenüber* kann sich aber die Pflicht zur Nichteinwilligung ergeben, besonders wenn die Unterlassung oder Beendigung der Maßnahme unzweideutig dem individuell-mutmaßlichen Willen des Betreuten entspricht. Verhält sich der Betreuer insoweit pflichtwidrig, so kann er durch aufsichtliche Maßnahmen des Gerichts zur Pflichterfüllung angehalten und notfalls entlassen werden (§ 1908b Abs. 1). Verweigert der Betreuer gestützt auf die gerichtliche Entscheidung die Einwilligung, so wird die betreffende medizinische Maßnahme nicht durchgeführt, eine schon begonnene muss abgebrochen werden.
– Gleiches gilt für die Genehmigung des **Widerrufs einer Einwilligung**. Mit der Genehmigung wird der schon zuvor erklärte Widerruf wirksam; die entsprechende ärztliche Behandlung darf nicht begonnen oder muss – soweit begonnen – abgebrochen werden. Hatte der Betreuer den Widerruf noch nicht erklärt, so ist er mit der Genehmigung dazu befugt; auch hier kann sich die Pflicht ergeben, von dem Widerrufsrecht Gebrauch zu machen.

b) Versagung der Genehmigung. – Wird die Genehmigung einer **Nichteinwilligung,** also der Untersagung einer vom Arzt angebotenen medizinischen Maßnahme, abgelehnt (zB der Betreuer willigt nicht in die vom Arzt angebotene künstliche Ernährung ein, diese Nichteinwilligung wird nicht genehmigt), so kommt der Gerichtsbeschluss dem Gebot an den Betreuer gleich, in die medizinische Maßnahme einzuwilligen. Zum Schutz des Betreuten wird es aber nun nicht dem Betreuer überlassen werden können, ob er sich pflichtgemäß verhält oder nicht. Vielmehr **ersetzt in diesem Fall die das Behandlungsverbot ablehnende Entscheidung die Einwilligung in die Behandlung.**

---

[89] Vgl. BT-Drucks. 11/4528 S. 140 ff.
[90] BT-Drucks. 16/8442 S.18

– Lehnt das Gericht die Genehmigung des **Widerrufs einer schon erteilten Einwilligung** ab (der Betreuer hatte zunächst in die künstliche Ernährung eingewilligt, möchte nun aber widerrufen), so hat die Einwilligung weiterhin Bestand, die betreffende medizinische Behandlung kann aufgrund dieser Einwilligung durchgeführt bzw. fortgesetzt werden, solange sie ärztlich indiziert ist. Die Versagung der Genehmigung hindert den Betreuer nicht, nach geänderter Sachlage (zB geänderter ärztlicher Prognose) erneut um Genehmigung nachzusuchen.

IV. Entscheidung nach dem Willen des Betroffenen (Abs. 3)

50   **1. Erteilung der Genehmigung nach dem Willen des Patienten.** Ist die in Aussicht genommene Einwilligung, Nichteinwilligung oder der Widerruf der Einwilligung durch den Betreuer genehmigungsbedürftig, so hat das Betreuungsgericht zu entscheiden, d.h. die Genehmigung entweder zu erteilen oder zu versagen. § 1904 Abs. 3 legt die Verbindlichkeit des Patientenwillens auch für das Gericht fest. Das Gericht hat nach der Gesetzesbegründung die Entscheidung des Betreuers zum Schutz des Betreuten dahingehend zu überprüfen hat, ob diese Entscheidung **tatsächlich dem ermittelten individuell-mutmaßlichen Patientenwillen** entspricht.[91] Ist dies zu bejahen, so muss die Genehmigung erteilt werden.[92] Die für die Feststellung des mutmaßlichen Willens in § 1901a Abs. 2 BGB genannten Anhaltspunkte sind auch für die Entscheidung des Gerichts heranzuziehen.[93] Diese Aussagen aus den Materialien lassen erkennen, dass der Gesetzgeber die Vorschrift des § 1904 nicht für den Fall konzipiert hat, dass der Patient die Einwilligung/Nichteinwilligung durch **Patientenverfügung** schon antizipierend selbst erklärt hat. Doch ist § 1904 auch in dem Fall anzuwenden, dass Arzt und Betreuer über Wirksamkeit und konkrete Tragweite einer Patientenverfügung uneins sind. In diesem Fall hat das Gericht die Entscheidung danach zu treffen, ob die Patientenverfügung wirksam ist und die Festlegung auf die konkrete Behandlungssituation zutrifft.

51   **2. Zusätzliche Kriterien?** Der Wortlaut des Gesetzes kann zu dem Schluss führen, der Wille des Betreuten sei das einzige sachliche Kriterium für die Entscheidung des Gerichts. So einfach ist die Sache nicht.

– Dem Gesetz lässt sich zunächst entnehmen, dass die **Genehmigung zu erteilen** ist, wenn sie dem Willen des Patienten entspricht. Doch ist hier zu unterscheiden: Liegt eine **Patientenverfügung** vor (§ 1901a Abs. 1), über deren Relevanz Arzt und Betreuer *nicht einig* sind, so ist gleichwohl diese grundsätzlich maßgeblich; doch zwingt der Dissens zwischen Arzt und Betreuer das Gericht, sich auf die *konkrete Behandlungssituation* einzulassen. Kommt es auf einen **mutmaßlichen Willen** des Betreuten an, so kann dieser ohnehin nicht ohne Rücksicht auf den konkreten Befund eruiert werden.

– In den Fällen, in denen **kein individueller Wille** festgestellt werden kann, ist nicht etwa eine Genehmigung ausgeschlossen; vielmehr richtet sich die Entscheidung nach objektiven Kriterien. Entscheidend ist das Wohl des Betreuten.

– Das Gesetz schweigt für den Fall, dass die Einwilligung (Widerruf, Nichteinwilligung) dem **Willen des Betreuten widerspricht**. Die Konsequenz verlangt, dass in diesem Fall die Genehmigung grundsätzlich versagt wird (mit den oben gemachten Einschränkungen vor allem beim mutmaßlichen Willen).

– Das Betreuungsgericht kann prinzipiell keine Entscheidung des Betreuers genehmigen, deren Durchführung dem Arzt ein **strafbares Handeln** zumuten würde.

V. Kein Genehmigungsvorbehalt bei Einvernehmen (Abs. 4)

52   **1. Verhältnis zur bisherigen Rechtslage.** Der durch das 3. BetrÄndG eingefügte Absatz nimmt einen Gedanken auf, den der 12. Zivilsenat des BGH[94] im Zusammenhang mit der Sterbehilfe entwickelt hat.[95] Doch bedeutet die Vorschrift eine Änderung der Rechtslage in doppelter Hinsicht:

– Das Prinzip des Abs. 4 gilt für **alle nach § 1904 Abs. 1 und 2** an sich genehmigungsbedürftigen Handlungen des Betreuers, also nicht nur bei Einwilligung in den Abbruch oder die Unterlassung einer medizinischen Maßnahme. Damit wird auch das Genehmigungserfordernis für die Einwilligung in riskante ärztliche Behandlungen (Abs. 1) eingeschränkt.

---

[91] BT-Drucks. 16/8442 S.18.
[92] *Olzen* JR 2009, 354, 359 („ohne Ermessen").
[93] BT-Drucks. 16/8442 S.18.
[94] BGHZ 154, 205, 218.
[95] Rechtspolitische Kritik bei *Spickhoff* FamRZ 2009, 1949, 1956 f.

– Im Rahmen der Sterbehilfe hatte der BGH die Genehmigungspflicht auf den Fall bezogen, dass eine lebenserhaltende oder -verlängernde Behandlung vom Arzt angeboten wird und der Betreuer die Einwilligung hierzu verweigert. Die gesetzliche Regelung ist genereller gefasst. Zunächst ist zu prüfen, ob eine Erklärung des Betreuers unter den Tatbestand des § 1904 Abs. 1 oder Abs. 2 fällt. Gegebenenfalls kommt der Genehmigungsvorbehalt zum Zug, von dem dann § 1904 Abs. 4 eine generelle Ausnahme macht. Diese Ausnahme greift nicht schon beim bloßen Einigsein über die Vornahme oder Nichtvornahme einer medizinischen Maßnahme, sondern nur wenn sich dieses **Einigsein auf den nach § 1901a festgestellten Willen des Patienten** bezieht.[96]

2. Zu den Voraussetzungen. Das Einigsein bezieht sich entweder auf die gleiche Beurteilung der Wirksamkeit, des Inhalts oder der aktuellen Relevanz einer Patientenverfügung (§ 1901a Abs. 1) oder – wenn eine solche nicht zum Zuge kommt – auf die Einschätzung des mutmaßlichen Willens des Patienten (§ 1901a Abs. 2).[97] Die Stellungnahmen von Arzt und Betreuer müssen klar und bedingungslos sein; bei Zweifeln über den Patientenwillen greift der Genehmigungsvorbehalt.[98] Sinn der gerichtlichen Genehmigung ist es gerade, Zweifel am Inhalt des Patientenwillens im konkreten Fall zu klären.[99] Diese Klärung durch das Gericht kann auch dem Selbstschutz von Arzt und Betreuer dienen, sodass verbleibende Unsicherheiten nicht unterdrückt werden sollten. Schwierig wird die Lage, wenn in der arbeitsteiligen Medizin mehrere Ärzte für die medizinische Behandlung zuständig sind;[100] in diesem Fall müssen alle im konkreten Fall verantwortlichen Ärzte an dem Einverständnis beteiligt sein. Dringend ist anzuraten, das Einvernehmen und den Gegenstand des Einvernehmens zu dokumentieren.[101]

3. Lage bei Fehlen eines relevanten Patientenwillens. Wie dargestellt gibt es Fälle, in denen zu der konkret zu treffenden Entscheidung weder eine einschlägige Patientenverfügung vorliegt noch ein mutmaßlicher Wille des Patienten rekonstruiert werden kann. In diesem Fall bleibt es auch bei Einigkeit zwischen Arzt und Betreuer darüber, dass eine Maßnahme vorgenommen oder unterlassen werden soll, bei der Genehmigungspflicht für die in § 1904 Abs. 1 und 2 beschriebenen Entscheidungen.

4. Missbrauchsgefahr. Die Gesetzesmaterialien erörtern ausführlich die Gefahr des Missbrauchs der Vorschrift durch kollusives Handeln von Arzt und Betreuer. Einen generellen Verdacht lehnt die Gesetzesbegründung ab. In Einzelfällen sei die Missbrauchsgefahr nicht gänzlich auszuschließen; dem werde dadurch wirksam begegnet, das Angehörige und sonstige Dritte aufgrund des Amtsermittlungsprinzips (§ 26 FamFG) jederzeit eine gerichtliche Kontrolle der Betreuerentscheidung in Gang setzen könnten; außerdem gehe vom Strafrecht eine wirksame Prävention aus. Liege kein Verdacht auf Missbrauch vor, so solle die Umsetzung des Patientenwillens aber nicht durch ein – sich möglicherweise durch mehrere Instanzen hinziehendes – gerichtliches Verfahren belastet werden; das behindere die Durchsetzung des Patientenwillens.[102] Ein kollusives Zusammenwirken von Arzt und Betreuer in dem Sinn, dass sie bewusst einen klar feststellbaren Patientenwillen beiseite schieben, ist in der Tat unwahrscheinlich. Größer ist die Gefahr, dass Arzt und Betreuer in der schwierigen Situation, die bei einschlägigen Fällen zu bestehen pflegt, geneigt sein werden, in den mutmaßlichen Willen des Patienten ihre eigenen Vorstellungen einfließen zu lassen.

5. Negativattest. Stellt das Gericht fest, dass der behandelnde Arzt und der Betreuer Einvernehmen darüber erzielt haben, dass die Einwilligung in die vorgesehene medizinische Maßnahme bzw. deren Widerruf oder Versagung dem nach § 1901a festgestellten Willen des Patienten entspricht, so lehnt es den Antrag ab[103] und erteilt ein sog. Negativattest, aus dem sich ergibt, dass eine gerichtliche Genehmigung nicht erforderlich ist. Auf die Frage, ob die sonstigen Voraussetzungen der Genehmigungspflicht nach § 1904 (iVm. §§ 1901a, b) gegeben sind, hat das Gericht dabei nicht einzugehen.[104] Hegt das Gericht nach den ihm erkennbaren Umständen allerdings den Verdacht,

---

[96] Das ist nun ausdrücklich gesagt, dürfte aber auch der Auffassung des BGHZ 154, 205, 221; zum Konflikt, wenn der Arzt eine klare Stellungnahme verweigert, s. AG Nordenham FamRZ 2011, 1327.
[97] *Palandt/Diederichsen* Rn.22 begrenzt die Anwendung des Abs. 4 auf die in einer Patientenverfügung niedergelegten Willen; das entspricht jedoch nicht dem Wortlaut des Gesetzes.
[98] Nach BT-Drucks. 16/8442 S.19 bedarf es keiner Genehmigung, wenn Arzt und Betreuer „keinen Zweifel" darüber haben, das die Entscheidung dem Willen des Patienten entspricht.
[99] BT-Drucks. 16/8442 S.19.
[100] Zu diesem Problem *Spickhoff* FamRZ 2009, 1949, 1957.
[101] Die Materialien verweisen insoweit auf die die standesrechtlichen Vorschriften, unter anderem in § 10 der Musterberufsordnung für die deutschen Ärztinnen und Ärzte BT-Drucks. 16/8442 S.19.
[102] BT-Drucks. 16/8442 S.19.
[103] LG Oldenburg FamRZ 2010, 1470; LG Kleve FamRZ 2010, 1841.
[104] AA LG Kleve FamRZ 2010, 1841, 1843.

dass Arzt und Betreuer über den Willen des Betreuten hinweggehen (Missbrauchsverdacht), dann leitet es von Amts wegen ein Kontrollverfahren nach § 1908i Abs. 1 S. 1 iVm. § 1837 Abs. 2 – 4 ein, in dessen Rahmen es auch einstweilige Anordnungen erlassen kann.

VI. Verfahren

57 **1. Gesetzeslage.** Die vom FamFG für die Fälle des § 1904 BGB vorgesehenen Verfahrensvorschriften sind insgesamt misslungen. Dies ist darauf zurückzuführen, dass sich zwei Reformen „kreuzen". Für die Verfahren „in Fällen des § 1904 BGB" gilt die besondere Vorschrift des § 298 FamFG, die zwischen den Fällen des § 1904 Abs. 1 (dazu § 298 Abs. 1 FamFG) und denen des § 1904 Abs. 2 (dazu § 298 Abs. 2 und 3) unterscheidet. § 298 Abs. 4 FamFG gilt für beide Verfahren, allerdings nur für den Fall, dass eine Genehmigung erteilt werden soll. Über § 298 FamFG hinaus ist das Verfahren nach § 1904 in wenigen weiteren Einzelvorschriften erwähnt (§§ 287 Abs. 3, 293 Abs. 2 S. 2 FamFG). Im Übrigen sind diejenigen Vorschriften des Verfahrens in Betreuungssachen anzuwenden, die nicht ihrerseits auf spezielle Verfahren beschränken. Die Kernvorschriften des Betreuungsverfahrensrechts sind durchweg auf die Bestellung des Betreuers, die Anordnung eines Einwilligungsvorbehalts und auf Entscheidungen über „Umfang, Inhalt und Bestand" der Betreuerbestellung beschränkt, beziehen sich also gerade nicht auf Verfahren nach § 1904 BGB. Für viele Verfahrensfragen ist also auf die Vorschriften des Allgemeinen Teils des FamFG zurückzugreifen. Bei dieser Lage ist es nicht verwunderlich, dass eine Reihe von Zweifelsfragen aufgetaucht ist.

58 **2. Für Verfahren nach § 1904 generell geltende Regeln.** Es handelt sich um Betreuungssachen (§ 271 Nr. 3 FamFG), zuständig sind die **Betreuungsgerichte** (§ 23c GVG). Es besteht **Richtervorbehalt** (§ 15 Abs. 1 S. 1 Nr. 4 RPflG). Die **örtliche Zuständigkeit** folgt den Regeln der §§ 272, 273 FamFG. Der Betroffene ist auch hier ohne Rücksicht auf seine Geschäftsfähigkeit **verfahrensfähig** (§ 275 FamFG). Die Bestellung eines **Verfahrenspflegers** richtet sich – abgesehen vom Sonderfall des § 298 Abs. 3 FamFG – nach § 276 FamFG. **Zu beteiligen** sind nach § 274 Abs. 1 FamFG der Betroffene, der Betreuer bzw. der Bevollmächtigte, nach § 274 Abs. 2 der Verfahrenspfleger. Hingegen ist eine förmliche Beteiligung von **Angehörigen und Vertrauenspersonen** sowie der Behörde nicht vorgesehen, da die Absätze 3 und 4 des § 274 nur für die dort genannten Verfahrensgegenstände gelten. Die Angehörigen würden nur dann zu Beteiligten, wenn sie in ihren eigenen Rechten betroffen wären;[105] das lässt sich nur begründen, wenn man ein Mitwirkungsrecht naher Angehöriger unmittelbar auf Art. 6 GG stützt.[106] Ein Ausweg aus dieser rechtspolitisch unhaltbaren Lage könnte darin bestehen, dass man die Genehmigung zur Einwilligung in eine medizinische Maßnahme zum „Umfang, Inhalt und Bestand" der Betreuerbestellung zählt (§ 274 Abs. 3 Nr. 2 FamFG) und so den Weg zur Beteiligung nach § 274 Abs. 4 FamFG öffnet;[107] doch wird der Wortlaut des Gesetzes durch eine solche Interpretation stark strapaziert. Nach § 298 Abs. 4 S. 1 FamFG ist vor der Genehmigung ist ein **Sachverständigengutachten** einzuholen. Zu Gutachter und Gutachteninhalt ist im Gesetz nur gesagt, dass der Sachverständige nicht auch der behandelnde Arzt sein soll (§ 298 Abs. 4 S. 2 FamFG). Im Übrigen folgt die Einholung des Gutachtens den Regeln der Amtsermittlung (§ 26 FamFG). Zum **Inhalt des Beschlusses** bietet das Gesetz keine besonderen Regeln, auch nicht für die **Bekanntgabe** und zu den **Rechtsmitteln**. **Beschwerdeberechtigt** sind folglich der Betroffene, im Rahmen des § 303 FamFG auch der Verfahrenspfleger und der Betreuer bzw. Bevollmächtigte, nicht hingegen die Angehörigen und Vertrauenspersonen, sofern sich die Auffassung durchsetzt, dass sie nicht förmlich am Verfahren beteiligt werden können[108] (siehe Rn. 60).

59 **3. Besonderheiten für Verfahren nach § 1904 Abs. 1.** Nach § 298 Abs. 1 S. 1 FamFG darf das Gericht die Einwilligung eines Betreuers oder eines Bevollmächtigten in eine Untersuchung des Gesundheitszustands, eine Heilbehandlung oder einen ärztlichen Eingriff (§ 1904 Abs. 1) nur genehmigen, wenn es den **Betroffenen** zuvor **persönlich angehört** hat. Dies ergäbe sich bereits aus § 34 FamFG, doch bedeutet die spezielle Regelung, dass die Ausnahmegründe des § 34 Abs. 2 FamFG nicht gelten;[109] die persönliche Anhörung kann also nicht aus Gründen des § 34 Abs. 2

---

[105] Erwägungen dieser Art bei *Prütting/Helms/Fröschle* § 298 FamFG Rn. 30.
[106] So *Locher* FamRB 2010, 56,63. Kritisch zu verfahrensrechtlichen Stellung der Angehörigen auch *Probst* FF 2010, 144, 146.
[107] *Damrau/Zimmermann* § 298 FamFG Rn.12, § 274 FamFG Rn.13.
[108] Demgegenüber stützt *Locher* (FamRB 2010, 56,63) das Beschwerderecht der nahen Angehörigen unmittelbar auf Art. 6 Abs. 1 GG; Bedenken gegen die gesetzliche Regelung aus Art. 6 Abs. 1 GG auch bei *Damrau/Zimmermann* Rn.80.
[109] AA *Bork/Jacoby/Schwab/Heiderhoff* § 298 Rn.2.

FamFG unterbleiben. Über die Modalitäten der Anhörung ist nichts Besonderes vorgesehen. § 278 FamFG ist nicht einschlägig; damit ist auch die Anhörung im Wege der Rechtshilfe nicht ausgeschlossen. Über den Betroffenen hinaus „soll" das Gericht die **sonstigen Beteiligten anhören** (§ 298 Abs. 1 S. 2 FamFG). Nachdem die Anhörung der Beteiligten aber in § 34 FamFG einer strikten Regelung zugeführt ist, ergibt sich die Frage ob die Fassung des § 298 Abs. 1 S. 2 als „Soll-Vorschrift" eine Abschwächung bedeuten soll; das würde schwerlich einen Sinn machen.[110] Da die nahen Angehörigen und Vertrauenspersonen unverständlicherweise nicht formell beteiligt werden können, ist in § 298 Abs. 1 S. 3 zusätzlich gesagt, dass auf Verlangen des Betroffenen eine ihm **nahe stehende Person angehört** werden muss, wenn dies ohne erhebliche Verzögerung möglich ist.

4. Besonderheiten für Verfahren nach § 1904 Abs. 2. Eigentümlicherweise regelt § 298 Abs. 2 FamFG nur, dass das Gericht vor der Genehmigung nach § 1904 Abs. 2 BGB die **sonstigen Beteiligten anhören** „soll", sagt aber – im Gegensatz zu § 298 Abs. 1! – nichts über die **Anhörung des Betroffenen** selbst. Diese ist indes aus allgemeinen rechtsstaatlichen Grundsätzen zwingend.[111] Was die „sonstigen Beteiligten" betrifft, ist wiederum zu beachten, dass Angehörige und Vertrauenspersonen in Verfahren nach § 1904 BGB nach der Gesetzeslage nicht förmlich beteiligt werden können (keine Anwendung des § 274 Abs. 4 iVm. Abs. 3 FamFG).[112] Umso verwunderlicher ist, dass für Verfahren nach § 1904 Abs. 2 – im Gegensatz zu Verfahren nach Abs. 1 – die Anhörung der dem Betroffenen nahe stehenden Personen auch nicht durch eine ergänzende Vorschrift geregelt ist. Hier liegt es bei den Gerichten, die Gesetzesmängel auszugleichen: Da es in den einschlägigen Fällen häufig auf Willensbekundungen ankommen wird, die im persönlichen Nähebereich gemacht wurden, sind nach **§ 26 FamFG** diejenigen Personen anzuhören, die aufgrund ihrer persönlichen Kontakte mit dem Betroffenen darüber etwas aussagen können. Nach § 298 Abs. 3 FamFG ist die **Bestellung eines Verfahrenspflegers** stets erforderlich, wenn eine Genehmigung nach § 1904 Abs. 2 Verfahrensgegenstand ist. Eine Sondervorschrift für das **Wirksamwerden der Entscheidung** ergibt sich aus § 287 Abs. 3 FamFG: Ein Beschluss, der die Genehmigung nach § 1904 Abs. 2 BGB zum Gegenstand hat, wird erst zwei Wochen nach Bekanntgabe an den Betreuer oder Bevollmächtigten sowie an den Verfahrenspfleger wirksam.[113] Diese Regelung ist nicht darauf abgestimmt, dass die Beschwerdefrist einen Monat beträgt.[114]

VII. Sonderregelungen

1. Klinische Prüfung von Arzneimitteln. Die besondere Problematik der medizinischen Forschung an nicht einwilligungsfähigen Personen ist in Spezialgesetzen thematisiert. Einschlägige Vorschriften für klinische Prüfungen sieht insbesondere das Arzneimittelgesetz (AMG)[115] vor, dessen Regelungen mit dem Betreuungsrecht nicht abgestimmt sind.[116] Die Rechtslage wird durch zwei Grundvorschriften bestimmt:

a) § 40 AMG. Nach § 40 AMG (klinisches Experiment)[117] darf klinische Prüfung von Arzneimitteln nur unter engen Voraussetzungen durchgeführt werden. In unserem Zusammenhang ist wichtig, dass eine solche Prüfung an Volljährigen nur vorgenommen werden darf, wenn sie in der Lage sind, Wesen, Bedeutung und Tragweite der klinischen Prüfung zu erkennen und ihren Willen hiernach auszurichten, wenn sie ferner entsprechend aufgeklärt wurden und ihre Einwilligung schriftlich erklärt haben (§ 40 Abs. 1 S. 3 Nr. 3 a, b AMG; zu den Einzelheiten der Aufklärung § 40 Abs. 2 und 2 a AMG). Allein die Tatsache, dass für sie ein Betreuer bestellt ist, steht nicht im Wege.

---

[110] Kritisch dazu auch *Prütting Helms/Fröschle* § 298 FamFG Rn. 10.
[111] *Keidel/Budde* § 298 FamFG Rn. 6 (der Autor nimmt ein Redaktionsversehen des Gesetzgebers an); *Damrau/Zimmermann* § 298 FamFG Rn.19: *Prütting/Helms/Fröschle* § 298 FamFG Rn. 31 (zumindest Verschaffen eines unmittelbaren Eindrucks); *Spickhoff* FamRZ 2009, 1949, 1956; *Locher* FamRB 2010, 56, 62; schwächer bei *Bork/Jacoby/Schwab/Heiderhoff* § 298 FamFG Rn.7.
[112] In der Lit. wird die Erforderlichkeit der Beteiligung von Ehegatten, Eltern und Kinder auf Art.6 Abs. 1 GG gestützt, s. *Locher* FamRB 2010, 56, 63.
[113] Zur Begründung BT-Drucks. 16/8442 S.19; nach *Prütting Helms/Fröschle* § 298 FamFG Rn. 36 ist die Vorschrift verfassungswidrig, weil sie den Betroffenen in seinem Grundrecht auf körperliche Unversehrtheit verletzt; kritisch auch *Meyer-Götz* FPR 2010, 270 f.
[114] *Damrau/Zimmermann* Rn. 79.
[115] Zur Problematik der medizinischen Forschung an nicht einwilligungsfähigen Personen siehe *Deutsch*, Das Recht der klinischen Forschung am Menschen, 1979; *Laufs*, Die klinische Forschung am Menschen nach deutschem Recht, Karlsruher Forum 1978; *Fischer*, Medizinische Versuche am Menschen, 1979; *Sobota*, Patientenrecht und Forschungsfreiheit. Ein Konflikt aufgezeigt am Beispiel der klinischen Forschung an nicht einwilligungsfähigen Patienten, FS Martin Kriele 1997, S. 367; *Taupitz/Fröhlich* VersR 1997, 911 ff.; *Picker* JZ 2000, 693 ff.
[116] S. dazu *Holzhauer* NJW 1992, 2325; *Taupitz/Fröhlich* VersR 1997, 911.
[117] Ähnliche Regelungen in §§ 17 Abs. 4, 18 des Gesetzes über Medizinprodukte.

Die betreffende Person darf aber nicht aufgrund gerichtlicher und behördlicher Anordnung in einer Anstalt untergebracht sein (§ 40 Abs. 1 S. 3 Nr 4 AMG); hier fragt sich, ob die gerichtlich *genehmigte* Unterbringung durch Betreuer oder Bevollmächtigten diese Voraussetzung erfüllt. Stellvertretende Einwilligung ist bei volljährigen Personen nicht vorgesehen.

63 **b) § 41 AMG.** Nach § 41 AMG ist eine klinische Prüfung von Arzneimitteln bei einer Person zulässig, die an einer *Krankheit leidet, zu deren Behandlung das zu prüfende Arzneimittel angewendet werden soll* (Heilversuch). Die Anwendung des zu prüfenden Arzneimittels muss nach den Erkenntnissen der medizinischen Wissenschaft angezeigt sein, um das Leben dieser Person zu retten, ihre Gesundheit wieder herzustellen oder ihr Leiden zu erleichtern. Bei dieser – durch weitere Erfordernisse eingeschränkten – Konstellation ist auch bei einer *einwilligungsunfähigen* Person eine klinische Prüfung auf Grund der Einwilligung des entsprechend aufgeklärten gesetzlichen Vertreters oder des Bevollmächtigten möglich (§ 41 Abs. 3 Nr. 1, 2 AMG). In Notfallsituationen darf eine umgehende Behandlung auch ohne Einwilligung erfolgen (§ 41 Abs. 1 S. 2, 3 AMG).

64 **c) Verhältnis zu § 1904.** Es fragt sich, in welchem Verhältnis § 1904 BGB zu dieser Sonderregelung steht, insbesondere ob die Einwilligung des Betreuers nach § 41 AMG bei einem einwilligungsunfähigen Patient unter den Voraussetzungen des § 1904 Abs. 1 der Genehmigung des Betreuungsgerichts bedarf. Das Arzneimittelgesetz ist mE lex specialis.[118] Der Gesetzgeber, der bei Einführung des BtG alle möglichen Gesetze der neuen Rechtslage angepasst hat, ließ bei dieser Gelegenheit das Arzneimittelgesetz unverändert und gab damit zu erkennen, dass es in seinem speziellen Anwendungsbereich vorrangig gelten soll. Der „gesetzliche Vertreter" im Sinne des Gesetzes ist bei volljährigen Personen der Betreuer mit entsprechendem Aufgabenkreis.

65 **2. Organspende.** Nach dem Transplantationsgesetz (TPG, Bekanntmachung der Neufassung vom 4. 9. 2007, BGBl. I S. 2206) ist eine Organentnahme bei *lebenden* Organspendern nur zulässig, wenn der volljährige und einwilligungsfähige Spender nach besonderer Aufklärung eingewilligt hat (§ 8 TPG); eine gesetzliche Stellvertretung bei der Einwilligung für einwilligungsunfähige Spender ist nicht vorgesehen, auch der Betreuer hat diese Befugnis nicht.[119] ME kann nach dem Sinn des TPG eine Person auch nicht einen anderen dazu bevollmächtigen, im Falle künftiger Einwilligungsunfähigkeit die Einwilligung in ihrem Namen zu erklären.[120] Die Einwilligung in die Organspende *für den Fall des Todes*[121] unterliegt gleichfalls nicht dem denkbaren Aufgabenkreis eines Betreuers; entscheidend ist der Wille des Spenders (§ 3 Abs. 1 Nr. 1, § 4 Abs. 1 S. TPG), unter bestimmten Voraussetzungen auch der Wille der Angehörigen in bestimmter Reihenfolge (§ 4 Abs. 1; § 1a Nr. 5 TPG), nicht aber des Betreuers (wenn er nicht zugleich zu den bestimmungsbefugten Angehörigen gehört). Der Spender kann freilich die Entscheidung auf eine Person übertragen, die an die Stelle des nächsten Angehörigen tritt (§ 4 Abs. 3 TPG). Das kann auch der Betreuer sein, doch läge hier eine rein privatrechtliche Ermächtigung außerhalb des Betreuungsrechts vor. Wohl aber kommt auf der Seite des **Organempfängers** ein Handeln des mit der Gesundheitsfürsorge betrauten Betreuers in Betracht.[122]

66 **3. Kastration.** Das Kastrationsgesetz (vom 15. 8. 1969, BGBl. I S. 1143) gibt folgende Regeln vor: Die Kastration setzt grundsätzlich die Einwilligung des entsprechend aufgeklärten Betroffenen voraus. Auch bei einem Einwilligungsunfähigen ist die Kastration zulässig, wenn er einverstanden ist, nachdem er in einer seinem Zustand entsprechenden Weise aufgeklärt wurde und wenigstens verstanden hat, welche unmittelbaren Folgen die Kastration hat; in diesem Fall bedarf es zudem der Einwilligung des seinerseits aufgeklärten Betreuers (§ 3 Abs. 3 Kastrationsgesetz). Die Befugnis des Betreuers zur Einwilligung in eine Kastration setzt mE die ausdrückliche Bestellung für diese Angelegenheit voraus. Zur **Sterilisation** siehe Erl. zu § 1905.

67 **4. Freiheitsentziehende Unterbringung.** Es ist ferner zu beachten, dass im Zusammenhang mit einer Untersuchung, Heilbehandlung oder einem ärztlichen Eingriff auch die Genehmigungspflicht nach § 1906 Abs. 1 Nr. 2 bestehen kann (freiheitsentziehende Unterbringung); in diesem Fall können die Genehmigungsvorbehalte der §§ 1904 und 1906 zusammentreffen; das hat zur Folge, dass beide Genehmigungen erforderlich sind, da die genannten Vorschriften den Betreuten jeweils gegen unterschiedliche Gefahren schützen wollen.

---

[118] Die Frage hatte ich offen gelassen in FS Henrich, 2000, S. 511, 522.
[119] *Walter* FamRZ 1998, 201, 204. Für das Recht vor dem TPG AG Mölln FamRZ 1995, 188.
[120] *Walter* FamRZ 1998, 201, 204.
[121] Dazu im Einzelnen *Walter* FamRZ 1998, 201, 204.
[122] *Bienwald* § 1896 Rn. 215 S. 175.

VII. Genehmigungsvorbehalt bei Einwilligung durch Bevollmächtigte (Abs. 5)

1. Sinn der Vorschrift. Die auf das 1. BtÄndG zurückgehende Vorschrift hat ein dreifaches Ziel: a) Sie schafft Klarheit in der früher umstrittenen Frage, ob die Einwilligung in eine medizinische Behandlung auch auf Grund einer Vollmacht durch einen gewillkürten Stellvertreter erklärt werden kann.[123] b) Sie zielt darauf ab, durch eine qualifizierte Formvorschrift sicherzustellen, dass dem Vollmachtgeber die Tragweite der Vollmacht hinreichend vor Augen steht. c) Zum Schutz des Vollmachtgebers unterwirft die Vorschrift den Gebrauch einer solchen Vollmacht im selben Umfang dem gerichtlichen Genehmigungsvorbehalt wie das Handeln eines Betreuers. Die Änderung des § 1904 durch das 3. BtÄndG hat die Vorschrift von Abs. 2 auf Abs. 5 verlagert und zugleich die neu geschaffenen Absätze 2 bis 4 einbezogen. Damit ist geklärt, dass auch die Nichteinwilligung in eine medizinischen Behandlung und der Widerruf einer gegebenen Einwilligung, somit auch Entscheidungen über die Sterbehilfe, durch einen gewillkürten Stellvertreter erfolgen können.[124]

2. Voraussetzungen wirksamer Einwilligung durch Bevollmächtigte. a) Einwilligungsunfähigkeit des Vollmachtgebers. Grundvoraussetzung dafür, dass der (wirksam) Bevollmächtigte überhaupt stellvertretend über die Einwilligung in eine medizinische Behandlung im Namen des Vollmachtgebers entscheiden kann, ist die Einwilligungsunfähigkeit des Vollmachtgebers im Zeitpunkt der Einwilligung.[125] In dem höchstpersönlichen Bereich der „Verfügung" über den eigenen Körper ist – wie bei der Betreuung – stellvertretendes Handeln nur denkbar, wenn ein wirksames eigenes Handeln des Rechtsträgers ausscheidet.

b) Wirksam erteilte und fortbestehende Vollmacht – Übersicht. Weiterhin ist die Erklärung der Einwilligung durch Stellvertreter nur statthaft, wenn eine diese Erklärung umfassende Vollmacht wirksam erteilt wurde. In der Übersicht sind hier folgende Elemente zu prüfen:
– Der Vollmachtgeber muss bei Erteilung der Vollmacht handlungsfähig gewesen sein.
– Der Bevollmächtigte muss mindestens beschränkt geschäftsfähig sein (vgl. § 165 BGB).
– Die Vollmacht muss in der vorgeschriebenen Form erteilt sein.
– Die Vollmacht muss die Einwilligung in die in § 1904 Abs. 1 S. 1 genannten Maßnahmen ausdrücklich umfassen.
– Die Vollmacht darf im Zeitpunkt der Einwilligung nicht erloschen sein.

c) „Handlungsfähigkeit" des Vollmachtgebers im Zeitpunkt der Vollmachterteilung. Hier wird diskutiert, ob es genügt, dass der Vollmachtgeber im Zeitpunkt der Vollmachtserteilung „einwilligungsfähig" in Bezug auf die ärztlichen Maßnahmen ist, die Gegenstand der Vollmacht sind, oder ob seine „Geschäftsfähigkeit" verlangt werden muss.[126] Diese Alternative ist falsch gestellt: Auf die Einwilligungsfähigkeit bezüglich einer konkreten medizinischen Behandlung kann es nicht ankommen, da eine solche Einwilligung nicht Gegenstand der – üblicherweise lange vor dem Krankheitsfall geschehenen – Vollmachtserteilung ist. Die Lösung der Frage liegt in der folgerichtigen Anwendung der Theorie der **partiellen Geschäftsfähigkeit**: Zur stellvertretenden Einwilligung in eine Heilbehandlung kann derjenige bevollmächtigen, der Bedeutung und Folgen einer *solchen Vollmacht* erkennen und danach handeln kann. Er muss insbesondere erfassen können, dass er die Ausübung der Selbstbestimmung über Körper und Gesundheit für den Fall der eigenen Einwilligungsunfähigkeit einem anderen zu treuen Händen überlässt, und er muss abschätzen können, welche Risiken ein solcher Schritt birgt. Es kommt also auf die Geschäftsfähigkeit *für diese Art von Rechtsgeschäften* an, nicht hingegen auf die Geschäftsfähigkeit im Hinblick auf beliebige andere Rechtsgeschäfte wie Grundstückskäufe oder Kreditaufnahme.

d) Schriftliche Erteilung. Nach der Fassung des § 1904 Abs. 2 aF, die bis zum Inkrafttreten des 3. BtÄndG galt, war die stellvertretende Einwilligung in eine Untersuchung des Gesundheitszustandes, eine Heilbehandlung oder einen ärztlichen Eingriff in den Fällen des § 1904 Abs. 1 nur wirksam, wenn die Vollmacht schriftlich erteilt war. Darin hatte ein Teil der Lit. eine gesetzliche Schriftform gesehen (§ 126 BGB), deren Verletzung zur Nichtigkeit der Vollmacht nach § 125 S. 1 BGB führe.[127] Demgegenüber hatte dieser Kommentar die Auffassung vertreten, dass die Vorschrift des § 1904 Abs. 2 aF die Unwirksamkeitsfolge selbst regelte; unwirksam ist danach nur die stellvertretend erklärte Einwilligung, nicht die Vollmacht im Ganzen. Nach der nunmehr geltenden Fassung des § 1904 Abs. 5 wird diese Auffassung bestätigt. Von „Wirksamkeit" ist nicht mehr die Rede,

---
[123] Zum Streitstand vor Inkrafttreten des BtÄndG s. die Übersicht bei *Walter* S. 205 ff.
[124] Zur Rechtslage vor dem 3.BtÄndG siehe BGHZ 154, 205
[125] *Walter* FamRZ 1999, 685, 689.
[126] Geschäftsfähigkeit verlangt zB das OLG Stuttgart FamRZ 1994, 1417, 1418.
[127] *Müller* DNotZ 1999, 107, 110.

vielmehr **besteht die Befugnis des Betreuers** zur Einwilligung, Nichteinwilligung oder zum Widerruf einer Einwilligung in eine der Maßnahmen nach § 1904 Abs. 1 und 2 **nur, wenn die Vollmacht schriftlich erteilt** ist. Entbehrt eine Vollmacht zur Gesundheitsfürsorge dieser Form, so bleibt sie gleichwohl in den übrigen Teilen wirksam. Das bedeutet auch, dass ein Betreuer bestellt werden muss, wenn bei einem nicht mehr einwilligungsfähigen Patienten über eine medizinische Maßnahme nach § 1904 Abs. 1 und 2 zu entscheiden ist und weder eine noch wirksame aktuelle Einwilligung des Patienten noch eine zutreffende Patientenverfügung noch eine formgerechte Vollmacht vorliegt.

73   **e) Inhaltliche Erfordernisse an die Vollmacht. aa) Grundsatz.** Der Bevollmächtigte kann in eine Maßnahme nach § 1904 Absatz 1 Satz 1 oder Absatz 2 nur einwilligen, die Einwilligung versagen oder eine Einwilligung widerrufen, wenn die Vollmacht die in genannten Maßnahmen ausdrücklich umfasst (§ 1904 Abs. 5 S. 2). Auch dieses in der Rechtsordnung ungewöhnliche Erfordernis ist Bedingung der *Befugnis zur Einwilligung*, also nicht Wirksamkeitsbedingung der Vollmacht. Daher ist ein Rückgriff auf § 125 S. 1 weder nötig noch angebracht. Eine Generalvollmacht oder allgemeine Vollmacht zur Gesundheitsfürsorge, welche die in Abs. 1 S. 1 genannten Maßnahmen nicht ausdrücklich nennt, bleibt daher prinzipiell wirksam, nur ist die Befugnis zur Einwilligung in eine medizinische Maßnahme der genannten Art nicht wirksam begründet.

74   **bb) Die betroffenen Maßnahmen.** Ausdrücklich von der Vollmacht müssen „**die in § 1904 Abs. 1 S. 1 und Abs. 2 genannten Maßnahmen**" umfasst sein, das sind die Untersuchungen des Gesundheitszustandes, Heilbehandlungen und ärztliche Eingriffe. Genau genommen müssten nicht nur die „Maßnahmen" ausdrücklich genannt sein, sondern die Befugnis zur *Einwilligung, Nichteinwilligung und zum Widerruf einer Einwilligung in diese Maßnahmen*. Streitig ist allerdings, ob sich das Konkretisierungserfordernis auch auf die Nichteinwilligung bzw. den Widerruf der Einwilligung bezieht,[128] doch ist dies nach Sinn und Zweck des Gesetzes eindeutig zu bejahen. Wird aus der Vollmacht hinreichend klar, dass sowohl positive wie negative Entscheidungen über die Einwilligung in die Rechtsmacht des Bevollmächtigten gegeben sein sollen, so ist die Form sowohl in Bezug auf § 1904 Abs. 1 als auch Abs. 2 eingehalten.[129] Nicht ausdrücklich muss gesagt ein, dass solche medizinischen Maßnahmen ausdrücklich umfasst sein sollen, welche die in Abs. 1 beschriebene Gefahrenlagen herbeiführen bzw. den gerichtlichen Genehmigungsvorbehalt auslösen.[130] Es ist aber anzuraten, die gesamte Umschreibung des § 1904 Abs. 1 und Abs. 2 in den Vollmachtstext zu übernehmen.

75   **cc) Hinreichend konkrete Umschreibung.** Nach dem Sinn des Gesetzes, dem Vollmachtgeber die Tragweite des Schrittes deutlich vor Augen zu führen, genügt es nicht, wenn der Umfang der Vollmacht mit einem allgemeinen Begriff umschrieben ist, unter den die Einwilligung in medizinische Maßnahmen subsumiert werden kann. Es genügt also nicht die Vollmacht „für alle nur denkbaren Angelegenheiten",[131] oder „für alle persönlichen Angelegenheiten". Zweifelhaft wird die Frage bei der Vollmacht für „alle Gesundheitsangelegenheiten". Diese Umschreibung konnte man früher für ausreichend halten, denn was sollte damit anderes gemeint sein als alle Erklärungen, die bei der Gesundheitsfürsorge notwendig werden können. Nachdem durch das 3. BtÄndG auch die Sterbehilfe hinzugekommen ist, wird man aber eine allgemeine Bezugnahme auf das Feld der Gesundheitsfürsorge nicht für konkret genug halten können. Anderseits ist nicht zu fordern, dass der Text des Gesetzes wörtlich getroffen wird und es bedarf auch nicht unbedingt einer „Anlehnung an den Gesetzeswortlaut";[132] es genügt, wenn der Sache nach klar ist, dass die Vollmacht die **Entscheidung über die Einwilligung, Nichteinwilligung oder den Widerruf der Einwilligung in medizinischen Maßnahmen** in dem Gesetz beschriebenen Art umfassen soll. Zwar ist dringend anzuraten, den gesetzlichen Wortlaut zu übernehmen, doch verstieße es gegen das Ziel der Stärkung der Patientenautonomie, wenn man einen klar geäußerten Willen deshalb beiseite schieben wollte, weil die gesetzlichen Begriffe nicht verwendet sind. Anderseits genügt eine bloße Bezugnahme auf § 1904 ohne inhaltliche Beschreibung des Gemeinten nicht,[133] weil die bloße Verweisung auf

---

[128] Dafür die Begründung zum Stünker-Entwurf (BT-Drucks. 16/8442) und hM, vgl. *Lange* ZEV 2009, 537, 542; *G. Müller* DNotZ 2010, 169, 184; *Renner* ZNotP 2009, 371, 381; *Rieger* FamRZ 2010, 1601, 1607; dagegen *Diehn* FamRZ 2009, 1958; *Diehn/Rebhan* NJW 2010, 326, 329.

[129] In diesem Sinn auch *Diehn* FamRZ 2009, 1958 f.

[130] *Diehn* FamRZ 2009, 1958; *Diehn/Rebhan* NJW 2010, 326, 329; *Müller* DNotZ 1999, 107, 112. **AA** LG Hamburg DNotZ 2000, 220, 221; anders nun *G. Müller* für die Nichteinwilligung/ Widerruf der Einwilligung nach § 1904 Abs. 2 (DNotZ 2010, 169, 186).

[131] **AA** *Baumann* MittRhNotK 1998, 1, 8.

[132] Dies zu OLG Stuttgart BtPrax 1994, 99 = FamRZ 1994, 1417.

[133] Grundsätzlich auch *Müller* DNotZ 1999, 107, 113 (mit der Erwägung, dies könne bei notariell beurkundeten Vollmachten anders beurteilt werden).

Paragraphenzahlen nicht sicherstellt, dass dem Erklärenden die Tragweite der Vollmacht klar vor Augen gestanden hat.

dd) Partielle Vollmacht. Ist die Vollmacht **enger gefasst** als es dem Umkreis der in Abs. 1 S. 1 und Abs. 2 umschriebenen Maßnahmen entspricht (zB nur „Einwilligung in Untersuchung des Gesundheitszustandes"), so ist **diejenige Einwilligung wirksam, die vom ausdrücklichen Text erfasst ist**. Das gilt vor allem, wenn nur die Einwilligung in Maßnahmen nach § 1904 Abs. 1 S. 1, nicht aber die nach Abs. 2 in der Vollmachtsurkunde genannt sind. Das Vertrauen, das jemand in eine nahe stehende Person setzt, mag bei der Sterbehilfe seine Grenze finden; dann ist es sinnvoll, die Vollmacht ausdrücklich nur auf Einwilligungen in medizinische Maßnahmen, nicht aber auf die Versagung oder den Widerruf einer Einwilligung zu erstrecken. Wird eine Vollmacht nach Inkrafttreten des 3. BtÄndG nur auf die Einwilligung nach § 1904 Abs. 1 erstreckt, so muss angenommen werden, dass der Stellvertreter zu Nichteinwilligungen oder zum Widerruf von Einwilligungen nach Art des § 1904 Abs. 2 nicht befugt sein soll.

76

ee) Vollmacht und Patientenverfügung. Hat der Vollmachtgeber eine wirksame Patientenverfügung errichtet und geht es im konkreten Fall nur darum, dass der Bevollmächtigte aufgrund des zugrunde liegenden Kausalverhältnisses verpflichtet sein soll, der Festlegung des Patienten „Ausdruck und Geltung zu verschaffen" (§ 1901a Abs. 1 S. 2, Abs. 5), so ist insoweit die Vorschrift des § 1904 Abs. 5 S. 2 nicht einschlägig. Wenn die Patientenverfügung eine medizinische Maßnahme der in § 1904 Abs. 1 und 2 genannten Art betrifft, ist der Bevollmächtigte berechtigt und verpflichtet, auf ihre Beachtung dringen, auch wenn in seiner Vollmacht die Maßnahmen nicht ausdrücklich genannt sind. Denn diese Tätigkeit stellt keinen Gebrauch der Vollmacht selbst dar, sondern beruht auf dem zugrunde liegenden Kausalverhältnis (Auftrag, Geschäftsbesorgung). Es kann auch sein, dass ein solcher Auftrag mit einer Person ohne gleichzeitige Vollmachterteilung vereinbart wird.

77

ff) Vollmacht ohne Festlegungen für den Behandlungsfall? Die Vollmacht zur Gesundheitsfürsorge und das zugrunde liegende Kausalverhältnis müssen – abgesehen von den Erfordernissen des § 1904 Abs. 5 S. 2 – **keinen konkreten Bezug auf den Inhalt der Entscheidungen** aufweisen, die der Stellvertreter für den Vertretenen im Fall von dessen Entscheidungsunfähigkeit treffen soll. Das gilt auch für Maßnahmen der Sterbehilfe. Hier wird allerdings eingewandt, dass eine Vollmacht ohne „jede Formulierung von eigenen Entscheidungskriterien" unzulässig sei; die Einwilligung/Nichteinwilligung in ärztliche Maßnahmen sei höchstpersönlicher Natur und vertretungsfeindlich, eine Übertragung der Entscheidungsbefugnis ausschließlich auf einen Dritten sei durch das 3.BtÄndG nicht gedeckt.[134] Wäre dies richtig, so wäre eine Fürsorgevollmacht für den Gesundheitsbereich nur in Verbindung mit einer Patientenverfügung oder zumindest formulierten Behandlungswünschen praktizierbar. Das ist inkonsequent: Der Vollmachtgeber muss, um die Betreuung zu vermeiden, dem Bevollmächtigten alle Befugnisse einräumen können, die auch ein Betreuer innehaben kann. Doch ist der Gesundheitsbetreuer für Entscheidungen über die Einwilligung/ Nichteinwilligung in eine medizinische Maßnahme auch dann zuständig, wenn der Betreute keine Patientenverfügung errichtet und keine Behandlungswünschen geäußert hat. Es wäre ganz unverständlich, eine gleiche Rechtsstellung für den Bevollmächtigten, der das besondere Vertrauen des Betroffenen genießt, aufgrund von dogmatischen Erwägungen auszuschließen; diese müssten dann ebenso für den Betreuer gelten. Es muss in einer freiheitlichen Rechtsordnung möglich sein, für den Fall der eigenen Entscheidungsunfähigkeit die Entscheidung auch über das Unterbleiben von medizinischen Maßnahmen in die Hand einer Vertrauensperson zu legen, ohne schon jetzt die Entscheidungslagen zu antizipieren.

78

gg) Altfälle. Schon vor Einführung der in § 1904 Abs. 2 (aF) bzw. Abs. 5 geregelten Erfordernisse sind Vorsorgevollmachten erteilt worden. Es ergibt sich die Frage, ob die Rechtsmacht von Bevollmächtigten, deren Vertretungsmacht auf solchen „Altvollmachten" beruht, durch die spätere Einführung der genannten Erfordernisse eingeschränkt wurde. Die Frage ist prinzipiell zu verneinen:[135] Für die „Alt-Vollmachten" ist das zum Zeitpunkt ihrer Erteilung geltende Recht maßgebend, auch wenn später von ihnen Gebrauch gemacht wird. Freilich war nach dem vor dem 1. 1. 1999 geltenden Recht umstritten, ob, in welchem Umfange und unter welchen Modalitäten die Einwilligung in medizinische Maßnahmen überhaupt Gegenstand der gewillkürten Stellvertretung sein konnte. Es ist also dringend zu empfehlen, früher erteilte Vorsorgevollmachten zu überprüfen und nötigenfalls der neuen Lage anzupassen. Doch sind mE Vollmachten des früheren Rechts,

79

---

[134] *Rieger* FamRZ 2010, 1601, 1606.
[135] *G.Müller* DNotZ 1999, 107, 114; *G. Müller* DNotZ 2010, 169, 186 f.; *Diehn* FamRZ 2009, 1959, 1960; *Diehn/Rebhan* NJW 2010, 326, 330; **AA** OLG Zweibrücken FamRZ 2003, 113 (es komme es nicht auf den Zeitpunkt der Vollmachterteilung, sondern der gerichtlichen Entscheidung an; das ist völlig abwegig).

die klar zum Ausdruck bringen, dass alle im Zusammenhang mit der Gesundheitssorge nötigen Entscheidungen bei eigener Handlungsunfähigkeit in die Kompetenz des Bevollmächtigten fallen sollen, hinreichende Grundlage einer wirksamen Einwilligung, Nichteinwilligung etc. Das gilt auch für Vollmachten, die vor dem 1. 9. 2009 erteilt wurden und die Konstellationen des heutigen § 1904 Abs. 2 (Nichteinwilligung und Widerruf) nicht ausdrücklich, aber ihrem Sinn nach umfassten.[136] Entscheidend ist der klar zum Ausdruck kommende Wille des Patienten, über den auf Grund später eingeführter Formalien hinwegzugehen dem Staat nicht gestattet ist.

80   **f) Fortbestehende Wirksamkeit der Vollmacht. aa) Widerruf.** Ein Bevollmächtigter kann nur dann wirksam handeln, wenn seine Vertretungsmacht im Zeitpunkt der Einwilligung noch fortbesteht. Eine Vollmacht kann vor allem durch Widerruf seitens des Vollmachtgebers erlöschen (§ 167 S. 2). Ein solcher Widerruf ist bei Vollmachten zur Gesundheitsfürsorge wegen des höchstpersönlichen Charakters der betroffenen Angelegenheit stets möglich. Der Widerruf bedarf auch keiner Form, da hier der Schutzzweck der Norm nicht greift. Dieser Umstand kann den behandelnden Arzt in eine schwierige Situation bringen, zB wenn die schriftliche Vollmacht intern durch mündliche Äußerung gegenüber dem Bevollmächtigten widerrufen, dieser aber gleichwohl im Namen des Vollmachtgebers tätig wird. Zugunsten des über den Widerruf nicht informierten Arztes sind die Regeln der §§ 170–173 anzuwenden. Voraussetzung wirksamen Widerrufs ist die Geschäftsfähigkeit des Vollmachtgebers *auf diesem Gebiet*, dh. die Fähigkeit zur Einsicht in Bedeutung, Tragweite und Risiken des Erlöschens der Vollmacht.[137] Ist der Patient nicht in diesem Sinne geschäftsfähig, so kommt der Widerruf auch durch einen etwa bestellten Kontrollbetreuer (§ 1896 Abs. 3) in Betracht.

81   **bb) Erlöschen gemäß zugrunde liegendem Rechtsverhältnis.** Die Vorsorgevollmacht erlischt ferner nach Maßgabe des ihr zugrunde liegenden Rechtsverhältnisses, beim Auftrag zB durch Kündigung seitens des Beauftragten. Auch das bedingt Unsicherheiten für den behandelnden Arzt, der von internen Vorgängen zwischen Auftraggeber und Beauftragtem oft keine Kenntnis erhält; auch diesbezüglich gelten die Grundsätze der §§ 170–173.

82   **g) Mehrere Bevollmächtigte.** Der Vollmachtgeber kann mehrere Personen bevollmächtigen,
– entweder in der Weise, dass sie selbständig nebeneinander zu handeln befugt sind;
– oder in der Weise, dass sie nur zusammen handeln können (Gesamtvertretung);
– oder in der Weise, dass primär die Person A und erst bei deren Ausfall (vorzeitiger Tod, vorzeitige Geschäftsunfähigkeit, Weigerung, die Fürsorge zu übernehmen) die Person B an der Reihe sein soll. Die letztgenannte Konstellation birgt Probleme der Unsicherheit für den Rechtsverkehr. Zu empfehlen ist die Bevollmächtigung mehrerer Personen als selbständige Vertreter verbunden mit einer auf das *Innenverhältnis* beschränkten Reihenfolge, in welcher die Vertreter tätig werden sollen. Liegen **mehrere Vorsorgevollmachten unterschiedlichen Datums** vor, so ist es eine Frage der Auslegung, ob in der zeitlich letzten der Widerruf der ersten zum Ausdruck kommt. Ist der Widerruf nach dem Wortlaut oder den Umständen gewollt, so sind die Regeln der §§ 170–173 anzuwenden.

83   **h) Betreuer bei unbekannter Vollmacht.** Ist bei Bestellung des Gesundheitsbetreuers **unbekannt geblieben,** dass eine ausreichende Vorsorgevollmacht vorliegt, so wird die Vollmacht nicht durch die gesetzliche Vertretungsmacht des Betreuers verdrängt. Vielmehr ist die Betreuung aufzuheben, soweit sich die Bestellung der Betreuers angesichts der Vollmacht als nicht erforderlich erweist (§ 1908d Abs. 1 S. 1).

84   **3. Gegenstand und Voraussetzungen der Genehmigungsbedürftigkeit. a) Grundsatz.** Gegenstand des Genehmigungsvorbehalts ist im Fall des Abs. 1 die stellvertretende Einwilligung in die medizinische Maßnahme, welche die Rechtmäßigkeit des mit der Maßnahme verbundenen Eingriffs in die körperliche Unversehrtheit und in das Persönlichkeitsrecht begründet. Im Fall des § 1904 Abs. 2 ist es der Widerruf einer solchen Einwilligung oder die Verweigerung der Einwilligung in eine vom Arzt angebotene Maßnahme. Genehmigungspflichtig sind dagegen nicht die begleitenden schuldrechtlichen Arzt- und Krankenhausverträge.[138] Im Übrigen gilt das zu Genehmigungspflicht von Entscheidungen des Betreuers Gesagte. Gleichgültig für den Genehmigungsvorbehalt ist, ob die Einwilligung durch einen Repräsentanten als Stellvertretung im Sinne des BGB

---

[136] Diehn FamRZ 2009, 1958, 1960.
[137] Es gilt das zur Erteilung der Vollmacht Gesagte entsprechend, siehe oben Rn. 70. Die Unterscheidung „Geschäftsfähigkeit" – „Einwilligungsfähigkeit" ist auch hier künstlich, das diskutierte Problem, ob es auf die eine oder andere ankomme (*Taupitz*, Gutachten A zum 63. Deutschen Juristentag Leipzig 2000, S. 117 ff.), existiert in Wirklichkeit nicht. Zum Problem auch *Walter* S. 232 ff.
[138] Müller DNotZ 1999, 107, 115.

konstruiert ist oder – wie dies gelegentlich in der Lit. als Möglichkeit anklingt[139] – als „Überlassen der Ausübung" einer persönlichkeitsrechtlichen Befugnis. Entscheidend für die Genehmigungsbedürftigkeit ist, dass die Entscheidung beim Repräsentanten liegt, mag dieser sich auch am mutmaßlichen Willen des Vertretenen orientieren. Die vom einwilligungsfähigen Patienten selbst erklärte Einwilligung unterliegt hingegen nicht dem Genehmigungsvorbehalt. Für stellvertretendes Handeln und daher auch für die gerichtliche Genehmigung ist kein Raum, solange die konkrete medizinische Maßnahme noch von der Einwilligung des zB erst später bewusstlos gewordenen Patienten gedeckt ist.[140]

b) Eilfälle. Die Verweisung des § 1904 Abs. 5 umfasst auch die Regelung des § 1904 Abs. 1 S. 2: Die Genehmigungspflicht entfällt, wenn mit dem Aufschub Gefahr verbunden ist. Auch in diesem Zusammenhang entfällt nicht das Erfordernis der Einwilligung, sondern der Genehmigung dieser Einwilligung durch das Gericht. Zu den Voraussetzungen der „Gefahr" gilt gleichfalls das oben Gesagte (Rn. 34 ff.). Über die Regelung des § 1904 Abs. 1 S. 2 hinaus kann der Arzt in Notfällen auch ohne Einwilligung handeln, um Todesgefahr oder erhebliche Gesundheitsschäden vom Betroffenen abzuwenden, wenn dieser einwilligungsunfähig ist und der Bevollmächtigte nicht rechtzeitig eingeschaltet werden kann („mutmaßliche Einwilligung"). 85

c) Anwendbarkeit bei Vorliegen einer Patientenverfügung? Hat der Patient eine wirksame Patientenverfügung errichtet, die auf den konkreten Fall zutrifft, und soll die medizinische Behandlung den Festlegungen des Patienten gemäß durchgeführt werden, so ist § 1904 Abs. 5 nicht einschlägig. Denn dann ist es nicht der Bevollmächtigte, der – wie § 1904 Abs. 5 S. 2 sagt – in die medizinischen Maßnahme einwilligt, sondern der Patient selbst. Das gilt auch dann, wenn die Patientenverfügung dem Arzt erst durch den Bevollmächtigten bekannt gemacht wird; im diesem Fall ist der Bevollmächtigte nicht der Erklärende, sondern nur Bote der schon fertigen Erklärung des Patienten. § 1904 Abs. 5 ist freilich entsprechend anzuwenden, wenn Arzt und Bevollmächtigter uneins darüber sind, ob die Patientenverfügung wirksam ist oder den konkreten Fall trifft (Rn. 22, 50). 86

d) Abdingbarkeit? Es kann die Frage gestellt werden, ob eine Vollmacht auch so erteilt werden kann, dass der Vollmachtgeber den Bevollmächtigten von den Genehmigungserfordernissen des § 1904 Abs. 5 befreit.[141] Das ist zu verneinen: Der Schutzzweck charakterisiert die Vorschrift als zwingendes Recht. 87

e) Sonderfälle. Die Regelungen des Arzneimittelgesetzes (oben Rn. 61) und des Gesetzes über Medizinprodukte werfen die Frage auf, ob auch eine über den Eintritt der eigenen Selbstbestimmungsfähigkeit hinaus wirkende Vollmacht zur Einwilligung an **Heilversuchen** erteilt werden kann, so dass auch hier der Bevollmächtigte an die Stelle des gesetzlichen Vertreters treten könnte. Die einschlägigen Gesetze äußern sich hierzu nicht. Daraus kann man schließen, dass dieser Bereich einer Sonderregelung unterstellt werden sollte. Demzufolge bleibt es – soweit vorgesehen – beim Erfordernis der Zustimmung des *gesetzlichen* Vertreters.[142] Zur **Organentnahme** bei Verstorbenen siehe oben Rn. 65; der Anwendungsbereich des § 1904 ist hier nicht berührt. 88

4. Die Entscheidung des Gerichts. a) Allgemeine Voraussetzungen. Das um Genehmigung angegangene Betreuungsgericht hat zunächst zu prüfen, ob der Bevollmächtigte wirksam zur Erteilung der Einwilligung im Namen des Vertretenen befugt ist.[143] Dazu gehört auch die Voraussetzung, dass der Patient selbst nicht mehr einwilligungsfähig ist. Das Gericht prüft ferner, ob der Bevollmächtigte im konkreten Fall von der Vollmacht Gebrauch machen will. 89

b) Kriterien für die Entscheidung. aa) Wille und Wohl des Betroffenen. In der Sache überprüft das Gericht grundsätzlich wie bei § 1904 Abs. 1 und 2, ob die geplante Entscheidung des Vertreters dem Willen des Patienten entspricht (§ 1904 Abs. 3). Ist ein solcher Wille nicht ermittelbar, so ist das Wohl des Vollmachtgebers maßgeblich. Bei der Vollmacht fällt indes besonders ins Gewicht, dass der Patient dem Bevollmächtigten sein besonderes Vertrauen geschenkt hat. Es bedarf also triftiger Gründe, wenn eine nach dem medizinischen Erkenntnisstand verantwortbare, von der Entscheidung des Bevollmächtigten getragene Maßnahme abgelehnt werden soll. 90

bb) Keine umfassende Kontrolle des Bevollmächtigten. § 1904 Abs. 5 überträgt eine Einzelvorschrift des Betreuungsrechts auf ein rein privates Rechtsverhältnis. Das darf nicht so inter- 91

---
[139] Im Anschluss an BGHZ 15, 250, 259 (Cosima Wagner); BGHZ 50, 136 (Mephisto).
[140] Wie hier auch AG Frankfurt/Main FamRZ 2003, 476. Zur Problematik oben Rn. 13–16.
[141] Dazu *Walter* FamRZ 1999, 685, 690.
[142] In dieser Richtung auch *Zimmermann* BWNotZ 1998, 101, 109.
[143] *Bühler* BWNotZ 1999, 25, 27.

§ 1905   Abschnitt 3. Titel 2. Rechtliche Betreuung

pretiert werden, als unterlägen die Bevollmächtigten einer gerichtlichen Aufsicht wie die Betreuer. Die Fundamentalnormen der gerichtlichen Kontrolle über die Betreuung (§§ 1837 ff. iVm. § 1908i Abs. 1 S. 1) sind nicht anzuwenden. Das Gericht kann gegen den Bevollmächtigten insbesondere nicht durch Gebote und Verbote einschreiten oder ihm zur Befolgung gerichtlicher Anordnungen Zwangsgeld androhen. Es kann dem Bevollmächtigten auch nicht verbieten, eine Einwilligung bzw. Nichteinwilligung ohne gerichtliche Genehmigung zu erteilen. Wird dem Gericht bekannt, dass ein Bevollmächtigter gegen die Regeln des § 1904 handelt oder zu handeln sich vornimmt, so ist zu prüfen, ob ein Betreuer bestellt werden muss.

92   **5. Verfahren.** Auch für Genehmigungen von Handlungen von Bevollmächtigten nach § 1904 sind die Verfahrensvorschriften nicht hinreichend exakt abgefasst. Man könnte sogar zweifeln, ob die Betreuungsgerichte zuständig sind. Denn § 271 Nr. 3 FamFG sind Betreuungssachen „sonstige Verfahren, die die rechtliche Betreuung eines Volljährigen" betreffen. Das trifft auf Fälle, in denen kein Betreuer bestellt ist oder werden soll, in denen aber ein Bevollmächtigter die Einwilligung in eine medizinische Maßnahme erklärt, eigentlich nicht zu. Trotzdem darf man annehmen, dass der Gesetzgeber auch für den Anwendungsbereich des § 1904 Abs. 5 die Zuständigkeit der Betreuungsgerichte wollte.[144] Dafür spricht, dass bei einigen besonderen Vorschriften über das Genehmigungsverfahren der Bevollmächtigte neben dem Betreuer genannt ist (§§ 287 Abs. 3, 298 Abs. 1 FamFG). Man darf also annehmen, dass die Verfahrensvorschriften über die Genehmigung von Einwilligungen/ Nichteinwilligungen des Betreuers auch für entsprechende Akte des Bevollmächtigten gelten. Dieser tritt im in den Verfahrensvorschriften an die Stelle des Betreuers.

§ 1905 Sterilisation

(1) ¹Besteht der ärztliche Eingriff in einer Sterilisation des Betreuten, in die dieser nicht einwilligen kann, so kann der Betreuer nur einwilligen, wenn
1. die Sterilisation dem Willen des Betreuten nicht widerspricht,
2. der Betreute auf Dauer einwilligungsunfähig bleiben wird,
3. anzunehmen ist, dass es ohne die Sterilisation zu einer Schwangerschaft kommen würde,
4. infolge dieser Schwangerschaft eine Gefahr für das Leben oder die Gefahr einer schwerwiegenden Beeinträchtigung des körperlichen oder seelischen Gesundheitszustands der Schwangeren zu erwarten wäre, die nicht auf zumutbare Weise abgewendet werden könnte, und
5. die Schwangerschaft nicht durch andere zumutbare Mittel verhindert werden kann. ²Als schwerwiegende Gefahr für den seelischen Gesundheitszustand der Schwangeren gilt auch die Gefahr eines schweren und nachhaltigen Leides, das ihr drohen würde, weil betreuungsgerichtliche Maßnahmen, die mit ihrer Trennung vom Kind verbunden wären (§§ 1666, 1666a), gegen sie ergriffen werden müssten.

(2) ¹Die Einwilligung bedarf der Genehmigung des Betreuungsgerichts. ²Die Sterilisation darf erst zwei Wochen nach Wirksamkeit der Genehmigung durchgeführt werden. ³Bei der Sterilisation ist stets der Methode der Vorzug zu geben, die eine Refertilisierung zulässt.

Schrifttum: *Coester,* Die sorgerechtliche Indikation bei der Sterilisation behinderter Volljähriger (§ 1905 I 2 BetrG–E), ZfJ 1989, 350; *Finger,* Zur Einwilligung des Betreuers in die Sterilisation eines geistig Behinderten nach § 1905 BGB, NDV 1989, 87, 201; *ders.,* Die Sterilisation geistig Behinderter und § 1905 BGB idF des BtG, DAVorm. 1989, 11, 449; *Frost,* Arztrechtliche Probleme des neuen Betreuungsrechts. Eine Betrachtung der §§ 1901, 1904, 1905 BGB unter besonderer Berücksichtigung der Einwilligung in ärztliche Maßnahmen, 1994; *Gaidzik/Hiersche,* Aspekte der Sterilisation Einwilligungsunfähiger, MedR 1999, 58; *Hoffmann,* Genehmigung des Einwilligung eines Betreuers in die Sterilisation einer Betreuten nach § 1905 BGB, BtPrax 2000, 235; *Kern/ Hiersche,* Zur Sterilisation geistig Behinderter, MedR 1995, 46; *Kollmer,* Selbstbestimmung im Betreungsrecht, Regensburger jur. Diss., 1992; *Mayer,* Medizinische Maßnahmen an Betreuten – §§ 1904, 1905 BGB, 1995; *Pieroth,* Die Verfassungsmäßigkeit der Sterilisation Einwilligungsunfähiger gemäß dem Entwurf für ein Betreuungsgesetz (BtG), FamRZ 1990, 117; *Reis,* Sterilisation bei mangelnder Einwilligungsfähigkeit, ZRP 1988, 318; *Schwab,* Schwangerschaftsverhütungsmethoden unter besonderer Berücksichtigung der Sterilisation in der Anwendung für

---

[144] Im Ergebnis auch *Damrau/Zimmermann* § 271 FamFG Rn.4.

einsichtsunfähige Menschen aus zivilrechtlicher Sicht, in *Neuer-Miebach/Krebs*, Schwangerschaftsverhütung bei Menschen mit geistiger Behinderung – notwendig, möglich, erlaubt?, 1987, S. 136.

Übersicht

	Rn.
I. Normzweck. Grundprobleme	1–11
1. Überblick	1
2. Die Bedeutung des § 1905	2
3. Verfassungsrechtliche Zweifel	3
4. Die Regelung im Überblick	4–11
a) Rechtmäßigkeit der Einwilligung	4
b) Voraussetzung	5
c) Keine Zwangssterilisation	6
d) Wirksamkeit der Einwilligung	7
e) Genehmigungsbedürftigkeit	8
f) Zeitliche Begrenzung der Durchführung	9
g) Methode	10
h) Vereine, Behörden	11
II. Mangelnde Einwilligungsfähigkeit des Betroffenen	12, 13
1. Kriterien	12
2. Voraussichtlich dauernde Einwilligungsunfähigkeit (§ 1905 Abs. 1 S. 1 Nr. 2)	13
III. Einwilligungsbefugnis des Betreuers	14–16
1. Ausdrückliche Bestellung für diese Angelegenheit	14
2. Besonderer Betreuer	15
3. Zeitdauer der Bestellung	16
IV. Verbot der Zwangssterilisation (Abs. 1 S. 1 Nr. 1)	17, 18
1. Grundsatz	17
2. Keine Ausnahmen	18

	Rn.
V. Die Indikation (Abs. 1 S. 1 Nr. 3 bis 5; S. 2)	19–26
1. Übersicht	19
2. Zu Abs. 1 S. 1 Nr. 3	20
3. Zu Abs. 1 S. 1 Nr. 4, S. 2: Notlage	21–25
a) Anlehnung an die medizinische Indikation	21
b) Gefahr für den seelischen Gesundheitszustand insbesondere	22
c) Keine anderweitige Gefahrabwendung	23
d) Sterilisation von Männern	24
e) Keine Anwendung sonstiger Indikationen	25
4. Zu Abs. 1 S. 1 Nr. 5: Vorrang anderer Verhütungsmittel	26
VI. Entscheidung und Verfahren	27–37
1. Die Entscheidung und ihre Bedeutung	27–29
a) Gerichtliche Überprüfung	27
b) Erteilung der Genehmigung	28
c) Frist	29
2. Zum Verfahren	30–37
a) Grundsätze	30
b) Persönliche Anhörung	31
c) Sachverständigengutachten	32
d) Anhörung Dritter	33
e) Inhalt der Entscheidung	34
f) Bekanntgabe der Entscheidung	35
g) Wirksamwerden der Entscheidung	36
h) Beschwerde	37
VII. Vollmacht zur Einwilligung in eine Sterilisation?	38

I. Normzweck. Grundprobleme

1. Überblick. Unter den ärztlichen Eingriffen wirft die Sterilisation besondere Probleme auf, 1 die den Gesetzgeber des BtG veranlasst haben, hierzu spezielle Vorschriften zu erlassen:
– Die Sterilisation Minderjähriger ist gänzlich untersagt (§ 1631c).
– Die Sterilisation einwilligungsunfähiger Erwachsener auf Grund der Einwilligung ihres Betreuers ist nur unter engen sachlichen Voraussetzungen und nur mit Genehmigung des Betreuungsgerichts zulässig (§ 1905); für das Genehmigungsverfahren gelten besondere Verfahrensgarantien.
– Keine gesetzliche Regelung ist für die Sterilisation einwilligungsfähiger volljähriger Personen vorgesehen, auch wenn für sie ein Betreuer bestellt ist. Hier bleibt es bei der allgemeinen Rechtslage, dass die freiwillige Sterilisation eines Einwilligungsfähigen erlaubt ist (BGHSt 20, 81 ff.).

Als „Sterilisation" wird die gezielte permanente Unfruchtbarmachung durch einen operativen Eingriff an den Transportwegen des Eies oder an der Gebärmutter verstanden;[1] doch sollte der Begriff, was die *Art und Weise* des Eingriffs betrifft, im Hinblick auf den medizinischen Wandel offen gehalten werden, entscheidend ist die gezielte Herbeiführung der dauernden Unfruchtbarkeit. Dass eine spätere Refertilisierung möglich erscheint, schließt den Begriff der Sterilisation nicht aus.

2. Die Bedeutung des § 1905. Die Vorschrift kommt nur für Volljährige in Betracht, die nicht 2 selbst wirksam in die Vornahme einer Sterilisation einwilligen können. Für diesen Personenkreis hat sich der Gesetzgeber nach langen und heftigen Diskussionen in der Öffentlichkeit entschlossen, die Sterilisation auf Grund der stellvertretenden Einwilligung eines Betreuers unter ganz engen Voraussetzungen (§ 1905 Abs. 1, § 1899 Abs. 2), unter Kontrolle (§ 1905 Abs. 2 S. 1) und mit Anfor-

---
[1] BayObLG FamRZ 1997, 702.

derungen an die Durchführung der Maßnahme (§ 1905 Abs. 2 S. 2, 3) zuzulassen. Gesetzgeberisches Motiv war die Annahme, dass es erfahrungsgemäß psychisch Kranke und geistig-seelisch Behinderte gibt, bei denen die Empfängnisverhütung auf andere Weise nicht oder nicht praktikabel durchführbar ist und für die nur die Sterilisation den Weg zu einem unbeschwerten Sexualleben öffnet.[2] Andererseits spielte der unbefriedigende Rechtszustand eine wesentliche Rolle, der bis zum BtG bestanden hatte.[3]

3   **3. Verfassungsrechtliche Zweifel.** Die Regelung des § 1905 hat trotz ihres restriktiven Charakters keinen allgemeinen Beifall gefunden. Rechtstheoretisches und verfassungsrechtliches Kernproblem ist die Frage, ob es in einer so höchstpersönlichen Entscheidung, wie sie die Unfruchtbarmachung darstellt, eine stellvertretende Einwilligung überhaupt geben kann oder ob hier nicht Menschenwürde und Persönlichkeitsrecht verletzt werden. Die Lage ist ähnlich wie beim Schwangerschaftsabbruch, unterscheidet sich von diesem aber dadurch, dass der Betroffene bei der Sterilisation nur über sich selbst verfügt, beim Schwangerschaftsabbruch zugleich aber über das Leben eines anderen. Daher ist die Einwilligung im letzteren Fall in weit höherem Grade eine an die Persönlichkeit gebundene Gewissensentscheidung als bei der Sterilisation. Aus diesem Grund ist die mit Einwilligung des Betreuers durchgeführte Sterilisation, sofern sie der Betroffene nicht ablehnt, im ausschließlichen Interesse des Betroffenen auch dann rechtmäßig, wenn der Betroffene Grund, Bedeutung und Tragweite des Eingriffs nicht (voll) zu erfassen vermag.[4] Dagegen können schwerlich die verbrecherischen Missbräuche des NS-Regimes (Zwangssterilisationen auf Grund des Gesetzes zur Verhütung erbkranken Nachwuchses vom 14. 7. 1933) ins Feld geführt werden. Derartige Argumente orientieren sich letztlich nicht an den **Rechten und Bedürfnissen der heute lebenden Menschen.** Die Regelung des § 1905 bewegt sich mit seiner Ablehnung der Zwangssterilisation, seiner Orientierung am Wohl des Betroffenen, den eng gefassten Voraussetzungen und der betreuungsgerichtlichen Kontrolle auf dem Boden des GG.[5]

4   **4. Die Regelung im Überblick. a) Rechtmäßigkeit der Einwilligung.** Eine Sterilisation auf Grund der Einwilligung des Betreuers ist nur rechtens, wenn der Betroffene auf Grund fehlender Einsichts- oder Willensfähigkeit nicht selbst wirksam einwilligen kann.

5   **b) Voraussetzung.** Die Einwilligungsbefugnis des Betreuers setzt voraus, dass er für diese Angelegenheit („Einwilligung in eine Sterilisation") ausdrücklich bestellt worden ist; er muss *ausschließlich* für diese Angelegenheit bestellt sein (§ 1899 Abs. 2).

6   **c) Keine Zwangssterilisation.** Die Sterilisation auf Grund der Einwilligung des Betreuers ist nicht gerechtfertigt, wenn sie dem („natürlichen") Willen des Betreuten widerspricht (Verbot der Zwangssterilisation, § 1905 Abs. 1 S. 1 Nr. 1).

7   **d) Wirksamkeit der Einwilligung.** Die Wirksamkeit der Einwilligung des Betreuers setzt voraus, dass die sachlichen Erfordernisse des § 1905 Abs. 1 S. 1 Nr. 2 bis 5, S. 2 gegeben sind. Diese Voraussetzungen sind ausschließlich an den Interessen des Betroffenen orientiert; weder die Interessen der Allgemeinheit, noch der Verwandten, noch der Kinder, die ohne die Maßnahme gezeugt würden, spielen eine Rolle.[6]

8   **e) Genehmigungsbedürftigkeit.** Die Einwilligung bedarf der Genehmigung des Betreuungsgerichts (§ 1905 Abs. 2 S. 1); an das Verfahren werden strenge Anforderungen gestellt.

9   **f) Zeitliche Begrenzung der Durchführung.** Die Sterilisation darf erst zwei Wochen nach Wirksamkeit der Genehmigung durchgeführt werden (§ 1905 Abs. 2 S. 2).

10 **g) Methode.** Bei Durchführung ist derjenigen Methode der Vorzug zu geben, die eine Refertilisierung zulässt.

11 **h) Vereine, Behörden.** Vereine oder Behörden als solche (§ 1900) dürfen nicht zu Betreuern für die Einwilligung in eine Sterilisation bestellt werden (§ 1900 Abs. 5).

---

[2] Ausführliche Begründung in BT-Drucks. 11/4528 S. 73 ff.; siehe auch die sehr eingehende Diskussion im Rechtsausschuss BT-Drucks. 11/6949 S. 73 ff.
[3] In den Beratungen des Rechtsausschusses des BT wurden 1000 Fälle pro Jahr in der Bundesrepublik geschätzt (BT-Drucks. 11/6949 S. 74); die amtl. Begr. vermutet insgesamt 30 000–50 000 Sterilisationen von Frauen pro Jahr (BT-Drucks. 11/4528 S. 74).
[4] BayObLG FamRZ 2001, 1560. Zur Problematik *Schwab* in *Neuer-Miebach/Krebs* S. 136, 146.
[5] S. *Pieroth* FamRZ 1990, 117 ff.
[6] Begründung im Einzelnen BT-Drucks. 11/4528 S. 75 f.

II. Mangelnde Einwilligungsfähigkeit des Betroffenen

1. Kriterien. Ist der Betroffene selbst einwilligungsfähig, so kann nur er selbst wirksam in die Maßnahme einwilligen,[7] er bedarf weder der Zustimmung eines Betreuers noch des Betreuungsgerichts. Auch kann für die Einwilligung in die Sterilisation kein Einwilligungsvorbehalt (§ 1903) angeordnet werden.[8] Die Lage ist dieselbe wie bei ärztlichen Eingriffen im Allgemeinen. Auch für die Kriterien, an denen die Einwilligungsfähigkeit zu messen ist, gelten die dort entwickelten Grundsätze: Entscheidend ist die Fähigkeit, *Wesen, Grund und Tragweite* der Sterilisation und *ihre Bedeutung für das eigene Leben* so zu erfassen, dass eine selbst verantwortete Entscheidung möglich ist.[9] Dazu gehört auch die Fähigkeit, die gebotene ärztliche Aufklärung nachzuvollziehen. Ein Anlass, die Anforderungen an die Einwilligungsfähigkeit in diesem Kontext niedrig anzusetzen, besteht nicht;[10] anders wäre die gesamte Regelung des § 1905 sinnlos. Eine Person, die für alle Angelegenheiten, für die Gesundheitsfürsorge oder einen diese umfassenden Wirkungskreis wegen psychischer Krankheit oder geistig-seelischer Behinderung eines Betreuers bedarf, wird gewöhnlich nicht in der Lage sein, in eine Sterilisation einzuwilligen.[11] Die Einwilligungsfähigkeit hat – wie bei sonstigen medizinischen Maßnahmen – der Arzt zu beurteilen. 12

2. Voraussichtlich dauernde Einwilligungsunfähigkeit (§ 1905 Abs. 1 S. 1 Nr. 2). Das Gesetz lässt die Einwilligungsunfähigkeit des Betroffenen im Zeitpunkt der Einwilligung nicht genügen; weitere Voraussetzung ist, dass der Betreute *auf Dauer* einwilligungsunfähig sein wird.[12] Damit soll verhindert werden, dass bei Personen, die nur vorübergehend einwilligungsunfähig sind, während dieses zeitweiligen Zustandes der möglicherweise endgültige Eingriff vorgenommen wird.[13] Es wäre dann aber besser gewesen, das Normelement so zu formulieren („außer wenn voraussichtlich nur vorübergehend"). Denn die positive Prognose, dass ein Kranker oder Behinderter auf (unbegrenzte?) Dauer einwilligungsunfähig bleiben wird, dürfte dem Facharzt bei den Fortschritten in psychiatrischen und neurologischen Behandlungsmethoden oft schwer fallen. Es muss daher die fachärztliche Voraussicht genügen, dass eine Wiedergewinnung der Einwilligungsfähigkeit trotz Einsatzes der möglichen Therapien[14] nach gewöhnlichem Krankheitsverlauf mit hoher Wahrscheinlichkeit nicht erwartet werden kann.[15] Nicht hingegen ist die Prognose zu verlangen, dass diese Wiedergewinnung völlig unmöglich ist.[16] 13

III. Einwilligungsbefugnis des Betreuers

1. Ausdrückliche Bestellung für diese Angelegenheit. Der Betreuer kann nur einwilligen, wenn er ausdrücklich für die Angelegenheit „Einwilligung in die Sterilisation" bestellt ist. Das ergibt sich indirekt aus § 1899 Abs. 2; denn wenn für diese Angelegenheit stets ein besonderer Betreuer zu bestellen ist, so muss die Angelegenheit konkret genannt sein. Ist der Aufgabenkreis des Betreuers also lediglich allgemein umschrieben („alle Angelegenheiten", „alle persönlichen Angelegenheiten", „Gesundheitsfürsorge" etc.), so fehlt es von vorneherein an der Befugnis, für den Betreuten in eine Sterilisation einzuwilligen. 14

2. Besonderer Betreuer. Für die Einwilligung in die Sterilisation ist stets ein besonderer Betreuer zu bestellen (§ 1899 Abs. 2); demselben Betreuer dürfen also keinerlei andere Betreuungsaufgaben für diesen Betreuten übertragen sein. Verstößt das Gericht bei Bestellung des Betreuers gegen diese Regel (zB Bestellung für allgemeine Gesundheitsfürsorge *und* Einwilligung in die Sterilisation), so ist die Einwilligungsbefugnis nicht gegeben, die Betreuerbestellung im Übrigen aber 15

---

[7] OLG Hamm FamRZ 2001, 314, 315.
[8] Im Erg. ebenso *Soergel/Zimmermann* Rn. 5.
[9] Nähere Begründung in meinem Beitrag (Fn. 5) S. 136, 140 f. Das OLG Hamm (FamRZ 2001, 314, 315) formuliert: Es sei maßgebend, ob die Betroffene nach Aufklärung durch den Arzt zu erfassen vermag, aus welchen Gründen die Sterilisation angezeigt oder gar notwendig ist und welche Folgen und Auswirkungen dieser Eingriff im Allgemeinen und für sich im Besonderen nach sich zieht (unter Berufung auf *Lachwitz* FuR 1990, 226, 270; BGB-RGRK/*Dickescheid* Rn. 3).
[10] Siehe auch *Erman/Roth* Rn. 8.
[11] Zum Problem *Knittel* Rn. 8.
[12] Dazu OLG Hamm FamRZ 2001, 314, 315 (Gehirnmissbildung).
[13] BT-Drucks. 11/4528 S. 76.
[14] Dass therapeutische Maßnahmen nicht unterbleiben dürfen, um die genannte Prognose zu rechtfertigen, ist selbstverständlich, vgl. BT-Drucks. 11/4528 S. 76.
[15] Wie hier *Knittel* Rn. 9; *Erman/Roth* Rn. 13; *Soergel/Zimmermann* Rn. 19.
[16] Bei *Jürgens/Lesting/Marschner/Winterstein* (Rn. 204) ist zB die Feststellung verlangt, dass der Betreute auf Dauer einwilligungsunfähig bleiben wird.

wirksam. Denn die Regelung des § 1899 Abs. 2 will Interessenkollisionen verhindern, in die der sonst Personensorgeberechtigte geraten kann, wenn er auch die Sterilisation verantworten müsste.[17] Häufig wird der Betroffene daher außer dem „Einwilligungsbetreuer" eines weiteren Betreuers bedürfen (§ 1899 Abs. 1), wenn er für weitere Angelegenheiten der gesetzlichen Vertretung bedarf. Mit der Gesetzesbegründung.[18] ist jedoch anzunehmen, dass der besondere Sterilisationsbetreuer nicht nur für die bloße Einwilligung in die Vornahme der Sterilisation, sondern darüber hinaus für alle Angelegenheiten zuständig ist, die mit dieser Entscheidung in unmittelbarem Zusammenhang stehen (auch Arztvertrag zur Durchführung der Sterilisation, auch die mit dem Eingriff verbundene typische medizinische Nachbehandlung). Siehe im Übrigen § 1899 Rn. 3. **Verein oder Behörde** als solche (§ 1900) dürfen nicht als Betreuer für die Einwilligung in die Sterilisation bestellt werden (§ 1900 Abs. 5), wohl aber Vereins- und Behördenbetreuer. Gegen den Sinn des Betreuungsrechts wäre eine Konstellation, bei der zB ein Verein zum allgemeinen Betreuer und ein Mitarbeiter desselben Vereins als „natürliche Person" zum Sterilisationsbetreuer bestellt würden.[19] Zu beachten ist ferner auch in diesem Zusammenhang die Vorschrift des § 1897 Abs. 3.

16 **3. Zeitdauer der Bestellung.** Da die Voraussetzungen für die Einwilligung des Betreuers und die gerichtliche Genehmigung nur situationsbezogen überprüft werden können, ist es nicht sinnvoll, den Betreuer für längere Zeit zu bestellen. Vielmehr geschieht die Bestellung im Hinblick auf eine konkret geplante Maßnahme. Deshalb muss es möglich sein, bei der Bestellung nicht nur den Termin anzugeben, zu dem über Aufhebung oder Verlängerung zu entscheiden ist (§ 286 Abs. 3 FamFG), sondern die Dauer der Bestellung von vorneherein zu begrenzen.[20] Ist die Sterilisation durchgeführt und die Nachbehandlung abgeschlossen, so ist der Betreuer funktionslos geworden; gleichwohl bedarf es noch einer förmlichen Aufhebung der Betreuung (§ 1908d Abs. 1). In der Lit. bestehen offenbar Zweifel, ob der Aufgabenkreis des Sterilisationsbetreuers auch die Nachsorge umfasst oder doch umfassen kann;[21] verneint man dies, so ist – das Unvermögen zur Selbstbestimmung des Betroffenen vorausgesetzt – allerdings in jedem Fall neben dem Sterilisationsbetreuer ein allgemeiner Gesundheitsbetreuer zu bestellen, was vom Sinn des § 1905 keinesfalls gefordert wird.

IV. Verbot der Zwangssterilisation (Abs. 1 S. 1 Nr. 1)

17 **1. Grundsatz.** Die Einwilligung des Betreuers ist unwirksam, wenn die Sterilisation dem Willen des Betreuten widerspricht, dh. wenn der Betreute zu erkennen gibt, dass er die Maßnahme nicht will. Nicht nötig ist, dass der Betroffene eine Vorstellung von der Sterilisation oder ihrer Bedeutung hat, es kommt darauf an, dass er den Eingriff, der mit ihm geschehen soll, ablehnt.[22] Es genügt jede Art der Willensäußerung (Ablehnung mit Worten oder Gesten, körperliche Gegenwehr).[23] Unter „Wille" ist der natürliche Wille zu verstehen, irgend ein Grad von Einsichts- oder Steuerungsfähigkeit ist nicht vorausgesetzt.[24] Hat der Betreute zunächst zugestimmt, so schließt auch eine spätere, vor dem Eingriff geäußerte Ablehnung die Rechtmäßigkeit der Sterilisation aus.[25] Das gilt sogar, wenn der Betreute nach erteilter gerichtlicher Genehmigung, aber vor der Behandlung anderen Sinnes wird: Die Selbstbestimmung ist bis zur letztmöglichen Minute zu achten. Wenn der Betroffene in gesunden Tagen in einer Betreuungs- oder Patientenverfügung die Sterilisation ausgeschlossen hat, ihr jetzt aber nach Eintritt der Einwilligungsunfähigkeit keine Ablehnung entgegensetzt, dann gilt der in der antizipierten Verfügung zutage getretene Wille.[26] Diskutiert wird, ob sich der Widerwille speziell gegen die Sterilisation („Sterilisation als solche") richten muss[27] oder ob es

---

[17] S. BT-Drucks. 11/4528 S. 131.
[18] BT-Drucks. 11/4528 S. 131. So auch *Soergel/Zimmermann* Rn. 9; *Knittel* Rn. 10.
[19] Dagegen auch HK-BUR/*Bauer* § 1900 Rn. 35 (unzulässig); vorsichtiger *Knittel* Rn. 11.
[20] LG Berlin BtPrax 1993, 34 (nicht über ein Jahr).
[21] Verneinend wohl *Bienwald* Rn. 52; die dort in Erwägung gezogene Erweiterung des Aufgabenkreises verstößt aber gegen § 1899 Abs. 2, wenn der mögliche Aufgabenkreis eines Sterilisationsbetreuers so eng gezogen wird.
[22] So auch *Erman/Roth* Rn. 10; *Seitz* FGPrax 1996, 23. Kontrovers wird diskutiert, ob sich der Widerwille gerade gegen die Sterilisation richten muss oder ob er sich auch auf die Begleitumstände beziehen kann (für ersteres *Soergel/Zimmermann* Rn. 18; für letzteres HK-BUR/*Hoffmann* Rn. 66). Das trifft mE kein wirkliches Problem.
[23] Vgl. BT-Drucks. 11/4528 S. 143; OLG Hamm FamRZ 2001, 314, 316.
[24] BT-Drucks. 11/4528 S. 143; OLG Hamm FamRZ 2001, 314, 316.
[25] Auch aus der Lit., zB *Knittel* Rn. 13. Es liegen dann die Voraussetzungen stellvertretender Einwilligung nicht mehr vor, so richtig BT-Drucks. 11/4528 S. 143.
[26] So auch *Knittel* Rn. 13; aA *A. Frost* S. 190.
[27] So zB OLG Hamm FamRZ 2001, 314, 315; *Staudinger/Bienwald* Rn. 43; *Kern/Hiersche* MedR 1995, 463.

genügt, wenn er einer allgemeinen Angst vor ärztlichen Behandlungen entspringt.[28] Nach dem Sinn der Vorschrift ist es nach meiner Auffassung absolut nicht erlaubt, bei einem klar gegen die vorgesehene Behandlung gerichteten Willen die Motivlage des Betreuten auszuforschen und zu interpretieren; es wird dies in vielen Fällen auch gar nicht möglich sein, wenn der Betroffene gar nicht begreift, was mit ihm geschehen soll. Ob der gegen die konkrete ärztliche Behandlung gerichtete Wille einer Ablehnung der Sterilisation „als solcher" entspringt oder anderen Motiven ist also völlig gleichgültig: Die Maßnahme hat zu unterbleiben.

2. Keine Ausnahmen. Der entgegenstehende Wille macht die Einwilligung selbst dann unwirksam, wenn eine Schwangerschaft zu einer Lebensgefahr oder Gefahr schwerer gesundheitlicher Schädigung der betreuten Frau führen würde. Der Gesetzgeber hat in solchen Fällen die Alternative – Fernhalten von sexuellen Kontakten – gegenüber der Zwangssterilisation als den geringeren Eingriff in die Rechtssphäre der Frau angesehen.[29] Ob als Alternative auch die freiheitsentziehende Unterbringung mit dem Ziel, den Betroffenen von sexuellen Kontakten fernzuhalten, eingesetzt werden kann,[30] erscheint zweifelhaft; es müssten die Voraussetzungen des § 1906 Abs. 1 Nr. 1 vorliegen, die Unterbringung müsste nach § 1906 Abs. 1 genehmigt werden. Auch wenn diese Erfordernisse gegeben sind: Eine solche Maßnahme fällt eindeutig nicht mehr in den Aufgabenkreis des Sterilisationsbetreuers.

V. Die Indikation (Abs. 1 S. 1 Nr. 3 bis 5; S. 2)

1. Übersicht. Die Einwilligung des Betreuers ist nur wirksam, wenn drei situationsbezogene Erfordernisse zusammentreffen, nämlich dass
- erstens anzunehmen ist, dass es ohne die Sterilisation zu einer Schwangerschaft kommen würde (§ 1905 Abs. 1 S. 1 Nr. 3);
- zweitens infolge dieser Schwangerschaft der Eintritt einer der im Gesetz näher umschriebenen Notlagen zu erwarten wäre, die nicht auf andere zumutbare Weise abgewendet werden könnte (§ 1905 Abs. 1 S. 1 Nr. 4, S. 2);
- drittens die Schwangerschaft nicht durch zumutbare andere Mittel verhindert werden kann (§ 1905 Abs. 1 S. 1 Nr. 5).

2. Zu Abs. 1 S. 1 Nr. 3. Der Grundsatz der Erforderlichkeit beschränkt die Einwilligungsbefugnis des Betreuers auf die Fälle, in denen die konkrete und ernstliche Gefahr einer durch Schwangerschaft ausgelösten Notlage entsteht. Dazu genügt nicht die bloß abstrakte Möglichkeit der Schwangerschaft;[31] es wäre nicht gerechtfertigt, sexuell nicht aktive Personen vorsorglich, etwa wegen gemeinsamer Unterbringung mit Männern in einem Heim oder wegen der allgemeinen Gefahr sexuellen Missbrauchs zu sterilisieren.[32] Es genügt aber, wenn der Betreffende einen Sexualpartner hat oder sexuelle Kontakte mit mehreren Partnern pflegt und der Eintritt einer Schwangerschaft nicht aus anderen Gründen unwahrscheinlich ist;[33] ein besonderer Grad der Wahrscheinlichkeit ist dabei nicht gefordert, es genügt, dass auf Grund der sexuellen Aktivität des fortpflanzungsfähigen Betreuten mit einer Schwangerschaft zu rechnen ist.[34] Die mögliche Schwangerschaft muss nicht bei dem Betroffenen selbst zu gewärtigen sein, sonst würde § 1905 nur die Sterilisation von Frauen betreffen; vielmehr kommt auch die Einwilligung des Betreuers in die Sterilisation eines betreuten Mannes in Betracht, wenn zB eine Schwangerschaft bei dessen Partnerin eintreten kann, die bei ihr zu einer Notlage (Nr. 4) führt.[35]

3. Zu Abs. 1 S. 1 Nr. 4, S. 2: Notlage. a) Anlehnung an die medizinische Indikation. Durch die mögliche Schwangerschaft muss der Schwangeren eine Notlage drohen, die § 1905 Abs. 1 Nr. 4 in Anlehnung an die medizinische Indikation für straflosen Schwangerschaftsabbruch

---

[28] So HK-BUR/*Hoffmann* Rn. 66; zum Problem auch *Erman/Roth* Rn. 10, 11.
[29] BT-Drucks. 11/4528 S. 76.
[30] So *Soergel/Zimmermann* Rn. 36 mit einer Absenkung der Schwelle des § 1906 Abs. 1 Nr. 1 in verfassungskonformer Auslegung für solche Fälle.
[31] BayObLG FamRZ 1997, 702; FamRZ 2001, 1560; in diesem Sinne auch die Lit. vgl. *Kern/Hiersche* MedR 1995, 463, 465; *Erman/Roth* Rn. 14; *Knittel* Rn. 15; *Soergel/Zimmermann* Rn. 22; HK-BUR/*Hoffmann* Rn. 69; *Palandt/Diederichsen* Rn. 7; *Staudinger/Bienwald* Rn. 47.
[32] In diesem Sinn BT-Drucks. 11/4528 S. 77, 143; BayObLG FamRZ 1997, 702, 703; FamRZ 2001, 1560; OLG Hamm FamRZ 2001, 314, 315. Mit dieser Tendenz auch die vorstehend genannte Lit.
[33] Ähnlich BayObLG FamRZ 1997, 702, 703, und die vorstehend genannte Lit.
[34] BayObLG FamRZ 1997, 702, 703; FamRZ 2001, 1560; OLG Hamm FamRZ 2001, 314, 315; HK-BUR/*Hoffmann* Rn. 69.
[35] BT-Drucks. 11/4528 S. 79, 143. Rechtstatsächliche Angaben zu Verfahren, welche die Sterilisation von Männern betrafen, in BT-Drucks. 13/3822.

(§ 218a Abs. 2 StGB) umschreibt: Infolge einer Schwangerschaft muss für die Frau aa) entweder Lebensgefahr (zB bei Gebärmutterkrebs, chronisch entzündeter Restniere, Suizidgefahr)[36] oder bb) die Gefahr einer schwerwiegenden Beeinträchtigung des körperlichen Gesundheitszustandes (zB schwere Herz-Kreislauf-Erkrankungen)[37] oder cc) die Gefahr einer schwerwiegenden Beeinträchtigung des seelischen Gesundheitszustandes (zB Gefahr schwerer Depressionen) zu erwarten sein. Bei der identischen Wortwahl darf auf die Erläuterungen zu § 218a StGB verwiesen werden. Der Unterschied zum Text des § 218a Abs. 2 StGB besteht hauptsächlich darin, dass die dort gebrauchten Wendungen „unter Berücksichtigung der gegenwärtigen und zukünftigen Lebensverhältnisse der Schwangeren" und „nach ärztlicher Erkenntnis angezeigt" in § 1905 Abs. 1 S. 1 Nr. 4 nicht wiederholt werden. Das hat aber keine sachliche Bedeutung.

22   **b) Gefahr für den seelischen Gesundheitszustand insbesondere.** Der Gesundheitsbegriff ist nicht auf das Körperliche beschränkt, es ist auf die psycho-physische Gesamtverfassung der Frau abzustellen. Als schwere Beeinträchtigung des seelischen Gesundheitszustandes ist freilich nicht jede fühlbare Störung des subjektiven Wohlbefindens zu verstehen; es genügt aber mE, wenn eine Schwangerschaft und ihre Folgen für die Frau mit schwerem und nachhaltigem psychischem Leid verbunden wären. § 1905 Abs. 1 S. 2 fügt die Erläuterung an, dass auch die drohende Trennung vom Kind auf Grund gerichtlicher Maßnahmen ein derart schweres und nachhaltiges Leid bedeuten kann, dass die Voraussetzung einer schweren Beeinträchtigung der seelischen Gesundheit erfüllt ist. Gemeint sind die Fälle, in denen die Frau nach aller Voraussicht nicht in der Lage sein wird, ein Kind selbst zu betreuen, sodass Maßnahmen nach §§ 1666, 1666 a (auch § 1748 Abs. 3) ergriffen werden müssten, die eine Trennung vom Kind zur Folge hätten.[38] In diesem Zusammenhang spricht das Gesetz von „betreuungsgerichtlichen Maßnahmen", die zur Trennung von Mutter und Kind führen könnten; das ist ein offenkundiges Redaktionsversehen, denn für die Maßnahmen nach §§ 1666, 1666a sind nicht die Betreuungsgerichte, sondern die Familiengerichte zuständig (§ 151 Nr. 1 FamFG). Freilich darf eine solche Erwartung nicht vorschnell bejaht werden: Ist zB die Frau gewillt und in der Lage, die tatsächliche Personensorge für ein Kind auszuüben, so sind die Voraussetzungen einer Trennung vom Kind nicht gegeben, auch wenn die Frau für die gesetzliche Vertretung der Unterstützung durch Maßnahmen der Jugendhilfe oder durch einen Pfleger bedarf.[39] Zur systematischen Bedeutung des § 1905 Abs. 1 S. 2 vertritt die Gesetzesbegründung[40] die Auffassung, die Vorschrift bilde eine abschließende Regelung zur Frage, ob schweres und nachhaltiges Leid einer schwerwiegenden Beeinträchtigung des seelischen Gesundheitszustandes gleichgestellt werden kann; dem kann nicht gefolgt werden.[41]

23   **c) Keine anderweitige Gefahrabwendung.** Die beschriebenen Notlagen rechtfertigen die Einwilligung in eine Sterilisation nur, wenn die Gefahr für Leben und Gesundheit nicht auf andere zumutbare Weise abgewendet werden kann (auch dies eine Übernahme aus § 218a Abs. 2 StGB). Anderweitige Mittel der Gefahrabwendung sind insbesondere medizinische Maßnahmen (kreislaufstärkende Mittel, Mittel gegen Depressionen etc.). Diese Alternativen müssen zumutbar, insbesondere körperlich und seelisch verträglich sein. Nicht zumutbar als Alternative ist der Schwangerschaftsabbruch; das ergibt sich aus den medizinischen und psychischen Risiken eines solchen Eingriffs und aus der gesetzlichen Wertung, die in § 1905 Abs. 1 S. 2 zum Ausdruck kommt.[42]

24   **d) Sterilisation von Männern.** Obwohl der Text des § 1905 auf die Sterilisation der Frau zugeschnitten scheint, schließt er die Sterilisation eines betreuten Mannes auf Grund der Einwilligung seines Betreuers nicht aus.[43] Voraussetzung ist dann, dass die in § 1905 beschriebene Notlage bei der Partnerin des betreuten Mannes gegeben ist. Bei einer Sterilisation von Männern auf Grund der bei ihren Partnerinnen zu erwartenden Notlagen ist allerdings die Möglichkeit des Partnerwechsels zu berücksichtigen; es erscheint zweifelhaft, ob die Sterilisation eines Mannes auf Grund stellvertretender Einwilligung verhältnismäßig ist, wenn sie nur mit der möglichen Notlage bei seiner derzeitigen Partnerin begründet werden kann; denn die Unfruchtbarmachung wird in diesem Fall

---

[36] Beispiele nach BT-Drucks. 11/4528 S. 78, 143.
[37] BT-Drucks. 11/4528 S. 78, 143.
[38] Vgl. auch OLG Hamm FamRZ 2001, 314, 316.
[39] Zu Recht betont die amtl. Begr., dass es sich um Ausnahmefälle handeln wird, BT-Drucks. 11/4528 S. 144. Zur Problematik insbesondere *Coester* ZfJ 1989, 350 ff.
[40] BT-Drucks. 11/4528 S. 143, 144.
[41] So auch *Knittel* Rn. 17; *Coester* ZfJ 1989, 350, 351.
[42] Ausführliche Begründung in BT-Drucks. 11/4528 S. 144. Im Ergebnis besteht weitgehend Einigkeit vgl. *Knittel* Rn. 19; *Erman/Roth* Rn. 19; *Soergel/Zimmermann* Rn. 28.
[43] BT-Drucks. 11/4528 S. 79.

sinnlos, sobald sich die Frau einem anderen Mann zuwendet.[44] Es wird auch eingewandt, dass die Berücksichtigung der Gefährdung der Partnerin auf eine Sterilisation im Drittinteresse hinauslaufen würde.[45]

e) Keine Anwendung sonstiger Indikationen. Im Verlauf der Vorarbeiten zum BtG war die Lösung erörtert worden, auch auf andere Indikationen, die seinerzeit bei straflosem Schwangerschaftsabbruch maßgebend waren, zu verweisen (1. Diskussions-Teilentwurf: Verweisung auf die medizinische, eugenische und soziale Indikation).[46] Schon der RegE hat dieses Konzept nicht übernommen. Der Hinweis auf „eugenische Indikation" beschwor das Missverständnis herauf, die Sterilisation solle als Mittel zur Vermeidung „erbkranken Nachwuchses" eingesetzt werden. Der Bezug auf die soziale Indikation konnte dahingehend missverstanden werden, dass eine mit finanziellen Erwägungen begründete Sterilisation zugelassen werden solle.[47] Der Gesetzgeber hat schließlich von einer Verweisung auf das StGB ganz Abstand genommen und die Indikation für eine Sterilisation eigenständig (wenngleich unter starken Anleihen bei § 218a Abs. 2 StGB) formuliert. Es ist daher nicht statthaft, auf andere Indikationen zurückzugreifen. 25

4. Zu Abs. 1 S. 1 Nr. 5: Vorrang anderer Verhütungsmittel. Soweit Schwangerschaften, aus denen die Notlage droht, zumutbar durch andere Verhütungsmittel vermieden werden können, ist die Einwilligung des Betreuers in eine Sterilisation nicht möglich. In Betracht kommen die üblichen chemischen und mechanischen Mittel der Empfängnisverhütung, sofern sie im konkreten Fall zuverlässig[48] angewendet werden können und nicht mit unverhältnismäßigen Nebenwirkungen oder Unzuträglichkeiten verbunden sind.[49] Zu prüfen ist auch, ob die möglichen Mittel der Empfängnisverhütung nicht wegen anderweitiger Medikation kontraindiziert sind.[50] Besondere Bedeutung soll nach der Gesetzesbegründung[51] sexualpädagogischen Maßnahmen zukommen, auf die sich das Sachverständigengutachten erstrecken soll (§ 297 Abs. 6 S. 1 FamFG). Keine zumutbaren Mittel der Vermeidung von Schwangerschaft bilden Unterbringung und unterbringungsähnliche Maßnahmen mit dem Ziel, Sexualkontakte zu unterbinden,[52] oder sonstige Verhinderung sexueller Kontakte der Betreuten gegen ihren natürlichen Willen.[53] 26

VI. Entscheidung und Verfahren

1. Die Entscheidung und ihre Bedeutung. a) Gerichtliche Überprüfung. Das Gericht überprüft, ob die Voraussetzungen einer wirksamen Einwilligung des Betreuers gegeben sind (dauerhafte Einwilligungsunfähigkeit des Betreuten; wirksame Bestellung und Einwilligungsbefugnis des Betreuers; fehlender Widerspruch des Betreuten; Vorliegen einer Notlage iSd. § 1905 Abs. 1 S. 1 Nr. 3 bis 5). Ist dies der Fall, so bleibt dem Gericht mE kein Ermessensspielraum;[54] denn das Gericht kann den Eintritt einer Lebensgefahr oder schwerwiegenden Gesundheitsgefahr bei der schwangeren Frau, die bei Verweigerung der Genehmigung heraufbeschworen würde, nicht verantworten. Es sind dann auch keine anderweitigen Gründe des Betreutenwohls erkennbar, die trotz Vorliegens der eng gefassten Indikation und der weiteren Voraussetzungen des § 1905 die Ablehnung rechtfertigen könnten. Der Genehmigungsvorbehalt hat somit den Sinn, die Einhaltung der strengen gesetzlichen Erfordernisse sicherzustellen. 27

b) Erteilung der Genehmigung. Wird die Genehmigung erteilt, so ist – bei Vorliegen der materiellrechtlichen Voraussetzungen – die Einwilligung des Betreuers wirksam und die auf ihrer Grundlage durchgeführte Sterilisation rechtmäßig. Die Entscheidung, ob der Eingriff durchgeführt wird, liegt beim Betreuer; doch handelt dieser pflichtwidrig, wenn er trotz bestehender Notlage nicht für die Durchführung der Maßnahme Sorge trägt. Das Gericht kann gegen den Betreuer 28

---

[44] Ähnlich *Knittel* Rn. 15; *Erman/Roth* Rn. 24; entschiedene Bedenken gegen die Verhältnismäßigkeit auch bei *Soergel/Zimmermann* Rn. 23.
[45] *Erman/Roth* Rn. 24.
[46] Die Erwägungen bezogen sich auf die vor der Entscheidung BVerfGE 88, 203 und vor Inkrafttreten des Schwangeren- und Familienhilfeänderungsgesetz vom 21. 8. 1995 (BGBl. I S. 1050) geltende Rechtslage.
[47] Ausführliche rechtspolitische Begründung BT-Drucks. 11/4528 S. 77, 78.
[48] Diesen Aspekt heben hervor: BayObLG FamRZ 1997, 702, 703; *Knittel* Rn. 20; *Soergel/Zimmermann* Rn. 30; *Kern/Hiersche* MedR 1995, 463, 466.
[49] BayObLG FamRZ 1997, 702, 703; OLG Hamm FamRZ 2001, 314, 316; allgemeine Meinung.
[50] BayObLG FamRZ 1997, 702, 703.
[51] BT-Drucks. 11/4528 S. 144.
[52] BT-Drucks. 11/4528 S. 144; BayObLG FamRZ 1997, 702, 703; *Kern/Hiersche* MedR 1995, 463, 466; *Bienwald* Rn. 41; *Erman/Roth* Rn. 20; *Palandt/Diederichsen* Rn. 9; *Soergel/Zimmermann* Rn. 31.
[53] BayObLG FamRZ 1997, 702, 703; *Knittel* Rn. 20; *Soergel/Zimmermann* Rn. 8.
[54] So auch *Soergel/Zimmermann* Rn. 37; *Knittel* Rn. 21.

aufsichtlich (§ 1837 iVm. § 1908i Abs. 1 S. 1) vorgehen, wenn dieser die genehmigte, eindeutig zum Wohl des Betreuten erforderliche Einwilligung verweigert.[55] Das Gericht kann allerdings nicht die Einwilligung anstelle des Sterilisationsbetreuers nach § 1846 selbst erteilen.[56] Freilich hat der Betreuer darauf zu achten, dass bis zuletzt die materiellrechtlichen Voraussetzungen der stellvertretenden Einwilligung vorliegen. Insbesondere kann von der Genehmigung kein Gebrauch mehr gemacht werden, wenn der Betreute nach ihrer Erteilung, aber vor der Maßnahme zu erkennen gibt, dass er den Eingriff ablehnt.[57]

29 c) **Frist.** Nach **§ 1905 Abs. 2 S. 2** darf die Sterilisation **erst zwei Wochen nach Wirksamkeit der Genehmigung** durchgeführt werden. Fraglich ist, ob die Einhaltung der Zwei-Wochen-Frist Voraussetzung der Rechtmäßigkeit des Eingriffs ist. Dies ist mE nicht im Sinne der gesetzlichen Regelung;[58] denn anders hätte die Wirksamkeit der Entscheidung um die zwei Wochen hinausgeschoben werden müssen. Unzweifelhaft ist aber eine Einwilligung in die Sterilisation *vor Wirksamwerden* der Genehmigungsentscheidung unwirksam;[59] diese Unwirksamkeit kann nicht durch spätere Zustellung des Beschlusses geheilt werden.[60]

30 2. Zum Verfahren. a) **Grundsätze.** Zu unterscheiden sind das **Verfahren auf Bestellung des Sterilisationsbetreuers** und **auf Erteilung der Genehmigung.**[61] Für das *erstere* gelten die Verfahrensvorschriften für die Betreuerbestellung. Auch für das *letztere* gelten die allgemeinen Vorschriften des Betreuungsverfahrens sowie einige Sonderregeln, die den Zweck haben, in diesem Fall besonders strenge rechtsstaatliche Garantien zu sichern.[62] Zuständig ist das Betreuungsgericht (§ 271 Nr. 3 FamFG). Es entscheidet der Richter (§ 15 Abs. 1 S. 1 Nr. 4 RPflG). Verfahrenshandlungen durch einen ersuchten Richter sind ausgeschlossen (§ 297 Abs. 4 FamFG). Der Betroffene ist stets verfahrensfähig (§ 175 FamFG). Er erhält stets einen Verfahrenspfleger, sofern er sich nicht durch einen Rechtsanwalt oder einen anderen geeigneten Verfahrensbevollmächtigten vertreten lässt (§ 297 Abs. 5 FamFG).

31 b) **Persönliche Anhörung.** Der Richter hat den Betroffenen **persönlich anzuhören** und sich einen unmittelbaren Eindruck von ihm zu verschaffen (§ 297 Abs. 1 S. 1 FamFG). Von der persönlichen Anhörung kann der Richter in keinem Fall absehen; § 297 Abs. 1 S. 1 ist lex specialis zu § 34 FamFG, sodass dessen Absätze 2 und 3 nicht anwendbar sind.[63] Das Gericht hat den Betreuten über die persönliche Anhörung hinaus über den möglichen Verlauf des Verfahrens zu unterrichten (§ 297 Abs. 1 S. 2 FamFG). Werden die Verfahren auf Bestellung eines Betreuers für die Einwilligung in die Sterilisation und betreuungsgerichtliche Genehmigung der Einwilligung zeitlich eng nacheinander durchgeführt, dann brauchen nach OLG Hamm Verfahrenshandlungen gleichen Inhalts und Zwecks, wie die Bestellung von Sachverständigen und die persönliche Anhörung des Betroffenen, nicht doppelt vorgenommen werden.[64]

32 c) **Sachverständigengutachten.** Die durch förmliche Beweisaufnahme einzuholenden Sachverständigengutachten bilden die notwendige Grundlage für die gerichtliche Entscheidung. Das Gesetz fordert, dass sich die Gutachten nicht nur auf die medizinischen Aspekte beschränken, sondern auch auf die psychologischen, sozialen, sonderpädagogischen und sexualpädagogischen Gesichtspunkte erstrecken (§ 297 Abs. 6 S. 1 FamFG). Das wird schwerlich von einem einzigen Gutachter zu leisten sein (das Gesetz gebraucht denn auch den Plural); mehrere Gutachten können die gestellte Thematik unter sich aufteilen.[65] Die Sachverständigen haben den Betroffenen vor Erstattung ihres Gutachtens persönlich zu untersuchen oder zu befragen (§ 297 Abs. 6 S. 2 FamFG). Sachverständiger und ausführender Arzt dürfen nicht personengleich sein (§ 297 Abs. 6 S. 3 FamFG).

33 d) **Anhörung Dritter.** Anzuhören sind gemäß § 297 Abs. 3 S. 1 FamFG die „sonstigen Beteiligten". Wer dies ist, richtet sich nach der für Betreuungsverfahren generell geltenden Vorschrift des § 274 FamFG: außer dem Betroffenen der Betreuer oder der Bevollmächtigte (§ 274 Abs. 1 FamFG),

---

[55] Näher hierzu *Knittel* Rn. 21 a.
[56] *Knittel* Rn. 21 a.
[57] *Knittel* Rn. 21 b.
[58] Wie hier *Knittel* Rn. 22; offen bei OLG Düsseldorf FamRZ 1996, 375.
[59] OLG Düsseldorf FamRZ 1996, 375, 376.
[60] OLG Düsseldorf FamRZ 1996, 375.
[61] Zu ihrem Verhältnis zu den näheren *Soergel/Zimmermann* Rn. 43; HK-BUR/*Hoffmann* Rn. 2 ff.
[62] S. BT-Drucks. 11/4528 S. 145.
[63] AA offenbar *Damrau/Zimmermann* § 297 FamFG Rn.5.
[64] OLG Hamm FamRZ 2001, 314.
[65] Bei *Knittel* Rn. 28 und *Soergel/Zimmermann* Rn. 49 werden mindestens zwei Gutachter gefordert; siehe auch *Bork/Jacoby/Schwab/Heiderhoff* § 297 FamFG Rn.5.

der Verfahrenspfleger (§ 274 Abs. 2 FamFG), im Übrigen diejenigen, deren Recht durch das Verfahren unmittelbar betroffen wird (§ 7 Abs. 2 Nr.1 FamFG). Die Behörde kann im Verfahren über die Genehmigung einer Sterilisation nicht beteiligt werden (kein Fall des § 274 Abs. 3 FamFG), doch gebietet § 297 Abs. 2 FamFG ihre Anhörung, wenn es der Betroffene verlangt oder der Sachaufklärung dient. Auch eine Beteiligung der nahen Angehörigen und Vertrauenspersonen „im Interesse des Betroffenen" ist erstaunlicherweise vom Gesetz nicht vorgesehen, weil § 274 Abs. 4 Nr.1 sich nur auf die in Abs. 3 genannten Verfahren bezieht; dafür sieht § 297 Abs. 3 S. 2 FamFG vor, dass das Gericht auf Verlangen des Betroffenen eine ihm nahe stehende Person anzuhören hat, „wenn dies ohne erhebliche Verzögerung möglich ist." Gegenüber der Rechtslage nach dem FGG ergibt sich eine deutliche **verfahrensrechtliche Schlechterstellung der Angehörigen und Vertrauenspersonen**, die der verfassungsrechtlichen Überprüfung bedarf.

e) Inhalt der Entscheidung. Den Inhalt der Entscheidung betreffend ist streitig, ob die Sterilisationsmethode im Beschluss festgelegt werden muss oder sollte.[66] Jedenfalls ist eine solche Einschränkung vom Gesetz nicht verlangt und oft auch nicht anzuraten. Medizinische Behandlungen sind wegen der möglicherweise auftretenden Komplikationen schwer von vorne herein auf eine bestimmte Vorgehensweise festzulegen. Unabhängig von einer Festlegung in der gerichtlichen Entscheidung gilt der Grundsatz des § 1905 Abs. 2 S. 3: Stets ist derjenigen Methode der Vorzug zu geben, die eine Refertilisierung zulässt. 34

f) Bekanntgabe der Entscheidung. Die Entscheidung ist dem Betroffenen stets selbst bekanntzumachen (§ 297 Abs. 8 S. 1 FamFG). Von der Bekanntgabe der Gründe an den Betroffenen kann auch aus gesundheitlichen Gründen nicht abgesehen werden (§ 297 Abs. 8 S. 2 FamFG). Stets ist die Entscheidung auch der zuständigen Behörde bekanntzugeben (§ 297 Abs. 8 S. 3 FamFG). Die Entscheidung ist ferner dem für die Einwilligung zuständigen Betreuer sowie dem Verfahrenspfleger oder dem Verfahrensbevollmächtigten bekanntzumachen (§ 297 Abs. 7 FamFG). 35

g) Wirksamwerden der Entscheidung. Wird die Genehmigung erteilt, so tritt die Wirksamkeit erst dann ein, wenn die Entscheidung *sowohl* dem für die Einwilligungsfrage bestellten Betreuer *als auch* dem Verfahrenspfleger oder sonstigen Verfahrensbevollmächtigten bekannt gemacht ist (§ 297 Abs. 7 FamG); entscheidend ist die letzte Zustellung.[67] Damit soll erreicht werden, dass ausreichend Zeit für die Einlegung einer Beschwerde bzw. die Entscheidung hierüber zur Verfügung steht. 36

h) Beschwerde. Gegen die Genehmigung oder ihre Versagung ist die befristete Beschwerde nach §§ 58 ff. FamFG gegeben. Die Beschwerdefrist beträgt einen Monat (§ 63 Abs. 1 FamFG).[68] Beschwerdeberechtigt nach § 59 Abs. 1 FamFG ist jedenfalls der Betroffene, mE im Falle der Versagung der Genehmigung auch der einwilligende Betreuer. Der für die Einwilligung in die Sterilisation zuständige Betreuer kann jedenfalls auch im Namen des Betroffenen Beschwerde einlegen (§ 303 Abs. 4 S. 1 FamFG). Das Beschwerderecht steht auch dem Verfahrenspfleger zu (§ 303 Abs. 3 FamFG). Angehörige und Vertrauenspersonen könnten, sofern man nicht ihre eigene Rechtsbetroffenheit annimmt, ein Beschwerderecht nur haben, wenn sie formell am Verfahren beteiligt wurden, was das Gesetz aber ausschließt (Rn. 33). Zur Beschwerde nach Erledigung der Hauptsache siehe § 62 FamFG. 37

VII. Vollmacht zur Einwilligung in eine Sterilisation?

Die Regelungen des BtÄndG zur Möglichkeit einer gewillkürten Stellvertretung bei der Einwilligung in medizinische Behandlungen und bei freiheitsentziehenden Maßnahmen (§§ 1904 Abs. 5, 1906 Abs. 5) führen zur Frage, ob auch eine Vollmacht zur Einwilligung in die Sterilisation wirksam sein kann. Das ist zu verneinen: Der Gesetzgeber des BtG hat diese sensible Materie in § 1905 einer detaillierten Gestaltung unterzogen, die erkennbar als abschließende Regelung gedacht war. Das 1. BtÄndG hat an § 1905 nichts geändert, vor allem anders als bei § 1904 Abs. 5 keinen gerichtlichen Genehmigungsvorbehalt für die Einwilligung eines Bevollmächtigten vorgesehen. Daraus ergibt sich die deutliche Absicht des Gesetzgebers, eine Bevollmächtigung für denjenigen Bereich, für den nach § 1899 Abs. 2 stets ein besonderer *Betreuer* zu bestellen ist, keine Bevollmächtigung zuzulassen. 38

---

[66] Dafür *Gaidzik/Hiersche* MedR 1999, 62; *Damrau/Zimmermann* § 297 FamFG Rn. 15; dagegen *Knittel* § 1905 Rn. 30.
[67] OLG Düsseldorf FamRZ 1996, 375.
[68] Nicht etwa nur zwei Wochen nach § 63 Abs. 2 Nr.2 FamFG, weil die Einwilligung in die Sterilisation nach h.M. kein Rechtsgeschäft ist; so auch *Damrau/Zimmermann* § 297 FamFG Rn.23; zum früheren Recht. OLG Düsseldorf FamRZ 1996, 375.

§ 1906 Genehmigung des Betreuungsgerichts bei der Unterbringung

(1) Eine Unterbringung des Betreuten durch den Betreuer, die mit Freiheitsentziehung verbunden ist, ist nur zulässig, solange sie zum Wohl des Betreuten erforderlich ist, weil

1. auf Grund einer psychischen Krankheit oder geistigen oder seelischen Behinderung des Betreuten die Gefahr besteht, dass er sich selbst tötet oder erheblichen gesundheitlichen Schaden zufügt, oder
2. eine Untersuchung des Gesundheitszustands, eine Heilbehandlung oder ein ärztlicher Eingriff notwendig ist, ohne die Unterbringung des Betreuten nicht durchgeführt werden kann und der Betreute auf Grund einer psychischen Krankheit oder geistigen oder seelischen Behinderung die Notwendigkeit der Unterbringung nicht erkennen oder nicht nach dieser Einsicht handeln kann.

(2) ¹Die Unterbringung ist nur mit Genehmigung des Betreuungsgerichts zulässig. ²Ohne die Genehmigung ist die Unterbringung nur zulässig, wenn mit dem Aufschub Gefahr verbunden ist; die Genehmigung ist unverzüglich nachzuholen.

(3) ¹Der Betreuer hat die Unterbringung zu beenden, wenn ihre Voraussetzungen wegfallen. ²Er hat die Beendigung der Unterbringung dem Betreuungsgericht anzuzeigen.

(4) Die Absätze 1 bis 3 gelten entsprechend, wenn dem Betreuten, der sich in einer Anstalt, einem Heim oder einer sonstigen Einrichtung aufhält, ohne untergebracht zu sein, durch mechanische Vorrichtungen, Medikamente oder auf andere Weise über einen längeren Zeitraum oder regelmäßig die Freiheit entzogen werden soll.

(5) ¹Die Unterbringung durch einen Bevollmächtigten und die Einwilligung eines Bevollmächtigten in Maßnahmen nach Absatz 4 setzt voraus, dass die Vollmacht schriftlich erteilt ist und die in den Absätzen 1 und 4 genannten Maßnahmen ausdrücklich umfasst. ²Im Übrigen gelten die Absätze 1 bis 4 entsprechend.

Schrifttum. Monographien und spezielle Kommentare: *von Eicken/Ernst/Zenz*, Fürsorglicher Zwang, 1990; *Hoffmann/Klie*, Freiheitsentziehende Maßnahmen, 2. Aufl. 2011; *Marschner/Volckart/Lesting*, Freiheitsentziehung und Unterbringung, 5. Aufl. 2010; die Kommentierungen und Gesamtdarstellungen zum Betreuungsrecht.

Abhandlungen: *Arnold/Kloss*, Offene Psychiatrie, ambulante Behandlung und Betreuungsgesetz, FuR 1996, 263; *Alperstedt*, Willensfreiheit und Unterbringung, Rpfleger 2000, 477; *Coeppicus*, Das Betreuungsgesetz schützt Betroffene nicht, FamRZ 1993, 1017; *ders.*, Die Selbstgefährdung im öffentlich-rechtlichen Unterbringungsrecht, FamRZ 2001, 801; *Diekmann*, Die Unterbringung, BtPrax 2009, 49; *Gastiger*, Die freiheitsbeeinträchtigenden Betreuungsmaßnahmen im Alten(pflege)heim, NDV 1989, 83; *Grauer*, Freiheitsentziehung in der eigenen Wohnung oder in einer offenen Einrichtung, BtPrax 1999, 20; *Guy*, Freiheitsentziehende Maßnahmen nach § 1906 Abs. 4 BGB, BtPrax 2005, 214; *Harm*, Verfahrenspflegschaft in Betreuungs- und Unterbringungssachen, 2002; *Holzhauer*, Der Umfang gerichtlicher Kontrolle privatrechtlicher Unterbringung nach § 1906 BGB in der Fassung des Betreuungsgesetzes, FuR 1992, 249; *Klie*, Freiheitsentziehende Maßnahmen vor Gericht: Regel oder Ausnahme?, BtPrax 2010, 109; *König*, Vereinbarkeit der Zwangsunterbringung nach § 1906 BGB mit der UN-Behindertenrechtskonvention?, BtPrax 2009, 105; *Lipp*, Unterbringung und Zwangsbehandlung, BtPrax 2006, 62; *Ludyga*, Rechtmäßigkeit von medizinischen Zwangsmaßnahmen bei einer Unterbringung gemäß § 1906 BGB, FPR 2007, 104; *Marschner*, Zwangsbehandlung in der ambulanten und stationären Psychiatrie, RuP 2005, 47; *Marschner*, Zivilrechtliche und öffentlichrechtliche Unterbringung, BtPrax 2006, 125; *Narr/Saschenbrecker*, Unterbringung und Zwangsbehandlung, FamRZ 2006, 1079; *Melchinger*, Zivilrechtliche Unterbringungen, BtPrax 2009, 59; *Pardey*, Zur Zulässigkeit drittschützender freiheitsentziehender Maßnahmen nach § 1906 BGB, FamRZ 1995, 713; *ders.*, Rechtsgrundlagen ärztlichen Handelns bei der Unterbringung Erwachsener, BtPrax 1999, 83; *Reichel*, Zum Unterbringungsrecht in den neuen Bundesländern, FamRZ 1990, 318; *Riedel*, Freiheitsentziehende Maßnahmen gegen nicht betreute Personen wegen Selbstgefährdung, BtPrax 2010, 99; *Rink*, Die Unterbringung Erwachsener durch Maßregeln nach § 1846, FamRZ 1993, 512; *Schumacher*, Rechtsstaatliche Defizite im neuen Unterbringungsrecht, FamRZ 1991, 280; *Schweitzer*, Heilbehandlung und Selbstbestimmung – Zur Frage der Zulässigkeit ambulanter Zwangsbehandlung psychisch Kranker, FamRZ 1996, 1317; *Sonnenfeld*, Selbst- und Fremdbestimmung des Aufenthalts Volljähriger, FamRZ 1995, 393; *Stoffregen*, Zwangseinweisung in die Psychiatrie, BtPrax 2009, 172; *Stolz*, Betreuungsgesetz: Umgangsdefizite im Bereich Heilbehandlung und freiheitsentziehende Maßnahmen bei Heimbewohnern, FamRZ 1993, 642; *Tietze*, Zwangsbehandlungen in der Unterbringung, BtPrax 2006, 131; *Weber*, Der Einfluß des Betreuungsgesetzes auf die freiheitsentziehende Unterbringung, 1995; *Wiegand*, § 1846 BGB als allgemeine Ermächtigungsgrundlage des Vormundschaftsrichters für eine zivilrechtliche geschlossene Unterbringung hilfloser Erwachsener, FamRZ 1991, 1022; *Wigge*, Arztrechtliche

Genehmigung des Betreuungsgerichts bei der Unterbringung § 1906

Fragen des Unterbringungsrechts, MedR 1996, 291; *Windel,* Darf der Betreuer sein Aufenthaltsbestimmungsrecht gegenüber dem Betreuten zwangsweise durchsetzen? BtPrax 1999, 46; *Zimmermann,* Das Verfahren in Unterbringungssachen, FamRZ 1990, 1308.

Zu § 1906 Abs. 4 insbesondere: *Dodegge,* Freiheitsentziehende Maßnahmen nach § 1906 Abs. 4 BGB, MDR 1992, 437; *Holzhauer,* Für ein enges Verständnis des § 1906 Abs. 4, BtPrax 1992, 54; *Schumacher,* Freiheitsentziehende Maßnahmen mit mechanischen Mitteln bei der Betreuung gebrechlicher Menschen, Köln 1997; *Stolz,* Betreuungsgesetz: Umsetzungsdefizite im Bereich Heilbehandlung und freiheitsentziehende Maßnahmen von Heimbewohnern, FamRZ 1993, 642.

Zu § 1906 Abs. 5 insbesondere: *Müller,* Auswirkungen des Betreuungsrechtsänderungsgesetzes (BtÄndG) auf die Vorsorgevollmacht in Angelegenheiten der Personensorge, DNotZ 1999, 107, 116; *Walter,* Das Betreuungsrechtsänderungsgesetz und das Rechtsinstitut der Vorsorgevollmacht, FamRZ 1999, 685. **Siehe ferner Lit. zu § 1904 Abs. 5.**

Übersicht

	Rn.		Rn.
I. Normzweck	1–4	e) Erlaubte ärztliche Maßnahme	23
1. Zivilrechtliche und öffentlichrechtliche Unterbringung	1	f) § 1906 Abs. 1 Nr. 2 als Rechtsgrundlage für Zwangsbehandlungen?	24–27
2. Zivilrechtliche Unterbringung Volljähriger (Abs. 1 bis 3)	2	g) Ambulante medizinische Zwangsbehandlung (§ 1906 Abs. 1 Nr. 2 analog)	28
3. Die Einbeziehung „unterbringungsähnlicher Maßnahmen" (Abs. 4)	3	6. Entbehrlichkeit der Genehmigung bei Einwilligung des Betreuten?	29–32
4. Regelungen für Bevollmächtigte (Abs. 5)	4	a) Herrschende Lehre	29
II. Die freiheitsentziehende Unterbringung (§ 1906 Abs. 1 bis 3)	5–32	b) Das Problem der Einwilligungsfähigkeit	30
1. Die Befugnis des Betreuers	5	c) Kritik an der Rechtsprechung	31
2. Der Begriff der freiheitsentziehenden Unterbringung	6–12	d) Jederzeitige Widerrufbarkeit der Einwilligung	32
a) Grundsätze	6	**III. Unterbringungsähnliche Maßnahmen (Abs. 4)**	33–51
b) Unterscheidung von Maßnahmen nach § 1896 Abs. 4	7	1. Grundsätze	33, 34
c) Stufen der Freiheitsentziehung	8	a) Unterbringungsähnliche Maßnahmen	33
d) Systematik	9	b) Voraussetzungen der Genehmigungsbedürftigkeit	34
e) Minderjährige	10	2. Der Begriff der unterbringungsähnlichen Maßnahme	35–43
f) Keine Anwendung bei kurzzeitiger Unterbringung?	11	a) Typische Fälle	35
g) Analoge Anwendung auf Unterbringung in offene Einrichtung?	12	b) Keine Freiheitsentziehung	36
3. Zu den Voraussetzungen der Unterbringung im allgemeinen	13, 14	c) Abgrenzung zur Unterbringung (§ 1906 Abs. 1)	37
a) Verfassungsrechtliche Grundlagen	13	d) Freiheitsentziehung	38–40
b) Voraussetzungen der Genehmigung im Überblick	14	e) Mittel der Freiheitsentziehung	41
4. Zu § 1906 Abs. 1 Nr. 1: Gefahr der Selbstschädigung	15–18	f) Finalität der Maßnahme	42
a) Gefahrenlage	16	g) „Längerer Zeitraum oder regelmäßig"	43
b) Psychische Krankheit oder geistige oder seelische Behinderung	16	3. Der betroffene Personenkreis	44–49
c) Erforderlichkeit, Verhältnismäßigkeit	17	a) Betreute	44
d) Alkoholismus	18	b) Fehlen einer wirksamen Einwilligung	45
5. Zu § 1906 Abs. 1 Nr. 2: Notwendigkeit der Unterbringung zur Heilbehandlung	19–28	c) Aufenthalt in einer Einrichtung	46, 47
		d) Keine Anwendung bei freiheitsentziehend Untergebrachten?	48
a) Unterbringungstatbestand	19	e) Entbehrlichkeit der Genehmigung bei Einwilligung des Betreuten?	49
b) Notwendigkeit einer medizinischen Maßnahme	20	4. Die Voraussetzungen der Genehmigung	50, 51
c) Erforderlichkeit der freiheitsentziehenden Unterbringung	21	a) Bindung an § 1906 Abs. 1 Nr. 1, 2	50
d) Unvermögen zur freien Selbstbestimmung	22	b) Erforderlichkeit, Verhältnismäßigkeit	51

§ 1906

	Rn.
IV. Verhältnis zur Genehmigung nach § 1904	52
V. Verfahren	53–101
1. Anwendbare Vorschriften	53
2. Zuständigkeit	54
3. Beteiligte	55, 56
a) Muss-Beteiligte	55
b) „Kann-Beteiligte"	56
3. Einleitung des Verfahrens	57
4. Verfahrensfähigkeit (§ 316 FamFG)	58
5. Verfahrenspfleger (§ 317 FamFG)	59–62
a) Voraussetzungen	59
b) Verfahrensbevollmächtigte	60
c) Entscheidung	61
d) Sonstige Regelungen	62
6. Anhörung und Unterrichtung des Betroffenen (§ 319 FamFG)	63–68
a) Pflicht zur Anhörung	63
b) Rechtshilfe	64
c) Ort	65
d) Inhalt der Anhörung	66
e) Unterbleiben der Anhörung	67
f) Vorführung	68
7. Das Sachverständigengutachten oder ärztliche Zeugnis (§§ 321, 322 FamFG)	69–73
a) Gutachten vor einer Unterbringungsmaßnahme	69
b) Der Sachverständige	70
c) Anordnungen des Gerichts	71
d) Besonderheiten bei unterbringungsähnlichen Maßnahmen (§ 1906 Abs. 4 BGB)	72
e) Inhalt des Gutachtens	73
8. Anhörung Dritter (§ 320 FamFG)	74–78
a) Rechtsänderung	74
b) „Muss-Beteiligte"	75
c) „Kann-Beteiligte"	76
d) Art und Umfang der Anhörung	77
e) Anhörung weiterer Personen	78
9. Die Entscheidung, ihre Bekanntmachung und Wirksamkeit	79–87
a) Inhalt	79–82
b) Bekanntgabe	83
c) Wirksamkeit	84
d) Durchführung der Unterbringung	85
e) Weitere Mitteilung	86
f) Erledigung	87
10. Die Verlängerung einer Unterbringungsmaßnahme (§ 329 Abs. 2 FamFG)	88
11. Die Aufhebung einer Unterbringungsmaßnahme (§ 330 FamFG)	89
12. Vorläufige Maßnahmen (§§ 331-334 FamFG)	90–95
a) Übersicht	90
b) Voraussetzungen der vorläufigen Unterbringung nach § 331 FamFG im Allgemeinen	91

	Rn.
c) Gesteigerte Dringlichkeit (§ 332 FamFG)	92
d) Dauer	93
e) Maßregeln nach § 1846 (§ 1908i Abs. 1 S. 1)	94, 95
13. Rechtsbehelfe	96–101
a) Grundsätze	96
b) Beschwerdeberechtigung nach § 59 Abs. 1 FamFG	97
c) Beschwerdeberechtigung nach § 335 Abs. 1 FamFG	98
d) Verfahrenspfleger, Behörde	99
e) Beschwerdeverfahren	100
f) Erledigung des Verfahrens, Rechtsschutzbedürfnis	101
VI. Freiheitsentziehung durch Bevollmächtigte (Abs. 5)	102–127
1. Sinn der Vorschrift	102
2. Das Grundproblem der stellvertretenden Freiheitsentziehung	103, 104
a) Gegenstand der Vollmacht	103
b) Grundproblem	104
3. Die Voraussetzungen im Überblick	105–107
a) Voraussetzungen des § 1906 Abs. 1	105
b) Voraussetzungen des § 1906 Abs. 4	106
c) Verweisung	107
4. Selbstbestimmungsunfähigkeit des Betroffenen im Zeitpunkt der Freiheitsentziehung	108
5. Wirksamkeit der Vollmacht/Einwilligung	109–118
a) Geschäftsfähigkeit des Vollmachtgebers	109
b) Schriftliche Erteilung	110
c) Inhaltliche Erfordernisse der Vollmacht	111–117
d) Fortbestehen der Vollmacht im Zeitpunkt der Unterbringung bzw. sonstigen Einwilligung	118
6. Gegenstand und Voraussetzungen des gerichtlichen Genehmigungsvorbehalts	119, 120
a) Grundsatz	119
b) Eilfälle	120
7. Die Entscheidung des Gerichts	121, 122
a) Prüfung der Vertretungsmacht	121
b) Prüfung der sachlichen Voraussetzungen des § 1906 Abs. 1 oder § 1906 Abs. 4	122
8. Durchführung	123
9. Anwendung des § 1906 Abs. 5 auch ohne Vollmacht?	124
10. Verfahren	125, 126
a) Anwendbarkeit der §§ 312 ff. FamFG	125
b) Besonderheiten	126
11. Beendigung	127

I. Normzweck

1. Zivilrechtliche und öffentlichrechtliche Unterbringung. Das Recht der freiheitsent- 1
ziehenden Unterbringung ist teils zivilrechtlich, teils öffentlichrechtlich geregelt. Doch gelten für
beide Arten der Unterbringung die Verfahrensvorschriften der §§ 312 bis 339 FamFG. Für die
Unterbringenssachen sind die **Betreuungsgerichte** zuständig (§§ 23a Abs. 2 Nr.1, 23c GVG,
§ 312 FamFG). Unterbringungssachen sind:
- die Genehmigung freiheitsentziehender Unterbringung von Volljährigen durch Betreuer und Bevollmächtigte (§ 1906 Abs. 1 bis 3, Abs. 5 iVm. § 321 Nr.1 FamFG);
- die Genehmigung der Einwilligung in unterbringungsähnliche Maßnahmen gemäß § 1906 Abs. 4 (§ 321 Nr. 2 FamFG); sowie
- die Genehmigung freiheitsentziehender Unterbringung von Volljährigen nach den Landesgesetzen über die Unterbringung psychisch Kranker.

Nicht zuständig sind die Betreuungsgerichte für die Genehmigung der freiheitsentziehenden Unterbringung von **minderjährigen Personen**. Das gilt sowohl für Unterbringungen aufgrund §§ 1631b, 1800 und 1915 als auch aufgrund öffentlichrechtlicher Landesvorschriften (PsychKG). Diese Verfahren sind Familiensachen (§ 151 Nr. 6 und 7 FamFG); die Familiengerichte verfahren aber gleichfalls nach den für Unterbringungssachen geltenden Verfahrensregeln (siehe § 167 FamFG).

2. Zivilrechtliche Unterbringung Volljähriger (Abs. 1 bis 3). Für die freiheitsentzie- 2
hende Unterbringung Volljähriger erfüllt § 1906 folgende Funktionen:
- § 1906 Abs. 1 präzisiert die materiellrechtlichen Voraussetzungen der freiheitsentziehenden Unterbringung eines Betreuten in Gestalt zweier ausformulierter Tatbestände.
- Die Norm schränkt damit die Zulässigkeit zivilrechtlicher Unterbringung zum Schutz des Persönlichkeitsrechts der Betroffenen stark ein. Insbesondere ist klargestellt, dass der Schutz von öffentlichen Interessen oder von Interessen Dritter die *zivilrechtliche* Unterbringung nicht trägt.[1] Ferner rechtfertigt der Zweck, bloße Vermögensschäden abzuwehren, die zivilrechtliche Unterbringung nicht.[2]
- Dem Gebot der Verfassung entsprechend (BVerfGE 10, 302) bedarf die freiheitsentziehende Unterbringung auch bei Betreuten der gerichtlichen Genehmigung (§ 1906 Abs. 2 S. 1).

3. Die Einbeziehung „unterbringungsähnlicher Maßnahmen" (Abs. 4). Ausdrück- 3
lich erstreckt § 1906 Abs. 4 den Genehmigungsvorbehalt auf sonstige freiheitsentziehende Maßnahmen, denen eine nicht untergebrachte, aber in einer Einrichtung lebende Person unterzogen werden soll (Festbinden, Bettgitter, Fixieren durch Medikamente etc.). Mit § 1906 Abs. 4 ist der vorbeugende Freiheitsschutz wesentlich verstärkt.[3] Zur Kennzeichnung hatte der Regierungentwurf zum BtG den Begriff „unterbringungsähnliche Maßnahmen" gefunden; obwohl die Schlussfassung des Gesetzes diesen Ausdruck vermeidet, hat er sich in der Literatur durchgesetzt. Hält man sich an das Gesetz, so empfiehlt sich die Unterscheidung zwischen **freiheitsentziehender Unterbringung (Abs. 1)** und **sonstigen freiheitsentziehenden Maßnahmen**.

4. Regelungen für Bevollmächtigte (Abs. 5). Durch das 1. BtÄndG ist Abs. 5 hinzugefügt 4
worden, der den Vorbehalt gerichtlicher Genehmigung auch auf die freiheitsentziehende Unterbringung durch Bevollmächtigte sowie die Einwilligung in unterbringungsähnliche Maßnahmen durch Bevollmächtigte erweitert. Damit wurde die vordem sehr umstrittene Frage, ob derartige Maßnahmen überhaupt auf Grund einer Vollmacht vorgenommen werden können, positiv entschieden.[4] Zudem unterwirft § 1906 Abs. 5 in diesem Fall die Ausübung gewillkürter Vertretungsmacht besonderen Modalitäten: Die Vornahme der genannten Maßnahmen durch einen Bevollmächtigten setzt voraus, dass die Vollmacht schriftlich erteilt ist und die in den Absätzen 1 und 4 genannten Maßnahmen ausdrücklich umfasst.

II. Die freiheitsentziehende Unterbringung (§ 1906 Abs. 1 bis 3)

1. Die Befugnis des Betreuers. Die Regelung des § 1906 Abs. 1 betrifft die Zulässigkeit der 5
freiheitsentziehenden Unterbringung eines Betreuten durch seinen Betreuer. Dieser ist es, der die

---
[1] Dazu BT-Drucks. 11/4528 S. 21 f.
[2] BT-Drucks. 11/4528 S. 82.
[3] Nach Auffassung von *Schumacher* nicht in ausreichendem Maße, s. FamRZ 1991, 280 ff.
[4] S. BT-Drucks. 13/7158 S. 34.

§ 1906 6, 7   Abschnitt 3. Titel 2. Rechtliche Betreuung

Unterbringung vornimmt, nicht etwa das Gericht,[5] welches das Handeln des Betreuers nur präventiv überprüft und gegebenenfalls genehmigt. Diese Genehmigung ist freilich im verfahrensrechtlichen Sinne die „Maßnahme des Gerichts". Der Betreuer handelt kraft einer ihm zustehenden Befugnis zur Aufenthaltsbestimmung. Diese Befugnis schließt die Rechtsmacht ein, im Namen des Betroffenen die Einwilligung in die Freiheitsentziehung zu erklären. Erste Voraussetzung ist also, dass dem Betreuer eine solche Kompetenz eingeräumt ist. Das ist eindeutig der Fall, wenn dem Betreuer bei Umschreibung seines Aufgabenkreises ausdrücklich die Befugnis zur Unterbringung oder zur Aufenthaltsbestimmung zugewiesen ist.[6] Die generelle Benennung der Personensorge als Aufgabenkreis begründet die Befugnis zur Unterbringung nicht, jedenfalls nicht zweifelsfrei. Diese muss ausdrücklich eingeräumt sein.[7] Das ist wiederum nur statthaft, wenn der Betreute seinerseits auf Grund seiner Defizite die Einwilligung in die Unterbringung nicht selbst zu entscheiden vermag. Auch die Zuweisung des Aufgabenkreises „Gesundheitsfürsorge" begründet die Befugnis zur Unterbringung nicht;[8] wohl aber können Gesundheitsbetreuung und Befugnis zur Unterbringung im Aufgabenkreis des Betreuers vereinigt werden; im Falle des § 1906 Abs. 1 Nr.2 müssen mindestens die Aufgabenkreise „Aufenthaltbestimmung" und „Gesundheitsbetreuung" (in dem betreffenden Umfang) übertragen sein.[9] Die ausdrückliche Zuweisung des Aufgabenkreises „Unterbringung" setzt voraus, dass nach Lage der Dinge eine solche Maßnahme überhaupt in Betracht kommt.[10]

6   **2. Der Begriff der freiheitsentziehenden Unterbringung. a) Grundsätze.** § 1906 Abs. 1 verwendet denselben Begriff wie § 1631b, der über § 1800 auch für das Vormundschaftsrecht maßgeblich ist. Unterbringung mit Freiheitsentziehung liegt vor, wenn der Betroffene gegen oder ohne seinen Willen[11] in seinem gesamten Lebensführung auf einen bestimmten räumlichen Bereich begrenzt und seine Möglichkeit zur Fortbewegung auf diesen Bereich beschränkt wird. Diese Definition hebt auf die Unterbringung in geschlossenen Anstalten oder geschlossenen Abteilungen einer Anstalt ab (zB Krankenhaus mit geschlossener Abteilung).[12] Nicht die Bezeichnung der Anstalt entscheidet, sondern die tatsächlich angewendeten freiheitshindernden Maßnahmen. Die Unterscheidung von „offenen" und „geschlossenen" Anstalten kann Schwierigkeiten bereiten, wenn den Insassen eines Heimes dessen Verlassen zwar erschwert, aber nicht gänzlich unmöglich gemacht wird („halboffene Anstalt").[13] Im Zweifel ist bei schwer überwindbaren Ausgangssperren § 1906 anzuwenden.[14]

7   **b) Unterscheidung von Maßnahmen nach § 1896 Abs. 4.** Das Gesetz stellt der „freiheitsentziehenden Unterbringung" die sonstigen „freiheitsentziehenden Maßnahmen" (unterbringungsähnlichen Maßnahmen) gegenüber. Danach ergibt sich: Die freiheitsentziehende Unterbringung ist nicht schon mit jeder Maßnahme verbunden, die die Bewegungsfreiheit (partiell) nimmt; vielmehr muss zur Freiheitsentziehung das Element der *Unterbringung*, dh. das Verbringen in einen durch Überwachung und andere Mittel geschlossenen Lebensraum hinzukommen. Nur bei dieser Begriffswahl lassen sich die Maßnahmen nach § 1906 Abs. 1 und Abs. 4 überhaupt unterscheiden. Das zeitweilige Eingittern in Bett, wie zB in einer geschlossenen Krankenanstalt geschieht, erfüllt nicht die begrifflichen Voraussetzungen des § 1906 Abs. 1, weil zwar das Element der Freiheitsentziehung, nicht aber das der Unterbringung gegeben ist. Derartige Fälle sind vielmehr nach § 1906 Abs. 4 zu beurteilen.

---

[5] BayObLG FamRZ 1995, 1296; OLG Frankfurt/Main FamRZ 1993, 357, 358; LG Köln FamRZ 1993, 110, 111 = NJW 1993, 206; OLG Brandenburg FamRZ 2007, 2107.
[6] Die Zuweisung der Befugnis zur Aufenthaltsbestimmung genügt, vgl. BayObLG FamRZ 1994, 1416, 1417; OLG Stuttgart FÜR 2004, 711 („Aufenthaltsbestimmung und Gesundheitsfürsorge").
[7] Wie hier: *Knittel* Rn. 17; *Coeppicus* FamRZ 1992, 741, 751; aA *Soergel/Zimmermann* Rn. 12 (Personensorge genügt), HK-BUR/*Rinck* Rn. 10 („alle Angelegenheiten" etc.); *Klüsener/Rausch* NJW 1993, 617, 618.
[8] Auch nicht der Aufgabenkreis „Wahrnehmung der Rechte bei der psychiatrischen Heilbehandlung", KG FamRZ 2010, 835.
[9] OLG Brandenburg FamRZ 2007, 2107.
[10] Vgl. OLG Schleswig FamRZ 2005, 1776 (betr. § 1906 Abs. 1 Nr. 2).
[11] BayObLG FamRZ 1999, 1304 („gegen den Willen des Betreuten").
[12] Der BGH (FamRZ 2001, 149, 150) definiert: Die freiheitsentziehende Unterbringung ist gegeben, „wenn der Betroffene gegen seinen Willen oder im Zustand der Willenlosigkeit in einem räumlich begrenzten Bereich eines geschlossenen Krankenhauses, einer anderen geschlossenen Einrichtung oder dem abgeschlossenen Teil einer solchen Einrichtung festgehalten, sein Aufenthalt ständig überwacht und die Kontaktaufnahme mit Personen außerhalb des Bereichs eingeschränkt wird." Das Aufhäufen von Definitionselementen dient nicht der Klärung; so ist jemand selbstverständlich auch dann freiheitsentziehend untergebracht, der zwar gehindert wird, die Einrichtung zu verlassen, aber telefonisch Kontakt mit außen aufnehmen kann.
[13] Vgl. Kreisgericht Schwedt/Oder FamRZ 1993, 601 (die Hauseingangstür verschließender Mechanismus, wenn keine Fenstergitter angebracht sind).
[14] Vgl. AG Marburg BtPrax 1994, 106, 107.

c) **Stufen der Freiheitsentziehung.** Soll eine Person im Sinn von § 1906 Abs. 1 freiheitsentziehend untergebracht werden, so hat die gerichtliche Genehmigung das damit verbundene Ausmaß des Freiheitsentzugs **konkret festzulegen** (siehe § 323 Nr. 2 FamFG: „nähere Bezeichnung der Unterbringungsmaßnahme").[15] Einschränkungen der Bewegungsfreiheit, die über den vom Gericht genehmigten Freiheitsentzug hinausgehen, stellen daher eine Modifikation der Unterbringungsart dar, die erneuter Genehmigung bedarf.[16] Die Genehmigung der Unterbringung in einer geschlossenen Anstalt berechtigt zB nur zu den damit typischerweise verbundenen Beschränkungen der Bewegungsfreiheit auf ein Gebäude oder einen Gebäudeteil, nicht hingegen zur Fixierung im Bett; soll diese auf längere Zeit oder regelmäßig hinzukommen, so muss zuvor die Unterbringungsgenehmigung darauf erweitert werden.[17] Dabei ist es für das Ergebnis gleichgültig, ob man die Genehmigungsbedürftigkeit der weiteren Maßnahme auf § 1906 Abs. 1 oder auf eine verfassungskonforme Auslegung des § 1904 Abs. 4 stützt.[18]

d) **Systematik.** Es ergibt sich sonach folgende Systematik: Für freiheitsentziehend untergebrachte (oder unterzubringende) Personen bedeuten zusätzliche „unterbringungsähnliche Maßnahmen" eine weitere Stufe der Unterbringung; sie sind nach § 1906 Abs. 1 genehmigungsbedürftig, ggf. ist um eine Erweiterung der Unterbringungsgenehmigung nachzusuchen. Für nicht freiheitsentziehend untergebrachte Personen hingegen ist § 1906 Abs. 4 einschlägig.

e) **Minderjährige.** Die Annahme, dass „unterbringungsähnliche Maßnahmen" bei freiheitsentziehend Untergebrachten eine weitere Stufe der Unterbringung selbst darstellen, gilt folgerichtig auch bei Minderjährigen (§§ 1631b, 1800). Hier fehlt es allerdings an einer dem § 1906 Abs. 4 entsprechenden Regelung für Personen, die nicht freiheitsentziehend untergebracht sind. Das kann insofern sachlich gerechtfertigt werden, als bei Minderjährigen, die zB in Internaten leben, gewisse Beschränkungen der Bewegungsfreiheit durch Erziehungszwecke gerechtfertigt sein können (zB das Verbot, das Internat nachts zu verlassen, je nach Alter des Jugendlichen). Eine analoge Anwendung des § 1906 Abs. 4 auf Minderjährige wird überwiegend abgelehnt.[19]

f) **Keine Anwendung bei kurzzeitiger Unterbringung?** Gelegentlich wird die Auffassung vertreten, eine freiheitsentziehende Unterbringung liege nur vor, wenn die Maßnahme auf eine bestimmte Dauer angelegt sei,[20] so dass Freiheitsentziehungen für ein oder zwei Tage nicht hierunter fielen. Das findet im Gesetz keine Stütze. Vor allem ist es methodisch nicht zulässig, die Zeitelemente des § 1906 Abs. 4 auf die *Unterbringung* nach Abs. 1 zu übertragen. Eine kurzzeitige erzwungene *Vorführung* zur ambulanten Behandlung ist keine „Unterbringung".[21]

g) **Analoge Anwendung auf Unterbringung in offene Einrichtung?** Diskutiert wird, die Vorschrift des § 1906 analog auch auf die Unterbringung in einer offenen, nicht mit Freiheitsentziehung verbundenen Anstalt (Pflegeheim, etc.) anzuwenden, wenn sich der Betreute einer solchen Aufenthaltsbestimmung widersetzt („zwangsweise Heimunterbringung").[22] Ein Bedürfnis für eine solche Erweiterung des § 1906 wird im Hinblick darauf gesehen, dass das Gesetz nur für den Fall der Zuführung zur freiheitsentziehenden Unterbringung die Möglichkeit einer Gewaltanwendung, und zwar auf Grund besonderer gerichtlicher Entscheidung, vorsieht (§ 326 Abs. 2 FamFG). Letztlich läuft diese Auffassung darauf hinaus, eine Gewaltanwendung auch für die Zuführung in offene Anstalten zu ermöglichen; das widerspricht Wortlaut und Sinn des Gesetzes.[23] Der BGH hat ausgesprochen, dass der Betreuer in den gesetzlich nicht ausdrücklich geregelten Fällen keinen Zwang zur Überwindung körperlichen Widerstandes des Betreuten anwenden darf.[24] Eine analoge Anwen-

---

[15] Dazu BayObLG FamRZ 1995, 1296; FamRZ 1998, 921 („Art der Unterbringung"); BayObLG FamRZ 1994, 320, 322; OLG Düsseldorf FamRZ 1995, 118, 119.
[16] Im Ergebnis ebenso: BayObLG FamRZ 1994, 721, 722, 2. Vormundschaftsgerichtstag, 1990, Arbeitsgruppe 4, Thesen 10; *Schumacher* FamRZ 1991, 280, 281; *Jürgens/Lesting/Marschner/Winterstein* Rn. 580.
[17] BayObLG FamRZ 1994, 721, 722.
[18] So das BayObLG FamRZ 1994, 721, 722; OLG München FamRZ 2005, 1196, 1198. Zum Problem siehe unten Rn. 48.
[19] LG Essen FamRZ 1993, 1347 m. krit. Anm. *Dodegge*.
[20] So (ohne die Zeitdauer auch nur annähernd zu umschreiben) BGH FamRZ 2001, 149, 150; *Soergel/ Zimmermann* Rn. 24.
[21] S. unten Rn. 28.
[22] LG Bremen BtPrax 1994, 102; *Windel* BtPrax 1999, 46; zur Problematik auch *Coeppicus* FamRZ 1992, 741, 746; *Sonnenfeld* FamRZ 1995, 393.
[23] Wie hier: LG Offenburg FamRZ 1997, 899; AG Mainz FamRZ 2001, 656; vgl. auch BayObLG BtPrax 1995, 182, 183; *Soergel/Zimmermann* Rn. 16; *Knittel* Rn. 28. Das ergibt sich nun auch als Konsequenz aus der Entscheidung BGH FamRZ 2001, 149 ff.
[24] BGH FamRZ 2001, 149 ff.; OLG Hamm FamRZ 2003, 255.

dung des § 326 Abs. 2 FamFG zur Ermöglichung einer Zwangsmedikation verbietet sich aus denselben Gründen.[25]

13 **3. Zu den Voraussetzungen der Unterbringung im allgemeinen. a) Verfassungsrechtliche Grundlagen.** Der Betreuer darf von seiner Befugnis, den Betreuten unterzubringen, nicht schon dann Gebrauch machen, wenn dies aus beliebigen Gründen dem Wohl des Betreuten dient. Auch die Erforderlichkeit allein trägt die freiheitsentziehende Unterbringung nicht. Vielmehr darf der Betreute nur bei Vorliegen einer der beiden Unterbringungstatbestände des § 1906 Abs. 1 Nr. 1 oder 2 freiheitsentziehend untergebracht werden. Diese sind im Lichte der Rspr. des BVerfG[26] strikt auszulegen: Die Freiheit der Person ist ein so hohes Rechtsgut, dass sie nur aus besonders gewichtigem Grund angetastet werden darf; die Einschränkung dieser Freiheit ist daher stets der strengen Prüfung am Grundsatz der **Verhältnismäßigkeit** zu unterziehen. Die Fürsorge der staatlichen Gemeinschaft schließt nach BVerfG zwar auch die Befugnis ein, den psychisch Kranken zwangsweise in einer geschlossenen Einrichtung unterzubringen, wenn er infolge seines Krankheitszustandes und der damit verbundenen fehlenden Einsichtsfähigkeit die Schwere seiner Erkrankung und die Notwendigkeit von Behandlungsmaßnahmen nicht zu beurteilen vermag oder trotz einer solchen Erkenntnis sich infolge der Krankheit nicht zu einer Behandlung entschließen kann, sofern sich dies als unumgänglich erweist, um eine drohende gewichtige gesundheitliche Schädigung von ihm abzuwenden. Im Hinblick auf den Verhältnismäßigkeitsgrundsatz muss jedoch bei weniger gewichtigen Fällen eine derart einschneidende Maßnahme unterbleiben und somit auch dem psychisch Kranken in gewissen Grenzen die „Freiheit zur Krankheit" belassen werden. Nach Auffassung des BVerfG setzt die freiheitssichernde Funktion des Art. 2 Abs. 2 S. 2 GG auch Maßstäbe für die Aufklärung des Sachverhalts und damit für eine hinreichende tatsächliche Grundlage der richterlichen Entscheidungen. Es ist unverzichtbare Voraussetzung rechtsstaatlichen Verfahrens, dass Entscheidungen, die den Entzug der persönlichen Freiheit betreffen, auf zureichender richterlicher Sachaufklärung beruhen und eine in tatsächlicher Hinsicht genügende Grundlage haben, die der Bedeutung der Freiheitsgarantie entspricht.[27]

14 **b) Voraussetzungen der Genehmigung im Überblick.** Die Erteilung der gerichtlichen Genehmigung steht sachlich unter folgenden Voraussetzungen:
– Es muss einer der in § 1906 Abs. 1 Nr. 1, 2 formulierten Tatbestände gegeben sein;
– die Unterbringung muss zum Wohl des Betreuten erforderlich sein; dies ist zu verneinen, wenn weniger einschneidende Maßnahmen ausreichen;[28]
– die mit der Unterbringung verbundenen Nachteile dürfen nicht außer Verhältnis zu den ohne sie drohenden Gefahren stehen;[29]
– nach der Rspr. ist weitere Voraussetzung, dass der Betroffene auf Grund seiner Krankheit oder Behinderung seinen Willen nicht frei bestimmen kann.[30]

15 **4. Zu § 1906 Abs. 1 Nr. 1: Gefahr der Selbstschädigung.** Die Unterbringung nach diesem Tatbestand ist nur unter folgenden Voraussetzungen zulässig:

a) Gefahrenlage. Es muss die konkrete[31] und ernstliche[32] Gefahr bestehen, dass sich der Betreute selbst tötet oder erheblichen gesundheitlichen Schaden zufügt. Es muss sich freilich nicht unbedingt, wie bei der öffentlichrechtlichen Unterbringung, um eine „akute, unmittelbar bevorstehende" Gefahr handeln;[33] auch darf die „Gefahr" im Sinne des § 1906 Abs. 1 Nr.1 nicht verwechselt werden mit den Voraussetzungen einer genehmigungslosen Unterbringung nach § 1906 Abs. 2 S. 2, wo die Gefahr durch den Aufschub einer Eilmaßnahme verursacht sein muss. Für § 1906 Abs. 1 Nr. 1 genügt eine konkrete Gefahr in dem Sinne, dass nach der gesamten Situation aufgrund objekti-

---

[25] BGH FamRZ 2001, 149 ff.; OLG Zweibrücken FamRZ 2000; 1114; LG Kassel FamRZ 1996, 1501; demgegenüber OLG Hamm FamRZ 2000, 1115.
[26] S. für das Folgende die Kammerentscheidung BVerfG FamRZ 1998, 895, 896 mit Bezug auf BVerfGE 45, 187, 223; 58, 208, 224 ff. So auch BayObLG FamRZ 2000, 1537; 2000, 566 f., siehe auch BayObLG FamRZ 1998, 1329 (betr. Bay. Unterbringungsgesetz).
[27] BVerfG FamRZ 1998, 895, 896 mit Bezug auf BVerfGE 70, 297, 308.
[28] BT-Drucks. 11/4528 S. 146.
[29] Vgl. BT-Drucks. 11/4528 S. 146.
[30] BGH FamRZ 2010, 365 Tz. 13; BayObLG FamRZ 2002, 908; BtPrax 2004, 193; OLG München FamRZ 2005, 1196, 1197; BtPrax 2006, 105, 106; FamRZ 2006, 445, 446; OLG Stuttgart FamRZ 2004, 834.
[31] BGH FamRZ 2010, 365 Tz. 13; FamRZ 2010, 1432 Tz. 10; BayObLG FamRZ 2000, 1537; 2000, 566, 567; OLG Hamm BtPrax 2001, 40.
[32] BGH FamRZ 2010, 365 Tz. 13; FamRZ 2010, 1432 Tz. 10; BayObLG FamRZ 1994, 1617.
[33] BGH FamRZ 2010, 365 Tz. 13; FamRZ 2010, 1651 Tz. 8 (hier: vorangegangene Drohung des Betreuten, sich mit einem mitgeführten Messer in den Bauch zu stechen).

vierbarer und konkreter Anhaltspunkte[34] die Möglichkeit der Selbstschädigung abzusehen ist.[35] Nach BGH dürfen die Anforderungen an die Voraussehbarkeit eine Selbsttötung oder einer erheblichen gesundheitlichen Eigenschädigung nicht überspannt werden.[36] Der Grad der Gefahr ist in Relation zum möglichen Schaden, der ohne die freiheitsentziehende Maßnahme eintreten würde, zu bemessen.[37] Die Gefahr muss für Leben oder Gesundheit gegeben sein (BGH FamRZ 2010, 365; 2011, 1141); drohende Vermögensschädigung genügt nicht.[38] Die Gefahr der lebensbedrohenden Selbstschädigung auf Grund Alkohol- oder Medikamentenabhängigkeit kann die Unterbringung rechtfertigen.[39] Die Möglichkeit einer erfolgversprechenden Therapie ist in den Fällen des § 1906 Abs. 1 Nr. 1 nicht vorausgesetzt.[40] Nach der Gesetzesbegründung soll auch die Gefahr der Schädigung von anderen Gütern als Leben und Gesundheit ausreichen, wenn die Einbußen an diesen anderen Gütern mittelbar eine Gefahr für Leben und Gesundheit des Betreuten heraufbeschwören.[41] Das dazu gebrachte Beispiel – der Betreute läuft Gefahr, seine familiären Beziehungen zu zerstören und dies wird zu einer nachhaltigen Verschlimmerung seines Leidens führen – überzeugt wenig. Die Selbstgefährdung setzt kein zielgerichtetes Tun des Betreuten voraus,[42] es genügt etwa die Gefahr, die durch planloses Umherirren entsteht.[43] Die Selbstgefährdung kann auch im Unterlassen bestimmter Handlungen bestehen, zB der Unterlassung von Nahrungsaufnahme[44] oder der hinreichenden Sorge für die Hygiene in der Wohnung (Vermüllungsgefahr), sofern damit eine Gesundheitsgefahr durch körperliche Verelendung und Unterversorgung verbunden ist.[45] Doch kommt eine Unterbringung zur Durchführung einer Entrümpelung nur in Betracht, wenn die drohende Vermüllung eine erhebliche Gefahr für die Gesundheit des Betroffenen verursacht.[46] Die Gefahr der Schädigung Dritter oder der Allgemeinheit genügt nicht.[47] Der Schutz von Drittinteressen ist eindeutig aus dem Zweckbereich der zivilrechtlichen Unterbringung Betreuter herausgenommen; hier ist das öffentlichrechtliche Unterbringungsrecht zuständig.[48] Freilich kann die Drittgefährdung mit Selbstgefährdung verbunden sein, so wenn der Betreute fortwährend Schlägereien heraufbeschwört und dabei häufig den Kürzeren zieht.[49] Ob die Gefahr einer gravierenden Selbstschädigung ernstlich und konkret gegeben ist, hat das Gericht anhand der bisherigen Ereignisse und des Krankheitsbildes zu prognostizieren; dies ist eine Frage der Tatsachenwürdigung.[50] Im Fall der Selbstgefährdung ist die öffentlichrechtliche Unterbringung gegenüber der zivilrechtlichen subsidiär (BVerfGE 58, 208, 228). Das bedeutet vor allem, dass ein Betreuer mit dem Aufgabenkreis Aufenthaltsbestimmung nicht einfach übergangen werden darf; die öffentlichrechtliche Unterbringung ist gleichwohl zulässig, wenn der Betreuer nicht rechtzeitig tätig werden kann oder will.[51]

b) **Psychische Krankheit oder geistige oder seelische Behinderung.** Die Gefahr der Selbstschädigung muss **auf Grund einer psychischen Krankheit oder geistigen oder seelischen Behinderung** gegeben sein. Mit diesem Erfordernis schließt das Gesetz Maßnahmen gegen Personen aus, die nicht unter solchen Krankheiten oder Defiziten leiden, mögen sie auch „lediglich aus Freude an den Genüssen des Lebens oder aus Leichtsinn" sich gesundheitlich schädigen (starkes

---

[34] BGH FamRZ 2010, 365 Tz. 14.
[35] Vgl. OLG München FamRZ 2006, 445, 446 (nicht genügen Floskeln von der „Eigen- und Selbstgefährdung"); OLG Schleswig BtPrax 2003, 223, 224 (zu restriktiv aber die Aussage, die Verweigerung der Einnahme notwendiger Medikamente reiche trotz gesundheitlicher Rückfallgefahr nicht, außer wenn dauerhafte stationäre Behandlungsbedürftigkeit drohe).
[36] BGH FamRZ 2010, 1651 Tz. 8; FamRZ 2010, 1432 Tz. 10.
[37] BGH FamRZ 2010, 365 Tz. 14.
[38] Begründung BT-Drucks. 11/4528 S. 146.
[39] BayObLG Btrax 2004, 193; FamRZ 2004, 1135; OLG Stuttgart FamRZ 2004, 834 (nur, wenn der auf Alkoholmissbrauch zurückzuführende Zustand das Ausmaß eines geistigen Gebrechens erreicht hat).
[40] BayObLG FamRZ 2004, 1135; OLG Hamm BtPrax 2003, 182; OLG Rostock BtPrax 2010, 134, 135 = FamRZ 2010, 1272 (LS..
[41] BT-Drucks. 11/4528 S. 146.
[42] BGH FamRZ 2010, 365 Tz. 14.
[43] BT-Drucks. 11/4528 S. 146. Siehe OLG München BtPrax 2006, 105.
[44] BT-Drucks. 11/4528 S. 147, wo der Erforderlichkeitsgrundsatz für solche Fälle besonders betont wird.
[45] BGH FamRZ 2010, 365 Tz. 14; BGH FamRZ 2011, 1141 Tz. 12; vgl. BayObLG FamRZ 1993, 998; OLG München BtPrax 2006, 105.
[46] BayObLG FamRZ 2002, 348.
[47] OLG Hamm BtPrax 2001, 40.
[48] BT-Drucks. 11/4528 S. 146.
[49] Vgl. BayObLG FamRZ 2004, 1403 (konkrete Gefahr in einem seit langem eskalierenden Nachbarschaftskonflikt, nach einer Provokation in eine körperliche Auseinandersetzung mit möglichen Bedrohungen für Gesundheit oder Leben zu geraten).
[50] BayObLG FamRZ 1994, 1617, 1618.
[51] Im Ergebnis ähnlich *Soergel/Zimmermann* Rn. 27; *Knittel* Rn. 21.

Rauchen, übermäßiges Essen).[52] Schon die Einräumung der Unterbringungsbefugnis an den Betreuer setzt die absehbare Möglichkeit einer gesundheitlichen Selbstschädigung voraus, die der Betreute *wegen* seiner geistig-seelischen Krankheit oder Behinderung nicht selbst verantwortet: Der Betroffene muss auf Grund seiner Krankheit außerstande sein, seinen Willen frei zu bestimmen.[53] Daher rechtfertigt auch der in freier Selbstbestimmung unternommene Versuch der Selbsttötung keine Unterbringung.[54]

17 c) **Erforderlichkeit, Verhältnismäßigkeit.** Selbstverständlich ist die Unterbringung nur zulässig, soweit und solange sie zum Wohl des Betreuten und zur Abwehr der genannten Gefahren für Leben oder Gesundheit erforderlich ist.[55] Es gilt auch das Prinzip der Verhältnismäßigkeit (BGH FamRZ 2011, 1141 Tz. 12). Nach BVerfG ist die Erforderlichkeit der Unterbringung der strengen Prüfung am Grundsatz der Verhältnismäßigkeit zu unterziehen, da die Freiheit der Person ein so hohes Rechtsgut darstellt, dass sie nur aus besonders gewichtigem Grund angetastet werden darf. Insbesondere muss auch dem psychisch Kranken in gewissen Grenzen die „Freiheit zur Krankheit" belassen bleiben; die Unterbringung zur Durchführung einer Heilbehandlung ist daher nur zulässig, wenn sie sich als unumgänglich erweist, um eine drohende gewichtige gesundheitliche Schädigung von dem Kranken abzuwenden.[56] Rein finanzielle Erwägungen sind grundsätzlich nicht geeignet, freiheitsentziehende Maßnahmen wegen Selbstgefährdung zu rechtfertigen.[57] Häufig ergeben sich Probleme der Verhältnismäßigkeit aus der Organisation und der Personalsituation der Einrichtung, in welcher der Betreute bisher lebt; das Gericht kann dieser Einrichtung nicht Auflagen machen (ständige Besetzung der Pforte etc.), um eine geschlossene Unterbringung zu vermeiden. Der Betreuer hat aber im Rahmen einer Gesamtabwägung zu prüfen, ob eine für den Betreuten mildere Form der Freiheitsentziehung etwa in einer anderen Einrichtung möglich ist.[58]

18 d) **Alkoholismus.** Schwierig ist die Grenzziehung in den Fällen des Alkoholismus. Nach der zutreffenden Rspr. ist Trunksucht für sich allein betrachtet keine Krankheit oder Behinderung, so dass darauf allein in der Regel eine Unterbringungsgenehmigung nicht gestützt werden kann.[59] Doch kann der Alkoholismus entweder im ursächlichen Zusammenhang mit einem geistigen Gebrechen stehen oder zu einem Zustand geführt haben, der die Annahme eines geistigen Gebrechens rechtfertigt.[60] Er kann dazu führen, dass der Betroffene außerstande ist, seine Entscheidungen von vernünftigen Erwägungen abhängig zu machen.[61] Zur Vermeidung (weiterer) schwerer Gesundheitsschäden kommt in solchen Fällen eine freiheitsentziehende Unterbringung nach § 1906 Abs. 1 Nr. 1 in Betracht, auch wenn keine Aussichten auf einen Therapieerfolg bestehen.[62]

19 **5. Zu § 1906 Abs. 1 Nr. 2: Notwendigkeit der Unterbringung zur Heilbehandlung.**
a) **Unterbringungstatbestand.** Nach diesem Unterbringungstatbestand ist dreierlei erforderlich:
(1) Es ist eine Untersuchung des Gesundheitszustandes, eine Heilbehandlung oder ein ärztlicher Eingriff notwendig;
(2) die Maßnahme kann ohne die Unterbringung des Betreuten nicht durchgeführt werden;
(3) der Betreute kann auf Grund einer psychischen Krankheit oder geistigen oder seelischen Behinderung die Notwendigkeit der Unterbringung nicht erkennen oder nicht nach dieser Einsicht handeln.

---

[52] BT-Drucks. 11/4528 S. 146. S. auch BVerfGE 22, 180, 219 f.; BayObLG FamRZ 1993, 998, 999; FamRZ 1998, 1327, 1328 = NJW-RR 1998, 1014.
[53] BGH FamRZ 2010, 365 Tz. 13; BayObLG FamRZ 1993, 600; 1993, 851; 1993, 998, 999; 1994, 1617, 1619; 1995, 695, 696; 1998, 1327, 1328 = NJW-RR 1998, 1014; FamRZ 1999, 1304; 1999, 1306, 1307; 2000, 566; FamRZ 2001, 576; OLG Düsseldorf FamRZ 1995, 118; OLG Brandenburg FamRZ 2007, 1768; BtPrax 2009, 182, 183.
[54] *Soergel/Zimmermann* Rn. 35.
[55] S. BayObLG FamRZ 1998, 921 (betr. Verlängerung der Unterbringung).
[56] Grundsätze nach BVerfGE 58, 208, 224; BVerfG FamRZ 1998, 895, 896; BGH FamRZ 2010, 365 Tz. 14; BayObLG FamRZ 1999, 1304; 1999, 1306, 1307; 2000, 566, 567; 2000, 1537; 2001, 576; 2002, 908, 909; BtPrax 2004, 193.
[57] OLG Frankfurt/Main FamRZ 1993, 1221; OLG Hamm FamRZ 1993, 1490, 1492; BayObLG FamRZ 1994, 1617, 1619; AG Marburg BtPrax 1994, 106.
[58] OLG München FamRZ 2006, 63.
[59] BayObLG FamRZ 1998, 1327, 1328 = NJW-RR 1998, 1014; FamRZ 1999, 1304; 1999, 1306, 1307; s. schon BayObLG FamRZ 1990, 209 = NJW 1990, 775; FamRZ 1994, 1617, 1618; 1991, 608, 609; 1993, 1489, 1490.
[60] BayObLG FamRZ 1991, 608, 609; 1993, 1489, 1490; 1994, 1617, 1618; 1998, 1327, 1328 = NJW-RR 1998, 1014; FamRZ 1999, 1304; 1999, 1306, 1307; OLG Schleswig BtPrax 1998, 185; FamRZ 1998, 1328, 1329.
[61] Vgl. den Fall OLG Rostock BtPrax 2010, 134 = FamRZ 2010, 1272 (LS.).
[62] OLG Rostock BtPrax 2010, 134 = FamRZ 2010, 1272 (LS.).

b) Notwendigkeit einer medizinischen Maßnahme. Es ist eine **Untersuchung des** **20** **Gesundheitszustandes, eine Heilbehandlung oder ein ärztlicher Eingriff** bei dem Betreuten notwendig. Zu den Begriffen siehe Erl. zu § 1904 Rn. 23 ff. Die „Notwendigkeit" bezieht sich auf Gesundheitsschäden, die dem Betreuten ohne die medizinische Maßnahme drohen. Ob die Krankheit oder Behinderung, die behandelt werden soll, den Anlass zur Betreuerbestellung gegeben hat oder nicht, spielt keine Rolle.[63] Die Gefahr eines „schweren Gesundheitsschadens"[64] ist nach dem Wortlaut des Gesetzes nicht unbedingt erforderlich. Die Gesetzesbegründung erklärte dies damit, dass der Eingriffstatbestand auch für unterbringungsähnliche Maßnahmen gilt; die Abwägung könne ergeben, dass auch bei Gefahr von Gesundheitsschäden, die weniger schwer wiegen, eine vorübergehende Unterbringungsmaßnahme, insbesondere eine unterbringungsähnliche Maßnahme gerechtfertigt sein könne.[65] Auch sei eine Untersuchung schon dann notwendig, wenn der Gesundheitszustand des Betreuten aus medizinischer Sicht geklärt werden müsse; ob ein *schwerer* Gesundheitsschaden droht, werde sich oft erst nach der Untersuchung ergeben.[66] Gleichwohl muss es dabei bleiben, dass – wie in Nr. 1 formuliert ist – bei Unterlassung der medizinischen Maßnahme ein **gewichtiger gesundheitlicher Schaden droht**.[67] Die „Notwendigkeit" bedingt, dass sich die gesundheitliche Gefahr nicht auf weniger einschneidende Weise abwenden lässt.[68] Sie entfällt, wenn die vorgesehene Behandlung keinen hinreichenden Erfolg verspricht[69] (zB Alkoholentziehungskuren gegen den Willen des Betroffenen, anders in der „Entgiftungsphase").[70] Sie entfällt selbstverständlich auch, wenn die Ärzte der Einrichtung, in welcher der Betroffene untergebracht ist, die geplante Heilbehandlung für medizinisch nicht geboten erachten und daher nicht durchzuführen bereit sind.[71] Die noch unbestimmte Chance, „eine bestehende Krankheit behandeln zu lassen", rechtfertigt die Unterbringung ebenso wenig[72] wie der bloße Zweck, ein Vertrauensverhältnis zwischen Arzt und Patient zu festigen, solange eine medizinische Maßnahme tatsächlich noch nicht stattfindet.[73] Bei § 1906 Abs. 1 Nr. 2 kommt dem **Verhältnismäßigkeitsprinzip** eine besondere Bedeutung zu:[74] Für eine die Unterbringung rechtfertigende Heilbehandlung muss im Einzelfall eine medizinische Indikation bestehen und der mögliche therapeutische Nutzen der Behandlung gegen die Gesundheitsschäden abgewogen werden, die ohne Behandlung entstehen würden.[75] Der drohende Gesundheitsschaden muss so schwer wiegen, dass der mit der beabsichtigten Maßnahme verbundene Freiheitseingriff gerechtfertigt erscheint.[76] Sofern bereits eine Chronifizierung des Krankheitsbildes eingetreten ist, kommt eine Unterbringung in Betracht, wenn weitere Verschlimmerung und irreversible Schäden drohen.[77] Je länger die Unterbringung andauert, desto strenger sind die Voraussetzungen für die Anordnung des Freiheitsentzuges.[78] Bloße finanzi-

---

[63] BT-Drucks. 11/4528 S. 147, BGH FamRZ 2006, 615, 616; so auch die Lit. vgl. *Soergel/Zimmermann* Rn. 43. AA LG Rostock FamRZ 2003, 704 (nicht unter Nr. 2 fällt die psychische Krankheit, die Anlass der Betreuerbestellung zugrundliegt).
[64] So noch der Diskussionsentwurf Teil I.
[65] BT-Drucks. 11/4528 S. 147.
[66] BT-Drucks. 11/4528 S. 147.
[67] S. BVerfGE 58, 208, 225 f.; BVerfG FamRZ 1998, 895, 896; BayObLG FamRZ 2000, 566, 567; OLG Bremen FamRZ 2007, 1128; *Pardey*, Betreuung Volljähriger: Hilfe oder Eingriff, 1988, S. 136; *Schumacher* FamRZ 1991, 280.
[68] BT-Drucks. 11/4528 S. 147; vgl. BVerfG FamRZ 2011, 1128 Tz. 58.
[69] BayObLG FamRZ 1994, 1551, 1552; OLG Schleswig FamRZ 2000, 1122; BtPrax 2003, 223, 224 (Unterbringung zum Zweck apparativer Untersuchungen, die ohne Einverständnis des Betroffenen nicht in Betracht kommen); LG Berlin FamRZ 1993, 597, 599; LG Frankfurt/Main FamRZ 1993, 478, 479; OLG Brandenburg FamRZ 2007, 1127; vgl. BVerfG FamRZ 2011, 1128 Tz. 57.
[70] BT-Drucks. 11/4528 S. 147; vgl. auch BayObLG FamRZ 1994, 1617, 1618 (bei Alkoholkrankheiten versprechen Entziehungskuren gegen den Willen des Patienten erfahrungsgemäß keinen Erfolg); OLG Schleswig FamRZ 1998, 1328, 1329; vgl. auch LG Frankfurt/Main FamRZ 1993, 478, 479; LG Regensburg FamRZ 1994, 125.
[71] BGH FamRZ 2010, 202 Tz. 10.
[72] BGH FamRZ 2010, 202 Tz. 12.
[73] OLG Brandenburg BtPrax 2009, 182, 183.
[74] BVerfGE 58, 208, 224; BVerfG FamRZ 1998, 895, 896; BayObLG FamRZ 1994, 1617, 1619; 1999, 794, 795; 1999, 1306, 1307; 2000, 566, 567; Vgl. BVerfG FamRZ 2011, 1128 Tz. 61.
[75] BGH FamRZ 2006, 615, 616; FamRZ 2010, 1432 Tz.7; OLG Hamm FGPrax 2009, 135, 136; OLG Naumburg FamRZ 2008, 2060, 2061; OLG Rostock BtPrax 2010, 134, 135 = FamRZ 2010, 1272 (LS.); OLG Stuttgart FamRZ 2010, 1107, 1108; in dieser Richtung auch OLG Schleswig FGPrax 32, 34 =FamRZ 2009, 2116 (LS.).
[76] OLG Hamm FamRZ 2009, 811, 812.
[77] OLG München FamRZ 2006, 445, 446; OLG München FamRZ 2005, 1195, 1198.
[78] BVerfGE 70, 297; BayObLG FamRZ 1994, 1617, 1619.

elle Erwägungen sind nicht geeignet, freiheitsentziehende Maßnahmen wegen Selbstgefährdung zu rechtfertigen.[79]

21 c) Erforderlichkeit der freiheitsentziehenden Unterbringung. Für die Durchführung der Untersuchungs- oder Heilmaßnahme muss die freiheitsentziehende Unterbringung des Betreuten erforderlich sein.[80] Dabei kann zum Tragen kommen, dass die Unterbringung im konkreten Fall wegen der Unfähigkeit des Betreuten, seine Behandlungsbedürftigkeit zu kennen oder zu akzeptieren, unumgänglich ist. Es wird sich also vielfach um Unterbringungen handeln, die eine medizinische Behandlung gegen den Willen des Betreuten möglich machen sollen. Ziel der Unterbringung ist die Ermöglichung der medizinischen Behandlung, nicht die Herbeiführung des Einverständnisses des Betreuten.[81]

22 d) Unvermögen zur freien Selbstbestimmung. Der Betreute muss auf Grund einer psychischen Krankheit oder geistigen oder seelischen Behinderung **außerstande** sein, die **Notwendigkeit der Unterbringung zu erkennen** oder nach dieser Einsicht zu handeln. Damit will das Gesetz sicherstellen, dass die Erforderlichkeit der Unterbringung aus geistig-seelischen Defiziten des Betreuten resultiert: Der Widerstand des Betroffenen gegen die durch die Unterbringung mögliche Heilbehandlung muss auf einer psychischen Krankheit oder einer geistigen oder seelischen Behinderung beruhen.[82] Der Einsichtsfähige bleibt Herr seiner Dispositionen über seinen Körper, ein Zwang zu medizinischen Behandlungen ist unzulässig („Freiheit zur Krankheit"). Doch ist das Erfordernis des Unvermögens zur Selbstbestimmung im Gesetz recht unklar zum Ausdruck gekommen. Denn primär geht es nicht um die Einsichtsfähigkeit in die Notwendigkeit der Unterbringung, sondern der durch diese möglichen medizinischen Behandlung.[83] Nicht Voraussetzung ist, dass sich der Betreute gegen die Unterbringung und die Behandlung zur Wehr setzt oder sie ablehnt. Es genügt, wenn er wegen seiner Krankheit oder Behinderung die Notwendigkeit der mit der Unterbringung verbundenen Behandlung nicht erkennen kann. Die Unterbringung ist nur so lange zulässig, als die krankheits- oder behinderungsbedingte Einsichts- und Steuerungsfähigkeit fehlt.[84]

23 e) Erlaubte ärztliche Maßnahme. Die Genehmigung nach § 1906 Abs. 1 Nr. 2 schafft die Rechtsgrundlage für die freiheitsentziehende Unterbringung, nicht aber für die intendierte medizinische Behandlung selbst. Der Zweck rechtfertigt die Unterbringung folglich nur dann, wenn die **beabsichtigte ärztliche Maßnahme ihrerseits erlaubt** ist.[85] Da in den einschlägigen Fällen eine wirksame Einwilligung des Betroffenen ausscheidet, ist also Voraussetzung, dass ein Gesundheitsbetreuer bestellt ist, der die Einwilligung in die Heilbehandlung erklären kann.[86] Es ist daher sinnvoll, für die Bereiche der Aufenthalts- und der Gesundheitsbetreuung denselben Betreuer zu bestellen. Fällt die intendierte medizinische Maßnahme unter § 1904 Abs. 1, so ist zusätzlich eine gerichtliche Genehmigung nach dieser Vorschrift erforderlich. In seiner Entscheidung zur Zwangsbehandlung im Maßregelvollzug hat das BVerfG Grundsätze aufgestellt, die auch für die Unterbringung nach Betreuungsrecht maßgebend sind: Die Zwangsbehandlung muss erfolgversprechend sein, sie darf nur als letztes Mittel eingesetzt werden, die Belastungen für den Betroffenen dürfen nicht außer Verhältnis zu dem erwartbaren Nutzen stehen, ferner darf auch ein Einwilligungsunfähiger über das Ob und Wie der intendierten Behandlung nicht im Unklaren gelassen werden (BVerfG FamRZ 2011, 1128 Tz. 57-61).

24 f) § 1906 Abs. 1 Nr. 2 als Rechtsgrundlage für Zwangsbehandlungen? aa) Rechtsprechung des BGH. Im Anschluss an die Entscheidung des BGH zur Unzulässigkeit ambulanter Zwangsbehandlungen[87] war streitig geworden, ob dem Betreuer im Rahmen einer nach § 1906 Abs. 1 Nr. 2 genehmigten Unterbringung auch die Befugnis zusteht, erforderlichenfalls einen der

---

[79] BayObLG FamRZ 1994, 1617, 1619.
[80] Zu diesem Aspekt OLG Hamm FamRZ 2000, 1115, 1118 (auch zur analogen Anwendung, wenn an sich nur ambulante Zwangsvorführung erforderlich wäre); OLG Schleswig BtPrax 2003, 223, 224.
[81] In diesem Sinne ist wohl LG Frankfurt/Main FamRZ 1993, 478 zu verstehen („Eine Unterbringung zur Erzwingung der Krankheits- und Behandlungseinsicht ist nicht zulässig").
[82] BayObLG FamRZ 1996, 511 (LS.) = BtPrax 1996, 28, 29; OLG Düsseldorf FamRZ 1995, 118; OLG Hamm FamRZ 2000, 1115, 1118; OLG München BtPrax 2006, 105, 106; vgl. BVerfG FamRZ 2011, 1128 Tz. 49 ff.
[83] BayObLG FamRZ 1996, 511 (LS.) = BtPrax 1996, 28, 29; BayObLG FamRZ 1998, 921; OLG Düsseldorf FamRZ 1995, 118; OLG Hamm FamRZ 2009, 811; OLG Stuttgart FamRZ 2010, 1107. Grundlegend zu den Voraussetzungen einer Zwangsbehandlung im Maßregelvollzug BVerfG FamRZ 2011 Tz. 49 ff.
[84] OLG Düsseldorf FamRZ 1995, 118.
[85] BGH FamRZ 2006, 615, 618; *Soergel/Zimmermann* Rn. 50.
[86] *Soergel/Zimmermann* Rn. 13.
[87] BGHZ 145, 297 = FamRZ 2001, 149.

notwendigen ärztlichen Maßnahme entgegenstehenden Willen des Betroffenen zu überwinden. Einige Gerichte[88] hatten dies mit der Begründung verneint, dass es hierfür an einer gesetzlichen Grundlage fehle, § 1906 Abs. 1 S. 2 enthalte diese Grundlage nicht. Der BGH hat zutreffend im gegenteiligen Sinn entschieden,[89] bleibt aber in der Konstruktion auf der schon zuvor eingeschlagenen Linie: Die Befugnis, im Namen des Betreuten in die Heilbehandlung einzuwilligen (§ 1902), enthält eine solche Rechtsmacht, dessen natürlichen Widerwillen durch Zwang zu überwinden, nicht; hierfür bedarf es einer besonderen Rechtsgrundlage durch ein **formelles Gesetz**. Eine solche sieht der BGH in **§ 1906 Abs. 1 Nr. 2** als gegeben an, andernfalls bleibe die Vorschrift auf seltene Fälle begrenzt. Doch **schränkt** der BGH die somit mögliche Zwangsbehandlung nicht nur durch die Prinzipien der Erforderlichkeit und Verhältnismäßigkeit, sondern darüber hinaus auch durch eine Unterscheidung **ein**: § 1906 Abs. 1 Nr. 2 BGB verlange nicht nur, dass die medizinische Maßnahme als solche notwendig sei; die **freiheitsentziehende Unterbringung** müsse vielmehr auch **ihrerseits erforderlich** sein, damit die medizinische Maßnahme durchgeführt werden kann; das sei der Fall, wenn zu erwarten sei, dass der Betroffene sich ohne die freiheitsentziehende Unterbringung der erforderlichen Maßnahme räumlich – also etwa durch Fernbleiben oder „Weglaufen" – entziehe, nicht aber dann, wenn sich der der Betroffene „der Maßnahme zwar physisch widersetzt, sich ihr aber nicht räumlich entzieht."[90] Dem liegt die Auffassung zugrunde, dass aus der Notwendigkeit einer Zwangsbehandlung nicht schon die Zulässigkeit einer freiheitsentziehenden Unterbringung hergeleitet werden darf.[91] Diese Auffassung ist schwer nachzuvollziehen. Dass der Patient, dem Lebensgefahr durch einen akuten Blinddarmdurchbruch droht, der aber in einem Zustand mangelnder Selbstbestimmung die Behandlung verweigert, der Operation durch Unterbringung zwangsweise zugeführt werden darf, *wenn er zu entfliehen droht*, aber nicht, wenn er *zuhause bleibt und alle Kontakte ablehnt*, ist ein **absurdes Ergebnis**, das weder dem Sinn des § 1906 noch dem Schutzauftrag des Staates entspricht. Der Ruf des BGH nach dem Gesetzgeber[92] erscheint überflüssig; denn davon, dass die genannte Unterscheidung sich zwingend als einzig methodisch zulässige Möglichkeit der Gesetzesinterpretation ergibt, kann nicht die Rede sein.

bb) Erforderlichkeit, Verhältnismäßigkeit. Zutreffend mahnt der BGH mit der herrschenden Rspr. im Rahmen des § 1906 Abs. 1 Nr.2 die strenge **Prüfung der Erforderlichkeit** und **der Verhältnismäßigkeit** an. So kann nach BGH die Erforderlichkeit einer Zwangsmedikation durch Spritzen nicht schon daraus hergeleitet werden, dass es dem Betroffenen mitunter gelungen war, die ihm stationär verabreichten Tabletten nicht einzunehmen.[93] Zudem bedarf es einer besonders kritischen Prüfung des therapeutischen Nutzens einer unter Zwang durchgeführten Maßnahme.[94] Die Nachteile, die ohne Unterbringung und Behandlung entstehen würden, müssen die Schwere der Freiheitsentziehung und des Eingriffs in die körperliche Unversehrtheit und Selbstbestimmung überwiegen.[95] Bei der Abwägung sind auch die negativen psychischen Auswirkungen der Unterbringung einzubeziehen.[96] Im Einzelfall kann auch eine Unterbringung von sechs Monaten gerechtfertigt sein.[97]

cc) Genehmigung der Behandlung? Der enge Zusammenhang zwischen Unterbringung und der geplanten, notfalls gegen den Willen des Betroffenen durchzuführenden Behandlung legt die Auffassung nahe, dass die Möglichkeit Zwangsbehandlung ausdrücklich vom Gericht genehmigt werden muss.[98] Generell ist nach Auffassung des BGH schon in der Genehmigung zur Unterbringung die vom Betreuten zu duldende **Behandlung so präzise wie möglich** anzugeben (Angabe

---

[88] OLG Bremen FamRZ 2006, 730; OLG Celle FamRZ 2006, 443; OLG Celle BtPrax 2006, 78; OLG Thüringen Recht und Psychiatrie 2003, 29; gegenteilig nun OLG Thüringen FamRZ 2006, 576.
[89] BGH FamRZ 2006, 615; FamRZ 2008, 866 Tz. 22; in gleicher Richtung auch OLG Köln FamRZ 2006, 1874, 1875; OLG München FamRZ 2006, 1196, 1198; KG FamRZ 2005, 1777; OLG Schleswig FamRZ 2002, 984; BtPrax 2003, 223; FGPrax 2005, 136 = FamRZ 2005, 834 (LS); OLG Thüringen FamRZ 2006, 576.
[90] BGH FamRZ 2008, 866 Tz. 23.
[91] BGH FamRZ 2008, 866 Tz. 23.
[92] BGH FamRZ 2008, 866 Tz. 25.
[93] BGH FamRZ 2010, 1976 Tz.10.
[94] BGH FamRZ 2006, 615, 616; FamRZ 2010, 1432 Tz. 7; OLG Köln FamRZ 2006, 1874, 1875; OLG Schleswig BtPrax 2003, 223, 224; FGPrax 2005, 136 = FamRZ 2005, 834 (LS.); OLG Thüringen FamRZ 2006, 576; vgl. auch OLG Hamm FamRZ 2009, 811, 813 f.
[95] Vgl. OLG Celle NJW-RR 2008 230, 231 = FamRZ 2007, 2107 (Berücksichtigung auch der Gefahren und Belästigungen für den Betroffenen und die Ergebnisse früherer medizinischer Behandlungen); OLG Stuttgart FamRZ 2010, 1107, 1108.
[96] OLG Stuttgart FamRZ 2010, 1107, 1108.
[97] KG FamRZ 2005, 1777, 1778.
[98] LG Verden vom 24. 8. 2010 - 1 T 122/10 (nach juris).

des Arzneimittels, Höchstdosierung, Häufigkeit der Verabreichung, alternative Medikationen).[99] Freilich darf in diesem Punkt nicht übertrieben werden; ist dient schwerlich dem Wohl des Betroffenen, wenn bei jeder Änderung der Dosierung oder Einnahmehäufigkeit ein neues Genehmigungsverfahren angestrengt werden muss; gegebenenfalls empfiehlt es sich, sogleich auch die Genehmigung möglicher Alternativen zu beantragen.

27 **dd) Öffentlichrechtliche Unterbringung.** § 1906 Abs. 1 Nr.2 bietet keine taugliche Rechtsgrundlage für eine medizinische Zwangsbehandlung in Fällen, in denen der Betroffene nicht zivilrechtlich untergebracht wird, sondern bereits aufgrund öffentlichrechtlicher Vorschriften freiheitsentziehend untergebracht ist. Die Zulässigkeit einer Zwangsbehandlung richtet sich dann ausschließlich nach den einschlägigen Vorschriften des öffentlichen (Landes-)Rechts.[100]

28 **g) Ambulante medizinische Zwangsbehandlung (§ 1906 Abs. 1 Nr. 2 analog).** In der Lit. wird erwogen, § 1906 Abs. 1 Nr. 2 auf ambulante medizinische Zwangsbehandlungen analog anzuwenden.[101] Doch sieht das Gesetz die Genehmigung einer Heilbehandlung nur unter den Voraussetzungen des § 1904 vor. Die extensive Interpretation des § 1906 Abs. 1 zu dem Zweck, die Zwangsbefugnisse der Behörde nach § 326 Abs. 2 FamFG zu erweitern, ist methodisch nicht zulässig. Die Analogie ist auch vom BGH abgelehnt worden.[102] Die Schlussfolgerungen des BGH, dass eine erzwungene Vorführung des einwilligungsunfähigen Betreuten zur ambulanten medizinischen Behandlung bei der derzeitigen Gesetzeslage überhaupt nicht zulässig sei, unterliegt jedoch Bedenken (Erl. zu § 1896 Rn. 77 ff.). Abzulehnen ist der Umweg, eine kurzfristige stationäre Unterbringung zu dem Zweck anzustreben, um eine gewöhnlich ambulant durchzuführende Behandlung im Rahmen des § 1906 gegen den Willen des Patienten durchführen zu können.[103]

29 **6. Entbehrlichkeit der Genehmigung bei Einwilligung des Betreuten? a) Herrschende Lehre.** Nach allgemeinen Grundsätzen des Straf- und Deliktsrechts liegt eine rechtswidrige Freiheitsentziehung nicht vor, wenn der Träger des Rechtsguts wirksam in die Beschneidung seiner Freiheit einwilligt, sofern die Einwilligung nicht im Einzelfall sittenwidrig ist. Die Fähigkeit zur Einwilligung richtet sich nach herrschender Lehre nicht nach der Geschäftsfähigkeit im Sinne des BGB (§ 104 Nr. 2), sondern nach der „natürlichen Einsichtsfähigkeit" über die Bedeutung und Tragweite der Beeinträchtigung (siehe die Erl. zu § 1904 Rn. 11 ff.). Umgekehrt ist eine freiheitsentziehende Unterbringung gegen den Willen des Betroffenen unzulässig, wenn dieser Wille aus freier Selbstbestimmung resultiert.[104] Aus diesen Erkenntnissen wird hergeleitet, dass die Unterbringung eines Betreuten in einer geschlossenen Anstalt nicht vom Gericht genehmigt werden muss, wenn der einsichtsfähige Betroffene mit seinem „natürlichen Willen" zustimmt.[105] Auf dieser Linie liegen auch gerichtliche Entscheidungen: Ist der Betroffene in der Lage zu begreifen, dass er mit seiner Einwilligung in die geschlossene Unterbringung damit einverstanden ist, sich nicht frei bewegen zu können, oder hat er überhaupt nicht den Willen, die geschlossene Einrichtung zu verlassen, so soll ein Unterbringungsverfahren nicht erforderlich sein;[106] nach anderer Formulierung genügt es, „wenn er mit natürlichem Willen die Tragweite der Maßnahme zu erfassen vermag", sofern er sich nur „ernsthaft und verlässlich mit der Unterbringung einverstanden" erklärt; allerdings heißt es zugleich, die an den natürlichen Willen anknüpfende Einwilligungsfähigkeit setze voraus, dass der Betroffene bezüglich seiner konkreten Unterbringung einsichts-, urteils- und steuerungsfähig ist.[107]

30 **b) Das Problem der Einwilligungsfähigkeit.** Die Auffassung, dass eine zur Selbstbestimmung fähige Person im Rahmen der guten Sitten in Maßnahmen ihrer eigenen Freiheitsentziehung einwilligen und damit einen Rechtfertigungsgrund (im strafrechtlichen wie zivilrechtlichen Sinn) schaffen kann, ist zweifellos richtig. Dabei ist es völlig gleichgültig, ob man die „Einwilligungsfähigkeit" als eine besondere Fähigkeit zur Selbstverantwortung in persönlichen Angelegenheiten außerhalb des Begriffs der allgemeinen Geschäftsfähigkeit ansiedelt oder in diesen Begriff (als bereichsbe-

---

[99] BGH FamRZ 2006, 615, 618; FamRZ 2010, 1432 Tz. 8; OLG Brandenburg FamRZ 2007, 1127; OLG Celle FamRZ 2007, 2107; OLG Stuttgart FamRZ 2010, 1107, 1108; LG Kleve FamRZ 2009, 1245; **aA** OLG Karlsruhe FamRZ 2007, 2107 (keine Details der Medikation).
[100] OLG München FamRZ 2009, 1350.
[101] OLG Zweibrücken FamRZ 2000, 1114.
[102] BGH FamRZ 2001, 149, 150. So auch AG Garmisch-Partenkirchen vom 8. 6. 2008 - XVII 0042/02 (nach juris)
[103] OLG Bremen FamRZ 2006, 730.
[104] BayObLG BtPrax 2006, 105, 106.
[105] Vgl. die amtl. Begründung zum BtG BT-Drucks. 11/4528 S. 146, ferner die überwiegende Kommentarliteratur, vgl. nur *Palandt/Diederichsen* Rn. 8; *Soergel-Zimmermann* Rn. 20.
[106] BayObLG FamRZ 1996, 1375, 1376.
[107] So OLG München BtPrax 2007, 218, 219 = FamRZ 2008, 89 (LS.).

zogene Geschäftsfähigkeit) einschließt. Jedenfalls bedarf es bei der Zustimmung der auf diesem Gebiete zur Selbstbestimmung fähigen Person weder eines Betreuers noch eines Gerichts. Die Bedenken, die unsere Kommentierung gegen die „genehmigungsfreie Unterbringung von Betreuten mit ihrem Willen" erhoben hat,[108] gelten nicht dem theoretischen Ausgangspunkt, sondern der Anwendung im konkreten Zusammenhang; sie werden auch durch Formulierungen der Gerichte nicht zerstreut. Es gilt, der Gefahr einer Aushöhlung der mit der Einschaltung des Richters gewährten Freiheitsgarantie wirksam zu begegnen.[109] Im Rahmen des § 1906 geht es um Personen, die in Fragen der Selbstbestimmung über ihren Aufenthalt eines Betreuers bedürfen, insoweit also einer gerichtlich angeordneten Fremdbestimmung unterliegen. Besteht kein Bedürfnis für fremdbestimmte Unterbringung, so darf dem Betreuer nach dem Erforderlichkeitsgrundsatz schon von vorn herein keine Befugnis zur Aufenthaltsbestimmung oder Unterbringung eingeräumt werden. **Ist aber ein Betreuer mit der Befugnis „Aufenthaltsbestimmung" oder „Unterbringung" nötig, so kann der Betreute schwerlich *zugleich* als fähig angesehen werden, Grund und Tragweite der Freiheitsentziehung einzusehen und insoweit selbstverantwortlich zu handeln.** Zu der praktischen Möglichkeit, dass jemand *einerseits* auf Grund einer psychischen Krankheit oder geistigen oder seelischen Behinderung für die Bestimmung seines Aufenthalts eines Betreuers bedarf, *andererseits* zugleich selbstverantwortlich in eine Freiheitsentziehung einwilligen kann, kann man nur gelangen, wenn man die Anforderungen an die Einsichtsfähigkeit in einem bedenklichen Grad absenkt. Die hM will den Gefahren dadurch begegnen, dass sie an die Einwilligung strenge Anforderung stellt; fragwürdige oder gar fiktive Einwilligungen des Betroffenen sollen nicht genügen.[110] Das ist selbstverständlich, löst aber nicht das Grundproblem, wie eine Person, für die ein Aufenthaltsbetreuer *erforderlich* ist, zugleich in Bezug auf die eigene Fortbewegungsfreiheit zur Selbstbestimmung fähig sein soll. Vielmehr ist, sobald die Einwilligungsfähigkeit des Betreuten bejaht wird, die Betreuung in Bezug auf die Aufenthaltsbestimmung sofort aufzuheben.

c) Kritik an der Rechtsprechung. Die Formulierungen der Rechtsprechung vermögen die Sorge vor einer Absenkung der richterlichen Kontrolle nicht zu zerstreuen. Das BayObLG unterschied **zwei Alternativen** für die wirksame Einwilligung durch den Betreuten selbst:
– Nach der *ersten* soll die Einwilligung des Betreuten schon dann wirksam sein, wenn er in der Lage ist zu begreifen, dass er mit der Einwilligung in die geschlossene Unterbringung damit einverstanden ist, sich nicht frei bewegen zu können. Das greift entschieden zu kurz. Selbstverantwortliche Entscheidung einer Person setzt nicht nur die Erkenntnis dessen voraus, *was* mit ihr geschieht, sondern auch dessen, *was* es bedeutet und *warum* es geschieht („Wesen, Bedeutung und Tragweite"). Es geht nicht an, schon denjenigen für einwilligungsfähig zu erklären, der versteht, dass er mit der Unterbringung die Anstalt nicht mehr beliebig verlassen kann, ohne aber einen Begriff davon zu haben, warum ihm die Freiheit entzogen wird und was das für sein Lebensführung bedeutet.
– Auch die *zweite* vom BayObLG genannte Alternative (der Betroffene hat überhaupt nicht den Willen, die Anstalt zu verlassen) kann zu Missverständnissen Anlass geben. Für den Begriff der freiheitsentziehenden Unterbringung kommt es nicht darauf an, ob der Betroffene sich fortbewegen *will*, sondern darauf, dass er daran *gehindert wird, selbst wenn er es wollte*.[111] Das kann sogar für Personen zutreffen, die ohne Hilfe anderer Personen nicht fortbewegungsfähig sind; denn auch hier kann die Freiheit beeinträchtigt sein, nämlich die Freiheit, sich *mit Hilfe anderer* an einen anderen Ort zu begeben.[112] Die scheinbare Favorisierung der Selbstbestimmung, die ein Absenken der „Einsichtsfähigkeit" verspricht, bedeutet in Wahrheit den Abbau des gerichtlichen Schutzes von betreuten Personen gegenüber der Fremdbestimmung durch Betreuer und Arzt.

d) Jederzeitige Widerrufbarkeit der Einwilligung. Die von einem Einwilligungsfähigen gegebene Zustimmung ist jederzeit widerruflich. Auf die Widerruflichkeit kann auch nicht für die Zukunft verzichtet werden. Soweit eine freiheitsentziehende Unterbringung auf Grund der Einwilligung des Betroffenen ohne gerichtliche Genehmigung durchgeführt wurde, muss jegliche Willensänderung des Betreuten sofort beachtet werden. Der Betreute ist auf seinen Wunsch sofort zu entlassen, es sei denn, der entsprechend befugte Betreuer holt unverzüglich die Unterbringungsgenehmigung des Gerichts ein.[113] Die gerichtliche Genehmigung ist auch dann einzuholen, wenn

---

[108] Voraufl. Rn. 17. Siehe ferner *Schumacher* FamRZ 1991, 280, 281.
[109] Vgl. *Schwab* FamRZ 1990, 681, 687; *Schumacher* FamRZ 1991, 280, 281.
[110] BayObLG FamRZ 1996, 1375, 1376; *Soergel/Zimmermann* Rn. 20; *Knittel* Rn. 31.
[111] Vgl. OLG Hamm FamRZ 1993, 1490, 1491.
[112] Unhaltbar daher die Auffassung, die freiheitsentziehende Unterbringung eines beidseits beinamputierten Patienten bedürfe nicht der gerichtlichen Genehmigung, so aber *Soergel/Zimmermann* Rn. 18.
[113] BayObLG FamRZ 1996, 1375, 1376; *Knittel* Rn. 34; *Soergel/Zimmermann* Rn. 22; 2. Vormundschaftsgerichtstag, Arbeitsgruppe 4, These 6.

§ 1906 33–35 Abschnitt 3. Titel 2. Rechtliche Betreuung

der Betroffene zwar zur Zeit der Unterbringung, die mit seiner Einwilligung durchgeführt wurde, einwilligungsfähig war, wenn er die Fähigkeit zur Selbstbestimmung aber im Verlaufe der Unterbringung verliert. Diese Grundsätze gelten auch, wenn eine Person sich mit selbstverantworteter Zustimmung in ein Altersheim begibt, dort geistig-seelisch erkrankt und nun freiheitsentziehenden Unterbringungsmaßnahmen (Einsperren etc.) unterzogen werden soll. Auch diese sind nur zulässig, wenn jetzt für die Fragen der Aufenthaltsbestimmung ein Betreuer bestellt und die betreuungsgerichtliche Genehmigung eingeholt wird.

III. Unterbringungsähnliche Maßnahmen (Abs. 4)

33 **1. Grundsätze. a) Unterbringungsähnliche Maßnahmen.** Nach § 1906 Abs. 4 gilt für bestimmte Maßnahmen, die zwar keine freiheitsentziehende Unterbringung sind, aber auf sonstige Weise die Bewegungsfreiheit entziehen, dasselbe wie für die Unterbringung selbst. Das bedeutet:
– Solche unterbringungsähnlichen Maßnahmen sind bei Betreuten nur unter den sinngemäß anzuwendenden Voraussetzungen des § 1906 Abs. 1 zulässig.
– Der Betreuer bedarf, wenn er solche unterbringungsähnlichen Maßnahmen veranlasst oder die Zustimmung hierzu gibt, der Genehmigung des Betreuungsgerichts.
– Das gerichtliche Verfahren ist dasselbe wie bei der freiheitsentziehenden Unterbringung, soweit im FamFG nicht Sonderregeln für die unterbringungsähnlichen Maßnahmen ausgewiesen sind.

34 **b) Voraussetzungen der Genehmigungsbedürftigkeit.** Im Überblick setzt die Genehmigungsbedürftigkeit einer unterbringungsähnlichen Maßnahme voraus:
– Es muss sich um eine freiheitsentziehende Maßnahme handeln, die nicht freiheitsentziehende Unterbringung ist.
– Die Freiheitsentziehung soll regelmäßig oder über einen längeren Zeitraum erfolgen.
– Es handelt sich um einen Betreuten (notfalls ist ein Betreuer zu bestellen).
– Der Betreute hält sich in einer Anstalt, einem Heim oder einer sonstigen Einrichtung auf, ohne untergebracht zu sein.
Die gerichtliche Genehmigung setzt voraus, dass die Maßnahme erforderlich ist, weil einer der beiden Tatbestände des § 1906 Abs. 1 Nr. 1 und 2 in sinngemäßer Anwendung erfüllt ist. Der Betreute muss sich auch hier in einem Zustand befinden, in dem er krankheitsbedingt seinen Willen nicht frei bestimmen kann.[114]

35 **2. Der Begriff der unterbringungsähnlichen Maßnahme. a) Typische Fälle.** Das Gesetz nennt mechanische Vorrichtungen und Medikamente als gängige Mittel der Freiheitsentziehung, schließt aber auch sonstige freiheitsentziehende Maßnahmen ein. Als mechanische Mittel kommen Gitter, Fesseln, Schließvorrichtungen und Trickschlösser in Betracht, als Medikamente vor allem Schlafmittel und Sedativa. Sonstige Mittel sind zB die Anwendung körperlicher Gewalt, die Wegnahme der Kleidung oder notwendiger Geh- oder Sehhilfen, die Begrenzung des Bewegungsradius durch Pförtner, zeitweiliges Einschließen im eigenen Zimmer[115] uam. Die Gesetzesbegründung nennt im Einzelnen folgende Beispiele:
– Der Betroffene wird durch einen Leibgurt in seinem Bett oder Stuhl festgehalten.[116]
– Der Betroffene wird durch ein Bettgitter am Verlassen des Bettes gehindert.[117]
– Das Verlassen der Einrichtung ist nur bei Betätigung ungewöhnlich komplizierter Schließmechanismen möglich.[118]
– Die Eingangstür ist zeitweilig – insbesondere nachts – verschlossen, ohne dass der Betroffene einen Schlüssel erhält oder ein Portier das jederzeitige Verlassen der Einrichtung ermöglicht.
– Der Betroffene wird gezielt durch Schlafmittel oder andere Medikamente am Verlassen der Einrichtung gehindert.[119]

---

[114] BayObLGZ 1993, 18, 19; OLG München FamRZ 2006, 442.
[115] OLG Karlsruhe FamRZ 2009, 640.
[116] Aus der Rspr.: BayObLG FamRZ 1994, 721 (Anbinden durch einen Beckengurt); BayObLG FamRZ 1994, 779, 780 (Festbinden des Armes am Bett, um den Patienten zu hindern, eine Magensonde zu entfernen); OLG Hamm FamRZ 1993, 1490 (Bettgitter und Bauchgurt im Rollstuhl); LG Frankfurt/Main FamRZ 1993, 601 (Therapietisch am Rollstuhl); LG Köln FamRZ 1993, 110 (Fixierstuhl, Fixiertuch); AG Hof BtPrax 2004, 119 (Fixierung in einem Pflegestuhl zur Durchführung der Körperpflege).
[117] OLG Frankfurt/Main FamRZ 1994, 992 (Bettgitter, Stecktisch).
[118] In derartigen Fällen ist die Grenze zur freiheitsentziehenden Unterbringung nach § 1906 Abs. 1 fließend, vgl. AG Stuttgart-Bad Cannstadt BtPrax 1996, 35.
[119] Vgl. OLG Düsseldorf FamRZ 1995, 118; OLG Hamm NJWE-FER 1997, 178 = FamRZ 1998, 190 (LS.).

– Der Pförtner oder anderes Personal hält den Betroffenen vom Verlassen der Einrichtung ab.[120]

b) Keine Freiheitsentziehung. Keine Freiheitsentziehung liegt vor, solange der Betreute **36** durch **bloße Überredung** dazu gebracht werden soll, in der Einrichtung zu bleiben (zB wenn ein Pförtner den Betreuten davon überzeugt, dass es besser wäre, nicht auszugehen), solange der Fortbewegung keine Hindernisse in den Weg gelegt werden.[121] Wird die Überzeugungsarbeit mit Hilfe der Androhung von Nachteilen verstärkt, so ist die Schwelle zur Freiheitsentziehung überschritten. Keine Freiheitsentziehung stellt – für sich – die Ausstattung des Betroffenen mit einer **Sendeanlage** dar, die es dem Pflegepersonal ermöglicht, festzustellen, wo er sich befindet, insbesondere, ob er die offene Einrichtung verlässt.[122] Denn dieses Mittel beschränkt die Fortbewegungsfreiheit für sich gesehen nicht. Ob die Freiheit entzogen wird, hängt dann ganz von den Reaktionen der Einrichtung ab, wenn der Betroffene ihren Bereich (oder sonst den Bereich, in dem er sich aufhalten soll) verlässt; wird er nunmehr zB mit Gewalt zurückgebracht, so ist diese Gewaltanwendung die freiheitsentziehende Maßnahme. Freilich kann die Sendeanlage zusammen mit freiheitsentziehenden Reaktionen ein System bilden, das dann als Ganzes als die genehmigungsbedürftige Maßnahme anzusehen ist.[123] Völlig getrennt von der Problematik des § 1906 ist die Frage zu sehen, inwieweit das Anbringen einer Sendeanlage einen unzulässigen Eingriff in das Persönlichkeitsrecht bildet; dies ist zu verneinen, wenn es erforderlich ist, um gravierendere Eingriffe in die Freiheit des Betreuten (zB freiheitsentziehende Unterbringung) zu vermeiden.[124] Das Gesagte gilt auch für sonstige Überwachungsmaßnahmen (Überwachungskameras, Beobachtung durch Ferngläser) und auch für permanente Sitzwachen;[125] solche Maßnahmen schränken als solche die Fortbewegungsfreiheit nicht ein, fallen also nicht unter § 1906 Abs. 1 oder 4, sofern sie nicht Teil eines freiheitshindernden Systems sind. Soweit sie gegen die Menschenwürde verstoßen, sind sie gänzlich unzulässig, also auch nicht genehmigungsfähig. Als „unterbringungsähnliche Maßnahme" genehmigungsbedürftig ist das Anbringen eines Funkchips am Schuhwerk eines dementen Heimbewohners, wenn der Chip verhindert, dass der Betroffene die Ausgangstüre öffnen und die Einrichtung verlassen kann.[126]

c) Abgrenzung zur Unterbringung (§ 1906 Abs. 1). Das Gesetz erfasst als unterbrin- **37** gungsähnliche Maßnahme jeglichen Vorgang, durch den einer Person, die sich in einer Einrichtung aufhält, aber nicht freiheitsentziehend untergebracht ist, über einen längeren Zeitraum oder regelmäßig die Freiheit entzogen werden soll. Es kann dies durch mechanische Vorrichtungen, Medikamente oder auf beliebige andere Weise geschehen. Eine Abgrenzung ist folglich zunächst zur freiheitsentziehenden Unterbringung selbst vorzunehmen. Hier können Probleme entstehen. So ist zB das Verbringen in eine geschlossene Abteilung eines sonst offenen Krankenhauses Unterbringung nach § 1906 Abs. 1; ebenso jegliche Entziehung der Fortbewegungsfreiheit, die den Betroffenen grundsätzlich (und nicht nur bei bestimmten Anlässen) auf einen begrenzten Raumkomplex beschränkt (zB: ständige Eingitterung in einer sonst offenen Einrichtung).[127] Zuerst ist zu prüfen, ob die beabsichtigte Maßnahme nicht schon als Unterbringung nach § 1906 Abs. 1 zu qualifizieren ist; wird dies bejaht, so kommt es insoweit auf Abs. 4 nicht mehr an. Zum Teil wird eine Unterscheidung danach getroffen, ob die freiheitsentziehende Maßnahme alle Bewohner eines Heimes gleichermaßen betrifft (dann § 1906 Abs. 1) oder ob es sich als individuelle, auf die Bedürfnisse des jeweiligen Betroffenen abgestimmte Einzelmaßnahme darstellt (dann § 1906 Abs. 4);[128] doch ist das Verbringen einer Person in einen engen räumlichen Bereich, auf den grundsätzlich ihre gesamte Lebensführung begrenzt wird, auch dann freiheitsentziehende Unterbringung, wenn diese Maßnahme als „individuelle Einzelmaßnahme" getroffen wird.

d) Freiheitsentziehung. aa) „Freiheitsbeschränkung" – eine untaugliche Kategorie. 38 Objektiv erfasst § 1906 Abs. 4 jede Maßnahme, die – wenn auch nur partiell und zeitweilig – dem

---

[120] BT-Drucks. 11/4528 S. 148.
[121] Vgl. OLG Hamm FGPrax 1997, 64, 65.
[122] OLG Brandenburg FamRZ 2006, 1481 (Funkchips an der Kleidung); AG Meißen FamRZ 2007, 1911; AG Coesfeld FamRZ 2008, 304; AG Hildesheim vom 21. 1. 2008 Az. 76 XVII D 553 (nach juris); **aA** AG Bielefeld BtPrax 1996, 232; AG Hannover BtPrax 1992, 113; AG Stuttgart-Bad Cannstadt FamRZ 1997, 704, 705. Zur Problematik *Feuerabend* BtPrax 1999, 93.
[123] Vgl. LG Ulm FamRZ 2009, 544.
[124] In diesem Sinn AG Stuttgart-Bad Cannstadt FamRZ 1997, 705 gegen AG Hannover BtPrax 1992, 113.
[125] *Soergel/Zimmermann* Rn. 80.
[126] Zutreffend AG Hildesheim vom 22. 9. 2008 - 42 XVII W 1285 (nach juris).
[127] Nicht ganz klar AG Stuttgart-Bad Cannstadt FamRZ 1997, 704, 705 (es soll auf das Mittel ankommen, mit dem die Freiheit entzogen wird; bei § 1904 Abs. 4 handle es sich um individuelle Mittel).
[128] LG Ulm FamRZ 2010, 1764, 1765.

Betreuten die Bewegungsfreiheit entzieht (sofern es sich nicht schon um eine Unterbringung nach Abs. 1 handelt). Die Unterscheidung zwischen „freiheitsentziehenden" und (bloß) „freiheitsbeschränkenden" Maßnahmen, die für die frühere Rechtslage gemacht wurde, hat im Rahmen des § 1906 Abs. 4 keine Bedeutung.[129] Denn Sinn dieser Differenzierung war es gerade, die unterbringungsähnlichen Maßnahmen vom Begriff der freiheitsentziehenden Unterbringung abzusetzen. Mit der Genehmigungspflicht für unterbringungsähnliche Maßnahmen zeigt der Gesetzgeber gerade, dass er einen weiten Bereich dessen, was bisher als „Freiheitsbeschränkung" verstanden wurde, im Rahmen der Betreuung Volljähriger der freiheitsentziehenden Unterbringung gleichstellen will. Es macht folglich keinen Sinn, innerhalb des § 1906 Abs. 4 erneut zwischen Entziehung und Beschränkung der Freiheit zu unterscheiden.

39 **bb) Begriff: Freiheitsentziehung.** Jede für den Betroffenen nicht mit zumutbaren Mitteln überwindbare Behinderung seiner Bewegungsfreiheit ist Freiheitsentziehung im Sinne dieser Vorschrift.[130] Anders ausgedrückt: Freiheitsentziehung ist gegeben, wenn der Betroffene gegen seinen Willen gehindert wird, seinen jeweiligen Aufenthaltsort zu verlassen.[131] Nicht erheblich ist, ob der Betroffene den aktuellen Willen zur Fortbewegung hat oder nicht;[132] es genügt, dass er auf Grund der Maßnahme sich nicht körperlich bewegen könnte, wenn er es wollte. Keine Freiheitsentziehung liegt vor, wenn ein völlig Bewegungsunfähiger oder eine Person, die auch keinen natürlichen Willen mehr bilden kann, durch die Vorrichtung vom Herausfallen aus dem Bett geschützt wird.[133] Doch ist in diesem Zusammenhang von einer Fähigkeit des Betreuten, einen natürlichen Willen zur Fortbewegung zu bilden, solange auszugehen, als nicht das Gegenteil zuverlässig erwiesen ist;[134] es kommt darauf an, ob das dem Betreuten auf Grund seines Gesundheitszustandes verbleibende Bewegungspotential durch die Maßnahme eingeschränkt wird.[135]

40 **cc) Qualitätselement.** Der BGH[136] hat auch bei den Maßnahmen nach § 1906 Abs. 4 ein **Qualitätselement** ins Spiel gebracht: Es sollten nur Maßnahmen umfasst werden, deren Auswirkungen der Unterbringung vergleichbar sind. Das sei nicht der Fall, wenn der Betroffene nur für kurze Zeit von seinem gewöhnlichen Aufenthaltsort weggebracht werde, um einer ambulanten Zwangsbehandlung zugeführt zu werden; hier sei die Freiheit zur Wahl des dauernden Aufenthaltsorts nicht allseitig eingeschränkt, wie dies eine Unterbringung zur Folge hat. Richtig daran ist im Ergebnis, dass die zwangsweise Zuführung zu einer ambulanten Behandlung in einem Krankenhaus schon wegen ihres Zwecks vom Sinn des § 1906 Abs. 4 nicht erfasst wird. Bedenklicher sind die abstrakten Aussagen; dass die Fortbewegungsfreiheit *allseitig* eingeschränkt werde, verlangt die Vorschrift eindeutig nicht.

41 **e) Mittel der Freiheitsentziehung.** Das Gesetz nennt mechanische Vorrichtungen (Gitter, Fesseln, Schließvorrichtungen, Trickschlösser) und Medikamente (Schlafmittel, Sedativa) als gängige Beispiele, schließt aber auch sonstige freiheitsentziehende Maßnahmen ein (zB körperliche Gewalt, Wegnahme der Kleidung, Wegnahme notwendiger Geh- oder Sehhilfen, Begrenzung des Bewegungsradius durch Pförtner uam.).

42 **f) Finalität der Maßnahme.** Genehmigungspflichtig sind nur solche Maßnahmen, durch welche die Freiheit „entzogen werden soll", die also (zumindest auch) darauf abzielen, den Betreuten an der Fortbewegung zu hindern.[137] Dies trifft nicht zu, wenn ein anderer, zB therapeutischer Zweck verfolgt wird und die Freiheitsentziehung eine nur in Kauf genommene Folge darstellt. Vor allem bei Medikamenten ist dieser Gesichtspunkt wichtig. Schlafmittel, die gegeben werden, um Schlaflosigkeit zu beheben oder um den Patienten wenigstens in der Nacht die Schmerzen erträglich zu machen, fallen nicht unter § 1906 Abs. 4, auch nicht der therapeutisch begründete Einsatz von Beruhigungsmitteln bei akuten Anfällen. Hingegen greift § 1906 Abs. 4 ein, wenn Sedativa verab-

---

[129] 2. Vormundschaftsgerichtstag, Arbeitsgruppe 4, These 3. AA AG Stuttgart-Bad Cannstadt FamRZ 1997, 704: Maßnahmen, mit denen auch im Alltag ein Ortswechsel von Personen erlaubterweise eingeschränkt werde, seien keine Freiheitsentziehungen. Das ist schon im Ansatz falsch: Es kommt nicht auf Üblichkeiten an, sondern darauf, ob der *Betreute* durch die *konkrete Maßnahme* in seiner Fortbewegungsfreiheit eingeschränkt wird.
[130] LG Frankfurt/Main FamRZ 1993, 601.
[131] BT-Drucks. 11/4528 S. 149; OLG Hamm FamRZ 1993, 1490, 1491; 1994, 1270, 1271.
[132] 2. Vormundschaftsgerichtstag, Arbeitsgruppe 4, These 3; OLG Hamm FamRZ 1993, 1490, 1491; LG Frankfurt/Main FamRZ 1993, 601.
[133] OLG Hamm FamRZ 1994, 1270, 1271.
[134] OLG Hamm FamRZ 1993, 1490, 1492; 1994, 1270, 1271.
[135] OLG Hamm FamRZ 1994, 1270, 1271.
[136] BGH FamRZ 2001, 149, 150.
[137] BT-Drucks. 11/4528 S. 149. Dazu OLG Hamm NJWE-FER 1997, 178 = FamRZ 1998, 190 (LS.); *Erman/Roth* Rn. 31 (differenzierend); einschränkend HK-BUR/*Deinert/Klie* Rn. 58.

reicht werden sollen, um die Pflege zu erleichtern, die Hausruhe zu fördern oder die Insassen einer Einrichtung allgemein ruhig zu halten. Die Differenzierung wird oft nicht leicht sein, zumal hier auch therapeutische Zwecke vorgetäuscht werden können. Es muss daher eine sorgfältige Dokumentation aller einschlägigen Medikationen, ihrer Zwecke und ihrer Anlässe verlangt werden.[138] Im Zweifel ist eine Maßnahme, die objektiv freiheitsentziehend wirkt, genehmigungspflichtig.[139]

g) „Längerer Zeitraum oder regelmäßig". Die Genehmigungspflicht betrifft Freiheitsentziehungen, die regelmäßig oder über einen längeren Zeitraum erfolgen. Unter **regelmäßiger** Freiheitsentziehung versteht die Gesetzesbegründung entweder, dass sie stets zur gleichen Zeit (Absperren der Türe jeweils zur Nachtzeit) oder dass sie aus wiederkehrendem Anlass (jedes Mal, wenn der Betreute die Nachtruhe stört) erfolgt. Über die beabsichtigte Wiederholung hinaus können auch ungeplante Wiederholungen die Genehmigungspflicht auslösen,[140] wenn die Wiederkehr des Anlasses absehbar ist. Wann eine Maßnahme **„über einen längeren Zeitraum"** erfolgt, ist schwer zu bestimmen.[141] Man könnte an § 128 StPO anknüpfend[142] die Maßnahme dann als genehmigungspflichtig behandeln, wenn sie nicht spätestens am nächsten Tage nach Beginn wieder beendet wird. Äußerstenfalls könnte man sich an Art. 104 Abs. 2 S. 3 GG (nicht länger als bis zum Ende des auf die Maßnahme folgenden Tages) orientieren.[143] Einige Literaturmeinungen sind großzügiger (wenn voraussichtlich die Dauer von drei Tagen überschritten wird).[144]

3. Der betroffene Personenkreis. a) Betreute. Die Regelung des § 1906 Abs. 4 betrifft ausschließlich Betreute. Deshalb muss der Aufgabenkreis des Betreuers die Befugnis umfassen, unterbringungsähnliche Maßnahmen für den Betreuten zu veranlassen oder in diese einzuwilligen. Hat der Betroffene keinen Betreuer, so sind unterbringungsähnliche Maßnahmen in den im Gesetz genannten Einrichtungen gänzlich unzulässig, sofern nicht im Einzelfall ein besonderer Rechtfertigungsgrund (wirksame Einwilligung, Notstand) vorliegt.[145] Der Betreuer, nicht etwa der Arzt, ist Adressat der gerichtlichen Genehmigung. Nur im Fall des § 1846 (iVm. § 1908i Abs. 1 S. 1) handelt das Gericht unmittelbar anstelle eines Betreuers. Es kann folglich aus Anlass einer beabsichtigten unterbringungsähnlichen Maßnahme nötig sein, einen Betreuer erstmals zu bestellen oder den Aufgabenkreis des Betreuers zu erweitern.

b) Fehlen einer wirksamen Einwilligung. Eine Maßnahme ist nicht genehmigungsbedürftig, wenn sie mit wirksamer Einwilligung des Betreuten geschieht.[146] Diese setzt die klar geäußerte Zustimmung des Betroffenen und dessen Einwilligungsfähigkeit voraus. Zu den Anforderungen an diese Fähigkeit gilt das bei § 1906 Abs. 1 Gesagte (Rn. 29 ff.): Sie ist nur gegeben, wenn der Betroffene das Wesen, die Bedeutung und die Tragweite der Maßnahme zu erkennen und nach dieser Einsicht zu handeln vermag.[147] Bedarf der Betroffene eines Betreuers für den Bereich der Aufenthaltsbestimmung, so ist die Einwilligungsfähigkeit in aller Regel zweifelhaft. Daraus ergibt sich auch, dass eine unterbringungsähnliche Maßnahme gegen den natürlichen Willen des Betreuten stets dessen Unvermögen voraussetzt, insoweit seinen Willen frei zu bestimmen; nur unter dieser Voraussetzung darf die freiheitsentziehende Maßnahme genehmigt werden.[148]

c) Aufenthalt in einer Einrichtung. aa) Begriff der Einrichtung. Die Regelung des § 1906 Abs. 4 setzt nach dem Gesetzestext voraus, dass sich der Betroffene in einer Anstalt, einem Heim oder einer sonstigen Einrichtung aufhält, ohne freiheitsentziehend untergebracht zu sein.[149] Die Einengung auf Personen, die sich in Einrichtungen befinden,[150] lässt die private Familienpflege

---

[138] 2. Vormundschaftsgerichtstag, Arbeitsgruppe 4, These 5.
[139] LG Frankfurt/Main FamRZ 1993, 601.
[140] 2. Vormundschaftsgerichtstag, Arbeitsgruppe 4, These 4.
[141] Zu den verschiedenen Meinungen *Soergel/Zimmermann* Rn. 75; es entscheide die Schwere des Eingriffs.
[142] Vgl. BT-Drucks. 11/4528 S. 149.
[143] 2. Vormundschaftsgerichtstag, Arbeitsgruppe 4, These 4; *Erman/Roth* Rn. 33.
[144] Zum Meinungsstand *Knittel* Rn. 113.
[145] Vgl. BT-Drucks. 11/4528 S. 229 (Bundesrat).
[146] Zu kurz greift die Formulierung, vorausgesetzt sei eine Freiheitsentziehung gegen oder ohne den Willen des Betroffenen, so bei LG Frankfurt/Main FamRZ 1993, 601; es kommt auf die *wirksame* Einwilligung an, so dass die Zustimmung eines Einwilligungsunfähigen die Freiheitsentziehung nicht rechtfertigt.
[147] Vgl. BayObLG FamRZ 1994, 1418 (LS. – „Tragweite").
[148] BayObLG FamRZ 1994, 721, 722.
[149] Dieses Erfordernis bestätigt durch BGH FamRZ 2001, 149, 150 gegen OLG Zweibrücken FamRZ 2000, 1114.
[150] Vgl. BT-Drucks. 11/4528 S. 148 f.; S. 209 (Bundesrat); S. 228 (Bundesregierung).

von der Regelung unberührt.[151] Das bedeutet freilich nicht, dass bei der Pflege in der Familie freiheitsentziehende Maßnahmen generell gestattet wären, sie sind nur nicht genehmigungspflichtig; es bleibt insoweit bei der allgemeinen Regel, dass Freiheitsentziehungen nur bei wirksamer Einwilligung des Betroffenen oder bei Vorliegen eines anderen Rechtfertigungsgrundes (Notstand) zulässig sind (zB die Haustüre des Familienheims wird nachts verschlossen, damit der verwirrte Großvater nicht unkontrolliert im Straßenverkehr oder in der Kälte umherirren kann).[152] Der Genehmigungsvorbehalt greift, wenn sich der Betreute in einer „Einrichtung" aufhält und dort die unterbringungsähnliche Maßnahme angewendet werden soll. Der Begriff der Einrichtung ist weit zu fassen; er schließt auch Krankenhäuser, Pflegeheime und Altersheime unter jedweder Bezeichnung (Seniorenresidenz) ein. Gleiches gilt für betreute Wohngruppen und ähnliche Einrichtungen.[153] Auch das (zeitweilige) Einschließen des Betreuten in der eigenen Wohnung fällt unter § 1906 Abs. 4, wenn dies nicht im Rahmen einer Familienpflege, sondern durch fürsorgende Dritte geschieht; dann ist vom Sinn der Norm her gesehen die eigene Wohnung die „Einrichtung".[154] Auch Freiheitsbeschränkungen, die im Rahmen der Unterbringung in einer fremden Familie erfolgen, fallen unter die Vorschrift.[155]

47 **bb) Befugnisse der Einrichtung.** Die Einrichtung bzw. ihr Träger hat, von Notfällen abgesehen, keine eigene Befugnis, unterbringungsähnliche Maßnahmen durchzuführen. Es kommt allein auf den Betreuer an, der sich die Genehmigung erholen muss und dann von ihr im Zusammenwirken mit der Einrichtung Gebrauch machen, dh. die Einwilligung in die Maßnahme im Namen des Betreuten erklären kann.

48 **d) Keine Anwendung bei freiheitsentziehend Untergebrachten?** § 1906 Abs. 4 ist nach dem Wortlaut des Gesetzes nicht einschlägig, wenn der Betreute freiheitsentziehend untergebracht ist („ohne untergebracht zu sein"). Das kann so interpretiert werden, dass nach Meinung des Gesetzgebers die Genehmigung der Unterbringung nach § 1906 Abs. 1 auch schon die Genehmigung weiterer Freiheitsentziehungen in den Anstalten umfasst oder dass die „Untergebrachten" gegen weitere Freiheitsentziehungen nicht den Schutz benötigen wie Personen in offenen Einrichtungen. Die Regelung stößt auf gewichtige Bedenken.[156] Sie lässt sich als verfassungsgemäß halten, wenn man unterbringungsähnliche Maßnahmen gegenüber schon freiheitsentziehend Untergebrachten als weitere Stufe oder Modalität der Unterbringung begreift und unter den Genehmigungsvorbehalt des § 1906 Abs. 1 stellt oder auch für freiheitsentziehend Untergebrachte § 1906 Abs. 4 analog anwendet.[157] Gerade im Fall der Unterbringung nach § 1906 Abs. 1 Nr. 2 kann es notwendig werden, eine notwendige Heilbehandlung mit dem Einsatz von Zwangsmaßnahmen, zB einer kurzzeitigen Fixierung, durchzuführen; dann ist diese Fixierung gesondert genehmigungsbedürftig.[158] Fraglos ist § 1906 Abs. 4 einschlägig, wenn Personen, die auf Grund wirksamer Einwilligung *freiwillig* untergebracht sind, ohne ihren Willen unterbringungsähnlichen Maßnahmen unterzogen werden sollen.[159]

49 **e) Entbehrlichkeit der Genehmigung bei Einwilligung des Betreuten?** Es gilt hier das oben (Rn. 29 ff.) Gesagte sinngemäß. Wer zur Selbstbestimmung über den Gebrauch seiner Bewegungsfreiheit fähig ist, kann im Rahmen der guten Sitten wirksam auch in Freiheitsbeschränkungen der in § 1906 Abs. 4 genannten Art wirksam einwilligen; er bedarf insoweit weder eines Betreuers noch einer Genehmigung des Gerichts. Um diesen Personenkreis geht es bei Anwendung des § 1906 Abs. 4 freilich nicht. Es ist schwerlich vorstellbar, dass jemand eines Betreuers für Aufenthaltsbestimmung und Einwilligung in unterbringungsähnliche Maßnahmen bedarf, wenn er *gleichzeitig* zur selbstverantwortlichen Entscheidung in diesen Fragen fähig sein soll. Auch hier gilt es, die

---

[151] BayObLG FamRZ 2003, 325; AG Garmisch-Partenkirchen vom 6. 6. 2008 - XVII 0231/08 (nach juris). *Schumacher (FamRZ 1991, 280, 282)* hält die Begrenzung auf unterbringungsähnliche Maßnahmen in Einrichtungen für verfassungswidrig; zu Unrecht, siehe die Ausführungen bei *Erman/Roth* Rn. 35.
[152] Vgl. BT-Drucks. 11/4528 S. 229.
[153] *Soergel/Zimmermann* Rn. 72.
[154] Zutreffend LG Hamburg FamRZ 1994, 1619, 1620; OLG Hamburg FamRZ 1995, 1019; LG München I FamRZ 2000, 1123; AG Berlin Tempelhof-Kreuzberg BtPrax 1998, 194, 195. Zur Problematik *Weise* BtPrax 1999, 20; *Grauer* BtPrax 1999, 20 ff.
[155] *Soergel/Zimmermann* Rn. 72.
[156] *Schwab* FamRZ 1990, 687 f.; *Schumacher* FamRZ 1991, 280, 281.
[157] S. BayObLG FamRZ 1994, 721, 722; OLG München FamRZ 2005, 1196, 1198; OLG Düsseldorf FamRZ 1995, 118, 119. **AA** LG Freiburg (Breisgau) FamRZ 2010, 1846; LG Baden-Baden FamRZ 2010, 1471 (auch keine Anwendung des § 1906 Abs. 4 im Wege der Rechtsfortbildung).
[158] OLG München FamRZ 2005, 1196, 1198.
[159] *Soergel/Zimmermann* Rn. 74.

Absenkung des Freiheitsschutzes durch die Annahme fiktiver Selbstbestimmungsfähigkeit zu vermeiden.

4. Die Voraussetzungen der Genehmigung. a) Bindung an § 1906 Abs. 1 Nr. 1, 2. Ist die beabsichtigte unterbringungsähnliche Maßnahme genehmigungsbedürftig, so hängt ihre Zulässigkeit von der gerichtlichen Genehmigung ab. Diese ist ihrerseits an die sinngemäß anzuwendenden **Gründe des § 1906 Abs. 1 Nr. 1 und 2** gebunden. Eine unterbringungsähnliche Maßnahme ist also nur zulässig, wenn und solange sie zum Wohl des Betreuten erforderlich ist,
– weil auf Grund seiner psychischen Krankheit oder geistigen oder seelischen Behinderung die Gefahr besteht, dass er sich selbst tötet oder erheblichen gesundheitlichen Schaden zufügt
– oder weil eine Untersuchung des Gesundheitszustandes, eine Heilbehandlung oder ein ärztlicher Eingriff notwendig ist, der ohne die unterbringungsähnliche Maßnahme nicht durchgeführt werden kann, sofern der Betreute auf Grund einer psychischen Krankheit oder geistigen oder seelischen Behinderung die Notwendigkeit der Maßnahme nicht erkennen oder nicht nach dieser Einsicht handeln kann. Bei Anwendung des § 1906 Abs. 1 Nr. 2 ist auch hier die Gefahr eines gewichtigen gesundheitlichen Schadens vorausgesetzt. Nach der Gesetzeslage ist völlig eindeutig, dass unterbringungsähnliche Maßnahmen *im Drittinteresse* nicht zulässig sind:[160] Wenn der Betreute durch sein Verhalten nicht sich selbst, sondern ausschließlich andere gefährdet, ist nach öffentlich-rechtlichem Unterbringungsrecht vorzugehen. Doch können Freiheitsentziehungen nach § 1906 Abs. 4 genehmigt werden, wenn zwar in erster Linie Dritte gefährdet werden, wenn damit aber *zugleich* die Gefahr verbunden ist, dass der Betroffene selbst einen erheblichen gesundheitlichen Schaden erleidet. Es genügt, wenn diese Gefahr von der zu erwartenden Reaktion Dritter ausgeht.[161] Die Selbstgefährdung setzt nicht unbedingt ein zielgerichtetes Handeln voraus. Es genügt zB die Gefahr planlosen Umherirrens.[162] Die Gefahr muss, wie bei § 1906 Abs. 1, auf Grund des Vorgefallenen *konkret* gegeben sein.[163]

b) Erforderlichkeit, Verhältnismäßigkeit. Wie bei § 1906 Abs. 1 sind die Grundsätze der **Erforderlichkeit** und der **Verhältnismäßigkeit**[164] zu beachten. Eine Maßnahme ist nur genehmigungsfähig, wenn die Gefahr besteht, der Betroffene werde ohne die unterbringungsähnlichen Maßnahme einen gesundheitlichen Schaden erleiden, der im Verhältnis zu den mit der unterbringungsähnlichen Maßnahmen verbundenen Einschränkungen erheblich ist.[165] Beim Einsatz freiheitsentziehender, insbesondere sedierender Maßnahmen entsteht die schwierige Frage, inwieweit diese im Hinblick auf die Möglichkeit der Überwachung durch das Pflegepersonal als notwendig angesehen werden können. Hier ist ein Mittelweg zu gehen:[166] *Einerseits* rechtfertigen finanzielle Erwägungen für sich gesehen nicht den Einsatz unterbringungsähnlicher Maßnahmen mit dem Ziel, an der Personalausstattung der Einrichtung zu sparen. Andererseits wäre eine Pflegeorganisation, die den Patienten durch Personal ständig und total überwacht, weder finanzierbar noch – im Hinblick auf das Persönlichkeitsrecht des Patienten – allgemein angemessen. Es bedarf, die Personalausstattung betreffend, einer Verständigung auf angemessene Pflegestandards in Krankenhäusern und Pflegeheimen. Die Notwendigkeit unterbringungsähnlicher Maßnahmen kann jedenfalls nicht damit begründet werden, dass gerade die konkrete Einrichtung mit Personal mangelhaft ausgestattet sei; die Genehmigung kann in diesem Kontext auch mit Auflagen verbunden werden.[167]

IV. Verhältnis zur Genehmigung nach § 1904

Besonders in den Fällen des § 1906 Abs. 1 Nr. 2 können zugleich die Voraussetzungen der Genehmigungspflicht des § 1904 gegeben sein, nämlich dann, wenn durch die beabsichtigte, mit Freiheitsentziehung verbundene Heilbehandlung die begründete Gefahr besteht, dass der Betreute auf Grund der Maßnahme stirbt oder einen schweren und länger dauernden gesundheitlichen Schaden erleidet. In diesem Fall schließt die Genehmigung der freiheitsentziehenden Maßnahme nach § 1906 Abs. 1, Abs. 4 die Genehmigung nach § 1904 nicht etwa ein; vielmehr ist die Genehmigung

---

[160] LG Hildesheim BtPrax 1994, 106; *Jürgens/Lesting/Marschner/Winterstein* Rn. 614; HK-BUR/*Rinck* Rn. 41; *Palandt/Diederichsen* Rn. 40; *Pardey* FamRZ 1995, 713, 715. AA *Soergel/Zimmermann* Rn. 86.
[161] OLG Karlsruhe FamRZ 2009, 640.
[162] OLG Frankfurt/Main FamRZ 1994, 992.
[163] OLG Frankfurt/Main FamRZ 1994, 992.
[164] OLG Karlsruhe FamRZ 2009, 640, 641; OLG Hamm FamRZ 1993, 1490, 1492; OLG München FamRZ 2006, 441, 442 (Prüfung von Alternativen: „Bettnest" statt Bettgitter); AG Neuruppin BtPrax 2004, 80 (durchgehendes oder zweiteiliges Bettgitter).
[165] OLG Karlsruhe FamRZ 2009, 640, 641.
[166] S. auch OLG Frankfurt/Main FamRZ 1994, 992; OLG Hamm FamRZ 1993, 1490, 1492; *Knittel* Rn. 52.
[167] 2. Vormundschaftsgerichtstag, Arbeitsgruppe 4, These 8.

nach § 1904 zusätzlich erforderlich.[168] Das ergibt sich schon daraus, dass der Aufgabenkreis des mit der Aufenthaltsbestimmung betrauten Betreuers nicht unbedingt auch die Gesundheitsfürsorge umfassen muss. Auch sind die Kriterien des § 1904 Abs. 1 völlig andere als die des § 1906. Zweckmäßigerweise werden beide Genehmigungen in ein und demselben Verfahren eingeholt. Das Gesagte gilt auch umgekehrt: So wie die Bestellung zum Gesundheitsbetreuer für sich gesehen nicht die Befugnis zur Aufenthaltsbestimmung in sich schließt, so auch nicht die Genehmigung einer Heilbehandlung nach § 1904 die Vornahme einer unterbringungsähnlichen Maßnahme, auch wenn diese sich im Verlaufe der Behandlung als notwendig erweisen sollte; auch hier ist, wenn nicht vorab geschehen, zusätzlich eine Genehmigung nach § 1906 Abs. 4 einzuholen.[169]

V. Verfahren

53　**1. Anwendbare Vorschriften.** Das Verfahrensrecht ist durch das am 1. 9. 2009 in Kraft getretene Gesetz zur Reform des Verfahrens in Familiensachen und in den Angelegenheiten der freiwilligen Gerichtsbarkeit (FGG-Reformgesetz) vom 17. 12. 2008 (BGBl. I S. 2586) neu geregelt. Anstelle der Vormundschaftsgerichte wurden mit Betreuungsrichtern besetzte Betreuungsgerichte eingeführt, die bei den Amtsgerichten gebildet wurden (§ 23c GVG). Diese Gerichte sind für Unterbringungssachen zuständig (§ 23a Abs. 1 S. 2, Abs. 2 Nr. 1 GVG). Zugleich wurde in §§ 312 – 339 FamFG das Verfahren in Unterbringungssachen neu geregelt. In § 312 FamFG sind die **Unterbringungssachen** legal definiert. Dazu gehören 1) Verfahren betreffend die Genehmigung einer freiheitsentziehenden Unterbringung eines Betreuten (§ 1906 Abs. 1 bis 3) oder einer Person, die einen Dritten zu ihrer freiheitsentziehenden Unterbringung bevollmächtigt hat (§ 1906 Abs. 5); 2) Verfahren betreffend die Genehmigung einer freiheitsentziehenden Maßnahme nach § 1906 Abs. 4 des Bürgerlichen Gesetzbuchs und 3) Verfahren über die freiheitsentziehende Unterbringung eines Volljährigen nach den Unterbringungsgesetzen der Länder. Verfahren, welche die freiheitsentziehende Unterbringung von **minderjährigen Personen** zum Gegenstand haben, gehören **nicht** zum Zuständigkeitsbereich der Betreuungsgerichte, vielmehr der Familiengerichte (§ 23a Abs. 1 S. 1 Nr. 1, § 23 b GVG, § 111 Nr.2, § 151 Nr. 6 und 7 FamFG). Freilich sind auch hier – von einigen Besonderheiten abgesehen – die verfahrensrechtlichen Vorschriften anzuwenden, die für die Unterbringung Betreuter gelten. Das gilt für die zivilrechtliche Unterbringung ebenso wie für die öffentlichrechtliche nach Landesgesetzen (§ 167 Abs. 1 S. 1 iVm. § 151 Nr. 6 und 7 FamFG). Gegenstand der folgenden Kommentierung ist allein die zivilrechtliche Unterbringung volljähriger Personen.

54　**2. Zuständigkeit.** Zur sachlichen Zuständigkeit der Betreuungsgerichte siehe oben Rn. 53. Funktionell zuständig ist stets der **Richter** (Art. 104 Abs. 2 GG); dies gilt auch für die Maßnahmen des § 1906 Abs. 4. Die **örtliche Zuständigkeit** ergibt sich aus § 313 FamFG. Für Unterbringungssachen besteht eine **ausschließliche Zuständigkeit** in folgender Rangfolge (§ 313 Abs. 1 FamFG): 1) Primär zuständig ist das Gericht, bei dem ein Verfahren zur Bestellung eines Betreuers eingeleitet oder das Betreuungsverfahren anhängig ist; 2) im Range danach das Gericht, in dessen Bezirk der Betroffene seinen gewöhnlichen Aufenthalt hat; 3) sodann das Gericht, in dessen Bezirk das Bedürfnis für die Unterbringungsmaßnahme hervortritt; 4) schließlich, wenn der Betroffene Deutscher ist, das Amtsgericht Schöneberg in Berlin. Für **einstweilige Anordnungen oder einstweilige Maßregeln** ist auch das Gericht zuständig, in dessen Bezirk das Bedürfnis für die Unterbringungsmaßnahme bekannt wird (§ 313 Abs. 2 S. 1 FamFG). Das nach diesen Regeln zuständige Gericht kann die Unterbringungssache **abgeben**, wenn der Betroffene sich im Bezirk des anderen Gerichts aufhält und die Unterbringungsmaßnahme dort vollzogen werden soll, sofern sich das andere Gericht zur Übernahme des Verfahrens bereit erklärt hat (§ 314 FamFG). Zur **internationalen Zuständigkeit** vgl. § 104 FamFG.

55　**3. Beteiligte. a) Muss-Beteiligte.** Wer am Verfahren zu beteiligen ist, ergibt sich aus einem Zusammenspiel der allgemeinen Vorschrift des § 7 FamFG mit der für Unterbringungssachen hinzugefügten Regel des § 315 FamFG.[170] Obligatorisch ist nach § 315 Abs. 1 Nr. 1 FamFG der „Betroffene" zu beteiligen, dh. die Person, welcher die Freiheit ganz oder teilweise entzogen werden soll. Zu beteiligen sind ferner der Betreuer und der Bevollmächtigte (§ 313 Abs. 1 Nr. 2, 3 FamFG); die Einschränkung wie bei § 274 FamFG, dass der Aufgabenkreis dieser Fürsorgepersonen tangiert sein muss, wird im Unterbringungsverfahren nicht gemacht; als Begründung dient der – zweifelhafte – Hinweis, durch die Unterbringung des Betroffenen würden dessen Stellvertreter stets in ihrer Tätig-

---

[168] Vgl. BGH FamRZ 2001, 149, 152 (am Ende); das gilt auch umgekehrt, s. OLG Hamm FamRZ 2001, 861.
[169] S. BayObLG FamRZ 1994, 779.
[170] In diesem Sinne auch die Gesetzesbegründung (BT-Drucks. 16/6308 S.264).

keit beschränkt.[171] Der Verfahrenspfleger wird durch seine Bestellung als Beteiligter zum Verfahren hinzugezogen (§ 315 Abs. 2 FamFG). Auf ihren Antrag ist auch die zuständige Behörde zu beteiligen (§ 315 Abs. 3 FamFG). Über die in § 315 Abs. 1 FamFG genannten Personen hinaus sind obligatorisch alle Personen zu beteiligen, deren Recht durch das Verfahren unmittelbar betroffen wird (§ 7 Abs. 2 Nr. 1 FamFG). Auch in diesem Zusammenhang ergibt sich die offene Frage, inwieweit nahe Angehörige aufgrund ihrer verfassungsrechtlichen Position aus Art. 6 Abs. 1 GG durch freiheitsentziehende Maßnahmen gegen die ihnen familiär verbundene Person in ihren Rechten betroffen sein können.

b) „Kann-Beteiligte". Weitere Personen können vom Gericht am Unterbringungsverfahren 56 *im Interesse des Betroffenen* beteiligt werden. Es sind dies vor allem nahe Angehörige. Nach § 315 Abs. 4 FamFG können der Ehegatte oder Lebenspartner des Betroffenen beteiligt werden, wenn die Ehegatten oder Lebenspartner nicht dauernd getrennt leben, ferner die Eltern und Kinder des Betroffenen, wenn dieser bei ihnen lebt oder bei Einleitung des Verfahrens gelebt hat, schließlich die Pflegeeltern. Im Vergleich zur Parallelregelung in § 274 fällt auf, dass im Unterbringungsverfahren der Kreis der Angehörigen sehr eng gezogen ist: Die Großeltern, Enkel und Geschwister des Betroffenen sind überhaupt nicht berücksichtigt. Dass die Kinder des Betroffenen nur dann sollen beteiligt werden können, wenn dieser bei ihnen lebt oder bei Einleitung des Verfahrens gelebt hat (früheres Zusammenleben ist irrelevant!), stellt eine nicht begründbare Einschränkung dar. Und dass die Pflegeeltern schlechthin beigezogen werden können, die leiblichen Eltern aber nur unter der erwähnten Voraussetzung aktuellen Zusammenlebens, ist als verfassungsrechtliche Diskriminierung der leiblichen Elternschaft unhaltbar. Die gesamte Regelung ist sachlich inkonsistent. Man stelle sich nur vor, dass das Gericht die früheren Pflegeeltern der betroffenen Person beteiligt, nicht aber das eigene Kind! Umso dringender erscheint es, bei nahen Angehörigen zu prüfen, inwieweit sie nicht schon nach § 7 Abs. 2 S. 1 FamFG obligatorisch zu beteiligen sind. Zu den „Kann-Beteiligten" gehört ferner die vom Betroffenen benannte Person seines Vertrauens (es können auch mehrere Vertrauenspersonen sein!) sowie der Leiter der Einrichtung, in welcher die Betroffene lebt (§ 315 Abs. 4 S. 1 Nr. 2 und 3 FamFG). Das Landesrecht kann bestimmen, dass weitere Personen und Stellen beteiligt werden können (§ 315 Abs. 4 S. 2 FamFG). Die Beteiligung aller dieser Personen und Stellen erfolgt lediglich „im Interessen des Betroffenen".

3. Einleitung des Verfahrens. Für die Genehmigung einer freiheitsentziehenden Maßnahme 57 ist nach dem Wortlaut des Gesetzes kein förmlicher Antrag verlangt,[172] auch nicht des Betreuers, doch muss aus dem Verhalten des Betreuers ersichtlich sein, dass er die Genehmigung der Unterbringung wünscht.[173] Daraus ergibt sich auch, dass das Gericht über einen gestellten Antrag hinausgehen kann, zB die Unterbringung für einen längeren Zeitraum genehmigen kann als vom Betreuer beantragt,[174] selbstverständlich nur bis zur gesetzlichen Höchstdauer. Denn die Genehmigung greift nicht in die Rechtsstellung des Betreuers ein, sondern verschafft ihm nur die Möglichkeit zur Unterbringung; es liegt in seiner Entscheidung, inwieweit er davon Gebrauch macht.

4. Verfahrensfähigkeit (§ 316 FamFG). Auch in Unterbringungssachen ist der Betroffene 58 ist ohne Rücksicht auf Geschäftsfähigkeit verfahrensfähig (§ 316 FamFG). Bei Minderjährigen gilt dies allerdings nur, wenn sie das 14. Lebensjahr vollendet haben (§ 167 Abs. 3 FamFG). Die Bedeutung der Verfahrensfähigkeit betreffend gelten die Erörterungen zum Betreuungsverfahren sinngemäß (§ 1896 Rn. 152).

5. Verfahrenspfleger (§ 317 FamFG). a) Voraussetzungen. Soweit dies zur Wahrnehmung der Interessen des Betroffenen erforderlich ist, hat das Gericht diesem einen Verfahrenspfleger 59 zu bestellen (§ 317 Abs. 1 S. 1 FamFG). Die Bestellung ist insbesondere erforderlich, wenn von der persönlichen Anhörung des Betroffenen abgesehen werden soll (§ 317 Abs. 1 S. 2 FamFG). Aber auch in sonstigen Fällen wird die Erforderlichkeit der Pflegerbestellung häufig zu bejahen sein, insbesondere wenn der Betroffene angesichts seiner konkreten persönlichen Lage nicht imstande scheint, seine Interessen wirksam geltend zu machen.[175] Ebenso wird bei unterbringungsähnlichen Maßnahmen in vielen Fällen ein Verfahrenspfleger notwendig sein. Die Bestellung eines Verfahrenspflegers ist in der Regel auch dann erforderlich, wenn von der Bekanntgabe der Entscheidungsgründe an den Betroffenen gemäß § 325 Abs. 1 FamFG abgesehen werden soll. Der Verfahrenspfleger ist so frühzeitig zu bestellen, dass er noch Einfluss auf die Entscheidung nehmen kann,

---
[171] BT-Drucks. 16/6308 S.273.
[172] BayObLG FamRZ 1994, 1416, 1417.
[173] BayObLG FamRZ 2000, 566, 567.
[174] BayObLG FamRZ 1994, 1416, 1417.
[175] Vgl. *Zimmermann* FamRZ 1990, 1309; für das Pflegschaftsverfahren BayObLG Rpfleger 1990, 162 f.

regelmäßig bereits vor der abschließenden Anhörung des Betroffenen (BGH FamRZ 2011, 805 Tz. 17, 19). Steht fest, dass die Unterbringungsmaßnahme abgelehnt wird, so ist die Bestellung eines Verfahrenspflegers nicht erforderlich.[176] Zur **Rechtsstellung** des Verfahrenspflegers gilt das zum Betreuungsverfahren Gesagte entsprechend (§ 1896 Rn. 153 ff.). Der Verfahrenspfleger ist vom Gericht im selben Umfang wie der Betroffene an den Verfahrenshandlungen zu beteiligen (BGH FamRZ 2011, 805 Tz. 18).

60 **b) Verfahrensbevollmächtigte.** Die Pflegerbestellung soll, auch wenn die genannten Voraussetzungen gegeben sind, unterbleiben oder aufgehoben werden, wenn die Interessen des Betroffenen von einem Rechtsanwalt oder einem anderen geeigneten Verfahrensbevollmächtigten vertreten werden (§ 317 Abs. 4 FamFG). Die juristisch laienhafte Ausdrucksweise des Gesetzes darf nicht über das wirklich Gemeinte hinwegtäuschen: Voraussetzung ist, dass *der Betroffene* wirksam von einem Bevollmächtigten vertreten wird.

61 **c) Entscheidung.** Bestellt das Gericht dem Betroffenen keinen Verfahrenspfleger, so ist dies in der Entscheidung zu begründen, sofern durch sie eine Unterbringungsmaßnahme getroffen wird (§ 317 Abs. 2 FamFG). Dies gilt auch, wenn die Pflegerbestellung wegen § 317 Abs. 4 (Vorhandensein eines Verfahrensbevollmächtigten) entfällt. Nach der ausdrücklichen Regelung des § 317 Abs. 6 FamFG sind die Bestellung eines Verfahrenspflegers, deren Aufhebung sowie die Ablehnung einer derartigen Maßnahme nicht selbständig anfechtbar.[177]

62 **d) Sonstige Regelungen.** Die Bestellung **endet**, sofern sie nicht schon vorher aufgehoben wird, mit der Rechtskraft der Endentscheidung oder mit dem sonstigen Abschluss des Verfahrens (§ 317 Abs. 5 FamFG). Grundsätzlich wirkt die Bestellung also über die Instanz, in der sie erfolgt ist, hinaus bis zum rechtskräftigen Abschluss des Verfahrens.[178] Die **Auswahl** betreffend legt das Gesetz den Vorrang von ehrenamtlich tätigen Verfahrenspflegern vor professionellen fest (§ 317 Abs. 3 FamFG).

63 **6. Anhörung und Unterrichtung des Betroffenen (§ 319 FamFG). a) Pflicht zur Anhörung.** Vor einer Unterbringungsmaßnahme hat das Gericht
– aa) den Betroffenen *persönlich anzuhören* und
– bb) sich einen *unmittelbaren Eindruck* von ihm zu verschaffen (§ 319 Abs. 1 S. 1 FamFG);
– cc) außerdem soll das Gericht den Betroffenen über den möglichen Verlauf des Verfahrens *unterrichten* (§ 319 Abs. 2 FamFG).

64 **b) Rechtshilfe.** Persönliche Anhörung und Verschaffung eines unmittelbaren Eindrucks „sollen nicht" im Wege der Rechtshilfe (§ 319 Abs. 4 FamFG). Die schwache Formulierung des Ausschlusses des ersuchten Richters erscheint wenig verständlich.[179] Im Sinne eines rechtsstaatlichen Verfahrens wird man die persönliche Anhörung durch den ersuchten Richter auf begründete Ausnahmefälle beschränken müssen, etwa auf weniger gravierende unterbringungsähnliche Maßnahmen.

65 **c) Ort.** Wo die persönliche Anhörung stattfindet, ist vom Gesetz nicht näher bestimmt; das Gericht befindet darüber nach seinem von Ermittlungsinteresse geleiteten Ermessen. Die Verschaffung des *unmittelbaren Eindrucks* betreffend ist dieses Ermessen gesetzlich eingeschränkt: Dieser Vorgang findet, soweit dies erforderlich ist, in der üblichen Umgebung des Betroffenen statt (§ 319 Abs. 1 S. 2 FamFG); das wird für den Vorgang der persönlichen Anhörung insgesamt gelten müssen.

66 **d) Inhalt der Anhörung.** Die persönliche Anhörung des Betroffenen dient *einerseits* dem Freiheitsschutz für den Betroffenen und der Gewährung des verfassungsrechtlich gebotenen rechtlichen Gehörs (Art. 104 Abs. 1 GG, BVerfGE 58, 208, 220). Dazu gehört, dass der Betroffene das Sachverständigengutachten vollständig, schriftlich und rechtzeitig vor seiner Anhörung erhält.[180] *Andererseits* sind die persönliche Anhörung und das Verschaffen eines unmittelbaren Eindrucks vom Betroffenen zentrale Beweismittel für die Frage der Notwendigkeit einer Unterbringung.[181] Vorrangiger Zweck ist es unter diesem Aspekt, „dem Richter einen unmittelbaren Eindruck von dem Betroffenen und der Art seiner Erkrankung zu verschaffen, damit er in den Stand gesetzt wird, ein klares und umfassendes Bild von der Persönlichkeit des Unterzubringenden zu gewinnen und seiner

---
[176] BayObLG FamRZ 1996, 1375, 1376.
[177] Dies war unter dem FGG streitig gewesen, verneinend OLG Frankfurt MDR 2001, 1061; OLG Schleswig FamRZ 2003, 1499; aA OLG Köln FamRZ 2000, 492.
[178] BayObLG FamRZ 1993, 998, 999.
[179] Siehe auch die Unterbringung Minderjähriger betreffend BVerfG FamRZ 2007, 1627, 1629; ferner BayObLG NJW-RR 1987, 781
[180] BayObLG FamRZ 1995, 695.
[181] BVerfG FamRZ 2007, 1627 f. (Minderjährige betreffend).

Pflicht zu genügen, den ärztlichen Gutachten richterliche Kontrolle entgegenzusetzen" (BVerfG NJW 1990, 2310; im gleichen Sinn BGH FamRZ 2011, 805 Tz. 11). Darüber hinaus dient die Anhörung auch der Feststellung, welche Personen sonst zu beteiligen und anzuhören sind (§ 320 FamFG), ob ein Verfahrenspfleger bestellt werden muss und ob von der Bekanntmachung der Entscheidungsgründe an den Betroffenen wegen gesundheitlicher Gefahren abzusehen ist (§ 325 Abs. 1 FamFG).

e) Unterbleiben der Anhörung. Nach § 34 Abs. 2 FamFG kann die persönliche Anhörung eines Beteiligten unterbleiben, wenn hiervon erhebliche Nachteile für seine Gesundheit zu besorgen sind oder der Beteiligte offensichtlich nicht in der Lage ist, seinen Willen kundzutun. Diese Ausnahme bezieht sich nur auf die persönliche Anhörung im engeren Sinne, nicht aber auf das Verschaffen eines unmittelbaren Eindrucks vom Betroffenen. Das Gericht muss sich also in jedem Fall einen unmittelbaren Eindruck vom Betroffenen verschaffen,[182] ihn also zumindest sehen und, soweit möglich, mit ihm sprechen. Soll die persönliche Anhörung unterbleiben, weil hiervon erhebliche Nachteile für die Gesundheit des Betroffen zu besorgen sind, so darf diese Entscheidung nur auf Grundlage eines ärztlichen Gutachtens getroffen werden (§ 319 Abs. 3 FamFG). Es müssen wirklich schwerwiegende gesundheitliche Schäden drohen, wenn der Verzicht auf die Anhörung gerechtfertigt sein soll.

f) Vorführung. Weigert sich der Betroffene, an der persönlichen Anhörung oder Gewinnung eines unmittelbaren Eindrucks durch das Gericht mitzuwirken, so kann ihn das Gericht vorführen lassen (§ 319 Abs. 5 FamFG). Zuständig für die Vorführung eines Betreuten ist die Betreuungsbehörde.

7. Das Sachverständigengutachten oder ärztliche Zeugnis (§§ 321, 322 FamFG). a) Gutachten vor einer Unterbringungsmaßnahme. Vor einer freiheitsentziehenden Unterbringung muss stets eine förmliche Beweisaufnahme durch Einholung eines Gutachtens über die Notwendigkeit der Maßnahme stattfinden (§ 321 Abs. 1 S. 1 FamFG). Der Sachverständige hat vor Erstattung des Gutachtens den Betroffenen persönlich zu untersuchen oder zu befragen (§ 321 Abs. 1 S. 2 FamFG). Er hat vor der Untersuchung dem Betroffenen den Zweck der Untersuchung zu eröffnen.[183] Das Gutachten muss sich zeitnah an die Untersuchung anschließen.[184]

b) Der Sachverständige. Welcher Sachverständige bestellt werden soll und wie viele, steht im Ermessen des Gerichts. In der Qualifikationsfrage macht das Gesetz Kompromisse: *In der Regel soll es ein Facharzt für Psychiatrie sein*,[185] möglicherweise aber auch ein anderer Arzt, der Erfahrung auf dem Gebiet der Psychiatrie hat (§ 321 Abs. 1 S. 4 FamFG). Im Zweifel ist die Sachkunde des Gutachters in der Entscheidung zu begründen.[186] Unzulässig ist die Bestellung einer Einrichtung zum Gutachter.[187] Bei Unterbringungen mit einer Gesamtdauer von mehr als vier Jahren soll das Gericht keinen Sachverständigen bestellen, der den Betroffenen bisher behandelt oder begutachtet hat (§ 329 Abs. 2 S. 2 FamFG); daraus folgt, dass in anderen Fällen auch der Arzt, der den Betroffenen schon behandelt hat, als Gutachter herangezogen werden kann.[188] Ausgeschlossen sind im Fall des § 329 Abs. 2 S. 2 FamFG solche Sachverständige, die in der Einrichtung tätig sind, in welcher der Betroffene untergebracht ist. Der für das Gutachten verantwortlich Zeichnende muss (zumindest auch!) persönlich die Untersuchung oder Befragung vorgenommen haben. Ein Gutachten ist nur dann entbehrlich, wenn nach Lage der Dinge geklärt ist, dass keine Unterbringung in Betracht kommt. Ist der begutachtende Arzt nicht hinreichend qualifiziert, darf sein Gutachten nicht verwertet werden.[189]

c) Anordnungen des Gerichts. Das Gericht kann anordnen, dass der Betroffene zur Vorbereitung eines Gutachtens untersucht und durch die Betreuungsbehörde zu einer Untersuchung vorgeführt wird (§ 322 iVm. § 283 FamFG). Für die Frage, ob eine solche Anordnung anfechtbar ist, gilt das zur Betreuerbestellung Gesagte (§ 1896 Rn. 182 ff.). Darüber hinaus kann das Gericht nach Anhörung eines Sachverständigen anordnen, dass der Betroffene auf bestimmte Dauer untergebracht

---

[182] OLG Karlsruhe FamRZ 1999, 670, 671.
[183] BGH FamRZ 2010, 1726 Tz.20; KG FamRZ 2008, 813, 815.
[184] Vgl. *Zimmermann* FamRZ 1990, 1312.
[185] Von der Sachkunde eines Facharztes für Psychiatrie darf ohne weiteres ausgegangen werden (BayObLG FamRZ 1994, 1416, 1417), dagegen nicht bei einem „Arzt im Praktikum" (KG FamRZ 2007, 1127).
[186] BGH FamRZ 2010, 1726 Tz.13; BayObLGZ 63, 65 = FamRZ 1993, 851, 852; FamRZ 1994, 1416, 1417.
[187] Vgl. OLG Düsseldorf FamRZ 1989, 1101.
[188] BGH FamRZ 2010, 1726 Tz.9.
[189] BGH FamRZ 2010, 1726 Tz.16.

§ 1906   72–74   Abschnitt 3. Titel 2. Rechtliche Betreuung

und beobachtet wird (§ 322 iVm. § 284 FamFG; siehe Erl. zu § 1896 Rn. 184). Die Anordnung der Unterbringung ist mit der sofortigen Beschwerde nach §§ 567-572 ZPO anfechtbar (§ 284 Abs. 3 S. 2 FamFG).

72   **d) Besonderheiten bei unterbringungsähnlichen Maßnahmen (§ 1906 Abs. 4 BGB).** Für Maßnahmen nach § 1906 Abs. 4 genügt nach § 321 Abs. 2 FamFG ein **ärztliches Zeugnis**. Auch ist dem Wortlaut des Gesetzes nach nicht unbedingt erforderlich, dass der das Gutachten oder Zeugnis ausstellende Arzt den Betroffenen persönlich untersucht oder befragt hat. Beide Möglichkeiten begegnen bei erheblichen Beeinträchtigungen der Bewegungsfreiheit wie Fesseln oder Verabreichung schwerer Medikamente grundsätzlichen Bedenken.[190] Festzuhalten ist: Das Gericht *kann* ein Gutachten verlangen, ein ärztliches Zeugnis genügt überhaupt nur insoweit, als dies mit der Pflicht zur Ermittlung von Amts wegen vereinbar ist.[191] An das ärztliche Zeugnis sind überdies dieselben *inhaltlichen* Anforderungen zu stellen wie an das Gutachten.[192] Eine andere Frage ist, ob für die Qualifikation des Arztes dieselben Anforderungen zu stellen sind, wie bei Begutachtung einer Unterbringung, ob der Arzt also zumindest Erfahrung auf dem Gebiet der Psychiatrie haben muss. Das ist im Gesetz nicht ausdrücklich geregelt, der Sache nach aber zu bejahen.[193] Auch die Maßnahmen nach § 1906 Abs. 4 sind an die Voraussetzungen des § 1906 Abs. 1 gebunden, welche bei schwerwiegenden Freiheitsentziehungen nur der fachlich versierte Arzt beurteilen kann.

73   **e) Inhalt des Gutachtens.** Das Gutachten hat den Zweck, eine nachprüfbare und nachvollziehbare Grundlage für die Entscheidung des Gerichts zu schaffen.[194] Entscheidendes Thema des Gutachtens ist die Notwendigkeit der Unterbringung aus den in § 1906 Abs. 1 genannten Gründen. Das Gutachten soll sich auch auf die voraussichtliche Dauer der Unterbringung erstrecken (§ 321 Abs. 1 S. 3 FamFG).[195] Das Gutachten muss die Defizite des Betroffenen, die sich daraus ergebenden Gefährdungen und die Mittel ihrer Abwendung konkret und substantiiert darlegen[196] und die Ergebnisse wissenschaftlich begründen.[197] Die bloße Nennung eines diagnostischen Begriffs genügt keinesfalls. Nach der Rspr. des BayObLG (FamRZ 1995, 695, 696)[198] muss das Gutachten **enthalten:**

– die Darstellung der durchgeführten Untersuchungen und Befragungen, der sonstigen Erkenntnisse sowie ihre sachverständige Erörterung;
– die Darlegung von Art und Ausmaß der psychischen Krankheit oder geistigen oder seelischen Behinderung und eine Stellungnahme zur Frage, ob und inwieweit der Betroffene hierdurch gehindert ist, seinen Willen bezüglich der geschlossenen Unterbringung frei zu bestimmen;
– die Stellungnahme zur voraussichtlich notwendigen Dauer der Unterbringung (nun ausdrücklich § 321 Abs. 1 S. 3 FamFG);
– sowie die Erörterung von Alternativen zur geschlossenen Unterbringung.
– Außerdem soll das Gutachten dazu Stellung nehmen, ob sein Inhalt und die Entscheidungsgründe dem Betroffenen in vollem Umfang bekanntgemacht werden dürfen.

Bezugnahmen auf frühere Gutachten sind nicht zulässig.[199]

74   **8. Anhörung Dritter (§ 320 FamFG). a) Rechtsänderung.** Die Frage, welche dritten Personen oder Institutionen vor der Bestellung eines Betreuers anzuhören sind, hat durch das FamFG eine erhebliche Änderung erfahren, wenngleich die Gesetzesbegründung kein Aufhebens davon macht. Nach § 70d FGG war der Kreis derjenigen Personen und Stellen beschrieben, denen das Gericht Gelegenheit zur Äußerung geben *musste*, darunter befanden sich der nicht dauernd getrennt lebende Ehegatte oder Lebenspartner, jede Elternteil und jedes Kind, bei dem der Betroffene lebt oder bei Einleitung des Verfahrens lebt und auch die vom Betroffenen genannte Person seines Vertrauens. Nach dem FamFG ist die Anhörung Dritter an den neuen Beteiligtenbegriff gebunden: Der nun einschlägige § 320 FamFG begnügt sich mit zwei kurzen Sätzen: „Das Gericht hat die sonstigen Beteiligten anzuhören. Es soll die zuständige Behörde anhören." Abgesehen von der Behörde hängt die Anhörung also von der Stellung als Beteiligter im Verfahren ab (§§ 7, 315

---

[190] S. *Zimmermann* FamRZ 1990, 1313; *Schumacher* FamRZ 1991, 280, 284.
[191] Richtig BT-Drucks. 11/6949 S. 84.
[192] 2. Vormundschaftsgerichtstag, Arbeitsgruppe 4, These 9.
[193] Anders *Zimmermann* FamRZ 1990, 1313.
[194] OLG Düsseldorf BtPrax 1993, 175; BayObLG FamRZ 1995, 695, 696.
[195] Dieser Satz ist gegenüber dem FGG neu, Begründung s. BT-Drucks. 16/6308 S.274.
[196] 2. Vormundschaftsgerichtstag, Arbeitsgruppe 4, These 9.
[197] BGH FamRZ 2010, 1726 Tz.21.
[198] Ähnlich OLG Düsseldorf FamRZ 1995, 118.
[199] BayObLG FamRZ 1995, 695, 696.

FamFG). Der entscheidende Unterschied zur Lage nach dem FGG besteht darin, dass **nahe Angehörige und Vertrauenspersonen**, denen bisher Gelegenheit zur Äußerung gegeben werden *musste*, nunmehr nun noch dann angehört werden, wenn sie „im Interesse des Betroffenen" als Kann-Beteiligte vom Gericht zum Verfahren hinzugezogen wurden (§ 315 Abs. 4 S. 1 Nr. 1, 2 FamFG). Auch darin kommt die schon oben beobachtete **Entwertung der Familie** zum Ausdruck.

b) „**Muss-Beteiligte**". Zu den „sonstigen Beteiligten", die nach § 320 S. 1 FamFG angehört werden müssen, gehören obligatorisch der Betreuer, der Bevollmächtigte, der Verfahrenspfleger und – wenn sie ihre Beteiligung beantragt – die zuständige Behörde (§ 315 Abs. 1 bis 3 FamFG). Der Bevollmächtigte kommt als Beteiligter nur in Frage, wenn sich die Vollmacht auch auf die einschlägigen Angelegenheiten der Personensorge bezieht. Selbstverständlich ist vor allem derjenige Bevollmächtigte zu beteiligen und zu hören, der die freiheitsentziehende Maßnahme durchführen will. Wie bei der Betreuerbestellung ergibt sich das Problem, ob eine Unterbringungsmaßnahme nicht den eigenen Rechtskreis von nahen Angehörigen tangieren kann (dazu § 1896 Rn. 150).

c) „**Kann-Beteiligte**". Anzuhören sind auch diejenigen Personen, die das Gericht nach § 315 Abs. 4 FamFG beteiligt hat. Der Umstand, dass die Entscheidung über die Hinzuziehung der dort genannten Personen im Ermessen des Gerichts liegt, schwächt die Positionen der nahen Angehörigen und der vom Betroffenen benannten Vertrauensperson erheblich. Anzuhören ist auch der **Leiter der Einrichtung**, in welcher der Betroffene lebt, wenn er vom Gericht beteiligt wurde (§ 315 Abs. 4 S. 1 Nr. 3 FamFG); dieser muss nicht persönlich angehört werden; er kann seine Funktion insoweit delegieren.[200]

d) **Art und Umfang der Anhörung.** Die Pflicht zur Anhörung ist bei allen Unterbringungsmaßnahmen gegeben, also auch bei unterbringungsähnlichen Maßnahmen (§ 1906 Abs. 4). Sie besteht nur, wenn eine Unterbringungsmaßnahme getroffen werden soll, nicht wenn schon feststeht, dass sie abgelehnt werden muss.[201] Im Übrigen aber ist die Anhörung der Beteiligten zwingend (außer im Fall der einstweiligen Anordnung, §§ 331, 332 FamFG). Die Form der Anhörung liegt im Ermessen des Gerichts,[202] Gelegenheit zur schriftlichen Äußerung genügt.[203]

e) **Anhörung weiterer Personen.** Aufgrund des Amtsermittlungsgrundsatzes (§ 26 FamFG) kann das Gericht auch weitere Personen anhören, die nicht am Verfahren beteiligt sind, zB den getrennt lebenden Ehegatten oder volljährige Kinder, die nicht in häuslicher Gemeinschaft mit dem Betroffenen leben,[204] auch einen mit dem Betroffenen ständig zusammenlebenden nichtehelichen Partner (wenn dieser nicht ohnehin als Vertrauensperson beteiligt wird).

9. **Die Entscheidung, ihre Bekanntmachung und Wirksamkeit. a) Inhalt. aa) Grundsätze.** Das Gericht muss die Genehmigung erteilen, wenn oder der beiden Tatbestände des § 1906 Abs. 1 gegeben und soweit die Unterbringung zum Wohl des Betreuten erforderlich ist.[205] Der Beschluss, mit dem die Unterbringung oder eine unterbringungsähnliche Maßnahme genehmigt wird, muss außer den Erfordernissen des § 8 Abs. 2 FamFG die nähere Bezeichnung der Unterbringungsmaßnahme enthalten und den Zeitpunkt angeben, in dem die Genehmigung endet, wenn sie nicht vorher verlängert wird (§ 323 Nr. 2 FamFG).

bb) **Bezeichnung der Unterbringungsmaßnahme insbesondere.** Die „nähere Bezeichnung der Unterbringungsmaßnahme" (§ 323 Nr. 1 FamFG) verlangt die genaue Umschreibung der *Art* der Unterbringung[206] (Art der Anstalt, zB psychiatrisches Krankenhaus, Klinik für Suchtkranke, geschlossenes Alten- und Pflegeheim), bei unterbringungsähnlichen Maßnahmen auch der *Art und Mittel* der Freiheitsentziehung.[207] Die konkrete Einrichtung, in der der Betreute untergebracht werden soll, bestimmt hingegen der Betreuer.[208] Das Gericht kann die Genehmigung auch sachlich

---
[200] BT-Drucks. 11/4528 S. 184.
[201] BayObLG FamRZ 1996, 1375, 1376 (betr. Betreuungsbehörde).
[202] BT-Drucks. 11/4528 S. 184.
[203] *Zimmermann* FamRZ 1990, 1312.
[204] *Zimmermann* FamRZ 1990, 1311.
[205] Vgl. BayObLG FamRZ 1993, 600; 1993, 998, 999; 1994, 320, 321.
[206] BayObLG FamRZ 1993, 600; 1994, 320, 322; 1998, 921, 922; 1999, 1304, 1305; OLG Düsseldorf FamRZ 1995, 118; OLG Rostock BtPrax 2010, 134, 136 = FamRZ 2010, 1272 (LS.). Siehe auch BVerfG FamRZ 2007, 1627, 1629 (Minderjährige betreffend).
[207] 2. Vormundschaftsgerichtstag, Arbeitsgruppe 4, These 11.
[208] BayObLG FamRZ 1994, 320, 322; OLG Düsseldorf FamRZ 1995, 118, 119; LG Köln FamRZ 1993, 110, 111.

einschränken, zB die Zulässigkeit einer unterbringungsähnlichen Maßnahme ausdrücklich von der Anordnung eines Arztes abhängig machen.[209]

81 **cc) Zeitbestimmung.** Die Entscheidung muss ferner den Zeitpunkt nennen, zu dem die Unterbringungsmaßnahme endet (§ 323 Nr. 2 FamFG). Die Genehmigung darf **nur für bestimmte Zeit** erteilt werden; dieser Zeitraum umfasst höchstens ein Jahr, bei offensichtlich langer Unterbringungsbedürftigkeit höchstens zwei Jahre (§ 329 Abs. 1 FamFG), jeweils gerechnet vom Erlass der Entscheidung an.[210] Unterbleibt die Zeitbestimmung im Beschluss, so ist die Regelhöchstfrist von einem Jahr als beschlossen anzunehmen.[211] Die vorgesehene Dauer der Unterbringung ist in der Entscheidung zu begründen.[212] Wenn über die Regelzeit von einem Jahr hinausgegangen wird, ist zu begründen, warum eine geringere Frist nicht ausreicht.[213] In diesem Punkt kommt es wesentlich auch auf das Gutachten des Sachverständigen an.[214] Im Fall, dass ein langfristiges Bedürfnis für die Unterbringung zur Vermeidung eines erheblichen gesundheitlichen Schadens erforderlich ist, hat der BGH eine Genehmigung für zwei Jahre nicht beanstandet.[215]

82 **dd) Begründung.** Die Entscheidung ist in jedem Fall zu begründen, auch dann, wenn die Genehmigung versagt wird (§ 38 Abs. 3 S. 1 FamFG). Die Begründung darf sich nicht auf formelhafte Wendungen beschränken.[216]

83 **b) Bekanntgabe.** Der Beschluss ist grundsätzlich allen Beteiligten bekannt zu geben (§ 41 Abs. 1 S. 1 FamFG), insbesondere also dem Betroffenen, dem Betreuer, dem Bevollmächtigten, dem Verfahrenspfleger (§ 274 Abs. 2 FamFG), den Angehörigen, wenn sie Beteiligte sind, und der Behörde, wenn sie auf ihren Antrag als Beteiligte hinzugezogen ist (§ 315 Abs. 3 FamFG). Eine Entscheidung, durch die eine Unterbringungsmaßnahme genehmigt, angeordnet oder aufgehoben wird, ist der zuständigen Behörde stets bekannt zu geben (§ 325 Abs. 2 S. 2 FamFG), also auch dann, wenn sie nicht beteiligt ist. Eine solche Entscheidung ist auch dem Leiter der Einrichtung, in der der Betroffene untergebracht werden soll, bekannt zu geben (§ 325 Abs. 2 S. 1 FamFG). Von der Bekanntgabe der **Gründe des Beschlusses** an den **Betroffenen** kann abgesehen werden, wenn dies nach ärztlichem Zeugnis erforderlich ist, um erhebliche Nachteile für seine Gesundheit zu vermeiden (§ 325 Abs. 1 FamFG).

84 **c) Wirksamkeit.** Die Entscheidung, die eine Unterbringungsmaßnahme genehmigt oder anordnet, wird grundsätzlich erst mit Rechtskraft wirksam (§ 324 Abs. 1 FamFG). Das Gericht kann jedoch die **sofortige Wirksamkeit** einer Unterbringungsmaßnahme **anordnen.** In diesem Fall wird der Beschluss wirksam, wenn er und die Anordnung seiner sofortigen Wirksamkeit 1) dem Betroffenen, dem Verfahrenspfleger, dem Betreuer oder dem Bevollmächtigten bekannt gegeben 2) *oder* einem Dritten zum Zweck des Vollzugs des Beschlusses mitgeteilt 3) *oder* der Geschäftsstelle des Gerichts zum Zweck der Bekanntgabe übergeben werden (§ 324 Abs. 2 S. 2 FamFG). Der Zeitpunkt der sofortigen Wirksamkeit ist auf dem Beschluss zu vermerken (§ 324 Abs. 2 S. 3 FamFG).

85 **d) Durchführung der Unterbringung.** Die zivilrechtliche Unterbringung wird unter Verantwortung des gesetzlichen Vertreters (Betreuers) oder des Bevollmächtigten durchgeführt. Einer Vollzugsregelung bedürfte es daher nicht.[217] Doch schafft § 326 Abs. 1 FamFG die Rechtsgrundlage dafür, dass die Betreuungsbehörde den Betreuer oder Bevollmächtigten bei der Zuführung zur Unterbringung unterstützen darf und auch dazu verpflichtet ist. Gewaltanwendung durch die Behörde setzt eine besondere gerichtliche Entscheidung voraus (§ 326 Abs. 1 S. 1 FamFG). Die Behörde ist befugt, erforderlichenfalls die Unterstützung der polizeilichen Vollzugsorgane nachzusuchen (§ 326 Abs. 2 S. 2 FamFG). Ausdrücklich fügt das FamFG die Vorschrift hinzu, dass die Wohnung des Betroffenen ohne dessen Einwilligung nur betreten werden darf, wenn das Gericht dies auf Grund einer ausdrücklichen Entscheidung angeordnet hat; dies gilt nicht bei „Gefahr im Verzug" (§ 326 Abs. 3 FamFG).[218]

---

[209] BayObLG FamRZ 1994, 721, 723.
[210] Dazu im Einzelnen *Zimmermann* FamRZ 1990, 1313 Fn. 39.
[211] *Zimmermann* FamRZ 1990, 1313.
[212] BayObLG FamRZ 1995, 695, 696 (bloßer Hinweis auf die gesetzliche Höchstdauer genügt nicht).
[213] BayObLG FamRZ 2002, 629; OLG München FamRZ 2006, 362 (gegebenenfalls Beschränkung auf die regelmäßige Höchstdauer durch das Rechtsbeschwerdegericht); OLG München BtPrax 2006, 105, 107; OLG Schleswig FamRZ 2006, 647.
[214] Vgl. OLG München FamRZ 2007, 584 (Zeitpunkt der Höchstdauer grundsätzlich an dem Zeitpunkt der Erstattung des Gutachtens auszurichten).
[215] BGH FamRZ 2010, 365 Tz. 20.
[216] OLG Brandenburg FamRZ 2007, 1768, 1769.
[217] BT-Drucks. 11/4528 S. 185.
[218] Zur Begründung BT-Drucks. 16/9733 S. 297.

e) Weitere Mitteilung. Bezüglich der Mitteilung der Entscheidung an andere Gerichte, Behörden und Stellen sowie bezüglich der Unterrichtung des Betroffenen, des Verfahrenspflegers und des Betreuers über derartige Mitteilungen gelten die §§ 308 und 311 FamFG entsprechend (§ 338 S. 1 FamFG; siehe § 1896 Rn. 202). Die Aufhebung einer Unterbringungsmaßnahme und die Aussetzung des Vollzugs sind dem Leiter der Einrichtung, in der der Betroffene lebt, mitzuteilen (§ 338 S. 2 iVm. §§ 328, 330 FamFG). Von der Anordnung oder Genehmigung der Unterbringung und deren Verlängerung hat das Gericht einen Angehörigen des Betroffenen oder eine Person seines Vertrauens unverzüglich zu benachrichtigen (§ 339 FamFG). 86

f) Erledigung. Die Unterbringungsgenehmigung bezieht sich auf eine konkrete Art der Unterbringung durch den Betreuer. Sie verliert ihre Wirksamkeit, sobald die Unterbringung, deren Zulässigkeit sie begründet hat, beendet ist (zB wenn der Betroffene auf Grund ärztlicher Erkenntnisse aus der geschlossenen Einrichtung entlassen wurde).[219] Die erneute Unterbringung bedarf also wiederum einer neuen Genehmigung. Davon zu unterscheiden ist der Fall, dass der Betreute innerhalb der genehmigten Zeit auf Grund einer Bestimmung des Betreuers in eine andere Einrichtung *der gleichen (genehmigten) Art* verlegt wird; hier ist eine erneute Genehmigung nicht erforderlich. Die gerichtliche Genehmigung wird durch kurzfristige Entlassungen aus begrenzten Anlässen (zB Teilnahme an einer Familienfeier) nicht verbraucht. Problematisch ist, ob eine „Entlassung auf Probe" den Weg zu einer genehmigungsfreien Wiedereinweisung offen lässt; es kann dies nur in engem zeitlichem Rahmen angenommen werden.[220] 87

10. Die Verlängerung einer Unterbringungsmaßnahme (§ 329 Abs. 2 FamFG). Die vom Gericht getroffene Unterbringungsmaßnahme ist stets befristet (§ 329 Abs. 1 FamFG). Sie kann indes, soweit notwendig, durch weiteren Beschluss über den zunächst festgelegten Zeitpunkt hinaus verlängert werden, wobei die Höchstdauer des § 329 Abs. 1 FamFG gilt. Für die Verlängerung sind die Verfahrensvorschriften wie bei erstmaliger Unterbringung entsprechend (§ 329 Abs. 2 S. 1 FamFG) anzuwenden. Folgende Modifikation ist zu beachten: Bei Unterbringungen mit einer Gesamtdauer von mehr als vier Jahren soll das Gericht keinen Sachverständigen bestellen, der den Betroffenen bisher behandelt oder begutachtet hat oder der in der Einrichtung tätig ist, in welcher der Betroffene untergebracht ist (§ 329 Abs. 2 S. 2 FamFG). 88

11. Die Aufhebung einer Unterbringungsmaßnahme (§ 330 FamFG). Wenn die Voraussetzungen einer getroffenen Unterbringungsmaßnahme schon vor Ablauf der im Beschluss genannten Frist entfallen, so ist die Maßnahme von Amts wegen aufzuheben (§ 330 S. 1 FamFG). Gleiches muss gelten, wenn die getroffene Maßnahme durch eine mildere ersetzt werden kann. Bei eindeutiger Sachlage ist eine Unterbringungsmaßnahme unverzüglich aufzuheben, ohne dass ein Gutachten eingeholt werden müsste; auch kann in einem solchen Fall von anderen verzögernden Verfahrenshandlungen abgesehen werden.[221] Die Genehmigung der geschlossenen Unterbringung ist auch aufzuheben, wenn der Betroffene sich ernstlich und verlässlich bereit erklärt, freiwillig in der Einrichtung zu verbleiben und sich der erforderlichen Therapie zu unterziehen.[222] 89

12. Vorläufige Maßnahmen (§§ 331–334 FamFG). a) Übersicht. Für vorläufige Unterbringungsmaßnahmen stellt das Gesetz zwei Möglichkeiten zur Verfügung. 90
– Entweder das Gericht genehmigt den Antrag des Betreuers durch **einstweilige Anordnung** (§ 331 S. 1 FamFG)
– oder das Gericht trifft, ohne dass ein Betreuer bestellt wäre oder tätig würde, selbst die im Interesse des Betroffenen erforderliche **Unterbringungsmaßnahme** (§ 1908i Abs. 1 S. 1 iVm. § 1846).

Beide Möglichkeiten sind genau zu unterscheiden. **Im Fall des § 1846** kommt dem Gericht nicht bloß, wie sonst, eine Organisations- und Kontrollfunktion zu; es wird selbst anstelle eines gesetzlichen Vertreters tätig.[223] Die Frage, ob diese Möglichkeit der Unterbringung ohne Betreuer geschaffen werden sollte, war bei Schaffung des BtG streitig gewesen[224] und wurde schließlich aus praktischen Gründen bejaht (zB für den Fall, dass der Betreuer in Eilfällen nicht erreichbar ist). Nunmehr

---

[219] BayObLG FamRZ 1995, 1296; FamRZ 2004, 1323 (Unterbringungsgenehmigung verliert Gültigkeit, wenn der Betreute eine „nicht unerhebliche Zeit" nicht mehr untergebracht ist); OLG Hamm FamRZ 2000, 1120 (auch bei der Verlegung in die offene Abteilung derselben Einrichtung).
[220] OLG Hamm FamRZ 2000, 1120, 1121 f. (Zeitraum von 6 Wochen zu lang); KG FamRZ 2006, 1481.
[221] BT-Drucks. 11/4528 S. 186.
[222] BayObLG FamRZ 1998, 1329; OLG München FamRZ 2005, 1590 (aber nicht, wenn der Betroffene nur erklärt, „unter Umständen" in der Einrichtung bleiben zu wollen).
[223] *Schwab* FamRZ 1990, 688. Zum Einsatz des § 1846 siehe BayObLG FamRZ 2000, 566; 2000, 1357.
[224] S. BT-Drucks. 11/4528 S. 185; S. 211 (Bundesrat); S. 229 (Bundesregierung); BT-Drucks. 11/6949 S. 85 (Rechtsausschuss).

§ 1906   91   Abschnitt 3. Titel 2. Rechtliche Betreuung

erwähnt das FamFG diese gerichtliche Befugnis ausdrücklich (§ 334 FamFG). Im Verhältnis der beiden Möglichkeiten ist ein Vorrang des Verfahrens nach § 331 FamFG vor dem nach § 1846 BGB anzunehmen, da das unmittelbare Handeln des Gerichts die Ausnahme von der Regel bildet.[225] Eine Unterbringungsmaßnahme nach § 1846 ist also nur statthaft, wenn im Eilfall der Betreuer nicht erreicht werden kann oder kein gesetzlicher Vertreter vorhanden ist und in der zur Verfügung stehenden Zeit auch keine geeignete Person bestellt werden kann.[226] Zudem müssen konkrete Umstände mit erheblicher Wahrscheinlichkeit darauf hindeuten, dass die sachlichen Voraussetzungen einer erforderlichen Unterbringung gemäß § 1906 Abs. 1 vorliegen.[227]

91 **b) Voraussetzungen der vorläufigen Unterbringung nach § 331 FamFG im Allgemeinen.** Eine vorläufige Unterbringungsmaßnahme nach § 331 FamFG setzt voraus:

aa) Es muss ein Betreuer vorhanden sein, der die Genehmigung einer Unterbringung oder unterbringungsähnlichen Maßnahme beantragt; notfalls ist ein vorläufiger Betreuer zu bestellen.

bb) Es bestehen dringende Gründe für die Annahme, dass die Voraussetzungen für die Genehmigung oder Anordnung einer Unterbringungsmaßnahme gegeben sind (§ 331 S. 1 Nr. 1 FamFG).

cc) Es ist zudem ein dringendes Bedürfnis für sofortiges Tätigwerden gegeben (§ 331 S. 1 Nr. 1). Nach der Rspr. des BVerfG ist auch im Eilverfahren eine besonders sorgfältige Prüfung der Frage erforderlich, ob der *Aufschub der Unterbringungsmaßnahme bis zur endgültigen Entscheidung* für den Betroffenen eine Gefahr gewichtiger Gesundheitsschäden bedeuten würde.[228] Es müssen konkrete Umstände mit erheblicher Wahrscheinlichkeit darauf hindeuten, dass sich der Betroffene infolge seiner Krankheit oder Behinderung selbst tötet oder erheblichen gesundheitlichen Schaden zufügt und insoweit auch seinen Willen nicht frei bestimmen kann.[229] Die Gefahr muss sich mit Wahrscheinlichkeit realisieren, wenn bis zur endgültigen Entscheidung abgewartet wird.[230]

dd) Es muss (zumindest) ein ärztliches Zeugnis über den Zustand des Betroffenen vorliegen (§ 331 S. 1 Nr. 2 FamFG); gemeint ist natürlich ein Zeugnis, das die vorläufige Unterbringung rechtfertigt.

ee) Dem Betroffenen muss unter den Voraussetzungen des § 317 FamFG ein Verfahrenspfleger bestellt worden sein (§ 331 S. 1 Nr. 3 FamFG).

ff) Der Betroffene muss persönlich angehört worden sein (§ 331 S. 1 Nr. 4 FamFG).[231] Diese Anhörung kann abweichend von § 319 Abs. 4 auch im Wege der Rechtshilfe erfolgen (§ 331 S. 2 FamFG).[232] Allerdings gelten die §§ 34, 319 Abs. 3 FamFG auch hier: Die Anhörung des Betroffenen kann demnach entfallen, wenn hiervon erhebliche Nachteile für seine Gesundheit zu besorgen sind oder der Betroffene offensichtlich nicht in der Lage ist, seinen Willen kundzutun.

gg) Nach früherer Rechtslage mussten die in § 70d FGG genannten Personen und Stellen (nahe Angehörige, Vertrauensperson, Betreuer, Behörde) Gelegenheit zur Äußerung erhalten haben; dieses Erfordernis entfiel bei Gefahr in Verzug (§ 70h Abs. 1 S. 3 FGG). Demgegenüber trifft das FamFG über die Anhörung Dritter keine Aussage. Auch die Aufzählung der Zulässigkeitsvoraussetzungen einer einstweiligen Anordnung in §331 S. 1 FamFG erwähnt die Anhörung sonstiger Beteiligter nicht (wohl aber die Anhörung des Betroffenen). Daraus könnte man schließen, dass eine solche Anhörung Dritter bei der vorläufigen Unterbringung nicht erforderlich ist. Demgegenüber ist auch die Auffassung denkbar, dass die Vorschrift des § 320 FamFG über die Anhörung Dritter unverändert auch im Verfahren über die vorläufige Unterbringung gilt; dann wäre aber – selbst in Fällen besonderer Dringlichkeit – keine Ausnahme „bei Gefahr in Verzug" gemacht. Dass ist schwerlich sinnvoll. Es ist ein Redaktionsfehler des Gesetzgebers in dem Sinne anzunehmen, dass die Anhörung der Beteiligten gemäß § 320 FamFG grundsätzlich erforderlich ist, bei Gefahr im Verzug aber entfallen kann.[233]

---

[225] *Schwab* FamRZ 1990, 688; *Zimmermann* FamRZ 1990, 1315; vgl. BayObLG FamRZ 2000, 566, 567; BayObLG ObLGZ 1990, 48; FamRZ 1986, 1043.

[226] Ähnlich BayObLG FamRZ 2000, 566, 567 (wenn der Betreuer verhindert ist und mit der Entscheidung nicht zugewartet werden kann, bis der Betreuer tätig wird).

[227] BayObLG FamRZ 2000, 1537; 2000, 566.

[228] BVerfG FamRZ 1998, 895, 896; dazu auch BayObLG FamRZ 2000, 566, 567; OLG Bremen FamRZ 2007, 1127.

[229] BayObLG FamRZ 2000, 566; BayObLG 1997, 142, 145 = FamRZ 1997, 1288; FamRZ 2001, 576 und 577, 578; OLG München FamRZ 2006, 445.

[230] BayObLG FamRZ 2000, 586; OLG München FamRZ 2006, 445.

[231] Zur grundlegenden Bedeutung der Anhörung auch im Eilverfahren BayObLG FamRZ 2000, 566, 567 mit Bezug auf BVerfGE 58, 208. Bedenklich OLG Rostock FamRZ 2007, 1767 (keine Anhörung wegen vorausgegangener Anhörungen im Betreuungsverfahren).

[232] BayObLG FamRZ 2000, 566, 567.

[233] AA *Prütting/Helms/Roth* § 331 FamFG Rn. 4, 14 (zwingende Anhörung Drittbeteiligter, obwohl ein Redaktionsversehen angenommen wird!).

c) Gesteigerte Dringlichkeit (§ 332 FamFG). Eine Einschränkung der Verfahrensgarantien 92 ist bei „Gefahr in Verzug" vorgesehen: Hier kann die einstweilige Anordnung bereits vor Anhörung des Betroffenen sowie vor Bestellung und Anhörung des Verfahrenspflegers erfolgen (§ 332 S. 1 FamFG). Diese Verfahrenshandlungen sind unverzüglich nachzuholen (§ 332 S. 2 FamFG).[234] Auch bei einer solchen „eiligen einstweiligen Anordnung"[235] ist jedoch notwendig, dass ein Betreuer vorhanden ist oder bestellt wird, der die Unterbringungsmaßnahme beantragt. „Gefahr im Verzug" setzt das Vorliegen konkreter Gefährdungstatsachen voraus.[236]

d) Dauer. Auch die vorläufige Unterbringungsmaßnahme ist zeitlich zu begrenzen (§ 333 93 FamFG). Es gilt eine gesetzliche Höchstdauer von sechs Wochen. Reicht dieser Zeitraum nicht aus, kann die einstweilige Anordnung nach Anhörung eines Sachverständigen durch eine weitere einstweilige Anordnung verlängert werden. Auch die mehrfache Verlängerung unterliegt den Erfordernissen des § 333 S. 1 und 2 FamFG (S. 3). Das Gesetz legt eine Höchstdauer fest, die durch einstweilige Anordnung keinesfalls überschritten werden darf, nämlich den Zeitraum von drei Monaten (§ 333 S. 4 FamFG); dabei wird die Zeit der Unterbringung zur Vorbereitung eines Gutachtens mitgerechnet (§ 333 S.5 FamFG). Dem Gesetzgeber ist freilich bei dieser Regelung eine Ungeschicklichkeit unterlaufen, indem als Subjekt, auf welches sich die Höchstdauer bezieht, „die mehrfache Verlängerung" steht. Nimmt man das wörtlich, so dürfte die erstmalige einstweilige Anordnung nicht mitgerechnet werden, die Höchstdauer betrüge also drei Monate plus sechs Wochen. Das ist mE aber nicht gemeint, vielmehr soll eine Unterbringung aufgrund einstweiliger Anordnungen *insgesamt* drei Monate nicht überschreiten dürfen. Die Verlängerung der Unterbringungsmaßnahme geschieht nach demselben Verfahren wie die erstmalige Anordnung. Zur Berechnung der Höchstfrist, wenn die Unterbringung durch Entweichen des Betroffenen zeitweilig unterbrochen war, vgl. OLG München NJW-RR 2008, 1032.[237]

e) Maßregeln nach § 1846 (§ 1908i Abs. 1 S. 1). aa) Nachrangigkeit. Die Möglichkeit 94 des Gerichts, eine Unterbringung oder unterbringungsähnliche Maßnahme selbst anstelle des gesetzlichen Vertreters zu verfügen (§ 1846), ist nachrangig. Sie setzt voraus, dass ein Betreuer mit dem Aufgabenkreis der Aufenthaltsbestimmung noch nicht bestellt ist und auch in der gebotenen Zeit nicht bestellt werden kann[238] oder dass der Betreuer an der Erfüllung seiner Pflichten verhindert oder dazu nicht bereit ist und mit der Entscheidung nicht zugewartet werden kann, bis er tätig wird.[239] Nicht ist hingegen unbedingt Voraussetzung, dass ein Betreuer bestellt ist oder gleichzeitig bestellt wird.[240] Die Notkompetenz des Gerichts betrifft sowohl den Fall, dass ein bestellter Betreuer nicht tätig wird als auch den Fall, dass kein Betreuer bestellt ist, wenn sich Hindernisse für seine rechtzeitige Bestellung ergeben. Das Gericht ist in einem solchen Falle aber verpflichtet, gleichzeitig mit der Anordnung der Unterbringung durch geeignete Maßnahmen sicherzustellen, dass dem Betroffenen unverzüglich ein Betreuer oder jedenfalls ein vorläufiger Betreuer zur Seite gestellt wird; gleichzeitig mit der Anordnung der Unterbringung ist ein Verfahren zur Bestellung eines Betreuers einzuleiten.[241] Sorgt das Gericht nicht unverzüglich für die Bestellung eines Betreuers, ist die Anordnung der Unterbringung von vorn herein unzulässig.[242] Von der Möglichkeit des § 1846 darf das Gericht nur Gebrauch machen, wenn dringende Gründe für die Annahme bestehen, dass ein Betreuer bestellt werden wird, dass dieser die Genehmigung einer endgültigen Unterbringungsmaßnahme beantragen wird und dass das Gericht diese Maßnahmen genehmigen wird, weil (wahr-

---

[234] Eine Höchstfrist ist im Gesetz nicht angegeben, kritisch hierzu *Schumacher* FamRZ 1991, 280, 283; BayObLG FamRZ 2001, 578, 579 (in aller Regel am nächsten Tag).
[235] *Zimmermann* FamRZ 1990, 1314.
[236] BayObLG FamRZ 2001, 578; KG FamRZ 2008, 813, 814.
[237] = FamRZ 2008, 1117 (LS.), betr. Rechtslage nach FGG.
[238] OLG Schleswig FamRZ 1993, 476 (LS.) = DAVorm. 1992, 1366.
[239] BayObLG FamRZ 2000, 566, 567; FamRZ 2002, 419, 421; OLG Schleswig NJW-RR 2001, 1370. Vgl. auch. BayObLG FamRZ 1990, 1154 (betr. Heilmaßnahmen).
[240] BGH FamRZ 2002, 744 auf Vorlage von BayObLG FamRZ 2001, 576, 577; OLG Schleswig FamRZ 1993, 476; herrschende Auffassung; dagegen OLG Frankfurt/Main FamRZ 1993, 357, 358; *Wiegand* FamRZ 1991, 1022.
[241] BGH FamRZ 2002, 744, 746; BayObLG NJW-RR 2002, 1446 = FamRZ 2002, 1362 (LS.); FamRZ 2003, 1322; OLG Brandenburg FamRZ 2007, 2107; OLG München FamRZ 2008, 917, 918 (Selbst wenn die Unterbringung außerhalb der regulären Dienstzeit angeordnet wird, ist die Einleitung des Verfahrens zur Bestellung eines Betreuers regelmäßig am nächsten Arbeitstag nachzuholen).
[242] BGH FamRZ 2002, 744, 746; BayObLG NJW-RR 2002, 1446 = FamRZ 2002, 1362 (LS.), FamRZ 2003, 1322, 1323 („nicht rechtmäßig"); OLG München FamRZ 2006, 62 (LS.); OLG München FamRZ 2008, 917, 918 (anders wenn das Verfahren zur Betellung eines Betreuers zwar eingeleitet, dann aber nicht mit der notwendigen Beschleunigung betrieben wird – in diesem Fall Unzulässigkeit „ex nunc").

§ 1906 Abschnitt 3. Titel 2. Rechtliche Betreuung

scheinlich) die Voraussetzungen des § 1906 Abs. 1 vorliegen.[243] Diese Grundsätze gelten entsprechend für anderweitige gerichtliche Maßnahmen auf der Grundlage des § 1846 (Einwilligung in ärztliche Behandlung in dringenden Fällen, etc.).[244] Bleibt dem Betreuungsrichter unbekannt, dass ein Betreuer bestellt ist, weil er die gebotenen Auskünfte nicht einholt, so ist die Maßnahme nach § 1846 unzulässig.[245]

95 **bb) Anwendbare Vorschriften.** Auf Maßnahmen auf Grund § 1846 sind die Regeln der §§ 331 bis 333 FamFG entsprechend anzuwenden (§ 334 FamFG). Dies bedeutet insbesondere, dass die Höchstdauer des § 333 FamFG gilt und die Voraussetzungen des § 331 S. 1 FamFG gegeben sein müssen. Generell sind dieselben rechtsstaatlichen Erfordernisse zu beachten wie bei der einstweiligen Anordnung nach § 331 FamFG.[246] Die Anordnung einer vorläufigen Unterbringung nach § 1846 hat nur so lange Bestand, bis ein Betreuer die erforderlichen Maßnahmen treffen kann.[247] Sie umfasst für sich gesehen nicht eine ärztliche Behandlung des Betroffenen gegen dessen Willen.[248]

96 **13. Rechtsbehelfe. a) Grundsätze.** Die Rechtsbehelfe richten sich nach den allgemeinen Vorschriften der §§ 58 ff. FamFG, einige Ergänzungen finden sich in §§ 335, 336 FamFG. Gegen die im ersten Rechtszuge ergangenen Entscheidungen der Amts- und Landgerichte in Angelegenheiten nach dem FamFG findet, soweit nichts Abweichendes bestimmt ist, die Beschwerde statt (§ 58 Abs. 1 FamFG). Somit ist ein Beschluss des Betreuungsgerichts, mit dem eine freiheitsentziehende Maßnahme genehmigt oder angeordnet wird, die Beschwerde geben. Gleiches gilt für die Ablehnung einer solchen Maßnahme. Die Beschwerde ist befristet (§ 63 FamFG). Beschwerdegericht ist das Landgericht (§§ 72 Abs. 1 S. 2, 119 Abs. 1 Nr. 1b GVG). Gegen die Entscheidung des Beschwerdegerichts ist die Rechtsbeschwerde statthaft (§ 70 FamFG); zuständig hierfür ist der Bundesgerichtshof (§ 133 GVG). Eine Zulassung ist nicht Voraussetzung, wenn sich die Rechtsbeschwerde gegen einen Beschluss richtet, der die Unterbringung oder freiheitsentziehende Maßnahme anordnet (§ 70 Abs. 3 S. 2 FamFG).

97 **b) Beschwerdeberechtigung nach § 59 Abs. 1 FamFG.** Beschwerdeberechtigt ist jeder, durch die Entscheidung in seinen Rechten beeinträchtigt ist (§ 59 Abs. 1 FamFG), vor allem also der **Betroffene** selbst, wenn eine Unterbringung oder unterbringungsähnliche Maßnahme genehmigt wird. Hingegen sollen nach der Rspr. die Rechte des Betroffenen nicht tangiert sein, wenn die Genehmigung einer freiheitsentziehenden Maßnahme abgelehnt wird;[249] diese Meinung übersieht, dass die Ablehnung der Genehmigung die Verweigerung einer nach dem Betreuungsrecht möglichen Fürsorgeleistung darstellt; denn unter gegebenen Voraussetzungen ist die vom Betreuer geplante freiheitsentziehende Maßnahme zum Wohl des Betreuten erforderlich. In seinen Rechten beeinträchtigt ist auch der **Betreuer** bzw. der **Bevollmächtigte**, wenn eine von ihm erstrebte Genehmigung versagt wird[250], nicht aber wenn sie erteilt wird, weil die genehmigte Maßnahme nicht durchführen muss. Nach § 335 Abs. 3 FamFG können Betreuer und Vorsorgebevollmächtigte gegen eine Entscheidung, die ihren Aufgabenkreis betrifft, auch im Namen des Betroffenen Beschwerde einlegen. Ein Beschwerderecht aus § 59 Abs. 1 FamFG können ferner Familienangehörige haben (Art. 6 Abs. 1 GG).[251] Kein Beschwerderecht gegen die Genehmigung der Unterbringung hat ein Dritter, der behauptet, der Betroffene habe ihm eine umfassende Vorsorgevollmacht erteilt.[252]

98 **c) Beschwerdeberechtigung nach § 335 Abs. 1 FamFG.** „Im Interesse des Betroffenen" gesteht § 335 Abs. 1 FamFG über § 59 Abs. 1 FamFG hinaus bestimmten weiteren Personen das Beschwerderecht zu, allerdings unter der Voraussetzung, dass diese Personen im ersten Rechtszug am Verfahren beteiligt worden sind. Die Regelung ist insofern bedenklich, als die „Kann-Beteiligung" nach § 315 Abs. 4 FamFG im Ermessen des Gerichts steht. Es kann also vorkommen, dass auch nächste Angehörige wie Ehegatten und Kinder gegen eine Unterbringung nichts unternehmen können. Dies ist eine wesentliche Einschränkung zur früheren Rechtslage, zumal auch der Personen-

---

[243] BayObLG FamRZ 2001, 191.
[244] BayObLG NJW-RR 2002, 1446, 1447 = FamRZ 2002, 1362 (LS.).
[245] OLG Frankfurt FamRZ 2007, 673.
[246] S. BayObLG FamRZ 2000, 566, 567.
[247] BayObLG FamRZ 1990, 1154 (für die frühere Gebrechlichkeitspflegschaft).
[248] Doch kommt, wenn ein Betreuer nicht vorhanden oder verfügbar ist, die Erklärung der Einwilligung in die Heilbehandlung durch das Gericht nach § 1846 in Betracht (BayObLG FamRZ 1990, 1154, 1155 – Pflegschaft).
[249] BayObLG 2005, 834.
[250] BayObLG FamRZ 2005, 834; OLG Schleswig FamRZ 2002, 984.
[251] Zum Problem, welche Rechtsposition die nahe Familienangehörigkeit begründen kann, siehe .
[252] OLG München FamRZ 2006, 729.

kreis der möglicherweise Beschwerdeberechtigten enger gezogen ist. Dieser Personenkreis ist identisch mit demjenigen, der beteiligt werden kann (§ 315 Abs. 4 FamFG, s. Rn. 56). Beschwerdeberechtigt sind Ehegatte oder Lebenspartner nur dann, wenn sie vom Betroffenen nicht dauernd getrennt leben;[253] Eltern und Kinder nur dann, wenn der Betroffene bei ihnen lebt oder bei Einleitung des Verfahrens gelebt hat (§ 315 Abs. 1 Nr. 1 FamFG). Dem muss der Fall gleichstehen, dass die Eltern oder Kinder beim Betroffenen leben;[254] es ist gleichgültig, ob der Unterzubringende „bei" seinen Kindern lebt (die Kinder sind Eigentümer oder Mieter der Wohnung) oder umgekehrt; entscheidend ist die häusliche Gemeinschaft. Nicht beschwerdeberechtigt sind nach dem Gesetz ferner Großeltern, Enkel und Geschwister, gleichgültig, wie die persönlichen Beziehungen des Betroffenen zu ihnen sind. Auch der ehelos mit dem Betroffenen zusammenlebende Lebensgefährte genießt kein Beschwerderecht. Ohne jede Einschränkung sollen nach dem Gesetz die Pflegeeltern beschwerdeberechtigt sein, wenn die beteiligt worden sind; dass die Pflegeeltern hier besser stehen sollen als die leiblichen Eltern ist verwunderlich und verfassungsrechtlich unhaltbar. Beschwerdeberechtigt sind ferner die vom Betroffenen benannte Person(en) seines Vertrauens (§ 335 Abs. 1 Nr. 2 FamFG) sowie der Leiter der Einrichtung in welcher der Betroffenen lebt (§ 335 Abs. 1 Nr. 3 FamFG), beide unter der Voraussetzung, dass sie in erster Instanz beteiligt worden sind.

d) Verfahrenspfleger, Behörde. Ausdrücklich gewährt das Gesetz das Beschwerderecht dem **Verfahrenspfleger** (§ 335 Abs. 3 FamFG). Dabei ist nicht zur Voraussetzung gemacht, dass der Pfleger selbst in seinen Rechten betroffen ist.[255] Ohne Einschränkung wird auch der zuständigen Betreuungsbehörde das Beschwerderecht eingeräumt (§ 335 Abs. 4 FamFG).

e) Beschwerdeverfahren. Ist der Betroffene untergebracht, so kann er die Beschwerde auch bei dem Amtsgericht einlegen, in dessen Bezirk er untergebracht ist (§ 336 FamFG). Im Übrigen gelten für das Beschwerdeverfahren die Vorschriften über den ersten Rechtszug entsprechend (§ 68 Abs. 3 S. 1 FamFG). Das gilt auch für die Pflicht zur Anhörung des Betroffenen (BGH FamRZ 2011, 805 Tz. 11). Zwar kann das Beschwerdegericht von einzelnen Verfahrenshandlungen absehen, wenn diese bereits im ersten Rechtszug vorgenommen worden sind und von einer erneute Vornahme keine zusätzlichen Erkenntnisse zu erwarten sind (§ 68 Abs.3 S.2 FamFG); von einer Anhörung darf aber nicht abgesehen werden, wenn das Gericht des ersten Rechtszuges bei der Anhörung zwingende Verfahrensvorschriften verletzt hat (BGH FamRZ 2011, 805 Tz. 14 – hier verspätete Bestellung eines Verfahrenspflegers).

f) Erledigung des Verfahrens, Rechtsschutzbedürfnis. Mit dem Ablauf der Frist oder einer sonstigen Beendigung der genehmigten Unterbringung ist die Hauptsache erledigt.[256] Eine danach noch eingelegte Beschwerde bzw. weitere Beschwerde wäre nach allgemeinen Verfahrensgrundsätzen unzulässig. Doch besteht nach der Rechtsprechung des BVerfG[257] im Falle tiefgreifender Grundrechtseingriffe ein fortbestehendes Rechtsschutzinteresse für die gerichtliche Prüfung, wenn die direkte Belastung durch den angegriffenen Hoheitsakt sich nach dem typischen Verfahrensablauf auf eine Zeitspanne beschränkt, in welcher der Betroffene die gerichtliche Entscheidung in der von der Prozessordnung gegebenen Instanz kaum erlangen kann. In solchem Fall wurde unter Geltung des FGG die Zulässigkeit der Beschwerde bzw. der weiteren Beschwerde trotz prozessualer Überholung mit dem Ziel, die Rechtswidrigkeit der Unterbringungsgenehmigung festzustellen, grundsätzlich bejaht.[258] Die Frage ist nun in § 62 FamFG ausdrücklich geregelt: Hat sich die angefochtene Entscheidung in der Hauptsache erledigt, so spricht das Beschwerdegericht auf Antrag aus, dass die Entscheidung des Gerichts des ersten Rechtszugs den Beschwerdeführer in seinen Rechten verletzt hat, sofern der Beschwerdeführer ein berechtigtes Interesse an dieser Feststellung hat. In der Regel liegt ein solche Interesse vor, wenn schwerwiegende Grundrechtseingriffe vorliegen oder eine Wiederholung konkret zu erwarten ist (§ 62 Abs. 2 FamFG).

---

[253] Die Frage ist dann, ob der getrennt lebende Ehegatte aus § 59 Abs. 1 FamFG beschwerdeberechtigt sein kann; ablehnend BT-Drucks. 11/4528 S. 187, wo das Getrenntleben offenbar der Scheidung gleichgestellt wird. Indes ist Getrenntleben ein stets veränderlicher Zustand, der die Zuordnung der Ehegatten zueinander nicht entfallen lässt.
[254] AA *Prütting/Helms/Roth* § 335 FamFG Rn.2
[255] AA für die Lage nach dem FGG: OLG Frankfurt/Main FamRZ 2000, 1146 (kein eigenes Beschwerderecht des Verfahrenspflegers gegen die Ablehnung der Genehmigung).
[256] BayObLG FamRZ 1995, 488.
[257] BVerfG NJW 1997, 2163 (betreffend richterliche Untersuchungsanordnung).
[258] BayObLG FamRZ 2002, 419, 420; BayObLGZ 2002, 304, 306 = FamRZ 2003, 190 (LS.); FamRZ 2004, 220; FamRZ 2004, 486; OLG München FamRZ 2005, 1589; FamRZ 2006, 64 (auch wenn sich die Hauptsache schon vor Einlegung des Rechtsmittels erledigt hat); OLG München FamRZ 2006, 445; NJW-RR 2008, 1032, 1033 = FamRZ 2008, 1117 (LS.); OLG Hamm FamRZ 2007, 763.

VI. Freiheitsentziehung durch Bevollmächtigte (Abs. 5)

102 **1. Sinn der Vorschrift.** Das 1. BtÄndG hat mit Abs. 5 eine Vorschrift hinzugefügt, die klarstellt,[259] dass freiheitsentziehende Unterbringung und Einwilligung in unterbringungsähnliche Maßnahmen auch auf Grund einer Entscheidung durch Bevollmächtigte möglich sind. Andererseits werden derartige Entscheidungen zum Schutz des Vollmachtgebers[260] an strenge Voraussetzungen gebunden:
- Zum einen umfasst die Vollmacht die Befugnis zu solchen Entscheidungen nur, wenn sie schriftlich erteilt ist und „die in Abs. 1 und 4 genannten Maßnahmen ausdrücklich umfasst";
- zum anderen unterliegt der Bevollmächtigte bei Ausübung der Befugnis denselben Einschränkungen wie der Betreuer, insbesondere bedarf er der Genehmigung des Betreuungsgerichts. Dies ergibt sich aus der Verweisung des Abs. 5 auf die Absätze 1 bis 4.

103 **2. Das Grundproblem der stellvertretenden Freiheitsentziehung. a) Gegenstand der Vollmacht.** Es geht nicht um eine „Bevollmächtigung zur freiheitsentziehenden Unterbringung", die gar nicht denkbar ist, weil es sich beim Vollzug der Unterbringung um faktisches Tun handelt. Es führt mE auch nicht weiter, der Sache durch andere Termini („Ermächtigung") aus dem Weg zu gehen. Vielmehr geht es um die **Bevollmächtigung zur Erklärung der Einwilligung in die Freiheitsentziehung:** Mit Erteilung der Vollmacht setzt der Vollmachtgeber den Bevollmächtigten instand, die Einwilligung in eine Freiheitsentziehung, die er bei entsprechender Fähigkeit zur Selbstbestimmung selbst erklären könnte, als sein Stellvertreter zu erklären.[261] Bei den unterbringungsähnlichen Maßnahmen (Abs. 4) stellt das Gesetz selbst klar, dass es sich um die Stellvertretung bei der Einwilligung handelt; nichts anderes gilt aber für die freiheitsentziehende Unterbringung nach Abs. 1.

104 **b) Grundproblem.** Mit der rechtstechnischen Konstruktion ist aber nicht das sachliche Grundproblem gelöst, ob eine Person eine andere wirksam dazu bevollmächtigten kann, im Falle des eigenen Unvermögens zur Selbstbestimmung stellvertretend über ihre Freiheit zu verfügen. Die Bedenken gegen eine unkontrollierte Fremdbestimmung im höchstpersönlichen Freiheitsbereich sind durch die Neuregelung gewiss zum Teil gemindert, aber nicht völlig beseitigt. Es genügt schon der Hinweis darauf, dass im Bereich des § 1906 Abs. 4 bei wörtlicher Anwendung des Gesetzes genehmigungsfreie Räume verbleiben (zB bei der häuslichen Pflege, dazu Rn. 46 f.). Es bestehen auch Zweifel daran, ob der einfache Gesetzgeber dieses Grundrechtsproblem durch eine Klarstellung der in Abs. 5 gewählten Art lösen kann. Da eine verfassungsrechtliche Klärung derzeit nicht erfolgt ist, geht unsere Kommentierung von der Geltung des § 1906 Abs. 5 aus.

105 **3. Die Voraussetzungen im Überblick. a) Voraussetzungen des § 1906 Abs. 1.** Ein Bevollmächtigter kann im Namen des Betroffenen in eine **freiheitsentziehende Unterbringung (§ 1906 Abs. 1)** unter folgenden Voraussetzungen wirksam einwilligen:
aa) Der Betroffene ist zum Zeitpunkt der freiheitsentziehenden Maßnahme zu einer verantwortlichen Selbstbestimmung im Bereich seiner Fortbewegungsfreiheit nicht imstande.
bb) Dem Bevollmächtigten ist eine (noch) wirksame Vollmacht zur stellvertretenden Einwilligung in eine freiheitsentziehende Unterbringung erteilt. Hierbei sind die besonderen Modalitäten des § 1906 Abs. 5 S. 1 zu beachten.
cc) Es sind die Voraussetzungen des § 1906 Abs. 1 Nr. 1 oder Nr. 2 gegeben (§ 1906 Abs. 5 S. 2 iVm. § 1906 Abs. 1);
dd) Die geplante freiheitsentziehende Unterbringung ist vom Betreuungsgericht genehmigt (§ 1906 Abs. 5 S. 2 iVm. § 1906 Abs. 2 S. 1; Ausnahmen nach S. 2).
Die Einwilligung erklärt der Bevollmächtigte – wie der Betreuer als gesetzlicher Vertreter – der Einrichtung gegenüber, in welcher die Unterbringung durchgeführt werden soll. Sie schafft den Rechtfertigungsgrund erlaubter Entziehung der Fortbewegungsfreiheit.

106 **b) Voraussetzungen des § 1906 Abs. 4.** In eine **unterbringungsähnliche Maßnahme (§ 1906 Abs. 4)** kann ein Bevollmächtigter im Namen des Betroffenen wirksam einwilligen, wenn
aa) der Betroffene zu einer verantwortlichen Selbstbestimmung im genannten Bereich nicht imstande ist;

---

[259] Entgegen früher vertretenen Meinungen, vgl. BT-Drucks. 13/7158 S. 34 mit Bezug auf LG Frankfurt/Main FamRZ 1994, 125; zum Problem vgl. auch OLG Stuttgart BtPrax 1994, 99; LG Stuttgart BtPrax 1994, 64.
[260] Dazu BVerfG FamRZ 2009, 945, 947.
[261] So auch BVerfG FamRZ 2009, 945, 947.

bb) der Betroffene dem Bevollmächtigten eine (noch) wirksame Vollmacht zur stellvertretenden Einwilligung in die geplante unterbringungsähnliche Maßnahme erteilt hat (auch hierbei sind die besonderen Modalitäten des § 1906 Abs. 5 S. 1 zu beachten);
cc) die übrigen Voraussetzungen des § 1896 Abs. 4 gegeben sind, die geplante Maßnahme also unter die Definition dieser Vorschrift fällt;
dd) und die geplante Freiheitsentziehung vom Betreuungsgericht genehmigt ist (§ 1906 Abs. 5 S. 2 iVm. § 1906 Abs. 2 S. 1; Ausnahmen nach S. 2).

c) Verweisung. Die sachlichen Voraussetzungen betreffend gilt **das zu § 1906 Abs. 1 und Abs. 4 Gesagte** sinngemäß. Insbesondere ist festzuhalten, dass unterbringungsähnliche Maßnahmen nach der heute vorherrschenden Meinung entgegen dem Wortlaut des § 1906 Abs. 4 auch dann der gerichtlichen Genehmigung bedürfen, wenn der Betroffene bereits freiheitsentziehend untergebracht ist (dazu Rn. 48).

4. Selbstbestimmungsunfähigkeit des Betroffenen im Zeitpunkt der Freiheitsentziehung. Grundvoraussetzung einer Freiheitsentziehung auf Grund des stellvertretenden Willens eines Bevollmächtigten ist, dass der Betroffene selbst im Zeitpunkt der geplanten Maßnahme seinen Willen in diesem Bereich nicht frei bestimmen kann.[262] Es gilt hier nichts anderes als bei der gesetzlichen Vertretung durch den Betreuer: Die Vertretungsmacht besteht in diesem Bereich höchstpersönlicher Entscheidung nur, wenn der Betroffene selbst dazu außerstande ist.

5. Wirksamkeit der Vollmacht/Einwilligung. a) Geschäftsfähigkeit des Vollmachtgebers. Der Betroffene muss, wie bei anderen Vollmachten auch, *im Zeitpunkt der Vollmachterteilung* geschäftsfähig gewesen sein. Auch in diesem Zusammenhang taucht die Frage auf, ob „Geschäftsfähigkeit nach § 104 Nr. 2 BGB" erforderlich ist oder ob eine „natürliche Einsichtsfähigkeit" in Bedeutung und Tragweite der entsprechenden Freiheitsentziehung genügt. Die Frage ist – wie schon bei § 1904 – falsch gestellt, weil es auch nach der Lehre von der möglichen partiellen Geschäftsfähigkeit im Rahmen des § 104 Nr. 2 auf die Fähigkeit der Selbstbestimmung *gerade in dem fraglichen Bereich* ankommt. Der Betroffene kann folglich wirksam zur Einwilligung in die Freiheitsentziehung bevollmächtigen (und ist insofern geschäftsfähig), wenn er zu begreifen vermag, dass eine Freiheitsentziehung zu seinem eigenen Schutz notwendig werden kann, und wenn er Sinn, Bedeutung und Tragweite der mit der Vollmacht verbundenen Befugnisse verstehen und seinen Willen nach dieser Erkenntnis bestimmen kann.

b) Schriftliche Erteilung. Nach § 1906 Abs. 5 S. 1 setzt „die Unterbringung durch einen Bevollmächtigten" zunächst voraus, dass die Vollmacht schriftlich erteilt ist. Der ungenaue Gesetzestext lässt sich so deuten, dass eine Formvorschrift für die Vollmachterteilung aufgestellt werden soll, deren Erfüllung sich nach den Erfordernissen des § 126 Abs. 1, 3 richtet und deren Verletzung zur Nichtigkeit der Vollmacht führt (§ 125). Die Grundsätze der Duldungs- und Anscheinsvollmacht blieben auch hier außer Betracht. Ist die „Unterbringungsvollmacht" mit der Vollmacht bezüglich anderer Bereiche verbunden, so kann der nicht formbedürftige Teil gemäß § 139 BGB wirksam sein.

c) Inhaltliche Erfordernisse der Vollmacht. aa) Grundsatz. Ähnlich wie bei § 1904 Abs. 2 setzt die stellvertretende Einwilligung in eine freiheitsentziehende Unterbringung oder in eine unterbringungsähnliche Maßnahme voraus, dass die Vollmacht diese Maßnahmen ausdrücklich umfasst. Die Einwilligung durch den Bevollmächtigten ist nur wirksam, wenn die Befugnis hierzu in der schriftlichen Vollmacht ausdrücklich verlautbart ist. Hier handelt es sich nicht um eine Wirksamkeitsvoraussetzung der Vollmacht, sondern der Einwilligung. Die Vollmacht bleibt, soweit sie sich auf andere Gegenstände bezieht, in ihrer Geltung unberührt.

bb) Bezugspunkt. Bezugspunkt des **ausdrücklichen Umfassens** sind die in § 1906 Abs. 1 und 4 genannten Maßnahmen, also
– die Unterbringung des Betroffenen, die mit Freiheitsentziehung verbunden ist, sowie
– der Einsatz von mechanischen Vorrichtungen, Medikamenten oder anderen Mitteln, durch die dem Betroffenen die Freiheit über einen längeren Zeitraum oder regelmäßig entzogen werden soll.[263] Aus der Formulierung der Vollmacht muss klar ersichtlich sein, dass der Bevollmächtigte befugt sein soll, durch seinen Willen als Stellvertreter des Betroffenen die Rechtmäßigkeit solcher Maßnahmen zu begründen. Die Umschreibung der Maßnahmen geschieht zweckmäßigerweise durch Verwendung der gesetzlichen Begriffe. Nach allgemeinen Auslegungsgrundsätzen genügt auch eine andere Umschreibung, solange nur klar ist, dass freiheitsentziehende Maßnahmen der

---
[262] G. *Müller* DNotZ 1999, 107, 116.
[263] Vgl. BT-Drucks. 13/7158 S. 34 (die Vollmacht muss ausdrücklich die Möglichkeit einer Unterbringung oder unterbringungsähnlichen Maßnahme umfassen).

in § 1906 Abs. 1 und/oder Abs. 4 genannten Art gemeint sind.[264] Doch ist aus Gründen der Rechtssicherheit dringend von einem Abweichen vom gesetzlichen Wortlaut abzuraten.[265] Nicht hingegen müssen die sachlichen Voraussetzungen, unter denen eine Stellvertretung bei der Einwilligung generell zulässig ist (zB Unvermögen des Betroffenen zur Selbstbestimmung) oder unter denen die genannten Maßnahmen zulässig sind und vom Gericht genehmigt werden dürfen (zB die Voraussetzungen nach § 1906 Abs. 1 Nr. 1 und 2) unbedingt ausdrücklich genannt sein. Sinn des „ausdrücklichen Umfassens" ist es auch hier, dem Vollmachtgeber die Tragweite der Vollmacht vor Augen zu führen; dazu genügt die ausdrückliche Klarstellung der Art der Maßnahme, in die sein Bevollmächtigter stellvertretend soll einwilligen können.

113 **cc) Einzelheiten.** Eine bloße Generalvollmacht genügt für die stellvertretende Entscheidung über eine freiheitsentziehende Maßnahme nicht,[266] auch nicht die Vollmacht „in allen persönlichen Angelegenheiten" oder „in Gesundheitsangelegenheiten".[267] Auch die Ermächtigung zu „notwendigen Schutzmaßnahmen" genügt nicht.[268] Andererseits muss der eindeutig erkennbare Wille des Vollmachtgebers, die Entscheidung über eine Freiheitsentziehung im Falle eigenen Unvermögens dem Bevollmächtigten zu überlassen, respektiert werden, auch wenn er sich nicht an die gesetzlichen Begriffe hält. So begründet mE eine Vollmacht zu „allen etwa notwendig werdenden freiheitsentziehenden Maßnahmen" sowohl die Vertretungsmacht zu Maßnahmen nach § 1906 Abs. 1 als auch nach Abs. 4. Auch der Gebrauch des Begriffs „unterbringungsähnliche Maßnahme" bezeichnet die Freiheitsentziehungen nach § 1906 Abs. 4 hinreichend. Der bloße Bezug auf Paragraphenzahlen ohne sachliche Benennung der Freiheitsentziehung andererseits genügt mE nicht, weil der schlichte Verweis auf Gesetzesvorschriften nicht sicherstellt, dass der Vollmachtgeber die Tragweite voll erkannt hat.

114 **dd) Altfälle.** Besondere Probleme werfen auch bei § 1906 die **vor dem 1. 1. 1999 erteilten Vollmachten** auf. Es gilt das zu § 1904 Gesagte sinngemäß (s. § 1904 Rn. 79). Doch ist zu bedenken, dass vor dem Inkrafttreten des BtÄndG die hM die Zulässigkeit einer auf die Freiheitsentziehung bezogenen Vollmacht ablehnte. Es kann folglich in der Regel nicht angenommen werden, dass bei einer vor der genannten Zeit erteilten Generalvollmacht oder einer Vollmacht für alle persönlichen Angelegenheiten der Wille des Vollmachtgebers auch die Ermächtigung zur Einwilligung in die Freiheitsentziehung umfassen sollte.[269]

115 **ee) Enger oder weiter Umfang der Vollmacht.** Die Vollmachten zur Einwilligung in freiheitsentziehende Maßnahmen müssen nicht unbedingt sämtliche in § 1906 Abs. 1 und 4 genannten Maßnahmen umfassen, sie können also **enger gezogen** sein (zB nur freiheitsentziehende Maßnahmen nach Abs. 4 umfassen, nicht aber eine Unterbringung, oder die Freiheitsentziehung durch Medikamente ausschließen). Sie können aber auch **weiter gezogen** werden und sich auf Freiheitsentziehungen erstrecken, bei denen keine gerichtliche Genehmigung erforderlich ist. Den Hauptfall bildet die Vollmacht zur Einwilligung in unterbringungsähnliche Maßnahmen gegenüber Personen, die nicht in einer Einrichtung untergebracht sind, sondern **zu Hause versorgt werden**. In diesem Fall könnte man daran zweifeln, ob die besonderen Anforderungen an die Vollmacht nach § 1906 Abs. 5 S. 1 überhaupt zum Zuge kommen.[270] Dies ist aber vom Schutzzweck der Norm her zu bejahen; denn erst recht bei der Vollmacht zu einer gerichtlich nicht genehmigungsbedürftigen Einwilligung in die Freiheitsentziehung ist ein klarer dahin gehender Wille des Vollmachtgebers zu fordern. Diskutiert wird, ob eine Erweiterung der Unterbringungsvollmacht auch auf den Fall bloßer **Gefährdung Dritter** wirksam wäre;[271] dies ist abzulehnen. Sinn des § 1906 Abs. 5 ist es nicht, das öffentlich-rechtliche Unterbringungsrecht unter den Vorbehalt anderweitiger privatautonomer Gestaltungen zu stellen.

116 **ff) Gesundheitsfürsorge nicht umfasst.** Die Vollmacht zur Einwilligung in freiheitsentziehende Maßnahmen umfasst für sich gesehen nicht die Gesundheitsfürsorge. Soll also der Bevollmächtigte in Heilmaßnahmen im Namen des Patienten einwilligen können, so bedarf er zusätzlich

---

[264] In diesem Sinn auch *Erman/Roth* Rn. 62.
[265] Siehe nur die Entscheidung LG Düsseldorf FamRZ 2000, 1315, 1316: Vollmacht zur Aufenthaltsbestimmung und „Einwilligung in freiheitsbeschränkende Maßnahmen im Sinne von § 1906 Abs. 4 BGB" genügt nicht für freiheitsentziehende Unterbringung.
[266] HM, vgl. *Palandt/Diederichsen* Rn. 42.
[267] LG Hamburg FamRZ 1999, 1613; vgl. auch BVerfG FamRZ 2009, 945, 947.
[268] BVerfG FamRZ 2009, 945, 947.
[269] So auch LG Frankfurt FamRZ 2001, 1555.
[270] Es handelt sich streng genommen nicht um „Maßnahmen nach Absatz 4", wie der gesetzliche Wortlaut verlangt!
[271] *Bienwald* (3. Aufl.) Rn. 69.

einer Vollmacht für diesen Bereich. Die sachlichen Erfordernisse für die Vollmacht zur stellvertretenden Einwilligung in medizinische Maßnahmen richten sich nach § 1904 Abs. 5. Besteht für den Gesundheitsbereich keine (hinreichende) Vollmacht, so ist erforderlichenfalls für diesen Aufgabenkreis ein Betreuer zu bestellen, der dann mit dem Aufenthaltsbevollmächtigten kooperieren muss.

gg) Durchführung. Die Vollmacht zur Einwilligung in freiheitsentziehende Maßnahmen nach § 1906 Abs. 1 und 4 ist strikt von **Akten der Durchführung** zu unterscheiden. Die Befugnis (gegebenenfalls auch Verpflichtung) hierzu stützt sich auf das zugrunde liegende Rechtsverhältnis (Auftrag, Geschäftsbesorgung). Die Durchführung selbst bedarf keiner weiteren gerichtlichen Genehmigung. Soweit in ihrem Rahmen schuldrechtliche Geschäfte im Namen des Betroffenen anfallen (zB Abschluss eines Pflegevertrages mit einer Einrichtung; Heimvertrag), ist gleichfalls eine wirksame Vollmacht erforderlich; diese bedarf jedoch nicht der Genehmigung durch das Gericht. 117

d) Fortbestehen der Vollmacht im Zeitpunkt der Unterbringung bzw. sonstigen Einwilligung. Auf die Erläuterungen zu § 1904 kann verwiesen werden (§ 1904 Rn. 80, 81). Von besonderer Bedeutung ist hier die Frage, ob auch im Rahmen der Freiheitsentziehung der jederzeit mögliche **Widerruf** der Vollmacht die Geschäftsfähigkeit des Vollmachtgebers voraussetzt. Das ist, wenn man die Geschäftsfähigkeit als die Fähigkeit zu selbstbestimmtem Handeln *in diesem Bereich* richtig begreift, zu bejahen. Das bedeutet konsequent, dass der Vollmachtgeber im Falle eigener Geschäftsunfähigkeit auch *ohne und gegen* seinen Willen freiheitsentziehend untergebracht bzw. unterbringungsähnlichen Maßnahmen unterworfen werden kann. Die Vorstellung, auch der nicht selbstbestimmungsfähige Betroffene könne durch sein Widerstreben die Vollmacht widerrufen, nimmt der Unterbringungsvollmacht ihren denkbaren Sinn. Gewinnt das Gericht im Genehmigungsverfahren erhebliche Zweifel daran, dass der Bevollmächtigte seine Befugnisse zum Wohl des Betroffenen ausübt, so ist die Bestellung eines Betreuers erforderlich, der die Vollmacht widerrufen kann. Zum Erlöschen der Vollmacht nach Maßgabe des zugrundeliegenden Rechtsverhältnisses siehe Erl. zu § 1904 Rn. 80. 118

6. Gegenstand und Voraussetzungen des gerichtlichen Genehmigungsvorbehalts. 119
a) Grundsatz. Gegenstand des Genehmigungsvorbehalts ist in den Fällen des § 1906 Abs. 4 schon nach dem Wortlaut des Gesetzes die **Einwilligung in die Freiheitsentziehung,** die der Bevollmächtigte im Namen des Vollmachtgebers erklären will. Auch für die Fälle des § 1906 Abs. 1 gilt trotz der unklaren Gesetzeswortlauts nichts anderes: Präzise formuliert ist nicht „die Unterbringung durch den Bevollmächtigten" zu genehmigen, sondern die Einwilligung des Betreuers als gesetzlichem Vertreter des Betreuten. Die Voraussetzungen der Genehmigungsbedürftigkeit sind die gleichen wie bei der Betreuung. Der Genehmigungsvorbehalt ist zum Schutze des Vollmachtgebers zwingendes Recht; die Vollmacht kann also nicht wirksam von ihr entbinden.[272]

b) Eilfälle. Wie bei der Betreuung ist eine freiheitsentziehende Unterbringung oder eine unterbringungsähnliche Maßnahme ohne gerichtliche Genehmigung nur zulässig, wenn mit dem Aufschub Gefahr verbunden ist (s. § 1906 Abs. 2 S. 2); die Genehmigung ist in solchem Fall unverzüglich nachzuholen (§ 1906 Abs. 5 S. 2 iVm. Abs. 2 S. 2; Abs. 4). Diese Regelung lässt für Eilfälle die Notwendigkeit der gerichtlichen Genehmigung, nicht aber der Einwilligung durch den Bevollmächtigten entfallen. In Fällen, in denen der Bevollmächtigte nicht rechtzeitig zu erreichen ist, muss im Eilverfahren ein vorläufiger Betreuer bestellt werden; kann auch dies nicht rechtzeitig geschehen, so ist das Gericht selbst gemäß § 1846 zum Handeln befugt. 120

7. Die Entscheidung des Gerichts. a) Prüfung der Vertretungsmacht. Das Gericht hat zunächst zu prüfen, ob derjenige, der als gewillkürter Stellvertreter in die Freiheitsentziehung einwilligen will, dazu befugt ist. Daher sind die Wirksamkeit und der hinreichende Umfang der Vollmacht und ihr Fortbestehen im Zeitpunkt der Einwilligung festzustellen. Zugleich ist zu prüfen, ob der Betroffene im Zeitpunkt der freiheitsentziehenden Maßnahme zur Selbstbestimmung auf diesem Gebiet imstande ist, weil andernfalls in dieser höchstpersönlichen Angelegenheit keine Vertretungsmacht besteht. 121

b) Prüfung der sachlichen Voraussetzungen des § 1906 Abs. 1 oder § 1906 Abs. 4. Die Erteilung der Genehmigung ist an die gleichen Voraussetzungen gebunden wie bei einem Betreuer. Auch hier ist das Wohl des Betroffenen das entscheidende Richtmaß für die gerichtliche Entscheidung. Es gelten die Prinzipien der Erforderlichkeit und Verhältnismäßigkeit. Bei der Definition des Wohls des Betroffenen sind die Maximen des § 1901 Abs. 3 entsprechend zu beachten, auch in diesem Zusammenhang sind die Wünsche des Betroffenen mit seinem Wohl in Beziehung zu 122

---

[272] *Walter* FamRZ 1999, 685, 691.

§ 1907 Abschnitt 3. Titel 2. Rechtliche Betreuung

setzen. Im Übrigen gilt auch hier, dass das Gericht über den Bevollmächtigten keine „betreuungsähnliche" Aufsicht führt: Es kann die Genehmigung erteilen oder versagen, aber nicht das Verhalten des Bevollmächtigten durch Gebote, Verbote oder Auflagen bestimmen.

123 **8. Durchführung.** Ist die Einwilligung in die freiheitsentziehende Maßnahme vom Gericht genehmigt, so hängt die weitere Durchführung vom Bevollmächtigten ab. Die Pflicht, von der Genehmigung Gebrauch zu machen, ergibt sich weder aus dieser selbst noch aus der Verweisung des § 1906 Abs. 5 auf die vorstehenden Absätze.[273] Das Betreuungsgericht kann den Bevollmächtigten folglich nicht dazu zwingen, eine genehmigte Maßnahme durchzuführen.[274] Vielmehr entscheidet über die Pflichtenlage des Bevollmächtigten allein das zugrunde liegende Rechtsverhältnis (Auftrag, Geschäftsführung ohne Auftrag). Zurechenbare Pflichtverletzungen machen den Bevollmächtigten nach Auftrags- oder Geschäftsführungsrecht schadensersatzpflichtig. Wenn eine vom Gericht für notwendig gehaltene Unterbringung nicht durchgeführt wird, bleibt nur die Möglichkeit der Bestellung eines Betreuers, weil sich dann zeigt, dass die Angelegenheiten des Betroffenen durch den Bevollmächtigten nicht ebenso gut besorgt werden können wie durch einen Betreuer (§ 1896 Abs. 2 S. 2).

124 **9. Anwendung des § 1906 Abs. 5 auch ohne Vollmacht?** Vereinzelt wird die Meinung vertreten, dass nahe Angehörige oder Personen, die mit dem Betroffenen zusammenleben, als Geschäftsführer ohne Auftrag über die Unterbringung entscheiden könnten und dann dazu analog § 1906 Abs. 5 der gerichtlichen Genehmigung bedürften.[275] Diese Auffassung ist unhaltbar. Auch die berechtigte GoA erzeugt keine Vertretungsmacht des Geschäftsführers.

125 **10. Verfahren. a) Anwendbarkeit der §§ 312 ff. FamFG.** Das Verfahren betreffend die Genehmigung freiheitsentziehender Maßnahmen durch Bevollmächtigte ist Unterbringungssache (§ 312 Nr. 1 FamFG) und richtet sich folglich nach den einschlägigen Vorschriften des FamFG (§§ 313 ff.). Zuständig sind die Betreuungsgerichte (§§ 23a Abs. 2 Nr. 1, 23c Abs. 1 GVG). Eine Unterbringungssache ist auch gegeben, wenn die Einwilligung eines Bevollmächtigten in eine unterbringungsähnliche Maßnahme den Verfahrensgegenstand bildet (§ 312 Nr. 2, obwohl hier der Bevollmächtigte nicht eigens genannt ist).

126 **b) Besonderheiten.** Bei Anwendung der Verfahrensregeln ist zu berücksichtigen, dass der Bevollmächtigte die gleiche verfahrensrechtliche Stellung innehat wie sonst der Betreuer.[276] Das FamFG trägt dem Rechnung. Der Bevollmächtigte ist gemäß § 315 Abs. 1 Nr. 3 FamFG zu beteiligen und gemäß § 320 FamFG anzuhören. Auch hinsichtlich des Beschwerderechts werden Betreuer und Bevollmächtigter parallel behandelt (§ 335 Abs. 3 FamFG). Nach herrschender, aber unzutreffender Ansicht ist der Bevollmächtigte nicht beschwerdeberechtigt, wenn das Gericht trotz Vorliegens einer einschlägigen Vollmacht einen Betreuer bestellt.[277] Im Namen des Betroffenen kann der Bevollmächtigte Beschwerde nur einlegen, wenn die Vollmacht diese Angelegenheit umfasst. Bei der Zuführung zur Unterbringung hat die Behörde auch den Bevollmächtigten auf dessen Wunsch hin zu unterstützen (§ 326 Abs. 1 FamFG); für die Frage der Gewaltanwendung gelten die gleichen Regeln wie bei der Zuführung durch Betreuer.

127 **11. Beendigung.** Auch für die von einem Bevollmächtigten veranlasste freiheitsentziehende Unterbringung gilt der Grundsatz des § 1906 Abs. 3 (iVm. § Abs. 5 S. 2): Der Bevollmächtigte hat eine Unterbringung zu beenden, wenn ihre Voraussetzungen weggefallen sind (§ 1906 Abs. 3 S. 1). Er hat die Beendigung dem Betreuungsgericht anzuzeigen (§ 1906 Abs. 3 S. 2). „Beendigung der Unterbringung" bedeutet hier, dass der Bevollmächtigte die von ihm erklärte Einwilligung in die Freiheitsentziehung widerruft und – gemäß dem zugrunde liegenden Rechtsverhältnis – die Beendigung der Unterbringung organisiert. Die Pflicht, eine Freiheitsentziehung nach Wegfall ihrer Voraussetzungen zu beenden, gilt auch für Maßnahmen nach § 1906 Abs. 4.

§ 1907 Genehmigung des Betreuungsgerichts bei der Aufgabe der Mietwohnung

(1) ¹Zur Kündigung eines Mietverhältnisses über Wohnraum, den der Betreute gemietet hat, bedarf der Betreuer der Genehmigung des Betreuungsgerichts. ²Glei-

---

[273] AA *Walter* FamRZ 1999, 685, 691.
[274] *Walter* FamRZ 1999, 685, 691.
[275] *Bienwald* (3. Aufl.) Rn. 97.
[276] *Erman/Roth* Rn. 64. In diesem Sinne auch BayObLG FamRZ 2003 (betreffend Rechtstellung im Abgabeverfahren).
[277] BayObLGZ 2003, 106, 108; BayObLG v. 10. 10. 2003 - 3Z BR 163/03; BayObLG FamRZ 2003, 1219; aA OLG Zweibrücken FamRZ 2003, 703, 704.

ches gilt für eine Willenserklärung, die auf die Aufhebung eines solchen Mietverhältnisses gerichtet ist.

(2) ¹Treten andere Umstände ein, auf Grund derer die Beendigung des Mietverhältnisses in Betracht kommt, so hat der Betreuer dies dem Betreuungsgericht unverzüglich mitzuteilen, wenn sein Aufgabenkreis das Mietverhältnis oder die Aufenthaltsbestimmung umfasst. ²Will der Betreuer Wohnraum des Betreuten auf andere Weise als durch Kündigung oder Aufhebung eines Mietverhältnisses aufgeben, so hat er dies gleichfalls unverzüglich mitzuteilen.

(3) Zu einem Miet- oder Pachtvertrag oder zu einem anderen Vertrag, durch den der Betreute zu wiederkehrenden Leistungen verpflichtet wird, bedarf der Betreuer der Genehmigung des Betreuungsgerichts, wenn das Vertragsverhältnis länger als vier Jahre dauern oder vom Betreuer Wohnraum vermietet werden soll.

Schrifttum: *Bauer,* Zwangsbefugnisse des Betreuers im Aufgabenkreis „Wohnungsangelegenheiten", FamRZ 1994, 1562; *Bobenhausen,* Wohnungskündigung durch den Betreuer, Rpfleger 1994, 13; *Harm,* Die Wohnungsauflösung, Rpfleger 2002, 59; *Jochum,* Zur Frage von Mitteilungspflicht und vormundschaftsgerichtlicher Genehmigung bei drohendem Wohnungsverlust durch fristlose Kündigung bei Mietzahlungsverzug, § 1907 BGB, BtPrax 1994, 201; *Neumann,* Genehmigungspflichten und spezielle Probleme im Aufgabenkreis Wohnungsangelegenheiten, BtPrax 2008, 246; *Schumacher,* Wohnraummiete und Betreuung, NZM 2003, 257; *Walker/Gruß,* Räumungsschutz bei Suizidgefahr und altersbedingter Gebrechlichkeit, NJW 1996, 352.

Übersicht

	Rn.		Rn.
I. Normzweck	1, 2	**III. Aufhebung einer Wohnraummiete** (Abs. 1 S. 2)	12
1. Abs. 1, 2	1		
2. Miet- und Pachtverträge, wiederkehrende Leistungen (Abs. 3)	2	**IV. Mitteilungspflichten (Abs. 2)**	13–18
		1. Mitteilungspflicht nach Abs. 2 S. 1	13–17
		a) Unverzügliche Mitteilung	13
II. Kündigung einer Wohnraummiete (Abs. 1 S. 1)	3–11	b) Betroffene Wohnräume	14
		c) Umstände	15
1. Befugnis des Betreuers	3	d) Voraussetzung der Mitteilungspflicht	16
2. Erfasste Rechtsgeschäfte	4–7	e) Unterlassene Mitteilung	17
a) Voraussetzung der Genehmigungspflichtigkeit	4	2. Mitteilungspflicht nach Abs. 2 S. 2	18
b) Begriff der Kündigung	5	**V. Genehmigungsvorbehalte nach Abs. 3**	19–23
c) Kein Genehmigungsvorbehalt	6	1. Miete, Pacht, Verpflichtung zu wiederkehrenden Leistungen (1. Alt.)	19
d) Begleitgeschäfte	7		
3. Betroffene Wohnungen	8	2. Vermietung von Wohnraum (2. Alt.)	20–22
4. Genehmigung	9	a) Genehmigungspflichtigkeit	20
5. Verfahren	10, 11	b) Umfang nach dem Gesetzestext	21
a) Allgemeine Vorschriften	10	c) Inhalt des Vertrages	22
b) Geltung der §§ 1828 bis 1831	11	3. Genehmigung und Verfahren	23

I. Normzweck

1. Abs. 1, 2. Die Wohnung des Betreuten als der räumliche Mittelpunkt seines Lebens bedarf besonderen Schutzes, insbesondere gegen vorschnelle Auflösung im Falle eines Aufenthalts im Krankenhaus oder einer Unterbringung.[1] Die Gesetzesbegründung sieht einen möglichen Gleichklang von Drittinteressen – Nachbarn, Vermieter, Betreuer[2] –, der den Betreuer dazu veranlassen kann, die Wohnung des Betreuten ohne Not aufzulösen.[3] Um dies zu verhindern, statuiert Abs. 1 einen **Genehmigungsvorbehalt** für die Kündigung von Wohnraum, den der Betreute gemietet hat (Abs. 1 S. 1), sowie für sonstige Willenserklärungen, die auf die Aufhebung eines solchen Mietverhältnisses gerichtet sind (Abs. 1 S. 2). Um dem Betreuungsgericht Gelegenheit zur Kontrolle zu geben, sind dem Betreuer außerdem **Mitteilungspflichten** auferlegt: Er hat das Gericht unverzüglich zu informieren, wenn er den Wohnraum auf andere Weise als durch Kündigung oder Aufhebung

---

[1] Ausführliche rechtspolitische Begründung BT-Drucks. 11/4528 S. 83 ff.
[2] Auch die Verwandten könnten hier genannt werden.
[3] BT-Drucks. 11/4528 S. 84.

§ 1907 2–5 Abschnitt 3. Titel 2. Rechtliche Betreuung

eines Mietverhältnisses aufgeben will (Abs. 2 S. 2), ferner wenn andere Umstände eintreten, auf Grund derer die Beendigung des Mietverhältnisses in Betracht kommt (Abs. 2 S. 1). Unberührt von den Genehmigungsvorbehalten des Abs. 1 bleiben die allgemeinen Schranken des § 1908i Abs. 1 S. 1 iVm. § 1821, wenn der Betreute Eigentümer oder sonst dinglich Berechtigter an der Wohnung ist.

2 **2. Miet- und Pachtverträge, wiederkehrende Leistungen (Abs. 3).** Langfristige Verträge sollen vom Betreuungsgericht vorbeugend kontrolliert werden können. Abs. 3 verfolgt zunächst den gleichen Zweck wie die für die Vormundschaft geltende Regel des § 1822 Nr. 5. Doch ist der Genehmigungsvorbehalt auf den Fall erweitert, dass vom Betreuer Wohnraum vermietet werden soll, ohne dass es dabei auf die Laufzeit des Vertrages ankäme. Auch hierfür war die Erwägung maßgebend, dass die Interessen des Betreuten an der Aufrechterhaltung seiner Wohnung zu schützen sind (etwa gegen anderweitige Vermietung der Wohnräume).[4]

II. Kündigung einer Wohnraummiete (Abs. 1 S. 1)

3 **1. Befugnis des Betreuers.** Voraussetzung für eine Kündigung von Wohnraum durch den Betreuer ist selbstverständlich, dass ihm überhaupt die Befugnis zur Kündigung des Wohnraums zukommt. Das hängt von der Umschreibung des Aufgabenkreises ab. Es genügt die Betreuung für „alle Angelegenheiten", ferner die Zuweisung des Wirkungskreises „Aufenthaltsbestimmung", der im Rahmen des Betreuungsrechts in einem erweiterten Sinne verstanden wird und sogar die Begründung des Wohnsitzes umfasst.[5] Nicht nötig ist, dass dem Betreuer ausdrücklich „Wohnungsangelegenheiten" als Aufgabenkreis zugewiesen sind,[6] obwohl sich das angesichts unterschiedlichster Auffassungen zu dieser Frage empfiehlt (s. grundsätzlich § 1896 Rn. 90 ff.). Wegen der persönlichen Zweckbestimmung des § 1907 Abs. 1 genügt der Aufgabenkreis bloßer Vermögenssorge nicht;[7] die Zuweisung der „Personensorge" lässt Zweifel offen.[8]

4 **2. Erfasste Rechtsgeschäfte. a) Voraussetzung der Genehmigungspflichtigkeit.** Dem Genehmigungsvorbehalt unterliegt die Kündigung einer Wohnraummiete, an welcher der Betreute als Mieter beteiligt ist. Die Genehmigungspflichtigkeit besteht nur, wenn entweder der Betreuer im Namen des Betreuten oder der unter Einwilligungsvorbehalt stehende Betreute mit Zustimmung des Betreuers selbst kündigt. Will der geschäftsfähige Betreute selbst oder sein Bevollmächtigter die Kündigung erklären, so greift die Vorschrift nicht.[9] Hat der Betreuer Zweifel an der Geschäftsfähigkeit des die Kündigung aussprechenden Betreuten und stimmt er daher vorsorglich zu, so kommt es aber alles auf die wirkliche Lage an: Ist der Betreute geschäftsfähig, so benötigt er weder die Zustimmung des Betreuers noch die gerichtliche Genehmigung; ist er geschäftsunfähig, so kann die Zustimmung des Betreuers in die Vornahme des Rechtsgeschäfts umgedeutet werden; es ist dann aber zur Kündigung die Genehmigung des Gerichts erforderlich.

5 **b) Begriff der Kündigung.** Der Begriff der Kündigung ist in striktem Sinne zu nehmen; gemeint ist also die einseitige empfangsbedürftige Willenserklärung, welche die Auflösung des Mietverhältnisses mit Wirkung für die Zukunft zur Folge hat. Alle sonstigen Rechtsgeschäfte bezüglich des Mietverhältnisses sind nach Abs. 1 S. 2 zu beurteilen. Ist die Wirksamkeit des Mietvertrages (zB wegen möglicher Geschäftsunfähigkeit des Betreuten) zweifelhaft, so greift § 1907 Abs. 1 dann, wenn der Vertrag von den Parteien als wirksam behandelt wurde und von Seiten des Betreuten nun aufgelöst werden soll.[10] Gleichgültig ist, ob die „Wohnung aufgelöst" wird, ob also zB der Hausrat in eine andere Wohnung verlagert oder veräußert werden soll. Bewusst hat der Gesetzgeber nicht an den Tatbestand der Wohnungsauflösung, sondern der Kündigung des Mietverhältnisses angeknüpft.[11] So unterfällt auch diejenige Kündigung der Genehmigungspflicht, mit der ein bloßer Umzug in eine neue, vielleicht sogar schönere Wohnung eingeleitet wird. Nicht unter die Genehmigungsvorbehalte von Abs. 1 S. 1 und 2 fallen **faktische Vorgänge**, die zu einem Verlust des bisherigen räumlichen Lebensmittelpunktes führen, zB wenn der Betreute ohne Vertrag bei seiner Familie lebt

---

[4] BT-Drucks. 11/4528 S. 85.
[5] BayObLG FamRZ 1992, 1922, 1923; aA OLG Brandenburg FamRZ 2007, 1356 (keine Befugnis zur Kündigung der bisherigen Wohnung).
[6] So auch *Soergel/Zimmermann* Rn. 4; *Erman/Roth* Rn. 4; *Bienwald* Rn. 12; *Knittel* Rn. 5. AA *Klüsener* Rpfleger 1991, 225, 228.
[7] HM, siehe *Bienwald* Rn. 12; HK-BUR/*Rinck* Rn. 7; aA *Knittel* Rn. 6 (Angelegenheit der Vermögenssorge).
[8] *Soergel/Zimmermann* Rn. 4 will hier weiter differenzieren.
[9] *Erman/Roth* Rn. 3; aA *Soergel/Zimmermann* Rn. 3.
[10] *Knittel* Rn. 3.
[11] BT-Drucks. 11/4528 S. 84, 150.

und diese umzieht.[12] Auch die faktische Aufgabe einer Wohnung, die der Betreute als dinglich Berechtigter bewohnt, ist nicht genehmigungspflichtig (siehe aber Mitteilungspflicht nach Abs. 2 S. 2, unten Rn. 18). Erst recht bedarf die Aufrechterhaltung der Mietwohnung trotz anderweitiger Unterbringung des Betreuten keiner gerichtlichen Genehmigung.[13]

c) Kein Genehmigungsvorbehalt. Nicht unter den Genehmigungsvorbehalt fällt für sich gesehen das faktische Verbringen des Betreuten in einen Pflegeheim oder ein Krankenhaus. Das ist vor allem dann von Bedeutung, wenn die Überführung in ein Heim nicht mit einer Wohnungskündigung verbunden ist, weil zB die Familienangehörigen weiterhin in der gemieteten Wohnung verbleiben.[14]

d) Begleitgeschäfte. Ferner ist § 1907 Abs. 3 nicht einschlägig für Rechtsgeschäfte anderer Art, die eine Wohnungskündigung als deren Konsequenz zu begleiten pflegen (Begleitgeschäfte), wie die Kündigung von Verträgen über Strom- und Wasserbezug, Verträge über Möbeltransport, Verkauf von Einrichtungsgegenständen, usw.[15]

3. Betroffene Wohnungen. Bewusst stellt das Gesetz nicht darauf ab, ob der Betreute (noch) in der Wohnung lebt. Die Vorschrift ist auch dann anwendbar, wenn der Betreute die Räume nicht mehr bewohnt, etwa weil er sich im Krankenhaus oder einer Anstalt aufhält.[16] Der genehmigungspflichtige Tatbestand umfasst vielmehr alle Wohnräume, die „der Betreute gemietet hat", gleichgültig, ob er selbst oder der Betreuer oder ein Bevollmächtigter in seinem Namen den Vertrag abgeschlossen hat.[17] Vom Sinn der Regelung her ist sowohl ausdehnende wie einschränkende Interpretation geboten: Der Genehmigungsvorbehalt besteht auch, wenn der Betreute Mieter ist, ohne den Mietvertrag abgeschlossen zu haben, zB wenn er als Ehegatte oder sonstiger Familienangehöriger in das Mietverhältnis eingetreten ist (§ 563) oder das Mietverhältnis als Erbe fortgesetzt hat (§ 564).[18] Andererseits ist die Vorschrift generell auf die Wohnräume zu beschränken, die der Betreute zum **Zweck** gemietet hat, **selbst darin zu wohnen**;[19] das von ihm für den Sohn in der Universitätsstadt angemietete Zimmer fällt zB nicht darunter. Im Übrigen ist es gleichgültig, welcher Art der Wohnraum und welcher Art das Mietverhältnis ist: Auch das Zimmer, das der Betreute als Untermieter innehat, fällt darunter, ebenfalls ein Zimmer im Pflegeheim.[20] Hingegen ist § 1907 Abs. 1 nicht anwendbar, wenn ein Pflegeheim- oder Krankenhausvertrag gekündigt werden soll, der dem Betreuten keinen Anspruch auf einen konkreten Raum gewährt.[21] Ferner greift die Vorschrift nicht, wenn ein Pachtverhältnis gekündigt werden soll, dessen Objekt unter anderem Wohnzwecken dient.[22]

4. Genehmigung. Das Gericht entscheidet nach den Kriterien des § 1901 Abs. 1 bis 3. Dabei stehen die persönlichen Interessen des Betreuten an der Aufrechterhaltung seines bisherigen Lebensmittelpunktes im Vordergrund. Auch die Frage, ob eine Unterbringung oder ein Heimaufenthalt voraussichtlich von (langer) Dauer sein wird, kann eine Rolle spielen.[23] In der Regel kommt eine Genehmigung der Kündigung nur in Betracht, wenn eine Rückkehr in die eigene Wohnung auf Dauer ausgeschlossen ist.[24] Wirtschaftliche Gesichtspunkte können, wenngleich in zweiter Linie, ebenfalls bedeutsam sein, zB wenn der Betreute eine seinen Bedarf und seine Leistungsfähigkeit übersteigende Wohnung gemietet hat.[25]

5. Verfahren. a) Allgemeine Vorschriften. Zuständig sind die Betreuungsgerichte (§§ 23a Abs. 2 Nr. 1, 23c GVG, § 271 Nr. 3 FamFG). Funktionell zuständig ist der Rechtspfleger (§ 3 Nr.2 b RPflG). Es gelten die allgemeinen Vorschriften des Verfahrens in Betreuungssachen, soweit sich ihre Geltung nicht auf bestimmte andere Verrichtungen beschränkt. Zu **beteiligen** sind der Betroffene, der Betreuer oder Bevollmächtigte (§ 274 Abs. 1 FamFG) und, soweit bestellt, der Verfahrenspfleger (§ 274 Abs. 2 FamFG). Das Gericht hat einen **Verfahrenspfleger** zu bestellen, wenn dies

---

[12] Vgl. auch BT-Drucks. 11/4528 S. 84, 150.
[13] Vgl. BayObLG Rpfleger 2004, 284 = FamRZ 2004, 834 (LS.).
[14] *Soergel/Zimmermann* Rn. 3.
[15] *Soergel/Zimmermann* Rn. 6.
[16] BT-Drucks. 11/4528 S. 150; *Palandt/Diederichsen* Rn. 3.
[17] BT-Drucks. 11/4528 S. 150.
[18] LG Berlin FamRZ 2000, 1526, 1528; *Knittel* Rn. 3; *Bienwald* Rn. 15.
[19] *Bienwald* Rn. 16. Anders wohl LG Berlin FamRZ 2000, 1526, 1528.
[20] *Soergel/Zimmermann* Rn. 2; *Knittel* Rn. 4.
[21] Für Pflegeheim str., wie hier *Knittel* Rn. 4; *Soergel/Zimmermann* Rn. 2.
[22] BT-Drucks. 11/4528 S. 151.
[23] *Knittel* Rn. 9.
[24] OLG Oldenburg NJW-RR 2003, 587; OLG Frankfurt FamRZ 2006, 1875.
[25] BT-Drucks. 11/4528 S. 150; *Knittel* Rn. 9.

zur Wahrnehmung der Interessen des Betroffenen notwendig erscheint (§ 276 Abs. 1 S. 1 FamFG); insbesondere ist dies der Fall, wenn von der persönlichen Anhörung des Betroffenen nach § 278 Abs. 4 iVm. § 34 Abs. 2 abgesehen werden soll (§ 276 Abs. 1 S. 2 Nr. 1 FamFG). Das Gericht hat den Betroffenen **persönlich anzuhören** (§ 299 S. 2 FamFG); die Anhörung kann in den Fällen des § 34 Abs. 2 FamFG unterbleiben,[26] obwohl dies im konkreten Gesetzeszusammenhang nicht ausdrücklich gesagt ist. Im Übrigen ist weder die Anhörung der Behörde noch der Angehörigen obligatorisch, doch ist mE § 279 Abs. 3 anwendbar, wonach das Gericht auf Verlangen des Betroffenen eine ihm nahestehende Person anzuhören hat, soweit dies ohne erhebliche Verzögerung möglich ist. Soweit ein Gegenbetreuer bestellt ist, muss er nach allgemeinen Verfahrensprinzipien angehört werden. Ob vor der Entscheidung ein **Sachverständigengutachten** einzuholen ist, richtet sich nach dem Aufklärungsbedarf (§ 26 FamFG). Ein Gutachten kann erforderlich sein, wenn aufzuklären ist, ob ein Betreuer, der sich bisher sein gewohntes Wohnumfeld erhalten konnte, auf Grund neuer Umstände dazu künftig nicht mehr in der Lage sein wird.[27] **Bekanntgabe und Wirksamwerden** siehe § 40 Abs. 1, 2 FamFG (nicht §§ 287, 288 FamFG).[28] Gegen die Entscheidung steht dem Betreuten die **Beschwerde** zu Gebote (§ 58 Abs. 1 FamFG); eines Beschwerdewerts oder einer Zulassung bedarf es nicht, weil es sich nicht um eine bloß vermögensrechtliche Angelegenheit handelt (§ 61 FamFG). Das Beschwerderecht hat auch der Verfahrenspfleger (§ 303 Abs. 3 FamFG). Der für die Angelegenheit zuständige Betreuer kann auch im Namen des Betroffenen Beschwerde einlegen (§ 303 Abs. 4 S. 1 FamFG). Dem Geschäftspartner steht kein Beschwerderecht aus § 58 Abs. 1 FamFG zu, auch nicht dem in der Wohnung lebenden Sohn des Betreuten.[29]

11 **b) Geltung der §§ 1828 bis 1831.** Im Übrigen gelten für die **Erteilung der Genehmigung** die **§§ 1828 bis 1831** iVm. § 1908i Abs. 1 S. 1; die Erläuterungen zu diesen Vorschriften sind sinngemäß auf das Betreuungsrecht zu übertragen, soweit sich aus diesem nichts anderes ergibt. Vor allem ist zu beachten, dass die Wohnungskündigung unwirksam ist, wenn sie ohne erforderliche Genehmigung des Gerichts erklärt wird (§ 1831 S. 1).

III. Aufhebung einer Wohnraummiete (Abs. 1 S. 2)

12 Das für die Kündigung Gesagte gilt gem. § 1907 Abs. 1 S. 2 auch für andere Willenserklärungen, die auf die Aufhebung eines Mietverhältnisses über vom Betreuten gemieteten Wohnraum gerichtet sind: Antrag oder Annahme eines Aufhebungsvertrages,[30] eines Verzichtsvertrages, mE darüber hinaus Rücktritt vom Vertrag und Anfechtung wegen Willensmangels.[31] Gleiches gilt für die Erklärung nach § 563 Abs. 3, das Mietverhältnis nicht fortzusetzen. Genehmigungsbedürftig ist auch ein gerichtlicher Vergleich, der die Aufhebung des Mietverhältnisses zum Inhalt hat; die Einschränkungen des § 1822 Nr. 12 haben im Rahmen des § 1907 keine Bedeutung.[32] Vom Genehmigungsvorbehalt sind dieselben Wohnungen betroffen wie nach Abs. 1 S. 1. Auch die Kriterien für die Erteilung der Genehmigung und das Verfahren sind dieselben.

IV. Mitteilungspflichten (Abs. 2)

13 **1. Mitteilungspflicht nach Abs. 2 S. 1. a) Unverzügliche Mitteilung.** Der Betreuer hat dem Betreuungsgericht **unverzüglich Mitteilung** zu machen, wenn ihm Umstände bekannt werden, die – ohne eine Willenserklärung auf Seiten des Betreuten – eine Beendigung des Mietverhältnisses zur Folge haben können.

14 **b) Betroffene Wohnräume. Betroffen** sind dieselben **Wohnräume wie nach Abs. 1**. Es muss sich um gemieteten Wohnraum handeln; bei dem Rechtsverhältnis muss der Betreute auf der Mieterseite stehen. Pachtverhältnisse sind bewusst nicht in die Regelung einbezogen.[33]

15 **c) Umstände.** „Umstände", die zur Beendigung des Mietverhältnisses führen können, sind vor allem Kündigung und Räumungsverlangen durch den Vermieter. Die Gesetzesbegründung fürchtet, der Betreuer könnte geneigt sein, gegenüber solchen Begehren des Vermieters keine hinreichende Gegenwehr zu leisten, weil zB eine Verbringung des Betreuten in ein Alten- oder Pflegeheim die

---

[26] *Damrau/Zimmermann* § 299 FamFG Rn. 28. Zur Rechtslage nach FGG: OLG Köln 2009, 814.
[27] Vgl. OLG Frankfurt FamRZ 2006, 1875.
[28] *Damrau/Zimmermann* § 287 FamFG Rn. 14.
[29] Zum FGG-Recht KG FamRZ 2010, 494.
[30] Dieser Fall ist in erster Linie gemeint, vgl. BT-Drucks. 11/4528 S. 150.
[31] Obwohl sie nicht die „Aufhebung", sondern die Vernichtung des Vertrages erstrebt.
[32] *Soergel/Zimmermann* Rn. 8.
[33] Rechtspolitische Begründung hierfür BT-Drucks. 11/4528 S. 151.

Betreuung erleichtert.[34] Die pflichtgemäße Mitteilung des Betreuers setzt das Betreuungsgericht instand, das Verhalten des Betreuers in der Mietangelegenheit zu überprüfen und gegebenenfalls aufsichtliche Maßnahmen nach § 1837 Abs. 2, 3 iVm. § 1908i Abs. 1 S. 1 zu treffen.[35] Solche Maßnahmen sind indes nur zulässig, wenn der Betreuer pflichtwidrig handelt, etwa einer unberechtigten Kündigung des Vermieters nicht nach Kräften entgegentritt.[36] Zweifelhaft erscheint, ob der Betreuer auch Mitteilung davon machen muss, dass der geschäftsfähige Betreute von sich aus kündigen will; mE muss dies verneint werden, da insoweit auch keine gerichtliche Überwachung stattfindet.

d) Voraussetzung der Mitteilungspflicht. Voraussetzung der Mitteilungspflicht nach Abs. 2 S. 1 ist, dass der Aufgabenkreis des Betreuers die Sorge für die Mietangelegenheiten oder die Aufenthaltsbestimmung umfasst. Auch für den Betreuer, der für die Wohnungsangelegenheit nicht zuständig ist, kann sich eine Informationspflicht aus § 1901 Abs. 5 S. 2 ergeben.[37]

e) Unterlassene Mitteilung. Das Unterlassen der Mitteilung bildet eine Pflichtwidrigkeit des Betreuers, die aufsichtliche Maßnahmen des Betreuungsgerichts rechtfertigen kann. Außerdem kommt eine Haftung des Betreuers nach § 1833 iVm. § 1908i Abs. 1 S. 1 in Betracht.

2. Mitteilungspflicht nach Abs. 2 S. 2. Zur unverzüglichen Mitteilung an das Gericht ist der Betreuer auch verpflichtet, wenn er Wohnraum des Betreuten auf eine andere Weise als durch Kündigung oder Aufhebung eines Mietverhältnisses aufgeben will. Gedacht ist insbesondere an die faktische Aufgabe einer Wohnung, die der Betreute bisher als dinglich Berechtigter genutzt hat.[38] Die Anwendung des § 1907 Abs. 2 S. 2 setzt voraus, dass dem Betreuer gemäß seinem Aufgabenkreis die Befugnis zukommt, die Wohnung aufzugeben; die bloße Befugnis zur Aufenthaltsbestimmung genügt hier streng genommen nicht. Hält man aber das Aufenthaltsbestimmungsrecht für eine hinreichende Ermächtigungsgrundlage auch für die Wohnungsaufgabe, so besteht die Informationspflicht nach § 1907 Abs. 2 S. 2 selbstverständlich auch hier. Die Mitteilungspflicht erhält im Hinblick darauf Bedeutung, dass die Rechtsprechung die Räumungsvollstreckung bei kranken Vollstreckungsschuldnern erschwert.[39]

V. Genehmigungsvorbehalte nach Abs. 3

1. Miete, Pacht, Verpflichtung zu wiederkehrenden Leistungen (1. Alt.). Das Genehmigungserfordernis verfolgt den gleichen Zweck wie § 1822 Nr. 5 im Vormundschaftsrecht, anders ist nur das Element der Vertragsdauer gestaltet: Genehmigungspflichtig ist der Vertrag, dessen Dauer länger als vier Jahre beträgt. Wird ein solcher Vertrag ohne die erforderliche Genehmigung geschlossen, so ergibt sich die Frage, ob er für die genehmigungsfrei höchstzulässige Zeit, also für 4 Jahre, als wirksam angesehen werden kann; das ist nur zu bejahen, wenn anzunehmen ist, dass die Vertragsparteien den Vertrag mit im Übrigen gleichem Inhalt auch für diese Dauer abgeschlossen hätten.[40] Das ist zB nicht der Fall, wenn sich durch die Änderung der Vertragsdauer eine Äquivalenzstörung ergäbe. Der Genehmigungsvorbehalt greift auch bei Verträgen, die auf unbestimmte Zeit geschlossen werden, wenn eine Lösung vom Vertrag (zB durch Kündigung) mit Wirkung vor Ablauf von 4 Jahren entweder überhaupt nicht möglich oder mit Einbußen verbunden ist.[41] Ob ein unbefristeter Pflegeheimvertrag genehmigungsbedürftig ist,[42] hängt folglich davon ab, in welcher Frist er vom Betreuten gekündigt werden kann und welche Rechtsnachteile nach der konkreten Vertragsgestaltung mit einer (vorzeitigen) Kündigung verbunden sind. Zur Art der betroffenen Rechtsgeschäfte siehe § 1822 Rn. 36 ff. Unberührt von § 1907 Abs. 3 bleibt der Genehmigungsvorbehalt nach § 1822 Nr. 4 iVm. § 1908i Abs. 1 S. 1; ein Pachtvertrag über ein Landgut oder einen gewerblichen Betrieb bedarf also ohne Rücksicht auf die Dauer des Vertragsverhältnisses der betreuungsgerichtlichen Genehmigung.

---

[34] S. die ausführliche Begründung BT-Drucks. 11/4528 S. 84, 150 f.
[35] BT-Drucks. 11/4528 S. 84, 150.
[36] BT-Drucks. 11/4528 S. 151 spricht mißverständlich vom Überschreiten des Ermessensspielraums.
[37] In diesem Sinne zutreffend *Soergel/Zimmermann* Rn. 10.
[38] Der Bundesrat hatte eine Erweiterung des Genehmigungsvorbehalts auch auf diese Fälle vorgeschlagen (BT-Drucks. 11/4528 S. 210), die Bundesregierung hielt eine Mitteilungspflicht für praktikabler (BT-Drucks. 11/4528 S. 229).
[39] BVerfG NJW 1991, 3207, dazu zB OLG Düsseldorf Rpfleger 1998, 208; weiteres bei *Bienwald* Rn. 43.
[40] BGH LM § 139 Nr. 24 mwN.
[41] BGHZ 28, 78 ff. (Lebensversicherungsvertrag); LG Münster FamRZ 2005, 1860 (keine Genehmigungspflicht bei Arbeitsvertrag, der mit einer Frist von vier Wochen ohne Rechtsnachteile gekündigt werden kann); zum Problem im Übrigen § 1822 Rn. 42.
[42] 2. Aufl. § 1902 Rn. 10 (grundsätzlich nicht genehmigungsbedürftig); *Spanl* Rpfleger 1983, 427 (genehmigungsbedürftig).

§ 1908 1, 2

20 **2. Vermietung von Wohnraum (2. Alt.). a) Genehmigungspflichtigkeit.** Ohne Rücksicht auf die Dauer des Vertragsverhältnisses soll die Vermietung von Wohnraum durch den Betreuer stets genehmigungspflichtig sein. Damit soll vor allem verhindert werden, dass der Betreuer die Wohnung des Betreuten während seines Aufenthalts in einer Anstalt oder im Krankenhaus ohne weiteres weitervermieten und so sein Interesse an der Beibehaltung seines bisherigen Lebensmittelpunktes gefährden kann.[43]

21 **b) Umfang nach dem Gesetzestext.** Der Gesetzestext geht indes weit über diese rechtspolitische Begründung hinaus. Denn es kommt nach dem Wortlaut des Gesetzes gar nicht darauf an, ob der Betreute in der Wohnung gelebt hat oder dort künftig leben will: **Jegliche Vermietung von Wohnraum** ist genehmigungspflichtig, auch wenn er in einem dem Betreuten gehörigen Mietshaus gelegen und der Betreute ausschließlich am Mietzins interessiert ist.[44] Die Ansicht, § 1907 Abs. 3 sei einschränkend dahin zu interpretieren, dass er sich nur auf die vom Betreuten gemietete Wohnung als räumlichen Mittelpunkt seiner Lebensverhältnisse beziehe,[45] findet in der Entstehungsgeschichte der Norm keine Stütze; hätte der Gesetzgeber den Genehmigungsvorbehalt auf den Betreuten selbst bewohnten Wohnraum beschränken wollen, so wäre dies im Gesetz in irgend einer Weise zum Ausdruck gekommen. Freilich kann die gesetzestreue Anwendung des § 1907 Abs. 3 eine sinnvolle Vermögensverwaltung erheblich erschweren; eine allgemeine Ermächtigung des Betreuers gemäß § 1825 iVm. § 1908i Abs. 1 S. 1 ist nicht möglich.

22 **c) Inhalt des Vertrages.** Ob Wohnraum vermietet wird, richtet sich nach dem Inhalt des in Aussicht genommenen Vertrags; auch die Vermietung von bisher gewerblich genutzten Räumen als Wohnung fällt darunter, ebenso die Untervermietung von Wohnraum, nicht hingegen die Vermietung von Zimmern im Rahmen eines Hotelbetriebs (kein „Wohnraum" im Sinne der Vorschrift). Dem Genehmigungsvorbehalt unterliegt auch die Vermietung von Wohnraum durch den Betreuten selbst, wenn dieser insoweit unter Einwilligungsvorbehalt steht und der Betreuer dem Geschäft zustimmen will.

23 **3. Genehmigung und Verfahren.** Das zu Abs. 1 Gesagte (Rn. 10, 11) gilt sinngemäß. Für die Anhörung des Betroffenen gilt § 299 S. 2 FamFG.

§ 1908 Genehmigung des Betreuungsgerichts bei der Ausstattung

Der Betreuer kann eine Ausstattung aus dem Vermögen des Betreuten nur mit Genehmigung des Betreuungsgerichts versprechen oder gewähren.

I. Normzweck

1 Der Genehmigungsvorbehalt ist auf Initiative des Bundesrats[1] in das Gesetz gelangt. Da Ausstattungen nicht zu den Schenkungen (§ 1804) zählen, andererseits erhebliche Vermögenswerte betreffen können, soll der Betreuer bei ihrer Vergabe durch das Gericht kontrolliert werden.

II. Einzelerläuterungen

2 **1. Ausstattung.** Der Begriff der Ausstattung richtet sich nach der Legaldefinition des § 1624 Abs. 1. Es handelt sich um eine unentgeltliche Zuwendung, die in bestimmten Grenzen ausnahmsweise nicht nach Schenkungsrecht behandelt wird. **Voraussetzung** hierfür ist:

a) Zuwendung. Die Zuwendung geschieht durch **Vater und/oder Mutter an ihr Kind;** auch der nichteheliche Vater und die nichteheliche Mutter können ausstatten. Der Empfänger muss den verwandtschaftsrechtlichen Status des Kindes des Zuwendenden haben. Dieser kann auch durch Adoption erlangt sein. Unentgeltliche Zuwendungen an Pflegekinder, Enkel u. ä. sind Schenkungen; wird trotzdem irrtümlich eine Genehmigung nach § 1908 erteilt, so hat diese keine heilende Wirkung.[2] Die Genehmigungspflicht besteht auch dann, wenn die Ausstattung aus dem Gesamtgut der in Gütergemeinschaft lebenden Ehegatten erfolgen soll; genehmigungsbedürftig ist auch die

---

[43] BT-Drucks. 11/4528 S. 85, 151.
[44] S. meine Kritik 57. DJT, Mainz 1988, Sitzungsbericht K S. 29.
[45] LG Münster FamRZ 1994, 521; 521; ähnlich *Soergel/Zimmermann* Rn. 13; *Bienwald* Rn. 32; *Knittel* Rn. 19 („angestammte Wohnung" des Betreuten); wie hier *Damrau/Zimmermann* Rn. 9.
[1] BT-Drucks. 11/4528 S. 211, dazu S. 229 (Bundesregierung); BT-Drucks. 11/6949 S. 76.
[2] 2. Aufl. § 1902 Rn. 4.

Zustimmung des nicht verwaltenden Ehegatten zur Ausstattung durch den verwaltenden an ein nicht gemeinschaftliches Kind gemäß § 1444 Abs. 2 Hs. 2.[3]

b) Verheiratung oder Erlangung einer selbständigen Lebensstellung. Die Zuwendung geschieht mit Rücksicht auf die **Verheiratung** des Kindes oder die **Erlangung einer selbständigen Lebensstellung.** Die Eingehung einer nichtehelichen Lebensgemeinschaft steht in diesem Zusammenhang der Verheiratung nicht gleich; doch kann bei Zuwendungen in solchem Fall die Schaffung einer selbständigen Lebensstellung das Ziel sein.

c) Zweck der Zuwendung. Die Zuwendung dient der **Begründung oder Erhaltung der „Wirtschaft" oder Lebensstellung** des Kindes. In Betracht kommen auch Geschäftsübergabe oder die Beteiligung am elterlichen Betrieb.[4] Keine Ausstattung liegt vor, wenn der Hauptzweck Zuwendung darin besteht, der Familie des Betreuten das von ihm ererbte Anwesen zu erhalten, mag die Zuwendung auch für das sie empfangende Kind eine Verbesserung seiner Wohnverhältnisse bringen.[5] Andererseits kann eine Ausstattung vorliegen, wenn die Zuwendung außer der Begründung der Lebensstellung des Kindes *auch* Zweck verfolgt, die Versorgung des Zuwendenden im Alter zu sichern (Hofübergabevertrag).[6] Die Übergabe von Vermögen, die keinen Bezug zu den in § 1624 genannten Zwecken hat, sondern sich lediglich als Regelung der vorweggenommenen Erbfolge versteht, ist nicht als Ausstattung anzuerkennen.[7]

d) Stellung der Zuwendung. Die Zuwendung ist **unentgeltlich,** wird aber gleichwohl nicht als Schenkung behandelt, soweit sie nicht das den Umständen, insbesondere den Vermögensverhältnissen des Vaters oder der Mutter entsprechende **Maß** übersteigt (§ 1624 Abs. 1 letzter HS.). Die Ausstattung ist aber insoweit Schenkung, als sie nach den wirtschaftlichen und persönlichen Verhältnissen als übermäßig erscheint.[8] Soweit dies zutrifft, ist § 1908 nicht anwendbar, sondern es gelten die Vorschriften über Schenkungen durch den Betreuer (s. § 1908i Abs. 2 S. 1).[9] Da zur Ausstattung nicht viele Gerichtsentscheidungen vorliegen, ist die Grenze der Angemessenheit wenig geklärt; entsprechend besteht Rechtsunsicherheit.[10] Unerheblich für den Ausstattungsbegriff ist demgegenüber, ob eine **Verpflichtung** der Eltern hierzu besteht oder nicht.

2. Der genehmigungspflichtige Vorgang. § 1908 greift, wenn der Betreuer im Namen des Betreuten dessen Kind eine Ausstattung verspricht (Verpflichtungsgeschäft) oder gewährt (Verfügung) oder wenn der unter Einwilligungsvorbehalt stehende Betreute eines dieser Rechtsgeschäfte selbst tätigt und der Betreuer zustimmt. Ist das Ausstattungsversprechen genehmigt, so kann es genehmigungsfrei erfüllt werden. § 1908 ist nur einschlägig, soweit die Ausstattung nicht als übermäßig anzusehen ist; soweit Schenkungsrecht anzuwenden ist, ergeben sich die Befugnisse des Betreuers aus §§ 1908i Abs. 2 S. 1, 1804. Will der geschäftsfähige Betreute die Ausstattung selbst versprechen oder gewähren, so ist § 1908 nicht einschlägig; das Gleiche gilt, wenn der geschäftsfähige Betreute einen anderen zur Vornahme einer Ausstattung bevollmächtigt.[11]

3. Kriterien der Genehmigung. Maßstab ist das Wohl des Betreuten, wie es sich im Zeitpunkt des Genehmigungsverfahrens darstellt. Das „Wohl des Betreuten" ist auch hier unbestimmter Rechtsbegriff;[12] gerade bei familiären Angelegenheiten wird es in besonderem Maße auf seine Wünsche und Vorstellungen ankommen (§ 1901 Abs. 2 S. 2, Abs. 3 S. 1). Zu bedenken ist, dass die Kinder keinen gesetzlichen Anspruch auf eine Ausstattung haben (RGZ 80, 217 f.), dass aber in bestimmtem Umfang eine sittliche Pflicht der Eltern angenommen wird. Entscheidend wird sein, welche Risiken der Betreute um welcher konkreten Ziele willen für die eigene Lebensgestaltung eingeht;[13] auch erbrechtliche[14] sowie ideelle Gesichtspunkte (Familienfrieden)[15] kommen zum Tragen. In den Betreuungsfällen ist auf die besondere Lage des Betroffenen Rücksicht zu nehmen; nicht nur wirtschaftliche Gesichtspunkte

---
[3] 2. Aufl. § 1902 Rn. 5.
[4] *Soergel/Zimmermann* Rn. 2.
[5] BayObLG Rpfleger 2003, 649, 650 = FamRZ 2003, 1967 (LS.).
[6] OLG Stuttgart FamRZ 2005, 62.
[7] OLG Frankfurt FamRZ 2008, 544, 545.
[8] OLG Stuttgart FamRZ 2005, 62.
[9] Erl. zu § 1908i Rn. 39 ff.
[10] *Soergel/Zimmermann* Rn. 6.
[11] *Soergel/Zimmermann* Rn. 7.
[12] Anders noch *Goerke* 2. Aufl. § 1902 Rn. 7 Fn. 14.
[13] Unhaltbar erscheint mir die Auffassung der amtl. Begr., eine Ausstattung sei, soweit sie nicht als Schenkung anzusehen ist, generell mit dem Wohl des Betreuten vereinbar, siehe BT-Drucks. 11/4528 S. 152; der RegE hatte u. a. mit dieser Begründung keinen entsprechenden Genehmigungsvorbehalt vorgesehen.
[14] Vgl. BGHZ 44, 91 ff. (§ 2050).
[15] 2. Aufl. § 1902 Rn. 7.

§ 1908a

wie der eigene absehbare Versorgungsbedarf,[16] sondern auch persönliche Umstände spielen eine Rolle. Nicht angemessen wäre es, die Angemessenheitsgrenze schematisch am voraussichtlichen Wert des gesetzlichen Erbteils auszurichten.[17]

8 4. Wirkung der Genehmigung. Das genehmigte Ausstattungsversprechen begründet einen klagbaren Leistungsanspruch des Kindes.[18] Zu beachten ist, dass das Versprechen nicht der Form des § 518 bedarf, da Schenkungsrecht nicht anzuwenden ist.[19] Der aus dem genehmigten Versprechen entstandene Anspruch kann entfallen, wenn sich vor seiner Erfüllung die maßgeblichen Verhältnisse grundlegend geändert haben.[20] Soll kein Versprechen gegeben, sondern die Ausstattung ohne eine solche Verpflichtungsgrundlage gewährt werden, so befähigt die Genehmigung den Betreuer zum Abschluss der nötigen Verfügungsgeschäfte.

9 5. Ausstattung ohne erforderliche Genehmigung. Verspricht oder gewährt der Betreuer eine Ausstattung aus dem Vermögen des Betreuten ohne die erforderliche Genehmigung, so ist das Rechtsgeschäft unwirksam. Dies gilt auch für die in diesem Zusammenhang getätigten Verfügungsgeschäfte. Anzuwenden sind die Vorschriften der §§ 1828 bis 1830 (§ 1908i Abs. 1 S. 1).

10 6. Verfahren. Zuständig sind die Betreuungsgerichte (§§ 23a Abs. 2 Nr. 1, 23c GVG, § 271 Nr. 3 FamFG)- Es entscheidet der Rechtspfleger (§ 3 Nr. 2 b RPflG). Im Übrigen siehe § 1907 Rn. 10. Eine Anhörung des Betroffenen ist nicht ausdrücklich vorgeschrieben (Umkehrschluss aus § 299 FamFG, wo die Angelegenheit nicht erwähnt ist), doch kann sie im Rahmen der Amtsermittlung (§ 26 FamFG) geboten erscheinen.[21] Die Entscheidung des Gerichts unterliegt der Beschwerde. Beschwerdeberechtigt ist jedenfalls der Betreute (§ 59 Abs. 1 FamFG), bzw. der Betreuer in seinem Namen (§ 303 Abs. 4 S. 1 FamFG). Nach meiner Auffassung hat der Betreute ein Beschwerderecht auch gegen die Erteilung der Genehmigung.[22] Gegen die Versagung der angestrebten Genehmigung hat auch der Betreuer aus eigenem Recht die Beschwerdebefugnis (§ 59 Abs. 1 FamFG), weil die Entscheidung seine Amtsführung einschränkt.[23] Das Kind, das die Ausstattung empfangen soll, hat gegen die Versagung der Genehmigung kein Beschwerderecht,[24] soweit – wie üblich – kein Anspruch auf die Ausstattung besteht. Gleichfalls haben die Geschwister des Ausstattungsempfängers kein Beschwerderecht gegen die Genehmigung der Ausstattung.[25]

§ 1908a Vorsorgliche Betreuerbestellung und Anordnung des Einwilligungsvorbehalts für Minderjährige

¹Maßnahmen nach den §§ 1896, 1903 können auch für einen Minderjährigen, der das 17. Lebensjahr vollendet hat, getroffen werden, wenn anzunehmen ist, dass sie bei Eintritt der Volljährigkeit erforderlich werden. ²Die Maßnahmen werden erst mit dem Eintritt der Volljährigkeit wirksam.

Übersicht

	Rn.		Rn.
I. Normzweck	1	2. Die allgemeinen Voraussetzungen der Betreuerbestellung	4
II. Vorweggenommene Bestellung eines Betreuers	2–12	3. Verfahren	5–11
1. Die besonderen Voraussetzungen der vorweggenommenen Bestellung	2, 3	a) Anhörung des gesetzlichen Vertreters, Beteiligung	5
a) Vollendung des 17. Lebensjahres	2	b) Sachverständigengutachten	6
b) Betreuerbestellung ab dem Zeitpunkt der Volljährigkeit	3	c) Einwilligung des Betroffenen	7
		d) Bestellungsbeschluss und Urkunde	8

[16] OLG Stuttgart BWNotZ 1997, 147, 148.
[17] OLG Stuttgart BWNotZ 1997, 147, 148.
[18] BayObLGZ 1950, 220 f.; 1951, 465, 467.
[19] Vgl. BGHZ 44, 91, 93 f.
[20] RGZ 141, 358, 359; RG JW 1916, 588; BGHZ 44, 91, 95.
[21] Vgl. *Soergel/Zimmermann* Rn. 9.
[22] AA *Keidel/Kahl* § 20 FGG Rn. 58 (nur in besonderen Fällen, mit Bezug auf BayObLGZ 1989, 242, 245; BayObLG FamRZ 1977, 141).
[23] AA OLG Stuttgart BWNotZ 1997, 147.
[24] So auch *Soergel/Zimmermann* Rn. 11.
[25] *Soergel/Zimmermann* Rn. 11.

	Rn.		Rn.
e) Zeitpunkt des Wirksamwerdens	9	**III. Vorweggenommener Einwilligungs-**	
f) Einstweilige Anordnungen	10	**vorbehalt**	13–16
g) Rechtsbehelfe	11	1. Voraussetzungen	13
		2. Verfahren	14
4. Wirkung	12	3. Wirkung	15, 16
		a) Wirksamwerden	15
		b) Schwebende Rechtsgeschäfte	16

I. Normzweck

Die Bestellung eines Betreuers setzt nach § 1896 die Volljährigkeit des Betroffenen voraus. In **1** manchen Fällen ist aber bei Minderjährigen schon abzusehen, dass sie nach Vollendung des 18. Lebensjahres einen Betreuer benötigen werden. Um eine zeitliche Lücke zu vermeiden, ermöglicht die Vorschrift die vorweggenommene Bestellung eines Betreuers, die allerdings erst an dem Tage wirksam wird, an dem der Betroffene volljährig wird. Gleiches gilt für die Anordnung eines Einwilligungsvorbehalts.

II. Vorweggenommene Bestellung eines Betreuers

1. Die besonderen Voraussetzungen der vorweggenommenen Bestellung. a) Voll- **2** **endung des 17. Lebensjahres.** Der Betroffene muss das siebzehnte Lebensjahr vollendet haben. Diese Voraussetzung ist so zu verstehen, dass vor diesem Zeitpunkt weder ein Bestellungsbeschluss ergehen noch überhaupt ein Betreuungsverfahren anhängig gemacht werden darf.[1] Letzteres ergibt sich aus dem Sinn der zeitlichen Beschränkung, für die Bestellung eines künftig erforderlichen Betreuers die ausreichende,[2] aber nicht eine übermäßige Zeit einzuräumen. Auch der Schutz der elterlichen Sorge vor unnötiger Intervention spricht dafür, Verfahrenshandlungen erst nach Vollendung des 17. Lebensjahres zuzulassen.

b) Betreuerbestellung ab dem Zeitpunkt der Volljährigkeit. Es muss anzunehmen sein, **3** dass die Betreuerbestellung im Zeitpunkt, in dem der Betroffene die Volljährigkeit erreicht, erforderlich sein wird. Es muss also eine dem § 1896 Abs. 1 entsprechende Krankheit oder Behinderung festgestellt werden, die eine Betreuungsbedürftigkeit zur Folge hat und voraussichtlich bis zur Volljährigkeit nicht behoben oder wesentlich gebessert werden kann. Vom Sachverständigengutachten muss verlangt werden, dass es insoweit eine substantiierte Prognose erarbeitet.

2. Die allgemeinen Voraussetzungen der Betreuerbestellung. Für die vorweggenom- **4** mene Bestellung eines Betreuers gelten die allgemeinen Erfordernisse und Regeln der §§ 1896 ff.[3] Auch die vorweggenommene Bestellung kann von Amts wegen oder auf Antrag erfolgen, bei lediglich körperlich Behinderten nur auf Antrag. Den Antrag kann wegen der höchstpersönlichen Natur der Angelegenheit nur der Minderjährige selbst stellen;[4] er bedarf dazu nicht der Zustimmung des gesetzlichen Vertreters, da selbst der Geschäftsunfähige antragsfähig ist. Die Eltern haben kein Antragsrecht; ein entsprechendes Begehren ist als Anregung zu behandeln.[5] Es gilt der Erforderlichkeitsgrundsatz (§ 1896 Abs. 2), allerdings mit der Modalität, dass das Betreuungsbedürfnis für einen künftigen Zeitpunkt (Volljährigkeit) abzuschätzen ist. Erforderlichkeit ist zB nicht gegeben, wenn das Sorgebedürfnis durch Bevollmächtigte erfüllt werden kann (§ 1896 Abs. 2 S. 2); die Vollmachten kann der Minderjährige, sofern er nicht geschäftsunfähig ist, entweder mit Zustimmung des gesetzlichen Vertreters oder ohne diese aufschiebend bedingt durch den Eintritt seiner Volljährigkeit erteilen. Auch die Eltern als gesetzliche Vertreter können eine Vollmacht erteilen, die ab Erreichen der Volljährigkeit wirksam werden soll; doch können sie nicht sich selbst bevollmächtigen (§ 1795 Abs. 2 iVm. § 181).[6] Für die Auswahl des Betreuers gilt § 1897; auch der Vorschlag des Minderjährigen ist gemäß § 1897 Abs. 4 bindend, selbst wenn die Eltern dem nicht zustimmen. Für Art und Aufgabenkreise der Betreuer gelten die allgemeinen Regeln, es kann also in geeigneten Fällen auch ein

---

[1] AA *Soergel/Zimmermann* Rn. 2 (die vorbereitenden Verfahrensschritte sind schon vorher zulässig). Nach *Knittel* Rn. 2 darf das Gericht den Antrag bzw. die Anregung schon vor vollendetem 17. Lebensjahr entgegennehmen, aber weitere Verfahrensschritte erst danach veranlassen, ebenso *Erman/Roth* Rn. 2.
[2] BT-Drucks. 11/4528 S. 152.
[3] Zutreffend BT-Drucks. 11/4528 S. 152.
[4] BT-Drucks. 11/4528 S. 152.
[5] BT-Drucks. 11/4528 S. 152.
[6] AA *Erman/Roth* Rn. 3 (mit Genehmigung des Gerichts).

Vollmachtsbetreuer (§ 1896 Abs. 3) oder ein Gegenbetreuer bestellt werden. Unstatthaft ist mE die vorweggenommene Bestellung eines Betreuers zur Erklärung der Einwilligung in eine Sterilisation.[7]

5 **3. Verfahren. a) Anhörung des gesetzlichen Vertreters, Beteiligung.** Das Verfahren richtet sich nach den allgemeinen Regeln der Bestellung eines Betreuers (§ 1896 Rn. 140 ff.). Der Minderjährige ist voll verfahrensfähig (§ 275 FamFG). Im Folgenden sei auf einige Besonderheiten hingewiesen. Bei vorweggenommener Betreuerbestellung ist auch der gesetzliche Vertreter des Minderjährigen anzuhören (§ 279 Abs. 4 FamFG). Gleiches gilt in diesem Falle für die Anordnung eines vorweggenommenen Einwilligungsvorbehalts. Obwohl dies in § 274 FamFG nicht gesagt ist, gehört derjenige, der zum Zeitpunkt des Verfahrens als gesetzlicher Vertreter des Minderjährigen fungiert, zu den Muss-Beteiligten. Auch wenn die Betreuerbestellung erst mit der Volljährigkeit des Betroffenen wirksam wird, betrifft das Verfahren das Recht des gesetzlichen Vertreters, schon während der Minderjährigkeit vorsorgende Maßnahmen für die Situation seines Schützlings bei Eintritt der Volljährigkeit zu treffen (§ 7 Abs. 2 Nr. 1 FamFG). Wenn die gesetzliche Vertretung wie üblich bei den Eltern liegt, ergibt sich zusätzlich eine Kann-Beteiligung aus § 274 Abs. 4 Nr. 1 FamFG.

6 **b) Sachverständigengutachten.** Probleme bereitet die Vorschrift des § 281 Abs. 1 Nr. 1 FamFG, wonach statt eines Sachverständigengutachtens unter gewissen Voraussetzungen ein ärztliches Zeugnis genügen soll, wenn der Betroffene die Bestellung eines Betreuers beantragt und auf die Begutachtung verzichtet hat und die Einholung des Gutachtens insbesondere im Hinblick auf den Umfang des Aufgabenkreises des Betreuers unverhältnismäßig wäre. Die Wirksamkeit eines solchen „Verzichts" ist bei Minderjährigen problematisch. Auch der prognostische Charakter der vorweggenommenen Betreuerbestellung verlangt ein fachliches Gutachten.

7 **c) Einwilligung des Betroffenen.** Die zur Vorbereitung des Gutachtens nötige **Untersuchung durch den Sachverständigen** setzt die Einwilligung des Betroffenen voraus; ist dieser nicht einwilligungsfähig, kommt es auf die Einwilligung der Eltern an. Generell rechtfertigt die Möglichkeit vorweggenommener Betreuerbestellung keine Einmischungen in das elterliche Sorgerecht in der Zeit bis zur Vollendung des 18. Lebensjahres. Freilich sind Anordnungen des Gerichts nach §§ 283, 284 FamFG auch ohne Einwilligung der Eltern zulässig.

8 **d) Bestellungsbeschluss und Urkunde.** Bestellungsbeschluss und Bestellungsurkunde sollten, auch wenn dies im Gesetz nicht erwähnt ist (§§ 286, 290 FamFG), das Datum des Eintritts der Volljährigkeit als Anfangszeitpunkt für die Betreuertätigkeit nennen. Geschieht dies nicht, so hat der (künftige) Betreuer vorher gleichwohl keinerlei Kompetenzen, ein Vertrauensschutz des Rechtsverkehrs findet insoweit nicht statt (wohl aber kommt Amtshaftung in Betracht).

9 **e) Zeitpunkt des Wirksamwerdens.** Der Beschluss, durch den vorzeitig ein Betreuer bestellt wird, kann erst mit dem Eintritt der Volljährigkeit wirksam werden (§ 1908a S. 2). Diese Regel verdrängt aber die verfahrensrechtlichen Voraussetzungen der Wirksamkeit keineswegs: Voraussetzung der Wirksamkeit ist also *außerdem* die Bekanntmachung an den Betreuer (§ 287 Abs. 1 FamFG) oder die Herbeiführung der sofortigen Wirksamkeit gemäß § 287 Abs. 2 FamFG. Es kann also sein, dass trotz Eintritts des Volljährigkeitsalters die Betreuerbestellung noch nicht wirksam ist, wenn zB die rechtzeitige Bekanntgabe an den Betreuer versäumt wurde. Die Frist, innerhalb welcher die Bestellung des Betreuers zu überprüfen ist (§§ 294 Abs. 3, 295 Abs. 2 FamFG), rechnet sich ab Erlass der Entscheidung (also nicht der Wirksamkeit).

10 **f) Einstweilige Anordnungen.** Einstweilige Anordnungen kommen mE im Falle des § 1908a grundsätzlich nur in Betracht, wenn die Volljährigkeit kurz bevorsteht und nach Lage der Dinge eine Lücke in der gesetzlichen Vertretung vermieden werden muss.

11 **g) Rechtsbehelfe.** Für die Rechtsbehelfe gelten die allgemeinen Regeln (§ 1896 Rn. 208 ff.). Der Minderjährige ist selbständig beschwerdeberechtigt (§ 275 FamFG). Der gesetzliche Vertreter ist aus § 59 Abs. 1 FamFG beschwerdeberechtigt, weil die Entscheidung, auch wenn sie erst mit Volljährigkeit des Vertretenen wirksam wird, in die Fürsorgerechte des Vertreters zur Zeit der Minderjährigkeit eingreift. Zudem ergibt sich für Eltern ein Beschwerderecht unter den Voraussetzungen des § 303 Abs. 2 Nr. 1 FamFG, wenn sie im ersten Rechtszug beteiligt worden sind.

12 **4. Wirkung.** Erst an dem Tag, an dem der Betreute sein 18. Lebensjahr vollendet, entsteht das Rechtsverhältnis der Betreuung mit allen Befugnissen und Pflichten des Betreuers (§ 1908a S. 2), dann aber auf Grund der vorweggenommenen Bestellung ohne weiteren Rechtsakt. Vorher hat der Betreuer keinerlei Kompetenzen und Pflichten. Freilich ist es wünschenswert, wenn der Betreuer schon vor Wirksamwerden seiner Bestellung Kontakte zum Minderjährigen pflegt, zumal wenn er

---

[7] AA HK-BUR/*Rinck* Rn. 9; *Bienwald* Rn. 15.

Entlassung des Betreuers **§ 1908b**

nicht aus dem Angehörigenkreis kommt, doch geschieht diese vorbereitende Tätigkeit freiwillig[8] ohne gesetzlichen Rahmen. Deshalb kann für Tätigkeiten vor dem Stichtag grundsätzlich kein Aufwendungsersatz- und Vergütungsanspruch entstehen.[9] Doch erfordert es die Billigkeit, dass für *notwendige* Aufwendungen, die vor Wirksamkeit der Betreuerbestellung entstanden sind, nach Eintritt dieser Wirksamkeit Ersatz verlangt werden kann; gleiches gilt – bei vergüteten Betreuungen – für den Zeitaufwand.[10] Die freiwilligen Kontakte des Betreuers mit dem Minderjährigen müssen wegen des elterlichen Umgangsbestimmungsrechts mit den Personensorgeberechtigten abgestimmt werden.

III. Vorweggenommener Einwilligungsvorbehalt

1. Voraussetzungen. Auch die Anordnung eines Einwilligungsvorbehalts kann in der oben 13 geschilderten Weise vorweggenommen werden. Das setzt stets voraus, dass eine vorweggenommene Betreuerbestellung erfolgt; ein Einwilligungsvorbehalt kann nicht angeordnet werden, ohne dass vorher oder zumindest zugleich ein Betreuer bestellt wäre (§ 1903 Rn. 5). Im Übrigen gilt das zur vorweggenommenen Betreuerbestellung Gesagte entsprechend. Es müssen also gegeben sein: a) Die besonderen Voraussetzungen der vorweggenommenen Bestellung (Vollendung des 17. Lebensjahrs; voraussichtliche Erforderlichkeit des Einwilligungsvorbehalts bei Erreichen des Volljährigkeitsalters); b) die allgemeinen Voraussetzungen der Anordnung eines Einwilligungsvorbehalts (prognostisch bezogen auf den Zeitpunkt der Vollendung des 18. Lebensjahrs). Zu beachten ist, dass es keinen förmlichen Antrag auf Anordnung des Einwilligungsvorbehalts gibt, dass ferner diese Anordnung bei lediglich körperlich Behinderten unstatthaft ist (§ 1903 Rn. 8).

2. Verfahren. Es gilt das oben bei Rn. 5 ff. Gesagte. Im Unterschied zur vorweggenommenen 14 Betreuerbestellung bedarf es aber stets eines Sachverständigengutachtens; § 281 Abs. 1 FamFG bezieht sich nur auf die Betreuerbestellung.

3. Wirkung. a) Wirksamwerden. Die Entscheidung wird in dem Zeitpunkt **wirksam**, in 15 dem der Betroffene das 18. Lebensjahr vollendet, sofern in diesem Zeitpunkt auch die Wirksamkeitsvoraussetzungen des § 287 Abs. 1, 2 FamFG erfüllt sind. Mit Eintritt des Volljährigkeitsalters wird beim Betroffenen der Status der beschränkten Geschäftsfähigkeit beendet; gleichzeitig treten aber die Handlungsbeschränkungen des § 1903 ein. Soweit die Anordnung des Einwilligungsvorbehalts reicht, ist der Betroffene bei seinem rechtsgeschäftlichen Handeln also weiterhin an die Zustimmung eines gesetzlichen Vertreters gebunden; gesetzlicher Vertreter ist vom Volljährigkeitsstichtag an der Betreuer. In den vom Einwilligungsvorbehalt nicht erfassten Geschäftsbereichen ist der Betroffene voll geschäftsfähig, soweit er nicht aus den Gründen des § 104 Nr. 2 geschäftsunfähig ist.

b) Schwebende Rechtsgeschäfte. Hat der beschränkt geschäftsfähige Minderjährige **Rechts-** 16 **geschäfte** abgeschlossen, deren Wirksamkeit im Volljährigkeitszeitpunkt noch **in der Schwebe** ist, so gilt: **aa)** Fällt die Angelegenheit nicht unter den Einwilligungsvorbehalt, so kann der Betroffene nach Vollendung des 18. Lebensjahrs das Geschäft selbst genehmigen (§ 108 Abs. 3), sofern er in diesem Zeitpunkt nicht geschäftsunfähig ist. **bb)** Fällt das Rechtsgeschäft unter den Einwilligungsvorbehalt, so kann entweder der Betreuer als gesetzlicher Vertreter (§ 1902) oder der Betroffene selbst mit Zustimmung des Betreuers genehmigen, letzteres freilich wiederum nur, wenn er nicht geschäftsunfähig ist. **cc)** Ist der Betroffene bei Vollendung des 18. Lebensjahrs geschäftsunfähig (§ 104 Nr. 2 BGB), so kann nur ein für die Angelegenheit zuständiger Betreuer die Genehmigung erteilen. All dies gilt auch für die Verweigerung der Genehmigung, mit welcher der Schwebezustand ebenfalls beendet wird. Es versteht sich, dass die Rechtslage sich weiter differenzieren kann, zB wenn es sich um eine Angelegenheit handelt, die zwar in den Bereich des Einwilligungsvorbehalts fällt, in der aber der Betreute gleichwohl selbständig handeln kann (s. § 1903 Abs. 3).

§ 1908b Entlassung des Betreuers

(1) ¹Das Betreuungsgericht hat den Betreuer zu entlassen, wenn seine Eignung, die Angelegenheiten des Betreuten zu besorgen, nicht mehr gewährleistet ist oder ein anderer wichtiger Grund für die Entlassung vorliegt. ²Ein wichtiger Grund liegt auch vor, wenn der Betreuer eine erforderliche Abrechnung vorsätzlich falsch erteilt

---

[8] Anders noch der Diskussions-Teilentwurf I, der dem Betreuer auftrug, schon vorher mit dem Betroffenen persönlichen Umgang zu pflegen.
[9] So ist wohl auch die amtl. Begr. zu verstehen (BT-Drucks. 11/4528 S. 152).
[10] Zutreffend *Bienwald* Rn. 32 ff.

§ 1908b   Abschnitt 3. Titel 2. Rechtliche Betreuung

oder den erforderlichen persönlichen Kontakt zum Betreuten nicht gehalten hat.
³Das Gericht soll den nach § 1897 Abs. 6 bestellten Betreuer entlassen, wenn der Betreute durch eine oder mehrere andere Personen außerhalb einer Berufsausübung betreut werden kann.

(2) Der Betreuer kann seine Entlassung verlangen, wenn nach seiner Bestellung Umstände eintreten, auf Grund derer ihm die Betreuung nicht mehr zugemutet werden kann.

(3) Das Gericht kann den Betreuer entlassen, wenn der Betreute eine gleich geeignete Person, die zur Übernahme bereit ist, als neuen Betreuer vorschlägt.

(4) ¹Der Vereinsbetreuer ist auch zu entlassen, wenn der Verein dies beantragt. ²Ist die Entlassung nicht zum Wohl des Betreuten erforderlich, so kann das Betreuungsgericht stattdessen mit Einverständnis des Betreuers aussprechen, dass dieser die Betreuung künftig als Privatperson weiterführt. ³Die Sätze 1 und 2 gelten für den Behördenbetreuer entsprechend.

(5) Der Verein oder die Behörde ist zu entlassen, sobald der Betreute durch eine oder mehrere natürliche Personen hinreichend betreut werden kann.

Übersicht

	Rn.
I. Normzweck	1–3
1. Voraussetzungen der Entlassung	1
2. Die Entlassung des Berufsbetreuers insbesondere (Abs. 1 S. 3)	2
3. Bedeutung der Entlassung	3
II. Mangelnde Eignung des Betreuers (Abs. 1 S. 1, 1. Alt., S. 3)	4–11
1. Grundsätze	4, 5
a) Mangelnde Eignung	4
b) Erforderlichkeit und Verhältnismäßigkeit	5
2. Gründe in der Person des Betreuers	6–10a
a) Pflichtwidrigkeiten	6
b) Andere Gründe	7–9
c) Vorsätzliche Erteilung einer falschen Abrechnung (Abs. 1 S. 2 Alt.1)	10
d) Mangelnder persönlicher Kontakt (Abs.1 S.2 Alt. 2)	10a
3. Gründe in der Person des Betreuten	11
III. Sonstiger wichtiger Grund (Abs. 1 S. 1, 2. Alt.)	12–14
1. Wichtiger Grund	12
2. Der Wunsch des Betreuten nach Entlassung	13
3. Unzumutbarkeit für den Betreuer?	14
IV. Entlassung des Berufsbetreuers zugunsten eines ehrenamtlichen (Abs. 1 S. 3)	15–18
1. Grundsatz	15
2. Voraussetzungen	16
3. Berücksichtigung des Wohls des Betreuten	17
4. Beschwerderecht des Vertreters der Staatskasse	18

	Rn.
V. Unzumutbarkeit für den Betreuer (Abs. 2)	19–22
1. Grundsatz	19
2. Unzumutbarkeit	20
3. Vereins- und Behördenbetreuung	21, 22
a) Geltung des § 1908b Abs. 2 für Vereins- und Behördenbetreuer	21
b) Geltung des § 1908b Abs. 2 für den Verein als solchen	22
VI. Vorschlag eines neuen Betreuers durch den Betreuten (Abs. 3)	23–26
1. Grundsätze	23
2. Die vorgeschlagene Person	24
3. Bereitschaft zur Übernahme	25
4. Verhältnis zu anderen Entlassungsgründen	26
VII. Entlassung des Vereins- oder Behördenbetreuers auf Antrag von Verein oder Behörde (Abs. 4)	27–31
1. Grundsatz	27
2. Fortführung der Betreuung durch die Privatperson (Abs. 4 S. 2)	28–31
a) Grundsätze	28
b) Voraussetzungen	29
c) Inhalt der Entscheidung	30
d) Verfahren	31
VIII. Entlassung des Vereins oder der Behörde als Betreuer (Abs. 5)	32, 33
1. Grundsatz	32
2. Nicht betroffene Fälle	33
IX. Verfahren	34–36
1. Allgemeines	34
2. Rechtsbehelfe	35, 36
a) Gegen Entlassung	35
b) Gegen Ablehnung der Entlassung	36

I. Normzweck

1. Voraussetzungen der Entlassung. Die Vorschrift regelt die Voraussetzungen, unter denen 1 ein Betreuer *trotz fortbestehenden Betreuungsbedürfnisses* entlassen werden kann oder muss. Das Gesetz formuliert sieben Tatbestände, von denen derjenige des Abs. 4 nur den Vereins- oder Behördenbetreuer, der des Abs. 5 nur den Verein oder die Behörde selbst betrifft. Den Grundtatbestand bietet Abs. 1 S. 1 (mangelnde Eignung des Betreuers oder sonstiger wichtiger Grund). Durch das 2. BtÄndG ist als wichtiger Grund ausdrücklich der Fall hervorgehoben, dass der Betreuer eine erforderliche Abrechnung vorsätzlich falsch erteilt hat (Abs. 1 S. 2). Durch das Gesetz zur Änderung des Vormundschafts- und Betreuungsrechts vom 29. 6. 2011 (BGBl. I S. 1306) wurde der Tatbestand hinzugefügt, dass der Betreuer den erforderlichen persönlichen Kontakt zum Betreuten nicht gehalten hat. Zu den in § 1908b genannten Gründen für die Entlassung tritt noch der spezielle aus § 1888 iVm. § 1908i Abs. 1 S. 1: Ist ein **Beamter oder „Religionsdiener"** zum Betreuer bestellt, so ist er zu entlassen, wenn die notwendige Genehmigung versagt oder zurückgenommen wird (Näheres bei Erl. zu § 1888). Geht es darum, die Betreuung insgesamt aufzuheben, weil kein Bedürfnis mehr hierfür besteht, so ist § 1908d Abs. 1, 2 einschlägig.

2. Die Entlassung des Berufsbetreuers insbesondere (Abs. 1 S. 3). Das 1. BtÄndG hat 2 in § 1897 Abs. 6 den Vorrang der ehrenamtlichen Betreuung vor der im Rahmen des Berufs ausgeübten ausdrücklich festgelegt. Als Folge davon ist in § 1908b Abs. 1 S. 3 ein neuer Entlassungsgrund geschaffen worden: Das Gericht soll einen bestellten Betreuer, der das Amt ihm Rahmen seiner Berufsausübung führt, entlassen, wenn die Betreuung durch eine oder mehrere andere Personen außerhalb einer Berufsausübung erfolgen kann. Die Regelung beruht auf einem Vorschlag des Bundesrates.[1]

3. Bedeutung der Entlassung. Die Entlassung führt zur Bestellung eines neuen Betreuers 3 (§ 1908c), nicht aber zum völligen Erlöschen der mit der Bestellung seines Vorgängers eingetretenen Wirkungen (§ 1908c Rn. 16).[2] Von der Entlassung des Betreuers ist die „Aufhebung der Betreuung" (§ 1908d) zu unterscheiden.

II. Mangelnde Eignung des Betreuers (Abs. 1 S. 1, 1. Alt., S. 3)

1. Grundsätze. a) Mangelnde Eignung. Der Betreuer ist von Amts wegen zu entlassen, 4 wenn seine Eignung, die Angelegenheiten des Betreuten zu besorgen, nicht mehr gewährleistet ist.[3] Die Eignung bildet ebenso wie der „wichtige Grund" einen unbestimmten Rechtsbegriff.[4] Mangelnde Eignung ist ein vom Gesetz besonders hervorgehobener wichtiger Grund für die Entlassung[5] und bezieht sich auf das Anforderungsprofil des § 1897 Abs. 1.[6] Die Entlassung rechtfertigt jeder Grund, der den Betreuer nicht (mehr) als geeignet erscheinen lässt.[7] Es genügt, wenn konkrete Tatsachen Anlass zu berechtigten Zweifeln an der Eignung ergeben.[8] Mangelnde Eignung kann aus physischen oder psychischen Eigenschaften[9] oder aus den Verhältnissen des Betreuers resultieren. Sie ist etwa gegeben, wenn der Betreuer den ihm zugewiesenen Aufgabenkreis nur unzulänglich und unter Gefährdung der Interessen des Betreuten bewältigen kann, wenn er den nötigen Einsatz vermissen lässt[10] oder wenn er in anderer Weise seine Pflichten verletzt.[11] Dabei ist auch auf die Entwicklung seit Betreuerbestellung zu sehen: Zeigt diese Entwicklung, dass sich die ursprünglich positive Eignungsprognose nicht erfüllt hat, Fehlleistungen des Betreuers sich auch nicht mit aufsichts- und weisungsrechtlichen Mitteln des Gerichts beseitigen lassen und deshalb die Interessen des Betroffenen gefährdet sind, liegen die Voraussetzungen für eine Entlassung des Betreuers nach

---

[1] BT-Drucks. 13/7158 S. 50.
[2] S. BayObLG FamRZ 1996, 419.
[3] BayObLG FamRZ 1996, 1105, 1106.
[4] BayObLG FamRZ 1996, 1105, 1106; BayObLG FamRZ 2001, 1402; KG FamRZ 2009, 641.
[5] BayObLG FamRZ 1997, 1360.
[6] BayObLG FamRZ 1996, 509; 1997, 1358, 1359; 1998, 1183, 1184.
[7] BayObLG FamRZ 1996, 509, 510; FamRZ 1997, 1358, 1359; FamRZ 1997, 1360; FamRZ 1998, 1183, 1184; FamRZ 1998, 1257, 1258; FamRZ 2000, 514; FamRZ 2001, 935, 936; FamRZ 2003, 403, 404; FamRZ 2005, 750.
[8] BayObLG FamRZ 2003, 786; 2004, 977; OLG München FGPrax 2007, 124 = FamRZ 2007, 853 (LS).
[9] BayObLG FamRZ 1992, 1282; 1994, 1353; 1996, 1105, 1106; 1998, 1183, 1184; 1997, 1358, 1359; 2000, 514; 2001, 935, 936. Doch darf die Anwendung des Normelements nicht auf „Eigenschaften" beschränkt werden, zutreffend *Erman/Roth* Rn. 3.
[10] BayObLG FamRZ 2003, 403, 404; FamRZ 2003, 784, 785.
[11] BayObLG FamRZ 2003, 784, 785.

§ 1908b Abs. 1 BGB vor.[12] Entscheidend ist das Wohl des Betreuten.[13] Wie bei der Kindeswohlprüfung ist eine Prüfung anhand von *negativen Indizien* sinnvoll.[14] Die Ursache für die mangelnde Eignung kann sowohl beim Betreuer als auch beim Betreuten liegen.[15] Pflichtwidriges Verhalten des Betreuers ist nicht unbedingt vorausgesetzt.

5 **b) Erforderlichkeit und Verhältnismäßigkeit.** Andererseits gelten auch im Betreuungsrecht die Grundsätze der Erforderlichkeit und Verhältnismäßigkeit: Die Entlassung ist nur gerechtfertigt, wenn keine mildere Maßnahme möglich erscheint, um eine mit dem Wohl des Betreuten vereinbare Besorgung seiner Angelegenheit zu gewährleisten.[16] Bei Pflichtwidrigkeiten des Betreuers hat das Gericht daher zunächst seine aufsichtlichen Möglichkeiten (§ 1837 Abs. 2, 3 iVm. § 1908i Abs. 1 S. 1) einzusetzen.[17] Die Entlassung ist ultima ratio. Doch müssen nicht sämtliche denkbaren Aufsichtsmaßnahmen ausgeschöpft werden, wenn der Betreuer durch wiederholte Pflichtverletzungen gezeigt hat, dass er durch Aufsichtsmaßnahmen nicht zu beeindrucken ist; entscheidend ist, dass eine Gefährdung wichtiger Interessen des Betroffenen vermieden wird.[18] Eine Entlassung kann auch geboten sein, wenn der Betreute selbst sie nicht wünscht;[19] sein Wille ist im Rahmen der Prüfung des Betreutenwohls zu berücksichtigen.[20] Stets ist zu prüfen, ob die mit dem Betreuerwechsel verbundenen Nachteile nicht schwerer wiegen als die Gefahren bei Fortführung des Amtes.[21] In Betracht kommt auch eine Teil-Entlassung und die Bestellung eines weiteren Betreuers für den davon betroffenen Aufgabenkreis;[22] doch ist dies nur statthaft, wenn die so gebildete Mitbetreuung eine sinnvolle Gestaltung im Sinne des Betreutenwohls darstellt (vgl. § 1899 Rn. 12).

6 **2. Gründe in der Person des Betreuers. a) Pflichtwidrigkeiten.** In Betracht kommen schwere oder kontinuierliche **Pflichtwidrigkeiten** des Betreuers, die seine Bereitschaft oder seine Fähigkeit, die Betreuung zum Wohl des Betroffenen durchzuführen,[23] in ernste Zweifel ziehen, zum Beispiel: mangelnder Einsatz für die Aufgabe,[24] Vernachlässigung des Betreuten, Untätigkeit,[25] längere Abwesenheit,[26] mangelnde Sorge für dessen Gesundung und Rehabilitation,[27] Weigerung oder Unfähigkeit, dem Gericht Auskunft zu erteilen oder Rechnung zu legen,[28] wissentliche falsche Angaben gegenüber dem Gericht,[29] Nichterstellung eines geeigneten Vermögensverzeichnisses,[30] keine hinreichende Trennung der eigenen Konten von denen des Betreuten,[31] nachhaltige Verwei-

---

[12] BayObLG FamRZ 1999, 1168.
[13] BayObLG FamRZ 1994, 1353.
[14] Vgl. BayObLG FamRZ 1994, 1282; 1994, 1353; 1995, 1235, 1236.
[15] BT-Drucks. 11/4528 S. 153; *Soergel/Zimmermann* Rn. 4.
[16] BayObLG FamRZ 1994, 324, 325; 1996, 509, 510; vgl. auch BT-Drucks. 11/4528 S. 153.
[17] BayObLG FamRZ 1994, 324, 325; FamRZ 1996, 509, 510; FamRZ 1996, 1105, 1106; FamRZ 1997, 1358, 1359; FamRZ 1998, 1257, 1258; FamRZ 1999, 1168; FamRZ 2000, 514, 515; FamRZ 2003, 403, 404; FamRZ 2004, 977; FamRZ 2004, 1323 (LS.); FamRZ 2005, 750.
[18] BayObLG BtPrax 2004, 153, 154 = FamRZ 2004, 1323 (LS.).
[19] BayObLG FamRZ 2003, 786, 787.
[20] AA *Soergel/Zimmermann* Rn. 4: Ob der Betreute einverstanden ist, soll keine Rolle spielen.
[21] BayObLG FamRZ 1457, 1458; FamRZ 2005, 390; FamRZ 2005, 654; FamRZ 2005, 750, 751; OLG München FamRZ 2009, 642.
[22] BT-Drucks. 11/4528 S. 153; siehe auch BayObLG FamRZ 1994, 323; 1995, 1232, 1234; 1996, 1105, 1106; OLG Rostock FamRZ 2005, 1588).
[23] Allgemein: BayObLG FamRZ 2000, 1183.
[24] BayObLG FamRZ 1996, 509, 510; 1996, 1105, 1106; 1997, 1358, 1359; 1997, 1360; LG Hildesheim BtPrax 1997, 79.
[25] BayObLG FamRZ 1996, 509, 510; auch: mangelnde Kooperation mit Hilfsorganisationen, keine Sicherung vor Übergriffen des Ehepartners des Betreuers, BayObLG BtPrax 2000, 123.
[26] BayObLG FamRZ 2005, 931 (hier verbunden mit ungeordneter Aktenführung und Abrechnungsfehlern); OLG Frankfurt FamRZ 2009, 1245, 1246.
[27] Vgl. BayObLG FamRZ 2004, 977 (mangelnde Überprüfung der Wohnverhältnisse bei Vermüllungsgefahr).
[28] BayObLG FamRZ 1994, 1282; 1996, 509, 510 (einmaliger Verstoß gegen die Berichtspflicht würde aber nicht genügen); 1994, 1105, 1106; FamRZ 2003, 60 (Entlassung aber nicht gerechtfertigt, wenn der Betreuer zwar einige Jahresberichte erst nach mehrfacher Anforderung erheblich verspätet abgegeben hat, er aber andererseits über zehn Jahre lang die Betreuung einwandfrei geführt hat und die verspätete Erstellung der Berichte für den Betreuten nicht nachteilig war); BayObLG BtPrax 2004, 153, 154 = FamRZ 2004, 1323 (LS.); OLG Frankfurt 20 W 114/03, zit. nach juris; OLG Zweibrücken FGPrax 1998, 57; OLG Schleswig FamRZ 2006, 577; OLG Brandenburg FamRZ 2007, 1688, 1689; KG FamRZ 2009, 641 (dort Besonderheiten im Hinblick auf erteilte Vollmachten); LG Kleve FamRZ 2008, 640, 641 (im konkreten Fall verneint, da für den Betreuten durch die Pflichtwidrigkeiten kein Nachteil entstanden sei); AG Langen BtPrax 2005, 40.
[29] OLG Frankfurt FamRZ 2009, 1245, 1246.
[30] BayObLG FamRZ 2000, 514; BtPrax 2004, 153, 154 = FamRZ 2004, 1323 (LS.).
[31] OLG Frankfurt 20 W 114/03, zit. nach juris.

gerung der Kooperation mit dem Betreuungsgericht,[32] kontinuierlicher Verstoß gegen die Vorschriften der Vermögensanlage,[33] vorsätzlicher oder häufiger Verstoß gegen die Genehmigungsvorbehalte, freiheitsentziehende Unterbringung ohne gerichtliche Genehmigung,[34] eigenmächtiges Hinwirken auf eine Testamentserrichtung durch den Betreuten,[35] Handeln zum Schaden des Betreuten bei Interessenkonflikten. Es genügt, wenn konkrete Tatsachen Anlass zu berechtigten Zweifeln an der Eignung geben (OLG München FamRZ 2007, 1128, 1129). Subjektives Verschulden ist nicht unbedingt vorausgesetzt, es genügt ein objektiver Verstoß gegen die Vorschriften und Grundsätze des Betreueramtes. Ergibt sich aus konkreten Umständen die mangelnde Eignung des Betreuers, so hindern auch der entgegenstehende Wille des Betreuten oder verwandtschaftliche Beziehungen seine Entlassung nicht.[36] Auch die Weigerung, die Betreuung im erforderlichen Umfang *persönlich* zu leisten (§ 1897 Abs. 1), kann eine Entlassung begründen; ebenso die mangelnde Bereitschaft, wichtige Angelegenheiten mit dem Betreuten zu besprechen (§ 1901 Abs. 3 S. 3) und auf dessen Wünsche die gebotene Rücksicht zu nehmen (§ 1901 Abs. 3 S. 1). In diesem Zusammenhang wird die Geheimhaltung der Privatanschrift des Betreuers vor dem Betreuten nicht als Entlassungsgrund gewertet, wenn die Erreichbarkeit des Betreuers auf andere Weise sichergestellt ist.[37] Bloß leicht fahrlässige Unregelmäßigkeiten bei der Abrechnung über die Vergütung, die der Betreuer nachvollziehbar erklären kann, rechtfertigen die Entlassung hingegen nicht,[38] wohl aber eine erhebliche Divergenz zwischen dem aus dem Vermögen des Betroffenen entnommenen Geldbetrag und den nachgewiesenen tatsächlichen Aufwendungen.[39] Andererseits kann die Entlassung nicht allein darauf gestützt werden, dass der Betreuer den Wunsch des Betroffenen nach einem seinem Wohl zuwiderlaufenden Wohnsitzwechsel ablehnt.[40] Dass sich der Betreuer von einem zweifelsfrei geschäftsfähigen Betreuten Vollmachten mit dem Ziel erteilen lässt, die Betreuung überflüssig zu machen, stellt für sich gesehen keine Pflichtwidrigkeit dar.[41]

b) Andere Gründe. aa) Objektive Umstände. Auch andere Umstände im Bereich des Betreuers, die sich nicht (unbedingt) als Pflichtwidrigkeiten darstellen, können ernsthafte Zweifel an seiner Eignung begründen, zB seine länger andauernde Erkrankung, Abwesenheit oder die zu Tage tretende Überforderung durch die Betreuungsaufgabe (zB mangelnde Sachkenntnis in der Vermögensverwaltung).[42] Auch kann es sein, dass eine zu große räumliche Entfernung zwischen dem Wohnsitz des Betreuers und dem Aufenthaltsort des Betreuten den Betreuer als ungeeignet für die Betreuung in persönlichen Angelegenheiten erscheinen lässt, wenn er die Distanz nicht durch häufigere Besuche ausgleicht.[43] Zwar ist § 1781 im Betreuungsrecht nicht anwendbar, doch wird man vorbehaltlich der Einzelfallprüfung die dort genannten Gesichtspunkte ins Betreuungsrecht übertragen können: Wer selbst einen Betreuer braucht (vgl. § 1781 Nr. 2), wird zumindest auf demselben Gebiet schwerlich als Betreuer eines anderen fungieren können. Hat sich der Betreuer im Verhältnis zu Dritten strafbar gemacht, so können sich daraus Zweifel an seiner Eignung ergeben, wenn das Delikt einen spezifischen Bezug zur Betreueraufgabe hat.[44] Entlassungsgrund ist es auch, wenn nach der Betreuerbestellung die **Voraussetzungen des § 1897 Abs. 3** eintreten (Abhängig-

---

[32] OLG Schleswig FamRZ 2006, 577.
[33] Dass hier mit Augenmaß vorzugehen ist, zeigt OLG Rostock FamRZ 2005, 1588 (keine Teilentlassung der Mutter als Betreuerin, wenn sie die geringfügigen Einkünfte des betreuten Sohnes zusammen mit den eigenen Renteneinkünften auf demselben Girokonto verwaltet).
[34] BayObLG FamRZ 2005, 750, 751 (Versuch, die geschlossene Unterbringung entgegen fachärztlicher Stellungnahme und ohne richterliche Genehmigung „zu verfügen"). Einwilligung in den Abbruch ärztlicher Behandlung ohne gerichtliche Genehmigung bildet keinen Pflichtenverstoß, wenn die Voraussetzungen des Genehmigungsvorbehalts nicht gegeben sind (OLG München FamRZ 2007, 1128); AG Obernburg FamRZ 2010, 403.
[35] Siehe den Fall OLG Frankfurt FamRZ 2009, 1245, 1246.
[36] BayObLG FamRZ 2000, 1183.
[37] LG Hannover FamRZ 2003, 1312.
[38] LG Leipzig FamRZ 1999, 1614.
[39] OLG München Rpfleger 2005, 533 = FamRZ 2005, 1927 (LS.); AG Langen BtPrax 2005, 40 (zu hohe Barentnahmen).
[40] BayObLG FamRZ 1998, 1261 (LS.).
[41] LG Leipzig FamRZ 2000, 190 (anders mE aber, wenn der Betreuer erkennen muss, dass der Betreute möglicherweise in seiner freien Selbstbestimmung eingeschränkt ist).
[42] Diese Umstände nennt BT-Drucks. 11/4528 S. 152 f. S. auch BayObLG FamRZ 1996, 1105, 1106 f. (Überforderung); 1997, 1360; 2000, 514, 515 (Überforderung). Zur berufsbedingten Abwesenheit (Fernfahrer) auch LG Koblenz BtPrax 1998, 38. Bedenklich OLG Brandenburg FamRZ 2007, 1356 (Entlassung des Lebensgefährten als Betreuer für Wohnungsangelegenheiten, nur weil stationäre Vollzeitpflege erforderlich wurde).
[43] Siehe den Fall AG Obernburg FamRZ 2010, 403.
[44] Z.B. bei einem Vermögensbetreuer Vermögensdelikte, nicht jedoch eine Verurteilung nach § 184 StGB (Besitz kinderpornografischer Darstellungen), so OLG Naumburg FamRZ 2008, 90.

§ 1908b   8–10a   Abschnitt 3. Titel 2. Rechtliche Betreuung

keitsverhältnis oder enge Beziehung zu einer Einrichtung, in welcher der Betreute untergebracht ist oder wohnt).[45] Aus der ablehnenden Haltung eines Betreuers zu lebensverlängernden Maßnahmen kann seine mangelnde Eignung für sich gesehen nicht geschlossen werden,[46] wohl aber aus Anzeichen, dass der Betreuer nicht bereit ist, den nach § 1901a beachtlichen Willen des Betreuten zu respektieren.

8   **bb) Interessenkollisionen.** Ferner können drohende Interessenkollisionen[47] die Entlassung auch dann rechtfertigen, wenn dem Betreuer kein pflichtwidriges Verhalten vorgeworfen werden kann. Bei diesen objektiven Entlassungsgründen muss, ebenso wie bei den Pflichtwidrigkeiten, noch keine konkrete Schädigung des Betreuten eingetreten sein,[48] doch muss sich der Eignungsmangel als so gravierend darstellen, dass ein Wirken für das Wohl des Betreuten in weiterer Zukunft erheblichen Zweifeln unterliegt.[49] Auch tiefgreifende Konflikte zwischen mehreren Betreuern, die eine nötige Kooperation verhindern, können die Entlassung des einen oder anderen rechtfertigen.[50] Die Eröffnung des Insolvenzverfahrens über das Vermögen des Betreuers,[51] sonstiger Vermögensverfall[52] oder strafbares Verhalten im Bereich der Vermögensdelikte begründen Zweifel an der Eignung, soweit der Aufgabenkreis die Vermögenssorge umfasst.[53] Dass die Scheidung der Ehe zwischen Betreutem und Betreuer die mangelnde Eignung des Betreuers begründe, kann nicht allgemein gesagt werden, es kommt auf das persönliche Verhältnis an, das sich nach Trennung und Scheidung ergibt.

9   **cc) Unzulässige Mehrheit von Betreuern.** Waren mehrere Betreuer für einen Betroffenen bestellt und entfallen die Voraussetzungen für die Zulässigkeit einer Betreuermehrheit (§ 1899 Abs. 1), so ist gleichfalls ein wichtiger Grund für die Entlassung eines der Betreuer gegeben. Das gilt auch, wenn diese Voraussetzungen von vornherein nicht vorgelegen haben,[54] ferner dann, wenn die erstmalige Bestellung eines Berufsbetreuers für einen Teil der Aufgabenkreise geboten ist und es bei Fortdauer der Amtsführung des für andere Angelegenheiten bestellten Berufsbetreuers zu einem Verstoß gegen § 1899 Abs. 1 S. 3 kommen würde.[55] Die Frage, *welcher* der Betreuer zu entlassen ist, richtet sich nach den Kriterien des § 1897.[56] Sind nach früherem Recht mehrere Berufsbetreuer bestellt und liegen nach Inkrafttreten des 2. BtÄndG die Voraussetzungen für eine professionelle Betreuermehrheit nach § 1899 Abs. 1 S. 3 nicht vor, so ist ebenso ein wichtiger Grund für die Entlassung eines der Betreuer gegeben.[57]

10 **c) Vorsätzliche Erteilung einer falschen Abrechnung (Abs. 1 S. 2 Alt.1).** Als wichtiger Grund ist es nach einer Einfügung durch das 2. BtÄndG anzusehen, wenn der Betreuer eine erforderliche Abrechnung vorsätzlich falsch erteilt hat (Abs. 1 S. 2). Gemeint ist die Abrechnung gegenüber der Staatskasse. Der Vorsatz muss nachgewiesen sein; bei fahrlässig-irrtümlicher Abrechnung ist der Fall nach § 1908b Abs. 1 S. 1 zu beurteilen. Die Gesetzesbegründung meint, dass bei vorsätzlich falscher Abrechnung „in der Regel" ein wichtiger Grund vorliegen werde;[58] dieser Bewertungsspielraum kommt im Gesetzeswortlaut jedoch nicht zum Ausdruck.

10a **d) Mangelnder persönlicher Kontakt (Abs.1 S.2 Alt. 2).** Das Gesetz zur Änderung des Vormundschafts- und Betreuungsrechts vom 29. 6. 2011 (BGBl. I S. 1306) hat als Fall eines wichti-

---

[45] So BT-Drucks. 11/4528 S. 153; aA AG Nettetal FamRZ 1998, 519 für den Fall der Verlängerung einer vor Inkrafttreten des BtG erfolgten Erstbestellung (als Vormund; das Argumentieren mit einer „verfassungskonformen Auslegung" liegt neben der Sache).
[46] OLG Düsseldorf FamRZ 2010, 669.
[47] Dazu BayObLG FamRZ 1995, 1232, 1234 (hier verbunden mit Pflichtwidrigkeiten); 1996, 509, 510; 1996, 1105, 1106; 1997, 1358, 1359; 2000, 514, 515; 2001, 935, 936; OLG Köln FamRZ 1996, 1024, 1025; OLG Zweibrücken FGPrax 1998, 57.
[48] BT-Drucks. 11/4528 S. 153.
[49] BayObLG FamRZ 2001, 935, 936 (drohender Schaden bei Verbleiben im Amt); BayObLG FamRZ 2001, 1402 (drohende Bereicherung des Betreuers auf Kosten des Betreuten).
[50] S. den Fall BayObLG FamRZ 1999, 1168 (Konflikte zwischen „Hauptbetreuer" und „Sonderbetreuer").
[51] Dies gilt, obwohl mit der Insolvenzrechtsreform § 1781 Nr. 3 zum 1. Januar 1999 gestrichen wurde (Art. 33 Nr. 30 iVm. Art. 110 Abs. 1 des EGInsO vom 5. 10. 1994, BGBl. I S. 2911); die Sachproblematik hat sich dadurch nicht verändert.
[52] Vgl. OLG Zweibrücken FGPrax 1998, 57.
[53] *Soergel/Zimmermann* Rn. 9. Vgl. LG Koblenz BtPrax 1998, 38.
[54] OLG München BtPrax 2006, 34 = FamRZ 2006, 506 (LS.); OLG München FGPrax 2007, 124 = FamRZ 2007, 853 (LS.); LG München II vom 13. 2. 2008 - 6 T 6215/07 (nach juris).
[55] OLG München BtPrax 2006, 34 = FamRZ 2006, 506 (LS.).
[56] OLG München FGPrax 2007, 124, 126.
[57] OLG München BtPrax 2006, 109 = FamRZ 2006, 890 (LS.).
[58] BT-Drucks. 15/2492 S. 30; s. auch OLG Köln FamRZ 2007, 765.

gen Entlassungsgrundes ausdrücklich den Tatbestand hinzugefügt, dass der Betreuer nicht den erforderlichen persönlichen Kontakt zum Betreuten hält. An sich ist das nichts Neues, weil ein Mangel an persönlich geführter Betreuung ohnehin die Eignung des Betreuers in Frage stellt (oben Rn.6). Die ergänzende Neuregelung ist aber gleichwohl wichtig, weil damit unbezweifelbar geklärt ist, dass die rechtliche Betreuung einen fortlaufenden persönlichen Kontakt zwischen Betreuer und Betreutem erfordert (siehe die Begründung BT-Drucks. 17/3617 S.8). Zwar verweist das Betreuungsrecht nicht auf die für Vormünder geltende Neuregelung, wonach persönliche Kontakte in der Regel einmal im Monat stattfinden sollen (§ 1793 Abs.1a in der Fassung des genannten Gesetzes; keine Verweisung in § 1908i Abs.1 S.1). Doch ergibt sich auch für die rechtliche Betreuung die Verpflichtung der Fürsorgeperson, in relativ kurzen Zeitabständen eine persönliche Verbindung zum Betreuten zu pflegen. Der auch dem Betreuer auferlegte jährliche Bericht über die persönlichen Verhältnisse des Betreuten muss auch Angaben zu seinen persönlichen Kontakten zu dem Betreuten enthalten (§ 1840 Abs.1 S.2 in der Fassung des genannten Gesetzes, Verweisung nach § 1908i Abs.1 S.1). Das Betreuungsgericht hat die Einhaltung der erforderlichen persönlichen Kontakte zu beaufsichtigen (§ 1837 Abs.2 S.2 in der Fassung des genannten Gesetzes; Verweisung durch § 1908i Abs.1 S.1; überholt daher LG Hamburg FamRZ 2011, 1329).

3. Gründe in der Person des Betreuten. Auch Umstände, die in der Person des Betreuten und seinen Verhältnissen liegen, können die Eignung des Betreuers als nicht mehr gewährleistet erscheinen lassen, insbesondere wenn das persönliche Verhältnis des Betreuten zum Betreuer tiefgreifend zerstört ist.[59] Dabei kommt dem Willen auch eines geschäftsunfähigen Betreuten erhebliche Bedeutung zu.[60] Das kann auf Pflichtwidrigkeiten des Betreuers zurückzuführen sein, muss es aber nicht. Die Gesetzesbegründung mahnt allerdings in diesem Zusammenhang, nicht „jeder Laune des Betreuten nachzugeben", sondern einen Betreuerwechsel nur dann vorzunehmen, wenn er das einzige Mittel ist, dem Wohl des Betreuten zu entsprechen.[61] Bloße Spannungen zwischen Betreutem und Betreuer rechtfertigen die Entlassung nicht in jedem Falle.[62]

III. Sonstiger wichtiger Grund (Abs. 1 S. 1, 2. Alt.)

1. Wichtiger Grund. Auch Umstände, die nichts mit der Eignung des Betreuers zu tun haben, können seine Entlassung begründen. Das Gesetz behilft sich hier mit dem unbestimmten Rechtsbegriff[63] „wichtiger Grund", bei dessen Vorliegen der Betreuer zu entlassen ist. Ein solcher wichtiger Grund für die Entlassung ist gegeben, wenn der Betreuer zwar keine Eignungsmängel aufweist, ein Betreuerwechsel aber dennoch im Interesse des Betreuten liegt, weil dessen Wohl bei einem Verbleiben des Betreuers im Amt nicht unerheblich geschädigt würde.[64] Als wichtiger Grund ist es jedenfalls anzusehen, wenn die Voraussetzungen für die Bestellung eines Betreuers von vornherein nicht vorgelegen haben.[65] Bei gemeinschaftlicher Betreuung ist ein wichtiger Grund zumindest hinsichtlich eines der Betreuer gegeben, wenn die gesetzlichen Voraussetzungen der Mitbetreuung entfallen (OLG München FamRZ 2007, 853). Das Vorliegen eines wichtigen Grundes unterliegt der Überprüfung durch das Rechtsbeschwerdegericht,[66] das auf die Prüfung von Rechtsfehlern beschränkt ist.[67] Seine Annahme setzt eine genaue, durch Tatsachen gestützte und vollständige Abwägung der beteiligten Interessen voraus; ein „einfacher Grund" genügt nicht, die Abwägung muss in deutliches Ergebnis haben.[68] Gedacht ist etwa an den Fall, dass ein Ehegatte oder naher Verwandter zunächst die Betreuung wegen Krankheit nicht übernehmen konnte, nunmehr aber zur Verfügung steht,[69] und dass die Betreuung durch diese nahe stehende Person dem Wohl und Willen des Betreu-

---

[59] „Unüberwindliche Abneigung", siehe BT-Drucks. 11/4528 S. 153. Vgl. BayObLG FamRZ 1995, 1236, 1236 (Feindschaft zwischen Betreutem und dem ihn betreuenden Ehegatten), BayObLG FamRZ 1999, 1170; OLG Köln FamRZ 1999, 1169; BayObLG BtPrax 2005, 148 = FamRZ 2005, 1777 (LS.); OLG München FamRZ 2009, 642.
[60] OLG Köln FamRZ 1999, 1169 (das Gericht hat sich von der Ernsthaftigkeit des Willens einen persönlichen Eindruck zu verschaffen); OLG München FamRZ 2009, 642.
[61] BT-Drucks. 11/4528 S. 153.
[62] BayObLG FamRZ 1994, 567; 1999, 1170.
[63] BayObLG FamRZ 1994, 323; 1996, 509, 510.
[64] BayObLG FamRZ 1994, 1353; FamRZ 1996, 1105, 1106; FamRZ 1997, 1358, 1359; FamRZ 1998, 1183, 1184; FamRZ 1998, 1259, 1260; FamRZ 2001, 935, 936; FamRZ 2001, 1402; FamRZ 2003, 784, 785.
[65] BayObLG FamRZ 2004, 1993 (Bestellung mehrerer Betreuer ohne zureichende Voraussetzungen).
[66] BayObLG FamRZ 1993; 1995, 1232, 1233; 1995, 1236, 1236; 1996, 509, 510; 1998, 1183, 1184.
[67] BayObLG FamRZ 1996, 1105, 1106; 1998, 1257, 1258; 1999, 1169, 1170.
[68] BayObLG FamRZ 1994, 323; 1995, 1232, 1233; 1995, 1236, 1236.
[69] BayObLG FamRZ 1996, 509, 510; 1996, 1105, 1106; vgl. auch BayObLG BtPrax 2000, 213.

ten besser entspricht.[70] Dem steht der Fall gleich, dass jetzt eine erheblich geeignetere Person zur Verfügung steht;[71] doch sind in solchem Fall die Nachteile des Betreuerwechsels für den Betreuten in Anschlag zu bringen.[72] Ein Betreuerwechsel aus derartigen Gründen kommt nur in Betracht, wenn nicht der Wille des Betreuten entgegensteht,[73] wie generell dem Willen des Betroffenen auch in diesem Zusammenhang erhebliche Bedeutung zukommt.[74] Ferner sind, wie bei allen Betreuerwechseln, die Kontinuitätsinteressen des Betreuten in Ansatz zu bringen. Einen wichtigen Grund kann es auch darstellen, wenn das Vertrauensverhältnis zwischen dem Betroffenen und dem Betreuer nachhaltig gestört ist;[75] in diesem Zusammenhang sind auch Wunsch und Wille eines in der Selbstbestimmung eingeschränkten Betroffenen zu berücksichtigen.[76] Dafür reicht allerdings die bloße Ablehnung des Betreuers durch den Betreuten nicht aus, entscheidend ist, ob das Wohl des Betroffenen durch einen neuen Betreuer erheblich besser gewahrt ist als bei Fortführung des Amtes durch den bisherigen Betreuer.[77] Ein wichtiger Grund für die Entlassung eines Mitbetreuers kann auch in tiefgreifenden Zerwürfnissen mit den anderen Betreuern liegen.[78]

13 **2. Der Wunsch des Betreuten nach Entlassung.** In diesem Zusammenhang ergibt sich die Frage, ob der (nachhaltige) Wunsch des Betreuten nach Entlassung des Betreuers allein schon einen wichtigen Grund abgibt. Hier ist zu unterscheiden: a) Lassen der Entlassungswunsch und seine Motive Zweifel an der Eignung des Betreuers aufkommen, so ist § 1908b Abs. 1 S. 1, 1. Alt einschlägig. b) Verbindet der Betreute den Entlassungswunsch mit dem Vorschlag, eine bestimmte Person als neuen Betreuer zu bestellen, so ist das Begehren nach § 1908b Abs. 3 zu behandeln (s. Rn. 23 ff.). c) In den übrigen Fällen kommt es darauf an, welches die Gründe für den Entlassungswunsch sind. Grundsätzlich sind die Wünsche des Betroffenen auch im Rahmen des § 1908b beachtlich.[79] Besteht jedoch für den Wunsch nach Entlassung kein nachvollziehbarer Grund, so würde es sich letztlich gegen das Wohl des Betreuten kehren, wenn das Gericht jeder gegen den Betreuer gerichteten Stimmung des Betroffenen nachgeben würde. Deshalb sind bloße Spannungen zwischen dem Betreuer und dem Betreuten im Bereich der Vermögenssorge nicht als ausreichender Entlassungsgrund angesehen worden.[80]

14 **3. Unzumutbarkeit für den Betreuer?** Als wichtiger Grund für die Entlassung könnte es auch angesehen werden, wenn im Bereich des Betreuers Umstände eintreten, die ihm die Fortführung des Amtes unzumutbar machen. Doch ist dieser Aspekt in § 1908b Abs. 2 gesondert geregelt.[81] Der Gesichtspunkt passt auch deshalb nicht in diesen Zusammenhang des Abs. 1, weil hier das Gericht den Betreuer vom Amts wegen zu entlassen hat; im Falle der Unzumutbarkeit des Betreuers soll dieser aber selbst entscheiden, ob sich er sich zugunsten des Betreuten nicht auch unzumutbare Lasten aufbürden will; tut er dies, so kann seine Entlassung nur dann gerechtfertigt sein, wenn die übermäßige Belastung seine Eignung in Frage stellt (§ 1908b Abs. 1 S. 1, 1. Alt.).

IV. Entlassung des Berufsbetreuers zugunsten eines ehrenamtlichen (Abs. 1 S. 3)

15 **1. Grundsatz.** Aufgrund des in § 1897 Abs. 6 festgelegten Vorrangs der ehrenamtlichen vor der im Rahmen eines Berufs ausgeübten Betreuung hat das 1. BtÄndG den neuen Entlassungsgrund des § 1908b Abs. 1 S. 3 geschaffen: Das Gericht „soll" den nach § 1897 Abs. 6 bestellten Betreuer entlassen, wenn der Betreute durch eine oder mehrere andere Personen außerhalb einer Berufsausübung betreut werden kann. Das Gesetz lässt erkennen, dass das Gericht diesen Entlassungsgrund nicht ebenso strikt handhaben muss wie den der mangelnden Eignung: In den Fällen des Abs. 1 S. 1 hat das Gericht zu entlassen, während es im Falle des Abs. 2 S. 3 nur entlassen *soll*. Diese schwächere

---

[70] So die amtl. Begr., siehe BT-Drucks. 11/4528 S. 153. Bedenklich OLG Köln FamRZ 2003, 188 (die Bereitschaft der Mutter des Betroffenen bilde nur dann einen wichtigen Grund für die Ablösung des bisherigen Berufsbetreuers, wenn die Betreuung durch die Mutter dem Wohle des Betreuten „erheblich besser" entspricht).
[71] BayObLG FamRZ 1996, 509, 510; 1996, 1105, 1106.
[72] Vgl. OLG Köln FamRZ 1998, 1258; BayObLG BtPrax 2000, 213.
[73] BT-Drucks. 11/4528 S. 153; OLG Köln FamRZ 1998, 1258.
[74] S. grundsätzlich BayObLG FamRZ 1994, 322; 1994, 323; 1995, 1232, 1233; 1935, 36; 1996, 1105, 1106 (nicht aber, wenn Ablehnung des Betreuers Ausdruck einer von Wahninhalten geprägten psychischen Erkrankung ist).
[75] BayObLG FamRZ 2005, 548; FamRZ 2005, 751.
[76] OLG Köln FamRZ 1999, 1169; BayObLG FamRZ 2005, 548.
[77] Vgl. BayObLG FamRZ 2000, 1457, 1458; FamRZ 2005, 390; FamRZ 2005, 548.
[78] Vgl. BayObLG FamRZ 1999, 1168.
[79] BayObLG FamRZ 1994, 322; 1994, 323.
[80] BayObLG FamRZ 1994, 1135 (LS.); nach *Soergel/Zimmermann* Rn. 15 Frage des Einzelfalls.
[81] BT-Drucks. 11/4528 S. 153.

Formulierung ermöglicht es dem Gericht, im Rahmen einer Ermessensentscheidung das Interesse des Betreuten an der Kontinuität der Betreuung in die Waagschale zu werfen.[82]

2. Voraussetzungen. Der Berufsbetreuer (einschließlich Vereins- und Behördenbetreuer) soll nur dann entlassen werden, wenn die Betreuung durch eine oder andere Personen außerhalb einer Berufsbetreuung erfolgen kann. Diese Möglichkeit muss *konkret*[83] gegeben sein, dh. das Gericht muss die Person kennen, die anstelle des Berufsbetreuers die Aufgaben übernehmen soll. Diese muss geeignet und bereit sein. Die ehrenamtliche Führung der Betreuungs muss langfristig gesichert sein.[84] Denkbar ist auch, dass zunächst wegen der professionellen Anforderungen einer bestimmten Betreuungsaufgabe ein Berufsbetreuer bestellt war, diese Aufgabe aber nun erledigt ist und der übrige Bereich auch von einem ehrenamtlichen Betreuer wahrgenommen werden kann.[85] 16

3. Berücksichtigung des Wohls des Betreuten. Der Wechsel in der Person des Betreuers – verbunden mit den entsprechenden Gerichtskontakten – kann für den Betreuten eine erhebliche Belastung darstellen, besonders wenn sich ein Vertrauensverhältnis zwischen ihm und dem bisherigen Betreuer gebildet hat. Deshalb hat das Gericht bei einer Entscheidung nach Abs. 1 S. 3 zu prüfen, ob im konkreten Fall das Wohl des Betreuten der Entlassung des bisher amtierenden Berufsbetreuers entgegensteht. Erwägungen des Betreutenwohls können auch dazu führen, die Entlassung des Betreuers nicht sogleich vorzunehmen, sondern eine Übergangsfrist abzuwarten, in der zB wichtige laufende Angelegenheiten noch vom bisherigen Betreuer erledigt werden können. In Betracht kommt auch eine Teilentlassung des Berufsbetreuers, wenn die Fürsorge durch mehrere Betreuer insgesamt als zuträgliche Lösung erscheint (siehe § 1899 Abs. 1). 17

4. Beschwerderecht des Vertreters der Staatskasse. Macht der Vertreter der Staatskasse geltend, der Betreuer habe eine Abrechnung falsch erteilt oder der Betreute könne anstelle eines Berufsbetreuers durch ehrenamtlich tätige Personen betreut werden und lehnt das Gericht die Entlassung des Betreuers gleichwohl ab, so steht ihm ein gesondertes Beschwerderecht nach § 304 FamFG zu. 18

V. Unzumutbarkeit für den Betreuer (Abs. 2)

1. Grundsatz. Der Betreuer kann seine Entlassung verlangen, wenn nach seiner Bestellung Umstände eintreten, auf Grund derer ihm die Betreuung nicht mehr zugemutet werden kann. Dem steht der Fall gleich, dass die Umstände zwar bei Bestellung schon gegeben, aber noch nicht bekannt waren.[86] Die Entlassung setzt ein darauf gerichtetes „Verlangen", mithin einen Antrag des Betreuers voraus. In Betracht kommt auch die Teil-Entlassung[87] mit Bestellung eines weiteren Betreuers, wenn die Wahrnehmung des verkleinerten Wirkungskreises dem Betreuer zumutbar ist und die Konstellation der Mitbetreuung insgesamt gesehen dem Betreutenwohl dient[88] (beachte die Voraussetzung des § 1899 Abs. 1; zB der Betreuer, der einen sehr guten persönlichen Kontakt zu dem Betreuten hat, wird um die Vermögenssorge entlastet, behält aber die Betreuungsaufgaben im persönlichen Bereich bei). 19

2. Unzumutbarkeit. Es gilt das zu § 1898 Gesagte sinngemäß, doch wird man die Unzumutbarkeitsstufe höher ansetzen müssen: Es ist ein Unterschied, ob von vorne herein die Übernahme einer Betreuung abgelehnt oder eine schon übernommene Betreuung abgebrochen werden soll, da sich hier ein starkes Kontinuitätsinteresse des Betreuten gebildet haben kann. Mit dieser Einschränkung sind alle Umstände zu berücksichtigen, die dem Betreuer die Fortführung seines Amtes unzumutbar machen, gleichgültig, ob sie in der Person des Betreuers oder des Betreuten liegen oder von außen einwirken.[89] Häufig werden die Gründe in der Person oder den Verhältnissen des Betreuers liegen (Änderung der familiären Lebensverhältnisse, Hinzutreten neuer pflegerischer Aufgaben gegenüber nahe stehenden Personen, Änderungen im Berufsbereich, Verschlechterung des eigenen Gesundheitszustandes).[90] Ergibt sich durch Verlegung des Betreuten in eine andere Anstalt oder durch Umzug des Betreuers eine zu große Entfernung, so kann – je nach Art der Betreuung – auch 20

---

[82] OLG Hamm OLGR 2006, 648; S. auch *Knittel* Rn. 27; *Soergel/Zimmermann* Rn. 19 spricht von Ermessensentscheidung; so auch *Jürgens/Lesting/Marschner/Winterstein* Rn. 130.
[83] BT-Drucks. 13/7158 S. 50; BT-Drucks. 13/10331 S. 28.
[84] OLG Hamm FamRZ 2008, 2309.
[85] Vgl. LG Duisburg BtPrax 2000, 43.
[86] BT-Drucks. 11/4528 S. 154: *Soergel/Zimmermann* Rn. 25.
[87] BT-Drucks. 11/4528 S. 154.
[88] Vgl. BayObLG FamRZ 1994, 323 (betr. § 1908b Abs. 1 S. 1).
[89] BayObLG FamRZ 2002, 195, 196; FamRZ 2002, 767, 768.
[90] Ähnlich die Gesichtspunkte bei OLG Schleswig FamRZ 1998, 1259.

hierdurch eine Unzumutbarkeit der Fortführung begründet sein.[91] Die Unzumutbarkeit kann darüber hinaus auch in der Person oder dem Verhalten des Betreuten und eine dadurch bedingte Entfremdung[92] begründet sein; zu Recht setzt die Gesetzesbegründung dem Betreuer hier allerdings eine hohe Toleranzschwelle:[93] Von Seiten des psychisch kranken oder geistig behinderten Menschen muss der Betreuer auch einiges ertragen lernen, ehe eine „Entfremdung" als Grund für ein Entlassungsverlangen hinreicht. Die Unzumutbarkeit kann schließlich in der Änderung sonstiger Verhältnisse begründet sein, etwa einer wesentlichen Absenkung der Vergütungssätze durch den Gesetzgeber.[94] Hingegen begründet der bloße „Widerruf der Bereiterklärung" nach erfolgter Betreuerbestellung für sich gesehen die Unzumutbarkeit nicht.[95] Unhaltbar ist die Auffassung, der Betreuer sei *nach* seiner Bestellung schon dann zu entlassen, wenn er seine Bereiterklärung widerrufe, ohne dass es auf Unzumutbarkeitsgründe ankäme.[96]

21 **3. Vereins- und Behördenbetreuung. a) Geltung des § 1908b Abs. 2 für Vereins- und Behördenbetreuer.** § 1908b Abs. 2 gilt auch für den Vereins- und Behördenbetreuer, der also Unzumutbarkeitsgründe sowohl aus seinem eigenen Bereich[97] als auch aus dem des Betreuten geltend machen kann. Freilich wird die Messlatte für die Unzumutbarkeit bei professionellen Kräften entschieden höher anzulegen sein. Welche Folgerungen für einen Vereins- und Behördenbetreuer, der gemäß § 1908b Abs. 2 seine Entlassung erreicht, sich im jeweiligen Dienstverhältnis ergeben, interessiert das Betreuungsrecht nicht.

22 **b) Geltung des § 1908b Abs. 2 für den Verein als solchen.** § 1908b Abs. 2 ist ferner auch anwendbar, wenn ein **Verein als solcher** als Betreuer fungiert. Zwar bedarf die Bestellung der Einwilligung des Vereins (§ 1900 Abs. 1 S. 2); ist die Bestellung aber erfolgt, so kann sie nicht jederzeit widerrufen werden (vgl. § 1900 Rn. 4). Der Verein, der entlassen werden will, muss also entweder Unzumutbarkeitsgründe nach § 1908b Abs. 2 geltend machen können oder gemäß Abs. 5 dartun, dass der Betreute nunmehr durch natürliche Personen betreut werden kann. Nicht anwendbar ist § 1908b Abs. 2 auf die zum Betreuer bestellte zuständige **Behörde.** Dieser bleibt nur die Möglichkeit nach § 1908b Abs. 5.

VI. Vorschlag eines neuen Betreuers durch den Betreuten (Abs. 3)

23 **1. Grundsätze.** Abs. 3 stärkt im Anschluss an § 1897 Abs. 4 die Selbstbestimmung des Betreuten; dieser soll nicht nur bei der erstmaligen Auswahl des Betreuers seinen Willen zur Geltung bringen können, sondern auch bei der Frage, ob der einmal Bestellte sein Amt fortsetzen soll. Freilich wäre es nicht angebracht, dem Betreuten die Befugnis einzuräumen, jederzeit die Entlassung des bisherigen Betreuers zu verlangen; ihm obliegt[98] es vielmehr, eine bestimmte[99] andere, „gleich geeignete" und übernahmewillige Person als neuen Betreuer vorzuschlagen. Der Wunsch nach einem Betreuerwechsel muss nicht unbedingt schon mit der Benennung einer zur Übernahme bereiten Person verbunden sein, es genügt wenn der konkrete Vorschlag später gemacht wird.[100] Auch ein solcher Vorschlag, den auch ein Geschäftsunfähiger machen kann,[101] ist für das Gericht nicht schlechthin verbindlich.[102] Das Gericht hat vielmehr zu prüfen, ob der Betreuerwechsel nicht dem Wohl des Betreuten zuwiderläuft, etwa weil der Vorschlag auf dem Einfluss egoistischer Verwandter beruht oder das Kontinuitätsinteresse die Beibehaltung des bisherigen Betreuers erfordert. Im Rahmen seiner Prüfung der Interessenlage steht dem Gericht ein Ermessen

---

[91] *Soergel/Zimmermann* Rn. 23.
[92] S. zu dem Gesichtspunkt der Entfremdung im Rahmen des § 1908b Abs. 1 auch oben Rn. 7.
[93] BT-Drucks. 11/4528 S. 153.
[94] BayObLG FamRZ 2002, 195, 196 (Anwalt); nicht aber genügt die Unzufriedenheit mit der Vergütungspraxis des zuständigen Gerichts, OLG Schleswig BtPrax 1997, 241; OLG Schleswig FamRZ 1998, 1259; aA AG Northeim BtPrax 1994, 179.
[95] Die Auffassung des LG Duisburg (FamRZ 1993, 851), der Betreuer sei in solchem Fall auch ohne die gesetzlichen Voraussetzungen zu entlassen, ist evident falsch.
[96] So aber LG Duisburg FamRZ 1993, 851.
[97] ZB Unzumutbarkeit für den Ersatzbetreuer, wenn der beim selben Verein angestellte Hauptbetreuer aus dem Verein ausscheidet und das Amts als selbständiger Berufsbetreuer fortführt, BayObLG FamRZ 767, 768.
[98] Missverständlich spricht die amtl. Begr. von „Pflicht", BT-Drucks. 11/4528 S. 154.
[99] Vgl. BayObLG BtPrax 2004, 240, 241 = FamRZ 2005, 390 (LS.).
[100] OLG München FamRZ 2007, 2108 (konkreter Vorschlag zur Person erst später nach Herstellung des Kontakts zu dieser Person durch die Betreuungsbehörde).
[101] BayObLG FamRZ 1994, 1353, 1354; OLG Düsseldorf FamRZ 1995, 1234, 1235; OLG Schleswig FamRZ 2006, 289 (LS.). Zur Abgrenzung zwischen einer Beschwerde gegen die Betreuerbestellung an dem Antrag nach § 1908b Abs. 3 BayObLG FamRZ 2003, 784.
[102] BayObLG FamRZ 1998, 1259, 1260; 1999, 1170; so auch die Lit. vgl. *Knittel* Rn. 31.

zu,[103] dessen Ausübung an das Wohl des Betreuten gebunden ist; die Wünsche des Betreuten haben dabei besonderes Gewicht.[104] Das Gericht kann den Vorschlag zB ablehnen, wenn der leicht beeinflussbare Betroffene seinen Vorschlag unter dem Einfluss eines Dritten gebildet und geäußert und dieser Dritte ein erhebliches wirtschaftliches Interesse an der Ablösung des jetzigen Betreuers hat.[105] Die neuere Rechtsprechung betont, dass der Vorschlag des Betroffenen auf einer „eigenständigen Willensbildung" beruhen und dauerhaft und unabhängig vom Einfluss Dritter zustand gekommen sein muss;[106] dagegen spricht nach OLG Hamm, wenn der Betroffene alsbald nach Bestellung des von ihm vorgeschlagenen Betreuers dessen Entlassung und die Bestellung eines neuen Betreuers beantragt.[107] Allerdings sollte man sich davor hüten, entgegen dem Gesetz das Erfordernis einer „Mindestgeschäftsfähigkeit" einzuführen.[108] Vielmehr geht es um die vorrangige Wahrung des Wohls des Betreuten. Ein vom Betroffenen gewünschter Betreuerwechsel kann auch dann abgelehnt werden, wenn ohnehin alsbald über die Verlängerung der Betreuung zu entscheiden ist.[109] Kann dem Vorschlag des Betreuten nicht voll entsprochen werden, so ist zu prüfen, ob die gewünschte Person wenigstens für einen Teil der nötigen Aufgabenkreise bestellt werden kann.[110]

2. Die vorgeschlagene Person. Der Vorgeschlagene muss (mindestens) gleich geeignet sein wie der bisherige Betreuer. Bei Beurteilung der Eignung sind auch subjektive Momente (persönliches Verhältnis des Betreuten zu der neuen Person) zu berücksichtigen. In Betracht kommt auch ein Vereins- oder Behördenbetreuer,[111] nicht aber der Verein oder die Behörde als solche.[112] Auch die Vorschlag, einen anderen Verein statt des bisherigen oder die Behörde anstelle des Vereins zum Betreuer zu bestellen, fällt nicht unter § 1908b Abs. 3.[113] Es muss eine individuell bestimmte Person vorgeschlagen werden, die Nennung mehrerer Personen zur Auswahl genügt hier nicht. Nicht anwendbar ist Abs. 3, wenn der Vorschlag auf eine Änderung der Betreuungsstruktur hinausläuft (etwa: Vorschlag, dem bisherigen Betreuer gewisse Angelegenheiten zu entziehen und dafür einen weiteren Betreuer zu bestellen); derartige Anregungen können nach § 1908b Abs. 1 S. 1 von Bedeutung sein. Bestand bisher Mitbetreuung, so ist § 1908b Abs. 3 nicht nur dann anzuwenden, wenn der Betreute für alle bisherigen Betreuer neue Personen präsentiert, sondern auch beim Vorschlag der Auswechslung nur eines der Betreuer. Kommt das Gericht diesem Vorschlag nach, so kann sich freilich für den anderen, im Amt bleibenden Mitbetreuer die Unzumutbarkeit der Fortsetzung seines Amtes ergeben (§ 1908b Abs. 2). Ferner ist § 1908b Abs. 3 einschlägig, wenn der Betroffene einen der bisherigen Mitbetreuer als nunmehrigen alleinigen Betreuer vorschlägt, sofern diese Person geeignet und mit der Übernahme einverstanden ist.[114]

3. Bereitschaft zur Übernahme. Bevor das Gericht dem Entlassungsbegehren des Betreuten nachkommen darf, muss sichergestellt sein, dass der Vorgeschlagene die Betreuung auch übernimmt; er muss also seine Bereitschaft erklärt haben. Um unliebsame Überraschungen zu vermeiden, wird das Gericht das Entlassungsverfahren und das Verfahren der Bestellung eines neuen Betreuers miteinander verknüpfen und die Entlassung frühestens dann verfügen, wenn die Bereiterklärung des neu

---

[103] BT-Drucks. 11/4528 S. 154. So auch BayObLG FamRZ 1994, 1353; 1998, 1259, 1260; 2003, 784, 786; OLG Düsseldorf FamRZ 2000, 1536; *Soergel/Zimmermann* Rn. 30. Das tatrichterliche Ermessen ist von der Rechtbeschwerdeinstanz nur auf Rechtsfehler in der Ermessensausübung überprüfbar, BayObLG FamRZ 1999, 1170.
[104] BayObLG FamRZ 1996, 1105; 1998, 1259, 1261; 1999, 1170; OLG Düsseldorf FamRZ 2000, 1536.
[105] BayObLG FamRZ 1994, 1353, 1354: OLG Düsseldorf FamRZ 1995, 1234, 1235. Zu Unrecht kritisiert *Soergel/Zimmermann* Rn. 31 Fn. 64 das Abstellen auf eigene wirtschaftliche Interessen des Einfluss nehmenden Dritten; gerade dieser Aspekt ist für die Frage des Betreutenwohls wichtig.
[106] BayObLG BtPrax 2004, 240, 241 = FamRZ 2005, 390 (LS.); BayObLG FamRZ 2005, 548 (nicht: bei raschen Meinungsänderungen); BayObLG FamRZ 2005, 751 („aus eigenem Antrieb", „auf Grund einer ernsthaften und auf Dauer angelegten eigenständigen Willensbildung"); BayObLG BayObLGR 2005, 711, 712 (nicht vollständig abgedruckt in BtPrax 2005, 148 und FamRZ 2005 1777 (LS.); OLG Hamm OLGR 2006, 648 unter Bezug auf die Rspr. des BayObLG zu § 1897 BtPrax 2005, 35; FamRZ 2005, 751).
[107] OLG Hamm OLGR 2006, 648; der Satz gilt indes nicht, wenn Gründe sichtbar werden, die den Wunsch nach Betreuerwechsel verständlich erscheinen lassen.
[108] Zutreffend *Soergel/Zimmermann* Rn. 31.
[109] BayObLG FamRZ 2003, 1411; FamRZ 2005, 654, 655 („Zweckmäßigkeitserwägungen" allein tragen allerdings – entgegen der Meinung des Gerichts – die Entscheidung nicht, es muss das Wohl des Betroffenen tangiert sein).
[110] S. OLG Düsseldorf FamRZ 2000, 1356.
[111] BayObLG FamRZ 1996, 250.
[112] So auch *Knittel* Rn. 37.
[113] *Knittel* Rn. 38.
[114] BayObLG FamRZ 2004, 736.

zu Bestellenden gemäß § 1898 Abs. 2 vorliegt; am besten erfolgen Entlassung und Neubestellung gleichzeitig und werden gleichzeitig zur Wirksamkeit gebracht.

26 **4. Verhältnis zu anderen Entlassungsgründen.** § 1908b Abs. 3 ist parallel neben anderen Entlassungsgründen anwendbar. Im Vorschlag, einen neuen Betreuer zu bestellen, kann die Tatsache zum Ausdruck kommen, dass der bisherige Betreuer ungeeignet ist und das Gericht daher ohnehin nach § 1908b Abs. 1 S. 1 tätig werden müsste. Auch wenn der Betreute keine geeignete und bereitwillige Person präsentieren kann, gibt das Entlassungsverlangen Anlass zu einer Prüfung der in Abs. 1 genannten Gründe. Ein nicht gerechtfertigtes Entlassungsbegehren des Betreuten kann andererseits dem Betreuer Anlass zu Überlegungen geben, ob ihm die Fortsetzung der Betreuung noch zumutbar ist (§ 1908b Abs. 2). Schlägt der Betreute, der bisher von einem Verein oder einer Behörde betreut wurde, eine geeignete natürliche Person vor, so kommen die Entlassungsgründe des Abs. 3 und des Abs. 5 zusammen. Unberührt von der Möglichkeit des § 1908b Abs. 3 bleibt die Befugnis des Betreuten, die Aufhebung der Betreuung nach § 1908d Abs. 2 zu beantragen.

VII. Entlassung des Vereins- oder Behördenbetreuers auf Antrag von Verein oder Behörde (Abs. 4)

27 **1. Grundsatz.** Während die Vereins- und Behördenbetreuer ihre eigene Entlassung nur bei Unzumutbarkeit nach § 1908b Abs. 2 verlangen können, kann ihr Dienstherr sie jederzeit „zurückziehen", indem er die Entlassung bei Gericht beantragt (§ 1908b Abs. 4 S. 1, S. 3). Das Gericht hat dem Antrag ohne Prüfung weiterer Gründe zu entsprechen.[115] Die nicht an Sachgründe gebundene Befugnis von Verein oder Behörde soll deren Personalhoheit über die Mitarbeiter sichern,[116] zeugt aber letztlich von der rechtspolitischen Schieflage der gesamten Konstruktion. Die Entlassung des Vereins- oder Behördenbetreuers führt im Regelfall zur Bestellung eines neuen Betreuers (§ 1908c). Es ist möglich, dass der Verein oder die Behörde nunmehr einen anderen Mitarbeiter „anbietet"; das Gericht wird sich überlegen, ob es sich auf dieses Wechselspiel einlassen kann; dabei wird auch eine Rolle spielen, ob dem Entlassungsantrag wirklich dringliche Gründe zugrunde lagen.

28 **2. Fortführung der Betreuung durch die Privatperson (Abs. 4 S. 2). a) Grundsätze.** Um die Kontinuitätsinteressen des Betreuten zu wahren, eröffnet § 1908b Abs. 4 S. 2, 3 die Möglichkeit, dass der Vereins- oder Behördenbetreuer trotz des Entlassungsgesuchs durch den Dienstherrn die Betreuung weiterführt, freilich nunmehr unter Auswechseln des rechtlichen Hintergrundes: Die Betreuungsperson fungiert dann nicht mehr im Rahmen ihres Dienstverhältnisses, sondern **als Privatperson** (privater Einzelbetreuer im Sinne unserer Terminologie, siehe § 1897 Rn. 9, 10). Dazu ist eine gerichtliche Entscheidung „eigener Art"[117] notwendig: Sie lautet dahin, dass der bisher als Mitarbeiter des x-Vereins (der y-Behörde) tätige Betreuer die Betreuung künftig als Privatperson führt. Ob das Gericht dies tut, ist – im Rahmen der Wahrung des Betreutenwohls – Ermessenssache. Kommt freilich eine Fortführung nur im *Rahmen der Berufsausübung* in Betracht, so ist die Vorschrift des § 1908b Abs. 1 S. 3 zu beachten: Kann die Fürsorge durch eine andere ehrenamtlich tätige Person durchgeführt werden, so soll diese als Betreuer bestellt werden; die Möglichkeit des Abs. 4 S. 2 ist demgegenüber nachrangig.

29 **b) Voraussetzungen.** Voraussetzungen für eine Entscheidung nach Abs. 4 S. 2 sind:
– Entlassungsantrag durch den anstellenden Verein oder die anstellende Behörde;
– Einverständnis des Betreuers; dieses muss im Verfahren erklärt werden;
– die Entlassung dieses Betreuers ist nicht zum Wohl des Betreuten erforderlich (vgl. § 1908b Abs. 1 S. 1).

Dem Willen des Betreuten scheint der Gesetzgeber in diesem Fall keine explizite Rolle zumessen zu wollen; doch kommt dem ihm Rahmen der Prüfung des Betreutenwohls Relevanz zu.

30 **c) Inhalt der Entscheidung.** Die Entscheidung hat zum Inhalt, dass der bisherige Vereinsoder Behördenbetreuer die Betreuung künftig als Privatperson weiterführt. Die übrigen Modalitäten der Betreuung ändern sich nicht: weder der Aufgabenkreis noch der Überprüfungszeitpunkt noch

---

[115] Missverständlich die amtl. Begr. BT-Drucks. 11/4528 S. 154, wo Gründe genannt sind; diese können, müssen den Antrag aber nicht stützen; die Frage des Wohls des Betreuten spielt nach dem Gesetzestext nur eine Rolle, soweit eine Entscheidung nach Abs. 4 S. 2 in Betracht kommt.
[116] BT-Drucks. 11/4528 S. 154.
[117] So *Erman/Roth* Rn. 12.

der Fortbestand eines Einwilligungsvorbehalts noch die Wirksamkeit erteilter Genehmigungen.[118] Der Unterschied zum vorherigen Rechtszustand liegt allein darin, dass ab Wirksamkeit der Entscheidung die Betreuung nicht mehr im Rahmen des Dienstverhältnisses zu Verein oder Behörde, sondern ausschließlich außerhalb der Dienstzeit geleistet wird. Von der Wirksamkeit der Entscheidung an sind sämtliche Vorschriften, die speziell für Vereins- und Behördenbetreuer gelten, unanwendbar. Das betrifft insbesondere Aufwendungsersatz und Vergütung.

d) Verfahren. Unklarheiten ergeben sich bezüglich des Verfahrens. Es zeugt von der Qualität 31 unserer Gesetzgebung, dass dieser unerfreuliche Zustand, der nach dem FGG bestand, trotz des Aufweises in der Literatur auch durch das FamFG fortgesetzt wird. Selbstverständlich sind die allgemeinen Regeln des Verfahrens in Betreuungssachen anzuwenden. Funktionell zuständig ist der Rechtspfleger (§ 3 Nr.2 b RPflG). Das spezielle Verfahrensrecht lässt die Entscheidung nach § 1908b Abs. 4 S. 2 indes unerwähnt. Es handelt sich fraglos nicht um eine Entlassung mit gleichzeitiger Neubestellung – diese Konstruktion lehnt die Gesetzesbegründung zum BtG ausdrücklich ab.[119] Auch liegt keine Verlängerung (§ 295 FamFG) vor, es sei denn, das Gericht nehme den Vorgang zum Anlass, die Erforderlichkeit zu überprüfen und einen neuen Überprüfungstermin festzusetzen. Schließlich handelt es sich auch nicht um die Bestellung eines neuen Betreuers. Andererseits ist schwerlich gewollt, dass die Entscheidung völlig aus dem Rahmen des Betreuungsverfahrens fällt. So ist die persönliche Anhörung des Betreuten erforderlich (§ 34 Abs. 1 Nr.1 FamFG). Ein Sachverständigengutachten braucht nicht eingeholt werden, sofern mit der „Weiterführung" kein Hinausschieben des Überprüfungszeitpunkts verbunden wird. Die Entscheidung ist beschwerdefähig. Ein Beschwerderecht (§ 59 Abs. 1 FamFG) können insbesondere haben: der Betreute;[120] der Betreuer, der nicht eingewilligt hat; ferner die Behörde, weil ihr Mitarbeiter nun in seiner Freizeit belastet wird.[121]

VIII. Entlassung des Vereins oder der Behörde als Betreuer (Abs. 5)

1. Grundsatz. Die Bestellung eines Vereins oder der Behörde zu Betreuern soll begründete 32 Ausnahme sein, die Einzelbetreuung geht vor (siehe Erl. zu § 1900). Verein oder Behörde sind daher von Amts wegen zu entlassen, sobald der Betreute durch eine oder mehrere natürliche Personen betreut werden kann, sobald also die Gründe des § 1900 Abs. 1 S. 1, Abs. 4 S. 1 entfallen. Freilich darf die Möglichkeit einer Einzelbetreuung nicht bloß abstrakt gegeben sein; es muss eine geeignete, zur Übernahme bereite Einzelperson (auch Vereins- oder Behördenbetreuer) zur Verfügung stehen, die möglichst gleichzeitig mit der Entlassung der Vereins oder der Behörde bestellt werden kann. Gleichgültig ist, ob der zur Verfügung stehende Einzelbetreuer beruflich tätig wird oder nicht. Selbst wenn die Betreuungsperson, der bisher die Betreuungsaufgabe übertragen war (§ 1900 Abs. 2 S. 1), nunmehr als Vereins- oder Behördenbetreuer bestellt werden soll, handelt es sich um eine neue Betreuerbestellung (§ 1908c) mit allen verfahrensrechtlichen Konsequenzen. Mit der Regelung des § 1908b Abs. 5 korrespondieren entsprechende Mitteilungspflichten des Vereins (§ 1900 Abs. 3) und der Behörde (§ 1900 Abs. 4 S. 2 iVm. Abs. 3) gegenüber dem Gericht.

2. Nicht betroffene Fälle. Obwohl die Betreuung durch die Behörde subsidiär gegenüber 33 derjenigen durch den Verein ist, fehlt es an einer Vorschrift nach Art des § 1908b Abs. 5, wenn eine *Behörde* feststellt, dass ein geeigneter *Verein* die Betreuung übernehmen könnte. Auch wenn ein Behördenbetreuer durch einen geeigneten privaten Einzelbetreuer ersetzt werden könnte, ist eine Entlassung nicht vorgesehen; das entspricht der (unhaltbaren) Fiktion des Gesetzes, der im Rahmen seiner Dienstpflichten tätige Behördenbetreuer sei „Einzelbetreuer" wie jeder andere. Freilich ist – soweit ein *ehrenamtlicher* privater Betreuer zur Verfügung steht – die Vorschrift des § 1908b Abs. 1 S. 3 zu beachten.

IX. Verfahren

1. Allgemeines. Die Entlassung des Betreuers bildet eine – oft dramatische – Zäsur in der 34 Entwicklung des Betreuungsverhältnisses. Im Verfahren ist diesem Umstand wenig Rechnung getra-

---
[118] Damit begründet BT-Drucks. 11/4528 S. 154 die gewählte Konstruktion.
[119] BT-Drucks. 11/4528 S. 154.
[120] Auch gegen den Ausspruch, dass der Vereinsbetreuer aus seinem Amts entlassen wird und die Betreuung als Privatperson fortführt, OLG Hamm NJW-RR 2001, 651; aA BayObLG FamRZ 2002, 767, das ein Beschwerderecht nur gegen die Feststellung gibt, dass der bisherige Vereinsbetreuer künftig als selbständiger *Berufsbetreuer* tätig werden soll; diese Einschränkung ist mE zweifelhaft, denn schon die Umwandlung des Vereinsbetreuers in einen privaten Betreuer an sich tangiert die Rechtsstellung des Betreuten.
[121] AA *Damrau/Zimmermann* Rn.70.

§ 1908c   Abschnitt 3. Titel 2. Rechtliche Betreuung

gen. **Zuständig** ist in den Fällen des Abs. 1, 2 und 5 der Richter, des Abs. 3 und 4 der Rechtspfleger (§ 3 Nr. 2b, § 15 Abs. 1 S. 1 Nr. 1 RPflG). Eine **persönliche Anhörung** des Betreuten ist nach dem Wortlaut des Gesetzes zwingend erforderlich, wenn er der Entlassung des Betreuers widerspricht (§ 296 Abs. 1 FamFG; beachte § 34 Abs. 2 FamFG). Auch das Gebot zur persönlichen Anhörung des *Betreuers* ist an die Voraussetzung gebunden, dass der *Betroffene* der Entlassung des Betreuers widerspricht (§ 296 Abs. 1 FamFG). Die Anhörung im Übrigen liegt im pflichtgemäßen Ermessen des Gerichts.[122] Fraglich erscheint, ob gemäß § 279 Abs. 3 FamFG auf Verlangen des Betroffenen eine ihm nahe stehende Person anzuhören ist; das hängt davon ab, ob diese Vorschrift in Verfahren in Betreuungssachen allgemein anwendbar ist, wie nach dem Wortlaut anzunehmen.[123] Zur Bestellung eines Verfahrenspflegers siehe § 1896 Rn. 153 ff. Die **Wirksamkeit** der Entscheidung richtet sich nach § 287 Abs. 1, 2 FamFG, weil die Entlassung eine Entscheidung über den Bestand der Betreuerbestellung darstellt.[124] Die Entlassung des Betreuers kann durch **einstweilige Anordnung** geschehen, wenn dringende Gründe für die Annahme bestehen, dass die Voraussetzungen für die Entlassung vorliegen und ein dringendes Bedürfnis für sofortiges Tätigwerden besteht (§ 300 Abs. 2 FamFG).

35 **2. Rechtsbehelfe. a) Gegen Entlassung.** Es gelten die allgemeinen Vorschriften des FamFG über das Beschwerdeverfahren (§ 1896 Rn. 208 ff.). Die Beschwerdeberechtigung ist nach § 59 Abs. 1 FamFG zu beurteilen. Beschwerdeberechtigt sind in erster Linie der Betreute und der Betreuer;[125] dieser kann die Beschwerde auch im Namen des Betreuten einlegen (§ 303 Abs. 4 S. 1 FamFG). Beschwerdeberechtigt ist der Verein, wenn ohne seinen Antrag der Vereinbetreuer als solcher entlassen wird, auch wenn dieser zugleich als Privatperson bestellt werden soll.[126] Erfolgt die Entlassung durch Entscheidung von Amts wegen, so steht das Beschwerderecht unter den Voraussetzungen des § 303 Abs. 2 FamFG auch Angehörigen und Vertrauenspersonen zu.

36 **b) Gegen Ablehnung der Entlassung.** Auch die Ablehnung der Entlassung (etwa im Fall des § 1908b Abs. 3) ist nach § 58 FamFG die Beschwerde gegeben. Die Beschwerdeberechtigung richtet sich nach § 59 Abs. 1 FamFG.[127] Beschwerdeberechtigt sind folglich der Betreute, der Betreuer, ferner gemäß § 303 Abs. 3 FamFG der Verfahrenspfleger. Der Betreuer und der Vorsorgebevollmächtigte können Beschwerde auch im Namen des Betroffenen Beschwerde einlegen, wenn ihr Aufgabenkreis betroffen ist (§ 303 Abs. 4 S. 1 FamFG); das trifft für den Vorsorgebevollmächtigten zu, soweit sich der Aufgabenkreis des Betreuers, um dessen Entlassung es geht, mit dem Umfang der Vollmacht deckt. Dritte haben grundsätzlich kein Beschwerderecht aus § 59 Abs. 1 FamFG.[128] Das wurde unter Geltung des FGG auch für die Kinder oder sonstige nahe Angehörige des Betreuten angenommen, selbst wenn sie vortrugen, dass sie bei Bestellung des Betreuers entgegen den Grundsätzen des § 1897 Abs. 5 übergangen worden seien und ihr Verlangen, den Betreuer zu entlassen und sie selbst zu bestellen, abgewiesen wurde.[129] Gleiches wurde für Lebensgefährten angenommen.[130] Der Betreuungsbehörde steht ein Beschwerderecht nach § 303 Abs. 1 Nr. 2 FamFG zu (Entscheidung über den Bestand einer Betreuerbestellung). Dem Vertreter der Staatskasse steht das Beschwerderecht aus § 304 Abs. 1 FamFG zu, soweit die Interessen der Staatskasse durch den Beschluss betroffen sind.

§ 1908c Bestellung eines neuen Betreuers

Stirbt der Betreuer oder wird er entlassen, so ist ein neuer Betreuer zu bestellen.

---

[122] Für Rechtslage unter FGG: BezG Erfurt FamRZ 1994, 992, 993.
[123] Verneinend *Prütting/Helms/Fröschle* § 279 FamFG Rn. 3.
[124] *Prütting/Helms/Fröschle* § 287 FamFG Rn. 4
[125] BayObLG FamRZ 1995, 1232; 1996, 1105, 1106; 1998, 440; 1999, 1168; OLG Köln FamRZ 1999, 1169.
[126] OLG Hamm FamRZ 2001, 253; BayObLG FamRZ 2005, 750.
[127] Zur Lage nach FGG: BGHZ 132, 157, 160 = FamRZ 1996, 607, 608; BayObLGZ 1995, 305, 306 = FamRZ 1996, 508; BayObLG FamRZ 1998, 1186, 1187; BayObLG FamRZ 2001, 938.
[128] Zur Lage nach FGG: BayObLG FamRZ 1998, 1186, 1187.
[129] BGH FamRZ 1996, 607, 608; BayObLG FamRZ 1995, 508; Rpfleger 1998, 112; FamRZ 2001, 938; FamRZ 2004, 979; OLG Düsseldorf Rpfleger 1995, 251. AA unter Berufung auf Art. 6 Abs. 1 GG OLG Köln FamRZ 1996, 1024.
[130] BayObLG FGPrax 1998, 56.

Übersicht

	Rn.		Rn.
I. Normzweck	1	c) Persönliche Anhörung	8, 9
II. Bestellung eines neuen Betreuers	2–15	d) Gelegenheit zur Äußerung	10
1. Tod des Betreuers	2	e) Sachverständigengutachten	11
2. Entlassung des Betreuers	3	f) Bekanntmachung und Wirksamwerden	12
3. Kriterien der Entscheidung	4, 5	g) Beschwerdeberechtigung	13
a) Voraussetzungen	4	h) Einstweilige Anordnung	14
b) Überprüfungszeitpunkt	5	i) Anwendbare Vorschriften	15
4. Verfahren	6–15	**III. Probleme des Übergangs**	16, 17
a) Gesetzeslage	6	1. Wirkungen der Entlassung des Betreuers	16
b) Zuständigkeit, Verfahrensfähigkeit, Verfahrenspfleger	7	2. Der Fortbestand „der Betreuung"	17

I. Normzweck

Tod und Entlassung (§ 1908b) des Betreuers beenden nicht die Betreuungsbedürftigkeit des **1** Betroffenen. Die Vorschrift ordnet daher die Bestellung eines neuen Betreuers in diesen Fällen an. Die weiteren Rechtsfolgen aus Tod oder Entlassung des Betreuers ergeben sich aus der Verweisung auf die Regelungen des Vormundschaftsrechts (§ 1908i Abs. 1 S. 1 iVm. §§ 1890, 1892 bis 1894).

II. Bestellung eines neuen Betreuers

1. Tod des Betreuers. Stirbt der Betreuer, so muss rasch gehandelt werden, da sonst die **2** Interessen des Betreuten gefährdet sein können. Der Erbe des Betreuers ist verpflichtet, dessen Tod unverzüglich beim Betreuungsgericht anzuzeigen (§ 1908i Abs. 1 S. 1 iVm. § 1894 Abs. 1; Erl. siehe dort). Den Betreuer trifft die gleiche Pflicht, wenn ein Mitbetreuer oder Gegenbetreuer stirbt (§ 1908i Abs. 1 S. 1 iVm. 1894 Abs. 2). Erhält der Gegenbetreuer Kenntnis vom Tod des Betreuers, so trifft ihn ebenfalls die Pflicht zur unverzüglichen Anzeige (§ 1799 Abs. 1 S. 2 iVm. § 1908i Abs. 1 S. 1). Im Zusammenhang mit dem Gegenbetreuer ergeben sich weitere Anzeigepflichten aus der Verweisung des § 1895 auf § 1894. Bei alledem steht die **Todeserklärung** dem Tode gleich.

2. Entlassung des Betreuers. Gemeint sind die Entlassungen gemäß § 1908b sowie die Entlassung nach § 1888 iVm. § 1908i Abs. 1 S. 1. Nicht hingegen ist § 1908c anwendbar bei Aufhebung der Betreuung gemäß § 1908d. **3**

3. Kriterien der Entscheidung. a) Voraussetzungen. Da mit der Bestellung eines neuen **4** Betreuers nur der Wegfall des bisherigen kompensiert werden soll, braucht das Gericht die Voraussetzungen des § 1896 nicht erneut zu überprüfen. Freilich hat es von Amts wegen möglichen Anzeichen dafür nachzugehen, dass die Erforderlichkeit einer Betreuung zwischenzeitlich entfallen ist;[1] gegebenenfalls ist von der Bestellung eines neuen Betreuers abzusehen und nach § 1908d Abs. 1 zu verfahren. Ergeben sich keine Indizien für den Fortfall der Betreuungsbedürftigkeit, so bestellt das Gericht einen neuen Betreuer nach den allgemein für die Auswahl geltenden Vorschriften der §§ 1897, 1900. Es stehen dieselben Betreuertypen zur Verfügung wie bei erstmaliger Bestellung und es gelten dieselben Auswahlprinzipien (insbesondere § 1897 Abs. 3 bis 6).

b) Überprüfungszeitpunkt. Bei Festlegung des Überprüfungszeitpunkts ist zu beachten: Da **5** nur ein „Personalwechsel" bei sonst fortzusetzendem Betreuungsverhältnis erfolgt, bleibt der Überprüfungszeitpunkt (§ 286 Abs. 3 FamFG) derselbe wie bei Bestellung des Vorgängers festgelegt; wird anlässlich der Neubestellung der Prüfungszeitpunkt hinausgeschoben, so liegt zugleich eine Verlängerung der Betreuung vor.

4. Verfahren. a) Gesetzeslage. Die Bestellung eines neuen Betreuers unterscheidet sich an **6** sich von der erstmaligen Bestellung wenig. Der Unterschied kann darin gesehen werden, dass die Voraussetzungen der Betreuungsbedürftigkeit schon im vorherigen Bestellungsverfahren geprüft sind und daher nicht erneut geprüft werden müssen, sofern die Neubestellung nicht zu einem Hinausschieben des Überprüfungszeitpunkts führt. Gleichwohl verwundert, für wie nebensächlich das Gesetz – auch das FamFG – die Bestellung eines neuen Betreuers offenkundig ansieht. § 296 Abs. 2 S. 1 FamFG statuiert die Pflicht des Gerichts, den Betroffenen persönlich anzuhören und erklärt die

---
[1] So auch *Knittel* Anm. IV 2.

§ 1908c 7–14   Abschnitt 3. Titel 2. Rechtliche Betreuung

Vorschrift über die Anhörung der sonstigen Beteiligten (§ 279 FamFG) für entsprechend anwendbar. Daraus müsste man schließen, dass die übrigen Vorschriften über die Betreuerbestellung *nicht* anzuwenden sind.

7 b) **Zuständigkeit, Verfahrensfähigkeit, Verfahrenspfleger.** Ohne weiteres anwendbar sind §§ 272, 273 (Zuständigkeit, Abgabe) und §§ 275, 276 FamFG (Verfahrensfähigkeit, Verfahrenspfleger), weil diese Vorschriften für alle Verrichtungen in Betreuungssachen maßgeblich sind. Die funktionelle Zuständigkeit ist gespalten: Bei Bestellung eines neuen Betreuers nach dem Tode des Vorgängers oder dessen Entlassung aus den Gründen des § 1908b Abs. 1, 2 und 5 ist der Richter zuständig (§ 15 Abs. 1 S. 1 Nr.1 RPflG), außer wenn es sich „nur" um eine Überwachungsbetreuung handelt (§ 15 Abs. 1 S. 2 RPflG); nach Entlassung nach § 1908b Abs. 3, 4 ist hingegen stets der Rechtspfleger zuständig (§ 3 Nr. 2b , § 15 Abs. 1 S. 1 Nr.1 RPflG).

8 c) **Persönliche Anhörung. aa) Grundsatz.** Nach § 296 Abs. 2 S. 1 FamFG ist der Betroffene vor Bestellung eines neuen Betreuers **persönlich anzuhören.** Da dies ausdrücklich gesagt ist, muss man annehmen, dass sich die Anhörungspflicht nicht aus § 278 Abs. 1 FamFG unmittelbar ergibt. Das hat Folgen: Die Einzelregelungen des § 278 FamFG gelten hier nicht. Die persönliche Anhörung kann unterbleiben, wenn hiervon erhebliche Nachteile für die Gesundheit des Betroffenen zu besorgen sind oder der Betroffene offensichtlich nicht in der Lage ist, seinen Willen kundzutun (§ 34 Abs. 2 FamFG).

9 bb) **Ausnahme.** Nach § 296 Abs. 2 S. 2 FamFG besteht keine Pflicht des Gerichts zur persönlichen Anhörung, wenn der Betroffene sein **Einverständnis mit dem Betreuerwechsel** erklärt hat. Diese Ausnahme geht auf das 1. BtÄndG zurück; nach der Gesetzesbegründung hierzu soll das Einverständnis auch durch Dritte übermittelt werden können.[2] Die Regelung wird damit begründet, dass besonders bei Vereinsbetreuern, die durch Kündigung oder Schwangerschaft ausfallen, eine erhebliche Anzahl von Anhörungen erforderlich würde; die Anhörungen würden aus richterlicher Sicht „als zu aufwändig und vermeidbar gewertet".[3] Auf Vereins- und Behördenbetreuer beschränkt sich die Neuregelung aber nicht. Gegen die genannte Begrenzung der Anhörungspflicht sind **rechtsstaatliche Bedenken** zu erheben. Der Betroffene soll erheblichen Einfluss auf die Auswahl des Betreuers nehmen können; auf seine persönlichen Bindungen ist Rücksicht zu nehmen (§ 1897 Abs. 4, 5). Es ist schwer vorstellbar, wie dies ohne Anhörung angemessen geschehen kann. Das „Einverständnis mit dem Betreuerwechsel" kann die Anhörung nur entbehrlich machen, wenn diese Zustimmung von einem Betroffenen erklärt wurde, der insoweit zur Selbstbestimmung fähig ist, weil mit der Zustimmung eine Verschlechterung der verfahrensrechtlichen Position verbunden ist. Ferner ist Voraussetzung, dass das Einverständnis sich nicht auf einen „Betreuerwechsel" abstrakt bezieht, sondern auf die Person des neuen Betreuers.[4]

10 d) **Gelegenheit zur Äußerung.** Die Anhörung der Behörde, der Angehörigen und nahe stehenden Personen richtet sich gemäß § 296 Abs. 2 S. 3 FamFG nach dem entsprechend anwendbaren § 279 FamFG (Einzelheiten § 1896 Rn. 191 ff.).

11 e) **Sachverständigengutachten.** Der Einholung eines Sachverständigengutachtens oder der Vorlage eines ärztlichen Zeugnisses soll es offenkundig nicht bedürfen. Das geht jedoch nur an, wenn die Neubestellung zu keiner Hinausschiebung des Überprüfungszeitpunktes (§ 294 Abs. 3, § 295 Abs. 1 FamFG) führt, wenn also trotz des Personenwechsels der in der ersten Betreuerbestellung genannte Zeitpunkt bleibt. Wird hingegen zugleich der Überprüfungszeitpunkt neu festgesetzt, so handelt es sich um eine mit der Neubestellung verbundene Verlängerung der Betreuung; es müssen dann zusätzlich die Erfordernisse des § 295 Abs. 1 FamFG erfüllt werden (dazu § 1896 Rn. 222 ff.).

12 f) **Bekanntmachung und Wirksamwerden.** Für die vorgeschriebenen Bekanntmachungen und das Wirksamwerden gilt § 287 FamFG, da es sich um eine Entscheidung „über den Bestand der Bestellung eines Betreuers" handelt (dazu § 1896 Rn. 198 ff.).

13 g) **Beschwerdeberechtigung.** Die Beschwerdeberechtigung richtet sich nach den gleichen Grundsätzen wie bei erstmaliger Bestellung (§§ 59 Abs. 1, 303, 304 FamFG; dazu § 1896 Rn. 209 ff.)

14 h) **Einstweilige Anordnung.** Unter den Voraussetzungen des § 300 Abs. 1 FamFG kann der neue Betreuer auch durch einstweilige Anordnung als vorläufiger Betreuer bestellt werden.[5] Ist ein

---

[2] BT-Drucks. 13/7158 S. 40.
[3] BT-Drucks. 13/7158 S. 40.
[4] OLG Schleswig FamRZ 2007, 2008.
[5] Zur Lage nach FGG: BayObLG FamRZ 2001, 252.

Betreuer durch einstweilige Anordnung bestellt, so kann er im Hauptsacheverfahren nicht allein deshalb im Amt bestätigt werden, weil keine Entlassungsgründe nach § 1908b vorliegen; vielmehr bedarf es erneut einer Auswahlentscheidung nach den Kriterien des § 1897.[6] Im Übrigen kann das Gericht vor Bestellung eines Betreuers nach § 1846 iVm. § 1908i Abs. 1 S. 1 handeln.

i) Anwendbare Vorschriften. Auch wenn § 296 Abs. 2 FamFG insoweit keine Verweisung enthält, müssen auch **weitere Vorschriften** des FamFG über die Bestellung eines Betreuers gelten: § 286 FamFG (Inhalt der Entscheidung); § 289 FamFG (mündliche Verpflichtung und Unterrichtung, Einführungsgespräch). § 290 FamFG (Bestellungsurkunde), § 291 FamFG (Betreuung durch Verein oder Behörde).

III. Probleme des Übergangs

1. Wirkungen der Entlassung des Betreuers. Die Wirkungen der Entlassung eines Betreuers entsprechen denen der „Beendigung des Amtes" eines Vormunds: Mit Wirksamkeit der Entlassungsverfügung erlöschen grundsätzlich die mit der Amtsführung verbundenen Pflichten und Rechte, insbesondere auch die Befugnis zur gesetzlichen Vertretung. Der Betreuer hat das von ihm verwaltete Vermögen des Betreuten herauszugeben und Rechenschaft abzulegen (§ 1890 iVm. § 1908i Abs. 1 S. 1). Ist ein Gegenbetreuer bestellt, so ist ihm die Rechnung vorzulegen (§ 1891 Abs. 1). Nachdem er sie dem Gegenbetreuer vorgelegt hat, muss der entlassene Betreuer die Rechnung beim Betreuungsgericht einreichen, das sie sachlich und rechnungsmäßig prüft (§ 1892 iVm. § 1908i Abs. 1 S. 1). Zuständig ist der Rechtspfleger (§ 3 Nr.2 b RPflG). Der entlassene Betreuer hat die Bestellungsurkunde dem Betreuungsgericht zurückzugeben (§ 1893 iVm. § 1908i Abs. 1 S. 1). Auch nach der Entlassung bleibt der Betreuer handlungsbefugt, bis er von der Beendigung seines Amtes Kenntnis erlangt oder sie kennen muss (§ 1698a iVm. § 1893 Abs. 1 iVm. § 1908i Abs. 1 S. 1).

2. Der Fortbestand „der Betreuung". Obwohl bei Einrichtung einer Betreuung (anders als im Vormundschaftsrecht) nicht zwischen ihrer Anordnung einerseits und der Bestellung des Betreuers andererseits unterschieden wird (Einheitsentscheidung, § 1896 Rn. 133), besteht im Falle des Todes oder der Entlassung eines Betreuers „die Betreuung" fort.[7] Das bedeutet: Abgesehen davon, dass der Betreute derzeit keinen Betreuer hat, bleibt er latent in der durch die Betreuerbestellung geschaffenen Rechtslage. Das hat vor allem zur Folge, dass ein angeordneter Einwilligungsvorbehalt über die Entlassung und den Tod des Betreuers hinaus wirksam bleibt, wofür das Fortbestehen der „Betreuung" unverzichtbare Voraussetzung ist.[8] Auch können Genehmigungsverfahren (zB zu Rechtsgeschäften nach § 1821) nach Bestellung des neuen Betreuers in dem Stande fortgeführt werden, in dem sie sich bei Wegfall des bisherigen Betreuers befanden. Ist dem bisherigen Betreuer ein Rechtsgeschäft genehmigt worden, so kann der neue Betreuer von der Genehmigung Gebrauch machen, zB einen Vertrag durch Mitteilung dem Geschäftspartner gegenüber wirksam machen (§ 1829 Abs. 1). Hat der frühere Betreuer die Genehmigung beantragt und ist er sodann entlassen worden, so ist sie nunmehr dem neuen Betreuer gegenüber zu erteilen.

---

§ 1908d Aufhebung oder Änderung von Betreuung und Einwilligungsvorbehalt

(1) ¹Die Betreuung ist aufzuheben, wenn ihre Voraussetzungen wegfallen. ²Fallen diese Voraussetzungen nur für einen Teil der Aufgaben des Betreuers weg, so ist dessen Aufgabenkreis einzuschränken.

(2) ¹Ist der Betreuer auf Antrag des Betreuten bestellt, so ist die Betreuung auf dessen Antrag aufzuheben, es sei denn, dass eine Betreuung von Amts wegen erforderlich ist. ²Den Antrag kann auch ein Geschäftsunfähiger stellen. ³Die Sätze 1 und 2 gelten für die Einschränkung des Aufgabenkreises entsprechend.

(3) ¹Der Aufgabenkreis des Betreuers ist zu erweitern, wenn dies erforderlich wird. ²Die Vorschriften über die Bestellung des Betreuers gelten hierfür entsprechend.

(4) Für den Einwilligungsvorbehalt gelten die Absätze 1 und 3 entsprechend.

---

[6] Zur Lage nach FGG BayObLG FamRZ 2001, 252.
[7] So der Ausdruck in BT-Drucks. 11/4528 S. 155. S. auch BayObLG FamRZ 1993, 602.
[8] BT-Drucks. 11/4528 S. 155. Fortbestand des Einwilligungsvorbehalts: *Soergel/Zimmermann* § *1908c* Rn. 1.

§ 1908d 1–3

Übersicht

	Rn.		Rn.
I. Normzweck	1	2. Die Fälle im Einzelnen	10
II. Aufhebung von Amts wegen (Abs. 1 S. 1)	2–7	3. Der Aufhebungsantrag	11
1. Keine Beendigung der Betreuung ipso iure	2	4. Einschränkung des Aufgabenkreises (Abs. 2 S. 3)	12
2. Aufhebungsgrund	3	5. Verfahrensfragen	13
3. Verfahren	4–6	V. Die Erweiterung des Aufgabenkreises (Abs. 3)	14–17
a) Allgemeines	4	1. Voraussetzungen	14
b) Ablehnung des Antrags auf Aufhebung	5	2. Verpflichtung zur Übernahme	15
c) Beschwerde	6	3. Verfahren	16, 17
4. Folgen der Aufhebung	7	a) Regeln wie bei erstmaliger Bestellung, Ausnahmen	16
III. Einschränkung des Aufgabenkreises von Amts wegen (Abs. 1 S. 2)	8	b) Zeitnahes Gutachten insbesondere	17
IV. Aufhebung bei Betreuung auf Antrag (Abs. 2)	9–13	VI. Einwilligungsvorbehalt (Abs. 4)	18, 19
1. Sinn der Regelung	9	1. Grundsatz	18
		2. Die Erweiterung insbesondere (Abs. 4, 3)	19

I. Normzweck

1 Die Bestellung eines Betreuers und die Anordnung eines Einwilligungsvorbehalts sind nicht als unveränderliche Dauermaßnahmen gedacht, sondern je nach Veränderung ihrer Erforderlichkeit aufzuheben, einzuschränken oder zu erweitern. § 1908d bietet die materiellrechtliche Grundlage für solche Entscheidungen, durch welche das Betreuungsverhältnis aufgehoben oder umgestaltet wird. Die verfahrensrechtlichen Besonderheiten finden sich in §§ 294, 295 FamFG.

II. Aufhebung von Amts wegen (Abs. 1 S. 1)

2 **1. Keine Beendigung der Betreuung ipso iure.** Anders als das Vormundschaftsrecht (§ 1882) kennt das Betreuungsrecht im Allgemeinen keine kraft Gesetzes eintretende Beendigung des Fürsorgeverhältnisses. Die Beendigung der Betreuung setzt grundsätzlich eine gerichtliche Entscheidung voraus. Etwas anderes gilt nur bei **Tod des Betreuten.** Hier tritt nach der Gesetzesbegründung[1] eine Beendigung ipso iure ein, weil sich dies aus dem Wesen der Betreuung ergebe. Folgerichtig ist § 1884 Abs. 2 analog anzuwenden: Das Betreuungsverhältnis erlischt auch mit der Rechtskraft des Beschlusses über die **Todeserklärung** oder die Feststellung der Todeszeit in Bezug auf den Betreuten. Erweist sich, dass der für tot Erklärte noch lebt, so ist erforderlichenfalls ein neues Betreuungsverfahren einzuleiten.[2] Zu beachten ist, dass über § 1893 Abs. 1 iVm. § 1908i Abs. 1 S. 1 die Vorschrift des § 1698b entsprechende Anwendung findet: Endet die Betreuung mit dem Tod des Betreuten, so hat der Betreuer gleichwohl Geschäfte, die nicht ohne Gefahr aufgeschoben werden können, zu besorgen, bis der Erbe anderweit Fürsorge treffen kann (Näheres siehe Erl. zu § 1698b).[3]

3 **2. Aufhebungsgrund.** Die Betreuung ist aufzuheben, sobald die Voraussetzungen für die Bestellung eines Betreuers entfallen. Anders ausgedrückt: Ein Antrag des Betroffenen auf Aufhebung darf nur zurückgewiesen werden, wenn und soweit die Voraussetzungen der Betreuung nach § 1896 noch vorliegen.[4] Es genügt, wenn eines der die Betreuung begründenden Tatbestandsmerkmale entfallen ist oder wenn der Betreute sich nunmehr mit freiem Willen gegen die Betreuung entscheidet (§ 1896 Abs. 1 a).[5] So kann die psychische Krankheit oder geistig-seelische Behinderung soweit behoben sein, dass der Betreute seine Angelegenheiten wieder selbst besorgen kann; es können Umstände eingetreten sein, die eine Betreuung nicht mehr als erforderlich erscheinen lassen, zB

---

[1] BT-Drucks. 11/4528 S. 155. Dem folgend auch die hM, vgl. *Knittel* Rn. 2; *Erman/Roth* Rn. 2; *Bienwald* Rn. 5.
[2] *Soergel/Zimmermann* Rn. 3.
[3] Zu Problemen der Bestattung *Stockert* BtPrax 1996, 203; *Bienwald* Rn. 38 ff.
[4] BayObLG FamRZ 1998, 323; 1995, 1519 (LS.); vgl. auch BayObLG FamRZ 1994, 1602; LG Regensburg FamRZ 1994, 402.
[5] BayObLG BtPrax 2005, 69; BayObLG FamRZ 1995, 1519.

weil jetzt die Besorgung durch Bevollmächtigte möglich erscheint (§ 1896 Abs. 2 S. 2). Eine Aufhebung ist nicht angebracht, wenn sich zwar der aktuelle Gesundheitszustand des Betroffenen gebessert hat, aber konkret mit erneuten Krankheitsschüben gerechnet werden muss;[6] anders freilich, wenn die Krankheitsschübe in langen Phasen verlaufen.[7] Die Aufhebung ist auch dann zu verfügen, wenn die einzelne Angelegenheit, für die der Betreuer bestellt ist, erledigt wurde (zB Durchführung des Eingriffs bei der Sterilisationsbetreuung, §§ 1899 Abs. 2, 1905); auch in diesem Fall tritt keine Amtsbeendigung ipso iure ein, § 1918 Abs. 3 ist nicht anwendbar.[8] Das Gleiche gilt, wenn sich der Betreuer nach genehmigter Sterilisation entschließt, von der Genehmigung keinen Gebrauch zu machen. Eine Aufhebung kommt nicht nur dann in Betracht, wenn sich im Überprüfungszeitpunkt der Wegfall der Betreuungsvoraussetzungen ergibt; auch vorher schon hat das Gericht Hinweisen nachzugehen, die für die Aufhebung der Betreuung sprechen. Der Betreuer selbst ist verpflichtet, Umstände, die eine Aufhebung der Betreuung ermöglichen, dem Gericht mitzuteilen (§ 1901 Abs. 5). Der Ablauf des im Bestellungsbeschluss festgelegten Überprüfungszeitpunkts allein lässt die Betreuung nicht entfallen; es bedarf erforderlichenfalls der Aufhebung.[9] Gleichgültig ist bei all dem, ob die Betreuerbestellung auf einem Antrag des Betroffenen beruht oder von Amts wegen erfolgte. Ist der Betreuer auf Antrag bestellt, so bedeutet freilich der Umstand, dass der Betreute jetzt nicht mehr betreut sein möchte, nicht ohne weiteres den Wegfall der Betreuungsvoraussetzungen; dieser Fall ist speziell in Abs. 2 geregelt (Rn. 9 ff.).

3. Verfahren. a) Allgemeines. Die Entscheidung ist dem **Richter** vorbehalten (§ 15 Abs. 1 S. 1 Nr. 3 RPflG), außer wenn eine Betreuung nach § 1896 Abs. 3 betroffen ist (§ 15 Abs. 1 S. 2 RPflG). Es gelten die allgemeinen Vorschriften des FamFG sowie die besonderen Vorschriften für Betreuungssachen, auch §§ 287, 288 FamFG (Bekanntmachung und Wirksamwerden der Entscheidung), weil es sich um den „Bestand der Bestellung eines Betreuers" handelt. Zusätzlich gelten die Vorschriften, auf die § 294 FamFG verweist. Die Anhörung der Behörde, der Angehörigen und nahe stehenden Personen richtet sich folglich nach § 279 FamFG. Das Gericht hat der zuständigen Behörde den Beschluss über die Aufhebung stets bekannt zu geben (§ 288 Abs. 2 S. 1 FamFG). Im Übrigen gelten die speziell für Betreuerbestellung vorgesehenen Verfahrensvorschriften für die Aufhebung überwiegend nicht. So sind die persönliche Anhörung des Betroffenen und ein erneutes Sachverständigengutachten nicht *unbedingt* erforderlich (BGH FamRZ 2011, 556 Tz. 9). Das gilt jedenfalls, soweit das Gericht auch ohne diese Erkenntnismittel den Aufhebungsgrund bejahen kann.[10] Allerdings wird in vielen Fällen der Amtsermittlungsgrundsatz (§ 26 FamFG)[11] einen persönlichen Kontakt des Gerichts mit dem Betroffenen und ein zeitnahes Gutachten erfordern,[12] insbesondere wenn Anzeichen erkennbar sind, dass sich die Tatsachengrundlage eines früheren Gutachtens erheblich verändert hat.[13] Nach Meinung des BGH kann das Betreuungsgericht die Durchführung weiterer Ermittlungen davon abhängig machen, dass sich aus dem Vorbringen des Betroffenen greifbare Anhaltspunkt dafür ergeben, dass sich die der Betreuerbestellung zugrunde liegenden tatsächlichen Umstände verändert haben; allerdings kann das Gericht dem Betroffenen nicht auferlegen, neue ärztliche Atteste beizubringen (BGH FamRZ 2011, 556 Tz. 15).

b) Ablehnung des Antrags auf Aufhebung. Hatte das Gericht nach § 281 Abs. 1 Nr. 1 FamFG von der Einholung eines Gutachtens abgesehen, ist dies nachzuholen, wenn ein Antrag des Betroffenen auf Aufhebung der Betreuung oder Einschränkung des Aufgabenkreises erstmals abgelehnt werden soll (§ 294 Abs. 2 FamFG).[14] Wird die Ablehnung der Aufhebung mit der Verlängerung der Betreuung verbunden, so gilt § 295 FamFG (s. § 1896 Rn. 222).

c) Beschwerde. Gegen die Aufhebung der Betreuung steht dem Betroffenen die Beschwerde zu Gebote (§ 59 Abs. 1 FamFG); er ist in seinen Rechten beeinträchtigt, weil ihm die Fürsorge durch eine rechtliche Betreuung entzogen werden soll. Auch gegen die Ablehnung einer beantragten Aufhebung ist der Betroffene beschwerdeberechtigt. Angehörige und nahe stehende Personen haben

---

[6] Vgl. BayObLG FamRZ 1994, 319.
[7] Vgl. BayObLG FamRZ 1995, 510, 511.
[8] BT-Drucks. 11/4528 S. 155; *Palandt/Diederichsen* Rn. 1; *Knittel* Rn. 4; *Soergel/Zimmermann* Rn. 1; *Erman-Roth* Rn. 2; *Staudinger/Bienwald* Rn. 2.
[9] *Erman/Roth* Rn. 2; *Soergel/Zimmermann* Rn. 1.
[10] Vgl. BT-Drucks. 11/4528 S. 180.
[11] BayObLG FamRZ 1998, 323; NJW-RR 2006, 512 = FamRZ 2006, 730.
[12] OLG Karlsruhe FamRZ 1994, 449, 450; vgl. auch OLG Frankfurt/Main FamRZ 1992, 589.
[13] BayObLG FamRZ 2003, 115; BtPrax 2005, 69; OLG München NJW-RR 2006, 512 = FamRZ 2006, 730 (LS).
[14] Das soll nach KG FamRZ 2007, 81 auch gelten, wenn der Betroffene zunächst mit der Bestellung eines Betreuers einverstanden war, später aber die Aufhebung der Betreuung beantragt.

§ 1908d   7–10   Abschnitt 3. Titel 2. Rechtliche Betreuung

ein Beschwerderecht unter den Voraussetzungen des § 303 Abs. 2 FamFG. Nach herrschender, aber sehr zweifelhafter Meinung hat der Betreuer selbst gegen die Aufhebung der Betreuung – im Gegensatz zur Entlassung bei fortbestehender Betreuung – grundsätzlich kein Beschwerderecht.[15] Eindeutig wird in den Rechtskreis eines Bevollmächtigten eingegriffen, wenn das Gericht es ablehnt, die Betreuung aufzuheben, obwohl hinreichende Vollmachten vorliegen.[16] Der Vorsorgebevollmächtigte kann im Rahmen seiner Vollmacht die Beschwerde auch im Namen des Betroffenen einlegen (§ 303 Abs. 4 FamFG). Die Aufhebung der Betreuung durch einstweilige Anordnung ist nicht vorgesehen (wohl aber die Entlassung des Betreuers betreffend, § 300 Abs. 2 FamFG).

7   **4. Folgen der Aufhebung.** Mit Wirksamwerden der Aufhebung endet das Betreuungsverhältnis mit allen Pflichten und Befugnissen des Betreuers; einer Entlassung des Betreuers bedarf es nicht. Ein Einwilligungsvorbehalt erlischt, auch wenn er nicht ausdrücklich mit aufgehoben wird, da er das Bestehen einer Betreuung voraussetzt (§ 1903 Rn. 5). Die Aufhebung entfaltet jedoch keine Rückwirkung. Die Pflicht zur Vermögensherausgabe und Rechnungslegung richtet sich nach § 1890 bis 1892 iVm. § 1908i Abs. 1 S. 1, die Pflicht zur Rückgabe der Bestellungsurkunde nach § 1893 Abs. 2 iVm. § 1908i Abs. 1 S. 1. In entsprechender Anwendung der §§ 1698a, b (iVm. § 1893 Abs. 1 iVm. § 1908i Abs. 1 S. 1) kann der Betreuer nachwirkende Pflichten und Befugnisse haben.[17]

III. Einschränkung des Aufgabenkreises von Amts wegen (Abs. 1 S. 2)

8   Wenn die Voraussetzungen für die Bestellung eines Betreuers nur zum Teil entfallen sind, hat das Gericht seinen Aufgabenkreis nach dem Maßstab der Erforderlichkeit einzuschränken. Sowohl für die Voraussetzungen als auch für das Verfahren gilt das oben für die Aufhebung Gesagte. Freilich ist auf Folgendes zu achten: Die Einschränkung des Aufgabenkreises lässt den im Bestellungsbeschluss genannten Überprüfungszeitpunkt unberührt. Wird mit der Einschränkung zugleich ein neuer, weiter hinausgeschobener Überprüfungszeitpunkt beschlossen, so enthält die Entscheidung zugleich eine Verlängerung der Betreuung; das Verfahren muss dann den Erfordernissen des § 295 FamFG entsprechen (dazu § 1896 Rn. 222 ff.). Ohne dass dies im Gesetz ausgesprochen wäre, muss der Betreuer nach einer Einschränkung seines Aufgabenkreises eine neue oder berichtigte Urkunde erhalten (vgl. § 290 FamFG).

IV. Aufhebung bei Betreuung auf Antrag (Abs. 2)

9   **1. Sinn der Regelung.** Beruht die Betreuerbestellung auf einem Antrag des Betroffenen, so verlangt sein Recht zur Selbstbestimmung, dass er durch gegenläufigen Antrag jederzeit die Aufhebung der Betreuung erreichen kann. Das wird durch die Vorschrift grundsätzlich anerkannt, wenngleich mit einer Einschränkung: Erweist sich jetzt, dass eine Betreuerbestellung von Amts wegen erforderlich ist, so würde die Aufhebung nur dazu führen, dass gleichzeitig ein weiteres Verfahren mit dem Ziel der Bestellung eines neuen Betreuers eingeleitet werden müsste. Um dies zu vermeiden,[18] sieht § 1908d Abs. 2 S. 1 vor, dass dem Aufhebungsantrag in solchem Fall nicht entsprochen wird, so dass der bisherige Betreuer im Amt bleibt; das Betreuungsverhältnis beruht nunmehr auf einer Entscheidung von Amts wegen.

10 **2. Die Fälle im Einzelnen.** Ist der Betreuer auf Antrag eines **nur körperlich Behinderten** bestellt, so ist auf dessen Antrag die Betreuung grundsätzlich aufzuheben; eine Ausnahme gilt nur dann, wenn der Betreute jetzt (dh. im Zeitpunkt des Aufhebungsverfahrens) seinen Willen nicht kundtun kann. Wurde der Betreuer auf Antrag eines **psychisch Kranken** oder **eines geistig oder seelisch Behinderten** bestellt, so prüft das Gericht, ob die Voraussetzungen einer Betreuerbestellung von Amts wegen gegeben sind. So ist die Betreuung aufzuheben, wenn und soweit der Betreute im Aufgabenkreis des Betreuers seinen Willen frei bestimmen kann (§ 1896 Abs. 1 a). Sind die Voraussetzungen für eine Betreuerbestellung von Amts wegen gegeben, so ist der Aufhebungsantrag abzulehnen, *soweit* ein Betreuungsbedürfnis besteht; es kommt auch eine Teilablehnung in Betracht, dh. Anordnung, dass der Betreuer mit eingeschränktem Aufgabenkreis weiter amtiert, in Betracht. Rechtfertigt hingegen die Sachlage die Fortsetzung der Betreuung von Amts wegen nicht, so ist sie aufzuheben.

---

[15] Diese Auffassung unterliegt Zweifeln, siehe Erl. zu § 1896 Rn. 208. OLG Düsseldorf FamRZ 1998, 1244, 1245 gibt ein Beschwerderecht, wenn der Betreuer die Betreuung angeregt hat, in seinem Anspruch auf rechtliches Gehör verletzt wurde.

[16] Das Beschwerderecht des Bevollmächtigten in diesem Falle bleibt offen in BayObLG FamRZ 1996, 968, 969.

[17] Die Lage insoweit wie bei der Entlassung, s. § 1908c Rn. 15.

[18] Zur rechtspolitischen Begründung BT-Drucks. 11/4528 S. 156 („Doppelentscheidung wäre nicht sinnvoll").

3. Der Aufhebungsantrag. Auch ein Geschäftsunfähiger kann den Aufhebungsantrag stellen 11 (§ 1908d Abs. 2 S. 2). Antragsberechtigt ist nur der Betreute selbst. Der Antrag ist auch noch statthaft, nachdem von Amts wegen ein Verfahren zur Aufhebung der Betreuung eingeleitet ist (§ 1908d Abs. 1). Der Antrag kann in jedem Stadium des noch nicht abgeschlossenen Verfahrens zurückgenommen werden. Die Möglichkeit eines Antrags nach § 1908d Abs. 2 nimmt dem Betroffenen nicht die Befugnis, eine auf seinen Antrag angeordnete Betreuerbestellung mit der Beschwerde anzufechten.[19]

4. Einschränkung des Aufgabenkreises (Abs. 2 S. 3). Beruht die Bestellung des Betreuers 12 auf einem Antrag des Betreuten, so kann dieser unter den gleichen Voraussetzungen auch die Teilaufhebung der Betreuung, dh. also Einschränkung des Aufgabenkreises beantragen. Dem Antrag ist stattzugeben, soweit nicht eine Betreuung von Amts wegen erforderlich erscheint. Zu dem Ergebnis einer Einschränkung des Aufgabenkreises gelangt das Gericht auch, wenn der Betreute die Aufhebung beantragt, die Fortsetzung der Betreuung aber für einen Teilbereich von Amts wegen erforderlich ist.

5. Verfahrensfragen. Es gilt das zur Aufhebung nach § 1908d Abs. 1 Gesagte (Rn. 4-6). Hat 13 das Gericht nach § 281 Abs. 1 Nr. 1 von der Einholung eines Gutachtens abgesehen, ist dies nachzuholen, wenn ein Antrag des Betroffenen auf Aufhebung der Betreuung oder Einschränkung des Aufgabenkreises erstmals (!) abgelehnt werden soll (§ 294 Abs. 2 FamFG). Das gilt stets, wenn die Betreuung in weiterem Umfange aufrechterhalten wird, als dies dem Antrag des Betroffenen entspricht: Hat zB der Betreute Aufhebung der gesamten Betreuung beantragt, wird sie aber gleichwohl mit eingeschränktem Aufgabenkreis aufrechterhalten, so ist die Begutachtung durch einen Sachverständigen nachzuholen. Erforderlich ist eine Nachholung nicht, wenn das Gericht dem Aufhebungs- oder Einschränkungsantrag in vollem Umfang stattgeben will. Wird auf Grund des Antrags die Betreuung mit eingeschränktem Aufgabenkreis fortgeführt, so ist wiederum von Belang, ob dabei zugleich der Überprüfungszeitpunkt hinausgeschoben wird; bejahendenfalls liegt zugleich eine Verlängerung vor; dann ist § 295 FamFG einschlägig (s. § 1896 Rn. 222 ff.).

V. Die Erweiterung des Aufgabenkreises (Abs. 3)

1. Voraussetzungen. Wenn erforderlich ist der Aufgabenkreis des Betreuers zu erweitern 14 (§ 1908d Abs. 3 S. 1). Die materiellrechtlichen Voraussetzungen für die Erweiterung sind dieselben wie für die erstmalige Bestellung; es gilt, bezogen auf den Erweiterungsbereich, die Vorschrift des § 1896. Nach § 1896 Abs. 1 ist die Erweiterung gegen den Willen des Betreuten unzulässig, wenn dieser in dem betreffenden Aufgabenkreis seinen Willen frei bestimmen kann.[20] Ferner gilt der Erforderlichkeitsgrundsatz,[21] die Erforderlichkeit ist für jeden einzelnen Aufgabenkreis konkret zu begründen.[22] Beruht die vorhergehende Bestellung des Betreuers auf einem Antrag des Betroffenen, so bedarf auch die Erweiterung eines solchen Antrags, es sei denn, dass sie von Amts wegen erforderlich ist (§ 1908d Abs. 2 S. 1 analog).

2. Verpflichtung zur Übernahme. Der Betreuer ist unter den Voraussetzungen des § 1898 15 verpflichtet, die Betreuung auch im erweiterten Aufgabenkreis zu übernehmen (§ 1898 Abs. 1). Fraglich ist hier, ob der Betreuer für die Erweiterung nur dann bestellt werden darf, wenn er sich auch insoweit bereit erklärt hat. Vom Grundgedanken des § 1898 Abs. 2 her gesehen ist dies zu bejahen:[23] Die Bereiterklärung bei der erstmaligen Bestellung bezog sich auf einen damals überschaubaren Aufgabenbereich; die Erweiterung kann die Frage, ob die Ausübung der Betreuung dem Betreuer zumutbar ist, in völlig neuem Licht erscheinen lassen (zB Erweiterung einer auf Fragen der Personensorge beschränkten Betreuung auf die Vermögensverwaltung nach Anfall einer Erbschaft). Erklärt sich der Betreuer zur Übernahme des Erweiterungsbereichs nicht bereit, so ist zu fragen, ob er als Betreuer noch geeignet ist (§ 1908b Abs. 1) oder ob ein weiterer Betreuer zu bestellen ist (§ 1899 BGB). Bei einer Erweiterung fragt sich ferner, ob im Falle eines Vereinsbetreuers auch hier die Einwilligung des Vereins erforderlich ist (§ 1897 Abs. 2 S. 1). Dies ist zu bejahen: Die

---

[19] OLG Hamm FamRZ 1995, 1519.
[20] Schon zur Lage vor dem 2. BtÄndG BayObLG FamRZ 1998, 454. 455 mit Bezug auf BGH NJW 1996, 918, 919; BayObLG FamRZ 1998, 453, 454; BayObLG FamRZ 1995, 116.
[21] Zum Erforderlichkeitsgrundsatz im Rahmen des § 1908d Abs. 3 s. BVerfG FamRZ 1999, 1419; BayObLG FamRZ 1998, 454, 455; 1998, 453, 454; 1998, 452 f.
[22] BayObLG FamRZ 1998, 454, 455; 1998, 453, 454; 1996, 897; 1995, 116; OLG Hamm FamRZ 1995, 433, 435; KG FamRZ 2005, 1776.
[23] So auch *Soergel/Zimmermann* Rn. 16.

§ 1908f   Abschnitt 3. Titel 2. Rechtliche Betreuung

bei der Erstbestellung gegebene Zustimmung beruhte auf einer Einschätzung der Lage, die jedenfalls mit einer erheblichen Erweiterung grundlegend verändert sein kann.

16   **3. Verfahren. a) Regeln wie bei erstmaliger Bestellung, Ausnahmen.** Für die Erweiterung des Aufgabenkreises gelten dieselben Verfahrensregeln wie für die **erstmalige Bestellung** (§ 1908d Abs. 3 S. 2 BGB; § 293 Abs. 1 FamFG). Doch macht das Gesetz Ausnahmen: Einer persönlichen Anhörung nach § 293 Abs. 1 sowie der Einholung eines Gutachtens oder ärztlichen Zeugnisses (§§ 280 und 281) bedarf es nicht, wenn diese Verfahrenshandlungen nicht länger als sechs Monate zurückliegen oder die beabsichtigte Erweiterung nicht wesentlich ist (§ 293 Abs. 2 S. 1 FamFG). Nach dem Gesetz liegt eine wesentliche Erweiterung des Aufgabenkreises des Betreuers „insbesondere" dann vor, wenn erstmals ganz oder teilweise die Personensorge oder eine der in § 1896 Abs. 4 oder den §§ 1904 bis 1906 BGB genannten Aufgaben einbezogen wird (§ 293 Abs. 2 S. 2 FamFG). Auch die Erweiterung um den Aufgabenkreis „Aufenthaltsbestimmung" ist stets wesentlich.[24]

17   **b) Zeitnahes Gutachten insbesondere.** Besonderheiten des § 293 Abs. 2 S. 1 FamFG gelten auch dann, wenn die genannten Verfahrenshandlungen **nicht länger als sechs Monate zurückliegen.** Diese Verfahrenserleichterung soll dem Gericht auch dann offen stehen, wenn es sich **nicht um unwesentliche Erweiterungen** handelt. Hier bestehen rechtsstaatliche Bedenken. Es ist zB schwerlich vorstellbar, dass eine Betreuung, die bisher nur die Gesundheitsfürsorge umfasst hat, ohne erneute persönliche Anhörung und ohne erneutes Gutachten auf die Aufenthaltsbestimmung erweitert wird, ohne dass sich der Richter zeitnah zu seiner Entscheidung einen persönlichen Eindruck vom Betroffenen gemacht und im Hinblick auf die Notwendigkeit der Erweiterung ein Gutachten eingeholt hat. Die Ausnahmevorschrift findet ihre Grenze in der Pflicht zur Amtsermittlung (§ 26 FamFG).

VI. Einwilligungsvorbehalt (Abs. 4)

18   **1. Grundsatz.** Für die Aufhebung, Einschränkung und Erweiterung eines Einwilligungsvorbehalts gelten die Abs. 1 und 3 entsprechend, nicht hingegen Abs. 2, weil der Einwilligungsvorbehalt nicht auf Antrag des Betroffenen beruhen kann (§ 1903 Rn. 13). Die verfahrensrechtlichen Vorschriften für Aufhebung oder Einschränkung des Einwilligungsvorbehalts entsprechen denjenigen bei Aufhebung oder Einschränkung der Betreuung (§ 293 FamFG). Zu beachten ist die Verpflichtung des Betreuers, Umstände, welche die Aufhebung oder Beschränkung des Einwilligungsvorbehalts ermöglichen, dem Gericht anzuzeigen (§ 1903 Abs. 4 iVm. § 1901 Abs. 5 S. 2).

19   **2. Die Erweiterung insbesondere (Abs. 4, 3).** Soll der Kreis der einwilligungsbedürftigen Willenserklärungen erweitert werden, so müssen die materiellrechtlichen Voraussetzungen für den Erweiterungsbereich gegeben sein (§ 1903 Abs. 1); auch materiellrechtlich gelten die Vorschriften über die erstmalige Anordnung eines Einwilligungsvorbehalts entsprechend (§ 1908d Abs. 4 iVm. Abs. 3 S. 2). Der Betroffene muss insbesondere auf Grund seiner psychischen Erkrankung oder seiner geistigen oder seelischen Behinderung außerstande sein, in dem Erweiterungsbereich seinen Willen frei zu bestimmen.[25] Ferner gilt auch hier der Grundsatz der Erforderlichkeit.[26] Der Betreuer ist verpflichtet, ihm bekannte Umstände, die für die Erweiterung des Einwilligungsvorbehalts sprechen, dem Gericht mitzuteilen (§ 1903 Abs. 4 iVm. § 1901 Abs. 5 S. 2). Für das Erweiterungsverfahren sind die für die erstmalige Anordnung eines *Einwilligungsvorbehalts* geltenden Regeln maßgeblich (§ 293 Abs. 1 FamFG mit den Ausnahmen des § 293 Abs. 2 FamFG, s. Rn. 17).

§ 1908e Aufwendungsersatz und Vergütung für Vereine

Die Vorschrift wurde durch das 2. BtÄndG aufgehoben. Die Regelung findet sich jetzt in § 7 Vormünder- und Betreuervergütungsgesetz, siehe nach § 1836e.

§ 1908f Anerkennung als Betreuungsverein

(1) Ein rechtsfähiger Verein kann als Betreuungsverein anerkannt werden, wenn er gewährleistet, dass er

---

[24] Zum Recht vor dem FamFG LG Aachen FamRZ 2010, 836.
[25] BayObLG FamRZ 1998, 454, 455, s. dazu § 1903 Rn. 6.
[26] BayObLG FamRZ 1998, 454, 455.

1. eine ausreichende Zahl geeigneter Mitarbeiter hat und diese beaufsichtigen, weiterbilden und gegen Schäden, die diese anderen im Rahmen ihrer Tätigkeit zufügen können, angemessen versichern wird,

2. sich planmäßig um die Gewinnung ehrenamtlicher Betreuer bemüht, diese in ihre Aufgaben einführt, fortbildet und sie sowie Bevollmächtigte berät,

2a. planmäßig über Vorsorgevollmachten und Betreuungsverfügungen informiert,

3. einen Erfahrungsaustausch zwischen den Mitarbeitern ermöglicht.

(2) ¹Die Anerkennung gilt für das jeweilige Land; sie kann auf einzelne Landesteile beschränkt werden. ²Sie ist widerruflich und kann unter Auflagen erteilt werden.

(3) ¹Das Nähere regelt das Landesrecht. ²Es kann auch weitere Voraussetzungen für die Anerkennung vorsehen.

(4) Die anerkannten Betreuungsvereine können im Einzelfall Personen bei der Errichtung einer Vorsorgevollmacht beraten.

Schrifttum: *Bienwald/Oetjen,* Betreuungsvereine in Deutschland, 1994; *Geistert,* Der Vereinsbetreuer zwischen Anspruch und Wirklichkeit, DAVorm. 1995, 1095; *Winterstein,* Die Landesausführungsgesetze und die Förderung von Betreuungsvereinen – ein Länderüberblick, BtPrax 1995, 194.

I. Normzweck

1. Sinn der Anerkennung. Ein Verein kann nur dann einen Vereinsbetreuer (§ 1897 Abs. 2 S. 1) stellen oder selbst als Betreuer fungieren (§ 1900 Abs. 1), wenn er als Betreuungsverein anerkannt ist. § 1908f formuliert die Voraussetzungen für die Anerkennung (Abs. 1). Das Anerkennungsverfahren ist im Wesentlichen dem Landesrecht vorbehalten (Abs. 3 S. 1); dieses kann den Voraussetzungen für die Anerkennung weitere hinzufügen (Abs. 3 S. 2). § 1908f ist eine Vorschrift des öffentlichen Rechts, die wegen des Sachzusammenhangs in das BGB plaziert ist. **1**

2. Änderungen. Die Anforderungen an die Anerkennung sind durch das 1. BtÄndG insofern erweitert worden, als von den Vereinen auch eine planmäßige Information über Vorsorgevollmachten und Betreuungsverfügungen verlangt wird (Abs. 1 Nr. 2 a).[1] Durch das 2. BtÄndG wurde hinzugefügt, dass auch die Beratung von Bevollmächtigten sowie von Personen bei Errichtung einer Vorsorgevollmacht zu den Aufgaben der Vereine gehört (Abs. 1 Nr. 2, Abs. 4). **2**

II. Die Voraussetzungen der Anerkennung (Abs. 1, Abs. 3 S. 2)

1. Allgemeines. Nur rechtsfähige Vereine können anerkannt werden. Diesen wird der Nachweis eines bestimmten Standards abverlangt, der in den Nrn. 1 bis 3 des Abs. 1 näher umschrieben ist. Der Voraussetzungskatalog muss komplett erfüllt sein, die Nrn. sind also nicht alternativ zu verstehen. Die Anerkennungsvoraussetzungen sind von einem erkennbaren Trend zur Professionalisierung geprägt, wenn auch die amtl. Begr. zum BtG die Rolle der „organisierten Einzelbetreuung", bei der die hauptamtlichen Kräfte den ehrenamtlichen Betreuern helfend und fortbildend zur Seite stehen, stark hervorhebt.[2] **3**

2. Zu Abs. 1 Nr. 1. a) Ausreichende Zahl geeigneter Mitarbeiter. Unverzichtbare Voraussetzung ist zunächst, dass der Verein in ausreichender Zahl geeignete „Mitarbeiter" hat. Die Gesetzesbegründung zum BtG[3] versteht unter **Mitarbeitern** offenbar das Gegenteil von „ehrenamtlichen Helfern", also bezahlte Kräfte; es kann sich auch um Teilzeitbeschäftigte handeln. Die **Eignung** ist an den Aufgaben zu messen: als Vereinsbetreuer zu arbeiten, als Betreuungsperson zu fungieren, wenn der Verein selbst als Betreuer bestellt wird, ehrenamtliche Betreuer[4] zu gewinnen, zu beraten und fortzubilden und schließlich über Vorsorgevollmachten und Betreuungsverfügungen zu informieren. Bei der Vielfalt der in der Praxis als „Querschnittstätigkeit" bezeichneten Aufgaben wird man nicht verlangen können, dass alle Mitarbeiter des Vereins alles können, eine Spezialisierung innerhalb der Mitarbeiter des Vereins ist durchaus statthaft. Der Verein muss aber insgesamt gesehen seine Fachkompetenz für alle im Katalog des Abs. 1 genannten Tätigkeiten nachweisen, zu denen – **4**

---

[1] S. BT-Drucks. 13/7158 S. 50, 51, 57; BT-Drucks. 13/10331 S. 28.
[2] BT-Drucks. 11/4528 S. 158.
[3] BT-Drucks. 11/4528 S. 158.
[4] BT-Drucks. 11/4528 S. 158 sagt hier: „ehrenamtliche Mitarbeiter", wendet also den Mitarbeiter-Begriff an, der im Gesetzestext angeblich auf die bezahlten Kräfte beschränkt ist!

ohne dass dies im Gesetz klar ausgedrückt wäre – selbstverständlich auch die Führung von Betreuungen selbst gehört. Dass die Mitarbeiter des Vereins als Vereinsbetreuer oder der Verein als solcher stets auch wirklich Betreuungen führen, ist vom Gesetz nicht zur Voraussetzung erhoben; doch muss der Verein über Mitarbeiter verfügen, die erforderlichenfalls dazu in der Lage sind. Wie die Eignung im Einzelnen nachgewiesen werden soll, sagt das Gesetz nicht; die Begründung BtG verlangt „in aller Regel" eine erfolgreich abgeschlossene fachliche Ausbildung, lässt die Ausbildungsrichtung letztlich aber offen.[5] Auch wann eine **ausreichende Zahl** derartiger Mitarbeiter gegeben ist, bleibt unbestimmt, denn die Frage lautet: „ausreichend wofür"? Das hängt davon ab, wie viele Betreuungen der Verein übernehmen will (in welcher rechtlichen Form auch immer). Im Hinblick auf den in Abs. 1 Nr. 3 geforderten Erfahrungsaustausch wird eine Mindestzahl von zwei Mitarbeitern angenommen.[6]

5 **b) Beaufsichtigung und Weiterbildung der Mitarbeiter.** Der Verein muss weiterhin gewährleisten, dass er diese Mitarbeiter **beaufsichtigen und weiterbilden** wird. Die Möglichkeit der Aufsicht setzt eine grundsätzliche Weisungsgebundenheit des Mitarbeiters voraus (abgesehen von seiner Eigenverantwortlichkeit, soweit er als Vereinsbetreuer tätig wird); aus dem Gesichtspunkt der Weisungsgebundenheit ist auch die Frage zu beurteilen, inwieweit die Heranziehung von sogenannten freien Mitarbeitern genügt.[7] Die Weiterbildung muss vom Verein nicht selbst geleistet werden, sondern kann auch in externen Einrichtungen geschehen.[8]

6 **c) Versicherung der Mitarbeiter.** Ferner muss der Verein die genannten Mitarbeiter gegen Schäden, die sie anderen im Rahmen ihrer Tätigkeit zufügen können, angemessen **versichern**. Als Begründung wird angegeben, der Vereinsbetreuer (§ 1897 Abs. 2 S. 1) hafte aus schadenstiftenden Pflichtwidrigkeiten ausschließlich persönlich; nicht etwa hafte der Verein entsprechend § 1791a Abs. 3 S. 2 iVm. § 31.[9] Ob diese Auffassung richtig ist, erscheint zweifelhaft (siehe § 1908i Rn. 24). Nicht minder wichtig ist eine angemessene Versicherung des Vereins selbst.

7 **3. Zu Abs. 1 Nr. 2.** Der Verein muss gewährleisten, dass er sich planmäßig um die Gewinnung von **ehrenamtlichen Betreuern** bemüht und diese in ihre Aufgaben einführt, fortbildet und berät. Damit soll verhindert werden, dass die Vereine die Konzeption der Betreuungsarbeit ausschließlich auf hauptberufliche Mitarbeiter ausrichten: „Planmäßig" sollen ehrenamtliche Kräfte angeworben werden, die als Einzelbetreuer fungieren. Diese ehrenamtlichen Kräfte sind nicht etwa „Vereinsbetreuer" (§ 1897 Abs. 2 S. 1),[10] sondern *private* Einzelbetreuer, die vom Verein lediglich fortgebildet und unterstützt werden („organisierte Einzelbetreuung"); die Verantwortung gegenüber dem Betreuten und dem Gericht bleibt bei den ehrenamtlichen Betreuern selbst. Die Einführung, Fortbildung und Beratung dieser Betreuer muss der Verein selbst leisten. Im Anerkennungsverfahren hat der Verein also darzutun, dass er das nötige Personal und die erforderlichen Einrichtungen bereithält. Die Beratungspflicht umfasst notwendig auch den Rat in Rechtsangelegenheiten, ohne sich darin zu erschöpfen; auch die psychologische Seite der Betreuung und allgemeine Organisationsfragen sind Gegenstand der Beratung. Die Beratung in den zentralen Angelegenheiten der Rechtsfürsorge fällt nicht unter das Rechtsberatungsgesetz, da nicht fremde Rechtsangelegenheiten besorgt werden.[11] Durch das 2. BtÄndG ist die Beratungspflicht auch auf Bevollmächtigte ausgedehnt. Die Einfügung dieser Aufgabe in den Katalog des Abs. 1 bedeutet, dass ein entsprechendes Angebot Voraussetzung der Anerkennung des Vereins ist.[12]

8 **4. Zu Abs. 1 Nr. 2 a.** Der Verein muss nach dieser durch das 1. BtÄndG hinzugefügten Nummer gewährleisten, dass er planmäßig über Vorsorgevollmachten und Betreuungsverfügungen informiert. Der Gesetzgeber erhofft sich von dieser Tätigkeit, dass sie „eine Betreuerbestellung mit dem notwendigen Verfahrensaufwand, der Verpflichtung, den Berichten und der Vergütungsentscheidung" vermeiden kann.[13] Das ist insofern unlogisch, als die **Betreuungsverfügung** gerade nicht den Sinn hat, die Betreuung zu vermeiden. Der rechtspolitische Akzent liegt infolgedessen auf der Information über die Vorsorgevollmacht. Die Adressaten der informierenden Tätigkeit der Vereine nennt das Gesetz nicht. Nach dem Gesetzeszweck kommen Personen in Betracht, die als Betreuer

---

[5] Als Beispiele werden genannt Sozialpädagogik, Psychologie, Rechtswissenschaft, BT-Drucks. 11/4528 S. 158; zu den Kriterien der Eignung BayVGH BtPrax 2010, 182.
[6] HK-BUR/*Deinert/Walther* Rn. 15.
[7] Dazu *Jaschinski* NJW 1996, 1521. Zur Struktur der Aufsicht auch BayVGH BtPrax 2010, 182.
[8] BT-Drucks. 11/4528 S. 158.
[9] BT-Drucks. 11/4528 S. 158.
[10] Zutreffend LG München I FamRZ 2000, 321.
[11] *Bienwald* Rn. 64.
[12] BT-Drucks. 15/2494 S. 31.
[13] BT-Drucks. 13/7158 S. 51.

tätig werden, die Fürsorgetätigkeit stattdessen aber auch auf Grund einer **Vorsorgevollmacht** rein privatrechtlich ausüben könnten. Man kann sich vorstellen, dass sich eine analoge Struktur zur organisierten Einzelbetreuung bilden könnte („organisierte private Fürsorge"): Ehrenamtlich tätige Bevollmächtigte nehmen die Fürsorge für die Vollmachtgeber unter fachlicher Anleitung und Unterstützung der Vereine wahr. Als Inhalt der Information kommen in Betracht: Voraussetzungen der Vorsorgevollmacht und ihrer Geltung, Grenzen der Vorsorgevollmacht einschließlich der Genehmigungsvorbehalte nach §§ 1904 Abs. 5, 1906 Abs. 5; Arten und Rechtswirkungen der den Vollmachten zugrunde liegenden Kausalverhältnisse, einschließlich der Regelungen über Aufwendungsersatz und Vergütung, Fragen der Haftung, Aufklärung über Informationspflichten für den Fall, dass die Fürsorgeaufgabe mit Hilfe bloßer Vollmachten nicht mehr erfüllt werden kann (zB wenn ein Einwilligungsvorbehalt notwendig wird). Da die Vorsorgevollmacht und ihr Grundverhältnis einen juristisch nicht einfachen Komplex ausmachen, werden die Vereine gut daran tun, kautelarjuristische Expertenhilfe in Anspruch zu nehmen.

5. Zu Abs. 1 Nr. 3. Der Verein muss schließlich gewährleisten, dass er einen **Erfahrungsaustausch** zwischen den Mitarbeitern ermöglicht, etwa in Supervisionen und Balint-Gruppen. Unter „Mitarbeiter" scheint die Gesetzesbegründung[14] hier auch die ehrenamtlichen Betreuer, die vom Verein unterstützt werden, zu verstehen; indes kann ein selbständig tätiger Betreuer zu derlei nicht gezwungen werden. Der Erfahrungsaustausch wirft das Problem der Verschwiegenheitspflicht auf, die nicht verletzt wird, wenn die Informationen über die Betreuten innerhalb des jeweiligen Gesprächskreises verbleiben.[15]

6. Zusätzliche landesrechtliche Erfordernisse (Abs. 3 S. 2). Das Landesrecht kann weitere Voraussetzungen der Anerkennung denen des Abs. 1 hinzufügen. Die Ausführungsgesetze der Länder zum BtG machen zum großem Teil von dieser Möglichkeit Gebrauch.

III. Die Anerkennung (Abs. 2, 3)

1. Allgemeines. Die Anerkennung eines Vereins als Betreuungsverein geschieht durch eine Behörde. Die Zuständigkeit sowie das Verfahren im Einzelnen bestimmen sich nach Landesrecht (§ 1908f Abs. 3 S. 1). Die Anerkennung stellt einen begünstigenden Verwaltungsakt dar. Auf ihre Erteilung hat der Verein einen Rechtsanspruch, wenn er die in § 1908f Abs. 1 genannten und die weiteren landesrechtlich bestimmten Voraussetzungen (§ 1908f Abs. 3 S. 2) erfüllt; ein Ermessen der zuständigen Behörde besteht insoweit nicht.[16] Bei Ablehnung des Antrags auf Anerkennung kann der Verein die Verpflichtungsklage vor dem Verwaltungsgericht erheben.[17] Die Anerkennung gilt für das jeweilige Bundesland, kann aber auf einzelne Landesteile beschränkt werden (§ 1908f Abs. 2 S. 1 HS. 2).

2. Auflage, Widerruf (Abs. 2 S. 2). Die Anerkennung kann auch unter einer Auflage erteilt werden, zB weiteres Personal einzustellen oder bestimmte Ausbildungsmaßnahmen durchzuführen.[18] Der Widerruf einer rechtmäßig erteilten Anerkennung richtet sich nach den einschlägigen Vorschriften des Verwaltungsrechts (vgl. § 49 VwVfG).

IV. Beratung bei der Errichtung von Vorsorgevollmachten (Abs. 4)

Das 2. BtÄndG hat den Abs. 4 eingefügt, wonach die anerkannten Betreuungsvereine auch individuell Personen bei der Errichtung einer Vorsorgevollmacht beraten können. Diese Beratung im Einzelfall geht über die allgemeine Information nach Abs. 1 Nr. 2 a hinaus und ist den Vereinen nicht als Pflichtaufgabe auferlegt, ein entsprechendes Angebot also nicht Voraussetzung ihrer Anerkennung („können").[19] Die Regelung § 1908f Abs. 4 geht entgegenstehenden Vorschriften des Rechtsberatungsgesetzes vor.[20]

---

[14] BT-Drucks. 11/4528 S. 158.
[15] In diesem Sinne BT-Drucks. 11/4528 S. 158.
[16] BT-Drucks. 11/4528 S. 157; *Bienwald* Rn. 37; *Jürgens/Lesting/Marschner/Winterstein* Rn. 723.
[17] BT-Drucks. 11/4528 S. 157.
[18] Vgl. BT-Drucks. 11/4528 S. 158.
[19] BT-Drucks. 15/2494 S. 31.
[20] BT-Drucks. 15/2494 S. 31.

§ 1908g Behördenbetreuer

(1) Gegen einen Behördenbetreuer wird kein Zwangsgeld nach § 1837 Abs. 3 Satz 1 festgesetzt.

(2) Der Behördenbetreuer kann Geld des Betreuten gemäß § 1807 auch bei der Körperschaft anlegen, bei der er tätig ist.

I. Normzweck

1   Die Vorschrift regelt einige Besonderheiten für den Mitarbeiter der Behörde, der im Rahmen seiner Dienstpflichten als Einzelbetreuer (Behördenbetreuer, § 1897 Abs. 2 S. 2) tätig ist.

II. Kein Zwangsgeld (Abs. 1)

2   Auch der Behördenbetreuer steht unter der Aufsicht des Betreuungsgerichts (§ 1837 Abs. 2 iVm. § 1908i Abs. 1 S. 1). Gegen pflichtwidrige Handlungen des Betreuers kann das Gericht einschreiten (§ 1837 Abs. 3 S. 1). Zwar kann gegen die Behörde selbst kein Zwangsgeld festgesetzt werden (§ 1837 Abs. 3 S. 2 iVm. § 1908i Abs. 1 S. 1), doch würde diese Regel eine solche Maßnahme gegen den Behördenbetreuer nicht hindern, da dieser als Einzelbetreuer betrachtet wird (§ 1897 Abs. 2 S. 2). An diesem Punkt setzt § 1908g Abs. 1 an: Ergänzend wird statuiert, dass auch gegen den Behördenbetreuer eine Zwangsgeldfestsetzung unstatthaft ist. Das wird damit begründet, dass auch der Behördenbetreuer (obwohl als Einzelperson bestellt!) die Betreuung in Wahrnehmung einer öffentlichen Aufgabe ausübe.[1] In Wirklichkeit offenbart die Regelung des § 1908g Abs. 1, dass das Gesetz selbst **die Fiktion der Einzelbetreuung durch Behördenmitarbeiter nicht durchhält**. Die Regelung hat zur Konsequenz, dass dem Gericht, das gegen Pflichtwidrigkeiten eines Behördenbetreuers vorgehen muss, nur die anderen aufsichtlichen Mittel verbleiben, vor allem die Entlassung des Betreuers (§ 1908b Abs. 1). Für den Vereinsbetreuer gilt § 1908g Abs. 1 nicht.

III. Geldanlage (Abs. 2)

3   Für die Amtsvormundschaft ist bestimmt, dass die Anlage von Mündelgeld auch bei der Körperschaft zulässig ist, bei der das Amt errichtet ist (§ 1805 S. 2). Gleiches gilt, wenn die Behörde als solche als Betreuer bestellt ist (§ 1908i Abs. 1 S. 1 iVm. § 1805 S. 2). § 1908g Abs. 2 stellt klar, dass die Anlageerleichterung auch im Falle des Behördenbetreuers gewährt wird: Er kann Geld des Betreuten auch bei der Körperschaft anlegen, bei der der Behördenbetreuer tätig ist, etwa der Sparkasse der Stadt, bei deren Betreuungsbehörde er beschäftigt ist.

§ 1908h Aufwendungsersatz und Vergütung für Behördenbetreuer

Die Vorschrift wurde durch das 2. BtÄndG aufgehoben. Die Regelung findet sich jetzt in § 8 Vormünder- und Betreuervergütungsgesetz, siehe nach § 1836e.

§ 1908i Entsprechend anwendbare Vorschriften

(1) ¹Im Übrigen sind auf die Betreuung § 1632 Abs. 1 bis 3, §§ 1784, 1787 Abs. 1, § 1791a Abs. 3 Satz 1 zweiter Halbsatz und Satz 2, §§ 1792, 1795 bis 1797 Abs. 1 Satz 2, §§ 1798, 1799, 1802, 1803, 1805 bis 1821, 1822 Nr. 1 bis 4, 6 bis 13, §§ 1823 bis 1826, 1828 bis 1836, 1836c bis 1836e, 1837 Abs. 1 bis 3, §§ 1839 bis 1843, 1846, 1857a, 1888, 1890 bis 1895 sinngemäß anzuwenden. ²Durch Landesrecht kann bestimmt werden, dass Vorschriften, welche die Aufsicht des Betreuungsgerichts in vermögensrechtlicher Hinsicht sowie beim Abschluss von Lehr- und Arbeitsverträgen betreffen, gegenüber der zuständigen Behörde außer Anwendung bleiben.

---

[1] BT-Drucks. 11/4528 S. 159. Diese Begründung ist unzutreffend, s. *Bienwald* Rn. 2.

Entsprechend anwendbare Vorschriften 1, 2 § 1908i

(2) ¹§ 1804 ist sinngemäß anzuwenden, jedoch kann der Betreuer in Vertretung des Betreuten Gelegenheitsgeschenke auch dann machen, wenn dies dem Wunsch des Betreuten entspricht und nach seinen Lebensverhältnissen üblich ist. ²§ 1857a ist auf die Betreuung durch den Vater, die Mutter, den Ehegatten, den Lebenspartner oder einen Abkömmling des Betreuten sowie auf den Vereinsbetreuer und den Behördenbetreuer sinngemäß anzuwenden, soweit das Betreuungsgericht nichts anderes anordnet.

Schrifttum: *Heinemann,* Die gerichtliche Genehmigung unter Geltung des FamFG, FamFR 2009, 57; *Klepsch/Klepsch,* Ausgewählte Problemfälle im Anwendungsbereich des § 181 BGB, NotBZ 2008, 321; *Kurze,* Haftung des Betreuers und des Bevollmächtigten, ErbR 2010, 314.

Übersicht

	Rn.		Rn.
I. Normzweck, Geschichte der Vorschrift	1, 2	b) Verein, Vereinsbetreuer	24
1. Normzweck	1	c) Behörde, Behördenbetreuer	25
2. Geschichte der Vorschrift	2	d) Haftung gegenüber Staatskasse und sonstigen Dritten	26
II. Die Verweisungen des Abs. 1 S. 1	3–35	11. Zu § 1834	27
1. Zu § 1632 Abs. 1 bis 3	3–5	12. Zu §§ 1835 bis 1836, 1836 c bis 1836 e	28
a) Herausgabe	3	13. Zu §§ 1837, 1839 bis 1843	29–31
b) Umgang	4	a) Aufsicht und Beratung	29
c) Streitigkeiten	5	b) Pflichtwidrigkeiten	30
2. Zu §§ 1784, 1888	6	c) Auskunft, Bericht, Rechnungslegung	31
3. Zu § 1787 Abs. 1	7	14. Zu § 1845 a.F	32
4. Betreuung durch den Verein	8	15. Zu § 1846	33
5. Zu §§ 1792, 1799, Gegenbetreuer	9–16	16. Zu § 1857a, befreite Betreuung	34
a) Das Rechtsinstitut	9	17. Zu §§ 1888, 1890 bis 1895	35
b) Bestellung des Gegenbetreuers (§ 1792)	10, 11	**III. Landesrechtliche Ausnahmen (Abs. 1 S. 2)**	36
c) Verfahren	12	**IV. Schenkungen des Betreuers (Abs. 2 S. 1)**	37–42
d) Führung des Amtes	13–15	1. Grundsatz	37
e) Aufwendungsersatz und Vergütung	16	2. Pflicht- und Anstandsschenkungen	38
6. Zu §§ 1795, 1796	17	3. Die Erweiterung der Ausnahme auf „Gelegenheitsgeschenke" (Abs. 2 S. 1 Hs. 2)	39
7. Zu § 1797 Abs. 1 S. 2, 1798	18	4. Probleme	40
8. Vorschriften über die Vermögensverwaltung	19	5. Wirkungen der Vorschrift	41
9. Betreuungsgerichtliche Genehmigungen nach §§ 1821, 1822 insbesondere	20–22	6. Schenkungen durch den Betreuten	42
a) Anwendbarkeit	20	**V. Befreite Betreuung (Abs. 2 S. 2)**	43
b) Verfahren	21		
c) Ermessen	22		
10. Zu § 1833	23–26		
a) Grundsätze	23		

I. Normzweck, Geschichte der Vorschrift

1. Normzweck. Wenngleich sich das Betreuungsrecht vom Recht der Vormundschaft über Minderjährige wesentlich unterscheidet, sind viele Probleme ähnlich gelagert, sodass die Textmasse des Betreuungsrechts durch Verweisungen auf das Vormundschaftsrecht entlastet werden kann (Abs. 1 S. 1). Hinzu kommt eine Verweisung auf kindschaftsrechtliche Regelungen (§ 1632 Abs. 1 bis 3). Bei §§ 1804 und 1857 a geschieht die Bezugnahme unter Hinzufügung von Besonderheiten für das Betreuungsrecht (Abs. 2). Dem Landesrecht ist es vorbehalten, bei Betreuung durch die Behörde Erleichterungen in der Vermögensverwaltung und beim Abschluss von Lehr- und Arbeitsverträgen zu schaffen (Abs. 1 S. 2). 1

2. Geschichte der Vorschrift. § 1908i Abs. 1 S. 1 wurde durch das 2. BtÄndG neu gefasst. Die Verweisungen wurden an die neuen Vergütungsvorschriften angepasst. Außerdem wurden die Verweisungen auf einige Vorschriften über den Gegenvormund erweitert, die bisher nicht einbezo- 2

§ 1908i 3–9 Abschnitt 3. Titel 2. Rechtliche Betreuung

gen waren.[1] § 1908i Abs. 2 S. 2 ist durch das LPartG geändert worden:[2] Die Befreiungen des § 1857a (§§ 1852 Abs. 2, 1853, 1854) stehen auch dem zum Betreuer bestellten Lebenspartner des Betreuten zu. Mit „Lebenspartner" ist gemäß dem Zweck und der Terminologie des genannten Gesetzes ausschließlich der „eingetragene Lebenspartner" gemeint.

II. Die Verweisungen des Abs. 1 S. 1

3   **1. Zu § 1632 Abs. 1 bis 3. a) Herausgabe.** Nach § 1632 Abs. 1 umfasst die Personensorge der Eltern das Recht, die **Herausgabe** des Kindes von jedem zu verlangen, der es ihnen widerrechtlich vorenthält. Die entsprechende Anwendung auf das Betreuungsrecht ist von vorn herein nur möglich, wenn dem Betreuer kraft seines Aufgabenkreises die Befugnis zur Aufenthaltsbestimmung zukommt (§ 1896 Rn. 84 ff.). Auch dann werden die Fälle, in denen § 1632 Abs. 1 entsprechend angewendet werden kann, nicht häufig sein. Die Bestimmung kann aber auf Grund der weiten Auslegung des § 1632 relevant werden, wonach es genügt, wenn der Dritte das Aufenthaltsbestimmungsrecht erschwert, wozu etwa das Verheimlichen des Aufenthaltsorts genügt.

4   **b) Umgang.** Das Recht, den **Umgang** des Betreuten zu bestimmen (§ 1632 Abs. 2), hat der Betreuer ebenfalls nur, wenn diese Aufgabe in seinen Wirkungskreis fällt (§ 1896 Rn. 93 ff.).

5   **c) Streitigkeiten.** Streitigkeiten über die genannten Angelegenheiten entscheidet das Betreuungsgericht (§ 1632 Abs. 3; § 271 Nr. 3 FamFG). Denkbar sind zB Streitigkeiten des Betreuers mit einem Dritten über den Umgang mit dem Betreuten oder mit der Leitung einer Anstalt über seinen Aufenthalt.

6   **2. Zu §§ 1784, 1888.** Die Verweisung betrifft den Fall, dass ein **Beamter** oder ein **Geistlicher** zum Betreuer bestellt wird. In diesem Fall ist die dienstrechtliche Erlaubnis notwendig (§ 1784), bei ihrem späteren Wegfall ist der Betreuer zu entlassen (§ 1888). Bei Geistlichen ist das kirchliche Selbstbestimmungsrecht zu achten, insbesondere findet § 1784 Abs. 2 keine Anwendung. Die herangezogenen Vorschriften sind auch auf Vereinsbetreuer anwendbar, da diese die Betreuungsaufgabe als Einzelpersonen übernehmen. Der Behördenbetreuer wird ohnehin nur mit Einwilligung der anstellenden Behörde tätig (§ 1897 Abs. 2), doch kann zB § 1888 relevant werden, wenn ein Behördenbetreuer im Falle des § 1908b Abs. 4 S. 3, 2 die Fürsorge als privater Einzelbetreuer weiterführt. Im Übrigen wird auf die Erl. zu §§ 1784, 1888 verwiesen.

7   **3. Zu § 1787 Abs. 1.** Den als Betreuer vom Gericht Ausgewählten trifft die staatsbürgerliche **Pflicht zur Übernahme.** Die Erfüllung dieser Pflicht wird nicht erzwungen (s. § 1898 Rn. 10), deshalb entfällt auch die Befugnis des Gerichts, den Ausgewählten zur vorläufigen Übernahme des Amtes zu zwingen (keine Anwendung des § 1787 Abs. 2). Doch bleibt die mittelbare Sanktion einer Schadensersatzpflicht gegenüber dem Betroffenen, wenn der Ausgewählte ohne hinreichenden Grund ablehnt und wenn ihm ein Verschulden zur Last fällt (§ 1787 Abs. 1, siehe Erl. dort).

8   **4. Betreuung durch den Verein.** Ist ausnahmsweise ein Verein als solcher zum Betreuer bestellt, so überträgt er die Wahrnehmung der Betreuungsaufgabe einzelnen Personen. Dabei gilt § 1791a Abs. 3 S. 1 HS. 2 und S. 2 entsprechend. Das bedeutet: Einer Person welche (als Mitarbeiter oder Mitglied des Vereins) den Betroffenen in einem Heim des Vereins „als Erzieher" (?) „betreut" (gemeint ist: faktisch pflegt), darf der Verein die Betreuungsaufgabe nicht übertragen. Für ein Verschulden der Person, auf welche die Betreuungsaufgabe übertragen ist, haftet der Verein dem Betroffenen in gleicher Weise wie für ein Verschulden eines satzungsmäßigen Vertreters, also nach § 31 (§ 1791a Abs. 3 S. 2).

9   **5. Zu §§ 1792, 1799, Gegenbetreuer. a) Das Rechtsinstitut.** Der RegE zum BtG sah keine Verweisung auf das **Rechtsinstitut der Gegenvormundschaft** vor; im Laufe des Gesetzgebungsverfahrens wurde jedoch durch Bezugnahme auf §§ 1792, 1799 das Rechtsinstitut der „Gegenbetreuung" eingeführt.[3] Das soll den Sinn haben, zusätzliche Belastungen der Gerichte bei der Betreuung großer Vermögen zu vermeiden, vor allem im Hinblick auf § 1812. Offenkundig war nicht mehr die Zeit, die Konsequenzen einer Anwendung der §§ 1792, 1799 zu überlegen. Das materielle Recht betreffend hat das 2. BtÄndG die Verweisung auf einige Normen, die den Gegen-

---

[1] BT-Drucks. 15/2494 S. 31.
[2] Gesetz zur Beendigung der Diskriminierung gleichgeschlechtlicher Gemeinschaften: Lebenspartnerschaften vom 16. 2. 2001 (BGBl. I S. 266).
[3] Dazu BT-Drucks. 11/4528 S. 210 f. (Bundesrat), S. 229 (Bundesregierung); BT-Drucks. 11/6949 S. 77 (Rechtsausschuss); ferner *meine* Hinweise in FamRZ 1990, 688.

vormund betreffen, nachgeholt (§§ 1802 Abs. 1 S. 2, 1826, 1832, 1842; 1891; 1895). Damit hat der Gesetzgeber einige Redaktionsversehen bereinigt.[4]

b) Bestellung des Gegenbetreuers (§ 1792). aa) Eingeschränktes Ermessen. Grundsätzlich steht es im pflichtgemäßen Ermessen[5] des Gerichts, ob es einen Gegenbetreuer bestellen will (§ 1792 Abs. 1 S. 1). Doch ist dieses Ermessen durch § 1792 Abs. 2 eingeschränkt: Bei Vermögensbetreuung „soll" grundsätzlich ein Gegenbetreuer bestellt werden, es sei denn, dass die Verwaltung nicht erheblich ist oder *gemeinschaftliche* Mitbetreuung (§ 1899 Abs. 3) eingerichtet werden soll. Die Sollvorschrift schränkt das Ermessen des Gerichts ein, es verbleibt aber ein Spielraum; entscheidend ist nicht der Wert des Vermögens für sich gesehen, sondern der Umfang der zu erbringenden Tätigkeit des Betreuers.[6] Es ist auch die Gestaltung möglich, dass Mitbetreuer mit je eigenen Aufgabenkreisen bestellt werden und der eine jeweils zum Gegenbetreuer des anderen bestellt wird (§ 1792 Abs. 3). Für die Frage, ob ein Gegenbetreuer bestellt werden soll oder nicht, hat ein Vorschlag des Betroffenen nicht die Bindungswirkung des § 1897 Abs. 4, ist aber bei Ausübung des Ermessens einzubeziehen. Die Behörde kann als Betreuer keinen Gegenbetreuer erhalten (§ 1792 Abs. 1 S. 2), wohl aber der Behördenbetreuer (§ 1897 Abs. 2 S. 2) ebenso wie der Vereinsbetreuer und der Verein als Betreuer. Für die Gegenbetreuung stehen sämtliche Betreuungstypen zur Verfügung; auch die Behörde selbst kann Gegenbetreuer sein. S. im Übrigen die Erl. zu § 1792.

bb) Anwendbare Vorschriften. Der Gegenbetreuer wird nach denselben Regeln wie ein Betreuer ausgewählt und bestellt (Prinzip des § 1792 Abs. 4),[7] insbesondere sind §§ 1897 bis 1900 anzuwenden. Die Person des Gegenbetreuers betreffend sind folglich Vorschläge des Betroffenen gemäß § 1897 Abs. 4 bindend.[8] Gegenbetreuung durch Verein und Behörde ist auch hier subsidiär gegenüber der Übernahme dieses Amtes durch einen Einzelbetreuer; es gelten überhaupt die allgemeinen Grundsätze über den Rang der Betreuungsformen.

c) Verfahren. Es sind die Verfahrensvorschriften anzuwenden, die bei einer Betreuerbestellung gelten (§ 1792 Abs. 4 iVm. § 1908i Abs. 1 S. 1). Ist ein Betreuer bestellt und soll später ein Gegenbetreuer hinzutreten, so fragt sich, ob wirklich aus diesem Anlass erneut eine persönliche Anhörung oder ein Sachverständigengutachten erforderlich sein soll. Es liegt nahe, die Vorschriften bei Bestellung eines *weiteren* Betreuers ohne Ausdehnung des Aufgabenkreises anzuwenden (dazu § 1899 Rn. 10).[9] Die persönliche Anhörung ist jedenfalls dann erforderlich, wenn Zweifel bestehen, ob der Vorschlag des Betroffenen, eine bestimmte Person zu bestellen, seinem wirklichen Willen entspricht.[10] Was die funktionelle Zuständigkeit betrifft, stehen Verrichtungen nach §§ 1792, 1908 i an sich nicht unter Richtervorbehalt;[11] anders wäre auch nach die Bestellung des Gegenbetreuers in die Bezugnahme des § 15 S. 1 Nr. 1 RPflG auf §§ 1896, 1899 einordnet; dann wäre der Rechtspfleger nur zuständig, wenn die Gegenbetreuung eine Vollmachtsbetreuung (§ 1896 Abs. 3) betrifft.[12] Die Beschwerdeberechtigung des Gegenbetreuers ist nicht besonders geregelt, ergibt sich folglich aus § 59 Abs. 1 FamFG unter Berücksichtigung der ihm zugewiesenen Überwachungsaufgaben.

d) Führung des Amtes. aa) Grundsätze. Es gilt die grundlegende Vorschrift des § 1799 iVm. § 1908i Abs. 1 S. 1. Der Gegenbetreuer hat die pflichtgemäße Amtsführung des Betreuers zu überwachen, Pflichtwidrigkeiten sowie andere Umstände, die ein gerichtliches Eingreifen veranlassen, dem Betreuungsgericht unverzüglich anzuzeigen (§ 1799 Abs. 1 S. 2). Der Betreuer ist dem Gegenbetreuer auf Verlangen zur Auskunft über die Führung der Betreuung und zur Gewährung der Einsicht in die darauf bezogenen Papiere verpflichtet (§ 1799 Abs. 2). Hingegen ist er kein Mitbetreuer; seine Aufgabe beschränkt sich darauf, den Betreuer zu überwachen und das Gericht hierdurch zu entlasten.[13] Deshalb ist das Gericht auch nicht verpflichtet, den Gegenbetreuer zu einer beabsichtigten Abgabe des Betreuungsverfahrens anzuhören.[14]

---

[4] Siehe 4. Aufl. Rn. 14.
[5] BayObLG FamRZ 2004, 1992. Nicht gilt das Prinzip der Erforderlichkeit (§ 1896 Abs. 2), da die Rechtsstellung des Betroffenen durch die Bestellung eines Gegenbetreuers nicht weiter eingeschränkt, vielmehr nur die Tätigkeit des Betreuers durch eine weitere Person überwacht wird.
[6] BayObLG FamRZ 1994, 325, 326; FamRZ 2004, 1992.
[7] Offen bei BayObLG FamRZ 1994, 325, 326.
[8] BayObLG FamRZ 2001, 1555, 1556.
[9] BayObLG FamRZ 1994, 325, 326 (anders, wenn bei dieser Gelegenheit der Aufgabenkreis des Betreuers erweitert würde); BayOBLG FamRZ 2001, 1555, 1556; *Schwab* FamRZ 1990, 681, 689; aA *Spanl* Rpfleger 1992, 142, 144.
[10] BayObLG FamRZ 2001, 1555, 1556.
[11] *Spanl* Rpfleger 1992, 142, 144 f.; LG Bonn Rpfleger 1993, 233.
[12] So *Klüsener* Rpfleger 1991, 225, 228.
[13] BayObLG FamRZ 1997, 438, 439.
[14] BayObLG FamRZ 1997, 438, 339.

14 **bb) Befugnisse und Rechte.** Einzelne Befugnisse und Rechte ergeben sich aus weiteren Verweisungen des § 1908i Abs. 1 S. 1 auf Vorschriften, die auch ohne das Rechtsinstitut der Gegenbetreuung maßgeblich wären,[15] für deren Handhabung nun aber die mögliche Bestellung eines Gegenbetreuers bedeutsam ist. So darf entsprechend § 1805 S. 1 der Betreuer Vermögen des Betreuten auch nicht für den Gegenbetreuer verwenden. Ist ein Gegenbetreuer bestellt, so kommt es für bestimmte Anlagen und Rechtsgeschäfte wahlweise auf die Genehmigung des Gegenbetreuers oder des Betreuungsgerichts an (§§ 1809, 1810, 1812, 1813). Der Betreuer kann Gegenstände, zu deren Veräußerung die Genehmigung des Gegenbetreuers oder Betreuungsgerichts notwendig ist, dem Betreuten nicht ohne diese Genehmigung zur Erfüllung eines von diesem geschlossenen Vertrags oder zur freien Verfügung überlassen (§ 1824). Das Betreuungsgericht kann dem Betreuer zu Geschäften des § 1812, zu denen die Genehmigung des Gegenbetreuers erforderlich ist, eine allgemeine Ermächtigung erteilen (§ 1825). Für die Befugnisse des Gegenbetreuers ist wichtig, dass das **1. BtÄndG** durch die **Neufassung des § 1817** die Möglichkeiten des Gerichts stark ausgeweitet hat, den Betreuer auf dessen Antrag **von den Verpflichtungen nach §§ 1806 bis 1816 zu entbinden**. Dies kann geschehen, soweit der Umfang der Vermögensverwaltung dies rechtfertigt und eine Gefährdung des Vermögens nicht zu besorgen ist (§ 1817 Abs. 1 S. 1), wobei die an den Umfang gestellten Anforderungen im Regelfall vorliegen sollen, wenn der Wert des Vermögens ohne Berücksichtigung von Grundbesitz 6000 Euro nicht übersteigt.

15 **cc) Haftung.** Der Gegenbetreuer haftet für Pflichtwidrigkeiten nach § 1833 und steht wie ein Betreuer gemäß § 1837 unter der Aufsicht des Betreuungsgerichts, dem er auf Verlangen jederzeit nach § 1839 auskunftspflichtig ist. Bei Beendigung der Betreuung oder Entlassung des Betreuers ist der Gegenvormund an der Rechnungsprüfung gemäß § 1892 zu beteiligen.

16 **e) Aufwendungsersatz und Vergütung.** Die Verweisung des § 1908i Abs. 1 S. 1 auf §§ 1835, 1836, 1836 c bis 1836 e bedeutet in diesem Zusammenhang, dass sich der Anspruch des Gegenbetreuers auf Aufwendungsersatz und Vergütung nach den Regeln richtet, die nach den genannten Vorschriften für den Gegenvormund vorgesehen sind. Im Falle berufsmäßiger Führung des Amtes gilt auch das Vormünder- und Betreuungsvergütungsgesetz vom 21. 4. 2005,[16] wo der Gegenvormund ausdrückliche Erwähnung findet (§ 1 Abs. 2).

17 **6. Zu §§ 1795, 1796.** Der Betreuer ist ebenso wie der Vormund von der **gesetzlichen Vertretung** bei einem Rechtsgeschäft oder Rechtsstreit gemäß § 1795 Abs. 1 und § 1795 Abs. 2 iVm. § 181 **ausgeschlossen**. Die gesetzlichen Ausschlussgründe sind nicht im Wege der Analogie erweiterungsfähig (etwa auf weitere Verwandte).[17] Bei sonstigen möglichen Interessenkonflikten kann ihm die Vertretung für einzelne Angelegenheiten oder einen Kreis von Angelegenheiten entzogen werden (§ 1796).[18] Soweit der Betreuer aus den Gründen der §§ 1795, 181, 1796 rechtlich verhindert ist, wird ein Ergänzungsbetreuer nach § 1899 Abs. 1 (nicht: Ergänzungspfleger!) bestellt.[19] Ein Rechtsgeschäft des Betreuers, von dem er nach den genannten Regeln ausgeschlossen ist, kann auch durch gerichtliche Genehmigung nicht wirksam werden.[20]

18 **7. Zu § 1797 Abs. 1 S. 2, 1798.** Die Verweisung betrifft den Fall, dass **mehrere Betreuer** bestellt sind (§ 1899). Die Verweisung auf § 1797 Abs. 1 S. 2 besagt, dass bei einer Meinungsverschiedenheit unter den Mitbetreuern das Betreuungsgericht entscheidet, sofern bei der Bestellung nicht ein anderes bestimmt ist. Die Verweisung ist missverständlich; § 1797 Abs. 1 S. 2 bezieht sich auf S. 1, also den Fall *gemeinschaftlicher* Mitvormundschaft, daher auch im Betreuungsrecht nur auf den Fall, dass mehrere Betreuer mit demselben Aufgabenkreis betraut sind (§ 1899 Abs. 3). Bei geteilter Mitbetreuung entscheidet jeder Betreuer allein für seinen Aufgabenkreis; überschneiden sich die Aufgabenkreise, so werden Meinungsverschiedenheiten gemäß § 1798 ausgetragen (Näheres Erl. zu § 1899).

19 **8. Vorschriften über die Vermögensverwaltung.** Der Betreuer unterliegt bei der Verwaltung des Vermögens des Betreuten denselben Pflichten und Einschränkungen wie ein Vormund. Das ergibt sich aus der Verweisung des § 1908i Abs. 1 S. 1 auf **§§ 1802,**[21] **1805 bis 1820,** und auch

---

[15] Weswegen auch schon § 1908i Abs. 1 S. 1 idF des RegE darauf verwies, der eine Gegenbetreuung gar nicht einführen wollte.
[16] Art. 8 des 2. BtÄndG, BGBl. 2005 I S. 1073, 1076.
[17] BayObLG FamRZ 1999, 47.
[18] Vgl. OLG Zweibrücken Rpfleger 2004, 162 = FamRZ 2004, 834 (LS.). – Betreuerin als Nacherbin, Betreuer als Vorerbe im Rahmen auf Grund eines von dessen Mutter errichteten „Behindertentestamentes".
[19] BayObLG FamRZ 1998, 512, 513. Vgl. den Fall BayObLG BtPrax 2005, 110 = FamRZ 2005, 1196 (LS.).
[20] OLG Düsseldorf Rpfleger 1993, 337 (betr. § 181).
[21] Zu den Anforderungen an das Vermögensverzeichnis OLG Schleswig BtPrax 2004, 201.

aus der Anwendung des § 1821 **und** § 1822 (ohne Nr. 5, dafür § 1907 Abs. 3). Ferner gehört hierher die Anwendung des § **1804,** der gemäß § 1908i Abs. 2 S. 1 in modifizierter Form für den Betreuer gilt. Bei §§ **1812, 1813** ist zu beachten, dass der Betrag, bis zu dem ein Vormund (Betreuer) eine Leistung genehmigungsfrei annehmen kann (§ 1813 Abs. 1 Nr. 2) auf 3000 Euro erhöht worden ist.[22] Zu § 1812 hat der BGH entschieden, dass ein Dienstvertrag, der den Betreuten zur Vergütung der entsprechenden Leistungen verpflichtet, nicht der gerichtlichen Genehmigung bedarf.[23] Die Amtsführung des Betreuers kann dadurch erleichtert werden, dass ihn das Betreuungsgericht **gemäß § 1817** von den Verpflichtungen nach §§ 1806–1816 befreit. Das ist zulässig, soweit der Umfang der Vermögensverwaltung dies rechtfertigt *und* eine Gefährdung des Vermögens nicht zu besorgen ist (siehe Erl. § 1817).

9. Betreuungsgerichtliche Genehmigungen nach §§ 1821, 1822 insbesondere. a) Anwendbarkeit. Die **Anwendung dieser Vorschriften** setzt voraus, dass der Betreuer entweder das Rechtsgeschäft als gesetzlicher Vertreter des Betreuten abschließen oder dem Geschäft eines unter Einwilligungsvorbehalt stehenden Betreuten durch seine Zustimmung zur Gültigkeit verhelfen will. Hat der Betreuer als gesetzlicher Vertreter gehandelt, so entfällt das Genehmigungserfordernis nicht dadurch, dass der Betreute das Geschäft genehmigt; dies gilt auch dann, wenn der Betreute geschäftsfähig ist.[24] Zur Streitfrage, ob ein geschäftsfähiger Betreuter den Betreuer *bevollmächtigen* kann, Rechtsgeschäfte ohne die Beschränkungen der §§ 1821, 1822 abzuschließen, siehe bei § 1902 Rn. 10.

b) Verfahren. Bei genehmigungsbedürftigen Geschäften richten sich die Einzelheiten der Erteilung der Genehmigung und der Wirksamkeit des Rechtsgeschäfts nach **§§ 1828 bis 1832. Verfahrensrecht:** Das Genehmigungsverfahren ist Betreuungssache (§ 271 Nr. 3 FamFG), funktionell zuständig ist der Rechtspfleger (§ 3 Nr. 2 b RPflG). Es gelten die allgemeinen Vorschriften des Verfahrens in Betreuungssachen: §§ 272, 273 (örtliche Zuständigkeit, Abgabe); § 274 Abs. 1 und 2 (Beteiligte), § 275 FamFG (Verfahrensfähigkeit) sowie §§ 276, 277 FamFG (Verfahrenspfleger). Keine Anwendung finden hingegen diejenigen Vorschriften, die sich speziell mit der Bestellung eines Betreuers oder der Anordnung eines Einwilligungsvorbehalts befassen. Besonders geregelt ist die Anhörung: In den Fällen der §§ 1821, 1822 Nr. 1 bis 4 und 6 bis 13, sowie der §§ 1823 und 1825 *soll* das Gericht den Betroffenen persönlich anhören (§ 299 S. 1 FamFG). Das kann auch durch einen ersuchten Richter geschehen.[25] Auf Verlangen des Betroffenen hat das Gericht eine ihm nahe stehende Person anzuhören, wenn dies ohne erhebliche Verzögerung möglich ist (§ 279 Abs. 3 FamFG). Eine Anhörung Dritter ist im Übrigen nicht obligatorisch vorgesehen. Das Beschwerderecht richtet sich nach § 59 Abs. 1 und 2 FamFG.

c) Ermessen. Ob das Gericht eine beantragte Genehmigung erteilt, entscheidet es nach **pflichtgemäßem Ermessen.**[26] Entscheidend sind die Interessen der durch das Genehmigungserfordernis geschützten Person;[27] bei einem Betreuten hat sich der gesetzliche Vertreter vorrangig an dessen Wünschen auszurichten, soweit dies dessen Wohl nicht zuwiderläuft und dem Betreuer zuzumuten ist.[28] Doch hindert die Ablehnung durch den Betreuten die Genehmigung nicht, wenn das Geschäft notwendig erscheint, um schweren Schaden vom Betreuten abzuwenden.[29] Gesetz- und sittenwidrige Verträge sind nicht genehmigungsfähig.[30]

10. Zu § 1833. a) Grundsätze. Der Betreuer und der Gegenbetreuer sind dem Betreuten für den aus einer Pflichtverletzung entstehenden **Schaden** gemäß § 1833 verantwortlich. Grundlage sind die sich aus dem öffentlich-rechtlich installierten, aber privatrechtlich gestalteten Betreuungsverhältnis ergebenden gesetzlichen Pflichten des Betreuers gegenüber dem Betreuten. Es gelten die Erl. zu § 1833 sinngemäß. Bei der Frage der Pflichtwidrigkeit sind speziell für das Betreuungsverhältnis

---

[22] Siehe ferner zur Änderung des § 1813 Abs. 1 Nr. 3 durch das Gesetz vom 6. 7. 2009 (BGBl. I S. 1696). Zur Anwendung der §§ 1812, 1813 im Rahmen des Betreuungsrechts s. OLG Köln Rpfleger 1994, 503; AG Herborn FamRZ 1999, 1690; LG Saarbrücken FamRZ 1992, 1348; LG Berlin FamRZ 2010, 492.
[23] BGH FamRZ 2010, 207.
[24] OLG Frankfurt/Main FamRZ 1997, 1424.
[25] Für die Rechtslage nach FGG: OLG Karlsruhe FamRZ 1994, 638.
[26] BGH NJW 1986, 2829, 2830 = FamRZ 1986, 970; BayObLG FamRZ 1998, 455, 456; BtPrax 2003, 271, 272.
[27] Vgl. BayObLG BtPrax 2003, 271, 272 (Genehmigung eines im Vergleichswege abgegebenen Schuldanerkenntnisses).
[28] BayObLG FamRZ 1998, 455, 456; KG FamRZ 2010, 402, 403.
[29] S. den Fall OLG Frankfurt v. 19. 7. 2004 - 20 W 232/04 (nach juris).
[30] Vgl. OLG Frankfurt FamRZ 2005, 60 (Übertragung eines Grundstücks auf Angehörigen, um es bei absehbarer Inanspruchnahme staatlicher Unterstützung dem Zugriff des Sozialhilfeträgers zu entziehen).

die Maximen des § 1901 zu beachten. So ist es nicht Pflicht des Betreuers, den geschäftsfähigen, nicht unter Einwilligungsvorbehalt stehenden Betreuten von Ausgaben für seinen Bedarf abzuhalten, die sich in angemessenem Rahmen halten,[31] oder gar darauf zu dringen, dass zur Sicherung seiner eigenen künftigen Vergütungsansprüche Rücklagen gebildet werden.[32] Die Pflichtverletzung muss für den Schadenseintritt ursächlich sein.[33] Das erforderliche Verschulden des Betreuers betreffend gilt der allgemeine Maßstab des § 276 Abs. 1; doch ist bei ehrenamtlichen Betreuern zu berücksichtigen, was von ihnen in dem betreffenden Aufgabenkreis zumutbar erwartet werden kann.[34] Die Haftungsmilderung nach § 1664 gilt für den Betreuer nicht.[35] Auch kann in aller Regel keine stillschweigend vereinbarte Haftungserleichterung angenommen werden.[36] Die Pflichtwidrigkeit muss ursächlich für den Schaden gewesen sein.[37] Pflichtwidrig handelt zB der Betreuer, der es gegen die Interessen des Betreuten unterlässt, ein Mietverhältnis zu kündigen, in das der Betreute durch Erbgang eingetreten ist; oder der eine nicht bestehende Schuld des Betreuten anerkennt;[38] oder der einen Antrag auf Auszahlung einer dem Betreuten zustehenden Rente nicht oder zu spät stellt.[39] Desgleichen bildet es einen Pflichtverstoß, wenn der Betreuer ohne Genehmigung des Gegenbetreuers bzw. des Gerichts über ein beträchtliches Wertpapierdepot verfügt.[40] Pflichtwidrig ist die Anlage von Geld bei einem Kreditinstitut, das nicht einer ausreichenden Sicherungseinrichtung angeschlossen ist.[41] Die Haftung trifft auch einen Gesundheitsbetreuer, der es schuldhaft unterlässt, auf eine ausreichende Krankenversicherung des Betreuten hinzuwirken.[42] Der Umstand, dass der Betreuer ein Geschäft tätigt, das vom Betreuungsgericht genehmigt wurde, schließt seine Haftung gem. § 1833 nicht unbedingt aus;[43] denn Gericht und Betreuer haben jeweils selbständig zu prüfen,[44] welche Risiken das Geschäft mit sich bringt und ob es dem Wohl des Betreuten entspricht. Über Schadensersatzansprüche hinaus kommen anspruchskonkurrierend weitere Ansprüche aus allgemeinem Zivilrecht zum Zug, zB Bereicherungsansprüche oder der Anspruch auf Herausgabe des aus der Geschäftsführung Erlangten analog § 667.[45]

24 **b) Verein, Vereinsbetreuer.** Bei der Betreuung durch den **Verein als solchen** (§ 1900 Abs. 1) haftet der Verein für das Handeln der satzungsmäßigen Organe sowie für das Verschulden eines Mitglieds oder Mitarbeiters, dem die Betreuungsaufgabe übertragen ist (§ 1791a Abs. 3 S. 2 iVm. § 1908i Abs. 1 S. 1), gemäß § 31 BGB. Fraglich ist die Haftungslage beim **Vereinsbetreuer** (§ 1897 Abs. 2 S. 1); die Begründung zum BtG[46] meint, hier hafte ausschließlich der Betreuer selbst; hier seien Zweifel angemeldet: Der Verein stellt den Mitarbeiter für diese Aufgabe zur Verfügung, die Betreuung wird im Rahmen des Dienstverhältnisses geleistet, innerhalb dessen der Betreuer auch dienstlichen Anforderungen und Weisungen unterliegt, der Verein erhält schließlich auch Aufwendungsersatz und Vergütung. Es liegt folglich nahe, die Regelung des § 1791a Abs. 3 S. 2 hier analog heranzuziehen.[47] Der Vereinsbetreuer haftet für sein Verschulden auch persönlich, gegebenenfalls haften Verein und Vereinsbetreuer als Gesamtschuldner (§ 1833 Abs. 2 S. 1).

25 **c) Behörde, Behördenbetreuer.** Die **Behörde** als Betreuerin haftet ebenfalls aus § 1833, daneben kann die Haftung des Dienstherrn für schuldhafte Amtspflichtverletzungen gemäß § 839 BGB/Art. 34 GG gegeben sein (s. dazu § 1833 Rn. 2). Beim **Behördenbetreuer** muss die Lage ähnlich gesehen werden wie bei dem Vereinsbetreuer. Aus § 1833 Abs. 1 haftet auch die Behörde für Pflichtverletzungen des Behördenbetreuers selbst, ungeachtet der zusätzlichen Haftung aus dem

---

[31] OLG Düsseldorf FamRZ 1999, 1166, 1167.
[32] BayObLG FamRZ 1998, 507, 508; OLG Düsseldorf FamRZ 1999, 1166, 1167.
[33] LG Nürnberg-Fürth BtPrax 2006, 112 (betr. Unterlassung des Abschlusses einer Berufshaftpflichtversicherung).
[34] Vgl. den Fall OLG Schleswig FamRZ 1997, 1427.
[35] LG Köln FamRZ 2006, 1874.
[36] LG Köln FamRZ 2006, 1874.
[37] Zur Haftung wegen unterlassenen Antrags auf Sozialhilfe LG Offenburg FamRZ 1996, 1356 (noch zum Pflegschaftsrecht).
[38] LG Berlin FamRZ 2000, 1526, 1527 (der Betreute wollte indes die Wohnung behalten, die Problematik ist in der Entscheidung nicht ausgeschöpft).
[39] LG Köln FamRZ 2006, 1874.
[40] LG Berlin FamRZ 2010, 492 (Depotwert über 200.000 Euro).
[41] LG Waldshut-Tiengen FamRZ 2008, 916.
[42] OLG Brandenburg FamRZ 2008, 916; OLG Hamm FamRZ 2010, 754, 755.
[43] BGH FamRZ 2003, 1924, 1925.
[44] BGH FamRZ 2003, 1924, 1925.
[45] OLG Naumburg FamRZ 2008, 182.
[46] BT-Drucks. 11/4528 S. 158.
[47] AA OLG Koblenz FamRZ 2010, 755, 756; *Fröschle* BtPrax 2008, 190, 191; *Damrau/Zimmermann* Rn. 6.

Gesichtspunkt der Amtspflichtverletzung; die Gesetzesbegründung sieht selbst, dass der Behördenbetreuer „die Betreuung in Wahrnehmung einer öffentlichen Aufgabe ausübt".[48] Daneben haftet der Behördenbetreuer auch persönlich.

d) Haftung gegenüber Staatskasse und sonstigen Dritten. Die Haftung aus § 1833 betrifft nicht das Verhältnis zwischen der **Staatskasse** und dem Betreuer, auch besteht in diesem Verhältnis keine vertragliche oder quasivertragliche Beziehung. Ansprüche der Staatskasse gegen den Betreuer wegen schädigender Pflichtverletzung können sich nur aus Deliktsrecht (insbesondere § 826) ergeben.[49] Die Haftung des Betreuers gegenüber **sonstigen Dritten** bemisst sich gleichfalls ausschließlich nach Deliktsrecht (auch § 832).[50] Zwar ist es nicht ausgeschlossen, dass im Einzelfall auch eine Haftung des Betreuers aus c. i. c. gegenüber Dritten auf Grund der „Inanspruchnahme besonderen persönlichen Vertrauens" zum Zuge kommt;[51] doch können an die Voraussetzungen bei Betreuern auf keinen Fall geringere Anforderungen gestellt werden als im allgemeinen Zivilrecht.[52] Insbesondere lässt sich aus der Bestellung durch Hoheitsakt keine Vertrauenshaftung herleiten, ebenso wenig aus der bloßen Tatsache, dass der Betreuer Rechtsanwalt ist.[53] Vielmehr kommt es darauf an, ob der Betreuer auf die Entscheidungen des Geschäftspartners derart Einfluss nimmt, dass er diesem über das allgemeine Vertrauen hinaus eine zusätzliche, von ihm persönlich ausgehende Gewähr für die Seriosität und Erfüllung des Geschäfts bietet.[54]

11. Zu § 1834. Der Betreuer, der Geld des Betreuten für sich verwendet, hat es von der Zeit der Verwendung an zu verzinsen.

12. Zu §§ 1835 bis 1836, 1836 c bis 1836 e. Für **Aufwendungsersatz und Vergütung** des Betreuers verweist § 1908i Abs. 1 S. 1 auf die Regeln des Vormundschaftsrechts. Die einschlägigen Vorschriften, die auch für Gegenbetreuer gelten, sind anlässlich der Schaffung des Betreuungsrechts für Vormünder und Betreuer neu gestaltet und durch das 1. sowie das 2. BtÄndG grundlegend verändert worden (siehe die Erl. zu §§ 1835, 1836, 1836 c bis 1836 e). Als Teil des 2. BtÄndG[55] ist das Vormünder- und Betreuervergütungsgesetz (VBVG) eingeführt worden, das zum Teil Sondervorschriften für Betreuer enthält (siehe nach § 1836e).

13. Zu §§ 1837, 1839 bis 1843. a) Aufsicht und Beratung. Der Betreuer untersteht der **Aufsicht** des Betreuungsgerichts, gleichgültig welche Form der Betreuung und welcher Betreuertyp vorliegen.[56] Dabei führt der Betreuer wie der Vormund sein Amt **selbständig**[57] als gesetzlicher Vertreter des Betreuten; das Betreuungsgericht kann ihm, soweit nicht entsprechende gesetzliche Einschränkungen bestehen, keine bindenden Weisungen erteilen.[58] Die Erteilung von Weisungen, die ein Gebot oder Verbot enthalten, ist auf die Fälle pflichtwidrigen Verhaltens des Betreuers beschränkt;[59] Pflichtwidrigkeit setzt den Verstoß gegen konkrete, sich aus dem Gesetz oder richterliche Anordnung ergebende Handlungspflichten oder allgemein gegen die Pflicht zur gewissenhaften Führung der Betreuung voraus.[60] Deshalb hat das OLG München ein gerichtliches Verbot an den Betreuer, den Betreuten ohne Genehmigung des Gerichts in ein anderes Heim zu verlegen, für „regelmäßig unzulässig" gehalten;[61] das Ziel sei nur durch (Teil-)Entlassung des Betreuers und Bestellung eines neuen Betreuers zu erreichen. „Präventive Weisungen" sind nur zulässig, wenn die durch Tatsachen begründete Besorgnis besteht, der Betreuer werde pflichtwidrig handeln.[62] In Zweckmäßigkeitsfragen darf das Gericht nicht anstelle des Betreuers tätig werden oder bindende

---

[48] Weswegen kein Zwangsgeld gegen ihn festgesetzt werden darf, siehe BT-Drucks. 11/4528 S. 159.
[49] Zutreffend OLG Düsseldorf FamRZ 1999, 1166, 1167.
[50] Kritisch zu einer Haftung des Betreuers nach § 832 BGB *Bauer/Knieper* BtPrax 1998, 123, 168.
[51] Zur Amtsvormundschaft BGHZ 100, 313, 317 = FamRZ 1987, 904.
[52] BGH FamRZ 1995, 282, 283.
[53] BGH FamRZ 1995, 282, 283.
[54] BGH FamRZ 1995, 282, 283; BGH NJW-RR 1992, 605, 606; 1993, 342, 344.
[55] Art. 8 des 2. BtÄndG vom 21. 4. 2005, BGBl. I S. 1073, 1076.
[56] Auch der Vollmachtsbetreuer nach § 1896 Abs. 3, BayObLG FamRZ 1994, 1550, 1551. Zur gerichtlichen Aufsicht *Formella* Rpfleger 1994, 238.
[57] BayObLG FamRZ 2000, 565; 1999, 117, 119 (der vom Gericht verwendete Begriff „eigenverantwortlich" ist jedoch missverständlich); BayObLG Rpfleger 2004, 284; OLG Saarbrücken MDR 2004, 1121, 1122; OLG München FamRZ 2010, 493.
[58] BayObLG FamRZ 1999, 1460; Rpfleger 2004, 284; OLG Schleswig FamRZ 1996, 1368, 1369. Vgl. auch BGHZ 17, 108, 116 = FamRZ 1955, 248 [LS.]; BayObLG FamRZ 1992, 108, 109.
[59] OLG Karlsruhe FamRZ 2006, 507; OLG München BtPrax 2009, 237 = FamRZ 2009, 2119.
[60] OLG München FamRZ 2008, 74; BtPrax 2009, 237 = FamRZ 2009, 2119.
[61] OLG München FamRZ 2010, 493.
[62] OLG Karlsruhe FamRZ 2006, 507, 508; OLG Saarbrücken MDR 2004, 1121, 1122.

Anordnungen treffen.⁶³ Daran ändert auch die Pflicht des Gerichts, den **Betreuer zu beraten** (§ 1837 Abs. 1 S. 1), grundsätzlich nichts. Es ist gleichwohl für zulässig gehalten worden, dass das Gericht in Fällen, in denen keine gesetzlichen Genehmigungsvorbehalte bestehen, dem Betreuer auf seine Anfrage hin **vorab aufzeigt,** ob eine geplante Maßnahme als pflichtwidrig zu beurteilen ist oder nicht.⁶⁴ Das kann bei wichtigen, noch ungeklärten Fragen in den Rahmen der Beratungspflicht fallen, doch muss die Amtsführung des Betreuers als Ganzes in dessen selbständiger Kompetenz bleiben. Es ist auch nicht Sinn der Beratungspflicht, den Betreuern die Möglichkeit zu eröffnen, sich wegen jeder einzelnen Maßnahme mit dem Gericht zu besprechen und abzusichern.

30   **b) Pflichtwidrigkeiten.** Gegen **Pflichtwidrigkeiten** hat das Gericht durch geeignete Gebote und Verbote einzuschreiten (§ 1837 Abs. 2) und auch Zwangsgeld festzusetzen (§ 1837 Abs. 3).⁶⁵ Pflichtwidrig handelt der Betreuer, wenn er gegen gesetzliche Regelungen verstößt, gegen gerichtliche Anordnungen handelt, seinen Ermessensspielraum überschreitet oder sich zum Nachteil des Betreuten von unsachlichen Erwägungen leiten lässt.⁶⁶ So kann dem Betreuer untersagt werden, mit dem Betreuten einen Vertrag zu schließen, mit dem er die Verwaltung des „Persönlichen Budgets" (§ 17 Abs. 2, 3 SGBIX) gegen gesonderte Vergütung übernimmt.⁶⁷ Pflichtwidrig ist es auch, wenn der Betreuer die erforderlichen persönlichen Kontakte zum Betreuten vernachlässigt (siehe § 1837 Abs.2 S.2 in der Fassung des Gesetzes zur Änderung des Vormundschafts- und Betreuungsrechts vom 29. 6. 2001, BGBl. I S. 1306). Gegenüber einem Verein, gegenüber der Behörde (§ 1837 Abs. 3 S. 2) und auch gegenüber dem Behördenbetreuer (§ 1908g) ist eine Festsetzung von Zwangsgeld unstatthaft. Die Androhung oder Anordnung eines Zwangsgeldes ist nicht mehr zulässig, wenn der damit bezweckte Erfolg bereits erreicht ist.⁶⁸ Dritten Personen steht kein Rechtsanspruch darauf zu, dass das Gericht gegen behauptete Pflichtwidrigkeiten einschreitet.⁶⁹

31   **c) Auskunft, Bericht, Rechnungslegung.** Die gerichtliche Aufsicht äußert sich in der Pflicht des Betreuers, dem Gericht auf Verlangen **Auskunft** gemäß § 1839 zu erteilen und ihm mindestens einmal pro Jahr über die persönlichen Verhältnisse des Betreuten zu **berichten** (§ 1840 Abs. 1); dieser Bericht umfasst auch Angaben zu den persönlichen Kontakten, die der Betreuer mit dem Betreuten gepflogen hat (§ 1840 Abs.1 S.2 in der Fassung des Gesetzes zur Änderung des Vormundschafts- und Betreuungsrechts vom 29. 6. 2001, BGBl. I S. 1306). Ferner hat der Betreuer dem Gericht über die Vermögensverwaltung jährlich **Rechnung zu legen** (§§ 1840 Abs. 2–4, 1841, 1843). Von diesen Pflichten kann auch der geschäftsfähige Betreute den Betreuer nicht entbinden.⁷⁰ Die Jahresabrechnung des Betreuers muss die Einnahmen und Ausgaben im Rechnungsjahr schriftlich so klar und übersichtlich darstellen, dass das Betreuungsgericht einen Überblick über alle Vorgänge erhält und seinen Prüfungspflichten gemäß §§ 1843 Abs. 1, 1837 Abs. 3 nachkommen kann;⁷¹ die bloße Vorlage von Unterlagen und Belegen genügt nicht, es ist nicht Pflicht des Gerichts, die Zusammenstellung nach § 1841 Abs. 1 aus vorgelegten Unterlagen selbst zu erstellen.⁷² Die Vorlage eines Kassenbuches ist ebenfalls nicht ausreichend, wenn dieses nicht alle Einnahmen und Ausgaben verzeichnet.⁷³ Die Mitteilung des Betreuungsgerichts an den Betreuer, dessen Rechnung sei überprüft und nicht zu beanstanden, ist keine anfechtbare gerichtliche Verfügung.⁷⁴ Nach Beendigung der Betreuung kann das Betreuungsgericht den Betreuer nicht mehr zur Erteilung von Auskünften anhalten;⁷⁵ es kann noch die Einreichung einer formell ordnungsgemäßen Schlussrechnung verlan-

---

⁶³ OLG Schleswig FamRZ 1996, 1368, 1369; LG Köln FamRZ 1993, 110 (auch nicht durch Verweigerung gesetzlich erforderlicher Genehmigung die Wahl eines bestimmten Aufenthaltsortes erzwingen; dazu die krit. Anm. von *Ewers* FamRZ 1993, 853); LG Chemnitz FamRZ 2000, 1312, 1313; OLG München BtPrax 2009, 237 = FamRZ 2009, 2119 (Heilpädagogische Behandlung durch bestimmte Therapeutin).
⁶⁴ BayObLG FamRZ 1999, 1460 (hier: Befugnis zum Betreten leer stehender Wohnungen im Anwesen des Betreuten zu Verlaufs- oder Vermietungszwecken).
⁶⁵ S. BayObLG FamRZ 1993, 237.
⁶⁶ BayObLG FamRZ 2000, 565; Rpfleger 2004, 284; in der gleichen Richtung, aber zu eng OLG Karlsruhe FamRZ 2006, 507, 508.
⁶⁷ AG München BtPrax 2010, 195.
⁶⁸ BayObLG FamRZ 1998, 1197 (LS.).
⁶⁹ OLG Zweibrücken Rpfleger 2003, 426.
⁷⁰ OLG München Rpfleger 2006, 73, 74.
⁷¹ BayObLG FamRZ 1993, 237.
⁷² BayObLG FamRZ 1993, 237, 238.
⁷³ BayObLG FamRZ 1993, 237. Nach LG Mönchengladbach (FamRZ 2010, 1190) braucht der Betreuer nicht über ein Taschengeldkonto Rechnung zu legen, das bei einer Einrichtung geführt wird; es soll hier eine Liste der Einzahlungen auf dieses Konto genügen).
⁷⁴ BayObLG FamRZ 1996, 511 (LS.).
⁷⁵ BayObLG FamRZ 1996, 511 (LS.); LG Saarbrücken FamRZ 2009, 1350.

gen.[76] Die Schlussrechnung muss lückenlos sein.[77] Die Nichtbeanstandung (oder gar „Genehmigung") der vorgelegten Rechnung durch das Gericht hindert den Betreuten nicht, etwaige aus dem Rechtsverhältnis zum Betreuer entspringende Ansprüche geltend zu machen.[78]

14. Zu § 1845 a.F. Wollte der zum Betreuer bestellte Vater oder die zur Betreuerin bestellte Mutter des Betroffenen eine Ehe eingehen, so hatte er/sie dies analog § 1683 dem Familiengericht anzuzeigen, auf eigene Kosten ein Verzeichnis des Betreutenvermögens einzureichen und bei Vermögensgemeinschaft mit dem Betreuten eine Auseinandersetzung herbeizuführen. § 1845 und der entspr. Verweis in § 1908i Abs. 1 S. 1 sind durch Gesetz vom 4. 7. 2008 (BGBl I 1188) aufgehoben.

15. Zu § 1846. Ist ein Betreuer noch nicht bestellt oder ist der Betreuer verhindert, so hat das Betreuungsgericht die im Interesse des Mündels erforderlichen Maßregeln selbst zu treffen. Das Gericht handelt insoweit anstelle eines Betreuers. Vorausgesetzt ist, dass ein Betreuer noch nicht bestellt ist oder dass der bestellte Betreuer nicht handeln kann.[79] Das ist allerdings nicht schon dann der Fall, wenn der Betreuer sich weigert, in bestimmtem, vom Gericht gewünschten Sinne tätig zu werden;[80] hier sind – bei Pflichtwidrigkeit des Betreuers – aufsichtliche Maßnahmen angezeigt. Allerdings ist nach § 1846 vorzugehen, wenn die Angelegenheit keinen Aufschub duldet.[81] Die Möglichkeit, durch einstweilige Anordnung einen vorläufigen Betreuer zu bestellen, ist gegenüber der Befugnis nach § 1846 vorrangig. Zur Problematik des § 1846 bei Unterbringung s. § 1906 Rn. 94, 95.

16. Zu § 1857a, befreite Betreuung. Hierzu enthält § 1908i zwei Aussagen: aa) Nach **§ 1908i Abs. 1 S. 1** ist § 1857a entsprechend anzuwenden, dh. Behörde und Verein als Betreuer (§ 1900) genießen kraft Gesetzes die in §§ 1852 Abs. 2, 1853 und 1854 genannten Befreiungen. bb) Zusätzlich legt **§ 1908i Abs. 2 S. 2** fest, dass gleiches auch gilt, wenn der Vater, die Mutter,[82] der Ehegatte, der Lebenspartner oder ein Abkömmling des Betreuten als Betreuer fungiert. Entsprechend befreit sind zudem Vereinsbetreuer (§ 1897 Abs. 2 S. 1)[83] und Behördenbetreuer (§ 1897 Abs. 2 S. 2). Die Befreiungen nach § 1908i Abs. 2 S. 2 iVm. § 1857a gelten nur, soweit das Betreuungsgericht nichts anderes anordnet. Für die Entscheidung des Gerichts ist das Wohl des Betreuten maßgebend; Mangel an Erfahrung und Sachkompetenz können die Aufhebung der Befreiung ebenso rechtfertigen wie charakterliche Eigenschaften des Betreuers.[84] Insgesamt kommt es darauf an, ob und inwieweit nach der gesamten Situation die Aufrechterhaltung der Kontrollmechanismen nach § 1852 Abs. 2, 1853 und 1854 zum Wohle des Betroffenen angezeigt erscheint. Schon bei der Auswahl eines nahen Angehörigen als Betreuer kann das Gericht verpflichtet sein, von vorn herein die Aufhebung der Befreiung ins Auge zu fassen, wenn dadurch eine Gefährdung des Wohls des Betreuten verhindert werden kann.[85]

17. Zu §§ 1888, 1890 bis 1895. § 1888 enthält einen besonderen Entlassungsgrund für Beamte und Geistliche, die als Betreuer fungieren. Die übrigen Vorschriften regeln die Pflichten und Befugnisse des Betreuers bei Ende der Betreuung oder bei seiner Entlassung entsprechend den Regeln über die Beendigung des Vormundamts (Näheres s. Erl. zu § 1908b, § 1908c, § 1908d). Zu den Befugnissen und Pflichten des Betreuers bei Beendigung der Betreuung siehe § 1908d Rn. 7. Der Zeitaufwand des Betreuers nach dem Tod des Betroffenen ist nur vergütungsfähig, soweit er durch

---

[76] BayObLG FamRZ 1998, 1197 (LS.); das Gericht soll aber keine sachliche Berichtigung oder Ergänzung verlangen können. Das scheint mir – zumindest für die Ergänzung einer unvollständigen Schlussrechnung – zweifelhaft. AA LG Saarbrücken FamRZ 2009, 1350 (nach Beendigung der Betreuung nur noch Rechenschaftspflicht nach § 1890).
[77] BayObLG FamRZ 2004. 220 (auch wenn die Schlussrechnung nicht als solche bezeichnet ist).
[78] OLG Karlsruhe FamRZ 2004, 1601 (betr. Ansprüche auf Herausgabe der dem Vermögen des Betreuten entnommenen Geldbeträge entsprechen § 667).
[79] BayObLG FamRZ 1990, 1154, 1155; 1999, 1304, 1305 (betr. § 1904).
[80] S. OLG Düsseldorf FamRZ 1995, 637 (zur Vormundschaft).
[81] S. AG Nettetal FamRZ 1996, 1104 (Anordnung einer Bluttransfusion bei einem geistig Behinderten, dessen Vater – möglicherweise Betreuer – die nötige medizinische Maßnahme verweigert).
[82] Für die Eltern war dies schon nach früherem Recht so, § 1903 aF.
[83] Hierzu LG München I FamRZ 1999, 468.
[84] LG München I FamRZ 1998, 701 („dominierende Person, die ihre Belange ohne Rücksicht auf Interessen Dritter durchsetzt" – betr. Befreiung von der Pflicht zur Rechnungslegung).
[85] BayObLG FamRZ 1999, 51, 52 (das Gericht zieht die Aufhebung der Befreiungen der Alternative vor, eine andere – familienfremde – Person als Betreuer zu bestellen; doch erscheint es problematisch, selbst den Sohn des Betroffenen als Betreuer zu bestellen, von dem eine „etwaige Gefährdung" des Betreutenwohls erwartet wird).

§ 1908i 36, 37   Abschnitt 3. Titel 2. Rechtliche Betreuung

Geschäfte entstand, die nicht ohne Gefahr aufgeschoben werden konnten,[86] oder zur Erfüllung der Verpflichtungen aus §§ 1840 ff. BGB[87] oder sonst zur ordnungsgemäßen Abwicklung erforderlich waren.[88]

III. Landesrechtliche Ausnahmen (Abs. 1 S. 2)

36 Gemäß Abs. 1 S. 2 sind die Länder ermächtigt, zu bestimmen, dass bestimmte Vorschriften gegenüber der zuständigen Behörde als Betreuer nicht angewendet werden.[89] Dispensiert werden kann *erstens* von den Vorschriften, welche „die Aufsicht des Betreuungsgerichts in vermögensrechtlicher Hinsicht betreffen"; in diese weite Formulierung könnten auch die zentralen Genehmigungsvorbehalte der §§ 1821, 1822 einbezogen sein, doch wäre eine weitestgehende Freistellung der Ämter von der gerichtlichen Aufsicht bedenklich. Befreiungen können *zweitens* durch Landesrecht für den Abschluss von Arbeits- und Lehrverträgen vorgesehen werden (dazu § 1822 Nr. 6, 7). Die Befreiungen können sich nur auf die Behörde als Betreuer (§ 1900 Abs. 4), nicht auf den Behördenbetreuer (§ 1897 Abs. 2) beziehen.

IV. Schenkungen des Betreuers (Abs. 2 S. 1)

37 **1. Grundsatz.** Das Verbot, im Namen des Betroffenen Schenkungen zu machen (§ 1804 S. 1), gilt auch für den Betreuer. **Ausgenommen** sind auch hier die Pflicht- und Anstandsschenkungen (§ 1804 S. 2) sowie Ausstattungen an ein Kind (§ 1624).[90] § 1908i Abs. 2 S. 1 setzt dem eine weitere Ausnahme vom Schenkungsverbot hinzu: Der Betreuer soll in Vertretung des Betreuten „Gelegenheitsgeschenke" auch dann machen können, wenn dies dem Wunsch des Betreuten entspricht und nach seinen Lebensverhältnissen üblich ist. Liegt **keine dieser Ausnahmen** vor, so ist die Schenkung (auch: gemischte Schenkung)[91] unheilbar nichtig,[92] und zwar sowohl das schuldrechtliche Kausalgeschäft als auch das dingliche Zuwendungsgeschäft. Auch die Erteilung der gerichtlichen Genehmigung – etwa nach § 1821 – kann der den §§ 1804, 1908 i Abs. 2 S. 1 zuwider getätigten Schenkung nicht zur Wirksamkeit verhelfen.[93] Wird eine Genehmigung nach §§ 1821, 1822 beantragt, so hat das Gericht zu prüfen, ob das Geschäft wegen seines Schenkungscharakters genehmigungsunfähig ist, bzw. ob eine der genannten Ausnahmen vorliegt.[94] In der Lit. wird die Auffassung vertreten, das Schenkungsverbot für den gesetzlichen Vertreter greife unverhältnismäßig in die verfassungsrechtlich verbürgte allgemeine Handlungsfreiheit und das allgemeine Persönlichkeitsrecht ein.[95] Dem kann nicht gefolgt werden: Der geschäftsfähige Betreute ist nicht gehindert zu schenken; er ist auch nicht gehindert, Vollmachten zu erteilen, welche die Möglichkeit der Schenkung aus seinem Vermögen umfassen; ebenso ist der testierfähige Betreute in der Lage, letztwillig nach Belieben zu verfügen. Die Befreiung des *gesetzlichen* Vertreters vom Schenkungsverbot andererseits würde eine nicht auf den Willen oder das erteilte Vertrauen des Vermögensinhabers zurückführbare Schmälerung des Vermögens ermöglichen. Dass diese Möglichkeit vom Gesetz auf Ausnahmefälle beschränkt wird, hat gute Gründe; andernfalls verstieße der Staat gegen die ihm verfassungsrechtlich auferlegte Pflicht der Fürsorge für die Staatsbürger, die der (vollen) Selbstbestimmung entbehren (BVerfGE 10, 302, 311). Der Schutz über einen betreuungsgerichtlichen Genehmigungsvorbehalt anstelle der ipso iure eintretenden Nichtigkeit wäre denkbar, doch auch mit dem Nachteil geringeren Schutzes verbunden; es liegt in der Gestaltungsmacht des Gesetzgebers, die Regelung des § 1804 zu wählen. Das Schenkungsverbot des § 1908i Abs. 2/§ 1804 trifft nur den Betreuer, der im Bereich der Vermögenssorge als gesetzlicher Vertreter fungiert, nicht aber denjenigen Betreuer, der für andere Angelegenheiten bestellt ist und den der Betreute wirksam zu Schenkungen *bevollmächtigt* hat.[96] Nach BayObLG[97] gilt das Schenkungsverbot nicht, wenn der Betreuer Geld des Betreuten

---

[86] §§ 1908i Abs. 1 S. 1 iVm. §§ 1893 Abs. 1; 1698 a, 1698 b, dazu OLG München FamRZ 2006, 1787. Zum Ende der Befugnis zur Notgeschäftsführung bei Tode des Betreuten, wenn der Erbe selbst Fürsorge treffen kann, s. LG Koblenz FamRZ 1995, 1376.
[87] BayObLG FamRZ 1999, 465.
[88] LG Traunstein BtPrax 2006, 117; LG Stendal FamRZ 2006, 1063.
[89] Texte der Landesgesetze bei *Bienwald* S. 1549 ff.; *Knittel* Bd. 2 Teil 4.
[90] Dazu BayObLG FamRZ 1999, 47, 48.
[91] S. den Fall BayObLG FamRZ 1999, 47.
[92] BayObLG FamRZ 1999, 47, 48.
[93] BayObLG FamRZ 1988, 210; 1999, 47, 48.
[94] BayObLG FamRZ 1996, 1359; 1999, 47, 48; Rpfleger 2003, 649, 650.
[95] *Canaris* JZ 1987, 993, 998 f.; s. auch OLG Karlsruhe BtPrax 2000, 177.
[96] BayObLG FamRZ 2004, 1229, 1231.
[97] NJW-RR 2003, 4.

in der Weise anlegt, dass der Rückzahlungsbetrag im Falle des Todes des Betreuten einem Drittbegünstigten zufließen soll.

2. Pflicht- und Anstandsschenkungen. Bei der Frage, ob eine Zuwendung einer **sittlichen** **38** **Pflicht** entspricht, verfolgt die Rechtsprechung zutreffend eine zurückhaltende Linie. Der Begriff der Sittlichkeit bezieht sich nicht auf ein anspruchsvolles Moralsystem („Nächstenliebe"),[98] das kaum justiziabel wäre,[99] sondern auf Mindeststandards: Es kommt darauf an, ob die Unterlassung der Schenkung dem Betreuten als klare Verletzung einer sittlichen Pflicht anzulasten wäre;[100] dabei entscheidet nicht der Maßstab einer Hochethik, sondern einer konsensfähigen Durchschnittsmoral. Selbst der Umstand, dass der Beschenkte den Betreuten gepflegt hat, begründet allein noch keine sittliche Pflicht zur Schenkung größerer Vermögensgegenstände.[101] Ob eine Zuwendung einer sittlichen Pflicht entsprochen hat, ist im Streitfalle objektiv zu prüfen.[102] Nach OLG Karlsruhe (BtPrax 2000, 177)[103] soll § 1804 S. 2 verfassungskonform dahin auszulegen sein, dass bei der Prüfung einer sittlichen Verpflichtung auch auf den Willen des Betreuten Rücksicht zu nehmen sei; diese Auffassung ist – bei Geschäftunfähigkeit des Betreuten – methodisch nicht haltbar: Die sittliche Pflicht muss sich aus den gesamten Lebensumständen ergeben, kann aber nicht aus dem aktuellen Zuwendungswillen hergeleitet werden. Das OLG Brandenburg hat eine sittliche Pflicht in einem Fall verneint, in dem das von der betreuten Großtante dem Neffen zugewendete Vermögen ein Drittel ihres Vermögens umfasste.[104] Als **Anstandsschenkung** versteht die Rspr. eine unentgeltliche Zuwendung dann, wenn ihr Unterbleiben nach den Anschauungen der mit dem Schenkenden sozial gleich gestellten Kreise nicht unterbleiben könnte, ohne dass der Schenkende in diesen Kreisen eine Einbuße an Achtung und Anerkennung erleiden würde.[105] Es entscheiden die Umstände des Einzelfalls; die Werthöhe des Zuwendungsgegenstandes ist nicht unbedingt entscheidend.[106] Der Umstand, dass die Zuwendung dem Zweck einer vorweggenommenen Erbfolge dient, begründet keine Ausnahme vom Schenkungsverbot.[107]

3. Die Erweiterung der Ausnahme auf „Gelegenheitsgeschenke" (Abs. 2 S. 1 **39** **Hs. 2).** Als „Gelegenheitsgeschenke" sind die unter Verwandten und Freunden üblichen Gaben zu Geburts- und Festtagen zu verstehen, soweit sie nicht die Dimension von Wertgegenständen erreichen. Die „Üblichkeit nach den Lebensverhältnissen" bedeutet, dass diese Geschenke sich im Rahmen dessen halten müssen, was sich der Betreute für diesen Zweck leisten kann („Lebensverhältnisse") und was bei seinem Einkommen und Vermögen sowie seinem Lebenszuschnitt typisch ist.[108] Der „Wunsch" des Betreuten ist nicht als Willenserklärung zu verstehen, Geschäftsfähigkeit ist nicht erforderlich; auch ist es irrelevant, ob der Betreute unter Einwilligungsvorbehalt steht oder nicht. Häufig werden ohnehin schon die Voraussetzungen einer Pflicht- und Anstandsschenkung (§ 1804 S. 2) gegeben sein; doch will § 1908i Abs. 2 S. 1 den Kreis der möglichen Geschenke durch den Betreuer darüber hinaus „vorsichtig erweitern".[109]

4. Probleme. Zunächst ist darauf hinzuweisen, dass der Betreute selbst voll geschäftsfähig ist, **40** soweit nicht die Voraussetzungen des § 104 Nr. 2 vorliegen oder er unter Einwilligungsvorbehalt steht. Der „Wunsch" des Geschäftsfähigen an seinen Betreuer, an die Person X eine unentgeltliche Zuwendung aus dem Vermögen des Betreuten zu machen, kann rechtlich Unterschiedliches sein: Einsatz des Betreuers als Bote der erforderlichen Erklärungen (§ 516); Bevollmächtigung zu Abgabe und Empfang der erforderlichen Erklärungen;[110] und natürlich kann es sich auch um den Wunsch an den Betreuer im Sinne des § 1908i Abs. 2 S. 1 handeln, als gesetzlicher Vertreter die Schenkung zu tätigen. Steht der Betreute unter Einwilligungsvorbehalt, so kann sein „Wunsch" auch dahin gehen, der Betreuer möge in eine vom Betreuten selbst zu machende Schenkung einwilligen. Wie

---

[98] Vgl. BayObLG FamRZ 1996, 1359, 1360.
[99] Dazu *Schwab*, FS Kleinheyer, 2001, S. 493 ff.
[100] BayObLG FamRZ 1996, 1359; FamRZ 1999, 47, 48; Rpfleger 2003, 649, 650; OLG Frankfurt FamRZ 2008, 544, 546. Vgl. auch OLG Stuttgart FamRZ 2005, 62.
[101] Vgl. den Fall BayObLG FamRZ 1999, 47, 48.
[102] Missverständlich insofern BayObLG FamRZ 1999, 47, 48: der Betreuer entscheide „in eigener Verantwortung"; es besteht kein *gerichtlicher* Genehmigungsvorbehalt; doch ist die Frage, ob eine sittliche Pflicht vorlag oder nicht, im Rechtsstreit um die Wirksamkeit eines Geschäfts gerichtlich voll überprüfbar.
[103] Wohl auch LG Traunstein MittBayNot 2005, 231.
[104] OLG Brandenburg vom 23. 5. 2007 – 4 U 192/04 (nach juris).
[105] BGH FamRZ NJW 1981, 111; FamRZ 1999, 47, 48.
[106] Vgl. BayObLG FamRZ 1988, 210.
[107] BayObLG FamRZ 1996, 1359, 1360; 1999, 47.
[108] Vgl. OLG Brandenburg vom 23. 5. 2007 – 4 U 192/04 (nach juris).
[109] BT-Drucks. 11/4528 S. 160.
[110] Vgl. *meine* Ausführungen FamRZ 1990, 681, 688.

§ 1908k

der „Wunsch" jeweils zu verstehen ist, muss durch Interpretation des Erklärungsverhaltens unter den konkreten Umständen eruiert werden.

41 **5. Wirkungen der Vorschrift.** Wenn die Voraussetzungen des § 1908i Abs. 2 S. 1 vorliegen, ist der Betreuer vom Schenkungsverbot des § 1804 S. 1 befreit; er kann also eine Handschenkung (§ 516) vornehmen, dh. die Zuwendungsverfügung tätigen und sich im Namen des Betreuten mit dem Beschenkten über die Unentgeltlichkeit einigen; theoretisch könnte er sogar ein Schenkungsversprechen (§ 518) abschließen. Freilich *muss* der Betreuer dem Wunsch des Betreuten nicht unbedingt entsprechen; er *darf es nicht*, soweit die Schenkung dem Wohl des Betreuten widerspricht. Unberührt bleiben die Vorschriften über die Genehmigungsbedürftigkeit des Geschäfts nach §§ 1821, 1822 (dazu § 1804 Rn. 4).

42 **6. Schenkungen durch den Betreuten.** Der Betreute kann grundsätzlich aus seinem Vermögen schenken wem und was er will, sogar an den Betreuer. Nicht schenken kann der Geschäftsunfähige (§ 104 Nr. 2). Steht der Betreute in Angelegenheiten der Vermögenssorge unter Einwilligungsvorbehalt, so bedarf er zu einer Schenkung der Zustimmung des Betreuers; dieser Zustimmung steht aber gleichfalls § 1804 S. 1 entgegen (§ 1804 Rn. 7); selbst die Zustimmung des Betreuers kann der Schenkung also nur dann zur Wirksamkeit verhelfen, wenn entweder die Voraussetzungen des § 1804 S. 2 oder diejenigen des § 1908i Abs. 2 S. 1 gegeben sind. Macht der Betreute, der weder geschäftsunfähig noch von einem Einwilligungsvorbehalt betroffen ist, dem Betreuer selbst ein Geschenk, so wird der Betreuer an der Mitwirkung nicht durch §§ 1795, 1796 gehindert, da er nicht im Namen des Betreuten handelt; der Ausnutzung von persönlichen Vertrauens- und Abhängigkeitsverhältnissen kann in solchem Fall nur über § 138 Abs. 1 BGB gesteuert werden. Auch kann der testierfähige Betreute den Betreuer letztwillig bedenken.[111] Die Vorschrift des § 14 Heimgesetz, wonach dem Träger, dem Leiter und den Mitarbeitern eines Heimes untersagt ist, sich von oder zugunsten von Bewohnern für die Erfüllung der Verpflichtungen aus dem Heimvertrag zusätzliche Vermögensleistungen versprechen oder gewähren zu lassen (Abs. 1 und 5), findet keine entsprechende Anwendung.[112] Auch sind letztwillige Zuwendungen des Betreuten an den Betreuer nicht grundsätzlich sittenwidrig.[113] Es ist nicht zu verkennen, dass bei der Neigung, den Betreuten möglichst als geschäftsfähig zu behandeln, die Gefahr besteht, dass Fürsorgepersonen die Gefühle der Dankbarkeit ihres Schützlings zu ihren Gunsten ausnutzen. Diese Problematik könnte aber – über § 138 BGB hinaus – nur durch neue gesetzliche Vorschriften angegangen werden. Der Grundfehler liegt in der Annahme des Gesetzgebers, dass jemand, der in einem bestimmten Bereich seine Angelegenheiten nicht mehr selbst zu besorgen vermag, in dem selben Bereich – bis zum Beweis des Gegenteils – als voll geschäftsfähig angesehen werden kann.

V. Befreite Betreuung (Abs. 2 S. 2)

43 Gemäß Abs. 2 S. 2 ist die Betreuungsvorschrift des § 1857a auch auf die Betreuung durch den Vater, die Mutter, den Ehegatten, den Lebenspartner oder Abkömmlinge des Betreuten anzuwenden, ferner durch den Vereinsbetreuer und den Behördenbetreuer. Das Betreuungsgericht kann eine anderweitige Anordnung erlassen.

§ 1908k Mitteilung an die Betreuungsbehörde

Die Vorschrift wurde durch das 2. BtÄndG aufgehoben. Die Regelung findet sich jetzt in § 10 Vormünder- und Betreuervergütungsgesetz, siehe nach § 1836e.

---

[111] Zur Sittenwidrigkeit von letztwilligen Verfügungen zugunsten des Betreuers vgl. BayObLG FamRZ 1998, 702, 702 f.
[112] BayObLG FamRZ 1998, 702. Zur Anwendung von § 14 Heimgesetz auf letztwillige Zuwendungen und die Frage der Unwirksamkeit nach § 134 BGB siehe BayObLG FamRZ 1993, 479; BayObLGZ 1991, 251, 255 = FamRZ 1991, 1354 ff.
[113] BayObLG FamRZ 1998, 702, 703 (anders wenn der Betreuer seine Stellung dazu missbraucht, die Entscheidungsfreiheit in rechtlich anstößiger Weise zu beeinträchtigen).

Titel 3. Pflegschaft

Vorbemerkungen vor §§ 1909 bis 1914

Schrifttum: S. Vor § 1773.

Übersicht

	Rn.		Rn.
I. Wesen der Pflegschaft	1–4	3. Pflegschaften für juristische Personen	9
1. Schutz für besondere Angelegenheiten	1	**IV. Zuständigkeit**	10
2. Abgrenzung zur Vormundschaft	2–4	**V. Beendigung der Pflegschaft**	11
a) Funktion	2	**VI. Besondere Pflegschaften**	12–17
b) Personenkreis	3	1. Übersicht	12
c) Wirkungskreis	4	2. Pflegschaften nach BGB	13, 14
II. Stellung des Pflegers	5, 6	a) Allgemeines	13
1. Gesetzlicher Vertreter	5	b) Beistandschaft	14
2. Sonderregelung im Zivilprozess	6	3. Pflegschaften außerhalb des BGB	15
III. Arten der Pflegschaft	7–9	4. Bestellung von besonderen (Verfahrens-)Vertretern	16
1. Personalpflegschaften, Sachpflegschaften	7	5. Pflegerbestellung für Verfassungsbeschwerde	17
2. Selbständige und unselbständige Pflegschaften	8	**VII. Pflegschaften für Ausländer**	18

I. Wesen der Pflegschaft

1. Schutz für besondere Angelegenheiten. Pflegschaften nach §§ 1909, 1911 bis 1914 sind als fürsorglicher Schutz für besondere Angelegenheiten konzipiert. Dass die Pflegschaft ihrem Wesen nach der Vormundschaft ähnelt,[1] verdeutlicht § 1915 Abs. 1, der auf die Pflegschaft die für die Vormundschaft geltenden Vorschriften grundsätzlich für entsprechend anwendbar erklärt. Die grundsätzliche Anwendbarkeit des Vormundschaftsrechts ist auch dann gegeben, wenn gemäß § 1915 Abs.1 S.3 das Betreuungsgericht zuständig ist (s. § 1915 Rn. 9). **1**

2. Abgrenzung zur Vormundschaft. a) Funktion. Während **Vormundschaft** die **allgemeine Fürsorge** für Person und Vermögen des Mündels zum Gegenstand hat, kommt **Pflegschaft** in der Regel nur dann in Betracht, wenn fürsorglicher Schutz für eine **einzelne Angelegenheit** oder einen **Kreis von Angelegenheiten** erforderlich ist. Ersatzpflegschaft nach § 1909 Abs. 3 kann jedoch umfassende Fürsorge für alle Angelegenheiten des Pfleglings zum Inhalt haben (s. § 1909 Rn. 55–57). **2**

b) Personenkreis. Einen Vormund erhält nur der Minderjährige (§ 1773), der folglich entweder geschäftsunfähig (§ 104 Nr. 1) oder beschränkt geschäftsfähig (§ 106) ist. **Pflegschaften** können für Minderjährige, aber auch für **unbeschränkt geschäftsfähige Volljährige** angeordnet werden (§§ 1911, 1913). Die Einrichtung einer Pflegschaft hat keine Minderung der Geschäftsfähigkeit zur Folge.[2] Der geschäftsfähige Pflegling behält im Wirkungskreis des Pflegers seine volle Handlungsfähigkeit;[3] § 53 ZPO ändert daran nichts (s. § 1915 Rn. 17). **3**

c) Wirkungskreis. Während den Wirkungskreis eines Vormunds das Gesetz unmittelbar umgrenzt (§§ 1793 ff.), bestimmt den **Wirkungskreis eines Pflegers** dagegen das Gericht bei der Bestellung (§ 1789) entsprechend dem hervorgetretenen Fürsorgebedürfnis; schlüssiges Verhalten genügt dazu nicht.[4] Im Zweifel entscheidet über Art und Umfang der Vertretungs- und Handlungs- **4**

---

[1] Mot. IV S. 1044, 1252.
[2] BVerfGE 19, 93, 98 = NJW 1965, 2051; RGZ 52, 223, 224; RGZ 145, 284; BGHZ 35, 1, 5 = NJW 1961, 1397.
[3] BGHZ 48, 147 = NJW 1967, 2404; BGH WM 1974, 272; BayObLGZ 1965, 348; OLG Düsseldorf OLGZ 1981, 104 und OLGZ 1983, 119.
[4] OGHZ 1, 198, 203; zur Problematik des Wirkungskreises: BGH LM § 164 Nr. 36 = NJW 1975, 1374; FamRZ 1965, 505, 506; BayObLGZ 1977, 130; 1986, 145 = Rpfleger 1986, 302; 1985, 158 = FamRZ 1985, 743; LG Berlin DAVorm. 1976, 510.

macht des Pflegers die Natur der übertragenen Aufgabe.[5] Stets hat der Pfleger jedoch das Recht und die Pflicht zum Eintreten für den Pflegling insoweit, als es sich um Fragen der Anordnung, Fortdauer und Aufhebung der Pflegschaft handelt.[6] Dagegen erweitert sich der Wirkungskreis des Pflegers nicht von selbst entsprechend neu auftretenden Bedürfnissen; insoweit ist der Aufgabenkreis des Pflegers durch gerichtliche Entscheidung zu erweitern; die Pflegschaft bleibt dann jedoch eine einheitliche.[7] Deshalb ist bei Erweiterung des Wirkungskreises Prüfungsgegenstand nicht die Notwendigkeit einer zusätzlichen selbständigen Pflegschaft, sondern die Frage, ob ein Fürsorgebedürfnis für den weiteren Bereich besteht.[8] Wegen der Einheitlichkeit der Pflegschaft berührt die Frage, ob ein Pfleger entlassen werden muss, regelmäßig schon dann die Sorge für die Person, wenn auch nur *ein* Wirkungskreis diesen Bereich erfasst; dies gilt unabhängig davon, welchem Wirkungskreis die Gründe, welche die Entlassung begründen sollen, zuzuordnen sind.[9] Sind (ausnahmsweise) mehrere Mitpfleger (analog § 1775) bestellt, so führen sie ihr Amt gemeinschaftlich, falls es nicht nach bestimmten Wirkungskreisen (§ 1797 Abs. 2) verteilt ist.

II. Stellung des Pflegers

5 **1. Gesetzlicher Vertreter.** Im Rahmen des ihm übertragenen Wirkungskreises ist der Pfleger jedenfalls bei geschäftsunfähigen oder beschränkt geschäftsfähigen Personen gesetzlicher Vertreter.[10] Die gesetzliche Vertretungsmacht des Pflegers schränkt, für sich gesehen, die Geschäftsfähigkeit des Pfleglings nicht ein. Auch der Pfleger eines Abwesenden[11] und der Pfleger unbekannter Beteiligter[12] werden als gesetzliche Vertreter im echten Sinne gedeutet, während der Pfleger für ein Sammelvermögen als Partei kraft Amtes angesehen wird.[13] Zum Problem widersprüchlicher Handlungen von Pfleger und geschäftsfähigem Pflegling gelten die Ausführungen zum Betreuungsrecht entsprechend (§ 1902 Rn. 20–23). Fehlerhafte Pflegerbestellung macht die Handlungen des Pflegers nicht ungültig.[14]

6 **2. Sonderregelung im Zivilprozess.** Eine Sonderregelung gilt im Zivilprozess: Wird in einem Rechtsstreit eine prozessfähige Person durch einen Pfleger vertreten, so steht sie für den Rechtsstreit einer nicht prozessfähigen Person gleich (§ 53 ZPO, vgl. § 455 Abs. 2 S. 2 ZPO).

III. Arten der Pflegschaft

7 **1. Personalpflegschaften, Sachpflegschaften.** Die Pflegschaften nach BGB sind Personalpflegschaften; ursprünglich war auch die Pflegschaft nach § 1914 so konzipiert. Allgemeiner Auffassung entspricht es jedoch heute, sie als selbständige Sach- oder Realpflegschaft aufzufassen; als solche ist sie in der Reihe der Personalpflegschaften systemwidrig.

8 **2. Selbständige und unselbständige Pflegschaften.** Sieht man von der Pflegschaft für Sammelvermögen ab, so gliedern sich die Pflegschaften in zwei Gruppen: **a) Selbständige Pflegschaften** werden deshalb so bezeichnet, weil sie vormundschaftliche Fürsorge unabhängig von elterlicher Sorge oder Vormundschaft gewähren. Das sind die Pflegschaften nach § 1909 Abs. 3, §§ 1911 bis 1913. **b) Unselbständige oder Ergänzungspflegschaften** können stets nur neben elterlicher Sorge oder einer bestehenden Vormundschaft angeordnet werden und setzen diese als Grundlage voraus. Dazu gehören die Pflegschaften nach § 1909 Abs. 1 S. 1, 2, ferner auch die Beistandschaft gemäß § 1716 S. 2. Die mögliche Anordnung einer **Unterpflegschaft** (s. § 1909 Rn. 10) ändert an diesem Prinzip nichts.

9 **3. Pflegschaften für juristische Personen.** Pflegschaften für juristische Personen sind nur als Pflegschaften für unbekannte Beteiligte nach § 1913 zulässig (s. § 1913 Rn. 6).

---

[5] Vgl. BGHZ 5, 240 = NJW 1952, 818; BGH LM § 164 Nr. 36 = NJW 1974, 1374; KG OLGZ 1971, 316; OLG Koblenz FamRZ 1974, 222; BayObLG Rpfleger 1988, 259, 260 (betr. Aufenthaltsbestimmung).
[6] BGHZ 35, 1, 5 = NJW 1961, 1397.
[7] Vgl. BayObLGZ 1988, 116 = Rpfleger 1988, 411; KG Rpfleger 1975, 132 abw. von KG JW 1934, 1581; LG Berlin FamRZ 1986, 103; teilw. abw. OLG Frankfurt Rpfleger 1967, 181.
[8] BayObLGZ 1988, 116 = Rpfleger 1988, 411.
[9] BayObLG FamRZ 1989, 1342.
[10] BGHZ 48, 147, 159 = NJW 1967, 2404.
[11] BGHZ 18, 389 = NJW 1956, 102; BayObLGZ 1962, 373; str.
[12] BGH MDR 1968, 484 = LM § 9 LwVG Nr. 16; BAG NJW 1967, 1437; OLG Hamm NJW 1974, 505.
[13] BGH LM § 1914 Nr. 1; *Soergel/Zimmermann* § 1914 Rn. 7; *Staudinger/Bienwald* § 1914 Rn. 1.
[14] Vgl. BGHZ 33, 195 = NJW 1961, 22; BayObLGZ 1962, 274.

IV. Zuständigkeit

Bisher waren für die Anordnung einer Pflegschaft teils die Vormundschaftsgerichte, teils die Familiengerichte zuständig. Durch das zum 1. 9. 2009 in Kraft getretene **Gesetz zur Reform des Verfahrens in Familiensachen und in den Angelegenheiten der freiwilligen Gerichtsbarkeit (FGG-Reformgesetz)** vom 17. 12. 2008 (BGBl. I S.2586) sind die Vormundschaftsgerichte abgeschafft. Die gerichtliche Zuständigkeit für Pflegschaften ist nun wie folgt aufgeteilt:

– Verfahren, welche eine Pflegschaft oder die Bestellung eines sonstigen Vertreters für einen Minderjährigen oder für eine Leibesfrucht betreffen, sind „Kindschaftssachen" (§ 151 Nr. 5 FamFG) und somit „Familiensachen" (§ 111 Nr. 2 FamFG); zuständig sind die **Familiengerichte** (§§ 23a Abs. 1 S. 1 Nr. 1, 23b Abs.1 GVG).

– Das Gleiche gilt für die dem **Familiengericht** zugewiesenen Verfahren, welche die Genehmigung der freiheitsentziehenden Unterbringung eines Minderjährigen (§§ 1631b, 1800, 1915 BGB) sowie die Anordnung der freiheitsentziehenden Unterbringung eines Minderjährigen nach den Landesgesetzen über die Unterbringung psychisch Kranker zum Gegenstand haben (§ 151 Nr. 6 FamFG iVm. §§ 23a Abs. 1 S. 1 Nr. 1, 23b Abs. 1 GVG; § 111 Nr. 2 FamFG), ferner für die dem Familiengericht zugewiesenen Verfahren, welche die Aufgaben nach dem JGG betreffen (§ 151 Nr. 8 FamFG; vgl. § 53 JGG).

– Hingegen sind Verfahren, die eine sonstige Pflegschaft sowie die gerichtliche Bestellung eines sonstigen Vertreters für einen Volljährigen betreffen, „betreuungsgerichtliche Zuweisungssachen" (§ 340 Nr. 1, 2 FamFG). Zuständig sind die **Betreuungsgerichte** (§§ 23a Abs. 2 Nr. 1, 23c Abs. 1 GVG). Demzufolge tritt bei diesen Pflegschaften bei Anwendung der für die Pflegschaft maßgeblichen Vorschriften des Vormundschaftsrechts das Betreuungsgericht an die Stelle des Familiengerichts (§ 1915 Abs. 1 S. 3).

V. Beendigung der Pflegschaft

Die Pflegschaft endet *entweder* durch die gerichtliche **Aufhebung** (zB §§ 1919, 1921 Abs. 1, 2) oder **kraft Gesetzes** (zB §§ 1918, 1921 Abs. 3). Mit der Beendigung der Pflegschaft endet auch das Amt des Pflegers. Von der Aufhebung der Pflegschaft ist das Verfahren auf **Entlassung des Pflegers** zu unterscheiden. Dieses erledigt sich nicht dadurch, dass die Pflegschaft aus irgendeinem Grund endet.[15]

VI. Besondere Pflegschaften

1. Übersicht. Der Kreis der möglichen Pflegschaften nach BGB wird hauptsächlich durch die **§§ 1909, 1911 bis 1914 bestimmt**; er lässt sich nicht durch Analogieschluss erweitern.[16] Pflegschaften außerhalb dieses Bereichs bedürfen einer konkreten gesetzlichen Grundlage. Derartige Vorschriften finden sich auch außerhalb des BGB über die gesamte Rechtsordnung verstreut. Zur Frage, inwieweit auf die sonstigen Pflegschaften die Regeln der §§ 1909 ff. anwendbar sind, sieh Erl. zu § 1915 Rn. 6.

2. Pflegschaften nach BGB. a) Allgemeines. Zu den Pflegschaften nach BGB gehören zB die Sorgerechtspflegschaften (s. § 1909 Rn. 7 ff.), die Nachlasspflegschaften (§§ 1960 ff.)[17] und ihre Unterart die Nachlassverwaltung (§§ 1975 ff.). Die Stellung eines Pflegers hat auch die Pflegeperson, der auf Antrag oder mit Zustimmung der Eltern Angelegenheiten der elterlichen Sorge übertragen sind (§ 1630 Abs. 3 S. 3).

b) Beistandschaft. Einen Sonderfall hat das KindRG mit dem Rechtsinstitut der **Beistandschaft nach §§ 1712 ff.** geschaffen: Die Beistandschaft des Jugendamtes tritt ohne gerichtliche Entscheidung ipso iure ein, sobald der Antrag eines dazu berechtigten (§ 1713) Elternteils dem Jugendamt zugeht; sie kann auch schon vor der Geburt des Kindes wirksam werden (§§ 1714, 1713). Für die Beistandschaft gelten grundsätzlich die Vorschriften über die Pflegschaft (§ 1716 S. 2). Sie stellt eine Art Ergänzungspflegschaft dar, schränkt aber die elterliche Sorge nicht ein (§ 1716 S. 1).

---

[15] BGHZ 65, 41; KG OLGZ 1971, 196 = NJW 1971, 53; KG FamRZ 1981, 607; BayObLGZ 1983, 59, 61 f. mwN.

[16] KGJ 26, 20 f.

[17] Sie ist gleichfalls eine Personenpflegschaft für den unbekannten Erben, vgl. RGZ 135, 305, 307; RGZ 151, 57, 60.

15 **3. Pflegschaften außerhalb des BGB.** Pflegschaften außerhalb des BGB, auf welche die Regeln über die Pflegschaft sinngemäß anwendbar sind, können unter anderem auf Grund nachstehender Bestimmungen angeordnet werden:
- § 96 GBO – Pflegschaft für unbekannte oder abwesende Beteiligte im Rangbereinigungsverfahren; zuständig: Grundbuchamt;
- § 292 Abs. 2 StPO – Abwesenheitspflegschaft für einen flüchtigen Angeschuldigten (§ 1911 Rn. 36); zuständig: Betreuungsgericht;[18]
- Im Bereich des öffentlichen Rechts sehen einige Bestimmungen die Bestellung eines Vertreters für eine Person nach Pflegschaftsrecht bzw. Betreuungsrecht vor (zB § 207 BauGB; § 16 VwVfG; § 81 AO).

16 **4. Bestellung von besonderen (Verfahrens-)Vertretern.** Eine Vielzahl von Vorschriften sehen die Bestellung von besonderen Vertretern, in der Regel **Verfahrenspflegern** durch die mit der Sache befasste Stelle (Behörde, Gericht) vor, zB §§ 57, 58, 494 Abs. 2, 779 Abs. 2, 787 ZPO, ähnlich zum Teil durch Verweisung in anderen Verfahrensordnungen. Besonders wichtig sind die **Verfahrenspflegschaften in** Betreuungs- und Unterbringungssachen (§§ 276, 317 FamFG), auf welche die Vorschriften des BGB-Pflegschaftsrechts grundsätzlich nicht anwendbar sind.

17 **5. Pflegerbestellung für Verfassungsbeschwerde.** Für das Verfassungsbeschwerdeverfahren verlangt das BVerfG (FamRZ 1986, 871 ff.) eine hinreichende Vertretung Minderjähriger, wenn die sorgeberechtigten Eltern an der Wahrnehmung der Interessen ihres Kindes verhindert sind bzw. in einem Interessenkonflikt mit dem Kind stehen; nach dem BVerfG ist grundsätzlich ein Ergänzungspfleger zu bestellen, sofern nicht der Gesetzgeber in anderer Weise für eine hinreichende Berücksichtigung der Kindesinteressen im Verfassungsbeschwerdeverfahren sorgt.

VII. Pflegschaften für Ausländer

18 Nach Art. 24 Abs. 1 S. 1 EGBGB ist das **Heimatrecht** des Betroffenen maßgeblich. In Abweichung dazu kann für den Angehörigen eines fremden Staates ein Betreuer nach deutschem Recht bestellt werden, wenn der Betroffene seinen **gewöhnlichen Aufenthalt** oder, mangels eines solchen, seinen **Aufenthalt** im Inland hat (Art. 24 Abs. 1 S. 2 EGBGB); die Regel ist auf das Pflegschaftsrecht nicht übertragbar. Eine besondere Vorschrift kommt für gewisse Konstellationen der Abwesenheitspflegschaft und der Pflegschaft für unbekannte Beteiligte zum Zuge: Ist die Pflegschaft erforderlich, weil nicht feststeht, wer an einer Angelegenheit beteiligt ist, oder weil ein Beteiligter sich in einem anderen Staat befindet, so ist das Recht anzuwenden, das für die Angelegenheit maßgeblich ist (Art. 24 Abs. 2 EGBGB). Vorläufige Maßregeln und der Inhalt der angeordneten Pflegschaft unterliegen dem Recht des anordnenden Staates (Art. 24 Abs. 3 EGBGB). Für Schutzmaßnahmen zugunsten Minderjähriger siehe das für Deutschland zum 1. 1. 2011 in Kraft getretene **Haager Übereinkommen** vom 19. Oktober 1996 über die Zuständigkeit, das anzuwendende Recht, die Anerkennung, Vollstreckung und Zusammenarbeit auf dem Gebiet der elterlichen Verantwortung und der Maßnahmen zum Schutz von Kindern (**KSÜ**), vgl. Gesetz vom 25. 6. 2009 (BGBl. II S. 602).

§ 1909 Ergänzungspflegschaft

(1) [1] Wer unter elterlicher Sorge oder unter Vormundschaft steht, erhält für Angelegenheiten, an deren Besorgung die Eltern oder der Vormund verhindert sind, einen Pfleger. [2] Er erhält insbesondere einen Pfleger zur Verwaltung des Vermögens, das er von Todes wegen erwirbt oder das ihm unter Lebenden unentgeltlich zugewendet wird, wenn der Erblasser durch letztwillige Verfügung, der Zuwendende bei der Zuwendung bestimmt hat, dass die Eltern oder der Vormund das Vermögen nicht verwalten sollen.

(2) Wird eine Pflegschaft erforderlich, so haben die Eltern oder der Vormund dies dem Familiengericht unverzüglich anzuzeigen.

(3) Die Pflegschaft ist auch dann anzuordnen, wenn die Voraussetzungen für die Anordnung einer Vormundschaft vorliegen, ein Vormund aber noch nicht bestellt ist.

---

[18] Zur Zuständigkeit BayObLG NJW 1964, 301.

Ergänzungspflegschaft **§ 1909**

Schrifttum: *Brandenberg*, Bedeutung der Entscheidungen des Vormundschaftsgerichts für die Finanzverwaltung und Finanzgerichte bei Familienpersonengesellschaften, DB 1981, 860; *Brüggemann*, Elterliche Vermögenssorge – Alte und neue Fragen, ZBlJugR 1980, 53; *Coester*, Zur sozialrechtlichen Handlungsfähigkeit des Minderjährigen, FamRZ 1985, 982; *Damrau*, Die Fortführung des von einem Minderjährigen ererbten Handelsgeschäfts, NJW 1985, 2236; *Elster*, Eltern und Vormund als gesetzliche Vertreter bei Grundstücksschenkungen, MittBayNot 1974, 4; *Fastrick*, Vertretung des minderjährigen Kommanditisten in der Familiengesellschaft, 1976; *Gustavus*, Vollmacht zu Handelsregistereintragungen bei Personengesellschaften und GmbHs, GmbHR 1978, 219, 223 f.; *Haegele*, Familienrechtliche Fragen um den Testamentsvollstrecker, Rpfleger 1963, 330; *Jauernig*, Die geschenkte Eigentumswohnung – BGHZ 78, 28, JuS 1982, 576; *Jerschke*, Ist die Schenkung eines vermieteten Grundstücks rechtlich vorteilhaft? DNotZ 1982, 459; *Klüsener*, Grundstücksschenkung durch die Eltern, Rpfleger 1981, 258; *Klüsener*, Der Minderjährige im Unternehmensrecht, Rpfleger 1990, 321; *Köhler*, Grundstücksschenkung an Minderjährige – ein „lediglich rechtlicher Vorteil"?, JZ 1983, 225; *Kropholler*, Sorgerecht und Pflegschaft für nichteheliche Ausländerkinder, IPRax 1984, 81; *Kuntze*, Ergänzungspflegschaft für minderjährige Kommanditisten einer Familiengesellschaft, JR 1975, 45; *Luthin*, Aus der Praxis zum Sorgerechtsgesetz, FamRZ 1981, 111; *ders.*, Nochmals: Zu den durch das Sorgerechtsgesetz normierten Anhörungspflichten, FamRZ 1981, 1149; *März*, Das Bundesverfassungsgericht und der „Verfahrenspfleger" des minderjährigen Kindes im Sorgerechtsverfahren, FamRZ 1981, 736; *Mümmler*, Keine Dauerergänzungspflegschaft für minderjährige Kinder einer Familiengesellschaft, JurBüro 1975, 425; *ders.*, Vertretungs- u. Prozeßführungsrecht der Eltern, JurBüro 1983, 1291; *Oberloskamp*, Dauerergänzungspfleger für Minderjährige bei Familiengesellschaften, FamRZ 1974, 296; *Priester*, Dauerpflege bei Familiengesellschaften aus zivilrechtlicher Sicht, DB 1974, 273; *Röll*, Selbstkontrahieren und Gesellschafterbeschlüsse, NJW 1979, 627; *Schmidt*, Gesetzliche Vertretung und Minderjährigenschutz im Unternehmensprivatrecht, BB 1986, 1238; *Schoene*, Das Zeugnisverweigerungsrecht des Kindes und das gesetzliche Vertretungsrecht der Eltern, NJW 1972, 930; *Schreiber*, Zur Pflegerbestellung bei der Stiefkinderadoption, MittBayNot 1977, 218; *Winkler*, Die Genehmigung des Vormundschaftsgerichts zu gesellschaftsrechtlichen Akten bei Beteiligung Minderjähriger, MittBayNot 1973, 67; *Zöller*, Schenkungen zwischen Ehegatten und Kindern, BWNotZ 1983, 34.

Übersicht

	Rn.
A. Normzweck, Einfluss von Reformen	1–6
I. Die Ergänzungspflegschaft nach Abs. 1 S. 1	1
II. Die Ergänzungspflegschaft nach Abs. 1 S. 2	2
III. Mitteilungspflicht (Abs. 2)	3
IV. Ersatzpflegschaft (Abs. 3)	4
V. Ergänzungspflegschaft und familienrechtliche Reformen	5, 6
1. Textgeschichte, kindschaftsrechtliche Reformen	5
2. Auswirkungen des BtG	6
B. Ergänzungspflegschaft (Abs. 1)	7–44
I. Allgemeine Voraussetzungen	7–10
1. Betroffene Personen	7
2. Eltern – alleinvertretungsberechtigter Elternteil	8
3. Arten der Vormundschaft/Zulässigkeit der Pflegschaft	9
4. Unterpflegschaft	10
II. Begriff der „Angelegenheit"	11
III. Verhinderung (Abs. 1 S. 1)	12–34
1. Begriff	12
2. Tatsächliche Verhinderung	13–17
a) Verhinderung der Eltern oder des Vormunds	13
b) Fehlen erforderlicher Sachkunde oder Erfahrung	14
c) Grenzfälle zur rechtlichen Verhinderung	15
d) Tatsächliche Verhinderung und gemeinsames Sorgerecht	16
e) Tatsächliche Verhinderung und Ruhe der Elternsorge in sonstigen Fällen	17
3. Rechtliche Verhinderung	18–34
a) Grundsatz	18
b) Ruhen der elterlichen Sorge	19
c) Ausschluss der Vertretungsmacht kraft Gesetzes wegen Interessenkollision	20–25
d) Entziehung der Vertretungsmacht wegen Interessenkollision	26, 27
e) Entziehung/Einschränkung des Sorgerechts	28–30
f) Religiöse Erziehung	31
g) Insolvenz	32
h) Zeugnisverweigerungsrecht	33
i) Verfassungsbeschwerde	34
IV. Bedürfnis	35–38
1. Allgemeine Grundsätze	35
2. Keine Überwachungspflegschaft	36
3. Bedürfnis und Gesellschaftsvertrag	37, 38
a) Abschluss oder Änderung eines Gesellschaftsvertrages	37
b) Kinder als Kommanditisten	38
V. Pflegerbestellung	39–44
1. Ein Pfleger anstelle beider Eltern	39
2. Mehrere Kinder	40
3. Elterliche Sorge/Vormundschaft und Pflegerbestellung	41–43
a) Einschränkung der elterlichen Sorge	41
b) Entziehung der elterlichen Sorge und Pflegerbestellung	42
c) Meinungsverschiedenheiten	43

	Rn.		Rn.
4. Befreiung vom Selbstkontrahierungsverbot?	44	II. Rechtsfolgen	53
C. Die besondere Konstellation des Abs. 1 S. 2	45–53	D. Mitteilungspflicht (Abs. 2)	54
		E. Ersatzpflegschaft (Abs. 3)	55–57
I. Der Sonderfall rechtlicher Verhinderung bei Zuwendungen	45–52	I. Voraussetzungen	55
		II. Wirkungskreis des Pflegers	56
1. Grundsatz	45	III. Ersatzpflegschaft und Entscheidung über die elterliche Sorge	57
2. Die Ausschlussbestimmung	46–48		
a) Erfordernisse	46	F. Ende der Pflegschaft	58
b) Ausschluss des überlebenden Elternteils	47	G. Auswahl des Pflegers, Verfahrensfragen	59–62
c) Keine Anwendung bei Volljährigen	48	I. Auswahl des Pflegers	59
3. Zuwendung von Vermögen von Todes wegen	49	II. Pflegschaftsanordnung von Amts wegen	60
4. Testamentsvollstreckung und Verwaltungsausschluss insbesondere	50, 51	III. Verfahren	61, 62
a) Grundsätze	50	1. Zuständigkeit	61
b) Überlebender Elternteil als Testamentsvollstrecker	51	2. Verfahren in Kindschaftssachen	62
5. Zuwendung unter Lebenden	52		

A. Normzweck, Einfluss von Reformen

I. Die Ergänzungspflegschaft nach Abs. 1 S. 1

1 Die Vorschrift des Abs. 1 S. 1 verfolgt den Zweck, die Voraussetzungen für die Anordnung der teilweise an die Stelle elterlicher Sorge oder Vormundschaft tretenden **Ergänzungspflegschaft** für alle denkbaren Fälle **tatsächlicher oder rechtlicher Verhinderung des Sorgerechtsinhabers** in einer allgemeinen Formulierung zu bestimmen. Die Norm ist Ausdruck des Prinzips, dass der Rechtsgrund der elterlichen Sorge oder der Vormundschaft, nämlich die Fürsorge für einen nicht (voll) geschäftsfähigen Minderjährigen, auch den Grund einer Pflegschaft bilden kann, soweit sich der elterliche oder vormundschaftliche Schutz aus einem in der Person des Vormunds oder des Inhabers der elterlichen Sorge liegendem Grund als unzulänglich erweist.[1] Aus diesem Zweck ergibt sich der **umfassende Anwendungsbereich** der Norm. Die Pflegschaft nach § 1909 ist stets vom Bestehen elterlicher Sorge oder Vormundschaft abhängig (mit Ausnahme der Ersatzpflegschaft nach Abs. 3).

II. Die Ergänzungspflegschaft nach Abs. 1 S. 2

2 Abs. 1 S. 2 betrifft den besonderen Fall, dass der Minderjährige durch unentgeltliche Zuwendung unter Lebenden oder von Todes wegen ein Vermögen erworben hat und dabei vom Zuwendenden/ Erblasser bestimmt ist, dass die Eltern oder der Vormund das Vermögen nicht verwalten sollen. Die Rechtslage ist in solchem Fall bei elterlicher Sorge und bei Vormundschaft unterschiedlich. Die **elterliche Sorge** erstreckt sich von vornherein nicht auf das dem Kind letztwillig oder unentgeltlich unter Lebenden unter Ausschluss elterlicher Vermögensverwaltung Zugewendete (§ 1638 Abs. 1); es ist wegen der somit gegebenen rechtlichen Verhinderung ein Pfleger nach § 1909 Abs. 1 S. 1 zu bestellen.[2] Eine dem § 1638 Abs. 1 vergleichbare Bestimmung fehlt jedoch für die **Vormundschaft**. Im gleichgelagerten Fall bleibt die gesetzliche Vertretung des Vormunds zunächst bestehen, auch wenn der Zuwendende/Erblasser seine Vermögensverwaltung ausgeschlossen hat. Das Familiengericht hat dann gemäß §§ 1794, 1909 Abs. 1 S. 2 einen Pfleger für das Vermögen zu bestellen.[3]

III. Mitteilungspflicht (Abs. 2)

3 Die Vorschrift des Abs. 2 erlegt den Eltern bzw. dem Vormund die Pflicht auf, dem Familiengericht die Erforderlichkeit einer Pflegschaft unverzüglich anzuzeigen, damit das Gericht die nötigen Maßnahmen ohne Verzögerung einleiten kann.

---

[1] Mot. IV S. 1253 f.
[2] *Soergel/Zimmermann* Rn. 7.
[3] S. KGJ 38 A 69; BayObLGZ 25, 193, 194.

IV. Ersatzpflegschaft (Abs. 3)

Die Regelung des Abs. 3 sieht die Möglichkeit der Bestellung eines Pflegers vor, wenn an sich Vormundschaft anzuordnen,[4] ein Vormund aber noch nicht bestellt ist (Ersatzpflegschaft). Es handelt sich um Fälle, in denen die Voraussetzungen für die Anordnung einer Vormundschaft gegeben sind (§ 1773) und gesetzliche Vertretung dringend erforderlich ist, die rechtzeitige Bestellung eines geeigneten Vormunds aber nicht möglich erscheint. Die Ersatzpflegschaft bezweckt, **vorübergehend vormundschaftlichen Schutz** im erforderlichen Umfang **zu ersetzen**. Die Norm spielt in der Praxis kaum eine Rolle.

V. Ergänzungspflegschaft und familienrechtliche Reformen

1. Textgeschichte, kindschaftsrechtliche Reformen. Das Erfordernis der Anordnung einer Ergänzungspflegschaft ist hat sich im Verlaufe der familienrechtlichen Reformen stark gewandelt, auch soweit die Vorschrift des § 1909 selbst nicht verändert wurde. Allerdings wurde der Text des § 1909 durch das GleichberG vom 18. 6. 1957 (BGBl. I S. 609) der neuen Lage angepasst, an die Stelle des „Gewalthabers" wurden „die Eltern" gesetzt. Durch das SorgeRG vom 18. 7. 1979 (BGBl. I S. 1061) wurde in Abs. 1 die „elterliche Gewalt" durch die „elterliche Sorge" ausgetauscht. Durch die FGG-Reform wurde in Abs.2 das „Vormundschaftsgericht" durch das „Familiengericht" ersetzt (dazu § 1915 Rn. 2). Obgleich die Norm im Übrigen unverändert geblieben ist, beeinflussen die Reformen des Kindschaftsrechts das Anwendungsfeld der Norm in erheblichem Maß. Das gilt zB für die wiederholten Revisionen des § 1629 Abs. 2 S. 2, Abs. 3 (Geltendmachung des Kindesunterhalts durch einen Elternteil gegen den anderen).[5] Da im Anwendungsbereich von § 1629 Abs. 2 S. 2 das Vertretungsverbot des § 1795 Abs. 1 Nr. 1, 3 nicht gilt, besteht insoweit für eine Ergänzungspflegschaft kein Bedürfnis. Erheblichen Einfluss hatten ferner die Neuregelung der sorgerechtlichen Vorschriften durch das KindRG vom 16. 12. 1997 (BGBl. I S. 2942) und das Beistandschaftsgesetz vom 4. 12. 1997 (BGBl. I S. 2846).

2. Auswirkungen des BtG. Keine Anwendung findet § 1909 im Rahmen des Betreuungsrechts. Ist der Betreuer an der Besorgung der Angelegenheiten für den Betreuten verhindert, so ist ein *Ergänzungsbetreuer* nach den Vorschriften des Betreuungsverfahrens zu bestellen. Damit ist der Anwendungsbereich des § 1909, der nach früherem Recht auch die Vormundschaft über Volljährige und die Gebrechlichkeitspflegschaft betraf, erheblich verringert.

B. Ergänzungspflegschaft (Abs. 1)

I. Allgemeine Voraussetzungen

1. Betroffene Personen. Die Anordnung einer Ergänzungspflegschaft setzt voraus, dass eine minderjährige Person unter elterlicher Sorge oder Vormundschaft steht. Ist die elterliche Sorge gänzlich entzogen, so muss ein Vormund bestellt werden, während bei der Entziehung von Teilen des Sorgerechts die Bestellung eines Pflegers in Betracht kommt.[6] Die Anwendbarkeit des § 1909 Abs. 1 auf juristische Personen bei Verhinderung ihres gesetzlichen Vertreters ist ausgeschlossen.[7]

2. Eltern – alleinvertretungsberechtigter Elternteil. Unter „Eltern" ist auch der Elternteil zu verstehen, der das alleinige Sorgerecht ausübt,[8] zB die verwitwete Mutter, der verwitwete Vater, die Mutter eines nichtehelichen Kindes, wenn keine Sorgeerklärungen abgegeben sind (§ 1626a Abs. 2), der Elternteil, auf den nach der Trennung oder Scheidung die elterliche Sorge gemäß § 1671 Abs. 1, 2 oder § 1672 Abs. 1 allein übertragen ist.

3. Arten der Vormundschaft/Zulässigkeit der Pflegschaft. § 1909 ist bei jeder Art von Vormundschaft über Minderjährige anwendbar, also nicht nur bei Einzelvormundschaft, sondern auch bei bestellter und gesetzlicher Amtsvormundschaft (§§ 1791b, c) und bei Vereinsvormundschaft (§ 1791a), nicht hingegen im Rahmen des Betreuungsrechts. Ist ein Betreuer an der Wahrnehmung

---

[4] Oder sogar schon angeordnet ist, Soergel/Zimmermann Rn. 16.
[5] Änderungen zB durch das UÄndG v. 20. 2. 1986 – BGBl. I S. 301 und dazu BT-Drucks. 10/2888; ferner durch das BeistandschaftsG und das KindRG. Zur Lage nach dem KindRG vgl. LG München I FamRZ 1999, 875.
[6] BayObLG FamRZ 1997, 1553, 1554.
[7] KGJ 34 A 53; KG OLGRspr. 41, 79.
[8] BayObLG FamRZ 1989, 1342, 1343.

seines Amtes verhindert, so ist ein Ergänzungsbetreuer zu bestellen. Ergänzungspflegschaft kann auch bei der **Mitvormundschaft** notwendig sein (§§ 1775, 1797). Hingegen betrifft sie **nicht** den **Gegenvormund** (§ 1792), denn dieser ist nur Kontrollorgan des Vormunds (§ 1799) und nicht gesetzlicher Vertreter des Mündels;[9] ist er vorübergehend verhindert, handelt für ihn das Familiengericht (§ 1846 iVm. § 1915 Abs.1 S.1), bei dauernder Verhinderung ist er zu entlassen.

10 **4. Unterpflegschaft.** Ist eine Pflegschaft mit größerem Wirkungskreis des Pflegers (zB Vermögenssorge) angeordnet, so folgt aus § 1915 Abs. 1 S. 1, dass in Fällen tatsächlicher oder rechtlicher Verhinderung des Pflegers gemäß § 1909 Abs. 1 S. 1 eine sog. Unterpflegschaft angeordnet werden kann.[10] Bei Interessengegensatz in Angelegenheiten von besonderer Bedeutung für den Pflegling[11] oder erheblichem, dauerndem Interessenwiderstreit ist der Pfleger zu entlassen.[12]

II. Begriff der „Angelegenheit"

11 Eltern oder Vormund müssen an der Besorgung von einzelnen Angelegenheiten oder eines Kreises bestimmter Angelegenheiten für das Kind/den Mündel/Pflegling tatsächlich oder rechtlich verhindert sein. Der Umfang hängt vom Hinderungsgrund ab: Im Rahmen der Vertretungsverbote (zB §§ 1795, 1796) wird es sich in der Regel um einzelne Angelegenheiten handeln, bei Sorgerechtsentzug (§ 1666) um bestimmte Bereiche. Für die rechtliche Verhinderung genügen uU beachtliche Zweifel an der Vertretungsbefugnis.[13] Die Verhinderung muss zu einem Zeitpunkt bestehen, in dem ein **gegenwärtiges Bedürfnis** zur Besorgung der betreffenden Angelegenheit gegeben ist, gleichgültig, ob es sich um eine tatsächliche Fürsorge (zB Betreuung eines Kleinkinds) oder um die Vertretung in persönlichen und rechtlichen Angelegenheiten handelt.

III. Verhinderung (Abs. 1 S. 1)

12 **1. Begriff.** Der Begriff der Verhinderung ist im Gesetz nicht näher definiert. Nach allgemeiner Auffassung fallen darunter sowohl **tatsächliche** als auch die **rechtliche** Verhinderung.

13 **2. Tatsächliche Verhinderung. a) Verhinderung der Eltern oder des Vormunds.** Als tatsächliche Gründe einer **Verhinderung der Eltern oder des Vormunds** kommen insbesondere in Frage: große räumliche Entfernung, Abwesenheit,[14] Krankheit oder Strafhaft.[15] Der Verhinderungsgrund muss im Zeitpunkt der für den Vertretenen vorzunehmenden Handlung bestehen; die Handlung muss der Abwendung drohender Nachteile für den Pflegling dienen. Der gesetzliche Vertreter ist dagegen nicht tatsächlich verhindert, wenn er keinen festen Wohnsitz hat und seine Anschrift unbekannt ist, und das Kind sich aber im Inland aufhalten (in solchem Fall sind Maßnahmen nach § 1666 möglich).[16]

14 **b) Fehlen erforderlicher Sachkunde oder Erfahrung.** Nach verbreiteter Meinung kann auch das objektive **Fehlen einer erforderlichen Sachkunde oder Erfahrung** des Vormunds zur sachgemäßen Erledigung einer Angelegenheit[17] als tatsächliche Verhinderung angesehen werden, insbesondere bei komplizierter Vermögensverwaltung. In solchem Fall soll für eine gegenständlich beschränkte Angelegenheit zeitlich vorübergehend eine Ergänzungspflegschaft angeordnet werden können.[18] Diese Auffassung kann nicht aufrechterhalten werden:[19] Ist der Vormund nicht in der Lage, eine Angelegenheit des Mündels zureichend zu bewältigen und hilft auch die gerichtliche Beratung nicht weiter (§ 1837 Abs. 1 S. 1), so muss ihm insoweit die Sorge entzogen werden (§ 1837 Abs. 4 iVm. § 1666); damit ist der Weg zur Bestellung eines Pflegers frei. Noch weniger ist es angebracht, sorgeberechtigte Eltern wegen „mangelnder Sachkunde und Erfahrung" als verhindert anzusehen, wenn ihnen nicht das Sorgerecht insoweit entzogen oder das Ruhen des Sorgerechts festgestellt wird. Das fortgeschrittene Alter des Vormunds für sich gesehen bildet keinen Grund, ihn

---

[9] BGH LM § 1833 Nr. 2 = NJW 1956, 789; BayObLGZ 1975, 105.
[10] BayObLGZ 1958, 244, 247; 1961, 332, 333; *Soergel/Zimmermann* Rn. 2.
[11] BayObLGZ 1958, 244; vgl. BayObLGZ 1981, 44, 48.
[12] BGH NJW 1955, 217; BGHZ 65, 41; im gleichen Sinne *Staudinger/Bienwald* Rn. 12.
[13] BayObLGZ 1961, 277, 283; OLG Saarbrücken DNotZ 1980, 113; *Soergel/Zimmermann* Rn. 12.
[14] KG OLGRspr. 24, 32; vgl. KG DJ 1935, 379.
[15] BayObLGZ 1974, 491, 493 = NJW 1975, 1082; s. auch Mot. IV S. 819 f.
[16] LG Kleve DAVorm. 1966, 273; vgl. OLG Düsseldorf NJW 1968, 453.
[17] OLG Brandenburg FamRZ 2011, 742; vgl. KGJ 36 A 43.
[18] BayObLGZ 1976, 214, 217; 1975, 29 = DAVorm. 1975, 296; BayObLG Rpfleger 1977, 168; *Soergel/Zimmermann* Rn. 4; *Habicht* Gruchot 42 (1898), 413, 414.
[19] *Staudinger/Bienwald* Rn. 13; s. auch OLG Brandenburg vom 13. 12. 2010 - 13 UF 96/10 (nach juris); offen bei OLG Karlsruhe FamRZ 2011, 740.

als verhindert anzusehen.[20] Zur möglichen teilw. Entziehung der Vertretungsmacht (und insoweit Anordnung einer Ergänzungspflegschaft) siehe § 1837 Abs. 4 iVm. § 1666.

c) Grenzfälle zur rechtlichen Verhinderung. Die bloße Weigerung der Eltern oder des Vormunds, in einer bestimmten Angelegenheit für das Kind tätig zu werden, bedeutet für sich gesehen noch keine tatsächliche Verhinderung; denn es liegt im Rahmen ihrer selbständigen Beurteilung, im konkreten Fall zu entscheiden, was dem Kindeswohl entspricht. Beruht die Weigerung indes auf einem Interessenwiderstreit, so kann die Entziehung der Vertretungsbefugnis nach **§ 1796** (ggf. iVm. § 1629 Abs. 2 S. 3) geboten und insoweit **Pflegschaft wegen rechtlicher Verhinderung** anzuordnen sein.[21] Beruht eine Weigerung auf rechtlich nicht vertretbaren Erwägungen oder werden die Interessen des Kindes/Mündels durch bloßes Nichtstun gefährdet, so sind in der Regel Maßnahmen nach **§ 1666** (ggf. iVm. § 1837 Abs. 4) geboten; auch diese können zur Notwendigkeit einer Ergänzungspflegschaft führen.[22] 15

d) Tatsächliche Verhinderung und gemeinsames Sorgerecht. Sind beide Eltern sorgeberechtigt, so veranlasst die tatsächliche Verhinderung eines Elternteils keine Ergänzungspflegschaft, wenn und soweit der andere Elternteil elterliche Sorge allein auszuüben in der Lage ist (§ 1678 Abs. 1 Halbs. 1). 16

e) Tatsächliche Verhinderung und Ruhe der Elternsorge in sonstigen Fällen. Keine tatsächliche, sondern rechtliche Verhinderung liegt vor, wenn die elterliche Sorge nach **§ 1673** Abs. 1 oder Abs. 2 aus Rechtsgründen ganz oder teilweise **ruht**[23] oder wenn das Familiengericht durch Beschluss nach § 1674[24] das **Ruhen der elterlichen Sorge** bei tatsächlichem Hindernis feststellt.[25] Doch kommt es in solchen Fällen nur ausnahmsweise zur Bestellung eines Pflegers. Die Rechtslage stellt sich wie folgt dar: Ruht die Sorge eines Elternteils, der die *elterliche Sorge gemeinsam* mit dem anderen innehat, so übt der andere Elternteil die elterliche Sorge allein aus (§ 1678 Abs. 1 Halbs. 1), eines Ergänzungspflegers bedarf es nicht. Wenn die elterliche Sorge des *allein sorgeberechtigten Elternteils* ruht, ist zu unterscheiden: Handelt es sich um die nach § 1626a Abs. 2 allein sorgeberechtigte nichteheliche Mutter, und besteht keine Aussicht, dass der Grund des Ruhens wegfallen werde, so hat das Familiengericht die elterliche Sorge dem Vater zu übertragen, wenn dies dem Wohl des Kindes entspricht (§ 1678 Abs. 2); andernfalls muss ein Vormund bestellt werden. Ruht die elterliche Sorge desjenigen Elternteils, auf den sie gem. § 1671 oder § 1672 Abs. 1 allein übertragen worden war, so geht die elterliche Sorge gleichfalls nicht ohne weiteres auf den anderen Elternteil über (§ 1678 Abs. 1 Halbs. 2); es bedarf vielmehr einer familiengerichtlichen Entscheidung nach § 1696; kommt eine Übertragung des Sorgerechts auf den anderen Elternteil nicht in Betracht, so ist ein Vormund oder Pfleger zu bestellen (§§ 1773, 1909). Eine Ergänzungspflegschaft kommt in solchen Fällen – anstelle der Übertragung der Sorge auf den anderen Elternteil oder Bestellung eines Vormunds – in Frage, wenn konkrete **Aussicht** besteht, dass der **Grund des Ruhens wegfallen** werde (arg. § 1678 Abs. 2). Gleiches gilt bei **gemeinsamem Sorgerecht,** wenn beide Eltern **nur vorübergehend** verhindert sind. Sind beide sorgeberechtigten Eltern aus tatsächlichen Gründen **für längere Zeit** an der Ausübung der Sorge verhindert, so genügt keine Pflegerbestellung; das Familiengericht hat dann gemäß § 1674 Abs. 1 das Ruhen der Elternsorge festzustellen und einen Vormund zu bestellen (§ 1773 Abs. 1).[26] 17

3. Rechtliche Verhinderung. a) Grundsatz. Rechtliche Verhinderung besteht, soweit die Eltern oder der Vormund aus Rechtsgründen an der Ausübung ihres Sorgerechts gehindert sind. Das kann sich aus dem *Gesetz unmittelbar* ergeben oder auf einer *gerichtlichen Entscheidung* beruhen. Soweit die rechtliche Verhinderung durch Gerichtsentscheidung bewirkt wird, ist diese Maßnahme – einheitliche gerichtliche Zuständigkeit vorausgesetzt – mit der Pflegerbestellung möglichst zu verbinden. Im Folgenden können nur die wichtigsten Fälle zur Sprache kommen. 18

---

[20] BayObLG Rpfleger 1990, 119 (64 Jahre).
[21] Zweifelhaft nach BayObLGZ 1961, 277, 284 = NJW 1962, 2309; vgl. jedoch zB BayObLGZ 1981, 44, 49; 1985, 53, 54; und BayObLG Rpfleger 1982, 379 (je für Interessenkollision).
[22] BayObLG Rpfleger 1983, 108, 109 (nachlässige Vermögensverwaltung); BayObLG FamRZ 1982, 640 LS Nr. 1 (Nichterfüllung von Vermächtnisansprüchen); BayObLGZ 1983, 231 = NJW 1984, 928 (Abhalten vom Schulbesuch); s. dazu BVerfG FamRZ 1986, 1150.
[23] BayObLG 1976, 198, 201 f.; 1969, 25; OLG Karlsruhe NJW 1985, 485.
[24] BayObLGZ 1974, 491, 493 = NJW 1975, 1082.
[25] *Soergel/Zimmermann* Rn. 5; vgl. BayObLG Rpfleger 1984, 316 aE und Rpfleger 1981, 301.
[26] *Soergel/Zimmermann* Rn. 4.

§ 1909

19 **b) Ruhen der elterlichen Sorge.** Die Bestellung eines Ergänzungspflegers kann notwendig werden, wenn die elterliche Sorge ruht bzw. wenn das Familiengericht das Ruhen gemäß § 1674 festgestellt hat (dazu Rn. 17).

20 **c) Ausschluss der Vertretungsmacht kraft Gesetzes wegen Interessenkollision. aa) Vertretungsverbot.** Kraft Gesetzes sind die Eltern oder der Vormund verhindert, soweit sie nach §§ 181, 1629 Abs. 2 S. 1 iVm. § 1795 Abs. 1 Nrn. 1 bis 3 von der Vertretung des Kindes oder Mündels ausgeschlossen sind. Derartige Vertretungsverbote können auch auf Vorschriften außerhalb des BGB beruhen (zB § 52 Abs. 2 S. 2 StPO, dazu unten Rn. 25). Das Vorliegen eines Ausschlussgrunds bei **einem Elternteil** schließt **auch den anderen aus**,[27] selbst wenn gemeinsames Sorgerecht besteht. Für die Anwendungsbereiche der §§ 1795, 181 und die Einzelheiten wird auf die Erl. zu § 1795 verwiesen. ZB können bei der Auseinandersetzung einer Erbengemeinschaft, an der minderjährige Kinder und die sorgeberechtigten Eltern beteiligt sind, diese Eltern nicht für die Kinder handeln.[28] Auch bei der **Geltendmachung von Unterhaltsansprüchen** des Kindes gegen den anderen Elternteil kann die Bestellung eines Ergänzungspflegers erforderlich sein,[29] doch ist vorrangig die die Sondervorschrift des § 1629 Abs. 2 S. 2, Abs. 2 zu beachten, welche unter bestimmten Voraussetzungen[30] die Bestellung eines Ergänzungspflegers entbehrlich macht.

21 **bb) Vorteilhafte Geschäfte.** Für Rechtsgeschäfte, die dem Kind **lediglich einen rechtlichen Vorteil** bringen, besteht kein gesetzliches Vertretungsverbot nach §§ 181, 1795. Obgleich einzelne Zweifelsfragen bestehen, ist dieser Grundsatz allgemein anerkannt, insbesondere auch für den **Grundstückserwerb**.[31] Ob ein Rechtsgeschäft dem Vertretenen lediglich einen rechtlichen Vorteil bringt, ist nach bisher hM danach zu beurteilen, welche rechtlichen Folgen mit dem gesamten Rechtsgeschäft in allen seinen Teilen verknüpft sind. So wurde die Frage, ob die Schenkung von Wohnungseigentum durch den gesetzlichen Vertreter dem Minderjährigen lediglich einen rechtlichen Vorteil bringt, aus der Gesamtbetrachtung des schuldrechtlichen und des dinglichen Vertrags heraus beurteilt.[32] Von dieser Auffassung hat der BGH durch Entscheidung vom 25. 11. 2004[33] zumindest teilweise Abstand genommen: Wenn das dingliche Geschäft nur rechtliche Vorteile bringt, rechtliche Nachteile aber aus dem Grundgeschäft resultieren, sei eine Gesamtbetrachtung zumindest dann nicht veranlasst, wenn das Grundgeschäft bei isolierter Betrachtung (schwebend) unwirksam sei. In solchem Fall sei das Abstraktionsprinzip zu wahren und das dingliche Geschäft isoliert zu betrachten. Konkret war der Fall betroffen, dass eine Mutter ihren minderjährigen Kindern ein Hausgrundstück unter Nießbrauchsvorbehalt übereignete, sich aber vorbehalten hatte, unter bestimmten Voraussetzungen vom schuldrechtlichen Teil des Vertrages zurückzutreten. Die Theorie von der Gesamtbetrachtung dürfte damit in weitem Umfang obsolet sein. Nicht neu hingegen ist die Auffassung des BGH, dass die Belastung des übereigneten Grundstücks mit einer Grundschuld und die gleichzeitige Eintragung eines Nießbrauchs und einer Auflassungsvormerkung zugunsten des Zuwendenden keinen rechtlichen Nachteil im Rahmen des dinglichen Geschäfts bedeuten.[34] Auch die Zuwendung von Wohnungseigentum bringt nach verbreiteter Rspr. trotz Eintritt in die Gemeinschaftsordnung keinen rechtlichen Nachteil mit sich, wenn diese lediglich die gesetzlichen

---

[27] AllgM, zur Begründung *Erman/Roth* Rn. 4.
[28] OLG Hamm FamRZ 1993, 1122, 1124; anders ist es nach OLG Thüringen FamRZ 1996, 185, wenn die Veräußerung eines Grundstücks durch die Erbengemeinschaft erst der Vorbereitung der Erbauseinandersetzung dient, weil hier Eltern und Kinder auf derselben Vertragsseite stehen (Entscheidung mE zweifelhaft, weil die Veräußerung in unmittelbarem Zusammenhang mit der Erbauseinandersetzung stand).
[29] Siehe OLG Dresden FamRZ 2010, 1995 (Geltendmachung des Unterhaltsanspruchs eines Kindes, das bei der Großmutter lebt, gegen den allein sorgeberechtigten Vater; OLG Naumburg FamRZ 2008, 639, 640; OLG Celle JAmt 2010, 397.
[30] Nicht bei alleinigem Sorgerecht des den Anspruch geltend machenden Elternteils, OLG Koblenz FamRZ 2007, 412. Der betreuende Elternteil vertritt das Kind aus im passiven Rechtsstreit über den Unterhalt, OLG Naumburg FamRZ 2007, 1334.
[31] BGH LM § 1795 Nr. 4 = NJW 1975, 1885 (in Abgrenzung zu BGHZ 21, 229 = NJW 1956, 1433 und unter Aufgabe von BGHZ 37, 154 = NJW 1962, 1395) = FamRZ 1975, 480 m. Anm. *Schmidt* S. 481 ff.; BayObLGZ 1974, 326 = FamRZ 1974, 659; BGHZ 94, 232 = NJW 1985, 2407 = Rpfleger 1985, 293; LG Münster FamRZ 1999, 739. Weitere Nachweise bei Erl. zu § 1795 Rn. 19.
[32] BGHZ 78, 34; LG Münster FamRZ 1999, 739. S. den Fall BayObLG FamRZ 1998, 1619 (unentgeltliche Überlassung von Wohnungseigentum bei erhöhten Verpflichtungen der Wohnungseigentümer im Zusammenhang mit der Herstellung des zerstörten Gebäudes).
[33] BGHZ 161, 170. Dazu *Böttcher* Rpfleger 2006, 293; *Führ* FamRZ 2005, 1729; *Krüger* ZNotP 2006, 202; *Müßig* JZ 2006, 150; *Schmitt* NJW 2005, 1090; *Sonnenfeld* NotBZ 2005, 154; *Wojcik* DNotZ 2005, 655; *Zorn* FamRZ 2011, 776. Anderer Auffassung war das BayObLG (Vorinstanz) FamRZ 2004, 1055.
[34] Wenigstens dann, wenn der Nießbraucher auch die Kosten außergewöhnlicher Ausbesserungen und Erneuerungen sowie außergewöhnliche Grundstückslasten zu tragen übernimmt.

Pflichten gegenüber den Miteigentümern ausgestaltet.[35] Sofern mit der Übertragung des dinglichen Rechts rechtliche Nachteile verbunden sind, ist der gesetzliche Vertreter nicht befugt, den Minderjährigen (den Mündel) bei der Auflassung zu vertreten oder die von diesem selbst erklärte Auflassung zu genehmigen. In diesen und ähnlich gelagerten Fällen ist grundsätzlich die Bestellung eines Ergänzungspflegers erforderlich.[36]

cc) Parallel laufende Erklärungen. Streitig ist die Frage, ob die Vertretungsverbote der §§ 181, 1795 Abs. 1 Nr. 1 greifen, wenn der Sorgeberechtigte zur Herbeiführung einer statusrechtlichen Wirkung **parallel laufende Erklärungen** einerseits im eigenen Namen, andererseits im Namen des Kindes abgibt oder wenn parallel laufende Erklärungen einerseits des Sorgeberechtigten im Namen des Kindes, andererseits des Ehegatten des Sorgeberechtigten zur Erzielung der Wirkung notwendig sind. Das ist vom Sinn der Vertretungsverbote her gesehen zu bejahen, wird aber von der herrschenden Rechtsprechung verneint. So soll die Anordnung einer Ergänzungspflegschaft auch **nicht** für die **Adoption** eines Kindes **durch** den **Stiefvater** erforderlich sein, wenn die Mutter dazu als alleinige gesetzliche Vertreterin für das Kind (§ 1746 Abs. 1 S. 1) die Einwilligung gegenüber dem Gericht erklärt.[37] Entsprechend ist die Rechtslage, wenn der allein sorgeberechtigte Elternteil bei der **Namenserteilung** mit seiner Erklärung zugleich im Namen des minderjährigen Kindes dessen Einwilligung erklärt (siehe § 1618 Abs. 1 S. 1, 3). Als Begründung für die Entbehrlichkeit der Ergänzungspflegschaft in solchen Fällen wird angegeben, es handle sich um keine gegenläufigen Erklärungen; das ist aber für die Anwendung der §§ 181, 1795 nicht vorausgesetzt. Auch wenn man in den genannten Fällen die Anordnung einer Ergänzungspflegschaft nicht für nötig hält, ist wegen konkreten Interessengegensatzes eine Entziehung der Vertretungsmacht nach § 1796 zu prüfen.

dd) Ansprüche gegen Eltern. Hat ein Kind aus nicht ordnungsgemäßer Verwaltung einer Rente oder sonstiger Geldmittel gegen den Inhaber der elterlichen Sorge **Ersatzansprüche**, so ist dieser nicht schlechthin rechtlich gehindert, das Kind bei der **außergerichtlichen Geltendmachung** solcher Ansprüche zu vertreten (vgl. § 1795 Rn. 36). Bei (nahe liegendem) erheblichem Interessengegensatz ist dem Sorgeberechtigten insoweit die Vertretungsbefugnis zu entziehen (§§ 1796, 1629 Abs. 2 S. 3)[38] und ein Pfleger zu bestellen. Die gleiche Rechtslage besteht ist, wenn es sich um die Entscheidung darüber handelt, ob gegen den **überlebenden Elternteil Pflichtteilsansprüche** der von ihm gesetzlich vertretenen minderjährigen Kinder geltend gemacht oder sichergestellt werden sollen.[39] Wenn aber der überlebende Elternteil Vermächtnisansprüche des Kindes weder erfüllt noch sicherstellt, kann ihm insoweit die Vermögenssorge entzogen und ein Ergänzungspfleger bestellt werden.[40] Diesen Fällen ist gemeinsam, dass sich die rechtliche Verhinderung nach § 1795 Abs. 1 S. 3 auf das **Prozessrechtsverhältnis** beschränkt. Außerhalb eines Rechtsstreits bleibt die Vertretungsbefugnis der Eltern – soweit es um keine Rechtsgeschäfte geht – daher auch insoweit bestehen, als es sich um die Entscheidung darüber handelt, ob Ansprüche gegen sie geltend gemacht werden sollen. Pflegschaft nach § 1909 Abs. 1 S. 1 ist insoweit nur unter den Voraussetzungen des § 1796 möglich.[41] Hingegen gilt das Vertretungsverbot bei einem **Rechtsstreit** zwischen dem Sorgeberechtigten und dem Minderjährigen; § 1795 Abs. 1 Nr. 3 ist auch auf die Fälle des § 181 (§ 1795 Abs. 2) zu beziehen (s. § 1795 Rn. 35).

ee) Ausschluss bei Verfahren. Den Ausschluss bei einem **Rechtsstreit** (§ 1795 Abs. 1 Nr. 3) betreffend ist festzuhalten: Bei beabsichtigten **Aktivprozessen**, für die ein Pfleger bestellt werden

---

[35] So OLG Celle NJW 1976, 2214; aA OLG München FGPrax 2008, 99; AG Essen-Borbeck vom 15. 4. 2010 Az. GER – 1982-2 (nach juris) – im Hinblick auf die Außenhaftung des Wohnungseigentümers für Verbindlichkeiten der Eigentümergemeinschaft gemäß § 10 Abs.8 S.1 WEG.
[36] BGHZ 78, 28 = NJW 1981, 109; s. auch Vorlagebeschl. BayObLGZ 1979, 243, 248 = NJW 1980, 416 LS.; OLG Frankfurt Rpfleger 1981, 19 für Nießbrauch; OLG Saarbrücken DNotZ 1980, 113 für Nießbrauch; OLG Hamm OLGZ 1983, 144 für Alleinerwerb eines Nachlassgrundstücks durch minderjährigen Miterben; keine Ergänzungspflegschaft bei Schenkung belasteten Grundstücks unter Nießbrauchsvorbehalt BayObLGZ 1979, 49, 53 = Rpfleger 1979, 197; OLG München FamRZ 2011, 828 (Auflassung eines vermieteten Grundstücks in Vollzug eines Vermächtnisses an den minderjährigen Enkel des Erblassers, wenn Erbin die sorgeberechtigte Mutter ist).
[37] BGH LM § 1746 Nr. 1 = NJW 1980, 1746 = FamRZ 1980, 675; OLG Hamm NJW 1979, 49; BayObLG FamRZ 1981, 93. Weit. Nachw. siehe Erl. zu § 1795 Rn. 23.
[38] OLG Hamm Rpfleger 1973, 395; dgl. für Vormund BayObLGZ 1981, 62, 67 mN; BayObLG Rpfleger 1982, 379.
[39] BayObLGZ 1963, 132, 134; KG OLGRspr. 14, 273; OLG Frankfurt MDR 1964, 419; vgl. auch BayObLGZ 1988, 385 = FamRZ 1989, 540.
[40] BayObLG FamRZ 1982, 640.
[41] BGH LM § 1796 Nr. 1 = NJW 1975, 345 (für die Anfechtung der Ehelichkeit; mit umfangreichen Nachw.); BayObLGZ 1981, 62, 67 f.; 1982, 32, 38 = Rpfleger 1982, 222.

soll, ist das Familiengericht nicht befugt, die Prozessaussichten vorab zu prüfen; nur bei mutwilliger Rechtsverfolgung ist die Pflegerbestellung abzulehnen.[42] Bei (drohenden) **Passivprozessen** kommt es auf die Erfolgsaussichten des Minderjährigen nicht an.[43] **Verfahren der freiwilligen Gerichtsbarkeit** sind nicht als Rechtsstreitigkeiten im Sinne des § 1795 Abs. 1 Nr. 3 anzusehen, außer wenn es sich um echte Streitverfahren handelt.[44] Demzufolge ist der vertretungsberechtigte Elternteil in einem **Erbscheinsverfahren** nicht gehindert, für minderjährige Kinder die Erbschaft auch anzuschlagen, wenn er nunmehr selbst als Erbe berufen ist,[45] oder für diese Kinder (als Miterben) aufzutreten, wenn zwischen ihnen und volljährigen Geschwistern Streit über die Erbberechtigung besteht.[46] Regelmäßig wird in solchen Fällen aber der Entzug der Vertretungsmacht nach § 1796 in Betracht kommen. Für das Verfahren der gerichtlichen Genehmigung einer Erbausschlagung im Namen eines Minderjährigen Kindes wird indes unter Geltung des FamFG die Bestellung eines Ergänzungspflegers für notwendig gehalten.[47]

25   ff) **Verfahren in Abstammungssachen insbesondere.** Problematisch ist die Notwendigkeit einer Ergänzungspflegschaft für das Kind in **Abstammungsverfahren**. Vor Inkrafttreten des FamFG war – beiläufig auch vom BGH – die Auffassung vertreten worden, dass in einem Verfahren der **Vaterschaftsanfechtung** der jeweils sorgeberechtigte Elternteil das Kind vertreten könne; ein Fall des § 1795 Abs. 1 Nr. 3 liege nicht vor,[48] und zwar selbst dann nicht, wenn die sorgeberechtigte Mutter das Anfechtungsverfahren im Namen des anfechtungsberechtigten Kindes betreibe. Nur dann, wenn der sorgeberechtigte Mann das Anfechtungsverfahren im Namen des Kindes gegen sich selbst richte, sei er als Vertreter des Kindes ausgeschlossen.[49] Eine Gegenposition hatte der BGH (FamRZ 2002, 880, 882) entwickelt: Bei der Frage, ob in einem von der allein sorgeberechtigten Mutter angestrengten Anfechtungsverfahren dem minderjährigen Kind ein Ergänzungspfleger zu bestellen sei, hat der BGH (unter Geltung des FGG) erwogen: Zwar sei das Kind, solange es dem zwischen den Eltern geführten Statusprozess nicht beigetreten sei, nicht Partei dieses Verfahrens, habe aber eine **parteiähnliche prozessuale Rolle** ein, die es rechtfertige, § 1795 Abs. 1 Nr. 3 BGB auf diesen Fall analog anzuwenden; das Kind, um dessen Status es geht, solle in die Lage versetzt werden, seine Interessen unabhängig von seiner allein sorgeberechtigten Mutter zu vertreten. Dieser Gedanke erfordert erst recht eine Ergänzungspflegschaft, wenn das Statusverfahren im Namen des Kindes selbst betrieben werden soll. Nach **Inkrafttreten des FamFG** ist dieser zuletzt genannten Auffassung zu folgen:[50] Das Kind ist nunmehr am Abstammungsverfahren zwingend zu beteiligen (§ 172 Abs. 1 Nr. 1 FamFG); das Abstammungsverfahren ist seinem Charakter nach ein „Rechtsstreit", in dem sich rechtlicher Vater, Mutter, Kind und eventuell potenzieller Vater mit unterschiedlichen Interessen gegenüberstehen. Der Umstand, dass ein Verfahrensbeistand für das Kind bestellt wird, macht die Pflegerbestellung nicht überflüssig, weil der Bestand nicht zur gesetzlichen Vertretung des Kindes berechtigt ist.[51] Vom Abstammungsverfahren selbst ist die **Vorstufe der Entscheidung** darüber zu unterscheiden, ob der sorgeberechtigte Elternteil im Namen des Kindes die Vaterschaft anfechten soll. Hier ist § 1795 Abs. 1 Nr. 1, 3 nicht einschlägig, weil diese Entscheidung weder Rechtsgeschäft noch Teil eines Rechtsstreits ist.[52] wohl kann aber dem (den) Sorgeberechtigten bei der Gefahr erheblicher Interessekonflikte insoweit das Sorgerecht nach § 1796 entzogen werden.[53] Sind beide Elternteile zur Personensorge berechtigt und in dieser Frage uneins, so ist vor einer Entscheidung nach § 1628 kein Elternteil allein befugt, diese Vorentscheidung für das Kind zu treffen.[54] – Zur Abstammungserklärung nach § 1598a s. § 1902 Rn. 36.

---

[42] *Soergel/Zimmermann* Rn. 12.
[43] Str., wie hier *Soergel/Zimmermann* Rn. 13.
[44] BGHZ 61, 308 = NJW 1974, 240. Zur Problematik weiterhin *Wagenitz* Erl. zu § 1795 Rn. 34.
[45] BayObLGZ 1983, 213, 220 = Rpfleger 1983, 482; vgl. BayObLGZ 1983, 9, 12 = FamRZ 1983, 834; *Coing* NJW 1985, 6.
[46] BayObLGZ 1961, 277, 281.
[47] KG FamRZ 2010, 1171; OLG Oldenburg FamRZ 2010, 660; dazu *Zorn* Rpfleger 2010, 425.
[48] BGH FamRZ FamRZ 2007, 538, 539.
[49] AG Westerstede FamRZ 1995, 689. Vgl. auch BayObLG Rpfleger 1988, 915; BayObLG Rpfleger 1989, 19; OLG Hamm Rpfleger 1986, 13.
[50] Überzeugend OLG Hamburg FamRZ 2010, 1825, 1826 (Ergänzungspflegschaft für Kind unter 14 Jahren bei Anfechtung durch die allein sorgeberechtigte Mutter); OLG Brandenburg FamRZ 2010, 472, 473 (Anfechtungsverfahren durch das Kind gegen den sorgeberechtigten rechtlichen Vater); KG FamRZ 2011, 739; **aA** noch OLG Hamburg FamRZ 2010, 745 (Vaterschaftsanfechtung durch die Behörde).
[51] OLG Hamburg FamRZ 2010, 1825, 1826.
[52] BGH FamRZ 2009, 861, 864.
[53] OLG Dresden FamRZ 2009, 1330; OLG Brandenburg FamRZ 2010, 472, 473.
[54] BGH FamRZ 2009, 861, 864; OLG Dresden FamRZ 2009, 1330; OLG Brandenburg FamRZ 2010, 472, 473.

d) **Entziehung der Vertretungsmacht wegen Interessenkollision. aa) Grundsätze.** 26
Rechtliche Verhinderung besteht auch, soweit einem sorgeberechtigten Elternteil oder dem Vormund durch gerichtliche Entscheidung gemäß § 1796 (ggf. iVm. 1629 Abs. 2 S. 3) die Vertretungsbefugnis wegen erheblicher Interessenkollision entzogen ist. Das setzt nach gängiger Meinung voraus, dass die Förderung des einen Interesses nur auf Kosten des anderen geschehen kann.[55] Das kommt auch in Betracht, wenn die Interessen eines minderjährigen Kindes in Sorgerechtsangelegenheiten im Gegensatz zu denen der Eltern (eines Elternteils) stehen. In solchem Fall kann auch die Bestellung eines Ergänzungspflegers für eine **Verfassungsbeschwerde** des Kindes angebracht sein.[56] In Asylangelegenheiten ist ein Interessenkonflikt des Jugendamts als Vormund im Hinblick darauf, dass es derselben Behördenspitze untergeordnet ist wie das für Asylfragen zuständige Amt, nicht ohne weiteres anzunehmen.[57] Nach hM ist die Interessenkollision für jeden sorgeberechtigten Elternteil einzeln zu prüfen; bei gemeinsamem Sorgerecht kann es also theoretisch sein, dass nur einem Elternteil das Vertretungsrecht entzogen wird und der andere insoweit die elterliche Sorge allein ausübt (§ 1680 Abs. 1 mit Abs. 1); dann bedürfte es keines Ergänzungspflegers. Die Gegenmeinung[58] erstreckt die Maßnahme, die nach § 1796 gegen einen Elternteil ergriffen wird, automatisch auch auf den anderen mitsorgeberechtigten Elternteil.

bb) **Minderjährige Mutter.** Ist der **Vormund** sowohl gesetzlicher Vertreter der **minderjähri-** 27 **gen Mutter** als auch des **Kindes,** ist er im Vaterschaftsfeststellungsprozess des Kindes berechtigt, für dieses aufzutreten. Ein theoretischer **Interessengegensatz** zwischen Mutter und Kind reicht zur Entziehung der Vertretungsmacht nicht aus.[59]

e) **Entziehung/Einschränkung des Sorgerechts. aa) § 1666 als Rechtsgrundlage.** 28
Rechtlich verhindert ist ein **Elternteil,** soweit ihm durch Entscheidung des Familiengerichts das Sorgerecht oder die Befugnis zur gesetzlichen Vertretung **gemäß § 1666 entzogen** ist. Der Umfang der rechtlichen Verhinderung ist exakt festzustellen: So können Eltern, denen die Vermögenssorge entzogen ist, die Kinder im Beschwerdeverfahren gegen die Entscheidung des Gerichts, mit der es die Entlassung des Vermögenspflegers ablehnt, sehr wohl vertreten, weil es sich nicht unmittelbar um eine Angelegenheit der Vermögenssorge handelt.[60] Dabei ist zu beachten, dass § 1666 die maßgebliche Eingriffsnorm auch für den **Bereich der Vermögenssorge** darstellt, ohne dass damit die Unterscheidung zwischen diesen Bereichen in Frage gestellt würde.[61] Ferner ist zu beachten, dass § 1666 die Rechtsgrundlage auch für die Bestellung von Pflegschaften aus Anlass der Scheidung der Kindeseltern bildet; eine besondere Norm für diesen Fall findet sich im Kindschaftsrecht seit dem KindRG nicht mehr.[62] Die völlige Sorgerechtsentziehung macht die Bestellung eines Vormunds erforderlich (§ 1773 Abs. 1), während bei partieller Entziehung (zB nur des Personensorgerechts) eine Ergänzungspflegschaft notwendig werden kann.[63]

bb) **Besondere Konstellationen.** Wird einem **Elternteil** durch eine Maßnahme nach **§ 1666** 29 **ein Teil der elterlichen Sorge entzogen,** so kommt es nicht in jedem Fall zur Ergänzungspflegschaft. Vielmehr ist zu unterscheiden. Bei **gemeinsamem Sorgerecht** übt der andere, nicht betroffene Elternteil die elterliche Sorge insoweit allein aus (§ 1680 Abs. 3 iVm. Abs.1), einer Pflegerbestellung bedarf es nicht. Anders freilich, soweit wenn beiden Elternteilen die Sorge entzogen wird; hier ist bei völliger Entziehung ein Vormund, bei partieller ein Ergänzungspfleger zu bestellen. Bei **alleiniger Sorge** der nichtehelichen Mutter **nach § 1626a Abs. 2** hat das Gericht die Sorge, soweit sie der Mutter zu entziehen ist, dem Vater zu übertragen, wenn dies dem Wohl des Kindes dient

---

[55] BGH LM § 1796 Nr. 1 = NJW 1975, 345 f.; BayObLGZ 1975, 420, 429; 1981, 44, 48 f.; Rpfleger 1982, 379; OLG Stuttgart Justiz 1983, 260; OLG Hamm Rpfleger 1973, 395; FamRZ 1993, 1122, 1123; KG OLGZ 1966, 331, 334; OLG Karlsruhe FamRZ 2004, 51 (Entscheidung über die Ausübung des Zeugnisverweigerungsrechts im Verfahren gegen den des Kindesmissbrauchs beschuldigten Großvater; hier Interessenkollision verneint); OLG Oldenburg FamRZ 2011, 740.
[56] BVerfGE 72, 122 = FamRZ 1986, 871, 873 (Interessenkonflikt zwischen Sorgeberechtigtem und Kindern); BVerfG FamRZ 1995, 24, 25 (hier wurden die Pflegeeltern als Vertreter zugelassen, nachdem bei Passivität des Vormunds die Bestellung eines Ergänzungspflegers versäumt worden war); BVerfG FamRZ 2001, 1285 (Vaterschaftsanfechtung durch mitsorgeberechtigten Elternteil im Namen des Kindes). Zur Problematik *März* FamRZ 1981, 736 mwN; *Staudinger/Bienwald* Rn. 18.
[57] OLG Köln FamRZ 1999, 1694.
[58] MünchKommBGB/*Hinz,* 3. Aufl., § 1629 Rn. 30; wohl auch OLG Hamm FamRZ 1993, 1122, 1123.
[59] LG Berlin DAVorm. 1972, 446.
[60] BayObLG FamRZ 2004, 1817.
[61] BayObLG FamRZ 1999, 316, 317.
[62] Dazu *Schwab* FamRZ 1998, 457, 465 ff.
[63] BayObLG FamRZ 1997, 1553, 1554; 1999, 179 (betr. Mutter nach Inkrafttreten des KindRG); 1999, 316, 317.

(§ 1680 Abs. 3 iVm. § 1680 Abs. 2 S. 2); verneinendenfalls ist ein Ergänzungspfleger zu bestellen. Ist einem Elternteil die Sorge, welche er gemäß gerichtlicher Entscheidung **nach §§ 1671, 1672 Abs. 1 allein** ausübt, teilweise zu entziehen, so kommt in erster Linie eine Änderung der Sorgerechtsentscheidung gemäß § 1696 Abs. 1 in Betracht,[64] etwa die Übertragung auf den anderen Elternteil oder eine Teilung des Sorgerechts, soweit das sinnvoll geschehen kann. Erscheint eine solche Lösung nicht möglich oder dem Kindeswohl nicht entsprechend, so ist ein Ergänzungspfleger zu bestellen, falls nicht – bei völliger Entziehung des Sorgerechts – die Anordnung der Vormundschaft notwendig erscheint.

30   cc) **Vormundschaft.** Eine Ergänzungspflegschaft kommt ebenfalls in Betracht, wenn einem Vormund ein Teil seines Sorgerechts gemäß **§ 1666** (iVm. § 1837 Abs. 4) entzogen wird.

31   f) **Religiöse Erziehung.** Bei Vorliegen gewichtiger Gründe kann dem **Einzelvormund** (und nur diesem, nicht dem Amts- oder Vereinsvormund) nach **§ 1801** die **Sorge für die religiöse Erziehung** des Mündels entzogen werden;[65] danach ist in der Regel insoweit ein Pfleger zu bestellen.[66] Für die **Eltern** gilt das RelKErzG (s. § 1631 Anhang §§ 2, 3 RelKErzG und Bem. dort). Nach § 14 Abs. 1 Nr. 11 RPflG ist in diesen Fällen der Richter zuständig.

32   g) **Insolvenz.** Die Eröffnung des Insolvenzverfahrens über das Vermögen eines Elternteils beendete nach der bis zum Inkrafttreten des KindRG bestehenden Rechtslage die elterliche Befugnis zur Verwaltung des Kindesvermögens (§ 1670 BGB aF). Das konnte zur Erforderlichkeit einer Vermögenspflegschaft führen. Durch das **KindRG** ist die Bestimmung des § 1670 mit Wirkung zum 1. 7. 1998 ersatzlos aufgehoben. Die Insolvenz eines Elternteils für sich gesehen hat auf den Umfang der gesetzlichen Vertretung des Kindes also keinen Einfluss mehr; freilich können zum Schutz des Kindesvermögens Maßnahmen nach §§ 1666, 1667 angebracht sein. Auch den **Vormund** und damit auch den **Pfleger betreffend** hat sich die gesetzliche Lage geändert: Wurde nach früherem Recht über das Vermögen des Vormunds das Konkursverfahren eröffnet, so wurde seine Bestellung zwar nicht unwirksam, er war aber nach §§ 1886, 1781 Nr. 3 (aF) wegen Untauglichkeit zu entlassen. Die Nr. 3 des § 1781 aF ist durch die **Insolvenzrechtsreform** zum 1. Januar 1999 gestrichen.[67] Bei Gefährdung des Kindesvermögens ist aber auch hier an Maßnahmen nach § 1837 Abs. 4 iVm. § 1666 oder an die Entlassung des Vormunds/ Pflegers zu denken.

33   h) **Zeugnisverweigerungsrecht.** Nach § 52 Abs. 2 S. 2 StPO darf der gesetzliche Vertreter, sofern er selbst Beschuldigter ist, über die Ausübung des Zeugnisverweigerungsrechts seines aussagewilligen Kindes/Mündels, das von der Bedeutung des Zeugnisverweigerungsrechts keine genügende Vorstellung hat, nicht entscheiden; gleiches gilt für den nichtbeschuldigten Elternteil bei gemeinsamem Sorgerecht. Es kommt folglich **Ergänzungspflegschaft** zur Entscheidung über die **Ausübung des Zeugnisverweigerungsrechts** in Betracht;[68] das vernehmende Gericht muss zu der Ansicht gelangt sein, dass dem zur Aussage bereiten Zeugen die erforderliche Verstandesreife fehlt; es muss dann dem zuständigen Familiengericht davon Mitteilung gemäß § 22a Abs.1 FamFG machen, um die Bestellung eines Ergänzungspflegers zu veranlassen. Gleiche Grundsätze gelten auch für die Ausübung des Zeugnisverweigerungsrechts in Zivilverfahren.[69] Steht die elterliche Sorge einem Elternteil allein zu und ist der andere Elternteil Beschuldigter, so steht § 52 Abs.2 S.2 StPO dem Entscheidungsrecht des Sorgeberechtigten an sich nicht entgegen; str. ist, ob die Vorschrift für diesen Fall analog anzuwenden ist, was die h.M. verneint; danach kann bei Kindeswohlgefährdung (§ 1666) dem Sorgeberechtigten insoweit die gesetzliche Vertretung entzogen und dann ein Ergänzungspfleger bestellt werden.[70]

34   i) **Verfassungsbeschwerde.** Ein Ergänzungspfleger muss auch bestellt werden, wenn ein nicht sorgeberechtigter Elternteil im Namen des Kindes Verfassungsbeschwerde gegen eine Sorgerechts-

---

[64] § 1680 Abs. 3 sieht für den Fall der Sorgerechtsentziehung keine Verweisung auf die Regelung des § 1680 Abs. 2 S. 1 vor!
[65] KGJ 46, 79; vgl. auch BayObLG OLGRspr. 30, 148; s. auch Erl. zu § 1801.
[66] Vgl. BayObLG FamRZ 1966, 323; *Palandt/Diederichsen* § 1801 Rn. 1; MünchKommBGB/*Wagenitz* § 1801 Rn. 11; wie hier *Staudinger/Bienwald* Rn. 20.
[67] Art. 33 Nr. 30 iVm. Art. 110 Abs. 1 des EGInsO vom 5. 10. 1994, BGBl. I S. 2911.
[68] BayObLG FamRZ 1998, 257, 258; OLG Brandenburg FamRZ 2010, 843; OLG Bremen FamRZ 2011, 232. Zur Frage der Bestellung eines Ergänzungspflegers, wenn es um das Zeugnisverweigerungsrecht im Prozess gegen den Kindesmissbrauchs beschuldigten Großvater geht (möglicher Ausschluss der Eltern nach § 1796) s. OLG Karlsruhe FamRZ 2004, 51.
[69] BayObLGZ 1966, 343 (Ehescheidungsverfahren); OLG Hamm OLGZ 1972, 157; OLG Stuttgart OLGZ 1985, 385 = Rpfleger 1985, 441; LG Memmingen MDR 1982, 145; zur Problematik: *Bosch*, Grundsatzfragen des Beweisrechts, 1963, S. 25 ff.
[70] OLG Nürnberg FamRZ 2010, 1996 mN.

entscheidung erheben will (BVerfG FamRZ 2001, 1285: Nach Sorgeerklärungen trennten sich die nicht miteinander verheirateten Eltern, die Sorge wurde auf die Mutter übertragen, der Vater erhob auch im Namen des Kindes Verfassungsbeschwerde). Umgekehrt kann ein rechtlich verhinderter Elternteil im Namen des Kindes Verfassungsbeschwerde einlegen, wenn die Vertretung des Kindes durch einen Ergänzungspfleger nicht rechtzeitig sichergestellt ist und dem Kind durch die fehlende Vertretung Schaden droht (BVerfG FamRZ 2005, 1657; FamRZ 2006, 1261).

IV. Bedürfnis

1. Allgemeine Grundsätze. Nicht jede Verhinderung der Eltern oder des Vormunds oder 35 jeder Interessengegensatz rechtfertigt die Anordnung einer Ergänzungspflegschaft. Dafür muss aus akutem Anlass ein **gegenwärtiges Bedürfnis** bestehen. Ein Bedürfnis besteht zB von vorn herein nicht, wenn statt des verhinderten Elternteils der andere allein vertretungsbefugt ist (Rn. 16). Die Pflegerbestellung muss dem Wohl des Pfleglings dienen und in seinem Interesse angebracht sein. Aufgaben, die in der Zukunft *möglicherweise* anfallen, rechtfertigen sie nicht. Es besteht kein Bedürfnis für vorsorglich eingerichtete Pflegschaften.[71] Zu bejahen ist ein aktuelles Bedürfnis, wenn eine streitige Rechtsfrage im Interesse des Kindes zu klären ist.[72] Im Falle des § 1909 Abs. 1 S. 2 bedarf es freilich der Prüfung eines besonderen Bedürfnisses nicht, weil dessen Vorhandensein vom Gesetz unterstellt wird.[73] Die Anordnung einer Pflegschaft ist **abzulehnen**, wenn ein in Aussicht genommener Aktivprozess (grundsätzlich kein bereits anhängiger) offenbar aussichtslos ist oder ein beabsichtigtes Rechtsgeschäft nicht genehmigungsfähig wäre, weil es gegen die guten Sitten oder gegen ein gesetzliches Verbot verstoßen würde.[74] Ein Bedürfnis für eine Ergänzungspflegschaft wurde zB verneint, wenn es nur darum ging, dem gesetzlichen Vertreter Gelegenheit zu geben, als Zeuge aufzutreten;[75] ferner, wenn der Minderjährige die Angelegenheit selbst besorgen kann (insbesondere §§ 112, 113 BGB) oder wenn das Gericht in Eilfällen die erforderliche Handlung gemäß § 1846 selbst vornimmt.[76] In Asylverfahren bedarf der Minderjährige, der das 16. Lebensjahr vollendet hat, an sich keines Vertreters, weil er insoweit selbst handlungsfähig ist (§ 80 Abs. 1 Aufenthaltsgesetz; § 12 Abs. 1 AsylverfG);[77] doch bejahte des AG Gießen gleichwohl ein Bedürfnis im Hinblick auf die UN-Kinderrechtskonvention.[78]

2. Keine Überwachungspflegschaft. Nach hM ist auch eine Überwachungspflegschaft 36 („Vigilanzpflegschaft") zur vorsorglichen Kontrolle des gesetzlichen Vertreters unzulässig.[79] Eine derartige Pflegschaft kommt aber aufgrund §§ 1666, 1837 Abs. 4 in Betracht, wenn vom konkreten Verhalten des gesetzlichen Vertreters eine Schädigung der Kinderinteressen zu besorgen ist und dieser Gefahr durch eine Überwachungspflegschaft begegnet werden kann.[80] **Begründete Zweifel an der Möglichkeit rechtswirksamen Handelns** können die Anordnung einer Pflegschaft rechtfertigen, zB wenn nicht unwahrscheinlich ist, dass andere mit der betreffenden Angelegenheit befasste Stellen (zB Verwaltungs- oder Finanzgerichte[81]) eine rechtliche Verhinderung annehmen können.[82]

3. Bedürfnis und Gesellschaftsvertrag. a) Abschluss oder Änderung eines Gesell- 37 **schaftsvertrages.** Eltern/Vormund können ihre minderjährigen Kinder/Mündel bei Abschluss

---

[71] S. BGH FamRZ 1975, 868 = NJW 1976, 49, 51; BayObLG FamRZ 1989, 1342, 1344; OLG Hamm FamRZ 1993, 1122, 1123.

[72] OLG Koblenz FamRZ 2007, 412 (betrifft Geltendmachung des Unterhaltsanspruchs des Kindes im Hinblick auf eine rechtlich zu klärende Unterhaltsbestimmung nach § 1612 Abs. 2 S. 1).

[73] BayObLG FamRZ 1989, 1342, 1343.

[74] Vgl. KG JR 1959, 20 m. Anm. *Beitzke*; BayObLG FamRZ 1982, 1134, 1135 (= aussichtslose u. mutwillige Rechtsverfolgung); OLG Hamm Rpfleger 1984, 414 (= Verstoß gegen Schenkungsverbot § 1804); LG München I FamRZ 1971, 323.

[75] KG OLGZ 1971, 316 und OLGspr. 16, 36 Fn. 1; OLG Hamm Rpfleger 1984, 270, 271.

[76] Vgl. BayObLGZ 1982, 86, 88 = Rpfleger 1982, 180; LG Köln FamRZ 1985, 836.

[77] OLG Karlsruhe FamRZ 2011, 740.

[78] AG Gießen FamRZ 2010, 1027.

[79] Grundsätzlich BGHZ 65, 93, 101 = NJW 1976, 49; BayObLGZ 1982, 86, 88; 1981, 62, 67; OLG Hamm Rpfleger 1984, 270, 271 und 414, 415; *Soergel/Zimmermann* Rn. 10; *Staudinger/Bienwald* Rn. 25.

[80] Zutreffend *Soergel/Zimmermann* Rn. 10 mwN. Vgl. BGHZ 65, 93, 101 = NJW 1976, 45, 51; KG OLGspr. 16, 36.

[81] BayObLG DÖV 1979, 62; KG OLGZ 1982, 175, 177; OVG Berlin MDR 1979, 522; je für Ergänzungspflegschaft für minderj. Ausländer im Asylrechtsanerkennungsverfahren; aA noch KG OLGZ 1978, 159 = NJW 1978, 2455; allg. für Finanzverw. u. Finanzgerichte: *Brandenberg* DB 1981, 860; vgl. dazu BFH NJW 1981, 142.

[82] BayObLGZ 1961, 277, 283; OLG Saarbrücken DNotZ 1980, 113; *Soergel/Zimmermann* Rn. 12; vgl. *Kuntze* JR 1975, 45, 48.

oder Änderung eines Gesellschaftsvertrags nicht vertreten, soweit sie selbst Gesellschafter sind; in diesen Fällen muss ein Ergänzungspfleger bestellt werden.[83] In der Regel ist davon auszugehen, dass die Pflegschaft mit dem gültigen Abschluss des Gesellschaftsvertrags endet und dass – jedenfalls bei Familiengesellschaften – es jeweils der Anordnung einer neuen Pflegschaft bedarf, wenn weitere Fälle gesetzlicher Verhinderung auftreten.[84]

38 **b) Kinder als Kommanditisten.** Auf Grund der Entscheidung des BFH aus dem Jahre 1973[85] wurde die Frage aktuell, ob und inwieweit Eltern verhindert sind, die gesellschaftsrechtlichen Befugnisse ihrer als Kommanditisten aufgenommenen minderjährigen Kinder wahrzunehmen; nach dem genannten Urteil sollte Voraussetzung für die Anerkennung der Kinder als Mitunternehmer die Bestellung von Dauerpflegern für die Dauer ihrer Minderjährigkeit und Mitgliedschaft in der Gesellschaft sein. Gegenteilig entschied der BGH:[86] Nach seiner Auffassung hindert das Verbot des **Selbstkontrahierens** den Gesellschafter einer Personengesellschaft grundsätzlich nicht daran, bei Gesellschafterbeschlüssen über Maßnahmen der Geschäftsführung und sonstige gemeinsame Gesellschaftsangelegenheiten im Rahmen des bestehenden Gesellschaftsvertrags mitzuwirken; der **Schutzzweck des § 181,** für dessen Auslegung nicht allein formalrechtliche, sondern auch wertende Gesichtspunkte maßgebend seien,[87] erfordere dies nicht. Die Tatsache, dass ein Minderjähriger als Kommanditist und sein gesetzlicher Vertreter als persönlich haftender Gesellschafter an einer Gesellschaft beteiligt sind, rechtfertigt mithin **für sich allein** die Anordnung einer (Dauer-)Ergänzungspflegschaft nicht.[88]

V. Pflegerbestellung

39 **1. Ein Pfleger anstelle beider Eltern.** Sind beide Eltern von der Vertretung des Kindes ausgeschlossen, ist an Stelle beider nur *ein* Pfleger zu bestellen, denn nur die Interessen des Kindes sind zu wahren.[89]

40 **2. Mehrere Kinder.** *Ein* Pfleger für mehrere Kinder genügt, wenn in ihrem Namen bei **gleicher** Interessenlage gleich lautende Erklärungen an Dritte abgegeben werden sollen (zB Prüfung des Nachlassverzeichnisses des alleinvertretungsberechtigten Elternteils als Testamentsvollstrecker, gleich lautende Erklärungen minderjähriger Kommanditisten gem. § 166 Abs. 1 HGB; gleich lautende Benutzungsregelung an Grundstück für mehrere minderjährige Miteigentümer in Erbengemeinschaft, wenn vertretungsberechtigter Elternteil Bruchteilsmiteigentümer ist gem. § 1010).[90] Jedes Kind/Mündel muss dagegen einen besonderen Pfleger erhalten, wenn und soweit die Eltern/der Vormund an der Vornahme von Rechtsgeschäften verhindert sind, etwa bei Abschluss oder Änderung eines Gesellschaftsvertrags[91] oder Erbauseinandersetzungsvertrag.[92]

41 **3. Elterliche Sorge/Vormundschaft und Pflegerbestellung. a) Einschränkung der elterlichen Sorge.** Im Umfang des Wirkungskreises des Pflegers ist die elterliche Sorge bzw. die Sorge des Vormunds eingeschränkt[93] (§ 1630 Abs. 1, 1794), und zwar grundsätzlich auch bei rechtsfehlerhafter Pflegschaftsanordnung, solange diese nicht aufgehoben ist.[94]

---

[83] BGH LM HGB § 138 Nr. 8 = NJW 1961, 724; BayObLGZ 1958, 373; BayObLG Rpfleger 1979, 455; OLG Hamm MDR 1972, 783 und OLGZ 1983, 148; OLG Stuttgart OLGZ 1978, 426; OLG Zweibrücken OLGZ 1980, 213; *Kuntze* JR 1975, 45, 46.
[84] OLG Hamm MDR 1972, 783; DB 1974, 815; vgl. zu allem: *Winkler* MittBayNot. 1973, 67 und 143.
[85] BFH IV R 61/72 = BFHE 108, 219 = BB 1973, 370; Meinung inzwischen aufgegeben BFH IV R 102/73 = NJW 1976, 1287.
[86] BGHZ 65, 93 = NJW 1976, 49 = BB 1975, 1425; ebenso OLG Hamm DB 1974, 815; AG Hamburg Rpfleger 1973, 397; LG Hamburg DB 1974, 181; LG Saarbrücken Rpfleger 1973, 358. Wie der BFH: OLG Frankfurt OLGZ 1973, 429; OLG Hamburg Rpfleger 1974, 1154.
[87] BGHZ 64, 72, 76 = NJW 1975, 1117, dort RGZ 108, 405; 157, 24, 31 f.; vgl. *Lessmann* BB 1975, 1377 f.
[88] Ebenso: BayObLG Rpfleger 1985, 484 f. LS. m. Anm. *Goerke*; vgl. zur Veräußerung v. GmbH-Anteilen f. mdj. Erben des Inhabers einer Ein-Mann-GmbH OLG Hamm OLGZ 1984, 327 = FamRZ 1984, 1036 = Rpfleger 1984, 354 m. Anm. *Damrau* Rpfleger 1985, 63; teilw. aA BayObLG Rpfleger 1985, 366 bei Abtretung eines Anteils von unter 10% des Stammkapitals.
[89] BayObLGZ 1953, 372, 375.
[90] RGZ 93, 334; BayObLGZ 1958, 373; LG Nürnberg MittBayNot. 1977, 69; *Haegele* Rpfleger 1963, 330, 332 f.
[91] BayObLGZ 1958, 373, 376; OLG Hamm MDR 1972, 783; OLG Zweibrücken OLGZ 1980, 213; *Stöber* Rpfleger 1968, 2.
[92] BGHZ 21, 229, 234 = NJW 1956, 1433; vgl. BayObLGZ 1980, 324, 325 = FamRZ 1981, 400; s. jedoch zur Fortführung eines Handelsgeschäfts in Erbengemeinschaft Erl. zu § 1822 Rn. 24.
[93] Vgl. BayObLGZ 1961, 277, 278; 1975, 29; KG OLGZ 1966, 331.
[94] BGHZ 33, 198, 201 = NJW 1961, 22; 41, 306, 309.

b) Entziehung der elterlichen Sorge und Pflegerbestellung. Soweit sich die Verhinderung von Eltern oder Vormund unmittelbar aus dem Gesetz ergibt (ggf. auch tatsächliche Verhinderung), bedarf die Pflegerbestellung nach § 1909 Abs. 1 S. 1 und S. 2 keiner anderweitigen gerichtlichen Maßnahme. Sieht jedoch das Gesetz die Einschränkung der elterlichen Sorge durch gerichtliche Entscheidung vor (insbes. §§ 1796, 1666), so ist Voraussetzung der Pflegerbestellung die teilweise Entziehung der elterlichen oder vormundschaftlichen Vertretungsbefugnis. In solchem Fall ist die Bestellung eines Pflegers unzulässig, wenn nicht zuvor oder gleichzeitig die Vertretungsmacht der Eltern/ des Vormunds eingeschränkt wurde.[95] Die Bestellung eines Pflegers, die ohne vorherige oder gleichzeitige Einschränkung der Vertretungsmacht des Sorgeberechtigten erfolgt, wirkt gleichwohl gemäß § 1630 Abs. 1 (§ 1794) als Sorgerechtsbeschränkung.[96]

c) Meinungsverschiedenheiten. Der Pfleger entscheidet in dem ihm zugewiesenen Wirkungskreis **selbständig**; freilich gelten auch für ihn die allgemeinen gerichtlichen Genehmigungsvorbehalte. Überschneiden sich die Zuständigkeitsbereiche von Eltern und Pfleger, so entscheidet im Fallen von Meinungsverschiedenheiten das Familiengericht gemäß § 1630 Abs. 2. Diese Vorschrift setzt zwar den Fall voraus, dass die Personensorge und die Vermögenssorge jeweils in unterschiedliche Zuständigkeit fallen, doch ist sie auch auf andere Konstellationen anzuwenden, in denen eine Angelegenheit zum Wirkungsbereich unterschiedlicher Sorgeberechtigter gehört.[97] Für Meinungsverschiedenheiten zwischen Vormund und Pfleger gilt § 1798 in der gleichen extensiven Anwendung. Die Entscheidung von Meinungsverschiedenheiten zwischen Sorgeberechtigten ist dem Richter vorbehalten (§ 14 Abs. 1 Nr. 5 RPflG).

4. Befreiung vom Selbstkontrahierungsverbot? Weder durch letztwillige Verfügung noch durch Anordnung des Familiengerichts kann der Pfleger allgemein von dem Selbstkontrahierungsverbot des § 181 befreit werden.[98] Ebenso ist der Abschluss eines „Bevollmächtigungsvertrages" zwischen Vertretungsberechtigtem und Pfleger unzulässig, der diesen in seinem Wirkungskreis von der Wahrnehmung der Rechte des Pfleglings ausschließen würde.[99]

C. Die besondere Konstellation des Abs. 1 S. 2

I. Der Sonderfall rechtlicher Verhinderung bei Zuwendungen

1. Grundsatz. § 1909 Abs. 1 S. 2 regelt einen speziellen Fall rechtlicher Verhinderung, die sich für die Eltern schon aus § 1638 Abs. 1 ergibt.[100] Das Kind/der Mündel erhält einen Pfleger zur Verwaltung des Vermögens, das ihm von Todes wegen oder unter Lebenden unentgeltlich zugewendet wird, wenn der Erblasser durch (wirksame) letztwillige Verfügung, der Zuwendende bei der Zuwendung bestimmt hat, dass den Eltern oder dem Vormund die Verwaltung des Zugewendeten nicht zustehen soll. Im Falle des § 1638 Abs. 1 sind die Eltern bereits mit dem Anfall des Vermögens (also schon vor Bestellung des Pflegers) von der Verwaltung ausgeschlossen,[101] während der ausgeschlossene Vormund noch bis zur Pflegerbestellung handeln kann.

2. Die Ausschlussbestimmung. a) Erfordernisse. Sie muss **bei der Zuwendung** erfolgen, nicht nachträglich. Sie braucht sich nicht der Worte des Gesetzes zu bedienen oder ausdrücklich geschehen,[102] es genügt zB die Anordnung der „gerichtlichen Verwaltung" des Zugewendeten.[103] Der Wille, den überlebenden Ehegatten von der Verwaltung des den Kindern hinterlassenen Vermögens auszuschließen, kann sich aus der Betrauung dritter Personen mit dieser Verwaltung ergeben.[104] Der Ausschluss der **Nutznießung** steht dem Ausschluss der Verwaltung nicht gleich.[105] Der Aus-

---
[95] *Soergel/Zimmermann* Rn. 14 (beschränkt auf den Entzug der Vertretung wider den Willen des Vertretungsberechtigten); KG NJW 1966, 1320.
[96] Str., anders wohl *Staudinger/Bienwald* Rn. 30.
[97] *Staudinger/Bienwald* Rn. 30 mwN.
[98] BGHZ 21, 229, 234 = NJW 1956, 1433; RGZ 71, 162; 67, 61; BayObLGZ 25, 193, 197; 1958, 373, 377; OLG Hamm OLGZ 1975, 173.
[99] OLG Hamm MDR 1972, 783
[100] BayObLG FamRZ 1989, 1342, 1344.
[101] OLG Frankfurt/Main FamRZ 1997, 1115, 1116.
[102] BayObLG FamRZ 1989, 1342; OLG Frankfurt/Main FamRZ 1997, 1115, 1116.
[103] *Soergel/Zimmermann* Rn. 8 mit Bezug auf BayObLG Recht 1916 Nr. 952; KGJ 22, 25.
[104] BayObLG FamRZ 1989, 1342.
[105] BayObLGZ 1982, 86, 87 f. = Rpfleger 1982, 180; LG Dortmund NJW 1959, 2264.

schluss von der Vermögensverwaltung durch den Zuwendenden ist verbindlich, auch das Familiengericht kann sie nicht aufheben.[106]

47 **b) Ausschluss des überlebenden Elternteils.** Wenden Vater oder Mutter ihren Kindern letztwillig etwas zu, so können sie den Überlebenden von der Verwaltung ausschließen. Auch ein gemeinschaftliches Testament hindert den überlebenden Ehegatten nicht daran, seine eigene Zuwendung in einem späteren Testament dahin einzuschränken, dass die Mutter des bedachten minderjährigen Enkels das Zugewendete nicht verwalten soll.[107]

48 **c) Keine Anwendung bei Volljährigen.** Die Vorschrift des § 1909 Abs. 1 S. 2 ist nur dann anwendbar, wenn einem **Minderjährigen** Vermögen mit der entsprechenden Ausschlussbestimmung anfällt. Die letztwillige Zuwendung an einen Volljährigen mit einer Bestimmung seines Ausschlusses von der Vermögensverwaltung kann als Anordnung einer Testamentsvollstreckung auszulegen sein.[108]

49 **3. Zuwendung von Vermögen von Todes wegen.** Von Todes wegen zugewendetes Vermögen kann auch der *gesetzliche* Erbteil,[109] der Pflichtteil[110] oder ein Vermächtnis[111] sein. Der Erblasser kann aber nicht wirksam bestimmen, dass die Eltern das Kind bei der Annahme oder Ausschlagung der Erbschaft nicht vertreten können, da dies kein Akt der Verwaltung ist.[112] Dagegen hindert der Ausschluss die Eltern/den Vormund, für das Kind den **Erbschein** zu beantragen.[113] Fällt dem Kind aus Anlass des Todes eines Elternteils die Leistung aus einer Lebensversicherung zu, so handelt es sich nicht um einen Erwerb von Todes wegen.[114]

50 **4. Testamentsvollstreckung und Verwaltungsausschluss insbesondere. a) Grundsätze.** Die bloße Anordnung einer Testamentsvollstreckung bedeutet noch nicht den Ausschluss von der Verwaltung.[115] Doch kann beides miteinander verbunden sein. Ist in der letztwilligen Verfügung daneben der Ausschluss der Vermögensverwaltung beider Eltern angeordnet oder ist eine solche Anordnung der letztwilligen Verfügung zu entnehmen, so ist die Anordnung einer Ergänzungspflegschaft nicht entbehrlich.[116] Der Erblasser kann dem Testamentsvollstrecker zwar eine sehr freie Stellung einräumen, er kann ihn aber nicht von allen Verpflichtungen gegenüber dem Erben befreien. Die sich daraus ergebenden Rechte der Erben gegen den Testamentsvollstrecker können jedoch nicht von den von der Verwaltung Ausgeschlossenen geltend gemacht werden, so dass insoweit der Pfleger nötig ist. Eine andere Frage ist, ob diese Rechte Anlass sein können, für das Kind (Mündel) eine **Dauerergänzungspflegschaft** mit dem Geschäftskreis „Verwaltung des dem Minderjährigen (Mündel) zugewendeten Vermögens, soweit diese nicht dem Testamentsvollstrecker zusteht"[117] einzurichten, oder ob bei einem ordentlich wirtschaftenden Testamentsvollstrecker eine Kurzpflegschaft genügt. Doch sollte auch im Hinblick auf die Kontrolle des Testamentsvollstreckers eine „vertretungslose" Zeit nicht in Kauf genommen werden.

51 **b) Überlebender Elternteil als Testamentsvollstrecker.** Sind Vater oder Mutter minderjähriger Kinder zu verwaltenden Testamentsvollstreckern über den ihren Kindern zugewendeten Nachlass eingesetzt, ist die Rechtslage wie folgt. Die **rechtliche Doppelstellung,** in der sich nunmehr der Überlebende befindet, schließt allein den betreffenden Elternteil von der Ausübung der Vermögenssorge nicht aus.[118] Nach BGH[119] kommt die Anordnung einer Ergänzungspflegschaft

---

[106] *Soergel/Zimmermann* Rn. 8.
[107] OLG Braunschweig DNotZ 1951, 374; KG HRR 1936 Nr. 340.
[108] *Soergel/Zimmermann* Rn. 8 mwN.
[109] BayObLGZ 1964, 263, 266.
[110] OLG Hamm FamRZ 1969, 662.
[111] KGJ 38 A 69, 71; OLGRspr. 16, 36.
[112] BayObLGZ 1977, 105 = Rpfleger 1977, 253; BayObLGZ 1983, 213, 219 f. mwN = Rpfleger 1983, 482; OLG Karlsruhe FamRZ 1965, 573; *Baur* DNotZ 1965, 485; *Soergel/Zimmermann* Rn. 9.
[113] OLG Frankfurt/Main FamRZ 1997, 1115, 1116.
[114] OLG Naumburg FamRZ 2003, 1406 (einschlägig war also nur die Variante der unentgeltlichen Zuwendung; doch fehlte es an einer entsprechenden Bestimmung des Zuwendenden).
[115] S. BayObLG FamRZ 1989, 1342, 1343 = Rpfleger 1989, 411, 412; LG Dortmund NJW 1959, 2264; *Dölle* § 94 II 4.
[116] BayObLGZ 25, 193, 197 und 1977, 105 = Rpfleger 1977, 253; BayObLG FamRZ 1989, 1342, 1343 = Rpfleger 1989, 411, 412; KGJ 38 A 69; OLG Frankfurt DNotZ 1965, 482; *Soergel/Zimmermann* Rn. 8; *Haegele* Rpfleger 1963, 330, 334.
[117] KGJ 38 A 68, 75; vgl. BayObLGZ 1980 324, 326 f. = FamRZ 1981, 400.
[118] BGH FamRZ 2008, 1156 Tz.11; OLG Frankfurt am Main NJW-RR 2007, 371; OLG Zweibrücken ZEV 2007, 333; *Haegele* Rpfleger 1963, 330, 333.
[119] BGH FamRZ 2008, 1156 Tz.12.

zur Wahrnehmung der Rechte des Erben aus den in den Nachlass fallenden Gesellschaftsanteilen auch dann nicht in Betracht, wenn der Vater Mitgesellschafter und die Mutter von der Vertretung des Kindes für das ererbte Vermögen ausgeschlossen ist; die mit einer solchen Pflegschaft einhergehende Beschränkung der gesetzlichen Vertretungsmacht des Vaters ändere an dessen Verwaltungsbefugnissen als Testamentsvollstrecker nichts. Bei solchen Konstellationen können sich jedoch Interessenkonflikte ergeben, die einen Entzug der Vermögenssorge (den Nachlass betreffend) nach § 1796 und die Bestellung eines Pflegers erforderlich machen.[120] Den Anwendungsbereich des § 1796 interpretiert der BGH in diesem Zusammenhang sehr eng.[121] Sinngemäß gilt die beschriebene Rechtslage auch für den Vormund als Testamentsvollstrecker, selbst wenn es sich um den Alleinerben handelt.[122]

5. Zuwendung unter Lebenden. Bei der unentgeltlichen Zuwendung unter Lebenden kann formlos bestimmt werden, dass die Eltern/der Vormund das zugewendete Vermögen nicht verwalten sollen. Wenden **Eltern,** denen gemeinschaftlich die elterliche Sorge zusteht, ihren minderjährigen Kindern unentgeltlich unter Lebenden Vermögen zu, können sie sich auch selbst bei der Zuwendung von der **Verwaltung ausschließen.**[123] Der Zuwendende kann sich zugleich selbst als Pfleger des Zugewendeten bestimmen (§ 1917);[124] das kann auch der Elternteil sein, dem nach geschiedener Ehe die elterliche Sorge oder die Vermögensverwaltung nicht zusteht.[125] 52

II. Rechtsfolgen

Die Ausschlussbestimmung führt nicht in jedem Fall zur Erforderlichkeit einer Pflegschaft. Sind beide Elternteile sorgeberechtigt und ist nur ein Elternteil vom Zuwendenden ausgeschlossen, so verwaltet der andere das Zugewendete allein und vertritt insoweit das Kind (§ 1638 Abs. 3). Anders wenn beide sorgeberechtigten Eltern ausgeschlossen sind oder wenn der Ausschluss den allein zur Vermögenssorge befugten Elternteil betrifft; dann ist ein Ergänzungspfleger zu bestellen. Ist einer von mehreren Mitvormündern ausgeschlossen, so kommt es in jedem Fall zur Pflegschaft: Ist der Ausgeschlossene allein für die Vermögenssorge zuständig, so gilt dies ohnehin (§ 1797 Abs. 2 S. 2); aber auch bei gemeinschaftlicher Vermögensverwaltung von Mitvormündern führt der Ausschluss eines Vormunds zur Pflegschaft, weil der andere den Mündel nicht allein vertreten kann (§ 1797 Abs. 1 S. 1). 53

D. Mitteilungspflicht (Abs. 2)

Die Vorschrift des Abs. 2 erlegt den Eltern/dem Vormund die Pflicht auf, dem Familiengericht die Erforderlichkeit einer Pflegschaft unverzüglich anzuzeigen.[126] Diese Pflicht soll dem Gericht die rechtzeitige Kenntnis von allen Fällen zu sichern, in denen Pflegschaft anzuordnen ist. Schuldhafte Unterlassung der Anzeige macht schadensersatzpflichtig.[127] 54

E. Ersatzpflegschaft (Abs. 3)

I. Voraussetzungen

Die Pflegschaft nach Abs. 3 soll vorläufig die an sich notwendige Vormundschaft ersetzen („Überbrückungspflegschaft"). Sie ist unter folgenden Voraussetzungen zulässig:
- Es müssen die Voraussetzungen gegeben sein, unter denen der Minderjährige einen Vormund erhält (§ 1773). 55

---

[120] Nach OLG Hamm FamRZ 1993, 1122, 1123 und OLG Nürnberg FamRZ 2002, 272 im Hinblick auf § 1796 generell, dagegen OLG Zweibrücken Rpfleger 2007, 265.
[121] Siehe BGH FamRZ 2008, 1156 Tz.16 mit kritischer Anmerkung *Zimmermann* FamRZ 2008, 1158. Demgegenüber die OLG-Rechtsprechung OLG Hamm FamRZ 1993, 1122, 1123; OLG Nürnberg FamRZ 2002, 272; OLG Schleswig OLGR 2007, 442; OLG Zweibrücken Rpfleger 2004, 162.
[122] KGJ 48 A 141; BayObLG DAVorm. 1978, 470, 473.
[123] OLG Hamm DB 1974, 815; *Dölle* § 94 II 5 c; *Oberloskamp* FamRZ 1974, 296, 298; *Priester* DB 1974, 273; vgl. LG Köln Rpfleger 1971, 354.
[124] OLG München JFG 21, 181.
[125] BayObLGZ 1975, 34, 38.
[126] Dazu ausführlich *Staudinger/Bienwald* Rn. 27–29.
[127] KGJW 1933, 184, *Soergel/Zimmermann* Rn. 15.

– Der sofortigen Bestellung eines Vormunds oder seinem Amtsantritt müssen Hindernisse entgegenstehen (zB Weigerung des berufenen Vormunds, das Amt zu übernehmen; Schwierigkeiten, einen geeigneten Vormund zu finden; tatsächliche Verhinderung des berufenen Vormunds).
– Schließlich muss der Pflegling eiliger Fürsorge bedürfen. Die Bestellung des Pflegers entbindet das Gericht nicht von der Pflicht, alsbald einen Vormund zu bestellen. In Eilfällen kann das Gericht auch selbst nach § 1846 zum Schutze des Minderjährigen handeln.[128]

Naturgemäß ist die Vorschrift in den Fällen gesetzlicher Amtsvormundschaft (§ 1791c, 1751 Abs. 1 S. 2) nicht anwendbar. Ebenso wenig wie andere Pflegschaften beeinflusst Ersatzpflegschaft die Geschäftsfähigkeit des Pfleglings; folglich bleibt der Minderjährige, der das 7. Lebensjahr vollendet hat, beschränkt geschäftsfähig.

II. Wirkungskreis des Pflegers

56 In der Regel werden nur einzelne Angelegenheiten des Pfleglings schleunig erledigt werden müssen. Dementsprechend wird der Wirkungskreis des Pflegers beschränkt sein. Er kann sich jedoch, soweit dafür ein Bedürfnis besteht, auch auf alle Angelegenheiten erstrecken.[129] In einem solchen Fall kann die vorläufige Pflegschaft genauso umfassend sein wie die Vormundschaft.

III. Ersatzpflegschaft und Entscheidung über die elterliche Sorge

57 In den Fällen, in denen bei Ausfall des allein sorgeberechtigten Elternteils darüber entschieden werden muss, ob dem anderen (insoweit) das Sorgerecht anvertraut werden kann (vgl. §§ 1678 Abs. 2; 1680 Abs. 2, 3; 1681), kann sich wegen der Verfahrensdauer die Notwendigkeit ergeben, als Interimslösung einen Pfleger zu bestellen.

F. Ende der Pflegschaft

58 Die Pflegschaft nach § 1909 Abs. 1 endet kraft Gesetzes spätestens mit dem Ende der elterlichen Sorge oder der Vormundschaft (s. § 1918 Abs. 1). Sie endet kraft Gesetzes weiterhin mit der Erledigung der Angelegenheit, für die sie angeordnet war (s. § 1918 Abs. 3). In den übrigen Fällen endet die Pflegschaft durch gerichtlichen Aufhebungsbeschluss gemäß § 1919. Aufzuheben ist bei Wegfall des Grundes oder wenn der Grund von vornherein nicht gegeben war.[130] Auch die Ersatzpflegschaft endet nicht von selbst mit Bestellung des Vormunds, sondern muss aufgehoben werden.[131]

G. Auswahl des Pflegers, Verfahrensfragen

I. Auswahl des Pflegers

59 Die Berufungsvorschriften des Vormundschaftsrechts gelten für die Pflegschaft nach § 1909 Abs. 1 S. 1 und Abs. 3 nicht (§ 1916). Für die Pflegschaft nach § 1909 Abs. 1 S. 2 enthält § 1917 eine besondere Berufungsvorschrift. Zu den Auswahlgrundsätzen siehe die Ausführungen zu § 1915 Rn. 11, 12.

II. Pflegschaftsanordnung von Amts wegen

60 Liegen die Voraussetzungen für die Anordnung einer Pflegschaft nach § 1909 vor, so hat sie das Familiengericht von Amts wegen anzuordnen (§ 1915 Abs. 1, § 1774). Die entscheidungserheblichen Tatsachen sind von Amts wegen zu ermitteln (§ 26 FamFG). Entsprechende Anträge sind nur als Anregungen aufzufassen. Wird daher ein Pflegschaftsantrag zurückgenommen, so ist dadurch nicht ohne weiteres das Verfahren beendet. Das Verfahren kann sich aus anderen Gründen erledigen (Tod des Pfleglings, Wegfall des Bedürfnisses).[132]

---

[128] *Staudinger/Bienwald* Rn. 32 (sollte die Ausnahme bleiben).
[129] *Soergel/Zimmermann* Rn. 16; *Staudinger/Bienwald* Rn. 33.
[130] BayObLG Rpfleger 1990, 119.
[131] *Staudinger/Bienwald* Rn. 33.
[132] BayObLGZ 1964, 350, 351 = NJW 1965, 397 (Tod); BayObLG Beschluss v. 27. 2. 1976 – BReg 1 Z 112/75 (Einstellung des Ermittlungsverfahrens im Fall des § 52 Abs. 2 S. 2 StPO). Zur Verfahrenserledigung zB: BayObLGZ 1974, 260, 262.

Abwesenheitspflegschaft § 1911

III. Verfahren

1. Zuständigkeit. Die Verfahren der Anordnung von Pflegschaften nach § 1909 sind Kindschaftssachen (§ 151 Nr. 5 FamFG). Zuständig sind folglich die Familiengerichte (§§ 23a Abs. 1 S. 1 Nr. 1, 23b Abs. 1 GVG; § 111 Nr. 2 FamFG), und zwar sowohl für die Anordnung der Pflegschaft als auch für Auswahl und Bestellung des Pflegers und für dessen gerichtliche Kontrolle nach den Vorschriften des Vormundschaftsrechts. **Funktionell** zuständig ist grundsätzlich der Rechtspfleger (§ 3 Nr. 2 a RPflG iVm. § 151 FamFG). Richtervorbehalt besteht für Maßnahmen auf Grund des § 1666 zur Abwendung einer Gefahr für das körperliche, geistige oder seelische Wohl des Kinde (§ 14 Abs. 1 Nr. 2 RPflG) sowie bei Maßnahmen, welche die religiöse Kindererziehung betreffen (§ 14 Abs. 1 Nr. 11 RPflG). Beachte ferner den Richtervorbehalt gemäß § 14 Abs. 1 Nr. 10 RPflG (Anordnung einer Pflegschaft über Ausländer einschließlich vorläufiger Maßregeln). Für das Rechtsmittel der (befristeten) Beschwerde sind die Oberlandesgerichte zuständig (§ 119 Abs.1 Nr. 1a GVG). In vermögensrechtlichen Angelegenheiten ist die Beschwerde nur zulässig, wenn der Wert des Beschwerdegegenstandes 600 Euro übersteigt oder wenn das Gericht des ersten Rechtszuges die Beschwerde zugelassen hat (§ 61 Abs. 1, 2 FamFG). In persönlichen Angelegenheiten ist die Beschwerde ohne Einschränkungen gegeben. Für das Rechtsmittel der Rechtsbeschwerde ist der Bundesgerichtshof zuständig (§ 133 GVG); Voraussetzung ist die Zulassung gemäß § 70 Abs. 1, 2 FamFG.

2. Verfahren in Kindschaftssachen. Für das Verfahren über die Anordnung einer Pflegschaft und Bestellung eines Pflegers gelten die Vorschriften über das Verfahren in Kindschaftssachen (§§ 151 ff. FamFG) und, soweit diese keine Besonderheiten vorsehen, die allgemeinen Regeln des FamFG. Bei den für Kindschaftssachen maßgeblichen Normen ist zu beachten, dass sie zum Teil nur spezielle Gegenstände betreffen (zB das Beschleunigungsgebot, § 155 FamFG). Es ist vor Anwendung der jeweiligen Vorschriften im Pflegschaftsverfahren also zu prüfen, ob sie für den konkreten Verfahrensgegenstand einschlägig sind. Wer am Verfahren **zu beteiligen ist**, richtet sich nach den allgemeinen Vorschriften der §§ 7 ff.; zusätzlich kann eine Pflegeperson (Pflegefamilie) hinzugezogen werden (§ 161 FamFG). Ein **Verfahrensbeistand** ist unter den Voraussetzungen des § 158 FamFG zu bestellen; er wird dann ohne weiteres zum Verfahren hinzugezogen (§ 158 Abs. 3 S. 2 FamFG). **Anzuhören** sind das Kind gemäß § 159 FamFG, die Eltern gemäß § 160 FamFG, die Pflegeperson gemäß § 161 FamFG, das Jugendamt auf seinen Antrag hin nach § 162 Abs. 2 FamFG. Im Übrigen richtet sich die Anhörung nach § 34 FamFG. Das **Beschwerderecht** ergibt sich aus den allgemeinen Regeln des § 59 FamFG. Ein Kind, für das die elterliche Sorge besteht, oder ein unter Vormundschaft stehender Mündel kann in allen seine Person betreffenden Angelegenheiten ohne Mitwirkung seines gesetzlichen Vertreters das nach § 59 begründete[133] Beschwerderecht ausüben; das Gleiche gilt in sonstigen Angelegenheiten, in denen das Kind oder der Mündel vor einer Entscheidung des Gerichts gehört werden soll; die Befugnis zur selbständigen Einlegung des Beschwerde besteht aber nicht für Personen, die geschäftsunfähig sind oder bei Erlass der Entscheidung das 14. Lebensjahr nicht vollendet haben (§ 60 FamFG). Die Entscheidung, gegen die das Kind das Beschwerderecht ausüben kann, ist dem Kind selbst bekannt zu machen, wenn es das 14. Lebensjahr vollendet hat und nicht geschäftsunfähig ist (§ 164 S.1 FamFG).

§ 1910 *(aufgehoben durch BtG vom 12. 9. 1990 Art. 1 Nr. 48)*

§ 1910 regelte das Rechtsinstitut der Gebrechlichkeitspflegschaft, das mit Wirkung zum 1. 1. 1992 entfallen und durch das neue Rechtsinstitut der rechtlichen Betreuung (§§ 1896 ff.) ersetzt ist. Die bisherigen Gebrechlichkeitspflegschaften sind kraft Gesetzes in Betreuungen verwandelt (Art. 9 § 1 BtG); zu den Übergangsvorschriften siehe Vor 1896 Rn. 21 ff.

§ 1911 Abwesenheitspflegschaft

(1) ¹Ein abwesender Volljähriger, dessen Aufenthalt unbekannt ist, erhält für seine **Vermögensangelegenheiten, soweit sie der Fürsorge bedürfen, einen Abwesenheitspfleger.** ²Ein solcher Pfleger ist ihm insbesondere auch dann zu bestellen, wenn er durch Erteilung eines Auftrags oder einer Vollmacht Fürsorge getroffen hat, aber

---

[133] Prütting/Helms/Abramenko § 60 FamFG Rn.1.

Umstände eingetreten sind, die zum Widerruf des Auftrags oder der Vollmacht Anlass geben.

(2) Das Gleiche gilt von einem Abwesenden, dessen Aufenthalt bekannt, der aber an der Rückkehr und der Besorgung seiner Vermögensangelegenheiten verhindert ist.

Schrifttum: *Arnold,* Nachlaß- oder Abwesenheitspflegschaft?, MDR 1949, 600; *ders.,* Nochmals: Zulässigkeit der Abwesenheitspflegschaft, MDR 1952, 339; *Beitzke,* Pflegschaften für Handelsgesellschaften und juristische Personen, FS Ballerstedt, 1975, S. 185; *ders.,* Probleme der enteignungsrechtlichen Spaltgesellschaft, FS Jansen, 1958, S. 29, 32; *Bettermann,* Abwesenheitspflegschaft, MDR 1949, 94; *Dirian,* Die Bestellung von Abwesenheitspflegern für Kriegsvermißte, NJW 1953, 492; *Eich,* Abwesenheitspflegschaft bei Kommanditgesellschaft?, NJW 1965, 240; *Jansen,* Umfang und Grenzen der Vertretungsmacht des Abwesenheitspflegers, DNotZ 1954, 592; *Kayser,* Zur Stellung des Abwesenheitspflegers im Aufgebotsverfahren zum Zwecke der Todeserklärung, JZ 1954, 55; *W. Müller,* Abwesenheits-, Nachlaßpflegschaft und Pflegschaft für unbekannte Beteiligte, NJW 1956, 652; *ders.,* Zur Abwesenheitspflegschaft bei nachfolgender Todeserklärung, Rpfleger 1953, 115; *Wenckstern,* Die Löschung von Grundpfandrechten bei nicht erreichbarem Berechtigten, DNotZ 1993, 547.

Übersicht

	Rn.		Rn.
I. Normzweck	1–3	b) Eigene Lösung	15
1. Fürsorge in Vermögensangelegenheiten	1	2. Abwesenheitspflegschaft trotz fehlender Voraussetzungen	16
2. Unanwendbarkeit des § 1911	2		
3. Verhältnis zum Verschollenheitsrecht	3	3. Umfang der Pflegschaft	17
II. Abwesender bei unbekanntem Aufenthalt (Abs. 1)	4–8	**VI. Die Auswahl des Abwesenheitspflegers**	18
1. Pflegschaft nur für geschäftsfähige Volljährige	4	**VII. Stellung des Abwesenheitspflegers**	19–21
2. Begriff der Abwesenheit	5–8	1. Gesetzliche Vertretung	19
a) Ort	5	2. Todeserklärung	20, 21
b) Unbekannter Aufenthalt	6	a) Berechtigung zum Betreiben des Todeserklärungsverfahrens	20
c) Ungewissheit über Leben oder Tod	7	b) Beendigung des Amtes nach Todeserklärung	21
d) Verschollenheitsrecht	8		
III. Abwesender mit bekanntem Aufenthalt (Abs. 2)	9–12	**VIII. Ende der Abwesenheitspflegschaft**	22, 23
1. Verhinderung	9–11		
a) Unvermögen zur „Rückkehr"	9	1. Kraft Gesetzes	22
b) Wesentliche Erschwerung	10	2. Kraft gerichtlicher Entscheidung	23
c) Möglichkeit von Vollmachten	11		
2. Abgrenzung zum ZustErgG	12	**IX. Verfahrensfragen**	24
IV. Notwendigkeit des Widerrufs einer Vollmacht oder eines Auftrags (Abs. 1 S. 2)	13	**X. Parallelvorschriften**	25–27
		1. ZustErgG	25
V. Das Fürsorgebedürfnis insbesondere	14–17	2. Pflegschaften nach besonderen Vorschriften des FamFG	26
1. Das Problem des Drittinteresses	14, 15		
a) Herrschende Auffassung	14	3. Pflegschaften nach § 96 GBO	27

I. Normzweck

1 **1. Fürsorge in Vermögensangelegenheiten.** Die Bestimmung bezweckt die Fürsorge für die Vermögensangelegenheiten einer bestimmten volljährigen natürlichen Person,[1] die infolge **Abwesenheit** verhindert ist, sie wahrzunehmen. Obwohl sich die Abwesenheitspflegschaft auf Vermögensangelegenheiten beschränkt, bezieht sie sich nicht auf eine bestimmte Vermögensmasse als solche, sondern auf die Person, für die sie angeordnet ist („Personalpflegschaft").[2]

2 **2. Unanwendbarkeit des § 1911.** Nicht anwendbar ist die Bestimmung,
– soweit der Abwesende durch eine ausreichend **bevollmächtigte Person** vertreten wird (Ausnahme Abs. 1 S. 2). Dies gilt auch dann, wenn der Abwesende seine Vermögensinteressen zwar

---

[1] Für jur. Personen s. Rn. 32 ff.
[2] HM zB BayObLGZ 1953, 29, 33; *Staudinger/Bienwald* Rn. 1 mN.

selbst wahrnehmen könnte, zB als Steuerflüchtling, dies aber nicht will[3] *und* wenn er ausreichend für seine Vertretung gesorgt hat;

– wenn es sich um die **Wahrnehmung nichtvermögensrechtlicher Interessen** handelt. In persönlichen Angelegenheiten kann der Pfleger den Abwesenden nicht vertreten,[4] selbst wenn die Bestellung keine diesbezügliche Einschränkung enthalten sollte.[5] Es gibt keine alle Angelegenheiten umfassende Abwesenheitspflegschaft. Auch die entsprechende Anwendung des § 1911[6] auf die Wahrnehmung nichtvermögensrechtlicher Angelegenheiten ist abzulehnen. Wegen des persönlichen Einschlags der Unterhaltspflicht ist eine Abwesenheitspflegschaft zur Vertretung in einem Unterhaltsprozess nicht zulässig,[7] ebenso nicht zur Erhebung eines Scheidungsantrags,[8] zur Stellung eines Strafantrags wegen Verletzung eines persönlichen Rechtsguts,[9] zur Anerkennung einer Vaterschaft[10] oder zur Begründung eines Wohnsitzes.[11]

3. Verhältnis zum Verschollenheitsrecht. Die Abwesenheitspflegschaft weist Berührungspunkte mit dem Verschollenheitsrecht[12] auf; § 1921 Abs. 3 macht die enge Verbindung evident. Gleichwohl ist Verschollenheit (§ 1 Abs. 1 VerschG)[13] weder Voraussetzung noch Hindernis der Abwesenheitspflegschaft.[14] Die Abwesenheitspflegschaft für Verschollene bildete in den ersten Jahren nach dem zweiten Weltkrieg einen großen Teil des Arbeitsanfalls der Gerichte.[15] Dadurch bedingt gewannen in der (umfangreichen) Rechtsprechung vornehmlich Abgrenzungsfragen zum Verschollenheitsrecht sowie zur Nachlasspflegschaft (§ 1960) erhebliche Bedeutung.

II. Abwesender bei unbekanntem Aufenthalt (Abs. 1)

1. Pflegschaft nur für geschäftsfähige Volljährige. Nur ein Volljähriger kann einen Abwesenheitspfleger erhalten, sofern ein Fürsorgebedürfnis besteht. Abwesende Minderjährige sind durch die Eltern oder den Vormund vertreten (beachte auch §§ 1698a, 1698 b). Sind diese verhindert, ist anderweit Vorsorge zu treffen (vgl. § 1909 Rn. 7 ff.). Eines Abwesenheitspflegers bedarf es ferner nicht, soweit für die betreffenden Vermögensangelegenheiten ein Betreuer als gesetzlicher Vertreter handeln kann (vgl. §§ 1896, 1902).

2. Begriff der Abwesenheit. a) Ort. Abwesenheit iS des § 1911 ist nach heute gefestigter Auffassung[16] allgemein auf den **Ort** zu beziehen, an dem die Angelegenheit der **Fürsorge bedarf**; das kann, muss aber nicht der Wohnsitz sein.

b) Unbekannter Aufenthalt. Nach Abs. 1 S. 1 ist Abwesenheit gegeben, wenn der **Aufenthalt** einer Person dem Gericht **unbekannt** und diese **Unkenntnis nicht leicht zu beheben** ist.[17] Es müssen alle sich aus der Amtsermittlungspflicht (§ 26 FamFG) ergebenden, auf der Hand liegenden Nachforschungsmöglichkeiten genutzt worden und erfolglos geblieben sein.[18] Ganz entfernt liegende oder vernünftigerweise keinen Erfolg versprechende Aufklärungsmöglichkeiten stehen der

---

[3] HM seit BayObLGZ 15, 438; vgl. auch: RGZ 98, 263, 264; KG JFG 12, 136, 139.
[4] RGZ 126, 261, 262; OLG Oldenburg NdsRPfl. 1949, 182 (jew. Ehescheidung); KG JW 1938, 1033 (Vater in Eigenschaft als ges. Vertreter); OLG Koblenz FamRZ 1974, 222 (Kindschaftsprozess); LG Freiburg Rpfleger 1949, 614; *Jacobs* FamRZ 1975, 239 (kein Vaterschaftsanerkenntnis). Grundsätzlich ebenso *Staudinger/Bienwald* Rn. 2.
[5] BGHZ 5, 240, 242 = NJW 1952, 818.
[6] *Geimer* NJW 1974, 1630 f. für Verfahren nach Art. 7 § 1 FamRÄndG.
[7] AG Groß-Gerau FamRZ 1997, 305.
[8] RGZ 126, 261; OLG Oldenburg NdsRPfl. 1949, 182.
[9] BGHZ 18, 389, 395. Auch eine Abwesenheitspflegschaft zur Erhebung einer Nebenklage wegen Körperverletzung des Abwesenden ist nicht zulässig, OLG Frankfurt NJW 1950, 882, 883.
[10] Vgl. OLG Hamm FamRZ 1981, 205, 206.
[11] KG NJW 1956, 264.
[12] Verschollenheitsgesetz vom 15. Januar 1951 (BGBl. I S. 63), zuletzt geändert durch Art. 14 § 11 des Gesetzes zur Reform des Kindschaftsrechts (Kindschaftsrechtsreformgesetz – KindRG) vom 16. Dezember 1997, BGBl. I S. 2942; Gesetz zur Änderung von Vorschriften des Verschollenheitsrechts – VerschÄndG – v. 15. 1. 1951 (BGBl. I S. 59) Art. 2 ff.; Konvention der Vereinten Nationen über die Todeserklärung Verschollener v. 5. 4. 1950 (BGBl. 1955 II S. 706) und Zustimmungsgesetz v. 7. 7. 1955 (BGBl. I S. 401).
[13] BGHZ 3, 230, 236 = NJW 1952, 578 (Definition der Verschollenheit).
[14] BayObLGZ 1952, 129, 131.
[15] *Dirian* NJW 1953, 492.
[16] *Erman/Roth* Rn. 1; vgl. RGZ 98, 263, 264; krit. *Staudinger/Bienwald* Rn. 7.
[17] KG OLGRspr. 18, 306, 307, OLG Brandenburg FamRZ 1995, 1445 (betr. § 11b VermG); OLG Naumburg Rpfleger 2003, 188; OLG Brandenburg FamRZ 2005, 2082, 2084; hM.
[18] BayObLG OLGRspr. 28, 328; OLG Brandenburg FamRZ 2005, 2082, 2084.

Abwesenheit nicht entgegen.[19] Ein bestimmter Zeitraum der Abwesenheit ist vom Gesetz nicht gefordert.[20]

7 **c) Ungewissheit über Leben oder Tod.** Sind **Leben oder Tod** eines Volljährigen **ungewiss**, muss, solange sein Tod nicht feststeht oder er für tot erklärt worden ist, Abwesenheit mit unbekanntem Aufenthalt angenommen werden. Abwesenheitspflegschaft bleibt auch in einem solchen Fall zulässig. Insoweit kommt es nicht darauf an, ob die Lebensvermutung des § 10 VerschG noch für den Verschollenen begründet ist (vgl. § 1921 Abs. 3). Ist sie es nicht mehr, so tritt nur der allgemeine Zustand der Ungewissheit über Leben und Tod ein.[21] Leben oder Tod hat der zu beweisen, der sich auf die jeweilige Tatsache beruft.[22]

8 **d) Verschollenheitsrecht.** In Zusammenhang mit der Problematik der **Lebensvermutung nach Verschollenheitsrecht** war umstritten, ob bei einem **Erbfall**, der nach Ablauf der Fristen des § 9 Abs. 3, 4 VerschG oder Art. 2 §§ 1, 2 VerschÄndG eintritt, für den vermissten (als präsumtiven Erben) ein Abwesenheitspfleger zu bestellen oder Nachlasspflegschaft (§ 1960) anzuordnen sei; beide Auffassungen wurden vertreten.[23] Unabhängig vom Tatbestandsmerkmal der Abwesenheit hat sich unter dem Gesichtspunkt des mangelnden Fürsorgebedürfnisses die verfahrensökonomisch praktikabelste Auffassung durchgesetzt; danach kommt nur die Anordnung einer **Nachlasspflegschaft** in Betracht, wenn es sich ausschließlich um die Fürsorge für Vermögen handelt, das dem Abwesenden erst nach Ablauf der **Lebensvermutungsfrist** (und mangelnder Beweisbarkeit seines Lebens auf andere Weise, § 1923 Abs. 1) zugefallen sein kann.[24] Ein (schon) bestellter Abwesenheitspfleger kann den Abwesenden insoweit nicht mehr ordnungsgemäß vertreten.[25]

III. Abwesender mit bekanntem Aufenthalt (Abs. 2)

9 **1. Verhinderung. a) Unvermögen zur „Rückkehr".** Abs. 2 betrifft den Abwesenden, der zwar bekannten Aufenthalts, aber an der rechtzeitigen „Rückkehr" und an der Besorgung seiner Vermögensangelegenheiten am Ort des Fürsorgebedürfnisses durch besondere Umstände verhindert ist.[26] Der Begriff der Rückkehr ist sinngemäß zu nehmen: Es geht um das Unvermögen zur *nötigen* Anwesenheit am Ort des Fürsorgebedürfnisses, gleichgültig, ob der Betreffende sich jemals an diesem Ort aufgehalten hat.[27]

10 **b) Wesentliche Erschwerung.** Für die Verhinderung genügt eine **wesentliche Erschwerung**: Umstände, die den Betroffenen vorübergehend im Ausland zurückhalten,[28] politische Verhältnisse im Ausland, die ihn an der Abwicklung von Grundstücksangelegenheiten hindern,[29] ausnahmsweise auch der Aufenthalt in einer Strafanstalt, wenn der Betroffene nicht in der Lage ist, sich durch einen Bevollmächtigten vertreten zu lassen.[30] Verhindert ist auch der im Ausland befindliche Steuerflüchtling, der sich wegen drohender Verhaftung im Inland nicht um seine Angelegenheiten kümmert.[31]

11 **c) Möglichkeit von Vollmachten.** Ein Fürsorgebedürfnis ist zu verneinen, wenn der Abwesende durch Erteilung von **Aufträgen und Vollmachten** Vorsorge treffen kann. Scheitert im Fall der Strafhaft die Beauftragung und Bevollmächtigung eines Dritten allerdings allein aus finanziellen Gründen, so soll nach einer Entscheidung des KG[32] ist die Bestellung eines Abwesenheitspflegers nicht zulässig sein. Das ist zweifelhaft; auch sonst steht es der Anordnung einer Abwesenheitspfleg-

---

[19] OLG Brandenburg FamRZ 1995, 1445, 1446 (betr. § 11b VermG).
[20] *Soergel/Zimmermann* Rn. 3.
[21] Zu allem: BayObLGZ 14, 632; 1952, 129, 131; OLG Celle MDR 1950, 349; OLG Neustadt DNotZ 1959, 548; LG Augsburg DNotZ 1968, 558; *Arnold* MDR 1952, 339; vgl. BayObLG BWNotZ 1978, 162.
[22] OLG Oldenburg MDR 1949, 364; teilw. aA OLG Freiburg MDR 1952, 222.
[23] S. Zusammenstellung bei *Dirian* NJW 1953, 492; *Müller* NJW 1956, 652.
[24] BayObLGZ 1952, 129, 132 f.; vgl. BGH MDR 1959, 29 (freie Beweiswürdigung); dgl. BayObLGZ 1962, 373, 379.
[25] So: BGHZ 5, 240, 244 = NJW 1952, 818; kritisch dazu: *Jansen* DNotZ 1954, 592, 593.
[26] RGZ 98, 263, 264.
[27] *Soergel/Zimmermann* Rn. 11.
[28] BayObLGZ 9, 428.
[29] LG Nürnberg-Fürth DNotZ 1974, 620 LS; dgl. OLG Hamm FamRZ 1965, 291; KG NJW 1961, 884, je für DDR; s. zur Unmöglichkeit der Abgabe einer formgerechten Erklärung nach § 29 GBO im Ausland BayObLG Beschluss vom 17. 5. 1984 – 2 Z 31/84 = Rpfleger 1984, 404 LS.
[30] BayObLG Rpfleger 1989, 185.
[31] *Soergel/Zimmermann* Rn. 11; aA BayObLGZ 15, 438.
[32] KG FamRZ 1988, 877; krit. hierzu *Soergel/Zimmermann* Rn. 12.

schaft im Falle des Abs. 2 nicht entgegen, dass die „Rückkehr" u. a. aus finanziellen Gründung unmöglich ist.

2. Abgrenzung zum ZustErgG. Die Abgrenzungsfragen, die sich aus den Parallelvorschriften des „Gesetzes zur Ergänzung von Zuständigkeiten auf den Gebieten des Bürgerlichen Rechts, des Handelsrechts und des Strafrechts (Zuständigkeitsergänzungsgesetz – ZustErgG)" vom 7. 8. 1952 ergaben,[33] sind durch Aufhebung der §§ 7–13 dieses Gesetzes entfallen.[34]

IV. Notwendigkeit des Widerrufs einer Vollmacht oder eines Auftrags (Abs. 1 S. 2)

Sowohl im Fall des **Abs. 1 S. 1** als auch des **Abs. 2** kann ein **Bedürfnis** für die Anordnung einer Abwesenheitspflegschaft bestehen, wenn der Abwesende zwar für seine Vermögensangelegenheiten einen Beauftragten oder Bevollmächtigten bestellt hat, aber Umstände eingetreten sind, die zum Widerruf der Vollmacht oder des Auftrags Anlass geben (Abs. 1 S. 2) und der Abwesende verhindert ist, diesen Widerruf zu erklären. Ein solcher Fall kann bei unerlaubten Handlungen des Bevollmächtigten geben sein, aber auch aus sonstigen wichtigen Gründen, die den Entzug des gegebenen Vertrauens rechtfertigen, ohne dass eine unerlaubte Handlung vorliegen müsste. Ausreichend ist auch eine Interessenkollision, die bei einem Minderjährigen (§§ 1795, 1796) die Anordnung einer Ergänzungspflegschaft erforderlich machen würde. Die Entscheidung darüber, ob Vollmacht oder Auftrag widerrufen werden, trifft nicht das Gericht, sondern der Pfleger.[35] Keinen Fall des § 1911 Abs. 1 S. 2 bildet die Konstellation, dass die vom Abwesenden erteilten Vollmachten die Angelegenheit, bei der das Fürsorgebedürfnis auftritt, nicht umfasst. Hier richten sich die Voraussetzungen der Abwesenheitspflegschaft unmittelbar nach § 1911 Abs. 1 S. 1 und Abs. 2.[36]

V. Das Fürsorgebedürfnis insbesondere

1. Das Problem des Drittinteresses. a) Herrschende Auffassung. Die Anordnung der Abwesenheitspflegschaft setzt ein Fürsorgebedürfnis voraus. Dieses wird von der hM dahin verstanden, dass Pflegschaft in erster Linie („zumindest auch") im Interesse des Abwesenden anzuordnen ist, wobei sie daneben auch einem Dritten dienlich sein kann,[37] nur eben nicht ausschließlich,[38] also nicht zum Zweck der Einklagung einer Forderung gegen den Abwesenden[39] und nicht bei entgegengesetzten Interessen.[40] Nach der Rspr.[41] ist darauf abzustellen, ob dem Abwesenden irgendwelche Nachteile drohen, falls kein Pfleger bestellt wird, und ob die Bestellung eines Pflegers gegenüber etwa drohenden Nachteilen das kleinere Übel darstellt (hier: drohende Schadensersatzpflicht durch Nichtvollstreckung eines gegen den Abwesenden ergangenen Urteils). Bei Annahme solcher Nachteile für den Abwesenden verfährt die Rechtsprechung großzügig.[42] Es genügt, wenn die Pflegerbestellung zwar die Befriedigung von Ansprüchen Dritter ermöglicht (Erfüllung von Unterhaltspflichten,[43] Erteilung einer Löschungsbewilligung nach Schuldentilgung),[44] aber *auch* dem Interesse des Abwesenden entspricht. Die Eigeninteressen des Abwesenden werden weit gefasst (zB Vermeidung einer öffentlichen Zustellung, durch die sich der Betroffene schlechter stünde;[45] Vermeidung einer Todeserklärung durch Bestellung eines Abwesenheitspflegers;[46] Kündigung der

---

[33] Siehe Voraufl. Rn. 30–34.
[34] Erstes Gesetz über die Bereinigung von Bundesrecht im Zuständigkeitsbereich des Bundesministeriums der Justiz vom 19. 4. 2006 (BGBl. I S. 866), Art. 48.
[35] *Soergel/Zimmermann* Rn. 9.
[36] AA *Staudinger/Bienwald* Rn. 13.
[37] ZB OGHZ 1, 81; BayObLGZ 1952, 129, 131; OLGRspr. 18, 308; hM im Schrifttum zB *Staudinger/Bienwald* Rn. 10.
[38] BayObLGZ 1952, 315, 317; LG Potsdam FamRZ 2009, 2119.
[39] RG WarnR 1920 Nr. 48; OGHZ 1, 81 = NJW 1947/48, 552; vgl. OLG Zweibrücken NJW-RR 1987, 584; OLG Zweibrücken FamRZ 1987, 523; OLG Köln FamRZ 1996, 694 (keine Bestellung eines Abwesenheitspflegers für einen Drittschuldner zwecks Zustellung eines Pfändungs- und Überweisungsbeschlusses an diesen).
[40] OLG Hamm Rpfleger 1953, 517.
[41] BayObLG FamRZ 2003, 258; OLG Zweibrücken FamRZ 2003, 258.
[42] OLG Braunschweig NJW 1952, 31 (öffentl. Zustellung); KG OLGRspr. 18, 306, 307 (Hinterlegung); OLG Tübingen NJW 1949, 383 und OLG Hamm Rpfleger 1953, 517 (jew. für Rückerstattungsverfahren).
[43] KG JR 1950, 690.
[44] LG Augsburg DNotZ 1968, 558.
[45] OLG Braunschweig NJW 1952, 31; OLG Hamm Rpfleger 1953, 518, 519.
[46] OLG Hamm Rpfleger 1952, 591 mit Verweis auf OLG Hamm MDR 1952, 548 (Abwesenheitspfleger für den zu verklagenden Verschollenen für diesen ein geringeres Übel als sonst drohende Todeserklärung.

für die Familie nicht benötigten Wohnung des Abwesenden, um unnötige Mietkosten zu vermeiden,[47] Erteilung einer Löschungsbewilligung, um die Hinterlegung von Geld abzuwenden).[48]

15 **b) Eigene Lösung.** Dem Ansatzpunkt der hM kann nicht uneingeschränkt zugestimmt werden. Sicher hat das Gericht vorrangig die Interessen des Abwesenden zu berücksichtigen, wenn Geschäfte oder Rechtsakte in Frage stehen, die von ihm vorzunehmen sind. Bei Rechtsakten dagegen, die ein Dritter dem Abwesenden gegenüber vorzunehmen beabsichtigt, sollte das Gericht nur prüfen und entscheiden, ob der Abwesende, wenn er anwesend wäre, *vernünftigerweise* einen Vertreter bestellt hätte, denn § 1911 will – jedenfalls nach den Motiven des Gesetzgebers – den **Abwesenden nicht dem Rechtsverkehr entziehen**, sondern ihn am Rechtsverkehr teilnehmen lassen, sofern dafür ein objektives Bedürfnis besteht.[49]

16 **2. Abwesenheitspflegschaft trotz fehlender Voraussetzungen.** Die **Wirksamkeit** einer einmal angeordneten Pflegschaft wird grundsätzlich nicht dadurch berührt, dass nicht alle Voraussetzungen des § 1911 vorgelegen haben. Eine unbegründet angeordnete Pflegschaft ist in der Regel nur aufhebbar.[50] Abwesenheitspflegschaft ist auch neben einer bereits bestehenden Nachlasspflegschaft möglich.[51]

17 **3. Umfang der Pflegschaft.** Dem Umfang nach kann Pflegschaft für alle oder einzelne Vermögensangelegenheiten des Abwesenden angeordnet werden; sie gilt im Zweifel für alle.[52] Ist – bei gleicher Interessenlage und gleichem Wirkungskreis – für mehrere Personen nur ein Abwesenheitspfleger bestellt und erteilt er den Auftrag zur gemeinsamen Behandlung der Ansprüche dieser Personen, so wird ein Rechtsanwalt dennoch für mehrere Auftraggeber tätig.[53]

VI. Die Auswahl des Abwesenheitspflegers

18 Hierfür ist gemäß § 1915 Abs. 1 S. 1 das Vormundschaftsrecht maßgeblich. Seit Inkrafttreten des BtG kann sich die Verweisung des § 1915 Abs. 1 nur auf die Vorschriften über die Vormundschaft über Minderjährige beziehen. Die Bestimmung der Person des Pflegers betreffend wäre hier in erster Linie die Benennung der Eltern des Pfleglings maßgebend (§§ 1776 ff.). Das ergibt bei der Abwesenheitspflegschaft über Volljährige indes keinen Sinn. Deshalb erfolgt die Auswahl des Pflegers ausschließlich nach den Grundsätzen des § 1779 (Erl. siehe dort).

VII. Stellung des Abwesenheitspflegers

19 **1. Gesetzliche Vertretung.** Der Pfleger hat die Vermögensangelegenheiten des Abwesenden in dessen Interesse treuhänderisch wahrzunehmen. Im Umfang seines Wirkungskreises ist der Pfleger gesetzlicher Vertreter des Abwesenden,[54] ohne dass dadurch dessen Geschäftsfähigkeit (anders Prozessfähigkeit) beeinflusst wird. Es kann also zu konkurrierenden Erklärungen des Pflegers und des Abwesenden kommen, die – sofern der Pfleger wirksam bestellt ist – grundsätzlich jede für sich gesehen wirksam sind. Bei sich widersprechenden Rechtsgeschäften geht das frühere vor; auf die Ausführungen zur Konkurrenz von Erklärungen des Betreuers und des Betreuten darf verwiesen werden (Erl. zu § 1902 Rn. 20–23). Das Rechtsgeschäft des Pflegers ist nicht deshalb unwirksam, weil ohne zureichenden Grund ein Abwesenheitspfleger bestellt oder der „Abwesende" bereits verstorben war.[55] Auch wenn die Bestellung eines Pflegers als ungerechtfertigt aufgehoben wird, berührt das die Wirksamkeit der von ihm oder ihm gegenüber inzwischen vorgenommenen Geschäfte nicht (§ 47 FamFG). Um Kollisionen zu vermeiden, muss der Abwesenheitspfleger jedoch

---

[47] BayObLGZ 1952, 315 = NJW 1953, 506.
[48] LG Augsburg DNotZ 1968, 558, 559.
[49] Gl. Ans. *Bettermann* MDR 1949, 94 im Anschl. an Mot. IV S. 1260 – *Mugdan* IV 668; vgl. auch LG Ravensburg BWNotZ 1981, 17 und Vorlagebeschluss OLG Stuttgart Justiz 1981, 399 = Rpfleger 1981, 434, je zum Drittinteresse bei § 1910; *Wenckstern* DNotZ 1993, 547, 555. Ein objektiver Ansatz des Fürsorgebedürfnisses auch bei *Staudinger/Bienwald* Rn. 12. Vgl. den Fall OLG Naumburg Rpfleger 2003, 188.
[50] BGHZ 5, 240, 242 = NJW 1952, 818; BGHZ 33, 195, 201 = NJW 1961, 260; BGH WM 1974, 272 = FamRZ 1974, 302 LS. Nr. 160; vgl. BayObLGZ 1962, 274; aA OLG Koblenz FamRZ 1974, 222.
[51] BayObLGZ 14, 632, 635.
[52] BGHZ 5, 240, 242 = NJW 1952, 818; BayObLGZ 1953, 29, 32; RGZ 126, 261.
[53] OLG Frankfurt Rpfleger 1980, 310.
[54] HM BGHZ 18, 389, 393 = NJW 1956, 102; BayObLGZ 1962, 373; KG NJW 1955, 1804; *Dölle* § 142 III c. Zum Teil wird Pfleger als staatlich bestellter Bevollmächtigter gedeutet: *Jansen* DNotZ 1954, 592; *Müller* Rpfleger 1953, 118.
[55] OLG Nürnberg FamRZ 1956, 117.

pflichtgemäß Erkundigungen nach dem Verbleib des Abwesenden einziehen.[56] Besteht beispielsweise die Möglichkeit, durch Rückgriff auf die Akten Informationen über den Aufenthalt des Betroffenen zu erhalten, hat der Pfleger diese Möglichkeit zu nutzen.[57]

2. Todeserklärung. a) Berechtigung zum Betreiben des Todeserklärungsverfahrens. 20
Die früher umstrittene Frage, ob der Abwesenheitspfleger als gesetzlicher Vertreter nicht nur Nachforschungen über den Verbleib des Abwesenden anstellen muss,[58] sondern auch berechtigt ist, mit Genehmigung des Gerichts das Todeserklärungsverfahren zu betreiben (§ 16 Abs. 2 b, Abs. 3 VerschG), wird heute durchweg bejaht.[59] Als Antragsteller hat er das Recht, gegen die Todeserklärung Beschwerde einzulegen (§ 26 Abs. 2 Buchst. a VerschG).[60] Fraglich ist, *welches Gericht* für die Genehmigung des vom Pfleger gestellten Antrags zuständig ist. Das Gesetz nennt das *Familiengericht* (das *Betreuungsgericht* nur, wenn ein Betreuer den Antrag stellt).

b) Beendigung des Amtes nach Todeserklärung. Ist der Abwesende nach Anordnung 21
der Abwesenheitspflegschaft für tot erklärt worden, so endet diese zwar mit der Rechtskraft des Todeserklärungsbeschlusses oder des Beschlusses, der nach dem VerschG die Todeszeit feststellt (§§ 29, 40 VerschG, § 1921 Abs. 3 BGB). Rechtshandlungen, die der Pfleger bis zur Rechtskraft der genannten Beschlüsse vorgenommen hat, bleiben grundsätzlich für und gegen die Erben des Abwesenden wirksam.[61] Nach Aufhebung der Pflegschaft ist der Abwesenheitspfleger nicht mehr vertretungsberechtigt; er kann die Geschäfte nicht einstweilen fortführen oder im Namen des Abwesenden gegen den Aufhebungsbeschluss Beschwerde einlegen.[62]

VIII. Ende der Abwesenheitspflegschaft

1. Kraft Gesetzes. Die Abwesenheitspflegschaft endet kraft Gesetzes bei einzelner Angelegen- 22
heit mit deren Erledigung (§ 1918 Abs. 3). Sie endet ferner mit der Rechtskraft des die Todeserklärung oder die Feststellung der Todeszeit aussprechenden Beschlusses (§§ 29, 40 VerschG; § 1921 Abs. 3) mit Wirkung *ex nunc* (also nicht rückwirkend auf den im Beschluss festgesetzten Todeszeitpunkt).[63]

2. Kraft gerichtlicher Entscheidung. Durch gerichtliche Entscheidung wird die Pflegschaft 23
aufgehoben, wenn entweder ihre Anordnung ohne zureichenden Grund erfolgte oder der Grund (§ 1919) oder das Fürsorgebedürfnis (§ 1921 Abs. 1) weggefallen ist, ferner bei Bekanntwerden des Todes des Abwesenden (§ 1921 Abs. 2).

IX. Verfahrensfragen

Das Verfahren zur Bestellung eines Abwesenheitspflegers ist „betreuungsgerichtliche Zuweisungssa- 24
che" (§ 340 Nr. 1 FamFG). Sachlich zuständig ist das Amtsgericht, und zwar das Betreuungsgericht, (§ 23a Abs. 1 S. 1 Nr. 2, Abs. 2 Nr. 1, § 23c GVG). Funktionell zuständig ist der Rechtspfleger (§ 3 Nr. 2 b RPflG; beachte den Richtervorbehalt nach § 14 Abs. 1 Nr. 10 für die Pflegschaften über Angehörige eines fremden Staates). Die örtliche Zuständigkeit betreffend verweist § 341 auf § 272 FamFG. Im Übrigen sind **die speziellen Vorschriften über das Verfahren in Betreuungssachen nicht anzuwenden,** sondern nur die allgemeinen Verfahrensvorschriften des FamFG. Die brisanteste unter den Verfahrensfragen betrifft das Beschwerderecht Dritter (zB der an der Rechtsverfolgung interessierten Gläubiger) gegen die Ablehnung der Bestellung eines Abwesenheitspflegers oder der Aufhebung der Pflegschaft, denen früher nach **§ 57 Abs. 1 Nr. 3 FGG** ein Beschwerderecht eingeräumt war.[64]

X. Parallelvorschriften

1. ZustErgG. Die Bestellung eines Abwesenheitspflegers kam für Sonderfälle auch nach § 10 25
des Zuständigkeitsergänzungsgesetzes (Rn. 12) in Betracht. Diese Vorschrift ist durch das „Erste Gesetz über die Bereinigung von Bundesrecht im Zuständigkeitsbereich des Bundesministeriums der

---

[56] KG JR 1967, 26, 27; aA BGH WM 1956, 573 = DB 1956, 891; *Soergel/Zimmermann* Rn. 14; *Staudinger/Bienwald* Rn. 21.
[57] OLG Brandenburg FamRZ 1995, 1445, 1446 (betr. § 11b VermG); BGH WM 1956, 573, 575.
[58] BGH Betr 1956, 891; KG JR 1967, 26, 27; OLG Brandenburg FamRZ 2005, 2082, 2084.
[59] BGHZ 18, 389, 393 = NJW 1956, 102 = FamRZ 1956, 19; BayObLGZ 1962, 373, 376; KG NJW 1955, 1840; OLG Düsseldorf FamRZ 1998, 109, 110; abl. *Kayser* JR 1954, 55 mN.
[60] OLG Düsseldorf FamRZ 1998, 109, 110.
[61] KG JR 1967, 26, 27; teilw. abweichend: BayObLGZ 1958, 341, 347 f.; 1953, 29, 34.
[62] RGZ 74, 327, 329; BGH LM § 1919 Nr. 1 = NJW 1953, 1666.
[63] *Soergel/Zimmermann* Rn. 17.
[64] Vgl. für die Rechtslage nach FGG: KG NJW 1962, 1921.

Justiz" vom 19. 4. 2006 aufgehoben.[65] Die Gesetzesbegründung gibt an, das Gesetz habe inzwischen jeglichen Anwendungsbereich verloren.[66]

26 **2. Pflegschaften nach besonderen Vorschriften des FamFG.** Das Nachlassgericht kann auf Antrag eines Miterben die Nachlassauseinandersetzung vermitteln und dafür einem abwesenden Beteiligten einen Abwesenheitspfleger nach § 364 FamFG bestellen. Für die Pflegschaft tritt an die Stelle des Betreuungsgerichts das Nachlassgericht (§ 364 S. 2 FamFG). Diese Vorschrift findet auf die Auseinandersetzung des Gesamtguts nach der Beendigung einer Gütergemeinschaft entsprechende Anwendung (§ 373 Abs. 1 FamFG).

27 **3. Pflegschaften nach § 96 GBO.** Ist die Person oder der Aufenthalt eines Beteiligten unbekannt, so kann dem Beteiligten für das Rangbereinigungsverfahren ein Pfleger bestellt werden. Für das Pflegschaftsverfahren tritt an die Stelle des Betreuungsgerichts das Grundbuchamt.

§ 1912 Pflegschaft für eine Leibesfrucht

(1) Eine Leibesfrucht erhält zur Wahrung ihrer künftigen Rechte, soweit diese einer Fürsorge bedürfen, einen Pfleger.

(2) Die Fürsorge steht jedoch den Eltern insoweit zu, als ihnen die elterliche Sorge zustünde, wenn das Kind bereits geboren wäre.

Schrifttum: *Bienwald*, Zur Beteiligung des Mannes bei der Entscheidung über den straffreien Schwangerschaftsabbruch seiner Ehefrau, FamRZ 1985, 1096; *Bosch/Jansen/Niemeyer/Turowski*, Vorgeburtliche Einwilligung in die Adoption – Ein Diskussionsvorschlag, FamRZ 1972, 356; *Büdenbender*, Der vorläufige Rechtsschutz durch einstweilige Verfügung und einstweilige Anordnung im Nichtehelichenrecht, 1975; *Deutsch*, Haftung des Arztes wegen Nichterkennung der Gefahr einer Schädigung des noch ungeborenen Kindes, JZ 1983, 451; *ders.*, Renaissance der Leibesfrucht?, DRiZ 1984, 276; *Fabricius*, Gedanken zur höchstrichterlichen Rechtsprechung betr. den Nasciturus, FamRZ 1963, 403; *Hähnchen*, Der werdende Mensch – Die Stellung des Nasciturus im Recht, Jura 2008, 161; *Göppinger*, Einige Fragen zur einstweiligen Verfügung gem. § 1615o BGB, insbes. die örtliche Zuständigkeit des Amtsgerichts, der Instanzenzug und die Anwendung des § 926 ZPO, FamRZ 1975, 196; *Mittenzwei* AcP 187 (1987), 247; *Paehler*, Hat die Leibesfrucht Schadensersatzansprüche?, FamRZ 1972, 189; *Reiserer*, Schwangerschaftsabbruch durch Minderjährige im vereinten Deutschland, FamRZ 1991, 1136; *Sachse*, „Totgeburt" und „Fehlgeburt" neu definiert, StAZ 1980, 270; *Seidel*, Zivilrechtliche Mittel gegen Schwangerschaftsabbrüche?, 1994; *Stürner*, Der Schutz des ungeborenen Kindes im Zivilrecht, 1986; *Waldstein*, Zur Rechtsstellung ungeborener Kinder, FS Eckert, 1976, S. 477; *Wiebe*, Fallstudie zu zivilrechtlichen Möglichkeiten der Verhinderung eines Schwangerschaftsabbruchs, Zeitschrift für Lebensrecht 2000, 12; *Zierl*, Pränatale Adoption – Ein gangbarer Weg zur Verhinderung von Schwangerschaftsabbrüchen?, DRiZ 1984, 108.

Übersicht

	Rn.		Rn.
I. Normzweck und Normgeschichte ..	1–3	5. Fehlendes Fürsorgebedürfnis	9
1. Schutzzweck	1	6. Verhältnis des § 1912 zur Möglichkeit	
2. Fürsorge durch die sorgeberechtigten		der Beistandschaft (§ 1712)	10
Eltern	2	7. Schwangerschaftsabbruch	11
3. Normgeschichte	3	**III. Der Vorrang der Eltern (Abs. 2)** ..	12, 13
II. Das Fürsorgebedürfnis (Abs. 1)	4–11	1. Fürsorge durch die Eltern	12
1. Wahrnehmung künftiger Rechte	4	2. Ausfall der Eltern	13
2. Begriff der Leibesfrucht	5, 6	**IV. Berufungsvorschriften**	14
a) Künstliche Zeugung	5	**V. Rechtsstellung des Pflegers**	15
b) Tote Schwangere	6	**VI. Beendigung der Pflegschaft**	16
3. Fälle des Fürsorgebedürfnisses	7	**VII. Verfahren**	17
4. Namenserteilung, Adoption	8		

I. Normzweck und Normgeschichte

1 **1. Schutzzweck.** Die **Leibesfrucht** ist ein gezeugtes, aber noch nicht geborenes Kind; sie steht als **selbständiges Rechtsgut** unter dem Schutz der Verfassung (Art. 2 Abs. 2 S. 1, Art. 1 Abs. 1

---

[65] BGBl. I S. 866, Art. 48.
[66] BT-Drucks. 16/47 S. 59.

GG).¹ Sie ist in dem Sinne teilrechtsfähig, dass ihr Rechte zugeordnet sein können, die ihr allerdings endgültig erst mit der Geburt als vollrechtsfähigem Subjekt (§ 1) zufallen.² Die Norm **bezweckt die Wahrung dieser künftigen Rechte** für den Fall. dass sie im Interesse des Ungeborenen der Fürsorge bedürfen. Soweit der Leibesfrucht bereits **gegenwärtige Rechte** zuerkannt werden,³ kann ein Pfleger auch zur Wahrung auch dieser Rechte bestellt werden.

2. Fürsorge durch die sorgeberechtigten Eltern. Als Vorwirkung der elterlichen Sorge⁴ (§§ 1626 Abs. 1) steht die Wahrnehmung der Rechte des Ungeborenen grundsätzlich den Eltern zu, sofern ihnen das Sorgerecht zustünde, wenn das Kind im Augenblick des Fürsorgebedürfnisses bereits geboren wäre (Abs. 2). 2

3. Normgeschichte. Die Bestimmung wurde durch Art. 1 Nr. 39 GleichberG (vom 18. 6. 1957, BGBl. I S. 609) sprachlich verbessert; es wurde klargestellt, dass die Fürsorge den Eltern gemeinsam zusteht. Durch Art. 1 Nr. 85 NEhelG (vom 19. 8. 1969, BGBl. I S. 1243) wurde Satz 2 in Abs. 1 eingefügt und Abs. 2 (= Satz 2 aF) neu gefasst. Durch Art. 9 § 2 SorgeRG (vom 18. 7. 1979 BGBl. I S. 1061) wurde in Abs. 2 der Ausdruck „Gewalt" durch „Sorge" ersetzt. Durch Art. 1 des Gesetzes zur Abschaffung der gesetzlichen Amtspflegschaft und Neuordnung des Rechts der Beistandschaft vom 4. 12. 1997 (BGBl. I S. 2846) wurde § 1912 Abs.1 S.2 mit Wirkung zum 1. Juli 1998 aufgehoben. Dieser Satz hatte vorgesehen, dass auf Antrag des Jugendamts oder der werdenden Mutter auch ohne die Voraussetzungen des Abs. 1 S. 1 ein Pfleger für die Leibesfrucht bestellt werden konnte, wenn anzunehmen war, dass das Kind unehelich geboren werden wird; die Vorschrift stand im Zusammenhang mit der gesetzlichen Amtspflegschaft für nichteheliche Kinder, die durch die Kindschaftsrechtsreform 1998 beseitigt wurde. 3

II. Das Fürsorgebedürfnis (Abs. 1)

1. Wahrnehmung künftiger Rechte. Die Leibesfrucht ist zivilrechtlich noch nicht rechtsfähig (§ 1 BGB), doch werden ihr für den Fall ihrer späteren Geburt Rechte zugeordnet, die möglicherweise schon zuvor der Fürsorge bedürfen. Diese Rechte ergeben sich aus den gesetzlichen Vorschriften oder werden im Wege der Analogie aus diesen hergeleitet.⁵ Die Fürsorge für solche „künftigen Rechte" steht primär den Eltern zu, soweit sie sorgeberechtigt wären, wenn das Kind bereits geboren wäre (§ 1912 Abs. 2, dazu Rn. 13, 14). Nur soweit die Eltern aus rechtlichen oder tatsächlichen Gründen an der Wahrung der Rechte des Kindes gehindert sind, kommt die Bestellung eines Pflegers für die Leibesfrucht in Betracht. Die Pflegschaft darf nur im Interesse des Kindes angeordnet werden.⁶ Die Pflegschaft ist auf die Zeit bis zur Geburt des Kindes beschränkt; mit der Geburt endet sie kraft Gesetzes (§ 1918 Abs. 2). Die Fürsorge für Rechte **noch nicht gezeugter Personen** richtet sich nach § 1913. **Für eine künftige juristische Person** (vgl. § 2101 Abs. 2) ist ebenfalls keine Pflegschaft nach § 1912 möglich.⁷ 4

2. Begriff der Leibesfrucht. a) Künstliche Zeugung. Zweifel am Anwendungsbereich des § 1912 können bei **künstlicher Zeugung** entstehen. Zweifellos unanwendbar ist die Vorschrift, solange keine Vereinigung von Ei- und Samenzelle stattgefunden hat.⁸ Fraglich ist jedoch, ob für einen in vitro fertilisierten **Embryo** ein Pfleger bestellt werden kann. Die wörtliche Auslegung des § 1912 („Leibesfrucht") wird dies verneinen. ME kommt es darauf an, wie diejenigen Vorschriften ausgelegt werden, die eine Rechtsstellung des Gezeugten, aber noch nicht Geborenen für den Fall späterer Lebendgeburt festlegen, zB § 1923 Abs. 2. Wenn diese Vorschriften erst ab gelungener Nidation im Mutterleib Anwendung finden, besteht für die Zeit vorher kein Fürsorgebedürfnis im Sinne des § 1912; anders ist zu entscheiden, wenn bei Auslegung des § 1923 Abs. 2 auch schon Embryonen außerhalb des Mutterleibes berücksichtigt werden.⁹ 5

---

¹ BVerfGE 39, 1 = NJW 1975, 573 = FamRZ 1975, 262; BVerfGE 88, 203 = FamRZ 1993, 899 = NJW 1993, 1751; BVerfGE 98, 268 = NJW 1999, 841.
² Zur Deutung *Gernhuber/Coester-Waltjen* § 75 III 1, 2 Rn. 17.
³ So *Gernhuber/Coester-Waltjen* § 75 III 2 Rn. 18; *Erman/Roth* Rn.1.
⁴ *Gernhuber/Coester-Waltjen* § 75 III 3 Rn. 19; *Staudinger/Bienwald* Rn. 2.
⁵ Vgl. BayObLGZ 1983, 67, 70 = FamRZ 1983, 949, 950.
⁶ *Soergel/Zimmermann* Rn. 5; *Staudinger/Bienwald* Rn. 5.
⁷ *Dölle* 143 II 1; *Soergel/Zimmermann* § 1612 Rn. 2; zweifelhaft nach KG OLGRspr. 24, 246.
⁸ Für das Österreichische Recht OGH FamRZ 1997, 1502.
⁹ Diese Frage ist kontrovers, siehe MünchKommBGB/*Leipold* § 1923 Rn. 15 mwN.

6 b) Tote Schwangere. § 1912 ist auch noch dann anwendbar, wenn zwar bei der **Schwangeren bereits der Hirntod** eingetreten ist, wenn die körperlichen Vitalfunktionen aber durch medizinische Maßnahmen aufrechterhalten werden, um das Leben des Ungeborenen zu retten.[10]

7 3. Fälle des Fürsorgebedürfnisses. Eine Pflegschaft nach § 1912 Abs. 1 ist von Amts wegen anzuordnen, wenn ein Fürsorgebedürfnis eintritt. In Betracht kommen vor allem **erbrechtliche Ansprüche** im Hinblick auf die Regelung des § 1923 Abs. 2.[11] So kann es nötig werden, bei überschuldetem Nachlass im Namen des bei Geburt erbberechtigten nasciturus die Erbschaft auszuschlagen.[12] In Betracht kommt ferner eine Pflegschaft für die Mitwirkung beim Abschluss von **Verträgen zugunsten Dritter** (§§ 331 Abs. 2, 328).[13] Auch kann eine Pflegschaft für vorläufige Maßnahmen tatsächlicher und rechtlicher Art (zB Beweissicherungsverfahren §§ 485 ff. ZPO) im Hinblick auf **Ansprüche nach § 823**[14] bzw. § 844 Abs. 2 S. 2 und entsprechende Sondervorschriften (zB § 5 Abs. 2 S. 2 HaftPflG, § 10 Abs. 2 S. 2 StVG) notwendig werden. Unter Umständen kann ein Bedürfnis für die Anordnung einer Pflegschaft nach § 1912 Abs. 1 S. 1 dann bestehen, wenn der Ehemann der Mutter unmöglich der Vater des Kindes sein kann, aber noch nicht für tot erklärt worden ist und der wirkliche Vater eine Anerkennung nach § 1594 Abs. 4 abgeben will.[15] Insgesamt gesehen ist die Rechtslage der Leibesfrucht derzeit noch nicht folgerichtig ausgestaltet. So hat das OLG Hamm[16] die Leibesfrucht im Rahmen der Haftung des KfZ-Halters nicht als „berechtigten Insassen" eines Kraftfahrzeugs anerkannt. Nach OVG Münster[17] zählt die Leibesfrucht nicht zu den Familienmitgliedern im Sinne von § 4 Abs. 1 Wohngeldgesetz. Demgegenüber hat das BVerfG in einer Entscheidung vom 22. 6. 1977 (BVerfGE 45, 376) es mit Art. 3 Abs. 1 GG iVm. dem Sozialstaatsprinzip für nicht vereinbar erklärt, wenn ein Kind, das vor der Geburt durch eine Berufskrankheit der Mutter geschädigt ist, von den Leistungen der gesetzlichen Unfallversicherung ausgeschlossen bleibt.

8 4. Namenserteilung, Adoption. Auf Antrag kann die Pflegschaft auch angeordnet werden, wenn pränatale Namenserteilung (§ 1618) beabsichtigt ist, sofern man eine solche überhaupt für zulässig hält.[18] Eine pränatale Adoption ist dem geltenden Recht fremd (vgl. nur § 1747 Abs. 2 S. 1). Freilich kann der nichteheliche Vater seine Einwilligung zur Adoption bereits vor Geburt des Kindes erteilen (§ 1747 Abs. 3 S. 1 Nr. 1). Obsolet ist die Rechtsprechung zur Anwendung des § 1912 bei Ehelicherklärung,[19] weil dieses Institut durch die Kindschaftsrechtsreform von 1998 abgeschafft wurde.

9 5. Fehlendes Fürsorgebedürfnis. Ein Fürsorgebedürfnis ist – über den Fall des Abs. 2 hinaus – nicht gegeben, soweit die in Frage stehenden künftigen Rechte des Ungeborenen bereits durch einen bestellten Nachlasspfleger oder Testamentsvollstrecker hinreichend gewahrt werden.[20]

10 6. Verhältnis des § 1912 zur Möglichkeit der Beistandschaft (§ 1712). Nach § 1712 wird das Jugendamt auf schriftlichen Antrag eines Elternteils unter den Voraussetzungen des § 1713 Beistand des Kindes für die Angelegenheiten Feststellung der Vaterschaft und Geltendmachung von Unterhaltsansprüchen. Das Jugendamt erhält dann im beantragten Wirkungskreis die Rechtsstellung

---

[10] S. den damals aufsehenerregenden Fall des "Erlanger Baby" FamRZ 1992, 1471 m. Anm. *Schwab*; dazu *Hilgendorf* JuS 1993, 97.

[11] KGJ 42 A 128, 130 f.; vgl. OLG Stuttgart NJW 1975, 880.

[12] Für die Zulässigkeit einer Erbausschlagung für die Leibesfrucht OLG Stuttgart FamRZ 1994, 264; OLG Oldenburg FamRZ 1994, 847; *Peter* Rpfleger 1988, 107; aA KGJ 34, 79; AG Recklinghausen Rpfleger 1988, 106; LG Berlin Rpfleger 1990, 362.

[13] KGJ 29 A 153, 156; vgl. BGHZ 66, 8, 12 f. = NJW 1976, 749; BGH NJW 1983, 1543 = LM § 335 Nr. 4 = Rpfleger 1983, 169 m. Anm. *Hörer* Rpfleger 1984, 346; *Denck* NJW 1984, 1009; *Harder-Welter* NJW 1977, 1139; *Harder* FamRZ 1976, 418. Vgl. in diesem Zusammenhang auch BGH FamRZ 1995, 861 (Einverständnis des Ehemanns zur heterologen Insemination der Frau als Abschluss eines Unterhaltsvertrags zugunsten des Kindes).

[14] Vgl. BGHZ 8, 243 = NJW 1953, 417; BGHZ 58, 48 = NJW 1972, 1126.

[15] Vgl. OLG Düsseldorf StAZ 1974, 209. Zum Interesse am Todeserklärungsverfahren: BGHZ 82, 93 = NJW 1982, 443 und § 16 Abs. 2 c, Abs.3 VerschG.

[16] OLG Hamm VersR 1973, 810; BVerfG FamRZ 1977, 782; s. dazu DAVorm. 1980, 628 f.; vgl. AG Kleve FamRZ 1980, 939 f. zu § 844 Abs. 2 und § 10 Abs. 2 StVG.

[17] NJW 2000, 1283.

[18] Zulässigkeit bejaht (für die Rechtslage vor dem KindRG) von OLG Karlsruhe OLGZ 1975, 77, 82 = FamRZ 1974, 603 m. zust. Anm. *Bosch*; OLG Celle StAZ 1987, 280 = FamRZ 1988, 320 (LS.); *Odersky* FamRZ 1975, 440, 448 f.; *Soergel/Damrau* § 1612 Rn. 5; offen gelassen BayObLGZ 1983, 67, 70 = FamRZ 1983, 949; ablehnend mit guten Gründen: *Otto* StAZ 1974, 269.

[19] S. KG FamRZ 1984, 98 = Rpfleger 1984, 16.

[20] KGJ 42, 128; *Soergel/Zimmermann* Rn. 5.

eines Pflegers, ohne dass die gesetzliche Vertretung des Elternteils eingeschränkt würde (§ 1716). Die Frage des Verhältnisses der Beistandschaft zur Pflegschaft nach § 1912 entsteht dadurch, dass die Beistandschaft von der werdenden, künftig allein sorgeberechtigten Mutter (§ 1626a Abs. 2) auch schon vor Geburt des Kindes beantragt werden kann und dann auch schon vor Geburt des Kindes eintritt (§ 1713 Abs. 2 S. 1; § 1714 S. 2). Das Verhältnis ist nach dem Grundsatz des § 1912 Abs. 2 zu bestimmen: Eines Pflegers für die Leibesfrucht bedarf es nicht, soweit die Fürsorge durch die künftig sorgeberechtigten Eltern des Kindes erfolgen kann; da die Beistandschaft des Jugendamtes die Eltern nur unterstützt, wird die Fürsorge durch das Jugendamt den Eltern zugerechnet. Die Bestellung eines Pflegers nach § 1912 ist also unstatthaft, wenn das Fürsorgebedürfnis durch den Elternteil – sei es allein sei es zusammen mit dem Beistand – hinreichend gewahrt wird. Bei all dem ist zu beachten, dass ein Beistand nur für einige wenige Angelegenheiten beantragt werden kann.

7. Schwangerschaftsabbruch. In der Lit. wird erwogen, ob die Vorschrift des § 1912 zur zivilrechtlichen Verhinderung eines illegalen Schwangerschaftsabbruchs eingesetzt werden kann, zB wenn zwar die Schwangere einwilligt, aber die sonstigen Voraussetzungen strafloser Abtreibung nicht vorliegen, etwa weil die Schwangere minderjährig ist und noch nicht als einwilligungsfähig[21] angesehen wird.[22] Im Hinblick auf die Sperre des § 1912 Abs. 2 wird dabei in Rechnung gestellt, dass die Schwangere selbst entweder – wenn minderjährig – ohnehin als gesetzliche Vertreterin nicht in Betracht kommt (§ 1673 Abs. 2) oder – in anderen Fällen illegaler Abtreibung – versagt, so dass ihr das Sorgerecht gemäß § 1666 entzogen werden müsste. Für die Wahrung der Lebensrechte des Kindes könnte somit ein Pfleger bestellt werden, sofern nicht der Vater als Sorgeberechtigter in Betracht kommt (vgl. §§ 1678, 1680 Abs. 2)[23] und zur Wahrung der Kindesrechte bereit ist. Der Pfleger könnte dann Unterlassungsklage analog § 1004 Abs. 1 S. 2 gegen Mutter und Arzt zum Schutz des Lebensrechts des Kindes erheben. Diese Konstruktion ist zweifelhaft, weil der Pfleger nach § 1912 zur Wahrung der *künftigen* Rechte der Leibesfrucht, die erst mit der Geburt entstehen können, bestellt wird, während es hier um das aktuelle Lebensrecht des Ungeborenen geht; man müsste denn sagen, es gehe um das künftige Lebensrecht des dereinst Geborenen, das nur durch den sofortigen Lebensschutz überhaupt entstehen kann. Die rechtspraktischen Probleme eines solchen Einsatzes des § 1912 hat *Bienwald*[24] aufgewiesen. Gleichwohl ist der beschriebenen Auffassung vom Zweck des § 1912 her gesehen zu folgen: Wenn schon die Vermögensinteressen des nasciturus einer treuhänderischen Interessenwahrung zugänglich sind, dann auch seine Lebensinteressen gegenüber illegalen Gefährdungen. Hier schließt sich die Frage an, ob Gleiches auch für den **straflosen** Schwangerschaftsabbruch gelten muss, soweit kein wirklicher Rechtfertigungsgrund zum Zuge kommt. Auch hier befürworten einzelne Stimmen die Möglichkeit, zur Wahrung der Lebensinteressen des Kindes einen Pfleger nach § 1912 Abs. 1 zu bestellen, der gegen Mutter und Arzt vorgehen könnte, die einen nach § 218a StGB straflosen Schwangerschaftsabbruch planen.[25] Doch darf es in dieser rechtsethischen Kernfrage keinen Wertungswiderspruch in der Rechtsordnung (hier: zwischen Straf- und Zivilrecht) geben, die politische Gesellschaft muss sich entscheiden. Daher ist der Regelung der §§ 218a ff. StGB zu entnehmen, dass der straflose Schwangerschaftsabbruch auch mit zivilrechtlichen Instrumentarien nicht verhindert werden kann.

III. Der Vorrang der Eltern (Abs. 2)

1. Fürsorge durch die Eltern. Pflegschaft für die Leibesfrucht darf nicht angeordnet werden, soweit die Eltern oder ein Elternteil sorgeberechtigt und somit gesetzlich vertretungsbefugt wären, wenn das Kind schon geboren wäre. Insoweit kommt die Fürsorge für die künftigen Rechte der Leibesfrucht als Vorwirkung der elterlichen Sorge den Eltern zu: Die von den Eltern für den nasciturus getätigten Rechtsakte wirken für und gegen das später lebend geborene Kind. Sind die Eltern nicht miteinander verheiratet, so kommt es darauf an, ob im Zeitpunkt des Fürsorgebedürfnisses

---

[21] Die Frage, ob und gegebenenfalls unter welchen Voraussetzungen eine Minderjährige selbständig in den Schwangerschaftsabbruch einwilligen kann, ist umstritten, siehe OLG Hamm NJW 1998, 3424; AG Schlüchtern NJW 1998, 832: AG Celle FamRZ 1987, 738; *Scherer* FamRZ 1997, 589; *Siedhoff* FamRZ 1998, 8; *Scherer* FamRZ 1998, 11.
[22] Vgl. *Coester-Waltjen* NJW 1985, 2177; *Stürner* Jura 1987, 80; *Mittenzwei* AcP 197 (1987), 280 ff.; *Geiger* FamRZ 1987, 1177; *Soergel/Zimmermann* Rn. 8.
[23] Wäre auch der Vater bei Geburt sorgeberechtigt, so ist ferner streitig, ob der Schwangeren das Sorgerecht nach § 1666 zu entziehen ist (so AG Celle FamRZ 1987, 738, 739; *Soergel/Zimmermann* Rn. 8) oder ob dem Vater die alleinige Entscheidungsbefugnis nach § 1628 zu übertragen ist (so AG Köln FamRZ 1985, 519, ablehnend *Bienwald* FamRZ 1985, 1096).
[24] FamRZ 1985, 1096, 1101.
[25] So *Wiebe* Zeitschrift für Lebensrecht 2000, 12.

bereits das gemeinsame Sorgerecht besteht; ist dies nicht der Fall, so steht die Fürsorge für die Leibesfrucht allein der Mutter zu (§ 1626a Abs. 2). Sind beide Eltern sorgeberechtigt und können sich nicht einigen, so ist § 1628 entsprechend anzuwenden.

13 **2. Ausfall der Eltern.** Eine Pflegschaft für die Leibesfrucht darf folglich nur angeordnet werden, wenn für die betreffende Angelegenheit kein Elternteil sorge- und vertretungsberechtigt wäre oder wenn beide Elternteil faktisch für die Fürsorge ausfallen. Zu denken ist an Fälle, in denen die Eltern im Falle, dass das Kind schon geboren wäre, kraft Gesetzes von der Vertretung ausgeschlossen wären (§ 1638; § 1629 Abs. 2 iVm. §§ 1795, 181; § 1673) oder wegen Interessenkollision ausgeschlossen werden könnten (§ 1796: § 1629 Abs. 2 S. 3).[26] Es genügt darüber hinaus auch, wenn sie aus *tatsächlichen* Gründen die fürsorgebedürftigen Interessen der Leibesfrucht nicht wahrzunehmen in der Lage oder willens sind (vgl. auch § 1674).

IV. Berufungsvorschriften

14 Für die Frage, welche Person als Pfleger berufen ist, gilt § 1916, denn die Pflegschaft für eine Leibesfrucht ist ihrem Wesen nach Ergänzungspflegschaft (§ 1909). Danach gelten die Vorschriften über die Berufung zur Vormundschaft bei der Pflegebestellung nicht. Vorschläge der Eltern oder eines Elternteils und die Auswahlvorschriften nach § 1779 Abs. 2 sind angemessen zu berücksichtigen; es besteht aber kein Benennungsrecht nach dem Vorbild des § 1776.[27]

V. Rechtsstellung des Pflegers

15 Die Pflegschaft nach § 1912 ist Personen-, nicht Güterpflegschaft.[28] Der Pfleger nach § 1912 ist **gesetzlicher Vertreter** des Nasciturus und vertritt diesen im Rahmen des übertragenen Aufgabenbereichs gerichtlich und außergerichtlich.[29] Die Leibesfrucht ist mit dem nachher geborenen Kind **rechtlich identisch**.[30] Die Rechtshandlungen, die der Pfleger vor Geburt des Kindes für dieses vorgenommen hat, wirken unmittelbar für und gegen das später geborene Kind. Das durch die Geburt bedingte Recht geht nahtlos auf das geborene Kind über. Mit der Geburt endet die Pflegschaft kraft Gesetzes; die gesetzliche Vertretung richtet sich von diesem Augenblick an nach den Vorschriften des Kindschaftsrechts.

VI. Beendigung der Pflegschaft

16 Die Pflegschaft endet entweder kraft Gesetzes oder durch gerichtliche Entscheidung. **a) Kraft Gesetzes** endet die Pflegschaft in jedem Fall mit der Vollendung der Geburt (§§ 1, 1918 Abs. 2), auch Fehl- oder Totgeburt, und zwar auch dann, wenn die Pflegschaftsangelegenheit noch nicht beendet ist.[31] Ferner endet die Pflegschaft kraft Gesetzes mit der Erledigung der Angelegenheit schon vor der Geburt (1918 Abs. 3), zB Vertragsabschluss nach § 331 Abs. 2. **b)** Durch das Familiengericht **aufgehoben** wird die Pflegschaft (§ 1919), wenn der Grund für die Anordnung von vornherein nicht bestanden hat oder weggefallen ist (zB: die Mutter war gar nicht schwanger, der beabsichtigte Vertrag wird nicht geschlossen, es ist Nachlasspflegschaft angeordnet).[32]

VII. Verfahren

17 Die Verfahren der Anordnung von Pflegschaften nach § 1912 sind Kindschaftssachen (§ 151 Nr. 5 FamFG). Zuständig sind folglich die Familiengerichte (§§ 23a Abs. 1 S. 1 Nr. 1, 23b Abs. 1 GVG; § 111 Nr. 2 FamFG). Funktionell zuständig ist der Rechtspfleger (§ 3 Nr. 2a RPflG iVm. § 151 Nr. 5 FamFG; beachte aber den Richtervorbehalt bei Auslandsbezug nach § 14 Abs. 1 Nr. 10 RPflG). Es gelten die Vorschriften über das Verfahren in Kindschaftssachen (siehe Erl. zu § 1909 Rn. 62).

---

[26] *Gernhuber/Coester-Waltjen* § 75 III 3 Rn. 19; BayObLGZ 1983, 67, 70 = FamRZ 1983, 949; *Staudinger/Bienwald* Rn. 2.
[27] *Gernhuber/Coester-Waltjen* § 75 III 3 Rn. 19; *Staudinger/Bienwald* Rn. 8.
[28] *Soergel/Zimmermann* Rn. 2.
[29] *Soergel/Zimmermann* § 1612 Rn. 9; *Staudinger/Bienwald* Rn. 6.
[30] BGHZ 58, 48 = NJW 1972, 1126; *Büdenbender* FamRZ 1975, 281, 284.
[31] *Staudinger/Bienwald* Rn. 8.
[32] Vgl. *Staudinger/Bienwald* Rn. 8; *Soergel/Zimmermann* Rn. 11.

§ 1913 Pflegschaft für unbekannte Beteiligte

¹Ist unbekannt oder ungewiss, wer bei einer Angelegenheit der Beteiligte ist, so kann dem Beteiligten für diese Angelegenheit, soweit eine Fürsorge erforderlich ist, ein Pfleger bestellt werden. ²Insbesondere kann einem Nacherben, der noch nicht gezeugt ist oder dessen Persönlichkeit erst durch ein künftiges Ereignis bestimmt wird, für die Zeit bis zum Eintritt der Nacherbfolge ein Pfleger bestellt werden.

Schrifttum: *Beitzke*, Probleme der enteignungsrechtlichen Spaltgesellschaft, FS Janssen, 1958, S. 29, 32; *ders.*, Pflegschaften für Handelsgesellschaften und juristische Personen, FS Ballerstedt, 1975, S. 185; *Hörle*, Die Nachlaßpflegschaft nach §§ 1960, 1961 BGB, ZBlFG 9, 711; *Müller*, Abwesenheits-Nachlaßpflegschaft und Pflegschaft für unbekannte Beteiligte, NJW 1956, 652; *ders.*, Pflegschaft für ein herrenloses Grundstück? §§ 1913 BGB, 58 ZPO, JR 1957, 16; *Reichert/Dannecker/Kür*, Handbuch des Vereins- und Verbandsrechts, 3. Aufl. 1984; *Schmidt*, Pflegschaften für unbekannte Nacherben, DRiZ 1916, 232; *Schwinge*, Die Stiftung im Errichtungsstadium, BB 1978, 527; *Wiedemann*, Entwicklung und Ergebnisse der Rechtsprechung zu den Spaltgesellschaften, FS Beitzke, 1979, S. 811; *Zieglturm*, Sicherungs- und Prozeßpflegschaft (§§ 1960, 1961 BGB) – Schriften z. Prozeßrecht Bd. 25 (1986).

Übersicht

	Rn.		Rn.
I. Normzweck	1, 2	b) Ungewissheit über die wahre Berechtigung mehrerer Beteiligter	10
1. Unbekannte oder ungewisse Beteiligte (Satz 1)	1	c) Noch nicht gezeugte Personen	11
2. Ungewisse oder unbestimmte Nacherben (Satz 2)	2	d) Vermögensabwicklung eines eingetragenen Vereins ohne Mitgliederbestand	12
II. Anwendungsbereich	3–7	e) Herrenloses Grundstück	13
1. Das Problem der Abgrenzung	3	f) Einzelfälle	14
2. Die Abgrenzung zur Nachlasspflegschaft (§ 1960)	4, 5	**IV. Das Fürsorgebedürfnis nach Satz 2**	15, 16
a) Fälle des § 1960	4	1. Pflegschaft bei ungewissem oder unbestimmtem Nacherben oder Vermächtnisnehmer	15
b) Fälle des § 1913	5		
3. Verhältnis zur Abwesenheitspflegschaft (§ 1911)	6	2. Konstellationen bei mehreren Beteiligten	16
4. Abgrenzung zur Pflegschaft über die Leibesfrucht (§ 1912)	7	**V. Auswahl**	17
III. Das Fürsorgebedürfnis nach Satz 1	8–14	**VI. Rechtsstellung des Pflegers**	18
1. Gegenwärtig zu besorgende Angelegenheit	8	**VII. Verfahrensfragen**	19, 20
2. Fürsorgebedürfnis	9–14	1. Zuständigkeit, Anordnung von Amts wegen	19
a) Vorliegen	9	2. Ende der Pflegschaft	20
		VIII. Parallelvorschriften	21

I. Normzweck

1. Unbekannte oder ungewisse Beteiligte (Satz 1). Die Norm trägt in ihrem Satz 1 allgemein dem Fürsorgebedürfnis unbekannter oder ungewisser Beteiligter bei allen denkbaren Angelegenheiten Rechnung, die eine tatsächliche oder rechtliche Wirkung auf deren persönliche oder vermögensrechtliche Verhältnisse haben können. Die Vorschrift erweitert den in § 1960 enthaltenen Gedanken, welcher der Nachlasspflegschaft zugrundeliegt, auf andere Angelegenheiten.[1] **1**

2. Ungewisse oder unbestimmte Nacherben (Satz 2). Der Normzweck wird durch die in Satz 2 erwähnten, praktisch besonders wichtigen Fälle veranschaulicht: Für die Zeit bis zum Eintritt des Nacherbfalls (§ 2139) kann dem eingesetzten Nacherben, ein Pfleger bestellt werden, wenn er noch nicht erzeugt ist oder wenn seine Person erst durch ein künftiges Ereignis bestimmt wird. **2**

---

[1] Mot. IV S. 1265; KG OLGRspr. 10, 18, 20.

II. Anwendungsbereich

3 **1. Das Problem der Abgrenzung.** Der Anwendungsbereich der Norm ist umstritten,[2] weil bei bestimmten Sachverhalten ihre Grenzen zur Nachlasspflegschaft (§ 1960 Abs. 2) und zur Abwesenheitspflegschaft (§ 1911) und zudem auch zur Pflegschaft für die Leibesfrucht (§ 1912) fließend sind.[3]

4 **2. Die Abgrenzung zur Nachlasspflegschaft (§ 1960). a) Fälle des § 1960.** Besteht ein Fürsorgebedürfnis zur Sicherung eines Nachlasses und sind die Erben sämtlich oder zum Teil unbekannt oder haben bekannte Erben die Erbschaft noch nicht angenommen oder ist ungewiss, ob sie angenommen haben, so liegen die Voraussetzungen des § 1960 vor;[4] § 1913 kommt nicht in Betracht;[5] zuständig ist das Nachlassgericht (§ 1962, § 342 Abs. 1 Nr. 2 FamFG, § 23a Abs. 2 Nr. 2 GVG). Für die Anordnung einer Nachlasspflegschaft gemäß § 1961 ist das „Unbekanntsein" der Erben zugunsten von Nachlassgläubigern bereits dann anzunehmen, wenn die für die Erbfolge maßgeblichen Verhältnisse sehr weitläufig und verwickelt sind.[6] Unbekannter Erbe iS des § 1960 kann auch das nach dem Tod des mutmaßlichen Vaters geborene nichteheliche Kind sein, solange eine Vaterschaft nicht besteht (vgl. §§ 1592, 1594, 1600 d).[7] Sind nur die Erben eines Erbstrangs unbekannt, stehen aber ihre Erbanteile fest, so kann zur Ermittlung der unbekannten Erben sowie zur Ermöglichung der Erbauseinandersetzung Pflegschaft angeordnet werden.[8]

5 **b) Fälle des § 1913.** § 1913 greift jedoch dann ein, wenn sämtliche Erben die Erbschaft angenommen haben, sich über eine zu treffende Maßnahme (zB Verkauf eines Nachlassgrundstücks) auch einig sind, diese jedoch nicht treffen können, weil Streit und nicht leicht zu beseitigende Ungewissheit über die Beteiligungsquoten herrscht, die der Erteilung eines Erbscheins (auf bestimmten Antrag, § 2353) entgegensteht.[9] Ähnlich liegt der Fall bei **Konkurrenz von möglichen gesetzlichen, jedoch unbekannten Erben mit Erbprätendenten**, die sich auf zweifelhafte letztwillige Verfügungen des Erblassers stützen. Die dem Nachlasspfleger bei ungewisser Erbfolge obliegenden Fürsorgepflichten richten sich bis zur Feststellung des oder der wahren Erben gegen alle Erbprätendenten, er darf sie insbesondere verklagen und Nachlassgegenstände herausverlangen. In einem solchen Fall kann jedoch für die **unbekannten** (möglichen) **gesetzlichen Erben Pflegschaft nach § 1913** angeordnet werden,[10] denn der Nachlasspfleger hat nicht die Aufgabe zu ermitteln, wer von mehreren Erbanwärtern der wirkliche Erbe ist. Eine Ergänzungspflegschaft ist weiterhin notwendig, wenn es in einem gerichtlichen Festsetzungsverfahren um die **Vergütung des Nachlasspflegers** geht.[11]

6 **3. Verhältnis zur Abwesenheitspflegschaft (§ 1911).** Als Beteiligte nach § 1913 kann auch eine **juristische Person** in Frage kommen, sofern sie als solche unbekannt ist oder wenn ungewiss ist, ob sie bereits Wirksamkeit erlangt hat (als Erbe eingesetzte Stiftung, Verein, der erst nach Erbfall zur Entstehung gelangt; vgl. §§ 2043 Abs. 2, 2101 Abs. 2).[12] Sie kann auch dann Beteiligte sein, wenn unter mehreren bekannten Personen aus zivilrechtlichen Gründen Ungewissheit darüber besteht, wer als wahrer Berechtigter anzusehen ist.[13] § 1913 kommt auch in Betracht, wenn eine durch Hoheitsakt eines ausländischen Staates aufgelöste Aktiengesellschaft mit Sitz in diesem Staat in der Bundesrepublik Vermögen hat.[14] Ist dagegen die juristische Person bekannt und sind nur ihre **Organe unbekannt oder verhindert** – nicht selten bei im Ausland enteigneten Gesellschaften,

---

[2] Vgl. *Beitzke*, FS Ballerstedt, S. 192 ff.; *Hörle* ZBIFG 9, 711, 713 f.; *Müller* NJW 1956, 652.
[3] Vgl. KG OLGRspr. 10, 18; NJW 1971, 565; OLG Stuttgart NJW 1975, 880; BayObLG BWNotZ 1978, 162; § 1960 Rn. 32 ff.
[4] KG NJW 1971, 566; vgl. BayObLGZ 1960, 405, 406; BayObLG Rpfleger 1984, 102 (zu § 1961).
[5] BayObLG BWNotZ 1978, 162.
[6] BayObLG Rpfleger 1984, 102.
[7] OLG Stuttgart NJW 1975, 880; s. § 1912 Fn. 18.
[8] KG NJW 1971, 565 mit umfangr. Nachw.; vgl. auch: OLG Hamm JMBlNRW 1953, 101.
[9] LG Düsseldorf DNotZ 1963, 564; vgl. BayObLGZ 1973, 28.
[10] BGH NJW 1983, 226 = FamRZ 1983, 56 m. Anm. *Dieckmann* S. 582; vgl. BayObLG BWNotZ 1978, 162.
[11] LG Berlin FamRZ 2008, 1481.
[12] KG OLGRspr. 41, 79; JW 1920, 497; JR 1950, 343; vgl. BGH NJW 1978, 943 betr. Ehegattenstiftung im Erbvertrag; § 83 Rn. 1.
[13] BayObLG 1956, 440, 445; vgl. OLG Düsseldorf Rpfleger 1976, 358 und 1977, 131; BayObLGZ 17, 116; KG JW 1937, 2598.
[14] BayObLGZ 1956, 440; OLG Nürnberg NZG 2008, 76, 77 (Löschung und Auflösung einer nach englischem Recht gegründeten Limited mit Vermögen im Inland).

Genossenschaften mit Vermögen in der Bundesrepublik[15] – ist rechtsdogmatisch eine Pflegerbestellung nach § 1913 nicht möglich.[16]

4. Abgrenzung zur Pflegschaft über die Leibesfrucht (§ 1912). Die Frage, ob für eine Leibesfrucht ein Pfleger bestellt werden kann oder muss, richtet sich ausschließlich nach § 1912.[17] Da eine dem § 1912 Abs. 2 entsprechende Vorschrift in § 1913 fehlt, ist für die Anordnung einer **Pflegschaft für den noch nicht Erzeugten** nicht Voraussetzung, dass er im Fall der Geburt nicht unter elterlicher Sorge steht. Ist für den noch nicht Gezeugten Pflegschaft nach § 1913 angeordnet worden, so wird dadurch das Recht der Eltern, nach der Zeugung die künftigen Rechte der Leibesfrucht wahrzunehmen (§ 1912 Abs. 2), nicht berührt. Um diese Rechte ausüben zu können, muss nicht die Aufhebung der Pflegschaft nach § 1913 erwirkt werden, diese beschränkt sich von vornherein auf die Fürsorge für Angelegenheiten noch nicht Erzeugter und **betrifft nicht den Nasciturus**.[18] Aus der sich daraus ergebenden mangelnden Vertretungsbefugnis des Pflegers ist nicht zu schließen, dass im Fall des § 1912 Abs. 2 eine etwa angeordnete Pflegschaft nach § 1913 kraft Gesetzes endet.[19] Sie ist vielmehr nach § 1919 aufzuheben (str.); obgleich sie mit dem Zeugungsakt ihre Grundlage verliert, wäre ihre Beendigung kraft Gesetzes zu unbestimmt.[20]

III. Das Fürsorgebedürfnis nach Satz 1

1. Gegenwärtig zu besorgende Angelegenheit. Im Rahmen des Anwendungsbereichs der Norm ist Voraussetzung für die Anordnung der Pflegschaft, dass der Beteiligte einer gegenwärtig zu besorgenden Angelegenheit[21] unbekannt oder ungewiss ist und dass deshalb ein Fürsorgebedürfnis in tatsächlicher[22] oder rechtlicher Beziehung besteht. Regelmäßig wird Pflegschaft nach § 1913 dann angeordnet, wenn die **vermögensrechtlichen Angelegenheiten** unbekannter oder ungewisser Beteiligter in deren Interesse, möglicherweise auch im Interesse Dritter, eine Vertretung erfordern. **Nicht** zulässig ist eine Pflegschaft nach § 1913 **ausschließlich im Interesse Dritter.**[23]

2. Fürsorgebedürfnis. a) Vorliegen. Ein solches Bedürfnis ist bereits dann **gegeben,** wenn nicht von der Hand zu weisen ist, dass das in Betracht kommende Geschäft (Rechtshandlung) für den unbekannten Beteiligten vorteilhaft oder für den Dritten unabweisbar erforderlich ist.[24] Die Entscheidung darüber, ob ein Rechtsgeschäft im konkreten Fall vorzunehmen ist (Abwägung des Interesses des oder der unbekannten Beteiligten), ist allerdings nicht Sache des Gerichts, sondern des zu bestellenden Pflegers.[25] Ob ein Fürsorgebedürfnis gegeben ist, hat das Gericht nach pflichtgemäßem Ermessen zu entscheiden. Es ist zu verneinen, wenn schon anderweit ausreichend für die Belange der in Betracht kommenden Beteiligten gesorgt ist.[26]

b) Ungewissheit über die wahre Berechtigung mehrerer Beteiligter. Pflegschaft für ungewisse Beteiligte ist auch dann zulässig, wenn unter **mehreren bekannten Personen** aus sonstigen zivilrechtlichen Gründen eine nicht leicht zu beseitigende Ungewissheit oder Uneinigkeit darüber besteht, wer von ihnen als wahrer Berechtigter anzusehen ist.[27] Diese Voraussetzung kann bei Vermögen vorliegen, auf das verschiedene Personen Anspruch erheben, ohne diesen jeweils ein-

---

[15] Vgl. zB BGHZ 33, 195 = NJW 1961, 22; BGH WM 1963, 81 f.; BGHZ 19, 102, 106 f.; 56, 66 = NJW 1971, 1514; BayObLGZ 1956, 440; 1985, 208, 210; LG Hamburg RabelsZ 1973, 578.
[16] Im Anschluss an die KG-Rechtsprechung (KG OLGRspr. 41, 79; JW 1920, 497; JR 1950, 343) allgM, vgl. *Staudinger/Bienwald* Rn. 7; *Soergel/Zimmermann* Rn. 2; *Beitzke*, FS Ballerstedt, S. 186 f.; zur neueren Entwicklung s. BGH WM 1984, 698 und 1985, 126; BayObLGZ 1985, 208; je im Verhältnis zur ehemaligen DDR; anders noch einige Gerichtsentscheidungen der Nachkriegszeit, zB LG Stuttgart NJW 1949, 384; LG Berlin JR 1952, 444.
[17] HM, vgl. nur *Staudinger/Bienwald* Rn. 8; *Soergel/Zimmermann* Rn. 6.
[18] AllgM im Anschluss an BayObLGZ 3, 1 = RJA 3, 6 und KG OLGRspr. 16, 38; vgl. OLG Hamm OLGZ 1969, 410.
[19] AA *Soergel/Zimmermann* Rn. 9.
[20] AA (Beendigung ipso iure mit der Zeugung) *Soergel/Zimmermann* Rn. 9; *RGRK/Dickescheid* Rn. 11; KG OLGE 16, 38.
[21] Vgl. KG OLGRspr. 35, 13 = KGJ 50 A 50.
[22] Mot. IV S. 1265; allgM.
[23] KG KGJ 49, 41, 44; KG JW 1938, 2401; OLG Bremen BB 2003, 1525 (Pfleger für unbekannten Gesellschafter).
[24] KG OLGZ 1972, 82, 85; LG Duisburg NJW 1960, 1205; KG MittBayNot 1971, 374.
[25] LG Duisburg NJW 1960, 1205; vgl. BayObLG Rpfleger 1984, 466 f. mN.
[26] KG FamFRZ 2008, 2219, 2220 (Interessen werden bereits gesetzlicher Vertreter nach § 11b VermG wahrgenommen).
[27] BayObLGZ 1956, 440, 445; BayObLG Beschl. v. 26. 4. 1973 – BReg. 3 Z 151/72; KG JW 1937, 2598; LG Düsseldorf DNotZ 1963, 564; BGH MDR 1968, 484.

wandfrei nachweisen zu können. Sind in Bezug auf dieses Vermögen Verwaltungshandlungen oder Verfügungen erforderlich, die verbindlich getroffen werden müssen, kann Pflegerbestellung geboten sein. Pflegschaft nach § 1913 kommt auch in Frage, wenn die Rechtsnachfolger des verstorbenen Gesellschafters einer BGB-Gesellschaft ungewiss sind.[28]

11 **c) Noch nicht gezeugte Personen.** Für noch nicht gezeugte Personen kann ein Fürsorgebedürfnis nach § 1913 stets nur insoweit bejaht werden, als die Rechtsordnung solchen (fiktiven) Personen eine Rechtsposition sichert (zB der noch nicht gezeugte Leistungsberechtigte nach § 331 Abs. 2;[29] für Nacherben siehe die Sonderregel des § 1913 Satz 2, unten Rn. 15). Darüber hinausgehende Rechte können für noch nicht existente Personen im Allgemeinen nicht begründet werden. So kann eine Pflegschaft für eine künftige Person nicht mit dem Ziel bestellt werden, für sie mit einem Dritten einen Kaufvertrag zu schließen.[30]

12 **d) Vermögensabwicklung eines eingetragenen Vereins ohne Mitgliederbestand.** Ein Verein erlischt nach der herrschenden Rechtsprechung bei Verlust aller Mitglieder kraft Gesetzes.[31] Für die nach §§ 45 ff. vorzunehmende Liquidation ist nach der genannten, nicht unbestrittenen Rechtsprechung ein Pfleger nach § 1913 zu bestellen.[32] Er vertritt die an der Vermögensabwicklung Beteiligten,[33] nicht den ehemaligen Verein.

13 **e) Herrenloses Grundstück.** Darüber, ob Pflegschaft nach § 1913 für ein herrenloses Grundstück angeordnet werden darf, sind die Meinungen geteilt.[34] Seinem Wortlaut nach ist § 1913 nicht anwendbar; für eine analoge Anwendung wird es im Hinblick auf bestehende Spezialregelungen (zB §§ 58, 787 ZPO) in der Regel an einem Bedürfnis fehlen.[35]

14 **f) Einzelfälle.** Verneint wird das Fürsorgebedürfnis bei Fundsachen für den Verlierer, im Beweissicherungsverfahren für den unbekannten Beteiligten (§ 494 Abs. 2 ZPO), beim Verteilungsstreit für den Erlös im Zwangsversteigerungsverfahren bei unbekannten Berechtigten (vgl. §§ 126, 135 ff. ZVG)[36] sowie beim Ausschluss unbekannter Grundpfandgläubiger (vgl. §§ 1170, 1171, 1192). Ebenfalls kein Bedürfnis für die Anordnung einer Pflegschaft nach § 1913 liegt vor, soweit bereits eine Nachlasspflegschaft oder -verwaltung besteht oder wenn, insbesondere für den Nacherben, **Testamentsvollstreckung** (§ 2222) angeordnet ist.[37] Im letzten Fall kann sich ein Fürsorgebedürfnis dann ergeben, wenn die Interessen der Unbekannten oder ungewissen Nacherben nach Lage des Einzelfalls durch **Maßnahmen des Testamentsvollstreckers** gefährdet erscheinen. Das kann bei Verfügungen oder Verwaltungshandlungen, zumal bei Dauervollstreckung (§ 2209), der Fall sein. Diese Lage kann auch dann eintreten, wenn Personalunion zwischen Vorerben- und Nacherben-Testamentsvollstrecker besteht, ggf. einer von mehreren solcher Testamentsvollstrecker zugleich Vorerbe ist.[38] Unter diesen Umständen kann zur **Überwachung** des Testamentsvollstreckers ein Pfleger nach § 1913 für die unbekannten Nacherben eingesetzt werden, der Missständen entgegenwirken und nötigenfalls die Entlassung des Nacherben-Testamentsvollstreckers beantragen kann.[39] Zur Vornahme von Rechtshandlungen, wie sie der Nacherbe gegenüber dem Vorerben vorzunehmen hat, ist ein solcher Pfleger jedoch nicht von vornherein befugt; dies würde einen unzulässigen Eingriff in die Rechte des Testamentsvollstreckers bedeuten.[40] Eine Pflegerbestellung trotz vorhandenen Testamentsvollstreckers kommt auch in Betracht, wenn es im konkreten Fall gerade um die Wahrung der Rechte der unbekannten Nachergeben *gegenüber* dem Testamentsvollstrecker geht.[41]

---

[28] LG Kaiserslautern FamRZ 1995, 1382.
[29] Dazu KGJ 29 A 153 ff.
[30] Vgl. KGJ 20 A 241; 29 A 153, 156 ff.
[31] BGHZ 19, 51; BGH WM 1976, 686; BAG NJW 1967, 1437; ZIP 1986, 1483; OLG Köln NJW-RR 1996, 989; NJW-RR 1999, 336. Kritisch zu dieser Auffassung *K. Schmidt* JZ 1987, 394.
[32] BGHZ 19, 51, 57; BAG WM 1976, 686 f.; ZIP 1986, 1483, 1484; OLG München JFG 18, 183; OLG Köln NJW-RR 1996. 989; NJW-RR 1999, 336; LG Frankenthal Rpfleger 1991, 503; aA (Bestellung eines Notliquidators) ein Teil der Lit., siehe *Beitzke*, FS Ballerstedt, S. 193 mN.
[33] AA wohl *Soergel/Zimmermann* Rn. 2.
[34] Abl. OLG Karlsruhe RJA 14, 304; AG Unna Rpfleger 1982, 379; offen gelassen: KGJ 50 A 50; OLGRspr. 49, 41; abl. *Palandt/Diederichsen* Rn. 2; *Staudinger/Bienwald* Rn. 2; *Beitzke*, FS Jansen, S. 32; *Müller* JR 1957, 16.
[35] *Soergel/Zimmermann* Rn. 2.
[36] Vgl. KG JW 1936, 330.
[37] Vgl. BayObLGZ 1959, 493, 501 = NJW 1960, 965; s. aber BGH (Fn. 12); *Haegele/Winkler* TV Rn. 155, 205.
[38] BayObLGZ 1959, 129, 132; 1976, 67, 70; *Haegele/Winkler* TV Rn. 91.
[39] KG OLGRspr. 10, 305.
[40] KG OLGRspr. 10, 305; OLGRspr. 34, 297, 298; OLGZ 1973, 106, 109.
[41] OLG Düsseldorf FamRZ 2010, 1474, 1476.

IV. Das Fürsorgebedürfnis nach Satz 2

1. Pflegschaft bei ungewissem oder unbestimmtem Nacherben oder Vermächtnisnehmer. Vertretung durch einen Pfleger nach § 1913 kann geboten sein: für den ungewissen oder unbestimmten Nacherben, vor allem den noch nicht Erzeugten,[42] aber nicht, wenn er nur als Ersatznacherbe in Betracht kommt,[43] sowie den bedingt eingesetzten Nacherben.[44] Bedingt eingesetzt ist ein Nacherbe auch dann, wenn die Einsetzung des Haupterben unter der Sanktion einer testamentarischen Verwirkungsklausel steht (vgl. § 2075).[45] Sind über namentlich bezeichnete Personen hinaus als Nacherben alle im Zeitpunkt des Nacherbfalles vorhandenen, künftig noch geborenen Kinder der Vorerbin berufen, setzt die Löschung des Nacherbenvermerks auch die Bewilligung dieser unbekannten Personen voraus, die durch einen gemäß § 1913 S. 2 BGB zu bestellenden Pfleger abzugeben ist;[46] etwas anderes gilt jedoch dann, wenn offenkundig ist, dass keine weiteren als die namentlich benannten Nacherben vorhanden sind und auch nicht mehr hinzutreten können.[47] Eine Pflegschaft nach § 1913 kann auch für einen unbekannten oder ungewissen **Vermächtnisnehmer** erforderlich sein.[48] In Betracht kommt auch der seltene Fall des § 331 Abs. 2. Er liegt dann vor, wenn bei einem **Vertrag zugunsten Dritter** (§ 328) die Leistung an diesen erst nach dem Tod des Versprechensempfängers erfolgen soll und dieser vor der Geburt des Dritten stirbt.[49] Ebenso wie in diesem Fall für den noch nicht Erzeugten ein Pfleger nach § 1913 bestellt werden kann, kann ein solcher auch dann bestellt werden, wenn für die **künftigen Erben einer Person** eine **Hypothek** bestellt wird, damit diese selbst bei der Einigung mit dem Eigentümer durch den Pfleger vertreten sind.[50]

2. Konstellationen bei mehreren Beteiligten. Sind bei einer Angelegenheit Beteiligte bekannt, andere unbekannt, so ist nur Letzteren ein Pfleger zu bestellen.[51] Dagegen ist für sämtliche zukünftige Nacherben (auch bekannte) Pflegschaft zulässig, wenn nach dem Testament zweifelhaft ist, wer bei Eintritt des Nacherbfalls als Nacherbe in Betracht kommt.[52] Hat der Erblasser für den Fall der Wiederverheiratung seiner zur Erbin eingesetzten Witwe gesetzliche Erbfolge angeordnet und sind danach im Falle des Eintritts der Bedingung diejenigen Personen in Höhe ihrer gesetzlichen Erbteile zur Nacherbfolge berufen, welche neben der Witwe gesetzliche Erben sein würden, wenn der Erblasser im Zeitpunkt der Wiederverheiratung gestorben wäre, so sind sämtliche als mögliche Nacherben in Betracht kommenden Personen als unbekannt oder unbestimmt im Sinne des § 1913 anzusehen; von der Einleitung einer Pflegschaft nach § 1913 können nicht diejenigen Personen ausgenommen werden, die als Nacherben berufen wären, wenn die Witwe gegenwärtig wieder heiraten würde.[53]

V. Auswahl

Eine Berufung zur Pflegschaft gibt es im Fall des § 1913 nicht. Einigkeit besteht darüber, dass nach §§ 1915, 1779 Abs. 2 geeignete Verwandte zu berücksichtigen sind. Ausnahmsweise kann zur Wahrnehmung der Interessen eines künftigen unbekannten Nacherben ein Vorrang der (künftigen) Eltern aus Art. 6 Abs. 1, 2 GG in Betracht kommen (analog § 1912 Abs. 2).[54]

---

[42] BayObLGZ 28, 598; BayObLG FamRZ 1983, 839 (dort für Nacherben des Schlusserben in Berliner Testament); BayObLG Rpfleger 1982, 277 = DNotZ 1983, 318; vgl. *Schmidt* DRiZ 1916, 232.
[43] AA LG Duisburg NJW 1960, 1205.
[44] BayObLGZ 1959, 493, 499; 1962, 47, 57; KG OLGRspr. 41, 80; OLGZ 1972, 82; OLG Hamm NJW 1969, 1490.
[45] Vgl. BayObLGZ 1966, 49; 1962, 47.
[46] OLG Hamm FamRZ 1997, 1368, 1369; OLG Frankfurt FGPrax 2010, 175; vgl. auch BayObLG FamRZ 1997, 1363 (Bewilligung einer Grundstücksverfügung durch den Vorerben).
[47] OLG Hamm FamRZ 1997, 1368, 1369; OLG Celle FamRZ 2011, 141.
[48] BayObLGZ 1965, 457, 464; 1979, 340, 343 = Rpfleger 1979, 460; *Dölle* § 1441.
[49] Vgl. KGJ 29 A 153; *Dölle* § 144 I; vgl. zur Problematik: BGH LM § 331 Nr. 5 = NJW 1975, 382; WM 1976, 1130.
[50] RGZ 61, 355; 65, 277, 281; BayObLGZ 1958, 164, 168 f.
[51] BayObLGZ 12, 418, 426; KG HRR 1932 Nr. 2254; allgM.
[52] BayObLGZ 1959, 493, 501; 1966, 227, 229; KG OLGRspr. 41, 80; KG OLGZ 1972, 82, 83 f. = FamRZ 1972, 323; OLG Dresden ZBIFG 22, 190; OLG Hamm NJW 1969, 1490, 1491 im Grundsatz ebenso, aber abw. insoweit, als bekannte Nacherben im Grundbuch bereits eingetragen; aA *Soergel/Zimmermann* Rn. 4.
[53] KG MittBayNot 1971, 374 = Rpfleger 1971, 354.
[54] BVerfG FamRZ 1972, 445; aA die früher hM vgl. KG OLGRspr. 16, 38, 39.

VI. Rechtsstellung des Pflegers

18 Pflegschaft nach § 1913 ist stets Personalpflegschaft und keine Sachpflegschaft. Der zu bestellende Pfleger ist im Rahmen des ihm auf Grund materiellen Rechts zulässigerweise übertragenen Wirkungskreises gesetzlicher Vertreter des unbekannten oder ungewissen Beteiligten.[55] Er ist verpflichtet, die in Frage stehenden Angelegenheiten des ihm zugeordneten Wirkungskreises im Interesse des Betroffenen zu besorgen. Zu seinen Aufgaben gehören auch die Ermittlung des unbekannten Beteiligten,[56] je nach Aufgabenkreis auch Akte der Vermögensverwaltung wie Einziehung von Außenständen, Schuldentilgung, Zustimmung zu Verfügungen des Vorerben,[57] Bewilligung der Löschung des Nacherbenvermerks[58] sowie Prozessführung.[59] Für die Verantwortlichkeit des Pflegers und die gerichtliche Kontrolle gelten die Vorschriften des Vormundschaftsrechts entsprechend (§ 1915 Abs. 1 S.1).

VII. Verfahrensfragen

19 **1. Zuständigkeit, Anordnung von Amts wegen.** Das Verfahren zur Bestellung eines Pflegers nach § 1913 ist „betreuungsgerichtliche Zuweisungssache" (§ 340 Nr. 1 FamFG). Sachlich zuständig ist das Amtsgericht, und zwar das Betreuungsgericht (§ 23a Abs. 1 S. 1 Nr. 2, Abs. 2 Nr. 1, § 23c GVG). Funktionell zuständig ist der Rechtspfleger (§ 3 Nr. 2 b RPflG; beachte den Richtervorbehalt nach § 14 Abs. 1 Nr. 10 für die Pflegschaften über Angehörige eines fremden Staates). Die örtliche Zuständigkeit betreffend verweist § 341 auf § 272 FamFG. Die Pflegschaft ist von Amts wegen anzuordnen; ein Antrag ist nur eine Anregung.[60] Zum Verfahren siehe § 1911 Rn. 24.

20 **2. Ende der Pflegschaft.** Die Pflegschaft endet kraft Gesetzes nach § 1918 Abs. 3, wenn sie nur für einzelne Angelegenheiten angeordnet war; in allen anderen Fällen durch Beschluss des Betreuungsgerichts gemäß nach § 1919 nach Wegfall des Anordnungsgrundes (zB Fürsorgebedürfnis entfällt, die unbekannten Erben werden bekannt).

VIII. Parallelvorschriften

21 Für **öffentlich-rechtliche Belange** sind außerhalb des BGB nicht nur Pflegschaften für unbekannte oder ungewisse Beteiligte, sondern auch für herrenlose Grundstücke und herrenlose Sachen unter bestimmten Voraussetzungen zulässig (vgl. § 96 GBO; § 16 VwVfG; § 81 AO, § 207 BauGB). Diese **Pflegschaften** sind solche **eigener Art.** Die BGB-Bestimmungen über die Pflegschaft sind auf sie nur anwendbar, soweit ausdrücklich darauf verwiesen wird.

§ 1914 Pflegschaft für gesammeltes Vermögen

Ist durch öffentliche Sammlung Vermögen für einen vorübergehenden Zweck zusammengebracht worden, so kann zum Zwecke der Verwaltung und Verwendung des Vermögens ein Pfleger bestellt werden, wenn die zu der Verwaltung und Verwendung berufenen Personen weggefallen sind.

Schrifttum: *Laux,* Sammelvermögen, JZ 1953, 214; *Lindemann,* Haftung der Sammler für Sammelvermögen, Recht 1911, 90; *Schmidt,* Zweckvermögenstheorie und Zweckvermögen, NJW 1970, 646.

I. Normzweck

1 **1. Voraussetzungen für die Anordnung der Sach-Realpflegschaft.** Systemwidrig in der Reihe der Personalpflegschaften des Familienrechts normiert die Bestimmung die Voraussetzungen für die Anordnung der einzigen Sach- oder Realpflegschaft des BGB.[1] Der Normzweck ist nicht

---

[55] BGH MDR 1968, 484 = RdL 1968, 97, 99; BAG NJW 1967, 1437; OLG Hamm NJW 1974, 505; allgM.
[56] KG JW 1938, 2401; OLG Rostock OLGRspr 30, 163, 164.
[57] BayObLG FamRZ 1997, 1363, 1364.
[58] OLG Hamm FamRZ 1997, 1368, 1369.
[59] BAG NJW 1967, 1437.
[60] KG OLGRspr. 10, 18.
[1] RGZ 62, 386, 391; 147, 121, 124; BGH LM Nr. 1 = MDR 1973, 742; BayObLGZ 12, 418, 425; KG SeuffA 56 Nr. 179 und jetzt hM.

zu lösen vom Begriff des Sammelvermögens, dessen Rechtsnatur sowohl den Anwendungsbereich der Norm als auch die Eigenart der Stellung des Pflegers bedingt.

2. Rechtsnatur des Sammelvermögens. a) Streitstand. Die Rechtsnatur des Sammelvermögens ist umstritten;[2] sie **entzieht sich einer eindeutigen Definition**. Das hängt damit zusammen, dass die Natur des Rechtsverhältnisses, welches durch die Sammlung seitens eines „Komitees" begründet wird, und die damit eng zusammenhängende **Frage des Eigentums** an den öffentlich Angesammelten nicht festgelegt werden sollten.[3] Im Regelfall ist das Gesammelte den Veranstaltern der Sammlung zu treuen Händen übereignet. Diese sind verpflichtet, das angesammelte Vermögen im Sinne des Sammlungszwecks zu verwenden, auch die im Rahmen der Zweckverfolgung begründeten Verbindlichkeiten zu bestreiten. Im Einzelfall kann auch gewollt sein, dass die zugewendeten Güter zunächst im Eigentum der Spender bleiben, bis sie dem Sammlungszweck zugeführt sind.[4]

b) Keine Rechtsfähigkeit. Das Sammelvermögen besitzt im Unterschied zur rechtsfähigen Stiftung **keine eigene Rechtspersönlichkeit**.[5] Einigkeit besteht auch darüber, dass – unabhängig von der Frage des Eigentums am Sammelvermögen – die **Verfügungsgewalt** darüber allein den Veranstaltern der Sammlung zustehen muss; diese haben sie im Einklang mit dem Sammlungszweck und dem damit gleichlaufenden Willen der Spender auszuüben.[6] Bei Wegfall der Verfügungsberechtigten ist im Bedarfsfall Pflegschaft anzuordnen, um das Angesammelte dem Sammlungszweck zuzuführen. Dieses Ziel, verbunden mit den dafür erforderlichen Verwaltungshandlungen, umgrenzt von vornherein den **Wirkungskreis des Pflegers** nach § 1914; nur innerhalb dieses Rahmens kann ihm die Wahrnehmung einer einzelnen Angelegenheit oder eines Kreises von Angelegenheiten übertragen werden.

II. Sammelvermögen und öffentliches Recht

1. Genehmigungsbedürftigkeit öffentlicher Sammlungen. Pflegschaften nach § 1914 kommen kaum vor.[7] Die Rechtsprechung ist daher spärlich. Das ist sowohl steuerrechtlich[8] als auch dadurch bedingt, dass öffentliche Sammlungen unter ordnungsrechtlichen Gesichtspunkten grundsätzlich der Genehmigung bedürfen und für notleidende Sammelvermögen auf Grund der bestehenden öffentlich-rechtlichen Vorschriften in der Regel ausreichend vorgesorgt ist.

2. Nichtigkeit des Sammlungsgesetzes v. 5. 11. 1934. Sammlungsgesetze der Länder. Das Sammlungsgesetz v. 5. 11. 1934,[9] das ein generelles Sammlungsverbot mit Erlaubnisvorbehalt enthielt, wurde zwar durch die Entscheidung des BVerfG v. 5. 8. 1966[10] für nichtig erklärt, weil es den verfassungsrechtlichen Anforderungen an einen gesetzlichen Erlaubnisvorbehalt nicht entsprach. Das BVerfG überließ es der rechtspolitischen Entscheidung des zuständigen Landesgesetzgebers, ob und wie er das Sammlungswesen regeln wolle, da Art. 2 Abs. 1 GG nicht jede gesetzliche Regelung und Beaufsichtigung des Sammlungswesens verbiete.[11]

III. Voraussetzungen der Anordnung

1. Vorhandensein von Sammelvermögen. Es muss ein Sammelvermögen vorhanden sein; es müssen also Beiträge in **Geld und Sachwerten** zu einem außerhalb der Person und der Haftung[12] der Veranstalter liegenden Zweck bereits zusammengebracht worden sein. Die Geber müssen im Hinblick auf diesen Zweck zu einem Aufwand bestimmt worden sein, den sie andernfalls nicht gemacht hätten.[13] Sammelvermögen ist erst dann zusammengebracht, wenn mindestens ein **Anspruch auf die Spenden** begründet ist, insoweit also eine bindende Verpflichtung der Beitragszeichner vorliegt.[14]

---

[2] Zum Meinungsstand *Laux* JZ 1953, 214; *Schmidt* NJW 1970, 646.
[3] Prot. VI S. 313.
[4] Dazu RGZ 62, 386.
[5] RGRK/*Dickescheid* § 1914 Anm. 3; *Soergel/Zimmermann* Rn. 1.
[6] BGH LM Nr. 1 = MDR 1973, 742; *Dölle* § 145 II.
[7] *Laux* JZ 1953, 214.
[8] *Laux* JZ 1953, 214; vgl. BFH BB 1976, 679 m. Anm. *Bornhaupt*.
[9] SammlungsG v. 5. 11. 1934 (RGBl. I S. 1086) idF v. 23. 10. 1941 (RGBl. I S. 654).
[10] BVerfGE 20, 150.
[11] Vgl. BVerfGE 24, 236 = NJW 1969, 31.
[12] *Laux* JZ 1953, 214; *Lindemann* Recht 1911, 90, 91.
[13] *Zöllner* SeuffBl. 72, 717.
[14] *Soergel/Zimmermann* Rn. 5; *Staudinger/Bienwald* Rn. 6. Zur Fage, inwieweit die Zusicherung von Spenden als Schenkung zu qualifizieren ist und daher der Formvorschrift des § 518 unterliegt.

7 **2. Öffentliche Sammlung.** Das Sammelvermögen muss durch eine öffentliche Sammlung zusammengebracht worden sein. Die Sammlung muss zwar nicht notwendigerweise öffentlich bekanntgemacht sein,[15] sich aber an eine unbestimmte Anzahl von Personen wenden.[16]

8 **3. Vorübergehender Zweck.** Der Zweck, für den das Sammelvermögen bestimmt ist, muss ein vorübergehender sein, zB Hilfe für eine durch Brand geschädigte Familie.[17] Sammlungen für die laufende Unterstützung einer Einrichtung, Organisation, Anstalt usw. erfüllen diese Voraussetzung nach herrschender Meinung nicht. Dagegen kann mit dem Sammelvermögen die Herstellung einer Sache bezweckt sein, die dann für dauernde Nutzung zur Verfügung steht (Denkmal, Sportplatz).

9 **4. Wegfallen der zur Verwaltung berufenen Personen.** Die zur Verwaltung und zweckbedingten **Verwendung** des Angesammelten berufenen Personen müssen weggefallen, dh. aus tatsächlichen oder rechtlichen Gründen (Tod, Geschäftsunfähigkeit, Abwesenheit, freiwillige Aufgabe der Verwaltungstätigkeit) zur Verwaltung des Sammelvermögens nicht (mehr) in der Lage sein. Weggefallen sind diese Personen jedoch **nicht,** wenn sich herausstellt, dass sie ihre Stellung missbrauchen, insoweit also ungeeignet sind (hM). Im Schrifttum[18] wird die Auffassung vertreten, dass in diesem Fall die unbekannten Spender durch die Anordnung einer Pflegschaft nach § 1913 vor ungetreuen oder unlauteren Verwaltern geschützt werden könnten; das setzt die mE abzulehnende Auffassung voraus, dass die (unbekannten) Spender solange Gesamthandseigentümer des Sammelvermögen sind, als es nicht seinem Zweck zugeführt ist und daher als Angelegenheit unbekannter Beteiligter erscheint. Im Hinblick auf die öffentlichrechtlichen Vorschriften dürfte sich zudem eine praktische Notwendigkeit zu einer solchen Pflegschaft kaum ergeben.

IV. Rechtsstellung des Pflegers

10 **1. Grundsatz.** Weil es sich bei der Pflegschaft nach § 1914 um eine Realpflegschaft (Güterpflege) handelt, ist der Pfleger weder Rechtsnachfolger des weggefallenen Verfügungsberechtigten noch gesetzlicher Vertreter der zumeist unbekannten Spender; er ist vielmehr **Partei kraft Amtes** (vgl. § 116 Abs. 1 S. 1 Nr. 1 ZPO).[19]

11 **2. Wirkungskreis.** Maßgeblich für den Wirkungskreis des Pflegers ist die Bestellung (§ 1789; § 1915 Abs. 1), die sich an dem mit dem Sammelvermögen verfolgten Zweck zu orientieren hat. Der Pfleger hat demnach die gezeichneten Spenden einzuziehen und das Angesammelte seinem Zweck zuzuführen. Eine verbreitete Literaturmeinung sieht es nicht als Aufgabe des Pflegers an, die Sammlung weiterzuführen;[20] das ist für diejenigen Fälle zu eng, in denen die Sammelaktion noch nicht beendet ist und bei ihrem Abbruch der Zweck nicht sinnvoll erreicht werden kann. In solchem Fall ist der Pfleger befugt, auch die Sammlung gemäß den vorgefundenen Plänen ihren Zwecken zuzuführen, statt die Angelegenheit abzubrechen und die Spenden wieder zurückzuerstatten.

V. Ende der Pflegschaft

12 Die Pflegschaft des § 1914 wird in der Regel durch Gerichtsbeschluss gemäß § 1919 beendet. Der Grund für die Anordnung der Pflegschaft entfällt zB, wenn die zur Verwaltung berufenen Personen ihr Amt wieder übernehmen können, wenn von den Spendern ein neues Komitee gebildet wird und schließlich, wenn die zweckentsprechende Verwendung des Sammelvermögens nachgewiesen ist. Eine Beendigung der Pflegschaft kraft Gesetzes nach § 1918 Abs. 3 ist denkbar, wenn dem Pfleger tatsächlich nur die Besorgung einer einzelnen Angelegenheit übertragen war (Tatfrage).

VI. Verfahrensfragen

13 Das Verfahren zur Bestellung eines Pflegers nach § 1914 ist „betreuungsgerichtliche Zuweisungssache" (§ 340 Nr.1 FamFG). Sachlich zuständig ist das Amtsgericht, und zwar das Betreuungsgericht (§§ 23a Abs. 1 S. 1 Nr. 2, Abs. 2 Nr. 1, 23c GVG). Funktionell zuständig ist der Rechtspfleger (§ 3 Nr. 2 b RPflG). Die örtliche Zuständigkeit richtet sich nach § 272 iVm. § 341 FamFG. Die Pfleg-

---

[15] *Soergel/Zimmermann* Rn. 2; *Staudinger/Bienwald* Rn. 5.
[16] *Soergel/Zimmermann* Rn. 2; *Staudinger/Bienwald* Rn. 5.
[17] Vgl. den Fall OLG Frankfurt/Main NJW-RR 1987, 56.
[18] *Soergel/Zimmermann* Rn. 6.
[19] BGH LM Nr. 1 = MDR 1973, 742; *Soergel/Zimmermann* Rn. 7; *Staudinger/Bienwald* Rn. 1.
[20] *Soergel/Zimmermann* Rn. 7.

schaft ist bei Vorliegen eines Bedürfnisses von Amts wegen anzuordnen, zB wenn die Sorge begründet ist, dass wegen des Wegfalls der verantwortlichen Personen ein Sammelvermögen seinen Zweck verfehlt oder zugrunde geht. Zur Pflegerauswahl s. § 1915 Abs.1 S.1 iVm. § 1779.

§ 1915 Anwendung des Vormundschaftsrechts

(1) ¹Auf die Pflegschaft finden die für die Vormundschaft geltenden Vorschriften entsprechende Anwendung, soweit sich nicht aus dem Gesetz ein anderes ergibt. ²Abweichend von § 3 Abs. 1 bis 3 des Vormünder- und Betreuervergütungsgesetzes bestimmt sich die Höhe einer nach § 1836 Abs. 1 zu bewilligenden Vergütung nach den für die Führung der Pflegschaftsgeschäfte nutzbaren Fachkenntnissen des Pflegers sowie nach dem Umfang und der Schwierigkeit der Pflegschaftsgeschäfte, sofern der Pflegling nicht mittellos ist. ³An die Stelle des Familiengerichts tritt das Betreuungsgericht; dies gilt nicht bei der Pflegschaft für Minderjährige oder für eine Leibesfrucht.

(2) Die Bestellung eines Gegenvormunds ist nicht erforderlich.

(3) § 1793 Abs. 2 findet auf die Pflegschaft für Volljährige keine Anwendung.

Schrifttum: *Boschan*, Die Pflegschaft, 1956; *Damrau*, Das Ärgernis um §§ 1812, 1813 BGB, FamRZ 1984, 842; *Drews*, Stichtag für das Vermögensverzeichnis (§ 1802 BGB), Rpfleger 1980, 178; *März*, Das Bundesverfassungsgericht und der „Verfahrenspfleger" des minderjährigen Kindes in Sorgerechtsverfahren, FamRZ 1981, 736.

Übersicht

	Rn.		Rn.
I. Normzweck, Textgeschichte	1–3	b) Berufung zum Pflegeramt	11
1. Strukturelle Ähnlichkeit von Pflegschaft und Vormundschaft (Abs. 1, 2)	1	c) Auswahl	12
		d) Sonstiges	13
2. Neuregelung der gerichtlichen Zuständigkeit (Abs. 1 S. 3)	2	2. Der Pfleger als gesetzlicher Vertreter	14
		3. Wirkungskreis des Pflegers	15, 16
3. Haftungsbeschränkung (Abs. 3)	3	a) Festlegung	15
II. Die Bedeutung der Verweisung auf das Vormundschaftsrecht (Abs. 1 S. 1) im Allgemeinen	4–9	b) Beachtung der Grenzen	16
		4. Handlungsmacht des Pfleglings	17
		5. Führung der Pflegschaft, gerichtliche Genehmigung	18
1. Grundsatz	4	6. Haftung des Pflegers	19
2. BGB-Pflegschaften	5	7. Vergütung, Aufwendungsersatz (Abs. 1 S. 2)	20
3. Pflegschaften außerhalb des BGB	6		
4. Ausnahmevorschriften und Abweichungen	7	8. Beendigung der Pflegschaft, Entlassung	21
5. Die Verweisung auf das Vormundschaftsrecht	8	IV. Gegenvormund (Abs. 2)	22, 23
		1. Keine Pflicht zur Bestellung	22
6. Verfahren in Pflegschaftssachen	9	2. Keine Anwendung auf Jugendamt als Amtspfleger	23
III. Einzelne Regelungsbereiche	10–21	V. Haftungsbeschränkung (Abs. 3)	24, 25
1. Bestellung und Auswahl des Pflegers	10–13	1. Minderjährige Pfleglinge	24
a) Grundsätze	10	2. Volljährige Pfleglinge	25

I. Normzweck, Textgeschichte

1. Strukturelle Ähnlichkeit von Pflegschaft und Vormundschaft (Abs. 1, 2). Die 1 Norm beruht auf dem Prinzip der strukturellen Ähnlichkeit von Vormundschaft und Pflegschaft.[1] Sie verdeutlicht, dass alle Bestimmungen des BGB, soweit sie von Vormund oder Vormundschaft sprechen, grundsätzlich auch die Pflegschaft einbeziehen, sofern nicht speziellere Vorschriften eingreifen oder der Sinn der jeweiligen Art von Pflegschaft einer Anwendung entgegensteht. Ausdrückliche Ausnahmen von der Anwendung des Vormundschaftsrechts enthalten die Vorschriften der

---
[1] Vgl. Mot. IV S. 1044, 12.

§ 1915　2–6　　　　　　　　　　　　　　　　　　Abschnitt 3. Titel 3. Pflegschaft

Abs. 2 und 3. Die Vergütung des Pflegers betreffend hat das 2. BtÄndG die Sonderregel des Abs. 1 S. 2 eingefügt.

2　**2. Neuregelung der gerichtlichen Zuständigkeit (Abs. 1 S. 3).** Gemäß der Neuordnung der Zuständigkeiten durch das zum 1. 9. 2009 in Kraft getretene Gesetz zur Reform des Verfahrens in Familiensachen und in den Angelegenheiten der freiwilligen Gerichtsbarkeit (FGG-Reformgesetz)[2] ist die gerichtliche Zuständigkeit für Pflegschaften zwischen den Familiengerichten und den Betreuungsgerichten aufgeteilt. Dem entspricht der durch das genannte Gesetz eingefügte S. 3 des Abs. 1. Bei der Anwendung der Vorschriften des Vormundschaftsrechts tritt an die Stelle des Familiengerichts das Betreuungsgericht, außer wenn eine Pflegschaft für Minderjährige oder eine Leibesfrucht Gegenstand des Verfahrens ist.

3　**3. Haftungsbeschränkung (Abs. 3).** Diese Vorschrift ist durch den am 1. 1. 1999 in Kraft getretenen Art. 1 des Gesetzes zur Beschränkung der Haftung Minderjähriger (Minderjährigenhaftungsbeschränkungsgesetz – MHbeG) vom 25. 8. 1998 (BGBl. I S. 2487) neu eingefügt worden. Die Vorschrift stellt klar, dass eine Haftungsbeschränkung nach dem Vorbild des Minderjährigenrechts (§§ 1629a, 1693 Abs. 2) bei einer Pflegschaft für Volljährige nicht in Betracht kommt. Wohl aber kommt die Haftungsbeschränkung bei einer Pflegschaft für Minderjährige zum Zug.

II. Die Bedeutung der Verweisung auf das Vormundschaftsrecht (Abs. 1 S. 1) im Allgemeinen

4　**1. Grundsatz.** Nach Abs. 1 sind auf Pflegschaften die für die Vormundschaft geltenden Vorschriften anzuwenden, soweit sich nicht aus dem Gesetz etwas anderes ergibt. Das Vormundschaftsrecht steht ferner dann zurück, soweit sich seine Anwendung nicht mit dem *Sinn* der jeweiligen Pflegschaft verträgt („entsprechende" Anwendung). Grundsätzlich ist zu beachten, dass der Pfleger im Gegensatz zum Vormund einen nur beschränkten Wirkungskreis hat und daher seine gesetzliche Vertretungsmacht auf diesen Kreis beschränkt ist.

5　**2. BGB-Pflegschaften.** Für BGB-Pflegschaften gilt § 1915 Abs. 1 uneingeschränkt. Das sind nicht nur Pflegschaften nach §§ 1909, 1911 bis 1914, sondern auch die Nachlasspflegschaft (§§ 1960 bis 1962)[3] und ihre Unterart, die Nachlassverwaltung (§ 1975),[4] sowie die bestellte und gesetzliche Amtspflegschaft des Jugendamts (§§ 1791b, c) und die Vereinspflegschaft (§ 1791a). Hierher gehören auch die Sorgerechtspflegschaften, insbesondere nach §§ 1630 Abs. 3 und 1666, sowie die Pflegschaften zur Durchsetzung des Umgangsrechts (§§ 1684 Abs. 3, § 1685 Abs. 3 S. 2).[5] Eine besondere Art der Pflegschaft bildet die **Beistandschaft** nach §§ 1712 ff., die ohne gerichtliche Entscheidung durch den Antrag eines Elternteils an das Jugendamt eintritt; auch hier ist Pflegschaftsrecht und somit Vormundschaftsrecht anzuwenden; ausdrücklich ausgenommen sind jedoch die Vorschriften über die Aufsicht des Familiengerichts und die Rechnungslegung; auch die §§ 1791, 1791 c Abs. 2 sind nicht anzuwenden (§ 1716 S. 2).

6　**3. Pflegschaften außerhalb des BGB.** Solche Pflegschaften werden insoweit von der Verweisung in Abs. 1 erfasst, als die Pflegschaftsbestimmungen allgemein für anwendbar erklärt sind (zB § 16 Abs. 4 VwVfG, soweit hiernach nicht Betreuungsrecht zum Zuge kommt). Fehlt eine solche Verweisung, so ist entscheidend, ob die in Betracht kommende gesetzliche Bestimmung nach ihrem Sinn und Zweck die Anwendung des Vormundschaftsrechts zulässt.[6] **Weitgehend unanwendbar** sind die Vorschriften über die Vormundschaft insoweit, als die Bestellung besonderer (vornehmlich Verfahrens-) Vertreter weder durch ein Gericht der freiwilligen Gerichtsbarkeit noch nach deren Regeln oder nur zu einem ganz bestimmten gesetzlich besonders hervorgehobenen Zweck vorzunehmen ist. (zB Vertreter des Hypothekenrechts, §§ 1141 Abs. 2, 1189) Grundsätzlich nicht anwendbar sind die Vorschriften des Vormundschaftsrechts auch für **Verfahrenspflegschaften** (§§ 276, 317 FamFG),[7] sofern keine speziellen Verweisungen erfolgen. Gleichwohl ist die ergänzende Heranziehung von Einzelvorschriften des Vormundschaftsrechts (zB § 1833) dadurch nicht ausgeschlossen,[8] zumal dann, wenn diese Vorschriften auf allgemeinen Prinzipien treuhänderischen Handelns beruhen.

---

[2] Vom 17. 12. 2008 (BGBl. I S.2586).
[3] *Palandt/Weidlich* § 1960 Rn.9; OLG Stuttgart ErbR 2011, 60.
[4] Vgl. BGH FamRZ 1975, 576; BayObLGZ 1972, 156, 159; 1976, 168, 171.
[5] Vgl. OLG Karlsruhe FamRZ 2005, 1571; OLG Brandenburg FamRZ 2008, 1478; OLG Naumburg FamRZ 2009, 792.
[6] *Soergel/Zimmermann* Rn. 3.
[7] *Staudinger/Bienwald* Rn. 1; aA *Pohl* BtPrax 1992, 19, 20.
[8] BGHZ 182, 116 Tz. 42.

4. Ausnahmevorschriften und Abweichungen. Allgemeine gesetzliche Ausnahmen sind neben § 1915 Abs. 2 und 3 in den §§ 1916 bis 1921 enthalten. § 1916 schließt die Berufungsvorschriften des Vormundschaftsrechts für die Ergänzungspflegschaft (§ 1909) aus, während § 1917 für diese Pflegschaft einen besonderen Berufungsgrund normiert. Für die Beendigung von Pflegschaften gelten in erster Linie die §§ 1918, 1919 und 1921. Für die Nachlasspflegschaft ist die besondere Zuständigkeit des Nachlassgerichts gegeben (§ 1962).

5. Die Verweisung auf das Vormundschaftsrecht. Da durch das BtG mit Wirkung ab 1. 1. 1992 die Vormundschaft über Volljährige entfallen ist, kann sich die Verweisung des § 1915 Abs. 1 **nur noch auf das Recht der Vormundschaft über Minderjährige** beziehen. Dabei ist jedoch zu bedenken, dass diese Vorschriften zum Teil für einige Arten der Pflegschaft nicht sinnvoll angewendet werden können, man denke nur an die Berufung zum Vormund nach §§ 1776 bis 1778. Ob die Verweisung des § 1915 Abs. 1 greift, hängt folglich jeweils von der Überprüfung ab, ob die in Betracht kommende Norm des Vormundschaftsrechts beim jeweiligen Typus der Pflegschaft einen Sinn ergibt. Als Gegenposition könnte man die Auffassung entwickeln, dass überall dort, wo man bisher eine Verweisung auf das Recht der Volljährigenvormundschaft angenommen hat, nunmehr das Betreuungsrecht sinngemäß anzuwenden sei; diese Auffassung wird aber den Besonderheiten des neuen Rechtsinstituts der Betreuung nicht gerecht und würde dazu führen, dass die einschlägigen Vorschriften zum großen Teil nicht oder nur mit abgewandeltem Inhalt zum Zuge kommen könnten.[9]

6. Verfahren in Pflegschaftssachen. So wie die Zuständigkeit in Verfahren, die eine Pflegschaft betreffen, geteilt ist, so unterscheiden sich auch die anzuwendenden Verfahrensregeln.
– Verfahren, die **die Pflegschaft für einen Minderjährigen oder eine Leibesfrucht** betreffen, sind „Kindschaftssachen" (§ 151 Nr. 5 FamFG) und somit „Familiensachen" (§ 111 Nr. 2 FamFG). Ausschließlich zuständig sind die **Familiengerichte** (§§ 23a Abs. 1 S. 1 Nr. 1, S. 2, 23b Abs. 1 GVG). Anzuwenden sind – über die allgemeinen Regeln des FamFG hinaus – die Vorschriften des Verfahrens in Kindschaftssachen (§§ 151 ff. FamFG).
– Verfahren, die **andere Pflegschaften** betreffen, sind „betreuungsgerichtliche Zuweisungssachen" (§ 340 Nr. 1 FamFG), für welche die **Betreuungsgerichte** zuständig sind (§§ 23a Abs. 1 S. 1 Nr. 2, Abs. 2 Nr. 1, 23c GVG). In diesen Verfahren sind nicht die Vorschriften in Kindschaftssachen anzuwenden, aber auch nicht die speziellen Regeln des Verfahrens in Betreuungssachen (§§ 271 ff. FamFG); denn es handelt sich trotz der Zuweisung in die Zuständigkeit der Betreuungsgerichte **nicht um Betreuungssachen**. Einzig die Vorschrift über die örtliche Zuständigkeit des Betreuungsgerichts ist auch bei den Zuweisungssachen anwendbar (§ 272 iVm. § 341 FamFG). Darüber hinaus enthält das FamFG **keine speziellen Regeln für betreuungsgerichtliche Zuweisungssachen**, sodass in diesen Verfahren die allgemeinen Verfahrensregeln des FamFG ohne Besonderheiten zum Zuge kommen.

Man sollte sich also klar machen: Das anzuwendende **materielle Recht** ist für beide Pflegschaftskonstellationen grundsätzlich gleich, nämlich das **Vormundschaftsrecht**; das anzuwendende **Verfahrensrecht** ist hingegen gespalten. Man muss sich daran gewöhnen, dass im Rahmen der Pflegschaften das **Betreuungsgericht,** soweit es zuständig ist, materiellrechtlich das **Vormundschaftsrecht** anzuwenden hat.

III. Einzelne Regelungsbereiche

1. Bestellung und Auswahl des Pflegers. a) Grundsätze. Die Bestellung des Pflegers erfolgt nach § 1789. Der vom Gericht ausgewählte Pfleger ist gemäß §§ 1785 bis 1788 zur Übernahme des Amtes verpflichtet. Entsprechend § 1774 S. 1 ist der Pfleger in der Regel **von Amts wegen** zu bestellen. Abweichend davon ist bei einigen Pflegschaften ein **Antrag** vorausgesetzt (zB § 1630 Abs. 3). Die Bestellung von **Mitpflegern** ist zwar nicht ausgeschlossen, jedoch nur aus den besonderen Gründen des §§ 1775 S. 2 geboten (vgl. auch § 1797 Abs. 2). Zu unterscheiden von einer etwaigen **„Mitpflegschaft"** ist eine mögliche **„Unterpflegschaft"**, zu dieser s. § 1909 Rn. 10. Die Bestellung eines neuen Pflegers als Vorsorgemaßnahme vor der Entlassung des alten ist unzulässig.[10] Bei Teilnahme mehrerer Mündel desselben gesetzlichen Vertreters an einem Rechtsgeschäft ist für jedes Kind/Mündel in der Regel ein Pfleger zu bestellen (s. § 1909 Rn. 40).

b) Berufung zum Pflegeramt. Bezüglich der Berufung zur Pflegeramt gelten bei den einzelnen Arten der Pflegschaft unterschiedliche Regeln. Für die Pflegschaften nach § 1909 gelten die

---
[9] Im Erg. ebenso *Staudinger/Bienwald* Rn. 2.
[10] BayObLGZ 1970, 143, 147; LG Berlin Rpfleger 1970, 91; *Staudinger/Bienwald* Rn. 8.

§ 1915 12–15 Abschnitt 3. Titel 3. Pflegschaft

Berufungsvorschriften des Vormundschaftsrechts nicht (§ 1916), die Möglichkeit der Berufung besteht im Sonderfall des § 1909 Abs. 1 S. 2 (§ 1917). Für Pflegschaften nach § 1911 bestehen seit Inkrafttreten des BtG keine Berufungsvorschriften mehr;[11] auch für Pflegschaften nach §§ 1913, 1914 kommen Berufungsvorschriften nicht in Betracht.[12] Für § 1912 siehe Erl. dort.

12 **c) Auswahl.** Soweit nicht ausnahmsweise eine Berufungsvorschrift zum Zuge kommt, hat das Gericht den Pfleger grundsätzlich nach den für die Vormundschaft geltenden Regeln auszuwählen.[13] Entscheidende Gesichtspunkte sind das Wohl des Pfleglings und die Eignung des in Aussicht Genommenen für das Amt (§ 1779 Abs. 2 S. 1). Theoretisch anwendbar sind auch die Auswahlgrundsätze des § 1779 Abs. 2 S. 2, so dass also dem Willen der (sonst) sorgeberechtigten Eltern erhebliches Gewicht zukommt.[14] Doch ist in den Fällen, in denen die Eltern als gesetzliche Vertreter wegen Interessenkollision ausgeschlossen sind und deshalb ein Pfleger nach § 1909 bestellt werden muss, zu bedenken, dass häufig der Schutz der Interessen des Minderjährigen gebieten wird, sich nicht nach dem Willen der Eltern zu richten[15] und den Pfleger auch nicht aus dem nächsten Verwandtenkreis zu nehmen.[16] Grundsätzlich ist einem Einzelpfleger der Vorzug vor einem Vereinspfleger oder dem bestellten Amtspfleger zu geben.[17] Im Einzelfall kann aber – statt nahe stehender Personen – die Bestellung des Jugendamts oder eines Vereins einem Einzelpfleger vorzuziehen sein (zB bei Durchsetzung des Schulbesuchs gegen den Willen der Eltern;[18] bei Vertretung in gerichtlichen Verfahren wie Vaterschaftsanfechtung;[19] bei erheblichen Interessengegensätzen aus Anlass gesellschaftsrechtlicher oder erbrechtlicher Auseinandersetzungen).[20] Soll das Jugendamt zum Amtspfleger bestellt werden, so ist dasjenige Jugendamt zuständig, in dessen Bereich die Minderjährige seinen persönlichen Aufenthalt hat (§ 87c Abs. 3 S. 1 SGB VIII).

13 **d) Sonstiges.** Über die **Unfähigkeit** und Untauglichkeit zum Amt, die **Verpflichtung zur Übernahme** einer Pflegschaft, das Ablehnungsrecht gelten grundsätzlich die Vorschriften des Vormundschaftsrechts. Die Bestellung eines Vereins zum Pfleger (§ 1791a) bedarf dessen Einwilligung.

14 **2. Der Pfleger als gesetzlicher Vertreter.** Der Pfleger ist in dem ihm zugewiesenen Wirkungskreis gesetzlicher Vertreter des Pfleglings. Das ist grundsätzlich bei (auch partiell) Geschäftsunfähigen[21] und bei beschränkt Geschäftsfähigen der Fall, gilt aber auch für den Abwesenheitspfleger (§ 1911)[22] und die Pflegschaft für unbekannte Beteiligte (§ 1913),[23] während der Pfleger für Sammelvermögen (§ 1914), gleich dem Nachlassverwalter (§ 1975), Partei kraft Amtes ist (vgl. § 116 Abs. 1 Nr. 1 ZPO). Sinngemäß sind die Vorschriften über die Vormundschaft überall dort anzuwenden, wo Rechtshandlungen von gesetzlichen Vertreter vorzunehmen sind und der Pfleger als solcher in Betracht kommt. Eine ohne ausreichende gesetzliche Grundlage angeordnete Pflegschaft ist nicht nichtig, sondern nur aufhebbar und bis zur Aufhebung für alle Gerichte und Behörden verbindlich.[24]

15 **3. Wirkungskreis des Pflegers. a) Festlegung.** Die Rechtshandlung, die der Pfleger vornimmt, muss im Rahmen seines Wirkungskreises liegen, denn dieser begrenzt den Umfang seiner

---

[11] Begründung Erl. zu § 1911 Rn. 19.
[12] Vgl. für § 1913: BVerfG FamRZ 1974, 445.
[13] S. BayObLGZ 1958, 373, 374; 1965, 50, 51; 1980, 138 = Rpfleger 1980, 386; BayObLG Rpfleger 1983, 438 und FamRZ 1981, 96; 1983, 942 f. LS.; vgl. OLG Düsseldorf FamRZ 1981, 98; LG Würzburg FamRZ 1972, 391; vgl. *Gernhuber* FamRZ 1976, 189. Zur Eignung gemäß § 1779 Abs. 2 S. 1 LG Frankenthal Rpfleger 1989, 454 (keine Eignung der Tochter, wenn das Verhältnis zur fürsorgebedürftigen Mutter gestört ist).
[14] Zur verfassungsrechtlichen Begründung BVerfG FamRZ 1972, 445.
[15] Die Meinungen hierüber sind geteilt, vgl. *Staudinger/Bienwald* Rn. 13; LG München Rpfleger 1976, 130; andererseits *Soergel/Zimmermann* Rn. 5.
[16] *Soergel/Zimmermann* Rn. 5 sieht die nächsten Verwandten sogar regelmäßig ausgeschlossen; in ähnlicher Richtung *Staudinger/Bienwald* Rn. 12; § 1916 Rn. 3. Zum Problem auch *Gernhuber* FamRZ 1976, 189, 190. Aus der Rspr.: BayObLG FamRZ 1994, 871; LG Frankfurt FamRZ 1991, 736; LG München Rpfleger 1976, 130; OLG Schleswig FamRZ 2003, 117.
[17] BayObLGZ 1977, 325; BayObLG Rpfleger 1983, 151; OLG Frankfurt OLGZ 1980, 129; OLG Naumburg OLGR 2005, 1861; OLG Koblenz FPR 2002, 272.
[18] BayObLGZ 1983, 231, 239 = NJW 1984, 982.
[19] BayObLGZ 1982, 33, 34, 40 f.; OLG Stuttgart FamRZ 2002, 1065. Zur Notwendigkeit einer Ergänzungspflegschaft bei Vaterschaftsanfechtung durch die allein sorgeberechtigte Mutter BGH FamRZ 2002, 880.
[20] ZB BayObLG Rpfleger 1982, 13 LS (Miterbe als Pfleger ungeeignet).
[21] ZB BGHZ 48, 147 = NJW 1967, 2404; OLG Stuttgart FamRZ 1975, 355; 1976, 549.
[22] Vgl. BGHZ 18, 389 = NJW 1956, 102.
[23] Vgl. BGH MDR 1968, 484; OLG Hamm NJW 1974, 505 = OLGZ 1974, 64; s. § 1913 Rn. 22.
[24] BGHZ 41, 306, 309; WM 1974, 272; aA OLG Koblenz FamRZ 1974, 222; sonst hM.

Vertretungsmacht.[25] Deshalb ist der **Wirkungskreis** bei der Pflegerbestellung **klar und eindeutig festzulegen,**[26] und zwar beim Einzelpfleger für jede einzelne von ihm übernommene Pflegschaft.[27] Der Wirkungskreis ergibt sich aus dem Bestellungsakt (§ 1789), dessen Inhalt auch dann maßgeblich ist, wenn die Bestellungsurkunde (§ 1791) davon abweicht.[28] Bei der Vereins- bzw. Amtspflegschaft siehe § 1791a Abs. 2, § 1791b Abs. 2. Der Wirkungskreis bestimmt sich nach dem **ausdrücklichen Text** der Bestellung. Die Bestellung kann also nicht durch stillschweigende Bezugnahme auf ein anderes Schriftstück (schlüssiges Verhalten des Gerichts) ergänzt werden.[29] Eine rechtlich wirksame **Änderung der Grenzen des Wirkungskreises** ist nur auf Grund eines ausdrücklichen gerichtlichen Bestellungs- oder Aufhebungsbeschlusses möglich.[30] Eine *rückwirkende* Änderung ist unzulässig.[31] Bei der Umschreibung des Wirkungskreises ist darauf zu achten, dass dem Pfleger die genügende Selbständigkeit verbleibt, zB im Hinblick auf den Abschluss eines Vertrages auch darüber zu entscheiden, ob das geplante Geschäft überhaupt getätigt werden soll.[32]

b) Beachtung der Grenzen. Der vom bestellenden Gericht festgelegte **Wirkungskreis** ist **16 strikt zu beachten.** So umfasst der auf die Vertretung beim Verkauf eines Grundstücksteils beschränkte Wirkungskreis des Pflegers nicht die Bestellung eines Erbbaurechts und eines Vorkaufsrechts an dem belasteten Grundstück zugunsten des jeweiligen Erbbauberechtigten;[33] eine gleichwohl erfolgende gerichtliche Genehmigung des Erbbaurechtsvertrages kann die fehlende Vertretungsmacht nicht ersetzen; die Genehmigung kann auch nicht in eine nachträgliche Erweiterung des Wirkungskreises umgedeutet werden. Die Pflegschaft zur Vertretung in einem Enteignungsverfahren ermächtigt nicht zum Verkauf des Grundstücks, auch wenn damit die Enteignung abgewendet werden soll.[34] Ist die Bestimmung des Wirkungskreises (zu) allgemein gefasst, so darf der Sinn der Pflegschaft der vom Pfleger vorgenommenen Rechtshandlung nicht entgegenstehen. Beispielsweise darf der Abwesenheitspfleger höchstpersönliche Rechtshandlungen für den Pflegling nicht vornehmen (zB Anfechtung der Vaterschaft, § 1600),[35] weil Abwesenheitspflegschaft als Vermögenspflegschaft konzipiert ist, selbst wenn dies in der Umschreibung des Wirkungskreises nicht klar zum Ausdruck kommt. Stets hat jedoch jeder Pfleger das Recht und die Pflicht zum Eintreten für den Pflegling insoweit, als es um **Fragen der Anordnung, Fortdauer und Aufhebung der Pflegschaft** geht.[36]

4. Handlungsmacht des Pfleglings. Auf die rechtliche Handlungsfähigkeit des Pfleglings hat **17** die Anordnung einer Pflegschaft keinen Einfluss. Ein voll Geschäftsfähiger bleibt geschäftsfähig, und zwar auch im Wirkungskreis des Pflegers;[37] daran ändert die in **§ 53 ZPO** angeordnete **Prozessunfähigkeit** nichts.[38] Der geschäftsfähige Pflegling kann nach wie vor Vollmachten erteilen; er kann auch den Pfleger bevollmächtigen, der – soweit er auf Grundlage der Vollmacht und nicht der gesetzlichen Vertretungsmacht handelt – nicht den Genehmigungsvorbehalten des Vormundschaftsrechts (§§ 1812 ff., 1821 ff.) unterliegt.[39]

5. Führung der Pflegschaft, gerichtliche Genehmigung. Für die Führung der Pflegschaft **18** gelten die Bestimmungen des Vormundschaftsrechts. Das gilt auch in Bezug auf die Fürsorge und Aufsicht des Gerichts[40] einschließlich der Vorschriften über Rechnungslegung und -prüfung bei

---

[25] Vgl. BGHZ 5, 240, 244 = NJW 1952, 818; BGHZ 33, 19 = NJW 1961, 22; BayObLGZ 1985, 53, 56 (für Heilbehandlung); 1985, 158, 163 (für Wohnsitzbegründung).
[26] BGH NJW 1974, 1374.
[27] *Goerke* Rpfleger 1982, 169.
[28] KGJ 41, 38; *Soergel/Zimmermann* § 1909 Rn. 5.
[29] BayObLG FamRZ 1988, 874, 876.
[30] BGHZ 5, 240 = NJW 1952, 818; BGH LM § 164 Nr. 36 = NJW 1974, 1374 = WM 1974, 845; KG OLGZ 1971, 316; BayObLGZ 1985, 158 = FamRZ 1985, 743; 1986, 145 = Rpfleger 1986, 302; 1977, 130 = Rpfleger 1977, 320; BayObLGZ 1980, 81, Rpfleger 1984, 235 betr. Beschränkung des Wirkungskreises.
[31] BGH NJW 1974, 1374.
[32] *Soergel/Zimmermann* Rn. 7; *Staudinger/Bienwald* § 1909 Rn. 13.
[33] BayObLG Rpfleger 1986, 471.
[34] BGH NJW 1974, 1374.
[35] Für das Recht vor dem KindRG: OLG Koblenz FamRZ 1974, 222; vgl. dazu § 1911 Rn. 3.
[36] BGHZ 35, 1, 5 = NJW 1961, 1397.
[37] Vgl. BGHZ 48, 147 = NJW 1967, 2404; BGH WM 1974, 272; BayObLGZ 1982, 309, 313 = NJW 1983, 634, LS; OLG Düsseldorf OLGZ 1981, 104 und OLGZ 1983, 119.
[38] Seit RGZ 52, 223, 224 allgM.
[39] OLG Karlsruhe FamRZ 1957, 57; BayObLG FamRZ 1989, 1113 (LS).
[40] BayObLG Rpfleger 1984, 466.

§ 1915 19–21 Abschnitt 3. Titel 3. Pflegschaft

Vermögenspflegschaften.[41] Der Pfleger bedarf für die von ihm vorgenommenen Rechtsgeschäfte der **gerichtlichen Genehmigung** im gleichen Umfang wie ein Vormund.[42] Das gilt auch dann, wenn er als Ergänzungspfleger anstelle der Eltern des Minderjährigen handelt; er ist dann nicht wie die Eltern nach Maßgabe des § 1643 privilegiert.[43] Zuständig für die Erteilung der Genehmigungen ist bei der Ergänzungspflegschaft für Minderjährige das Familiengericht, bei den Pflegschaften nach §§ 1911, 1913, 1914 Betreuungsgericht (§ 1915 Abs. 1 S. 3).

19   **6. Haftung des Pflegers.** Für sie gilt uneingeschränkt § 1833.[44] Danach haftet der Pfleger **für jedes Verschulden,** [45] nicht nur für die Sorgfalt in eigenen Angelegenheiten. Das Maß seiner Sorgfalt ist dabei aber danach zu bemessen, wie diese in den Kreisen, denen er angehört, geübt wird.[46] Dieselben Grundsätze gelten für die Haftung des Jugendamts als Pfleger.[47] Die Erteilung der Genehmigung durch das Gericht stellt den Pfleger nicht grundsätzlich von seiner Haftung frei.[48]

20   **7. Vergütung, Aufwendungsersatz (Abs. 1 S. 2).** Für die Vergütung und den Aufwendungsersatz des Pflegers sind die Vorschriften der §§ 1835, 1835 a, 1836, 1836 c bis 1836 e maßgeblich. Diese Vorschriften sind zuletzt durch das 2. BtÄndG geändert worden.[49] Auch gilt das neue Gesetz über die Vergütung von Vormündern und Betreuern (VBVG), das durch das 2. BtÄndG eingeführt worden ist. Allerdings macht der gleichzeitig eingefügte § 1915 Abs. 1 S. 2 eine wichtige Ausnahme: Abweichend von § 3 Abs. 1 bis 3 VBVG sind für die Höhe der nach § 1836 Abs. 1 zu bewilligenden Vergütung weder die dort festgelegten Stundensätze und die Ausnahmeregelungen hierzu maßgeblich. Vielmehr bemisst sich die Höhe von vorn herein nach der für die Führung der Pflegschaftsgeschäfte nutzbaren Fachkenntnissen des Pflegers sowie nach dem Umfang und der Schwierigkeit der Pflegschaftsgeschäfte.[50] Dies gilt allerdings nicht, wenn der Pflegling mittellos ist und somit die Staatskasse eintreten muss (§ 1 Abs. 2 S. 2 VBVG); in diesem Fall bleibt es bei den in § 3 VBVG vorgesehenen Regeln. Als Begründung für diese Privilegierung der Pflegschaft wird angegeben, die Regelsätze des VBVG könnten nicht auf alle Pflegschaften übertragen werden, insbesondere könnten sie bei Nachlasspflegschaften zu einer unangemessen niedrigen Vergütung führen.[51] Ob diese Begründung für die extrem unterschiedliche Behandlung der Betreuer und der Pfleger trägt, möchte ich angesichts der Tatsache, dass auch die Führung von Betreuungen außerordentlich schwierig sein kann, bezweifeln. Der Vergütungsanspruch des Pflegers besteht ohne Rücksicht darauf, ob im Zeitpunkt der Bestellung die gesetzlichen Voraussetzungen für die Anordnung einer Pflegschaft gegeben waren.[52] Wird ein Pfleger für mehrere Pfleglinge bestellt, so ist die Vergütung gegen jeden Pflegling gesondert festzusetzen.[53]

21   **8. Beendigung der Pflegschaft, Entlassung.** Die Pflegschaft endet in der Regel durch gerichtliche Aufhebung (§ 1919), in bestimmten Fällen unmittelbar kraft Gesetzes (zB § 1918).[54] Der Pfleger kann unter den Voraussetzungen des § 1886 ff. **entlassen** werden; die Entlassung nach § 1886 setzt voraus, dass weniger einschneidende Maßnahmen (§ 1837 Abs. 2 bis 4) als unzureichend erscheinen[55] oder erfolglos geblieben sind. Es genügt die objektive Gefährdung der Interessen des Pfleglings.[56]

---

[41] OLG Stuttgart FamRZ 1979, 76 (für Amtspfleger); OLG Zweibrücken Rpfleger 1980, 103; BayObLG Rpfleger 1982, 265 LS. (betr. unterlassene Rechnungslegung).
[42] BayObLG FamRZ 1989, 1113.
[43] § 1634 Rn. 11; *Palandt/Diederichsen* § 1643 Rn. 1; *Staudinger/Bienwald* Rn. 10; vgl. OLG Hamm FamRZ 1976, 645 LS.; aA LG Karlsruhe BWNotZ 1973, 64.
[44] ZB RGZ 143, 350; BGH LM Nr. 4; § 1910 Nr. 3; FamRZ 1975, 576 f.; 1984, 780, 781; BGHZ 182, 116 Tz. 42.
[45] Zu den Sorgfaltsanforderungen bei Vermögenspflegschaft BGH FamRZ 2005, 358.
[46] BGH LM Nr. 3.
[47] Vgl. zB BGH NJW 1980, 2249 = Rpfleger 1980, 377; KG FamRZ 1976, 370 m. Anm. d. Red.
[48] BGH LM Nr. 3; MDR 1962, 466.
[49] Zweites Gesetz zur Änderung des Betreuungsrechts (Zweites Betreuungsrechtsänderungsgesetz – 2. BtÄndG) vom 21. 4. 2005 (BGBl. I S. 1073).
[50] Dazu OLG Schleswig FG-Prax 2010, 140.
[51] BT-Drucks. 15/4874 Abs. 27.
[52] OLG Naumburg FamRZ 1994, 1335.
[53] BayObLG FamRZ 1997, 1303.
[54] Die §§ 1882, 1884 passen nicht, *Erman/Roth* Rn. 7.
[55] Aus der umfangreichen Rechtsprechung zB: BayObLGZ 1983, 59, 62 ff.; BayObLG Rpfleger 1977, 254, 255 f.; 1984, 355; KG OLGZ 1971, 196, 200 = NJW 1971, 53; OLG Frankfurt Rpfleger 1983, 151; OLG Düsseldorf FamRZ 1981, 98. Nach LG Stuttgart Rpfleger 1989, 195 soll ein Vermögenspfleger (Berufspfleger) bereits dann entlassen werden können, wenn der neue Pfleger ohne Vergütung tätig wird und durch den Pflegerwechsel keine Nachteile für die Person oder das Vermögen des Pfleglings zu erwarten sind.
[56] BayObLGZ 1988, 874, 875; 1990, 205, 206; 1991, 1353, 1354; 2004, 1817, 1818.

IV. Gegenvormund (Abs. 2)

1. Keine Pflicht zur Bestellung. § 1915 Abs. 2 stellt klar, dass die Vorschrift des § 1792 **22** Abs. 2 auf Vermögenspflegschaften nicht anwendbar ist. Das bedeutet aber nicht, dass für einen Vermögenspfleger kein Gegenvormund (nicht „Gegenpfleger") bestellt werden könnte; es ist dies eine Frage der Zweckmäßigkeit.[57] Der Gegenvormund ist nicht gesetzlicher Vertreter des Mündels neben oder anstelle des Vormunds.[58] Er ist nur Kontrollorgan vormundschaftlicher Vermögensverwaltung (§ 1799). Eine Verpflichtung zur Bestellung eines Gegenvormund besteht im Falle der **Vermögenspflegschaft** nicht, selbst wenn die Voraussetzungen des § 1792 Abs. 2 gegeben sind. Wird kein Gegenvormund zu einem Vermögenspfleger bestellt, obgleich die Voraussetzungen des § 1792 Abs. 2 vorliegen, so kann daraus *allein* eine Haftung des Gerichts nicht hergeleitet werden. Andererseits ist nicht zu verkennen, dass angesichts der Schwerfälligkeit des gerichtlichen Genehmigungsverfahrens für Vermögensverfügungen des Pflegers (§ 1812) die Bestellung eines Gegenvormunds zweckmäßig sein kann, insbesondere wenn bei der Verwaltung größerer Vermögen häufiger Geldbeträge abgehoben, angelegt und umgeschichtet werden müssen. Wird ein Gegenvormund bestellt, so gelten hierfür nach § 1915 Abs. 1 die einschlägigen Regeln des Vormundschaftsrechts. Ein für den **Vormund bestellter Gegenvormund** ist nicht zugleich Gegenvormund eines daneben etwa vorhandenen (Ergänzungs-)Pflegers.

2. Keine Anwendung auf Jugendamt als Amtspfleger. Ist das Jugendamt Pfleger, so kann **23** kein Gegenvormund bestellt werden, während das Jugendamt selbst als Gegenvormund fungieren kann (§ 1792 Abs. 1 S. 2). Grundsätzlich unzulässig ist die Bestellung eines Gegenvormunds in den Fällen, in denen der Zuwendende für den benannten Pfleger Gegenvormundschaft ausgeschlossen hat (§ 1917 Abs. 2 S. 1 iVm. § 1852 Abs. 1).

V. Haftungsbeschränkung (Abs. 3)

1. Minderjährige Pfleglinge. Nach einer grundlegenden Entscheidung des BVerfG (BVerfGE **24** 72, 155)[59] darf im Hinblick auf das Persönlichkeitsrecht der Kinder die gesetzliche Vertretungsmacht für Minderjährige nicht so weit gehen, dass die Vertreter die Kinder mit erheblichen, in Ausübung der Vertretungsmacht aufgenommenen Schulden in die Selbständigkeit entlassen dürften. Wenn der Gesetzgeber den Eltern das Recht einräume, ihre Kinder in weitgehendem Maße zu verpflichten, dann müsse er gleichzeitig dafür Sorge tragen, dass den Volljährigen Raum bleibt, um ihr weiteres Leben selbst und ohne unzumutbare Belastungen zu gestalten, die sie nicht zu verantworten haben. Auf diese Rechtsprechung hat der Gesetzgeber mit dem am 1. 1. 1999 in Kraft getretenen Gesetz zur Beschränkung der Haftung Minderjähriger (Minderjährigenhaftungsbeschränkungsgesetz – MHbeG) vom 25. 8. 1998 (BGBl. I S. 2487) reagiert. Kernstück des Gesetzes ist der neu geschaffene § 1629a, der im Prinzip die Haftung des Kindes für Verbindlichkeiten, welche die **Eltern** in Ausübung der gesetzlichen Vertretungsmacht für das Kind begründet haben, auf den Bestand des Kindesvermögens beschränkt, das bei Eintritt der Volljährigkeit vorhanden ist; für Näheres wird auf die Erl. zu § 1629a verwiesen.[60] Gemäß **§ 1793 Abs. 2** gilt § 1629a entsprechend für Verbindlichkeiten, die im Rahmen der gesetzlichen Vertretungsmacht des **Vormunds** gegenüber dem Mündel begründet werden. Gleiches gilt nach **§ 1915 Abs. 1** für die durch einen **Pfleger** für einen **minderjährigen** Pflegling begründeten Verbindlichkeiten.

2. Volljährige Pfleglinge. Die Vorschrift des § 1915 Abs. 3 ordnet an, dass eine Haftungsbe- **25** schränkung nach dem Vorbild des Minderjährigenrechts (§§ 1629a, 1693 Abs. 2) bei einer Pflegschaft für Volljährige **nicht in Betracht kommt**. Die genannte Rechtsprechung des BVerfG bezieht sich nur auf die gesetzliche Vertretung für Minderjährige, während bei Volljährigen eine völlig andere Sachlage besteht. Deshalb stellt der durch das Minderjährigenhaftungsbeschränkungsgesetz eingefügte § 1915 Abs. 3 klar, dass die Vorschrift des § 1793 Abs. 2 und somit die Vorschrift des § 1629a auf eine Pflegschaft für Volljährige keine Anwendung finden.

§ 1916 Berufung als Ergänzungspfleger

Für die nach § 1909 anzuordnende Pflegschaft gelten die Vorschriften über die Berufung zur Vormundschaft nicht.

---

[57] *Staudinger/Bienwald* Rn. 26.
[58] BGH NJW 1956, 789, 790; BayObLGZ 1975, 103; KG RJA 4, 73, 74 f.
[59] FamRZ 1996, 769.
[60] S. auch *Habersack* FamRZ 1999, 1.

I. Normzweck

1 Die Norm ist eine **Ausnahmeregelung zu § 1915 Abs. 1 S.1.** Ihr Zweck ergibt sich im Wesentlichen aus dem **Grundgedanken** der Vorschriften, die bei **gesetzlichem Vertretungsverbot** der Eltern oder des Vormunds (§§ 1629 Abs. 2, 1795, 181) oder bei **erheblichem Interessengegensatz** zwischen diesen und dem Kind/Mündel (§§ 1629 Abs. 2 S. 4, 1796) die Vertretungsmacht einschränken.[1] Die Regelung gilt auch für Pflegschaften, die im Zusammenhang mit einer Einschränkung der elterlichen Sorgerechts auf Grund des § 1666 angeordnet sind.

II. Einzelerläuterungen

2 **1. Kein Benennungsrecht der Eltern.** Die Vorschriften über die Berufung eines Vormunds, die auf eine Pflegschaft nach § 1909 *nicht* angewendet werden sollen, finden sich in §§ 1776 bis 1778. Berufungsgrund ist nach diesen Vorschriften die Benennung durch letztwillige Verfügung der sorgeberechtigten Eltern. Aus dem Zweck des § 1916 folgt, dass in seinem Anwendungsbereich (§ 1909) zu Lebzeiten der Eltern kein aus der elterlichen Sorge herzuleitendes Benennungsrecht besteht.[2] Fraglich ist, ob § 1716 auch die Anwendbarkeit des § 1782 ausschließt, wonach die Eltern bestimmte Personen von der Bestellung als Vormund (folglich hier: als Ergänzungspfleger) ausschließen können. Doch stellt der Ausschluss stellt keine „Berufung" dar, sondern deren Gegenteil; auch verlangt der Zweck des § 1916 nicht, die Vorschrift des § 1782 bei der Ergänzungspflegschaft als unanwendbar zu behandeln, denn dem Gericht steht Übrigen frei, einen geeigneten Pfleger auszuwählen.[3]

3 **2. Anwendbarkeit der Auswahlvorschriften des § 1779.** Anwendbar bleiben gemäß § 1915 Abs. 1 S. 1 grundsätzlich die Auswahlvorschriften des § 1779 Abs. 2, 3.[4] Danach hat das Gericht eine Person auszuwählen, die nach ihren persönlichen Verhältnissen und ihrer Vermögenslage sowie nach den sonstigen Umständen zur Führung der Pflegschaft geeignet ist. Anwendbar ist grundsätzlich auch § 1779 Abs. 2, wonach bei der Auswahl unter mehreren geeigneten Personen der mutmaßliche Wille der Eltern, die persönlichen Bindungen des Mündels, die Verwandtschaft oder Schwägerschaft mit dem Mündel sowie das religiöse Bekenntnis des Mündels zu berücksichtigen sind. Bei den genannten Angehörigen ist allerdings darauf zu achten, ob die Gefahr einer Interessenkollision besteht.[5] Nur mit dieser Einschränkung sind auch Vorschläge der Eltern gebührend zu berücksichtigen.[6]

4 **3. Ausnahme von § 1916.** Eine Ausnahme von § 1916 besteht nach **§ 1917**: Für eine nach § 1909 Abs. 1 S. 2 anzuordnende Pflegschaft (vgl. § 1638) kann der Pfleger vom Erblasser oder demjenigen, der dem Mündel unentgeltlich eine Zuwendung macht, mit bindender Wirkung benannt werden.

§ 1917 Ernennung des Ergänzungspflegers durch Erblasser und Dritte

(1) Wird die Anordnung einer Pflegschaft nach § 1909 Abs. 1 Satz 2 erforderlich, so ist als Pfleger berufen, wer durch letztwillige Verfügung oder bei der Zuwendung benannt worden ist; die Vorschrift des § 1778 ist entsprechend anzuwenden.

(2) ¹Für den benannten Pfleger können durch letztwillige Verfügung oder bei der Zuwendung die in den §§ 1852 bis 1854 bezeichneten Befreiungen angeordnet werden. ²Das Familiengericht kann die Anordnungen außer Kraft setzen, wenn sie das Interesse des Pfleglings gefährden.

(3) ¹Zu einer Abweichung von den Anordnungen des Zuwendenden ist, solange er lebt, seine Zustimmung erforderlich und genügend. ²Ist er zur Abgabe einer

---

[1] BayObLGZ 1964, 277, 279 f.; BayObLGZ 1958, 364.
[2] BayObLGZ 1958, 364, 374; LG Mannheim DJ 1973, 140.
[3] AA *Soergel/Zimmermann* Rn. 1; wohl auch *Staudinger/Bienwald* Rn. 6.
[4] BayObLGZ 1964, 277, 281; 1958, 364, 374; OLG Düsseldorf vom 6. 10. 2010, FamRZ 2011, 742, 743.
[5] BayObLGZ 1964, 277, 281 f.; vgl. BVerfG FamRZ 1972, 445; KG FamRZ 1963, 376; LG Aachen DAVorm. 1971, 61; OLG Frankfurt Rpfleger 1997, 162; *Soergel/Zimmermann* Rn. 1.
[6] OLG Düsseldorf, FamRZ 2011, 742, 743; vgl. LG München I Rpfleger 1975, 130; LG Berlin DAVorm. 1976, 430.

Erklärung dauernd außerstande oder ist sein Aufenthalt dauernd unbekannt, so kann das Familiengericht die Zustimmung ersetzen.

I. Normzweck

1. Ergänzung der §§ 1638, 1909 Abs. 1 S. 2. Die durch Art. 1 Nr. 40 GleichberG geänderte Vorschrift bringt eine Ausnahme zu § 1916 und ergänzt die §§ 1638, 1909 Abs. 1 S. 2. Ein Dritter, der einer unter elterlicher Sorge oder Vormundschaft stehenden Person **Vermögen letztwillig oder unentgeltlich unter Lebenden zuwendet,** kann Eltern oder Vormund von der Verwaltung des Zugewendeten ausschließen und bestimmen, wer die Fürsorge für das zugewendete Vermögen innehaben (§ 1638 Abs. 1) und wie er es gegebenenfalls verwalten soll (Abs. 2 S. 1). Die Verbindlichkeit der Anordnungen des Zuwenders steht unter Vorbehalt gemäß Abs. 2 S. 2 (für letztwillige Zuwendungen) und Abs. 3 S. 2 (für Zuwendungen unter Lebenden). 1

II. Berufung als Pfleger (Abs. 1)

1. Grundsatz. Nach § 1917 Abs. 1 S. 1 ist im Fall des § 1919 Abs. 1 S. 2 als Pfleger berufen, wer bei der letztwilligen Verfügung oder der Zuwendung benannt worden ist. Die bindende Berufung setzt voraus, a) dass entweder die Benennung in einer wirksamen letztwilligen Verfügung (auch isoliert von der Zuwendungsanordnung) enthalten ist,[1] und zwar nicht nur als bloßer Wunsch,[2] oder b) dass das Benennungsrecht des Zuwendenden unter Lebenden *bei* der unentgeltlichen Zuwendung (formlos) ausgeübt wird.[3] Eine nachträgliche Benennung ist unwirksam. In beiden Fällen muss deutlich werden, dass die Verwaltungsbefugnis der Eltern bzw. eines Elternteils oder des Vormunds ausgeschlossen sein soll. 2

2. Besondere Konstellationen. a) Ausschluss eines Elternteils. Wird bei gemeinsamer Vermögenssorge **nur ein Elternteil ausgeschlossen,** entfällt das Benennungsrecht, da in diesem Fall der andere Elternteil das Zugewendete allein verwaltet (§ 1638 Abs. 3) und insoweit auch allein vertretungsberechtigt ist (s. § 1909 Rn. 28). Hingegen bleibt die Bestellung eines Pflegers erforderlich und es bleibt beim Benennungsrecht, wenn nur ein Elternteil allein sorgeberechtigt ist und dieser von der Verwaltung des zugewendeten Vermögens durch Bestimmung des Zuwendenden ausgeschlossen wird. Eine anderweitige Gestaltung setzt eine Änderung der Sorgerechtslage durch gerichtliche Entscheidung (zB Herstellung der gemeinsamen Sorge; Übertragung des Sorgerechts auf den anderen Teil) voraus. 3

b) Bestellung eines Elternteils als Pfleger. Bei der Frage, ob die **Eltern selbst als Pfleger** berufen werden können, ist zu unterscheiden: **aa)** Hat der Zuwendende die Eltern von der Verwaltung des zugewendeten Vermögens ausgeschlossen, so können sie grundsätzlich nicht **auf Grund einer Auswahl des Gericht** bestellt werden.[4] Denn es ist gerade der Wille des Zuwendenden, die Eltern von der Vermögenssorge fernzuhalten. **bb)** Eine andere Frage ist, ob der nach § 1638 **Ausgeschlossene** vom Zuwender **als Pfleger benannt** werden darf. Diese Auffassung wird überwiegend bejaht.[5] Dem ist zu folgen: Der von der elterlichen Vermögensverwaltung insoweit Ausgeschlossene übernimmt diese dann in anderer Funktion und unterliegt somit den sich aus § 1915 Abs. 1 S. 1 iVm. zB §§ 1821 ff. ergebenden Beschränkungen.[6] Ist er jedoch **Testamentsvollstrecker** des letztwillig Zugewendeten, kann er **nicht** zugleich als **Pfleger benannt** werden.[7] 4

c) Selbstbenennung. Bei der Zuwendung unter Lebenden kann der Zuwender nach hM auch **sich selbst benennen.**[8] Ist bei Trennung der sorgeberechtigten Eltern einem Elternteil das alleinige Sorgerecht übertragen, so kann der andere bei unentgeltlichen Zuwendungen an das Kind insoweit die Verwaltung des anderen Elterteils ausschließen und sich selbst als Pfleger benennen.[9] Gleichermaßen ist es jedoch auch zulässig, dass (bei gemeinsamem Sorgerecht) beide Eltern ihrem minderjährigen Kind eine unentgeltliche Zuwendung machen, sich selbst von der Verwaltung des Zugewendeten ausschließen und zugleich einen Pfleger benennen.[10] 5

---

[1] OLG Braunschweig DNotZ 1951, 374; *Staudinger/Bienwald* Rn. 1.
[2] Vgl. BayObLGZ 1976, 67, 77.
[3] OLG Hamm DB 1974, 815 f.; *Oberloskamp* FamRZ 1974, 296, 297.
[4] BayObLGZ 1977, 105, 111 = Rpfleger 1977, 253; BayObLGZ 17, 71, 72 = Recht 1916 Nr. 952.
[5] KGJ 20 A 220.*Staudinger/Bienwald* Rn. 3; *Soergel/Zimmermann* Rn. 2.
[6] KG KGJ 20 A 220; *Staudinger/Bienwald* Rn. 3.
[7] Vgl. BayObLGZ 25, 193, 197; OLG Schleswig NJW-RR 2007, 1597, 1598.
[8] OLG München JFG 21, 181, 188; *Staudinger/Bienwald* Rn. 3; *Soergel/Zimmermann* Rn. 2.
[9] Vgl. BayObLGZ 1975, 34, 38.
[10] OLG Hamm DB 1974, 815; *Oberloskamp* FamRZ 1974, 296, 297; *Priester* DB 1974, 273, 274.

6 **d) Gemeinschaftliches Testament, Erbvertrag.** Auch der durch **gemeinschaftliches Testament oder Erbvertrag gebundene Letztversterbende** kann bezüglich **seines** Nachlasses nachträglich eine Anordnung nach §§ 1638, 1909 Abs. 1 S. 2, 1917 treffen.[11] Aus § 2065 folgt jedoch, dass die Befugnis, einen Pfleger zu benennen, **nicht einem Dritten übertragen werden kann**.[12] Die §§ 2198 ff. sind als Ausnahmevorschriften nicht entsprechend anwendbar.

7 **e) Vormundschaft.** Bei Bestehen einer Vormundschaft kann ein Wechsel in der Person des Vormunds zugleich das Ende der Pflegschaft nach § 1909 Abs. 1 S. 2 bedeuten (§ 1918 Abs. 1); s. § 1918 Rn. 6. Im Einzelfall wird es Tatfrage sein (Auslegung der letztwilligen Verfügung gem. § 133), ob **jeder** Vormund oder nur ein ganz **bestimmter** Vormund von der Verwaltung des Zugewendeten ausgeschlossen sein soll.

8 **3. Pflegerbestellung bei fehlender oder fehlgeschlagener Berufung.** Wenn der Zuwendende die Verwaltung der Eltern ausgeschlossen, aber keine Person zum Pfleger berufen hat, so wählt das Gericht einen Pfleger nach den Grundsätzen des § 1779 Abs. 2 iVm. § 1915 Abs. 1 Abs. 1 S. 1 aus.[13] Das Gleiche gilt, wenn die benannte Person die Übernahme des Amtes verweigert oder wenn ihrer Bestellung rechtliche Hindernisse (§ 1778) im Wege stehen.

9 **4. Übergehen des Berufenen.** Die wirksam benannte Person ist als Pfleger berufen. Sie darf daher ohne ihre Zustimmung **nur aus den gesetzlichen Gründen übergangen** werden (§ 1917 Abs. 1 HS. 2 iVm. §§ 1778, 1780, 1781, 1784). Aus der Bezugnahme auch auf § 1778 Abs. 3 folgt, dass der Ehegatte eines Minderjährigen vor dem Benannten zum Pfleger bestellt werden kann.[14] Der Berufene darf unter anderem auch dann übergangen werden, wenn die Bestellung des Benannten das Kindeswohl gefährden würde oder wenn das Kind ab vollendetem 14. Lebensjahr der Bestellung widerspricht (§ 1778 Abs. 1 Nr. 4, 5).[15] Für die Annahme einer Kindeswohlgefährdung genügt es, wenn die konkrete Besorgnis begründet ist, durch die Bestellung könnten die persönlichen oder vermögensbezogenen Interessen des Kindes erheblich beeinträchtigt werden;[16] auf Verschulden kommt es in diesem Zusammenhang nicht an. Auch das Bestehen eines Interessengegensatzes zwischen dem Berufenen und dem Kind in einer für den Wirkungskreis des Pflegers wesentlichen Frage kann für eine Kindeswohlgefährdung sprechen.[17]

10 **5. Ausschluss einer Person durch den Zuwendenden.** Streitig ist, ob der Zuwendende auch die Rechtsmacht hat, bestimmte Personen von der Pflegschaft auszuschließen. Das ist zu bejahen.[18] Das Ergebnis kann zwar nicht aus der Anwendung des § 1782 begründet werden, da das Benennungsrecht des Zuwendenden nicht aus der elterlichen Sorge fließt.[19] Doch ergibt sich die Befugnis aus der dem Zuwendenden grundsätzlich eingeräumten Rechtsmacht: Wenn er verbindlich die Person des Pflegers benennen kann, dann muss er auch den weniger weit reichenden Einfluss auf die Personenauswahl durch Ausschluss bestimmter Personen ausüben können.

III. Befreiungen (Abs. 2)

11 **1. Befreiungen nach §§ 1852 bis 1854.** Durch letztwillige Verfügung oder bei der Zuwendung kann der Zuwendende anordnen, dass der von ihm benannte Pfleger die Befreiungen der §§ 1852 bis 1854 genießt **(Abs. 2 S. 1)**. Die Anordnung führt zur „befreiten Pflegschaft", die aber wenig praktische Bedeutung erlangt hat.

12 **2. Außerkraftsetzen der Anordnungen.** Nach **Abs. 2 S. 2** können die Anordnungen durch das Familiengericht ganz oder teilweise außer Kraft gesetzt werden, wenn sie das Interesse des Pfleglings gefährden (vgl. auch § 1857).

IV. Abweichung von den Anordnungen des Zuwendenden (Abs. 3)

13 **1. Zuwendung unter Lebenden.** Bei der Zuwendung unter Lebenden ist die Zustimmung des Zuwenders zu einer Abweichung von seinen Anordnungen erforderlich. Diese Zustimmung

---

[11] OLG Braunschweig DNotZ 1951, 374.
[12] OLG Rostock JFG 2, 132, 133; *Staudinger/Bienwald* Rn. 4; *Soergel/Zimmermann* Rn. 2.
[13] BayObLGZ 1997, 93 ff. = FamRZ 1997, 1289, 1290.
[14] *Staudinger/Engler* (10./11. Aufl.) Rn. 3.
[15] BayObLGZ 1997, 93 ff. = FamRZ 1997, 1289, 1290; *Staudinger/Bienwald* Rn. 5.
[16] BayObLGZ 1997, 93, ff. = FamRZ 1997, 1289, 1290 (im konkreten Fall: Unterhaltspflichtverletzung; Nichterfüllung von Verbindlichkeiten gegenüber dem Kind); BayObLGZ 1948/51, 657, 660.
[17] BayObLGZ 1997, 93 ff. = FamRZ 1997, 1289, 1290.
[18] Zutreffend *Soergel/Zimmermann* Rn. 2 (§ 1782 analog).
[19] Vgl. BayObLGZ 1977, 105, 111 = Rpfleger 1977, 253; LG Köln Rpfleger 1971, 354; LG Mannheim DNotZ 1972, 691.

kann durch das Familiengericht ersetzt werden, wenn der Zuwender zur Abgabe einer Erklärung dauernd außerstande oder dauernd unbekannten Aufenthalts ist. Mit seiner **Zustimmung des Zuwenders** kann **jederzeit** von seinen Anordnungen abgewichen werden, selbst wenn kein Gefährdungstatbestand gegeben ist.

2. Bezugnahme des Abs. 3. Umstritten ist, ob sich Abs. 3 nur auf die **Anordnung nach Abs. 2** oder auch auf die **Benennung** des Pflegers **nach Abs. 1** bezieht. Mit der hM[20] ist das Erstere anzunehmen. Dafür sprechen die Bezugnahme auf § 1778 und die Überlegung, dass Anordnung der Pflegschaft und Bestellung eines Pflegers öffentlich-rechtliche, von Amts wegen vorzunehmende Akte sind, die ihren eigenen grundsätzlich zwingenden Regeln folgen.

§ 1918 Ende der Pflegschaft kraft Gesetzes

(1) Die Pflegschaft für eine unter elterlicher Sorge oder unter Vormundschaft stehende Person endigt mit der Beendigung der elterlichen Sorge oder der Vormundschaft.

(2) Die Pflegschaft für eine Leibesfrucht endigt mit der Geburt des Kindes.

(3) Die Pflegschaft zur Besorgung einer einzelnen Angelegenheit endigt mit deren Erledigung.

I. Normzweck

Die Vorschrift normiert die für Pflegschaften geltenden **gesetzlichen Beendigungsgründe**. Von dem „Ende der Pflegschaft" ist die Entlassung des bestellten Pflegers bei Fortbestehen der Pflegschaft zu unterscheiden; für die Entlassung sind §§ 1886 ff. einschlägig. Im Interesse der Klarheit und Rechtssicherheit verschließt sich § 1918 grundsätzlich der erweiternden Analogie. Daneben bleibt § 1919 anwendbar. Die Grenzen zu § 1919 sind besonders gegenüber § 1918 Abs. 3 gelegentlich fließend. Ein **deklaratorischer Gerichtsbeschluss** kann daher angebracht sein (s. § 1919 Rn. 7).

II. Anwendungsbereich

1. Anwendbarkeit auf alle Pflegschaften. § 1918 ist systematisch den §§ 1909 bis 1914 zugeordnet, jedoch sinngemäß auf alle Pflegschaften anwendbar, die nach bürgerlichem Recht angeordnet werden können oder die kraft Gesetzes eintreten (s. § 1919 Rn. 3 ff.), soweit nicht Sondervorschriften oder der Gesetzeszweck entgegenstehen.

2. Voraussetzungen. Konkret ist der Anwendungsbereich der Norm entsprechend ihrer Absatzgliederung an verschiedene Voraussetzungen geknüpft.
a) **Abs. 1** betrifft nur die an die **elterliche Sorge** (§ 1626) oder die Vormundschaft (§ 1773) gebundene, von dieser abhängige und sie ergänzende Pflegschaft im Sinn des § 1909 und verwandter Bestimmungen (zB §§ 1630 Abs. 1). Entfällt dieser Rechtsgrund der Pflegschaft, ist sie damit ipso iure beendet (Ausnahme: § 1751 Abs. 1 S. 3).
b) **Abs. 2** ergänzt ausschließlich § 1912.
c) **Abs. 3** ist von **allgemeiner Bedeutung für alle Pflegschaften**, insbesondere auch für § 1909 Abs. 1 S. 1, nicht dagegen für die Pflegschaft, die im Zusammenhang mit dem Teilentzug der Ausübung der elterlichen Sorge nach § 1666 angeordnet ist.

3. Verhältnis des Abs. 3 zu Abs. 1. Eine nur für **einzelne Angelegenheiten** angeordnete **Pflegschaft** endet gemäß Abs. 3 kraft Gesetzes mit deren Erledigung (Zweckerreichung). Dabei geht allerdings Abs. 1 der Vorschrift des Abs. 3 insofern vor, als die Beendigung der elterlichen Sorge oder der Vormundschaft zugleich das Ende der Pflegschaft für die vom Pfleger zu besorgende einzelne Angelegenheit noch vor deren Erledigung bewirkt.[1]

III. Beendigung der Ergänzungspflegschaft (Abs. 1)

1. Fallgruppen. Zu den **Gründen**, welche die **elterliche Sorge** oder eine bestimmte **Vormundschaft kraft Gesetzes beenden,** gehören: Erreichung der Volljährigkeit (§§ 2, 1626),[2] Tod

---
[20] Soergel/Zimmermann Rn. 4; Staudinger/Bienwald Rn. 9.
[1] BayObLGZ 20, 29, 32.
[2] OLG Hamm FamRZ 2010, 1997 (für § 1909 Abs.1 S.2).

§ 1918 6–10   Abschnitt 3. Titel 3. Pflegschaft

der Eltern oder des elterlichen Sorgeberechtigten (§ 1680), bzw. Todeserklärung (§ 1681), Adoption des Kindes (außer im Fall des § 1755 Abs. 2), Aufhebung der Vormundschaft, der Wechsel in der Person des Sorgerechtsinhabers sowie das Ruhen der elterlichen Sorge.[3] Im letzteren Fall endet die Pflegschaft aber erst im dem Augenblick, in dem ein Vormund bestellt wird.[4] Wird das Sorgerecht vom bisherigen alleinigen Inhaber auf den anderen Elterteil übertragen, so endet die Pflegschaft auch dann, wenn sich beim neuen Sorgeberechtigten die Notwendigkeit einer Pflegerbestellung erweist; es ist dann ein neuer Pfleger zu bestellen.[5]

6   **2. Wechsel in der Person des Sorgeberechtigten insbesondere. a) Grundsätze.** In der Regel wird Ergänzungspflegschaft aus Gründen angeordnet, die – zumindest *auch* – in der Person des Inhabers der elterlichen Sorge bzw. des Vormunds liegen. Zwangsläufig bedingt daher ein Wechsel in der Person des gesetzlichen Vertreters auch bei weiter bestehendem Bedürfnis das Ende der Pflegschaft nach § 1909 Abs. 1; denn diese tritt nur an die Stelle der Vertretungsmacht einer ganz bestimmten Person.[6] Freilich ist § 1918 Abs. 1 nicht anwendbar, wenn beide Eltern **gemeinsam sorgeberechtigt** sind und dann einer von ihnen durch Tod oder andere Ereignisse entfällt;[7] dann besteht die Pflegschaft im Bezug auf die ipso iure eintretende Alleinsorge des anderen Elternteils (§§ 1680 Abs. 1, 3; § 1681 Abs. 1) weiter.

7   **b) Amtspflegschaft. Keine Ausnahme** von diesem Grundsatz enthält **§ 1791c Abs. 2**. Endet die elterliche Sorge für ein nichteheliches Kind und ist das **Jugendamt Pfleger** des Kindes, so endet auch diese Pflegschaft kraft Gesetzes; sie geht sofort, ohne Bestellung (§ 1774) in die gesetzliche Amtsvormundschaft des Jugendamtes über.[8] Die Vorschrift des § 1791c Abs. 2 hat nur noch geringe Bedeutung, weil die gesetzliche Amtspflegschaft durch das Beistandschaftsgesetz vom 4. 12. 1997 (BGBl. I S. 2846) aufgehoben wurde. Dem Wortlaut des Gesetzes nach ist § 1918 Abs. 1 freilich grundsätzlich auch auf die Beistandschaft der neuen §§ 1712 ff. anzuwenden (§ 1716 BGB); doch ergibt sich das gleiche Ergebnis bereits aus der speziellen Vorschrift des § 1715 Abs. 2.[9]

8   **c) Ausnahmen.** Ausnahmen von Abs. 1 sind bei einer am Normzweck orientierten Auslegung[10] gleichwohl denkbar. Kein Ende der Pflegschaft nach § 1909 Abs. 1 ist bei Wechsel des Sorgeberechtigten anzunehmen, wenn verbindlich verfügt worden ist (§ 1638), dass weder die Eltern noch ein Vormund das dem Mündel letztwillig oder unentgeltlich unter Lebenden zugewendete Vermögen verwalten sollen (vgl. § 1917).[11]

9   **3. Ruhen und Entzug der elterlichen Sorge insbesondere.** Beendigungsgrund der Pflegschaft ist auch das Ruhen der elterlichen Sorge sowohl aus rechtlichen als auch aus tatsächlichen Gründen (§§ 1673, 1674, 1675, 1678).[12] Wird einem allein erziehenden Elternteil auf Grund § 1666 die Ausübung der gesamten elterlichen Sorge entzogen, so endigt die Ergänzungspflegschaft gemäß § 1918 Abs. 1 gleichfalls.[13] Nicht als „Beendigung der elterlichen Sorge" im Sinne des § 1918 Abs. 1 wird es nach hM angesehen, wenn im Rahmen von Maßnahmen nach §§ 1666 ff. ein **Teil der elterlichen Sorge** den Eltern oder einem Elternteil **entzogen** wird.[14]

10   **4. Adoption.** Die Annahme des Kindes durch einen Dritten beendet die elterliche Sorge der leiblichen Eltern (§ 1754 Abs.2, 3). Die nach älterem Recht streitige Frage, ob das Ruhen der elterlichen Sorge bereits dann eintritt, wenn die Eltern einer (Incognito-)Adoption unwiderruflich zugestimmt und in ein Pflegeverhältnis eingewilligt haben,[15] ist in § 1751 Abs. 1 S. 1, 3 konkret dahin gelöst, dass mit der – auch gerichtlich ersetzten – Einwilligung die elterliche Sorge ruht,[16] eine angeordnete Pflegschaft jedoch bestehen bleibt.

---

[3] KGJ 20, 220, 222: KG FamRZ 1972, 44; hM.
[4] So zutreffend *Soergel/Zimmermann* Rn. 2.
[5] *Soergel/Zimmermann* Rn. 2.
[6] *Palandt/Diederichsen* Rn. 1; *RGRK/Dickescheid* Rn. 2; *Soergel/Zimmermann* Rn. 2; vgl. OGHZ 1, 198, 202; BayObLGZ 20, 29 32.
[7] *Erman/Roth* Rn. 3.
[8] OLG Hamm Rpfleger 1985, 147; AG Berlin-Schöneberg DAVorm. 1970, 382.
[9] Dazu *Greßmann*, Neues Kindschaftsrecht, 1998, Rn. 360.
[10] Vgl. BayObLGZ 1974, 326, 327.
[11] OLG Neustadt FamRZ 1961, 81.
[12] KG JW 1934, 2624; FamRZ 1962, 200; OLGZ 1972, 109; vgl. BayObLGZ 1974, 491, 493; 1976, 198; OLG Karlsruhe NJW 1976, 485; *Soergel/Zimmermann* Rn. 2.
[13] *Odersky* § 1791c Anm. IV 1 b; § 1706 Anm. VII 2. vgl. OLG Hamm Rpfleger 1985, 147.
[14] Vgl. BayObLGZ 1961, 243, 247; 1970, 89, 90; KG OLGZ 1968, 498, 501; FamRZ 1970, 491; OLG Karlsruhe FamRZ 1974, 661; OLG Stuttgart FamRZ 1976, 538; LG Berlin DAVorm. 1975, 385.
[15] Verneinend BayObLGZ 1976, 1 = NJW 1976, 718; bejahend ua. LG Braunschweig FamRZ 1971, 599.
[16] Vgl. *Engler* FamRZ 1975, 125, 132; BayObLGZ 1977, 175; OLG Stuttgart Justiz 1977, 203.

IV. Beendigung der Pflegschaft nach § 1912 (Abs. 2)

Die Pflegschaft für die Leibesfrucht nach § 1912 Abs. 1 endet kraft Gesetzes mit der Geburt des Kindes; dies gilt auch dann, wenn es tot geboren wird.[17] Entsteht nach der Geburt Bedarf für eine Pflegschaft, so ist eine neue Pflegschaft (etwa nach § 1909) anzuordnen. Der Endigungsgrund des § 1918 Abs. 2 gilt nicht für die vorgeburtlich beantragte Beistandschaft nach § 1712, § 1713 Abs. 1 S. 1, Abs. 2;[18] denn der Zweck der Beistandschaft erfordert gerade die Unterstützung der voraussichtlich allein sorgeberechtigten Mutter über die Geburt des Kindes hinaus. Die Gesetzesbegründung zum Beistandschaftsgesetz begründet dieses Ergebnis mit dem grundlegenden Unterschied zwischen der Pflegschaft nach § 1912 und der Beistandschaft.[19] 11

V. Beendigung der Pflegschaft für eine einzelne Angelegenheit (Abs. 3)

1. Abgrenzung des Begriffs „einzelne Angelegenheit". Auch wenn das Gesetz den Begriff „Pflegschaft für eine einzelne Angelegenheit" seit Aufhebung des § 1910 nicht mehr kennt,[20] gilt die Regel des § 1918 Abs. 3 ungeschmälert: Jede für eine einzelne Angelegenheit bestellte Pflegschaft endet mit ihrer Erledigung. Der Begriff der einzelnen Angelegenheit kann zweifelhaft sein. **Nicht** darunter fällt ein **Kreis von Angelegenheiten,**[21] desgleichen ein Aufgabenkreis, der über die Erledigung einzelner Aufgaben hinaus eine latente Verantwortung für einen bestimmten Bereich mit sich bringt, wie das zB bei der Unterhaltspflegschaft[22] der Fall ist, ebenso bei Pflegschaften, die allgemein Bestandteile des Personen- oder Vermögenssorgerechts einem Pfleger übertragen.[23] 12

2. Typische Fälle. Anwendbar ist § 1918 Abs. 3 beispielsweise, wenn sich die Pflegschaft auf die **Einwilligung in eine bestimmte Heilbehandlung** (Operation) beschränkt, welche die Eltern aus religiösen Gründen verweigern,[24] oder auf die **Zustimmung zur Zeugenaussage** gemäß § 52 Abs. 2 S. 2 StPO. Typische Fälle von Einzelangelegenheiten sind weiterhin: Pflegschaften zur **Durchführung eines ganz bestimmten Verfahrens.**[25] Die Pflegschaft für ein bestimmtes Verfahren endet mit dessen rechtskräftigem oder endgültigem Abschluss (Urteil,[26] Vergleich,[27] Klagerücknahme). **Auseinandersetzungspflegschaften** enden regelmäßig mit dem wirksamen Abschluss des Auseinandersetzungsvertrags (häufig genehmigungsbedürftig). Die Versagung der notwendigen gerichtlichen Genehmigung zu einem Vertrag hat, solange sie noch abänderbar ist, noch nicht die Beendigung der für diese Angelegenheit angeordneten Pflegschaft zur Folge.[28] 13

§ 1919 Aufhebung der Pflegschaft bei Wegfall des Grundes

Die Pflegschaft ist aufzuheben, wenn der Grund für die Anordnung der Pflegschaft weggefallen ist.

I. Normzweck

1. Rechtssicherheit. Die Voraussetzungen für die Anordnung einer Pflegschaft sind unterschiedlich. Wann das Bedürfnis dafür entfällt, ergibt sich in der Regel aus den jeweiligen Umständen des Einzelfalles. Die Norm bezweckt, den dadurch bedingten Unsicherheiten über Fortbestand oder Beendigung der Pflegschaft zu begegnen. Die Beendigung der Pflegschaft ist daher generell an die 1

---

[17] *Soergel/Zimmermann* § 1919 Rn. 3.
[18] Trotz der Verweisung des § 1716 S. 2 auf die Vorschriften des Pflegschaftsrechts. So auch *Greßmann,* Neues Kindschaftsrecht, Rn. 362; *Soergel/Zimmermann* Rn. 3.
[19] BT-Drucks. 13/892 S. 41.
[20] Dazu *Staudinger/Bienwald* Rn. 4.
[21] *Soergel/Zimmermann* Rn. 4.
[22] *Soergel/Zimmermann* Rn. 4.
[23] Vgl. BayObLGZ 1964, 122, 125; OLG Hamm FamRZ 1973, 148.
[24] Vgl. *Göppinger* FamRZ 1980, 856, 864.
[25] Für die Ehescheidung: KG RJA 15, 255; BayObLGZ 1965, 483; für die Vaterschaftsanfechtung: BayObLGZ 1982, 32, 40 f. = Rpfleger 1982, 222.
[26] BayObLG Rpfleger 1988, 105 = FamRZ 1988, 321 [LS.].
[27] Wird ein Rechtsstreit durch Prozessvergleich abgeschlossen, so endet die Pflegschaft, sobald die erforderliche gerichtliche Genehmigung (§ 1822 Nr. 12) für den Vergleich erteilt und vom Pfleger der anderen Partei mitgeteilt worden ist (BayObLG Rpfleger 1988, 105 = FamRZ 1988, 321 – LS.).
[28] BayObLG Rpfleger 1979, 455 = FamRZ 1980, 401 LS. Nr. 243.

gerichtliche Aufhebung geknüpft. Die Beendigung kraft Gesetzes (§§ 1918, 1921 Abs. 3, § 1715 Abs. 2) ist die Ausnahme.

2. Gestaltungswirkung des Aufhebungsaktes. Infolge der Gestaltungswirkung des Aufhebungsaktes endet die Pflegschaft selbst dann, wenn irrtümlich der Wegfall des Grundes angenommen wurde.[1] Eine gegen den Aufhebungsbeschluss eingelegte Beschwerde kann sich nur noch auf erneute Anordnung der Pflegschaft richten.[2] § 1919 gilt auch dann, wenn ein Grund für die Anordnung der Pflegschaft von vornherein gefehlt hat.[3] Die Rechtsakte des Pflegers sind nicht deshalb unwirksam, weil die Voraussetzungen für die Anordnung der Pflegschaft gefehlt haben (§ 47 FamFG).[4]

II. Anwendungsbereich

1. Pflegschaften. Obgleich die Vorschrift systematisch den §§ 1909 bis 1914 zugeordnet ist, umfasst ihr Anwendungsbereich alle Pflegschaften nach bürgerlichem Recht. Auch auf Nachlasspflegschaften (§§ 1960 Abs. 2, 1961) ist die Norm anzuwenden, zB wenn die unbekannten Erben ermittelt sind und der Erbschein ausgestellt ist.[5] Darüber hinaus ist § 1919 ist für alle Pflegschaften einschlägig, für die eine anderweitige gesetzliche Regelung fehlt und bei deren Beendigung Unklarheiten zu vermeiden sind.[6] Zum Teil ist § 1919 auch aufgrund ausdrücklicher Verweisung anwendbar (zB § 207 S. 2 BauGB).[7]

2. Keine Anwendung auf die Beistandschaft. Trotz der Verweisung auf das Pflegschaftsrecht (§ 1716 S. 2) gilt § 1919 nicht für die Beistandschaft (§§ 1712 ff.), weil für dieses Rechtsinstitut die Beendigungsgründe eigenständig geregelt sind (§ 1715).

3. Keine Anwendung auf Maßnahmen auf Grund § 1666. Beruht die Pflegschaft auf Maßnahmen des Familiengerichts nach §§ 1666, 1666 a gegenüber den Eltern, so richtet sich die Aufhebung nach § 1696. Die Vorschrift des § 1919 hat für solche Fälle keine Funktion, sondern wird von der spezielleren Vorschrift des § 1696 Abs. 2 verdrängt.[8] Zuständig für die Aufhebung ist bei Maßnahmen gegenüber den Eltern das Familiengericht. Ist neben einer Vormundschaft auf Grund § 1666 eine Pflegschaft angeordnet, so richtet sich die Aufhebung der Pflegschaft gleichfalls nach § 1696 iVm. § 1837 Abs. 4.

5. Grenzfälle. a) Hebt das Gericht eine Pflegschaft unter Bezugnahme auf § 1919 auf, obgleich diese kraft Gesetzes beendet ist (zB § 1918 Abs. 1), so wirkt die Verfügung nur deklaratorisch, nicht gestaltend.

b) Ist eine Pflegschaft unter Verletzung von Normen angeordnet worden, an deren Nichtbeachtung das Gesetz unzweideutig die Nichtigkeit knüpft, so ist ein Aufhebungsbeschluss nicht erforderlich. Ergeht er trotzdem, hat er ebenfalls nur deklaratorische Bedeutung. Begründungsmängel machen jedoch eine Pflegschaft im Zweifel nur aufhebbar (§ 1919),[9] nicht aber unwirksam.[10]

III. Wegfall des Anordnungsgrundes

1. § 1909. Eine Pflegschaft nach § 1909 Abs. 1 ist aufzuheben, wenn Eltern oder Vormund nicht mehr verhindert sind. Eine Ergänzungspflegschaft ist aufzuheben, wenn eine ihrer Voraussetzungen weggefallen ist oder von vorne herein nicht vorlag.[11] Bei der Ergänzungspflegschaft wegen Interessengegensatzes (§§ 1795, 1796) sind die Voraussetzungen entfallen, wenn der Interessenkonflikt mit großer Sicherheit ausgeräumt ist, so dass sich die Gefährdung der Kindesinteressen nicht wieder-

---

[1] Im Anschluss an RG WarnRspr. 1930 Nr. 63 allgM; ebenso BayObLGZ 29, 353; KG OLGRspr. 5, 366; vgl. *Staudinger/Bienwald* Rn. 2, 8.
[2] BayObLGZ 1965, 348; BayObLG FamRZ 1988, 423 (weitere Beschwerde); KG RJA 15, 101.
[3] BayObLGZ 1961, 277, 280 = FamRZ 1962, 36, 38; Rpfleger 1981, 111 f.; Rpfleger 1990, 119.
[4] Für die Rechtslage nach dem FGG: BayObLGZ 1966, 82 = FamRZ 1967, 171.
[5] RGZ 106, 46, 48; 154, 110, 114; vgl. BayObLGZ 1951, 346, 349; 1983, 59, 62 f.
[6] *Firsching* Rpfleger 1970, 8, 12.
[7] Vgl. OLG Hamm Rpfleger 1977, 137.
[8] S. für das ältere Recht: BayObLGZ 1975, 197, 199; 1971, 114, 23; KG OLGZ 1968, 115, 116. Die Auffassung, § 1919 sei auch in diesem Zusammenhang anwendbar, ist überholt (zu § 1671 Abs. 5 aF: BayObLGZ 1970, 89; KG FamRZ 1968, 262; OLG Hamm FamRZ 1967, 412).
[9] BGHZ 33, 195, 201 = NJW 1961, 22; 41, 303, 309 = NJW 1964, 1855; BGH WM 1974, 272, 274; vgl. OLG Hamm Rpfleger 1976, 94 mit Anm. *Meyer-Stolte*; *Habscheid* NJW 1966, 1787.
[10] AA OLG Koblenz FamRZ 1974, 222 (Abwesenheitspflegschaft für persönliche Angelegenheiten), vgl. dagegen BGHZ 5, 240, 242 = NJW 1952, 818.
[11] BayObLG Rpfleger 1990, 119.

holt.¹² Die Voraussetzungen einer Unterhaltspflegschaft sind erst dann nicht mehr gegeben, wenn nach Lage der Dinge der Unterhalt des Kindes auch ohne Pflegschaft dauerhaft gesichert ist oder wenn ein Anspruch nicht mehr besteht.¹³

2. § 1911. Eine Pflegschaft nach § 1911 ist aufzuheben, wenn der Abwesende zurückkehrt, einen Bevollmächtigten bestellt hat oder das Vermögen keiner verwaltenden Fürsorge mehr bedarf.

3. § 1912. Die Pflegschaft ist aufzuheben, wenn sich herausstellt, dass die Frau nicht schwanger ist oder der Grund für die Pflegschaft durch Fehlgeburt weggefallen ist oder wenn nunmehr feststeht, dass (künftig) sorgeberechtigte Eltern die Fürsorge für die Leibesfrucht ausüben können (§ 1912 Abs. 2).

4. § 1913. Die Pflegschaft ist in der Regel dann aufzuheben, wenn die Beteiligten bekannt sind, der Nacherbfall eintritt oder aus sonstigem Grund das Bedürfnis entfallen ist; s. § 1913 Rn. 20.

5. § 1914. Die Pflegschaft ist aufzuheben, wenn für eine anderweitige Verwaltung des Sammelvermögens gesorgt oder dieses seinem Zweck zugeführt oder auch ein Treuhänder nach einem Sammlungsgesetz der Länder bestellt ist; s. § 1914 Rn. 12.

6. Wegfall des Fürsorgebedürfnisses für einen „Kreis von Angelegenheiten". Stets ist eine Pflegschaft nach § 1919 aufzuheben, wenn sie für „einen Kreis von Angelegenheiten" angeordnet oder darauf erweitert worden ist und das Fürsorgebedürfnis entfällt. Bei Wegfall eines abgrenzbaren Teiles des Fürsorgebedürfnisses ist auch die Teilaufhebung der Pflegschaft möglich.¹⁴

IV. Verfahrensfrage

Zur gerichtlichen Zuständigkeit und den maßgeblichen Verfahrensvorschriften siehe § 1915 Rn. 3, 9.

§ 1920 *(aufgehoben durch BtG vom 12. 9. 1990 Art. 1 Nr. 48)*

§ 1920 betraf die Aufhebung der Gebrechlichkeitspflegschaft; mit der Abschaffung dieses Rechtsinstituts wurde die Vorschrift entbehrlich; vgl. für die Betreuung nunmehr § 1908d.

§ 1921 Aufhebung der Abwesenheitspflegschaft

(1) Die Pflegschaft für einen Abwesenden ist aufzuheben, wenn der Abwesende an der Besorgung seiner Vermögensangelegenheiten nicht mehr verhindert ist.

(2) ¹Stirbt der Abwesende, so endigt die Pflegschaft erst mit der Aufhebung durch das Betreuungsgericht. ²Das Betreuungsgericht hat die Pflegschaft aufzuheben, wenn ihm der Tod des Abwesenden bekannt wird.

(3) Wird der Abwesende für tot erklärt oder wird seine Todeszeit nach den Vorschriften des Verschollenheitsgesetzes festgestellt, so endigt die Pflegschaft mit der Rechtskraft des Beschlusses über die Todeserklärung oder die Feststellung der Todeszeit.

I. Normzweck

1. Grundsatz. Die Norm bezweckt in erster Linie, den Zeitpunkt für die **Beendigung** der Vertretungsbefugnis des Pflegers entsprechend der Eigenart der **Abwesenheitspflegschaft** (§ 1911) im Interesse der **Rechtssicherheit** eindeutig festzulegen; sie schließt jedoch die allgemeinen Bestimmungen (§§ 1919, 1918 Abs. 3) nicht aus.¹

2. Die Aussagen im Einzelnen. a) Abs. 1 enthält nur eine spezielle Ausprägung des sich aus § 1919 ergebenden allgemeinen Gedankens der Aufhebung der Pflegschaft nach Wegfall ihres Grun-

---
¹² In diesem Sinn *Soergel/Zimmermann* Rn. 2.
¹³ *Soergel/Zimmermann* Rn. 2.
¹⁴ BayObLG Rpfleger 1984, 235.
¹ BayObLGZ 21, 349, 352 f.

des. § 1919 reicht jedoch weiter; er greift zB ein, wenn der im Ausland vermutete präsumtive Erbe nie existiert hat[2] oder das Vermögen des Abwesenden keiner Fürsorge mehr bedarf.[3]

b) Abs. 2 entspricht dem § 1884 Abs. 1 und **Abs. 3** dem § 1884 Abs. 2:[4] **Verschollenheit** wird jedoch nicht vorausgesetzt. Es reicht also zB aus, wenn ein Abwesender bekannten Aufenthalts stirbt.

c) Die Vorschrift des § 1921 wurde in Abs. 3 durch Art. 1 Nr. 39 FamRÄndG dem Verschollenheitsrecht angepasst und dahin erweitert, dass die Rechtskraft des Beschlusses über die Feststellung der Todeszeit (§§ 39 ff. VerschG)[5] – ebenso wie die Rechtskraft des die Todeserklärung aussprechenden Beschlusses (§ 29 VerschG) – die Abwesenheitspflegschaft kraft Gesetzes beendet.

II. Wegfall der Verhinderung (Abs. 1)

3 **1. Wegfall der Verhinderung des Abwesenden.** Das Betreuungsgericht hat von Amts wegen die Pflegschaft nach Wegfall der Verhinderung des Abwesenden aufzuheben (Abs. 1). Dafür kommt es darauf an, welcher Art die Verhinderung war, welcher der drei Tatbestände des § 1911 also gegeben waren. Die Verhinderung ist zB weggefallen, wenn der Abwesende zurückkehrt oder einen Bevollmächtigten bestellt oder wenn die Umstände, die zum Widerruf des Auftrags oder der Vollmacht Anlass gegeben haben (§ 1911 Abs. 1 S. 2), weggefallen sind. Die Verhinderung ist darüber hinaus schon dann beendet, wenn der Aufenthalt des Abwesenden bekannt wird und die Verbindung mit ihm ohne Schwierigkeiten möglich ist, er also selbst für seine Vermögensangelegenheiten sorgen könnte, auch wenn er dies nicht will. Geht eine Art der Verhinderung in eine andere über (zB der Verbleib der Person, deren bisher unbekannter Aufenthaltsort war, wird bekannt, doch sie bleibt gleichwohl an der Erledigung ihrer Angelegenheiten verhindert), so ist die Pflegschaft hingegen nicht aufzuheben und eine neue anzuordnen; die zunächst nach § 1911 Abs. 1 S. 1 angeordnete Pflegschaft bleibt vielmehr weiterhin begründet (§ 1911 Abs. 2).

4 **2. Wegfall der Verhinderung vor Erledigung einer einzelnen Angelegenheit.** Ist die Verhinderung noch vor Erledigung einer einzelnen Angelegenheit weggefallen, gilt Abs. 1 ebenfalls.[6] Denn kein geschäftsfähiger Volljähriger darf länger als nötig unter Pflegschaft stehen (Art. 1, 2 GG). Ein auf Aufhebung der Pflegschaft gerichtetes Verfahren erledigt sich in der Hauptsache dann, wenn die Pflegschaft inzwischen kraft Gesetzes geendet hat (§§ 1918 Abs. 3, 1921 Abs. 3).[7]

III. Tod und Todeserklärung des Abwesenden (Abs. 2)

5 Stirbt der Abwesende, so endet die Pflegschaft aus Gründen der Rechtssicherheit ebenfalls erst ex nunc durch Beschluss des Betreuungsgerichts(Abs. 2 S. 1). Das Gericht hat sie aufzuheben, wenn ihm der Tod des Pfleglings zuverlässig (nicht nur gerüchteweise) bekannt wird (Abs.2 S.2). Der **Abwesenheitspfleger hat das Recht**, die **Aufhebung der Abwesenheitspflegschaft** zu beantragen (in seiner Eigenschaft als gesetzlicher Vertreter des Abwesenden). Er hat jedoch nicht das Recht, eine Nachlasspflegschaft zu beantragen,[8] es sei denn, er beabsichtigt, als Gläubiger einen Anspruch gegen den Nachlass geltend zu machen (§ 1961). Die Aufhebung der Abwesenheitspflegschaft darf jedoch nicht bis zur Anordnung einer (etwaigen) Nachlasspflegschaft abgelehnt werden. Ist der Tod des Abwesenden nach den Umständen nur wahrscheinlich, so sind von Amts wegen Ermittlungen (§ 26 FamFG) anzustellen. Der Pfleger ist befugt, die Todeserklärung des Abwesenden zu betreiben.[9] Kraft Gesetzes endet die Pflegschaft, wenn der **Abwesende für tot erklärt** oder seine **Todeszeit festgestellt** wird, mit der Rechtskraft einer solchen Entscheidung.

IV. Rechtsstellung des Pflegers

6 **1. Gesetzliche Vertretung.** In **allen Fällen** hat der **Pfleger** bis zur Beendigung der Pflegschaft die rechtliche Stellung eines **gesetzlichen Vertreters des Abwesenden** und gilt auch als Vertreter seiner Erben, soweit ihm Vertretungsmacht über den Tod des Pfleglings hinaus im Rahmen

---

[2] BayObLGZ 21, 349, 352.
[3] OLG Frankfurt MDR 1961, 57.
[4] *Soergel/Zimmermann* Rn. 2.
[5] Vgl. BayObLGZ 1962, 373, 375 ff.; zum rechtlichen Interesse an der Todeserklärung, abweichend von BGHZ 4, 323 s. BGHZ 82, 83 = NJW 1982, 443 = Rpfleger 1982, 68; KG Rpfleger 1984, 419.
[6] *Staudinger/Bienwald* § 1919 Rn. 4.
[7] Vgl. BayObLGZ 1966, 82, 84; 1964, 149.
[8] BayObLGZ 3, 841.
[9] BGHZ 18, 389 = NJW 1956, 102; KG NJW 1953, 1305.

des ihm übertragenen Aufgabenbereichs überhaupt zugestanden hat.[10] Hat er diese Vertretungsmacht überschritten, zB nicht in einer Vermögensangelegenheit *des Abwesenden* gehandelt,[11] so kann ein von ihm namens des Abwesenden geschlossenes Geschäft allenfalls von dem wahren Berechtigten, nicht dagegen vom Betreuungsgericht genehmigt werden.[12] Zu einer solchen Konstellation kann es zB kommen, wenn einem Abwesenden zu einem Zeitpunkt, in dem für ihn die Lebensvermutung noch gilt und die Pflegschaft noch besteht, scheinbar ein Erbe zufällt, wenn sich aber später herausstellt, dass der Abwesende zum Zeitpunkt des Erbfalls bereits verstorben war.[13]

2. Fortführung der Geschäfte. Der Pfleger ist berechtigt, die ihm übertragenen **Geschäfte** **7** so lange **fortzuführen,** als er von der Beendigung der Pflegschaft keine Kenntnis hatte und sie auch nicht kennen musste (§§ 1915 Abs.1 S.1, 1893, 1698 a).[14] Eine nach dem Ende der Pflegschaft erteilte gerichtliche Genehmigung zu einer Verfügung über Vermögen des Abwesenden, das diesem zu Lebzeiten angefallen war, kann zunächst wirksam sein; sie bleibt aber wegen des Eingriffs in die Rechtsstellung des Erben oder des Pfleglings fehlerhaft und unterliegt im Rahmen des Rechtsmittelverfahrens der Aufhebung.[15]

---

[10] BGHZ 5, 240, 242 = NJW 1952, 818; BayObLGZ 1958, 341, 348; *Soergel/Zimmermann* Rn. 4; *Staudinger/Bienwald* Rn. 5. Nach anderer Meinung vertritt der Pfleger in diesem Fall den, den es angeht, s. *Müller* NJW 1956, 653.
[11] BGHZ 5, 240; teilw. aA *Jansen* DNotZ 1954, 592.
[12] BayObLGZ 1953, 29, 34; vgl. KG Rpfleger 1977, 132; str. s. *Soergel/Zimmermann* Rn. 4.
[13] S. *Soergel/Zimmermann* Rn. 4.
[14] Vgl. LG Hildesheim NJW 1966, 1220, 1221.
[15] BayObLGZ 1964, 350, 353 ff.

Sozialgesetzbuch (SGB)
Achtes Buch (VIII) Kinder- und Jugendhilfe

Vom 26. Juni 1990 (BGBl. I S. 1163), in der Fassung der Bekanntmachung vom 14. Dezember 2006 (BGBl. I S. 3134), zuletzt geändert durch Gesetz vom 29. 6. 2011 (BGBl. I S. 1306).

Materialien: Entwurf eines Gesetzes zur Neuordnung des Kinder- und Jugendhilferechts (Kinder- und Jugendhilfegesetz – KJHG), BT-Drucks. 11/5948; Unterrichtung durch die Bundesregierung zum KJHG, hier: Gegenäußerung der Bundesregierung zur Stellungnahme des Bundesrates, BT-Drucks. 11/6002; Beschlussempfehlung und Bericht des Ausschusses für Jugend, Familie, Frauen und Gesundheit (13. Ausschuss), BT-Drucks. 11/6748 und BT-Drucks. 11/6830; Entwurf eines ersten Gesetzes zur Änderung des SGB VIII, BT-Drucks. 12/2866; Beschlussempfehlung und Bericht des Ausschusses für Frauen und Jugend (14. Ausschuss), BT-Drucks. 12/3711; Entwurf eines Gesetzes zur Änderung des SGB VIII und des Bundeserziehungsgeldgesetzes, BT-Drucks. 13/2240; Beschlussempfehlung und Bericht des Ausschusses für Familie, Senioren, Frauen und Jugend, BT-Drucks. 13/3082; Entwurf eines Gesetzes zum qualitätsorientierten und bedarfsgerechten Ausbau der Tagesbetreuung und zur Weiterentwicklung der Kinder- und Jugendhilfe (Tagsbetreuungsausbaugesetz – TAG), BT-Drucks. 15/3676; Unterrichtung durch die Bundesregierung zum TAG, hier: Stellungnahme des Bundesrates und Gegenäußerung der Bundesregierung, BT-Drucks. 15/3986; Beschlussempfehlung und Bericht des Ausschusses für Familien, Senioren, Frauen und Jugend (12. Ausschuss), BT-Drucks. 15/4045 und BT-Drucks. 15/5616; Entwurf eines Gesetzes zur Förderung von Kindern unter drei Jahren in Tageseinrichtungen und in Kindertagespflege (Kinderförderungsgesetz - KiföG), BT-Drucks. 16/9299; Beschlussempfehlung und Bericht des Ausschusses für Familien, Senioren, Frauen und Jugend (13. Ausschuss), BT-Drucks. 16/10357.

Schrifttum: *Coester*, Die Bedeutung des Kinder- und Jugendhilfegesetzes (KJHG) für das Familienrecht, FamRZ 1991, 253; *Fieseler/Schleicher/Busch/Wabnitz*, Gemeinschaftskommentar zum SGB VIII, Stand: März 2011; *Fieseler/Herborth*, Recht der Familie und der Jugendhilfe, 7. Aufl. 2010; *Hauck/Noftz* (Hrsg.), Sozialgesetzbuch, Kommentar, SGB VIII, Stand: Januar 2011; *Jans/Happe/Saurbier/Maas*, Kinder- und Jugendhilferecht, Kommentar, Stand: Juni 2010; *Jeand'Heur*, Verfassungsrechtliche Schutzgebote zum Wohl des Kindes und staatliche Interventionspflicht aus der Garantienorm des Art. 6 Abs. 2 Satz 2 GG, 1993, S. 120 ff.; *Jordan*, Kinder- und Jugendhilfe, 2. Aufl. 2005; *ders.*, Kindeswohlgefährdung, Rechtliche Neuregelungen und Konsequenzen für den Schutzauftrag der Kinder- und Jugendhilfe, 3. Aufl. 2008; *Jung* (Hrsg.), SGB VIII Kinder- und Jugendhilfe, 2. Aufl. 2008; *Krug/Riehle*, Kinder- und Jugendhilfe, Sozialgesetzbuch (SGB), Achtes Buch (VIII), Kommentar, Stand: Mai 2011; *Kunkel* (Hrsg.), Lehr- und Praxiskommentar, LPK – SGB VIII, 4. Aufl. 2011; *ders.*, Jugendhilferecht, 6. Aufl. 2010; *Möller/Nix*, Kurzkommentar zum SGB VIII, 2006; *Mrozynski*, Kinder- und Jugendhilfegesetz (SGB VIII), 5. Aufl. 2009; *Münder/Wiesner/Meysen*, Kinder- und Jugendhilferecht, Handbuch, 2. Aufl. 2011; *Münder/Meysen/Trenczek*, Frankfurter Kommentar zum SGB VIII: Kinder- und Jugendhilfegesetz, 6. Aufl. 2009; *Ramm*, Jugendrecht, 1996; *Oberloskamp*, Das Jugendamt zwischen Hilfe und Kontrolle – Neue Herausforderungen für die Jugendhilfe?, in: *Lipp* u.a. (Hrsg.), Kindesschutz und Kindesgefährdung – Neue Mittel und Wege?, 2007, S. 45 ff.; *Ringler*, Handlungsfelder und Methoden der Kinder- und Jugendhilfe, 2007; *Röchling*, Vormundschaftliches Eingriffsrecht und KJHG, 1997; *Salgo*, Pflegekindschaft und Staatsintervention, 1987; *Schellhorn/Fischer/Mann*, SGB VIII, Kommentar, 3. Aufl. 2007; *Sengling/Jordan*, Kinder- und Jugendhilfe. Einführung in Geschichte und Handlungsfelder, Organisationsformen und gesellschaftliche Probleme, 2. Aufl. 2005; *Wabnitz*, Rechtsansprüche gegenüber Trägern der öffentlichen Kinder- und Jugendhilfe nach dem Achten Buch Sozialgesetzbuch (SGB VIII), 2005; *ders.*, Vom KJHG zum Kinderförderungsgesetz. Die Geschichte des Achten Buches Sozialgesetzbuch von 1991 bis 2008, 2009; *Wiesner/Fegert/Mörsberger/Oberloskamp/Struck*, SGB VIII, Kinder- und Jugendhilfe, Kommentar, 4. Aufl. 2011; *Wolff/Struck/Schröer*, Handbuch Kinder- und Jugendhilfe, 2005; *Württemberger*, Das Recht auf Erziehung, JWohl 1972, 219.

Vorbemerkungen

Übersicht

	Rn.		Rn.
I. Ziele des Gesetzes	1–2	**III. Eingliederung in das SGB**	8, 9
1. Konzeptionelle Entwicklung	1	1. SGB VIII	8
2. Regelungsgegenstände und Gliederung des SGB VIII	2	2. Sprachgebrauch	9
II. Entstehungsgeschichte und Gesetzesänderungen	3–7	**IV. Schwerpunkte des SGB VIII „Kinder- und Jugendhilfe"**	10–21
1. Entstehungsgeschichte	3	1. Leistungsangebote für die Familie anstelle von Erziehungshilfen für das Kind	10
2. Gesetzesänderungen	4–7		

	Rn.		Rn.
2. Verhältnis Eltern – Kind – Staat	11–14	3. Für die Anwendung des BGB bedeutsame Leistungsangebote	15–18
a) Verfassungsrechtliche Vorgaben	11		
b) Eigene Rechte von Kindern und Jugendlichen nur in Ausnahmefällen	12	4. Vermittlung bei der Ausübung der Personensorge	19
c) Leistungen und andere Aufgaben der Jugendhilfe	13	5. Zuständigkeit des Jugendamtes	20
d) Verhältnis von freier und öffentlicher Jugendhilfe	14	6. Kosten der Jugendhilfe	21

I. Ziele des Gesetzes

1. Konzeptionelle Entwicklung. Das SGB VIII „Kinder- und Jugendhilfe" ist das sog. Stammgesetz des Kinder- und Jugendhilfegesetzes (KJHG) vom 26. Juni 1990. Das KJHG löste das Jugendwohlfahrtsgesetz (JWG) vom 11. August 1961 (BGBl. I S. 1193) ab. Diese Ablösung markiert auch einen Wandel der Konzeption: An die Stelle des eingriffs- und ordnungsrechtlichen Instrumentariums des JWG trat ein präventiv orientiertes Leistungsgesetz, das in erster Linie die Eltern bei ihren Erziehungsaufgaben unterstützen soll.[1] Das SGB VIII vollzieht damit die Wertung des Grundgesetzes nach: Die Erziehungsverantwortung obliegt vorrangig den Eltern (Art. 6 Abs. 2 S. 1 GG).[2] Ersuchen diese den Staat um Hilfe oder erklären sie sich mit staatlicher Hilfe immerhin einverstanden, kommt das Beratungs- und Leistungssystem des SGB VIII zum Einsatz. Der Staat genügt damit seiner Schutzpflicht[3] gegenüber den Kindern und Jugendlichen (Art. 6 Abs. 2 S. 2, Art. 2 Abs. 1, Art. 2 Abs. 2 S. 1 GG), gleichzeitig aber auch seiner Schutzpflicht gegenüber der Familie (Art. 6 Abs. 1 GG). Das Angebot, welches das SGB VIII für diese Aufgabe bereithält, ist weit gefächert. Die generalklauselartigen Formulierungen des Gesetzes eröffnen dabei dem Träger der Jugendhilfe weite Spielräume. Diese sind notwendig, da sich die Steuerung pädagogisch-therapeutischer Prozesse der gesetzlichen Programmierung weitgehend entzieht.[4] Der konzeptionelle Wandel kann jedoch nicht darüber hinwegtäuschen, dass die Ausübung des staatlichen Wächteramtes (Art. 6 Abs. 2 S. 2 GG) weiterhin auch Eingriffe in das Elternrecht erfordert, wie insbes. die §§ 42, 8 a Abs. 3 S. 2 SGB VIII verdeutlichen.

2. Regelungsgegenstände und Gliederung des SGB VIII. Die Regelungsgegenstände des SGB VIII bieten kein einheitliches Bild. Im Schwerpunkt bestimmt das Gesetz zunächst die allgemeinen Angebote der Jugendarbeit, der Jugendsozialarbeit und des erzieherischen Kinder- und Jugendschutzes (§§ 11 bis 15). Sodann enthält das Gesetz konkrete Angebote zur Förderung der Erziehung in der Familie und Hilfen für Familien in besonderen Lebenssituationen, zB bei Trennung und Scheidung, für Alleinerziehende und für die Betreuung und Versorgung von Kindern in Notfällen (§§ 16 bis 21) sowie Angebote zur Förderung von Kindern bei Tagesbetreuung (§§ 22 bis 26). Das Gesetz regelt neben den klassischen Formen der Erziehung in der Pflegefamilie und im Heim vielfältige ambulante und teilstationäre Erziehungshilfen (§§ 27 bis 40). Darauf folgen die Regelung zur Inobhutnahme von Kindern und Jugendlichen (§ 42). Schließlich normiert das Gesetz die Grundlagen des Pflegekinderwesens und der die der Heimaufsicht (§§ 44 bis 49). Es schließen sich die Vorschriften über die Mitwirkung im gerichtlichen Verfahren (§§ 50 bis 52), über die Beistandschaft, Pflegschaft und Vormundschaft (§§ 53 bis 58 a) sowie über Beurkundungen, Beglaubigungen und vollstreckbare Urkunden (§§ 59, 60) an. Die nachfolgenden Regelungsgegenstände sind für das materielle Familienrecht von geringerer Relevanz.

II. Entstehungsgeschichte und Gesetzesänderungen

1. Entstehungsgeschichte. Das frühere JWG (oben Rn. 1) ging in seinen wesentlichen Inhalten auf das Reichsjugendwohlfahrtsgesetz (RJWG) vom 9. 7. 1922 (RGBl. I S. 633) zurück. Es

---

[1] *Jeand'Heur* S. 121 ff.
[2] Weiterführend Bonner Kommentar zum GG/*Jestaedt* Art. 6 Abs. 2 und 3 Rn. 92 ff.; *ders.*, Staatlicher Kinderschutz unter dem Grundgesetz – Aktuelle Kinderschutzmaßnahmen auf dem Prüfstand der Verfassung, in: *Lipp* u.a. (Hrsg.), Kindesschutz und Kindesgefährdung – Neue Mittel und Wege?, 2007, S. 5, 12 ff.
[3] BVerfGE 24, 119, 144 = NJW 1968, 2233, 2235; BVerfGE 79, 51, 63 = NJW 1989, 519, 520; BVerfGE 83, 130, 140 = NJW 1991, 1471, 1472; BVerfGE 99, 145, 156 = NJW 1999, 631, 632; BVerfGE 102, 370, 393 = NJW 2001, 429, 432; BVerfGE 2003, 3544, 354; Vgl. auch Art. 24 Abs. 1 S. 1 der Charta der Grundrechte der EU, ABl. EG v. 30. 3. 2010 C83 S. 389, 396: Kinder haben Anspruch auf den Schutz und die Fürsorge, die für ihr Wohlergehen unerlässlich sind. Vgl. entsprechend Art. 3 Abs. 2 der UN-Kinderrechtskonvention vom 20. 11. 1989, BGBl. 1992 II S. 121, 124.
[4] *Wiesner/Wiesner* Einl. Rn. 56.

Vorbemerkungen 4–6 Vor § 1 SGB VIII

genügte den Anforderungen einer gewandelten Gesellschaft an die Jugendhilfe nicht mehr.[5] Mit Inkrafttreten des KJHG am 1. 1. 1991 trat das JWG außer Kraft. Zu den am 31. 12. 1994 ausgelaufenen Übergangsbestimmungen vgl. die 3. Aufl. Rn. 7, 8. In den **neuen Bundesländern** gilt das KJHG bereits seit dem Beitritt am 3. 10. 1990, vgl. die 3. Aufl. Rn. 9 bis 11. Die Einführung des KJHG war von erheblichen Schwierigkeiten geprägt, die auf das grundlegend unterschiedliche Verständnis von Jugendhilfe in der früheren DDR und in der BRD, auf Differenzen zwischen den Trägerstrukturen, aber auch auf erhebliche finanzielle und personelle Missstände zurückzuführen waren.[6] Diese Schwierigkeiten gelten mittlerweile als weitgehend überwunden.

2. Gesetzesänderungen. Mit dem Schwangeren- und Familienhilfegesetz vom 27. 7. 1992 **4** (BGBl. I S. 1398) wurde ab dem 1. 1. 1996 ein Rechtsanspruch auf einen Kindergartenplatz eingeführt. Die Realisierung dieses Anspruchs wurde allerdings mit dem Zweiten Gesetz zur Änderung des SGB VIII vom 15. 12. 1995 (BGBl. I S. 1775) durch die Schaffung des § 24a dem Landesgesetzgeber überantwortet. Die Vorschriften wurden durch das Tagesbetreuungsausbaugesetz (unten Rn. 7) neu gefasst. Das Erste Gesetz zur Änderung des Achten Buches vom 16. 2. 1993 (BGBl. I S. 239) regelte vorrangig verfahrens- und kostenrechtliche Fragen neu. Es wurde weiter die Eingliederungsbeihilfe für seelisch behinderte Kinder und Jugendliche geschaffen (§ 35a) und die Sicherung des Lebensunterhalts in Leistungstatbeständen, die die Unterkunft des Kindes oder Jugendlichen außerhalb des Elternhauses betreffen, verbessert. Ein mit dem Gesetz zur Umsetzung des Föderalen Konsolidierungsprogramms vom 23. 6. 1993 (BGBl. I S. 944) geschaffenes Verfahren für Streitigkeiten über die Kostenerstattung wurde schon durch das Gesetz zur Reform des Sozialhilferechts vom 23. 7. 1996 (BGBl. I S. 1088) wieder beseitigt. Das Zweite Gesetz zur Änderung des Sozialgesetzbuches vom 13. 6. 1994 (BGBl. I S. 1229) führte lediglich zu terminologischen Korrekturen.

Weitgehend sind die Veränderungen, die durch das **Gesetze zur Reform des Kindschafts-** **5** **rechts** eintraten.[7] Keine Änderung des SGB VIII brachte zunächst das Erbrechtsgleichstellungsgesetz vom 16. 12. 1997 (BGBl. I S. 2968); dennoch war dieses Gesetz mit der beinahe vollständigen Gleichstellung von ehelichen und nichtehelichen Kindern im Erbrecht für die Praxis der Jugendhilfe bedeutsam. Von besonderem Gewicht waren die Änderungen durch das **Beistandschaftsgesetz** vom 4. 12. 1997 (BGBl. I S. 2846). Durch dieses Gesetz wurde mit Wirkung ab dem 1. 7. 1998 die gesetzliche Amtspflegschaft für nichteheliche Kinder abgeschafft und durch eine auf freiwilliger Grundlage beruhende Beistandschaft des Jugendamtes ersetzt. Durch das **Kindschaftsrechtsreformgesetz** vom 16. 12. 1997 (BGBl. I S. 2942) wurden mit Wirkung zum 1. 7. 1998 die Beratungsleistungen nach § 17 (Partnerschaft, Trennung und Scheidung) und § 18 (Ausübung der Personensorge) verstärkt und mit dem familienrechtlichen Verfahren koordiniert. Mit Schaffung des § 58a wurde der nichtehelichen Mutter das Recht eingeräumt, Auskunft darüber zu verlangen, dass für ihr Kind keine Sorgeerklärungen abgegeben wurden. Sie kann damit ihre Alleinsorgeberechtigung dokumentieren. Mit dem **Kindesunterhaltsgesetz** vom 6. 4. 1998 (BGBl. I S. 666) wurde gleichfalls mit Wirkung zum 1. 7. 1998 das Unterhaltsrecht für eheliche und nichteheliche Kinder vereinheitlicht. Zudem wurde für den Träger der öffentlichen Jugendhilfe eine Rechtsgrundlage für die treuhänderische Rückübertragung von Unterhaltsansprüchen geschaffen, die kraft Gesetzes vom Kind oder Jugendlichen auf ihn übergegangen waren. Mit dem Eheschließungsrechtsgesetz vom 4. 5. 1998 (BGBl. I S. 833) wurde das Jugendamt ermächtigt, die Zustimmung des Scheinvaters zur Anerkennung der Vaterschaft für ein Kind, das während des Scheidungsverfahrens geboren ist, zu beurkunden.

Sodann wurden durch das Zweite Gesetz zur Änderung des Elften Buches Sozialgesetzbuch vom **6** 29. 5. 1998 (BGBl. I S. 1188) die Regelungen über die Entgeltfinanzierung in Anlehnung an das SGB XI und das damalige BSHG neu gestaltet sowie die Kostenerstattung bei Einreise in die Bundesrepublik geändert. Die nachfolgenden Änderungen durch das Dritte Gesetz zur Änderung des Bundeserziehungsgeldgesetzes vom 12. 10. 2000 (BGBl. I S. 1426), das Gesetz zur Ächtung der Gewalt in der Erziehung und zur Änderung des Kindesunterhaltsrechts vom 2. 11. 2000 (BGBl. I S. 1479), das Gesetz zur Beendigung der Diskriminierung gleichgeschlechtlicher Gemeinschaften: Lebenspartnerschaften vom 16. 2. 2001 (BGBl. I S. 266), das Gesetz zur Reform des Verfahrens bei Zustellung im gerichtlichen Verfahren vom 25. 6. 2001 (BGBl. I S. 1206) und durch das Zehnte Euro-Einführungsgesetz vom 15. 12. 2001 (BGBl. I S. 3762) sind von geringerer Relevanz. Änderungen für behinderte Kinder und Jugendliche brachten die Änderungsgesetze bei der Einführung

---

[5] Zur Entstehungsgeschichte vgl. weitergehend Einl. 2. Aufl. Rn. 172 bis 174 und 3. Aufl. Rn. 4 bis 6 sowie *Wiesner* RdJB 1990, 112 ff.
[6] Zehnter Kinder- und Jugendhilfebericht vom 28. 8. 1998, BT-Drucks. 13/11368 S. 176; *Hartmann*, Von der Jugendhilfeverordnung zum KJHG, 2008.
[7] Umfassend *Baltz* NDV 1998, 257 ff., 292 ff., 331 ff.

des SGB IX, Rehabilitation und Teilhabe behinderter Menschen vom 19. 6. 2001 (BGBl. I S. 1046). Das Gesetz zur Regelung von Rechtsfragen auf dem Gebiet der internationalen Adoption und zur Weiterentwicklung des Adoptionsvermittlungsrechts vom 5. 11. 2001 (BGBl. I S. 2950) und das Gesetz zur weiteren Verbesserung von Kinderrechten vom 9. 2. 2002 (BGBl. I S. 1239) enthalten Neuregelungen zu den Beurkundungstatbeständen nach § 59. Das Gesetz zur Durchführung der Verordnung (EG) Nr. 805/2004 über einen Europäischen Vollstreckungstitel für unbestrittene Forderungen vom 18. 8. 2005 (BGBl. I S. 2477) führte zu einer Änderung des § 60. Das Gesetz zur Umsetzung familienrechtlicher Entscheidungen des Bundesverfassungsgerichts vom 13. 12. 2003 (BGBl. I S. 2547) schuf insbesondere die Möglichkeit der Ersetzung von Sorgeerklärungen gem. § 58a. Das Dritte und das Vierte Gesetz für moderne Dienstleistungen am Arbeitsmarkt vom 23. und 24. 12. 2003 (BGBl. I S. 2848 und S. 2954), das Gesetz zur Einordnung des Sozialhilferechts in das Sozialgesetzbuch vom 27. 12. 2003 (BGBl. I S. 3022) und das Verwaltungsvereinfachungsgesetz vom 21. 3. 2005 (BGBl. I S. 818) enthalten weniger relevante Änderungen. Das kommunale Optionsgesetz vom 30. 7. 2004 (BGBl. I S. 2014) regelt das Rangverhältnis von SGB VIII und SGB II.

7 Umfassende Änderungen erfuhr das SGB VIII durch das Gesetz zum qualitätsorientierten und bedarfsgerechten Ausbau der Tagesbetreuung für Kinder – Tagesbetreuungsausbaugesetz (TAG) vom 27. 12. 2004 (BGBl. I S. 3852). Die §§ 22, 23, 24, welche die Förderung von Kindern in Tageseinrichtungen und in der Tagspflege betreffen, wurden konkreter gefasst. In § 24a wurde eine Übergangsbestimmung zu § 24 geschaffen. Die Beteiligung der Gemeinden wurde in § 69 neu geregelt. Die Kompetenz zur Schaffung von Finanzierungsvoraussetzungen wurde in § 74a klargestellt. Zu weitreichende Änderungen führte schließlich das Gesetz zur Weiterentwicklung der Kinder- und Jugendhilfe (KICK) vom 8. 9. 2005 (BGBl. I S. 2729). Die Umsetzung des Schutzauftrags des Jugendamtes bei Kindeswohlgefährdung wurde in § 8a konkretisiert und die Möglichkeit der Inobhutnahme nach § 42 wurde erleichtert. Hilfen zur Erziehung im Ausland (§§ 27, 78 b) wurden von strengeren Voraussetzungen abhängig gemacht. Die Steuerungsverantwortung des Jugendamtes und die Grenzen der Selbstbeschaffung wurden in § 36a normiert. Die Heranziehung zu den Kosten (§§ 90 ff.) und die rechtlichen Grundlagen der Kinder- und Jugendhilfestatistik (§§ 98 ff.) wurden ebenfalls neu gefasst. Die Bekanntmachung vom 14. 12. 2006 (BGBl. I S. 3134) enthält sämtliche genannten Neuregelungen. Das Gesetz zur Reform des Personenstandsrechts vom 19. 2. 2007 (BGBl. I S. 122) sowie das Gesetz zur Umsetzung des Rahmenbeschlusses des Rates der EU zur Bekämpfung der sexuellen Ausbeutung von Kindern und der Kinderpornographie vom 31. 10. 2008 (BGBl. I S. 2149) führten zu geringfügigen Änderungen der §§ 52a und 59 bzw. des § 72a. Der Ausbau der Tagesbetreuung von Kleinkindern wurde durch das Gesetz zur Förderung von Kindern unter drei Jahren in Tageseinrichtungen und in Kindertagespflege (KiföG) vom 10. 12. 2008 (BGBl. I S. 2403) voran getrieben. Das Gesetz sieht weiter vor, dass zum 1. 8. 2013 ein Rechtsanspruch auf frühkindliche Förderung in einer Tageseinrichtung oder in Kindertagespflege für Kinder ab dem ersten Lebensjahr besteht (§§ 24, 24a). Die Entlohnung der Tagespflegepersonen soll verbessert werden und landesrechtliche Regelungen sollen Formen der Großtagespflege ermöglichen (§ 23 und § 43). Das Gesetz zur Reform des Verfahrens in Familiensachen und in den Angelegenheiten der freiwilligen Gerichtsbarkeit vom 17. 12. 2008 (BGBl. I S. 2586) regelt die Stellung der Jugendhilfe im familiengerichtlichen Verfahren neu. Das Gesetze zur Änderung des Zugewinnausgleichs- und Vormundschaftsrechts vom 6. 7. 2009 (BGBl. I S. 1696) und zur Ermittlung von Regelbedarfen und zur Änderung des Zweiten und Zwölften Buches Sozialgesetzbuch vom 24. 3. 2011 (BGBl. I S. 453) brachten geringfügige Änderungen. Das Gesetz zur Änderung des Vormundschafts- und Betreuungsrechts vom 29. 6. 2011 (BGBl. I S. 1306) führte zu einer Änderung des § 55.

III. Eingliederung in das SGB

8 **1. SGB VIII.** Das **Kinder- und Jugendhilferecht** ist in Art. 1 des **1. Teils** des KJHG als **8. Buch** (SGB VIII) **in das SGB eingefügt** worden. Das 8. Buch trägt die Überschrift „Kinder- und Jugendhilfe". Nachdem anders als in der Vergangenheit „Jugend" nicht mehr als Oberbegriff für die Entwicklungsabschnitte Kindheit und Jugend verstanden wird, ist von Kinder- und Jugendhilfe die Rede, um der eigenständigen Bedeutung von Kindheit gerecht zu werden und dem Laien ein Bild vom Aufgabenzuschnitt des Gesetzes zu vermitteln.[8] Die Aufnahme in das SGB erfolgte schon für das JWG. Dieses galt 12 Jahre als besonderer Teil des SGB.[9] Befürchtungen, wonach diese Einordnung eine zu starke Fürsorgelastigkeit zuungunsten der allgemeinen Förderungsangebote für junge Menschen mit sich bringen könnte, hatten sich schon damals nicht bestätigt.[10] Insbes. ist es

---

[8] BT-Drucks. 11/5948 S. 45.
[9] SGB I Art. II § 1 Nr. 16 aF.
[10] BT-Drucks. 11/5948 S. 43.

von Vorteil, dass die Vorschriften des 10. Buches des SGB über die Zusammenarbeit der Leistungsträger und ihre Beziehungen zu Dritten, die auch für die Jugendhilfe erhebliche Bedeutung haben, Anwendung finden. Ferner ist der enge rechtliche und funktionale Zusammenhang zwischen Jugendhilfe und den sonstigen auf Fürsorge basierenden Gesetzen, insbes. des SGB II und des SGB XII hervorzuheben, der gemeinsame Verfahrensvorschriften empfiehlt.

2. Sprachgebrauch. Vielfach werden die Bezeichnungen SGB VIII und KJHG noch synonym verwandt. Dies ist nicht korrekt; insbes. beziehen sich die Gesetzesänderungen nur auf das SGB VIII und nicht mehr auf das KJHG. Die korrekte Zitierweise der Normen des Kinder- und Jugendhilferechts lautet zB § 1 SGB VIII. **9**

IV. Schwerpunkte des SGB VIII „Kinder- und Jugendhilfe"

1. Leistungsangebote für die Familie anstelle von Erziehungshilfen für das Kind. **10**
Von den Erziehungshilfen des JWG – Erziehungsbeistandschaft, Fürsorgeerziehung, freiwillige Erziehungshilfe – wurde in der Praxis zuletzt kaum noch Gebrauch gemacht.[11] Der Akzent des SGB VIII liegt in der Differenzierung des Leistungssystems der Kinder- und Jugendhilfe. Das Gesetz hat die Dominanz der Erziehungshilfen und insbes. der Hilfen zur Erziehung außerhalb der eigenen Familie abgebaut zugunsten eines weit gefächerten Leistungsspektrums. Dieses umfasst die Bereiche der Jugend- und Jugendsozialarbeit und des erzieherischen Kinder- und Jugendschutzes, der Förderung der Erziehung in der Familie sowie der Förderung von Kindern in Tageseinrichtungen und in Tagespflege, wobei den klassischen Erziehungshilfen wie der Erziehung in einer Pflegefamilie und der Unterbringung in einer Einrichtung gleichrangig ambulante und teilstationäre Hilfeformen zur Seite gestellt wurden.

2. Verhältnis Eltern – Kind – Staat. a) Verfassungsrechtliche Vorgaben. Das 1. Kap. **11** SGB VIII regelt die Grundsätze der öffentlichen Jugendhilfe. Aufgabe der Jugendhilfe ist die Förderung der Entwicklung und Erziehung des jungen Menschen zu einer eigenverantwortlichen und gemeinschaftsfähigen Persönlichkeit. Bei der Erfüllung dieser Aufgabe hat die öffentliche Jugendhilfe die verfassungsrechtlichen Vorgaben zu beachten: Die Pflege und Erziehung der Kinder obliegt zuvörderst den Eltern (oben Rn. 1); die öffentliche Jugendhilfe hat im Gegensatz zur Schule (Art. 7 GG)[12] keinen eigenen Erziehungsauftrag.[13] Daraus wird in der amtl. Begr.[14] gefolgert, dass die Leistungen der Jugendhilfe – jedenfalls sofern sie unterhalb der Schwelle einer konkreten Gefahr für das Kindeswohl und damit unterhalb der Schwelle des staatlichen Wächteramts (Art. 6 Abs. 2 S. 2 GG) ansetzen – nur mittelbar über eine Unterstützung der Eltern dem Kind zugute kommen könnten. Ungeachtet der Tatsache, dass die Tätigkeit der öffentlichen Jugendhilfe häufig bei Eltern-Kind-Konflikten eingreifen müsse, sei die Jugendhilfe nicht legitimiert, vor Erreichung der Eingriffsgrenze der §§ 1666, 1666 a BGB eigenständig die Interessen des Kindes gegen diejenigen der Eltern wahrzunehmen. Vielmehr müsse das Handeln der Jugendhilfe unterhalb der Eingriffsschwelle der §§ 1666, 1666 a BGB darauf gerichtet sein, Kindern, Jugendlichen und Eltern Wege aufzuzeigen, wie sie solche Konfliktfälle selbst lösen können. Zu diesem Konzept vgl. § 1 Rn. 4 ff.

b) Eigene Rechte von Kindern und Jugendlichen nur in Ausnahmefällen. Dieser **12** Konzeption entspricht es, dass das Gesetz Kindern und Jugendlichen nur bei Überschreitung der Eingriffsschwelle des staatlichen Wächteramts und darüber hinaus in Ausnahmefällen eigene Rechte zubilligt. Nach der amtl. Begr. ist es dem Gesetzgeber wegen der Zuweisung der Erziehungsaufgabe an die Eltern verwehrt, Kindern und Jugendlichen ein subjektiv-öffentliches Recht auf Erziehung (gegenüber der öffentlichen Jugendhilfe) einzuräumen.[15] Mit dieser Vorstellung läuft das Gesetz Gefahr, um der Respektierung des Erziehungsprimats der Eltern willen die individuelle Rechtsposition von Kindern und Jugendlichen übermäßig zurückzudrängen.[16] Vgl. dazu § 1 Rn. 5 ff.

c) Leistungen und andere Aufgaben der Jugendhilfe. Die Jugendhilfe umfasst nach § 2 **13** Abs. 1 Leistungen und andere Aufgaben; die Leistungen sind in § 2 Abs. 2 aufgeführt, die anderen

---

[11] BT-Drucks. 11/5948 S. 42, auch zum folgenden Text.
[12] BVerfGE 34, 165, 182 f.; *Thiel*, Der Erziehungsauftrag des Staates in der Schule, 2000.
[13] *Jeand'Heur* S. 121 ff. Vgl. aber *Jestaedt*, Staatlicher Kinderschutz unter dem Grundgesetz – Aktuelle Kinderschutzmaßnahmen auf dem Prüfstand der Verfassung, in: *Lipp* u.a. (Hrsg.), Kindesschutz und Kindesgefährdung – Neue Mittel und Wege?, 2007, S. 5, 16, der im Verhältnis zum Erziehungsprimat der Eltern von einem „allgemein nachrangigen Erziehungsmandat" des Staates ausgeht.
[14] BT-Drucks. 11/5948 S. 45 f.
[15] So auch schon die Begründung zu § 1 JWG vgl. *Jeand'Heur* S. 127 f.; *Schellhorn/W. Schellhorn* § 1 Rn. 4; *Wiesner/Wiesner* § 1 Rn. 8 ff.
[16] *Coester* FamRZ 1991, 253, 255; *Kunkel/Kunkel* § 2 Rn. 9 mwN; *Mrozynski* § 1 Rn. 1 ff. mwN; *Münder/Münder* § 1 Rn. 4 ff.; *Möller/Nix-Nix* § 1 Rn. 4 ff. Ausführlich *Jeand'Heur* S. 127 ff., 131 ff.

Aufgaben in Abs. 3. Leistungen werden nach § 3 Abs. 2 von Trägern der freien und der öffentlichen Jugendhilfe erbracht; die durch das SGB VIII begründeten Leistungsverpflichtungen obliegen den Letzteren. Andere Aufgaben werden gem. § 3 Abs. 3 S. 1 von Trägern der öffentlichen Jugendhilfe wahrgenommen, von den freien Trägern, soweit dies ausdrücklich bestimmt ist oder die freien Träger mit den Aufgaben betraut wurden.

14 **d) Verhältnis von freier und öffentlicher Jugendhilfe.** Das Verhältnis von freier und öffentlicher Jugendhilfe ist in § 3 Abs. 1 und in den §§ 4 und 5 bestimmt. Ziel dieser Vorschriften ist es, ein vielfältiges Angebot zu gewährleisten, das den Wünschen nach Berücksichtigung unterschiedlicher Fähigkeiten, Anlagen, Grundrichtungen der Erziehung und Wertorientierungen Rechnung trägt.[17] Dazu sollen freie und öffentliche Jugendhilfe partnerschaftlich zusammenarbeiten. Die Vorschrift des § 5 soll mit dem Wunsch- und Wahlrecht die Voraussetzung dafür schaffen, dass das Angebot an Leistungen (Rn. 13) unterschiedlicher Träger auch genutzt werden kann.[18]

15 **3. Für die Anwendung des BGB bedeutsame Leistungsangebote.** Für folgende Konfliktlagen und Notsituationen, in denen das BGB zur Anwendung kommt, sind die Leistungsangebote des SGB VIII von besonderer Bedeutung: Nach § 17 Abs. 1 S. 2 Nr. 3, Abs. 2, 3 soll Eltern im Falle der **Trennung** oder **Scheidung** geholfen werden. Nach Abs. 2 sind sie durch die Entwicklung eines einvernehmlichen Konzepts für die Wahrnehmung der elterlichen Sorge zu unterstützen, welches als Grundlage für die richterliche Entscheidung über das Sorgerecht nach der Trennung oder Scheidung dienen kann. Eine solche Entscheidung ergeht nur noch auf Antrag eines Elternteils (§§ 1671 f. BGB). Im Falle der Scheidung ist das Gericht verpflichtet, Eltern und Kind auf das Beratungsangebot des Jugendamtes hinzuweisen. Damit steht im Vordergrund der gesetzlichen Regelung nicht mehr die richterliche Entscheidung über die elterliche Sorge, sondern deren bewusste Regelung durch die Eltern (und das Kind) nach Beratung durch das Jugendamt sowie die Unterstützung der Familie bei der praktischen Umsetzung der Sorgerechtsentscheidung.

16 Bei der Geltendmachung von **Unterhaltsansprüchen** nach § 1615l BGB hat der nicht verheiratete Elternteil gem. § 18 Abs. 1 Nr. 2 einen Anspruch auf Beratung und Unterstützung. Gem. §§ 1712 Abs. 1 Nr. 2 BGB, 55 Abs. 1 wird das Jugendamt zur Durchsetzung dieses Anspruchs auf Antrag des Elternteils Beistand und damit neben dem Elternteil gesetzlicher Vertreter des Kindes. § 18 Abs. 3 betrifft die Ausübung des **Umgangsrechts nach §§ 1684, 1685 BGB.** Die Kinder und Jugendlichen selbst haben einen Anspruch auf Beratung und Unterstützung; sie sollen insbes. darin unterstützt werden, dass die Umgangsberechtigten ihr Recht wahrnehmen. Die Umgangsberechtigten und Personen, in deren Obhut sich das Kind befindet, haben ebenfalls einen Anspruch auf Beratung und Unterstützung. Nach § 18 Abs. 3 S. 4 hat das Jugendamt bei der Ausführung gerichtlicher oder vereinbarter Umgangsregelungen Hilfestellung zu leisten, insbes. durch die Durchführung eines sog. beschützten Umgangs (vgl. § 18 Rn. 12 f.). Ein solcher kann auch Gegenstand einer richterlicher Anordnung gem. § 1684 Abs. 4 S. 3 und 4 BGB sein.

17 Einer Förderung der Erziehung des Kindes in der Familie und damit uU einer **Vermeidung von Anordnungen nach §§ 1666, 1666 a BGB** können folgende Regelungen dienen: Für Mütter oder Väter, die allein für ein Kind unter sechs Jahren zu sorgen haben, sollen nach § 19 Betreuung und Unterkunft gemeinsam mit dem Kind in einer **geeigneten Wohnform** angeboten werden, wenn und solange sie auf Grund ihrer Persönlichkeitsentwicklung dieser Form zur Unterstützung bei der Pflege und Erziehung des Kindes bedürfen. Eine Unterstützung bei der Betreuung und Versorgung des im Haushalt lebenden Kindes ist in § 20 für den **Ausfall eines oder beider Elternteile** vorgesehen. In § 21 wird ein Anspruch auf Beratung und Unterstützung für den Fall normiert, dass Eltern wegen beruflich bedingten ständigen Ortswechsels die **Erfüllung der Schulpflicht** eines Kindes oder Jugendlichen nicht sicherstellen können und deshalb anderweitige Unterstützung notwendig ist; in geeigneten Fällen können die Kosten der Unterbringung übernommen werden.

18 Auch die Hilfen zur Erziehung in §§ 28 bis 31 können der Vermeidung einer Trennung des Kindes von der Familie dienen; sie werden in § 32 durch **teilstationäre** und in den §§ 33 bis 34 durch **stationäre Hilfen** zur Erziehung ergänzt. Nach den letzteren Vorschriften kommen bei Notwendigkeit einer Unterbringung außerhalb der Familie Vollzeitpflege oder Unterbringung in einer „Einrichtung über Tag und Nacht (Heimerziehung)" oder einer sonstigen betreuten Wohnform in Betracht. § 35 regelt die „intensive sozialpädagogische **Einzelbetreuung**" zur sozialen Integration und zur Wiederherstellung eigenverantwortlicher Lebensführung für Jugendliche in bes. gefährdenden Lebenssituationen. Seelisch behinderte Kinder und Jugendliche haben nach § 35a einen Anspruch auf **Eingliederungshilfe,** die in unterschiedlicher Form zu gewähren ist. Die Mit-

---

[17] BT-Drucks. 11/5948 S. 46, auch zum folgenden Text.
[18] BT-Drucks. 11/6748 S. 80.

wirkung des Personensorgeberechtigten und des Kindes oder Jugendlichen und anderer Personen sowie die Aufstellung oder Änderung eines Hilfeplans ist in § 36 vorgesehen. Nach § 37 soll in den Fällen teilstationärer und stationärer Hilfen auf eine Zusammenarbeit zwischen Pflegepersonen bzw. in der Einrichtung für die Erziehung verantwortlichen Personen und den Eltern zum Wohle des Kindes hingewirkt werden; ferner sollen durch Beratung und Unterstützung die Erziehungsbedingungen in der Herkunftsfamilie innerhalb eines im Hinblick auf die Entwicklung des Kindes oder Jugendlichen vertretbaren Zeitraums so weit verbessert werden, dass die Eltern die Erziehungsaufgabe wieder übernehmen können. In den Fällen der §§ 32 bis 35 und in den meisten Fällen des § 35a hat der Träger der Jugendhilfe den notwendigen **Unterhalt** des Kindes oder Jugendlichen nach Maßgabe des § 36a sicherzustellen (§ 39). Die Heranziehung zu den Kosten bleibt davon unberührt. Gem. § 40 ist in diesen Fällen auch **Krankenhilfe** zu leisten.

4. Vermittlung bei der Ausübung der Personensorge. § 38 regelt die Mitwirkung des Jugendamtes in den Fällen eines Konflikts zwischen dem Personensorgeberechtigten und einer **Pflegeperson.** Werden die gem. § 1688 Abs. 1 und 2 BGB bestehenden Rechte der Pflegeperson gem. § 1688 Abs. 3 S. 1 BGB durch den Personensorgeberechtigten zu stark eingeschränkt, übernimmt das Jugendamt eine Vermittlerposition. 19

5. Zuständigkeit des Jugendamtes. Gemäß § 86 Abs. 1, 2 ist für die Gewährung von Leistungen das Jugendamt **örtlich** zuständig, in dessen Bereich die Eltern ihren gewöhnlichen Aufenthalt haben; bei verschiedenen gewöhnlichen Aufenthalten der Eltern ist grundsätzlich der Aufenthalt des personensorgeberechtigten Elternteils maßgebend. Sonderregelungen enthalten die §§ 86a bis 86 d. Für vorläufige Maßnahmen zum Schutz des Kindes ist der örtliche Träger zuständig, in dessen Bereich sich das Kind tatsächlich aufhält (§ 86d). Für weitere Aufgaben enthalten die §§ 87 bis 87 e Sonderregelungen. § 88 bestimmt die örtliche Zuständigkeit bei Auslandsaufenthalt. **Sachlich** ist nach § 85 Abs. 1 für die Gewährung von Leistungen und die Erfüllung anderer Aufgaben der örtliche Träger zuständig, soweit nicht nach Abs. 2 bis 5 ein überörtlicher oder anderer Träger zuständig ist. 20

6. Kosten der Jugendhilfe. Über die Heranziehung zu Beiträgen zu den Kosten der Jugendhilfe vgl. §§ 91 ff. Der Umfang der Heranziehung wird in der auf Grundlage des § 94 Abs. 5 geschaffenen Verordnung zur Festsetzung der Kostenbeiträge für Leistungen und vorläufige Maßnahmen in der Kinder- und Jugendhilfe (Kostenbeitragsverordnung) vom 1. 10. 2005 näher bestimmt (BGBl. I S. 2907). 21

Erster Teil. Ergänzung und Änderung des Sozialgesetzbuchs

Artikel 1. Sozialgesetzbuch (SGB)

Achtes Buch (VIII). Kinder- und Jugendhilfe

Erstes Kapitel. Allgemeine Vorschriften

§ 1 Recht auf Erziehung, Elternverantwortung, Jugendhilfe

(1) Jeder junge Mensch hat ein Recht auf Förderung seiner Entwicklung und auf Erziehung zu einer eigenverantwortlichen und gemeinschaftsfähigen Persönlichkeit.

(2) ¹Pflege und Erziehung der Kinder sind das natürliche Recht der Eltern und die zuvörderst ihnen obliegende Pflicht. ²Über ihre Betätigung wacht die staatliche Gemeinschaft.

(3) Jugendhilfe soll zur Verwirklichung des Rechts nach Absatz 1 insbesondere
1. junge Menschen in ihrer individuellen und sozialen Entwicklung fördern und dazu beitragen, Benachteiligungen zu vermeiden oder abzubauen,
2. Eltern und andere Erziehungsberechtigte bei der Erziehung beraten und unterstützen,
3. Kinder und Jugendliche vor Gefahren für ihr Wohl schützen,
4. dazu beitragen, positive Lebensbedingungen für junge Menschen und ihre Familien sowie eine kinder- und familienfreundliche Umwelt zu erhalten oder zu schaffen.

Schrifttum: *Bringewat*, Strafrechtliche Garantenhaftung in der öffentlichen Kinder- und Jugendhilfe, FRP 2007, 12; *Coester*, Die Bedeutung des Kinder- und Jugendhilfegesetzes (KJHG) für das Familienrecht, FamRZ 1991, 253; *ders.* Inhalt und Funktion des Begriffs der Kindeswohlgefährdung – Erfordernis einer Neudefinition?, in *Lipp* u.a. (Hrsg.), Kindesschutz und Kindesgefährdung – Neue Mittel und Wege?, 2007, S. 19; *Fellenberg*, Familiengerichtliche Anordnung versus Entscheidungskompetenz des Jugendamts, in *Lipp* u.a. (Hrsg.), Kindesschutz und Kindesgefährdung – Neue Mittel und Wege?, 2007, S. 65; *Jeand'Heur*, Verfassungsrechtliche Schutzgebote zum Wohl des Kindes und staatliche Interventionspflicht aus der Garantienorm des Art. 6 Abs. 2 Satz 2 GG, 1993, S. 126; *Heilmann*, Hilfe oder Eingriff? – Verfassungsrechtliche Überlegungen zum Verhältnis von staatlichem Wächteramt und Jugendhilfe, ZfJ 2000, 41; *ders.*, Jugendhilfe und Familiengericht: Verantwortungsgemeinschaft zum Schutz des Kindes?, in *Elz* (Hrsg.), Kooperation von Jugendhilfe und Justiz bei Sexualdelikten gegen Kinder, 2007, S. 89; *Hoffmann*, Zur Problematik von SGB VIII-Normen als Produkte symbolischer Gesetzgebung, VSSR 1998, 67; *Jestaedt*, Staatliche Rollen in der Eltern-Kind-Beziehung, DVBl. 1997, 693; *Kunkel*, Leistungsverpflichtungen und Rechtsansprüche im Kinder- und Jugendhilfegesetz, insbesondere die Hilfe zur Erziehung, ZfJ 1991, 145; *Mokros*, Staatliche Intervention und Kindeswohlgefährdung, DVP 2010, 447; *Meysen*, Familiengerichtliche Anordnung von Maßnahmen nach § 1666 BGB und Entscheidungskompetenz des Jugendamts – Aus Perspektive der Jugendhilfe –, in *Lipp* u.a. (Hrsg.), Kindesschutz und Kindesgefährdung – Neue Mittel und Wege?, 2007, S. 75; *Moritz*, Rechte des Kindes?, ZfJ 2002, 405, 466; *Mrozynski*, Der Rechtsanspruch auf Leistung im Kinder- und Jugendhilferecht, ZfJ 1999, 403; *Ollmann*, Eltern, Kind und Staat in der Jugendhilfe, FamRZ 1992, 388; *Müller-Alten*, Die funktionalistische Struktur des Systems Jugendhilfe – Eine kritische Auseinandersetzung mit dem KJHG, ZfJ 2003, 405, 467 und 2004, 15; *Preis/Steffan*, Anspruchsrechte, Planungspflichten und Förderungsgrundsätze im Kinder- und Jugendhilferecht, FuR 1993, 185; *Röchling*, Vormundschaftliches Eingriffsrecht und KJHG, 1997; *ders.*, Rechtsfragen und Untersuchungen zur gerichtlichen Anordnungskompetenz gegenüber der Verwaltungsbehörde/JA für Maßnahmen der Jugendhilfe, ZfJ 1999, 197; *Skutta*, Der Beitrag der Kinder- und Jugendhilfe zur Umsetzung der Kinderrechte, NDV 2010, 453; *Wabnitz*, Rechtsansprüche gegenüber Trägern der öffentlichen Kinder- und Jugendhilfe nach dem Achten Buch Sozialgesetzbuch (SGB VIII), 2005; *ders.*, Der Kindeswohlvorrang der UN-Kinderrechtskonvention (UN-KRK) nach der Rücknahme der deutschen Vorbehaltserklärung, ZKJ 2010, 428.

Übersicht

	Rn.		Rn.
I. Normzweck	1	4. Antragstellung durch den Minderjährigen	11, 12
II. Recht auf Förderung und Erziehung (Abs. 1) und Recht auf staatlichen Schutz (Abs. 2 S. 2)	2–12	a) Geltung der §§ 36 SGB I, 11 SGB X	11
1. Erziehungsziel	2	b) Bedeutung des Antragsrechts gem. § 36 Abs. 1 SGB I	12
2. Adressatenkreis	3	**III. Erziehungsvorrang der Eltern (Abs. 2 S. 1)**	13
3. Rechtsanspruch	4–10	**IV. Grundziele der Jugendhilfe (Abs. 3)**	14, 15
a) Bei Ausübung des staatlichen Wächteramts	4–7	1. Allgemeines	14
b) Weitergehender Rechtsanspruch	8–10	2. Zielsetzungen i. e.	15

I. Normzweck

1 Die Vorschrift normiert die Ziele der Jugendhilfe. Abs. 1 ist Generalklausel und zugleich eine an § 8 SGB I anknüpfende Leitnorm, die über den Bereich der öffentlichen Erziehungshilfe hinaus für alle Erziehungsträger von Bedeutung ist. Abs. 2 wiederholt die in Art. 6 Abs. 2 GG normierte verfassungsrechtlich garantierte Erziehungsverantwortung der Eltern und macht damit ihren Vorrang vor der Erziehungsaufgabe der Jugendhilfe deutlich. Das Gesetz weist auf diese Weise gleich eingangs auf das Dreiecksverhältnis zwischen Kind, Eltern und Staat hin.[1] Abs. 3 nennt die Grundziele der Jugendhilfe, die die in den folgenden Kapiteln ausgestalteten Leistungen und anderen Aufgaben bestimmen.

II. Recht auf Förderung und Erziehung (Abs. 1) und Recht auf staatlichen Schutz (Abs. 2 S. 2)

2 **1. Erziehungsziel.** Im Gegensatz zu § 1 Abs. 1 JWG, der als Erziehungsziel die leibliche, seelische und gesellschaftliche Tüchtigkeit nannte, normiert Abs. 1 das aus dem Menschenbild des Grundgesetzes[2] abgeleitete Ziel der eigenverantwortlichen und gemeinschaftsfähigen Persönlichkeit. Dies entspricht im Wesentlichen dem formalen Erziehungsziel der elterlichen Sorge in § 1626 Abs. 2

---

[1] *Wiesner/Wiesner* § 1 Rn. 1.
[2] BT-Drucks. 11/5948 S. 46; BVerfGE 83, 130, 140 = NJW 1991, 1471, 1472.

S. 1 BGB (Vgl. § 1626 BGB Rn. 4, 61 ff.). Die Formulierung der Vorschrift soll die Subjektivität des jungen Menschen (§ 7 Abs. 1 Nr. 4) im Erziehungsprozess hervorheben, ihn also nicht als bloßes Objekt einer Erziehung erscheinen lassen; „Erziehung soll nicht von der Warte und der Rechtsposition des Erziehenden betrachtet werden, sondern aus der Sicht des zu Erziehenden, des Kindes".[3]

2. Adressatenkreis. § 1 Abs. 1 SGB VIII wendet sich an den „jungen Menschen". Als solcher wird gem. § 7 Abs. 1 Nr. 4 definiert, wer noch nicht 27 Jahre alt ist. Für den „jungen Volljährigen", der 18, aber noch nicht 27 Jahre alt ist (§ 7 Abs. 1 Nr. 3), liegt die Betonung auf dem Recht auf Förderung seiner Entwicklung, nicht auf der Erziehung. Doch ist eine klare Abgrenzung zwischen der Förderung der Entwicklung und der Erziehung ohnehin weder möglich noch notwendig.[4] Gem. § 6 Abs. 1 steht auch jungen Menschen mit ausländischer Staatsangehörigkeit und tatsächlichem Aufenthalt im Inland das Recht zu;[5] sie können jedoch Leistungen gem. § 6 Abs. 2 nur beanspruchen, wenn sie rechtmäßig oder auf Grund einer ausländerrechtlichen Duldung ihren gewöhnlichen Aufenthalt in Deutschland haben.

3. Rechtsanspruch. a) Bei Ausübung des staatlichen Wächteramts. aa) Allgemeines. Abs. 1 statuiert am Anfang des SGB VIII ein Recht auf Förderung und Erziehung; Abs. 3 beschreibt, was die Jugendhilfe zur Verwirklichung dieses Rechts leisten soll. Daraus folgt bei einer am Wortsinn ausgerichteten Auslegung, dass der junge Mensch einen Anspruch auf Förderung und Erziehung haben soll. Nach der amtl. Begr. hingegen soll ein subjektiv-öffentliches Recht des jungen Menschen gerade nicht begründet werden. Der Norm fehle es an einer hinreichenden Konkretisierung des Leistungsinhalts und an der Bezeichnung des Leistungsverpflichteten.[6] Dieser Einwand überzeugt für sich alleine nicht, weil die Verwendung unbestimmter Rechtsbegriffe der Begründung eines subjektiv-öffentlichen Rechts auf Leistungen nicht entgegensteht und Leistungspflichtiger bei Förderungsmaßnahmen und Hilfen iZw. der nach §§ 85 ff. zuständige örtliche Träger ist. Gegen die Begründung eines subjektiv-öffentlichen Rechts spricht aber auch die systematische Stellung der Norm. Es wäre ungewöhnlich, einen Anspruch in der Anfangsbestimmung eines Gesetzes unter der Überschrift „Allgemeine Vorschriften" zu begründen, im Folgenden jedoch den Anspruch auf konkrete Leistungsinhalte regelmäßig zu versagen (vgl. Rn. 10). Auch die Zusammenfassung der Regelung mit der Wiederholung von Art. 6 Abs. 2 GG und der allgemeinen Beschreibung der Ziele der Jugendhilfe in einem Paragraphen legt nahe, dass ein Rechtsanspruch nicht begründet werden soll.[7]

Daraus ist freilich nicht zu schließen, dass ein Rechtsanspruch des jungen Menschen auf ein Einschreiten bzw. eine Leistung der Jugendhilfe nicht auch außerhalb der nachfolgenden Regelungen angenommen werden kann. Ein solchen Rechtsanspruch besteht, soweit die Eingriffsschwelle des staatlichen Wächteramts (Art. 6 Abs. 2 S. 2 GG)[8] überschritten ist, dh. jedenfalls wenn eine Gefährdung des Kindeswohls iSv. § 1666 Abs. 1 S. 1 BGB vorliegt.[9] Der Anspruch leitet sich aus dem Recht des Kindes auf staatlichen Schutz,[10] dh. aus Art. 6 Abs. 2 S. 2, Art. 2 Abs. 1, Art. 2 Abs. 2 S. 1 GG, ab, denn es kann in diesem Zusammenhang keine Leistungspflicht des Staates ohne korrespondierendes Kindesrecht geben.[11] Als einfachrechtliche Anspruchsgrundlage kann daher auch § 1 Abs. 2 S. 2 SGB VIII benannt werden. § 1 Abs. 1 hingegen berührt nicht den Bereich der staatlichen Schutzpflicht, sondern den wesentlich weitergehenden Bereich der **Förderung** und **Erziehung**.

Die Grenzen des Anspruchs des Kindes auf staatlichen Schutz werden nicht durch die Normen des BGB (insbes. §§ 1666, 1666 a BGB) und des SGB VIII (insbes. §§ 42, 8 a Abs. 3 S. 2) gezogen. Im Rahmen des Art. 6 Abs. 2 S. 2 GG mag im Einzelfall eine über den Tatbestand einfachrechtlicher Normen hinausgehende Schutzpflicht des Staates bestehen. Soweit eine Handlungspflicht des Staates begründet wird, steht dieser ein Anspruch des Kindes auf staatliches Eingreifen gegenüber.

---

[3] BT-Drucks. 11/5948 S. 47 unter Verweis auf *Erichsen*, Elternrecht – Kindeswohl – Staatsgewalt, 1985, S. 95.
[4] Vgl. *Hauck/Noftz/Neumann* K § 1 Rn. 12.
[5] Vgl. LG Bremen InfAuslR 1992, 281 betr. § 1 Abs. 3 Nr. 3.
[6] BT-Drucks. 11/5948 S. 47.
[7] So im Ergebnis auch *Oberloskamp* ZfJ 1990, 260, 262; *Kunkel* FamRZ 1997, 193, 198; *Mrozynski* ZfJ 1999, 403, 407; *Wiesner/Wiesner* Rn. 8 ff.; *Krug/Riehle-Krug* Erl. II; *Jans/Happe-Happe/Saurbier* Rn. 17 ff. Anders *Jeand'Heur* S. 132 f.; *Fieseler/Fieseler* Rn. 4 ff., 11 ff.; *Münder-Tammen/Trenczek* § 27 Rn. 41 f. bzgl. Hilfen zur Erziehung. Vgl. auch oben Vor § 1 Rn. 12.
[8] Dazu weiterführend Bonner Kommentar zum GG/*Jestaedt* Art. 6 Abs. 2 und 3 Rn. 171 ff.
[9] *Coester* FamRZ 1991, 253, 256. Kritisch *Röchling* S. 225 ff.; *Wiesner/Schmid* § 27 Rn. 7.
[10] Vgl. Vor § 1 Rn. 1. Für eine unmittelbare Herleitung des Kinder- und Jugendschutzes aus Art. 2 Abs. 1 GG *Engels* AöR 122 (1997), 212, 218, 221 ff. mwN.
[11] *Coester* FamRZ 1991, 253, 256.

7   bb) Leistungsanordnungen des FamG bei Kindesgefährdung. Bei Überschreitung der Eingriffsschwelle des staatlichen Wächteramtes durch Gefährdung des Kindeswohls iSv. § 1666 Abs. 1 S. 1 BGB hat das FamG gem. § 1666a Abs. 1 BGB festzustellen, ob der Kindeswohlgefährdung nicht auf andere Weise, auch nicht durch öffentliche Hilfen (vgl. Vor § 1 Rn. 15 ff.), begegnet werden kann. Das FamG hat eigenverantwortlich zu prüfen, ob die im SGB VIII vorgesehenen Leistungen angeboten und erbracht wurden. Der Personensorgeberechtigte hat allerdings nur Anspruch auf diese Hilfe, wenn sie für die Entwicklung des Kindes oder Jugendlichen geeignet und notwendig ist (§ 27 Abs. 1). Zwar besteht in dieser Frage kein Ermessensspielraum des Jugendamtes, dennoch obliegt ihm regelmäßig die Auslegung dieser unbestimmten Rechtsbegriffe, da seine Mitarbeiter über die fachspezifische sozialpädagogische Kompetenz verfügen (vgl. § 27 Rn. 2). Insoweit ist ein weiter Beurteilungsspielraum des Jugendamtes anzuerkennen.[12] Das FamG ist andererseits an die Beurteilung der Maßnahme durch das Jugendamt nicht gebunden. Die „Letztverantwortung und ein Entscheidungsrecht"[13] verbleiben beim FamG, denn dieses hat nach dem Wortlaut des § 1666 Abs. 1 BGB „... die zur Abwendung der Gefahr erforderlichen Maßnahmen zu treffen". Zur Ergreifung dieser Maßnahmen ist das FamG daher verpflichtet und berechtigt, wenn es – im Ausnahmefall – erkennt, dass die vom Jugendamt angebotene Hilfen nicht geeignet oder ausreichen sind. Es ist daher weiterhin entgegen der überwiegenden Meinung[14] daran festzuhalten, dass das FamG im Einzelfall die Erziehungshilfe gegenüber dem Jugendamt **anordnen** kann.[15] Erwägungen zur Gewaltenteilung[16] oder gar Gesichtspunkte der Kostentragung[17] (dazu § 36a Rn. 2) können den Richter nicht aus seiner Verantwortung für die Abwehr einer Kindeswohlgefährdung entlassen. Das Gericht hat jedoch erstens zu bedenken, dass die Fach- und Sachkompetenz grundsätzlich beim Jugendamt angesiedelt ist.[18] Entsprechend sollte eine Maßnahme, die das Jugendamt für ungeeignet hält, durch ein Gericht nur aufgrund eines sozialpädagogischen Sachverständigengutachtens angeordnet werden.[19] Weiter muss es berücksichtigen, dass eine Anordnung, die der Beurteilung des Jugendamtes entgegenläuft, in der Praxis oftmals wenig hilfreich sein wird, da die Anordnung regelmäßig vom Jugendamt umzusetzen ist. Dem Ziel des Kindesschutzes wird in aller Regel besser gedient, wenn das FamG auf die vom Gesetz (vgl. nur § 50 Abs. 1) vorgesehene Kooperation mit dem Jugendamt hinwirkt. FamG und Jugendamt sollten nicht gegeneinander arbeiten, sondern eine „Verantwortungsgemeinschaft zur Sicherung des Kindeswohls"[20] bilden. Im Rahmen dieser Zusammenarbeit sollte das Jugendamt dem FamG entsprechende Hinweise geben, wenn das Gericht die Breite denkbarer sozialrechtlicher Maßnahmen oder die sozialverwaltungsrechtlichen Voraussetzungen einer Maßnahme verkennt.[21] Eine Anordnung gegen die (bisherige) Beurteilung des Jugendamtes kann aber vor allem in Betracht kommen, wenn dem Gericht neue oder weitergehende Gesichtspunkte bekannt werden,[22] oder wenn die Beurteilung durch das Jugendamt im Ausnahmefall durch Erwägungen getragen wurden, die das FamG nicht in seine Entscheidung einbeziehen darf, beispielsweise ver-

---

[12] *Staudinger/Coester* § 1666a Rn. 16 ff.
[13] *Staudinger/Coester* § 1666a Rn. 16. Dahingehend auch *Johannsen/Henrich-Büte* § 1666 Rn. 69a.
[14] *Olzen* § 1666 Rn. 175 ff.; *Münder/Meysen* § 36a Rn. 16 ff.; *Meysen*, in: *Lipp* u.a. (Hrsg.), S. 75 ff.; *Fieseler/ Häbel* § 27 Rn. 82; *Mrozynski* § 27 Rn. 22, § 50 Rn. 1; *Wiesner/Schmid* Vor § 27 Rn. 27 ff.; *Wiesner/Wiesner* § 36a Rn. 10 ff.; *Kunkel/Kunkel* § 36 Rn. 22; *Jans/Happe-Happe/Saurbier* § 27 Rn. 12; *Jans/Happe-Werner* § 36 Rn. 60; *Hauck/Noftz/Stähr* K § 27 Rn. 8, § 36a Rn. 10; *Krug/Riehle-Krug* § 8a Erl. VI.; *Nothafft* FPR 2008, 613; ausführlich *Röchling* S. 233 ff.; *ders.* Zfj 1999, 197; *Rünz*, Die Entscheidungsmöglichkeiten des Vormundschaftsgerichts gemäß § 1666a BGB, 1988, S. 127 ff. Wohl auch *Erman/Michalski* § 1666 Rn. 17; VG Darmstadt JAmt 2008, 323; OLG Oldenburg JAmt 2008, 330.
[15] So auch *Staudinger/Coester* § 1666a Rn. 15 ff.; ausführlich *Czerner*, Vorläufige Freiheitsentziehung bei delinquenten Jugendlichen zwischen Repression und Prävention, 2008, S. 254 ff., 272; OLG Frankfurt DAVorm. 1993, 943 mit grundsätzlich zust. Anm. *Dickmeis*; OLG Zweibrücken FamRZ 1997, 684 f.; BayObLG FamRZ 1995, 948, 949; LG Frankfurt Jugendwohl 1994, 93; AG Kamen FamRZ 1995, 950, 952 f. Dahingehend auch *Heilmann* in *Elz* S. 89, 100 ff. Differenzierend *Fellenberg* in *Lipp* S. 65, 69 ff. Vgl. auch OLG Saarbrücken JAmt 2007, 432; AG Eilenburg ZJJ 2006, 85.
[16] *Wiesner/Schmid* Vor § 27 Rn. 31; *Nothafft* FPR 2008, 613. Dagegen auch *Staudinger/Coester* § 1666a Rn. 16 mwN.
[17] *Schellhorn/Mann* § 8a Rn. 19; *Mrozynski* § 27 Rn. 22. Wie hier *Fellenberg* in *Lipp* S. 65, 68 f.; *Staudinger/ Coester* § 1666a Rn. 15; *Schellhorn/Fischer* § 36a Rn. 8. Vgl. auch BVerfG JAmt 2007, 211, 214.
[18] Dass es dem Familienrichter aufgrund seiner Ausbildung in aller Regel an dieser Kompetenz mangelt, hält *Coester* in *Lipp* S. 19, 30 f., zu Recht von Seiten des Staates für verantwortungslos.
[19] *Staudinger/Coester* § 1666a Rn. 16. Vgl. dazu grundsätzlich BVerfG FamRZ 2008, 492.
[20] Vgl. nur *Münder/Meysen* § 8a Rn. 56 ff. Kritisch aber auch *Heilmann* in *Elz* S. 89 f.
[21] Vgl. *Meysen* in *Lipp* S. 75, 81 ff.
[22] Das Gericht hat Möglichkeiten der Informationsgewinnung, die über diejenigen des Jugendamtes hinausgehen können, *Fieseler/Fieseler* § 8a Rn. 4.

waltungsrechtliche, organisatorische oder finanzielle Erwägungen.[23] Zwangsmittel gegen das Jugendamt stehen dem Gericht nicht zur Verfügung; das Gericht könnte allenfalls die Aufsichtsbehörde einschalten. Einen gem. § 27 erforderlichen Antrag des Personensorgeberechtigten kann das FamG gem. § 1666 Abs. 3 BGB ersetzen. Lehnt der Personensorgeberechtigte die Maßnahme ab, bleibt im Einzelfall zu prüfen, ob die Durchführung der Maßnahme gegen seinen Willen in der Praxis überhaupt Erfolg versprechen kann.

b) Weitergehender Rechtsanspruch. Unterhalb der Eingriffsschwelle des staatlichen Wächteramts soll nach dem Konzept des Gesetzes ein eigenständiges Recht des Kindes oder des Jugendlichen auf Erziehung gegenüber dem Staat zu verneinen sein, weil Erziehung außerhalb der Schule Aufgabe der Eltern und nicht des Staates sei, ein subjektiv-öffentliches Recht des Minderjährigen aber eine solche mit Art. 6 Abs. 2 S. 1 GG unvereinbare Erziehungsbefugnis des Staates gerade voraussetze.[24] Soweit man dieser Konzeption folgen will, ist freilich zu beachten, dass die verfassungsrechtliche Grenzlinie durch Art. 6 Abs. 2 S. 2 GG gesetzt wird, nicht aber durch das einfache Gesetzesrecht, also durch die §§ 1666, 1666 a BGB. Bei näherer Betrachtung ist aber auch die Konzeption selbst nicht überzeugend. Das Ziel des Gesetzes, den Vorrang der Eltern bei der Erziehung und Pflege des Kindes zu erhalten, hätte auch durch eine weniger weitgehende Beschränkung der Rechtsposition des Kindes erreicht werden können. Es wäre durchaus möglich gewesen, das Kind als Rechtsträger in den Mittelpunkt des Gesetzes zu stellen und ihm die Rechtsinhaberschaft zu gewähren, ihm aber die Ausübungsfähigkeit zu versagen.[25] In neueren Gesetzesänderungen ist dieser Kritik Rechnung getragen worden; so steht der Anspruch auf Eingliederungshilfe bei seelischer Behinderung (§ 35a) dem Kind oder Jugendlichen selbst zu. Da aber die ursprüngliche Konzeption des Gesetzes weitgehend beibehalten wurde, besteht die unbefriedigende Situation, dass Ansprüche grundsätzlich dem Personensorgeberechtigten (§ 27 Abs. 1), einige Ansprüche jedoch dem Kind oder Jugendlichen zustehen. Diese Uneinheitlichkeit ist nicht nur dogmatisch unausgereift; sie führt auch zu unnötigen Abgrenzungsschwierigkeiten.

Die Trennung zwischen Rechtsinhaberschaft und Ausübungsfähigkeit ist nicht der einzige Weg, den Erziehungsvorrang der Eltern zu sichern. Denkbar wäre ebenso, die Gewährung von Leistungen unterhalb der Schwelle des Art. 6 Abs. 2 S. 2 GG vom Einverständnis der Eltern abhängig zu machen.[26] Beschränkt man das Kind oder den Jugendlichen bereits in der Ausübungsfähigkeit, schwächt dies schon seine verfahrensrechtliche Position, ohne dass dafür ein zureichender Grund erkennbar wäre. Zu den verfahrensrechtlichen Rechten des Kindes vgl. § 8.

Nach geltendem Recht ist für jede Regelung gesondert zu fragen, ob ein eigener Rechtsanspruch auf die Leistung begründet wird[27] und wer **Inhaber** dieses Anspruchs ist.[28] Insbes. bei den Hilfen zur Erziehung steht ein etwaiger Anspruch grundsätzlich dem Personensorgeberechtigten zu (§ 27 Abs. 1). Soweit es sich um **Sollvorschriften** handelt (zB §§ 11 Abs. 1 S. 1, 13 Abs. 1, 3, 14 Abs. 1, 28 ff.), ist durch Auslegung der einzelnen Vorschrift zu ermitteln, inwieweit ein Ermessensspielraum der Jugendhilfe tatsächlich besteht; im Regelfall ist der Träger der Jugendhilfe zur Leistung verpflichtet, soweit nicht ein Ausnahmetatbestand gegeben ist.[29]

4. Antragstellung durch den Minderjährigen. a) Geltung der §§ 36 SGB I, SGB X. Als Achtes Buch des Sozialgesetzbuchs finden auf das Gesetz sowohl das SGB I „Allgemeiner Teil" wie auch das SGB X „Verwaltungsverfahren" Anwendung. Aus 36 SGB I ergibt sich, dass der Jugendliche mit Vollendung des 15. Lebensjahres die sog. sozialrechtliche **Handlungsfähigkeit**[30] erlangt, dh. er kann Anträge auf Sozialleistungen stellen und verfolgen sowie Sozialleistungen entgegennehmen. Der Leistungsträger hat den gesetzlichen Vertreter über beides zu unterrichten. Der Erziehungsvorrang der Eltern wird vor allem dadurch gewahrt, dass diese gem. Abs. 2 die Handlungsfähigkeit durch schriftliche Erklärung gegenüber dem Leistungsträger einschränken können. Der Jugendliche kann allerdings auch ohne diese Einschränkung nicht Anträge zurücknehmen,

---
[23] *Staudinger/Coester* § 1666a Rn. 19. *Wiesner/Wiesner*, § 36a Rn. 10 räumt ein, dass die „Entscheidungspraxis in vielen Jugendämtern zunehmend ... von finanziellen Erwägungen gesteuert" wird. Doch könne dies gerichtliche Anordnungen nicht legitimieren, weil von den Jugendämtern „immer fachliche ... Gründe genannt werden". Indes sind es gerade diese Missstände, die ein Einschreiten des Richters erforderlich machen können.
[24] BT-Drucks. 11/5948 S. 47 und 11/6002 S. 5. Vgl. auch vor § 1 Rn. 11.
[25] *Coester* FamRZ 1991, 253, 255. Zustimmung und weitergehend *Jeand'Heur* S. 145. Kritisch *Wiesner/Wiesner* § 1 Rn. 18.
[26] Ebenso *Kunkel/Kunkel* § 2 Rn. 9; *Hauck/Noftz/Stähr* K § 27 Rn. 16.
[27] Dazu ausführlich *Wabnitz* S. 102 ff. sowie *ders.* ZKJ 2010, 428, 431 in Hinblick auf Art. 3 Abs. 1 des UN-Übereinkommens über die Rechte des Kindes (§ 6 Rn. 14).
[28] Ausführlich *Mrozynski* ZfJ 1998, 403 ff.
[29] *Münder* ZfJ 1991, 285, 287 ff.; *Jeand'Heur* S. 134 ff.
[30] *Hauck/Noftz/Just*, SGB I, K § 36 Rn. 2 f.

auf Sozialleistungen verzichten und Darlehen entgegennehmen. Neben sozialrechtlichen Handlungsfähigkeitdes § 36 SGB I begründet § 11 Abs. 1 Nr. 2 SGB X die Handlungsfähigkeit des Jugendlichen für das Verwaltungsverfahren, indem er auf die Vorschriften des öffentlichen Rechts, nach denen die Handlungsfähigkeit anerkannt ist, verweist. Die §§ 36 SGB I, 11 Abs. 1 Nr. 2 SGB X gehören zu den Rechten im Verwaltungsverfahren, auf die der Jugendliche nach § 8 Abs. 1 S. 2 hinzuweisen ist. Das Recht, sich gem. § 8 Abs. 2 „an das Jugendamt zu wenden", ist kein mit § 36 SGB I vergleichbares Antragsrecht.

12 **b) Bedeutung des Antragsrechts gem. § 36 Abs. 1 SGB I.** Die Bedeutung des Antragsrechts gem. § 36 Abs. 1 SGB I liegt angesichts der grundsätzlichen Zuordnung von Rechten zum Personensorgeberechtigten (Rn. 8 ff.) vornehmlich darin, dass Jugendliche ab Vollendung des 15. Lebensjahres jedenfalls in den Gefährdungsfällen, in denen sie eigene Leistungsrechte haben (Rn. 4 ff.), diese auch ausüben können. Steht dem Jugendlichen kein eigenes Leistungsrecht zu, kann er lediglich beantragen, dass der Jugendhilfeträger dem Personensorgeberechtigten eine Jugendhilfeleistung anbietet.[31]

III. Erziehungsvorrang der Eltern (Abs. 2 S. 1)

13 Mit der wörtlichen Wiederholung des Art. 6 Abs. 2 GG in Abs. 2 wird der Erziehungsvorrang der Eltern (vgl. oben Rn. 8 f.; Vor § 1 Rn. 11, 12) besonders herausgestellt. Damit soll deutlich werden, dass die Erziehungsaufgabe der Jugendhilfe nur eine abgeleitete ist.[32] Gem. § 7 Abs. 2 ist „Kind" im Sinne des § 1 Abs. 2, wer noch nicht 18 Jahre alt ist.

IV. Grundziele der Jugendhilfe (Abs. 3)

14 **1. Allgemeines.** Die Vorschrift fasst – nicht abschließend – Grundziele der öffentlichen Jugendhilfe zusammen, die zur Verwirklichung des Rechts nach Abs. 1 führen sollen. Auf diese Weise soll der allgemeine Auftrag der Jugendhilfe im Gegensatz zu ihren in § 2 genannten konkreten Aufgaben beschrieben werden. In der Gesamtschau der Ziele wird deutlich, dass der Gesetzgeber die Aufgaben der Jugendhilfe nicht nur als Reaktion auf konkrete Notlagen begreift, sondern den Tätigkeitsbereich der Jugendhilfe maßgeblich auch in der Prävention und dem Abbau von Benachteiligungen sieht.

15 **2. Zielsetzungen i. e.** Die Grundziele prägen alle in den folgenden Kapiteln geregelten Leistungen und andere Aufgaben der Jugendhilfe. So werden die in **Nr. 1** genannten Aufgaben insbes. durch die Angebote der Jugendarbeit nach § 11 und die Jugendsozialarbeit nach § 12 verwirklicht.[33] Hinsichtlich des Abbaus von Benachteiligungen auf Grund des Geschlechts des jungen Menschen ist § 9 Nr. 3 als Spezialnorm zu beachten. Die Beratung und Unterstützung der Eltern und anderer Erziehungsberechtigter (vgl. § 7 Abs. 1 Nr. 6) iSv. **Nr. 2** erfolgt vor allem durch die in den §§ 16 bis 40 geregelten Leistungen. Dem Schutz von Kindern und Jugendlichen vor Gefahren für ihr Wohl iSv. **Nr. 3** dienen neben den vorläufigen Maßnahmen nach §§ 42, 8 a Abs. 3 und neben § 8 Abs. 3 auch die Vorschriften über den Schutz Minderjähriger in Familienpflege und in Einrichtungen (§§ 44 bis 48 a) sowie die Pflicht des Jugendamtes zur Anrufung des Gerichts gem. § 50 Abs. 3. Aus § 1 Abs. 3 Nr. 3 ergibt sich keine strafrechtliche Garantenstellung des einzelnen Jugendamtsmitarbeiters, wie sie insbes. im Fall der Kindesmisshandlung relevant wird; eine solche kann sich aber aus tatsächlicher Schutzübernahme ergeben (vgl. § 8a Rn. 2). Weitgehend ist der in **Nr. 4** formulierte staatliche Auftrag: Er reicht über den Verantwortungsbereich der Jugendhilfe hinaus, bedarf aber häufig einer Initiative der Jugendhilfe. Jugendhilfe soll danach auf die Erfüllung aller öffentlichen Aufgaben einwirken, die die Lebenssituation von Kindern, Jugendlichen und Eltern beeinflussen (Stadtentwicklung, Arbeitsmarkt- und Wohnungspolitik, bedarfsgerechte Gestaltung des Wohnumfelds); hier wird also die Jugendhilfe zu einer Querschnittspolitik aufgerufen.[34]

§ 2 Aufgaben der Jugendhilfe

(1) Die Jugendhilfe umfasst Leistungen und andere Aufgaben zugunsten junger Menschen und Familien.

---

[31] *Coester* FamRZ 1991, 253, 257.
[32] BT-Drucks. 11/5948 S. 47.
[33] Vgl. BT-Drucks. 11/5948 S. 47, auch zum folgenden Text.
[34] *Münder/Münder* Rn. 30.

(2) Leistungen der Jugendhilfe sind:
1. Angebote der Jugendarbeit, der Jugendsozialarbeit und des erzieherischen Kinder- und Jugendschutzes (§§ 11 bis 14),
2. Angebote zur Förderung der Erziehung in der Familie (§§ 16 bis 21),
3. Angebote zur Förderung von Kindern in Tageseinrichtungen und in Tagespflege (§§ 22 bis 25),
4. Hilfe zur Erziehung und ergänzende Leistungen (§§ 27 bis 35, 36, 37, 39, 40),
5. Hilfe für seelisch behinderte Kinder und Jugendliche und ergänzende Leistungen (§§ 35a bis 37, 39, 40),
6. Hilfe für junge Volljährige und Nachbetreuung (§ 41).

(3) Andere Aufgaben der Jugendhilfe sind
1. die Inobhutnahme von Kindern und Jugendlichen (§ 42),
2. *(weggefallen)*
3. die Erteilung, der Widerruf und die Zurücknahme der Pflegeerlaubnis (§§ 43, 44),
4. die Erteilung, der Widerruf und die Zurücknahme der Erlaubnis für den Betrieb einer Einrichtung sowie die Erteilung nachträglicher Auflagen und die damit verbundenen Aufgaben (§§ 45 bis 47, 48 a),
5. die Tätigkeitsuntersagung (§§ 48, 48 a),
6. die Mitwirkung in Verfahren vor den Familiengerichten (§ 50),
7. die Beratung und Belehrung in Verfahren zur Annahme als Kind (§ 51),
8. die Mitwirkung in Verfahren nach dem Jugendgerichtsgesetz (§ 52),
9. die Beratung und Unterstützung von Müttern bei Vaterschaftsfeststellung und Geltendmachung von Unterhaltsansprüchen sowie von Pflegern und Vormündern (§§ 52a, 53),
10. die Erteilung, der Widerruf und die Zurücknahme der Erlaubnis zur Übernahme von Vereinsvormundschaften (§ 54),
11. Beistandschaft, Amtspflegschaft, Amtsvormundschaft und Gegenvormundschaft des Jugendamts (§§ 55 bis 58),
12. Beurkundung und Beglaubigung (§ 59),
13. die Aufnahme von vollstreckbaren Urkunden (§ 60).

I. Normzweck

§ 2 SGB VIII unterscheidet zwischen Leistungen (Abs. 2) und anderen Aufgaben (Abs. 3). Diese Terminologie ist wichtig für die folgenden Vorschriften des Gesetzes. Der in der Überschrift verwandte Begriff „Aufgaben" ist dagegen im Sinne einer Beschreibung des Aufgabenbereichs des Gesetzes zu verstehen.

II. Leistungen und andere Aufgaben zugunsten junger Menschen und Familien (Abs. 1)

Abs. 1 enthält nicht nur einen einleitenden, auf die Zuordnung zu den Leistungen und anderen Aufgaben der Jugendhilfe in den nächsten Absätzen hinführenden Satz, sondern auch eine die Leitnorm des § 1 ergänzende programmatische Aussage: Jugendhilfe kommt nicht nur den jungen Menschen (§ 7 Abs. 1 Nr. 4), sondern auch den Familien zugute. Gegenüber dem JWG hat das Gesetz die Dominanz der Erziehungshilfen für das Kind und insbes. der Hilfen zur Erziehung außerhalb der eigenen Familie abgebaut zugunsten eines weit gefächerten Leistungsspektrums, das die Förderung der Erziehung in der Familie einschließt (vgl. §§ 16 ff.), die Autonomie der Familie achtet und die Selbstverantwortung und Mitarbeit junger Menschen und ihrer Familien stärken soll.[1]

Mit der Unterscheidung zwischen Leistungen und anderen Aufgaben wird der Systematik des Sozialrechts Rechnung getragen. Leistungen iSd. Abs. 2 sind Sozialleistungen, auf die die §§ 11 ff. SGB I Anwendung finden. Der Katalog des Abs. 2 entspricht inhaltlich dem des § 27 Abs. 1 SGB I. Die Unterscheidung zwischen Leistungen und anderen Aufgaben soll keine Bedeutung für die Verbindlichkeit bzw. den Verpflichtungsgrad einer Aufgabe haben.[2]

---
[1] BT-Drucks. 11/5948 S. 42.
[2] *Wiesner/Wiesner* Rn. 2.

III. Leistungen (Abs. 2)

4 Die Klassifizierung der Leistungen des Abs. 2 als Sozialleistungen iSd. § 11 SGB I bedeutet nicht, dass auf diese Leistung ein Anspruch besteht. Ob und inwieweit ein **Sozialleistungsanspruch** gem. § 38 SGB I oder zumindest eine Ermessensleistung gem. § 39 SGB I gewährt wird, ergibt sich aus der Auslegung der konkreten Vorschrift.[3] Erbracht werden die Leistungen nach § 3 Abs. 2 S. 1 von Trägern der freien und von Trägern der öffentlichen Jugendhilfe; Leistungsverpflichtungen richten sich nach § 3 Abs. 2 S. 2 an die Träger der öffentlichen Jugendhilfe. Die Leistungsberechtigten haben nach § 5 Abs. 1 S. 1 das Recht, zwischen Einrichtungen und Diensten verschiedener Träger zu wählen und Wünsche hinsichtlich der Gestaltung der Hilfe zu äußern. Das Verhältnis zu anderen Leistungen und Verpflichtungen ist in § 10 geregelt.

IV. Andere Aufgaben (Abs. 3)

5 Mit dem Begriff „andere Aufgaben" werden grundsätzlich solche Funktionen der Jugendhilfe bezeichnet, durch die keine Sozialleistungen iSd. § 11 SGB I begründet werden. Die „anderen Aufgaben" bilden keine homogene Gruppe. Sie sind im Wesentlichem im Rahmen der Ausübung des staatlichen Wächteramts angesiedelt oder gehören den traditionellen Aufgaben der Jugendhilfe an. Hier ist für den Grundsatz der Freiwilligkeit sowie das Wunsch- und Wahlrecht der Betroffenen (§ 5) und ihre Mitwirkung bei der Inanspruchnahme kein Raum. Die „andere Aufgaben" der Jugendhilfe werden nach § 3 Abs. 3 von Trägern der öffentlichen Jugendhilfe wahrgenommen.

6 Hinsichtlich einiger Aufgaben ist die Zuordnung zu Abs. 3 zweifelhaft. Soweit der Staat beispielsweise zur Inobhutnahme des Kindes oder Jugendlichen im Rahmen des staatlichen Wächteramtes verpflichtet ist, besteht ein entsprechender Leistungsanspruch des Kindes oder Jugendlichen gem. § 42 Abs. 1. Insoweit kann von einer Sozialleistung iSd. § 11 SGB I, und zwar von einer Dienstleistung gem. § 11 S. 2 SGB I als persönlicher und erzieherischer Hilfe gesprochen werden. Dasselbe gilt für den Anspruch auf Beratung und Unterstützung nach den §§ 52 Abs. 3, 52a Abs. 1 und 53 Abs. 2.

§ 3 Freie und öffentliche Jugendhilfe

(1) Die Jugendhilfe ist gekennzeichnet durch die Vielfalt von Trägern unterschiedlicher Wertorientierungen und die Vielfalt von Inhalten, Methoden und Arbeitsformen.

(2) [1]Leistungen der Jugendhilfe werden von Trägern der freien Jugendhilfe und von Trägern der öffentlichen Jugendhilfe erbracht. [2]Leistungsverpflichtungen, die durch dieses Buch begründet werden, richten sich an die Träger der öffentlichen Jugendhilfe.

(3) [1]Andere Aufgaben der Jugendhilfe werden von Trägern der öffentlichen Jugendhilfe wahrgenommen. [2]Soweit dies ausdrücklich bestimmt ist, können Träger der freien Jugendhilfe diese Aufgaben wahrnehmen oder mit ihrer Ausführung betraut werden.

Schrifttum: *Banafsche*, Das Recht der Leistungserbringung in der Kinder- und Jugendhilfe zwischen Korporatismus und Wettbewerb, 2010; *Merchel*, Trägerstrukturen in der Sozialen Arbeit, 2003; *Kunkel*, Leistungserbringer als freier Träger der Jugendhilfe, ZfJ 2004, 376.

I. Normzweck

1 In Abs. 1 werden die Grundsätze der Werte- und Methodenpluralität aufgestellt; Abs. 2 und Abs. 3 regeln im Anschluss an § 2 die Zuständigkeit von Trägern der freien und der öffentlichen Jugendhilfe für Leistungen, Leistungsverpflichtungen und andere Aufgaben.

---

[3] *Kunkel/Kunkel* Rn. 5 ff.

II. Unterschiedliche Trägergruppen (Abs. 1, 2)

1. Werte- und Methodenpluralität. Mit Abs. 1 wird die Pluralität von Wertorientierungen, Inhalten, Methoden und Arbeitsformen als Wesensmerkmal der Jugendhilfe im Gesetz verankert. Die Vorschrift hat mehr als nur deklaratorische Bedeutung: Sie hindert die Träger der öffentlichen Jugendhilfe, die Förderung der freien Jugendhilfe nach § 74 auf bestimmte Gruppen von bewährten freien Trägern oder auf bestimmte Wertorientierungen, Inhalte, Verfahren und Arbeitsformen zu begrenzen und hält so die Jugendhilfe offen für neue inhaltliche und organisatorische Entwicklungen.[1] Vgl. dazu auch § 4 Rn. 3.

2. Trägerdualismus. Abs. 2 S. 1 stellt zunächst klar, dass sich in der Jugendhilfe Träger der freien und der öffentlichen Jugendhilfe betätigen. Das Nebeneinander von öffentlicher und privater Jugendhilfe ist historisch gewachsen. Auch heute noch wird der größere, in weiten Teilbereichen der ganz überwiegende Anteil der Leistungen der Jugendhilfe durch freie Träger erbracht. Dabei verstärkt sich auch bei den Trägern der freien Jugendhilfe der Trend zum eigenen Verständnis als Dienstleistungsunternehmen.[2]

Die Anerkennung als Träger der **freien Jugendhilfe** ist in § 75 geregelt. Gestützt durch die grundrechtliche Handlungs- und Vereinsfreiheit kann ein Zusammenschluss von Personen, ggf. auch eine Einzelperson[3] ohne Anerkennung als freier Träger der Jugendhilfe tätig werden; ein nicht anerkannter Träger der freien Jugendhilfe kann jedoch keine Förderung nach § 74 erlangen. Ein eigenständiges Betätigungsrecht der Träger der freien Jugendhilfe besteht nur im Bereich der in § 2 Abs. 2 aufgeführten Leistungen. In diesem Rahmen werden die Träger der freien Jugendhilfe nicht als Erfüllungsgehilfen der öffentlichen Jugendhilfe tätig. Sie unterliegen auch nicht den Bestimmungen des SGB VIII, sondern sind frei in der Gestaltung ihrer Organisation und ihres Leistungsangebots.[4] Ihr Verhältnis zum Leistungsberechtigten ist **privatrechtlicher Natur**.

Leistungsverpflichtungen, die durch das SGB VIII begründet werden, richten sich nach Abs. 2 S. 2 an die Träger der öffentlichen Jugendhilfe, weil der staatliche Gesetzgeber nur Träger der öffentlichen Verwaltung zur Wahrnehmung öffentlicher Aufgaben einseitig verpflichten kann; diese Verpflichtung der öffentlichen Jugendhilfe bedeutet aber nicht, dass sie die jeweilige Leistung auch selbst zu erbringen hat.[5] Die Organisation der öffentlichen Jugendhilfe ist in §§ 69 ff. geregelt. Nach § 69 Abs. 1 S. 2 sind mit den Modifizierungen durch § 69 Abs. 2 örtliche Träger der öffentlichen Jugendhilfe die Kreise und die kreisfreien Städte. Nach § 69 Abs. 3 errichtet jeder örtliche Träger für junge Menschen und ihre Familien ein Jugendamt; jeder vom Landesrecht bestimmte überörtliche Träger errichtet ein Landesjugendamt. Mehrere örtliche und überörtliche Träger können nach § 69 Abs. 4 zur Durchführung einzelner Aufgaben gemeinsame Einrichtungen und Dienste errichten. Die §§ 70 ff. bestimmen i. e., wer die Aufgaben des Jugendamtes und des Landesjugendamtes wahrnimmt.

Schaltet der Träger der öffentlichen Jugendhilfe einen Träger der freien Jugendhilfe zur Erfüllung seiner Leistungsverpflichtungen gem. § 3 Abs. 3 S. 2 ein, verbleibt dem Träger der öffentlichen Jugendhilfe eine sog. Gesamtverantwortung (§ 79). Das Verhältnis zwischen beiden Trägern unterliegt nicht den Vorschriften des **AÜG**, sondern den spezialgesetzlichen Regelungen des SGB VIII.[6]

III. Wahrnehmung „anderer Aufgaben" (Abs. 3)

Andere Aufgaben iSv. § 2 Abs. 3 werden nach Abs. 3 S. 1 von Trägern der öffentlichen Jugendhilfe wahrgenommen. Diese in §§ 42 bis 60 normierten Aufgaben sind der mit den Mitteln des Privatrechts ausgeübten Tätigkeit der freien Jugendpflege nicht zugänglich, weil sie mit Eingriffen in die Rechtssphäre des Bürgers verbunden und in den Rechtsformen der öffentlichen Verwaltung auszuführen sind; es handelt sich um Eingriffsmaßnahmen, die aus dem staatlichen Wächteramt (Art. 6 Abs. 2 S. 2 GG) legitimiert sind, um die Mitwirkung im gerichtlichen Verfahren, um die Übernahme von Beistandschaft, Amtspflegschaft und Amtsvormundschaft sowie um Aufgaben der Beurkundung und Beglaubigung. Nach Abs. 3 S. 2 können jedoch Träger der freien Jugendhilfe auch diese anderen Aufgaben wahrnehmen oder mit ihnen betraut werden, soweit dies ausdrücklich

---

[1] *Münder/Münder* Rn. 3; zum Anspruch auf Förderung nach § 74 VGH Baden-Württemberg VBlBW 2007, 294; *Heinig/Munsonius* SGB 2009, 508.
[2] *Wiesner/Wiesner* Rn. 3 ff.; 19 f. Eine Übersicht über die freien Träger findet sich bei *Jans/Happe-Happe/Saurbier* Rn. 22 ff.
[3] *Fieseler/Heinrich* Rn. 25 ff.
[4] BVerfGE 22, 180, 203 = NJW 1967, 1795, 1796.
[5] BT-Drucks. 11/5948 S. 48.
[6] BAG AP SGB VIII § 2 Nr. 1, AP BGB § 611 Nr. 94 Abhängigkeit.

bestimmt ist. Der Träger der freien Jugendhilfe handelt in diesem Falle als öffentlich-rechtlich Beliehener. In § 76 Abs. 1 ist vorgesehen, dass die Träger der öffentlichen Jugendhilfe anerkannte Träger der freien Jugendhilfe an der Durchführung ihrer Aufgaben nach §§ 42, 50 bis 52 a und 53 Abs. 2 bis 4 beteiligen oder ihnen diese Aufgaben zur Ausführung übertragen können; die Träger der öffentlichen Jugendhilfe bleiben nach Abs. 2 für die Erfüllung der Aufgaben verantwortlich.

§ 4 Zusammenarbeit der öffentlichen Jugendhilfe mit der freien Jugendhilfe

(1) [1]Die öffentliche Jugendhilfe soll mit der freien Jugendhilfe zum Wohl junger Menschen und ihrer Familien partnerschaftlich zusammenarbeiten. [2]Sie hat dabei die Selbständigkeit der freien Jugendhilfe in Zielsetzung und Durchführung ihrer Aufgaben sowie in der Gestaltung ihrer Organisationsstruktur zu achten.

(2) Soweit geeignete Einrichtungen, Dienste und Veranstaltungen von anerkannten Trägern der freien Jugendhilfe betrieben werden oder rechtzeitig geschaffen werden können, soll die öffentliche Jugendhilfe von eigenen Maßnahmen absehen.

(3) Die öffentliche Jugendhilfe soll die freie Jugendhilfe nach Maßgabe dieses Buches fördern und dabei die verschiedenen Formen der Selbsthilfe stärken.

I. Normzweck

1 Im Anschluss an die Normierung der beiden unterschiedlichen Trägergruppen und ihrer Zuständigkeiten in § 3 regelt § 4 das Verhältnis zwischen den verschiedenen Trägern, das nach Abs. 1 ein partnerschaftliches Zusammenwirken von öffentlicher und freier Jugendhilfe sein soll. Abs. 2 stellt in Gestalt einer Sollvorschrift einen Funktionsschutz zugunsten der freien Träger her, und Abs. 3 regelt grundsätzlich die Förderungspflicht der öffentlichen Jugendhilfe gegenüber nichtstaatlicher Tätigkeit.

II. Partnerschaftliches Zusammenwirken (Abs. 1)

2 **1. Verflochtenheit von freier und öffentlicher Jugendhilfe.** Das Verhältnis von freier und öffentlicher Jugendhilfe ist komplex und seit jeher Ausgangspunkt von Streitigkeiten. Während früher vorrangig die Existenz von öffentlicher Jugendhilfe neben freier Jugendhilfe unter dem Stichwort „Subsidiarität" diskutiert wurde,[1] geht es heute wesentlich um die Frage der finanziellen Förderung und der Zulässigkeit der Steuerung der freien durch die öffentliche Jugendhilfe.

3 Mit seinem Urteil vom 18. 7. 1967 hatte das BVerfG dem Subsidiaritätsstreit ein Ende gesetzt. Einen Vorrang der freien vor der öffentlichen Jugendhilfe gibt es nicht. Legitimes Ziel der damaligen Regelung sei es gewesen, eine vernünftige Aufgabenverteilung und eine möglichst wirtschaftliche Verwendung der zur Verfügung stehenden öffentlichen und privaten Mittel zu bewirken.[2] In diesem Sinne fordert Abs. 1 eine partnerschaftliche Zusammenarbeit von öffentlicher und privater Jugendhilfe auf der Ebene der Gleichordnung.[3] Die partnerschaftliche Zusammenarbeit sichert die Vielfältigkeit des Jugendhilfeangebots und damit die Ausübung des Wunsch- und Wahlrechts nach § 5. Das Gebot der partnerschaftlichen Zusammenarbeit ist verletzt, wenn der Träger der öffentlichen Jugendhilfe einzelne freie Träger ohne sachlichen Grund benachteiligt[4] oder er freie Träger nicht fördert, während er selbst konkurrierende Angebote macht.

4 **2. Achtung der Selbständigkeit freier Träger.** Die öffentliche Jugendhilfe ist nicht nur zu partnerschaftlichem Zusammenwirken mit der freien Jugendhilfe verpflichtet, sondern sie hat nach Abs. 1 S. 2 auch deren Selbständigkeit zu achten. Diese Vorschrift zieht der Einflussnahme der öffentlichen Jugendhilfe auf die freie Jugendhilfe auch dann Grenzen, wenn der freien Jugendhilfe öffentliche Mittel zufließen.[5] Zwar kann nach § 74 Abs. 2 S. 1 eine Förderung freier Träger von deren Bereitschaft abhängig gemacht werden, ihre Einrichtungen, Dienste und Veranstaltungen nach

---

[1] *Münder/Münder* Rn. 3 ff. m. weit. Nachw.; *Jung/Jung* Rn. 14.
[2] BVerfGE 22, 180, 200, 206 = NJW 1967, 1795, 1797.
[3] *Wiesner/Wiesner* Rn. 5.
[4] OVG Hamburg ZfJ 2005, 118; OVG Hamburg ZfJ 1996, 249.
[5] *Münder/Münder* Rn. 12.

Maßgabe der Jugendhilfeplanung (§ 80) und unter Beachtung der in § 9 genannten Grundsätze anzubieten; nach § 74 Abs. 2 S. 2 bleibt dabei aber § 4 Abs. 1 unberührt. Der Grundsatz der Selbständigkeit der freien Träger muss auch im Rahmen des Abschlusses förmlicher Leistungsverträge nach §§ 77, 78 a ff. gewahrt werden.

III. Funktionsschutz für die freie Jugendhilfe (Abs. 2)

1. Zweck des Funktionsschutzes; Soll-Vorschrift. Abs. 2 ist in enger Anlehnung an dem 5 früheren § 93 Abs. 1 BSHG (jetzt: § 75 Abs. 2 SGB XII) formuliert worden;[6] die jetzige Fassung beruht auf dem Ersten Gesetz zur Änderung des SGB VIII vom 16. 2. 1993 (Vor § 1 Rn. 4). Sie bewirkt eine sog. „Funktionssperre" für die öffentliche Jugendhilfe. Diese soll nicht tätig werden, soweit die freie Jugendhilfe in ausreichendem Maße bereits tätig ist oder rechtzeitig tätig werden kann. In der amtl. Begr. wird betont, dass die aus dem früheren § 93 Abs. 1 BSHG übernommene Formulierung als Soll-Vorschrift gegenüber der Muss-Vorschrift des § 5 Abs. 3 S. 2 JWG nur klarstellenden Charakter habe und keine Abschwächung des Funktionsschutzes freier Träger mit sich bringe.[7] Aus der Formulierung als Soll-Vorschrift wird dennoch deutlich, dass es einen starren Vorrang der freien Jugendhilfe nicht gibt.[8] Aus § 4 Abs. 2 folgt nicht, dass im Rahmen der Haushaltsplanung und Förderung der Träger der öffentlichen Jugendhilfe zugunsten des Trägers der freien Jugendhilfe zurückzustehen hätte. Vor allem ist er nicht gehalten, eigene Einrichtungen zu schließen und abzubauen, um die dadurch verfügbaren Finanzmittel dem freien Träger zu überlassen.[9] Vielmehr ist in diesem Rahmen § 74 Abs. 5 zu beachten, nach dem dieselben Grundsätze, die für die Förderung der öffentlichen Jugendhilfe gelten, auch auf die freie Jugendhilfe Anwendung finden sollen.[10]

„Einrichtungen und Dienste" sind entspr. § 17 Abs. 1 Nr. 2 SGB I auf Dauer angelegte Mittel 6 zur Gewährung von Jugendhilfe. „Veranstaltungen" sind demgegenüber kurzfristig geplante und zeitlich begrenzte Angebote. Mit diesen Begriffen soll das Leistungsinstrumentarium der Jugendhilfe möglichst umfassend beschrieben werden.

2. Gesamtverantwortung. Hat im Einzelfall die öffentliche Jugendhilfe von eigener Tätigkeit 7 zugunsten der freien Jugendhilfe abzusehen, bleibt sie im Verhältnis zum leistungsberechtigten Bürger dennoch in der Verantwortung (§ 79). Deshalb bleibt der öffentliche Träger verpflichtet, die laufende Tätigkeit des freien Trägers zu überwachen. Dies berechtige ihn auch zu Weisungen im Einzelfall,[11] solange dadurch die Selbständigkeit des freien Trägers gem. § 4 Abs. 1 S. 2 gewahrt bleibe.

3. Praktische Bedeutung. Die Bedeutung des Abs. 2 ist gering. Über das Betätigungsfeld der 8 freien Jugendhilfe wird durch die Finanzierung entschieden.[12] Für den freien Träger wichtiger ist die frühzeitige Einschaltung in die Jugendhilfeplanung (§ 80 Abs. 3) sowie die Zurückdrängung rechtlicher und faktischer Steuerungsmöglichkeiten der öffentlichen Jugendhilfe im Rahmen der Förderung gem. § 74 und im Rahmen von Leistungsvereinbarungen nach §§ 77, 78 a ff. (oben Rn. 4).

IV. Förderung freier Jugendhilfe; Stärkung der Selbsthilfe (Abs. 3)

Die Förderungs- und Finanzierungspflicht der öffentlichen Jugendhilfe gegenüber der freien 9 Jugendhilfe ist in Abs. 3 nur grundsätzlich festgelegt; im Einzelnen ist sie in § 74 geregelt. Wichtiger ist, dass in das Spektrum der Jugendhilfe hier ausdrücklich die verschiedenen Formen der Selbsthilfe einbezogen werden. Konkrete Förderungsansprüche lassen sich aus Abs. 3 nicht ableiten. Solche Förderungsansprüche des freien gegen den öffentlichen Träger bestehen grundsätzlich nicht; im Einzelfall kann jedoch ein Anspruch bestehen, wenn das Ermessen des öffentlichen Jugendhilfeträgers bei der Entscheidung über den Förderungsantrag auf Null reduziert ist.[13]

---

[6] BT-Drucks. 11/5948 S. 49.
[7] BT-Drucks. 11/5948 S. 49.
[8] *Wiesner/Wiesner* Rn. 28.
[9] OVG Lüneburg NVwZ-RR 1999, 127, 128; *Krug/Riehle-Krug* Erl. III (S. 9).
[10] BVerwGE 134, 206, 220 ff. = NVwZ-RR 2010, 19, 23.
[11] BAG AP Nr. 94 zu § 611 BGB Abhängigkeit.
[12] *Wiesner/Wiesner* Rn. 29 f.
[13] BVerwGE 134, 206, 216 = NVwZ-RR 2010, 19, 22; *Schellhorn/W. Schellhorn* § 74 Rn. 12 ff.

§ 5 Wunsch- und Wahlrecht

(1) ¹Die Leistungsberechtigten haben das Recht, zwischen Einrichtungen und Diensten verschiedener Träger zu wählen und Wünsche hinsichtlich der Gestaltung der Hilfe zu äußern. ²Sie sind auf dieses Recht hinzuweisen.

(2) ¹Der Wahl und den Wünschen soll entsprochen werden, sofern dies nicht mit unverhältnismäßigen Mehrkosten verbunden ist. ²Wünscht der Leistungsberechtigte die Erbringung einer in § 78a genannten Leistung in einer Einrichtung, mit deren Träger keine Vereinbarungen nach § 78b bestehen, so soll der Wahl nur entsprochen werden, wenn die Erbringung der Leistung in dieser Einrichtung im Einzelfall oder nach Maßgabe des Hilfeplanes (§ 36) geboten ist.

I. Normzweck

1 Unter den allgemeinen Vorschriften der §§ 1 ff. ist das Wunsch- und Wahlrecht des § 5 für die Leistungsberechtigten die wichtigste. Das Wunsch- und Wahlrecht in § 5 geht über die Rechte des Betroffenen in den vergleichbaren Normen der §§ 33 S. 2 SGB I und 9 Abs. 2 und 3 SGB XII hinaus. Damit wird deutlich, dass im Bereich der Jugendhilfe der Betroffene nicht Objekt staatlichen Handelns ist, sondern dass Jugendhilfe Unterstützung zur Selbstentfaltung nach eigenen Vorstellungen sein soll und der Leistungsberechtigte im Mittelpunkt des Leistungs- und Hilfeprozesses steht.[1] In diesem Sinne gewährt das Wunsch- und Wahlrecht dem Leistungsberechtigten Steuerungs- und Einflussmöglichkeiten in Bezug auf die konkrete Jugendhilfemaßnahme. Im Rahmen der Kinder- und Jugendhilfe erscheint dieser Ansatz in besonderem Maße geboten, da der Erfolg und die Effizienz einer Maßnahme maßgeblich von der Mitwirkung und Bereitschaft des Betroffenen abhängen.

II. Wunsch- und Wahlrecht, Hinweispflicht (Abs. 1)

2 **1. Wahlrecht. a) Leistungsberechtigter.** Wer jeweils leistungsberechtigt ist (Kind, Jugendlicher, Personensorgeberechtigter, junger Volljähriger usw.), ergibt sich aus den einzelnen Leistungsvorschriften des Gesetzes. Die Leistungsberechtigung muss sich aus der konkreten Norm ergeben, § 5 gewährt selbst keinen Rechtsanspruch auf die Leistung.[2] Der Leistungsberechtigte muss nicht mit dem tatsächlichen Leistungsempfänger identisch sein.

3 Insbes. in dem Fall, dass **beide Eltern** als Inhaber der Personensorge leistungsberechtigt sind, können Differenzen bei der Wahl entstehen. Die Eltern müssen gem. § 1627 S. 2 BGB versuchen, sich zu einigen. Auf diese Einigung hat das Jugendamt hinzuwirken. Gelingt die Einigung nicht, kann das FamG gem. § 1628 BGB die Entscheidung auf einen Elternteil übertragen. Der leistungsberechtigte Inhaber der Personensorge wird in seiner Befugnis zur Wahl nicht durch einen entgegenstehenden Willen des nicht leistungsberechtigten **Kindes oder Jugendlichen** beschränkt. Auch in diesem Fall hat jedoch das Jugendamt zur Verwirklichung des Kindeswohls vermittelnd einzugreifen. Mit dem **Entzug der Personensorge** verliert der Elternteil auch das Wahlrecht nach § 5. Der Elternteil kann jedoch bei der Auswahlentscheidung beteiligt werden.[3]

4 **b) Anspruchsgegner, Selbstbeschaffung.** Durch die Wahl eines Trägers der freien Jugendhilfe ändert sich nichts daran, dass Gegner des Leistungsanspruchs die öffentliche Jugendhilfe bleibt. Der freie Jugendhilfeträger ist dem Leistungsberechtigten nicht verpflichtet. Es entsteht bei Vertragsschluss des Leistungsberechtigtem mit dem freien Träger lediglich eine privatrechtliche Verpflichtung. Der Leistungsverpflichtung kommt die öffentliche Jugendhilfe durch die **Übernahme der Kosten** nach. Der Anspruch auf Kostenübernahme unterliegt den Voraussetzungen des Leistungsanspruchs. Grundsätzlich besteht ein Anspruch auf Kostenübernahme bei Leistungen nach §§ 27 ff., 35 a, 41 nur, wenn der Träger der öffentlichen Jugendhilfe die Leistungen im Rahmen des § 36a bewilligt. Eine sog. **Selbstbeschaffung** ist jedenfalls nach Einführung des § 36a durch das Gesetz zur Weiterentwicklung der Kinder- und Jugendhilfe (Vor § 1 Rn. 7) grundsätzlich ausgeschlossen.

5 **c) Umfang der Wahlmöglichkeit.** Die Wahlmöglichkeit erstreckt sich auf sämtliche vorhandenen, nicht aber auf erst zu schaffende Angebote. Das Wahlrecht umfasst auch die Möglichkeit, aus verschiedenen Angeboten desselben Trägers (zB Kindergarten) auszuwählen.[4] Auch für Leistun-

---

[1] Münder/Münder Rn. 2.
[2] OVG Hamburg ZfJ 2000, 207, 208.
[3] Vgl. OLG Düsseldorf FamRZ 1997, 105.
[4] VG Gelsenkirchen NVwZ 1998, 437.

gen, die privat-gewerbliche Träger anbieten, kann sich der Wahlberechtigte entscheiden.[5] Schließlich ist das Wahlrecht auch nicht auf den räumlichen Bereich des örtlichen zuständigen Trägers begrenzt.[6]

2. Wunschrecht. Das Wunschrecht ist eng mit dem Wahlrecht verknüpft, hat aber einen anderen Regelungsgegenstand: Es bezieht sich auf die Gestaltung, also auf das „Wie" der Hilfe, etwa auf die Unterbringung in einer bestimmten Familie oder Einrichtung. Der öffentliche Jugendhilfeträger ist nicht verpflichtet, den Wünschen nachzukommen; im Einzelfall kann sein Ermessen jedoch auf Null reduziert sein.

3. Hinweispflicht. Die Hinweispflicht gem. Abs. 1 S. 2 erfordert nicht nur einen formalen Hinweis auf bestehende Wahl- und Wunschmöglichkeiten, sondern sie verpflichtet die Träger der Jugendhilfe, von sich aus aktiv darüber aufzuklären, welche Gestaltung den Vorstellungen der Betroffenen entspricht; zugleich versperrt sie eine Berufung darauf, dass die Berechtigten keine Wünsche geäußert hätten.[7]

III. Befolgung und Schranken des Wahl- und Wunschrechts (Abs. 2)

1. Befolgung. Der Wahl und den Wünschen soll nach S. 2 Halbs. 1 entsprochen werden; die Soll-Vorschrift bedeutet, dass der Jugendhilfeträger ihnen im Regelfall nachzukommen hat. Die Regelung wird bei Hilfen zur Erziehung durch die speziellere Vorschrift des § 36 Abs. 1 S. 4 verstärkt, wonach den Wünschen des Personenberechtigten und des Kindes oder des Jugendlichen nicht nur entsprochen werden soll, sondern zu entsprechen ist, sofern sie nicht mit unverhältnismäßigen Mehrkosten verbunden sind. Ihr jetziger Wortlaut beruht auf Änderungen durch das Erste Gesetz zur Änderung des SGB VIII und durch das Zweite Gesetz zur Änderung des SGB XI (Vor § 1 Rn. 4, 6).

2. Schranken. a) Unverhältnismäßige Mehrkosten. § 5 Abs. 2 S. 1 schränkt die Pflicht zur Befolgung von Wünschen für den Fall ein, dass diese mit unverhältnismäßigen Mehrkosten verbunden wären. Der Begriff der Unverhältnismäßigkeit zeigt, dass eine Überschreitung der Durchschnittskosten in gewissen Grenzen unschädlich sein kann. Bei Mehrkosten in einer Größenordnung von 75% ist das nicht mehr der Fall;[8] Mehrkosten von 20% sollen grundsätzlich unschädlich sein.[9] Die Unverhältnismäßigkeit bestimmt sich jedoch weniger nach dem Betrag der Mehrkosten als vielmehr danach, ob der durch Erfüllung des Wunsches des Leistungsberechtigten erzielbare Erfolg in einem vernünftigen Verhältnis zum finanziellen Mehraufwand steht.[10] Bei dieser Abwägung ist auf den Einzelfall abzustellen.[11] Hinsichtlich der Mehrkosten ist zunächst zu prüfen, ob die vom Jugendhilfeträger vorgesehenen und die vom Berechtigten gewünschten Einrichtungen oder Dienste in gleicher Weise zur Deckung des Hilfsbedarfs geeignet sind; ist nur eine Leistung geeignet und ist sie notwendig, so kommt nur sie in Betracht.[12]

b) Kostenermittlung. Die Ermittlung der Mehrkosten bei gleichermaßen geeigneten Leistungen geschieht durch einen Vergleich zwischen den Kosten, die durch die Berücksichtigung des Wunsches des Berechtigten entstehen, und denjenigen Kosten, die entstünden, wenn kein solcher Wunsch geäußert worden wäre.[13] Dabei sind nach zutreffender Ansicht nur die Kosten zu berücksichtigen, die dem Träger der öffentlichen Jugendhilfe tatsächlich zur Last fallen.[14] Beim Kostenvergleich sind Regie- und Vorhaltekosten entweder sowohl beim Träger der öffentlichen Jugendhilfe als auch beim Träger der freien Jugendhilfe in Ansatz zu bringen, oder sie sind bei beiden Trägern außer Acht zu lassen.[15] Der bloße Vergleich von Pauschalsätzen genügt nicht, wenn das Leistungsangebot unterschiedlich ist.[16]

---

[5] *Wiesner/Wiesner* Rn. 10; VG Düsseldorf ZfJ 2001, 201; einschränkend VG Minden DAVorm. 1997, 812.
[6] Vgl. BVerwGE 117, 184 = NVwZ-RR 2003, 504; *Wiesner* ZfJ 2003, 293.
[7] *Münder/Münder* Rn. 3.
[8] BVerwGE 65, 52, 56 (zu § 3 BSHG) = NJW 1983, 2586, 2587.
[9] *Fieseler/Fieseler* Rn. 10; *Jung/Jung* Rn. 10.
[10] BVerwG Beschl. v. 18. 8. 2003, 5 B 14/03, nv.; OVG Sachsen Beschl. v. 3. 4. 2009, 1 B 80/09, nv.; *Krug/Riehle-Krug* Erl. IV; *Jans/Happe-Happe/Saurbier* Rn. 18.
[11] *Fieseler/Fieseler* Rn. 10.
[12] *Münder/Münder* Rn. 8.
[13] BVerwGE 65, 53, 55 = NJW 1983, 2586, 2587; BVerwGE 75, 343, 348 = NVwZ 1987, 594, 595.
[14] *Wiesner/Wiesner* Rn. 14.
[15] BVerwGE 75, 343, 348 = NVwZ 1987, 594, 595.
[16] Weiterführend *Münder/Münder* Rn. 14 ff.

11 **c) Leistungen nach § 78a.** Gem. § 78b ist die öffentliche Jugendhilfe zur Übernahme einer Leistung nach § 78a gegenüber dem Leistungsberechtigten grundsätzlich nur verpflichtet, wenn mit dem Träger der Einrichtung oder seinem Verband eine Leistungs-, Entgelt- und Qualitätssicherungsvereinbarung geschlossen wurde. Ziel dieser Regelung ist eine Reduzierung der Kosten in der Kinder- und Jugendhilfe. Die Beschränkung der Leistungspflicht musste im Grundsatz auch zu einer Beschränkung des Wahlrechts des Leistungsberechtigten führen, wie sie Abs. 2 S. 2 normiert.

§ 6 Geltungsbereich

(1) ¹Leistungen nach diesem Buch werden jungen Menschen, Müttern, Vätern und Personensorgeberechtigten von Kindern und Jugendlichen gewährt, die ihren tatsächlichen Aufenthalt im Inland haben. ²Für die Erfüllung anderer Aufgaben gilt Satz 1 entsprechend. ³Umgangsberechtigte haben unabhängig von ihrem tatsächlichen Aufenthalt Anspruch auf Beratung und Unterstützung bei der Ausübung des Umgangsrechts, wenn das Kind oder der Jugendliche seinen gewöhnlichen Aufenthalt im Inland hat.

(2) ¹Ausländer können Leistungen nach diesem Buch nur beanspruchen, wenn sie rechtmäßig oder aufgrund einer ausländerrechtlichen Duldung ihren gewöhnlichen Aufenthalt im Inland haben. ²Absatz 1 Satz 2 bleibt unberührt.

(3) Deutschen können Leistungen nach diesem Buch auch gewährt werden, wenn sie ihren Aufenthalt im Ausland haben und soweit sie nicht Hilfe vom Aufenthaltsland erhalten.

(4) Regelungen des über- und zwischenstaatlichen Rechts bleiben unberührt.

Schrifttum: *Classen*, Sozialleistungen für MigrantInnen und Flüchtlinge, 2008; *Huber*, Interkultureller Auftrag des Kinder- und Jugendhilfegesetzes, ZAR 2003, 311; *Institut für soziale Arbeit/WOGE* (Hrsg.), Handbuch der sozialen Arbeit mit Kinderflüchtlingen, 2. Aufl. 2000; *Jordan*, Fluchtkinder, 2000; *Jordan/Peter*, Praxishandbuch Flüchtlingskinder, 2007; *Kauffmann/Riedelsheimer* (Hrsg.), Kindeswohl oder Ausgrenzung, Flüchtlingskinder in Deutschland nach Rücknahme der Vorbehalte, 2010; *Kölbl*, Normenkonkurrenz im internationalen Minderjährigenschutz, 2011; *Kraus*, Kinder- und Jugendhilfe für Zugewanderte, ZAR 2003, 183; *Kraushaar*, Der „schwarze Schimmel" – Jugendhilfe für Deutsche im Ausland, Jugendhilfe 2001, 106; *Kunkel*, Jugendhilfe für junge Ausländer, ZAR 2006, 92; ; *Löhr*, Gesetzliche Konsequenzen aus der Rücknahme der Vorbehalte zur Kinderrechtskonvention, ZAR 2010, 378; *Münder*, Für wen gilt das Jugendhilferecht? Zur Rechtsstellung von Ausländern im Kinder- und Jugendhilferecht, Jugendhilfe 2001, 29; *Peter*, Das Recht der Flüchtlingskinder, 2001; *ders.*, Unbegleitete Minderjährige im Lichte des Zuwanderungsgesetzes und der EU-Asylrechtsharmonisierung, ZAR 2005, 11; *Rölke*, Aufhebung der Sonderbehandlung von Kindern ohne deutschen Pass, NDV 2010, 440; *Wabnitz*, Der Kindeswohlvorrang der UN-Kinderrechtskonvention (UN-KRK) nach der Rücknahme der deutschen Vorbehaltserklärung, ZKJ 2010, 428; *Will*, Das Wohl des fremden Kindes – Das Kindeswohl im Ausländerrecht, ZfJ 2003, 374.

I. Normzweck

1 Die Vorschrift enthält eine allgemeine Regelung des personalen Geltungsbereichs, also des Personenkreises, für den das Gesetz Leistungen (§ 2 Abs. 2) vorsieht oder dem gegenüber andere Aufgaben (§ 2 Abs. 3) wahrzunehmen sind. Abs. 1 S. 2 und Abs. 2 S. 3 wurden eingefügt durch das Gesetz zur Weiterentwicklung der Kinder- und Jugendhilfe (Vor § 1 Rn. 7).

II. Anknüpfung an den tatsächlichen Aufenthalt (Abs. 1)

2 **1. Leistungsberechtigte.** Abs. 1 S. 1 gilt, wie Abs. 2 zeigt, nur für deutsche Staatsangehörige.[1] Die Aufzählung der Berechtigten folgt den Begriffsbestimmungen des § 7, ist aber nicht abschließend; so ist die Norm insbes. auf Erziehungsberechtigte (§ 7 Abs. 1 Nr. 6)[2] und auf schwangere Frauen (§ 19 Abs. 1 S. 3) zu erstrecken.

3 **2. Tatsächlicher Aufenthalt als Anknüpfungspunkt.** Die Vorschrift stellt für die Erbringung der in § 2 Abs. 2 genannten Leistungen auf den tatsächlichen Aufenthalt der Berechtigten ab.

---

[1] Zur Staatsangehörigkeit als Anknüpfungspunkt Einl. IPR Rn. 692 ff.
[2] *Kunkel/Fasselt* Rn. 3; *Hauck/Noftz/Bieritz-Harder* K § 6 Rn. 4.

Diese Anknüpfung an den tatsächlichen Aufenthalt weicht als lex specialis (§ 37 SGB I) von § 30 Abs. 1 SGB I ab, wonach die Vorschriften des Sozialgesetzbuchs für alle Personen gelten, die ihren Wohnsitz oder gewöhnlichen Aufenthalt in seinem Geltungsbereich haben. Die Anknüpfung an den Wohnsitz (§ 30 Abs. 3 S. 1 SGB I) bzw. den gewöhnlichen Aufenthalt (§ 30 Abs. 3 S. 2 SGB I) entspräche dem Schutzgedanken des Kinder- und Jugendhilferechts nur in unzureichendem Maße. Der tatsächliche Aufenthalt wird allein durch die körperliche Anwesenheit der Person begründet. Die Bestimmung des tatsächlichen Aufenthalts von Kindern und Jugendlichen gehört nach § 1631 Abs. 1 BGB zur Personensorge. Der tatsächliche Aufenthalt ist jedoch nicht vom Willen des Personensorgeberechtigten abhängig. Die Durchführung von (akuten) Schutzmaßnahmen im Inland ist also auch zulässig, wenn der Personensorgeberechtigte mit dem tatsächlichen Aufenthalt des Kindes im Inland nicht einverstanden ist. Darüber hinausgehend hat das Jugendamt den Personensorgeberechtigten bei der Bestimmung des Aufenthaltsrechts zu unterstützen (§ 18 Abs. 1).

3. Adressaten der anderen Aufgaben der Jugendhilfe. Nach Abs. 1 S. 2 gilt Abs. 1 S. 1 auch für die Wahrnehmung der anderen Aufgaben der Jugendhilfe iSv. § 2 Abs. 3; es kommt also auch insoweit nur auf den tatsächlichen Aufenthalt an. Dieser Satz unterliegt hinsichtlich der Beistandschaft einer Einschränkung: § 1717 BGB stellt für den Eintritt der Beistandschaft für ein Kind, dessen Eltern nicht verheiratet sind, auf dessen gewöhnlichen Aufenthalt im Inland ab. Da Abs. 2 nur für die Leistungsansprüche von Ausländern eine bes. Regelung vorsieht, gilt das Aufenthaltsprinzip des Abs. 1 S. 2 iVm. S. 1 auch für die Wahrnehmung anderer Aufgaben iSv. § 2 Abs. 3 gegenüber jungen ausländischen Menschen und Familien.

4. Umgangsberechtigte. Abs. 1 S. 2 und Abs. 2 S. 3 wurden durch das Gesetz zur Weiterentwicklung der Kinder- und Jugendhilfe (Vor § 1 Rn. 7) eingefügt, um auch Umgangsberechtigten mit tatsächlichem und/oder gewöhnlichem Aufenthalt im Ausland die Beratung über ihr Umgangsrecht mit einem in Deutschland lebenden Kind zu ermöglichen.

III. Leistungsansprüche von Ausländern (Abs. 2)

1. Schlechterstellung. In Abweichung von Abs. 1 S. 1 haben Ausländer gem. Abs. 2 nur dann Leistungsansprüche nach dem SGB VIII, wenn sie ihren gewöhnlichen Aufenthalt im Inland haben. Dieser Aufenthalt muss zudem rechtmäßig oder im Sinne des Ausländerrechts geduldet sein. Die Schlechterstellung von ausländischen Kindern und Jugendlichen wurde mit ordnungs- und finanzpolitischen Erwägungen begründet.[3] Mit der Formulierung „können ... nur beanspruchen" wird der Anspruch ausgeschlossen. Andererseits ist die Gewährung von Leistungen nach einer Ermessensscheidung des Jugendhilfeträgers möglich, auch wenn die Voraussetzungen des gewöhnlichen Aufenthalts und/oder der Rechtmäßigkeit dieses Aufenthalts nicht vorliegen.[4]

Ob diese Schlechterstellung von Ausländern gegenüber Unionsbürgern (Art. 20 AEUV) mit europäischem Recht vereinbar ist, ist zweifelhaft. Nach Art. 18 AEUV ist jede Diskriminierung von Unionsbürgern auf Grund ihrer Staatsangehörigkeit verboten. Dieses Diskriminierungsverbot erstreckt der EuGH zunehmend auch auf Leistungen aus Systemen der sozialen Fürsorge, die durch Steuermittel finanziert werden.[5]

2. Ausländer. Nicht eindeutig ist, auf wessen Ausländereigenschaft es ankommt. Nach dem Wortlaut des Gesetzes wäre es die Ausländereigenschaft des Leistungsberechtigten. Es würde dem Sinn und Zweck des Gesetzes jedoch widersprechen, einem deutschen Kind eine Leistung zu versagen, weil seine (leistungsberechtigten) Eltern Ausländer sind.[6] Es überzeugt ebenso wenig und wäre mit dem Wortlaut nicht vereinbar, einem ausländischen Kind Leistungen zu versagen, obwohl die (leistungsberechtigten) Eltern Deutsche sind. Deshalb ist davon auszugehen, dass Abs. 2 nur eingreift, wenn sowohl der Leistungsberechtigte als auch das Kind Ausländer sind.[7]

3. Gewöhnlicher statt tatsächlicher Aufenthalt im Geltungsbereich des SGB. Nach § 30 Abs. 3 S. 2 SGB I hat jemand seinen gewöhnlichen Aufenthalt dort, wo er sich unter Umständen aufhält, die erkennen lassen, dass er an diesem Ort oder in diesem Gebiet nicht nur vorübergehend verweilt.[8] Das setzt auch bei Minderjährigen voraus, dass sie sich zumindest kurzfristig dort

---

[3] BT-Drucks. 11/5948 S. 50.
[4] *Mrozynski* Rn. 16; *Wiesner/Oberloskamp* Rn. 15.
[5] EuGH v. 8. 3. 2011 – Rs. C-34/09, NJW 2011, 2033 (Rn. 41 f.) – Ruiz Zambrano; EuGH v. 7. 9. 2004, Rs. C-456/02, Slg. I, S. 7573 – *Trojani* = EuZW 2005, 307.
[6] *Schellhorn/W. Schellhorn* Rn. 19.
[7] *Wiesner/Oberloskamp* Rn. 16. Im Ergebnis ähnlich *Mrozynski* Rn. 9.
[8] BVerwGE 133, 320, 326; BSGE 67, 243, 246 ff.

tatsächlich aufhalten.[9] Dass **Asylbewerber** einen gewöhnlichen Aufenthalt begründen können, wird bestritten, sofern diese über kein auf Dauer gesichertes Bleiberecht verfügen.[10] Unklar ist aber bereits, ob der Begriff des gewöhnlichen Aufenthalts nach § 30 Abs. 3 S. 2 SGB I einheitlich auszulegen ist oder ob er je nach seiner Bedeutung für die unterschiedlichen Sozialgesetze interpretiert werden kann.[11] Bei der Auslegung des Begriffs im Rahmen des § 6 Abs. 2 S. 1 ist jedenfalls zu berücksichtigen, dass die rechtlichen Umstände des Verweilens bereits mit den Begriffen „rechtmäßig oder auf Grund einer ausländerrechtlichen Duldung" erfasst werden. Das spricht dafür, dass die Rechtmäßigkeit des Aufenthalts nicht auch noch im Rahmen des Begriffs „gewöhnlicher Aufenthalt" berücksichtigt werden kann.[12] Dieser Ansicht hat sich im Ergebnis auch das BVerwG angeschlossen.[13] Für Minderjährige ist dieser Streit in der Regel nicht relevant, da für sie das vorrangige (Abs. 4) Haager Kinderschutzübereinkommen (Rn. 12) eingreift. Das BVerwG hat in seiner Entscheidung vom 24. 6. 1999[14] klargestellt, dass es gem. Abs. 4 allein auf den gewöhnlichen Aufenthalt nach Art. 2 Abs. 1 iVm. Art. 1 des Haager Minderjährigenschutzabkommens (jetzt Art. 5 Abs. 1 Haager Kinderschutzübereinkommen) ankommt, soweit der Anwendungsbereich des Abkommens eröffnet ist. Der in diesem Abkommen verwendete Begriff sei autonom auszulegen.[15] Danach erstarkt der Aufenthalt eines Minderjährigen, wenn er nicht von Anfang an auf Dauer angelegt ist, jedenfalls nach sechs Monaten regelmäßig zum gewöhnlichen Aufenthalt. Ist im Einzelfall der gewöhnliche Aufenthalt zu verneinen, kann der Minderjährige dennoch gem. §§ 6 Ab. 1 S. 2, 42 in Obhut genommen werden, da es sich bei der Inobhutnahme nach § 2 Abs. 3 Nr. 1 um eine „andere Aufgabe" handelt. Das FamG wird in diesen Fällen für den Minderjährigen einen Vormund gem. §§ 1773 ff. BGB[16] oder einen Ergänzungspfleger nach § 1909 BGB bestellen. Für unbegleitete ausländische Minderjährige gilt § 42 Abs. 1 Nr. 3 (vgl. § 42 Rn. 8).

10 **4. Rechtmäßiger oder geduldeter gewöhnlicher Aufenthalt.** Die Leistungsansprüche eines Ausländers setzten voraus, dass dieser seinen gewöhnlichen Aufenthalt rechtmäßig oder auf Grund einer ausländerrechtlichen Duldung hat. **Rechtmäßig** ist (1) der Aufenthalt von Unionsbürgern (Art. 20 AEUV) entsprechend den Regelungen über das Freizügigkeitsgesetz/EU (Rn. 14) und von Personen, die nach § 12 S. 2 HAuslG[17] keiner Aufenthaltsgenehmigung bedürfen. Rechtmäßig ist auch (2) der Aufenthalt von Ausländern mit einer Aufenthaltserlaubnis (§ 7 AufenthG), die nach §§ 16 bis 25, 37 bis 38a, 104 bis 104b AufenthG zu unterschiedlichen Zwecken erteilt werden kann. Aus familiären Gründen, insbes. zum Familiennachzug, wird eine Aufenthaltserlaubnis nach §§ 27 bis 36 AufenthG erteilt.[18] Weiter (3) haben Personen rechtmäßigen Aufenthalt, die eine Niederlassungserlaubnis gem. § 9 AufenthG besitzen. Auch (4) Asylsuchende, die eine Aufenthaltsgestattung nach § 55 AsylVfG haben, begründen rechtmäßigen Aufenthalt,[19] vgl. dazu auch § 86 Abs. 7 SGB VIII.

11 Die ausländerrechtliche **Duldung** ist die vorübergehende Aussetzung der Abschiebung nach § 60 AufenthG. Eine Duldung ist gem. § 60 Abs. 2 AufenthG zu erteilen, wenn die Abschiebung aus rechtlichen oder tatsächlichen Gründen unmöglich ist. Ansonsten steht die Duldung gem. § 60 Abs. 1 AufenthG im Ermessen der Behörde.

12 Die Inanspruchnahme von Leistungen nach dem SGB VIII durch Ausländer kann auf der anderen Seite der Verfestigung von Aufenthaltstiteln entgegenstehen. Insbes. kann die Inanspruchnahme auch zur **Ausweisung** gem. § 55 Abs. 2 Nr. 7 AufenthG führen. Die Handhabung und die Auswirkungen dieser Ermessensvorschrift in der Praxis werden in der Literatur nicht einheitlich beurteilt.[20]

---

[9] BVerwG NVwZ 2006, 97.
[10] *Hauck/Noftz/Hauck*, SGB I, K § 30 Rn. 13, 17; *Möller/Nix-Möller* Rn. 10 ff.
[11] BSGE 67, 243, 246; OVG Münster ZfJ 1998, 467, 471 f.; *Wiesner/Oberloskamp* Rn. 17 c. Im IPR wird eine solche differenzierende Auslegung vertreten von *Baetge*, Der gewöhnliche Aufenthalt im IPR, 1994, S. 98 ff. mwN.
[12] Weiterführend *Wiesner/Oberloskamp* Rn. 17 b.; Für die Möglichkeit der Begründung eines gewöhnlichen Aufenthalts durch Asylbewerber auch BSGE 84, 253, 254 f. (zum Schwerbehindertenrecht); OVG Münster ZfJ 1998, 467, 472: vorausschauende Betrachtungsweise.
[13] BVerwGE 133, 320, 326 f.
[14] BVerwGE 109, 155 ff.
[15] Vgl. EGBGB Art. 21 Anh. I Rn. 28.
[16] Dazu *Jockenhövel-Schiecke* ZAR 1998, 165, 167 ff.
[17] Gesetz über die Rechtsstellung heimatloser Ausländer v. 25. 4. 1951 (BGBl. I S. 269).
[18] Die Anknüpfung nur an den Aufenthaltstitel der Mutter in § 33 AufenthG ist mit Art. 3 Abs. 3 S. 1 GG nicht vereinbar, BVerfGE 114, 357 = FamRZ 2006, 21.
[19] *Fieseler/Fieseler/Gerlach* Rn. 17.
[20] Vgl. *Wiesner/Oberloskamp* Rn. 34 ff.; *Kunkel/Fasselt* Rn. 28 ff.; *Schellhorn/W. Schellhorn* Rn. 20;. *Fieseler/Fieseler/Gerlach* Rn. 30 ff.

IV. Leistungen an Deutsche im Ausland (Abs. 3)

Abs. 3 durchbricht den Aufenthaltsgrundsatz des Abs. 1 S. 1 und ermöglicht die Gewährung von 13 Leistungen nach dem SGB VIII an Deutsche mit tatsächlichem Aufenthalt[21] im Ausland. Hält sich die Person vorübergehend im Bundesgebiet auf, so gilt nicht Abs. 3, sondern Abs. 1; verlässt der Leistungsberechtigte im Laufe der Leistungserbringung das Bundesgebiet, so kann die Hilfe nach Abs. 3 fortgeführt werden. Abs. 3 ist aber nicht einschlägig, wenn die Leistungserbringung gerade darin besteht, dass der Deutsche an einer Maßnahme teilnimmt, die im Ausland stattfindet (zB Feriencamp). Die Leistungen an Deutsche im Ausland sind durch eine Kann-Vorschrift vorgesehen, die keinen Rechtsanspruch begründet, sondern die Gewährung in das pflichtgemäße Ermessen der Behörde stellt.[22] Wegen der Ausgestaltung als Kann-Vorschrift und im Hinblick auf die Nachrangigkeit gegenüber vom Aufenthaltsland gewährten Hilfen haben die Leistungen nach Abs. 3 subsidiären Charakter. Sind die vom Aufenthaltsland empfangenen Leistungen geringer als entspr. Leistungen nach dem SGB VIII, können zusätzlich nach Abs. 3 ergänzende Leistungen erbracht werden. Sachlich ist nach § 85 Abs. 2 Nr. 9 der überörtliche Träger für die Gewährung der Leistungen zuständig; örtlich zuständig ist gem. § 88 Abs. 1 S. 1 grundsätzlich das Jugendamt, in dessen Bereich der junge Mensch geboren ist. Wurde bereits vor der Ausreise Jugendhilfe gewährt, so bleibt gem. § 88 Abs. 2 das Jugendamt sachlich und örtlich zuständig, das bisher tätig geworden ist.

V. Vorrang über- und zwischenstaatlichen Rechts (Abs. 4)

Die Vorschrift wiederholt wegen des Gesamtzusammenhangs mit den vorangehenden Vorschriften 14 § 30 Abs. 2 SGB I. Überstaatliche und zwischenstaatliche Regelungen, die im Verhältnis zu den Absätzen 1 bis 3 Vorrang bzw. für das Aufenthaltsrecht Bedeutung haben, sind insbes.:[23]

- das Unionsrecht, dh. Art. 6 des Vertrags über die EU (EUV)[24], nach dessen Abs. 1 bis 3 auch die Charta der Grundrechte der EU[25] und nach dessen Abs. 4 und 5 die Europäische Konvention zum Schutz der Menschenrechte und Grundfreiheiten (EMRK) v. 4. 11. 1950[26] anwendbar sind, Art. 18, 20 f., 45 ff. des Vertrags über die Arbeitsweise der Europäischen Union (AEUV)[27] sowie die Richtlinie 2004/38[28], die VO 492/2011[29] über die Freizügigkeit der Arbeitnehmer innerhalb der Gemeinschaft und die Richtlinie 2003/86 betreffend das Recht auf Familienzusammenführung[30], wobei die genannten Richtlinien durch das Freizügigkeitsgesetz/EU[31] umgesetzt wurden;
- das Haager Übereinkommen vom 19. 10. 1996 über die Zuständigkeit, das anzuwendende Recht, die Anerkennung, Vollstreckung und Zusammenarbeit auf dem Gebiet der elterlichen Verantwortung und der Maßnahmen zum Schutz von Kindern (Haager Kinderschutzübereinkommen, KSÜ, BGBl. 2009 II S. 602, vgl. Kommentierung Art. 21 EGBGB Anh. I Rn. 4 ff.), welches am 1. 1. 2011 in Kraft getreten ist[32] und das Haager Übereinkommen vom 5. 10. 1961 über die Zuständigkeit der Behörden und das anzuwendende Recht auf dem Gebiet des Schutzes von Minderjährigen (Haager Minderjährigenschutzabkommen, MSA, BGBl. 1971 II S. 217, vgl. Kommentierung Art. 21 EGBGB Anh. I Rn. 158 ff.), ablöst;
- Verordnung (EG) Nr. 2201/2003 des Rates vom 27. November 2003 über die Zuständigkeit, die Anerkennung und Vollstreckung von Entscheidungen in Ehesachen und in Verfahren betreffend die elterliche Verantwortung und zur Aufhebung der Verordnung (EG) Nr. 1347/2000 (**EheVO II**, vgl. Kommentierung Art. 21 EGBGB Anh. I Rn. 1 ff.);[33]
- das Europäische Fürsorgeabkommen vom 11. 12. 1953 (BGBl. 1956 II S. 563);[34]

---

[21] Dazu BVerwGE 124, 83.
[22] VG Saarlouis EuG 2009, 296 (betr. Vollzeitpflege in Spanien); *Jung/Jung* Rn. 11.
[23] Weitergehend *Wiesner/Oberloskamp* Rn. 24 ff.; *Jans/Happe-Kunkel* Rn. 65 ff.; *Fieseler/Fieseler/Gerlach* Rn. 73 ff.
[24] EU ABl. 2010 C-83 S. 13.
[25] EU ABl. 2010 C-83 S. 389.
[26] BGBl. 1952 II S. 685, zuletzt ergänzt durch Protokoll Nr. 14bis v. 27. 5. 2009. Neubekanntmachung v. 17. 5. 2002, BGBl. II S. 1054. Deutschland hat das Protokoll bisher nicht ratifiziert.
[27] EU ABl. 2010 C-83 S.46.
[28] V. 29. 4. 2004, EG ABl. 2004 L-158 S. 77.
[29] V. 5. 4. 2011, EU ABl. L-141/1.
[30] V. 22. 9. 2003, EG ABl. 2003 L-251 S. 12.
[31] V. 30. 7. 2004, BGBl. I S. 1950.
[32] Dazu *Krah*, Das Haager Kinderschutzabkommen, 2004.
[33] EG ABl. L-338 S. 1; dazu *Busch/Rölke* FamRZ 2004, 1338.
[34] Dazu *Schieckel* ZfSH 1969, 438; *Jans/Happe-Kunkel* Rn. 73 f.

- das Abkommen mit Österreich über Fürsorge und Jugendwohlfahrtspflege vom 17. 1. 1966 (BGBl. 1969 II S. 1);[35]
- das **UN-Übereinkommen über die Rechte des Kindes** (BGBl. 1992 II S. 191, vgl. dazu Vor § 1626 Rn. 4 ff.); die BRD hat die Vorbehaltserklärung zu diesem Übereinkommen am 15. 7. 2010 zurückgenommen.[36]

§ 7 Begriffsbestimmungen

(1) Im Sinne dieses Buches ist
1. Kind, wer noch nicht 14 Jahre alt ist, soweit nicht die Absätze 2 bis 4 etwas anderes bestimmen,
2. Jugendlicher, wer 14, aber noch nicht 18 Jahre alt ist,
3. junger Volljähriger, wer 18, aber noch nicht 27 Jahre alt ist,
4. junger Mensch, wer noch nicht 27 Jahre alt ist,
5. Personensorgeberechtigter, wem allein oder gemeinsam mit einer anderen Person nach den Vorschriften des Bürgerlichen Gesetzbuchs die Personensorge zusteht,
6. Erziehungsberechtigter, der Personensorgeberechtigte und jede sonstige Person über 18 Jahre, soweit sie aufgrund einer Vereinbarung mit dem Personensorgeberechtigten nicht nur vorübergehend und nicht nur für einzelne Verrichtungen Aufgaben der Personensorge wahrnimmt.

(2) Kind im Sinne des § 1 Abs. 2 ist, wer noch nicht 18 Jahre alt ist.

(3) *(weggefallen)*

(4) Die Bestimmungen dieses Buches, die sich auf die Annahme als Kind beziehen, gelten nur für Personen, die das 18. Lebensjahr noch nicht vollendet haben.

I. Normzweck

1 Im Anschluss an die Regelung des personalen Geltungsbereichs in § 6 definiert § 7 die Begriffe, mit denen Leistungsberechtigte und sonstige Normadressaten im SGB VIII bezeichnet werden. Die Vorschrift verdeutlicht, dass es keinen einheitlichen rechtlichen Kindesbegriff iwS gibt; einzelne Normen enthalten zudem über § 7 hinaus weitere Differenzierungen, so zB § 19 (Kinder unter sechs Jahren).

II. Die Definitionen im Einzelnen (Abs. 1 bis 4)

2 **1. Kind, Jugendlicher.** Die Begriffe „Kind" und „Jugendlicher" werden in Abs. 1 Nr. 1 und 2 in Anlehnung an die gleichen Vorschriften des Jugendschutzgesetzes umschrieben. Bei der Berechnung des Lebensalters wird der Geburtstag nach § 187 Abs. 2 S. 2 BGB entgegen § 187 Abs. 1 BGB mitgerechnet; die Volljährigkeit tritt also mit dem Beginn des 18. Geburtstages ein. Da das Gesetz in § 1 Abs. 2 den Wortlaut von Art. 6 Abs. 2 GG wiederholt, dem der Begriff des Kindes im Sinne eines Minderjährigen zugrunde liegt, wurde die Sonderregelung des Abs. 2 erforderlich. Die Minderjährigkeit ist nach Abs. 4 auch für solche Vorschriften des SGB VIII maßgebend, die sich auf die Annahme als Kind beziehen (§ 51); sie betreffen mithin ausschließlich die Annahme Minderjähriger nach §§ 1741 bis 1766 BGB. Die Unterscheidung zwischen nichtehelichen und ehelichen Kindern ist entfallen; daher wurde Abs. 3 entbehrlich. Die Differenzierung zwischen Kindern und Jugendlichen in Abs. 1 Nr. 1 und 2 hat nur für wenige Bestimmungen Bedeutung; so gelten §§ 19, 20 nur für Kinder und §§ 34 S. 3, 52 nur für Jugendliche (bzw. junge Volljährige), während sonst üblicherweise Kinder und Jugendliche nebeneinander genannt werden. Die Bezeichnung als „Jugendlicher" begründet keine bes. Rechtsposition, die nicht auch für Kinder vorgesehen wäre.

3 **2. Junger Mensch, junger Volljähriger.** Als Oberbegriff für die einzelnen Altersstufen Kind (von der Geburt bis zum Tage vor der Vollendung des 14. Lebensjahres), Jugendlicher (von der Vollendung des 14. bis zum Tage vor der Vollendung des 18. Lebensjahres), junger Volljähriger (von der Vollendung des 18. bis zum Tage vor der Vollendung des 27. Lebensjahres) verwendet das Gesetz

---

[35] Dazu *Spahn* NDV 1969, 240; *Jans/Happe-Kunkel* Rn. 71.
[36] Dazu *Wabnitz* ZKJ 2010, 428; *Rölke* NDV 2010, 440; *Löhr* ZAR 2010, 378.

Begriffsbestimmungen   4, 5 **§ 7 SGB VIII**

den Begriff „junger Mensch." Die Vollendung des 27. Lebensjahres stellt die obere Altersgrenze für Jugendhilfeleistungen dar;[1] sie wird nur in § 11 Abs. 4 für Angebote der Jugendarbeit durchbrochen.

3. Personensorgeberechtigter. Personensorgeberechtigter ist nach Abs. 1 Nr. 5, wem allein 4
oder gemeinsam mit einem anderen nach den Vorschriften des BGB die Personensorge zusteht, also das Recht und die Pflicht, für die Person des Kindes zu sorgen, insbes. es zu pflegen, zu erziehen, zu beaufsichtigen und seinen Aufenthalt zu bestimmen (§§ 1626 Abs. 1, 1631 Abs. 1 BGB). Waren die Eltern bei der Geburt des Kindes miteinander verheiratet oder heiraten sie später, sind beide **gemeinsam personensorgeberechtigt** (§§ 1626 Abs. 1, 1626 a Abs. 1 Nr. 2 BGB). Gemeinsam sorgeberechtigt sind auch nicht miteinander verheiratete Eltern, wenn sie gem. § 1626 Abs. 1 Nr. 1 BGB eine entsprechende Sorgeerklärung abgeben. Eine gemeinsame Sorgeberechtigung kann auch durch das FamG übertragen werden (§ 1672 BGB Rn. 12, § 17 Rn. 14). Schließlich sind im Falle der Adoption bzw. der Stiefkindadoption beide Eltern gemeinsam sorgeberechtigt (§§ 1741 Abs. 2 S. 2 und 3, 1754 Abs. 1 BGB). Die Mutter ist **allein personensorgeberechtigt,** wenn die Eltern des Kindes nicht miteinander verheiratet sind und keine Sorgeerklärung abgegeben wird (§ 1626 a Abs. 2 BGB). Weiter kann dem nicht mit der Mutter verheirateten Vater die gemeinsame Sorge übertragen werden, wenn eine gemeinsame Sorge nicht Betracht kommt und die Übertragung dem Kindeswohl am besten entspricht (§ 1672 BGB Rn. 5 ff., § 17 Rn. 14). Eine gemeinsame elterliche Sorge kann enden, wenn die Eltern nicht nur vorübergehend getrennt leben. Auf Antrag kann in diesem Fall einem Elternteil die elterliche Sorge alleine übertragen werden (§ 1671 BGB). Wurde einem Elternteil die elterliche Sorge gem. § 1666 BGB entzogen, steht sie dem anderen Elternteil ebenfalls alleine zu (§ 1680 Abs. 1, 3 BGB). Stand die elterliche Sorge gem. § 1626a BGB allein der Mutter zu und wird sie ihr entzogen, wird sie allein auf den Vater übertragen, soweit dies dem Kindeswohl dient (§ 1680 Abs. 3, Abs. 2 S. 2 BGB).[2] Entsprechendes gilt, wenn ein bzw. der Elternteil stirbt, die Personensorge innehatte. War nur ein Elternteil sorgeberechtigt, so erlangt der überlebende Elternteil die elterliche Sorge nur, wenn dies dem Wohl des Kindes nicht widerspricht (§ 1680 Abs. 2 S. 1). Ruht die elterliche Sorge eines Elternteils gem. §§ 1673, 1674 BGB, übt der andere Elternteil die elterliche Sorge alleine aus. Dies gilt nicht bei bisheriger Alleinsorge eines Elternteils (§ 1678 Rn. 9 ff.). Im Fall des § 1626a BGB kann jedoch die elterliche Sorge auf den anderen Elternteil übertragen werden, wenn dies dem Wohl des Kindes dient und keine Aussicht besteht, dass der Grund des Ruhens wegfällt (§ 1678 Abs. 2 BGB). In den Grenzen des § 1687b BGB ist auch der Stiefelternteil personensorgeberechtigt (sog. „kleines Sorgerecht"). Das „kleine Sorgerecht" steht gem. § 9 Abs. 1 bis 4 LPartG auch dem eingetragenen Lebenspartner eines allein sorgeberechtigten Elternteils zu. Er fällt jedoch aus dem Wortlaut des § 7 Abs. 1 Nr. 5 hinaus, da ihm die Sorgeberechtigung nicht „nach den Vorschriften des Bürgerlichen Gesetzbuches" zusteht. Rechte und Pflichten aus dem SGB VIII, die dem Personensorgeberechtigten zustehen, erstrecken sich auf die Inhaber des sog. kleinen Sorgerechts grundsätzlich nicht (zB Anspruchsberechtigung nach § 27). Dennoch ist im Einzelfall zu prüfen, ob nach der ratio der jeweiligen Vorschrift diese auf die Inhaber des „kleinen Sorgerechts" (analog) anzuwenden ist. Dies ist nicht erforderlich, wenn die Vorschrift die Rechtsposition auch auf Erziehungsberechtigte (vgl. Rn. 5) erstreckt. Personensorgeberechtigt ist weiter der Vormund (§§ 1773, 1793 BGB).

4. Erziehungsberechtigter. Erziehungsberechtigter ist nach Abs. 1 Nr. 6 sowohl der Perso- 5
nensorgeberechtigte (Rn. 4) als auch jeder sonstige Volljährige, der auf Grund einer Vereinbarung mit dem Personensorgeberechtigten nicht nur vorübergehend und nicht nur für einzelne Verrichtungen Aufgaben der Personensorge wahrnimmt. Mit dieser Vorschrift sollte nach der amtl. Begr. für die Zwecke des Jugendhilferechts ein erweiterter Kreis erwachsener Haushaltsangehöriger, der in die Erziehungsaufgaben einbezogen ist, gesetzlich definiert werden.[3] Der Begriff soll danach insbes. im Haushalt lebende Verwandte, Stiefelternteile und Lebenspartner des Personensorgeberechtigten umfassen. Da diese Personen für die Entwicklung des Kindes oder des Jugendlichen erhebliche Bedeutung haben, sind sie in einzelne Beratungsangebote einbezogen worden, vgl. §§ 14 Abs. 1, 16 Abs. 1, 25, 28. Sie werden weiter zB im Rahmen der Inobhutnahme neben den Personensorgeberechtigten berücksichtigt (§ 42). Ist ein Elternteil in der Personensorge beschränkt (zB § 1673 Abs. 2 BGB), geht sein Erziehungsrecht nicht über die Personensorge hinaus. Personen, denen die Personensorge nicht zusteht, können ein Erziehungsrecht nur durch Vereinbarung mit dem Personensorgeberechtigten erlangen. Eine solche Vereinbarung kann durch den Personensorgeberechtigten jederzeit widerrufen werden. Für sie ist keine Form vorgesehen. Zur Vorlage beim Jugendamt oder bei anderen Behörden empfiehlt sich jedoch die Schriftform. Als erziehungsberechtigte Personen

---
[1] BT-Drucks. 11/5948 S. 50.
[2] Dazu BVerfG FamRZ 2008, 2185.
[3] BT-Drucks. 11/5948 S. 50, auch zum folgenden Text.

kommen insbes. in Betracht: der nicht mit der Mutter verheiratete Vater des Kindes (soweit er nicht selbst personensorgeberechtigt ist, vgl. Rn. 4), ein Stiefelternteil, der eingetragene Lebenspartner (vgl. auch Rn. 4), sonstige im Haushalt lebende Verwandte oder Partner, Pflegeeltern (vgl. zudem § 1688 BGB), Heimerzieher usw. Zu den Erziehungsberechtigten zählt nicht, wer nur vorübergehend (zB besuchsweise) oder nur für bestimmte Einzelaufgaben (zB als Nachhilfelehrer, Therapeut) an der Erziehung des Kindes teilnimmt. Minderjährige können durch Vereinbarung nicht den Status eines Erziehungsberechtigten erlangen.[4]

III. Rechtsansprüche und Handlungsfähigkeit Minderjähriger

6   Wegen der Rechtsansprüche Minderjähriger auf Leistungen der Jugendhilfe vgl. § 1 Rn. 4 bis 10. Die in § 36 Abs. 1 S. 1 SGB I geregelte Berechtigung Minderjähriger, Anträge auf Leistungen zu stellen und zu verfolgen und Leistungen entgegenzunehmen, setzt die Vollendung des 15. Lebensjahres voraus, ist also mit den in Abs. 1 Nr. 1 und Nr. 2 definierten Unterscheidungen nicht deckungsgleich; vgl. § 1 Rn. 11, 12.

§ 8 Beteiligung von Kindern und Jugendlichen

(1) ¹Kinder und Jugendliche sind entsprechend ihrem Entwicklungsstand an allen sie betreffenden Entscheidungen der öffentlichen Jugendhilfe zu beteiligen. ²Sie sind in geeigneter Weise auf ihre Rechte im Verwaltungsverfahren sowie im Verfahren vor dem Familiengericht und dem Verwaltungsgericht hinzuweisen.

(2) Kinder und Jugendliche haben das Recht, sich in allen Angelegenheiten der Erziehung und Entwicklung an das Jugendamt zu wenden.

(3) Kinder und Jugendliche können ohne Kenntnis des Personensorgeberechtigten beraten werden, wenn die Beratung aufgrund einer Not- und Konfliktlage erforderlich ist und solange durch die Mitteilung an den Personensorgeberechtigten der Beratungszweck vereitelt würde.

Schrifttum: *Bruner,* Das KJHG als Anstoß für mehr Partizipation von Kindern und Jugendlichen – ein Einblick in kommunale Beteiligungsformen, RdJB 2000, 189; *Gernert* (Hrsg.), Beteiligung von Kindern und Jugendlichen in der Jugendhilfe – § 8 SGB VIII, 2001; *Marquard,* Rechte Minderjähriger – Perspektiven für eine Stärkung der Teilhabe und Beteiligung, RdJB 2004, 414.

I. Normzweck

1   Nachdem Kindern und Jugendlichen (§ 7 Abs. 1 Nr. 1, 2) eigene materielle Ansprüche auf Leistungen der Jugendhilfe weitgehend versagt worden sind (§ 1 Rn. 4 bis 10), gewährt ihnen § 8 in Abs. 1 und 2 wenigstens verfahrensrechtliche Rechtspositionen: Abs. 1 begründet die Pflicht, Kinder und Jugendliche am Jugendhilfeverfahren zu beteiligen und sie auf ihre anderweitig normierten Verfahrensrechte hinzuweisen; Abs. 2 gibt ihnen das Recht, sich an das Jugendamt zu wenden. Abs. 3 ermöglicht in Not- und Konfliktlagen eine Beratung von Kindern und Jugendlichen „an den Eltern vorbei" als eine Leistung zur Gefahrenabwehr in Ausübung des staatlichen Wächteramtes.

2   Mit diesen Regelungen kommt der Staat den Anforderungen des UN-Übereinkommen über die Rechte des Kindes (§ 6 Rn. 14) für den Bereich der Kinder- und Jugendhilfe nach. In Art. 12 der Konvention verpflichten sich die Vertragsstaaten, dem Kind, das fähig ist, sich eine eigene Meinung zu bilden, das Recht einzuräumen, diese Meinung in allen das Kind berührenden Angelegenheiten frei zu äußern und die Meinung des Kindes angemessen und entsprechend seinem Alter und seiner Reife zu berücksichtigen. Diese Rechte des Kindes werden in Art. 24 Abs. 1 S. 2 und 3 der Charta der Grundrechte der EU (§ 6 Rn. 14) bestätigt. Zur Durchsetzung dieser Rechte ist dem Kind nach der UN-Übereinkommen die Gelegenheit zu geben, in allen Gerichts- oder Verwaltungsverfahren entweder unmittelbar oder durch einen Vertreter oder eine geeignete Stelle im Einklang mit den innerstaatlichen Verfahrensvorschriften gehört zu werden.

3   Die Beteiligungsrechte des Kindes werden zudem durch die allgemeine Regelung der sog. sozialrechtlichen Handlungsfähigkeiten in § 36 SGB I (oben § 1 Rn. 11, 12) gewahrt sowie durch das Anhörungsrecht im Verwaltungsverfahren gem. § 24 SGB X, welches ebenfalls bei sozialrechtlicher

---
[4] BT-Drucks. 11/5948 S. 125.

Handlungsfähigkeit besteht (§ 11 Abs. 1 Nr. 2 SGB X, § 36 SGB I). In Verfahren vor dem FamG gelten die §§ 158 f., 175, 192 f. FamFG. Nach § 158 Abs. 1 FamFG ist für das Kind ein Verfahrensbeistand zu bestellen, soweit dies zur Wahrnehmung seiner Interessen erforderlich ist. Der Beistand soll gem. § 158 Abs. 4 S. 1 FamFG im Verfahren die Interessen des Kindes feststellen und Geltung bringen; das Jugendamt soll für diese Aufgabe nicht geeignet sein, da es die Familie in ihrer Gesamtheit, nicht nur das einzelne Kind unterstützen und fördern soll.[1] Die persönliche Anhörung des Kindes im Verfahren vor dem FamG ist in §§ 159, 175 Abs. 2, 192 f. FamFG geregelt.

II. Die Beteiligungs- und Hinweispflichten (Abs. 1)

1. Beteiligungspflicht. Nach Abs. 1 S. 1 sind Kinder und Jugendliche an allen sie betreffenden 4 *Entscheidungen* der öffentlichen Jugendhilfe zu beteiligen; gemeint sind freilich die auf Entscheidungen hinführenden Verfahren und nicht die Entscheidungen selbst. Darüber hinaus gibt es Verfahren, die Kinder und Jugendliche betreffen, ohne im engeren Sinne zu einer Entscheidung der öffentlichen Jugendhilfe zu führen. Unter „Entscheidung" sind daher sämtliche Vorgänge zu verstehen, die die tatsächliche und rechtliche Situation von Kindern und Jugendlichen betreffen (zB Beratungsgespräche, Stellungnahmen).[2] Mit der Beteiligung des Kindes oder des Jugendlichen soll der Tatsache Rechnung getragen werden, dass das Vorgehen bzw. die Entscheidungen der öffentlichen Jugendhilfe, insbes. im Zusammenhang mit Hilfen zur Erziehung, erheblichen Einfluss auf die Persönlichkeitsentwicklung von Kindern und Jugendlichen haben. Die Handlungen des Jugendamtes können daher die Grundrechte des Kindes nach Art. 1 und 2 GG berühren.[3] Kinder und Jugendliche können auch ohne ihre Eltern angehört werden.[4] Eine Anhörung gegen den Willen der Eltern ist jedoch nur in Ausübung des staatlichen Wächteramts (Art. 6 Abs. 2 S. 2 GG) möglich (§ 1 Rn. 4 ff.). Die Einschränkung dahin, dass die Beteiligung von Kindern und Jugendlichen entspr. ihrem Entwicklungsstand durchzuführen ist, lässt keine starren Altersregelungen zu[5] und ist mithin flexibler als die Vorschriften der §§ 159, 175 Abs. 2 FamFG, die eine Zäsur aber der Vollendung des 14. Lebensjahres vornehmen. Die Art und Weise der Beteiligung muss dem Entwicklungstand des Kindes angemessen sein;[6] eine schriftliche Beteiligung kommt daher nicht ohne weiteres in Betracht. Die Beteiligung des Kindes oder Jugendlichen wird für Trennungs- und Scheidungssituationen durch § 17 Abs. 2 und für die Hilfen zur Erziehung und die Eingliederungshilfe für seelisch behinderte Kinder und Jugendliche durch § 36 näher geregelt.

2. Hinweispflicht. Die Hinweispflicht des Abs. 1 S. 2 ist nach der amtl. Begr. in das Gesetz 5 aufgenommen worden, weil gerade in Konflikten zwischen Kindern oder Jugendlichen und ihren Eltern nicht immer gewährleistet ist, dass die Minderjährigen von ihren Eltern über die ihnen kraft Gesetzes zustehenden Verfahrensrechte informiert werden.[7] Zu den Rechten im Verfahren vor dem FamG gehören die Anhörungs- und Beschwerderechte nach §§ 159, 175 Abs. 2, 192 f., 60, FamFG. Zu den Rechten im Verwaltungsverfahren gehört insbes. das Antragsrecht nach § 36 SGB I. Nach der gebotenen weiten Auslegung des Begriffs zählen auch das Wunsch- und Wahlrecht nach § 5 und die Entscheidungsrechte nach §§ 5, 6 RelKErzG[8] zu den Verfahrensrechten.[9] Ferner gehört hierher das in Abs. 2 normierte Recht, sich in allen Angelegenheiten der Erziehung und Entwicklung an das Jugendamt zu wenden, ggf. auch das Recht auf Beratung gem. Abs. 3. Wenn die Hinweispflicht den Minderjährigen die Ausübung ihrer Rechte ermöglichen soll, wandelt sie sich in eine Pflicht zu Beratung.

III. Das Recht von Kindern und Jugendlichen, sich an das Jugendamt zu wenden (Abs. 2)

Das Recht des Kindes oder Jugendlichen, sich an das Jugendamt zu wenden, stellt gerade für das 6 Kind unter 15 Jahren (vgl. § 36 SGB I) den einzigen Weg dar, das Jugendamt über eine Gefährdung zu informieren und auf diese Weise Schutzmaßnahmen des Jugendamtes in Gang zu setzen. Das Recht ist nicht an eine Altersgrenze gebunden. Insbes. wenn ein Verdacht der Kindesmisshandlung

---

[1] BT-Drucks. 13/4899 S. 129 f. noch zum früheren § 50 FGG.
[2] *Wiesner/Wiesner* Rn. 34.
[3] BT-Drucks. 11/5948 S. 51; *Fieseler/Fieseler* Rn. 6.
[4] *Wiesner/Wiesner* Rn. 33; *Jung/Jung* Rn. 12 f.
[5] *Münder/Meysen* Rn. 5; *Jung/Jung* Rn. 5; *Wiesner/Wiesner* Rn. 36.
[6] *Jans/Happe-Happe/Saurbier* Rn. 14.
[7] BT-Drucks. 11/5948 S. 51.
[8] Vgl. BT-Drucks. 11/5948 S. 51.
[9] *Jans/Happe-Happe/Saurbier* Rn. 29. Anders *Kunkel/Kunkel* Rn. 13.

besteht, wird das Jugendamt gem. § 8a das FamG anrufen. Die Vorschrift dient damit der Effektivität des staatlichen Wächteramtes nach Art. 6 Abs. 2 S. 2 GG, das nur erfolgreich ausgeübt werden kann, wenn der Staat Kenntnis von den das Wohl des Kindes gefährdenden Umständen erlangt. Soweit ein Eingreifen des Staates iSv. Art. 6 Abs. 2 S. 2 GG nicht erforderlich ist, steht dem Jugendamt die Möglichkeit offen, sich an den Personensorgeberechtigten zu wenden und diesem **Leistungsangebote** zu machen. I. ü. erweitert die Regelung jedoch weder die materiellen Rechte des Kindes noch die Befugnisse des Jugendamtes. Das Kind hat auch kein Recht zu beantragen, dass der Jugendhilfeträger dem (leistungsberechtigten) Personensorgeberechtigten eine Leistung anbietet. Ein eigenes Antragsrecht ergibt sich erst für das 15-jährige Kind aus § 36 Abs. 1 SGB I, aber auch nur im Hinblick auf eigene Leistungsansprüche. Ein weitergehendes Antragsrecht wäre wünschenswert; nach der lex lata kann das Kind jedoch in keiner Weise über die Leistungsansprüche des Personensorgeberechtigten disponieren.[10]

IV. Beratung in Not- oder Konfliktlagen (Abs. 3)

7   **1. Zweck, Voraussetzungen.** Die Vorschrift begründet einen **Leistungsanspruch** des Kindes auf Beratung ohne Kenntnis des Personensorgeberechtigten. Die Formulierung „können ... beraten werden" eröffnet dem Jugendhilfeträger kein Ermessen, sondern weist nur auf eine dem elterlichen Erziehungsvorrang entgegenstehende Befugnis des Jugendamtes hin. Die Regelung zielt auf Situationen, in denen sich Kinder oder Jugendliche nur deshalb einer Beratung anvertrauen, weil sie sicher sein können, dass die Gesprächsinhalte den Eltern nicht offenbart werden; den Minderjährigen können dabei Auswege aus schwierigen Konfliktsituationen gezeigt werden, die ohne Beratung zu schweren Schädigungen oder zur Selbsttötung führen können.[11] Die Zulassung einer Beratung ohne Kenntnis des Personensorgeberechtigten stützt sich auf eine Entscheidung des BVerfG, die folgende Feststellungen enthält: In bes. gelagerten Fällen kann „eine Information der Eltern zu Reaktionen führen, die im Interesse des Kindes nicht zu verantworten sind. Die Probleme und Schwierigkeiten des Kindes können gerade in einem Elternhaus ihre Ursache haben, in dem kein Vertrauensverhältnis zwischen Eltern und Kind mehr besteht [als Beispiele werden Kindesmisshandlungen sowie Alkohol- und Drogensucht genannt] ... Hier kann es im Interesse des Kindes geboten sein, dass der Berater auch den Eltern gegenüber schweigt, um den Heilerfolg nicht zu gefährden und das Vertrauensverhältnis zwischen ihm und dem Kind nicht in Frage zu stellen. Die mit einem derartigen, durch das Kindeswohl gebotenen Vorgehen verbundene Einschränkung des elterlichen Informationsrechts ist mit Art. 6 Abs. 2 S. 1 GG vereinbar, denn der treuhänderische Charakter des elterlichen Erziehungsrechts bindet dieses an das Kindeswohl und enthält ... keine Befugnisse, welche dieses gefährden oder vereiteln."[12] Das Schweigerecht der Berater soll nach der Gesetzesbegründung nur für Fälle gelten, in denen Tatsachen vorliegen, welche beim Informieren der Erziehungsberechtigten die unmittelbare und gegenwärtige Gefahr einer körperlichen oder seelischen Schädigung des Kindes wahrscheinlich machen.[13] Die Not- und Konfliktlage ist kumulativ und nicht alternativ dahin zu verstehen, dass sich die Konfliktlage aus der Notlage ableitet. Beide Begriffe sind nicht näher definiert worden, um sachgerechte Einzelfallentscheidungen zu ermöglichen und der Normanwendung ein breites Feld zu öffnen.[14] Der Leistungsanspruch des Kindes ist an keine Altersgrenze gebunden. Insoweit verdrängt § 8 Abs. 3 als speziellere Vorschrift § 36 Abs. 1 SGB I.

8   **2. Grenzen des Schweigerechts gegenüber den Eltern.** Das durch Abs. 3 begründete Schweigerecht des Jugendamtes gegenüber dem Personensorgeberechtigten besteht nur dann, wenn die Beratung auf Grund einer Not- und Konfliktlage erforderlich ist und solange durch die Mitteilung an den Personensorgeberechtigten der Beratungszweck vereitelt würde. Bei der Beurteilung, wann durch diese Mitteilung der Beratungszweck vereitelt würde, ist bes. Sorgfalt geboten: Es gibt kein generelles Schweigerecht bei „problematischen Themen" (zB Drogensucht, Schwangerschaft), vielmehr bedarf es stets der Einschätzung der konkreten familiären Verhältnisse,[15] insbes. des Vertrauensverhältnisses zwischen Eltern und Kind, so dass das Jugendamt eine Gratwanderung vornehmen muss zwischen genereller Verdrängung der Eltern einerseits und zu enger Auslegung des Schweigerechts andererseits, bei der die beabsichtigte Senkung der psychologischen Zugangsschwelle

---

[10] Coester FamRZ 1991, 253, 257.
[11] BT-Drucks. 11/5948 S. 51.
[12] BVerfGE 59, 360, 384 = NJW 1982, 1375, 1377.
[13] BVerfGE 59, 360, 387 = NJW 1982, 1375, 1378.
[14] BT-Drucks. 11/6748 S. 80 (zu § 7 RegE).
[15] Vgl. BVerfGE 59, 360, 387 = NJW 1987, 1375, 1378.

für Kinder und Jugendliche nicht erreicht wird.[16] Bei der Abwägung ist neben dem Grad der Gefährdung und der Schwere der drohenden Gefahr auch das Alter und die individuelle Reife des Kindes zu berücksichtigen. Man wird ein Schweigerecht eher annehmen können, wenn sich die Beratung als Teil eines „selbständigen verantwortungsbewussten Handelns" (§ 1626 Abs. 2 S. 1 BGB) darstellt, bei welchem die Eltern ihre eigene Einflussnahme zurücknehmen würden. Dies gilt nicht, wenn für das Jugendamt deutlich wird, dass die Eltern ein selbständiges Handeln ihres Kindes in der Konfliktfrage ablehnen. Im Einzelfall kann auch eine längerfristige Beratung ohne Kenntnis der Eltern zulässig sein.[17]

§ 8a Schutzauftrag bei Kindeswohlgefährdung

(1) [1]Werden dem Jugendamt gewichtige Anhaltspunkte für die Gefährdung des Wohls eines Kindes oder Jugendlichen bekannt, so hat es das Gefährdungsrisiko im Zusammenwirken mehrerer Fachkräfte abzuschätzen. [2]Dabei sind die Personensorgeberechtigten sowie das Kind oder der Jugendliche einzubeziehen, soweit hierdurch der wirksame Schutz des Kindes oder des Jugendlichen nicht in Frage gestellt wird. [3]Hält das Jugendamt zur Abwendung der Gefährdung die Gewährung von Hilfen für geeignet und notwendig, so hat es diese den Personensorgeberechtigten oder den Erziehungsberechtigten anzubieten.

(2) [1]In Vereinbarungen mit den Trägern von Einrichtungen und Diensten, die Leistungen nach diesem Buch erbringen, ist sicherzustellen, dass deren Fachkräfte den Schutzauftrag nach Absatz 1 in entsprechender Weise wahrnehmen und bei der Abschätzung des Gefährdungsrisikos eine insoweit erfahrene Fachkraft hinzuziehen. [2]Insbesondere ist die Verpflichtung aufzunehmen, dass die Fachkräfte bei den Personensorgeberechtigten oder den Erziehungsberechtigten auf die Inanspruchnahme von Hilfen hinwirken, wenn sie diese für erforderlich halten, und das Jugendamt informieren, falls die angenommenen Hilfen nicht ausreichend erscheinen, um die Gefährdung abzuwenden.

(3) [1]Hält das Jugendamt das Tätigwerden des Familiengerichts für erforderlich, so hat es das Gericht anzurufen; dies gilt auch, wenn die Personensorgeberechtigten oder die Erziehungsberechtigten nicht bereit oder in der Lage sind, bei der Abschätzung des Gefährdungsrisikos mitzuwirken. [2]Besteht eine dringende Gefahr und kann die Entscheidung des Gerichts nicht abgewartet werden, so ist das Jugendamt verpflichtet, das Kind oder den Jugendlichen in Obhut zu nehmen.

(4) [1]Soweit zur Abwendung der Gefährdung das Tätigwerden anderer Leistungsträger, der Einrichtungen der Gesundheitshilfe oder der Polizei notwendig ist, hat das Jugendamt auf die Inanspruchnahme durch die Personensorgeberechtigten oder die Erziehungsberechtigten hinzuwirken. [2]Ist ein sofortiges Tätigwerden erforderlich und wirken die Personensorgeberechtigten oder die Erziehungsberechtigten nicht mit, so schaltet das Jugendamt die anderen zur Abwendung der Gefährdung zuständigen Stellen selbst ein.

Schrifttum: *Bayrischer Jugendhilfeausschluss,* Empfehlungen zur Umsetzung des Schutzauftrags nach § 8a SGB VIII, Jugendhilfe 2006, 146; *Becker,* Kindeswohlgefährung. Rechtsprobleme und Lösungsansätze in Zusammenhang mit einer obligatorischen Inaugenscheinnahme bei Hinweisen auf Kindeswohlgefährdung, ZKJ 2009, 28; *Bergmann,* Jugendamt und Familiengericht beim Kinderschutz, ZKJ 2009, 404; *von Bracken,* Die Rolle des Anwalts im Kinderschutzverfahren, FPR 2009, 579; *Bringwat,* Die Abschätzung des Gefährdungsrisikos gem. § 8a Abs. 1 S 1 SGB VIII, ZKJ 2008, 297; *Bundeskonferenz für Erziehungsberatung,* Kindesschutz und Beratung, ZKJ 2006, 346; Deutscher Verein für öffentliche und private Fürsorge, Empfehlungen zur Umsetzung des § 8a SGB VIII, NDV 2006, 494; *Coester,* Inhalt und Funktion des Begriffs der Kindeswohlgefährdung – Erfordernis einer Nedefinition?, in *Lipp* u.a. (Hrsg.), Kindesschutz und Kindesgefährdung – Neue Mittel und Wege?, 2007, S. 19; *Discher/Schimke,* Die Rolle der insoweit erfahrenen Fachkraft nach § 8a Abs. 2 SGB VIII in einem kooperativen Kinderschutz, ZKJ 2011, 12; *Fellenberg,* Das sogenannte Erziehungsgespräch beim

---
[16] *Coester* FamRZ 1991, 253, 258.
[17] *Wiesner/Wiesner* Rn. 44 f.

Familiengericht – neue Aufgaben für den Familienrichter?, in *Lipp* u.a. (Hrsg.), Kindesschutz und Kindesgefährdung – Neue Mittel und Wege?, 2007, S. 92; *Fieseler/Hannemann*, Gefährdete Kinder – Staatliches Wächteramt versus Elternautonomie?, ZKJ 2006, 117; *Flemming*, Das FamFG macht eine Vereinheitlichung der Standards bei Verdacht auf Kindeswohlgefährdung notwendig, FPR 2009, 568: *Höynck/Goerdeler*, Kooperation auf Augenhöhe oder „Schwartzer Peter"?, JAmt 2006, 170; *Jordan*, Kindeswohlgefährdung im Spektrum fachlicher Einschätzung und rechtlicher Rahmenbedingungen, in *Jordan (Hrsg.)*, Kindeswohlgefährdung – Rechtliche Neuregelungen und Konsequenzen für den Schutzauftrag der Kinder- und Jugendhilfe, 3. Aufl. 2008; *Kindler/Lillig*, Der Schutzauftrag der Jugendhilfe unter besonderer Berücksichtigung von Gegenstand und Verfahren zur Risikoeinschätzung, in *Jordan (Hrsg.)*, Kindeswohlgefährdung – Rechtliche Neuregelungen und Konsequenzen für den Schutzauftrag der Kinder- und Jugendhilfe, 3. Aufl. 2008; *Kunkel*, 2 Jahre Schutzauftrag nach § 8a SGB VIII, ZKJ 2008, 52; *Meysen/Schindler*, Schutzauftrag bei Kindeswohlgefährdung: Hilfreiches Recht beim Helfen, JAmt 2004, 448; *Meysen/Albrecht/Blank/Deegener/Filsinger/Haben/Langenfeld/Mörsberger/Wiesner*, Verantwortlich handeln – Schutz und Hilfe bei Kindeswohlgefährdung – Saarbrücker Memorandum, 2004; *Moch/Moch*, Kinderschutz als Prozessberatung - Widersprüche und Praxis der ieF nach § 8a SGB VIII, ZKJ 2009, 148; *Mörsberger*, Schutzauftrag gem. § 8 a SGB VIII als Dienst nach Vorschrift?, JAmt 2008, 341; *Münder*, Vereinbarung zwischen den Trägern der öffentlichen Jugendhilfe und den Trägern von Einrichtungen und Diensten nach § 8a SGB VIII, in *Jordan (Hrsg.)*, Kindeswohlgefährdung – Rechtliche Neuregelungen und Konsequenzen für den Schutzauftrag der Kinder- und Jugendhilfe, 3. Aufl. 2008, S. 51 ff.; *Münder/Smessaert*, Die Sicherstellung des Kinderschutzes nach § 8a Abs. 2 SGB VIII, ZKJ 2007, 232; *Mutke/Tammen*, Kindeswohlgefährdung aus familien- und jugendhilferechtlicher Sicht, UJ 2006, 86; *Oberloskamp*, Rechtlicher Schutz für Kinder bei häuslicher Gewalt, ZfJ 2003, 267; *dies.*, Das Jugendamt zwischen Hilfe und Kontrolle – Neue Herausforderungen für die Jugendhilfe?, in *Lipp* u.a. (Hrsg.), Kindesschutz und Kindesgefährdung – Neue Mittel und Wege?, 2007, S. 45; *Oberloskamp/Lewe*, Risikoeinschätzung bei möglicher Kindeswohlgefährdung, FPR 2009, 553; *Pinkvoß*, Kindeswohlgefährdung. Rechtliche Grundlagen und Orientierung für Jugendhilfe, Schule und Gesundheitswesen, 2009; *Prestien*, Wirksamer Kinderschutz – Eine Utopie?, ZKJ 2008, 59; *Riekenbrauk*, Jugendamt, Gefahrenabwehr und Datenschutz, ZKF 2006, 25; *Röchling*, Die Reform des SGB VIII durch das Gesetz zur Weiterentwicklung der Kinder- und Jugendhilfe (Kinder- und Jugendhilfeweiterentwicklungsgesetz – KICK), FamRZ 2006, 161; *Salgo*, § 8a SGB VIII – Anmerkungen und Überlegungen zur Vorgeschichte und zu den Konsequenzen der Gesetzesänderung, ZKJ 2006, 531 und 2007, 12; *Schäffner/Reich/Wulf*, Prävention von Kindeswohlgefährdungen, ZKJ 2008, 64; *Schlauß*, Mehr Schutz für gefährdete Kinder, ZKJ 2007, 9; *Tammen*, Der Schutzauftrag der Jugendhilfe nach § 8a SGB VIII, UJ 2006, 57; *Trenczek*, Inobhutnahme – Krisenintervention und Schutzgewährung durch die Jugendhilfe – § 8a, 42 SGB VIII, 2. Aufl. 2008; *Vogel*, Das Hinwirken auf Einvernehmen in strittigen Kindschaftssachen, FamRZ 2010, 1870; *Wapler*, Staatliche Reaktionsmöglichkeiten bei Kindeswohlgefährdungen - Verfassungsrechtliche Aspekte der jüngsten Gesetzesänderungen, RdjB 2009, 21; *Weisbrodt*, Kinderschutz zwischen Familiengericht und Jugendamt: Neujustierung des Spannungsfelds, JAmt 2010, 53; *Wiesner*, Kinderschutz aus der Sicht der Jugendhilfe, ZKJ 2008, 14; *ders.*, § 8a SGB VIII als Aufforderung zum Dialog auch zwischen Jugendhilfe und Justiz, in *Elz* (Hrsg.), Kooperation von Jugendhilfe und Justiz bei Sexualdelikten gegen Kinder, 2007, S. 15; *Willutzki*, Der Schutzauftrag des Jugendamtes im neuen Recht, FPR 2008, 488. Siehe auch Schrifttum zu § 42.

I. Normzweck

1 § 8a wird in der Literatur als „rechtsgestaltende ‚Spitzenvorschrift'" bezeichnet.[1] Die Norm regelt den Schutzauftrag des Jugendamtes und strukturiert – zumindest im Ansatz – den Handlungsablauf im Falle einer Kindeswohlgefährdung; sie steht daher im engen Zusammenhang mit § 42. Es handelt sich um eine Verfahrensvorschrift, die ihrem Charakter nach den „anderen Aufgaben" nach § 2 Abs. 3 zuzurechnen ist.[2] Ihre verfassungsrechtliche Begründung erfährt die Norm durch das in Art. 6 Abs. 2 S. 2 GG normierte staatliche Wächteramt des Staates (Vor § 1 Rn. 11).

2 Die Vorschrift wurde durch das Gesetz zur Weiterentwicklung der Kinder- und Jugendhilfe eingefügt (Vor § 1 Rn. 7). Dem Gesetzgeber erschien es vor dem Hintergrund spektakulärer Fälle von Kindeswohlgefährdung (Vernachlässigung, sexueller Missbrauch) geboten, den aus dem staatlichen Wächteramt (Art. 6 Abs. 2 S. 2 GG) abgeleiteten Schutzauftrag des Jugendamtes eindeutig zu formulieren. Es habe sich gezeigt, dass das Recht des Jugendamtes auf Informationsbeschaffung, die Pflicht zur Miteinbeziehung der Eltern und die Beteiligung dritter Institutionen wegen ihrer Grundrechtsrelevanz einer ausdrücklichen gesetzlichen Regelung bedurften.[3] Diese Notwendigkeit einer gesetzlichen Konkretisierung ergab sich aber auch daraus, dass die mögliche strafrechtliche Bedeutung von Handlungen und Unterlassungen der Jugendamtsmitarbeiter zunehmend erkannt wurde[4] und diese daher ein berechtigtes Interesse daran haben, dass der Umfang ihrer Handlungs-

---

[1] *Kunkel/Bringewat* Rn. 1.
[2] OVG Münster JAmt 2009, 384; *Wiesner/Wiesner* Rn. 4; anders *Kunkel/Bringewat* Rn. 10 ff.
[3] BT-Drucks. 15/3676 S. 30.
[4] OLG Düsseldorf ZfJ 2000, 309; OLG Stuttgart NJW 1998, 3131, 3132; *Bringewat* FPR 2007, 12; *ders.*, Tod eines Kindes – Soziale Arbeit und strafrechtliche Risiken, 2. Aufl. 2001, S. 116 ff.; *Dießner*, Die Unterlassungsstrafbarkeit der Kinder- und Jugendhilfe bei familiärer Kindeswohlgefährdung, 2008. Zur Frage, ob die Jugendamtsmitarbeiter im Falle des sexuellen Missbrauchs zur Strafanzeige verpflichtet ist, *Ollmann* ZfJ 1999, 195.

pflichten klar bestimmt wird. Ähnliches gilt auch für die Möglichkeit, Schadensersatzansprüchen aus Amtshaftung gegen den Träger der öffentlichen Jugendhilfe geltend zu machen.[5]

II. Risikoeinschätzung und Hilfeangebot (Abs. 1)

1. Risikoeinschätzung (S. 1). Der Handlungsauftrag der Jugendhilfe beginnt, wenn ihr **gewichtige Anhaltspunkte** für eine Kindeswohlgefährdung[6] bekannt werden. Dieser Umstand löst die Pflicht zur Risikoabschätzung aus. Das bedeutet einerseits, dass die Handlungspflicht erst entsteht, wenn konkrete Hinweise auf eine Gefährdung vorliegen.[7] Der Begriff Kindeswohlgefährdung entspricht dabei dem in § 1666 BGB, insoweit kann auf die dortigen Ausführungen verwiesen werden (§ 1666 Rn. 48 ff.). Andererseits ist nicht erforderlich, dass nach den Hinweisen möglich erscheinende Fakten, wenn sie zuträfen, bereits eine Kindeswohlgefährdung nach § 1666 BGB begründen würden. Es können auch Hinweise genügen, die erst beim Hinzutreten weiterer Umstände zu einer Kindeswohlgefährdung führen könnten. Von wem die Hinweise geliefert werden und auf welche – ggf. datenschutzwidrige[8] – Weise sie erlangt wurden, ist grundsätzlich irrelevant; es müsse sich aber um zumindest teilweise tatsachengestützte Informationen handeln.[9] Die Hinweise müssen dem Jugendamt[10] „bekannt werden", dh. das Jugendamt ist nicht verpflichtet und auch nicht berechtigt, ohne Anhaltspunkt von sich aus ermittelnd tätig zu werden.

Die nach Abs. 1 erforderliche Risikoabschätzung kann in der Regel erst erfolgen, nachdem das Jugendamt weitere Informationen gewonnen hat. Die Pflicht zur ggf. zeitraubenden **Informationsgewinnung** steht dabei in einem offensichtlichen Konflikt zur etwaigen Pflicht, zugunsten des Kindes schnell geeignete Maßnahmen zu ergreifen. Wenn gewichtige Anhaltspunkte nach Abs. 1 S. 1 vorliegen, besteht kein Handlungsermessen des Jugendamtes hinsichtlich der Informationsbeschaffung mehr. Daraus ergibt sich zugleich, dass das Jugendamt auch das Recht zur Informationsbeschaffung hat. Diese kann ggf. auch gegen den Willen der Betroffenen[11] zB bei den Kindern und Jugendlichen selbst, den Personensorge- und Erziehungsberechtigten, Lehrern, Bekannten usw. ansetzen. Der Datenschutz wird dabei durch § 62 bewirkt. In erster Linie dient der Hausbesuch der Informationsgewinnung.[12]

Auf Grundlage der gewonnen Informationen hat die eigentliche **Risikoabschätzung** durch ein „Zusammenwirken mehrerer Fachkräfte" zu erfolgen. Nach der Gesetzesbegründung[13] können die Empfehlungen des deutschen Städtetags[14] dabei als Richtschnur dienen.[15] Das Erfordernis einer fachkollegialen Begutachtung dient der qualitativen Absicherung des Handlungsprozesses. Die Abschätzung im Team setzt zum einen voraus, dass die beteiligten „Fachkräfte" tatsächlich über eine entsprechende Kompetenz verfügen;[16] ggf. müssen externe Fachkräfte hinzugezogen werden.[17] Zum anderen müssen die organisatorischen Voraussetzungen dafür geschaffen werden, dass die Abstimmung in der erforderlichen zeitlichen Nähe erfolgen kann. Unter „Zusammenwirken" sei ein fachlich-methodisch bestimmter Beurteilungs- und Bewertungsprozess mit klaren Regeln und Formen der interfachlichen Kommunikation zu verstehen.[18]

2. Beteiligung der Personensorgeberechtigten, des Kindes oder Jugendlichen (S. 2). Die grundsätzlich erforderliche „Einbeziehung" der Personensorgeberechtigten, des Kindes oder Jugendlichen erfolgt insbesondere im Rahmen des in der Regel erforderlichen Hausbesuchs (Rn. 4). Nicht nachvollziehbar ist, aus welchem Grund die Pflicht zur Beteiligung nicht auf die Erziehungsberechtigten (vgl. § 7 Rn. 5) ausgedehnt wurde.[19] Es handelt sich wohl um ein durch

---
[5] BGH FamRZ 2005, 93; *Ollmann* FuR 2005, 150.
[6] *Coester* in *Lipp* S. 19, 38, kritisiert zu Recht, dass dieser Begriff mit dem der „möglichen Gefährdung des Kindeswohls" in § 157 Abs. 1 S.1 FamFG nicht harmonisiert wurde.
[7] *Wiesner/Wiesner* Rn. 14. Zurückhaltender *Mrozynski* Rn. 9. Kritisch zu entsprechenden „Merkmalslisten" *Münder/Meysen* Rn. 13.
[8] *Münder/Meysen* Rn. 15.
[9] *Kunkel/Bringewat* Rn. 35 ff.; ähnlich *Krug/Riehle-Krug* Erl. II.
[10] Zur Empfangszuständigkeit und Informationsweitergabe innerhalb des Jugendamtes und zwischen den Trägern der Jugendhilfe *Kunkel/Bringewat* Rn. 47 f.
[11] VG Münster JAmt 2009, 264.
[12] Zu Grenzen dieser Methode der Informationsgewinnung *Münder/Meysen* Rn. 28.
[13] BT-Drucks. 15/3676 S. 30.
[14] Abgedruckt in JAmt 2003, 226.
[15] *Schellhorn/Mann* Rn. 7 ff.
[16] *Wiesner/Wiesner* Rn. 27; *Kunkel/Bringewat* Rn. 56.
[17] *Münder/Meysen* Rn. 20.
[18] *Kunkel/Bringewat* Rn. 57.
[19] *Kunkel/Bringewat* Rn. 61.

analoge Anwendung auszugleichendes Redaktionsversehen des Gesetzgebers, da in Abs. 1 S. 3 die Erziehungsberechtigten eingeschlossen werden.[20] Die Beteiligung der **Personensorgeberechtigten** (vgl. § 7 Rn. 4), dh. in der Regel der Eltern, ist grundsätzlich schon wegen ihrer vorrangigen Erziehungsverantwortung (vgl. § 1 Rn. 8 f., 13; Vor § 1 Rn. 11, 12) geboten. Sie entspricht aber in der Regel auch den Interessen des Kindes, da die Kindeswohlgefährdung in erster Linie durch Stärkung der Bereitschaft und Fähigkeit der Eltern, ihre Erziehungsverantwortung wahrzunehmen, abzuwenden ist. Die Personensorgeberechtigten wiederum trifft die Pflicht, bei der Einbeziehung mitzuwirken.[21] Auf die Beteiligung der Personensorgeberechtigten ist zu verzichten, wenn dies den wirksamen Schutz des Kindes in Frage stellt. Dies kann insbes. bei massiver früherer Misshandlung und akuter schwerwiegender Gefährdung durch den Personensorgeberechtigten der Fall sein,[22] insbes. bei sexuellem Missbrauch.[23] Bei der Einbeziehung der Kinder und Jugendlichen ist vor allem auf deren Entwicklungsstand und auf ihre Rolle im Familiengefüge Rücksicht zu nehmen.[24]

7   **3. Hilfeangebot (S. 3).** Nach der Risikoabschätzung muss das Jugendamt ein Hilfeangebot nach Abs. 1 S. 3 machen und/oder Maßnahmen nach Abs. 3 und 4 ergreifen. Zwischen beiden Vorgehensweisen besteht kein zwingendes Alternativverhältnis. Praktisch werden allerdings Hilfen nur geeignet und erforderlich sein, wenn der Personen- oder Erziehungsberechtigte bereit und fähig ist, an der Beseitigung der Kindeswohlgefährdung mitzuwirken. In diesem Fall sind Maßnahmen nach Abs. 3 und 4 in der Regel nicht angezeigt. In diesem Sinn hat das Hilfeangebot Vorrang, soweit auf diesem Weg der Erziehungsvorrang der Eltern (Rn. 6) verwirklicht werden kann. Unter Hilfen sind jedenfalls die § 2 Abs. 2 genannten Maßnahmen zu verstehen, insbes. die §§ 27 ff.; aber auch andere Maßnahmen kommen in Betracht.[25] Das Jugendamt ist verpflichtet, geeignete und erforderliche Hilfen anzubieten. Mit diesen Begriffen wird im Ansatz der Verhältnismäßigkeitsgrundsatz wiedergegeben. „Erforderlich" ist eine Hilfe dann nicht, wenn ein „milderes Mittel" zur Verfügung steht. Der Bezugspunkt für die Beurteilung der „Milde" des Mittels ist die Schwere des Eingriffs in die elterliche Erziehungsverantwortung, nicht die Höhe der Kosten.

III. Verwirklichung des Schutzauftrags durch freie Träger (Abs. 2)

8   Nach § 1 Abs. 3 Nr. 3 hat die Jugendhilfe, dh. auch der freie Träger der Jugendhilfe, die Aufgabe, Kinder und Jugendliche vor Gefahren für ihr Wohl zu schützen. Der Gesetzgeber kann aber nur die öffentlichen Träger der Jugendhilfe verpflichten, den im Rahmen des staatlichen Wächteramtes (Art. 6 Abs. 2 S. 2 GG) bestehenden Schutzauftrag zu erfüllen. In Abs. 2 überträgt er diesen daher die weitere Aufgabe, durch Vereinbarungen sicherzustellen, dass die Fachkräfte der freien Jugendhilfe den in Abs. 1 konkretisierten Schutzauftrag ebenfalls wahrnehmen. Entsprechende Vereinbarungen werden regelmäßig nach §§ 78a ff. geschlossen. Der Begriff „freie Träger" ist im Rahmen der Vorschrift weit zu verstehen (vgl. § 3 Rn. 4).[26]

9   Nach der zu treffenden Vereinbarung muss der freie Träger den Schutzauftrag nach den Maßstäben wahrnehmen können, die Abs. 1 aufstellt. Der freie Träger muss also über die entsprechenden Ressourcen und die entsprechende Organisation verfügen. Nach S. 2 ist der freie Träger insbes. verpflichtet, auf die Inanspruchnahme von Hilfen durch die Personensorge- und Erziehungsberechtigten hinzuwirken und das Jugendamt zu informieren, wenn die angenommen Hilfen nicht ausreichend erscheinen.

IV. Anrufung des Familiengerichts und Inobhutnahme (Abs. 3)

10 **1. Anrufung des Familiengerichts (S. 1).** Das Jugendamt hat nach der gem. Abs. 1 S. 1 zu treffenden Risikoabschätzung zu entscheiden, ob ein Hilfeangebot nach Abs. 1 S. 3 ausreichend oder ob ein staatlicher Eingriff in die Elternrechte notwendig ist (Rn. 7). Letzteres ist in der Regel der Fall, wenn die Eltern (zu lange) die Mitwirkung und ggf. das Hilfeangebot ablehnen. Die Anrufung des Familiengerichts (sog. **Gefährdungsmitteilung**) wird dann erforderlich sein. Die Erforderlichkeit ist ein unbestimmter Rechtsbegriff, der gerichtlich überprüfbar ist.[27] Dabei ist allerdings zu berücksichtigen, dass die Einschaltung des Gerichts auch von potentiell mitwirkungsbereiten Eltern

---

[20] *Mrozynski* Rn. 16.
[21] *Wiesner/Wiesner* Rn. 20.
[22] *Kunkel/Bringewat* Rn. 65.
[23] *Münder/Meysen* Rn. 26.
[24] *Wiesner/Wiesner* Rn. 23.
[25] *Kunkel/Bringewat* Rn. 67.
[26] *Wiesner/Wiesner* Rn. 32 f.; *Münder/Meysen* Rn. 33.
[27] Zumindest im Ergebnis auch *Kunkel/Bringewat* Rn. 90.

als Bedrohung empfunden und daher kontraproduktiv wirken kann.[28] Normen, nach denen das Gericht Schutz zur Abwehr einer Kindeswohlgefährdung zu gewähren hat, sind insbes. §§ 1632 Abs. 4, 1666, 1666 a, 1693, 1696 BGB. Grundsätzlich wird zunächst ein Erörderungsgespräch nach § 157 FamFG erfolgen; für dieses ist nur eine **mögliche Gefährdung des Kindeswohls** Voraussetzung (§ 157 Abs. 1 S. 1 FamFG). In dem Gespräch sind die Situation und die nötigen Maßnahmen mit den Eltern und dem Jugendamt zu besprechen.[29] Die Anrufung des FamG durch das Jugendamt wird in der Regel die Beantragung einer bestimmten Maßnahme durch das Jugendamt beinhalten. An diesen Antrag ist das FamG nicht gebunden. Vielmehr ist das FamG verpflichtet, eine geeignete und gebotene Anordnung zur Gefahrenabwehr zu treffen, wenn es zu der Einschätzung gelangt, dass die vom Jugendamt beantragte Maßnahme nicht geeignet und/oder nicht erforderlich ist (vgl. auch § 1 Rn. 7).[30] Soweit nicht unmittelbar im Termin geklärt werden kann, welche Hilfen im konkreten Fall geeignet wären, kann eine Anordnung des Gerichts erfolgen, mit der die Eltern aufgefordert werden, mit dem Jugendamt geeignete Mittel zu ermitteln.[31] Der Schutzauftrag des Jugendamtes endet nicht mit der Anrufung des FamG; auch dann nicht, wenn das FamG den Anträgen des Jugendamtes nicht entspricht.[32] Ggf. kann das Jugendamt gegen die Entscheidung des Gerichts Beschwerde gem. § 162 Abs. 3 S. 2 FamFG einlegen.

Abs. 3 S. 1 stellt keinen eigenständigen Befugnistatbestand iSv. § 203 Abs. 1 StGB dar, erlaubt also nicht etwa eine Durchbrechung der für die Mitarbeiter einer Beratungsstelle des Jugendamtes nach § 203 Abs. 1 Nr. 4 bestehenden Schweigepflicht.[33]

2. Inobhutnahme (S. 2). Nach S. 2 muss das Jugendamt das Kind oder den Jugendlichen in Obhut nehmen, wenn **eine dringende Gefahr für das Kindeswohl besteht und die Entscheidung des Gerichts nicht abgewartet werden kann**. Daraus ergibt sich, dass das Jugendamt kein „beliebiges, vom Vorgehen des Gerichts unabhängiges Recht zur Herausnahme des Kindes aus der Familien gem. § 42 SGB VIII"[34] hat, sondern die Anregung eines Verfahrens nach bzw. einer einstweiligen Anordnung nach § 1666 BGB vorrangig ist. Der Begriff der dringenden Gefahr entspricht dem in § 42 Abs. 1 S. 1 Nr. 3. Die Voraussetzungen müssen kumulativ vorliegen. Eine Verpflichtung zur Inobhutnahme besteht aber auch, wenn das FamG bereits angerufen wurde, es aber noch nicht entschieden hat.[35] Die Inobhutnahme ist in § 42 geregelt. § 8a Abs. 3 S. 2 stellt lediglich eine Verweisungsvorschrift, keine Rechtsgrundlage für diese Maßnahme dar.

V. Einschaltung anderer Institutionen (Abs. 4)

Die Abwehr einer Kindeswohlgefährdung erfordert häufig die Mitwirkung von Institutionen außerhalb der Jugendhilfe, wie zB Ärzten, Krankenhäusern, der Polizei oder anderen Leistungsträgern, zB Krankenversicherung, Sozialhilfeträger. Zur Ergreifung der notwendigen Maßnahmen sind in erster Linie die (personensorgeberechtigten) Eltern verpflichtet (vgl. Rn. 6). Daher muss das Jugendamt nach S. 1 vorrangig auf diese einwirken. Das Jugendamt kann nach S. 2 diese Institutionen selbst einschalten, wenn ein sofortiges Tätigwerden erforderlich ist und die Personensorge- und Erziehungsberechtigten nicht mitwirken. Bei der letzteren Voraussetzung kommt es allein auf die Tatsache der fehlenden Mitwirkung, nicht auf die Gründe für diese an. Die Einschaltung durch das Jugendamt ist daher auch zulässig, wenn die Personensorge- und Erziehungsberechtigten nicht rechtzeitig informiert werden können. Darüber hinausgehend wird man die Einschaltung für zulässig halten können, wenn die Personensorge- und Erziehungsberechtigten nach entsprechender Aufklärung durch das Jugendamt gem. S. 1 die Mitwirkung ernsthaft und entgültig verweigern.[36]

---

[28] *Münder/Meysen* Rn. 55, 59.
[29] *Coester* in *Lipp* S. 19, 36 f., der darauf hinweist, dass hiermit die staatliche Intervention „merklich vorverlegt" wird. Kritisch auch *Oberloskamp* in *Lipp* S. 45, 59. Dagegen *Fellenberg* in *Lipp* S. 91, 95 ff., die auch darauf hinweist, dass das Erörderungsgespräch mit der Anhörung nach § 160 FamFG in einem Termin verbunden werden kann (S. 94).
[30] OLG Saarbrücken JAmt 2007, 432.
[31] *Münder/Meysen* Rn. 62.
[32] *Kunkel/Bringewat* Rn. 95. In letzterem Fall ist die Entscheidung gem. § 166 Abs. 3 FamFG vom Gericht in der Regel nach drei Monaten zu überprüfen. Bei Säuglingen und Kleinkindern ist dieser Zeitraum zu lang, *Oberloskamp* in *Lipp* S. 45, 58.
[33] Vgl. zur Vorgängerregelung (§ 50 Abs. 3 S. 1 aF) BT-Drucks. 11/5948 S. 88. Weiterführend *Wiesner/Wiesner* Rn. 46 ff.
[34] Dies wird nach *Oberloskamp* in *Lipp* S. 45, 50, jedoch von vielen Familienrichtern angenommen.
[35] *Kunkel/Bringewat* Rn. 100.
[36] Ähnlich *Kunkel/Bringewat* Rn. 106.

§ 9 Grundrichtung der Erziehung, Gleichberechtigung von Mädchen und Jungen

Bei der Ausgestaltung der Leistungen und der Erfüllung der Aufgaben sind

1. die von den Personensorgeberechtigten bestimmte Grundrichtung der Erziehung sowie die Rechte der Personensorgeberechtigten und des Kindes oder des Jugendlichen bei der Bestimmung der religiösen Erziehung zu beachten,
2. die wachsende Fähigkeit und das wachsende Bedürfnis des Kindes oder des Jugendlichen zu selbständigem, verantwortungsbewusstem Handeln sowie die jeweiligen besonderen sozialen und kulturellen Bedürfnisse und Eigenarten junger Menschen und ihrer Familien zu berücksichtigen,
3. die unterschiedlichen Lebenslagen von Mädchen und Jungen zu berücksichtigen, Benachteiligungen abzubauen und die Gleichberechtigung von Mädchen und Jungen zu fördern.

Schrifttum: *Bruhns* (Hrsg.), Geschlechterforschung in der Kinder- und Jugendhilfe – Praxisstand und Forschungsperspektiven, 2004; *Deutscher Verein für öffentliche und private Fürsorge*, Die Kategorie „Geschlecht" in der Kinder- und Jugendhilfe,. Archiv 2010, Bd. 2; *Huber*, Interkultureller Auftrag des Kinder- und Jugendhilfegesetzes, ZAR 2003, 311; *Schäfer*, Gender Mainstreaming in der Kinder- und Jugendhilfe – mehr Mädchen- und/oder Jungenarbeit, UJ 2006, 51.

I. Normzweck

1 Die Vorschrift bezweckt eine Individualisierung von Leistungen und anderen Aufgaben.[1] Dazu wird die Jugendhilfe zunächst durch Nr. 1 auf die Grundrichtung der Erziehung durch den Personensorgeberechtigten und durch Nr. 2 auf die Persönlichkeit des Kindes oder Jugendlichen und seinen familiären Hintergrund festgelegt.[2] Nr. 3 verpflichtet die Jugendhilfe zusätzlich zur Berücksichtigung der unterschiedlichen Lebenslagen von Mädchen und Jungen, zum Abbau von Benachteiligungen und zur Förderung der Gleichberechtigung. Die Zielsetzungen der Vorschrift gelten nach dem 1. Halbs. für die Ausgestaltung der Leistungen (§ 2 Abs. 2) und für die Erfüllung der – anderen – Aufgaben (§ 2 Abs. 3), also für die gesamten Aktivitäten der Jugendhilfe. Die Norm ist bei der Planung und Entwicklung in den verschiedenen Arbeitsfeldern der Jugendhilfe zu beachten. Ferner kann die Förderung von Einrichtungen, Diensten und Veranstaltungen der freien Jugendhilfe gem. § 74 Abs. 2 S. 1 von der Bereitschaft abhängig gemacht werden, diese Einrichtungen, Dienste und Veranstaltungen unter Beachtung der in § 9 genannten Grundsätze anzubieten; auf diesem Wege kann sichergestellt werden, dass diese Grundsätze ungeachtet des § 4 Abs. 1 S. 2 (§ 4 Rn. 4) auch in die Ausgestaltung der freien Jugendhilfe hineinwirken.

II. Beachtung der von den Personensorgeberechtigten festgelegten Grundrichtung der Erziehung (Nr. 1)

2 **1. Keine rechtliche Beschränkung des elterlichen Erziehungsrechts.** Entsprechend der unter Vor § 1 Rn. 11 und § 1 Rn. 8 skizzierten Konzeption betont das Gesetz in Nr. 1, dass sich aus der Inanspruchnahme von Jugendhilfeleistungen keine Befugnisse der öffentlichen Jugendhilfe ergeben, Angelegenheiten der elterlichen Sorge für das Kind oder den Jugendlichen wahrzunehmen; insbes. entsteht dadurch kein mit der elterlichen Erziehungsverantwortung (Art. 6 Abs. 2 S. 1 GG) konkurrierendes öffentliches Erziehungsrecht. Die Personen, die im Rahmen von Leistungen der Jugendhilfe Erziehungsaufgaben wahrnehmen, erhalten ihre Rechtsmacht nicht von den Trägern der öffentlichen Jugendhilfe, sondern durch Entscheidung des FamG (§§ 1630 Abs. 3, 1632 Abs. 4, 1666 Abs. 1, 1666 a, 1693 BGB) oder durch eine jederzeit widerrufliche Ermächtigung des Personensorgeberechtigten. Zum Begriff des Personensorgeberechtigten s. § 7 Rn. 4.

3 **2. Schranken.** § 9 Nr. 1 verlangt die Beachtung der von den Personensorgeberechtigten bestimmten Grundrichtung der Erziehung, während die Ausübung der alltäglichen Betreuungs- und Erziehungsaufgaben vom Personensorgeberechtigten konkludent mit der Inpflegegabe übertragen wird. Der Begriff der „Grundrichtung" erfasst insbes. die religiöse, weltanschauliche, politische und insbes. die pädagogische Ausrichtung der Erziehung.[3] Vor allem bei erzieherischen Hilfen, die in der Gruppe geleistet werden, wird sich eine faktische Begrenzung des individuellen Elternrechts –

---

[1] BT-Drucks. 11/5948 S. 52.
[2] *Coester* FamRZ 1991, 253, 254 f.
[3] *Jung/Jung* Rn. 3.

abgeschwächt durch die Wahlmöglichkeit zwischen verschiedenen Einrichtungen nach § 5 S. 1 – aber nicht vermeiden lassen. Die Grundrichtung der Erziehung darf vom Jugendamt nicht übernommen werden, wenn sie gegen die verfassungsmäßige Ordnung oder das Sittengesetz verstößt oder wenn sie die Grenzen des § 1631 Abs. 2 S. 2 BGB (entwürdigende Erziehungsmaßnahmen) überschreitet. In diesem Fall ist eine Verständigung mit dem Personensorgeberechtigten anzustreben. Gelingt diese nicht, muss das Jugendamt nach § 8a vorgehen, ggf. muss es nach § 8a Abs. 3 S. 3 das FamG anrufen; ist der Personensorgeberechtigte ein Pfleger oder Vormund, muss das FamG gem. § 53 Abs. 3 S. 3 informiert werden. Ein selbständiges Nichtbefolgungsrecht des Jugendamtes besteht nicht.[4]

3. Religiöse Kindererziehung. Nach Halbs. 2 sind auch die Rechte des Personensorgeberechtigten und des Kindes oder des Jugendlichen bei der Bestimmung der religiösen Erziehung zu beachten. Damit wird der in Art. 4 Abs. 1 GG normierten Glaubens- und Bekenntnisfreiheit besonders Rechnung getragen. Die Rechte der Eltern ergeben sich aus §§ 1 bis 3 RelKErzG, die Rechte des Kindes oder Jugendlichen aus § 2 Abs. 2 S. 5 und §§ 5, 6 RelKErzG (vgl. dazu Anh. zu § 1631 BGB). Zu beachten ist insbes., dass das Kind nach Vollendung des 14. Lebensjahres selbst über sein religiöses Bekenntnis entscheidet.

III. Erziehungsziel; Erziehungsmethode; Berücksichtigung sozialer und kultureller Bedürfnisse und Eigenarten (Nr. 2)

1. Erziehungsziel; Erziehungsmethode. Pflege und Erziehung haben das Ziel, den Minderjährigen zur Selbstbestimmung und Selbstverantwortung zu führen. Die Erziehung hat daher der zunehmenden Mündigkeit des Kindes Rechnung zu tragen. Dieser aus dem GG ableitbare Gedanke[5] hat bereits in § 1626 Abs. 2 S. 1 BGB seinen Niederschlag gefunden. Er gilt in gleicher Weise für die Ausgestaltung erzieherischer Hilfen im Rahmen der Jugendhilfe.

2. Berücksichtigung von Bedürfnissen und Eigenarten. Nach der aus § 1626 Abs. 2 S. 1 BGB übernommenen Formulierungen in Nr. 2 soll der Grundsatz der Individualisierung durch Einbeziehung sozialer und kultureller Momente dergestalt ergänzt werden, dass auch die Besonderheiten ausländischer Kinder und Jugendlicher in die Ausgestaltung der Leistungen und anderen Aufgaben einbezogen werden können, soweit diese Besonderheiten dem Menschenbild des GG und der verfassungsrechtlichen Grundordnung entsprechen.[6] Dieser Teil der in Nr. 2 normierten Ziele hat aber nicht nur mit ausländischen Kindern und Jugendlichen zu tun, sondern vornehmlich mit dem im 8. Jugendbericht beschriebenen Wertewandel:[7] Er hat traditionelle Bindungen geschwächt, traditionelle Milieus und kollektive Lebensentwürfe haben sich tendenziell aufgelöst. Diese Tendenz zur Individualisierung hat die Jugendhilfe zu beachten. Bedürfnisse und Eigenarten sind auch zu berücksichtigen, soweit diese schichtspezifisch sind. Eine angemessen Berücksichtigung iSd. Norm erfordert auch, das Kinder oder den Jugendlichen mit seinen individuellen Eigenarten zu integrieren. Soweit es der elterliche Erziehungsvorrang zulässt und es dem Kindeswohl entspricht, ist einer (weiteren) Ausgrenzung entgegenzuwirken.[8]

IV. Chancengleichheit, Gleichberechtigung (Nr. 3)

Nach der amtl. Begr. des RegE[9] zeigen Erfahrungen, dass das Prinzip der gemeinsamen Erziehung von Jungen und Mädchen (Koedukation) nicht automatisch dazu führt, Geschlechtsrollenstereotype zu verändern. Die Jugendhilfe soll ihre Handlungsspielräume dazu nutzen, geschlechtsspezifische Benachteiligungen von Mädchen und Jungen abzubauen. Dieser Ansatz des Gesetzes ist nachträglich durch die Einführung des Art. 3 Abs. 2 S. 2 GG bestätigt worden. Relevant ist die Vorschrift zB im Rahmen der Jugendarbeit (§§ 11, 13, 14), aber auch bei der Beratung und im Rahmen konkreter Leistungsangebote (§ 16 ff.). Die anfängliche Fokussierung auf die Förderung von Mädchen wurde zugunsten des umfassenderen Konzepts des „gender mainstreaming" aufgegeben.[10] Soweit sich Autoren dabei verschiedentlich auch auf Unionsrecht (heute Art. 8, 10 AEUV) berufen,[11] bleibt fraglich, ob die Mitgliedstaaten der EU diese Verpflichtung auch auf die aus Steuer-

---

[4] *Wiesner/Wiesner* Rn. 11.
[5] Vgl. dazu *Engels* AöR 122 (1997), 212, 219 ff., 226 ff.
[6] BT-Drucks. 11/5948 S. 52.
[7] BT-Drucks. 11/6576 S. 108 ff.
[8] *Wiesner/Wiesner* Rn. 23 f.
[9] BT-Drucks. 11/5948 S. 52.
[10] Elfter Kinder- und Jugendhilfebericht, BT-Drucks. 14/8182, S. 112 f.
[11] *Fieseler/Häbel* Rn. 13.

mitteln finanzierten Sozialsysteme erstrecken wollten; die einschlägigen Richtlinien[12] beziehen bislang die Kinder- und Jugendhilfe nicht ein.

§ 10 Verhältnis zu anderen Leistungen und Verpflichtungen

(1) [1]Verpflichtungen anderer, insbesondere der Träger anderer Sozialleistungen und der Schulen, werden durch dieses Buch nicht berührt. [2]Auf Rechtsvorschriften beruhende Leistungen anderer dürfen nicht deshalb versagt werden, weil nach diesem Buch entsprechende Leistungen vorgesehen sind.

(2) [1]Unterhaltspflichtige Personen werden nach Maßgabe der §§ 90 bis 97b an den Kosten für Leistungen und vorläufige Maßnahmen nach diesem Buch beteiligt. [2]Soweit die Zahlung des Kostenbeitrags die Leistungsfähigkeit des Unterhaltspflichtigen mindert oder der Bedarf des jungen Menschen durch Leistungen und vorläufige Maßnahmen nach diesem Buch gedeckt ist, ist dies bei der Berechnung des Unterhalts zu berücksichtigen.

(3) [1]Die Leistungen nach diesem Buch gehen Leistungen nach dem Zweiten Buch vor. [2]Abweichend von Satz 1 gehen Leistungen nach § 3 Absatz 2, §§ 14 bis 16, § 19 Absatz 2 in Verbindung mit § 28 Absatz 6 des Zweiten Buches sowie Leistungen nach § 6b Absatz 2 des Bundeskindergeldgesetzes in Verbindung mit § 28 Absatz 6 des Zweiten Buches den Leistungen nach diesem Buch vor.

(4) [1]Die Leistungen nach diesem Buch gehen Leistungen nach dem Zwölften Buch vor. [2]Abweichend von Satz 1 gehen Leistungen nach § 27a Absatz 1 in Verbindung mit § 34 Absatz 6 des Zwölften Buches und Leistungen der Eingliederungshilfe nach dem Zwölften Buch für junge Menschen, die körperlich oder geistig behindert oder von einer solchen Behinderung bedroht sind, den Leistungen nach diesem Buch vor. [3]Landesrecht kann regeln, dass Leistungen der Frühförderung für Kinder unabhängig von der Art der Behinderung vorrangig von anderen Leistungsträgern gewährt werden.

Schrifttum: *Arbeitsgemeinschaft für Jugendhilfe und Bundesagentur für Arbeit*, Das SGB II und seine Auswirkungen auf die Kinder- und Jugendhilfe, FORUM Jugendhilfe 2005, 2; *Deutscher Verein für öffentliche und private Fürsorge*, SGB II und Jugendsozialarbeit, NDV 2005, 397; *Doering-Striening*, Unterhaltsrückgriff gegen die Eltern, FamRZ 2007, 380; *Fuchs*, Zivilrecht und Sozialrecht. Recht und Dogmatik materieller Existenzsicherung in der modernen Gesellschaft, 1992, S. 261 ff., 274 ff., 295 ff.; *Greß/Rixen/Wasem*, Eingliederungshilfe für seelisch behinderte Kinder und Jugendliche - Abgrenzungsprobleme und Reformszenarien, VSSR 2009, 43; *Hofmann/Struck*, Die Auswirkungen von Hartz IV auf die Kinder- und Jugendhilfe, Jugendhilfe 2004, 237; *Kunkel*, Medizinische Betreuung als Aufgabe von Jugendhilfe und Krankenversicherung, JAmt 2003, 329; *ders.*, Schnittstellen zwischen Jugendhilfe (SGB VIII), Grundsicherung (SGB II) und Arbeitsförderung (SGB III), ZFSH/SGB 2006, 76; *ders.*, Junge Menschen im „Bermudadreieck" von SGB VIII, SGB III und SGB II, NDV 2007, 397; *Meysen*, Kinder- und Jugendhilfe und Schnittstellen: wenn das Recht Kinder, Jugendliche und ihre Familien (auf)teilt, RdJB 2010, 306; *Münder*, Vorrang und Nachrang zwischen Leistungen der Jugendhilfe und der Sozialhilfe – § 10 Abs. 2 SGB VIII, ZfJ 2001, 121; *Schellhorn, W.*, Kostenbeteiligung in der Jugendhilfe und im Unterhaltsrecht, FuR 2006, 490; *Schruth*, Zur Leistungskonkurrenz zwischen SGB II und § 13 SGB VIII, ZfJ 2005, 223; *ders.*, Zur Leistungskonkurrenz von SGB II und SGB VIII, ZKJ 2009, 189; *Stähler*, Zur Frage der Abgrenzung von Leistungen nach dem SGB III und dem SGB XII, JAmt 2010, 154; *Welti*, Auswirkungen des SGB II auf Ausbildung und Praxis der sozialen Arbeit, NDV 2005, 426.

I. Normzweck

1 Die Vorschrift ist eine Kollisionsnorm. Sie regelt in Abs. 1 den Nachrang von Leistungen der Jugendhilfe im Verhältnis insbes. zu Verpflichtungen von Trägern anderer Sozialleistungen und Schulen und verbietet anderen die Leistungsversagung unter Hinweis auf Leistungen nach dem SGB VIII. Die ursprüngliche Regelung in Abs. 1 entsprach dem früheren § 2 Abs. 2 BSHG (heute: § 2 Abs. 2 SGB XII).[1] Für die Geltung des Nachrangs ist unerheblich, wer Anspruchsberechtigter des Leis-

---

[12] Vgl. insbes. die Richtlinie v. 19. 12. 1978 zur schrittweisen Verwirklichung des Grundsatzes der Gleichbehandlung von Männern und Frauen im Bereich der sozialen Sicherheit, ABl. EG 1979 L 6 S. 24.
[1] BT-Drucks. 11/5948 S. 53.

tungsanspruchs gegen den Jugendhilfeträger (vgl. § 1 Rn. 4 bis 10) ist. Ausschlaggebend ist allein die inhaltliche Identität des Anspruchs.[2] Die durch das Gesetz zur Weiterentwicklung der Kinder- und Jugendhilfe (Vor § 1 Rn. 7) eingefügten Abs. 2 und 3 behandeln das Verhältnis der Leistungspflichten von Jugendhilfe und Unterhaltsverpflichtetem bzw. dem Träger der Grundsicherung nach dem SGB II. In Abs. 4 wird insbes. das Verhältnis von Jugendhilfeleistungen zu Leistungen nach dem SGB XII sowie ein Vorbehalt für landesrechtliche Regelungen für Maßnahmen der Frühförderung normiert. Die Vorschrift wurde zuletzt durch das Gesetz zur Ermittlung von Regelbedarfen und zur Änderung des Zweiten und Zwölften Buches Sozialgesetzbuch vom 24. 3. 2011 (BGBl. I S. 453) geändert.

II. Verhältnis zu den Verpflichtungen anderer, insbes. Träger anderer Sozialleistungen und der Schule (Abs. 1)

1. Nachrang der Leistungen nach dem SGB VIII (S. 1). a) Leistungen anderer Sozialleistungsträger. Träger anderer Sozialleistungen, deren Verpflichtungen nach Abs. 1 S. 1 unberührt bleiben, sind die in §§ 12, 18 bis 26, 28, 29 SGB I genannten Körperschaften, Anstalten und Behörden. Vorrangig sind damit zunächst Leistungen der Krankenkassen (vgl. insbes. §§ 27 bis 43 a SGB V), zB medizinische Rehabilitationsmaßnahmen gem. §§ 40, 43 SGB V,[3] und Leistungen der Unfallversicherungsträger nach dem SGB VII.[4] Ebenfalls vorrangig sind Leistungen der Ausbildungsförderung nach dem BAföG. Für Maßnahmen der Arbeitsförderung nach dem SGB III ist zunächst zu beachten, dass § 22 Abs. 4 SGB III für den überwiegenden Teil der Maßnahmen einen Vorrang des SGB II für erwerbsfähige Hilfsbedürftige anordnet. Soweit ein Vorrang nicht besteht (insbes. Berufsausbildungsbeihilfen gem. §§ 59 ff. SGB III), bestimmt § 22 Abs. 1 SGB III ebenfalls einen Nachrang, eben auch im Verhältnis zum SGB VIII. Das Entstehen dieses negativen Kompetenzkonflikts hat der Gesetzgeber offenbar übersehen. Da jedoch die Vorschrift des § 22 Abs. 1 SGB III hinter der Nachrangregelung des § 2 Abs. 2 SGB XII zurücktritt, die Vorschrift des § 10 Abs. 1 aber an letztere Norm angelehnt ist (Rn. 1), muss davon ausgegangen werden, dass die Leistungen der Kinder- und Jugendhilfe gegenüber den Leistungen der Agentur für Arbeit ebenfalls nachrangig sind.[5]

Nach Ansicht des BVerwG[6] lässt sich dem Grundsatz der Nachrangigkeit nicht entnehmen, dass der nachrangige Leistungsträger von seiner Verpflichtung gegenüber dem Hilfsbedürftigen frei wird. Der Nachrang hat keine Auswirkung auf das Leistungsverhältnis, sondern wird erst bei der Frage der Kostenerstattung zwischen den Leistungsträgern (§ 104 SGB X) relevant. Demnach bedürfte es eines Rückgriffs auf § 43 SGB I,[7] welcher einen Anspruch auf vorläufige Leistung für den Fall vorsieht, dass die Leistungsverpflichtung zwischen mehreren Leistungsträgern streitig ist, nicht. Gegenüber dem Leistungsberechtigten kann sich der Träger der Jugendhilfe auf den Nachrang also nur berufen, wenn der vorrangige Leistungsverpflichtete die Leistung tatsächlich erbringt.

b) Leistungen der Schule. Vorrangige Leistungen der Schule bestehen zB im Angebot von schulpsychologischer Beratung, Ganztagsschulen, schulischer Betreuung, sonderpädagogischer Förderung. Ein Kompetenzkonflikt entsteht insbes. zu Maßnahmen bei Teilleistungsschwächen wie Legasthenie und Dyskalkulie, bei denen auch der Träger der Jugendhilfe Leistungen im Rahmen von § 27 und § 35a erbringen kann.[8] Sind faktisch keine schulischen Fördermaßnahmen verfügbar und leistet daher der Träger der Jugendhilfe, kann er die Kosten gem. § 95 zurückfordern, aber nur wenn das Schulrecht des Landes dem Kind oder Jugendlichen ein subjektives Recht auf eine entsprechende schulische Maßnahme zuspricht.[9]

2. Keine Versagung von Leistungen anderer (S. 2). Gemeint sind insbes. Leistungen, die auf Grund einer Ermessensvorschrift erbracht werden können. Im Rahmen der Ausübung des Ermessens darf der Gesichtspunkt, dass entsprechende Leistungen auch durch den Kinder- und Jugendhilfeträger erfolgen können, nicht berücksichtigt werden.

---

[2] LSG Münster JAmt 2007, 610.
[3] Zu den Ansprüchen der Leistungsempfänger vgl. *Wagner*, Die Einbeziehung der Empfänger von Sozial- und Jugendhilfe in die Gesetzliche Krankenversicherung, 2008.
[4] Weiterführend *Kunkel/Vondung* Rn. 20.
[5] So im Ergebnis auch *Gagel/Steinmeyer*, SGB III, 2010, § 22 Rn. 17; *Münder/Meysen* Rn. 7 ff. Differenzierend *Kunkel/Vondung* Rn. 26 ff.; *Hauck/Noftz/Bieritz-Harder* K § 10 Rn. 18.
[6] BVerwGE 109, 325, 330; BVerwGE 135, 159, 164 f.
[7] So *Wiesner/Wiesner* Rn. 46 f.
[8] *Kunkel/Vondung* Rn. 34 ff.
[9] *Mrozynski* Rn. 20.

III. Verhältnis zu Unterhaltsverpflichtungen (Abs. 2)

1. Kostenbeteiligung des Unterhaltsverpflichteten (S. 1). a) Unterhaltspflicht der Eltern. Aus S. 1 ergibt sich zunächst, dass die Leistungspflicht der Jugendhilfe unabhängig von etwaigen Unterhaltsansprüchen des Kindes oder Jugendlichen besteht. Der Nachrang der Jugendhilfe gegenüber der Unterhaltsverpflichtung ist schwach ausgeprägt. Das gilt insbes. für die Unterhaltspflicht der Eltern, obwohl deren Pflicht, für ihre minderjährigen Kinder Unterhalt zu leisten, nicht lediglich auf einfachrechtlicher (§ 1601 BGB), sondern auf verfassungsrechtlicher Grundlage (Art. 6 Abs. 2 S. 1 GG) beruht. Unterhaltspflichten ergeben sich weiter aus §§ 1601 ff. BGB; sie können auch auf vertraglicher Grundlage (zB private Unfallversicherung) geschaffen werden oder sich aus der Verpflichtung zur Leistung von Schadensersatz (§§ 823 ff., 842 f. BGB) ergeben. Der Nachrang der Jugendhilfe ist schon deshalb wenig bedeutsam, weil die Jugendhilfe nur zu einem geringeren Teil in einer direkten finanziellen Hilfe besteht (§§ 39, 40), die gegenüber einer Barunterhaltspflicht zurücktreten könnte. Leistungen der Jugendhilfe können zwar grundsätzlich in Konkurrenz zur Leistung von Naturalunterhalt (§ 1612 Abs. 2 BGB) treten; die gerichtliche Durchsetzung eines solchen Anspruchs gegen die Eltern entspräche jedoch nicht dem Kindeswohl. Der Nachrang wird daher nur dadurch verwirklicht, dass die Eltern gem. §§ 90 bis 97 zu den Kosten herangezogen werden.[10]

b) Freiwillige Unterhaltsleistungen. Werden Unterhaltsleistungen **freiwillig** erbracht, zB durch einen Vormund,[11] bleibt die Leistungspflicht des Jugendhilfeträgers ebenfalls bestehen.[12] Der strenge Nachrang des § 2 Abs. 1 und 2 SGB XII besteht im Jugendhilferecht nicht. Übernehmen zB die **Großeltern** die Pflege und Betreuung des Kindes, bleibt der erzieherischer Bedarf iSv. §§ 27, 33 erhalten, wie § 27 Abs. 2 a nun ausdrücklich und sogar für den Fall klarstellt, dass die Großeltern unterhaltspflichtig sind (vgl. § 27 Rn. 9).[13]

2. Auswirkung der Jugendhilfeleistung auf Unterhaltsbedarf und -verpflichtung (S. 2). Mit der Regelung des S. 2 soll klargestellt werden, dass die Leistung der Jugendhilfe den Unterhaltsanspruch dem Grund nach unberührt lässt. Soweit aber durch die Leistung der Bedarf des Unterhaltsberechtigten sinkt, reduziert sich der Unterhaltsanspruch der Höhe nach entsprechend. Der Unterhaltsverpflichtete kommt seiner materiellen Verantwortung im Rahmen der Heranziehung zu den Kosten nach.[14] Durch die Kostenbeteiligung kommt es zu einer Reduzierung der Leistungsfähigkeit, die wiederum den Unterhaltsanspruch der Höhe nach mindert.

IV. Verhältnis zu Leistungen nach dem SGB II (Abs. 3)

S. 1 der Regelung begründet einen Vorrang des SGB VIII vor dem SGB II, S. 2 kehrt dieses Verhältnis für die § 3 Abs. 2, §§ 14 bis 16 sowie § 19 Abs. 2 iVm. § 28 Abs. 6 SGB II und Leistungen nach § 6b Abs. 2 BKGG iVm. § 28 Abs. 6 SGB II um. Das bedeutet, dass insbesondere finanzielle Leistungen nach den §§ 20 ff. SGB II hinter denen der Jugendhilfe (§§ 39, 35 a) zurücktreten. Ein Vorrang besteht für § 19 Abs. 2 SGB II und § 6b BKGG, die unter den Voraussetzungen des § 28 Abs. 6 SGB II Ansprüche auf Kostenübernahme für eine Mittagsverpflegung (vgl. Rn. 12) gewähren. Die § 3 Abs. 2 und §§ 14 bis 16 SGB II betreffen die Integration in Arbeit, die Ausbildung oder Arbeitsgelegenheiten. Sie verdrängen damit grundsätzlich die arbeitsbezogene Jugendsozialarbeit nach § 13.[15] Gerade an dieser Stelle wird das schwierige Verhältnis der hilfeorientierten Kinder- und Jugendhilfe und der auf das „Fördern und Fordern" zielenden Konzeption des SGB II deutlich. Für die Eingliederungshilfe nach § 35a ist dabei zu beachten, dass Leistungen nach dem SGB II nach dessen § 7 Abs. 1 Nr. 2 nur bei Erwerbsfähigkeit gewährt werden und nach § 7 Abs. 4 bei stationärer Unterbringung ausscheiden.

V. Verhältnis zu Leistungen nach dem SGB XII (Abs. 4)

1. Grundsatz: Vorrang der Jugendhilfe (S. 1). Der sowohl für die Jugendhilfe als auch für die Sozialhilfe (§ 2 Abs. 2 SGB XII) geltende Grundsatz des Nachrangs versagt im Verhältnis beider Bereiche zueinander; Abs. 4 S. 1 stellt den Vorrang des Jugendhilferechts bei sich überschneidenden

---

[10] BGH FamRZ 2007, 377.
[11] BVerwGE 100, 178, 182 = NJW 1996, 2385, 2386; BVerwG FEVS 48, 289, 290.
[12] Dagegen entfiele nach § 2 Abs. 1 SGB XII der Bedarf und damit der Leistungsanspruch.
[13] *Kunkel/Vondung* § 10 Rn. 12; *Kunkel/Kunkel* § 27 Rn. 36; *Schellhorn/Fischer* § 27 Rn. 43 ff.
[14] BT-Drucks. 15/3676 S. 31.
[15] Weiterführend *Kunkel/Vondung* § 10 Rn. 47 ff.

oder deckungsgleichen Regelungen klar, weil das SGB VIII speziell auf die Bedürfnisse junger Menschen zugeschnittene Leistungen enthält oder – wie etwa bei den Leistungen nach §§ 39, 40 – die vorrangige Zuständigkeit der Jugendhilfe im Interesse der Verwaltungsvereinfachung sinnvoll ist.[16] Nachrangig sind damit insbes. die Hilfen zum Lebensunterhalt nach §§ 27 ff. SGB XII, die Krankenhilfe nach § 48 SGB XII, die Hilfe zur Weiterführung des Haushalts nach § 70 SGB XII.

2. Ausnahme: Vorrang von Maßnahmen der Eingliederungshilfe gem. §§ 53 ff. SGB XII und Kosten einer Mittagsverpflegung (§ 27a Abs. 1 iVm. § 34 Abs. 6 SGB XII) (S. 2). Nach Satz 2 besteht ein Vorrang der Sozialhilfe für Maßnahmen der Eingliederungshilfe für junge **körperlich oder geistig behinderte** Menschen bzw. junge Menschen, die von einer solchen Behinderung bedroht sind (zu Leistungen nach § 19 vgl. dort Rn. 8).[17] Daraus ergibt sich im Gegenschluss, dass die Kinder- und Jugendhilfe für Maßnahmen zugunsten von **seelisch behinderten** Kindern oder Jugendlichen zuständig bleibt (vgl. § 35a Eingliederungshilfe). Damit stellen sich erhebliche Abgrenzungsprobleme, insbes. in den Fällen der Mehrfachbehinderung eines Kindes oder Jugendlichen. Verfahrensrechtlich sieht § 14 SGB XI eine Klärung der Zuständigkeit vor. Nach der Entscheidung des BVerwG vom 23. 9. 1999[18] kann nicht auf Satz 1 der Vorschrift im Sinne einer Grundsatzregelung in den Fällen der Mehrfachbehinderung zurückgegriffen werden. Die Abgrenzung habe vielmehr anhand der Art der mit der Jugendhilfeleistung konkurrierenden Sozialhilfeleistung zu erfolgen. Es ist also im Rahmen einer abstrakten Betrachtung darauf abzustellen, ob die angestrebte oder gewährte Leistung eine solche nach Satz 1 oder Satz 2 ist. Konkurrieren Jugendhilfeleistungen mit den in Satz 2 genannten Maßnahmen der Eingliederungshilfe, so ist die Sozialhilfeleistung vorrangig. Konkurrieren Jugendhilfeleistungen mit anderen als den in Satz 2 genannten Maßnahmen, so ist nach Satz 1 die Jugendhilfe vorrangig. Eine Konkurrenz setzt freilich voraus, dass auf beide Leistungen ein Anspruch besteht und die Leistungen gleich oder gleichartig sind.[19] Nach Ansicht des BSG müssen auch die Personen, die in den Genuß der Leistung kommen, identisch sein.[20] Geht es um unterschiedliche Leistungen, werden diese vom jeweiligen Träger erbracht. Das gilt auch für Annexleistungen.[21] Auch wenn ein Konkurrenzverhältnis vorliegt, bleibt der Anspruch des Betroffenen gegen den nachrangigen Träger erhalten; das Rangverhältnis ist lediglich für die Kostenerstattung relevant (vgl. Rn. 3).

Ein weiterer Vorrang der Leistungen nach dem SGB XII besteht seit dem 1. 1. 2011 für die Übernahme der Kosten einer **Mittagsverpflegung** in der Schule, in einer Tageseinrichtung oder bei Kindertagespflege nach den § 27a Abs. 1 iVm. § 34 Abs. 6 SGB XII.

3. Maßnahmen der Frühförderung (S. 3). Mit „Frühförderung" werden Maßnahmen für behinderte oder von Behinderung bedrohte Kinder von der Geburt bis zur Einschulung[22] an bezeichnet (§ 26 Abs. 2 Nr. 2 SGB IX). In diesem Stadium ist oftmals nicht erkennbar, ob ein Entwicklungsrückstand geistig, seelisch oder körperlich bedingt ist oder ob ein Erziehungsdefizit vorliegt. Die Länder haben mit der Frühförderung überwiegend den Sozialhilfeträger betraut.[23]

Zweites Kapitel. Leistungen der Jugendhilfe

Erster Abschnitt. Jugendarbeit, Jugendsozialarbeit, erzieherischer Kinder- und Jugendschutz

§ 11 Jugendarbeit

(Vom Abdruck wurde abgesehen.)

---

[16] BT-Drucks. 11/5948 S. 53.
[17] Befristet bis zum 31. 12. 2013 ermöglicht § 54 Abs. 3 SGB XII dabei auch eine Unterbringung in Pflegefamilien; dazu *Schönecker/Eschelbach* JAmt 2010, 1.
[18] BVerwGE 109, 325 = NJW 2000, 2688.
[19] BVerwGE 125, 95, 96; BVerwGE 135, 159, 169; LSG Münster JAmt 2007, 610.
[20] BSGE 103, 39, 43 (zu §19, vgl. § 19 Rn. 8); anders BVerwGE 135, 159, 169 f.; LSG Münster Urt. v. 26. 07. 2010, L 20 SO 38/09 ZVW, nv., nrkr.
[21] BVerwG NJW 2007, 1991.
[22] *Kunkel/Vondung* Rn. 79 unter Hinweis auf § 55 Abs. 2 Nr. 2 SGB IX.
[23] *Münder/Meysen* Rn. 55.

§ 12 Förderung der Jugendverbände

(Vom Abdruck wurde abgesehen.)

§ 13 Jugendsozialarbeit

(Vom Abdruck wurde abgesehen.)

§ 14 Erzieherischer Kinder- und Jugendschutz

(Vom Abdruck wurde abgesehen.)

§ 15 Landesrechtsvorbehalt

(Vom Abdruck wurde abgesehen.)

Zweiter Abschnitt. Förderung der Erziehung in der Familie

§ 16 Allgemeine Förderung der Erziehung in der Familie

(1) ¹Müttern, Vätern, anderen Erziehungsberechtigten und jungen Menschen sollen Leistungen der allgemeinen Förderung der Erziehung in der Familie angeboten werden. ²Sie sollen dazu beitragen, dass Mütter, Väter und andere Erziehungsberechtigte ihre Erziehungsverantwortung besser wahrnehmen können. ³Sie sollen auch Wege aufzeigen, wie Konfliktsituationen in der Familie gewaltfrei gelöst werden können.

(2) Leistungen zur Förderung der Erziehung in der Familie sind insbesondere
1. Angebote der Familienbildung, die auf Bedürfnisse und Interessen sowie auf Erfahrungen von Familien in unterschiedlichen Lebenslagen und Erziehungssituationen eingehen, die Familie zur Mitarbeit in Erziehungseinrichtungen und in Formen der Selbst- und Nachbarschaftshilfe besser befähigen sowie junge Menschen auf Ehe, Partnerschaft und das Zusammenleben mit Kindern vorbereiten,
2. Angebote der Beratung in allgemeinen Fragen der Erziehung und Entwicklung junger Menschen,
3. Angebote der Familienfreizeit und der Familienerholung, insbesondere in belastenden Familiensituationen, die bei Bedarf die erzieherische Betreuung der Kinder einschließen.

(3) Das Nähere über Inhalt und Umfang der Aufgaben regelt das Landesrecht.

(4) Ab 2013 soll für diejenigen Eltern, die ihre Kinder von ein bis drei Jahren nicht in Einrichtungen betreuen lassen wollen oder können, eine monatliche Zahlung (zum Beispiel Betreuungsgeld) eingeführt werden.

Schrifttum: *Deutscher Verein für öffentliche und private Fürsorge,* Empfehlungen zur Familienbildung und zu der Umsetzung des gesetzlichen Auftrags der Jugendhilfe, NDV 1995, 221; *Ehrhardt-Rauch,* Das Recht des Kindes auf gewaltfreie Erziehung und seine Auswirkungen auf die soziale Arbeit, ZfJ 2004, 59; *Pettinger,* (Familienbezogene) Beratung im Kinder- und Jugendhilfegesetz (SGB VIII), RdJB 1998, 418; *Textor,* Allgemeine Förderung der Erziehung in der Familie, 1996; *ders.,* Stärkung der Bildungsfunktion von Familien – eine Aufgabe für die Familienbildung, ZKJ 2006, 35; *Tschöpe-Scheffler* (Hrsg.), Konzepte der Elternbildung – eine kritische Übersicht, 2. Aufl. 2006.

I. Normzweck

1 Die Vorschrift bildet die Grundlage für eine präventive familienunterstützende Jugendhilfe.[1] Sie verpflichtet die Träger der öffentlichen und der freien Jugendhilfe in Abs. 1, Leistungen zur Förderung der Erziehung in der Familie anzubieten, die zu einer besseren Wahrnehmung der Erziehungsverantwortung beitragen sollen. Zu diesen Leistungen gehören nach Abs. 2 insbes. die traditionellen

---

[1] *Wiesner* FuR 1990, 325, 329.

Allgemeine Förderung der Erziehung in der Familie   2–6 § 16 SGB VIII

Angebote der Familienbildung, der Beratung, der Familienfreizeit und Familienerholung als die wichtigsten Formen der allgemeinen Förderung der Erziehung des Kindes in der Familie.[2] Abs. 3 stellt klar, dass der Bund sich in diesem Bereich auf Rahmenvorschriften beschränkt.[3] Der durch das Gesetz zur Förderung von Kindern unter drei Jahren in Tageseinrichtungen und in Kindertagespflege (KiföG) vom 10. 12. 2008 (Vor § 1 Rn. 7) eingefügte Abs. 4 flankiert § 24 in der ab dem 1. 8. 2013 geltenden Fassung. Er enthält eine politische Absichtserklärung.

II. Pflicht zum Angebot von Förderungsleistungen (Abs. 1)

Absatz 1 enthält einen Programmsatz. Die Träger der öffentlichen Jugendbildung werden im öffentlichen Interesse verpflichtet, Leistungen zur allgemeinen Förderung der Erziehung in der Familie anzubieten. Im Vordergrund steht damit nicht die Erziehung der Kinder an sich, sondern die Unterstützung der Erziehung in der Familie. Der Begriff der Familie ist weder im personenstandsrechtlichen Sinne zu verstehen, noch ist er entsprechend dem Begriff der Familie iSv. Art. 6 Abs. 1 GG (eng) auszulegen. Die Norm erfasst vielmehr sämtliche familialen Strukturen, zB auch Stieffelternfamilien oder die den Enkel erziehenden Großeltern.[4] In der Praxis werden vor allem allein erziehende Mütter und Väter, Familien in Trennungs- und Scheidungssituationen, aber auch Migrantenfamilien oder Familien, die von Arbeitslosigkeit betroffen sind, erfasst.[5] Wahrgenommen werden die Angebote in erster Linie von Müttern mit jungen Kindern.[6] Als Leistungsadressaten nennt Abs. 1 S. 1 zunächst Mütter und Väter sowie die anderen Erziehungsberechtigten iSv. § 7 Abs. 1 Nr. 6 und „junge Menschen" gem. § 7 Abs. 1 Nr. 4. S. 3 der Vorschrift unterstützt das in § 1631 Abs. 2 BGB verankerte Gebot der gewaltfreien Erziehung.[7]

Die Soll-Vorschrift verpflichtet den Träger der öffentlichen Jugendhilfe; sie begründet jedoch selbst keinen Rechtsanspruch auf ein bestimmtes Leistungsangebot für die Betroffenen (vgl. § 1 Rn. 10).[8] Gem. § 90 Abs. 1 S. 1 Nr. 2 können für die Inanspruchnahme von Leistungen nach § 16 Abs. 1, Abs. 2 Nr. 1 und 3 Beiträge erhoben werden.[9]

III. Arten der Förderungsleistungen (Abs. 2)

1. Allgemeines. Abs. 2 führt die in Nr. 1 bis 3 benannten Leistungen nur „insbesondere" auf und stellt damit klar, dass diese Aufzählung nicht abschließend ist. Die genannten Angebote der Familienbildung, Familienberatung und Familienfreizeit bzw. Familienerholung gehören zu den klassischen Angeboten der Jugendhilfe. In der Praxis werden die Angebote vielfach nicht allein durch die Träger der öffentlichen Jugendhilfe gemacht, sondern erfolgen in Kooperation mit Sozialhilfeträgern und Krankenkassen, durch private Träger (zB Wohlfahrtsverbände)[10] oder durch selbstorganisierte Formen der Familienförderung (zB Mütterzentren)[11].

2. Familienbildung (Abs. 2 Nr. 1). Die Vorschrift zeigt mit ihrer Ausrichtung auf eine bessere Befähigung der Familien zur Mitarbeit in Erziehungseinrichtungen und in Formen der Selbst- und Nachbarschaftshilfe ein offenes Verständnis von Familie. In zunehmendem Maße richten sich die Angebote an Alleinerziehende. Dabei bestehen traditionelle Bildungsmaßnahmen wie Seminare oder Kurse neben Selbsthilfegruppen, Treffs usw.[12] Bei derartigen Maßnahmen überschneiden sich vielfach Bildung und Beratung (Nr. 2).

3. Beratung (Abs. 2 Nr. 2). Die Vorschrift soll verdeutlichen, dass die Erziehungsberatung wichtige Funktionen im präventiven Bereich hat und nicht nur im Rahmen von Hilfe zur Erziehung nach § 28 von Bedeutung ist.[13] Eine exakte Abgrenzung der Beratung nach Abs. 2 Nr. 2 und der Beratung nach § 28 ist gleichwohl nicht möglich.[14] Die Beratung nach § 8 Abs. 3 erfasst im Gegen-

---

[2] BT-Drucks. 11/5948 S. 57.
[3] Überblick über die Gesetzgebung der Länder bei *Jans/Happe-Happe/Saurbier* Rn. 71 ff.
[4] BT-Drucks. 11/5948 S. 81.
[5] Zehnter Kinder- und Jugendhilfebericht, BT-Drucks. 13/11368 S. 233.
[6] Zwölfter Kinder- und Jugendhilfebericht, BT-Drucks. 15/6014 S. 182, 188.
[7] Dazu *Ehrhardt-Rauch* ZfJ 2004, 59.
[8] *Wabnitz*, Rechtsansprüche gegenüber Trägern der öffentlichen Kinder- und Jugendhilfe nach dem Achten Buch Sozialgesetzbuch (SGB VIII), 2005, S. 157 ff.; BayVGH FEVS 52, 464, 467.
[9] Dies ist zunehmend üblich geworden, Zehnter Kinder- und Jugendhilfebericht, BT-Drucks. 13/11368 S. 234.
[10] Zehnter Kinder- und Jugendhilfebericht, BT-Drucks. 13/11368 S. 234.
[11] *Fieseler/Schleicher* Rn. 20.
[12] Zehnter Kinder- und Jugendhilfebericht, BT-Drucks. 13/11368 S. 234.
[13] BT-Drucks. 11/6748 S. 11, 81.
[14] OVG Münster NWVBl 1996, 310 (zu § 74 Abs. 5).

satz zu Abs. 2 Nr. 2 solche Situationen, in denen eine Notlage im Konflikt zur eigenen Familie Anlass zur Beratung eines Minderjährigen ist. Gegenstand der Beratung können nicht nur pädagogische oder medizinische Fragen sein, sondern auch der Umgang mit Schulden, Arbeitslosigkeit oder rechtlichen Problemen.

7 **4. Familienfreizeit, Familienerholung (Abs. 2 Nr. 3).** Diese Angebote sollen insbes. für schwierige Familiensituationen gelten; das sind Situationen, die zu einer Belastung der familiären Erziehungssituation führen können, zB infolge Trennung oder Scheidung, wirtschaftlicher Notlage, Inhaftierung eines Elternteils[15] oder infolge der Behinderung eines Kindes. Durch die Sicherstellung der erzieherischen Betreuung der Kinder soll den Elternbedürfnissen nach Entlastung Rechnung getragen werden.

§ 17 Beratung in Fragen der Partnerschaft, Trennung und Scheidung

(1) ¹Mütter und Väter haben im Rahmen der Jugendhilfe Anspruch auf Beratung in Fragen der Partnerschaft, wenn sie für ein Kind oder einen Jugendlichen zu sorgen haben oder tatsächlich sorgen. ²Die Beratung soll helfen,
1. ein partnerschaftliches Zusammenleben in der Familie aufzubauen,
2. Konflikte und Krisen in der Familie zu bewältigen,
3. im Fall der Trennung oder Scheidung die Bedingungen für eine dem Wohl des Kindes oder des Jugendlichen förderliche Wahrnehmung der Elternverantwortung zu schaffen.

(2) Im Fall der Trennung oder Scheidung sind Eltern unter angemessener Beteiligung des betroffenen Kindes oder Jugendlichen bei der Entwicklung eines einvernehmlichen Konzepts für die Wahrnehmung der elterlichen Sorge zu unterstützen; dieses Konzept kann auch als Grundlage für die richterliche Entscheidung über die elterliche Sorge nach der Trennung oder Scheidung dienen.

(3) Die Gerichte teilen die Rechtshängigkeit von Scheidungssachen, wenn gemeinschaftliche minderjährige Kinder vorhanden sind (§ 622 Abs. 2 Satz 1 der Zivilprozessordnung), sowie Namen und Anschriften der Parteien dem Jugendamt mit, damit dieses die Eltern über das Leistungsangebot der Jugendhilfe nach Absatz 2 unterrichtet.

Schrifttum: *Bayrisches Landesjugendamt,* Trennung und Scheidung. Arbeitshilfe für die Jugendhilfe zu den Beratungs- und Mitwirkungsaufgaben nach §§ 17, 18 Abs. 3, 50 SGB VIII, 2. Aufl. 2004; *Bernhardt,* Die Stimme des Kindes in der Trennungs- und Scheidungsberatung und in der Familien-Mediation, FPR 2005, 95; *Buchholz-Graf,* Zur Praxis der Jugendhilfe bei Trennung und Scheidung nach der Kindschaftsrechtsreform, ZfJ 2001, 209; *Coester,* Sorgerecht bei Elternscheidung und KJHG, FamRZ 1992, 617; *Derleder,* Die Beratung von Ehegatten im Trennungskonflikt – Überlegungen zur Struktur ehelicher Trennungskrisen und einem erforderlichen Beratungsangebot, FPR 1998, 213; *Diez/Krabbe/Thomsen,* Familien-Mediation und Kinder, 3. Aufl. 2009; *Füchsle-Voigt,* Verordnete Kooperation im Familienkonflikt als Prozess der Einstellungsänderung: Theoretische Überlegungen und praktische Umsetzung, FPR 2004, 600; *Greger,* Mediation in Kindschaftssachen - Kosten, Akzeptanz, Nachhaltigkeit, FPR 2011, 115; *Kerkhoff,* Das Rechtsberatungsgesetz und die Scheidungsberatung der Jugendhilfe – Zu den Grenzen der Beratungstätigkeit nach § 17 SGB VIII, 2004; *Menne,* Erziehungsberatung und gemeinsame elterliche Sorge nach Trennung und Scheidung – Rechtliche Fragen nach der Kindschaftsrechtsreform, ZfJ 2001, 217; *ders.,* Scheidung, Beratung und Hilfe zur Erziehung, ZfJ 2004, 327; *Ollmann,* Beratung nicht miteinander verheirateter Eltern über die gemeinsame Sorge, ZfJ 2000, 454; *Riehle,* Rechtsberatung und Mediation nach §§ 17, 28 SGB VIII, ZfJ 2001, 13; *ders.,* Gibt es einen Rechtsanspruch auf Mediation im SGB VIII?, ZfJ 2003, 418; *Proksch,* Förderung von Einvernehmen in streitige Kindschaftssachen nach FamFG, JAmt 2010, 215; *Trenczek,* Einvernehmliche Regelungen in Familiensachen – Neue Anforderungen durch das FamFG, FPR 2009, 335; *Vogel,* Das Hinwirken auf Einvernehmen in strittigen Kindschaftssachen, FamRZ 2010, 1870; *Wabnitz,* Mitwirkung der Jugendhilfe im familiengerichtlichen Verfahren – Rechtsgrundlagen, Aufgaben und Selbstverständnis, ZfJ 2000, 336; *Weber/Schilling* (Hrsg.), Eskalierte Elternkonflikte. Beratungsarbeit im Interesse des Kindes bei hochstrittigen Trennungen, 2006; *Ziegler,* Das Kindeswohl im elterlichen Trennungs- und Scheidungsverfahren – Interdisziplinäre Zusammenarbeit von Familiengericht, Familienanwaltschaft, Jugendamt und Erziehungs-, Ehe-, Familien- und Lebensberatungsstellen, 2008.

---

[15] Dazu *Mrozynski* Rn. 7.

Übersicht

	Rn.		Rn.
I. Normzweck	1	2. Angemessene Beteiligung des Kindes oder Jugendlichen	10
II. Entstehungsgeschichte	2	3. Sorgerechtskonzept	11
III. Beratung in Fragen der Partnerschaft (Abs. 1)	3–8	4. Sorgerechtskonzept als Grundlage der gerichtlichen Entscheidung	12–14
1. Anspruchsinhalt, praktische Bedeutung	3	a) Antrag auf Alleinsorge eines Elternteils	13
2. Bedeutung der Beratung für das Kind bzw. den Jugendlichen	4	b) Antrag des nicht mit der Mutter verheirateten Vaters auf Alleinsorge	14
3. Ziele der Beratung	5	V. Einbindung der Beratung und Unterstützung im familiengerichtlichen Verfahren	15–17
4. Inhaber des Anspruchs	6		
5. Abgrenzung zu sonstigen Beratungsansprüchen	7	1. Scheidungsverfahren	15
6. Rechtsberatung	8	2. Verfahren in Kindschaftssachen	16
IV. Entwicklung eines einvernehmlichen Konzepts für die Wahrnehmung der elterlichen Sorge im Falle der Trennung oder Scheidung (Abs. 2)	9–14	3. Funktionskonflikt bei der Beratungsdurchführung?	17
		VI. Gerichtliche Mitteilungspflicht und Pflicht des Jugendamtes zur Unterrichtung der Eltern (Abs. 3)	18, 19
1. Anspruchsinhalt; Anspruchsziel	9		

I. Normzweck

Die Vorschrift begründet in Abs. 1 einen Anspruch auf Beratung in Fragen der Partnerschaft, **1** insbes. im Falle der Trennung und Scheidung. Für diesen Fall erstreckt Abs. 2 den Anspruch auf die Unterstützung der Eltern bei der Entwicklung eines Konzepts für die Wahrnehmung der elterlichen Sorge. Wie Abs. 3 zeigt, steht die Beratung und Unterstützung in engem Zusammenhang mit dem gerichtlichen Verfahren im Falle der Trennung und Scheidung. Da vielen Eltern die Beratungsangebote des Jugendamtes nicht bekannt sind, verpflichtet Abs. 3 die Gerichte dazu, den Jugendämtern Namen und Anschrift der Parteien bekannt zu geben, damit den Eltern die Beratungsangebote nahegebracht werden können.

II. Entstehungsgeschichte

Die jetzige Fassung der Vorschrift geht zurück auf das Kindschaftsrechtsreformgesetz vom 16. 12. **2** 1997 (Vor § 1 SGB VIII Rn. 5), welches die Aufhebung des sog. „Zwangsverbundes" anordnete. Im Scheidungsverfahren ist seitdem eine gerichtliche Entscheidung über die elterliche Sorge nicht mehr zwingend zu treffen (§ 1671 BGB Rn. 1). Dieser Zuwachs an elterlicher Entscheidungsautonomie und -verantwortung sollte durch eine verbesserte Rechtsstellung der Eltern gegenüber den Beratungsangeboten der Jugendämter aufgefangen werden.[1] Aus diesem Grunde gewährt das Gesetz den Eltern ausdrücklich einen Anspruch auf Beratung und Unterstützung durch das Jugendamt. Zudem sind die Kinder bei der Entwicklung eines Sorgerechtskonzeptes angemessen zu beteiligen.

III. Beratung in Fragen der Partnerschaft (Abs. 1)

1. Anspruchsinhalt, praktische Bedeutung. Die Vorschrift normiert in Satz 1 einen **3** Anspruch[2] auf Beratung. Die Zielrichtung der Beratung wird in Satz 2 beschrieben. Die dort genannten Beratungsinhalte lassen sich nicht exakt voneinander abgrenzen. In der Praxis besonders relevant ist der Beratungsanspruch in den Fällen der (bevorstehenden) Trennung und/oder Scheidung. 2009 wurden in Deutschland 185.817 Ehen geschieden. Von diesen Scheidungen waren 145.656 Kinder und Jugendliche betroffen.[3] Die Zahl der Kinder, die bei geschiedenen Elternteilen lebten, betrug im Jahre 2004 1.285.000. Hinzu kamen 2004 501.000 Kinder, die bei getrennt lebenden Elternteilen aufwuchsen. Die Zahl der Kinder, welche Konflikte und Krisen in der Familie erleben müssen, dürfte erheblich höher liegen.

---
[1] BT-Drucks. 13/8511 S. 81; BT-Drucks. 13/4899 S. 163.
[2] Dazu *Mrozynski* ZfJ 1998, 403; *Riehle* ZfJ 2003, 418; *Wabnitz*, Rechtsansprüche gegenüber Trägern der öffentlichen Kinder- und Jugendhilfe nach dem Achten Buch Sozialgesetzbuch (SGB VIII), 2005, S. 158 ff.
[3] Statistisches Bundesamt, Wirtschaft und Statistik, März 2011, S. 247 f.

4 2. Bedeutung der Beratung für das Kind bzw. den Jugendlichen. Die negativen Folgen der Trennung und Scheidung der Eltern für Kinder und Jugendliche sind vielfältig untersucht und beschrieben worden. In der Literatur genannt werden Angst vor Verlust des Elternteils, Angst vor Verlassen werden, Schuldgefühle, mangelndes Selbstwertgefühl, übertriebene Anpassung, Loyalitätskonflikte u. ä.[4] Die negativen Auswirkungen von Konflikten und Krisen in der Familie auf das Kind oder den Jugendlichen sind demgegenüber weniger erforscht; dies gilt auch für Konfliktsituationen von Eltern, die eine Trennung bzw. Scheidung „um jeden Preis" vermeiden wollen. Der Träger der Jugendhilfe steht bei der Trennungs- und Scheidungsberatung der Herausforderung gegenüber, Eltern und Kindern bei der einvernehmlichen Neuorganisation ihrer Lebensumstände zu unterstützen. Die Entscheidung über die Art und Weise der Beratung und Unterstützung trifft der der Jugendhilfeträger. Auch an bestimmte sozialpädagogische oder kindespsychologische Konzepte ist er nicht gebunden. Dadurch dass der Gesetzgeber mit der Reform des Kindschaftsrechts im Fall der Scheidung vom sog. Konfliktmodell, nach welchem sich die Trennung der Eltern als Auflösung der Familie darstellt, zugunsten des sog. Reorganisationsmodells abgerückt ist, welches die Trennung und Scheidung lediglich als Teil einer familialen Gesamtentwicklung erfasst, hat sich der Beratungsschwerpunkt jedoch verschoben. Es geht weniger um die Unterstützung im gerichtlichen Verfahren, als vielmehr um die Mitwirkung bei der Entwicklung eines einvernehmlichen Konzepts nachehelicher Verantwortung.[5]

5 3. Ziele der Beratung. Als Ziele der Beratung können mit dem Deutschen Verein für öffentliche und private Fürsorge folgende Punkte genannt werden: (1) Die Eltern sollen lernen, ihre Probleme auf der Partnerebene von ihrer Verantwortung auf der Elternebene zu trennen und dabei die Interessen der Kinder in den Vordergrund zu stellen, (2) den Kindern soll der Zugang und die Beziehung zu beiden Elternteilen erhalten werden, ohne dass sie in Loyalitätskonflikte geraten, um Identifikationsmöglichkeiten mit Vater und Mutter zu erhalten, (3) den Kindern soll die Chance auf die Entwicklung eines stabilen Selbstwertes eröffnet werden, (4) den Kindern sollen möglichst viele ihrer sie stützenden Beziehungen und so weit wie möglich ihre vertraute Umgebung erhalten bleiben, (5) die Kinder sollen Klarheit über den künftigen Lebensort erhalten und das Gefühl bekommen, diesen mitbestimmen und mitgestalten zu können und damit ernst genommen zu werden.[6]

6 4. Inhaber des Anspruchs. Der Anspruch steht Müttern und Vätern zu; sie müssen nicht miteinander verheiratet sein. Dem Kind bzw. Jugendlichen räumt die Vorschrift keinen Beratungsanspruch ein. Auch sonstige Personensorge- und Erziehungsberechtigte haben keinen Anspruch nach § 17.[7] Der Anspruch steht jedem Elternteil zu; eine gemeinsame Beratung ist daher nicht zwingend, wenn auch in vielen Fällen wünschenswert. Der Anspruch besteht nur, wenn der Elternteil die Personensorge innehat oder er tatsächlich für das Kind sorgt. Es kann also auch der nicht mit der Mutter verheiratete Vater, wenn er kein Sorgerecht hat, aber zeitweilig für das Kind sorgt, Anspruchsinhaber sein. Dabei dürfte die Norm über ihren Wortlaut hinaus anwendbar sein auf den Fall, in dem der nicht mit der Mutter verheiratete Vater kein Sorgerecht hat, er nicht für das Kind sorgt, er aber einen Teil der (tatsächlichen) Sorge übernehmen möchte und es aus diesem Grunde zu Konflikten zwischen den Eltern kommt. Ferner sollte die Norm auf den Fall erstreckt werden, in denen das Kind noch nicht geboren ist, die Konflikte zwischen den Eltern aber bereits bestehen;[8] denn die Konflikte, die zur Trennung und Scheidung führen, setzen vielfach schon in dieser Phase ein.[9]

7 5. Abgrenzung zu sonstigen Beratungsansprüchen. Der Anspruch nach Abs. 1 steht im engen Verhältnis zur institutionellen Erziehungsberatung nach § 28. Diese setzt idealtypisch voraus, dass wegen der Trennung bzw. Scheidung der Eltern bereits Erziehungsschwierigkeiten oder Entwicklungsprobleme beim Kind vorliegen. Sie eröffnet insbes. die Möglichkeit einer längerfristigen Therapie. Im Laufe der Beratung nach § 17 wird es daher oftmals zur Inanspruchnahme einer Beratung nach § 28 kommen. Eine genaue Zuordnung der Rechtsgrundlage der Beratung ist weder möglich noch notwendig.

---

[4] *Figdor*, Kinder aus geschiedenen Ehen: Zwischen Trauma und Hoffnung, 8. Aufl. 2004; *Wallerstein/Lewis* FamRZ 2001, 56.
[5] *Münder/Proksch* Rn. 5.
[6] NDV 1992, 148 ff.; zustimmend *Hauck/Noftz/Grube* K § 17 Rn. 18; *Mrozynski* Rn. 10.
[7] AA *Wiesner/Struck* Rn. 10: Neue Partner eines Elternteils (zB Stiefeltern) seien anspruchsberechtigt. Wohl auch *Jung/Jurgeleit* Rn. 86.
[8] Ebenso *Hauck/Noftz/Grube* K § 17 Rn. 12.
[9] *Menne/Weber* ZfJ 1998, 85, 86.

6. Rechtsberatung. Die Vorschrift gewährt den Müttern und Vätern auch einen Anspruch 8
auf Rechtsberatung in Zusammenhang mit Partnerschaftskonflikten. Rechtsberatung, die von
Behörden im Rahmen ihrer Zuständigkeit ausgeübt wird, ist nach § 8 Abs. 1 Nr. 2, 5 RDG zulässig.
Dies wird durch § 14 SGB I bestätigt, der einen allgemeinen Beratungsanspruch des Bürgers über
seine Rechte und Pflichten nach dem SGB, also im Wesentlichen einen Anspruch auf Rechtsberatung,[10] begründet. Nach einer Stellungnahme des Bundesjustizministeriums ist die Rechtsberatung
auch durch die freien Träger der Jugendhilfe zulässig, da diese in untrennbarem Zusammenhang mit
der den Schwerpunkt der Tätigkeit bildenden psychologisch-pädagogischen Hilfeleistung stehe.[11]
Die Beratung wird in erster Linie die Möglichkeiten der Ausgestaltung des Sorge- und Umgangsrechts betreffen; sie kann sich im Einzelfall aber auch auf eine Beratung über die Rechtsfolgen der
Scheidung erstrecken, denn durch diese bestimmen sich die wirtschaftlichen Rahmenbedingungen
für die Ausübung des Sorgerechts.[12]

IV. Entwicklung eines einvernehmlichen Konzepts für die Wahrnehmung der elterlichen Sorge im Falle der Trennung oder Scheidung (Abs. 2)

1. Anspruchsinhalt; Anspruchsziel. Neben der Beratung sind nach Abs. 2 die Eltern bei 9
der Entwicklung eines einvernehmlichen Konzepts für die Wahrnehmung der elterlichen Sorge zu
unterstützen. Die Vorschrift gewährt den Eltern einen Rechtsanspruch auf Unterstützung, auch
wenn dies aus dem Wortlaut nicht eindeutig hervorgeht. Der Begriff Unterstützung reicht weiter als
der der Beratung. Er umfasst auch die aktive Vermittlung zwischen beiden Elternteilen.[13] Im Interesse des Kindeswohls liegt vor allem die Einvernehmlichkeit des Sorgerechtskonzepts. Eine Einigung der Eltern über die Sorgerechtsverteilung, die von der Überzeugung beider Elternteile getragen wird, bietet am ehesten die Gewähr dafür, dass Erziehungskonflikte verhindert werden.[14] Von
besonderer Bedeutung ist die Langfristigkeit der von den Eltern getroffenen Regelung, die dem
Kind den Eindruck von Kontinuität und Verlässlichkeit vermittelt. Es ist daher wichtig, dass die
Entwicklung eines Sorgerechtskonzepts nicht im Interesse einer schnellen Abwicklung des Scheidungsverfahrens überstürzt und unter Eingehung von Kompromissen durch einen Elternteil erfolgt,
mit welchen sich dieser auf lange Sicht nicht abfinden können wird. Die Erarbeitung eines gemeinschaftlichen Sorgekonzepts bedarf daher ausreichender Zeit; ein Zeitraum von drei Monaten ist
nicht unangemessen.[15]

2. Angemessene Beteiligung des Kindes oder Jugendlichen. Mit dem Kindschafts- 10
rechtsreformgesetz (Rn. 2) wurde der Vorschrift die Bestimmung hinzugefügt, dass die Entwicklung
des Sorgerechtskonzepts unter angemessener Beteiligung des Kindes oder Jugendlichen zu erfolgen
habe. Die Regelung konkretisiert den Beteiligungsanspruch des Kindes oder Jugendlichen aus § 8
Abs. 1. Sie steht im Einklang mit den Anforderungen, die Art. 12 UN-Kinderkonvention (§ 6
Rn. 12) und Art. 24 Abs. 1 S. 2 und 3 der Charta der Grundrechte der EU (§ 6 Rn. 12) an die
Beteiligungsrechte des Kindes stellen, und betont die Subjektstellung des Kindes im Beratungsverfahren. Bei der Beteiligung ist darauf zu achten, dass sie das Kind bzw. den Jugendlichen nicht in
eine Schiedsrichterposition verweist, nach welcher sich dem Kind bzw. Jugendlichen der Eindruck
aufdrängen muss, er trage die überwiegende Verantwortung für die getroffene Vereinbarung.[16] Verstärkt wird die Rechtsposition eines Jugendlichen, der das 14. Lebensjahr vollendet hat, durch die
Regelung des **§ 1671 Abs. 2 Nr. 1 BGB**. Widerspricht der Jugendliche einem gemeinsamen Vorschlag der Eltern, so wird die Regelung durch das Gericht getroffen (§ 1671 BGB Rn. 64 ff.). Das
Jugendamt sollte jedoch bemüht sein, einen solchen Dissens zwischen Eltern und Jugendlichem zu
vermeiden.[17] Die **Angemessenheit** der Beteiligung bezieht sich erstens auf die Frage, ob das Kind
bzw. der Jugendliche überhaupt im Verfahren beteiligt werden kann. Zweitens richtet sie sich nach
den Umständen, unter denen die Beteiligung durchzuführen ist (kindgerechte Umgebung, Anhörung mit oder ohne Eltern usw.).[18] Zum dritten zielt die Angemessenheit auf das Gewicht, welches
der durch das Kind bzw. den Jugendlichen geäußerten Meinung beizumessen ist.

---

[10] *Hauck/Noftz/Knecht*, SGB I, K § 14 Rn. 22.
[11] ZfJ 1994, 75.
[12] LG Memmingen DAVorm. 1995, 117, 119. Enger *Kunkel/Kunkel* Rn. 8.
[13] *Wiesner/Struck* Rn. 34; *Kunkel/Kunkel* Rn. 14.
[14] *Wiesner/Struck* Rn. 34.
[15] OLG Zweibrücken FamRZ 2000, 627.
[16] *Wiesner/Struck* Rn. 27 f.
[17] *Wiesner/Struck* Rn. 28.
[18] Deutscher Verein für öffentliche und private Fürsorge NDV 1999, 245, 251. Zum kindgerechten Verfahren
Fricke ZfJ 1998, 53.

11 3. Sorgerechtskonzept. Nach Abschaffung des sog. Zwangsverbundes durch die Kindschaftsrechtsreform (Rn. 2) verbleibt es grundsätzlich im Falle der Scheidung der Eltern bei der gemeinsamen elterlichen Sorge. Auch nicht verheirateten Paaren wurde die Möglichkeit einer gemeinsamen elterlichen Sorge eingeräumt. Diese Entscheidung des Gesetzgebers begründet jedoch nicht eine gesetzlich vorgegebene Präferenz für ein bestimmtes Sorgerechtsmodell.[19] Das Gesetz hat vielmehr entsprechend den Vorgaben des Bundesverfassungsgerichts[20] den Vorrang der Eltern bei der Gestaltung eines Sorgerechtskonzepts gestärkt und ihren Entscheidungsspielraum vergrößert. Es ist daher nicht das Ziel der Intervention der Jugendhilfe (und des Gerichts), um jeden Preis das Einverständnis der Eltern zur Beibehaltung der gemeinsamen elterlichen Sorge zu erreichen. Ausschlaggebend ist vielmehr das Wohlergehen des Kindes in jedem Einzelfall.[21] Zwar wird es dem Kindeswohl in aller Regel am ehesten entsprechen, wenn dem Kind dauerhaft die Beziehung zu beiden Elternteilen erhalten bleibt.[22] Ein solcher Beziehungserhalt lässt sich ggf. aber auch ohne das Bestehen einer elterlichen Sorge des Elternteils erreichen, insbes. durch ein Umgangsrecht. Eine solche Lösung wird sich anbieten, wenn die von beiden Elternteilen zur Wahrnehmung der gemeinsamen elterlichen Sorge geforderte Kooperationsfähigkeit und -bereitschaft[23] nicht vorhanden ist. Einer derartigen Einzelfallbetrachtung würde die starre Präferenz eines Sorgerechtsmodells entgegenstehen, weil mit ihr die Strukturen und nicht der Entwicklungsprozess in den Vordergrund der Beratung rückt.[24]

12 4. Sorgerechtskonzept als Grundlage der gerichtlichen Entscheidung. Der Richter entscheidet im Falle der Trennung der Eltern grundsätzlich nur über die elterliche Sorge, wenn ein Elternteil einen Antrag auf Alleinsorge stellt (§ 1671 BGB). Einen solchen Antrag kann gem. § 1671 Abs. 1 BGB ein Elternteil stellen, dem die elterliche Sorge bis dahin gemeinsam mit dem anderen Elternteil zustand. Einen Antrag auf Alleinsorge kann ebenfalls der nicht mit der Mutter verheiratete Vater stellen, welcher bis dahin gem. § 1626a Abs. 2 BGB nicht an der elterlichen Sorge beteiligt war (§ 1672 Rn. 5 ff., 12 ff.). Schließlich kann in einem solchen Fall die Mutter gem. § 1672 Abs. 2 BGB wiederum beantragen, dass die elterliche Sorge beiden Elternteilen gemeinsam übertragen wird. Zwar kann das FamG darüber hinaus auch in Fällen des § 1626a BGB, in denen die elterliche Sorge der Mutter ruht (§ 1678 Abs. 2 BGB), sowie in Fällen, in denen einem Elternteil die elterliche Sorge entzogen oder ein Elternteil verstorben ist (§ 1680 Abs. 2 und 3 BGB), über die elterliche Sorge zu entscheiden haben. Ein Anspruch auf Unterstützung nach § 17 Abs. 2 besteht jedoch nur, wenn gleichzeitig ein Fall der Trennung oder Scheidung der Eltern gegeben ist.

13 a) Antrag auf Alleinsorge eines Elternteils. Beantragt ein Elternteil, dass ihm die Alleinsorge oder ein Teil der elterlichen Sorge übertragen wird, und erteilt der andere Elternteil seine **Zustimmung,** ist das Gericht gem. § 1671 Abs. 1, 2 Nr. 1 BGB an diesen Antrag gebunden. In dieser Situation besteht die Gefahr, dass im Interesse einer zügigen Abwicklung des Scheidungsverfahrens ein Elternteil vorschnell auf die elterliche Sorge verzichtet (Rn. 9). Dies kann einerseits dazu führen, dass für diesen Elternteil mittel- und langfristig die Regelung nicht akzeptabel bleibt; andererseits kann sie bewirken, dass sich der Elternteil unter Hinweis auf die getroffene Regelung grundlos seiner Elternverantwortung entzieht. Beiden Gefahren soll das Jugendamt bei der Entwicklung des Sorgerechtskonzepts entgegenwirken. Dies kann auch durch die Einräumung eines Umgangsrechts (§ 1684 BGB) geschehen. Widerspricht ein Kind, welches das 14. Lebensjahr vollendet hat, dem gemeinsamen Antrag der Eltern, muss das Gericht über die elterliche Sorge entscheiden (Rn. 10). **Verweigert** ein Elternteil seine Zustimmung zu dem Antrag des anderen Elternteils, ihm die Alleinsorge zu übertragen, entscheidet das Gericht nach § 1671 Abs. 2 Nr. 2 BGB. Nach dieser Regelung bleibt es bei der gemeinsamen Sorge, sofern nicht die Übertragung der Alleinsorge auf einen Elternteil dem Wohl des Kindes „am besten" entspricht (dazu § 1671 BGB Rn. 67 ff.). In diesen Fällen, in denen zumindest im Ausgangspunkt kein Konsens der Eltern besteht, ist jedoch gerade fraglich, ob die für die Ausübung der gemeinsamen elterlichen Sorge notwendige Kooperationsfähigkeit und Kooperationsbereitschaft der Eltern gegeben ist. Das Jugendamt ist daher in besonderer Weise gefordert, auf die Entwicklung eines einvernehmlichen Konzepts hinzuwirken. Dabei bleibt es den Mitarbeitern des Jugendamtes im Einzelfall überlassen, in welcher Richtung sie versuchen, ein Einvernehmen herzustellen. Ihre Entscheidung wird maßgeblich von der Prognose abhängen, ob sich (ggf. im Rahmen längerfristiger Beratung) die Kooperationsbereitschaft und -fähigkeit

---

[19] OLG Zweibrücken FamRZ 2000, 627, 629; OLG Zweibrücken FamRZ 1999, 40, 41.
[20] BVerfGE 61, 358, 374 ff.; BVerfGE 84, 168, 178 ff.
[21] Die Skizze eines Beratungsmodells findet sich bei *Fthenakis* ArchsozArb 1986, 174, 188 f.
[22] Vgl. BGH DAVorm. 2000, 704, 707 f.
[23] Deutscher Verein für öffentliche und private Fürsorge NDV 1999, 245, 252.
[24] OLG Zweibrücken FamRZ 2000, 627, 629 unter Hinweis auf *Suess/Scheuerer-Englisch/Grossmann* FPR 1999, 148, 156.

der Eltern entwickeln lassen wird oder nicht. Eine **Bindung** des FamG an das von den Eltern entwickelte Sorgerechtskonzept wird nicht durch § 17 Abs. 2, sondern erst durch die Zustimmung des Elternteils nach § 1671 Abs. 2 Nr. 1 BGB bzw. durch die Rücknahme des Antrags auf Übertragung der elterlichen Alleinsorge durch den anderen Elternteil erreicht.

b) Antrag des nicht mit der Mutter verheirateten Vaters auf Alleinsorge. Der mit 14 der Mutter nicht verheiratete Vater kann beantragen, dass ihm das FamG die Alleinsorge (oder die Mitsorge) überträgt, sofern bis dahin gem. § 1626a Abs. 2 BGB die Mutter die Alleinsorge innehatte. Die Regelung des § 1672 Abs. 1 BGB, die die Übertragung von der Zustimmung der Mutter abhängig macht, ist verfassungswidrig (§ 1672 Rn. 3 ff.).[25] Bis zur Neuregelung hat das BVerfG angeordnet, dass das FamG den Eltern auf Antrag eines Elternteils die elterliche Sorge oder einen Teil der elterlichen Sorge gemeinsam überträgt, soweit zu erwarten ist, dass dies dem Kindeswohl entspricht. Die Alleinsorge des Vaters kann dem Kindeswohl vor allem entsprechen, wenn die Mutter ihre Elternverantwortung und damit die Ausübung der elterlichen Sorge ablehnt. IÜ wird dem Kindeswohl im Regelfall jedoch ein gemeinsames elterliches Sorgerecht besser entsprechen, wenn die erforderliche Kooperationsbereitschaft und -fähigkeit der Eltern vorhanden ist bzw. sich im Rahmen der Beratung und Unterstützung durch das Jugendamt herstellen lässt. Dabei ist zu berücksichtigen, dass ein gemeinsames Sorgerecht auch noch nach der Übertragung der elterlichen Sorge auf den Vater gem. § 1672 Abs. 2 BGB auf Antrag eines Elternteils erreicht werden kann.

V. Einbindung der Beratung und Unterstützung im familiengerichtlichen Verfahren

1. Scheidungsverfahren. Die Aufhebung des Zwangsverbundes hat zu mehr Entscheidungs- 15 und Gestaltungsfreiheit der Eltern bei der Ausgestaltung des Sorge- (und Umgangs)rechts geführt (Rn. 2). Es kann im Einzelfall zweifelhaft sein, ob die Eltern, die sich in einer Scheidungssituation befinden, in der Lage sind, diese Freiheit in angemessener Weise zum Wohle des Kindes auszuüben. Aus diesem Grunde gibt der Gesetzgeber in § 128 Abs. 2 FamFG vor, dass die Eltern zur elterlichen Sorge und zum Umgangsrecht angehört und auf bestehende Möglichkeiten der **Beratung** im gerichtlichen Verfahren **hingewiesen** werden. Mit der im Vergleich zur Vorgängernorm des § 613 Abs. 1 S. 2 ZPO gestrafften Formulierung der Pflicht, auf die Beratung hinzuweisen, wurde keine inhaltliche Änderung beabsichtigt.[26] Dh. das Gericht hat weiterhin auf die die Beratungsstellen und Dienste der Träger der Jugendhilfe hinzuweisen. Neben der Beratung gem. § 17 Abs. 2 ist für das Umgangsrecht die Beratung nach § 18 Abs. 3 gemeint. Der Hinweis hat grundsätzlich gegenüber den persönlich erschienenen Eltern im Rahmen der mündlichen Verhandlung zu erfolgen; nur im Ausnahmefall ist auf die Möglichkeit eines nur schriftlichen Hinweises zurückzugreifen.[27] Ein lediglich formelhafter Hinweis unter Wiederholung des Gesetzeswortlauts der §§ 17 Abs. 2, 18 Abs. 3 genügt nicht.[28] Vielmehr sind Name, Adresse und Telefonnummer des örtlich zuständigen Jugendamtes (§§ 86, 87 b) anzugeben. Soweit auf einen freien Jugendhilfeträger verwiesen wird, sollte auf das Wahlrecht nach § 5 und die kostenrechtliche Abwicklung (§ 5 Rn. 4 f.) hingewiesen werden.[29] Sinnvoll kann es auch sein zu betonen, dass ein *Anspruch* auf Beratung und Unterstützung besteht. Soweit eine Folgesache anhängig ist (§ 137 Abs. 2, 3 FamFG), kann das Gericht gem. § 135 Abs. 1 FamFG anordnen, dass die Ehegatten an einem **kostenfreien Informationsgespräch** über Mediation oder sonstige Möglichkeiten der außergerichtlichen Streitbeilegung teilnehmen. Darunter fällt auch die (kostenfreie) Beratung durch den Träger der Jugendhilfe gem. Abs. 2 und § 18 Abs. 3. Die durch den Träger der Jugendhilfe angebotene Mediation ist ebenfalls kostenfrei.[30]

2. Verfahren in Kindschaftssachen. Auch im kindschaftsrechtlichen Verfahren hat gem. 16 § 156 Abs. 1 S. 2 FamFG ein **Hinweis** auf die **Beratungsangebote** der Jugendhilfeträger gegenüber den Eltern zu erfolgen. Hier gilt das oben (Rn. 15) Gesagte. Nach S. 4 kann das Gericht weiter **anordnen**, dass die Eltern an einer Beratung nach §§ 17 Abs. 2, 18 Abs. 3 teilnehmen. In geeigneten Fällen soll das Gericht nach S. 3 der Norm auf die Möglichkeit der Mediation und der sonstigen **außergerichtlichen Streitbeilegung hinweisen**. Eine weitere Hinweispflicht besteht im Rahmen der Vermittlung über das Umgangsrecht nach § 165 Abs. 3 S. 3 FamFG (vgl. auch § 18 Rn. 7). Bei

---

[25] BVerfGE 127, 132.
[26] BT-Drucks. 16/6308 S. 228.
[27] Anders in der Tendenz MünchKommZPO/*Hilbig*, 3. Aufl. 2010, §128 FamFG Rn. 18.
[28] So auch allgemein MünchKommZPO/*Bernreuther*, 3. Aufl. 2007, § 613 ZPO Rn. 15.
[29] Weiterführend *Wiesner/Struck* Rn. 61 f. Im Hinblick auf die Einbeziehung des Jugendamtes in das familiengerichtliche Verfahren nach § 50 wird die Beratung in der Praxis zumeist ebenfalls durch das Jugendamt durchgeführt. Das Wahlrecht der betroffenen Eltern geht daher oftmals ins Leere, Zehnter Kinder- und Jugendhilfebericht, BT-Drucks. 13/11368 S. 235.
[30] *Trenczek* FPR 2009, 335; *Münder/Proksch* Rn. 7 und zur Mediation im Rahmen des § 17 dort Rn. 38 ff.

einer Anordnung nach § 156 Abs. 1 S. 4 FamFG legt das Gericht in Abstimmung mit dem Jugendamt fest, bei welcher Beratungsstelle innerhalb welcher Frist die Eltern sich beraten lassen sollen.[31] Die Frist sollte nicht zu lange bemessen sein, da die Anordnung keinen wichtigen Grund für eine Aussetzung des Verfahrens gem. § 21 FamFG darstellt.[32] Kommen die Eltern der Anordnung nicht nach, können ihnen gem. § 81 Abs. 2 Nr. 5 FamFG die Kosten des Verfahrens auferlegt werden. Für die Beratungsstellen stellt sich diese Situation bei einer nach § 156 Abs. 1 S. 4 angeordneten Beratung als besondere Herausforderung dar, kommt sie doch einer Zwangsberatung nahe.[33] Dieser Eingriff in die elterliche Entscheidungsautonomie rechtfertigt sich durch das Kindeswohl. Eine einvernehmliche, dauerhafte Sorgerechtsvereinbarung zwischen den Eltern dient dem Kindeswohl am besten (Rn. 5). Nach der Rspr. ist die Annahme der Beratung **Teil der Elternpflicht.**[34] Daher könne sich die Verweigerung der Annahme von Beratung als kindeswohlfeindliches Unterlassen darstellen. Das Nichterscheinen eines Elternteils zum Gespräch beim Jugendamt könne als Anhalt dafür gewertet werden, dass das – alleinige oder gemeinsame – Sorgerecht missbraucht würde, die ungestörte Entwicklung des Kindes zu beeinträchtigen.[35] Ob die Elternpflicht tatsächlich die Annahme der Beratung erfordert, wird jedoch von den Umständen des konkreten Einzelfalles abhängen.

17 **3. Funktionskonflikt bei der Beratungsdurchführung?** Das Jugendamt wird in Trennungs- und Scheidungssituationen nicht nur beratend nach § 17 tätig, sondern es hat bei gerichtlichen Entscheidungen, die die Person des Kindes betreffen, gem. § 162 FamFG, § 50 Abs. 1 S. 2 im Verfahren mitzuwirken. Befürchtungen, wonach die sozialpädagogische Hilfeleistung als originärer Auftrag des Jugendamtes durch die Amtshilfe für ein Gerichtsverfahren gestört werde, weil diese eine staatliche Kontrolle im privaten Lebensbereich bedeute, Hilfeannahme und Kontrolle sich aber wechselseitig ausschlössen und das Jugendamt deshalb nicht beide Funktionen gleichzeitig ausüben könne,[36] erscheinen unbegründet: Nach dem Zweckbindungsgrundsatz des § 64 Abs. 1 dürfen personenbezogene Daten nur zu dem Zweck verwendet werden, zu dem sie erhoben worden sind. „Zweck" ist dabei nicht der gesamte Aufgabenkatalog des § 2, sondern der Begriff ist einengend entweder im Sinne der Einzelnen konkreten, dem Jugendhilfeträger obliegenden gesetzlichen Aufgabe oder aus der mit dem Betroffenen bei Einholung der Daten getroffenen Zweckvereinbarung zu verstehen.[37] Eine Offenbarung der Daten iSv. § 69 SGB X ist nach § 64 Abs. 2 nur zulässig, soweit dadurch der Erfolg einer zu gewährenden Leistung nicht in Frage gestellt wird. Diese Vorschrift begründet einen Vorrang von Leistungen iSv. § 2 Abs. 2, zu denen nach Nr. 2 die Beratung gem. § 17 gehört, vor den anderen Aufgaben der Jugendhilfe iSv. § 2 Abs. 3, zu denen nach Nr. 6 die Mitwirkung in Verfahren vor dem FamG zählt. Die Datenweitergabe aus einer Beratungsbeziehung ohne Zustimmung des Betroffenen stellt den Erfolg der Beratung idR in Frage, weil der Klient dies als Vertrauensbruch wertet.[38] Die Beratungs- und Unterstützungspflichten nach § 17 erlauben es daher nicht, dass die Jugendhilfeträger ohne Einwilligung der Betroffenen Informationen aus den Beratungsgesprächen in gerichtlichen Verfahren vorträgt[39] oder diese Daten dem FamG anderweitig übermittelt werden.[40] Da es bei der Beratung um einen Hilfeprozess geht, in dem mit dem Ziel einer Änderung der Lebensbedingungen von Eltern und Kindern auf das persönliches Verhalten der Eltern eingewirkt werden soll, wird nach § 17 persönliche Hilfe iSv. § 65 geleistet, so dass personenbezogene Daten, die zu diesem Zweck dem Mitarbeiter eines Trägers der öffentlichen Jugendhilfe anvertraut worden sind, nur unter den Voraussetzungen dieser Vorschrift offenbart werden dürfen. Soweit jedoch eine Kindeswohlgefährdung besteht, kann eine Übermittlung der Sozialdaten nach § 65 Abs. 1 Nr. 2 erfolgen. Eine **organisatorische, insbes. personelle Trennung** ist zur Behebung des Rollenkonfliktes weder notwendig noch angezeigt.[41] Insoweit sind die Grundsätze der Sozialarbeit, nach welcher Hilfe ganzheitlich zu leisten ist, also der gesamte Beratungsprozess in einer Hand liegen sollte, anzuerkennen.[42] Eine zweigeteilte Zuständigkeit innerhalb des

---

[31] MünchKommZPO/*Schumann*, 3. Aufl. 2010, §156 FamFG Rn. 10.
[32] MünchKommZPO/*Schumann*, 3. Aufl. 2010, §156 FamFG Rn. 10.
[33] Dazu *Wiesner/Struck* Rn. 42c. Vgl. weiter *Weber*, Beratung in Zwangskontexten, in *Weber/Schilling* S. 217 ff.
[34] OLG Zweibrücken FamRZ 2000, 627.
[35] OLG Zweibrücken FamRZ 2000, 627, 628; OLG Bamberg FamRZ 1999, 805, 806.
[36] *Müller-Alten* ZfJ 1989, 443, 444; *Ballof* ZfJ 1992, 454, 456.
[37] *Fieseler/Schleicher* Rn. 24.
[38] *Fieseler/Schleicher* Rn. 23.
[39] *Mörsberger* ZfJ 1990, 365, 370.
[40] *Wiesner/Struck* Rn. 56.
[41] Anders noch 3. Aufl. Rn. 10 aE; *Coester* FamRZ 1992, 617, 623; *Balloff* ZfJ 1992, 454, 456. Wie hier *Wiesner/Struck* Rn. 57, § 50 Rn. 50 ff.; *Münder/Proksch* Rn. 44; *Fieseler/Schleicher* Rn. 35.
[42] *Fieseler/Schleicher* Rn. 35.

Jugendamtes entspricht diesem Grundsatz nicht; sie würde zu einem komplizierten Verfahren führen, welches den Aufbau eines Vertrauensverhältnisses zwischen Betroffenem und Berater erschwerte. Dem Funktionskonflikt kann am ehesten durch größtmögliche Offenheit gegenüber den Beratenen, auch über die unterschiedlichen Funktionen des Beraters begegnet werden.[43]

VI. Gerichtliche Mitteilungspflicht und Pflicht des Jugendamtes zur Unterrichtung der Eltern (Abs. 3)

Nach Abs. 3 der Vorschrift ist das FamG verpflichtet, das Jugendamt nach Eingang des Scheidungsantrags über das Verfahren zu unterrichten, soweit gemeinschaftliche minderjährige Kinder vorhanden sind. Dass die Norm des aufgehobenen § 622 Abs. 2 Nr. 1 ZPO nicht durch § 133 Abs. 1 Nr. 1 FamFG ersetzt wurde, ist als redaktionelles Versehen zu bewerten. Die rechtzeitige Unterrichtung des Jugendamtes ist auch wichtig, damit dieses dem Gericht relevante Tatsachen noch vor der Anhörung (§ 128 FamFG) mitteilen kann.[44]   18

Nach der Mitteilung durch das FamG ist das Jugendamt verpflichtet, die Eltern über das Leistungsangebot der Jugendhilfe zu informieren. Die Information hat sich auf alle Beratungsangebote im örtlichen Einzugsbereich zu erstrecken, gleichgültig ob es sich um Angebote öffentlicher oder privater Träger handelt.[45] Auf diese Weise wird den Eltern die Ausübung ihres Wahlrechts nach § 5 ermöglicht.   19

§ 18 Beratung und Unterstützung bei der Ausübung der Personensorge und des Umgangsrechts

(1) Mütter und Väter, die allein für ein Kind oder einen Jugendlichen zu sorgen haben oder tatsächlich sorgen, haben Anspruch auf Beratung und Unterstützung
1. bei der Ausübung der Personensorge einschließlich der Geltendmachung von Unterhalts- oder Unterhaltsersatzansprüchen des Kindes oder Jugendlichen,
2. bei der Geltendmachung ihrer Unterhaltsansprüche nach § 1615l des Bürgerlichen Gesetzbuchs.

(2) Mütter und Väter, die mit dem anderen Elternteil nicht verheiratet sind, haben Anspruch auf Beratung über die Abgabe einer Sorgeerklärung.

(3) ¹Kinder und Jugendliche haben Anspruch auf Beratung und Unterstützung bei der Ausübung des Umgangsrechts nach § 1684 Abs. 1 des Bürgerlichen Gesetzbuchs. ²Sie sollen darin unterstützt werden, dass die Personen, die nach Maßgabe der §§ 1684 und 1685 des Bürgerlichen Gesetzbuchs zum Umgang mit ihnen berechtigt sind, von diesem Recht zu ihrem Wohl Gebrauch machen. ³Eltern, andere Umgangsberechtigte sowie Personen, in deren Obhut sich das Kind befindet, haben Anspruch auf Beratung und Unterstützung bei der Ausübung des Umgangsrechts. ⁴Bei der Befugnis, Auskunft über die persönlichen Verhältnisse des Kindes zu verlangen, bei der Herstellung von Umgangskontakten und bei der Ausführung gerichtlicher oder vereinbarter Umgangsregelungen soll vermittelt und in geeigneten Fällen Hilfestellung geleistet werden.

(4) Ein junger Volljähriger hat bis zur Vollendung des 21. Lebensjahres Anspruch auf Beratung und Unterstützung bei der Geltendmachung von Unterhalts- oder Unterhaltsersatzansprüchen.

Schrifttum: *Deutscher Verein für öffentliche und private Fürsorge*, Umsetzung der Kindschaftsrechtsreform in der Praxis der Kinder- und Jugendhilfe, NDV 1999, 245; *Fricke*, Begleiteter Umgang mit Säuglingen und Kleinkindern, ZfJ 2005, 389; *Fegert*, Wann ist der begleitete Umgang, wann ist der Ausschluss des Umgangs indiziert?, FPR 2002, 219; *Flemming*, Veränderte Anforderungen an das Jugendamt im familiengerichtlichen Verfahren, FPR 2009, 339; *Greßmann/Beinkinstadt*, Das Recht der Beistandschaft, §§ 18, 52 a SGB VIII, 1998;

---
[43] *Kunkel/Kunkel* Rn. 18. Vgl. im Einzelnen die Empfehlungen des Deutschen Vereins für öffentliche und private Fürsorge zur Beratung in Fragen der Trennung und Scheidung und zur Mitwirkung der Jugendhilfe im familiengerichtlichen Verfahren, NDV 1992, 148, 150 ff., erläutert auch bei *Hauck/Noftz/Grube* K § 17 Rn. 25.
[44] MünchKommZPO/*Bernreuther*, 3. Aufl. 2007, § 613 ZPO Rn. 15.
[45] *Wiesner/Struck* Rn. 45.

Joos, Beratung, Unterstützung oder Beistandschaft?, JAmt 2009, 223; *Leyhausen*, Der beschützte Umgang gemäß § 1684 Abs. 4 BGB als Möglichkeit der Aufrechterhaltung einer Eltern-Kind-Beziehung in problematischen Trennungs- und Scheidungssituationen, 2000; *Ollmann*, Beratung nicht miteinander verheirateter Eltern über die gemeinsame Sorge, ZfJ 2000, 454; *Salgo*, Grenzen der Staatsintervention zur Durchsetzung des Umgangsrechts, FS Schwab, 2005, S. 891; *Schruth*, Schnittstellen der Kooperation beim „Begleiteten Umgang", ZfJ 2003, 14; *Sydow*, Der begleitete Umgang nach § 1684 BGB iVm. § 18 SGB VIII aus der sicht der öffentlichen Jugendhilfe, FPR 2002, 228; *Wabnitz*, Mitwirkung der Jugendhilfe im familiengerichtlichen Verfahren – Rechtsgrundlagen, Aufgabe und Selbstverständnis, ZfJ 2000, 336; *Weisbrodt*, Wie kann der Familienrichter das Verfahren gestalten, um mit Umgangskonflikten umgehen zu können?, KindPrax 2000, 9; *Willutzki*, Betreuter Umgang, KindPrax 2003, 49.

I. Normzweck

1 Die Vorschrift erweitert die Beratungs- und Unterstützungsangebote der Jugendhilfe auf besondere Fallgestaltungen. In Abs. 1 wird der Situation allein erziehender Elternteile Rechnung getragen, indem diesen ein weitreichender Anspruch auf Beratung und Unterstützung gewährt wird, der neben der Personensorge auch die Geltendmachung von Unterhalts- und Unterhaltsersatzansprüchen erfasst. Für die allein sorgeberechtigten Elternteile wird dieser Anspruch in Abs. 1 Nr. 2 konkretisiert auf die Beratung und Unterstützung bei der Durchsetzung von Unterhaltsansprüchen nach § 1615l BGB. Ein entsprechender Anspruch wird auch dem jungen Volljährigen bei der Durchsetzung seiner Unterhaltsansprüche in Abs. 4 eingeräumt. In Abs. 3 wird ein eigener Anspruch des Kindes oder Jugendlichen sowie ein Anspruch der Eltern, der Umgangsberechtigten und von Personen, die das Kind in Obhut haben, auf Unterstützung und Beratung bei der Ausübung des Umgangsrechts begründet. Abs. 2 enthält einen Anspruch unverheirateter Elternteile über die Abgabe einer Sorgeerklärung. Die Norm wurde durch das Kindschaftsrechtsreformgesetz, das Kindesunterhaltsgesetz und zuletzt durch das Gesetz zur Weiterentwicklung der Kinder- und Jugendhilfe (Vor § 1 Rn. 5, 7) geändert.

II. Beratung und Unterstützung allein erziehender Mütter und Väter bei der Ausübung der Personensorge (Abs. 1)

2 **1. Leistungsadressaten.** Das Gesetz spricht von Müttern und Vätern, die für ein Kind oder einen Jugendlichen (vgl. § 7 Abs. 1 Nr. 2) „allein ... zu sorgen haben oder tatsächlich sorgen". Für ein Kind oder einen Jugendlichen hat derjenige zu sorgen, dem nach den Vorschriften des BGB die Personensorge zusteht. Die **alleinige Personensorge** hat zum einen die nicht mit dem Vater verheiratete Mutter, soweit keine Sorgeerklärungen abgegeben wurden (§ 1626a Abs. 2 BGB). Allein sorgeberechtigt kann darüber hinaus ein Elternteil sein, soweit ihm nach einer Trennung die Alleinsorge übertragen wurde (§ 7 Rn. 4). Schließlich kann die Alleinsorge einem Elternteil zustehen, soweit sie dem anderen nach § 1666 BGB entzogen wurde, der andere Elternteil die Sorge nicht ausüben kann (§ 1678 BGB) oder verstorben ist (§ 1680 BGB). Der Anspruch besteht jedoch auch bei gemeinsamer elterlicher Sorge bzw. ohne Sorgerecht des Elternteils, wenn dieser tatsächlich allein für das Kind sorgt. Die **tatsächliche Alleinsorge** wird nicht dadurch verhindert, dass der andere Elternteil für kürzere Zeiträume (zB im Rahmen von Besuchen) oder in unerheblichem Umfang ebenfalls tatsächlich die Sorge ausübt. Der Anspruch ist auf die Eltern beschränkt. Vormünder oder Pfleger haben einen Anspruch auf Beratung und Unterstützung nach § 53 Abs. 2; Personen, die das Kind in Tagespflege haben, steht ein Anspruch nach § Abs. 4 S. 1 zu. IÜ ist auf § 28 sowie auf die Möglichkeit der Bestellung eines Ergänzungspflegers nach § 1909 BGB zu verweisen.

3 **2. Inhalt der Beratungs- und Unterstützungspflicht. a) Allgemeines.** Dazu gehört zunächst die Erziehungsberatung, die regelmäßig in Einzelgesprächen zwischen dem Elternteil und einer Fachkraft des Jugendamtes geleistet wird. Die Pflicht umfasst auch Fragen der Herausgabe des Kindes (§ 1632 BGB). Nicht erfasst sind Fragen der Vermögenssorge. Hier besteht die Beratungs- und Unterstützungspflicht nur, soweit die Geltendmachung von Unterhalts- oder Unterhaltsersatzansprüchen betroffen ist. Der Begriff der Unterstützung geht dabei über den der Beratung hinaus; er umfasst zB auch Hilfestellung bei der Formulierung von Schreiben oder bei der Vermittlung von Kontakten. In diesem Rahmen besteht auch Anspruch auf Rechtsberatung durch das Jugendamt (§ 17 Rn. 8).[1] Die Vorschrift bietet jedoch keine Rechtsgrundlage für eine Prozessvertretung durch das Jugendamt, zB bei der Durchsetzung der Unterhaltsansprüche. Eine Prozessvertretung ist möglich, indem das Jugendamt dem Kind als Beistand bestellt wird (§§ 1712 ff. BGB, vgl. §§ 1716, 1793 Abs. 1 S. 1, 1915 BGB, § 51 Abs. 1 ZPO). Dies ist auch möglich, wenn beiden Eltern die gemein-

---

[1] *Fieseler/Schleicher* Rn. 4, 4 a.

same Sorge zusteht (§ 1713 BGB). IÜ kann das Jugendamt das Kind nur als Amtspfleger oder Amtsvormund gerichtlich vertreten. Soweit der Anspruch auf Beratung und Unterstützung durch das Jugendamt besteht, entfällt gem. § 1 Abs. 1 Nr. 2 BerHG ein Anspruch auf Beratungshilfe durch Rechtsanwälte oder das Amtsgericht.[2]

b) Unterhalts- und Unterhaltsersatzansprüche (Nr. 1). Die Geltendmachung dieser Ansprüche hat in der Praxis große Bedeutung.[3] Schätzungen gehen dahin, dass nur ein Drittel aller unterhaltsberechtigten Kinder bis zu ihrer wirtschaftlichen Selbständigkeit den Unterhalt regelmäßig und in voller Höhe erhalten.[4] Das Jugendamt berät insbes. über die Höhe der Ansprüche. Die Unterhaltspflicht bestimmt sich nach den §§ 1601 ff. BGB, zur Höhe vgl. § 1610 BGB Rn. 7 ff. Soweit die Unterhaltspflicht verletzt wird, kann das Jugendamt auch darauf hinwirken, dass laufende Sozialgeldleistungen, welche von einem Leistungsträger gem. § 12 SGB I an den Leistungsverpflichteten erbracht werden, gem. § 48 SGB I direkt an den Leistungsberechtigten ausgezahlt werden. Über die Auszahlung entscheidet der zuständige Träger im Wege des Ermessens.[5] Unterhaltsersatzansprüche sind zB die Waisenrente nach § 48 SGB VI, §§ 38, 45 ff. BVG, Leistungen nach dem Unterhaltsvorschussgesetz,[6] Renten und zivilrechtliche Schadensersatzansprüche (§§ 843, 844 Abs. 2 BGB). Bei ausbleibenden Unterhaltsansprüchen kann ein Anspruch des Berechtigten nach §§ 19 ff. SGB II bzw. §§ 27 ff. SGB XII bestehen. Für eine Gewährung finanzieller Hilfen bietet Abs. 1 keine Grundlage.[7] 4

c) Unterhaltsanspruch gem. § 1615l BGB (Nr. 2). § 1615l BGB gewährt der nicht mit dem Vater verheirateten Mutter einen Anspruch auf Unterhalt, welcher auch die Entbindungskosten und die Kosten der Schwangerschaft umfasst. Der Anspruch erstreckt sich auf einen Zeitraum von frühestens vier Monaten vor der Geburt und besteht mindestens bis zu drei Jahren nach der Geburt, soweit die Mutter die Betreuung des Kindes übernimmt und sie daher einer eigenen Erwerbstätigkeit nicht nachgehen kann. Auf den Beratungsanspruch ist die Mutter besonders angewiesen, weil die Bestimmung der Höhe des Unterhaltsanspruchs schwierig ist (oben § 1615l BGB Rn. 37 ff.).[8] Neben dem Anspruch stehen diejenigen gegen den Träger der Krankenversicherung gem. §§ 195 ff. RVO, insbes. der Anspruch auf Mutterschaftsgeld nach § 200 RVO. Ggf. besteht der privilegierte Anspruch auf Hilfe zum Lebensunterhalt nach § 19 Abs. 4 SGB XII, § 9 Abs. 3 SGB II. § 1615l Abs. 4 BGB begründet auch einen Unterhaltsanspruch des Vaters gegen die Mutter, soweit dieser das Kind betreut und daher einer Erwerbstätigkeit nicht nachgehen kann. Daher steht auch diesem ein Anspruch auf Beratung und Unterstützung zu. 5

III. Beratung über die Abgabe einer Sorgeerklärung (Abs. 2)

Ein Elternteil, der nicht mit dem anderen Elternteil verheiratet ist, hat weiter einen Anspruch auf Beratung über die Abgabe einer Sorgeerklärung nach § 1626a BGB. Die Vorschrift ergänzt § 52a Abs. 1 Nr. 5, nach dem die Mutter auf die Möglichkeit der Sorgeerklärung hinzuweisen ist. Wenn die Sorgerklärung dem Wohl des Kindes entspricht, sollte das Jugendamt im Rahmen der Beratung motivierend auf die Eltern einwirken.[9] 6

IV. Beratung und Unterstützung bei der Ausübung des Umgangsrechts (Abs. 3)

1. Allgemeines. Das Umgangsrecht ist in den vergangenen Jahren vielfach geändert, dh. erweitert worden. Das Umgangsrecht steht den Eltern (§ 1684 BGB), den Großeltern und Geschwistern (§ 1685 Abs. 1) und engen Bezugspersonen, die die Verantwortung für das Kind tragen oder getragen haben (sozial-familiäre Beziehung), zu, das sind insbesondere Personen, mit denen das Kind in häuslicher Gemeinschaft gelebt hat (§ 1685 Abs. 2 BGB) (vgl. § 1685 BGB Rn. 6 ff.). Abs. 3 regelt die Ansprüche auf Beratung und Unterstützung des Kindes oder Jugendlichen und der zum Umgang berechtigten Personen bei der Ausübung des Umgangsrechts. Im Hinblick auf den Umgang mit den Eltern dient die Vorschrift damit der Verwirklichung der Ziele, welche durch Art. 9 Abs. 3 des **UN-Übereinkommens über die Rechte des Kindes** (§ 6 Rn. 14) und Art. 24 Abs. 3 der Charta der 7

---

[2] AG Neunkirchen FamRZ 1998, 253 f.
[3] *Wiesner/Struck* Rn. 7.
[4] Zehnter Kinder- und Jugendhilfebericht, BT-Drucks. 13/11368 S. 237.
[5] *Mrozynski* Rn. 12; *Hauck/Noftz/Moll*, SGB I, K § 48 Rn. 5 ff.
[6] Gesetz zur Sicherung des Unterhalts von Kindern alleinstehender Mütter und Väter durch Unterhaltsvorschüsse oder -ausfalleistungen v. 23. 7. 1979, BGBl. I S. 1184, idF v. 17. 7. 2007, BGBl. I S. 1446.
[7] *Jung/Jurgeleit* Rn. 169.
[8] Zehnter Kinder- und Jugendhilfebericht, BT-Drucks. 13/11368 S. 238.
[9] *Münder/Proksch* Rn. 22.

Grundrechte der EU (§ 6 Rn. 14) gesetzt werden. Nach diesen Vorschriften hat das Kind Anspruch auf regelmäßige persönliche Beziehungen und unmittelbare Kontakte zu beiden Elternteilen, soweit dies seinem Wohl nicht entgegensteht. Die Beratung und Unterstützung dient der einvernehmlichen Konfliktlösung der im Streit um die Umgangsregelung beteiligten Personen. Wie die §§ 156, 165 Abs. 3 S. 3 FamFG zeigen, hat die Konfliktlösung durch das Jugendamt Vorrang vor einer gerichtlichen Entscheidung über die Ausübung des Umgangsrechts und deren Vollstreckung. Zur Einbindung in das familiengerichtliche Verfahren oben § 17 Rn. 9. Andererseits ist eine vorherige Beratung durch das Jugendamt nicht zwingende Voraussetzung für die Durchführung eines selbständigen Vermittlungsverfahrens nach § 165 FamFG.[10]

8 **2. Anspruch des Kindes oder Jugendlichen (S. 1).** In Satz 1 wird ein Anspruch auf Beratung und Unterstützung des Kindes oder Jugendlichen bei der Ausübung seines Umgangsrechts nach § 1684 Abs. 1 BGB unabhängig von seinem Alter oder Reifegrad begründet. Eine Beratung und Unterstützung durch das Jugendamt kann mit dem Erziehungsprimat der Eltern gem. Art. 6 Abs. 2 S. 1 GG, § 1 Abs. 2 S. 1 kollidieren. Eine automatische Information des personensorgeberechtigten Elternteils droht hingegen den Zweck der Vorschrift, Kindern eine effektive Wahrnehmung ihrer Rechte zu ermöglichen, zu vereiteln.[11] Dieser Konflikt ist unter Heranziehung des § 8 Abs. 3 zu lösen, nach dem eine Beratung ohne Kenntnis des Personensorgeberechtigten zulässig ist, wenn sie auf Grund einer Not- und Konfliktlage erforderlich ist und solange durch die Mitteilung an den Personensorgeberechtigten der Beratungszweck vereitelt würde (§ 8 Rn. 7, 8).[12] Gelingt es nicht im Wege der einvernehmlichen Lösung eine Umgangsregelung herbeizuführen, wird das Jugendamt beim FamG die Bestellung eines Verfahrensbeistands gem. § 158 FamFG anregen, welcher eine gerichtliche Durchsetzung des Umgangsrechts des Kindes bzw. des Jugendlichen bewirken kann.

9 **3. Unterstützung des Kindes oder Jugendlichen beim Umgang nach §§ 1684, 1685 BGB (S. 2).** Die Soll-Vorschrift erweitert die Rechte des Kindes oder Jugendlichen auf die Unterstützung bei der Umsetzung einer Umgangsregelung, die nicht nur die Eltern, sondern auch den in § 1685 Abs. 1, 2 BGB genannten Personenkreis umfasst. Das Jugendamt wird insbes. den sorgeberechtigten Elternteil darauf hinweisen, dass der Umgang mit den genannten Personen dem Wohl des Kindes dient.

10 **4. Anspruch der Eltern, Umgangsberechtigten und Personen, in deren Obhut sich das Kind befindet (S. 3).** Neben den gem. § 1684 Abs. 1, 2. Halbs. BGB umgangsberechtigten Eltern besteht auch ein Anspruch auf Beratung und Unterstützung der gem. § 1685 BGB umgangsberechtigten Personen. Weiter besteht ein Anspruch von Personen, in deren Obhut sich das Kind befindet, gegen welche also das Umgangsrecht geltend zu machen ist. Unter „Obhut" sind nicht nur die Fälle der Inobhutnahme nach § 42 zu verstehen, sondern jede tatsächliche Betreuung,[13] auch eine Betreuung durch die Eltern. Unter „Kind" iSd. Regelung sind entgegen § 7 Abs. 1 Nr. 1 SGB VIII alle Minderjährigen zu verstehen.[14]

11 **5. Pflicht des Jugendamtes zur Vermittlung und Hilfestellung (S. 4). a) Auskunft über persönliche Verhältnisse.** Gem. § 1686 S. 1 BGB kann jeder Elternteil vom anderen bei berechtigtem Interesse Auskunft über die persönlichen Verhältnisse des Kindes verlangen, soweit dies dem Wohl des Kindes nicht widerspricht. Bevor gem. § 1686 S. 2 BGB das FamG angerufen wird, sollte sich der Elternteil um eine Vermittlung durch das Jugendamt bemühen. Aufgrund der Formulierung als Soll-Vorschrift besteht grundsätzlich ein Anspruch des Elternteils auf Vermittlung gegen das Jugendamt.[15]

12 **b) Herstellung von Umgangskontakten.** Soweit der betreuende Elternteil oder die Obhutsperson iSd. § 1684 Abs. 2 S. 2 BGB das Umgangsrecht des getrennt lebenden Elternteils in erheblicher Weise beeinträchtigt, kommt die Bestellung einer Umfangspflegschaft als Ergänzungspflegschaft gem. § 1684 Abs. 3 BGB (vgl. § 1684 BGB Rn. 21 ff.) in Betracht. Im Übrigen ist die Vermittlung und Hilfestellung von Umgangskontakten durch das Jugendamt ist von großer Bedeutung, da sie vielfach die letzte Möglichkeit darstellt, die Parteien zu einer einvernehmlichen Regelung zu bewegen. Hilfestellung meint nicht nur die psychologische Beratung, sondern auch eine rechtliche Beratung sowie praktische Hilfe, insbes. durch die Ermöglichung von Treffen in den

---

[10] OLG Hamm FamRZ 1998, 1303.
[11] BT-Drucks. 13/8511 S. 82; *Wiesner/Struck* Rn. 21.
[12] *Wiesner/Struck* Rn. 21.
[13] *Wiesner/Struck* Rn. 28; *Fieseler/Schleicher* Rn. 78.
[14] *Fieseler/Schleicher* Rn. 78.
[15] *Schellhorn/Fischer* Rn. 29.

Räumen des Jugendamtes oder der Beratungsstelle. Im Falle problematischer Eltern-Kind-Verhältnisse, also insbes. bei bestehendem Verdacht einer Kindeswohlgefährdung durch einen Elternteil (Gewaltanwendung, sexueller Missbrauch,[16] Kindesentführung[17]) wird bei der Herstellung von Umgangskontakten die Anwesenheit einer Fachkraft erforderlich sein, soweit in diesen Fällen ein Umgang dem Wohl des Kindes überhaupt entspricht.[18] Auch im Falle einer Entfremdung eines Elternteils kann die Aufnahme des Umgangs in Begleitung einer Fachkraft förderlich sein.[19] Für einen solchen „**begleiteten**", „betreuten" oder „beschützten" **Umgang** bedarf es tragfähiger Konzepte.[20] Neben angemessenen räumlichen Bedingungen ist es notwendig, dass die betreuende Person das Vertrauen des Kindes genießt. Die Norm begründet als Soll-Vorschrift einen Anspruch auf Hilfestellung, soweit keine besonderen Gründe entgegenstehen und der Fall „geeignet" erscheint.[21] Der Umgangsberechtigte kann nicht zu den Kosten herangezogen werden.[22] Die Regelung bietet keine Grundlage für die Gewährung finanzieller Hilfen durch den Träger der Jugendhilfe. Entstehen bei der Herstellung von Umgangskontakten Kosten, zB Fahrtkosten, können diese nur sehr eingeschränkt vom Träger der Grundsicherung bzw. vom Sozialhilfeträger übernommen werden.[23]

c) Ausführung gerichtlicher und vereinbarter Umgangsregelungen. Die unter Rn. 12 **13** genannten Hilfestellungen sind auch bei der Ausführung gerichtlicher oder vereinbarter Umgangsregelungen durch das Jugendamt zu leisten. Eine gerichtliche Umgangsregelung kann gem. § 1684 Abs. 4 S. 3, 4 BGB die Anordnung enthalten, dass der Umgang nur stattfinden darf, wenn ein mitwirkungsbereiter Dritter anwesend ist. Dieser Dritte kann auch ein Träger der Jugendhilfe oder ein Verein sein, der dann jeweils bestimmt, welche Einzelperson die Aufgabe wahrnimmt (dazu § 1684 BGB Rn. 58). Das Gericht muss sich vor seiner Entscheidung selbst davon überzeugen, ob ein zur Mitwirkung bereiter Dritter vorhanden ist, dh es hat festzustellen, ob das Jugendamt oder ein anderer Dritter mitwirkungsbereit ist. Nicht zulässig ist eine Regelung durch das Gericht, mit der offengelassen wird, ob das Jugendamt oder ein freier Träger an der Durchführung des Umgangs mitwirken wird.[24]

V. Beratung und Unterstützung junger Volljähriger bei der Geltendmachung von Unterhalts- und Unterhaltsersatzansprüchen (Abs. 4)

Jungen Volljährigen (§ 7 Abs. 1 Nr. 3) wird bis zur Vollendung des 21. Lebensjahres ein eigener **14** Anspruch auf Beratung und Unterstützung bei der Durchsetzung ihrer Unterhalts- und Unterhaltsersatzansprüche (Rn. 4) gewährt. Zu diesem Anspruch § 1609 BGB Rn. 30 ff. Ihnen wird es vielfach an Erfahrung und Wissen fehlen, ihre Ansprüche ohne Unterstützung Dritter ggf. gerichtlich geltend zu machen. Zudem sollte dieser Personenkreis auf seine Rechte nach dem SGB II, dem SGB XII und dem BAföG (vgl. auch § 6 Rn. 2, 9 ff.) hingewiesen werden.

§ 19 Gemeinsame Wohnformen für Mütter/Väter und Kinder

(1) ¹Mütter oder Väter, die allein für ein Kind unter sechs Jahren zu sorgen haben oder tatsächlich sorgen, sollen gemeinsam mit dem Kind in einer geeigneten Wohnform betreut werden, wenn und solange sie aufgrund ihrer Persönlichkeitsentwicklung dieser Form der Unterstützung bei der Pflege und Erziehung des Kindes bedürfen. ²Die Betreuung schließt auch ältere Geschwister ein, sofern die Mutter oder der Vater für sie allein zu sorgen hat. ³Eine schwangere Frau kann auch vor der Geburt des Kindes in der Wohnform betreut werden.

(2) Während dieser Zeit soll darauf hingewirkt werden, dass die Mutter oder der Vater eine schulische oder berufliche Ausbildung beginnt oder fortführt oder eine Berufstätigkeit aufnimmt.

---

[16] OLG Brandenburg FPR 1999, 245, 246 f.; OLG Brandenburg FamRZ 2002, 621, 622.
[17] OLG Köln ZKJ 2004, 259, 260.
[18] Zutreffend bzgl. Missbrauch OLG Oldenburg FamRZ 206, 882; *Fieseler/Schleicher* Rn. 83.
[19] OLG Hamm FamRZ 1999, 326.
[20] Zehnter Kinder- und Jugendhilfebericht vom 28. 8. 1998, BT-Drucks. 13/11368 S. 238.
[21] *Schellhorn/Fischer* Rn. 28.
[22] *Wiesner/Struck* Rn. 34c.
[23] *Wiesner/Struck* Rn. 31. Kritisch *Mrozynski* Rn. 28 ff.
[24] OLG Frankfurt FamRZ 1999, 617, 618.

(3) Die Leistung soll auch den notwendigen Unterhalt der betreuten Personen sowie die Krankenhilfe nach Maßgabe des § 40 umfassen.

Schrifttum: *Deutscher Verein für öffentliche und private Fürsorge,* Gemeinsame Wohnformen für Mütter/Väter (§ 19 SGB VIII) – ein Hilfeangebot für zwei Generationen, NDV 1999, 281; *Lorenz,* Eltern mit geistiger Behinderung – rechtliche Rahmenbedingungen eines Zusammenlebens von Eltern und Kindern, NDV 2008, 208; *Trumm,* Minderjährige Mütter in Einrichtungen der Jugendhilfe, JAmt 2003, 6; *Wiesner,* § 19 SGB VIII als Grundlage für die Hilfegewährung in gemeinsamen Wohnformen für Mütter/Väter aus Sicht des Gesetzgebers, NDV 1998, 225.

I. Normzweck

1 Die Vorschrift bietet Müttern und Vätern Unterstützung, welche durch eine ambulante oder teilstationäre Hilfe nicht geleistet werden könnte. Durch die gemeinsame Unterbringung mit ihrem Kind sollen Mütter und Väter besser befähigt werden, ihre Erziehungsaufgaben wahrzunehmen, gleichzeitig aber auch entlastet und in die Lage versetzt werden, ihre Schul- und Berufsausbildung abzuschließen. Das Angebot stellt damit eine Hilfe zur Selbsthilfe für den betroffenen Elternteil, und damit eine mittelbare Hilfe für das Kind dar. Das Angebot einer gemeinsamen Wohnform kann zudem dazu beitragen, Schwangerschaftsabbrüche in einer sozialen Notlage zu verhindern. Die Norm wurde durch das Erste Gesetz zur Änderung des SGB VIII (Vor § 1 Rn. 4) grundlegend geändert.

II. Einzelerläuterungen

2 **1. Leistungsadressaten.** Die Norm richtet sich an Mütter und Väter, welche allein für ein Kind unter 6 Jahren zu sorgen haben. Nicht erforderlich ist, dass der Elternteil die alleinige Personensorge für das Kind hat. Mit dem Gesetz zur Weiterentwicklung der Kinder- und Jugendhilfe (Vor § 1 Rn. 7) wurde klargestellt, dass es genügt, wenn der Elternteil die Sorge tatsächlich ausübt. Auf das Alter des Elternteils kommt es nicht an. Die Norm erfasst nicht den Fall, dass beide (geistig behinderten) Eltern die Personensorge ausüben.[1] Wie Abs. 1 S. 3 zeigt, muss das Kind noch nicht geboren sein. Dem Sinn und Zweck der Norm entspricht es, dass die Altersgrenze von 6 Jahren lediglich bei Aufnahme in die Wohnform nicht überschritten werden darf. Ein Zwang, mit Vollendung des 6. Lebensjahres des Kindes die Wohnform zu verlassen, widerspräche dem fortbestehenden Hilfebedürfnis von Elternteil und Kind.[2] Beim Vorhandensein älterer Geschwister können diese mit betreut werden, sofern der Elternteil auch für sie alleine sorgt. Damit kann insbes. eine für beide Geschwister ungünstige Trennung verhindert werden.[3] In der Praxis wird das Angebot ausschließlich von Müttern wahrgenommen. Im Jahre 1996 waren die meisten Mütter zwischen 18 und 25 Jahre, die Zahl der minderjährigen Mütter ist seit Jahren rückläufig. Drei Viertel der Bewohnerinnen waren ledig. Frauen mit ausländischer Staatsangehörigkeit sind im Vergleich zu ihrem Anteil an der Gesamtbevölkerung überrepräsentiert.[4]

3 **2. Leistungsvoraussetzung; Rechtsanspruch.** Die Leistung kann nur erbracht werden, wenn und solange der Elternteil auf Grund seiner Persönlichkeitsentwicklung der Wohnform bei der Pflege und Erziehung des Kindes bedarf. Das Bedürfnis muss also seine Ursache in der Persönlichkeitsentwicklung des Elternteils finden. In der Praxis war die Entwicklung der Mutter vielfach geprägt durch schwere familiäre Belastungen (Armut, Suchtkrankheit der eigenen Eltern, sexueller Missbrauch),[5] die Schul- und Berufsausbildung wurde abgebrochen, Lernmotivation und Durchhaltevermögen wurden nur unzureichend entwickelt, so dass die Mütter nicht in der Lage sind, den Anforderungen des Alltagslebens mit einem Kind gerecht zu werden.[6] Das Persönlichkeitsdefizit kann auch auf eine körperliche oder geistige Behinderung zurückgehen.[7] Außerhalb der Persönlichkeit liegende Gründe wie zB Obdachlosigkeit bilden für sich allein keinen Hilfegrund.[8] Der

---

[1] OVG Lüneburg NDV-RD 2011, 40.
[2] *Jans/Happe-Happe/Saurbier* Rn. 13; *Fieseler/Schleicher* Rn. 9; VG Düsseldorf Urt. v. 6. 4. 2005, 19 K 8703/02, nv.
[3] Dazu *Münder,* Gemeinsam oder getrennt? Rechtliche Grundlagen der außerfamilialen Unterbringung von Geschwisterkindern in Deutschland, 2009.
[4] Zehnter Kinder- und Jugendhilfebericht vom 28. 8. 1998, BT-Drucks. 13/11368 S. 238.
[5] Zehnter Kinder- und Jugendhilfebericht vom 28. 8. 1998, BT-Drucks. 13/11368 S. 238.
[6] *Deutscher Verein für öffentliche und private Fürsorge* NDV 1988, 197, 198; *Fieseler/Schleicher* Rn. 11.
[7] VG Gelsenkirchen Urt. v. 10. 6. 2005, 19 K 1193/03, nv.; VG Hamburg ZfJ 2005, 486.
[8] *Kunkel/Kunkel* Rn. 3; aA *Fieseler/Schleicher* Rn. 11.

Gemeinsame Wohnformen für Mütter/Väter und Kinder   4–8   § 19 SGB VIII

Anspruch setzt voraus, dass die Erziehungsfähigkeit des Elternteils auf Dauer wieder hergestellt werden kann.[9] Sie scheidet aus, wenn die Erziehung durch den Elternteil gar nicht möglich ist.[10] Ein Bedürfnis iSd. Abs. 1 S. 1 besteht nicht, soweit eine ausreichende Unterstützung durch teilstationäre oder ambulante Hilfen erreicht werden kann. Die Vorschrift begründet als Soll-Vorschrift einen Rechtsanspruch, sofern kein atypischer Fall vorliegt.[11] Dieser Rechtsanspruch steht nur den allein erziehenden Elternteilen zu, nicht ihrem Kind, obwohl diesem in der Einrichtung regelmäßig auch Erziehungshilfen gewährt werden.

3. Arten der Leistungen. a) Gemeinsame Wohnform/Unterstützung bei Pflege und Erziehung. Hinsichtlich der Mutter-Kind-Einrichtungen gibt das Gesetz keinen bestimmten Wohntyp vor. Die Einrichtungen variieren zwischen Einrichtungen mit zeitlich eingeschränktem Personaleinsatz zB in Appartement-Häusern, Wohngemeinschaften, Außenwohngruppen von Heimen, in denen eine größere Eigenverantwortlichkeit verlangt wird, und Mutter-Kind-Heimen, die mit einer intensiven sozialpädagogischen Betreuung verbunden sind. Letztere ist angebracht, wenn massive Sozialisationsdefizite und fehlender Rückhalt innerhalb und außerhalb der Familie zu beobachten sind.[12] Die Unterbringung wird mit anderen Maßnahmen, wie zB der Elternbildung, der Erziehungsberatung, der Jugendsozialarbeit, der Beratung in Fragen der Partnerschaft, Trennung und Scheidung sowie Formen der Tagesbetreuung für Kinder kombiniert,[13] die auch die Bedarfe des Kindes und dessen älterer Geschwister abdecken sollen. 4

b) Schulische und berufliche Ausbildung; Aufnahme einer Berufstätigkeit. Ziel der Maßnahme soll es sein, die Mutter zur eigenverantwortlichen Lebensführung zu befähigen. Dafür ist die berufliche Qualifikation und die Aufnahme einer Berufstätigkeit eine wichtige Voraussetzung, da sie die Selbständigkeit und finanzielle Unabhängigkeit langfristig stabilisieren kann. In der Praxis scheitert der Ansatz jedoch häufig an fehlenden Voraussetzungen und mangelnder Motivation, eine Ausbildung durchzuführen.[14] In solchen Fällen ist das Jugendamt nicht berechtigt, die Leistung einzustellen, denn die Ausbildung und die Aufnahme der Berufstätigkeit sind nicht Voraussetzungen für die Leistung nach Abs. 1 und Abs. 3.[15] 5

c) Unterhalt und Krankenhilfe. Neben der Wohnform soll der notwendige Unterhalt der Mutter und ihrer Kinder durch den Träger der Jugendhilfe finanziert werden. Der Unterhalt schließt ein angemessenes Taschengeld mit ein. 6

4. Kostentragung. Die Leistungsberechtigten selbst, der Ehegatte oder Lebenspartner des jungen Menschen und seine Eltern können gem. §§ 91 Abs. 1 Nr. 2, 92 zu den Kosten herangezogen werden. Härtefallregelungen enthalten die § 92 Abs. 4 S. 2, Abs. 5 S. 1. Unterhaltsansprüche des Elternteils gegen seinen Ehegatten bzw. eingetragenen Lebenspartner kann der Jugendhilfeträger gem. § 95 auf sich überleiten. 7

5. Abgrenzung. § 19 soll als speziellere Rechtsgrundlage den §§ 27 ff. vorgehen.[16] Dies überzeugt nach Inkrafttreten des Gesetzes zur Weiterentwicklung der Kinder- und Jugendhilfe (Vor § 1 Rn. 7) nicht mehr, da nach § 27 Abs. 4 die Hilfen zur Erziehung auch die Unterstützung bei der Pflege und Erziehung in einer Einrichtung umfassen. Leistungen nach § 19 können in Konkurrenz treten zu Leistungen nach dem SGB XII, insbes. zu Hilfen zur Überwindung besonderer sozialer Schwierigkeiten (§§ 67 ff., 53 ff. SGB XII). Soweit es sich um Leistungen handelt, die im Anwendungsbereich kollidieren, gehen grundsätzlich gem. § 10 Abs. 4 S. 1 die Leistungen der Kinder- und Jugendhilfe den Leistungen der Sozialhilfe vor.[17] Dessen S. 2 kehrt allerdings das Rangverhältnis für Eingliederungshilfen für körperlich und geistig behinderte Menschen um. Es soll dennoch bei der gemeinsamen Wohnform beim Vorrang der Jugendhilfe gegenüber einer Maßnahme nach §§ 53, 54 SGB XII bleiben, da beide Maßnahmen nicht gleich bzw. gleichartig seien (§ 10 Rn. 11).[18] Die Betreuung in einem **Frauenhaus** ist inhaltlich nicht deckungsgleich mit den Leistungen nach § 19, 8

---

[9] OVG Münster Beschl. v. 15. 2. 2003, 12 A 2729/01, nv.
[10] OVG Münster Beschl. v. 11. 2. 2005, 12 B 2666/04, nv.
[11] Schellhorn/Fischer Rn. 13; Fieseler/Schleicher Rn. 17.
[12] Deutscher Verein für öffentliche und private Fürsorge NDV 1988, 197, 198.
[13] Wiesner NDV 1998, 225.
[14] Zehnter Kinder- und Jugendhilfebericht vom 28. 8. 1998, BT-Drucks. 13/11368 S. 239.
[15] Wiesner/Struck Rn. 10.
[16] OVG Münster ZfJ 2005, 208, 211. Offengelassen von BVerwG FEVS 57, 490. Einschränkend LSG Münster JAmt 2007, 610.
[17] Weiterführend Mrozynski Rn. 8 ff.
[18] BSGE 103, 39, 43 f.; anders BVerwGE 135, 159, 169 f.; LSG Münster Urt. v. 26. 7. 2010, L 20 SO 38/09 ZVW, nv., nrkr.

da sie lediglich Frauen in schweren Konfliktsituationen eine zeitlich befristete Zuflucht zur Klärung ihrer Situation bietet. Für die Leistungen, die dort erbracht werden, bleibt mithin der Sozialhilfeträger zuständig.[19] Abzugrenzen ist auch die gemeinsame Unterbringung von Mutter und Kind im Falle des **Strafvollzugs** der Mutter (§§ 80, 142 StVollzG). In diesem Fall kann das Jugendamt jedoch Hilfen zur Erziehung nach §§ 27 ff. gewähren.[20]

§ 20 Betreuung und Versorgung des Kindes in Notsituationen

(1) Fällt der Elternteil, der die überwiegende Betreuung des Kindes übernommen hat, für die Wahrnehmung dieser Aufgabe aus gesundheitlichen oder anderen zwingenden Gründen aus, so soll der andere Elternteil bei der Betreuung und Versorgung des im Haushalt lebenden Kindes unterstützt werden, wenn
1. er wegen berufsbedingter Abwesenheit nicht in der Lage ist, die Aufgabe wahrzunehmen,
2. die Hilfe erforderlich ist, um das Wohl des Kindes zu gewährleisten,
3. Angebote der Förderung des Kindes in Tageseinrichtungen oder in Kindertagespflege nicht ausreichen.

(2) Fällt ein allein erziehender Elternteil oder fallen beide Elternteile aus gesundheitlichen oder anderen zwingenden Gründen aus, so soll unter der Voraussetzung des Absatzes 1 Nr. 3 das Kind im elterlichen Haushalt versorgt und betreut werden, wenn und solange es für sein Wohl erforderlich ist.

I. Normzweck

1 Mit der Vorschrift ist eine Lücke im Leistungssystem der Jugendhilfe für diejenigen Fälle geschlossen worden, in denen der das Kind betreuende Elternteil – idR die Mutter – verstorben ist oder wegen einer Krankheit oder Kur oder aus ähnlichen Gründen seine familiären Aufgaben nicht wahrnehmen kann, so dass der andere Elternteil mangels anderer Ersatzlösungen meist gezwungen ist, während dieser Zeit entweder seine Erwerbstätigkeit aufzugeben und Sozialleistungen in Anspruch zu nehmen, um die Kinder zu betreuen, oder diese während der berufsbedingten Abwesenheit in eine Einrichtung der Jugendhilfe unterzubringen, obwohl dafür keine erzieherischen Gründe vorliegen. Da die volle Eigenfinanzierung einer Betreuungsperson die finanziellen Möglichkeiten meist übersteigt, muss die öffentliche Jugendhilfe die Rahmenbedingungen dafür schaffen, dass der Haushalt weitergeführt wird und den Kindern trotz des Ausfalls des haushaltsführenden Elternteils der familiale Lebensraum erhalten bleibt.[1]

II. Unterstützung beim Ausfall des betreuenden Elternteils (Abs. 1)

2 **1. Voraussetzungen.** Die Unterstützung des berufstätigen Elternteils bei der Betreuung und Versorgung des im Haushalt lebenden Kindes setzt voraus, dass der überwiegend betreuende Elternteil aus zwingenden Gründen ausgefallen ist, der berufstätige Elternteil eben wegen seiner berufsbedingten Abwesenheit diesen nicht ausgleichen kann (Abs. 1 Nr. 1), die Hilfe zur Gewährleistung des Kindeswohls erforderlich ist (Abs. 1 Nr. 2) und Angebote der Förderung des Kindes in Tageseinrichtungen oder in Tagespflege nicht ausreichen (Abs. 1 Nr. 3). Zu den zwingenden Gründen für den Ausfall eines Elternteils gehört auch dessen Inhaftierung.[2] Ferner gehört dazu zB eine Erkrankung, die den Elternteil trotz Anwesenheit in der Familie an der Wahrnehmung seiner Betreuungsaufgaben hindert,[3] die Teilnahme an einer Kur, eine Entbindung usw. Nicht ausreichend ist eine ausbildungsbedingte oder berufsbedingte Abwesenheit.[4] Der ausgefallene Elternteil muss das Kind überwiegend betreut haben; der Ausfall eines Elternteils bei gleichmäßiger Aufgabenteilung reicht also nach dem Wortlaut nicht aus, obwohl auch in einem solchen Fall Hilfen angeboten

---
[19] *Wiesner/Struck* Rn. 17; BT-Drucks. 11/5948 S. 59.
[20] BVerwGE 117, 261, 262 ff.
[1] BT-Drucks. 11/5948 S. 59; *Fieseler/Schleicher* Rn. 1 f.
[2] Beschlussempfehlung und Bericht des Ausschusses für Jugend, Familie, Frauen und Gesundheit (13. Ausschuss), BT-Drucks. 11/5948 S. 81.
[3] BT-Drucks. 11/5948 S. 59.
[4] *Münder/Struck* Rn. 6; *Jans/Happe-Happe/Saurbier* Rn. 19; anders *Mrozynski* Rn. 1; *Kunkel/Kunkel* Rn. 7; *Fieseler/Schleicher* Rn. 9 f.

werden sollten, weil die erforderliche Versorgung des Kindes angesichts der reduzierten Betreuungskapazität uU nicht mehr gewährleistet ist. Die Norm sollte daher auf diesen Fall analog angewandt werden[5] Die Vorschrift gewährleistet nur die Betreuung und Versorgung von Kindern iSv. § 7 Abs. 1 Nr. 1; Jugendliche iSv. § 7 Abs. 1 Nr. 2 sind nicht gleichgestellt. Ausreichend ist es, wenn das Kind zu Beginn der Leistung das 14. Lebensjahr noch nicht vollendet hat.[6] Allerdings wird nach der Vollendung dieses Lebensjahres die Hilfe gem. Abs. 1 Nr. 2 regelmäßig nicht mehr erforderlich sein.

2. Unterstützungsleistungen. Zweck der Unterstützung ist es, dem Kind oder den Kindern das Verbleiben im eigenen Familienhaushalt zu ermöglichen, um ihnen einen oft schmerzlichen Milieuwechsel und auch die Trennung von Geschwistern zu ersparen und Folgeschäden durch längeren Heimaufenthalt ebenso wie den damit verbundenen finanziellen Aufwand zu vermeiden.[7] Der berufstätige Elternteil soll bei der Betreuung und Versorgung des Kindes unterstützt werden; ein vollständiger Ausgleich der ausgefallenen elterlichen Betreuungsleistung findet also nicht statt. Art und Umfang der zur Unterstützung zu erbringenden Jugendhilfeleistungen sind im Gesetz nicht geregelt; sie richten sich zunächst danach, was erforderlich ist: Das Wohl des Kindes schließt sowohl die körperliche Versorgung als auch die erzieherische Betreuung ein. Die Anforderungen bestimmen sich nach dem Alter des Kindes, seiner Selbständigkeit, seinem geistigen Entwicklungsstand und nach der Umgebung, in der es sich aufhält. Maßgebend ist ferner das Ziel der Vorschrift, dem Kind den familialen Lebensraum zu erhalten, bis die Eltern selbst wieder zur Wahrnehmung dieser Aufgabe in der Lage sind; zu erbringen sind also alle diejenigen Hilfen zur Betreuung und Versorgung – damit also auch zur Haushaltsführung –, mit denen die Notsituation dauerhaft überwunden werden kann.[8] Die Unterstützungsleistung kann durch die Bezahlung einer Betreuungskraft erfolgen; diese kann auch ein naher Angehöriger oder eine sonstige mit dem Kind vertraute Person sein.[9] Die Leistung kann auch durch die Mitarbeiter des Jugendamtes erfolgen. Nach Abs. 1 Nr. 3 scheiden Unterstützungsleistungen aus, wenn Angebote der Förderung des Kindes in Tageseinrichtungen oder in Tagespflege ausreichen, vgl. §§ 22 bis 26. Dabei ist auf die zur Verfügung stehenden Einrichtungen und ihre Möglichkeiten zur Aufnahme des Kindes abzustellen, aber auch auf sonstige Umstände wie die Sicherung des Hin- und Rückwegs, den Aufwand dafür und die Öffnungszeiten der Einrichtung, die uU ergänzende Betreuungsleistungen erforderlich machen können.[10] Gem. § 91 Abs. 1 Nr. 3 werden das Kind und die Eltern nach Maßgabe der §§ 92 ff. zu den Kosten der Betreuungshilfe herangezogen. Reicht die Unterstützung nach Abs. 1 nicht aus, wird Hilfe zur Erziehung nach §§ 27 ff. notwendig sein.[11]

3. Leistungsadressaten. Die Vorschrift sichert dem Kind das Verbleiben im vertrauten Lebensbereich, und sie sichert im Interesse des Kindes dem erwerbstätigen Elternteil die Möglichkeit zur Fortführung seiner Berufstätigkeit beim Ausfall des überwiegend betreuenden Elternteils. Ob die „Elternteile" Inhaber der Personensorge sind oder nur rechtmäßig für das Kind sorgen, ist unerheblich.[12] Nach dem Sinn und Zweck der Regelung ist sie analog auf Pflegeltern zu erstrecken.[13]

4. Rechtsanspruch. Die Vorschrift gewährt als Soll-Vorschrift einen Rechtsanspruch, sofern kein atypischer Fall vorliegt. Dieser Rechtsanspruch steht nach dem Gesetzeswortlaut dem anderen, dh. dem berufsbedingt abwesenden Elternteil zu.

III. Unterstützung beim Ausfall des allein erziehenden Elternteils oder beider Elternteile (Abs. 2)

1. Die bes. Situation beim Ausfall des allein erziehenden Elternteils oder beider Elternteile. Abs. 2 modifiziert der amtl. Begr. zufolge die Regelverpflichtung des Trägers der öffentlichen Jugendhilfe gem. Abs. 1 für die Situation des Ausfalls des allein erziehenden Elternteils:[14] Da hier kein anderer Elternteil entlastend zur Verfügung steht, ist die Sicherstellung der Versorgung des Kindes bei Krankheit, Kur usw. bes. wichtig. Selbst beim Tode eines allein erziehen-

---

[5] *Hauck/Noftz/Grube* K § 20 Rn. 7; *Jans/Happe-Happe/Saurbier* Rn. 16. Ebenso im Ergebnis *Münder/Struck* Rn. 3; *Jung/Fries* § 20 Rn. 6.
[6] Vgl. *Wiesner/Struck* Rn. 5; *Mrozynski* Rn. 1.
[7] BT-Drucks. 11/5948 S. 60.
[8] *Münder/Struck* Rn. 8; *Fieseler/Schleicher* Rn. 15.
[9] Einschränkend *Wiesner/Struck* Rn. 16 f.
[10] BT-Drucks. 11/5948 S. 60.
[11] *Münder/Struck* Rn. 12.
[12] *Coester* FamRZ 1991, 253, 258.
[13] *Wiesner/Struck* Rn. 11; *Mrozynski* Rn. 8; *Kunkel/Kunkel* Rn. 1.
[14] BT-Drucks. 11/5948 S. 60.

den Elternteils kann es bis zur Klärung der Verhältnisse sinnvoll sein, das Kind für eine Übergangszeit im Familienhaushalt weiter zu versorgen. Dies alles gilt nach Abs. 2 S. 1 auch beim Ausfall beider Elternteile aus gesundheitlichen oder anderen zwingenden Gründen. Da beim Ausfall des allein erziehenden Elternteils bzw. beider Elternteile die gesamte Versorgung des Kindes sichergestellt werden muss, ist der Leistungsumfang in Abs. 2 – Versorgung und Betreuung „im elterlichen Haushalt" – konkreter geregelt als in Abs. 1. Die Leistung kann auch durch nahe Angehörige oder mit dem Kind vertraute Personen (vgl. Rn. 3) oder durch die vorübergehende Unterbringung in einer Einrichtung erfolgen.[15]

7   **2. Rechtsanspruch bzw. Ermessensleistung.** Die Sollvorschrift begründet einen Rechtsanspruch (Rn. 5), der freilich in den Fällen des Abs. 2 anders als nach Abs. 1 nicht dem zu unterstützenden, nicht ausgefallenen Elternteil zustehen kann, weil es einen solchen nicht gibt. Die Anspruchsinhaberschaft kann deshalb nur beim ausgefallenen allein erziehenden Elternteil bzw. bei den beiden ausgefallenen Elternteilen liegen, was aber schwer mit der Regelung in Abs. 1 vereinbar wäre. Es ist daher davon auszugehen, dass der Leistungsanspruch im Falle des Abs. 2 dem Kind selbst zusteht.[16]

IV. Verhältnis zu anderen Hilfeleistungen

8   Gem. § 10 Abs. 1 sind die Leistungen der Kinder- und Jugendhilfe nachrangig. Bevor also Hilfen nach § 20 in Anspruch genommen werden, sind die Leistungsangebote anderer Sozialversicherungsträger wahrzunehmen. In erster Linie kommt die Inanspruchnahme einer Haushaltshilfe gem. § 38 SGB V in Betracht.[17] Nach dieser Vorschrift erhalten Krankenversicherte eine Haushaltshilfe für die Dauer von zwei Monaten[18] die Kosten für eine selbstbeschaffte Haushaltshilfe, wenn ihnen, insbes. wegen eines Krankenhausaufenthalts, die Weiterführung des Haushalts nicht möglich ist und im Haushalt ein Kind lebt, das bei Beginn der Haushaltshilfe das zwölfte Lebensjahr noch nicht vollendet hat oder behindert bzw. auf Hilfe angewiesen ist. Ähnliche Leistungen werden nach § 42 SGB VII vom Träger der Unfallversicherung und gem. § 109 Abs. 1 S. 1 SGB III iVm. §§ 33, 44, 53, 54 SGB IX von der Agentur für Arbeit übernommen. Nach § 10 Abs. 4 S. 1 vorrangig sind die Leistungen der Kinder- und Jugendhilfe gegenüber einer Leistung des Sozialhilfeträgers gem. § 70 SGB XII. Diese Vorschrift zielt jedoch ohnehin lediglich auf eine Fortführung des Haushalts und nicht auf die Betreuung und Versorgung eines Kindes ab.

§ 21 Unterstützung bei notwendiger Unterbringung zur Erfüllung der Schulpflicht

[1]Können Personensorgeberechtigte wegen des mit ihrer beruflichen Tätigkeit verbundenen ständigen Ortswechsels die Erfüllung der Schulpflicht ihres Kindes oder Jugendlichen nicht sicherstellen und ist deshalb eine anderweitige Unterbringung des Kindes oder des Jugendlichen notwendig, so haben sie Anspruch auf Beratung und Unterstützung. [2]In geeigneten Fällen können die Kosten der Unterbringung in einer für das Kind oder den Jugendlichen geeigneten Wohnform einschließlich des notwendigen Unterhalts sowie die Krankenhilfe übernommen werden. [3]Die Leistung kann über das schulpflichtige Alter hinaus gewährt werden, sofern eine begonnene Schulausbildung noch nicht abgeschlossen ist, längstens aber bis zur Vollendung des 21. Lebensjahres.

I. Normzweck

1   Die Vorschrift soll nach der amtl. Begr.[1] den Erziehungsanspruch und insbes. die Erfüllung der Schulpflicht für solche Kinder und Jugendliche sicherstellen, deren Eltern durch ihre berufliche Tätigkeit als Schausteller, Binnenschiffer, Artisten usw. zu einem ständigen Ortswechsel genötigt sind, der die Einhaltung der Schulpflicht erschwert. Auch wenn bei kleineren Unternehmen beide Elternteile während des überwiegenden Teils des Jahres auf Reisen sind, haben sie, soweit es ihnen

---
[15] *Wiesner/Struck* Rn. 19; OVG Lüneburg NdsRpfleger 1997, 231 f.
[16] So auch *Schellhorn/Fischer* Rn. 19.
[17] *Stein* ZfJ 1991, 579.
[18] BSGE 87, 149, 156 f.
[1] BT-Drucks. 11/5948 S. 60.

zumutbar ist, ihrer Pflicht zur Erziehung des Kindes oder Jugendlichen ohne Inanspruchnahme öffentlicher Mittel nachzukommen. Eine Entscheidung der Eltern dahin, dass sie ihr Kind nicht dauernd betreuen können, hat der Träger der Jugendhilfe jedoch ggf. auch unter Gewährung von Hilfen zu respektieren, wenn die Erziehung den Eltern wegen anderweitiger Inanspruchnahme nicht zumutbar ist und sie sich ohne Unterstützung durch das Jugendamt zur Erziehung auch nicht eines Dritten bedienen können.[2] Ein durch Verweigerung von Hilfen erzwungener Abbruch oder eine Unterbrechung der Berufstätigkeit muss für die Eltern Nachteile oder Erschwernisse entstehen lassen, die auch unter Berücksichtigung des Kindeswohls für die Betroffenen eine unbillige Härte bedeuten würden.[3] Die jetzige Fassung der Norm beruht auf Änderungen durch das Gesetz zur Förderung von Kindern unter drei Jahren in Tageseinrichtungen und in Kindertagespflege (KiföG) (Vor § 1 Rn. 7).

II. Einzelerläuterungen

1. Voraussetzung. Voraussetzung für Beratung und Unterstützung ist nach S. 1, dass die Personensorgeberechtigten wegen des mit ihrer Berufstätigkeit verbundenen ständigen Ortswechsels die Erfüllung der Schulpflicht nicht sicherstellen können und deshalb eine anderweite Unterbringung des Kindes oder Jugendlichen (vgl. § 7 Abs. 1 Nr. 1, 2) notwendig wird. Es sei zu prüfen, in welchem Umfang beide Eltern berufstätig sind und ob sie auch weiterhin berufstätig sein müssen.[4] Leistungen der Jugendhilfe werden hier also nicht von Erziehungsdefiziten abhängig gemacht,[5] sondern davon, dass wegen der beruflich bedingten Lebensumstände der Eltern eine kontinuierliche Schulausbildung des Kindes oder Jugendlichen nicht gewährleistet ist; diese Voraussetzung liegt vor, wenn wegen des ständigen Ortswechsels wechselnde Schulen, Lehrpersonen, Klassenverbände und Unterrichtsinhalte eine kontinuierliche Schulausbildung hindern.[6]

2. Beratung, Unterstützung, anderweitige Unterbringung, notwendiger Unterhalt, Krankenhilfe. Nach Satz 1 schuldet der Träger der Jugendhilfe zunächst Beratung und Unterstützung. Beratung kann in Unterstützung übergehen; diese bedeutet vornehmlich organisatorische Hilfe für eine Unterbringung des Kindes oder Jugendlichen.[7] Wegen der bes. Situation der betroffenen Kinder und Jugendlichen ist die Unterbringung in einer Pflegestelle oder in einer Einrichtung der Hilfe zur Erziehung i. a. weder geeignet noch erforderlich.[8] In der Praxis sind bes. Einrichtungen in Gestalt von Heimen und Wohngruppen für diese Kinder und Jugendlichen geschaffen worden, die den fachlichen Anforderungen genügen. Wegen der engen Beziehungen zu den Eltern und des Entwicklungsstands der Kinder und Jugendlichen ist idR kein bes. therapeutischen Aufwand erforderlich.[9] Soweit durch die von den Kindern und Jugendlichen erlebten Diskontinuitäten Erziehungsschwierigkeiten auftreten, kann über die Leistungen nach § 21 hinaus Hilfe zur Erziehung nach §§ 27 ff. in Betracht kommen.[10] Die Möglichkeit der Gewährung des notwendigen Unterhalts und der Krankenhilfe (Rn. 4) wurde durch das Erste Gesetz zur Änderung des Achten Buches vom 16. 2. 1993 (BGBl. I S. 239) eingeführt. Die Höhe des Unterhalts orientiert sich an §§ 39, 40.

3. Kosten. Gem. S. 2 können die Kosten übernommen werden. Nach Maßgabe des S. 3 können die Kosten auch über das schulpflichtige Alter hinaus übernommen werden. Damit soll ein Zuständigkeitswechsel von dem Träger der Jugendhilfe auf den Sozialhilfeträger vermieden werden.[11] Die Eltern können gem. § 91 Abs. 1 Nr. 4 zu den Kosten herangezogen werden.

4. Rechtsanspruch bzw. Ermessensleistung. In S. 1 wird unter den dort bezeichneten Voraussetzungen ausdrücklich ein Rechtsanspruch der Personensorgeberechtigten auf Beratung und Unterstützung normiert. In S. 2 wird dem Träger der Jugendhilfe Ermessen eingeräumt. Stellt dieser allerdings fest, dass es sich um einen „geeigneten Fall" iSd Vorschrift handelt, bleibt für die Ausübung des Ermessens kaum mehr Raum, da alle erheblichen Umstände bereits bei der Prüfung des unbestimmten Rechtsbegriffs zu berücksichtigen waren.[12]

---

[2] BVerwG FEVS 41, 407, 413; OVG Lüneburg FEVS 32, 320, 322.
[3] OVG Lüneburg FEVS 32, 320, 322; BT-Drucks. 11/5948 S. 60.
[4] BVerwG FEVS 41, 407, 413.
[5] *Wiesner* FuR 1990, 325, 330.
[6] BT-Drucks. 11/5948 S. 60.
[7] *Kunkel/Kunkel* Rn. 4.
[8] BT-Drucks. 11/5948 S. 60; *Fieseler/Schleicher* Rn. 8 f. Anders bzgl. Pflegestelle *Mrozynski* Rn. 1.
[9] BT-Drucks. 11/5948 S. 60; *Jans/Happe-Happe/Saurbier* Rn. 19.
[10] BT-Drucks. 11/5948 S. 60; *Hauck/Noftz/Grube* K § 21 Rn. 10.
[11] BT-Drucks. 12/2866 S. 7.
[12] *Wiesner/Struck* Rn. 10. Kritisch *Kunkel/Kunkel* Rn. 8.

Dritter Abschnitt. Förderung von Kindern in Tageseinrichtungen und in Kindertagespflege

§ 22 Grundsätze der Förderung

(1) ¹Tageseinrichtungen sind Einrichtungen, in denen sich Kinder für einen Teil des Tages oder ganztägig aufhalten und in Gruppen gefördert werden. ²Kindertagespflege wird von einer geeigneten Tagespflegeperson in ihrem Haushalt oder im Haushalt des Personensorgeberechtigten geleistet. ³Das Nähere über die Abgrenzung von Tageseinrichtungen und Kindertagespflege regelt das Landesrecht. ⁴Es kann auch regeln, dass Kindertagespflege in anderen geeigneten Räumen geleistet wird.

(2) Tageseinrichtungen für Kinder und Kindertagespflege sollen
1. die Entwicklung des Kindes zu einer eigenverantwortlichen und gemeinschaftsfähigen Persönlichkeit fördern,
2. die Erziehung und Bildung in der Familie unterstützen und ergänzen,
3. den Eltern dabei helfen, Erwerbstätigkeit und Kindererziehung besser miteinander vereinbaren zu können.

(3) ¹Der Förderungsauftrag umfasst Erziehung, Bildung und Betreuung des Kindes und bezieht sich auf die soziale, emotionale, körperliche und geistige Entwicklung des Kindes. ²Er schließt die Vermittlung orientierender Werte und Regeln ein. ³Die Förderung soll sich am Alter und Entwicklungsstand, den sprachlichen und sonstigen Fähigkeiten, der Lebenssituation sowie den Interessen und Bedürfnissen des einzelnen Kindes orientieren und seine ethnische Herkunft berücksichtigen.

Schrifttum: BMFSFJ, Auf den Anfang kommt es an! Perspektiven zur Weiterentwicklung des Systems der Tageseinrichtungen für Kinder in Deutschland, 2003; *Deutscher Verein für öffentliche und private Fürsorge,* Überarbeitete Empfehlungen des Deutschen Vereins zur Ausgestaltung der Kindertagespflege nach §§ 22, 23, 24 SGB VIII, NDV 2005, 479; *Fuchs,* Welche Maßnahmen empfehlen sich, um die Vereinbarkeit von Berufstätigkeit und Familie zu verbessern?, Gutachten F für den 60. Deutschen Juristentag, 1994; *Gerstein,* Änderungen im SGB VIII durch das Tagesbetreuungsausbaugesetz, ZfJ 2005, 267; *Hillmann-Stadtfeld,* Das Recht der Tagespflege, 2009; *Hundemeyer/Prott,* Pädagogischer Auftrag und Aufsichtspflicht der Kindertageseinrichtungen, ZfJ 2005, 232; *Jestaedt,* Ein Grundrecht auf Kinderbetreuung?, ZfJ 2000, 281; *ders.,* Die Abgrenzung von Jugendhilfe und Schule in kompetenzrechtlicher Sicht, JAmt 2005, 61; *Jurczyk,* Familiäre Kindertagesbetreuung auf dem Weg in die Zukunft?, ZfJ 2005, 455; *Jurczyk/Keimeleder/Rauschenbach/Tietze,* Von der Tagespflege zur Familientagesbetreuung, 2004; *Lode,* Die soziale Absicherung von Tagespflegepersonen, 2010; *Maurer,* Kindergartenbeiträge: Ein Massenphänomen ohne unterhaltsrechtliche Bedeutung?, FamRZ 2006, 663; *Mönch-Kalina,* Der Rechtsanspruch auf Besuch eines Kindergartens als soziales Leistungsrecht, 2000; *Ollmann,* Aufsicht und Haftung in Kindertagesstätten, ZfJ 2004, 1; *Schmid/Wiesner,* Rechtsfragen der Tagespflege nach dem Tagesbetreuungsausbaugesetz, ZfJ 2005, 274; *Schoch/Wieland,* Aufgabenzuständigkeit und Finanzierungsverantwortung verbesserter Kinderbetreuung, 2004; *Stranz,* Tagespflege nach § 23 SGB VIII, 1995; *Textor,* Vernetzung von Kindertageseinrichtungen mit psychosozialen Diensten – ein vernachlässigter Aufgabenbereich von Jugendämtern?, ZfJ 1998, 313; *Weiß,* Kindertagespflege nach §§ 22, 23, 24 SGB VIII, 2. Aufl. 2007; *Wiesner,* Die Förderung von Kindern in Tageseinrichtungen und die Einheit der Jugendhilfe, ZfJ 2003 293; *ders.,* Das Tagesbetreuungsausbaugesetz, ZfJ 2004, 441.

I. Normzweck

1   Die Vorschrift bestimmt die Grundsätze der Förderung von Kindern in allen Formen der Tageseinrichtungen und Kindertagespflege; Einzelfragen bleiben gem. §§ 22 Abs. 1 S. 3 und 4, 26 der Landesgesetzgebung vorbehalten. I. e. definiert Abs. 1 S. 1 und 2 die Tageseinrichtungen und Kindertagespflege. Deren Ziele werden von Abs. 2 bestimmt. Tageseinrichtungen und Kindertagspflege sollen nicht nur das Kind selbst (Nr. 1), sondern auch seine Erziehung und Bildung in der Familie (Nr. 2) und die Erwerbstätigkeit der Eltern (Nr. 3) fördern. Der in Abs. 2 Nr. 1 bestimmte Förderauftrag wird in Abs. 3 konkretisiert. Wegen der Begriffe „Kinder" und „Erziehungsberechtigte" vgl. § 7 Abs. 1 Nr. 1, 6. Wegen der Bereitstellung der erforderlichen Plätze in Tageseinrichtungen vgl. §§ 24, 24 a. Die Vorschrift hat im Zuge des Gesetzes zum qualitätsorientierten und bedarfsgerechten Ausbau der Tagesbetreuung für Kinder (TAG) weitgehende Änderungen und Umstrukturierungen erfahren (Vor § 1 Rn. 7).

Die Auslegung der Norm wird bestimmt durch das Spannungsverhältnis zwischen Familien- und 2
Erwerbsarbeit. Das Bundesverfassungsgericht hat in seinem Urteil vom 28. 5. 1993[1] ausgeführt, dass der Staat und insbes. der Gesetzgeber verpflichtet seien, die Grundlagen dafür zu schaffen, dass Familientätigkeit und Erwerbstätigkeit aufeinander abgestimmt werden können und die Wahrnehmung der familiären Erziehungsaufgabe nicht zu beruflichen Nachteilen führe. Dazu gehöre auch die Verbesserung der institutionellen oder familiären Kinderbetreuung. Dies hat das Bundesverfassungsgericht in seiner Entscheidung vom 10. 11. 1998[2] bestätigt: Aus Art. 6 Abs. 1 GG ergebe sich die Aufgabe des Staates, die Kinderbetreuung in der jeweils von den Eltern gewählten Form in ihren tatsächlichen Voraussetzungen zu ermöglichen und zu fördern. Die Unterstützung der Eltern durch institutionelle Kinderbetreuung wird zudem gefordert durch Art. 11 Abs. 2 c) des Übereinkommens zur Beseitigung jeder Form der Diskriminierung der Frau vom 18. 12. 1979 (BGBl. 1985 I S. 647), durch die Empfehlung des Rates zur Kinderbetreuung vom 31. 3. 1992[3] und durch Art. 18 Abs. 2 und 3 des **UN-Übereinkommens über die Rechte des Kindes** (§ 6 Rn. 14).

II. Tageseinrichtungen und Kindertagspflege (Abs. 1)

1. Tageseinrichtung (S. 1). S. 1 enthält eine Legaldefinition des Begriffs Tageseinrichtung. 3
Erfasst sind Einrichtungen, die nur für einen Teil des Tages, dh. vormittags und/oder nachmittags geöffnet sind oder ganztägig, dh. durchgehend vom frühen Morgen bis zum späten Nachmittag; typische Beispiele dafür sind Kindergärten, Kindertagesstätten usw. für Kinder bis zur Schulpflicht und Horte für Kinder im schulpflichtigen Alter, wobei sich aber auch Betreuungsformen ohne die bislang üblich strenge Altersgliederung durchsetzen.[4] Auch eine Betreuung während der Nachtstunden ist nach Sinn und Zweck der Norm erfasst, solange das Kind nicht „rund um die Uhr" betreut wird.[5] Eine „Einrichtung" setzt ein bestimmtes Maß an organisatorischer Struktur voraus. Da die Einrichtung auf die Förderung einer „Gruppe" von Kindern zielt, muss auch eine gewisse Mindestzahl an Plätzen angeboten werden.[6] Die Tageseinrichtung ist abzugrenzen von der Tagesgruppe nach § 32, die eine Hilfe zur Erziehung für Kinder mit besonderem erzieherischen Bedarf darstellt.[7]

2. Kindertagespflege (S. 2). Von der Förderung in Tageseinrichtungen ist die Kindertags- 4
pflege zu unterscheiden. Sie wird im Haushalt der Tagespflegeperson oder im Haushalt des Personensorgeberechtigten geleistet. Da sich die Notwendigkeit der Betreuung auch bei anderen Personengruppen ergeben kann, zB bei Pflegeeltern, ist die Vorschrift auf andere Erziehungsberechtigte (§ 7 Abs. 1 Nr. 6) entsprechend anzuwenden.[8]

3. Landesrechtsvorbehalt (S. 3, 4). Die nähere Abgrenzung zwischen Tageseinrichtungen 5
und Kindertagespflege regelt das Landesrecht. Dieses kann auch bestimmten, dass die Kindertagespflege in anderen Räumlichkeiten geleistet wird. Durch derartige Regelungen wird die Grenze zwischen beiden Institutionen allerdings unscharf.[9]

III. Ziele der Förderung (Abs. 2)

Ziel der Arbeit in Tageseinrichtungen und im Rahmen der Kindertagespflege ist in erster Linie 6
die Förderung des Kindes zur einer eigenverantwortlichen und gemeinschaftsfähigen Persönlichkeit (Nr. 1). Die Vorschrift knüpft an § 1 Abs. 1 an und stellt klar, dass die Aufgabe dieser Institution sich nicht allein auf die Betreuung oder das Angebot von Spielmöglichkeiten beschränken darf.[10] Nr. 2 macht allerdings deutlich, dass diese Aufgabe durch die in erster Linie zur Erziehung berufenen Eltern bestimmt wird (vgl. Vor § 1 Rn. 11, 12 und § 1 Rn. 8 f., 13) und der Einrichtung oder Tagespflegeperson nur eine unterstützende und ergänzende Funktion zukommt. Die Jugendhilfe selbst hat, anders als die Schule, keinen eigenen Erziehungsauftrag (Vor § 1 Rn. 11) oder „Förderungsauftrag", sondern einen abgeleiteten. Nr. 3 stellt im Anschluss an die Rechtsprechung des BVerfG (Rn. 2) klar, dass das Ziel des Gesetzes auch in der Steigerung der Erwerbstätigkeit insbes. von Müttern besteht.

---

[1] BVerfGE 88, 203, 260.
[2] BVerfGE 99, 216, 234 = NJW 1999, 557, 558.
[3] Empfehlung 92/241/EWG, ABl. EG L 123 S. 16.
[4] *Wiesner/Struck* Vor § 22 Rn. 15a.
[5] *Wiesner/Struck* § 22 Rn. 7; *Münder/Lakies* Rn. 6.
[6] *Wiesner/Struck* § 22 Rn. 4.
[7] *Fieseler/Gerstein* Rn. 2.
[8] *Wiesner/Struck* § 22 Rn. 10.
[9] *Kunkel/Kaiser* § 22 Rn. 7.
[10] Vgl. *Wiesner/Struck* Vor § 22 Rn. 6, 10.

IV. Konkretisierung des Förderauftrags (Abs. 3)

7   Der in Abs. 2, insbes. dort in Nr. 1 genannte Förderauftrag wird von Abs. 3 präzisiert. Die Erziehung, Bildung[11] und die Betreuung des Kindes soll im Sinne eines ganzheitlichen Ansatzes[12] die soziale, emotionale, körperliche und geistige Seite der Entwicklung des Kindes im Blick haben. Nach S. 2 ist die Vermittlung „orientierender Werte und Regeln" eingeschlossen. Dabei lässt das Gesetz an dieser Stelle unerwähnt, dass insbes. die Vermittlung von Werten in erster Linie Recht und Pflicht der Eltern ist. Aus dem Zusammenhang von Abs. 3 und Abs. 2 Nr. 2 wird allerdings deutlich, dass die Jugendhilfe auch in dieser Hinsicht nur unterstützend tätig werden darf. Wird bei der Betreuung in einem freiwillig besuchten Kindergarten regelmäßig ein Tischgebet gesprochen, muss die Beteiligung daran freiwillig sein und es müssen entsprechende Ausweichmöglichkeiten bestehen.[13] S. 3 bestätigt den kindzentrierten Ansatz der Jugendhilfe. Das Kind ist mit seinen individuellen Fähigkeiten und Bedürfnissen zu unterstützen; dies bezieht sich auch auf seine ethnische Herkunft, die sich zB in seiner Sprache widerspiegeln kann.

§ 22a Förderung in Tageseinrichtungen

(1) ¹Die Träger der öffentlichen Jugendhilfe sollen die Qualität der Förderung in ihren Einrichtungen durch geeignete Maßnahmen sicherstellen und weiterentwickeln. ²Dazu gehören die Entwicklung und der Einsatz einer pädagogischen Konzeption als Grundlage für die Erfüllung des Förderungsauftrags sowie der Einsatz von Instrumenten und Verfahren zur Evaluation der Arbeit in den Einrichtungen.

(2) ¹Die Träger der öffentlichen Jugendhilfe sollen sicherstellen, dass die Fachkräfte in ihren Einrichtungen zusammenarbeiten
1. mit den Erziehungsberechtigten und Tagespflegepersonen zum Wohl der Kinder und zur Sicherung der Kontinuität des Erziehungsprozesses,
2. mit anderen kinder- und familienbezogenen Institutionen und Initiativen im Gemeinwesen, insbesondere solchen der Familienbildung und -beratung,
3. mit den Schulen, um den Kindern einen guten Übergang in die Schule zu sichern und um die Arbeit mit Schulkindern in Horten und altersgemischten Gruppen zu unterstützen.

²Die Erziehungsberechtigten sind an den Entscheidungen in wesentlichen Angelegenheiten der Erziehung, Bildung und Betreuung zu beteiligen.

(3) ¹Das Angebot soll sich pädagogisch und organisatorisch an den Bedürfnissen der Kinder und ihrer Familien orientieren. ²Werden Einrichtungen in den Ferienzeiten geschlossen, so hat der Träger der öffentlichen Jugendhilfe für die Kinder, die nicht von den Erziehungsberechtigten betreut werden können, eine anderweitige Betreuungsmöglichkeit sicherzustellen.

(4) ¹Kinder mit und ohne Behinderung sollen, sofern der Hilfebedarf dies zulässt, in Gruppen gemeinsam gefördert werden. ²Zu diesem Zweck sollen die Träger der öffentlichen Jugendhilfe mit den Trägern der Sozialhilfe bei der Planung, konzeptionellen Ausgestaltung und Finanzierung des Angebots zusammenarbeiten.

(5) Die Träger der öffentlichen Jugendhilfe sollen die Realisierung des Förderungsauftrages nach Maßgabe der Absätze 1 bis 4 in den Einrichtungen anderer Träger durch geeignete Maßnahmen sicherstellen.

I. Normzweck

1   Die Vorschrift richtet sich an den Träger der öffentlichen Jugendhilfe. Ziel ist die Sicherung und Weiterentwicklung der Betreuung, Bildung und Erziehung des Kindes in den Tageseinrichtungen und in der Kindestagespflege. Zu diesem Zweck fordert Abs. 1 S. 2 insbes. den Einsatz eines pädago-

---

[11] Zu den Grenzen dieses „Bildungsauftrags" *Schellhorn/Fischer* Rn. 17; *Jestaedt* JAmt 2005, 61.
[12] *Kunkel/Kaiser* § 22 Rn. 13.
[13] VGH Kassel NJW 2003, 2846, 2846 f.; BVerfG NJW 2003, 3468; BVerfGE 52, 223, 239.

gischen Konzepts und von Evaluationsverfahren. Abs. 2 begründet ein Gebot der Kooperation mit den Erziehungsberechtigten, Tagespflegepersonen, Institutionen und Initiativen des Gemeinwesens und Schulen. Nach Abs. 3 soll sich das von der öffentlichen Jugendhilfe geschaffene Angebot an den Bedürfnissen der Kinder und Familien orientieren; diese können insbes. gegen vollständiges Ausbleiben des Angebots in der Ferienzeit sprechen. In Abs. 4 stellt das Gesetz klar, dass behinderte und nicht behinderte Kinder gemeinsam gefördert werden sollen. Nach Abs. 5 soll der öffentliche Träger darauf hinwirken, dass die in Abs. 1 bis 4 genannten Maßstäbe auch für die Arbeit der freien Träger gelten sollte.

Die Norm wurde durch das Gesetzes zum qualitätsorientierten und bedarfsgerechten Ausbau der Tagesbetreuung für Kinder (TAG) (Vor § 1 Rn. 7) eingefügt. Abs. 2 wurde geändert durch das Gesetz zur Weiterentwicklung der Kinder- und Jugendhilfe (Vor § 1 Rn. 7).

II. Sicherstellung und Weiterentwicklung der Qualität (Abs. 1)

In Abs. 1 wird dem Träger der öffentlichen Jugendhilfe die Aufgabe übertragen, in seinen Tageseinrichtungen (§ 22 Abs. 1 S. 1) durch geeignete Maßnahmen für Qualitätssicherung und -weiterentwicklung zu sorgen. Die grundlegenden Qualitätsbereiche lassen sich untergliedern in die Orientierungsqualität, die Strukturqualität, die Prozessqualität, die Management- und Organisationsqualität und die Kontextqualität.[1] Erstere betrifft das Vorhandensein einer einrichtungsspezifischen Konzeption, die sich zB in einem verbindlichen Curriculum niederschlagen kann. Die Strukturqualität betrifft die räumlich-materialen und sozialen Rahmenbedingungen, insbes. die Gruppengrößen. Die Prozessqualität betrifft die Interaktion zwischen Erzieher und Kind und die Interaktion der Kinder untereinander. Die Management- und Organisationsqualität kann durch Qualitätsmanagementsysteme verbessert werden; entsprechend sieht S. 2 auch die Implementierung von Evaluationssystemen vor. Die Kontextqualität bezieht sich auf die Inanspruchnahme von Fachberatungen, Fortbildungsangeboten usf. durch die Mitarbeiter der Einrichtung.

III. Kooperationsgebot (Abs. 2)

1. Kooperationsgebot (S. 1). Abs. 2 zielt auf eine Vernetzung der Einrichtungen der öffentlichen Jugendhilfe mit anderen Akteuren, die die Entwicklung des Kindes maßgeblich prägen. Fachkräfte sind gem. § 72 Abs. 1 S. 1 Personen, die sich für die jeweilige Aufgabe nach ihrer Persönlichkeit eignen und eine dieser Aufgabe entspr. Ausbildung haben. In erster Linie **(Nr. 1)** geht es um die Kooperation mit den Eltern. Aber auch sonstige Erziehungsberechtigte (§ 7 Abs. 1 Nr. 6) und Tagespflegepersonen werden erfasst. Die Zusammenarbeit mit den Erziehungsberechtigten ist Voraussetzung dafür, dass die Erziehung in Tageseinrichtungen ihrer familienergänzenden Aufgabe gerecht wird. Die genannten Personen sollen iS. einer **Erziehungspartnerschaft** zusammenwirken, wobei der Erziehungsprimat der Eltern (vgl. Vor § 1 Rn. 11, 12 und § 1 Rn. 8 f., 13) zu beachten ist. Die Eltern sollten daher grundsätzlich von den Fachkräften nicht nur als Amateure und Konsumenten, sondern als „Experten ihrer Kinder" behandelt werden.[2] **Nr. 2** erstreckt das Kooperationsgebot auf andere Institutionen und Initiativen des Gemeinwesens, insbes. Familienberatungs- und Familienbetreuungsstellen. Nach **Nr. 3** soll die Kooperation auch die Schulen erfassen; diese Vorschrift konkretisiert § 81 Nr. 1.

2. Beteiligung der Erziehungsberechtigten (S. 2). Die Beteiligung der Erziehungsberechtigten an Entscheidungen in wesentlichen Angelegenheiten der Tageseinrichtungen ist vorgesehen, aber nicht näher ausgestaltet; die Vorschrift bildet vielmehr die bundesrechtliche Grundlage für die landesrechtliche Schaffung von Organen der Elternmitwirkung in den verschiedenen Einrichtungsformen.[3] Näheres regeln insbes. die Kindergartengesetze der Länder. „Wesentliche Angelegenheiten" sind zB die Grundsätze des pädagogischen Konzepts, die personelle und sachliche Ausgestaltung der Einrichtung und die Öffnungszeiten;[4] zu den Letzteren vgl. auch Rn. 6.

IV. Ausrichtung an den Bedürfnissen der Kinder und ihrer Familien (Abs. 3)

Die Regelung ist auf die Orientierung an den pädagogischen Bedürfnissen der Kinder den organisatorischen Bedürfnissen der Familie hin gerichtet. Die Orientierung an den pädagogischen Bedürfnissen des Kindes ergibt sich bereits aus § 22 Abs. 2 Nr. 1, Abs. 3 (§ 22 Rn. 7). Organisato-

---

[1] Zwölfter Kinder- und Jugendhilfebericht, BT-Drucks. 15/6014 S. 200.
[2] Ähnlich *Wiesner/Struck* Rn. 5 f.
[3] BT-Drucks. 11/5948 S. 64.
[4] *Münder/Lakies* Rn. 7.

risch verlangt die Vorschrift ein Leistungsangebot, das zB mit den Öffnungszeiten und der räumlichen Nähe der jeweiligen Einrichtung an den Interessen der Kinder und ihrer Familien orientiert ist.[5] Das Ziel lebenslagengerechter Öffnungs- und Betreuungszeiten muss schon bei der Jugendhilfeplanung nach § 80 Abs. 2 Nr. 4, Abs. 4 berücksichtigt werden. Abs. 3 S. 2 spezifiziert dieses Erfordernis für die Ferienzeiten. Unter Ferienzeit sind die Schließzeiten der jeweiligen Einrichtung zu verstehen.[6]

V. Gemeinsame Förderung behinderter und nichtbehinderter Kinder (Abs. 4)

7   Die Vorschrift fordert integrative Formen der Förderung von behinderten und nichtbehinderten Kindern. Sie ist eine spezielle Ausprägung des in §§ 4 Abs. 3, 19 Abs. 3 SGB IX verankerten Grundsatzes der uneingeschränkten Teilhabe behinderter Kinder am Leben in der Gesellschaft. Diesem Ziel stehen vielfach strukturelle Hindernisse entgegen;[7] diesen soll auch nach S. 2 entgegengewirkt werden. Die Förderung behinderter Kinder wird insbes. im Rahmen der § 24, § 35a sowie der §§ 53 ff. SGB XII ermöglicht (dazu § 10 Rn. 11 f., § 35a).

VI. Sicherstellung der Anforderungen in Einrichtungen anderer Träger (Abs. 5)

8   Da der Gesetzgeber verpflichtende Maßstäbe für den Förderauftrag nach Abs. 1 bis 4 nur für die Träger der öffentlichen Jugendhilfe aufstellen kann, ruft er die Träger der öffentlichen Jugendhilfe nach Abs. 5 dazu auf, den Förderungsauftrag nach Maßgabe der Absätze 1 bis 4 in den Einrichtungen anderer Träger durch geeignete Maßnahmen sicherzustellen. Dies geschieht durch Vereinbarungen zwischen den Trägern der öffentlichen und der freien Jugendhilfe.[8] Ein Mindestmaß an Qualitätssicherung wird durch den Erlaubnisvorbehalt der §§ 45 ff. erreicht.

§ 23 Förderung in Kindertagespflege

(1) Die Förderung in Kindertagespflege nach Maßgabe von § 24 umfasst die Vermittlung des Kindes zu einer geeigneten Tagespflegeperson, soweit diese nicht von der erziehungsberechtigten Person nachgewiesen wird, deren fachliche Beratung, Begleitung und weitere Qualifizierung sowie die Gewährung einer laufenden Geldleistung an die Tagespflegeperson.

(2) Die laufende Geldleistung nach Absatz 1 umfasst
1. die Erstattung angemessener Kosten, die der Tagespflegeperson für den Sachaufwand entstehen,
2. einen Betrag zur Anerkennung ihrer Förderungsleistung nach Maßgabe von Absatz 2a,
3. die Erstattung nachgewiesener Aufwendungen für Beiträge zu einer Unfallversicherung sowie die hälftige Erstattung nachgewiesener Aufwendungen zu einer angemessenen Alterssicherung der Tagespflegeperson und
4. die hälftige Erstattung nachgewiesener Aufwendungen zu einer angemessenen Krankenversicherung und Pflegeversicherung.

(2a) [1] Die Höhe der laufenden Geldleistung wird von den Trägern der öffentlichen Jugendhilfe festgelegt, soweit Landesrecht nicht etwas anderes bestimmt. [2] Der Betrag zur Anerkennung der Förderungsleistung der Tagespflegeperson ist leistungsgerecht auszugestalten. [3] Dabei sind der zeitliche Umfang der Leistung und die Anzahl sowie der Förderbedarf der betreuten Kinder zu berücksichtigen.

(3) [1] Geeignet im Sinne von Absatz 1 sind Personen, die sich durch ihre Persönlichkeit, Sachkompetenz und Kooperationsbereitschaft mit Erziehungsberechtigten und anderen Tagespflegepersonen auszeichnen und über kindgerechte Räumlichkeiten verfügen. [2] Sie sollen über vertiefte Kenntnisse hinsichtlich der Anforderungen der

---

[5] BT-Drucks. 11/5948 S. 64 zu § 22 Abs. 2 S. 2 SGB VIII aF.
[6] *Wiesner/Struck* Rn. 18; *Fieseler/Gerstein* Rn. 9.
[7] *Wiesner/Struck* Rn. 19.
[8] BT-Drucks. 15/3676 S. 33.

Kindertagespflege verfügen, die sie in qualifizierten Lehrgängen erworben oder in anderer Weise nachgewiesen haben.

(4) ¹Erziehungsberechtigte und Tagespflegepersonen haben Anspruch auf Beratung in allen Fragen der Kindertagespflege. ²Für Ausfallzeiten einer Tagespflegeperson ist rechtzeitig eine andere Betreuungsmöglichkeit für das Kind sicherzustellen. ³Zusammenschlüsse von Tagespflegepersonen sollen beraten, unterstützt und gefördert werden.

Schrifttum: Siehe Schrifttum zu § 22.

I. Normzweck

Die Kindertagespflege hat sich in der Praxis als ein wichtiges Segment der Kinderbetreuung etabliert.[1] Das Gesetz macht mit der Einordnung der Kindertagespflege in den dritten Abschnitt des Gesetzes deutlich, dass die Tagespflege als eines der möglichen Förderungsangebote der Jugendhilfe iSd. § 2 Abs. 2 konzipiert ist. Abs. 1 betrifft die Vermittlung der Tagespflegeperson, die Beratung und Begleitung und die dieser Person zu zahlende Geldleistung. Die Höhe der Geldleistung wird in Abs. 2 genauer spezifiziert. Abs. 3 stellt Anforderungen an die Fähigkeiten der Pflegeperson auf. Wichtige Regelungen zur Tagespflege enthalten weiter insbes. die §§ 22 Abs. 1 S. 2, Abs. 2 und 3, 24. Letzte Norm bestimmt die Anspruchsvoraussetzungen für die Tagespflege als Leistung der Jugendhilfe. Die Erlaubnis zur Kindertagespflege ist in § 43 geregelt. Die Kindertagespflege ist abzugrenzen von der Tagespflege als Hilfe zur Erziehung nach § 33 S. 2.

1

Die Norm wurde durch das Gesetzes zum qualitätsorientierten und bedarfsgerechten Ausbau der Tagesbetreuung für Kinder (TAG) (Vor § 1 Rn. 7) neu gefasst. Zuletzt wurden Abs. 1 und 2 durch das Gesetz zur Förderung von Kindern unter drei Jahren in Tageseinrichtungen und in Kindertagespflege (KiföG) (Vor § 1 Rn. 7) geändert.

2

II. Vermittlung, Beratung, Begleitung und Qualifizierung (Abs. 1 S. 1 und 2)

1. Vermittlung von Tagespflegepersonen. Abs. 1 stellt die Vermittlung geeigneter Personen als Aufgabe der Jugendhilfe in den Vordergrund. Aber auch der Nachweis einer Tagespflegeperson durch die Erziehungsberechtigten ist möglich, sofern diese geeignet iSd. Abs. 3 ist. Der Vermittlungsprozess beinhaltet die Beratung der Eltern, den Vorschlag geeigneter Pflegepersonen und ein Vermittlungsgespräch zwischen Eltern und Pflegeperson. Die öffentlichen Träger haben kein Vermittlungsmonopol.[2]

3

2. Anspruch auf Beratung, Begleitung und Qualifizierung der Tagespflegeperson. Der in Abs. 1 gewährte Anspruch auf Beratung und Begleitung soll helfen, Konflikte zwischen Tagespflegepersonen und Erziehungsberechtigten zu lösen. Beides ist für Tagespflegepersonen insbes. deshalb wichtig, weil diese idR auf sich allein gestellt sind. Dies gilt gleichfalls für die Qualifikation. Auch die Tagespflegeperson hat ihre Tätigkeit an den Förderungsmaßstäben des § 22 Abs. 2 und 3 auszurichten.[3]

4

III. Laufende Geldleistung (Abs. 1 S. 3 und Abs. 2)

1. Anspruch auf laufende Geldleistung. Abs. 1 begründet weiter einen Anspruch auf eine laufende Geldleistung in dem in Abs. 2 und 2a näher bestimmten Umfang. Inhaber des Anspruchs ist die Tagespflegeperson. Der Anspruch besteht auch, wenn die Tagespflegeperson mit dem betreuten Kind verwandt oder diesem gegenüber sogar unterhaltsverpflichtet ist.[4] Der Umfang der Geldleistung wird durch Landesrecht näher festgelegt (Abs. 2a S. 1). Dabei gilt für die eigentliche Bezahlung der „Förderleistung" gem. Abs. 2 Nr. 2 der Maßstab der Leistungsgerechtigkeit. Dabei ist zu berücksichtigen, dass die Geldleistung seit 2009 der Einkommensteuerpflicht unterliegt.[5] Leistungen des Erziehungsberechtigten an die Pflegeperson unterliegen ebenfalls der Einkommensteuer-

5

---
[1] Vgl. *Wiesner/Struck* Rn. 4.
[2] *Schellhorn/Fischer* Rn. 5.
[3] *Wiesner/Struck* Rn. 19.
[4] *Münder/Lakies* Rn. 24, zur früheren Rechtslage BVerwG NJW 1997, 2831; BVerwG FEVS 48, 289, 291 f. sowie 4. Aufl. § 10 Rn. 3.
[5] *Münder/Lakies* Rn. 58 ff.

pflicht. Die Geldleistung wird zudem gem. § 11a Abs. 3 S. 2 Nr. 2 SGB II als Einkommen gem. § 11 Abs. 1 S. 1 SGB II bewertet.[6]

6 **2. Sachaufwand (Abs. 2 Nr. 1).** Die Höhe des Sachaufwands richtet sich danach, ob die Betreuung im eigenen Haushalt der Tagespflegeperson oder im Haushalt des Erziehungsberechtigten erfolgt. Im letzteren Fall gehören insbes. Fahrtkosten zum Sachaufwand. Bei Betreuung im eigenen Haushalt sind Verpflegungskosten, Verbrauchskosten zB für Strom und Wasser, Kosten für Ausstattung wie Spielzeug usf. zu addieren.[7]

7 **3. Beitrag zur Anerkennung der Förderleistung (Abs. 2 Nr. 2, Abs. 2a).** Der Maßstab der Leistungsgerechtigkeit (Rn. 5) erfordert die Berücksichtigung der individuellen Umstände. Dazu gehören vor allem der zeitliche Umfang der Betreuung, die Anzahl der Kinder, die Qualifikation der Tagespflegeperson und das Alter des jeweiligen Kindes.

8 **4. Aufwendungen für Unfallversicherung und Alterssicherung (Abs. 2 Nr. 3).** Tagespflegepersonen sind in der gesetzlichen Unfallversicherung gem. § 2 Abs. 1 Nr. 1 oder Nr. 9 SGB VII pflichtversichert; entsprechend sind die betreuten Kinder dort unfallversichert (§ 2 Abs. 1 Nr. 8a SGB VII). Da die Person den Beitrag voll selbst trägt (§ 150 Abs. 1 S. 2 SGB VII), ist er als Aufwand zu ersetzen. Ist die Tagespflegeperson in der gesetzlichen Rentenversicherung als Beschäftigter pflichtversichert (§ 1 Nr. 1 SGB VI, vgl. Rn. 14), trägt sie die hälftige Beitragslast (§ 168 Abs. 1 Nr. 1 SGB VI). Ist sie als Selbständiger gem. § 2 S. 1 Nr. 1 „Erzieher"[8] oder nach gem. § 2 S. 1 Nr. 9 SGB VI versicherungspflichtig, trägt sie die Beiträge voll (§ 169 Nr. 1 SGB VI). Dies gilt auch bei freiwilliger Versicherung in der gesetzlichen Rentenversicherung (§§ 7, 171 SGB VI). In allen Fällen gewährt das Gesetz nur eine Aufwandsentschädigung für den hälftigen Beitrag. Allerdings kann die Pflegeperson, sofern keine Versicherungspflicht besteht, auch eine andere Form der Alterssicherung wählen. Auch hier ist der hälftige Beitrag zu erstatten, sofern dieser angemessen ist.[9]

IV. Geeignetheit der Tagespflegeperson (Abs. 3)

9 Die Geeignetheit der Tagespflegeperson richtet sich einerseits nach ihren **persönlichen Eigenschaften,** von denen das Gesetz die Persönlichkeit, Sachkompetenz und Kooperationsbereitschaft mit Erziehungsberechtigten und anderen Tagespflegepersonen heraushebt. In der Literatur werden weitere Eigenschaft wie die Fähigkeit zur differenzierten Wahrnehmung, Kritikbereitschaft, Fähigkeit zur Reflexion,[10] Zuverlässigkeit und Belastbarkeit[11] genannt. Grundvoraussetzung ist die Unbescholtenheit nach § 72a. Eine Person kann auch ungeeignet sein, weil ihr Lebenspartner gewaltbereit o. ä. ist.[12] Wird das Kind bei der Tagespflegeperson betreut, müssen die **Räumlichkeiten** kindgerecht, dh. sicher, sauber und ausreichend groß sein. Weiter werden nach S. 2 nunmehr **vertiefte Kenntnisse** in Bezug auf die Kindertagespflege gefordert. Diese sollen insbes. durch Lehrgänge usw. erworben werden. Sie können „in anderer Weise" nachgewiesen werden, wenn die Person eine langjährige Erfahrung besitzt. Auch in diesen „Altfällen" kann jedoch eine (Weiter-)Bildung notwendig erscheinen.[13]

V. Beratung, Ausfallzeiten, Zusammenschlüsse von Tagespflegepersonen (Abs. 4)

10 **1. Beratung (S. 1).** Der Anspruch auf Beratung steht den Erziehungsberechtigte und Tagespflegepersonen in allen Fragen der Kindertagespflege zu. Dass nur solche Betroffenen Anspruchsinhaber sind, die an einer Leistung nach Abs. 1 beteiligt sind,[14] lässt sich dem Wortlaut der Vorschrift nicht entnehmen.

11 **2. Ausfallzeiten (S. 2).** Der Leistungsanspruch nach § 24 erstreckt sich auf die rechtzeitige Sicherstellung einer anderen Betreuungsmöglichkeit, wenn die Tagespflegeperson ausfällt, zB wegen Urlaubs. Der besondere Schwachpunkt der Tagespflege ist der Ausfall der Pflegeperson wegen Krankheit. Hier sind die Jugendämter aufgerufen, geeignete Lösungen zu finden.

---

[6] Vgl. weiter die Übergangsregelung in § 77 Abs. 2 SGB II.
[7] *Münder/Lakies* Rn. 27.
[8] BSG SGb 2006, 228, 229 ff.
[9] OVG Rheinland-Pfalz JAmt 2009, 143.
[10] *Wiesner/Struck* Rn. 24.
[11] *Münder/Lakies* Rn. 16. Zum Alter OVG Bremen JAmt 2011, 152 (zum gleichlautenden § 43 Abs. 2 S. 2).
[12] *Wiesner/Struck* Rn. 24.
[13] *Fieseler/Gerstein/Fieseler* Rn. 26; *Münder/Lakies* Rn. 18.
[14] So *Wiesner/Struck* Rn. 38. Wie hier *Münder/Lakies* Rn. 43; *Schellhorn/Fischer* Rn. 20.

3. Zusammenschlüsse von Tagespflegepersonen (S. 3). Zusammenschlüsse von Tagespflegepersonen sollen nach S. 3 unterstützt werden, weil Pflegepersonen bei ihrer verantwortungsvollen Tätigkeit vielfach auf sich gestellt sind. Zusammenschlüsse von Pflegepersonen versuchen, diesen Nachteil auszugleichen und Möglichkeiten der Fachberatung und Supervision zu vermitteln; solche Bestrebungen sind im Interesse einer Qualifizierung der Tagespflege zu fördern. Nach § 37 Abs. 2 S. 2 gilt die Vorschrift entspr. für Zusammenschlüsse von Pflegepersonen, die Kinder oder Jugendliche in Vollzeitpflege betreuen.

VI. Verhältnis zwischen Tagespflegeperson und Erziehungsberechtigtem

Zwischen der Tagespflegeperson und dem Erziehungsberechtigten wird ein zivilrechtlicher Betreuungsvertrag geschlossen. Bei diesem Vertrag kann es sich um einen Arbeitsvertrag handeln, wenn die Tagespflegeperson zeitlich, räumlich und in der Art und Weise ihrer Tätigkeit den Weisungen des Personensorgeberechtigten unterliegt.[15] In diesem Fall wird sozialrechtlich regelmäßig ein Beschäftigungsverhältnis[16] bestehen, so dass vom Arbeitgeber Sozialversicherungsbeiträge für die Tagespflegeperson abzuführen sind. Zwischen der vom Jugendamt vermittelten Pflegeperson und dem Jugendamt selbst entsteht in der Regel kein Arbeits- bzw. Beschäftigungsverhältnis.[17]

§ 24 idF bis 31. 7. 2013

§ 24 Anspruch auf Förderung in Tageseinrichtungen und in Kindertagespflege

(1) ¹Ein Kind hat vom vollendeten dritten Lebensjahr bis zum Schuleintritt Anspruch auf den Besuch einer Tageseinrichtung. ²Die Träger der öffentlichen Jugendhilfe haben darauf hinzuwirken, dass für diese Altersgruppe ein bedarfsgerechtes Angebot an Ganztagsplätzen oder ergänzend Förderung in Kindertagespflege zur Verfügung steht.

(2) Für Kinder im Alter unter drei Jahren und im schulpflichtigen Alter ist ein bedarfsgerechtes Angebot an Plätzen in Tageseinrichtungen und in Kindertagespflege vorzuhalten.

(3) ¹ Ein Kind, das das dritte Lebensjahr noch nicht vollendet hat, ist in einer Tageseinrichtung oder in Kindertagespflege zu fördern, wenn
1. diese Leistung für seine Entwicklung zu einer eigenverantwortlichen und gemeinschaftsfähigen Persönlichkeit geboten ist oder
2. die Erziehungsberechtigten
   a) einer Erwerbstätigkeit nachgehen, eine Erwerbstätigkeit aufnehmen oder Arbeit suchend sind,
   b) sich in einer beruflichen Bildungsmaßnahme, in der Schulausbildung oder Hochschulausbildung befinden oder
   c) Leistungen zur Eingliederung in Arbeit im Sinne des Zweiten Buches erhalten.

² Lebt das Kind nur mit einem Erziehungsberechtigten zusammen, so tritt diese Person an die Stelle der Erziehungsberechtigten. ³ Der Umfang der täglichen Förderung richtet sich nach dem individuellen Bedarf.

(4) ¹Die Träger der öffentlichen Jugendhilfe oder die von ihnen beauftragten Stellen sind verpflichtet, Eltern oder Elternteile, die Leistungen nach Absatz 1 oder 2 in Anspruch nehmen wollen, über das Platzangebot im örtlichen Einzugsbereich und die pädagogische Konzeption der Einrichtungen zu informieren und sie bei der Auswahl zu beraten. ²Landesrecht kann bestimmen, dass Eltern den Träger der öffentlichen Jugendhilfe oder die beauftragte Stelle innerhalb einer bestimmten Frist vor der beabsichtigten Inanspruchnahme der Leistung in Kenntnis setzen.

---

[15] *Münder/Lakies* Rn. 51. Ausführlich *Geck* NDV 1999, 40. Zur Arbeitnehmereigenschaft einer Familienhelferin BAG AP BGB § 611 Nr. 94 Abhängigkeit. Selbständigkeit nimmt an: LAG Mannheim ZTR 2002, 390.
[16] BSG ZfJ 2000, 150, 152; BSG NJW 1998, 3141, 3142.
[17] BSG ZfJ 2000, 150, 152.

(5) ¹Geeignete Tagespflegepersonen im Sinne von § 23 Abs. 3 können auch vermittelt werden, wenn die Voraussetzungen nach Absatz 3 nicht vorliegen. ²In diesem Fall besteht die Pflicht zur Gewährung einer laufenden Geldleistung nach § 23 Abs. 1 nicht; Aufwendungen nach § 23 Abs. 2 Satz 1 Nr. 3 können erstattet werden.

(6) Weitergehendes Landesrecht bleibt unberührt.

§ 24 idF ab 1. 8. 2013

§ 24 Anspruch auf Förderung in Tageseinrichtungen und in Kindertagespflege

(1) ¹Ein Kind, das das erste Lebensjahr noch nicht vollendet hat, ist in einer Einrichtung oder Kindertagespflege zu fördern, wenn
1. diese Leistung für seine Entwicklung zu einer eigenverantwortlichen und gemeinschaftsfähigen Persönlichkeit geboten ist oder
2. die Erziehungsberechtigten
   a) einer Erwerbstätigkeit nachgehen, eine Erwerbstätigkeit aufnehmen oder Arbeit suchend sind,
   b) sich in einer beruflichen Bildungsmaßnahme, in der Schulausbildung oder Hochschulausbildung befinden oder
   c) Leistungen zur Eingliederung in Arbeit im Sinne des Zweiten Buches erhalten.
²Lebt das Kind nur mit einem Erziehungsberechtigten zusammen, so tritt diese Person an die Stelle der Erziehungsberechtigten. ³Der Umfang der täglichen Förderung richtet sich nach dem individuellen Bedarf.

(2) ¹Ein Kind, das das erste Lebensjahr vollendet hat, hat bis zur Vollendung des dritten Lebensjahres Anspruch auf frühkindliche Förderung in einer Tageseinrichtung oder in Kindertagespflege. ²Absatz 1 Satz 3 gilt entsprechend.

(3) ¹Ein Kind, das das dritte Lebensjahr vollendet hat, hat bis zum Schuleintritt Anspruch auf Förderung in einer Tageseinrichtung. ²Die Träger der öffentlichen Jugendhilfe haben darauf hinzuwirken, dass für diese Altersgruppe ein bedarfsgerechtes Angebot an Ganztagsplätzen zur Verfügung steht. ³Das Kind kann bei besonderem Bedarf oder ergänzend auch in Kindertagespflege gefördert werden.

(4) ¹Für Kinder im schulpflichtigen Alter ist ein bedarfsgerechtes Angebot in Tageseinrichtungen vorzuhalten. ²Absatz 1 Satz 3 und Absatz 3 Satz 3 gelten entsprechend.

(5) ¹Die Träger der öffentlichen Jugendhilfe oder die von ihnen beauftragten Stellen sind verpflichtet, Eltern oder Elternteile, die Leistungen nach den Absätzen 1 bis 4 in Anspruch nehmen wollen, über das Platzangebot im örtlichen Einzugsbereich und die pädagogische Konzeption der Einrichtungen zu informieren und sie bei der Auswahl zu beraten. ²Landesrecht kann bestimmen, dass die erziehungsberechtigten Personen den zuständigen Träger der öffentlichen Jugendhilfe oder die beauftragte Stelle innerhalb einer bestimmten Frist vor der beabsichtigten Inanspruchnahme der Leistung in Kenntnis setzen.

(6) Weitergehendes Landesrecht bleibt unberührt.

Schrifttum: Siehe Schrifttum zu § 22.

I. Normzweck

1   Die Vorschrift des § 24 gilt bis zum 31. 7. 2013 (Rn. 2). Sie regelt in Abs. 1 S. 1 den Rechtsanspruch auf einen Platz in einer Tageseinrichtung. Abs. 1 S. 2 zielt auf den Ausbau der ganztätigen Betreuung des Kleinkindes durch Tageseinrichtungen und durch Tagespflege. Für Kindern unter drei Jahren ist nach Abs. 2 ein bedarfsgerechtes Angebot vorzuhalten. Bei besonderen Bedarfslagen,

insbes. der Erwerbstätigkeit der Erziehungsberechtigten, schafft Abs. 3 für Kinder unter 3 Jahren einen Rechtsanspruch. Abs. 4 enthält einen Anspruch auf Beratung der Eltern bei der Auswahl der Tageseinrichtung und Tagespflege. Abs. 5 betrifft die Vermittlung von Tagespflegepersonen auch in dem Fall, dass die Voraussetzungen des Abs. 3 nicht gegeben sind. In Abs. 6 wird klargestellt, dass durch Landesrecht weitergehende Verpflichtungen für die Träger der öffentlichen Jugendhilfe begründet werden können.

Die Norm wurde durch das Gesetzes zum qualitätsorientierten und bedarfsgerechten Ausbau der Tagesbetreuung für Kinder (TAG) (Vor § 1 Rn. 7) grundlegend geändert. Abs. 4 wurde durch das Gesetz zur Weiterentwicklung der Kinder- und Jugendhilfe (Vor § 1 Rn. 7) eingefügt und Abs. 5 geändert. Inhaltlich geändert wurde Abs. 3 durch das Gesetz zur Förderung von Kindern unter drei Jahren in Tageseinrichtungen und in Kindertagespflege (KiföG) (Vor § 1 Rn. 7). Durch dieses Gesetz wurde zudem eine Neufassung der Norm geregelt, die ab dem 1. 8. 2013 gilt. Nach dieser haben Kinder ab dem ersten Lebensjahr einen Rechtsanspruch auf Förderung in der Kindertagespflege. Jüngere Kinder haben einen Anspruch, wenn besondere Bedarfslagen, insbes. wenn die Erziehungsberechtigten erwerbstätig sind. § 24a wird gleichzeitig aufgehoben. 2

II. Der Rechtsanspruch auf einen Platz in einer Tageseinrichtung (Abs. 1)

1. Anspruchsinhalt. Abs. 1 S. 1 gewährt Kindern ab dem dritten Lebensjahr bis zum Schuleintritt einen Rechtsanspruch auf Verschaffung eines Platzes in einer Tageseinrichtung, dh. in erster Linie auf einen Kindergartenplatz. Der Begriff Tageseinrichtung wird in § 22 Abs. 1 S. 1 definiert (§ 22 Rn. 3). Der Anspruch ist nicht auf eine individualisierte Leistung gerichtet, dh. die besonderen Umstände des Einzelfalls muss der Träger der öffentlichen Jugendhilfe nicht berücksichtigen. Entsprechend erstreckt sich der Anspruch, wie S. 2 deutlich macht, nicht auf eine Ganztagsbetreuung. Allerdings wird die Schaffung eines entsprechenden Angebots dem Träger in S. 2 zur Aufgabe gemacht. Der Anspruch auf einen Platz in einer Tageseinrichtung nach S. 1 kann nicht durch das Angebot einer Kindertagespflege erfüllt werden, wie die Gegenüberstellung beider Betreuungsformen in § 22 Abs. 1 S. 1 und 2 deutlich macht. **Zeitlich** umfasst der Anspruch Öffnungszeiten von mindestens 6 Stunden täglich.[1] Bei der Bestimmung der Lage dieser 6 Stunden besteht wohl eine größere Gestaltungsfreiheit. Ein „Nachmittagsplatz" ist bei Berufstätigkeit der Eltern idR nicht bedarfsdeckend.[2] **Räumlich** muss die Tageseinrichtung für das Kind innerhalb vernünftiger Maßstäbe erreichbar sein. Dabei ist auf die konkreten Umstände des Einzelfalls, vor allem auf die Verkehrsverbindung abzustellen. Das Wunsch- und Wahlrecht der Eltern gem. § 5 erstreckt sich auch auf die Wahl der Tageseinrichtung (§ 10 Rn. 5).[3] Die Eltern können daher auch eine Tageseinrichtung zB in der Nähe der Arbeitsstelle oder eine Tageseinrichtung wählen, welche ihren Erziehungsidealen (zB Waldorfkindergarten) entspricht.[4] 3

2. Anspruchsinhaber. Anspruchsinhaber ist das Kind selbst. Der Anspruch entsteht und ist fällig an dem Tag, an dem das Kind das dritte Lebensjahr vollendet hat. Soweit in der Praxis noch Stichtagsregelungen angewandt werden, sind mit dem geltenden Recht nicht vereinbar.[5] 4

3. Anspruchsgegner. Anspruchsgegner ist ausschließlich der Träger der öffentlichen Jugendhilfe. Träger von Kindergärten sind jedoch weitgehend die Gemeinden und freie Träger. Gegen diese besteht kein Anspruch. Vielmehr muss der Träger der öffentlichen Jugendhilfe durch Leistungssicherstellungsvereinbarungen dafür sorgen, dass den Anspruchsinhabern Plätze in den Tageseinrichtungen anderer Träger zugewiesen werden können.[6] 5

4. Nichterfüllung des Anspruchs. Stellt der Träger der öffentlichen Jugendhilfe keinen Platz in einer Tageseinrichtung zur Verfügung, kann das Kind nach Durchführung des Widerspruchverfahrens Verpflichtungs- oder Leistungsklage[7] vor dem Verwaltungsgericht erheben. Möglich ist auch ein Antrag auf eine einstweilige Anordnung gem. § 123 VwGO.[8] Der Einwand, die Verschaffung eines Platzes sei finanziell, organisatorisch oder aus anderen Gründen unmöglich, ist ohne Bedeu- 6

---

[1] *Wiesner/Struck* Rn. 15; *Schellhorn/Fischer* Rn. 11 mwN; *Münder/Lakies* Rn. 17; *Fieseler/Gerstein/Fieseler* Rn. 5; *Kunkel/Kaiser* Rn. 11.
[2] OVG Lüneburg NJW 2003, 1826; *Münder/Lakies* Rn. 18.
[3] VG Gelsenkirchen NVwZ-RR 1998, 437 f. Einschränkend VG Schleswig Holstein NordÖR 1999, 210.
[4] *Wiesner/Struck* Rn. 21.
[5] *Münder/Lakies* Rn. 8.
[6] *Wiesner/Struck* Rn. 26.
[7] *Kunkel/Kaiser* Rn. 15.
[8] OVG NVwZ-RR 2009, 425; OVG Lüneburg NJW 2003, 1826. Anders: OVG Schleswig-Holstein NordÖR 2001, 363: Nur Amtshaftungsanspruch auf Schadensersatz.

tung. Sind die vorhandenen Plätze besetzt, muss der Träger einen neuen schaffen.⁹ Keine Einigkeit besteht zu der Frage, ob sich die Eltern in diesem Fall auch im Wege der Selbstbeschaffung um einen Platz bemühen können.¹⁰ Mit der Neuregelung des § 36a, der zwar die Selbstbeschaffung regelt, aber dem Wortlaut nach nur für Hilfen zur Erziehung gilt, kann die frühere Rechtsprechung nicht mehr ohne weiteres herangezogen werden (§ 36a Rn. 6). Daneben kommt ein Amtshaftungsanspruch gem. § 839 BGB iVm. Art. 34 GG in Betracht.¹¹ Auch ein Anspruch auf Aufwendungsersatz nach §§ 670, 683, 677 BGB wird in Eil- und Notfällen für möglich gehalten.¹²

III. Vorhalten eines bedarfgerechten Angebots für Kinder anderer Altergruppen (Abs. 2)

7   Den Träger der öffentlichen Jugendhilfe trifft nach Abs. 2 die Verpflichtung, für Kinder unter drei Jahren und für schulpflichtige Kinder ein bedarfsgerechtes Angebot an Tageseinrichtungen und Kindertagespflegeplätzen vorzuhalten. Diese Verpflichtung korrespondiert jedoch nicht mit einem Rechtsanspruch der betroffenen Kinder.¹³ Auch ein Anspruch auf ermessensfehlerfreie Entscheidung bei der Vergabe von Plätzen in Tageseinrichtungen besteht nicht.¹⁴ Ein solcher Anspruch könnte sich aber für neu geschaffene Plätze aus § 24a Abs. 4 ergeben; hierunter werden auch „frei werdende" Plätze verstanden.¹⁵

IV. Förderung von Kleinkindern, sonstige Vermittlung (Abs. 3 und 5)

8   Die in Abs. 2 normierte objektiv-rechtliche Verpflichtung der Träger der öffentlichen Jugendhilfe wird in Abs. 3 für Kinder, die das dritte Lebensjahr noch nicht vollendet haben, konkretisiert. Abs. 3 ist bis zum 31. 7. 2013 in Verbindung mit § 24a Abs. 3 zu lesen. Damit besteht seit dem 1. 10. 2010 ein Rechtsanspruch auf einen Platz in einer Tageseinrichtung oder in Kindertagespflege unter den in Abs. 3 genannten Voraussetzungen.¹⁶, dh. gem. Abs. 3 S. 1 Nr. 2 wenn die Erziehungsberechtigten erwerbstätig sind, eine Erwerbstätigkeit aufnehmen, wenn sie an einer beruflichen Bildungsmaßnahme teilnehmen, sich in der Schulausbildung oder im Studium befinden oder wenn sie an einer Maßnahme zur Eingliederung in Arbeit (§ 16 SGB II, der auf die entsprechenden Maßnahmen nach dem SGB III verweist) teilnehmen. Einen entsprechenden Anspruch haben weiter Kleinkinder, für die eine ihrem Wohl entsprechende Förderung ansonsten nicht gewährleistet wäre (Abs. 3 S. 1 Nr. 1).¹⁷ Diese Kinder können außerdem Hilfen nach §§ 27 bis 34 beanspruchen. Die genannten Kriterien sollen gem. Abs. 3 S. 3 auch für den zeitlichen Umfang des Angebots ausschlaggebend sein.¹⁸

9   Sind die Voraussetzung des Mindestbedarfs nach Abs. 3 nicht gegeben, können die Träger der öffentlichen Jugendhilfe nach Abs. 5 dennoch Tagespflegepersonen vermitteln, die nach § 23 Abs. 3 geeignet sind. S. 2 des Abs. 5 stellt klar, dass in diesem Fall kein Anspruch auf Pflegegeld nach § 23 Abs. 1 besteht. Die Eltern müssen diese Tagespflege also selbst finanzieren. Es steht jedoch im Ermessen des Trägers, Aufwendungsersatz nach § 23 Abs. 2 S. 1 Nr. 3 zu leisten.

V. Information, Beratung und Anmeldung des Kindes (Abs. 4)

10 Die Eltern oder Elternteile haben einen Anspruch auf Information und Beratung hinsichtlich des Platzangebots im örtlichen Einzugsbereich und hinsichtlich der pädagogischen Konzeption (vgl. § 22a Abs. 1 S. 2) der jeweiligen Einrichtung. Nach S. 2 des Abs. 4 können landesrechtliche Anmeldefristen festgelegt werden, damit der Träger der öffentlichen Jugendhilfe ausreichend Zeit zur Bereitstellung des Angebots hat.

---

⁹ Vgl. OVG Lüneburg NJW 2003, 1826; *Münder/Lakies* Rn. 26.
¹⁰ Grundsätzlich bejahend *Münder/Lakies* Rn. 29 ff. Ablehnend OVG Schleswig NordÖR 2006, 514. Vgl. *Hauck/Noftz/Grube* K § 24 Rn. 22 ff.; *Wiesner/Struck* Rn. 26a; *Schellhorn/Fischer* Rn. 27.
¹¹ OVG Schleswig-Holstein NordÖR 2001, 363; *Georgii* NJW 1996, 686, 688; *Kunkel/Kaiser* Rn. 16.
¹² *Kunkel/Kaiser* Rn. 17; *Schellhorn/Fischer* Rn. 28; *Münder/Lakies* Rn. 28.
¹³ *Kunkel/Kaiser* Rn. 21; *Schellhorn/Fischer* Rn. 36.
¹⁴ OVG Schleswig NordÖR 2006, 514; *Gerstein* ZfJ 2005, 267, 272 f.; *Wiesner* ZfJ 2004, 441, 449 f. Abweichend *Schellhorn/Fischer* Rn. 36; *Münder/Lakies* Rn. 46 f.
¹⁵ *Kunkel/Kaiser* § 24a Rn. 6.
¹⁶ *Münder/Lakies* Rn. 42; *Mrozynksi* Rn. 8.
¹⁷ *Mrozynski* Rn. 8.
¹⁸ *Münder/Lakies* Rn. 45.

VI. Kosten

Für die Inanspruchnahme von Tageseinrichtungen und Kindertagespflege kann eine pauschalierte Kostenbeteiligung über Teilnahmebeiträge oder Kostenbeiträge erhoben werden, § 90 Abs. 1 S. 1 Nr. 3. Nach § 90 Abs. 1 S. 3 ist eine Staffelung nach Einkommensgruppen, der Anzahl kindergeldberechtigter Kinder in der Familie und der täglichen Betreuungszeit möglich. Eine solche Regelung ist auch verfassungskonform.[19] Nach § 90 Abs. 3 können die Teilnahmebeiträge erlassen werden, wenn die Belastung dem Kind und den Eltern nicht zumutbar ist.

§ 24a idF bis 31. 7. 2013

§ 24a Übergangsregelung stufenweiser Ausbau des Förderangebots für Kinder unter drei Jahren

(1) Kann ein Träger der öffentlichen Jugendhilfe das zur Erfüllung der Verpflichtung nach § 24 Abs. 3 erforderliche Angebot noch nicht vorhalten, so ist er zum stufenweisen Ausbau des Förderangebots für Kinder unter drei Jahren nach Maßgabe der Absätze 2 und 3 verpflichtet.

(2) Die Befugnis zum stufenweisen Ausbau umfasst die Verpflichtung,
1. jährliche Ausbaustufen zur Verbesserung des Versorgungsniveaus zu beschließen und
2. jährlich zum 31. Dezember jeweils den erreichten Ausbaustand festzustellen und den Bedarf zur Erfüllung der Kriterien nach § 24 Abs. 3 zu ermitteln.

(3) Ab dem 1. Oktober 2010 sind die Träger der öffentlichen Jugendhilfe verpflichtet, mindestens ein Angebot vorzuhalten, das eine Förderung aller Kinder ermöglicht,
1. deren Erziehungsberechtigte
   a) einer Erwerbstätigkeit nachgehen oder eine Erwerbstätigkeit aufnehmen,
   b) sich in einer beruflichen Bildungsmaßnahme, in der Schulausbildung oder Hochschulausbildung befinden oder
   c) Leistungen zur Eingliederung in Arbeit im Sinne des Zweiten Buches erhalten; lebt das Kind nur mit einem Erziehungsberechtigten zusammen, so tritt diese Person an die Stelle der Erziehungsberechtigten;
2. deren Wohl ohne eine entsprechende Förderung nicht gewährleistet ist.

(4) Solange das zur Erfüllung der Verpflichtung nach § 24 Abs. 3 erforderliche Angebot noch nicht zur Verfügung steht, sind bei der Vergabe der frei werdenden und der neu geschaffenen Plätze Kinder, die die in § 24 Abs. 3 geregelten Förderungsvoraussetzungen erfüllen, besonders zu berücksichtigen.

(5) Die Bundesregierung hat dem Deutschen Bundestag jährlich einen Bericht über den Stand des Ausbaus nach Absatz 2 vorzulegen.

§ 24a idF ab 1. 8. 2013

§ 24a *(aufgehoben)*

1. Normzweck. Die Übergangsvorschrift bezieht sich auf die Schaffung des Leistungsangebots nach § 24 Abs. 3 bis 6. Mit ihr beabsichtigt der Bundesgesetzgeber trotz fehlender Gesetzgebungskompetenz Druck auf den Ausbau der Tageseinrichtungen und der Kindertagspflege in den Ländern auszuüben. Er installiert daher Instrumente der Ausbauplanung und -überprüfung. Zur Vergaberegelung des Abs. 4 vgl. § 24 Rn. 7. Zu Ansprüchen nach Abs. 3 § 24 Rn. 8.

---

[19] BVerfGE 97, 332, 344 ff. = NJW 1998, 2128, 2129 f. Dazu *Wiesner* ZfJ 2000, 24 f.

2. Gesetzesänderungen. Die Vorschrift wurde zuletzt durch das Gesetz zur Förderung von Kindern unter drei Jahren in Tageseinrichtungen und in Kindertagespflege (KiföG) (Vor § 1 Rn. 7) geändert. Die Neufassung gilt bis zum 31. 7. 2013. Durch das KiföG wurde die Vorschrift zum 1. 8. 2013 aufgehoben (§ 24 Rn. 2).

§ 25 Unterstützung selbst organisierter Förderung von Kindern

Mütter, Väter und andere Erziehungsberechtigte, die die Förderung von Kindern selbst organisieren wollen, sollen beraten und unterstützt werden.

I. Normzweck

Die Regelung konkretisiert § 4 Abs. 3, wonach die öffentliche Jugendhilfe die verschiedenen Formen der Selbsthilfe stärken soll, vgl. § 4 Rn. 8. Nach der amtl. Begr. verpflichtet die Vorschrift die örtlichen Träger und kreisangehörigen Gemeinden ohne Jugendamt, Erziehungsberechtigte bei selbstorganisierter Betreuung zu beraten und zu unterstützen, was im Einzelfall auch eine finanzielle Unterstützung einschließt. Die Förderungs- und Unterstützungspflicht wird damit begründet, dass sich diese Betreuungsformen durch stärkere Mitverantwortung der Eltern bei der Betreuung ihrer Kinder auszeichnen und so die Schwierigkeiten vermeiden, die auf Grund einer Teilung der Sozialisationsfelder in Erziehung in der Familie und in Tageseinrichtungen entstehen können.[1] Die Förderungswürdigkeit selbstorganisierter Betreuungsformen beruht nicht zuletzt auch darauf, dass sie mit innovativen Antworten auf neu entstandene gesellschaftliche Problemlagen Impulse für die Weiterentwicklung der traditionellen Tagesbetreuungsangebote geben.[2]

II. Einzelerläuterungen

1. Adressatenkreis. Die Norm setzt voraus, dass Mütter, Väter und andere Erziehungsberechtigte die Förderung von Kindern in Tageseinrichtungen selbst organisieren wollen; zu den letzteren „anderen Erziehungsberechtigten" gehören zB Stiefelternteile oder Lebenspartner des Personensorgeberechtigten, vgl. oben § 7 Rn. 5.

2. Rechtsanspruch bzw. Ermessensleistung. Die Norm ist als Soll-Vorschrift ausgestaltet. Ein Anspruch auf Unterstützung besteht hingegen auch im Regelfall nicht. Ob und inwieweit die selbstorganisierte Betreuung (insbes. finanziell) gefördert wird, steht im Kann-Ermessen des Jugendhilfeträgers.[3] Dagegen ist kein Grund ersichtlich, einen Rechtsanspruch auf Beratung abzulehnen.[4] Soweit es sich bei der gegründeten Organisationsform um eine Einrichtung handelt, besteht gem. § 45 Erlaubnispflicht.

§ 26 Landesrechtsvorbehalt

¹Das Nähere über Inhalt und Umfang der in diesem Abschnitt geregelten Aufgaben und Leistungen regelt das Landesrecht. ²Am 31. Dezember 1990 geltende landesrechtliche Regelungen, die das Kindergartenwesen dem Bildungsbereich zuweisen, bleiben unberührt.

1. Verhältnis von Bundes- und Landesrecht. Nach der amtl. Begr. soll S. 1 für diesen Abschnitt die Beschränkung des Bundes auf Rahmenregelungen zum Ausdruck bringen; die Vorschrift, so wird betont, überlässt die Einzelheiten dem Landesrecht.[1] Durch Landesrecht kann beispielsweise geregelt werden: die Qualifikation des Personals, die sachliche Mindestausstattung, Gruppengrößen, Beteiligung der Eltern usw.

---

[1] BT-Drucks. 11/5948 S. 65 f.
[2] Bericht über Bestrebungen und Leistungen der Jugendhilfe – Achter Jugendbericht –, BT-Drucks. 11/6576 S. 103.
[3] *Münder/Lakies* Rn. 3; *Schellhorn/Fischer* Rn. 4; *Kunkel/Kaiser* Rn. 3.
[4] Anders *Münder/Lakies* Rn. 3; *Schellhorn/Fischer* Rn. 4; *Hauck/Noftz/Grube* K § 25 Rn. 6.
[1] BT-Drucks. 11/5948 S. 66. Die landesrechtlichen Regelungen finden sich bei *Hauck/Noftz* SGB VIII C 105 ff.; *Jans/Happe* Abschnitt F, *Krug/Riehle* unter OrdnungsNr. 5. Übersicht bei *Schellhorn/Fischer* § 26 Rn. 3.

2. Ausnahmen. S. 2 ist heute ohne Anwendungsbereich, nachdem auch im Freistaat Bayern das Kinderbildungs- und Betreuungsgesetz vom 8. 7. 2005[2] als Gesetz auf dem Gebiet der Kinder- und Jugendhilfe geschaffen wurde.

Vierter Abschnitt. Hilfe zur Erziehung, Eingliederungshilfe für seelisch behinderte Kinder und Jugendliche, Hilfe für junge Volljährige

Erster Unterabschnitt. Hilfe zur Erziehung

§ 27 Hilfe zur Erziehung

(1) Ein Personensorgeberechtigter hat bei der Erziehung eines Kindes oder eines Jugendlichen Anspruch auf Hilfe (Hilfe zur Erziehung), wenn eine dem Wohl des Kindes oder des Jugendlichen entsprechende Erziehung nicht gewährleistet ist und die Hilfe für seine Entwicklung geeignet und notwendig ist.

(2) [1]Hilfe zur Erziehung wird insbesondere nach Maßgabe der §§ 28 bis 35 gewährt. [2]Art und Umfang der Hilfe richten sich nach dem erzieherischen Bedarf im Einzelfall; dabei soll das engere soziale Umfeld des Kindes oder des Jugendlichen einbezogen werden. [3]Die Hilfe ist in der Regel im Inland zu erbringen; sie darf nur dann im Ausland erbracht werden, wenn dies nach Maßgabe der Hilfeplanung zur Erreichung des Hilfezieles im Einzelfall erforderlich ist.

(2 a) Ist eine Erziehung des Kindes oder Jugendlichen außerhalb des Elternhauses erforderlich, so entfällt der Anspruch auf Hilfe zur Erziehung nicht dadurch, dass eine andere unterhaltspflichtige Person bereit ist, diese Aufgabe zu übernehmen; die Gewährung von Hilfe zur Erziehung setzt in diesem Fall voraus, dass diese Person bereit und geeignet ist, den Hilfebedarf in Zusammenarbeit mit dem Träger der öffentlichen Jugendhilfe nach Maßgabe der §§ 36 und 37 zu decken.

(3) [1]Hilfe zur Erziehung umfasst insbesondere die Gewährung pädagogischer und damit verbundener therapeutischer Leistungen. [2]Sie soll bei Bedarf Ausbildungs- und Beschäftigungsmaßnahmen im Sinne des § 13 Abs. 2 einschließen.

(4) Wird ein Kind oder eine Jugendliche während ihres Aufenthaltes in einer Einrichtung oder einer Pflegefamilie selbst Mutter eines Kindes, so umfasst die Hilfe zur Erziehung auch die Unterstützung bei der Pflege und Erziehung dieses Kindes.

Schrifttum: *Birtsch/Münstermann/Trede* (Hrsg.), Handbuch Erziehungshilfen, 2001; *Bürger*, Zur Zukunft ambulanter Entwicklungshilfen, NDV 2004, 241 und 277; *Hechler*, Hilfen zur Erziehung, 2011 *Knab/Fehrenbacher* (Hrsg.), Perspektiven für die Kinder- und Jugendhilfe – von der Heimerziehung zur Vielfalt der erzieherischen Hilfen, 2007; *Klatetzki* (Hrsg.), Flexible Erziehungshilfen, 2. Aufl. 1995; *Krause/Peters* (Hrsg.), Grundwissen erzieherische Hilfen, 3. Aufl. 2009; *Kunkel*, Das Weisungsrecht der öffentlichen Träger bei Hilfe zur Erziehung, ZfJ 2000, 60; *Menne*, Die Familienverhältnisse in der Fremdunterbringung. Ist Scheidung ein Leitindikator für die Hilfen zur Erziehung? ZfJ 2005, 350; *Mrozynski*, Die Feststellung des erzieherischen Bedarfs bei den Hilfen zur Erziehung als materiell- und verfahrensrechtliches Problem, ZfJ 1999, 467; *ders.*, Die Aufgaben der Jugendhilfe bei der Sicherung des Schulerfolgs durch Hilfen zur Erziehung und Eingliederungshilfe, ZfJ 2000, 251; *Münder*, Hilfe zur Erziehung für die Eltern oder Rechtsanspruch des Kindes?, JAmt 2010, Gemeinsames Sonderheft mit ZKJ, 31; *Röchling*, Vormundschaftliches Eingriffsrecht und KJHG, 1997; *Tammen*, Einverständnis des Personensorgeberechtigten als Voraussetzung für die Gewährung von Hilfen zur Erziehung, UJ 2004, 90; *Wachtler/Ritzmann*, Die Hilfen zur Erziehung, 2008.

I. Normzweck

Die Vorschrift leitet den 4. Abschnitt des 2. Kapitels ein, der vorrangig die „Hilfen zur Erziehung" regelt. Sie enthält die Grundnorm für den individuellen Rechtsanspruch auf diese erzieherischen Hilfen:[1] Nach der amtl. Begr. besteht ein Anspruch auf Hilfe zur Erziehung unter den in Abs. 1 normierten Voraussetzungen, wobei sich die Auswahl der einzelnen Hilfeart nach §§ 28 bis

---

[2] Bayrisches GVBl 2005, 236.
[1] BT-Drucks. 11/5948 S. 66 f.

35 gem. Abs. 2 ausschließlich an pädagogischen Gesichtspunkten und insbes. an dem erzieherischen Bedarf im Einzelfall orientiert. Hilfe zur Erziehung umfasst nach Abs. 3 insbes. die Gewährung pädagogischer und damit verbundener therapeutischer Leistungen. Die jetzige Fassung der Norm beruht auf dem Gesetz zur Weiterentwicklung der Kinder- und Jugendhilfe (Vor § 1 Rn. 7). Durch dieses wurde in Abs. 2 S. 3 eine Einschränkung für die Hilfeleistung im Ausland eingefügt. Ferner wurde in Abs. 2 a eine Regelung für die Fälle geschaffen, in denen die Hilfe durch eine unterhaltspflichtige Person, insbes. die Großeltern, geleistet wird. Schließlich stellt Abs. 4 nur klar, dass sich die Hilfe im Fall der Schwangerschaft des Kindes oder der Jugendlichen auf ihr Kind erstreckt.

II. Rechtsanspruch auf Hilfe zur Erziehung (Abs. 1)

2   **1. Anspruchsvoraussetzungen.** Der in Abs. 1 normierte Anspruch auf Hilfe zur Erziehung geht vom Wohl des Kindes oder Jugendlichen (§ 7 Abs. 1 Nr. 1 und Nr. 2) aus. Die dem Wohl des Kindes entspr. Erziehung definiert sich nicht anhand festgelegter objektiver Kriterien. Da Art und Weise der Erziehung grundsätzlich durch die Eltern, also individuell festgelegt werden, bestimmen diese in weitem Umfang, was unter einer dem Wohl des jeweiligen Kindes entspr. Erziehung zu verstehen ist. Dass auf diese Weise die Eltern selbst die Voraussetzungen für die Leistung beeinflussen, ist hinzunehmen. Die Norm setzt eine erzieherische Mangelsituation voraus. Die Gründe, auf die der Mangel zurückzuführen ist, spielen keine Rolle,[2] es darf sich jedoch nicht um eine generell bestehende Defizitsituation handeln.[3] Bei der Prüfung der Geeignetheit der Hilfe zur Erziehung ist zu berücksichtigen, dass der Begriff „Hilfe" durch die in den §§ 28 bis 35 genannten Maßnahmen nicht abschließend geregelt ist. Es können also auch ähnliche Hilfen geleistet werden (dazu Rn. 6).

3   **2. Anspruchsinhaber. a) Personensorgeberechtigter.** Anspruchsberechtigt ist nach dem klaren Wortlaut der Personensorgeberechtigte, vgl. dazu § 7 Rn. 4. Bei Meinungsverschiedenheiten zwischen den personensorgeberechtigten Eltern ist gem. § 1628 BGB das FamG anzurufen. Leben die Eltern nicht nur vorübergehend getrennt und sind sie beide personensorgeberechtigt, so ist ihr Einvernehmen in Angelegenheiten, deren Regelung für das Kind von erheblicher Bedeutung ist, erforderlich (§ 1687 Abs. 1 BGB). Die Inanspruchnahme einer Hilfe zur Erziehung kann, insbes. wenn es um Hilfe außerhalb der elterlichen Familie geht, eine solche Angelegenheit von erheblicher Bedeutung darstellen.[4] Kann die Hilfe von einem Personensorgeberechtigten allein in Anspruch genommen werden, hat er unabhängig vom anderen trotz gemeinsamer Sorge Anspruch auf die Leistung.[5] Pflegeeltern sind nicht anspruchsberechtigt.[6] Gegen den Willen der Personensorgeberechtigten darf die Maßnahme nicht durchgeführt werden.[7] Weigern sich die Personensorgeberechtigten, eine notwendige Hilfe zur Erziehung anzunehmen, kann, soweit die Tatbestandsvoraussetzungen der §§ 1666, 1666 a BGB vorliegen, die Hilfe durch das FamG durchgesetzt werden. Als erster Schritt kann das FamG die Eltern gem. § 1666 Abs. 3 Nr. 1 BGB anweisen, die Hilfe anzunehmen. Lehnen die Eltern die Hilfe weiter ab, stellt sich die Frage, inwieweit das FamG in die Personensorge der Eltern eingreifen muss, um die Maßnahme gegen ihren Willen durchzusetzen. Für eine längerfristige Maßnahme ist es nicht ausreichend, lediglich gem. § 1666 Abs. 3 Nr. 5 BGB die Einwilligung der Eltern zu ersetzen.[8] Maßnahmen nach §§ 27 ff. greifen in die Erziehung des Kindes ein. Muss die Maßnahme also gegen den Willen der Personensorgeberechtigten durchgesetzt werden, ist es erforderlich, die Personensorge in diesem Maße zu entziehen. Zwar darf der Eingriff in den elterlichen Erziehungsvorrang nur im Rahmen des Verhältnismäßigkeitsprinzips erfolgen (§§ 1666 Abs. 1, 1666 a BGB). Dem Verhältnismäßigkeitsgrundsatz wird jedoch nicht dadurch entsprochen, dass das Gericht formal nur einen Teil der Personensorge entzieht (zB das Aufenthaltsbestimmungsrecht),[9] faktisch damit aber mehr oder minder der Entzug der gesamten Personensorge erreicht werden soll.[10] Das BVerwG hat klargestellt, dass einem Elternteil, dem lediglich das Aufenthaltsbestimmungsrecht entzogen worden ist, die Entscheidung über die Inanspruchnahme von Hilfen zur Erziehung verbleibt.[11] Der Ent-

---

[2] *Wiesner/Schmid* Rn. 21; *Fieseler/Häbel* Rn. 11 f.
[3] VGH Mannheim DVBl. 2005, 1340.
[4] *Wiesner/Schmid* Rn. 11.
[5] Vgl. BayVGH 11. 4. 2006, 12 ZB 05/2302, nv.
[6] OVG Sachsen 6. 12. 2010, 1 D 120/10, nv.
[7] BVerwG NJW 2002, 232 f.; OVG NRW FamRZ 2008, 2314.
[8] *Wiesner/Schmid* Vor § 27 Rn. 40; *Jans/Happe-Happe/Saurbier* Rn. 22.
[9] So OVG Sachsen NJW 2008, 3729; OVG Koblenz 13. 4. 2000, 12 A 11123/99, nv., mwN. Vgl. auch § 1666 BGB Rn. 196 ff.
[10] Vgl. § 1666 BGB Rn. 197 f.; *Staudinger/Coester* § 1666a Rn. 188 mwN; *Jans/Happe-Happe/Saurbier* Rn. 22 a.
[11] BVerwG NJW 2002, 232 f.; OVG Sachsen NJW 2008, 3729. Anders wenn weitergehende Teile der Personensorge entzogen sind BayVGH FEVS 57, 526.

zug eines Teiles der Personensorge ist vielfach nicht geeignet, weil er die Gefahr in sich birgt, dass sich die teilsorgeberechtigten Eltern und der teilsorgeberechtigte Pfleger nicht einigen können.[12] In solchen Fallgestaltungen ist regelmäßig der Entzug der gesamten Personensorge geeignet und erforderlich.[13] Der Verhältnismäßigkeitsgrundsatz kann es dann aber erfordern, bestimmte, genau benannte und ggf. zeitlich befristete Teilrechte den Eltern zu belassen.[14]

b) Kind oder Jugendlicher. Nach dem Gesetzeswortlaut steht der Anspruch auf Hilfe zur Erziehung für das Kind ausschließlich dem Personensorgeberechtigten zu. Die amtl. Begr. rechtfertigt dies mit der vermeintlich fehlenden Anknüpfung an die konkrete Gefährdung des Kindeswohls iSv. § 1666 BGB.[15] Dieser Ansatz ist rechtspolitisch nicht zwingend, liegt aber dem geltenden Recht zugrunde.[16] Ein eigener Leistungsanspruch des Kindes besteht aber auch nach der lex lata, soweit der Staat im Rahmen seines Wächteramtes zum Wohle des Kindes (gegen die Eltern) eingreifen muss, also jedenfalls im Fall der Kindeswohlgefährdung nach § 1666 BGB (§ 1 Rn. 5 f.). Es ist gleichwohl nicht in jedem Fall, in dem eine Hilfe zur Erziehung gem. Abs. 1 für eine dem Wohl des Kindes entsprechende Entwicklung geeignet und notwendig ist, eine Kindeswohlgefährdung in diesem Sinne gegeben. Die Tatbestände einer Kindeswohlgefährdung, welche den Staat gem. Art. 6 Abs. 2 S. 2 GG zum Eingreifen zwingen, und der der mangelnden Gewährleistung einer dem Wohl des Kindes entsprechenden Erziehung iSd. Abs. 1 sind nicht deckungsgleich. Für die Deckungsgleichheit wurde der Umkehrschluss vorgetragen: Wenn ohne die Hilfe zur Erziehung das Wohl des Kindes oder Jugendlichen nicht gewährleistet, diese Hilfe vielmehr notwendig sei, müsse dies bedeuten, dass ohne diese Hilfe eine Kindeswohlgefährdung vorliege.[17] Dieser Schluss ist nicht zulässig. Art. 6 Abs. 2 S. 2 GG zielt allein auf den *Schutz* des Kindes vor Gefahren; § 27 geht darüber hinaus.[18] Mit der Hilfe zur Erziehung soll ein bestimmtes Niveau der Erziehung erreicht und gesichert werden. Einer Kindeswohlgefährdung kann damit auch bereits präventiv entgegengewirkt werden. Eine Hilfe zur Erziehung kann also notwendig sein, auch wenn keine Gefährdung des Kindeswohls iSd. Art. 6 Abs. 2 S. 2 GG besteht.

3. Durchsetzung des Rechtsanspruchs. Das FamG kann wegen des zugunsten des Personensorgeberechtigten und des Kindes in Abs. 1 begründeten Rechtsanspruchs auf Hilfe zur Erziehung die tatbestandlichen Voraussetzungen der Jugendhilfeleistungen nach §§ 27 bis 35 mit Bindungswirkung für das Jugendamt festlegen und diese Leistungen nach hier vertretener Ansicht notfalls anordnen, wenn die Anordnung zur Abwendung einer Gefährdung des Kindeswohls iSv. § 1666 Abs. 1 S. 1 BGB erforderlich ist, vgl. § 1 Rn. 7 mwN.

III. Art der Hilfen (Abs. 2)

1. Hilfearten und ihre Reihenfolge (S. 1). Die Vorschrift verweist auf §§ 28 bis 35, in denen die grundsätzlich gleichwertigen[19] Leistungsinhalte der Hilfen zur Erziehung beschrieben sind.[20] Die Beschreibung ist nicht abschließend, sondern nur beispielhaft („insbesondere"), und sie bedeutet nicht, dass nur die im 4. Abschnitt des 2. Kapitels aufgeführten Hilfen in Betracht kommen; vielmehr ist gerade einer „Versteinerung" der dort genannten Maßnahmen entgegenzuwirken.[21] Soweit allerdings eine Maßnahme einer anderen Jugendhilfeleistung außerhalb der §§ 28 bis 35 entspräche, kann sie nicht unter den Voraussetzungen des § 27 angeordnet werden, da ansonsten die Anspruchsvoraussetzungen dieser Maßnahme umgangen würden.[22] Die Reihenfolge der Vorschriften orientiert sich an der pädagogischen Intensität der einzelnen Hilfearten im Hinblick auf den Lebensraum Familie und entspricht damit dem Grundsatz der Verhältnismäßigkeit. Andererseits kann aus der Reihenfolge des Gesetzes nicht der Auftrag an die öffentliche Jugendhilfe abgeleitet werden, anstelle einer familienbezogenen Hilfe im Einzelfall zunächst alle zuvor genannten Hilfearten auszuschöpfen. Das Gesetz enthält keine Rangfolge der genannten oder nicht genannten Maß-

---

[12] *Röchling* S. 253.
[13] *Röchling* S. 250 ff. Dem folgend *Wiesner/Schmid* Vor § 27 Rn. 41 f.
[14] *Röchling* S. 254.
[15] BT-Drucks. 11/5948 S. 68.
[16] Kritisch auch *Fieseler/Häbel* Rn. 22 mwN.
[17] *Hinz*, 3. Aufl., Rn. 2 und 3.
[18] *Wiesner/Schmid* Rn. 18 f.; *Mrozynski* Rn. 19; *Münder-Tammen/Trenczek* Rn. 6; *Fieseler/Häbel* Rn. 10.
[19] BT-Drucks. 11/5948 S. 67.
[20] BT-Drucks. 11/5948 S. 68 f., auch zum folgenden Text.
[21] *Wiesner/Schmid* Rn. 29; *Hauck/Noftz/Stähr* K § 27 Rn. 44; *Fieseler/Häbel* Rn. 30 ff. mwN.
[22] Ähnlich *Wiesner/Schmid* Rn. 29; *Hauck/Noftz/Stähr* K § 27 Rn. 45. Weitergehend *Fieseler/Häbel* Rn. 33 mwN.

nahmen.[23] Welche Maßnahme die geeignete und notwendige ist, entscheidet sich vielmehr anhand des konkreten Einzelfalls. Dabei bleiben finanzielle Erwägungen außer Betracht.[24] Der in § 1666 Abs. 1 S. 1 BGB verankerte Grundsatz der Verhältnismäßigkeit gebietet nur eine Abwägung zwischen im Einzelfall geeigneten Hilfearten, und auch in § 1666a BGB wird nicht das Verhältnis der einzelnen Hilfearten zueinander thematisiert, sondern das Verhältnis zwischen sorgerechtlichem Eingriff und einer eingriffsvermeidenden öffentlichen Hilfe.[25] Nach § 1666a Abs. 1 S. 1 BGB darf das FamG die Trennung eines Kindes von seiner Familie nur anordnen, wenn festgestellt ist, dass (auch) Maßnahmen nach §§ 27 ff. nicht ausreichen; das Unterlassen dieser Prüfung führt als Rechtsfehler zur Aufhebung der Entscheidung.[26] Zum Verhältnis von Leistungen durch andere Sozialleistungsträger, insbes. den Träger der Krankenversicherung, die Agentur für Arbeit oder den Träger der Grundsicherung vgl. § 10 Rn. 2 ff. und 9 ff.

7   2. **Individualisierung der Hilfe (S. 2).** Abs. 2 S. 2 entspricht dem in § 9 Abs. 1 SGB XII verankerten Grundsatz einer Individualisierung der Hilfe.[27] Zur Feststellung des erzieherischen Bedarfs ist eine Einzelfallprüfung vorzunehmen. Was die Berücksichtigung des sozialen Umfelds nach Abs. 2 S. 2 angeht, so ist nach der amtl. Begr. zu beachten, dass sich die präventive Jugendhilfe immer stärker dem familialen Bezugssystem zuwendet, in dem das Kind lebt.[28] Gerade in den hier genannten Fällen ist es wichtig, das engere soziale Umfeld des Kindes oder Jugendlichen in den Hilfeprozess einzubeziehen.[29] Die Kinder und Jugendlichen sind bei der Entscheidungsfindung nach Maßgabe des § 8 zu beteiligen.

8   3. **Hilfeerbringung im Ausland (S. 3).** S. 3 macht deutlich, dass die Hilfe im Regelfall im Inland zu erbringen ist. Dies ergibt sich zum Teil bereits aus der Anforderung der Einbeziehung des sozialen Umfelds in S. 2. Eine Hilfeerbringung im Ausland[30] lässt sich vom Träger der Jugendhilfe nur eingeschränkt steuern und kontrollieren. Daher soll die Hilfeerbringung nur zulässig sein, wenn sie nach der Hilfeplanung (§ 36) zur Erreichung des Hilfeziels notwendig ist. Weitergehende Einschränkungen enthält § 36 Abs. 4. Ob die Regelung innerhalb der EU insbes. mit der Dienstleistungsfreiheit (Art. 56 AEUV) vereinbar ist, bleibt abzuwarten.

IV. Hilfeerbringung durch Unterhaltspflichtige (Abs. 2 a)

9   Nach Abs. 2 a entfällt der erzieherische Bedarf nach Abs. 2 S. 2 nicht dadurch, dass ein Unterhaltspflichtiger die Pflege und Erziehung des Kindes übernommen hat oder dazu bereit ist.[31] Damit hat der Gesetzgeber die frühere restriktive Haltung der Gerichte zur sog. Verwandtenpflege revidiert (§ 10 Rn. 7). Als Unterhaltspflichtige (vgl. § 10 Rn. 6) iSd. Norm kommen insbes. die Großeltern in Betracht. In diesen Fällen ist aber die Übernahme des Kindesunterhalts nach Maßgabe des § 39 Abs. 4 S. 4 eingeschränkt (§ 39 Rn. 8). Voraussetzung für die Gewährung von Hilfen ist weiter, dass die Großeltern zur Kooperation im Rahmen der §§ 36, 37 bereit sind. Die Norm ist nach der Formulierung „eine andere unterhaltspflichtige Person" nicht auf den Fall anwendbar, dass der nichtsorgeberechtigte Elternteil das Kind bei sich aufnimmt.[32] Der erzieherische Bedarf (Abs. 2) entfällt auch nicht dadurch, dass ein Vormund oder eine andere Person an Stelle der Eltern die Pflege freiwillig übernimmt (§ 10 Rn. 7).

V. Umfang der Hilfen zur Erziehung (Abs. 3)

10 Abs. 3 stellt klar, dass auf pädagogische und therapeutische Maßnahmen als wesentliche Bestandteile der verschiedenen Hilfearten nicht verzichtet werden kann.[33] Therapeutische Tätigkeiten können auch von Personen erbracht werden, welche nicht als Psychotherapeut nach dem Psychothera-

---

[23] *Fieseler/Häbel* Rn. 44; *Schellhorn/Fischer* Rn. 38.
[24] BT-Drucks. 11/5948 S. 69.
[25] BT-Drucks. 11/5948 S. 69.
[26] Vgl. § 1666a BGB Rn. 16; BayObLG FamRZ 1991, 1219 f. Vgl. zum Verhältnis von Heimunterbringung bzw. Vollzeitpflege und Familienpflege gem. § 31 auch VG Münster NJW 2008, 3371.
[27] BT-Drucks. 11/5948 S. 69.
[28] BT-Drucks. 11/5948 S. 69.
[29] BT-Drucks. 11/5948 S. 69.
[30] Vgl. allgemein *Wendelin*, Erziehungshilfen im Ausland, 2011.
[31] Vgl. OVG Sachsen NJW-RR 2010, 584.
[32] *Wiesner/Schmid* Rn. 26 b.
[33] BT-Drucks. 11/5848 S. 131.

peutenG[34] zugelassen sind.[35] Ferner kommen bei Bedarf pädagogisch orientierte Ausbildungs- und Beschäftigungsmaßnahmen iSv. § 13 Abs. 2[36] in Betracht, und zwar unabhängig davon, ob sie in ambulanter, teilstationärer oder stationärer Form angeboten werden.[37] Das als Soll-Vorschrift ausgestaltete Angebot von Ausbildungs- und Beschäftigungsmaßnahmen gewährt einen Rechtsanspruch, sofern kein atypischer Fall vorliegt. Zur Konkurrenz mit Maßnahmen nach dem SGB III und dem SGB II vgl. § 10 Rn. 2, 9.

VI. Hilfeempfängerin mit Kind (Abs. 4)

Mit Abs. 4 wird die nach § 27 gewährte Hilfe auf die Unterstützung bei der Pflege und Erziehung 11 eines Kindes erstreckt, welches eine Hilfeempfängerin während der Zeit der Inanspruchnahme der Hilfe zur Welt bringt. Abs. 4 bezieht sich dabei auf den Fall der stationären Unterbringung der Mutter in einer Pflegefamilie oder einer betreuten Wohnform. In der Regel kann dem Bedarf der Mutter durch eine Unterbringung in einer gemeinsamen Wohnform nach § 19 nicht ausreichend entsprochen werden.[38] Man wird die Norm analog auf den Fall anwenden müssen, in dem das Kind nicht während, sondern bereits vor der Inanspruchnahme der Hilfe geboren wird.[39]

§ 28 Erziehungsberatung

¹ Erziehungsberatungsstellen und andere Beratungsdienste und -einrichtungen sollen Kinder, Jugendliche, Eltern und andere Erziehungsberechtigte bei der Klärung und Bewältigung individueller und familienbezogener Probleme und der zugrunde liegenden Faktoren, bei der Lösung von Erziehungsfragen sowie bei Trennung und Scheidung unterstützen. ² Dabei sollen Fachkräfte verschiedener Fachrichtungen zusammenwirken, die mit unterschiedlichen methodischen Ansätzen vertraut sind.

Schrifttum: *Bundeskonferenz für Erziehungsberatung (Hrsg.),* Jahrbuch der Erziehungsberatung, Bd. 1 bis 8, 1994, 1996, 1999, 2001, 2004, 2006, 2008, 2010; *Hörmann/Körner* (Hrsg.), Handbuch der Erziehungsberatung, 2002; *dies.,* Einführung in die Erziehungsberatung , 2008; *Schrapper/Zimmer,* Zukunft der Erziehungsberatung, 2006; *von Schlippe/Lösche/Hawellek* (Hrsg.), Frühkindliche Lebenswelten und Erziehungsberatung, 2001; *Vossler,* Perspektiven der Erziehungsberatung, 2003; *Weber/Schilling* (Hrsg.), Eskalierte Elternkonflikte. Beratungsarbeit im Interesse des Kindes bei hochstrittigen Trennungen, 2006.

I. Normzweck

Die Vorschrift umschreibt Aufgaben und Ausgestaltung der Erziehungsberatung. Beratung wird 1 in vielen Vorschriften des Gesetzes als funktionale Leistung der Jugendhilfe genannt, vgl. nur §§ 1 Abs. 3 Nr. 2, 8 Abs. 3, 16 Abs. 2 Nr. 2, 11 Abs. 3 Nr. 6, 16 Abs. 2 Nr. 2, 17 Abs. 1, 18, 21 S. 1, 23 Abs. 1 und 4, 25, 36 Abs. 1, 37 Abs. 1 und 2, 51, 53 Abs. 2 bis 4. Neben der in zahlreichen dieser Normen angestrebte Präventionsaufgabe tritt bei der Beratung als Hilfe zur Erziehung ähnlich wie bei der Trennungs- und Scheidungsberatung nach § 17 die Aufgabe der Krisenintervention. Die Zahl der Beratungen lag im Jahr 2009 bei 304.297.[1]

II. Einzelerläuterungen

1. Adressaten und Zweck der Beratung. Die Beratungsstellen stehen nach S. 1 Kindern, 2 Jugendlichen, Eltern und anderen Erziehungsberechtigten (§ 7 Abs. 1 Nr. 1, 2, 6) offen. Sie sollen diese Personen bei der Bewältigung individueller und familienbezogener Probleme sowie der zugrunde liegenden Faktoren, bei der Lösung von Erziehungsfragen sowie bei Trennung und Schei-

---

[34] Gesetz vom 16. 6. 1998, BGBl. I S. 1311.
[35] BT-Drucks. 13/8035 S. 17.
[36] Die Vorschrift des § 13 Abs. 2 lautet wie folgt: „Soweit die Ausbildung dieser jungen Menschen nicht durch Maßnahmen und Programme anderer Träger und Organisationen sichergestellt wird, können geeignete sozialpädagogisch begleitete Ausbildungs- und Beschäftigungsmaßnahmen angeboten werden, die den Fähigkeiten und dem Entwicklungsstand dieser jungen Menschen Rechnung tragen."
[37] BT-Drucks. 11/5948 S. 131.
[38] *Wiesner/Schmid* Rn. 38 b. AA OVG Münster JAmt 2005, 148, 151 (zur alten Rechtslage).
[39] So auch *Schellhorn/Fischer* Rn. 50.
[1] Statistisches Bundesamt Pressemitteilung Nr. 359 vom 7. 10. 2010.

dung unterstützen. Die Erziehungsberatung nach § 28 unterscheidet sich von der Beratung in allgemeinen Fragen der Erziehung und Entwicklung nach § 16 Abs. 2 Nr. 2 und der Beratung in Fragen der Partnerschaft, Trennung und Scheidung nach § 17 dadurch, dass sie voraussetzt, dass eine dem Wohl des Kindes oder Jugendlichen entsprechende Erziehung nicht gewährleistet ist (§ 27 Abs. 1). Demgegenüber ist die Beratung nach §§ 16 Abs. 2 Nr. 2, 17 stärker präventiv orientiert. Eine exakte Abgrenzung ist dennoch kaum möglich (§ 17 Rn. 7). Auch organisatorisch können die unterschiedlichen Formen der Beratung durch denselben Dienst bzw. dieselbe Einrichtung vorgenommen werden.[2] Die Erziehungsberatung hat es mit ganz unterschiedlichen Problemfeldern zu tun; hierher gehören zB erziehungsauffällige und schulgestörte Kinder, Partner- und Sexualschwierigkeiten junger Menschen, Berufsfindungsprobleme von Schulabgängern, Drogenabhängigkeit Jugendlicher, Schwierigkeiten in Ehe und Familie und Belastungen Alleinerziehender.[3]

3 **2. Beratungsstellen.** 2002 bestanden in der Bundesrepublik ca. 1310 Beratungsstellen. Von den 8200 Angestellten arbeiteten 68% bei freien Trägern. Unter den Beschäftigten finden sich insbes. Psychologen, Sozial-, Heil- und Diplompädagogen. In der Praxis gehen Beratung und (Kurz-)Therapie ineinander über.[4] In den letzten Jahren haben sich zudem vielfältige zielgruppenorientierte Beratungsangebote[5] entwickelt; dazu lassen sich auch online-Beratungen[6] zählen.

4 **3. Interdisziplinarität.** Nach S. 2 sollen bei der Beratung Fachkräfte verschiedener Fachrichtungen zusammenwirken, die mit unterschiedlichen methodischen Ansätzen vertraut sind. Die Praxis kann dem nicht immer genügen.[7] Zum Begriff Fachkräfte vgl. § 72 Abs. 1 S. 1. Nach der amtl. Begr. gehört Multidisziplinarität zu den Wesensmerkmalen der Beratungsstellen, weil sie einen differenzierten Zugang zur Situation des Klienten ermöglicht, unterschiedliche Sichtweisen einbezieht und bei der Auswahl der Behandlungs- und Therapieangebote flexibel ist.[8]

5 **4. Vertraulichkeit.** In der amtl. Begr. wird ferner betont, dass eine wesentliche Voraussetzung für die Inanspruchnahme von Beratung im Schutz der persönlichen Angelegenheiten des Ratsuchenden vor einer Mitteilung an Dritte liegt.[9] Zum Datenschutz vgl. § 65. Zum Schweigerecht gegenüber den Eltern kann auf § 8 Rn. 7 f. verwiesen werden.

§ 29 Soziale Gruppenarbeit

¹ **Die Teilnahme an sozialer Gruppenarbeit soll älteren Kindern und Jugendlichen bei der Überwindung von Entwicklungsschwierigkeiten und Verhaltensproblemen helfen.** ² **Soziale Gruppenarbeit soll auf der Grundlage eines gruppenpädagogischen Konzepts die Entwicklung älterer Kinder und Jugendlicher durch soziales Lernen in der Gruppe fördern.**

Schrifttum: *Pflüger*, Soziale Gruppenarbeit - nach § 29 SGB VIII - in Theorie und Praxis, 2010; *Trejbal*, Methodenkatalog für Soziale Gruppenarbeit, 2008; *Wegehaupt-Schlund*, Soziale Gruppenarbeit, in *Birtsch/Münstermann/Trede* (Hrsg.), Handbuch Erziehungshilfen, 2001, S. 534.

1 **I. Normzweck.** Die soziale Gruppenarbeit kann als Hilfe zur Erziehung durch den Träger der öffentlichen Jugendhilfe angeboten werden. Zudem kann nach § 10 Abs. 1 S. 3 Nr. 6 JGG der Richter einem straffälligen Jugendlichen die Weisung auferlegen, an einem sozialen Trainingskurs teilzunehmen. Laut der amtl. Begr. kann nach modellhaften Erprobungen solcher Kurse sowohl im Rahmen des JGG als auch als Hilfeart der Jugendhilfe der fördernde Einfluss solcher erzieherisch gestalteten Gruppenarbeit auf die Entwicklung junger Menschen als gesichert gelten.[1] Die Vorschrift soll den Einsatz dieser sozialen Gruppenarbeit auch für nicht-delinquente Jugendliche und ältere Kinder mit entspr. Entwicklungsdefiziten ermöglichen.

---

[2] *Wiesner/Schmid* Rn. 26.
[3] Zehnter Kinder- und Jugendhilfebericht, BT-Drucks. 13/11368 S. 245.
[4] *Wiesner/Schmid* Rn. 17.
[5] *Münder/Struck* Rn. 15.
[6] *Wiesner/Schmid* Rn. 29.
[7] *Wiesner/Schmid* Rn. 15 a.
[8] BT-Drucks. 11/5948 S. 70.
[9] BT-Drucks. 11/5948 S. 70.
[1] BT-Drucks. 11/5948 S. 70. Kritisch zu dieser Hilfeform im Jugendstrafrecht *Wiesner/Schmid* Rn. 16 f.

II. Einzelerläuterungen

1. Ziel: Förderung sozialen Lernens. Die Bezeichnungen für die soziale Gruppenarbeit sind unterschiedlich, in der Praxis wird außer von sozialen Trainingskursen von Erziehungskursen oder Übungs- und Erfahrungskursen gesprochen.[2] Innerhalb der Kurse wird mit unterschiedlichen Arbeitsmethoden versucht, bei den Jugendlichen soziales Lernen zu fördern (S. 2). Neben themen- und gesprächsorientierten Gruppentreffen kommen aktions-, handlungs- und erlebnisorientierte Angebote in Betracht, die über einen kurzen Zeitraum bis über mehrere Monate hin andauern können.[3] 2

2. Rechtsanspruch. Wegen des Rechtsanspruchs auf Teilnahme an sozialer Gruppenarbeit vgl. § 27 Rn. 2 bis 5. 3

§ 30 Erziehungsbeistand, Betreuungshelfer

Der Erziehungsbeistand und der Betreuungshelfer sollen das Kind oder den Jugendlichen bei der Bewältigung von Entwicklungsproblemen möglichst unter Einbeziehung des sozialen Umfelds unterstützen und unter Erhaltung des Lebensbezugs zur Familie seine Verselbständigung fördern.

Schrifttum: *Gebert,* Erziehungsbeistand, Betreuungshelfer, in *Birtsch/Münstermann/Trede* (Hrsg.), Handbuch Erziehungshilfen, 2001, S. 525; *Körner/Friedmann,* DENKZEIT für delinquente Jugendliche, 2005.

1. Verschmelzung von Erziehungsbeistandschaft und Betreuungsweisung. Mit der Vorschrift sollen die früher in §§ 55 ff. JWG als einzige Form ambulanter Hilfe geregelte Erziehungsbeistandschaft und die Betreuungsweisung des § 10 Abs. 1 S. 3 Nr. 5 JGG zu einem Rechtsinstitut verschmolzen werden.[1] Nach der amtl. Begr. hat sich die Erziehungsbeistandschaft zunehmend zu einer pädagogisch fundierten Erziehungshilfe entwickelt, die von Fachkräften freier oder öffentlicher Träger geleistet wird und auch künftig als eine typische Art ambulanter Hilfe beibehalten werden soll. In der Praxis hat die Erziehungsbeistandschaft zunehmend an Bedeutung gewonnen.[2] 1

2. Rechtsanspruch. Wegen des Rechtsanspruchs auf einen Erziehungsbeistand vgl. § 27 Rn. 2 bis 5. 2

§ 31 Sozialpädagogische Familienhilfe

[1] Sozialpädagogische Familienhilfe soll durch intensive Betreuung und Begleitung Familien in ihren Erziehungsaufgaben, bei der Bewältigung von Alltagsproblemen, der Lösung von Konflikten und Krisen sowie im Kontakt mit Ämtern und Institutionen unterstützen und Hilfe zur Selbsthilfe geben. [2] Sie ist in der Regel auf längere Dauer angelegt und erfordert die Mitarbeit der Familie.

Schrifttum: *Blüml/Schattner/Helming,* Handbuch Sozialpädagogische Familienhilfe, 5. Aufl. 2005; *Kramer,* Sozialpädagogische Familienhilfe in der Diskussion, NDV 2001, 28; *Rothe,* Sozialpädagogische Familien- und Erziehungshilfe, 2006; *Stadelmann/Marquard,* Neuorganisation der Sozialpädagogischen Familienhilfe, NDV 2000, 234.

I. Normzweck

Die Vorschrift benennt wesentliche Merkmale der sozialpädagogischen Familienhilfe, die zunächst in Modellprojekten – insbes. in Berlin und in Nordrhein-Westfalen – entwickelt worden ist und als intensive familienbezogene Hilfeform im Gebiet der alten Bundesländer zunehmend Verbreitung gefunden hat.[1] Mittlerweile wird sie fast flächendeckend in den alten und neuen Bun- 1

---

[2] BT-Drucks. 11/5948 S. 70.
[3] *Münder-Struck/Trenzcek* Rn. 3.
[1] BT-Drucks. 11/5948 S. 70.
[2] *Wiesner/Schmid* Rn. 12.
[1] BT-Drucks. 11/5948 S. 70.

desländern angewandt.² Sie wurde 2006 von 52 800 Familien mit 116 400 Kindern und Jugendlichen in Anspruch genommen.³ Sozialpädagogische Familienhilfe ist eine ambulante Hilfe, die sich an die gesamte Familie richtet und Hilfe zur Selbsthilfe in verschiedenen Bereichen des Alltagslebens bieten soll. Ziel der Hilfe ist es, der Familie die Rückgewinnung der Fähigkeit zur Problemlösung und zur Alltagsbewältigung zu ermöglichen (S. 1); das setzt in den meisten Fällen die Aufrechterhaltung der Hilfe über eine längere Zeit und stets die Mitarbeit der Familie (S. 2) voraus.⁴ Sozialpädagogische Familienhilfe dient – wie andere ambulante Hilfen auch – zur Vermeidung einer Heimeinweisung Minderjähriger.⁵ Zum Status der in der Sozialpädagogischen Familienhilfe eingesetzten sog. Familienhelfer oben § 23 Rn. 13.

II. Einzelerläuterungen

2 **1. Zielgruppe.** Der Achte Jugendbericht unterscheidet zwischen geeigneten und ungeeigneten Fällen:⁶ a) Sozialpädagogische Familienhilfe ist **geeignet,** wenn erwartet werden kann, dass bes. Probleme im gegebenen sozialen Arrangement angegangen werden können, dass dieses Arrangement sich entweder stabilisiert oder (zB auch durch Trennung oder Scheidung) in ein neues stabiles Setting verwandelt werden kann. Diese Hilfe erweist sich als effektiv vor allem in akuten Einzelkrisen, beim Tod eines Partners, bei Trennung, bei bes. Schwierigkeiten mit Kindern. Alleinerziehende bilden einen großen Teil der Adressaten. Auch die Wiedereingliederung von Kindern, die in Heimen oder Pflegefamilien waren, in ihre Familie kann durch diese Hilfeform gelingen.⁷

3 b) Sozialpädagogische Familienhilfe erscheint **ungeeignet** für Familien, die dauerhaft überfordert sind durch schwierige, sich gegenseitig verstärkende Lebensbedingungen (also Arbeitslosigkeit, Überschuldung, Isolierung, hohe Kinderzahl) oder durch Strukturkrisen (gewalttätige Eltern, Suchtbelastungen, schwere psychische Leiden).⁸ Auch wenn Teile der Familie der Familienhilfe ablehnend gegenüberstehen und die Hilfe über einen mehrjährigen Zeitraum nicht erfolgreich war, wird diese Hilfeform in der Regel ungeeignet sein.⁹

4 c) Sozialpädagogische Familienhilfe erscheint auch **ungeeignet,** weil gleichsam im Einsatz zu intensiv, für Familien, bei deren Problemen ein geringerer und weniger pädagogisch-ganzheitlicher Hilfeeinsatz hinreichen könnte, also zB eine Unterstützung in Haushalts- und Wirtschaftsangelegenheiten, eine Vermittlung von Erholungs- und Urlaubszeit. Entlastend könnten dann schon, wenn rechtzeitig verfügbar, Tagespflege, Hort oder Ganztagsschule wirken.

5 **2. Nachteile.** Die sozialpädagogische Familienhilfe ist Hilfe zur Selbsthilfe,¹⁰ aber sie ist nicht unproblematisch: Sie bietet Familien in schwierigen Lebenslagen eine komplexe Hilfestellung aus einer Hand und für längere Zeit. Aber in der Alltagsorientierung liegt auch die Gefahr, dass den Adressaten keine Distanz mehr gegenüber Helfern und Hilfskonzepten bleibt. Umgekehrt droht den Helfern die Gefahr distanzloser Solidarisierung oder der Überfremdung der Adressaten.¹¹ Die sozialpädagogische Familienhilfe steht damit in einem Spannungsfeld zwischen Hilfe und der aus der Arbeit in der Familie entstehenden Kontrolle bzw. Kontrollmöglichkeit durch die Mitarbeiter des Jugendhilfeträgers („gläserne Familie").¹²

6 **3. Rechtsanspruch.** Wegen des Rechtsanspruchs auf sozialpädagogische Familienhilfe vgl. § 27 Rn. 2 bis 5.

§ 32 Erziehung in einer Tagesgruppe

¹Hilfe zur Erziehung in einer Tagesgruppe soll die Entwicklung des Kindes oder des Jugendlichen durch soziales Lernen in der Gruppe, Begleitung der schulischen Förderung und Elternarbeit unterstützen und dadurch den Verbleib des Kindes oder

---

² *Wiesner/Schmid* Rn. 2.
³ Statistisches Bundesamt Pressemitteilung Nr. 340 vom 29. 8. 2007.
⁴ Zehnter Kinder- und Jugendhilfebericht, BT-Drucks. 13/11368 S. 246 f.
⁵ BT-Drucks. 11/5948 S. 70; 11/6002 S. 6; *Wiesner/Schmid* Rn. 5.
⁶ Achter Jugendbericht, BT-Drucks. 11/6575 S. 139, auch zum folgenden Text.
⁷ *Fieseler/Fieseler* Rn. 8.
⁸ *Münder/Struck* Rn. 14. Zur Abgrenzung VG Münster NJW 2008, 3371.
⁹ OVG Lüneburg JAmt 2010, 444.
¹⁰ *Wiesner/Schmid* Rn. 10.
¹¹ Achter Jugendbericht (Fn. 5).
¹² *Wiesner/Schmid* Rn. 4 f.; *Münder/Struck* Rn. 6.

des Jugendlichen in seiner Familie sichern. ²Die Hilfe kann auch in geeigneten Formen der Familienpflege geleistet werden.

Schrifttum: *Krüger/Reuter-Spanier/Trede/Wegehaupt-Schlund* (Hrsg.), Erziehungshilfe in Tagesgruppen, 3. Aufl. 2001; *Späth,* Tagesgruppen, in *Birtsch/Münstermann/Trede* (Hrsg.), Handbuch Erziehungshilfen, 2001, S. 525 ff.

I. Normzweck

Die Erziehung in einer Tagesgruppe ist eine Erziehungshilfe in teilstationärer Form, die an der Schnittstelle zwischen ambulanten und stationären Hilfen starre Grenzen zwischen den einzelnen Hilfeformen überwindet:[1] Einerseits können die personellen und sachlichen Ressourcen einer Einrichtung genutzt werden; so sind Tagesgruppen oftmals einem Heim angegliedert. Andererseits wird das Kind nicht aus seiner Familie und seinem bisherigen sozialen Umfeld herausgerissen. Daneben haben sich aus spezialisierten Formen der Familienpflege (heilpädagogische Pflegestellen, Erziehungsstellen) bes. Formen familialer Tagesbetreuung entwickelt, die sich an dieselbe Zielgruppe von Kindern und Jugendlichen wenden und bei denen die bloße Betreuung und Erziehung in der Kindertagespflege nach § 23 nicht genügt. Dieser Entwicklung trägt S. 2 Rechnung. In der Praxis hat sich diese Hilfeform etabliert.[2]

II. Einzelerläuterungen

1. Zielgruppe. Wesentliche Aufgabe der Erziehung in einer Tagesgruppe ist eine bes. Begleitung und Unterstützung der schulischen Erziehung, die über eine Zusammenarbeit mit der Schule hinausgeht.[3] In vielen Fällen handelt es sich um Kinder und Jugendliche (§ 7 Abs. 1 Nr. 1, 2) mit Schulleistungsschwächen; die Hilfe muss deshalb dazu beitragen, dass die betroffenen Kinder und Jugendlichen den schulischen Anforderungen gerecht werden können. Die Bundesregierung hat einem Vorschlag des Bundesrats zugestimmt, wonach die Aufgabe einer Begleitung schulischer Förderung durch eine Formulierung über die Zusammenarbeit mit der Schule ersetzt werden sollte.

2. Konzepte, Ziele. Bei der Erziehung in der Tagesgruppe geht es um Kinder oder Jugendliche, deren familiäre Situation keine hinreichende Förderung ihrer Entwicklung gewährleistet und/oder die massive Verhaltensprobleme aufweisen, deren häusliches Milieu aber eine Betreuung am Abend, am Wochenende und ggf. auch in den Ferien erlaubt. Geboten sind daher sozialpädagogische Gruppenarbeit, heilpädagogisch-therapeutische Einzelförderung und sozialpädagogisch-therapeutische Familienarbeit.[4] Ziel dieser Arbeit ist die Stabilisierung des Kindes, die Förderung und Begleitung der schulischen Integration und die Verbesserung und Stabilisierung der Beziehungen zwischen Eltern und Kind vor dem Hintergrund, die Betreuung in der Tagesgruppe allmählich durch weniger intensive Betreuungs- und Beratungsangebote abzulösen. Eine bloße Hausaufgabenhilfe in der Gruppe ist keine Hilfe zur Erziehung nach § 27; eine entsprechende Gruppe stellt mithin keine Tagesgruppe nach § 32 dar.[5]

3. Rechtsanspruch, Kosten. Wegen des Rechtsanspruchs auf Erziehung in einer Tagesgruppe vgl. § 27 Rn. 2 bis 5. Das Kind, der Jugendliche und dessen Eltern können gem. §§ 91 Abs. 2 Nr. 2, 92 ff. zu den Kosten herangezogen werden.

§ 33 Vollzeitpflege

¹Hilfe zur Erziehung in Vollzeitpflege soll entsprechend dem Alter und Entwicklungsstand des Kindes oder des Jugendlichen und seinen persönlichen Bindungen sowie den Möglichkeiten der Verbesserung der Erziehungsbedingungen in der Herkunftsfamilie Kindern und Jugendlichen in einer anderen Familie eine zeitlich befristete Erziehungshilfe oder eine auf Dauer angelegte Lebensform bieten. ²Für besonders entwicklungsbeeinträchtigte Kinder und Jugendliche sind geeignete Formen der Familienpflege zu schaffen und auszubauen.

---

[1] BT-Drucks. 11/5948 S. 70 f.
[2] Vgl. Statistisches Bundesamt Pressemitteilung Nr. 359 vom 7. 10. 2010 und 16 Jahre Kinder- und Jugendhilfegesetz in Deutschland, 2008, S. 13; *Jans/Happe-Happe/Saurbier* Rn. 3.
[3] BT-Drucks. 11/6002 S. 6, auch zum folgenden Text.
[4] *Münder/Struck* Rn. 6 ff.
[5] *Mrozynski* Rn. 6 f.

Schrifttum: *Blandow,* Pflegekinder und ihre Familien, 2004; *Deutscher Verein für öffentliche und private Fürsorge,* Weiterentwickelte Empfehlungen zur Vollzeitpflege/Verwandtenpflege, 2004; *Epple,* Misshandelte Kinder in Vollzeitpflege, 2008; *Fieseler/Busch,* Vollzeitpflege – Sicherstellung des notwendigen Unterhalts (Pflegegeld), FPR 2004, 448; *Gierke,* Familienpflege – Die rechtliche Stellung von Pflegeeltern, 2009; *Henne,* Die Rechte der leiblichen Eltern von Pflegekindern, 2009; *Jordan,* Kindeswohlgefährdung, Rechtliche Neuregelungen und Konsequenzen für den Schutzauftrag der Kinder- und Jugendhilfe, 2. Aufl. 2007; *Kemper,* Restabilisierung der Herkunftsfamilie vor Rückkehr des Pflegekindes, JAmt 2006, 125; *Kindler/Lillig/Küfner,* Rückführung von Pflegekindern nach Misshandlung bzw. Vernachlässigung in der Vorgeschichte: Forschungsübersicht zu Entscheidungskriterien, JAmt 2006, 9; *Köckeritz,* Vollzeitpflege zwischen Ideologie und Realität, ZfJ 2005, 461; *Kotthaus,* Kindeswohl und Kindeswille in der Jugendhilfe. Zur Beteiligung von Kindern an Entscheidungen in den erzieherischen Hilfen am Beispiel von Fremdunterbringungen entsprechend § 33 SGB VIII, 2010; *Meysen,* Erziehungsstellen als Vollzeitpflege oder Heimerziehung, JAmt 2002, 326; *Nienstedt/Westermann,* Pflegekinder und ihre Entwicklungschancen nach frühen traumatischen Erfahrungen, 2007; *Patjens/Wegert,* Rechtsverhältnisse und Rechtspositionen der Beteiligten in der Vollzeitpflege, ZKJ 2009, 232; *Roos,* Pflegekinder und heilpädagogische Pflegschaft, FPR 2004, 459; *Salgo,* Pflegekindschaft und Staatsintervention, 1987; *ders.,* Die Pflegekindschaft in der Kindschaftsrechtsreform vor dem Hintergrund verfassungs- und jugendhilferechtlicher Entwicklungen, FamRZ 1999, 337; *ders.,* Gesetzliche Regelung des Umgangs und deren kindgerechte Umsetzung in der Praxis des Pflegekindwesens, ZfJ 2003, 361; *ders.,* Umgang mit Kindern in Familienpflege, FPR 2004, 49; *Schönecker,* FamFG und Pflegekinderhilfe, JAmt 2009, 525; *Schorn,* Das Pflegekind in der Rechtsprechung des Bundesverfassungsgerichts und des Europäischen Gerichtshofs für Menschenrechte, 2010; *Schumann,* Biologisches Band oder soziale Bindung? Vorgaben der EMRK und des deutschen Rechts bei Pflegekindverhältnissen, RdJB 2006, 165; *Schwab,* Zur zivilrechtlichen Stellung der Pflegeeltern, des Pflegekindes und seiner Eltern – Rechtliche Regelungen und rechtspolitische Forderungen, in *Schwab/Zenz,* Soll die Rechtsstellung der Pflegekinder unter besonderer Berücksichtigung des Familien-, Sozial- und Jugendrechts neu geregelt werden?, Gutachten A zum 54. Deutschen Juristentag, 1982; *Steege,* Aus der Not eine Tugend? Bereitschaftspflege oder familiäre Betreuung – ein Beitrag auch wider die Definitionsmacht des Deutschen Jugendinstituts, FPR 2004, 462; *Stumpf/Conrad,* Das Pflegekind im Spannungsfeld zwischen Pflegeeltern und Herkunftseltern, 2006; *Unzner,* Die psychologischen Auswirkungen bei Fremdplatzierung des Kindes in der Pflegefamilie oder Kinderheim, FPR 2003, 321; *Westermann/Nienstedt,* Pflegekinder und ihre Entwicklungschancen nach frühen traumatischen Erfahrungen, 2011. Siehe auch Schrifttum zu § 37.

I. Normzweck

1 Vollzeitpflege ist im Gegensatz zur Kindertagespflege (§ 23) und zur „Teilzeitpflege" nach § 32 S. 2 die Betreuung und Erziehung eines Kindes oder Jugendlichen (§ 7 Abs. 1 Nr. 1, 2) über Tag und Nacht außerhalb des Elternhauses in einer anderen Familie; die Pflege kann – je nach den Erfordernissen des Einzelfalles – auf kurze Zeit oder auf Dauer angelegt sein.[1] Dabei ist die Betreuung in einer anderen *Familie* nicht zwingend: Die §§ 37, 44 handeln von der *Pflegeperson* und verdeutlichen damit, dass der Vermittlung von Kindern oder Jugendlichen in Vollzeitpflege ein „offener" Familienbegriff zugrunde liegt, der auch Einzelpersonen, unverheiratete Paare und in größeren Haushaltsgemeinschaften lebende Personen einschließt, wenn diese im Einzelfall eine angemessene und Erfolg versprechende Erziehung erwarten lassen.[2] Sie ist auch möglich, wenn eine „Herkunftsfamilie" iSd. Vorschrift nicht mehr besteht.[3] Die Vollzeitpflege gehört neben der Heimerziehung zum klassischen Hilferepertoire der Jugendhilfe. Zur Rechtsstellung der Pflegeeltern vgl. oben §§ 1630, 1632, 1688 BGB, zur verfassungsrechtlichen Position von Pflegeeltern oben § 1632 BGB Rn. 38. Die Adoptionspflege gem. § 1744 BGB ist keine Vollzeitpflege iSd. § 33 (§ 36 Rn. 3).[4]

II. Ausgestaltung der Vollzeitpflege (S. 1)

2 **1. Zielgruppe.** Ziel des Gesetzgebers bei Schaffung der Norm war es, durch den verstärkten Ausbau qualifizierter ambulanter Hilfen wie zB der sozialpädagogischen Familienhilfe (§ 31) die Dauerpflege in einem immer größeren Teil der Fälle, in denen sie früher indiziert gewesen wäre, entbehrlich zu machen.[5] Für die Unterbringung außerhalb der eigenen Familie kommen solche Kinder oder Jugendliche in Betracht, die über jene familienunterstützenden Maßnahmen nicht erreicht werden können. Damit kommen auf Pflegeeltern Belastungen zu, die immer deutlicher auch eine fachliche Qualifikation erfordern,[6] vgl. dazu den Beratungsanspruch der Pflegeperson nach § 37 Abs. 2.

---

[1] BT-Drucks. 11/5948 S. 71; *Münder/Struck* Rn. 2; *Jordan* S. 189.
[2] *Münder/Struck* Rn. 7.
[3] BVerwGE 100, 178, 182 = NJW 1996, 2385, 2386.
[4] *Kunkel/Kunkel* Rn. 6; *Wiesner/Schmid* Rn. 40; *Jordan* S. 190.
[5] BT-Drucks. 11/5948 S. 71.
[6] Vor der Gefahr der Überforderung der Pflegeeltern warnend Zehnter Kinder- und Jugendhilfebericht, BT-Drucks. 13/11368 S. 251.

2. Konzeption der Vollzeitpflege. Nach S. 1 soll die Vollzeitpflege entspr. dem Alter und **3** Entwicklungsstand des Minderjährigen und seinen persönlichen Bindungen sowie den Möglichkeiten einer Verbesserung der Erziehungsbedingungen in der Herkunftsfamilie entweder eine zeitlich befristete Erziehungshilfe oder eine auf Dauer angelegte Lebensform bieten. Die Vorschrift wird durch § 37 Abs. 1 ergänzt, wonach die Erziehungsbedingungen in der Herkunftsfamilie innerhalb eines im Hinblick auf die Entwicklung des Kindes oder Jugendlichen vertretbaren Zeitraums so weit verbessert werden sollen, dass die Herkunftsfamilie die Erziehung wieder übernehmen kann (§ 37 Abs. 1 S. 2); gelingt das nicht, so soll mit den beteiligten Personen eine andere, dem Wohl des Kindes oder Jugendlichen förderliche und auf Dauer angelegte Lebensperspektive erarbeitet werden (§ 37 Abs. 1 S. 4). Mit den Erziehungsberechtigten ist daher möglichst bereits vor der Inpflegegabe abzustimmen, welches Ziel diese verfolgen soll;[7] die zeit- und zielgerichtete Ausgestaltung der Intervention bedeutet, dass entweder die alsbaldige Rückkehr des Kindes forciert oder, falls dies innerhalb eines am Alter des Kindes auszurichtenden zeitlichen Rahmens nicht gelingt, die Dauerhaftigkeit seines Aufwuchsplatzes sichergestellt werden soll.[8] Das ist eine diametrale Richtungsänderung der früheren, auf Rückführung in die Herkunftsfamilie gerichteten Aktivität der Jugendhilfe. Sie ergibt sich aus der Erkenntnis, dass die Entwicklung des Kindes eine stabile, auf Dauer angelegte Lebensform erfordert.[9] Das SGB VIII zeigt sich offen für die Komplexität und Vielfalt von Pflegeverhältnissen. Es gestattet die Pflegefamilie sowohl als (temporäre) Ergänzungsfamilie wie auch als dauerhafte Ersatzfamilie.[10] Allerdings kommt dem temporären Pflegeverhältnis verfassungsrechtlich nicht derselbe Rang zu wie einer Dauerpflege, die unter dem Schutz des Art. 6 Abs. 1, 3 GG steht.[11] Die Anzahl der jährlich begonnenen Vollzeitpflegeverhältnisse steigt.[12] Im Jahr 2009 wurden 15.048 junge Menschen in eine Vollzeitpflegestelle aufgenommen.[13]

3. Leistungen zum Unterhalt und Krankenhilfe. Wird die Vollzeitpflege als Hilfe zur **4** Erziehung gewährt, besteht ein Anspruch auf Übernahme der Kosten für den notwendigen Unterhalt des Kindes gem. § 39 und auf Krankenhilfe gem. § 40.

4. Haftung. Erleidet das Kind oder der Jugendliche während der Betreuungszeit einen Schaden, **5** haftet der Träger der Jugendhilfe nicht für ein etwaiges Verschulden der Pflegeeltern. Dies gilt auch, wenn diese im Rahmen des § 42 eingesetzt wurden.[14]

5. Verwandtenpflege. Als „andere Familie" iSd. S. 1 kann auch der Haushalt eines nahen **6** Verwandten (Großeltern, Onkel und Tante usw.) in Betracht kommen.[15] Eine „andere" Familie ist nicht gegeben, solange ein Elternteil im Haushalt lebt.[16] Auch die Pflege durch unterhaltsverpflichtete Großeltern führt nicht dazu, dass der erzieherische Bedarf nach § 27 Abs. 1, 2 entfällt, wie § 27 Abs. 2 a nun klarstellt. Nach § 27 Abs. 2 a ist aber Voraussetzung dafür, dass die Großeltern zur Kooperation im Rahmen der §§ 36, 37 bereit sind. Die Übernahme des Kindesunterhalts ist nur nach Maßgabe des § 39 Abs. 4 S. 4 möglich (§ 39 Rn. 8). Das bedeutet, dass eine Übernahme der Kosten für die Vollzeitpflege bei nicht in gerader Linie verwandten Personen gem. § 39 ohne diese Einschränkungen möglich ist.

III. Besondere Formen der Familienpflege (S. 2)

Nach S. 2 sind für bes. entwicklungsbeeinträchtigte Kinder und Jugendliche geeignete Formen **7** der Familienpflege zu schaffen und auszubauen. Die Vorschrift beruht darauf, dass auf örtlicher und überörtlicher Ebene Formen der Familienpflege (heilpädagogische Pflegestellen, Sonderpflegestellen, Erziehungsstellen) entwickelt worden sind, die den bes. Bedürfnissen verhaltens- und entwicklungsgestörter Kinder und Jugendlicher Rechnung tragen und ein Äquivalent zur Unterbringung in einer Einrichtung darstellen.[17] Wegen der bes. Anforderungen werden die Pflegepersonen idR eine fachliche Ausbildung benötigen. Ist das Kind bzw. der Jugendliche seelisch behindert, ist die Maß-

---

[7] BT-Drucks. 11/5948 S. 71.
[8] *Salgo* S. 398.
[9] *Fieseler/Salgo* Rn. 2, 17 ff.
[10] Vgl. *Wiesner/Schmid* Rn. 11; *Fieseler/Salgo* Rn. 1.
[11] BGH NJW 2005, 68, 71.
[12] Vgl. Statistisches Bundesamt, 16 Jahre Kinder- und Jugendhilfegesetz in Deutschland, 2008, S. 14, sowie Statistiken der Kinder- und Jugendhilfe, Vollzeitpflege 2009, 2011, S. 9.
[13] Statistisches Bundesamt, Statistiken der Kinder- und Jugendhilfe, Vollzeitpflege 2009, 2011, S. 9.
[14] BGHZ 166, 268, 275 ff.
[15] BVerwG FamRZ 1998, 551 f.; *Jans/Happe-Happe/Saurbier* Rn. 30 ff.; *Jordan* S. 189.
[16] OVG Lüneburg FamRZ 2011, 1182.
[17] BT-Drucks. 11/5948 S. 71; *Jordan* S. 192 f.

nahme abzugrenzen von der Eingliederungshilfe nach § 35a; bei körperlich und geistig behinderten Kindern kommt die Eingliederungshilfe nach §§ 53 ff. SGB XII (§ 10 Rn. 11) in Betracht.

IV. Rechtsanspruch, Kosten

8   Wegen des Rechtsanspruchs auf Vollzeitpflege vgl. § 27 Rn. 2 bis 5. Das Kind, der Jugendliche und die Eltern können gem. §§ 91 Abs. 1 Nr. 5 a), 92 ff. zu den Kosten herangezogen werden.

§ 34 Heimerziehung, sonstige betreute Wohnform

[1] Hilfe zur Erziehung in einer Einrichtung über Tag und Nacht (Heimerziehung) oder in einer sonstigen betreuten Wohnform soll Kinder und Jugendliche durch eine Verbindung von Alltagserleben mit pädagogischen und therapeutischen Angeboten in ihrer Entwicklung fördern. [2] Sie soll entsprechend dem Alter und Entwicklungsstand des Kindes oder des Jugendlichen sowie den Möglichkeiten der Verbesserung der Erziehungsbedingungen in der Herkunftsfamilie
1. eine Rückkehr in die Familie zu erreichen versuchen oder
2. die Erziehung in einer anderen Familie vorbereiten oder
3. eine auf längere Zeit angelegte Lebensform bieten und auf ein selbständiges Leben vorbereiten.

[3] Jugendliche sollen in Fragen der Ausbildung und Beschäftigung sowie der allgemeinen Lebensführung beraten und unterstützt werden.

Schrifttum: *Gabriel/Winkler* (Hrsg.), Heimerziehung – Kontexte und Perspektiven, 2006; *Günder*, Praxis und Methoden der Heimerziehung, 4. Aufl. 2011; *Müller*, Heimerziehung – Entwicklungen, Veränderungen und Perspektiven des Theorie-, Forschungs- und Methodenwissens der stationären Erziehungshilfe, 2006; *Post*, Erziehung im Heim, 2002; *Rüth/Pankofer/Friesleder*, Geschlossene Unterbringung im Spannungsfeld von Kinder- und Jugendpsychiatrie und Jugendhilfe, 2006; *Unzner*, Die psychologischen Auswirkungen bei Fremdplatzierung des Kindes in der Pflegefamilie oder Kinderheim, FPR 2003, 321.

I. Normzweck

1   Heimerziehung ist die Hilfe zur Erziehung in einer Einrichtung über Tag und Nacht oder in einer sonstigen betreuten Wohnform. Mit dem Begriff „sonstigen betreuten Wohnformen" wird nur grob das weite Spektrum der institutionalisierten Fremdunterbringung umrissen. Darunter fallen heute zB Kleinsteinrichtungen, selbständige, pädagogisch betreute Jugendwohngemeinschaften, sog. betreutes Einzelwohnen[1] und sog. Familiengruppen, in denen ein fachlich qualifiziertes Ehepaar mit eigenen und den zu betreuenden Kindern und Jugendlichen zusammenlebt.[2] Die Unterbringung in einer Einrichtung schließt nicht automatisch die Befugnis zu freiheitsentziehenden Maßnahmen ein; dazu bedarf es vielmehr einer familiengerichtlichen Genehmigung gem. § 1631b BGB[3] (vgl. auch § 42 Rn. 19). Eine geschlossene Unterbringung von Jugendlichen ist zudem auf Grund von §§ 12 Nr. 2, 71 Abs. 2, 72 Abs. 4 JGG zulässig.[4] Die Norm geht in ihrer jetzigen Fassung auf das Erste Gesetz zur Änderung des SGB VIII (Vor § 1 Rn. 4) zurück.

II. Einzelerläuterungen

2   **1. Zielsetzung.** Heimerziehung und sonstige betreute Wohnformen sollen wie die Hilfen nach §§ 32, 33 bei gleichzeitiger Verbesserung der Erziehungsbedingungen in der Herkunftsfamilie eine Rückkehr des Kindes oder des Jugendlichen in die Familie ermöglichen, S. 1 Nr. 1. Alternativ dazu kann die Erziehung in einer anderen Familie vorbereitet werden (S. 1 Nr. 2) oder die Heimerziehung als auf längere Zeit angelegte Lebensform bis zur Verselbständigung des Jugendlichen angeboten werden (S. 1 Nr. 3). Dies soll durch eine Verbindung von Alltagserlebnissen und pädagogischen und therapeutischen Angeboten erreicht werden. Pädagogische und therapeutische Angebote sollen dazu beitragen, Defizite abzubauen. Wenngleich nicht ausdrücklich angeführt schließt dies auch die schuli-

---

[1] BT-Drucks. 11/5948 S. 72; *Jans/Happe-Happe/Saurbier* Rn. 75.
[2] *Wiesner/Schmid* Rn. 13.
[3] Kritisch dazu *Fieseler/Häbel* Rn. 21.
[4] Kritisch dazu *Wiesner/Schmid* Rn. 18 ff., 57 ff.

sche Betreuung und die Eingliederung in den Beruf mit ein. Nach S. 2 sollen die Kinder und Jugendlichen bei der Ausbildung, Beschäftigung und der allgemeinen Lebensführung unterstützt werden. Dies umfasst das weite Spektrum aller Möglichkeiten der Eingliederung und ist so formuliert, dass viele Wege auf dieses Ziel hin beschritten werden können, also auch neue Formen der Eingliederungshilfe darunter fallen.

2. Zielgruppe. Heimerziehung ist angezeigt für Kinder und Jugendliche, deren erzieherischer Bedarf (§ 27 Abs. 1, 2) zu Hause oder in anderen Familien nicht gedeckt werden kann, die also so belastet, eingeschränkt und überfordert sind, dass sie in einer institutionell arrangierten und professionell gestützten Gruppe leben sollten. Dementsprechend kann Heimerziehung geeignet sein für Kinder und Jugendliche, die nicht durch einen hohen Grad an Verhaltensauffälligkeiten charakterisiert werden, bei denen aber die verschiedenen ungünstigen familialen Lebensumstände, wie der Ausfall von Eltern bzw. Elternteilen, Suchtprobleme, Misshandlungen usw. die Unterbringung notwendig erscheinen lassen; bei anderen Kindern sind es weniger die sozialen und materiellen Probleme der Familie als vielmehr ein hohes familiales Konfliktniveau und spezifische Verhaltensauffälligkeiten der Kinder und Jugendlichen.[5] Die Heimerziehung von Säuglingen oder Kleinkindern ist in den letzten Jahren kontinuierlich zurückgegangen, sie wird für diese Zielgruppe allenfalls als kurzfristige Lösung in Betracht kommen.[6] Die Anzahl der in Heimen oder sonstigen Wohnformen betreuten Kinder und Jugendlichen war von 1991 bis 2006 relativ konstant.[7] Während jedoch 2006 24.544 junge Menschen eine Heimerziehung begonnen, stieg die Anzahl bis 2009 auf 34.125.[8] 3

3. Personensorge. Die Aufnahme des Kindes oder Jugendlichen in ein Heim oder eine betreute Wohnform lässt die Personensorge der Eltern, solange diese besteht, unberührt (vgl. § 1688 BGB).[9] Die Erzieher leiten ihre Erziehungsbefugnis also lediglich von den Eltern ab. 4

4. Rechtsanspruch, Kosten. Wegen des Rechtsanspruchs auf Heimerziehung vgl. § 27 Rn. 2. bis 5. Das Kind oder der Jugendliche und dessen Eltern können zu den Kosten nach §§ 91 Abs. 1 Nr. 5 b), 92 ff. herangezogen werden. 5

§ 35 Intensive sozialpädagogische Einzelbetreuung

¹Intensive sozialpädagogische Einzelbetreuung soll Jugendlichen gewährt werden, die einer intensiven Unterstützung zur sozialen Integration und zu einer eigenverantwortlichen Lebensführung bedürfen. ²Die Hilfe ist in der Regel auf längere Zeit angelegt und soll den individuellen Bedürfnissen des Jugendlichen Rechnung tragen.

Schrifttum: Fröhlich-Gildhoff, Einzelbetreuung in der Jugendhilfe, 2003; *Schultz*, Entwicklung, Bedürfnisse und Macht in der intensiven sozialpädagogischen Einzelbetreuung, 2009.

1. Hilfe für Jugendliche in bes. gefährdeten Lebenssituationen. Die intensive sozialpädagogische Einzelbetreuung soll Jugendlichen (§ 7 Abs. 1 Nr. 2), nicht Kindern (§ 7 Abs. 1 Nr. 1) helfen, eine eigenverantwortliche Lebensführung zu realisieren. Erfahrungen aus der Praxis haben gezeigt, dass Jugendlichen in besonders gefährdeten Lebenssituationen nur noch durch eine intensive sozialpädagogische Einzelbetreuung geholfen werden kann, wenn die Gesellschaft diese jungen Menschen nicht aufgeben will.[1] Die amtl. Begr. nennt als Adressatenkreis die Prostituierten-, Drogen- und Nichtsesshaftenszene.[2] Die Betreuung ist sehr stark auf die individuellen Bedürfnisse des Jugendlichen abzustellen und erfordert mitunter eine Präsenz bzw. Ansprechbereitschaft des Pädagogen rund um die Uhr. Seine Tätigkeit umfasst neben der intensiven Hilfestellung bei persönlichen Problemen und Notlagen auch Unterstützung bei der Beschaffung und dem Erhalt einer geeigneten Wohnmöglichkeit, bei der Vermittlung einer geeigneten schulischen oder beruflichen Ausbildung bzw. der Arbeitsaufnahme, bei der Verwaltung der Arbeitsvergütung und anderer finanzieller Hilfen sowie bei der Gestaltung der Freizeit. Ein Ausbau dieser Hilfeart kann dazu beitragen, die Unterbringung älterer Jugendlicher in Heimen oder Einrichtungen der Psychiatrie zu vermeiden. In der 1

---

[5] *Münder-Struck/Trenczek* Rn. 14.
[6] *Wiesner/Schmid* Rn. 16, 47.
[7] Vgl. Statistisches Bundesamt, 16 Jahre Kinder- und Jugendhilfegesetz in Deutschland, 2008, S. 15.
[8] Vgl. Statistisches Bundesamt, 16 Jahre Kinder- und Jugendhilfegesetz in Deutschland, 2008, S. 15, sowie Statistiken der Kinder- und Jugendhilfe, Heimerziehung, sonstige betreute Wohnform 2009, 2011, S. 9.
[9] *Wiesner/Schmid* Rn. 54 f.
[1] BT-Drucks. 11/5948 S. 72; *Jordan* S. 200.
[2] BT-Drucks. 11/5948 S. 72, auch zum folgenden Text.

| SGB VIII § 35a | SGB VIII Kinder- und Jugendhilfe |

Praxis ist der Übergang zur Heimerziehung nach § 34 fließend. 2009 begannen 2.882 Jugendliche eine solche Maßnahme.[3]

2 **2. Rechtsanspruch, Kosten.** Wegen des Rechtsanspruchs auf intensive sozialpädagogische Einzelbetreuung vgl. § 27 Rn. 2 bis 5. Der Jugendliche und seine Eltern können zu den Kosten gem. §§ 91 Abs. 1 Nr. 5 c), 92 ff. herangezogen werden.

Zweiter Unterabschnitt.
Eingliederungshilfe für seelisch behinderte Kinder und Jugendliche

§ 35a Eingliederungshilfe für seelisch behinderte Kinder und Jugendliche

(1) [1] Kinder oder Jugendliche haben Anspruch auf Eingliederungshilfe, wenn
1. ihre seelische Gesundheit mit hoher Wahrscheinlichkeit länger als sechs Monate von dem für ihr Lebensalter typischen Zustand abweicht, und
2. daher ihre Teilhabe am Leben in der Gesellschaft beeinträchtigt ist oder eine solche Beeinträchtigung zu erwarten ist.

[2] Von einer seelischen Behinderung bedroht im Sinne dieses Buches sind Kinder oder Jugendliche, bei denen eine Beeinträchtigung ihrer Teilhabe am Leben in der Gesellschaft nach fachlicher Erkenntnis mit hoher Wahrscheinlichkeit zu erwarten ist. [3] § 27 Abs. 4 gilt entsprechend.

(1 a) [1] Hinsichtlich der Abweichung der seelischen Gesundheit nach Absatz 1 Satz 1 Nr. 1 hat der Träger der öffentlichen Jugendhilfe die Stellungnahme
1. eines Arztes für Kinder- und Jugendpsychiatrie und -psychotherapie,
2. eines Kinder- und Jugendpsychotherapeuten oder
3. eines Arztes oder eines psychologischen Psychotherapeuten, der über besondere Erfahrungen auf dem Gebiet seelischer Störungen bei Kindern und Jugendlichen verfügt,

einzuholen. [2] Die Stellungnahme ist auf der Grundlage der Internationalen Klassifikation der Krankheiten in der vom Deutschen Institut für medizinische Dokumentation und Information herausgegebenen deutschen Fassung zu erstellen. [3] Dabei ist auch darzulegen, ob die Abweichung Krankheitswert hat oder auf einer Krankheit beruht. [4] Die Hilfe soll nicht von der Person oder dem Dienst oder der Einrichtung, der die Person angehört, die die Stellungnahme abgibt, erbracht werden.

(2) Die Hilfe wird nach dem Bedarf im Einzelfall
1. in ambulanter Form,
2. in Tageseinrichtungen für Kinder oder in anderen teilstationären Einrichtungen,
3. durch geeignete Pflegepersonen und
4. in Einrichtungen über Tag und Nacht sowie sonstigen Wohnformen geleistet.

(3) Aufgabe und Ziel der Hilfe, die Bestimmung des Personenkreises sowie die Art der Leistungen richten sich nach § 53 Abs. 3 und 4 Satz 1, den §§ 54, 56 und 57 des Zwölften Buches, soweit diese Bestimmungen auch auf seelisch behinderte oder von einer solchen Behinderung bedrohte Personen Anwendung finden.

(4) [1] Ist gleichzeitig Hilfe zur Erziehung zu leisten, so sollen Einrichtungen, Dienste und Personen in Anspruch genommen werden, die geeignet sind, sowohl die Aufgaben der Eingliederungshilfe zu erfüllen als auch den erzieherischen Bedarf zu decken. [2] Sind heilpädagogische Maßnahmen für Kinder, die noch nicht im schulpflichtigen Alter sind, in Tageseinrichtungen für Kinder zu gewähren und lässt der Hilfebedarf es zu, so sollen Einrichtungen in Anspruch genommen werden, in denen behinderte und nicht behinderte Kinder gemeinsam betreut werden.

---

[3] Statistiken der Kinder- und Jugendhilfe, Erzieherische Hilfe, Eingliederungshilfe für seelisch behinderte junge Menschen, Hilfe für junge Volljährige, Intensive sozialpädagogische Einzelbetreuung 2009, 2011, S. 9.

Eingliederungshilfe für seelisch behinderte Kinder und Jugendliche 1–3 **§ 35a SGB VIII**

Schrifttum: *Fegert,* Führt der Weg zum Jugendamt der Zukunft über § 35a SGB VIII als Einstieg zur „großen Lösung"?, JAmt 2010, 267; *Greß/Rixen/Wasem,* Eingliederungshilfe für seelisch behinderte Kinder und Jugendliche - Abgrenzungsprobleme und Reformszenarien, VSSR 2009, 43; *Günther* (Hrsg.), Hilfen zur Erziehung unter besonderen Bedingungen, 2005; *Hoffmann,* Probleme und Perspektiven der Behandlung und Rehabilitation psychisch kranker bzw seelisch behinderter - insbesondere traumatisierter - Kinder und Jugendlicher, JAmt 2010, 8; *Homfeldt* (Hrsg.), § 35a SGB VIII – Chancen sozialpädagogischer Professionalisierung, 2005; *Löcher,* Eingliederungshilfe für behinderte Menschen unter Geltung des SGB XII, ZfS 2005, 326; *Kunkel,* Wer muss für Kinder mit Legasthenie und Dyskalkulie aufkommen?, Jugendhilfe 2003, 273; *ders.,* Das Verfahren zur Gewährung einer Hilfe nach § 35a SGB VIII, JAmt 2007, 17; *Kunkel/Haas,* Die Eingliederungshilfe nach § 35a SGB VIII in der Neufassung durch das KICK aus rechtlicher und medizinischer Sicht, ZKJ 2006, 148; *Lempp,* Die seelische Behinderung als Aufgabe der Jugendhilfe – § 35a SGB VIII –, 5. Aufl. 2006; *Meysen,* Die Jugendhilfe als Ausfallbürge bei schwerer Legasthenie und Dyskalkulie, JAmt 2003, 53; *Mrozynski,* Die gemeinsame Betreuung behinderter Eltern mit ihren Kindern, ZfJ 2003, 458; *Pitschas,* Behinderte Menschen in der kommunalen Sozialpolitik, SGb 2009, 253; *Raabe,* § 35a SGB VIII – Eingliederungshilfe für seelisch behinderte Kinder und Jugendliche, 2007; *Pothman,* Empirische Befunde zur Inanspruchnahme von Hilfen gem. § 35a SGB VIII, ZKJ 2009, 353; *Schwengers,* Eingliederungshilfen für seelisch behinderte Kinder und Jugendliche nach § 35a SGB VIII.

I. Normzweck

Mit dem Ersten Gesetz zur Änderung des Achten Buches vom 16. 2. 1993 (Vor § 1 Rn. 4) wurde 1 durch die Einfügung der Vorschrift ein eigenständiger Leistungstatbestand zur Hilfe für seelisch behinderte junge Menschen geschaffen. Nach Abs. 3 iVm. § 53 Abs. 3 SGB XII besteht die Aufgabe der Eingliederungshilfe darin, eine drohende Behinderung zu verhindern oder eine Behinderung und deren Folgen zu beseitigen oder zu mildern und die behinderten Menschen in die Gesellschaft einzugliedern. Hierzu gehört vor allem, den behinderten Menschen die Teilnahme am Leben in der Gemeinschaft zu ermöglichen oder zu erleichtern, ihnen die Ausübung eines angemessenen Berufs oder einer sonstigen angemessenen Tätigkeit zu ermöglichen oder sie so weit wie möglich unabhängig von Pflege zu machen. Ziel der Vorschrift ist es weiter, die Trennung zwischen behinderten und nichtbehinderten, aber erziehungsbedürftigen Kindern und Jugendlichen zu überwinden.[1] 2009 begannen 18.300 junge Menschen eine Eingliederungshilfe nach dieser Vorschrift.[2] Die Norm gewährt einen Rechtsanspruch auf die Eingliederungshilfe, welche sich am Bedarf des Einzelfalls zu orientieren hat (Abs. 1). Der Anspruch steht dem Kind oder Jugendlichen selbst zu. Hinsichtlich Aufgabe, Ziel, Personenkreis und Art der Maßnahme verweist die Regelung auf die parallelen Vorschriften des Zwölften Buches (Abs. 3). In Abs. 4 S. 1 stellt die Vorschrift klar, dass neben der Eingliederungshilfe gleichzeitig andere Hilfen zur Erziehung in Betracht kommen. Für heilpädagogische Maßnahmen wird in Abs. 4 S. 2 die gemeinsame Betreuung behinderter und nichtbehinderter jüngerer Kinder als Ziel vorgegeben. Die Norm wurde durch das Gesetz zur Weiterentwicklung der Kinder- und Jugendhilfe (Vor § 1 Rn. 7) geändert. Mit diesem wurde eine ansatzweise Definition der seelischen Behinderung in Abs. 1 S. 2 eingefügt; das Verfahren zur Feststellung einer Abweichung der seelischen Gesundheit wurde in Abs. 1 a konkretisiert. Nach Abs. 1 S. 3 wird die Leistung auf die Pflege und Erziehung eines Kindes erstreckt, das eine Hilfebedürftige während der Inanspruchnahme der Hilfe nach § 35a zur Welt bringt.

II. Einzelerläuterungen

1. Abgrenzung. a) §§ 53 ff. SGB XII. Neben der Eingliederungshilfe gem. § 35a existiert 2 die Eingliederungshilfe für körperlich, geistig oder seelisch behinderte Menschen nach. §§ 53 ff. SGB XII, die im Zuständigkeitsbereich des Sozialhilfeträgers verblieben ist. Das Nebeneinander beider Vorschriften verursacht schwierige Abgrenzungs- und damit Zuständigkeitsfragen.[3] Nach § 10 Abs. 4 S. 2 besteht ein Vorrang der Sozialhilfe für Maßnahmen der Eingliederungshilfe für junge körperlich oder geistig behinderte Menschen bzw. junge Menschen, die von einer solchen Behinderung bedroht sind. Daraus ergibt sich im Gegenschluss, dass die Kinder- und Jugendhilfe für Maßnahmen zugunsten seelisch behinderter Kinder oder Jugendlicher zuständig ist. Zur Abgrenzung in den Fällen der Mehrfachbehinderung vgl. oben § 10 Rn. 11.

b) Seelische Behinderung. Maßgeblich für den Rechtsanspruch nach § 35a ist, ob sich eine 3 bestimmte Behinderung als seelische darstellt oder nicht. Eine feststehende Definition für seelische

---
[1] BT-Drucks. 12/2866 S. 30.
[2] Statistiken der Kinder- und Jugendhilfe, Erzieherische Hilfe, Eingliederungshilfe für seelisch behinderte junge Menschen, Hilfe für junge Volljährige, Intensive sozialpädagogische Einzelbetreuung 2009, 2011, S. 71.
[3] Zehnter Kinder- und Jugendhilfebericht, BT-Drucks. 13/11368 S. 280. Zu Reformüberlegungen *Wiesner/Wiesner* Vor § 35a Rn. 4 ff.

Behinderung gibt es nicht; die Diagnose ist selbst für erfahrene Experten schwierig zu stellen.[4] Abs. 1 S. 1 konkretisiert die Voraussetzungen, nach denen eine seelische Behinderung anzunehmen ist. Die Vorschrift lehnt sich an die Definition der Behinderung in § 2 Abs. 1 SGB IX an. Mit der Einfügung von Abs. 1 S. 2 hat der Gesetzgeber klargestellt, dass Fälle, in denen die Behinderung nur droht, miterfasst sind. Die Formulierung des S. 2 entspricht § 53 Abs. 2 SGB XII: Es genügt, wenn nach fachlicher Erkenntnis eine Behinderung mit hoher Wahrscheinlichkeit zu erwarten ist. Allerdings erstreckt sich die Eingliederungshilfe nach § 53 Abs. 1 SGB XII nur auf sog. wesentliche Behinderungen. Bei der Feststellung der Abweichung der seelischen Gesundheit ist nach Abs. 1 a eine Diagnose nach dem vierstelligen Schlüssel der Internationalen Klassifikation der Krankheiten (ICD 10) zu formulieren, welche vom Deutschen Institut für medizinische Dokumentation und Information im Auftrag des Bundesministers für Gesundheit in jeweils aktualisierter Fassung herausgegeben wird.[5] Nach früherer Rechtsprechung des BVerwG war entscheidend, ob die seelische Störung nach Breite, Tiefe und Dauer so intensiv ist, dass sie die Fähigkeit zur Eingliederung in die Gesellschaft beeinträchtigt. Eine Bedrohung liege vor, wenn die seelische Behinderung nach allgemeiner ärztlicher oder sonstiger fachlicher Erkenntnis mit hoher Wahrscheinlichkeit zu erwarten ist; ein geforderter Wahrscheinlichkeitsgrad von 50% sei nicht zu hoch.[6] Diese Rechtsprechung dürfte grundsätzlich weiter Bestand haben. Als Zustandsabweichungen, welche zu einer seelischen Behinderung führen können, sind zu nennen: Schizophrenien, schizotype und wahnhafte Störungen sowie verschiedene affektive Störungen (körperlich nicht begründete Psychosen), Störungen auf Grund organischer Funktionsstörungen (seelische Störungen als Folge von Krankheiten oder Verletzungen des Gehirns, von Anfallsleiden oder von anderen Krankheiten oder körperlichen Beeinträchtigungen) und Suchtkrankheiten. Dem Erscheinungsbild von Neurosen und Persönlichkeitsstörungen lassen sich auch Verhaltensauffälligkeiten wie Schlafstörungen, Essstörungen, Einnässen, Sexualstörungen, Autismus, Trennungsangst („Schulphobie"), Bindungsstörungen, Angst- und Panikstörungen, Zwangserkrankungen usw. zuordnen.[7] Zu den Störungen, bei denen das Kind oder der Jugendliche von der seelischen Behinderung bedroht ist, lassen sich zählen: Essstörungen, frühkindlicher Autismus, hyperkinetische Störungen (Hyperaktivität), Störungen des Sozialverhaltens (zB neurotische Delinquenz), Einnässen usw.[8] Bei Lese- oder Rechtschreibstörungen (Legasthenie und Dyskalkulie) verbleibt grundsätzlich die primäre Zuständigkeit bei der Schule; schwer gestörte Kinder können aber von einer seelischen Behinderung betroffen sein, insbes. wenn andere Störungen hinzutreten.[9]

4 **2. Maßnahmen der Eingliederungshilfe.** Nach Abs. 3 iVm. § 54 SGB XII kommen als Maßnahmen insbes. in Betracht: Leistungen zur medizinischen Rehabilitation gem. § 26 SGB IX, Hilfen zu einer angemessenen Schulbildung, Hilfen zur Ausbildung für einen Beruf oder eine sonstige angemessene Tätigkeit, Hilfen zur Teilhabe am Arbeitsleben gem. § 33 SGB IX sowie sonstige Hilfe zur Erlangung eines geeigneten Platzes im Arbeitsleben, insbes. in einer Werkstatt für Behinderte (§ 41 SGB IX), Hilfe bei der Wohnbeschaffung und Erhaltung und heilpädagogische Maßnahmen (§ 55 SGB IX), Hilfe in vergleichbaren sonstigen Beschäftigungsstätten nach § 56 SGB XII, Hilfe zu Besuchsfahrten.

5 **3. Rechtsanspruch, Kosten.** Der Anspruch ist dem Kind bzw. Jugendlichen zugewiesen. Nach § 14 Abs. 1 S. 1 iVm. § 7 SGB IX hat das Jugendamt innerhalb von zwei Wochen über seine Zuständigkeit zu entscheiden. Soweit keine ärztliche Stellungnahme eingeholt werden muss, hat das Jugendamt innerhalb einer weiteren Woche die geeigneten und notwendigen Hilfen festzulegen (§ 14 Abs. 2 S. 2 SGB IX). Besteht ein Rechtsanspruch auf Eingliederungshilfe gem. Abs. 2 Nr. 2 bis 4, ist zudem ein Anspruch auf Leistungen zum Unterhalt (§ 39) und in den Fällen des Abs. 2 Nr. 3 und 4 darüber hinaus ein Anspruch auf Krankenhilfe (§ 40) gegeben. Das Kind, der Jugendliche und die Eltern können zu den Kosten gem. §§ 91 Abs. 1 Nr. 6, Abs. 2 Nr. 3, 92 ff. herangezogen werden.

Dritter Unterabschnitt. Gemeinsame Vorschriften für die Hilfe zur Erziehung und die Eingliederungshilfe für seelisch behinderte Kinder und Jugendliche

§ 36 Mitwirkung, Hilfeplan

(1) ¹Der Personensorgeberechtigte und das Kind oder der Jugendliche sind vor der Entscheidung über die Inanspruchnahme einer Hilfe und vor einer notwendigen

---

[4] Zehnter Kinder- und Jugendhilfebericht, BT-Drucks. 13/11368 S. 279.
[5] *Wiesner/Wiesner* Rn. 13 ff.
[6] BVerwG FEVS 49, 487, 489.
[7] Ausführlich *Wiesner/Fegert* Rn. 45 ff.
[8] Ausführlich *Wiesner/Fegert* Rn. 45 ff.
[9] VGH Mannheim JAmt 2006, 202; *Wiesner/Wiesner* Rn. 14; *Wiesner/Fegert* Rn. 71 ff.; *Schellhorn/Fischer* Rn. 7; *Fieseler/Nothacker* Rn. 28. Zur alten Rechtslage restriktiv BVerwG FEVS 49, 487.

Änderung von Art und Umfang der Hilfe zu beraten und auf die möglichen Folgen für die Entwicklung des Kindes oder des Jugendlichen hinzuweisen. ²Vor und während einer langfristig zu leistenden Hilfe außerhalb der eigenen Familie ist zu prüfen, ob die Annahme als Kind in Betracht kommt. ³Ist Hilfe außerhalb der eigenen Familie erforderlich, so sind die in Satz 1 genannten Personen bei der Auswahl der Einrichtung oder der Pflegestelle zu beteiligen. ⁴Der Wahl und den Wünschen ist zu entsprechen, sofern sie nicht mit unverhältnismäßigen Mehrkosten verbunden sind. ⁵Wünschen die in Satz 1 genannten Personen die Erbringung einer in § 78a genannten Leistung in einer Einrichtung, mit deren Träger keine Vereinbarungen nach § 78b bestehen, so soll der Wahl nur entprochen werden, wenn die Erbringung der Leistung in dieser Einrichtung nach Maßgabe des Hilfeplans nach Absatz 2 geboten ist.

(2) ¹Die Entscheidung über die im Einzelfall angezeigte Hilfeart soll, wenn Hilfe voraussichtlich für längere Zeit zu leisten ist, im Zusammenwirken mehrerer Fachkräfte getroffen werden. ²Als Grundlage für die Ausgestaltung der Hilfe sollen sie zusammen mit dem Personensorgeberechtigten und dem Kind oder dem Jugendlichen einen Hilfeplan aufstellen, der Feststellungen über den Bedarf, die zu gewährende Art der Hilfe sowie die notwendigen Leistungen enthält; sie sollen regelmäßig prüfen, ob die gewählte Hilfeart weiterhin geeignet und notwendig ist. ³Werden bei der Durchführung der Hilfe andere Personen, Dienste oder Einrichtungen tätig, so sind sie oder deren Mitarbeiter an der Aufstellung des Hilfeplans und seiner Überprüfung zu beteiligen. ⁴Erscheinen Maßnahmen der beruflichen Eingliederung erforderlich, so sollen auch die für die Eingliederung zuständigen Stellen beteiligt werden.

(3) Erscheinen Hilfen nach § 35a erforderlich, so soll bei der Aufstellung und Änderung des Hilfeplans sowie bei der Durchführung der Hilfe die Person, die eine Stellungnahme nach § 35a Abs. 1a abgegeben hat, beteiligt werden.

(4) Vor einer Entscheidung über die Gewährung einer Hilfe, die ganz oder teilweise im Ausland erbracht wird, soll zur Feststellung einer seelischen Störung mit Krankheitswert die Stellungnahme einer in § 35a Abs. 1a Satz 1 genannten Person eingeholt werden.

Schrifttum: *Deutscher Verein für öffentliche und private Fürsorge,* Empfehlungen des Deutschen Vereins zur Weiterentwicklung der Hilfeplanung nach § 36 SGB VIII, NDV 2006, 343; *Doukkani-Bördner/Malter,* Hindernisse und Chancen bei der Vermittlung traumatisierter, behinderter und älterer Kinder in Adoptionspflege, FPR 2001, 334; *Fröhlich-Gildhoff,* Indikationen in der Jugendhilfe, Grundlagen für die Entscheidungsfindung in Hilfeplanung und Hilfeprozess, 2002; *Hampe-Grosser,* Aufgaben des Jugendamtes beim Kinderschutz, FPR 2009, 564; *Hillmeier,* Hilfeplan, 2008; *Hoffmann,* Adoptionsoption in der Hilfeplanung – Perspektive der Fachkräfte in der Hilfeplanung, JAmt 2011, 10; *Leitner,* Hilfeplanung als Prozessgestaltung, 2001; *Merchel,* Hilfeplanung bei den Hilfen zur Erziehung, § 36 SGB VIII, 2. Aufl. 2006; *Röchling,* Verurteilt die Eingriffsschwelle des § 1748 BGB viele Kinder zu dauerhafter Elternlosigkeit?, ZfJ 2000, 214; *Salgo,* Weshalb und wie ist die Geeignetheit eines Kindes/Jugendlichen für die Adoption gem. § 36 Abs. 1 S. 2 SGB VIII zu überprüfen?, ZfJ 2004, 410; *Schmid,* Die Hilfeplanung nach § 36 SGB VIII, 2004; *Späth,* Voraussetzungen für eine beteiligungsorientierte Hilfeplanung, Jugendhilfe 2003, 12; *Stähr,* Auswahl von Leistungserbringern im Rahmen des sozialrechtlichen Dreiecksverhältnisses, ZKJ 2006, 180; *Schrapper* (Hrsg.), Innovation durch Kooperation. Anforderungen und Perspektiven qualifizierter Hilfeplanung in der Zusammenarbeit freier und öffentlicher Träger der Jugendhilfe, 2005; *Schreiber,* Individuelle Hilfeplanung in der Praxis, 2010; *Schwabe,* Methoden der Hilfeplanung, Zielentwicklung, Moderation und Aushandlung, 3. Aufl., 2010; *Urban,* Professionelles Handeln zwischen Hilfe und Kontrolle, Sozialpädagogische Entscheidungsfindung in der Hilfeplanung, 2004; *Weber/Franzki,* Der Hilfeplan nach § 36 II SGB VIII – Bedeutung und Rechtsnatur, ZKJ 2009, 394.

I. Normzweck

Die Vorschrift enthält wesentliche Regeln über Mitwirkung und Mitgestaltung erzieherischer Hilfen durch Kinder, Jugendliche und Personensorgeberechtigte. Sie trägt der Erkenntnis Rechnung, dass Jugendhilfe sich als Partner der Familie begreifen muss. Abs. 1 sieht vor Inanspruchnahme der Hilfe eine Beratung der Betroffenen vor, ebenso Hinweise auf die möglichen Folgen für die Entwicklung des Kindes oder Jugendlichen. Vor langfristigen Hilfen ist zu prüfen, ob nicht eine Annahme als Kind in Betracht kommt. Bei der Auswahl der Einrichtung und der Pflegestelle sind die betroffenen Personen zu beteiligen; ihren Wünschen ist zu entsprechen, soweit sie nicht mit unverhältnismäßigen Mehrkosten verbunden sind. In Satz 5 wird das Wunsch- und Wahlrecht grundsätzlich auf Träger begrenzt, mit welchen eine Vereinbarung nach § 78b abgeschlossen wurde.[1] Nach Abs. 2 ist für alle Hilfen, die „voraussichtlich für längere Zeit zu leisten sind", eine qualifizierte Planung und Überprüfung des Hilfeprozesses („Hilfeplan") im Zusammenwirken mehrerer Fachkräfte erforderlich. Abs. 3 und 4 beziehen sich auf Fälle, in denen Eingliederungshilfe nach § 35a zu leisten ist. Die Norm wurde zuletzt durch das Gesetz zur Förderung von Kindern unter drei Jahren in Tageseinrichtungen und in Kindertagespflege (KiföG) (Vor § 1 Rn. 7) geändert.

II. Mitwirkung (Abs. 1)

2   **1. Beratungspflicht.** Hilfe zur Erziehung soll die Entwicklung des Kindes und des Jugendlichen fördern und das Erziehungsverhalten und die Erziehungsverantwortung der Erziehungsberechtigten stärken.[2] Deshalb müssen die angebotenen Hilfen von dem Kind oder Jugendlichen und den Personensorgeberechtigten von Anfang an angenommen und von den für die Betreuung zuständigen Personen nach den Vorstellungen und Wünschen der Betroffenen ausgestaltet werden.[3] Abs. 1 S. 1 entspricht insbes. den Vorgaben der §§ 1 Abs. 1 (Förderung der Entwicklung), 5 (Wunsch- und Wahlrecht), 8 (Beteiligung von Kindern und Jugendlichen), 9 (Grundrichtung der Erziehung)[4] durch eine frühzeitige Beteiligung der Betroffenen am Findungs- und Entscheidungsprozess hinsichtlich der geeigneten Maßnahmen. Die Inanspruchnahme der Beratung ist freiwillig, dh. es bestehen keine Mitwirkungspflichten nach den §§ 60 ff. SGB I.[5] Das Wunsch- und Wahlrecht des § 5 wird durch die Sätze 4 und 5 modifiziert.

3   **2. Langfristige Hilfe zur Erziehung, Annahme als Kind.** Nach Abs. 1 S. 2 ist vor und während einer langfristigen Hilfe zur Erziehung zu prüfen, ob eine Annahme als Kind in Betracht kommt. S. 2 trägt damit der Erkenntnis Rechnung, dass beim Ausfall der eigenen Familie und der nahen Verwandten die Annahme als Kind der langfristigen Betreuung des Kindes oder Jugendlichen außerhalb der eigenen Familie vorzuziehen ist.[6] Zu beachten ist, dass mit der Überleitung des Pflegeverhältnisses in die Adoptionspflege die Zuständigkeit des Jugendamtes und damit die Möglichkeit der Gewährung von Hilfen zur Erziehung (insbes. Pflegegeld nach § 39) endet.[7] Bes. Bedeutung misst Abs. 1 S. 3 der Beteiligung der Betroffenen an der Auswahl der Einrichtung oder Pflegestelle bei, wenn es um die Unterbringung eines Kindes oder Jugendlichen außerhalb seiner Familie geht.[8] Hier muss einerseits beachtet werden, dass der Abbruch von Bindungen zur Herkunftsfamilie deutliche Risiken für das Wohl des Kindes oder Jugendlichen mit sich bringen kann. Ebenso können aber auch Bindungen zwischen Pflegeeltern und Pflegekind entstehen, die eine Rückführung des Kindes oder Jugendlichen in seine Herkunftsfamilie im Hinblick auf § 1632 Abs. 4 BGB mit sehr hohen Risiken belasten (vgl. § 1632 BGB Rn. 37 ff.). Da ein Kind oder Jugendlicher aber andererseits durchaus in der Lage sein kann, zu beiden Familien, der Herkunfts- wie auch der Pflegefamilie, gute Beziehungen zu begründen und aufrecht zu erhalten, wenn diese sich gegenseitig akzeptieren und sich gemeinsam um das Wohl des Kindes oder Jugendlichen bemühen, umfasst Abs. 1 S. 1 die frühzeitige Hinweispflicht des Jugendamtes auf Risiken und Chancen der Inpflegegabe. Darüber hinaus behält ein Großteil der Eltern auch während der Fremdunterbringung das Sorgerecht, so dass das Jugendamt als Mittler zwischen Eltern und Pflegeperson oder Erziehern fungieren muss. Das Jugendamt soll in diesem Zusammenhang auch auf die Möglichkeit der Sorgerechtsübertragung nach § 1630 Abs. 3 BGB und auf die Rechte der Pflegeperson nach § 1688 BGB hinweisen.

III. Teamarbeit und Hilfeplan; Eingliederungshilfe (Abs. 2, 3 und 4)

4   **1. Teamarbeit und Hilfeplan (Abs. 2).** Die Entscheidung über die im Einzelfall angezeigte Hilfeart soll, wenn Hilfe zur Erziehung voraussichtlich für längere Zeit zu leisten ist, im Zusammenwirken mehrerer Fachkräfte getroffen werden. Angesichts der Differenziertheit der Programme und

---

[1] Dazu *Fieseler/Nothacker* Rn. 37.
[2] BT-Drucks. 11/5948 S. 73.
[3] Auf die Probleme der gemeinsamen Entscheidungsfindung weisen hin *Wiesner/Schmid* Rn. 10 ff., 22 ff., *Münder/Meysen* Rn. 22 ff.
[4] *Münder/Meysen* Rn. 11.
[5] *Hauck/Noftz/Stähr* K § 36 Rn. 7; *Wiesner/Schmid* Rn. 4 f.
[6] BT-Drucks. 11/5948 S. 73.
[7] Kritisch hierzu *Schwab*, Zur zivilrechtlichen Stellung der Pflegeeltern, des Pflegekindes und seiner Eltern – Rechtliche Regelungen und rechtspolitische Forderungen, in *Schwab/Zenz*, Soll die Rechtsstellung der Pflegekinder unter besonderer Berücksichtigung des Familien-, Sozial- und Jugendrechts neu geregelt werden?, Gutachten A zum 54. Deutschen Juristentag, 1982, S. A 134. Vgl. auch *Fieseler/Nothacker* Rn. 32.
[8] BT-Drucks. 11/5948 S. 73, auch zum folgenden Text.

Möglichkeiten und der Beschränktheit des Fachwissens einzelner Personen ist es nur konsequent, wenn Entscheidungen über länger dauernde Hilfen zur Erziehung im Zusammenwirken mehrerer Fachkräfte getroffen werden sollen.[9] Nach Abs. 2 S. 2 ist Grundlage einer zeit- und zielgerichteten Intervention ein Hilfeplan, der im Zusammenwirken von Personensorgeberechtigten, Kind oder Jugendlichem und den Fachkräften erstellt werden soll. In diesem Plan sind der Bedarf, die zu gewährende Art der Hilfe und die notwendigen Leistungen festzulegen. Dies sind jedoch nur die Mindestanforderungen.[10] Der Hilfeplan dient in erster Linie als Instrument der Selbstkontrolle für das verantwortliche Jugendamt sowie als Koordinationsinstrument zwischen dem Jugendamt und dem Träger der Einrichtung, der im Einzelfall tätig wird. Darüber hinaus bezieht er Vorstellungen, Annahmen und Erwartungen der Familien und Institutionen mit ein und macht sie den Beteiligten transparent. Allerdings birgt er auch die Gefahr mangelnder Flexibilität.[11] Notwendig ist auch die Festlegung zeitlicher Schritte, innerhalb derer immer wieder zu prüfen ist, ob die gewählte Hilfeart weiterhin geeignet und notwendig ist (vgl. § 27 Abs. 1). Durch die Prüfungspflicht soll verhindert werden, dass Kinder oder Jugendliche in den Ämtern „vergessen" werden. Der Hilfeplan ist zu unterscheiden von einem Behandlungs- und Therapieplan, der selbstverantwortlich in der jeweiligen Einrichtung erstellt wird. Abs. 2 S. 3 sieht die Mitarbeit von anderen Personen und Mitarbeitern anderer Dienste am Hilfeplan vor, soweit sie bei der Durchführung der Hilfe tätig werden. Im familiengerichtlichen Verfahren, insbes. in den Verfahren nach § 1632 Abs. 4 und § 1666 BGB, kann der Hilfeplan als Entscheidungsgrundlage herangezogen werden. Er entfaltet gegenüber dem FamG keine Bindungswirkung. Es handelt sich nicht um einen Verwaltungsakt nach § 31 SGB X. Das Jugendamt hat den Hilfeplan im Rahmen seiner Unterrichtungspflicht gegenüber dem FamG gem. § 50 Abs. 2 vorzulegen.

2. Eingliederungshilfen (Abs. 3 und 4). Werden Eingliederungshilfen nach § 35a erbracht, 5 so ist zusätzlich eine ärztliche Stellungnahme erforderlich. Dafür verweist Abs. 3 S. 1, 1. Halbs. auf den in § 35a Abs. 1 bestimmten Personenkreis. Nach Abs. 4 unterliegen Hilfen im Ausland weiteren Restriktionen.[12]

§ 36a Steuerungsverantwortung, Selbstbeschaffung

(1) ¹Der Träger der öffentlichen Jugendhilfe trägt die Kosten der Hilfe grundsätzlich nur dann, wenn sie auf der Grundlage seiner Entscheidung nach Maßgabe des Hilfeplans unter Beachtung des Wunsch- und Wahlrechts erbracht wird; dies gilt auch in den Fällen, in denen Eltern durch das Familiengericht oder Jugendliche und junge Volljährige durch den Jugendrichter zur Inanspruchnahme von Hilfen verpflichtet werden. ²Die Vorschriften über die Heranziehung zu den Kosten der Hilfe bleiben unberührt.

(2) ¹Abweichend von Absatz 1 soll der Träger der öffentlichen Jugendhilfe die niedrigschwellige unmittelbare Inanspruchnahme von ambulanten Hilfen, insbesondere der Erziehungsberatung, zulassen. ²Dazu soll er mit den Leistungserbringern Vereinbarungen schließen, in denen die Voraussetzungen und die Ausgestaltung der Leistungserbringung sowie die Übernahme der Kosten geregelt werden.

(3) ¹Werden Hilfen abweichend von den Absätzen 1 und 2 vom Leistungsberechtigten selbst beschafft, so ist der Träger der öffentlichen Jugendhilfe zur Übernahme der erforderlichen Aufwendungen nur verpflichtet, wenn
1. der Leistungsberechtigte den Träger der öffentlichen Jugendhilfe vor der Selbstbeschaffung über den Hilfebedarf in Kenntnis gesetzt hat,
2. die Voraussetzungen für die Gewährung der Hilfe vorlagen und
3. die Deckung des Bedarfs
   a) bis zu einer Entscheidung des Trägers der öffentlichen Jugendhilfe über die Gewährung der Leistung oder

---
[9] BT-Drucks. 11/5948 S. 73 f., auch zum folgenden Text.
[10] Weiterführend *Fieseler/Nothacker* Rn. 48; *Krug/Riehle-Riehle* Erl. III 2.
[11] *Wiesner/Schmid* Rn. 72.
[12] Dazu *Münder/Meysen* Rn. 55 f.

b) bis zu einer Entscheidung über ein Rechtsmittel nach einer zu Unrecht abgelehnten Leistung

keinen zeitlichen Aufschub geduldet hat.

²War es dem Leistungsberechtigten unmöglich, den Träger der öffentlichen Jugendhilfe rechtzeitig über den Hilfebedarf in Kenntnis zu setzen, so hat er dies unverzüglich nach Wegfall des Hinderungsgrundes nachzuholen.

Schrifttum: *Bareis,* Verstößt § 36a Abs. 1 SGB VIII gegen die richterliche Unabhängigkeit?, ZJJ 2006, 11; *Fellenberg,* Familiengerichtliche Anordnung versus Entscheidungskompetenz des Jugendamts, in *Lipp* u.a. (Hrsg.), Kindesschutz und Kindesgefährdung – Neue Mittel und Wege?, 2007, S. 65; *Fischer,* Differenzierte Betrachtung der Selbstbeschaffung bei Leistungen der Tagesbetreuung (§§ 22 bis 24 SGB VIII) und anderen Leistungen der Jugendhilfe?, JAmt 2002, 492; *Grube,* Systemversagen im Sozialleistungsrecht und Kostenerstattung für die selbstbeschaffte Jugendhilfeleistung, JAmt 2002, 490; *Hinrichs,* Selbstbeschaffung im Jugendhilferecht – zur Aktualität fürsorgerechtlicher Grundsätze in der Jugendhilfe, 2003; *Kunkel,* Gesteuerte Selbstbeschaffung nach § 36a Abs. 2 SGB VIII, 2 KJ 2007, 241; *Meysen,* Steuerungsverantwortung des Jugendamtes nach § 36 a SGBVIII: Anstoß zur Verhältnisklärung oder anstößig?, FamRZ 2008, 562; *Mrozynski,* Die sozialrechtlichen Voraussetzungen einer Selbstbeschaffung insbesondere von Leistungen der Kinder- und Jugendhilfe, NDV-RD 2000, 110; *Stähr,* Leistungserbringung durch Träger der freien Jugendhilfe, ZfJ 2002, 449; *Wabnitz,* Autonomie und Wettbewerb der Träger der freien Jugendhilfe versus Steuerungsverantwortung der Träger der öffentlichen Jugendhilfe, ZKJ 2006, 326.

I. Normzweck

1 **1. Ziel des Gesetzgebers.** Die Norm legt die sog. Steuerungsverantwortung über die Gewährung von Hilfen in die Hand des Trägers der öffentlichen Jugendhilfe. Sie wurde 2005 durch das Gesetz zur Weiterentwicklung der Kinder- und Jugendhilfe (Vor § 1 Rn. 7) eingefügt. Mittel der Steuerung ist die Entscheidung über die Kosten, die nach § 36a Abs. 1 dem Träger zusteht. Die Gesetzesbegründung spricht an dieser Stelle von dem „Entscheidungsprimat" des Jugendhilfeträgers. Die Praxis hatte beklagt, dass die Jugendämter nicht nur von anderen Institutionen (Schule, Psychiatrie, Arbeitsverwaltung) oder Bürgern als bloße „Zahlstelle" für von dritter Seite angeordnete oder selbst beschaffte Leistungen missbraucht würden, sondern dies auch für die Anordnungen der Gerichte zutreffe. Dies stehe im Widerspruch zur Systematik des SGB VIII, das dem Jugendamt die Funktion des Leistungsträgers zuweise, der die Kosten grundsätzlich nur dann trage, wenn er selbst vorab auf Grundlage des SGB VIII und dem dort vorgesehenen Verfahren über die Eignung und Notwendigkeit der Hilfe entschieden habe.[1] Diesen Grundsatz schränkt Abs. 2 für die „niedrigschwelligen Angebote", insbes. für die Beratung, wieder ein. Die Möglichkeit der Übernahme der Kosten bei Selbstbeschaffung wird in Abs. 3 geregelt. Die Norm wurde zuletzt durch das Gesetz zur Förderung von Kindern unter drei Jahren in Tageseinrichtungen und in Kindertagespflege (KiföG) (Vor § 1 Rn. 7) geändert.

2 **2. Kritik.** Die Norm ist missglückt. Anzuerkennen ist allein das Ziel des Gesetzgebers zu verhindern, dass die Jugendämter zur „Zahlstelle" degradiert werden. Ob die Vorschrift geeignet ist, dieses Ziel zu erreichen, ist fraglich. Sie schafft jedenfalls schwerwiegende Probleme. Zum einen hätte in der Norm schon im Ausgangspunkt danach differenziert werden müssen, welcher Akteur dem Jugendamt die Steuerung aus der Hand zu nehmen droht. Ist dies der Bürger, der sich die Leistung selbst beschafft, kann und muss hinsichtlich der Kostenübernahme eine differenzierte Lösung gefunden werden. Werden Leistungen von Akteuren der öffentlichen Hand „angeordnet", so ist es systemwidrig, dem allein auf der sekundären Ebene der Entscheidung über die Kostentragung entgegenzuwirken. Wenn Behörden oder insbes. Gerichte Hilfen anordnen, so geschieht dies auf gesetzlicher Grundlage, dh. weil das Gesetz an anderer Stelle ein solches Handeln fordert. Das gilt nicht nur für die Jugendgerichte, sondern auch für die Familiengerichte, die durch § 1666 BGB zum Einschreiten gezwungen sein können (dazu § 1 Rn. 7). Dies wird freilich von weiten Teilen der Literatur nicht nur für die FamG, sondern auch für die Jugendgerichte[2] bestritten. Will der Gesetzgeber die Entscheidung über die Hilfe ausschließlich in die Hände der Jugendämter legen, müsste er notwendigerweise die anderen Akteure der öffentlichen Hand aus der Pflicht zur Entscheidung und zur Ergreifung der notwendigen Maßnahmen entlassen. Solange dies nicht geschieht, bleiben andere Behörden und Gerichte verpflichtet, den ihnen gesetzlichen vorgegebenen Aufgaben nachzukommen. Dass offen bleibt, wer die Kosten der angeordneten Maßnahmen übernimmt, ist ein Missstand, der drin-

---

[1] BT-Drucks. 15/5616, S. 26. Vgl. auch BVerwG JAmt 2008, 600.
[2] *Wiesner/Wiesner* Rn. 27 ff.; *Schellhorn/Fischer* Rn. 10 ff.

gend das Einschreiten des Gesetzgebers erfordert. Nach dem Vorlagebeschluss des AG Eilenburg führt dieser Missstand wegen einer Verletzung des Richtervorbehalts in Art. 92 GG zur Verfassungswidrigkeit des § 36a Abs. 1 S. 1.[3] Das BVerfG hält es indes für möglich, dass eine Kostentragungspflicht der Justiz besteht.[4] Eine Kostentragungspflicht des Jugendamts besteht jedenfalls nur, wenn das Jugendamt selbst seine Leistungspflicht bejaht.[5]

II. Kostenentscheidung des Trägers der öffentlichen Jugendhilfe (Abs. 1)

Abs. 1 enthält keinen Grundsatz des Entscheidungsprimats des Jugendamtes im Hinblick auf die Gewährung von Hilfen zur Erziehung.[6] Die Norm regelt lediglich die Entscheidung über die Kostenübernahme. Das bedeutet, dass in den vom Gesetz genannten Fällen, in denen Eltern durch das FamG oder Jugendliche und junge Volljährige durch den Jugendrichter zur Inanspruchnahme von Hilfen verpflichtet werden, die Übernahme der Kosten ungesichert ist.[7] Faktisch wird die Hilfe ggf. nicht durchgeführt. Indes hatten auch schon nach früherer Rechtslage die Gerichte keine rechtlichen Mittel, die von ihnen angeordnete Hilfe „durchzusetzen". Die Durchführung der „Anordnung" konnte also auch bereits bisher faktisch unterbleiben.

Eine Hilfeleistung nach §§ 27 ff., 35 a SGB VIII setzt grundsätzlich einen (ggf. konkludent erklärten) Antrag[8] und damit den Willen[9] des Leistungsberechtigten zur Annahme der Hilfe voraus. Das FamG kann die entsprechende Erklärung des Personensorgeberechtigten gem. § 1666 Abs. 3 BGB ersetzten. In aller Regel ist dies bei entgegenstehendem Willen des Betroffenen nicht sinnvoll. Das Gericht wird diese Maßnahme dennoch ergreifen, wenn die Kindeswohlgefährdung auf anderem Wege nicht behoben werden kann (dazu § 1 Rn. 7).

III. „Niedrigschwellige Angebote" (Abs. 2)

Der Grundsatz der vorherigen Kostenentscheidung des Trägers der Jugendhilfe erfährt in Abs. 2 eine Ausnahme für die niedrigschwellige unmittelbare Inanspruchnahme von ambulanten Hilfen, insbes. der Erziehungsberatung. Damit wird indirekt eine im Regelfall („soll") bestehende Pflicht des Jugendamtes zur Vorhaltung dieser Angebote normiert.[10] Neben der Erziehungsberatung (§ 28) wird hier die Erziehungsbeistandschaft (§ 30) als ggf. ausreichend „eingriffsschwach" genannt.[11] Seine Steuerungsverantwortung soll der Träger der öffentlichen Jugendhilfe bei diesen Hilfen durch den Abschluss von Verträgen mit den Leistungserbringern (S. 2) wahrnehmen.

IV. Selbstbeschaffung (Abs. 3)

Abs. 3 regelt den Fall, in dem der Leistungsberechtigte die Leistung nicht beantragt und nach Entscheidung erhält, sondern er sich diese Leistung selbst beschafft. Die Selbstbeschaffung ist im Grundsatz unzulässig. Das bedeutet, dass der Träger der öffentlichen Jugendhilfe die Kosten der Leistung in der Regel nicht übernehmen muss. Während das BVerwG zunächst eine Kostenübernahme in einigen Fällen zugelassen hatte,[12] erteilte es in seiner Entscheidung vom 28. 9. 2000 deutlich restriktiver.[13] Eine Kostenübernahme für selbstbeschaffte Leistungen ist nur in den Fällen des „Systemversagens" unter den in § 36a Abs. 3 genannten Voraussetzungen möglich. Sie ist lex specialis zu sonstigen öffentlich-rechtlichen Aufwendungsersatzansprüchen. Sind die Voraussetzungen gegeben, schuldet der Träger der öffentlichen Jugendhilfe Aufwendungsersatz bezüglich aller erforderlichen Aufwendungen. Auf den Mehrkostenvorbehalt des § 5 Abs. 2 S. 2 bzw. § 36 Abs. 1

---

[3] ZJJ 2006, 85. Die Vorlage wurde als unzulässig verworfen, BVerfG JAmt 2007, 211.
[4] BVerfG JAmt 2007, 211, 214.
[5] *Fellenberg* in *Lipp* S. 65, 68 f.
[6] So aber *Wiesner/Wiesner* Rn. 13.
[7] *Kunkel/Kunkel* Rn. 4.
[8] BVerwGE 121, 310 f. = NJW 2002, 232, 233.
[9] *Wiesner/Wiesner* Rn. 14; *Münder-Tammen/Trenczek* § 27 Rn. 43.
[10] Ähnlich *Münder/Meysen* § 36a Rn. 33.
[11] Noch weitergehend *Jung/Kador* Rn. 4; *Kunkel/Kunkel* Rn. 6; *Schellhorn/Fischer* Rn. 13. Enger *Wiesner-Wiesner* Rn. 39.
[12] BVerwG FEVS 37, 133; BVerwG FEVS 44, 309.
[13] BVerwGE 112, 98. Zur Beurteilung dieser Frage in Rechtsprechung und Literatur *Wiesner/Wiesner* Vor §§ 11 ff. Rn. 34 ff.; *Münder/Meysen* Rn. 39 ff., *Münder-Tammen/Trenczek* § 27 Rn. 44 ff.

S. 4 kann er sich nicht berufen.[14] Die Kosten dürfen jedoch nicht unverhältnismäßig hoch sein.[15] Hier lässt sich der Rechtsgedanken des § 254 BGB heranziehen.

§ 37 Zusammenarbeit bei Hilfen außerhalb der eigenen Familie

(1) ¹Bei Hilfen nach §§ 32 bis 34 und § 35a Abs. 2 Nr. 3 und 4 soll darauf hingewirkt werden, dass die Pflegeperson oder die in der Einrichtung für die Erziehung verantwortlichen Personen und die Eltern zum Wohl des Kindes oder des Jugendlichen zusammenarbeiten. ²Durch Beratung und Unterstützung sollen die Erziehungsbedingungen in der Herkunftsfamilie innerhalb eines im Hinblick auf die Entwicklung des Kindes oder Jugendlichen vertretbaren Zeitraums so weit verbessert werden, dass sie das Kind oder den Jugendlichen wieder selbst erziehen kann. ³Während dieser Zeit soll durch begleitende Beratung und Unterstützung der Familien darauf hingewirkt werden, dass die Beziehung des Kindes oder Jugendlichen zur Herkunftsfamilie gefördert wird. ⁴Ist eine nachhaltige Verbesserung der Erziehungsbedingungen in der Herkunftsfamilie innerhalb dieses Zeitraums nicht erreichbar, so soll mit den beteiligten Personen eine andere, dem Wohl des Kindes oder des Jugendlichen förderliche und auf Dauer angelegte Lebensperspektive erarbeitet werden.

(2) ¹Die Pflegeperson hat vor der Aufnahme des Kindes oder des Jugendlichen und während der Dauer der Pflege Anspruch auf Beratung und Unterstützung; dies gilt auch in den Fällen, in dem dem Kind oder dem Jugendlichen weder Hilfe zur Erziehung noch Eingliederungshilfe gewährt wird oder die Pflegeperson der Erlaubnis nach § 44 nicht bedarf. ²§ 23 Abs. 4 gilt entsprechend.

(3) ¹Das Jugendamt soll den Erfordernissen des Einzelfalls entsprechend an Ort und Stelle überprüfen, ob die Pflegeperson eine dem Wohl des Kindes oder des Jugendlichen förderliche Erziehung gewährleistet. ²Die Pflegeperson hat das Jugendamt über wichtige Ereignisse zu unterrichten, die das Wohl des Kindes oder des Jugendlichen betreffen.

Schrifttum: *Coester,* Die Bedeutung des Kinder- und Jugendhilfegesetzes (KJHG) für das Familienrecht, FamRZ 1991, 253; *Henkel,* Zur Verpflichtung des Jugendamtes zu einem Antrittsbesuch nach dem Umzug einer Pflegefamilie, JR 2005, 324; *Kemper,* Restabilisierung der Herkunftsfamilie vor Rückführung des Pflegekindes, JAmt 2006, 125; *Marquardt/Wilhelm,* Kindeswohlgefährdung in der Pflegefamilie: Verletzung der Kontrollpflichten durch das Jugendamt, FPR 2004, 437; *Meysen,* Tod in der Pflegefamilie – Verletzung von Kontrollpflichten im Jugendamt?, NJW 2003, 3369; *Röchling,* Verurteilt die Eingriffsschwelle des § 1748 BGB viele Kinder zu dauerhafter Elternlosigkeit?, ZfJ 2000, 214; *Steege,* Zusammenarbeit mit der Herkunftsfamilie im SGB VIII: Rechtliche und fachliche Grundlagen, JAmt 2010, 101 und 165. Siehe auch Schrifttum zu § 33.

I. Normzweck

1 Die Vorschrift gibt den Fachkräften freier Träger und des Jugendamtes Orientierungshilfen für die Situation der Fremdplazierung, die den verfassungsrechtlichen und den personensorgerechtlichen (§§ 1626 ff. BGB) Rahmenbedingungen entsprechen und dennoch der Komplexität und Spezialität des Einzelfalls genügend Rechnung tragen.[1] Demgemäß sieht Abs. 1 S. 1 vor, dass das Jugendamt bei Hilfen zur Erziehung nach den §§ 32 bis 34 und § 35a Abs. 2 Nr. 3 und 4 auf die Zusammenarbeit von Eltern, Pflegeeltern oder den in einer Einrichtung verantwortlichen Personen zum Wohl des Kindes oder des Jugendlichen hinwirken soll (Regelverpflichtung). Vordringliches Ziel ist es zunächst, innerhalb eines für die Entwicklung des Kindes oder Jugendlichen vertretbaren Zeitraums die Erziehungsbedingungen in der Herkunftsfamilie zu verbessern, Abs. 1 S. 2. Während des Zeitraums, innerhalb dessen die Wiederherstellung eines verantwortungsgerechten Verhaltens der Eltern angestrebt wird, darf der Kontakt des Kindes oder Jugendlichen zu seinen Eltern nicht abbrechen, Abs. 1 S. 3. Kommt das Jugendamt nach einer sorgfältigen Prüfung der Situation in der Herkunftsfamilie zu der Überzeugung, dass die Bemühungen um Verbesserung der Erziehungsbedingungen

---

[14] *Wiesner/Wiesner* Rn. 54; *Schellhorn/Fischer* Rn. 27.
[15] OVG Berlin FEVS 55, 277, 280 ff.
[1] BT-Drucks. 11/5948 S. 74.

innerhalb eines angemessenen Zeitraums offensichtlich erfolglos sind, hat es seine Bemühungen gem. Abs. 1 S. 4 auf die Erarbeitung einer anderen, dem Wohl des Kindes oder Jugendlichen entsprechenden und auf Dauer angelegten Lebensperspektive zu richten.[2] Abs. 2 normiert einen Unterstützungs- und Beratungsanspruch der Pflegeperson unabhängig davon, ob es sich um Pflege im Rahmen der §§ 27 ff. handelt oder ob eine Erlaubnis zur Vollzeitpflege iSd. § 44 vorliegt. Der Anspruch besteht auch für Zusammenschlüsse von Pflegepersonen. Abs. 3 sieht eine Überprüfungspflicht des Jugendamtes und eine Mitteilungsverpflichtung der Pflegeperson vor. Die derzeitige Fassung geht auf die Änderungsgesetze bei Einführung des SGB IX zurück (Vor § 1 Rn. 6).

II. Zusammenarbeit im Hinblick auf die Wiederherstellung der dem Wohl des Kindes oder Jugendlichen entspr. Erziehungsbedingungen in der Herkunftsfamilie innerhalb eines angemessenen Zeitraums (Abs. 1)

1. Zusammenarbeit (S. 1). Abs. 1 S. 1 normiert das Gebot der Zusammenarbeit von Jugendamt, Eltern, Pflegeperson und verantwortlichen Erziehern zum Wohl des Kindes oder Jugendlichen im Rahmen der nach §§ 32 bis 34 zu leistenden Hilfen zur Erziehung und im Rahmen der Eingliederungshilfe nach § 35a Abs. 2 Nr. 3 und 4. Diese Zusammenarbeit geht über die in § 36 Abs. 1 vorgesehene Mitwirkung der Personensorgeberechtigten bei Planung der Hilfe und Auswahl der Pflegestelle oder Einrichtung hinaus.[3] Die genannten Vorschriften haben, ebenso wie § 37 Abs. 1 S. 2, die Verbesserung der Erziehungsbedingungen in der Herkunftsfamilie für das Kind oder den Jugendlichen (§§ 33, 34) als gemeinsames Ziel, um dessen Rückkehr dorthin zu ermöglichen (§§ 32, 34 S. 2 Nr. 1). Zur Vermeidung von Loyalitätskonflikten des Kindes oder Jugendlichen ist neben der Zusammenarbeit der erwähnten Personen auch die Erarbeitung einer gemeinsamen Zielsetzung wichtig, wobei dem Jugendamt eine vermittelnde Aufgabe zwischen den unterschiedlichen Interessen zukommt.[4]

2. Beratung und Unterstützung (S. 2 und 3). Wesentliches Element der Hilfe zur Erziehung außerhalb der eigenen Familie ist die begleitende Arbeit mit der Herkunftsfamilie.[5] Nur durch eine Verbesserung der Bedingungen in der Herkunftsfamilie besteht die Chance, das Kind oder den Jugendlichen wieder zu integrieren. Diese Aufgabe entspricht der verfassungsrechtlichen Verpflichtung des Staates, nach Möglichkeit zu versuchen, durch helfende, unterstützende Maßnahmen die Herstellung oder Wiederherstellung eines verantwortungsgerechten Verhaltens der leiblichen Eltern (Refunktionalisierung[6]) zu erreichen.[7] Die begleitende Arbeit muss sich in ihrer Zielsetzung und Methodik an den Erziehungsbedingungen in der Herkunftsfamilie und den Sozialisationsphasen des Kindes oder Jugendlichen ausrichten.[8] Durch die in Abs. 1 S. 3 ausgesprochene Verpflichtung des Jugendamtes, den Kontakt der Familie und der Kinder oder Jugendlichen zueinander zu fördern, wird zugleich vermieden, dass die Entscheidung, ob die Herkunftsfamilie gestützt und damit auf die Rückkehr des Kindes oder Jugendlichen in seine Familie hingearbeitet wird, oder ob das Kind oder der Jugendliche in der Pflegefamilie verbleiben soll, vom Jugendamt allein getroffen wird. Vielmehr ist die Unterbringung im Rahmen der gemeinsam mit den Eltern, Pflegepersonen und verantwortlichen Erziehern getroffenen Zielsetzung entspr. dem gem. § 36 aufgestellten Hilfeplan stärker zeit- und zielgerichtet auszugestalten.

3. Erarbeiten einer anderen Lebensperspektive (S. 4). Kommt das Jugendamt nach einer sorgfältigen Prüfung der Situation in der Herkunftsfamilie zu der Überzeugung, dass die Bemühungen um Verbesserung der Erziehungsbedingungen mit dem Ziel der Rückführung des Kindes oder Jugendlichen innerhalb eines angemessenen Zeitraums offensichtlich erfolglos sind oder doch bleiben werden, ändert sich sein Auftrag diametral:[9] Fortan sind seine Bemühungen darauf auszurichten, die Eltern davon zu überzeugen, dass sie ihrer Elternverantwortung in der konkreten Situation am besten dadurch gerecht werden, dass sie einem dauerhaften Verbleib in der Pflegefamilie oder ggf. einer Adoption zustimmen. Stimmen die Eltern nicht zu und gefährdet dieser „Schwebezustand"

---

[2] BT-Drucks. 11/5948 S. 74.
[3] Vgl. *Münder/Meysen* Rn. 4.
[4] BT-Drucks. 11/5948 S. 74.
[5] BT-Drucks. 11/5948 S. 74, auch zum folgenden Text.
[6] *Coester* FamRZ 1991, 253, 259.
[7] BVerfGE 60, 79, 93 = FamRZ 1982, 567, 570; *Kiehl* ZRP 1991, 94, 97; *Coester* FamRZ 1991, 253, 259; *Strick,* Die Adoption des eigenen Kindes – Zum Abbruch statusrechtlicher Verwandtschaftsbeziehungen, 1996, S. 98 ff. mwN.
[8] BT-Drucks. 11/5948 S. 74, auch zum folgenden Text.
[9] *Coester* FamRZ 1991, 253, 259; BT-Drucks. 11/5948 S. 74, 75, auch zum folgenden Text.

das Wohl des Kindes oder Jugendlichen, so hat das Jugendamt möglichst bald das FamG zur Entscheidung über das Sorge- und ggf. Umgangsrecht einzuschalten. Der im Gesetz genannte „vertretbare Zeitraum" wird nicht näher bezeichnet. Er hängt vom Einzelfall ab; der Hinweis des RegE auf die wissenschaftlichen Erkenntnisse zur kindlichen Zeitperspektive[10] spricht gegen überlange „Schwebezustände".[11] In diesem Zusammenhang muss auch die Rechtsprechung zu der Verbleibensanordnung nach § 1632 Abs. 4 BGB berücksichtigt werden (vgl. § 1632 BGB Rn. 40 ff.). Die in § 37 Abs. 1 enthaltenen Orientierungshilfen bedeuten jedoch nicht, dass jede Fremdunterbringung zunächst mit einer Rückkehroption zu versehen ist und nur beim Scheitern der Wiederherstellungsbemühungen in dauerhafte Unterbringungsformen übergehen kann. Wird im Rahmen des qualifizierten Entscheidungsprozesses deutlich, dass die Rückkehr des Kindes oder Jugendlichen in seine Familie zum Scheitern verurteilt ist, muss im Interesse des Kindes oder Jugendlichen schon im Zeitpunkt der Unterbringung die Sicherung einer dauerhaften Lebensperspektive im Vordergrund der Bemühungen stehen.[12] Daraus ist jedoch nicht zu folgen, dass es zu einem grundsätzlichen Kontaktabbruch zur Herkunftsfamilie kommen darf. Dies verstieße gegen den Erziehungsprimat der Eltern (vgl. Vor § 1 Rn. 11, 12 und § 1 Rn. 8 f., 13).[13]

III. Beratungs- und Unterstützungspflicht gegenüber der Pflegeperson (Abs. 2)

5   Abs. 2 normiert eine Beratungs- und Unterstützungspflicht des Jugendamtes gegenüber der Pflegeperson. Der Anspruch besteht bereits vor Aufnahme des Kindes oder Jugendlichen und während der Dauer der Pflege. Die Beratungspflicht ist von der Pflegekinderaufsicht gelöst und gilt daher auch in den Fällen, in denen keine Hilfen zur Erziehung gewährt werden und die Pflegeperson keiner Erlaubnis zur Vollzeitpflege gem. § 44 bedarf.[14] Das bedeutet für den umfangreichen Bereich der Verwandtenpflege die Bereitstellung eines ausreichenden Beratungsangebots. Diese Beratungsverpflichtung gilt auch gegenüber Gruppen und Zusammenschlüssen von Pflegepersonen, Abs. 2 S. 2 iVm. § 23 Abs. 4.

IV. Prüfungspflicht der Jugendamtes; Mitteilungspflicht der Pflegeperson (Abs. 3)

6   Die Prüfungspflichts des Jugendamtes bezieht sich hier auf die Fälle, in denen eine Pflegeperson im Rahmen von Hilfen zur Erziehung die Betreuung eines Kindes oder Jugendlichen übernommen hat, also gem. § 44 Abs. 1 S. 2 Nr. 1 keiner Erlaubnis zur Vollzeitpflege bedarf (vgl. § 44 Rn. 3). Da die Überprüfung „den Erfordernissen des Einzelfalls entsprechend" erfolgen soll, handelt es sich hier wie bei § 44 Abs. 3 um eine einzelfallbezogene Pflicht des Jugendamtes (vgl. § 44 Rn. 4).[15] Bei Zuständigkeitswechsel ist grundsätzlich ein „Antrittsbesuch" erforderlich (vgl. § 44 Rn. 5). Zur Informationspflicht der Pflegeperson vgl. § 44 Abs. 1 (dazu § 44 Rn. 8). Wurde der Pflegeperson die elterliche Sorge übertragen (§ 1630 Abs. 3 BGB), soll in Anlehnung an § 44 Abs. 1 und 3 dem Jugendamt kein Kontrollrecht zustehen; hier sei die Anrufung des FamG gem. § 8a Abs. 3 S. 1 erforderlich.[16]

§ 38 Vermittlung bei der Ausübung der Personensorge

Sofern der Inhaber der Personensorge durch eine Erklärung nach § 1688 Abs. 3 Satz 1 des Bürgerlichen Gesetzbuchs die Vertretungsmacht der Pflegeperson soweit einschränkt, dass dies eine dem Wohl des Kindes oder des Jugendlichen förderliche Erziehung nicht mehr ermöglicht, sowie bei sonstigen Meinungsverschiedenheiten sollen die Beteiligten das Jugendamt einschalten.

---

[10] BT-Drucks. 11/5948 S. 74. Vgl. *Goldstein/Freud/Solnit*, Jenseits des Kindeswohls, 1974, S. 18, 33 ff., 40 f.; *Wiesner/Schmid* Rn. 16 ff.
[11] *Coester* FamRZ 1991, 253, 259; *Staudinger/Coester* § 1666 Rn. 210, § 1666a Rn. 5 f. mwN.
[12] *Münder/Meysen* Rn. 17 f.; *Coester* FamRZ 1991, 253, 260. Zur Schwierigkeit dieser Prognoseentscheidung *Wiesner/Schmid* Rn. 20 ff.
[13] Vgl. BVerfG FamRZ 2002, 1021; BVerfGE 111, 307; BVerfG NJW 2005, 1765; EuGHMR FamRZ 2002, 1393; EuGHMR NJW 2004, 3401; EuGHMR NJW 2004, 3397.
[14] *Fieseler/Nothacker* Rn. 20.
[15] Zur Prüfintensität im Einzelfall *MünderMeysen* Rn. 26 ff.
[16] *Wiesner/Schmid* Rn. 40.

Schrifttum: *Coester,* Die Bedeutung des Kinder- und Jugendhilfegesetzes (KJHG) für das Familienrecht, FamRZ 1991, 253; *Finger,* Ausübung der Personensorge bei Pflegekindern, § 38 KJHG, ZfJ 1990, 618; *Salgo,* Die Pflegekindschaft in der Kindschaftsrechtsreform vor dem Hintergrund verfassungs- und jugendhilferechtlicher Entwicklungen, FamRZ 1999, 337; *Schwab,* Zur zivilrechtlichen Stellung der Pflegeeltern, des Pflegekindes und seiner Eltern – Rechtliche Regelungen und rechtspolitische Forderungen, in *Schwab/Zenz,* Soll die Rechtsstellung der Pflegekinder unter besonderer Berücksichtigung des Familien-, Sozial- und Jugendrechts neu geregelt werden?, Gutachten A zum 54. Deutschen Juristentag, 1982; *Schwenzer,* Empfiehlt es sich, das Kindschaftsrecht neu zu regeln?, Gutachten A zum 59. Deutschen Juristentag, 1992; *Windel,* Zur elterlichen Sorge bei Familienpflege, FamRZ 1997, 713.

I. Normzweck

Die Vorschrift sieht eine Vermittlungsfunktion des Jugendamtes in Fällen des Konflikts zwischen 1 dem Personensorgeberechtigten und der Pflegeperson vor. Nach § 1688 Abs. 1 und 2 BGB sind Pflegepersonen sowie Personen, welche auf Grundlage der §§ 34, 35 und 35a Abs. 2 Nr. 3 und 4 die Erziehung und Betreuung des Kindes übernommen haben, berechtigt, insbes. in Angelegenheiten des täglichen Lebens für das Kind zu entscheiden und den Sorgerechtsinhaber in solchen Angelegenheiten zu vertreten. Diese Befugnis kann gem. § 1688 Abs. 3 S. 1 BGB durch den Personensorgeberechtigten eingeschränkt werden. Beschränkt der Personensorgeberechtigte durch Willenserklärungen die Rechtsmacht der Pflegeperson oder der in der Einrichtung für die Erziehung zuständigen Person so weit, dass diese eine dem Wohl des Kindes oder Jugendlichen förderliche Erziehung nicht mehr ermöglichen können, oder bestehen sonst Meinungsverschiedenheiten, so sollen die Beteiligten das Jugendamt einschalten.

II. Einzelerläuterungen

1. Gesetzesänderungen. Die Regelung entsprach bis zur Neuordnung durch das Kindschafts- 2 rechtsreformgesetz vom 16. 12. 1997 (Vor § 1 Rn. 5) dem zweiten Absatz des § 38 aF. Der frühere § 38 beinhaltete eine Regelung, welche nunmehr durch § 1688 BGB übernommen wurde. Die Beschränkung des Sorgerechts gehörte systematisch zur familienrechtlichen Regelung der §§ 1626 ff. BGB[1] und hat nunmehr dort ihren Platz gefunden.

2. Vermittlungsauftrag. Mit dem Vermittlungsauftrag des Jugendamtes vertraut das Gesetz 3 auf die Kooperationsbereitschaft und -fähigkeit der Beteiligten und deren Zusammenarbeit im Interesse des Kindes oder Jugendlichen, die das Jugendamt nach §§ 36, 37 zu unterstützen und zu fördern hat. Demgemäß sieht das Gesetz zunächst ein vermittelndes Tätigwerden des Jugendamtes vor. Scheitern dessen Bemühungen oder sind die Anweisungen der Berechtigten unsinnig und kindeswohlgefährdend, hat also die Betreuung und Beratung iSd. §§ 36, 37 keinen Erfolg, bleibt allein der Weg über § 8a Abs. 3 S. 1, §§ 1666, 1666a BGB.[2]

3. Anwendungsbereich. Dem Wortlaut nach erfasst § 38 nur die Vermittlung zwischen den 4 Personensorgeberechtigten und der Pflegeperson (§ 33). Demgegenüber bezieht § 1688 BGB in Abs. 2 auch Personen, welche auf Grundlage der §§ 34, 35 und 35a Abs. 2 Nr. 3 und 4 die Erziehung und Betreuung des Kindes übernommen haben, also Erziehungsberechtigte, ein. Es entspricht dem Sinn und Zweck beider Normen, den Vermittlungsauftrag des Jugendamtes im Wege der Analogie auf diese Personengruppe auszudehnen.[3]

§ 39 Leistungen zum Unterhalt des Kindes oder des Jugendlichen

(1) ¹Wird Hilfe nach den §§ 32 bis 35 oder nach § 35a Abs. 2 Nr. 2 bis 4 gewährt, so ist auch der notwendige Unterhalt des Kindes oder Jugendlichen außerhalb des Elternhauses sicherzustellen. ²Er umfasst die Kosten für den Sachaufwand sowie für die Pflege und Erziehung des Kindes oder Jugendlichen.

(2) ¹Der gesamte regelmäßig wiederkehrende Bedarf soll durch laufende Leistungen gedeckt werden. ²Sie umfassen außer im Fall des § 32 und des § 35a Abs. 2 Nr. 2

---

[1] *Schwenzer* S. 82 ff.
[2] *Coester* FamRZ 1991, 253, 259.
[3] So im Ergebnis auch *Mrozynski* Rn. 3. Ein Eingreifen des Gesetzgebers fordert *Wiesner/Wiesner* Rn. 32.

auch einen angemessenen Barbetrag zur persönlichen Verfügung des Kindes oder des Jugendlichen. ³Die Höhe des Betrages wird in den Fällen der §§ 34, 35, 35 a Abs. 2 Nr. 4 von der nach Landesrecht zuständigen Behörde festgesetzt; die Beträge sollen nach Altersgruppen gestaffelt sein. ⁴Die laufenden Leistungen im Rahmen der Hilfe in Vollzeitpflege (§ 33) oder bei einer geeigneten Pflegeperson (§ 35a Abs. 2 Nr. 3) sind nach den Absätzen 4 bis 6 zu bemessen.

(3) Einmalige Beihilfen oder Zuschüsse können insbesondere zur Erstausstattung einer Pflegestelle, bei wichtigen persönlichen Anlässen sowie für Urlaubs- und Ferienreisen des Kindes oder des Jugendlichen gewährt werden.

(4) ¹Die laufenden Leistungen sollen auf der Grundlage der tatsächlichen Kosten gewährt werden, sofern sie einen angemessenen Umfang nicht übersteigen. ²Die laufenden Leistungen umfassen auch die Erstattung nachgewiesener Aufwendungen für Beiträge zu einer Unfallversicherung sowie die hälftige Erstattung nachgewiesener Aufwendungen zu einer angemessenen Alterssicherung der Pflegeperson. ³Sie sollen in einem monatlichen Pauschalbetrag gewährt werden, soweit nicht nach der Besonderheit des Einzelfalls abweichende Leistungen geboten sind. ⁴Ist die Pflegeperson in gerader Linie mit dem Kind oder Jugendlichen verwandt und kann sie diesem unter Berücksichtigung ihrer sonstigen Verpflichtungen und ohne Gefährdung ihres angemessenen Unterhalts Unterhalt gewähren, so kann der Teil des monatlichen Pauschalbetrags, der die Kosten für den Sachaufwand des Kindes oder Jugendlichen betrifft, angemessen gekürzt werden. ⁵Wird ein Kind oder ein Jugendlicher im Bereich eines anderen Jugendamts untergebracht, so soll sich die Höhe des zu gewährenden Pauschalbetrages nach den Verhältnissen richten, die am Ort der Pflegestelle gelten.

(5) ¹Die Pauschalbeträge für laufende Leistungen zum Unterhalt sollen von den nach Landesrecht zuständigen Behörden festgesetzt werden. ²Dabei ist dem altersbedingt unterschiedlichen Unterhaltsbedarf von Kindern und Jugendlichen durch eine Staffelung der Beträge nach Altersgruppen Rechnung zu tragen. ³Das Nähere regelt Landesrecht.

(6) ¹Wird das Kind oder der Jugendliche im Rahmen des Familienleistungsausgleichs nach § 31 des Einkommensteuergesetzes bei der Pflegeperson berücksichtigt, so ist ein Betrag in Höhe der Hälfte des Betrages, der nach § 66 des Einkommensteuergesetzes für ein erstes Kind zu zahlen ist, auf die laufenden Leistungen anzurechnen. ²Ist das Kind oder der Jugendliche nicht das älteste Kind in der Pflegefamilie, so ermäßigt sich der Anrechnungsbetrag für dieses Kind oder diesen Jugendlichen auf ein Viertel des Betrages, der für ein erstes Kind zu zahlen ist.

(7) Wird ein Kind oder eine Jugendliche während ihres Aufenthaltes in einer Einrichtung oder einer Pflegefamilie selbst Mutter eines Kindes, so ist auch der notwendige Unterhalt dieses Kindes sicherzustellen.

Schrifttum: *Deutscher Verein für öffentliche und private Fürsorge,* Empfehlungen des Deutschen Vereins zur Fortschreibung der monatlichen Pauschalbeträge in der Vollzeitpflege (§§ 33, 39 SGB VIII) für das Jahr 2011, NDV 2010, 423; *Fieseler/Busch,* Vollzeitpflege – Sicherstellung des notwendigen Unterhalts (Pflegegeld), FPR 2004, 448; *Münder,* "Erziehungshonorare" als Einkommen? - Die Kosten für die Erziehung nach § 39 Abs 1 Satz 2 SGB VIII als Einkommen nach § 11 SGB II?, SGb 2010, 370; *Schindler,* Anrechnung von Pflegegeld als Einkommen beim ALG II?, JAmt 2005, 1.

I. Normzweck

1 Die Vorschrift regelt die Sicherstellung des Unterhalts von Kindern oder Jugendlichen, die außerhalb der eigenen Familie erzogen werden und Hilfe zur Erziehung nach § 27 iVm. §§ 32 bis 35 bzw. eine Eingliederungshilfe nach § 35a Abs. 2 Nr. 2 bis 4 erhalten. Sie knüpft die „wirtschaftliche Jugendhilfe" als Annex-Anspruch an die Leistung von Hilfe zur Erziehung. Maßgeblich für den Erhalt von Leistungen für den Lebensunterhalt ist daher, ob das Jugendamt bei der Unterbringung des Kindes tätig geworden ist, weil die Voraussetzungen des § 27 Abs. 1 vorlagen und deshalb eine

Leistungen zum Unterhalt des Kindes oder des Jugendlichen 2–4 § 39 SGB VIII

über die unmittelbare Erziehungsleistung der Pflegeeltern oder der Erziehungsperson im Heim hinausgehende, längerfristig angelegte pädagogische Unterstützung des Kindes oder des Jugendlichen und der Herkunftseltern durch Fachkräfte des Jugendamtes oder eines Trägers der freien Jugendhilfe notwendig ist. Der Unterhaltsanspruch gegen den Jugendhilfeträger verdrängt grundsätzlich etwaige Ansprüche des Kindes- oder Jugendliche auf Sozialhilfe (§ 10 Abs. 4 S. 1). Die Norm wurde zuletzt durch das Gesetz zur Förderung von Kindern unter drei Jahren in Tageseinrichtungen und in Kindertagespflege (KiföG) (Vor § 1 Rn. 7) geändert.

II. Notwendiger Unterhalt als Annex zur erzieherischen Hilfe (Abs. 1)

1. Unterbringung außerhalb der eigenen Familie. Abs. 1 legt den notwendigen Unterhalt 2 als Bestandteil der erzieherischen Hilfe bei Erziehung und der Eingliederungshilfe nach § 35a fest. Voraussetzung ist, dass das Kind oder der Jugendliche im Rahmen einer Hilfe zur Erziehung nach den § 27 iVm. §§ 32 bis 35 oder einer Eingliederungshilfe nach § 35a Abs. 2 Nr. 2 bis 4 außerhalb seiner eigenen Familie untergebracht ist.[1] Die Vorschrift ist entsprechend auf Hilfearten anzuwenden, in denen vergleichbare Formen teilstationärer oder stationärer Hilfen zur Erziehung angeboten werden.[2] Die Gewährung des notwendigen Unterhalts ist unabhängig von der Pflegeerlaubnis und wird als Annex zur erzieherischen Hilfe auch dann gewährt, wenn Verwandte oder andere Personen, die keiner Erlaubnis zur Vollzeitpflege bedürfen (vgl. § 44 Abs. 1 S. 2), das Kind oder den Jugendlichen betreuen.[3] Eine Gewährung von Hilfen ist auch in diesem Fall möglich, da die Erziehung durch unterhaltspflichtige Personen den erzieherischen Bedarf (§ 27 Abs. 1) gem. § 27 Abs. 2 a nicht entfallen lässt, vgl aber Abs. 4 S. 4 und dazu Rn. 8.

2. Umfang des Unterhalts, Anspruchsberechtigung. Die Formulierung „notwendiger 3 Lebensunterhalt" bezieht sich wie in § 27 SGB XII nicht auf die Bemessung eines Betrages, sondern auf die einzelnen Unterhaltsbestandteile. Der notwendige Unterhalt umfasst auch die Kosten der Erziehung (S. 2). Die Regelung entspricht damit § 1610 Abs. 2 BGB und verhindert ein Auseinanderklaffen zwischen zivilrechtlicher Verpflichtung und der öffentlich-rechtlichen Sicherstellung des Lebensunterhalts bei der Unterbringung und Betreuung der Kinder oder Jugendlichen außerhalb des Elternhauses. Dies ist umso mehr geboten, als sich im Falle der Unterbringung die Personensorgeberechtigten zur Wahrnehmung ihrer Erziehungsaufgaben dritter Personen bedienen, die ihrerseits dem Kind oder dem Jugendlichen nicht zur Gewährung von Unterhalt verpflichtet sind. Der Anspruch ist nicht vom Einkommen der Eltern abhängig. Die Vorrangigkeit ihrer Unterhaltspflicht (§ 10 Abs. 1 S. 1) wird durch die Heranziehung zu den Kosten gem. §§ 91 Abs. 1 bis 3, 92 ff. realisiert. Das Gesetz bestimmt die Anspruchsberechtigten nicht ausdrücklich. Da § 39 jedoch nur einen Annexanspruch begründet, muss die Anspruchsberechtigung derjenigen des Hauptanspruchs folgen. Das bedeutet, dass für den Unterhaltsanspruch in den Fällen der Gewährung von Hilfen zu Erziehung der Personensorgeberechtigte (§ 27 Rn. 3 f.),[4] im Falle der Eingliederungshilfe gem. § 35a hingegen das Kind bzw. der Jugendliche (§ 35a Rn. 5) anspruchsberechtigt ist.[5]

III. Laufende Leistungen (Abs. 2)

Nach Abs. 2 ist der Bedarf durch laufende Leistungen zu decken. Dies steht im Gegensatz zur 4 Praxis der Sozialhilfe, die sich jedoch bewährt hat und ist daher so beibehalten worden.[6] Der gesamte regelmäßig wiederkehrende Bedarf umfasst zunächst die Kosten des Sachaufwands wie Ernährung, Kleidung, Körperpflege, Hausrat, Heizung und persönliche Bedürfnisse des täglichen Lebens.[7] Aber auch die Kosten der Erziehung in Vollzeitpflege sind durch das Pflegegeld zu erstatten. Bei einer Unterbringung des Kindes oder Jugendlichen in einer Einrichtung erfasst das Pflegegeld auch die Personalkosten der Erzieher. Die Leistungen umfassen außer in den Fällen der Erziehung in einer Tagesgruppe und der Eingliederungshilfe in Tageseinrichtungen bzw. in teilstationärer Form auch einen angemessenen Barbetrag zur persönlichen Verfügung des Kindes oder Jugendlichen (Taschengeld). Im Allgemeinen werden die Kosten für den Lebensunterhalt von Kindern oder Jugendlichen,

---

[1] Vgl. BVerwG Beschl. v. 24. 9. 2007, 5 B 154/07, nv.
[2] *Wiesner/Wiesner* Rn. 8. Ähnlich *Münder/Tammen* Rn. 1.
[3] BT-Drucks. 11/5948 S. 75.
[4] BVerwG NJW 1997, 2831; BayVGH FEVS 52, 565; OVG Lüneburg FEVS 60, 417; OVG Sachsen NJW 2008, 3729; *Münder/Tammen* Rn. 5. Anders *Coester* FamRZ 1991, 253, 256; *Wiesner/Wiesner* Rn. 16; *Jung/Kador* Rn. 3; *Fieseler/Fieseler* Rn. 13.
[5] *Münder/Tammen* Rn. 5.
[6] BT-Drucks. 11/5948 S. 76.
[7] BT-Drucks. 11/5948 S. 75; *Münder/Tammen* Rn. 7; *Krug/Riehle-Riehle* Erl. II 1; *Jung/Kador* Rn. 10.

die in einer Einrichtung leben, unmittelbar an die Einrichtung gezahlt.[8] Da es jedoch gerade für junge Menschen wichtig ist, den Umgang mit nur begrenzt zur Verfügung stehenden Geldmitteln zu erlernen, regelt Abs. 2 S. 2 die Verpflichtung der Einrichtungen zur Gewährung eines Taschengeldes. Abs. 2 S. 3 sieht die Staffelung der Geldbeträge nach Altersgruppen und die Festsetzung der Höhe durch die nach Landesrecht zuständige Behörde vor. Hinsichtlich der Gewährung von Unterhalt in den Fällen, in denen das Kind in Vollzeitpflege lebt (§ 33) oder durch eine geeignete Pflegeperson betreut wird (§ 35a Abs. 2 Nr. 3), verweist S. 4 für die Bemessung des Unterhalts auf die Absätze 4 bis 6.

IV. Einmalige Leistungen (Abs. 3)

5   Zur erstmaligen Einrichtung der Pflegestelle, bei wichtigen persönlichen Anlässen sowie für Urlaubs- und Ferienreisen des Kindes oder Jugendlichen können nach Abs. 3 einmalige Beihilfen oder Zuschüsse gewährt werden. Die Norm eröffnet dem Jugendhilfeträger ein Ermessen, so dass insbes. auch Teilleistungen möglich sind.

V. Berechnung der laufenden Leistungen (Abs. 4 bis 7)

6   **1. Inhalt und Umfang.** Abs. 4 bestimmt, dass der Berechnung der laufenden Leistungen die tatsächlichen Kosten[9] zugrunde liegen sollen. Zugleich wird die Leistungsverpflichtung auf einen angemessenen Umfang beschränkt. Diese Regelung bezweckt die Vereinheitlichung der von den einzelnen Jugendämtern gezahlten Pflegegeldsätze, da diese zum Teil ein großes Leistungsgefälle aufwiesen.[10] Dieser Zustand besteht weiterhin, wenn auch durch die Empfehlungen des Deutschen Vereins[11] Verbesserungen eingetreten sind. Welche tatsächlichen Kosten noch einem angemessenen Umfang entsprechen, hat das Gesetz offengelassen. Die Regelung des § 39 Abs. 4 trägt der Rechtsprechung des BVerwG Rechnung, wonach es im JWG keine ausreichende Grundlage für die bislang gewährten Pflegegeldsätze gab, so dass der Unterhalt iSd. früheren § 22 BSHG[12] nach den Regelsätzen zu sichern gewesen sei.[13] Diese umfassen jedoch nur den notwendigen Lebensunterhalt iSd. Sozialhilferechts, so dass diese Rechtsprechung den Unterschied zwischen der rechtlichen Situation des Kindes oder Jugendlichen, das/der bei seinen Eltern lebt, die durch Pflege und Betreuung einen Teil ihrer Unterhaltspflicht erfüllen, und der Situation des Kindes oder Jugendlichen, das/der bei Pflegeltern lebt, die keinerlei Verpflichtung zur Betreuung und Erziehung haben, nicht ausreichend berücksichtigte. Daraus folgt, dass die Regelsätze der Sozialhilfe keinen geeigneten Maßstab für die Bemessung des Pflegegeldes darstellen, sondern höhere Beträge anzusetzen sind.[14] Durch die vorgesehene Kappungsmöglichkeit werden bes. hohe tatsächliche Leistungen, die durch eine finanziell besonders günstig gestellte Pflegestelle verursacht werden, auf einen angemessenen Umfang zurückgeschnitten. Gem. Abs. 4 S. 3 kann im Interesse der Verwaltungsvereinfachung auch für die am tatsächlichen Lebensbedarf orientierte Hilfe ein monatlicher Pauschalbetrag festgesetzt werden. Abs. 4 S. 5 bestimmt bei unterschiedlichen Pauschalbeträgen, dass die Verhältnisse an dem Ort maßgeblich sind, wo das Kind oder der Jugendliche untergebracht ist.

7   Nach dem neu eingefügten **S. 2** können auch die Beiträge zur Unfallversicherung und die hälftigen Beiträge für eine angemessene Alterssicherung[15] geltend gemacht werden. Die Pflegeperson werden damit in dieser Hinsicht den Tagespflegepersonen gleichgestellt (§ 23 Abs. 2 Nr. 3). Dabei können die Beiträge auf Grund einer Pflichtmitgliedschaft in den gesetzlichen Unfall- und Rentensicherung gemeint sein, aber auch „Beiträge" zu einer „privaten", freiwillig finanzierten Unfall- und Altersversicherung. Anders als bei den in der Tagspflege gem. § 23 beschäftigten Personen (vgl. § 23 Rn. 8), soll die Sozialversicherungspflicht in aller Regel ausscheiden.[16] Das Pflegegeld wird gem. § 11a Abs. 3 S. 2 Nr. 1 SGB II zum Teil als Einkommen gem. § 11 Abs. 1 S. 1 SGB II bewertet (vgl. auch § 23 Rn. 5).[17] Für die Bestimmung der Angemessenheit bei freiwilliger Versicherung lässt sich auf die (hypothetisch) zu zahlenden Beiträge abstellen.

---

[8] BT-Drucks. 11/5948 S. 75.
[9] Zur Begründung BT-Drucks. 11/5948 S. 76.
[10] BT-Drucks. 11/5948 S. 76.
[11] Siehe oben unter Schrifttum.
[12] Der Norm entspricht nun § 28 SGB XII.
[13] BVerwGE 52, 214; 67, 256.
[14] BT-Drucks. 11/5948 S. 76.
[15] BVerwG FEVS 62, 23.
[16] *Wiesner/Wiesner* Rn. 32 c.
[17] *Schindler* JAmt 2005, 1; *Wiesner/Wiesner* Rn. 48 ff. Vgl. auch LSG Berlin-Brandenburg JAmt 2009, 571 bzgl. Beiträgen zur gesetzlichen Krankenversicherung.

Gewährung von Hilfen ist auch möglich, wenn die Pflege durch in gerader Linie verwandte und **8** damit ggf. unterhaltspflichtige Personen vorgenommen wird, da der erzieherische Bedarf (§ 27 Abs. 1) gem. § 27 Abs. 2 a nicht entfällt (vgl. § 27 Rn. 9 sowie § 10 Rn. 7, § 33 Rn. 5). Gem. **S. 4** kann jedoch der monatliche Pauschalbetrag in diesen Fällen gekürzt werden. Nach der Änderung der Vorschrift (Rn. 1 a. E.) ist eine Kürzung nur bezüglich des Sachaufwandes möglich. Die Kürzung setzt eine Ermessensentscheidung im Einzelfall voraus. Für diese ist es erforderlich, die Unterhaltspflichtgem. §§ 1601 ff. BGB zu prüfen. Dies erfordert insbes. die Leistungsfähigkeit der Unterhaltspflichtigen (§ 1603 BGB).[18]

2. Pauschalbeträge (Abs. 5); Anrechnung (Abs. 6). Abs. 5 S. 1 ermächtigt die Landesbe- **9** hörden, für ihren Zuständigkeitsbereich Pauschalbeträge für laufende Leistungen zum Lebensunterhalt bei Unterbringungen in Pflegestellen festzulegen. Dabei ist dem altersbedingt unterschiedlichen Unterhaltsbedarf durch eine Staffelung nach Altersgruppen Rechnung zu tragen, Abs. 5 S. 2. Näheres wird gem. Abs. 5 S. 3 der Regelung durch das Landesrecht vorbehalten. Nach Abs. 6 ist das Kindergeld, soweit es an die Pflegeperson gezahlt wird, auf den Unterhaltsanspruch anzurechnen. Die Bezugsberechtigung der Pflegeeltern bestimmt sich nach § 32 Abs. 1 Nr. 2 EStG.[19]

3. Hilfeempfängerin mit Kind (Abs. 7). Mit Abs. 7 wird die nach § 27 Abs. 4 gewährte **10** Hilfe auf die Kosten bei der Pflege und Erziehung eines Kindes erstreckt, welches eine Hilfeempfängerin während der Zeit der Inanspruchnahme der Hilfe zur Welt bringt (§ 27 Rn. 11).

§ 40 Krankenhilfe

[1] Wird Hilfe nach den §§ 33 bis 35 oder nach § 35a Abs. 2 Nr. 3 oder 4 gewährt, so ist auch Krankenhilfe zu leisten; für den Umfang der Hilfe gelten die §§ 47 bis 52 des Zwölften Buches entsprechend. [2] Krankenhilfe muss den im Einzelfall notwendigen Bedarf in voller Höhe befriedigen. [3] Zuzahlungen und Eigenbeteiligungen sind zu übernehmen. [4] Das Jugendamt kann in geeigneten Fällen die Beiträge für eine freiwillige Krankenversicherung übernehmen, soweit sie angemessen sind.

I. Normzweck

Die Vorschrift sieht im Interesse der Vereinfachung vor, dass in den Fällen, in denen das Jugendamt **1** Hilfe zur Erziehung außerhalb der eigenen Familie leistet, auch die Krankenhilfe durch das Jugendamt zu gewähren ist. Lediglich für die Fälle der Erziehung in einer Tagesgruppe gilt dies nicht, da hier das Kind seinen Lebensmittelpunkt in der Familie behält. Mit der Gewährung von Krankenhilfe durch den Jugendhilfeträger wird vermieden, dass das Kind oder der Jugendliche insoweit an das Sozialamt (oder den Träger der Grundsicherung) verwiesen werden muss. Die Vorschrift ist eine Annex-Regelung wie § 39; zur Inhaberschaft des Anspruchs § 39 Rn. 3. Besteht allerdings ein Anspruch des Kindes- oder Jugendlichen gegen die Krankenversicherung, geht dieser vor (§ 10 Abs. 1). So sind insbes. Pflegekinder nach § 10 Abs. 4 SGB V familienversichert. Die Norm wurde zuletzt durch das Gesetz zur Weiterentwicklung der Kinder- und Jugendhilfe (Vor § 1 Rn. 7) geändert.

II. Inhalt und Umfang der Krankenhilfe

Der Umfang richtet sich nach den in S. 1 genannten Vorschriften des SGB XII. Im Mittelpunkt **2** steht die Gewährung von Krankenhilfe und vorbeugender Hilfe nach §§ 47, 48 SGB XII. Sie umfasst ärztliche und zahnärztliche Behandlung, Versorgung mit Arzneimitteln, Verbandsmitteln und Zahnersatz, Krankenhausbehandlung sowie sonstige zur Genesung, Besserung oder Linderung der Krankheitsfolgen erforderlichen Leistungen. Die Leistungen entsprechen idR den Leistungen der gesetzlichen Krankenversicherung (§ 52 Abs. 1 S. 1 SGB XII). § 49 SGB XII regelt die Hilfe zur Familienplanung, § 50 SGB XII die Hilfe bei Schwangerschaft und Mutterschaft und § 51 SGB XII die Hilfe bei nicht rechtswidriger Sterilisation. Durch **S. 2** wird klargestellt, dass die Leistungen nicht nur der Art, sondern auch der Höhe nach zu erbringen sind. Mit **S. 3** wird der Anspruch erweitert auf Zuzahlungen und Eigenbeteiligungen (vgl. §§ 61, 34 Abs. 1 S. 5, 6, 33 Abs. 8, 31 Abs. 3, 28 Abs. 4 SGB V). Auch Fahrtkosten (§ 60 SGB V) und sog. Dolmetscherkosten sind zu übernehmen.[1] S. 4 eröffnet dem Jugendamt die Möglichkeit, nach dem Vorbild von § 32 SGB XII

---
[18] Weiterführend *Wiesner/Wiesner* Rn. 35 b f.
[19] Weiterführend *Kunkel/Kunkel* Rn. 31 ff.
[1] *Wiesner/Wiesner* Rn. 7 a.

die Beiträge für eine freiwillige Krankenversicherung, soweit sie angemessen sind, zu übernehmen. Es kann sich um die gesetzliche oder um eine private Krankenversicherung handeln.[2] Die Übernahme steht im Ermessen des Trägers. Für die Angemessenheit kommt es insbes. auf die Höhe der Beiträge an, wobei die Beitragshöhe für eine freiwillige Versicherung in der gesetzlichen Krankenkasse als Maßstab dienen kann.[3]

Vierter Unterabschnitt. Hilfe für junge Volljährige

§ 41 Hilfe für junge Volljährige, Nachbetreuung

(Vom Abdruck wurde abgesehen.)

Drittes Kapitel. Andere Aufgaben der Jugendhilfe

Erster Abschnitt. Vorläufige Maßnahmen zum Schutz von Kindern und Jugendlichen

§ 42 Inobhutnahme von Kindern und Jugendlichen

(1) ¹Das Jugendamt ist berechtigt und verpflichtet, ein Kind oder einen Jugendlichen in seine Obhut zu nehmen, wenn
1. das Kind oder der Jugendliche um Obhut bittet oder
2. eine dringende Gefahr für das Wohl des Kindes oder des Jugendlichen die Inobhutnahme erfordert und
   a) die Personensorgeberechtigten nicht widersprechen oder
   b) eine familiengerichtliche Entscheidung nicht rechtzeitig eingeholt werden kann oder
3. ein ausländisches Kind oder ein ausländischer Jugendlicher unbegleitet nach Deutschland kommt und sich weder Personensorge- noch Erziehungsberechtigte im Inland aufhalten.

²Die Inobhutnahme umfasst die Befugnis, ein Kind oder einen Jugendlichen bei einer geeigneten Person, in einer geeigneten Einrichtung oder in einer sonstigen Wohnform vorläufig unterzubringen; im Fall von Satz 1 Nr. 2 auch ein Kind oder einen Jugendlichen von einer anderen Person wegzunehmen.

(2) ¹Das Jugendamt hat während der Inobhutnahme die Situation, die zur Inobhutnahme geführt hat, zusammen mit dem Kind oder dem Jugendlichen zu klären und Möglichkeiten der Hilfe und Unterstützung aufzuzeigen. ²Dem Kind oder dem Jugendlichen ist unverzüglich Gelegenheit zu geben, eine Person seines Vertrauens zu benachrichtigen. ³Das Jugendamt hat während der Inobhutnahme für das Wohl des Kindes oder des Jugendlichen zu sorgen und dabei den notwendigen Unterhalt und die Krankenhilfe sicherzustellen. ⁴Das Jugendamt ist während der Inobhutnahme berechtigt, alle Rechtshandlungen vorzunehmen, die zum Wohl des Kindes oder Jugendlichen notwendig sind; der mutmaßliche Wille der Personensorge- oder der Erziehungsberechtigten ist dabei angemessen zu berücksichtigen.

(3) ¹Das Jugendamt hat im Fall des Absatzes 1 Satz 1 Nr. 1 und 2 die Personensorge- oder Erziehungsberechtigten unverzüglich von der Inobhutnahme zu unterrichten und mit ihnen das Gefährdungsrisiko abzuschätzen. ²Widersprechen die Personensorge- oder Erziehungsberechtigten der Inobhutnahme, so hat das Jugendamt unverzüglich

---

[2] *Wiesner/Wiesner* Rn. 16 ff.
[3] *Kunkel/Kunkel* Rn. 21.

1. das Kind oder den Jugendlichen den Personensorge- oder Erziehungsberechtigten zu übergeben, sofern nach der Einschätzung des Jugendamts eine Gefährdung des Kindeswohls nicht besteht oder die Personensorge- oder Erziehungsberechtigten bereit und in der Lage sind, die Gefährdung abzuwenden oder
2. eine Entscheidung des Familiengerichts über die erforderlichen Maßnahmen zum Wohl des Kindes oder des Jugendlichen herbeizuführen.
³ Sind die Personensorge- oder Erziehungsberechtigten nicht erreichbar, so gilt Satz 2 Nr. 2 entsprechend. ⁴ Im Fall des Absatzes 1 Satz 1 Nr. 3 ist unverzüglich die Bestellung eines Vormunds oder Pflegers zu veranlassen. ⁵ Widersprechen die Personensorgeberechtigten der Inobhutnahme nicht, so ist unverzüglich ein Hilfeplanverfahren zur Gewährung einer Hilfe einzuleiten.

(4) Die Inobhutnahme endet mit
1. der Übergabe des Kindes oder Jugendlichen an die Personensorge- oder Erziehungsberechtigten,
2. der Entscheidung über die Gewährung von Hilfen nach dem Sozialgesetzbuch.

(5) ¹ Freiheitsentziehende Maßnahmen im Rahmen der Inobhutnahme sind nur zulässig, wenn und soweit sie erforderlich sind, um eine Gefahr für Leib oder Leben des Kindes oder des Jugendlichen oder eine Gefahr für Leib oder Leben Dritter abzuwenden. ² Die Freiheitsentziehung ist ohne gerichtliche Entscheidung spätestens mit Ablauf des Tages nach ihrem Beginn zu beenden.

(6) Ist bei der Inobhutnahme die Anwendung unmittelbaren Zwangs erforderlich, so sind die dazu befugten Stellen hinzuzuziehen.

Schrifttum: *Busch/Fieseler,* Ohne Pass keine Jugendhilfe?, Jugendhilfe 2006, 110; *Charalambis,* Inhalt und Grenzen vorläufiger Schutzmaßnahmen im Kinder- und Jugendhilferecht – Die Inobhutnahme nach § 42 KJHG vor dem Hintergrund des Perspektivenwechsels im staatlichen Interventionsansatz, 2004; *Coester,* Die Bedeutung des Kinder- und Jugendhilfegesetzes (KJHG) für das Familienrecht, FamRZ 1991, 253; *Czerner,* Probleme bei der Inobhutnahme gemäß § 42 SGB VIII, ZfJ 2000, 372; *ders.,* Vorläufige Freiheitsentziehung bei delinquenten Jugendlichen zwischen Repression und Prävention, 2007; *Dahm,* Die Inobhutnahme eines Kindes oder Jugendlichen durch das Jugendamt gemäß § 42 SGB VIII – ein Überblick, VR 2008, 400; *Dutta,* Staatliches Wächteramt und europäisches Kindschaftsverfahrensrecht, FamRZ 2008, 835; *Flemming,* Das FamFG macht eine Vereinheitlichung der Standards bei Verdacht auf Kindeswohlgefährdung notwendig, FPR 2009, 56; *Hampe-Grosser,* Aufgaben des Jugendamtes beim Kinderschutz, FPR 2009, 564; *Heilmann,* Hilfe oder Eingriff? Verfassungsrechtliche Überlegungen zum Verhältnis von staatlichem Wächteramt und Jugendhilfe, ZfJ 2000, 41; *Kindler/Lillig/Blüml/Meysen/ Werner* (Hrsg.), Handbuch Kindeswohlgefährdung nach § 1666 BGB und Allgemeiner Sozialer Dienst (ASD), Stand 03/2007, im Internet unter www.dji.de/asd abrufbar; *Klinkhardt,* Jugendhilferechtliche Maßnahmen zum Schutz vor Gewalt, FPR 2001, 264; *Kunkel,* Inwieweit kann ein freier Träger die Inobhutnahme nach § 42 SGB VIII wahrnehmen?, ZKJ 2006, 361; *ders.,* Geschlossenen Unterbringung nach § 42 SGB VIII zum Schutz des Kindes, FPR 2003, 277; *Lakies,* Jugendhilfegesetz Maßnahmen zum Schutz von Kindern und Jugendlichen, 1997; *Lewis/Riehm/Neumann-Witt/Bohnstengel/Köstler/Hensen* (Hrsg.), Inobhutnahme konkret. Pädagogische Aspekte dere Arbeit in der Inobhutnahme und im Kinder- und Jugendnotdienst, 2010; *Löhr,* Gesetzliche Konsequenzen aus der Rücknahme des Vorbehalts zur Kinderrechtskonvention, ZAR 2010, 378; *Mokros,* Staatliche Intervention und Kindeswohlgefährdung, DVP 2010, 447; *Oberloskamp,* Das Jugendamt zwischen Hilfe und Kontrolle – Neue Herausforderungen für die Jugendhilfe, in: Lipp u.a. (Hrsg.), Kindesschutz und Kindeswohlgefährdung – Neue Mittel und Wege?, 2007, S. 45 ff.; *Ollmann,* Zum Geltungsbereich des § 42 SGB VIII, FamRZ 2000, 261; *Parusel,* Unbegleitete minderjährige Flüchtlinge – Aufnahme in Deutschland und Perspektiven für die EU, ZAR 2010, 233; *Peter,* Die Inobhutnahme unbegleiteter ausländischer Minderjähriger, JAmt 2006, 60; *Trenczek,* Inobhutnahme – Krisenintervention und Schutzgewährung durch die Jugendhilfe – §§ 8a, 42 SGB VIII, 2. Aufl. 2008; *Trenczek/ Meysen,* Rechtsweg für Widerspruch gegen andauernde Inobhutnahme, JAmt 2010, 543; *Wiesner,* Freiheitsentziehung in pädagogischer Verantwortung?, JAmt 2003, 109. Siehe auch Schrifttum zu § 8a.

Übersicht

	Rn.		Rn.
I. Normzweck	1, 2	2. Voraussetzungen	4–9
		a) Selbstmelder (Nr. 1)	4
II. Voraussetzungen der Inobhutnahme (Abs. 1 S. 1)	3–9	b) Zugeführte Kinder und Jugendliche (Nr. 2)	5–7
1. Inobhutnahme, Begriff und Rechtsnatur	3	c) Unbegleitete ausländische Kinder und Jugendliche (Nr. 3)	8

	Rn.		Rn.
d) Inobhutnahme zur Abwehr eines Herausgabeverlangens gem. § 1632 Abs. 1 BGB?	9	3. Kindeswohl, Unterhalt und Krankenhilfe (S. 3)	14
III. Befugnisse des Jugendamtes (Abs. 1 S. 2)	10, 11	4. Rechtshandlungen (S. 4)	15
1. Vorläufige Unterbringung	10	**V. Aufgaben des Jugendamtes gegenüber den Personensorge- und Erziehungsberechtigten (Abs. 3)**	16, 17
2. Wegnahme	11	**VI. Ende der Inobhutnahme**	18
IV. Aufgaben des Jugendamtes gegenüber dem Kind oder Jugendlichen (Abs. 2)	12–15	**VII. Freiheitsentziehende Maßnahmen**	19
1. Hilfe und Unterstützung (S. 1)	12	**VIII. Unmittelbarer Zwang**	20
2. Benachrichtigung einer Vertrauensperson (S. 2)	13	**IX. Kosten**	21

I. Normzweck

1 § 42 regelt die Hilfen des Jugendamtes im Krisen- und Gefahrenfall und eröffnet dem Jugendamt die Möglichkeit unmittelbaren Handelns zum Schutz des Kindes oder Jugendlichen (§ 1 Abs. 3 Nr. 3). Die Maßnahmen, die das Jugendamt ergreifen kann, dienen jedoch nur der zeitlich befristeten Krisenintervention.[1] Soll die Maßnahme länger andauern, müssen die Personensorge- und Erziehungsberechtigten zustimmen oder das FamG ist anzurufen. Typische Krisen und Gefahren resultieren aus körperlicher Gewalt, sexueller Misshandlung, Vernachlässigung, Alkohol- und Drogenkonsum.[2] Die elterliche bzw. vormundschaftliche Entscheidungskompetenz wird nicht im Grundsatz, wohl aber als Voraussetzung jugendamtlicher Handlungsberechtigung aufgehoben. Bei dem „ersten Zugriff" des Jugendamtes handelt es sich um die Ausübung des staatlichen Wächteramts (Art. 6 Abs. 2 S. 2 GG), bei der ein begrenztes zeitliches Zurücktreten der elterlichen Bestimmungsrechts aus Gründen effektiven Kindesschutzes gerechtfertigt ist.[3] Die Vorschrift gestattet und fordert damit einen Eingriff;[4] eine Leistung stellt sie lediglich aus Sicht des Jugendlichen dar. § 42 stellt insbes. die Tätigkeit von sog. Jugendschutzstellen, Aufnahmeheimen, Kinder- und Jugendnotdiensten und Bereitschaftspflegestellen auf eine hinreichende rechtliche Grundlage und soll den sozialpädagogischen Anspruch ihrer Arbeit hervorheben.[5] Abs. 1 regelt die Voraussetzungen der Inobhutnahme und begründet zudem eine entsprechende Handlungspflicht für das Jugendamt. In S. 2 werden die entsprechenden Befugnisse des Jugendamtes näher beschrieben. Das Vorgehen des Jugendamts gegenüber dem hilfebedürftigen Kind oder Jugendlichen wird in Abs. 2 konkretisiert. Abs. 3 behandelt das Verhältnis des Jugendamtes zu den Personensorge- und den Erziehungsberechtigten und begründet eine Pflicht des Jugendamtes, das FamG anzurufen, wenn die Personensorge- oder Erziehungsberechtigten der Maßnahme widersprechen. In Abs. 4 werden die Voraussetzungen genannt, unter denen die Inobhutnahme endet. Abs. 5 regelt freiheitsentziehende Maßnahmen und in Abs. 6 wird klargestellt, dass das Jugendamt die zuständigen Behörden anrufen muss, wenn Maßnahmen des unmittelbaren Zwangs erforderlich sind.

2 Die Norm wurde durch das Gesetz zur Weiterentwicklung der Kinder- und Jugendhilfe (Vor § 1 Rn. 7) vollständig neu gefasst. Zuvor hatte das Gesetz zwischen der Inobhutnahme (§ 42 aF) und der sog. Herausnahme des Kindes (§ 43 aF) unterschieden. Beiden ist jedoch der Eingriff in die elterliche Erziehungsverantwortung gem. Art. 6 Abs. 2 S. 1 GG, § 1 Abs. 2 S. 1 gemein. Sie wurden daher systematisch schlüssig zusammengefasst. Mit dem Gesetz wurde zudem der Schutzauftrag des Jugendamts in § 8a konkretisiert. Die in § 8a Abs. 3 (deklaratorisch) genannten Pflichten und Rechte sind konstitutiv in § 42 geregelt (§ 8a Rn. 10 ff.).

II. Voraussetzungen der Inobhutnahme (Abs. 1 S. 1)

3 **1. Inobhutnahme, Begriff und Rechtsnatur.** Inobhutnahme ist die vorläufige Unterbringung von Kindern und Jugendlichen bei einer geeigneten Person, in einer Einrichtung oder in einer sonstigen betreuten Wohnform (Abs. 1 S. 2). Im Jahr 2009 wurden 33.700 Kinder in Obhut genommen. Dies sind 30% mehr als 2004.[6] Der Begriff Inobhutnahme wurde trotz Bedenken des

---
[1] *Wiesner/Wiesner* Rn. 1.
[2] Zehnter Kinder- und Jugendhilfebericht, BT-Drucks. 13/11368 S. 273.
[3] *Coester* FamRZ 1991, 253, 259.
[4] BGHZ 166, 268, 273.
[5] BT-Drucks. 11/5948 S. 79 zu § 42 aF.
[6] Statistisches Bundesamt, Pressemitteilung Nr. 246 vom 13. 7. 2010.

Bundesrates, er erwecke zu sehr Assoziationen an obrigkeitsstaatliches Handeln und sei deshalb nicht mehr zeitgemäß,[7] beibehalten.[8] Ziel ist eine möglichst kurze Verweildauer in der Aufnahmeeinrichtung, was das Jugendamt zu intensiver pädagogischer Hilfestellung für den betroffenen Jugendlichen und zur intensiven Zusammenarbeit mit den für den Jugendlichen zuständigen sozialen Diensten verpflichtet. Die Inobhutnahme ist ein Verwaltungsakt, welcher gem. § 33 SGB X schriftlich, mündlich oder in anderer Weise erlassen werden kann.[9] Abs. 1 S. 1 unterscheidet zwischen drei Fallgestaltungen, bei denen eine Inobhutnahme möglich ist:

2. Voraussetzungen. a) Selbstmelder (Nr. 1). Das Gesetz erfasst zunächst den Fall, dass 4 ein Kind oder Jugendlicher um Obhut bittet. Hier ist das Jugendamt zur Aufnahme verpflichtet. Es besteht ein Rechtsanspruch des Kindes oder Jugendlichen auf Inobhutnahme: auf Sorge für sein Wohl, auf Beratung und Unterstützung (Abs. 2), vgl. dazu § 1 Rn. 4 f.[10] An die Bitte sind keine hohen Anforderungen zu stellen; die Äußerung eines subjektiven Schutzbedürfnisses des Kindes oder Jugendlichen genügt.[11] Das Jugendamt hat den Personensorge- oder Erziehungsberechtigten unverzüglich (vgl. Rn. 16) von der Inobhutnahme zu unterrichten, Abs. 3 S. 1. Es muss genügend Zeit zur vorläufigen Klärung des Sachverhalts und zur Beratung des Kindes oder Jugendlichen (Abs. 2) bleiben. Häufig werden die Sorge- oder Erziehungsberechtigten die sofortige Rückführung des Kindes oder Jugendlichen fordern. Bestünde die eigentliche Aufgabe des Jugendamtes nur in der Rückführung des in Obhut genommenen Kindes oder Jugendlichen, liefe der Rechtsanspruch des Kindes oder Jugendlichen auf Beistand in Krisen- und Notfällen leer.[12] Daher wird die Pflicht des Jugendamtes zur Benachrichtigung in der Praxis häufig dazu dienen, das Einverständnis der Sorge- oder Erziehungsberechtigten zum Verbleib in der Schutzstelle zu erreichen.[13] Ist ein solches Einverständnis der Sorge- oder Erziehungsberechtigten nicht zu erlangen, eröffnet Abs. 3 S. 2 zwei Möglichkeiten: die unverzügliche Rückführung zum Sorge- oder Erziehungsberechtigten (Nr. 1) oder die Herbeiführung einer familiengerichtlichen Entscheidung (Nr. 2, § 8a Abs. 3 S. 1).

b) Zugeführte Kinder und Jugendliche (Nr. 2). Nach Abs. 1 S. 1 Nr. 2 ist das Jugendamt 5 bei Vorliegen einer „dringenden Gefahr" für das Wohl des Kindes oder Jugendlichen zur Inobhutnahme verpflichtet, sofern die Personensorgeberechtigten nicht widersprechen oder eine Entscheidung des FamG nicht rechtzeitig eingeholt werden kann. Darunter fallen insbes. die Fälle, in denen ein Kind oder Jugendlicher durch Dritte, ggf. gegen seinen Willen, dem Jugendamt zugeführt wird. Eine Definition der **„dringenden Gefahr"** fehlt, jedoch ist aus der Konzeption des SGB VIII zu folgern, dass nur solche Gefährdungen des Kindeswohls gemeint sein können, die ein Einschreiten des FamG zur Folge haben müssten, die also oberhalb der Eingriffsschwelle des staatlichen Wächteramtes (Art. 6 Abs. 2 S. 2 GG) liegen und die den Gefährdungstatbestand des § 1666 Abs. 1 BGB erfüllen.[14] Wie im Rahmen des § 1666 Abs. 1 BGB muss die Inobhutnahme **erforderlich** sein, dh. die Gefahr darf sich nicht durch mildere Mittel abwenden lassen.[15] Dies bedeutet jedoch nicht, dass in jedem Fall mildere Maßnahmen (§§ 27 ff.) erfolglos erprobt worden sein müssen, bevor eine Inobhutnahme erfolgt.[16]

Die Inobhutnahme kann andauern, wenn die Personensorgeberechtigten **nicht widersprechen**. 6 Auch das Schweigen der Personensorgeberechtigten lässt der Gesetzgeber also als Zustimmung gelten. Ein solcher Erklärungswert kann dem Schweigen grundsätzlich aber nur unterstellt werden, wenn die Personensorgeberechtigten vollständig unterrichtet (Abs. 3 S. 1) sind und sichergestellt ist, dass (alle) die Bedeutung und die möglichen Folgen der durch das Jugendamt ergriffenen Maßnahme verstanden haben. Dies geschieht, indem die Sorgeberechtigten in das Hilfeplanverfahren (Abs. 3 S. 5, § 36) einbezogen werden. Widersprechen sie im Laufe des Verfahrens, muss das Jugendamt das

---
[7] BT-Drucks. 11/5848 S. 136 zu § 42 aF.
[8] BT-Drucks. 11/6002 S. 7 zu § 42 aF.
[9] *Wiesner/Wiesner* Rn. 67; *Hauck/Noftz/Bohnert* K § 42 Rn. 25; *Jung/Jung* Rn. 11.
[10] *Schellhorn/Mann* Rn. 7; *Krug/Riehle-Krug* Erl. III. Einschränkend *Kunkel/Röchling* Rn. 24 f.
[11] OVG Lüneburg NJW 2010, 311, 312; OLG Zweibrücken FamRZ 1996, 1026, 1027; OLG Hamm ZfJ 1997, 433, 434; *Jans/Happe-Happe/Saurbier* Rn. 21 ff.; *Wiesner/Wiesner* Rn. 7; *Münder/Trenczeck* Rn. 11; *Czerner* ZfJ 2000, 372, 374; *Krug/Riehle-Krug* Erl. III. Wohl auch *Hauck/Noftz/Bohnert* K § 42 Rn. 11 f. Vgl. auch den Zehnter Kinder- und Jugendhilfebericht, BT-Drucks. 13/11368 S. 271.
[12] Zutreffend *Wiesner/Wiesner* Rn. 35 ff.
[13] BT-Drucks. 11/5948 S. 80.
[14] OVG Sachsen JAmt 2010, 244; *Coester* FamRZ 1991, 253, 258; *Münder/Trenczeck* Rn. 12 f.; ders. Inobhutnahme S. 199 ff.; *Kunkel/Röchling* Rn. 27; *Czerner* ZfJ 2000, 372, 378 f. Ausgehend vom polizeirechtlichen Gefahrenbegriff OVG Sachsen, Beschl. v. 27. 5. 2010, 1 D 38/10, nv.; OVG Münster Beschl. v. 7. 11. 2007, 12 A 635/06, nv. *Hauck/Noftz/Bohnert* K § 42 Rn. 15, ähnlich *Jans/Happe-Happe/Saurbier* Rn. 26.
[15] *Kunkel/Röchling* Rn. 29.
[16] *Oberloskamp* in Lipp S. 45, 56.

FamG einschalten. Die Norm findet aber auch auf die Fälle Anwendung, in denen es dem Jugendamt trotz aller Bemühungen nicht gelingt, die Personensorgeberechtigten zu erreichen (Abs. 3 S. 3).

7 Widersprechen die Personensorgeberechtigten, kann die Inobhutnahme solange andauern, wie die notwendige familiengerichtliche Entscheidung nicht eingeholt werden kann. Zwar hat das FamG die ihm in § 1666 BGB zugewiesene Aufgabe unverzüglich zu erfüllen.[17] In der Praxis ist eine unverzügliche Entscheidung jedoch nicht immer möglich. Daher hat der Gesetzgeber dem Jugendamt hinreichende Handlungsgrundlagen zur vorläufigen Unterbringung bis zur Entscheidung durch das FamG zugewiesen. In diesen Fällen endet die Inobhutnahme also erst mit der Entscheidung durch das FamG (Rn. 18). Durch die Verfügung der Inobhutnahme werden Maßnahmen nach § 1666 BGB nicht entbehrlich.[18]

8 **c) Unbegleitete ausländische Kinder und Jugendliche (Nr. 3).** Das Gesetz erfasst in Nr. 3 auch den Fall, dass ein ausländisches Kind oder ein ausländischer Jugendlicher unbegleitet nach Deutschland kommt und hier weder mit Personensorge- noch Erziehungsberechtigten zusammentrifft. Die Vorschrift findet auf Minderjährige, die im Rahmen von Ferienaufenthalten nach Deutschland kommen, keine Anwendung.[19] Das Jugendamt hat nach Abs. 3 S. 4 unverzüglich die Bestellung eines Vormunds oder Pflegers zu veranlassen. Das notwendige Einschreiten des primär zuständigen (§ 14 Abs. 2 S. 1 Nr. 2 AsylVfG) Jugendamtes bewahrt den ausländischen Minderjährigen davor, in einer Aufnahmeeinrichtung gem. § 47 AsylVfG untergebracht zu werden. Dies gilt auch für Jugendliche, die das 16. Lebensjahr bereits vollendet haben. Teilweise wird vertreten, dass Jugendliche, die das 16. Lebensjahr vollendet hätten, nach dem AsylVfG behandelt werden könnten.[20] Dies lässt sich nach der Rücknahme des Vorbehalts der Bundesrepublik Deutschland zum UN-Übereinkommen über die Rechte des Kindes (§ 6 Rn. 14, vgl. Art. 20 Abs. 1 des Übereinkommens) nicht mehr aufrecht erhalten.[21] Die Regelungen des AsylVfG finden ohnehin keine Anwendung, wenn sich der Minderjährige rechtmäßig in Deutschland aufhält; dies trifft insbes. auf Unionsbürger zu (vgl. § 6 Rn. 8 f.).

9 **d) Inobhutnahme zur Abwehr eines Herausgabeverlangens gem. § 1632 Abs. 1 BGB?** Eine Inobhutnahme durch das Jugendamt ist ausgeschlossen, wenn das Kind bereits bei einer geeigneten Person untergebracht ist und dort belassen werden soll.[22] Macht in dieser Situation der sorgeberechtigte Elternteil einen Herausgabeanspruch nach § 1632 Abs. 1 BGB geltend, muss gem. § 1632 Abs. 3 BGB das FamG entscheiden. Im Falle einer Kindeswohlgefährdung muss das Jugendamt das FamG anrufen, § 8a Abs. 3 S. 1. Dem Herausgabeverlangen der Personensorgeberechtigten kann zwar grundsätzlich ein sich aus der Inobhutnahme ergebendes Aufenthaltsbestimmungsrecht des Jugendamtes entgegengehalten werden. Dieses Aufenthaltsbestimmungsrecht entsteht jedoch nur akzessorisch zur Inobhutnahme. Die bloße Beibehaltung des Status quo kann aber schon begrifflich nicht als Inobhut*nahme* angesehen werden. Ein etwaiger Vorrang der Inobhutnahme vor Maßnahmen des Gerichts lässt sich auch nicht aus § 1666a Abs. 1 BGB herleiten.[23] Die dort genannten öffentlichen *Hilfen* sind vorrangig, weil sie darauf abzielen, das Kind beim Personensorgeberechtigten zu belassen. Die Inobhutnahme nach § 42 BGB stellt demgegenüber wie §§ 1666, 1666 a BGB einen Eingriff in das Erziehungsprimat der Eltern nach Art. 6 Abs. 2 S. 1 GG dar; ein Vorrang des einen vor dem anderen Eingriff besteht nicht.[24]

III. Befugnisse des Jugendamtes (Abs. 1 S. 2)

10 **1. Vorläufige Unterbringung.** Das Jugendamt hat im Rahmen der Inobhutnahme die Befugnis, ein Kind oder einen Jugendlichen bei einer geeigneten Person, in einer geeigneten Einrichtung oder in einer sonstigen Wohnform vorläufig unterzubringen. Geeignete Personen können zB sog. Bereitschaftspflegestellen sein.[25] Einrichtungen sind zB die Jugendschutzstellen, Kinder- und Jugendnotdienste, Kinderschutzzentren, Mädchenhäuser oder geeignete Einrichtungen der Kinder-

---

[17] *Ollmann* FamRZ 2000, 261, 263 mwN.
[18] OLG Köln ZfJ 2001, 157.
[19] *Wiesner/Wiesner* Rn. 16.
[20] *Wiesner/Wiesner* Rn. 17 f.
[21] *Löhr* ZAR 2010, 378, 381 f. Zum Verfahren bei jungen unbegleiteten ausländischen Menschen, der Minderjährigkeit zweifelhaft ist, OVG Hamburg InfAuslR 2011, 256.
[22] So auch *Ollmann* FamRZ 2000, 261 f. Anders OLG Zweibrücken FamRZ 1996, 1026, 1027 (Obhut beim nichtsorgeberechtigten Elternteil).
[23] *Ollmann* FamRZ 2000, 261, 262.
[24] So auch *Kunkel/Röchling* Rn. 40 ff.
[25] Dazu *Jans/Happe-Happe/Saurbier* Rn. 35.

und Jugendpsychatrie. Betreute Wohnformen sind selbständige, pädagogisch betreute Jugendwohngemeinschaften sowie das betreute Einzelwohnen, nicht aber Wohnformen ohne Betreuung.[26]

2. Wegnahme. In den Fällen des S. 1 Nr. 2 hat das Jugendamt auch die Möglichkeit, ein Kind oder einen Jugendlichen von einer anderen Person wegzunehmen. Andere Personen iSd. Norm sind in erster Linie die Pflegeperson iSv. § 44 Abs. 1 S. 1, aber auch jeder sonstige Dritte, in dessen Haushalt sich das Kind oder der Jugendliche aufhält, aber auch der Personensorgeberechtigte selbst.[27] Die Wegnahme ist nur unter den in Abs. 1 S. 1 genannten Voraussetzungen möglich, dh. insbes. nur, wenn eine dringende Gefahr sie erforderlich macht. Dabei stellt die Wegnahme eines neugeborenen Kindes einen bes. schwerwiegenden Eingriff in das Elternrecht dar; sie ist daher ohne das Einverständnis der Eltern nur bei zwingenden Gründen zulässig.[28]

IV. Aufgaben des Jugendamtes gegenüber dem Kind oder Jugendlichen (Abs. 2)

1. Hilfe und Unterstützung (S. 1). Das Jugendamt hat die im Einzelfall angezeigten Hilfen zu leisten und dabei das Kind und insbes. den Jugendlichen aktiv einzubeziehen. Da sich das Kind oder der Jugendliche in einer akuten Krisensituation befindet, ist eine intensive sozialpädagogische Hilfestellung erforderlich.

2. Benachrichtigung einer Vertrauensperson (S. 2). Mit der Inobhutnahme ist dem Kind oder Jugendlichen unverzüglich („ohne schuldhaftes Zögern", § 121 Abs. 1 S. 1 BGB) Gelegenheit zu geben, eine Person seines Vertrauens zu benachrichtigen. Da häufig ein Konflikt mit den Eltern oder Erziehungsberechtigten (vgl. § 7 Abs. 1 Nr. 6) Grund für die Krise ist, bietet sich die Einschaltung einer vermittelnden Person an. Vertrauenspersonen können zB sein: Verwandte, Freunde, Nachbarn, Lehrer, Pfarrer.[29] Das Kind oder der Jugendliche benachrichtigt grundsätzlich selbst, das Jugendamt gibt nur Gelegenheit dazu. Beabsichtigt das Kind oder der Jugendliche, eine Person zu kontaktieren, welche sein Wohl iSd. § 1666 BGB gefährden könnte, hat das Jugendamt dies zu verhindern und die Kontaktaufnahme mit einer alternativen Vertrauensperson zu ermöglichen.[30]

3. Kindeswohl, Unterhalt und Krankenhilfe (S. 3). S. 3 stellt klar, dass das Jugendamt während der Zeit der Inobhutnahme für das Wohl des Kindes verantwortlich ist. Die Sicherstellung des Unterhalts und der Krankenhilfe erfolgt nach Maßgabe der §§ 39, 40.

4. Rechtshandlungen (S. 4). Während der Inobhutnahme kann das Jugendamt alle Rechtshandlungen ausüben, die zum Wohl des Kindes erforderlich sind. Die Inobhutnahme bewirkt nicht den Verlust des Personensorgerechts der Eltern; vielmehr verschafft Abs. 2 S. 4 dem Jugendamt eine hinreichende Rechtsgrundlage zur Durchführung einer sozialpädagogisch qualifizierten Maßnahme. Die Personensorge der Eltern bleibt bestehen, solange sie nicht durch das FamG beschränkt oder entzogen ist. Die Personensorge ist aber *vorübergehend* und *teilweise* durch die Rechtsmacht, die S. 4 dem Jugendamt verleiht, überlagert.[31] Diese Rechtsmacht entspricht grundsätzlich derjenigen, die § 1629 Abs. 1 S. 4 BGB einem Elternteil bei Gefahr im Verzuge zusteht (vgl. § 1629 Rn. 25 ff.). Bei der Ausübung seiner Rechte hat das Jugendamt den mutmaßlichen Willen des Personensorge- oder Erziehungsberechtigten angemessen – dh. aus der Verpflichtung des § 1627 S. 1 BGB heraus zum Wohle des Kindes – zu berücksichtigen.

V. Aufgaben des Jugendamtes gegenüber den Personensorge- und Erziehungsberechtigten (Abs. 3)

Das Jugendamt ist verpflichtet, unverzüglich („ohne schuldhaftes Zögern", § 121 Abs. 1 S. 1 BGB) den Personensorge- und Erziehungsberechtigten von den getroffenen Maßnahmen zu unterrichten, und es muss mit ihnen das Gefährdungsrisiko abschätzen, Abs. 1 S. 2. Dabei hat es den

---

[26] BT-Drucks. 15/3676 S. 37; *Kunkel/Röchling* Rn. 53; *Schellhorn/Mann* Rn. 13: Dahingehend auch *Wiesner/Wiesner* Rn. 23.
[27] BT-Drucks. 11/5948 S. 81.
[28] Vgl. EuGHMR NJW 2004, 3397. Vgl. zum Fall oben § 37 Rn. 4 aE.
[29] BT-Drucks. 11/5849 S. 80; Trenczeck, Inobhutnahme, S. 219; *Jung/Jung* Rn. 16.
[30] *Wiesner/Wiesner* Rn. 29; *Münder/Trenczeck* Rn. 26; *Busch* ZfJ 1993, 121, 131; *Czerner* ZfJ 2000, 372, 373 f. Anders *Lakies* S. 26 f.; *Schellhorn/Fischer* Rn. 18.
[31] *Wiesner/Wiesner* Rn. 31; *Münder/Trenczeck* Rn. 28. Kritisch *Kunkel/Röchling* Rn. 67 ff., 70 ff., der den Ausdruck „Suspendierung" der elterlichen Sorge verwendet, welcher aber mE der Tatsache des Weiterbestehens der elterlichen Sorge weniger gut Rechnung trägt.

Aufenthaltsort des Kindes bekannt zu geben, solange dadurch das Kindeswohl nicht gefährdet wird.[32] Stimmt der Personensorge- oder der Erziehungsberechtigte der Herausnahme nicht zu, hat das Jugendamt unverzüglich die Entscheidung des FamG herbeizuführen (S. 2 Nr. 1). Dies gilt auch, wenn das Jugendamt die Personensorge- und Erziehungsberechtigten nicht erreichen kann (S. 3). Nach S. 4 ist in den Fällen unbegleitet einreisender ausländischer Minderjähriger zudem unverzüglich die Bestellung eines Vormunds oder Pflegers durch das Jugendamt zu veranlassen. Besteht nach Einschätzung des Jugendamtes eine Gefährdung des Kindeswohls nicht (mehr) oder sind die Personensorge- oder Erziehungsberechtigten bereit und fähig, die Gefährdung abzuwenden, muss das Jugendamt das Kind oder den Jugendlichen zurückführen. In diesem Fall besteht kein Ermessen des Jugendamts.[33] In den Fällen Abs. 1 S. 1 Nr. 2 a) muss das Jugendamt unverzüglich ein Hilfeplanverfahren (§ 36) zur Gewährung einer Hilfe einleiten.

17   Ruft das Jugendamt gem. S. 2 Nr. 2 das FamG an, beschränkt sich dessen Aufgabe nicht darauf, die Inobhutnahme zu „bestätigen" oder nicht; das Gericht hat nicht über die Rechtmäßigkeit der Handlungen des Jugendamts zu entscheiden, sondern muss feststellen, welche kurz-, mittel- und langfristigen Maßnahmen zugunsten des Kindeswohls ergriffen werden müssen.[34]

VI. Ende der Inobhutnahme

18   Für die Dauer der Inobhutnahme lässt sich keine generelle zeitliche Befristung nennen.[35] Das Ende der Inobhutnahme besteht in den Fällen des Abs. 2 S. 2 Nr. 1 in der Übergabe des Kindes oder Jugendlichen an die Personensorge- oder Erziehungsberechtigten und in den Fällen des Abs. 2 S. 2 Nr. 2 in der Entscheidung über die Gewährung von Hilfen. Das Kind oder der Jugendliche selbst kann die Inobhutnahme nicht beenden.[36]

VII. Freiheitsentziehende Maßnahmen

19   Abs. 5 S. 1 regelt die zusätzlichen Voraussetzungen für die Befugnis zu freiheitsentziehenden Maßnahmen, also zur Unterbringung in einer geschlossenen Einrichtung.[37] Die Vorschrift verdeutlicht, dass die Befugnis zur Inobhutnahme nicht automatisch auch zu freiheitsentziehenden Maßnahmen ermächtigt. Eine freiheitsentziehende Unterbringung ist nur in den seltensten Fällen angezeigt. Die Norm bildet eine den Erfordernissen des Art. 104 Abs. 1 S. 1 GG genügende gesetzliche Legitimation für die Jugendämter. Voraussetzung für eine geschlossene Unterbringung ist eine Gefahr für Leib oder Leben des Kindes oder Jugendlichen (insbes. Suizidgefahr[38]) oder eines Dritten.[39] Mit Abs. 5 S. 2 wird die Dauer des Freiheitsentzugs entspr. der Frist des Art. 104 Abs. 2 S. 3 GG begrenzt. Das Jugendamt wird bei der Vornahme der freiheitsentziehenden Unterbringung nicht als Interessenwahrer der Eltern tätig; das Tätigwerden des Jugendamtes ist vielmehr wegen des Ausnahmecharakters der Vorschrift eher als „polizeiliche Tätigkeit" iSv. Art. 104 Abs. 2 S. 3 GG zu begreifen.[40] Eine gerichtliche Entscheidung über eine längere Freiheitsentziehung kann gem. § 1631b BGB erfolgen.

VIII. Unmittelbarer Zwang

20   Das Jugendamt selbst darf keinen unmittelbaren Zwang anwenden. Wird die Herausgabe des Kindes oder Jugendlichen verweigert, so muss das Jugendamt polizeiliche Hilfe in Anspruch nehmen.[41] Im Falle eines gegenwärtigen rechtswidrigen Angriffs oder einer gegenwärtigen, nicht anders abwendbaren Gefahr für Leib oder Leben eines anderen, nämlich des Kindes oder Jugendlichen, kann jedermann, also auch ein Jugendamtsmitarbeiter, einschreiten; sein Handeln ist gerechtfertigt (§§ 32 ff. StGB, §§ 227 ff. BGB).

---

[32] *Wiesner/Wiesner* Rn. 38. Ohne Einschränkung *Krug/Riehle-Krug* Erl. VI. 6.
[33] *Wiesner/Wiesner* Rn. 43.
[34] Ausführlich *Kunkel/Röchling* Rn. 95 ff.
[35] *Meysen/Schindler* JAmt 2004, 449, 462.
[36] *Wiesner/Wiesner* Rn. 54.
[37] Zum Begriff der Freiheitsentziehung vgl. § 1631b BGB Rn. 4, zur Unterbringung ebd. Rn. 2 f.
[38] Dazu *Czerner* ZfJ 2000, 372, 380 f.
[39] Vgl. BVerfG NJW 2007, 3560, sowie *Wiesner/Wiesner* Rn. 60.
[40] BT-Drucks. 11/5948 S. 80.
[41] BT-Drucks. 11/5948 S. 81.

IX. Kosten

Gem. § 91 Abs. 1 Nr. 7 können das Kind oder der Jugendliche und dessen Eltern zu den Kosten für eine Inobhutnahme herangezogen werden. Der Umfang der Heranziehung bestimmt sich nach den §§ 92 ff. Insbes. kann gem. § 92 Abs. 5 von der Heranziehung abgesehen werden.

Zweiter Abschnitt. Schutz von Kindern und Jugendlichen in Familienpflege und in Einrichtungen

§ 43 Erlaubnis zur Kindertagespflege

(1) Eine Person, die ein Kind oder mehrere Kinder außerhalb des Haushalts des Erziehungsberechtigten während eines Teils des Tages und mehr als 15 Stunden wöchentlich gegen Entgelt länger als drei Monate betreuen will, bedarf der Erlaubnis.

(2) ¹Die Erlaubnis ist zu erteilen, wenn die Person für die Kindertagespflege geeignet ist. ²Geeignet im Sinne des Satzes 1 sind Personen, die
1. sich durch ihre Persönlichkeit, Sachkompetenz und Kooperationsbereitschaft mit Erziehungsberechtigten und anderen Tagespflegepersonen auszeichnen und
2. über kindgerechte Räumlichkeiten verfügen.

³Sie sollen über vertiefte Kenntnisse hinsichtlich der Anforderungen der Kindertagespflege verfügen, die sie in qualifizierten Lehrgängen erworben oder in anderer Weise nachgewiesen haben.

(3) ¹Die Erlaubnis befugt zur Betreuung von bis zu fünf gleichzeitig anwesenden, fremden Kindern. ²Im Einzelfall kann die Erlaubnis für eine geringere Zahl von Kindern erteilt werden. ³Landesrecht kann bestimmen, dass die Erlaubnis zur Betreuung von mehr als fünf gleichzeitig anwesenden, fremden Kindern erteilt werden kann, wenn die Person über eine pädagogische Ausbildung verfügt; in der Pflegestelle dürfen nicht mehr Kinder betreut werden als in einer vergleichbaren Gruppe einer Tageseinrichtung. ⁴Die Erlaubnis ist auf fünf Jahre befristet. ⁵Sie kann mit einer Nebenbestimmung versehen werden. ⁶Die Tagespflegeperson hat den Träger der öffentlichen Jugendhilfe über wichtige Ereignisse zu unterrichten, die für die Betreuung des oder der Kinder bedeutsam sind.

(4) Erziehungsberechtigte und Tagespflegepersonen haben Anspruch auf Beratung in allen Fragen der Kindertagespflege.

(5) Das Nähere regelt das Landesrecht.

Schrifttum: Siehe Schrifttum zu § 22.

I. Normzweck

Die Vorschrift wurde durch das Gesetz zur Weiterentwicklung der Kinder- und Jugendhilfe (Vor § 1 Rn. 7) neu eingefügt. Sie stellt in Abs. 1 die Kindertagesbetreuung unter einen Erlaubnisvorbehalt; dieser gilt für die unmittelbar oder mittelbar durch das Jugendamt angebotene Kindertagespflege wie auch für durch andere Institutionen oder vollständig privat organisierte Kindertagesbetreuungen. Der Gesetzgeber hatte einerseits zum Ziel, die Kindertagespflege zu fördern, andererseits sollte ihre Qualität gesichert werden. Dies soll erreicht werden, indem die entgeltliche Kindertagespflege nur durch iSd. Abs. 2 und Abs. 3 S. 3 geeigneten Personen zugelassen wird. Abs. 3 S. 1 beschränkt den Umfang der Erlaubnis auf fünf Kinder. Diese Anzahl kann nach Abs. 3 S. 2 geringer oder höher sein. S. 4 und 5 enthalten weitere Beschränkungen. S. 6 normiert eine Unterrichtungspflicht. Abs. 4 begründet einen Beratungsanspruch. Abs. 5 enthält einen Landesrechtsvorbehalt. Die Norm wurde zuletzt durch das Gesetz zur Förderung von Kindern unter drei Jahren in Tageseinrichtungen und in Kindertagespflege (KiföG) (Vor § 1 Rn. 7) geändert.

II. Der Erlaubnisvorbehalt des Abs. 1

2 Unter den Erlaubnisvorbehalt des Abs. 1 fallen Personen, die Kinder (§ 7 Abs. 1 Nr. 1) außerhalb von deren Wohnung während des Tages mehr als 15 Stunden wöchentlich gegen Entgelt für länger als drei Monate betreuen oder dies beabsichtigen. Personen, die diese Voraussetzungen erfüllen, werden als „Tagespflegeperson" definiert. Der Erlaubnisvorbehalt gilt für jede, auch für eine „rein private" Kindertagesbetreuung (Rn. 1). Es kommt auch nicht darauf an, ob die Betreuung nach § 23 gefördert wird. Keine Erlaubnis ist damit notwendig, für eine Kinderbetreuung, die in der Wohnung des Kindes erfolgt (zB Kinderfrau, Babysitting). Die Norm bezieht sich auf die Betreuung am Tage, wobei dieser 24 Stunden umfasst. Dh. dass auch Betreuungsformen, die teilweise oder überwiegend in den Abend- und Nachtstunden erfolgen, erfasst sind.[1] Weiter enthält die Norm zwei „Geringfügigkeitsgrenzen". Sie findet erst ab einer Betreuung von mehr als 15 Stunden wöchentlich Anwendung, wobei es auf die von der Tagespflegeperson in der Woche geleistete Gesamtbetreuungszeit ankommt, nicht etwa auf die pro Kind aufgewendete Zeit. Außerdem muss die (geplante) Betreuung länger als drei Monate andauern. Das Gesetz nimmt damit den Fall aus, dass bei einer familiären Notlage, zB Krankheit der Eltern, vorübergehend Nachbarn, Freunde oder Verwandte die Pflege vorübergehend übernehmen. Darüber hinausgehend wird teilweise angenommen, dass die privat finanzierte Verwandtenpflege allgemein nicht unter den Erlaubnisvorbehalt falle.[2] Erfasst ist weiter nur die entgeltlich Betreuung, wobei unter Entgelt die Vergütung der Betreuungsleistung zu verstehen ist, nicht eine bloße Aufwandserstattung.[3]

III. Anspruch auf Erteilung der Erlaubnis zur Tagespflege (Abs. 2)

3 Nach Abs. 2 hat die Tagespflegeperson einen Anspruch auf Erteilung der Erlaubnis, wenn sie die Voraussetzungen des S. 2 erfüllt, dh. wenn sie geeignet ist. Die Erlaubnis wird nicht (wie in § 44) für das Kind, sondern für die Tagespflegeperson erteilt.[4] Für die Geeignetheit der Tagespflegeperson wiederholt S. 2 dem Wortlaut nach die Vorschrift des § 23 Abs. 3, vgl. daher § 23 Rn. 9. Der Anspruch steht grundsätzlich nicht im Ermessen der Behörde. Ein gebundenes Ermessen besteht allerdings bzgl. der fachlichen Qualifikation nach S. 3, insbes. wenn die Person „vertiefte Kenntnisse" noch nicht nachweisen kann, aber bereits über langjährige Praxiserfahrung verfügt.

IV. Umfang der Erlaubnis, Unterrichtungspflicht, Landesrechtsvorbehalt (Abs. 3, 4)

4 **1. Umfang und Rechtsnatur der Erlaubnis (Abs. 3 S. 1 bis 5).** Die Erlaubnis kann in der Regel für 5 Kinder erteilt werden; sie muss aber ab dem ersten Kind beantragt werden. Dabei ist maßgeblich, dass sich nie mehr als 5 fremde Kinder gleichzeitig bei der Tagespflegeperson aufhalten; es kommt also nicht auf die absolute Zahl der betreuten Kinder an.[5] Kann insbes. nach den räumlichen Verhältnissen (Abs. 2 S. 2 Nr. 2) nur eine kleinere Zahl von Kindern betreut werden, ist die Erlaubnis auf diese Kinderzahl zu beschränken. Hat die Tagespflegeperson in diesem Fall einen Antrag für 5 Kinder gestellt, kann dem Antrag nur teilweise stattgegeben werden. Landesrecht kann ferner eine Erlaubnis für mehr als 5 Kinder vorsehen, sofern die Pflegeperson über eine pädagogische Ausbildung verfügt und sie nicht mehr Kinder betreut als in einer vergleichbaren Gruppe einer Tageseinrichtung betreut werden (Abs. 3 S. 3). Die Erlaubnis ist ein Verwaltungsakt gem. § 31 SGB X. Sie gilt gem. Abs. 3 S. 4 für 5 Jahre beginnend mit der Bekanntgabe (§ 37 Abs. 2 SGB X). Rücknahme und Widerruf sind nach den §§ 44 ff. SGB X zulässig. Nach Abs. 3 S. 5 sind Nebenbestimmungen zulässig, vgl. entsprechend § 44 Rn. 4. Zur sachlichen und örtlichen Zuständigkeit vgl. § 44 Rn. 7.

5 **2. Unterrichtungspflicht (Abs. 3 S. 6).** Zur Pflicht der Tagespflegeperson das Jugendamt über wichtige Ereignisse zu informieren vgl. § 44 Rn. 8.

6 **3. Beratungsanspruch (Abs. 4).** Die Tagespflegeperson und die Erziehungsberechtigten haben einen Beratungsanspruch gegenüber dem Träger der Jugendhilfe.

7 **4. Landesrechtsvorbehalt (Abs. 5).** Der in Abs. 4 enthaltene Landesrechtsvorbehalt erlaubt vor allem Regelungen zu den räumlichen Anforderungen, zur Ausstattung und zu Fortbildungsmaßnahmen der Pflegeperson.

---

[1] *Münder/Lakies* Rn. 7.
[2] *Schmid/Wiesner* ZfJ 2005, 274, 281.
[3] *Wiesner/Mörsberger* Rn. 20. Anders *Münder/Lakies* Rn. 9. Zweifelnd auch *Fieseler/Gerstein* Rn. 4.
[4] *Wiesner/Mörsberger* Rn. 5.
[5] *Wiesner/Mörsberger* Rn. 30 f.

§ 44 Erlaubnis zur Vollzeitpflege

(1) [1] Wer ein Kind oder einen Jugendlichen über Tag und Nacht in seinem Haushalt aufnehmen will (Pflegeperson), bedarf der Erlaubnis. [2] Einer Erlaubnis bedarf nicht, wer ein Kind oder einen Jugendlichen
1. im Rahmen von Hilfe zur Erziehung oder von Eingliederungshilfe für seelisch behinderte Kinder und Jugendliche aufgrund einer Vermittlung durch das Jugendamt,
2. als Vormund oder Pfleger im Rahmen seines Wirkungskreises,
3. als Verwandter oder Verschwägerter bis zum dritten Grad,
4. bis zur Dauer von acht Wochen,
5. im Rahmen eines Schüler- oder Jugendaustausches,
6. in Adoptionspflege (§ 1744 des Bürgerlichen Gesetzbuchs) über Tag und Nacht aufnimmt.

(2) Die Erlaubnis ist zu versagen, wenn das Wohl des Kindes oder des Jugendlichen in der Pflegestelle nicht gewährleistet ist.

(3) [1] Das Jugendamt soll den Erfordernissen des Einzelfalls entsprechend an Ort und Stelle überprüfen, ob die Voraussetzungen für die Erteilung der Erlaubnis weiter bestehen. [2] Ist das Wohl des Kindes oder des Jugendlichen in der Pflegestelle gefährdet und ist die Pflegeperson nicht bereit oder in der Lage, die Gefährdung abzuwenden, so ist die Erlaubnis zurückzunehmen oder zu widerrufen.

(4) Wer ein Kind oder einen Jugendlichen in erlaubnispflichtige Familienpflege aufgenommen hat, hat das Jugendamt über wichtige Ereignisse zu unterrichten, die das Wohl des Kindes oder des Jugendlichen betreffen.

Schrifttum: *Lakies,* Zu Funktion und Inhalt der Pflege- und Betriebserlaubnis (§§ 44 ff. KJHG), ZfJ 1995, 9; *ders.,* Rechtsprobleme der Pflegeerlaubnis nach § 44 KJHG, NDV 1992, 155; *Schindler,* Pflegeerlaubnis: ein Thema für das Jugendamt!, JAmt 2004, 169. Vgl. weiter Schrifttum zu § 33.

I. Normzweck. § 44 regelt den Erlaubnisvorbehalt für die Vollzeitpflege fremder Kinder. Die 1 Vollzeitpflege selbst ist insbes. in den §§ 33, 37 geregelt. Sie ist abzugrenzen von der Kindertagespflege und der Pflege in Einrichtungen, für die Erlaubnisvorbehalte in den §§ 43, 45 ff. bestehen. Durch die in Abs. 1 S. 2 aufgeführten erlaubnisfreien Betreuungstätigkeiten ist der Anwendungsbereich des Erlaubnisvorbehalts stark eingeschränkt.[1] Abs. 1 S. 1 enthält eine Legaldefinition der Pflegeperson. Auf die Definition des Pflegekindes wurde mit der Vielfältigkeit der möglichen Situationen zu Gunsten der in § 56 Abs. 2 Nr. 2 SBG I enthaltenen Beschreibung verzichtet.[2] Abs. 2 beschreibt den Versagungstatbestand für die Erlaubnis zur Vollzeitpflege, Abs. 3 stellt die Verpflichtung des Jugendamtes zur weiteren Kontrolle der Geeignetheit der Pflegeperson auf und enthält zugleich in Abs. 3 S. 2 die Widerrufs- bzw. Rücknahmeverpflichtung bei Gefährdung des Wohls des Kindes oder Jugendlichen. Abs. 4 bestimmt die Verpflichtung der Pflegeperson zur Information über wichtige, das Kind oder den Jugendlichen betreffende Umstände. Die Norm wurde durch das Gesetz zur Weiterentwicklung der Kinder- und Jugendhilfe (Vor § 1 Rn. 7) geändert (vgl. Rn. 1).

II. Der Erlaubnisvorbehalt des Abs. 1

1. Pflegeperson. Pflegeperson ist, wer ein Kind oder einen Jugendlichen über Tag und Nacht 2 in seinem Haushalt aufnimmt. Mit dieser Formulierung lässt sich die Erlaubnis für die Vollzeitpflege von der Erlaubnis für die Tagespflege gem. § 43 abgrenzen. Der Wortlaut des Abs. 1 S. 1 verlangt, dass eine Erlaubnis vor Aufnahme des Kindes oder Jugendlichen eingeholt wird, vgl. „wer ... will".[3] Die Formulierung „in seinem Haushalt" stellt klar, dass das Kind oder der Jugendliche nicht bei den Eltern oder einem Elternteil oder diesen rechtlich gleichstehenden Personen untergebracht ist, die Betreuung also auch nicht von jenen geleistet wird, sondern dass die Pflege und Erziehung von der Pflegeperson vorgenommen wird. Die Vertretung in der Ausübung der Personensorge ist in § 1688 BGB geregelt. Zu den Anforderungen an die Pflegeperson vgl. Rn. 4.

---
[1] *Wiesner/Mörsberger* Rn. 1 ff.
[2] BT-Drucks. 11/5948 S. 82.
[3] *Münder/Lakies* Rn. 8; *Jung/Schröder* Rn. 3.

3 **2. Erlaubnisfreie Pflegetätigkeit.** Einer Erlaubnis bedarf nicht, wer im Rahmen von Hilfe zur Erziehung (§§ 27 ff.) oder von Eingliederungshilfe für seelisch behinderte Kinder und Jugendliche (§ 35a) auf Grund einer Vermittlung durch das Jugendamt ein Kind oder einen Jugendlichen betreut oder ihm Unterkunft gewährt, **S. 2 Nr. 1.** Grund für die Erlaubnisfreiheit ist der Umstand, dass das Jugendamt die Geeignetheit der Pflegeperson bereits dann prüft, wenn es im Rahmen einer Hilfe zur Erziehung auf Wunsch des Personensorgeberechtigten das Kind oder den Jugendlichen zu einer bestimmten Pflegeperson vermittelt. Die Vermittlung durch einen privaten Träger genügt nicht.[4] Nach **S. 2 Nr. 2** bedarf weder der Vormund noch der Pfleger, der im Rahmen seines Wirkungskreises ein Kind oder einen Jugendlichen betreut und ihm Unterkunft gewährt, einer Erlaubnis. Da der Vormund oder der Pfleger vom Familiengericht ausgewählt wurde (§§ 1779, 1915 BGB), ist für einen Erlaubnisvorbehalt des Jugendamtes kein Raum, solange das Kind oder der Jugendliche bei einer dieser Personen lebt. Verwandte und Verschwägerte bis zum dritten Grad sind nach **S. 2 Nr. 3** von der Erlaubnispflicht ausgenommen.[5] Verwandte sind gem. § 1589 BGB Groß- und Urgroßeltern, Geschwister, Onkel, Tanten, Neffen und Nichten; der Grad der Verwandtschaft bestimmt sich nach der Zahl der sie vermittelnden Geburten, § 1589 S. 3 BGB. Verschwägerte sind die Ehegatten der genannten Verwandten, § 1590 BGB. **S. 2 Nr. 4** nimmt die Kurzpflege, dh. Pflege, die nicht länger als acht Wochen dauert, von der Erlaubnispflicht aus. Damit soll insbes. die Nachbarschafts- oder Freundschaftshilfe bei kurzzeitigen Ausfällen der Eltern der jugendamtlichen Einflussnahme entzogen werden. Ebenfalls erlaubnisfrei ist der Schüler- oder Jugendaustausch, **S. 2 Nr. 5.** Gem. **S. 1 Nr. 6** ist zudem die Adoptionspflege erlaubnisfrei, da ihr die Vermittlung durch die fachlich kompetente Adoptionsvermittlungsstelle (§§ 2, 3 AdVermiG) vorausgeht.

III. Anspruch auf Erteilung der Erlaubnis zur Vollzeitpflege (Abs. 2)

4 § 44 Abs. 2 stellt klar, dass die Erlaubnis nur dann zu versagen ist, wenn das Wohl des Kindes oder Jugendlichen in der Pflegestelle nicht gewährleistet ist. Damit wird der Pflegeperson ein Rechtsanspruch auf Erteilung der Erlaubnis zur Vollzeitpflege eingeräumt.[6] Die Formulierung „ist zu versagen, wenn ... nicht" führt lediglich zu einer Umkehr der Darlegungs- und Beweislast. Die Behörde muss die Ungeeignetheit der Pflegeperson in diesem Sinne nachweisen.[7] Materiell-rechtlich muss die Pflegestelle das Wohl des Kindes „gewährleisten".[8] Durch die Beweislastumkehr soll zum Ausdruck gebracht werden, dass die Aufgabe des Staates im Bereich der Jugendhilfe nur eine Missbrauchsaufsicht zur Abwendung von Gefahren für das Wohl des Kindes oder des Jugendlichen ist und dem Staat kein eigenständiges Erziehungsrecht zukommt.[9] Das Gesetz sieht keine speziellen personenbezogenen Anforderungen an die Pflegeperson vor, da für die Betreuung und Erziehung von Kindern im familialen Rahmen keine allgemeinen Anforderungen aufgestellt werden können, deren Einhaltung überprüfbar wäre.[10] So kommt es nicht auf bestimmte Einkommensmindestgrenzen an.[11] Erforderlich ist die persönliche Eignung der Pflegeperson, die sich nach Art der Pflegestelle, den individuellen Bedürfnissen und dem Entwicklungsstand des Kindes oder Jugendlichen richtet und dessen Wohl gewährleisten muss;[12] eine gleichgeschlechtliche Orientierung der Pflegeperson(en) ist kein Versagungsgrund.[13] Auf die bes. Regelung der Erteilung der Erlaubnis unter Nebenbestimmungen (Bedingung, Befristung, Auflage) wurde wegen der damit verbundenen Rechtsunsicherheit über das Bestehen oder Nichtbestehen der Erlaubnis zur Vollzeitpflege verzichtet;[14] sie ist daher nur eingeschränkt unter den Voraussetzungen des § 32 SGB X zulässig.[15] Die Erlaubnis zur Vollzeitpflege muss für jedes Kind bzw. jeden Jugendlichen gesondert beantragt werden. Die Versagung der Erlaubnis (oder ihre Rücknahme oder ihr Widerruf, Abs. 3) berühren den privatrechtlichen Pflegevertrag zwischen der Pflegeperson und dem Sorgeberechtigten nicht. Eine

---

[4] BT-Drucks. 11/5948 S. 82; *Wiesner/Mörsberger* Rn. 13.
[5] Kritisch *Wiesner/Mörsberger* Rn. 15.
[6] *Münder/Lakies* Rn. 16; *Wiesner/Mörsberger* Rn. 10; *Möller/Nix-Möller* Rn. 8.
[7] BT-Drucks. 11/5948 S. 83; *Wiesner/Mörsberger* Rn. 17.
[8] Ähnlich *Fieseler/Fieseler* Rn. 18.
[9] BT-Drucks. 11/5948 S. 83.
[10] BT-Drucks. 11/5948 S. 82. Anders *Schindler* JAmt 2004, 171, 172. Kritisch *Wiesner/Mörsberger* Rn. 17a.
[11] *Fieseler/Fieseler* Rn. 21.
[12] BT-Drucks. 11/5948 S. 82; *Hauck/Noftz/Stähr* K § 44 Rn. 20 ff.; *Krug/Riehle-Krug* Erl. IV; *Jans/Happe-Happe/Saurbier* Rn. 57 ff.
[13] *Hauck/Noftz/Stähr* K § 44 Rn. 21; *Wiesner/Mörsberger* Rn. 6; *Fieseler/Fieseler* Rn. 21.
[14] BT-Drucks. 11/5948 S. 83.
[15] *Wiesner/Mörsberger* Rn. 12; *Münder/Lakies* Rn. 21; *Jung/Schröder* Rn. 14.

Nichtigkeit nach § 134 BGB wäre im Hinblick auf die auch von § 44 angestrebte Förderung des Kindeswohls keine sinnvolle Rechtsfolge.[16]

IV. Überprüfung vor Ort; Rücknahme oder Widerruf der Erlaubnis zur Vollzeitpflege (Abs. 3)

1. Überprüfung. Das Jugendamt soll den Erfordernissen des Einzelfalls entsprechend an Ort und Stelle überprüfen, ob die Voraussetzungen für die Erteilung der Erlaubnis weiterbestehen. Grundsätzlich widerspricht eine generelle Beaufsichtigung der Pflegepersonen dem verfassungsrechtlich anerkannten Rang der Pflegefamilie[17] und ist zudem mit den vorhandenen Mitteln öffentlicher und freier Träger nicht zu leisten.[18] Andererseits steht das Kindeswohl über den Rechten der Pflegeeltern.[19] Der BGH[20] fordert zu Recht eine Orientierung am Einzelfall. Eine Pflicht, die Pflegeperson schematisch in regelmäßigen Zeitabständen zu überprüfen, bestehe grundsätzlich nicht. Andererseits trage das Jugendamt weiterhin eine durchgehende Verantwortung. Diese gebiete es, bei entsprechendem Anlass, wie zB dem Umzug der Pflegefamilie und einem damit verbundenen Zuständigkeitswechsel des Jugendamts, einen Hausbesuch zu machen. Aus der Pflicht zur Überprüfung ergibt sich aber keine Befugnis zum Betreten der Wohnung.[21]

2. Rücknahme oder Widerruf. Nach Abs. 3 S. 2 kann die Erlaubnis nur dann widerrufen oder zurückgenommen werden, wenn das Wohl des Kindes gefährdet ist und die Pflegeperson nicht bereit oder nicht in der Lage ist, die Gefährdung abzuwenden. Wegen der vergleichbaren Interessenlage ist die Vorschrift dem § 1666 Abs. 1 S. 1 BGB angenähert worden.[22] Hinsichtlich der Voraussetzungen und der in der Regelung enthaltenen Subsidiaritätsklausel kann auf die Erl. bei § 42 und § 1666 BGB verwiesen werden (§ 42 Rn. 5; § 1666 BGB Rn. 48 ff., 116 ff.). Die Vorschrift geht als Spezialregelung den Bestimmungen des SGB X über Rücknahme und Widerruf eines Verwaltungsaktes (§§ 44 ff. SGB X) vor.

3. Sachliche und örtliche Zuständigkeit. Sachlich zuständig ist das örtliche Jugendamt, § 85 Abs. 1 S. 1. Örtlich ist gem. § 87a Abs. 1 das Jugendamt zuständig, in dessen Bereich die Pflegeperson ihren gewöhnlichen Aufenthalt hat.

V. Informationspflicht der Pflegeperson (Abs. 4)

Abs. 4 begründet eine Informationspflicht über wichtige, das Wohl des Kindes oder des Jugendlichen betreffende Ereignisse. Die Vorschrift dient der Unterrichtung des Jugendamtes über erhebliche, die Erziehung in der Familienpflege betreffende Umstände. Dazu zählen zB der tatsächliche Beginn und die tatsächliche Beendigung der Familienpflege, ein Wohnungswechsel und schwere Krankheiten, die Geburt eigener Kinder, Trennung vom Ehepartner.[23]

§ 45 Erlaubnis für den Betrieb einer Einrichtung

(1) ¹Der Träger einer Einrichtung, in der Kinder oder Jugendliche ganztägig oder für einen Teil des Tages betreut werden oder Unterkunft erhalten, bedarf für den Betrieb der Einrichtung der Erlaubnis. ²Einer Erlaubnis bedarf nicht, wer
1. eine Jugendfreizeiteinrichtung, eine Jugendbildungseinrichtung, eine Jugendherberge oder ein Schullandheim betreibt,
2. ein Schülerheim betreibt, das landesgesetzlich der Schulaufsicht untersteht,
3. eine Einrichtung betreibt, die außerhalb der Jugendhilfe liegende Aufgaben für Kinder oder Jugendliche wahrnimmt, wenn für sie eine entsprechende gesetzliche Aufsicht besteht oder im Rahmen des Hotel- und Gaststättengewerbes der Aufnahme von Kindern oder Jugendlichen dient.

---

[16] *Hauck/Noftz/Stähr* K § 44 Rn. 17; *Jans/Happe-Happe/Saurbier* Rn. 25; *Mrozynski* Rn. 8.
[17] Vgl. § 1632 BGB Rn. 38.
[18] BT-Drucks. 11/5948 S. 83.
[19] BVerfG 68, 176, 188.
[20] BGH FamRZ 2005, 167.
[21] *Wiesner/Mörsberger* Rn. 22 ff.
[22] BT-Drucks. 11/5948 S. 83.
[23] *Wiesner/Mörsberger* Rn. 28a.

(2) ¹Die Erlaubnis kann mit Nebenbestimmungen versehen werden. ²Sie ist zu versagen, wenn
1. die Betreuung der Kinder oder der Jugendlichen durch geeignete Kräfte nicht gesichert ist oder
2. in sonstiger Weise das Wohl der Kinder oder der Jugendlichen in der Einrichtung nicht gewährleistet ist; dies ist insbesondere dann anzunehmen, wenn bei der Förderung von Kindern und Jugendlichen in Einrichtungen
   a) ihre gesellschaftliche und sprachliche Integration oder
   b) die gesundheitliche Vorsorge und medizinische Betreuung
   erschwert wird.

³Der Träger der Einrichtung soll mit dem Antrag die Konzeption der Einrichtung vorlegen. ⁴Über die Voraussetzungen der Eignung sind Vereinbarungen mit den Trägern der Einrichtungen anzustreben. ⁵Die Erlaubnis ist zurückzunehmen oder zu widerrufen, wenn das Wohl der Kinder oder der Jugendlichen in der Einrichtung gefährdet und der Träger der Einrichtung nicht bereit oder in der Lage ist, die Gefährdung abzuwenden. ⁶Zur Sicherung des Wohls der Kinder und der Jugendlichen können auch nachträgliche Auflagen erteilt werden. ⁷Widerspruch und Anfechtungsklage gegen die Rücknahme oder den Widerruf der Erlaubnis haben keine aufschiebende Wirkung.

(3) ¹Sind in einer Einrichtung Mängel festgestellt worden, so soll die zuständige Behörde zunächst den Träger der Einrichtung über die Möglichkeiten zur Abstellung der Mängel beraten. ²Wenn die Abstellung der Mängel Auswirkungen auf Entgelte oder Vergütungen nach § 75 des Zwölften Buches haben kann, so ist der Träger der Sozialhilfe an der Beratung zu beteiligen, mit dem Vereinbarungen nach dieser Vorschrift bestehen. ³Werden festgestellte Mängel nicht abgestellt, so können den Trägern der Einrichtung Auflagen erteilt werden, die zur Beseitigung einer eingetretenen oder Abwendung einer drohenden Beeinträchtigung oder Gefährdung des Wohls der Kinder oder Jugendlichen erforderlich sind. ⁴Wenn sich die Auflage auf Entgelte oder Vergütungen nach § 75 des Zwölften Buches auswirkt, so entscheidet über ihre Erteilung die zuständige Behörde nach Anhörung des Trägers der Sozialhilfe, mit dem Vereinbarungen nach dieser Vorschrift bestehen. ⁵Die Auflage ist nach Möglichkeit in Übereinstimmung mit Vereinbarungen nach den §§ 75 bis 80 des Zwölften Buches auszugestalten.

(4) ¹Besteht für eine erlaubnispflichtige Einrichtung eine Aufsicht nach anderen Rechtsvorschriften, so hat die zuständige Behörde ihr Tätigwerden zuvor mit der anderen Behörde abzustimmen. ²Sie hat den Träger der Einrichtung rechtzeitig auf weitergehende Anforderungen nach anderen Rechtsvorschriften hinzuweisen.

Schrifttum: *Gernert*, Wohin gehört die sog. „Heimaufsicht" in der Jugendhilfe?, ZfJ 1997, 1; *Lakies*, Zu Funktion und Inhalt der Pflege- und Betriebserlaubnis, ZfJ 1995, 9; *Meysen*, „Erziehungsstellen" als Vollzeitpflege oder Heimerziehung, JAmt 2002, 326; *Mörsberger*, Betriebserlaubnis schon heute, wenn personelle Besetzung erst morgen geklärt wird?, ZKJ 2008, 241; *Mrozynski*, Die materiellen Kriterien des Einrichtungsbegriffs im Kinder- und Jugendhilfe- sowie im Sozialhilferecht, ZfJ 1994, 145.

I. Normzweck

1 § 45 enthält einen generellen Erlaubnisvorbehalt für das Betreiben einer Kindertageseinrichtung. Möglichen Gefahren für das Wohl der betreuten Kinder oder Jugendlichen soll bereits im Rahmen des Erlaubniserteilungsverfahrens und im Übrigen durch die Überprüfung der Einrichtungen begegnet werden.¹ Diesem präventiven Ansatz entspricht die Verpflichtung des Landesjugendamtes, Träger von Einrichtungen bei Planung und Betriebsführung zu beraten, § 85 Abs. 2 Nr. 7. Neben der Betriebserlaubnis ist eine besondere Erlaubnis für die Betreuung des einzelnen Kindes oder Jugendli-

---
¹ BT-Drucks. 11/5948 S. 83.

chen nicht nötig.² Die jetzige Fassung geht zurück auf das Gesetz zur Weiterentwicklung der Kinder- und Jugendhilfe (Vor § 1 Rn. 7).

II. Erlaubnis für den Betrieb einer Einrichtung (Abs. 1 S. 1)

1. Einrichtung. Einrichtung iSv. § 45 Abs. 1 S. 1 ist die auf eine gewisse Dauer angelegte 2 Verbindung von sächlichen und persönlichen Mitteln zu einem bestimmten Zweck unter der Verantwortung eines Trägers.³ Ihr Bestand und Charakter muss vom Wechsel der Personen, denen sie zu dienen bestimmt ist, weitgehend unabhängig sein.⁴ Wie im Heimgesetz (idF vom 5. 11. 2001, BGBl. I S. 2970) fallen daher auch im Bereich der Jugendhilfe unter diesen Begriff nur Einrichtungen, die orts- und gebäudebezogen sind, nicht aber ambulante Maßnahmen.⁵ Der Einrichtungsbegriff ist auch unabhängig von der Anzahl der betreuten Personen,⁶ und es genügt – um einen möglichst weiten Kreis von Einrichtungen im Interesse des Wohls der Kinder und Jugendlichen zu erfassen – jede irgendwie geartete Betreuung oder die bloße Unterkunftsgewährung.⁷ Um eine Einrichtung handelt es sich nicht, wenn die Betreuung ausschließlich durch die Eltern vorgenommen wird, zB im Rahmen von Eltern-Kind-Einrichtungen oder gemeinsamen Wohnformen für Eltern und Kinder.⁸

2. Ganztägige Betreuung oder Betreuung für einen Teil des Tages. Erfasst werden 3 Einrichtungen, in denen ganztägig oder für einen Teil des Tages Kinder oder Jugendliche betreut werden. Im Gegensatz zum Begriff „ganztätig" in § 22 Abs. 1, der von morgens bis abends meint, bedeutet „ganztägig" hier eine Betreuung oder Unterkunftsgewährung rund-um-die-Uhr, also Tag und Nacht.⁹ Wegen der Formulierung „oder für einen Teil des Tages" fallen neben Vollzeitheimen auch teilstationäre Einrichtungen und Tageseinrichtungen unter den Erlaubnisvorbehalt.

III. Erlaubnisfreie Einrichtungen (Abs. 1 S. 2)

Abs. 1 S. 2 sieht Ausnahmen von der Erlaubnispflicht vor. Nach **Abs. 1 S. 2 Nr. 1** sind erlaubnis- 4 frei Jugendfreizeiteinrichtungen, Jugendbildungseinrichtungen, Jugendherbergen und Schullandheime. In diesen Einrichtungen werden Kinder und Jugendliche nicht regelmäßig bzw. auf Dauer betreut oder untergebracht. Nach **Abs. 1 S. 2 Nr. 2** ist der Betrieb eines Schülerheims, das landesrechtlich der Schulaufsicht untersteht, erlaubnisfrei. Grund für die Erlaubnisfreiheit ist hier wie bei den Jugendfreizeiteinrichtungen die ausreichende Überprüfung dieser Einrichtungen nach anderen Vorschriften.¹⁰ Nach **Abs. 1 S. 2 Nr. 3, erster Alternative** sind erlaubnisfrei solche Einrichtungen, deren primäre Aufgabe nicht die regelmäßige Betreuung oder Unterkunftsgewährung ist, sondern die außerhalb der Jugendhilfe liegende Aufgaben wahrnehmen, so dass eine Unterstellung unter die jugendamtliche Aufsicht nicht sachgerecht ist (zB Aufnahmeeinrichtungen für Asylbegehrende oder Flüchtlinge, vgl. § 44 AsylVfG, § 8 BVFG). Die **zweite Alternative** erstreckt die Erlaubnisfreiheit auf Einrichtungen, die „im Rahmen des" Hotel- und Gaststättengewerbes Kinder und Jugendliche aufnehmen, wie dies zB bei Reiterhöfen der Fall ist.

IV. Erteilung, Versagung und Aufhebung der Erlaubnis (Abs. 2)

1. Rechtsanspruch; Versagung der Erlaubnis. Nach Abs. 2 S. 2 ist die Versagung der 5 Erlaubnis auf den Fall beschränkt, dass das Wohl der Kinder oder Jugendlichen in der Einrichtung nicht gewährleistet ist. Dies ist nach Abs. 2 S. 2 Nr. 1 der Fall, wenn geeignete Kräfte zur Betreuung der Kinder und Jugendlichen fehlen.¹¹ In allen anderen Fällen hat der Träger der Einrichtung einen Rechtsanspruch auf Erteilung der Erlaubnis.¹² Das Gesetz hat auch hier, wie bei der Pflegeperson nach § 44, darauf verzichtet, konkrete Anforderungen an die betreuenden Kräfte oder die Einrichtung zu stellen. Maßgebend ist für die Geeignetheit, dass das Wohl des Kindes oder Jugendlichen gewährleistet ist, so dass zB eine berufliche Qualifikation die Eignung der einzelnen Kraft begründen

---

² BT-Drucks. 11/5948 S. 83.
³ *Wiesner/Mörsberger* Rn. 15.
⁴ *Münder/Lakies* Rn. 6; *Jans/Happe-Happe/Schimke* Rn. 15, 21; *Jung/Schröder* Rn. 5; *Möller/Nix-Möller* Rn. 4.
⁵ BT-Drucks. 11/5948 S. 83.
⁶ BT-Drucks. 11/5948 S. 84; *Hauck/Noftz/Stähr* K § 45 Rn. 12.
⁷ *Wiesner/Mörsberger* Rn. 16.
⁸ *Wiesner/Mörsberger* Rn. 19 f.
⁹ *Wiesner/Mörsberger* Rn. 27.
¹⁰ BT-Drucks. 11/5948 S. 84.
¹¹ BT-Drucks. 11/5948 S. 84.
¹² VGH Baden-Württemberg FEVS 49, 129, 133; *Wiesner/Mörsberger* Rn. 30.

kann, aber nicht notwendige Voraussetzung für die Geeignetheit ist.[13] Erforderlich ist eine persönliche Eignung der Betreuungskraft, die sich nach Art der Einrichtung, den individuellen Bedürfnissen und dem Entwicklungsstand der Kinder oder Jugendlichen richtet.[14] Diese muss vor Erteilung der Erlaubnis feststehen.[15] IÜ bemisst sich die Geeignetheit der Einrichtung zB nach S. 2 Nr. 2 a) nach den jeweiligen räumlichen, baulichen und hygienischen Gegebenheiten.[16] Die religiöse oder weltanschauliche Grundrichtung der Einrichtung stellt keinen Versagungsgrund dar, sofern nach S. 2 Nr. 2 b) die gesellschaftliche und sprachliche Integration der Kinder nicht erschwert wird.[17] Konkretisierungen können durch Landesrecht vorgenommen werden (§ 49).

6 **2. Nebenbestimmungen.** Abs. 2 S. 1 sieht ausdrücklich die Möglichkeit vor, die Erlaubnis mit Nebenbestimmungen zu versehen (§ 32 Abs. 1, 1. Alt. SGB X). Nebenbestimmungen sind die Bedingung und die Befristung, der Widerrufsvorbehalt, die Auflage und der Auflagenvorbehalt (§ 32 Abs. 2 SGB X). Da das Gesetz aber einen Wechsel des Lebensumfelds des Kindes durch eine spätere Schließung der Einrichtung verhindern will, scheiden Bedingung, Befristung und Widerrufsvorbehalt als Nebenbestimmung aus; es bleibt also grundsätzlich nur die Auflage.[18] Zusammen mit dem in Abs. 2 S. 2 eingeräumten Rechtsanspruch auf Erteilung der Erlaubnis ergibt sich aus dem Grundsatz der Verhältnismäßigkeit die Verpflichtung des Jugendamtes zu prüfen, ob durch die Verwendung einer Auflage die Erteilung der Erlaubnis ermöglicht, die Versagung also abgewendet werden kann. Der Grundsatz der Verhältnismäßigkeit verbietet ebenfalls beliebige Nebenbestimmungen „auf Vorrat"; für eine Nebenbestimmung muss es vielmehr einen konkreten Anlass geben.[19]

7 **3. Vereinbarungspflicht.** Abs. 2 S. 4 enthält korrespondierend mit der in Abs. 2 S. 1 vorgesehenen Möglichkeit, Nebenbestimmungen zu verwenden (Rn. 6), die Verpflichtung des Jugendamtes, Vereinbarungen über die Voraussetzungen der Geeignetheit mit dem Träger der Einrichtung anzustreben. Diese Vereinbarungspflicht ist Ausdruck des in § 4 Abs. 1 normierten Grundsatzes der partnerschaftlichen Zusammenarbeit (vgl. § 4 Rn. 2).

8 **4. Widerruf, Rücknahme.** Abs. 2 S. 5 enthält die Widerrufs- bzw. Rücknahmeverpflichtung des Jugendamtes für den Fall, dass eine Gefährdung des Wohls der Kinder oder Jugendlichen vorliegt und der Träger nicht bereit oder in der Lage ist, die Gefährdung abzuwenden. Die Regelung geht den Widerrufs- und Rücknahmevorschriften der §§ 44 ff. SGB X als Spezialregelung vor.[20] Die Personensorgeberechtigten können sich nicht gegen den Widerruf bzw. die Rücknahme der Erlaubnis wenden.[21]

9 **5. Nachträgliche Auflagen.** Abs. 2 S. 6 sieht die Möglichkeit nachträglicher Auflagenerteilung zur Sicherung des Wohls der Kinder oder Jugendlichen vor. Ein Entzug der Erlaubnis darf danach nur dann erfolgen, wenn die Sicherung dieses Wohls durch nachträgliche Auflagen nicht möglich ist.[22] Als nachträgliche Auflage kommt zB die Untersagung von Neuaufnahmen in Betracht.[23]

10 **6. Ausschluss des Suspensiveffekts.** Abs. 2 S. 7 schließt den Suspensiveffekt von Widerspruch und Anfechtungsklage gegen die Rücknahme oder den Widerruf der Erlaubnis aus. Angesichts der oben dargestellten Verpflichtung der Behörde, mit Hilfe von Nebenbestimmungen nachträglichen Auflagen oder Vereinbarungen der Gefährdung vorzubeugen oder entgegenzuwirken, ist für eine aufschiebende Wirkung von Rechtsbehelfen dann kein Raum, wenn nach Ausschöpfung aller dieser Möglichkeiten das Kindeswohl noch immer gefährdet ist.[24] Der Träger der Einrichtung kann allerdings die Anordnung der aufschiebenden Wirkung nach § 80 Abs. 5 VwGO beantragen.[25]

---

[13] *Wiesner/Mörsberger* Rn. 43 ff.
[14] *Münder/Lakies* Rn. 16 f.; *Jans/Happe-Happe/Schimke* Rn. 70 ff.; *Jung/Schröder* Rn. 10.
[15] OVG Münster FEVS 59, 318.
[16] *Münder/Lakies* Rn. 20; *Wiesner/Mörsberger* Rn. 49a.
[17] Weiterführend *Wiesner/Mörsberger* Rn. 50.
[18] *Hauck/Noftz/Stähr* K § 45 Rn. 38; *Wiesner/Mörsberger* Rn. 36a; differenzierend *Jans/Happe-Happe/Schimke* Rn. 88 ff.
[19] VGH Baden-Württemberg FEVS 49, 129, 135 ff.
[20] BT-Drucks. 11/5948 S. 84.
[21] OVG Saarland NVwZ-RR 2011, 288.
[22] *Wiesner/Mörsberger* Rn. 64; *Münder/Lakies* Rn. 26; *Jung/Schröder* Rn. 23.
[23] *Münder/Lakies* Rn. 26.
[24] BT-Drucks. 11/5948 S. 84.
[25] *Wiesner/Mörsberger* Rn. 66 f.; *Jung/Schröder* Rn. 24; *Möller/Nix-Möller* Rn. 31.

V. Verfahren bei Feststellung von Mängeln (Abs. 3)

Mit der Regelung des Abs. 3 wird bezweckt, dass nach der Feststellung von Mängeln deren Behebung durch Kooperation mit dem Träger Vorrang vor ordnungsbehördlichen Maßnahmen hat.[26] Das Verfahren erfolgt im Zusammenwirken mit dem Sozialhilfeträger, sofern die Mängelbeseitigung für diesen Mehrkosten verursacht.[27] 11

VI. Abstimmungsverpflichtung mit anderen Behörden (Abs. 4)

Abs. 4 S. 1 verpflichtet die Erlaubnisbehörde zur Vermeidung widersprüchlicher Entscheidungen[28] zu einer Abstimmung mit der anderen Behörde, wenn neben der Aufsicht nach Abs. 1 eine Aufsicht nach anderen Rechtsvorschriften (zB Aufsicht nach §§ 6 ff. HeimG, Aufsicht durch Gesundheits-, Bau- und Brandschutzbehörden) besteht. Abs. 4 S. 2 verpflichtet das Landesjugendamt zur rechtzeitigen Information des Einrichtungsträgers über weitergehende Anforderungen nach anderen Rechtsvorschriften. 12

VII. Zuständigkeit

Sachlich zuständig für die Wahrnehmung der Aufgaben gem. §§ 45 bis 48 a zum Schutz von Kindern und Jugendlichen in Einrichtungen ist gem. § 85 Abs. 2 Nr. 6 das Landesjugendamt, wobei gem. § 85 Abs. 4 die am 1.1. 1991 geltenden landesrechtlichen Regelungen unberührt bleiben, nach denen die in den §§ 45 bis 48 a genannten Aufgaben durch mittlere oder für Kindergärten und Horte durch untere Landesbehörden wahrgenommen werden. Örtlich ist das Landesjugendamt zuständig, in dessen Bereich die Einrichtung gelegen ist, § 87a Abs. 2. 13

§ 46 Örtliche Prüfung

(1) ¹Die zuständige Behörde soll nach den Erfordernissen des Einzelfalls an Ort und Stelle überprüfen, ob die Voraussetzungen für die Erteilung der Erlaubnis weiterbestehen. ²Der Träger der Einrichtung soll bei der örtlichen Prüfung mitwirken. ³Sie soll das Jugendamt und einen zentralen Träger der freien Jugendhilfe, wenn diesem der Träger der Einrichtung angehört, an der Überprüfung beteiligen.

(2) ¹Die von der zuständigen Behörde mit der Überprüfung der Einrichtung beauftragten Personen sind berechtigt, die für die Einrichtung benutzten Grundstücke und Räume, soweit diese nicht einem Hausrecht der Bewohner unterliegen, während der Tageszeit zu betreten, dort Prüfungen und Besichtigungen vorzunehmen, sich mit den Kindern und Jugendlichen in Verbindung zu setzen und die Beschäftigten zu befragen. ²Zur Abwehr von Gefahren für das Wohl der Kinder und der Jugendlichen können die Grundstücke und Räume auch außerhalb der in Satz 1 genannten Zeit und auch, wenn sie zugleich einem Hausrecht der Bewohner unterliegen, betreten werden. ³Der Träger der Einrichtung hat die Maßnahmen nach den Sätzen 1 und 2 zu dulden.

I. Normzweck

§ 46 ergänzt die Vorschrift des § 45 über den Erlaubnisvorbehalt. § 46 Abs. 2 ist den Regelungen des Heimgesetzes nachgebildet und trägt den Erfordernissen des Art. 13 Abs. 7 GG Rechnung.[1] Die aktuelle Fassung der Norm beruht auf dem Gesetz zur Weiterentwicklung der Kinder- und Jugendhilfe (Vor § 1 Rn. 7). 1

---

[26] *Wiesner/Mörsberger* Rn. 67.
[27] *Jung/Schröder* Rn. 21. Kritisch dazu *Kunkel/Nonninger* Rn. 50 ff.
[28] BT-Drucks. 11/5948 S. 85.
[1] BT-Drucks. 11/5948 S. 85.

II. Örtliche Prüfung (Abs. 1)

1. Überprüfung nach der Erfordernissen des Einzelfalls. Die zuständige Behörde, dh. nach § 85 Abs. 2 Nr. 6 das Landesjugendamt, soll ebenso wie das Jugendamt bei der Überprüfung von Pflegestellen (§ 44 Abs. 3) nach den Erfordernissen des Einzelfalls an Ort und Stelle klären, ob die Voraussetzungen für die Erteilung der Erlaubnis weiter bestehen, Abs. 1 S. 1. Es ist auf die Erfordernisse des Einzelfalls abzustellen. Eine regelmäßige, routinemäßige Überprüfung wird nicht verlangt und ist auch nicht zulässig.[2] Erlangt das Landesjugendamt allerdings Kenntnis von Umständen, die eine Überprüfung erforderlich machen, so ist es zur Überprüfung verpflichtet. Auch unangemeldete Kontrollbesuche können zulässig sein.[3] Maßgebend ist das Fortbestehen der Voraussetzungen für die Erteilung der Erlaubnis nach § 45, dh. die Frage, ob das Wohl der Kinder und Jugendlichen in der Einrichtung gewährleistet ist, insbes. ob die Betreuung durch geeignete Kräfte gesichert ist; vgl. insoweit § 45 Rn. 5. Aus der Betonung der einzelfallorientierten Prüfung folgt, dass die „Erfordernisse des Einzelfalls" zB dann Veranlassung zur Überprüfung geben, wenn Änderungen im organisatorischen Bereich (Personalveränderungen, Veränderung der Gruppenstruktur, Auswechselung des Einrichtungsleiters) vorgenommen worden sind.[4]

2. Mitwirkung und Beteiligung. Die **Mitwirkung** des Trägers und die **Beteiligung** des örtlich zuständigen Jugendamtes und des zentralen Trägers der freien Jugendhilfe sehen Abs. 1 S. 2 und 3 vor. Es ist der zentrale Träger hinzuzuziehen, dem der Träger der Einrichtung angehört. Beteiligung meint nicht nur die Mitteilung der Überprüfung, sondern es soll eine Abstimmung in der Weise erfolgen, dass eine tatsächliche Teilnahme an dem Überprüfungstermin möglich ist.[5]

III. Besondere Befugnisse (Abs. 2)

Betretungs- und Befragungsrecht; Duldungsverpflichtung. Die von der zuständigen Behörde beauftragten Personen sind berechtigt, die für die Einrichtung benutzten Grundstücke und Räume, soweit diese nicht einem Hausrecht der Bewohner unterliegen, während der Tageszeit zu betreten, dort Prüfungen und Besichtigungen vorzunehmen, sich mit den Kindern und Jugendlichen in Verbindung zu setzen und die Beschäftigten zu befragen. Das Prüfungsrecht erstreckt sich auf alle für die Erteilung der Erlaubnis relevanten Tatbestände[6] und richtet sich insbes. danach, welches „Erfordernis des Einzelfalls" die Überprüfung veranlasst hat.[7] Das Recht, die von der Einrichtung genutzten Räume und Grundstücke zu betreten, beschränkt sich auf jene, die nicht dem Hausrecht eines Bewohners unterliegen. Bewohner idS sind nicht die Kinder oder Jugendlichen, sondern der Leiter der Einrichtung und das Personal, wenn diese eigene Schlaf- und Wohnräume in der Einrichtung haben.[8] Das Betretungs- und Überprüfungsrecht besteht grundsätzlich während der Tageszeit; nur zur Abwendung von Gefahren für das Wohl der Kinder oder Jugendlichen (vgl. § 43 Rn. 3, 5) dürfen die Grundstücke und Räume auch außerhalb der Tageszeit betreten werden. Der Begriff Tageszeit umfasst i. A. die Zeitspanne zwischen Frühstück und Abendessen an Werktagen.[9] Dies dürfte etwa dem Zeitraum zwischen 7.00 Uhr und 19.00 Uhr entsprechen.[10] Wenn es um Gefahrenabwehr geht, erstreckt sich das Betretensrecht auch auf die Räume, die dem Hausrecht der Bewohner unterliegen, Abs. 2 S. 2. Die Vorschrift unterscheidet zwischen der Befugnis der beauftragten Personen, sich mit den Kindern und Jugendlichen in Verbindung zu setzen, und der Berechtigung, die Beschäftigten zu befragen. Daraus folgt, dass die Kinder und Jugendlichen, im Gegensatz zu den Beschäftigten, nicht verpflichtet sind, sich befragen zu lassen.[11] Gem. Abs. 2 S. 3 ist der Träger der Einrichtung zur Duldung der Maßnahmen nach Abs. 2 S. 1 und 2 verpflichtet.

---

[2] Ebenso *Münder/Lakies* Rn. 2; *Wiesner/Mörsberger* Rn. 4; *Jung/Schröder* Rn. 3.
[3] *Wiesner/Mörsberger* Rn. 4; *Jans/Happe-Happe/Saurbier* Rn. 8a.
[4] *Hauck/Noftz/Stähr* K § 46 Rn. 4; *Münder/Lakies* Rn. 2; *Jung/Schröder* Rn. 3.
[5] *Münder/Lakies* Rn. 4; *Jung/Schröder* Rn. 5.
[6] *Hauck/Noftz/Stähr* K § 46 Rn. 12.
[7] *Münder/Lakies* Rn. 3.
[8] *Hauck/Noftz/Stähr* K § 46 Rn. 10; *Jans/Happe-Happe/Saurbier* Rn. 31.
[9] *Jans/Happe-Happe/Saurbier* Rn. 32.
[10] So im Ergebnis auch *Wiesner/Mörsberger* Rn. 12; *Kunkel/Nonninger* Rn. 11. Ein Rückgriff auf § 188 Abs. 1 ZPO aF, wie ihn *Mrozynski,* Rn. 4, vorschlägt, bzw. § 104 Abs. 2 StPO, wonach die Tageszeit zwischen April und September schon um 4 Uhr beginnt, brächte unzumutbare Belastungen. Zustimmend *Krug/Riehle* Erl. III. 1.; *Jans/Happe-Happe/Saurbier* Rn. 32.
[11] *Hauck/Noftz/Stähr* K § 46 Rn. 13.

§ 47 Meldepflichten

¹Der Träger einer erlaubnispflichtigen Einrichtung hat der zuständigen Behörde
1. die Betriebsaufnahme unter Angabe von Name und Anschrift des Trägers, Art und Standort der Einrichtung, der Zahl der verfügbaren Plätze sowie der Namen und der beruflichen Ausbildung des Leiters und der Betreuungskräfte sowie
2. die bevorstehende Schließung der Einrichtung

unverzüglich anzuzeigen. ²Änderungen der in Nummer 1 bezeichneten Angaben sowie der Konzeption sind der zuständigen Behörde unverzüglich, die Zahl der belegten Plätze ist jährlich einmal zu melden.

I. Normzweck

§ 47 enthält Meldepflichten für die Träger von erlaubnispflichtigen Einrichtungen nach § 45, welche die Aufsicht erleichtern sollen. Abs. 1 verlangt die Anzeige der Betriebsaufnahme sowie die Anzeige von Änderungen und der bevorstehenden Betriebsschließung. Die letzte Änderung der Norm erfolgte durch das Gesetz zur Weiterentwicklung der Kinder- und Jugendhilfe (Vor § 1 Rn. 7). 1

II. Einrichtungs-, personal- und personenbezogene Meldepflichten

1. Einrichtungs- und personalbezogene Meldepflichten. Der Träger einer nach § 45 erlaubnispflichtigen Einrichtung hat der zuständigen Behörde unverzüglich („ohne schuldhaftes Zögern", § 121 Abs. 1 S. 1 BGB) die Betriebsaufnahme anzuzeigen. Zuständige Behörde ist das Landesjugendamt (§§ 85 Abs. 2 Nr. 6, 87 a Abs. 2) oder die nach Landesrecht bestimmte Behörde (§§ 85 Abs. 4, 87 a Abs. 2). Die Anzeige muss die in Abs. 1 Nr. 1 und 2 genannten Meldungen enthalten. Das Wort „Betreuungskräfte" ist auf Veranlassung des Bundesrats anstelle des ursprünglich vorgesehenen Wortes „Fachkräfte" aufgenommen worden, da die Einschränkung der Information über die zur Kinderbetreuung eingesetzten Fachkräfte die Meldepflicht über die tatsächlich zur Betreuung eingesetzten Kräfte sinnlos werden ließe.[1] Erforderlich ist nach Abs. 1 die sog. Erstmeldung sowie bei Änderungen die Änderungsmeldung. Die Zahl der belegten Plätze ist einmal jährlich zu melden. 2

§ 48 Tätigkeitsuntersagung

Die zuständige Behörde kann dem Träger einer erlaubnispflichtigen Einrichtung die weitere Beschäftigung des Leiters, eines Beschäftigten oder sonstigen Mitarbeiters ganz oder für bestimmte Funktionen oder Tätigkeiten untersagen, wenn Tatsachen die Annahme rechtfertigen, dass er die für seine Tätigkeit erforderliche Eignung nicht besitzt.

I. Normzweck

Die Vorschrift gestattet dem Landesjugendamt die Verhängung eines Beschäftigungsverbots, falls das Wohl der Kinder und Jugendlichen durch Beschäftigte der Einrichtung gefährdet wird. 1

II. Untersagung der weiteren Beschäftigung

Die zuständige Behörde kann dem Träger einer erlaubnispflichtigen Einrichtung die weitere Beschäftigung des Leiters, eines Beschäftigten oder sonstigen Mitarbeiters ganz oder für bestimmte Funktionen oder Tätigkeiten untersagen, wenn Tatsachen die Annahme rechtfertigen, dass diese die für ihre Tätigkeit erforderliche Eignung nicht besitzen. Die Tätigkeitsuntersagung betrifft nicht nur die Beschäftigten einer Einrichtung, sondern insbes. auch den Leiter, wobei an den Leiter einer Einrichtung andere Maßstäbe anzulegen sind als an die sonstigen Beschäftigten.[1*] Unter Eignung 2

---

[1] BT-Drucks. 11/5948 S. 138.
[1*] Hauck/Noftz/Stähr K § 48 Rn. 5, K § 45 Rn. 27; Münder/Lakies Rn. 3.

iSd. Vorschrift ist sowohl die fachliche Qualifikation als auch die persönliche Zuverlässigkeit zu verstehen. Im Übrigen ist die Eignung nach den Erfordernissen der jeweils ausgeübten Tätigkeit zu beurteilen.[2] Es müssen Tatsachen die Annahme der Gefährdung rechtfertigen, bloße Mutmaßungen reichen nicht.[3] Adressat der Verfügung ist der Träger der Einrichtung, nicht der Leiter oder Beschäftigte selbst, so dass die Beschäftigungsuntersagung nicht zu einem generellen Berufsausübungsverbot führt.[4] Rechtsfolge ist entweder die Untersagung der Beschäftigung überhaupt oder lediglich für bestimmte Funktionen oder Tätigkeiten. Der Behörde ist sowohl Entschließungs- als auch Auswahlermessen eingeräumt.[5] Die Vorschrift eröffnet eine Möglichkeit, den Entzug der gesamten Betriebserlaubnis durch die Beschäftigungsuntersagung für einzelne Mitarbeiter nach § 48 zu vermeiden: Bei einer von einem bestimmten Beschäftigten ausgehenden Gefährdung des Kindeswohls ist die Tätigkeitsuntersagung nach § 48 das mildere Mittel gegenüber dem Entzug der Betriebserlaubnis gem. § 45 Abs. 2 S. 5; sie stellt eine nachträglich Auflage (§ 45 Abs. 2 S. 6) dar.[6] Sachlich zuständige Behörde ist gem. § 85 Abs. 2 Nr. 6, Abs. 4 das Landesjugendamt, örtlich zuständig ist das Landesjugendamt oder die nach Landesrecht zuständige Behörde, in deren Bereich die Einrichtung liegt, § 87a Abs. 2.

§ 48a Sonstige betreute Wohnform

(1) Für den Betrieb einer sonstigen Wohnform, in der Kinder oder Jugendliche betreut werden oder Unterkunft erhalten, gelten die §§ 45 bis 48 entsprechend.

(2) Ist die sonstige Wohnform organisatorisch mit einer Einrichtung verbunden, so gilt sie als Teil der Einrichtung.

I. Normzweck

1   Nach dieser Vorschrift gelten die Regelungen zum Schutz von Kindern und Jugendlichen nach §§ 45 bis 48 auch für sonstige Wohnformen, in denen Kinder oder Jugendliche betreut werden oder diesen Unterkunft gewährt wird. Damit soll der Differenzierung der Heimlandschaft Rechnung getragen werden. Die Regelung geht zurück auf das Erste Gesetz zur Änderung des SGB VIII (Vor § 1 Rn. 4).

II. Sonstige Wohnformen

2   Sonstige Wohnformen sind solche iSv. §§ 13 Abs. 3, 34 und 42 Abs. 1 Nr. 3, zB Jugendwohngemeinschaften.[1] Mit der Einrichtung verbundene sonstige Wohnformen (S. 2) sind zB sog. Außenwohngruppen.[2]

§ 49 Landesrechtsvorbehalt

Das Nähere über die in diesem Abschnitt geregelten Aufgaben regelt das Landesrecht.

I. Normzweck

1   Das Landesrecht hat zur Durchführung der Familienpflege und der stationären Unterbringung notwendige Ergänzungen und Konkretisierungen vorzunehmen. Der Landesrechtsvorbehalt bezieht sich auf den zweiten Abschnitt des dritten Kapitels, also auf die §§ 44 bis 48.

---

[2] BT-Drucks. 11/5948 S. 85.
[3] *Hauck/Noftz/Stähr* K § 48 Rn. 4; *Jung/Schröder* Rn. 3; *Möller/Nix-Möller* Rn. 2. Vgl. OVG Sachsen, Beschl. v. 25. 9. 2009, 1 B 379/08, nv.
[4] *Hauck/Noftz/Stähr* K § 48 Rn. 2; *Jans/Happe-Happe/Saurbier* Rn. 4.
[5] *Jung/Schröder* Rn. 4.
[6] *Wiesner/Mörsberger* Rn. 1.
[1] *Jung/Schröder* Rn. 3.
[2] *Münder/Lakies* Rn. 1.

II. Landesrechtliche Regelungen

Die landesrechtlichen Regelungen betreffen insbes. die näheren Voraussetzungen für die Erteilung der Erlaubnis zur Kindertagespflege (§ 43), zur Vollzeitpflege nach § 44 und der Betriebserlaubnis nach § 45, die Abgrenzung zwischen den Erlaubnisvorbehalten, die Verpflichtung des Trägers und Leiters zur Erteilung von Auskünften für die Prüfung nach § 46, die Konkretisierung der Meldepflicht nach § 47, die Konkretisierung der Verpflichtung der Pflegeperson zur Erteilung von Auskünften über die Pflegestelle und das Kind bzw. den Jugendlichen und zur Gestattung des Zugangs zu den Räumen, in denen sich das Kind oder der Jugendliche aufhält.[1] 2

Dritter Abschnitt. Mitwirkung in gerichtlichen Verfahren

§ 50 Mitwirkung in Verfahren vor den Familiengerichten

(1) [1] Das Jugendamt unterstützt das Familiengericht bei allen Maßnahmen, die die Sorge für die Person von Kindern und Jugendlichen betreffen. [2] Es hat in folgenden Verfahren nach dem Gesetz über das Verfahren in Familiensachen und in den Angelegenheiten der freiwilligen Gerichtsbarkeit mitzuwirken:
1. Kindschaftssachen (§ 162 des Gesetzes über das Verfahren in Familiensachen und in den Angelegenheiten der freiwilligen Gerichtsbarkeit),
2. Abstammungssachen (§ 176 des Gesetzes über das Verfahren in Familiensachen und in den Angelegenheiten der freiwilligen Gerichtsbarkeit),
3. Adoptionssachen (§ 188 Abs. 2, §§ 189, 194, 195 des Gesetzes über das Verfahren in Familiensachen und in den Angelegenheiten der freiwilligen Gerichtsbarkeit),
4. Ehewohnungssachen (§ 204 Abs. 2, § 205 des Gesetzes über das Verfahren in Familiensachen und in den Angelegenheiten der freiwilligen Gerichtsbarkeit) und
5. Gewaltschutzsachen (§§ 212, 213 des Gesetzes über das Verfahren in Familiensachen und in den Angelegenheiten der freiwilligen Gerichtsbarkeit).

(2) [1] Das Jugendamt unterrichtet insbesondere über angebotene und erbrachte Leistungen, bringt erzieherische und soziale Gesichtspunkte zur Entwicklung des Kindes oder des Jugendlichen ein und weist auf weitere Möglichkeiten der Hilfe hin. [2] In Kindschaftssachen informiert das Jugendamt das Familiengericht in dem Termin nach § 155 Abs. 2 des Gesetzes über das Verfahren in Familiensachen und in den Angelegenheiten der freiwilligen Gerichtsbarkeit über den Stand des Beratungsprozesses.

Schrifttum: *Bayrisches Landesjugendamt,* Trennung und Scheidung. Arbeitshilfe für die Jugendhilfe zu den Beratungs- und Mitwirkungsaufgaben nach §§ 17, 18 Abs. 3, 50 SGB VIII, 2. Aufl. 2004; *Deutscher Verein für öffentliche und private Fürsorge,* Empfehlungen zur Umsetzung gesetzlicher Änderungen im familiengerichtlichen Verfahren, NDV 2010, 206; *Flemming,* Veränderte Anforderungen an das Jugendamt im familiengerichtlichen Verfahren, FPR 2009, 339; *Johnston,* Modelle fachübergreifender Zusammenarbeit mit dem Familiengericht in hochkonflikthaften Scheidungsfamilien, JAmt 2002, 379; *Kaufmann,* Eltern, Kinder und Fachkräfte der Jugendämter im familiengerichtlichen Verfahren zur Regelung der elterlichen Sorge bei Trennung und Scheidung, FamRZ 2001, 7; *Kloster-Harz/Haase,* Aufgaben und Selbstverständnis der Jugendämter bei der Mitwirkung im familiengerichtlichen Verfahren, ZfJ 2001, 42; *Lack,* Die Beteiligtenstellung des Jugendamtes in Kindschaftssachen, ZKJ 2010, 189; *Meier-Seitz/Kröger/Heiter,* Auf dem Weg zu einem modernen Familienverfahrensrecht – die familienverfahrensrechtlichen Regelungen im Entwurf eines FamFG, FamRZ 2005, 1430; *Oberloskamp,* Beratungs- und Mitwirkungsauftrag der Jugendhilfe bei Trennung und Scheidung, Kind-Prax 2002, 3; *dies.,* Das Jugendamt zwischen Hilfe und Kontrolle – Neue Herausforderungen für die Jugendhilfe?, in: *Lipp* u.a. (Hrsg.), Kindesschutz und Kindesgefährdung – Neue Mittel und Wege?, 2007, S. 45 ff.; *Rieger,* Das neu FamFG – Zur Rolle des Jugendamts - Kompetenzzuwachs oder Überforderung?, | ZKJ 2009, 312; *Röchling,* Die Stellung des Jugendamts im familiengerichtlichen Verfahren, ZfJ 2004, 257; *Trenczek,* Familiengerichtliches Verfahren und Mitwirkung der Jugendhilfe nach dem FGG-Reformgesetz, ZKJ 2009, 97; *ders.,* Einvernehmliche Regelungen in Familiensachen - Neue Anforderungen durch das FamFG, FPR 2009, 335; *Vogel,* Das Hinwirken auf Einvernehmen in strittigen

---
[1] *Wiesner/Mörsberger* Rn. 2. Ausführlich *Jans/Happe-Happe/Saurbier* Rn. 2 ff. Die Ausführungsgesetze der Länder zum KJHG finden sich bei *Hauck/Noftz,* SGB VIII, C 105 ff.; *Krug/Riehle* unter Ordnungsnr. 5; *Jans/Happe* Abschnitt F. Übersicht bei *Wiesner* (Hrsg.) Anhang 7; *Kunkel* (Hrsg.) Anhang 3.

Kindschaftssachen, FamRZ 2010, 1870; *Wilmers-Rauschert*, Datenschutz in der freien Jugend- und Sozialhilfe, 2004. Siehe auch Schrifttum zu § 17.

I. Normzweck

1. Jugendamt als Träger eigener Aufgaben. Die Formulierung in der Überschrift und in Abs. 1 S. 2 soll mit dem Begriff der „Mitwirkung" in gerichtlichen Verfahren zum Ausdruck bringen, dass das Jugendamt nicht Hilfsorgan des Gerichts ist, sondern im Verfahren als Träger eigener Aufgaben eine eigenständige Position gegenüber dem Gericht einnimmt.[1] In Abs. 2 wird seine Mitwirkungsaufgabe bei der fachlichen Fundierung der richterlichen Entscheidungsfindung konkretisiert.[2] Das Jugendamt kann nach § 76 anerkannte Träger der freien Jugendhilfe an der Durchführung dieser Aufgaben beteiligen oder ihnen diese übertragen, bleibt aber für die Erfüllung verantwortlich. Die letzte Änderung erfolgte durch das Gesetz zur Änderung des Zugewinnausgleichs- und Vormundschaftsrechts vom 6. 7. 2009 (Vor § 1 Rn. 7).

2. Jugendamt als Adressat von Leistungsanordnungen des Gerichts. Ungeachtet der in § 50 betonten Eigenständigkeit des Jugendamtes kann und muss das FamG bei einer Gefährdung des Kindeswohls nach §§ 1666 Abs. 1 S. 1, 1666 a Abs. 1 BGB die tatbestandlichen Voraussetzungen von Jugendhilfeleistungen eigenverantwortlich beurteilen und diese Leistungen notfalls anordnen, wenn die Hilfe ein geeignetes und milderes Mittel im Verhältnis zu anderen Entscheidungen darstellt (oben § 1 Rn. 7). Voraussetzung dafür ist ferner, dass das Gesetz dem Kind oder dem Personensorgeberechtigten einen Rechtsanspruch auf die Leistung einräumt oder diese wenigstens durch eine Sollvorschrift als Regelverpflichtung ausgestaltet ist.[3] Vgl. weiter Rn. 5.

II. Unterstützungs- und Mitwirkungspflicht des Jugendamtes (Abs. 1)

1. Unterstützungspflicht. a) Fälle. Die Pflicht des Jugendamtes zur **Unterstützung** des FamG nach Abs. 1 S. 1 bezieht sich nur auf Maßnahmen, die die Personensorge für Kinder und Jugendliche betreffen. Die Personensorge umfasst nach § 1631 Abs. 1 BGB insbes. das Recht und die Pflicht, das Kind zu pflegen, zu erziehen, zu beaufsichtigen und seinen Aufenthalt zu bestimmen, vgl. im Einzelnen § 1626 BGB Rn. 32 ff. und die Erl. zu §§ 1631 ff. BGB. Maßnahmen des Gerichts sind insbes. die Übertragung des Entscheidungsrechts im Elternstreit (§ 1628 BGB), die Übertragung von Sorgerechtsangelegenheiten auf die Pflegeperson bei länger andauernder Familienpflege (§ 1630 Abs. 3 BGB), die Unterstützung der Eltern bei der Ausübung der Personensorge (§ 1631 Abs. 3 BGB), die Genehmigung einer mit Freiheitsentziehung verbundenen Unterbringung (§ 1631b BGB), die Anordnung der Kindesherausgabe gegenüber Dritten einschließlich einer etwaigen Verbleibensanordnung und die Regelung des Umgangs mit Dritten (§ 1632) sowie der Schutz des Kindes bei Gefährdung seines Wohls durch Sorgerechtsmissbrauch, Vernachlässigung, unverschuldetes Elternversagen oder durch das Verhalten Dritter (§§ 1666 Abs. 1, 1666 a BGB), die Regelung des Kindesumgangs mit dem nicht sorgeberechtigten Elternteil, den Großeltern, Geschwistern oder anderen engen Bezugspersonen (§§ 1684, 1685 BGB) und die Regelung der elterlichen Sorge während eines nicht nur vorübergehenden Getrenntlebens der Eltern (§§ 1671, 1672 BGB). Maßnahmen iSv. Abs. 1 S. 1 sind aber auch Verfahren, die ergänzend zu den zuvor genannten Regelungen hinzutreten, etwa die Entscheidung beim Meinungsstreit zwischen Eltern und Pfleger (§ 1630 Abs. 2), die Entscheidungen beim Ruhen der elterlichen Sorge eines Elternteils (§§ 1674, 1678 BGB) oder bei Bestellung eines Beistandes (§§ 1712 ff. BGB) sowie Änderungsentscheidungen (§ 1696 BGB). In Abs. 1 S. 2 sind weitere Maßnahmen benannt, in denen das Jugendamt eine **Mitwirkungspflicht** trifft. Die Mitwirkungspflicht hat einen höheren Grad an Verbindlichkeit als die Unterstützungspflicht in Abs. 1 S. 1.[4] Jedoch liegt bei Entscheidungen über die Personensorge nach S. 1 auch eine Kindschaftssache nach S. 2 Nr. 1 iVm. § 162 FamFG vor, so dass eine Mitwirkungspflicht auch für diese Sachen besteht.

b) Inhalt. Die Pflicht des Jugendamtes, das FamG in diesen Verfahren zu unterstützen, dient gem. Abs. 2 S. 1 zum einen dazu, dem Gericht die Fachkunde einer Behörde in Bereichen zugänglich zu machen, in denen der Richter auf Grund seiner Ausbildung in der Regel keine Fachkompetenz haben wird.[5] Weiter hat das Jugendamt das Gericht bei der Ermittlung des Sachverhalts zu

---

[1] BT-Drucks. 11/5948 S. 87; *Wiesner/Mörsberger* Vor § 50 Rn. 2 f., 63 ff.; *Krug/Riehle-Krug* Erl. II 4; *Jung/Jurgeleit* Rn. 2; *Kunkel/Röchling* Rn. 3 ff.
[2] BT-Drucks. 11/5948 S. 88.
[3] *Coester* FamRZ 1991, 253, 260.
[4] *Wiesner-Mörsberger/Wapler* Rn. 10.
[5] *Hauck/Noftz/Bohnert* K § 50 Rn. 1.

unterstützen. Näher konkretisiert wird die Unterstützungsaufgabe in Abs. 2 (Rn. 8 ff.). Die das Jugendamt treffende Pflicht zur Unterstützung entbindet das Gericht nicht von seiner eigenen Ermittlungspflicht gem. § 26 FamFG.[6]

c) Keine gerichtliche Weisungskompetenz. Die Vorschrift des § 50 bietet keine Grundlage 5 für das Gericht, dem Jugendamt verfahrensrechtliche Weisungen zu erteilen, etwa Fachkräfte zu Verhandlungsterminen einzubestellen; das Gericht kann allenfalls einen bestimmten Mitarbeiter des Jugendamtes als Zeugen laden und sich um eine Aussagegenehmigung bemühen.[7] Verfahrensrechtliche „Verfügungen" des Gerichts sind als Bitten zu werten. Erst recht kann das Gericht das Jugendamt nicht anweisen, bestimmte Ermittlungen durchzuführen.[8] Das Setzen von Fristen für die Einreichung von Stellungnahmen usw. sollte unterbleiben.[9] Die fehlende Weisungskompetenz des Gerichts schließt im Einzelfall die unter Rn. 2 genannten Leistungsanordnungen gegenüber dem Jugendamt nicht aus, da solche Anordnungen nicht auf Verfahrensvorschriften beruhen, sondern auf §§ 1666, 1666 a BGB.

2. Mitwirkung in den in S. 2 genannten Verfahren vor dem FamG. a) Mitwirkungs- 6
pflicht des Jugendamtes. Das Jugendamt ist zur Mitwirkung gem. S. 2 verpflichtet. Dies folgt aus dem Wortlaut („... hat ... mitzuwirken.").[10] Zudem steht die Pflicht des Gerichts, nach §§ 162 Abs. 1 S. 1, 176 Abs. 1, 194 Abs. 1, 205 Abs. 1, 213 Abs. 1 FamFG das Jugendamt zu hören, in einer notwendigen Wechselbezüglichkeit zur Pflicht des Jugendamtes zur Mitwirkung in diesen Verfahren; eine Regelung, die das Gericht zur Anhörung, nicht aber das Jugendamt zur Mitwirkung verpflichtet, gibt keinen Sinn.[11] Das Gericht hat keine Befugnis, eine konkrete Mitwirkungshandlung des Jugendamtes anzuordnen. Eine solche Befugnis scheitert schon daran, dass die Art und Weise der Mitwirkung der alleinigen Entscheidungskompetenz des Jugendamtes obliegt.[12] Im Einzelfall kann das Jugendamt auch zu der Entscheidung gelangen, im gerichtlichen Verfahren vollständig untätig zu bleiben. In diesem Falle sollte das Jugendamt allerdings zumindest diese Entscheidung und seine Entscheidungsgründe dem Gericht mitteilen. Unterbleibt auch dieser Hinweis, hat das Gericht nur die Möglichkeit, die Aufsichtsbehörde anzurufen oder Dienstaufsichtsbeschwerde einzulegen.[13] Zwangsmittel gegen das Jugendamt (nach § 35 FamFG) kann das Gericht nicht anordnen.[14]

b) Anhörungspflicht des Gerichts. Die Pflicht des Gerichts zur Anhörung des Jugendamtes 7 gem. §§ 162 Abs. 1 S. 1, 176 Abs. 1, 194 Abs. 1, 205 Abs. 1, 213 Abs. 1 FamFG soll diesem auch Anlass zur Prüfung geben, inwieweit ein fachgerechtes Hilfe- und Leistungsangebot im Hinblick auf erforderliche Interventionen zugunsten des betroffenen Kindes oder auch auf Hilfestellungen zugunsten einvernehmlicher oder zumindest möglichst wenig verletzender Konfliktlösungen im gerichtlichen Verfahren erfolgen muss.[15] Unterbleibt die Anhörung durch das Gericht, hat das Jugendamt ein Beschwerderecht gem. §§ 162 Abs. 3 S. 2, 176 Abs. 2 S. 2, 194 Abs. 2 S. 2, 205 Abs. 2 S. 2, 213 Abs. 2 S. 2, 58 ff. FamFG. Die Nichtbeachtung der Anhörungspflichten wird wegen der möglichen Ursächlichkeit dieses Verstoßes für die angefochtene Entscheidung regelmäßig zu deren Aufhebung und zur Zurückverweisung führen, und zwar auch dann, wenn erstinstanzliches Gericht und Beschwerdegericht abgesehen von der Unterlassung der Anhörung des Jugendamtes eigene sorgfältige Ermittlungen durchgeführt haben.[16]

III. Konkretisierung der Unterstützungs- und Mitwirkungspflichten (Abs. 2)

1. Berücksichtigung der Jugendhilfemöglichkeiten in der Entscheidung. Die Vor- 8 schrift des Abs. 2 konkretisiert Abs. 1 sowohl im Hinblick auf die Unterstützungs- als auch im Hinblick auf die Mitwirkungspflicht. Die Unterrichtung über angebotene oder erbrachte Leistungen, das Einbringen erzieherischer oder sozialer Gesichtspunkte zur Entwicklung des Kindes oder des Jugendlichen und der Hinweis auf weitere Möglichkeiten der Hilfe sollen sicherstellen, dass in

---

[6] OLG Frankfurt NDV 1992, 94; *Wiesner-Mörsberger/Wapler* Rn. 43; *Münder/Trenczeck* Rn. 11.
[7] *Münder/Trenczeck* Rn. 12; *Möller/Nix-Fieseler* Rn. 6. Kritisch *Wiesner-Mörsberger/Wapler* Rn. 44.
[8] *Jung/Jurgeleit* Rn. 4.
[9] *Willutzki* ZfJ 1994, 202 f.
[10] OLG Frankfurt NDV 1992, 94.
[11] BT-Drucks. 11/5948 S. 138.
[12] Vgl. *Münder/Trenczeck* Rn. 10, Vor §§ 50-52 Rn. 26 ff.
[13] *Oberloskamp* FamRZ 1992, 1241, 1247 f.
[14] OLG Schleswig-Holstein FamRZ 1994, 1129, 1130; OLG Oldenburg NJW-RR 1996, 650, beide zu § 33 FGG.
[15] BT-Drucks. 11/5948 S. 87 zu §§ 49, 49a FGG.
[16] OLG Köln FamRZ 1995, 1593, 1594 zu §§ 49, 49a FGG.

der gerichtlichen Entscheidung die Möglichkeiten der Jugendhilfe berücksichtigt werden können.[17] Die Einführung fachlicher Gesichtspunkte für die künftige Entwicklung des Kindes und der Hinweis auf weitere Hilfemöglichkeiten soll bei der richterlichen Ausfüllung des Begriffes Kindeswohl dessen Dynamik Rechnung tragen,[18] ebenso dem Umstand, dass die Kindesentwicklung wesentlich von weiteren fachlichen Hilfen abhängt.[19] Der Akzent der Stellungnahmen des Jugendamts verlagert sich damit weg von der früheren Konzentration auf eine Beschreibung des Status quo und der äußeren Verhältnisse hin zu einer intensiven Auseinandersetzung mit den Möglichkeiten zur Rekonstituierung der Familie.[20] Allerdings sehen sich die Stellungnahmen auch einer heftigen innerfachlichen Kritik ausgesetzt. Beispielsweise würden subjektive Einschätzungen nicht immer als solche kenntlich gemacht oder es bestehe eine übertriebene Fokussierung auf Defizite.[21]

9 **2. Entscheidungsvorschlag und gutachterliche Wertung kein zwingendes Erfordernis.** Abs. 2 S. 1 begründet keine Verpflichtung des Jugendamts, dem Gericht einen Entscheidungsvorschlag zu unterbreiten.[22] Auf der anderen Seite ist das Gericht nicht an einen etwaigen Entscheidungsvorschlag des Jugendamtes gebunden. Das Jugendamt ist auch nicht verpflichtet, eine gutachterliche Wertung vorzunehmen oder sonstige Empfehlungen auszusprechen. Dies könnte einer weiteren kooperativen Zusammenarbeit mit den Eltern entgegenstehen.[23] Auch kann das Gericht keine schriftliche Stellungnahme verlangen, obwohl eine solche in der Regel angezeigt ist.[24]

10 **3. Information über den Stand der Beratungen im frühen ersten Termin (S. 2).** Der frühe erste Termin in Kindschaftssachen gem. § 155 FamFG dient der Umsetzung des Beschleunigungsgebots. In dem Termin ist gem. § 155 Abs. 2 S. 3 FamFG das Jugendamt anzuhören. Der Termin soll spätestens einen Monat nach Beginn des Verfahrens stattfinden (§ 155 Abs. 2 S. 2 FamFG). In diesem Zeitraum kann das Jugendamt lediglich den Kontakt zu den Beteiligten herstellen und sich einen groben Überblick über die Konfliktsituation verschaffen. Das Gericht kann daher in diesem Termin in der Regel nur eine erste und vorläufige Einschätzung des Konflikts erwarten.[25]

11 **4. Datenschutzrechtliche Grenzen.** Um das Gericht über die dort genannten Umstände informieren zu können, muss das Jugendamt bei den Betroffenen **Daten erheben,** insbes. durch Gespräche mit dem Kind oder Jugendlichen, den Eltern, wichtigen Bezugspersonen usw. Vielfach werden zur Ermittlung dieser Umstände Hausbesuche notwendig sein. Nicht zulässig ist jedoch die Erhebung von Daten ohne Mitwirkung des Betroffenen, soweit nicht ein Ausnahmetatbestand nach § 62 Abs. 3 vorliegt. § 62 Abs. 3 Nr. 1, wonach Sozialdaten ohne Mitwirkung des Betroffenen erhoben werden dürfen, wenn eine gesetzliche Bestimmung dies vorschreibt oder erlaubt, findet keine Anwendung, da § 50 Abs. 1 und 2 nur eine Aufgabe des Jugendamtes formuliert, aber keine Befugnis einräumt.[26] Daraus folgt, dass auch die Durchführung von Hausbesuchen ohne oder gegen den Willen des Betroffenen nicht zulässig ist.[27] Die **Übermittlung von Daten** an das Gericht ist nur unter den Voraussetzungen der §§ 64 ff., § 67a ff. SGB X zulässig. Die Übermittlung darf insbes. mit dem Einverständnis des Betroffenen erfolgen (§ 65 Abs. 1 S. 1 Nr. 1). Im Übrigen dürfen Daten zu dem Zweck übermittelt werden, zu dem sie erhoben wurden (§ 67c Abs. 1). Daten, welche zum Zweck der Erfüllung der Aufgabe nach § 50 Abs. 1 und 2 erhoben wurden, dürfen also an das Gericht weitergegeben werden. Nach §§ 64 Abs. 1, 17 Abs. 2, § 69 Abs. 1 Nr. 1 SGB X darf das Jugendamt aber beispielsweise auch Daten übermitteln, um die Eltern bei der Entwicklung eines einvernehmlichen Konzepts für die Wahrnehmung der elterlichen Sorge zu unterstützen. Würde die Übermittlung der Daten an das Gericht den Erfolg der Unterstützung der Eltern gefährden, hat sie zu unterbleiben (oben § 17 Rn. 17). Werden im Rahmen der Erhebung von Daten zur Erfüllung der Aufgabe aus § 50 Abs. 1 und 2 den Mitarbeitern des Jugendamtes Daten iSd. § 65 Abs. 1 S. 1

---

[17] BT-Drucks. 11/5948 S. 88.
[18] BT-Drucks. 11/5948 S. 88.
[19] *Rauscher* NJW 1991, 1087, 1088.
[20] *Coester* FamRZ 1991, 253, 263.
[21] Weiterführend *Münder/Trenczeck* Vor §§ 50-52 Rn. 24; *Wiesner-Mörsberger/Wapler* Rn. 53.
[22] *Münder/Trenczeck* Vor §§ 50-52 Rn. 31; *Wiesner-Mörsberger/Wapler* Rn. 50.
[23] *Münder/Trenczeck* Vor §§ 50-52 Rn. 23; *Schellhorn/H. Schellhorn* Rn. 19. Eine Pflicht zur Stellungnahme nehmen aber an: OLG Schleswig-Holstein FamRZ 1994, 1129; OLG Köln FamRZ 1995, 1593, 1594; *Mrozynski* Rn. 3; *Krug/Riehle-Krug* Erl. IV.; wohl auch *Kunkel/Röchling* Rz. 79 ff.
[24] *Oberloskamp* in *Lipp* S. 45, 60 f.; *Münder/Trenczeck* Vor §§ 50-52 Rn. 30.
[25] *Wiesner-Mörsberger/Wapler* Rn. 57.
[26] *Wiesner-Mörsberger/Wapler* Rn. 13; *Wiesner/Mörsberger* § 62 Rn. 20 ff.
[27] *Wiesner-Mörsberger/Wapler* Vor § 50 Rn. 54. Anders *Krug/Riehle-Krug* Erl. IV.

"anvertraut", können diese Daten nur mit Einwilligung des Betroffenen weitergegeben werden.[28] Anvertraut sind Daten, wenn der Betroffene im Sinne einer subjektiven Zweckbindung von der Verschwiegenheit des Mitarbeiters ausgeht und dies ausdrücklich erklärt oder wenn dies aus den Umständen heraus erkennbar ist.[29]

§ 51 Beratung und Belehrung in Verfahren zur Annahme als Kind

(1) ¹Das Jugendamt hat im Verfahren zur Ersetzung der Einwilligung eines Elternteils in die Annahme nach § 1748 Abs. 2 Satz 1 des Bürgerlichen Gesetzbuchs den Elternteil über die Möglichkeit der Ersetzung der Einwilligung zu belehren. ²Es hat ihn darauf hinzuweisen, dass das Familiengericht die Einwilligung erst nach Ablauf von drei Monaten nach der Belehrung ersetzen darf. ³Der Belehrung bedarf es nicht, wenn der Elternteil seinen Aufenthaltsort ohne Hinterlassung seiner neuen Anschrift gewechselt hat und der Aufenthaltsort vom Jugendamt während eines Zeitraums von drei Monaten trotz angemessener Nachforschungen nicht ermittelt werden konnte; in diesem Fall beginnt die Frist mit der ersten auf die Belehrung oder auf die Ermittlung des Aufenthaltsorts gerichteten Handlung des Jugendamts. ⁴Die Fristen laufen frühestens fünf Monate nach der Geburt des Kindes ab.

(2) ¹Das Jugendamt soll den Elternteil mit der Belehrung nach Absatz 1 über Hilfen beraten, die die Erziehung des Kindes in der eigenen Familie ermöglichen könnten. ²Einer Beratung bedarf es insbesondere nicht, wenn das Kind seit längerer Zeit bei den Annehmenden in Familienpflege lebt und bei seiner Herausgabe an den Elternteil eine schwere und nachhaltige Schädigung des körperlichen und seelischen Wohlbefindens des Kindes zu erwarten ist. ³Das Jugendamt hat dem Familiengericht im Verfahren mitzuteilen, welche Leistungen erbracht oder angeboten worden sind oder aus welchem Grund davon abgesehen wurde.

(3) Sind die Eltern nicht miteinander verheiratet und haben sie keine Sorgeerklärungen abgegeben, so hat das Jugendamt den Vater bei der Wahrnehmung seiner Rechte nach § 1747 Abs. 1 und 3 des Bürgerlichen Gesetzbuchs zu beraten.

Schrifttum: *Coester*, Die Bedeutung des Kinder- und Jugendhilfegesetzes (KJHG) für das Familienrecht, FamRZ 1991, 253; *Frank*, Die Neuregelung des Adoptionsrechts, FamRZ 1998, 393; *Helms*, Das Einwilligungsrecht des Vaterschaftsprätendenten bei der Adoption eines nichtehelichen Kindes, JAmt 2001, 57; *Liermann*, Auswirkungen der Reform des Kindschaftsrechts auf das Recht der Adoption, FuR 1997, 217 und 266; *Oberloskamp*, KJHG und AdVermiG – Neben- oder miteinander?, ZfJ 2005, 346.

I. Normzweck

Die Vorschrift fasst die Regelungen für Belehrung und Beratung im Verfahren zur Annahme als 1 Kind zusammen. Die Abs. 1 und 2 betreffen die Ersetzung der elterlichen Einwilligung in die Adoption gem. § 1748. Die Vorschriften ergänzen (und wiederholen) die in § 1748 BGB normierten Aufgaben des Jugendamtes. Durch die Beratung nach Abs. 3 soll der Vater eines nichtehelichen Kindes in die Lage versetzt werden, von seinen Rechten vor der Adoption des Kindes Gebrauch zu machen.

II. Belehrung eines Elternteils vor Ersetzung seiner Einwilligung als Pflichtaufgabe des Jugendamtes (Abs. 1)

Übernahme von § 1748 Abs. 2 BGB. Die bis zum Inkrafttreten des KJHG nur im BGB 2 geregelte Belehrung eines Elternteils über die Möglichkeit einer Ersetzung seiner Einwilligung ist ohne sachliche Änderung in das Jugendhilferecht aufgenommen worden, weil sie dem Jugendamt obliegt und nicht dem Gericht.[1] Die Belehrung ist Pflicht des Jugendamtes. Wegen der Einzelfragen vgl. § 1748 BGB Rn. 20 ff.

---

[28] *Wiesner-Mörsberger/Wapler* Vor § 50 Rn. 47 ff.
[29] *Wiesner/Mörsberger* § 65 Rn. 12.
[1] BT-Drucks. 11/5948 S. 88.

III. Beratung eines Elternteils vor Ersetzung seiner Einwilligung als Sollaufgabe des Jugendamtes (Abs. 2)

3 **1. Ziele der Beratung.** Die Ersetzung der Einwilligung in die Adoption ist der stärkste Eingriff in das grundgesetzlich geschützte Elternrecht aus Art. 6 Abs. 1 S. 1 GG, nämlich dessen Entzug. Bevor es zu diesem Eingriff kommt, sollen der Herkunftsfamilie Hilfen angeboten werden, die ein Verbleiben des Kindes in der Familie ermöglichen könnten. Ziel der Beratung ist die Beseitigung der Gleichgültigkeit der Eltern. Eine Beratung, mit welcher den Eltern lediglich die Notwendigkeit der Adoption verdeutlicht werden soll, ist nicht ausreichend.[2] Die Vorschrift des Abs. 2 S. 1 regelt allerdings die Beratung als bloße Sollaufgabe. Ferner ist die Beratung auf Hilfen beschränkt, die ein Verbleiben des Kindes in der eigenen Familie erlauben; eine Beratung über Hilfen, die eine Unterbringung in einer anderen geeigneten Familie erlauben, ist nicht mehr erforderlich.[3] Die Beratung kann gem. S. 2 entfallen, wenn das Kind seit längerer Zeit bei den Annehmenden in Familienpflege lebt und bei einer Herausgabe an den Elternteil eine schwere und nachhaltige Schädigung des körperlichen und seelischen Wohlbefindens des Kindes zu erwarten ist. Diese Abschwächung der Beratung beruht darauf, dass Kinder, deren Adoption angestrebt wird, meist seit längerer Zeit außerhalb der eigenen Familie leben und nicht selten bereits intensive Bindungen zu ihren Pflegeeltern entwickelt haben.[4] Der Zeitpunkt der Ersetzung der Einwilligung nach § 1748 BGB ist für eine Beratung über Hilfen zum Verbleiben in der Familie zu spät angesetzt. Bemühungen um eine Refunktionalisierung der Familie müssen früher eingeleitet werden;[5] vgl. §§ 27, 36, 37. Die Beratung sollte in Form eines persönlichen Gesprächs erfolgen. Sie kann noch während des Ersetzungsverfahrens nachgeholt werden.[6] Ist der Aufenthalt des Vaters unbekannt, muss das Jugendamt (wie das Gericht, § 26 FamFG) diesen ermitteln. Lässt sich der Aufenthalt nicht feststellen, entfällt die Beratungspflicht gem. § 1747 Abs. 4 BGB analog.[7]

4 **2. Absehen von der Beratung. a) Verhältnis zu § 1748 Abs. 2 BGB.** Die Verpflichtung zur Beratung durch das Jugendamt wird wiederholt in § 1748 Abs. 2 S. 1 BGB. Nach dieser Vorschrift darf die Einwilligung in die Adoption nur ersetzt werden, wenn zuvor eine Beratung „nach Maßgabe" des § 51 Abs. 2 erfolgt ist. Mit diesem Wortlaut bringt der Gesetzgeber hinreichend klar zum Ausdruck, dass eine Beratung nicht in jedem Falle erfolgen muss; vielmehr kann die Ersetzung der Einwilligung ohne Beratung erfolgen, soweit nach § 51 Abs. 2 die Beratungspflicht entfällt.[8]

5 **b) Inhaltliche Voraussetzungen.** Ziel des Abs. 2 S. 2 ist es, beim Elternteil keine Hoffnung auf eine baldige Rückkehr des Kindes in die eigene Familie zu wecken, wenn das FamG eine Verbleibensanordnung getroffen hat oder auf Grund der Sachlage jederzeit treffen könnte.[9] Die Voraussetzungen, unter denen das Jugendamt von einer Beratung absehen darf, sind weitgehend dem Leitsatz des Beschlusses entnommen, mit dem das BVerfG 1984 die Verbleibensanordnung nach § 1632 Abs. 4 BGB für verfassungsgemäß erklärt hat.[10] Entgegen der amtl. Begr., wonach mit Abs. 2 S. 2 an die Interpretation des § 1632 Abs. 4 BGB durch das BVerfG angeknüpft werden sollte,[11] wird das Jugendamt in S. 2 jedoch nur von der Beratung freigestellt, wenn eine schwere und nachhaltige Schädigung des „körperlichen *und* seelischen Wohlbefindens des Kindes" zu erwarten ist, während das BVerfG die Verbleibensanordnung für den Fall einer entspr. Schädigung des „körperlichen *oder* seelischen Wohlbefindens" gebilligt hat. Diese Abweichung dürfte jedoch nicht zu einer inhaltlichen Verschärfung der Anforderungen, unter denen die Beratungspflicht entfällt, führen. Denn aus der Verwendung des Wortes „insbesondere" ergibt sich, dass die Beratung nicht nur in den in § 51 Abs. 2 S. 2 ausdrücklich genannten Fällen unterbleiben kann; auch in anderen Konstellationen kann das Jugendamt auf die Beratung verzichten, etwa wenn der Elternteil durch ein beleidigendes Schreiben an das Jugendamt deutlich macht, dass er zu einer Beratung nicht zur Verfügung stehen wird.[12]

---

[2] *Staudinger/Frank* § 1748 Rn. 35; *Hauck/Noftz/Bohnert* K § 51 Rn. 22.
[3] Einschränkend *Wiesner/Oberloskamp* Rn. 23.
[4] Vgl. BT-Drucks. 11/5948 S. 88 f., auch zum folgenden Text.
[5] *Coester* FamRZ 1991, 253, 262.
[6] BayObLG München ZfJ 1997, 475, 476; FamRZ 1998, 55, 56.
[7] *Kunkel/Röchling* Rn. 55.
[8] Oben § 1748 BGB Rn. 22, 31; BayObLG München FamRZ 1997, 514, 516; OLG Hamm FamRZ 1991, 1103, 1105; *Staudinger/Frank* § 1748 Rn. 36; *Wiesner/Oberloskamp* Rn. 26; *Münder/Trenczeck* Rn. 25 ff.; *Schellhorn/H. Schellhorn* Rn. 13. Anders *Krug/Riehle-Krug* Erl. III.
[9] BT-Drucks. 11/5948 S. 89.
[10] BVerfGE 68, 176 = NJW 1985, 423.
[11] BT-Drucks. 11/5948 S. 89.
[12] BayObLG München FamRZ 1997, 514, 516.

3. Mitteilung über erbrachte oder angebotene Leistungen. Die in S. 3 geforderte 6
Unterrichtung des FamG über erbrachte oder angebotene Leistungen bzw. die Angabe von Gründen
für das Absehen von Leistungsangeboten dient der fachlichen Fundierung der Kindeswohlprüfung
nach § 1741 Abs. 1 S. 1 BGB. Die Mitteilungspflicht besteht auch, wenn eine Beratung nicht durchgeführt wurde.

IV. Beratung des Vaters eines Kindes, dessen Eltern nicht miteinander verheiratet sind und die keine Sorgeerklärung abgegeben haben (Abs. 3)

1. Allgemeines. Mit dem Kindschaftsrechtsreformgesetz vom 16. 12. 1997 (Vor § 1 Rn. 5) 7
wurde die Rechtsstellung des (vermutlichen) Vaters eines Kindes, dessen Eltern nicht verheiratet
sind, im Hinblick auf dessen Adoption verbessert, ihm stehen nunmehr die in § 1747 Abs. 1 und 3
BGB genannten Rechte zu. Eine Beratung über die Wahrnehmung seiner Rechte setzt voraus, dass
dem Vater seine Rechtsposition umfassend erklärt wird, wobei auch auf seine sonstigen Rechte,
insbes. auf ihm nach dem SGB VIII anzubietenden Hilfen sowie sonstige Ansprüche (etwa nach
dem SGB XII) hinzuweisen ist. Daneben sind dem Vater insbes. die Lage des Kindes und dessen
Entwicklungsmöglichkeiten zu erläutern. Dem Vater ist zu verdeutlichen, dass entscheidend für sein
Vorgehen das Wohl des Kindes sein sollte.[13] Die Beratung hat nach Möglichkeit mehrere Wochen
vor Beginn der Adoptionspflege zu erfolgen, damit einerseits die Adoptionspflege nicht durch eine
rechtlich ungeklärte Situation belastet wird und andererseits dem Vater eine angemessene Entscheidungsfrist bleibt.[14]

2. Feststehende Vaterschaft. Steht die Vaterschaft des nicht mit der Mutter verheirateten 8
Vaters fest und sind keine Sorgeerklärungen abgegeben, bestimmen sich seine Rechte nach § 1747
Abs. 3 BGB (§ 1747 BGB Rn. 25 ff.). Seine Einwilligung kann unter den erleichterten Voraussetzungen des § 1748 Abs. 4 BGB ersetzt werden (§ 1748 BGB Rn. 57 ff.).

3. Nicht feststehende Vaterschaft. § 51 Abs. 3 verweist auch auf § 1747 Abs. 1 S. 2 BGB. 9
Nach dieser Regelung hängt die Adoption von der Einwilligung eines Mannes ab, welcher die
Voraussetzungen des § 1600d Abs. 2 BGB glaubhaft macht, sofern nicht gem. § 1592 BGB die
Vaterschaft eines anderen Mannes feststeht.[15] Dem Wortlaut der Norm lässt sich nicht entnehmen,
dass der mögliche Vater bereits ein Verfahren auf Feststellung der Vaterschaft nach § 1600d BGB
eingeleitet und innerhalb dieses Verfahrens bereits die Voraussetzungen des § 1600d Abs. 2 BGB
glaubhaft gemacht haben muss (§ 1747 BGB Rn. 10 f.).[16] Die Beratungspflicht erfasst also auch
solche Männer, die das Verfahren auf Vaterschaftsfeststellung noch nicht betreiben, aber im Rahmen
des Adoptionsverfahrens die Beiwohnung glaubhaft gemacht haben. Wendet sich ein Mann an das
Jugendamt, welcher davon ausgeht, der Vater des Kindes zu sein, ist auch dieser Mann gem. § 14
SGB I zumindest darüber aufzuklären, dass ihm im Falle der Glaubhaftmachung der Voraussetzungen
des § 1600d BGB die Rechte nach § 1747 Abs. 1 BGB und damit auch der weitergehende Beratungsanspruch nach Abs. 3 gegenüber dem Jugendamt zustehen. Ist der biologische Vater des Kindes
nicht bekannt und weigert sich die Mutter, ihn zu benennen, ist das Jugendamt nicht verpflichtet,
Nachforschungen anzustellen. Hat das Jugendamt jedoch Hinweise auf den Vater erhalten, sollte es
diesen über das Annahmeverfahren informieren bzw. die Hinweise zumindest an das FamG weiterleiten.[17]

V. Fehlende Belehrung und Beratung

Unterbleibt die Belehrung oder die Beratung, obwohl sie hätte erfolgen müssen (Rn. 4 f., § 1748 10
Rn. 9 f.), berührt dies zunächst nur die Rechtmäßigkeit des Ersetzungsverfahrens gem. § 1748 BGB.
Gegen die Ersetzungsentscheidung kann der Elternteil mit der Beschwerde nach §§ 58, 63 Abs. 1
FamFG vorgehen. Dagegen führt die fehlende Belehrung und Beratung nicht zur Unwirksamkeit
des Beschlusses über die Annahme als Kind gem. § 1752 BGB. Der Beschluss über die Annahme als
Kind kann vielmehr nur unter den strengen Voraussetzungen der §§ 1759 ff. BGB aufgehoben werden. Diese werden in aller Regel nicht vorliegen. Unterblieb im Einzelfall die Beratung des Vaters
eines nichtehelichen Kindes und wäre dieser zur Übernahme der Elternverantwortung bereit gewesen, berührt dies zwar seine verfassungsrechtliche Elternposition aus Art. 6 Abs. 2 S. 1 GG. Allein

---

[13] *Wiesner/Oberloskamp* Rn. 44.
[14] *Wiesner/Oberloskamp* Rn. 48 f.
[15] Kritisch zu dieser Einschränkung *Helms* JAmt 2001, 57, 63.
[16] *Frank* FamRZ 1998, 393, 394 f. Anders *Liermann* FuR 1997, 217, 221; *Wiesner/Oberloskamp* Rn. 35 f.
[17] Ähnlich *Helms* JAmt 2001, 57, 60.

dieser Umstand stellt aber keinen schwerwiegenden Grund dar, der iSd. § 1763 Abs. 1 BGB eine Aufhebung zum Wohle des Kindes erforderlich macht.[18] Zudem sind die Fälle der nicht ausreichenden Mitwirkung des Elternteils, welche zur Aufhebung der Adoption führen, in § 1760 BGB abschließend aufgeführt. Der betroffene Elternteil wird sich daher allenfalls auf eine etwaige Verfassungswidrigkeit des § 1760 BGB berufen können.

§ 52 Mitwirkung in Verfahren nach dem Jugendgerichtsgesetz

(Vom Abdruck wurde abgesehen.)

Vierter Abschnitt. Beistandschaft, Pflegschaft und Vormundschaft für Kinder und Jugendliche, Auskunft über Nichtabgabe von Sorgeerklärungen

§ 52a Beratung und Unterstützung bei Vaterschaftsfeststellung und Geltendmachung von Unterhaltsansprüchen

(1) ¹Das Jugendamt hat unverzüglich nach der Geburt eines Kindes, dessen Eltern nicht miteinander verheiratet sind, der Mutter Beratung und Unterstützung insbesondere bei der Vaterschaftsfeststellung und der Geltendmachung von Unterhaltsansprüchen des Kindes anzubieten. ²Hierbei hat es hinzuweisen auf
1. die Bedeutung der Vaterschaftsfeststellung,
2. die Möglichkeiten, wie die Vaterschaft festgestellt werden kann, insbesondere bei welchen Stellen die Vaterschaft anerkannt werden kann,
3. die Möglichkeit, die Verpflichtung zur Erfüllung von Unterhaltsansprüchen nach § 59 Abs. 1 Satz 1 Nr. 3 beurkunden zu lassen,
4. die Möglichkeit, eine Beistandschaft zu beantragen, sowie auf die Rechtsfolgen einer solchen Beistandschaft,
5. die Möglichkeit der gemeinsamen elterlichen Sorge.
³Das Jugendamt hat der Mutter ein persönliches Gespräch anzubieten. ⁴Das Gespräch soll in der Regel in der persönlichen Umgebung der Mutter stattfinden, wenn diese es wünscht.

(2) Das Angebot nach Absatz 1 kann vor der Geburt des Kindes erfolgen, wenn anzunehmen ist, dass seine Eltern bei der Geburt nicht miteinander verheiratet sein werden.

(3) ¹Wurde eine nach § 1592 Nr. 1 oder 2 des Bürgerlichen Gesetzbuchs bestehende Vaterschaft zu einem Kind oder Jugendlichen durch eine gerichtliche Entscheidung beseitigt, so hat das Gericht dem Jugendamt Mitteilung zu machen. ²Absatz 1 gilt entsprechend.

(4) Das Standesamt hat die Geburt eines Kindes, dessen Eltern nicht miteinander verheiratet sind, unverzüglich dem Jugendamt anzuzeigen.

Schrifttum: *Greßmann/Beinkinstadt*, Das Recht der Beistandschaft, §§ 18, 52 a ff. SGB VIII, 1998; *Ollmann*, Beratung nicht miteinander verheirateter Eltern über die gemeinsame Sorge, ZfJ 2000, 454; *Wolf*, Beratung und Unterstützung nach § 52a SGB VIII, DAVorm. 1998, 883. Vgl. auch Schrifttum zu § 55.

I. Normzweck

1 § 52a wurde durch das Beistandschaftsgesetz vom 4. 12. 1997 (BGBl. I S. 2846) eingefügt. Die Vorschrift verpflichtet das Jugendamt, der Mutter eines nichtehelichen Kindes Beratung und Unterstützung anzubieten, insbes. sie auf die Möglichkeit der Beantragung einer Beistandschaft nach §§ 1712 ff. BGB hinzuweisen. Mit der Regelung sollten die Nachteile des Wegfalls der gesetzlichen Amtspflegschaft und deren Ersetzung durch die freiwillige Beistandschaft aufgefangen werden (Vor

---
[18] So auch *Wiesner/Oberloskamp* Rn. 50. Dies hält aber für möglich *Palandt/Diederichsen* § 1747 Rn. 6.

§ 1712 BGB Rn. 6 ff.). Da es allein der Initiative der Mutter obliegt, die Vaterschaft des Kindes feststellen zu lassen, ist das Jugendamt verpflichtet, anlässlich der Geburt des Kindes, die Mutter zumindest über die Bedeutung einer Vaterschaftsfeststellung, die Möglichkeit der Beistandschaft und die Möglichkeit der gemeinsamen elterlichen Sorge in Kenntnis zu setzen. Nach diesen Hinweisen kann die Mutter ihren Beratungs- und Unterstützungsanspruch aus Abs. 1 gegen das Jugendamt geltend machen. Schließlich kann sie sich zur Inanspruchnahme der Beistandschaft oder zusammen mit dem Vater zur Abgabe einer Sorgeerklärung nach § 1626a Abs. 1 BGB entschließen. Nach Abs. 2 kann das Angebot nach Abs. 1 auch bereits vor der Geburt des Kindes gemacht werden. Abs. 3 begründet eine Informationspflicht des Gerichts an das Jugendamt für den Fall, dass eine Vaterschaft erfolgreich angefochten wurde. Auf die Beratung und Unterstützung besteht ein Rechtsanspruch der Mutter. Durch das Gesetz zur Reform des Personenstandsrechts (Vor § 1 Rn. 7) wurde zuletzt Abs. 4 angehängt, der die Anzeigepflicht des Jugendamts aus dem früheren § 21b S. 1 PStG übernimmt.

II. Angebot der Beratung und Unterstützung (Abs. 1 und 4)

1. Allgemeines. Gem. Abs. 4 ist der Standesbeamte verpflichtet, die Geburt eines Kindes, dessen Eltern nicht miteinander verheiratet sind, unverzüglich dem Jugendamt zu melden. Daraufhin hat gem. Abs. 1 das Jugendamt unverzüglich („ohne schuldhaftes Zögern", § 121 Abs. 1 S. 1 BGB) auf die in S. 2 genannten rechtlichen Möglichkeiten hinzuweisen sowie die Beratung und Unterstützung im Rahmen eines persönlichen Gesprächs anzubieten. Das Beratungs- und Unterstützungsangebot muss sich nicht auf die Vaterschaftsfeststellung und die Geltendmachung von Unterhaltsansprüchen beschränken, wie die Verwendung des Wortes „insbesondere" zeigt. Nach S. 3 muss ein persönliches Gespräch angeboten werden; ein Telefongespräch ist insoweit nicht ausreichend.[1] Dem liegt der Gedanke zugrunde, dass die Mutter oftmals nur im Rahmen eines persönlichen Gesprächs bereit sein wird, den Erzeuger zu benennen. S. 4, wonach in der Regel das Gespräch in der persönlichen Umgebung der Mutter stattfinden soll, wenn diese es wünscht, begründet einen entsprechenden Rechtsanspruch der Mutter, soweit nicht ein Ausnahmetatbestand gegeben ist.[2] Die Mutter ist nicht verpflichtet, das Beratungs- und Unterstützungsangebot anzunehmen; auch darf das Jugendamt insoweit keinen Druck auf die Mutter ausüben.[3] Ein unzulässiger Druck entsteht gleichwohl noch nicht dadurch, dass das Jugendamt das Angebot wiederholt.[4]

2. Hinweispflichten. Mit dem Hinweis auf die Bedeutung der Vaterschaftsfeststellung für das Kind nach **S. 2 Nr. 1** soll der Mutter die Bedeutung des aus dem Persönlichkeitsrecht des Kindes (Art. 2 Abs. 1 iVm. Art. 1 Abs. 1 GG) fließenden Rechts auf Kenntnis seiner Abstammung[5] verdeutlicht werden.[6] Die Kenntnis der biologischen Abstammung hängt hingegen nicht zwingend von der Vaterschaftsfeststellung ab. Die Bedeutung der Vaterschaftsfeststellung liegt eher in der statusrechtlichen Begründung der Eltern-Kind-Beziehung und deren rechtlichen Folgen, wie dem Entstehen von Unterhaltsanspruch und Erbrecht des Kindes. Von praktischer Bedeutung ist der Hinweis darauf, dass nach § 1 Abs. 3 UVG kein Anspruch auf Unterhaltsleistung besteht, wenn die Mutter sich weigert, bei der Vaterschaftsfeststellung mitzuwirken.[7] Nach **S. 2 Nr. 2** ist die Mutter weiter auf die Möglichkeiten der Vaterschaftsfeststellung hinzuweisen, insbes. auf die Stellen, bei welchen die Vaterschaft anerkannt werden kann. Die Möglichkeiten der Vaterschaftsfeststellung sind die Anerkennung der Vaterschaft gem. §§ 1592 Nr. 2, 1594 ff. BGB und die gerichtliche Feststellung der Vaterschaft gem. § 1600d BGB. Stellen, bei denen die Vaterschaft anerkannt werden kann, sind das Standesamt (§ 44 PStG), der Notar (§ 20 BNotO), das Amtsgericht (§ 62 Abs. 1 Nr. 1 BeurkG) oder das Jugendamt gem. § 59 Abs. 1 S. 1 Nr. 1. Die Beurkundung durch das Jugendamt ist gem. § 64 Abs. 2 S. 3 Nr. 2 SGB X kostenfrei.[8] Die Mutter ist gem. **S. 2 Nr. 3** ferner darauf hinzuweisen, dass gem. § 59 Abs. 1 S. 1 Nr. 3 die Unterhaltsansprüche des Kindes gegen den Erzeuger beurkundet werden können. Die Beurkundung ist ebenfalls gem. § 64 Abs. 2 S. 3 Nr. 2 SGB X kostenfrei. Wichtig ist der nach **S. 2 Nr. 4** notwendige Hinweis auf die Möglichkeit der Beistandschaft gem. §§ 1712 ff.

---

[1] *Kunkel/Kunkel* Rn. 19; *Jung/Jung* Rn. 9.
[2] *Möller/Nix-Müller* Rn. 4. Kritisch zu dieser Bestimmung *Kunkel/Kunkel* Rn. 19: Gängelung der Fachkräfte der Sozialarbeit durch normative Einkleidung sozialarbeiterischen Handelns.
[3] *Wiesner/Wiesner* Rn. 15; *Möller/Nix-Müller* Rn. 2.
[4] AA *Wiesner/Wiesner* Rn. 15; *Möller/Nix-Müller* Rn. 2.
[5] Dazu *Helms*, Die Feststellung der biologischen Abstammung, 1999, S. 151 ff. mwN; oben § 1618a BGB Rn. 14.
[6] *Kunkel/Kunkel* Rn. 6; *Wiesner/Wiesner* Rn. 7.
[7] *Kunkel/Kunkel* Rn. 7.
[8] Gem. § 97c kann im Landesrecht eine Gebührenpflicht eingeführt werden.

BGB (vgl. auch § 55). Schließlich ist nach **S. 2 Nr. 5** auf die Möglichkeit der gemeinsamen elterlichen Sorge hinzuweisen. Die gemeinsame elterliche Sorge können die nicht miteinander verheirateten Eltern durch Sorgeerklärung gem. §§ 1626a Abs. 1 Nr. 1, 1626 b ff. BGB, aber auch durch Heirat (§ 1626a Abs. 1 Nr. 2 BGB) erlangen.

III. Hilfeangebot vor der Geburt (Abs. 2)

4   Es steht im Ermessen des Jugendamtes, bereits vor der Geburt auf das Angebot nach Abs. 1 hinzuweisen, wenn anzunehmen ist, dass die Eltern des Kindes bei der Geburt nicht verheiratet sein werden. Insbes. obliegt es den Stellen der Schwangerschaftskonfliktberatung, die Schwangere auf die möglichen Hilfen durch das Jugendamt aufmerksam zu machen.

IV. Nachträgliche Hilfe bei Scheinvaterschaft (Abs. 3)

5   Ficht ein Mann seine Vaterschaft gem. §§ 1600 ff. BGB erfolgreich an, muss das Gericht dem Jugendamt dies mitteilen. Das Jugendamt hat in diesem Fall nachträglich das Angebot nach Abs. 1 zu machen.

§ 53 Beratung und Unterstützung von Pflegern und Vormündern

(1) Das Jugendamt hat dem Familiengericht Personen und Vereine vorzuschlagen, die sich im Einzelfall zum Pfleger oder Vormund eignen.

(2) Pfleger und Vormünder haben Anspruch auf regelmäßige und dem jeweiligen erzieherischen Bedarf des Mündels entsprechende Beratung und Unterstützung.

(3) ¹Das Jugendamt hat darauf zu achten, dass die Vormünder und Pfleger für die Person der Mündel, insbesondere ihre Erziehung und Pflege, Sorge tragen. ²Es hat beratend darauf hinzuwirken, dass festgestellte Mängel im Einvernehmen mit dem Vormund oder dem Pfleger behoben werden. ³Soweit eine Behebung der Mängel nicht erfolgt, hat es dies dem Familiengericht mitzuteilen. ⁴Es hat dem Familiengericht über das persönliche Ergehen und die Entwicklung eines Mündels Auskunft zu erteilen. ⁵Erlangt das Jugendamt Kenntnis von der Gefährdung des Vermögens eines Mündels, so hat es dies dem Familiengericht anzuzeigen.

(4) ¹Für die Gegenvormundschaft gelten die Absätze 1 und 2 entsprechend. ²Ist ein Verein Vormund, so findet Absatz 3 keine Anwendung.

I. Normzweck

1   Die Vorschrift dient unterschiedlichen Zielen: Abs. 1 begründet eine Pflicht des Jugendamtes, Pfleger oder Vormünder vorzuschlagen. Abs. 2 schreibt Beratung und Unterstützung für Pfleger und Vormünder vor, und Abs. 3 trifft Vorsorge für Konflikte mit Vormündern oder Pflegern. Abs. 4 erstreckt den Anwendungsbereich der Norm auf die Gegenvormundschaft (§ 1792 BGB).

II. Vorschlagspflicht (Abs. 1)

2   Die in Abs. 1 geregelte Vorschlagspflicht des Jugendamtes gilt für diejenigen Fälle, in denen das FamG die Pfleger oder Vormünder auszuwählen hat, nicht aber dann, wenn berufene Personen lediglich zu bestellen sind (§§ 1776 bis 1778, 1792 Abs. 4 BGB). Ziel der Vorschlagspflicht ist es, dem Vorrang der Einzelvormundschaft bzw. -pflegschaft (§§ 1791a Abs. 1 S. 2, 1791 b Abs. 1 S. 1, 1915 BGB) Geltung zu verschaffen.[1] Die vom Jugendamt zu prüfende Geeignetheit ist am Wohl der Minderjährigen zu orientieren; bei Personen ist sie an sachlichen, intellektuellen und charakterlichen Maßstäben zu messen, bei Vereinen an Fachlichkeit, Organisation und Wirtschaftlichkeit.[2] Die Suche nach geeigneten Pflegern, Vormündern und Gegenvormündern ist nicht allein Aufgabe des Jugendamtes; vielmehr trifft auch das Gericht ebenfalls eine Pflicht zum Tätigwerden.[3] Die Kriterien, nach denen das FamG einen Vormund auszuwählen hat, werden in § 1779 Abs. 2 S. 1 BGB

---
[1] *Münder/Proksch* Rn. 3.
[2] *Münder/Proksch* Rn. 2; *Möller/Nix/Witte* Rn. 5.
[3] BT-Drucks. 11/5948 S. 90. Vgl. OLG Hamm FamRZ 2010, 1684.

dahin festgelegt, dass die Person nach ihren persönlichen Verhältnissen und ihrer Vermögenslage sowie nach den sonstigen Umständen zur Führung der Vormundschaft geeignet sein muss. Nach S. 2 aaO ist bei mehreren geeigneten Personen auf den mutmaßlichen Willen der Eltern, die persönlichen Bindungen des Mündels, die Verwandtschaft oder Schwägerschaft mit dem Mündel sowie auf das religiöse Bekenntnis des Mündels Rücksicht zu nehmen. Der Vormund ist gem. § 1779 Abs. 1 BGB nach Anhörung des Jugendamtes auszuwählen. Bei Nichtanhörung oder Auswahl eines anderen als des vom Jugendamt vorgeschlagenen Vormunds ist das Jugendamt grundsätzlich nach § 162 Abs. 3 S. 2 FamFG zur Beschwerde berechtigt.[4]

III. Anspruch auf Beratung und Unterstützung (Abs. 2); Aufsicht über Vormünder und Mitteilungspflichten gegenüber dem Jugendamt (Abs. 3); Anwendbarkeit der Vorschriften auf Gegenvormünder (Abs. 4)

1. Beratung und Unterstützung. Abs. 2 begründet einen Rechtsanspruch des Vormunds oder Pflegers auf Beratung und Unterstützung. Diese können regelmäßig, also auf Dauer in Anspruch genommen werden; sie müssen zudem dem jeweiligen erzieherischen Bedarf des Mündels entsprechen, also einzelfallgerecht sein. Abs. 2 bezieht die Beratung und Unterstützung zunächst auf die Erziehung des Mündels; daneben steht nach wie vor die Beratung und Unterstützung bei den rechtlichen Aufgaben der Pfleger und Vormünder.[5] Beratung und Unterstützung können allgemein – durch Fortbildungsveranstaltungen, Merkblätter usw. – oder individuell beansprucht werden, etwa durch Hilfe beim Abfassen von Anträgen und Klagen oder durch Hinweise auf für den Mündel geeignete erzieherische Hilfen.[6]   3

2. Aufsicht über Pfleger und Vormünder. Abs. 3 S. 1 schafft keine Eingriffsbefugnisse des Jugendamtes,[7] begründet aber in der Sache gleichwohl eine Aufsichtspflicht des Jugendamtes über Vormünder und Pfleger.[8] Das Jugendamt ist dabei nicht Hilfsorgan des FamFG, wenn es auch die gleichgerichtete Aufgaben hat.[9] Diese Position wird durch Abs. 3 S. 2 unterstrichen: Die hier eingeführte Pflicht zur einvernehmlichen Problemlösung soll den Vorrang der Beratung vor Kontrolle und Eingriff verdeutlichen.[10]   4

3. Mitteilungspflichten gegenüber dem FamG. Beim Scheitern der kooperativen Mängelbehebung hat das Jugendamt dies nach Abs. 3 S. 3 dem FamG mitzuteilen. Das FamG schreitet dann nach § 1837 BGB ein, wenn sich die nicht behobenen Mängel als Pflichtwidrigkeiten erweisen. Ferner hat das Jugendamt dem FamG nach Abs. 3 S. 4 über das persönliche Ergehen und die Entwicklung des Mündels Auskunft zu erteilen. Der Umfang der Auskunftspflicht nach S. 4 bestimmt sich nach ihrer Funktion: Danach hat das Jugendamt nicht regelmäßig allgemeine Auskünfte zu erteilen, sondern muss dem FamG lediglich über Tatsachen berichten, welche möglicherweise Pflichtwidrigkeiten darstellen, die gem. § 1837 BGB ein Einschreiten des FamG veranlassen könnten (dazu § 1837 Rn. 13 ff.).[11] Bei Gefährdung des Vermögens des Mündels trifft das Jugendamt gem. Abs. 3 S. 5 nur eine Anzeigepflicht.   5

4. Anwendbarkeit der Vorschriften auf Gegenvormünder. Die Vorschrift des Abs. 4 S. 1 sieht die entspr. Anwendung der Abs. 1 bis 2 auf den Gegenvormund (§ 1792 BGB) vor. Der Ausschluss der Anwendung von Abs. 3 auf die Vereinsvormundschaft beruht darauf, dass diese dem Erlaubnisvorbehalt des § 54 unterliegt und damit weniger kontrollbedürftig erscheint.   6

§ 54 Erlaubnis zur Übernahme von Vereinsvormundschaften

(1) ¹Ein rechtsfähiger Verein kann Pflegschaften oder Vormundschaften übernehmen, wenn ihm das Landesjugendamt dazu eine Erlaubnis erteilt hat. ²Er kann eine Beistandschaft übernehmen, soweit Landesrecht dies vorsieht.

---

[4] *Münder/Proksch* Rn. 4.
[5] *Münder/Proksch* Rn. 7; *Möller/Nix/Witte* Rn. 6; *Jung/Jung* Rn. 5.
[6] *Münder/Proksch* Rn. 7.
[7] BT-Drucks. 11/5948 S. 90; *Hauck/Noftz/Greßmann* K § 53 Rn. 7; *Münder/Proksch* Rn. 8; *Wiesner/Wiesner* Rn. 13 f.; *Jung/Jung* Rn. 6; *Möller/Nix/Witte* Rn. 8.
[8] *Wiesner/Wiesner* Rn. 11.
[9] *Wiesner/Wiesner* Rn. 11.
[10] BT-Drucks. 11/5948 S. 90.
[11] *Münder/Proksch* Rn. 9; *Wiesner/Wiesner* Rn. 15; *Möller/Nix/Witte* Rn. 8.

(2) Die Erlaubnis ist zu erteilen, wenn der Verein gewährleistet, dass er
1. eine ausreichende Zahl geeigneter Mitarbeiter hat und diese beaufsichtigen, weiterbilden und gegen Schäden, die diese anderen im Rahmen ihrer Tätigkeit zufügen können, angemessen versichern wird,
2. sich planmäßig um die Gewinnung von Einzelvormündern und Einzelpflegern bemüht und sie in ihre Aufgaben einführt, fortbildet und berät,
3. einen Erfahrungsaustausch zwischen den Mitarbeitern ermöglicht.

(3) ¹Die Erlaubnis gilt für das jeweilige Bundesland, in dem der Verein seinen Sitz hat. ²Sie kann auf den Bereich eines Landesjugendamts beschränkt werden.

(4) ¹Das Nähere regelt das Landesrecht. ²Es kann auch weitere Voraussetzungen für die Erteilung der Erlaubnis vorsehen.

I. Normzweck

1   Die Vorschrift bestimmt die Voraussetzungen, unter denen einem rechtsfähigen Verein vom Landesjugendamt die Erlaubnis erteilt werden darf, Pflegschaften oder Vormundschaften zu übernehmen. Gegenüber der Amtsvormundschaft genießt die Vereinsvormundschaft wegen § 56 Abs. 4 Vorrang.[1] Die Tätigkeit der gemeinnützigen und freien Vereinigungen, die Vormundschaften und Pflegschaften übernehmen, ist von bes. Wichtigkeit, weil diese Vereine dem FamG nicht nur engagierte und fachlich versierte Vormünder stellen, die Kinder und Jugendliche in persönlicher Weise und fachgerecht unterstützen, sondern damit auch die öffentlichen Träger entlasten. Die Möglichkeit der Übernahme einer Beistandschaft durch einen Verein kann nach Abs. 1 S. 2, Art. 144 EGBGB landesrechtlich geschaffen werden. Die Anerkennung von Betreuungsvereinen ist in § 1908f BGB entsprechend geregelt. Die jetzige Fassung erhielt die Norm durch das Beistandschaftsgesetz (Vor § 1 Rn. 5).

II. Erlaubnisvorbehalt (Abs. 1); Geltungsbereich der Erlaubnis (Abs. 3) und Landesrechtsvorbehalt (Abs. 4 S. 1)

2   **1. Erlaubnisvorbehalt.** Abs. 1 unterstellt die Übernahme von Pflegschaften und Vormundschaften durch rechtsfähige Vereine einem Erlaubnisvorbehalt.[2] Die Erlaubnis ist Voraussetzung dafür, dass das Gericht einen Verein zum Vormund (§ 1791a BGB), Pfleger (§ 1915 BGB) oder Gegenvormund (§ 1792 BGB) bestellt. Der Verein muss rechtsfähig sein (§ 21 BGB). Sachlich zuständig für die Erlaubniserteilung ist das Landesjugendamt (§ 85 Abs. 2 Nr. 10). Örtlich zuständig ist der überörtliche Träger, in dessen Bereich der Verein seinen Sitz hat (§ 87d Abs. 2). Als Sitz des Vereins gilt nach § 24 BGB der Ort, an dem die Verwaltung geführt wird, sofern nicht in der Satzung nach § 57 Abs. 1 BGB etwas anderes bestimmt. Die Entscheidung über den Antrag auf Erlaubniserteilung ist ein Verwaltungsakt; wird die Erlaubnis, auf die unter den Voraussetzungen des Abs. 2 ein Rechtsanspruch besteht (Rn. 4), versagt, kann dagegen Verpflichtungsklage vor dem VerwG erhoben werden.[3] Nebenbestimmungen dürfen nur beigefügt werden, wenn sie sicherstellen sollen, dass die gesetzlichen Voraussetzungen des Verwaltungsakts erfüllt werden (§ 32 Abs. 1, 2. Alt. SGB X).[4] Landesrecht kann das Erlaubnisverfahren näher regeln (Abs. 4 S. 1).

3   **2. Geltungsbereich der Erlaubnis.** Die Erlaubnis gilt nach Abs. 3 S. 1 – äußerstens – für das Bundesland, in dem der Verein seinen Sitz hat, kann aber nach S. 2 auf den Bereich des die Erlaubnis erteilenden Landesjugendamtes beschränkt werden. Mit dieser Beschränkungsmöglichkeit wird berücksichtigt, dass die Verhältnisse in den einzelnen Bundesländern unterschiedlich sein können; existieren in einem Bundesland mehrere Landesjugendämter, so gilt die von einem erteilte Erlaubnis für das ganze Bundesland, wenn keine Beschränkung iSv. S. 2 ausgesprochen worden ist.

III. Rechtsanspruch auf die Erlaubnis; Voraussetzungen (Abs. 2); Landesrechtsvorbehalt (Abs. 4 S. 2)

4   **1. Rechtsanspruch.** Nach Abs. 2 besteht ein Rechtsanspruch auf die Erlaubnis, wenn der Verein die in Nr. 1 bis 3 aufgestellten Anforderungen gewährleistet. Der Verein muss die Erlaubnis beantragen und dabei das Vorliegen dieser Voraussetzungen nachweisen. Der Verein muss auch die Gewähr bieten,

---

[1] Zum Streit vgl. § 1791b BGB Rn. 3; *Hauck/Noftz/Greßmann* K § 56 Rn. 14.
[2] *Wiesner/Wiesner* Rn. 1; *Münder/Proksch* Rn. 2; *Möller/Nix/Witte* Rn. 1.
[3] *Hauck/Noftz/Greßmann* K § 54 Rn. 8.
[4] *Wiesner/Wiesner* Rn. 12; gegen Nebenbestimmungen insgesamt *Möller/Nix/Witte* Rn. 2.

dass diese Voraussetzungen in der Folgezeit eingehalten werden, ggf. ist die Erlaubnis gem. § 48 Abs. 1 SGB X aufzuheben.[5] Die Voraussetzungen sind denjenigen für die Anerkennung als Betreuungsverein in § 1908f BGB nachgebildet.[6] Übergangsrechtlich gilt nach Art. 16 Nr. 4 KJHG eine auf Grund von § 53 JWG erteilte Eignungserklärung als Erlaubnis iSv. Abs. 2 über den 1. 1. 1991 hinaus fort.

2. Anforderungen hinsichtlich der Mitarbeiter (Nr. 1). a) Aus- und Weiterbildung. 5
Die in Abs. 2 Nr. 1 genannten Mitarbeiter müssen nicht Mitglieder des Vereins sein.[7] Eine „ausreichende Zahl" geeigneter Mitarbeiter ist erforderlich, damit der Verein seinen zT fachlich schwierigen Aufgaben ordnungsgemäß nachkommen kann. Für die erforderliche fachliche Ausbildung ist kein bestimmter Ausbildungsabschluss festgelegt, weil bei der Vielfalt der Tätigkeitsfelder des Vereins ganz verschiedene Ausbildungsrichtungen in Betracht kommen (zB Sozialpädagogik, Psychologie, Rechtswissenschaft) und es Vormünder gibt, die ohne speziellen Ausbildungsabschluss auf Grund großer praktischer Erfahrung erfolgreich tätig sind. Die von Abs. 2 Nr. 1 ferner geforderte Weiterbildung muss der Verein nicht selbst betreiben; er kann sich dazu anderer Einrichtungen oder Personen bedienen.

b) Haftung; angemessene Haftpflichtversicherung. Der Verein haftet seinem Mündel 6
gegenüber nach §§ 1833, 1915 BGB. Nach Abs. 2 Nr. 1 muss der Verein gewährleisten, dass er seine Mitarbeiter gegen Schäden, die diese anderen im Rahmen ihrer Tätigkeit zufügen können, angemessen versichern wird. Bei der Führung der Vormundschaft bedient sich der Verein einzelner seiner Mitglieder oder Mitarbeiter (§ 1791a Abs. 3 S. 1, 1. Halbs. BGB). Diese Aufgabenübertragung geschieht formlos durch den Vorstand oder das sonst satzungsgemäß zuständige Organ; es handelt sich um einen internen Vorgang, der nichts daran ändert, dass der Verein als Ganzes Vormund ist (§ 1791a BGB Rn. 10). Für ein Verschulden eines Mitglieds oder Mitarbeiters ist der Verein dem Mündel nach § 1791a Abs. 3 S. 2 BGB in gleicher Weise verantwortlich wie für ein Verschulden eines verfassungsmäßig berufenen Vertreters. Damit findet die Organhaftung des § 31 BGB für alle Mitglieder im Rahmen ihrer Tätigkeit nach § 1791a Abs. 3 S. 1, 1. Halbs. BGB Anwendung, ebenso für alle Mitarbeiter, die nicht Mitglieder sind (§ 1791a BGB Rn. 10). Zu einer Eigenhaftung des Mitglieds oder Mitarbeiters wird es daher nur im Ausnahmefall kommen.[8]

3. Planmäßige Bemühung um die Gewinnung von Einzelvormündern. Die in Abs. 2 7
Nr. 2 geforderte planmäßige Bemühung um die Gewinnung von Einzelvormündern entspricht dem in Rn. 1 betonten Vorrang der Einzelvormundschaft vor der Vereinsvormundschaft. Das Gesetz verlangt einen zu diesem Zweck zeitlich und inhaltlich abgestimmten Einsatz des Vereins; zur Sicherung der Qualität der Arbeit von Einzelvormündern und -pflegern sind Einführung, Fortbildung und Beratung erforderlich, wobei es entspr. Rn. 5 aE ausreicht, wenn die allgemeinen Einführungs- und Fortbildungsveranstaltungen durch qualifizierte dritte Einrichtungen oder Personen vorgenommen werden. Beratung muss der Verein selbst bereitstellen.

4. Erfahrungsaustausch. Der von Abs. 2 Nr. 3 geforderte Erfahrungsaustausch ist angesichts 8
des § 1791a Abs. 3 S. 1 BGB nicht nur unter den Mitarbeitern zu ermöglichen, sondern auch unter den Mitarbeitern und den mit gleicher Verantwortung tätigen Mitgliedern des Vereins. Der Erfahrungsaustausch dient dazu, dass alle diese Personen durch einen vereinsinternen Gesprächskreis über ihre „Fälle" aus den Erfahrungen anderer lernen und damit das eigene Wissen erweitern können. Die Gewährleistung des Erfahrungsaustauschs kommt Mitarbeitern und Mündeln zugute und setzt voraus, dass regelmäßig wiederkehrende Vorkehrungen getroffen werden, zB Teamsitzungen, Arbeitsbesprechungen, Supervision.[9]

5. Landesrechtliche Verschärfung. Nach Abs. 4 S. 2 können zusätzliche materielle Voraus- 9
setzungen für die Anerkennung als Vormundschafts- bzw. Pflegschaftsverein vorgesehen werden, beispielsweise Kriterien für die Qualifikation hauptberuflicher Mitarbeiter.[10]

§ 55 Beistandschaft, Amtspflegschaft und Amtsvormundschaft[1]

(1) Das Jugendamt wird Beistand, Pfleger oder Vormund in den durch das Bürgerliche Gesetzbuch vorgesehenen Fällen (Beistandschaft, Amtspflegschaft, Amtsvormundschaft).

---

[5] *Hauck/Noftz/Greßmann* K § 54 Rn. 13; *Jung/Jung* Rn. 5.
[6] BT-Drucks. 11/5948 S. 90.
[7] *Wiesner/Wiesner* Rn. 8.
[8] Vgl. *Jung/Jung* Rn. 10.
[9] *Münder/Proksch* Rn. 6; *Möller/Nix/Witte* Rn. 5.
[10] *Hauck/Noftz/Greßmann* K § 54 Rn. 15; *Münder/Proksch* Rn. 8.
[1] Abgedruckt in der ab 5. 7. 2012 gültigen Fassung, vgl. Rn. 1, 2.

(2) ¹Das Jugendamt überträgt die Ausübung der Aufgaben des Beistands, des Amtspflegers oder des Amtsvormunds einzelnen seiner Beamten oder Angestellten. ²Vor der Übertragung der Aufgaben des Amtspflegers oder des Amtsvormunds soll das Jugendamt das Kind oder den Jugendlichen zur Auswahl des Beamten oder Angestellten mündlich anhören, soweit dies nach Alter und Entwicklungsstand des Kindes oder Jugendlichen möglich ist. ³Eine ausnahmsweise vor der Übertragung unterbliebene Anhörung ist unverzüglich nachzuholen. ⁴Ein vollzeitbeschäftigter Beamter oder Angestellter, der nur mit der Führung von Vormundschaften oder Pflegschaften betraut ist, soll höchstens 50 und bei gleichzeitiger Wahrnehmung anderer Aufgaben entsprechend weniger Vormundschaften oder Pflegschaften führen.

(3) ¹Die Übertragung gehört zu den Angelegenheiten der laufenden Verwaltung. ²In dem durch die Übertragung umschriebenen Rahmen ist der Beamte oder Angestellte gesetzlicher Vertreter des Kindes oder Jugendlichen. ³Amtspfleger und Amtsvormund haben den persönlichen Kontakt zu diesem zu halten sowie dessen Pflege und Erziehung nach Maßgabe des § 1793 Absatz 1 a und § 1800 des Bürgerlichen Gesetzbuchs persönlich zu fördern und zu gewährleisten.

Schrifttum: *Baer,* Die Beistandschaft für ausländische Kinder, DAVorm. 1998, 491; *Diederichsen,* Von der Amtspflegschaft zur kooperativ geführten Beistandschaft – das Verhältnis des alleinsorgeberechtigten Elternteils zum Jugendamt als Beistand, in: Gedächtnisschrift Lüderitz, 2000, S. 135; *Gondolf,* Die Vormundschaft und Pflegschaft für Minderjährige, 2008; *Greßmann/Beinkinstadt,* Das Recht der Beistandschaft, §§ 18, 52 a ff. SGB VIII, 1998; *Hoffmann,* Der Regierungsentwurf eines Gesetzes zur Änderung des Vormundschafts- und Betreuungsrechts, FamRZ 2011, 249; *Katzenstein,* Anmerkungen zum Regierungsentwurf zur Reform des Vormundschaftsrechts, JAmt 2010, 414; *Kaufmann,* Das Jugendamt als Vormund und als Sozialleistungsbehörde – Probleme der Doppelfunktion, DAVorm. 1998, 48; *Kohler,* Vom Umgang mit der Umgangspflegschaft, JAmt 2010, 226; *Kunkel,* Amtsvormund (-pfleger, -beistand) im Gehäuse des Datenschutzes von SGB bis FamFG, ZKJ 2010, 262; *Meysen,* Beginn und Ende von Beistandschaften, JAmt 2008, 120; *Oberloskamp* (Hrsg.), Vormundschaft, Pflegschaft und Beistandschaft für Minderjährige, 3. Aufl. 2010; *Roos,* Das Sachgebiet „Beistandschaft" im Jugendamt, DAVorm. 2000, 529; *Rüting,* Beistandschaft – ein wichtiger Sensor für soziale Bedarfslagen im niederschwelligen Beratungssektor, JAmt 2004, 223; *Veit/Salgo,* Der Regierungsentwurf zur Änderung des Vormundschaftsrechts – Eine Stellungnahme, ZKJ 2011, 82; *Wolf,* Der Amtsvormund im Jugendamt, DAVorm. 2000, 289.

I. Normzweck, Problemfelder, Systematisierung

1 **1. Normzweck.** Abs. 1 der Vorschrift bestimmt, dass das Jugendamt selbst Beistand, Pfleger oder Vormund wird, nicht der örtliche Träger der Jugendhilfe (Rn. 3). Unter welchen Voraussetzungen dem Jugendamt diese Aufgabe übertragen wird, regelt sich nach den Normen des BGB (§§ 1791b f., 1909 ff., 1915, 1751 Abs. 1 S. 2, 1712 ff. BGB). In Abs. 2 und 3 wird das Verhältnis zwischen Jugendamt und dem einzelnen Mitarbeiter geregelt, welchem die Aufgaben des Amtsvormunds, Amtspflegers oder Beistands zu übertragen sind. Die Erstreckung der Norm auf die Beistandschaft erfolgte durch das Beistandschaftsgesetz (Vor § 1 Rn. 5). Mit Gesetz vom 29. 6. 2011 (Vor § 1 Rn. 7) wurde die Norm mit Gültigkeit zum 5. 7. 2012 modifiziert (vgl. Rn. 2).

2 **2. Problemfelder.** Die sog. Fallzahlen geben an, wie viele Minderjährige von einem Mitarbeiter des Jugendamtes betreut werden.² Diese Zahlen schwanken regional und örtlich sehr stark, sind aber idR zu hoch, als dass eine persönliche Betreuung des einzelnen Kindes oder Jugendlichen gewährleistet werden könnte.³ Das Gesetz vom 29. 6. 2011 (Rn. 1) schreibt in Abs. 2 S. 4 vor, die Fallzahl auf 50 Mündel pro vollzeitbeschäftigtem Jugendamtsmitarbeiter zu begrenzen. Außerdem wird eine Verpflichtung der Jugendämter begründet, das Kind oder den Jugendlichen anzuhören (Abs. 2 S. 2 und 3) und persönlichen Kontakt mit dem Mündel zu halten sowie dessen Pflege und Erziehung persönlich zu fördern und zu gewährleisten (Abs. 2 S. 3). Soweit der Grundsatz des Vorrangs der Einzelpflegschaft und Einzelvormundschaft (§§ 1791a Abs. 1 S. 2, 179 1 b Abs. 1 S. 1, 1915 BGB) vor der Amts- bzw. Vereinspflegschaft und der Amts- bzw. Vereinsvormundschaft von der Praxis in sein Gegenteil verkehrt worden ist, liegt dies am Fehlen geeigneter Einzelpersonen, gelegentlich aber auch an der Zurückhaltung der Jugendämter, solche Personen vorzuschlagen. Im Bereich der Dauerpflege, also der Betreuung von Kindern und Jugendlichen, die seit längerer Zeit in einer Pflegefamilie leben und deren Rückkehr in die Herkunftsfamilie meist eine Verbleibensanordnung nach § 1632 Abs. 4 BGB oder die dafür maßgebenden Gründe entgegenstehen, sollte häufi-

---
² BT-Drucks. 11/5948 S. 91.
³ *Wiesner/Wiesner* Rn. 3, 90.

ger der Amtspfleger oder Amtsvormund durch die Pflegeeltern als Einzelpfleger oder -vormünder abgelöst werden. Erziehungsverantwortung und tatsächliche Ausübung würden dadurch zusammengeführt. Ferner sollte die Möglichkeit einer Übertragung von Vormundschaften und Pflegschaften auf Vereine verstärkt genutzt werden (vgl. §§ 54, 56 Abs. 4), da diese eine persönlichere und individuellere Amtsführung bieten können.[4]

II. Das Jugendamt als Beistand, Pfleger oder Vormund (Abs. 1)

1. Rechtsstellung. Die Vorschrift bestimmt, dass die – nicht rechtsfähige – Behörde Jugendamt Pfleger oder Vormund wird, also nicht der – rechtsfähige – örtliche Träger des Jugendamtes (Gebietskörperschaft nach § 69) und auch nicht der Beamte oder Angestellte, dem nach Abs. 2 S. 1 die Ausübung der Aufgaben des Pflegers oder Vormunds übertragen wird.[5] **3**

2. Eintritt und Beendigung der Beistandschaft, Pflegschaft oder Vormundschaft. Das Jugendamt wird nach dem BGB entweder kraft Gesetzes oder durch schriftliche Verfügung des FamG Vormund; Pfleger oder Beistand wird das Jugendamt kraft Gesetzes. Die Beistandschaft tritt ex lege mit Zugang des Antrags gem. § 1714 BGB ein; sie endet ebenfalls auf Antrag oder wenn die Voraussetzungen gem. § 1713 BGB entfallen, vgl. § 1715 BGB. Die bestellte Amtspflegschaft des Jugendamtes kommt als Ergänzungs-, Ersatz- (§§ 1909, 1630 BGB) oder als Sorgerechtspflegschaft (§ 1666 BGB), als Abwesenheitspflegschaft (§ 1911 BGB), als Pflegschaft für eine Leibesfrucht (§ 1912 BGB) und als Pflegschaft für unbekannte Beteiligte (§ 1913 BGB) in Betracht, sofern eine Einzelpflegschaft nicht begründet werden kann (§§ 1791b Abs. 1 S. 1, 1915 BGB). Eine Amtsvormundschaft kann unter den Voraussetzungen der §§ 1773, 1791 b Abs. 1 S. 1 BGB bestellt werden. Die gesetzliche Amtsvormundschaft tritt in den Fällen der §§ 1791c, 1751 Abs. 1 S. 2 BGB ein. Die Amtspflegschaft oder Amtsvormundschaft endet stets mit der Bestellung eines Einzelpflegers oder -vormunds oder einer Vereinspflegschaft oder -vormundschaft (vgl. §§ 1791a, 1887, 1889 Abs. 2 BGB sowie die jährliche Prüfungspflicht nach § 56 Abs. 4). Beendigungsgrund ist ferner der Wegfall der Voraussetzungen von Pflegschaft oder Vormundschaft, zB durch Volljährigkeit, Adoption, §§ 1882, 1915, 1918 ff. BGB. **4**

3. Übergangsregelungen für das Beistandschaftsrecht. Für die Neuregelung der Beistandschaft, insbes. die Abschaffung der Amtspflegschaft, wurde mit Art. 223 EGBGB eine Übergangsregelung geschaffen, vgl. dazu Vor § 1712 Rn. 9. **5**

4. Rechtsweg. Da nach § 1837 BGB das FamG für die Aufsicht über den Vormund zuständig ist, unterliegt das Jugendamt als Amtsvormund insoweit nicht der Rechtskontrolle des VerwG.[6] Geht man davon aus, dass das Jugendamt in seiner Funktion als Amtspfleger oder Amtsvormund ein privatrechtliches Amt ausübt (Rn. 9), ist allgemein der **Rechtsweg** zu den Zivilgerichten eröffnet. Wird das Jugendamt jedoch nicht in seiner Funktion als Vormund, sondern als Behörde tätig, sind die Verwaltungsgerichte zuständig.[7] Wendet man diese Grundsätze auf die Beistandschaft an, so sind die Zivilgerichte zuständig, soweit das Jugendamt in seiner Funktion als Beistand tätig wird.[8] Dies gilt unabhängig von der Tatsache, dass das Jugendamt als Beistand gem. § 1716 S. 2 BGB nicht der Kontrolle des FamG unterliegt. **6**

III. Vormundschaft, Pflegschaft und Beistandschaft bei Auslandberührung

1. Vormundschaft und Pflegschaft. In einem Fall mit Auslandberührung (zB ausländischer Minderjähriger) muss zwischen der internationalen Zuständigkeit des Gerichts bzw. der Behörde und dem anwendbaren Recht unterschieden werden. Die **internationale Zuständigkeit** richtet sich vorrangig (vgl. Art. 61 EheVO II) nach der EheVO II (vgl. § 6 Rn. 14). Nach Art. 1 Abs. 2 b), Art. 2 Nr. 1, Art. 8 Abs. 1 EheVO II sind die Gerichte und Behörden des Staates zuständig, innerhalb dessen das Kind zum Zeitpunkt der Antragstellung seinen gewöhnlichen Aufenthalt (vgl. § 6 Rn. 9) hat (vgl. Art. 21 EGBGB Anh. I; EheVO II Rn. 51, 64). Dieselbe Regelung enthalten grundsätzlich die Art. 3 c) und Art. 5 Haager Kinderschutzübereinkommens (KSÜ), welches das Haager Minderjährigenschutzabkommen (MSA) zum 1. 1. 2011 abgelöst hat (Art. 51 KSÜ, vgl. § 6 Rn. 14). **7**

---

[4] *Wiesner/Wiesner* Rn. 64.
[5] OVG Berlin NJW 1988, 1931 (zu § 37 JWG).
[6] OVG Münster NJW 1979, 1220 f.; OVG Bremen FEVS 1965, 327; *Wiesner/Wiesner* Rn. 73.
[7] So im Fall des BVerwG NJW 1988, 2399 (Widerruf von Äußerungen eines Mitarbeiters des Jugendamtes gegenüber dem Leiter eines Kinderwohnheims).
[8] Anders *Wiesner/Wiesner* Rn. 73. Offengelassen von OVG Münster NJW 2002, 458. Differenzierend *Kunkel/Kunkel* Vor § 52a Rn. 73.

7a Das **anwendbare Recht** richtet sich grds. nach Art. 15 Abs. 1 KSÜ. Nach dieser Regelung wenden die Gerichte und Behörden ihr innerstaatliches Recht (lex fori) an (vgl. Art. 21 EGBGB Anh. I, EheVO II Rn. 158 f.). Da die Regelungen des KSÜ Vorrang vor dem EGBGB haben (Art. 3 Abs. 2 EGBGB) ist Art. 24 EGBGB im Wesentlichen nur noch auf Volljährige anwendbar (vgl. Art. 24 EGBGB Rn. 1 f.). Nach Art. 24 EGBGB unterliegt die Entstehung, die Änderung und das Ende der Vormundschaft oder Pflegschaft sowie der Inhalt der gesetzlichen Vormundschaft oder Pflegschaft dem Recht des Staates, dem der Mündel oder Pflegling angehört. Für Ergänzungspflegschaften vgl. Art. 24 EGBGB Rn. 47.

8 **2. Beistandschaft.** Für die Beistandschaft bestimmt § 1717 Abs. 1, 1. Halbs. BGB, das sie nur eintritt, wenn das Kind seinen gewöhnlichen Aufenthalt im Inland hat. In diesem Fall bestimmt Art. 21 EGBGB, dass deutsches Beistandsrecht anzuwenden ist (oben § 1717 Rn. 2 sowie Art. 24 EGBGB Rn. 48).

IV. Übertragung der Ausübung (Abs. 2 und 3)

9 **1. Übertragung.** Abs. 2 S. 1 sieht nur die Übertragung der Ausübung der Aufgaben des Pflegers, Vormunds oder Beistands vor, nicht eine Übertragung der Aufgaben und damit keine echte Delegation.[9] Das Bestehen der Amtspflegschaft, -vormundschaft bzw. Beistandschaft des Jugendamtes wird dadurch nicht berührt; Amtspfleger, Amtsvormund bzw. Beistand bleibt das Jugendamt.[10] Die Übertragung ist zwingend vorgeschrieben. Sie ist öffentlich-rechtlicher Natur, auch wenn das Amt des Vormunds, Pflegers oder Beistands als privatrechtliches verstanden wird.[11] Es handelt sich um einen behördeninternen Organisationsakt, nicht um einen Verwaltungsakt gem. § 31 SGB X, da die Vertretungsmacht (S. 3) nicht als Rechtsfolge der Verfügung, sondern kraft Gesetzes entsteht.[12] Die Form der Übertragung ist nicht geregelt; sie sollte durch schriftliche Verfügung geschehen. Abs. 2 S. 2 und 3 der ab 5. 7. 2012 gültigen Fassung (Rn. 1) sieht vor, dass der Minderjährige zur Auswahl des Jugendamtsmitarbeiters anzuhören ist. Dies spricht dagegen, die Übertragung – wie bislang vielfach üblich und akzeptiert[13] – lediglich durch einen Geschäftsverteilungsplan zu regeln. Vielmehr ist eine Einzelverfügung zu fordern.[14] Auch sollte die Wahrnehmung der Aufgaben für ein und denselben Minderjährigen nicht mehr auf verschiedene Beauftragte nach Sachgebieten aufgeteilt werden;[15] dies würde auch den nach Abs. 3 S. 3 n.F. geforderten persönlichen Kontakt zu dem Minderjährigen (Rn. 2) erschweren. Die Übertragung von einzelnen Aufgaben auf ein anderes Organ, zB die Rechtsabteilung des Landkreises, ist ebenfalls nicht zulässig.[16] Die Übertragung gehört nach Abs. 3 S. 1 zu den Angelegenheiten der laufenden Verwaltung, die nach § 70 Abs. 2 vom Leiter der Verwaltung der Gebietskörperschaft oder in seinem Auftrag vom Leiter der Verwaltung des Jugendamtes im Rahmen der Satzung und der Beschlüsse der Vertretungskörperschaft und des Jugendhilfeausschusses geführt werden.

10 **2. Rechtsstellung des Beauftragten.** In dem durch die Übertragung umschriebenen Rahmen „ist" der Beamte oder Angestellte nach Abs. 3 S. 2 gesetzlicher Vertreter des Minderjährigen; die Formulierung soll verdeutlichen, dass die Vertretung des Kindes oder des Jugendlichen nicht nur eine Berechtigung, sondern eine Pflichtaufgabe des Jugendamtes ist.[17] Innerhalb seines Wirkungskreises genießt der Beamte oder Angestellte eine begrenzte Weisungsfreiheit;[18] Schranken werden durch den Rahmen des § 1837 Abs. 2 BGB gesetzt: Nach dieser Norm überwacht das FamG die gesamte Tätigkeit des Vormundes, also die des Jugendamtes, und schreitet bei Pflichtwidrigkeiten gegen das Jugendamt ein. In diesem Rahmen muss daher das Jugendamt, dh. dessen Leiter, berechtigt sein, dem einzelnen Angestellten oder Beamten Weisungen zu erteilen, um derartige Pflichtwidrigkeiten zu unterbinden.[19] Dieser Rahmen dürfte auch für die Beistandschaft angemessen sein, obwohl der Beistand nicht der Aufsicht des FamG unterliegt (§ 1716 S. 2 BGB). Im Übrigen ist der beauftragte Pfleger, Vormund oder Beistand jedoch weisungsfrei. Er darf durch Weisungen seines Dienstherrn nicht gehindert werden, Interessen seines Schützlings uU auch gegen abw. Auffassungen

---

[9] *Hauck/Noftz/Greßmann* K § 55 Rn. 12; *Krug/Riehle-Krug* Erl. VI 1; *Jung/Roesler* Rn. 14.
[10] *Münder/Proksch* Rn. 7; *Jung/Roesler* Rn. 14; *Möller/Nix/Witte* Rn. 7.
[11] *Wiesner/Wiesner* Rn. 73; *Hauck/Noftz/Greßmann* K § 56 Rn. 6.
[12] *Möller/Nix/Witte* Rn. 8. Anders *Hauck/Noftz/Greßmann* K § 55 Rn. 13.
[13] Voraufl. und *Wiesner/Wiesner* Rn. 78.
[14] So schon zum bisherigen Recht *Münder/Proksch* Rn. 7.
[15] So noch Voraufl. und *Wiesner/Wiesner* Rn. 78.
[16] OLG Frankfurt DAVorm. 2000, 485, 487.
[17] BT-Drucks. 11/5948 S. 91.
[18] So grundsätzlich auch BGH FamRZ 1999, 1342, 1343.
[19] *Kunkel/Mollik/Opitz* Rn. 27; *Schellhorn/H. Schellhorn* Rn. 17; *Wiesner/Wiesner* Rn. 84.

des Dienstherrn durchzusetzen; die Aufsicht des Dienstherrn beschränkt sich daher im Wesentlichen darauf, dass die Schützlinge vor Schäden und vor Vernachlässigung ihrer Bedürfnisse geschützt werden.[20] Das Verschulden des Beauftragten wird dem Schützling nach § 278 S. 1 BGB zugerechnet.[21] Eine unmittelbare Ausübung der Aufgaben des Pflegers, Vormunds oder Beistands durch den Leiter des Jugendamtes ist ausgeschlossen, wenn ihm nicht ebenfalls die Ausübung übertragen worden ist. Eine **Zustellung** kann jedoch auch dann wirksam gegenüber dem Jugendamt vorgenommen werden, wenn in der betr. Sache die Ausübung der Aufgaben als Pfleger, Vormund oder Beistand einem Beamten oder Angestellten übertragen worden ist.[22]

3. Haftung. Da die mit der Ausübung der Aufgaben des Pflegers, Vormunds oder Beistands betrauten Beamten und Angestellten in Ausübung eines öffentlichen Amtes tätig werden, muss der Träger des Jugendamtes für Amtspflichtverletzungen nach § 839 BGB iVm. Art. 34 GG einstehen.[23] Ferner haftet das Jugendamt als Amtsvormund, Amtspfleger oder Beistand dem Schützling nach § 1833 BGB iVm. § 56 Abs. 1; auch diese Haftung trifft den Träger des Jugendamtes.[24] Er haftet aber nicht für das Fehlverhalten von ihm eingesetzter sonstiger Pflegepersonen.[25] Die Inanspruchnahme nach § 1833 BGB ist für das Mündel idR günstiger, weil auf das gesetzliche Schuldverhältnis familienrechtlicher Art zwischen Vormund und Mündel[26] § 280 Abs. 1 S. 2 BGB anwendbar ist und § 839 Abs. 3 BGB und die Subsidiaritätsklausel des § 839 Abs. 1 S. 2 BGB keine Anwendung finden (§ 1833 BGB Rn. 3 ff.). **11**

§ 56 Führung der Beistandschaft, der Amtspflegschaft und der Amtsvormundschaft

(1) Auf die Führung der Beistandschaft, der Amtspflegschaft und der Amtsvormundschaft sind die Bestimmungen des Bürgerlichen Gesetzbuchs anzuwenden, soweit dieses Gesetz nicht etwas anderes bestimmt.

(2) [1]Gegenüber dem Jugendamt als Amtsvormund und Amtspfleger werden die Vorschriften des § 1802 Abs. 3 und des § 1818 des Bürgerlichen Gesetzbuchs nicht angewandt. [2]In den Fällen des § 1803 Abs. 2, des § 1811 und des § 1822 Nr. 6 und 7 des Bürgerlichen Gesetzbuchs ist eine Genehmigung des Familiengerichts nicht erforderlich. [3]Landesrecht kann für das Jugendamt als Amtspfleger oder als Amtsvormund weitergehende Ausnahmen von der Anwendung der Bestimmungen des Bürgerlichen Gesetzbuchs über die Vormundschaft über Minderjährige (§§ 1773 bis 1895) vorsehen, die die Aufsicht des Familiengerichts in vermögensrechtlicher Hinsicht sowie beim Abschluss von Lehr- und Arbeitsverträgen betreffen.

(3) [1]Mündelgeld kann mit Genehmigung des Familiengerichts auf Sammelkonten des Jugendamts bereitgehalten und angelegt werden, wenn es den Interessen des Mündels dient und sofern die sichere Verwaltung, Trennbarkeit und Rechnungslegung des Geldes einschließlich der Zinsen jederzeit gewährleistet ist; Landesrecht kann bestimmen, dass eine Genehmigung des Familiengerichts nicht erforderlich ist. [2]Die Anlegung von Mündelgeld gemäß § 1807 des Bürgerlichen Gesetzbuchs ist auch bei der Körperschaft zulässig, die das Jugendamt errichtet hat.

(4) Das Jugendamt hat in der Regel jährlich zu prüfen, ob im Interesse des Kindes oder des Jugendlichen seine Entlassung als Amtspfleger oder Amtsvormund und die Bestellung einer Einzelperson oder eines Vereins angezeigt ist, und dies dem Familiengericht mitzuteilen.

Schrifttum: Vgl. die Angaben zu § 55.

---

[20] OVG Berlin NJW 1988, 1931. Dem folgend BAG AP BGB § 611 Nr. 37 Direktionsrecht. Enger *Mrozynski* Rn. 17.
[21] *Hauck/Noftz/Greßmann* K § 55 Rn. 18. Vgl. auch BSG FamRZ 2009, 877.
[22] VGH Hessen DVBl. 2001, 586; BSG FamRZ 1960, 490 m. zust. Anm. *Beitzke*; *Krug/Riehle-Krug* Erl. III 1.
[23] BGHZ 100, 313 = NJW 1987, 2664 mzN; BGH FamRZ 1999, 1342, 1344.
[24] BGHZ 77, 224, 226 = NJW 1980, 2249, 2250; BGHZ 9, 255, 256 f.
[25] BGHZ 166, 268, 275 f.
[26] BGHZ 17, 108, 116.

I. Normzweck

1 Die Vorschrift, die § 55 ergänzt, stellt in Abs. 1 den Grundsatz auf, dass auf die Führung der Beistandschaft, der Amtspflegschaft und der Amtsvormundschaft die Bestimmungen des BGB anzuwenden sind, soweit das SGB VIII nicht etwas anderes bestimmt. Abweichend von diesem Prinzip sieht Abs. 2 Befreiungen von den Beschränkungen vor, denen der Einzelvormund nach dem BGB unterliegt. Erleichterungen bei der Anlegung von Mündelgeld sind in Abs. 3 geregelt. Abs. 4 statuiert den Vorrang von Einzel- und Vereinsvormundschaft oder -pflegschaft.

II. Die für die Führung von Beistandschaft, Amtspflegschaft und Amtsvormundschaft geltenden Vorschriften (Abs. 1)

2 **1. Generalverweisung auf das BGB.** Amtspflegschaft und Amtsvormundschaft unterscheiden sich in ihrer Funktion nicht von der Einzelpflegschaft oder -vormundschaft und werden deshalb in Abs. 1 den dafür geltenden Bestimmungen unterstellt. Für die Amtsvormundschaft sind dies in erster Linie die §§ 1793 bis 1895 BGB, für die Amtspflegschaft diese Vorschriften iVm. § 1915 BGB. Manche Vorschriften des Vormundschaftsrechts sind freilich ausschließlich auf den Einzelvormund anwendbar, zB § 1894 BGB. Das BGB enthält aber auch Sondervorschriften, welche nur für die Amtsvormundschaft bzw. Amtspflegschaft gelten, wie insbes. die §§ 1791b f., 1915 BGB. Ferner kann neben dem Jugendamt als Vormund kein Gegenvormund bestellt werden; das Jugendamt kann aber Gegenvormund sein (§ 1792 Abs. 1 S. 2 BGB). Schlechter als der Einzelvormund steht das Jugendamt beim Aufwendungsersatz und hinsichtlich der Vergütung: Nach § 1835 Abs. 5 BGB erhält das Jugendamt keine Aufwandsentschädigung als Vormund oder Gegenvormund, soweit das Einkommen und Vermögen des Mündels ausreicht, gem. § 1836 Abs. 3 BGB wird ihm keine Vergütung gewährt. Für das Jugendamt gelten weiter die Befreiungen nach § 1857a BGB (Rn. 6). Für die Beistandschaft verweist § 56 Abs. 1 auf die §§ 1712 bis 1717 BGB und damit auch auf § 1716 S. 2 BGB, welcher die Vorschriften der Pflegschaft (und der Vormundschaft, § 1915 BGB) mit Ausnahme der Vorschriften über die Aufsicht des FamG, die Rechnungslegung und die §§ 1791, 1791 c Abs. 3 BGB für anwendbar erklärt.

3 **2. Aufsicht durch das FamG.** Wie die Einzelpflegschaft und -vormundschaft unterliegen Amtspflegschaft und -vormundschaft nach § 1837 BGB der Aufsicht des FamG. Für die Beistandschaft gilt dies gem. § 1716 S. 2 BGB nicht. Die Aufsicht beschränkt sich grundsätzlich darauf, das Jugendamt zu veranlassen, möglichem pflichtwidrigen Handeln seiner die Obliegenheiten eines Pflegers oder Vormunds wahrnehmenden Behördenangehörigen durch behördeninterne Maßnahmen zu begegnen; aus der Selbständigkeit des Pflegers oder Vormunds folgt, dass das FamG ihn in Fragen, die allein seiner Entscheidung unterliegen, nicht mit bindenden Anweisungen versehen darf.[1] Nach § 1837 Abs. 3 S. 2 BGB kann gegen das Jugendamt kein Zwangsgeld festgesetzt werden.

III. Befreiung von für den Einzelvormund geltenden Beschränkungen (Abs. 2)

4 **1. Befreiungstatbestände in Abs. 2 S. 1 und 2.** Gegenüber dem Jugendamt nicht anzuwenden ist nach S. 1 zunächst § 1802 Abs. 3 BGB, wonach das FamG die Aufnahme eines Vermögensverzeichnisses durch eine zuständige Behörde oder einen zuständigen Beamten oder Notar anordnen kann, wenn das vom Vormund bei Antritt der Vormundschaft einzureichende Verzeichnis des Mündelvermögens ungenügend ist. Nach der Vorschrift des § 1818 BGB, die ebenfalls nicht gilt, kann das FamG über § 1814 BGB hinaus Hinterlegungspflichten des Vormunds für Wertpapiere und Kostbarkeiten des Mündels begründen. Nicht anzuwenden ist weiter § 1811 BGB, wonach der Vormund für eine von § 1807 BGB abweichende Anlegung von Mündelgeld die Erlaubnis des FamG benötigt. Ferner entfallen Genehmigungspflichten in folgenden Fällen: § 1803 Abs. 2 BGB sieht Genehmigungszwang bei Abweichung von Verwaltungsanordnungen vor, die bei einem Erwerb des Mündels von Todes wegen oder durch Schenkung von Zuwendenden getroffen worden sind. In den Fällen des § 1822 Nr. 6 und 7 BGB geht es um Genehmigungspflichten beim Abschluss eines Lehr- oder Arbeitsvertrages des Mündels über längere Zeit als ein Jahr.

5 **2. Landesrechtsvorbehalt.** Abs. 2 S. 3 ermächtigt die Landesgesetzgeber, für das Jugendamt als Amtspfleger oder Amtsvormund weitergehende Ausnahmen von denjenigen Bestimmungen in §§ 1773 bis 1895 BGB vorzusehen, welche die Aufsicht des FamG in vermögensrechtlicher Hinsicht

---

[1] Vgl. § 55 Rn. 10 und BayObLG FamRZ 1985, 101, 102 f.

Führung der Beistandschaft/Amtspflegschaft/Amtsvormundschaft   6–10   § 56 SGB VIII

sowie beim Abschluss von Lehr- und Arbeitsverträgen betreffen. Von der Ermächtigung haben die Länder unterschiedlichen Gebrauch gemacht.[2]

3. Ergänzende Regelungen im BGB. Nach § 1857a BGB stehen dem Jugendamt als Vor- 6
mund von Gesetzes wegen die Befreiungen zu, die Vater und Mutter für die von ihnen benannten Vormund nach §§ 1852 Abs. 2, 1853, 1854 BGB anordnen können; vgl. dazu die Erl. zu diesen Vorschriften. Da neben dem Vormund kein Gegenvormund bestellt werden kann (Rn. 2), entfallen für das Jugendamt als Amtsvormund alle diejenigen Pflichten, die dem Vormund gegenüber einem Gegenvormund obliegen, vgl. zB §§ 1799, 1842 BGB.

IV. Anlegung von Mündelgeld (Abs. 3)

1. Allgemeines. Abs. 3 soll eine möglichst einfache und zweckmäßige Verwaltung von Mün- 7
delgeldern ermöglichen.[3] Nach § 1806 BGB ist das zum Vermögen des Mündels gehörende Geld verzinslich anzulegen, soweit es nicht zur Bestreitung von Ausgaben bereit zu halten ist. In den §§ 1806 bis 1811 BGB werden die Arten zulässiger Anlagen eingeengt, insbes. durch das Erfordernis der Mündelsicherheit.[4] Von der Pflicht zur Einholung einer familiengerichtlichen Genehmigung bei abw. Anlegung ist das Jugendamt schon durch die in Abs. 2 S. 2 bestimmte Unanwendbarkeit des § 1811 BGB befreit (Rn. 4, 5). Abs. 3 bringt darüber hinaus erleichterte Anlagemöglichkeiten für Mündelgeld.

2. Sammelkonten. Abs. 3 S. 1 erweitert den Katalog der im BGB zugelassenen Anlagearten 8
um die Möglichkeit einer Bereithaltung und Anlegung auf Sammelkonten des Jugendamtes. Die Verwendung solcher Sammelkonten setzt die Genehmigung des FamG voraus, doch kann der Landesgesetzgeber von der Genehmigungspflicht entbinden. Auf die Genehmigung finden die zu § 1828 BGB entwickelten Grundsätze Anwendung.[5] Sachlich setzt die Verwendung der Sammelkonten voraus, dass sie den Interessen des Mündels dient und die sichere Verwaltung, Trennbarkeit und Rechnungslegung des Geldes jederzeit gewährleistet ist. Den Interessen des Mündels wird nicht gedient, wenn sich die Anlegung in Sammelkonten lediglich als Verwaltungsvereinfachung für das Jugendamt darstellt.[6]

3. Anlegung beim Träger des Jugendamtes. Die nach Abs. 3 S. 2 zulässige Anlegung von 9
Mündelgeld bei der Errichtungskörperschaft des Jugendamts zielt zB auf Stadt- oder Kreissparkassen des Trägers.[7] Die Vorschrift, die § 1805 S. 2 BGB entspricht, bedeutet in der Sache eine Aufhebung der Verbote des Selbstkontrahierens (§ 181 BGB) sowie der Verwendung von Mündelgeld für eigene Zwecke (§ 1805 S. 1 BGB).[8]

V. Jährliche Pflicht des Jugendamtes zur Prüfung seiner Entlassung (Abs. 4)

Abs. 4 soll einen Anstoß dafür geben, dass die Amtspflegschaft oder -vormundschaft verstärkt an 10
eine Einzelperson oder einen Verein abgegeben wird.[9] Durch die regelmäßige Verpflichtung des Jugendamtes, die Notwendigkeit einer Fortführung der Amtspflegschaft oder Amtsvormundschaft zu überprüfen, soll dem Vorrang der Einzelvormundschaft bzw. Einzelpflegschaft (§§ 1791a Abs. 1 S. 2, 1791b Abs. 1 S. 1 BGB) zur Durchsetzung verholfen werden. Das FamG kann bei entsprechender Mitteilung nach §§ 1887, 1889 Abs. 2 BGB tätig werden, sofern ein Einzelvormund bzw. Einzelpfleger zur Verfügung steht (dazu § 55 Rn. 2). Abs. 4 bringt zudem den Vorrang nicht nur der Einzelbetreuung, sondern auch der Vereinsbetreuung vor der Amtspflegschaft/Amtsvormundschaft zum Ausdruck.[10] Diesem Grundsatz kann nur entsprochen werden, wenn das Gericht das Jugendamt als Amtsvormund bzw. -pfleger zugunsten des Vereins entlassen kann. Dies wird möglich, indem man unter „andere als Vormund geeignete Person" iSd. §§ 1887 Abs. 1, 1889 Abs. 2 S. 1 BGB auch einen Verein versteht.[11]

---

[2] Vgl. *Wiesner/Wiesner* Rn. 14.
[3] BT-Drucks. 11/5948 S. 91.
[4] Vgl. im Einzelnen § 1807 BGB Rn. 9 ff.
[5] *Hauck/Noftz/Greßmann* K § 56 Rn. 12; vgl. § 1828 Rn. 15 ff.
[6] *Hauck/Noftz/Greßmann* K § 56 Rn. 11.
[7] *Münder/Proksch* Rn. 8; *Jung/Roesler* Rn. 15.
[8] *Hauck/Noftz/Greßmann* K § 56 Rn. 13.
[9] BT-Drucks. 11/5948 S. 91; *Münder/Proksch* Rn. 9 f.
[10] *Jung/Roesler* Rn. 16. Kritisch *Mrozynski* Rn. 10.
[11] So auch *Wiesner/Wiesner* Rn. 20.

§ 57 Mitteilungspflicht des Jugendamts

Das Jugendamt hat dem Familiengericht unverzüglich den Eintritt einer Vormundschaft mitzuteilen.

I. Normzweck

1   Mit dem Eintritt der Vormundschaft des Jugendamtes entsteht die Aufsichtspflicht des FamG nach §§ 1837 ff. BGB. Das Jugendamt hat aus diesem Grunde das FamG unverzüglich über den Eintritt der Vormundschaft zu informieren. Die Norm wurde durch das Beistandschaftsgesetz (Vor § 1 Rn. 5) neu gefasst.

II. Einzelerläuterungen

2   Das Jugendamt selbst erfährt von dem Eintritt der Vormundschaft auf Grund einer Mitteilung des Standesbeamten. Gem. § 52a Abs. 4 ist der Standesbeamte verpflichtet, die Geburt eines Kindes, dessen Eltern nicht miteinander verheiratet sind, unverzüglich dem Jugendamt zu melden. Das Jugendamt hat dann selbst unverzüglich („ohne schuldhaftes Zögern", § 121 Abs. 1 S. 1 BGB) die Mutter auf die in § 52a Abs. 1 genannten rechtlichen Möglichkeiten hinzuweisen sowie die Beratung und Unterstützung im Rahmen eines persönlichen Gesprächs anzubieten. Zum Eintritt der Vormundschaft kommt es nur, wenn das Kind seinen Aufenthalt im Inland hat und eines Vormunds bedarf (§ 1791c Abs. 1 BGB). Dies ist insbes. der Fall, wenn die Mutter minderjährig ist (§ 1791c BGB Rn. 6). Die Vormundschaft tritt gem. § 1791c Abs. 1 S. 2 BGB ferner ein, wenn die Vaterschaft erfolgreich angefochten wurde und das Kind eines Vormunds bedarf. Von diesem Fall erfährt das Jugendamt durch das FamG, welches gem. § 52a Abs. 3 S. 1 zur Mitteilung verpflichtet ist. Die Vormundschaft entsteht ferner in den Fällen des § 1751 Abs. 1 S. 2 BGB durch die Einwilligung des Elternteils in die Annahme als Kind. Da diese Einwilligung jedoch dem FamG gegenüber erklärt wird (§ 1750 Abs. 1 S. 1 BGB), erübrigt sich die Mitteilung durch das Jugendamt.

§ 58 Gegenvormundschaft des Jugendamts

Für die Tätigkeit des Jugendamts als Gegenvormund gelten die §§ 55 und 56 entsprechend.

I. Normzweck

1   Die Vorschrift erstreckt die Regelungen der §§ 55, 56 auf den Gegenvormund. Sie wurde durch das Beistandschaftsgesetz (Vor § 1 Rn. 5) geändert.

II. Einzelerläuterungen

2   Ein Gegenvormund kann neben dem Vormund bestellt werden, nicht jedoch neben dem Jugendamt als Vormund; das Jugendamt kann Gegenvormund sein (§ 1792 Abs. 1 BGB). Der Gegenvormund entfaltet keine eigene vormundschaftliche Verwaltungstätigkeit, sondern er überwacht den Vormund (§ 1799 Abs. 1 S. 1 BGB) und unterstützt ihn in den vom Gesetz festgelegten Fällen durch Erteilung seiner Genehmigung (zB §§ 1809, 1810, 1812 BGB). Als Kontrollorgan (§ 1799 BGB Rn. 1) trifft ihn bei Pflichtwidrigkeiten des Vormunds und beim Vorliegen von Beendigungsgründen nach § 1799 Abs. 1 S. 2 BGB eine Anzeigepflicht gegenüber dem FamG. Nach Abs. 2 dieser Vorschrift kann er vom Vormund Auskunft über die Führung der Vormundschaft und Einsicht in die sich darauf beziehenden Papiere verlangen. Die Gegenvormundschaft tritt nicht von Gesetzes wegen ein. Da der Gegenvormund nicht zur Vertretung des Mündels berechtigt ist (§ 1799 BGB Rn. 5), findet § 55 Abs. 2 S. 3 keine Anwendung. Dasselbe gilt für § 56 Abs. 2 und 3, da der Gegenvormund insoweit die Vormundschaft nicht führt, sondern sie überwacht.[1]

---

[1] *Hauck/Noftz/Greßmann* K § 58 Rn. 5; *Möller/Nix/Witte* Rn. 1.

§ 58a Auskunft über Nichtabgabe und Nichtersetzung von Sorgeerklärungen

(1) Sind keine Sorgeerklärungen nach § 1626a Abs. 1 Nr. 1 des Bürgerlichen Gesetzbuchs abgegeben worden und ist keine Sorgeerklärung nach Artikel 224 § 2 Abs. 3 des Einführungsgesetzes zum Bürgerlichen Gesetzbuche ersetzt worden, kann die Mutter von dem nach § 87c Abs. 6 Satz 1 zuständigen Jugendamt unter Angabe des Geburtsdatums und des Geburtsortes des Kindes oder des Jugendlichen sowie des Namens, den das Kind oder der Jugendliche zur Zeit der Beurkundung seiner Geburt geführt hat, darüber eine schriftliche Auskunft verlangen.

(2) Zum Zwecke der Auskunftserteilung nach Absatz 1 wird bei dem nach § 87c Abs. 6 Satz 2 zuständigen Jugendamt ein Register über abgegebene und ersetzte Sorgeerklärungen geführt.

I. Normzweck

Die Vorschrift berechtigt die Mutter eines Kindes, dessen Eltern nicht miteinander verheiratet 1 sind, zu einer schriftlichen Auskunft des Jugendamtes, mit welcher sie im Falle des Fehlens einer Sorgeerklärung nach § 1626a Abs. 1 S. 1 BGB ihre Alleinsorge gegenüber Behörden, Gerichten und im sonstigen Rechtsverkehr dokumentieren kann. Da die Sorgeerklärung jedoch jederzeit noch durch die Eltern erfolgen kann, ist der Beweiswert einer solchen Auskunft des Jugendamtes gering.[1] Die Regelung wurde mit dem Kindschaftsrechtsreformgesetz (Vor § 1 Rn. 5) eingefügt. Durch das Gesetz zur Umsetzung familienrechtlicher Entscheidungen des BVerfG (Vor § 1 Rn. 6) wurde die Norm für das vom BVerfG für Altfälle geforderte und in Art. 224 § 2 Abs. 3 bis 5 EGBGB geregelte Ersetzungsverfahren[2] ergänzt.

II. Einzelerläuterungen

Eltern, welche nicht miteinander verheiratet sind, können gem. § 1626 Abs. 1 S. 1 BGB durch 2 eine Sorgeerklärung die gemeinsame Sorge über ihr Kind erlangen. Wird die Sorgeerklärung nicht abgegeben, bleibt die Mutter alleinsorgeberechtigt (§ 1626 Abs. 2 BGB). Diese Alleinsorge ist ihr auf Verlangen durch das Jugendamt schriftlich bestätigen werden. Auf die Übertragung der Alleinsorge nach § 1671 BGB ist die Norm nicht anwendbar. Zuständig ist das Jugendamt, in dessen Bereich die Mutter ihren gewöhnlichen, hilfsweise ihren tatsächlichen Aufenthalt hat (§§ 87c Abs. 6 S. 1, Abs. 1 S. 1, 3). Das Jugendamt hat sich gem. § 87c Abs. 6 S. 2 an das Jugendamt zu wenden, in dessen Bereich das Kind geboren ist. Diesem Jugendamt ist nämlich auf Grund der Regelung des § 1626d Abs. 2 BGB mitzuteilen, wenn für das Kind Sorgeerklärungen abgegeben wurden. Nach Art. 224 § 2 Abs. 5 EGBGB ist ihm die Ersetzung der Sorgeerklärung zu melden. Über beide Vorgänge muss es gem. Abs. 2 ein Register führen. Das Jugendamt des Geburtsorts des Kindes ist gem. § 87c Abs. 6 S. 3 verpflichtet, dem Jugendamt, an welches sich die Mutter gewandt hat, darüber Auskunft zu erteilen, ob Sorgeerklärungen vorliegen oder nicht. Für Fälle, in denen das Kind im Ausland geboren oder sein Geburtsort nicht zu ermitteln ist, verweist § 87 Abs. 6 S. 2, 2. Halbs. auf § 88 Abs. 1 S. 2. Lebt die Mutter im Ausland, ist hilfsweise das Landesjugendamt Berlin für die Auskunftserteilung zuständig.[3]

Fünfter Abschnitt. Beurkundung und Beglaubigung, vollstreckbare Urkunden

§ 59 Beurkundung und Beglaubigung

(1) ¹Die Urkundsperson beim Jugendamt ist befugt,
1. die Erklärung, durch die die Vaterschaft anerkannt oder die Anerkennung widerrufen wird, die Zustimmungserklärung der Mutter sowie die etwa erforderliche Zustimmung des Mannes, der im Zeitpunkt der Geburt mit der Mutter verheiratet ist, des Kindes, des Jugendlichen oder eines gesetzlichen Vertreters zu einer solchen Erklärung (Erklärungen über die Anerkennung der Vaterschaft) zu beurkunden,

---

[1] *Wiesner/Wiesner* Rn. 2, 7; *Münder/Proksch* Rn. 5; *Jung/Roesler* Rn. 7; *Möller/Nix/Witte* Rn. 4.
[2] BVerfG 107, 150.
[3] *Wiesner/Wiesner* Rn. 9.

2. die Erklärung, durch die die Mutterschaft anerkannt wird, sowie die etwa erforderliche Zustimmung des gesetzlichen Vertreters der Mutter zu beurkunden (§ 44 Abs. 2 des Personenstandsgesetzes),
3. die Verpflichtung zur Erfüllung von Unterhaltsansprüchen eines Abkömmlings zu beurkunden, sofern die unterhaltsberechtigte Person zum Zeitpunkt der Beurkundung das 21. Lebensjahr noch nicht vollendet hat,
4. die Verpflichtung zur Erfüllung von Ansprüchen auf Unterhalt (§ 1615l des Bürgerlichen Gesetzbuchs) zu beurkunden,
5. die Bereiterklärung der Adoptionsbewerber zur Annahme eines ihnen zur internationalen Adoption vorgeschlagenen Kindes (§ 7 Abs. 1 des Adoptionsübereinkommens-Ausführungsgesetzes) zu beurkunden,
6. den Widerruf der Einwilligung des Kindes in die Annahme als Kind (§ 1746 Abs. 2 des Bürgerlichen Gesetzbuchs) zu beurkunden,
7. die Erklärung, durch die der Vater auf die Übertragung der Sorge verzichtet (§ 1747 Abs. 3 Nr. 3 des Bürgerlichen Gesetzbuchs) zu beurkunden,
8. die Sorgeerklärungen (§ 1626a Abs. 1 Nr. 1 des Bürgerlichen Gesetzbuchs) sowie die etwa erforderliche Zustimmung des gesetzlichen Vertreters eines beschränkt geschäftsfähigen Elternteils (§ 1626c Abs. 2 des Bürgerlichen Gesetzbuchs) zu beurkunden,
9. eine Erklärung des auf Unterhalt in Anspruch genommenen Elternteils nach § 648 der Zivilprozessordnung aufzunehmen; § 129a der Zivilprozessordnung gilt entsprechend.

[2] Die Zuständigkeit der Notare, anderer Urkundspersonen oder sonstiger Stellen für öffentliche Beurkundungen und Beglaubigungen bleibt unberührt.

(2) Die Urkundsperson soll eine Beurkundung nicht vornehmen, wenn ihr in der betreffenden Angelegenheit die Vertretung eines Beteiligten obliegt.

(3) [1] Das Jugendamt hat geeignete Beamte und Angestellte zur Wahrnehmung der Aufgaben nach Absatz 1 zu ermächtigen. [2] Die Länder können Näheres hinsichtlich der fachlichen Anforderungen an diese Personen regeln.

Schrifttum: *Graba*, Zur Abänderung der Jugendamtsurkunde, FamRZ 2005, 678; *Knittel*, Beurkundungen im Kindschaftsrecht, 6. Aufl. 2005; *ders.*, Rechtsweg bei Ablehnung einer Amtstätigkeit der Urkundsperson beim Jugendamt, JAmt 2005, 440; *ders.*, Die Beurkundung der Sorgeerklärung nicht miteinander verheirateter Eltern, ZfJ 2000, 140.

I. Normzweck

1   Die Vorschrift regelt die Beurkundungs- und Beglaubigungstätigkeit des Jugendamtes, die deshalb große Bedeutung hat, weil sie nach § 64 Abs. 1, Abs. 2 S. 3 Nr. 2 SGB X weitgehend gebührenfrei ist, wenn auch nach § 97c dem Landesgesetzgeber die Möglichkeit eröffnet wurde, Gebühren und Auslagen zu regeln.[1] Es obliegt dem Jugendamt, geeignete Beamte und Angestellte zur Vornahme von Beurkundungen und Beglaubigungen zu ermächtigen. Der Katalog der Beurkundungs- und Beglaubigungsfälle in Abs. 1 S. 1 ist abschließend. Die Norm wurde vielfach geändert, zuletzt durch das Gesetz zur Weiterentwicklung der Kinder- und Jugendhilfe (Vor § 1 Rn. 7).

II. Die dem Jugendamt übertragenen Beurkundungen und Beglaubigungen (Abs. 1 Satz 1)

2   **1. Beurkundung und Beglaubigung.** Öffentliche Beurkundung ist ein Verfahren der freiwilligen Gerichtsbarkeit, das zur Errichtung einer öffentlichen Urkunde iSv. § 415 Abs. 1 ZPO führt (§ 128 BGB Rn. 8); für den Vorgang der Beurkundung durch den Beamten oder Angestellten gelten gem. § 1 Abs. 2 BeurkG grundsätzlich die Vorschriften des BeurkG entsprechend. Bei der öffentlichen Beglaubigung handelt es sich um eine einfachere Form der amtlichen Mitwirkung; beglaubigt wird im Gegensatz zum gesetzlichen Sprachgebrauch nicht die Erklärung selbst, für die einfache Schriftform genügt, sondern lediglich die Unterschrift. Öffentliche Beglaubigung ist mithin

---

[1] Vgl. § 25 AGKJHG des Landes Brandenburg.

ein öffentliches Zeugnis darüber, wer die Unterschrift oder das Handzeichen vollzogen hat; nur hinsichtlich des im Verfahren der freiwilligen Gerichtsbarkeit nach §§ 1 Abs. 2, 39, 39a, 40 BeurkG erstellten Beglaubigungsvermerks entsteht eine öffentliche Urkunde iSv. § 415 ZPO (vgl. § 129 BGB Rn. 4 f.). Die Beglaubigung einer Abschrift iSv. § 42 BeurkG ist das von einer öffentlichen Urkundsperson ausgestellte Zeugnis darüber, dass eine Abschrift mit der Urkunde, von der sie genommen ist, übereinstimmt. Die Ablehnung einer Beurkundung durch das Jugendamt kann eine Amtspflichtverletzung darstellen.[2]

2. Fälle. Nr. 1 zielt auf die Erklärungen über die Anerkennung oder den Widerruf der Anerkennung der Vaterschaft. Die Beurkundungspflicht ist in § 1597 Abs. 1 BGB vorgesehen. Zu beurkunden sind die Anerkennung (§ 1594 BGB) und die Zustimmung der Mutter zur Anerkennung (§ 1595 BGB). Ferner können unter besonderen Voraussetzungen weitere Zustimmungen erforderlich sein, die ebenfalls beurkundet werden müssen: die Zustimmung des Mannes, der im Zeitpunkt der Geburt mit der Mutter verheiratet ist (§ 1599 Abs. 2 S. 2 BGB), die Zustimmung des Kindes oder Jugendlichen, wenn der Mutter die elterliche Sorge nicht zusteht (§ 1595 Abs. 2 BGB), die Zustimmung des gesetzlichen Vertreters, wenn einer der Beteiligten nicht voll geschäftsfähig ist (§§ 1596 Abs. 1 S. 2, 4 und Abs. 2, 1597 Abs. 1 BGB) oder betreut wird und der Einwilligungsvorbehalt nach § 1903 BGB angeordnet ist (§ 1596 Abs. 3 BGB). Der Widerruf der Anerkennung nach § 1597 Abs. 3 BGB ist ebenfalls zu beurkunden. Die Beurkundungs- und Beglaubigungsbefugnis ist nicht auf die Anerkennung nach deutschem Recht beschränkt.[3] **Nr. 2** trägt wie die §§ 27 Abs. 2, 44 Abs. 2 PStG dem Umstand Rechnung, dass einige ausländische Rechtsordnungen auch eine Anerkennung der Mutterschaft vorsehen. **Nr. 3** soll iVm. § 60 Vollstreckungstitel für Unterhaltsansprüche Minderjähriger nach §§ 1601, 1615 a BGB schaffen.[4] Diese Verpflichtung sollte dem Betrage nach unter Darlegung der Berechnungsgrundlagen in der Urkunde festgesetzt werden. Die betragsmäßige Fixierung ist wegen der Vollstreckungsmöglichkeit nach § 60 Abs. 1 erforderlich (§ 60 Rn. 2). Dabei sollte die Dynamisierung gem. § 1612a BGB (vgl. § 1612a BGB Rn. 3 f., 7, 15 ff.) berücksichtigt werden.[5] Die Beurkundungsermächtigung nach **Nr. 3** erfasst auch junge Volljährige, die das 21. Lebensjahr noch nicht vollendet haben.[6] Dies entspricht ihrer Unterhaltsberechtigung nach § 1603 Abs. 2 S. 2 BGB. Nach **Nr. 4** kann die Verpflichtung des Vaters zur Zahlung von Betreuungsunterhalt nach § 1615l BGB beurkundet werden. Die Beurkundungsermächtigung gilt auch für den Fall, dass der Betreuungsunterhalt gem. § 1615l Abs. 4 BGB dem Vater zusteht. In **Nr. 5** wurde durch das Gesetz zur Regelung von Rechtsfragen auf dem Gebiet der internationalen Adoption und zur Weiterentwicklung des Adoptionsvermittlungsrechts (Vor § 1 Rn. 6) die Möglichkeit der Beurkundung der Bereitschaftserklärung zur internationalen Adoption aufgenommen. Diese Bereitschaftserklärung ist von den Adoptionsbewerbern gegenüber den Auslandsvermittlungsstellen abzugeben. **Nr. 6** erfasst den Widerruf der Einwilligung in die Annahme als Kind gem. § 1746 Abs. 2 BGB. Vor Abgabe der nach **Nr. 7** zu beurkundenden Verzichtserklärung gem. § 1747 Abs. 3 S. 1 Nr. 3 BGB ist der Vater eines nichtehelichen Kindes gem. § 51 Abs. 3 zu beraten, vgl. ebd. Rn. 7 ff.; die Verzichtserklärung ist nach § 1747 Abs. 3 S. 3 BGB unwiderruflich. Durch die nach **Nr. 8** zu beurkundende Sorgeerklärung oder die etwa erforderliche Zustimmung des gesetzlichen Vertreters eines beschränkt geschäftsfähigen Elternteils können Eltern, welche nicht miteinander verheiratet sind, die gemeinsame elterliche Sorge erlangen (§§ 1626a Abs. 1 Nr. 1, 1626 b ff. BGB). Die **Nr. 9** bezieht sich auf das vereinfachte Verfahren über den Unterhalt Minderjähriger, welches vor dem Gesetz zur Reform des Verfahrens in Familiensachen und in den Angelegenheiten der freiwilligen Gerichtsbarkeit (Vor § 1 Rn. 7) in §§ 645 ff. ZPO geregelt war. Dass an Stelle von § 648 ZPO nicht § 252 FamFG getreten ist, stellt ein Redaktionsversehen dar. Der vom Minderjährigen in Anspruch genommene Elternteil kann gegen einen entsprechenden Antrag des Minderjährigen nach § 252 Abs. 1 dieser Norm zulässigen Einwendungen erheben. Einwendungen gegen die Begründetheit des Antrags kann er gem. § 252 Abs. 2 ZPO nur erheben, wenn er zugleich erklärt, inwieweit er zur Unterhaltsleistung bereit ist und dass er sich zur Unterhaltsleistung insoweit verpflichte. Den Einwand der Erfüllung kann er nur erheben, wenn er erklärt, inwieweit er geleistet hat und dass er sich verpflichte, einen darüber hinausgehenden Unterhaltsrückstand auszugleichen. Diese Erklärungen können durch

---

[2] LG Hamburg ZfJ 1994, 245 m. Anm. *Brüggemann*.
[3] Ausführlich *Deinert* DAVorm. 1991, 365.
[4] Solange der Elternteil freiwillig Unterhalt zahlt und die Beurkundungs- und Titulierungsmöglichkeiten der §§ 59 Abs. 1 S. 1 Nr. 3, 60 bestehen, kann die Unterhaltsklage des Kindes unzulässig sein, vgl. BGH NJW 2010, 238.
[5] Möglich ist eine Orientierung an den Vordrucken nach der Kindesunterhalt-Formularverordnung (BGBl. 1998 I S. 1364, BGBl. 2009 I S. 3557).
[6] Ein während der Minderjährigkeit gem. §§ 59 Abs. 1 S. 1 Nr. 3, 60 erteilter Vollstreckungstitel wirkt über die Volljährigkeit hinaus, OLG Zweibrücken FamRZ 2000, 907.

Tillmanns

SGB VIII § 60

die Urkundsperson des Jugendamtes beurkundet werden. Sie sind in entsprechender Anwendung des § 129a Abs. 2 ZPO unverzüglich vom Jugendamt an das zuständige Gericht zu übersenden. Mit Zustimmung des Erklärenden kann die Übersendung auch diesem überlassen werden.

4   3. Konkurrierende Zuständigkeiten für Beurkundung und Beglaubigung (Abs. 1 Satz 2). Abs. 1 S. 2 enthält die – selbstverständliche – Klarstellung, dass die Urkundtätigkeit des Jugendamtes nach S. 1 diejenige der Notare und sonstiger Stellen nicht verdrängt (§ 1 BeurkG). So kann nach § 180 FamFG im Prozess auf Feststellung der Vaterschaft die Anerkennung der Vaterschaft, die Zustimmung der Mutter, der Widerruf der Anerkennung, die etwa erforderliche Zustimmung des Mannes, der im Zeitpunkt der Geburt mit der Mutter verheiratet ist, des Kindes oder eines gesetzlichen Vertreters zur Niederschrift des Gerichts erklärt werden. Ferner sind nach § 62 BeurkG die Amtsgerichte zuständig für die Beurkundung von Erklärungen über die Anerkennung der Vaterschaft, Verpflichtungen zur Erfüllung von Unterhaltsansprüchen eines Kindes sowie von Verpflichtungen zur Leistung von Betreuungsunterhalt (§ 1615l BGB); funktionell ist der Rechtspfleger zuständig (§ 3 Nr. 1 f RPflG). Der Standesbeamte kann nach §§ 27, 44 PStG die Erklärung über die Vaterschaftsanerkennung und die Zustimmungserklärungen dazu beurkunden.

III. Vermeidung von Interessenkollisionen (Abs. 2)

5   Die Vorschrift des Abs. 2 soll eine Interessenkollision zwischen der Tätigkeit als Urkundsperson und als gesetzlicher Vertreter vermeiden. Da es sich nur um eine Soll-Vorschrift handelt, bleibt auch im Falle der Zuwiderhandlung die erstellte Urkunde wirksam. Im Übrigen gelten gem. § 1 Abs. 2 BeurkG die Ausschließungsgründe der §§ 6, 7 BeurkG entsprechend. Abs. 2 verdrängt jedoch als lex specialis die Mitwirkungsverbote des § 3 BeurkG.[7]

IV. Ermächtigung geeigneter Personen (Abs. 3)

6   Die Urkundsperson ist durch das Jugendamt selbst zu ermächtigen. Die Ermächtigung ist ein Geschäft der laufenden Verwaltung (§ 70 Abs. 2). Die Tätigkeit der Urkundsperson setzt gründliche Kenntnisse des Familienrechts, des internationalen Privatrechts, des Zivilprozessrechts und des Beurkundungsrechts voraus.[8] Gem. S. 2 können entsprechende Anforderungen durch Landesrecht begründet werden. So kann etwa die Befähigung zum höheren oder gehobenen Verwaltungsdienst zur Voraussetzung gemacht werden, wie sie § 59 Abs. 1 S. 1 aF verlangte. Es können aber nur Personen ermächtigt werden, die Angestellte oder Beamte des Jugendamtes sind.[9]

V. Zuständigkeit, Kosten

7   Zuständig für Beurkundungen und Beglaubigungen nach § 59 ist gem. § 87e jedes Jugendamt. Ausfertigungen erteilt entspr. §§ 1 Abs. 2, 48 BeurkG dasjenige Jugendamt, das die Urschrift verwahrt; die Erteilung einer vollstreckbaren Ausfertigung richtet sich nach § 60 Abs. 1 S. 3 Nr. 1 S. 1. Wegen der Gebührenfreiheit vgl. Rn. 1.

§ 60 Vollstreckbare Urkunden

[1]**Aus Urkunden, die eine Verpflichtung nach § 59 Abs. 1 Satz 1 Nr. 3 oder 4 zum Gegenstand haben und die von einem Beamten oder Angestellten des Jugendamts innerhalb der Grenzen seiner Amtsbefugnisse in der vorgeschriebenen Form aufgenommen worden sind, findet die Zwangsvollstreckung statt, wenn die Erklärung die Zahlung einer bestimmten Geldsumme betrifft und der Schuldner sich in der Urkunde der sofortigen Zwangsvollstreckung unterworfen hat.** [2]**Die Zustellung kann auch dadurch vollzogen werden, dass der Beamte oder Angestellte dem Schuldner eine beglaubigte Abschrift der Urkunde aushändigt; § 173 Satz 2 und 3 der Zivilprozessordnung gilt entsprechend.** [3]**Auf die Zwangsvollstreckung sind die Vorschriften, die für die Zwangsvollstreckung aus gerichtlichen Urkunden nach § 794 Abs. 1 Nr. 5**

---

[7] *Wiesner/Wiesner* Rn. 17; *Krug/Riehle-Krug* Erl. V. Anders *Schellhorn/H. Schellhorn* Rn. 21; *Kunkel/Ettl/Kunkel* Rn. 13.
[8] BSG FamRZ 2011, 810.
[9] Zutreffend *Kunkel/Ettl/Kunkel* Rn. 1 mit Hinweis auf den Wortlaut des § 60 Abs. 1 S. 1.

der Zivilprozessordnung gelten, mit folgenden Maßgaben entsprechend anzuwenden:
1. Die vollstreckbare Ausfertigung sowie die Bestätigungen nach § 1079 der Zivilprozessordnung werden von den Beamten oder Angestellten des Jugendamts erteilt, denen die Beurkundung der Verpflichtungserklärung übertragen ist. Das Gleiche gilt für die Bezifferung einer Verpflichtungserklärung nach § 790 der Zivilprozessordnung.
2. Über Einwendungen, die die Zulässigkeit der Vollstreckungsklausel oder die Zulässigkeit der Bezifferung nach § 790 der Zivilprozessordnung betreffen, über die Erteilung einer weiteren vollstreckbaren Ausfertigung sowie über Anträge nach § 1081 der Zivilprozessordnung entscheidet das für das Jugendamt zuständige Amtsgericht.

I. Normzweck

Die Norm bildet die Grundlage für die sofortige Zwangsvollstreckung aus Urkunden über die 1
Verpflichtungen nach § 59 Abs. 1 Nr. 3 und 4. Die Vorschrift wurde zuletzt durch das Gesetz zur Durchführung der Verordnung (EG) Nr. 805/2004 über einen europäischen Vollstreckungstitel für unbestrittene Forderungen (Vor § 1 Rn. 6) ergänzt.

II. Einzelerläuterungen

1. Urkunde gem. § 60 als Vollstreckungstitel. Die Vorschrift des § 60 Abs. 1 setzt voraus, 2
dass sich der Schuldner in einer in der vorgeschriebenen Form (§§ 6 bis 26 BeurkG) beurkundeten Erklärung nach § 59 Abs. 1 S. 1 Nr. 3, 4 zur Zahlung einer bestimmten Geldsumme verpflichtet und der sofortigen Zwangsvollstreckung unterworfen hat. Maßgebend ist also insbes., dass die Verpflichtung zur Zahlung für den Unterhalt eines Kindes dem Betrage nach festgelegt worden ist, vgl. § 59 Rn. 4 zu Nr. 3.[1] IÜ ist die Vorschrift derjenigen des § 794 Abs. 1 Nr. 5 ZPO über die Unterwerfung des Schuldners unter die sofortige Zwangsvollstreckung aus vollstreckbaren notariellen Urkunden nachgebildet. Ergänzend kommen folgende Regelungen hinzu: Die formelle Zwangsvollstreckungsvoraussetzung der Zustellung (§ 750 ZPO) kann nach § 60 Abs. 1 S. 2 auch dadurch vollzogen werden, dass der nach § 59 Abs. 1 S. 1 für die Beurkundung zuständige Beamte oder Angestellte dem Schuldner eine beglaubigte Abschrift der Urkunde aushändigt; nach dem entspr. anwendbaren § 173 S. 2 und 3 ZPO ist dies eine Zustellung durch Aushändigung an der Amtsstelle, bei der nach S. 2 aaO zu vermerken ist, wann sie geschehen ist. Nach Abs. 1 S. 3 Nr. 1 erteilen diejenigen Beamten oder Angestellten die vollstreckbare Ausfertigung, denen die Beurkundung der Verpflichtungserklärung übertragen ist. Dies gem. S. 3 gilt auch für Bestätigungen nach § 1079 ZPO, die nach der EG VO Nr. 805/2004 ergehen, und für Verpflichtungserklärungen, die die Bezifferung dynamisierter Unterhaltstitel zur Zwangsvollstreckung im Ausland betreffen. Dass die aufgehobene Vorschrift des § 790 ZPO nicht durch den entsprechenden § 245 FamFG ersetzt wurde, stellt ein Redaktionsversehen dar. Die Entscheidung über Einwendungen gegen die Zulässigkeit der Vollstreckungsklausel oder gegen die Verpflichtungserklärung nach § 245 FamFG obliegt nach Abs. 1 S. 3 Nr. 2 dem für das Jugendamt zuständigen Amtsgericht. Dieses entscheidet nach dieser Regelung auch über die Erteilung einer weiteren Ausfertigung und über Anträge nach § 1081 ZPO. Die Jugendamtsurkunde begründet keine materielle Rechtskraft. Ihre Abänderung kann gem. § 239 FamFG beantragt werden.[2]

2. Kosten der Zwangsvollstreckung. Zur Gebührenfreiheit für Beurkundungen und 3
Beglaubigungen vgl. § 59 Rn. 1. Die Gebührenbefreiung des § 64 Abs. 1 SGB X gilt nicht für das der Titelausfertigung nachfolgende Vollstreckungsverfahren, weil dies kein „Verfahren bei den Behörden nach diesem Gesetzbuch" ist.[3] Für die Zwangsvollstreckung ist daher ggf. nach §§ 114 ff. ZPO Prozesskostenhilfe zu beantragen, und zwar beim Vollstreckungsgericht.

---

[1] *Hauck/Noftz/Greßmann* K § 60 Rn. 5; *Jung/Jung* Rn. 3.
[2] BGH NJW 2011, 1041.
[3] *Münder/Proksch* Rn. 4.

Viertes Kapitel. Schutz von Sozialdaten

§ 61 Anwendungsbereich

(1) ¹Für den Schutz von Sozialdaten bei ihrer Erhebung und Verwendung in der Jugendhilfe gelten § 35 des Ersten Buches, §§ 67 bis 85 a des Zehnten Buches sowie die nachfolgenden Vorschriften. ²Sie gelten für alle Stellen des Trägers der öffentlichen Jugendhilfe, soweit sie Aufgaben nach diesem Buch wahrnehmen. ³Für die Wahrnehmung von Aufgaben nach diesem Buch durch kreisangehörige Gemeinden und Gemeindeverbände, die nicht örtliche Träger sind, gelten die Sätze 1 und 2 entsprechend.

(2) Für den Schutz von Sozialdaten bei ihrer Erhebung und Verwendung im Rahmen der Tätigkeit des Jugendamts als Amtspfleger, Amtsvormund, Beistand und Gegenvormund gilt nur § 68.

(3) Werden Einrichtungen und Dienste der Träger der freien Jugendhilfe in Anspruch genommen, so ist sicherzustellen, dass der Schutz der personenbezogenen Daten bei der Erhebung und Verwendung in entsprechender Weise gewährleistet ist.

§ 62 Datenerhebung

(1) Sozialdaten dürfen nur erhoben werden, soweit ihre Kenntnis zur Erfüllung der jeweiligen Aufgabe erforderlich ist.

(2) ¹Sozialdaten sind beim Betroffenen zu erheben. ²Er ist über die Rechtsgrundlage der Erhebung sowie die Zweckbestimmungen der Erhebung und Verwendung aufzuklären, soweit diese nicht offenkundig sind.

(3) Ohne Mitwirkung des Betroffenen dürfen Sozialdaten nur erhoben werden, wenn
1. eine gesetzliche Bestimmung dies vorschreibt oder erlaubt oder
2. ihre Erhebung beim Betroffenen nicht möglich ist oder die jeweilige Aufgabe ihrer Art nach eine Erhebung bei anderen erfordert, die Kenntnis der Daten aber erforderlich ist für
    a) die Feststellung der Voraussetzungen oder für die Erfüllung einer Leistung nach diesem Buch oder
    b) die Feststellung der Voraussetzungen für die Erstattung einer Leistung nach § 50 des Zehnten Buches oder
    c) die Wahrnehmung einer Aufgabe nach den §§ 42 bis 48a und nach § 52 oder
    d) die Erfüllung des Schutzauftrages bei Kindeswohlgefährdung nach § 8a oder
3. die Erhebung beim Betroffenen einen unverhältnismäßigen Aufwand erfordern würde und keine Anhaltspunkte dafür bestehen, dass schutzwürdige Interessen des Betroffenen beeinträchtigt werden oder
4. die Erhebung bei dem Betroffenen den Zugang zur Hilfe ernsthaft gefährden würde.

(4) ¹Ist der Betroffene nicht zugleich Leistungsberechtigter oder sonst an der Leistung beteiligt, so dürfen die Daten auch beim Leistungsberechtigten oder einer anderen Person, die sonst an der Leistung beteiligt ist, erhoben werden, wenn die Kenntnis der Daten für die Gewährung einer Leistung nach diesem Buch notwendig ist. ²Satz 1 gilt bei der Erfüllung anderer Aufgaben im Sinne des § 2 Abs. 3 entsprechend.

§ 63 Datenspeicherung

(Vom Abdruck wurde abgesehen)

§ 64 Datenübermittlung und -nutzung

(1) Sozialdaten dürfen zu dem Zweck übermittelt oder genutzt werden, zu dem sie erhoben worden sind.

(2) Eine Übermittlung für die Erfüllung von Aufgaben nach § 69 des Zehnten Buches ist abweichend von Absatz 1 nur zulässig, soweit dadurch der Erfolg einer zu gewährenden Leistung nicht in Frage gestellt wird.

(2 a) Vor einer Übermittlung an eine Fachkraft, die der verantwortlichen Stelle nicht angehört, sind die Sozialdaten zu anonymisieren oder zu pseudonymisieren, soweit die Aufgabenerfüllung dies zulässt.

(3) Sozialdaten dürfen beim Träger der öffentlichen Jugendhilfe zum Zwecke der Planung im Sinne des § 80 gespeichert oder genutzt werden; sie sind unverzüglich zu anonymisieren.

§ 65 Besonderer Vertrauensschutz in der persönlichen und erzieherischen Hilfe

(1) ¹Sozialdaten, die dem Mitarbeiter eines Trägers der öffentlichen Jugendhilfe zum Zweck persönlicher und erzieherischer Hilfe anvertraut worden sind, dürfen von diesem nur weitergegeben werden
1. mit der Einwilligung dessen, der die Daten anvertraut hat, oder
2. dem Vormundschafts- oder dem Familiengericht zur Erfüllung der Aufgaben nach § 8a Abs. 3, wenn angesichts einer Gefährdung des Wohls eines Kindes oder eines Jugendlichen ohne diese Mitteilung eine für die Gewährung von Leistungen notwendige gerichtliche Entscheidung nicht ermöglicht werden könnte, oder
3. dem Mitarbeiter, der auf Grund eines Wechsels der Fallzuständigkeit im Jugendamt oder eines Wechsels der örtlichen Zuständigkeit für die Gewährung oder Erbringung der Leistung verantwortlich ist, wenn Anhaltspunkte für eine Gefährdung des Kindeswohls gegeben sind und die Daten für eine Abschätzung des Gefährdungsrisikos notwendig sind, oder
4. an die Fachkräfte, die zum Zwecke der Abschätzung des Gefährdungsrisikos nach § 8a hinzugezogen werden; § 64 Abs. 2 a bleibt unberührt, oder
5. unter den Voraussetzungen, unter denen eine der in § 203 Abs. 1 oder 3 des Strafgesetzbuches genannten Personen dazu befugt wäre.

²Gibt der Mitarbeiter anvertraute Sozialdaten weiter, so dürfen sie vom Empfänger nur zu dem Zweck weitergegeben werden, zu dem er diese befugt erhalten hat.

(2) § 35 Abs. 3 des Ersten Buches gilt auch, soweit ein behördeninternes Weitergabeverbot nach Absatz 1 besteht.

§§ 66, 67 *(weggefallen)*

§ 68 Sozialdaten im Bereich der Beistandschaft, Amtspflegschaft und der Amtsvormundschaft

(Vom Abdruck wurde abgesehen)

Fünftes Kapitel. Träger der Jugendhilfe, Zusammenarbeit, Gesamtverantwortung

Erster Abschnitt. Träger der öffentlichen Jugendhilfe

§ 69 Träger der öffentlichen Jugendhilfe, Jugendämter, Landesjugendämter

(1) Die Träger der öffentlichen Jugendhilfe werden durch Landesrecht bestimmt.

(2) (*aufgehoben*)

(3) Für die Wahrnehmung der Aufgaben nach diesem Buch errichtet jeder örtliche Träger ein Jugendamt, jeder überörtliche Träger ein Landesjugendamt.

(4) Mehrere örtliche Träger und mehrere überörtliche Träger können, auch wenn sie verschiedenen Ländern angehören, zur Durchführung einzelner Aufgaben gemeinsame Einrichtungen und Dienste errichten.

§ 70 Organisation des Jugendamts und des Landesjugendamts

(1) Die Aufgaben des Jugendamts werden durch den Jugendhilfeausschuss und durch die Verwaltung des Jugendamts wahrgenommen.

(2) Die Geschäfte der laufenden Verwaltung im Bereich der öffentlichen Jugendhilfe werden vom Leiter der Verwaltung der Gebietskörperschaft oder in seinem Auftrag vom Leiter der Verwaltung des Jugendamts im Rahmen der Satzung und der Beschlüsse der Vertretungskörperschaft und des Jugendhilfeausschusses geführt.

(3) [1] Die Aufgaben des Landesjugendamts werden durch den Landesjugendhilfeausschuss und durch die Verwaltung des Landesjugendamts im Rahmen der Satzung und der dem Landesjugendamt zur Verfügung gestellten Mittel wahrgenommen. [2] Die Geschäfte der laufenden Verwaltung werden von dem Leiter der Verwaltung des Landesjugendamts im Rahmen der Satzung und der Beschlüsse des Landesjugendhilfeausschusses geführt.

§ 71 Jugendhilfeausschuss, Landesjugendhilfeausschuss

(*Vom Abdruck wurde abgesehen*)

§ 72 Mitarbeiter, Fortbildung

(1) [1] Die Träger der öffentlichen Jugendhilfe sollen bei den Jugendämtern und Landesjugendämtern hauptberuflich nur Personen beschäftigen, die sich für die jeweilige Aufgabe nach ihrer Persönlichkeit eignen und eine dieser Aufgabe entsprechende Ausbildung erhalten haben (Fachkräfte) oder aufgrund besonderer Erfahrungen in der sozialen Arbeit in der Lage sind, die Aufgabe zu erfüllen. [2] Soweit die jeweilige Aufgabe dies erfordert, sind mit ihrer Wahrnehmung nur Fachkräfte oder Fachkräfte mit entsprechender Zusatzausbildung zu betrauen. [3] Fachkräfte verschiedener Fachrichtungen sollen zusammenwirken, soweit die jeweilige Aufgabe dies erfordert.

(2) Leitende Funktionen des Jugendamts oder des Landesjugendamts sollen in der Regel nur Fachkräften übertragen werden.

(3) Die Träger der öffentlichen Jugendhilfe haben Fortbildung und Praxisberatung der Mitarbeiter des Jugendamts und des Landesjugendamts sicherzustellen.

§ 72a Persönliche Eignung

¹Die Träger der öffentlichen Jugendhilfe dürfen für die Wahrnehmung der Aufgaben in der Kinder- und Jugendhilfe keine Person beschäftigen oder vermitteln, die rechtskräftig wegen einer Straftat nach den §§ 171, 174 bis 174 c, 176 bis 180a, 181a, 182 bis 184f, 225, 232 bis 233a, 234, 235 oder 236 des Strafgesetzbuchs verurteilt worden ist. ²Zu diesem Zweck sollen sie sich bei der Einstellung oder Vermittlung und in regelmäßigen Abständen von den betroffenen Personen ein Führungszeugnis nach § 30 Abs. 5 des Bundeszentralregistergesetzes vorlegen lassen. ³Durch Vereinbarungen mit den Trägern von Einrichtungen und Diensten sollen die Träger der öffentlichen Jugendhilfe auch sicherstellen, dass diese keine Personen nach Satz 1 beschäftigen.

Zweiter Abschnitt.
Zusammenarbeit mit der freien Jugendhilfe, ehrenamtliche Tätigkeit

§ 73 Ehrenamtliche Tätigkeit

In der Jugendhilfe ehrenamtlich tätige Personen sollen bei ihrer Tätigkeit angeleitet, beraten und unterstützt werden.

§ 74 Förderung der freien Jugendhilfe

(1) ¹Die Träger der öffentlichen Jugendhilfe sollen die freiwillige Tätigkeit auf dem Gebiet der Jugendhilfe anregen; sie sollen sie fördern, wenn der jeweilige Träger
1. die fachlichen Voraussetzungen für die geplante Maßnahme erfüllt,
2. die Gewähr für eine zweckentsprechende und wirtschaftliche Verwendung der Mittel bietet,
3. gemeinnützige Ziele verfolgt,
4. eine angemessene Eigenleistung erbringt und
5. die Gewähr für eine den Zielen des Grundgesetzes förderliche Arbeit bietet.

²Eine auf Dauer angelegte Förderung setzt in der Regel die Anerkennung als Träger der freien Jugendhilfe nach § 75 voraus.

(2) ¹Soweit von der freien Jugendhilfe Einrichtungen, Dienste und Veranstaltungen geschaffen werden, um die Gewährung von Leistungen nach diesem Buch zu ermöglichen, kann die Förderung von der Bereitschaft abhängig gemacht werden, diese Einrichtungen, Dienste und Veranstaltungen nach Maßgabe der Jugendhilfeplanung und unter Beachtung der in § 9 genannten Grundsätze anzubieten. ²§ 4 Abs. 1 bleibt unberührt.

(3) ¹Über die Art und Höhe der Förderung entscheidet der Träger der öffentlichen Jugendhilfe im Rahmen der verfügbaren Haushaltsmittel nach pflichtgemäßem Ermessen. ²Entsprechendes gilt, wenn mehrere Antragsteller die Förderungsvoraussetzungen erfüllen und die von ihnen vorgesehenen Maßnahmen gleich geeignet sind, zur Befriedigung des Bedarfs jedoch nur eine Maßnahme notwendig ist. ³Bei der Bemessung der Eigenleistung sind die unterschiedliche Finanzkraft und die sonstigen Verhältnisse zu berücksichtigen.

(4) Bei sonst gleich geeigneten Maßnahmen soll solchen der Vorzug gegeben werden, die stärker an den Interessen der Betroffenen orientiert sind und ihre Einflußnahme auf die Ausgestaltung der Maßnahme gewährleisten.

(5) ¹Bei der Förderung gleichartiger Maßnahmen mehrerer Träger sind unter Berücksichtigung ihrer Eigenleistungen gleiche Grundsätze und Maßstäbe anzulegen. ²Werden gleichartige Maßnahmen von der freien und der öffentlichen Jugend-

hilfe durchgeführt, so sind bei der Förderung die Grundsätze und Maßstäbe anzuwenden, die für die Finanzierung der Maßnahmen der öffentlichen Jugendhilfe gelten.

(6) Die Förderung von anerkannten Trägern der Jugendhilfe soll auch Mittel für die Fortbildung der haupt-, neben- und ehrenamtlichen Mitarbeiter sowie im Bereich der Jugendarbeit Mittel für die Errichtung und Unterhaltung von Jugendfreizeit- und Jugendbildungsstätten einschließen.

§ 74a Finanzierung von Tageseinrichtungen für Kinder

¹Die Finanzierung von Tageseinrichtungen regelt das Landesrecht. ²Dabei können alle Träger von Einrichtungen, die die rechtlichen und fachlichen Voraussetzungen für den Betrieb der Einrichtung erfüllen, gefördert werden. ³Die Erhebung von Teilnahmebeiträgen nach § 90 bleibt unberührt.

§ 75 Anerkennung als Träger der freien Jugendhilfe

(1) Als Träger der freien Jugendhilfe können juristische Personen und Personenvereinigungen anerkannt werden, wenn sie
1. auf dem Gebiet der Jugendhilfe im Sinne des § 1 tätig sind,
2. gemeinnützige Ziele verfolgen,
3. aufgrund der fachlichen und personellen Voraussetzungen erwarten lassen, dass sie einen nicht unwesentlichen Beitrag zur Erfüllung der Aufgaben der Jugendhilfe zu leisten imstande sind, und
4. die Gewähr für eine den Zielen des Grundgesetzes förderliche Arbeit bieten.

(2) Einen Anspruch auf Anerkennung als Träger der freien Jugendhilfe hat unter den Voraussetzungen des Absatzes 1, wer auf dem Gebiet der Jugendhilfe mindestens drei Jahre tätig gewesen ist.

(3) Die Kirchen und Religionsgemeinschaften des öffentlichen Rechts sowie die auf Bundesebene zusammengeschlossenen Verbände der freien Wohlfahrtspflege sind anerkannte Träger der freien Jugendhilfe.

§ 76 Beteiligung anerkannter Träger der freien Jugendhilfe an der Wahrnehmung anderer Aufgaben

(1) Die Träger der öffentlichen Jugendhilfe können anerkannte Träger der freien Jugendhilfe an der Durchführung ihrer Aufgaben nach den §§ 42, 43, 50 bis 52a und 53 Abs. 2 bis 4 beteiligen oder ihnen diese Aufgaben zur Ausführung übertragen.

(2) Die Träger der öffentlichen Jugendhilfe bleiben für die Erfüllung der Aufgaben verantwortlich.

§ 77 Vereinbarungen über die Höhe der Kosten

(Vom Abdruck wurde abgesehen)

§ 78 Arbeitsgemeinschaften

(Vom Abdruck wurde abgesehen)

Dritter Abschnitt.
Vereinbarungen über Leistungsangebote, Entgelte und Qualitätsentwicklung

§ 78a Anwendungsbereich

(1) Die Regelungen der §§ 78b bis 78g gelten für die Erbringung von
1. Leistungen für Betreuung und Unterkunft in einer sozialpädagogisch begleiteten Wohnform (§ 13 Abs. 3),
2. Leistungen in gemeinsamen Wohnformen für Mütter/Väter und Kinder (§ 19),
3. Leistungen zur Unterstützung bei notwendiger Unterbringung des Kindes oder Jugendlichen zur Erfüllung der Schulpflicht (§ 21 Satz 2),
4. Hilfe zur Erziehung
   a) in einer Tagesgruppe (§ 32),
   b) in einem Heim oder einer sonstigen betreuten Wohnform (§ 34) sowie
   c) in intensiver sozialpädagogischer Einzelbetreuung (§ 35), sofern sie außerhalb der eigenen Familie erfolgt,
   d) in sonstiger teilstationärer oder stationärer Form (§ 27),
5. Eingliederungshilfe für seelisch behinderte Kinder und Jugendliche in
   a) anderen teilstationären Einrichtungen (§ 35a Abs. 2 Nr. 2 Alternative 2),
   b) Einrichtungen über Tag und Nacht sowie sonstigen Wohnformen (§ 35a Abs. 2 Nr. 4),
6. Hilfe für junge Volljährige (§ 41), sofern diese den in den Nummern 4 und 5 genannten Leistungen entspricht, sowie
7. Leistungen zum Unterhalt (§ 39), sofern diese im Zusammenhang mit Leistungen nach den Nummern 4 bis 6 gewährt werden; § 39 Abs. 2 Satz 3 bleibt unberührt.

(2) Landesrecht kann bestimmen, dass die §§ 78b bis 78g auch für andere Leistungen nach diesem Buch sowie für vorläufige Maßnahmen zum Schutz von Kindern und Jugendlichen (§ 42) gelten.

§ 78b Voraussetzungen für die Übernahme des Leistungsentgelts

(1) Wird die Leistung ganz oder teilweise in einer Einrichtung erbracht, so ist der Träger der öffentlichen Jugendhilfe zur Übernahme des Entgelts gegenüber dem Leistungsberechtigten verpflichtet, wenn mit dem Träger der Einrichtungen oder seinem Verband Vereinbarungen über
1. Inhalt, Umfang und Qualität der Leistungsangebote (Leistungsvereinbarung),
2. differenzierte Entgelte für die Leistungsangebote und die betriebsnotwendigen Investitionen (Entgeltvereinbarung) und
3. Grundsätze und Maßstäbe für die Bewertung der Qualität der Leistungsangebote sowie über geeignete Maßnahmen zu ihrer Gewährleistung (Qualitätsentwicklungsvereinbarung)
abgeschlossen worden sind.

(2) ¹Die Vereinbarungen sind mit den Trägern abzuschließen, die unter Berücksichtigung der Grundsätze der Leistungsfähigkeit, Wirtschaftlichkeit und Sparsamkeit zur Erbringung der Leistung geeignet sind. ²Vereinbarungen über die Erbringung von Hilfe zur Erziehung im Ausland dürfen nur mit solchen Trägern abgeschlossen werden, die
1. anerkannte Träger der Jugendhilfe oder Träger einer erlaubnispflichtigen Einrichtung im Inland sind, in der Hilfe zur Erziehung erbracht wird,
2. mit der Erbringung solcher Hilfen nur Fachkräfte im Sinne des § 72 Abs. 1 betrauen und

3. die Gewähr dafür bieten, dass sie die Rechtsvorschriften des Aufenthaltslandes einhalten und mit den Behörden des Aufenthaltslandes sowie den deutschen Vertretungen im Ausland zusammenarbeiten.

(3) Ist eine der Vereinbarungen nach Absatz 1 nicht abgeschlossen, so ist der Träger der öffentlichen Jugendhilfe zur Übernahme des Leistungsentgelts nur verpflichtet, wenn dies insbesondere nach Maßgabe der Hilfeplanung (§ 36) im Einzelfall geboten ist.

§§ 78c bis 78g

(Vom Abdruck wurde abgesehen)

Vierter Abschnitt. Gesamtverantwortung, Jugendhilfeplanung

§ 79 Gesamtverantwortung, Grundausstattung

(1) Die Träger der öffentlichen Jugendhilfe haben für die Erfüllung der Aufgaben nach diesem Buch die Gesamtverantwortung einschließlich der Planungsverantwortung.

(2) ¹Die Träger der öffentlichen Jugendhilfe sollen gewährleisten, dass die zur Erfüllung der Aufgaben nach diesem Buch erforderlichen und geeigneten Einrichtungen, Dienste und Veranstaltungen den verschiedenen Grundrichtungen der Erziehung entsprechend rechtzeitig und ausreichend zur Verfügung stehen; hierzu zählen insbesondere auch Pfleger, Vormünder und Pflegepersonen. ²Von den für die Jugendhilfe bereitgestellten Mitteln haben sie einen angemessenen Anteil für die Jugendarbeit zu verwenden.

(3) Die Träger der öffentlichen Jugendhilfe haben für eine ausreichende Ausstattung der Jugendämter und der Landesjugendämter zu sorgen; hierzu gehört auch eine dem Bedarf entsprechende Zahl von Fachkräften.

§ 80 Jugendhilfeplanung

(1) Die Träger der öffentlichen Jugendhilfe haben im Rahmen ihrer Planungsverantwortung
1. den Bestand an Einrichtungen und Diensten festzustellen,
2. den Bedarf unter Berücksichtigung der Wünsche, Bedürfnisse und Interessen der jungen Menschen und der Personensorgeberechtigten für einen mittelfristigen Zeitraum zu ermitteln und
3. die zur Befriedigung des Bedarfs notwendigen Vorhaben rechtzeitig und ausreichend zu planen; dabei ist Vorsorge zu treffen, dass auch ein unvorhergesehener Bedarf befriedigt werden kann.

(2) Einrichtungen und Dienste sollen so geplant werden, dass insbesondere
1. Kontakte in der Familie und im sozialen Umfeld erhalten und gepflegt werden können,
2. ein möglichst wirksames, vielfältiges und aufeinander abgestimmtes Angebot von Jugendhilfeleistungen gewährleistet ist,
3. junge Menschen und Familien in gefährdeten Lebens- und Wohnbereichen besonders gefördert werden,
4. Mütter und Väter Aufgaben in der Familie und Erwerbstätigkeit besser miteinander vereinbaren können.

(3) ¹Die Träger der öffentlichen Jugendhilfe haben die anerkannten Träger der freien Jugendhilfe in allen Phasen ihrer Planung frühzeitig zu beteiligen. ²Zu diesem Zweck sind sie vom Jugendhilfeausschuss, soweit sie überörtlich tätig sind, im Rahmen der Jugendhilfeplanung des überörtlichen Trägers vom Landesjugendhilfeausschuss zu hören. ³Das Nähere regelt das Landesrecht.

(4) Die Träger der öffentlichen Jugendhilfe sollen darauf hinwirken, dass die Jugendhilfeplanung und andere örtliche und überörtliche Planungen aufeinander abgestimmt werden und die Planungen insgesamt den Bedürfnissen und Interessen der jungen Menschen und ihrer Familien Rechnung tragen.

§ 81 Zusammenarbeit mit anderen Stellen und öffentlichen Einrichtungen

(Vom Abdruck wurde abgesehen)

Sechstes Kapitel. Zentrale Aufgaben

§§ 82 bis 84

(Vom Abdruck wurde abgesehen)

Siebtes Kapitel. Zuständigkeit, Kostenerstattung

Erster Abschnitt. Sachliche Zuständigkeit

§ 85 Sachliche Zuständigkeit

(1) Für die Gewährung von Leistungen und die Erfüllung anderer Aufgaben nach diesem Buch ist der örtliche Träger sachlich zuständig, soweit nicht der überörtliche Träger sachlich zuständig ist.

(2) Der überörtliche Träger ist sachlich zuständig für
1. die Beratung der örtlichen Träger und die Entwicklung von Empfehlungen zur Erfüllung der Aufgaben nach diesem Buch,
2. die Förderung der Zusammenarbeit zwischen den örtlichen Trägern und den anerkannten Trägern der freien Jugendhilfe, insbesondere bei der Planung und Sicherstellung eines bedarfsgerechten Angebots an Hilfen zur Erziehung, Eingliederungshilfen für seelisch behinderte Kinder und Jugendliche und Hilfen für junge Volljährige,
3. die Anregung und Förderung von Einrichtungen, Diensten und Veranstaltungen sowie deren Schaffung und Betrieb, soweit sie den örtlichen Bedarf übersteigen; dazu gehören insbesondere Einrichtungen, die eine Schul- oder Berufsausbildung anbieten, sowie Jugendbildungsstätten,
4. die Planung, Anregung, Förderung und Durchführung von Modellvorhaben zur Weiterentwicklung der Jugendhilfe,
5. die Beratung der örtlichen Träger bei der Gewährung von Hilfe nach den §§ 32 bis 35a, insbesondere bei der Auswahl einer Einrichtung oder der Vermittlung einer Pflegeperson in schwierigen Einzelfällen,
6. die Wahrnehmung der Aufgaben zum Schutz von Kindern und Jugendlichen in Einrichtungen (§§ 45 bis 48a),
7. die Beratung der Träger von Einrichtungen während der Planung und Betriebsführung,
8. die Fortbildung von Mitarbeitern in der Jugendhilfe,

9. die Gewährung von Leistungen an Deutsche im Ausland (§ 6 Abs. 3), soweit es sich nicht um die Fortsetzung einer bereits im Inland gewährten Leistung handelt,
10. die Erteilung der Erlaubnis zur Übernahme von Pflegschaften oder Vormundschaften durch einen rechtsfähigen Verein (§ 54).

(3) Für den örtlichen Bereich können die Aufgaben nach Absatz 2 Nr. 3, 4, 7 und 8 auch vom örtlichen Träger wahrgenommen werden.

(4) Unberührt bleiben die am Tage des Inkrafttretens dieses Gesetzes geltenden landesrechtlichen Regelungen, die die in den §§ 45 bis 48a bestimmten Aufgaben einschließlich der damit verbundenen Aufgaben nach Absatz 2 Nr. 2 bis 5 und 7 mittleren Landesbehörden oder, soweit sie sich auf Kindergärten und andere Tageseinrichtungen für Kinder beziehen, unteren Landesbehörden zuweisen.

(5) Ist das Land überörtlicher Träger, so können durch Landesrecht bis zum 30. Juni 1993 einzelne seiner Aufgaben auf andere Körperschaften des öffentlichen Rechts, die nicht Träger der öffentlichen Jugendhilfe sind, übertragen werden.

Zweiter Abschnitt. Örtliche Zuständigkeit

Erster Unterabschnitt. Örtliche Zuständigkeit für Leistungen

§ 86 Örtliche Zuständigkeit für Leistungen an Kinder, Jugendliche und ihre Eltern

(1) ¹Für die Gewährung von Leistungen nach diesem Buch ist der örtliche Träger zuständig, in dessen Bereich die Eltern ihren gewöhnlichen Aufenthalt haben. ²An die Stelle der Eltern tritt die Mutter, wenn und solange die Vaterschaft nicht anerkannt oder gerichtlich festgestellt ist. ³Lebt nur ein Elternteil, so ist dessen gewöhnlicher Aufenthalt maßgebend.

(2) ¹Haben die Elternteile verschiedene gewöhnliche Aufenthalte, so ist der örtliche Träger zuständig, in dessen Bereich der personensorgeberechtigte Elternteil seinen gewöhnlichen Aufenthalt hat; dies gilt auch dann, wenn ihm einzelne Angelegenheiten der Personensorge entzogen sind. ²Steht die Personensorge im Fall des Satzes 1 den Eltern gemeinsam zu, so richtet sich die Zuständigkeit nach dem gewöhnlichen Aufenthalt des Elternteils, bei dem das Kind oder der Jugendliche vor Beginn der Leistung zuletzt seinen gewöhnlichen Aufenthalt hatte. ³Hatte das Kind oder der Jugendliche im Fall des Satzes 2 zuletzt bei beiden Elternteilen seinen gewöhnlichen Aufenthalt, so richtet sich die Zuständigkeit nach dem gewöhnlichen Aufenthalt des Elternteils, bei dem das Kind oder der Jugendliche vor Beginn der Leistung zuletzt seinen tatsächlichen Aufenthalt hatte. ⁴Hatte das Kind oder der Jugendliche im Fall des Satzes 2 während der letzten sechs Monate vor Beginn der Leistung bei keinem Elternteil einen gewöhnlichen Aufenthalt, so ist der örtliche Träger zuständig, in dessen Bereich das Kind oder der Jugendliche vor Beginn der Leistung zuletzt seinen gewöhnlichen Aufenthalt hatte; hatte das Kind oder der Jugendliche während der letzten sechs Monate keinen gewöhnlichen Aufenthalt, so richtet sich die Zuständigkeit nach dem tatsächlichen Aufenthalt des Kindes oder des Jugendlichen vor Beginn der Leistung.

(3) Haben die Elternteile verschiedene gewöhnliche Aufenthalte und steht die Personensorge keinem Elternteil zu, so gilt Absatz 2 Satz 2 und 4 entsprechend.

(4) ¹Haben die Eltern oder der nach den Absätzen 1 bis 3 maßgebliche Elternteil im Inland keinen gewöhnlichen Aufenthalt, oder ist ein gewöhnlicher Aufenthalt nicht feststellbar, oder sind sie verstorben, so richtet sich die Zuständigkeit nach dem gewöhnlichen Aufenthalt des Kindes oder des Jugendlichen vor Beginn der Leistung. ²Hatte das Kind oder der Jugendliche während der letzten sechs Monate vor Beginn der Leistung keinen gewöhnlichen Aufenthalt, so ist der örtliche Träger zuständig,

in dessen Bereich sich das Kind oder der Jugendliche vor Beginn der Leistung tatsächlich aufhält.

(5) ¹Begründen die Elternteile nach Beginn der Leistung verschiedene gewöhnliche Aufenthalte, so wird der örtliche Träger zuständig, in dessen Bereich der personensorgeberechtigte Elternteil seinen gewöhnlichen Aufenthalt hat; dies gilt auch dann, wenn ihm einzelne Angelegenheiten der Personensorge entzogen sind. ²Solange die Personensorge beiden Elternteilen gemeinsam oder keinem Elternteil zusteht, bleibt die bisherige Zuständigkeit bestehen. ³Absatz 4 gilt entsprechend.

(6) ¹Lebt ein Kind oder ein Jugendlicher zwei Jahre bei einer Pflegeperson und ist sein Verbleib bei dieser Pflegeperson auf Dauer zu erwarten, so ist oder wird abweichend von den Absätzen 1 bis 5 der örtliche Träger zuständig, in dessen Bereich die Pflegeperson ihren gewöhnlichen Aufenthalt hat. ²Er hat die Eltern und, falls den Eltern die Personensorge nicht oder nur teilweise zusteht, den Personensorgeberechtigten über den Wechsel der Zuständigkeit zu unterrichten. ³Endet der Aufenthalt bei der Pflegeperson, so endet die Zuständigkeit nach Satz 1.

(7) ¹Für Leistungen an Kinder oder Jugendliche, die um Asyl nachsuchen oder einen Asylantrag gestellt haben, ist der örtliche Träger zuständig, in dessen Bereich sich die Person vor Beginn der Leistung tatsächlich aufhält; geht der Leistungsgewährung eine Inobhutnahme voraus, so bleibt die nach § 87 begründete Zuständigkeit bestehen. ²Unterliegt die Person einem Verteilungsverfahren, so richtet sich die örtliche Zuständigkeit nach der Zuweisungsentscheidung der zuständigen Landesbehörde; bis zur Zuweisungsentscheidung gilt Satz 1 entsprechend. ³Die nach Satz 1 oder 2 begründete örtliche Zuständigkeit bleibt auch nach Abschluss des Asylverfahrens so lange bestehen, bis die für die Bestimmung der örtlichen Zuständigkeit maßgebliche Person einen gewöhnlichen Aufenthalt im Bereich eines anderen Trägers der öffentlichen Jugendhilfe begründet. ⁴Eine Unterbrechung der Leistung von bis zu drei Monaten bleibt außer Betracht.

§ 86a Örtliche Zuständigkeit für Leistungen an junge Volljährige

(1) Für Leistungen an junge Volljährige ist der örtliche Träger zuständig, in dessen Bereich der junge Volljährige vor Beginn der Leistung seinen gewöhnlichen Aufenthalt hat.

(2) Hält sich der junge Volljährige in einer Einrichtung oder sonstigen Wohnform auf, die der Erziehung, Pflege, Betreuung, Behandlung oder dem Strafvollzug dient, so richtet sich die örtliche Zuständigkeit nach dem gewöhnlichen Aufenthalt vor der Aufnahme in eine Einrichtung oder sonstige Wohnform.

(3) Hat der junge Volljährige keinen gewöhnlichen Aufenthalt, so richtet sich die Zuständigkeit nach seinem tatsächlichen Aufenthalt zu dem in Absatz 1 genannten Zeitpunkt; Absatz 2 bleibt unberührt.

(4) ¹Wird eine Leistung nach § 13 Abs. 3 oder nach § 21 über die Vollendung des 18. Lebensjahres hinaus weitergeführt oder geht der Hilfe für junge Volljährige nach § 41 eine dieser Leistungen, eine Leistung nach § 19 oder eine Hilfe nach den §§ 27 bis 35a voraus, so bleibt der örtliche Träger zuständig, der bis zu diesem Zeitpunkt zuständig war. ²Eine Unterbrechung der Hilfeleistung von bis zu drei Monaten bleibt dabei außer Betracht. ³Die Sätze 1 und 2 gelten entsprechend, wenn eine Hilfe für junge Volljährige nach § 41 beendet war und innerhalb von drei Monaten erneut Hilfe für junge Volljährige nach § 41 erforderlich wird.

§ 86b Örtliche Zuständigkeit für Leistungen in gemeinsamen Wohnformen für Mütter/Väter und Kinder

(1) ¹Für Leistungen in gemeinsamen Wohnformen für Mütter oder Väter und Kinder ist der örtliche Träger zuständig, in dessen Bereich der nach § 19 Leistungsberechtigte vor Beginn der Leistung seinen gewöhnlichen Aufenthalt hat. ²§ 86a Abs. 2 gilt entsprechend.

(2) Hat der Leistungsberechtigte keinen gewöhnlichen Aufenthalt, so richtet sich die Zuständigkeit nach seinem tatsächlichen Aufenthalt zu dem in Absatz 1 genannten Zeitpunkt.

(3) ¹Geht der Leistung Hilfe nach den §§ 27 bis 35a oder eine Leistung nach § 13 Abs. 3, § 21 oder § 41 voraus, so bleibt der örtliche Träger zuständig, der bisher zuständig war. ²Eine Unterbrechung der Hilfeleistung von bis zu drei Monaten bleibt dabei außer Betracht.

§ 86c Fortdauernde Leistungsverpflichtung beim Zuständigkeitswechsel

¹Wechselt die örtliche Zuständigkeit, so bleibt der bisher zuständige örtliche Träger so lange zur Gewährung der Leistung verpflichtet, bis der nunmehr zuständige örtliche Träger die Leistung fortsetzt. ²Der örtliche Träger, der von den Umständen Kenntnis erhält, die den Wechsel der Zuständigkeit begründen, hat den anderen davon unverzüglich zu unterrichten.

§ 86d Verpflichtung zum vorläufigen Tätigwerden

Steht die örtliche Zuständigkeit nicht fest oder wird der zuständige örtliche Träger nicht tätig, so ist der örtliche Träger vorläufig zum Tätigwerden verpflichtet, in dessen Bereich sich das Kind oder der Jugendliche, der junge Volljährige oder bei Leistungen nach § 19 der Leistungsberechtigte vor Beginn der Leistung tatsächlich aufhält.

Zweiter Unterabschnitt. Örtliche Zuständigkeit für andere Aufgaben

§ 87 Örtliche Zuständigkeit für vorläufige Maßnahmen zum Schutz von Kindern und Jugendlichen

Für die Inobhutnahme eines Kindes oder eines Jugendlichen (§ 42) ist der örtliche Träger zuständig, in dessen Bereich sich das Kind oder der Jugendliche vor Beginn der Maßnahme tatsächlich aufhält.

§ 87a Örtliche Zuständigkeit für Erlaubnis, Meldepflichten und Untersagung

(1) Für die Erteilung der Pflegeerlaubnis sowie deren Rücknahme oder Widerruf (§§ 43, 44) ist der örtliche Träger zuständig, in dessen Bereich die Pflegeperson ihren gewöhnlichen Aufenthalt hat.

(2) Für die Erteilung der Erlaubnis zum Betrieb einer Einrichtung oder einer selbständigen sonstigen Wohnform sowie für die Rücknahme oder den Widerruf dieser Erlaubnis (§ 45 Abs. 1 und 2, § 48a), die örtliche Prüfung (§§ 46, 48a), die Entgegennahme von Meldungen *(§ 47 Abs. 1 und 2*[1]*, § 48a)* und die Ausnahme von der Melde-

---

[1] § 47 Abs. 2 ist nach dem Gesetz zur Weiterentwicklung der Kinder- und Jugendhilfe (KICK) (Vor § 1 Rn. 7) entfallen.

pflicht *(§ 47 Abs. 3*[2], *§ 48a)* sowie die Untersagung der weiteren Beschäftigung des Leiters oder eines Mitarbeiters (§§ 48, 48a) ist der überörtliche Träger oder die nach Landesrecht bestimmte Behörde zuständig, in dessen oder deren Bereich die Einrichtung oder die sonstige Wohnform gelegen ist.

(3) Für die Mitwirkung an der örtlichen Prüfung (§§ 46, 48a) ist der örtliche Träger zuständig, in dessen Bereich die Einrichtung oder die selbständige sonstige Wohnform gelegen ist.

§ 87b Örtliche Zuständigkeit für die Mitwirkung in gerichtlichen Verfahren

(1) [1]Für die Zuständigkeit des Jugendamts zur Mitwirkung in gerichtlichen Verfahren (§§ 50 bis 52) gilt § 86 Abs. 1 bis 4 entsprechend. [2]Für die Mitwirkung im Verfahren nach dem Jugendgerichtsgesetz gegen einen jungen Menschen, der zu Beginn des Verfahrens das 18. Lebensjahr vollendet hat, gilt § 86a Abs. 1 und 3 entsprechend.

(2) [1]Die nach Absatz 1 begründete Zuständigkeit bleibt bis zum Abschluss des Verfahrens bestehen. [2]Hat ein Jugendlicher oder ein junger Volljähriger in einem Verfahren nach dem Jugendgerichtsgesetz die letzten sechs Monate vor Abschluss des Verfahrens in einer Justizvollzugsanstalt verbracht, so dauert die Zuständigkeit auch nach der Entlassung aus der Anstalt so lange fort, bis der Jugendliche oder junge Volljährige einen neuen gewöhnlichen Aufenthalt begründet hat, längstens aber bis zum Ablauf von sechs Monaten nach dem Entlassungszeitpunkt.

(3) Steht die örtliche Zuständigkeit nicht fest oder wird der zuständige örtliche Träger nicht tätig, so gilt § 86d entsprechend.

§ 87c Örtliche Zuständigkeit für die Beistandschaft, die Amtspflegschaft, die Amtsvormundschaft und die Auskunft nach § 58a

(1) [1]Für die Vormundschaft nach § 1791c des Bürgerlichen Gesetzbuchs ist das Jugendamt zuständig, in dessen Bereich die Mutter ihren gewöhnlichen Aufenthalt hat. [2]Wurde die Vaterschaft nach § 1592 Nr. 1 oder 2 des Bürgerlichen Gesetzbuchs durch Anfechtung beseitigt, so ist der gewöhnliche Aufenthalt der Mutter zu dem Zeitpunkt maßgeblich, zu dem die Entscheidung rechtskräftig wird. [3]Ist ein gewöhnlicher Aufenthalt der Mutter nicht festzustellen, so richtet sich die örtliche Zuständigkeit nach ihrem tatsächlichen Aufenthalt.

(2) [1]Sobald die Mutter ihren gewöhnlichen Aufenthalt im Bereich eines anderen Jugendamts nimmt, hat das die Amtsvormundschaft führende Jugendamt bei dem Jugendamt des anderen Bereichs die Weiterführung der Amtsvormundschaft zu beantragen; der Antrag kann auch von dem anderen Jugendamt, von jedem Elternteil und von jedem, der ein berechtigtes Interesse des Kindes oder des Jugendlichen geltend macht, bei dem die Amtsvormundschaft führenden Jugendamt gestellt werden. [2]Die Vormundschaft geht mit der Erklärung des anderen Jugendamts auf dieses über. [3]Das abgebende Jugendamt hat den Übergang dem Familiengericht und jedem Elternteil unverzüglich mitzuteilen. [4]Gegen die Ablehnung des Antrags kann das Familiengericht angerufen werden.

(3) [1]Für die Pflegschaft oder Vormundschaft, die durch Bestellung des Familiengerichts eintritt, ist das Jugendamt zuständig, in dessen Bereich das Kind oder der Jugendliche seinen gewöhnlichen Aufenthalt hat. [2]Hat das Kind oder der Jugendliche keinen gewöhnlichen Aufenthalt, so richtet sich die Zuständigkeit nach seinem tat-

---
[2] § 47 Abs. 3 ist nach dem Gesetz zur Weiterentwicklung der Kinder- und Jugendhilfe (KICK) (Vor § 1 Rn. 7) entfallen.

sächlichen Aufenthalt zum Zeitpunkt der Bestellung. ³Sobald das Kind oder der Jugendliche seinen gewöhnlichen Aufenthalt wechselt oder im Fall des Satzes 2 das Wohl des Kindes oder Jugendlichen es erfordert, hat das Jugendamt beim Familiengericht einen Antrag auf Entlassung zu stellen. ⁴Die Sätze 1 bis 3 gelten für die Gegenvormundschaft des Jugendamts entsprechend.

(4) Für die Vormundschaft, die im Rahmen des Verfahrens zur Annahme als Kind eintritt, ist das Jugendamt zuständig, in dessen Bereich die annehmende Person ihren gewöhnlichen Aufenthalt hat.

(5) ¹Für die Beratung und Unterstützung nach § 52a sowie für die Beistandschaft gilt Absatz 1 Satz 1 und 3 entsprechend. ²Sobald der allein sorgeberechtigte Elternteil seinen gewöhnlichen Aufenthalt im Bereich eines anderen Jugendamts nimmt, hat das die Beistandschaft führende Jugendamt bei dem Jugendamt des anderen Bereichs die Weiterführung der Beistandschaft zu beantragen; Absatz 2 Satz 2 und § 86c gelten entsprechend.

(6) ¹Für die Erteilung der schriftlichen Auskunft nach § 58a gilt Absatz 1 entsprechend. ²Die Mitteilung nach § 1626d Abs. 2 des Bürgerlichen Gesetzbuchs und die Mitteilung nach Artikel 224 § 2 Abs. 5 des Einführungsgesetzes zum Bürgerlichen Gesetzbuche sind an das für den Geburtsort des Kindes zuständige Jugendamt zu richten; § 88 Abs. 1 Satz 2 gilt entsprechend. ³Das nach Satz 2 zuständige Jugendamt teilt dem nach Satz 1 zuständigen Jugendamt auf Ersuchen mit, ob eine Mitteilung nach § 1626d Abs. 2 des Bürgerlichen Gesetzbuchs oder eine Mitteilung nach Artikel 224 § 2 Abs. 5 des Einführungsgesetzes zum Bürgerlichen Gesetzbuche vorliegt.

§ 87d Örtliche Zuständigkeit für weitere Aufgaben im Vormundschaftswesen

(1) Für die Wahrnehmung der Aufgaben nach § 53 ist der örtliche Träger zuständig, in dessen Bereich der Pfleger oder Vormund seinen gewöhnlichen Aufenthalt hat.

(2) Für die Erteilung der Erlaubnis zur Übernahme von Pflegschaften oder Vormundschaften durch einen rechtsfähigen Verein (§ 54) ist der überörtliche Träger zuständig, in dessen Bereich der Verein seinen Sitz hat.

§ 87e Örtliche Zuständigkeit für Beurkundung und Beglaubigung

Für Beurkundungen und Beglaubigungen nach § 59 ist die Urkundsperson bei jedem Jugendamt zuständig.

Dritter Unterabschnitt. Örtliche Zuständigkeit bei Aufenthalt im Ausland

§ 88 Örtliche Zuständigkeit bei Aufenthalt im Ausland

(1) ¹Für die Gewährung von Leistungen der Jugendhilfe im Ausland ist der überörtliche Träger zuständig, in dessen Bereich der junge Mensch geboren ist. ²Liegt der Geburtsort im Ausland oder ist er nicht zu ermitteln, so ist das Land Berlin zuständig.

(2) Wurden bereits vor der Ausreise Leistungen der Jugendhilfe gewährt, so bleibt der örtliche Träger zuständig, der bisher tätig geworden ist; eine Unterbrechung der Hilfeleistung von bis zu drei Monaten bleibt dabei außer Betracht.

Dritter Abschnitt. Kostenerstattung

§ 89 Kostenerstattung bei fehlendem gewöhnlichen Aufenthalt

Ist für die örtliche Zuständigkeit nach den §§ 86, 86a oder 86b der tatsächliche Aufenthalt maßgeblich, so sind die Kosten, die ein örtlicher Träger aufgewendet hat, von dem überörtlichen Träger zu erstatten, zu dessen Bereich der örtliche Träger gehört.

§ 89a Kostenerstattung bei fortdauernder Vollzeitpflege

(1) ¹Kosten, die ein örtlicher Träger aufgrund einer Zuständigkeit nach § 86 Abs. 6 aufgewendet hat, sind von dem örtlichen Träger zu erstatten, der zuvor zuständig war oder gewesen wäre. ²Die Kostenerstattungspflicht bleibt bestehen, wenn die Pflegeperson ihren gewöhnlichen Aufenthalt ändert oder wenn die Leistung über die Volljährigkeit hinaus nach § 41 fortgesetzt wird.

(2) Hat oder hätte der nach Absatz 1 kostenerstattungspflichtig werdende örtliche Träger während der Gewährung einer Leistung selbst einen Kostenerstattungsanspruch gegen einen anderen örtlichen oder den überörtlichen Träger, so bleibt oder wird abweichend von Absatz 1 dieser Träger dem nunmehr nach § 86 Abs. 6 zuständig gewordenen örtlichen Träger kostenerstattungspflichtig.

(3) Ändert sich während der Gewährung der Leistung nach Absatz 1 der für die örtliche Zuständigkeit nach § 86 Abs. 1 bis 5 maßgebliche gewöhnliche Aufenthalt, so wird der örtliche Träger kostenerstattungspflichtig, der ohne Anwendung des § 86 Abs. 6 örtlich zuständig geworden wäre.

§ 89b Kostenerstattung bei vorläufigen Maßnahmen zum Schutz von Kindern und Jugendlichen

(1) Kosten, die ein örtlicher Träger im Rahmen der Inobhutnahme von Kindern und Jugendlichen (§ 42) aufgewendet hat, sind von dem örtlichen Träger zu erstatten, dessen Zuständigkeit durch den gewöhnlichen Aufenthalt nach § 86 begründet wird.

(2) Ist ein kostenerstattungspflichtiger örtlicher Träger nicht vorhanden, so sind die Kosten von dem überörtlichen Träger zu erstatten, zu dessen Bereich der örtliche Träger gehört.

(3) Eine nach Absatz 1 oder 2 begründete Pflicht zur Kostenerstattung bleibt bestehen, wenn und solange nach der Inobhutnahme Leistungen aufgrund einer Zuständigkeit nach § 86 Abs. 7 Satz 1 Halbsatz 2 gewährt werden.

§ 89c Kostenerstattung bei fortdauernder oder vorläufiger Leistungsverpflichtung

(1) ¹Kosten, die ein örtlicher Träger im Rahmen seiner Verpflichtung nach § 86c aufgewendet hat, sind von dem örtlichen Träger zu erstatten, der nach dem Wechsel der örtlichen Zuständigkeit zuständig geworden ist. ²Kosten, die ein örtlicher Träger im Rahmen seiner Verpflichtung nach § 86d aufgewendet hat, sind von dem örtlichen Träger zu erstatten, dessen Zuständigkeit durch den gewöhnlichen Aufenthalt nach §§ 86, 86a und 86b begründet wird.

(2) Hat der örtliche Träger die Kosten deshalb aufgewendet, weil der zuständige örtliche Träger pflichtwidrig gehandelt hat, so hat dieser zusätzlich einen Betrag in Höhe eines Drittels der Kosten, mindestens jedoch 50 Euro zu erstatten.

(3) Ist ein kostenerstattungspflichtiger örtlicher Träger nicht vorhanden, so sind die Kosten vom überörtlichen Träger zu erstatten, zu dessen Bereich der örtliche Träger gehört, der nach Absatz 1 tätig geworden ist.

§ 89d Kostenerstattung bei Gewährung von Jugendhilfe nach der Einreise

(1) ¹Kosten, die ein örtlicher Träger aufwendet, sind vom Land zu erstatten, wenn
1. innerhalb eines Monats nach der Einreise eines jungen Menschen oder eines Leistungsberechtigten nach § 19 Jugendhilfe gewährt wird und
2. sich die örtliche Zuständigkeit nach dem tatsächlichen Aufenthalt dieser Person oder nach der Zuweisungsentscheidung der zuständigen Landesbehörde richtet.

²Als Tag der Einreise gilt der Tag des Grenzübertritts, sofern dieser amtlich festgestellt wurde, oder der Tag, an dem der Aufenthalt im Inland erstmals festgestellt wurde, andernfalls der Tag der ersten Vorsprache bei einem Jugendamt. ³Die Erstattungspflicht nach Satz 1 bleibt unberührt, wenn die Person um Asyl nachsucht oder einen Asylantrag stellt.

(2) Ist die Person im Inland geboren, so ist das Land erstattungspflichtig, in dessen Bereich die Person geboren ist.

(3) ¹Ist die Person im Ausland geboren, so wird das erstattungspflichtige Land auf der Grundlage eines Belastungsvergleichs vom Bundesverwaltungsamt bestimmt. ²Maßgeblich ist die Belastung, die sich pro Einwohner im vergangenen Haushaltsjahr
1. durch die Erstattung von Kosten nach dieser Vorschrift und
2. die Gewährung von Leistungen für Deutsche im Ausland durch die überörtlichen Träger im Bereich des jeweiligen Landes nach Maßgabe von § 6 Abs. 3, § 85 Abs. 2 Nr. 9

ergeben hat.

(4) Die Verpflichtung zur Erstattung der aufgewendeten Kosten entfällt, wenn inzwischen für einen zusammenhängenden Zeitraum von drei Monaten Jugendhilfe nicht zu gewähren war.

(5) Kostenerstattungsansprüche nach den Absätzen 1 bis 3 gehen Ansprüchen nach den §§ 89 bis 89c und § 89e vor.

§ 89e Schutz der Einrichtungsorte

(1) ¹Richtet sich die Zuständigkeit nach dem gewöhnlichen Aufenthalt der Eltern, eines Elternteils, des Kindes oder des Jugendlichen und ist dieser in einer Einrichtung, einer anderen Familie oder sonstigen Wohnform begründet worden, die der Erziehung, Pflege, Betreuung, Behandlung oder dem Strafvollzug dient, so ist der örtliche Träger zur Erstattung der Kosten verpflichtet, in dessen Bereich die Person vor der Aufnahme in eine Einrichtung, eine andere Familie oder sonstige Wohnform den gewöhnlichen Aufenthalt hatte. ²Eine nach Satz 1 begründete Erstattungspflicht bleibt bestehen, wenn und solange sich die örtliche Zuständigkeit nach § 86a Abs. 4 und § 86b Abs. 3 richtet.

(2) Ist ein kostenerstattungspflichtiger örtlicher Träger nicht vorhanden, so sind die Kosten von dem überörtlichen Träger zu erstatten, zu dessen Bereich der erstattungsberechtigte örtliche Träger gehört.

§ 89f Umfang der Kostenerstattung

(1) ¹Die aufgewendeten Kosten sind zu erstatten, soweit die Erfüllung der Aufgaben den Vorschriften dieses Buches entspricht. ²Dabei gelten die Grundsätze, die im

Bereich des tätig gewordenen örtlichen Trägers zur Zeit des Tätigwerdens angewandt werden.

(2) ¹Kosten unter 1000 Euro werden nur bei vorläufigen Maßnahmen zum Schutz von Kindern und Jugendlichen (§ 89b), bei fortdauernder oder vorläufiger Leistungsverpflichtung (§ 89c) und bei Gewährung von Jugendhilfe nach der Einreise (§ 89d) erstattet. ²Verzugszinsen können nicht verlangt werden.

§ 89g Landesrechtsvorbehalt

Durch Landesrecht können die Aufgaben des Landes und des überörtlichen Trägers nach diesem Abschnitt auf andere Körperschaften des öffentlichen Rechts übertragen werden.

§ 89h Übergangsvorschrift

(1) Für die Erstattung von Kosten für Maßnahmen der Jugendhilfe nach der Einreise gemäß § 89d, die vor dem 1. Juli 1998 begonnen haben, gilt die nachfolgende Übergangsvorschrift.

(2) ¹Kosten, für deren Erstattung das Bundesverwaltungsamt vor dem 1. Juli 1998 einen erstattungspflichtigen überörtlichen Träger bestimmt hat, sind nach den bis zu diesem Zeitpunkt geltenden Vorschriften zu erstatten. ²Erfolgt die Bestimmung nach dem 30. Juni 1998, so sind § 86 Abs. 7, § 89b Abs. 3, die §§ 89d und 89g in der ab dem 1. Juli 1998 geltenden Fassung anzuwenden.

Achtes Kapitel. Kostenbeteiligung

Erster Abschnitt. Pauschalierte Kostenbeteiligung

§ 90 Pauschalierte Kostenbeteiligung

(1) ¹Für die Inanspruchnahme von Angeboten
1. der Jugendarbeit nach § 11,
2. der allgemeinen Förderung der Erziehung in der Familie nach § 16 Abs. 1, Abs. 2 Nr. 1 und 3 und
3. der Förderung von Kindern in Tageseinrichtungen und Kindertagespflege nach den §§ 22 bis 24

können Kostenbeiträge festgesetzt werden. ²Soweit Landesrecht nichts anderes bestimmt, sind Kostenbeiträge, die für die Inanspruchnahme von Tageseinrichtungen und von Kindertagespflege zu entrichten sind, zu staffeln. ³Als Kriterien können insbesondere das Einkommen, die Anzahl der kindergeldberechtigten Kinder in der Familie und die tägliche Betreuungszeit berücksichtigt werden. ⁴Werden die Kostenbeiträge nach dem Einkommen berechnet, bleibt die Eigenheimzulage nach dem Eigenheimzulagengesetz außer Betracht.

(2) ¹In den Fällen des Absatzes 1 Nr. 1 und 2 kann der Kostenbeitrag auf Antrag ganz oder teilweise erlassen oder ein Teilnahmebeitrag auf Antrag ganz oder teilweise vom Träger der öffentlichen Jugendhilfe übernommen werden, wenn
1. die Belastung
   a) dem Kind oder dem Jugendlichen und seinen Eltern oder
   b) dem jungen Volljährigen nicht zuzumuten ist und
2. die Förderung für die Entwicklung des jungen Menschen erforderlich ist.

² Lebt das Kind oder der Jugendliche nur mit einem Elternteil zusammen, so tritt dieser an die Stelle der Eltern.

(3) ¹ Im Falle des Absatzes 1 Nr. 3 soll der Kostenbeitrag auf Antrag ganz oder teilweise erlassen oder ein Teilnahmebeitrag auf Antrag ganz oder teilweise vom Träger der öffentlichen Jugendhilfe übernommen werden, wenn die Belastung den Eltern und dem Kind nicht zuzumuten ist. ² Absatz 2 Satz 2 gilt entsprechend.

(4) ¹ Für die Feststellung der zumutbaren Belastung gelten die §§ 82 bis 85, 87, 88 und 92a des Zwölften Buches entsprechend, soweit nicht Landesrecht eine andere Regelung trifft. ² Bei der Einkommensberechnung bleibt die Eigenheimzulage nach dem Eigenheimzulagengesetz außer Betracht.

Zweiter Abschnitt. Kostenbeiträge für stationäre und teilstationäre Leistungen sowie vorläufige Maßnahmen

§ 91 Anwendungsbereich

(1) Zu folgenden vollstationären Leistungen und vorläufigen Maßnahmen werden Kostenbeiträge erhoben:
1. der Unterkunft junger Menschen in einer sozialpädagogisch begleiteten Wohnform (§ 13 Abs. 3),
2. der Betreuung von Müttern oder Vätern und Kindern in gemeinsamen Wohnformen (§ 19),
3. der Betreuung und Versorgung von Kindern in Notsituationen (§ 20),
4. der Unterstützung bei notwendiger Unterbringung junger Menschen zur Erfüllung der Schulpflicht und zum Abschluss der Schulausbildung (§ 21),
5. der Hilfe zur Erziehung
   a) in Vollzeitpflege (§ 33),
   b) in einem Heim oder einer sonstigen betreuten Wohnform (§ 34),
   c) in intensiver sozialpädagogischer Einzelbetreuung (§ 35), sofern sie außerhalb des Elternhauses erfolgt,
   d) auf der Grundlage von § 27 in stationärer Form,
6. der Eingliederungshilfe für seelisch behinderte Kinder und Jugendliche durch geeignete Pflegepersonen sowie in Einrichtungen über Tag und Nacht und in sonstigen Wohnformen (§ 35a Abs. 2 Nr. 3 und 4),
7. der Inobhutnahme von Kindern und Jugendlichen (§ 42),
8. der Hilfe für junge Volljährige, soweit sie den in den Nummern 5 und 6 genannten Leistungen entspricht (§ 41).

(2) Zu folgenden teilstationären Leistungen werden Kostenbeiträge erhoben:
1. der Betreuung und Versorgung von Kindern in Notsituationen nach § 20,
2. Hilfe zur Erziehung in einer Tagesgruppe nach § 32 und anderen teilstationären Leistungen nach § 27,
3. Eingliederungshilfe für seelisch behinderte Kinder und Jugendliche in Tageseinrichtungen und anderen teilstationären Einrichtungen nach § 35a Abs. 2 Nr. 2 und
4. Hilfe für junge Volljährige, soweit sie den in den Nummern 2 und 3 genannten Leistungen entspricht (§ 41).

(3) Die Kosten umfassen auch die Aufwendungen für den notwendigen Unterhalt und die Krankenhilfe.

(4) Verwaltungskosten bleiben außer Betracht.

(5) Die Träger der öffentlichen Jugendhilfe tragen die Kosten der in den Absätzen 1 und 2 genannten Leistungen unabhängig von der Erhebung eines Kostenbeitrags.

§ 92 Ausgestaltung der Heranziehung

(1) Aus ihrem Einkommen nach Maßgabe der §§ 93 und 94 heranzuziehen sind:
1. Kinder und Jugendliche zu den Kosten der in § 91 Abs. 1 Nr. 1 bis 7 genannten Leistungen und vorläufigen Maßnahmen,
2. junge Volljährige zu den Kosten der in § 91 Abs. 1 Nr. 1, 4 und 8 genannten Leistungen,
3. Leistungsberechtigte nach § 19 zu den Kosten der in § 91 Abs. 1 Nr. 2 genannten Leistungen,
4. Ehegatten und Lebenspartner junger Menschen und Leistungsberechtigter nach § 19 zu den Kosten der in § 91 Abs. 1 und 2 genannten Leistungen und vorläufigen Maßnahmen,
5. Elternteile zu den Kosten der in § 91 Abs. 1 genannten Leistungen und vorläufigen Maßnahmen; leben sie mit dem jungen Menschen zusammen, so werden sie auch zu den Kosten der in § 91 Abs. 2 genannten Leistungen herangezogen.

(1a) Zu den Kosten vollstationärer Leistungen sind junge Volljährige und volljährige Leistungsberechtigte nach § 19 zusätzlich aus ihrem Vermögen nach Maßgabe der §§ 90 und 91 des Zwölften Buches heranzuziehen.

(2) Die Heranziehung erfolgt durch Erhebung eines Kostenbeitrags, der durch Leistungsbescheid festgesetzt wird; Elternteile werden getrennt herangezogen.

(3) ¹Ein Kostenbeitrag kann bei Eltern, Ehegatten und Lebenspartnern ab dem Zeitpunkt erhoben werden, ab welchem dem Pflichtigen die Gewährung der Leistung mitgeteilt und er über die Folgen für seine Unterhaltspflicht gegenüber dem jungen Menschen aufgeklärt wurde. ²Ohne vorherige Mitteilung kann ein Kostenbeitrag für den Zeitraum erhoben werden, in welchem der Träger der öffentlichen Jugendhilfe aus rechtlichen oder tatsächlichen Gründen, die in den Verantwortungsbereich des Pflichtigen fallen, an der Geltendmachung gehindert war. ³Entfallen diese Gründe, ist der Pflichtige unverzüglich zu unterrichten.

(4) ¹Ein Kostenbeitrag kann nur erhoben werden, soweit Unterhaltsansprüche vorrangig oder gleichrangig Berechtigter nicht geschmälert werden. ²Von der Heranziehung der Eltern ist abzusehen, wenn das Kind, die Jugendliche, die junge Volljährige oder die Leistungsberechtigte nach § 19 schwanger ist oder ein leibliches Kind bis zur Vollendung des sechsten Lebensjahres betreut.

(5) ¹Von der Heranziehung soll im Einzelfall ganz oder teilweise abgesehen werden, wenn sonst Ziel und Zweck der Leistung gefährdet würden oder sich aus der Heranziehung eine besondere Härte ergäbe. ²Von der Heranziehung kann abgesehen werden, wenn anzunehmen ist, dass der damit verbundene Verwaltungsaufwand in keinem angemessenen Verhältnis zu dem Kostenbeitrag stehen wird.

§ 93 Berechnung des Einkommens

(1) ¹Zum Einkommen gehören alle Einkünfte in Geld oder Geldeswert mit Ausnahme der Grundrente nach oder entsprechend dem Bundesversorgungsgesetz sowie der Renten und Beihilfen, die nach dem Bundesentschädigungsgesetz für einen Schaden an Leben sowie an Körper und Gesundheit gewährt werden bis zur Höhe der vergleichbaren Grundrente nach dem Bundesversorgungsgesetz. ²Eine Entschädigung, die nach § 253 Abs. 2 des Bürgerlichen Gesetzbuchs wegen eines Schadens, der nicht Vermögensschaden ist, geleistet wird, ist nicht als Einkommen zu berücksichtigen. ³Geldleistungen, die dem gleichen Zweck wie die jeweilige Leistung der Jugendhilfe dienen, zählen nicht zum Einkommen und sind unabhängig von einem Kostenbeitrag einzusetzen. ⁴Leistungen, die aufgrund öffentlich-rechtlicher Vorschriften zu einem ausdrücklich genannten Zweck erbracht werden, sind nicht als Einkommen zu berücksichtigen.

(2) Von dem Einkommen sind abzusetzen
1. auf das Einkommen gezahlte Steuern und
2. Pflichtbeiträge zur Sozialversicherung einschließlich der Beiträge zur Arbeitsförderung sowie
3. nach Grund und Höhe angemessene Beiträge zu öffentlichen oder privaten Versicherungen oder ähnlichen Einrichtungen zur Absicherung der Risiken Alter, Krankheit, Pflegebedürftigkeit und Arbeitslosigkeit.

(3) ¹Von dem nach den Absätzen 1 und 2 errechneten Betrag sind Belastungen der kostenbeitragspflichtigen Person abzuziehen. ²In Betracht kommen insbesondere
1. Beiträge zu öffentlichen oder privaten Versicherungen oder ähnlichen Einrichtungen,
2. die mit der Erzielung des Einkommens verbundenen notwendigen Ausgaben,
3. Schuldverpflichtungen.
³Der Abzug erfolgt durch eine Kürzung des nach den Absätzen 1 und 2 errechneten Betrages um pauschal 25 vom Hundert. ⁴Sind die Belastungen höher als der pauschale Abzug, so können sie abgezogen werden, soweit sie nach Grund und Höhe angemessen sind und die Grundsätze einer wirtschaftlichen Lebensführung nicht verletzen. ⁵Die kostenbeitragspflichtige Person muss die Belastungen nachweisen.

§ 94 Umfang der Heranziehung

(1) ¹Die Kostenbeitragspflichtigen sind aus ihrem Einkommen in angemessenem Umfang zu den Kosten heranzuziehen. ²Die Kostenbeiträge dürfen die tatsächlichen Aufwendungen nicht überschreiten. ³Eltern sollen nachrangig zu den jungen Menschen herangezogen werden. ⁴Ehegatten und Lebenspartner sollen nachrangig zu den jungen Menschen, aber vorrangig vor deren Eltern herangezogen werden.

(2) Für die Bestimmung des Umfangs sind bei jedem Elternteil, Ehegatten oder Lebenspartner die Höhe des nach § 93 ermittelten Einkommens und die Anzahl der Personen, die mindestens im gleichen Range wie der untergebrachte junge Mensch oder Leistungsberechtigte nach § 19 unterhaltsberechtigt sind, angemessen zu berücksichtigen.

(3) ¹Werden Leistungen über Tag und Nacht außerhalb des Elternhauses erbracht und bezieht einer der Elternteile Kindergeld für den jungen Menschen, so hat dieser einen Kostenbeitrag mindestens in Höhe des Kindergeldes zu zahlen. ²Zahlt der Elternteil den Kostenbeitrag nicht, so sind die Träger der öffentlichen Jugendhilfe insoweit berechtigt, das auf dieses Kind entfallende Kindergeld durch Geltendmachung eines Erstattungsanspruchs nach § 74 Abs. 2 des Einkommensteuergesetzes in Anspruch zu nehmen.

(4) Werden Leistungen über Tag und Nacht erbracht und hält sich der junge Mensch nicht nur im Rahmen von Umgangskontakten bei einem Kostenbeitragspflichtigen auf, so ist die tatsächliche Betreuungsleistung über Tag und Nacht auf den Kostenbeitrag anzurechnen.

(5) Für die Festsetzung der Kostenbeiträge von Eltern, Ehegatten und Lebenspartnern junger Menschen und Leistungsberechtigter nach § 19 werden nach Einkommensgruppen gestaffelte Pauschalbeträge durch Rechtsverordnung des zuständigen Bundesministeriums mit Zustimmung des Bundesrates bestimmt.

(6) Bei vollstationären Leistungen haben junge Menschen und Leistungsberechtigte nach § 19 nach Abzug der in § 93 Abs. 2 genannten Beträge 75 Prozent ihres Einkommens als Kostenbeitrag einzusetzen.

Dritter Abschnitt. Überleitung von Ansprüchen

§ 95 Überleitung von Ansprüchen

(1) Hat eine der in § 92 Abs. 1 genannten Personen für die Zeit, für die Jugendhilfe gewährt wird, einen Anspruch gegen einen anderen, der weder Leistungsträger im Sinne des § 12 des Ersten Buches noch Kostenbeitragspflichtiger ist, so kann der Träger der öffentlichen Jugendhilfe durch schriftliche Anzeige an den anderen bewirken, dass dieser Anspruch bis zur Höhe seiner Aufwendungen auf ihn übergeht.

(2) ¹Der Übergang darf nur insoweit bewirkt werden, als bei rechtzeitiger Leistung des anderen entweder Jugendhilfe nicht gewährt worden oder ein Kostenbeitrag zu leisten wäre. ²Der Übergang ist nicht dadurch ausgeschlossen, dass der Anspruch nicht übertragen, verpfändet oder gepfändet werden kann.

(3) Die schriftliche Anzeige bewirkt den Übergang des Anspruchs für die Zeit, für die die Hilfe ohne Unterbrechung gewährt wird; als Unterbrechung gilt ein Zeitraum von mehr als zwei Monaten.

(4) Widerspruch und Anfechtungsklage gegen den Verwaltungsakt, der den Übergang des Anspruchs bewirkt, haben keine aufschiebende Wirkung.

§ 96 *(weggefallen)*

Vierter Abschnitt. Ergänzende Vorschriften

§ 97 Feststellung der Sozialleistungen

¹Der erstattungsberechtigte Träger der öffentlichen Jugendhilfe kann die Feststellung einer Sozialleistung betreiben sowie Rechtsmittel einlegen. ²Der Ablauf der Fristen, die ohne sein Verschulden verstrichen sind, wirkt nicht gegen ihn. ³Dies gilt nicht für die Verfahrensfristen, soweit der Träger der öffentlichen Jugendhilfe das Verfahren selbst betreibt.

§ 97a Pflicht zur Auskunft

(1) ¹Soweit dies für die Berechnung oder den Erlass eines Kostenbeitrags oder die Übernahme eines Teilnahmebeitrags nach § 90 oder die Ermittlung eines Kostenbeitrags nach den §§ 92 bis 94 erforderlich ist, sind Eltern, Ehegatten und Lebenspartner junger Menschen sowie Leistungsberechtigter nach § 19 verpflichtet, dem örtlichen Träger über ihre Einkommensverhältnisse Auskunft zu geben. ²Junge Volljährige und volljährige Leistungsberechtigte nach § 19 sind verpflichtet, dem örtlichen Träger über ihre Einkommens- und Vermögensverhältnisse Auskunft zu geben. ³Eltern, denen die Sorge für das Vermögen des Kindes oder des Jugendlichen zusteht, sind auch zur Auskunft über dessen Einkommen verpflichtet. ⁴Ist die Sorge über das Vermögen des Kindes oder des Jugendlichen anderen Personen übertragen, so treten diese an die Stelle der Eltern.

(2) ¹Soweit dies für die Berechnung der laufenden Leistung nach § 39 Abs. 6 erforderlich ist, sind Pflegepersonen verpflichtet, dem örtlichen Träger darüber Auskunft zu geben, ob der junge Mensch im Rahmen des Familienleistungsausgleichs nach § 31 des Einkommensteuergesetzes berücksichtigt wird oder berücksichtigt werden könnte und ob er ältestes Kind in der Pflegefamilie ist. ²Pflegepersonen, die mit dem jungen Menschen in gerader Linie verwandt sind, sind verpflichtet, dem örtlichen Träger über ihre Einkommens- und Vermögensverhältnisse Auskunft zu geben.

(3) ¹Die Pflicht zur Auskunft nach den Absätzen 1 und 2 umfasst auch die Verpflichtung, Name und Anschrift des Arbeitgebers zu nennen, über die Art des Beschäftigungsverhältnisses Auskunft zu geben sowie auf Verlangen Beweisurkunden vorzulegen oder ihrer Vorlage zuzustimmen. ²Sofern landesrechtliche Regelungen nach § 90 Abs. 1 Satz 2 bestehen, in denen nach Einkommensgruppen gestaffelte Pauschalbeträge vorgeschrieben oder festgesetzt sind, ist hinsichtlich der Höhe des Einkommens die Auskunftspflicht und die Pflicht zur Vorlage von Beweisurkunden für die Berechnung des Kostenbeitrags nach § 90 Abs. 1 Nr. 3 auf die Angabe der Zugehörigkeit zu einer bestimmten Einkommensgruppe beschränkt.

(4) ¹Kommt eine der nach den Absätzen 1 und 2 zur Auskunft verpflichteten Personen ihrer Pflicht nicht nach oder bestehen tatsächliche Anhaltspunkte für die Unrichtigkeit ihrer Auskunft, so ist der Arbeitgeber dieser Person verpflichtet, dem örtlichen Träger über die Art des Beschäftigungsverhältnisses und den Arbeitsverdienst dieser Person Auskunft zu geben; Absatz 3 Satz 2 gilt entsprechend. ²Der zur Auskunft verpflichteten Person ist vor einer Nachfrage beim Arbeitgeber eine angemessene Frist zur Erteilung der Auskunft zu setzen. ³Sie ist darauf hinzuweisen, dass nach Fristablauf die erforderlichen Auskünfte beim Arbeitgeber eingeholt werden.

(5) ¹Die nach den Absätzen 1 und 2 zur Erteilung einer Auskunft Verpflichteten können die Auskunft verweigern, soweit sie sich selbst oder einen der in § 383 Abs. 1 Nr. 1 bis 3 der Zivilprozessordnung bezeichneten Angehörigen der Gefahr aussetzen würden, wegen einer Straftat oder einer Ordnungswidrigkeit verfolgt zu werden. ²Die Auskunftspflichtigen sind auf ihr Auskunftsverweigerungsrecht hinzuweisen.

§ 97b Übergangsregelung

(weggefallen)

§ 97c Erhebung von Gebühren und Auslagen

Landesrecht kann abweichend von § 64 des Zehnten Buches die Erhebung von Gebühren und Auslagen regeln.

Neuntes Kapitel. Kinder- und Jugendhilfestatistik

§§ 98 bis 103

(Vom Abdruck wurde abgesehen)

Zehntes Kapitel. Straf- und Bußgeldvorschriften

§ 104 Bußgeldvorschriften

(1) Ordnungswidrig handelt, wer
1. ohne Erlaubnis nach § 43 Abs. 1 oder § 44 Abs. 1 Satz 1 ein Kind oder einen Jugendlichen betreut oder ihm Unterkunft gewährt,
2. entgegen § 45 Abs. 1 Satz 1, auch in Verbindung mit § 48a Abs. 1, ohne Erlaubnis eine Einrichtung oder eine sonstige Wohnform betreibt oder
3. entgegen § 47 eine Anzeige nicht, nicht richtig, nicht vollständig oder nicht rechtzeitig erstattet oder eine Meldung nicht, nicht richtig, nicht vollständig oder nicht rechtzeitig macht oder

4. entgegen § 97a Abs. 4 vorsätzlich oder fahrlässig als Arbeitgeber eine Auskunft nicht, nicht richtig oder nicht vollständig erteilt.

(2) Die Ordnungswidrigkeiten nach Absatz 1 Nr. 1, 3 und 4 können mit einer Geldbuße bis zu fünfhundert Euro, die Ordnungswidrigkeit nach Absatz 1 Nr. 2 kann mit einer Geldbuße bis zu fünfzehntausend Euro geahndet werden.

§ 105 Strafvorschriften

Mit Freiheitsstrafe bis zu einem Jahr oder mit Geldstrafe wird bestraft, wer
1. eine in § 104 Abs. 1 Nr. 1 oder 2 bezeichnete Handlung begeht und dadurch leichtfertig ein Kind oder einen Jugendlichen in seiner körperlichen, geistigen oder sittlichen Entwicklung schwer gefährdet oder
2. eine in § 104 Abs. 1 Nr. 1 oder 2 bezeichnete vorsätzliche Handlung beharrlich wiederholt.

Sachverzeichnis

Bearbeiterin: Rechtsanwältin Manuela Höglmeier

Die fett gedruckten Zahlen bezeichnen die Paragraphen, die mageren Zahlen die Randnummern.

Abänderung gerichtlicher Anordnungen
- Abänderung ausländischer Entscheidungen **1696** 55 ff.
- Abänderungsbefugnis des Gerichts **1696** 14 ff.
- Abgrenzung zu § 1671 **1696** 6 f.
- Abgrenzung zu § 1672 **1696** 8 f.
- Abgrenzung zu anderen Vorschriften **1696** 5 ff.
- Alleinsorge **1696** 35
- amtswegiges Verfahren **1696** 51
- Änderung der Rechtslage **1696** 38
- Änderung der tatsächlichen Verhältnisse **1696** 24
- Änderungspflicht **1696** 39 ff.
- Änderungswille der Beteiligten **1696** 34 f.
- Aufenthaltsbestimmungsrecht **1696** 17
- Aufhebungsbefugnis nach § 1696 II **1696** 41
- Aufrechterhaltung der Maßnahme **1696** 46
- Ausübung des Selbstbestimmungsrechts **1696** 36
- Auswanderung des Sorgeberechtigten **1696** 28f
- Beurteilungsspielraum **1696** 20
- das Kindeswohl nachhaltig berührende Gründe **1696** 19 ff.
- Drogen- und Alkoholabhängigkeit **1696** 26
- einheitliche Betrachtung **1696** 21
- einstweilige Anordnung **1696** 52
- Einzelfälle **1696** 23
- Einzelfallprüfung **1696** 31
- Elternkonsens **1696** 34
- Entfallen der Erforderlichkeit **1696** 43 ff.
- Entscheidung ausländischer Gerichte **1696** 15
- Erziehungsgeeignetheit **1696** 26
- Erziehungskontinuität **1696** 19 f.
- FGG- Reformgesetz **1696** 4
- fristgebundene Beschwerde **1696** 54
- gerichtlich gebilligter Vergleich **1696** 16
- Geschlechtsumwandlung **1696** 27
- gewaltfreie Erziehung **1696** 26
- gewöhnlicher Aufenthalt des Kindes **1696** 50
- Harmonisierung **1696** 1
- häufiger Partnerwechsel **1696** 27
- Kindesentführung **1696** 30
- Kindeswille **1696** 36 ff.
- Kindeswohl **1696** 22
- Kindeswohlprüfung **1696** 20, 34
- Kindeswohlwidriger Kindeswille **1696** 36
- KindRG **1696** 7
- Kontinuität der Beziehungen **1696** 22
- Kooperationsbereitschaft **1696** 32

- Kosten **1696** 53
- mangelnde Kooperationsbereitschaft **1696** 32
- mangelndes Engagement **1696** 25
- neuer Partner des Sorgeberechtigten **1696** 27
- promiskutive Lebensgemeinschaft **1696** 27
- Prüfungsmaßstab **1696** 20
- Rechtfertigung **1696** 19
- Rechtsmittel **1696** 13, 54
- religiöse Überzeugung **1696** 31
- sonstiges Verfahren **1696** 49 ff.
- Stabilität der Beziehungen **1696** 22
- Tatbestandsvoraussetzungen **1696** 14 ff.
- tatsächliche Lebensverhältnisse des Kindes **1696** 23
- Überprüfungspflicht **1696** 47
- Umgangsvereitelung **1696** 28 f.
- Verbesserung der Sorgesituation beim nicht Sorgeberechtigten **1696** 33
- Verfassungsmäßigkeit **1696** 48
- Verhältnismäßigkeit **1696** 41
- Verschlechterung der Sorgesituation beim sorgeberechtigten Elternteil **1696** 25f
- vertretbares Gesundheitsrisiko **1696** 26
- Vorrang der Einzelfallgerechtigkeit **1696** 22
- Vorrang der Kindesinteressen **1696** 22
- Vorstellungen des Kindes **1696** 22
- Wegfall der Gefahr **1696** 44
- Wiederheirat **1696** 33
- zunehmendes Alter und Verstandesreife **1696** 36
- Zuständigkeiten **1696** 50 ff.
- Zweck der Regelung **1696** 1 ff.

Abstammung
- Abstammungsklärung *s.d.*
- Abstammungsprozess *s. Anfechtungsntrag s. Vaterschaftsfestellung, gerichtliche*
- Abstammungsvermutung **Vor 1591** 20; **1592** 4; **1600c** 3 f.
- Anfechtung als Korrektur der Festlegung **Vor 1591** 23
- Anfechtung der Vaterschaft **Vor 1591** 23
- Anonymität des Samenspenders **Vor 1591** 34
- Anspruch auf Kenntnis der eigenen – **Vor 1599** 6 f.; **1599** 7
- Auseinanderfallen von rechtlicher und genetischer Elternschaft **1589** 8
- Auskunft über - tatsachen **Vor 1591** 26
- Auskunftsansprüche in Bezug auf - **Vor 1591** 26 ff.
- Begriff **1589** 1 f.; **Vor 1591** 19f
- behauptete Zeugung **Vor 1591** 22
- vom Ehemann **1592** 6 ff.
- Einwilligung in genetische Untersuchung zur Klärung der – **1598a**

Sachverzeichnis

fette Zahlen = §§

– Erklärung der Anerkennung **Vor 1591** 22
– vom früheren Ehemann **1593** 2 ff.
– Gleichstellung der nichtehelichen Kinder **1589** 2; **Vor 1591** 2, 12
– heterologe Insemination **Vor 1591** 32 ff.
– Kindschaftsrechtsreform **Vor 1591** 5 f., 13 f.
– mütterliche – s. *Mutterschaft*
– Name als Kennzeichen der – **Vor 1616** 8
– Neuregelung zur Klärung der Abstammungsverhältnisse **1598a** 1 ff.
– Personenstand **Vor 1591** 19
– Prinzip der Abstammungsfestlegung **Vor 1591** 21f
– Recht des Kindes auf Kenntnis der eigenen – **Vor 1599** 6 f.; **1599** 7; **1600** 40
– Recht des Vaters auf Kenntnis der – des Kindes **Vor 1599** 9
– Rechtsentwicklung **Vor 1591** 1 ff.
– Rechtsstellung des leiblichen Vaters **Vor 1599** 10f
– Statusklarheit **Vor 1591** 21
– Statussicherheit **Vor 1591** 21
– Systematik **Vor 1591** 19 ff.
– Systembrüche **Vor 1591** 24
– Übergangsregelungen **Vor 1591** 12 ff.
– väterliche – s. *Vaterschaft*
– Verfahrensrecht **Vor 1591** 18
– Verfassungsrecht **Vor 1591** 27f
– Verwandtschaftsbegründung durch – **1589** 1
– Vorenthaltung erlangbarer Informationen über die eigene – **Vor 1591** 28

Abstammungsgutachten 1592 17; **1598a** 12

Abstammungsklärung
– Abstammungsbegutachtung **1598a** 12
– Anspruch gegen den leiblichen Vater **1598a** 11
– Anspruchsberechtigte **1598a** 7f
– Aussetzung des Verfahrens **1598a** 17
– Bewertung der Regelung **1598a** 21
– Ersetzung der Einwilligung, gerichtliche **1598a** 13f
– Gang der Gesetzgebung **1598a** 3f
– genetische Untersuchung, Einwilligung **1598a**
– Gutachtenabschrift **1598a** 19
– Gutachteneinsicht **1598a** 19
– Rechtsfolgen **1598a** 20
– Regelungsanlass **1598a** 1
– Vorgaben des BVerfG **1598a** 2

Abstammungsvermutung Vor 1591 20; **1600c** 3 f.

Abwesenheitspflegschaft
– § 10 ZustErgG **1911** 25
– Abgrenzung zu § 10 Abs. 1 ZustErgG **1911** 12
– Abwesenheitsbegriff **1911** 5 ff.
– Aufenthalt, bekannter **1911** 9 ff.
– Aufenthalt, unbekannter **1911** 4 ff.
– Aufhebung **1911** 23; **1921**
– Aufhebung bei Wegfall des Grundes **1919** 3

– Auswahl des Pfleger **1911** 18
– Beschwerderecht **1911** 24
– im Drittinteresse **1911** 14 ff.
– Ende **1911** 22 f.
– entsprechende Anwendung des Vormundschaftsrechts **1915** 4
– Fürsorge in Vermögensangelegenheiten **1911** 1
– Fürsorgebedürfnis **1911** 14 ff.
– nur geschäftsfähige Volljährige **1911** 4
– gesetzliche Vertretung **1911** 19
– Gütergemeinschaft, Auseinandersetzung **1911** 26
– Interesse des Abwesenden **1911** 14
– Lebensvermutungsfrist **1911** 8
– bei Nachlassauseinandersetzung **1911** 26
– neben Nachlasspflegschaft **1911** 8
– Parallelvorschriften **1911** 25 ff.
– Pflegschaft nach § 96 GBO **1911** 27
– Pflegschaft nach den Vorschriften des FamFG **1911** 26
– Stellung des Pflegers **1911** 29 f.; **1921** 6 f.
– Tod des Abwesenden **1921** 5
– Todeserklärung des Abwesenden **1911** 20f; **1921** 8
– Umfang **1911** 17
– Unanwendbarkeit **1911** 2
– Ungewissheit über Leben und Tod **1911** 7
– Unvermögen zur Rückkehr **1911** 9
– Verfahrensfragen **1911** 24 ff.
– Verhältnis zum Verschollenheitsrecht **1911** 3, 8
– Verhältnis zur Pflegschaft für unbekannte Beteiligte **1913** 6
– Verhinderung **1911** 9 ff.
– bei Vollmachten oder Aufträgen **1911** 11
– Wegfall der Verhinderung **1921** 3 ff.
– Wegfall des Anordnungsgrundes **1919** 7 ff.
– wesentliche Erschwerung der Rückkehr **1911** 10
– Widerruf von Vollmacht oder Auftrag **1911** 13
– Wirksamkeit trotz fehlender Voraussetzungen **1911** 17
– Zuständigkeit **1911** 24
– Zweck **1911** 1

Adelsbezeichnungen
– Begriff **Vor 1616** 14
– als Bestandteil des Geburtsnamens **1616** 13; **1617** 23
– für Geschwister **1617** 23
– Übertragung auf das Kind **1617a** 29
– als Vornamen **Nach 1618** 14

Adoption
– Abänderung gerichtlicher Anordnungen s.d.
– Abkömmlinge **Vor 1741** 33
– Adoptionsvermittlung s.d.
– Adoptionswirkungsgesetz s.d.
– Anerkennung ausländischer Adoptionsentscheidungen **Anh. 1752 Vor § 1** 1

magere Zahlen = Randnummern

Sachverzeichnis

– Annahme durch leiblichen Elternteil **1759** 11
– Annahme von Kindern nicht verheirateter Eltern **Vor 1741** 22
– Ausforschungsverbot **1758** 12 ff.
– Auskunftsrecht **Vor 1741** 40 f.
– Auslandsadoption **Vor 1741** 16 s. auch *Adoptionswirkungsgesetz*
– Begriff **Vor 1741** 1
– Beratungs- und Belehrungspflichten des Jugendamtes **SGB VIII** 51
– Beschluss des FamG s. *Adoptionsbeschluss*
– Beteiligung weiterer Verwandter des Annehmenden **Vor 1741** 34
– und Dauerpflege **Vor 1741** 17
– Dekretsystem **Vor 1741** 15; **1746** 1; **1750** 1; **1752** 1; **1768** 1
– Ehe zwischen Annehmendem und Kind **1766**
– Einwilligung des Ehegatten **1749**
– und Elternrecht **Vor 1741** 24
– Ersetzung der Einwilligung der Eltern **1666** 15; **Vor 1741** 28
– europäische Menschenrechtskonvention **Vor 1741** 13 ff.
– Familie **Vor 1741** 16
– Familienpflege **Vor 1741** 16
– früheres Recht und Reformen **Vor 1741** 11 ff.
– Fürsorgezweck **Vor 1741** 2
– als geeignetes Mittel **Vor 1741** 3
– gemeinschaftliche – **Vor 1741** 22
– gemeinschaftliche – durch Unverheiratete **1759** 10
– geschlossene – **Vor 1741** 43
– Heimpflege **Vor 1741** 5
– Individualzweck **Vor 1741** 2f
– Inkognitoadoption **Vor 1741** 35f, 43; **1747** 26; **1752** 33
– Kindeswohl **AdWirkG § 3** 5
– Lebenspartnerschaft **Vor 1741** 27
– mehrfache Einzelannahme **1759** 9
– Motive des Annehmenden **Vor 1741** 2
– Namensrecht **Vor 1741** 42
– Nichtigkeit **1759** 8 ff.
– Offenbarungsverbot **1758** 11 ff.
– offene – **Vor 1741** 43 f., 51; **1741** 17
– Pflegekinderadoption **Vor 1741** 43, 47
– Rechtsstellung des nichtehelichen Vaters **Vor 1741** 23 ff.
– Rechtsvergleichung **Vor 1741** 52 ff.
– Reformbedarf **Vor 1741** 43 ff.
– Rückadoption **1767** 8
– schwache – **AdWirkG § 1** 4; **Vor 1741** 15, 43
– Sorgerecht **Vor 1741** 15
– sozialpolitische Notwendigkeit **Vor 1741** 4 ff.
– Stiefkindadoption s.d.
– Übersicht Rechtsentwicklung **Vor 1741** 11 ff.

– Übertragung der verfassungsrechtlichen Elternstellung **1626** 13
– Umgangsrecht **Vor 1741** 20, 40 f.
– Umgangsrecht des Kindes der leiblichen Eltern **1684** 5
– Unaufhebbarkeit **Vor 1741** 37 ff.
– Unwirksamkeitsgründe **1759** 8 ff.
– nach Vaterschaftsanerkennung **1594** 20
– Verbreitung **Vor 1741** 7 ff.
– verfassungsrechtliche Grundlagen **Vor 1741** 25, 28 f.
– Vertragssystem **Vor 1741** 15
– Verwandtenadoption **Vor 1741** 21; **1756** 4 f.
– Volladoption **Vor 1741** 18 f., 48
– Vormundschaft, Besonderheiten **1773** 9 ff.
– Wiederholungsadoption **AdWirkG Vor § 1** 5
– Zweck und Ziel **Vor 1741** 2 ff.

Adoption, Annahme Minderjähriger
– Abgrenzung zur Volljährigenadoption **1741** 8
– Abkömmlinge des Angenommenen, Wirkungen auf **1755** 17
– Adoptionspflege *s.d.*
– Adoptivverwandtschaft **1756** 12
– Altersunterschied **1741** 19
– Anhörung **1745** 1
– Annahmehindernis nach ausländischem Recht **1741** 4
– Ansprüche des Annehmenden auf öffentliche Fürsorge **1751** 20 f.
– Aufhebung der Annahme **1755** 16
– Aufhebung der Erstadoption **1742** 6
– Aufhebung des Annahmeverhältnisses s. *Adoption, Aufhebung*
– Aufklärung des Kindes **1758** 25 f.
– Auflösung der Rechtsbeziehungen zur leiblichen Familie **1755** 15 ff.
– Ausforschungsverbot **1758** 12 ff.
– ausgeschlossener Personenkreis **1741** 31
– Auskunftsrecht **Vor 1741** 40 f.
– ausländische Kinder **1741** 18
– außereheliche Lebensgemeinschaft des Annehmenden **1741** 48
– bürgerlich-rechtliche Wirkungen **1755** 16 f.
– Ehegatte/Lebenspartner nicht annahmefähig **1741** 38 f.
– durch Ehegatten **1741** 37
– eigenes Kind **1741** 10 ff.
– besondere Eignung des Adoptionsbewerbers **1741** 23
– Eignung des Annehmenden **1741** 19 ff.
– Eingliederung in die Adoptivfamilie **1755** 2 ff.
– Einreise- und Aufenthaltsrecht **1755** 13
– Einwilligung des Kindes **1746**
– Einzelannahme **1741** 38 ff.
– elterliche Sorge **1755** 8 ff.
– Eltern-Kind-Verhältnis **1741** 13, 26 f.; **1745** 13

2257

Sachverzeichnis

fette Zahlen = §§

- Annahme von Enkeln und Geschwistern **1741** 27
- Erbrecht **1756** 7 ff.
- Erlöschen von Verwandtschaftsverhältnissen **1755**
- Ermittlungen der Adoptionsvermittlungsstelle **1741** 2; **Anh. 1744** 21
- Ersatzmutterschaft **1741** 25
- Erziehungsurlaub und Elternzeit **1755** 13
- ethnische Besonderheiten **1741** 23
- fortbestehende Rechte **1755** 22
- gegenwärtige Lage des Kindes **1741** 17
- gemeinschaftliche – durch Ehegatten **1741** 37 ff.
- geschützte Kinderinteressen **1745** 5 ff.
- gesellschaftliches Milieu des Kindes **1741** 23
- nach gesetzes- oder sittenwidriger Zuführung des Kindes **1741** 35
- gleichgeschlechtliche Lebenspartnerschaft des Annehmenden **1741** 49
- Heimpflege **1741** 27
- Höchstaltersabstand **1741** 29; **1743** 2
- Intelligenz des Kindes **1741** 23
- Interessen der Kinder des Annehmenden **1745** 5 ff.
- Interessen der Kinder des Anzunehmenden **1745** 13
- Interessen des Anzunehmenden **1745** 14
- Intimgemeinschaft zwischen Annehmendem und Kind **1741** 26
- nach In-vitro-Fertilisation **1741** 25
- Kinder des Ehegatten **1741** 40 f.; **1742** 8; **1755** 21
- Kindergeld **1755** 13
- Kinderhandel **1741** 31
- Kindeswohl **1741** 14; **1744** 1
- Kontinuität der Pflege **1741** 17
- leibliche Eltern **1756** 11f
- maßgebliche Umstände **1741** 17 ff.
- Mehrfachadoption, Ausschluss **1742** 4f
- Mehrfach-Verwandtschaft **1756** 13
- Minderjährigkeit **1741** 8f
- Mindestalter des Annehmenden **1743** 2f
- Mindestalter des Kindes **1741** 8
- nach dem Tode **1753**
- Name des Kindes s. *Namensänderung nach Adoption*
- Offenbarungsverbot **1758** 11
- offene – **1741** 17
- öffentlich-rechtliche Wirkungen **1755** 13f, 20
- pflegebedürftiges Kind **1741** 23
- Pflegefamilie **1741** 17
- nach Pflegeverhältnis **1741** 30
- Probezeit *s. auch Adoptionspflege* **1744**
- Rechtsgeschäfte, Wirkungen auf **1755** 12
- Regelalter des Annehmenden **1743** 5
- Scheidung, Fortbestand nach – **1755** 11
- Schutz vorhandener Kinder **1745** 1
- Schweigegebot **1758** 11
- soziale Elternschaft **1741** 26
- Stichtag **1755** 15
- nach dem Tod des Annehmenden **1742** 7; **1753** 5 f.; **1760** 27
- nach dem Tod des Kindes **1753** 3 f.; **1760** 27
- Übergangsrecht **Anh. 1772** 8
- Umgangsrecht **1755** 8
- Unterhalt **1755** 7, 22
- Vaterschaftsfeststellung **1755** 24 ff.
- Verbot der Annahme **1745**
- verfahrens- und strafrechtliche Wirkungen **1755** 14
- verhaltensgestörte Kinder **1741** 23
- Verwandtenadoption **1756** 4 ff.
- Verwandtschaftsverhältnissen, Verwirrung von – **1741** 28
- Verwandtschaftsverhältnissen, Bestehenbleiben **1756**
- Voraussetzungen, materielle **1741** 13 ff.
- Vorrang der Erziehung in der leiblichen Familie **1741** 17
- Wirkungen auf leibliche Verwandtschaft **1755** 5; **1756** 6
- Wirkungen der Annahme **1754**
- Zulässigkeit **1741**

Adoption, Annahme Volljähriger
- Adoptivverwandtschaft **1770** 2 ff.
- Altersabstand **1767** 12
- Annahmefähigkeit **1767** 3
- Annahmeverfahren **1768** 9 ff.
- Antrag **1768**; **1772** 15
- anzuwendende Vorschriften **1767**
- Aufenthaltserlaubnis **1770** 12
- Aufhebung *s. Adoption, Aufhebung*
- Ausländer-Adoption **1767** 19
- Begegnungsgemeinschaft **1767** 7
- Beistandsgemeinschaft **1767** 7
- Belehrungspflichten **1768** 8
- Beschluss **1768** 14 ff.
- Beschwerde **1768** 14 ff.
- Bestimmung der Wirkung **1772** 2 ff.
- Beteiligung der Abkömmlinge am Verfahren **1769** 10
- Dekretsystem **1768** 1
- Einwilligungen **1767** 21; **1768** 11
- Eltern-Kind-Verhältnis **1767** 5 ff.
- Erbrecht **1770** 8 ff.
- Gebühren des Verfahrens **1768** 17
- Gesamtwürdigung aller Umstände **1767** 20
- geschlechtliche Beziehungen **1767** 11
- Interessen der Abkömmlinge des Annehmenden **1769** 4
- Interessen der Abkömmlinge des Anzunehmenden **1769** 6f
- Interessen der leiblichen Eltern **1772** 6f
- leibliche Verwandtschaft **1770** 2
- Mehrfachadoption **1768** 11
- Missbrauchskontrolle **1767** 16
- Nachadoption **1772** 17
- Namenswechsel **1769** 7

magere Zahlen = Randnummern

- öffentlich-rechtliche Folgen **1770** 12
- Prüfungsumfang **1768** 11 f
- Rechtsentwicklung **1767** 2
- Rückadoption **1767** 18
- Schwiegerkinder **1767** 10
- sittliche Rechtfertigung **1767** 14; **1772** 8
- Staatsangehörigkeit **1770** 12; **1772** 10
- Steuerrecht **1770** 12
- Stiefkinder **1767** 9
- Übergangsrecht **Anh.** **1772** 2 ff.
- Unaufhebbarkeit **Vor 1741** 37
- Verbot der Annahme **1769**
- Verbreitung **1767** 1
- Verfahren **1767** 27
- Verfestigung vermeidbarer Abhängigkeiten **1767** 18
- Vermögensrecht **1769** 8
- Verwandtschaftsverhältnis zwischen Antragstellern **1767** 8, 12
- Volladoption **1768** 12; **1772**
- Voraussetzungen **1767** 3 ff.
- Wirkungen **1767** 23; **1770**
- mit den Wirkungen der Minderjährigenannahme **1772**
- Wirkungen der Volladoption **1772** 9 ff.
- Wohl des Anzunehmenden **1767** 4
- Ziel und Zweck **Vor 1741** 2 ff.
- Zulässigkeit **1767**
- Zulässigkeit der Volladoption **1772** 2 ff.
- Zuständigkeit **1768** 9
- Zweitadoption **1767** 22

Adoption, Aufhebung
- abschließende Aufzählung der Aufhebungsgründe **1759** 1
- wegen eines anfänglichen Mangels **1771** 11 ff.
- Anfechtbarkeit **1759** 34 f.
- Annahme durch leibliche Eltern **1759** 22
- Antrag **1771** 7
- Antrag, fehlender **1760** 3 ff.
- Antragsberechtigte **1762** 2
- Antragsfristen **1762** 11 ff.
- Antragsinhalt und -übermittlung **1762** 9
- bei arglistiger Täuschung **1760** 14 ff.
- Aufhebungsgründe **1759** 16 f.
- Aufhebungshindernisse **1761**
- Aufhebungstatbestände **1760** 3 ff.
- Aufhebungsverfahren **1759** 18 ff.
- Ausschluss **1760** 21 f.; **1771** 14
- Ausspruch der – **1763** 16 ff.
- Beteiligte **1759** 20 ff.
- nach Ehe zwischen Annehmendem und Kind **1766**
- Eintritt der Wirkungen **1764** 4
- Einwilligung, fehlende **1760** 3 f., 24
- elterliche Sorge nach – **1764** 17 ff.
- Entscheidung **1759** 33; **1760** 28
- Erlöschen der Adoptivverwandtschaft **1764** 11
- Ermittlungen **1759** 29 ff.
- Ersatzbetreuung nach – **1763** 11 ff.
- Ersetzbarkeit der Einwilligung **1761** 4 ff.
- Ersetzung **1760** 26
- Erwachsenenadoption **1759** 1; **1771** 2
- falscher Vertreter **1760** 6
- wegen fehlender Erklärungen **1760**
- Form **1762** 8
- Frist bei Fehlen einer Erklärung **1762** 17
- Gefährdung des Kindeswohls **1760** 26; **1761** 12 f.
- gemeinschaftliche Annahme durch Unverheiratete **1759** 10; **1771** 17
- bei gemeinschaftlicher Annahme **1762** 7; **1764** 21 f.
- Hemmung der Frist **1762** 15 f.
- Irrtum über Einwilligungserfordernis **1760** 13
- Konkurrenzen **1759** 5 ff.
- materiell-rechtliche Mängel **1759** 8 ff.
- mehrfache Einzelannahme **1759** 9
- Nachholen einer mangelhaften Erklärung **1760** 21 ff.
- Nachholen einer scheinbar unnötigen Erklärung **1760** 25
- Name der Abkömmlinge des Kindes **1765** 19
- Name des Kindes **1765**
- Nichtigkeit der Adoption **1759** 8 ff.
- persönliche Gründe **1763** 9
- bei Scheinadoption **1763** 9
- schwerwiegende Gründe **1763** 7 f.
- Sperrfrist **1760** 20
- Stichtag **1759** 4
- System der Aufhebungstatbestände **1760** 2
- Tod eines Beteiligten **1760** 27; **1762** 10; **1764** 6 f.
- Unwirksamkeitsgründe, weitere **1759** 8 f.; **1771** 16
- Verbreitung **1759** 1
- Verfahren **1765** 20 f.; **1771** 20
- Verfahrensbeistand **1759** 25
- verfahrensrechtliche Mängel **1759** 12 f.
- Verfassungsbeschwerde **1759** 37 f.
- vermögensrechtlicher Ausgleich **1764** 16
- Vermögensschaden nach – **1771** 18
- Vertretung **1762** 4 ff.
- Vertretung des Kindes **1759** 25
- der Volladoption Erwachsener **1772** 16
- Volljährigenadoption **1771**
- von Amts wegen **1763**
- Vormundschaft nach – **1773** 9 ff.
- aus wichtigem Grund **1771** 6 ff.
- bei widerrechtlicher Drohung **1760** 19
- Wiederaufleben leiblicher Verwandtschaft **1764** 14 f.
- Wiederaufnahme **1759** 36
- wegen Willensmängeln **1760** 11 ff.
- Wirkung **1764**
- wirtschaftliche Gründe **1763** 10
- Zeitpunkt **1763** 6

Sachverzeichnis

2259

Sachverzeichnis

fette Zahlen = §§

- Zuständigkeit **1759** 18

Adoption, Einwilligung der Eltern des Kindes
- Anfechtung **1750** 22
- Auskunft über Annehmende **1747** 29
- Bedingungsfeindlichkeit der Einwilligungserklärung **1750** 12 ff.
- Belehrung und Beratung durch das Jugendamt **1747** 44 ff.
- Bestimmung der Annehmenden **1747** 25
- Bezeichnung der Annehmenden **1747** 25
- Bindung an die Einwilligung **1750** 15
- Blankoadoption **1747** 27
- Blankoeinwilligung **1747** 27
- Dekretsystem **1750** 1
- Einwilligungsabsicht **1747** 24
- Einwilligungsberechtigte **1747** 5 ff.
- Einwilligungserklärung **1750**
- Eltern **1747** 5
- Entbehrlichkeit **1747** 30 f.
- Ermittlungen **1747** 51
- Ersetzung *s. Adoption, Ersetzung der Einwilligung eines Elternteils*
- Form und Wirksamwerden **1750** 4 ff.
- Glaubhaftmachung der Vaterschaft **1747** 12 f.
- höchstpersönliches Geschäft **1750** 18 ff.
- Inhalt **1747** 25 ff.
- Inkognitoadoption **1747** 27
- Kraftlosigkeit **1751** 26 f
- Kraftloswerden **1750** 16 f
- kumulative Einwilligung **1747** 28
- Mängel der Einwilligung **1750** 21 f.; **1751** 25
- notarielle Beurkundung **1750** 7
- öffentliche Fürsorge für Annehmenden nach – **1751** 30 f.
- pränatale Erklärungen **1747** 21 ff.
- Rechtsfolgen **1751** 17 ff.
- Ruhen von Sorge- und Umgangsrecht **1751** 3
- Sorgerechtsantrag des Vaters **1747** 36 ff.
- Sorgerechtsübernahme durch den Vater **1747** 37; **1751** 11 f.
- Sperrwirkung des Sorgerechtsantrags **1747** 37
- Statusänderung der Eltern **1747** 16
- Überlegungsfrist **1747** 18 ff.
- unbekannter Aufenthalt eines Berechtigten **1747** 31
- Unterhaltsverpflichtungen **1751** 15 ff.
- unterlassene Belehrung **1747** 48
- Unvermögen des Berechtigten **1747** 30
- Unwiderruflichkeit des Verzichts **1747** 41
- Vater **1747** 8 ff.
- Vater, nicht verheirateter **1747** 8f, 35 f.
- Vaterschaftsprätendent **1747** 11f
- Verfahren **1747** 49f
- Verhältnis Sorgerechtsübernahme/ Annahme **1747** 37 ff.
- Verwandte, andere **1747** 17
- Verzicht des Vaters auf Sorgerechtsantrag **1747** 40 ff.
- bei vorläufiger Vaterschaftsvermutung **1747** 11
- Wirksamwerden **1750** 4 ff.
- Wirkung **1751**
- Zuständigkeit zur Entgegennahme **1750** 8
- Zustimmung der Mutter **1747** 36
- Zweck **1747** 1

Adoption, Einwilligung des Ehegatten
- alleinige Annahme **1749** 2ff
- Anfechtung **1750** 22
- Ausschluss der Ersetzung **1749** 6
- Bedingungsfeindlichkeit der Einwilligungserklärung **1750** 12 ff.
- Bindung an die Einwilligung **1750** 15 ff.
- bestehende Ehe **1749** 3
- bestimmte Annahme **1749** 4
- Dekretsystem **1750** 1
- Ehegatte des Annehmenden **1749** 2 ff.
- Ehegatte des Anzunehmenden **1749** 8
- Einwilligungserklärung **1750**
- Ersetzung **1749** 5 ff.
- Form und Wirksamwerden **1750** 4 ff.
- höchstpersönliches Geschäft **1750** 18 ff.
- Kraftlosigkeit **1750** 16f
- Lebenspartner **1749** 1
- Mängel der Einwilligung **1749** 9; **1750** 21 f.
- notarielle Beurkundung **1750** 6f
- Unwiderruflichkeit **1750** 15
- Wirksamkeit **1750** 4 ff.
- Zuständigkeit zur Entgegennahme **1750** 8
- Zweck **1749** 1

Adoption, Einwilligung des Kindes
- Anfechtung **1750** 22
- Auslandsadoption **1746** 23
- Bedingungsfeindlichkeit der Einwilligungserklärung **1750** 12
- Bestimmtheit **1746** 7
- Bindung an die Einwilligung **1750** 15
- Dekretsystem **1750** 1
- Einwilligungsberechtigung **1746** 7
- Einwilligungserklärung **1750**
- Erforderlichkeit **1746** 4
- Erklärung des Kindes **1746** 15 f.
- Ersetzung der Einwilligung der Eltern **1746** 13
- Ersetzung der Einwilligung sonstiger gesetzlicher Vertreter **1746** 14
- Fehlen und Mängel **1746** 8
- Form und Wirksamwerden **1750** 4 ff.
- Genehmigung des FamG **1746** 24 ff.
- Gesinnungswechsel des Jugendlichen **1746** 18
- Grundsätze **1746** 2 ff.
- höchstpersönliches Geschäft **1750** 18
- Kind bis 14 Jahre **1746** 9 ff.
- Kind über 14 Jahre **1746** 15 ff.
- Kraftlosigkeit **1750** 16f
- Mängel der Einwilligung **1746** 8; **1750** 21 f.
- maßgeblicher Zeitpunkt **1746** 20
- notarielle Beurkundung **1750** 7

magere Zahlen = Randnummern

– bei unterschiedlicher Staatsangehörigkeit **1746** 21 f.
– Unwiderruflichkeit **1750** 16
– Verfahrensrecht **1746** 24 ff.
– Widerruf **1746** 13, 18 f
– Wirksamkeit **1750** 4 ff.
– Zuständigkeit zur Entgegennahme **1750** 8
– Zustimmung des gesetzlichen Vertreters **1746** 17

Adoption, Ersetzung der Einwilligung eines Elternteils
– anhaltend gröbliche Pflichtverletzung **1748** 9 ff.
– Antragserfordernis **1748** 68
– Belehrung und Beratung durch das Jugendamt **1748** 20 ff.
– besonders schwere Pflichtverletzung **1748** 51
– bei Einwilligung des Ehegatten des Annehmenden **1749** 2 ff.
– Einzelfälle **1748** 10
– Eltern als gesetzliche Vertreter **1746** 5
– Entscheidung des Gerichts **1748** 77
– Ermittlungen **1748** 73 ff.
– Familienpflege **1748** 41
– geistige oder seelische Behinderung eines Elternteils **1748** 53 ff.
– Geschäftsunfähigkeit eines Elternteils **1748** 54
– Gleichgültigkeit **1748** 3, 18 f.
– Heimunterbringung **1748** 40, 55
– Interessenabwägung **1748** 37 f.
– Internationales Privatrecht **1748** 7
– Kraftlosigkeit **1751** 26 ff.
– legal kidnapping **1748** 52
– Mängel der Einwilligung **1751** 25
– mittelbare Pflichtverletzung **1748** 11
– Nahrungsentzug **1748** 52
– Nichtsorgeberechtigung des Vaters **1748** 57 ff.
– öffentliche Fürsorge für Annehmenden nach – **1751** 30 f.
– psychische Krankheit eines Elternteils **1748** 53 ff.
– Rechtsfolgen **1751** 17 ff.
– Rechtsmittel **1748** 78
– Rechtsschutzinteresse **1748** 69
– Ruhen von Sorge- und Umgangsrecht **1751** 3
– Schutz der Mutter **1748** 64
– bei sonstigen gesetzlichen Vertreter **1746** 14
– Sorgerechtsübernahme durch den Vater **1751** 11 ff.
– Straftaten gegen das Kind **1748** 52
– Tötung des anderen Elternteils **1748** 52
– Umgang **1748** 52
– unbekannter Aufenthalt des Einwilligungsberechtigten **1748** 32
– Unterhalt **1751** 15 ff.
– Unterhaltszahlungen **1748** 14, 49

Sachverzeichnis

– unverhältnismäßiger Nachteil für das Kind **1748** 37, 51, 56, 60 f.
– Vater **1748** 59
– Verfahren **1746** 24 f.; **1748** 65 f.; **1749** 7
– Verfahrensdauer **1748** 45
– lange Verfahrenskostenhilfe **1748** 72
– Verhältnismäßigkeit **1748** 51
– Voraussetzungen **1748** 3 ff.
– bei vorläufiger Vaterschaftsvermutung **1748** 59
– Zuständigkeit des FamG **1748** 67
– Zweck **1748** 1
– Zwischenverfahren **1748** 65

Adoption, Übergangsrecht
– Aufhebung, einverständliche **Anh. 1772** 7
– Aufhebung der Adoption **Anh. 1772** 20
– Beitritt der neuen Länder **Anh. 1772** 25
– Einwilligung nach altem Recht **Anh. 1772** 19 ff.
– Erbrecht **Anh. 1772** 4
– Erklärungsmängel **Anh. 1772** 6, 13
– Ersetzung der Einwilligung **Anh. 1772** 21, 23
– KindRG **Anh. 1772** 27
– Minderjährigenadoption **Anh. 1772** 8 ff.
– Namensrecht **Anh. 1772** 3
– nichtehelicher Vater **Anh. 1772** 18
– Rechtsänderung 1976 **Anh. 1772** 1
– schwebende Verfahren **Anh. 1772** 17 f.
– Staatsangehörigkeit **Anh. 1772** 14 ff.
– Überleitung **Anh. 1772** 8, 11 f.
– Volladoption **Anh. 1772** 24
– Volljährigenadoption **Anh. 1772** 2 ff.
– Widerspruch **Anh. 1772** 10
– Wiederholung der Annahme **Anh. 1772** 22 ff.

Adoptionsbeschluss
– Abänderbarkeit **1752** 33 f., 37
– Amtsermittlungsgrundsatz **1752** 19
– Anfechtbarkeit **1752** 33 f., 37
– Angabe angewandter Vorschriften **1752** 30
– Anhörung der Beteiligten **1752** 23
– Anhörungsrüge **1752** 46
– Annahme **1752** 28
– Annahmevoraussetzungen **1752** 18 f.
– Antrag **1752** 12
– Begründung **1752** 32
– Beschluss **1752** 28
– Beschwerderecht **1752** 15
– Beteiligte **1752** 15
– Doppelnatur des Antrags **1752** 3
– Entscheidung **1752** 28 ff.
– Ermittlungen des FamG **1752** 19 ff.
– gemeinschaftliche Annahme **1752** 39
– Geschäftswert **1752** 40
– Inkognitoadoption **1752** 33
– Kosten **1752** 40
– rechtliches Gehör, Verletzung **1752** 35, 45 f.
– Rechtsgrundlage **1752** 30
– Rücknahme des Antrags **1752** 13

Sachverzeichnis

fette Zahlen = §§

- Sperrwirkung **1752** 41
- Verfahren **1752** 6 ff.
- Verfahrensbeginn **1752** 12
- Verfahrensbeistand **1752** 17
- Verfahrensgegenstand **1752** 12
- Verfahrensmängel **1752** 44 f.
- Versagung der Annahme **1752** 36
- Voraussetzungen, materiell-rechtliche **1752** 18
- Vorbescheid **1752** 28
- Wirksamkeit **1752** 33 f., 37 f.
- Wirkungen der Annahme **1752** 41 ff.
- Wirkungen der Versagung **1752** 36
- Zuständigkeit des FamG **1752** 6 ff.
- Zustellung **1752** 33

Adoptionspflege
- angemessene Zeit **1744** 11
- Annahme ohne vorausgehende – **1744** 14
- Auswahl der Adoptionsbewerber **1744** 11
- Durchführung **1744** 9
- Einwilligung der Eltern **1744** 7
- Erlaubnis des Jugendamtes **1744** 6
- Ermessen **1744** 14
- Fehlen der Pflegezeit **1744** 14 f.
- Inhalt und Dauer **1744** 8 ff.
- öffentliche Leistungen **1744** 13
- privatrechtliche Sonderregeln **1744** 10
- Rechtsentwicklung **1744** 2
- Umgangsrecht des Kindes der leiblichen Eltern **1684** 7
- Untersuchungen des Kindes **1744** 12
- Verhältnis zur Dauerpflege **Vor 1741** 17; **1744** 1
- Voraussetzungen **1744** 5 ff.
- vorläufige Prüfung der Adoptionsvoraussetzungen **1744** 5
- Zweck **1744** 1

Adoptionsvermittlung
- Abgrenzungen **Anh. 1744** 18 ff.
- Adoptionseignungsbericht **Anh. 1744** 25
- Adoptionsnachsorge **Anh. 1744** 27
- Amtsermittlungspflicht **Anh. 1744** 22
- Anzeigenverbot **Anh. 1744** 16
- Aufgaben **Anh. 1744** 21 ff.
- Auslandsadoption **Anh. 1744** 14, 25
- Begriff **Anh. 1744** 17
- Beratung, vorsorgende **Anh. 1744** 26
- Beratung nach dem Schwangerschaftskonfliktgesetz **Anh. 1744** 29
- Besetzung der Adoptionsvermittlungsstellen **Anh. 1744** 10
- Bußgeld **Anh. 1744** 44 ff.
- Dauerpflegevermittlung **Anh. 1744** 15
- Einsicht in die Vermittlungsakten **Anh. 1744** 33 f.
- Ermittlungen der Adoptionsvermittlungsstelle **Anh. 1744** 21
- Ersatzmuttervermittlung **Anh. 1744** 18, 38 f., 46
- Gesetz über die Vermittlung der Annahme als Kind und über das Verbot der Vermittlung von Ersatzmüttern **Anh. 1744**
- internationale –**Anh. 1744** 6 ff.
- Kinderhandel **Anh. 1744** 46
- matching **Anh. 1744** 1
- Ordnungswidrigkeiten **Anh. 1744** 44 f.
- Pflegekindvermittlung **Anh. 1744** 20
- Pflicht zur Inanspruchnahme der Beratung **Anh. 1744** 30
- Rechtsentwicklung **Anh. 1744** 2
- Rechtsnatur des Adoptionsvermittlungsgesetzes **Anh. 1744** 3 f.
- Rechtsschutz **Anh. 1744** 37
- Scheinvatervermittlung **Anh. 1744** 19
- staatliche Pflichtaufgabe **Anh. 1744** 5
- Straftaten **Anh. 1744** 46
- Verbot der Ersatzmutterschaft **Anh. 1744** 38 ff.
- Verhältnis zum Rechtsdienstleistungsgesetz **Anh. 1744** 31
- Vermittlung **Anh. 1744** 17 ff.
- Vermittlungsmonopol **Anh. 1744** 5 ff.
- Vermittlungsstellen **Anh. 1744** 5 f., 32
- Vermittlungsverbot **Anh. 1744** 13 ff.
- weitere Aufgaben der Adoptionsvermittlungsstellen **Anh. 1744** 11 f.
- zentrale Adoptionsstelle **Anh. 1744** 32 f.
- Zulassung freier Träger **Anh. 1744** 5 ff.
- Zweck **Anh. 1744** 1

Adoptionsvermittlungsgesetz Anh. 1744
Adoptionswirkungsgesetz
- Amtsermittlung **AdWirkG § 5** 2
- Anerkennung der ausländischen Adoption **AdWirkG § 3** 3f
- Anerkennungsfeststellung **AdWirkG § 4** 3 f.; **AdWirkG § 2** 5 f.
- Anhörungen **AdWirkG § 5** 10
- Anlass **AdWirkG Vor § 1** 1f
- Annahme als Kind **AdWirkG § 1** 4
- Antragsbefugnis **AdWirkG § 4** 3 ff.
- Antragserfordernis **AdWirkG § 4** 2
- Anwendungsbereich **AdWirkG § 1**; **AdWirkG Vor § 1** 4
- ausländische Entscheidung **AdWirkG § 1** 2
- deutsche Adoption nach fremdem Adoptionsstatut **AdWirkG § 2** 21
- entgegenstehende Interessen **AdWirkG § 3** 8
- Entscheidung **AdWirkG § 3** 10; **AdWirkG § 5** 11 f.
- Ermittlungen **AdWirkG § 5** 8 ff.
- Feststellung der Gleichstellung mit inländischen Adoptionen **AdWirkG § 2** 13 ff.
- Form **AdWirkG § 5** 11
- Grundsätze **AdWirkG Vor § 1** 4 ff.
- Herkunftsländer **AdWirkG § 1** 6
- Inzidentfeststellung **AdWirkG Vor § 1** 5
- Konventionsadoptionen **AdWirkG § 1** 5
- Kosten **AdWirkG § 5** 15

magere Zahlen = Randnummern

Sachverzeichnis

– Prüfungsumfang **AdWirkG § 5** 7
– Rechtskraft **AdWirkG § 4** 9
– Rechtsmittel **AdWirkG § 5** 12f
– rechtstechnische Umsetzung **AdWirkG Vor § 1** 1
– Regelungsgegenstand **AdWirkG Vor § 1** 4
– Stichtag **AdWirkG § 1** 5
– Übergangsrecht **AdWirkG Vor § 1** 7
– Umwandlungsverfahren **AdWirkG § 4** 5
– Umwandlungsvoraussetzungen **AdWirkG § 3** 3 ff.
– Unterlagen **AdWirkG § 5** 9
– Verfahrensart **AdWirkG § 5** 2
– Verfahrensbeteiligte **AdWirkG § 4** 6 ff.
– Vertragsadoptionen **AdWirkG § 2** 14 ff.
– Wirksamkeitsfeststellung **AdWirkG § 2** 14f
– Wirkungen der Entscheidung **AdWirkG § 3** 10; **AdWirkG § 5** 14
– Wirkungsfeststellung **AdWirkG § 4** 3 f.; **AdWirkG § 2** 16 f.
– Zielsetzung **AdWirkG Vor § 1** 1
– Zuständigkeit **AdWirkG § 5** 3 ff.
– Zuständigkeitskonzentration **AdWirkG § 5** 6
– Zustimmungen **AdWirkG § 3** 6f
Alkoholismus 1906 18
Amtspflegschaft
– Abschaffung durch Beistandschaftsgesetz **Vor 1773** 14
– Aufsicht durch das FamG **SGB VIII 56** 3
– für ausländische Minderjährige **SGB VIII 55** 7
– Beendigung **SGB VIII 55** 4
– Eintritt **SGB VIII 55** 4
– ergänzende Regelungen im BGB **SGB VIII 56** 6
– Fallzahlen **SGB VIII 55** 2
– Führung **SGB VIII 56**
– Gegenvormund **1915** 22f
– Generalverweisung auf das BGB **SGB VIII 56** 2
– Haftung des Beauftragten **SGB VIII 55** 11
– Jugendamt als Pfleger **SGB VIII 55** 3 ff.
– Landesrechtsvorbehalt **SGB VIII 56** 5
– Pflicht des Jugendamtes zur Prüfung seiner Entlassung, jährliche **SGB VIII 56** 10
– Problemfelder **SGB VIII 55** 2
– Rechtsstellung des Beauftragten **SGB VIII 55** 10
– Rechtsstellung des Jugendamtes **SGB VIII 55** 3
– Rechtsweg **SGB VIII 55** 6
– Übertragung der Ausübung auf einzelnen Beamten bzw. Angestellten **SGB VIII 55** 9f.
– Vorläufer der Beistandschaft **Vor 1712** 1
Amtsvormundschaft
– Ablehnung durch Jugendamt **1787** 14
– Anlegung von Mündelgeld **SGB VIII 56** 7 f.; **1806** 9; **1811** 20

– Anordnung der Hinterlegung **1818** 8
– Aufenthaltswechsel des Mündels **1887** 3
– Aufhebung der Befreiung durch FamG **1857** 6
– Aufsicht durch das FamG **SGB VIII 56** 3
– Aufwendungsersatz **1835** 53 ff.
– für ausländische Minderjährige **SGB VIII 55** 7
– Ausschluss der Vertretungsmacht **1795** 21, 28
– Beendigung **SGB VIII 55** 4
– befreite Vormundschaft **1852** 14; **1857a**
– Befreiung von den für den Einzelvormund geltenden Beschränkungen **SGB VIII 56** 4 ff.
– Befreiung von Genehmigungsvorbehalten **1821** 4
– Begriff **Vor 1773** 2
– Benennung durch die Eltern **1791b** 5
– Bestallungsurkunde **1791** 8
– bestellte – des Jugendamtes **1791b**
– Bestellung **1791b** 6
– Bestellung unter Vorbehalt **1790** 4
– Dispens von Hinterlegungs- und Sperrpflichten **1817** 16
– Eintritt **SGB VIII 55** 4
– Entlassung **1791b** 8; **1791c** 15; **1887**
– Entlassung auf eigenen Antrag **1889** 6
– Entlassung von Beamten und Religionsdienern **1888** 6
– ergänzende Regelungen im BGB **SGB VIII 56** 6
– Ermittlungspflicht **1791b** 4
– Fälle der gesetzlichen – **1791c** 3 ff.
– Fallzahlen **SGB VIII 55** 2
– Fortführung der Geschäfte nach Beendigung des Amtes **1893** 15
– Führung **SGB VIII 56**; **1791b** 9 f.; **1791c** 12 f.
– Genehmigung nach Umschreibung und Umwandlung von Inhaberpapieren **1820** 5
– Generalverweisung auf das BGB **SGB VIII 56** 2
– gesetzliche – des Jugendamtes **1791c**
– Haftung des Beauftragten **SGB VIII 55** 11
– Haftung des Vormunds **1833** 2
– Hinterlegung von Inhaberpapieren **1814** 6
– Jugendamt als Vormund **SGB VIII 55** 3 ff.
– Landesrechtsvorbehalt **SGB VIII 56** 5
– Mit- und Gegenvormundschaft **1791b** 7
– Mitteilungspflicht des Jugendamtes gegenüber FamG **SGB VIII 57**
– Mitteilungspflichten **1791c** 12
– Nachrang der – **1791b** 2 ff.
– bei nachträglicher Beseitigung der Vaterschaftsfiktion **1791c** 9
– für nichteheliche Kinder ohne elterliche Sorge **1791c** 4 ff.
– personenrechtliche Stellung des Mündels **Vor 1773** 20

Sachverzeichnis

fette Zahlen = §§

- jährliche Pflicht des Jugendamtes zur Prüfung seiner Entlassung **SGB VIII 56** 10
- privat- und öffentlich-rechtliche Elemente **Vor 1773** 20
- Problemfelder **SGB VIII 55** 2
- Rechnungslegung bei Entlassung **1890** 13
- Rechtsstellung der gesetzlichen – **1791c** 13
- Rechtsstellung des Beauftragten **SGB VIII 55** 10
- Rechtsstellung des Jugendamtes **SGB VIII 55** 3
- Rechtsweg **SGB VIII 55** 6
- Rückgabe von Urkunden **1893** 15
- Rücksicht auf Bekenntnis und Weltanschauung des Mündels **1801** 13
- Sondervorschriften **1791b** 12
- Subsidiarität **1887** 2
- Übertragung auf einzelne Beamte bzw. Angestellte **SGB VIII 55** 9 f.; **1791b** 10
- Verfahren **1791b** 13
- Verfügungsgenehmigung nach Hinterlegung von Inhaberpapieren **1819** 7
- Vergütung **1836** 40 ff.
- Vermögensherausgabe bei Entlassung **1890** 13
- vorangegangene Pflegschaft des Jugendamtes **1791c** 10
- Vorrang der Einzelvormundschaft **1791b** 2
- Vorrang der Vereinsvormundschaft **1791b** 3
- Wechsel der gesetzlichen – **1791c** 14
- Wechsel des Amtsvormunds **1887** 3
- Weiterführung durch ein anderes Jugendamt **1791b** 11; **1791c** 14
- zuständiges Jugendamt **1791b** 9 ff.

Anfechtungsantrag
- Anfechtungsfrist **1599** 30
- Anforderungen **1599** 27 ff.
- Antrag **1599** 23 f.
- begründeter Anfangsverdacht **1599** 27
- Beweisaufnahme **1599** 24
- entgegenstehende Rechtskraft **1599** 33
- Fernwirkung des Beweisverwertungsverbots **1599** 38
- Informationelle Selbstbestimmung **1599** 35
- Neuregelung durch Gendiagnostikgesetz **1599** 37
- Untersuchungsgrundsatz **1599** 29
- Verfahrensbeteiligte **1599** 25 ff.
- Verfahrenshandlung **1599** 23
- Verwertung privater Vaterschaftstests **1599** 34ff
- Wiederaufnahmeverfahren **1599** 43
- Wirkung der abweisenden Entscheidung **1599** 42
- Ziel der Anfechtung **1599** 23

Angehörige 1589 4

Anhörung des Betroffenen im Betreuungsverfahren
- bei einstweiliger Anordnung **1896** 205
- Hinziehung anderer Personen **1896** 168

- Inhalt **1896** 164
- Klärung der Voraussetzungen der Betreuerbestellung **1896** 167
- Ort der Anhörung **1896** 165
- rechtliches Gehör des Betroffenen **1896** 169
- Schlussgespräch **1896** 169
- Sinn **1896** 163 ff.
- Unterbleiben der Anhörung **1896** 171
- Unterrichtung über Verlauf des Verfahrens **1896** 170
- Vorführung des Betroffenen **1896** 172

Anhörung Dritter im Betreuungsverfahren
- Angehörige **1896** 193
- Betreuungsbehörde **1896** 192
- bei einstweiliger Anordnung **1896** 205
- Form **1896** 195
- gesetzlicher Vertreter **1896** 194
- nahestehende Personen **1896** 193f
- rechtliches Gehör des Betroffenen **1896** 185
- sonstige Personen und Stellen **1896** 196

Anlegung von Geld des Kindes
- Anlegungspflicht **1642** 2 ff.
- Anwendung von Vormundschaftsvorschriften **1806** 3
- Ausgaben **1642** 5
- Ermessensfehlgebrauch **1642** 8
- familiengerichtliche Maßnahmen **1642** 11
- Geld **1642** 4
- genehmigungsbedürftige Anlagen **1642** 9
- größere Verantwortung der Eltern **1642** 8
- Haftung der Eltern **1642** 10
- mündelsichere Anlage **1642** 8
- Sanktionen bei Nichterfüllung der Anlegungspflicht **1642** 10f
- Sicherheit vor Rendite **1642** 7
- Vermögenssorge **1642** 3
- wirtschaftliche Vermögensverwaltung als Maßstab **1642** 1, 6

Anlegung von Mündelgeld
- Absicherung bereits bestehender Forderungen **1807** 12
- Aktien und Investmentpapiere **1811** 16
- durch Amtsvormund **SGB VIII 56** 7 f.; **1805** 7; **1806** 9; **1809** 6; **1811** 20
- andere Anlegung **1811**
- andere nutzbringende Verwendung **1806** 8
- Anderkonto **1806** 16
- Anhörung des Gegenvormunds **1811** 21
- Art der Anlegung **1807**
- Ausnahmen **1807** 7
- Bar- und Buchgeld **1806** 4
- befreite Vormundschaft **1809** 6; **1810** 6
- Befreiung von der – **1852** 5
- durch Behördenbetreuer **1908g** 3
- bereitzuhaltendes Geld **1806** 12 ff.
- Beschränkung der Vertretungsmacht **1806** 9; **1809** 7f
- Dispens durch FamG **1806** 9a; **1809** 6
- drittverwaltetes Geld **1806** 5
- effektive Vermögensverwaltung **1811** 5

magere Zahlen = Randnummern

Sachverzeichnis

– Entbindung des Vormunds durch FamG **1806** 2
– Entscheidungsspielraum des FamG **1811** 6 ff.
– Ermessen **1806** 13; **1807** 3
– Fehlen der Genehmigung anderer Anlagen **1811** 19
– für geeignet erklärte Wertpapiere und Forderungen **1807** 15
– Geld zur Bestreitung von Ausgaben **1806** 12
– Genehmigung anderer wirtschaftlich sinnvoller Anlagen **1811** 1 ff.
– Genehmigung des FamG **1809** 7; **1810**
– Genehmigung des Gegenvormunds **1807** 5; **1809** 7; **1810**
– Genehmigung konkreter Anlagen **1811** 18
– Genehmigungspflicht **1806** 15
– Genehmigungspflicht bei Mitvormundschaft **1810** 5
– Grundpfandrechte, sichere **1807** 11
– Grundsätze **1806** 7f; **1807** 3 f.
– Grundstücke und grundstücksgleiche Rechte **1807** 10
– Haftung des Vormunds **1809** 12
– Kontrolle durch das FamG **1809** 10
– andere Kreditinstitute **1807** 20 ff.
– Leistung mit befreiender Wirkung **1809** 11f
– im Mündelinteresse **1806** 1
– mündelsichere Anlagen **1807** 9 ff.
– numerus clausus der Anlagearten **1807** 1
– öffentliche Sparkassen **1807** 16 ff.
– Pflicht zur verzinslichen – **1806** 4 ff.
– Prüfung des FamG **1806** 11
– Rechtsfolgen bei Verstoß **1806** 10; **1807** 4; **1809** 10 f.
– sachfremde Kriterien **1811** 17
– Sammelkonto **SGB VIII 56** 8
– Schadensersatzanspruch gegen Anlagestelle **1809** 12
– Sicherheit der geplanten Anlage **1811** 15
– sondergesetzliche Regelungen zur Mündelsicherheit **1807** 25f
– mit Sperrvermerk **1807** 24; **1809**
– beim Träger des Jugendamtes **SGB VIII 56** 9
– Umwandlung anderer Vermögensgegenstände **1806** 6
– Umwandlung bestehender Anlagen **1807** 6
– verbriefte Forderungen **1807** 13f
– durch Vereinsvormund **1806** 9; **1809** 6
– Verpflichtung zur Genehmigungserteilung **1809** 9
– zwingende Wirkung **1806** 9 ff.
– Wirkung der Sperrvereinbarung **1809** 7 ff.
– Wirtschaftlichkeit der Anlage **1811** 14
– Zwangsvollstreckungen **1809** 8

Anstandsschenkung
– der Eltern aus dem Kindesvermögen **1641** 11f
– durch Vormund **1804** 13

artifizielle Fortpflanzung
– gespaltene Mutterschaft **1591** 3
– künstliche Befruchtungstechnik **1589** 8; **1591** 9

ärztlicher Eingriff 1904 23

Aufenthaltsbestimmung
– Inhalt **1896** 87
– Rechtsnatur **1896** 86
– als Teil der Personensorge **1671** 115f

Aufenthaltsbestimmungsrecht
– Einschränkung und Entziehung **1666** 196 ff.
– Gefährdung des Kindeswohls **1666** 104 ff.
– Herausgabe des Kindes **1632** 15
– Inhaber **1671** 116
– als Teil der elterlichen Sorge **1671** 115f
– Unterhalt, Auswirkung auf - **1612** 66

Aufenthaltsbetreuung
– Abgrenzung zur Gesundheitsbetreuung **1896** 88
– Begriff **1896** 84
– Durchsetzung **1896** 89
– Inhalt des Aufenthaltsbestimmungsrechts **1896** 87
– Rechtsnatur der Aufenthaltsbestimmung **1896** 86
– gegen den Willen des Betreuten **1896** 89

Aufwendungen
– des Kindes für den elterlichen Haushalt **1620**

Aufwendungen infolge eines Körper- oder Gesundheitsschadens
– Abgrenzung **1610a** 8
– Anwendungsbereich **1610a** 6 ff.
– Auskunftsanspruch **1610a** 17
– Besserstellung des Leistungsempfängers **1610a** 1
– Beweislastumkehr **1610a** 20
– Beweisverteilung **1610a** 15 ff.
– Deckungsvermutung **1610a**
– Fallgruppen **1610a** 9 ff.
– Leistungen **1610a** 7 ff.
– Mehrbedarf **1610a** 3
– Personen **1610a** 6
– systematische Stellung **1610a** 4f
– Widerlegung der Vermutung **1610a** 13 ff.
– Ziel **1610a** 3

Aufwendungsersatz
– Amtsvormundschaft **1835** 53 ff.
– Behördenbetreuer **1908h**
– Beistandschaft **1716** 10
– Betreuer **VBVG** 4; **1835** 60
– Betreuungsverein **VBVG** 7 10
– der Eltern **1648**
– bei Familienpflege **1630** 32
– Pfleger **1835** 60; **1915** 20
– Vereinsvormund **1835** 53 ff.
– Verfahrensbeistand **1835** 60
– Verfahrensbeistandschaft **Vor 1835** 30
– Verfahrenspfleger **1835** 60; **1896** 159
– Verfahrenspflegschaft **Vor 1835** 25 ff.
– Vormund *s. Vormund, Aufwendungsersatz*

2265

Sachverzeichnis

fette Zahlen = §§

Ausbildung und Beruf
- Ausbildung **1631a** 4
- Beruf **1631a** 3
- Eignung **1631a** 5f
- Einholen des Rats einer geeigneten Person **1631a** 10 ff.
- Entwicklungsstand des Kindes **1631a** 8
- Ergänzung zu § 1626 **1631a** 1
- geeignete Person **1631a** 13
- Neigung **1631a** 5
- objektiv nachprüfbare Kriterien **1631a** 1
- Rechtspflicht zur Rücksichtnahme auf Eignung und Neigung des Kindes **1631a** 5 ff.
- Sanktionslücke **1631a** 15
- Sollvorschrift **1631a** 14
- Unsicherheit über moderne Berufsbilder **1631a** 12
- Zweifel **1631a** 10 ff.

Ausbildungsförderung
- Anspruch **1610** 278f
- Auswirkungen auf den Unterhalt **1610** 285 ff.
- Bedarf **1610** 280
- gesetzliche Bestimmungen **1610** 276f
- Grundlagen der Förderung **1610** 276 ff.
- hälftiges Darlehen **1610** 282
- öffentliche – **1610** 275 ff.
- Umfang **1610** 281f
- für Unterhaltsberechtigten **1602** 41
- Zuständigkeit **1610** 284

Ausbildungsunterhalt
- Abitur-Lehre-Studium **1610** 260f
- Angemessenheit der Ausbildung **1610** 211 ff.
- Anrechnung der Ausbildungsvergütung **1602** 16 ff.
- Anrechnung von Einkommen aus Nebentätigkeit des Berechtigten **1602** 20 ff.
- Anspruch auf Ausbildung **1610** 210 ff.
- Arbeitspflicht **1610** 207 ff.
- Arbeitsplatzrisiko **1610** 227
- Ausbildungsförderung, öffentliche **1610** 275 ff.
- Ausbildungsobliegenheit **1610** 230 ff.
- Bachelor- und Masterstudium **1610** 237a
- BAföG **1610** 277
- Begabung des Kindes **1610** 212
- Berufsausbildung **1610** 214
- Bummelstudium **1610** 247
- Eignung des Kindes **1610** 223f
- Gegenseitigkeitsprinzip **1610** 220 ff.
- Kontrollrechte der Eltern **1610** 249f
- Lehre-Fachhochschulreife-Studium **1610** 262f
- Leistungswillen des Kindes **1610** 223f
- Mehrkosten der Ausbildung **1610** 228
- Meisterprüfung **1610** 244
- Parkstudium **1610** 246
- Pflicht zur Unterrichtung **1610** 234f
- Pflichten des Kindes **1610** 229 ff.
- Promotion **1610** 243
- Rang des volljährigen Kindes **1609** 32 ff.
- Recht auf Ausbildung **1610** 207 ff.
- Rückzahlungsraten aus einem BAföG-Darlehen **1610** 289
- Schulpflicht **1610** 209, 213
- Streitigkeiten **1610** 225
- Studienabbruch **1610** 248
- Studiengebühren **1610** 228
- Studienort **1610** 238
- Studienwechsel **1610** 248
- Studienzeit **1610** 239 ff.
- Studium **1610** 236 ff.
- Verzögerungen **1610** 233
- Wahlrecht des Kindes **1610** 217 ff.
- Wartezeiten **1610** 226
- Weiterbildung **1610** 251 ff.
- wirtschaftliche Verhältnisse der Eltern **1610** 221f
- zeitliche Befristung **1610** 226
- Zusatzqualifikationen **1610** 243f
- Zweitausbildung **1610** 265 ff.

Ausbildungsvergütung
- des Unterhaltsberechtigten **1602** 16 ff.

Auskunftsanspruch der Eltern untereinander
- Anwendungsbereich **1686** 4 ff.
- Auskunftsberechtigte **1686** 4
- Auskunftspflichtige **1686** 5f
- Inhalt des Auskunftsanspruchs **1686** 7, 10 f.
- Kindeswohlverträglichkeit **1686** 2, 9
- Loyalitätskonflikte für das Kind **1686** 8
- Rechtsmissbrauch **1686** 9
- Tagebuch über Lebensführung des Kindes **1686** 7
- Überwachungs- und Kontrollrechte **1686** 7
- Verfahren **1686** 13f
- Voraussetzungen **1686** 10
- Zeitabstände **1686** 11
- Zurückbehaltungsrechte **1686** 3
- Zuständigkeit des FamG **1686** 13
- Zweck der Regelung **1686** 1 ff.

Auskunftspflicht der Verwandten
- anspruchsberechtigte Verwandte **1605** 1
- Arbeitgeberbescheinigung **1605** 20
- Arbeitsvertrag **1605** 31
- bei atypischer Einkommensentwicklung **1605** 13
- Belegarten **1605** 19 ff.
- Belegzeitraum **1605** 34f
- Bilanz mit Gewinn- und Verlustrechnung **1605** 27
- Einkommensteuerbescheid **1605** 23
- Einkommensteuererklärung **1605** 24
- Erforderlichkeit der Auskunft **1605** 37f
- Erledigung der Hauptsache **1605** 54
- Fehlverhalten **1605** 44 ff.
- Form der Auskunft **1605** 6 ff.
- Formulierung des Auskunftsverlangens **1605** 9
- Geheimhaltungsinteressen **1605** 39 ff.

magere Zahlen = Randnummern **Sachverzeichnis**

- gerichtliche Auskunftsbeschaffung **1605** 49
- Geschäftsführervertrag **1605** 32
- Gesellschaftsvertrag **1605** 32
- Häufigkeit der Auskunft **1605** 10 ff.
- über Höhe der Einkünfte **1605** 19
- in den neuen Bundesländern **1605** 14
- Inhalt **1605** 4f
- Klageantrag **1605** 64
- Klagearten **1605** 62
- Leistungsantrag **1605** 50
- Lohnsteuerkarte **1605** 22
- Originalbelege **1605** 19
- Prüfungsbericht **1605** 33
- Sachkonten **1605** 30
- Sanktionen der Pflichtverletzung **1605** 44 ff.
- Schranken der Auskunfts- und Belegpflicht **1605** 37 ff.
- selbständig Tätige **1605** 7, 27, 35
- gegenüber dem Sozialhilfeträger **1605** 47
- Sperrfrist **1605** 10 ff.
- Stufenklage **1605** 48
- systematische Aufstellung **1605** 6
- Überschussrechnung **1605** 28
- Umsatzsteuerbescheid **1605** 25f
- ungefragte Informationen **1605** 16 ff.
- bei Unterhaltsvereinbarungen **1605** 17
- Verdienstbescheinigung **1605** 21
- Verfahrensrecht **1605** 48 ff.
- Vollstreckung **1605** 67
- Vorlegungszeitpunkt **1605** 36
- Wahrheitspflicht **1605** 18
- Wert der Beschwer **1605** 56f
- Zahlungsantrag **1605** 62
- Zurückbehaltungsrecht **1605** 43
- Zweck **1605** 1 ff.
- Zweck der Einkommensbelege **1605** 3
- Zweijahresfrist **1605** 10 ff.

Auskunftspflicht der Verwandten,
- Verfahrenskostenhilfe **1605** 65

Auslandsadoption s. Adoption, Adoptionswirkungsgesetz

Ausstattung
- angemessene – **1624** 6, 11
- Ausstattungsversprechen **1624** 7 ff.
- und Betreuungsrecht **1624** 14
- und Ehegüterrecht **1624** 13
- aus dem Elternvermögen **1624**
- und Erbrecht **1624** 15
- Form **1624** 7
- Gegenstand **1624** 4
- Genehmigungsvorbehalt bei – unter rechtlicher Betreuung **1908**
- und Insolvenz- und Anfechtungsrecht **1624** 16
- Internationales Privatrecht **1624** 19
- aus dem Kindesvermögen **1625**
- Modalitäten **1624** 2
- Parteien der – **1624** 3
- Pfändbarkeit des Anspruchs **1624** 10
- Rechtswirkungen **1624** 11f

- Rückforderungs- und Leistungsverweigerungsrechte **1624** 9
- und Schenkungsrecht **1624** 11f
- sittliche Verpflichtung **1624** 2
- und Sozialrecht **1624** 18
- Starthilfe **1624** 1
- und Steuerrecht **1624** 17
- übermäßige – **1624** 12
- Übertragbarkeit des Anspruchs **1624** 10
- aus dem Vermögen des Betreuten **1908**
- Wesen **1624** 7
- Zuwendung, unmittelbare **1624** 2
- Zuwendungsanlass und -zweck **1624** 5
- Zuwendungsversprechen **1624** 2
- Zweckverfehlung **1624** 9

Ausstattungsversprechen 1624 7 f.

Babyklappe 1591 40
Barunterhalt
- Begriff **Vor 1601** 21
- Deckung des Lebensbedarfs **1610** 59
- nach der Düsseldorfer Tabelle **1610** 92
- Geldunterhalt **1606** 23
- Gleichwertigkeit mit Betreuungsunterhalt **1606** 6, 25
- Pflicht der Eltern **1610** 33 ff.
- Sachleistungen **1602** 61
- umfangreicher Aufenthalt des Kindes bei barunterhaltspflichtigem Elternteil **1610** 113
- für volljähriges Kind **1606** 9
- Wohnvorteil **1602** 60

Bayessches Theorem 1600d 76
Bedarfsdeckung
- durch Erwerbseinkommen **1602** 6 ff.
- durch Kindergeld **1612b**
- durch öffentlich-rechtliche Leistungen **1602** 26 ff.

Bedarfskontrollbetrag 1603 9; **1610** 85, 125 f.

Beerdigungskosten
- Pflicht zur Kostentragung **1615** 7 f.; **1615m**; **1615n** 6

befreite Pflegschaft 1917 11f
befreite Vormundschaft
- bei Amts- und Vereinsvormundschaft **1852** 14; **1857** 6; **1857a**
- Anordnung **1777** 10; **1852** 9 f.; **1856** 2f
- Arten der Befreiung **1852** 2
- Aufhebung durch das FamG **1857**
- Befreiung durch den Vater **1852**
- Befreiung durch die Mutter **1855**
- Berechtigung zur Befreiung **1852** 9f; **1856** 2
- Bestallungsurkunde **1852** 11; **1857** 5
- Form der Befreiung **1852** 9f; **1856** 3
- Genehmigung nach Umschreibung und Umwandlung von Inhaberpapieren **1820** 5
- Genehmigung von Geldanlagen für Mündel **1810** 6
- gesetzliche Befreiung **1852** 2; **1857a**
- gewillkürte Befreiung **1852** 2

Sachverzeichnis

fette Zahlen = §§

- Hinterlegung von Inhaberpapieren **1814** 6; **1853**
- Hinterlegungsanordnung des FamG **1818** 8
- Inhalt der Befreiung **1852** 3 ff.
- Rechnungslegung **1840** 12; **1854**
- Sperrung von Buchforderungen **1816** 6
- Sperrvermerk **1853**
- Sperrvermerk für Anlegung von Mündelgeld **1809** 6
- Verfügungsgenehmigung nach Hinterlegung von Inhaberpapieren **1819** 7
- Verletzung der Interessen des Mündels **1857** 2
- Voraussetzungen der Befreiung **1856**
- widersprüchliche Anordnungen von Mutter und Vater **1856** 4f
- Wiederinkraftsetzung **1857** 3
- Wirkung der Befreiung **1852** 12f

Befruchtung, künstliche 1589 8; **1591** 9 f.; **1592** 18 ff.; **1593** 10

Behördenbetreuer
- Anlage von Mündelgeld **1908g** 3
- Aufwendungsersatz **VBVG 8** 10f; **1908h**
- Einwilligung der Behörde **1900** 10
- als Einzelbetreuer **1897** 17 ff.
- Entlassung **1908b** 26 ff.
- Entschädigungspauschale **VBVG 4** 2
- gerichtliche Überprüfung **1900** 12
- Haftung **1897** 19
- Mitteilungspflichten **1900** 12
- Nachrang **1900** 9
- Person des Betreuers **1897** 3
- Rechtsstellung **1897** 17
- Sterilisationsbetreuung durch – **1900** 13
- Übertragung der Aufgabe auf einzelne Person **1900** 11
- Unzumutbarkeit für den Betreuer **1908b** 19f
- Vergütung **VBVG 8** 6 f.; **1908h**
- Voraussetzungen **1900** 9f
- Vorschuss **VBVG 8** 11
- Zuständigkeit **1900** 10
- Zwangsgeld gegen – **1908g** 2

Beistand in der Familie
- Allgemeines **1618a** 1 ff.
- Inhalt **1618a** 7
- internationale Menschenrechte **1618a** 3
- Internationales Privatrecht **1618a** 18
- Rechtspflichten **1618a** 2, 14f
- Sittenwidrigkeit von Bürgschaftsverträgen **1618a** 15
- Verfahrensrecht **1618a** 17

Beistandschaft
- alleinige Obhut eines Elternteils **1713** 9; **1715** 6
- alleinsorgeberechtigter Elternteil **1713** 3 ff.
- Amtspflegschaft **Vor 1712** 1
- Antragsberechtigte **1713**
- Antragserfordernis **1712** 2
- Antragsmodalitäten **1712** 3
- Antragsmodell **Vor 1712** 5; **1712** 1
- Anwendungsbereich **1712** 6
- Aufenthaltswechsel ins Ausland **1717** 4
- Aufgaben **1712** 8 f.; **1713** 7, 10
- Aufhebung bei Wegfall das Grundes **1919** 5
- Aufsicht durch das FamG **SGB VIII 56** 3
- Aufwendungsersatz **1716** 10
- Auskunftsanspruch **1716** 9
- für ausländische Minderjährige **SGB VIII 55** 8
- Beendigung **1715**
- Beendigung auf Antrag **1715** 2 ff.
- Beendigung der – des Jugendamtes **SGB VIII 55** 4
- Beistand für das Kind **1712** 7
- Beratung **1712** 16
- Beratung und Unterstützung durch das Jugendamt **SGB VIII 52a** 2f
- beschränkt geschäftsfähige werdende Mutter **1713** 17
- Beschränkung des Antrags **1712** 4f
- Einschränkung der elterlichen Sorge **1716** 3 ff.
- Eintritt **1714**
- Eintritt der – des Jugendamtes **SGB VIII 55** 4
- entsprechende Anwendung des Vormundschaftsrechts **1915** 4
- Entstehungsgeschichte **Vor 1712** 1 ff.
- Erfordernis des gewöhnlichen Aufenthalts im Inland **1717**
- Erziehungsbeistandschaft des Jugendamtes **SGB VIII 30** 1
- zur Feststellung der Vaterschaft **1712** 8 ff.
- fiktives Alleinsorgerecht **1713** 6f; **1715** 9
- freiwillige – **1712** 1
- Führung der – des Jugendamt **SGB VIII 56**
- vor Geburt des Kindes **1713** 6f; **1714** 5; **1715** 8 f.
- Gegenstand **1712** 6 ff.
- Geltendmachung von Unterhaltsansprüchen **1712** 11 ff.
- bei gemeinsamer Sorge **1713** 8 f.; **1715** 6
- geschäftsunfähige werdende Mutter **1713** 18
- Grundzüge **Vor 1712** 6
- Haftung **1716** 10
- Haftung des Beauftragten des Jugendamtes **SGB VIII 55** 11
- Hilfeangebot des Jugendamtes vor der Geburt **SGB VIII 52a** 4
- Hinweispflicht des Jugendamtes **SGB VIII 52a** 3
- Höchstpersönlichkeit des Antragsrechts **1712** 12
- Innenverhältnis zwischen Antragsteller und Beistand **1716** 9
- Jugendamt als Beistand **SGB VIII 55** 3 f.; **1712**
- Kontrolle des Beistandes **1716** 9
- nachträgliche Hilfe des Jugendamtes bei Scheinvaterschaft **SGB VIII 52a** 5

2268

magere Zahlen = Randnummern

Sachverzeichnis

- nasciturus **1713** 7
- nicht sorgeberechtigte werdende Mutter **1713** 13 f.; **1715** 10
- Parallelzuständigkeit von Sorgeberechtigten und Beistand **1716** 4 ff.
- als besondere Pflegschaft **Vor 1909** 15
- Rechtsinstitut **Vor 1712** 6 ff.
- Rechtslage in der ehemaligen DDR **Vor 1712** 3
- Rechtsstellung des Beauftragten des Jugendamtes **SGB VIII 55** 10
- Rechtsstellung des Jugendamtes als Beistand **SGB VIII 55** 3
- Rechtsweg bei – des Jugendamtes **SGB VIII 55** 6
- Reformprozess **Vor 1712** 4f
- Reichweite **1712** 4
- Systematik **Vor 1712** 7
- Übergangsrecht **SGB VIII 55** 5; **Vor 1712** 9; **1715** 15; **1716** 12
- Übertragung der Ausübung der – des Jugendamtes auf einzelnen Beamten bzw. Angestellten **SGB VIII 55** 9 ff.
- Verdrängungskompetenz des Beistandes im Prozess **1716** 7f
- Vergütung **1716** 10
- Verweisung auf Pflegschafts- und Vormundschaftsrecht **1716** 10f
- und Vormund **1713** 11
- Wegfall der Antragsvoraussetzungen **1715** 5 ff.
- werdender Vater **1713** 16; **1715** 9
- Wirksamwerden **1714** 2 ff.
- Wirkung der Beendigung **1715** 14
- Wirkungen **1716**
- Zeitschrankenmodell **Vor 1712** 5
- Zuständigkeit des Jugendamtes **1712** 14f
- Zweckerreichung **1715** 13

Beistandschaftsgesetz Vor 1773 14

Berufsbetreuer
- Betreuertypen **1897** 5, 11
- Entlassung **1908b** 2, 15 f.
- Erklärungspflicht **1897** 46
- Führungszeugnis **1897** 45
- Informationspflicht **1897** 43
- Mitwirkung der Behörde bei erstmaliger Bestellung **1897** 44f
- Nachrang des -s **1897** 38 ff.
- Schuldnerverzeichnis **1897** 45
- Wille und Wohl des Betroffenen **1897** 42

Bestallungsurkunde
- bei befreiter Vormundschaft **1852** 11; **1857** 5
- des Betreuers **1896** 204; **1899** 11
- des Vereinsbetreuers **1897** 12
- zur Vormundsbestellung **1791**

Betreuer
- Abhängigkeitsverhältnis **1897** 27, 37
- Ablehnungsberechtigung **1897** 34
- Ablehnungsgründe **1898** 3 ff.
- Aufsicht über den Betreuten **1896** 92
- Ausschluss der Bestellung **1897** 35 ff.
- Auswahlermessen des VormG **1897** 29 ff.
- Auswahlkriterien **1897** 7, 20
- Behördenbetreuer **1896** 231f; **1897** 3, 17 f.
- Bereiterklärung **1898** 9
- berufliche Belastungen **1898** 6
- Berufsbetreuer **1897** 5, 11, 38 f.
- Beschwerde **1898** 13
- Berücksichtigung besonderer Bindungen **1897** 31
- Bestallungsurkunde **1896** 200
- Bestellung eines neuen Betreuers *s. Betreuerbestellung, Bestellung eines neuen Betreuers*
- Bestellung eines weiteren -s **1896** 228
- Bestellungsurkunde **1899** 11
- Betreuertypen **1897** 3, 5, 9 f.
- Betreuungsverfügung **1897** 22
- Durchsetzung der Übernahme **1898** 9 ff.
- eigener Lebensentwurf des Betreuten **1901** 10
- Eignung **1897** 30
- Einführungsgespräch **1896** 201
- Einschränkung der Betreuerauswahl **1897** 35 ff.
- Einzelbetreuer, privater **1897** 9 ff.
- Einzelbetreuung, organisierte **1897** 10
- enge Beziehung zur Unterbringungseinrichtung **1897** 37
- entgegenstehender Wille des Vorgeschlagenen **1897** 28
- entgeltliche Betreuung **1897** 11
- Entlassung *s.d.*
- Erklärungspflicht des Berufsbetreuers **1897** 46
- familiäre Verhältnisse **1898** 5
- Führungszeugnis **1897** 45
- gebundenes Ermessen des VormG **1897** 31f
- Gefahr von Interessenkollisionen **1897** 26, 32
- Gegenbetreuer **Vor 1896** 15; **1896** 233
- Genehmigungsvorbehalt des VormG bei ärztlichen Maßnahmen *s. Betreuer, Einwilligung in Heilbehandlung*
- Gesundheitszustand **1898** 7
- Informationspflichten des -s **1897** 43
- Kontrollbetreuer *s. auch Vollmachtsbetreuung*; **1896** 54
- Kontrolle durch das Betreuungsgericht **1901** 16
- mangelnde Eignung **1898** 4; **1908b** 4 f.
- mehrere – *s. Betreuer, mehrere*
- Mitwirkung der Behörde bei erstmaliger Bestellung eines Berufsbetreuers **1897** 44f
- Nachrang der Berufsbetreuung **1897** 38 ff.
- Patientenverfügung **1901a**
- Person des -s **1897** 3 ff.
- Pflichten des -s *s. Betreuer, Pflichten*
- Rechtsstellung **1902** 1
- Schadensersatz **1898** 11
- schriftliche Betreuungswünsche **1901c**
- Schuldnerverzeichnis **1897** 45

Sachverzeichnis

fette Zahlen = §§

– System **1897** 5
– Tod des –s **1908c** 2
– Übernahmepflicht **1898**
– bereits übernommene pflegerische Aufgaben **1898** 7
– bei Unterbringung in einer Einrichtung **1897** 36
– Unzumutbarkeit **1898** 5 ff.
– Vereinsbetreuer **1897** 12 ff.
– Verfahrenspfleger als – **1897** 32
– Verlängerung der Betreuerbestellung **1896** 222 ff.
– verpflichtete Personen **1898** 2
– Verpflichtung des –s **1896** 203
– Vertretung des Betreuten s. Betreuer, gesetzliche Vertretung
– Vollmachtsbetreuung s.d.
– vorläufiger – **1896** 205
– Vorrang der ehrenamtlichen Betreuung **1897** 4, 24, 38 f.
– Vorrang der Einzelbetreuung **1897** 3
– Vorschlag des Betreuten, Bestellung auf – **1897** 21 ff.
– Wille des Betreuten **1897** 20, 33, 42
– Wohl des Betroffenen **1897** 20, 25, 42
– Zwangsgeld **1898** 10

Betreuer, Aufgabe der Mietwohnung
– allgemeine Verfahrensvorschriften **1907** 10
– Aufhebung einer Wohnraummiete **1907** 12
– Befugnis des Betreuers **1907** 3
– Begleitgeschäfte **1907** 7
– Begriff der Kündigung **1907** 5
– Beschwerderecht **1907** 10
– erfasste Rechtsgeschäfte **1907** 4 ff.
– faktisches Verbringen des Betreuten in ein Pflegeheim oder Krankenhaus **1907** 6
– Genehmigungskriterien des Betreuungsgericht **1907** 9
– Genehmigungsvorbehalt **1907** 1, 19 f.
– Kündigung einer Wohnraummiete **1907** 3 ff.
– Miet- und Pachtverträge **1907** 2, 19
– Mitteilungspflichten des Betreuers **1907** 1, 13 f.
– Schutz der Wohnung des Betreuten **1907** 1
– Verfahren **1907** 10, 23
– Vermietung von Wohnraum **1907** 20 f.
– Voraussetzung der Genehmigungspflichtigkeit **1907** 4
– vorbeugende Kontrolle durch das Betreuungsgericht **1907** 2
– wiederkehrende Leistungen **1907** 2, 19
– Wohnung, betroffene **1907** 8, 14
– Zuständigkeit **1907** 10

Betreuer, Aufgabenkreise
– Betreuung für alle Angelegenheiten **1896** 117 ff.
– Allgemeines **1896** 66 ff.
– Angelegenheiten, einzige **1896** 67
– Angelegenheiten, sonstige **1896** 116
– Aufenthaltsbetreuung s.d.

– Aufhebung einer eingetragenen Lebenspartnerschaft **1896** 109
– Aufsicht über Betreuten **1896** 97
– und Befugnis zur Fremdbestimmung **1896** 69 ff.
– Begriff **1896** 67
– besondere – **1896** 5
– Bestellung **1896** 120 ff.
– Eheschließung und -aufhebung **1896** 108 f.
– Einschränkung der Betreuung in Gesundheits- **1896** 74
– Einschränkung des Aufgabenkreises **1896** 229; **1901** 27; **1908d** 8, 12
– Eltern-Kind-Verhältnis **1896** 110
– entgegenstehender natürlicher Wille des Betreuten **1896** 72
– Erforderlichkeitsprinzip **1896** 66
– Erweiterung des Aufgabenkreises **1896** 116, 227; **1901** 28; **1908d** 14 f.
– Familienangelegenheiten **1896** 108 ff.
– Gesundheitsbetreuung s.d.
– Gewalt gegen den Betreuten **1896** 71 f, 77
– konkrete, gegenwärtige Lebenssituation, Abstellen auf – **1896** 41
– künftige Bedarfslagen **1896** 42
– medizinische Angelegenheiten **1896** 75
– Mitteilungspflichten des Betreuers **1901** 26 f.
– Notgeschäftsführung **1896** 106
– Personensorge **1896** 73
– persönlichen Angelegenheiten **1896** 73 ff.
– Post- und Fernmeldekontrolle **1896** 118
– Strafverfahren **1896** 100 ff.
– Terminologie **1896** 67
– Totenfürsorge **1896** 104 ff.
– Umgang **1896** 93 ff.
– Umschreibung, zu enge **1896** 43
– Umschreibungen, gesetzliche **1896** 68
– Umschreibungen, sonstige **1896** 116
– Unterhaltsangelegenheiten **1896** 115
– Verfahren **1896** 146 f.; **1908d** 16f
– Vermögensbetreuung **1896** 111 ff.
– Wohnungsfürsorge **1896** 90 ff.

Betreuer, Bestellungsbeschluss
– Aufgabenkreis **1896** 136
– Bekanntmachung **1896** 197 ff.
– Betreuerauswahl **1896** 134
– Dauer der Betreuung **1896** 136
– Einheitsentscheidung **1896** 133 ff.
– Einwilligungsvorbehalt **1896** 138
– Inhalt **1896** 197
– bei Vorweggenommen Einwilligungsvorbehalt **1908a** 13 ff.
– Wirksamwerden **1896** 201
– Wirkungen **1896** 139 ff.
– Zeitpunkt von Aufhebung oder Verlängerung **1896** 137

Betreuer, Einwilligung in Heilbehandlung
– Abbruch einer Heilbehandlung **1904** 24
– Abbruch lebensverlängernder Maßnahmen **1904** 3

magere Zahlen = Randnummern

Sachverzeichnis

- Ablehnung medizinischer Maßnahmen **1904** 39
- aktuelle Einwilligung des Betreuten **1904** 17, 42
- Allgemeine Voraussetzungen für Genehmigungsvorbehalt **1904** 21 f., 43 f.
- Art und Grad der Gefährdung **1904** 26
- Aufgabe des Betreuers bei Vorliegen einer **1904** 17
- Aufgabenkreis des Betreuers **1904** 10
- Aufklärungsgespräch des Arztes **1904** 14
- Außenwirkung der Genehmigung **1904** 31
- Bedeutung der Genehmigung **1904** 31 f., 48 f.
- Bedeutung der Versagung **1904** 48 ff.
- begründete Gefahr **1904** 25
- Behandlungsverbot **1904** 49
- Beispiele **1904** 28
- Betreuer für Gesundheitsangelegenheiten **1904** 15
- betroffene Erklärungen **1904** 8 ff.
- Beurteilung der Einsichtsfähigkeit durch Arzt **1904** 16
- Einsichts- und Steuerungsfähigkeit, natürliche **1904** 13
- Einwilligung des Betreuers **1904** 8
- Einwilligung des Betreuers zum Sterben **1904** 39
- Einwilligung des Betreuten **1904** 42
- Einwilligungsbefugnis des Betreuers **1904** 10 ff.
- Einwilligungsfähigkeit des Betreuten, fehlende **1904** 11 ff.
- Einwilligungsvorbehalt **1904** 12
- Entscheidung des Gerichts **1904** 89
- erfasste Maßnahmen **1904** 23 ff.
- freiheitsentziehende Unterbringung **1904** 67
- Gefahr für Leben und Gesundheit **1904** 25 ff.
- Genehmigungsvorbehalt **1904** 1
- Genehmigungsvorbehalt bei Einwilligung durch Bevollmächtigte **1904** 68 ff.
- Genehmigungsvorbehalt bei Einwilligung durch Bevollmächtigten *s. auch Vollmachtsbetreuung, Einwilligung in Heilbehandlung*
- gerichtliche Entscheidung **1904** 89
- Geschäftsfähigkeit **1904** 13
- Gesundheitsschaden, schwerer **1904** 26
- Heilbehandlung **1904** 23
- Kastration **1904** 66
- Kategorien medizinischer Behandlungen **1904** 27
- klinische Prüfung von Arzneimitteln **1904** 61
- Kriterien der gerichtlichen Entscheidung **1904** 30, 47
- Lebensgefahr **1904** 26
- Maßnahmen ohne Genehmigung **1904** 34 ff.
- medizinische Alternativen **1904** 39
- Missbrauchsgefahr **1904** 55
- mutmaßlicher Wille des Betreuten **1904** 20
- Nichteinwilligung in bestimmte ärztliche Behandlung **1904** 40
- Nichtvornahme einer Heilbehandlung **1904** 24
- Notwendigkeit der Bestellung eines Betreuers **1904** 18
- Organspende **1904** 65
- partielle Geschäftsfähigkeit **1904** 13
- Patientenverfügungen **1904** 43f *s.a. Patientenverfügung*
- präventives Eingreifen des Betreuungsgerichts **1904** 33
- Rechtsnatur der Einwilligung **1904** 9
- richtiger Begriff **1904** 14
- schriftliche Erteilung der Vollmacht **1904** 72
- Schwangerschaftsabbruch insbesondere **1904** 29
- Sonderregelungen **1904** 61 ff.
- Unterlassung lebensverlängernder Maßnahmen **1904** 37 ff.
- Untersuchung des Gesundheitszustandes **1904** 23
- Verfahren **1904** 57 ff.
- Versagung der Genehmigung **1904** 32
- Voraussetzungen des Genehmigungsvorbehalts **1904** 7, 38
- Widerruf der Einwilligung **1904** 24
- Wille des Betreuten **1904** 4

Betreuer, Einwilligung in Sterilisation
- Anhörung des Betroffenen, persönliche **1905** 31
- Anhörung Dritter **1905** 33
- Anlehnung an medizinische Indikation **1905** 21
- ausdrückliche Bestellung für diese Angelegenheiten **1905** 14
- Behördenbetreuer **1905** 11
- Bekanntgabe der Entscheidung **1905** 35
- Beschwerde, unbefristete **1905** 37
- besonderer Betreuer **1905** 15
- Einwilligungsbefugnis des Betreuers **1905** 5, 14 f.
- Einwilligungsfähigkeit des Betreuten, mangelnde **1905** 12f
- Entscheidung des Betreuungsgerichts **1905** 27 ff.
- Erteilung der Genehmigung **1905** 28
- Gefahr für den seelischen Gesundheitszustand **1905** 22
- Gefahrabwehr, anderweitige **1905** 23
- Genehmigungsbedürfnis **1905** 8
- Grundprobleme **1905** 1 ff.
- Indikationen **1905** 19 ff.
- Inhalt der Entscheidung **1905** 34
- Methode der Sterilisation **1905** 10
- Gefahr der Notlage durch Schwangerschaft **1905** 22
- Rechtmäßigkeit der Einwilligung **1905** 4
- Sachverständigengutachten **1905** 32
- Sterilisation von Männern **1905** 24

Sachverzeichnis

fette Zahlen = §§

- Überblick **1905** 4 ff.
- Überprüfung, gerichtliche **1905** 27
- Vereinsbetreuer **1905** 11
- Verfahren **1905** 30 ff.
- verfassungsrechtliche Zweifel **1905** 3
- Vollmacht zur Einwilligung in Sterilisation **1905** 38
- Vorrang anderer Verhütungsmittel **1905** 26
- Wirksamkeit der Einwilligung **1905** 7
- Wirksamwerden der Entscheidung **1905** 36
- Zeitdauer der Bestellung **1905** 16
- zeitliche Begrenzung der Durchführung **1905** 9, 29
- Zwangssterilisation **1905** 6, 17f
- Zwei-Wochen-Frist **1905** 9, 29

Betreuer, gesetzliche Vertretung
- Adoptionsrecht **1902** 38 ff.
- Aufgebot zur Todeserklärung **1902** 44
- Ausschluss wegen Interessenkollision **1902** 47f
- Außenwirkung des Willens des Betreuten **1902** 19
- Ausstattung **1902** 46
- Befugnisse des Betreuers **1902** 4, 14
- Berücksichtigung der Wünsche des Betreuten **1902** 15
- Beschränkungen der Vertretungsmacht **1902** 24 ff.
- Besonderheiten im gerichtlichen Verfahren **1902** 13
- Betätigung der Vertretungsmacht **1902** 4
- Beteiligung Dritter **1902** 51
- Ehe, Verlöbnis **1902** 27
- Ehenamen, Lebenspartnerschaftsnamen, Bestimmung **1902** 28
- Ehescheidung und -aufhebung **1902** 30 ff.
- Ehevertrag **1902** 27
- Eingehung einer eingetragenen Partnerschaft **1902** 28
- Einwilligungsvorbehalt **1902** 13a
- elterlichen Sorge des Betreuten, Ausübung **1902** 35
- Entziehung der Vertretungsmacht **1902** 48
- Erbvertrag **1902** 42
- Erbverzicht **1902** 43
- Ergänzungsbetreuer **1902** 47
- Erkennbarkeit für den Geschäftspartner **1902** 5
- Einwilligung in Freiheitsentziehung *s. auch* Freiheitsentziehung; **1902** 25
- gerichtliche Kontrolle, vorbeugende **1902** 49
- Geschäfte höchstpersönlicher Natur **1902** 24 ff.
- Geschäftsfähigkeit des Betreuten, Verhältnis zur – **1902** 7 ff.
- Gütergemeinschaft **1902** 27
- Handlungsfähigkeit des Betreuten **1902** 10
- Heilbehandlung **1902** 24
- Kindesnamensrecht **1902** 37
- Kontrolle durch Gegenbetreuer, vorbeugende **1902** 50
- Lebenspartnerschaft, Aufhebung **1902** 33
- Mietverhältnis, Kündigung **1902** 41
- Missbrauch der Vertretungsmacht **1902** 16
- nachteilige Rechtsgeschäfte **1902** 45f
- Organspende **1902** 24
- Prozessfähigkeit des Betreuten **1902** 13
- religiöses Bekenntnis **1902** 26
- Rückgängigmachung von Rechtsgeschäften **1902** 23
- Schenkung **1902** 45
- Schwangerschaftsabbruch **1902** 24
- selbständiges Handeln des Betreuers **1902** 14
- Sorgeerklärung **1902** 35
- staatlich bestellter Bevollmächtigter **1902** 8
- Sterilisation **1902** 24
- Teilungsversteigerung, Antrag auf – **1902** 49
- Übergehen der Wünsche des Betreuten **1902** 16
- Umfang **1902** 2
- Unterbringung *s. auch dort*; **1902** 25
- Untersuchungsverweigerung **1902** 3
- Vaterschaftsanerkennung **1902** 36
- Vaterschaftsanfechtung **1902** 36
- Verfahrensfähigkeit **1902** 13b
- Verfügung von Todes wegen **1902** 42
- widersprüchliche Rechtsgeschäfte **1902** 20 ff.
- und Wille des Betreuten **1902** 14 ff.
- Willensvorrang des geschäftsfähigen Betreuten **1902** 17 ff.
- Zeugnisverweigerungsrecht, Ausübung **1902** 3
- Zustellung **1902** 3
- zwingende gesetzliche Vertretung **1902** 2f

Betreuer, mehrere
- Alleinzuständigkeit **1899** 17
- Ausschluss mehrerer vergüteter Betreuer **1899** 7
- bessere Amtsführung **1899** 5 ff.
- Bestellung eines weiteren Betreuers **1899** 10
- Bestellungsurkunde **1899** 11
- Einwilligungsvorbehalt **1899** 16
- Einzelfälle **1899** 6
- Entbehrlichkeit eines Gegenbetreuers und von Genehmigungen **1899** 21
- Entscheidung **1899** 11
- Ergänzungsbetreuer **1899** 4; **1901** 29
- Ersatzbetreuung **1899** 1, 22 f.
- Gegenbetreuer **1899** 27
- gemeinschaftliche Führung **1899** 16
- gemeinschaftliche Mitbetreuung **1899** 1, 16 f.
- gesetzliche Gründe **1899** 3f
- geteilte Mitbetreuung **1899** 1, 12 f.
- bei größerem Vermögen **1899** 6
- Haftung **1899** 14, 19
- bei Interessenkonflikten **1899** 6
- Meinungsverschiedenheiten **1899** 13, 18
- Rechtsstellung des Ersatzbetreuers **1899** 25

2272

magere Zahlen = Randnummern

Sachverzeichnis

- Rechtswirkungen der Ersatzbetreuung **1899** 25f
- selbständige Führung innerhalb eines Aufgabenkreises **1899** 12
- bei Sterilisation **1899** 3
- Verfahren **1899** 9f
- Vergütung **VBVG 4** 4 ff.
- Verhinderung des Hauptbetreuers **1899** 23f
- Voraussetzungen **1899** 2 ff.
- Wegfall eines Mitbetreuers **1899** 15, 20
- Wille des Betroffenen **1899** 8

Betreuer, Pflichten
- Betreuungsplan **1901** 23f
- Betreuungsverfügung **1901** 13
- eigener Lebensentwurf des Betreuten **1901** 10
- faktische Tätigkeiten **1901** 7
- gefährdete Rechtsgüter des Betreuten **1901** 14
- Gesundheitsförderung **1901** 22 ff.
- Konflikt zwischen Wunsch und Wohl des Betreuten **1901** 14 ff.
- Kontrolle durch das Betreuungsgericht **1901** 16
- Mitteilungspflichten **1901** 4, 26 f.
- Notzuständigkeit für faktische Hilfeleistungen **1901** 8
- persönlichen Besprechung **1901** 21
- rechtliche Bedeutung der Wünsche **1901** 19f
- rechtliche Besorgung der Angelegenheiten **1901** 5 ff.
- Rehabilitation als Ziel **1901** 22
- Tätigkeiten außerhalb der übertragenen Funktion **1901** 12
- unzumutbare Wünsche **1901** 18
- Verschlechterung der Lebens- und Versorgungssituation des Betreuten **1901** 15
- volle Geschäftsfähigkeit des Betreuten **1901** 17
- Wohl des Betreuten **1901** 9f
- Wünsche des Betreuten **1901** 11 ff.
- Wünsche vor Bestellung des Betreuers **1901** 13

Betreuer, Vergütung
- Abgeltung von Aufwendungen **VBVG 4** 22 ff.
- Abrechnung nach den für Vormünder geltenden Normen **VBVG 6** 2 ff.
- Abrechnungszeitraum **VBVG 9**
- Absenkung bei Heimaufenthalt **VBVG 5** 13 ff.
- Absenkung bei Mittellosigkeit des Betreuten **VBVG 5** 21 ff.
- Absenkung infolge der Betreuungsdauer **VBVG 5** 6 ff.
- Anspruch auf Vergütung **VBVG 1** 10 ff.
- Anspruch gegen die Staatskasse **VBVG 1** 11 f.; **VBVG 5** 22 f.
- Anspruchsentstehung **VBVG 9** 6

- Aufrundung auf Zehntelstunden **VBVG 5** 42
- Aufwendungen außerhalb der Betreuung **VBVG 4** 24f
- Aufwendungsersatz **VBVG 4**
- Ausbildung, abgeschlossene **VBVG 4** 12 ff.
- Ausschlussfrist **VBVG 2** 2 f.; **VBVG 9** 8
- außergewöhnliche Aufwendungen **VBVG 4** 28
- Auswirkungen einer Vakanz **VBVG 5** 10 ff.
- Berechnung der Monate **VBVG 5** 33 ff.
- berufsmäßig tätige Betreuer **VBVG 4** 2
- Betreuerwechsel **VBVG 5** 7, 39
- Betreuerwechsel zum Ehrenamt **VBVG 5** 43 ff.
- Einzelfälle **VBVG 4** 19f
- Entschädigung nach Stundensätzen **VBVG 4** 7 ff.
- Entschädigungspauschale **VBVG 4** 1
- Ergänzungsbetreuer **VBVG 6** 1
- Erhöhung nach nutzbaren Fachkenntnissen **VBVG 4** 9 ff.
- Erlöschen der Ansprüche **VBVG 2**
- Ersatzbetreuer **VBVG 6** 1
- Fälligkeit **VBVG 9** 7
- Gegenbetreuer **VBVG 6** 4
- Geltendmachung **VBVG 1** 14f
- Geltendmachung der Pauschalentschädigung **VBVG 9** 6 ff.
- geteilte Pauschale **VBVG 6** 7 ff.
- Heimbegriff **VBVG 5** 15, 27 f.
- Jahresmeldung **VBVG 10** 2 ff.
- Kontrollbetreuer **VBVG 6** 4
- Mitteilung an die Betreuungsbehörde **VBVG 10**
- Mittellosigkeit des Betreuten **VBVG 1** 12; **VBVG 5** 21 f.
- monatliche Stundensätze **VBVG 5** 3 ff.
- nebenberufliche Führung der Betreuung **VBVG 1** 7f
- nicht berufsmäßig tätige Betreuer **VBVG 4** 3
- nutzbare Fachkenntnisse **VBVG 4** 10f
- Parameter für Zeitansatz **VBVG 5** 1
- Rechenfaktor **VBVG 4** 8
- Rechtstatsachen zur Qualifikation **VBVG 4** 2
- Reichweite der Pauschalierung **VBVG 4** 22 ff.
- Sonderfälle der Betreuung **VBVG 6**
- Sterilisationsbetreuer **VBVG 6** 1
- Stundenansatz **VBVG 5**
- Stundensatz **VBVG 4**
- taggenaue Abgrenzung **VBVG 5** 34 ff.
- Übermittlung der Jahresmeldung an das Betreuungsgericht **VBVG 10** 15
- Umsatzsteuer **VBVG 4** 30
- Vermittlung nutzbarer Kenntnisse durch die Ausbildung **VBVG 4** 17f
- Vollmachtsbetreuer **VBVG 4** 2
- Zweifelsfragen **VBVG 5** 9 ff.

Sachverzeichnis

fette Zahlen = §§

Betreuer, vorweggenommene Bestellung, vorweggenommener Einwilligungsvorbehalt
- allgemeine Voraussetzungen der Betreuerbestellung **1908a** 4
- Anordnung durch Betreuungsgericht **1903** 41
- Bestellungsbeschluss **1908a** 8
- einstweilige Anordnung **1908a** 10
- Einwilligung des Betroffenen **1908a** 7
- Erforderlichkeit zum Zeitpunkt der Volljährigkeit **1908a** 3
- Rechtsbehelfe **1908a** 11
- Sachverständigengutachten **1908a** 6
- schwebende Rechtsgeschäfte **1908a** 16
- Verfahren **1908a** 5 f., 14
- Vollendung des 17. Lebensjahres **1908a** 2
- vorweggenommene Bestellung **1908a** 2 ff.
- vorweggenommener Einwilligungsvorbehalt **1908a** 13 ff.
- Wirksamwerden **1908a** 9, 15
- Wirkung **1908a** 12, 15 f.

Betreuer, Einwilligung in Heilbehandlung
- Nachholung der Genehmigung **1904** 36

Betreuerbestellung
- ablehnender freier Wille des Betreuten **1896** 29
- Ablehnungsgründe **1898** 3 ff.
- von Amts wegen **1896** 120 ff.
- Ausschluss **1897** 35 ff.
- Ausschluss durch Vollmacht **1896** 49
- des Behördenbetreuers **1897** 17 ff.
- Bereiterklärung **1898** 9 ff.
- Beschwerde **1898** 12 f
- Bestellung eines Gegenbetreuers **1896** 233
- Bestellung eines neuen Betreuers **1896** 232; **1908c**
- Bestellung eines weiteren Betreuers **1899** 10
- aufgrund Betreuungsverfügung **1897** 22
- Durchsetzung der Übernahme **1898** 9 ff.
- Einwendung gegen – **1896** 3, 27
- Erforderlichkeit **1896** 39 ff.
- isolierte Beschwerde gegen Auswahl **1898** 12
- Krankheit und Behinderung des Betreuten s. d.
- natürliche Person, Bestellung einer – **1897**
- Sachverständigengutachten **1896** 14
- Schadensersatz **1898** 11
- Übernahmepflicht **1898**
- Übersicht **1896** 7
- Unvermögen, die eigenen Angelegenheiten zu besorgen **1896** 20 ff.
- Vereinsbetreuer **1897** 12 ff.
- Verfahren **1898** 12
- Verlängerung **1896** 222 ff.
- Voraussetzungen **1896** 7 ff.
- auf Vorschlag des Betreuten **1897** 21 ff.
- Vorschlag eines neuen Betreuers durch den Betreuten **1908b** 23 ff.
- vorweggenommene – **1908a** 2 ff.
- Wirkungen **1896** 133 ff.
- Zustimmung und Antrag **1896** 28
- Zwangsgeld **1898** 10

Betreuerbestellung auf Antrag
- Betreuerbestellung von Amts wegen, Verhältnis zur – **1896** 121
- Antragsbefugnis von Behörden **1896** 132
- Antragsberechtigung **1896** 123
- ärztliches Zeugnis **1896** 129
- Aufhebung der Betreuung **1896** 130; **1908d** 9 f.
- Bedeutung **1896** 122
- Beschwerderecht **1896** 131
- und Einwilligungsvorbehalt **1896** 138
- Inhalt des Antrags **1896** 125
- Modalitäten **1896** 125
- Rechtsnatur des Antrags **1896** 124
- subjektiv-öffentliches Recht auf Betreuerbestellung **1896** 126
- Unterschiede zum Amtsverfahren **1896** 129 ff.
- Wirkung des Antrags **1896** 126 ff.

Betreuerbestellung, Bestellung eines neuen Betreuers
- Anhörung des Betroffenen, persönliche **1908c** 8 f
- anwendbare Vorschriften **1908c** 15
- Bekanntmachung und Wirksamwerden **1908c** 12
- Beschwerdeberechtigung **1908c** 13
- einstweilige Anordnung **1908c** 14
- Einverständnis mit dem Betreuerwechsel **1908c** 9
- bei Entlassung des alten Betreuers **1908c** 3
- Erforderlichkeit **1908c** 1
- Fortbestand der Betreuung **1908c** 17
- Gelegenheit zur Äußerung **1908c** 10
- Kriterien der Entscheidung **1908c** 4 f
- Sachverständigengutachten **1908c** 11
- bei Tod des Betreuers **1908c** 2
- Übergangsprobleme **1908c** 16 f
- Überprüfungszeitpunkt **1908c** 5
- Verfahren **1908c** 6 ff.
- Verfahrensfähigkeit des Betreuten **1908c** 7
- Verfahrenspfleger **1908c** 7
- Wirksamwerden **1908c** 12
- Wirkungen der Entlassung **1908c** 16
- Zuständigkeit **1908c** 7

Betreuung, rechtliche
- ablehnender freier Wille des Betreuten **1896** 29 ff.
- Ablehnung, antizipierte **1896** 34
- Ablehnungsvollmacht **1896** 34
- Ablieferungspflicht für schriftliche Betreuungswünsche **1901c** 2 ff.
- Absenkung der Eingriffsschwelle bei Zustimmung **1896** 37
- für alle Angelegenheiten **1896** 117 ff.
- von Amts wegen **Vor 1896** 6

magere Zahlen = Randnummern

Sachverzeichnis

- Anlegung von Mündelgeld **1806** 17; **1807** 27
- bei Anordnung eines Einwilligungsvorbehalts **1896** 128
- auf Antrag s. *Betreuerbestellung auf Antrag*
- Anwalt als Betreuer **1835** 44 ff.
- Aufgaben der Betreuungsbehörden **Vor 1896** 19
- Aufgabenkreise als Einschränkung **1896** 40
- Aufhebung der Befreiung durch das Betreuungsgericht **1857** 8
- Aufwendungen für den Lebensunterhalt eines Betreuten **1835** 14
- Aufwendungsersatz **1835** 60
- Auskunftspflicht gegenüber dem FamG **1839** 7
- Ausschluss der Vertretungsmacht **1795** 40
- Ausstattung aus dem Vermögen des Betreuten **1908**
- Auswahl des Betreuers **1896** 134
- Beamter als Betreuer **1784** 10
- Bedeutung **1896** 2
- Befreiung **1852** 15
- Befreiung bei Behörden- oder Vereinsbetreuer, gesetzliche **1857a** 5
- Befreiung durch das FamG **1817** 16
- Begriffe **Vor 1773** 1 ff.
- Berufsbetreuung, Nachrang **1897** 38 ff.
- Bestimmungsbefugnisse des Betreuers **Vor 1896** 12
- Betreuerbestellung s.d.
- Betreuung im Drittinteresse **1896** 22
- Betreuung ohne Betreuer **1896** 135
- Betreuungsbedarf **1896** 40 ff.
- Betreuungsbedürftigkeit **1896** 39
- Betreuungsbehörden **Vor 1896** 17 ff.
- Betreuungsverfahren s.d.
- Betreuungswünsche, schriftliche **1901c**
- Dauer **1896** 136 ff.
- Durchführung **1901** 2
- Ehefähigkeit des Betreuten **1896** 141
- Eheschließung des zum Betreuer bestellten Elternteils **1845**
- bei Eheschließung und -aufhebung **1896** 108 f.
- Einheitsentscheidung **Vor 1896** 8; **1896** 6, 133 f.
- bei Einräumung von Bestimmungsbefugnissen über eigene persönliche Freiheit **1896** 59
- Einwendung gegen Betreuerbestellung **1896** 3
- Einwilligungsvorbehalt **Vor 1896** 13
- Einzelbetreuung, organisierte **1897** 10
- elterliche Sorge des Betreuten **1896** 110, 142
- Eltern-Kind-Verhältnis **1896** 110
- entgeltliche – **1897** 11
- Entlassung des Betreuers s.d.
- Entstehung des BtG **Vor 1896** 1 ff.
- Entziehung der Vertretungsmacht **1796** 20
- Erforderlichkeit **Vor 1896** 7

- Erforderlichkeit gesetzlicher Vertretung **1896** 44
- Erforderlichkeitsgrundsatz **1896** 4, 38 f., 112
- Erlöschen der Vollmacht **1896** 56
- in Familienangelegenheiten **1896** 108 ff.
- familiengerichtliche Aufsicht **1837** 32
- familiengerichtliche Genehmigung **1828** 59; **1829** 35; **1831** 13
- Folgen einer Ablehnung durch den Betreuten **1896** 35f
- Fortführung der Geschäfte nach Beendigung des Amtes **1893** 15
- gegen den freien Willen **1896** 3, 23 f.
- Gegenbetreuer **Vor 1896** 15
- Genehmigung anderer wirtschaftlich sinnvoller Anlagen für Mündelgeld **1811** 22
- Genehmigung für Geschäfte über Grundstücke **1821** 52
- Genehmigung für Rechtsgeschäfte **1822** 77; **1823** 7; **1824** 6
- Genehmigung für Verträge über wiederkehrende Leistungen **1822** 45
- Genehmigungen des Betreuungsgerichts **Vor 1896** 14
- genehmigungsfreie Geschäfte **1813** 20
- Genehmigungsvorbehalt des FamG bei ärztlichen Maßnahmen s. *auch Betreuer, Einwilligung in Heilbehandlung und Vollmachtsbetreuung, Einwilligung in Heilbehandlung*
- Geschäftsfähigkeit des Betreuten **1896** 140
- geschichtliche Entwicklung **Vor 1773** 7 ff.
- Gewalt gegen den Betreuten **1896** 71 f.
- Grundstrukturen **Vor 1896** 4 ff.
- Haftung des Betreuers **1833** 15
- Handlungsbedarf **1896** 40 f., 47
- Hilfsbedürftigkeit, bloße tatsächliche **1896** 46f
- Hinterlegung von Inhaberpapieren **1814** 13
- Hinterlegungspflicht, erweiterte **1818** 10
- Hirntod **1896** 82
- Kausalität **1896** 21
- Kontrollbetreuer **1896** 57
- Kriterien der Willensfreiheit **1896** 29
- künftige Bedarfslagen **1896** 42
- Landesrecht **Vor 1896** 20
- Meinungsverschiedenheiten bei mehreren Betreuern **1798** 8
- Mittellosigkeit des Betreuten **1836d** 14
- nicht handelnder Bevollmächtigter **1896** 61
- Orientierung am Bedarf für gesetzliche Vertretung **1896** 44 ff.
- partielle Fähigkeit zur Selbstbestimmung **1896** 33
- Person des Betreuers **Vor 1896** 9
- persönliche – **Vor 1896** 11; **1897** 8
- Post- und Fernmeldekontrolle **1896** 118, 254 f.
- privat- und öffentlich-rechtliche Elemente **Vor 1773** 22
- bei Prozessführung **1896** 55

2275

Sachverzeichnis

fette Zahlen = §§

- Rechnungslegung **1840** 13; **1841** 8
- rechtliche Besorgung der Angelegenheiten **1901** 5 ff.
- Rechtsinstitut **Vor 1896** 4
- Rechtsverhältnis **1896** 139
- Rechtswirkungen ipso iure **1896** 144
- Religionsdiener als Betreuer **1784** 10
- Rentenzahlung **1813** 10
- Richtschnur **1901** 2
- Rückgabe von Urkunden **1893** 15
- Sachverständigengutachten *s. Sachverständigengutachten im Betreuungsverfahren*
- Schenkungen des Betreuers **1804** 14
- Selbstbestimmung des Betreuten **Vor 1896** 10
- Sonderregeln **1896** 119
- Sperrvereinbarungen für Mündelgeld **1809** 13
- Terminologie **1896** 1, 8, 63
- Testierfähigkeit des Betreuten **1896** 143
- Tod des Betreuers **1894** 5
- Tod des Betreuten **1908d** 2
- Todeserklärung des Mündels **1884** 8
- trotz wirksamer Vollmacht **1896** 57 ff.
- Überblick **Vor 1773** 6
- Übergangsvorschriften des BtG **Vor 1896** 21 ff.
- Umfang **1901**
- zu enge Umschreibung der Aufgabenkreise **1896** 43
- untauglicher Bevollmächtigter **1896** 61
- Untauglichkeit als Vormund **1781** 4
- Unterrichtungspflicht über Vollmachten **1901a** 7f
- unverbindliche Ablehnung **1896** 36
- Unvermögen, die eigenen Angelegenheiten zu besorgen **1896** 20 ff.
- Verbindlichkeit des freien Willens **1896** 35
- Verfahren **Vor 1896** 16
- Verfügungen über Forderungen und Wertpapiere **1812** 43
- Vermögensherausgabe bei Entlassung **1890** 14
- Vermögensverwaltung bei Erbschaft oder Schenkung **1803** 12
- Vermögensverzeichnis **1802** 15
- Verschollenheit des Mündels **1884** 8
- Verwendung des Mündelvermögens für Betreuer **1805** 8
- Verzinsungspflicht **1834** 9
- Vollmachtsbetreuung *s.d.*
- Voraussetzungen **Vor 1896** 5 f.; **1896**
- vormundschaftsgerichtliche Aufsicht *s. familiengerichtliche Aufsicht*
- vormundschaftsgerichtliche Genehmigung *s. familiengerichtliche Genehmigung*
- Vorrang der ehrenamtlichen – **1897** 4, 24, 38 f.
- Vorrang der Einzelbetreuung **1897** 3
- Vorrang der Fürsorge durch Bevollmächtigte **1896** 48 ff.
- Vorsorgeregister, zentrales **1896** 64
- Vorsorgevollmacht **1896** 52; **1901c**
- Wahlberechtigung des Betreuten **1896** 145
- Wille des Betreuten, relevanter **1896** 29 ff.
- Zuständigkeit, örtliche **Vor 1896** 18

Betreuung, rechtliche, Aufhebung
- von Amts wegen **1908d** 2 ff.
- auf Antrag **1896** 130
- anwendbare Vorschriften **1908d** 5
- Aufhebungsantrag **1908d** 11
- Aufhebungsgrund **1908d** 3
- Beendigung kraft Gesetzes **1908d** 2
- Beschwerde **1908d** 6
- bei Betreuung auf Antrag **1908d** 9 ff.
- Einschränkung des Aufgabenkreises **1908d** 8
- Einwilligungsvorbehalt **1908d** 18 ff.
- Folgen der Aufhebung **1908d** 7
- Mitteilungspflichten des Betreuers **1901** 26
- teilweises Entfallen der Voraussetzungen der Bestellung **1908d** 8
- Tod des Betreuten **1908d** 2
- bei Übergehen des Willens des Betreuten **1902** 18
- Verfahren **1896** 229; **1908d** 4 f., 13, 16 f

Betreuungsbehörden Vor 1896 17 f.

Betreuungsgesetz
- automatische Überführung **Vor 1896** 21
- Bedeutung **Vor 1896** 3
- Entstehung **Vor 1896** 1 ff.
- Gang der Gesetzgebung **Vor 1896** 1
- Konzeption **1896** 24
- Novellierung von 1999 **Vor 1896** 22 ff.
- Novellierung von 2005 **Vor 1896** 28 f.
- Reform des Vormundschafts- und Pflegschaftsrechts **Vor 1773** 13
- Übergangsvorschriften **Vor 1896** 21 ff.

Betreuungsplan 1901 23 f.

Betreuungsrecht
- Grundstrukturen **Vor 1896** 4 ff.

Betreuungsrechtsänderungsgesetz Vor 1773 14, 16; **Vor 1896** 22 f.

Betreuungsunterhalt
- Art und Umfang **1606** 25
- nach ärztlichem Kunstfehler **1601** 54
- Ausfallhaftung der Eltern **1606** 43 ff.
- Ausnahmen von Erfüllung der Unterhaltspflicht allein durch Betreuung **1606** 27 ff.
- Begriff **Vor 1601** 22; **1606** 22
- behindertes minderjähriges Kind **1606** 33
- Betreuungsbedarf **1606** 25
- Ergänzung des Baruntherhalts **1612** 2
- erhöhter Betreuungsbedarf **1606** 33
- Erziehung **1606** 23
- familienrechtlicher Ausgleichsanspruch **1606** 43 f.; **1607** 23, 25
- bei gemeinsamem Sorgerecht **1606** 41
- Gleichwertigkeit mit Baruntherhalt **1606** 6, 25
- minderjährige Kinder **1606** 25

magere Zahlen = Randnummern

Sachverzeichnis

– des nichtehelichen Elternteils s. *Unterhalt der nichtehelichen Mutter*
– Pflege **1606** 23
– rechtmäßige Betreuung **1606** 24
– Regelfall **1606** 25f
– volljährige Kinder **1606** 26
– Wechsel der Betreuungsperson **1606** 40 ff.
– Wesen der Betreuung **1606** 22 ff.

Betreuungsverein
– Anerkennung als – *s. auch Vereinsbetreuer* **1908f**
– Aufwendungsersatz **VBVG 7** 10
– Entschädigungspauschale **VBVG 4** 2; **VBVG 7** 5 f.
– Vergütung **VBVG 7** 11

Betreuungsverfahren
– Anhörung des Betroffenen **1896** 163 f., 205
– Anhörung Dritter **1896** 191 f., 205
– anwendbare Vorschriften **1896** 146
– ärztliches Zeugnis **1896** 186 f.
– Aufhebung der Betreuung **1896** 229; **1908d** 4 f.
– Beschwerde **1896** 208 ff.
– Beschwerde gegen Zurückweisung der Weigerung **1898** 13
– Beschwerdeberechtigung **1896** 209 ff.
– Beschwerdeverfahren **1896** 219
– Bestellung eines Gegenbetreuers **1896** 233
– Bestellung eines neuen Betreuers **1896** 232
– Bestellung eines vorläufigen Betreuers **1896** 205 f.
– Bestellung eines weiteren Betreuers **1896** 228; **1899** 10
– Bestellungsurkunde **1896** 204; **1899** 11
– Durchsetzung der Übernahme **1898** 9 ff.
– Einführungsgespräch **1896** 203
– Einleitung des Verfahrens **1896** 161
– Einschränkung des Aufgabenkreises **1896** 229
– Einwilligung des Betroffenen oder des Pflegers **1896** 189
– Einwilligungsvorbehalt, Anordnung **1896** 128, 133, 173, 188, 234
– Elemente des Verfahrens **1896** 162
– Entlassung des Betreuers **1896** 230
– Entscheidung, Bekanntmachung **1896** 198
– Entscheidung, Inhalt **1896** 132 ff., 197
– Entscheidung, Wirksamwerden **1896** 201
– Entscheidung, Wirkung **1896** 133 ff.
– Entscheidung **1899** 11
– Erweiterung der Aufgabenkreise **1896** 227
– Feststellung der Rechtswidrigkeit nach erledigtem Verfahren **1896** 220
– Fortsetzung der Betreuung eines bisherigen Vereins- oder Behördenbetreuers **1896** 231
– Gefahr in Verzug **1896** 206
– Genehmigung ärztlicher Maßnahmen **1904** 37 ff.
– Gutachten des Medizinischen Dienstes **1896** 188
– isolierte Beschwerde gegen Auswahl **1898** 12

– Kontrolle des Post- und Fernmeldeverkehrs **1896**
– Mitteilungen des Betreuungsgerichts, sonstige **1896** 202
– nicht öffentliche Verhandlung **1896** 162
– Rechtsbehelfe **1896** 208 ff.
– Sachverständigengutachten s. *Sachverständigengutachten im Betreuungsverfahren*
– Schadensersatz **1898** 11
– Verbindung von Entscheidungen **1896** 235
– Verfahrensablauf **1896** 161 ff.
– Verfahrensfähigkeit **1896** 152
– Verlängerung der Betreuerbestellung **1896** 222 ff.
– Verpflichtung des Betreuers **1896** 203
– weitere Entscheidungen **1896** 221 ff.
– Zuständigkeit **1896** 147 ff.
– Zwangsgeld **1898** 10

Betreuungsverfahren, einstweilige Anordnung
– Bestellung eines vorläufigen Betreuers **1896** 205
– Dauer **1896** 207
– Entscheidung **1896** 197 ff.
– Gefahr in Verzug **1896** 206

Betreuungsverfahren, Verfahrenspfleger
– Anfechtung **1896** 158
– Anhörung bei einstweiliger Anordnung **1896** 205
– Aufwendungsersatz **1896** 159
– Auswahl **1896** 158
– Bestellung **1896** 150 ff.
– Doppelzuständigkeit **1896** 159
– Generalklausel **1896** 156
– Pflegschaft eigener Art **1896** 159f
– Rechtsstellung **1896** 159 f.
– Regelfälle **1896** 154
– Struktur **1896** 146
– Vergütung **1896** 159
– Voraussetzungen der Bestellung **1896** 150 ff.
– Vorrang von Verfahrensbevollmächtigten **1896** 157
– Zeitpunkt der Bestellung **1896** 153

Betreuungsverfügung 1897 22; **1901** 13; **1901c**; **1908f** 8

Biostatistische Gutachten 1600d 73 f.

Blutgruppengutachten 1600d 63

Blutprobe
– bei minderjährigem Kind **1626** 54

Blutsverwandtschaft 1589 1 f.

Dienstleistungspflicht des Kindes
– Allgemeines **1619** 1 ff.
– analoge Anwendung **1619** 7
– Arbeitsvertrag **1619** 22, 32f
– Art und Umfang der Dienste **1619** 16 ff.
– Aufwendungen des Kindes für den elterlichen Haushalt **1620**
– Begriff des „Kindes" **1619** 4
– Beihilfe zur Existenzgründung **1619** 29

Sachverzeichnis

fette Zahlen = §§

- Bereicherungsanspruch **1619** 26
- Berufsausbildung durch die Eltern **1619** 20
- Dienstleistungsanspruch der Eltern **1619** 11 ff.
- Dienstpflicht der Eltern **1619** 7
- Durchsetzung **1619** 13
- einseitig rechtsgestaltende Anordnungen **1619** 12
- Eltern-Kind-Beziehung **1619** 4
- enttäuschte Vergütungserwartungen **1619** 24 ff.
- Erziehung des Kindes **1619** 9
- freiwillige elterliche Geldzuwendungen **1619** 23
- und Gesellschaftsvertrag **1619** 31
- gegenüber gleichgeschlechtlichem Lebenspartner eines Elternteils **1619** 7
- Haftung des Kindes **1619** 14
- im Haushalt anderer Personen **1619** 7
- in Hauswesen und Geschäft **1619** 17f
- internationale Menschenrechte **1619** 3
- Internationales Privatrecht **1619** 34
- Kräfte und Lebensstellung des Kindes **1619** 19
- Recht der Eltern **1619** 11
- Schutz bei Körperverletzung oder Tötung **1619** 15
- Schutz der Gläubiger des Kindes **1619** 30
- Schutz des Kindes **1619** 20f
- gegenüber Stiefelternteil **1619** 7
- Überlagerung durch gesellschafts- und arbeitsrechtliche Vereinbarungen **1619** 31 ff.
- bei Unterhaltsgewährung **1619** 10
- Vergütungsanspruch **1619** 25
- Voraussetzungen **1619** 4 ff.
- gegenüber Vormund **1619** 7
- wirtschaftliche Folgen **1619** 22 ff.
- Zugehörigkeit zum elterlichen Haushalt **1619** 5f

DNS (DNA)-Gutachten 1600d 65 f.

Doppelnamen
- echte – **Vor 1616** 12
- als Geburtsname des Kindes **1617** 14
- Internationales Privatrecht **1616** 17 f.
- Perpetuierung von – **1616** 15
- unechte – **Vor 1616** 12
- Verfassungskonformität des Verbots von – **1617** 6
- zusammengesetzte Doppelnamen als Geburtsnamen **1617** 15 f.

Düsseldorfer Tabelle
- Abschläge **1610** 85
- alte Bundesländer **1610** 82
- Altersstufen **1610** 93 ff.
- Änderung der Tabelle **1610** 118f
- Anmerkungen **1610** 85
- Anwendung **1610** 86 ff.
- Anrechnung der Ausbildungsvergütung **1610** 85
- Barunterhalt **1610** 92

- Bedarfskontrollbetrag **1603** 9; **1610** 85
- fester Bedarfssatz **1610** 64
- berufsbedingte Aufwendungen **1610** 85
- Eigenbedarf **1610** 85
- Geschichte **1610** 80 ff.
- Gesundheitsvorsorge **1610** 85
- Grundlagen **1610** 80 ff.
- Kindergeld, Anrechnung **1610** 85
- Kindesunterhalt **1610** 87
- Krankenversicherung **1610** 87
- Leistungsfähigkeit des Unterhaltsschuldners **1610** 21
- Mehrbedarf **1610** 74 f.
- neue Bundesländer **1610** 83
- pauschale Unterhaltsbemessung **1610** 81
- Pflegeversicherung **1610** 85
- Regelbeträge **1610** 82
- Richtlinie **1610** 62, 81f
- Sättigungsgrenze **1610** 88
- Selbstbehalt **1610** 85
- Stand der Tabelle **1610** 84
- Stichtagsprinzip **1610** 118
- Studiengebühren **1610** 85
- Tabellenunterhalt **Vor 1601** 19f
- volljährige Kinder **1610** 85
- Vorwegabzug des Kindesunterhalts **1610** 89 f.
- Zuschläge **1610** 85

Ehename
- Abschaffung des –s **1617** 36
- Doppelnatur **1617c** 13
- Erstreckung der Namensänderung der Eltern auf den –n des Kindes **1617c** 23 ff.
- vom Scheinvater abgeleiteter – als Muttername **1617b** 27

Eherecht
- 1. Eherechtsreformgesetz vom 14. 6. 1976 **Vor 1601** 4
- Eheverbot und Vaterschaftsanfechtung **1589** 3

Eigenbedarf
- angemessener – **1610** 85, 101

Einbenennung
- Abwägung der Interessen **1618** 21
- additive – **1618** 16, 21, 23, 32
- Adelsbezeichnungen **1618** 35
- Alleinsorge eines Elternteils **1618** 17
- Aufnahme in gemeinsamen Haushalt **1618** 10
- Ausschluss der Rückbenennung **1618** 31, 38
- äußere Namensidentität **1618** 9
- Begleitname **1618** 9, 16
- Bestimmungsbefugnis über den Kindesnamens **1618** 7
- Beziehung zwischen nicht bestimmungsbefugtem Elternteil und Kind **1618** 24
- bisheriger Kindername **1618** 12
- echter Doppelname **1618** 16
- Ehename aus Ehe mit Drittem **1618** 8f

magere Zahlen = Randnummern **Sachverzeichnis**

– Einwilligung des anderen Elternteils **1618** 17 ff.
– Einwilligung des Kindes **1618** 28
– erforderliche Einwilligungen **1618** 17 ff.
– erneute – **1618** 33
– Erstreckung auf Lebenspartnerschaften **1618** 5
– Findelkinder **1618** 35
– Fortbestand des namensrechtlichen Bandes **1618** 3
– gemeinsame Sorge **1618** 18
– gerichtliche Ersetzung der Einwilligung **1618** 21 ff.
– Gesetzgebungsgeschichte **1618** 1
– Integration in die Stieffamilie **1618** 2
– Interessenlage des Kindes **1618** 25
– Internationales Privatrecht **1618** 37
– intertemporales Recht **1618** 36
– Kindeswille **1618** 25
– Maßstab der Erforderlichkeit bei Einwilligung **1618** 21f
– Mitbestimmungsrecht des anderen Elternteils **1618** 3
– Mitwirkung des Ehegatten **1618** 4
– Modalitäten der Erklärung **1618** 14, 20
– Möglichkeiten der – **1618** 15f
– Namensbestimmungsrecht **1618** 13
– Namenseinheit zu Geschwistern **1618** 26, 30
– Namenserteilung **1618** 13 ff.
– Namensidentität des anderen Elternteils mit Kind **1618** 17
– Namensneubestimmung **1618** 2
– originärer Namenserwerb **1618** 30
– rechtsfähiges, minderjähriges und lediges Kind **1618** 11
– Rechtsnatur der Einwilligung **1618** 20
– Reformvorhaben **1618** 38
– Sorgerecht des einbenennenden Elternteils **1618** 7
– spätere Änderungen **1618** 31 ff.
– substituierende – **1618** 15, 21, 23, 31
– Tod des anderen Elternteils **1618** 19
– Übergangsrecht **1618** 36
– unbekannter Aufenthalt des anderen Elternteils **1618** 19
– unechter Doppelname **1618** 16
– Verfahren zur Einwilligungsersetzung **1618** 27
– Verfahrenspfleger **1618** 27
– Verfassung und internationale Menschenrechte **1618** 6
– Verhältnis der Einbenennungsvarianten **1618** 23
– Voraussetzungen, tatbestandliche **1618** 7 ff.
– Wirksamwerden **1618** 29
– Wirkungen **1618** 30 ff.
– Zulässigkeit öffentlich-rechtlicher Namensänderungen **1618** 34

Eingliederungshilfe
– für seelisch behinderte Kinder und Jugendliche **SGB VIII 35a** ff; **SGB VIII 36** 5

Einkünfte
– Abfindung **1603** 31
– Abschreibungen **1603** 27
– Abzüge **1603** 49 ff.
– Anrechnung eigener – auf den Unterhalt **1602** 15 ff.
– aus Arbeit im Ruhestand **1603** 22
– Auslösungen **1603** 19
– Direktversicherung **1603** 28
– Einkommen aus abhängiger Tätigkeit **1603** 15 ff.
– Familienzuschlag **1603** 38
– fiktive – **1603** 5, 60 f.; **1610** 43 f.
– Kilometergeld **1603** 19
– Lohn/Gehalt **1603** 15f
– Nebentätigkeit **1603** 21
– aus Nebentätigkeit des Unterhaltspflichtigen **1602** 20
– der nichtehelichen Mutter **1615l** 43
– öffentlich-rechtliche Zuwendungen **1603** 41 ff.
– Privatentnahmen **1603** 24
– Sachzuwendungen **1603** 30
– aus Schwarzarbeit **1603** 45
– aus selbständiger Tätigkeit **1603** 23 ff.
– Sonderzahlungen **1603** 18f
– Spesen **1603** 19
– Steuererstattungen **1603** 17
– Taschengeld **1603** 39
– tatsächliche – **1603** 5
– Trinkgeld **1603** 19
– Überstunden **1603** 20
– aus Vermietung und Verpachtung **1603** 34f
– aus dem Vermögen **1603** 36f
– vermögenswirksame Leistungen **1603** 28
– Vorsorgeaufwendungen **1603** 25f
– Wohnvorteil **1603** 32f
– Zulagen **1603** 29
– Zuwendungen Dritter **1603** 40

Einkünfte des Kindesvermögens
– Adoption **1649** 24
– Angleichung des Lebenszuschnitts in der Familie **1649** 1
– Arbeitseinkommen **1649** 17f
– Aufbesserung des Familienunterhalts **1649** 19f
– Beistandschaft **1649** 7
– Billigkeit **1649** 27
– Bruttoeinnahmen **1649** 9
– Eheschließung des Kindes **1649** 30
– Einkunftsarten **1649** 17
– elterliche Bedürftigkeit **1649** 26
– Erlöschen des Verwendungsrechts **1649** 30
– Ermessen der Eltern **1649** 23
– familienrechtliches Verwendungsrecht eigener Art **1649** 4
– Fremdnützigkeit der Vermögenssorge **1649** 1
– Funktionen der Vorschrift **1649** 2 ff.
– Geschäftseinkünfte **1649** 17f
– Rechenschaftspflicht der Eltern **1649** 31

2279

Sachverzeichnis

fette Zahlen = §§

- Regelung anstelle der väterlichen Nutznießung **1649** 1
- Rückforderungsansprüche des Kindes **1649** 32 ff.
- Rücklagen **1649** 13
- Trennung, Scheidung der Eltern **1649** 8
- Unterhalt von Eltern und Geschwistern **1649** 19 ff.
- Verhinderung missbräuchlicher Inanspruchnahme des Verwendungsrechts **1649** 5
- Verluste aus einem Erwerbsgeschäfts **1649** 12
- Vermögenseinkünfte, Begriff **1649** 9f
- Vermögenspfleger, Bestellung **1649** 7
- Verwaltungszuständigkeit eines Elternteils **1649** 6
- Verwendung für den Kindesunterhalt **1649** 14 ff.
- Verwendung zur ordnungsgemäßen Vermögensverwaltung **1649** 11 ff.
- volljährige oder verheiratete Geschwister **1649** 25
- Vorrang der Interessen des wohlhabenden Kindes **1649** 29

Einwilligungsvorbehalt
- Abwendung erheblicher Gefahr für Person oder Vermögen des Betreuten **1903** 9 ff.
- geringfügige Angelegenheit des täglichen Lebens **1903** 45 ff.
- Anordnung bei Minderjährigen **1908a** 13 ff.
- Anwendung von Regeln des Minderjährigenrechts **1903** 3, 43, 52 f.
- Aufenthaltsbestimmung **1903** 20
- Aufhebung **1903** 42; **1908d** 18 f.
- Ausschluss **1903** 2, 22 f.
- Bargeschäfte **1903** 47
- ähnlich beschränkter Geschäftsfähigkeit **1903** 3
- Beschränkung **1903** 16
- Bestellung eines Betreuers **1903** 5
- Drittinteressen **1903** 13
- Eignung zur Gefahrenabwehr **1903** 14
- Einschränkung **1903** 41; **1908d** 18 f.
- Einschränkung der Selbstbestimmung **1903** 6 ff.
- einseitige Rechtsgeschäfte **1903** 55
- einwilligungsfreie Geschäfte **1903** 44 ff.
- Empfang einer Erklärung **1903** 46
- Entscheidung von Amts wegen **1903** 21
- Erforderlichkeit **1903** 14 ff.
- Ermächtigung für Erwerbsgeschäfte **1903** 55
- Erweiterung **1903** 41; **1908d** 19f
- fehlende Einwilligung **1903** 55
- Gefahr, abzuwendende **1903** 9
- Gefahr, ungenügende **1903** 10
- Gegenstand **1903** 19 f.
- genehmigungsbedürftige Geschäfte **1903** 53
- Geschäftsunfähigkeit des Betreuten **1903** 57
- Geschäftsunfähigkeit des Betroffenen **1903** 17
- Gesellschaftsrecht **1903** 63
- Grundsatz **1903** 1
- höchstpersönliche Willenserklärungen **1903** 22
- Klarstellungsfunktion **1903** 18
- konkrete Äußerung zur Gefahr **1903** 12
- körperlich Behinderte **1903** 8
- für mehrere Aufgabenkreise **1903** 15
- Mehrzahl von Geschäften **1903** 50
- Mitteilungspflicht des Betreuers **1901** 35
- Namensänderung **1903** 62
- Prozesshandlungen **1903** 25
- lediglich rechtlicher Vorteil **1903** 44
- Taschengeldparagraph **1903** 54
- Teilanordnung **1903** 51
- bei Vaterschaftsanerkennung durch Betreute **1596** 13
- Verhältnis zu §§ 105, 105a **1903** 59 f.
- Verlängerung **1903** 40
- Voraussetzungen **1903** 4 ff.
- vorweggenommener – s. *Betreuer, vorweggenommene Bestellung, vorweggenommener Einwilligungsvorbehalt*
- Willenserklärungen und geschäftsähnliche Handlungen **1903** 19
- Wirkungen **1903** 43 f., 61 f.
- bei zahlreichen Einzelgeschäften **1903** 50
- Zeitpunkt **1903** 33
- innerer Zusammenhang zwischen Gefahr und Krankheit oder Behinderung **1903** 11
- Zustimmung des Betreuers **1903** 52 ff.
- Zweck **1903** 1

Einwilligungsvorbehalt, Verfahren
- allgemeiner Ablauf **1903** 29
- Anhörung des Betroffenen **1903** 30
- Anhörung Dritter **1903** 32
- Bekanntmachung der Entscheidung **1903** 34
- Beschwerdeberechtigung **1903** 39
- wie bei Betreuerbestellung **1903** 28
- einstweilige Anordnung **1903** 37
- Entscheidung **1903** 26 ff.
- Entscheidung von Amts wegen **1903** 21
- weitere Entscheidungen **1903** 41 ff.
- Inhalt der Entscheidung **1903** 33
- Inhalt der Urkunde **1903** 36
- Mitteilungen von der Anordnung **1903** 35
- Prozessfähigkeit des Betreuten **1903** 61
- Rechtsbehelfe **1903** 38 ff.
- Sachverständigengutachten **1903** 31
- Verfahrensfähigkeit **1903** 28, 61
- Verfahrenspfleger **1903** 28
- Verlängerung des Einwilligungsvorbehalts **1903** 40f
- Wirkungen des Einwilligungsvorbehalts **1903** 43 ff, 61 f.
- Zuständigkeit **1903** 27

Einzelvormundschaft 1775 4 f.

elterliche Sorge
- Abänderung gerichtlicher Anordnungen *s.d.*
- abredewidrige Maßnahmen eines Elternteils **1627** 14 ff.

magere Zahlen = Randnummern

Sachverzeichnis

- Abschluss des Behandlungsvertrages **1626** 45f
- absolutes Recht **1626** 8 ff.
- Abwehrrechte **1626** 74
- Abwicklungspflichten der Eltern **1698** 1
- alleinige Sorge eines Elternteils **1671** 17
- Alleinsorge der Mutter **1626a** 27 ff.
- Änderungen des Umgangsrechts **Vor 1626** 7 ff.
- Angelegenheiten des täglichen Lebens **1688** 5 ff.
- Anhörung **Vor 1626** 19
- ärztliche Behandlung **1626** 38 ff.
- Aufbau der Regelungen **Vor 1626** 2
- Aufwendungsersatz **1648**
- Ausführung gemeinsam beschlossener Elternmaßnahmen **1627** 12
- Auskunft über die persönlichen Verhältnisse des Kindes *s. Auskunftsanspruch der Eltern untereinander*
- Ausübung **1627**
- Beendigung durch Todeserklärung **1677**
- Beendigung und Beschränkung **1626** 21 ff.
- Beginn **1626** 19
- Berufsausbildung **1626** 35
- Besuchsbefugnisse als Teilbestandteile der – **1684** 16
- eines Betreuten **1896** 110, 142
- BtG **Vor 1626** 7
- Dauer-Pflegevertrag **1626** 14
- EheRG **Vor 1626** 3
- Ehescheidungsrechtsstreit der Eltern **1626** 53
- Eheschließung des minderjährigen Kindes, Auswirkungen **1633** 2 ff.
- eigene Zuständigkeiten des Minderjährigen **1626** 29 f., 37 f.
- eigenmächtige Maßnahmen eines Elternteils **1627** 14 ff.
- Eigenverantwortlichkeit des Kindes **1626** 61
- Eigenverantwortung der Eltern **1627** 4
- Eil- und Notfälle **1627** 13; **1629** 25 f.
- Einigungsvertrag **Vor 1626** 5
- einstweiliger Rechtsschutz **Vor 1626** 30
- elterliche Aufsicht **1626** 64
- elterliche Pflichten **1626** 4
- Elterneinigung **1627** 9, 17
- Elternkonflikt **1627** 17; **1628**
- neuere Entwicklungsgeschichte **Vor 1626** 3 ff.
- Ermächtigung des Jungendamtes **1626** 15
- Erziehungsstil **1626** 63
- Erziehungsziel **1626** 4, 63
- Familiengerichtsbarkeit **Vor 1626** 26f
- Förderung des Kindeswohls **1626** 28
- Fortführung der Geschäfte in Unkenntnis der Beendigung der – **1698a**
- Fortführung dringender Geschäfte nach Tod des Kindes **1698b**
- Funktionen **1626** 1
- Funktionsteilung der Eltern **1627** 8f
- bei Gefahr im Verzug **1687b** 6
- gegenseitiges Einvernehmen der Eltern **1627** 5 ff.
- gemeinsame – durch Heirat **1626a** 22 ff.
- gemeinsame – durch Sorgeerklärungen *s. elterliche Sorge, nicht miteinander verheirateter Eltern*
- genuine Sorgerechtsfähigkeit **1626e** 11
- gerichtliche Maßnahmen bei Verhinderung der Eltern **1693**
- gerichtliches Verfahren zu Regelung der – *s. Sorgerechtsverfahren*
- Gesetz zur Ächtung der Gewalt in der Erziehung **Vor 1626** 20
- Gesetz zur Änderung der Vorschriften über die Anfechtung der Vaterschaft und das Umgangsrecht von Bezugspersonen des Kindes **Vor 1626** 24
- Gesetz zur Umsetzung familienrechtlicher Entscheidungen des BVerfG **Vor 1626** 23
- Getrenntleben bei elterlicher Sorge der Mutter **1672**
- Getrenntleben der Eltern **Vor 1626** 9
- GleichberG **Vor 1626** 3
- Gleichstellung ehelicher und nichtehelicher Kinder **Vor 1626** 8
- Grenzen **1626** 19 f., 29 f.
- und Grundgesetz **Vor 1626** 21
- Grundnorm **1626** 1 ff.
- Grundsätze **1626**
- Haftung der Eltern *s.d.*
- Haftungsprobleme **1626** 77 ff.
- Heranführung zu Selbständigkeit und Verantwortungsbewusstsein **1626** 4, 28, 61 f.
- Herausgabe des Kindesvermögens **1698**
- Inhaltsbestimmung **1626** 6
- Internationales Privatrecht **Vor 1626** 32
- Internatserziehung **1626** 14
- Interpretationsleitlinien **1626** 28
- Kinderrechteverbesserungsgesetz **Vor 1626** 22
- Kindeswohl **1627** 17
- Kindeswohlprinzip **1697a**
- Kindschaftsrechtsreform 1997/1998 **Vor 1626** 1, 11 f.
- KJHG **Vor 1626** 6
- des Lebenspartners **1687b** 4
- Lebenspartnerschaftsgesetz **Vor 1626** 21
- Leitbild **1627** 2
- Leitbild der Erziehung **1626** 61
- Meinungsverschiedenheiten der Eltern *s. auch elterliche Sorge, gerichtliche Entscheidung bei Meinungsverschiedenheiten der Eltern*
- Minderjährigenhaftungsbeschränkungsgesetz **Vor 1626** 19
- Notzuständigkeit, gerichtliche **1693** 1
- Personensorge *s.d.*
- Pflicht zum Einigungsversuch **1627** 17
- Pflichtrecht **1626** 7
- Rechnungslegungspflicht **1698**
- rechtfertigende Einwilligung für ärztlichen Eingriff **1626** 39 ff.
- Rechtscharakter **1626** 7 ff.

2281

Sachverzeichnis

fette Zahlen = §§

- Rechtsmittel **Vor 1626** 17
- Schadensersatzansprüche, deliktische **1626** 75f
- Scheidung der Eltern **Vor 1626** 9
- Schutz der – **1626** 74 ff.
- Schutz des Kindes **1626** 28
- Schwangerschaftsabbruch **1626** 47f; **1628** 9
- Selbst- und Mitbestimmungsrechte des Kindes **1626** 31
- selbständige – jedes Elternteils **1626** 18
- Sorgeerklärungen **Vor 1626** 9
- SorgeRG **Vor 1626** 4
- sozialrechtliches Amt **1626** 12
- Stärkung der Elternverantwortung **Vor 1626** 11
- Stellung der Eltern **1626** 17f
- der Stiefeltern **1687b** 2ff.
- tatsächliche Sorge **1626** 25 ff.
- Teilmündigkeit des Minderjährigen **1626** 30ff.
- Tod eines Elternteils s.d.
- Totensorgerecht **1666** 39
- Übergangsvorschriften **Vor 1626** 18
- Übertragung auf eine Pflegeperson bei Familienpflege s. *Familienpflege*
- Übertragung der Ausübung nach **1626** 14
- Übertragung des Entscheidungsrechts auf einen Elternteil s. *elterliche Sorge, gerichtliche Entscheidung bei Meinungsverschiedenheiten der Eltern*
- Überwachung des anderen Elternteils **1626** 18
- Umfang **1626** 25 ff.
- Umgang s. *Umgangsrecht*
- Umgangsrecht des Kindes s.d.
- unerlaubte Handlungen der Eltern **1626** 79
- UN-Übereinkommen über Rechte des Kindes **Vor 1626** 4 ff.
- Unübertragbarkeit **1626** 13 ff.
- Unverzichtbarkeit **1626** 13 ff.
- Vatererprobung **1678** 12
- nach Vaterschaftsanerkennung **1594** 20
- nach Vaterschaftsanfechtung **1599** 52
- Verfahren in Angelegenheiten der – **Vor 1626** 15 ff.
- Verfahrenspfleger **Vor 1626** 18
- Verhinderung der Eltern **1693**
- Vermögenssorge s.d.
- Verstandesreife **1626** 50f, 66
- Vertretung des Kindes s.d.
- Verwendung der Ausbildungsvergütung **1626** 35
- Vollstreckung gerichtlicher Entscheidungen **Vor 1626** 20
- Wandlungen **1626** 2
- zeitliche Grenzen **1626** 19 ff.
- Zeugnisverweigerungsrecht des Kindes **1626** 49 ff.
- Zuständigkeit des FamG **Vor 1626** 15
- Zuweisung der – an die Eltern **1626** 16 ff.

elterliche Sorge, alleinige Ausübung
- Abgrenzung zu Ruhen gem. § **1674 1678**
- alleinige elterliche Sorge des verhinderten Elternteils bei Sorgerechtsentziehung für den anderen **1678** 16
- Änderungsentscheidung des FamG **1678** 9, 17
- Anhörung **1678** 18
- Ausfall eines Elternteils während bestehender Ehe **1678** 7
- Ausschluss **1678** 9 ff.
- Aussicht auf Wegfall des Hinderungsgrundes **1678** 11, 17
- Berücksichtigung der Sorgerechtskriterien **1678** 12
- bisherige Alleinsorge des verhinderten Elternteils **1678** 10
- elterliche Sorge der verhinderten nichtehelichen Mutter **1678** 11
- Entscheidung von Amts wegen **1678** 5
- Ergänzung der §§ 1673 ff **1678** 1
- Fallgruppen **1678** 6 ff.
- Familienpflege **1678** 14
- Großeltern **1678** 14
- Kosten des Verfahrens **1678** 19
- kürzere tatsächliche Ausfälle eines Elternteils **1678** 1
- positive Kindeswohlprüfung durch FamG **1678** 10 ff.
- Rechtsfolgen der tatsächlichen Verhinderung **1678** 5
- Rechtsmittel **1678** 18
- Rückübertragung **1678** 17
- tatsächliche Verhinderung an der Ausübung der elterlichen Sorge **1678** 3
- bei Trennung oder Scheidung und fortbestehender gemeinsamer Elternsorge **1678** 8
- Verbleibensanordnung **1678** 14
- Verfahren **1678** 18
- Verhältnismäßigkeit **1678** 5
- Zuständigkeit des FamG **1678** 18

elterliche Sorge, Alleinsorge der Mutter
- Auskunftspflicht des Jugendamtes über Nichtabgabe und Nichtersetzung von Sorgeerklärungen **SGB VIII 58a**
- Ende **1626a** 29
- bei Geburt des Kindes **1626a** 27 ff.
- nach Geburt des Kindes **1626a** 30
- Informationsrecht des Vaters **1626a** 32
- Inhalt und Ausübung **1626a** 31 ff.
- Korrektur **1626a** 3 ff.
- Nachweisfragen **1626d** 11f
- Sorgerechtsentziehung **1680** 16f
- starke Stellung der Mutter **1626a** 35
- Tod der Mutter **1680** 6 ff.
- Übergangsregelungen des BVerfG **1626a** 35
- Umgangsrecht des Vaters **1626a** 32
- verfassungsrechtliche Bedenken **1626a** 3a
- Vetorecht der Mutter **1626a** 3a

magere Zahlen = Randnummern

Sachverzeichnis

elterliche Sorge, Alleinsorge eines Elternteils bei Getrenntleben nach bisheriger gemeinsamer Sorge
- Abstammungsfragen **1671** 109
- Abwertung des anderen Ehegatten **1671** 81
- Alkoholismus **1671** 105
- alleiniges Sorgerecht für Teilbereiche **1671** 115 ff.
- Alter und Geschlecht des Kindes **1671** 112
- Amtsermittlungsgrundsatz **1671** 62
- Anerkennung ausländischer Entscheidungen **1671** 133
- Antrag auf Übertragung der alleinigen Sorge **1671** 53 ff.
- von den Anträgen abweichende gerichtliche Entscheidung nach Abs. 3 **1671** 121 ff.
- Antragsberechtigung **1671** 57 ff.
- Anwaltsbeiordnung **1671** 139 f.
- Anwaltszwang **1671** 139 f.
- ärztliche Versorgung **1671** 118
- aufenthaltsbeendende Maßnahmen bei Ausländern **1671** 90
- Aufenthaltsbestimmungsrecht **1671** 73, 89, 116 f., 159
- Ausbildungsziele und -inhalte **1671** 93
- ausländisches Recht **1671** 27
- äußere Lebensverhältnisse **1671** 97
- Auswahlermessen des FamG **1671** 61, 75
- Behinderung des Umgangsrechts **1671** 85
- beruflich bedingte Abwesenheit **1671** 98f
- berufliche Entwicklung **1671** 98f
- binationale Eltern **1671** 87
- Bindungswirkung der Zustimmung für das FamG **1671** 64
- Drogenabhängigkeit **1671** 105
- Einwilligung in die Adoption **1671** 110
- Elterneinigung **1671** 114
- Entführungsgefahren **1671** 89
- Entscheidungskriterien für die Zuweisung durch das FamG **1671** 69 ff.
- Erziehungsstile **1671** 92
- gerichtliche Entscheidung nach Abs. 3 **1671** 123
- gerichtliches Verfahren zur Regelung der elterlichen Sorge s. *Sorgerechtsverfahren*
- Geschäftsunfähigkeit eines Elternteils **1671** 113
- Geschwisterbindungen **1671** 34
- Gewalttätigkeiten gegen den Partner **1671** 83
- Gleichgültigkeit **1671** 82
- häufiger Partnerwechsel **1671** 108
- Homosexualität **1671** 106
- Internationale Zuständigkeit **1671** 129
- Kindesentführung **1671** 88
- Kindeswille und -vorstellungen **1671** 39 ff.
- Kindeswohl **1671** 70
- Konfliktfähigkeit der Eltern **1671** 70
- Kooperations- und Konfliktfähigkeit der Eltern **1671** 70f
- Kooperations- und Konfliktfähigkeit der Eltern, fehlende **1671** 77 f.
- körperliche oder geistige Behinderung eines Elternteils **1671** 101
- Krankheiten **1671** 102
- Minderjährigkeit eines Elternteils **1671** 113
- Missbrauch der elterlichen Sorge **1671** 84
- neue Partnerschaft **1671** 108
- öffentliche Hilfen **1671** 151
- Pflegerbestellung **1671** 124 ff.
- politisches Engagement **1671** 96
- Rechtsbefugnisse des sorgeberechtigten Elternteils, sonstige **1671** 120
- Regelung der elterlichen Sorge für einen Elternteil **1671** 76 ff.
- religiöse Gruppe/Sekte **1671** 94
- schulische Betreuung **1671** 118
- Schulverweigerung **1671** 95
- Selbstmordabsichten **1671** 103
- Sorgerechtsstreit der Eltern **1671** 41
- Staatsangehörigkeitswechsel **1671** 87
- Strafanzeigen **1671** 111
- Streit und Missgunst **1671** 78
- Transsexualität **1671** 107
- Übertragung auf den Antragsgegner **1671** 74
- Umzug eines Elternteils **1671** 86
- unterschiedliche kulturelle Verwurzelungen **1671** 87
- Vaterschaftsanfechtung **1671** 109
- Verantwortungslosigkeit eines Elternteils **1671** 82
- Verfahrensbeistand für Kind **1671** 58, 65 f.
- Verfahrensdauer **1671** 137
- Verfahrenskostenhilfe **1671** 140
- Verhältnis zwischen den Regelungen von Nr. 1 und Nr. 2 **1671** 67f
- Vermögensstraftaten **1671** 111
- verweigerte Kooperationsbereitschaft **1671** 70 ff.
- Verweigerung der Zusammenarbeit **1671** 77
- Vollendung des 14. Lebensjahres **1671** 45
- Vormund, Bestellung **1671** 124 ff.
- Vorrang für gemeininsame Sorge **1671** 12
- Vorrangs- und Beschleunigungsgebot **1671** 12
- Wechselmodell **1671** 91
- Widerspruch des Kindes ab Vollendung des 14. Lebensjahres **1671** 64 ff.
- Wiederheirat eines Partners **1671** 108
- Zustimmung des anderen Elternteils **1671** 61 ff.
- Zuweisung der Vermögenssorge für ein gemeinschaftliches Kind, gesonderte **1671** 119 ff.
- Zweckmäßigkeitserwägungen **1671** 75

elterliche Sorge, Ausübung der gemeinsamen Sorge bei Getrenntleben
- Alleinentscheidungsbefugnis während der Umgangszeit **1687** 17

Sachverzeichnis

fette Zahlen = §§

- alleinige Entscheidungsbefugnis des betreuenden Elternteils **1687** 15
- Angelegenheiten des täglichen Lebens **1687** 4, 14 f.
- Angelegenheiten von erheblicher Bedeutung **1687** 3 ff.
- Einvernehmen der Eltern **1687** 13
- Einzelfälle **1687** 8 ff.
- Elternvereinbarung **1687** 6 f.
- Entscheidungsbefugnisse des nicht sorgeberechtigten Elternteils **1687a**
- Notvertretungsrecht **1687** 2, 19
- Personen- und Vermögenssorge **1687** 5
- Regelungen durch das FamG **1687** 20
- sorgerechtliche Befugnisse des Ehegatten **1687b**
- Zweck der Regelungen **1687** 1

elterliche Sorge, Einschränkung durch Pflegerbestellung
- allgemeiner Rechtsgrundsatz **1630** 8
- analoge Anwendung **1630** 8f
- Aufteilung von Personen- und Vermögenssorge **1630** 6
- Ausschluss der Befugnisse durch das FamG **1688** 11
- Einschränkung der elterlichen Sorge **1630** 4
- Entscheidungsbefugnisse der Pflegeperson **1688**
- familiengerichtliche Entscheidung **1630** 6 ff.
- gemeinsame Sorge beider Elternteile **1630** 11f
- Gründe für die Pflegerbestellung **1630** 3
- Grundsätze der Entscheidung des FamG **1630** 10
- Handlungsbefugnisse der Pflegeperson **1688** 5 ff.
- Meinungsverschiedenheiten zwischen Eltern und Pfleger **1630** 6 ff.
- Rechtsstellung des Pflegers **1630** 5
- Verfahren, gerichtliches **1630** 14
- Zuständigkeit des FamG **1630** 13

elterliche Sorge, gerichtliche Entscheidung bei Meinungsverschiedenheiten der Eltern
- alleinige Vertretung des Kindes **1628** 16; **1629** 21 f.
- Änderungen **1628** 22
- Angelegenheit elterlicher Sorge **1628** 8f
- Anhörung **1628** 25
- Antragserfordernis **1628** 4f
- Antragsrecht des Kindes **1628** 5
- Auflagen **1628** 19 ff.
- ausnahmsweise eigene Sachentscheidung **1628** 18
- Beschränkungen **1628** 19 ff.
- Einigungsversuch, vorangegangener **1628** 6
- einstweilige Anordnung **1628** 28
- Entscheidung des FamG **1628** 16 ff.
- Entscheidungsinhalt **1628** 16 ff.
- Entscheidungsmaßstab **1628** 17

- besondere Entscheidungszuständigkeiten **1628** 7
- Familienautonomie **1628** 3
- familiengerichtliche Konfliktregelung **1628** 3 ff.
- Kindeswohlwidrigkeit beider Vorschläge **1628** 18
- Kompetenz-Kompetenz des FamG **1628** 16
- konkreter situativer Bezug **1628** 10 ff.
- Lösung eines Elternkonflikts **1628** 1
- Meinungsverschiedenheiten zwischen Eltern und dem verheirateten minderjährigen Kind **1633** 6
- Meinungsverschiedenheiten zwischen Eltern und Pfleger **1630** 6 ff.
- Rechtsmittel **1628** 26
- Regelung von erheblicher Bedeutung **1628** 13 ff.
- sachliche Voraussetzungen **1628** 8 ff.
- Schwangerschaftsabbruch **1628** 9
- Subsidiarität **1628** 3
- Übertragung der Entscheidung auf einen Elternteil **1628** 16
- Verfahren **1628** 24 ff.
- Voraussetzungen **1628** 3 ff.
- Wirksamwerden der Entscheidung **1628** 27
- Zuständigkeit des FamG **1628** 23

elterliche Sorge, Getrenntleben der Eltern bei gemeinsamer elterlicher Sorge
- Abänderung einer gerichtlichen Sorgerechtszuweisung **1672** 8
- Abwägung aller Umstände bei gerichtlicher Sorgeentscheidung **1671** 33
- Alleinentscheidungsbefugnis während der Umgangszeit **1687** 17
- alleinige Entscheidungsbefugnis des betreuenden Elternteils **1687** 15
- alleinige Sorge eines Elternteils **1671** 16, 53 f.
- allgemeine Gesichtspunkte für eine gerichtliche Entscheidung über die – **1671** 21 ff.
- Alter und Geschlecht des Kindes **1671** 23, 41, 52
- Angelegenheiten des täglichen Lebens **1687** 14 ff.
- Angelegenheiten von erheblicher Bedeutung **1687** 3 ff.
- Anordnung des Fortbestandes der gemeinsamen Elternsorge **1671** 13
- nach Antrag des Vaters und Zustimmung der Mutter **1672** 16
- Aufhebung der Ehe **1671** 9 f.
- Aufteilung der Sorge in Einzelbereiche **1671** 17
- ausländisches Recht **1671** 24
- besondere Regelung für die Vermögenssorge **1671** 19
- Besuchskontakte **1671** 49
- Betreuungssituation **1671** 21 ff.
- Bindungstoleranz des Elternteils **1671** 26

magere Zahlen = Randnummern **Sachverzeichnis**

- differenzierte Übergangslösungen **1671** 47
- eigene Persönlichkeitsrechte der Kinder **1671** 33
- Einvernehmen der Eltern **1687** 11
- Elternbindungen **1671** 29 ff.
- Elternentfremdungssyndrom **1671** 26
- Elternvereinbarungen **1687** 6
- Entscheidungsbefugnisse des nicht sorgeberechtigten Elternteils **1687a**
- Entstehungsgeschichte der Regelung **1671** 6
- ertrotzte Kontinuität **1671** 49
- Erwerbstätigkeit der Eltern **1671** 21 ff.
- festgelegte Einzelbefugnisse bei sonst bestehender gemeinsamer Elternsorge **1671** 18
- Förderungsprinzip **1671** 25
- Fortbestand der gemeinsamen Sorge bei Trennung **1672** 7 ff.
- Fortbestand der gemeinsamen Sorge für gemeinschaftliche Kinder **1671** 7 ff.
- Fortbestand der gemeinsamen Sorge nach gerichtlicher Entscheidung gem. § 1672 13, 14
- Fremdbetreuung **1671** 21
- gegenläufige Absprachen der Eltern **1672** 9
- gemeinsame elterliche Sorge **1671** 18
- gemeinschaftliche Kinder **1671** 7
- gerichtliche Feststellung der gemeinsamen Sorge **1671** 13
- gerichtliches Verfahren zur Regelung der elterlichen Sorge s. Sorgerechtsverfahren
- Geschwisterbindungen **1671** 34 ff.
- Gestaltungsmöglichkeiten des Gerichts **1671** 15 ff.
- Gleichrangigkeit von Mutter und Vater **1671** 21 ff.
- Großeltern **1671** 29, 38, 51
- Grundzüge der Regelung **1671** 1 ff.
- Heirat der Eltern **1672** 9 ff.
- Kindesbindungen **1671** 29 ff.
- Kindesbindungen an andere Verwandte **1671** 51
- Kindesentscheidung **1671** 39 ff.
- Kindeswille und -vorstellungen **1671** 39 ff.
- Kindeswohl **1671** 28
- Klagebefugnis des nichtehelichen Vaters gegen die Mutter auf gemeinsame Sorge **1672** 27
- Kontinuitätsgrundsätze **1671** 28, 46 f.
- KSÜ **1672** 30 f.
- Lebensumfeld des Kindes **1671** 52
- Loyalitätskonflikte des Kindes **1671** 40
- Missbrauch der – **1671** 84
- Notvertretungsrecht **1687** 19
- Patental Alienation Syndrom **1671** 26
- peergroup **1671** 38
- persönliche Betreuung des Kindes **1671** 21, 50
- Pflegekinder **1671** 7
- Rangfolge zwischen den verschiedenen Kindeswohlkriterien **1671** 25

- Regelung des Entscheidungsrechts durch das FamG **1687** 20
- Religionszugehörigkeit der Eltern **1671** 94
- sorgerechtliche Befugnisse des Ehegatten **1687b**
- sprachliche Gemeinsamkeiten **1671** 30
- innere Stabilität eines Elternteils **1671** 49
- Trennung **1671** 9
- Trennungskonflikt, elterlicher **1671** 26
- Überblick **1671** 1 ff.
- Umzug eines Elternteils mit dem Kind **1671** 86
- Vaterschaftsanerkenntnis **1672** 11
- verfassungsrechtliche Fragwürdigkeit der Regelung **1672**
- Verfassungswidrigkeit von § 1672 Abs. 1 3 f.
- Verhältnis zwischen den Regelungen von Nr. 1 und Nr. 2 **1671** 67 f
- Verhältnismäßigkeit **1671** 27, 30
- Vormund oder Pfleger, vorhandener **1671** 20
- Vorrang für gemeinsame Sorge, normativer **1671** 69
- Wechselmodell **1671** 91
- Widerruf der Sorgeerklärungen **1672** 4
- Widerspruch des Kindes ab Vollendung des 14. Lebensjahrs **1671** 45
elterliche Sorge Getrenntleben der Eltern bei gemeinsamer elterlicher Sorge
- Widerspruch des Kindes ab Vollendung des 14. Lebensjahrs **1671** 64 ff.
elterliche Sorge, Getrenntleben der Eltern bei gemeinsamer elterlicher Sorge
- Wiederherstellung der gemeinsamen Sorge nach Alleinsorge des Vaters **1672** 26
- Wirkungen der gerichtlichen Entscheidung **1671** 20
- zeitliche Abstufungen **1671** 48
- Ziele der Regelung **1671** 5
- Zu- und Abneigungen des Kindes **1671** 42 ff.
- Zweckmäßigkeitserwägungen **1671** 33
elterliche Sorge nach Entziehung
- § 1680 als lex specialis zu § 1696 **1680** 20
- Allgemeines **1680** 12
- Anordnung von Todes wegen **1680** 11
- Bestimmung eines Vormundes durch die Eltern **1680** 22
- Beziehungskontinuität **1680** 8
- Entziehung für den alleinigen Sorgerechtsinhaber **1680** 14
- Entziehung für nichteheliche Mutter **1680** 16f
- Entziehung für Teilbereiche **1680** 13, 17
- Entziehung nach Übertragung durch gerichtliche Entscheidung **1680** 7
- Kosten **1680** 24
- positive Kindeswohlprüfung **1680** 16
- Rückübertragung der elterlichen Sorge **1680** 21
- Selbstbestimmung des Kindes **1680** 10

Sachverzeichnis

fette Zahlen = §§

- Verbleibensanordnung **1680** 4
- Verfahren **1680** 23 f.
- Verhältnismäßigkeitsgrundsätze **1680** 14
- vorherige gemeinsame Sorge **1680** 14
- Zuständigkeit **1680** 23
- Zweckmäßigkeitsüberlegungen **1680** 14

elterliche Sorge nicht miteinander verheirateter Eltern
- Abgabe von Sorgeerklärungen **1626a** 4 f., 10f
- Alleinsorge der Mutter **1626a** 27 ff.
- Beendigung der gemeinsamen Sorge **1626a** 20f
- Eintritt der gemeinsamen Sorge **1626a** 16 ff.
- ein Elternteil verheiratet **1626a** 18
- Entscheidung des EuGHMR **1626a** 3c
- Form der Sorgerechtserklärungen **1626d** 1 ff.
- gemeinsame Sorge beider Elternteile **1626a** 4 ff.

elterliche Sorge, nicht miteinander verheirateter Eltern
- gemeinsame Sorge beider Elternteile **1672** 6 ff.

elterliche Sorge nicht miteinander verheirateter Eltern
- gemeinsame Sorge durch Heirat **1626a** 22 ff.
- Inhalt der Sorgeerklärung **1626a** 4f
- Kindeswohlprüfung **1626a** 17
- Nachweisfragen **1626d** 11 ff.
- ohne Sorgeerklärungen **1626a** 27 ff.
- partielle Sorgeerklärung **1626a** 6 ff.
- Rechtsnatur der Sorgeerklärung **1626a** 12f
- Sorgeerklärungen *s.d.*

elterliche Sorge, nicht miteinander verheirateter Eltern
- Übergangsrecht **1672** 5

elterliche Sorge nicht miteinander verheirateter Eltern
- Unwirksamkeit der Sorgeerklärungen nachgerichtlicher Entscheidung über elterliche Sorge **1626b** 18 ff.
- Unwirksamkeit der Sorgeerklärungen und Zustimmungen **1626e**
- verfassungsrechtliche Bedenken **1626a** 3c
- Vetorecht der Mutter **1626a** 3a, 39 f.
- Wirksamkeitsvoraussetzungen der Sorgeerklärungen **1626a** 13 ff.
- Wirksamwerden der Sorgeerklärung **1626a** 10 ff.

elterliche Sorge nicht miteinander verheirateterEltern
- Verfassungswidrigkeit **1626a** 3e ff.

elterliche Sorge, Ruhen
- Abgrenzung von rechtlicher und tatsächlicher Verhinderung **1674** 6
- Abgrenzung zwischen § 1674 und § 1678 **1674** 2f; **1678** 2
- alleinige Ausübung der elterlichen Sorge **1678**
- Amtsermittlungsgrundsätze **1674** 9
- Art. 15 KSÜ **1674** 16
- Art. 21 EGBGB **1674** 16
- Auslandsaufenthalte **1674** 5
- Ausübungsverbot der Sorgebefugnisse **1675** 2
- Auswanderung **1674** 5
- beschränkte Geschäftsfähigkeit eines Elternteils **1673** 2, 8
- Bestellung eines Vormunds **1678** 13; **1680** 3
- Beteiligung des Jugendamtes **1674** 10
- Betreuung eines Elternteils **1673** 3
- der elterlichen Sorge der nichtehelichen Mutter **1678** 11
- einstweilige Anordnung **1674** 13
- Einzelheiten der tatsächlichen Verhinderung **1674** 5 ff.
- Elternvereinbarungen bei beschränkter Geschäftsfähigkeit **1673** 7
- familiengerichtliche Feststellung **1674** 12
- Folgen **1673** 10f
- Folgen für den anderen Elternteil **1673** 5; **1678**
- gerichtliche Feststellung der tatsächlichen Verhinderung **1674** 8 ff.
- geschäftsunfähiger Elternteil **1673** 6 ff.
- bei Geschäftsunfähigkeit **1626** 24
- Grundsätze **1674** 1
- Krankheitszustände **1674** 5
- Kriegsgefangenschaft **1674** 5
- kürzere tatsächliche Ausfälle eines Elternteils **1678** 1
- längere Zeit andauernde tatsächliche Verhinderung **1674** 4
- Meinungsverschiedenheiten **1673** 8
- minderjähriger Elternteil **1673** 9
- partielle Elterngeschäftsfähigkeit **1673** 7
- Rechnungslegung der Eltern **1698**
- bei rechtlichem Hindernis **1673**
- Rechtsmittel **1674** 11
- Strafhaft **1674** 5
- bei tatsächlichem Hindernis **1674**
- Tod eines Elternteils bei – **1680** 3
- Trunksucht **1674** 5
- Umgangsbefugnisse **1673** 4
- unbekannter Aufenthalt **1674** 5
- Untersuchungshaft **1674** 5
- Vermisster **1674** 5
- Vermögensherausgabe **1698**
- Vertretung ohne Vertretungsmacht **1675** 2
- Voraussetzungen **1673** 2 f.; **1674** 4 f.
- Wegfall der Gründe für das – **1674** 15
- Wirksamwerden der familiengerichtlichen Feststellung **1674** 12
- Wirkung **1675**
- Zuständigkeit des FamG **1674** 8

elterliche Sorge, Übertragung der Alleinsorge auf den Vater bei Getrenntleben der Eltern
- Antragslösung **1672** 7

elterliche Sorge, Übertragung der Alleinsorge auf den Vater bei Getrenntleben der Eltern
- Abweisung des Antrags des Vaters **1672** 25

magere Zahlen = Randnummern

Sachverzeichnis

- allgemeine Voraussetzungen **1672** 14
- Amtsermittlungsgrundsätze **1672** 17
- Antrag des Vaters **1672** 12
- Auslandsbezug **1672** 30f
- Beschwerde **1672** 29
- Ersetzung der fehlenden Zustimmung der nichtehelichen Mutter **1672** 22 f.
- fehlende Zustimmung der Mutter **1672** 22 ff.
- gegenläufige Absprachen **1672** 9
- gerichtliche Anordnung **1672** 12
- gerichtliche Eingriffe in die Alleinsorge gem. § 1666 **1672** 27
- Kindeswohlprüfung **1672** 16
- kindeswohlschädigend **1672** 20
- negative Kindeswohlverträglichkeit **1672** 29
- positive Kindeswohlverträglichkeit **1672** 1, 16, 19, 23
- Rechtsmittel **1672** 29
- Tod des allein sorgeberechtigten Elternteils **1680** 6 ff.
- Trennung der Eltern **1672** 15
- Übergangsrecht bis zur gesetzlichen Neuregelung **1672** 5 ff.
- Verfahren **1672** 28f
- Verfahrensbeistand **1672** 28
- Vorläufige Anordnung **1672** 5
- Widerspruchslösung **1672** 7
- Widerspruchsrecht des Kindes **1672** 21
- Zustimmung der Mutter **1672** 16 ff.
- fehlende Zustimmung der Mutter **1672** 22 ff.

Eltern-Kind-Verhältnis
- Begriff **Vor 1616** 5
- ergänzende Vorschriften **Vor 1616** 1
- Inhalt **Vor 1616** 3f
- Systematik **Vor 1616** 1f

Elternunterhalt
- Bedarfssteigerung im Alter **1601** 25
- Bedürftigkeit der Eltern **1601** 16f
- als Belastung des Unterhaltspflichtigen **1603** 59
- Einführung **1601** 9 ff.
- Einwendungen und Einreden **1601** 28 ff.
- elterlicher Bedarf **1601** 14f
- Grundlagen **1601** 9 ff.
- Kosten im Heim **1601** 15
- latente Belastung **1601** 26
- Lebensstandard **1601** 23
- Leistungsfähigkeit des Kindes **1601** 18 ff.
- mehrere Kinder **1601** 29
- praktische Bedeutung **Vor 1601** 27; **1601** 1
- Rangverhältnis im Mangelfall **1609** 24
- Rangverhältnisse **1601** 22
- Rücklagen **1601** 24
- Schonvermögen des Kindes **1601** 20
- Schulden des Kindes **1601** 21
- Schwiegersohn-Haftung, indirekte **1601** 27
- Selbstbehalt des Kindes **1601** 19
- Sonderbedarf **1601** 15
- Vermögensverwertung **1601** 16
- Verwirkung **1601** 32
- vollständiger Verbrauch des Kindeseinkommens **1601** 31
- vorrangige und anteilige Haftung Anderer **1601** 29
- zeitliche Grenzen **1601** 30
- Zeitpunkt, maßgeblicher **1601** 13

Empfängniszeit 1593 9; **1600d** 99 f., 110ff

Enkelunterhalt
- Abzüge **1601** 49
- ALG II **1601** 40
- anteilige Haftung der Großeltern **1601** 51
- BAföG **1601** 41
- Bedarf des Enkelkindes **1601** 36
- Bedarfsdeckung **1601** 37 ff.
- Deszendentenunterhalt **1601** 33
- fehlende Durchsetzbarkeit der Ansprüche gegen vorrangig Haftenden **1601** 46
- fiktive Einkünfte der Großeltern **1601** 48
- Grundlagen **1601** 34f
- Haftung der Großeltern **1601** 43 ff.
- Kindergeld **1601** 42
- latente Unterhaltsbelastung **1601** 50
- Leistungsfähigkeit der Großeltern **1601** 47 ff.
- Leistungsunfähigkeit des vorrangig Haftenden **1601** 45
- öffentliche Leistungen für Enkel **1601** 39 ff.
- Rangverhältnis im Mangelfall **1609** 24
- Selbstbehalt der Großeltern **1601** 47
- Sozialhilfe **1601** 40
- UVG-Leistungen **1601** 39
- Vermögenseinsatz des Enkels **1601** 38

Entlassung des Betreuers
- auf Antrag des Vereins oder der Behörde **1908b** 27 ff.
- Beamter oder Religionsdiener **1888** 7; **1908b** 1
- Bedeutung **1908b** 3
- Behördenbetreuer **1908b** 21f, 27 f., 32f
- Berücksichtigung des Wohls des Betreuten **1908b** 17
- Berufsbetreuer **1908b** 2, 15 f.
- Beschwerderecht des Vertreters der Staatskasse **1908b** 18
- zugunsten eines ehrenamtlichen Betreuers **1908b** 15 ff.
- wegen falscher Abrechnung **1908b** 10
- Fortführung der Betreuung durch Privatperson **1908b** 28 ff.
- Gründe in der Person des Betreuers **1908b** 6 ff.
- Gründe in der Person des Betreuten **1908b** 11
- Interessenkollision **1908b** 8
- mangelnde Eignung des Betreuers **1908b** 4 f., 6
- Pflichtwidrigkeiten **1908b** 6
- Rechnungslegung **1890** 14
- Rechtsbehelfe **1908b** 35f
- wegen Unzulässigkeit mehrerer Betreuer **1908b** 9

2287

Sachverzeichnis

fette Zahlen = §§

- Unzumutbarkeit für den Betreuer **1908b** 14, 19 f.
- Vereinsbetreuer **1908b** 21 f, 27 f., 32 f
- Verfahren **1896** 230; **1908b** 30, 32 f.
- Voraussetzungen **1908b** 1
- Vorschlag eines neuen Betreuers durch den Betreuten **1908b** 23 ff.
- sonstiger wichtiger Grund **1908b** 12 ff.
- Wirkungen **1908c** 16
- auf Wunsch des Betreuten **1908b** 13

Entlassung des Vormunds
- Abnahmevermittlung durch FamG **1892** 5 f
- Amts- und Vereinsvormundschaft **1887**
- von Amts wegen **1886** 1; **1887** 5; **1888** 5
- auf eigenen Antrag **1889**
- bei Aufenthaltswechsel des Mündels **1887** 3
- Aufhebung der Entlassungsverfügung **1886** 21
- Beamte und Religionsdiener **1888**
- bei erfolgreicher Beschwerde des früheren Vormunds **1886** 16
- Beschwerde gegen Ablehnung der – **1886** 22; **1889** 8
- Beschwerde gegen die – **1886** 18 ff.
- Bestellung eines neuen Vormunds nach – **1886** 20
- Bestellung trotz Ausschließung durch die Eltern **1886** 14
- Bestellung unter Vorbehalt **1886** 15
- betreuter Vormund **1886** 10
- Entlassungsentscheidung **1886** 17
- Entlassungsgründe im Einzelnen **1886** 9 ff.
- Entlassungspflicht **1886** 4
- Entlassungstatbestände **1886** 2, 11 f.
- Entlastung **1892** 6
- Ermessensspielraum **1886** 6
- Gefährdung des Mündelinteresses **1886** 5 ff.
- Geschäftsunfähigkeit des Vormunds **1886** 11
- Insolvenz des Vormunds **1890** 5, 10
- Jugendamt **1887**
- Löschung von Sperrvermerken **1890** 2
- minderjähriger Vormund **1886** 10
- Quittung über das Herausgegebene **1890** 4
- Rechnungslegung nach – **1890** 6 f.; **1892** 2 f
- Rechnungsprüfung durch den Gegenvormund **1891** 2 f
- Rechnungsprüfung und -anerkennung durch das FamG **1892**
- Rückgabe von Urkunden **1893** 13 f
- Teilbeendigung **1890** 11
- Übergang in Betreuung **1890** 12
- Übergehen des benannten Vormunds **1886** 12
- Untauglichkeitsgrund nach § 1781 **1886** 10
- Verfahren **1886** 17 f.; **1887** 5 f.; **1889** 8 f
- Verhältnis zu § 1837 **1886** 3, 7
- Verhältnismäßigkeit **1886** 7
- Vermögensherausgabe nach – **1890** 2 ff.
- Verstoß gegen rechtliche Kriterien des Auswahlverfahrens **1886** 13

- wichtiger Grund **1889** 2 ff.
- Zurückbehaltungsrecht des Vormunds **1890** 4

Entmündigung Vor 1896 4, 24

Eratzmutter
- gespaltene Mutterschaft **1591** 14

Ergänzungsbetreuer VBVG 6 1; **1899** 4; **1901** 29; **1902** 47

Ergänzungspflegschaft
- Abweichung von Anordnungen des Zuwendenden **1917** 13 f
- abzulehnende Pflegschaft **1909** 35
- Adoption des Pfleglings **1918** 10
- Angelegenheit **1909** 11
- Anordnung durch das FamG **1697** 1
- Anordnung von Amts wegen **1909** 60
- bei Ansprüchen gegen die Eltern **1909** 23
- Arten der Vormundschaft **1909** 9
- Aufhebung **1909** 58
- Aufhebung bei Wegfall des Grundes **1919** 3
- Ausschluss der Vertretungsmacht **1909** 20 f., 24
- Ausschluss eines Elternteils als Pfleger **1917** 4
- Ausschlussbestimmung **1909** 46 f.; **1917**
- Auswahl des Pflegers **1916** 3; **1917**
- Bedürfnis **1909** 35 ff.
- Beendigung **1909** 58; **1918** 5 f.
- Befreiungen **1917** 11 f
- Benennungsrecht der Eltern **1916** 2
- Berufung als Pfleger **1916**; **1917** 2 f.
- Beschwerderecht des Übergangenen **1917** 9
- besondere Konstellationen **1909** 45 ff.
- Bestellung eines Elternteils als Pfleger **1917** 5
- betroffene Person **1909** 7
- Bevollmächtigungsvertrag **1909** 44
- Einschränkung der elterlichen Sorge **1909** 27 f., 41 f.
- Einzelfälle für Bedürfnis nach einer – **1909** 35 ff.
- anstelle beider Eltern **1909** 39
- Elternbegriff **1909** 8
- entsprechende Anwendung des Vormundschaftsrechts **1915** 4
- Entziehung der elterlichen Sorge **1909** 28 f., 42; **1918** 10
- Entziehung der Vertretungsmacht **1909** 25 ff.
- Entziehung der Vormundschaft **1909** 30
- Erbscheinsverfahren **1909** 24
- Ernennung des Pflegers durch Erblasser und Dritte **1917**
- Erreichung der Volljährigkeit **1918** 5
- Ersatzpflegschaft *s. d.*
- Fehlen erforderlicher Sachkunde oder Erfahrung **1909** 14
- für Gegenvormund **1909** 9
- Gesellschaftsvertrag **1909** 37 f
- bei Insolvenz des Sorgeberechtigten **1909** 32
- Interessenkollision **1909** 20 f., 26 f.
- für mehrere Kinder **1909** 40

magere Zahlen = Randnummern

Sachverzeichnis

- Meinungsverschiedenheiten zwischen Eltern und Pfleger **1909** 43
- bei minderjähriger Mutter **1909** 27
- Mitteilungspflicht **1909** 3, 54
- bei Mitvormundschaft **1909** 9
- parallel laufende Erklärungen **1909** 22
- Pflegerbestellung **1909** 39 ff.
- Pflegerbestellung bei fehlender oder fehlgeschlagener Berufung **1917** 8
- rechtliche Verhinderung **1909** 15, 17, 18 f., 45 f.
- Rechtsfolgen des gewillkürten Verwaltungsausschlusses **1909** 53
- Rechtsmittel **1909** 63f
- Reformen **1909** 1 f., 5f
- für religiöse Erziehung **1909** 31
- Ruhen der elterlichen Sorge **1909** 17f, 19; **1918** 9
- Selbstkontrahierungsverbot, Befreiung vom – **1909** 44
- tatsächliche Verhinderung **1909** 13 ff.
- Testamentsvollstreckung und Verwaltungsausschluss **1909** 50f
- Übergehung des Berufenen **1917** 9
- überlebender Elternteil als Testamentsvollstrecker **1909** 51
- Überwachungspflegschaft **1909** 36
- bei unentgeltlichen Zuwendungen **1909** 2, 45 f.; **1917**
- Unterpflegschaft **1909** 10
- im Verfahren **1909** 24
- für Verfassungsbeschwerde **1909** 26, 34
- Verhinderung des Sorgerechtsinhabers **1909** 1, 12 f.
- zur Vermögensverwaltung **1909** 2
- bei Vertretungsverbot **1909** 20
- allgemeine Voraussetzungen **1909** 7 ff.
- vorteilhafte Geschäfte **1909** 21
- Wechsel der Person des Sorgeberechtigten **1918** 6f
- Wegfall des Anordnungsgrundes **1919** 7 ff.
- beharrliche Weigerung der Eltern oder des Vormunds **1909** 15
- Zeugnisverweigerungsrecht **1909** 33
- Zulässigkeit **1909** 9
- Zuständigkeit **1909** 61f
- Zuwendung unter Lebenden **1909** 52
- Zuwendung von Vermögen von Todes wegen **1909** 49
- Zweck **1909** 1 ff.

Ersatzbetreuung VBVG 6 1; **1899** 1, 22 f.

Ersatzmutter
- Begriff **Anh. 1744** 39 ff.
- Ersatzmuttervermittlung **Anh. 1744** 18, 42 f.
- heterologe In-vitro-Fertilisation **1591** 9
- heterologer Insemination **1591** 26
- Leihmutter **Anh. 1744** 39
- Nichtigkeit von Verträgen **Anh. 1744** 43
- Ordnungswidrigkeiten **Anh. 1744** 44 ff.
- Straftaten **Anh. 1744** 46

- Tragemutter **Anh. 1744** 39
- Verbot der Ersatzmutterschaft **Anh. 1744** 38 ff.

Ersatzpflegschaft
- Anordnung von Amts wegen **1909** 60
- Aufhebung **1909** 58
- Aufhebung bei Wegfall des Grundes **1919** 3
- Ende **1909** 58
- bei Entscheidung über die elterliche Sorge **1909** 57
- entsprechende Anwendung des Vormundschaftsrechts **1915** 4
- Rechtsmittel **1909** 63f
- Voraussetzungen **1909** 55
- vorübergehend vormundschaftlicher Schutz **1909** 4
- Wegfall des Anordnungsgrundes **1919** 8
- Wirkungskreis des Pflegers **1909** 56
- Zuständigkeit **1909** 61f
- Zweck **1909** 4

Erwerb mit Mitteln des Kindes
- Anspruch im Fall des Erwerbs für eigene Rechnung **1646** 15
- Ausschluss des Surrogationsprinzips **1646** 9 ff.
- Beweislastregelung **1646** 10
- Durchgangserwerb, elterlicher **1646** 12
- Eigentumsübergang **1646** 12 ff.
- gegenständliche Beschränkung **1646** 4f
- Grundstückserwerb **1646** 5, 16
- Handeln im eigenen Namen **1646** 2f
- Mittel des Kindes **1646** 6 ff.
- Mittelsurrogation **1646** 1
- Wille der Eltern, entgegenstehender **1646**

Erwerbsgeschäft
- neues – im Namen des Kindes **1645**

Erziehung
- aktiv-förderndes Verhalten **1626** 65
- und Aufsicht **1631** 7
- Begriff **1631** 4
- Bestrafungsverbot, allgemeines **1631** 29a
- Einvernehmen mit dem Kind **1626** 66
- andere entwürdigende Maßnahmen **1631** 26 ff.
- Erziehungsbeistand der Kinder- und Jugendhilfe **SGB VIII** 30
- Erziehungsberatung durch die Kinder- und Jugendhilfe **SGB VIII** 28
- Erziehungsmittel **1631** 5
- Erziehungsunfähigkeit **1666** 35 f.; **1748** 21
- Erziehungsverhalten **1626** 4
- Gesetz über die religiöse Kindererziehung s. auch religiöse Kindererziehung **Anh. 1631**
- Gesetz über die Ächtung der Gewalt in der – **Vor 1626** 20; **1631** 16
- Heranführung zu Selbständigkeit und Verantwortungsbewusstsein **1626** 4, 61 f.
- körperliche Bestrafungen **1631** 21 ff.
- Leitbild **1626** 61
- Recht auf gewaltfreie – **1631** 16 ff.
- Sanktionen und Rechtsfolgen **1631** 30 ff.

Sachverzeichnis

fette Zahlen = §§

- Schadensersatzansprüche **1631** 37 ff.
- seelische Verletzungen **1631** 25
- Übertragung der Ausübung an Dritte **1631** 29
- Unterlassungs- und Leistungsansprüche des Kindes **1631** 32 ff.
- Verbot bestimmter Erziehungsmaßnahmen **1631** 20 ff.
- in einer Weltanschauung **RelKErzG 6** (Anh. zu § **1631**)
- Ziel **SGB VIII 1** 2; **SGB VIII 9** 5; **1626** 4, 61 f.

Erziehungsgeld
- Anrechnung auf Unterhalt **1602** 42f; **1603** 44; **1615l** 46

Essen-Möller-Verfahren 1600d 82 f.

Familie
- Begriff **1589** 5
- Pflicht zu Beistand und Rücksicht **1618a**

familiengerichtliche Aufsicht
- Anhörung von Angehörigen **1847**
- Anwendbarkeit der §§ 1666, 1666a, 1696 **1837** 24 ff.
- Anzeigepflicht bei Tod des Vormunds **1894**
- Auskunftspflicht des Vormunds **1839**
- Ausländer als Mündel **1846** 6
- Auswahl der geeigneten Maßnahmen **1837** 19
- Beginn und Ende **1837** 11
- Beratung der Vormünder **1837** 5
- Bericht über die persönlichen Verhältnisse **1840** 7
- Bericht und Rechnungslegung s. *Vormund, Rechnungslegung*
- Beschwerde **1837** 29; **1846** 13
- einstweilige Maßregeln des FamG **1846** 2 ff.
- Entzug von Teilbereichen des Sorgerechts **1837** 27
- Gefährdung des Mündelinteresses **1886** 5 ff.
- gerichtliches Ermessen **1837** 17
- über die gesamte Vormundtätigkeit **1837** 10
- Grundnorm **1837** 1
- Information des FamG **1837** 4
- Interessen des Mündels **1846** 7; **1857** 2
- Aufgaben des Jugendamtes **1837** 21
- Konflikte zwischen Vormund und Mündel **1837** 6
- mangelnde und unzureichende – **1837** 20
- Maßnahme, Art der – **1837** 19
- Mitteilungspflichten an das Jugendamt **1851**
- Pflicht zum Eingreifen **1846** 5 ff.
- Pflichtwidrigkeit, Kriterien **1837** 13 ff.
- Selbständigkeit des Vormunds, Grundsatz **1837** 3
- Spezialnormen **1837** 2
- Überprüfungspflicht des Vormunds **1846** 5
- Umfang **1837** 10
- Unterstützung des FamG **1837** 4
- Unzulässigkeit weiterer Eingriff **1837** 18
- Verfahren **1837** 28 f.; **1846** 10 f.
- bei Verhinderung des Vormunds **1846** 2
- Versicherungspflicht für Vormund **1837** 22
- Wahrung des Mündelwohls **1837** 12
- wichtige Angelegenheiten **1847** 3
- sich widersprechende Maßnahmen **1846** 9
- Zuständigkeit **1837** 28; **1846** 11
- Zwangsgeld, Festsetzung **1837** 23; **1839** 5; **1840** 9

familiengerichtliche Genehmigung
- Akt der Gerichtsbarkeit **1828** 5
- von Amts wegen **1828** 33
- amtsempfangsbedürftige Willenserklärungen **1831** 9f
- Amtsermittlungspflicht **1828** 14, 34
- Änderung der Genehmigung **1828** 42
- Angabe des wesentlichen Inhalts des Rechtsgeschäfts **1828** 10
- Anhörung **1828** 34
- auf Antrag **1828** 33
- Anwendbarkeit allgemein geltender Regeln **1828** 7
- Anwendungsbereich **1828** 2f
- Art und Umfang **1828** 8 ff.
- unter Auflagen **1828** 13
- Ausmaß **1828** 9
- Bedingung **1828** 13
- Begriff **1828** 4
- Beschwerde **1828** 50 ff.
- Bindung vor Geschäftsabschluss **1828** 29
- Drittinteressen **1828** 18
- einseitige Rechtsgeschäfte **1828** 11; **1831**
- Empfangsbevollmächtigung **1828** 28
- Entscheidung des FamG **1828** 12f
- Entscheidungsreife **1828** 14
- Erbausschlagung **1831** 7
- Erklärungen gegenüber dem Grundbuchamt **1831** 8
- Erteilung **1828** 25 ff.
- Familienfrieden **1828** 19
- Form **1828** 25
- Gegenstand **1828** 8 ff.
- genehmigungsbedürftige Rechtsgeschäfte des Mündels **1831** 9
- genehmigungspflichtige Klagen **1831** 10
- volle Geschäftsfähigkeit des Mündels **1828** 37
- gesetzes- oder sittenwidrige Geschäfte **1828** 22
- Heilung materieller Mängel **1828** 32
- ideelle Gesichtspunkte **1828** 19
- Korrektur von Genehmigungen **1828** 6
- mangelnder Nachweis der – **1831** 2
- Nebenabreden **1828** 9f
- Negativattest **1828** 23f, 58
- Orientierung am Mündelinteresse **1828** 17
- Prüfungsgegenstand und -maßstab **1828** 16 ff.
- Bezug auf einzelnes Rechtsgeschäft **1828** 8
- Rechtsnatur **1828** 4 ff.
- Rücknahme **1828** 42 ff.
- schlüssige – **1828** 7

2290

magere Zahlen = Randnummern **Sachverzeichnis**

- stillschweigende – **1828** 7
- Teilgenehmigung **1828** 9, 22
- teilnichtige Geschäfte **1828** 32
- Tod des Mündels **1828** 49
- Überprüfung in späteren Prozessen **1828** 48
- bei Vaterschaftsanerkennung durch Geschäftsunfähigen **1596** 7 ff.
- Verfahren **1828** 33
- Verhinderung eines Übergehens des Vormunds **1828** 1
- bei bestehender Verpflichtung zur Vornahme des Rechtsgeschäfts **1828** 21
- Versagen der – **1828** 15, 51
- Voraussetzungen **1828** 15 ff.
- vorherige – **1829** 2 f.; **1831** 1
- Vormund, Erteilung gegenüber –**1828** 26 ff.
- vorsorgliche – **1828** 24, 42
- Widerrufsrecht des Geschäftspartners **1830**
- Wirkung **1828** 29f
- wirtschaftliche Interessen **1828** 20
- Zeitpunkt der Erteilung **1828** 11; **1831** 5
- Zurückweisung durch Geschäftspartner **1831** 11
- Zuständigkeit **1828** 25, 51

familiengerichtliche Genehmigung, nachträgliche
- Aufforderung zur Mitteilung durch Vertragspartner **1829** 26 ff.
- Beendigung des Schwebezustands **1829** 7, 11 f., 26 f.
- vormundschaftliche Besonderheit der nachträglichen Genehmigung **1829** 3
- Bevollmächtigung zur Mitteilung **1829** 14 ff.
- Bindung während des Schwebezustands **1829** 9
- Doppelvollmacht **1829** 15 ff.
- Empfangsbedürftigkeit der Mitteilung **1829** 18
- Folge wirksamer Genehmigung **1829** 8, 22
- Formfreiheit der Mitteilung **1829** 20
- kein Gebrauch von erteilter Genehmigung **1829** 24
- Gebundenheit des Vertragspartners **1829** 9
- Genehmigung endgültig unwirksamer Geschäfte **1829** 32
- Genehmigung nach Fristablauf **1829** 30
- Genehmigungserteilung durch Mündel **1829** 33
- volle Geschäftsfähigkeit des Mündels **1829** 31
- Klauseln in notariellen Urkunden **1829** 17
- Mitteilung an den Vertragspartner **1829** 11
- Mitteilung durch den gegenwärtigen Vormund **1829** 21
- Rückgängigmachung der endgültigen Unwirksamkeit **1829** 25
- schwebende Unwirksamkeit **1829** 6
- Schwebezustand **1829** 6 ff.
- Tod des Mündels **1829** 34
- Überblick **1829** 1 ff.

- Unwirksamkeit des Vertrages, endgültige **1829** 23 ff.
- Verpflichtung zur Einholung der Genehmigung **1829** 10
- verweigerte – **1829** 23
- Verzicht auf Entscheidungsfreiheit **1829** 12
- Vierwochenfrist zur Aufforderung **1829** 29
- Inhalt der Mitteilung, notwendiger **1829** 19
- volle Wirksamkeit des Vertrages **1829** 22
- vorherige – **1829** 2 ff.
- Widerrufsrecht des Geschäftspartners **1830**
- Zwang gegen Vormund **1829** 10

Familienname
- Adelsbezeichnungen, ehemalige **Vor 1616** 13
- nach Adoption **1757** 3 ff.
- Begriff **Vor 1616** 9
- Dispositionsbefugnis über Namen **Vor 1616** 7
- Gesetzgebungsgeschichte **Vor 1616** 6
- Identifikationsfunktion **Vor 1616** 7
- Kontinuität des Namens **Vor 1616** 7
- Persönlichkeitsrecht des Namensträgers **Vor 1616** 7
- Prinzipien und Grundlinien **Vor 1616** 8
- Selbstdarstellungsmittel **Vor 1616** 7
- soziale Zuordnungsfunktion **Vor 1616** 7
- als Vorname **Nach 1618** 13

Familienpflege *s. auch Vollzeitpflege*
- Allgemeines **1630** 15
- Anordnung einer Übertragung der elterlichen Sorge **1630** 24
- Antrag **1630** 20 ff.
- Antragsberechtigte **1630** 20
- Aufhebung **1630** 30
- Aufwendungsersatz und Vergütung der Pflegeperson **1630** 32
- Ausschluss der Befugnisse durch das FamG **1688** 11
- Befristung der Übertragung **1630** 27
- Begriff **1630** 17f
- besondere Formen **SGB VIII 33** 7
- Einverständnis der Pflegeperson **1630** 23
- Entscheidung des FamG **1630** 24 ff.
- Entscheidungsbefugnisse der Pflegeperson **1688**
- Handlungsbefugnisse der Pflegeperson **1688** 5 ff.
- längere Zeit **1630** 19
- Rechtsfolgen der Übertragung **1630** 28 ff.
- bei Ruhen der elterlichen Sorge der nichtehelichen Mutter **1678** 14
- Schutz des Pflegekindes vor Wegnahme aus der Pflegefamilie *s. Verbleibensanordnung*
- Umfang der Übertragung **1630** 25 ff.
- Verbleibensanordnung *s.d.*
- Verbleibensanordnung zugunsten von Bezugspersonen *s.d.*
- Voraussetzungen **1630** 16 ff.
- Wirkung der Übertragung **1630** 28f
- Zuständigkeit und Verfahren **1630** 33

2291

Sachverzeichnis

fette Zahlen = §§

familienrechtlicher Ausgleichsanspruch
 1606 43 f.; **1607** 23, 25
Familiensolidarität 1618a 1
Fehlgeburt
– inzidente Vaterschaftsfeststellung bei – **1594** 26
– Mutterschaft **1591** 39
– Unterhalt der nichtehelichen Mutter bei – **1615n** 9
– Vaterschaft **1592** 6; **1593** 12
– Verwandtschaft **1589** 11
Frauenhaus SGB VIII 19 8
freie Jugendhilfe
– Anerkennung als Träger – **SGB VIII 75**
Freiheitsbeschränkung 1631b 5; **1906** 37
freiheitsentziehende Maßnahmen "*s. freiheitsentziehende Unterbringung; unterbringungsähnliche Maßnahmen*"
freiheitsentziehende Unterbringung
– Anhörungspflichten **1631b** 19
– durch Bevollmächtigten *s. Vollmachtsbetreuung, Freiheitsentziehung durch Bevollmächtigten*
– Eigengefährdung und Fremdgefährdung **1631b** 12 f.
– Eilfälle **1631b** 16 f
– einstweilige Anordnung **1631b** 16
– Entscheidungsmaßstab **1631b** 11 ff.
– Freiheitsbeschränkungen **1631b** 5
– Freiheitsentziehung **1631b** 4
– Genehmigungsentscheidung **1631b** 15
– Genehmigungspflicht **1631b** 10 ff.
– Genehmigungsverfahren **1631b** 19f
– Gutachtenunterbringung **1906** 69 ff.
– Kindeswohl **1631b** 11
– nachträgliche Genehmigung **1631b** 16f
– Rechtsmittel **1631b** 20
– Rücknahme der Genehmigung **1631b** 18
– Sachverständigengutachten **1906** 72 ff.
– Unterbringung des Kindes **1631b** 2 ff.
– unterbringungsähnliche Maßnahmen **1631b** 6 ff.
– Verhältnismäßigkeitsgrundsatz **1631b** 13
– vorherige Genehmigung **1631b** 10
– vorläufige Unterbringung **1631b** 16
– Zuständigkeit des FamG **1631b** 19
– Zweck des Genehmigungsvorbehalts **1631b** 1
freiheitsentziehende Unterbringung im Betreuungsrecht
– Abgrenzung zu unterbringungsähnlichen Maßnahmen **1906** 33
– Alkoholismus **1906** 18
– ärztliche Maßnahme, erlaubte **1906** 23
– für ärztlichen Eingriff **1906** 20
– Aufhebung einer Unterbringungsmaßnahme **1906** 89
– Befugnis des Betreuers **1906** 5
– Begriff **1906** 6 ff.
– Beschwerdeverfahren **1906** 100
– Dauer der vorläufigen Unterbringung **1906** 93

– Einsichtsfähigkeit des Betreuten, fehlende **1906** 22
– einstweilige Anordnung **1906** 90 ff.
– Einwilligung des Betreuten **1906** 29 ff.
– Einwilligungsfähigkeit des Betreuten **1906** 30
– Entbehrlichkeit der Genehmigung **1906** 29 ff.
– Erforderlichkeit **1906** 17, 21, 25
– Freiheitsentziehung **1906** 38 ff.
– Gefahr der Selbstschädigung **1906** 14
– Gefahr in Verzug **1906** 92
– geistige oder seelische Behinderung **1906** 16
– Genehmigungsverfahren *s. Unterbringungsverfahren*
– Genehmigungsvoraussetzungen **1906** 14
– Grundsätze **1906** 6
– Heilbehandlung, Notwendigkeit **1906** 20 ff.
– konkrete und ernstliche Gefahr **1906** 15
– kurzzeitige Unterbringung **1906** 11
– mangelnder Wille zur Fortbewegung **1906** 30
– Minderjährige **1906** 10
– partielle Freiheitseinschränkungen im Rahmen ärztlicher Maßnahmen **1906** 7
– psychische Krankheit **1906** 16
– Rechtsbehelfe **1906** 96 ff.
– Stufen der Freiheitsentziehung **1906** 8
– Systematik **1906** 9
– Übersicht über Regelungen zur Unterbringung **1906** 1 ff.
– Unterbringung in offener Einrichtung **1906** 12
– unterbringungsähnliche Maßnahmen *s.d.*
– Unterbringungstatbestände **1906** 13 ff.
– zur Untersuchung des Gesundheitszustandes **1906** 20
– Unvermögen des Betreuten zur freien Selbstbestimmung **1906** 22
– Verfahren **1906** 53 ff.
– verfassungsrechtliche Grundlagen **1906** 13
– Verhältnis zur Einwilligung in Heilbehandlung **1906** 52
– Verhältnismäßigkeit **1906** 13, 17
– Verlängerung einer Unterbringungsmaßnahme **1906** 88
– vorläufige Maßnahme **1906** 90 ff.
– Widerrufbarkeit der Einwilligung des Betreuten **1906** 32
– Zwangsbehandlung **1906** 24f
Freiheitsentziehung
– Begriff **1631b** 4; **1906** 38
– durch Bevollmächtigten *s. Vollmachtsbetreuung, Freiheitsentziehung durch Bevollmächtigten*
– Mittel der – **1906** 41
– Qualitätselement **1906** 40
– Stufen der – **1906** 8

Gebrauchsname
– Begriff **Vor 1616** 12
– Unterschied zum Vornamen **Nach 1618** 1

magere Zahlen = Randnummern

Sachverzeichnis

Geburt 1591 3 f.; 1592 7, 9
Geburtsname
- Begriff **Vor 1616** 10f
- Namensänderung bei nachträglicher gemeinsamer Sorge s.d.
- Namensänderung bei Scheinvaterschaft s.d.
- vom Scheinvater abgeleiteter – des Kindes **1617b** 18 ff.

Geburtsname bei Eltern mit Ehenamen
- Adelsbezeichnungen, ehemalige **1616** 15
- Auswirkungen einer Änderung des Ehenamens **1616** 12
- automatischer Namenserwerb **1616** 11
- Bedeutung **1616** 13
- Begleitnamen **1616** 5
- Begriff Ehename der Eltern **1616** 5
- Bezug zur Elternehe **1616** 9
- Disposition der Eltern **1616** 2
- Doppelnamen **1616** 5, 19
- Ehename als Geburtsname des Kindes **1616** 4 ff.
- Elternschaft **1616** 8
- Erwerbsvoraussetzungen **1616** 6 ff.
- Familienname **1616** 5
- Findelkinder **1616** 14
- Fortbestehen der Ehe **1616** 9
- Gesetzgebungsgeschichte **1616** 1
- internationale Menschenrechte **1616** 3
- Internationales Privatrecht **1616** 18f
- intertemporales Recht **1616** 15f
- Lebenspartnerschaftsname **1616** 5
- Namenseinheit in der Familie **1616** 2
- nichteheliche Kinder **1616** 9
- Perpetuierung von Doppelnamen **1616** 16
- Pflicht zur Namensführung **1616** 13
- Recht der neuen Bundesländer **1616** 17
- subjektives Recht **1616** 13
- Tod des Vaters oder der Eltern vor der Geburt **1616** 10
- Zeitpunkt für Erwerb des Geburtsnamens, maßgeblicher **1616** 7

Geburtsname bei Eltern ohne Ehenamen und Alleinsorge
- Adelsbezeichnungen **1617a** 29
- Alleinsorge bei Geburt des Kindes **1617a** 6
- Alleinsorge bei Namensbestimmung **1617a** 12
- analoge Anwendung **1617a** 23
- Ausfall des anderen Elternteils **1617a** 20
- Bedeutung des Namens **1617a** 29
- bestehender Kindesname **1617a** 14f
- Bestimmungsrecht **1617a** 21
- Bindungswirkung für Geschwister **1617a** 28
- kein Ehename **1617a** 5, 13
- Einwilligung des anderen Elternteils **1617a** 25 ff.
- elterliche Dispositionsbefugnis **1617a** 15
- Erstreckung auf Geschwister **1617a** 10
- Erteilung des Namens des nichtsorgeberechtigten Elternteils **1617a** 11 ff.
- erteilungsfähiger Name **1617a** 22f
- Existenz des anderen Elternteils **1617a** 19f
- Familienname des sorgeberechtigten Elternteils **1617a** 8
- Grundsatz **1617a** 1, 5 f.
- internationale Menschenrechte **1617a** 4
- Internationales Privatrecht **1617a** 31
- intertemporales Recht **1617a** 30
- Kindeseinwilligung **1617a** 27
- Korrekturmöglichkeit **1617a** 2, 11 f.
- minderjähriges, lediges Kind **1617a** 16 ff.
- Modalitäten der Bestimmungserklärung **1617a** 24
- Namensänderung **1617a** 11
- Namensbestimmung **1617a** 21 ff.
- Namenserwerb, automatischer **1617a** 8
- Namenserwerb, originärer **1617a** 11
- Namenserwerb, gesetzlicher nach dem Grundsatz des Abs. 1 **1617a** 5 ff.
- Namenseinheit, partielle **1617a** 3
- Pfleger **1617a** 21
- Rechtsfähigkeit des Kindes zum Zeitpunkt der Bestimmung **1617a** 16 ff.
- Rechtsnatur des Bestimmungsrechts **1617a** 21
- Rechtsnatur und Modalitäten der Einwilligungserklärung **1617a** 26
- Regelungslücke bei fehlender elterlicher Sorge **1617a** 7
- Rückbenennung des Kindes **1617a** 15
- spätere Veränderung der Sorgerechtslage **1617a** 9
- Übergangsrecht **1617a** 30
- Verfassung **1617a** 4
- Vormund **1617a** 21
- Vorrang elterlicher Dispositionsmacht **1617a** 3
- Wechsel der Alleinsorge auf anderen Elternteil **1617a** 23
- Wirksamwerden und Wirkung der Namensbestimmung **1617a** 28

Geburtsname bei Eltern ohne Ehenamen und gemeinsamer Sorge
- allgemeine Optionen **1617** 14
- Anwendungsbereich **1617** 8 ff.
- Ausgestaltung der Sorge **1617** 10
- Bestimmungsrecht **1617** 18
- Doppelnamen **1617** 15, 35
- Dynamisierung des Namens **1617** 33
- einseitig mehrgliedriger Familienname **1617** 16
- elterliches Bestimmungsrecht **1617** 1 ff.
- Entkoppelung von der ehelichen Geburt **1617** 4
- erheirateter Ehename **1617** 14, 34
- Familienname **1617** 7
- bei Findelkindern **1617** 23
- Form der Erklärung **1617** 19
- Fristsetzung durch FamG **1617** 27
- früherer Ehename der Eltern **1617** 14

2293

Sachverzeichnis

fette Zahlen = §§

- Gebrauchsname **1617** 14
- Geburtsname eines Elternteils **1617** 14
- gemeinsame Sorge bei Geburt **1617** 9 ff.
- gerichtliche Übertragung des Bestimmungsrechts auf ein Elternteil **1617** 24 ff.
- gesetzlicher Namenserwerb **1617** 28
- gesetzlicher Vertreter **1617** 18
- internationale Menschenrechte **1617** 7
- Internationales Privatrecht **1617** 32
- intertemporales Recht **1617** 31
- isolierte Bestimmung eines Begleitnamens **1617** 17
- kein Ehename bei Geburt **1617** 8
- keine Einigung über den Namen **1617** 35
- Lebenspartnerschaftsname **1617** 14
- Namensbestimmung durch die Eltern **1617** 14 ff.
- Namenseinheit unter Geschwistern **1617** 21f
- Namenserwerb nach Fristsetzung **1617** 27f
- name-shopping **1617** 34
- partielle Namenseinheit **1617** 5
- Rechtsfolge des Übertragungsbeschlusses **1617** 26
- Rechtsnatur des Bestimmungsrechts **1617** 18
- Regelungslücke bei fehlender Namensbestimmung **1617** 13
- Sonderregelung bei Geburt im Ausland **1617** 30
- spätere Veränderung der Sorgerechtslage **1617** 11
- Übertragungsentscheidung **1617** 25
- unechte Doppelnamen eines Elternteils aus Einbenennung **1617** 14, 16
- Vereinfachungen bei Änderung vor Geburtseintrag **1617** 12
- Verfahren der Übertragung der Namensbestimmungsbefugnis **1617** 29
- Verfassungskonformität **1617** 6
- Wahlmöglichkeiten der Eltern **1617** 14 ff.
- Wirksamkeit der Erklärung **1617** 19
- Wirkung der Namensbestimmung **1617** 20
- Zeitpunkt der Beurteilung des Sorgerechts, maßgeblicher **1617** 9

Geburtsname bei Namensänderung der Eltern
- Adelsbezeichnungen **1617c** 28
- Altersstufen **1617c** 10
- Änderung des Ehenamens **1617c** 14 ff.
- Änderung des elterlichen Bezugsnamens **1617c** 13 f., 19
- Änderung des Familiennamens des namensgebenden Elternteils **1617c** 18 ff.
- Anschlusserklärung **1617c** 11
- äußere Namensidentität **1617c** 6, 9
- automatischer Namenserwerb bei noch nicht fünfjährigem Kind **1617c** 8
- Befristung **1617c** 12
- bisheriger Geburtsname des Kindes **1617c** 5
- Doppelnatur des Ehenamens **1617c** 13
- Ehename als Geburtsname des Kindes **1617c** 14
- Erstreckung auf den Ehe- oder Lebenspartnerschaftsnamen des Kindes **1617c** 23 ff.
- Erstreckung des Ehenamens auf den Kindesnamen **1617c** 7 ff.
- Geschwister **1617c** 11
- Gesetzgebungsgeschichte **1617c** 1
- internationale Menschenrechte **1617c** 4
- Internationales Privatrecht **1617c** 33
- intertemporales Recht **1617c** 32
- nachträgliche Bestimmung eines Ehenamens **1617c** 5 ff.
- Namensänderung infolge Begründung einer Lebenspartnerschaft **1617c** 21
- Namensänderung infolge Eheschließung **1617c** 20
- Namensänderung nach anderen Gesetzen **1617c** 27 ff.
- nationale Minderheiten deutscher Staatsangehörigkeit **1617c** 30
- notwendiger Anschluss älterer Kinder **1617c** 9
- Regelungslücken **1617c** 16f
- Regelungssystem **1617c** 2
- Scheidungshalbwaisen **1617c** 16, 27
- spezialgesetzliche Regelungen **1617c** 27 ff.
- Tod eines Elternteils **1617c** 17
- Vertriebene **1617c** 29
- Voraussetzungen **1617c** 5f
- Wahrung der Namenseinheit **1617c** 2
- widerstreitende Namenskontinuität **1617c** 3

Gefährdung des Kindesvermögens
- Allgemeines **1666** 125
- Amtsermittlungsgrundsatz **1666** 127
- Anforderungen an die elterliche Vermögensfürsorge *s. auch Vermögenssorge*; **1666** 121 f.
- elterliche Pflichtverletzung **1666** 139 ff.
- elterlicher Vermögensverfall **1666** 143
- Ermessen des Gerichts **1666** 132, 167
- gegenwärtige Gefahr **1666** 48
- gerichtliche Maßnahmen bei – *s.d.*
- Indizwirkung der Regelbeispiele **1666** 127 ff.
- künftige – **1666** 133
- Nichtbefolgung gerichtlicher Anordnungen **1666** 141f
- Pflichten der Vermögenssorge *s. auch Vermögenssorge*; **1666** 121
- Rechtsfolgen **1666** 149 ff.
- Regelbeispiele **1666** 127 ff.
- Schutz des Kindesvermögens **1666** 120 ff.
- sonstige Verhaltensweisen zur – **1666** 143 ff.
- Subsidiarität gerichtlicher Maßnahmen **1666** 116 ff.
- Verletzung der elterlichen Unterhaltspflicht **1666** 132 ff.
- Verletzung der mit der Vermögenssorge verbundenen Pflichten **1666** 139
- Verletzung von Vermögensbetreuungspflichten, drohende **1666** 143, 145

magere Zahlen = Randnummern

Sachverzeichnis

- Vermögensbegriff **1666** 125 ff.
- Vermögensgefährdung **1666** 125 f.
- Vermutungswirkung **1666** 127

Gefährdung des Kindeswohls
- AIDS-Infektion der Eltern **1666** 115
- Alkoholproblem der Eltern **1666** 102, 114, 119
- Anfechtung des Vaterschaftsanerkenntnisses, Verweigerung **1666** 111
- Angebot öffentlicher Hilfen **1666** 118
- Aufenthaltsbestimmungsrecht **1666** 91 ff.
- als Aufhebungsgrund für Adoption **1760** 14; **1761** 12 f.
- Ausbeutung des Kindes **1666** 110
- bei Ausbildung des Kindes **1666** 105f
- Ausgehverbot **1666** 89
- bei ausländischen Familien **1666** 53 ff.
- Auswanderung des Kindes **1666** 98
- Beachtlichkeit des Kindeswillens **1666** 45 ff.
- Bluttransfusionen **1666** 80
- Definition **1666** 48 ff.
- Diagnosemaßnahmen **1666** 82
- Divergenzen zwischen Sorgerechtsberechtigten und minderjähriger Mutter **1666** 69
- Drittverhalten **1666** 103
- Drogenabhängigkeit der Eltern **1666** 114, 119
- Eintritt der Volljährigkeit **1666** 70
- Einzelfälle **1666** 57, 80, 89 f., 101 f., 121
- entwürdigende Maßnahmen **1666** 60
- Erziehungsversagen **1666** 35 ff.
- Erziehungsversagen nach längerem Aufenthalt in Familienpflege **1666** 93
- geistige Behinderung der Eltern **1666** 115
- gerichtliche Maßnahmen bei – s.d.
- Gesamtwürdigung des Elternverhaltens **1666** 116
- gewaltfreie Erziehung **1666** 58
- gewohnte Umgebung **1666** 92 ff.
- Herausgabeverlangen des Sorgerechtsinhabers **1666** 95f
- Impfungen **1666** 84
- internationale Rechtsquellen, weitere **1666** 33
- Internationale Schutzbestimmungen **1666** 27 ff.
- Intimsphäre des Kindes **1666** 112
- Kindesmisshandlung **1666** 58 ff.
- Kindeswohldefinition **1666** 48 ff.
- Kindschaftsrechtsreform **Vor 1626** 7 ff.
- Lebendorganspende **1666** 80
- bei Medikation **1666** 82
- bei medizinischer Betreuung **1666** 77 ff.
- Milieu der Eltern **1666** 100
- minderjährige Mutter **1666** 66 ff.
- Misshandlungen **1666** 58
- Nationalität des Sorgerechtsinhabers **1666** 59
- neurotische Fehlhaltung **1666** 90
- Orientierungshilfe **1666** 113
- Prostitution des Kindes **1666** 110
- psychische Erkrankungen **1666** 85, 115
- Rechtsfolgen **1666** 149 ff.
- in Religionsangelegenheiten **1666** 51
- Religionsangelegenheiten **1666** 107
- schlecht ernährter Säugling **1666** 82
- Schulzwang **1666** 106
- Schutzauftrag des Jugendamtes **SGB VIII 8a**
- durch Schwangerschaftsabbruch **1666** 63 ff.
- seelisches Wohl **1666** 46
- Selbstschädigung **1666** 46
- sexueller Missbrauch **1666** 61f
- strafbare Handlungen des Kindes **1666** 110
- Streitigkeiten und Schlägereien **1666** 114
- tätliche Auseinandersetzungen **1666** 102
- Trennung des Kindes von der Familie s.d.
- Umgangsbeschränkungen **1666** 85 ff.
- Umgangsverbot **1666** 89
- Ungeeignetheit der Eltern **1666** 117
- ungesunde Ernährung **1666** 51
- unverschuldetes Versagen der Eltern **1666** 113 ff.
- durch das Verhalten Dritter **1666** 103, 147
- Vermögenssorgepflichten **1666** 121
- Vernachlässigungen **1666** 100
- verweigerte Zustimmung zu ärztlichen Behandlungen **1666** 1002
- Wohnsitzwechsel, häufiger **1666** 51, 91
- Züchtigungen **1666** 53

Gegenbetreuer
- anwendbare Vorschriften des Gegenvormunds **Vor 1896** 15
- Bestellung **1896** 233
- Entschädigungspauschale **VBVG 4** 4; **VBVG 6** 4
- Verweis auf Gegenvormund **1792** 18

Gegenvormund
- Ablehnungsrechte **1786** 14
- Amtsende **1895**
- Anhörung vor Genehmigungserteilung **1826**
- Anspruch auf Beratung und Unterstützung durch das Jugendamt **SGB VIII 53** 3, 6
- anwendbare Vorschriften **1792** 12; **1799** 9
- Anzeigepflicht **1799** 4
- Anzeigepflicht bei Tod des –s **1894** 4; **1895** 3
- Aufsicht des Jugendamtes **SGB VIII 53** 4, 6
- Auskunftspflicht **1839**; **1891** 4f
- Auskunftsrecht **1799** 7
- Ausschließungsrecht der Eltern **1782** 14
- Ausschluss der Bestellung eines –s **1852** 7f
- Auswahl durch das FamG **1779** 25
- Beamter als – **1784** 10
- befreite Vormundschaft s.d.
- Berufungsrecht der Eltern **1777** 10
- Beschwerde **1792** 13
- Beschwerde gegen Genehmigung des FamG **1810** 8
- Beschwerderecht des Mündels **1792** 17
- besonders geregelte Befugnisse **1799** 8
- Bestallungsurkunde **1791** 8
- Bestellung durch das FamG **1789** 16

2295

Sachverzeichnis

fette Zahlen = §§

- Bestellung unter Vorbehalt **1790** 6
- Einsicht in Unterlagen **1799** 6
- Entlassung **1790** 6; **1886** 24
- Entlassung auf eigenen Antrag **1889** 9
- Entlassung von Beamten und Religionsdienern **1888** 7
- Ergänzungspflegschaft **1909** 9
- Ermessen **1792** 2
- Ermessensbindung bei Vermögensverwaltung **1792** 6 ff.
- Fortführung der Geschäfte nach Beendigung des Amtes **1893** 4
- Funktion **1792** 1; **1799** 2 f.
- Genehmigung der Anlage von Mündelgeld **1807** 5
- Genehmigung der Auszahlung von Mündelgeld **1809** 7
- Genehmigung von Rechtsgeschäften des Vormunds **1832**
- Genehmigungserteilung bei Verfügungen über Forderungen und Wertpapiere **1812** 39
- Haftung **1833** 2
- Jugendamt als – **SGB VIII 58**; **1791b** 7
- mehrere Gegenvormünder **1797** 22
- Mitteilungspflichten des Jugendamtes gegenüber dem FamG **SGB VIII 53** 5, 6
- bei Mitvormundschaft **1792** 11
- Mitwirkung bei der Rechnungslegung **1842**; **1891**
- Person des -s **1792** 15
- Pflichten und Rechte **1799**
- Pflichtverletzungen des -s **1799** 10
- Prüfung der Schlussrechnung **1891** 2f
- Rechnungsüberprüfungspflicht **1842** 4
- Rechtsstellung **1799** 1
- Religionsdiener als – **1784** 10
- Rückgabe von Urkunden **1893** 13
- Schadensersatz bei Ablehnung **1787** 14
- Übernahmepflicht **1785** 12
- Unfähigkeit als – **1780** 9
- Untauglichkeit als – **1781** 7
- Unterrichtungspflicht **1799** 6
- Unzulässigkeit eines -s **1792** 3 ff.
- Verein als – **1791a** 15, 18
- Verfahren **1792** 13 ff.
- Verfahrensrecht **1799** 11
- Vergütung **1836** 5, 39
- bei Vermögenspflegschaften **1915** 21f
- Vertretungsmacht **1799** 5
- Voraussetzungen **1792** 2 ff.
- vorläufige Verpflichtung **1787** 15
- Vorschlagspflicht des Jugendamtes **SGB VIII 53** 2, 6
- Weigerung der Übernahme **1792** 16
- Zustimmung des benannten Vormunds **1778** 20
- Zwangsgeld bei Ablehnung **1788** 11

Geldrente
- allgemeiner Verwandtenunterhalt **1612** 17 f.
- im Ausland **1612** 99

- Bestimmungsrecht der Eltern **1612** 100 ff.
- Beweislast **1612** 26
- Fälligkeit **1612** 94 ff.
- auf Sperrkonto **1612** 23
- Tod des Berechtigten **1612** 103 ff.
- Zahlungsweise **1612** 96 ff.
- zeitliche Begrenzung **1612** 102
- Zuständigkeit **1612** 25

Geldunterhalt s. Barunterhalt

gerichtliche Maßnahmen bei Gefährdung des Kindesvermögens
- Allgemeines **1667** 7 ff.
- Amtsverfahren **1667** 24
- Anhörung der Eltern **1667** 25
- Art und Weise der Anlage von Kindesgeld **1667** 13 ff.
- Auswahlermessen **1667** 7
- Beschränkungen, sachliche **1667** 9
- Beschwerde **1667** 23 ff.
- Bestellung eines Prozessbevollmächtigten **1667** 9
- gegenüber Dritten **1667** 16
- durch Elternverhalten **1667** 1
- Entstehungsgeschichte **1667** 2 ff.
- Entziehung der Vermögenssorge **1667** 8, 14, 22
- Kosten der angeordneten Maßnahme **1667** 22
- Maßnahmen des FamG **1667** 7 ff.
- Maßnahmenkatalog **1667** 8f
- Pflichten des Vormunds, Verweis auf die – **1667** 17
- Rechnungslegung **1667** 10 ff.
- zur Regelung der Anlageform **1667** 13
- Schutz des Kindesvermögens **Vor 1626** 2
- Sicherheitsleistung als Gefahrenabwehrmaßnahme **1667** 18 ff.
- Sperrvermerk, Anordnung **1667** 13 ff.
- Verfahren **1667** 24 ff.
- Verfahrenskosten **1667** 31
- Verhältnis zu § 1666 **1667** 5f
- Verhältnismäßigkeitsgrundsatz **1667** 7
- Vermögenspfleger, Bestellung **1667** 27
- Vermögensverzeichnis **1667** 10 ff.
- vorläufige Anordnungen **1667** 27
- Zuständigkeit des FamG **1667** 23
- Zwangsgeld gegen die Eltern **1667** 11, 14, 25

gerichtliche Maßnahmen bei Gefährdung des Kindeswohls
- Abänderung gerichtlicher Anordnungen **1696** 22
- Abgrenzungen **1666** 6 ff.
- Adoption **1666** 199
- bei alleiniger Kindessorge eines Elternteils **1666** 11
- allgemeine Richtlinien **1666** 149 ff.
- Amtsermittlungsgrundsatz **1666** 214 f., 252 f.
- Änderung **1666** 241 f.
- Angemessenheit **1666** 157

magere Zahlen = Randnummern

Sachverzeichnis

- Anhörungspflichten **1666** 224 f., 253
- Anordnungskompetenz gegenüber dem Jugendamt **1666** 175 ff.
- Anwendungsbereich **1666** 38 ff.
- Anzeigepflicht des Jugendamtes **1666** 173
- Aufhebung **1666** 241 ff.
- Ausbildung und Beruf **1666** 18
- Ausrichtung am Kindeswohl **1666** 152f
- Auswahlermessen **1666** 152 ff.
- befristete Beschwerde **1666** 247 ff.
- Befristung, Bedingung **1666** 161
- Beschwerdebefugnis **1666** 247 ff.
- Bestellung eines geeigneten Prozessbevollmächtigten **1667** 9
- Dauer **1666** 187
- dinglicher Arrest **1666** 205
- gegen Dritte **1666** 206, 212
- Einleitung des Verfahrens **1666** 213f
- Einschränkung und Entziehung des Aufenthaltsbestimmungsrechts **1666** 196 ff.
- Entstehungsgeschichte **1666** 3f
- Entziehung der elterlichen Sorge der alleinerziehenden Mutter **1666** 164
- Entziehung der Vermögenssorge **1666** 200 ff.
- Erforderlichkeit **1666** 159
- Ergänzungspflegschaft aufgrund – **1666** 195
- Ermessen des Gerichts **1666** 132, 174
- Ersetzung der Einwilligung in eine Adoption **1666** 15
- Ersetzung von Erklärungen der Eltern **1666** 159
- Erziehungsunfähigkeit **1666** 36
- Folgen **1666** 162
- Formen öffentlicher Hilfe **1666** 170 ff.
- Geeignetheit **1666** 158
- Gefährdung des Kindeswohls s.d.
- Gefahrenabwehrmaßnahmen, ungeregelte **1666** 204
- Gefahrenabwehrzuständigkeit des Staates, subsidiäre **1666** 148
- Gesamtwürdigung des Elternverhaltens **1666** 116
- bei Getrenntleben der Eltern **1666** 7 ff.
- Gewaltanwendung gegen das Kind **1666** 246
- Haager Minderjährigenschutzabkommen **1666** 27 ff.
- bei Heirat des minderjährigen Kindes **1666** 16
- Hilfe vor Eingriff **1666** 170
- Hilflosigkeit der Eltern **1666** 117
- Hinterlegungsanordnung **1666** 204
- internationale Schutzbestimmungen **1666** 27 ff.
- Inventarisierung, ungenügende **1666** 200
- Jugendamtsbefugnisse **1666** 23
- Jugendhilfeleistungen **1666** 198
- Jugendstrafverfahren **1666** 26
- Kausalzusammenhang **1666** 36
- Kind **1666** 39 ff.
- Kinder- und Jugendhilfe **1666** 22f, 172, 198

- Kindesvermögens, Schutz s. auch *Gefährdung des Kindesvermögen*; **Vor 1626** 2; **1666** 120 f.
- Kindeswillen, Beachtlichkeit **1666** 45 ff.
- Kindeswohldefinition **1666** 48 ff.
- Kosten **1666** 259
- landesrechtliche Bestimmungen **1666** 24
- mangelnde Wille und Fähigkeit der Eltern zur Gefahrenabwehr **1666** 117
- Maßnahmen des FamG **1666** 168 ff.
- Meinungsstreit der Eltern **1666** 12
- nasciturus **1666** 40f
- Ordnungsgeld **1666** 243
- Ordnungsgeld, Androhung **1666** 243
- im Bereich der Personensorge **1666** 165 ff.
- gegenüber Pflegeeltern **1666** 38
- gegenüber Pfleger **1666** 38; **1666a** 1
- Pflichtwidrigkeitserfordernis **1666** 35f
- besondere Prüfpflichten **1666a** 2
- rechtliches Gehör **1666** 223
- Rechtsbeschwerde **1666** 256 ff.
- Rechtsmittel **1666** 247 ff.
- Reformvorhaben **1666** 3f
- Ruhen der elterlichen Sorge **1666** 13
- Sachverständige **1666** 216
- Schutz des Kindes **Vor 1626** 2; **1666** 2
- in der Schwangerschaft **1666** 41f
- Selbsthilfe des Sorgerechtsinhabers **1666** 116
- Sorgerechtsinhaber **1666** 38 ff.
- und strafrechtlicher Kindesschutz **1666** 25
- Subsidiaritätsklausel **1666** 38, 116 f.
- Substanz **1666** 164
- Tatbestandsvoraussetzungen **1666** 34 f., 125
- Tod eines Elternteils **1666** 14
- Totensorgerecht **1666** 39
- Trennung des Kindes von der Familie s.d.
- Umgangsverbote **1666** 211
- UN-Kinderrechtskonvention **1666** 33
- Unterbringungsantrag, missbräuchlicher **1666** 19
- Untersuchung gegen den Willen des Betroffenen **1666** 221
- Unwilligkeit und Unfähigkeit der Eltern zur Personensorge **1666** 117
- Verbleibensanordnung **1666** 20f, 159
- Verfahren **1666** 212 ff.
- Verfahrensbeistand **1666** 232
- Verfahrensgrundsätze **1666** 213 ff.
- verfahrensrechtliche Stellung des Kindes **1666** 232
- Verfassungsmäßigkeit **1666** 5; **1666a** 6
- Verhältnis zu anderen Vorschriften **1666** 6 ff.
- Verhältnis zu SGB VIII **1666** 22f
- Verhältnismäßigkeitsgrundsatz **1666** 1, 116, 154, 156, 175 f.; **1666a**
- im Bereich der Vermögenssorge **1666** 200 ff.
- Verschuldenserfordernis **1666** 35
- Vertretung des Kindes, gesetzliche **1666** 17
- Vollzug **1666** 243 ff.
- vorläufige – **1666** 208 f., 234
- gegenüber Vormund **1666** 38; **1666a** 1

Sachverzeichnis

fette Zahlen = §§

- Vormundschaft nach – **1666** 195
- Vorrang öffentlicher Hilfen **1666a** 3 ff.
- Wächteramt der staatlichen Gemeinschaft **1666** 1f
- gegen den Widerstand des minderjährigen Kindes **1666** 244
- Wiederholungsgefahr **1666** 119
- Zeugenbeweis **1666** 220
- Zuständigkeit des FamG **1666** 212
- Zwangsgeld s. Ordnungsgeld
- Zwangsgeld, Androhungs. Ordnungsgeld

Geschwister
- Pflicht zu Beistand und Rücksicht **1618a**

Gesetz über die Vergütung von Vormündern und Betreuern VBVG

Gesetz über religiöse Kindererziehung Anh. 1631

Gesetz zur Ächtung der Gewalt in der Erziehung 1631 16

Gesetz zur Umsetzung familienrechtlicher Entscheidungen des BVerfG Vor 1626 23

Gesetz zur weiteren Verbesserung von Kinderrechten 1666a 1

gesetzlicher Vertreter
- beschränkt geschäftsfähiger Elternteile **1596** 5
- Jugendamt als Pfleger **1596** 12
- des nicht voll geschäftsfähigen Kindes **1596** 11f
- Rechtsnatur der Zustimmung des – **1596** 3
- Vaterschaftsanerkennung durch – **1596** 6

Gesundheitsbetreuung
- Abgrenzung zur Aufenthaltsbetreuung **1896** 88
- allgemeine Versorgung **1896** 70
- Arzneimittelversuche an Betreuten **1896** 83
- ärztliche Aufklärung **1896** 75
- Begriff **1896** 74
- eingeschränkt auf Krankheitsbilder **1896** 73
- nach Eintritt des Hirntodes **1896** 82
- freiheitsentziehende Unterbringung **1896** 76
- Kastration **1896** 83
- medizinische Angelegenheiten **1896** 75
- Organisation **1896** 79
- Organspende **1896** 83
- Rehabilitation **1896** 80
- Schweigepflicht **1896** 75
- Sterilisation **1896** 83
- Tod des Betreuten **1896** 82
- Vollmacht **1896** 83
- Zwang gegen Willen des Betreuten **1896** 77
- Zweck **1896** 74

Gewaltschutzgesetz 1666a 18

Gutachtenunterbringung 1906 73

Haager Minderjährigenschutzabkommen 1666 27 f.

Haager Übereinkommen über den Schutz von Kindern und die Zusammenarbeit auf dem Gebiet der internationalen Adoption AdWirkG Vor § 1 1

Haftung der Eltern
- analoge Anwendung **1664** 5
- Anspruchsgrundlage, selbständige **1664** 1
- Anwendungsbereich **1664** 6 ff.
- Aufsichtspflicht **1664** 11f
- für Aufwendungsersatz des Kindes **1648** 10
- Ausgleichspflicht zwischen den Eltern **1664** 18
- bei Ausübung der elterlichen Sorge **1664** 3
- beschränkte – **1664**
- Beweislast **1664** 21
- Geltendmachung von Ersatzansprüchen **1664** 20f
- gesamtschuldnerische Haftung **1664** 17 ff.
- Haftung Dritter **1664** 19
- Haftung für Dritte **1664** 15
- Haftungsmaßstab **1664** 3 ff.
- Haftungsvoraussetzungen **1664** 3 ff.
- gegenüber dem Kind **1626** 77
- für das Kind **1626** 77
- Maßstab der Sorgfaltspflicht **1664** 1
- Mitverschulden **1664** 13
- nichtsorgeberechtigter Elternteil **1664** 5
- Pflegerbestellung **1664** 20
- pflichtwidriges, das Kind schädigendes Handeln **1664** 3
- Straßenverkehr **1664** 10
- Überblick **1664** 3f
- Umkehrung des § 1664 **1664** 16
- Verhältnis zu deliktischen Ansprüchen **1664** 7 ff.
- Vertragsbeziehung **1664** 14

Haftung des Kindes
- für die Eltern **1626** 78

Heilbehandlung 1904 23

Heimerziehung SGB VIII 34

Heirat
- des minderjährigen Kindes **1666** 16

Herausgabe eines Kindes
- Anhörung **1632** 17
- Anspruch auf – gegen anderen Elternteil **1632** 24 ff.
- Anspruch auf – gegen Dritte **1632** 4 ff.
- Antrag **1632** 15
- Aufenthaltsbestimmungsrecht **1632** 5, 25 f.
- beschränkte Geschäftsfähigkeit eines Elternteils **1673** 8
- Betreten der Wohnung **1632** 19
- einstweilige Anordnung **1632** 22, 35
- einstweiliger Rechtsschutz **1632** 22 f.
- Gewalt gegen Herausgabepflichtigen **1632** 18
- Gewaltanwendung gegen das Kind **1632** 20 ff.
- Herausgabe der zum persönlichen Gebrauch des Kindes bestimmten Sachen **1632** 23
- Herausgabeberechtigter **1632** 5 ff.
- Herausgabeverpflichteter **1632** 9 ff.
- Inhalt des Antrages **1632** 16
- internationale Rückführungsregeln **1632** 34
- nach Kindesentführung **1632** 33f

magere Zahlen = Randnummern **Sachverzeichnis**

- Kindeswohlprüfung **1632** 13, 28
- Rechtsmittel **1632** 21 ff.
- Rückführungsanspruch bei Kindesentführung **1632** 33f
- Personensorge, tatsächliche **1632** 5
- Verbleibensanordnung s.d.
- bei Vereinbarung der Eltern **1632** 30, 34
- Verfahren, gerichtliches **1632** 14 f., 35f
- Verhältnismäßigkeitsgrundsatz **1632** 18
- Vollstreckung **1632** 18 ff.
- Vollstreckungsmaßnahmen gegen das Kind **1632** 20 ff.
- vorausgegangene Sorgerechtsentscheidung **1632** 29
- Voraussetzungen **1632** 9 f., 25 f.
- Vorenthalten **1632** 10
- Widerrechtlichkeit **1632** 11f
- Zuständigkeit des FamG **1632** 14, 35

HLA-Gutachten 1600d 64f

Höferecht
- Verwandtenunterhalt für weichende Hoferben **1601** 52

Inobhutnahme
- zur Abwehr eines Herausgabeverlangens **SGB VIII 42** 9
- Begriff **SGB VIII 42** 3
- dringende Gefahr **SGB VIII 42** 5
- Ende **SGB VIII 42** 18
- Kosten **SGB VIII 42** 21
- Rechtsnatur **SGB VIII 42** 3
- Selbstmelder **SGB VIII 42** 4
- unbegleitete ausländische Kinder **SGB VIII 42** 8
- Voraussetzungen **SGB VIII 42** 4 ff.
- zugeführte Kinder und Jugendliche **SGB VIII 42** 5 ff.

Insemination
- Ausschluss der Vaterschaftsanfechtung nach – **1600** 29 ff.
- gerichtliche Vaterschaftsfeststellung **1600d** 12 ff.
- heterologe – **1592** 19
- heterologe – **1589** 8; **Vor 1591** 32
- homologe – **1592** 18
- postmortale – **1593** 10
- Rechtsstellung des Samenspenders **1600** 30 ff.
- Umgangsrecht des Kindes des Vaters nach – **1684** 7
- Vaterschaft **1592** 18 ff.

In-vitro-Fertilisation
- Mutterschaft **1591** 9 ff.
- Vaterschaftsanfechtung nach – **1592** 19
- Verwandtschaft **1589** 6 f., 11

Jugendamt
- Anerkennung als Träger freier Jugendhilfe **SGB VIII 75**
- Aufsicht über Pfleger und Vormünder **SGB VIII 53** 4
- Auskunftspflicht über Nichtabgabe und Nichtersetzung von Sorgeerklärungen **SGB VIII 58a**
- Befugnisse für vorläufige Maßnahmen zum Schutz von Kindern und Jugendlichen **SGB VIII 42** 10f
- Beratung und Unterstützung bei Vaterschaftsfeststellung und Geltendmachung von Unterhaltsansprüchen **SGB VIII 52a**
- Beratung und Unterstützung von Pflegern und Vormündern **SGB VIII 53**
- besonderer Vertrauensschutz in der persönlichen und erzieherischen Hilfe **SGB VIII 65**
- Beteiligung anerkannter Träger der freien Jugendhilfe bei der Wahrnehmung anderer Aufgaben **SGB VIII 76**
- Beurkundungs- und Beglaubigungsbefugnisse **SGB VIII 59**
- Bußgeldvorschriften **SGB VIII 104**
- Datenerhebung durch das – **SGB VIII 62**
- Datenspeicherung durch das – **SGB VIII 63**
- Datenübermittlung und -nutzung durch das – **SGB VIII 64**
- ergänzende Vorschriften **SGB VIII 97** ff
- Finanzierung von Tageseinrichtungen für Kinder **SGB VIII 74a**
- Förderung der freien Jugendhilfe **SGB VIII 74**
- Fortbildung für Mitarbeiter **SGB VIII 72**
- als Gegenvormund **SGB VIII 58**
- Gesamtverantwortung **SGB VIII 79**
- Grundausstattung **SGB VIII 79**
- Hinweispflicht auf Beteiligungsmöglichkeit der Kinder und Jugendlichen **SGB VIII 8** 5
- Hinweispflicht auf Wunsch- und Wahlrecht **SGB VIII 5** 7
- Jugendhilfeplanung **SGB VIII 80**
- konkurrierende Zuständigkeit für Beurkundung und Beglaubigung **SGB VIII 59** 4
- Kosten von Beurkundungen und Beglaubigungen **SGB VIII 59** 7
- Kostenbeiträge für stationär und teilstationäre Leistungen sowie vorläufige Maßnahmen **SGB VIII 91** ff
- Kostenbeteiligung **SGB VIII 90** ff
- Kostenerstattung **SGB VIII 89** ff
- Mitteilungspflichten an das – **1851**
- Mitteilungspflichten gegenüber dem FamG **SGB VIII 53** 5
- Mitwirkung bei Vormundschaft **1851**
- Organisation des Jugendamtes und des Landesjugendamtes **SGB VIII 70**
- pauschalierte Kostenbeteiligung **SGB VIII 90**
- persönliche Eignung der Mitarbeiter **SGB VIII 72a**
- Planungsverantwortung **SGB VIII 79**
- Schutz von Sozialdaten **SGB VIII 61** ff

2299

Sachverzeichnis

fette Zahlen = §§

- Strafvorschriften **SGB VIII 105**
- Träger der öffentlichen Jugendhilfe **SGB VIII 69 ff**
- Überleitung von Ansprüchen **SGB VIII 95**
- Unterstützung für ehrenamtliche Tätigkeit **SGB VIII 73**
- Vereinbarungen über Leistungsangebote, Entgelte und Qualitätsentwicklung **SGB VIII 78a ff**
- Vermeidung von Interessenkollisionen **SGB VIII 59** 5
- vollstreckbare Urkunden des -es **SGB VIII 60**
- Voraussetzungen für die Übernahme des Leistungsentgelts **SGB VIII 78b**
- Zuständigkeit für Beurkundungen und Beglaubigungen **SGB VIII 59** 7
- Zuständigkeit für Kinder- und Jugendhilfe **SGB VIII Vor 1** 20
- Zuständigkeitsregelungen **SGB VIII 85 ff**

Jugendamt, Mitwirkung in gerichtlichen Verfahren
- Absehen von der Beratung **SGB VIII 51** 4f
- als Adressat von Leistungsanordnungen des Gerichts **SGB VIII 50** 2
- Anhörungspflicht des Gerichts **SGB VIII 50** 7
- Belehrung eines Elternteils vor Ersetzung seiner Einwilligung in Adoption **SGB VIII 51** 2
- Beratung des Vaters eines Kindes, dessen Eltern nicht miteinander verheiratet sind und die keine Sorgeerklärung abgegeben haben **SGB VIII 51** 7 ff.
- Beratung eines Elternteils vor Ersetzung seiner Einwilligung in Adoption **SGB VIII 51** 3 ff.
- Beratung und Belehrung in Verfahren zur Annahme als Kind **SGB VIII 51**
- Berücksichtigung der Jugendhilfemöglichkeiten bei der Entscheidung **SGB VIII 50** 8
- datenschutzrechtliche Grenzen der Mitwirkung **SGB VIII 50** 11
- Entscheidungsvorschlag und gutachterliche Wertung des Jugendamtes **SGB VIII 50** 9
- fehlende Belehrung und Beratung **SGB VIII 51** 10
- Mitwirkungspflicht des Jugendamtes **SGB VIII 50** 6f
- als Träger eigener Aufgaben **SGB VIII 50** 1
- Unterrichtung des FamG über erbrachte oder angebotene Leistungen **SGB VIII 51** 6
- Unterstützungspflicht des Jugendamtes **SGB VIII 50** 3 ff.
- Verfahren nach dem Jugendgerichtsgesetz **SGB VIII 52**
- Verfahren vor den Vormundschafts- und Familiengerichten **SGB VIII 50**
- Weisungskompetenz, gerichtliche **SGB VIII 50** 5

Jugendhilfeplanung SGB VIII 80

Kinder- und Jugendhilfe
- Adressaten der anderen Aufgaben **SGB VIII 6** 4
- Adressatenkreis **SGB VIII 1** 3
- Anknüpfung an den tatsächlichen Aufenthalt **SGB VIII 6** 2 ff.
- Anrufung des FamG **SGB VIII 8a** 10f
- Antragstellung durch den Minderjährigen **SGB VIII 1** 11f
- für Asylbewerber **SGB VIII 6** 9
- andere Aufgaben **SGB VIII 42 ff**; **SGB VIII 6** 4; **SGB VIII 2** 5; **SGB VIII 3** 7
- Aufgaben der – **SGB VIII 2**
- für Ausländer **SGB VIII 6** 6 ff.
- Ausübung des staatlichen Wächteramts **SGB VIII 1** 4 ff.
- Beachtung der von den Personensorgeberechtigten festgelegten Grundrichtung der Erziehung **SGB VIII 9** 2 ff.
- Befolgung des Wunsch- und Wahlrechts **SGB VIII 5** 8
- Begriffsbestimmungen **SGB VIII 7**
- Beratung in Not- oder Konfliktlagen **SGB VIII 8** 7f
- Berücksichtigung von Bedürfnissen und Eigenarten **SGB VIII 9** 6
- rechtliche Beschränkung des elterlichen Erziehungsrechts **SGB VIII 9** 2
- Beteiligung von Kindern und Jugendlichen **SGB VIII 8**
- Beteiligungspflicht **SGB VIII 8** 4
- Chancengleichheit **SGB VIII 9** 7
- Definitionen **SGB VIII 7** 2 ff.
- Deutsche im Ausland **SGB VIII 6** 13
- Eingliederung in das **SGB VIII Vor 1** 8f
- und Eingliederungshilfe **SGB VIII 10** 11
- Eingliederungshilfe für seelisch behinderte Kinder und Jugendliche **SGB VIII 35a**
- Einschaltung anderer Institutionen **SGB VIII 8a** 13
- Entstehungsgeschichte und Gesetzesänderungen des SGB VIII **SGB VIII Vor 1** 3 ff.
- Erziehungsberechtigter **SGB VIII 7** 5
- Erziehungsmethode **SGB VIII 9** 5
- Erziehungsvorrang der Eltern **SGB VIII 9** 2 f.; **SGB VIII 1** 13
- Erziehungsziel **SGB VIII 1** 2; **SGB VIII 9** 5
- Förderung freier – **SGB VIII 4** 9
- freie – **SGB VIII 3** 4; **SGB VIII 8a** 8f
- freie und öffentliche – **SGB VIII 3f**
- und Frühförderung **SGB VIII 10** 13
- Funktionsschutz für freie – **SGB VIII 4** 5 ff.
- Gesamtverantwortung der öffentlichen – **SGB VIII 3** 6; **SGB VIII 4** 7
- Gesetz zur Weiterentwicklung der – **SGB VIII 8a** 2

2300

magere Zahlen = Randnummern

Sachverzeichnis

– Gleichberechtigung von Mädchen und Jungen **SGB VIII 9** 7
– Gliederung des SGB VIII **SGB VIII Vor 1**
– Grenzen des Schweigerechts gegenüber den Eltern **SGB VIII 8** 8
– Grundrichtung der Erziehung **SGB VIII 9**
– Grundziele der – **SGB VIII 1** 14f
– Hilfeangebot **SGB VIII 8a** 7
– Hinweispflicht des Jugendamtes **SGB VIII 8** 5; **SGB VIII 5** 7
– Informationsgewinnung **SGB VIII 8a** 4
– Inobhutnahme **SGB VIII 8a** 12
– Jugendlicher **SGB VIII 7** 2
– junger Mensch **SGB VIII 7** 3
– junger Volljähriger **SGB VIII 7** 3
– Kind **SGB VIII 7** 2
– konzeptionelle Entwicklung **SGB VIII Vor 1** 1
– Kosten der Jugendhilfe **SGB VIII Vor 1** 21
– Kostenermittlung **SGB VIII 5** 10
– Krisenintervention **SGB VIII 42** 1
– Leistungen **SGB VIII 2** 2 ff.
– Leistungen der Schule **SGB VIII 10** 4
– Leistungsangebote für die Familie **SGB VIII Vor 1** 10
– Leistungsanordnungen des FamG bei Kindesgefährdung **SGB VIII 1** 7
– Leistungsberechtigte **SGB VIII 6** 2
– Mitwirkung des Jugendamtes an gerichtlichen Verfahren s. *Jugendamt, Mitwirkung in gerichtlichen Verfahren*
– Nachrang gegenüber Verpflichtungen von Trägern anderer Sozialleistungen **SGB VIII 10** 2 ff.
– öffentliche – **SGB VIII 3** 5
– Personensorgeberechtigter **SGB VIII 7** 4
– Pflegeperson **SGB VIII 44** 2
– Recht auf Förderung und Erziehung **SGB VIII 1** 2 ff.
– Recht auf staatlichen Schutz **SGB VIII 1** 2 ff.
– Recht von Kindern und Jugendlichen, sich an das Jugendamt zu wenden **SGB VIII 8** 6
– Rechte der Kinder und Jugendlichen, eigene **SGB VIII Vor 1** 12
– Rechtsanspruch des jungen Menschen **SGB VIII 1** 4 ff.
– Rechtsansprüche des Minderjährigen **SGB VIII 7** 6
– Regelungsgegenstände des SGB VIII **SGB VIII Vor 1** 2
– religiöse Kindererziehung **SGB VIII 9** 4
– Risikoeinschätzung **SGB VIII 8a** 3 ff.
– Schranken des Wunsch- und Wahlrechts **SGB VIII 5** 9 ff.
– Schutzauftrag bei Kindeswohlgefährdung **SGB VIII 8a**
– Schwerpunkte **SGB VIII Vor 1** 10 ff.
– Selbständigkeit freier Träger **SGB VIII 4** 4
– Stärkung der Selbsthilfe **SGB VIII 4** 9

– sozialrechtliche Handlungsfähigkeit des Minderjährigen **SGB VIII 7** 6; **SGB VIII 1** 11
– Trägerdualismus **SGB VIII 3** 3 ff.
– Trägergruppen, unterschiedliche **SGB VIII 3** 2 ff.
– bei Trennung oder Scheidung der Eltern **SGB VIII Vor 1** 15 ff.
– Umgangsberechtigte **SGB VIII 6** 5
– verfassungsrechtliche Vorgaben **SGB VIII Vor 1** 11
– Verflochtenheit von freier und öffentlicher – **SGB VIII 4** 2 ff.
– Verhältnis Eltern-Kind-Staat **SGB VIII Vor 1** 11 ff.
– Verhältnis von freier und öffentlicher Jugendhilfe **SGB VIII Vor 1** 14
– Verhältnis zu anderen Leistungen und Verpflichtungen **SGB VIII 10**
– Verhältnis zu Unterhaltsverpflichtungen **SGB VIII 10** 6 ff.
– Vermittlung bei der Ausübung der Personensorge **SGB VIII Vor 1** 19
– Vorrang über- und zwischenstaatlichen Rechts **SGB VIII 6** 14
– Werte- und Methodenpluralität **SGB VIII 3** 2
– Wunsch- und Wahlrecht der Leistungsberechtigten **SGB VIII 5**
– Ziele der – **SGB VIII 1**
– Ziele des SGB VIII **SGB VIII Vor 1** 1f
– Zusammenarbeit der öffentlichen mit der freien – **SGB VIII 4**
– Zuständigkeit des Jugendamtes **SGB VIII Vor 1** 20

Kinder- und Jugendhilfe, Förderung der Erziehung in der Familie
– für allein erziehende Mütter und Väter bei Personensorge **SGB VIII 18** 2 ff.
– für alleinerziehenden Elternteil mit Kind unter 6 Jahren **SGB VIII 19** 2 ff.
– allgemeine Förderung **SGB VIII 16**
– angemessene Beteiligung des Kindes oder Jugendlichen an Sorgerechtskonzept **SGB VIII 17** 10
– Anspruch auf Beratung **SGB VIII 17** 3
– Antrag auf Alleinsorge eines Elternteils **SGB VIII 17** 13f
– Arten der Förderleistungen **SGB VIII 16** 4 ff.
– bei Ausfall des alleinerziehenden Elternteils oder beider Elternteile **SGB VIII 20** 6f
– bei Ausfall des betreuenden Elternteils **SGB VIII 20** 2 ff.
– Ausführung gerichtlicher und vereinbarter Umgangsregelungen **SGB VIII 18** 13
– Auskunft über persönliche Verhältnisse **SGB VIII 18** 11
– Bedeutung der Beratung für Kinder und Jugendliche **SGB VIII 17** 4
– Beratung **SGB VIII 16** 6

2301

Sachverzeichnis

fette Zahlen = §§

- Beratung in Fragen der Partnerschaft **SGB VIII 17** 3 ff.
- Beratung und Unterstützung bei der Ausübung der Personensorge **SGB VIII 18**
- Beratung und Unterstützung bei der Ausübung des Umgangsrechts **SGB VIII 18** 7 ff.
- Betreuung und Versorgung des Kindes in Notsituationen **SGB VIII 20**
- Einbindung der Beratung und Unterstützung im familiengerichtlichen Verfahren **SGB VIII 17** 15 ff.
- Entwicklung eines einvernehmlichen Konzepts für die Wahrnehmung der elterlichen Sorge im Falle der Trennung oder Scheidung **SGB VIII 17** 9 ff.
- Familienbildung **SGB VIII 16** 5
- Familienfreizeit, Familienerholung **SGB VIII 16** 7
- Frauenhaus, Betreuung im – **SGB VIII 19** 8
- Funktionskonflikt bei Beratungsdurchführung **SGB VIII 17** 17
- gemeinsame Wohnformen für Mütter/Väter und Kinder **SGB VIII 19**
- gerichtliche Mitteilungspflicht gegenüber Jugendamt **SGB VIII 17** 18f
- Herstellung von Umgangskontakten **SGB VIII 18** 12
- Hilfe zur Aufnahme einer Berufstätigkeit durch die Mutter **SGB VIII 19** 5
- Hilfe für die schulische und berufliche Ausbildung der Mutter **SGB VIII 19** 5
- Inhaber des Beratungsanspruchs **SGB VIII 17** 6
- junge Volljährige, Beratung **SGB VIII 18** 14
- Kostentragung der Unterbringung **SGB VIII 19** 7
- Mutter-Kind-Einrichtungen **SGB VIII 19** 4
- bei notwendiger Unterbringung zur Erfüllung der Schulpflicht **SGB VIII 21**
- Pflicht zum Angebot von Förderleistungen **SGB VIII 16** 2f
- Pflicht zur Vermittlung und Hilfestellung **SGB VIII 18** 11 ff.
- Rechtsberatung **SGB VIII 17** 8
- im Scheidungsverfahren **SGB VIII 17** 15
- Sorgerechtserklärung, Beratung über die Abgabe einer – **SGB VIII 18** 6
- Sorgerechtskonzept **SGB VIII 17** 11f
- Unterhalt und Krankenhilfe bei gemeinsamer Wohnform **SGB VIII 19** 6
- Unterhalts- und Unterhaltsersatzansprüche, Beratung über – **SGB VIII 18** 4f, 14
- Unterrichtungspflicht des Jugendamtes gegenüber Eltern **SGB VIII 17** 19f
- Unterstützung des Kindes oder Jugendlichen bei der Ausübung seines Umgangsrechts **SGB VIII 18** 7f
- bei Verfahren in Kindschaftssachen **SGB VIII 17** 16
- Zwangsverbund, Aufhebung **SGB VIII 17** 2, 11, 15

Kinder- und Jugendhilfe, Förderung von Kindern in Tageseinrichtungen und Tagespflege

- Ausfallzeiten der Tagespflegepersonen **SGB VIII 23** 11
- Ausrichtung an den Bedürfnissen der Kinder und ihrer Familien **SGB VIII 22a** 6
- Beitrag zur Anerkennung der Förderleistung **SGB VIII 23** 7
- Beratung in Fragen der Kindertagespflege **SGB VIII 23** 10
- Beratung, Begleitung und Qualifizierung der Tagespflegepersonen **SGB VIII 23** 4
- Beteiligung des Erziehungsberechtigten **SGB VIII 22a** 5
- Geeignetheit der Tagespflegeperson **SGB VIII 23** 9
- gemeinsame Förderung behinderter und nichtbehinderter Kinder **SGB VIII 22a** 7
- Grundsätze der Förderung **SGB VIII 22**
- Inanspruchnahme von Tageseinrichtungen und Kindertagespflege **SGB VIII 24**
- Information, Beratung und Anmeldung des Kindes **SGB VIII 24** 10
- Kindertagespflege **SGB VIII 23**; **SGB VIII 22** 4
- Konkretisierung des Förderungsauftrages **SGB VIII 22** 7
- Kooperationsangebote **SGB VIII 22a** 4f
- Kosten der Inanspruchnahme **SGB VIII 24** 11
- Landesrechtsvorbehalt **SGB VIII 26**; **SGB VIII 22** 5
- laufende Geldleistungen **SGB VIII 23** 5
- Mindestbedarf für Kleinkinder **SGB VIII 24** 8f
- Qualitätssicherstellung in Einrichtungen anderer Träger **SGB VIII 22a** 8
- Qualitätssicherung und -weiterentwicklung bei Tageseinrichtungen öffentlicher Träger **SGB VIII 22a** 3
- Rechtsanspruch auf einen Platz in einer Tageseinrichtung **SGB VIII 24** 3 ff.
- Rechtsanspruch für Kleinkinder **SGB VIII 24** 8
- Sachaufwand **SGB VIII 23** 6
- selbstorganisierte Förderung von Kindern, Unterstützung **SGB VIII 25**
- Tageseinrichtung **SGB VIII 22a**; **SGB VIII 22** 3
- Übergangsregelungen für die Ausgestaltung des Förderungsangebots **SGB VIII 24a**
- Unfallversicherung und Alterssicherung, Aufwendungen **SGB VIII 23** 8
- Verhältnis zwischen Tagespflegepersonen und Erziehungsberechtigtem **SGB VIII 23** 13
- Vermittlung von Tagespflegepersonen **SGB VIII 23** 3

magere Zahlen = Randnummern **Sachverzeichnis**

- Vorhaltepflicht für bedarfsgerechtes Angebot für Kinder anderer Altersgruppen **SGB VIII** 24 7
- Ziele der Förderung **SGB VIII** 22 6
- Zusammenschlüsse von Tagespflegepersonen **SGB VIII** 23 12

Kinder- und Jugendhilfe, Hilfe zur Erziehung
- Annahme als Kind **SGB VIII** 36 3
- Anspruchsinhaber **SGB VIII** 27 3f
- Anspruchsvoraussetzungen **SGB VIII** 27 2
- Art der Hilfen **SGB VIII** 27 6 ff.
- ärztliche Stellungnahme **SGB VIII** 36 5
- begleitende Arbeit mit der Herkunftsfamilie **SGB VIII** 37 3
- Beratungs- und Unterstützungspflicht gegenüber der Pflegeperson **SGB VIII** 37 5
- Beratungspflicht des Jugendamtes **SGB VIII** 36 2
- Beratungsstellen **SGB VIII** 28 3
- besondere Formen der Familienpflege **SGB VIII** 33 7
- sonstige betreute Wohnform **SGB VIII** 34
- Betreuungshelfer **SGB VIII** 30
- Durchsetzung des Rechtsanspruchs **SGB VIII** 27 5
- Eingliederungshilfe für seelisch behinderte Kinder und Jugendliche **SGB VIII** 35a; **SGB VIII** 36 5
- einmalige Leistungen **SGB VIII** 39 5
- Erarbeiten einer anderen Lebensperspektive **SGB VIII** 37 4
- Erbringung im Ausland **SGB VIII** 36 5; **SGB VIII** 27 8
- Erbringung durch Unterhaltspflichtige **SGB VIII** 27 9
- Erziehung in einer Tagesgruppe **SGB VIII** 32
- Erziehungsbeistand **SGB VIII** 30
- Erziehungsberatung **SGB VIII** 28
- Förderung sozialen Lernens **SGB VIII** 29 2
- Haftung des Jugendamtes **SGB VIII** 33 5
- Heimerziehung **SGB VIII** 34
- Hilfe zur Selbsthilfe **SGB VIII** 31 5
- Hilfeempfängerin mit Kind **SGB VIII** 39 10; **SGB VIII** 27 11
- Hilfeplan **SGB VIII** 36 4
- Individualisierung der Hilfe **SGB VIII** 27 7
- intensive pädagogische Einzelbetreuung **SGB VIII** 35
- für Jugendliche in besonders gefährdeten Lebenssituationen **SGB VIII** 35 1
- Kosten der Vollzeitpflege **SGB VIII** 33
- Kostenentscheidung des Träger der öffentlichen Jugendhilfe **SGB VIII** 36a 3f
- Krankenhilfe **SGB VIII** 40; **SGB VIII** 33 4
- langfristige **SGB VIII** 36 3
- laufende Leistungen **SGB VIII** 39 4, 6 f.
- Mitteilungspflicht der Pflegeperson **SGB VIII** 37 6

- Mitwirkung der Kinder und Jugendlichen und Personensorgeberechtigten **SGB VIII** 36 2f
- niedrigschwellige Angebote **SGB VIII** 36a 5
- notwendiger Unterhalt als Annex zur erzieherischen Hilfe **SGB VIII** 39 2f
- Orientierungshilfe für die Fremdplatzierung **SGB VIII** 37 1
- Pauschalbeträge für Unterbringung in Pflegestellen **SGB VIII** 39 9
- Prüfungspflicht des Jugendamtes **SGB VIII** 37 6
- Rechtsanspruch **SGB VIII** 27 2 ff.
- Rechtsanspruch auf Eingliederungshilfe **SGB VIII** 35a 5
- Reihenfolge der Hilfearten **SGB VIII** 27 6
- seelische Behinderung **SGB VIII** 35a 3
- Selbstbeschaffung der Leistungen **SGB VIII** 36a 6
- soziale Gruppenarbeit **SGB VIII** 29
- sozialpädagogische Familienhilfe **SGB VIII** 31
- Steuerungsverantwortung der öffentlichen Träger **SGB VIII** 36a
- Teamarbeit **SGB VIII** 36 4
- Umfang **SGB VIII** 27 10
- Unterbringung außerhalb der eigenen Familie **SGB VIII** 39 2f
- Unterhalt bei Vollzeitpflege **SGB VIII** 33 4
- Unterhalt des Kindes oder des Jugendlichen, Leistungen zum – **SGB VIII** 39
- Vermittlung bei Meinungsverschiedenheiten über die Ausübung der Personensorge **SGB VIII** 38
- Verwandtenpflege **SGB VIII** 33 6
- Vollzeitpflege **SGB VIII** 33
- Zusammenarbeit bei Hilfe außerhalb der eigenen Familie **SGB VIII** 37

Kinder- und Jugendhilfe, Schutz von Kindern und Jugendlichen in Familienpflege und in Einrichtungen
- Abstimmungspflicht mit anderen Behörden **SGB VIII** 45 12
- Anspruch auf Erteilung der Erlaubnis **SGB VIII** 43 3; **SGB VIII** 44 4; **SGB VIII** 45 5
- Ausschluss des Suspensiveffekts **SGB VIII** 45 10
- besondere Befugnisse bei der örtlichen Überprüfung von Einrichtungen **SGB VIII** 46 4
- Betretungs- und Befragungsrecht des Jugendamtes **SGB VIII** 46 4
- Duldungspflicht des Trägers der Einrichtung **SGB VIII** 46 4
- Einrichtung **SGB VIII** 45 2
- Erlaubnis für den Betrieb einer Einrichtung **SGB VIII** 45
- Erlaubnis zur Kindertagespflege **SGB VIII** 43
- Erlaubnis zur Vollzeitpflege **SGB VIII** 44

Sachverzeichnis

fette Zahlen = §§

- erlaubnisfreie Einrichtungen **SGB VIII 45** 4
- erlaubnisfreie Pflegetätigkeit **SGB VIII 44** 3
- Erlaubnisvorbehalt **SGB VIII 44** 2f; **SGB VIII 43** 2
- Feststellung von Mängeln der Einrichtung **SGB VIII 45** 11
- ganztägige Betreuung oder für einen Teil des Tages **SGB VIII 45** 3
- Landesrechtsvorbehalt **SGB VIII 49**; **SGB VIII 43** 6
- Meldepflichten der Träger erlaubnispflichtiger Einrichtungen **SGB VIII 47**
- Mitwirkung der Träger der Einrichtung **SGB VIII 46** 3
- nachträgliche Auflagen **SGB VIII 45** 9
- Nebenbestimmungen **SGB VIII 45** 6
- Pflegeperson **SGB VIII 43** 2
- Rücknahme oder Widerruf der Erlaubnis **SGB VIII 44** 6; **SGB VIII 45** 8
- sonstige betreute Wohnform **SGB VIII 48a**
- Tätigkeitsuntersagung für Einrichtungen **SGB VIII 48**
- Überprüfung vor Ort **SGB VIII 46**; **SGB VIII 44** 5
- Umfang und Rechtsnatur der Erlaubnis **SGB VIII 43** 4
- Unterrichtspflicht gegenüber dem Jugendamt **SGB VIII 43** 5; **SGB VIII 44** 8
- Vereinbarungspflicht **SGB VIII 45** 7
- Versagung der Erlaubnis **SGB VIII 45** 5
- Zuständigkeit für die Erlaubniserteilung **SGB VIII 44** 7; **SGB VIII 45** 13

Kinder- und Jugendhilfe, vorläufige Maßnahmen zum Schutz von Kindern und Jugendlichen
- zur Abwehr eines Herausgabeverlangens **SGB VIII 42** 9
- Aufgaben des Jugendamtes gegenüber dem Kind oder Jugendlichen **SGB VIII 42** 12 ff.
- Aufgaben des Jugendamtes gegenüber den Personensorge- und Erziehungsberechtigten **SGB VIII 42** 16f
- Befugnisse des Jugendamtes **SGB VIII 42** 10f
- Benachrichtigung einer Vertrauensperson **SGB VIII 42** 13
- dringende Gefahr **SGB VIII 42** 5
- Ende der Inobhutnahme **SGB VIII 42** 18
- freiheitsentziehende Maßnahmen **SGB VIII 42** 19
- Inobhutnahme von Kindern und Jugendlichen **SGB VIII 42**
- Kosten **SGB VIII 42** 21
- Rechtshandlungen zum Wohl des Kindes **SGB VIII 42** 15
- Selbstmelder **SGB VIII 42** 4
- Sicherstellung von Unterhalt und Krankenhilfe **SGB VIII 42** 14
- bei unbegleiteten ausländischen Kindern **SGB VIII 42** 8
- unmittelbarer Zwang **SGB VIII 42** 20
- Voraussetzungen der Inobhutnahme **SGB VIII 42** 4 ff.
- vorläufige Unterbringung **SGB VIII 42** 10
- Wegnahme des Kindes bzw. Jugendlichen **SGB VIII 42** 11
- bei zugeführten Kindern und Jugendlichen **SGB VIII 42** 5 ff.
- Zweck **SGB VIII 42** 1

Kindergeld
- Abgrenzung zu anderen Sozialleistungen **1612b** 26
- Alter des Kindes **1612b** 9 ff.
- Anspruch des Kindes **1612b** 38
- Anspruchsberechtigte **1612b** 7f
- Anspruchsvoraussetzungen **1612b** 5 ff.
- Aufhebung bei Haushaltswechsel **1612b** 15
- Aufrechnung **1612b** 24
- Ausgleich unter den Eltern s. *Unterhalt, Bedarfsdeckung durch Kindergeld*
- Auszahlung **1612b** 22 ff.
- Deckung des Barbedarfs durch – **1612b**
- Einkünfte des Kindes **1612b** 12
- Familienkasse **1612b** 19
- Geltendmachung des Anspruches **1612b** 19f
- Grundlagen des Kindergeldbezugs **1612b** 2 ff.
- Höhe **1612b** 21
- oder Kinderfreibetrag **1612b** 5f
- kindergeldersetzende Leistungen **1612c**
- Monats-Prinzip **1612b** 16
- Obhutsprinzip **1612b** 13 ff.
- Pfändung **1612b** 24
- Rechtsgrundlagen **1612b** 3f
- Status des Kindes **1612b** 9 ff.
- Teilkindergeld **1612c** 5
- Verdrängung durch andere Leistungen **1612b** 17f
- vereinfachtes Verfahren bei Änderung **1612a** 77
- Verwendung **1612b** 37f
- Vorrangprinzip **1612b** 13 ff.
- Weiterleitungsfälle **1612b** 25
- Zuweisung an das Kind **1612b** 39

Kinderhandel 1594 5

Kindertagespflege
- Anspruch auf Erteilung der Erlaubnis **SGB VIII 43** 3
- Erlaubnis zur Kindertagespflege **SGB VIII 43**
- Erlaubnisvorbehalt **SGB VIII 43** 2
- Förderung in der – **SGB VIII 23**
- Inanspruchnahme **SGB VIII 24**
- Landesrechtsvorbehalt **SGB VIII 43** 6
- Rechtsanspruch auf Platz **SGB VIII 24** 3 ff.
- Umfang und Rechtsnatur der Erlaubnis **SGB VIII 43** 4
- Unterrichtspflicht gegenüber dem Jugendamt **SGB VIII 43** 5
- Unterschied zur Tageseinrichtung **SGB VIII 22** 4

magere Zahlen = Randnummern

Sachverzeichnis

Kindesmisshandlung 1666 58 f.
Kindesnamensrecht Vor 1616 6f
Kindesschutz s. *Kindeswohl*
Kindesunterhalt s. *Verwandtenunterhalt für minderjähriges Kind*
Kindesvermögen
– Gefährdung des – s.d.
Kindesvernachlässigung 1666 100 f.
Kindesverwechslung 1591 7
Kindesvorname s. *Vorname*
Kindeswohl
– Beachtlichkeit des Kindeswillens **1666** 45 ff.
– Definition **1666** 48ff
– Wächteramt der staatlichen Gemeinschaft **1666** 1f
Kindeswohlgefährdung s. *auch gerichtliche Maßnahmen bei Gefährdung des -s, Gefährdung des -s*
Kindeswohlprinzip 1697a
Kindschaftsrechtsreform Vor 1591 5 f.
Kindschaftssachen
– Verfahrensrecht **1589** 18
Kontrollbetreuer s. *auch Vollmachtsbetreuung*; **VBVG 6** 4; **1896** 57
körperliche Untersuchung 1600d 52 f.
körperliche Züchtigung
– durch die Eltern **1631** 21 ff.
– fremder Kinder **1631** 29
– Rechtsfolgen **1631** 31 ff.
– Sanktionen **1631** 30 ff.
– Schadensersatzansprüche **1631** 37 ff.
– Übertragung der Ausübung an Dritte **1631** 29
– Unterlassungs- und Leistungsansprüche des Kindes **1631** 32 ff.
Krankheit und Behinderung des Betreuten
– abnorme Variationen seelischen Wesens **1896** 12
– endogene Psychosen **1896** 10
– exogene, organische, symptomatische Psychosen **1896** 9
– geistige Behinderung **1896** 16
– körperlich begründbare Psychosen **1896** 9
– körperlich nicht begründbare Psychosen **1896** 10
– körperliche Behinderung **1896** 17 ff.
– neurotische Störungen **1896** 12
– psychische Krankhheit **1896** 9 ff.
– Psychopathien **1896** 12
– Sachverständigengutachten **1896** 14
– schubförmig verlaufende Krankheiten **1896** 13
– seelische Behinderung **1896** 15
– Suchtleiden **1896** 11
– Wesensverschiedenheit **1896** 19
– Zeitpunkt **1896** 13

Lebensbedarf
– Abschläge **1610** 120 ff.
– Altersstufen **1610** 93 ff.
– Altersversorgung **1610** 71
– Angemessenheitskontrolle **1610** 126
– Arzt- und Krankenhauskosten nach Tod des Berechtigten **1612** 106
– Aufenthalt des Kindes **1610** 107 ff.
– Aufwendungen infolge eines Körper- oder Gesundheitsschadens s.d.
– ausbildungsbedingter Mehrbedarf **1610** 147
– Ausbildungsvergütung, Anrechnung **1610** 85
– Auslandsberührung **1610** 194 ff.
– Bedarfsberechnung **Vor 1601** 15
– Bedarfsbestimmung nach Tabellensätzen **1610** 62 ff.
– Bedarfsdeckung durch Kindergeld s. *Unterhalt, Bedarfsdeckung durch Kindergeld*
– Bedarfskontrollbetrag **1610** 87, 125 f.
– Bedarfssatz, fester **1610** 64
– Beerdigungskosten **1612** 107
– Begrenzungen **1610** 77f
– Begriff **Vor 1601** 14; **1610** 10
– Berücksichtigung des Sorgerechts **1610** 111f
– berufsbedingte Aufwendungen **1610** 63, 97
– Betreuung der Kinder **1610** 107 ff.
– Beweislast **1610** 205f
– Deckung durch Barunterhalt **1610** 59
– Eigenbedarf **1610** 85
– eigener Haushalt **1610** 142 ff.
– eigener Haushalt des Kindes **1610** 116
– Einkommen des barunterhaltspflichtigen Elternteils **1610** 96
– Ferienaufenthalt **1610** 114
– Fremdbetreuung des Kindes **1610** 108
– gemeinsame Betreuung durch beide Eltern **1610** 113
– gemeinsame elterliche Sorge **1610** 111, 201 f.
– Gesundheitsvorsorge **1610** 68 f., 85
– Grundbedürfnisse **1610** 59 ff.
– Grundlagen **1610** 59 ff.
– Höchstbedarf **1610** 78
– hohe Einkünfte des Pflichtigen **1610** 117
– Internat **1610** 110
– Kindergartenkosten **1610** 109
– Kindergeld **1610** 87, 98
– Krankenversicherung **1610** 68 f., 87
– Mehrbedarf **1610** 74 f., 97; **1610a** 3
– Mindestbedarf **Vor 1601** 16; **1610** 77
– der nichtehelichen Mutter **1615l** 38 ff.
– Ost-West-Fälle **1610** 199
– Pflegeversicherung **1610** 70, 87
– privilegierte volljährige Kinder **1610** 137
– Prozesskostenvorschuss s.d.
– Regelpauschale **Vor 1601** 15
– Sättigungsgrenze **1610** 64, 148 f.
– Schüleraustausch **1610** 110
– Selbstbehalt **1610** 87, 99 f.
– Sonderbedarf **1610** 74
– Sozialleistungen **1610** 76; **1610a**
– staatliche Leistungen **1610** 76
– Studiengebühren **1610** 85
– trennungsbedingter Mehrbedarf **1610** 97

2305

Sachverzeichnis

fette Zahlen = §§

- umfangreicher Aufenthalt des Kindes bei barunterhaltspflichtigem Elternteil **1610** 113
- Unterhaltstabelle **Vor 1601** 15
- Verbrauchergeldparitäten **1610** 197
- volljährige Kinder **1610** 85, 134 f.
- Vorwegabzug des Kindesunterhalts **1610** 89f, 130
- Wehr- und Zivildienst **1610** 204
- Weiterbildung **1610** 251 ff.
- Wohnen zu Hause **1610** 135 ff.
- Wohnkosten **1610** 72f, 103, 115
- Zuschläge **1610** 120 ff.
- Zweitausbildung **1602** 10; **1610** 252f, 265 f.

Lebenspartnerschaft
- Adoption **1741** 49
- Aufhebung durch Betreuer **1896** 109; **1902** 33
- Einbenennung **1618** 5
- Geburtsname des Kindes **1616** 4; **1617** 14
- kleines Sorgerecht für Lebenspartner **1687b** 1, 4
- Name bei nachträglicher gemeinsamer Sorge **1617b** 11
- Namensänderung des Kindes **1617b** 30; **1617c** 23 f.
- Namensbestimmung durch Betreuer **1902** 29
- Verbleibensanordnungen zugunsten des Lebenspartners **1682** 2
- Verwandtenunterhalt **1609** 7

Leihmutterschaft 1591 11, 35; **1594** 35; **Anh. 1744** 39

LIkelihood-Quotient 1600d 81 f.

matching Anh. 1744 1

Minderjährigenhaftungsbeschränkung
- Aufrechnung **1629a** 54
- Ausnahmen **1629a** 26 ff.
- Auswirkungen auf gegenseitige Verträge **1629a** 59 ff.
- Befriedigung der Gläubiger **1629a** 38
- Befriedigung persönlicher Bedürfnisse **1629a** 28f
- Bereicherungsausgleich **1629a** 48
- Beschränkung auf Altvermögen **1629a** 39 ff.
- Dauerschuldverhältnisse **1629a** 30
- eigene Geschäfte des Minderjährigen **1629a** 21
- Einrede **1629a** 31
- Ersatzansprüche der Altgläubiger **1629a** 46f
- Erwerb von Todes wegen **1629a** 19f
- Erwerbsgeschäfte **1629a** 27
- Geltung des Auftragsrechts **1629a** 35
- gerichtlich genehmigte Rechtsgeschäfte **1629a** 22f
- gesetzlich begründete Verbindlichkeiten **1629a** 13
- im Rahmen der gesetzlichen Vertretungsmacht mit Wirkung für das Kind **1629a** 9
- Gleichstellung sonstiger vertretungsberechtigter Personen **1629a** 15 ff.

- Inkrafttreten **1629a** 82
- Insolvenz **1629a** 58
- Inventarerrichtung **1629a** 36
- Kreditaufnahme **1629a** 30
- Minderjähriger als Gesellschafter **1629a** 17f
- Neuverbindlichkeiten **1629a** 49 ff.
- nicht erfasste Bereiche **1629a** 25
- Pflichtverletzung der Eltern **1629a** 11
- Präventions- und Prioritätsprinzip **1629a** 43f
- prozessuale Folgen **1629a** 33 ff.
- Rechtsfolge **1629a** 31 ff.
- Rechtsfolgenverweisung **1629a** 37
- Rechtsgeschäft der Eltern **1629a** 8f
- Schutz des Gläubigers und des Rechtsverkehrs **1629a** 3, 67 f.
- Schutz des Minderjährigen **1629a** 1 ff.
- Sekundärhaftung **1629a** 11
- Sonderfälle **1629a** 55 ff.
- sonstige Handlungen der Eltern **1629a** 10 ff.
- Tilgung mit Mitteln des Neuvermögens **1629a** 45
- Überblick **1629a** 5
- unbeschränkte Haftung von Mitschuldnern, Mithaftenden und Sicherheiten **1629a** 63 ff.
- Unterschiede zur beschränkten Erbenhaftung **1629a** 36f
- Verbindlichkeiten aus Rechtsgeschäften oder sonstigen Handlungen **1629a** 7 ff.
- Vermutungen zugunsten des Gläubigerschutzes bei Gesamthandsgemeinschaften und Handelsgeschäften **1629a** 67 ff.
- Vertragsverletzung **1629a** 12
- Vollstreckungsabwehrklage **1629a** 34, 53
- Voraussetzungen **1629a** 6 ff.
- Vorbehalt der – **1629a** 34
- Zeitpunkt, maßgeblicher **1629a** 24
- Zweck **1629a** 1 ff.

Minderjährigenhaftungsbeschränkungsgesetz Vor 1626 19; **1629a** 82

Minderjährigenschutzabkommen Vor 1909 18

Mindestunterhalt minderjähriger Kinder
- Altersstufen **1612a** 39 ff.
- Änderungen durch das Unterhaltsrechtsänderungsgesetz **1612a** 7 ff.
- Antragsbefugnis **1612a** 22f
- Antragstellung **1612a** 45 ff.
- Antragsvoraussetzungen **1612a** 53 ff.
- Bemessung **1612a** 36
- Beweislast **1612a** 11 f., 79 f.
- Bezugsgröße **1612a** 37 ff.
- doppelter Kinderfreibetrag **1612a** 38
- dynamische Altregelungen **1612a** 15 ff.
- dynamischer Unterhalt nach Regelbeträgen **1612a** 21 ff.
- Dynamisierung im Mangelfall **1612a** 33
- Eintritt der Volljährigkeit **1612a** 24
- Haushalt **1612a** 25
- Klageverfahren **1612a** 30
- Minderjährigkeit **1612a** 22 ff.

magere Zahlen = Randnummern
Sachverzeichnis

– Monatserster **1612a** 49
– persönliche Voraussetzungen **1612a** 21 ff.
– Prinzip der Dynamisierung **1612a** 3 ff.
– rechtliche Möglichkeiten **1612a** 28 ff.
– Regelbetragsunterhalt **1612a** 26 ff.
– Staffelunterhalt **1612a** 29, 35
– Stufenunterhalt **1612a** 29, 35
– systematische Stellung **1612a** 3 ff.
– Übergangsregelungen **1612a** 14 ff.
– Umrechnung **1612a** 17
– Unterschreitung des – **1612a** 48
– Vereinfachung **1612a** 8f
– Vereinheitlichung **1612a** 8
– Verfahrensrecht **1612a** 50 ff.
– Vergleich mit Regelbeträgen **1612a** 9f
– Vorwegabzug des Kindergeldes **1612a** 19, 46f
– Wahl des Verfahrens **1612a** 34
– Wahlrecht des Kindes **1612a** 27 ff.
– ZPO-Änderung **1612a** 19f
– Zweck **1612a** 1
Mitbetreuung
– gemeinschaftliche – **1899** 1, 16 f.
– geteilte – **1899** 1, 12 f.
Mitpflegschaft 1915 10
Mittellosigkeit des Mündels
– abschließende Wirkung **1836d** 9
– in Bezug auf Auslagenersatz und Vergütung **1836d** 10
– Begriff **1836c** 1
– Fälle der – **1836d** 2 ff.
– Feststellung der – **1836d** 13
– fiktive – **1836d** 2 f.; **1836e** 7
– Forderungsübergang, gesetzlicher **1836e**
– maßgebender Zeitpunkt **1836d** 12
– Regress gegen den Erben des Mündels **1836e** 13 ff.
– Regress gegen den Mündel **1836e** 5
– im System des Vergütungsrechts **1836d** 11
– tatsächliche – **1836d** 2 f.; **1836e** 6
– wirkliche – **1836d** 3f
Mitvormundschaft
– Abänderung der Aufteilung **1797** 19
– Ablehnungsrecht **1786** 10
– Alleinentscheidung ohne Rechtsmacht **1797** 4
– Amtsführung von Mitvormündern **1797** 1
– als Amtsvormundschaft **1791b** 7, 14
– Aufteilung in Personen- und Vermögenssorge **1798** 2
– Befugnisabgrenzung durch Eltern **1777** 10
– besonderer Grund **1797** 2
– Bestimmungen der Eltern **1797** 20f; **1798** 4
– Bevollmächtigung durch andere Mitvormünder **1797** 5
– von Ehepaaren **1775** 7f
– Einzelvertretungsbefugnis **1797** 6
– Entscheidung des FamG **1797** 8 f.; **1798** 6
– Ergänzungspflegschaft **1909** 9

– Fortführung der Geschäfte nach Beendigung des Amtes **1893** 4
– Gegenvormund bei – **1792** 11
– gemeinschaftliche – **1797** 3 ff.
– Genehmigungspflicht bei Anlegung von Mündelgeld **1810** 5
– gesamtschuldnerische Haftung **1797** 11
– Gesamtvertretung **1797** 4 ff.
– geteilte – **1797** 13 f.; **1798** 2 f.
– Meinungsverschiedenheiten der Mitvormünder **1797** 7 f., 17; **1798**
– Rechnungslegung **1840** 5
– Rechnungslegung bei Befreiung **1854** 7
– Rechnungslegung bei Entlassung eines Mitvormunds **1890** 6
– Rechtsstellung von Mitvormündern **1775** 12
– des Vereins **1791a** 15
– Verfahren **1798** 7, 10
– Wegfall eines Vormunds **1797** 12, 18
– Wirkung der Aufteilung **1797** 16
– Wirkungskreise **1797** 13 ff.
– Zuständigkeit **1775** 11
– Zustimmung des benannten Vormunds **1778** 3
Multi-Locus-Sonden 1600d 91
Mündelvermögen
– Anlegung von Mündelgeld *s.d.*
– Arbeitskraft des Mündels **1805** 5
– Vermögensverzeichnis betreffend – *s.d.*
– Verstoß gegen Verwendungsverbot **1805** 6
– Verwendung für den Vormund **1805**
– Verwendung für Gemeinschaft und Gesellschaft **1805** 4
– Verwendungsbegriff **1805** 3
Mutter-Kind-Einrichtungen SGB VIII 19 4
Mutterschaft
– Abstammungsfestlegung **Vor 1591** 21
– Adoption **1591** 8
– aktuelle Rechtslage **Vor 1599** 3
– Anerkennung der – **1594** 35f
– Anerkennung der Geburt als Publizitätsmerkmal der – **1591** 4
– Anfechtung **1591** 33 f.; **Vor 1599** 1 f.
– Anknüpfung an die Geburt **1591** 3 ff.
– anonyme Geburt **1591** 40f
– Auseinanderfallen von rechtlicher und genetischer – **1591** 9 ff.
– Auslandsbezug **1594** 36
– Babyklappe **1591** 40f
– biologische Verbundenheit **1591** 27
– Ehehindernis **1591** 6
– Eheverbot **1599** 8
– Ei- oder Embryonenspende **1591** 11
– Embryo- Adoption **1591** 9
– Embryonentransfer **1591** 11
– Ersatzmutterschaft **1591** 12
– Fehlgeburt **1591** 39
– Feststellungsklage **1591** 15
– genetische – **1591** 6; **1594** 35; **Vor 1599** 6
– gesetzliche – **1591** 9

2307

Sachverzeichnis

fette Zahlen = §§

- gespaltene – **1591** 3
- Interessen von Mutter und Kind **Vor 1599** 12
- Internationales Privatrecht **1591** 42
- Internetportal **Vor 1591** 43
- Inzest **1591** 6
- Kindesvertauschung **1594** 35
- Kindesverwechslung **1591** 7
- Leihmutterschaft **1591** 11, 20
- Mutterschaftszuordnung **1591** 4
- Personenstand des Kindes **1591** 1
- Rechtsvergleich **1591** 17 ff.
- Systembrüche **Vor 1591** 24f; **1591** 26
- Totgeburt **1591** 39
- Übergangsrecht **1591** 42
- Vermutung der – **1591** 3

Nachholbedarf
- Begriff **1602** 2

Nachlasspflegschaft
- Abgrenzung zur Pflegschaft für unbekannte Beteiligte **1913** 4f
- Beendigung **1918** 13
- unbestimmte oder ungewisse Nacherben **1913** 2

Nachname Vor 1616 9

Name s. *Familienname, Geburtsname*

Namensänderung
- Geburtsname bei – der Eltern s.d.

Namensänderung bei nachträglicher gemeinsamer Sorge
- Adelsbezeichnung **1617b** 31
- Anschlusserklärung des Kindes **1617b** 16
- Ausschluss bei Ehenamen als Geburtsname **1617b** 6
- Ausschluss nach bereits erfolgter Namensbestimmung **1617b** 7
- Bedeutung des Namens **1617b** 31
- Befristung **1617b** 14
- Begründung gemeinsamer Sorge **1617b** 9
- Bestimmungsrecht **1617b** 12
- nach Einbenennung des Kindes durch einen Elternteil **1617b** 8
- Einschränkungen **1617b** 13
- elterliche Disposition bei Sorgerechtswechsel **1617b** 2, 5 f.
- Findelkinder **1617b** 31
- Gesetzgebungsgeschichte **1617b** 1
- internationale Menschenrechte **1617b** 4
- Internationales Privatrecht **1617b** 33
- Intertemporales Recht **1617b** 32
- Lebenspartnerschaftsname **1617b** 11
- Modalitäten der Bestimmungserklärung **1617b** 14f
- Name des bislang alleinsorgeberechtigten Elternteils **1617b** 11
- Namenskontinuität **1617b** 2
- Neubestimmung des Namens **1617b** 12 ff.
- Rechtsnatur des Bestimmungsrechts **1617b** 12
- Übergangsrecht **1617b** 32
- Voraussetzungen **1617b** 5 ff.
- vorhandener Kindesname **1617b** 5 ff.
- Wahlmöglichkeiten der Eltern **1617b** 10f
- Wertungswidersprüche **1617b** 34f
- Wirkungen der Namensneubestimmung **1617b** 17
- Zeitpunkt der Namensbestimmung **1617b** 10

Namensänderung bei Scheinvaterschaft
- Adelsbezeichnung **1617b** 31
- Antragsberechtigung **1617b** 21 ff.
- Antragserfordernis **1617b** 20 ff.
- Antragstellung **1617b** 24f
- Bedeutung des Namens **1617b** 31
- Erstreckung auf den Ehe- oder Lebenspartnerschaftsnamen des Kindes **1617b** 30
- Findelkinder **1617b** 31
- Gesetzgebungsgeschichte **1617b** 1
- internationale Menschenrechte **1617b** 4
- Internationales Privatrecht **1617b** 33
- Intertemporales Recht **1617b** 32
- Mitwirkung des Kindes **1617b** 29
- nachgeburtliche Änderung des Mutternamens **1617b** 28f
- optionale Namenskorrektur bei Scheinvaterschaft **1617b** 3
- rechtskräftige Feststellung der Nichtvaterschaft **1617b** 19
- vom Scheinvater abgeleiteter Ehename als Muttername **1617b** 27
- vom Scheinvater abgeleiteter Geburtsname des Kindes **1617b** 18
- Übergangsrecht **1617b** 32
- Voraussetzungen **1617b** 18f
- Wertungswidersprüche **1617b** 34f
- Wirksamwerden und Wirkungen der – **1617b** 26 ff.

Namensänderung nach Adoption
- Abkömmlinge des Angenommenen **1757** 7; **1765** 8
- Änderung des Familiennamens des Annehmenden **1757** 5
- bei Annahme durch Verheiratete **1757** 3f
- Familienname **1757** 2 ff.
- Familienname nach Aufhebung der Adoption **1765**
- Hinzufügung zum bisherigen Familiennamen **1757** 8f
- Verfahren **1757** 11; **1765** 9
- verheirateter Angenommener **1757** 6
- Vornamensänderung **1757** 10

Namenseinheit
- in der Familie **Vor 1616** 8f
- unter Geschwistern **1617** 21f
- partielle – **1617** 5; **1617a** 3
- Wahrung der – **1617c** 2

Namensrecht
- Begriffe **Vor 1616** 9 ff.
- Grundlinien der gesetzlichen Regelung **Vor 1616** 7

magere Zahlen = Randnummern

Sachverzeichnis

- Prinzipien **Vor 1616** 7
Naturalunterhalt
- Begriff **Vor 1601** 23
- Betreuungsunterhalt *s.d.*
- Beweislast **1612** 26
- aus devisenrechtlichen Gründen **1612** 23
- und Geldrente **1612** 3f
- gesetzliche Ausnahme von Geldrente **1612** 20 ff.
- Sachunterhalt **1606** 23
- Unterhaltsarten **1606** 23
- auf Verlangen des Pflichtigen **1612** 24
- Verwandtenunterhalt als – **1612** 20 ff.
- Zuständigkeit **1612** 25

Offenbarungsverbot 1758 11 f.

Paternity Index 1600d 81 f.
Patientenverfügung 1904 19
- – **1901a** 14
- Abbruch lebenserhaltender Maßnahmen **1901a** 22
- Art und Stadium der Erkrankung **1901a** 48 ff.
- Begriff und Bedeutung der – **1901a** 7 ff.
- Bevollmächtigte **1901a** 6, 55 f.
- Definition **1901a** 7
- einseitige Erklärung **1901a** 8
- Entscheidung des Betreuers nach Behandlungswünschen **1901a** 37 ff.
- Festlegung der Einwilligung **1901a** 16 ff.
- Festlegung der Untersagung **1901a** 19 ff.
- Funktion des Betreuers bei Vorliegen einer –
- Geltungsdauer **1901a** 1
- Gesetzesgeschichte **1901a** 2 ff.
- gesetzliche Regelung **1901a** 30 ff.
- Grenzen der Verbindlichkeit **1901a** 52
- Grundsatz **1901a** 15 ff.
- Inhalt **1901a** 5
- keine Pflicht zur Errichtung einer – **1901a** 51 f., 53
- Koppelungsverbot **1901a** 37 ff.
- mutmaßlicher Wille **1901a** 33
- Notwendigkeit der Betreuerbestellung **1901a** 25
- Prüfungspflicht **1901a** 16
- Rechtsnatur **1901a** 11 ff.
- schriftliche Festlegung **1901a** 22
- Sterbehilfe **1901a** 9
- subjektive Voraussetzungen **1901a** 27 ff.
- Verschaffung von Ausdruck und Geltung **1901a** 56f
- Vollmacht und Patientenverfügung **1901a** 34 ff.
- Widerruflichkeit der – zivilrechtliche Folgen bei Verstößen **1901a** 54
Personensorge
- Abgrenzung zur Vermögenssorge **1626** 26
- Abschluss des Behandlungsvertrages **1626** 45f

- aktiv-förderndes Erziehungsverhalten **1626** 65
- ärztliche Behandlung **1626** 38 ff.
- Aufenthaltsbestimmung **1631** 15
- Auflösung der Ehe des Kindes **1633** 7
- Aufwendungsersatz **1648**
- Ausbildung und Beruf *s.d.*
- Berücksichtigung der wachsenden Fähigkeiten und Bedürfnisse des Kindes **1626** 65f
- Berufsausbildung **1626** 35
- Blutprobe **1626** 54
- Ehescheidungsrechtsstreit der Eltern **1626** 53
- Eheschließung des minderjährigen Kindes, Auswirkungen der – **1633** 2 ff.
- eigene Zuständigkeit des Kindes **1626** 37 ff.
- Einvernehmen mit dem Kind **1626** 66
- Erziehung *s.d.*
- familiengerichtliche Unterstützung **1631** 40 ff.
- Grundsatznorm **1626** 67 ff.
- bei Heimerziehung **SGB VIII 34** 4
- Heranführen des Kindes zu selbständigem verantwortungsbewusstem Handeln **1626** 61 ff.
- Inhalt **1626** 32; **1631** 2 f.
- Interpretationsleitlinien **1626** 28
- körperliche Untersuchung im Strafprozess **1626** 54
- Meinungsverschiedenheiten zwischen Eltern und Kind **1633** 6
- Pflege **1631** 3
- rechtfertigende Einwilligung für ärztlichen Eingriff **1626** 39 ff.
- Schwangerschaftsabbruch **1626** 47f
- Selbst- und Mitbestimmungsrechte des Kindes **1626** 31
- Sterilisation des Kindes, Verbot **1631c**
- tatsächliche Sorge **1626** 25 f., 33
- Teilbereich der elterliche Sorge **1626** 25
- Teilmündigkeit des Minderjährigen **1626** 30 ff.
- Umfang **1631** 2 ff.
- Unwilligkeit und Unfähigkeit der Eltern **1666** 129
- Verfahren **1631** 45
- für verheiratete Minderjährige **1633**
- Verstandesreife **1626** 50f
- Vertreter selbst Beschuldigter im Strafprozess **1626** 52
- Vertretung des Kindes *s. auch dort*; **1626** 34 f.
- Verwendung der Ausbildungsvergütung **1626** 35
- Zeugnisverweigerungsrecht des Kindes **1626** 49 ff.
Personensorge, Aufsicht über das Kind
- Aufsicht und Erziehung **1631** 7
- Beaufsichtigung **1631** 6 ff.
- Eigenart des Kindes **1631** 12
- Freiraum der Eltern **1631** 9
- Gefahren des Straßenverkehrs **1631** 13
- Maß der gebotenen Aufsicht **1631** 8 ff.

Sachverzeichnis

fette Zahlen = §§

- Schutzrichtung **1631** 6
- Überlassung gefährlicher Gegenstände **1631** 12
- Übertragung der Aufsichtspflicht an Dritte **1631** 14

Personensorge des Vormunds
- Anwendbarkeit elterlicher Sorgerechtsvorschriften **1793** 17
- Aufenthaltsbestimmung **1800** 16 ff.
- Aufnahme des Mündels in Hausstand des Vormunds **1800** 8
- Aufsicht **1800** 7 ff.
- Ausbildung und Beruf **1800** 10 ff.
- Bekenntnisverschiedenheit **1801** 4
- Beschränkungen **1800** 6
- Betreuung des Mündels **1800** 8f
- eingeschränkte Vormundbestellung **1801** 6
- Einschreiten des FamG **1800** 12
- Ermächtigung Dritter zur Ausübung **1793** 36
- Erziehung **1800** 7 ff.
- Erziehungsmittel **1800** 14
- freiheitsentziehende Unterbringung **1800** 22 ff.
- Freiheitsentziehung **1800** 24 ff.
- Genehmigungspflicht **1800** 29 ff.
- Genehmigungsvorbehalt **1800** 11
- Herausgabe des Mündels **1800** 17
- Hilfen **1800** 5
- Inhalt allgemein **1800** 4
- Inpflegenahme durch Dritte **1800** 9
- Parallelität zur elterlichen Personensorge **1800** 2
- Pflege **1800** 7 ff.
- Reichweite **1800** 4
- religiöse Erziehung **1800** 13; **1801**
- Rücksicht auf Bekenntnis und Weltanschauung des Mündels **1801** 13 ff.
- Streitentscheidung durch FamG **1800** 19 ff.
- tatsächliche – **1793** 18
- Umgangsbestimmung **1800** 18
- unterbringungsähnliche Maßnahmen **1800** 27
- Unterbringungsbegriff **1800** 23
- Vereins- und Amtsvormundschaft **1801** 13
- Verfahren **1800** 32
- Verlust der Fortbewegungsfreiheit **1800** 25
- Vertretungsmacht, gesetzliche **1800** 11
- Zuständigkeit, gerichtliche **1800** 1
- Zustimmung des Mündels **1800** 28

Personenstand Vor 1591 16

Pflegekind
- Schutz des -es vor Wegnahme aus der Familienpflege *s. Verbleibensanordnung*

Pflegekindvermittlung Anh. 1744 19

Pflegeperson SGB VIII 44 2

Pfleger
- Aufwendungsersatz **1915** 20
- Auswahl **1909** 59; **1911** 18; **1913** 17; **1915** 12 f.
- Berufung als Ergänzungspfleger **1916**; **1917**
- Bestellung **1915** 10 ff.
- Bestellung bei fehlender oder fehlgeschlagener Berufung **1917** 9
- Entlassung **Vor 1909** 11; **1915** 21
- entsprechende Anwendung des Vormundschaftsrechts **1915**
- Ernennung durch Erblasser und Dritte **1917**
- Ersatzpflegschaft *s.d.*
- als gesetzlicher Vertreter **Vor 1909** 5; **1915** 14
- Haftung **1915** 19
- Haftungsbeschränkung **1915** 24f
- Handlungsmacht des Pfleglings **1915** 17
- als Partei kraft Amtes **Vor 1909** 5
- für Sammelvermögen als Partei kraft Amtes **1914** 10
- Stellung **Vor 1909** 5 f.; **1911** 19 f.; **1912** 15; **1913** 18; **1914** 10f; **1921** 9f
- Übergehung des Berufenen **1917** 10f
- für Verfassungsbeschwerde **Vor 1909** 17; **1909** 26, 34
- Vergütung **1915** 20
- Verwandte als Pfleger **1671** 125
- Wirkungskreis **Vor 1909** 4; **1909** 43, 56; **1914** 3, 11; **1915** 15f
- im Zivilprozess **Vor 1909** 6

Pflegerbestellung
- Einschränkung der elterlichen Sorge durch – **1909** 41
- anstelle beider Eltern **1909** 39
- bei Entziehung der elterlichen Sorge **1909** 42
- für mehrere Kinder **1909** 40

Pflegschaft
- Abänderung gerichtlicher Anordnungen *s.d.*
- Abgrenzung zur Vormundschaft **Vor 1909** 2 ff.
- Ablehnungsrechte **1786** 14
- Anlegung von Mündelgeld **1806** 17; **1807** 27
- Anordnung durch das FamG **1697**
- Anordnung von Amts wegen **1909** 60
- Anspruch auf Beratung und Unterstützung durch das Jugendamt **SGB VIII 53** 3
- Anwalt als Verfahrenspfleger **1835** 44 ff.
- Anwendung des Vormundschaftsrechts **1915**
- Arten der – **Vor 1909** 7 ff.
- Aufhebung **1696** 41; **Vor 1909** 11; **1909** 58; **1911** 22f; **1912** 16; **1915** 21
- Aufhebung bei Wegfall des Grundes **1919**
- Aufsicht des Jugendamtes **SGB VIII 53** 4
- Aufwendungsersatz für Pfleger **1835** 60
- Auskunftspflicht gegenüber dem FamG **1839** 7
- für Ausländer **Vor 1909** 18f
- Ausschließungsrecht der Eltern **1782** 14
- Ausschluss der Vertretungsmacht **1795** 40
- außerhalb des BGB **Vor 1909** 15
- Auswahl der Pfleger **1779** 25; **1915** 10

magere Zahlen = Randnummern

Sachverzeichnis

– Beamter als Pfleger **1784** 10
– Beendigung **Vor 1909** 11
– Befreiung **1817** 16; **1852** 15
– Begriffe **Vor 1773** 1 ff.
– Beistandschaft **Vor 1909** 14
– Beistandschaftsgesetz **Vor 1773** 14
– zur Beschränkung einer Vormundschaft **1794**
– Beschwerderecht **1794** 9; **1919** 16
– besondere -en **Vor 1909** 12 ff.
– Bestallungsurkunde **1791** 9
– Bestellung durch das FamG **1789** 16
– Bestellung unter Vorbehalt **1790** 6
– einstweilige Maßregeln des FamG **1846** 16
– für eine einzelne Angelegenheit **1918** 12f
– Ende **1909** 58; **1911** 22f; **1912** 16; **1913** 21; **1914** 12; **1915** 21; **1918**
– Entlassung **1790** 6; **1886** 24
– Entlassung auf eigenen Antrag **1889** 9
– Entlassung des Amts- und Vereinspflegers **1887** 8
– Entlassung von Beamten und Religionsdienern **1888** 7
– familiengerichtliche Aufsicht **1837** 31
– familiengerichtliche Genehmigung von Rechtsgeschäften **1828** 59
– familiengerichtliche Genehmigung von Verträgen **1829** 35; **1831** 13
– Familienstand bestritten **1773** 14
– fehlerhafte Bestellung **1794** 5
– Fortführung der Geschäfte nach Beendigung des Amtes **1893** 15
– Funktion **Vor 1909** 2
– Gegenvormund **1915** 22f
– Genehmigung anderer wirtschaftlicher Anlagen für Mündelgeld **1811** 22
– Genehmigung für Geschäfte über Grundstücke **1821** 52
– Genehmigung für Rechtsgeschäfte **1822** 77; **1823** 7; **1824** 6
– genehmigungsfreie Geschäfte **1813** 21
– geschichtliche Entwicklung **Vor 1773** 7 ff.
– gesetzliche Befreiung bei Amtspflegschaft **1857a** 5
– Haftung des Pflegers **1833** 15
– Haftungsbeschränkung **1915** 3
– Hinterlegung von Inhaberpapieren **1814** 13
– Hinterlegungspflicht, erweiterte **1818** 10
– Jugendamt als Pfleger *s. Amtspflegschaft*
– für juristische Personen **Vor 1909** 9
– mehrere Pfleger **1797** 22
– Meinungsverschiedenheiten bei mehreren Pflegern **1798** 8
– Minderjährigenhaftungsbeschränkung **1915** 3, 24
– Minderjährigenschutzabkommen **Vor 1909** 18
– Mitpflegschaft **1915** 10
– Mitteilungspflichten an das Jugendamt **1851** 4

– Mitteilungspflichten des Jugendamtes gegenüber dem FamG **SGB VIII 53** 5
– Mittellosigkeit des Mündels **1836d** 14
– nach BGB **Vor 1909** 13f
– Personalpflegschaften **Vor 1909** 8
– Personenkreis **Vor 1909** 3
– Personensorge des Pflegers **1800** 33
– Rechnungslegung **1840** 13; **1841** 8
– Rechnungslegung bei Entlassung **1890** 14
– Rechtsmittel **1909** 62
– Religionsdiener als Pfleger **1784** 10
– Rückgabe von Urkunden **1893** 15
– Sach- oder Realpflegschaft **1914** 1
– Sachpflegschaft **Vor 1909** 7
– Schadensersatz bei Ablehnung **1787** 14
– Schenkungen des Pflegers **1804** 14
– Schutz für besondere Angelegenheiten **Vor 1909** 1
– selbständige – **Vor 1909** 8
– Sperrvereinbarungen für Mündelgeld **1809** 13
– Stellung des Pflegers **1912** 15
– strukturelle Ähnlichkeit mit Vormundschaft **1915** 1
– Stundensatz des Pflegers **VBVG 3** 15
– Tod des Pflegers **1894** 5
– Überblick **Vor 1773** 6
– Übernahmepflicht **1785** 12
– Umfang **1911** 17
– Unfähigkeit zur – **1780** 9
– unselbständige – **Vor 1909** 8
– Untauglichkeit zur – **1781** 7
– Unterpflegschaft **1915** 10
– durch Verein **1791a** 18
– Verfahren **1794** 8f; **1915** 9
– Verfahrensfragen **1919** 13
– Verfahrenspfleger *s.d.*
– Verfahrenspflegschaft **1896** 153
– für Verfassungsbeschwerde **Vor 1909** 17; **1909** 26, 34
– Verfügungen über Forderungen und Wertpapiere **1812** 43
– Vergütung des Pflegers **VBVG 1** 16; **Vor 1835** 24; **1836** 52
– für Vermögensangelegenheiten **1911** 19; **1913** 8
– Vermögensherausgabe bei Entlassung **1890** 14
– Vermögensverwaltung bei Erbschaft oder Schenkung **1803** 12
– Vermögensverzeichnis **1802** 15
– Verwendung des Mündelvermögens für Pfleger **1805** 8
– Verzinsungspflicht **1834** 9
– vorläufige Verpflichtung **1787** 14
– Vorschlagspflicht des Jugendamtes **SGB VIII 53** 2
– Wechsel des Amtspflegers **1887** 14
– Wegfall des Anordnungsgrundes **1919** 7 ff.

2311

Sachverzeichnis

fette Zahlen = §§

- Wegfall des Fürsorgebedürfnisses für einen Kreis von Angelegenheiten **1919** 12
- Wesen **Vor 1909** 1 ff.
- Wirkungen **1794** 4 ff.
- Wirkungskreis des Pflegers **Vor 1909** 4
- Zuständigkeit **Vor 1909** 10; **1909** 61f
- Zwangsgeld bei Ablehnung **1788** 11

Pflegschaft, anwendbare Vorschriften
- Aufwendungsersatz, Vergütung **1915** 20
- Bestellung und Auswahl des Pflegers **1915** 10 ff.
- BGB-Pflegschaften **1915** 6
- Ende der Pflegschaft **1915** 21
- Führung der Pflegschaft **1915** 18
- Haftung des Pflegers **1915** 19
- Haftungsbeschränkung **1915** 24f
- Handlungsmacht des Pfleglings **1915** 17
- Pflegschaften außerhalb des BGB **1915** 6
- Verfahren in Pflegschaftssachen **1915** 9
- verfahrensrechtliche Genehmigung **1915** 18
- Wirkungskreis des Pflegers **1915** 15f

Pflegschaft für eine Leibesfrucht
- Adoption **1912** 8
- Aufhebung **1912** 16
- Ausfall der Eltern **1912** 13
- Beendigung der Pflegschaft **1912** 16
- Berufungsvorschriften **1912** 14
- Ende kraft Gesetzes **1918** 11
- Entstehungsgeschichte **1912** 3
- bei erbrechtlichen Ansprüchen **1912** 7
- Fälle des Fürsorgebedürfnisses **1912** 7
- Fürsorgebedürfnis **1912** 4 ff.
- künstliche Zeugung **1912** 5
- Leibesfrucht, Begriff **1912** 1f
- Namenserteilung **1912** 8
- Rechtsmittel **1912** 17
- Schutzzweck **1912** 1
- bei Schwangerschaftsabbruch **1912** 11
- Stellung des Pflegers **1912** 15
- tote Schwangere **1912** 6
- Verfahrensfragen **1912** 17 ff.
- Verhältnis zur Beistandschaft **1912** 10
- bei Verträgen zugunsten Dritter **1912** 7
- Vorrang der Eltern **1912** 12f
- als Vorwirkung elterlicher Sorge **1912** 2
- Wahrnehmung künftiger Rechte **1912** 4
- Wahrung künftiger Rechte **1912** 1
- Wegfall des Anordnungsgrundes **1919** 7 ff.
- Zuständigkeit **1912** 17

Pflegschaft für Sammelvermögen
- Anordnung von Amts wegen **1914** 13
- Anordnungsvoraussetzungen **1914** 1, 6 f.
- Ende der Pflegschaft **1914** 12
- Genehmigungsbedürftigkeit öffentlicher Sammlungen **1914** 4
- öffentliche Sammlung **1914** 7
- Rechtsnatur des Sammelvermögens **1914** 2 ff.
- Sach- oder Realpflegschaft **1914** 1
- Sammlungsgesetze **1914** 5
- Stellung des Pflegers **1914** 10f
- Verfahrensfragen **1914** 13f
- Verfügungsgewalt **1914** 3
- Vorhandensein von Sammelvermögen **1914** 6
- vorübergehender Zweck **1914** 8
- Wegfall des Anordnungsgrundes **1919** 12
- Wegfallen der zur Verwaltung berufenen Person **1914** 9
- Wirkungskreis des Pflegers **1914** 3, 11
- Zuständigkeit **1914** 13

Pflegschaft für unbekannte Beteiligte
- Abgrenzung zur Nachlasspflegschaft **1913** 4f
- Abgrenzung zur Pflegschaft für eine Leibesfrucht **1913** 7
- Anordnung von Amts wegen **1913** 19
- Anwendungsbereich **1913** 3 ff.
- Auswahl des Pflegers **1913** 17
- Beteiligungsquoten am Erbe, Streit über – **1913** 5
- Ende **1913** 20
- bei Erbenkonkurrenz **1913** 5
- Fürsorgebedürfnis **1913** 8 ff.
- gegenwärtig zu besorgende Angelegenheit **1913** 8
- herrenloses Grundstück **1913** 13
- Hypothek für künftigen Erben **1913** 15
- noch nicht erzeugte Personen **1913** 11
- für öffentlich-rechtliche Belange **1913** 21
- Parallelvorschriften **1913** 21
- Personalpflegschaft **1913** 18
- Rechtsmittel **1913** 19
- Stellung des Pflegers **1913** 18
- Testamentsvollstreckung **1913** 14
- ungewisser oder unbestimmter Nacherbe **1913** 15
- Ungewissheit über die wahre Berechtigung mehrerer Beteiligter **1913** 10
- Verfahrensfragen **1913** 19 ff.
- Verhältnis zur Abwesenheitspflegschaft **1913** 6
- Vermächtnisnehmer **1913** 15
- Vermögensabwicklung eines eingetragenen Vereins ohne Mitgliederbestand **1913** 12
- vermögensrechtliche Angelegenheiten **1913** 8
- bei Vertrag zugunsten Dritter **1913** 15
- Wegfall des Anordnungsgrundes **1919** 7 ff.
- Zweck **1913** 1

Pflichtschenkung
- der Eltern aus dem Kindesvermögen **1641** 11f
- durch Vormund **1804** 13

Prozesskostenvorschuss
- anspruchsberechtigte Person **1610** 158 ff.
- Aufrechnung **1610** 190
- durch betreuenden Elternteil **1610** 160f
- Billigkeit **1610** 177f
- einstweilige Anordnung **1610** 186
- Erfolgsaussicht, hinreichende **1610** 176
- gesetzliche Prozessstandschaft **1610** 163

magere Zahlen = Randnummern

- Höhe des Anspruchs **1610** 182f
- Inhalt des Anspruchs **1610** 179 ff.
- als Lebensbedarf **1610** 156 ff.
- Leistungsfähigkeit **1610** 169 ff.
- minderjährige Kinder **1610** 159 ff.
- für nichteheliche Mutter **1615l** 59
- persönliche Angelegenheit **1610** 172 ff.
- privilegierte Volljährige **1610** 162
- und Prozesskostenhilfe **1610** 168
- prozessuale Fragen **1610** 184 ff.
- Kosten der Rechtsberatung **1610** 183
- Rechtsnatur **1610** 157
- Rückforderung **1610** 187 ff.
- Verrechnung **1610** 191f
- volljährige Kinder **1610** 164 ff.
- Voraussetzungen des Anspruchs **1610** 167 ff.
- Zeitraum **1610** 180f
- Zuständigkeit **1610** 185

Rechnungslegung
- bei Amtsvormundschaft **1890** 13
- bei befreiter Vormundschaft **1840** 12; **1854**
- des Betreuers **1840** 13; **1841** 8; **1890** 14
- der Eltern **1698**
- des Mitvormunds **1840** 5; **1854** 7; **1890** 6
- Mitwirkung des Gegenvormunds **1842**; **1891**
- des Pflegers **1840** 13; **1841** 8; **1890** 14
- des Vereinsvormunds **1890** 13
- des Vormunds s. *Vormund, Rechnungslegung*

Rechtsausübungssperre **1592** 21

Regelbetragsunterhalt
- Altersstufen **1612a** 39 ff.
- Bemessung **1612a** 36
- Bezugsgröße **1612a** 37 ff.
- doppelter Kinderfreibetrag **1612a** 38
- Dynamisierung im Mangelfall **1612a** 33
- Klageverfahren **1612a** 30
- rechtliche Möglichkeiten **1612a** 28 ff.
- Regelbetrag im Kindschaftsverfahren **1612a** 78
- Staffelunterhalt **1612a** 29, 35
- Stufenunterhalt **1612a** 29, 35
- Wahl des Verfahrens **1612a** 34
- Wahlrecht des Kindes **1612a** 27 ff.

Regress
- des Staates gegen den Erben des Mündels **1836e** 14 ff.
- des Staates gegen den Mündel **1836e** 5 ff.

Reifegradgutachten 1600d 60

religiöse Kindererziehung
- Aufhebung des Landesrechts **RelKErzG 8** (Anh. zu § 1631)
- Befugnis zur Bestimmung über die – **RelKErzG 1** (Anh. zu § 1631) 3
- Beginn und Ende **RelKErzG 1** (Anh. zu § 1631) 2
- Bekenntnis des Mündels **1801** 15
- Bekenntnisverschiedenheit **1801** 4
- Berücksichtigung bei Unterbringung **1801** 2
- eingeschränkte Vormundbestellung **1801** 6

Sachverzeichnis

- Einigung der Eltern **RelKErzG 1** (Anh. zu § 1631)
- Entscheidungsmaßstab der gerichtlichen Bestimmung **RelKErzG 2** (Anh. zu § 1631) 6
- Entscheidungsrecht des Kindes **RelKErzG 5** (Anh. zu § 1631)
- Entziehung der Sorge für die – **1801** 1, 3 f.
- Fehlen der Elterneinigung **RelKErzG 2** (Anh. zu § 1631) 2
- frühere Verträge über religiöse Erziehung **RelKErzG 59** (Anh. zu § 1631)
- gerichtliches Verfahren **RelKErzG 2** (Anh. zu § 1631) 5f
- Inkrafttreten des RelKErzG **RelKErzG 11** (Anh. zu § 1631)
- Konkurrenz mit anderen Eingriffsbefugnissen des FamG **1801** 7 ff.
- Mangel der Einigung **RelKErzG 2** (Anh. zu § 1631)
- Nachteile für religiös-weltanschauliche Erziehung **1801** 5
- Pfleger **RelKErzG 3** (Anh. zu § 1631)
- Pflegerbestellung **1801** 11
- Rücksicht auf Bekenntnis und Weltanschauung **1801** 13 ff.
- Teil des allgemeinen Erziehungsrechts **Anh. zu 1631**
- Tod eines Elternteils **RelKErzG 1** (Anh. zu § 1631) 3
- Übergangsbestimmungen **RelKErzG 9f** (Anh. zu § 1631)
- Vereins- und Amtsvormundschaft **1801** 13
- Verfahren **1801** 12
- Vermittlung oder Entscheidung des FamG **RelKErzG 2** (Anh. zu § 1631) 4 ff.
- Verträge über – **RelKErzG 4** (Anh. zu § 1631)
- vierzehnjähriges Kind **RelKErzG 5** (Anh. zu § 1631) 2f
- Vormund **RelKErzG 3** (Anh. zu § 1631)
- Weltanschauung, Erziehung in einer – **RelKErzG 6** (Anh. zu § 1631)
- Widerruflichkeit der Einigung **RelKErzG 1** (Anh. zu § 1631) 3
- Zuständigkeit des FamG **RelKErzG 7** (Anh. zu § 1631); **RelKErzG 2** (Anh. zu § 1631) 4, 5
- Zustimmung des anderen Elternteils **RelKErzG 2** (Anh. zu § 1631) 3
- zwölfjähriges Kind **RelKErzG 5** (Anh. zu § 1631) 4

Rücksicht in der Familie
- Allgemeines **1618a** 1 ff.
- Geschwister **1618a** 11
- Inhalt **1618a** 9
- internationale Menschenrechte **1618a** 3
- Internationales Privatrecht **1618a** 18
- Rechtspflichten **1618a** 2, 14f

Sachverzeichnis

fette Zahlen = §§

- Sittenwidrigkeit von Bürgschaftsverträgen **1618a** 15
- Verfahrensrecht **1618a** 17

Rufname
- Begriff **Nach 1618** 2

Sachunterhalt 1606 23
Sachverständigengutachten s. auch Abstammungsgutachten
- bei Bestellung eines neuen Betreuers **1908c** 11

Sachverständigengutachten im Betreuungsverfahren
- Absehen von der Begutachtung **1896** 188 ff.
- Auswahl des Gutachters **1896** 181
- eigene Feststellungen des Gutachters **1896** 178
- Einwilligung des Betroffenen oder des Pflegers **1896** 189
- Ersetzung durch ärztliches Zeugnis **1896** 186f
- Fähigkeit zur freien Willensbildung **1896** 175
- Form **1896** 179
- Geschäftsunfähigkeit des Betroffenen **1896** 175
- Grundsatz **1896** 173
- Gutachten des Medizinischen Dienstes **1896** 188
- Gutachter **1896** 181
- Inhalt **1896** 174 ff.
- konkrete und hinreichend detaillierte Ausführungen **1896** 176
- persönliche Untersuchung und Befragung des Betroffenen **1896** 182
- psychologische und soziale Gesichtspunkte **1896** 177
- qualifizierter Sachverständiger **1896** 181
- rechtliches Gehör **1896** 185
- Rechtsbeschwerdegericht **1896** 180
- Rechtsmittel **1896** 183
- Rechtsmittel gegen Einholung des - **1896** 183
- Unterbringungsanordnung **1896** 184
- Untersuchungsanordnung **1896** 184
- Vorbereitung **1896** 182
- zusätzliches Gutachten **1896** 190

Sachverständigengutachten im Unterbringungsverfahren
- Anhörung weiterer Personen **1906** 78
- Anordnungen des Gerichts **1906** 71
- Anzahl der Sachverständigen **1906** 70
- Auswahl des Sachverständigen **1906** 70
- erforderliche Qualifikationen des Sachverständigen **1906** 70
- Ermessen des Gerichts **1906** 70
- Ersetzung durch ärztliches Zeugnis **1906** 72
- bei freiheitsentziehender Unterbringung **1906** 69
- Gutachten vor Unterbringung **1906** 69 ff.
- Gutachtenunterbringung **1906** 73
- Inhalt des Gutachtens **1906** 73, 79
- Sachverständiger **1906** 70 ff.
- bei unterbringungsähnliche Maßnahmen **1906** 72
- Untersuchungsanordnung des Gerichts **1906** 71
- Vorbereitung des -s **1906** 71
- bei vorweggenommener Betreuerbestellung **1908a** 6

Samenspende s. auch Insemination
- anonyme - **1600** 42
- Feststellung des Samenspenders als Vater **1600** 41
- Folgeansprüche gegen den Samenspender **1600** 43
- Rechtsstellung des Samenspenders **1600** 41 ff.
- Vaterschaftsanfechtung nach - **1600** 29 ff.

Sammlungsgesetze 1914 5
Scheinvatervermittlung Anh. 1744 19, 44
Schenkung der Eltern aus dem Kindesvermögen
- Bestellung einer Sicherheit **1641** 4
- Erlass einer Schadensersatzforderung **1641** 4
- Folgen verbotswidrigen Handelns **1641** 7 ff.
- Haftung der Eltern **1641** 10
- Heilbarkeit **1641** 8
- nicht betroffene Verfügungen **1641** 6
- Nichtigkeit **1641** 7 ff.
- Pflicht- und Anstandsschenkungen **1641** 11f
- Rangrücktritt bei Grundpfandrecht **1641** 4
- Rückgewähransprüche **1641** 9
- Schenkungsbegriff **1641** 3
- Schutz des Kindesvermögens **1641** 2
- Voraussetzungen des Schenkungsverbots **1641** 3 ff.

Schenkung des Vormunds
- Anstandsschenkung **1804** 13
- Beschränkung der gesetzlichen Vertretungsmacht **1804** 2 ff.
- eigenes Vertreterhandeln **1804** 2
- gemischte Schenkung **1804** 8
- Genehmigung durch Mündel **1804** 12
- genehmigungspflichtige Rechtsgeschäfte **1804** 9
- aus Gesamthandsvermögen **1804** 10
- Haftung **1804** 12
- Handschenkung **1804** 4
- im eigenen Namen **1804** 3
- Nichtigkeit **1804** 11
- Pflichtschenkung **1804** 13
- Schenkungsbegriff **1804** 5 ff.
- Schenkungsverbot **1804** 2 ff.
- Schenkungsversprechen **1804** 4
- Unentgeltlichkeit **1804** 7
- Vermögensvorteil **1804** 6
- Wirkung des Schenkungsverbots **1804** 11f
- Zustimmung zu Schenkungen des Mündels **1804** 2

magere Zahlen = Randnummern

Sachverzeichnis

Schwägerschaft
– Abgrenzung **1590** 2
– Angehörigenstatus **1590** 6
– Begriff **1590** 2 ff.
– Dauer **1590** 5
– Ehehindernis **1590** 6
– Erbrecht **1590** 7
– Linie und Grad **1590** 4
– Rechtswirkungen **1590** 6 ff.
– Stiefkinder **1590** 7
– unterhaltsrechtliche Stellung **1590** 7
– Voraussetzung **1590** 3
Schweigegebot 1758 11
Selbstbehalt
– angemessener – **1603** 7; **1606** 28
– Bedarfskontrollbetrag **1603** 9
– Begriff **Vor 1601** 18; **1603** 6 f.; **1610** 12
– nach der Düsseldorfer Tabelle **1610** 87, 99 f.
– Erhöhung **1610** 104
– bei erweiterter Unterhaltspflicht **1603** 110
– der Großeltern **1601** 47
– großer – **1610** 101
– Herabsetzung **1610** 105
– des Kindes **1601** 19
– kleiner – **1610** 100
– des nichtehelichen Kindesvaters **1615l** 48
– notwendiger – **1603** 7; **1606** 28
– während Umschulung **1603** 71
– bei Unterhalt für volljährige Kinder **1606** 14, 18
– beim Verwandtenunterhalt **1603** 6 ff.
– Zwischenselbstbehalt **1603** 8
Sonderbedarf
– Abgrenzung **1613** 63 ff.
– Abgrenzung zum Mehrbedarf **1610** 74
– Alleinhaftung **1613** 81
– allgemeine Voraussetzungen **1613** 82 ff.
– Anspruchsvoraussetzungen **1613** 66 ff.
– Antragsart **1613** 93
– Aufteilung der Finanzierung **1613** 80
– außergewöhnlich hoch **1613** 75 ff.
– Bedürftigkeit des Berechtigten **1613** 82
– Begriff **1613** 63
– Beweislast **1613** 92, 107f
– Einzelfälle **1613** 85 ff.
– Einzelfragen **1613** 72 ff.
– Elternunterhalt **1601** 15
– Entstehungszeitpunkt des Anspruches **1602** 2; **1613** 83f
– Ersatzansprüche Dritter **1613** 104 ff.
– Existenzminimum **1613** 78
– fehlende Berücksichtigungsfähigkeit **1613** 68
– Frist zur Geltendmachung **1613** 94
– Information des Pflichtigen **1613** 71
– Kinderzimmereinrichtung **1613** 87
– Kosten aus Anlass der Geburt **1615l** 24
– Krankheit, Behinderung **1613** 89f
– angemessene Lastenverteilung zwischen Pflichtigem und Berechtigtem **1613** 79 ff.
– Leistungsfähigkeit des Pflichtigen **1613** 82
– materielles Recht **1613** 69
– Musikinstrument **1613** 88
– der nichtehelichen Mutter **1615l** 61
– relative Prüfung **1613** 76f
– Säuglingserstausstattung **1613** 86
– unbillige Härte **1613** 100 ff.
– Unregelmäßigkeit **1613** 67 ff.
– Verfahrensfragen **1613** 92 ff.
– Verhinderung der Geltendmachung **1613** 95 ff.
– Verzinsung **1613** 109 ff.
– Zusatzantrag **1613** 93
Sorgeerklärungen
– Anspruch auf Abgabe von – **1626a** 12a
– Ausschluss der Stellvertretung **1626c** 1
– Bedingung **1626b** 1 ff.
– begleitende Vereinbarungen **1626b** 4 ff.
– durch beschränkt Geschäftsfähige **1626c** 2 ff.
– Bestimmtheit **1626b** 16f
– Ersetzung der Zustimmung **1626c** 11 ff.
– Fehlen der Zustimmung **1626c** 16
– bei feststehender Abstammung **1626b** 13 ff.
– Folgen **1626a** 19
– Folgen der Unwirksamkeit **1626e** 23f
– Form **1626d** 1 ff.
– gemeinsame Sorge durch Abgabe von – **1626a** 4 ff.
– durch Geschäftsunfähige **1626e** 7 ff.
– höchstpersönlicher Charakter **1626c** 1
– Kindeswohlprüfung **1626c** 12
– Mitteilung an das Jugendamt **1626d** 6 ff.
– öffentliche Beurkundung **1626d** 3 ff.
– partielle – **1626a** 6 f.; **1626b** 10
– persönliche Abgabe **1626c** 1
– pränatale – **1626b** 12 ff.
– Rechtsnatur **1626a** 12f
– Sonderregelung **1626b** 11
– bei Trennung **1672** 15
– Unwirksamkeit nach gerichtlicher Entscheidung **1626b** 18 ff.
– Unwirksamkeitsgründe **1626e** 3 ff.
– vor der Geburt des Kindes **1626b** 11 ff.
– Widerspruch des Kindes **1672** 4
– Willensmängel **1626e** 21f
– Wirksamkeitsvoraussetzungen **1626a** 13 f.; **1626b**; **1626d** 2
– Zeitbestimmung **1626b** 1 ff.
– Zeitpunkt der Abgabe **1626b** 12 ff.
– Zustimmung des gesetzlichen Vertreters **1626c** 10
Sorgerechtsverfahren
– Abänderung ausländischer Sorgerechtsentscheidungen **1671** 132
– Abänderung von Sorgerechtsentscheidungen **1671** 158
– Amtsermittlungsgrundsätze **1671** 141, 149, 156
– Änderungsbefugnis des FamG bei Rechtsmittel **1671** 158

Sachverzeichnis

fette Zahlen = §§

- Anerkennung ausländischer Entscheidungen **1671** 133 ff.
- Anhörung der Verfahrensbeteiligten **1671** 146 f., 148
- Anwalt des Kindes **1671** 152
- Anwaltsbeiordnung **1671** 139 ff.
- Anwaltszwang **1671** 139
- Aufenthaltsort des Kindes **1671** 129
- außerordentliche Beschwerde **1671** 157
- Beratung und Unterstützung durch öffentliche Einrichtungen bei Trennung und Scheidung **1671** 150
- Beschwerde **1671** 154 ff.
- Beschwerde gegen Einsetzung eines Verfahrenspflegers **1671** 152
- Beschwerdeberechtigte **1671** 154f
- Bestimmungen des KSÜ **1671** 129
- Beweisregeln **1671** 141
- einstweilige Anordnung **1671** 148
- Entscheidungsverbund **1671** 126
- Folgesache, amtswegige **1671** 134f
- Form und Frist der Beschwerde **1671** 154
- internationale Zuständigkeit **1671** 129
- internationale Zuständigkeit für Verbundsachen **1671** 131
- kinderpsychiatrisches oder -psychologisches Gutachten **1671** 142
- Kosten des Verfahrens **1671** 162
- Lügendetektor **1671** 141
- Mitwirkung des Jugendamtes **1671** 154
- öffentliche Hilfen **1671** 154
- ordre public **1671** 130
- Rechtsbeschwerde **1671** 155
- ausländische Rechtshängigkeit **1671** 129
- Rechtshilfe **1671** 147
- Rechtsmittel **1671** 154 ff.
- selbstständiges Sorgerechtsverfahren **1671** 138
- Sorgerechtsverfahren mit Auslandsbezug **1671** 174
- Sprungrechtsbeschwerde **1671** 155
- Untätigkeitsbeschwerde **1671** 157
- Verfahrensablauf **1671** 141
- Verfahrensbeistand für das Kind **1671** 152
- Verfahrensdauer **1671** 137
- Verfahrenskostenhilfe **1671** 159
- Verhältnismäßigkeit **1671** 159
- Vermittlungsaufgaben des Gerichts **1671** 150
- Verzögerung **1671** 150
- Vollstreckung **1671** 163
- Zuständigkeit **1671** 126 ff.

Sozialgesetzbuch
- Durchführungsverordnung zu § 90 Abs. 2 Nr. 9 des SGB XII **1836c Anh.**
- SGB XII -Sozialhilfe (Auszug) **1836c Anh.**

Sozialgesetzbuch Achtes Buch (SGB VIII)
- Begriffsbestimmungen **SGB VIII** 7
- Eingliederung in das SGB **SGB VIII Vor 1** 8f
- Entstehungsgeschichte und Gesetzesänderungen **SGB VIII Vor 1** 3 ff.
- Geltungsbereich **SGB VIII** 6
- Gliederung **SGB VIII Vor 1**
- konzeptionelle Entwicklung **SGB VIII Vor 1** 1
- Leistungsangebote für die Familie **SGB VIII Vor 1** 10
- Regelungsgegenstände **SGB VIII Vor 1** 2
- Schwerpunkte **SGB VIII Vor 1** 10 ff.
- verfassungsrechtliche Vorgaben **SGB VIII Vor 1** 11
- Verhältnis Eltern-Kind-Staat **SGB VIII Vor 1** 11 ff.
- Ziele des Gesetzes **SGB VIII Vor 1** 1f

Sozialhilfe 1836c Anh.

Sozialleistungen
- Ausschluss des Forderungsübergangs **1602** 32 ff.
- Bedarfsdeckung durch öffentlich-rechtliche Leistungen **1602** 26 ff.
- bei Körper- und Gesundheitsschäden **1602** 28; **1610a**
- Rückübertragung des Unterhaltsanspruchs **1602** 35
- Übergang des Unterhaltsanspruchs auf Sozialleistungsträger **1602** 29 ff.
- Unterhaltsersatz **1602** 45
- für Unterhaltspflichtigen **1603** 41 ff.

Sparkassen
- mündelsichere Geldanlage bei öffentlichen – **1807** 16 ff.

Sperrvermerk
- Anlage von Mündelgeld mit – **1809**
- befreite Vormundschaft **1809** 6
- Dispens durch FamG **1809** 6
- Entsperrung **1809** 5
- Erlöschen der Sperrabrede **1809** 5
- Haftung des Vormunds **1809** 12
- Kontrolle durch das FamG **1809** 10
- Sperrung vorgefundener Anlagen **1809** 3
- Verpflichtung zum Treffen einer Sperrvereinbarung **1809** 2 ff.
- Weigerung des Geldinstituts **1809** 4
- Wirkung **1809** 7 ff.

Sterbehilfe
- erweiterte – **1901a** 22
- passive **1901a** 22

Sterilisation des Kindes
- Einwilligung der Eltern in eine – **1631c**

Sterilisationsbetreuer *s. Betreuer, Einwilligung in Sterilisation*

Stiefkind
- Sorgerecht des Stiefelternteils **1687b** 2 ff.
- Tod des Sorgeberechtigten **1680** 2, 6, 11
- Unterhaltsvereinbarung **1601** 53
- Verbleibensanordnung zugunsten Stiefelternteil **1682** 1
- Vertretung durch Stiefelternteil **1687b** 5
- Verwandtenunterhalt vom Stiefelternteil **1601** 52

magere Zahlen = Randnummern

Sachverzeichnis

Stiefkindadoption
- abwägende Betrachtung **1741** 41
- Annahme Volljähriger **1767** 9
- Annahmefähigkeit **1741** 40
- Annahmehindernis nach ausländischem Sachrecht **1741** 44
- Bestimmung der Wirkung **1772** 4
- Ersetzung der Einwilligung eines Elternteils **1748** 47 ff.
- Hinweispflicht **1741** 43
- offene Adoption **Vor 1741** 51
- persönliche Beziehung **1741** 41
- Umgangsrecht der Verwandten des leiblichen Elternteils **1755** 8
- Verwandtenadoption **1756** 12
- Voraussetzungen **1741** 41
- Wirkung der Aufhebung **1764** 4

Stiefverwandtschaft
- Schwägerschaft **1590** 2
- Stiefkinder **1590** 7

Tageseinrichtung
- Abstimmungspflicht mit anderen Behörden **SGB VIII 45** 12
- Anspruch auf Erteilung der Erlaubnis **SGB VIII 45** 5
- Ausschluss des Suspensiveffekts **SGB VIII 45** 10
- besondere Befugnisse bei der örtlichen Überprüfung **SGB VIII 46** 4
- Betretungs- und Befragungsrecht des Jugendamtes **SGB VIII 46** 4
- Definition **SGB VIII 45** 2; **SGB VIII 22** 3
- Duldungspflicht des Trägers **SGB VIII 46** 4
- erlaubnisfreie – **SGB VIII 45** 4
- Feststellung von Mängeln der Einrichtung **SGB VIII 45** 11
- Finanzierung von -en für Kinder **SGB VIII 74a**
- Förderung in – **SGB VIII 22a**
- ganztägige Betreuung oder für einen Teil des Tages **SGB VIII 45** 3
- Inanspruchnahme **SGB VIII 24**
- Meldepflichten der Träger erlaubnispflichtiger Einrichtungen **SGB VIII 47**
- Mitwirkung der Träger **SGB VIII 46** 3
- nachträgliche Auflagen **SGB VIII 45** 9
- Nebenbestimmungen **SGB VIII 45** 6
- Rücknahme oder Widerruf der Erlaubnis **SGB VIII 45** 8
- Tätigkeitsuntersagung **SGB VIII 48**
- Überprüfung vor Ort **SGB VIII 46**
- Vereinbarungspflicht **SGB VIII 45** 7
- Versagung der Erlaubnis **SGB VIII 45** 5
- Zuständigkeit für die Erlaubniserteilung **SGB VIII 45** 13

Testamentsvollstreckung
- Abgrenzung vom Verwaltungsausschluss bei Vermögenssorge **1638** 9

- Ergänzungspflegschaft bei – **1909** 50 f
- Inventarisierungspflicht des Kindesvermögens bei – **1640** 17
- überlebender Elternteil als Testamentsvollstrecker **1909** 51
- Verwaltungsausschluss **1909** 50 f; **1917** 4

Tod
- des Betreuers **1908c** 2
- des Betreuten **1908d** 2
- Fortführung dringender Geschäfte nach – des Kindes **1698b**

Tod eines Elternteils
- Anwendungsbereich **1680** 2 ff.
- Bestimmung des Vormunds durch die Eltern **1680** 22
- Beziehungskontinuität **1680** 8
- bisherige gemeinsame elterliche Sorge **1680** 3 ff.
- gerichtliche Entscheidung von Amts wegen **1680** 23
- Gesichtspunkte für die gerichtliche Regelung der elterlichen Sorge bei – **1680** 9 ff.
- Kindeswohlverträglichkeit **1680** 6, 11
- Kosten **1680** 24
- Pflegerbestellung **1680** 8
- Selbstbestimmung **1680** 10
- Stiefkind **1680** 4, 8
- Tod der alleinsorgeberechtigten nichtehelichen Mutter **1680** 11
- Tod des alleinsorgeberechtigten Elternteils **1680** 6 ff.
- Tod des Sorgeberechtigten **1680** 3
- Todeserklärung **1681**
- Verbleibensanordnung des Gerichts **1680** 4
- Verfahren **1680** 23 ff.
- vorherige alleinige elterliche Sorge des Verstorbenen nach Gerichtsentscheid **1680** 6 ff.
- Vormundschaft bei Tod beider Eltern **1680** 3
- wahrgenommene Umgangsrechte **1680** 10
- zumutbare Übergangsregelungen **1680** 4
- Zuständigkeit **1680** 23

Todeserklärung
- Betreibung durch Abwesenheitspfleger **1911** 20 f
- eines Elternteils **1677**; **1680** 5; **1681**
- Feststellung des Todeszeitpunkts eines Verschollenen **1681** 2
- Internationales Privatrecht **1681** 8
- Übertragung der elterlichen Sorge auf den Überlebenden bei – **1681** 2 f
- unrichtige – eines Elternteils **1681** 4 ff.
- Vaterschaft bei – **1593** 15
- Verfahren **1681** 7

Totenfürsorge 1896 104 f.

Totgeburt
- Abstammung vom Ehemann **1592** 6
- bei Abtreibung **1615n** 7
- Beerdigungskosten **1615n** 6
- Entbindungskosten **1615n** 6

Sachverzeichnis

fette Zahlen = §§

- inzidente Vaterschaftsfeststellung bei – **1594** 26; **1600d** 117f
- Kosten der – **1615n** 6
- Mutterschaft **1591** 39
- natürliche Verwandtschaft bei – **1589** 11
- Status **1599** 3
- Unterhalt der nichtehelichen Mutter bei – **1615n** 5f
- Vaterschaft **1593** 12
- Vaterschaftsfeststellung **1615n** 4f

Tragemutter 1594 35; **Anh. 1744** 32

Tragezeit
- Begriff **1600d** 101
- überlange – **1593** 8 ff.

Trennung des Kindes von der Familie
- elterliche Familie **1666a** 11
- Entziehung der Personensorge **1666a** 8, 28 f.
- Erfolg- und Aussichtslosigkeit anderer Maßnahmen **1666a** 26f
- Ergänzungsfunktion **1666a** 1
- Formen öffentlicher Hilfe **1666a** 16 ff.
- Gesetz zur weiteren Verbesserung von Kinderrechten **1666a** 1
- Hilfsangebote nach SGB VIII **1666a** 5
- Jugendhilfeleistungen **1666a** 16 ff.
- Maßnahme nach § 1666 Abs 1 **1666a** 10 ff.
- besondere Prüfpflichten **1666a** 2
- Trennungsbegriff **1666a** 7, 12
- Verfassungsmäßigkeit **1666a** 6
- Verhältnismäßigkeitsgrundsatz **1666a** 2, 13, 23
- Vorrang anderer Maßnahmen **1666a** 13 f., 23f
- Vorrang öffentlicher Hilfen **1666a** 3 f., 16
- Wegweisung **1666a** 20f
- Wohnungsausweisung eines Elternteils **1666a** 9
- Wohnungsausweisung eines Elternteils oder eines Dritten **1666a** 18 ff.

Überwachungspflegschaft 1909 36; **1913** 14
Überwachungsvollmacht 1896 245
Umgangsbestimmung
- Allgemeines **1632** 62
- Antrag **1632** 70
- Ausgehverbot **1666** 89
- durch Betreuer **1896** 93 ff.
- familiengerichtliche Umgangsverbote **1666** 211
- gerichtliche Durchsetzung **1632** 69 ff.
- Inhalt **1632** 63f
- Interessenabwägung **1632** 68
- des Kindes mit Dritten **1632** 62 ff.
- Missbrauchsschranke **1632** 67
- Schranken **1632** 65 ff.
- Umgangsbeschränkungen **1666** 85 ff.
- Umgangsverbote **1632** 64
- durch den Vormund **1800** 18
- Weisungen **1632** 64
- Zuständigkeit **1632** 71

Umgangspflegschaft 1684 76 f.
Umgangsrecht
- Änderung durch Kindschaftsrechtsreform **Vor 1626** 12
- Beschränkung der – befugnisse bei beschränkter Geschäftsfähigkeit **1673** 4
- andere Bezugspersonen **1626** 72f
- Elternbegriff **1626** 70
- Personenkreis **1626** 70 ff.
- bei Ruhen der elterlichen Sorge **1673** 4; **1675** 2
- des Vaters bei Alleinsorge der Mutter **1626a** 32
- nach Vaterschaftsanerkennung **1594** 20
- nach Vaterschaftsanfechtung **1599** 52
- Vermutung der Kindeswohldienlichkeit **1626** 73
- Vollstreckung **1671** 162

Umgangsrecht des Kindes mit anderen Bezugspersonen
- abgestufte Besuchsrechtsfolge **1685** 2, 17
- Angeheiratete **1685** 3
- Aufgaben des Jugendamtes **1685** 15
- Auslandsbezug **1685** 19
- begleiteter Umgang **1685** 17
- Besuchsbefugnisse **1685** 16
- biologischer oder leiblicher Vater **1685** 10
- Ehegatten, frühere **1685** 6
- enge Bezugspersonen **1685** 6
- Entführungsfälle **1685** 19
- Ferienzeiten **1685** 8
- Geschwister **1685** 4
- Großeltern **1685** 4
- Kindeswohlverträglichkeit **1685** 1, 13
- längere häusliche Gemeinschaft **1685** 9
- Pflegepersonen **1685** 6
- Rechtsverletzung aus Art. 8 EMRK **1685** 7, 10
- sozial-familiäre Beziehung **1685** 8 ff.
- Stiefeltern **1685** 8
- tatsächliche Übernahme von Verantwortung für das Kind **1685** 7
- Umgangsberechtigte **1685** 3
- Umgangspflegschaft **1685** 17
- Verfahren **1685**
- Verfahrensbeistand **1685** 18
- Verwandte **1685** 4 ff.
- Wohngemeinschaften **1685** 6

Umgangsrecht des Kindes mit den Eltern
- abfällige Äußerungen **1684** 35
- Ablauf der Besuchszeit **1684** 34
- Abwertungen des anderen Elternteils **1684** 35
- nach Adoption des Kindes **1684** 10
- während der Adoptionspflege **1684** 10
- AIDS-Erkrankung **1684** 70
- Alkoholismus **1684** 69
- des alleinigen Sorgerechtsinhabers **1684** 8
- Änderung gerichtlicher Entscheidungen **1696** 14 ff.

magere Zahlen = Randnummern

Sachverzeichnis

- nach Erhebung der Anfechtungsklage **1684** 9
- Anhörungsregeln **1684** 86
- Anordnungen von Amts wegen **1684** 12
- Anwendungsbereich **1684** 8 ff.
- Anwesenheit einer Vertrauensperson **1684** 40
- Art und Inhalt der Besuche **1684** 25 f
- ausfallende Besuche **1684** 33
- ausländerrechtliche Bedeutung **1684** 17
- Auslandsbezug **1684** 96, 100 f.
- Ausschluss **1684** 3, 55 f.
- Auswanderung eines Elternteils **1684** 52 f.
- Auswirkungen auf den Unterhalt **1684** 44
- begleiteter Umgang **1684** 36
- Beratung und Unterstützung durch das Jugendamt **1684** 12
- beschränkter oder betreuter Umgang **1684** 58
- Beschränkungen **1684** 2, 55 f.
- Beschwerde **1684** 97
- Besuche mit Haustieren **1684** 8
- Beugemittel **1684** 90
- Bindungstoleranz **1684** 3
- Briefverkehr **1684** 25
- Doppelfeiertage **1684** 24
- Drogensucht **1684** 69
- neuer Ehegatte **1684** 38
- Ehegattenunterhalt, Auswirkungen auf den – **1684** 82
- Einstellung des anderen Elternteils **1684** 72
- einstweilige Anordnung **1684** 85, 97
- elterliches – **1684** 8 ff.
- Elternvereinbarungen **1684** 15 f, 21, 94
- elternzentriertes Verfahren **1684** 7
- Entfremdung **1684** 71
- Entführungsfälle **1684** 102 f.
- Erkrankung eines Elternteils **1684** 70
- familiengerichtliche Regelungsbefugnis **1684** 21 ff.
- Fehlverhalten eines Elternteils **1684** 69
- Feiertage **1684** 29 f
- Ferienaufenthalt **1684** 22, 28 f
- Festtage **1684** 24, 29 f
- Fremdbefruchtung **1684** 10
- Geburtstage **1684** 29 f
- Geschenke **1684** 25
- Geschwister **1684** 39, 49
- Gewaltanwendung **1684** 93
- Großeltern **1684** 37
- Häufigkeit und Dauer von Besuchen **1684** 23 f
- Höchstpersönlichkeit **1684** 11
- Interessenkollision zwischen Eltern **1684** 12
- jüngere Kinder **1684** 46
- Kindesentführung, drohende **1684** 36
- Kindesentführung **1684** 64, 102 f
- Kindeswille und Kindesvorstellungen **1684** 45 ff.
- Kindeswohl **1684** 22
- Kontakte zu dritten Personen während Besuchszeit **1684** 37 ff.
- Kontrolle des anderen Elternteils **1684** 8
- körperliche Angriffe **1684** 65
- Kosten des Umgangs **1684** 41
- Kosten des Verfahrens **1684** 98
- neuer Lebensgefährte **1684** 38
- der leiblichen Mutter nach Einwilligung zur Adoption **1684** 8
- Mediationsverfahren **1684** 73
- minderjährige Kinder **1684** 8
- Missachtung der Wohlverhaltensverpflichtung **1684** 20
- Mitspracherecht des Kindes **1684** 46
- Mitwirkung des Jugendamtes im Verfahren **1684** 87
- Nachwirkungen **1684** 68
- Ordnungsgeld **1684** 75, 90 f.
- Ordnungshaft **1684** 75, 92
- Ort der Besuche **1684** 22
- persönliche Kontakte **1684** 25
- Persönlichkeitsrecht des Kindes **1684** 46 f
- besondere politische oder weltanschauliche Orientierung **1684** 61
- Prostitution **1684** 69
- Rechtsbehelfe im Vollstreckungsverfahren **1684** 95
- Rechtsbeschwerde **1684** 97
- Rechtsmittel **1684** 97 ff.
- Rechtsverzicht **1684** 16
- Schadensersatz bei Verletzung des -s **1684** 83
- Scheinvater **1684** 9
- sexuelle Orientierung **1684** 69
- sexueller Missbrauch **1684** 66 f
- Sorgerechtsänderung **1684** 99
- Sorgerechtswechsel **1684** 20
- Strafhaft des Umgangsberechtigten **1684** 26, 61
- Straftaten eines Elternteils **1684** 61
- Streitigkeiten zwischen Besuchsberechtigtem und -verpflichtetem **1684** 59
- Tablettenmissbrauch **1684** 69
- telefonische Auskünfte **1684** 25
- telefonische Verfügbarkeit **1684** 25
- übereilte Entschlüsse **1684** 53
- Übernachtungen **1684** 27
- Umgangspflegschaft **1684** 76 ff.
- Umgangspflicht **1684** 2
- Umgangsverweigerung **1684** 19, 73 f.
- Umzug eines Elternteils **1684** 52 ff.
- Umzug ins Ausland **1684** 53 f
- Unterhaltskürzung **1684** 82
- Verdachtsfälle **1684** 66
- Verfahren **1684** 80, 84 f.
- Verfahrensbeistand **1684** 12, 97
- Verfahrensfehler **1684** 88
- verfassungsrechtliche Vorgaben **1684** 2 f
- Verfeindung **1684** 60 f
- Verhältnis zum Iran **1684** 101
- Verhältnismäßigkeitsgrundsätze **1684** 3, 13, 55
- Vermittlungsaufgaben des FamG **1684** 88

Sachverzeichnis

fette Zahlen = §§

- Vermittlungsverfahren **1684** 80, 89
- Vollstreckung **1684** 75, 90 f.
- Wechsel des Sorgerechts **1684** 81
- Wechselmodell **1684** 44
- Wochenendaufenthalt **1684** 24
- Wohlverhaltensklausel **1684** 18 ff.
- Zeitblöcke **1684** 23
- Zusatzregelungen **1684** 50f
- Zuständigkeit **1684** 84f
- Zuständigkeit, internationale **1684** 84
- Zweck der Regelung **1684** 1 ff.
- bei Zweifeln an Vaterschaft **1684** 9

Umgangsverbote 1632 64
UN-Kinderrechtskonvention 1618a 3; **1619** 3; **1666** 33
Unterbringung
- Bevollmächtigte, Regelungen für – **1906** 4
- durch Bevollmächtigten s. *Vollmachtsbetreuung, Freiheitsentziehung durch Bevollmächtigten*
- freiheitsentziehende – *s.d.*
- freiheitsentziehende Maßnahmen, sonstige **1906** 3
- kurzzeitige – **1906** 11
- Minderjähriger **1906** 1
- in offener Einrichtung **1906** 12
- öffentlich-rechtliche – **1906** 2
- Übersicht **1906** 1 ff.
- unterbringungsähnliche Maßnahmen *s.d.*
- Volljähriger **1906** 2
- Vollzug **1906** 85
- zivilrechtliche – **1906** 1, 53

unterbringungsähnliche Maßnahmen
- Abgrenzung zur Unterbringung **1906** 37
- Aufenthalt in einer Einrichtung **1906** 46f
- Ausstattung des Betreuten mit einer Sendeanlage **1906** 36
- befristete Beschwerde **1906** 96
- Befugnisse der Einrichtung **1906** 47
- Begriff **1906** 35 ff.
- Beschwerde **1906** 96
- Betreute **1906** 43
- betroffener Personenkreis **1906** 44 ff.
- durch Bevollmächtigten s. *Vollmachtsbetreuung, Freiheitsentziehung durch Bevollmächtigten*; **1906** 150
- Einwilligung des Betreuten **1906** 49
- im Rahmen der elterlichen Sorge **1631b** 6 ff.
- Entbehrlichkeit der Genehmigung **1906** 49
- Erforderlichkeit **1906** 51
- Fehlen einer wirksamen Einwilligung des Betreuten **1906** 45
- Finalität der Maßnahme **1906** 42
- Freiheitsbeschränkung **1906** 38
- bei freiheitsentziehend Untergebrachten **1906** 46
- Freiheitsentziehung **1906** 39 f., 43
- Genehmigungsbedürftigkeit **1906** 34
- Genehmigungsverfahren s. *Unterbringungsverfahren*
- gerichtliche Genehmigung **1906** 50 ff.
- Grundsätze **1906** 33f
- keine Freiheitsentziehung **1906** 36
- Mittel der Freiheitsentziehung **1906** 41
- regelmäßige Freiheitsentziehung **1906** 43
- Sachverständigengutachten **1906** 69 ff.
- typische Fälle **1906** 35
- bloße Überredung des Betreuten **1906** 36
- Übersicht **1906** 4
- unterbringungsähnliche Auswirkungen **1906** 37
- Verhältnis zur Einwilligung in Heilbehandlung **1906** 52
- Verhältnis zur Genehmigung nach § 1904 **1906** 52
- Verhältnismäßigkeit **1906** 51
- des Vormunds **1800** 27
- über längeren Zeitraum **1906** 43

Unterbringungsverfahren
- Anhörung des Betroffenen **1906** 63 ff.
- Anhörung Dritter **1906** 84 ff.
- Anhörungspflicht **1906** 63, 74 f.
- anwendbare Vorschriften **1906** 53 ff.
- Aufhebung einer Unterbringungsmaßnahme **1906** 89
- Begründung der Entscheidung **1906** 82
- Bekanntmachung der Entscheidung **1906** 83
- Beschwerdeberechtigung **1906** 97 ff.
- Beschwerdeverfahren **1906** 100 ff.
- Bezeichnung der Unterbringungsmaßnahmen in Entscheidung **1906** 80
- Dauer der vorläufigen Unterbringung **1906** 93
- Durchführung der Unterbringung **1906** 85
- Einleitung des Verfahrens **1906** 57
- einstweilige Anordnung **1906** 90
- Entscheidung des Gerichts **1906** 61, 79 f.
- Entscheidungsinhalt **1906** 79 ff.
- Erledigung der gerichtlichen Genehmigung **1906** 87
- Erledigung des Verfahrens **1906** 101
- Gefahr in Verzug **1906** 92
- Hinzuziehung anderer Personen **1906** 74 ff.
- Inhalt der Anhörung **1906** 66
- Mitteilung der Entscheidung an andere Stellen **1906** 86
- Ort der Anhörung **1906** 65
- Rechtsbehelfe **1906** 96 ff.
- Rechtsschutzbedürfnis **1906** 101
- Sachverständigengutachten **1906** 69 ff.
- Unterbleiben der Anhörung **1906** 67
- Unterrichtung des Betroffenen **1906** 63 ff.
- Verfahrensfähigkeit des Betroffenen **1906** 58
- Verfahrenspfleger **1906** 59
- Verlängerung einer Unterbringungsmaßnahme **1906** 88
- Vollzug **1906** 85
- Vorführung des Betroffenen **1906** 68
- vorläufige Maßnahme **1906** 90 ff.
- Wirksamkeit der Entscheidung **1906** 84
- Zeitbestimmung **1906** 81

magere Zahlen = Randnummern **Sachverzeichnis**

– zivilrechtliche Regelungen **1906** 53
– zivilrechtliche Unterbringung **1906** 53
– Zuständigkeit des Betreuungsgerichts **1906** 54

Unterhalt
– allgemeine Grundsätze für Kindesunterhalt **1610** 13 ff.
– Altersgrenzen **1610** 14
– Altersstufen **1610** 93 ff.
– aus Anlass der Geburt **1615l** 15 ff.
– Barunterhalt **Vor 1601** 21; **1610** 92
– Barunterhalt nach ärztlichem Kunstfehler **1601** 56
– Bedürftigkeit **Vor 1601** 17
– Bedürftigkeit der nichtehelichen Mutter **1615l** 17, 43 f.
– Begriff **Vor 1601** 1
– des betreuenden nichtehelichen Vaters **1615l** 64 ff.
– Betreuungsunterhalt **Vor 1601** 22
– nach Düsseldorfer Tabelle s.d.
– Erlöschen des Unterhaltsanspruchs **1610** 15
– Familienleistungsausgleich **Vor 1601** 9
– Gesetzesgeschichte **Vor 1601** 2 ff.
– Kosten aus Anlass der Geburt **1615l** 19 ff.
– Leistungsfähigkeit **Vor 1601** 18
– des minderjährigen Kindes nach Adoption **1751** 15 ff.
– Naturalunterhalt **Vor 1601** 23
– pauschale Unterhaltsbemessung **1610** 81
– Renten **Vor 1601** 8
– als Schadensersatzanspruch **Vor 1601** 11
– Stellung in der Rechtsordnung **Vor 1601** 7 ff.
– und Steuerrecht **Vor 1601** 9
– Subsidiaritätsprinzip **Vor 1601** 7
– Tabellenunterhalt **Vor 1601** 19f
– Unterhaltsanspruch **Vor 1601** 13
– unterhaltsrechtliche Grundbegriffe **Vor 1601** 12 ff.
– Unterhaltsverträge **Vor 1601** 10
– für die Vergangenheit s. *Unterhaltsnachforderung*
– Verjährung **1610** 16
– Verwandtenunterhalt s.d.
– Verwirkung **1610** 16
– Verzicht auf Kindesunterhalt **1610** 17
– Vorausleistungen **1614** 14 ff.
– Wiederaufleben des Unterhaltsanspruchs **1610** 14

Unterhalt, Bedarfsdeckung durch Kindergeld
– alte Gesetzeslage **1612b** 29 ff.
– Änderungen durch das Unterhaltsänderungsgesetz **1612b** 28 ff.
– Anspruch des Kindes **1612b** 34
– Auszahlung an das Kind **1612b** 34f
– Bedarfsdeckung durch Kindergeld **1612b** 29, 33 f.
– Betreuung durch Elternteil **1612b** 37f

– eingeschränkte Leistungsfähigkeit des barunterhaltspflichtigen Elternteils **1612b** 39
– Einzel-Prinzip **1612b** 47 ff.
– Fremdunterbringung des Kindes **1612b** 44
– Grundlagen des Kindergeldbezuges **1612b** 2 ff.
– Höhe der Bedarfsdeckung **1612b** 40 ff.
– Höhe des anrechenbaren Kindergeldes **1612b** 51 ff.
– kindbezogene Leistungen **1612b** 49; **1612c**
– kindergeldersetzende Leistungen **1612c**
– bei minderjährigen Kindern **1612b** 41 ff.
– Minderung des Barbedarfs **1612b** 33 ff.
– Neuregelung **1612b** 28 ff.
– nicht von Eltern betreute minderjährige Kinder **1612b** 40
– bei nichtehelicher Geburt **1615l** 49
– privilegiert volljährige Kinder **1612b** 42
– Vereinfachung und Harmonisierung **1612b** 31f
– Verwendung des Kindergelds **1612b** 31 ff.
– volljährige Kinder **1612b** 40 ff.
– Zählkindvorteil **1612b** 46
– Zuweisung an das Kind **1612b**
– Zweck des Kindergeldausgleichs **1612b** 27

Unterhalt für getrennt lebenden Ehegatten
– Beweislast **1608** 12 ff.
– Eintrittspflicht Verwandter **1608** 5 ff.
– Erlöschen des Anspruchs **1615** 3f
– Ersatzhaftung bei Rechtsverfolgungsschwierigkeiten **1607** 7 ff.
– Haftung Verwandter **1606** 3
– Leistungsunfähigkeit des Ehegatten **1608** 7f
– Rang der unterhaltsberechtigten Ehefrau **1609** 18
– Rangfolge der Haftung des geschiedenen Ehegatten **1606** 3
– Reihenfolge der Verpflichteten **1606** 3
– Unterschied zum Verwandtenunterhalt **1610** 6
– Verwirkung **1608** 10f
– Vorrang der Ehegattenhaftung **1608** 3f
– Vorrang der Partnerhaftung **1608** 3f
– Vorrang vor volljährigen Kindern **1609** 23

Unterhalt für nichteheliche Mutter
– Absenkung des Maßstabs **1615l** 11f
– Abtreibung **1615n** 7
– Änderungen **1615l** 8 ff.
– anteilige Haftung **1615l** 52 ff.
– Anwendung allgemeinen Unterhaltsrechts **1615a**; **1615l** 37 f.
– Bedarf **1615l** 38 ff.
– Bedürftigkeit der Mutter **1615l** 17, 24, 43 f.
– Beerdigungskosten der Mutter **1615m**
– Betreuung des nichtehelichen Kindes durch den Vater **1615l** 64 ff.
– Beweislast **1615l** 13, 55, 57
– Dauer **1615l** 15, 19, 33 f.
– drei Alternativen **1615l** 4
– Drei-Jahres-Zeitraum **1615l** 9f

2321

Sachverzeichnis

fette Zahlen = §§

- Einkünfte der Mutter **1615l** 43
- einstweiliger Rechtsschutz **1615l** 67 f.
- erleichterte Verlängerung **1615l** 8 ff.
- erweiterter Unterhalt **1615l** 26 ff.
- Erziehungsgeld **1615l** 46
- Fehlgeburt **1615n** 9
- Fristen bei Totgeburt **1615n** 8
- Gleichstellung mit geschiedenen oder getrennt lebenden Ehegatten **1615l** 7
- Haftung der Erben des Kindesvaters **1615l** 50, 62; **1615n** 3
- Halbteilung **1615l** 38
- Heirat der Kindesmutter nach der Geburt **1615l** 53
- Höhe des Unterhalts **1615l** 41f
- Inhalt des Anspruchs **1615l** 5
- Kausalitätserfordernis **1615l** 26f
- keine frühere Erwerbstätigkeit **1615l** 42
- Kindergeld, Anrechnung **1615l** 49
- kleiner Anspruch **1615l** 15
- Konkurrenzen **1615l** 51 ff.
- Kosten aus Anlass der Geburt **1615l** 19 ff.
- Leistungsfähigkeit des Pflichtigen **1615l** 47 ff.
- mehrere Berechtigte **1615l** 58
- mehrere Verpflichtete **1615l** 52 ff.
- mittelbare Kosten **1615l** 22
- nichteheliches Kind **1615l** 3
- Pflege und Erziehung des Kindes **1615l** 30 ff.
- Rang des Unterhaltsanspruchs **1615l** 14
- Rangverhältnisse **1615l** 51 ff.
- Rechtsnatur der Ansprüche **1615l** 5
- Reform **1615l** 7 ff.
- Regeln des Verwandtenunterhalts **1615l** 37 ff.
- Regelungsbereich **1615l** 3f
- Schwangerschaft oder Krankheit **1615l** 28f
- Selbstbehalt des Pflichtigen **1615l** 48
- systematische Stellung **1615l** 2 ff.
- tatsächliche Betreuung **1615l** 65
- Teilhabe an Lebensstellung des anderen Elternteils **1615l** 39f
- Tod des unterhaltspflichtigen Elternteils **1615l** 50, 62
- Tod des Vaters **1615l** 62; **1615n**
- Totgeburt **1615n** 5f
- überobligatorische Tätigkeit **1615l** 44f
- Umfang **1615l** 4, 20 f.
- Unbilligkeit **1615l** 11
- unmittelbare Kosten **1615l** 21
- Unterhaltsanspruch des Vaters gegen die Mutter **1615l** 64 ff.
- Unterhaltsnachforderung **1615l** 60f
- Verdienstausfall **1615l** 41
- Verfahrenskostenhilfe **1615l** 59
- Verfahrenskostenvorschuss **1615l** 59
- Verfassungsrecht **1615l** 6
- für die Vergangenheit **1615l** 60f
- Verjährung **1615l** 63
- Verlängerung bei Unbilligkeit **1615l** 34f
- Voraussetzungen des Kostenerstattungsanspruchs **1615l** 24f
- Voraussetzungen des Unterhaltsanspruchs **1615l** 16 ff.
- vorrangige Vaterhaftung **1615l** 56f
- Vorsorgeunterhalt **1615l** 41
- Zweck **1615l** 1

Unterhaltsfestsetzung, gerichtliche
- einstweiliger Rechtsschutz **1602** 70
- Familiensache **1602** 63
- gesetzliche Vertretung **1602** 69
- Prozessstandschaft **1602** 68
- Rechtsmittelzug **1602** 64
- vereinfachtes Verfahren **1602** 67
- Verfahrensrecht **1602** 63 ff.
- Zuständigkeit **1602** 63 ff.

Unterhaltsnachforderung
- Anwendungsbereich **1613** 5 ff.
- Aufforderung zur Auskunftserteilung **1613** 12 ff.
- Aufrechnungsverbot **1613** 42
- Beseitigung des Verzugs **1613** 43 ff.
- Beweislast **1613** 107f
- eingeschränkte Rückwirkung **1613** 57
- Einstellung freiwilliger Leistungen **1613** 34
- einstweilige Anordnung **1613** 24, 45
- Entbehrlichkeit der Mahnung **1613** 35 ff.
- Ersatzansprüche Dritter **1613** 104 ff.
- Gläubigermehrheit **1613** 27
- Grundsätze **1613** 3 ff.
- bei Kindesunterhalt **1613** 23, 49, 52
- Klagerücknahme **1613** 45
- Mahnung **1613** 20 ff.
- Nachforderung **1613** 11 ff.
- der nichtehelichen Mutter **1615l** 60f
- Rechtshängigkeit **1613** 53
- Rechtsnatur **1613** 10
- Rechtswahrungsanzeige **1613** 59f
- Regelungszusammenhang **1613** 8f
- Schuldnerverzug **1613** 19 ff.
- Selbstmahnung **1613** 35
- Stufenmahnung **1613** 15, 28
- systematische Stellung **1613** 3 ff.
- titulierte Unterhaltsansprüche **1613** 50
- Übergang in Nachlass **1615** 5
- übergeleitete und übergegangene Unterhaltsansprüche **1613** 58 ff.
- unbillige Härte **1613** 100 ff.
- Verfahrenskostenhilfegesuch **1613** 24, 54
- Verhinderung der Geltendmachung **1613** 95 ff.
- Verjährung **1613** 52
- Verschulden **1613** 38f
- bei vertraglichem Unterhalt **1613** 7, 25
- Verwirkung des Anspruchs **1613** 46 ff.
- Verzicht **1613** 43
- Verzinsung **1613** 109 ff.
- Verzug ohne Mahnung **1613** 33f
- Verzugszinsen **1613** 42, 109 f.
- voller Monatsunterhalt **1613** 55 ff.
- Wirkungen des Verzugs **1613** 40 ff.
- Zweck der Regelung **1613** 1f

magere Zahlen = Randnummern

Sachverzeichnis

Unterhaltsvereinbarung
- Auskunftspflicht der Verwandten **1605** 17
- Freistellungsvereinbarung **1614** 13
- Nachforderung von Unterhalt **1613** 7, 25
- bei Stiefkindern **1601** 53
- ohne Vaterschaftsfeststellung **1594** 27
- Verzicht **1614** 2

Unterhaltsverzicht
- Art des Unterhalts **1614** 2 ff.
- Form **1614** 10 f
- Freistellungsvereinbarungen **1614** 13
- gesetzlicher Spielraum **1614** 6 ff.
- Grenzen **1614** 9
- Kindesunterhalt **1614** 3
- Kriterien des – **1614** 7 f
- nachehelicher Unterhalt **1614** 4
- systematische Stellung **1614** 2 ff.
- Trennungsunterhalt **1614** 3
- Umfang des Unterhalts **1614** 5
- bei vertraglichem Unterhalt **1614** 2
- Verzichtsverbot **1614** 6 ff.
- Zeitpunkt **1614** 12
- Zweck des Verbots **1614** 1

Unterhaltsvorschuss
- Anrechnung auf Enkelunterhalt **1601** 39
- Anrechnung auf Unterhalt **1602** 46
- Übergang der Unterhaltsansprüche **1602** 46
- Unterhaltsvorschussgesetz **1602** 46

Unterpflegschaft 1909 10; **1915** 10

Untersuchung des Gesundheitszustandes 1904 23

Vaterschaft
- Abstammung vom Ehemann **1592** 6 ff.
- Abstammung vom früheren Ehemann **1593** 2 ff.
- Abstammungsfestlegung **Vor 1591** 21 f
- Anerkennung durch den Vater s. *Vaterschaftsanerkennung*
- Anerkennung durch Dritten im Scheidungsverfahren **1599** 62
- Anfechtung s. *Vaterschaftsanfechtung*
- bei Auflösung der Ehe durch Tod **1593**
- Ausschließlichkeit der Vaterschaftstatbestände **1594** 29 ff.
- Beiwohnungsfeststellung **1592** 13
- bei Doppelehe **1593** 16
- Doppelvaterschaft **1594** 29 ff.
- bei Ersatzmutter **1591** 12 f
- Geburt in der Ehe der Eltern **1592** 3, 6 f.
- gerichtliche Feststellung s. *Vaterschaftsfeststellung, gerichtliche*; **1592** 16
- gespaltene – **1589** 8
- Grenzen der Sperrwirkung der Vaterschaftstatbestände **1599** 6 ff.
- Korrektur der Zuordnung **1593** 13
- bei künstlicher Zeugung **1592** 18 ff.
- Legaldefinition **1592** 1
- bei Leihmutterschaft **1591** 11 ff.
- bei Nichtehe **1592** 6

- nichteheliche Lebensgemeinschaft **1592** 3
- Personenstand des Kindes **1592** 1 f
- postmortale Insemination **1593** 10
- Rechtsausübungssperre **1592** 21; **1593** 13
- Schutz- und Sperrwirkung bestehender Vaterschaftstatbestände **1599** 1 ff.
- Sperrwirkung einer Zuordnung **1592** 2
- Status der Totgeburt **1599** 3
- Tot- und Fehlgeburten **1592** 6; **1593** 12
- Übergangsrecht **1592** 5
- überlange Tragezeit **1593** 8 f
- Vaterschaftsvermutung **1592** 4
- Vaterschaftszuweisung **1592** 1
- bei verschollenem Ehemann **1593** 11
- Voraussetzungen **1592** 6 ff.
- weiterer Ehemann **1593** 14 ff.
- bei Wiederverheiratung der Mutter **1593** 15
- Zuordnung über die Ehe **1592** 6 f.; **1593** 2 f.
- Zuordnungssystem **1600d** 2 f

Vaterschaftsanerkennung
- und Adoption **1594** 20
- bei anderweitiger Vaterschaft nach §§ 1592, 1593 **1594** 30
- Anerkennungserklärung **1594** 4 ff.
- Anfechtung **1594** 12
- Anfechtung durch Dritten nach – im Scheidungsverfahren **1599** 68
- Ausschließlichkeit der Vaterschaftstatbestände **1594** 29 ff.
- Bedingungsfeindlichkeit **1594** 37 f
- Beischreibung im Geburtenbuch **1594** 9
- Benachrichtigung der Beteiligten **1597** 6 ff.
- durch beschränkt Geschäftsfähigen **1596** 2
- Beseitigung **1594** 12
- eines Betreuten **1596** 13 f; **1902** 36
- Beurkundung **1597** 4
- Doppelvaterschaft **1594** 29 ff.
- durch Dritten **1599** 57
- einheitliche, vorbehaltlose Vaterschaftsfeststellung **1594** 7
- einseitiges Rechtsgeschäft **1594** 6
- erbrechtliche Ansprüche **1594** 19
- Fehlen der erforderlichen Zustimmung **1596** 16
- Fehlgeburt **1594** 26
- Form **1594** 6; **1597** 2 f.
- Formverstoß **1597** 5
- Geburt des Kindes nach Anhängigkeit des Scheidungsantrags **1599** 56
- geheime Urkunde **1594** 8; **1597** 5
- Geltendmachung der Unwirksamkeit **1598** 20
- Geltendmachung der Vaterschaft **1594** 14 ff.
- durch geschäftsunfähigen Mann **1596** 5
- durch gesetzlichen Vertreter **1596** 4
- Heilung der unwirksamen – **1598** 22 ff.
- höchstpersönliches Rechtsgeschäft **1594** 6
- Indizwirkung der unwirksamen – **1598** 21
- Internationales Privatrecht **1594** 47

Sachverzeichnis

fette Zahlen = §§

- Inzidentfeststellung der Vaterschaft **1594** 23 ff.
- Jahresfrist **1599** 59
- Kinderhandel **1594** 5
- pränatale Anerkennung **1594** 40 ff.
- Prioritätsfragen **1594** 31
- kein prozessuales Anerkenntnis **1594** 6
- rechtsmissbräuchliche Anerkennung **1594** 28
- Rechtstatsachen **1594** 3
- Rechtswirkungen **1594** 13 ff.
- während des Scheidungsverfahrens **1599** 50 ff.
- Sozial- und Steuerrecht **1594** 22
- Sperrwirkung anderer Vaterschaft **1594** 29
- Strafrecht **1594** 21
- Totgeburt **1594** 26
- Übergangsrecht **1594** 44 f.; **1598** 25; **1599** 69
- Umdeutung der unwirksamen – **1598** 21
- Unbeachtlichkeit von Willensmängeln **1598** 18
- Unterhaltspflichten **1594** 18
- Unterhaltsvereinbarungen vor – **1594** 27
- Unwirksamkeit **1594** 10; **1596** 16
- ursprüngliche Unwirksamkeit **1598** 2 ff.
- Unwirksamkeit des Widerrufs **1598** 17
- Unzulässigkeit der Bevollmächtigung **1596** 15
- und Vaterschaftsfeststellung nach § 1600d **1594** 32
- Vaterschaftstitel früheren Rechts **1594** 33
- Verhältnis mehrerer -en **1594** 31
- Verhältnis zur Vaterschaftsfeststellung nach § 1600d **1594** 2 f
- anderweitige Verheiratung der Mutter nach pränataler – **1594** 42
- Vermittlungsverbot **1594** 5
- Vermutung bei – **1600c** 4
- Verwandtschaft zwischen Vater und Kind **1594** 17 ff.
- bei vorläufigen Maßnahmen **1594** 24
- Widerruf **1594** 11; **1597** 9 f.
- Wirksamkeit **1594** 14 ff.
- Zeitpunkt der – **1594** 39 ff.
- Zuordnungswirkung **1592** 90f
- Zustimmung der Mutter **1594** 6
- Zustimmungsbedürftigkeit der – s. *Zustimmung zur Vaterschaftsanerkennung*

Vaterschaftsanfechtung
- Abstammungsgutachten **1592** 17 f.; **1598a** 7
- Abstammungsklärung **1598a** 5 ff.
- nach Adoption **1755** 24
- Anfechtung innerhalb der Sperrfrist des § 1593 **1599** 16
- Anfechtungsantrag **1599** 23 ff.
- Anfechtungsausschluss bei heterologer Insemination **1600** 34
- Anfechtungsentscheidung und Anfechtungsverfahren **1600a** 12
- Anfechtungsfrist für den leiblichen Vater **1600** 16
- Anfechtungsgrund **1600** 1
- Anfechtungsverfahren **1599** 15 ff.
- Anfechtungsvoraussetzungen **Vor 1599** 2
- Anforderungen an die Substanziierung der Anfechtungsantrags **1599** 27 ff.
- Anlass **Vor 1599** 1
- Antrag beim FamG **1599** 23
- Anwaltshaftung **1599** 12
- Arzthaftung **1599** 12
- Ausschluss des Versorgungsausgleichs **1599** 11
- begründeter Anfangsverdacht **1599** 27
- behördliches Anfechtungsrecht **1600** 17 ff.
- Beiladung des leiblichen Vaters **1599** 25
- Beiwohnung bei – **1592** 13
- beschränkte Geschäftsfähigkeit von Mann oder Mutter **1600a** 3
- Beteiligung Dritter am Verfahren **1599** 27
- eines Betreuten **1600a** 19; **1902** 36
- Beweismittel **1599** 34 ff.
- des Dritten nach Anerkennung im Scheidungsverfahren **1599** 62
- Ehelichkeitsanfechtung **1599** 15
- des Ehemannes **1599** 15
- und Eheverbot **1599** 8
- elterliche Sorge **1599** 54
- Eltern- und Kindergeld **1599** 14
- bei Geburt des Kindes innerhalb der Sperrfrist **1599** 16f
- Gegenstand der – **1599** 15 ff.
- genetische Untersuchung, Einwilligung **1598a**
- nach gerichtlicher Vaterschaftsfeststellung **1599** 22
- Geschäftsunfähigkeit von Mann oder Mutter **1600a** 4
- durch den gesetzlichen Vertreter des Kindes **1600a** 8 ff.
- Hinzuziehung von Beteiligten **1599** 25
- Höchstpersönlichkeit der – **1600** 1; **1600a** 1
- Internationales Privatrecht **Vor 1599** 13
- Jahresfrist **1599** 64
- Kindeswohlprüfung bei der Anfechtung durch den gesetzlichen Vertreter **1600a** 14 ff.
- als Korrektur **Vor 1591** 23
- des leiblichen Vaters **1600** 6 ff.
- Mitspracherecht des minderjährigen Kindes **1600a** 7
- durch nachfolgende Ehe legitimierte Kinder **1599** 21
- im Namen des geschäftsunfähigen oder beschränkt geschäftsfähigen Kindes **1600a** 6 ff.
- des neuen Ehemanns **1593** 17
- Neuregelung zur Klärung der Abstammungsverhältnisse **1598a** 1 ff.
- öffentliches Recht **1599** 13f
- rechtsgestaltender Beschluss **1599** 44

magere Zahlen = Randnummern

Sachverzeichnis

- Rechtsstellung des Samenspenders **1600** 41 ff.
- Rechtswirkungen **1599** 44 ff.
- Regress des Scheinvaters **1599** 48 ff.
- Sperrwirkung einer Zuordnung **1592** 2
- Staatsangehörigkeit nach – **1599** 45
- Stellvertretung, gewillkürte **1600a** 2
- Strafrecht **1599** 13f
- Übergangsrecht **Vor 1599** 4f; **1599** 69
- Umgangsrecht **1599** 52 ff.
- und Unterhaltsansprüche **1599** 10
- Unterhaltsansprüche des Kindes **1599** 46f
- Unterschiede zur Rechtslage vor 1998 **Vor 1599** 3
- bei Vaterschaft kraft Anerkennung **1599** 19f
- Vaterschaftsvermutung im Anfechtungsverfahren **1600c**
- Verfahrenshandlungen **1599** 4
- verfassungsrechtliche Rahmenbedingungen **Vor 1599** 6 ff.
- bei Verschollenheit des Vaters **1599** 18
- Vertretung des Kindes bei – **1629** 62
- Verwertung privater Vaterschaftstests **1599** 34 ff.

Vaterschaftsanfechtung, Anfechtungsfrist
- Ablaufhemmung bei nicht voll Geschäftsfähigen **1600b** 37
- bei Abstammungsklärung **1600b** 31
- bei Anfechtung durch das volljährig gewordene Kind **1600b** 28
- bei Anfechtung durch den gesetzlichen Vertreter **1600b** 25
- bei Anfechtung einer auf Anerkennung beruhenden Vaterschaft **1600b** 22
- Ausschlussfrist, absolute **1600** 37
- Auswirkungen einer früheren rechtskräftigen Entscheidung **1600b** 27
- Begriff der Kenntniserlangung, zweistufiger **1600b** 9
- Behandlung von Irrtümern **1600b** 17
- für Behörde **1600** 19 f.
- Berechnung **1600b** 4
- Beweislast **1600b** 6
- einheitliche -en **1600b** 1
- ernstliche Infragestellung der Vaterschaft **1600b** 11 ff.
- Feststellungslast **1600b** 6
- Fristbeginn, allgemeiner **1600b** 8 ff.
- Fristbeginn, besondere Fälle **1600b** 21 ff.
- Fristbeginn bei Anfechtung des leiblichen Vaters **1600b** 19f
- Fristbeginn bei Anfechtung durch Mutter **1600b** 18
- Fristbeginn bei Wiederverheiratung der Mutter **1600b** 23
- Fristbeginn nicht vor Geburt des Kindes **1600b** 21
- Fristdauer **1600b** 4
- Fristhemmung **1600b** 26, 33 f.
- Fristlauf bei Kenntnis vom Mehrverkehr **1600b** 15
- Fristwahrung durch Antragseinreichung **1600b** 5
- Geschäftsunfähigkeit des Kindes über die Volljährigkeit hinaus **1600b** 29
- Hemmung bei Abstammungserklärung **1600b** 31f
- bei höherer Gewalt **1600b** 35
- Kenntnis von der Geburt **1600b** 8
- Lauf **1600b** 4
- plötzliche Erkrankung **1600b** 36
- bei plötzlicher schwerer Erkrankung **1600b** 36
- Rechtsnatur **1600b** 3
- Rechtsunkenntnis des Anfechtungsberechtigten **1600b** 36
- bei Rechtsunkenntnis des Anfechtungsberechtigten **1600b** 36
- sichere Kenntnis von Tatsachen **1600b** 10
- bei späterem Bekanntwerden von Unzumutbarkeitsgründen **1600b** 39f
- bei Strafhaft **1600b** 36
- Übergangsrecht **1600b** 19, 41f
- bei Unzumutbarkeit der Vaterschaft **1600b** 40
- Verfassungsmäßigkeit **1600b** 2
- für das volljährige Kind **1600b** 24 ff.
- Wegfall der Frist **1600b** 16
- nach Wegfall der Geschäftsunfähigkeit des Anfechtungsberechtigten **1600b** 30
- bei widerrechtlicher Drohung **1600b** 33
- Wiedereinsetzung **1600b** 7
- Wirkung des Fristablaufs **1600b** 7
- Wirkung von privaten Vaterschaftstests **1600b** 14
- Zweck **1600b** 3

Vaterschaftsanfechtung, Anfechtungsrecht
- abschließende Aufzählung **1600** 1
- Anfechtungsausschluss bei heterologer Insemination **1600** 28 ff.
- behördliches – **1600** 17 ff.
- Beweiserhebung über leibliche Vaterschaft des Anfechtenden **1600** 15
- eidesstattliche Versicherung der Beiwohnung **1600** 7
- fehlende sozial-familiäre Beziehung zum rechtlichen Vater **1600** 8 ff.
- häusliche Gemeinschaft von Vater und Kind **1600** 12f
- höchstpersönliches Gestaltungsrecht **1600a** 1
- des Kindes **1600** 5, 27
- des leiblichen Vaters des Kindes **1600** 16 ff.
- des Mannes **1600** 2f
- der Mutter **1600** 4
- Rechtsmissbrauchsfälle **1600** 28
- des Samenspenders **1600** 7, 29 f.
- Vererblichkeit **1600a** 1
- Verheiratung der Eltern **1600** 11
- Verlust **1600** 27f

2325

Sachverzeichnis

fette Zahlen = §§

- Verzicht **1600** 27

Vaterschaftsfeststellung, gerichtliche
- Abstammungsgutachten **1600d** 51
- nach Adoption **1755** 24 ff.
- Amtsermittlung **1600d** 47 ff.
- Amtspflegschaft **1600d** 18
- Antrag beim FamG **1600d** 12 ff.
- Beweisantrag **1600d** 72
- Beweiserhebung **1600d** 47 ff.
- Beweisvereitelung **1600d** 57f
- Doppelfeststellung **1600d** 29
- einheitliche, vorbehaltlose Vaterschaftsfeststellung **1594** 7
- elastische Beweisregelung **1600d** 103
- Entziehung des Vertretungsrechts der Eltern **1629** 55 ff.
- fehlende Vaterschaft **1600d** 28
- Feststellung des Samenspenders als Vater **1600** 41
- Feststellungsinteresse **1600d** 16f
- Feststellungslast **1600d** 109
- Gegenstand der gerichtlichen Prüfung **1600d** 3 ff.
- Gleichwertigkeit mit Anerkennung **1600d** 9 ff.
- bei heterologer Insemination **1592** 19; **1600d** 98
- Inzidentfeststellung **1594** 17 f.; **1600d** 117 f.
- körperliche Untersuchungen **1600d** 52 ff.
- negativer Feststellungsantrag **1600d** 35
- obligatorische – **1600d** 6 ff.
- postmortales Verfahren **1600d** 23f
- pränatale – **1594** 43
- Rechtsausübungssperre **1600d** 5, 115 f.
- Rechtskraft **1600d** 34f
- Rechtsnatur **1600d** 33
- Rechtsschutzbedürfnis **1600d** 28 ff.
- Rechtswirkungen **1600d** 115 ff.
- Tod von Beteiligten **1600d** 23 f.
- Überblick **1592** 1
- Übergangsrecht **1600d** 123 ff.
- unbestimmter Rechtsbegriff **1600d** 102
- Unterhaltsansprüche des Kindes **1600d** 39 ff.
- Unterhaltsvereinbarungen **1600d** 122
- Unterlassung des Antrags **1600d** 18f
- Vaterschaftsnachweis s.d.
- zur Vaterschaftszuordnung **1592** 18 ff.
- Verfahrenskostenhilfe **1600d** 41
- Verwertung außergerichtlicher Gutachten **1600d** 51
- Wiederaufnahmeverfahren **1599** 43
- als Zuordnung **1600d** 6f, 9 f.

Vaterschaftsnachweis
- „schwerwiegende Zweifel" **1600d** 102 ff.
- Abstammungsgutachten **1600d** 51
- Amtsermittlung **1600d** 47 ff.
- andrologische Gutachten **1600d** 60
- A-priori-Wahrscheinlichkeit **1600d** 79f
- Bayessches Theorem **1600d** 76
- Beiwohnung als Tatbestand **1600d** 97

- Beweiserhebung **1600d** 47
- Beweiserleichterung durch Abstammungsvermutung **1600d** 97
- Beweisvereitelung **1600d** 57f
- Beweiswert von Merkmalsausschlüssen **1600d** 69 ff.
- biostatistische Begutachtung **1600d** 73 ff.
- Blutgruppengutachten **1600d** 62
- Defizienzfälle **1600d** 89
- Direkter - **1600d** 45
- direkter – **1600d** 59 ff.
- Dirnenfälle **1600d** 88
- DNS (DNA)-Gutachten **1600d** 66 ff.
- eineiige Zwillinge **1600d** 88, 90
- Einmannfälle **1600d** 87
- Empfängniszeit **1600d** 99 f., 110 f.
- Essen-Möller-Verfahren **1600d** 87 ff.
- Fehlerquellen **1600d** 69 ff.
- Fertilitätsgutachten **1600d** 60
- Feststellungslast **1600d** 109
- Fremdstämmigenproblem **1600d** 92
- Gesamtwürdigung **1600d** 104 ff.
- und gesetzliche Vaterschaftsvermutung **1600d** 95 ff.
- Großrassekreis **1600d** 92
- durch Gutachten **1600d** 59 ff.
- HLA-Gutachten **1600d** 64f
- Inanspruchnahme Dritter **1600d** 53
- Indirekter - **1600d** 45
- Insemination **1600d** 98
- In-vitro-Fertilisation **1600d** 98
- Inzestfälle **1600d** 90
- Irrtumserwartung **1600d** 77, 80
- Isolatproblem **1600d** 92
- Kombinationsbeweis **1600d** 104 ff.
- körperliche Untersuchungen **1600d** 52 ff.
- Leibesfrucht **1600d** 20
- Likelihood-Quotient **1600d** 76, 81
- Mehrkindfälle **1600d** 89
- Mehrmannfälle **1600d** 87 ff.
- Mehrverkehr **1600d** 106 ff.
- Multi-Locus-Sonden **1600d** 91
- Neumutation **1600d** 70
- Paternity Index **1600d** 82
- positiver – durch Gutachten **1600d** 75 ff.
- Reifegradgutachten **1600d** 60
- Restitutionsantrag **1600d** 43
- Richtlinien 2002 **1600d** 61, 65
- Tabelle zur Berechnung der Empfängniszeit **1600d** 114
- Trageszeit **1600d** 99
- Übergangsrecht **1600d** 123ff
- überholte und ungeeignete Methoden **1600d** 47
- unerreichbare Beiwismittel **1600d** 47
- Vaterschaftsplausibilität **1600d** 75
- Vaterschaftvermutung **1600d** 95 ff.
- volle Verwandtschaft **1600d** 115
- Zahlenwert der Vaterschaftswahrscheinlichkeit **1600d** 75

magere Zahlen = Randnummern

Sachverzeichnis

– Zeugungsfähigkeit **1600d** 60
Vaterschaftstest
– Verwertung privater – bei Vaterschaftsanfechtung **1599** 34
– Wirkung auf Anfechtungsfrist **1600**; **1600b** 14
Vaterschaftsvermutung
– Ausnahmeregelung bei Willensmängeln **1600c** 9 ff.
– biologische – **1600c** 1
– Entkräftung **1600d** 95 ff.
– Feststellungslast bezüglich Willensmängeln **1600c** 16
– Gegenbeweis **1600c** 6
– bei Insemination **1592** 19
– bei Mehrverkehr **1600d** 106 ff.
– bei Mehrverkehrsverdacht **1600d** 108
– Merkmalsystem **1600d** 63
– in nichtehelicher Lebensgemeinschaft **1600c** 5
– Übergangsrecht **1600c** 8
– bei Vaterschaft auf Grund bestehender Ehe **1600c** 3
– Vaterschaftsvermutung **1600c** 3 ff.
– verfahrensrechtliche Bedeutung **1600c** 2
– Widerlegung **1592** 76 f.; **1600c** 6f
– Willensmängel **1600c** 14 ff.
Vaterschaftswahrscheinlichkeit 1600d 76 f.
Verbleibensanordnung
– Abdingbarkeit **1632** 39
– bei Adoption des Kindes **1632** 47
– Allgemeines **1632** 37 ff.
– von Amts wegen **1632** 54
– Anlass der Familienpflege **1632** 51
– auf Antrag der Pflegeperson **1632** 54
– und Aufhebungsantrag der Eltern bezüglich der Familienpflege **1630** 31
– Auswirkungen auf Besuchs- und Umgangsregelungen **1632** 57
– Dauer des Pflegeverhältnisses **1632** 52
– Dauer des Verbleibens **1632** 58
– einstweilige Anordnung **1632** 61
– Einzelfallentscheidung **1632** 48
– Entscheidung **1632** 54 ff.
– Entscheidungsmaßstab **1632** 44 ff.
– Ermessen **1632** 55
– Familienpflege seit längerer Zeit **1632** 40f
– Gefährdung des Kindeswohls **1632** 43 ff.
– Grad an Gewissheit **1632** 45
– Herausgabeverlangen von Vormund oder Pfleger **1632** 42
– Intensität der Bindung des Kindes an die Pflegeeltern **1632** 49b
– kindeswohlgefährdende Kriterien auf Seiten des Kindes **1632** 53
– Kriterien der Entscheidung **1632** 49 ff.
– Mängel des vorgesehenen Lebensbereichs **1632** 49a
– Neufassung durch KindRG **1632** 43

– persönliche Defizite der neuen Obhutsperson **1632** 49a
– psychologische Gutachten **1632** 48
– Rechtsmittel **1632** 61
– Rückführung zu den Pflegepersonen **1632** 60
– bei Ruhen der elterlichen Sorge der nichtehelichen Mutter **1678** 14
– Schutz des Pflegekindes vor Wegnahme aus der Pflegefamilie **1632** 37 ff.
– bei Tod eines Elternteils **1680** 4
– Verfahren **1632** 61
– Verfassungsbeschwerde **1632** 45
– Verfassungsrecht **1632** 38
– Verhältnismäßigkeitsgrundsatz **1632** 56f
– Voraussetzungen **1632** 40 ff.
– Vorrang gegenüber §§ 1666f **1632** 59
– bei Wechsel der Pflegefamilie **1632** 46
– Wille des Kindes **1632** 50
– Zeitpunkt der Bewertung **1632** 44
– Zuständigkeit des FamG **1632** 61
Verbleibensanordnung zugunsten von Bezugspersonen
– Anhörung **1682** 18
– Ankündigung der Wegnahme **1682** 8
– Antrag **1682** 18
– Anwendungsbereich **1682** 3 ff.
– Auslandsbezug **1682** 22
– Berechtigte **1682** 4f, 9 f.
– Besuche der leiblichen Eltern **1682** 16f
– einstweilige Anordnung **1682** 20
– familiärer Verband **1682** 5
– Gefährdung des Kindeswohls **1682** 12 ff.
– gleichgeschlechtliche Lebenspartner **1682** 2, 11
– Haushaltsgemeinschaft **1682** 4f
– Kosten **1682** 18
– längere Zeit des Zusammenlebens **1682** 6
– materiell-rechtliche Voraussetzungen **1682** 12 ff.
– minderjährige Kinder **1682** 3
– neue Sorgebefugnis des anderen Elternteils **1682** 7
– nichteheliche Lebenspartner **1682** 10
– Rechtsmittel **1682** 18
– Rückführung in die leibliche Familie **1682** 13
– Stiefelternteil **1682** 1, 9
– Übergangsregelungen **1682** 13
– Überschreitung der Grenzen der §§ 1666, 1666a **1682** 15
– Verfahren **1682** 18 ff.
– Verfahren im Allgemeinen **1682** 18
– Verfahrensbeistand **1682** 18
– Verhältnismäßigkeit **1682** 14
– Vollstreckungsmaßnahmen **1682** 21
– Zuständigkeit **1682** 18
Verbrauchergeldparitäten 1610 197
vereinfachtes Verfahren zur Festsetzung des Unterhalts
– Abänderungsverfahren **1612a** 73 ff.

Sachverzeichnis

fette Zahlen = §§

- Antragsvoraussetzungen **1612a** 53 ff.
- Auskunfts- und Belegpflicht **1612a** 64
- Beweislast **1612a** 79 ff.
- einstufiges Rechtspfleger-Verfahren **1612a** 51
- Einwendungen des Schuldners **1612a** 60 ff.
- Entscheidung **1612a** 65 ff.
- Gebühren **1612a** 58f
- gerichtliche Unterhaltsfestsetzung durch – **1602** 67
- Höhe des Unterhalts **1612a** 54f
- bei Kindergeldänderung **1612a** 77
- Leistungsfähigkeit des Schuldners, eingeschränkte **1612a** 63f
- Monatsfrist **1612a** 61
- Rechtsmittel **1612a** 65 ff.
- Regelbetrag im Kindschaftsverfahren **1612a** 78
- streitiges Verfahren **1612a** 70 ff.
- Übergangsregelungen **1612a** 83
- Verfahrenskostenhilfe **1612a** 57, 59
- Vorteil **1612a** 55
- Wahlmöglichkeit des Kindes **1612a** 56f
- Zweck **1612a** 52

Vereinsbetreuer
- anerkannter Betreuungsverein **1897** 15; **1900** 5
- Anerkennung als Betreuungsverein **1908f**
- Anerkennung unter Auflagen **1908f** 12
- ausreichende Zahl geeigneter Mitarbeiter **1908f** 4
- Auswahl **1897** 14
- Beaufsichtigung und Weiterbildung der Mitarbeiter **1908f** 5
- Beratung bei der Errichtung von Vorsorgevollmachten **1908f** 13
- ehrenamtlicher Betreuer, Gewinnung **1908f** 7
- Einwilligung des Vereins **1900** 4
- als Einzelbetreuer **1897** 12
- Entlassung **1908b** 26 ff.
- Entschädigungspauschale **VBVG 4** 2
- Erfahrungsaustausch zwischen den Mitarbeitern **1908f** 9
- gerichtliche Überprüfung **1900** 8
- Information über Vorsorgevollmachten und Betreuungsverfügungen **1908f** 8
- Mitteilungspflichten **1900** 8
- Nachrang **1900** 2f
- Person des Betreuers **1897** 3
- Sterilisationsbetreuung durch – **1900** 13
- Übertragung der Aufgabe auf eine Person **1900** 6f
- Unzumutbarkeit für den Betreuer **1908b** 19f
- Verfahren **1897** 22
- Vergütung **VBVG 7** 16
- Versicherung der Mitarbeiter **1908f** 6
- Voraussetzungen **1900** 2 ff.
- Widerruf der Anerkennung **1908f** 12

Vereinsvormundschaft
- Anforderungen hinsichtlich der Mitarbeiter **SGB VIII 54** 5f
- Anlegung von Mündelgeld **1806** 9
- Anordnung der Hinterlegung **1818** 8
- Anspruch auf Beratung und Unterstützung durch das Jugendamt **SGB VIII 53** 3
- Anspruch auf Erlaubniserteilung **SGB VIII 54** 4
- Aufhebung der Befreiung durch **1857** 6
- Aufsicht des Jugendamtes **SGB VIII 53** 6
- Aufwendungsersatz **1835** 53 ff.
- Aus- und Weiterbildung der Mitarbeiter **SGB VIII 54** 5
- ausgeschlossene Mitglieder und Mitarbeiter **1791a** 13
- Ausschluss der Vertretungsmacht **1795** 21, 28
- befreite Vormundschaft **1852** 14; **1857a**
- Befreiungen **1791a** 16
- Begriff **Vor 1773** 2
- Bestallungsurkunde **1791** 8
- Bestellung des Vereins **1791a** 7 ff.
- Bestellung unter Vorbehalt **1790** 4
- Betrauung mehrerer **1791a** 12
- Dispens von Hinterlegungs- und Sperrpflichten **1817** 16
- Entlassung **1887**
- Entlassung auf eigenen Antrag **1889** 6f
- Entlassung von Beamten und Religionsdienern **1888** 6
- Erfahrungsaustausch zwischen den Mitarbeitern **SGB VIII 54** 8
- Erlaubnis zur Übernahme von -en **SGB VIII 54**
- Erlaubniserteilung **1791a** 5
- Erlaubnisvorbehalt **SGB VIII 54** 2f
- Fortführung der Geschäfte nach Beendigung des Amtes **1893** 15
- Führung durch Mitglieder oder Mitarbeiter **1791a** 10 ff.
- geeignete Vereine **1791a** 4 ff.
- Gegenvormund **1791a** 15
- Geltungsbereich der Erlaubnis **SGB VIII 54** 3
- Genehmigung nach Umschreibung und Umwandlung von Inhaberpapieren **1820** 5
- Haftpflichtversicherung, angemessene **SGB VIII 54** 6
- Haftung **SGB VIII 54** 6; **1791a** 14; **1833** 2
- Hinterlegung von Inhaberpapieren **1814** 6
- Kinder- und Jugendhilfe **1791a** 1
- Landesrechtsvorbehalt **SGB VIII 54** 2, 9
- Mitteilungspflichten an das Jugendamt **1851** 3
- Mitteilungspflichten des Jugendamtes gegenüber dem FamG **SGB VIII 53** 5
- Mitvormund **1791a** 15
- Möglichkeit der – **1791a** 3
- planmäßige Bemühung um die Gewinnung von Einzelvormündern **SGB VIII 54** 7
- privat- und öffentlich-rechtliche Elemente **Vor 1773** 20
- Rechnungslegung bei Entlassung **1890** 13

magere Zahlen = Randnummern

Sachverzeichnis

- Rückgabe von Urkunden **1893** 15
- Rücksicht auf Bekenntnis und Weltanschauung des Mündels **1801** 13
- Sonderregelungen **1791a** 16
- Subsidiarität **1887** 2
- Verfahren **1791a** 17
- Verfügungsgenehmigung nach Hinterlegung von Inhaberpapieren **1819** 7
- Vergütung **1836** 40 ff.
- Vermögensherausgabe bei Entlassung **1890** 13
- Voraussetzungen der Erlaubniserteilung **SGB VIII 54** 4 ff.
- Vorrang der Einzelvormundschaft **1791a** 2
- Vorrang vor Amtsvormundschaft **1791b** 3
- Wechsel des Vereinsvormunds **1887** 4

Verfahrenskostenvorschuss *s. Prozesskostenvorschuss*

Verfahrenspflegschaft
- Aufwendungsersatz **Vor 1835** 25, 30; **1835** 44 f., 60; **1896** 153
- Auslagen für das Verfahren **Vor 1835** 27
- als Betreuer **1897** 32
- bei Betreuerbestellung **1908c** 7
- im Betreuungsverfahren *s. Betreuungsverfahren, Verfahrenspfleger*
- Limitierung der Vergütung **Vor 1835** 28
- als besondere Pflegschaft **Vor 1909** 16
- im Rechtsstreit **1909** 24
- Regress gegen den Mündel **1836e** 8
- im Unterbringungsverfahren **1906** 59 ff.
- Vergütung des Verfahrenspflegers **VBVG 1** 16; **Vor 1835** 25 f.; **1836** 52; **1896** 159

Vermögensbetreuung
- Einzelfragen **1896** 113
- Erbschaft **1896** 113
- Erforderlichkeitsgrundsatz **1896** 112
- Geltendmachung vermögensrechtlicher Ansprüche **1896** 113
- Grundsätze **1896** 111
- Insolvenzverfahren **1896** 113
- Sozialhilfeansprüche **1896** 115
- Unterhalt **1896** 115
- Wahrnehmung von Gesellschafterrechten **1896** 114
- Ziel **1896** 111

Vermögenssorge
- Abgrenzung des Verwaltungsausschlusses von der Testamentsvollstreckung **1638** 9
- Abgrenzung zur Personensorge **1626** 26
- Abweichungen von Verwaltungsanordnungen **1639** 6
- Anlegung von Geld des Kindes *s.d.*
- Anordnungen des Erblassers oder Zuwendenden **1639**
- Aufsicht des FamG **1843** 1
- Aufwendungsersatz **1648**
- Ausschluss beider Eltern **1638** 3 ff.
- Ausschluss eines Elternteils **1638** 20f

- Beginn eines neuen Erwerbsgeschäft im Namen des Kindes **1645**
- Beschränkung der – **1638**
- Beschränkungen der elterlichen Vertretungsmacht **1626** 60
- Besitz **1626** 59
- besondere Regelungen für die – bei Getrenntleben der Eltern **1671** 19
- Eheschließung des minderjährigen Kindes, Auswirkungen **1633** 5
- Entziehung der – **1683** 14
- erfasstes Vermögen **1626** 56f
- Erwerb von Todes wegen **1638** 3 f., 7
- Fremdnützigkeit **1649** 1
- gerichtliche Eingriffsbefugnisse im Falle von Verwaltungsanordnungen **1639** 8
- Haftung der Eltern **1626** 60
- Inhalt **1626** 55
- Interpretationsleitlinien **1626** 28
- Meinungsverschiedenheiten zwischen Eltern und Kind **1633** 6
- Pflegerbestellung **1638** 11f
- Rechnungslegung der Eltern **1698**
- Schenkungsverbot **1641**
- Selbst- und Mitbestimmungsrechte des Kindes **1626** 31
- Surrogationsprinzip **1638** 22; **1639** 7
- tatsächliche Sorge **1626** 25 ff.
- Teilmündigkeit des Minderjährigen **1626** 30 ff.
- Testamentsvollstreckung, Anordnung einer – **1638** 9
- Übergangsrecht **1638** 23
- unentgeltliche Zuwendung unter Lebenden **1638** 4f
- Verbindlichkeit von Verwaltungsanordnungen **1639** 4f
- Vermögensherausgabepflicht der Eltern **1698**
- Vermögensverzeichnis bei Wiederheirat *s.d.*
- Vertretung des Kindes **1626** 58
- Verwaltungsausschluss, bedingter **1638** 10
- Verwaltungsausschluss, befristeter **1638** 10
- Verwaltungsausschluss durch den Zuwendenden, Bestimmung eines – **1638** 6 ff.
- verwaltungsfreies Vermögen **1626** 57; **1638** 11
- durch Vormund **1793** 19f
- Wirkung des Verwaltungsschlusses **1638** 11 ff.

Vermögenssorge, genehmigungspflichtige Rechtsgeschäfte
- Anpassung an Gesamtvertretung des Kindes **1643** 18
- Ausnahmen von der Genehmigungspflicht **1643** 16 ff.
- Entstehungsgeschichte **1643** 3
- Erbschaftsausschlagung **1643** 12 ff.
- Ermessensspielraum des FamG **1643** 32
- Erwerbsgeschäft im Namen des Kindes, neues **1645**
- Erwerbsgeschäfte **1643** 9

2329

Sachverzeichnis

fette Zahlen = §§

- familiengerichtliche Genehmigung **1643** 26 f.; **1645** 6 f.
- Fehlen der Genehmigung **1643** 47f
- Fortführung eines ererbten Handelsgeschäfts **1643** 9
- Gegenausnahmen **1643** 21 ff.
- Genehmigung als Akt der freiwilligen Gerichtsbarkeit **1643** 28
- Genehmigungsbedürftigkeit **1643** 5 ff.
- Genehmigungsbegriff **1643** 26f
- Genehmigungsfreiheit **1643** 17 ff.
- Geschäfte über Vermögensgesamtheiten **1643** 9
- Gesellschaftsverträge **1643** 9
- Grundstückserwerbsgeschäfte **1643** 7
- Grundstücksgeschäfte **1643** 6
- Haftungsfolgen **1643** 47f
- keine Interessenkollision **1643** 17
- Kind als Ersatzerbe **1643** 24
- Kindeswohl **1643** 29f
- Maßstab der familiengerichtlichen Entscheidung **1643** 29 ff.
- Pflichtteilsverzicht **1643** 12 ff.
- Rechtsmittel **1643** 43f
- Rechtsnatur der Genehmigung **1643** 26f
- riskante Geschäfte **1643** 9
- Schutz der Vermögensinteressen des Kindes **1643** 1
- Teilausschlagung **1643** 22
- Überlassung von Vermögensgegenständen an das Kind **1644**
- unterbliebene Ausnutzung der Genehmigung **1643** 47f
- Verfahren **1643** 42 f.; **1644** 4
- verfassungsrechtliche Problematik **1643** 4
- Verfügungen über Grundpfandrechte **1643** 8
- Verfügungen über grundstücksbezogene Forderungen **1643** 6
- Vergleich **1643** 10
- Vermächtnisausschlagung **1643** 12 ff.
- Verträge mit langer Bindung **1643** 9
- Vorbescheid **1643** 43f
- Wirksamkeit einseitiger Rechtsgeschäfte **1643** 41
- Wirksamkeit von Verträgen **1643** 38f
- Wirksamwerden der Genehmigung **1643** 36
- Wirkung der Genehmigung **1643** 36 ff.
- Zeitpunkt und Umfang der Genehmigung **1643** 33 ff.
- Zuständigkeit **1643** 42
- Zustimmung zu Rechtsgeschäften des Kindes **1643** 1
- Zweifel an der Wirksamkeit **1643** 30
- zwingendes Recht **1643** 2

Vermögensverwaltung durch Vormund bei Erbschaft oder Schenkung
- Amtsvormund **1803** 7
- Beschränkung des Mündels **1803** 6
- bindende Anordnungen **1803** 1
- Erwerb von Todes wegen **1803** 2
- Grenzen möglicher Beschränkungen und Befreiungen **1803** 4
- statthafte Abweichungen **1803** 8 ff.
- Surrogate, Erstreckung auf – **1803** 5
- unentgeltliche Zuwendung **1803** 2
- unstatthafte Abweichungen **1803** 11
- Vereinsvormund **1803** 7
- Voraussetzungen **1803** 2
- Wirkungen **1803** 6f
- Zeitpunkt der Anordnung **1803** 3

Vermögensverzeichnis betreffend Kindesvermögen
- Aktiva maßgebend **1640** 15
- Ausschluss **1640** 9f
- Befreiung der Eltern durch Zuwendenden **1640** 10
- Beschränkung der Inventarisierungspflicht **1640** 9f
- Entstehungsgeschichte und Zweck **1640** 1f
- Entstehungszeitpunkt **1640** 11
- sonstiger Erwerb anlässlich eines Sterbefalles **1640** 5
- Erwerb von Todes wegen **1640** 4
- Erzwingung der Inventarisierung **1640** 22
- familiengerichtliche Maßnahmen **1640** 21 ff.
- Form **1640** 20
- fortgesetzte Gütergemeinschaft **1640** 18
- Gesellschaftsbeteiligung **1640** 19
- Haushaltsgegenstände **1640** 13
- Inhalt und Umfang der Inventarisierungspflicht **1640** 12 ff.
- Inventarisierungspflicht **1640** 3 ff.
- Kosten **1640** 24
- Maßnahmen gem. §§ 1666, 1667 **1640** 25
- öffentliches Inventar **1640** 21 ff.
- Passiva **1640** 15
- Pflichtteilsanspruch **1640** 16
- Testamentsvollstrecker des überlebenden Ehegatten **1640** 17
- unentgeltliche Zuwendungen **1640** 7
- Unterhaltsabfindungen **1640** 6
- Verfahren **1640** 22
- Verhältnismäßigkeit **1640** 23
- Vermögenserwerb des Kindes **1640** 3 ff.
- Verwaltungsbefugnis der Eltern **1640** 8
- Wertgrenze **1640** 9
- Zuständigkeit der Notare **1640** 24
- Zuständigkeit des FamG **1640** 21

Vermögensverzeichnis betreffend Mündelvermögen
- Anordnung der Erstellung durch Dritte **1802** 14
- Befassung des FamG **1802** 12 ff.
- befreite Vormundschaft **1854** 3
- Befreiung **1852** 5
- Belege **1802** 7; **1854** 6
- nach Entlassung des Vormunds **1890** 2
- Errichtung **1802** 2 ff.
- Form **1802** 7
- bei Gegenvormundschaft **1802** 9

magere Zahlen = Randnummern

Sachverzeichnis

- gesamtes Mündelvermögen **1802** 3
- Hilfe durch Dritte **1802** 11
- bei Mitvormundschaft **1802** 8
- Mündelvermögen unter Verwaltung Dritter **1802** 5
- Rechts- oder Vermögensgemeinschaften mit Dritten, ungeteilte **1802** 4
- Sachverständiger, Beiziehung **1802** 11
- Stichtag **1802** 25
- Überprüfung der ordnungsgemäßen Erstellung **1802** 13
- Umfang **1802** 3 ff.
- bei Vermögenslosigkeit **1802** 6
- beim Vormundwechsel **1802** 10
- Zweck **1802** 1

Verschollenheit *s. auch Todeserklärung*
- Internationales Privatrecht **1681** 8
- des Mündels **1884**
- Übergang des Sorgerechts bei – **1681** 5
- mit unrichtiger Todeserklärung **1681** 5
- Vaterschaftsanfechtung bei – des Vaters **1599** 18
- Verfahren **1681** 7

Vertretung des Kindes
- Abgrenzung zur tatsächlichen Sorge **1626** 27
- alleinige Ausübungs- und Entscheidungszuständigkeit **1629** 21 ff.
- Alleinvertretungsrecht **1629** 59, 74 f.
- amtsähnliche Handlungen **1629** 8, 17 f
- Anwendungsbereich **1629** 7 ff.
- ärztliche Behandlung **1629** 35
- Ausnahmen vom Gesamtvertretungsgrundsatz **1629** 19
- Begriff **1629** 7 f
- bei beschränkter Geschäftsfähigkeit eines Elternteils **1673** 8
- als Bestandteil der elterlichen Sorge **1626** 25, 27; **1629** 1
- Bevollmächtigung **1629** 38
- elterliche Vereinbarungen **1629** 33 ff.
- Empfangsvertretung **1629** 20
- Entgegennahme von Willenserklärungen **1629** 20
- Entstehungsgeschichte **1629** 6
- Ermächtigung zur Alleinvertretung **1629** 33 ff.
- Gefahr im Verzug **1629** 27
- Gesamtvertretung als Regel **1629** 1 f., 11 f.
- getrennte Erklärungsabgabe möglich **1629** 11
- Grundsatz **1629** 11
- durch Lebenspartner **1687b** 5
- Notvertretungsrecht **1629** 25 ff.
- Offenkundigkeitsprinzip **1629** 13
- in Personensorgesachen **1626** 34 ff.
- im Prozess **1629** 16
- Rechtsfolgen des Verstoßes gegen Gesamtvertretungsgrundsatz **1629** 40
- Rechtsgeschäfte des täglichen Lebens **1629** 36
- bei Ruhen der elterlichen Sorge **1675** 2
- sachgebotene Durchbrechungen des Grundsatzes **1629** 32
- Stellvertretung im engeren Sinne **1629** 12 ff.
- durch Stiefeltern **1687b** 5
- übermäßige finanzielle Verpflichtungen **1629** 4
- Unterhalt **1629** 39
- im Verfassungsbeschwerdeverfahren **1629** 5
- verfassungsrechtliche Grenzen **1629** 4 f
- Verhältnis zur elterlichen Sorge **1629** 9 f
- in Vermögenssachen **1626** 58
- Ausschluss der Vertretungsmacht **1795** 40
- Entziehung der Vertretungsmacht **1796** 20

Vertretung des Kindes Ausschluss des Vertretungsrechts
- abstrakte Gefährdungssituation **1629** 41

Vertretung des Kindes, Ausschluss des Vertretungsrechts
- abstrakte Gefährdung für die Kindesinteressen **1629** 41
- abstrakter Charakter **1629** 47 ff.
- Allgemeines **1629** 42 ff.
- Anwendungsbereich **1629** 50 ff.
- Anzeige an das FamG **1629** 43
- Ausnahme bei lediglich rechtlichem Vorteil **1629** 49
- Ausschlusstatbestände **1629** 46 ff.
- Befreiung von Ausschlussregeln **1629** 45
- Ehe **1629** 87
- einseitiges Rechtsgeschäft **1629** 51
- Einwilligung des Kindes in Stiefvateradoption **1629** 53
- Elternschenkungen **1629** 54
- Erbausschlagung **1629** 52
- lediglich rechtlicher Vorteil **1629** 47 ff.
- Pflegerbestellung **1629** 43
- Rechtsgeschäft **1629** 51 ff.
- Rechtsstreitigkeiten **1629** 50, 53
- teleologische Reduktion **1629** 49
- übermäßige finanzielle Verpflichtungen **1629** 4
- Vaterschaftsanfechtung **1629** 64
- Verfahrenshandlungen **1629** 53
- Verhältnis zur gerichtlichen Entziehung **1629** 41
- Vertretung ohne Vertretungsmacht **1629** 44
- Wirkungen **1629** 42 ff.
- zweiseitige Rechtsgeschäfte **1629** 51

Vertretung des Kindes, Entziehung des Vertretungsrechts
- Anwendungsbereich **1629** 55
- Einzelfälle **1629** 66 ff.
- Entscheidungsmaßstab **1629** 56 f
- erheblicher Interessengegensatz **1629** 56 f
- Folgen **1629** 58 ff
- Interessenkollision, konkrete **1629** 41
- Pflegerbestellung **1629** 60
- bei Vaterschaftsanfechtung **1629** 64
- bei Vaterschaftsfeststellung **1629** 62 ff.

2331

Sachverzeichnis

fette Zahlen = §§

- Verhältnis zum Ausschluss des Vertretungsrechts **1629** 41
- Verhältnismäßigkeitsgrundsatz **1629** 56
- Zuständigkeit und Verfahren **1629** 70

Vertretung des Kindes, Geltendmachung von Unterhaltsansprüchen des Kindes
- Abänderungsantrag **1629** 98
- Alleinvertretungsrecht **1629** 74 f., 81
- Allgemeines **1629** 72f
- Darlegungs- und Beweislast **1629** 77
- Eingliederungsmodell **1629** 77
- Ende des Alleinvertretungsrechts **1629** 82
- gegen den anderen Elternteil **1629** 79 ff.
- gemeinsame Sorge **1629** 74f
- gerichtliche Geltendmachung **1629** 83ff.
- Handeln im eigenen Namen **1629** 83
- Handeln im Namen des Kindes **1629** 81
- Obhut **1629** 76 ff.
- Rechtsfolgen des Alleinvertretungsrechts **1629** 79f
- treuhandartige Zweckbindung **1629** 94
- Verfahrensstandschaft **1629** 92 ff.
- Verfahrensstandschaft bei Trennung und Scheidung **1629** 83 ff.
- Vollstreckung **1629** 96f
- Vollstreckungsabwehrklage **1629** 96
- Voraussetzungen **1629** 84 ff.
- Wechselmodell **1629** 77
- Wirkungserstreckung gerichtlicher Entscheidungen **1629** 95

verwaltungsfreies Vermögen 1638 11
Verwandtenadoption 1756 4 f.
Verwandtenunterhalt
- Adoptiveltern **1601** 6f
- allgemeine Grundsätze für Kindesunterhalt **1610** 13 ff.
- Altersgrenzen **1610** 14
- Anspruchsende **1615** 1f
- nach ärztlichem Kunstfehler **1601** 54f
- Ausfallhaftung anderer Verwandter **1607** 3 ff.
- Ausfallhaftung der Eltern **1606** 43 ff.
- Bedarfskontrollbetrag **1603** 9
- Beerdigungskosten des Unterhaltsberechtigten **1615** 7 ff.
- Dauer der Unterhaltspflicht **1601** 2f
- Einfluss des Güterstandes **1604**
- Eltern **1601** 5
- Elternunterhalt s.d.
- Enkel **1601** 8
- Enkelunterhalt s.d.
- Erlöschen des Anspruchs **1615**
- Ersatzhaftung **1607** 1 ff.
- erweiterte Unterhaltspflicht der Eltern **1603** 97ff.
- Erwerbsobliegenheit des volljährigen Kindes **1609** 37; **1610** 29 f.
- familienrechtlicher Ausgleichsanspruch **1606** 43 f.; **1607** 23, 25
- Familienunterhalt **1601** 4
- Forderungsübergang bei Leistungen durch nicht unterhaltspflichtigen Dritten **1607** 15 ff.
- Geschwister **1601** 52
- Gesetzesgliederung **Vor 1601** 25
- gesetzlicher Unterhaltsverband **1601** 1
- von Großeltern s. Enkelunterhalt
- höchstpersönlicher Anspruch **1615** 1 ff.
- nach Höferecht **1601** 52
- Kinder **1601** 8
- Kindesunterhalt s. Verwandtenunterhalt für minderjähriges Kind
- Lebensstandardgarantie **1610** 18
- nach Leistungsfähigkeit des Pflichtigen **1603** 14 ff.
- Leistungsunfähigkeit des Schuldners **1603** 1
- Mangelfall **1609** 3, 6
- Mindestunterhalt minderjähriger Kinder s.d.
- Monatsprinzip **1615** 6
- Rechtsentwicklung **Vor 1601** 27
- bei Rechtsverfolgungsschwierigkeiten **1607** 7 f.; **1608** 9
- Regress des Scheinvaters **1607** 17f
- Rückforderung zu Unrecht geleisteten Unterhalts **1601** 57
- während allgemeiner Schulbildung **1603** 101f
- Schutz des Unterhaltsberechtigten **1607** 23
- Selbstbehalt des Unterhaltspflichtigen **1603** 6 ff.
- Stiefeltern **1601** 52f
- Übergang des Unterhaltsanspruchs bei Ersatzhaftung **1607** 11 ff.
- Übergangsregelungen **Vor 1601** 29 ff.
- Unterhaltsberechtigter, Bestimmung **1602**
- unterhaltspflichtige Verwandte **1601** 5 ff.
- Unterhaltsrechtsänderungsgesetz **Vor 1601** 28 ff.
- aufgrund Unterhaltsvereinbarung **1601** 53 ff.
- Verfahrensrechtliches **1602** 63 ff.
- Verschwägerte **1601** 52
- Vertragsschuldner **1601** 53 ff.
- Verwandte in gerader Linie **1601**
- Vorausleistungen **1614** 14 ff.
- allgemeine Voraussetzungen der Unterhaltspflicht **1603** 4 ff.
- Wegfall des Anspruchs **1611** 37
- weichende Hoferben **1601** 52

Verwandtenunterhalt, Art der Unterhaltsgewährung
- Abwägung der Belange **1612** 53 f., 86 f.
- allgemeiner Verwandtenunterhalt **1612** 17 ff.
- Änderung der Unterhaltsbestimmung, gerichtliche **1612** 78
- Änderung der Verhältnisse **1612** 72
- Änderungen durch das Unterhaltsrechtsänderungsgesetz **1612** 11 ff.
- Aufenthaltsbestimmungsrecht **1612** 48
- Ausübung des Bestimmungsrechts **1612** 38 ff.
- Bar- und Betreuungsunterhalt **1612** 2
- Begriffe **1612** 2

magere Zahlen = Randnummern

Sachverzeichnis

- Belange des anderen Elternteils **1612** 56, 93
- Belange des Kindes **1612** 54 ff.
- Bestimmung durch Dritte **1612** 46
- Bestimmungsrecht der Eltern **1612** 4, 10, 27 f., 100 f.
- Beweislast **1612** 26
- Bindungswirkung der Unterhaltsbestimmung **1612** 51
- einseitige Unterhaltbestimmung **1612** 50
- einseitige Unterhaltsbestimmung **1612** 56f
- Entfremdung **1612** 89f
- Exzesse **1612** 91
- Fälligkeit der Unterhaltsrente **1612** 94 ff.
- fehlende Befolgung durch Kind **1612** 63
- Formvorschriften **1612** 39f
- gegenläufige Bestimmung durch Eltern **1612** 58 ff.
- Geldrente **1612** 3f, 18f
- bei gemeinsamer Sorge der Eltern **1612** 32
- Geschichte **1612** 5 ff.
- Grenzen des Bestimmungsrechts der Eltern **1612** 101
- Grundsatz **1612** 18f
- Inhalt der Unterhaltsbestimmung **1612** 47 ff.
- Kindesunterhalt **1612** 27 ff.
- Missbrauch der Unterhaltsbestimmung **1612** 62, 74, 88, 101
- monatliche Vorauszahlung **1612** 94 ff.
- Naturalunterhalt **1612** 2 f., 20 f.
- Nichtbeachtung der gebotenen Rücksicht **1612** 81 ff.
- Sperrkonto, Zahlung auf – **1612** 23
- Streitigkeiten **1612** 53 ff.
- systematische Stellung **1612** 8 ff.
- Teilleistungen **1612** 44
- Teilregelung **1612** 49
- Tod des Berechtigten **1612** 103 ff.
- umfangreicher Aufenthalt des Kindes beim barunterhaltspflichtigen Elternteil **1612** 33
- Unwirksamkeit der Unterhaltsbestimmung **1612** 70 ff.
- Vereinbarung der Eltern **1612** 53
- Vorausleistungen **1614** 14 ff.
- Wechsel der Barunterhaltspflicht **1612** 34
- Wirksamkeit der Unterhaltsbestimmung **1612** 64 ff.
- Zahlungsweise **1612** 96 ff.
- zeitliche Begrenzung **1612** 102
- Zeitpunkt der Unterhaltsbestimmung **1612** 41
- zuständiges Gericht **1612** 25

Verwandtenunterhalt, Bedürftigkeit
- Anrechnung der Einkünfte **1602** 15 ff.
- Arbeitslosengeld I **1602** 37
- Arbeitslosengeld II **1602** 38f
- Ausbildungsförderung **1602** 41
- Ausbildungsvergütung **1602** 16 ff.
- Auswirkungen der Höhe des Unterhaltsanspruchs **1610** 1
- Bedarfsdeckung durch Erwerbseinkommen **1602** 6 ff.
- Bedarfsdeckung durch öffentliche Leistungen **1602** 26 ff.
- Beweislast **1602** 1
- Blindengeld **1602** 48
- Einkommen aus Arbeitstätigkeit **1602** 19
- Einkommensersatz **1602** 36 ff.
- Erwerbsobliegenheit **1602** 6 ff.
- Erziehungsgeld **1602** 42f
- eines Kindes **1610** 7f
- Kreditaufnahme **1602** 58a
- Leistungen dritter Personen **1602** 53 ff.
- Maßstäbe der Bedürftigkeit **1602** 5
- Nachholbedarf **1602** 2
- Naturalleistungen des Barunterhaltspflichtigen **1602** 59 ff.
- Nebentätigkeit **1602** 20 ff.
- Notgroschen **1602** 58
- Pflegegeld **1602** 49 ff.
- Pflegeversicherung **1602** 52
- Sachleistungen des Barunterhaltspflichtigen **1602** 62
- selbstverschuldete – **1611** 6 ff.
- Sozialhilfe **1602** 45
- Subsidiarität der Sozialleistung **1602** 27
- Übergang des Unterhaltsanspruchs auf Sozialleistungsträger **1602** 29 ff.
- Unterhaltsberechtigter, Bestimmung **1602** 1
- Unterhaltsersatz **1602** 40 ff.
- Unterhaltsleistungen Dritter **1602** 54
- Unterhaltsvorschuss **1602** 46
- unterlassene zumutbare Beschäftigung **1602** 19
- Ursache der Bedürftigkeit **1602** 4
- Verbindlichkeiten, Begleichung **1602** 3
- Verfahrensrechtliches **1602** 63 ff.
- Vermögen des Berechtigten **1602** 57f
- Waisenrente **1602** 44
- Wehrpflichtiger **1602** 24f
- Weiterbildung **1602** 10
- Wohnvorteil **1602** 60f
- Zeitraum **1602** 2
- Zivildienstleistender **1602** 24f
- Zweitausbildung **1602** 10

Verwandtenunterhalt, Beschränkung
- Abänderungsantrag **1611** 54
- Abwägung **1611** 31
- Alkohol- und Drogensucht **1611** 10
- Ausschluss der Einwendung **1611** 39 ff.
- Ausschluss des Anspruchs **1611** 37
- Beweislast **1611** 33, 52f
- Billigkeitsprüfung **1611** 30 ff.
- Durchführung der Abänderung **1611** 52 ff.
- Ersatzanspruch gegen Nachrangige **1611** 48 ff.
- Geltungsbereich **1611** 3f
- Grad des Verschuldens **1611** 6f
- Herabsetzung des Unterhalts, stufenlose **1611** 34 ff.

Sachverzeichnis

fette Zahlen = §§

- Kontaktverweigerung **1611** 21f
- Lebenswandel des Berechtigten **1611** 9
- bei Minderjährigen **1611** 39 ff.
- nichteheliche Lebensgemeinschaft **1611** 11f
- nichteheliches Kind **1611** 12
- schwere vorsätzliche Verfehlung **1611** 16 ff.
- selbstverschuldete Bedürftigkeit **1611** 6 ff.
- systematische Stellung **1611** 2
- Unterhaltsanspruch **1611** 25f
- Ursächlichkeit **1611** 28
- Ursächlichkeit des Verschuldens **1611** 8
- Verhältnis zu Dritten **1611** 48 ff.
- Verhältnismäßigkeit **1611** 32
- Verletzung der eigenen Unterhaltspflicht **1611** 13 ff.
- Verschulden **1611** 27
- Verzeihung **1611** 46f
- Voraussetzungen, allgemeine **1611** 24 ff.
- Voraussetzungen, tatbestandliche **1611** 5 ff.
- Vorteil für Mitverpflichtete **1611** 51
- Wiederaufleben des Anspruchs **1611** 38
- Zweck **1611** 1

Verwandtenunterhalt, erweiterte Unterhaltspflicht der Eltern
- während der allgemeinen Schulbildung **1603** 101f
- anderer unterhaltspflichtiger Verwandter **1603** 113 ff.
- Arbeitsmodalitäten **1603** 105
- Aus- und Weiterbildung **1603** 107
- Ausnahmen **1603** 112 ff.
- Auswirkungen **1603** 104 ff.
- Beweislast **1603** 119
- Bewerbungsbemühungen **1603** 108
- erhöhte Arbeitspflicht **1603** 105f
- minderjähriges, unverheiratetes Kind **1603** 98
- Nebentätigkeit **1603** 106
- privilegiertes volljähriges Kind **1603** 99
- Selbstbehalt **1603** 110
- Status des Kindes **1603** 98 ff.
- Umschulung **1603** 107
- unverheiratet **1603** 100
- Verfahrensrecht **1603** 122f
- Vermögenseinsatz **1603** 111, 117f, 121
- verschärfte Haftung **1603** 97
- Zumutbarkeit **1603** 109

Verwandtenunterhalt, Erwerbsobliegenheit
- nach Abschluss der Ausbildung **1602** 12 ff.
- Alkohol- oder Drogenabusus **1602** 14
- Anrechnung **1602** 15 ff.
- Anstellungsrisiko **1602** 12
- während der Ausbildung **1602** 10
- Ausbildungsvergütung **1602** 16 ff.
- Einkommen aus Arbeitstätigkeit **1602** 19
- erwachsene Tochter mit Kleinkind **1602** 13
- Gegenseitigkeitsprinzip **1602** 11
- Minderjähriger **1602** 7f
- Nebentätigkeit des Berechtigten **1602** 20 ff.
- Orientierungsphase **1602** 12
- Volljähriger **1602** 9 ff.

Verwandtenunterhalt für minderjähriges Kind
- allein leistungsfähiger Elternteil **1606** 45 ff.
- allgemeine Grundsätze **1610** 13 ff.
- Änderungen durch das Unterhaltsrechtsänderungsgesetz **1606** 55
- Anpassung der Unterhaltsrenten s. *Mindestunterhalt minderjähriger Kinder*
- Art der Gewährung **1612** 27 ff.
- Ausbildungsvergütung **1602** 17
- Ausfallhaftung der Eltern **1606** 43 ff.
- Ausnahmen vom Regeltatbestand **1606** 27ff
- Bedarf des Kindes **1606** 31; **1610** 10
- Bedarfsbemessung **1606** 10
- Bedürftigkeit des Kindes **1610** 8f
- Begriffe **1610** 7 ff.
- behindertes minderjähriges Kind **1606** 33
- Berücksichtigung der Betreuung bei Unterhaltsanteil **1606** 21 ff.
- Beschränkung der Unterhaltspflicht **1611** 39f
- Bestimmungsrecht der Eltern **1612** 27 ff.
- betreuendes Elternteil **1606** 21 ff.
- Betreuung durch Dritte **1606** 32
- Betreuungsunterhalt **1606** 22 f., 25
- Beweislast **1606** 50 ff.
- Deckung des Barbedarfs durch Kindergeld s. *Unterhalt, Bedarfsdeckung durch Kindergeld* **1612b**
- dynamischer Unterhalt s. *Mindestunterhalt minderjähriger Kinder*
- eigener Haushalt des minderjährigen Kindes **1606** 32
- Einführung **1606** 21
- Einkommensanrechnung **1602** 15 ff.
- Ende **1610** 14
- erhebliches wirtschaftliches Ungleichgewicht zwischen den Eltern **1606** 29f
- Erlöschen **1610** 15
- erweiterte Unterhaltspflicht der Eltern **1603** 97 ff.
- Erwerbsobliegenheit der Eltern **1606** 11f
- Erwerbsobliegenheit des Kindes **1602** 7f
- familienrechtlicher Ausgleichsanspruch **1606** 43 f.; **1607** 23, 25
- Freistellungsvereinbarung der Eltern, wechselseitige **1606** 37
- bei gemeinsamer elterlicher Sorge **1606** 41
- Geschwistertrennung **1606** 37 ff.
- Gleichwertigkeit von Betreuungs- und Barunterhalt **1606** 25
- Haftung der Eltern **1606** 7 ff.
- Haftung nach Kindesalter **1606** 8f
- Hilfe Dritter bei Betreuung durch ein Elternteil **1606** 32
- Internatsunterbringung **1606** 32
- Leistungsfähigkeit der Eltern **1610** 11f, 41 f.
- Mindestunterhalt minderjähriger Kinder s.d.
- Mithaftung des betreuenden Elternteils **1606** 29

magere Zahlen = Randnummern

Sachverzeichnis

- Nachrangigkeit volljähriger Kinder **1606** 13
- Nebentätigkeit des Kindes **1602** 20 ff.
- Pflege und Erziehung **1606** 23
- privilegiertes volljähriges Kind **1603** 99 ff.
- Schulbildung, allgemeine **1603** 101 f
- Selbstbehalt **1610** 12
- Status des Kindes **1603** 98 ff.
- Teilschuldnerschaft der Eltern **1606** 7
- umfangreicher Aufenthalt bei barunterhaltspflichtigem Elternteil **1606** 34
- Unterhaltsnachforderung s. d.
- Unterhaltsverband, gesetzlicher **1601** 1, 4
- Unterschied zum Ehegattenunterhalt **1610** 6
- unverheiratet **1603** 100
- Verjährung **1610** 16
- Verwirkung **1610** 16
- Verzicht **1610** 17; **1614** 3
- Wechsel der Betreuungsperson **1606** 40 ff.
- Wechselmodell **1606** 34 ff.
- Wesen der Betreuung **1606** 22 ff.
- Wiederaufleben **1610** 14
- zeitweilige Hilfe Dritter **1606** 32

Verwandtenunterhalt für volljähriges Kind
- anteilige Baruntehaltspflicht beider Elternteile **1606** 9
- Bedarf des Kindes **1606** 15, 19
- Berechnung **1606** 20
- Erwerbsobliegenheit der Eltern **1606** 11 ff.
- Haftungsanteile der Eltern **1606** 16
- Nachrangigkeit **1606** 13
- privilegiertes volljähriges Kind **1606** 17 ff.
- Selbstbehalt des Schuldners **1606** 14, 18
- Unterhaltspflicht der Eltern **1606** 15, 19

Verwandtenunterhalt, Leistungsfähigkeit
- Abfindung **1603** 31, 73
- Abschreibungen **1603** 27
- Abzüge **1603** 49 ff.
- Altersteilzeit **1603** 72
- angemessener Bedarf **1603** 7
- angemessener Selbstbehalt **1603** 7
- anrechenbares Einkommen **1603** 14 ff.
- als Anspruchsvoraussetzung **1603** 4
- Arbeit im Ruhestand **1603** 22
- Arbeitsplatzverlust **1603** 12, 66
- Aufgabe der Arbeitsstelle **1603** 68 ff.
- Aus- und Weiterbildung **1603** 107
- Auslösungen **1603** 19
- Auswirkungen auf Höhe des Unterhaltsanspruchs **1610** 1
- Bedarfskontrollbetrag **1603** 9
- Beiträge zu Berufsverbänden **1603** 53
- Bemühungen um neue Arbeit **1603** 13
- berufsbedingte Aufwendungen **1603** 49 ff.
- Beweislast **1603** 64, 79, 119 f.
- Bewerbungsbemühungen **1603** 76 f., 108
- Dauer der Fiktion **1603** 96
- Direktversicherung **1603** 28
- Einfluss des Güterstandes **1604**
- Einkommen aus abhängiger Tätigkeit **1603** 15 ff.
- Einkommen aus selbständiger Tätigkeit **1603** 23 ff.
- der Eltern **1610** 11 f
- Elternunterhalt **1603** 59
- erhöhte Arbeitspflicht **1603** 105 ff.
- Erziehungsgeld **1603** 44
- Fahrtkosten **1603** 50 f
- Faktoren **1603** 4
- Familienheim **1603** 37
- Familienzuschlag **1603** 38
- fiktive Einkünfte **1603** 5, 60 f.
- Führerscheinverlust **1603** 75
- Gerichtsstand **1603** 122
- Gewinnermittlung des Selbständigen **1603** 54
- Hausmann-Rechtsprechung **1603** 86 f., 120
- Höhe der Fiktion **1603** 94 f
- Kilometergeld **1603** 19
- Kosten für Arbeitskleidung **1603** 53
- Krankheit **1603** 68
- Kündigung des Arbeitgebers **1603** 67
- Leistungsunfähigkeit des Schuldners **1603** 1
- Lohn / Gehalt **1603** 15 f
- Mindestanforderungen an die Arbeitssuche **1603** 81 ff.
- Mindestbedarf **1603** 7
- Nebentätigkeit **1603** 21, 106
- des nichtehelichen Kindesvaters **1615l** 47 ff.
- notwendiger Selbstbehalt **1603** 7
- Obliegenheit zur Ausnutzung von Steuervorteilen **1603** 48
- öffentlich-rechtliche Zuwendungen **1603** 41 ff.
- Privatentnahmen **1603** 24
- Reduzierung der – **1603** 10 ff.
- Sachzuwendungen des Arbeitgebers **1603** 30
- Schmerzensgeld **1603** 37
- Schonvermögen **1603** 37
- Schulden **1603** 55 ff.
- Schwarzarbeit **1603** 45
- Selbstbehalt **1603** 6 f., 110
- Sonderzahlungen **1603** 18 f
- Sozialhilfe **1603** 43
- Spesen **1603** 19
- Splittingvorteil **1603** 46
- Steuererstattungen **1603** 17
- Steuerfreibetrag **1603** 48
- steuerliche Fragen **1603** 46 ff.
- Strafhaft **1603** 74
- Taschengeld **1603** 39
- tatsächliche Einkünfte **1603** 5
- Trinkgeld **1603** 19
- Überstunden **1603** 20
- Umschulung **1603** 71, 107
- unterhaltsbezogenes Fehlverhalten **1603** 11 f., 61 f
- Verbraucherinsolvenzverfahren **1603** 58
- vereinfachtes Verfahren **1603** 123
- Verfahrensrecht **1603** 122
- Vermietung und Verpachtung **1603** 34 f

2335

Sachverzeichnis

fette Zahlen = §§

- Vermögenserträge **1603** 36f, 111
- Vermögensstamm **1603** 36, 117
- vermögenswirksame Leistungen **1603** 28
- verschärfte Haftung **1603** 97 ff.
- Verschulden des Unterhaltspflichtigen **1603** 62
- Vorruhestand **1603** 72
- Vorsorgeaufwendungen **1603** 25f
- Wechsel des Wohnorts **1603** 52
- Wechsel in andere Stelle **1603** 69
- Wechsel in die Selbständigkeit **1603** 70
- Wohngeld **1603** 42
- Wohnvorteil **1603** 32f
- Zulagen **1603** 29
- Zuwendungen Dritter **1603** 40
- Zwischenselbstbehalt **1603** 8

Verwandtenunterhalt, Maß des Unterhalts
- abgeleitete Lebensstellung des Kindes **1610** 19, 149
- Abschläge **1610** 120 ff.
- allgemeine Grundsätze **1610** 13 ff.
- Alter und Situation des Kindes **1610** 22 ff.
- Altersgrenzen **1610** 14
- Altersstufen **1610** 93 ff.
- Angemessenheitskontrolle **1610** 133
- bei Aufwendungen infolge eines Körper- oder Gesundheitsschadens s.d.
- Ausbildungsunterhalt s.d.
- Auskunft beim Finanzamt **1610** 42
- Auslandsberührung **1610** 194 ff.
- Barunterhaltspflicht der Eltern **1610** 33 ff.
- Bedarf **1610** 10
- Bedürftigkeit **1610** 8f
- Beerdigungskosten des Unterhaltsberechtigten **1615** 7 ff.
- Begriffe **1610** 7 ff.
- behindertes Kind **1610** 24
- Berufsausbildung, Abschluss **1610** 25
- Beweislast **1610** 205f
- Deckungsvermutung bei schadensbedingten Mehraufwendungen **1610a**
- eigener Haushalt des Kindes **1610** 28, 116, 142 f.
- Einkommen des Pflichtigen **1610** 32 ff.
- Einkommen und Vermögen des Kindes **1610** 58
- Erlöschen des Unterhaltsanspruchs **1610** 15
- Erwerbsobliegenheit des volljährigen Kindes **1609** 37; **1610** 29 f.
- fehlende Vermittelbarkeit **1610** 30
- Feststellung des Einkommens **1610** 42
- fiktive Einkünfte **1610** 43 ff.
- freiwillige Leistungen Dritter **1610** 54 ff.
- frühere Einkünfte **1610** 45
- Gegenseitigkeitsprinzip **1610** 31
- gemeinsame elterliche Sorge **1610** 111, 201 f.
- bei gesteigerter Unterhaltspflicht **1610** 49
- Herunterstufung **1610** 123
- Höherstufung **1610** 121f
- krankes Kind **1610** 24

- Lebensbedarf s.d.
- Lebensstandardgarantie **1610** 18
- Lebensstellung des Bedürftigen **1610** 18 ff.
- Leistungsfähigkeit der Eltern **1610** 11f, 21, 41 f.
- Mangelfall **1610** 56
- minderjähriges Kind **1610** 22 ff.
- Negativprognose, pauschale **1610** 30
- Ost-West-Fälle **1610** 199
- privilegiertes volljähriges Kind **1610** 27
- Sättigungsgrenze **1610** 53
- Schulden **1610** 47 ff.
- Schulpflicht **1610** 23
- Schwankungen **1610** 52f
- Selbstbehalt **1610** 12
- Sozialleistungen **1610a**
- standesgemäßer Unterhalt **1610** 2
- Studenten **1610** 142
- Unterschied zum Ehegattenunterhalt **1610** 6
- Veränderungen der Vorschrift **1610** 2 ff.
- Verbrauchergeldparitäten **1610** 197
- Verfahrenskostenhilfe **1610** 168, 171
- Verfahrenskostenvorschuss als Bedarf **1610** 156 ff.
- Verjährung des Unterhaltsanspruchs **1610** 16
- Verwirkung des Unterhaltsanspruchs **1610** 16
- Verzicht auf Kindesunterhalt **1610** 17
- volljähriges Kind **1610** 26 ff.
- vorhanden gewesenes Einkommen **1610** 44
- Wehr- und Zivildienst **1610** 204
- Wohnen zu Hause **1610** 135 ff.
- Zuschläge **1610** 120 ff.

Verwandtenunterhalt, Rangfolge mehrerer Berechtigter
- Abkömmlinge, weitere **1609** 24
- Abmilderung **1609** 15
- Änderungen durch das Unterhaltsrechtsänderungsgesetz **1609** 4 ff.
- Auskunftsanspruch **1609** 44
- Auswirkungen **1609** 11 ff.
- Berechnung, vereinfachte **1609** 13
- Beweislast **1609** 43
- Ehegatten ohne Kindesbetreuung **1609** 22
- Eltern **1609** 24
- Enkelkinder **1609** 24
- Geschichte **1609** 2
- Großeltern **1609** 24
- Kindesbetreuung **1609** 16 ff.
- lange Ehedauer **1609** 19 ff.
- Lebenspartnerschaft **1609** 7
- Mangelfall **1609** 3, 6
- Maßstäbe **1609** 15
- Mindestunterhalt **1609** 15
- nachträgliche Ansprüche **1609** 38 ff.
- Rangfolge **1609** 10
- Rangwechsel durch Volljährigkeit **1609** 30
- Regelung der Reihenfolge **1609** 1
- relative Rangverhältnisse **1609** 5
- steuerliche Auswirkungen **1609** 14
- System der vollen Rangpriorität **1609** 5, 15

magere Zahlen = Randnummern **Sachverzeichnis**

- Übergangsregelung **1609** 9
- Unterhalt für nichteheliche Mutter **1615l** 14, 58
- unterhaltsberechtigte Ehefrau **1609** 18
- Vereinbarungen **1609** 25 ff.
- verfahrensrechtliche Fragen **1609** 38 ff.
- Verhältnis zwischen voll- und minderjährigem Kind **1609** 35f
- Verhältnis zwischen Volljährigen- und Ehegattenunterhalt **1609** 31 ff.
- volljährige Kinder **1609** 30 ff.
- volljährige, nicht privilegierte Kinder **1609** 23
- Vorrang-Prinzip für Kinder **1609** 12 ff.
- Zwangsvollstreckung **1609** 41f

Verwandtenunterhalt, Rangfolge mehrerer Pflichtiger
- Abkömmlinge vor Verwandten **1606** 3
- Änderungen durch das Unterhaltsrechtsänderungsgesetz **1606** 55
- anteilige Haftung gleich naher Verwandter **1606** 5
- Ausfallhaftung anderer Verwandter **1607** 2 ff.
- Beweislast **1606** 50 f.; **1607** 26 f.; **1608** 12 f.
- Dauer der Ersatzhaftung **1607** 6
- Ersatzhaftung bei Rechtsverfolgungsschwierigkeiten **1607** 7 f.; **1608** 9
- familienrechtlicher Ausgleichsanspruch **1606** 43 f.; **1607** 23, 25
- Forderungsübergang bei Leistungen durch nicht unterhaltspflichtigen Dritten **1607** 15 ff.
- Gleichwertigkeit von Betreuungs- und Barunterhalt **1606** 6
- Grundsätze **1606** 3 ff.
- Haftung des Ehegatten **1606** 3; **1608**
- Haftung nach Kindesalter **1606** 8f
- Höhe der Ersatzhaftung **1607** 5
- Leistungsunfähigkeit des Ehegatten **1608** 7f
- mangelnde Leistungsfähigkeit des vorrangig Haftenden **1607** 3f
- nähere vor entfernteren Verwandten **1606** 4
- Schutz des Unterhaltsberechtigten **1607** 23
- Sekundärhaftung **1607** 1
- bei Unterhalt aus Anlass der Geburt **1615l** 52 ff.
- bei Unterhalt für nichteheliche Mutter **1615l** 52 ff.
- Vorrang der Ehegattenhaftung **1608** 3f
- Vorrang der Partnerhaftung **1608** 3f

Verwandtschaft
- Abstammung *s.d.*
- Adoption **1589** 6
- agnatische – **1589** 14
- durch Anerkennung **1594** 17 ff.
- Anfechtung, gerichtliche **1589** 10
- Angehörige **1589** 4
- Aufhebung **1589** 10
- Auflösung der Ehe **1589** 10
- Beginn **1589** 10 ff.
- Begriff **1589** 1f
- Blutsverwandtschaft **1589** 1 ff.
- Dauerrechtsverhältnis **1589** 10
- Eheverbot **1589** 3
- erloschene Blutsverwandtschaft **1589** 1
- Familie **1589** 5
- Feststellungsklage **1589** 15
- genetische Beziehung **1589** 1, 7
- durch gerichtlich Vaterschaftsfeststellung **1600d** 9, 115 f.
- Geschlechtsumwandlung **1589** 10
- gesetzliche – **1589** 1, 7
- gespaltene Vater- oder Mutterschaft **1589** 8
- häusliche Gemeinschaft **1589** 4
- Kindschaftsrechtsreform **Vor 1591** 5 ff.
- Linien **1589** 12
- natürliche – **1589** 1, 6
- nichteheliche Lebensgemeinschaft **1589** 4f
- Rechtsentwicklung **Vor 1591** 1 ff.
- Rechtsfolgen **1589** 16 ff.
- Rechtsnatur **1589** 10 ff.
- Schwägerschaft *s.d.*
- Seitenlinie **1589** 12
- soziale Bindungen **1589** 10
- soziale Familie **1589** 10
- Tot- oder Fehlgeburt **1589** 11
- Verfahrensordnung **1589** 18
- verfassungsrechtliche Zuordnung **1589** 5
- Verwandtschaftsbezeichnungen **1589** 1, 12 f.
- Verwandtschaftsgrade **1589** 13
- vollbürtige und halbbürtige **1589** 14
- Zeugnis- und Eidesverweigerungsrechte **1589** 18

Vigilanzpflegschaft 1909 36

Vollmachtsbetreuung
- Aufgaben und Befugnisse des Betreuers **1896** 247 ff.
- Aufsicht des Gerichts **1896** 250
- Ausschluss durch Vollmacht **1896** 244
- behördlicher Zwang aufgrund – **1896** 56
- sonstige Besonderheiten **1896** 253
- Bestimmungsbefugnisse über eigene persönliche Freiheit **1896** 56
- Betreuung trotz wirksamer Vollmacht **1896** 54
- Entschädigungspauschale für Betreuer **VBVG** 4 2; **VBVG 6** 4
- Erforderlichkeitsprinzip **1896** 240
- Ersatzbevollmächtigter **1896** 249
- Erteilung **1896** 50
- Genehmigungsvorbehalt des FamG bei ärztlichen Maßnahmen *s. Vollmachtsbetreuung, Einwilligung in Heilbehandlung*
- Geschäftsunfähigkeit des Vollmachtgebers **1896** 50, 242
- hinreichende Vollmacht **1896** 49, 238f
- konkrete Erforderlichkeit **1896** 241
- Kontrollbetreuer **1896** 57, 239
- nicht handelnder Bevollmächtigter **1896** 61

Sachverzeichnis

fette Zahlen = §§

- Obliegenheit zur Vollmachtserteilung **1896** 63
- Prozessführung **1896** 58
- rechtliche Ausgestaltung **1896** 247 ff.
- Stellung des Betreuten **1896** 251
- Stellung des Bevollmächtigten **1896** 252
- Teilüberwachung **1896** 248
- Übersicht **1896** 236
- Überwachungsbedarf **1896** 241 ff.
- Überwachungsvollmacht **1896** 245
- Umfang der Vollmacht **1896** 238
- Umfang und Schwierigkeit der Geschäfte **1896** 243
- untauglicher Bevollmächtigter **1896** 61
- Unvermögen zur Überwachung des Bevollmächtigten **1896** 240
- unzureichende Kontrollbetreuung **1896** 246
- unzureichende Vollmacht **1896** 60
- Verhältnis zur Gesundheitsbetreuung **1896** 74
- Vollmacht zur Einwilligung in Sterilisation **1905** 38
- Voraussetzungen **1896** 236 ff.
- Vorrang vor rechtlicher Betreuung **1896** 48 ff.
- Vorsorgevollmacht **1896** 55
- Widerruf **1896** 53
- Wirksamkeit der Vollmacht **1896** 50 f., 239
- bei Zustimmung zur Vaterschaftsanerkennung **1596** 110
- zentrales Vorsorgeregister **1896** 64
- Zweck **1896** 237

Vollmachtsbetreuung, Einwilligung in Heilbehandlung
- Abdingbarkeit des Genehmigungserfordernisses **1904** 87
- Altfälle **1904** 79
- Betreuer bei unbekannter Vollmacht **1904** 83
- betroffene Maßnahmen **1904** 74
- Eilfälle **1904** 85
- Einwilligungsunfähigkeit des Vollmachtgebers **1904** 69
- Entscheidung des FamG **1904** 89 ff.
- Erteilung der Vollmacht, schriftliche **1904** 72
- fortbestehende Wirksamkeit der Vollmacht **1904** 80f
- Gegenstand des Genehmigungsvorbehalts **1904** 84 ff.
- Genehmigungsvorbehalt **1904** 68, 84 f.
- Handlungsfähigkeit des Vollmachtgebers bei Vollmachterteilung **1904** 71
- Heilversuche an Betreutem **1904** 88
- hinreichend konkrete Umschreibung der Vollmacht **1904** 75
- inhaltliche Erfordernisse an die Vollmacht **1904** 73 ff.
- Kontrolle des Bevollmächtigten, keine umfassende – **1904** 91
- Kriterien der gerichtlichen Entscheidung **1904** 90 ff.
- mehrere Bevollmächtigte **1904** 82

- Organentnahme bei Verstorbenen **1904** 88
- partielle Vollmacht **1904** 76
- Sonderfälle **1904** 88
- Sterbehilfe *s. Patientenverfügung*
- Sterilisation **1905** 38
- Verfahren **1904** 92f
- Voraussetzungen des Genehmigungsvorbehalts **1904** 84 ff.
- Voraussetzungen wirksamer Einwilligung durch Bevollmächtigten **1904** 69 ff.
- Wille des Betroffenen **1904** 90
- wirksam erteilte und fortbestehende Vollmacht **1904** 70
- Wohl des Betroffenen **1904** 90
- Ziel der Regelung **1904** 68
- zwingendes Recht **1904** 87

Vollmachtsbetreuung, Freiheitsentziehung durch Bevollmächtigten
- Altfälle **1906** 114
- analoge Anwendung ohne Vollmacht **1906** 107
- Beendigung der Maßnahme **1906** 127
- Durchführung der Maßnahme **1906** 123
- Eilfälle **1906** 120
- Entscheidung des FamG **1906** 121f
- schriftliche Erteilung der Vollmacht **1906** 110
- Fortbestehen der Vollmacht im Zeitpunkt der Unterbringung **1906** 118
- freiheitsentziehende Unterbringung **1906** 102
- Gefahr in Verzug **1906** 119
- Genehmigungsvorbehalt **1906** 119ff
- aufgrund Generalvollmacht **1906** 113f
- Geschäftsfähigkeit des Vollmachtgebers **1906** 109
- und Gesundheitsfürsorge **1906** 116
- Grundproblem der stellvertretenden Freiheitsentziehung **1906** 103ff
- inhaltliche Erfordernisse der Vollmacht **1906** 111 ff.
- Prüfung des Gerichts **1906** 121f
- Selbstbestimmungsunfähigkeit des Betroffenen **1906** 108
- Sinn der Regelung **1906** 102
- Umfang der Vollmacht **1906** 115f
- unterbringungsähnliche Maßnahmen **1906** 106
- Unterscheidung von Akten der Durchführung **1906** 117
- Verfahren **1906** 125 ff.
- Vollzugsunterstützung durch Behörde **1906** 126
- Voraussetzungen **1906** 106 ff.
- Wirksamkeit der Vollmacht/Einwilligung **1906** 109 ff.

Vollzeitpflege
- Anspruch auf Erteilung der Erlaubnis **SGB VIII 44** 4
- erlaubnisfreie Pflegetätigkeit **SGB VIII 44** 3

magere Zahlen = Randnummern

Sachverzeichnis

- Erlaubnisvorbehalt **SGB VIII 44** 2f
- Überprüfung vor Ort **SGB VIII 44** 5

vorläufige Unterbringungsmaßnahmen
- anwendbare Vorschriften **1906** 95, 125f
- Beschwerdeberechtigung **1906** 97 ff.
- Beschwerdeverfahren **1906** 100 ff.
- Dauer **1906** 93
- Erledigung des Verfahrens **1906** 101
- Gefahr in Verzug **1906** 92
- Maßregeln nach § 1846 **1906** 94f
- Rechtsbehelfe **1906** 96 ff.
- Rechtsbeschwerde **1906** 96
- Rechtsschutzbedürfnis **1906** 101
- sofortige Beschwerde **1906** 96
- Übersicht **1906** 90
- Voraussetzungen **1906** 91

Vormund
- Ablehnung, Folgen unbegründeter – **1787**
- Ablehnungsrechte **1785** 4 f.; **1786**
- Altersgrenze **1786** 6
- Amtsantritt mit Bestellung **1789** 12
- Amtsende und Vormundschaftsende **1882** 2 ff.
- Amtshaftung **1780** 7
- Amtsunfähigkeit **1780** 2 ff.
- Amtsuntauglichkeit **1781**; **1784** 7
- Anspruch auf Beratung und Unterstützung durch das Jugendamt **SGB VIII 53** 3
- Aufgabenüberschneidung mit Pflegschaft **1794** 7
- Aufsicht des Jugendamtes **SGB VIII 53** 4
- Auskunftspflicht gegenüber dem FamG **1839**
- Auswahl durch das FamG **1697**; **1779**
- Beamter als – **1784**
- Beendigung des Amtes **1882** 2f
- Belastung durch Kinder und Familie **1786** 2 ff.
- Benennungsrecht der Eltern **1776**
- Beratung durch das VormG **1837** 5
- Beratung und Unterstützung durch Ämter **1837** 9
- Bericht über persönliche Verhältnisse **1840** 1, 3
- Beschränkung der Vertretungsmacht **1793** 27 f.; **1821** 1
- Beschränkung durch Pflegschaft **1794**
- Beschwerderecht des –s **1794** 8
- Bestallungsurkunde **1791**
- Bestellung s. *Vormund, Bestellung*
- Bestimmungsbefugnisse **1793** 3
- Beteiligung Dritter **1793** 35 ff.
- deliktische Haftung des Mündels für – **1793** 51
- Eigenverwendung des Mündelvermögens **1805**
- Einschränkung der gesetzlichen Vertretungsmacht **1804** 2 f.; **1809** 7 f.; **1812** 4
- Einschränkungen der Sorgebefugnisse des –s **1793** 9 ff.
- einstweilige Maßregeln **1846**
- Entlassung **1790** 5
- Entlassung von Amts wegen **1782** 13
- Entziehung der Vertretungsmacht s. *Vormund, Entziehung der Vertretungsmacht*
- Entzug von Teilbereichen des Sorgerechts **1837** 27
- Erhaltung und Vermehrung des Mündelvermögens **1793** 20
- Ermächtigungen für Mündel **1793** 31
- Ermessen bei der Amtsführung **1837** 16
- Erschwerung durch Fürsorge für die Familie **1786** 4f
- Fortführung der Geschäfte nach Beendigung des Amtes **1893** 3 ff.
- Geltendmachung des Ablehnungsrechts **1786** 12
- Genehmigungsvorbehalte **1793** 32f, 42; **1821** 1f
- Generalvollmacht für Dritten **1793** 40
- für Geschwister **1775** 2; **1779** 17
- Haftpflichtversicherung **1793** 45
- Haftung bei nichtiger Bestellung **1780** 7f
- Haftung des Mündels für Verhalten des –s **1793** 47 ff.
- Haftung des –s **1793** 44 ff.
- Haftungserleichterung **1793** 46
- Handeln im eigenen Namen **1793** 25
- Interessenkollision **1793** 30; **1795** 1
- Jugendamt als – s. *Amtsvormundschaft*
- Konflikte zwischen – und Mündel **1837** 6
- Kontrolle durch das FamG **1793** 16
- Kontrollrechte des Gegenvormunds **1793** 13
- Krankheit, Gebrechen des –s **1786** 8
- mehr als eine Vormundschaft, Betreuung oder Pflegschaft **1786** 11
- mehrere Vormünder s. auch *Mitvormundschaft*; **1775**; **1793** 34; **1797**
- Mitteilungspflichten an das Jugendamt **1851**
- Mitteilungspflichten des Jugendamtes gegenüber dem FamG **SGB VIII 53** 5
- Mitverschulden bei Schädigung des Mündels **1793** 48
- Mitvormund s. *Mitvormundschaft*
- Mitwirkung an der Einführung des Vormunds **1837** 7
- Nachbildung der elterlichen Sorge **1793** 2
- nachteilige Rechtsgeschäfte **1793** 29
- Nichtigkeit der Bestellung **1780** 6
- Nichtvorhandensein eines –s **1846** 2
- Nutzung der Arbeitskraft des Mündels **1805** 5
- Personensorge **1793** 17f
- Pflegerbestellung **1794** 2 ff.
- Pflichtwidrigkeit, Kriterien **1837** 13 ff.
- privatrechtliche Stellung **Vor 1773** 19
- räumliche Entfernung **1786** 9
- Rechtsgeschäfte mit höchstpersönlichem Charakter **1793** 28
- Religionsdiener als – **1784**
- Schadensersatz **1785** 10

2339

Sachverzeichnis

fette Zahlen = §§

- Schenkungsverbot s. *Schenkung des Vormunds*
- Schiffe und Schiffsbauwerke, Genehmigung für Geschäfte über – **1821** 37 ff.
- Selbständigkeit **1793** 8
- Selbstkontrahieren, Verbot **1795** 3 ff.
- Sorge für mehr als drei Kinder **1786** 7
- Stellvertretung im rechtsgeschäftlichen Bereich **1793** 37 ff.
- Tod des –s **1894**
- über das Vormundschaftsende hinaus wirkende Geschäfte **1793** 26
- Übernahmepflicht **1778** 3; **1782** 10; **1785**
- Überschuldungsschutz **1793** 24, 50
- Übertragbarkeit der Vormundschaftsrechte **1793** 35
- Umfang der Vertretungsmacht **1793** 23
- unmittelbare Stellvertretung **1793** 24
- Unterschied zur Rechtsstellung der Eltern **1793** 5 ff.
- Unterstützung durch das FamG **1837** 8
- unwiderrufliche Vollmacht für Dritten **1793** 41
- Verhinderung des –s **1846** 2
- Vermögensherausgabe nach Beendigung des Amtes **1890** 2 ff.
- Vermögenssorge **1793** 19f
- Vermögensverwaltung durch Vormund bei Erbschaft oder Schenkung *s.d.*
- Verpflichtung durch das FamG **1789** 5f
- Versicherungsverpflichtung durch FamG **1837** 22
- Vertreter des –s **1793** 38
- Vertretung des Mündels, gesetzliche **1793** 21 ff.
- Vertretungsmacht, Ausschluss **1795**
- Vertretungsmacht, Wegfall **1794** 4
- Verzinsungspflicht **1834**
- Vollmacht im Namen des Mündels **1793** 39
- vorläufige Übernahme **1787** 10 ff.
- vormundschaftsgerichtliche Aufsicht *s.d.*
- Vorschlagspflicht des Jugendamtes **SGB VIII 53** 2
- Weigerung der Übernahme **1785** 11; **1786** 13
- Weisungen Dritter **1793** 15
- widersprüchliche Geschäfte **1893** 11
- eigener Willen des Mündels **1793** 4
- Wirksamkeit der Vollmacht für Dritte **1793** 43
- Zwangsgeld **1785** 10
- Zwangsgeld bei Ablehnung **1788**

Vormund, Aufwendungsersatz
- Allgemeinkosten **1835** 15
- Amts- und Vereinsvormund **1835** 53 f.; **1835a** 16
- für Amtstätigkeit aufgewandte Zeit **1835** 39
- Anspruch gegen die Staatskasse **1835** 8, 50 f., 57; **1835a** 11 f.
- Anspruch gegen Mündel **1835** 8, 50 f., 58f; **1835a** 11

- Anspruchsinhalt **1835** 10
- Anwalt als Vormund **1835** 44 ff.
- Anwendungsbereich **Vor 1835** 1
- Aufwandsentschädigung **1835a**
- Aufwendungen im Einzelnen **1835** 11 ff.
- Auslagen für die Lebensführung des Mündels **1835** 13
- Ausschlussfrist **1835** 28 f., 51
- für berufliche und gewerbliche Dienste **1835** 39 ff.
- Berufsmäßigkeit **1835** 42
- Berufsvormund **1835** 38
- Büro- und Personalkosten **1835** 17f
- einzusetzende Mittel des Mündels **1836c**
- Entnahme aus dem Mündelvermögen **1835** 58
- Entstehungsgeschichte **Vor 1835** 2 f.; **1835** 2
- Erlöschen des Anspruchs **1835** 28 f.; **1835a** 10
- Fahrtkosten **1835** 26
- Festsetzung durch das FamG **1835** 59
- freiwillige Vermögensopfer **1835** 22
- Fristverlängerung **1835** 28 ff.
- Geltendmachung **1835** 57 f.; **1835a** 17
- gesetzlicher Anspruch **1835** 9 ff.
- Gläubiger des Anspruchs **1835** 9
- Haftpflichtversicherung **1835** 33
- Hilfsleistungen Dritter **1835** 16 ff.
- Höhe der Pauschale **1835a** 5
- Höhe des –es **1835** 24 ff.
- Inanspruchnahme des Fachwissens Dritter **1835** 19
- jährliche Pauschale **1835a** 7
- Kfz-Haftpflichtversicherung **1835** 35
- für Maßnahmen nach Beendigung der Vormundschaft **1835** 23
- Mehrwertsteuer auf Vergütung **1835** 21
- Mittellosigkeit des Mündels **1835** 8; **1836d** 10
- pauschalierter – **1835a**
- Pauschalierungen **1835** 27
- Regressansprüche **1835** 8
- Schuldner des Anspruchs **1835** 9
- System **1835** 3 ff.
- Überblick **Vor 1835** 22; **1835** 1 f.
- Umsatzsteuer **1835** 25
- bei Unterhaltspflicht des Vormunds für Mündel **1835a** 12 ff.
- Unterschiede zur Vergütung **1835** 3 ff.
- Verfahren **1835** 57 f.; **1835a** 17
- Verjährung **1835** 31
- Versicherungskosten **1835** 32 ff.
- Vorschuss auf Pauschale **1835a** 8
- Vorschuss aus der Staatskasse **1835a** 50 ff.
- Wahlrecht **1835a** 6
- Wirkung der Pauschale **1835a** 5
- Zeitaufwand **1835** 20

Vormund, Ausschluss der Vertretungsmacht
- bei Amtsvormundschaft **1795** 21, 28

magere Zahlen = Randnummern **Sachverzeichnis**

– Ausnahmen vom Verbot **1795** 16 f., 29 f
– Ausschlagung **1795** 4 f
– Ausübung des Stimmrechts **1795** 7
– Bankgeschäfte **1795** 8a
– Belastung von Forderungen **1795** 31 ff.
– Beschränkungen der Vertretungsmacht **1793** 27 ff.
– Beteiligung an einer Gesellschaft **1795** 7
– Erbauseinandersetzung **1795** 8
– Erfüllung einer Verbindlichkeit **1795** 17, 29
– Ergänzungspfleger, Ergänzungsbetreuer **1795** 37
– bei Ermächtigungen für Mündel **1793** 31
– falsus procurator **1795** 38
– familienrechtliche Erklärungen **1795** 9, 23
– Geltung des Vertretungsverbotes **1795** 10 ff.
– Genehmigung von Rechtsgeschäften **1795** 12 f
– gesicherte Mündelforderungen **1795** 31 ff.
– Gestattung **1795** 18
– Grundsatz **1795** 3
– Interessenkollision **1793** 30
– keine Zugehörigkeit zu derselben Rechtsgeschäftsseite **1795** 6, 25
– lediglich rechtlicher Vorteil **1795** 19, 30
– Rechtsfolgen **1795** 37 ff.
– Rechtsgeschäfte, einseitige **1795** 4 f, 23
– Rechtsgeschäfte, nachteilige **1793** 29
– Rechtsgeschäfte mit höchstpersönlichem Charakter **1793** 28
– Rechtsgeschäfte mit Lebenspartner oder Verwandten des -s **1795** 22 ff.
– bei Rechtsstreitigkeiten **1795** 2, 34 f.
– Selbstkontrahieren, Verbot **1795** 3 ff.
– Strohmanngeschäfte **1795** 15
– Teilausschluss **1795** 11
– Übertragung von Forderungen **1795** 31 ff.
– Umdeutung **1795** 39
– Umgehung des Vertretungsverbots **1795** 14 f
– bei Vereinsvormundschaft **1795** 21, 28
– Verfahrenshandlungen **1795** 23
Vormund, Auswahl durch das FamG
– unter mehreren Amtsvormündern **1779** 16
– Anhörung des Jugendamts **1779** 3
– Anhörung Verwandter und Verschwägerter **1779** 18
– Auslagenersatz **1779** 19
– Auswahl **1779** 10
– Auswahlermessen **1779** 4, 6 f.
– Auswahlkriterien **1779** 6 ff.
– Beschwerde **1779** 21 f., 27
– Beschwerdeberechtigung **1779** 21 ff.
– Bestellung durch das FamG **1789**
– Ehegatte, Lebensgefährte des Mündels **1779** 12
– Eignungsprüfung **1779** 5
– Elternwille **1779** 7
– Ermessen **1779** 1
– Ermittlung **1779** 10
– Kindesbindung **1779** 8

– Prinzipienkollision **1779** 15
– Prüfungsumfang **1779** 23
– Recht auf Bestellung **1779** 11
– rechtliche Kriterien **1779** 4
– Religion **1779** 13 ff.
– Verfahren **1779** 20 f.; **1785** 11
– Verfahrensfehler **1779** 23
– Verwandte und Verschwägerte **1779** 9 ff.
– Voraussetzungen **1779** 2
– Vormund für Geschwister **1779** 17
– Weigerung der Übernahme **1785** 11; **1786** 13
– Zuständigkeit **1779** 20
– Zwangsgeldfestsetzung bei Weigerung **1788**
Vormund, Benennungs- und Ausschließungsrecht der Eltern
– Ausfluss der elterlichen Sorge **1777** 2
– Ausschließungsrecht der Eltern **1777** 10
– Ausschließungswirkung **1782** 7 ff.
– Ausschluss durch die Eltern **1782**
– Ausübung **1777** 9
– Bedingung **1782** 5
– bei Befugnis zur gesetzlichen Vertretung **1777** 6
– Benennungsform **1776** 8
– bei Berechtigung zur Personen- und Vermögenssorge **1777** 3 f
– Berufungsmöglichkeiten **1776** 1
– Bestimmungsrecht der Eltern **1776** 2
– Bindung des FamG **1782** 8
– divergierende Benennung **1776** 6 f
– divergierende Verfügungen **1782** 9
– bei entfallender tatsächlicher Personensorge **1777** 7
– Entlassung von Amts wegen **1782** 13
– Folge wirksamer Benennung **1776** 10
– Form **1782** 5
– gleichzeitiger Tod der Eltern **1776** 7
– Kombination von Ausschluss und Benennung **1782** 6
– negativen Bestimmung **1782** 1
– Parallelvorschriften **1777** 10
– Pflicht zur Vormundschaftsübernahme **1776** 3
– Rechtsbehelf des Ausgeschlossenen **1782** 12
– bei Trennung der gemeinsam sorgeberechtigten Eltern **1777** 5
– Übergehen des benannten Vormunds **1778**
– Übernahmepflicht **1778** 3; **1782** 10
– Verstoß gegen Ausschluss **1782** 11 ff.
– vor der Geburt des Kindes verstorbener Vater **1777** 8
– Voraussetzungen der Benennung, inhaltliche **1776** 9
– Voraussetzungen des Benennungsrechts **1777**
– Widerruflichkeit der Benennung **1776** 5
– Widerspruchsrecht des Kindes **1778** 1
– wirksame Bestellung trotz Ausschluss **1782** 11

Sachverzeichnis

fette Zahlen = §§

Vormund, Bestellung
- Amtsantritt **1789** 12
- bei Amtsvormundschaft **1791b** 6
- unter Bedingung oder Befristung **1789** 6
- Erklärung des Vormunds **1789** 7 ff.
- durch das FamG **1789**
- fehlerhafte – **1789** 13
- für künftige Fälle **1789** 11
- Rechtsmittel **1789** 15
- des Vereins **1791a** 7 ff.
- Verfahren **1789** 14f
- vor Geburt des Kindes **1774** 12
- unter Vorbehalt **1790**
- Wirksamkeit **1774** 9
- Zuständigkeit **1789** 14

Vormund, Entziehung der Vertretungsmacht
- bei Amts- oder Vereinsvormundschaft **1796** 15
- Beschneidung der Vertretungsmacht **1796** 2
- Beschwerde **1796** 18
- bloße Meinungsverschiedenheiten **1796** 6
- bloße Verhinderung von Vertretungshandlungen **1796** 11
- Einzelfälle **1796** 13 ff.
- erheblicher Interessengegensatz **1796** 5 ff.
- Interessen von Familienangehörigen des -s **1796** 7
- objektive Interessenlage **1796** 8
- bei Schenkungen des Vormunds **1804** 3f
- Sperrvermerk für Anlage von Mündelgeld **1809** 2 ff.
- im Bereich der tatsächlichen Sorge **1796** 9
- unstatthafte Entziehung **1796** 12
- Untätigkeit des Vormunds **1796** 10
- Verfahren **1796** 16 ff.
- Verschulden **1796** 11
- Voraussetzungen **1796** 3 ff.
- Wegfall des Interessengegensatz **1796** 19
- widerstreitende Interessen **1796** 1
- Wirkungen **1796** 16
- Zuständigkeit **1796** 17

Vormund, Genehmigung für Geschäfte über Grundstücke
- Auslegungsgrundsätze **1821** 5
- Befreiung eines Grundstücks von dinglichen Rechten **1821** 36
- Belastungen **1821** 25
- bestellter gesetzlicher Vertreter **1821** 15
- Bewilligung einer Auflassungs- oder Löschungsvormerkung **1821** 25
- Bezug zum Mündelvermögen **1821** 7 ff.
- Bruchteilsgemeinschaften **1821** 20, 45
- dingliches Erwerbsgeschäft **1821** 48
- dingliches Vorkaufsrecht **1821** 25
- Drittverwaltergeschäfte **1821** 13
- auf entgeltlichen Erwerb gerichtete Verträge **1821** 44 ff.
- Erfüllung einer Verpflichtung **1821** 16
- Erwerb von Grundstücken und Grundstücksrechten **1821** 22 ff.
- Genehmigungspflicht bestimmter Kausalgeschäfte **1821** 44f
- Genehmigungsvorbehalte **1821** 1f
- Gesamthandsgemeinschaften **1821** 20, 45
- Grundbuchberichtigung **1821** 30
- auf Grundpfandrechte bezogene Akte **1821** 27f
- Grundstück, belastetes **1821** 24
- Grundstücke **1821** 17
- Grundstücke juristischer Personen **1821** 29
- grundstücksbezogene Forderungen **1821** 31 ff.
- Inhaltsänderungen **1821** 26
- Löschungsbewilligung **1821** 30
- dem Nacherben zuzurechnender Nachlass **1821** 10
- nicht genehmigungsbedürftige Maßnahmen **1821** 34
- nichtbetroffene Geschäfte **1821** 19
- Prozessführung **1821** 14
- Rechte an Grundstücke **1821** 18
- Rechtsgeschäfte kraft gesetzlicher Vollmacht **1821** 6
- gemischte Schenkungen **1821** 47
- Schiffe und Schiffsbauwerke **1821** 37 ff.
- Sekundärfolgen **1821** 6a
- Übertragung des Grundstückseigentums **1821** 32 ff.
- Übertragung dinglicher Grundstücksrechte **1821** 35
- unentgeltlicher Erwerb **1821** 46 ff.
- Verfahren **1821** 49
- Verfügungsbegriff **1821** 21, 41
- Verfügungsgegenstände **1821** 41
- Verpflichtungsgeschäfte **1821** 40 ff.
- Vollmachterteilung **1821** 12
- Wirkung der Verfügungsgenehmigung auf das Verpflichtungsgeschäft **1821** 43
- Zustimmung zu Verfügungen eines nichtberechtigten Dritten **1821** 11
- Zwangsvollstreckungsmaßnahmen **1821** 14

Vormund, Genehmigung für Rechtsgeschäfte
- Absicht der Gewinnerzielung **1822** 11
- Abzahlungskauf **1822** 53
- Änderung eines Gesellschaftsvertrages **1822** 28
- Anhörung des Gegenvormunds **1826**
- Annahme einer rechtsgrundlosen Leistung **1822** 55
- Arbeitsverträge **1822** 46
- Arztpraxis **1822** 11
- Aufhebung, vertragliche **1822** 48
- Auflösung einer GmbH **1822** 27
- Auflösung eines Erwerbsgeschäfts **1823** 4
- Aufnahme von Geld auf den Kredit des Mündels **1822** 52 ff.
- Auslegungsgrundsätze **1821** 5

magere Zahlen = Randnummern

- Ausschlagung einer Erbschaft oder eines Vermächtnisses **1822** 8
- Beitritt zu einer bestehenden Gesellschaft **1822** 22
- bestellter gesetzlicher Vertreter **1821** 15
- Beteiligung als stiller Gesellschafter **1822** 26
- Beteiligung an einem Erwerbsgeschäft **1822** 19
- Beteiligung an einer AG oder GmbH **1822** 17
- Beteiligung an einer OHG oder KG **1822** 16
- Beteiligungen an einem Erwerbsgeschäft **1822** 15 ff.
- Betrieb eines Erwerbsgeschäfts **1822** 21
- Bezug zum Mündelvermögen **1821** 7 ff.
- Bürgschaft **1822** 61 ff.
- Dauer des Vertragsverhältnisses **1822** 42 ff.
- Dienstverträge **1822** 40, 46
- drittfinanzierter Kreditkauf **1822** 53
- Drittverwaltergeschäfte **1821** 13
- einseitige Anerkennung einer gesetzlichen Unterhaltspflicht **1822** 38
- entgeltlicher Erwerb **1822** 13 ff.
- Entscheidungskriterien des FamG **1822** 29, 56, 67, 75
- über eine Erbschaft **1822** 5
- über einen Erbteil **1822** 7, 16
- Erbteilungsverträge **1822** 10
- Erfüllung einer Verpflichtung **1821** 16
- Ermächtigung, allgemeine **1822** 58; **1825**
- Ermächtigung nach § 113 **1822** 49
- Erwerbsgeschäft **1822** 11 f.; **1823** 2
- Fortsetzung eines Einzelhandelsgeschäfts als OHG **1822** 24
- Genehmigung des Gegenvormunds **1832**
- Genehmigungsverfahren **1822** 50
- Genehmigungsvorbehalte **1821** 1f
- Gesamttheorie **1822** 3
- Geschäfte ohne erforderliche Genehmigung **1822** 57; **1824** 5
- Gesellschaftsverträge **1822** 21 ff.
- Gründung einer Kapitalgesellschaft **1822** 25
- Haftung für fremde Schuld **1822** 61 ff.
- Inhaberschecks **1822** 60
- Inhaberschuldverschreibung **1822** 59f
- Kaufvertrag **1822** 53
- Kündigung **1822** 48
- Kündigung eines Gesellschaftsvertrages **1822** 20
- über künftigen Erb- oder Pflichtteil **1822** 6
- Lehrverträge **1822** 40, 46
- Mietverträge **1822** 36 ff.
- dem Nacherben zuzurechnender Nachlass **1821** 10
- nichtgenehmigungspflichtige Geschäfte **1822** 20, 54
- Orderpapier **1822** 59f
- Pachtverträge **1822** 31 ff.
- persönliche Leistungen, fortlaufende **1822** 40
- Prokuraerteilung **1822** 68

Sachverzeichnis

- Prozessführung **1821** 14
- Rechtsgeschäfte kraft gesetzlicher Vollmacht **1821** 6
- Schiedsvertrag **1822** 69 ff.
- Sekundärfolgen **1822** 6a
- Sicherheit, Aufhebung von Sicherheiten **1822** 72f; Minderung **1822** 74
- Subsidiärhaftung **1822** 62
- Teilleistungen, fortlaufende **1822** 39
- Teilwirksamkeit **1822** 44, 51
- Tilgung fremder Verbindlichkeit **1822** 66
- Überlassung nötiger Mittel **1822** 41
- Überlassung von Gegenständen an den Mündel **1824**
- Übernahme einer fremden Verbindlichkeit **1822** 61 ff.
- Universalsukzession **1822** 4
- Veräußerung eines Erwerbsgeschäfts **1822** 18 ff.
- Verfahren **1822** 76; **1823** 6
- Vergleich **1822** 69 ff.
- über das Vermögen im Ganzen **1822** 3f
- Verpflichtungsvertrag **1822** 52
- Verzicht auf Pflichtteil **1822** 9
- Vollmachtserteilung **1821** 12
- über wiederkehrende Leistungen **1822** 37 ff.
- Zustimmung zu Verfügungen eines nichtberechtigten Dritten **1821** 11
- Zwangsvollstreckungsmaßnahmen **1821** 14

Vormund, Haftung
- Amtsvormundschaft **1833** 2
- Anwendbarkeit auf alle Vormünder **1833** 2
- bei Aufgabenübertragung auf Dritte **1833** 9
- Beginn **1833** 5
- Beweislast **1833** 14
- gegenüber Dritten **1833** 11
- Entlastung **1833** 10
- Gegenvormund **1833** 2
- Kasuistik **1833** 6f
- bei mehreren Vormündern **1833** 8
- Modalitäten **1833** 8 ff.
- für Schädigung des Mündels durch Pflichtverletzung **1833** 3
- Vereinsvormundschaft **1833** 2
- Verfahren **1833** 13f
- Verschulden **1833** 4
- Voraussetzungen **1833** 2 ff.
- weitergehende – **1833** 12
- Zuständigkeit **1833** 13

Vormund, Hinterlegung von Inhaberpapieren
- Anordnung der Hinterlegung **1818**
- Art der Hinterlegung **1814** 8
- Ausnahmen **1814** 6
- befreite Vormundschaft **1814** 6
- Befreiung von Hinterlegungspflicht **1817**
- im Depot einer Bank befindliche Papiere **1814** 6
- Durchsetzung der Hinterlegung **1814** 10
- Eigentum des Mündels **1814** 5

Sachverzeichnis

fette Zahlen = §§

- Erweiterungsmöglichkeit des FamG **1814** 4
- keine Gefährdung des Mündelvermögens **1817** 7, 10
- Gegenstände der Hinterlegungspflicht **1814** 2 ff.
- Genehmigung nach Umschreibung und Umwandlung **1820**
- Genehmigung zur Verfügung bei – **1819**
- Hinterlegungsabrede **1814** 9
- Hinterlegungspflicht **1814** 4 ff.
- Hinterlegungspflicht, erweiterte **1818** 2 ff.
- Hinterlegungsstellen **1814** 7
- Inhaberpapiere **1814** 2
- Kostbarkeiten **1818** 3
- Kosten **1814** 11; **1815** 6; **1816** 5
- qualifizierte Legitimationspapiere **1814** 2
- Sammelverwahrung **1814** 8
- Sperrung von Buchforderungen **1816**
- Sperrwirkung **1815** 5
- Umfang der Befreiung **1817** 3
- Umschreibungsverlangen des FamG **1815** 7 ff.
- Umwandlung in Buchforderung **1815** 4
- Umwandlung in Namenspapier **1815** 3
- Umwandlung und Umschreibung statt Hinterlegung **1815**
- verbrauchbare Sachen **1814** 3
- Wertpapiere **1818** 3
- Wirkung der Befreiung **1814** 14
- Wirkung der Hinterlegung **1814** 12; **1818** 7
- Zins-, Renten- und Gewinnanteilsscheine **1818** 3
- Zweck **1814** 1

Vormund, Rechnungslegung
- Beanstandungsrecht des Mündels **1843** 9
- nach Beendigung des Amtes **1890** 6 ff.
- bei befreiter Vormundschaft **1840** 12
- Belege **1841** 4
- Bericht über persönliche Verhältnisse **1840** 1, 3
- Berichtigungen und Ergänzungen **1843** 6
- Beschwerde des Vormunds **1843** 13
- Dritten gegenüber **1840** 11
- eidesstattliche Versicherung **1843** 8
- Entlastung des Vormunds **1892** 6
- Ergänzungspfleger für Mündel **1843** 12
- bei Erwerbsgeschäft mit kaufmännischer Buchführung **1841** 5 ff.
- Erzwingung der Pflichteinhaltung **1840** 9
- Form **1841** 2 ff.
- Geltendmachung streitiger Ansprüche **1843** 10
- des gemeinschaftlichen Vormunds von Geschwistern **1840** 6
- Inhalt **1841**
- jährliche – **1840** 8
- Kosten **1840** 10
- bei geteilter Mitvormundschaft **1840** 5
- Mitwirkung des Gegenvormunds **1842**; **1891**
- Ordnung der Zusammenstellung **1841** 3

- Rechnungslegungspflicht **1840** 4
- Rechnungsprüfung und -anerkennung durch das FamG **1843**; **1892**
- Rechnungsprüfungsbescheid **1843** 13
- Richtigkeitsnachweis **1843** 7
- Prüfung der Schlussrechnung durch Gegenvormund **1891** 2f
- Schlussrechnung, Einreichung **1892** 2f
- bei Teilbeendigung **1890** 11
- Verzicht des Mündels **1890** 8

Vormund, Übergehen des benannten Vormunds
- bei bedingter Benennung **1778** 11
- bei befristeter Benennung **1778** 11
- Beschwerde **1778** 18
- durch Bestellung eines Gegenvormunds **1778** 20
- durch Bestellung eines Mitvormunds **1778** 19
- Entlassung des bestellten Vormunds **1886** 12
- Folgen unbegründeter Übergehung **1778** 18
- Gefährdung des Mündelwohls **1778** 13 ff.
- subjektiv-öffentliches Recht des Benannten **1778** 1
- Übergehungsgründe **1778** 6 ff.
- Untauglichkeitsgründe **1778** 7 ff.
- Verbot der Übergehung **1778** 2 ff.
- verheirateter Mündel **1778** 17
- Verhinderung des benannten Vormunds **1778** 10 f., 16
- Verzögerung durch benannten Vormunds **1778** 12
- Widerspruchsrecht des Kindes **1778** 1, 15
- Zulässigkeit der Übergehung **1778** 6 ff.
- Zustimmung des Benannten **1778** 3f

Vormund, Verfügungen über Forderungen und Wertpapiere
- andere Rechte auf Leistung **1812** 18
- Annahme einer dem Mündel geschuldeten Leistung **1812** 27
- Anordnung der Hinterlegung **1818**
- Aufhebung einer Gemeinschaft **1812** 24
- Aufrechnung **1812** 29f; **1813** 3
- Ausübung von Gestaltungsrechten **1812** 19
- Barabhebungen vom Girokonto **1812** 27
- Befreiung durch VormG **1817**
- Begriff der Verfügung **1812** 9 f., 21 f.
- Beschränkung der rechtsgeschäftlichen Bewegungsfreiheit **1812** 1
- Beschwerde **1812** 41
- dingliche Ansprüche auf Herausgabe einer beweglichen Sache **1812** 17
- Drittverwaltung **1812** 7
- Einschränkung der gesetzlichen Vertretungsmacht **1812** 4
- Erlass einer Forderung **1812** 22
- Forderungen **1812** 14 ff.
- Freibetrag **1813** 8f
- keine Gefährdung des Mündelvermögens **1817** 7, 10

magere Zahlen = Randnummern

Sachverzeichnis

- Gegenausnahmen **1813** 19
- Geldforderungen **1812** 11f
- Genehmigung nach Umschreibung und Umwandlung **1820**
- Genehmigung zur Verfügung bei Hinterlegung **1819**
- genehmigungsfreie Geschäfte **1813** 20
- Genehmigungspflicht **1812** 5
- genehmigungspflichtige Rechtsgeschäfte **1812** 2f
- Genehmigungsverfahren **1812** 39 ff.
- Geschäftsvornahme ohne Genehmigung **1812** 42
- Grundpfandrechte **1812** 31 ff.
- Hinterlegung von Inhaberpapieren **1814**
- Kostbarkeiten **1818** 4
- Kostenerstattung **1813** 18
- Kündigung **1813** 4
- Leistungsannahme **1813** 2 ff.
- Leistungsgegenstand nicht in Geld oder Wertpapieren **1813** 5f
- Leistungsmodalitäten, Änderung **1812** 23
- bei Leistungspflicht des Mündels **1812** 36
- Maßnahmen der Vermögenssorge **1812** 13
- Nebenleistungen **1813** 18
- negatives Schuldanerkenntnis **1812** 22
- Nutzung des Mündelvermögens **1813** 17
- Prozesshandlungen **1812** 35
- Quittungserteilung **1812** 28
- Rechtsgeschäfte kraft gesetzlicher Vertretungsmacht **1812** 7
- monatliche Zahlung einer Rente **1813** 10
- Rückzahlung vom Vormund angelegten Geldes **1813** 16
- Schuldübernahme durch Dritte **1812** 25f
- Sperrung von Buchforderungen **1816**
- Überweisung **1812** 27
- Umfang der Befreiung **1817** 3
- Umschreibung von Inhaberpapieren **1815** 2 ff.
- Verfügung Dritter über Mündelvermögen **1812** 25f
- Verfügungen über Mündelvermögen **1812** 6
- Verfügungsgegenstand **1812** 14 ff.
- Verpflichtungsgeschäfte, Genehmigung **1812** 37f
- Verzicht auf ein Recht **1812** 22
- Vollmachtserteilung **1812** 26
- Vollstreckungshandlungen Dritter **1812** 8
- Voraussetzungen der Befreiung **1817** 4
- Wertpapier **1812** 20; **1813** 6; **1818** 3
- Wirkung der Hinterlegung **1814** 12
- Zahlungsansprüche **1813** 7 ff.
- Zins-, Renten- und Gewinnanteilsscheine **1818** 3
- Zustimmung des Mündels als Nacherbe **1812** 25
- Zwangsvollstreckungsmaßnahmen **1812** 35

Vormund, Vergütung
- Abgrenzung zum Aufwendungsersatz **1836** 17

- Abrechnung **VBVG 3** 10 f.; **1836** 30
- Abrechnungszeiträume **VBVG 3** 10
- Abschlagszahlungen **VBVG 3** 13f; **1836** 30
- Abwägungskriterien **1836** 33 ff.
- allgemeine Voraussetzungen **1836** 3f
- Allgemeinkosten **1836** 22
- Amts- und Vereinsvormund **1836** 40 ff.
- zur Amtsführung erforderliche Tätigkeiten **1836** 19 ff.
- Angemessenheit einer Vergütungspflicht **1836** 32
- Anspruch auf Vergütung **VBVG 1** 10 f.; **1836** 11 f.
- Anspruch gegen die Staatskasse **VBVG 1** 11 f.; **Vor 1835** 8 f., 20; **1836** 14, 45
- Anspruch gegen Mündel **Vor 1835** 8 f., 19; **1836** 13, 44
- Anspruchsentstehung **VBVG 3** 6
- Antrag auf Bewilligung **Vor 1835** 17
- Anwendungsbereich **Vor 1835** 1
- Arbeitsaufwand, Darstellung **VBVG 3** 11
- Art der Vergütung **1836** 38
- Auftreten bei Gericht, Aktenführung, Abrechnung **1836** 27f
- Aufwendungsersatz, Unterschiede zum – **1835** 3 f.; **1836** 17
- Ausschlussfrist **VBVG 2** 2 f.; **1836** 30
- bereinigtes Einkommen des Mündels **1836c** 6f
- Berufsmäßigkeit **VBVG 1** 2 f.; **Vor 1835** 7 f., 13; **1836** 9
- des Berufsvormunds **1836** 5 ff.
- Bewilligung **Vor 1835** 14; **1836** 43 f.
- Bindungswirkung der Festsetzung **Vor 1835** 19f
- Deckung eines bestimmten Bedarfs des Mündels **1836c** 8
- Delegation von Aufgaben auf Dritte, gebotene **1836** 25
- Ehrenamtlichkeit, Vorrang **Vor 1835** 6; **1836** 31
- Einkommen des Ehegatten des Mündels **1836c** 10
- Einkommensgrenze für Mündelhaftung **1836c** 8
- Einwendungen und Einreden des Mündels **1836** 48; **1836e** 5
- einzusetzende Mittel des Mündels **1836c**
- einzusetzendes Einkommen des Mündels **1836c** 5 f.; **1836e** 24 f.
- Entschädigungspauschale **VBVG 4** 1
- Entscheidung des FamG **1836** 50
- Entstehungsgeschichte **Vor 1835** 2 ff.
- Erhöhung des Stundensatzes **VBVG 11** 2; **VBVG 3** 8
- Erlöschen des Anspruchs **VBVG 2**; **1836** 30
- Ermessen des Gerichts **1836** 36
- Fälligkeit **VBVG 3** 9; **1836** 30
- Festsetzung **Vor 1835** 14 f.; **1836** 46

Sachverzeichnis

fette Zahlen = §§

- Festsetzung von Regressansprüchen **Vor 1835** 16 ff.
- Feststellung der Berufsmäßigkeit **VBVG 1** 2 f.; **1836** 6 f.
- gesetzlicher Forderungsübergang **1836e**
- geborener Berufsvormund **VBVG 1** 3
- des Gegenvormunds **1836** 5, 39
- Geltendmachung **VBVG 1** 14 f; **1836** 43 f.
- Haftungsbeschränkung für mittellosen Mündel **1836c** 2 ff.
- Hausgrundstück des Mündels **1836c** 14
- Hilfsleistungen Dritter **1836** 23f
- Höhe des Vergütungsanspruchs **VBVG 3** 2 f.; **Vor 1835** 12; **1836** 15f, 37
- kleinere Barbeträge des Mündels **1836c** 15
- Mittellosigkeit des Mündels **VBVG 1** 12; **1836** 49; **1836c** 1; **1836d**
- nebenberufliche Führung der Vormundschaft **VBVG 1** 7f
- des nicht berufsmäßigen Vormunds **1836** 31 ff.
- persönliche Kontakte zum Mündel **1836** 26
- Prüfungsmaßstab **Vor 1835** 18
- Prüfungspflicht des Gerichts **1836** 47 ff.
- Darlegung von Qualifikation und Schwierigkeit **VBVG 3** 12
- Qualität der Aufgabenwahrnehmung **1836** 35
- rechtliches Gehör **Vor 1835** 19f; **1836** 50
- Rechtsmittel **VBVG 1** 9; **Vor 1835** 21; **1836** 10, 51
- Regelvermutung für Berufsmäßigkeit **VBVG 1** 6 ff.
- Regress gegen den Erben des Mündels **1836e** 14 ff.
- Regress gegen den Mündel **1836e** 5 ff.
- Schonvermögen des Mündels **1836c** 13 ff.
- Schuldner der Vergütung **1836** 12 ff.
- Schwierigkeit der vormundschaftlichen Geschäfte **1836** 34
- SGB XII Sozialhilfe (Auszug) **1836c Anh.**
- Stundensatz **VBVG 3**
- System des Vergütungsrechts **Vor 1835** 6 ff.
- Tätigkeiten im Einzelnen, vergütungspflichtige **1836** 18 ff.
- Tätigkeiten nach Beendigung des Amtes **1836** 29
- Umfang der vormundschaftlichen Geschäfte **1836** 33
- nach Umschulung und Fortbildung **VBVG 11**
- Unterhaltsansprüche des Mündels **1836c** 9; **1836e** 22 f.
- Vereinbarungen über die Vergütung **1836** 4
- Verfahren **Vor 1835** 13 f.; **1836** 6 f., 43 f.
- Vergütungsstufen nach Fachkenntnissen **VBVG 3** 7
- Vermögen des Mündels **1836** 35; **1836c** 12 f.
- VO zur Durchführung des § 90 Abs. 2 Nr. 9 SGB XII **1836c Anh.**
- Vollstreckbarkeit **Vor 1835** 19f
- wirksame Bestellung **1836** 3
- nach Zeit **VBVG 3** 3 ff.
- Zeitpunkt der Mittellosigkeit des Mündels **1836d** 12
- Zumutbarkeit für Mündel **1836c** 11
- zwingendes Recht **VBVG 3** 2

Vormundschaft
- Abänderung gerichtlicher Anordnungen *s.d.*
- Abgrenzung zur Pflegschaft **Vor 1909** 2 ff.
- Ablehnungsrechte **1785** 4 f.; **1786**
- Alleinsorge eines Elternteils **1773** 7
- Altersgrenze **1786** 6
- Amtsvormundschaft *s.d.*
- Anordnung bei Nichtvorliegen der Voraussetzungen **1774** 8 ff.
- Anordnung der befreiten – **1777** 10
- Anordnung durch das FamG **1697**
- Anordnung von Amts wegen **1774**
- Anordnung vor Geburt des Kindes **1774** 12
- Anzeigepflichten **1774** 5
- Aufhebung durch das FamG **1884** 7
- Auflösung der Rechtswirkungen **1882** 5
- Auswanderung des Mündels **1882** 13
- Auswechselung des rechtfertigenden Grundes **1882** 14
- Beendigung **1882 ff**
- Beendigungsverfahren **1882** 15f
- befreite – *s.d.*
- Begriffe **Vor 1773** 1 ff.
- Begründung **1773**
- Berufungsmöglichkeiten **1776** 1
- Beschränkung durch Pflegschaft **1794**
- Beschwerde **1882** 16
- Beschwerdefähigkeit **1774** 7
- Besonderheiten bei Annahme als Kind **1773** 9 ff.
- Bestellung im Sorgerechtsverfahren **1671** 128 ff.
- deutsche Einheit **Vor 1773** 15
- von Ehepaaren **1775** 7f
- Eheschließung des Mündels **1882** 12
- einstweilige Maßregeln des FamG **1846**
- Eintritt der elterlichen Sorge **1882** 9f
- Einzelvormundschaft **Vor 1773** 2
- Einzelvormundschaft, Grundsatz **1775** 4 ff.
- erforderliche Maßnahmen **1774** 4
- Fallgruppen **1773** 2
- Familienstand nicht ermittelbar **1773** 13
- Fehlen elterlicher Sorge oder Vertretungsmacht **1773** 4 ff.
- Findelkinder **1773** 14
- Form der Anordnung **1774** 3
- Fortführung der Geschäfte nach Beendigung **1893** 3 ff.
- Geltendmachung des Ablehnungsrechts **1786** 12
- gemeinsame Sorge **1773** 6f
- geschichtliche Entwicklung **Vor 1773** 7 ff.
- für Geschwister **1775** 2, 9f; **1779** 17

2346

magere Zahlen = Randnummern

Sachverzeichnis

– Internationales Privatrecht **1773** 15
– Jugendamt als Vormund *s. Amtsvormundschaft*
– Mitteilungspflicht des Jugendamtes gegenüber dem FamG **SGB VIII 57**
– personenrechtliche Stellung des Mündels **Vor 1773** 17
– privat- und öffentlich-rechtliche Elemente **Vor 1773** 17 ff.
– privatrechtlicher Anspruch des Mündels **1787** 1
– Rechtsprechung des BVerfG **Vor 1773** 23
– Rückgewinnung des Vertretungsrechts der Eltern **1882** 9f
– Schadensersatz bei Ablehnung **1787** 3 ff.
– staatliche Fürsorge **Vor 1773** 18
– Tod des Mündels **1882** 11
– Todeserklärung des Mündels **1884**
– Überblick **Vor 1773** 6
– Übertragbarkeit der Vormundschaftsrechte **1793** 35
– Unfähigkeit zur – **1780**
– Untauglichkeit zur – **1781**
– Vereinsvormundschaft *s.d.*
– Verfahren der Anordnung **1774** 5 ff.
– Verschollenheit des Mündels **1884**
– Eintritt der Volljährigkeit des Mündels **1882** 7f
– vor dem 1. 7. 1998 geborene Kinder **1773** 12
– Voraussetzungen **1773**
– vorläufige Verpflichtung **1787** 2, 10 f.
– Vormundschaftsende und Amtsende **1882** 2 ff.
– vorübergehend vormundschaftlicher Schutz **1909** 4
– Wegfall der Voraussetzungen **1882** 6 ff.
– Weigerung der Übernahme **1785** 11; **1786** 13; **1787**
– Wohnsitzverlegung ins Ausland **1882** 13
– Zuständigkeit für Anordnung **1774** 6
– Zuständigkeitsmängel **1774** 11
– Zwangsgeld bei Ablehnung **1788**
Vorname
– Adelsbezeichnungen **Nach 1618** 19
– Adelstitel als – **Nach 1618** 14
– Änderung nach Adoption **1757** 15; **1765** 5
– Änderung des Vornamens **Nach 1618** 19
– Anredeformen **Nach 1618** 14
– Assoziationen zu berühmten Persönlichkeiten **Nach 1618** 18
– ausländische – **Nach 1618** 10
– Ausübung des Bestimmungsrechts **Nach 1618** 5
– Auswahl des Vornamens **Nach 1618** 9 ff.
– Bedeutung **Nach 1618** 1
– Berichtigung der Eintragung im Geburtenbuch **Nach 1618** 8
– Bestimmungsrecht **Nach 1618** 4 ff.
– Eignung zur individuellen Kennzeichnung **Nach 1618** 11 ff.
– Entwicklung **Nach 1618** 3
– Erteilungszuständigkeit **Nach 1618** 4
– Familienname als – **Nach 1618** 13
– Findelkinder **Nach 1618** 4
– Gegenstandsbezeichnungen **Nach 1618** 17
– gerichtliche Entscheidung über – **Nach 1618** 6
– Geschlechtskennzeichnung **Nach 1618** 15
– geschlechtswidrige – **Nach 1618** 15
– Internationales Privatrecht **Nach 1618** 20
– Kindeswohl beeinträchtigender – **Nach 1618** 16 ff.
– Kindeswohlmaßstab **Nach 1618** 10 ff.
– lächerlicher – **Nach 1618** 16
– Maßstab und Grenzen der Auswahl **Nach 1618** 9
– Nachnamen als – **Nach 1618** 13
– Namenserfindungsrecht **Nach 1618** 10
– Namenszusätze ohne Namensqualität **Nach 1618** 14
– öffentliche Interessen **Nach 1618** 9
– Phantasienamen **Nach 1618** 10
– Rufname **Nach 1618** 2
– Scheitern der Elterneinigung **Nach 1618** 6
– Transsexualität **Nach 1618** 19
– Unterscheidung innerhalb der Familie **Nach 1618** 11
– Vornamenserteilung **Nach 1618** 4 ff.
– Widerruflichkeit **Nach 1618** 7
– Wirkungen der Erteilung **Nach 1618** 7f
– Zahl der – **Nach 1618** 12
– Zwischennamen **Nach 1618** 13
Vorsorgeregister, zentrales 1896 64; **1901c** 8
Vorsorgeunterhalt
– für nichteheliche Mutter **1615l** 41
Vorsorgevollmacht
– Beratung bei der Errichtung **1908f** 13
– BtÄndG **Vor 1896** 22 ff.
– Informationen bei Betreuungsverein **1908f** 8
– Überwachung des Bevollmächtigten bei Geschäftsunfähigkeit des Vollmachtgebers **1896** 242
– Unterrichtspflicht über Vollmachten **1901a** 7f
– Wirksamkeitsbeginn **1896** 50

Wechselmodell 1606 34 f.; **1671** 91; **1684** 44; **1687** 6
Weiterbildung
– Abgrenzung zur Zweitausbildung **1610** 252f, 266
– Abitur-Lehre-Studium **1610** 260f
– Fallgruppen **1610** 259 ff.
– Lehre-Fachhochschulreife-Studium **1610** 262f
– Zumutbarkeit der Finanzierung **1610** 257f
– Zusammenhang zur Vorbildung **1610** 254 ff.

2347

Sachverzeichnis

fette Zahlen = §§

Wiederholungsadoption AdWirkG Vor § 1 5
Wohnungsfürsorge 1896 90 f.

Zählkindvorteil 1612b 50, 55 f.
Zeugnisverweigerungsrecht
– des minderjährigen Kindes **1626** 49 ff.
– bei Schwägerschaft **1590** 6
– bei Verwandtschaft **1589** 18
Zuname Vor 1616 10
Zuständigkeitsergänzungsgesetz 1911 25 f.
Zustimmung zur Vaterschaftsanerkennung
– bei Anerkennung im Scheidungsverfahren **1599** 55 ff.
– Anfechtung **1595** 12
– Bedingungsfeindlichkeit **1595** 13
– Benachrichtigung der Beteiligten **1597** 6 ff.
– durch beschränkt Geschäftsfähige **1596** 2
– durch Betreute **1596** 13 f
– Beurkundung **1597** 4
– des Ehemanns **1599** 63
– Ersetzung **1595** 8
– Fehlen der erforderlichen Zustimmung **1596** 16
– Formbedürftigkeit **1595** 6; **1597** 2 f.
– Formverstoß **1597** 5
– Frist **1595** 15
– Geltendmachung der Unwirksamkeit **1598** 20
– Gerichtliche Genehmigung **1589** 7 ff.
– durch geschäftsunfähige Mutter **1596** 6
– gesetzlicher Vertreter des nicht voll geschäftsfähigen Kindes **1596** 11 f
– Heilung der unwirksamen – **1598** 22 ff.
– höchstpersönliche Willenserklärung **1595** 6
– Jugendamt als Pfleger **1596** 12
– des Kindes **1595** 2, 9 f.
– der Mutter **1595** 2, 7 f; **1596** 2

– pränatale Zustimmungserklärung **1595** 16
– Rechtsnatur **1595** 6
– Rechtsstellung und Rechtsschutz des Kindes **1595** 3
– Stellung des leiblichen Vaters **1595** 4
– Unbeachtlichkeit von Willensmängeln **1598** 18
– Unzulässigkeit der Bevollmächtigung **1596** 15
– ursprüngliche Unwirksamkeit **1598** 16
– verfassungsrechtliche Bedenken **1595** 3
– Widerruf **1595** 12; **1597** 12
– als Wirksamkeitsvoraussetzung der Anerkennung **1595** 5
– Zeitpunkt der Abgabe **1595** 14
– Zustimmungserklärung **1595** 5 ff.
Zwangsgeld
– bei Durchsetzung von Umgangsregeln **1684** 90
– zur Einreichung des Vermögensverzeichnisses **1683** 13
– zur Übernahme der Vormundschaft **1785** 10
– bei Weigerung der Vormundschaftsübernahme **1788**
Zwangsverbund
– Aufhebung **SGB VIII 17** 2, 11, 15
Zweitausbildung
– Abgrenzung zur Weiterbildung **1610** 252 f, 266
– nach Falscheinschätzung der Begabung des Kindes **1610** 274
– Finanzierungspflicht **1610** 267 ff.
– intellektueller Spätentwickler **1610** 268
– notwendiger Berufswechsel **1610** 273
– Sinneswandel **1610** 268
– des Unterhaltsberechtigten **1602** 10; **1610** 252 f, 265 f.
Zwischenname Nach 1618 13